DICCIONARIO
ESPAÑOL ▶ INGLÉS
INGLÉS ▶ ESPAÑOL

SPANISH ▶ ENGLISH
ENGLISH ▶ SPANISH
DICTIONARY

COLLINS

DICCIONARIO
ESPAÑOL ▶ INGLÉS
INGLÉS ▶ ESPAÑOL

Tercera Edición

grijalbo

COLLINS

SPANISH ▶ ENGLISH
ENGLISH ▶ SPANISH
DICTIONARY

Third Edition

HarperCollins*Publishers*

First published in this edition 1998

© Copyright 1998, 1993 HarperCollins Publishers

Grijalbo Mondadori S.A.
Aragón 385, Barcelona 08013
ISBN 84-253-3209-5 — CONCISE STANDARD
ISBN 84-253-3208-7 — CONCISE THUMB-INDEXED

HarperCollins Publishers
P.O. Box, Glasgow G4 0NB, Great Britain
ISBN 0 00 470965-9

---

10 East 53rd Street, New York, NY 10022
ISBN 0-06-270818-X

First HarperCollins edition published 1993.

Library of Congress Cataloging-in-Publication Data

Collins Spanish-English, English-Spanish dictionary = Collins diccionario español-inglés,
inglés-español.
        p. cm.
    ISBN 0 06 270818 X (hc)
        1. Spanish language – Dictionaries – English.   2. English language – Dictionaries –
Spanish.   I. Álvarez García, Teresa.
PC4640.C53 1998
463'.21 – dc21   97-46139
                                                                              CIP

98 99 00 01 02 TBP 10 9 8 7 6 5 4 3 2 1

Computer typeset by Morton Word Processing Ltd, Scarborough, Great Britain
Printed and bound in Great Britain by The Bath Press

THIRD EDITION   TERCERA EDICIÓN

CONTRIBUTORS/COLABORADORES

Teresa Álvarez García   Gerard Breslin

Jeremy Butterfield   José Miguel Galvan Déniz

Elena García Álvarez   Sharon Hunter

Cordelia Lilly   Chantal Pérez Hernández

José Ramón Parrondo   José María Ruiz Vaca

EDITORIAL MANAGEMENT/DIRECCIÓN EDITORIAL

Vivian Marr

EDITORIAL STAFF/REDACCIÓN

Val McNulty

COMPUTING/INFORMÁTICA

Jane Creevy   Robert McMillan

SECOND EDITION   SEGUNDA EDICIÓN

Ana Cristina Llompart   Enrique González Sardinero

Henrietta McKaigney   Jane Horwood

Brian Steel   Lesley Johnston

Raymund Carrick   Maggie Seaton

FIRST EDITION

Mike Gonzalez   Alan Morley   John Forry

CONTENTS

ÍNDICE DE MATERIAS

Note on Trademarks

Words which we have reason to believe constitute registered trademarks have been designated as such. However, neither the presence nor the absence of such designation should be regarded as affecting the legal status of any trademark.

Marcas Registradas

Las marcas que creemos que constituyen marcas registradas las denominamos como tales. Sin embargo, no debe considerarse que la presencia o ausencia de esta designación tenga que ver con la situación legal de ninguna marca.

INTRODUCTION

This dictionary is based on the third edition (1992) of the authoritative and highly acclaimed Collins Spanish dictionary, and contains over 135,000 references and 220,000 translations, with unparalleled coverage of the rapidly changing vocabulary of Spanish and English in both Europe and America.

In this latest edition we have brought in three major improvements: encyclopedic entries to clarify aspects of life and culture; the Language Building supplements, linked to the main text; and a new, attractive typography.

The user whose aim is to learn, read and understand Spanish will find this dictionary, with its wide-ranging and up-to-date coverage of current usage, an invaluable companion.

In-depth treatment has been given to all areas of language dealing with modern life, and particular emphasis is given to fields such as business, computing and new technology, where language developments are most evident. The extensive coverage of abbreviations and the most commonly used acronyms will enable the user to understand the press, where they are such a common feature. Similarly, the most commonly encountered geographical terms, such as names of countries, towns and cities and their inhabitants, have been listed.

To facilitate communication in the foreign language the basic, most frequently used words are treated in special depth, so that the user may communicate correctly and idiomatically – both orally and in writing.

The present volume has benefitted from the very latest developments in dictionary research, and incorporated a wealth of new material from the COBUILD English language corpora, and from a corpus of Spanish neologisms gathered by Diarmuid Bradley of the University of Galway.

Presented in Collins clear and attractive typography, this book is the ideal aid both to understanding and to expressing oneself in the foreign language.

INTRODUCCIÓN

El presente diccionario se basa en la tercera edición (1992) del reconocido y aclamado Diccionario Collins Inglés-Español. Contiene más de 135.000 referencias y 220.000 traducciones y ofrece un tratamiento sin rival del inglés y del español de Europa y América.

Hemos mejorado esta edición en tres distintos aspectos: la inclusión de entradas enciclopédicas para aclarar distintos aspectos culturales, los suplementos de Recursos comunicativos, conectados al texto principal, y una nueva tipografía.

Para todos aquellos que deseen aprender inglés y llegar a leerlo y comprenderlo sin dificultad, este diccionario con su amplia cobertura de todas las variedades del léxico de hoy en día, constituirá un compañero indispensable.

Al elaborarlo, se ha puesto particular énfasis en abarcar campos tales como el de los negocios, la informática y la nueva tecnología, en los que el lenguaje evoluciona con una mayor rapidez. Por otra parte, la presencia de numerosos acrónimos y abreviaturas corrientes ayudará al usuario a comprender mejor la prensa, en la que éstos aparecen con tanta frecuencia. Por último, se han incluido los gentilicios y los términos geográficos más frecuentes, tales como nombres de países y ciudades.

A fin de facilitar la comunicación en el idioma extranjera, se ha intentado explicar detenidamente las palabras clave de uso más frecuente, de manera que el lector pueda expresarse de forma correcta y natural, tanto oralmente como por escrito.

Este volumen se ha beneficiado de los últimos avances en investigación lexicográfica e incorpora una gran abundancia de material nuevo del banco de datos del inglés de COBUILD y de un corpus de neologismos españoles elaborado por Diarmiud Bradley de la Universidad de Galway.

Con su clara y atractiva tipografía, esta edición es el instrumento ideal tanto para comprender como para expresarse en la lengua extranjera.

ABBREVIATIONS

ABREVIATURAS

abbreviation	abbr, abr	abreviatura
adjective	adj	adjetivo
administration	Admin	administración
adverb	adv	adverbio
aeronautics	Aer	aeronáutica
agriculture	Agr	agricultura
	algn	alguien
anatomy	Anat	anatomía
Andes	And	Andes
Antilles	Ant	Antillas
approximately	approx, aprox	aproximadamente
archeology	Archeol	
architecture	Archit	
Argentina	Arg	Argentina
	Arqueol	Arqueología
	Arquit	Arquitectura
article	art	artículo
astronomy	Astron	astronomía
attributive	attr, atr	atributivo
cars and motoring	Aut	automóviles, automovilismo
auxiliary	aux	auxiliar
biology	Bio	biología
Bolivia	Bol	Bolivia
botany	Bot	botánica
British, Great	Brit	británico, Gran
Britain		Bretaña
Central America	CAm	Centroamérica
Caribbean	Carib	Caribe
chemistry	Chem	
Chile	Chi	Chile
cinema	Cine	cine
Colombia	Col	Colombia
commerce	Comm, Com	comercio
comparative	comp	comparativo
computers	Comput	
conditional	cond	condicional
conjunction	conj	conjunción
Construction	Constr	construcción
	Cos	costura
compound	cpd	
Costa Rica	CR	Costa Rica
Southern Cone	CSur	Cono Sur
Cuba	Cu	Cuba
culinary, cooking	Culin	culinario, cocina
definite	def	definido
demonstrative	dem	demostrativo
	Dep	deportes
direct	dir	directo
economy	Econ	economía
Ecuador	Ecu	Ecuador
electricity	Elec	electricidad
El Salvador	ElS	El Salvador
	Escol	escuela
	Esp	España
especially	esp	especialmente
etcetera	etc	etcétera
euphemism	euph, euf	eufemismo
feminine	f	femenino
familiar	fam	familiar
vulgar	fam!	vulgar
	Farm	farmacia
	Ferro	ferrocarriles
figurative	fig	figurado
	Fil	filosofía
finance	Fin	finanzas
	Fís	física
	Fot	fotografía
frequently	freq, frec	frecuentemente
formal	frm	formal
football	Ftbl	fútbol
general(ly)	gen	general(mente)
geography	Geog	geografía
geology	Geol	geología
gerund	ger	gerundio
Guatemala	Guat	Guatemala
history, historic(al)	Hist	historia, histórico
Honduras	Hon	Honduras
humorous	hum	humorístico
impersonal	impers	impersonal
indefinite	indef	indefinido
indicative	indic	indicativo
indirect	indir	indirecto
infinitive	infin	infinitivo
	Inform	Informática
interjection	interj	interjección
interrogative	interrog	interrogativo
invariable	inv	invariable

English	Abbreviation	Spanish
ironic	**iro, iró**	irónico
law	**Jur**	jurídico
Latin America	**LAm**	Latinoamérica
linguistics, grammar	**Ling**	lingüística, gramática
literature, literary	**Lit**	literario
literal(ly)	**lit**	literal(mente)
masculine	**m**	masculino
mathematics	**Math, Mat**	matemáticas
	Mec	mecánica
medicine	**Med**	medicina
meteorology	**Met**	meteorología
Mexico	**Mex, Méx**	México, Méjico
military	**Mil**	militar
mining	**Min**	minería
mineralogy	**Miner**	mineralogía
music	**Mus, Mús**	música
noun	**n**	nombre, sustantivo
nautical	**Naut, Náut**	náutica
negative	**neg**	negativo
Nicaragua	**Nic**	Nicaragua
number	**num, núm**	número
object	**obj**	objeto
ornithology	**Orn**	ornitología
oneself	**o.s.**	
Panama	**Pan**	Panamá
Paraguay	**Par**	Paraguay
Parliament	**Parl**	Parlamento
Peru	**Pe**	Perú
pejorative	**pej**	
personal	**pers**	personal
	pey	peyorativo
pharmacy	**Pharm**	
philosophy	**Phil**	
photography	**Phot**	
physics	**Phys**	
plural	**pl**	plural
poetic	**poet**	
politics	**Pol**	política
possessive	**poss, pos**	posesivo
past participle	**pp**	participio pasado
Puerto Rico	**PR**	Puerto Rico
predicative	**pred**	predicativo
prefix	**pref**	prefijo
preposition	**prep**	preposición
present	**pres**	presente
pronoun	**pron**	pronombre
proverb	**Prov**	
present participle	**prp**	
psychology	**Psych, Psic**	psicología
past tense	**pt**	
	Quim	química
registered trade mark	**®**	marca registrada
radio	**Rad**	radio
religion	**Rel**	religión
somebody	**sb**	
school	**Scol**	
Scotland	**Scot**	
sewing	**Sew**	
singular	**sg**	singular
sociology	**Sociol**	sociología
Spain	**Sp**	
something	**sth**	
subject	**subj**	
subjunctive	**subjun**	subjuntivo
suffix	**suf**	sufijo
	suj	sujeto
superlative	**superl**	superlativo
	Taur	tauromaquia
	tb	también
	Teat	teatro
technical	**Tech, Tec**	técnico
telecommunications	**Telec**	telecomunicaciones
theatre	**Theat**	
	Tip	tipografía
television	**TV**	televisión
typography	**Typ**	
university	**Univ**	universidad
Uruguay	**Uru**	Uruguay
United States	**US**	Estados Unidos
see	**V**	véase
verb	**vb**	verbo
Venezuela	**Ven**	Venezeula
veterinary medicine	**Vet**	veterinaria
intransitive verb	**vi**	verbo intransitivo
reflexive verb	**vr**	verbo reflexivo
transitive verb	**vt**	verbo transitivo
zoology	**Zool**	zoología

SPANISH PRONUNCIATION AND SPELLING

PRONOUNCING EUROPEAN SPANISH

1 The pronunciation of European Spanish is generally quite clear from its spelling and the notes below should be sufficient for an English speaker to understand what written Spanish actually sounds like. Because Spanish pronunciation is so regular you will find that in Part I of the dictionary (Spanish into English) most of the headwords are not transcribed phonetically in IPA (International Phonetic Alphabet). Any words that do have a phonetic transcription are pronounced in a way that you would not expect, such as *reloj* [re'lo] for example, or they have been taken from another language and given a Spanish sound, often while keeping the original spelling.

The pronunciation described below could be called 'educated' Castilian. Pronunciation often heard in the Spanish regions, for example Andalusia, has not been covered. There are separate notes on the pronunciation of Latin American Spanish on p.xiii.

2 Placing the stress

There are simple rules for placing stress on Spanish words:

(a) If a word ends in a vowel, or in *n* or *s* (often an indication of the plural of verbs and nouns respectively), the penultimate syllable is stressed: *zapato, zapatos, divide, dividen, dividieron, antiviviseccionista, telefonea, historia, diluviaba.*

(b) If the word ends in a consonant other than *n* or *s*, the last syllable is stressed: *verdad, practicar, decibel, virrey, coñac, pesadez.*

(c) If the word needs to be stressed in some way contrary to rules **(a)** and **(b)**, an acute accent is written over the vowel to be stressed: *hablará, guaraní, rubí, esté, rococó, máquina, métodos, viéndolo, paralítico, húngaro.* The same syllable is stressed in the singular and plural forms of each word, but an accent may have to be added or suppressed in the plural: *crimen, crímenes, nación, naciones.*

There are two exceptions to this rule: *carácter, caracteres,* and *régimen, regímenes.* Only in a few verb forms does the stress fall further back than the antepenultimate syllable: *cántamelo, prohíbaselo.*

3 Dividing syllables

You will have seen in **2(a)** above that in cases like *telefonea* and *historia* not all vowels count equally when dividing and stressing syllables. The convention is that *a, e* and *o* are 'strong' vowels while *i* and *u* are 'weak'. Bearing this in mind we can apply four rules:

(a) Where there is a combination of weak + strong vowels, forming a single syllable (called a diphthong), the stress falls on the strong vowel: *baila, cierra, puesto, peine, causa.*

(b) In a combination of weak + weak vowels, again forming a diphthong, the stress falls on the second element: *ruido, fuimos, viuda.*

(c) Where two strong vowels are combined they are pronounced as two distinct syllables, the stress falling according to rules **(a)** and **(b)** in section 2 above: *ma/es/tro* (three syllables), *con/tra/er* (three syllables), *cre/er* (two syllables).

(d) Any word that has a combination of vowels whose parts are not stressed according to the above rules is given an acute accent on the stressed part: *creído, período, baúl, ríe, tío.*

Note that in cases where IPA transcriptions are given for Spanish words, the stress mark ['] is inserted in the same way as explained for English. See **La pronunciación del inglés británico**, section 2.

4 Spanish letters and their sounds

All the examples given below are pronounced as in British English.

Vowels

Spanish vowels are pronounced clearly and quite sharply, and unlike English are not extended to form diphthongs (e.g. **side** [saɪd], **know** [nəʊ]). Unstressed vowels are relaxed only slightly (compare English **natural** ['nætʃrəl] with Spanish natural [natu'ral]). Stressed vowels are pronounced slightly more open and short before **rr** (compare **carro** with **caro**, **perro** with **pero**).

a	[a]	Not so short as **a** in English *pat, batter*, but not so long as in *rather, bar*	**pata** **amara**
e	[e]	In an open syllable (one which ends in a vowel) like **e** in English *they*, but without the sound of the **y**. In a closed syllable (one which ends in a consonant) the sound is shorter, like the **e** in *set, wet*	**me** **pelo** **sangre** **peldaño**
i	[i]	Not so short as **i** in the English *bit, tip*, but not so long as in *machine*	**iris** **filo**
o	[o]	In an open syllable (one which ends in a vowel) like **o** in the English *note*, but without the sound of [ʊ] which ends the vowel in this word. In a closed syllable (one which ends in a consonant) it is a shorter sound, but not quite so short as in the English *pot, cot*	**poco** **cosa** **bomba** **conté**
u	[u]	Like **u** in the English *rule* or *oo* in *food*. Silent after **q** and in the groups **gue, gui,** unless marked by a diaeresis (*argüir, fragüe, antigüedad*)	**luna** **pula** **aquel** **pague**
y	[i]	When used as a vowel – i.e. in the conjunction **y** meaning 'and', as well as at the end of words such as *voy, ley* – it is pronounced like **i**	

Diphthongs

(Single syllables consisting of two vowels. See also section 3 above)

ai, ay	[ai]	like **i** in the English *side*	**baile** **hay**
au	[au]	like **ou** in English *sound*	**áureo** **causa**

ei, ey	[ei]	like **ey** in the English *they*		**reina**
				rey
eu	[eu]	like the vowel sounds in the English **may-you**, without the sound of the **y**		**deuda**
				feudo
oi, oy	[oi]	like **oy** in the English *boy*		**oiga**
				soy

Semiconsonants

There are two semiconsonants in Spanish which appear in a variety of combinations as the first element. Not all the combinations are listed here.

i, y	[i]	like **y** in the English **y**es, **y**acht	**bien**
		(See also the note under **y** in the list of consonants)	**hielo**
			yunta
u	[u]	like **w** in the English **w**ell	**apoyo**
			huevo
			fuente
			agua
			guardar

Consonants

b, v — These two letters have the same value in Spanish. There are two distinct pronunciations depending on position and context:

	[b]	At the start of the breath group and after the written letters **m** and **n** (pronounced [m]) the sound is like the English **b**	**bomba**
			boda
			enviar
	[β]	In all other positions the sound is between an English **b** and **v** in which the lips do not quite meet (called a bilabial fricative, a sound unknown in English)	**haba**
			severo
			yo voy
			de Vigo

c — This letter has two different values:

	[k]	**c** before **a**, **o**, **u** or a consonant is like the English **k** in keep, but without the slight aspiration which accompanies it	**calco**
			acto
			cuco
	[θ]	**c** before **e**, **i** is like the English **th** in **th**in. In parts of Andalusia and Latin America this is pronounced like **s** in English *same*, and is known as **seseo**. In words like *acción*, *sección* both types of c sound are heard [kθ]	**celda**
			hacer
			cinco
			cecear

ch	[tʃ]	like **ch** in the English **ch**ur**ch**	**mucho**
			chorro

d — This letter has three different values depending on position and context:

	[d]	At the start of the breath-group, and after **l**, **n** the sound is like the English **d**	**dama**
			aldea
			andar
	[ð]	Between vowels and after consonants other than **l**, **n** the sound is relaxed and similar to the English sound **th** [ð] in **th**is. In parts of Spain and in casual speech it is further relaxed and even disappears, especially in the **-ado** ending	**pide**
			cada
			pardo
			sidra
		In the final position, the second type of [ð] is further relaxed or completely omitted. In eastern parts of Spain this final **d** may be heard as a **t**.	**verdad**
			usted
			Madrid
			callad

f	[f]	like the English **f** in **f**or	**fama**
			fofo

g — This letter has three different values depending on position and context:

	[x]	Before **e**, **i** it is the same as Spanish **j** (see below)	**Gijón**
			general
	[g]	At the start of the breath-group and after **n** the sound is that of the English **g** in **g**et	**gloria**
			rango
			pingüe
	[ɣ]	In other positions the sound is as in the second type above, but it is fricative and not plosive	**haga**
			agosto
		Note that in the group **gue**, **gui** the **u** is silent (*guerra*, *guindar*) except when marked by a diaeresis (*antigüedad*, *argüir*).	
		In the group **gua** all the letters are sounded (*guardia*, *guapo*)	

h		always silent	
j	[x]	a strong guttural sound not found in the English of England, but like the **ch** of Scots *lo**ch***, Welsh *ba**ch***, or German *Aa**ch**en*, *A**ch**tung*.	**jota**
		It is silent at the end of a word (*relo**j***)	**jején**
			baraja

k	[k]	like the English letter **k** in **k**ick, but without the slight aspiration which accompanies it	**kilo**
l	[l]	like English letter **l** in **l**ove	**lelo** **pañal**
ll	[ʎ]	similar to the English **lli** in mi**lli**on. In parts of Spain and most parts of Latin America it is pronounced as [j] and in other parts as [ʒ]. The pronunciation as [j] is rapidly becoming more widely accepted in Spain.	**calle** **ella** **lluvia** **millón**
m	[m]	like the letter **m** in English **m**ade	**mano** **mamá**
n	[n]	like the letter **n** in English **n**one, but before **v** is pronounced as **m**, the group making [mb] (e.g. e**nv**iar, si**n v**alor)	**nadie** **pan** **pino**
ñ	[ɲ]	similar to the English sound **ni** [nj] in o**ni**on	**uña** **ñoño**
p	[p]	like English letter **p** in **p**ut, but without the slight aspiration which accompanies it. It is often silent in se**p**tiembre, sé**p**timo	**padre** **patata**
q	[k]	like English **k** in **k**ick, but without the slight aspiration which accompanies it. Always written in combination with **u**, which is silent	**que** **quinqué** **bosque** **quiosco**
r	[r]	a single trill or vibration stronger than any **r** in the English of England, but like the Scots **r**. It is more relaxed in the final position and is silent in parts of Spain and Latin America. Pronounced like **rr** at the start of a word and also after **l**, **n**, **s**	**coro** **quiere** **rápido** **real**
rr	[rr]	strongly trilled in a way that does not exist in English	**torre** **burro** **irreal**
s	[s]	Two pronunciations: Except in the instances mentioned next, it is like the letter **s** in English **s**ame	**casa** **Isabel** **soso**
	[z]	Before a voiced consonant (**b**, **d**, **g**, **l**, **m**, **n**) it is usually pronounced like **s** in English ro**s**e, pha**s**e	**desde** **asgo** **mismo** **asno**
t	[t]	like English **t** in **t**ame, but without the slight aspiration which accompanies it	**título** **pata**
v		see **b**	
w		found in a few recent loanwords only; usually pronounced like Spanish **b**, **v** or like an English **v**, or kept as English **w**	**wáter** **week-end** **wolframio**
x		There are several possible pronunciations:	
	[ks]	Between vowels, **x** is pronounced like English **x** in bo**x** [ks], or	**máximo**
	[gs]	like **gs** in big **s**tick [gs]	**examen**
	[s]	In a few words the **x** is pronounced between vowels like English **s** in **s**ame, but not by all Spanish speakers	**exacto** **auxilio**
	[s]	Before a consonant **x** is pronounced like English **s** in **s**ame, but not by all Spanish speakers	**extra** **sexto**
y	[j]	as a consonant or semiconsonant, **y** is pronounced as in English **y**es, **y**outh. In emphatic speech in Spain and Latin America this is similar to **j** in the English word jam [dʒ]. In Argentina, Chile etc this **y** is pronounced like the **s** in English lei**s**ure [ʒ]	**mayo** **yo** **mayor** **ya**
z	[θ]	like the English **th** in **th**in. In parts of Andalusia and Latin America this is pronounced like the English **s** in **s**ame, and is known as **seseo**	**zapato** **zorro** **zumbar** **luz**

5 Additional notes on pronunciation

(a) The letter **b** is usually not pronounced in groups with s such as **obscuro**, **substituir**. In practice, such words are generally written **oscuro**, **sustituir** etc and this is how they appear in the dictionary.

(b) With one exception there are no real double consonants in Spanish speech. **cc** in words like **acción** is two separate sounds [kθ], while **ll** and **rr** have their own values (see above table).
The exception is the **nn** group found in words with the prefix **in-**, e.g. **innato**, or occasionally **con-**, **sin-** as in **connatural**, **sinnúmero**. In these cases the **n** is pronounced double [nn].

(c) The final **-s** of the definite and indefinite articles, plural, and of plural adjectives is usually silent when the following noun starts with **r-**:
e.g. **unos rábanos** [uno'rraβanos], **los romanos**, **varias razones**, **dos ratas** [do'rratas].

(d) When taking loanwords from other languages the majority of Spanish speakers will adapt the pronunciation of these words, usually while keeping the original spelling. For some examples of this, see the main dictionary text under **chalet**, **gag**, **jazz** and **shock**.

(e) No well-established Spanish word begins with what is called 'impure s', i.e. **s** plus a consonant as an initial group. When Spanish speakers have to pronounce a foreign word or name they will almost always add an initial e-sound, so that Smith becomes [ez'miθ] or [es'mis]. More recent anglicisms tend to be written in Spanish as **slip**, **slogan** etc, but are pronounced [ez'lip] and [ez'loɣan], while more established English loanwords are written **esnob**, **esplín** etc and are pronounced accordingly.

6 The letters of the Spanish alphabet

When letters of the alphabet are spoken one at a time, or when a word is spelled out letter by letter etc, the names of the letters are as follows:

a	[a]	**j**	['xota]	**r**	['ere]
b	[be] (*in* LA*m* [be'larɣa])	**k**	[ka]	**rr**	['erre]
c	[θe] *or* [se]	**l**	['ele]	**s**	['ese]
ch	[tʃe]	**ll**	['eʎe]	**t**	[te]
d	[de]	**m**	['eme]	**u**	[u]
e	[e]	**n**	['ene]	**v**	['uβe] (*in* LA*m* [be'korta])
f	['efe]	**ñ**	['eɲe]	**w**	['uβe 'doβle] (*in* LA*m* ['doβle be])
g	[xe]	**o**	[o]	**x**	['ekis]
h	['atʃe]	**p**	[pe]	**y**	[i'ɣrjeɣa]
i	[i]	**q**	[ku]	**z**	['θeta] *or* ['θeða] *or* ['seta]

The gender of the letters is feminine: '¿esto es una c o una t?' You also say 'una a' and 'la a', 'una h' and 'la h' (i.e. you do not apply the rule as in un ave, el agua).

PRONOUNCING LATIN AMERICAN SPANISH

The pronunciation of Latin American Spanish varies widely from place to place, so the following notes are intended to give a general picture only. As a rule, the Spanish spoken in the upland areas of Latin America is similar to Castilian Spanish, while the lowland and coastal areas have many features of Andalusian pronunciation. Vowel sounds are all roughly the same, but there are differences in the way consonants are pronounced. These are listed below:

1 The Castilian [θ] sound (like the **th** in the English word **th***in*) which is written **c** or **z** is pronounced as various kinds of **s** [s] throughout Latin America. This is known as **seseo**.

2 At the end of a syllable or a word, **s** is a slight aspiration, e.g. **las dos** [lah'doh], mosca ['mohka], but in parts of the Andes, upland Mexico and Peru the [s] sound is retained as in Castilian Spanish.

3 The Castilian written **ll** [ʎ] (like **lli** in the English word *million*) is pronounced in three different ways in Latin America. In parts of Colombia, all Peru, Bolivia, N. Chile and Paraguay it remains [ʎ]. In Argentina, Uruguay, upland Ecuador and part of Mexico it is pronounced [ʒ]. In the remaining areas it is pronounced [j]. When this last kind [j] is in contact with the vowels **e** and **i** it disappears altogether, and one finds incorrect written forms such as **gaína** (for **gallina**) and **biete** (for **billete**).

4 In all parts of Latin America you will often find confusion between the letters **l** and **r**: **clin** (for **crin**), **carma** (for **calma**) etc.

5 Written **h** is silent in Castilian, but in parts of Mexico and Peru this **h** is aspirated at the start of a word, so you may find incorrectly spelt forms such as **jarto** (for **harto**) and **jablar** (for **hablar**). Compare **halar/jalar** and other cases in the main dictionary text.

SPANISH SPELLING

The system of spelling in Spanish is very logical, and apart from a few minor exceptions it presents no real problems. For a more detailed study of Spanish orthography see Manuel Seco's *Diccionario de dudas y dificultades de la lengua española*, Madrid, Espasa-Calpe 9th ed., 1990.

1 When spelling the [x] sound most Spanish speakers use a mix of **g** and **j**. However, a few prefer to always use the letter **j**, giving spellings such as **jeneral**, **Jibraltar** etc.

2 In spite of the Academy's recommendation that words beginning in **ps-** and **mn-** should be spelt with **s-** and **m-** respectively you will often find the **ps-** spelling used. In the dictionary we reflect this usage and so have given **ps-** spellings throughout, but with a cross-reference from **s-** in the Spanish-English part.

3 Spanish speakers themselves often wrongly spell words containing the letters **b** or **v**, so you will find **boy** for **voy**, **escrivir** for **escribir**, **tranbía** for **tranvía** and so on.

The silent **h** is often omitted giving **acer**, **reacer** and **ombre**, for example, and sometimes it is incorrectly added to words: **hera** for **era**, **honce** for **once** etc. Since **ll** [ʎ] is often pronounced [j] you may find **ll** written in place of **y**: **cullo** for **cuyo**, **rallo** for **rayo**.

4 Much of the above also applies to Latin American Spanish, mainly because spelling reflects pronunciation (see previous section). In Spanish-speaking America there is more confusion between **ll** and **y**, giving errors such as **llapa-yapa**, and there are problems with initial **h** and **j** (e.g. **halar-jalar**) and confusion between **gua-** and **hua-** (e.g. **guaca-huaca**). In the dictionary we have tried to provide cross-references to these variants. You will also see **güevo** for **huevo** and **güeno** for **bueno** as well as **excabar** for **excavar** and **aya** for **haya**. Also, because of the **seseo** (the pronunciation of **c** and **z** as [s]) other incorrect spellings occur: e.g. **capas** for **capaz**, **saga** for **zaga** and even **discución** for **discusión**.

5 Use of capitals in Spanish. As in English, capital letters are used to begin words in the following cases:

– for the first letter of the first word in a sentence

– for all proper names

– for professions

– for ranks and authorities in the state, army and church

– for the names and possessive pronouns of God, Christ, the Virgin Mary etc

Usage differs from English in the following cases:

(a) The names of the days and months do not have capitals in Spanish: **lunes, martes, abril, mayo**

(b) The first person subject pronoun does not have a capital unless it begins a sentence: **yo**. In Spanish it is usual to write the abbreviations **Vd, Vds, Ud, Uds** with capitals, but **usted, ustedes** without.

(c) Capitals are used for the names of countries and provinces etc, but not for the names of their inhabitants, for adjectives relating to them or for their languages: **Francia**, but **un francés, una francesa, el vino francés, hablar francés**. This is also true for adjectives and nouns formed from other types of proper names: **la teoría darwiniana, los estudios cervantinos** etc.

(d) In the titles of books, films, articles etc the capital is used only at the start of the first word, unless later words are proper names: **Lo que el viento se llevó**, but **Boletín de la Real Academia Española**.

(e) A few words which do not have capitals in English have them in Spanish: **el Estado, la Iglesia**. This is not obligatory.

6 Spanish punctuation. This is the same as in English except for the following features:

(a) Exclamation and question marks are placed inverted (¡¿) at the start of the exclamation or question as well as at the end. This does not always coincide with the start of the sentence: e.g. **Pues ¿vamos o no vamos?; Son trece en total, ¿verdad?**

(b) The long dash (—called a *raya*) is often used in Spanish where English would use brackets.

(c) The long dash is also used to introduce dialogue or direct speech, sometimes at the start and at the end of the quotation, but sometimes only at the start.

(d) The inverted commas (" ") with which English encloses passages of direct speech and uses in a variety of other ways are often represented in Spanish by « ».

7 Word division in Spanish.

The rules for splitting words in Spanish are not the same as for English. The main points are:

(a) A single consonant between vowels is grouped with the second of them: **pa-lo, Barcelo-na**.

(b) In a group of two consonants between vowels, the first is grouped with the preceding vowel and the second with the following vowel: **in-nato, des-mochar, paten-te**. But groups having **l** or **r** as the second element are considered as units and join the following vowel only: **re-probar, de-clarar**.

(c) A group consisting of consonant + **h** may be split: **ex-hibición, Al-hambra**.

(d) Remember that **ch**, **ll** and **rr** are considered as individual letters and must therefore never be split: **aprove-char, aga-lla, contra-rrevolucionario**.

(e) In a group of three consonants, the first two join the preceding vowel: **trans-porte, cons-tante**. The exception to this rule is if the third consonant in this group is **l** or **r** only the first consonant joins the preceding vowel while the second and third join the following vowel: **som-bra, des-preciar, con-clave**.

(f) Two vowels should never be separated, even where they form one syllable: **rui-do, maes-tro, pro-veer**.

(g) Where it is obvious that a word is made up of two or more words which have an independent existence of their own, the composite word can be split in ways that contradict the above rules: **latino-americano, re-examinar, vos-otros**. The same applies to some prefixes: **des-animar, ex-ánime**.

8 Use of the hyphen. Called a *guión* in Spanish, the hyphen should only be used as specified in the Spanish Academy's *Nuevas Normas*: **relaciones franco-prusianas, cuerpos técnicos-administrativos**. Compound words should be written without a hyphen: **calientaplatos, limpiaparabrisas, latinoamericano**. However, in practice a few words are regularly hyphenated and appear as such in the dictionary.

PRONUNCIACIÓN Y ORTOGRAFÍA

LA PRONUNCIACIÓN DEL INGLÉS BRITÁNICO

Como es sabido, la ortografía del inglés se ajusta a criterios históricos y etimológicos y en muchos puntos apenas ofrece indicaciones ciertas de cómo ha de pronunciarse cada palabra. Por ello nos ha parecido aconsejable y de utilidad para los hispanohablantes dar para cada palabra inglesa una pronunciación figurada o transcripción. Al tratar de explicar en estas notas los sonidos del inglés mediante comparaciones con los sonidos del español en un espacio reducido nos damos cuenta de que realizamos una labor que no pasa de ser aproximativa. Tales comparaciones tienen una finalidad práctica y carecen del rigor científico que exigen los fonetistas especializados.

1 Sistema de signos
Se emplean los signos de la IPA (International Phonetic Association). Hemos seguido en general las transcripciones de Daniel Jones, *English Pronouncing Dictionary*, London, Dent, 14th ed., 1989. En el prólogo de esta obra el autor explica los principios que le han guiado en su trabajo.

2 Acentuación
En las transcripciones el signo ['] se coloca delante de la sílaba acentuada. El signo [ˌ] se pone delante de la sílaba que lleva el acento secundario o mas ligero en las palabras largas, p.ej. **acceleration** [ækˌseləˈreɪʃən]. Dos signos de acento principal [' '] indican que las dos sílabas, o bien dos

de las sílabas, se acentúan igualmente, p.ej. **A 1** ['eɪ'wʌn], **able-bodied** ['eɪbl'bɒdɪd].

3 Signos impresos en cursiva
En la palabra *annexation* [ˌænekˈseɪʃən], la [ə] en cursiva indica que este sonido puede o no pronunciarse; o porque muchos hablantes la pronuncian pero que otros muchos no la pronuncian, o bien porque es un sonido que se oye en el habla lenta y cuidada pero que no se oye en el habla corriente y en el ritmo de la frase entera.

4 Transcripciones alternativas
En los casos donde se dan dos transcripciones, ello indica que ambas pronunciaciones son igualmente aceptables en el uso de las personas cultas, p.ej. **medicine** ['medsɪn,'medɪsɪn], o bien que la pronunciación varía bastante según la posición de la palabra en la frase y el contexto fonético, p.ej. **an** [æn, ən, n].

5 Véase también la nota sobre la pronunciación del inglés norteamericano.

6 El orden en que se explican los signos abajo es más o menos ortográfico y no el estrictamente fonético.

Vocales

[æ]	sonido breve, bastante abierto, parecido al de **a** en *carro*	**bat**	[bæt]
		apple	['æpl]
[ɑː]	sonido largo parecido al de **a** en *caro*	**farm**	[fɑːm]
		calm	[kɑːm]
[e]	sonido breve, bastante abierto, parecido al de **e** en *perro*	**set**	[set]
		less	[les]
[ə]	'vocal neutra', siempre átona; parecida a la **e** del artículo francés *le* y a la **a** final del catalán (p.ej. *casa*, *porta*)	**above**	[əˈbʌv]
		porter	['pɔːtər]
		convey	[kənˈveɪ]
[ɜː]	forma larga del anterior, en sílaba acentuada; algo parecido al sonido de **eu** en la palabra francesa *leur*	**fern**	[fɜːn]
		work	[wɜːk]
		murmur	['mɜːmər]
[ɪ]	sonido breve, abierto, parecido al de **i** en *esbirro*, **i**rreal	**tip**	[tɪp]
		pity	['pɪtɪ]
[iː]	sonido largo parecido al de **i** en *vino*	**see**	[siː]
		bean	[biːn]
		ceiling	['siːlɪŋ]
[ɒ]	sonido breve, bastante abierto, parecido al de **o** en *corra*, *torra*	**rot**	[rɒt]
		wash	[wɒʃ]
[ɔː]	sonido largo, bastante cerrado, algo parecido al de **o** en *por*	**ball**	[bɔːl]
		board	[bɔːd]
[ʊ]	sonido muy breve, más cerrado que la **u** en *burro*	**soot**	[sʊt]
		full	[fʊl]
[uː]	sonido largo, parecido al de **u** en **u**no, s**u**pe	**root**	[ruːt]
		fool	[fuːl]
[ʌ]	sonido abierto, breve y algo oscuro, sin correspondencia en español; se pronuncia en la parte anterior de la boca sin redondear los labios	**come**	[kʌm]
		rum	[rʌm]
		blood	[blʌd]
		nourish	['nʌrɪʃ]

Diptongos

[aɪ]	sonido parecido al de **ai** en *fra**i**le*, *va**i**s*	**lie**	[laɪ]
		fry	[fraɪ]
[aʊ]	sonido parecido al de **au** en *pa**u**sa*, *sa**u**ce*	**sow**	[saʊ]
		plough	[plaʊ]
[eɪ]	sonido medio abierto, pero más cerrado que la **e** de *cas**é***; suena como si le siguiese una [i] débil, especialmente en sílaba acentuada	**fate**	[feɪt]
		say	[seɪ]
		waiter	['weɪtər]
		straight	[streɪt]

[əʊ]	sonido que es una especie de **o** larga, sin redondear los labios ni levantar la lengua; suena como si le siguiese una [u] débil	ago also atrocious note	[ə'gəʊ] ['ɔːlsəʊ] [ə'trəʊʃəs] [nəʊt]
[ɛə]	sonido que se encuentra unicamente delante de la **r**: el primer elemento se parece a la **e** de *perro*, pero es más abierto y breve; el segundo elemento es una forma débil de la 'vocal neutra' [ə]	there rare fair ne'er	[ðɛəʳ] [rɛəʳ] [fɛəʳ] [nɛəʳ]
[ɪə]	sonido cuyo primer elemento es una **i** medio abierta; el segundo elemento es una forma débil de la 'vocal neutra' [ə]	here interior fear beer	[hɪəʳ] [ɪn'tɪərɪəʳ] [fɪəʳ] [bɪəʳ]
[ɔɪ]	sonido cuyo primer elemento es una **o** abierta; seguido de una **i** abierta pero débil; parecido al sonido de **oy** en *voy* o de **oi** en *coime*	toy destroy voice	[tɔɪ] [dɪs'trɔɪ] [vɔɪs]
[ʊə]	sonido cuyo primer elemento es una **u** medio larga; el segundo elemento es una forma débil de la 'vocal neutra' [ə]	allure sewer pure	[ə'ljʊəʳ] [sjʊəʳ] [pjʊəʳ]

Consonantes

[b]	como la **b** de *tumbar, umbrío*	bet able	[bet] ['eɪbl]
[d]	como la **d** de *conde, andar*	dime mended	[daɪm] ['mendɪd]
[f]	como la **f** de *fofo, inflar*	face snaffle	[feɪs] ['snæfl]
[g]	como la **g** de *grande, rango*	go agog	[gəʊ] [ə'gɒg]
[h]	es una aspiración fuerte, algo así como la jota castellana [x] pero sin la aspereza gutural de aquélla	hit reheat	[hɪt] ['riː'hiːt]
[j]	como la **y** de *cuyo, reyes*	you pure million	[juː] [pjʊəʳ] ['mɪljən]
[k]	como la **c** de *cama* o la **k** de *kilómetro*, pero acompañada por una ligera aspiración inexistente en español	catch kiss chord box	[kætʃ] [kɪs] [kɔːd] [bɒks]
[l]	como la **l** de *leer, pala*	lick place	[lɪk] [pleɪs]
[m]	como la **m** de *mes, comer*	mummy roam	['mʌmɪ] [rəʊm]
[n]	como la **n** de *nada, hablan*	nut sunny	[nʌt] ['sʌnɪ]
[ŋ]	como el sonido que tiene la **n** en *banco, rango*	bank sinker singer	[bæŋk] ['sɪŋkəʳ] ['sɪŋəʳ]
[p]	como la **p** de *palo, ropa*, pero acompañada pro una ligera aspiración inexistente en español	pope pepper	[pəʊp] ['pepəʳ]
[r]	Es un sonido muy débil, casi semivocal, que no tiene la vibración fuerte que caracteriza la **r** española. Se articula elevando la punta de la lengua hacia el paladar duro. (NB: En el inglés de Inglaterra la **r** escrita se pronuncia únicamente delante de vocal; en las demás posiciones es muda. Véase abajo).	rate pear fair blurred sorrow	[reɪt] [pɛəʳ] [fɛəʳ] [blɜːd] ['sɒrəʊ]
[ʳ]	Este signo en las transcripciones indica que la **r** escrita en posición final de palabra se pronuncia en el inglés británico en muchos casos cuando la palabra siguiente empieza con vocal. En algún dialecto inglés y sobre todo en los Estados Unidos esta **r** se pronuncia siempre, así cuando la palabra se pronuncia aislada como cuando la siguen otras (empezando con vocal o sin ella)	bear humour after	[bɛəʳ] ['hjuːməʳ] ['ɑːftəʳ]
[s]	como la **s** (sorda) de *casa, sesión*	sit scent cents pox	[sɪt] [sent] [sents] [pɒks]
[t]	como la **t** de *tela, rata*, pero acompañada por una ligera aspiración inexistente en español	tell strut matter	[tel] [strʌt] ['mætəʳ]
[v]	Inexistente en español (aunque se encuentra en catalán y valenciano). En inglés es sonido labiodental, y se produce juntando el labio inferior con los dientes superiores	vine river cove	[vaɪn] ['rɪvəʳ] [kəʊv]
[w]	como la **u** de *huevo, puede*	wine bewail	[waɪn] [bɪ'weɪl]

[z]	como la **s** (sonora) de *desde, mismo*	zero roses buzzer	['zɪərəʊ] ['rəʊzɪz] ['bʌzəʳ]
[ʒ]	Inexistente en español, pero como la **j** de las palabras francesas *jour*, **j**alousie, o como la **g** de las palabras portuguesas **g**ente, **g**eral	rouge leisure azure	[ru:ʒ] ['leʒəʳ] ['eɪʒəʳ]
	Este sonido aparece a menudo en el grupo [dʒ], parecido al grupo **dj** de la palabra francesa a**dj**acent	page edge jail	[peɪdʒ] [edʒ] [dʒeɪl]
[ʃ]	Inexistente en español, pero como la **ch** de las palabras francesas **ch**ambre, fi**ch**e, o como la **x** de la palabra portugesa ro**x**o	shame ocean ration sugar	[ʃeɪm] ['əʊʃən] ['ræʃən] ['ʃʊgəʳ]
	Este sonido aparece a menudo en el grupo [tʃ], parecido al grupo **ch** del español mu**ch**o, **ch**ocho	much chuck natural	[mʌtʃ] [tʃʌk] ['nætʃrəl]
[θ]	como la **z** de **z**umbar, o la **c** de **c**iento	thin maths	[θɪn] [mæθs]
[ð]	forma sonorizada del anterior, algo parecido a la **d** de to**d**o, habla**d**o	this other breathe	[ðɪs] ['ʌðəʳ] [bri:ð]
[x]	sonido que en rigor no pertenece al inglés de Inglaterra, pero que se encuentra en el inglés de Escocia y en palabras escocesas usadas en Inglaterra etc; es como la **j** de **j**oven, ro**j**o	loch	[lɔx]

7 Sonidos extranjeros

El grado de corrección con que el inglés pronuncia las palabras extranjeras que acaban de incorporarse al idioma depende – como en español – del nivel cultural del hablante y de los conocimientos que pueda tener del idioma de donde de ha tomado la palabra. Las transcripciones que damos de tales palabras representan una pronunciación más bien culta. En las transcripciones la tilde [˜] indica que la vocal tiene timbre nasal (en muchas palabras de origen francés). En las pocas palabras tomadas del alemán aparece a veces la [x], para cuya explicación véase el cuadro de las consonantes.

8 Las letras del alfabeto inglés

Cuando se citan una a una, o cuando se deletrea una palabra para mayor claridad, o cuando se identifica un avión etc por una letra y su nombre, las letras suenan así:

a	[eɪ]	**j**	[dʒeɪ]	**s**	[s]
b	[bɪ:]	**k**	[keɪ]	**t**	[tɪ:]
c	[sɪ:]	**l**	[el]	**u**	[ju:]
d	[dɪ:]	**m**	[em]	**v**	[vi:]
e	[ɪ:]	**n**	[en]	**w**	['dʌblju:]
f	[ef]	**o**	[əʊ]	**x**	[eks]
g	[dʒɪ:]	**p**	[pɪ:]	**y**	[waɪ]
h	[eɪtʃ]	**q**	[kju:]	**z**	[zed] (*en EEUU* [zɪ:])
i	[aɪ]	**r**	[ɑ:ʳ]		

LA PRONUNCIACIÓN DEL INGLÉS NORTEAMERICANO

Sería sin dude deseable dar aquí un resumen de las diferencias más notables que existen entre el inglés de Inglaterra y el de las regiones del Reino Unido – Escocia, Gales, Irlanda del Norte – y el de los principales países extranjeros y continentes donde se ha arraigado este idioma: Irlanda, Estados Unidos y el Canadá, las Antillas, Australia y Nueva Zelanda, Sudáfrica y los países sucesores de las antiguas colonias en el Este y Oeste de África, la India, etc. Para tal labor no disponemos ni del espacio ni mucho menos de los conocimientos necesarios. Siendo este diccionario un trabajo angloamericano, sin embargo, y considerando el predominio actual de los Estados Unidos en tantas esferas (entre ellas la lingüística), es de todos modos imprescindible apuntar algunas de las múltiples diferencias que existen entre el inglés de Inglaterra y el hablado en Estados Unidos.

Empleamos las abreviaturas (*Brit*) (British) y (*US*) (United States).

1 Acentación

Las palabras que tienen dos sílabas o más después del acento principal llevan en (*US*) un acento secundario que no tienen en (*Brit*), p.ej. **dictionary** [(*US*) 'dɪkʃənerɪ = (*Brit*) 'dɪkʃənrɪ], **secretary** (*US*) 'sekrə,terɪ = (*Brit*) 'sekrətrɪ. En algunos casos se acentúa en (*US*) una sílaba distinta de la que lleva el acento en (*Brit*): p.ej. **primarily** [(*US*) praɪ'mærɪlɪ = (*Brit*) 'praɪmərɪlɪ]. Este cambio de acento se percibe ahora también, por influencia norteamericana, en el inglés de Inglaterra.

2 Entonación

El inglés de (*US*) se habla con un ritmo más lento y en un tono más monotono que en Inglaterra, debido en parte al alargamiento de las vocales que se apunta abajo.

3 Sonidos

Muchas de las vocales breves acentuadas en (*Brit*) se alargan mucho en (*US*), y alguna vocal inacentuada en (*Brit*) se oye con más claridad en (*US*), p.ej. **rapid** [(*US*) 'ræ:pɪd = (*Brit*) 'ræpɪd], **capital** [(*US*) 'kæ:bɪdəl = (*Brit*) 'kæpɪtl].

Peculiaridad may notable del inglés en (*US*) es la nasalización de las vocales antes y después de las consonantes nasales [m, n, ŋ].

En las vocales individuales también hay diferencias. El sonido [ɑ:] en (*Brit*) en muchas palabras se pronuncia en (*US*) como [æ] o bien [æ:], p.ej. **grass** [(*US*) græs o græ:s = (*Brit*) grɑ:s], **answer** [(*US*) 'ænsər o 'æ:nsər = (*Brit*) 'ɑ:nsər]. El sonido [ɒ] en (*Brit*) se pronuncia en (*US*) casi como una [ɑ] oscura, p.ej. **dollar** [(*US*) 'dɑlər = (*Brit*) 'dɒlər], **hot** [(*US*) hɑt = (*Brit*) hɒt], **topic** [(*US*) 'tɑpɪk = (*Brit*) 'tɒpɪk]. El diptongo que se pronuncia en (*Brit*) [ju:] en sílaba acentuada se pronuncia en la mayor parte de (*US*) sin [j], p.ej. **Tuesday** [(*US*) 'tu:zdɪ = (*Brit*) 'tju:zdɪ], **student** [(*US*) 'stu:dənt = (*Brit*) 'stju:dənt]; pero muchas palabras de este tipo se pronuncian en (*US*) igual que en (*Brit*), p.ej. **music, pure, fuel**. En último lugar entre las vocales, se nota que la sílaba final **-ile** que se pronuncia en (*Brit*) [aɪl] es a menudo en (*US*) [əl] o bien [l]. p.ej. **missile** [(*US*) 'mɪsəl, 'mɪsl = (*Brit*) 'mɪsaɪl]. Existen otras diferencias en la pronunciación de las vocales de palabras individuales, p.ej. **tomato**, pero éstas se tratan individualmente en el texto del diccionario.

En cuanto a las consonantes, destacamos dos diferencias. La consonante sorda [t] entre vocales suele sonorizarse bastante en (*US*), p.ej. **united** [(*US*) juˈnaɪdɪd = (*Brit*) juːˈnaɪtɪd], o sufre lenición [t]. La *r* escrita en posición final después de vocal o entre vocal y consonante es por la mayor parte muda en (*Brit*), pero se pronuncia a menudo en (*US*), p.ej. **where** [(*US*) wɛər = (*Brit*) wɛər], **sister** [(*US*) ˈsɪstər = (*Brit*) ˈsɪstər]. Hemos tomado esto en cuenta en las transcripciones en el texto del diccionario. También en posición final de sílaba (no sólo de palabra) se nota esta pronunciación de la *r* escrita: **burden** [(*US*) ˈbɜːrdn], = (*Brit*) ˈbɜːdn], **jersey** [(*US*) ˈdʒɜːrzɪ = (*Brit*) ˈdʒɜːzɪ].

Conviene advertir que aun dentro del inglés de Estados Unidos hay notables diferencias regionales ; la lengua de Nueva Inglaterra difiere bastante de la del Sur, la del Medioeste no es la de California, etc. Los datos que constan arriba no son más que indicaciones muy someras.

LA ORTOGRAFÍA DEL INGLÉS

Vamos a hablar aquí de una serie de reglas ortográficas del inglés que pueden resultar de utilidad para los hablantes de español, así como de las diferencias ortográficas entre el inglés británico y el norteamericano. Nos referiremos, en primer lugar, al inglés británico.

Consonantes dobles

1 En las palabras monosílabas que acaban en una sola consonante, esta consonante se hace doble cuando se añade un sufijo que empieza por vocal.

Ej: **knot** + **-ed** = **knotted; cut** + **-er** = **cutter; hit** + **-ing** = **hitting**

EXCEPCIONES:
Cuando en la palabra hay dos vocales juntas.
Ej: **feel** > **feeling**.

Cuando la consonante final es doble.
Ej: **hand** > **handed**.

2 En las palabras de dos o tres sílabas acabadas en consonante precedida de una sola vocal, esta consonante se hace doble al añadírsele un prefijo, siempre que el énfasis recaiga en la última sílaba.

Ej: **regret** + **-ing** = **regretting; transfer** + **-ed** = **transferred; begin** + **-er** = **beginner**

NOTA: cuando la última sílaba no va acentuada esto no ocurre.
Ej: **enter** + **-ed** = **entered; answer** + **-ing** = **answering, count** + **-er** = **counter**. Sin embargo, existen algunas excepciones como: **kidnap** > **kidnapper, kidnapped** etc; **worship** > **worshipping, worshipped** etc; **handicap** > **handicapped, handicapping**.

3 En algunas palabras acabadas en **-l**, esta **l** se suele hacer doble en los dos casos siguientes:

– en las palabras acabadas por **-l** precedida de una sola vocal.
Ej: **equal** > **equalling; instil** > **instilled; repel** > **repellent**

– en las palabras acabadas en dos vocales que formen un diptongo.
Ej: **real** > **really; fuel** > **fuelled**

Cuándo desaparece la -e final

1 En las palabras acabadas en una sola **-e** precedida de consonante, la **-e** desaparece cuando se añade un sufijo que empiece por vocal.

Ej: **care** > **cared; retrieve** > **retrieving; love** > **lovable**

NOTA: La excepción a esta regla la constituye la palabra **likeable** – aunque también existe la forma likable – así como algunas palabras que terminan por **-ce** o **-ge** (ver más abajo).

2 Cuando se añade a la palabra un sufijo que empiece por consonante, la **-e** final se mantiene.
Ej: **hate** > **hateful**.

EXCEPCIONES A ESTA REGLA:

(a) Cuando la palabra acaba en **-able** o **-ible** y se le añade el sufijo adverbial **-ly**.

Ej: **possible** > **possibly; arguable** > **arguably**

(b) En determinadas palabras, entre las que cabe destacar: **whole** > **wholly; argue** > **argument; judge** > **judgment; true** > **truly; due** > **duly**.

Palabras terminadas en -ce y -ge

1 Tanto en las palabras que terminan por **-ce** como en las que terminan por **-ge**, la **-e** final se mantiene al añadirles un sufijo que empiece por **a** o por **o**, a fin de que se mantenga el sonido suave de la **c** y la **g**. Es lo mismo que ocurre en español con estas mismas letras en determinadas palabras. Si nos fijamos, por ejemplo en el verbo **pagar**, vemos cómo para formar la primera persona del presente de subjuntivo **pague** es necesario añadir una **u** antes de la **e** a fin de que la **g** mantenga su sonido, ya que de otra forma se pronunciaría "page"; y lo mismo ocurre, por ejemplo, con el verbo **vencer** al formar la primera persona del presente de indicativo, en que la **c** tiene que cambiar a **z: venzo**.

Ej: **change** > **changeable; replace** > **replaceable; outrage** > **outrageous**

2 En las palabras que terminan en **-ce**, la **-e** se convierte en **i** antes del sufijo **-ous**.

Ej: **space** > **spacious; malice** > **malicious**

Palabras terminadas en -y

Cuando las palabras que terminan por **-y** van precedidas de una consonante, la **y** se convierte en **i** al añadírseles cualquier sufijo que empiece por vocal.

Ej: **try** > **tried; carry** > **carried; funny** > **funnier; easy** > **easily**

NOTA: Esto ocurre también en los sustantivos acabados en y precedida de consonante en el singular, que para formar el plural tienen que añadir el sufijo **-es**. Así: **baby** > **babies; lorry** > **lorries**. Y lo mismo en la formación de la tercera persona del presente: **hurry** > **she hurries; cry** > **she cries**.

EXCEPCIÓN: La única excepción a esta regla la constituye el sufijo **-ing**.

Ej: **try** + **ing** = **trying; carry** + **ing** = **carrying**.

Cuando la **-y** va precedida de vocal, esta **y** se mantiene.

Ej: **convey** > **conveyed; lay** > **layer**

NOTA: hay que tener en cuenta que los sustantivos que acaban por **y** precedida de vocal tienen un plural regular. Así: **boy** > **boys; key** > **keys**. Y también que en los verbos acabados en **y** precedida de vocal la tercera persona del presente se forma añadiendo solamente una **s: say** > **she says; stay** > **he stays**.

Grupos vocálicos -ie- y -ei-

En la mayoría de los casos, el orden de las letras de estos grupos vocálicos en el interior de una palabra es **-ie-**, a menos que la **i** vaya precedida de **c**, en que ocurre lo contrario.

Ej: **retrieve, believe** pero **receive, deceipt**

Sin embargo, existen unas cuantas excepciones a esta regla, que son, entre otras, las siguientes palabras:

beige	height	seize	weigh
eight	leisure	sleigh	weight
either	neighbour	their	weird
foreign	neither	veil	
freight	rein	vein	

Sustantivos terminados en -o

Estos sustantivos forman el plural añadiendo el sufijo -es.

Ej: **tomato, tomatoes; hero, heroes; potato, potatoes.**

EXCEPCIONES:
Cuando terminan en dos vocales. Ej: **studio, studios; radio, radios.**

Cuando los sustantivos son, en origen, palabras abreviadas. Ej: **kilo, kilos; photo, photos.**

Palabras terminadas en -ence y -ense

En inglés británico, mientras ciertos sustantivos se escriben con -c-, los verbos derivados de ellos se escriben con -s-. Pero, como veremos más adelante, esto no ocurre en el inglés americano.

Ej: **a licence** pero **to license**
    the practice pero **to practise**

Mayúsculas

Las mayúsculas se emplean más en inglés que en español. Se emplean como en español al principio de la palabra en los siguientes casos: en la primera palabra de la frase; en los nombres propios de toda clase; en los nombres, sobrenombres y pronombres posesivos de Dios, Jesucristo, Nuestra Señora etc; en las graduaciones y títulos de las autoridades del estado, del ejército, de la iglesia y de las empresas.

Las mayúsculas se emplean en inglés en los siguientes casos donde se escribe minúscula en español:

1 Los nombres de los días y meses: **Monday, Tuesday, May, June**

2 El pronombre personal de sujeto, primera persona: **I** (yo). Pero, a diferencia del español, en que se escribe Vd., Vds, el pronombre de segunda persona (igual que el resto de los pronombres) se escribe siempre con minúscula.

3 Los nombres de los habitantes de los países y provincias, los adjetivos derivados de éstos y los nombres de los idiomas: **I like the French, two Frenchwomen, French cheese, to talk French, a text in old Castillian.** Sin embargo, el adjetivo de nacionalidad puede escribirse con minúscula en algún caso cuando se refiere a una cosa corriente u objeto conocido de todos, p. ej. **a french window, french beans, german measles, venetian blinds.**

4 En los nombres y adjetivos derivados de otras clases de nombres propios: **a Darwinian explanation, a Thatcherite, the Elizabethans.**

5 En los sustantivos y adjetivos principales en los títulos de libros, películas, artículos etc: **A Clockwork Orange, Gone with the Wind.**

Apóstrofes

El apóstrofe se usa fundamentalmente en inglés:

1 En la formación del posesivo (el llamado posesivo sajón), mediante la adición de una **s** precedida de apóstrofe al singular de cualquier sustantivo o al plural que no acabe en -**s**.

Ej: **my father's car; women's talk**

En los plurales de los sustantivos acabados en -**s** se añade solamente un apóstrofe.

Ej: **their friends' house; my daughters' social life**

2 En determinadas contracciones de palabras, para señalar la omisión de una o más letras.

Ej: **I am > I'm; you are > you're; he is > he's; I had/ I would > I'd; you have > you've; does not > doesn't; I shall/will > I'll** etc

3 Para formar el plural de letras, fechas, números o siglas, seguido de una **s**.

Ej: **She got three B's in her exams; during the 1920's; he was still in his 30's; all the PC's.**

Diferencias ortográficas entre el inglés británico *(Brit)* y el norteamericano *(US)*

Palabras con el grupo vocálico -ou-

1 En las palabras terminadas en -**our** *(Brit)* derivadas del latín, la **u** se suprime en *(US)*. Así, por ejemplo: *(Brit)* **colour** = *(US)* **color**; *(Brit)* **labour** = *(US)* **labor**. (Esto no afecta a los monosílabos como **dour, flour, sour,** donde no hay diferencia).

2 En *(US)* también se suprime la **u** cuando este grupo de letras se encuentra en el interior de la palabra. Así: *(Brit)* **mould** = *(US)* **mold**; *(Brit)* **smoulder** = *(US)* **smolder**.

Palabras terminadas en *(Brit)* -re

Cuando esta terminación *(Brit)* va precedida de consonante y el énfasis no recae en esta sílaba, normalmente cambia a -**er** en *(US)*: *(Brit)* **centre** = *(US)* **center**; *(Brit)* **metre** = *(US)* **meter**; *(Brit)* **theatre** = *(US)* **theater**. (Pero no existe diferencia en **acre, genre, lucre, massacre, mediocre, ogre**).

Vocales finales

Ciertas vocales finales, que no tienen valor en la pronunciación, se escriben en *(Brit)* pero se suprimen en *(US)*: *(US)* **catalog** = *(Brit)* **catalogue**; *(US)* **prolog** = *(Brit)* **prologue**; *(US)* **program** = *(Brit)* **programme**; *(US)* **kilogram** = *(Brit)* **kilogramme**.

Diptongos de origen griego o latino

En *(US)* se suele simplificar los diptongos de origen griego o latino **ae, oe**, escribiéndose sencillamente **e**: *(US)* **anemia** = *(Brit)* **anaemia**; *(US)* **anesthesia** = *(Brit)* **anaesthesia**. En *(US)* se duda entre **subpoena** y **subpena**; en *(Brit)* se mantiene siempre el primero.

Palabras terminadas en *(Brit)* -ence

En algunos casos las palabras que en *(Brit)* terminan en -**ence** se escriben -**ense** en *(US)*: *(Brit)* **defence** = *(US)* **defense**; *(Brit)* **offence** = *(US)* **offense**.

Consonantes dobles

Algunas consonantes que en *(Brit)* se escriben dobles, en *(US)* se escriben sencillas: *(Brit)* **waggon** = *(US)* **wagon** (aunque **wagon** se admite también en el Reino Unido). Pero esto ocurre sobre todo en formas verbales, al añadirse sufijos a verbos que acaban en consonante (ver más arriba). Así, por ejemplo: *(Brit)* **kidnapped** = *(US)* **kidnaped**; *(Brit)* **worshipped** = *(US)* **worshiped**.

En el caso de la **l** o **ll** intervocálicas, mientras en *(Brit)* la **l** se hace doble antes de un sufijo en las palabras que terminan por **l** precedida de una sola vocal o de dos vocales que forman un diptongo (ver más arriba), en *(US)* estas palabras se escriben con una sola **l**. Así, por ejemplo: *(Brit)* **councillor** = *(US)* **councilor**; *(Brit)* **traveller** = *(US)* **traveler**. Sin embargo, en posición de final de sílaba o de palabra, la **l** en *(Brit)* es a menudo **ll** en *(US)*: así *(US)* **enroll, enrolls** = *(Brit)* **enrol, enrols**; *(US)* **skillful** = *(Brit)* **skilful**.

Escritura de tono familiar

En *(US)* se modifica algún otro grupo ortográfico del inglés, pero sélo en la escritura de tono familiar: *(US)* **tho** = *(Brit)* **though**; *(US)* **thru** = *(Brit)* **through**. También son más corrientes en *(US)* las formas como **Peterboro** (o bien **Peterboro')**, aunque éstas no son desconocidas en *(Brit)*.

Algunas palabras aisladas

Existe una serie de palabras aisladas que se escriben de modo diferente:

(US)	*(Brit)*	*(US)*	*(Brit)*
ax	axe	mustache	moustache
check	cheque	pajamas	pyjamas
cozy	cosy	plow	plough
disk	disc	skeptic	sceptic

| gray | grey | tire | tyre |
| gypsy | gipsy | | |

Es importante observar, sin embargo, que existen algunas palabras que en (*Brit*) se escriben con ortografía (*US*), aunque en general su significado queda restringido a determinados contextos. Así, por ejemplo, en (*Brit*) encontramos **disk** y **program** con ortografía norteamericana, pero referidos exclusivamente a la Informática, mientras que en todos los demás casos se escribe **disc** y **programme**.

La puntuación en inglés

Los signos y el modo de emplearlos son como en español, con las siguientes excepciones:

1 Los signos de admiración y de interrogación (¡¿) no se emplean en inglés en principio de frase.
Ej: **What is her name?; Help!**

2 En inglés se emplea menos la doble raya (– ... –) con función parentética; se prefiere en muchos casos el paréntesis (...).
Ej: **Old people think that the pace of modern life (i.e. from 1940 onwards) is far too fast**.

3 La raya (–) que sirve a menudo en español para introducir el diálogo y la oración directa, y también para cerrarlos, se sustituye en inglés por las comillas ("..." /'...'). En inglés informal, se usa también a menudo, en lugar de los dos puntos o del punto y coma, para indicar que lo que sigue es conclusión o resumen de lo anterior, o bien para separar un comentario o una idea del resto de la frase.
Ej: **Everybody was trying to speak at the same time – the noise was deafening; she told me everything she knew – at least that's what I thought at the time.**

4 Las comillas, como acabamos de ver, se usan en inglés para introducir el diálogo y la oración directa, y obligatoriamente para cerrarlos también. En general, en (Brit) se suele emplear una sola comilla ('...') mientras que en (US) se prefieren las comillas dobles (" ... ").
Ej: **'I'll go out as soon as the rain stops' he said. 'Why don't you take an umbrella?' she replied.**

Aparte de esto, las comillas se usan también, como en español, para destacar determinadas palabras dentro de la frase, y también en los títulos de libros, películas, artículos etc.
Ej: **She called me a "male chauvinist pig"; we went to see 'Sense and Sensibility'.**

5 El guión se usa, como en español, para formar palabras compuestas de otras dos o más palabras, y para dividir palabras a final de renglón (ver más abajo). También, a veces, se utiliza en (*Brit*) para separar determinados prefijos, en los siguientes casos:

– cuando el prefijo acaba en la misma vocal por la que empieza la palabra a la que precede.
Ej: **co-opting, pre-eminent**.

– cuando va delante de una palabra escrita con mayúscula.
Ej: **anti-American, pre-Victorian.**

– en general, en el caso de los prefijos ex- y non-.
Ej: **ex-husband, non-proliferation.**

La división de la palabra en inglés

Las reglas para dividir una palabra en final de renglón son menos estrictas en inglés que en español. En general se prefiere cortar la palabra tras vocal, **hori-zontal, vindi-cation**, pero se prefiere mantener como unidades ciertos sufijos comunes, **vindica-tion, glamor-ous**. De acuerdo con esto se divide la palabra dejando separada la desinencia **-ing**, p.ej. **sicken-ing**, pero si ésta está precedida por un grupo de consonantes, una de ellas se deja unida a **-ing**, p.ej. **tick-ling**. Los grupos de dos consonantes iguales se dividen: **pat-ter, yel-low, disap-pear**, así como los demás grupos consonánticos, que lo hacen de acuerdo con los elementos separables que forman la palabra: **dis-count, per-turb**.

DICCIONARIO
ESPAÑOL-INGLÉS

SPANISH-ENGLISH
DICTIONARY

A, a¹ NF (*letra*) A, a.

a² PREP [a] (*dirección*) to; **ir a Madrid** to go to Madrid; **llegar a Madrid** to reach Madrid; **ir al parque** to go to the park; **voy a la tienda** I'm going to the shop; **subir a un tren** to get on a train; **mirar al norte** to look northwards; **de cara al norte** facing north; **torcer a la derecha** to turn (to the) right; **caer al mar** to fall into the sea.

[b] (*distancia*) away; **está a 7 km de aquí** it is 7 km (away) from here.

[c] (*situación*) at, on; **al lado de** at the side of, next to; **al final de la calle** at the end of the street; **a lo lejos** in the distance; **estaba sentado a su mesa de trabajo** he was sitting at his desk; **a orillas de** on the banks of; **a la izquierda/derecha** on the left/right; **al margen de** on the margin(s) of.

[d] (*tiempo*) at; **a las 8** at 8 o'clock; **¿a qué hora?** at what time?; **estamos a 3 de julio** it's the third of July; **a la mañana siguiente** the following morning; **a los 55 años** at the age of 55; **al año de esto** after a year of this, a year later; **al año/a la semana** a year/week later; **a los pocos días** after a few days, a few days later; **dos veces al día** twice a day; **a tiempo** (*decir, hacer*) in time; (*llegar*) on time.

[e] (*modo*) **a la americana** in the American fashion; **a cuadros/rayas** chequered o (*US*) checkered/striped; **a pie/caballo** on foot/horseback; **a escape** at full speed; **a oscuras** in the dark, in darkness; **a petición de** at the request of; **a solicitud** on request; **tres a tres** three at a time, in threes; **a lápiz** in pencil; **a puñetazos** with (blows of) one's fists; **a mano** by hand; **bordado a mano** hand-embroidered.

[f] (*medida*) **a un precio elevado** at a high price; **a 30 ptas el kilo** at o for 30 pesetas a kilo; **al 5 por ciento** at 5%; **a 50 km por hora** at 50 km an hour; **poco a poco** little by little; **palmo a palmo** inch by inch; **funciona a pilas** it works on batteries.

[g] (*complemento indirecto*) to; **se lo di a él** I gave it to him; **le di dos a Pepe** I gave two to Joe, I gave Joe two.

[h] (*procedencia*) **se lo compré a él** I bought it from him.

[i] (*complemento directo de persona: no se traduce*) **vi al jefe** I saw the boss.

[j] (*verbo + a*) to; **empezó a cantar** he began to sing; **voy a verle** I'm going to see him; **sabe a queso** it tastes of cheese; **huele a vino** it smells of wine.

[k] (*al + infin*) V **al**.

[l] (*nombre + a + infin*) **asuntos a tratar** agenda, items to be discussed; **el criterio a adoptar** the criterion to be adopted.

[m] (*si*) **a no ser esto así** if this were not so; **a decir verdad** to tell the truth; **a la que te descuidas ...** before you know where you are ....

[n] (*imperativo*) **¡a callar!** be quiet!; **¡a trabajar!** down to work!

[o] **a que ...** I bet ...; **a que no sabes** bet you don't know.

A. ABR *de* **aprobado**.

AA ABR (*Aer*) *de* **Aerolíneas Argentinas**.

A.A. ABR *de* **Alcohólicos Anónimos** AA.

AA.AA. ABR *de* **Antiguos Alumnos** FPs.

AAE NF ABR *de* **Asociación de Aerolíneas Europeas** AEA.

AA.EE. ABR *de* **Asuntos Exteriores**.

ab. ABR *de* **abril** Apr.

ábaco NM abacus.

abacorar <1a> VT (*And, Carib*) to harass, bother.

abad NM abbot.

abadejo NM [a] (*pez*) codfish. [b] (*insecto*) Spanish fly. [c] (*Orn*) kinglet.

abadesa NF (*Rel*) abbess.

abadía NF [a] (*convento*) abbey. [b] (*oficio*) abbacy.

abajeño/a (*LAm*) [1] ADJ lowland, coastal. [2] NM/F lowlander, coastal dweller.

abajo [1] ADV [a] (*situación*) (down) below; (*esp LAm: debajo*) underneath; (*en casa etc*) downstairs; **aquí ~** down here; **desde ~** from below; **el ~ firmante** the undersigned; **más ~** lower o further down; **por ~** underneath; **~ del todo** right at the bottom; **la parte de ~** (*inferior*) the lower part; (: *de debajo*) the underside; **el piso de ~** (*planta*) the next floor down; (*planta baja*) the bottom o lower floor; (*casa*) the flat downstairs; **él de ~** (*que está abajo*) the one downstairs; (*el último*) the bottom one; **los de ~** (*fig*) the underdogs, the downtrodden.

[b] (*dirección*) down(wards); **hacia ~** down(wards); **cuesta ~** downhill; **río ~** downstream; **de la cintura para ~** from the waist down.

[2] INTERJ down with!

abalanzarse <1f> VR [a] to rush forward; **~ hacia** to rush forward; **~ sobre** to pounce on. [b] (*CSur: caballo*) to rear up.

abalear <1a> VT (*LAm: fam*) to fire at, shoot up (*fam*).

abalorio NM glass bead; **no vale un ~** it's worthless.

abanderado/a NM/F standard bearer; (*Pol, fig*) champion, leader.

abanderar <1a> VT [a] (*Náut*) to register. [b] (*causa etc*) to champion.

abandonado ADJ (*gen*) abandoned; (*edificio etc*) deserted, derelict; (*persona*) deserted, neglected; (*fig: jardín etc*) neglected, uncared-for.

abandonamiento NM = **abandono**.

abandonar <1a> [1] VT (*gen*) to leave; (*persona*) to abandon, desert; (*cosa*) to abandon, leave behind; (: *descuidar*) to neglect; (*fig: intento, hábito*) to drop, give up; (*renunciar*) to renounce, relinquish; **abandonaron a sus hijos** they deserted their children; **tuvo que ~ el cargo** he had to give up the post; **¡abandonado me tenías!** you'd forgotten all about me!

[2] VI to give up; (*Inform*) to quit; (*Dep*) to withdraw, scratch; (*Boxeo*) to throw in the towel; (*Ajedrez*) to resign, concede.

[3] **abandonarse** VR [a] to give in o up; (*descuidarse*) to let o.s. go, get slovenly.

[b] to give o.s. over to; **~ al alcohol** to take to drink.

abandono NM [a] (*acto*) abandonment; (*de un deber*) dereliction; (*de esposa etc*) desertion; (*renuncia*) giving up, renunciation; (*Dep*) withdrawal, retirement; **ganar por ~** to win by default. [b] (*estado: gen*) abandon, neglect; (*descuido*) neglect, slovenliness; (*vicio etc*) indulgence (*a* in); **darse al ~** to go downhill.

abanicar <1g> [1] VT to fan. [2] **abanicarse** VR to fan o.s.

abanico NM [a] fan; (*Náut*) derrick; **~ de chimenea** fire screen; **extender las cartas en ~** to fan out one's cards.

[b] (*fig*) range; **~ de posibilidades** range of possibilities.

abaniqueo NM fanning (movement).

abarajar <1a> VT (*CSur fam: golpe*) to parry, counter.

abaratamiento NM price reduction.

abaratar <1a> [1] VT (*artículo*) to make cheaper, lower the price of. [2] VI, **abaratarse** VR to get cheaper, come down (in price).

abarca NF sandal.

abarcar <1g> VT (*con los brazos*) to get one's arms round; (*comprender*) to include, take in; (*contener*) to contain, comprise; (*tarea*) to undertake, take on; (*LAm: acaparar*) to monopolize, corner (the market in); (*con la vista*) **desde aquí se abarca todo el valle** you can take in the whole valley from here; **el capítulo abarca 3 siglos** the chapter covers 3 centuries; **sus conocimientos abarcan**

todo el campo de ... his knowledge ranges over the whole field of ...; **quien mucho abarca poco aprieta** you can bite off more than you can chew.

abarquillar ‹1a› **1** VT (*arrollar*) to curl up, roll up; (*arrugar*) to wrinkle. **2 abarquillarse** VR (*arrollarse*) to curl up, roll up; (*arrugarse*) to crinkle.

abarrancarse‹1g› VR (*gen, tb fig*) to get bogged down.

abarrotar ‹1a› **1** **a** (*llenar*) to pack; **el público abarrotaba la sala** the room was bursting with people. **b** (*Náut*) to stow, pack tightly; (*Com*) to overstock; **abarrotado de** bursting with, stuffed full of. **2 abarrotarse** VR (*LAm*) to glut the market.

abarrote NM **a** (*Náut*) packing. **b** **~s** (*LAm: ultramarinos*) groceries; **tienda de ~s** grocer's (shop), grocery store.

abarrotería NF (*LAm*) grocer's (shop), grocery store.

abarrotero/a NM/F (*LAm*) grocer.

abastecedor(a) **1** ADJ supplying. **2** NM/F supplier.

abastecer‹2d› VT to supply, provide (*de* with).

abastecimiento NM (*acto*) supplying, provision; (*servicio*) supply, provision; **~ de agua** water supply.

abastero NM (*CSur, Méx*) wholesale butcher.

abasto NM (*provisión*) supply; **dar ~ a** to supply; **dar ~ a un pedido** to fill an order, meet an order; **no da ~** there isn't enough (to go round); **no puedo dar ~ (a)** (*fig*) I can't cope o keep up (with).

abatatarse‹1a› VR (*CSur*) to be shy, be bashful.

abate NM (*Rel: frec hum*) father, abbé.

abatible ADJ: **asiento ~** tip-up seat; (*Aut*) reclining seat; **mesa de alas ~s** gate-leg(ged) table.

abatido ADJ (*gen*) dejected; (*cara*) crestfallen; (*despreciable*) despicable; (*Com, Fin*) depreciated; **estar muy ~** to be very depressed.

abatimiento NM (*depresión*) depression, dejection; (*moral*) contemptible nature.

abatir‹3a› **1** VT (*Arquit etc*) to demolish, knock down; (*tienda de campaña*) to take down; (*árbol*) to cut down, fell; (*ave*) to shoot o bring down; (*bandera*) to lower, strike; (*individuo*) to knock down. **b** (*fig: desanimar*) to depress, discourage. **2 abatirse** VR **a** (*Aer etc*) to swoop, dive; **~ sobre** to swoop on. **b** (*fig*) to be depressed, get discouraged.

ABC, abc = abecé.

abdicación NF abdication.

abdicar‹1g› **1** VT to renounce, relinquish; **~ la corona** to give up the crown. **2** VI to abdicate; **~ de algo** to renounce o relinquish sth; **~ en algn** to abdicate in favour o (*US*) favor of sb.

abdomen NM abdomen.

abdominal **1** ADJ abdominal. **2** NM press-up.

abecé NM ABC, alphabet; (*fig*) rudiments, basic elements.

abecedario NM alphabet; (*libro*) primer, spelling book.

abedul NM birch; **~ plateado** silver birch.

abeja NF bee; **~ machiega** o **maestra** o **reina** queen bee; **~ macho/obrera** drone/worker bee.

abejarrón NM bumblebee.

abejaruco NM bee-eater.

abejera NF beehive.

abejón NM drone.

abejorro NM bumblebee.

aberración NF aberration; **es una ~ bañarse cinco veces al día** it's crazy to have a bath five times a day.

aberrante ADJ aberrant.

Aberri Eguna NM Basque national holiday (*Easter Sunday*).

abertura NF (*gen*) opening, gap; (*agujero*) hole; (*grieta*) crack; (*corte*) slit; (*Geog*) cove; (*Cos*) vent.

abertzale **1** ADJ: **movimiento ~** (*Basque*) nationalist movement. **2** NMF Basque nationalist.

abetal NM fir wood.

abeto NM fir; **~ blanco** silver fir; **~ falso** o **rojo** spruce.

abiertamente ADV openly.

abierto **1** PP *de* **abrir**. **2** ADJ (*gen*) open; (*fig: carácter etc*) open, frank; **la puerta estaba ~a** the door was o stood open; **muy ~** wide open; **una brecha muy ~a** a gaping

hole; **dejar un grifo ~** to leave a tap running.

abigarrado ADJ (*gen*) multi-coloured o -colored (*US*); (*fig*) motley.

abigarramiento NM (*de colores*) variety; (*fig: de color*) vividness, colourfulness, colorfulness (*US*).

abigarrar ‹1a› VT to paint *etc* in a variety of colours o (*US*) colors.

abigeato NM (*Méx*) cattle-rustling.

abigeo NM (*Méx*) cattle-rustler.

Abisinia NF Abyssinia.

abismal ADJ abysmal; (*enorme*) vast, enormous; (*diferencia*) unbridgeable.

abismar‹1a› **1** VT (*humillar*) to cast down, humble; **~ a algn en la tristeza** to plunge sb into sadness; **estar abismado en** to be lost o sunk in. **2 abismarse** VR **a** (*LAm: asombrarse*) to be amazed. **b** **~ en** to plunge into; **~ en el dolor** to abandon o.s. to grief.

abismo NM (*gen*) abyss, chasm; (*fig*) depth(s); (*Rel*) hell; **estar al borde del ~** to be on the brink of ruin; **de sus ideas a las mías hay un ~** our views are worlds apart.

Abjacia NF, **Abjasia** NF Abkhazia.

abjurar‹1a› **1** VT to abjure, forswear. **2** VI: **~ de** to abjure, forswear.

ablación NF (*de un órgano*) removal; **~ del clítoris** o **femenina** female circumcision.

ablandamiento NM (*gen*) softening (up); (*moderación*) moderation.

ablandar‹1a› **1** VT (*gen*) to soften; (*Mil etc*) to soften up; (*LAm Aut*) to run in; (*vientre*) to loosen; (*mitigar*) to mitigate, temper; (*calmar*) to soothe; (*conmover*) to touch; (*Culin*) to tenderize. **2** VI (*Met: frío*) to become less severe; (: *viento*) to moderate. **3 ablandarse** VR (*gen*) to soften (up), get soft(er); (*fig: ceder*) to relent.

ablande NM (*LAm Aut*) running-in.

ablativo NM ablative; **~ absoluto** ablative absolute.

ablución NF ablution.

ablusado ADJ loose.

abnegación NF self-denial, abnegation.

abnegado ADJ self-denying, self-sacrificing.

abnegarse‹1h, 1j› VR to deny o.s., go without.

abobado ADJ stupid-looking, bewildered.

abobamiento NM (*estupidez*) silliness, stupidity; (*asombro*) bewilderment.

abobar‹1a› **1** VT (*gen*) to make stupid; (*asombrar*) to daze, bewilder. **2 abobarse** VR to get stupid.

abocado ADJ (*jerez*) medium-sweet.

abocar‹1g› **1** VT (*asir*) to seize o catch in one's mouth; (*acercar*) to bring nearer; (*verter*) to pour out, decant; **estar abocado al desastre** to be heading for disaster; **verse abocado a un peligro** to see danger looming ahead. **2** VI (*Náut*) to enter a river o channel.

abochornado ADJ embarrassed.

abochornar‹1a› **1** VT (*sofocar*) to suffocate; (*avergonzar*) to shame, embarrass. **2** **abochornarse** VR to get flushed, get overheated; (*Bot*) to wilt; **~ de** to feel ashamed at, get embarrassed about.

abocinado ADJ trumpet-shaped.

abofetear‹1a› VT to slap, hit (in the face).

abogacía NF legal profession.

abogaderas, abogaderías NFPL (*LAm: pey*) specious o false arguments.

abogado/a NM/F **a** (*gen*) lawyer; (*notario*) solicitor; (*asesor*) counsel; (*en tribunal*) barrister, advocate, attorney (*US*); **~ del diablo** devil's advocate; **~ defensor** defending counsel; **~ de oficio** court-appointed counsel, duty solicitor; **~ laboralista** labour o (*US*) labor lawyer; **ejercer de ~** to practise law; **recibirse de ~** (*esp LAm*) to qualify as a solicitor *etc*. **b** (*fig*) champion, advocate.

abogar‹1h› VI to plead; **~ por** to plead for, defend; (*fig*) to advocate, champion.

abolengo NM (*linaje*) ancestry, lineage; (*patrimonio*) inheritance; **de rancio ~** of ancient lineage.

abolición NF abolition.
abolicionismo NM abolitionism.
abolicionista NMF abolitionist.
abolir <3a; defectivo> VT to abolish.
abolladura NF (*Téc: metal etc*) dent; (*hinchazón*) bump.
abollar <1a> ① VT (*Téc: metal etc*) to dent; (*Med*) to raise a bump on. ② **abollarse** VR to get dented; (*persona*) to get bruised.
abolsado ADJ baggy.
abolsarse <1a> VR to be baggy.
abombado ADJ ⓐ (*gen*) convex; (*fig*) bulging. ⓑ **estar ~** (*Méx*) to be tight.
abombar <1a> ① VT ⓐ (*Téc*) to make convex; (*deformar*) to cause to bulge.
ⓑ (*fam: aturdir*) to stun.
② **abombarse** VR (*LAm*) ⓐ (*pudrirse*) to decompose, smell bad.
ⓑ (*fam: emborracharse*) to get tight.
abominable ADJ abominable.
abominación NF (*sentimiento: cosa*) abomination.
abominar <1a> ① VT to abominate, detest. ② VI: **~ de** to curse.
abonable ADJ payable, due.
abonado/a ① ADJ (*Com etc*) paid(-up); (*Agr*) fertilised. ② NM/F (*revista, Telec*) subscriber; (*Teat, Ferro*) season-ticket holder.
abonar <1a> ① VT ⓐ (*gen*) to pay; (*Com: cuenta etc*) to credit (*en* to); (*periódico etc*) to take out a subscription to.
ⓑ (*Agr*) to fertilise, manure.
ⓒ (*avalar*) to vouch for, guarantee.
② **abonarse** VR (*periódico etc*) to subscribe; (*Ferro, Teat*) to take out o buy a season ticket.
abonaré NM credit note.
abonero/a NM/F (*Méx: vendedor a plazos*) street credit salesperson.
abono NM ⓐ (*Agr*) manure, fertilizer. ⓑ (*Com: gen*) payment; (: *a periódico etc*) subscription; (*Teat, Ferro*) season ticket. ⓒ (*aval*) guarantee.
abordable ADJ (*sitio*) accessible; (*fig: persona*) approachable; (*tarea*) manageable.
abordaje NM (*Náut: choque*) collision; (*invasión*) boarding; **¡al ~!** (get) ready to board!
abordar <1a> ① VT ⓐ (*Náut: atacar*) to board; (*chocar con*) to collide with. ⓑ (*asunto*) to tackle, raise. ⓒ (*individuo*) to tackle, approach. ② VI (*Náut*) to dock.
aborigen ① ADJ (*esp australiano*) aboriginal. ② NMF native; (*australiano*) aborigine.
aborrascarse <1g> VR to get stormy.
aborrecer <2d> VT (*gen*) to loathe, detest; (*Orn*) to desert, abandon.
aborrecible ADJ loathsome, detestable.
aborrecimiento NM hatred, abhorrence.
aborregado ADJ: **cielo ~** mackerel sky.
aborregarse <1h> VR (*fam*) to follow sheepishly, tag along.
abortar <1a> ① VT (*tb Aer*) to abort. ② VI ⓐ (*accidentalmente*) to have a miscarriage; (*deliberadamente*) to have an abortion. ⓑ (*fig*) to miscarry, fail.
abortista NMF ⓐ (*criminal*) abortionist. ⓑ (*partidario*) abortion campaigner.
abortivo ADJ abortive.
aborto NM ⓐ (*Med: accidental*) miscarriage; (*provocado*) abortion; **~ clandestino** back-street abortion; **~ ilegal** illegal abortion; **~ libre y gratuito** abortion on demand. ⓑ (*Bio*) monster, freak. ⓒ (*fig*) failure. ⓓ (*fam*) ugly man o woman; (*aplicado a mujer*) old cow (fam!).
abotagarse <1h> VR to swell up, become bloated.
abotonar <1a> ① VT to button up, do up. ② VI (*Bot*) to bud. ③ **abotonarse** VR (*gen*) to button up.
abovedado ① ADJ vaulted, arched. ② NM vaulting.
abovedar <1a> VT to vault, arch.
aboyar <1a> VT (*Náut*) to mark with buoys.
abr. ABR *de* **abril** Apr.
abra NF (*Geog*) inlet; (: *entre montañas*) (mountain) pass; (*Geol*) fissure; (*LAm: claro, bosque*) clearing.
abracadabra NM abracadabra.

abrasador ADJ burning, scorching; (*fig*) withering.
abrasante ADJ (*sol*) blazing, scorching.
abrasar <1a> ① VT (*gen*) to burn (up); (*Agr: plantas*) to dry up, parch; (*con lejía*) to scorch; **murieron abrasados** they burned to death.
② VI: **la sopa abrasa** this soup's boiling.
③ **abrasarse** VR to burn (up); (*Agr*) to be parched; **~ de amores** to be passionately in love; **~ de calor** to be dying of the heat; **~ de sed** to have a raging thirst.
abrasión NF (*gen*) abrasion; (*Med*) graze.
abrasivo ADJ, NM abrasive.
abrazadera NF bracket, clamp.
abrazar <1f> ① VT (*gen*) to embrace, hug, hold; (*fig*) to include, take in; (*fe etc*) to adopt, embrace.
② **abrazarse** VR to embrace o hug (each other); **~ a** (*persona*) to embrace; (*niño*) to cling to, clutch.
abrazo NM embrace, hug; (*en cartas*) **un ~ (afectuoso** o **cordial)** with best wishes o kind regards; **un ~** love from.
abrebotellas NM INV bottle opener.
abrecartas NM INV letter opener, paper knife.
ábrego NM south-west wind.
abrelatas NM INV tin o (US) can opener.
abrevadero NM (*Zool: natural*) watering place; (*Agr*) drinking trough.
abrevar <1a> ① VT (*animal*) to water, give a drink to.
② **abrevarse** VR (*Zool*) to drink.
abreviación NF abridgement, shortening.
abreviado ADJ (*breve*) brief; (*reducido*) shortened, abridged; **la palabra es forma ~a de ...** the word is short for ....
abreviar <1b> ① VT (*palabra*) to abbreviate; (*texto*) to abridge, reduce; (*discurso, estancia etc*) to shorten, cut short; (*fecha etc*) to bring forward. ② VI (*apresurarse*) to be quick; **bueno, para ~** well, to cut a long story short.
abreviatura NF abbreviation, contraction.
abriboca ADJ INV (*Arg*) open-mouthed.
abridor NM (*de botellas*) bottle opener; (*abrelatas*) tin o (US) can opener.
abrigada NF, **abrigadero** NM shelter, windbreak.
abrigar <1h> ① VT ⓐ (*proteger*) to shelter, protect (*de* against, from); (: *suj: ropa etc*) to keep warm, protect.
ⓑ (*fig: duda*) to entertain; (*esperanza*) to cherish, nurse.
② VI: **este jersey abriga mucho** this jumper's lovely and warm.
③ **abrigarse** VR (*gen*) to take shelter o protect o.s. (*de* from); (*con ropa*) to cover up (warmly), wrap (o.s.) up.
abrigo NM ⓐ (*lugar protegido*) shelter; (*protección*) protection; (*cobertura*) covering, protection; **al ~ de** in the shelter of; **ropa de mucho ~** warm o heavy clothing.
ⓑ (*ropa*) (over)coat; **~ de pieles/visón** fur/mink coat.
ⓒ (*Náut*) harbour, harbor (US), haven.
abril NM April; **en el ~ de la vida** in the springtime of one's life; **en ~ aguas** o **lluvias mil** April showers bring May flowers; **una niña de 15 ~es** a girl of 15 summers; V *tb* **se(p)tiembre**.
abrillantamuebles NM INV furniture polish.
abrillantar <1a> VT to polish; (*fig*) to enhance, jazz up.
abrir <3a> (*pp* **abierto**) ① VT ⓐ (*gen*) to open (up); (*Med*) to cut open; (*mapa etc*) to open o spread out; (*cremallera*) to undo; (*camino etc*) to clear, open up; (*perforación*) to make, bore; (*pozo*) to sink; (*grifo*) to turn on; (*apetito*) to whet, stimulate; **~ una puerta con llave** to unlock a door; **~ algo (cortándolo)** to cut sth open; **~ de par en par** to open wide; **en un ~ y cerrar de ojos** in the twinkling of an eye; **no abrió la boca** o **el pico** he didn't say a word.
ⓑ (*iniciar: negocio*) to set up, start; (*cuenta, baile*) to open; (*manifestación, desfile*) to lead, head; (*lista*) to head; **~ un expediente** (*Jur*) to begin proceedings.
② VI to open; (*Bot: flor*) to open, unfold; **¡abre!** open up!
③ **abrirse** VR ⓐ (*gen*) to open; (*extenderse*) to open out, unfold, spread (out); (*Met*) to clear (up); **~ a** o **con algn** to confide in sb; **~ camino (en la vida)** to make one's way (in life).
ⓑ (*fam: largarse*) **¡me abro!** I'm off!

abrochar<1a> **1** VT (*con botones*) to button (up); (*con broche*) to do up, fasten (up); (*con hebilla*) to clasp, buckle. **2 abrocharse** VR (*LAm*) to struggle, wrestle; **~ los zapatos** to tie one's laces o shoes.

abrogación NF abrogation, repeal.

abrojo NM (*Bot*) thistle; **~s** (*Náut*) submerged rocks, reefs.

abrumador ADJ (*agobiante*) crushing; (*pesado*) burdensome; (*Pol*: *mayoría*) overwhelming; **es una responsabilidad ~a** it's a heavy responsibility.

abrumar<1a> VT (*agobiar*) to overwhelm; (*oprimir*) to oppress, weigh down; (*cansar*) to wear out, exhaust; **~ a algn de trabajo** to swamp sb with work; **le abrumaron con atenciones** they made too much of a fuss of him.

abrupto ADJ (*cuesta*) steep; (*terreno*) rough, rugged.

absceso NM abscess.

absenta NF absinth(e).

absentismo NM (*de obreros*) absenteeism; (*de terrateniente*) absentee landlordism.

ábside NM apse.

absolución NF (*Rel*) absolution; (*Jur*) acquittal.

absolutamente ADV (*completamente*) completely, absolutely; (*neg*) not at all, by no means; **~ nada** nothing at all.

absolutismo NM absolutism.

absolutista ADJ, NMF absolutist.

absoluto ADJ **a** (*gen*) absolute; (*total*) utter, complete; (*fe*) complete, implicit; **lo ~** the absolute. **b** (*neg*) **en ~** by no means; **¡en ~!** certainly not!, not at all!; **no sabía nada en ~ de eso** I knew nothing at all about it.

absolutorio ADJ: **fallo ~** verdict of not guilty.

absolver <2h> (*pp* **absuelto**) VT (*Rel*) to absolve; (*Jur*) to acquit, clear (*de una acusación*) of a charge).

absorbencia NF absorbency.

absorbente **1** ADJ **a** (*Quím*) absorbent. **b** (*fig*: *interesante*) interesting, absorbing; (*exigente*) demanding. **2** NM absorbent.

absorber <2a> **1** VT (*gen*) to absorb, soak up; (*información*) to absorb, take in; (*lectura etc*) to absorb, engross. **2 absorberse** VR: **~ en** to become absorbed o engrossed in a.

absorción NF absorption.

absorto ADJ absorbed, engrossed; **estar ~** (*extasiado*) to be entranced; (*pasmado*) to be amazed; **estar ~ (en sus pensamientos)** to be lost in thought; **estar ~ en un proyecto** to be engrossed in a scheme.

abstemio/a **1** ADJ teetotal. **2** NM/F teetotaller.

abstención NF abstention.

abstencionismo NM (*Pol*) abstention; (*gen*) non-participation.

abstencionista NMF (*gen*) abstainer, non-participant.

abstenerse<2k> VR (*gen*) to abstain; **~ de hacer algo** to refrain from doing sth.

abstinencia NF (*gen*) abstinence; (*Rel*) fasting; (*de drogas*) withdrawal.

abstracción NF **a** (*gen*) abstraction; (*pey*: *despiste*) absent-mindedness. **b** **hacer ~ de** to leave aside, except.

abstracto ADJ abstract; **en ~** in the abstract.

abstraer<2o> **1** VT to abstract. **2 abstraerse** VR to be lost in thought o preoccupied; **~ de** to leave aside, exclude.

abstraído ADJ (*ensimismado*) withdrawn; (*inquieto*) preoccupied.

abstruso ADJ abstruse.

absuelto PP *de* **absolver**.

absurdidad NF absurdity.

absurdo **1** ADJ (*gen*) absurd; **es ~ que** it is absurd that; **teatro de lo ~** theatre o (*US*) theater of the absurd; **lo ~ es que** the ridiculous thing is that. **2** NM absurdity, (*piece of*) nonsense.

abubilla NF hoopoe.

abuchear <1a> VT to boo, jeer at; **ser abucheado** (*Teat etc*) to get hissed at, get the bird (*fam*).

abucheo NM booing, jeering; **ganarse un ~** (*Teat etc*) to get booed, get the bird (*fam*).

abuela NF grandmother; (*fig*) old woman, old lady;

¡cuéntaselo a tu ~! do you think I was born yesterday?; **(éramos pocos) y parió la ~** (*fam*) and that was the last straw, and that was all we needed.

abuelita NF granny, grandma.

abuelito NM (*fam*) granddad (*fam*), grandpa (*fam*); (*Méx etc*) grandfather.

abuelo NM grandfather; (*fig*) old man; (*antepasado*) ancestor, forbear; **~s** grandparents.

abulense **1** ADJ of o from Ávila. **2** NMF native o inhabitant of Ávila.

abulia NF lack of willpower, ennui, lethargy.

abúlico ADJ lacking in willpower, lethargic.

abulón NM (*esp Méx*) abalone.

abultado ADJ (*gen*) bulky, unwieldy; (*labios*) thick; (*Med*) swollen; (*fig*) exaggerated.

abultamiento NM (*gen*) bulkiness, (large) size; (*Med*) swelling; (*fig*) exaggeration.

abultar<1a> **1** VT (*aumentar*) to increase; (*agrandar*) to enlarge; (*fig*) to exaggerate. **2** VI to be bulky, be big; (*fig*) to increase in importance.

abundancia NF abundance, plenty; **en ~** in abundance, in plenty; **nadar en la ~** to be rolling in money.

abundante ADJ (*gen*) abundant, plentiful; (*cosecha*) heavy; **~ en** (*repleto de*) abounding in; (*que produce*) productive of.

abundar<1a> VI (*gen*) to abound, be plentiful; **~ de** o **en** to abound in o with, be rich in; **~ en la opinión de algn** to share sb's opinion wholeheartedly.

abur INTERJ so long!

aburguesamiento NM (*Pol*) embourgeoisement.

aburguesarse <1a> VR (*persona*) to become bourgeois, adopt middle-class ways.

aburrido ADJ (*con ser*) boring, tedious; (*con estar*) bored; **un libro ~** a boring book; **una espera ~a** a tedious wait; **¡estoy ~ de decírtelo!** I'm tired of telling you!

aburrimiento NM boredom, tedium; **¡qué ~!** what a bore!

aburrir <3a> **1** VT (*gen*) to bore; (*cansar*) to tire, weary. **2 aburrirse** VR to be o get bored (*con, de, por* with); **~ como una ostra** to be bored stiff.

abusado (*Méx*) **1** INTERJ (*fam: cuidado*) look out!, careful! **2** ADJ (*astuto*) sharp, cunning.

abusar<1a> VI to go too far, overstep the mark (*fam*); **~ de** (*amistad*) to abuse, take unfair advantage of; (*amigo*) to impose upon; (*autoridad etc*) to abuse; (*tabaco, alcohol*) to overdo, overuse; (*mujer, niño*) to molest.

abusivo ADJ improper; (*precio*) exorbitant.

abuso NM (*gen*) abuse; (*de amistad etc*) imposition, unfair demand; (*de poderes*) misuse; **~ de confianza** betrayal of trust; **~s deshonestos** indecent assault; **~ sexual** sexual abuse.

abusón/ona (*fam*) **1** ADJ (*egoísta*) selfish. **2** NM/F selfish person; **eres un ~** you want it all for yourself.

abyección NF wretchedness, abjectness.

abyecto ADJ wretched, abject.

a/c. ABR **a** *de* **a cuenta**. **b** *de* **al cuidado de** c/o.

acá ADV **a** (*esp LAm*: *lugar*) (over) here; **~ y allá** o **acullá** here and there; **pasearse de ~ para allá** to walk up and down o to and fro; **tráelo más ~** move it this way, bring it closer; **¡ven o vente para ~!** come over here! **b** (*tiempo*) at this time, now; **de** o **desde ayer ~** since yesterday; **¿de cuándo ~?** since when?

acabada NF (*a un trabajo*) finish.

acabado **1** ADJ **a** (*completo*) finished, complete; (*perfecto*) perfect; (*fig: magistral*) consummate, masterly; (: *refinado*) polished. **b** (*viejo*) old, worn out; (*Med*) ruined in health, wrecked; **está ~ como futbolista** his footballing days are over. **2** NM (*Téc*) finish; **~ satinado** matt finish.

acabamiento NM (*acto*) finishing, completion; (*final*) end; (*muerte*) death; (*LAm: agotamiento*) exhaustion.

acabar <1a> **1** VT (*gen*) to finish, complete; (*dar el toque final a*) to round off; (*LAm: hablar mal de*) to speak ill of. **2** VI **a** (*gen*) to finish, end; (*morir*) to die; **y no acaba** and there's no sign of it coming to an end; **es cosa de**

nunca ~ there's no end to it; **¡acabáramos!** at last!, now I get it!; **~ bien** to have a happy ending; **~ mal** to come to a sticky end; **la palabra acaba con** o **por Z** the word ends in a Z; **el palo acaba en punta** the stick ends in a point; **él y yo hemos acabado** we've finished, we've split up.

b **~ con** (*gen*) to put an end to, stop; (*esperanzas*) to put paid to; (*reservas etc*) to exhaust, use up; (*romper*) to break, destroy; **acabaron con la tarta** they finished off the cake; **esto acabará conmigo** this will be the end of me; **¡acabemos con él!** let's do away with him! (*fam*).

c **~ de hacer** to have just done; **acabo de verle** I have just seen him; **acababa de hacerlo** I had just done it; **cuando acabemos de pagarlo** when we finish paying for it; **no lo acabo de entender** I don't fully understand it; **no me acaba de convencer** I'm not altogether satisfied with it; **para ~ de arreglarlo** to make matters worse.

d **~ haciendo algo, ~ por hacer algo** to end up by doing sth; **acabó aceptándolo** he finally accepted it, he ended up accepting it.

3 **acabarse** VR **a** (*gen*) to finish, come to an end; (*morir*) to die; (*fig: esp LAm*) to wear o.s. out; (*reservas*) to run out, be exhausted; **¡se acabó!** it's all over!; **... y (san) se acabó** ... and that's the end of the matter.

b (*con pron pers indirecto*) **se me acabó el tabaco** I ran out of cigarettes; **se nos acabará la gasolina** we shall soon be out of petrol; **se me acabó la paciencia** my patience is exhausted.

acabóse NM: **esto es el ~** this is the last straw.
acachetear<1a> VT to slap, punch.
acacia NF acacia; **~ falsa** locust tree.
academia NF (*gen*) academy; (*Escol*) (private) school; **~ de baile** dance school; **~ de idiomas** language school; **~ militar** military academy; **~ de música** school of music, conservatoire; **la Real A~** the Spanish Academy.
académico/a **1** ADJ (*gen*) academic; (*título etc*) university *atr*. **2** NM/F academician, member (of an academy).
acaecer<2d> VI to happen, occur.
acallar<1a> VT (*gen*) to silence, quieten; (*fig: furia*) to assuage, pacify; (*crítica, duda*) to silence.
acalorado ADJ (*gen*) heated, hot; (*fig: discusión*) heated; (: *partidario*) passionate.
acaloramiento NM (*gen*) heat; (*pasión*) vehemence, passion.
acalorar<1a> **1** VT (*gen*) to make hot, warm up; (*fig*) to inflame, excite. **2** **acalorarse** VR (*gen*) to get hot, become overheated; (*airarse*) to get excited o worked up; (*discusión*) to become heated.
acampada[1] NF camping; **ir de** o **hacer una ~** to go camping.
acampado/a[2] NM/F camper.
acampanado ADJ bell-shaped; (*pantalón*) flared.
acampar<1a> VI to camp; (*Mil*) to encamp.
acanalado ADJ (*gen*) grooved, furrowed; (*Arquit*) fluted; (*Téc: hierro*) corrugated.
acanaladura NF (*gen*) groove, furrow; (*Arquit*) fluting.
acanalar<1a> VT (*V adj*) to groove, furrow; to flute; to corrugate.
acanallado ADJ disreputable, low.
acantilado **1** ADJ (*risco*) steep, sheer; (*Náut*) shelving. **2** NM cliff.
acanto NM acanthus.
acantonar<1a> VT (*Mil*) to billet, quarter (*en on*).
acaparador(a) **1** ADJ (*monopolista*) monopolistic; (*que guarda*) hoarding. **2** NM/F (*gen*) monopolizer, monopolist; (*quien guarda cosas*) hoarder.
acaparamiento NM (*V vt*) monopolizing, cornering the market; hoarding.
acaparar<1a> VT (*Com: bienes*) to monopolize, corner the market in; (: *víveres etc*) to hog, keep for o.s.; (*interés*) to hold; **ella acapara la atención** she occupies everyone's attention.
acápite NM (*LAm*) paragraph; **punto ~** full stop, new paragraph.
acapulqueño/a **1** ADJ of o from Acapulco. **2** NM/F na-

tive o inhabitant of Acapulco.
acaracolado ADJ spiral *atr*, winding, twisting.
acaramelado ADJ (*Culin: sabor*) toffee-flavoured o (*US*) -flavored; (*color*) toffee-coloured o (*US*) -colored; (*fig: dulce*) sugary, oversweet; **estaban ~s** (*amantes*) they were besotted with each other, they only had eyes for each other.
acariciador ADJ caressing.
acariciar<1b> VT (*gen*) to caress; (*sobar*) to fondle, stroke; (*animal*) to pat, stroke; (*rozar*) to brush; (*fig: esperanzas*) to cherish, cling to; (*proyecto*) to have in mind.
acarraladura NF (*And, CSur fam: en medias*) run, ladder.
acarrear<1a> VT **a** (*transportar*) to haul, carry; (*arrastrar*) to carry along. **b** (*fig: causar*) to cause, bring in its train o wake; **le acarreó muchos disgustos** it brought him lots of problems.
acarreo NM (*flete*) haulage, carriage; **gastos de ~** transport charges.
acartonado ADJ (*superficie etc*) like cardboard; (*fig: enjuto*) wizened.
acartonarse<1a> VR to grow stiff; (*fig*) to become wizened.
acaso ADV **a** perhaps, maybe; **por si ~** just in case; **por si ~ viene** if by any chance he comes; **si ~ llama, dímelo** if by any chance he phones, let me know; **está bueno, si ~ un poco dulce** it's quite tasty, if anything a bit too sweet. **b** (*esp LAm fam*) **¿~ yo lo sé?** how would I know?
acatamiento NM (*respeto*) respect (*a* for); (*obediencia*) deference.
acatar<1a> VT **a** (*gen*) to respect; (*ley*) to obey, observe. **b** (*LAm: notar*) to notice, observe.
acatarrado ADJ: **estar ~** to have a cold.
acatarrar<1a> **1** VT (*LAm: molestar*) to annoy, bother. **2** **acatarrarse** VR (*Med*) to catch (a) cold; (*CSur fam: emborracharse*) to get boozed up (*fam*).
acato NM = **acatamiento**.
acaudalado ADJ well-off, affluent.
acaudalar<1a> VT to acquire, accumulate.
acaudillar<1a> VT to lead, command.
acceder<2a> VI to accede, agree (*a* to); **~ a** to enter, gain access to (socially); **~ a una base de datos** to access a database; **~ al trono** to succeed to the throne; **~ a hacer algo** to agree to do sth.
accesibilidad NF accessibility (*to* a).
accesible ADJ (*lugar*) accessible; (*persona*) approachable; **~ a** open to, accessible to.
accésit NM (*pl* **~s**) second prize.
acceso NM **a** (*entrada*) entry, access; (*permiso de entrada*) admittance; **'~ prohibido'**, **'prohibido el ~'** 'no entry o admittance'. **b** (*camino*) access, approach; (*Aer*) approach; **vía** o **carretera de ~** slip road; **~s** approaches. **c** (*Med*) attack, fit; (*fig: de cólera*) outburst, explosion. **d** (*Pol*) accession. **e** (*Inform*) access; **~ aleatorio/ directo/secuencial** random/direct/sequential access.
accessorio/a **1** ADJ (*gen*) accessory; (*gastos*) incidental. **2** NM (*extra*) attachment, extra; **~s** (*Aut*) spare parts; (*Teat*) props.
accidentado/a **1** ADJ (*terreno*) rough, uneven; (*vida*) troubled, eventful; (*Med*) injured. **2** NM/F (*víctima de accidente*) accident victim, casualty.
accidental ADJ (*gen*) accidental, unintentional; (*encuentro etc*) casual, chance *atr*.
accidentalmente ADV accidentally, by chance; (*sin querer*) unintentionally.
accidentarse<1a> VR to have an accident; (*Méx Aut*) to crash.
accidente NM **a** (*gen*) accident; **por ~** by accident, by chance; **~ aéreo** plane crash; **~ de carretera** road accident; **~ laboral** o **de trabajo** industrial accident; **una vida sin ~s** an uneventful life; **sufrir un ~** to have o meet with an accident. **b** **~s** (*de terreno*) unevenness *sg*, ruggedness *sg*.
acción NF **a** (*gen*) action; (*acto*) act, deed; **buena ~** good deed, kind act; **hombre de ~** man of action; **~ de gracias** thanksgiving; **de ~ retardada** delayed-action

atr; **película de** ~ adventure film; **ponerse en** ~ to go into action; **unir la** ~ **a la palabra** to suit the deed to the word.
[b] (*Mil*) action, engagement; **entrar en** ~ to go into action.
[c] (*Teat*) action, plot, story line.
[d] (*Jur*) action, lawsuit; **ejercitar una** ~ to bring an action.
[e] (*Com, Fin*) share; ~**es** stock(s), shares; ~ **liberada** fully-paid share; ~ **ordinaria** ordinary share, common stock (*US*); **capital en** ~**es** share capital.
accionamiento NM (*Mec*) operation.
accionar‹1a› [1] VT (*Mec*) to drive, propel; (*bomba*) to set off, detonate. [2] VI to gesticulate.
accionarial ADJ share *atr*; **paquete** ~, **participación** ~ shareholding.
accionista NMF shareholder, stockholder.
ACE NF ABR *de* **Acción Católica Española** *charitable and campaigning organization.*
acebo NM holly (tree).
acebuche NM (*Bot*) wild olive tree.
acechanza NF = **acecho**.
acechar‹1a› VT (*observar*) to spy on, watch; (*esperar*) to lie in wait for; (*caza*) to stalk; (*amenazar*) to threaten, beset.
acecho NM (*acto de espiar*) spying, watching; (*Mil*) ambush; **estar al** o **en** ~ to lie in wait; **cazar al** ~ to stalk.
acecinar‹1a› VT (*carne*) to salt, cure.
acedera NF sorrel.
acedía NF (*Culin*) acidity, sourness; (*Med*) heartburn; (*fig*) unpleasantness.
acéfalo ADJ headless; (*Pol etc*) leaderless.
aceitar‹1a› VT to oil.
aceite NM (*gen*) oil; ~ **de oliva/de soja/de girasol/de colza** olive/soya/sunflower/rapeseed oil; ~ **alcanforado** camphorated oil; ~ **combustible** fuel oil; ~ **de hígado de bacalao** cod-liver oil.
aceitera NF (*Culin*) oil bottle; (*Aut etc*) oilcan; ~**s** oil and vinegar set.
aceitero [1] ADJ oil *atr*. [2] NM oil merchant.
aceitoso ADJ oily.
aceituna NF olive; ~ **rellena** stuffed olive.
aceitunado ADJ (*gen*) olive *atr*; (*de tez* ~*a*) olive-skinned.
aceitunero/a NM/F (*Com*) dealer in olives; (*Agr*) olive-picker.
aceituno NM olive tree.
aceleración NF (*Mec etc*) acceleration; (*fig*) speeding-up, hastening.
acelerada NF acceleration, speed-up.
acelerador NM accelerator, gas pedal (*US*); **apretar** o **pisar el** ~ (*fig*) to step up the pace.
acelerar ‹1a› [1] VT (*Mec etc*) to accelerate, speed up; (*paso*) to quicken; ~ **la marcha** to go faster, accelerate. [2] **acelerarse** VR to hurry, hasten; (*LAm: excitarse*) to become agitated.
acelerón NM (*Aut*) sudden acceleration; (*fig*) leap forward; (*aumento*) rapid increase; (*mejora*) rapid improvement.
acelga NF beet.
acémila NF beast of burden, mule.
acendrado ADJ pure, unblemished.
acendrar‹1a› VT (*gen*) to purify; (*Téc*) to refine.
acento NM (*gen*) accent; (*énfasis*) stress, emphasis; (*modulación*) tone, inflection; ~ **agudo** acute accent; ~ **ortográfico** written accent; ~ **tónico** tonic accent; ~ **cerrado** strong accent; **con fuerte** ~ **andaluz** with a strong Andalusian accent; **poner** ~ **en algo** (*énfasis*) to emphasize o stress sth.
acentuación NF accentuation.
acentuado ADJ accented, stressed.
acentuar ‹1e› [1] VT (*Ling etc*) to accent, stress; (*subrayar*) to emphasize, accentuate. [2] **acentuarse** VR to become more noticeable, be accentuated; **se acentúa la tendencia a la baja en la Bolsa** the slide on the Stock Exchange is accelerating.
aceña NF water mill.

acepción NF [a] (*Ling*) sense, meaning. [b] (*en el trato*) preference; **sin** ~ **de persona** impartially.
acepilladora NF planing machine.
acepillar‹1a› VT (*Téc*) to plane, shave; (*LAm fam*) to suck up to (*fam*).
aceptabilidad NF acceptability.
aceptable ADJ acceptable.
aceptación NF (*gen*) acceptance; (*aprobación*) approval; (*Com*) **mandar algo a la** ~ to send sth on approval; **este producto tendrá una** ~ **enorme** this product will get a great welcome; **no tener** ~ to be unsuccessful.
▼**aceptar** ‹1a› VT (*gen*) to accept; ~ **hacer algo** to agree to do sth.
acequia NF irrigation ditch o channel; (*LAm: riachuelo*) stream.
acera NF pavement, sidewalk (*US*); **los de la** ~ **de enfrente** (*fam*) the gays.
acerado ADJ (*Téc*) steel *atr*; (*fig*) sharp, cutting.
acerar ‹1a› VT (*Téc*) to make into steel; (*fig*) to make sharp, make biting.
acerbidad NF acerbity, harshness.
acerbo ADJ (*sabor*) bitter, sour; (*fig*) harsh, scathing.
acerca de PREP about, on, concerning.
acercamiento NM [a] approach (*a to*). [b] (*fig*) reconciliation; (*Pol*) rapprochement.
acercar‹1g› [1] VT to bring near(er) o over; ~ **algo al oído** to put sth to one's ear; ~ **un poco el sillón** to pull the chair a little closer; **¿me acercas a casa?** can you give me a lift home?; **acércame las tijeras** pass the scissors. [2] **acercarse** VR to approach, come o draw near; (*personas*) to approach one another; ~ **a** to approach; (*fig*) to verge on; ~ **a algn** to go up to sb.
acería NF steelworks, steel mill.
acerico NM pincushion.
acero NM steel; ~ **bruto/fundido/inoxidable** crude/cast/stainless steel.
acérrimo ADJ (*partidario*) staunch; (*enemigo*) bitter.
acerrojar‹1a› VT to bolt.
acertado ADJ (*correcto*) correct, right; (*idea*) bright, good; (*plan*) well-conceived; (*dicho*) apt, fitting; **eso no me parece muy** ~ that doesn't seem right to me; **en eso no anduvo muy** ~ that was not very sensible of him.
acertante [1] ADJ (*quiniela etc*) winning. [2] NMF (*de problema etc*) solver; (*ganador*) winner; (*en quinielas*) forecaster.
acertar ‹1j› [1] VT (*blanco*) to hit; (*solución*) to get (right), guess correctly; **a ver si lo acertamos esta vez** let's see if we can get it right this time. [2] VI [a] (*dar en el blanco*) to hit the mark; (*fig*) to hit the nail on the head; **¡has acertado!** you got it right! [b] ~ **a hacer algo** to manage to do sth, succeed in doing sth. [c] ~ **con algo** to happen o hit on sth; **acertaste con el regalo** you were bang on with the present (*fam*).
acertijo NM riddle, puzzle.
acervo NM (*Jur*) undivided estate, common property; ~ **comunitario** (*CE*) community patrimony; ~ **cultural** cultural tradition o wealth.
acetato NM acetate.
acético ADJ acetic.
acetileno NM acetylene.
acetona NF acetone.
achacable ADJ: ~ **a** attributable to.
achacar‹1g› VT: ~ **algo a** to attribute sth o put sth down to; ~ **(la culpa) a algn** to lay the blame on sb.
achacoso ADJ (*Med*) sickly, ailing.
achantar ‹1a› [1] VT (*fam*) to scare, frighten. [2] **achantarse** VR to back down, eat one's words.
achaparrado ADJ (*Bot*) dwarf, stunted; (*fig: persona*) stocky, thickset.
achaque NM (*Med*) ailment, malady; ~**s mañaneros** morning sickness; ~**s de la vejez** ailments of old age.
acharolado ADJ polished, varnished.
achatamiento NM flattening.
achatar‹1a› [1] VT to flatten. [2] **achatarse** VR to get flat.
achicalado ADJ (*Méx*) sugared.

achicar<1g> **1** VT **a** (*gen*) to make smaller; (*fig*) to dwarf; (*Cos*) to shorten, take in; (*descontar*) to minimize. **b** (*Náut etc*) to scoop, bale (out). **c** (*fig: intimidar*) to intimidate, browbeat. **2** **achicarse** VR **a** to get smaller; (*ropa*) to shrink. **b** (*esp LAm*) to minimize one's importance.

achicharradero NM inferno.

achicharrante ADJ: **calor** ~ sweltering heat.

achicharrar <1a> **1** VT **a** (*gen*) to scorch, overheat; (*Culin*) to fry crisp; (*demasiado*) to burn. **b** (*fam: fastidiar*) to bother, plague. **c** (*Chi fam: aplastar*) to flatten, crush. **2** VI: **hace un sol que achicharra** it's absolutely roasting. **3** **achicharrarse** VR to get burnt; **¡me estoy achicharrando!** I'm getting burnt to a cinder!

achichiguar<1i> VT (*Méx fam*) to cosset, spoil.

achichincle NM (*Méx*) minion.

achicoria NF chicory.

achiguarse<1i> VR (*CSur: pared etc*) to bulge, sag; (: *persona*) to get very fat.

achinado ADJ **a** (*And, CSur: mestizo*) half-caste; (*fig*) coarse, common. **b** (*ojos*) slanting.

achiquillado ADJ (*esp Méx*) childish.

achiquitar<1a> VT (*LAm*) to make smaller, reduce.

achís INTERJ atishoo!

achispado ADJ tipsy.

achisparse<1a> VR to get tipsy.

achocolatado ADJ (*color*) chocolate-brown.

acholado ADJ (*LAm*) half-caste, part-Indian.

acholarse<1a> VR (*Per: indígenas*) to have o adopt mestizo o half-breed ways.

achuchado ADJ (*fam*) hard, difficult.

achuchar<1a> **1** VT **a** (*aplastar*) to crush, squeeze flat. **b** (*empujar*) to shove, jostle. **c** ~ **un perro contra algn** to set a dog on sb. **2** **achucharse** VR (*amantes*) to cuddle, fondle (one another), pet (one another) (*fam*).

achuchón NM **a** (*empujón*) shove, push. **b** **tener un** ~ (*Med*) to be ill, be poorly.

achucutado ADJ (*LAm*) abashed, ashamed.

achucutarse<1a> VR (*And*) to be abashed, feel ashamed.

achulado, achulapado ADJ **a** (*presumido*) jaunty, cocky. **b** (*grosero*) common, uncouth.

achumado ADJ (*LAm fam*) drunk.

achumarse<1a> VR (*LAm fam*) to get drunk.

achunchar<1a> **1** VT (*And, Chi*) to shame. **2** **achuncharse** VR to be ashamed.

achura NF (*CSur: Culin*) offal.

achurar <1a> VT (*CSur: animal*) to gut; (: *persona*) to kill, wound.

aciago ADJ ill-fated, fateful, black (*fam*).

acíbar NM aloes; (*fig*) sorrow, bitterness.

acicalado ADJ (*persona*) smart, spruce.

acicalar <1a> **1** VT (*persona etc*) to dress up, bedeck. **2** **acicalarse** VR to smarten o.s. up, spruce o.s. up.

acicate NM (*fig*) incentive.

acicatear<1a> VT (*persona, imaginación*) to spur on, excite.

acidez NF (*Quím*) acidity; (*Culin*) sourness.

acidificar <1g> **1** VT to acidify. **2** **acidificarse** VR to acidify.

ácido **1** ADJ sour, acid. **2** NM **a** (*Quím*) acid; ~ **carbólico/carbónico/nítrico/sulfúrico** carbolic/carbonic/nitric/sulphuric acid. **b** (*fam: droga*) L.S.D., acid (*fam*).

acierto NM **a** (*éxito*) success; (*tino*) good shot, hit; (*al adivinar*) good guess; **fue un** ~ **suyo** it was a sensible choice on his part. **b** (*capacidad*) skill, ability; (*cordura*) aptness, wisdom; **obrar con** ~ to act sensibly.

aclamación NF acclamation; **~es** applause *sg*, acclaim *sg*.

aclamar <1a> VT (*gen*) to acclaim; (*aplaudir*) to applaud; ~ **a algn por jefe** to acclaim o hail sb as leader.

aclaración NF clarification, explanation.

aclarado NM rinse.

aclarar <1a> **1** VT **a** (*ropa*) to rinse; (*líquido*) to thin

(down); (*voz*) to clear. **b** (*fig: asunto*) to clear up, explain; (: *dudas*) to resolve, remove. **2** VI (*Met*) to brighten, clear up. **3** **aclararse** VR **a** (*Met*) to clear (up). **b** (*explicarse*) to understand; (*fig*) to become clear; **¡a ver si te aclaras!** (*explícate*) what are you on about?; (*decídete*) make up your mind!; **no me aclaro** I can't work it out.

aclaratorio ADJ explanatory.

aclimatación NF acclimatization, acclimation (*US*); (*aire acondicionado*) air conditioning.

aclimatar <1a> **1** VT to acclimatize, acclimate (*US*). **2** **aclimatarse** VR to acclimatize o.s., get acclimatized; ~ **a algo** (*fig*) to get used to sth.

acné NF acne.

ACNUR NM ABR *de* **Alto Comisariado de las Naciones Unidas para los Refugiados** UNHCR.

acobardamiento NM intimidation.

acobardar <1a> **1** VT to intimidate, cow; (*fig*) to overawe, unnerve. **2** **acobardarse** VR (*atemorizarse*) to be intimidated o frightened; (*echarse atrás*) to flinch, shrink back (*ante* from, at).

acocil NM (*Méx*) freshwater shrimp.

acodalar<1a> VT to shore o prop up.

acodar <1a> **1** VT (*brazo*) to lean, rest; (*tubo*) to bend; (*Agr*) to layer. **2** **acodarse** VR to lean (*en* on); **acodado en** leaning on.

acogedor ADJ (*gen*) welcoming; (*ambiente*) friendly, warm; (*cuarto*) snug, cosy, cozy (*US*).

acoger <2c> **1** VT (*gen*) to welcome; (*refugiado etc*) to take in, give refuge to; (*criminal*) to harbour, harbor (*US*); (*hecho nuevo*) to accept, admit. **2** **acogerse** VR to take refuge; ~ **a** (*fig: pretexto*) to take refuge in; (: *ley etc*) to resort to.

acogida NF (*gen*) welcome, reception; (*aprobación*) acceptance, admittance; (*Pol etc*) refuge, asylum; **dar** ~ **a** to accept; **tener buena** ~ to be welcomed, be well received; **¿qué** ~ **tuvo la idea?** how was the idea received?

acogotar<1a> VT to fell, poleaxe, poleax (*US*).

acojinar<1a> VT (*Téc*) to cushion.

acojonante ADJ (*Esp fam*) tremendous, brilliant (*fam*).

acojonar <1a> (*Esp fam*) **1** VT **a** (*atemorizar*) to put the wind up (*fam*), intimidate. **b** (*impresionar*) to impress; (*asombrar*) to amaze, overwhelm. **2** **acojonarse** VR **a** (*acobardarse*) to back down; (*inquietarse*) to get the wind up (*fam*); **¡no te acojones!** take it easy! (*fam*). **b** (*asombrarse*) to be amazed, be overwhelmed.

acojono NM (*Esp fam*) funk (*fam*), fear.

acolchado ADJ padded.

acolchar<1a> VT (*Téc*) to quilt, pad; (*sonido*) to muffle.

acólito NM (*Rel*) acolyte; (*monaguillo*) server, altar boy; (*fig*) acolyte, minion.

acollarar<1a> VT (*bueyes*) to yoke, harness; (*perro etc*) to put a collar on.

acomedido ADJ (*LAm*) helpful, obliging.

acometedor ADJ energetic, enterprising.

acometer <2a> VT **a** (*gen*) to attack, set upon. **b** (*tarea*) to undertake, attempt. **c** (*suj: sueño etc*) to overcome; (: *miedo*) to seize, take hold of; (: *dudas*) to assail.

acometida NF **a** attack, assault. **b** (*Elec etc*) connection.

acometimiento NM (*gen*) attack.

acometividad NF **a** (*energía*) energy, enterprise. **b** (*agresividad*) aggressiveness.

acomodación NF (*gen*) accommodation; (*adaptación*) adaptation; (*arreglo*) arrangement.

acomodadizo ADJ (*gen*) accommodating, obliging; (*manejable*) pliable.

acomodado ADJ **a** (*apto*) suitable, fit; (*precio*) moderate. **b** (*rico*) well-to-do, well-off.

acomodador(a) NM/F (*Teat etc*) usher/usherette.

acomodar<1a> **1** VT **a** (*ajustar*) to adjust; ~ **a algn con**

algo to supply sb with sth.
- [b] (*colocar*) to fit in, find room for; (*Teat*) to show to a seat; (*emplear*) to take on, employ.
- [c] (*adaptar*) to suit, adapt (*a* to); (*visita*) to make feel at home; (*enfermo*) to make comfortable; (*niño*) to settle.
- [d] (*conciliar*) to reconcile.
- [2] vi to be suitable.
- [3] **acomodarse** VR [a] (*conformarse*) to comply, conform; (*adaptarse*) to adapt o.s.
- [b] (*ponerse cómodo*) to settle down; **¡acomódese a su gusto!** make yourself comfortable!
- [c] (*CSur: colocarse*) to get o.s. a soft job.
- [d] **~ a algo** to settle down to sth; **¡yo me acomodo a todo!** I'm easy!; **~ con** (*llegar a un acuerdo con*) to come to an agreement with; (*conformarse con*) to comply o conform with.

acomodaticio ADJ = **acomodadizo**.

acomodo NM [a] (*arreglo*) arrangement; (*acuerdo*) agreement, understanding. [b] (*puesto*) post, job. [c] (*LAm: soborno*) bribe.

acompañado ADJ: **estar** o **ir ~** to go accompanied, go with sb; **bien/mal ~** in good/bad company.

acompañamiento NM [a] (*gen*) accompaniment; **sin ~** unaccompanied, alone. [b] (*escolta*) escort; (*comitiva*) retinue; (*Teat*) extras; (*LAm: de sepelio*) funeral procession; (: *de boda*) wedding party *etc*. [c] (*Mús*) accompaniment; **cantar sin ~** to sing unaccompanied.

acompañante NMF companion, escort; (*Mús*) accompanist.

acompañar <1a> [1] VT [a] (*gen*) to accompany, go with; (*señora*) to escort; (*señorita*) to chaperone; **¿quieres que te acompañe?** do you want me to come with you?; **~ a algn a la puerta** to see sb to the door o out; **me acompañó a casa** he walked me home; **este vino acompaña bien el queso** this wine goes well with the cheese.
- [b] (*Mús*) to accompany (*a, con* on).
- [c] (*adjuntar*) to enclose, attach.
- [d] **~ lo que se ha dicho con** o **de pruebas** to support what one has said with evidence.
- [e] **~ a algn en** to join (with) sb in, to share with sb in; **le acompaño en el sentimiento** please accept my condolences.
- [2] **acompañarse** VR (*Mús*) to accompany o.s. (*con, de* on).

acompasado ADJ (*gen*) rhythmic, regular; (*medido*) measured; (*lento*) slow, deliberate.

acompasar <1a> VT [a] (*Mat*) to measure with a compass. [b] (*Mús etc*) to mark the rhythm of; (*fig*) to match, keep in step with.

acomplejado ADJ neurotic, hung-up (*fam*); **está ~ por su nariz** he's got a complex o thing about his nose.

acomplejar <1a> [1] VT to make neurotic. [2] **acomplejarse** VR to become neurotic (*con, por* about).

acondicionado ADJ: **bien ~** (*Téc*) in good condition; **aire ~** air conditioning; **un laboratorio bien ~** a well-equipped laboratory.

acondicionador NM (*gen*) conditioner; **~ de aire** air conditioner.

acondicionamiento NM (*gen*) conditioning; (*Com*) shopfitting; **~ de aire** air conditioning.

acondicionar <1a> VT [a] (*arreglar*) to arrange, prepare; (*Com*) to fit out; (*Téc: pelo*) to condition. [b] (*poner aire acondicionado en*) to air-condition.

acongojado ADJ distressed, anguished.

acongojar <1a> [1] VT to distress, grieve. [2] **acongojarse** VR to become distressed; **¡no te acongojes!** don't get upset!

aconsejable ADJ (*gen*) advisable; (*sensato*) sensible, politic; **nada** o **poco ~** inadvisable; **no sería ~ que Ud viniera** you would be ill-advised to come.

aconsejado ADJ: **bien ~** sensible; **mal ~** ill-advised.

▼**aconsejar** <1a> [1] VT (*dar consejos a*) to advise, counsel; **~ a algn hacer algo** to advise sb to do sth. [2] **aconsejarse** VR to seek o take advice; **~ con** o **de** to consult; **~ mejor** to think better of it.

acontecer <2d> VI to happen, occur.

acontecimiento NM event, happening; **fue realmente un ~** it was an event of some importance; **fue todo un ~** it was quite an affair.

acopiar <1b> VT (*gen*) to gather (together), collect.

acopio NM [a] (*acción*) gathering, collecting. [b] (*cantidad*) collection; (*suministro*) store, stock; (*CSur: abundancia*) abundance; **hacer ~** to stock up (*de* with), lay in stocks (*de* of).

acoplable ADJ attachable.

acoplado NM [a] (*CSur: Aut*) trailer. [b] (*CSur fam: parásito*) hanger-on (*fam*), sponger (*fam*).

acoplamiento NM (*Mec*) coupling; (*Elec*) connection; (*Telec: TV*) link-up, hook-up; (*de astronaves*) docking, link-up; **~ en serie** series connection; **~ universal** universal joint.

acoplar <1a> [1] VT (*Téc*) to couple; (*Elec*) to connect, join up; (*carros etc*) to join o hook up; (*Zool*) to mate, pair; (*Dep etc*) to coordinate.
- [2] **acoplarse** VR [a] (*Zool*) to mate, pair.
- [b] (*Aer*) to dock.
- [c] (*Elec*) to cause feedback.

acoplo NM (*Elec*) feedback.

acoquinar <1a> [1] VT to scare, intimidate, cow. [2] **acoquinarse** VR to get scared, take fright.

acorazado [1] ADJ armour-plated, armor-plated (*US*), armoured, armored (*US*). [2] NM battleship.

acorazar <1f> [1] VT to armour-plate, armor-plate (*US*). [2] **acorazarse** VR (*fig*) to steel o.s. (*contra* against).

acorazonado ADJ heart-shaped.

acorchado ADJ (*gen*) spongy, cork-like; (*Med*) numb.

acorcharse <1a> VR (*gen*) to become spongy, become like cork; (*Med*) to go numb.

acordado ADJ (*gen*) agreed; **lo ~** that which has been agreed (upon).

acordar <1l> [1] VT [a] (*decidir*) to decide, resolve; (*aceptar*) to agree; (: *precio*) to agree upon.
- [b] (*LAm: conceder*) to grant, accord.
- [c] (*opiniones*) to reconcile; (*Mús*) to tune; (*Arte*) to blend, harmonize.
- [2] VI to agree, correspond.
- [3] **acordarse** VR [a] (*recordar*) to remember, recall, recollect; **no me acuerdo** I don't remember; **si mal no me acuerdo** if my memory serves me right; **~ de algo** to remember sth; **¡acuérdate de mí!** remember me!; **¿te acuerdas de mí?** do you remember me?; **¡te acordarás de mí!** you'll be hearing from me!
- [b] (*resolver*) **se acordó hacerlo** it was agreed to do it.

acorde [1] ADJ [a] **estar ~s** to be agreed, be in agreement; (*fig*) to be in tune (*con* with).
- [b] (*Mús*) harmonious; **estar ~** to be in tune.
- [2] NM (*Mús*) chord; **a los ~s de la marcha nupcial** to the strains of the wedding march.

acordeón NM accordion.

acordeonista NMF accordionist.

acordonado ADJ (*Cos etc*) ribbed; (*calle etc*) cordoned-off.

acordonamiento NM cordoning off.

acordonar <1a> VT [a] (*zapatos etc*) to tie o lace up.
- [b] (*lugar: con guardias etc*) to cordon off; (: *cercar*) to surround.

acornear <1a> VT to gore.

acorralar <1a> VT (*Agr: ganado*) to pen, corral; (*arrinconar*) to corner; (*fig*) to intimidate.

acortamiento NM shortening, reduction.

acortar <1a> [1] VT (*hacer más corto*) to shorten; (*reducir*) to reduce; (*relato*) to cut short. [2] **acortarse** VR (*gen*) to shrink, reduce.

acosar <1a> VT (*perseguir*) to pursue relentlessly; (*fig: asediar*) to hound, harass; **~ a algn a preguntas** to pester sb with questions.

acosijar <1a> VT (*Méx*) = **acosar**.

acoso NM relentless pursuit; (*fig*) hounding, harassment; **~ sexual** sexual harassment.

acostar <1l> [1] VT [a] (*tender*) to lay down.
- [b] (*en cama*) to put to bed.
- [c] (*Náut*) to bring alongside.

➤ EXPRESIONES GENERATIVAS: **aconsejar** → 11.1, 11.2

2 acostarse VR **a** (*tumbarse*) to lie down; (*ir a dormir*) to go to bed; (*LAm: dar a luz*) to give birth; **nos acostamos tarde** we go to bed late; **A se acostó con B** A went to bed o slept with B; **es hora de ~** it's bedtime. **b** (*inclinarse*) to lean, bend.

acostumbrado ADJ (*usual*) usual, customary; **~ a** used o accustomed to.

acostumbrar<1a> **1** VT: **~ a algn a algo** to get sb used to sth.
2 VI: **~ (a) hacer algo** to be accustomed to doing sth, be in the habit of doing sth; **los sábados acostumbra (a) ir al cine** on Saturdays he usually goes to the cinema.
3 acostumbrarse VR **a** **~ a algo** to get accustomed o used to sth; **se acostumbró a tomar chocolate** he *etc* got into the habit of drinking chocolate; **está acostumbrado a verlas venir** he's not easily fooled.
b (*esp LAm*) **aquí no se acostumbra decir eso** people don't say that o that isn't said here; **no se acostumbra** it isn't customary o usual.

acotación NF **a** (*linde*) boundary mark; (*Geog*) elevation mark. **b** (*Tip*) marginal note; (*Teat*) stage direction.

acotar <1a> VT **a** (*terreno*) to survey, mark out; (*poner cotos en*) to limit, set bounds to; (*caza*) to fence in, protect. **b** (*página*) to annotate; (*mapa*) to mark elevations on.

acotejar<1a> **1** VT (*LAm: cosas*) to put in order, arrange. **2 acotejarse** VR (*LAm: acomodarse*) to come to an arrangement.

acotillo NM sledgehammer.

acr. ABR *de* **acreedor** Cr.

acracia NF anarchy.

ácrata ADJ, NMF anarchist, libertarian.

acre¹ ADJ (*sabor*) sharp, bitter; (*olor*) acrid, pungent; (*fig: crítica etc*) biting, mordant.

acre² NM (*Agr*) acre.

acrecentamiento NM increase, growth.

acrecentar <1j> **1** VT to increase, augment. **2 acrecentarse** VR to increase, grow.

acreditación NF accreditation.

acreditado ADJ (*Pol etc*) accredited; (*estimado*) reputable; **nuestro representante ~** our official agent; (*Com*) **una casa ~a** a reputable firm.

acreditar<1a> **1** VT (*dar reputación a*) to do o give credit to; (*avalar*) to vouch for, guarantee; (*probar*) to prove; (*autorizar*) to sanction, authorize; (*Com*) to credit; (*Pol: embajador*) to accredit; **~ su personalidad** to establish one's identity.
2 acreditarse VR to prove one's worth; **~ como** to get a reputation for.

acreedor(a) **1** ADJ: **~ a** worthy o deserving of. **2** NM/F creditor; **~ común/diferido/con garantía** (*Com*) unsecured/deferred/secured creditor; **~ hipotecario** mortgagee.

acreencia NF (*LAm Fin*) credit balance.

acribillar<1a> VT **a** to riddle, pepper; **~ a balazos** to riddle with bullets. **b** (*fig*) to pester, badger; **~ a algn a preguntas** to overwhelm sb with questions.

acrílico ADJ acrylic.

acriminar<1a> VT (*Jur*) to accuse; (*fig: falta*) to exaggerate.

acrimonia NF (*olor*) acridness, pungency; (*sabor*) sharpness, sourness; (*fig*) acrimony.

acriollado ADJ (*esp CSur*) adapted o adjusted (*to the customs of a Latin American country*).

acriollarse<1a> VR (*esp CSur*) to go native.

acrisolado ADJ (*refinado*) pure; **una fe ~a** a faith tried and tested.

acrisolar<1a> VT (*Téc*) to purify, refine; (*fig*) to bring out, prove.

acristalado ADJ glazed.

acristalar<1a> VT to glaze.

acritud NF = **acrimonia**.

acrobacia NF acrobatics; **~ aérea** aerobatics.

acróbata NMF acrobat.

acrobático ADJ acrobatic.

acta NF **a** (*Com: relación*) minutes, record; (*Univ*) transactions; (*Pol*) certificate of election; (*Jur: documento*) deed; (*LAm: ley*) act, law; **~ de bautismo** certificate of baptism; **~ de defunción/de matrimonio/de nacimiento** death/marriage/birth certificate; **~ notarial** affidavit; **A~ Única Europea** Single European Act; **levantar ~** (*Jur: jurar*) to make a formal statement; (: *preparar documento*) to draw up a deed; **levantar ~ de** to take the minutes of, minute; **tomar ~ (de algo)** (*CSur*) to take note (of sth), bear (sth) in mind. **b** **~s** minutes, proceedings.

actitud NF **a** (*postura*) posture, pose. **b** (*fig: opinión*) attitude; (: *posición*) position; **la ~ del gobierno** the government's attitude; **adoptar una ~ firme** to take a firm stand; **estar en ~ de hacer algo** to be getting ready to do sth.

activación NF activation; (*agilización*) expediting, speeding-up.

activamente ADV actively.

activar<1a> VT (*gen*) to activate; (*trabajo etc*) to expedite, speed up, hurry along.

actividad NF **a** (*gen*) activity; (*dinamismo*) liveliness; (*callejera*) movement, bustle; **estar en ~** to be active, be in operation; (*volcán*) to be active; **estar en plena ~** to be in full swing. **b** (*profesional*) occupation; **~ lucrativa** gainful employment; **~es** activities; **sus ~es políticas** his political activities.

activista NMF activist.

activo **1** ADJ (*gen*) active; (*vivo*) lively, energetic.
2 NM **a** (*Com*) assets *pl*; **~s congelados** o **bloqueados** frozen assets; **~ fijo** fixed assets; **~ invisible** invisible assets; **~ líquido** o **realizable** liquid assets; **~ y pasivo** assets and liabilities; **~ de la quiebra** bankrupt's estate.
b (*Mil etc*) **oficial en ~** serving officer; **estar en ~** to be on active service.

acto NM (*gen*) act, action; (*ceremonia*) ceremony, function; (*Teat*) act; **~ reflejo** reflex action; **~ religioso** church service; **el ~ sexual** the sex act, (sexual) intercourse; **~ continuo**, **~ seguido** next; **~ seguido de** immediately (after); **morir en ~ de servicio** to die on active service; **en el ~** immediately, there and then; **'reparaciones en el ~'** 'repairs while you wait'; **hacer ~ de presencia** (*asistir*) to attend (formally), be present; (*dejarse ver*) to show up, put in an appearance.

actor(a) **1** ADJ (*Jur*) **parte ~a** prosecution. **2** NM/F (*gen*) actor/actress; (*Jur*) plaintiff; (*fig*) protagonist.

actriz NF actress.

actuación NF (*acción*) action; (*conducta*) conduct, behaviour, behavior (*US*); (*Dep, Teat*) performance; (: *papel*) role; **la ~ de la policía** the actions of the police; **su ~ fue importante** his role o part was an important one.

actual ADJ (*gen*) current, present; (*de hoy día*) present (day); (*de actualidad*) current, topical; **el 6 del ~** the 6th of this month.

actualidad NF **a** present (time); **en la ~** at present, nowadays; **cuestión de palpitante ~** highly topical question; **ser de gran ~** to be topical o of moment; **perder (su) ~** to lose interest, get stale. **b** **la ~** current affairs; (*noticias*) (current) news; **la ~ política** the current state of politics (today).

actualización NF (*acto*) updating; (*TV etc*) update.

actualizar<1f> VT to bring up to date, update.

actualmente ADV (*gen*) at present; (*hoy día*) nowadays; **~ está fuera** he's away at the moment.

actuar<1e> **1** VT (*hacer funcionar*) to work, operate.
2 VI (*Mec*) to work, operate; (*persona*) to perform; (: *Teat etc*) to act; **~ de** to act as; **actuó bien el árbitro Sr X** Mr X refereed well; **actúa de manera rara** he's acting strangely.

actuario NM (*Jur*) clerk; (*Fin*) actuary.

acuadrillar<1a> VT (*Chi: acometer*) to set upon.

acuarela NF watercolour, watercolor (*US*).

acuarelista NMF watercolourist, watercolorist (*US*).

acuario NM aquarium; **A~** Aquarius.

acuárium NM aquarium.

acuartelamiento NM (*Mil*) quartering, billeting; (*disciplina*) confinement to barracks.

acuartelar<1a> **1** VT (*Mil*) to quarter, billet; (*disciplinar*) to confine to barracks. **2 acuartelarse** VR to withdraw to barracks.

acuático ADJ aquatic, water *atr.*

acuatinta NF aquatint.

acuatizar<1f> VI (*Aer*) to come down *o* land on water.

acuchillado ADJ (*cortado*) slashed.

acuchillar<1a> VT [a] (*gen*) to knife, stab; (*Cos*) to slash. [b] (*Téc*) to plane down, smooth.

acuciante ADJ pressing; **necesidad ~** dire necessity, urgent need.

acuciar<1b> VT (*estimular*) to urge on; **acuciado por el hambre** driven on by hunger.

acuclillarse<1a> VR to squat down.

ACUDE NF ABR *de* **Asociación de Consumidores y Usuarios de España.**

acudir <3a> VI [a] (*asistir*) to attend; (*inesperadamente*) to turn up; (*llegar*) to come; **~ al teléfono** to come *o* go to the phone; **~ a una cita** to keep *o* turn up for an appointment; **~ a una llamada** to answer a call; **~ a la mente** to come to (one's) mind; **pero no acudió** but he didn't come. [b] (*para ayudar*) to come *o* go to the rescue, go to help. [c] **~ a** (*fig*) to turn to, have recourse to; **~ al médico** to consult one's doctor; **no tener** *o* **saber a quién ~** to have nobody to turn to. [d] (*caballo*) to answer, obey.

acueducto NM aqueduct.

▼**acuerdo** NM [a] (*gen*) agreement; (*electoral etc*) pact; (*implícito*) understanding, accord; **A~ general sobre aranceles aduaneros y comercio** (*Com*) General Agreement on Tariffs and Trade; **~ marco** general framework of agreement; **~ de pago respectivo** (*Com*) knock-for-knock (*Brit*) *o* (*US*) no-fault agreement; **~ verbal** verbal agreement; **¡de ~!** I agree!, agreed!; **de ~ con** in accordance with; **de ~ con el artículo 2 del código** as laid down in article 2 of the code; **de común ~** with one accord, unanimously; **estar de ~** (*persona*) to agree, be in agreement (*con* with); (*cosas*) to agree, correspond; **esto está de ~ con lo que me dijo** this is in line with what he told me; **llegar a un ~** to come to an understanding (*con* with); **ponerse de ~** to reach agreement, agree. [b] (*Pol etc*) resolution; **tomar un ~** to pass a resolution.

acuidad NF sharpness.

acuilmarse<1a> VR (*CAm*) to get depressed.

acullá ADV over there, yonder.

acumulación NF (*gen*) accumulation; (*reserva*) pile, stock.

acumulador [1] ADJ accumulative. [2] NM storage battery.

acumular <1a> [1] VT (*gen*) to accumulate; (*datos*) to amass, gather; (*bienes*) to pile (up), hoard. [2] **acumularse** VR to accumulate, gather, pile up; **se me acumula el trabajo** the work is piling up (on me).

acumulativo ADJ cumulative.

acunar<1a> VT to rock (to sleep).

acuñación NF coining, minting.

acuñar<1a> VT (*moneda*) to coin, mint; (*medalla*) to strike; (*frase*) to coin.

acuosidad NF (*gen*) wateriness; (*de fruta*) juiciness.

acuoso ADJ (*gen*) watery; (*fruta*) juicy.

acupuntura NF acupuncture.

acurrucarse<1g> VR to huddle up, curl up.

acusación NF (*gen*) accusation; (*Jur: cargo*) charge, indictment; (: *acusador*) prosecution; **negar la ~** to deny the charge.

acusado/a [1] ADJ [a] (*Jur etc*) accused. [b] (*fig: saliente*) marked, pronounced; (*acento*) strong; (*contraste*) marked, striking. [2] NM/F accused, defendant.

acusador(a) [1] ADJ accusing, reproachful. [2] NM/F accuser.

acusar <1a> [1] VT [a] (*Jur etc*) to accuse (*de* of), charge (*de* with); **¿me acusas a mí?** are you accusing me?; **~ a algn de haber hecho algo** to accuse sb of having done sth. [b] (*denunciar*) to denounce; (*inculpar*) to point to, proclaim the guilt of. [c] (*indicar*) to show, reveal; (*fig: emoción etc*) to show, betray; **su rostro acusó extrañeza** his face registered surprise; **este sismógrafo acusa la menor vibración** this

seismometer picks up the least vibration. [d] (*recibir*) to take; **el boxeador acusó todos los golpes de su rival** the boxer took every blow his opponent threw at him. [e] **~ recibo** to acknowledge receipt. [2] **acusarse** VR [a] (*confesar*) to confess; **~ de un crimen** to confess to a crime; **~ de haberlo hecho** to confess to having done it. [b] (*hacerse más fuerte*) to become more marked, get stronger; **esta tendencia se acusa cada vez más** this tendency is becoming ever more marked.

acusativo NM accusative.

acusatorio ADJ accusatory, accusing.

acuse NM: **~ de recibo** acknowledgement of receipt.

acusete, acusica NMF (*fam*) telltale, sneak.

acusón/ona (*fam*) [1] ADJ telltale, sneaking. [2] NM/F telltale, sneak.

acústica NF acoustics.

acústico ADJ acoustic.

ADA NF ABR *de* **Ayuda del Automovilista** ≈ AA, ≈ RAC, ≈ AAA (*US*).

ADAC NM ABR *de* **avión de despegue y aterrizaje cortos** VTOL.

adagio NM (*proverbio*) adage, proverb; (*Mús*) adagio.

adalid NM leader, champion.

adamascado ADJ damask.

adamascar<1g> VT to damask.

adán NM scruffy fellow; **estar hecho un ~** to be terribly shabby.

adaptable ADJ (*gen*) adaptable, versatile; (*Tip*) compatible.

adaptación NF (*gen*) adaptation; (*montaje*) fitting.

adaptador NM (*Elec*) adapter.

adaptar <1a> [1] VT (*gen*) to adapt; (*encajar*) to fit, make suitable (*para* for); (*Inform*) to convert (*para* to); (*ajustar*) to adjust. [2] **adaptarse** VR to adapt o.s. (*a* to).

adarga NF (oval) shield.

adarme NM: **ni un ~** not a whit; **por ~s** in driblets.

A. de C. ABR *de* **año de Cristo** AD.

adecentar<1a> [1] VT to tidy up. [2] **adecentarse** VR to tidy o.s. up.

adecuación NF adaptation, fitting.

adecuadamente ADV suitably.

adecuado ADJ (*apto*) fit, suitable (*para* for); (*oportuno*) appropriate; **los documentos ~s** the appropriate *o* relevant papers; **el hombre ~ para el puesto** the right man for the job; **lo más ~ sería ...** the most appropriate thing would be to ..., it would be best to ....

adecuar <1d> (*adaptar*) to adapt, fit; **tenía cualidades que le adecuaban para el puesto** *etc* had qualities which made him suitable for the job.

adefesio NM (*persona rara*) queer bird, oddball (*fam*); (*persona fea*) disaster (*fam*); (*objeto feo*) monstrosity; (*ropa fea*) outlandish *o* ridiculous attire; **estaba hecha un ~** she looked a sight.

a. de J.C. ABR *de* **antes de Jesucristo** BC.

adelantado ADJ [a] (*avanzado*) advanced. [b] (*precoz*) precocious. [c] (*Com etc*) **pagar por ~** to pay in advance. [d] (*atrevido*) bold, forward. [e] (*reloj*) fast.

adelantamiento NM (*avance*) advance; (*promoción*) advancement, promotion; (*progreso*) progress; (*Aut*) overtaking, passing (*US*).

adelantar <1a> [1] VT [a] (*fecha, viaje*) to bring forward; (*Dep: balón*) to pass forward. [b] (*apresurar: paso*) to speed up, quicken; (: *plan*) to hurry, speed up; **~ los acontecimientos** to anticipate events; **no adelantemos acontecimientos** let's not cross our bridges before we come to them. [c] (*sueldo, pago*) to pay in advance. [d] (*reloj*) to put forward. [e] (*competidor*) to get ahead of, outstrip; (*Aut*) to overtake, pass (*US*); **no le gusta dejarse ~** he doesn't like being overtaken. [f] (*conseguir*) to get, gain; **¿qué adelantas con enfadarte?** getting upset won't help you. [2] VI [a] (*ir delante*) to go ahead; (*progresar*) to improve, progress; **el alumno adelanta** the student is improving. **b** (*Aut*) to overtake, pass (*US*); **'prohibido ~'** 'no overtaking'. **c** (*reloj*) to be fast, gain; **mi reloj adelanta 5 minutos** my watch is 5 minutes fast. **d** **el grupo adelantó 2 puestos en la lista** the group moved up two places in the charts. **3 adelantarse** VR **a** (*tomar la delantera*) to go forward, go ahead; **me adelantaré a inspeccionar el camino** I'll go on ahead and check the way. **b** (*reloj*) to be fast, gain. **c** (*suceder temprano*) to come early. **d** **~ a algn** to get ahead of *o* outstrip sb; (*fig*) to beat sb to it. **e** **~ a los deseos de algn** to anticipate sb's wishes.

adelante ADV **a** (*lugar*) forward(s), ahead; **más ~** further on; **ir ~** to go on *o* ahead; **seguir ~** to carry on. **b** (*cantidad*) **de 100 pesetas en ~** from 100 pesetas up(wards). **c** (*tiempo*) **en ~, de aquí en ~, de hoy en ~** in future, from now on; **más ~** later (on), afterwards. **d** **¡~!** (*interj: siga*) go on!, carry on!; (: *entre*) come in!; (*Mil etc: avance*) forward!; (*CSur*) that's the way! **e** (*locuciones*) **sacar ~** (*niño*) to give a good education to; (*negocio*) to bring off; **salir ~** to get by, manage.

adelanto NM **a** (*progreso*) advancement, progress. **b** (*paso adelante*) advance, step forward; **los ~s de la ciencia** the advances of science. **c** (*dinero*) advance. **d** (*tiempo*) **llegar con 1 hora de ~** to arrive an hour early; **el reloj lleva 10 minutos de ~** the clock's 10 minutes fast.

adelfa NF rosebay, oleander.

adelgazador ADJ slimming.

adelgazamiento NM slimming.

adelgazar <1f> **1** VT (*gen*) to make thin, make slender; (*palo*) to pare, whittle; (*kilos*) to lose, take off; (*voz*) to raise the pitch of; (*punta*) to sharpen. **2** VI (*enflaquecer*) to grow thin; (*con régimen*) to slim, lose weight.

Adelpha NF ABR (*Esp*) de **Asociación de Defensa Ecológica y del Patrimonio Histórico-artístico**.

ademán NM **a** (*de mano*) gesture, movement; (*postura*) posture, position; **en ~ de hacer algo** as if to do sth, getting ready to do sth; **hacer ~ de hacer** to make as if *o* to make a move to do. **b** **~es** manners.

además **1** ADV besides; (*frm*) moreover, furthermore; **y ~ la pegó** what's more he beat her; **creo ~ que** moreover I think that. **2** PREP: **~ de** in addition to, not to mention; **~ de eso** moreover.

ADENA NF ABR (*Esp*) de **Asociación para la Defensa de la Naturaleza**.

adentrarse <1a> VR: **~ en** to go into, get inside; (*penetrar*) to penetrate into; **~ en la selva** to go deep(er) into the forest.

adentro **1** ADV **a** (*esp LAm*) = **dentro 1**. **b** **mar ~** out at sea, out to sea; **tierra ~** inland; **¡~!** come in! **2** PREP: **~ de** (*LAm: dentro de*) inside. **3** NM **a** (*CSur*) indoors, inside the house. **b** **dijo para sus ~s** he said to himself; **reírse para sus ~s** to laugh inwardly.

adepto/a NM/F (*gen*) follower, supporter; (*Rel*) adept, initiate.

aderezar <1f> VT (*preparar*) to prepare, get ready; (*vestir*) to dress up; (*adornar*) to embellish, adorn; (*Culin: sazonar*) to season, garnish; (: *ensalada*) to dress.

aderezo NM **a** (*preparación*) preparation; (*adorno*) decoration. **b** (*Culin*) seasoning, dressing; (*Cos*) adornment; **~ de diamantes** set of diamonds.

adeudar <1a> **1** VT to owe; **~ una suma en una cuenta** to debit an account for a sum. **2** **adeudarse** VR to run into debt.

adeudo NM (*deuda*) debt; (*en aduana*) customs duty; (*en cuenta*) debit, charge.

a.D.g. ABR *de* **a Dios gracias**.

adherencia NF (*gen*) adherence; (*acción de pegar*) adhesion; (*fig: vínculo*) bond, connection; (*Aut*) road holding.

adherente ADJ adhesive, sticky; **~ a** (*fig*) adhering to.

adherido/a NM/F adherent, follower.

adherir <3i> VI, **adherirse** VR to adhere, stick (*a* to); **~ a** (*fig*) to follow.

adhesión NF (*Téc*) adhesion; (*fig*) adherence, support.

adhesivo **1** ADJ adhesive, sticky. **2** NM adhesive.

adicción NF addiction.

adición NF (*Mat*) addition; (*Jur*) acceptance; (*sumar*) adding up; (*CSur: cuenta*) bill, check (*US*).

adicional ADJ additional, extra.

adicionar <1a> VT (*gen*) to add (*a* to); (*Mat*) to add (up).

adicto/a **1** ADJ **a** **~ a** devoted to, attached to; **las personas ~as a él** those who follow him, his supporters. **b** (*dado a*) given to, addicted to. **2** NM/F (*seguidor*) supporter, follower; (*a droga, TV etc*) addict.

adiestrado ADJ trained.

adiestramiento NM (*de perro*) training; (*Mil, Dep*) drilling, practice.

adiestrar <1a> **1** VT (*animal*) to train; (*Mil etc*) to drill; (*fig: guiar*) to guide, lead. **2** **adiestrarse** VR to practise, practice (*US*), train o.s.; **~ a hacer** to teach o.s. to do.

adinerado ADJ wealthy, well-off.

adinerarse <1a> VR to get rich.

adiós **1** INTERJ (*gen*) goodbye!; (*¡hola!*) hullo! **2** NM goodbye, farewell; **decir(se) los ~es** to say one's farewells; **decir ~ a algo** (*fig*) to wave sth goodbye, give sth up; **ir a decir ~ a algn** to go to say goodbye to sb.

adiposidad NF adiposity.

adiposo ADJ adipose, fat.

aditamento NM (*complemento*) complement, addition; (*accesorio*) accessory.

aditivo NM additive.

adivinación NF (*predicción*) prophecy, divination; (*conjeturas*) guessing; (*solución*) solving; **por ~** by guesswork; **~ de pensamientos** mind-reading.

adivinador(a) NM/F fortune-teller.

adivinanza NF riddle, conundrum.

adivinar <1a> VT (*predecir*) to prophesy, foretell; (*conjeturar*) to guess; (*encontrar solución a*) to solve; (*pensamientos*) to read; **adivina quién** guess who.

adivino/a NM/F fortune-teller.

adj ABR *de* **adjunto** enc.

adjetivo **1** ADJ adjectival. **2** NM adjective.

adjudicación NF (*gen*) award; (*en subasta*) knocking down, sale.

adjudicado INTERJ sold!

adjudicar <1g> **1** VT to award (*a* to); **~ algo al mejor postor** to knock sth down to the highest bidder. **2** **adjudicarse** VR: **~ algo** to appropriate sth; **~ el premio** to win (the prize).

adjuntar <1a> VT (*incluir*) to append, attach; (*en carta*) to enclose; **adjuntamos factura** we enclose our account.

adjunto/a **1** ADJ **a** (*incluido*) attached (*a* to); (*en carta*) attached, enclosed; **remitir algo ~** to enclose sth. **b** (*ayudante*) assistant. **2** NM/F assistant.

administración NF **a** (*gen*) administration; (*dirección*) management, running; **en ~** in trust; **~ pública** civil service, public administration (*US*); **A~ de Correos** General Post Office; **~ de lotería** place where lottery tickets are sold. **b** (*Pol*) government, administration; **~ central** central government; **~ territorial** local government. **c** (*oficina*) headquarters, central office.

administrador(a) NM/F (*gen*) administrator; (*Com*) manager; (*Agr*) (land) agent, bailiff; **~ de correos** postmaster/-mistress; **~ de fincas** land agent; **es buena ~a** (*en casa*) she runs the house well.

administrar <1a> **1** VT (*gen*) to administer; (*Com etc*) to manage, run. **2** **administrarse** VR to manage one's own affairs.

administrativo/a **1** ADJ administrative; (*Com*) managerial; (*del gobierno*) of the government *o* administration. **2** NM/F clerk, office worker.

admirable ADJ admirable.

admiración NF **a** (*gen*) admiration; **mi ~ por ti** my admiration for you. **b** (*asombro*) amazement, wonder. **c** (*Tip*) exclamation mark.

admirador(a) NM/F admirer.

admirar<1a> [1] VT [a] (*mostrar admiración*) to admire, look up to.

[b] (*asombrar*) to astonish, surprise; **esto admiró a todos** this astonished everyone; **me admira su declaración** your statement amazes me.

[2] **admirarse** VR to be astonished o surprised; **se admiró de saberlo** he was amazed to hear it.

admirativo ADJ admiring, full of admiration.

admisibilidad NF admissibility.

admisible ADJ (*gen*) admissible; (*factible: excusa etc*) plausible; (*legítimo*) legitimate; **eso no es ~** that cannot be allowed.

admisión NF (*gen*) admission (*a* to); (*reconocimiento*) acceptance; (*Mec*) intake, inlet; **'reservado el derecho de ~'** 'the management reserves the right to refuse admission'; **~ de aire** (*Mec*) air intake.

admitir <3a> VT to admit (*a* to; *en* into); (*aceptar*) to accept, allow; (*dudas etc*) to leave room for; **esto no admite demora** this allows no delay; **no admite otra explicación** it allows of o lends itself to no other explanation; **¿admite la Academia la palabra?** does the Academy accept the word?; **hay que ~ que ...** it must be admitted that ...; **'no se admiten propinas'** 'no tipping'; **la sala admite 500 personas** the hall holds 500 people.

admón. ABR de **administración** admin.

admonición NF warning; **~ oral/escrita** verbal/written warning.

admonitorio ADJ warning atr.

ADN NM ABR de **ácido desoxirribonucleico** DNA.

adobado NM (*carne*) pickled pork.

adobar <1a> VT (*gen*) to prepare, dress; (*carne*) to season, pickle; (*pieles*) to tan.

adobe NM (*tabique*) adobe, sun-dried brick.

adobo NM [a] (*preparación*) preparation, dressing; (*de pieles*) tanning. [b] (*Culin*) pickle, sauce; (*para pieles*) tanning mixture.

adocenado ADJ common-or-garden (*fam*).

adoctrinamiento NM indoctrination.

adoctrinar <1a> VT to indoctrinate (*en* with).

adolecer <2d> VI: **~ de** (*Med*) to be ill with; (*fig*) to suffer from.

adolescencia NF adolescence.

adolescente ADJ, NMF adolescent.

adonde CONJ (*esp LAm*) where.

adónde (*esp LAm*) [1] ADV INTERROG where? [2] CONJ where.

adondequiera ADV wherever.

Adonis NM Adonis; **es un ~** (*fig*) he's gorgeous (*fam*).

adopción NF adoption.

adoptar <1a> VT to adopt.

adoptivo ADJ (*padres*) adoptive; (*hijo*) adopted; **patria ~a** country of adoption; **hijo ~ de la ciudad** honorary citizen.

adoquín NM [a] paving stone, flagstone, cobble. [b] (*fam*) idiot, clod.

adoquinado NM paving, cobbles, flagstones.

adoquinar <1a> VT to pave, cobble.

adorable ADJ adorable.

adoración NF adoration, worship.

adorar <1a> VT to adore, worship.

adormecedor ADJ that sends one to sleep, soporific.

adormecer <2d> [1] VT to make sleepy, send to sleep; (*fig*) to calm, lull.

[2] **adormecerse** VR [a] (*amodorrarse*) to become sleepy o drowsy; (*dormirse*) to fall asleep, go to sleep; (*miembro*) to go numb.

[b] **~ en** (*fig*) to persist in.

adormecido ADJ (*gen*) sleepy, drowsy; (*miembro*) numb.

adormecimiento NM (*V vr*) sleepiness; drowsiness; numbness.

adormidera NF poppy.

adormilarse <1a> VR to doze.

adornar <1a> VT (*gen*) to adorn, decorate (*de* with); (*Cos*) to trim (*de* with); (*Culin*) to garnish (*de* with); (*persona*: *dotar*) to endow, bless (*de* with).

adorno NM (*gen*) adornment, decoration; (*Cos*) trim-

ming; (*Culin*) garnish; **de ~** decorative.

adosado [1] ADJ: **casa ~a, chalet ~** semi-detached house. [2] NM semi-detached house.

adosar <1a> VT: **~ algo a una pared** to lean sth against a wall, place sth with its back against a wall.

adquirido ADJ: **mal ~** ill-gotten.

adquirir <3i> VT (*gen*) to acquire, obtain; (*comprar*) to buy, purchase; (*fig: costumbre*) to get into, form.

adquisición NF (*gen*) acquisition; (*compra*) buy, purchase.

adquisidor(a) NM/F buyer.

adquisitivo ADJ acquisitive; **poder o valor ~** purchasing power.

adrede ADV on purpose, deliberately.

adrenalina NF adrenalin.

Adriático NM: **(Mar) ~** Adriatic (Sea).

adscribir <3a> (*pp* **adscrito**) VT: **~ a** to appoint to, assign to; **estuvo adscrito al servicio de ...** he was attached to ....

aduana NF (*gen*) customs; (*oficina*) customs house; **derecho de ~** customs duty; **libre de ~** duty-free; **pasar por la ~** to go through customs.

aduanero/a [1] ADJ customs atr. [2] NM/F customs officer.

aducir <3f> VT to adduce, offer as proof.

adueñarse <1a> VR: **~ de** to take possession of.

adulación NF flattery, adulation.

adulador(a) [1] ADJ flattering, fawning. [2] NM/F flatterer.

adular <1a> VT to flatter.

adulón/ona [1] ADJ fawning, crawling. [2] NM/F toady, crawler.

adulonería NF flattering, fawning.

adulteración NF adulteration.

adulterado ADJ adulterated.

adulterar <1a> VT to adulterate.

adulterio NM adultery.

adúltero/a [1] ADJ adulterous. [2] NM/F adulterer/ adulteress.

adulto/a ADJ, NM/F adult, grown-up.

adustez NF harshness, severity.

adusto ADJ harsh, severe.

advenedizo/a ADJ, NM/F (*forastero*) stranger, parvenu; (*pey*) upstart; (*LAm*) novice.

advenimiento NM advent, arrival; **~ al trono** accession to the throne.

adventicio ADJ adventitious.

adverbial ADJ adverbial; **locución u oración ~** adverbial phrase.

adverbio NM adverb.

adversario/a [1] ADJ opposing, rival. [2] NM/F adversary, opponent.

adversidad NF (*problemas*) adversity; (*una ~*) setback, mishap.

adverso ADJ (*lado*) opposite, facing; (*resultado etc*) adverse; (*suerte*) bad.

advertencia NF (*gen*) warning; (*consejo*) piece of advice; (*prefacio*) preface, foreword.

▼advertir <3i> VT [a] (*observar*) to notice, observe; **~ que** to observe that. [b] (*indicar*) to point out, draw attention to. [c] (*aconsejar*) to advise; (*prevenir*) to warn; **estás ~** you've been warned; **te advierto que no pienso ir** I hope it's clear - I'm not going.

Adviento NM Advent.

adyacencia NF nearness, proximity.

adyacente ADJ adjacent.

AECE NF ABR de **Asociación Española de Cooperación Europea**.

AEDAVE NF ABR de **Asociación Empresarial de Agencias de Viajes Españolas** ≈ ABTA.

AEE NF ABR de **Agencia Europea del Espacio** ESA.

AELC NF ABR de **Asociación Europea de Libre Comercio** EFTA.

aéreo ADJ (*Fot etc*) aerial; (*tráfico etc*) air; (*Ferro*) overhead, elevated.

aero... PREF aero....

aerobic NM, **aeróbica** NF aerobics.

➤ EXPRESIONES GENERATIVAS: **advertir** → 11.3

aerobús NM airbus.
aeroclub NM flying club.
aerodeslizador NM hovercraft.
aerodinámica NF aerodynamics.
aerodinámico ADJ (gen) aerodynamic; (forma) streamlined.
aerodinamizar <1f> VT to streamline.
aeródromo NM aerodrome, airdrome (US).
aerofaro NM (Aer) beacon.
aerofoto NF aerial photograph.
aerogenerador NM wind turbine.
aerografía NF spray-painting, airbrushing.
aerógrafo NM airbrush.
aerograma NM aerogram, airmail letter.
aeromodelismo NM aeromodelling, making model aeroplanes.
aeromodelista NMF model aeroplane enthusiast.
aeromodelo NM model aeroplane.
aeromotor NM aero-engine.
aeromoza NF (LAm) (air) hostess/stewardess, flight attendant (US).
aeronauta NMF aeronaut.
aeronáutica NF aeronautics.
aeronáutico ADJ aeronautical.
aeronaval ADJ air-sea atr.
aeronave NF airship; ~ **espacial** spaceship.
aeroplano NM aeroplane, airplane (US).
aeropuerto NM airport; ~ **de paso** stopover.
aerosol NM aerosol.
aeróstato NM balloon, aerostat.
aerotransportado ADJ airborne.
a / f ABR de **a favor**.
afabilidad NF affability, geniality.
afable ADJ affable, good-natured, genial.
afamado ADJ famous, noted (por for).
afamar <1a> ① VT to make famous. ② **afamarse** VR to become famous, make a reputation.
afán NM ⓐ (industria) hard work, industry; (labor) toil. ⓑ (deseo) desire, urge; (entusiasmo) zeal, eagerness; **el ~ de** the desire o urge for; ~ **de lucro** profit motive; ~ **de victoria** will to win; **con ~** zealously, keenly.
afanador(a) NM/F (ladrón) thief; (Méx) menial worker.
afanar <1a> ① VT ⓐ (birlar) to pinch (fam), swipe (fam). ⓑ (CAm: dinero) to earn, make. ② **afanarse** VR to toil, labour, labor (US) (en at); ~ **por hacer algo** to strive to do sth.
afanoso ADJ (trabajo: duro) hard, heavy; (: pesado) tough, uphill; (concienzudo) industrious; (febril) feverish, hectic.
afarolado ADJ (LAm: emocionado) excited, worked up.
afarolarse <1a> VR (LAm: emocionarse) to get excited o worked up.
afasia NF aphasia.
afásico ADJ mute, dumb.
AFE NF ABR de **Asociación de Futbolistas Españoles** ≈ FA, ≈ SFA.
afear <1a> VT ⓐ (gen) to make ugly, disfigure. ⓑ (fig) to condemn, censure.
afección NF ⓐ (cariño) affection, fondness. ⓑ (Med) trouble, disease; ~ **cardíaca** heart trouble; ~ **hepática** liver complaint.
afeccionarse <1a> VR (CSur): ~ **a** to take a liking to, become fond of.
afectación NF affectation.
afectado ADJ ⓐ (gen) affected. ⓑ (Med) **estar ~ del corazón** to have heart trouble.
afectar <1a> VT ⓐ (gen) to affect, have an effect on; **su muerte nos afectó mucho** we were terribly saddened by his death; **por lo que afecta a esto** as far as this is concerned. ⓑ (fingir) to affect, pretend, put on a show of; ~ **ignorancia** to feign ignorance. ⓒ (dañar) to hurt, damage; (LAm: tomar: forma) to take, assume.
afectísimo ADJ affectionate; **suyo ~** yours truly.
afectivo ADJ affective.
afecto ① ADJ ⓐ affectionate; ~ **a** attached to. ⓑ ~ **a** (Jur) subject to, liable for. ⓒ (Med, fig) ~ **de** afflicted with.

② NM affection, fondness (a for); **tomar ~ a algn** to become attached to sb.
afectuosamente ADV affectionately; (en carta) yours affectionately.
afectuosidad NF affection.
afectuoso ADJ affectionate.
afeitado NM ⓐ (gen) shave. ⓑ (Taur) blunting of the horns.
afeitadora NF electric razor o shaver.
afeitar <1a> ① VT (barba) to shave; (cola) to trim; (Taur) to trim the horns of. ② **afeitarse** VR to shave, have a shave.
afeite NM make-up, cosmetic(s).
afelpado ADJ plush, velvety.
afeminado ① ADJ effeminate. ② NM effeminate man, poof (fam).
afeminamiento NM effeminacy.
afeminarse <1a> VR to become effeminate.
aferrado ADJ stubborn; **seguir ~ a** to stick to, stand by.
aferrar <1j> ① VT (asir) to grasp, seize; (Náut: barco) to moor.
② **aferrarse** VR ⓐ (Náut) to anchor, moor. ⓑ (agarrarse) to cling o hang on. ⓒ ~ **a** o **en** (obstinarse en) to stick to, stand by; ~ **a un principio** to stick to a principle; ~ **a una esperanza** to cling to a hope; ~ **a su opinión** to remain firm in one's opinion.
Afganistán NM Afghanistan.
afgano/a ADJ, NM/F Afghan.
afianzamiento NM ⓐ (Téc) strengthening, securing. ⓑ (Fin etc) guarantee, security; (Jur) surety, bond.
afianzar <1f> ① VT ⓐ (reforzar) to strengthen, secure; (apoyar) to support, prop up; (: fig) to support, back. ⓑ (avalar) to guarantee, vouch for.
② **afianzarse** VR to steady o.s.; (fig: establecerse) to become strong, become established; ~ **a** to catch hold of; **la reacción se afianzó después de la guerra** the reaction set in after the war.
afiche NM (esp LAm) poster.
afición NF ⓐ (gen) fondness, liking (a for); (inclinación) inclination (a towards); **tomar ~ a** to take a liking to; **tener ~ a** to like, be fond of. ⓑ (pasatiempo) hobby, pastime; **¿qué ~es tiene?** what are his interests?; **pinta por ~** he paints as a hobby. ⓒ **la ~** (Dep) the fans; **aquí hay mucha ~** support is strong here.
aficionado/a ① ADJ ⓐ (entusiasta) keen, enthusiastic; ~ **a** keen on, fond of. ⓑ (Dep: no profesional) amateur.
② NM/F ⓐ (gen) enthusiast; (no profesional) amateur; (adicto) fan, supporter; **gritaban los ~s** the fans were shouting; **todos los ~s a la música** all music lovers; **función de ~s** amateur performance.
aficionar <1a> ① VT: ~ **a algn a algo** to interest sb in sth. ② **aficionarse** VR: ~ **a algo** to get fond of o take a liking to sth.
afiebrado ADJ feverish.
afilado ADJ sharp; (punta) tapering, sharp.
afilador NM (persona) knife-grinder; (Téc) steel sharpener; (correa) razor strop.
afiladura NF sharpening.
afilar <1a> ① VT ⓐ (gen) to sharpen, put an edge on; (punta) to put a point on; (cuchillo) to whet, grind; (navaja) to strop. ⓑ (CSur: flirtear) to flatter, court; (Chi fam!: joder) to fuck (fam!), screw (fam!).
② **afilarse** VR ⓐ (cara) to sharpen, grow thin; (dedos) to taper. ⓑ (LAm) to get ready.
afiliación NF (gen) affiliation; (de sindicatos etc) membership.
afiliado/a ① ADJ affiliated (a to), member atr; (Com) subsidiary. ② NM/F member.
afiliarse <1b> VR: ~ **a** to affiliate to, join.
afiligranado ADJ (Cos) filigreed; (fig) delicate, fine.
afín ADJ ⓐ (lindante) bordering, adjacent. ⓑ (relacionado) similar.

afinación NF (*gen*) refining, polishing; (*fin*) completion; (*Mús*) tuning; (*Aut*) tuning(-up).

afinado ADJ (*acabado*) finished, polished; (*Mús*) in tune.

afinador NM (*Mús*) tuning key; ~ **de pianos** piano tuner.

afinar <1a> ① VT (*perfeccionar*) to put the finishing touch to, complete; (*pulir*) to polish; (*Téc*) to purify, refine; (*puntería etc*) to sharpen, make more precise; (*Mús*) to tune; (*Aut*) to tune up.
② VI to sing in tune, play in tune.
③ **afinarse** VR (*pulirse*) to become polished.

afincarse <1g> VR to establish o.s., settle (in a town *etc*).

afinidad NF (*gen*) affinity; (*parentesco*) relationship; (*parecido*) similarity.

afirmación NF affirmation.

afirmado NM (*Aut*) road surface.

afirmar <1a> ① VT ⓐ (*reforzar*) to make secure, strengthen.
ⓑ (*declarar*) to assert, state; ~ **que** to affirm that.
ⓒ (*LAm: golpe*) to deal, give.
② **afirmarse** VR ⓐ to steady o.s.
ⓑ ~ **en lo dicho** to stand by what one has said.

afirmativa NF affirmative answer, yes (*fam*).

afirmativamente ADV affirmatively; **contestar** ~ to answer in the affirmative.

afirmativo ADJ affirmative, positive; **en caso** ~ if that is the case.

aflautado ADJ high, fluty.

aflicción NF affliction, sorrow.

aflictivo ADJ (*penoso*) distressing.

afligido ① ADJ grieving, heartbroken; (*Med*) ~ **por** stricken with. ② NM: **los** ~**s** the afflicted; (*por deceso*) the bereaved.

afligir <3c> ① VT ⓐ (*gen*) to afflict; (*apenar*) to pain, distress.
ⓑ (*LAm: golpear*) to beat, hit.
② **afligirse** VR to grieve (*con, de* about, at); **no te aflijas tanto** you must not let it affect you like this, don't get so worked up (*fam*).

aflojamiento NM (*V vt: gen*) loosening, slackening; (*de esfuerzo, presión*) weakening.

aflojar <1a> ① VT (*gen*) to loosen, slacken; (*presión*) to relax; (*Aut: freno*) to release (*fam*); (*dinero*) to fork out, cough up (*fam*).
② VI (*cuerda*) to slacken; (*Met: viento*) to let up.
③ **aflojarse** VR (*gen*) to slacken (off *o* up); (*tuerca etc*) to come *o* work loose; (*Med: fiebre*) to abate; (*interés*) to flag.

aflorar <1a> VI (*Geol*) to crop out, outcrop; (*surgir: tb fig*) to come to the surface, emerge.

afluencia NF ⓐ (*gen*) influx, flow; (*gentío*) crowd, jam; **la** ~ **de turistas** the influx of tourists. ⓑ (*abundancia*) abundance, plenty.

afluente ① ADJ (*que afluye*) inflowing. ② NM (*Geog*) tributary.

afluir <3g> VI to flow (*a* into); (*gente*) to flock (*a* into, to).

aflujo NM (*Med*) afflux, congestion; (*Mec*) inflow, inlet.

afmo/a. ABR *de* **afectísimo/a**.

afonía NF hoarseness, state of having lost one's voice.

afónico/a ADJ voiceless; (*ronco*) hoarse; **estar** ~ to have lost one's voice.

aforado/a ① ADJ (*provincia, territorio*) with a regional charter; **persona aforada** = **2**. ② NM/F person with parliamentary immunity who can only be tried by the Supreme Court.

aforar <1a> VT (*Téc*) to gauge; (*fig*) to appraise, value.

aforismo NM aphorism.

aforístico ADJ aphoristic.

aforo NM ⓐ (*Téc*) gauging; (*fig*) appraisal, valuation. ⓑ (*Teat etc*) capacity; **el teatro tiene un** ~ **de 2.000** the theatre *o* (*US*) theater can seat 2,000.

afortunadamente ADV fortunately, luckily.

afortunado ADJ (*gen*) fortunate, lucky; (*fig*) happy; **poco** ~ unsuccessful; **un comentario poco** ~ a rather inappropriate comment.

afrancesado/a ① ADJ frenchified; (*Pol*) pro-French, supporting the French. ② NM/F frenchified person; (*Pol*) pro-French person.

afrenta NF affront, insult.

afrentar <1a> ① VT (*gen*) to affront, insult; (*desacreditar*) to dishonour, dishonor (*US*). ② **afrentarse** VR to be ashamed (*de* of).

afrentoso ADJ (*gen*) insulting, outrageous; (*vergonzoso*) shameful.

África NF Africa; ~ **del Norte/del Sur** North/South Africa.

africaans NM Afrikaans.

africano/a ADJ, NM/F African.

afrikaner ADJ, NMF (*pl* ~**s**) Afrikaner.

afro ADJ Afro; **peinado** ~ Afro hairstyle.

afroamericano ADJ Afro-American.

afroasiático ADJ Afro-Asian.

afrodisíaco ADJ, NM aphrodisiac.

afrontamiento NM confrontation.

afrontar <1a> VT ⓐ (*dos personas*) to bring face to face. ⓑ (*peligro etc*) to confront, face up to.

afrutado ADJ (*vino*) fruity.

aftosa NF (*tb* **fiebre** ~) foot-and-mouth (disease).

afuera ① ADV (*esp LAm*) out, outside; **¡~!** out of the way!, get out!; **de** ~ from outside; **por** ~ on the outside; **las hojas de** ~ the outer *o* outside leaves.
② PREP: ~ **de** (*LAm*) outside.
③ NFPL: ~**s** outskirts.

afuerano/a, **afuereño/a**, **afuerino/a** (*Chi*) ① ADJ strange, outside *atr*. ② NM/F outsider, stranger.

afusilar <1a> VT (*Méx*) to shoot.

ag. ABR *de* **agosto** Aug.

agachadiza NF (*Orn*) snipe.

agachar <1a> ① VT (*cabeza*) to bend, bow; ~ **las orejas** (*fam*) to hang one's head.
② **agacharse** VR ⓐ (*gen*) to stoop, bend down *o* over; (*acuclillarse*) to squat; (*bajar la cabeza*) to duck.
ⓑ (*fig: esconderse*) to go into hiding, lie low.
ⓒ (*LAm: ceder*) to give in, submit.
ⓓ (*Méx: callarse*) ~ **algo** to keep sth under one's hat.

agalbanado ADJ lazy, shiftless.

agalla NF ⓐ (*Bot*) gall; ~ **de roble** oak apple. ⓑ (*de pez*) gill. ⓒ ~**s** (*fam*) pluck, guts; **tener muchas** ~**s** to be brave, have guts (*fam*). ⓓ (*LAm*) **tener** ~**s** to be greedy.

agalludo (*CSur*) ADJ ⓐ (*valiente*) daring, bold. ⓑ (*tacaño*) mean, stingy.

ágape NM banquet, feast.

agarrada NF scrap, brawl.

agarradera NF (*LAm*), **agarradero** NM ⓐ handle, grip. ⓑ ~**s** pull, influence; **tener buenas** ~**s** to have friends in the right places.

agarrado ADJ mean, stingy; **baile** ~ slow dance.

agarrar <1a> ① VT ⓐ (*tomar con la mano*) to grasp, catch hold of; (*retener*) to grip, clutch; **me agarró del brazo** he took me by the arm; **no sé por dónde** ~**lo** (*fig*) I don't know how to take him; ~**la** (*fam*) to get plastered (*fam*).
ⓑ (*LAm*) = **coger**; ~ **un autobús** to catch a bus; ~ **un resfriado** to catch a cold.
② VI (*gen*) to take hold (*de* of); (*Bot etc*) to take root; (*color*) to stick; **iban agarrados del brazo** they walked arm in arm; **agarró y se fue** (*fam*) he upped and offed (*fam*).
③ **agarrarse** VR ⓐ (*meterse uno con otro*) to grapple (with each other); (*esp LAm: pelear*) to fight it out; **se agarraron a tiros** they shot it out.
ⓑ (*asirse*) to hold on; **¡agárrate bien!** hold on!, hold tight!; ~ **a** *o* **de** to hold on to, grip, seize; **se agarra a cualquier excusa** any (old) excuse will do him.
ⓒ (*fam: cogerse*) **se agarró una borrachera** he got plastered (*fam*); **me agarré un cabreo** I got totally pissed off (*fam!*).
ⓓ (*Culin: pegarse*) to stick.
ⓔ ~**la con algn** (*LAm: tenerla tomada con algn*) to pick on sb.

agarre NM (*fig: valor*) guts; (*LAm*) grasp, hold.

agarroch(e)ar <1a> VT (*Taur*) to prick with a pike.

agarrón NM ⓐ (*tirón*) jerk, pull, tug. ⓑ = **agarrada**.

agarrotamiento NM (*apretón*) tightening; (*de músculos*) stiffening; (*Aut*) seizing up.

agarrotar <1a> ① VT (*atar*) to tie tight; (*Jur*) to garrotte;

(*músculos*) to stiffen; **tengo los músculos agarrotados** I'm all stiff. **2** **agarrotarse** VR (*Med*) to stiffen, get numb; (*Aut etc*) to seize up.

agasajado/a NM/F chief guest, guest of honour o (*US*) honor.

agasajar<1a> VT to entertain, fête.

agasajo NM (*acogida*) royal welcome; (*regalo*) gift; **~s** hospitality.

ágata NF agate.

agauchado ADJ (*CSur*) like a gaucho.

agave NF agave, American aloe.

agavilladora NF binder.

agavillar<1a> **1** VT to bind (in sheaves). **2** **agavillarse** VR to gang up, band together.

agazaparse <1a> VR (*agacharse*) to crouch down, squat; **estaba agazapada tras las rocas** she was hidden behind the rocks.

agencia NF agency, office, bureau; (*Chi: montepío*) pawnshop; **~ de noticias** o **prensa** news agency; **~ de patentes** patents office; **~ de publicidad/créditos** advertising/credit agency; **~ de transportes** carriers, removal business; **A~ Tributaria** Inland Revenue; **~ de viajes** travel agency.

agenciar<1b> **1** VT (*procurar*) to obtain, procure (*algo a algn* sth for sb); (*pey*) to wangle (*fam*), fiddle (*fam*). **2** **agenciarse** VR **a** (*apañarse*) to look after o.s.; **yo me las agenciaré para llegar allí** I'll manage to get there somehow, I'll work out how to get there; **bien sabe agenciárselas** he takes good care of number one. **b** (*proporcionarse*) **~ algo** to get hold of sth, obtain sth.

agenciero NM (*CSur*) agent, representative; (*Chi: de montepío*) pawnbroker.

agenda NF (*libro*) diary, notebook; (*de actividades*) agenda; (*de direcciones*) address book; **~ de trabajo** engagement book.

agente **1** NMF (*gen*) agent; (*policía*) policeman; (*: mujer*) policewoman; (*LAm: oficial*) officer, official; **~ acreditado** accredited agent; **~ de bolsa** stockbroker; **~ comercial** business agent; **~ inmobiliario** estate agent, real estate broker (*US*), realtor (*US*); **~ de negocios** business agent, broker; **~ provocador** agent provocateur; **~ secreto** secret agent; **~ de seguros** insurance agent; **~s sociales** social partners (*employers and unions*); **~ viajero** commercial traveller, salesman. **2** NM (*Quím*) agent.

agigantado ADJ gigantic, huge; **a pasos ~s** by leaps and bounds.

agigantar<1a> **1** VT to enlarge, increase greatly; **~ algo** to exaggerate sth. **2** **agigantarse** VR to seem huge; (*crisis*) to get much bigger, get out of proportion.

ágil ADJ agile, nimble; (*fig*) flexible, adaptable.

agilidad NF agility, nimbleness; **con ~** nimbly, quickly, flexibility, adaptability.

agilipollado ADJ (*fam*) stupid, daft.

agilipollarse<1a> VR (*atontarse*) to get all confused, act like an idiot.

agilización NF (*aceleración*) speeding-up; (*mejora*) improvement.

agilizar<1f> **1** VT (*acelerar*) to speed up; (*mejorar*) to improve, make more flexible. **2** **agilizarse** VR to speed up.

ágilmente ADV nimbly, quickly.

agiotaje NM speculation.

agiotista NM (*especulador*) speculator.

agitación NF **a** (*de mano etc*) waving, flapping; (*de bebida etc*) shaking, stirring; (*Náut*) roughness. **b** (*fig*) agitation; (*emoción*) excitement.

agitado ADJ **a** (*mar etc*) rough, choppy; (*aire*) turbulent. **b** (*fig: trastornado*) agitated, upset; (*emocionado*) excited; (*vida*) hectic.

agitador(a) **1** NM (*Mec*) agitator, shaker. **2** NM/F (*Pol*) agitator.

agitanado ADJ gipsy- o (*US*) gypsy-like.

agitar<1a> **1** VT **a** (*gen*) to wave; (*ala*) to flap; (*arma*) to brandish; (*botella*) to shake; (*líquido*) to stir; **agitaba un pañuelo** she was waving a handkerchief; **agítese antes de usar** shake o stir well before using.

b (*fig: excitar*) to stir up; (*despertar*) to rouse; (*inquietar*) to worry, upset. **2** **agitarse** VR **a** (*gen*) to sway; (*bandera etc*) to flap; (*mar*) to get rough o choppy; (*barco*) to roll. **b** (*emocionarse*) to get excited o worked up; (*niño*) to fidget; (*inquietarse*) to get worried o upset.

aglomeración NF agglomeration; **~ de tráfico/gente** traffic jam/mass of people.

aglomerado **1** ADJ massed together, in a mass; **viven ~s** they live on top of each other. **2** NM (*madera*) plywood; (*Téc*) agglomeration.

aglomerar <1a> **1** VT to agglomerate, crowd together. **2** **aglomerarse** VR to agglomerate, form a mass; (*apiñarse*) to crowd together.

aglutinación NF agglutination.

aglutinador ADJ agglutinative, cohesive; **fuerza ~a** unifying force, force that draws things together.

aglutinante ADJ agglutinative.

aglutinar<1a> **1** VT (*fig*) to draw together, bring together. **2** **aglutinarse** VR (*fig*) to come together, gel.

agnosticismo NM agnosticism.

agnóstico/a ADJ, NM/F agnostic.

agobiador, agobiante ADJ (*calor*) oppressive; (*pena*) unbearable; (*labor*) backbreaking; (*responsabilidad*) overwhelming; (*pobreza*) grinding.

agobiar<1b> **1** VT (*oprimir*) to weigh down; (*oprimir*) to oppress, burden; **¡no me agobies!** give me a break! (*fam*); **sentirse agobiado por** to be overwhelmed by; **está agobiado de trabajo** he is overloaded with work. **2** **agobiarse** VR: **~ con** o **de** to be weighed down with o by; **enseguida se agobia** he worries at the slightest thing.

agobio NM (*peso*) burden, weight; (*cansancio*) exhaustion; (*fig*) oppression; (*Med*) nervous strain, anxiety.

agolpamiento NM throng, crush.

agolparse<1a> VR (*apiñarse*) to throng, crowd together; (*acumularse: problemas etc*) to come one on top of another; (*: lágrimas*) to come in a flood; **~ en torno a algn** to crowd round sb.

agonía NF **a** death agony o throes; **acortar la ~ a un animal** to put an animal out of its misery. **b** (*fig: angustia*) anguish; (*: deseo*) desire, yearning; (*: últimos momentos*) dying moments.

agónico ADJ dying.

agonizante **1** ADJ dying. **2** NMF dying person.

agonizar<1f> VI to be dying, be in one's death throes.

ágora NF main square.

agorafobia NF agoraphobia.

agorar<1m> VT to predict, prophesy.

agorero/a **1** ADJ ominous; **ave ~a** bird of ill omen. **2** NM/F soothsayer, fortune-teller.

agostar <1a> **1** VT (*quemar*) to parch, burn up; (*fig: marchitarse*) to wither, kill before time. **2** **agostarse** VR (*secarse*) to dry up, shrivel; (*fig*) to die, fade away.

agosto NM August; (*fig*) harvest; **hacer su ~** to feather one's nest, make one's pile; *V tb* **se(p)tiembre**.

agotado ADJ: **estar ~** (*persona*) to be exhausted o worn out; (*existencias, provisión*) to be finished, exhausted; (*libro*) to be out of stock; (*Com*) to be sold out; (*Téc: pila*) to be flat.

agotador ADJ exhausting.

agotamiento NM (*gen*) exhaustion; (*de reservas*) depletion, draining; **~ nervioso** nervous strain.

agotar<1a> **1** VT (*gen*) to exhaust, use up, finish; (*reservas etc*) to drain, empty; (*individuo: cansar*) to exhaust, tire out. **2** **agotarse** VR to become exhausted; (*estar acabado*) to be finished, be used up; (*entradas*) to be sold out; (*libro*) to go out of print; (*paciencia etc*) to give out, run out; (*individuo*) to exhaust o wear o.s. out.

agraciado/a **1** ADJ (*atractivo*) graceful, attractive; (*con suerte*) lucky; **poco ~** plain; **salir ~** to be lucky, be the winner. **2** NM/F lucky winner.

agraciar <1b> VT **a** (*adornar*) to adorn; (*ceder*) to grace; (*hacer más atractivo*) to make more attractive. **b** (*preso*) to pardon. **c** **~ a algn con algo** to bestow sth on sb.

agradable ADJ (gen) pleasant, agreeable; **es un sitio ~** it's a nice place; **el cadáver no era muy ~ para la vista** the body was not a pretty sight; **ser ~ al gusto** to taste good, be tasty.

agradar <1a> ① VT to please, be pleasing to; **esto no me agrada** I don't like this. ② VI to please; **su presencia siempre agrada** your presence is always welcome. ③ **agradarse** VR to like each other.

▼**agradecer** <2d> ① VT (dar las gracias a) to thank; (sentirse agradecido) to be grateful for; **(te) agradezco tu ayuda** thanks for your help; **se lo agradezco** thank you; (frm) I am much obliged to you; **un favor que él no agradecería nunca lo bastante** a favour o (US) favor he can never thank you enough for; **le agradecería me enviara** I would be obliged o grateful if you would send me.
② **agradecerse** VR: **¡se agradece!** much obliged!, thanks very much!; **una copita de jerez siempre se agradece** a glass of sherry is always welcome.

agradecido ADJ (gen) grateful; (lleno de aprecio) appreciative; **muy ~** thanks a lot, thanks for everything, thank you very much.

agradecimiento NM (gen) gratitude; (aprecio) appreciation.

agrado NM ⓐ (cualidad) affability; **con ~** willingly. ⓑ **ser del ~ de algn** to be to sb's liking.

agrandar <1a> ① VT to make bigger, enlarge; (fig: dificultades etc) to exaggerate, magnify. ② **agrandarse** VR to get bigger.

agrario ADJ agrarian; **política/reforma ~a** agricultural policy/land reform.

agrarismo NM (Méx) agrarian reform movement.

agrarista (Méx) ① ADJ: **movimiento ~** agrarian reform movement. ② NMF supporter of land reform.

agravación NF, **agravamiento** NM (empeoramiento) worsening; (Med) change for the worse.

agravante ① ADJ aggravating. ② NM O F additional problem; (Jur) aggravating circumstance; **con la ~ de que** with the further difficulty that; **robo con ~** robbery with aggravation.

agravar <1a> ① VT (pesar sobre) to weigh down, make heavier; (pena) to increase; (dolor) to make worse; (situación) to aggravate; (fig: oprimir) to oppress, burden. ② VI, **agravarse** VR (empeorar) to worsen, get worse.

agraviar <1b> ① VT (dañar) to wrong; (insultar) to offend, insult. ② **agraviarse** VR to be offended, take offence o (US) offense (de, por at).

agravio NM (daño) wrong, injury; (insulto) offence, offense (US), insult; **~s de hecho** assault and battery.

agravioso ADJ offensive, insulting.

agraz NM (uva) sour grape; (jugo) sour grape juice; **en ~** prematurely, before time.

agredir <3a> VT to assault, set upon; (verbalmente etc) to attack.

agregado/a ① NM/F ⓐ (profesor etc) assistant. ⓑ (Pol etc) **~ comercial/cultural/militar** commercial/cultural/military attaché; **~ de prensa** press attaché. ⓒ (LAm: aparcero) sharecropper. ② NM (Téc etc) aggregate.

agregaduría NF (Pol) office of attaché; (Escol) assistantship.

agregar <1h> ① VT ⓐ (gen) to add (a to). ⓑ (recoger) to gather, collect. ⓒ (emplear) to appoint, attach (a to, to the staff of). ② **agregarse** VR: **~ a** to join.

agresión NF (gen) aggression; (contra persona) attack, assault; **pacto de no ~** non-aggression pact.

agresivamente ADV aggressively.

agresividad NF aggressiveness.

agresivo ADJ aggressive.

agresor(a) ① ADJ: **país ~** aggressor country. ② NM/F (gen) aggressor, attacker; (Jur) assailant.

agreste ADJ ⓐ (gen) rural, country. ⓑ (paisaje) wild. ⓒ (fig: tosco) rough, uncouth.

agriado ADJ (fig) sour, resentful.

agriar <1b o 1c> ① VT ⓐ (amargarse) to turn sour. ⓑ (fig) to sour. ② **agriarse** VR to turn sour; **se le ha agriado el carácter** he's turned into a right creep (fam).

agrícola ADJ agricultural, farming atr.

agricultor(a) NM/F farmer.

agricultura NF agriculture, farming; **~ biológica** o **ecológica** u **orgánica** organic farming.

agricultural ADJ agricultural, farming atr.

agridulce ADJ bittersweet; **cerdo ~** sweet and sour pork.

agriera NF (LAm) heartburn.

agrietar <1a> ① VT (gen) to crack (open); (Med: piel) to chap. ② **agrietarse** VR (gen) to crack; (Med: piel) to become chapped.

agrimensor NM surveyor.

agrimensura NF surveying.

agringado ADJ like a gringo/foreigner.

agrio ① ADJ (al gusto) sour, tart; (fig) bitter, disagreeable. ② NM sour juice; **~s** citrus fruits.

agro NM agriculture.

agroindustria NF agroindustry.

agronomía NF agronomy, agriculture.

agrónomo ① ADJ: **ingeniero ~** agricultural scientist. ② NM agronomist, agricultural expert.

agropecuario ADJ farming atr; **sector ~** agriculture and fishing; **política ~a** farming policy.

agroturismo NM rural tourism.

agrupación NF ⓐ (grupo) group, association; (reunión) gathering; (Mús) ensemble. ⓑ (acción) grouping; (reunión) coming together.

agrupar <1a> ① VT (gen) to group (together); (gente, datos etc) to gather, assemble. ② **agruparse** VR (Pol) to form a group; (juntarse) to gather o come together (en torno a round).

agua NF ⓐ (gen) water; (lluvia) rain; (Náut) leak; (Arquit) slope of a roof, pitch; **¡hombre al ~!** man overboard!
ⓑ (con adj) **~ bendita** holy water; **~ blanda** soft water; **~ de colonia** eau de cologne; **~ corriente** running water; **~ destilada** distilled water; **~ dulce** fresh water; **~ dura** hard water; **~ hirviendo** boiling water; **~ de lluvia** rainwater; **~ del mar** sea water; **~ mineral (con/sin gas)** (fizzy/still) mineral water; **~ oxigenada** hydrogen peroxide; **~ potable** drinking water; **~ de rosas** rosewater; **~ salada** salt o sea water.
ⓒ (locuciones) **¡~ (va)!, ¡~s!** look out!, careful!; **sin decir ~ va** without any warning; **~ pasada no mueve molino** it's no good crying over spilt milk; **eso es ~ pasada** that's water under the bridge, that's all in the past; **bailar el ~ a algn** to dance attendance on sb; **nunca digas de esta ~ no beberé** never say never; **cambiar el ~ al canario** (Esp hum) to take a leak (fam); **echar un barco al ~** to launch a boat; **echarse al ~** to dive in; (fig) to take the plunge; **estar con el ~ al cuello** to be up to one's neck (in sth); **estar más claro que el ~** to be crystal clear; **llevar el ~ a su molino** to turn sth to one's own advantage, look after number one; **hacer ~** (Náut) to leak, take in water; **se me hace la boca ~** my mouth is watering; **quedar en ~ de borrajas** to fail, come to nothing; **retener el ~** to hold water; **venir como ~ de mayo** to be a godsend.
ⓓ **~s** waters; (Náut) tide; (Med) water, urine; **~s abajo/arriba** downstream o downriver/upstream o upriver (de from); **~s de consumo** water supply, drinking water; **~s territoriales** territorial waters; **~s mayores** excrement, faeces, feces (US); **~s menores** water, urine; **~s residuales** sewage; **~s termales** thermal springs; **hacer ~s** to relieve o.s.; **estar o nadar entre dos ~s** to sit on the fence; **romper ~s** (Med) to break water; **tomar las ~s** to take the waters; **las ~s vuelven a su cauce** (fig) things return to normal.

aguacate NM ⓐ (fruto) avocado pear; (árbol) avocado pear tree. ⓑ (CAm fam: idiota) idiot, fool.

aguacero NM (heavy) shower, downpour.

aguachento ADJ (And, CSur: aguado) watery.

aguachirle NF (bebida) slops, dishwater.

aguada NF ⓐ (Agr) watering place. ⓑ (Náut) water supply. ⓒ (Min) flood.

aguadilla NF ducking; **hacer una ~ a algn** to duck sb, hold sb's head under water.

aguado ADJ watered-down, thin; (*LAm: débil*) weak.

aguafiestas NMF INV spoilsport, killjoy.

aguafuerte NF [a] (*Quím*) nitric acid. [b] (*Arte*) etching; **grabar algo al ~** to etch sth.

aguafuertista NMF etcher.

aguaitar<1a> VT (*mirar*) to watch; (*espiar*) to spy on, observe.

aguaje NM (*CAm: aguacero*) downpour.

aguamanil NM (*jarro*) water jug; (*jofaina*) washbasin.

aguamar NM jellyfish.

aguamarina NF aquamarine.

aguamiel NF mead; (*CAm, Méx*) agave juice.

aguanieve NF sleet.

aguanoso ADJ (*Méx: individuo soso*) wet (*fam*).

aguantable ADJ bearable, tolerable.

aguantaderas NFPL: **tener ~** to be patient, put up with a lot.

aguantar <1a> [1] VT [a] (*gen*) to stand, put up with; (*afrenta*) to swallow; (*dolor*) to endure, bear; (*tormenta*) to weather; **no aguanto más** I can't bear it any longer. [b] (*Arquit*) to hold up, sustain; (*respiración*) to hold; **esta mesa no aguanta el peso** this table can't take the weight; **~ las ganas de llorar/reír** to hold back the tears/laughter. [2] VI to last, hold out; **no sé cómo aguanta** I don't know how he can take it; **¡aguanta!** hang on a minute! (*fam*). [3] **aguantarse** VR (*contenerse*) to restrain o.s., hold o.s. back; (*conformarse*) to resign o.s.; **¡ahora te aguantas!** you'll just have to put up with it now!; **¡que se aguante!** tough luck! (*fam*).

aguante NM (*paciencia*) patience; (*resistencia*) endurance, fortitude; (: *de objeto*) strength; (*Dep*) stamina.

aguar <1i> VT [a] (*vino etc*) to water (down). [b] (*fig*) to spoil, mar; **~ la fiesta a algn** to spoil sb's fun.

aguardar <1a> [1] VT (*esperar*) to wait for, await; (*con ansias*) to expect; **no sabemos el futuro que nos aguarda** we don't know what's in store for us. [2] VI to wait; **aguarde Ud** I'm coming to that; **¡aguarda te digo!** hold your horses! (*fam*).

aguardentoso ADJ (*alcohólico*) alcoholic; (*fig: voz*) husky, gruff, fruity, beery.

aguardiente NM brandy, liquor; **~ de caña** rum; **~ de cerezas** cherry brandy.

aguarrás NM turpentine.

aguate NM (*Méx: espina*) prickle, spine.

aguatero NM (*Méx: aguador*) waterseller.

aguazal NM swamp.

agudeza NF [a] (*gen*) acuteness, sharpness. [b] (*ingenio*) wit, wittiness. [c] (*una ~*) witticism.

agudización NF (*gen*) sharpening; (*de crisis*) deterioration, worsening.

agudizar <1f> [1] VT (*gen*) to sharpen, make more acute; (*crisis*) to aggravate. [2] **agudizarse** VR to sharpen, worsen; **el problema se agudiza** the problem is becoming more acute.

agudo ADJ [a] (*filo etc*) sharp; (*Med, Mat, Ling*) acute. [b] (*Mús: nota*) high, high-pitched; (: *voz*) piercing. [c] (*fig: inteligencia*) sharp, keen; (: *crítica*) penetrating; (: *pregunta*) acute, searching. [d] (*gracioso*) witty.

agüero NM omen, sign; **de buen/mal ~** lucky/of ill omen o unlucky; **pájaro de mal ~** bird of ill omen.

aguerrido ADJ hardened, veteran.

aguerrir <3a; defectivo> VT to inure, harden.

aguijada, aguijadera NF goad.

aguijar <1a> VT to goad, (*fig*) to urge o spur on.

aguijón NM goad; (*Zool*) sting, stinger (*US*); (*Bot*) prickle, spine; (*fig*) stimulus, incitement.

aguijonear <1a> VT = aguijar.

águila NF [a] (*Orn*) eagle; **~ pescadora** osprey; **~ real** golden eagle; **~ ratonera** buzzard. [b] (*fig*) **ser un ~** to be a genius, be terribly clever. [c] **¿~ o sol?** (*Méx*) heads or tails?

aguileño ADJ (*nariz*) aquiline; (*rostro*) sharp-featured.

aguilera NF eagle's nest, eyrie.

aguilucho NM (*Orn*) eaglet, young eagle.

aguinaldo NM Christmas box o bonus.

agüita NF (*Chi Culin: de menta etc*) herb(al) tea.

aguja NF [a] (*gen*) needle; (*de sombrero*) hatpin; **~ de gancho** crochet hook; **~ de hacer punto** knitting needle; **~ hipodérmica** hypodermic needle; **~ magnética** o **imantada** compass (needle); **buscar una ~ en un pajar** to look for a needle in a haystack. [b] (*de reloj*) hand; (*Téc: indicador*) pointer, hand; (*Mil*) firing pin; (*de tocadiscos*) stylus, needle. [c] (*LAm Agr: estaca*) fence post. [d] (*Arquit*) spire, steeple. [e] **~s** (*carne*) shoulder, rib. [f] **~s** (*Ferro*) points. [g] (*pez*) garfish.

agujereado ADJ full of holes.

agujerear <1a> VT (*gen*) to make holes in; (*penetrar*) to pierce.

agujero NM [a] (*gen*) hole; **~ de ozono** ozone hole, hole in the ozone layer; **hacer un ~ en** to make a hole in. [b] (*Fin*) hole, drain, deficit.

agujetas NFPL [a] stiffness *sg*; **tengo ~ en las piernas después del partido** my legs are stiff after the game. [b] (*Méx: cordones*) shoelaces.

agur INTERJ (*fam*) cheerio! (*fam*), so long!

agusanarse<1a> VR to get maggoty.

agustino ADJ, NM Augustinian.

aguzamiento NM sharpening.

aguzanieves NF INV wagtail.

aguzar <1f> VT (*fig*) to incite, stir up; (*ingenio*) to sharpen; **~ el oído** to prick up one's ears; **~ la vista** to keep one's eyes peeled (*fam*).

ah INTERJ ah!, ha!; **¡~ del barco!** ship ahoy!

a.h. ABR **de año de la Hégira** AH.

aherrojar<1a> VT to put in irons, fetter; (*fig*) to oppress.

aherrumbrarse <1a> VR (*metal*) to rust, get rusty; (*color etc*) to take on the colour o (*US*) color of iron.

ahí ADV there; **de ~ que** and so, so that; **de ~ se deduce que** from that it follows that; **por ~** (*dirección*) that way; (*lugar*) over there; **200 pesos o por ~** 200 pesos or thereabouts; **está por ~** (*objeto*) it's round there somewhere; (*individuo*) he's knocking around somewhere; **salir** o **ir por ~** to go out; **¡vete por ~!** away you go!, go to hell! (*fam*); **¡hasta ~ podíamos llegar!** that's the limit!, what a nerve!; **¡~ es nada!** imagine!, wow!; **~ está** there he is; **¡~ va!** (*objeto*) here it comes o goes!; (*individuo*) there he goes!; (*con sorpresa*) goodness me!; **¡~ está! (el problema)** that's the problem; **~ donde le ve** as sure as he's standing there; **~ tienes** there you are.

ahijado/a NM/F godson/goddaughter; (*fig*) protégé(e).

ahijar<1a> VT to adopt.

ahijuna INTERJ (*LAm fam!*): **¡~!** you bastard! (*fam!*).

ahinco, ahínco NM (*gen*) earnestness, intentness; (*empeño*) effort; **con ~** eagerly, hard.

ahito ADJ [a] (*repleto*) gorged, satiated. [b] (*fig*) **estar ~ de** to be fed up with.

AHN NM ABR (*Esp*) **de Archivo Histórico Nacional**.

ahogado/a [1] ADJ [a] (*en agua*) drowned; (*por falta de aire*) suffocated; **perecer ~** (*en agua*) to drown; (*por falta de aire*) to suffocate. [b] (*mal ventilado*) stifling. [c] (*emoción*) pent-up; (*grito*) muffled, half-smothered. [d] **estar** o **verse ~** to be in a tight spot. [2] NM/F drowned person. [3] NM (*LAm Culin*) sauce.

ahogar<1h> [1] VT [a] (*en agua*) to drown; (*asfixiar*) to suffocate; (*fuego*) to smother, put out; (*plan etc*) to kill (off); (*Aut: motor*) to flood; **~ las penas** to drown one's sorrows (*fam*). [b] (*grito, sollozo*) to choke back, stifle. [c] (*rebelión*) to crush, put down. [2] **ahogarse** VR (*en agua*) to drown; (*asfixiarse*) to suffocate; (*suicidarse*) to drown o.s.; (*Aut: motor*) to flood; **~ en un vaso de agua** to make a mountain out of a molehill; **me ahogo de calor** I'm suffocating with this heat.

ahogo NM [a] **perecer por ~** to drown. [b] (*Med*) breathlessness. [c] (*fig*) distress. [d] (*Fin*) financial difficulty.

ahondar <1a> **1** VT to deepen, make deeper. **2** VI: ~ **en** to study thoroughly, explore. **3** **ahondarse** VR to go *o* sink in more deeply.

ahora **1** ADV (*gen*) now; (*hace poco*) just now; (*LAm*) in a minute; (*dentro de poco*) soon, right now; **de** ~ **en adelante, desde** ~ from now on; **hasta** ~ up till now; **¡hasta** ~**!** see you soon!; **por** ~ for the moment; ~ **mismito** (*hace poco*) just a moment ago; ~ **mismo** right now, this very minute. **2** CONJ now (then), on the other hand; ~ **bien** well now; (*por otra parte*) on the other hand; ~ **pues** well then; ~ **...** ~ **...** either ... or ...; ~ **que lo dices** now that you mention it.

ahorcado/a NM/F hanged person.

ahorcajarse <1a> VR to sit astride; ~ **en** to straddle.

ahorcamiento NM hanging.

ahorcar <1g> **1** VT (*gen*) to hang; **a la fuerza ahorcan** there is no alternative; **¡que me ahorquen!** cross my heart! **2** **ahorcarse** VR to hang o.s.

ahorita ADV (*esp LAm*) right now, this very minute.

ahoritita ADV (*Méx fam*) right now.

ahorquillado ADJ forked.

ahorrador ADJ thrifty.

ahorrar <1a> **1** VT (*gen*) to save; (*reservar*) to put by; (*evitar: molestias etc*) to save, avoid. **2** VI to save, economize. **3** **ahorrarse** VR: ~ **molestias** to save o.s. trouble, to spare o.s. effort; **ahórrate los comentarios** keep your thoughts to yourself.

ahorrativo ADJ thrifty; (*tacaño*) stingy, mean.

ahorrillos NMPL small savings.

ahorro NM (*acto*) saving; (*cuidado*) thrift; ~ **energético** energy saving, saving in energy; ~**s** savings; **caja de** ~**s** savings bank.

ahuchar <1a> VT to hoard, put by.

ahuecar <1g> **1** VT **a** (*excavar*) to hollow (out); ~ **la mano** to cup one's hand. **b** (*Agr*) to loosen, soften; (*Cos*) to fluff out. **c** (*voz*) to deepen, give a solemn tone to. **d** ~ **el ala** to make o.s. scarce. **2** VI: **¡ahueca!** (*fam*) beat it! (*fam*). **3** **ahuecarse** VR to give o.s. airs.

ahuesarse <1a> VR *and* (*And, CSur: mercancías*) to get spoiled.

ahuizote NM (*CAm, Méx*) pain (in the neck) (*fam*), nuisance.

ahumado **1** ADJ (*Culin*) smoked; (*lleno de humo*) smoky. **2** NM smoking, curing.

ahumar <1a> **1** VT **a** (*Culin*) to smoke, cure. **b** (*Téc*) to smoke; (*sala etc*) to fill with smoke. **2** **ahumarse** VR **a** (*Culin*) to acquire a smoky flavour *o* (*US*) flavor. **b** (*cuarto*) to be smoky.

ahusado ADJ tapering.

ahuyentar <1a> VT **a** (*espantar*) to frighten off *o* away, put to flight; (*mantener a distancia*) to keep off. **b** (*fig: dudas etc*) to banish, dispel.

AI NF ABR *de* **Amnistía Internacional** AI.

AID NF ABR *de* **Agencia Internacional para el Desarrollo** AID.

AIF NF ABR *de* **Asociación Internacional de Fomento** IDA.

aimará ADJ, NMF = **aymará**.

aindiado ADJ (*LAm*) Indian-like, Indianized.

airadamente ADV angrily.

airado ADJ (*enojado*) angry; (*violento*) wild, violent; **joven** ~ angry young man; **salió** ~ **del cuarto** he stormed out of the room.

airar <1a> **1** VT to annoy. **2** **airarse** VR to get angry (*de, por* at).

aire NM **a** (*gen*) air; (*corriente*) draught, draft (*US*); (*viento*) wind; ~ **comprimido** compressed air; ~ **puro** clean air; ~ **viciado** stale *o* foul air; ~ **acondicionado** air conditioning; **con** ~ **acondicionado** air-conditioned; **al** ~ **libre** in the open air, outdoors; (*como adj*) open-air, outdoor; **cambiar de** ~**(s)** to have a change of scene; **dejar una pregunta en el** ~ to leave a question unanswered *o* unsettled; **estar en el** ~ (*Rad*) to be on the air; (*fig*) to be

up in the air, be doubtful; **hace mucho** ~ it's very draughty *o* (*US*) drafty *o* windy; **lanzar algo al** ~ to throw sth up; **mantenerse** *o* **vivir del** ~ to live off thin air; **saltar por los** ~**s** to blow up; **tomar el** ~ to go for a stroll. **b** (*aspecto*) air, appearance; **con** ~ **cansado** tired-looking; **darse** ~**(s)** to give o.s. airs; **darse** ~ **de** to boast of being; **no te des esos** ~**s de suficiencia conmigo** don't get on your high horse with me; **tener** ~ **de** to give the appearance *o* have the air of; **tener** ~ **de salud** to look healthy. **c** (*parecido*) resemblance; ~ **de familia** family likeness; **darse un** ~ **a** to resemble; **tener** ~ **de** to look like, resemble. **d** (*humor*) humour, humor (*US*), mood; **estar de buen/mal** ~ to be in a good/bad mood; **ir a su** ~ to go one's own way, do one's own thing (*fam*); **seguir el** ~ **a algn** to humour sb. **e** (*garbo*) elegance, gracefulness. **f** (*Mús*) tune, air.

aireación NF ventilation.

aire-aire ADJ: **misil** ~ air-to-air missile.

airear <1a> **1** VT (*gen*) to air, ventilate; (*fig*) to raise, air; ~ **la atmósfera** to clear the air. **2** **airearse** VR to take the air.

airecito NM breeze, gentle wind.

airosidad NF grace, elegance.

airoso ADJ graceful, elegant; **quedar** *o* **salir** ~ to be successful, come out with flying colours.

aislación NF insulation; ~ **de sonido** soundproofing; ~ **térmica** insulation.

aislacionismo NM isolationism.

aislacionista ADJ, NMF isolationist.

aislado ADJ **a** (*remoto*) isolated; (*incomunicado*) cut off (*de* from). **b** (*Elec etc*) insulated.

aislador **1** ADJ (*Elec*) insulating. **2** NM (*Elec*) insulator.

aislamiento NM **a** (*gen*) isolation. **b** (*Elec etc*) insulation.

aislante **1** ADJ insulating. **2** NM (*Elec*) insulator.

aislar <1a> **1** VT **a** (*gen*) to isolate; (*separar*) to separate, detach; (*Mil etc*) to cut off. **b** (*Elec etc*) to insulate. **2** **aislarse** VR to isolate o.s., cut o.s. off (*de* from).

AITA NF ABR *de* **Asociación Internacional del Transporte Aéreo** IATA.

ajá INTERJ splendid!; (*sorpresa*) aha!

ajamonarse <1a> VR (*fam*) to get plump, run to fat.

ajar <1a> **1** VT **a** (*tela*) to crumple, crush. **b** (*despreciar*) to abuse, disparage. **2** **ajarse** VR to get crumpled, get messed up; (*Bot*) to wither, fade; (*piel*) to get wrinkled.

ajardinar <1a> VT to landscape; **zona ajardinada** landscaped area.

ajedrea NF (*Bot*) savory.

ajedrecista NMF chess player.

ajedrez NM chess; **un** ~ a chess set.

ajenjo NM (*Bot*) wormwood; (*bebida*) absinth(e).

ajeno ADJ **a** (*de otro*) somebody else's, other people's; **un coche** ~ a car belonging to somebody else; **meterse en lo** ~ to interfere in the affairs of others; **vivir a costa** ~**a** to live at sb else's expense. **b** (*extraño*) foreign, alien (*a* to); (*impropio*) inappropriate (*a, de* for, to); **por razones** ~**as a nuestra voluntad** for reasons beyond our control. **c** ~ **de cuidados** free from care, without a care. **d** (*no enterado*) unaware; (*ignorante*) uninformed, ignorant (*a* of); **estaba** ~ **a lo que le esperaba** he had no idea what was in store for him.

ajetreado ADJ busy.

ajetrearse <1a> VR (*atarearse*) to bustle about, be busy; (*fatigarse*) to tire o.s. out.

ajetreo NM (*actividad*) bustle; (*labor*) drudgery, hard work; **es un continuo** ~ there's constant coming and going.

ají NM (*pl* **ajíes**; *pl fam* **ajises**) (*LAm*) chili, red pepper; (*Culin*) chili sauce; **estar hecho un** ~ to be hopping mad.

ajiaco NM (*LAm Culin*) potato and chile stew.

ajillo NM: **al** ~ with garlic, cooked in garlic.

ajo NM **a** (*Bot*) garlic; (: *diente de* ~) clove of garlic; (*salsa*) garlic sauce. **b** (*fig*) shady deal, secret affair; **andar** *o* **estar en el** ~ to be mixed up in it; (*enterado*) to be in on the secret.

ajoarriero NM dish of cod with oil, garlic and peppers.

ajonjolí NM sesame.

ajorca NF bracelet, bangle.

ajotar<1a> VT (*CAm*) = **azuzar**.

ajuar NM (*muebles*) household furnishings; (*de novia*) trousseau; (: *dote*) dowry.

ajumado (*fam*) **1** ADJ tight; (*fam*) tipsy. **2** NM drunk (*fam*).

ajumarse<1a> VR (*fam*) to get tight (*fam*).

ajuntar<1a> (*fam*) **1** VT (*entre niños*) to make friends with, be friends with; **¡ya no te ajunto!** I'm not your friend any more! **2** **ajuntarse** VR to live together, live in sin; (*entre niños*) **¡no me ajunto contigo!** I'm not your friend any more!

Ajuria Enea NF residence of chief minister of Basque autonomous government; (*fig*) Basque autonomous government.

ajustado ADJ **a** (*correcto*) right, fitting; (*precio*) agreed. **b** (*ropa*) close- *o* tight-fitting; **muy ~** too tight.

ajustador NM **a** (*Téc*) fitter; (*Tip*) compositor. **b** (*Col*: *sujetador*: *tb* **~es**) bra.

ajustar<1a> **1** VT **a** (*Téc etc*) to fit (*a* to, into). **b** (*Mec*) to adjust, regulate; (*fig*) to adjust, adapt (*a* to); (*error*) to put right. **c** (*acuerdo*) to reach; (*boda*) to arrange; (*diferencias*) to settle; **~ cuentas** to settle accounts. **d** (*precio*) to fix. **e** (*Tip*) to compose. **f** **~ un golpe a algn** (*CAm*, *Méx*: *asestar*) to give sb a blow. **2** VI to fit; **~ bien** to be a good fit. **3** **ajustarse** VR **a** to fit (*a* into); **~ el cinturón** to tighten one's belt. **b** (*adaptarse*) to adapt, adjust (*a* to); (*conformarse*) to conform (*a* to), comply (*a* with); **~ a las reglas** to abide by the rules.

ajuste NM **a** (*Téc*) fitting; (: *cambio*) adjustment; (*Cos*) fitting; **mal ~** maladjustment; **~ de plantilla** (*euf*) redeployment of labour *o* (*US*) labor. **b** (*Fin*) settlement; (*reconciliación*) reconciliation; (*acuerdo*) compromise. **c** (*Tip*) composition. **d** (*Méx Aut*: *repaso*) overhaul.

ajusticiar<1b> VT to execute, put to death.

al (= *a* + *el*) **~ entrar** on entering; **~ entrar yo** when I came in; **~ verlo** on seeing it; **estar ~ llegar** to be about to arrive.

ala **1** NF **a** (*lit, Aer, Pol*) wing; **de cuatro ~s** four-winged; **~ delta** hang-glider; **con ~s en delta** delta-winged; **con ~s en flecha** swept-wing. **b** (*de sombrero*) brim; (*Arquit*) wing; (: *del techo*) eaves; (*de mesa*) leaf, flap. **c** (*Dep*: *banda*) wing; **~ izquierda/derecha** outside-left/-right. **d** (*locuciones*) **ahuecar el ~** (*fam*) to beat it (*fam*); **cortar las ~s a algn** to clip sb's wings; **dar ~s a algn** to encourage sb; **volar con las propias ~s** to stand on one's own feet. **2** NMF (*Dep*) winger; **medio ~** half-back, wing-half.

Alá NM Allah.

alabador ADJ eulogistic.

alabanza NF (*tb* **~s**) praise, praises; **en ~ de** in praise of; **cantar las ~s de algn** to sing sb's praises.

alabar<1a> **1** VT to praise; **~ a algn de** *o* **por algo** to praise sb for sth. **2** **alabarse** VR to boast; **~ de** to boast of being; **se alaba de** *o* **por prudente** he boasts about being sensible.

alabardero NM (*Hist*) halberdier.

alabastro NM alabaster.

álabe NM (*Mec*) wooden cog, tooth; (*de noria*) bucket.

alabear<1a> **1** VT to warp. **2** **alabearse** VR to warp.

alacena NF cupboard, closet (*US*).

alacrán NM scorpion.

alacranear<1a> VI to gossip, spread scandal.

alacre ADJ (*Méx*) ready and willing.

ALADI NF ABR *de* **Asociación Latinoamericana de Integración**.

alado ADJ winged; (*fig*) swift.

ALALC NF ABR *de* **Asociación Latinoamericana de Libre Comercio** LAFTA.

alambicado ADJ (*gen*) intricate; (*teoría etc*) complicated; (*estilo*) precious; (*modales*) affected.

alambicamiento NM **a** (*destilación*) distilling. **b** (*fig*) preciosity, affectation.

alambicar<1g> VT **a** (*destilar*) to distil. **b** (*fig*: *estilo etc*) to complicate unnecessarily. **c** (*escudriñar*) to scrutinize, investigate.

alambique NM still.

alambrada NF wire fence; (*Mil*) barbed-wire entanglement.

alambrado NM (*Agr etc*) wire fencing; (*Elec*) wiring, wiring system.

alambrar<1a> VT (*Elec*) to wire; (*Agr etc*) to fence with wire.

alambre NM wire; **~ cargado** live wire; **~ de púas** barbed wire; **~ forrado** covered wire; **~ de tierra** earth wire, ground wire (*US*); **estar hecho un ~** to be as thin as a rake.

alambrera NF (*red*) wire netting, chicken wire; (*cobertera*) wire cover; (*para chimenea*) fireguard.

alambrista NMF tightrope walker.

alameda NF (*Bot*) poplar grove; (*avenida*) avenue, boulevard.

álamo NM poplar; **~ blanco/negro** white/black poplar; **~ de Italia** Lombardy poplar; **~ temblón** aspen.

alancear<1a> VT to spear, lance.

alano NM mastiff.

alar NM eaves *pl*.

alarde NM show, display; **~s** (*esp LAm*: *jactancias*) boasts; **hacer ~ de** (*afectar*) to make a show of; (*ostentar*) to flaunt, parade; (*jactarse de*) to boast of.

alardear<1a> VI to boast, brag (*de* about).

alardeo NM boasting, bragging.

alargamiento NM (*gen*) lengthening; (*prórroga*) prolongation; (*Arquit etc*) extension.

alargar<1h> **1** VT **a** (*gen*) to lengthen; (*prorrogar*) to prolong, extend; (*cuello*) to crane; (*mano*) to stretch out; (*relato*) to spin out. **b** (*cable etc*) to pay out. **c** (*dar*) to hand, pass (*a* to). **2** **alargarse** VR **a** to lengthen, get longer; (*días etc*) to grow longer; (*relato*) to drag out; **se alargó en la charla** he spun his talk out. **b** (*fig*) to digress.

alarido NM shriek, yell; **dar ~s** to shriek, yell.

alarma NF alarm; **~ aérea** air-raid warning; **falsa ~** false alarm; **~ de incendios** fire alarm; **voz de ~** warning note; **dar la ~** to raise the alarm.

alarmante ADJ alarming.

alarmar <1a> **1** VT to alarm; (*Mil etc*) to alert, rouse. **2** **alarmarse** VR to get alarmed, be alarmed; **¡no te alarmes!** don't be alarmed!

alarmismo NM alarmism, (excessive) alarm.

alarmista **1** ADJ jumpy, nervous. **2** NMF alarmist.

alauí, alauita ADJ Moroccan.

Álava NF Álava.

alavés/esa **1** ADJ of *o* from Álava. **2** NM/F native *o* inhabitant of Álava.

alazán/ana ADJ, NM/F (*caballo*) sorrel.

alba NF **a** dawn, daybreak; **al ~** at dawn; **al romper el ~** at daybreak. **b** (*Rel*) alb.

albacea NMF executor/executrix.

albacetense = **albaceteño**.

albaceteño/a **1** ADJ of *o* from Albacete. **2** NM/F native *o* inhabitant of Albacete.

albahaca NF basil.

albanés/esa **1** ADJ, NM/F Albanian. **2** NM (*Ling*) Albanian.

Albania NF Albania.

albañal NM drain, sewer.

albañil NM (*artesano*) bricklayer, mason; (*obrero*) building worker.

albañilería NF (*material*) brickwork, masonry; (*oficio*) bricklaying.

albar ADJ white.

albarán NM (*Com*) delivery note, invoice.

albarda NF packsaddle; (*CAm: silla de montar*) saddle.

albardilla NF a (*silla de montar*) small saddle; (*almohadilla*) cushion, pad. b (*Arquit*) coping. c (*Culin*) lard.

albaricoque NM apricot.

albaricoquero NM apricot tree.

albariño NM (*type of*) Galician wine.

albatros NM INV albatross.

albayalde NM white lead.

albedrío NM (*gen*) will; (*capricho*) whim; **libre ~** free will; ¡hágalo a su ~! have it your way!

alberca NF (*depósito*) tank, reservoir; (*Méx: piscina*) swimming pool.

albérchigo NM (*fruto*) (clingstone) peach; (*árbol*) (clingstone) peach tree.

albergar ‹1h› 1 VT a (*gen*) to shelter, give shelter to; (*alojar*) to house, put up. b (*esperanza*) to cherish. 2 **albergarse** VR (*refugiarse*) to shelter; (*alojarse*) to stay, lodge.

albergue NM shelter, refuge; (*alojamiento*) lodging; (*Zool*) lair, den; **~ de carretera** roadhouse; **~ juvenil** youth hostel; **dar ~ a algn** to take sb in.

alberguista NMF youth-hosteller.

albinismo NM albinism.

albino/a ADJ, NM/F albino.

albis ADV: **quedarse en ~** not to know a thing, not have a clue; **me quedé en ~** my mind went blank.

albóndiga NF meatball.

albor NM a (*color*) whiteness. b (*luz*) dawn (light); **~es** dawn; **~ de la vida** childhood, youth; **en los ~es de la ciencia** at the very beginning of science.

alborada NF (*alba*) daybreak, dawn; (*Mil*) reveille.

alborear ‹1a› VI to dawn.

albornoz NM a (*de árabes*) burnous(e). b (*bata*) bathrobe.

alborotadizo ADJ excitable.

alborotado ADJ (*excitado*) agitated, excited; (*precipitado*) hasty; (*mar*) rough; (*revuelto*) riotous.

alborotador(a) 1 ADJ boisterous, noisy; (*Pol*) seditious. 2 NM/F agitator, troublemaker; (*alumno*) unruly element.

alborotar ‹1a› 1 VT (*agitar*) to disturb, agitate; (*amotinar*) to incite to rebel; (*excitar*) to excite. 2 VI to make a racket, make a row. 3 **alborotarse** VR (*individuo*) to get excited o worked up; (*multitud*) to riot; (*mar*) to get rough.

alboroto NM a (*gen*) disturbance; (*vocerío*) racket, row; (*jaleo*) uproar; (*motín*) riot; **armar un ~** to cause a commotion. b (*susto*) scare, alarm. c **~s** (*CAm: rosetas de maíz*) popcorn *sg*.

alborozar ‹1f› 1 VT to gladden, fill with joy. 2 **alborozarse** VR to be overjoyed, rejoice.

alborozo NM joy, merriment.

albricias NFPL congratulations; **¡~! ¡lo conseguí!** whoopee! I got it!

álbum NM (*pl* **álbums** o **álbumes**) album; (*Mús*) album; (: *elepé*) LP; **~ doble** double album; **~ de recortes** scrapbook; **~ de sellos** stamp album.

albumen NM white of egg; (*Bot*) albumen.

albúmina NF (*Quím*) albumin.

albur NM (*Méx: retruécano*) pun.

alca NF razorbill.

alcabala NF (*LAm: de policía*) roadblock.

alcachofa NF a artichoke. b **~ de regadera** rose; **~ de (la) ducha** shower head.

alcahuete/a NM/F (*hombre*) procurer, pimp; (*mujer*) procuress, go-between.

alcaide NM (*Hist: de castillo*) governor; (*de cárcel etc*) warder, jailer.

alcaidía NF (*cargo*) governorship; (*casa*) governor's residence.

alcalde NM mayor; (*juez*) magistrate.

alcaldesa NF mayoress.

alcaldía NF mayoralty, office of mayor; (*oficina*) mayor's office.

álcali NM alkali.

alcalino ADJ alkaline.

alcaloide NM alkaloid.

alcance NM a (*gen*) reach; **estar al ~ de algn** (*lit*) to be within sb's reach; (*fig*) to be within sb's powers; **el que está más al ~** the nearest (one); **estar fuera del ~ de algn** (*lit*) to be out of o beyond sb's reach; (*fig*) to be over sb's head; (*Com*) to be too expensive for sb; **poner el coche al ~ de todos** to put the car within the reach of everybody, make the car accessible to everyone; **al ~ del oído** within earshot; **al ~ de la voz/mano** within call/reach.
b (*Mil etc*) range; (*fig*) importance, significance; **al ~** within range; **de gran ~** (*Mil*) long-range; (*fig*) far-reaching.
c (*búsqueda*) chase, pursuit; **dar ~ a** to catch up (with), overtake; **de cortos ~s** not very bright.

alcancía NF moneybox.

alcanfor NM camphor.

alcanforado ADJ camphorated.

alcantarilla NF (*boca*) drain; (*cloaca*) sewer; (*conducto*) culvert, conduit.

alcantarillado NM drains *pl*.

alcantarillar ‹1a› VT to lay drains in.

alcanzar ‹1f› 1 VT a (*en carrera etc*) to catch, catch up (with); **cuando le alcancé** when I caught up with him.
b (*suj: bala etc*) to hit, strike; **un obús alcanzó la lancha** the launch was hit by a shell.
c (*llegar a*) to reach; (*sumar*) to amount to; **hasta donde alcanza la vista** as far as the eye can see; **la producción ha alcanzado las 20 toneladas** production has reached 20 tons; **el libro ha alcanzado 20 ediciones** the book has run into 20 editions.
d (*entender*) to grasp, understand.
e (*dar*) to pass, put within reach; **~ algo a algn** (*esp LAm: dar*) to hand sth to sb; (: *recibir*) to get sth from sb; **alcánzame la sal, por favor** pass the salt please.
2 VI a to reach, extend (a, *hasta* to, as far as); **¡no alcanzo!** I can't reach (it)!
b **~ a hacer algo** to manage to do sth; **no alcanzo a ver cómo** I can't see how.
c (*ser suficiente*) to be enough; **¿te alcanza para el bus?** (*esp LAm*) have you got enough money for the bus?

alcaparra NF (*Bot*) caper.

alcaraván NM stone-curlew.

alcaravea NF caraway.

alcatraz NM gannet.

alcaucil NM (*CSur*) artichoke.

alcazaba NF citadel, castle.

alcázar NM (*Mil*) fortress, citadel; (*palacio*) royal palace; (*Náut*) quarter-deck.

alce NM (*Zool*) moose, elk.

alción NM (*Orn*) kingfisher; (*Mitología*) halcyon.

alcista (*Com, Fin*) 1 ADJ: **mercado ~** bull market, rising market; **la tendencia ~** the upward trend. 2 NM bull, speculator.

alcoba NF bedroom; (*Méx: Ferro*) couchette, sleeping compartment; **~ de huéspedes** spare room.

alcohol NM alcohol; **~ absoluto** absolute o pure alcohol; **~ metílico** methylated spirit; **lámpara de ~** spirit lamp.

alcoholemia NF blood-level of alcohol; **control o prueba de (la) ~** breath test.

alcohólico/a 1 ADJ alcoholic; **no ~** (*bebida*) non-alcoholic, soft. 2 NM/F alcoholic.

alcoholímetro NM Breathalyser ®.

alcoholismo NM alcoholism.

alcoholizado/a ADJ, NM/F alcoholic; **está ~** he's an alcoholic; **morir ~** to die of alcoholism.

alcoholizar ‹1f› 1 VT to alcoholize. 2 **alcoholizarse** VR to become an alcoholic.

alcor NM hill.

Alcorán NM Koran; *V tb* **Corán**.
alcornoque NM a cork tree. b (*fam*) idiot.
alcotán NM (*Orn*) hobby.
alcotana NF pickaxe, pickax (*US*).
alcurnia NF ancestry, lineage; **de ~** of noble family *o* birth.
alcuza NF (*LAm: vinagreras*) olive-oil bottle, cruet.
aldaba NF (*de puerta*) (door) knocker; (*cerrojo*) bolt, latch; **tener buenas ~s** to have friends in the right places.
aldabada NF knock (on the door); **dar ~s en** to knock at.
aldabilla NF latch.
aldabón NM (*aldaba*) large (door) knocker; (*asa*) handle.
aldabonazo NM bang, loud knock (on the door); **dar ~s en** to bang at.
aldea NF (small) village, hamlet.
aldeano/a 1 ADJ (*de pueblo*) village *atr*; (*de campo*) rustic; **gente ~a** country people. 2 NM/F villager; **los ~s** the villagers.
aleación NF (*proceso*) alloying; (*efecto*) alloy.
alear<1a> VT (*Téc*) to alloy.
aleatorio ADJ random, contingent.
alebrestar <1a> 1 VT (*LAm*) to excite, make nervous. 2 **alebrestarse** VR (*ponerse nervioso*) to get excited; (*rebelarse*) to rebel.
aleccionador ADJ instructive, enlightening; (*castigo etc*) exemplary.
aleccionamiento NM (*gen*) instruction, enlightenment; (*Pol etc: euf*) repression.
aleccionar<1a> VT (*gen*) to instruct, enlighten; (*castigar*) to teach a lesson to; (*regañar*) to lecture.
alechado ADJ (*LAm*) milky.
aledaño/a 1 ADJ adjoining, bordering. 2 NMPL: **los ~s** the outskirts.
alegación NF (*Jur etc*) allegation.
alegar<1h> 1 VT a (*Jur etc*) to allege; **~ que** to claim *o* assert that.
b (*citar: dificultad etc*) to plead; (: *autoridad*) to quote; (: *razones*) to put forward, adduce.
c (*LAm: discutir*) to argue against, dispute.
2 VI (*LAm*) to argue.
alegato NM (*Jur: escrito*) indictment; (: *oral*) allegation; (*declaración*) statement, assertion; (*LAm: discusión*) argument, dispute.
alegoría NF allegory.
alegóricamente ADV allegorically.
alegórico ADJ allegoric(al).
alegrar<1a> 1 VT a (*gen*) to cheer (up), gladden; **eso les alegró mucho** that made them very happy.
b (*fig: avivar*) to enliven, brighten up; (*fuego*) to poke.
c (*toro*) to excite, stir up.
2 **alegrarse** VR a (*estado*) to be glad *o* happy; **me alegro muchísimo** I'm delighted; **~ con** *o* **de** *o* **por** to be glad about; **~ de hacer algo** to be glad *o* be happy to do sth; **me alegro de saberlo** I am glad to hear it; **me alegro de que lo hayas hecho** I am glad you've done it.
b (*acto*) to cheer up (*de* at); **con esto empezó a ~** at this he began to cheer up.
c (*fam*) to get merry *o* tipsy.
alegre ADJ a (*individuo: estado*) happy, glad; (*carácter*) cheerful; (*música etc*) cheerful; (*noticia*) good, cheering; (*color*) bright; **~ de corazón** light-hearted. b (*irresponsable*) reckless, thoughtless. c (*vida*) fast, immoral. d (*fam*) **estar ~** to be merry *o* tipsy.
alegremente ADV (*V adj*) happily, merrily; cheerfully, gaily; brightly; recklessly; **se lo gastó todo ~** he spent it all without a thought for tomorrow.
alegría NF a (*gen*) happiness, joy; (*satisfacción*) gladness; (*optimismo*) cheerfulness; (*regocijo*) merriment; (*fig: dolores*) brightness; **¡qué ~!** how marvellous!, that's splendid!; **~ vital** joie de vivre; **saltar de ~** to jump for joy. b (*pey*) recklessness, irresponsibility. c **~ de la casa** (*Bot*) balsam. d **~s** (*Mús*) Andalusian song *o* dance.
alegro NM allegro.
alegrón NM sudden joy; **¡me dio un ~!** what a thrill I got!
alejado ADJ distant, remote (*de* from).

alejamiento NM (*entre amigos*) estrangement; (*Pol*) removal; (*acto*) withdrawal; (*característica*) aloofness.
Alejandría NF Alexandria.
alejandrino NM alexandrine.
alejar <1a> 1 VT a (*gen*) to remove, move away (*de* from); (*Pol*) to sack, dismiss; (*sospechas*) to divert; (*deshacerse de*) to get rid of.
b (*fig*) to cause a rift between; (*separar*) to keep apart, separate.
2 **alejarse** VR to move *o* go away (*de* from); (*no participar*) to remain aloof; (*dejar de participar*) to distance o.s.; (*peligro*) to recede; (*ruido*) to grow fainter; **alejémonos un poco más** let's go a bit further away.
alelado ADJ (*atontado*) stupefied, bewildered; (*bobo*) foolish, stupid.
alelamiento NM bewilderment.
alelar<1a> 1 VT to stupefy, bewilder. 2 **alelarse** VR to be stupefied *o* bewildered.
aleluya 1 NM O NF (*Mús*) hallelujah. 2 INTERJ hallelujah!, hurray!
alemán/ana 1 ADJ, NM/F German. 2 NM (*Ling*) German.
Alemania NF Germany.
alentado ADJ (*CSur: sano*) healthy.
alentador ADJ encouraging.
alentar <1j> 1 VT a (*gen*) to encourage, hearten; (*oposición*) to stiffen; (*esperanzas*) to raise.
b (*LAm: aplaudir*) to clap, applaud.
2 VI (*fig*) to burn, glow; **en su pecho alienta la esperanza de ...** (*fig*) his heart is glowing in hope of ....
3 **alentarse** VR (*esp LAm: Med*) to get better.
alerce NM larch (tree).
alergia NF allergy; **tener ~ a** to be allergic to (*tb fig*).
alérgico ADJ allergic (*a* to).
alero NM (*Arquit*) eaves; (*Aut*) mudguard, fender (*US*), wing.
alerón NM aileron.
alerta 1 INTERJ watch out!
2 ADJ, ADV alert, watchful; **estar (ojo) ~** to be on the alert; **todos los servicios de auxilio están ~(s)** all the rescue services are on stand-by.
3 NF alert; **~ roja** red alert; **dar la (voz de) ~** to raise the alarm; **en estado de ~** on the alert.
alertar<1a> VT to alert; **~ a algn de algo** to alert sb to sth.
aleta NF (*Aut*) wing; (*Aer, Mec*) blade; (*de pez*) fin; (*de foca*) flipper.
aletargado ADJ drowsy, lethargic.
aletargamiento NM drowsiness, lethargy.
aletargar <1h> 1 VT to make drowsy, make lethargic. 2 **aletargarse** VR to grow drowsy, become lethargic.
aletear <1a> VI (*ave*) to flutter, flap its wings; (*pez*) to move its fins; (*individuo*) to wave one's arms.
aleteo NM (*ave*) fluttering, flapping (of the wings); (*pez*) movement of the fins; (*fig*) palpitation.
alevín NM fry, young fish; (*fig*) youngster, novice.
alevino NM (*LAm*) young fish, alevin, fry (*for restocking rivers etc*).
alevosía NF a treachery. b (*Jur*) premeditation; **con ~** cold-bloodedly.
alevoso ADJ treacherous.
alfa NF alpha.
alfabéticamente ADV alphabetically.
alfabético ADJ alphabetic(al).
alfabetización NF (*gen*) teaching people to read and write; **campaña de ~** literacy campaign *o* drive.
alfabetizar<1f> VT a (*clasificar*) to arrange alphabetically. b (*enseñar*) to teach to read and write.
alfabeto NM alphabet; **~ Morse** Morse code.
alfajor NM (*CSur*) sweet biscuit with filling.
alfalfa NF lucerne, alfalfa.
alfandoque NM a (*LAm Culin*) cheesecake. b (*And, CSur Mús*) maraca.
alfanje NM cutlass.
alfaque NM (*Náut*) bar, sandbank.
alfar NM (*taller*) potter's workshop.
alfarería NF (*arte*) pottery; (*tienda*) pottery shop.
alfarero NM potter.

alféizar NM (*Arquit: gen*) splay, embrasure; (: *tablilla*) windowsill.

alfeñique NM weakling.

alférez NM (*Mil*) second lieutenant, subaltern; (*Rel*) official standard bearer (in processions); **~ de navío** (*Náut*) sub-lieutenant.

alfil NM (*Ajedrez*) bishop.

alfiler NM (*gen*) pin; (*broche*) brooch, clip; **~ de corbata** tiepin; **~ de gancho** (*Arg*) safety pin; **~ de sombrero** hatpin; **aquí ya no cabe ni un ~** you can't squeeze anything else in; **prendido con ~es** shaky, hardly hanging together.

alfilerazo NM pinprick.

alfiletero NM needle case.

alfombra NF (*gen*) carpet; (*pequeña*) rug, mat; **~ de baño** bathmat; **~ mágica/voladora** magic/flying carpet.

alfombrado NM carpeting.

alfombrar<1a> VT to carpet.

alfombrilla NF rug, mat.

alforfón NM buckwheat.

alforja NF (*gen*) saddlebag; (*en bicicleta*) pannier; **~s** (*fig*) provisions (for a journey).

alga NF seaweed, alga.

algalia NF a (*perfume*) civet. b (*Med*) catheter.

algarabía NF (*griterío*) hullabaloo.

algarada NF (*griterío*) outcry; **hacer** o **levantar una ~** to kick up a tremendous fuss.

Algarbe NM: **el ~** the Algarve.

algarroba NF carob (bean).

algarrobo NM carob tree, locust tree.

algazara NF din, uproar.

álgebra NF algebra.

algebraico ADJ algebraic.

álgido ADJ icy, chilly; (*momento etc*) crucial, decisive.

algo 1 PRON a something; **habrá ~ para ti** there will be something for you; **~ es ~** something is better than nothing; **¡por ~ será!** (*gen*) there must be a reason behind o for it; (*de acción*) he *etc* can't have done it for no reason at all; **ya es ~** it's a start; **sé ~ de inglés** I know a little English; **es músico o ~ así** he's a musician or something like that; **dura ~ así como tres horas** it's about three hours long; **¡me va a dar ~!** (*fam*) I'm going off my head!; **tener un ~** to have a certain charm; **tomar ~** to have a drink.
b (*frases interrogativas y negativas*) anything; **¿pasa ~?** is anything the matter?; **¿hay ~ para mí?** is there anything for me?
2 ADV rather, somewhat; **es ~ difícil** it's a bit awkward.

algodón NM (*tela*) cotton; (*Med*) swab; (*Bot*) cotton plant; (*tb* **~ hidrófilo**) cotton wool, absorbent cotton (*US*); (*de azúcar*) candy floss, cotton candy (*US*); **~ pólvora** guncotton; **~ en rama** raw cotton; **se crió entre ~es** he was always pampered.

algodonal NM cotton plantation.

algodonero 1 ADJ cotton *atr.* 2 NM a (*Com*) cotton dealer. b (*Bot*) cotton plant.

algodonosa NF cotton grass.

alguacil NM (*Jur*) bailiff, constable (*US*); (*Taur*) mounted official.

alguien PRON (*gen*) someone, somebody; (*en frases interrogativas y negativas*) anybody; **si ~ viene** if somebody o anybody comes; **¿viste a ~?** did you see anybody?; **para ~ que conozca la materia** for anyone who is familiar with the subject; **se cree ~** he think's (he is) somebody.

alguno/a 1 (*before nm sing* **algún**) ADJ a (*precediendo n*) some, any; **algún obispo lo dijo** some bishop said so; **hubo ~as dificultades** there were some o a few difficulties; **en ~a parte** somewhere; **¿has estado ~a vez en Londres?** have you ever been to London?; **algún que otro libro** an odd book or two, a few odd books; **leo algún libro que otro** I read an occasional book, I read a book from time to time.
b (*en frases negativas o después de n*) **no tiene talento ~** he has no talent, he hasn't any talent, he has no talent at all; **no engañó a hombre ~** he didn't cheat anybody

o anyone; **sin duda ~a** definitely, without a shadow of a doubt; **sin interés ~** without the slightest interest.
2 PRON a some; (*alguien*) someone, somebody; **~ de ellos** one of them; **~ que otro** one or two; **~ dijo que** someone o somebody said that.
b **~s** some, a few; **~s son buenos** some are good; **vimos ~s** we saw a few.

alhaja NF (*joya*) jewel, gem; (*fig*) treasure, gem; **¡buena ~!** (*iró*) she's a fine one!

alharaca NF fuss; **hacer ~s** to make a fuss, make a great song and dance.

alhelí NM wallflower, stock.

alheña NF (*Bot*) privet.

alhucema NF lavender.

aliado/a 1 ADJ allied. 2 NM/F ally; **los A~s** the Allies.

alianza NF a (*gen*) alliance; **A~** (*Rel*) Covenant.
b (*anillo*) wedding ring.

aliar<1c> 1 VT to ally, bring into an alliance. 2 **aliarse** VR to form an alliance; **~ con** to ally o.s. with, side with.

alias ADV, NM INV alias.

alicaído ADJ (*Med*) drooping, weak; (*fig*) downcast, depressed.

alicantino/a 1 ADJ of o from Alicante. 2 NM/F native o inhabitant of Alicante.

alicatado NM tiling.

alicatar<1a> VT to tile.

alicates NMPL pliers, pincers.

aliciente NM incentive, inducement; **ofrece el ~ de** it has the attraction of.

alienación NF alienation; (*Med*) alienation, mental derangement.

alienado/a 1 ADJ insane, mentally ill. 2 NM/F lunatic, mad person.

alienante ADJ inhuman, dehumanizing.

alienar<1a> VT = **enajenar.**

alienígena ADJ, NMF alien.

aliento NM a (*un ~*) breath; (*Med*) breathing, respiration; **~ fétido** bad breath; **de un ~** (*lit*) in one breath; (*fig*) in one go; **aguantar** o **contener el ~** to hold one's breath; **dar los últimos ~s** to breathe one's last; **estar sin ~** to be out of breath; **tiene mal ~** his breath smells; **tomar ~** to pause, take breath. b (*fig*) courage, spirit; **cobrar ~** to take heart; **dar ~ a** to encourage.

aligeramiento NM a (*V vt*) lightening; easing, alleviation. b (*aceleración*) speeding-up.

aligerar<1a> 1 VT a to lighten; (*dolor*) to ease, relieve, alleviate; (*abreviar*) to shorten; (*acelerar*) to quicken; **voy a dar un paseo para ~ las piernas** I'm going for a walk to stretch my legs.
2 VI (*darse prisa*) to hurry (up).
3 **aligerarse** VR (*carga*) to get lighter; **~ de ropa** to put on lighter clothing.

alijo NM (*contrabando*) contraband, smuggled goods; **un ~ de armas** an arms cache o haul; **un ~ de drogas** a drugs shipment, a consignment of drugs.

alimaña NF (*Zool*) pest (*fam*); (*persona*) bloodsucker (*fam*).

alimentación NF a (*acción*) feeding, nourishment; (*comida*) food; (*fig*) nurture, fostering; **~ insuficiente** malnutrition. b (*Téc*) feed; (*Elec*) supply; **bomba de ~** feed pump; **~ automática de hojas** o **papel** automatic sheet-feeder.

alimentador NM (*Téc*) feeder.

alimentar <1a> 1 VT a (*dar de comer a*) to feed; (*suj: comida*) to nourish, be nourishing.
b (*fig: familia*) to maintain, support; (: *esperanza*) to cherish; (: *ideas*) to foster; (: *pasión*) to feed, add fuel to.
c (*Téc*) to feed; (*horno*) to feed, stoke (*de* with); (*Elec*) to supply.
2 **alimentarse** VR to feed (*con, de* on).

alimentario ADJ food *atr*; **la industria ~a** the food industry.

alimenticio ADJ a (*nutritivo*) nourishing, nutritive.
b (*relativo a comida*) food *atr*; **productos ~s** foodstuffs; **valor ~** food o nutritional value.

alimento NM a (*gen*) food; **de mucho ~** nourishing; **de poco ~** of little nutritional value; **~ de primera**

necesidad staple food. **b** (*apoyo*) encouragement, support; (*de pasión*) food, fuel. **c** ~s maintenance allowance *sg*, alimony *sg* (*US*).

alimón: **al** ~ ADV together, jointly, in collaboration.

alineación NF **a** (*Téc*) alignment; **estar fuera de** ~ to be out of alignment, be out of true. **b** (*Dep etc*) line-up.

alineado ADJ: **países no** ~**s** non-aligned countries.

alineamiento NM = **alineación**.

alinear <1a> **1** VT (*Téc*) to align; (*alumnos etc*) to line up, put into line; (*Mil*) to form up; (*fig*) to bring into line (*con* with). **2 alinearse** VR to line up; (*Mil*) to fall in.

aliñar <1a> VT **a** (*Culin*) to dress, season. **b** (*CSur: hueso*) to set.

aliño NM (*Culin*) dressing, seasoning.

alioli NM (*Culin*) sauce of garlic and oil.

alisado 1 ADJ smooth; (*Téc*) polished. **2** NM smoothing; (*Téc*) polishing, finishing.

alisar <1a> VT (*vestidos*) to smooth (down); (*pelo*) to smooth, sleek; (*Téc*) to polish, finish.

alisios NMPL: **vientos** ~ trade winds.

aliso NM alder (tree).

alistamiento NM (*gen*) enrolment, enrollment (*US*); (*Mil*) enlistment.

alistar <1a> **1** VT (*registrar*) to list, put on a list; (*matricular*) to enrol, enroll (*US*); (*Mil*) to enlist. **2 alistarse** VR **a** (*matricularse*) to enrol; (*Mil*) to enlist, join up. **b** (*LAm: vestirse*) to dress up.

aliteración NF alliteration.

aliviadero NM overflow channel.

aliviar <1b> **1** VT (*aligerar*) to lighten; (*dolor*) to ease, relieve; (*fig: consolar*) to soothe. **2 aliviarse** VR **a** (*dolor*) to diminish, ease off; (*enfermo*) to get better, recover; **¡que se alivie!** get better soon! **b** (*fig*) to unburden o.s. (*de* of).

alivio NM **a** relief; (*de dolor*) easing; (*de penas*) alleviation; (*mejora*) improvement; (*medicina*) remedy; ~ **de luto** half-mourning. **b de** ~ (*fam*) awful, horrible; **un susto de** ~ an awful fright, a hell of a fright (*fam*).

aljaba NF quiver.

aljama NF (*Hist*) **a** (*mezquita*) mosque; (*sinagoga*) synagogue. **b** (*reunión*) gathering of Moors o Jews.

aljibe NM (*tanque*) cistern, tank.

aljófar NM pearl.

allá ADV **a** (*lugar*) there, over there; (*dirección*) to that place; ~ **arriba/abajo** up/down there; ~ **en Sevilla** down o over in Seville; **más** ~ further away, further over; **más** ~ **de** beyond; ~ **lejos** way off in the distance, away over there; **cualquier número más** ~ **de 7** any number higher than 7; **no sabe contar más** ~ **de 10** she can't count above o beyond 10; **el más** ~ the (great) beyond; **por** ~ thereabouts; **vamos** ~ let's go there; **¡~ voy!** I'm coming!; **no muy** ~ (*fam*) not much cop (*fam*). **b** ~ **tú** that's up to you, that's your problem; **¡~ él!** that's his lookout! (*fam*), that's his problem! **c** (*tiempo*) ~ **en 1600** (way) back in 1600, as long ago as 1600; ~ **por el año 1960** round about 1960.

allanamiento NM **a** (*nivelación*) levelling, leveling (*US*); (*alisadura*) smoothing; (*de casa*) search. **b** (*Jur*) submission (*a* to). **c** (*esp LAm: de policía*) (house) raid, search; ~ **de morada** housebreaking, breaking and entering, burglary.

allanar <1a> **1** VT **a** (*nivelar*) to level (out), make even; (*alisar*) to smooth (down); (*Mil*) to raze, level to the ground. **b** (*problema*) to smooth away, iron out. **c** (*Jur: casa: robar*) to break into, burgle; (: *esp LAm: entrar en*) to raid and search. **2 allanarse** VR **a** (*nivelarse*) to level out o off. **b** (*derrumbarse*) to fall o tumble down. **c** (*fig*) to submit, give way; ~ **a** to accept, conform to.

allegado/a 1 ADJ **a** near, close; **según fuentes** ~**as al ministro** according to sources close to the minister. **b** (*pariente*) closely related, near; **los más** ~**s y queridos** one's nearest and dearest. **2** NM/F **a** (*pariente*) relation, relative.

b (*partidario*) follower.

allegar <1h> **1** VT **a** (*gen*) to gather (together), collect. **b** ~ **una cosa a otra** to put sth near something else. **c** (*añadir*) to add. **2 allegarse** VR: ~ **a una opinión** to adopt a view.

allende (*Lit*) **1** ADV on the other side. **2** PREP beyond; ~ **los mares** beyond the seas; ~ **los Pirineos** on the other side of the Pyrenees; ~ **lo posible** impossible.

allí ADV there; ~ **arriba/dentro** up/in there; ~ **cerca** near there; **de** ~ from there; (*fig*) and so o thus; **de** ~ **a poco** shortly afterwards; **hasta** ~ as far as that, up to that point; **hasta** ~ **no más** (*LAm*) that's the limit; **por** ~ (*lit*) over there, round there; (*fig*) thereabouts; ~ **donde va despierta admiración** wherever he goes he makes a favourable o (*US*) favorable impression.

alma NF **a** (*gen*) soul; (*espíritu*) spirit. **b un pueblo de 2000** ~**s** a village of 2000 inhabitants. **c** (*persona*) soul, person; **no había ni un** ~ there wasn't a soul; **¡~ mía!** my darling; ~ **bendita** innocent, simple soul. **d** (*fig*) lifeblood, life and soul; **él es el** ~ **del movimiento** he's the leading spirit of the movement. **e** (*locuciones*) **le arrancó el** ~ he was deeply shocked; **se le cayó el** ~ **a los pies** he became very disheartened; **me duele en el** ~ it breaks my heart; **entregar el** ~ to pass away o on; **estar como** ~ **en pena** to suffer, be terribly sad; **hacer algo con toda el** ~ to do sth with all one's heart; **ir como** ~ **que lleva el diablo** to go like hell o the clappers (*fam*); **no puedo con mi** ~ (*Esp*) I'm completely worn out; **me llegó al** ~ it really struck home; **rompe el** ~ **verlo** it breaks one's heart to see it; **lo siento en el** ~ I am truly sorry; **estar con** o **tener el** ~ **en un hilo** to have one's heart in one's mouth o (*US*) throat; **no tener** ~ to be pitiless.

almacén NM **a** (*depósito*) warehouse, store; ~ **de depósito** bonded warehouse; ~ **depositario** (*Com*) depository. **b** (*Mec, Mil etc*) magazine. **c** (*Com*) shop, store; **(grandes)** ~**es** department store *sg*; **A~es Pérez** Pérez Department Store. **d** (*LAm: tienda de comestibles*) grocer's shop.

almacenaje NM **a** (*servicio*) storage, storing; ~ **frigorífico** cold storage. **b** (*gastos*) storage charge.

almacenamiento NM warehousing; (*Inform*) storage; ~ **de datos** data storage.

almacenar <1a> VT **a** (*como negocio*) to store, warehouse; (*Inform*) to store; (*suj: cliente*) to put into storage. **b** (*guardar*) to keep, collect; (*rencor*) to store up.

almacenero NM (*LAm*) shopkeeper.

almacenista NM wholesaler.

almáciga NF, **almácigo** NM plantation, nursery.

almádena NF sledgehammer.

almadreña NF wooden shoe, clog.

almagre NM red ochre.

almanaque NM almanac.

almazara NF oil mill, oil press.

almeja NF clam.

almenara NF beacon.

almenas NFPL battlements.

almendra NF (*Bot*) almond; ~ **amarga/garapiñada** bitter/sugar almond.

almendrado 1 ADJ almond-shaped; **de ojos** ~**s** almond-eyed. **2** NM macaroon.

almendral NM almond orchard.

almendro NM almond tree.

almendruco NM green almond.

almeriense 1 ADJ of o from Almería. **2** NMF native o inhabitant of Almería.

almiar NM hayrick.

almíbar NM syrup; **peras en** ~ pears in syrup; **estar hecho un** ~ to be all sweet and kind.

almibarado ADJ syrupy; (*dulce*) honeyed, oversweet; (*meloso*) sugary.

almibarar <1a> VT to preserve o serve in syrup; ~ **las palabras** to use honeyed words.

almidón NM starch.

almidonado ADJ starched; (*fig*) dapper, spruce.

almidonar <1a> VT to starch.
almilla NF (*Téc*) tenon.
alminar NM minaret.
almirantazgo NM admiralty.
almirante NM admiral.
almirez NM mortar.
almizcle NM musk.
almizcleño ADJ musky.
almizclera NF muskrat, musquash.
almizclero NM musk deer.
almohada NF (*gen*) pillow; (*funda*) pillowcase; ~ **neumática** air cushion; **consultar algo con la** ~ to sleep on sth.
almohade ADJ, NMF Almohad.
almohadilla NF small pillow; (*LAm: acerico*) pincushion; (*Téc*) pad, cushion; (*para sellos*) inkpad.
almohadillado ①️ ADJ (*acolchado*) padded, stuffed; (*Arquit*) dressed. ②️ NM dressed stone.
almohadón NM large pillow, bolster; (*Rel*) hassock.
almoneda NF (*subasta*) auction; (*liquidación*) clearance sale.
almorávide ADJ, NMF Almoravid.
almorranas NFPL (*Med*) piles.
almorzar <1f, 1l> ①️ VT (*a mediodía*) to have for lunch, lunch on; (*desayunar*) to have for breakfast o brunch. ②️ VI (*a mediodía*) to lunch, have lunch; (*desayunar*) to have breakfast.
almuecín, almuédano NM muezzin.
almuerzo NM (*a mediodía*) lunch; (*desayuno*) breakfast, brunch; ~ **de negocios** business lunch.
aló INTERJ (*esp LAm Telec*) hello!
alocado/a ①️ ADJ (*loco*) crazy, mad; (*irresponsable*) wild; (*distraído*) scatterbrained. ②️ NM/F madcap.
alocar <1g> (*LAm*) ①️ VT to drive mad. ②️ **alocarse** VR to fly off the handle (*fam*), go crazy.
alocución NF allocution.
áloe NM (*Bot*) aloe; (*Farm*) aloes.
alojado/a NM/F (*LAm*) guest, lodger.
alojamiento NM (*gen*) lodging(s); (*Mil*) billet, quarters; **buscarse** ~ to look for accommodation; **dar** ~ to put up, accommodate.
alojar <1a> ①️ VT (*hospedar*) to lodge, accommodate; (*Mil*) to billet, quarter. ②️ **alojarse** VR to lodge, be lodged; (*Mil*) to be billeted o quartered; ~ **en** to stay o put up at.
alón NM wing (of chicken *etc*).
alondra NF lark, skylark.
alopecia NF alopecia.
alpaca NF (*animal, lana, metal*) alpaca.
alpargata NF rope-soled o canvas sandal.
alpende NM shed, lean-to.
Alpes NMPL Alps.
alpestre ADJ Alpine; (*fig*) mountainous.
alpinismo NM mountaineering, climbing.
alpinista NMF mountaineer, climber.
alpino ADJ Alpine.
alpiste NM ⓐ (*semillas*) birdseed, canary seed. ⓑ (*fam: alcohol*) drink, booze (*fam*); (*LAm fam: dinero*) brass (*fam*).
alquería NF farmhouse, farmstead.
alquilar <1a> ①️ VT ⓐ (*suj: propietario: inmuebles*) to let, rent (out); (*Aut*) to hire (out); (*TV*) to rent (out). ⓑ (*suj: usuario: inmuebles*) to rent; (*Aut*) to hire; (*TV*) to rent. ②️ **alquilarse** VR ⓐ (*inmuebles*) to be let (*en* at, for); '**se alquila**' 'to let', 'for rent' (*US*). ⓑ (*taxi etc*) to be for hire. ⓒ (*individuo*) to hire o.s. out.
alquiler NM ⓐ (*acción: inmuebles*) letting, renting; (*Téc*) plant hire; (*Aut etc*) hire, hiring; **de** ~ for o on hire. ⓑ (*precio: gen*) rent, rental; (: *Aut etc*) hire charge; **control de** ~**es** rent control; **exento de** ~**es** rent-free; **pagar el** ~ to pay the rent; **subir el** ~ **a algn** to raise sb's rent.
alquimia NF alchemy.
alquimista NM alchemist.
alquitara NF still.
alquitrán NM tar; ~ **de hulla** o **mineral** coal tar.

alquitranado ①️ ADJ tarred, tarry. ②️ NM (*de carretera*) tarmac; (*lienzo*) tarpaulin.
alquitranar <1a> VT to tar; (*carretera*) to tarmac.
alrededor ①️ ADV around, about; **todo** ~ all around. ②️ PREP ⓐ ~ **de** around, about; **todo** ~ **de la iglesia** all around the church; **mirar** ~ **de sí** to look about one. ⓑ ~ **de** (*aproximadamente*) about, in the region of; ~ **de 200** about 200. ③️ NM: **mirar a su** ~ to look about one; ~**es** surroundings, neighbourhood *sg*; (*de ciudad*) outskirts, environs; **en los** ~**es de Londres** in the area round London.
Alsacia NF Alsace.
alsaciano/a ADJ, NM/F Alsatian.
alt. ABR ⓐ *de* **altura** ht. ⓑ *de* **altitud**.
alta NF (*Med*) (certificate of) discharge from hospital; **dar a algn el** ~ (*Med*) to discharge sb; (*Mil*) to pass sb (as) fit; **darse de** ~ to join, enrol, enroll (*US*); (*Med*) to return to duty; (*Dep*) to declare o.s. fit.
altamente ADV highly, extremely.
altanería NF (*altivez*) haughtiness, arrogance.
altanero ADJ (*altivo*) haughty, arrogant.
altar NM altar; ~ **mayor** high altar; **llevar a una al** ~ to lead sb to the altar; **subir a los** ~**es** to be beatified o canonized.
altavoz NM (*Rad*) loudspeaker; (*Elec*) amplifier.
al-tec ABR (*fam*) *de* **alta tecnología** hi-tech (*fam*).
alterabilidad NF changeability.
alterable ADJ changeable.
alteración NF ⓐ (*cambio*) alteration, change. ⓑ (*aturdimiento*) upset, disturbance; (*Med*) irregularity of the pulse; ~ **del orden público** breach of the peace. ⓒ (*riña*) quarrel, dispute.
alterado ADJ (*gen*) changed; (*orden etc*) disturbed; (*enfadado*) angry; (*Med*) upset, disordered.
alterar <1a> ①️ VT ⓐ (*cambiar*) to alter, change; (*Med*) to change for the worse. ⓑ ~ **el orden** *etc* to disturb the peace, be disruptive. ⓒ (*agitar*) to stir up, agitate; (*enfadar*) to anger. ②️ **alterarse** VR ⓐ (*cambiar*) to alter, change. ⓑ (*comida*) to go bad, go off; (*leche etc*) to go sour. ⓒ (*voz*) to falter. ⓓ (*agitarse*) to get upset, become agitated; (*enfadarse*) to get angry; **siguió sin** ~ he went on unabashed; **¡no te alteres!** keep calm!
altercado NM argument, altercation.
álter ego NM alter ego.
alternado ADJ alternate.
alternador NM (*Elec*) alternator.
alternancia NF alternation; ~ **en el poder** power switching, taking turns in office; ~ **de cultivos** crop rotation.
alternante ADJ alternating.
alternar <1a> ①️ VT to alternate, vary; (*Agr*) to rotate. ②️ VI ⓐ to alternate (*con* with); (*Téc*) to alternate, reciprocate. ⓑ (*participar*) to mix, socialize; ~ **con un grupo** to mix o go around with a group; ~ **con la gente bien** to hobnob with top people. ③️ **alternarse** VR (*hacer turnos*) to take turns, change about; ~ **a los mandos** to take turns at the controls; ~ **en el poder** to take turns in office.
▼**alternativa** NF ⓐ (*opción*) option, choice; **no tener** ~ to have no alternative. ⓑ (*sucesión*) alternation. ⓒ (*Taur*) **tomar la** ~ to become a fully qualified bullfighter.
alternativo ADJ (*Elec etc*) alternating; (*cultura: prensa*) alternative; **fuentes** ~**as de energía** alternative energy sources.
alterne NM mixing, socialising; (*euf*) sexual contact(s); **club de** ~ singles club; *V tb* **chica**.
alterno ADJ (*Bot, Mát etc*) alternate; (*Elec*) alternating.
alteza NF ⓐ (*título*) **A**~ Highness; **Su A**~ **Real** His o Her Royal Highness; **sí, A**~ yes, your Highness. ⓑ ~ **de miras** high-mindedness.
altibajos NMPL ups and downs.
altillo NM ⓐ (*Geog*) small hill, hillock. ⓑ (*LAm*) attic.
altilocuencia NF grandiloquence.
altilocuente ADJ grandiloquent.

➤ EXPRESIONES GENERATIVAS: **alternativa** → 6.4

altímetro NM altimeter.
altiplanicie NF high plateau.
altiplano NM (*LAm: de los Andes*) high Andean plateau, high Andes; (*gen*) plateau.
altísimo ADJ very high; **el A~** the Almighty.
altisonancia NF (*de estilo*) high-flown style.
altisonante ADJ high-flown, high-sounding.
altitud NF (*Aer*) height, altitude; (*Geog*) elevation; **a una ~ de** at a height of.
altivez, altiveza NF haughtiness, arrogance.
altivo ADJ haughty, arrogant.
alto¹ [1] ADJ [a] (*gen*) high; (*edificio, individuo*) tall; (*clase, cámara*) upper; (*precio, temperatura*) high; (*Escol etc*) advanced; **~a costura/sociedad/traición** high fashion/society/treason; **el muro tiene 5 metros de ~** the wall is 5 metres high; **él tiene 1,80 de ~** he is 1.80 metres tall; **lanzar algo de lo ~** to throw sth down (from above); **desde lo ~ del árbol** from the top of the tree; **con las manos en ~** with his hands in the air o held high; **estar en (lo) ~** to be up high, be high up, be up on top; **estar en lo ~ de la escalera** to be at the top of the stairs; **por todo lo ~** (*fig*) in style; **un ~ cargo** o **mando** a big wig (*fam*).
   [b] (*Geog*) upper; **en ~a mar** on the high seas; **pesca de ~a mar** deep-sea fishing; **el A~ Rin** the Upper Rhine.
   [c] **estar ~** (*río*) to be in spate, be swollen; (*mar*) to be rough.
   [d] (*fig: elevado*) lofty, elevated; **un ~ sentido del deber** a high sense of duty; **es un chico de ~as miras** he's a boy with the right priorities.
   [e] (*hora*) late, advanced; **a ~as horas (de la noche)** late (on) at night; **in the small** o (*Scot*) wee hours.
   [f] (*sonido*) high, loud; **en ~a voz** (*leer*) aloud, out loud; (*hablar*) in a loud voice.
   [g] (*Mús: nota*) sharp; (: *voz*) alto.
   [h] (*Hist, Ling*) high; **~ antiguo alemán** Old High German.
   [2] ADV [a] high (up); **lanzar algo ~** to throw sth high.
   [b] **hablar ~** (*lit*) to speak loudly; (*fig*) to speak out (frankly); **poner la radio más ~** to turn the radio up; **¡más ~, por favor!** louder, please!
   [3] NM [a] (*Geog*) hill, height.
   [b] (*Arquit*) upper floor.
   [c] (*LAm*) pile, stock.
   [d] (*Mús*) alto.
   [e] **~s y bajos** ups and downs.
   [f] **pasar por ~** (*sin querer*) to overlook, forget; (*a propósito*) to pass over, ignore.
alto² [1] NM halt, stop; **dar el ~ a algn** to order sb to halt; **hacer (un) ~** to halt, stop. [2] INTERJ halt!, stop!; **¡~ ahí!** halt!; **¡~ el fuego!** cease fire!; **el ~ el** o **al fuego** the ceasefire.
altoparlante NM (*LAm: altavoz*) loudspeaker.
altorrelieve NM high relief.
altozanero NM (*Col*) porter.
altozano NM (*otero*) small hill, hillock; (*de ciudad*) upper part.
altramuz NM lupin.
altruismo NM altruism.
altruista [1] ADJ altruistic. [2] NMF altruist.
altura NF [a] (*gen*) height; (*Aer*) altitude; (*agua*) depth; **~ de crucero** cruising height; **~ de la vegetación** timber line; **a una ~ de 600 m** at a height of 600 m; **tiene 5 m de ~** it is 5 m high; **él tiene 1,80 m de ~** he is 1.80 m tall; **ganar** o **tomar ~** (*Aer*) to climb, gain height.
   [b] (*fig*) **estar a la ~ de una tarea** to be up o equal to a task; **estar a la ~ de las circunstancias** to rise to the occasion; **estar a la ~ del tiempo** to be abreast of the times; **poner a algn a la ~ del betún** (*Esp fam*) to make sb feel like dirt.
   [c] (*Geog*) latitude; **a la ~ de** on the same latitude as; **a la ~ del km 8** at the 8th km (point); **a la ~ del museo** up (the street) near the museum; **¿a qué ~ quiere que le deje?** how far along (the street) do you want to go?
   [d] (*Náut*) high seas, open sea; **pesca de ~** deep-sea fishing.

e (*Mús*) pitch.
f (*fig*) sublimity, loftiness; **ha sido un partido de gran ~** it has been a really excellent game.
g (*Dep: salto*) high jump.
h **~s** (*Geog*) heights; (*Rel*) heaven *sg*; **a estas ~s** (*tiempo*) at this point, at this stage; (*estando aquí*) having come this far.
alubia NF kidney bean.
alucinación NF hallucination, delusion.
alucinado ADJ [a] (*lit*) deluded, suffering hallucinations. [b] (*fam: asombrado*) amazed, dumbfounded.
alucinante ADJ [a] (*Med*) hallucinatory. [b] (*Esp: fig*) attractive, beguiling; (: *misterioso*) mysterious; (: *fam*) great, super (*fam*). [c] (*Esp fam: absurdo*) absurd; **es ~** it's mind-boggling (*fam*).
alucinar <1a> [1] VT (*engañar*) to delude, deceive; (*hipnotizar*) to fascinate; (*Esp fam*) to grab (*fam*), be a hit with. [2] VI to hallucinate. [3] **alucinarse** VR to delude o.s.; **~ de algo** to be amazed at sth.
alucine NM (*fam*) delusion; **de ~** super (*fam*), great; **¡qué ~!** this is brill! (*fam*).
alucinógeno/a [1] ADJ hallucinogenic. [2] NM/F (*fam*) acid-head (*fam*). [3] NM (*Med*) hallucinogen.
alud NM avalanche; (*fig*) wave.
aludido ADJ aforesaid, above-mentioned; **darse por ~** to take the hint; **no te des por ~** don't take it personally.
aludir <3a> VI: **~ a** to allude to, mention.
alumbrado/a [1] ADJ (*fam*) drunk. [2] NM lighting, illumination; **~ eléctrico/público** electric/street lighting. [3] NM/F (*Rel*) **los A~s** the Illuminati.
alumbramiento NM [a] (*Elec: acción*) lighting up; (: *sistema*) lighting, illumination. [b] (*Med*) childbirth; **tener un feliz ~** to have a safe delivery.
alumbrar <1a> [1] VT [a] (*Elec*) to light (up), illuminate.
   [b] (*individuo*) to light the way for.
   [c] (*ciego*) to give sight to.
   [d] (*fig: asunto*) to shed light on; (: *individuo*) to enlighten.
   [e] (*agua*) to find, strike.
   [2] VI [a] to give light, shed light; **esto alumbra bien** this gives a good light.
   [b] (*Med*) to give birth, have a baby.
   [3] **alumbrarse** VR to get drunk.
alumbre NM alum.
aluminio NM aluminium, aluminum (*US*); **papel de ~** cooking o kitchen foil.
alumnado NM (*Univ*) student body; (*Escol*) roll, pupils.
alumno/a NM/F (*Escol*) pupil; (*Univ*) student; **~ externo** day pupil; **~ interno** boarder; **antiguo ~** (*Escol*) old boy, former pupil; (*Univ*) old o former student, alumnus (*US*).
alusión NF (*gen*) allusion; (*mención*) mention, reference; (*indirecta*) hint; **hacer ~ a** to allude to.
alusivo ADJ allusive.
aluvial ADJ alluvial.
aluvión NM [a] (*Geol*) alluvium; **tierras de ~** alluvial soil(s). [b] (*fig*) flood; **~ de improperios** torrent of abuse.
alveolar ADJ alveolar.
alveolo, alvéolo NM (*Anat*) alveolus; (*de panal*) cell; (*fig*) network, honeycomb.
alza NF [a] (*Fin etc*) rise; **al** o **en ~** (*precio*) rising; **jugar al ~** (*Fin*) to speculate on a rising market; **cotizarse** o **estar en ~** (*Fin*) to rise, advance; **estar en ~** to go up in the world. [b] (*Mil*) sight; **~s fijas/graduables** fixed/adjustable sights.
alzacristales NM INV: **~ eléctrico** electric windows.
alzada NF [a] (*de caballos*) height. [b] (*Jur*) appeal.
alzado [1] ADJ [a] (*gen*) raised, elevated.
   [b] (*Fin: precio*) fixed; (: *quiebra*) fraudulent; **por un precio ~** for a lump sum.
   [c] (*LAm: altivo*) proud, haughty; (*Pol*) mutinous. [2] NM (*Arquit*) elevation; (*Tip*) gathering.
alzamiento NM [a] (*gen*) lifting, raising; (*Com: precio*) rise, increase; (: *en subasta*) higher bid. [b] **~ de bienes** fraudulent bankruptcy. [c] (*Pol*) rising, revolt.
alzaprima NF [a] (*palanca*) lever, crowbar; (*calce*) wedge. [b] (*Mús*) bridge.
alzar <1f> [1] VT (*gen*) to lift (up), raise (up); (*con grúa etc*)

to hoist (up); (*edificio*) to raise; (*mantel*) to remove, put away; (*prohibición*) to lift.
2 alzarse VR **a** (*levantarse*) to rise, get up; (*precios etc*) to rise.
b (*amotinarse*) to rise, revolt; **~ en armas** to take up arms.
c (*Fin*) to go fraudulently bankrupt.
d **~ algo, ~ con algo** to steal sth; **~ con el premio** to carry off the prize.
A.M. NF ABR *de* **ante meridiem** AM.
a.m. ABR *de* **ante meridiem** a.m.
ama NF **a** (*gen*) lady of the house, mistress; **~ de casa** housewife. **b** (*dueña*) owner, proprietress; (*de pensión*) landlady; **~ de llaves** housekeeper. **c** **~ de cría** o **de leche** wetnurse; **~ seca** nurse, nursemaid.
amabilidad NF kindness; (*cortesía*) courtesy; **tuvo la ~ de acompañarme** he was kind o good enough to come with me.
amable ADJ kind, nice; **es Ud muy ~** you are very kind; **sea tan ~ o si es tan ~ (como para)** (*LAm*) please be so kind as to; **ser ~ con algn** to be kind o good to sb; **¡qué ~ ha sido Ud en traerlo!** how kind of you to bring it!
amachinarse<1a> VR (*LAm: amancebarse*) to set up house together; **estar** o **vivir amachinado con** to live together with.
amado/a **1** ADJ dear, beloved. **2** NM/F lover, sweetheart.
amadrinar <1a> VT (*niño*) to be godmother to; (*soldado, regimiento*) to be patron to.
amaestrado ADJ (*animal*) trained; (: *de circo*) performing.
amaestramiento NM training.
amaestrar<1a> VT to train, teach; (*caballo*) to break in.
amagar<1h> **1** VT (*amenazar*) to threaten, portend.
2 VI (*gen*) to threaten, be impending; (*Med*) to show the first signs; (*Esgrima etc*) to feint; **~ a hacer algo** to threaten to do sth, show signs of doing sth.
3 amagarse VR (*fam: esconderse*) to hide.
amago NM **a** (*amenaza*) threat; (*fig*) beginning. **b** (*Med etc*) sign, symptom. **c** (*Esgrima etc*) feint.
amainar <1a> **1** VT (*vela*) to take in, shorten. **2** VI, **amainarse** VR (*Met, fig*) to abate; (*esfuerzo etc*) to slacken.
amalgama NF amalgam.
amalgamación NF amalgamation.
amalgamar<1a> **1** VT (*Quím etc*) to amalgamate; (*fig*) to combine, blend. **2 amalgamarse** VR to amalgamate.
amamantar<1a> VT to suckle, nurse.
amancebamiento NM common-law union, cohabitation.
amancebarse<1a> VR to live together, cohabit.
amanecer **1** NM dawn, daybreak; **al ~** at dawn.
2 <2d> VI **a** to dawn, begin to get light.
b (*fig*) to appear, begin to show.
c (*persona*) to wake up (in the morning); **amaneció acatarrado** he woke up with a cold.
amanecida NF dawn, daybreak.
amanerado ADJ mannered, affected.
amaneramiento NM affectation.
amanerarse<1a> VR to become affected.
amansadora NF (*Arg, fig*) waiting room.
amansamiento NM (*de fieras*) taming; (*de caballos*) breaking-in.
amansar<1a> **1** VT (*caballo*) to break in; (*fiera*) to tame; (*individuo*) to tame, subdue; (*pasión etc*) to soothe. **2 amansarse** VR (*individuo*) to calm down; (*pasión etc*) to moderate, abate.
amanse NM (*And, Méx: V vt*) breaking-in; taming.
amante **1** ADJ loving, fond; **nación ~ de la paz** peace-loving nation. **2** NMF (*hombre, mujer*) lover; (*mujer*) mistress; **él tuvo muchas ~s** he had many mistresses.
amanuense NM (*gen*) scribe; (*copista*) copyist; (*Pol*) secretary.
amañado ADJ **a** (*diestro*) skilful, skillful (*US*), clever. **b** (*falso*) fake, faked; (*resultado, pelea*) fixed, rigged.
amañar<1a> **1** VT **a** (*gen*) to do skilfully o (*US*) skillfully, perform cleverly.

b (*pey: resultado etc*) to alter, tamper with; (: *elección*) to rig; (*Fot*) to fake.
2 amañarse VR (*acostumbrarse*) to become accustomed to; **ya se amaña en Quito** he's beginning to feel at home in Quito.
amaño NM trick, guile.
amapola NF poppy; **ponerse como una ~** to turn as red as a beetroot.
amar<1a> VT to love.
amaraje NM (*Aer*) landing (on the sea); (*de nave espacial*) splashdown, touchdown; **~ forzoso** ditching.
amarar<1a> VI (*Aer*) to land (on the sea); (*nave espacial*) to splash down, touch down; (*forzosamente*) to ditch.
amarchantarse <1a> VR (*Carib, Méx Com*) **~ en** to deal regularly with.
amargado ADJ bitter, embittered; **estar ~** to be disillusioned.
amargar <1h> **1** VT (*comida*) to make bitter, sour; (*vida, persona*) to embitter; **~le la vida a algn** to make sb's life a misery; **a nadie le amarga un dulce** nobody says no to bit of luck.
2 VI to be bitter, taste bitter.
3 amargarse VR **a** (*gen*) to get bitter.
b (*persona*) to become embittered.
amargo **1** ADJ **a** (*sabor*) bitter, tart; **más ~ que la hiel** terribly bitter.
b (*fig*) bitter, embittered.
2 NM **a** bitterness, tartness.
b **~s** bitters.
c (*CSur: maté*) bitter (Paraguayan) tea.
amargor NM, **amargura** NF **a** (*sabor*) bitterness, tartness. **b** (*fig*) bitterness; (*pena*) grief, distress.
amariconado (*fam*) **1** ADJ effeminate, queer (*fam*).
2 NM nancy boy (*fam*), queer (*fam*).
amarillear <1a> VI **a** (*tirar a amarillo*) to be yellowish.
b (*volverse amarillo*) to go yellow.
amarillento ADJ yellowish; (*tez*) pale, sallow.
amarillez NF yellow, yellowness; (*tez*) paleness, sallowness.
amarillismo NM (*de prensa*) sensationalist journalism.
amarillista ADJ (*prensa*) sensationalist.
amarillo **1** ADJ yellow; (*semáforo*) amber; (*sindicato*) company *atr*. **2** NM yellow.
amarilloso ADJ (*LAm*) yellowish.
amarra NF **a** (*Náut*) mooring line. **b** **~s** (*Náut*) moorings; **cortar** o **romper las ~s** to break loose, cut adrift; **echar las ~s** to moor. **c** **~s** (*fig*) protection *sg*; **tener buenas ~s** to have good connections.
amarradero NM (*poste*) post, bollard; (*para barco*) berth, mooring.
amarradura NF mooring.
amarraje NM mooring charges.
amarrar<1a> **1** VT **a** (*gen: esp LAm*) to fasten, tie up; (*barco*) to moor, tie up; (*Naipes*) to stack; **tener a algn bien amarrado** (*fig*) to have sb under one's thumb. **2** VI (*fam*) to get down to it in earnest.
amarre NM (*acto*) fastening, tying; (*lugar*) berth, mooring.
amarrete ADJ (*CSur fam: tacaño*) mean, stingy (*fam*).
amartelado ADJ lovesick; **andar** o **estar ~ con** to be in love with.
amartelamiento NM lovesickness, infatuation.
amartelar <1a> **1** VT **a** (*dar celos a*) to make jealous.
b (*enamorar*) to make fall in love. **2 amartelarse** VR to fall in love (*de* with).
amartillar<1a> VT (*gen*) to hammer; (*rifle etc*) to cock.
amasadera NF kneading trough.
amasadora NF kneading machine.
amasamiento NM (*Culin*) kneading; (*Med*) massage.
amasandería NF (*And, CSur*) ≈ bakery.
amasandero NM (*And, CSur*) ≈ baker.
amasar<1a> VT (*Culin: pan*) to knead; (*harina, yeso*) to mix, prepare; (*Fin etc*) to amass; (*Med*) to massage; (*fig fam*) to cook up, concoct.
amasiato NM (*Méx, Per*) cohabitation, common-law marriage.

amasijar<1a> VT (*CSur fam: matar*) to do in (*fam*).
amasijo NM [a] (*Culin: acción*) kneading; (*Téc*) mixing. [b] (*material*) mixture; (*mezcla*) hotchpotch, medley.
amasío/a NM/F (*CAm, Méx*) lover; (*mujer*) mistress.
amateur ADJ, NMF amateur.
amatista NF amethyst.
amatorio ADJ love *atr*.
amazacotado ADJ heavy, awkward; (*Lit etc*) ponderous, stodgy.
amazona NF (*Lit*) amazon; (*Dep*) horsewoman, rider; (*traje*) riding suit.
Amazonas NM Amazon.
Amazonia NF Amazonia.
amazónico ADJ Amazon *atr*, Amazonian.
ambages NMPL: **hablar sin ~** to come straight to the point.
ámbar NM amber; **~ gris** ambergris.
ambarino ADJ amber.
Amberes NM Antwerp.
ambición NF ambition.
ambicionar<1a> VT (*gen*) to aspire to, seek; (*codiciar*) to lust after, covet; **~ ser algo** to have an ambition to be sth.
ambicioso/a [1] ADJ [a] (*gen*) ambitious. [b] (*pey: egoísta*) proud, self-seeking. [2] NM/F ambitious person; (*oportunista*) careerist; **~ de figurar** social climber.
ambidextro ADJ ambidextrous.
ambientación NF (*Cine, Lit etc*) setting; (*Rad*) sound effects.
ambientador(a) [1] NM/F (*Cine, TV*) dresser. [2] NM airfreshener.
ambiental ADJ environmental.
ambientar<1a> [1] VT [a] (*gen*) to give an atmosphere to, add colour *o* (*US*) color to.
[b] (*Lit etc*) to set; **la novela está ambientada en una sociedad de ...** the novel is set in a society of ....
[2] **ambientarse** VR to orientate o.s., get one's bearings; (*fig*) to adjust.
ambiente [1] ADJ ambient, surrounding; **medio ~** environment. [2] NM (*gen*) atmosphere; (*Bio*) environment; (*CSur: habitación*) room; **~ artificial** air conditioning; **voy a cambiar de ~** I'm going to move to new surroundings.
ambigú NM buffet.
ambigüedad NF ambiguity.
ambiguo ADJ ambiguous; (*fam: sexual*) bisexual; (*Ling*) common.
ámbito NM [a] (*campo*) compass, field; (*límite*) boundary, limit; **dentro del ~ de** within the limits *o* in the context of; **en el ~ nacional y extranjero** at home and abroad. [b] (*fig*) scope, range; **~ de acción** sphere of activity; **buscar mayor ~** to look for greater scope.
ambivalencia NF ambivalence.
ambivalente ADJ ambivalent.
ambo NM (*Arg*) two-piece suit.
ambos ADJ, PRON both; **~ a dos** both (of them), both together.
ambrosía NF ambrosia.
ambulancia NF ambulance; (*Mil*) field hospital.
ambulante [1] ADJ (*que anda*) walking; (*circo, vendedor*) travelling; (*biblioteca*) mobile. [2] NMF (*vendedor callejero*) street-seller.
ambulatorio NM national health clinic.
ameba NF amoeba.
amedrentar <1a> [1] VT (*asustar*) to scare, frighten; (*intimidar*) to intimidate. [2] **amedrentarse** VR to be scared, be intimidated.
amelonado ADJ [a] melon-shaped. [b] **estar ~** (*fam*) to be lovesick.
amén [1] NM INV amen; **decir ~ a todo** to agree to everything; **en un decir ~** in a trice.
[2] INTERJ amen!
[3] PREP [a] **~ de** (*salvo*) except for, aside from.
[b] **~ de** (*además de*) in addition to, besides.
amenaza NF threat, menace.
amenazador, amenazante ADJ threatening, menac-

ing.
amenazar<1f> [1] VT to threaten, menace; **~ a algn de muerte** to threaten to kill sb; **la tarde amenazaba lluvia** it looked like rain in the evening. [2] VI to threaten, impend; **~ hacer algo, ~ con hacer algo** to threaten to do sth.
amenguar<1i> VT [a] (*gen*) to lessen, diminish. [b] (*fig*) to belittle.
amenidad NF pleasantness, agreeableness.
amenizar<1f> VT to make pleasant; (*conversación etc*) to enliven, liven up; (*estilo*) to brighten up.
ameno ADJ (*gen*) pleasant, agreeable, nice; (*estilo*) graceful, elegant; (*libro*) readable; (*lectura*) light; **es un sitio ~** it's a nice spot; **la vida aquí es más ~a** life is pleasanter here.
América NF America; (*LAm*) South America, Spanish America, Latin America; **~ del Norte/del Sur** North/South America; *V* **Centroamérica; Latinoamérica**.
americana[1] NF (sports) jacket, dress jacket.
americanismo NM Americanism.
americanizar <1f> [1] VT to americanize. [2] **americanizarse** VR to become americanized.
americano/a[2] ADJ, NM/F American, Latin American, South American, Spanish American.
amerindio/a ADJ, NM/F American Indian, Amerindian.
ameritar<1a> VT (*LAm*) to deserve.
amerizaje NM (*Aer*) landing (on the sea); (*de nave espacial*) splashdown, touchdown.
amerizar <1f> VI (*V nm*) to land (on the sea); (*de nave espacial*) to splash down.
ametralladora NF machine gun.
ametrallamiento NM machine-gunning, machine-gun attack.
ametrallar<1a> VT to machine-gun.
amianto NM asbestos.
amiga NF (*gen*) friend; (*novia*) girlfriend, sweetheart; (*amante*) lover.
amigable ADJ friendly, sociable; (*Jur*) **~ componedor** arbitrator.
amigarse<1h> VR to get friendly, become friends.
amígdala NF tonsil.
amigdalitis NF tonsillitis.
amigo [1] ADJ friendly; **ser ~ de** (*fig*) to be fond of; **son muy ~s** they are close friends.
[2] NM (*gen*) friend; (*novio*) boyfriend, sweetheart; (*amante*) lover; **pero ¡~!** look here my friend!; **~ de lo ajeno** thief; **~ del alma** *o* **de confianza** close friend, soul mate; **~ por correspondencia** penfriend; **~ en la prosperidad** fair-weather friend; **hacerse ~s** to become friends; **hacerse ~ de** to make friends with.
amigote NM mate (*fam*), sidekick (*fam*), buddy (*US*).
amiguismo NM old-boy network, jobs for the boys.
amiláceo ADJ starchy.
amilanar<1a> [1] VT to scare, intimidate. [2] **amilanarse** VR to get scared, be intimidated (*ante, por* at).
aminoácido NM amino acid.
aminorar<1a> VT (*gen*) to lessen, diminish; (*precio etc*) to cut down; (*velocidad*) to reduce.
amistad NF [a] friendship; **estrechar ~ con** to get friendly with; **romper las ~es** to fall out. [b] **~es** (*amigos*) friends; (*relaciones*) acquaintances; **invitar a las ~es** to invite one's friends.
amistar<1a> [1] VT (*hacer amigos*) to bring together, make friends of; (*reconciliar*) to bring about a reconciliation between. [2] **amistarse** VR to become friends (*con* with), establish a friendship (*con* with); (*reconciliarse*) to make it up.
amistoso ADJ friendly, amicable.
amnesia NF amnesia; **~ temporal** blackout.
amnésico/a ADJ, NM/F amnesiac.
amnistía NF amnesty.
amnistiado/a NM/F amnestied person.
amnistiar<1c> VT to amnesty, grant an amnesty to.
amo NM [a] (*gen*) master; **~ de casa** householder. [b] (*propietario*) owner. [c] (*jefe*) boss, employer; **ser el ~** to be the boss; **ese corredor es ~ de la pista** that run-

ner rules the track.

amoblado (*CAm, Méx*) **1** ADJ furnished. **2** NM furniture.

amodorramiento NM sleepiness, drowsiness.

amodorrarse <1a> VR (*gen*) to get sleepy o drowsy; (*con alcohol etc*) to fall into a stupor.

amohinar <1a> **1** VT to vex, annoy. **2 amohinarse** VR to sulk.

amojosado ADJ (*Bol*) rusty.

amolador 1 ADJ annoying. **2** NM knife-grinder.

amolar <1l> **1** VT **a** (*Téc*) to grind, sharpen.
b (*fastidiar*) to pester, annoy.
c (*arruinar*) to damage, ruin.
2 amolarse VR (*esp LAm: enojarse*) to get cross, take offence; (: *estropearse*) to be ruined.

amoldable ADJ (*carácter, persona*) adaptable.

amoldar <1a> **1** VT (*gen*) to mould, mold (*US*) (*a, según on*); (*conducta*) to fashion; (*fig*) to adapt, adjust (*a to*).
2 amoldarse VR to adapt o adjust o.s. (*a to*).

amonedar <1a> VT to coin, mint.

amonestación NF **a** (*gen*) reprimand; (*advertencia*) warning; (*Ftbl*) yellow card; (*Jur*) caution. **b** (*Rel*) marriage banns; **correr las ~es** to publish the banns.

amonestador ADJ warning, cautionary.

amonestar <1a> VT **a** (*gen*) to reprimand; (*Dep*) to caution, warn; (*avisar*) to advise. **b** (*Rel*) to publish the banns of.

amoniaco, amoníaco 1 ADJ ammoniac(al). **2** NM ammonia; **~ líquido** liquid ammonia.

amontillado NM amontillado (wine).

amontonado ADJ heaped (up), piled up; **viven ~s** they live on top of each other.

amontonamiento NM (*gen*) heaping, piling up; (*de dinero*) hoarding; (*de datos*) accumulation; (*de gente*) (over)crowding.

amontonar <1a> **1** VT (*gen*) to heap (up), pile (up); (*datos*) to gather, collect; (*dinero*) to hoard.
2 amontonarse VR (*gen*) to pile up, get piled up; (*nubes*) to gather; (*datos*) to accumulate; (*desastres*) to come one on top of another; (*gente*) to crowd (together).

amor NM **a** (*pasión*) love (*a* for); **~ cortés** courtly love; **~ fracasado** disappointment in love; **~ interesado** cupboard love; **~ libre** free love; **~ maternal** o **de madre** mother love; **~ platónico** platonic love; **~ propio** amour propre, self-respect; **dolerle a algn en el ~ propio** to wound sb's pride; **por el ~ al arte** (*hum*) just for the fun of it; **por el ~ de** for the love of; **por (el) ~ de Dios** for God's sake; **casarse por ~** to marry for love; **hacer algo por ~ al arte** (*fig*) to do sth for nothing o free; **hacer el ~** to make love; **hacer el ~ a** (*cortejar*) to court; (*en relación sexual*) to make love to; **~ con el ~ se paga** one good turn deserves another; (*iró*) an eye for an eye.
b (*persona*) love, lover; **mi ~, ~ mío** my love, my darling; **¡eres un ~!** you're a love!, you ARE sweet!
c (*locuciones*) **hacer algo con ~** to do sth lovingly o with love; **ir al ~ del agua** to go with the current; **estar al ~ de la lumbre** to be close to the fire.
d **~es** love affair *sg*, romance *sg*; **¡de** o **con mil ~es!** I'd love to!, gladly!

amoral ADJ amoral.

amoratado ADJ (*de frío*) blue; (*golpeado*) black and blue, bruised; **ojo ~** black eye, shiner (*fam*).

amoratarse <1a> VR (*de frío*) to turn blue; (: *por golpes*) to turn black and blue.

amordazar <1f> VT (*persona*) to gag; (*perro*) to muzzle; (*fig*) to gag, silence.

amorfo ADJ amorphous, shapeless.

amorío NM love affair, romance.

amoroso ADJ (*gen*) loving, affectionate; (*mirada*) amorous; (*carta etc*) love *atr*; (*persona: agradable*) charming; **poesía ~a** love poetry; **en tono ~** in an affectionate tone.

amortajar <1a> VT to shroud.

amortecer <2d> **1** VT (*ruido*) to deaden, muffle; (*luz*) to dim. **2** VI (*Med*) to faint, swoon.

amortiguación NF = amortiguamiento.

amortiguador 1 ADJ (*ruido*) deadening, muffling; (*luz*) softening. **2** NM (*Mec*) shock absorber; (*Ferro*) buffer; (*Elec*) damper; **~ de luz** dimmer; **~ de ruido** silencer.

amortiguamiento NM (*V vt*) deadening, muffling; cushioning, absorption; damping; toning down; dimming.

amortiguar <1i> **1** VT **a** (*ruido*) to deaden, muffle; (*choque*) to cushion, absorb; (*color*) to tone down; (*luz*) to dim.
b (*fig*) to alleviate.
2 amortiguarse VR (*luz*) to grow dim; (*ruido*) to die down.

amortizable ADJ (*Fin*) redeemable.

amortización NF (*Fin: de bono*) redemption; (: *de préstamo*) repayment; (: *de bienes*) depreciation; (*de puesto*) abolition; (*Jur*) amortization.

amortizar <1f> VT (*Fin: capital*) to write off; (: *bono*) to redeem; (: *préstamo*) to pay off, repay; (*puesto*) to abolish; (*Jur*) to amortize.

amoscarse <1g> VR (*fam*) to get cross, get peeved (*fam*).

amotinado 1 ADJ riotous, violent; (*Mil*) mutinous. **2** NM rioter; (*Mil*) rebel, mutineer.

amotinamiento NM (*civil*) riot; (*Pol*) rising, insurrection; (*Mil, Náut*) mutiny.

amotinar <1a> **1** VT to incite to riot o mutiny *etc*.
2 amotinarse VR to riot; (*Pol*) to rise up; (*Mil, Náut*) to mutiny.

amovible ADJ (*Téc*) removable, detachable; (*empleo*) temporary.

amparador(a) 1 ADJ protecting, protective. **2** NM/F protector/protectress; (*de criminal*) harbourer, harborer (*US*).

amparar <1a> **1** VT to protect (*de* from), shelter; (*ayudar*) to help; (*Jur*) to harbour, harbor (*US*); **la ley nos ampara** the law is there to protect us.
2 ampararse VR **a** to seek protection o help; **~ con** o **de** o **en** to seek the protection of.
b (*de la lluvia etc*) to shelter.

amparo NM (*ayuda*) help; (*protección*) protection; (*abrigo*) refuge, shelter; **al ~ de la ley** under protection of the law; **vive al ~ de su fortuna** he lives with the cushion of his wealth behind him.

amperímetro NM ammeter.

amperio NM ampère, amp.

ampliable ADJ (*Inform*) expandable.

ampliación NF (*gen*) extension; (*Fot*) enlargement; (*fig*) expansion.

ampliadora NF enlarger.

ampliar <1c> VT (*gen*) to extend; (*Fot*) to enlarge; (*Com*) to expand; (*sonido*) to amplify; (*idea*) to elaborate.

amplificación NF amplification.

amplificador NM amplifier.

amplificar <1g> VT (*Téc*) to amplify.

amplio ADJ **a** (*sala*) spacious, roomy; (*ropa: grande*) big; (*falda*) full. **b** (*sentido*) broad; (*poderes*) wide, extensive; (*tierras*) vast.

amplitud NF (*Arquit*) spaciousness; (*ropa*) fullness; (*tierras*) expanse, extent; (*conocimientos*) breadth, depth; **~ de miras** broadmindedness; **de gran ~** far-reaching, ambitious.

ampolla NF (*gen*) blister; (*Med: de inyección*) ampoule.

ampollarse <1a> VR to blister, form blisters.

ampolleta NF hourglass; (*LAm: bombilla*) bulb.

ampulosidad NF bombast, pomposity.

ampuloso ADJ bombastic, pompous.

amputación NF amputation.

amputar <1a> VT to amputate, cut off.

amueblado ADJ furnished (*con, de* with).

amueblar <1a> VT to furnish (*de* with).

amuermante ADJ (*fam: aburrido*) boring, dull; (: *ordinario*) banal, mundane.

amuermar <1a> (*fam*) **1** VT to bore. **2 amuermarse** VR (*tener sueño*) to feel sleepy (after a meal); (*fig: aburrirse*) to get bored; (: *deprimirse*) to get depressed.

amuinar <1a> (*Méx fam*) **1** VT to make cross, irritate.
2 amuinarse VR to get cross.

amulatado ADJ mulatto-like.

amuleto NM amulet, charm.

amura NF (*Náut*) bow.

amurallado ADJ walled.

amurallar<1a> VT to wall, fortify.

amusgar<1h> VT (*orejas*) to lay back, throw back; (*ojos*) to screw up, narrow.

anacarado ADJ mother-of-pearl *atr*.

anacardo NM cashew (nut).

anacoluto NM anacoluthon.

anaconda NF anaconda.

anacoreta NMF anchorite.

anacrónico ADJ anachronistic.

anacronismo NM anachronism.

ánade NM duck; **~ real** mallard.

anafe NM portable cooker.

anagrama NM anagram.

anal ADJ anal.

anales NMPL annals.

analfabetismo NM illiteracy.

analfabeto/a [1] ADJ illiterate. [2] NM/F illiterate (person).

analgesia NF analgesia.

analgésico ADJ, NM analgesic.

análisis NM INV analysis; **~ de costos-beneficios** cost-benefit analysis; **~ de mercados** market research; **~ de sangre** blood test; **~ de sistemas** systems analysis; **~ de viabilidad** feasibility study.

analista NMF (*gen*) analyst; (*Pol, Hist*) chronicler, annalist.

analista-programador(a) NM/F computer analyst and programmer.

analítico ADJ analytic(al); **cuadro ~** analytic table.

analizar<1f> VT to analyse.

analogía NF (*correspondencia*) analogy; (*semejanza*) similarity; **por ~ con** on the analogy of.

analógico ADJ analogical; (*Inform*) analog.

análogo [1] ADJ analogous, similar (*a* to). [2] NM analogue; **limpiar con alcohol o ~** clean with alcohol or something similar.

ananá(s) NM pineapple.

anaquel NM shelf.

anaquelería NF shelves, shelving.

anaranjado [1] ADJ orange(-coloured *o* (*US*) -colored). [2] NM orange (colour).

anarco/a NM/F (*fam*) anarchist.

anarquía NF anarchy.

anárquico ADJ anarchic(al).

anarquismo NM anarchism.

anarquista [1] ADJ anarchist(ic). [2] NMF anarchist.

anarquizar<1f> VT to produce anarchy in, cause utter disorder in.

anatema NM anathema.

anatematizar<1f> VT (*Rel*) to anathematize; (*fig*) to curse.

anatomía NF (*lit, fig*) anatomy; (*Med*: *disección*) dissection.

anatómico ADJ anatomical.

anatomizar<1f> VT to dissect.

anca NF rump, haunch; **~s** (*fam*) behind *sg*; **no sufre ~s** (*fam*) he can't take a joke.

ancestral ADJ ancestral.

ancestro NM (*esp LAm*) ancestor.

ancho [1] ADJ [a] wide, broad; **~ de 4 cm, 4 cm de ~** 4 cm wide; **se tumbó a lo ~** he lay down breadthwise. [b] (*ropa*) big; (*falda*) full; **me viene algo ~** it's on the big side for me; **le viene muy ~ el cargo** (*fig*) the job is too much for him. [c] (*fig*) liberal; **~ de miras** broadminded; **ponerse ~** to get conceited; **quedarse tan ~ o más ~ que largo** to go on as if nothing had happened. [d] **estar a sus ~as** to be at one's ease, feel at home. [2] NM width, breadth; (*Ferro*) gauge; **doble ~ de tela** double width of cloth; **~ normal** standard gauge.

anchoa NF anchovy.

anchura NF (*gen*) width, breadth; (*de ropa*) bigness, looseness; (*de falda*) fullness; (*fam: cara*) cheek; **~ de conciencia** lack of scruple.

anchuroso ADJ (*gen*) wide, broad; (*Arquit*) spacious.

ancianidad NF old age.

anciano/a [1] ADJ old, aged. [2] NM/F old man/woman; (*Rel*) elder.

ancla NF anchor; **~ de salvación** (*fig*) last hope; **echar ~s** to drop anchor; **levar ~s** to weigh anchor.

ancladero NM anchorage.

anclaje NM mooring charge.

anclar<1a> VI to anchor, drop anchor.

ancón NM (*Náut*) cove; (*Méx: rincón*) corner.

áncora NF anchor.

andadas NFPL (*Caza*) tracks; (*Chi, Méx*) walk, stroll; (*aventuras*) adventures; **volver a las ~** to backslide.

andaderas NFPL babywalker.

andado ADJ worn, well-trodden; (*corriente*) common, ordinary; (*ropa*) old, worn.

andador(a)¹ [1] ADJ fast-walking; **es ~** he's a good walker. [2] NM/F walker. [3] NM (*para niños*) walker; (*para enfermos*) Zimmer ®; **~es** (*de niño*) reins.

andadora² NF (*Méx*) prostitute.

andadura NF (*acción*) walking; (*manera*) gait, walk; (*de caballo*) pace.

ándale INTERJ (*esp Méx*) come on!, hey!

Andalucía NF Andalusia.

andalucismo NM [a] (*Ling*) andalusianism, word *o* phrase *etc* peculiar to Andalusia. [b] sense of the differentness of Andalusia; (*Pol*) doctrine *o* belief in Andalusian autonomy.

andaluz(a) ADJ, NM/F Andalusian.

andamiaje NM scaffolding; (*fig*) framework, structure.

andamio NM (*gen*) scaffold; (*tablado*) stage, stand.

andana NF row, line.

andanada NF [a] (*Mil*) broadside; (*fig*) reprimand, rocket (*fam*); **soltar la ~ a algn** to give sb a rocket (*fam*). [b] (*Dep*) (grand)stand; (*Taur*) section of cheap seats.

andante [1] ADJ (*gen*) walking; (*caballero*) errant. [2] NM (*Mús*) andante.

andanza NF fortune; **~s** deeds, adventures.

andar<1p> [1] VT (*distancia*) to cover, travel; (*camino etc*) to go along, walk; (*ir a pie*) to walk; (*LAm: llevar, tener*) to wear, carry, have.

[2] VI [a] (*ir a pie*) to walk; (*moverse*) to move; (*viajar*) to go about, travel; **~ a caballo** to ride; **~ tras algo/algn** to chase after sth/sb, pursue sth/sb; **venimos andando** we walked, we came on foot.

[b] (*Mec*) to go; **el reloj anda bien** the clock keeps good time; **¿cómo anda esto?** (*lit*) how does it work?

[c] (*fam: estar*) to be; **anda por aquí** it's around here somewhere; **~ alegre** to be *o* feel cheerful; **hay que ~ con cuidado** one must go carefully; **¿en qué andas?** what are you up to?; **andamos mal de dinero** we're badly off for money; **¿cómo andan las cosas?** how are things?

[d] **anda en** *o* **por los 50** he's about 50.

[e] **~ en** to tamper with, mess about with; **no andes en mis cosas** keep out of my things.

[f] (*tiempo*) to pass, elapse.

[g] (*locuciones*) **¡anda!** (*¡no me digas!*) get along with you!; (*¡despabílate!*) go on!, come on!; **¡anda, anda!** don't be silly!; **¡ándale!** *o* **¡ándele!** (*Méx fam*) go on!, hurry up!; **¡andando!** now we can get on with it!; **anda que te anda** never letting up for a moment, non-stop.

[h] **~ haciendo algo** to be doing sth; **¿qué andas buscando?** what are you looking for?

[3] **andarse** VR [a] (*irse*) to go off *o* away.

[b] **~ con** to use, make use of; **~ en** (*herida, nariz etc*) to be at, poke at; **~ por las ramas** to beat about the bush; **no ~ con rodeos** to speak bluntly, call a spade a spade (*fam*); **todo se andará** all in good time, hold your horses (*fam*).

[4] NM walk, gait; **es de ~es rápidos** he's a quick walker; **a más** *o* **todo ~** at full speed.

andariego ADJ fond of travelling, restless.

andarivel NM (*Téc*) cable ferry; (*Náut: salvavidas*) lifeline; (*esp LAm*) rope bridge.

andas NFPL (*Med*) stretcher *sg*; (*Rel*) portable platform *sg*;

(*féretro*) bier *sg*.

ándele INTERJ (*Méx*) come on!, hurry up!

andén NM (*Ferro*) platform; (*de autopista*) hard shoulder; (*CAm, Col: acera*) pavement, sidewalk (*US*); (*Náut*) quayside.

Andes NMPL Andes.

andinismo NM (*LAm*) mountaineering, climbing; **hacer** ~ to go mountaineering, go climbing.

andinista NMF (*LAm*) mountaineer, climber.

andino ADJ Andean, of o from the Andes.

Andorra NF Andorra.

andorrano/a ADJ, NM/F Andorran.

andrajo NM rag, tatter.

andrajoso ADJ ragged, in tatters.

andrógeno NM androgen.

andrógino/a ① ADJ androgynous. ② NM/F androgyne.

androide NM android.

andropausia NF male menopause.

andullo NM (*Cu, Méx*) plug of tobacco.

andurriales NMPL out-of-the-way place *sg*; **en esos** ~ in that godforsaken spot.

anduve, anduviera *etc* V **andar**.

anea NF bulrush.

anécdota NF anecdote, story.

anecdótico ADJ anecdotal.

anegación NF flooding.

anegadizo ADJ subject to flooding, frequently flooded.

anegar<1h> ① VT [a] (*ahogar*) to drown. [b] (*inundar*) to flood; (*fig*) to overwhelm, destroy. ② **anegarse** VR [a] to drown. [b] to flood, be flooded; ~ **en llanto** to dissolve into tears. [c] (*Náut*) to sink, founder.

anejo ① ADJ attached (*a* to), joined on (*a* to). ② NM (*Arquit*) annexe, outbuilding; (*de libro*) supplement, appendix.

anemia NF anaemia, anemia (*US*).

anémico ADJ anaemic, anemic (*US*).

anemómetro NM anemometer; (*Aer*) wind gauge; ~ **registrador** wind-speed indicator.

anémona, anémone NF anemone; ~ **de mar** sea anemone.

anestesia NF anaesthesia, anesthesia (*US*); ~ **general** general anaesthetic o (*US*) anesthetic; ~ **local** local anaesthetic.

anestesiar<1b> VT to anaesthetize, anesthetize (*US*), give an anaesthetic o (*US*) anesthetic to.

anestésico ADJ, NM anaesthetic, anesthetic (*US*).

anestesista NMF anaesthetist, anesthetist (*US*).

anexar<1a> VT [a] (*Pol*) to annex. [b] (*documento etc*) to attach, append.

anexión NF, **anexionamiento** NM annexation.

anexo ① ADJ (*gen*) attached; (*en carta*) enclosed; **llevar** o **tener algo** ~ to have sth attached. ② NM (*Arquit*) annexe; (*Rel*) dependency; (*de carta*) enclosure.

anfeta NF (*fam*) = **anfetamina**.

anfetamina NF amphetamine.

anfibio ① ADJ (*Zool*) amphibious; (*avión, vehículo*) amphibian. ② NM amphibian; **los** ~**s** the amphibia.

anfiteatro NM amphitheatre; (*Univ*) lecture theatre; (*Teat*) dress circle; ~ **anatómico** dissecting room.

anfitrión/ona NM/F host/hostess.

ánfora NF amphora; (*Méx Pol*) ballot box.

anfractuosidad NF (*gen*) roughness, unevenness; (*de camino*) bend; (*Anat*) fold, convolution; ~**es** rough places.

angarillas NFPL (*de albañil*) handbarrow *sg*; (*en bicicleta*) panniers; (*Culin*) cruet stand.

ángel NM [a] angel; ~ **caído** fallen angel; ~ **custodio,** ~ **de la guarda** guardian angel. [b] **tener** ~ to have charm, be very charming.

angélica NF angelica.

angelical, angélico ADJ angelic(al).

angelote NM (*niño*) chubby child.

ángelus NM Angelus.

angina NF angina; (*Méx, Ven*) tonsil; ~ **de pecho** angina

pectoris; **tener** ~**s** to have a sore throat; (*esp*) to have tonsillitis.

anglicano/a ADJ, NM/F Anglican.

anglicismo NM anglicism.

anglo... PREF Anglo....

anglófilo/a ADJ, NM/F Anglophile.

anglófobo/a ADJ, NM/F Anglophobe.

anglófono ADJ English-speaking.

anglosajón/ona ADJ, NM/F Anglo-Saxon.

Angola NF Angola.

angoleño/a ADJ, NM/F Angolan.

angora NMF angora.

angostar<1a> ① VT to narrow. ② **angostarse** VR to narrow, get narrow(er).

angosto ADJ narrow.

angostura NF [a] (*estrechez*) narrowness. [b] (*Náut*) narrows *pl*, strait; (*Geog*) narrow pass.

angra NF cove, creek.

ángstrom NM (*pl* ~**s**) angstrom.

anguila NF eel; ~**s** (*Náut*) slipway *sg*.

angula NF elver, baby eel.

angular ADJ angular.

ángulo NM (*gen*) angle; (*esquina*) corner; (*curva*) bend, turning; (*Mec*) knee, bend; ~ **agudo/obtuso/recto** acute/obtuse/right angle; **de** o **en** ~ **recto** right-angled; ~ **de mira** angle of sight; ~ **del ojo** corner of one's eye; ~ **de subida** (*Aer*) angle of climb; **de** ~ **ancho** (*Fot*) wide-angle; **en** ~ at an angle; **está inclinado a un** ~ **de 45 grados** it is leaning at an angle of 45 degrees; **formar** ~ **con** to be at an angle to.

anguloso ADJ (*cara etc*) angular, sharp; (*camino*) winding.

angurria NF (*esp LAm*) [a] (*hambre*) desperate hunger; **comer con** ~ to eat greedily. [b] (*angustia*) extreme anxiety. [c] (*tacañería*) stinginess (*fam*).

angurriento (*esp LAm*), **angurrioso** (*CSur*) ADJ [a] (*glotón*) greedy. [b] (*ansioso*) anxious. [c] (*fam: tacaño*) mean, stingy (*fam*).

angustia NF anguish, distress; ~ **vital** (*Med*) anxiety state; **dar** ~ **a** to distress, upset; **¡qué** ~**!** (*preocupación*) how distressing!; (*agobio*) oh no!

angustiante ADJ (*situación, experiencia*) distressing.

angustiar<1b> ① VT to distress; (*preocupar*) to worry. ② **angustiarse** VR to be distressed (*por* at, on account of); (*preocuparse*) to worry, get worried.

angustioso ADJ (*angustiado*) distressed, anguished; (*decisión etc*) distressing, agonizing.

anhelante ADJ [a] (*jadeante*) panting. [b] (*fig*) eager; **esperar** ~ **algo** to long for sth.

anhelar <1a> ① VT to long o yearn for, crave. ② VI [a] (*Med*) to gasp, pant. [b] (*fig*) ~ **hacer algo** to be eager to do sth, long to do sth.

anhelo NM longing, desire (*de, por* for); **con** ~ longingly; **tener** ~**s de** to be eager for, long for.

anheloso ADJ [a] (*Med*) gasping, panting; (*respiración*) heavy, difficult. [b] (*fig*) eager, anxious.

anhídrido NM: ~ **carbónico** carbon dioxide.

anidar<1a> ① VT to take in, shelter. ② VI (*Orn*) to nest, make its nest; (*fig*) to live, make one's home.

anilina NF aniline.

anilla NF curtain ring; (*Orn*) ring; ~ **de desgarre** ring pull.

anillar<1a> VT (*dar forma de anillo a*) to make into a ring, make rings in; (*sujetar*) to fasten with a ring; (*Orn*) to ring.

anillo NM (*gen*) ring; ~ **de boda** wedding ring; ~ **de compromiso** o **pedida** engagement ring; **no creo que se me caen los** ~**s por eso** I don't feel it's in any way beneath my dignity; **venir como** ~ **al dedo** to be just right, suit to a tee.

ánima NF [a] (*Rel*) soul; ~ **en pena,** ~ **del purgatorio** soul in purgatory; **las** ~**s** angelus *sg*. [b] (*Mil*) bore.

animación NF (*gen*) liveliness, life; (*actividad*) bustle, movement; (*Cine*) animation; ~ **cultural** cultural awakening; ~ **turística** tourist activities coordination; **experto en** ~ **social** social activities coordinator; **había poca** ~ it was very quiet; **una escena llena de** ~ a scene

full of life.
animado ADJ $\boxed{a}$ (*vivo*) lively; (*concurrido*) bustling, busy; (*alegre*) in high spirits. $\boxed{b}$ (*Zool*) animate.
animador(a) NM/F (*TV*) host, hostess; (*Dep*) cheerleader; ~ **cultural** director of cultural activities; ~ **turístico** tourist coordinator.
animadversión NF ill will, antagonism.
animal $\boxed{1}$ ADJ $\boxed{a}$ animal.
  $\boxed{b}$ (*persona: tonto*) stupid; (: *torpe*) rough.
  $\boxed{2}$ NM $\boxed{a}$ animal; ~ **de carga** *o* **de tiro** carthorse, workhorse (*tb fig*); ~ **de compañía** pet.
  $\boxed{b}$ (*tonto*) fool, idiot; **¡~!** (*tonto*) you idiot!; (*torpe*) clumsy oaf!; **el ~ de Juan** that idiot John; **¡qué ~ de policía!** what a brute of a policeman!; **¡no seas ~!** don't be so horrid!
animalada NF (*gen*) silly thing (to do *o* say *etc*); (*ultraje*) disgrace; (*Pol etc*) outrage.
animalidad NF animality.
animalizarse<1f> VR to become brutalized.
animar<1a> $\boxed{1}$ VT $\boxed{a}$ (*Bio*) to animate, give life to.
  $\boxed{b}$ (*charla, reunión*) to enliven, liven up; (*escena etc*) to brighten up.
  $\boxed{c}$ (*persona: alegrar*) to cheer up; (: *alentar*) to encourage (*a hacer algo* to do sth), put new heart into.
  $\boxed{2}$ **animarse** VR $\boxed{a}$ (*fiesta etc*) to liven up.
  $\boxed{b}$ (*individuo: cobrar ánimo*) to cheer up; (*decidirse*) to make up one's mind (*a hacer algo* to do sth); **¡anímate!** cheer up!, buck up!; **¿te animas?** are you game?
ánimo NM $\boxed{a}$ (*mente*) mind; (*alma*) soul, spirit. $\boxed{b}$ (*valor*) courage, nerve; (*energía*) energy; **caer(se) de** ~ to lose heart, get disheartened; **cobrar** ~ to take heart, pluck up courage; **dar ~(s) a**, **infundir** ~ **a** to encourage; **tener muchos ~s** to be full of life. $\boxed{c}$ (*propósito*) intention, purpose; **con** ~ **de hacer algo** with the intention *o* idea of doing sth; **sociedad sin** ~ **de lucro** non-profit-making organization; **estar con** ~ **de hacer algo** to feel like doing sth; **tener ~s para algo** to be in the mood for sth. $\boxed{d}$ **¡~!** cheer up!
animosidad NF animosity, ill will.
animoso ADJ brave.
aniñado ADJ (*aspecto*) childlike; (*conducta*) childish, puerile.
aniquilación NF, **aniquilamiento** NM annihilation, destruction.
aniquilar<1a> $\boxed{1}$ VT (*gen*) to annihilate, destroy; (*fig: Dep*) to crush; (*matar*) to kill.
  $\boxed{2}$ **aniquilarse** VR $\boxed{a}$ (*Mil etc*) to be annihilated *o* wiped out.
  $\boxed{b}$ (*fig*) to deteriorate, decline; (*riqueza*) to be frittered away.
anís NM $\boxed{a}$ (*Bot*) anise, aniseed. $\boxed{b}$ (*bebida*) anisette; **estar hecho un** ~ (*And: bien vestido*) to be dressed up to the nines; **llegar a los anises** to turn up late.
anisado ADJ aniseed-flavoured *o* (*US*) -flavored.
anisete NM anisette.
aniversario NM anniversary; (*cumpleaños*) birthday.
Ankara NF Ankara.
ano NM anus.
anoche ADV yesterday evening, last night; **antes de** ~ the night before last.
anochecer<2d> $\boxed{1}$ VI $\boxed{a}$ (*gen*) to get dark. $\boxed{b}$ (*llegar*) to arrive at nightfall; **anochecimos en Toledo** we got to Toledo as night was falling. $\boxed{2}$ NM nightfall, dusk; **al** ~ at nightfall.
anochecida NF nightfall, dusk.
anodino ADJ, NM anodyne.
ánodo NM anode.
anomalía NF anomaly.
anómalo ADJ anomalous.
anona NF (*CAm, Méx Bot*) scaly custard apple, sweetsop.
anonadación NF, **anonadamiento** NM (*V vt*) $\boxed{a}$ annihilation, destruction; crushing. $\boxed{b}$ discouragement; humiliation. $\boxed{c}$ amazement, astonishment.
anonadar<1a> $\boxed{1}$ VT $\boxed{a}$ (*derrotar*) to annihilate, destroy; (*apabullar*) to crush.
  $\boxed{b}$ (*abatir*) to discourage, depress; (*humillar*) to humiliate.

$\boxed{c}$ (*impresionar*) to amaze, astonish.
  $\boxed{2}$ **anonadarse** VR to be crushed, be overwhelmed.
anonimato NM anonymity.
anónimo $\boxed{1}$ ADJ (*gen*) anonymous; *V* **sociedad (c)**.
  $\boxed{2}$ NM $\boxed{a}$ (*anonimato*) anonymity; **conservar el** ~ to remain anonymous.
  $\boxed{b}$ (*individuo*) anonymous person.
  $\boxed{c}$ (*carta*) anonymous letter; (: *maliciosa*) poison-pen letter.
anorak NM anorak.
anorexia NF anorexia (nervosa).
anoréxico ADJ anorexic.
anormal ADJ (*gen*) abnormal; (*Med*) subnormal, mentally handicapped.
anormalidad NF (*gen*) abnormality; (*Med*) subnormality, mental handicap.
anotación NF (*acto*) annotation; (*nota*) note; (*LAm Dep*) score.
anotar <1a> $\boxed{1}$ VT (*apuntar*) to note (down), take down; (*texto*) to annotate; (*esp CSur: inscribir*) to register, enrol, enroll (*US*). $\boxed{2}$ **anotarse** VR (*esp CSur: inscribirse*) to enrol (o.s.).
ANPE NF ABR *de* **Asociación Nacional del Profesorado Estatal**.
anquilosado ADJ (*fig*) stale, out of date.
anquilosamiento NM (*fig*) paralysis, stagnation.
anquilosarse<1a> VR to become paralyzed, stagnate.
anquilostoma NM hookworm.
ánsar NM goose.
ansarino NM gosling.
ansia NF $\boxed{a}$ (*preocupación*) anxiety, worry; (*angustia*) anguish. $\boxed{b}$ (*anhelo*) yearning, longing (*de* for); **con** ~ (*comer*) heartily; (*besar*) passionately; (*mirar*) longingly. $\boxed{c}$ **~s** (*Med*) nausea *sg*.
ansiado ADJ longed-for; **el momento tan** ~ the moment we *etc* had waited for.
ansiar<1b> VT to long *o* yearn for.
ansiedad NF $\boxed{a}$ (*preocupación*) anxiety, worry. $\boxed{b}$ (*Med*) nervous tension.
ansiolítico $\boxed{1}$ ADJ sedative. $\boxed{2}$ NM sedative, tranquillizer.
ansioso ADJ (*preocupado*) anxious, worried; (*deseoso*) eager, solicitous; **esperábamos ~s** we waited anxiously; ~ **de** *o* **por algo** greedy for sth.
anta NF $\boxed{a}$ elk, moose. $\boxed{b}$ (*LAm: danta*) tapir.
antagónico ADJ antagonistic; (*opuesto*) opposing.
antagonismo NM antagonism.
antagonista NMF antagonist, opponent.
antaño ADV long ago, in years past *o* gone by.
antara NF (*And*) Indian flute.
antártico $\boxed{1}$ ADJ Antarctic. $\boxed{2}$ NM: **el A~** the Antarctic.
Antártida NF Antarctica.
ante[1] NM $\boxed{a}$ (*Zool*) elk, moose. $\boxed{b}$ (*piel*) suede.
ante[2] PREP (*individuo*) before, in the presence of; (*peligro etc*) in the face of, faced with; ~ **todo** above all; ~ **esta posibilidad** in view of this possibility; ~ **tantas posibilidades** faced with so many possibilities; **estamos** ~ **un gran porvenir** we have a great future before us.
anteado ADJ buff-coloured *o* (*US*) -colored, fawn.
anteanoche ADV the night before last.
anteayer ADV the day before yesterday.
antebrazo NM forearm.
antecámara NF (*Arquit*) anteroom, antechamber; (*sala de espera*) waiting room; (*en parlamento*) lobby.
antecedente $\boxed{1}$ ADJ previous, preceding; **visto lo** ~ in view of the foregoing.
  $\boxed{2}$ NM $\boxed{a}$ (*gen*) antecedent.
  $\boxed{b}$ **~s** record *sg*, history *sg*; **¿cuáles son sus ~s?** what's his background?; **~s penales** criminal record; **estar en ~s** to be well informed; **poner a algn en ~s** to put sb in the picture; **no tener ~s** to have a clean record.
anteceder<2a> VT to precede, go before.
antecesor(a) NM/F (*en cargo etc*) predecessor; (*antepasado*) ancestor, forebear.
antecocina NF scullery.
antedatar<1a> VT to antedate.

antediluviano ADJ antediluvian.
antelación NF predating; **con ~** in advance, beforehand.
antelina NF suede.
antellevar <1a> VT (*Méx fam: Aut*) to run over, knock down.
antemano: **de ~** ADV in advance, beforehand.
antena NF [a] (*Zool*) feeler, antenna. [b] (*Náut*) lateen yard. [c] (*Rad*) aerial, antenna; **~ direccional/emisora/receptora** directional/transmitting/receiving aerial; **~ parabólica** satellite dish; **~ de televisión** television aerial; **permanecer en ~** to stay on the air; **salir en ~** to go out on the air, be broadcast.
antenatal ADJ antenatal, prenatal.
antenombre NM title.
anteojera NF [a] spectacle case. [b] **~s** blinkers, blinders (*US*).
anteojo NM [a] spyglass, (small) telescope; **~ de larga vista** telescope. [b] **~s** (*esp LAm: gafas*) glasses; (*Aut, Téc etc*) goggles; (*prismáticos*) binoculars; (*gemelos*) opera glasses; (*de caballo*) blinkers.
antepagar <1h> VT to prepay.
antepasado [1] ADJ previous, before last. [2] NM: **~s** ancestors.
antepatio NM forecourt.
antepecho NM (*de puente*) rail, parapet; (*de ventana*) ledge, sill.
antepenúltimo ADJ last but two, antepenultimate.
anteponer <2q> [1] VT [a] to place in front (*a* of). [b] (*fig*) to prefer (*a* to). [2] **anteponerse** VR to be in front (*a* of).
anteportal NM porch.
anteproyecto NM preliminary plan; (*esp fig*) blueprint; **~ de ley** draft bill.
anterior ADJ [a] (*parte etc*) front, fore; **en la parte ~ del coche** on the front part of the car. [b] (*orden: página etc*) preceding, previous; (*Ling*) anterior; **cada algn mejor que el ~** each (one) better than the last. [c] (*tiempo*) previous (*a* to), earlier (*a* than); **un texto ~ a 1140** a text earlier than 1140; **el día ~** the day before.
anterioridad NF priority; **con ~** previously, beforehand.
anteriormente ADV previously, before; **~, lo hacíamos así** we used to do it like this.
antes [1] ADV [a] (*gen*) before; (*primero*) first; (*antaño*) previously, formerly; (*hasta ahora*) before now; **3 días ~** 3 days before *o* earlier; **no quiso venir ~** he didn't want to come any earlier; **~ crecían plantas aquí** they used to grow plants here; **lo vio ~ que yo** he saw it first, he saw it before I did; **~ hoy que mañana** the sooner the better; **lo ~ posible, cuanto ~** as soon as possible; **mucho ~** long before; **poco ~** shortly before. [b] (*preferencias*) sooner, rather; **~ muerto que esclavo** better dead than enslaved. [2] PREP: **~ de** before; **~ de 1900** before 1900; **~ de hacerlo** before doing it. [3] CONJ: **~ de que** before; **~ de que te vayas** before you go.
antesala NF anteroom, antechamber; **en la ~ de** (*fig*) on the verge *o* threshold of; **hacer ~** (*lit*) to wait to go in (*to see sb/do sth etc*); (*fig*) to cool one's heels.
antiabortista ADJ: **campaña ~** anti-abortion campaign.
antiaborto ADJ INV anti-abortion.
antiácido ADJ, NM antacid.
antiadherente ADJ non-stick.
antiaéreo ADJ anti-aircraft.
antialcohólico ADJ (*Med*) **centro ~** detoxification unit; **grupo ~** alcoholics anonymous.
antialérgico ADJ antiallergic, antiallergenic.
antiarrugas ADJ INV anti-wrinkle, wrinkle *atr*.
antiatómico ADJ: **refugio ~** fall-out shelter.
antiatraco(s) ADJ INV: **dispositivo ~** anti-theft device, security device.
antibalas ADJ INV bullet-proof.
antibiótico ADJ, NM antibiotic.
antibloqueo NM: **sistema de ~ de frenos** ABS braking system, anti-lock braking system.
anticarro ADJ INV anti-tank.
anticaspa ADJ INV dandruff *atr*, anti-dandruff.

anticiclón NM anticyclone.
anticipación NF (*reacción*) anticipation; (*Com, Fin*) advance; **hacer algo con ~** to do sth in good time; **reservar con ~** to book in advance, book early; **llegar con ~** to arrive early, arrive in good time; **llegar con 10 minutos de ~** to come 10 minutes early.
anticipado ADJ: **pago ~** advance payment; **gracias ~as** thanks in advance.
anticipar <1a> [1] VT [a] (*fecha*) to bring forward; **anticiparon las vacaciones** they took their holiday early; **no anticipemos los acontecimientos** let's not cross our bridges before we come to them. [b] (*factura etc*) to pay in advance. [c] **~ algo con placer** to look forward to sth; **~ las gracias a algn** to thank sb in advance. [d] (*prever*) to anticipate, foresee. [2] **anticiparse** VR [a] (*acontecimiento*) to take place early. [b] **~ a un acontecimiento** to anticipate an event; **~ a algn** to beat sb to it; **Ud se ha anticipado a mis deseos** you have anticipated my wishes; **~ a una época** to be ahead of one's time.
anticipo NM [a] (*gen*) anticipation; **fue el ~ del fin** it was the beginning of the end; **esto es sólo un ~** this is just a foretaste. [b] (*Com, Fin*) advance payment. [c] (*Jur*) retaining fee.
anticlerical ADJ, NMF anticlerical.
anticlericalismo NM anticlericalism.
anticlímax NM INV anticlimax.
anticlinal NM (*LAm*) watershed; (*Geol*) anticline.
anticoagulante ADJ, NM anticoagulant.
anticomunista ADJ, NMF anticommunist.
anticoncepción NF contraception.
anticonceptivo [1] ADJ birth-control *atr*, contraceptive; **métodos ~s** contraceptive devices. [2] NM contraceptive.
anticongelante ADJ, NM antifreeze.
anticonstitucional ADJ unconstitutional.
anticorrosivo ADJ anticorrosive, antirust.
anticristo NM Antichrist.
anticuado ADJ (*gen*) antiquated; (*moda*) old-fashioned, out-of-date; (*técnica*) obsolete; **quedarse ~** to go out of date.
anticuario NM (*aficionado*) antiquarian, antiquary; (*Com*) antique dealer.
anticuarse <1d> VR (*Ling etc*) to become antiquated, go out of date; (*técnica*) to become obsolete.
anticucho [1] NM (*Per*) kebab. [2] NMPL: **~s** (*And, CSur*) kebab.
anticuerpo NM antibody.
antidemocrático ADJ undemocratic.
antideportivo ADJ unsporting, unsportsmanlike.
antidepresivo [1] ADJ antidepressant. [2] NM antidepressant (drug), stimulant.
antideslizante [1] ADJ (*Aut*) non-skid. [2] NM non-skid tyre *o* (*US*) tire.
antideslumbrante ADJ anti-glare.
antidetonante ADJ (*Aut*) anti-knock.
antidisturbios ADJ INV: **policía ~** riot (control) police.
antidóping ADJ INV: **control ~** (anti-)drugs test, check for drugs.
antídoto NM antidote (*contra* against, for, to).
antidroga ADJ INV: **brigada ~** drug squad; **campaña ~** anti-drug campaign; **tratamiento ~** treatment for drug addiction.
antiestético ADJ unsightly, ugly.
antifascismo NM antifascism.
antifascista ADJ, NMF antifascist.
antifaz NM mask.
antifranquismo NM opposition to Franco.
antifranquista [1] ADJ anti-Franco. [2] NMF opponent of Franco, person opposed to Franco.
antigás ADJ: **careta ~** gas mask.
antígeno NM antigen.
antigripal ADJ INV: **vacuna ~** flu vaccine.
antigualla NF (*objeto*) old thing, relic; (*cuento*) old story; (*individuo*) has-been; **~s** old things, junk *sg*.

antiguamente ADV (*antes*) formerly, once; (*en el pasado antiguo*) in ancient times, long ago.

antigüedad NF [a] (*época*) antiquity; (*edad*) antiquity, age; (*en empleo*) seniority; **la fábrica tiene una ~ de 200 años** the factory has been going for 200 years. [b] (*objeto*) antique; **tienda de ~es** antique shop.

antiguo [1] ADJ [a] (*gen*) old; (*Hist*) ancient; **a la ~a** in the old-fashioned way; **de ~** from time immemorial; **en lo ~** in olden o ancient times. [b] (*Univ etc*) former, old; (*Pol etc*) ex-; **~ alumno** old pupil; **~ Ministro de Hacienda** ex-Treasury Minister. [c] **más ~** (*rango*) senior; **el socio más ~** the senior partner. [2] NM: **~s** the ancients.

antihéroe NM antihero.

antihigiénico ADJ unhygienic, insanitary.

antihistamínico ADJ, NM antihistamine.

antiincendios ADJ INV: **equipo ~** fire-fighting team; **servicio ~** fire-fighting services.

antiinflacionista ADJ anti-inflationary.

antiinflamatorio ADJ anti-inflammatory.

antillano/a [1] ADJ of o from the Antilles, West Indian. [2] NM/F native o inhabitant of the Antilles, West Indian.

Antillas NFPL Antilles, West Indies.

antílope NM antelope.

antimateria NF antimatter.

antimisil ADJ antimissile; **misil ~** antimissile missile.

antimonio NM antimony.

antimonopolios ADJ INV: **ley ~** anti-trust law.

antinacional ADJ unpatriotic.

antinatural ADJ unnatural.

antiniebla ADJ INV: **faros ~** fog lamps.

antinomia NF antinomy, conflict of authority.

antioxidante ADJ antirust.

antipara NF screen.

antiparasitario [1] ADJ antiparasitic. [2] NM antiparasitic drug.

antiparras NFPL (*fam*) glasses, specs (*fam*).

antipatía NF (*sentimiento*) antipathy (*hacia* towards; *entre* between), dislike (*hacia* for); (*actitud*) unfriendliness (*hacia* towards).

antipático ADJ disagreeable, unpleasant; **me es muy ~** I don't like him at all; **es un chico de lo más ~** he's a horrible kid.

antipatriótico ADJ unpatriotic.

antípodas NFPL antipodes.

antiproteccionista ADJ anti-protectionist, free-trade atr.

antiquísimo ADJ ancient.

antirrábico ADJ: **vacuna ~a** anti-rabies vaccine.

antirracista ADJ, NMF anti-racist.

antirreglamentario ADJ (*gen*) unlawful, illegal; (*Dep*) foul.

antirrobo NM: (*dispositivo*) **~** anti-theft device.

antisemita NMF anti-Semite.

antisemítico ADJ anti-Semitic.

antisemitismo NM anti-Semitism.

antiséptico ADJ, NM antiseptic.

antisocial ADJ antisocial.

antitabaco ADJ INV: **campaña ~** anti-smoking campaign.

antitanque ADJ anti-tank.

antitaurino ADJ anti-bullfighting.

antiterrorista ADJ: **medidas ~s** measures against terrorism; **Ley A~** ≈ Prevention of Terrorism Act.

antítesis NF INV antithesis.

antitetánico ADJ: **vacuna ~a** tetanus vaccine.

antitético ADJ antithetic(al).

antivirus NM INV antivirus.

antojadizo ADJ (*caprichoso*) capricious; (*poco fiable*) unpredictable.

antojarse <1a> VR [a] **antojársele algo a uno** to take a fancy to sth, want sth; **se me antoja una cervecita** I could go a nice beer. [b] **antojársele a algn hacer algo** to have a mind to do sth; **no se lo antojó decir otra cosa** it didn't occur to him to say anything else; **no se me antoja ir** I don't feel like going. [c] **~ que** to imagine

that; **se me antoja que no estará** I have the feeling that he won't be in.

antojo NM [a] (*gen*) whim; **hacer a su ~** to do as one pleases. [b] (*de embarazada*) craving. [c] (*Anat*) birthmark.

antología NF anthology; **de ~** (*fam*) superb (*fam*).

antónimo NM antonym.

antonomasia NF antonomasia; **por ~** par excellence.

antorcha NF torch; (*fig*) mentor.

antracita NF anthracite.

ántrax NM anthrax.

antro NM cavern; **~ de corrupción** (*fig*) den of iniquity; (*fam pey*) dive (*fam*).

antropofagia NF cannibalism.

antropófago/a [1] ADJ man-eating, cannibalistic. [2] NM/F cannibal.

antropología NF anthropology.

antropológico ADJ anthropological.

antropólogo/a NM/F anthropologist.

antropomorfismo NM anthropomorphism.

anual ADJ, NM annual.

anualidad NF (*Fin*) annual payment; **~ vitalicia** life annuity.

anuario NM (*gen*) yearbook, annual; (*Telec, Com: guía*) directory.

anubarrado ADJ cloudy, overcast.

anublar <1a> [1] VT (*cielo*) to cloud (over); (*luz*) to obscure. [2] **anublarse** VR (*cielo*) to cloud over, become overcast.

anudar <1a> [1] VT (*gen*) to knot, tie; (*unir*) to join; (*fig: reiniciar*) to begin. [2] **anudarse** VR (*cinta etc*) to get into knots.

anuencia NF consent.

anulación NF (*de contrato*) annulment, cancellation; (*de ley*) repeal.

anular¹ <1a> VT [a] (*contrato*) to annul, cancel; (*decisión*) to override; (*ley*) to repeal; (*efecto*) to cancel out; **~ el tiempo** to put the clock back. [b] (*Dep: gol, tanto*) to disallow, chalk off (*fam*).

anular² [1] ADJ ring-shaped, annular. [2] NM ring o third finger.

anunciación NF announcement; **A~** (*Rel*) Annunciation.

anunciador(a) NM/F (*Méx: Rad, TV*) announcer.

anunciante NMF (*Com*) advertiser.

anunciar <1b> [1] VT (*gen*) to announce; (*augurar*) to forebode; (*Com*) to advertise. [2] **anunciarse** VR: **el festival se anuncia animado** it looks like being a lively festival.

anuncio NM [a] (*declaración*) announcement; (*presagio*) sign, omen. [b] (*Com etc*) advertisement; (*Teat etc*) bill; **~s por palabras** classified o small ads.

anverso NM obverse.

anzuelo NM fish hook; (*fig*) bait, lure; **picar en o tragarse el ~** to swallow the bait.

añadido NM [a] (*Tip*) addition. [b] (*pelo*) hairpiece.

añadidura NF (*gen*) addition; (*Com*) extra; **dar algo de ~** to give sth extra; **con algo de ~** with sth into the bargain; **por ~** in addition, on top of all that.

añadir <3a> VT (*gen*) to add (*a* to); (*aumentar*) to increase.

añagaza NF (*Caza*) lure, decoy; (*fig*) ruse.

añal [1] ADJ (*Agr*) year-old. [2] NM yearling.

añar NM: **hace ~es que ...** (*LAm*) it's ages since ....

añejar <1a> [1] VT to age. [2] **añejarse** VR to mature, age.

añejo ADJ (*gen*) old; (*vino, queso*) mature; (*jamón*) well-cured.

añicos NMPL pieces, fragments; **hacer un vaso ~** to smash a glass to bits o to smithereens; **hacerse ~** to shatter; **estar uno hecho ~s** to be worn out, be shattered (*fam*).

añil NM (*Bot*) indigo; (*color*) indigo (blue); (*para lavado*) blue, bluing.

añinos NMPL lamb's wool.

año NM [a] year; **~ bisiesto** leap year; **~ civil** o **común** calendar year; **el ~ 66 después de Cristo** 66 A.D.; **~ económico** o **fiscal/escolar** o **lectivo/luz** tax/school/light year; **~ natural** calendar year; **A~ Nuevo** New Year; **~ sabático** sabbatical year; **¡feliz ~ nuevo!** happy New Year!; **día de A~ Nuevo** New Year's Day; **el ~**

verde (*LAm*) never; **el ~ pasado/que viene** last/next year; **una cosa del ~ de la nana** o **de la pera** something from the year dot o (*US*) one; **estar de buen ~** to be in good shape; **en el ~ 1980** in 1980; **en los ~60** in the sixties; **en estos últimos ~s** in recent years; **¡por muchos ~s!** many happy returns!

[b] **cumplir (los) 21 ~s** to reach 21; **cumplir ~s** to have a birthday; **¿cuántos ~s tienes?** how old are you?; **tengo 9 ~s** I'm 9; **entrado en ~s** elderly, advanced in years.

añojal NM fallow land.

añoranza NF (*recuerdos*) nostalgia (*de* for); (*por pérdida*) sense of loss.

añorar<1a> [1] VT (*país*) to miss, be homesick for; (*difunto*) to mourn. [2] VI to pine, grieve.

aojo NM evil eye.

aorta NF aorta.

aovado ADJ oval, egg-shaped.

aovar<1a> VI to lay eggs.

AP NF ABR (*Esp Pol*) de **Alianza Popular**.

Ap. ABR de **apartado postal** o **de correos** PO Box.

APA NF ABR de **Asociación de Padres de Alumnos** ≈ PTA.

apa INTERJ (*Méx*) goodness me!

apabullar<1a> VT (*lit, fig*) to crush, squash.

apacentadero NM pasture.

apacentar<1j> [1] VT [a] (*Agr: cuidar*) to graze, feed. [b] (*discípulos*) to teach; (*mente*) to give food for thought to; (*deseos*) to gratify. [2] **apacentarse** VR [a] (*Agr*) to graze, feed. [b] (*fig*) to feed (*con, de* with).

apachar<1a> VT (*Per*) to steal.

apache NM Apache (Indian); (*fig*) crook, bandit.

apacheta NF (*And, CSur: Rel*) cairn, wayside shrine; **hacer la ~** (*fam*) to make one's pile (*fam*).

apachurrar<1a> VT (*esp LAm: aplastar*) to crush, squash; (*romper*) to smash.

apacibilidad NF (*V adj*) gentleness; calmness.

apacible ADJ (*gen*) gentle, mild; (*tiempo*) calm; **es un tío muy ~** he's a very even-tempered o mild-mannered chap.

apaciguamiento NM (*gen*) calming down; (*Pol*) appeasement.

apaciguar<1i> [1] VT (*gen*) to calm down; (*Pol*) to appease. [2] **apaciguarse** VR to calm o quieten down.

apadrinamiento NM (*Rel*) sponsorship; (*fig*) backing, support.

apadrinar<1a> VT (*Rel*) to act as godfather to; (*Dep*) to second; (*fig*) to back, support.

apagadizo ADJ slow to burn, difficult to ignite.

apagado ADJ [a] (*volcán*) extinct; **estar ~** (*fuego, Elec etc*) to be out. [b] (*sonido*) muted, muffled; (*voz*) quiet. [c] (*color*) dull.

apagar <1h> [1] VT [a] (*fuego*) to put out, extinguish; (*aparato*) to put out, turn o switch off; (*sed*) to quench; (*Inform*) to toggle off; **~ el sistema** to close o shut down. [b] (*sonido*) to muffle, deaden; (*Mús*) to mute. [c] (*color*) to tone down, soften. [d] (*dolor*) to kill. [2] **apagarse** VR [a] (*luz, fuego*) to go out; (*con avería*) to go on the blink (*fam*). [b] (*sonido*) to die away. [c] (*ira*) to subside.

apagón NM (*gen*) blackout; (*Elec: avería*) power failure; (: *racionamiento*) power cut.

apaisado ADJ oblong.

apalabrar<1a> [1] VT to agree to; **estar apalabrado a una cosa** to be committed to sth. [2] **apalabrarse** VR to come to an agreement (*con* with).

Apalaches NMPL: **Montes ~** Appalachians.

apalancado/a [1] ADJ (*fam*) settled-down; **quedarse ~ en casa** (*fig pey*) to stay stuck at home (*fam*). [2] NM/F (*fig pey*): **es un ~** he never sets foot outside the door.

apalancamiento NM leverage.

apalancar<1g> [1] VT (*levantar*) to lever up; (*forzar*) to pry open. [2] **apalancarse** VR (*fam*) to sit down, squat; (*establecerse*) to settle in, establish o.s.; (*fig pey*) to cop out (*fam*).

apaleamiento NM beating, thrashing.

apalear<1a> VT (*zurrar*) to beat, thrash; (*moqueta*) to beat; (*Agr*) to winnow.

apaleo NM (*Agr*) winnowing; (*paliza*) beating.

apanalado ADJ honeycombed.

apanar<1a> VT (*LAm Culin*) to coat in breadcrumbs.

apandillar<1a> [1] VT to form into a gang. [2] **apandillarse** VR to gang up, band together.

apando NM (*Méx*) punishment cell.

apandorgarse<1h> VR (*Per*) to become lazy.

apantanar<1a> VT to flood.

apañado ADJ [a] (*hábil*) skilful, skillful (*US*), clever; (*práctico*) handy. [b] (*objeto: útil*) handy. [c] (*fam*) **¡estás ~!** you've had it!

apañar <1a> [1] VT [a] (*arreglar*) to tidy (up); (*remendar*) to fix up, mend. [b] (*aderezar*) to smarten up, do up. [c] (*recoger*) to pick up (*fam*); (*robar*) to steal, nick (*fam*). [d] (*vestir*) to dress (up); (*abrigar*) to wrap up. [e] (*Méx: perdonar*) to forgive, excuse. [2] **apañarse** VR to be skilful o (*US*) skillful; **~ para hacer algo** to manage to do sth; **apañárselas por su cuenta** to manage on one's own.

apaño NM [a] (*Cos*) patch, mend. [b] (*maña*) skill, dexterity. [c] (*chapuza*) quick fix (*fam*). [d] (*acuerdo*) solution; **esto no tiene ~** there's no answer to this one. [e] (*amorío*) affair; (*persona*) lover.

apapachar <1a> (*Méx fam*) VT (*mimar*) to spoil; (*abrazar*) to cuddle.

apapachos NMPL (*Méx fam*) cuddles.

aparador NM (*mueble*) sideboard; (*esp LAm: escaparate*) shop window; (*Téc*) workshop.

aparato NM [a] (*gen*) (piece of) equipment o apparatus; (*Mec*) machine; (*Rad, TV*) set; (*Telec*) instrument; (*electrodoméstico*) appliance; (*Inform*) device; (*Teat*) properties; (*Anat*) system; **~ antirrobo** anti-theft device; **~ auditivo** hearing aid; **~ crítico** (*Lit*) critical apparatus; **~ dental** brace; **~ eléctrico** (*Met*) electrical storm; **~ fotográfico** camera; **~s de mando** (*Aer etc*) controls; **~ de relojería** clockwork mechanism; **~ respiratorio** respiratory system; **~s sanitarios** bathroom fittings; **~ de televisión** television set; **~ de uso doméstico** domestic appliance; **tengo a Jaime al ~** I've got Jaime on the line. [b] (*pompa*) display, show; **sin ~** unostentatiously, without ceremony. [c] **~ del partido** (*Pol*) party machine.

aparatosidad NF showiness, ostentation.

aparatoso ADJ (*gen*) showy, ostentatious; (*afectado*) pretentious; (*incidente*) spectacular.

aparcacoches NM INV car-park attendant, parking valet.

aparcamiento NM (*acción*) parking; (*sitio*) car park, parking lot (*US*).

aparcar<1g> VT, VI (*Aut*) to park.

aparcería NF (*Com*) partnership.

aparcero NM (*Com*) co-owner, partner.

apareamiento NM (*emparejarse*) mating, pairing.

aparear<1a> [1] VT [a] (*objetos*) to pair, match. [b] (*Agr*) to mate, pair. [2] **aparearse** VR (*animales*) to mate, pair.

aparecer <2d> [1] VI (*gen*) to appear; (*visita etc*) to show up, turn up; (*libro*) to come out; **no ha aparecido el libro ese** that book still hasn't shown up; **apareció borracho** he turned up drunk. [2] VR, **aparecerse** (*fantasma*) to appear, walk; **Nuestra Señora se apareció a Bernadette** Our Lady appeared to Bernadette.

aparecido NM ghost.

aparejado ADJ (*apto*) fit, suitable; (*listo*) ready (*para* for); **ir ~ con** to go hand in hand with.

aparejador NM clerk of works.

aparejar<1a> [1] VT (*gen*) to prepare, get ready; (*caballo*) to saddle, harness; (*Náut*) to fit o rig out; (*cuadro*) to size, prime. [2] **aparejarse** VR to get ready.

aparejo NM [a] (*herramientas*) gear, equipment. [b] (*de caballería*) harness; **~s de pesca** fishing tackle. [c] (*poleas*) lifting gear, block and tackle. [d] (*Náut*) rigging. [e] (*Arquit*) bond, bonding. [f] (*Arte*) sizing, prim-

ing.

aparentar <1a> VT [a] (*simular*) to feign, affect. [b] (*edad*) to look, seem to be. [c] ~ **hacer algo** to make as if to do sth.

aparente ADJ [a] (*gen*) apparent. [b] (*patente*) visible, evident. [c] (*conveniente*) suitable, proper.

aparentemente ADV seemingly.

aparición NF [a] appearance; (*publicación*) publication; **un libro de próxima** ~ a forthcoming book. [b] (*fantasma*) apparition, spectre.

apariencia NF (outward) appearance; **en** ~ outwardly, apparently; **por todas las** ~**s** to all appearances; **salvar las** ~**s** to keep up appearances.

apartadero NM (*Aut*) lay-by; (*Ferro*) siding.

apartado [1] ADJ (*separado*) separated; (*remoto*) remote, out-of-the-way. [2] NM [a] ~ **postal** o **de correos** Post Office box, box number. [b] (*párrafo*) paragraph; (*Jur etc*) (sub-)section.

apartamento NM apartment, flat.

apartamiento NM [a] (*proceso*) separation. [b] (*aislamiento*) seclusion, isolation.

apartar <1a> [1] VT (*separar*) to separate, divide (*de* from); (*quitar*) to remove, move away; (*Min*) to extract; (*Ferro*) to shunt; (*Jur*) to set aside, waive; (*guardar*) to put aside, keep; ~ **a algn para decirle algo** to take sb aside to tell him sth; ~ **a algn de un propósito** to dissuade sb from sth; **el ministro le apartó del mando** the minister removed him from his command; ~ **un pensamiento de sí** to put a thought out of one's mind; **¿no podemos** ~**lo un poco más?** can't we move it a bit further away?; **apartó el plato con la mano** he pushed his plate aside. [2] **apartarse** VR [a] (*separarse*: *gente*) to part, separate; (*objetos*) to become separated.

[b] (*irse*) to move away (*de* from); (*mantenerse aparte*) to keep away (*de* from); ~ **de un camino** to stray from a path; **nos hemos apartado bastante de la ruta** we've got rather a long way off the route; **¡apártate!** out of the way!; **apártate un poco** move out of the way a bit; **apártate de mi vista!** get out of my sight!

[c] (*Jur*) to withdraw from a suit.

aparte [1] ADV (*gen*) apart, aside; (*por separado*) separately; **tendremos que considerar eso** ~ we shall have to consider that separately; **ser algo** ~ to be something superior; **poner algo** ~ to put sth aside; **eso** ~ apart from that. [2] PREP: ~ **de** apart from; ~ **de que ...** apart from the fact that .... [3] NM [a] (*Teat*) aside.

[b] (*Tip*) (new) paragraph; **'(punto y)** ~**'** 'new paragraph'.

apasionado/a [1] ADJ [a] (*gen*) passionate; (*discurso*) impassioned; (*aficionado*) fervent, enthusiastic; ~ **por** passionately fond of. [b] (*parcial*) biased, prejudiced. [2] NM/F admirer, devotee.

apasionamiento NM (*entusiasmo*) passion, enthusiasm; (*fervor*) vehemence, intensity; **hacer algo con** ~ to do sth with passion.

apasionante ADJ exciting, thrilling.

apasionar <1a> [1] VT (*gen*) to excite; (*gozar de*) to enjoy greatly; **le apasiona su ordenador** he *etc* is completely taken with his computer; **me apasiona el fútbol** I'm football-crazy.

[2] **apasionarse** VR [a] to get excited; ~ **por** (*persona*) to fall madly in love with; (*pasatiempo etc*) to get wildly enthusiastic about.

[b] (*pey*) to become biased, give way to prejudice.

apatía NF apathy; (*Med*) listlessness.

apático ADJ apathetic; (*Med*) listless.

apátrida ADJ stateless.

Apdo., **apdo.** ABR de **apartado postal** o **de correos** PO Box.

apeadero NMF (*Ferro*) halt, stopping place.

apear <1a> [1] VT [a] (*ayudar a bajar*) to help down, help to alight (*de* from).

[b] (*caballo*) to hobble; (*rueda*) to chock.

[c] (*Arquit*) to prop up.

[d] ~ **a algn de su opinión** to persuade sb that his opinion is wrong; ~ **el tratamiento a algn** to drop sb's title.

[2] **apearse** VR [a] (*jinete*) to dismount; (*Aut*) to get out, alight (*en* at); (*Ferro*) to get off, get out.

[b] ~ **en** (*LAm*) to stay at, put up at.

[c] **no** ~ **del burro** (*fig*) to refuse to climb down, be adamant.

apechugar <1h> [1] VT to face up to resolutely; ~ **con las consecuencias** to take the consequences. [2] **apechugarse** VR: ~ **con algo** to face up to sth, take the consequences of sth.

apedrear <1a> [1] VT (*como castigo*) to stone; (*en pelea*) to throw stones at. [2] VI (*granizar*) to hail.

apedreo NM stoning; (*Bot*) damage by hail.

apegado ADJ attached o devoted (*a* to).

apegarse <1h> VR: ~ **a** to become attached to.

apego NM attachment (*a* to), devotion (*a* to).

apelación NF [a] (*Jur*) appeal; **sin** ~ without appeal, final; **presentar su** ~ to present one's appeal. [b] (*fig*) help, remedy; **no hay** ~, **esto no tiene** ~ it's a hopeless case.

apelante NMF appellant.

apelar <1a> VI to appeal (*contra* against); ~ **a** (*fig*) to resort to, have recourse to.

apelativo NM (*Ling*) appellative; (*apellido*) surname.

apellidar <1a> [1] VT to call. [2] **apellidarse** VR to be called; **¿cómo se apellida Ud?** what is your surname?

apellido NM surname, family name; ~ **de soltera** maiden name.

┌─ *APELLIDO* ─────────────────────────────────────┐

In the Spanish-speaking world most people use two
apellidos, *the first being their father's first surname, and the second their mother's first surname: e.g. the surname of the children of* Juan **García López**, *married to* Carmen **Pérez Rodríguez** *would be* **García Pérez**. *Married women normally retain their own surnames but in exceptional cases they add their husband's first surname to their first surname: e.g. Carmen Pérez de García. In such cases she could also be referred to as* **(la) señora de García**. *In Latin America it is usual for the second surname to be shortened to an initial in correspondence: e.g. Juan García L.*

└──┘

apelmazado ADJ (*gen*) compact, solid; (*Culin*) thick, lumpy; (*estilo*) clumsy.

apelmazar <1f> [1] VT to compress. [2] **apelmazarse** VR to get lumpy.

apelotonar <1a> [1] VT to roll into a ball. [2] **apelotonarse** VR (*colchón*) to become lumpy; (*animal*) to curl up; (*gente*) to mass, crowd together.

apenado ADJ (*LAm*) sorry.

apenar <1a> [1] VT (*doler*) to grieve, cause pain to; (*LAm*: *avergonzar*) to shame. [2] **apenarse** VR to grieve, distress o.s.; (*LAm*) to be ashamed.

apenas [1] ADV hardly, scarcely; ~ **nadie** hardly anybody; ~ **sí pude levantarme** I could hardly get up. [2] CONJ: ~ **había llegado cuando** no sooner had I arrived than, I had only just arrived when; ~ **llega** (*esp LAm*) as soon as he arrives.

apencar <1g> VI (*fam*) to slog (*fam*), slave.

apendectomía NF appendectomy.

apéndice NM (*Anat, Lit*) appendix; (*Jur*) schedule.

apendicitis NF appendicitis.

Apeninos NMPL Apennines.

apeo NM [a] (*Jur*) surveying. [b] (*Arquit*) prop, support. [c] (*Agr*) felling.

aperar <1a> VT [a] (*Agr*) to make. [b] (*caballo*) to harness; ~ **a algn de herramientas** to provide sb with tools.

apercibimiento NM [a] (*preparación*) preparation. [b] (*aviso*) warning. [c] (*Jur*) caution.

apercibir <3a> [1] VT [a] (*preparar*) to prepare; (*proveer*) to furnish.

[b] (*avisar*) to warn, advise.

[c] (*Jur*) to caution.

[d] (*ver*) to notice, see.

[2] **apercibirse** VR to prepare (o.s.), get ready (*para* for); ~ **de** (*proveerse*) to provide o.s. with; (*percibir*) to notice.

apergaminado ADJ (*piel*) dried up, wrinkled; (*cara*) wizened.

apergaminarse<1a> VR to dry up, get yellow and wrinkled.

aperitivo NM (*comida*) appetizer; (*bebida*) aperitif.

apero NM (*Agr*) implement; (*animales*) ploughing o (*US*) plowing team; **~s** (*Agr*) farm equipment *sg*.

aperreado ADJ wretched, lousy (*fam*).

aperreador ADJ bothersome, tiresome.

aperrear<1a> **1** VT to set the dogs on; (*fig*) to plague. **2 aperrearse** VR to slave away, overwork.

aperreo NM overwork.

apersonado ADJ: **bien ~** presentable, nice-looking; **mal ~** unprepossessing.

apersonarse<1a> VR (*Jur*) to appear in person.

apertura NF (*gen*) opening; (*Pol: proceso*) liberalization; (*Teat etc*) beginning; (*Jur: de testamento*) reading; **~ de un juicio hipotecario** (*Com*) foreclosure.

aperturismo NM liberalization, relaxation; (*Pol*) policy of liberalization.

aperturista **1** ADJ (*tendencia etc*) liberalizing, liberal. **2** NMF liberalizer, liberal.

apesadumbrado ADJ sad, distressed.

apesadumbrar <1a> **1** VT to grieve, sadden. **2 apesadumbrarse** VR to be grieved, distress o.s. (*con, de* about, at).

apesgar<1h> VT to weigh down.

apestado ADJ **a** (*maloliente*) pestilential; (*Med*) plague-ridden. **b** **estar ~ de** to be infested with.

apestar<1a> **1** VT **a** (*Med*) to infect (with the plague). **b** (*con olor*) to stink out. **2** VI to stink (*a* of). **3** **apestarse** VR (*Med*) to catch the plague; (*Bot*) to be blighted; (*And, CSur: resfriarse*) to catch a cold.

apestoso ADJ **a** (*hediondo*) stinking; (*olor*) awful. **b** (*asqueroso*) sickening, nauseating.

apetecer<2d> **1** VT **a** (*desear*) to crave, long for. **b** (*atraer*) to appeal to; **me apetece un helado** I feel like an ice cream; **¿te apetece?** how about it?, would you like to? **2** VI to attract, be welcome; **un vaso de jerez siempre apetece** a glass of sherry is always welcome.

apetecible ADJ attractive, tempting.

apetencia NF (*lit, fig*) hunger (*de* for).

APETI NF ABR de **Asociación Profesional Española de Traductores e Intérpretes**.

apetito NM **a** appetite (*de* for); **abrir el ~** to whet one's appetite; **¿tienes ~?** are you hungry? **b** (*fig*) desire, relish (*de* for).

apetitoso ADJ (*gustoso*) appetizing; (*sabroso*) tasty; (*fig*) tempting, attractive.

apiadar<1a> **1** VT to move to pity. **2 apiadarse** VR: **~ de** to pity, take pity on.

apicararse<1a> VR to go off the rails (*fam*).

ápice NM **a** (*punta*) apex, top. **b** (*de problema*) crux. **c** (*fig*) **ni ~** not a whit; **no ceder un ~** not to yield an inch.

apicultor(a) NM/F beekeeper, apiarist.

apicultura NF beekeeping.

apilar <1a> **1** VT to pile up, heap up. **2 apilarse** VR to pile up.

apimplado ADJ (*fam*) drunk, pissed (*fam!*).

apiñado ADJ **a** (*apretado*) crammed, packed (*de* with). **b** (*forma*) cone-shaped, pyramidal.

apiñar <1a> **1** VT (*agrupar*) to crowd o bunch together; (*apretar*) to pack in. **2 apiñarse** VR to crowd o press together; **la multitud se apiñaba alrededor de él** the crowd pressed round him.

apio NM celery.

apiparse<1a> VR (*fam*) to stuff o.s. (*fam*).

apisonadora NF (*con rodillo*) steamroller, road roller; (*pisón*) tamp-hammer.

apisonar<1a> VT (*con rodillo*) to roll (flat); (*con pisón*) to tamp o ram down.

apitonar <1a> **1** VT (*cáscara*) to pierce, break through. **2** VI (*cuernos*) to sprout; (*animal*) to begin to grow horns. **3 apitonarse** VR (*fam*) to go into a huff (*fam*).

apizarrado ADJ slate-coloured o (*US*) -colored.

aplacar<1g> VT (*gen*) to appease, placate; (*hambre, sed*) to satisfy.

aplanacalles NM INV (*LAm fam*) idler, layabout.

aplanamiento NM (*nivelación*) levelling, leveling (*US*), flattening; (*derrumbe*) collapse.

aplanar<1a> **1** VT **a** (*nivelar*) to level, make even; **~ las calles** (*LAm fam*) to loaf about. **b** (*fam: asombrar*) to bowl over (with surprise). **2** **aplanarse** VR (*fig: desanimarse*) to get discouraged.

aplastante ADJ overwhelming, crushing.

aplastar<1a> **1** VT **a** (*insecto etc*) to squash, crush (flat). **b** (*fig: vencer*) to crush, overwhelm; (: *con argumentos*) to floor. **2** **aplastarse** VR **a** to be squashed; (*coche*) to crash, smash (*contra* on, against). **b** (*fig*) to flatten o.s.; **se aplastó contra la pared** he flattened himself against the wall.

aplatanado ADJ (*aletargado*) weary, lethargic.

aplatanarse<1a> VR (*abandonarse*) to become lethargic, sink into lethargy.

aplaudir <3a> VT to applaud, clap; (*fig*) to welcome, approve.

aplauso NM applause; (*fig*) approval, acclaim; **~s** applause *sg*, clapping *sg*.

aplazamiento NM (*gen*) postponement; (*Fin*) deferment.

aplazar<1f> VT (*reunión*) to postpone; (*pago*) to defer; **han aplazado el examen al martes** they've put the exam off until Tuesday; **se ha aplazado la decisión por tiempo indefinido** the decision has been postponed indefinitely.

aplicable ADJ applicable (*a* to).

aplicación NF (*asiduidad*) industry, application; **le falta ~** he doesn't work hard enough; **~es comerciales** business applications.

aplicador NM applicator.

aplicar<1g> **1** VT (*gen*) to apply (*a* to); (*poner en vigor*) to put into effect; (*esfuerzos, tiempo*) to devote (*a* to); (*recursos*) to assign (*a, para* to); **~ sanciones** to apply o impose sanctions; **~ a algn a una carrera** to enter sb for a profession; **~ el oído a una puerta** to put one's ear to a door. **2** **aplicarse** VR **a** (*ley, regla*) to apply (*a* to), be applicable (*a* to). **b** (*individuo*) to apply o devote o.s. (*a* to); **~ en hacer algo** to work hard at doing sth.

aplique NM wall lamp.

aplomar<1a> **1** VT **a** (*Arquit*) to plumb. **b** (*Chi: dar vergüenza*) to embarrass. **2** **aplomarse** VR **a** (*Arquit*) to collapse, cave in. **b** (*Chi: avergonzarse*) to get embarrassed. **c** (*ganar aplomo*) to gain confidence.

aplomo NM self-possession, assurance; **dijo con el mayor ~** he said with the utmost assurance; **perder su ~** to get worried o rattled.

apocado ADJ (*tímido*) timid; (*humilde*) lowly.

Apocalipsis NM Apocalypse.

apocalíptico ADJ apocalyptic.

apocamiento NM (*timidez*) timidity; (*humildad*) lowliness.

apocar<1g> **1** VT **a** (*reducir*) to make smaller, reduce. **b** (*humillar*) to belittle, humiliate. **2** **apocarse** VR (*intimidarse*) to shy away; (*rebajarse*) to sell o.s. short, run o.s. down.

apocopar<1a> VT to apocopate, shorten.

apócope NF (*Ling*) apocopation.

apócrifo ADJ apocryphal.

apodar<1a> VT to nickname, dub.

apoderado NM (*gen*) agent, representative; (*Jur*) proxy.

apoderar <1a> **1** VT **a** (*gen*) to authorize, empower. **b** (*Jur*) to grant power of attorney to. **2 apoderarse** VR: **~ de** to seize, take possession of.

apodo NM nickname.

apogeo NM (*Astron*) apogee; (*fig*) peak, height.

apolillado ADJ moth-eaten.

apolilladura NF moth-hole.

apolillarse<1a> VR to get moth-eaten.

apolíneo ADJ (*Mit*) Apollonian; (*fig*) classically handsome.
apoliticismo NM apolitical nature, non-political nature.
apolítico ADJ (*gen*) apolitical; (*de interés general*) non-political.
apologética NF apologetics.
apologético ADJ apologetic.
apología NF (*defensa*) defence, defense (*US*); (*elogio*) eulogy.
apologista NMF apologist.
apoltronado ADJ lazy, idle.
apoltronarse <1a> VR (*gen*) to get lazy; (*profesor etc*) to go through the motions.
apoplejía NF apoplexy, stroke.
apoplético ADJ apoplectic.
apoquinar <1a> VT (*fam*) to fork out (*fam*), cough up (*fam*).
aporreamiento NM beating.
aporrear <1a> [1] VT [a] (*pegar*) to beat, club; (*dar una paliza a*) to beat up.
[b] (*con el puño*) to thump (on), pound (on); ~ **el piano** to hammer away at the piano.
[c] (*LAm: vencer*) to beat, defeat.
[2] **aporrearse** VR (*pelear*) to lay into each other; (*trabajar*) to slave away, slog.
aporreo NM thumping, pounding.
aportación NF contribution.
aportar <1a> [1] VT (*gen*) to furnish, contribute; (*pruebas*) to bring forward, adduce; ~ **ideas** to make suggestions.
[2] VI (*Náut*) to reach port; (*fig*) to show up, arrive.
[3] **aportarse** VR (*Chi: aparecer*) to appear, approach.
aporte NM (*LAm*) contribution.
aposentar <1a> [1] VT to lodge, put up. [2] **aposentarse** VR to lodge, put up (*en at*).
aposento NM (*cuarto*) room; (*hospedaje*) lodging.
aposición NF apposition; **en** ~ in apposition.
apósito NM (*Med*) dressing.
aposta, **apostadamente** ADV on purpose.
apostadero NM (*Mil*) posting; (*Náut*) naval station.
apostador(a) NM/F better, punter.
apostar¹ <1a> VT (*Mil*) to station, post.
apostar² <1l> [1] VT [a] (*dinero*) to stake, bet (*a on*). [b] ~ **a** **o con algn** to bet sb. [2] VI to bet (*a, por on*); ~ **a que** to bet that; **apuesto a que sí** I bet it is.
apostasía NF apostasy.
apóstata NMF apostate.
apostatar <1a> VI (*Rel*) to apostatize (*de from*); (*fig*) to change sides.
apostilla NF footnote.
apostillar <1a> VT to add notes to, annotate.
apóstol NM apostle.
apostolado NM apostolate.
apostólico ADJ apostolic.
apostrofar <1a> VT [a] (*gen*) to apostrophize, address. [b] (*injuriar*) to insult.
apóstrofe NM [a] (*en retórica*) apostrophe. [b] (*injuria*) insult.
apóstrofo NM (*Ling*) apostrophe.
apostura NF (*esmero*) neatness; (*elegancia*) elegance.
apoteósico ADJ huge, tremendous.
apoteosis NF apotheosis.
apoyabrazos NM INV armrest.
apoyacabezas NM INV headrest.
apoyalibros NM INV book end.
▼**apoyar** <1a> [1] VT [a] (*descansar*) to lean, rest (*en, sobre on*, against); (*poner*) to put, rest; (*Arquit, Téc*) to hold up, support; ~ **una escalera contra una pared** to lean a ladder against a wall.
[b] (*amigo etc*) to support, back; (*teoría*) to base (*en on*); (*proposición*) to second, support.
[2] VI: ~ **en** to rest on, be supported by.
[3] **apoyarse** VR [a] ~ **en** (*Arquit*) to rest on, be supported by; (*persona*) to lean on.
[b] ~ **en** (*fiarse de*) to rely on; (*basarse en: argumento*) to be based on; (: *escritor etc*) to base o.s. on.
apoyo NM (*gen*) support; (*ayuda*) backing, help;

(*aprobación*) approval; **contamos con su** ~ we rely on your support.
APRA NF ABR (*Per Pol*) de **Alianza Popular Revolucionaria Americana**.
apreciable ADJ [a] (*gen*) appreciable; (*perceptible*) noticeable; ~ **al oído** audible. [b] (*cantidad*) considerable; (*persona*) worthy.
apreciación NF (*gen*) appreciation, appraisal; (*Com, Fin*) valuation, appraisal (*US*); **según nuestra** ~ according to our estimation.
apreciar <1b> VT [a] (*Com, Fin etc*) to value, appraise (*US*), assess (*en at*). [b] (*estimar*) to esteem, value (*por for*); **aprecio (en) mucho su amistad** I greatly value his friendship. [c] (*agradecer*) **lo aprecio mucho** I'm very grateful. [d] (*comida, música etc*) to appreciate; **aprecia a los niños** he likes children.
apreciativo ADJ appreciative.
aprecio NM [a] (*Com, Fin etc*) valuation, appraisal (*US*). [b] (*fig*) appreciation; **no hacerle** ~ **algo** to pay no heed to sth; **tener a algn en gran** ~ to hold sb in high regard; **en señal de mi** ~ as a token of my esteem.
aprehender <2a> VT [a] (*individuo*) to apprehend, detain; (*bienes*) to seize. [b] (*Fil*) to understand.
aprehensión NF [a] (*de individuo*) apprehension, capture; (*de bienes*) seizure. [b] (*Fil*) understanding.
apremiante ADJ urgent, pressing.
apremiar <1b> [1] VT (*apurar*) to urge (on), press; (*obligar*) to force; ~ **a algn a hacer** o **para que haga algo** to press sb to do sth. [2] VI to be urgent; **el tiempo apremia** time presses.
apremio NM [a] (*gen*) urgency, pressure; (*obligación*) compulsion; **por** ~ **de tiempo** because time is pressing; **por** ~ **de trabajo** because of pressure of work; ~ **de pago** demand note; **procedimiento de** ~ compulsory procedure. [b] (*Jur*) writ, judgment.
aprender <2a> [1] VT, VI to learn (*a hacer algo to do sth*). [2] **aprenderse** VR to learn by heart.
aprendiz(a) NM/F [a] (*novato*) beginner, novice; ~ **de conductor** (*Aut*) learner-driver. [b] (*de oficio*) apprentice; (*Com etc*) trainee; ~ **de comercio** business trainee; **estar de** ~ **con algn** to be apprenticed to sb.
aprendizaje NM (*gen*) apprenticeship; (*Com etc*) training period; **hacer su** ~ to serve one's apprenticeship; **pagar su** ~ (*fam*) to learn the hard way.
aprensión NF (*miedo*) apprehension, fear; (*reparo*) misgiving.
aprensivo ADJ apprehensive, worried.
apresador(a) NM/F captor.
apresamiento NM capture.
apresar <1a> VT (*coger*) to catch; (*criminal*) to capture, catch; (*suj: animal*) to seize; (*buque*) to take.
aprestar <1a> [1] VT (*gen*) to prepare, get o make ready; (*Arte*) to prime, size. [2] **aprestarse** VR to prepare, get ready (*a o para hacer algo to do sth*).
apresto NM [a] (*gen*) preparation. [b] (*Arte: proceso*) priming, sizing; (: *sustancia*) size.
apresurado ADJ hurried, hasty; (*paso*) quick.
apresuramiento NM hurry, haste.
apresurar <1a> [1] VT (*gen*) to speed up; (*paso*) to quicken. [2] **apresurarse** VR to hurry (*a o por hacer algo to do sth*), make haste; **me apresuré a sugerir que** I hastily suggested that.
apretado ADJ [a] (*nudo*) tight. [b] (*compacto*) compact, solid; (*escritura*) cramped; (*espacio*) full, chock-a-block; **un** ~ **programa de actividades** a very full programme of activities; **estaba** ~ **a presión** it was full to bursting. [c] (*difícil*) difficult, dangerous; **estar en una situación** ~**a** to be in a tight spot o fix. [d] (*jornada*) busy. [e] (*fam: tacaño*) tightfisted, stingy; (: *pobre*) poor.
apretar <1j> [1] VT [a] (*tornillo, tuerca*) to tighten (up); (*mano*) to clasp, grip; (*dientes*) to grit; (*botón*) to press; ~ **a algn entre los brazos** to hug sb in one's arms; ~ **la mano a algn** to shake sb's hand; ~ **el paso** to quicken one's step.
[b] (*contenido*) to pack o squeeze in.
[2] VI [a] (*ropa*) to be too tight; (*zapatos*) to pinch, hurt.

b (*dolor, frío*) to get worse; (*viento, esfuerzo*) to intensify; **cuando el calor aprieta** when the heat becomes oppressive.
c **~ con el enemigo** to close with the enemy.
d **~ a correr** to break into a run, start to run.
3 **apretarse** VR **a** (*en tren etc*) to crowd together, squeeze up; (*contra el frío*) to huddle together.
b **~ el cinturón** (*tb fig*) to tighten one's belt.
apretón NM **a** (*gen*) squeeze; **~ de manos** handshake.
b (*apuro*) difficulty, jam; **estar en un ~** to be in a fix.
c (*carrera*) dash, sprint. **d** (*euf*) urgent call of nature.
apretujar <1a> VT to press o squeeze hard; **estar apretujado entre dos personas** to be sandwiched between two people.
apretujón NM hard squeeze.
apretura NF **a** = **apretón (b), (d)**. **b** (*pobreza*) poverty.
aprieto NM (*fig*) difficulty, fix; **estar** o **verse en un ~** to be in a jam; **ayudar a algn a salir de un ~** to help sb out of trouble.
apriorismo NM tendency to resolve matters quickly.
apriorístico ADJ (*deductivo*) a priori, deductive.
aprisa ADV quickly, hurriedly.
aprisco NM sheepfold.
aprisionar <1a> VT (*gen*) to imprison; (*atar*) to bind, tie.
aprista **1** ADJ pertaining to o supporting APRA. **2** NMF supporter of APRA.
aprobación NF **a** approval; **dar su ~** to give one's consent. **b** (*Univ etc*) pass mark.
aprobado **1** ADJ approved. **2** NM (*Univ etc*) pass, passing grade (*US*).
aprobar <1m> **1** VT (*gen*) to approve; (*amistad etc*) to approve of, consent to; (*ley*) to pass; (*Escol, Univ*: *candidato, materia*) to pass. **2** VI to pass; **aprobé en francés** I passed in French.
aprobatorio ADJ: **una mirada ~a** an approving look.
aproches NMPL (*Mil*) approaches.
aprontar <1a> **1** VT (*preparar*) to prepare without delay; (*entregar*) to deliver at once. **2** VI (*pagar*) to pay in advance.
apropiación NF appropriation; **~ ilícita** illegal seizure, misappropriation.
apropiado ADJ appropriate (*para* for), suitable (*para* for).
apropiamiento NM = **apropiación**.
apropiar <1b> **1** VT to adapt (*a* to), fit (*a* to). **2** **apropiarse** VR: **~ (de) algo** to appropriate sth.
aprovechable ADJ useful, serviceable.
aprovechado/a **1** ADJ **a** (*dinero, tiempo*) well-spent; **mal ~** wasted.
b (*oportunidad*) well-taken/-used; (*espacio*) well-used.
c (*frugal*) thrifty.
d (*pey*: *egoísta*) unscrupulous, selfish; **una persona muy ~a** a real opportunist, a scrounger (*pey*).
e (*trabajador*) industrious, hardworking.
2 NM/F opportunist.
aprovechamiento NM **a** (*uso*) use, exploitation; **~ de recursos naturales** exploitation of natural resources.
b **~s** products.
aprovechar <1a> **1** VT (*utilizar*) to make (good) use of, use; (*explotar*) to exploit; (*oferta etc*) to take advantage of; (*experiencia*) to profit by o from; (*oportunidad*) to make the most of.
2 VI **a** (*ser útil*) to be of use, be useful; **eso aprovecha poco** that is little use; **no ~ para nada** to be completely useless, be no help at all; **¡que aproveche!** bon appétit!
b (*progresar*) to progress, improve.
3 **aprovecharse** VR to take advantage; **¡hay que ~!** this is a chance not to be missed!; **~ de algo/algn** to take advantage of sth/sb.
aprovisionamiento NM (*gen*) supply; (*Com*) purchasing, buying.
aprovisionar <1a> VT to supply.
aproximación NF **a** (*gen*) approximation (*a* to).
b (*proximidad*) nearness, closeness. **c** (*Pol*) rapprochement. **d** (*en lotería*) consolation prize.
aproximadamente ADV approximately.
aproximado ADJ (*gen*) approximate; (*cálculo etc*) rough.

aproximar <1a> **1** VT to bring near(er) (*a* to); **~ una silla** to bring a chair over. **2** **aproximarse** VR to come near o closer; (*persona*: *edad*) to be nearly o getting on for; **~ a** (*fig*) to approach, approximate to.
aproximativo ADJ (*cálculo etc*) rough.
Aptdo. ABR *de* **apartado postal** o **de correos** PO Box.
aptitud NF **a** (*conveniencia*) suitability, fitness (*para* for).
b (*capacidad*) aptitude, ability; **~ para los negocios** business sense; **carece de ~** he hasn't got the talent; **demostrar tener ~es** to show promise.
apto ADJ **a** (*gen*) suitable (*para* for, to), fit (*para* for, to); **ser ~ para aprender** to be quick to learn; **~ para desarrollar** suitable for developing; **~/no ~ (para menores)** (*Cine*) suitable/unsuitable for children; **~ para el servicio** (*Mil*) fit for military service. **b** (*hábil*) competent, capable.
Apto. ABR *de* **apartamento** Apt.
apuesta NF bet, wager.
apuesto ADJ neat, elegant.
apunarse <1a> VR (*And, CSur*) to fall ill with mountain sickness.
apuntación NF (*gen*) note; (*Mús*) notation.
apuntado ADJ **a** (*Arquit*) pointed. **b** (*escrito*) **lo tengo ~ en alguna parte** I have it written down somewhere.
apuntador NM (*Teat*) prompter.
apuntalamiento NM propping-up, underpinning.
apuntalar <1a> VT (*Min etc*) to prop o shore up; (*Mec*) to strut; (*respaldar*) to support, back.
apuntamiento NM **a** (*de arma*) aiming. **b** (*nota*) note. **c** (*Jur*) judicial report.
apuntar <1a> **1** VT **a** (*arma*) to aim (*a* at), point (*a* at); (*cañón*) to train (*a* on); **~ a un blanco** to aim at a target; **~ a algn con un revólver** to point a pistol at sb, cover sb with a pistol; (*en atraco etc*) to hold sb up with a pistol.
b (*señalar*) to point at o to; (*indicar*) to point out; (*sugerir*) to hint at.
c (*anotar*) to note (down), make o take a note of; (*registrar*) to record; **~ una cantidad en la cuenta de algn** to charge a sum to sb's account.
d (*apostar*) to stake, bet.
e (*Teat*) to prompt.
2 VI **a** (*día*) to dawn, break; (*barba, planta*) to sprout.
b **~ a** (*pronóstico*) to point to; (*medida*) to aim at (*hacer algo* doing sth).
c (*Teat*) to prompt; (*Escol*: *respuesta*) to whisper the answer to.
d **~ y no dar** to fail to keep one's word.
3 **apuntarse** VR **a** **~ un tanto** to score o chalk up a point; (*fig*) to stay one up; **~ una victoria** to score a win, chalk up a win.
b (*vino*) to turn sour.
c **~ en un curso** to enrol o (*US*) enroll in a course; **~ a una sociedad** to join a club.
d **¿os apuntáis?** OK?; **¡me apunto!** OK, I'm game; **¿te apuntas a un café?** fancy a coffee?
apunte NM **a** (*nota*) note; (*Com*) entry; (*Arte*) sketch; **llevar el ~** (*Arg*) to pay attention to. **b** (*Teat*) prompt book. **c** (*Naipes*: *jugador*) punter; (: *puesta*) stake. **d** (*Escol*) **~s** notes.
apuñalar, apuñalear <1a> VT (*LAm*) to stab, knife; **~ a algn por la espalda** (*fig*) to stab sb in the back.
apurado ADJ **a** (*pobre*) needy, hard up; **andar/estar ~ de tiempo** to be stuck for time; **andar/estar ~ de dinero** to be strapped for cash (*fam*). **b** (*difícil*) difficult; (*peligroso*) dangerous; **estar en una situación ~a** to be in a tight spot. **c** (*agobiado*) worried. **d** (*exacto*) precise, exact. **e** (*avergonzado*) embarrassed. **f** (*LAm*) hurried, rushed; **estar ~** to be in a hurry.
apurar <1a> **1** VT **a** (*Téc*) to purify, refine.
b (*bebida*) to drain, drink up; (*agotar*) to use up.
c (*detalles*) to check on; (*cuestión*: *estudiar*) to study minutely; (: *desentrañar*) to get to the bottom of.
d (*fastidiar*) to annoy; (*avergonzar*) to embarrass.
e (*esp LAm*) to rush, hurry up; **no te quiero ~** I don't want to rush you.
2 **apurarse** VR **a** (*preocuparse*) to worry, upset o.s. (*por*

about, over); **¡no te apures!** don't worry! boxed:b (*esforzarse*) to make an effort, go hard at it; **~ por hacer algo** to strive to do sth. boxed:c (*esp LAm*) to hurry (up); **¡apúrate!** get a move on!

apuro NM boxed:a (*aprieto*) financial difficulty; **pasar ~s** to suffer hardship(s); **verse en ~s** to be in trouble, be in distress. boxed:b (*dificultad*) fix, jam; **colocar a algn en ~s** to put sb on the spot; **me da un ~** I'd hate to, it'd be terribly awkward; **estar en el mayor ~** to be in a jam; **sacar a algn de un ~** to get sb out of a jam. boxed:c (*LAm: prisa*) haste, urgency.

aquejado ADJ: **~ de** suffering from.

aquejar <1a> VT boxed:a (*afligir*) to bother, trouble; **¿qué le aqueja?** what's up with him *etc*? boxed:b (*Med*) to afflict; **le aqueja una grave enfermedad** he suffers from a serious disease.

aquel(la) ADJ DEM that; **aquellos/as** (*pl*) those.

aquél(la) PRON DEM that (one); **aquéllos/as** (*pl*) those (ones); **éstos son negros mientras aquéllos son blancos** the latter are black whereas the former are white; **~ que está en el escaparate** the one that's in the window; **todo ~ que** anyone who.

aquelarre NM witches' coven.

aquello PRON DEM INDEF that; **~ no tuvo importancia** that wasn't important; **~ no me gusta** I don't care for that; **~ que te conté de mi hermano** that business about my brother I told you about; **~ de que no iba a venir fue mentira** when they said he wasn't coming it was a lie.

aquerenciarse <1b> VR: **~ a un lugar** (*animal*) to become attached to a place.

aquí ADV boxed:a (*espacio*) here; **~ dentro** in here; **~ mismo** right here, on this very spot; **a 2km de ~** 2 km from here; **~ Pepe, ~ Manolo** this is Pepe and this is Manolo; **hubo un lío de ~ te espero** (*fam*) there was a tremendous fuss; **andar de ~ para allá** to walk up and down o to and fro; **hasta ~** so far, as far as here; **venga por ~** come this way; **por ~ (cerca)** round here (somewhere). boxed:b (*tiempo*) **de ~ en adelante** from now on; **de ~ a un mes** a month from now; **hasta ~** up till now. boxed:c **de ~ que** and so, that's why.

aquiescencia NF acquiescence.

aquietar <1a> boxed:1 VT (*gen*) to quieten o calm (down); (*temor*) to allay. boxed:2 **aquietarse** VR to calm (down).

aquilatar <1a> VT boxed:a (*metal*) to assay. boxed:b (*fig*) to size o weigh up.

Aquisgrán N Aachen, Aix-la-Chapelle.

A.R. ABR *de* **Alteza Real**.

ara[1] NF (*altar*) altar; (*piedra*) altar stone; **en ~s de** in honour o (*US*) honor of; **en ~s de la exactitud** in the interests of precision.

ara[2] NM (*LAm*) parrot.

árabe boxed:1 ADJ Arab; **lengua ~** Arabic; **estilo ~** (*Arquit*) Moorish. boxed:2 NMF Arab. boxed:3 NM (*Ling*) Arabic.

arabesco ADJ, NM arabesque.

Arabia NF Arabia; **~ Saudita** Saudi Arabia.

arábigo boxed:1 ADJ (*numeral*) Arabic. boxed:2 NM (*Ling*) Arabic.

arabismo NM (*Ling*) Arabism.

arabista NMF Arabist.

arable ADJ (*esp LAm*) arable.

arácnido NM arachnid.

arada NF (*Agr: acción*) ploughing, plowing (*US*); (*: tierra*) ploughed o (*US*) plowed land; (*: jornada*) day's ploughing.

arado NM plough, plow (*US*).

arador NM ploughman, plowman (*US*).

Aragón NM Aragon.

aragonés/esa ADJ, NM/F Aragonese.

arancel NM tariff, duty.

arancelario ADJ tariff *atr*, customs *atr*.

arándano NM bilberry, blueberry.

arandela NF boxed:a (*Téc*) washer. boxed:b (*chorrera*) frill, flounce.

araña NF boxed:a (*Zool*) spider; **tela de ~** spider's web; **matar la ~** (*fig*) to take the edge off one's appetite. boxed:b (*candelabro colgante*) chandelier. boxed:c (*fam: persona*) resourceful person; (*: puta*) whore (*pey*).

arañar <1a> VT boxed:a (*herir*) to scratch. boxed:b (*recoger*) to scrape

together; **pasó los exámenes arañando** (*Arg*) he just scraped through the exams.

arañazo NM scratch.

arar <1a> VT (*Agr*) to plough, plow (*US*); (*fig*) to mark, wrinkle.

arara NM (*LAm*) parrot.

araucano/a ADJ, NM/F Araucanian.

arbitrador(a) NM/F arbiter, arbitrator.

arbitraje NM boxed:a (*gen*) arbitration; **~ industrial** industrial arbitration. boxed:b (*Com*) arbitrage. boxed:c (*Dep*) refereeing, handling.

arbitral ADJ of a referee o an umpire; **una decisión ~** a referee's ruling.

arbitrar <1a> boxed:1 VT boxed:a (*gen*) to arbitrate in; (*Tenis*) to umpire; (*Ftbl*) to referee. boxed:b (*recursos*) to bring together; (*fondos*) to raise. boxed:2 VI to arbitrate; (*Dep*) to umpire, referee; **~ en una disputa** to arbitrate in a dispute; **~ entre A y B** to arbitrate between A and B. boxed:3 **arbitrarse** VR to get along, manage.

arbitrariedad NF boxed:a (*cualidad*) arbitrariness. boxed:b (*acto*) arbitrary act; (*ultraje*) outrage.

arbitrario ADJ arbitrary.

arbitrio NM boxed:a (*libre albedrío*) free will. boxed:b (*medio*) means. boxed:c (*Jur*) decision, judgment; **al ~ de** at the discretion of; **dejar al ~ de algn** to leave to sb's discretion. boxed:d **~s** (*Fin*) excise taxes.

árbitro/a NM/F (*Jur*) arbiter, arbitrator; (*Tenis*) umpire; (*Ftbl*) referee.

árbol NM boxed:a (*Bot*) tree; **~ frutal/genealógico** fruit/family tree; **~ de Navidad** Christmas tree; **~ de la ciencia** tree of knowledge (of good and evil); **los ~es no dejan ver el bosque** you can't see the wood for the trees. boxed:b (*Mec*) shaft; **~ del cigüeñal/de levas/motor** crankshaft/camshaft/driving shaft. boxed:c (*Náut*) mast; **~ mayor** mainmast.

arbolado boxed:1 ADJ wooded, tree-covered. boxed:2 NM woodland.

arboladura NF (*Náut*) rigging.

arbolar <1a> boxed:1 VT (*bandera*) to hoist, raise; (*esgrimir*) to brandish; (*buque*) to fit with masts. boxed:2 **arbolarse** VR (*caballo*) to rear up.

arboleda NF grove, coppice.

arbóreo ADJ boxed:a (*Zool*) arboreal, tree atr. boxed:b (*forma*) treelike, tree-shaped.

arboricultor(a) NM/F forester.

arboricultura NF forestry.

arbotante NM boxed:a (*Arquit*) flying buttress. boxed:b (*Méx*) wall lamp.

arbusto NM shrub, bush.

arca NF boxed:a (*cofre*) chest; (*caja fuerte*) safe; **ser algn un ~ cerrada** to be inscrutable. boxed:b (*Rel*) **A~ de la Alianza** Ark of the Covenant; **A~ de Noé** Noah's Ark.

arcabucero NM (*Hist*) (h)arquebusier.

arcabuz NM (h)arquebus.

arcada NF boxed:a (*serie de arcos*) arcade. boxed:b (*de puente*) arch, span; **de una sola ~** single-span. boxed:c **~s** (*Med*) retching *sg*.

arcaduz NM (*caño*) pipe, conduit; (*de noria*) bucket.

arcaico ADJ archaic.

arcaísmo NM archaism.

arcaizante ADJ (*estilo*) old-fashioned; (*tono*) nostalgic.

arcángel NM archangel.

arcano boxed:1 ADJ arcane, recondite. boxed:2 NM secret, mystery.

arcar <1g> = **arquear**.

arce NM maple (tree).

arcediano NM archdeacon.

arcén NM (*de autopista*) hard shoulder; (*de carretera*) verge; **~ de servicio** service area.

archiconocido ADJ extremely well-known, famous.

archidiácono NM archdeacon.

archidiócesis NF INV archdiocese.

archiduque NM archduke.

archiduquesa NF archduchess.

archienemigo NM arch-enemy.

archipámpano NM (*fam*) big shot (*fam*).

archipiélago NM archipelago.

archisabido ADJ extremely well-known; **un hecho ~** common knowledge.
archivador(a) [1] NM filing cabinet. [2] NM/F (*en archivo*) archivist; (*en oficina*) filing clerk.
archivar <1a> VT [a] (*gen*) to file, store away; (*poner en el archivo*) to place in the archives; (*Inform*) to archive. [b] (*fig: plan*) to shelve, put on the back burner; (: *memorizar*) to put to the back of one's mind.
archivero/a NM/F (*de oficina*) filing clerk; (*bibliotecario*) archivist, keeper (of archives); **~ público** registrar.
archivo NM [a] (*sitio*) archive(s); **A~ Nacional** Public Record Office; **fotos/imágenes de ~** library photos/pictures. [b] (*documentos*) **~s** files; **~s policíacos** police files o records. [c] (*Inform*) file, archive; **nombre de ~** file name; **~ maestro** master file; **~ de transacciones** transactions file. [d] **de ~** (*fam*) out of date, ancient.
arcilla NF clay; **~ de alfarería** potter's clay; **~ cocida** baked clay; **~ refractaria** fire clay.
arcilloso ADJ clayey.
arcipreste NM archpriest.
arco NM [a] (*Anat, Arquit, Geom*) arch; **~ de herradura** horseshoe o Moorish arch; **~ ojival/triunfal** pointed/triumphal arch. [b] (*arma, Mús*) bow; **~ de violín** violin bow, fiddlestick; **~s y flechas** bows and arrows. [c] (*Mat, Elec*) arc; **~ voltaico** arc lamp; **~ iris** rainbow. [d] (*LAm Dep*) goal.
arcón NM large chest.
arder <2a> [1] VT [a] to burn. [b] (*esp LAm Med*) to sting, smart. [2] VI (*gen*) to burn; **~ sin llama** to smoulder, smolder (*US*); **~ de ira** to seethe with anger; **la cosa está que arde** things are coming to a head.
ardid NM ruse; **~es** tricks, wiles.
ardiente ADJ (*gen*) burning; (*deseo*) keen; (*aficionado*) passionate; (*partidario*) fervent, ardent; (*color*) blazing.
ardilla NF [a] squirrel; **andar como una ~** to be always on the go. [b] (*LAm fam*) clever businessman, wheeler-dealer (*fam*).
ardite NM: **(no) me importa un ~** I don't give a damn; **no vale un ~** it's not worth a brass farthing.
ardor NM [a] (*calor*) heat. [b] (*Med*) **~ de estómago** heartburn. [c] (*fig*) ardour, ardor (*US*), eagerness.
ardoroso ADJ hot, burning; (*fig*) ardent.
arduo ADJ arduous, hard.
área NF [a] (*gen*) area. [b] (*Dep*) **~ de castigo** o **penalty** penalty area; **~ de servicio** (*Aut*) service area; **~ de excedentes** (*Inform*) overflow area.
arena NF [a] (*Geol*) sand; **~s movedizas** quicksands; **~s de oro** (*fig*) gold dust; **sembrar en ~** (*fig*) to labour o (*US*) labor in vain. [b] (*Med*) **~s** stones. [c] (*Dep etc*) arena.
arenal NM [a] (*terreno*) sandy spot. [b] (*Golf*) bunker.
arenga NF [a] (*gen*) harangue (*fam*), sermon (*fam*). [b] (*Chi: discusión*) argument, quarrel.
arengar <1h> VT to harangue.
arenillas NFPL (*Med*) stones.
arenisca NF sandstone.
arenoso ADJ sandy.
arenque NM herring.
areómetro NM hydrometer.
arepa NF (*LAm*) corn pancake.
arepera NF (*LAm*) [a] (*vendedora de arepas*) arepa seller. [b] (*fam!*) lesbian.
arete NM earring.
argamasa NF mortar.
argamasar <1a> [1] VT to mortar. [2] VI to mix (mortar).
árgana NF crane.
Argel NM Algiers.
Argelia NF Algeria.
argelino/a ADJ, NM/F Algerian.
argentado ADJ (*Téc*) silver-plated; (*fig*) silvery.
argentar <1a> VT to silver-plate.
argénteo ADJ = **argentino**[1].
argentería NF silver o gold embroidery.
Argentina NF: **la ~** the Argentine, Argentina.
argentinismo NM word o phrase etc peculiar to Argentina.

argentino[1] ADJ (*poet*) silver(y).
argentino[2]/a ADJ, NM/F Argentinian, Argentine.
argolla NF (*anilla*) ring; (*gargantilla*) choker; (*LAm: anillo: de boda*) wedding ring; (: *de novios*) engagement ring.
argón NM argon.
argot [ar'go] NM (*pl* **~s** [ar'gos]) slang; **~ pasota** dropout slang.
argucia NF sophistry, hair-splitting; **~s** nitpicking *sg* (*fam*).
argüir <3g> [1] VT [a] (*gen*) to argue, contend; (*inferir*) to deduce; (*probar*) to prove, show; **esto arguye su poco cuidado** this indicates his lack of care. [b] (*argumentar, justificarse*) to argue, claim; **arguyó que no era culpa suya** he claimed it wasn't his fault. [2] VI to argue (*contra* against, with).
argumentación NF (*acción*) arguing; (*razonamiento*) argument, reasoning.
argumentador ADJ argumentative.
argumental ADJ (*Lit*) plot atr; **línea ~** line of the plot, storyline.
argumentar <1a> VT, VI to argue.
argumentista NMF (*TV etc*) scriptwriter.
argumento NM [a] (*gen*) argument; (*razonamiento*) reasoning, thinking. [b] (*Lit, Teat*) plot; (*TV etc*) script, storyline.
aria NF aria.
aridecer <2d> VI to dry up, become arid.
aridez NF (*lit, fig*) aridity.
árido [1] ADJ arid, dry. [2] NM: **~s** (*Com*) dry goods.
Aries NM Aries.
ariete NM battering ram; (*Dep*) striker.
ario/a ADJ, NM/F Aryan.
arisco ADJ (*animal*) unfriendly; (*individuo*) unsociable, standoffish; (*tímido*) reserved.
arista NF (*Bot*) beard; (*Geom*) edge; (*Geog*) arête.
aristocracia NF aristocracy.
aristócrata NMF aristocrat.
aristocrático ADJ aristocratic.
aritmética[1] NF arithmetic.
aritmético/a[2] [1] ADJ arithmetical. [2] NM/F arithmetician.
arlequín NM (*fig*) buffoon; (*Culin*) Neapolitan ice cream.
arlequinada NF (piece of) buffoonery.
arlequinesco ADJ (*fig*) grotesque, ridiculous.
arma NF [a] (*instrumento*) arm, weapon; **~ atómica** atomic weapon; **~ biológica** biological weapon; **~ blanca** cold steel; **~ de combate** assault weapon; **~ convencional** conventional weapon; **~s cortas** small arms; **~ de doble filo** (*fig*) double-edged sword; **~ de fuego** firearm, gun; **~ química** chemical weapon; **~ reglamentaria** service o regulation weapon; **¡a las ~s!** to arms!; **¡~s al hombro!** shoulder arms!; **alzarse en ~s** to rise up in arms; **pasar a algn por las ~s** to execute sb; **¡descansen ~s!** order arms!; **¡presenten ~s!** present arms!; **rendir las ~s** to lay down one's arms; **de ~s tomar** frightening. [b] (*rama*) branch, service.
armada NF [a] (*gen*) navy; (*escuadra*) fleet; **la A~ Británica** the British Navy; **la A~ Invencible** the Spanish Armada; **un oficial de la ~** a naval officer. [b] (*CSur*) lasso.
armadijo NM trap, snare.
armadillo NM armadillo.
armado ADJ [a] (*provisto de armas*) armed; **~ hasta los dientes** armed to the teeth. [b] (*montado*) mounted, assembled. [c] (*hormigón*) reinforced.
armador NM [a] (*Náut*) shipowner; (*Hist*) privateer. [b] (*Mec*) fitter, assembler. [c] (*vestido*) jerkin; (: *LAm: chaleco*) waistcoat.
armadura NF [a] (*Mil, Hist*) armour, armor (*US*); **una ~** a suit of armour. [b] (: *en hormigón*) framework; (*de gafas*) frame; (*Anat*) skeleton; (*Elec*) armature. [c] (*Mús*) key signature.
Armagedón NM Armageddon.
armamentista ADJ arms atr; **carrera ~** arms race.
armamento NM [a] (*Mil*) armament; **~s** armaments,

arms; *V* **carrera (b)**. ⓑ (*Náut*) fitting-out.
armar<1a> ① VT ⓐ (*soldado*) to arm (*con, de* with).
ⓑ (*bayoneta*) to fix; (*rifle etc*) to load; (*trampa*) to set.
ⓒ (*disponer*) to prepare, get ready; (*Mec*) to assemble, put together; (*Náut*) to fit out, equip; (*hormigón*) to reinforce; (*Cos*) to stiffen.
ⓓ (*pleito*) to bring; (*jaleo*) to stir up; (*ruido*) to raise; **~la** to start a row, make trouble.
② **armarse** VR ⓐ to arm o.s. (*con, de* with); **~ de paciencia** to resolve to be patient; **~ de valor** to summon up one's courage.
ⓑ (*estallar*) to break out; **se está armando una crisis** a crisis is brewing; **se va a ~ la de Dios es Cristo** the fur is going to fly.
ⓒ (*CAm, Méx: animal*) to balk, shy.
armario NM cupboard; **~ (ropero)** wardrobe; **~ empotrado** built-in cupboard.
armatoste NM (*objeto*) monstrosity; (*persona*) bungling great fool (*fam*).
armazón NM O NF (*gen*) frame; (*fig*) framework; (*Aer, Aut*) body, chassis; (*LAm: estantes*) shelving.
Armenia NF Armenia.
armenio/a ADJ, NM/F Armenian.
armería NF ⓐ (*museo*) military museum. ⓑ (*tienda*) gunsmith's (shop). ⓒ (*oficio*) gunmaking.
armero NM ⓐ (*obrero*) gunsmith; (*industrial*) arms manufacturer. ⓑ (*armario*) gun rack.
armiño NM ermine.
armisticio NM armistice.
armonía NF harmony; **en ~** in harmony o keeping (*con* with).
armónica[1] NF harmonica, mouth organ.
armónico/a[2] ① ADJ harmonic. ② NM (*Mús*) harmonic.
armonio NM harmonium.
armonioso ADJ harmonious.
armonización NF harmonization; (*fig*) reconciliation; **ley de ~** coordinating law.
armonizar<1f> ① VT (*Mús*) to harmonize; (*diferencias*) to reconcile. ② VI to harmonize (*con* with); (*fig*) **~ con** to harmonize o be in keeping with; (*colores*) to tone in with.
ARN NM ABR *de* **ácido ribonucleico** RNA.
arnés NM ⓐ (*Mil, Hist*) armour, armor (*US*). ⓑ **~es** harness *sg*, trappings.
aro NM (*de tonel*) ring, hoop; (*de rueda*) rim; (*servilletero*) napkin ring; (*And, CSur: arete*) earring; **~ de émbolo** piston ring; **~ de rueda** wheel rim; **pasar por el ~** (*fam*) to fall into line.
aroma NM (*gen*) aroma, scent; (*de vino*) bouquet.
aromaterapia NF aromatherapy.
aromático ADJ aromatic, sweet-scented.
aromatizador NM air-freshener.
aromatizar<1f> VT (*gen*) to scent; (*aire*) to freshen; (*Culin*) to spice, flavour o (*US*) flavor with herbs.
arpa NF harp.
arpado ADJ serrated.
arpegio NM (*Mús*) arpeggio.
arpía NF (*Mitología*) harpy; (*fig*) bag (*fam*).
arpillera NF sacking, sackcloth.
arpista NMF harpist.
arpón NM harpoon.
arponar, arponear<1a> VT to harpoon.
arponero ADJ: **navío ~** whaler, whaling vessel.
arquear<1a> ① VT ⓐ (*doblar*) to arch, bend.
ⓑ (*lana*) to beat.
ⓒ (*Náut*) to gauge; (*LAm Com*) to tot up.
② VI (*Med*) to retch.
③ **arquearse** VR to arch, bend.
arqueo NM ⓐ (*gen*) arching. ⓑ (*Náut*) capacity; (*Com*) filling o cashing up; **~ bruto** gross tonnage.
arqueología NF archaeology.
arqueológico ADJ archaeological; **investigación ~a** dig.
arqueólogo/a NM/F archaeologist.
arquería NF arcade, series of arches.
arquero NM ⓐ (*Mil*) bowman, archer. ⓑ (*Com*) cashier.
ⓒ (*LAm Dep*) goalkeeper.

arquetípico ADJ archetypal, archetypical.
arquetipo NM archetype.
arquitecto/a NM/F architect; **~ de jardines** o **paisajista** landscape gardener.
arquitectónico ADJ architectural.
arquitectura NF architecture.
arrabal NM suburb; **~es** outskirts.
arrabalero ADJ ⓐ suburban. ⓑ (*fig*) common, coarse.
arracada NF pendant earring.
arracimado ADJ clustered, in a cluster.
arracimarse<1a> VR to cluster together.
arraigado ADJ (*costumbre*) deep-rooted; (*creencia*) deep-seated; (*persona*) property-owning.
arraigar<1h> ① VT ⓐ (*fig*) to establish.
ⓑ (*LAm Jur*) to place under a restriction order.
② VI (*Bot*) to take root.
③ **arraigarse** VR (*gen*) to take root; (*fig: establecerse*) to settle, establish o.s.
arraigo NM ⓐ (*Bot*) rooting; **de fácil ~** easily rooted.
ⓑ (*bienes*) land, real estate; **hombre de ~** man of property. ⓒ (*fig: de creencia etc*) deep-seatedness; (: *influencia*) hold, influence.
arramblar<1a> VI: **~ con** (*fam: robar*) to make off with, pinch (*fam*).
arrancaclavos NM INV claw hammer.
arrancada NF (*arranque*) sudden start; (*aceleración*) sudden acceleration; (*sacudida*) jerk, jolt; (*esp LAm: fuga*) sudden dash, escape attempt.
arrancar<1g> ① VT ⓐ (*sacar de raíz*) to pull up; (*diente*) to extract, pull; (*pelo*) to pluck out; (*botón etc*) to tear off; (*página*) to tear o rip out; (*suspiro*) to heave.
ⓑ (*tomar*) to snatch away (*a, de* from); (: *con violencia*) to wrench, wrest (*a, de* from); **lograron ~le el cuchillo** they managed to wrest the knife from him.
ⓒ **~ a algn un vicio** to wean sb off a bad habit.
ⓓ (*apoyo*) to win, get; (*victoria*) to snatch, wrest (*a* from); **~ información a algn** to extract information from sb.
ⓔ (*Aut etc*) to start.
ⓕ (*Inform*) to boot.
② VI ⓐ (*gen*) to start, set off; (*Aut*) to start; (*Náut*) to set sail; (*marcharse*) to leave; **~ a correr** to start running.
ⓑ (*LAm: fugar*) to escape, run away.
ⓒ **~ de** to spring from, originate in; **esto arranca del siglo XV** this goes back to the 15th century.
③ **arrancarse** VR (*LAm fam: morirse*) to kick the bucket (*fam*).
arrancón NM (*Méx*) = **arrancada**.
arranque NM ⓐ (*sacudida*) jerk, jolt. ⓑ (*Mec*) starter; **~ automático** (*Aut*) starter motor. ⓒ (*comienzo*) beginning, starting point. ⓓ (*arrebato*) (emotional) outburst; **~ de cólera** fit of anger; **en un ~** impulsively. ⓔ (*ocurrencia*) witty remark.
arrapiezo NM ⓐ (*harapo*) rag, tatter. ⓑ (*mocoso*) whippersnapper.
arras NFPL (*Fin, Com*) pledge *sg*, security *sg*.
arrasar<1a> ① VT ⓐ (*gen*) to level; (*edificio*) to demolish; (: *esp en guerra*) to raze to the ground; (*suj: ciclón, terremoto*) to devastate.
ⓑ (*llenar*) to fill to the brim.
② VI (*Met*) to clear.
③ **arrasarse** VR (*Met*) to clear; **se le arrasaron los ojos de** o **en lágrimas** her eyes filled with tears.
arrastrada[1] NF (*fam*) whore, hooker (*US*).
arrastrado/a[2] ① ADJ ⓐ **llevar algo ~** to drag sth along.
ⓑ (*pobre*) poor, miserable; **andar ~** to have a wretched life. ⓒ (*pícaro*) wily, rascally. ② NM/F rogue, rascal.
arrastradora NF (*Per*) prostitute.
arrastrar<1a> ① VT ⓐ (*objeto pesado, pies*) to drag; (*carro*) to pull; (*fig: sílaba*) to drag out; **arrastra un complejo de inferioridad desde la adolescencia** he's had an inferiority complex ever since he was a youth.
ⓑ (*llevar: suj: viento*) to blow away; (: *río*) to sweep away o along; (: *emoción*) to carry away; **no te dejes ~ por esa idea** don't get carried away by that idea; **~ a algn a hacer algo** to lead sb to do sth.
ⓒ (*público*) to win over.

d (*dificultad, problemas*) to give rise to.
2 VI to drag, trail along the ground.
3 **arrastrarse** VR **a** (*Zool*) to crawl, creep; (*gente*) to drag o.s. along; (*fig: humillarse*) to grovel; **se arrastró hasta la puerta** he dragged himself to the door.
b (*vestido*) to trail along the ground.

arrastre NM **a** (*acción*) dragging, pulling; (*Aer*) drag; **flota de** ~ trawling fleet, fleet of trawlers. **b** (*Méx, CAm*) influence; **tener mucho** ~ to have friends in high places. **c** (*Taur*) removal of dead animal; **estar para el** ~ (*fig*) to be knackered (*fam*).

array NM (*Inform*) array; ~ **empaquetado** packed array.

arrayán NM myrtle.

arre INTERJ gee up!

arreada NF (*CSur, Méx: Agr*) round-up; (*Jur*) cattle-rustling; (*Mil*) press-ganging.

arreador NM (*LAm*) long whip.

arrear <1a> **1** VT **a** (*estimular*) to drive, urge on. **b** (*poner arreos a*) to harness. **c** (*CAm, CSur, Méx: ganado*) to rustle. **2** VI to hurry along; **¡arrea!** get moving!

arrebañaduras NFPL leftovers.

arrebañar <1a> VT (*juntar*) to scrape together; (*comida*) to eat up, clear up.

arrebatadizo ADJ excitable, hot-tempered.

arrebatamiento NM **a** (*acción*) snatching (away), seizure. **b** (*éxtasis*) ecstasy, rapture; (*ira*) anger.

arrebatar <1a> **1** VT **a** to snatch away, wrench (*a* from); (*vida*) to take; (*suj: viento etc*) to carry off o away; **le arrebató el revólver** he snatched the pistol from him; **le arrebataron la victoria** they snatched victory from under his *etc* very nose; ~ **la vida a algn** to take sb's life. **b** (*conmover*) to stir; (*cautivar*) to captivate. **2** **arrebatarse** VR **a** to get carried away, get excited; ~ **de cólera** to be overcome with anger. **b** (*Culin*) to burn, overcook.

arrebato NM (*ira*) rage; **en un** ~ **de cólera/entusiasmo** in an outburst of anger/in a sudden fit of enthusiasm.

arrebol NM (*colorete*) rouge; (*Met*) red glow; ~**es** red clouds.

arrebolar <1a> **1** VT to redden. **2** **arrebolarse** VR **a** (*pintarse*) to apply rouge. **b** (*enrojecer*) to blush.

arrebujar <1a> **1** VT **a** (*objetos*) to jumble together o up. **b** (*niño etc*) to wrap up, cover. **2** **arrebujarse** VR to wrap o.s. up (*con* in, with).

arrechar <1a> (*LAm*) **1** VT to arouse, excite. **2** **arrecharse** VR to get (sexually) aroused/excited.

arrechera NF (*LAm: de animal*) heat, mating urge. **b** (*CAm, Méx: fam: excitación*) arousal.

arrechucho NM **a** (*gen*) sudden impulse; (*de cólera*) fit, outburst. **b** (*Med*) turn.

arreciar <1b> **1** VI (*Met*) to get worse; (: *viento*) to get stronger. **2** **arreciarse** VR **a** = **1**. **b** (*Med*) to get stronger, pick up.

arrecife NM reef; ~ **de coral** coral reef.

arredrar <1a> **1** VT (*asustar*) to scare. **2** **arredrarse** VR (*intimidarse*) to be scared; ~ **ante algo** to shrink away from sth.

arregazado ADJ (*falda*) tucked up; (*nariz*) snub.

arregazar <1f> VT to tuck up.

arreglado ADJ **a** (*ordenado*) neat, orderly; (*moderado*) moderate, sensible; **una vida** ~**a** a well-regulated life; **conducta** ~**a** good o orderly behaviour o (*US*) behavior; **está** ~ it's all arranged; (*iro*) he's done for! (*fam*); **un precio** ~ a reasonable price. **b** ~ **a** in accordance with.

arreglar <1a> **1** VT **a** (*gen*) to arrange; (*detalles*) to settle; (*cita*) to fix up; (*error etc*) to put right, correct; **yo lo arreglaré** I'll see to it, I'll take care of it.
b (*Mec etc*) to fix, repair.
c (*poner en orden*) to tidy up, smarten up; (*preparar*) to get ready.
d (*LAm: deuda*) to (re)pay.
2 **arreglarse** VR **a** (*ponerse de acuerdo*) to come to terms (*a, con* with), reach an understanding; (: *novios*) to make up; ~ **a** to conform to.
b (*vestirse*) to get dressed up; (*esmerarse*) to tidy o.s. up; ~ **el pelo** to have one's hair done.

c (*dificultad etc*) to work out, be solved; **por fin el asunto se arregló** everything worked out in the end.
d **arreglárselas** to get by, manage (*para hacer algo* to do sth); **¿cómo se arreglan Uds?** how do you manage?; **sabe arreglárselas** he's well able to take care of himself.

arreglo NM **a** (*acción*) arrangement, settlement; ~ **de cuentas** (*fig*) settling of old scores; **esto no tiene** ~ there's no solution to this; **ya no tiene** ~ it's too late now, it's beyond repair. **b** (*reparación*) repair; **el** ~ **del televisor son 2000 pesetas** it's 2000 pesetas to fix the TV; **'se hacen ~s'** 'repairs done'. **c** (*order*) rule, order; **vivir con** ~ to live an orderly life. **d** (*acuerdo*) agreement, understanding; **con** ~ **a** in accordance with; **llegar a un** ~ to reach a compromise. **e** (*Mús*) setting, arrangement. **f** (*Inform*) array.

arrejuntarse <1a> VR (*fam*) to set up house together, shack up together (*fam*).

arrejunte NM cohabitation, living together.

arrellanarse, arrellenarse <1a> VR to lounge, sprawl; ~ **en el asiento** to lie back in one's chair.

arremangar <1h> **1** VT (*mangas*) to roll up; (*faldas*) to tuck up. **2** **arremangarse** VR **a** to roll up one's sleeves. **b** (*fig*) to get stuck in (*fam*).

arremeter <2a> VI to rush forth, attack; ~ **a** o **contra algn** to attack o launch o.s. at sb; **el coche arremetió contra la pared** the car smashed into the wall.

arremetida NF **a** (*gen*) attack, assault; (*empujón*) shove, push. **b** (*de caballo*) sudden start.

arremolinarse <1a> VR (*gente*) to crowd around, mill around; (*corriente*) to swirl, eddy.

arrendador(a) NM/F **a** (*propietario*) landlord/landlady; (*Jur*) lessor; (*Com*) franchisor. **b** (*arrendatario: gen*) tenant; (: *Jur*) lessee; (: *Com*) franchisee.

arrendajo NM (*Orn*) jay; (*fig*) mimic.

arrendamiento NM **a** (*gen*) renting; (*de casa*) leasing; (*el alquilar*) hiring; **tomar una casa en** ~ to rent a house. **b** (*precio*) rent, rental. **c** (*contrato*) contract, agreement; (*Com: concesión*) franchise.

arrendar[1] <1j> VT **a** (*suj: propietario: inmuebles*) to let, lease; (: *máquinas etc*) to hire out. **b** (*suj: usuario: inmuebles*) to rent, lease; (: *máquinas*) to hire.

arrendar[2] <1j> VT (*caballo*) to tie, tether (by the reins).

arrendatario/a NM/F (*gen*) tenant; (*Jur*) lessee, leaseholder; (*Aut etc*) hirer.

arreo NM **a** (*adorno*) adornment. **b** ~**s** harness *sg*, trappings; (*fig*) gear *sg*. **c** (*LAm: animales*) drove (of cattle); (: *acto*) roundup.

arrepentido/a **1** ADJ (*gen*) sorry; (*Rel*) repentant; **terrorista** ~ reformed terrorist; **estar** ~ **de algo** to regret o be sorry about sth. **2** NM/F (*Rel*) penitent; (*terrorista, criminal*) reformed offender.

arrepentimiento NM regret; (*Rel*) repentance; (*de terrorista etc*) reformation.

arrepentirse <3i> VR to repent, be repentant; ~ **de algo/de haber hecho algo** to regret sth/doing o having done sth; **no** ~ **de nada** to be sorry for nothing, have no regrets.

arrestado ADJ bold, daring.

arrestar <1a> **1** VT to arrest, detain; ~ **en el cuartel** (*Mil*) to confine to barracks. **2** **arrestarse** VR: ~ **a algo** to rush boldly into sth; ~ **a todo** to be afraid of nothing.

arresto NM **a** (*Jur: acción*) arrest; (: *detención*) remand; (*Mil*) detention, confinement; **estar bajo** ~ to be under arrest; ~ **domiciliario** house arrest; ~ **mayor** (*Esp*) imprisonment for from 1 month and a day to 6 months; ~ **menor** (*Esp*) imprisonment for from 1 day to 30 days; ~ **preventivo** (*Esp*) preventive detention. **b** ~**s** daring *sg*; **tener** ~**s** to be bold o daring.

arriada NF flood.

arriar <1c> **1** VT (*bandera*) to lower, strike; (*vela*) to haul down; (*cable*) to loosen. **2** **arriarse** VR to flood, become flooded.

arriate NM **a** (*Bot*) bed, border. **b** (*camino*) road.

arriba **1** ADV **a** (*gen: situación*) up there, above; (*Náut*) aloft; (*en casa*) upstairs; (*sentido*) up, upwards; ~ **de**

(*LAm: encima de*) above, over; **'este lado (para) ~'** 'this side up'; **de ~ abajo** from top to bottom, from head to foot; **desde ~** from (up) above; **hacia ~** up(wards); **está más ~** it's higher *o* further up; **está hasta ~ de trabajo** (*fam*) he's up to his eyes in work (*fam*); **llegar ~** to get to the top; **por la calle ~** up the street; **de 10 dólares para ~** from 10 dollars upwards; **de la cintura (para) ~** from the waist up; *V* **corriente; cuesta; patas.**
   b **la parte de ~** the upper part, the top side; **los de ~** the people on top.
   2 INTERJ: **¡~!** up!; **¡manos ~!** hands up!; **¡~ España!** Spain for ever!, long live Spain!
arribada NF (*Náut*) arrival; **~ forzosa** unscheduled stop; **entrar de ~** to put into port.
arribaje NM (*Náut*) arrival, entry into harbour *o* (*US*) harbor.
arribar<1a> VI (*esp LAm: llegar*) to arrive; (*Náut*) to put into port.
arribismo NM social climbing.
arribista NMF upstart, arriviste.
arribo NM (*esp LAm*) arrival; **hacer su ~** to arrive.
arriendo NM = **arrendamiento.**
arriero NM muleteer.
arriesgado ADJ **a** (*acto*) risky, hazardous; **unas ideas ~as** some dangerous ideas; **me parece ~ prometerlo** I would be rash to promise it. **b** (*individuo*) bold, daring.
arriesgar <1h> **1** VT (*gen*) to risk, hazard; (*oportunidad etc*) to endanger, put at risk. **2** **arriesgarse** VR to take a risk, expose o.s. to danger; **~ a hacer algo** to risk doing sth.
arrimadero NM support.
arrimadizo/a **1** ADJ (*fig*) parasitic. **2** NM/F parasite, hanger-on.
arrimado **1** ADJ close. **2** NM (*Méx*) parasite.
arrimar<1a> **1** VT **a** (*acercar*) to bring close, draw up (*a* to); **hay que ~lo todavía más** you'll have to bring it closer still; **lo arrimamos a la ventana** we put it against the window; **arrimó el oído a la puerta** he put his ear to the door; **~ las espuelas a un caballo** to dig one's spurs into a horse; **~ un golpe a algn** to strike sb.
   b (*arrinconar*) to lay aside, shelve; (*individuo*) to ignore, push aside; **~ los libros** (*fig*) to give up studying, drop out.
   2 **arrimarse** VR **a** (*gen*) to come closer; (*juntarse*) to gather; **~ a** (*acercarse*) to come close(r), to get near(er) to; (*apoyarse*) to lean against *o* on; **se arrimó a la lumbre** she huddled over the fire; **arrímate a mí** cuddle up to me.
   b **~ a** (*fig*) to join, keep company with; (*buscar ayuda*) to seek the protection of.
arrimo NM **a** (*apoyo*) support. **b** (*fig: ayuda*) help, protection. **c** (*apego*) attachment. **d** (*Arquit*) partition.
arrinconado ADJ (*olvidado*) forgotten, neglected; (*marginado*) out in the cold (*fam*).
arrinconar<1a> **1** VT **a** (*objeto*) to put in a corner; (*Mil etc*) to corner. **b** (*abandonar*) to lay aside, discard; (*apartar*) to push aside; (*marginar*) to leave out in the cold (*fam*). **2** **arrinconarse** VR to become a recluse.
arriscado ADJ **a** (*Geog*) craggy. **b** (*fig*) bold, resolute.
arriscarse <1g> VR **a** (*envanecerse*) to get conceited. **b** (*LAm: vestir de punto en blanco*) to dress up to the nines.
arritmia NF (*Med*) arrhythmia.
arrítmico ADJ **a** (*Med*) arrhythmic. **b** (*Mús*) unrhythmical.
arroba NF (*peso*) 25 pounds; **por ~s** (*fig fam*) tons (*fam*), loads (*fam*); **tiene talento por ~s** he has loads of talent.
arrobador ADJ entrancing, enchanting.
arrobamiento NM (*gen*) ecstasy, rapture; (*Rel*) trance.
arrobar<1a> **1** VT to entrance, enchant. **2** **arrobarse** VR to go into ecstasies, be enraptured; (*místico etc*) to go into a trance.
arrobo NM = **arrobamiento.**
arrocero ADJ rice *atr*; **cultivo ~** rice cultivation.
arrodajarse<1a> VR (*CAm*) to sit cross-legged.
arrodillarse<1a> VR to kneel (down), go down on one's

knees; **estar arrodillado** to be kneeling (down), be on one's knees.
arrogancia NF arrogance; (*orgullo*) pride.
arrogante ADJ arrogant; (*altanero*) haughty.
arrogarse<1h> VR: **~ algo** to assume sth, take sth on o.s.
arrojadizo ADJ: **arma ~a** missile, projectile.
arrojado ADJ (*valiente*) daring, dashing; (*temerario*) reckless.
arrojar<1a> **1** VT **a** (*gen*) to throw, hurl; **~ algo de sí** to fling sth aside.
   b (*emitir*) to give out, emit; (*Bot*) to put out; (*individuo*) to throw out; (*vomitar: LAm*) to bring up, vomit; **este estudio arroja alguna luz sobre el tema** this study throws *o* casts some light on the subject.
   c (*Com, Fin, Mat*) to give, produce, yield; (: *resultado*) to show.
   2 **arrojarse** VR **a** to throw *o* hurl o.s. (*a* into, on; *por* out of, through); **~ al agua** to jump into the water.
   b (*fig*) **~ a** to rush into, fling o.s. into.
arrojo NM daring, fearlessness; **con ~** boldly.
arrollador ADJ (*fig*) sweeping, devastating; **por una mayoría ~a** by an overwhelming majority; **un ataque ~** a crushing attack.
arrollar <1a> VT **a** (*enrollar*) to roll up; (*Elec etc*) to coil, wind. **b** (*suj: río etc*) to sweep away, wash away; (*Mil*) to rout; (*Dep*) to crush; (*Aut etc*) to run over, knock down. **c** (*persona: en debate*) to crush.
arropar <1a> **1** VT **a** (*vestir*) to wrap up (with clothes); (*en cama*) to tuck up (in bed). **b** (*fig*) to protect. **2** **arroparse** VR to wrap o.s. up; **¡arrópate bien!** wrap up warm!
arrope NM syrup.
arrorró NM (*LAm*) lullaby.
arrostrar <1a> **1** VT (*consecuencias*) to face (up to); (*peligro*) to brave, face. **2** **arrostrarse** VR: **~ con algn** to face up to sb.
arroyo NM **a** (*gen*) stream, brook; (*cauce*) watercourse; (*LAm: río*) river. **b** (*fig*) gutter; **poner a algn en el ~** to turn sb onto the streets; **sacar a algn del ~** to drag sb from the gutter; **ser del ~** to be an orphan *o* foundling.
arroyuelo NM small stream, brook.
arroz NM rice; **~ blanco** boiled rice; **~ a la cubana** rice with banana and fried egg; **~ hinchado** puffed rice; **~ integral** brown rice; **~ con leche** rice pudding.
arrozal NM ricefield, paddy field.
arruga NF (*piel*) wrinkle, line; (*en ropa*) crease.
arrugado ADJ (*cara etc*) wrinkled, lined; (*papel etc*) creased; (*vestido*) crumpled.
arrugar<1h> **1** VT (*cara*) to wrinkle; (*ceño*) to knit; (*papel*) to crumple, screw up; (*ropa*) to ruck up, crumple; **~ la cara** to screw up one's face; **~ el entrecejo** to knit one's brow, frown.
   2 **arrugarse** VR **a** (*cara*) to wrinkle (up), get wrinkled; (*ropa*) to crease, get creased; (*Bot*) to shrivel up.
   b (*Méx fam*) to get scared.
arruinamiento NM ruin, ruination.
arruinar <1a> **1** VT (*gen*) to ruin; (*destruir*) to wreck, destroy. **2** **arruinarse** VR (*Fin etc*) to be ruined; (*fig*) to go to rack and ruin.
arrullar<1a> **1** VT (*niño*) to lull *o* sing to sleep; (*amante*) to say sweet nothings to. **2** VI to coo. **3** **arrullarse** VR to bill and coo.
arrullo NM (*Orn*) cooing; (*fig*) billing and cooing; (*canción*) lullaby.
arrumaco NM **a** (*caricia*) caress. **b** (*halago*) piece of flattery.
arrumaje NM (*Náut*) stowage.
arrumar <1a> **1** VT (*Náut*) to stow. **2** **arrumarse** VR (*Náut*) to become overcast.
arrumbar¹ <1a> VT **a** (*objeto*) to put aside, discard. **b** (*individuo*) to silence, floor.
arrumbar² <1a> (*Náut*) **1** VI to set course (*hacia* for). **2** **arrumbarse** VR to take one's bearings.
arrurruz NM arrowroot.
arsenal NM (*Náut*) naval dockyard; (*Mil*) arsenal; (*fig*) storehouse, mine; **el ~ nuclear** the nuclear arsenal.

arsénico NM arsenic.

arte NM O NF (gen m en sg, f en pl) [a] art; **~s** (Univ) arts; **~ abstracto** abstract art; **bellas ~s** fine arts; **~s decorativas/gráficas/plásticas** decorative/graphic/plastic arts; **por ~ de magia** (as if) by magic; **~s marciales** martial arts; **~ mecánico** mechanical skill; **~s y oficios** arts and crafts; **~ poética** poetics; **el séptimo ~** the cinema, film; **~ de los trucos** conjuring. [b] (habilidad) skill; (astucia) craftiness; **malas ~s** trickery sg. [c] (artificio) workmanship, artistry; **sin ~** clumsy. [d] **no tener ~ ni parte en algo** to have nothing whatsoever to do with a matter.

artefacto NM [a] (Téc) device, appliance; **~s de alumbrado** light fittings o fixtures; **~ nuclear** nuclear device. [b] (Arqueol) artefact, artifact (US).

artejo NM knuckle.

arteria NF artery; **la ~ principal de una ciudad** the main thoroughfare of a town.

artería NF cunning, artfulness.

arterial ADJ arterial.

arterio(e)sclerosis NF arteriosclerosis.

artero ADJ cunning, crafty.

artesa NF trough.

artesanal ADJ craft atr; **industria ~** craft industry.

artesanía NF (arte) craftsmanship; (productos) (handi)crafts pl; (artes y oficios) arts and crafts.

artesano/a NM/F craftsman/craftswoman, artisan.

artesiano ADJ: **pozo ~** artesian well.

artesonado NM coffered ceiling.

ártico ADJ, NM Arctic.

articulación NF [a] (Anat) articulation, joint. [b] (Mec) joint; **~ esférica/universal** ball-and-socket/universal joint. [c] (Ling) articulation.

articulado [1] ADJ [a] (persona) articulate. [b] (Anat, Mec) articulated, jointed. [2] NM (de ley, reglamento) article.

articular <1a> VT [a] (Ling) to articulate; (Mec) to articulate, join together. [b] (Jur) to article.

articulista NMF columnist, contributor (to a paper).

artículo NM [a] (Com) article, item; **~s** commodities, goods; **~s alimenticios** foodstuffs; **~ de comercio** commodity; **~s de consumo** consumer goods; **~s de marca** branded goods; (Com) proprietary goods; **~ de primera necesidad** basic commodities, essentials; **~s de tocador** toiletries. [b] (escrito) article; (TV) feature, report; **~ de fondo** leader, editorial. [c] (Ling) article; **~ definido/indefinido** definite/indefinite article.

artífice NM (gen) artist, craftsman; (hacedor) maker; **el ~ de la victoria** the architect of victory.

artificial ADJ artificial; **fuegos ~es** fireworks.

artificiero NM explosives expert, bomb-disposal officer.

artificio NM [a] (arte) art, craft; (truco) artifice. [b] (aparato) device, appliance.

artificioso ADJ [a] (genial) skilful, skillful (US), ingenious. [b] (disimulado) artful.

artillería NF artillery; **~ antiaérea** anti-aircraft guns; **~ pesada** heavy artillery.

artillero NM (Mil) artilleryman; (Aer, Náut) gunner.

artilugio NM gadget, contraption.

artimaña NF [a] (Caza) trap, snare. [b] (fig) cunning.

artista NMF artist; (Teat etc) artist, artiste; **~ de cine** film actor/actress; **~ de teatro** artist(e); **~ de variedades** variety artist(e); **~ invitado** guest artist.

artístico ADJ artistic.

artrítico ADJ arthritic.

artritis NF arthritis; **~ reumatoidea** rheumatoid arthritis.

artrosis NF INV arthrosis.

arveja NF [a] (Bot) vetch. [b] (LAm: guisante) pea.

Arz. ABR de **arzobispo** Abp.

arzobispado NM archbishopric.

arzobispo NM archbishop.

as NM [a] (Naipes) ace; (dominó) one; **~ de espadas** ace of spades; **guardarse un ~ en la manga** to have an ace up one's sleeve. [b] (fam) ace; **~ del fútbol** star player; **~ del volante** champion driver; **es un ~** he's a wizard (fam), he's tops (fam).

asa[1] NF (gen) handle.

asa[2] NF (Bot) juice.

asadero [1] ADJ roasting, for roasting. [2] NM [a] (Elec) spit roaster; (fig) oven. [b] (Méx: queso blando) cottage cheese.

asado [1] ADJ roast, roasted; **carne ~a** roast meat; **~ al horno/a la parrilla** baked/broiled o grilled; **bien/poco ~** well done/rare. [2] NM roast, joint; (CSur: comida) barbecue; (: carne asada) barbecued meat.

asador NM [a] (varilla) spit; (aparato) spit roaster; **~ a rotación** rotary spit. [b] (restaurante) carvery.

asaduras NFPL entrails, offal; (Culin) chitterlings; **echar las ~** (fig) to bust a gut (fam).

asaetear <1a> VT [a] to shoot, hit (with an arrow). [b] (fig) to bother, pester.

asalariado/a [1] ADJ wage-earning. [2] NM/F wage earner.

asalariar <1b> VT to employ.

asaltador(a) NM/F, **asaltante** NMF (de individuo) attacker, assailant; (de banco etc) raider.

asaltar <1a> VT [a] (persona) to attack, assault; (Mil) to storm; (banco etc) to break into, raid. [b] (suj: dudas etc) to assail; (: idea) to cross one's mind.

asalto NM [a] (Mil) attack, assault; **tomar por ~** to take by storm. [b] (Boxeo) round; **~ de armas** fencing bout. [c] (Carib, Méx: reunión) surprise party.

asamblea NF (mitin) meeting; (congreso) congress, assembly; **A~ Nacional** National Assembly.

asambleísta NMF assemblyman/woman.

asar <1a> [1] VT [a] to roast; **~ al horno/a la parrilla** to bake/grill. [b] (fig) to pester, plague (con, a with). [2] **asarse** VR (fig) **me aso de calor** I'm roasting; **aquí se asa uno vivo** it's boiling hot here.

asaz ADV (Lit) very, exceedingly.

asbesto NM asbestos.

ascendencia NF [a] ancestry; (origen) origin. [b] (dominio) ascendancy.

ascendente [1] ADJ (movimiento) ascending; (tendencia) rising, increasing; **en una curva ~** in an upward curve; **la carrera ~ del pistón** the upstroke of the piston. [2] NM (Astrol) ascendant.

ascender <2g> [1] VT to promote; **fue ascendido a teniente** he was promoted (to) lieutenant. [2] VI [a] (gen) to ascend, rise, go up. [b] (Dep) to be promoted (a to); **Málaga asciende a primera división** Málaga goes up to the first division. [c] **~ a** (suma) to amount to.

ascendiente [1] ADJ = **ascendente**. [2] NMF ancestor. [3] NM ascendancy (sobre over).

ascensión NF [a] (montañismo) ascent. [b] (Rel) **la A~** the Ascension.

ascensionista NMF balloonist.

ascenso NM promotion (a to, to the rank of).

ascensor NM lift, elevator (US); (Téc) elevator.

ascensorista NMF lift attendant, elevator operator (US).

asceta NMF ascetic.

ascético ADJ ascetic.

ascetismo NM asceticism.

asco NM [a] (sensación) disgust, revulsion; **¡qué ~!** how awful o revolting!; **coger ~ a algo** to get sick of sth; **dar ~ a algn** to sicken o disgust sb; **me dan ~ las aceitunas** I loathe olives; **hacer ~s a algo** to turn up one's nose at sth. [b] (objeto) **es un ~** it's disgusting; **estar hecho un ~** to be filthy; **poner a algn de ~** (Méx fam) to call sb all sorts of names.

ascua NF live coal, ember; **¡~s!** ouch!; **arrimar el ~ a su sardina** to look after number one; **estar como ~ de oro** to be shining bright; **estar en ~s** to be on tenterhooks.

aseado ADJ (gen) clean; (pulido) neat, smart.

asear <1a> [1] VT (lavar) to wash; (limpiar) to clean up; (pulir) to smarten up. [2] **asearse** VR to tidy o smarten o.s. up.

asechanza NF trap, snare.

asechar <1a> VT to set a trap for.

asediar <1b> VT [a] (Mil) to besiege; (Náut) to blockade. [b] (molestar) to bother, pester.

asedio NM (Mil) siege; (Náut) blockade.

asegurado/a [1] ADJ [a] insured. [b] (indudable) secure;

tenemos el éxito **~** we are bound to be successful. [2] NM/F insured, policy-holder.
asegurador(a) [1] ADJ insurance *atr*. [2] NM/F insurer; **~ indirecto** underwriter.
asegurar <1a> [1] VT [a] (*fijar*) to fasten, fix; **~ algo con pernos** to secure sth with bolts.
[b] (*fortalecer*) to make secure (*contra* against).
[c] (*derechos*) to safeguard, guarantee.
[d] (*declarar*) to assure; **le aseguro que** I assure you that; **aseguró que** he affirmed that; **se lo aseguro** take my word for it.
[e] (*Com, Fin*) to insure (*contra* against); (: *vidas*) to assure (*contra* against).
[2] **asegurarse** VR [a] to make sure (*de* of); **para ~nos del todo** in order to make quite sure.
[b] (*Com, Fin*) to insure o.s.
asemejar <1a> [1] VT (*hacer parecido*) to make alike *o* similar. [2] **asemejarse** VR to be alike, be similar; (*compararse*) to compare (*a* to); **~ a** to be like, resemble.
asendereado ADJ [a] (*camino*) beaten, well-trodden.
[b] (*vida*) wretched.
asenderear <1a> VT: **~ a algn** to chase sb relentlessly.
asenso NM assent; **dar su ~** to assent.
asentada NF sitting; **de una ~** at one sitting.
asentaderas NFPL (*fam*) behind (*fam*), bottom.
asentado ADJ established, settled.
asentamiento NM [a] (*pueblo*) shanty town, township.
[b] (*industrial etc*) site.
asentar <1j> [1] VT [a] (*sentar*) to seat, sit down; (*colocar*) to place, fix; (*ciudad etc*) to found; (*cimientos*) to lay down; (*campamento*) to set up, pitch; **la mesa no está bien asentada** the table isn't sitting properly.
[b] (*tierra*) to tramp down.
[c] (*golpe*) to deal.
[d] (*filo*) to sharpen.
[e] (*fig*) to settle, establish; (*principio*) to lay down; (*opinión*) to assert; **~ la cabeza** to settle down.
[2] VI to be suitable, suit.
[3] **asentarse** VR [a] (*sentarse*) to sit down, seat o.s.; (*ave*) to alight; (*líquido, polvo*) to settle; (*Arquit*) to subside.
[b] (*fig*) to settle, establish o.s.
asentimiento NM assent.
asentir <3i> VI [a] to assent, agree; **~ con la cabeza** to nod (one's head). [b] **~ a** to agree *o* consent to; (*pedido*) to grant.
asentista NM contractor, supplier.
aseo NM [a] (*acto*) washing, toilet; (*higiene*) cleanliness.
[b] **~s** (*en bar etc*) toilet, rest room (*US*).
ASEPEYO ABR *de* **Asistencia Sanitaria Económica para Empleados y Obreros** *job-related health insurance scheme.*
aséptico ADJ germ-free.
asequible ADJ (*gen*) attainable; (*plan*) feasible; (*precio*) reasonable, within reach.
aserción NF assertion.
aserradero NM sawmill.
aserrador NM sawyer.
aserradora NF power *o* chain saw.
aserradura NF saw cut; **~s** sawdust *sg*.
aserrar <1j> VT to saw (through).
aserrín NM sawdust.
aserruchar <1a> VT (*LAm*) = **aserrar**.
aserto NM assertion.
asesinar <1a> VT to murder; (*Pol*) to assassinate.
asesinato NM murder; (*Pol*) assassination; **~ legal** judicial murder.
asesino/a [1] ADJ murderous. [2] NM/F murder/murderess, killer; (*Pol*) assassin.
asesor(a) NM/F adviser, consultant; (*Com*) assessor, consultant; **~ administrativo** management consultant.
asesorar <1a> [1] VT [a] (*Jur*) to advise, give legal *o* professional advice to. [b] (*Com etc*) to act as consultant to. [2] **asesorarse** VR: **~ con** to take advice from, consult.
asesoría NF [a] (*cargo*) consultancy. [b] (*honorario*) adviser's fee. [c] (*oficina*) consultant's office.
asestar <1a> VT [a] (*arma*) to aim (*a* at, in the direction of); (*tiro*) to fire. [b] (*golpe*) to deal.

aseveración NF assertion, contention.
aseverar <1a> VT to assert.
asexual ADJ asexual.
asfaltado [1] ADJ asphalt *atr*, asphalted. [2] NM [a] (*proceso*) asphalting. [b] (*superficie*) asphalt surface.
asfaltar <1a> VT to asphalt.
asfalto NM asphalt.
asfixia NF suffocation, asphyxiation; (*Med*) asphyxia.
asfixiador, **asfixiante** ADJ suffocating, asphyxiating.
asfixiar <1b> [1] VT to asphyxiate, suffocate; (*Mil*) to gas.
[2] **asfixiarse** VR to be asphyxiated, suffocate.
▼**así** [1] ADV [a] (*gen*) so, in this way, thus; **lo hizo ~** he did it like this; **¡~!** that's right!, that's the way!; **~ ~** so-so, fair; **~ que asá** it makes no odds; **~ como ~, ~ que ~** anyway; **20 dólares o ~** 20 dollars or so, 20 dollars or thereabouts; **¡~ (lo hace) cualquiera!** anybody could do it that way!, it's easy that way!; **¡y ~ te va!** look where it's got you; **~ y sucesivamente** and so on; **~ que** so, therefore; **~ sin más** just like that; **~ pues** and so, so then; **~ y todo** even so; **~ es que no fuimos** that's why we didn't go; **¿no es ~?** is it not so?, isn't it?; **¡~ sea!** so be it!
[b] (*comparaciones*) **~ A como B** both A and B, A as well as B; **~ de pobre que ...** (*LAm*) so poor that ...; **un baúl ~ de grande** a trunk as big as this; **no se hace ~ como** **~** it's not as easy as all that.
[2] ADJ: **un hombre ~** such a man, a man like that; **~ es la vida** such is life, that's life; **los franceses son ~** that's the way the French are.
[3] CONJ [a] **~ como, ~ que** as soon as.
[b] **~ se esté muriendo de dolor** (*esp LAm*) even though he might be dying of pain; **¡~ te mueras!** and I hope you die!
Asia NF Asia; **~ Menor** Asia Minor.
asiático/a ADJ, NM/F Asian, Asiatic.
asidero NM [a] (*asa*) handle. [b] (*pretexto*) pretext; (*base*) basis.
asiduidad NF (*V adj*) assiduousness; regularity.
asiduo/a [1] ADJ (*gen*) assiduous; (*frecuente*) frequent, regular; **parroquiano ~** regular (customer). [2] NM/F regular customer.
asiento NM [a] (*mueble*) seat, chair; (*lugar*) place; **~ trasero *o* de atrás** (*de coche*) rear seat; (*de moto*) pillion seat; **~ delantero** front seat; **~ expulsor** (*Aer*) ejector seat; **no ha calentado el ~** he hasn't stayed long.
[b] (*sitio*) site, location.
[c] (*fondo: de jarrón, silla*) bottom.
[d] (*Mec*) seating; **~ de válvula** valve seating.
[e] (*poso*) sediment.
[f] (*Arquit*) settling; **hacer ~** to settle, sink.
[g] (*arraigo*) settling, establishment.
[h] (*LAm: población minera*) mining town.
[i] (*Com: contrato*) contract; (: *en libro*) entry.
[j] (*estabilidad*) stability; (*juicio*) good sense, judgment; **hombre de ~** sensible man.
asignación NF [a] (*acto*) assignment, allocation; (*cita*) appointment. [b] (*Fin*) allowance; **~ por kilometraje** ≈ mileage allowance.
asignar <1a> VT (*gen*) to assign; (*recursos etc*) to allocate, apportion; (*labor*) to set.
asignatario/a NM/F (*LAm*) heir/heiress, legatee.
asignatura NF (*Univ etc*) subject, course; **~ pendiente** (*Univ etc*) failed subject, resit subject; (*fig*) matter pending; **aprobar una ~** to pass (in) a subject.
asilar <1a> [1] VT [a] (*albergar*) to take in, give shelter to; (*LAm*) to give political asylum to. [b] (*Med*) to put into a home *o* an institution. [2] **asilarse** VR to take refuge (*en* in); (*Pol*) to seek political asylum.
asilo NM [a] (*Pol etc*) asylum; (*fig: abrigo*) shelter, refuge; **pedir (el) ~ político** to ask for political asylum. [b] (*Med etc*) home, institution; **~ de ancianos** old people's home; **~ de pobres** poorhouse.
asimetría NF (*gen*) asymmetry; (*fig*) imbalance.
asimétrico ADJ asymmetric(al).
asimiento NM [a] (*acción*) seizing, grasping. [b] (*fig*) attachment.

▶ EXPRESIONES GENERATIVAS: **así** → 7.1, 7.2

asimilación NF assimilation.
asimilar <1a> [1] VT to assimilate. [2] **asimilarse** VR [a] to become assimilated. [b] ~ **a** to resemble.
asimismo ADV (gen) likewise, in the same way; (también) also.
asir <3a; tiempo presente como salir> [1] VT to grasp, take hold of (con with; de by); **ir asidos del brazo** to walk along arm-in-arm.
[2] VI (Bot) to take root.
[3] **asirse** VR to take hold; ~ **a** o **de** to seize; ~ **de** (fig) to avail o.s. of, take advantage of; ~ **con algn** to grapple with sb.
asirio/a ADJ, NM/F Assyrian.
asistencia NF [a] (Escol etc) attendance, presence (a at); (Teat) audience. [b] (ayuda) help, assistance; (Med) care, nursing; ~ **letrada** legal aid; ~ **médica** medical care; ~ **pública** (CSur) public health authority; ~ **sanitaria** health care; ~ **social** welfare o social work. [c] (Méx: habitación) spare room, guest room, den (US). [d] ~**s** (Fin) allowance sg.
asistenta NF charwoɪnan, daily help; ~ **social** social worker.
asistente NMF [a] assistant; (Mil) orderly, batman; (Escol, Univ) (language) assistant; ~ **social** social worker. [b] **los** ~**s** those present.
asistido ADJ: ~ **por ordenador** computer-assisted.
asistir <3a> [1] VT [a] (servir) to serve, wait on.
[b] (ayudar) to help; (Med) to attend, care for; **el médico que le asiste** the doctor who attends him; ~ **un parto** to deliver a baby.
[c] (Jur) to represent, appear for.
[d] **le asiste la razón** he has right on his side.
[2] VI [a] to be present (a at), attend; (Jur) to witness, be a witness of o to; **no asistió a la clase** he did not attend the class; **asistieron unas 200 personas** some 200 people were present; **¿vas a ~?** are you going?
[b] (Naipes) to follow suit.
asma NF asthma.
asmático/a ADJ, NM/F asthmatic.
asnada NF silly thing.
asnal ADJ asinine, silly.
asno/a NM/F [a] (Zool) donkey/she-ass. [b] (fig) ass, fat-head (fam).
asociación NF (gen) association; (sociedad) society; (Com, Fin) partnership; ~ **de padres de alumnos** parent-teacher association; ~ **de vecinos** residents' association; **por** ~ **de ideas** by association of ideas.
asociado/a [1] ADJ associated; (miembro) associate. [2] NM/F associate, member; (Com, Fin) partner.
asociar <1b> [1] VT (gen) to associate (a, con with); (recursos) to pool, put together; (Com, Fin) to take into partnership.
[2] **asociarse** VR to associate; (Com, Fin) to become partners; ~ **con algn** to team up with o join forces with sb.
asolador ADJ devastating.
asolar <1a> [1] VT to raze (to the ground), destroy. [2] **asolarse** VR (líquidos) to settle.
asoleada NF (LAm) sunstroke.
asolear <1a> [1] VT to put in the sun. [2] **asolearse** VR [a] (gen) to sunbathe; (tostarse) to get tanned. [b] (LAm) to get sunstroke.
asomada NF brief appearance.
asomar <1a> [1] VT to show, stick out; ~ **la cabeza a la ventana** to put one's head out o lean out of the window; ~ **la cara** to show one's face.
[2] VI to appear, become visible; **asoman ya las nuevas plantas** the new plants are beginning to show.
[3] **asomarse** VR [a] (cosa) to show, stick out; **se asomaba el árbol por encima de la tapia** the tree showed above the wall.
[b] (individuo) to show up, show o.s.; ~ **a** o **por** to lean o look out of; **'¡prohibido ~!'** 'do not lean out of the window!'; **¡asómate!** show yourself!; ~ **a ver algo** to take a look at sth.
asombrar <1a> [1] VT [a] (pasmar) to amaze, astonish; (asustar) to frighten.

[b] (hacer sombra) to shade; (color) to darken.
[2] **asombrarse** VR (sorprenderse) to be amazed o astonished (de at); (asustarse) to take fright; ~ **de saber algo** to be surprised to learn sth.
asombro NM [a] (sorpresa) astonishment, surprise; (susto) fear, fright. [b] (maravilla) wonder. [c] (fam) spook (fam).
asombroso ADJ amazing, astonishing.
asomo NM [a] (aparición) appearance. [b] (indicio) sign, indication; **ante cualquier** ~ **de discrepancia** at the slightest hint of disagreement; **sin** ~ **de violencia** without a trace of violence; **ni por** ~ by no means.
asonada NF mob, rabble.
asonancia NF (Lit) assonance.
asonante ADJ, NF assonant.
asonar <1l> VI to assonate.
asorocharse <1a> VR (LAm Med) to get mountain sickness.
aspa NF (Arquit) crosspiece; (de molino) sail, arm; (de ventilador) blade; **en** ~ X-shaped.
aspado ADJ X-shaped.
aspar <1a> VT [a] (Téc) to reel, wind. [b] (Rel) to crucify; (fig) to vex, annoy; **¡que me aspen si lo sé!** (fam) I'm buggered if I know! (fam).
aspaventero ADJ excitable, theatrical.
aspaviento NM exaggerated display of feeling; **hacer** ~**s** to make a great fuss.
aspecto NM [a] (apariencia) look, appearance; (Geog etc) aspect; ~ **exterior** outward appearance; **un hombre de** ~ **feroz** a fierce-looking man. [b] (fig) aspect; **bajo ese** ~ from that point of view; **ver sólo un** ~ **de la cuestión** to see only one side to the question.
aspereza NF (de terreno) roughness, ruggedness; (acidez) sourness, bitterness; (de carácter) surliness; **contestar con** ~ to answer harshly.
asperjar <1a> VT (gen) to sprinkle; (Rel) to sprinkle with holy water.
áspero ADJ [a] (al tacto) rough; (terreno) rugged. [b] (al gusto) sour, tart. [c] (clima) hard; (trato) rough. [d] (voz) rough, rasping; (tono) surly, gruff.
asperón NM sandstone.
aspersión NF sprinkling; (Agr) spraying.
aspersor NM sprinkler.
áspid NM asp.
aspidistra NF aspidistra.
aspillera NF (Mil) loophole.
aspiración NF [a] (Zool, Med) breathing in, inhalation; (Ling) aspiration; (Mús) short pause. [b] (Mec) air intake. [c] (anhelo) aspiration; ~**es** aspiration sg, ambition sg; **es un hombre sin** ~**es** he's not an ambitious man.
aspirado ADJ aspirate.
aspirador ADJ: **bomba** ~**a** suction pump.
aspiradora NF vacuum cleaner, hoover ®; **pasar la** ~ to vacuum, hoover.
aspirante [1] ADJ aspiring. [2] NMF candidate, applicant (a for).
aspirar <1a> [1] VT [a] (aire) to breathe in, inhale; (líquido) to suck up, take in.
[b] (Ling) to aspirate.
[2] VI: ~ **a algo** to aspire to sth; **no aspiro a tanto** I do not aim so high; ~ **a hacer algo** to aspire o aim to do sth.
aspirina NF aspirin.
asqueante ADJ sickening.
asquear <1a> [1] VT to disgust, sicken. [2] **asquearse** VR to be nauseated, feel disgusted.
asquerosidad NF (suciedad) filth; (dicho) obscenity; (truco) dirty trick.
asqueroso ADJ (gen) disgusting; (comida etc) revolting; (condición) squalid; (sucio) filthy, dirty.
asta NF (arma) lance, spear; (palo) shaft; (de banderas) flagpole; (de brocha) handle; (Zool) horn, antler; **a media** ~ at half mast; **dejar a algn en las** ~**s del toro** to leave sb in a jam.
astado [1] ADJ horned. [2] NM bull.
asterisco NM asterisk; **poner** ~ **a** to asterisk.
asteroide NM asteroid.

astigmático ADJ astigmatic.

astigmatismo NM astigmatism.

astil NM (*de herramienta*) handle, haft; (*de flecha*) shaft; (*de balanza*) beam.

astilla NF splinter, chip; **~s** kindling *sg*; **hacer algo ~s** to smash sth into little pieces; V **palo (a)**.

astillar ‹1a› **1** VT to splinter, chip. **2** **astillarse** VR to splinter; (*fig*) to shatter.

astillero NM shipyard, dockyard.

astracán NM astrakhan.

astral ADJ astral, of the stars.

astringente **1** ADJ astringent, binding. **2** NM astringent.

astringir ‹3e› VT (*Anat*) to constrict, contract; (*Med*) to bind.

astro NM $\boxed{a}$ (*Astron*) star, heavenly body. $\boxed{b}$ (*Cine*) star.

astrofísica NF astrophysics.

astrolabio NM astrolabe.

astrología NF astrology.

astrológico ADJ astrological.

astrólogo/a NM/F astrologer.

astronauta NMF astronaut.

astronáutica NF astronautics.

astronave NF spaceship.

astronomía NF astronomy.

astronómico ADJ astronomical.

astrónomo/a NM/F astronomer.

astroso ADJ $\boxed{a}$ (*sucio*) dirty; (*desaliñado*) untidy, shabby. $\boxed{b}$ (*malhadado*) ill-fated. $\boxed{c}$ (*vil*) contemptible.

astucia NF $\boxed{a}$ (*gen*) astuteness, cleverness; (*maña*) guile, cunning. $\boxed{b}$ **una ~** a clever trick.

astur ADJ, NMF, **asturiano/a** ADJ, NM/F Asturian.

Asturias NF Asturias; **príncipe de ~** crown prince, ≈ Prince of Wales.

astuto ADJ astute, clever; (*mañoso*) crafty, sly.

asueto NM time off, break; **día de ~** day off; **tarde de ~** (*trabajo*) afternoon off; (*Escol*) half-holiday; **tomarse un fin de semana de ~** to take a weekend break, take the weekend off.

asumir ‹3a› **1** VT (*responsabilidad*) to assume, take on; (*mando*) to take over; (*actitud*) to adopt. **2** VI (*Pol etc*) to take (up) office.

asunceño/a **1** ADJ of o from Asunción. **2** NM/F native o inhabitant of Asunción.

asunción NF assumption; **A~** (*Rel*) Assumption.

asunto NM (*gen*) matter, issue; (*tema*) subject; (*argumento*) plot; **¡esto es ~ mío!** that's my business o affair; **¡~ concluido!** that's an end to the matter!; **~s exteriores** foreign affairs; **~s que tratar** agenda; **es ~ de faldas** there's a woman involved somewhere; **ir al ~** to get down to business; V **Ministerio**; **Ministro**.

asustadizo ADJ (*gen*) easily frightened; (*nervioso*) nervy, jumpy; (*espantar*) shy, skittish.

asustar ‹1a› **1** VT (*gen*) to frighten, scare; (*espantar*) to alarm, startle. **2** **asustarse** VR to be frightened, get scared; **~ de algo** to be frightened at o get alarmed about sth; **¡no te asustes!** don't be alarmed!

A.T. ABR de **Antiguo Testamento** OT.

atabal NM kettledrum.

atabalear ‹1a› VI (*caballo*) to stamp; (*con dedos*) to drum.

atacador(a) **1** NM (*Mil*) ramrod. **2** NM/F attacker, assailant.

atacante NMF attacker, assailant.

atacar ‹1g› VT (*Mil, Med etc*) to attack; (*dañar*) to damage, wade into; (*individuo*) to assault; (*reputación*) to impugn; **tengo que ~ a las matemáticas** I'll have to get stuck into my maths (*fam*).

atachable ADJ (*Méx Inform*) compatible (*a* with).

atadero NM (*cuerda*) rope, fastening; (*sitio*) place for tying; (*Méx*: *liga*) garter.

atadijo NM loose bundle.

atado **1** ADJ (*fig*) shy, inhibited. **2** NM bundle.

atadura NF $\boxed{a}$ (*acción*) tying, fastening. $\boxed{b}$ (*cuerda*) string, rope; (*Agr*) tether; (*fig*) bond.

atajar ‹1a› **1** VT $\boxed{a}$ (*gen*) to stop, intercept; (*ruta de fuga*) to cut off; (*Arquit*) to partition off; **~ un golpe** to parry a blow. $\boxed{b}$ (*debate*) to cut short; (*discurso etc*) to interrupt; **este mal hay que ~lo** we must put an end to this evil. **2** VI to take a short cut (*por* by way of, across). **3** **atajarse** VR to stop short.

atajo NM short cut; **echar por el ~** to seek a quick solution.

atalaya **1** NF $\boxed{a}$ watchtower, observation post. $\boxed{b}$ (*fig*) vantage point. **2** NM look out, observer.

atalayar ‹1a› VT (*gen*) to observe; (*espiar*) to spy on.

atañer ‹2f; defectivo› VI: **~ a** to concern, have to do with; **en lo que atañe a eso** with regard to that; **eso no me atañe** it's no concern of mine.

ataque NM $\boxed{a}$ (*Mil etc*) attack (*a, contra* on); **~ aéreo** air raid; **~ fingido/por sorpresa** sham/frontal/surprise attack. $\boxed{b}$ (*Med etc*) attack (*de* of), fit; **~ cardíaco**, **~ al corazón** heart attack; **~ cerebral** brain haemorrhage o (*US*) hemorrhage; **~ epiléptico** epileptic fit; **~ fulminante** stroke; **~ de risa** fit of laughing.

atar ‹1a› **1** VT $\boxed{a}$ (*gen*) to tie, tie up; (*cautivo*) to bind; (*animal*) to tether; **~ corto a algn** (*fig*) to keep sb on a close rein; **~ la lengua a algn** (*fig*) to silence sb. $\boxed{b}$ (*fig*) to stop, paralyze; **~ las manos a algn** (*fig*) to tie sb's hands, restrict sb's freedom of action. **2** VI: **ni ata ni desata** this is getting us nowhere. **3** **atarse** VR to get into a muddle; **~ en una dificultad** to get tied up in a difficulty.

atarantado ADJ (*CSur*) impetuous.

atarantarse ‹1a› VR (*Chi fam*) to hurry.

atardecer ‹2d› **1** VI to get dark; **atardecía** night was falling. **2** NM dusk, evening; **al ~** at dusk.

atardecida NF dusk, nightfall.

atareado ADJ busy, rushed; **andar muy ~** to be very busy.

atarear ‹1a› **1** VT to assign a task to. **2** **atarearse** VR to work hard, keep busy; **~ con algo** to be busy doing sth.

atarragarse ‹1h› VR (*LAm*) to stuff o.s., overeat.

atarugar ‹1h› **1** VT (*llenar*) to stuff, cram. **2** **atarugarse** VR $\boxed{a}$ (*atragantarse*) to swallow the wrong way. $\boxed{b}$ (*fig*) to get confused, be in a daze.

atascadero NM $\boxed{a}$ (*lodazal*) mire, bog. $\boxed{b}$ (*fig*) stumbling block.

atascar ‹1g› **1** VT (*agujero etc*) to plug; (*cañería*) to clog up; (*proceso*) to hinder. **2** **atascarse** VR $\boxed{a}$ (*en lodazal*) to get stuck (in the mud); (*Aut*) to get into a jam; (: *motor*) to stall. $\boxed{b}$ (*fig*) to get bogged down (*en un problema* in a problem); (*en discurso*) to dry up (*fam*). $\boxed{c}$ (*cañería*) to get clogged up.

atasco NM (*gen*) obstruction, blockage; (*Aut*) traffic jam.

ataúd NM coffin.

ataviar ‹1c› **1** VT to dress up, get up (*con, de* in). **2** **ataviarse** VR to dress up, get o.s. up (*con, de* in).

atavío NM getup; **~s** finery *sg*.

ate NM (*Méx*) quince jelly.

atecomate NM (*Méx*: *vaso*) tumbler.

ateísmo NM atheism.

atejonarse ‹1a› VR (*Méx*: *esconderse*) to hide.

ateje NM $\boxed{a}$ (*caballos*) team (of horses). $\boxed{b}$ (*arreos*) harness.

atemorizar ‹1f› **1** VT to frighten, scare. **2** **atemorizarse** VR to get scared (*de, por* at).

atemperar ‹1a› VT (*moderar*) to temper, moderate.

atemporal ADJ timeless.

Atenas NF Athens.

atenazar ‹1f› VT: **~ los dientes** to grit one's teeth.

atención NF $\boxed{a}$ (*gen*) attention; (*cuidado*) care; **¡~!** (*Mil*) attention!; (*cuidado*) look out!, careful!; **¡~ a los pies!** mind your feet!; **'¡~! frenos potentes'** 'beware!: powerful brakes'; **'¡~ a los precios!'** (*Com*) 'look at our prices!'; **'para la ~ de X'** (*en sobre*) 'for the attention of X'; **llamar la ~** to attract attention, catch the eye; **llamar la ~ de algn por algo** to rebuke sb for sth; **no me llama la ~** it doesn't surprise me; **me llamó la ~ un detalle** I was struck by a detail; **prestar ~** to pay attention, listen (*a* to).

b (*cortesía*) kindness; **~es** kind gestures.
c (*obligaciones*) **~es** duties, responsibilities.
d en ~ a esto in view of this.

atender <2g> **1** VT (*gen*) to attend to, pay attention to; (*aviso etc*) to heed; (*Mec*) to service, maintain; (*cliente, paciente*) to look after, care for; (*ruego*) to comply with. **2** VI **a** ~ a to attend to, pay attention to; (*detalles*) to take care of; ~ a sus compromisos to meet one's obligations; ~ a una orden (*Com*) to attend to an order; ~ a un giro to honour o (*US*) honor a draft; ~ al teléfono to mind the telephone, stay by the telephone. **b** ~ por to answer to the name of.

ateneo NM cultural association o centre.

atenerse <2k> VR **a** ~ a (*ley*) to abide by, obey; (*opinión*) to hold to; (*promesa*) to keep to; si lo haces atente a las consecuencias if you do it, then you'll have to take what's coming to you. **b** saber a qué ~ to know what to expect o where one stands.

ateniense ADJ, NMF Athenian.

atentado **1** ADJ prudent, cautious. **2** NM (*gen*) offence; (*Pol etc*) attempt (*a o contra la vida de algn* on sb's life); ~ terrorista terrorist outrage; ~ golpista attempted coup.

atentamente ADV: le saluda ~ yours faithfully, yours truly (*US*).

atentar <1a> **1** VT (*crimen etc*) to attempt, try to commit. **2** VI: ~ a o contra to commit an outrage against; ~ contra la vida de algn to make an attempt on sb's life.

atento ADJ **a** (*gen*) attentive (*a* to), watchful (*a* of); estar ~ a los peligros to be mindful of the dangers. **b** (*cortés*) polite; (*afable*) thoughtful; ser ~ con algn to be kind to sb. **c** su ~a (carta) (*Com*) your esteemed letter. **d** ~ a in view of, in consideration of.

atenuación NF (*gen*) attenuation; (*Ling*) understatement; (*de efectos etc*) lessening; (*Jur*) extenuation.

atenuante **1** ADJ extenuating; circunstancias **~s** extenuating o mitigating circumstances. **2** NM (*LAm*) excuse, plea.

atenuar <1e> **1** VT (*gen*) to attenuate; (*Jur*) to extenuate; (*importancia*) to minimize; (*impresión etc*) to tone down. **2** atenuarse VR to weaken.

ateo/a **1** ADJ atheistic. **2** NM/F atheist.

aterciopelado ADJ velvety.

aterido ADJ stiff with cold.

aterirse <3a; defectivo; úsase sólo en infin y pp> VR to get stiff with cold.

aterrador ADJ frightening, terrifying.

aterrar <1a> **1** VT to terrify, frighten. **2** aterrarse VR to be terrified (*de* by), be frightened (*de* at).

aterrizaje NM (*Aer*) landing; ~ de emergencia o forzoso emergency o forced landing; ~ violento crash landing.

aterrizar <1f> VI (*Aer*) to touch down, land.

aterronarse <1a> VR to get lumpy.

aterrorizador ADJ terrifying, frightening.

aterrorizar <1f> VT to terrify; (*Mil, Pol*) to terrorize.

atesorar <1a> VT (*gen*) to hoard, accumulate; (*fig: virtudes etc*) to possess.

atestación NF (*Jur*) attestation; (*Pol etc*) deposition.

atestado¹ NM (*Jur*) affidavit, statement.

atestado² ADJ packed, cram-full; ~ de packed with, full of.

atestar¹ <1a> VT (*Jur*) to attest, testify to; (*fig*) to vouch for.

atestar² <1j> **1** VT (*llenar*) to pack, stuff (*de* with). **2** atestarse VR to stuff o.s (*de* with).

atestiguar <1i> VT (*Jur*) to testify to, give evidence of; (*fig*) to attest, vouch for.

atezado ADJ **a** (*bronceado*) tanned. **b** (*negro*) black.

atiborrado ADJ: ~ de full of, stuffed o crammed with.

atiborrar <1a> **1** VT to fill, stuff (*de* with). **2** atiborrarse VR to stuff o.s. (*de* with).

ático NM attic.

atiesar <1a> **1** VT to tighten (up). **2** atiesarse VR to tighten.

atigrado ADJ striped, marked like a tiger.

atildado ADJ elegant, stylish.

atildar <1a> **1** VT **a** (*Tip*) to put a tilde over. **b** (*componer*) to tidy, clean (up). **c** (*criticar*) to criticize,

find fault with. **2** atildarse VR to spruce o.s. up.

atinado ADJ (*correcto*) accurate, correct; (*sensato*) wise, sensible; una decisión poco **~a** a rather unwise decision.

atinar <1a> **1** VT (*solución*) to hit upon, find; (*acertar*) to guess right. **2** VI to be right; ~ al blanco to hit the mark; ~ a o con o en (*solución etc*) to hit upon, find; ~ a hacer algo to succeed in doing sth.

atingencia NF (*LAm*) connection, relationship.

atingir <3c> VT (*LAm*) to concern, relate to.

atípico ADJ atypical, untypical, exceptional.

atiplado ADJ (*voz*) high-pitched.

atiplarse <1a> VR to talk in a high o squeaky voice.

atirantar <1a> **1** VT to tighten, tauten. **2** atirantarse VR (*Méx fam*) to kick the bucket (*fam*).

atisbador(a) NM/F (*guardia*) watcher; (*espía*) spy.

atisbar <1a> VT to spy on, watch.

atisbo NM **a** (*acción*) spying, watching. **b** (*fig*) inkling, indication.

atizador NM **a** poker. **b** (*fig*) ~ de la guerra warmonger.

atizar <1f> VT **a** (*gen*) to poke, stir; (*horno*) to stoke. **b** (*discordia*) to stir up; (*pasión*) to fan, rouse. **c** (*fam: golpe*) to give. **2** VI: ¡atiza! (*fam*) gosh! **3** atizarse VR (*fam*) to smoke marijuana.

atizonar <1a> VT (*Bot*) to blight, smut.

atlántico **1** ADJ Atlantic. **2** NM: el A~ the Atlantic (Ocean).

Atlántida NF Atlantis.

atlas NM atlas.

atleta NMF athlete.

atlético ADJ athletic.

atletismo NM athletics.

atmósfera NF (*gen*) atmosphere; mala ~ (*Rad*) atmospherics.

atmosférico ADJ atmospheric.

atoar <1a> VT (*Náut*) to tow.

atocha NF esparto.

atocinado ADJ (*fam*) fat, tubby (*fam*).

atocinar <1a> **1** VT **a** (*Agr: cerdo*) to cut up; (*carne*) to cure. **b** (*fam*) to do in (*fam*). **2** atocinarse VR to fly off the handle.

atol(e) NM (*LAm: bebida*) cornflour drink.

atolladero NM **a** (*lodazal*) mire, morass. **b** (*fig*) jam; estar en un ~ to be in a jam; sacar a algn del ~ to get sb out of a fix.

atollar <1a> VI, **atollarse** VR to get stuck in the mud, get bogged down.

atolón NM atoll.

atolondrado ADJ bewildered, stunned.

atolondramiento NM bewilderment, amazement.

atolondrar <1a> **1** VT to bewilder, amaze. **2** atolondrarse VR to be bewildered o amazed.

atómico ADJ atomic.

atomización NF (*gen*) spraying; (*Pol etc*) atomization.

atomizador NM atomizer, spray.

atomizar <1f> VT (*gen*) to spray; (*Pol etc*) to atomize.

átomo NM atom; ~ de vida spark of life; ni un ~ de not a trace of.

atonal ADJ atonal.

atonía NF lethargy, apathy.

atónito ADJ amazed, astounded (*con, de, por* at, by); me miró ~ he looked at me in amazement.

átono ADJ atonic, unstressed.

atontado ADJ **a** (*atolondrado*) stunned, bewildered. **b** (*tonto*) stupid, thick (*fam*).

atontar <1a> **1** VT **a** (*Med etc*) to stupefy. **b** (*fig*) to stun, bewilder. **2** atontarse VR to get bewildered o confused.

atorar <1a> **1** VT **a** (*gen*) to stop up, obstruct. **b** (*esp LAm*) to stop, hold up. **2** atorarse VR (*atragantarse*) to choke, swallow the wrong way.

atormentador(a) **1** ADJ tormenting. **2** NM/F torturer.

atormentar <1a> **1** VT (*Mil etc*) to torture; (*fig*) to torment. **2** atormentarse VR to torment o.s.

atornillar <1a> VT **a** (*Téc*) to screw down. **b** (*Méx fam:*

molestar) to bother, annoy.

atoro NM (*LAm*) difficulty, fix.

atorón NM (*LAm*) traffic jam.

atorrante (*And, CSur*) **1** ADJ lazy. **2** NMF tramp, bum (*US fam*).

atortolar<1a> VT to rattle, scare.

atosigante ADJ pestering.

atosigar<1h> **1** VT **a** to poison. **b** (*fig*) to harass, pester. **2 atosigarse** VR to slog away (*fam*).

atrabiliario ADJ bad-tempered, irascible.

atrabilis NF INV (*fig*) bad temper.

atracadero NM pier.

atracador NM (*ladrón*) mugger; (*matón*) heavy (*fam*), thug.

atracar <1g> **1** VT **a** (*robar: banco*) to hold up; (: *individuo*) to mug. **b** (*Náut*) to bring alongside. **c** (*atiborrar*) to stuff, cram (with food). **d** (*LAm: molestar*) to harass, pester; (: *zurrar*) to thrash, beat. **2** VI (*Náut*) **~ en el muelle** to berth at the quay. **3 atracarse** VR **a** (*atiborrarse*) to cram, stuff (*de* with). **b** (*CAm, Méx: pelearse*) to brawl, fight.

atracción NF **a** (*gen*) attraction; **~ sexual** sexual attraction; **~es** (*Teat*) attractions; **parque de ~es** funfair. **b** (*Fís*) **~ gravitatoria** gravity.

atraco NM (*de banco etc*) holdup, robbery; (*de paseante*) mugging; **~ a mano armada** armed robbery; **¡es un ~!** (*fig*) it's daylight robbery!

atracón NM (*fam*) blow-out (*fam*); **darse un ~** to stuff o.s. (*de* with).

atractivo **1** ADJ attractive. **2** NM attractiveness, appeal.

▼atraer <2o> VT (*gen*) to attract; (*fig: apoyo etc*) to win, draw; **dejarse ~ por** to allow o.s. to be drawn towards.

atragantarse<1a> VR **a** (*Med*) to choke (*con* on), swallow the wrong way; **se me atragantó una miga** a crumb went down the wrong way. **b** (*en conversación*) to lose the thread of what one is saying. **c** (*fig fam*) **el tío ese se me atraganta** that guy gets up my nose (*fam*).

atraillar<1a> VT to put on a leash.

atrancar<1g> **1** VT (*puerta*) to bar, bolt; (*cañería*) to clog, block up. **2** VI to stride along, take big steps. **3 atrancarse** VR **a** (*atascarse*) to get bogged down (*en* in); (*Mec*) to jam; (*fig*) to get stuck. **b** (*Méx fam: porfiarse*) to dig one's heels in, be stubborn.

atranco NM = **atascadero**.

atrapamoscas NM INV flypaper.

atrapar<1a> VT (*gen*) to capture; (*resfriado etc*) to catch; **~ un empleo** to land a job.

atrás ADV **a** (*posición*) behind; (*dirección*) backwards; **¡~!** back!, get back!; **estar ~** to be in the rear; **está más ~** it's further back; **ir (hacia) ~** to go back(wards); **marcha ~** (*Aut etc*) reverse; **rueda de ~** rear *o* back wheel. **b** (*tiempo*) previously; **días ~** days ago; **4 meses ~** 4 months back; **más ~** longer ago; **desde muy ~** for a very long time.

atrasado ADJ (*gen*) late, behind (time); (*pago*) overdue; (*número de revista etc*) back *atr*; **andar** *o* **estar ~** (*reloj*) to be slow; **estar ~ en los pagos** to be in arrears; **estar ~ de medios** to be short of resources.

atrasar<1a> **1** VT (*progreso*) to slow down; (*salida etc*) to delay; (*reloj*) to put back. **2** VI (*reloj*) to lose time, be slow; **mi reloj atrasa 8 minutos** my watch is 8 minutes slow. **3 atrasarse** VR (*quedarse atrás*) to stay back, remain behind; (*tren etc*) to be late; (*reloj*) to be slow; **~ en los pagos** to be in arrears.

atraso NM **a** (*gen*) delay, time lag; (*de reloj*) slowness; (*de país etc*) backwardness; **el tren lleva ~** the train is late; **salir del ~** to catch up, make up lost time; **llegar con 20 minutos de ~** to arrive 20 minutes late; **¡esto es un ~!** this is just holding things up! **b** **~s** (*Com, Fin*) arrears; **cobrar ~s** to collect arrears.

atravesado ADJ (*bizco*) squinting, cross-eyed; (*Zool*) mongrel, cross-bred; (*Mil etc*) pierced, shot through;

(*carácter*) treacherous.

atravesar <1j> **1** VT **a** (*gen*) to go across; (*calle etc*) to cross; (*estrecho etc*) to go through; (*período*) to experience, go through. **b** (*suj: bala etc*) to pierce, go through; **~ a algn con una espada** to run sb through with a sword. **c** (*puente*) to cross, span. **d** (*obstáculo*) to lay *o* put across; **~ un tronco en el camino** to lay a trunk across the road. **e** **le tengo atravesado** he sticks in my gullet, I can't take him at all. **2 atravesarse** VR **a** (*obstáculo*) to come in between; (*espina etc*) to stick in one's throat. **b** **~ en una conversación** to butt into a conversation; **~ en un negocio** to meddle in an affair. **c** **se me atraviesa el tipo ese** I can't stand that guy.

atrayente ADJ attractive.

atrenzo NM (*LAm: apuro*) trouble, difficulty.

atreverse <2a> VR **a** to dare; **~ a hacer algo** to dare to do sth; **no me atrevo, no me atrevería** I wouldn't dare; **¿te atreves?** are you game?, will you? **b** **~ con** *o* **contra algn** to chance one's arm with sb (*fam*).

atrevido/a **1** ADJ (*gen*) bold, daring; (*insolente*) insolent, disrespectful; (*osado*) forward. **2** NM/F cheeky person.

atrevimiento NM (*gen*) boldness, daring; (*desacato*) insolence; (*osadía*) forwardness.

atribución NF **a** (*Lit etc*) attribution. **b** (*Pol*) powers, functions.

atribuible ADJ attributable (*a* to).

atribuir<3g> **1** VT **a** (*gen*) **~ a** to attribute to; (*excusa*) to put down to; (*Jur*) to impute to. **b** (*Pol*) **las funciones atribuidas a mi cargo** the powers conferred on me by my post. **2 atribuirse** VR: **~ algo** to claim sth for o.s.

atribular<1a> **1** VT to grieve, afflict. **2 atribularse** VR to grieve, be distressed.

atributivo ADJ attributive.

atributo NM attribute.

atril NM (*Rel etc*) lectern; (*Mús*) music stand.

atrincherar<1a> **1** VT to fortify with trenches. **2 atrincherarse** VR to entrench o.s., dig in.

atrio NM (*Rel*) vestibule, porch.

atrochar<1a> VI to take a short cut.

atrocidad NF **a** (*Mil etc*) atrocity, outrage. **b** (*fam: tontería*) foolish thing; **decir ~es** to talk nonsense.

atrofia NF atrophy.

atrofiar<1b> **1** VT to atrophy. **2 atrofiarse** VR to atrophy, be atrophied.

atrojarse<1a> VR (*Méx*) to be stumped *o* stuck (for an answer).

atrompetado ADJ bell-shaped.

atronador ADJ deafening.

atronar <1l> VT **a** (*Med*) to deafen. **b** (*Taur*) to fell with a blow on the neck. **c** (*fig*) to stun.

atropellado ADJ (*acto*) hasty, precipitate; (*estilo*) brusque, abrupt; (*ritmo*) violent.

atropellar<1a> **1** VT **a** (*pisotear*) to trample underfoot; (*Aut etc*) to knock down, run over *o* down; (*celebridad*) to mob. **b** (*derechos*) to ride roughshod over; (*sentimientos*) to outrage, violate; (*constitución*) to violate. **c** (*humillar: persona*) to crush. **2** VI: **~ por** to push one's way violently through; (*fig*) to disregard, ride roughshod over; **atropella por todo** he doesn't give a damn for anybody. **3 atropellarse** VR (*actos*) to rush; (*al hablar*) to splutter.

atropello NM **a** (*Aut*) accident, knocking down; (*empujón*) shove, push; (*codeo*) jostling. **b** (*fig*) abuse (*de* of), disregard (*de* for); **los ~s del dictador** the crimes of the dictator.

atroz ADJ **a** (*gen*) atrocious; (*cruel*) cruel, inhuman. **b** (*fam: enorme*) huge, terrific; (*horrible*) dreadful, awful.

ATS NMF ABR *de* **ayudante técnico sanitario** ≈ EN.

atto ABR *de* **atento**.

ATUDEM NF ABR (*Esp*) *de* **Asociación Turística de Estaciones de Esquí y Montaña**.

> EXPRESIONES GENERATIVAS: **atraer → 1.3**

atuendo NM attire.

atufado ADJ (*gen*) cross, angry; (*And*) dazed.

atufar<1a> [1] VT [a] (*suj: olor*) to overcome.
[b] (*molestar*) to irritate, vex.
[2] **atufarse** VR [a] (*vino*) to turn sour.
[b] (*persona*) to be overcome (*with smell or fumes*).
[c] (*fig*) to get cross (*con, de, por* at, with).

atufo NM irritation.

atún NM tuna.

atunero [1] ADJ tuna *atr*. [2] NM tuna fisherman.

aturdido ADJ bewildered, dazed.

aturdimiento NM bewilderment, amazement.

aturdir <3a> [1] VT [a] (*gen*) to stun, daze; (*suj: ruido*) to
deafen; (: *droga, movimiento, vino*) to make giddy. [b] (*fig*)
to bewilder; **la noticia nos aturdió** the news stunned us.
[2] **aturdirse** VR to be stunned.

aturrullar <1a> [1] VT to bewilder, perplex. [2] **aturru-
llarse** VR to get flustered.

atusar <1a> [1] VT (*pelo: cortar*) to trim; (*alisar*) to smooth
(down). [2] **atusarse** VR to dress up to the nines; ~ **el
bigote** to stroke one's moustache *o* (*US*) mustache.

audacia NF (*gen*) boldness, audacity; (*descaro*) cheek.

audaz ADJ bold, audacious.

audibilidad NF audibility.

audible ADJ audible.

audición NF [a] (*Med*) hearing. [b] (*Teat*) audition; **dar ~ a
algn** to audition sb. [c] (*Mús*) concert.

audiencia NF [a] (*Rel etc*) audience; **recibir a algn en ~** to
grant sb an audience. [b] (*Jur: tribunal*) court; (: *palacio*)
assizes; (*Pol*) ~ **pública** public inquiry.

audífono NM hearing aid.

audiovisual ADJ audio-visual.

auditar <1a> VT to audit.

auditivo ADJ auditory, hearing *atr*.

auditor(a) NM/F (*Jur*) judge advocate; (*Fin*) auditor.

auditoría NF (*Com, Fin*) audit(ing).

auditorio NM [a] (*público*) audience. [b] (*local*) auditorium,
hall.

auge NM (*cima*) peak, zenith; (*Astron*) apogee; (*Econ*) expansion; (*Com*) boom (*de* in); **estar en (pleno) ~** to
thrive; (*Com*) to be thriving *o* booming.

augurar <1a> VT (*suj: cosa*) to augur; (: *individuo*) to foresee.

augurio NM [a] (*presagio*) omen. [b] (*fig*) ~**s** best wishes
(*para* for).

augusto ADJ august.

aula NF (*Escol*) classroom; (*Univ*) lecture room; ~ **magna**
assembly *o* main hall.

aulaga NF furze, gorse.

aullar <1a> VI to howl, yell.

aullido NM howl, yell; **dar ~s** to howl, yell.

aumentar <1a> [1] VT (*gen*) to increase; (*precio*) to put up;
(*producción*) to step up; (*añadir a*) to add to, augment;
(*Elec*) to boost; (*imagen*) to magnify; (*Fot*) to enlarge.
[2] VI, **aumentarse** VR to increase, be on the increase.

aumentativo ADJ, NM augmentative.

aumento NM [a] (*gen*) increase; (*de precio*) increase, rise;
(*de imagen*) magnification; (*Fot*) enlargement; (*Rad*) amplification; ~ **de población** population increase; ~ **de
precio** rise in price; ~ **salarial** *o* ~ **de sueldo** (pay) rise;
ir en ~ to (be on the) increase. [b] (*Méx: posdata*) postscript.

aun ADV even; ~ **los que tienen dinero** even those who
have money; **ni ~ regalado** not even if you give it to
me; **y ni ~ así lo haría** not even then would I do it; ~
(siendo esto) así even so, even if that were the case; ~
cuando even if; **más ~** even more.

aún ADV still, yet; ~ **está aquí** he's still here; ~ **no lo
sabemos** we still don't know, we don't know yet; **¿no
ha venido ~?** hasn't he come yet?

aunar <1a> [1] VT to join, unite. [2] **aunarse** VR to unite.

aunque CONJ though, although,, even though; ~ **llueva
vendremos** we'll come even if it rains; ~ **no me creas**
even though you may not believe me.

aúpa [1] INTERJ up!, come on!; **¡~ Toboso!** up Toboso!
[2] ADJ (*fam*) **una función de** ~ a slap-up do; **una paliza
de** ~ a thrashing and a half.

au pair [1] ADJ au pair; **chica ~** au pair (girl). [2] NF au pair
(girl).

aupar <1a> VT (*levantar*) to help up; (*fig*) to praise; **sus discos la han aupado a los primeros puestos** her records
have lifted her to the top positions.

aura NF (*LAm Orn*) vulture, buzzard (*US*).

áureo ADJ (*lit*) golden.

aureola, auréola NF (*Rel*) halo, aureole; (*fig*) fame.

aurícula NF auricle.

auricular [1] ADJ aural, of the ear. [2] NM [a] (*Anat*) little
finger. [b] (*Telec*) receiver; ~**es** headphones, earphones.

aurora NF (*lit*) dawn; ~ **boreal(is)** northern lights.

auscultación NF sounding, auscultation.

auscultar <1a> VT to sound, auscultate.

ausencia NF absence.

ausentarse <1a> VR (*marcharse*) to absent o.s. (*de* from);
(*no acudir*) to stay away (*de* from).

ausente [1] ADJ (*gen*) absent (*de* from); (*fig*) daydreaming;
estar ~ de to be absent *o* missing from; **estar ~ de su
casa** to be away from home. [2] NMF (*Escol etc*) absentee;
(*Jur*) missing person.

auspiciar <1b> VT (*LAm*) to back, sponsor.

auspicios NMPL auspices; **bajo los ~ de** under the auspices of, sponsored by.

auspicioso ADJ auspicious.

austeridad NF (*Fin etc*) austerity; (*severidad*) severity.

austero ADJ (*Fin etc*) austere; (*severo*) severe.

austral [1] ADJ southern. [2] NM (*Arg*) *monetary unit (1985-
1991).*

Australia NF Australia.

australiano/a ADJ, NM/F Australian.

Austria NF Austria.

austríaco/a ADJ, NM/F Austrian.

autarquía NF autarchy.

auténtica NF (*Jur: gen*) certification; (: *copia*) authorized
copy.

autenticar <1g> VT to authenticate.

autenticidad NF authenticity.

auténtico ADJ authentic; **un ~ espíritu de servicio** a true
spirit of service; **es un ~ campeón** he's a real champion; **éste es copia y no el ~** this one is a copy and not
the real one.

autentificar <1g> VT to authenticate.

autillo NM tawny owl.

autista, autístico ADJ autistic.

auto¹ NM (*Aut*) car, automobile (*US*); ~ **de choque** bumper car, dodgem.

auto² NM [a] (*Jur*) edict, judicial decree; ~ **de comparecencia** summons, subpoena (*US*); ~ **de ejecución**
writ of execution; ~ **de prisión** warrant for arrest; ~ **de
procesamiento** charge, indictment; ~**s** proceedings,
court record *sg*. [b] (*Teat, Rel*) mystery play; ~ **del
nacimiento** nativity play; ~ **sacramental** eucharistic
play. [c] (*Hist*) ~ **de fe** auto-da-fé; **hacer un ~ de fe de**
(*fig*) to burn.

auto... PREF auto..., self-....

autoabastecerse <1a> VR to supply o.s. (*de* with); (*ser
autosuficiente*) to be self-sufficient.

autoabastecimiento NM self-sufficiency.

autoadhesivo ADJ self-adhesive.

autoafirmación NF assertiveness.

autoalimentación NF (*Inform*): ~ **de hojas** automatic
paper feed.

autoanálisis NM self-analysis.

autoanalizarse <1f> VR to analyze o.s., do self-analysis.

autobiografía NF autobiography.

autobiográfico ADJ autobiographic(al).

autobomba NF fire engine.

autobombearse <1a> VR to blow one's own trumpet.

autobombo NM self-glorification; **hacerse el ~** to blow
one's own trumpet.

autobús NM bus; (*LAm*) coach; ~ **de dos pisos** double-
decker (bus); ~ **de línea** long-distance coach.

autocar NM coach; ~ **de línea** long-distance *o* inter-city
coach.

autoclave NM pressure cooker; (*Med*) sterilizing apparat-

us.
autocracia NF autocracy.
autócrata NMF autocrat.
autocrático ADJ autocratic.
autocrítica NF self-criticism.
autóctono ADJ indigenous.
autodefensa NF self-defence, self-defense (US).
autodestrucción NF self-destruction.
autodeterminación NF self-determination.
autodidacta [1] ADJ self-taught. [2] NMF autodidact.
autodisciplina NF self-discipline.
autodisparador NM (Fot) self-timer.
autodominio NM self-control.
autódromo NM (motor-)racing circuit.
autoedición NF desktop publishing.
autoempleo NM self-employment.
autoescuela NF driving school.
autoestop NM hitch-hiking; **hacer** ~ to hitch-hike, thumb lifts.
autoestopista NMF hitch-hiker.
autoexploración NF self-examination.
autofinanciado ADJ self-financing.
autofinanciarse<1b> VR to finance o.s.
autogestión NF self-management; (esp) worker management.
autogiro NM autogiro.
autógrafo NM autograph.
autoinculparse<1a> VR to incriminate o.s.
autoinmune ADJ autoimmune.
autómata NM automation, robot; ~ **industrial** industrial robot.
automaticidad NF automaticity.
automático [1] ADJ automatic; **lavadora** ~**a** (automatic) washing machine. [2] NM (Cos) press stud.
automatización NF automation.
automatizar<1f> VT to automate.
automotor [1] ADJ self-propelled. [2] NM (Ferro) diesel train.
automóvil [1] ADJ self-propelled. [2] NM car, automobile (US); ~ **de carreras** racing car; **ir en** ~ to drive, go o travel by car.
automovilismo NM motoring; ~ **deportivo** motor racing.
automovilista NMF motorist, driver.
automovilístico ADJ car atr, auto atr (US); **industria** ~**a** car industry.
autonomía NF [a] (gen) autonomy; **Estatuto de A**~ (Esp) Devolution Statute. [b] (Aer, Náut) range; **de gran** ~ long range.
autonómico ADJ (Pol) autonomous, self-governing; **elecciones** ~**as** elections for the autonomous regions; **política** ~**a** policy concerning the autonomies; **el proceso** ~ the process leading to autonomy; **región** ~**a** autonomous region.
autonomismo NM separatism, movement towards autonomy.
autónomo ADJ autonomous, self-governing; (Inform) stand-alone, offline; **trabajo** ~ self-employment.
autopista NF motorway, freeway (US); ~ **de peaje** toll road, turnpike (US).
autoproclamado ADJ self-confessed.
autopropulsión NF self-propulsion.
autopropulsor ADJ self-propelling.
autopsia NF post mortem, autopsy.
autor(a) NM/F (Lit) author, writer; (Jur: de crimen) perpetrator (de of); ~ **intelectual** originator, brains (fam) (de behind); ~ **de mis días** (fig) my father.
autoría NF authorship; **la** ~ **del atentado** the responsibility for the attack.
autoridad NF (gen) authority; **las** ~**es** the authorities; ~ **de sanidad** health authorities pl; ~ **local** local authority.
autoritario/a ADJ, NM/F authoritarian.
autoritarismo NM authoritarianism.
autorización NF authorization, permission (para hacer algo to do sth).

autorizado ADJ (oficial) authorized, official; (fiable) authoritative; (Com) approved; **la persona** ~**a** the officially designated o approved person.
autorizar <1f> VT (dar facultad a) to authorize, empower; (permitir) to approve, license; (Jur) to legalise.
autorretrato NM self-portrait.
autoservicio NM (tienda) self-service store o shop; (restaurante) self-service restaurant.
autostop NM hitch-hiking; **hacer** ~ to hitch-hike, thumb lifts.
autostopista NMF hitch-hiker.
autosuficiencia NF (Econ) self-sufficiency.
autosuficiente ADJ (Econ) self-sufficient.
autosugestión NF autosuggestion.
autotanque NM tanker, tank truck (US).
autovía NF main road, trunk road, state highway (US); ~ **de circunvalación** bypass, ring road.
auxiliar¹ [1] ADJ (Univ etc) assistant; (Ling) auxiliary; (plantilla) ancillary.
[2] NMF auxiliary; (Univ) assistant lecturer; ~ **administrativo** administrative assistant; ~ **de laboratorio** (Téc) lab(oratory) assistant; ~ **de vuelo** (Aer) steward/stewardess.
auxiliar² <1b> VT (gen) to help, assist; (agonizante) to attend; (Pol etc) to aid, give aid to.
auxilio NM help, aid, assistance; ~ **social** welfare service; **primeros** ~**s** (Med) first aid; **acudir en** ~ **de algn** to come to sb's aid.
Av. ABR de **Avenida** Av., Ave.
a/v ABR (Com) de **a vista**.
aval NM (Com) endorsement; (de firma) guarantee; **dar su** ~ **a** to be a guarantor for; (Fin) to underwrite.
avalancha NF avalanche.
avalar <1a> VT (Fin) to underwrite; (: individuo) to act as guarantor for; (Com) to endorse, guarantee.
avalentonado ADJ boastful, arrogant.
avalista NM (Com) endorser.
avalorar <1a> VT [a] (Com) to appraise. [b] (fig) to encourage.
avaluación NF valuation, appraisal.
avaluar<1e> VT to value, appraise.
avance NM [a] (Mil, fig) advance. [b] (Fin) advance payment; (Com) balance. [c] (Elec) lead. [d] ~ **informativo** (TV) early news programme; (Prensa) press release.
avante ADV (esp LAm) forward; (Náut) forward, ahead; **¡**~**!** forward!
avanzada NF (Mil) advance party o guard.
avanzado ADJ (gen) advanced; (hora) late; (pómulo etc) prominent; **de edad** ~**a, ~ de edad** advanced in years.
avanzar<1f> [1] VT [a] (mover) to advance, move forward.
[b] (dinero) to advance.
[c] (opinión etc) to put forward.
[2] VI, **avanzarse** VR [a] (gen) to advance, move on.
[b] (plan etc) to go forward, progress.
[c] (noche etc) to draw on.
[d] ~ **algo** (CAm, Méx) to steal sth.
avanzo NM (Com) balance sheet.
avaricia NF avarice.
avaricioso, avariento ADJ miserly, avaricious.
avaro/a [1] ADJ miserly, mean; **ser** ~ **de/en alabanzas** to be sparing in one's praise; **ser** ~ **de palabras** to be a person of few words. [2] NM/F miser, mean person.
avasallador ADJ overwhelming.
avasallamiento NM subjugation.
avasallar <1a> [1] VT (sujetar) to subjugate; (dominar) to dominate. [2] **avasallarse** VR to submit, yield.
avatar NM change, transformation; ~**es** ups and downs.
Avda. ABR de **Avenida** Av., Ave.
AVE NM ABR de **Alta Velocidad Española** high-speed train.
ave NF bird; (esp LAm) chicken; ~ **acuática** o **acuátil** water bird; ~ **canora** o **cantora** songbird; ~ **de corral** chicken, fowl; ~**s de corral** poultry sg; ~ **marina** sea bird sg; ~ **de paso** bird of passage; ~ **de presa** o **de rapiña** bird of prey.
avecinarse<1a> VR to approach, come near.
avecindarse<1a> VR to take up one's residence, settle.

avefría NF lapwing.

avejentado ADJ (*piel, rostro*) old; **le encontré ~ para su edad** he looked old for his age.

avejentar<1a> VT, VI, **avejentarse** VR to age.

avellana NF a (*Bot*) hazelnut. b (*Per*) firecracker.

avellanado ADJ a (*color*) nutbrown. b (*piel*) shrivelled, wizened.

avellanar[1] NM hazel wood.

avellanar[2] <1a> [1] VT (*Téc*) to countersink. [2] **avellanarse** VR to become wrinkled.

avellanedo NM hazel wood.

avellano NM hazel nut tree.

avemaría NF a (*Rel: cuenta*) rosary bead; (: *oración*) Ave Maria, Hail Mary. b **al ~** at dusk; **en un ~** in a twinkling; **saber algo como el ~** (*fam*) to know sth inside out.

avena NF oats; **~ loca** wild oats.

avenado ADJ half-crazy, touched (*fam*).

avenamiento NM drainage.

avenar<1a> VT to drain.

avenencia NF (*acuerdo*) agreement; (*Com*) deal.

avenida NF a (*calle*) avenue. b (*de río*) flood, spate.

avenido ADJ (*personas*): **están muy bien/mal ~s** they get on well/badly; (*pareja*) they're well/badly matched.

avenimiento NM agreement, compromise.

avenir<3a> [1] VT to reconcile, bring together. [2] VI to come to pass. [3] **avenirse** VR a (*Com etc*) to come to an agreement; (*hermanos etc*) to get on well together; **no se avienen** they don't get on. b **~ con algo** (*estar de acuerdo*) to be in agreement with sth; (*resignarse*) to resign o.s. to sth; **~ con algn** to reach an agreement with sb. c **~ a hacer algo** to agree to do sth.

aventado ADJ (*LAm*) daring.

aventadora NF winnowing machine.

aventajado ADJ outstanding; **~ de estatura** exceptionally tall.

aventajar<1a> VT a (*gen*) to surpass, excel (*en* in); (*en carrera*) to outstrip. b (*mejorar*) to improve, better. c (*preferir*) to prefer.

aventar<1j> [1] VT a (*fuego*) to fan, blow (on); (*Agr*) to winnow. b (*tirar*) to chuck o throw out; (*LAm: echar*) to throw. [2] **aventarse** VR a (*vela etc*) to fill with air, swell up. b (*atacar*) to attack.

aventón NM (*Méx: empujón*) push, shove; **pedir ~** to hitch a lift o (*US*) ride.

aventura NF a (*gen*) adventure; **~ sentimental** love affair; **de ~** (*película, libro*) adventure *atr*, action-adventure *atr*. b (*contingencia*) chance, contingency; **a la ~** at random. c (*riesgo*) risk, hazard.

aventurado ADJ risky, hazardous; **es ~ suponer ...** it's a bit too much to suppose that ....

aventurar<1a> [1] VT to venture, risk; (*opinión etc*) to hazard. [2] **aventurarse** VR to dare, take a chance; **~ a hacer algo** to venture to do sth, risk doing sth; **el que no se aventura no pasa la mar** nothing ventured, nothing gained.

aventurero/a [1] ADJ adventurous. [2] NM/F adventurer/adventuress. [3] NM (*Mil*) mercenary, soldier of fortune.

avergonzado ADJ: **estar ~** to be ashamed (*de, por* about, at).

avergonzar<1f, 1l> [1] VT (*gen*) to shame, put to shame; (*poner en un aprieto*) to embarrass. [2] **avergonzarse** VR (*gen*) to be ashamed (*de, por* about, at, of); (*turbarse*) to be embarrassed; **~ de hacer algo** to be ashamed to do sth; **se avergonzó de haberlo dicho** he was ashamed at having said it.

avería NF a (*Com etc*) damage; (*Mec*) breakdown; **el coche tiene una ~** there's something wrong with the car; **en caso de ~ llame al 3474** in the event of a breakdown call 3474. b (*Náut*) average; **~ gruesa** general average.

averiado ADJ (*Mec*) broken down, faulty; '**~**' 'out of order'.

averiar<1c> [1] VT (*Mec*) to cause a breakdown o failure in; (*estropear*) to damage; **debe de estar averiado** (*coche*) it must have broken down; (*ascensor*) it must be out of order. [2] **averiarse** VR (*gen*) to get damaged; (*Mec*) to have a breakdown.

averiguable ADJ verifiable.

averiguación NF (*gen*) verification; (*investigación*) inquiry, investigation.

averiguado ADJ certain, established.

averiguar<1i> [1] VT (*verificar*) to verify; (*descubrir*) to ascertain, discover; (*dato: buscar*) to look up; (*asunto*) to investigate, inquire into; **~ las señas de algn** to find out sb's address; **eso es todo lo que se pudo ~** that is all that could be discovered. [2] VI (*CAm, Méx fam: pelear*) to quarrel.

aversión NF (*gen*) aversion (*hacia algo, por algo* to sth; *a algn* for sb); (*aborrecimiento*) disgust, loathing; **cobrar ~ a** to take a strong dislike to.

avestruz NM (*Orn*) ostrich; **~ de la pampa** rhea.

avetado ADJ veined, streaked.

avezar<1f> [1] VT to accustom, inure (*a* to). [2] **avezarse** VR to become accustomed; **~ a algo** to get used o hardened to sth.

aviación NF a (*gen*) aviation. b (*Mil*) air force; **la ~ francesa** the French air force.

AVIACO NF ABR (*Esp*) de **Aviación y Comercio S.A.**

aviado ADJ a **estar ~** (*Arg*) to be well off, have all one needs. b **estar ~** to be in a mess; **¡~s estamos!** what a mess we're in!

aviador(a) NM/F a (*Aer: piloto*) pilot; (: *tripulante*) crew member. b (*Méx fam*) phantom employee.

aviar <1c> [1] VT a (*preparar*) to get ready, prepare; (*ordenar*) to tidy up; (*proveer*) to supply (*de* with); (*LAm*) to advance money to. b **~ a algn** to hurry o (*fam*) gee sb up. [2] **aviarse** VR to get ready (*para hacer algo* to do sth).

avícola ADJ poultry *atr*; **granja ~** poultry farm.

avicultor(a) NM/F poultry farmer.

avicultura NF poultry farming.

avidez NF (*entusiasmo*) avidity, eagerness (*de* for); (*codicia*) greed, greediness (*de* for); **con ~** eagerly.

ávido ADJ (*gen*) avid, eager (*de* for); (*codicioso*) greedy (*de* for).

avieso ADJ (*torcido*) distorted, crooked; (*perverso*) perverse, wicked.

avilantarse<1a> VR to be insolent.

avilantez NF insolence.

avillanado ADJ boorish, uncouth.

avinagrado ADJ (*sabor*) sour, acid; (*fig*) sour, jaundiced.

avinagrar<1a> [1] VT to sour. [2] **avinagrarse** VR (*individuo*) to be crotchety; (*vino etc*) to turn sour.

Aviñón NM Avignon.

avío NM a (*prevención*) preparation, provision. b (*LAm Agr*) loan. c **hacer su ~** (*fam*) to make one's pile (*fam*). d **¡al ~!** get cracking!, get on with it! e **~s** gear *sg*.

avión NM a (*Aer*) aeroplane, plane, aircraft, airplane (*US*); **~ de carga** freight o cargo plane; **~ de caza** o **de combate** fighter, pursuit plane; **~ de despegue vertical** vertical take-off plane; **~ de pasajeros** passenger aircraft; **~ a** o **de reacción** jet plane; **por ~** (*Correos*) by airmail; **ir en ~** to go by plane o air. b (*Orn*) martin. c **hacer el ~ a algn** (*fam*) to do sb down, cause sb harm.

avioneta NF light aircraft.

avisado ADJ sensible; **mal ~** rash, ill-advised.

avisador NM electric bell; **~ de incendios** fire alarm.

avisar <1a> VT a (*informar*) to inform, notify, tell; **~ a algn con una semana de anticipación** to give sb a week's notice; **¿por qué no me avisó?** why didn't you let me know?; **en cuanto ella llegue me avisas** tell me the moment she comes; **~ un taxi** to call a cab; '**avisamos grúa**' (*Esp*) 'cars will be towed away'. b (*advertir*) to warn; (*fam: criminal etc*) to tip off (*fam*); (*amonestar*) to admonish; **~ al médico** to send for the doctor.

aviso NM a (*gen*) piece of information, tip; (*advertencia*) notice, warning; (*consejo*) advice; (*Com, Fin*) demand note; (*Inform*) prompt; **~ de bomba** bomb alert; **~ de envío** dispatch note; **~ escrito** notice in writing; **con 15 días de ~** at a fortnight's notice; **con poco tiempo de ~** at short notice; **sin previo ~** without warning *o* notice; **hasta nuevo ~** until further notice; **salvo ~ contrario** unless otherwise informed; **según (su) ~** (*Com*) as per order, as you ordered; **mandar ~** to send word. [b] (*Com: esp LAm*) advertisement; (*Pol*) announcement, statement; **'~s económicos'** 'classified advertisements'. [c] estar sobre ~ to be on the look-out.

avispa NF [a] (*insecto*) wasp. [b] (*persona*) sharp *o* clever person.

avispado ADJ (*astuto*) sharp, clever; (*pey*) sly, wily.

avispar <1a> [1] VT (*caballo*) to spur on; (*fig*) to prod. [2] **avisparse** VR (*despabilarse*) to liven up; (*preocuparse*) to fret, worry; (*LAm*) to become alarmed.

avispero NM [a] (*lit*) wasp's nest. [b] (*Med*) carbuncle. [c] (*fam*) hornet's nest, mess.

avispón NM hornet.

avistar <1a> [1] VT to sight, catch sight of. [2] **avistarse** VR to have an interview (*con* with).

avitaminosis NF vitamin deficiency.

avituallamiento NM provisioning, supplying.

avituallar <1a> VT to provision, supply with food.

avivar <1a> [1] VT (*fuego*) to stoke (up); (*color*) to brighten; (*dolor*) to intensify; (*pasión*) to excite, arouse; (*disputa*) to add fuel to; (*interés*) to stimulate; (*esfuerzo*) to revive. [2] **avivarse** VR to revive, take on new life.

avizor ADJ: **estar ojo ~** to be on the alert, be vigilant.

avizorar <1a> VT to watch, spy on.

avutarda NF great bustard.

axial ADJ axial.

axila NF armpit.

axioma NM axiom.

axiomático ADJ axiomatic.

ay [1] INTERJ [a] (*dolor*) ow!, ouch! [b] (*pena*) oh!, oh dear!; **¡~ de mí!** whatever shall I do?; **¡~ del que lo haga!** woe betide the man who does it! [c] (*sorpresa*) oh!, goodness! [2] NM moan, groan; **un ~ desgarrador** a heartrending cry.

aya NF governess.

ayatolá, ayatollah NM ayatollah.

ayer [1] ADV yesterday; (*fig*) formerly, in the past; **~ mismamente** *o* (*LAm*) **no más** only yesterday; **~ por la mañana** yesterday morning; **no es (cosa) de ~** it's nothing new. [2] NM yesterday, past; **el ~ madrileño** Madrid in the past, old Madrid.

ayllu NM (*And*) Indian commune.

aymara, aymará ADJ, NMF Aymara.

ayo NM tutor.

ayote NM (*Méx, CAm: calabaza*) pumpkin.

ayte. ABR *de* **ayudante** asst.

Ayto ABR *de* **Ayuntamiento.**

ayuda [1] NF [a] (*gen*) help, assistance; **~ económica** economic aid; **~ humanitaria** humanitarian aid. [b] (*Med*) enema; (*LAm*) laxative. [2] NM (*paje*) page; **~ de cámara** valet.

ayudante NMF (*gen*) helper, assistant; (*Mil*) adjutant; (*Téc*) technician; **~ de dirección** (*Teat etc*) production assistant; **~ del electricista** electrician's mate; **~ de laboratorio** lab(oratory) assistant *o* technician; **~ de realización** (*TV*) production assistant; **~ técnico sanitario** nursing assistant.

ayudar <1a> [1] VT (*gen*) to help, aid, assist; **~ a algn a hacer algo** to help sb to do sth; **~ a algn a bajar** to help sb down *o* out. [2] **ayudarse** VR (*gen*) to help each other; (*valerse de*) to make use of, use; **ayúdate y Dios te ayudará** God helps those who help themselves.

ayunar <1a> VI to fast.

ayunas NFPL: **salir en ~** to go without any breakfast; **estar** *o* **quedarse en ~** (*ser ignorante*) to be completely in the dark; (*no caer*) to miss the point.

ayuno [1] ADJ [a] (*Rel etc*) fasting. [b] (*fig: privado*) deprived; **estar ~ de** to know nothing about. [2] NM fast, fasting; **guardar ~** to fast; **día de ~** fast day.

ayuntamiento NM [a] (*corporación*) district *o* town *o* city council. [b] (*Casa Consistorial*) town *o* city hall. [c] (*cópula*) sexual intercourse.

azabachado ADJ jet-black.

azabache NM (*Min*) jet; **~s** jet trinkets.

azada NF hoe.

azadón NM large hoe, mattock.

azafata NF (*Aer*) air hostess, stewardess; (*TV*) hostess; **~ de exposiciones y congresos** congress organizer.

azafate NM flat basket, tray.

azafrán NM (*Culin*) saffron.

azafranado ADJ (*color*) saffron-coloured *o* (*US*) -colored; (*sabor*) saffron-flavoured *o* (*US*) -flavored.

azafranar <1a> VT (*Culin*) to colour *o* (*US*) color with saffron, flavour *o* (*US*) flavor with saffron.

azahar NM orange blossom.

azalea NF azalea.

azar NM [a] (*gen*) chance, fate; **al ~** at random; **por ~** accidentally, by chance. [b] (*desgracia*) accident, piece of bad luck.

azararse <1a> VR [a] to go wrong, go awry. [b] = **azorarse.**

azaroso ADJ [a] (*arriesgado*) risky, hazardous; (*vida*) eventful. [b] (*malhadado*) unlucky.

Azerbaiyán NM Azerbaijan.

azerí ADJ, NMF Azeri.

ázimo ADJ (*pan*) unleavened.

azogado [1] ADJ restless, fidgety. [2] NM silvering (of a mirror).

azogar <1h> [1] VT to coat with quicksilver; (*espejo*) to silver. [2] **azogarse** VR to be restless *o* fidgety.

azogue NM mercury, quicksilver; **ser un ~** to be always on the go; **tener ~** to be restless, be fidgety.

azolve NM (*sedimento*) sediment, deposit.

azor NM goshawk.

azorado ADJ alarmed, upset.

azoramiento NM embarrassment, fluster.

azorar <1a> [1] VT [a] (*sobresaltar*) to alarm. [b] (*turbar*) to embarrass, fluster. [c] (*animar*) to urge *o* egg on. [2] **azorarse** VR [a] (*alarmarse*) to get alarmed *o* rattled. [b] (*sentirse violento*) to be embarrassed, get flustered.

Azores NFPL Azores.

azoro NM [a] (*esp LAm*) = **azoramiento.** [b] (*CAm*) ghost.

azotaina NF beating, spanking; **¡te voy a dar una ~!** I'm going to give you a good hiding! (*fam*).

azotar <1a> VT [a] (*latigar*) to whip, flog; (*zurrar*) to thrash, spank; (*Agr etc*) to beat; (*suj: lluvia etc*) to lash. [b] **~ las calles** to loaf around the streets.

azote NM [a] (*instrumento*) whip, scourge. [b] (*golpe: de látigo*) stroke, lash; (*: de mano*) spanking; **~s y galeras** the same old stuff. [c] (*fig*) scourge.

azotea NF (*And, CSur*) flat roof, adobe house.

azteca ADJ, NMF Aztec.

azúcar NM *o* NF sugar; **~ blanquilla / fina / en terrón** white/caster/lump sugar; **~ flor** (*LAm*) icing sugar; **~ morena** *o* **negra** *o* **Demerara** brown sugar.

azucarado ADJ sugary, sweet.

azucarar <1a> VT [a] to sugar, add sugar to. [b] (*fig*) to sweeten.

azucarera, azucarería NF sugar refinery.

azucarero [1] ADJ sugar atr. [2] NM sugar bowl.

azucena NF white lily.

azuela NF adze.

azufre NM (*Quím*) sulphur, sulfur (*US*); (*Rel etc*) brimstone.

azufroso ADJ sulphurous, sulfurous (*US*).

azul [1] ADJ blue; **sangre ~** noble blood. [2] NM (*color*) blue; (*grado*) blueness; **~ celeste / eléctrico / marino** sky/electric/navy blue; **~ turquesa** turquoise; **~ de ultramar** ultramarine.

azulado ADJ blue, bluish.

azular <1a> [1] VT to colour *o* (*US*) color *o* dye blue. [2] **azularse** VR to turn blue.

azulejar <1a> VT to tile.

azulejo NM glazed tile; (*en el suelo*) floor tile.
azulino ADJ bluish.

azulón ADJ, NM deep blue.
azurumbado ADJ (*CAm, Méx: tonto*) silly, stupid.

B, b [be] NF (*letra*) B, b.

B. ABR [a] *de* **Barcelona**. [b] (*Rel*) *de* **Beato/a**.

baba NF [a] (*saliva*) spittle, saliva; (*de niños*) dribble; (*Bio*) mucus; (*de babosas etc*) slime, secretion; **mala ~** (*fam: malhumor*) bad temper; (*mal genio*) nasty character; **se le caía la ~** (*fig*) he was thrilled to bits o (*US*) pieces; **echar ~** to drool, slobber. [b] (*Col, Ven*) small crocodile.

babaza NF slime, mucus.

babear <1a> [1] VI [a] (*echar saliva*) to slobber; (*niño*) to dribble. [b] (*fig*) to drool. [2] **babearse** VR (*Méx fam*) **~ por algo** to yearn for sth, drool at the thought of sth.

babel NMF bedlam.

babeo NM slobbering.

babero NM bib.

babi NM (*fam: babero*) bib; (*mandil*) apron, smock.

Babia NF: **estar en ~** to be daydreaming.

babieca [1] ADJ simple-minded, stupid. [2] NMF idiot, dolt.

Babilonia NF Babylon, Babylonia.

babilonio/a ADJ, NM/F Babylonian.

bable NM Asturian dialect.

babor NM port (side); **a ~** to port, on the port side; **de ~** port *atr*.

babosa NF slug.

babosada NF (*CAm, Méx: fam*) piece of stupidity; **decir ~s** to talk nonsense o rubbish.

babosear <1a> [1] VT [a] to slobber over. [b] (*fig*) to drool over. [2] VI to drool.

baboso/a [1] ADJ [a] (*gen*) drooling, slobbering; (*Zool*) slimy. [b] (*fig: sentimental*) slushy; (*LAm: tonto*) silly. [2] NM/F (*Méx, CAm*) fool, idiot; (*pey*) drip (*fam*).

babucha NF slipper; **llevar algo a ~** (*CSur*) to carry sth on one's back.

baby NM = **babi**.

baca NF (*Aut etc*) luggage o roof rack.

bacaladero ADJ cod *atr*; **flota ~a** cod-fishing fleet.

bacaladilla NF blue whiting.

bacalao NM [a] cod(fish); **cortar el ~** (*fam*) to be the boss. [b] **ser un ~** (*fam*) to be as thin as a rake.

bacán NM (*CSur fam*) toff, sugar daddy (*fam*).

bacanal NF (*tb ~es*) orgy.

bacar(r)á NM baccarat.

baceta NF (*naipes*) pack, stock.

bachata NF (*Carib*) spree.

bache NM (*en carretera etc*) (pot)hole; (*fig: mal rato*) bad patch; (*Econ etc*) slump; **~ de aire** (*Aer*) air pocket; **~ económico** slump, depression; **salir del ~** to get moving again.

bacheado ADJ (*carretera*) pot-holed.

bachicha NF (*CSur pey*) [a] dago (*fam!*), wop (*Brit fam!*), guinea (*US fam!*). [b] (*Méx*) dregs.

bachiche NM (*And pey*) = **bachicha (a)**.

bachiller NMF (*Escol*) secondary o (*US*) high school graduate.

bachillerato NM (*Escol*) ≈ GCSE A Level (*Brit*), ≈ SCE Higher (*Scot*), ≈ high school leaving certificate (*US*); (*Hist*) bachelor's degree.

bacía NF (*gen*) basin; (*de afeitar*) shaving bowl.

bacilar ADJ bacillary.

bacilo NM bacillus, germ.

bacín NM [a] (*orinal*) chamber pot; (*de pordiosero*) beggar's bowl. [b] (*miserable*) wretch, cur.

bacón NM bacon.

bacteria NF bacterium, germ; **~s** bacteria, germs.

bacterial, bacteriano ADJ bacterial.

bactericida [1] ADJ germ-killing. [2] NM germicide, germ killer.

bacteriología NF bacteriology.

bacteriólogo/a NM/F bacteriologist.

báculo NM [a] stick, staff; **~ pastoral** crozier, bishop's staff. [b] (*fig: apoyo*) prop, support.

badajada NF, **badajazo** NM stroke, chime.

badajo NM [a] clapper. [b] (*fam: parlanchín*) chatterbox.

badajocense, badajoceño/a [1] ADJ of o from Badajoz. [2] NM/F native o inhabitant of Badajoz.

badana NF sheepskin; **zurrarle** o **sobarle la ~ a algn** (*fam*) to give sb a good hiding (*fam*).

badén NM (*Aut: bache*) dip; (*para agua*) gutter.

bádminton NM badminton.

badulaque NM idiot, nincompoop.

baf(f)le NM (*Elec*) speaker, loudspeaker.

bagaje NM [a] (*gen*) baggage, equipment; (*fig: conocimientos*) experience, background; **~ cultural** cultural background. [b] (*Mil: mula*) pack mule.

bagatela NF (*objeto*) trinket, knick-knack; (*fig: nimiedad*) trifle; **¡una ~!** a mere trifle; **son ~s** they're not worth worrying about.

bagazo NM [a] (*del azúcar*) sugar cane pulp o mash. [b] (*LAm fig: persona inútil*) dead loss (*fam*).

bagre [1] ADJ [a] (*LAm*) vulgar, coarse. [b] (*CAm*) clever, sharp. [2] NM (*LAm*) [a] (*pez*) catfish. [b] (*mujer*) ugly woman.

bagual [1] ADJ (*LAm*) [a] (*caballo etc*) wild, untamed. [b] (*CSur: huraño*) unsociable. [2] NM [a] (*And, CSur: caballo*) wild o untamed horse. [b] (*CSur: huraño*) unsociable person.

bah INTERJ (*desdén*) bah!, that's nothing!, pooh!; (*incredulidad*) never!

Bahamas NFPL: **las ~** the Bahamas.

baharí NM sparrowhawk.

bahía NF bay.

bahreiní ADJ, NMF Bahreini.

bailable [1] ADJ: **música ~** dance music. [2] NM dance number.

bailador(a) [1] ADJ dancing. [2] NM/F dancer.

bailaor(a) NM/F flamenco dancer.

bailar <1a> [1] VT (*gen*) to dance; (*peonza*) to spin.

[2] VI (*gen*) to dance; (*peonza*) to spin (round); (*fig*) to dance, jump about; **~ al son que tocan** to toe the line; **¿quieres ~?** shall we dance?; **sacar a una a ~** to invite a girl to dance; **le bailaban los ojos de alegría** her eyes sparkled with happiness; **¡que nos quiten lo bailado!** nobody can take away the good times we've had!; **~ con la más fea** to pull the short straw.

[3] **bailarse** VR: **~ a algn** (*Méx fam*) to do sb in (*fam*).

bailarín/ina [1] ADJ dancing. [2] NM/F dancer; **~ de claqué** tap dancer. [3] NF (*de ballet*) ballerina; **~ del vientre** belly dancer; **primera ~** prima ballerina.

baile NM [a] (*gen*) dance; (*el bailar*) dancing; (*Teat*) dance, ballet; **~ agarrado, ~ apretado** slow dance; **~ clásico** ballet; **~ folklórico, ~ popular, ~ regional** traditional dance, folk dancing; **~ de salón, ~ de sociedad** ballroom dance. [b] (*ocasión*) dance; (: *formal*) ball; **~ de disfraces** fancy-dress ball; **~ de etiqueta** (dress) ball; **~ de fantasía** (*LAm*) o **de máscaras** masked ball. [c] (*Med*) **~ de San Vito** St Vitus's dance.

bailón ADJ: **es muy ~** he loves dancing.

bailongo ADJ dance *atr*; **música ~a** music for dancing, music you can dance to.

bailotear <1a> VI to dance o jump about.

bailoteo NM (*fam*) dancing; **estuvieron toda la noche de ~** they were out all night dancing.

baja NF [a] (*de precios etc*) drop, fall; (*Econ*) slump, recession; **una ~ del 5 por ciento** a fall of 5%; **una ~ de los tipos de interés** a cut in interest rates; **una ~ de temperatura** a drop in temperature; **tendencia a la ~**

downward trend, bearish tendency; **jugar a la ~** (*Fin*) to speculate on a fall in prices; **seguir en ~** (*Fin*) to be low. [b] (*Mil*) casualty; (*despido*) redundancy; (*vacante*) vacancy; (*Dep*) injury, injured player; **las ~s son grandes** the casualties are heavy; **dar de ~ a** (*soldado*) to discharge; (*Med*) to put on sick leave; (*miembro*) to expel; **darse de ~** (*retirarse*) to drop out, withdraw; (*Med*) to go sick; **~ por enfermedad** sick leave; **~ incentivada, ~ por incentivo** voluntary severance; **~ por jubilación anticipada** early retirement; **~ retribuida** paid leave; **~ voluntaria** voluntary redundancy; **ha estado 6 meses de ~** he's been off work for 6 months. [c] (*Med: certificado*) sick note, doctor's line.

bajada NF [a] (*cuesta*) slope. [b] (*acto de bajar*) descent; **~ de bandera** minimum (taxi) fare; **durante la ~** on the way down.

bajamar NF low tide, low water.

bajar<1a> [1] VT [a] (*desde arriba*) to lower, let down; (*desde abajo*) to bring o take o get down; (*a una persona*) to help down o out; **~ los equipajes al taxi** to take the luggage down to the taxi; **¿me ayuda a ~ esta maleta?** would you help me down with this case?; **¿me baja a la Plaza Mayor?** (*en taxi*) can you take me to the Plaza Mayor? [b] (*cabeza*) to bow, bend; (*brazos*) to drop; (*bandera, telón*) to lower; **bajó la vista** o **los ojos** he looked down. [c] (*precio*) to lower, reduce; (*TV etc*) to turn down; (*voz*) to lower; (*faros*) to dip. [d] (*escalera etc*) to come o go down.
[2] VI [a] to come o go down; **¡ahora bajo!** I'll be right down!; **esa marca de jabón ha bajado de categoría** that brand of soap isn't as good as it used to be. [b] (*apearse: de autobús, avión etc*) to get off; (*de coche*) to get out; **~ de** to get out o off of. [c] (*Com, Met etc*) to fall. [d] **~ de** (*ser menos de*) to be less than; **el regalo no bajará de 2000 ptas** the present won't cost any less than 2000 pesetas.
[3] **bajarse** VR [a] (*inclinarse*) to bend down, stoop. [b] (*de autobús, tren, avión*) to get off; (*de coche*) to get out of; **~ de** to get out o off of.

bajel NM (*barco*) vessel, ship.

bajero ADJ lower, under-; **falda ~a** underskirt; **sábana ~a** bottom sheet.

bajetón ADJ (*LAm*) short, small.

bajeza NF [a] vileness, baseness. [b] (*una ~*) mean o vile deed.

bajial NM (*LAm*) lowland.

bajío NM [a] (*Náut*) shoal, sandbank. [b] (*LAm*) lowland.

bajista [1] ADJ: **tendencia ~** bearish trend. [2] NMF [a] (*Mús*) bassist. [b] (*Fin*) bear.

bajo [1] ADJ [a] (*gen*) low; (*de estatura*) short, small; (*parte*) lower; **planta ~a** ground o (*US*) first floor; **con la cabeza ~a** with bowed head; **con los ojos ~s** with downcast o lowered eyes; **en la parte ~a de la ciudad** in the lower part of the town; **los ~s fondos** the lower depths; **en la ~a Edad Media** in the late Middle Ages. [b] (*voz, tono*) low; **hablar en voz ~a** to speak quietly o in a whisper; **decir algo por lo ~** to say sth under one's breath; **hacer algo por lo ~** to do sth secretly. [c] (*color*) dull. [d] (*metal*) base. [e] (*fig: humilde*) low; (*Pol: clase*) lower; (*condición*) lowly; (*barrio*) poorer; (*calidad*) low, poor. [f] (*vulgar*) common; (*moralmente*) base, mean.
[2] NM [a] (*hondanada*) hollow. [b] (*Náut*) = **bajío (a).** [c] (*Cos*) hemline. [d] (*Arquit*) ground o (*US*) first floor. [e] (*Mús*) bass.
[3] ADV (*gen*) low; **hablar ~** (*en voz ~a*) to speak quietly o softly; (*tener una voz suave*) to speak softly; **¡más ~, por favor!** turn it down, please!
[4] PREP [a] under, underneath, below; **~ la lluvia** in the rain; **~ cuerda** (*fig*) under the counter. [b] (*fig*) under; **~ Napoleón** under Napoleon. [c] **libertad ~ palabra** parole; **~ pena de muerte** under

sentence of death; **guardar ~ llave** to keep under lock and key; **está ~ la tutela de su tío** she's a ward of her uncle; **estamos ~ cero** it's below zero; **~ mi/este punto de vista** from my/this point of view.

bajomedieval ADJ late medieval.

bajón NM [a] (*gen*) fall, drop; (*Med*) decline, worsening; (*Com, Fin*) sharp fall in price; **~ en la moral** slump in morale; **dar un ~** (*Med: persona*) to go downhill; (*precios*) to fall away sharply; (*mercado*) to slump. [b] (*Mús*) bassoon.

bajorrelieve NM bas-relief.

bajura NF: **pesca de ~** shallow-water o coastal fishing.

bakaladero/a (*fam*) [1] ADJ rave *atr*. [2] NM/F raver.

bakalao (*fam*) [1] ADJ INV rave *atr*. [2] NM rave (music); **la ruta del ~** *weekend-long tour of a series of rave parties*.

bala NF [a] (*gen*) bullet; **a prueba de ~** bullet-proof; **~ de cañón** cannon-ball; **~ de fogueo** blank cartridge; **~ de goma** plastic o rubber bullet; **~ perdida** stray shot; **como una ~** like a shot; **ni a ~** (*Méx fam*) no way (*fam*); **es una ~ perdida** (*fam: raro*) he's an oddball (*fam*); (: *calavera*) he's an idiot; (: *malo*) he's a pig (*fam*); **no le entra ~** (*CSur*) he's as tough as nails (*fam*). [b] (*de algodón*) bale.

balacear<1a> VT (*CAm, Méx*) to shoot (at).

balacera NF (*CAm, Méx*) shooting, exchange of shots.

balada NF ballad.

baladí ADJ trivial, paltry.

baladrón/ona [1] ADJ boastful. [2] NM/F braggart, bully.

baladronada NF (*dicho*) boast, brag; (*hecho*) piece of bravado.

baladronear <1a> VI (*decir*) to boast, brag; (*hacer*) to indulge in bravado.

balance NM (*Com*) balance (sheet); **~ de comprobación** trial balance; **~ consolidado** consolidated balance sheet; **~ de situación** balance sheet; **el ~ de víctimas en el accidente** the toll of victims in the accident, the number of dead in the accident; **hacer ~ de la situación** to draw up a balance; (*fig*) to take stock of the situation; V *tb* **balanceo (a).**

balancear<1a> [1] VT to balance. [2] VI, **balancearse** VR (*gen*) to move to and fro, to rock; (*péndulo*) to swing; (*Náut*) to roll.

balanceo NM [a] (*vaivén*) to-and-fro motion, rocking; (*Náut*) roll, rolling. [b] (*LAm Aut: tb* **~ de ruedas**) wheel balancing.

balancín NM (*Náut*) outrigger; (*en circo*) balancing pole; (*Mec*) rocker (arm); (*columpio*) seesaw; (*de máquina*) beam; (*silla*) rocking chair.

balandra NF sloop.

balandrismo NM yachting.

balandrista NMF yachtsman/-woman.

balandro NM yacht.

balanza NF [a] scales; (*Quím*) balance; **~ de cocina** kitchen scales; **~ romana** steelyard; **~ de muelle** spring-balance; **~ de precisión** precision scales. [b] (*fig*) judgment. [c] (*Com, Pol etc*) balance; **~ comercial** balance of payments; **~ de pagos** balance of payments; **~ de poder(es), ~ política** balance of power.

balaquear<1a> VI to boast.

balar<1a> VI to bleat, baa.

balast(r)o NM (*CSur, Méx: gen*) ballast; (: *Téc*) aggregate.

balata NF (*LAm Aut*) brake lining.

balaustrada NF balustrade; (*pasamanos*) banister.

balaustre NM baluster.

balay NM (*LAm*) wicker basket.

balazo NM (*tiro*) shot; (*herida*) bullet wound; **matar a algn de un ~** to shoot sb dead.

balboa NF *Panamanian currency unit*.

balbucear <1a> VT, VI to stammer, stutter; (*niño*) to babble.

balbuceo NM stammering, stuttering; (*de niño*) babbling.

balbuciente ADJ stammering, stuttering; (*niño*) babbling.

balbucir<3f> VT, VI = **balbucear.**

Balcanes NMPL: **los ~** the Balkans; **la Península de los ~** the Balkan Peninsula.

balcánico ADJ Balkan.

balcanización NF Balkanization, splitting-up.

balcón NM (*repisa*) balcony; (*balaustrada*) railing.

balda NF (*estante*) shelf.

baldada[1] NF (*CSur*) bucketful.

baldado/a[2] [1] PP *de* **baldar**. [2] ADJ crippled, disabled; **estar ~** (*fam*) to be knackered (*fam*). [3] NM/F cripple, disabled person.

baldaquín, **baldaquino** NM canopy.

baldar <1a> VT [a] (*dejar inválido*) to cripple, disable. [b] (*fam: agotar*) to shatter.

balde[1] NM (*esp LAm*) bucket, pail.

balde[2] NM [a] **obtener algo de ~** to get sth free; **estar de ~** (*estar de más*) to be unwanted; (*estorbar*) to be in the way; (*estar parado*) to be out of work. [b] **en ~** in vain, to no purpose.

baldear <1a> VT [a] to wash (down), swill with water. [b] (*Náut*) to bale out.

baldío [1] ADJ [a] (*campo*) uncultivated; (*terreno*) waste. [b] (*vano, inútil*) vain, useless. [2] NM (*Agr*) uncultivated *o* fallow land; (*solar*) wasteland.

baldón NM (*afrenta*) affront, insult; (*tacha*) blot, stain.

baldosa NF floor tile; (*grande*) flagstone; (*de calle*) paving stone.

baldosín NM tile.

balear[1] <1a> (*CAm, Méx*) [1] VT to shoot (at). [2] **balearse** VR to exchange shots.

balear[2] [1] ADJ Balearic. [2] NMF native *o* inhabitant of the Balearic Isles.

Baleares NFPL (*tb* **Islas ~**) Balearics, Balearic Islands.

baleo NM (*CAm, Méx: tiroteo*) shooting.

balero NM (*Méx Mec*) ball bearing.

balido NM bleat, baa.

balín NM pellet; **~es** buckshot *sg*.

balística NF ballistics.

balístico ADJ ballistic.

baliza NF (*Náut*) (lighted) buoy, marker; (*Aer*) beacon, marker; **~s** NFPL (*LAm Aut*) sidelights, parking lights.

balizaje, **balizamiento** NM: **~ de pista** (*Aer*) runway lighting *o* beacons.

balizar <1f> VT (*canal*) to mark with buoys; (*Aer*) to light, mark with beacons.

ballena NF [a] (*Zool*) whale; **parece una ~** (*fam*) she's as fat as a cow (*fam*); **~ azul** blue whale. [b] (*Cos*) bone, stay.

ballenato NM whale calf.

ballenera NF whaler, whaling ship.

ballenero [1] ADJ: **industria ~a** whaling industry. [2] NM [a] (*pescador*) whaler. [b] (*barco*) whaling ship.

ballesta NF [a] (*Hist*) crossbow. [b] (*Aut etc*) spring; **~s** suspension *sg*.

ballet [ba'le] NM (*pl* **~s** [ba'les]) ballet; **~ acuático** synchronized swimming.

balletístico ADJ ballet *atr*.

balneario [1] ADJ: **estación ~a** spa. [2] NM (*Med*) spa, health resort.

balompédico ADJ football *atr*.

balompié NM soccer, (association) football.

balón NM [a] (large) ball, football; (*Quím etc*) bag (for gas); (*Met*) balloon; **~ de oxígeno** oxygen cylinder; **la noticia fue un ~ de oxígeno para la economía** (*fig*) the news gave the economy a real boost. [b] (*Com*) (large) bale.

balonazo NM: **me dio un ~** he thumped me with the ball.

baloncestista NMF basketball player.

baloncestístico ADJ basketball *atr*.

baloncesto NM basketball.

balonmano NM handball.

balonvolea NF volleyball.

balsa[1] NF [a] (*Bot*) balsa (wood). [b] (*Náut*) raft; (*embarcadero*) ferry; **~ salvavidas** life raft; **~ neumática** (*Aer etc*) rubber dinghy.

balsa[2] NF (*charca*) pool, pond; (*pantano*) marsh; **el pueblo es una ~ de aceite** the village is lovely and peaceful.

balsámico ADJ balmy; (*fig*) soothing.

bálsamo NM balsam, balm; (*fig*) balm, comfort.

balseros/as NMPL boat people (*especially Cuban, seeking refuge in the USA*).

balsón NM (*LAm*) swamp, bog.

báltico ADJ Baltic; **el Mar B~** the Baltic (Sea); **los estados ~s** the Baltic states.

baluarte NM (*lit, fig*) bastion.

balumoso ADJ (*LAm*) bulky, cumbersome.

bamba NF (*CAm, Ven*) silver coin.

bambalina NF (*Teat*) drop(-scene); **entre ~s** behind the scenes.

bambolear <1a> VI, **bambolearse** <1a> VR (*gen*) to swing, sway; (*al andar*) to sway; (*muebles*) to wobble.

bamboleo NM swinging, swaying.

bambú NM bamboo.

banal ADJ (*gen*) banal; (*trivial*) trivial; (*vulgar*) ordinary, commonplace.

banalidad NF (*V adj*) banality; triviality; ordinariness; **~es** small talk, trivialities.

banalizar <1f> VT to trivialize.

banana NF (*esp LAm*) banana.

bananal NM (*LAm*) banana plantation.

bananera NF banana plantation.

bananero ADJ: **compañía ~a** banana company; **república ~a** banana republic.

banano NM banana tree.

banca NF [a] (*Com, Fin*) banking; **~ comercial** commercial banking; **~ industrial** merchant banking, investment banking; **la B~** the banks. [b] (*Naipes*) bank; **hacer saltar la ~** to break the bank. [c] (*CSur: influencia*) pull, influence.

bancal NM (*Agr*) terrace.

bancario ADJ bank *atr*, banking *atr*; **giro ~** bank draft.

bancarrota NF (*Fin*) bankruptcy; (*fracaso*) failure; **declararse en** *o* **hacer ~** to go bankrupt.

banco NM [a] (*gen*) bench, seat; (*en iglesia*) pew; (*Téc*) bench; **~ azul** (*Pol*) ministerial benches. [b] (*Geog, Náut*) bank, shoal; (*Geol*) stratum, layer; **~ de arena** sandbank; **~ de hielo** icefield, ice floe; **~ de niebla** fog bank; **~ de pruebas** test bed; (*fig*) testing-ground. [c] (*de peces*) shoal, school. [d] (*Com, Fin*) bank; **~ de crédito** credit bank; **~ central** central bank; **~ comercial** commercial bank; **~ ejidal** (*Méx*) cooperative bank; **~ emisor** issuing bank; **~ de inversiones** investment bank; **~ de liquidación** clearing house; **~ de memoria** memory bank; **~ mercantil** merchant bank; **~ por acciones** joint-stock bank; **B~ Mundial** World Bank. [e] **~ de datos** data bank; **~ de esperma(s)** sperm bank; **~ de sangre** blood bank.

banda NF [a] (*gen*) band; (*cinta*) ribbon; (*faja*) sash; (*tierra*) strip; (*de carretera*) lane; (*Rad*) (wave)band; **~ de rodamiento** (*Aut*) tread; **~ salarial** wage scale; **~ sonora** (*Cine*) sound track; **~ transportadora** conveyor belt. [b] (*Geog: orilla*) side, edge; **la ~ de Gaza** the Gaza Strip; **la B~ Oriental** (*esp CSur*) Uruguay; **de la ~ de acá** on this side. [c] (*Dep: Billar*) cushion; (: *Ftbl*) sideline; **fuera de ~** out of play, in touch; **sacar de ~** to take a throw-in. [d] (*pandilla*) gang; (*partidarios*) party, group; (*Orn*) flock; **cerrarse en ~** to stand firm, be adamant; **encerrarse en ~** to refuse to say anything more; **negociaciones a tres ~s** three-party talks. [e] (*Mús*) brass band.

bandada NF (*Orn*) flock; (*de peces*) shoal.

bandazo NM lurch, jolt; (*Náut*) heavy roll; (*LAm Aer*) air pocket, sudden drop; (*fig*) marked shift; **caminar dando ~s** to stumble along, reel from side to side; **el coche iba dando ~s** the car kangarooed along.

bandearse <1a> VR (*ir de un lado a otro*) to move to and fro.

bandeja NF (*gen*) tray; (*LAm: platón*) platter, salver; **~ de entrada** in-tray; **~ de salida** out-tray; **~ para horno** oven-tray; **servir algo a algn en ~ (de plata)** (*fig*) to hand sth to sb on a plate.

bandera NF [a] (*gen*) flag; (*estandarte*) banner, standard;

(*Mil*) colours, colors (*US*); **~ blanca** white flag; **~ de esquina** corner flag; **arriar la ~** (*Náut*) to strike one's colours; **bajar la ~** (*taxi*) to pick up a fare; **estar hasta la ~** (*fam*) to be packed out; **izar la ~** to hoist the flag. **b** **de ~** (*fam*) terrific, marvellous, marvelous (*US*).

banderilla NF **a** (*Taur*) banderilla; **~ de fuego** banderilla with attached firecracker; **clavar ~s a algn** to goad sb. **b** (*Culin*) savoury o (*US*) savory appetiser. **c** (*LAm*) scrounging.

banderillear <1a> VT (*Taur*) to thrust the banderillas (into the neck of).

banderillero NM (*Taur*) banderillero, bullfighter who uses the banderillas.

banderín NM small flag, pennant.

banderita NF little flag; (*de caridad*) flag sold for charity; **día de la ~** flag day.

banderola NF **a** banderole; (*Mil*) pennant. **b** (*CSur*: travesaño) transom.

bandidaje, bandidismo NM banditry.

bandido NM **a** bandit, outlaw. **b** **¡~!** you rogue!, you beast!

bando NM **a** (*gen*) edict, proclamation; **~s** (*Rel*) banns. **b** (*Pol*) faction, party; (*Dep*) side; **pasar al otro ~** to change sides.

bandolera NF bandoleer; **llevar algo en ~** to wear sth across one's chest.

bandolerismo NM brigandage, banditry.

bandolero NM brigand, bandit; (*Hist*) highwayman.

bandolina NF mandolin.

bandoneón NM (*CSur*) large accordion.

bandurria NF lute-type Spanish instrument.

Bangladesh NM Bangladesh.

bangladesí ADJ, NMF Bangladeshi.

banjo NM banjo.

banquear <1a> VT (*LAm*) to level, flatten out.

banquero/a NM/F banker.

banqueta NF **a** (*gen*) stool; (*banquillo*) low bench; **~ de piano** piano stool. **b** (*CAm, Méx*: *acera*) pavement, sidewalk (*US*).

banquete NM banquet, feast; **~ anual** annual dinner; **~ de boda** wedding breakfast; **~ de gala** state banquet.

banquillo NM (*gen*) bench; (*Jur*) dock; **~ de los acusados** prisoner's seat, dock.

banquina NF (*Arg, Uru*) side of the road, kerb.

bántam NM (*esp LAm*: *Dep*) bantamweight.

bantú ADJ, NMF Bantu.

bañada NF (*LAm*: baño) swim, dip; (: de pintura) coat.

bañadera NF (*LAm*) bathtub.

bañado NM (*LAm*: pantano) swamp, marshland; (*Téc*) bath.

bañador NM (*traje*) bathing costume, swimsuit, bathing suit (*US*); (*de hombre*) trunks.

bañar <1a> **1** VT **a** (*niño*) to bath, bathe (*US*); (*Med*) to bathe (*con, de in, with*); (*Culin, Téc*) to dip, cover (*de* with); **bañado en sangre/sudor** soaked in blood/sweat. **b** (*fig*) to bathe (*con, de, en in*); (*suj: mar, olas*) to wash, lap. **c** (*suj: luz etc*) to bathe, flood. **2** **bañarse** VR (*en bañera*) to take o have a bath; (*en el mar etc*) to bathe, swim; **ir a ~** to go bathing o swimming; **'prohibido ~'** 'no swimming'.

bañera NF bath, bathtub.

bañista NMF **a** (*en mar etc*) bather. **b** (*Med*: en balneario) patient.

baño NM **a** (*bañera*) bath, bathtub; (*Téc*) bath; **(cuarto de) ~** bathroom; (*aseo*) toilet, washroom (*US*); **~ María** bain-marie; **~ de revelado** developing bath; **~ de sangre** (*fig*) blood bath; **~ de sol** sun bath; **~ turco** Turkish bath; **~ de vapor** steam bath. **b** (*acto*) bathing; (*aseo*) bath; (*en el mar etc*) swim, dip; **dar un ~ a** (*Dep*) to whitewash; **darse un ~** (*en bañera*) to have a bath; (*en mar etc*) to have or go for a swim. **c** **~s** (*Med*) spa *sg*; **ir a ~s** to take the waters, bathe at a spa (*US*). **d** (*Arte*) wash; (*Culin*) coating, covering; (*de pintura*) coat.

baptismo NM: **el ~** the Baptist faith.

baptista ADJ, NMF Baptist.

baptisterio NM baptistery, font.

baqueano ADJ, NM = **baquiano**.

baqueta NF **a** (*Mil*) ramrod. **b** (*Mús*) drumstick. **c** **tratar a algn a (la) ~** to treat sb harshly.

baquetazo NM: **tratar a algn a ~ limpio** (*fam*) to give sb a hard time.

baqueteado ADJ experienced; (*mueble*) worse for wear, battered.

baquetear <1a> VT (*fastidiar*) to annoy, bother; (*maltratar*) to treat harshly; **ha sido baqueteado por la vida** life's been hard on him.

baquía NF (*LAm*) **a** (*conocimientos locales*) local expertise. **b** (*habilidad*) expertise, skill.

baquiano **1** ADJ **a** (*LAm*: gen) familiar with a region. **b** (*esp LAm*: experto) expert, skilful, skillful (*US*). **2** NM **a** (*LAm*: guía) guide, scout; (*Náut*) pilot. **b** (*esp LAm*: experto) expert.

báquico ADJ Bacchic; (*menos literario*) drunken.

báquiro NM (*Col, Ven*) peccary.

bar NM (*gen*) bar, pub (*Brit*), public house (*Brit*); (*en hotel*) lounge; (*café*) café; **~ de alterne, ~ de citas** singles bar.

barahúnda NF uproar, hubbub.

baraja NF pack of cards; **jugar a o con dos ~s** (*fig*) to play a double game, double deal.

┌─────── BARAJA ESPAÑOLA ───────────────────────────────┐

ⓘ The Spanish deck of cards differs from its British and American counterpart, known in Spain as the **baraja francesa**. The four Spanish suits, **oros**, **copas**, **espadas** and **bastos** ('golden coins', 'goblets', 'swords' and 'clubs') each contain 9 numbered cards, although for certain games only 7 are used, and 3 picture cards: **sota**, **caballo** and **rey** (Jack, Queen, King).

└───┘

barajar <1a> **1** VT **a** (*naipes*) to shuffle. **b** (*fig*) to jumble o mix up; (*nombres, candidatos*) to consider, weigh up; (*CSur, Méx*: asunto) to confuse; (: demorar) to delay; **las cifras que se barajan ahora** the figures now being put or bandied about. **2** **barajarse** VR (*esp LAm*: pelear) to fight, brawl.

baranda NF rail, railing.

barandal NM, **barandilla** NF (*gen*) rail, railing; (*en escalera*) banisters.

barata NF (*Méx*) **a** (*venta*) sale, bargain sale; (*mercado*) street market. **b** (*Chi*: cucaracha) cockroach, roach (*US*).

baratija NF (*objeto*) trinket; (*fig*) trifle; **~s** (*Com*) cheap goods; (*pey*) trash *sg*, junk *sg*.

baratillo NM **a** (*artículos*) secondhand goods; (*gangas*) cheap goods. **b** (*tienda*) secondhand shop, junk shop.

barato **1** ADJ (*gen*) cheap; (*económico*) inexpensive. **2** ADV cheap, cheaply.

baratura NF low price, cheapness.

baraúnda NF = **barahúnda**.

barba **1** NF **a** (*mentón*) chin. **b** (*pelo*) beard; **tener ~** to be unshaven; **~ cerrada** o **bien poblada** thick beard; **~ de chivo** goatee; **a ~ regalada** abundantly, fully; **dos naranjas por ~** 2 oranges apiece or per head; **un hombre con toda la ~** a real man; **hacer algo en las ~s de** to do sth under the very nose of; **llevar o tener ~** to have a beard; **reírse en las ~s de algn** to laugh in sb's face; **subirse a las ~s de algn** to be disrespectful to sb. **c** (*Orn*) wattle. **d** (*Bot*) beard. **2** NM (*Teat*: papel) old man's part; (*actor*) performer of old men's roles; **~s** (*fam*) (bearded) guy (*fam*).

barbacana NF (*defensa*) barbican; (*tronera*) loophole, embrasure.

barbacoa NF (*gen*) barbecue; (*CAm, Méx, Ven*) barbecued meat.

Barbada NF: **la ~** Barbados.

barbado **1** ADJ bearded, with a beard. **2** NM (*Bot*) cutting.

Barbados NM Barbados.

bárbaramente ADV **a** (*cruelmente*) cruelly, savagely. **b** (*fam*) tremendously (*fam*); **pasarlo ~** to have a great time.

barbárico ADJ barbaric.

barbaridad NF [a] (gen) barbarity; (barbarie) barbarism; (una ~) atrocity, outrage; **es capaz de hacer cualquier ~** he's capable of anything, he will stop at nothing. [b] (fig) **¡qué ~!** how awful!, good grief!; **~es** (dichos, hechos) terrible things; **hablar ~es de algn** to tear strips off sb (fam). [c] **una ~ de** (fam) loads o tons of (fam); **había una ~ de gente** there were masses of people; **comimos una ~** we ate loads o tons (fam); **cuesta una ~** it costs a fortune. [d] **una ~** (fam: como adv) a lot, lots; **nos gustó una ~** we liked it a lot; **nos divertimos una ~** we had a great time; **sabe una ~** he knows a lot; **se nota una ~** it sticks out a mile (fam).

barbarie NF [a] (cualidad) barbarism. [b] (crueldad) barbarity, cruelty.

barbarismo NM (Ling) barbarism.

bárbaro/a [1] ADJ [a] (Hist) barbarian. [b] (fig: cruel) barbarous, cruel; (grosero) rough, uncouth; (inculto) ignorant. [c] (fam) tremendous (fam), smashing (fam); **¡qué ~!** great!, terrific!; **un éxito ~** a tremendous success; **hace un frío ~** it's freezing. [2] ADV (fam) brilliantly; **lo pasamos ~** we had a tremendous time; **ella canta ~** she's a terrific singer. [3] NM/F [a] (Hist) barbarian. [b] (inculto) uncouth person; **conduce como un ~** he drives like a madman.

barbear <1a> VT (esp LAm) [a] to shave. [b] (CAm, Méx: lisonjear) to fawn on, flatter. [c] (Méx: ganado) to throw, fell. [d] (esp LAm: alcanzar) to come up to, be as tall as.

barbecho NM [a] (terreno) fallow land; **estar en ~** (Agr) to be left fallow; (CSur fig) to be in preparation. [b] (preparación) preparation for sowing.

barbería NF (tienda) barber's (shop).

barbero NM [a] barber, hairdresser; **'El ~ de Sevilla'** 'The Barber of Seville'. [b] (Guat, Méx fam) flatterer.

barbijo NM (And, CSur) [a] (correa) chinstrap. [b] (chirlo) slash, scar.

barbilampiño [1] ADJ [a] (sin barba) beardless; (de cara de niño) baby-faced. [b] (inexperto) inexperienced. [2] NM (fig) novice, greenhorn.

barbilla NF (tip of the) chin.

barbitúrico ADJ, NM barbiturate.

barbo NM barbel; **~ de mar** red mullet.

barbot(e)ar <1a> VT to mutter, mumble.

barboteo NM muttering, mumbling.

barbudo [1] ADJ bearded. [2] NM (a veces pey) bearded man.

barbullar <1a> VI to jabber away, talk noisily.

Barça NM: **(el) ~** (Esp fam) Barcelona Football Club.

barca NF (small) boat; **~ de pasaje** ferry; **~ pesquera** fishing boat.

barcaza NF barge; **~ de desembarco** (Mil) landing craft.

barcelonés/esa [1] ADJ of Barcelona. [2] NM/F native o inhabitant of Barcelona; **los ~es** the people of Barcelona.

barchilón/ona NM/F (And: enfermera) nurse; (And, CSur: curandero) quack doctor.

barco NM (gen) boat; (navío) ship; (Com etc) vessel; **~ almirante** flagship; **~ de carga** cargo boat; **~ cisterna** tanker; **~ de guerra** warship; **~ nodriza** supply ship; **~ de vapor** steamer; **~ de vela** sailing ship; **en ~** by boat o ship.

bardo NM bard.

baremo NM (Mat) ready reckoner; (fig) yardstick, gauge.

barillero NM (Méx) hawker, street vendor.

bario NM barium.

barítono NM baritone.

Barlovento: Islas de ~ NFPL Windward Isles.

barlovento NM windward; **a ~** to windward; **de ~** windward atr.

barman NM (pl **~s**) barman, bartender.

Barna. ABR de **Barcelona**.

barniz NM [a] (gen) varnish; (Aer) dope; (para cerámica)

glaze; (en metal) gloss, polish; **dar de ~ a** to varnish. [b] (fig) veneer.

barnizado NM varnishing.

barnizar <1f> VT (gen) to varnish; (cerámica) to glaze; (fig) to put a gloss on.

barométrico ADJ barometric.

barómetro NM barometer.

barón NM (título) baron; (fam: Pol etc) chief, big wig (fam).

baronesa NF baroness.

baronía NF barony.

barquero NM (gen) boatman; (de embarcadero) ferryman.

barquilla NF [a] (Aer: cesta) basket; (: de dirigible) gondola, car. [b] (Náut) log. [c] (LAm) = **barquillo**.

barquillo NM (Culin) rolled wafer; (helado) cornet, cone.

barra NF [a] (gen) bar; (Mec) rod; (pan) stick, long loaf; (de bicicleta) crossbar; **beber en la ~** to drink at the bar; **~ americana** singles bar; **~s asimétricas** asymmetric bars; **(la bandera de) las ~s y estrellas** the Stars and Stripes; **~ de labios** lipstick; **~ de cortina** curtain rod; **~ de equilibrio(s)** beam; **~ de espaciado, ~ espaciadora** space bar; **~ fija** horizontal bar, fixed bar; **~ libre** free bar; **~s paralelas** parallel bars; **no pararse en ~s** to stick at nothing. [b] (Náut) bar, sandbank. [c] (Jur) bar, rail; (: banquillo) dock; (Méx) the Bar, the legal profession. [d] (And, CSur: público) audience, spectators. [e] (CSur: pandilla) gang. [f] (Mús) bar.

barrabasada NF (piece of) mischief.

barraca NF [a] (gen) hut, cabin; (en Valencia) thatched farmhouse; (chabola) shanty, hovel. [b] (en feria) booth, stall; **~ de tiro al blanco** shooting gallery. [c] (And: depósito) large storage shed.

barracón NM [a] (caseta) big hut. [b] (en feria) sideshow.

barragana NF concubine.

barranca NF gully, ravine.

barranco NM [a] gully, ravine. [b] (escarpado) cliff. [c] (fig) difficulty, obstacle.

barraquismo NM problem of the slums, shanty town problem.

barredera NF street-cleaning lorry.

barredor NM: **~ de frecuencia** frequency sweeper.

barreduras NFPL (gen) sweepings; (basura) rubbish, refuse.

barreminas NM INV minesweeper.

barrena NF [a] (taladro) drill, bit; **~ de guía** centre o (US) center bit; **~ de mano** o **pequeña** gimlet. [b] (Aer) **entrar en ~** to go into a spin.

barrenar <1a> VT (taladrar) to drill, bore; (volar) to blast.

barrendero/a NM/F street-sweeper.

barreno NM (perforación) borehole; (Min) blasthole; **dar ~ a un barco** to scuttle a ship.

barreño NM washing-up bowl.

barrer <2a> [1] VT [a] (gen) to sweep; (suelo) to sweep (clean); (cuarto) to sweep out. [b] (Mil, Náut) to sweep, rake (with gunfire). [c] (fig) to sweep aside o away; (vencer) to beat, overwhelm; (dudas) to dispel; **los candidatos del partido barrieron a sus adversarios** the party's candidates swept their rivals aside; **~ con todo** to make a clean sweep. [2] VI [a] to sweep up. [b] (fig) **~ para** o **hacia dentro** to look after number one.

barrera[1] NF [a] (gen) barrier; (Mil etc) barricade; (Aut etc) roadblock; (Ferro) crossing gate; (Taur) barrier; (fila) first row; **~ arancelaria** tariff barrier; **~ comercial** trade barrier; **~ coralina** coral reef; **~ de peaje** tollgate, turnpike; **~ racial** colour o (US) color bar; **~ del sonido** sound barrier. [b] (Mil) **~ de fuego** barrage. [c] (fig) barrier, obstacle; **poner ~s a** to hinder, obstruct.

barrera[2] NF claypit.

barrero NM (And, CSur: saladar) salt soil.

bar-restaurante NM bar-cum-restaurant.

barretina NF Catalan cap.

barriada NF quarter, district; (LAm: chabolas) slum, shanty town.

barrica NF large barrel.
barricada NF barricade.
barrida NF (*LAm: de policía*) sweep, raid.
barrido NM sweep, sweeping; (*Elec*) scan, sweep; **vale tanto para un ~ como para un fregado** he can turn his hand to anything.
barriga NF [a] (*gen*) belly; (*panza*) paunch; (*vientre*) guts; **echar ~** to get middle age spread; **llenarse la ~** to stuff o.s.; **rascarse o tocarse la ~** (*fam*) to do damn-all (*fam*); **tener ~** (*fam*) to be in the family way (*fam*). [b] (*comba*) bulge.
barrigón, barrigudo ADJ potbellied.
barril NM (*gen*) barrel; (*para cerveza etc*) keg; **~ de petróleo** barrel of oil; **~ de pólvora** (*fig*) powder keg; **cerveza de ~** draught o (*US*) draft beer.
barrila NF (*fam*) row; **dar la ~** to kick up a fuss.
barrilete NM [a] keg, cask. [b] (*Téc*) clamp. [c] (*de revólver*) chamber. [d] (*Méx Jur*) junior barrister. [e] (*Chi: cometa de juguete*) kite.
barrio NM district, area, neighborhood (*US*); **~s bajos** poor quarter; **los bares/tiendas de ~** the local bars/shops; **~ comercial** (*negocios*) business quarter; (*tiendas*) shopping district; **~ gótico** Gothic quarter; **~ chino** red-light district; **de ~** (*pey*) working-class *atr*; **irse al otro ~** (*fam*) to snuff it (*fam*); **mandar a algn al otro ~** (*fam*) to do sb in (*fam*).
barriobajero ADJ slum *atr*; (*fig*) vulgar, common.
barrizal NM mire.
barro NM [a] (*gen*) mud. [b] (*masa*) potter's clay; **~ cocido** baked clay; **vasija de ~** earthenware vessel. [c] (*loza*) earthenware. [d] (*CSur fam*) **hacer un ~** to drop a clanger. [e] (*Anat*) pimple.
barroco [1] ADJ (*Arquit etc*) baroque; (*Lit*) mannered; (*fig*) elaborate. [2] NM baroque (style); (*período*) baroque period.
barroquismo NM baroque (style); (*fig*) excess.
barros jarpa NMSG (*Chi*) toasted ham and cheese sandwich.
barros luca NMSG (*Chi*) toasted meat and cheese sandwich.
barroso ADJ [a] (*gen*) muddy. [b] (*color*) mud-coloured o (*US*) -colored; (*ganado*) reddish. [c] (*Anat*) pimply.
barrote NM thick bar.
barruntar <1a> VT (*adivinar*) to guess, conjecture; (*sospechar*) to suspect.
barrunto NM (*adivinanza*) guess, conjecture; (*indicio*) sign, indication; (*sospecha*) suspicion.
Barsa NM = **Barça**.
bartola NF: **echarse o tenderse a la ~** to be lazy, take it easy.
bartolina NF (*CAm, Méx*) dark cell, dungeon.
bártulos NMPL things, belongings; (*Téc*) tools; **liar los ~** to pack up one's belongings.
barucho NM (*fam pey*) seedy bar.
barullento ADJ (*CSur*) noisy, rowdy.
barullo NM [a] racket. [b] **a ~** in abundance, in great quantities.
basa NF [a] (*Arquit*) base. [b] (*fig: fundamento*) basis, foundation.
basalto NM basalt.
basamento NM base.
▼**basar** <1a> [1] VT (*gen*) to base (*sobre* on).
　[2] **basarse** VR [a] **~ en** (*tener como base*) to be based on, rest on; **¿en qué se basa para decir eso?** what grounds have you (got) for saying that?
　[b] **~ en** (*partir de*) to base o.s. on, rely on.
basca NF [a] (*Med: esp LAm*) **~s** nausea, sick feeling; **dar ~s a algn** to turn sb's stomach. [b] (*fig*) fit of rage, tantrum. [c] (*fam: grupo*) crowd; (*pandilla*) gang, pals *pl*; **toda la ~** every last one of them. [d] (*impulso*) **le dio la ~** he had a sudden urge (*de hacer* to do).
bascoso ADJ (*LAm: que da asco*) nauseating, sick-making (*fam*); (*obsceno*) obscene.
báscula NF (*platform*) scales, weighing machine; (*para camiones*) weighbridge; **~ de baño** bathroom scales.
basculante NM tipper, dumper.

báscula-puente NF weighbridge.
bascular <1a> VI (*inclinarse*) to tilt, tip up; (*Pol etc*) to swing.
base [1] NF [a] (*gen*) base; (*Pol*) rank and file; (*Inform, Mat*) base; **~s** (*de concurso*) conditions, rules; **~ de datos** database; **~ de maquillaje** make-up foundation; **~ aérea/naval** air/naval base; **~ imponible** taxable income.
　[b] (*fig*) basis, foundation; **a ~ de** (*basándose en*) on the basis of; (*mediante*) by means of; **a ~ de muchos esfuerzos** by o after making great efforts; **a ~ de no hacer nada** by doing nothing; **a ~ de bien** in abundance; **partir de la ~ de que ...** to take as one's starting point that ...; **sentar las ~s de** to do the groundwork for, lay the foundations of.
　[2] ADJ basic, base *atr*; **salario ~** basic wage.
básica NF = **EGB**.
básico ADJ (*gen*) basic; (*fig*) fundamental.
Basilea NF Basle, Basel.
basílica NF basilica, large church.
basilisco NM (*Mitología*) basilisk; (*Méx*) iguana; **estar hecho un ~** to be furious.
básket NM basketball.
básquet NM (*tb* **pelota ~**) basketball.
bastante [1] ADJ (*suficiente*) enough, sufficient (*para* for); (*mucho*) (quite) a lot of; (*muchos*) quite a few; **hay ~ gente** there are quite a lot of people; **hace ~ frío** it's quite cold; **se marchó hace ~ rato** he left quite some time ago.
　[2] ADV [a] (*lo suficiente*) enough, sufficiently; **~ grande** big enough, sufficiently large; **es lo ~ alto (como) para alcanzarlo** he's tall enough to reach it; **¿tienes ~?** do you have enough?
　[b] (*más bien*) **~ bueno** fairly o quite good; **me gusta ~** I quite like it; **lo he visto ~ últimamente** I've seen him quite often recently; **es un hombre ~ rico** he's a pretty rich man.
bastar <1a> [1] VT, VI to be enough, be sufficient; **¡basta!** that's enough!, that will do!; **¡basta ya!** that's quite enough of that!; **con leerlo una vez basta** you only need to read it once; **basta y sobra** that's more than enough; **con eso basta** that's enough; **eso me basta** that's enough for me; **basta decir que** suffice it to say that; **nos basta saber que** it is enough for us to know that; **~ para hacer algo** to be enough o sufficient to do sth.
　[2] **bastarse** VR: **~ a sí mismo** to be self-sufficient.
bastardía NF [a] (*cualidad*) bastardy. [b] (*fig: bajeza*) meanness, baseness.
bastardilla NF (*Tip*) italic type, italics; **en ~** in italics; **poner en ~** to italicize.
bastardo/a [1] ADJ [a] (*gen*) bastard. [b] (*mezquino*) mean, base. [c] (*híbrido*) hybrid, mixed. [2] NM/F bastard.
bastedad, basteza NF coarseness, vulgarity.
bastidor NM [a] (*gen*) frame, framework; (*de ventana*) sash; (*Arte*) stretcher; (*Aut*) chassis; (*And, CSur: celosía*) lattice window. [b] (*Teat*) wing; **entre ~es** behind the scenes; **dirigirlo entre ~es** to pull the strings.
bastilla NF hem.
bastillar <1a> VT to hem.
bastión NM bastion.
basto [1] ADJ coarse; (*grosero*) rude, vulgar. [2] NM [a] (*Naipes*) ≈ ace of clubs; **~s** ≈ clubs; **pintan ~s** (*fig*) things are getting tough, the going's getting rough. [b] (*albarda*) packsaddle.
bastón NM (*gen*) walking stick; (*de policía*) truncheon; (*Mil etc*) baton; (*fig: control*) control, command; **~ de mando** baton, sign of authority; **empuñar el ~** to take command.
bastonazo NM blow with a stick.
bastoncillo NM (*para los oídos*) cotton bud; (*Anat*) (retinal) rod.
bastonera NF umbrella-stand.
basuco NM (*fam*) unpurified cocaine.
basura NF [a] (*gen*) rubbish, garbage (*US*); (*Agr*) dung, manure; **cubo de (la) ~** (*en calle*) litter bin; trash can (*US*);

(*en casa*) dustbin, trash can (*US*); **~ radioactiva** radioactive waste; **tirar algo a la ~** to throw sth away. ⊞ (*fig*) trash, rubbish.

basural NM (*LAm*) rubbish dump.

basurero NM ⓐ (*persona*) dustman, garbage man (*US*). ⓑ (*vertedero*) rubbish dump. ⓒ (*LAm: balde*) litter bin, trash can (*US*).

basuriento ADJ (*And, CSur*) full of rubbish.

bata NF (*gen*) dressing gown; (*de playa etc*) wrap; (*guardapolvo*) smock; (*Med, Téc etc*) white o lab(oratory) coat; **~ blanca** white coat.

batacazo NM ⓐ (*gen*) bump; (*porrazo*) thump. ⓑ (*LAm: chiripa*) stroke of luck, fluke.

batalla NF ⓐ (*gen*) battle; (*fig: lucha*) fight, struggle; **~ campal** pitched battle; **ropa de ~** everyday clothes; **librar ~** to do battle. ⓑ (*Aut etc*) wheelbase.

batallador(a) ① ADJ battling, fighting. ② NM/F battler, fighter.

batallar <1a> VI (*luchar*) to battle, fight (*con* with, against; *por* about, over).

batallita NF: **contar ~s** (*fam*) to go over old times.

batallón NM battalion; **~ de castigo, ~ disciplinario** punishment squad.

batanar <1a> VT ⓐ (*Téc*) to full. ⓑ (*fam*) to beat, thrash.

batanear <1a> VT = **batanar (b)**.

batata NF ⓐ (*Bot*) sweet potato, yam. ⓑ (*CSur: timidez*) bashfulness, embarrassment.

batatazo NM (*esp LAm fam: chiripa*) stroke of luck, fluke.

bate NM (*esp LAm*) (baseball) bat.

batea NF ⓐ (*gen*) tray; (*LAm: artesa para lavar*) washing trough. ⓑ (*Ferro*) flat car, low waggon. ⓒ (*Náut*) flat-bottomed boat, punt.

bateador NM batter.

batear <1a> ① VT to hit. ② VI to bat.

batel NM small boat, skiff.

batelón NM (*LAm*) canoe.

batería ① NF ⓐ (*gen*) battery; (*Teat*) footlights *pl*; (*Mús*) drums *pl*; (: *de orquesta*) percussion instruments; **~ de cocina** kitchen utensils, pots and pans; **~ seca** dry battery; **aparcar en ~** to park at an angle to the kerb; **(re)cargar ~s** (*fam*) to recharge one's batteries (*fam*). ⓑ (*LAm Béisbol*) hit, stroke. ⓒ (*Méx*) **dar ~** to raise a rumpus. ② NMF (*persona*) drummer.

batey NM (*Carib*) outbuildings *pl* (of sugar refinery).

batiburrillo NM hotchpotch.

baticola NF (*And: taparrabo*) loincloth.

batida NF (*Caza*) beating; (*Mil*) reconnaissance; (*And, CSur: de policía*) raid.

batido ① PP *de* **batir**. ② ADJ ⓐ (*camino*) well-trodden, beaten. ⓑ (*seda*) shot. ③ NM (*Culin*) batter; (*bebida*) milk shake.

batidor NM ⓐ (*Caza*) beater; (*Mil*) scout. ⓑ (*peine*) comb. ⓒ (*Culin*) whisk, mixer.

batidora NF (*Culin: de mano*) whisk; (: *eléctrica*) (food) mixer, blender; (*Téc*) beater.

batiente NM ⓐ (*marco de puerta*) jamb; (*marco de ventana*) frame, case; (*hoja de puerta*) leaf, panel. ⓑ (*Náut*) open coastline.

batifondo NM (*CSur*) uproar, tumult.

batín NM (man's) dressing gown.

batintín NM gong.

batir <3a> ① VT ⓐ (*gen*) to beat; (*martillear*) to hammer, pound (on); (*moneda*) to mint; (*alas*) to flap; (*palmas*) to clap. ⓑ (*demolir*) to knock down; (*Mil*) to batter down. ⓒ (*suj: olas*) to beat on, dash against. ⓓ (*Culin*) to beat, whisk; (: *nata*) to whip. ⓔ (*Mil: reconocer*) to reconnoitre; (: *derrotar*) to defeat. ⓕ (*Dep: récord*) to beat, break. ⓖ (*And: enjuagar*) to rinse (out). ② **batirse** VR to fight, have a fight; **~ con algn** to fight sb; **~ en duelo** to fight a duel; **~ en retirada** to beat a retreat.

batiscafo NM bathyscape.

batista NF cambric, batiste.

batracio NM batrachian.

batuecas NFPL: **estar en las ~** (*fig*) to be daydreaming, be in a world of one's own.

batuque NM (*CSur fam*) uproar.

batuquear <1a> VT (*And, Méx fam: batir*) to shake (up).

baturrillo NM hotchpotch.

baturro/a ① ADJ (*rudo*) uncouth, rough. ② NM/F Aragonese peasant.

batuta NF (*Mús*) baton; **llevar la ~** (*fig*) to be the boss, be firmly in command.

batzoki NM (*vasco*) political party bar/headquarters.

baudio NM (*Inform*) baud.

baúl NM ⓐ (*tb ~ de viaje*) trunk; **el ~ de los recuerdos** the back of the mind. ⓑ (*LAm Aut*) boot, trunk (*US*).

bausa NF (*And, Méx: pereza*) laziness, idleness.

bautismal ADJ baptismal.

bautismo NM baptism, christening; **~ del aire** maiden flight; **~ de fuego** baptism of fire.

Bautista ADJ, NMF Baptist; **San Juan ~** St John the Baptist.

bautizar <1f> VT ⓐ (*Rel*) to baptize, christen; **la bautizaron con el nombre de Teresa** she was baptized Teresa. ⓑ (*fig*) to christen, name; (*dar apodo a*) to nickname, dub. ⓒ (*diluir*) to water, dilute.

bautizo NM (*acto*) baptism, christening; (*fiesta*) christening party.

bauxita NF bauxite.

bávaro/a ADJ, NM/F Bavarian.

Baviera NF Bavaria.

baya NF berry.

bayeta NF ⓐ (*tela*) flannel; (: *verde*) baize. ⓑ (*trapo*) floorcloth, cleaning rag. ⓒ (*And: pañal*) nappy, diaper (*US*).

bayo ① ADJ bay. ② NM ⓐ (*caballo*) bay (horse). ⓑ (*Méx*) bean.

bayoneta NF bayonet; **~s caladas** fixed bayonets; **luchar a ~ calada** to fight with fixed bayonets.

bayonetazo NM (*arremetida*) bayonet thrust; (*herida*) bayonet wound.

baza NF ⓐ (*Naipes*) trick; **hacer 3 ~s** to make 3 tricks. ⓑ (*fig*) **hacer ~** to get on; **meter ~** to butt in; **meter ~ en** to interfere in; **no dejar meter ~ a nadie** not to let anybody get a word in edgeways; **sentar ~** to intervene decisively.

bazar NM (*mercado*) bazaar.

bazo NM (*Anat*) spleen.

bazofia NF ⓐ left-overs *pl*, scraps *pl* of food. ⓑ (*fig*) pig-swill, hogwash (*US*).

bazooka, bazuca NF bazooka.

BCG NM ABR *de* **Bacilo Calmette-Guérin** BCG.

Bco ABR *de* **Banco** bk.

be NF *name of the letter B*; (*LAm*) **~ larga** o (*Méx*) **grande/chica** B/V; **~ por ~** in detail.

beatería NF affected piety.

beatificación NF beatification.

beatificar <1g> VT to beatify.

beatífico ADJ beatific.

beatitud NF beatitude.

beato/a ① ADJ ⓐ (*feliz*) happy. ⓑ (*Rel: beatificado*) blessed. ⓒ (*piadoso*) devout, pious; (*santurrón*) sanctimonious. ② NM/F ⓐ lay brother/sister. ⓑ devout o pious person. ⓒ holy Joe (*fam*).

beba NF (*CSur*) baby girl.

bebe, bebé NM (*CSur*) baby; **~ foca** baby seal; **dos ~s panda** two baby pandas.

bebedero NM ⓐ (*Agr*) drinking trough. ⓑ (*de jarro*) spout. ⓒ (*Per*) watering hole (*fam*).

bebedizo NM (*Med*) potion; (*filtro mágico*) love potion, philtre.

bebedor(a) ① ADJ hard-drinking. ② NM/F hard drinker.

bebendurria NF ⓐ (*juerga*) drinking spree. ⓑ (*And, Méx: borrachera*) drunkenness.

bebé-probeta NMF (*pl* **bebés-probeta**) test-tube baby.

beber ① NM drink, drinking.

bebercio [2] <2a> VT, VI (gen) to drink (up); (ser bebedor) to drink; (fig: absorber) to drink in, absorb; **~ de** to drink from o out of; **~ con la lengua** to lap up; **~ a sorbos/tragos** to sip/gulp; **~ mucho** to be a heavy drinker; **no bebe alcohol** he doesn't drink, he's a teetotaller; **se lo bebió todo** he drank it all up; **el problema que tiene es que bebe** his problem is that he drinks.

bebercio NM (fam) booze (fam).

bebible ADJ drinkable; **no ~** undrinkable.

bebida NF [a] (gen) drink, beverage. [b] (alcohólico) drink; **~ alcohólica** alcoholic drink, liquor; **~ no alcohólica** soft drink, non-alcoholic drink; **~ refrescante** soft drink; **dado a la ~** hard-drinking; **darse a la ~** to take to drink.

bebido [1] PP de beber. [2] ADJ drunk.

bebito/a NM/F (CSur) little baby.

BEBS ABR (Inform) de **basura entra, basura sale** GIGO.

beca NF scholarship, grant.

becado/a NM/F (LAm) scholarship holder.

becar <1g> VT to award a scholarship o grant etc to.

becario/a NM/F = **becado**.

becerrada NF (Taur) fight with young bulls.

becerrillo NM calfskin.

becerro NM [a] (animal) yearling calf, bullock; **~ de oro** golden calf. [b] (piel) calfskin.

bechamel NF béchamel sauce.

becuadro NM (Mús) natural sign.

bedel(a) NM/F (Univ) ≈ head porter; (de colegio) ≈ janitor.

beduino/a ADJ, NM/F Bedouin.

befa NF jeer, taunt.

befarse <1a> VR: **~ de** to jeer at, taunt.

befo [1] ADJ [a] (gen) thick-lipped. [b] (zambo) knock-kneed. [2] NM (labio) lip.

begonia NF begonia.

behaviorismo NM behaviourism, behaviorism (US).

behaviorista ADJ, NMF behaviourist, behaviorist (US).

BEI NM ABR de **Banco Europeo de Inversiones** EIB.

beicon NM bacon.

beige [beis] ADJ, NM beige.

Beirut NM Beirut.

béisbol NM baseball.

beisbolero/a NM/F, **beisbolista** NMF (esp LAm) baseball player.

bejuco NM (LAm: caña) reed, liana.

bejuquear <1a> VT (LAm: zurrar) to beat, thrash.

beldad NF beauty.

Belén NM Bethlehem.

belén NM [a] (de Navidad) nativity scene, crib. [b] (fig: confusión) bedlam; (lugar) madhouse; **meterse en ~es** to get into a mess o into trouble.

belfo ADJ, NM = **befo**.

belga ADJ, NMF Belgian.

Bélgica NF Belgium.

Belgrado NM Belgrade.

Belice NM Belize.

beliceño/a ADJ, NM/F Belizean.

belicismo NM warmongering, militarism.

belicista [1] ADJ warmongering, belligerent. [2] NMF warmonger.

bélico ADJ [a] (actitud) warlike. [b] (material etc) war atr.

belicosidad NF (actitud) warlike spirit; (agresividad) belligerence, aggressiveness.

belicoso ADJ (guerrero) warlike; (agresivo) bellicose, aggressive.

beligerancia NF (Mil) belligerency; (agresividad) militancy.

beligerante ADJ, NMF belligerent; **no ~** non-belligerent.

bellaco [1] ADJ (gen: malo) wicked; (astuto) cunning, sly. [2] NM scoundrel, rogue; (CSur, Méx: caballo) difficult horse.

belladona NF deadly nightshade.

bellaquear <1a> VI (And, CSur: encabritarse) to shy; (fig: ser terco) to dig one's heels in.

bellaquería NF [a] (acto) dirty trick. [b] (astucia) cunning, slyness.

belleza NF [a] beauty, loveliness. [b] (una ~) beauty, beautiful woman; **es una ~ de mujer** she's a beautiful woman. [c] de **~** beauty atr.

bello ADJ (gen) beautiful, lovely; **es una ~a persona** he's a lovely person; **B~as Artes** Fine Art.

bellota NF (Bot) acorn.

bembo NM (LAm) thick lip.

bemol NM (Mús) flat; **esto tiene muchos o tres ~es** (fam) this is a tough one; **¡tiene ~es la cosa!** (con enfado, ironía) that's just bloody great! (fam).

bencedrina NF Benzedrine ®.

benceno NM benzene.

bencina NF benzine; (Chi) petrol, gas(oline) (US).

bencinera NF (Chi: estación de servicio) petrol o (US) gas station; (bomba) petrol o (US) gas pump.

bendecir <3o> VT (gen) to bless; (consagrar) to consecrate; (loar) to praise; **~ la comida** o **la mesa** to say grace.

bendición NF [a] (gen) blessing, benediction; **~ de la mesa** grace; **~es nupciales** wedding ceremony; **echar la ~** to give one's blessing (a to); **será mejor echar la ~ a eso** (fam) it will be best to have nothing more to do with it. [b] **lo hace que es una ~** he does it splendidly.

bendiga etc, **bendije** etc V **bendecir**.

bendito/a [1] ADJ [a] (gen) blessed; (santo) saintly; (agua) holy. [b] (fig) blessed. [c] (dichoso) happy; (afortunado) lucky. [d] (de pocas luces) simple, simple-minded. [e] (locuciones) **¡~ sea Dios!** thank goodness!; **venderse como pan ~** to sell like hot cakes. [2] NM/F [a] (santo) saint. [b] (bobo) simpleton, simple soul; **es un ~** he's sweet; **dormir como un ~** to sleep like a log.

benedictino ADJ, NM Benedictine; **es obra de ~s** it's a huge task.

benefactor(a) [1] ADJ beneficent. [2] NM benefactor.

beneficencia NF [a] (virtud) doing good. [b] (tb **sociedad de ~**) charity, charitable organization; **vivir a cargo de la ~** to live on charity.

beneficiar <1b> [1] VT [a] (gen) to benefit, be of benefit to. [b] (CSur: tierra) to cultivate; (Min: explotar) to exploit, work; (: mineral) to process, treat. [c] (Com) to sell at a discount. [d] (fam: empleo) to buy one's way into. [2] VI to be of benefit. [3] **beneficiarse** VR to benefit, profit; **~ a** (fam!) to lay (fam!); **~ de** to benefit from; (pey) to take advantage of.

beneficiario/a NM/F beneficiary.

beneficio NM [a] (gen) benefit; **a ~ de** for the benefit of; **en ~ propio** to one's own advantage; **~s marginales** fringe benefits. [b] (donación) benefaction. [c] (Teat) benefit (performance). [d] (Rel) living, benefice. [e] (Com, Fin) profit; **~ bruto/neto** gross/net profit; **~ no realizado** unrealized profit; **~ postimpositivos** after-tax profits, profits after tax; **~s preimpositivos** pre-tax profits, profits before tax. [f] (LAm: matanza) slaughter(ing).

beneficioso ADJ (gen) beneficial; (Com) profitable.

benéfico ADJ (gen) charitable; (fig) beneficial; **función ~a** charity performance; **obra ~a** charity; **organización** o **sociedad ~a** charity, charitable (organization).

benemérito ADJ [a] worthy, meritorious. [b] **la B~a** the Civil Guard.

beneplácito NM approval, consent; **dar su ~** to give one's blessing o consent.

benevolencia NF benevolence, kindness.

benevolente, benévolo ADJ benevolent, kind.

Bengala NF Bengal; **el Golfo de ~** the Bay of Bengal.

bengala NF (Mil etc) flare; (fuego) Bengal light; (Bot) rattan.

bengalí ADJ, NMF Bengali.

benignidad NF (de individuos) kindness; (Met, Med etc) mildness.

benigno ADJ (individuos) kind, gentle; (clima) mild; (Med: tumor) benign, non-malignant.

benjamín/ina [1] NM/F baby of the family, youngest child; (junior) young player. [2] NM (botella) half-bottle.

beodo/a [1] ADJ drunk. [2] NM/F drunk (fam), drunkard.

berbén NM (*Méx*) scurvy.
berberecho NM cockle.
berbiquí NM carpenter's brace; **~ y barrena** brace and bit.
bereber, beréber, berebere ADJ, NMF Berber.
berengo/a (*Méx*) [1] ADJ foolish, stupid. [2] NM/F idiot.
berenjena NF aubergine, eggplant.
berenjenal NM [a] aubergine bed. [b] (*fig*) mess, trouble; **en buen ~ nos hemos metido** we've got ourselves into a fine mess.
bergante NM scoundrel, rascal.
bergantín NM brig.
beriberi NM (*Med*) beriberi (fever).
berilo NM (*Min*) beryl.
Berlín NF Berlin.
berlina NF (*Aut*) saloon car, sedan (*US*).
berlinés/esa [1] ADJ Berlin *atr*. [2] NM/F Berliner.
berma NF (*Chi Aut*) hard shoulder (*Brit*), emergency lane.
bermejo ADJ reddish, ginger; (*Cu, Méx: ganado*) light brown.
bermellón NM vermilion.
Bermudas NFPL (*tb* **Islas ~**) Bermuda.
bermudas NMPL Bermuda shorts.
Berna NF Berne.
bernés/esa [1] ADJ of o from Berne. [2] NM/F native o inhabitant of Berne.
berrear <1a> VI (*Zool*) to bellow; (*niño*) to howl, bawl; (*Mús: hum*) to bawl.
berrenchín NM = **berrinche**.
berrido NM (*Zool*) lowing; (*de niño*) howl; **~s** bawling *sg*.
berrinche NM (*fam*) rage, tantrum; **coger o llevarse un ~** to fly into a rage.
berro NM watercress.
berza NF cabbage; **~ lombarda** red cabbage.
berzal NM cabbage patch.
berzotas NMF INV (*fam*) twit (*fam*), chump (*fam*).
besamanos NM INV (*Hist*) royal audience; (*fig*) forelock-touching.
besamel NF white sauce, béchamel sauce.
besar <1a> [1] VT [a] to kiss; **~ la mano** (*fig*) to pay one's humble respects (*a* to). [b] (*fig*) to graze, touch. [2] **besarse** VR [a] to kiss (one another). [b] (*fig*) to bump heads.
besazo NM big kiss, smacker (*fam*).
beso NM [a] (*gen*) kiss; **~ de la muerte** kiss of death; **dar un ~ volado a, echar o tirar un ~ a** to blow a kiss to. [b] (*choque*) bump, collision.
bestia [1] NF (*Zool*) beast, animal; **~ de carga** beast of burden; **~ negra** (*fig*) bête noire, pet hate. [2] NMF (*idiota*) idiot, jerk (*US*); (*patán*) boor; (*bruto*) beast, brute; **¡~!** you brute!; **¡no seas ~!** don't be so bad-mannered! [3] ADJ (*fam: bruto*) boorish; **Juan es muy ~** John's so rude; **ese tío ~** that brute of a man; **a lo ~** (*como adj*) vulgar, crude; (*como adv*) rudely.
bestial ADJ [a] beastly, bestial. [b] (*fam*) terrific.
bestialidad NF [a] (*cualidad*) beastliness, bestiality. [b] (*fig*) (piece of) stupidity; **una ~ de gente** (*fam*) masses of people; **comer tanto es una ~** eating so much is just plain crazy.
bestialismo NM bestiality.
bestialmente ADV (*fam*) marvellously, marvelously (*US*); **lo pasamos ~** we had a great time.
best-seller NM (*pl* **~s**) best-seller.
besucón/ona (*fam*) ADJ, NM/F: **es muy o un ~** he's always dishing out kisses (*fam*).
besugo NM [a] (*Zool*) sea bream; **ojos de ~** bulging eyes. [b] (*fam*) idiot.
besuguera NF (*Culin*) fish pan.
besuquear <1a> (*fam*) [1] VT to cover with kisses. [2] **besuquearse** VR to neck (*fam*), smooch (*fam*).
besuqueo NM (*fam*) necking (*fam*).
beta NF beta.
betabel NM (*Méx*), **betarraga** NF, **beterraga** NF (*Chi*) beetroot, beet (*US*).
bético ADJ (*liter*) Andalusian.

betún NM [a] (*para zapatos*) shoe polish; **dar de ~ a** to polish; **darse ~** (*fam*) to show off. [b] (*Quím*) bitumen.
bi... PREF bi....
biaba NF (*CSur fam*) punch; **dar la ~ a** (*golpear*) to beat up; (*derrotar*) to defeat, crush.
bianual ADJ, NM (*Bot*) biennial.
bianualmente ADV biennially, every two years.
Bib. ABR de **Biblioteca**.
biberón NM feeding o baby's bottle.
Biblia NF Bible; **la Santa ~** the Holy Bible; **saber la ~ en verso** to know everything.
bíblico ADJ biblical.
bibliófilo NM bibliophile.
bibliografía NF bibliography.
bibliográfico ADJ bibliographic(al).
bibliógrafo/a NM/F bibliographer.
bibliorato NM (*CSur*) box file.
biblioteca NF [a] (*gen*) library; **~ ambulante/de préstamo/pública/de consulta** mobile/lending/public/reference library. [b] (*estantes*) bookcase, bookshelves.
bibliotecario/a [1] ADJ library *atr*; **servicios ~s** library services. [2] NM/F librarian.
biblioteconomía NF library science, librarianship.
biblioteconomista NMF librarian.
BIC NF ABR (*Esp*) de **Brigada de Investigación Criminal** ≈ CID (*Brit*), ≈ FBI (*US*).
bicameral ADJ (*Pol*) two-chamber, bicameral.
bicampeón/ona NM/F two-times champion, twice champion.
bicarbonato NM: **~ sódico o de sosa** bicarbonate of soda; (*Culin*) baking soda.
bicentenario ADJ, NM bicentenary.
bíceps NM INV biceps.
biche ADJ (*LAm: no maduro*) unripe, immature; (: *débil*) weak.
bichear <1a> VT (*CSur: mirar*) to observe, to spy on.
bichero NM boat hook.
bicho NM [a] (*Zool etc*) small animal; (*insecto*) bug, creepy-crawly (*fam*); (*Cu, CSur: gusano*) maggot, grub; (*Taur*) bull; **~s** vermin, pests. [b] **~ raro** (*fam*) oddball (*fam*); **todo ~ viviente** every living soul; **es un mal ~** he's a nasty piece of work; **~ malo nunca muere** the devil looks after his own. [c] (*CAm, Méx: fam!*) prick (*fam!*).
bichoco ADJ (*CSur*) useless.
bici NF (*fam*) bike (*fam*).
bicicleta NF bicycle, cycle; **~ de carreras** racing bicycle; **~ de ejercicio, ~ estática, ~ fija, ~ gimnástica** exercise bike; **~ de montaña** mountain bike; **andar o ir en ~** to cycle; **(saber) montar en ~** to be able to ride a bike.
bicoca NF [a] (*Esp fam*) cushy job (*fam*); (: *ganga*) bargain. [b] (*LAm: solideo*) skullcap, calotte.
bicolor ADJ two-colour o (*US*) -color; (*Aut*) two-tone.
BID NM ABR de **Banco Interamericano de Desarrollo** IDB.
bidé, bidet [bi'e] NM bidet.
bidimensional ADJ two-dimensional.
bidireccional ADJ duplex, bidirectional; **~ simultáneo** full duplex.
bidón NM (*grande*) drum; (*pequeño*) can.
biela NF connecting rod.
Bielorrusia NF Belorussia.
bielorruso/a ADJ, NM/F Belorussian.
bien [1] ADV [a] (*gen*) well; (*correctamente*) properly, right; (*con éxito*) successfully; **hablas ~ (el español)** you speak (Spanish) well; **hacer algo ~** to do sth well o properly; **contestar ~** to answer correctly; **estar ~ de salud/dinero** to be well/well off; **lo sé muy ~** I know that perfectly well; **no veo muy ~** I can't see very well; **~ que mal** one way or another; **aquí se está ~** it's nice here; **¡está ~!** (*aceptando*) O.K., all right; **¿estás ~?** are you all right?; **te está ~ la falda** (*ser la talla*) the skirt fits you; (*sentar*) the skirt suits you; **ya está ~ de quejas** we've had enough complaints, that's enough complaining; **el libro/la casa está muy ~** the book is really good/the house is really nice; **oler/saber ~** to smell/

taste good; **hacer ~ en preguntar / venir** to be right o do well to ask/come; **estar a ~ con algn** to be on good terms with sb; **tener a ~ hacer algo** to see fit to do sth. **b** (*de buena gana*) willingly, readily; **yo ~ iría, pero** I'd gladly go, but; **~ me tomaría ahora un café** I'd love a coffee now.

c (*muy*) very; **un cafecito ~ caliente** a nice warm coffee; (*LAm*) a very warm coffee; **eso es ~ tonto** that's pretty silly; **un coche ~ caro** a pretty expensive car; **~ temprano** very early; **~ es verdad que** it is of course true that.

d (*mucho*) ¡**te han dado ~ de regalos!** look at all the presents you've got!; **~ de veces** lots of times; **bebe ~ de café** he drinks a lot of coffee.

e (*fácilmente*) easily; **~ se ve que** it is easy to see that; **~ podía habérmelo dicho** he could have told me!

f (*locuciones*) **~ se levantó**, **~ se sentó** whether he stood up or sat down; **~ por avión**, **~ en tren** either by air or by train; **más ~** rather; **más ~ bajo** on the short side; **o ~** or else; **pues ~** well, well then; **¿y ~?** well?

g (*como interj etc*) ¡**~!** all right, O.K.!; ¡**muy ~!** very good!; (*aprobando discurso*) hear hear!; ¡**~ hecho!** well done!; ¡**hizo muy ~!** and he was quite right too!; ¡**pues sí que estamos ~!** this is a fine mess we're in!; ¡**qué ~!** (*bravo*) great, marvellous, marvelous (*US*); (*ojalá*) now that really would be something!; (*iró*) a lot of good that would do!; **~ gracias, ¿y usted?** fine thanks, and you?

2 CONJ **a ~ que, si ~** although, even though.
b **no ~ llegó, empezó a llover** no sooner had he arrived than it started to rain.
3 ADJ: **barrio ~** posh neighbourhood o (*US*) neighborhood; **gente ~** toffs *pl*; **de casa ~** well brought up.
4 NM **a** (*gen*) good; (*provecho*) advantage, benefit; **hombre de ~** honest man; **el ~ público** the common good; **sumo ~** highest good; **en ~ de** for the good o benefit of; **hacer algo para el ~ de** to do sth for the well-being of; **hacer el ~** (*obrar*) to do good; (*ser honrado*) be honest; **es por tu ~** it's for your own good.
b **mi ~** my dear, my darling.
c (*Com*) **~es** goods; (*propiedad*) property, possessions; (*riqueza*) riches, wealth; **~es activos** active assets; **~es de capital** capital goods; **~es de consumo / equipo** consumer/capital goods; **~es de consumo duraderos** consumer durables; **~es gananciales** shared possessions; **~es inmuebles** o **raíces** real estate; **~es muebles / públicos** personal/government o state property; **~es de producción** industrial goods.

bienal 1 ADJ biennial. **2** NF biennial exhibition o show.
bienamado ADJ beloved.
bienaventurado ADJ **a** (*gen*) happy, fortunate; (*Rel*) blessed. **b** (*fig: ingenuo*) naïve.
bienaventuranza NF **a** (*Rel*) (eternal) bliss; **las ~s** the Beatitudes. **b** (*fig: dicha*) happiness; (: *bienestar*) well-being, prosperity.
bienestar NM (*gen*) well-being, welfare; (*confort*) comfort; **~ social** social welfare; **estado de ~ social** welfare state.
bienhablado ADJ well-spoken.
bienhechor(a) 1 ADJ beneficent, generous. **2** NM/F benefactor/benefactress.
bienintencionado ADJ well-meaning.
bienio NM two-year period.
bienpensante 1 ADJ sanctimonious, goody-goody (*fam*). **2** NMF do-gooder (*fam*), goody-goody (*fam*).
bienvenida NF **a** (*gen*) welcome; (*saludo*) greeting; **dar la ~ a algn** to welcome sb. **b** (*llegada*) safe arrival.
bienvenido ADJ, INTERJ ¡**~!** welcome!; ¡**~s a bordo!** welcome on board!
bies NM: **al ~** (*Cos*) cut on the cross.
bifásico ADJ (*Elec*) two-phase.
bife NM (*CSur*) **a** (*filete*) (beef)steak. **b** (*bofetada*) slap.
bífido ADJ (*lengua etc*) forked.
bifocal ADJ bifocal; **gafas ~es** bifocals.
bifurcación NF (*de calle: división*) fork; (: *empalme*) junction; (*Inform, Ferro*) branch.
bifurcado ADJ forked.

bifurcarse ‹1g› VR to fork, branch off.
bigamia NF bigamy.
bígamo / a 1 ADJ bigamous. **2** NM/F bigamist.
bígaro NM winkle.
bigote NM (*tb* **~s**) moustache, mustache (*US*); (*Zool*) whiskers; **~s de foca** walrus moustache.
bigotudo ADJ with a big moustache o (*US*) mustache.
bigudí NM (hair-)curler.
bikini NM o ARG NF bikini.
bilateral ADJ bilateral.
bilbaíno / a 1 ADJ of o from Bilbao. **2** NM/F native o inhabitant of Bilbao.
biliar ADJ bile *atr*, gall *atr*; **cálculo ~** gallstone.
bilingüe ADJ bilingual.
bilingüismo NM bilingualism.
bilioso ADJ bilious.
bilis NF (*gen*) bile; **descargar la ~** to vent one's spleen (*contra* on).
billar NM **a** (*juego*) billiards; **~ americano** pool; **~ automático** o **romano** pin table. **b** **mesa de ~** billiard o snooker o pool table. **c** (*sala*) billiard o snooker o pool hall.
billete NM **a** (*Esp Ferro etc*) ticket; **~ de abono** season ticket; **~ de ida y vuelta** return o (*US*) round-trip ticket; **~ sencillo** o **de ida** single o (*US*) one-way ticket; **~ kilométrico** runabout ticket; **medio ~** half fare; **sacar (un) ~** to get a ticket. **b** (*Fin*) banknote, bill (*US*); **un ~ de 5 libras** a five-pound note; **un ~ de 100 dólares** a 100-dollar bill. **c** note, short letter.
billetera NF, **billetero** NM wallet, billfold (*US*).
billón NM billion (*Brit*), trillion (*US*).
bilongo NM (*Cu: mal de ojo*) evil eye; **tener ~** to bristle with difficulties.
bimba NF (*Méx fam: embriaguez*) drunkenness; (: *borrachera*) drunken spree, binge.
bimensual ADJ fortnightly.
bimestral ADJ bimonthly, two-monthly.
bimestre NM (*período*) two-month period.
bimotor 1 ADJ twin-engined. **2** NM twin-engined plane.
binario ADJ binary (*tb Inform*); (*Mús*) two-four.
bingo NM (*juego*) bingo; (*sala*) bingo hall.
binoculares NMPL binoculars; (*Teat*) opera glasses.
binóculo NM pince-nez.
binomio NM **a** (*gen*) binomial. **b** **el ~ ejército-gobierno** (*fig*) the government-army pairing.
bio... PREF bio....
bioactivo ADJ bioactive.
biodegradable ADJ biodegradable.
biodegradación NF biodegradation.
biodegradar ‹1a› VT, **biodegradarse** VR to biodegrade.
biodiversidad NF biodiversity.
bioética NF bioethics.
biofísica NF biophysics.
biogénesis NF biogenesis.
biogenética NF genetic engineering.
biografía NF biography, life.
biografiar ‹1c› VT to write the biography of.
biográfico ADJ biographical.
biógrafo / a 1 NM/F biographer. **2** NM (*Chi: cine*) cinema.
bioingeniería NF bioengineering.
biología NF biology.
biológico ADJ biological; (*alimento*) organic; **cultivo ~** organically-grown produce; **guerra ~a** biological warfare.
biólogo / a NM/F biologist.
biomagnetismo NM biomagnetism.
biombo NM folding screen.
biomédico ADJ biomedical.
biopsia NF biopsy.
bioquímica NF biochemistry.
bioquímico / a 1 ADJ biochemical. **2** NM/F biochemist.
biorritmo NM biorhythm.
bioscopia NF bioscopy.
biosensor NM biosensor.
biosfera NF biosphere.

biosíntesis NF biosynthesis.
biosintético ADJ biosynthetic.
biotecnología NF biotechnology.
biotipo NM biotype.
bióxido NM dioxide; **~ de carbono** carbon dioxide.
BIP NM ABR *de* **Banco Internacional de Pagos** BIS.
bip NM pip, beep.
bipartidismo NM (*Pol*) two-party system.
bipartidista ADJ two-party *atr*.
bipartido ADJ bipartite, two-party *atr*.
bipartito ADJ = **bipartido**.
bípedo NM biped.
biplano NM biplane.
biplaza NM (*Aer*) two-seater.
biquini NM bikini.
BIRD NM ABR *de* **Banco Internacional para la Reconstrucción y el Desarrollo** IBRD.
birlar<1a> VT (*fam: quitar*) to pinch (*fam*), nick (*fam*); **me han birlado la bici** they've swiped my bike (*fam*), my bike's been pinched (*fam*).
birlibirloque NM: **por arte de ~** (as if) by magic.
Birmania NF Burma.
birmano / a ADJ, NM/F Burmese.
birome NF A VECES NM (*CSur*) ballpoint pen, Biro ®.
birra NF (*fam*) beer.
birreactor NM twin-jet (plane).
birreta NF biretta, cardinal's hat.
birrete NM [a] (*Univ*) mortarboard; (*Jur*) judge's cap. [b] (*Rel*) = **birreta**.
birria NF [a] (*esp Esp: cosa fea*) monstrosity; (: *basura*) rubbish, trash; **la novela es una ~** (*fam*) the novel is rubbish. [b] (*And fam: obsesión*) set idea, mania.
birrioso ADJ (*fam*) awful.
biruji NM (*esp CSur*) chilly wind.
bis [1] ADV (*dos veces*) twice; (*señas*) **vive en el 24 ~** he lives at 24B. [2] NM (*Teat*) encore. [3] ADJ: **ministro ~** deputy minister, stand-in minister.
bisabuelo / a NM/F great-grandfather/-grandmother; **~s** great-grandparents.
bisagra NF hinge.
bisar<1a> [1] VT to give as an encore, repeat. [2] VI to give an encore.
bisbisar<1a> VT to mutter, mumble.
bisbiseo NM muttering, mumbling.
biscote NM rusk.
bisel NM bevel (edge).
biselar<1a> VT to bevel.
bisemanal ADJ twice-weekly.
bisemanalmente ADV twice-weekly.
bisexual ADJ, NMF bisexual.
bisexualidad NF bisexuality.
bisiesto ADJ: **año ~** leap year.
bisílabo ADJ two-syllabled.
bisnieto / a NM/F great-grandson/-granddaughter; **~s** great-grandchildren.
bisojo ADJ = **bizco**.
bisonte NM bison.
bisoñé NM toupée.
bisoño [1] ADJ (*principiante*) green, inexperienced; (*Mil*) raw. [2] NM (*gen*) greenhorn; (*Mil*) raw recruit, rookie (*fam*).
bisté, bistec NM (*pl* **~s**) (beef)steak.
bisturí NM scalpel.
bisutería NF imitation jewellery o (*US*) jewelry.
bit NM (*Inform*) bit.
bitácora NF (*Náut*) binnacle.
bíter NM bitters.
bitoque NM (*de barril*) bung, spigot; (*LAm: cánula*) short tube, injection tube.
bivalvo ADJ, NM bivalve.
bizantino / a [1] ADJ [a] Byzantine. [b] (*fig: baldío*) idle, pointless; **discusión ~a** pointless argument. [2] NM/F Byzantine.
bizarría NF [a] (*gen*) gallantry, bravery. [b] (*generosidad*) generosity.
bizarro ADJ [a] (*gen*) gallant, brave. [b] (*generoso*) gener-

ous.
bizco / a [1] ADJ cross-eyed, squinting; **dejar a algn ~** to leave sb open-mouthed; **quedarse ~** to be flabbergasted. [2] NM/F cross-eyed person, someone with a squint.
bizcochería NF (*Méx*) pastry shop.
bizcocho NM [a] (*Culin*) sponge cake; (*Náut*) hardtack. [b] (*cerámica*) biscuit ware.
bizcornear<1a> VI (*Carib*) to squint.
bizquear<1a> VI to squint.
bizquera NF (*esp LAm fam*) squint.
blanca NF [a] white woman; **trata de ~s** white slave trade. [b] **estar** o **quedarse sin ~** to be broke (*fam*). [c] (*Mús*) minim. [d] (*Ajedrez*) **las ~s** white, the white pieces.
Blancanieves NF Snow White.
blanco [1] ADJ [a] (*gen*) white; (*tez*) fair; **más ~ que la nieve** as white as snow; **más ~ que la pared** o **la cera** as white as a sheet. [b] (*página, espacio*) blank. [2] NM [a] (*gen*) white; **~ de España** whiting; **~ de la uña** half-moon; **en ~ y negro** in black and white; **poner los ojos en ~** to roll one's eyes; **decir que lo ~ es negro** to make out that white is black. [b] (*hombre*) white man; **los ~s** white people. [c] (*Zool*) white spot o patch. [d] (*intervalo*) interval, gap. [e] (*Tip etc*) blank (space); **2 páginas en ~** two blank pages; **cheque en ~** blank cheque o (*US*) check; **dejar un ~** to leave a space; **firmar en ~** to sign a blank cheque o (*US*) check; **votar en ~** to spoil one's vote. [f] (*meta*) aim; (*Mil, fig*) target; **tiro al ~** target shooting; **ser el ~ de las burlas** to be the butt of jokes; **dar en el ~** to hit the mark; **hacer ~** to hit the target, strike home; **hacer ~ en** to hit, strike. [g] (*locuciones*) **pasar la noche en ~** to have a sleepless night; **quedarse en ~** to go blank, have a mental block; **tenía la mente en ~** his mind was a blank.
blancor NM, **blancura** NF whiteness.
blancuzco ADJ (*gen*) whitish; (*sucio*) dirty-white, off-white.
blandengue ADJ (*fam*) soft, weak.
blandiporno ADJ INV: **película ~** (*fam*) soft-porn film.
blandir<3a; defectivo; no utilizado en presente> [1] VT to brandish, flourish. [2] **blandirse** VR to wave to and fro, swing.
blando / a [1] ADJ [a] (*gen*) soft; **~ de carnes** flabby; **~ al tacto** soft to the touch; **vida ~a** easy life. [b] (*suave*) gentle; (*clima*) mild; (*tierno*) tender; (*vacío*) bland; **~ de corazón** sentimental. [c] (*indulgente*) soft, indulgent. [d] (*cobarde*) cowardly. [2] NM/F (*Pol etc*) soft-liner, moderate; (*Mil*) dove.
blanducho / a ADJ (*gen*) soft; (*pey*) flabby.
blandura NF [a] (*gen*) softness; (*Met*) mildness; (*dulzura*) gentleness, tenderness. [b] (*carácter*) moral softness.
blanqueada NF (*LAm: blanqueo*) whitening; (*encalado*) whitewashing.
blanquear <1a> [1] VT (*gen*) to whiten; (*encalado*) to whitewash; (*ropa*) to bleach; (*fam: dinero*) to launder; (: *falta, persona culpable*) to whitewash. [2] VI to turn white, whiten.
blanquecino ADJ whitish.
blanqueo NM (*gen*) whitening; (*Arquit*) whitewashing; (*de ropa*) bleaching; (*de dinero*) laundering.
blanquillo [1] ADJ whitish; **azúcar / trigo ~** white sugar/ wheat. [2] NM (*CAm, Méx: huevo*) egg; (*Chi, Per: durazno*) white peach.
blasfemador(a) [1] ADJ blasphemous. [2] NM/F blasphemer.
blasfemar<1a> VI (*Rel*) to blaspheme (*contra* against); (*fig*) **~ de** to curse, swear about o at.
blasfemia NF [a] (*Rel*) blasphemy; (*injuria*) insult. [b] (*palabra etc*) curse.
blasfemo / a ADJ, NM/F = **blasfemador**.
blasón NM [a] (*gen*) coat of arms. [b] (*fig*) honour, honor (*US*), glory.

blasonar <1a> **1** VT to emblazon; (*fig*) to praise, extol. **2** VI to boast (about).

bledo NM: **(no) me importa un ~** I couldn't care less.

blindado ADJ (*Mil*) armour-plated, armor-plated (*US*); (*antibala*) bullet-proof; (*Mec*) shielded; **carro ~** armoured *o* (*US*) armored car; **puertas ~as** reinforced doors.

blindaje NM (*Mil*) armour-plating, armor-plated (*US*); (*Téc*) shield.

blindar <1a> VT (*Mil*) to armour-plate, armor-plate (*US*); (*Téc*) to shield.

b.l.m. ABR *de* **besa las manos** *courtesy formula.*

bloc NM (*pl* **~s**) (*gen*) (writing) pad; (*Escol*) jotter, exercise book; **~ de dibujos** sketch pad; **~ de notas** notepad.

blocaje NM (*Dep*) tackle, stop.

blocar <1g> VT (*Dep*: *jugador*) to tackle; (*balón*) to stop, trap.

blof NM (*CAm, Méx*) bluff; **hacer un ~ a algn** to bluff sb.

blondo ADJ blond(e), fair.

bloque NM **a** (*gen*) block; (*de helado*) brick; **~ de casas** *o* **viviendas** block (of houses); **~ de cilindros** cylinder block; **~ de papel** = **bloc**;; **~ publicitario** commercial break. **b** (*Pol*) bloc, group; **el ~ comunista** the communist bloc; **en ~** en bloc. **c** (*Inform*) block.

bloquear <1a> VT **a** (*poner obstáculos*) to block, obstruct; (*Dep*: *jugador*) to tackle; (*balón*) to stop, trap; (*Rad*) to jam; **~ una ley en la cámara** to block a bill in parliament; **los manifestantes bloquearon las calles** the demonstrators blocked (off) the streets. **b** (*Mec*) to block, jam; **está bloqueado** it's jammed *o* stuck. **c** (*aislar*) to cut off; **la inundación bloqueó el pueblo** the flood cut off the village. **d** (*Aut*) to brake, pull up. **e** (*Mil*) to blockade. **f** (*Com, Fin*) to freeze; **fondos bloqueados** frozen assets.

bloqueo NM **a** (*Mil*) blockade; **burlar** *o* **forzar el ~** to run the blockade. **b** (*Com, Fin*) **~ de fondos** freezing of assets; **~ informativo** news blackout. **c** **~ mental** mental block. **d** **~ central de cerraduras** central locking.

bluejean NM INV (*LAm*) jeans *pl*, denims *pl*.

blusa NF (*gen*) blouse.

blusón NM long *o* loose shirt, smock.

Blvr ABR *de* **Bulevar** Blvd.

BM NM ABR *de* **Banco Mundial** WB.

BN **1** ABR (*Esp*) *de* **Biblioteca Nacional**. **2** NM ABR (*Per*) *de* **Banco de la Nación**.

b/n ABR *de* **blanco y negro** b/w.

B.º ABR **a** (*Fin*) *de* **Banco** bk. **b** (*Com*) *de* **beneficiario**.

boa NF boa.

boato NM show, ostentation.

bob NM bobsleigh.

bobada NF silly *o* stupid thing; **decir ~s** to talk nonsense.

bobales NMF INV (*fam*) nitwit (*fam*), dolt.

bobalicón/ona **1** ADJ utterly stupid. **2** NM/F nitwit, clot.

bobería NF **a** (*cualidad*) silliness, idiocy. **b** = **bobada**.

bóbilis ADV: **de ~** (*gen*) free, for nothing; (*sin esfuerzo*) without lifting a finger.

bobina NF (*Téc*) bobbin; (*Fot*) spool, reel; (*Aut, Elec*) coil; **~ de encendido** ignition coil.

bobinado NM (*Elec*) winding.

bobinar <1a> VT to wind.

bobo/a **1** ADJ (*tonto*) silly, stupid; (*ingenuo*) simple, naïve; **estar** *o* **andar ~ con algo** to be crazy about sth. **2** NM/F idiot, fool; (*Teat*) clown, funny man; **entre ~s anda el juego** (*iró*) they're well matched, one's as bad as the other.

boca NF **a** (*Anat*) mouth; **~ de dragón** (*Bot*) snapdragon; **~ de escorpión** (*fig*) wicked tongue; **a ~** verbally, by word of mouth; **(respiración) ~ a ~** kiss of life, mouth-to-mouth resuscitation; **a pedir de ~** to one's heart's content; **todo salió a pedir de ~** it all turned out perfectly; **en ~ de** according to; **apoyó la idea de ~ afuera** he paid lip-service to the idea; **~ abajo/arriba** face down(ward)/up(ward); **poner a algn ~ arriba** to turn sb on to his back; **andar en ~ de la gente** to be talked about; **la cosa anda de ~ en ~** the story is going the rounds; **¡cállate la ~!** (*fam*) shut up!; **sin decir esta ~ es mía** without a word to anybody; **hablar por ~ de ganso** to talk through one's hat; **en ~ cerrada no entran moscas** silence is golden, mum's the word; **hacer ~** to work up an appetite; **se me hace la ~ agua** my mouth is watering; **írsele la ~ a algn** to let one's tongue run away with one; **meterse en la ~ del lobo** to put one's head in the lion's mouth; **por la ~ muere el pez** silence is golden; **(oscuro) como ~ de lobo** pitch dark; **parir la ~ a algn** (*fam*) to smash sb's face in (*fam*); **quedarse con la ~ abierta** to be dumbfounded; **tapar la ~ a algn** to shut sb's mouth.
b (*fig*) mouth; (*entrada*) entrance, opening; (*Inform*) slot; **~ de riego** hydrant; **~ del estómago** pit of the stomach; **~ de metro** underground *o* (*US*) subway entrance; **~ de mina** pithead, mine entrance; **~ de río** river mouth, estuary.
c (*de arma*) muzzle, mouth; **a ~ de cañón** at close range.
d (*Zool*) pincer; (*de útil*) cutting edge.
e (*de vino*) flavour, flavor (*US*), taste; (*de tonel*) bunghole.

bocacalle NF side street; **la primera ~** the first turning.

bocadillo NM **a** (*Esp*) sandwich; **tomar un ~** to have a snack. **b** (*en dibujo*) balloon, bubble.

bocadito NM morsel, bit.

bocado NM **a** (*gen*) mouthful; (*fig*) snack; **no he probado ~ en todo el día** I've not had a bite to eat all day; **tomar un ~** to have a bite to eat; **~ exquisito** titbit. **b** (*para caballo*) bit. **c** **~ de Adán** Adam's apple.

bocajarro ADV: **a ~** (*Mil*) at point-blank range; **decir algo a ~** to say sth bluntly *o* without mincing words.

bocal NM (*jarro*) pitcher, jar.

bocamanga NF (*Cos*) cuff, wristband.

bocamina NF (*Min*) pithead, mine entrance.

bocana NF estuary.

bocanada NF **a** (*de vino etc*) mouthful, swallow. **b** (*de humo*) puff; (*de viento*) gust, blast. **c** **echar ~s** to boast, brag.

bocarada NF (*LAm*) = **bocanada**.

bocarte NM small sardine.

bocata NM (*Esp fam*) sandwich, sarnie (*Brit fam*).

bocatería NF (*fam*) ≈ sandwich bar.

bocazas NMF INV (*fam*) bigmouth (*fam*).

boceras NMF INV (*fam*) loudmouth (*fam*).

bocetista NMF sketcher.

boceto NM (*lit, fig*) sketch, outline; (*maqueta*) model, mock-up.

bocha NF bowl; **juego de las ~s** bowls.

bochar <1a> VT (*LAm*) to rebuff, reject; **~ a algn** to give sb a dressing-down.

boche NM **a** (*Chi*) husks, chaff. **b** (*LAm*) snub; **dar ~ a algn** to snub sb. **c** (*And, CSur*) row, fuss.

bochinche NM (*jaleo*) uproar, commotion.

bochinchear <1a> VI (*LAm*) to make a commotion.

bochinchero/a (*esp LAm*) **1** ADJ rowdy, brawling. **2** NM/F (*LAm*) brawler.

bochorno NM **a** (*Met*) sultry *o* (*fam*) stuffy weather; (*atmósfera*) stifling atmosphere. **b** (*Med*) hot flush. **c** (*fig*) embarrassment, (feeling of) shame; **¡qué ~!** how embarrassing!

bochornoso ADJ **a** (*Met*) close (*fam*), stuffy (*fam*), thundery. **b** (*fig*) embarrassing; **es un espectáculo ~** it is a degrading spectacle.

bocina NF (*Mús, Aut*) horn; (*megáfono*) megaphone; (*Méx Telec*) mouthpiece; **tocar (la) ~** (*Aut*) to sound *o* blow one's horn.

bocinazo NM (*Aut*) toot, blast (of the horn).

bocio NM goitre, goiter (*US*).

bocón/ona ADJ (*LAm fig*) big-mouthed.

bocoy NM hogshead, large cask.

boda NF (*tb* **~s**: *gen*) wedding, marriage; (*fiesta*) wedding reception; **~s de diamante/de oro/de plata** diamond/golden/silver wedding (anniversary).

bodega NF wine cellar; (*tienda de vinos, licores*) wine shop; (*depósito*) storeroom, warehouse; (*Náut*) hold; (*esp LAm*:

bar) bar; (: *tienda de comestibles*) grocery store.
bodegaje NM (*Chi*) storage.
bodegón NM ⒜ cheap restaurant. ⒝ (*Arte*) still life.
bodeguero NM (*oficio*) cellarman; (*Com*) vintner; (*And, Carib*: *tendero*) grocer.
bodoque NM ⒜ (*de ballesta*) small ball, pellet. ⒝ (*CAm, Méx Med*: *bulto*) lump, swelling. ⒞ (*Méx*: *tonto*) dimwit (*fam*).
bodorrio NM (*pey*) poor wedding.
bodrio NM ⒜ (*fam*) rubbish, trash; **la película fue un ~** the film was rubbish o a load of tosh (*fam*); **un ~ de sitio** an awful place. ⒝ (*esp LAm*: *confusión*) mess.
body ['boɪ] NM (*pl* **bodies** ['boɪs]) body-stocking.
BOE NM ABR (*Esp*) *de* **Boletín Oficial del Estado** ≈ Hansard (*Brit*), ≈ The Congressional Record (*US*).

⌐ BOE
_____

ⓘ The **Boletín Oficial del Estado** *is a daily Spanish-government publication in which new laws, directives and executive decisions are published together with advertisements for public-sector posts and contracts. It is provided free of charge to all government agencies and state organizations including schools, embassies and public libraries.*

_____

bóer ① ADJ Boer. ② NMF (*pl* **~s**) Boer.
bofe NM (*Zool*) **~s** lungs; **echar los ~s** to slog, slave.
bofetada NF slap in the face; (*puñetazo*) punch; **dar de ~s a algn** to hit o punch sb; **darse de ~s** to come to blows; (*colores*) to clash.
bofetón NM punch (in the face).
bofia (*fam!*) ① NF: **la ~** the pigs (*fam!*). ② NM cop (*fam*), pig (*fam!*).
boga[1] NF vogue, fashion; **estar en ~** to be in fashion, be popular.
boga[2] NF rowing.
bogar<1h> VI to row.
bogavante NM ⒜ (*Náut*) stroke, first rower. ⒝ (*Zool*) lobster.
bogotazo NM (*LAm*) Bogotá rising of 1948.
bohemio/a ADJ, NM/F (*fig*) Bohemian.
bohío NM (*LAm*: *choza*) hut, shack.
boicot NM (*pl* **~s**) (*gen*) boycott; (*sindical*) boycott, blacking (*Brit*).
boicotear <1a> VT to boycott; (*sindicato*) to boycott, to black (*Brit*).
boicoteo NM boycott, boycotting.
boina ① NF beret. ② NM: **~ verde** commando.
boite, boîte [bwat] NF nightclub.
boj NM (*Bot*) box; (*madera*) boxwood.
bojote NM ⒜ (*LAm*: *paquete*) bundle, package. ⒝ (*fig*) **un ~ de** a lot of, a great many of.
bol NM ⒜ (*cuenco*) bowl; (*ponchera*) punchbowl. ⒝ (*Dep*) ninepin. ⒞ (*Pesca*) dragnet.
bola NF ⒜ (*gen*) ball; (*canica*) marble; **~s** (*Mec*) ball bearings; (*CSur Agr*) bolas; (*Dep*) shot(putting); **~ de billar** billiard ball; **estar como ~ de billar** to be as bald as a coot; **~ de cristal** crystal ball; **~ de naftalina** mothball; **~ de nieve** snowball; **~ del mundo** globe; **dar en o darle en la ~** (*LAm*) to hit the mark; **dejar que ruede la ~** to let things take their course.
⒝ (*Naipes*) (grand) slam; **media ~** small slam.
⒞ (*betún*) shoe polish.
⒟ (*fam*: *embuste*) fib, tale; (*LAm fam*: *rumor*) rumour, rumor (*US*); **meter ~s** to tell fibs.
⒠ (*Méx*: *jaleo*) row, hubbub; (: *gentío*) crowd (of people).
bolada NF ⒜ throw (of a ball); (*Atletismo*) putt. ⒝ (*LAm*: *suerte*) piece of luck, lucky break.
bolado NM (*LAm*: *asunto*) deal, affair.
bolardo NM bollard.
bolazo NM ⒜ (*CSur*: *tontería*) silly remark, piece of nonsense. ⒝ (*Méx*) **al o de ~** at random.
bolchevique ADJ, NMF Bolshevik.
bolchevismo NM Bolshevism.
boleada NF (*Méx*) shoeshine.
boleadoras NFPL (*CSur*) bolas, lasso with balls.
bolear<1a> ① VT ⒜ (*tirar*) to throw.

⒝ (*LAm*: *cazar*) to catch with bolas; (*fig*: *engañar*) to play a mean trick on.
⒞ (*LAm*: *Univ etc*) to fail.
⒟ (*Méx*: *zapatos*) to polish, shine.
② VI to play for fun.
③ **bolearse** VR ⒜ (*CSur*: *caerse*) to rear and fall; (*Aut*) to overturn.
⒝ (*CSur*: *fig*) to get confused o bewildered; (*Univ*) to fail.
bolera NF bowling o skittle alley.
bolero[1] ADJ truant.
bolero[2] NM (*Mús etc*) bolero.
bolero[3] NM (*Méx*) bootblack, shoeshine boy.
boleta NF ⒜ (*LAm*: *billete*) ticket; (: *recibo*) receipt, (sales) docket. ⒝ (*LAm*: *de voto*) ballot, voting paper; (*CSur*: *Jur*) draft. ⒞ **hacerle la ~ a algn** (*CSur fam*) to bump sb off (*fam*).
boletería NF (*LAm*) ⒜ (*gen*) ticket agency o office; (*Ferro etc*) booking office; (*Teat*) box office. ⒝ (*Dep*) gate, takings.
boletero NM (*LAm*) ticket clerk o seller.
boletín NM (*gen*) bulletin; (*Univ etc*) journal, review; (*Escol*) report; **~ de inscripción** registration form; **~ meteorológico** weather report o forecast; **~ de noticias** news bulletin; **~ oficial del Estado** official gazette.
boleto NM ⒜ (*LAm*) ticket; **~ de ida y vuelta** return o (*US*) round-trip ticket. ⒝ (*quinielas*) coupon; **~ de apuestas** betting slip; **~ de lotería** lottery ticket.
boli NM (*fam*) (ballpoint) pen.
boliche[1] NM ⒜ (*juego*) bowls, bowling. ⒝ (*bola*) jack.
boliche[2] NM (*LAm*: *tenducha*) small grocery store; (*CSur*: *café*) cheap snack bar.
bolichera[1] NF (*Per*) fishing boat.
bolichero/a[2] NM/F (*LAm*) grocer, shopkeeper.
bólido NM ⒜ meteorite. ⒝ (*Aut*) racing car; **iba como un ~** (*fam*) he was really shifting (*fam*).
bolígrafo NM (ballpoint) pen.
bolillo NM ⒜ (*Cos*) bobbin (for lacemaking). ⒝ (*LAm Mús*) drumstick. ⒞ (*Méx*: *panecillo*) bread roll.
bolinga ① ADJ INV: **estar ~** to be canned (*fam*). ② NM: **estar de ~** to be boozing (*fam*); **ir de ~** to go on the booze (*fam*).
bolívar NM Venezuelan currency unit.
Bolivia NF Bolivia.
boliviano/a ADJ, NM/F Bolivian.
bollería NF (*bollos*) pastries; (*establecimiento*) baker's o pastry shop.
bollo NM ⒜ (*Culin*: *gen*) bread roll; (: *dulce*) scone, bun. ⒝ (*Mec*) dent. ⒞ (*Med*) bump, lump. ⒟ (*confusión*) confusion, mix-up. ⒠ **~s** (*And*: *problemas*) troubles.
bollón NM stud.
bolo[1] NM ⒜ skittle, ninepin (*US*); **(juego de) ~s** skittles, ninepins; **echar a rodar los ~s** (*fig*) to create a disturbance. ⒝ (*Med*) large pill. ⒞ (*Naipes*) slam.
bolo[2] ADJ (*CAm, Cu, Méx*) drunk.
bolón NM ⒜ (*CSur*: *piedra*) quarry stone. ⒝ (*Cu, Méx*: *muchedumbre*) mob, disorderly crowd.
Bolonia NF Bologna.
bolsa NF ⒜ (*gen*) bag; (*Zool*) pouch; (*de mujer*) handbag, purse (*US*); (*LAm*: *bolsillo*) pocket; (*en boxeo*) purse; **~ de agua caliente** hot-water bottle; **~ de basura** refuse sack, rubbish bag; **~ de deportes** sports bag; **~ de la compra** shopping bag; **~ de patatas fritas** packet of crisps; **~ de plástico** plastic o carrier bag; **¡la ~ o la vida!** your money or your life!; **hacer algo de ~** (*Chi*) to do sth at somebody else's expense.
⒝ (*Cos*: *de vestido etc*) bag; **hacer ~** to bag, pucker up; **~ de pobreza** pocket of poverty.
⒞ (*Téc, Mil*) pocket; **~ de aire/gas** air pocket/pocket of gas.
⒟ (*Anat*) cavity, sac; **~s de los ojos** bags under the eyes.
⒠ (*Com, Fin*) stock exchange o market; **~ de cereales** corn exchange; **'B~ de la propiedad'** 'Property Mart', 'Property for sale'; **~ de trabajo** employment o labour o (*US*) labor bureau; **jugar a la ~** to speculate, play the market.
⒡ **~ de estudio** educational grant; **~ de viaje** travel

grant.

bolsear<1a> VI (*CAm, Méx*) to pick pockets.

bolsillo NM [a] (*gen*) pocket; (*monedero*) purse, pocket-book (*US*); **doler a algn en el ~** (*fig*) to hurt sb in their pocket; **guardar algo en el ~** to put sth in one's pocket; **meterse a algn en el ~** to get sb eating out of one's hand; (*Pol fam*) to buy sb off; **lo pagué de mi ~** I paid it out of my own pocket; **rascarse el ~** (*fam*) to pay up, fork out (*fam*); **tener a algn en el ~** to have sb in one's pocket *o* eating out of one's hand. [b] **de ~** pocket *atr*, pocket-size; **edición de ~** pocket edition.

bolsista NM [a] stockbroker. [b] (*CAm, Méx: ratero*) pick-pocket.

bolso NM (*gen*) bag; (*de mujer*) handbag, purse (*US*); **~ de viaje** travelling *o* (*US*) traveling bag.

bolsón NM [a] (*Per: bolso*) handbag, purse (*US*). [b] (*Bol Min*) lump of ore. [c] (*LAm: de escuela*) satchel, schoolbag.

boludo / a (*CSur fam!*) [1] ADJ thick (*fam*), stupid. [2] NM/F (stupid) idiot (*fam*), jerk (*US fam!*).

bomba [1] NF [a] (*Mil etc*) bomb; (*proyectil*) shell; **~ atómica** atomic bomb; **~ fétida** stink bomb; **~ incendiaria** incendiary (bomb *o* device); **~ lacrimógena** tear-gas bomb; **~ de mano** (hand) grenade; **~ de profundidad** depth charge; **~ de relojería** time bomb; **a prueba de ~s** bombproof; **caer como una ~** to fall *o* be like a bombshell.
[b] (*fig: sorpresa*) surprise; (*Carib: noticia falsa*) hoax.
[c] (*Téc*) pump; (*Mús*) slide; **~ de aire** air pump; **~ de alimentación** feed pump; **~ de gasolina** (*motor*) petrol *o* (*US*) gas(oline) pump; **~ de inyección (de combustible)** fuel pump; **~ de incendios** fire engine; **dar a la ~** to (work the) pump.
[d] (*de lámpara*) glass, globe.
[e] (*burbuja*) soap bubble.
[f] (*And, Carib: burbuja*) bubble.
[g] (*Carib, Méx: sombrero*) top hat.
[h] (*LAm: borrachera*) drunkenness; (: *juerga*) drunken spree, binge.
[2] ADJ: **noticia ~** (*fam*) bombshell (*fam*); **éxito ~** (*fam*) phenomenal success.
[3] ADV (*fam*) **pasarlo ~** to have a great time.

bombachas NFPL (*And, CSur: pantalón bombacho*) baggy trousers; (*CSur: bragas*) panties.

bombacho ADJ baggy, loose-fitting.

bombachos NMPL baggy trousers; (*de golf etc*) plus-fours.

bomba-lapa NF (*pl* **bombas-lapa**) limpet bomb.

bombardear <1a> VT (*gen*) to bomb; (*Mil*) to bombard, shell; (*Fís, fig*) to bombard (*a, con* with).

bombardeo NM (*gen*) bombing; (*tb fig*) bombardment; (*Mil*) shelling; (*Aer*) **~ aéreo** air raid *o* attack (*contra, sobre* on); **~ en picado** dive bombing.

bombardero [1] ADJ bombing. [2] NM (*Aer*) bomber.

bombear <1a> [1] VT [a] (*Téc*) to pump. [b] (*Ftbl*) to lob. [c] (*CSur: espiar*) to spy on, observe closely. [2] **bombearse** VR (*Arquit*) to camber; (*madera*) to warp, bulge.

bombeo NM [a] (*con bomba*) pumping. [b] (*comba*) camber; (*de madera*) warping, bulging.

bombero NM [a] fireman; **(cuerpo de) ~s** fire brigade. [b] (*Arg Mil: explorador*) spy, scout.

bombilla NF [a] (*Elec*) bulb; (*Fot*) **~ de flash** flash bulb. [b] (*CSur Culin*) tube for drinking maté. [c] (*Méx*) ladle.

bombillo NM [a] (*LAm Elec*) bulb. [b] (*Téc*) U-bend, trap.

bombín NM bowler hat, derby (*US*).

bombo [1] ADJ (*LAm: tibio*) lukewarm; (*Cu: insípido*) taste-less, insipid.
[2] NM [a] (*Mús*) bass drum; (*Téc, sorteos*) drum; **anunciar algo a ~ y platillo(s)** to announce sth amid a lot of hype, go in for a lot of publicity about sth; **hacer algo a ~ y platillo(s)** to make a great song and dance about sth; **tengo la cabeza como un ~** my head's throbbing *o* buzzing.
[b] (*fam*) exaggerated praise; (*Teat etc*) hype (*fam*); **dar ~ a algn** to praise sb to the skies; **darse ~** to blow one's own trumpet (*fam*).
[c] **irse al ~** (*CSur*) to come to grief, fail.
[d] (*fam*) **estar con ~** to be in the family way (*fam*); **dejar**

─────────

a una chica con ~ to put a girl in the family way (*fam*).

bombón NM [a] (*de chocolate*) chocolate. [b] (*chica*) peach (*fam*), smasher (*fam*).

bombona NF [a] carboy. [b] **~ de butano** gas cylinder.

bombonera NF sweet box.

bombonería NF sweetshop, confectioner's (shop), candy store (*US*).

bómper NM (*CAm, Carib*) bumper, front fender (*US*).

Bón ABR *de* **Batallón** Battn.

bonachón / ona ADJ good-natured, easy-going.

bonaerense [1] ADJ of *o* from Buenos Aires. [2] NMF native *o* inhabitant of Buenos Aires.

bonanza NF [a] (*Náut*) fair weather, calm conditions; **ir en ~** (*Náut*) to have fair weather; (*fig*) to go well, prosper. [b] (*Min*) bonanza. [c] (*fig*) prosperity, boom.

bondad NF (*gen*) goodness; (*amabilidad*) kindness; **tener la ~ de decirme** to be so kind as to tell me, be good enough to tell me; **tenga la ~ de pasar** please go in; **tenga la ~ de no fumar** be so kind as not to smoke.

bondadosamente ADV kindly, good-naturedly.

bondadoso ADJ (*gen*) kind, good; (*apacible*) good-natured.

bonete NM (*Rel*) hat, biretta; (*Univ*) cap, mortarboard.

bonetería NF (*esp Méx*) haberdasher's shop, notions store (*US*).

bongo NM (*LAm*) large canoe.

boniato NM sweet potato, yam.

bonificación NF (*Com*) allowance, discount.

bonificar <1g> VT [a] (*Agr*) to improve. [b] (*Com*) to allow, discount.

bonísimo ADJ SUPERL *de* **bueno**.

bonitamente ADV (*con delicadeza*) nicely, neatly; (*con maña*) craftily.

bonito[1] [1] ADJ [a] (*bello*) pretty, nice-looking. [b] (*bueno*) pretty good; **una ~a cantidad** a tidy little sum; **¡qué ~!** (*asombro*) very nice!; (*furia*) that's just fine! [2] ADV (*LAm fam*) well, nicely; **ella canta ~** she sings nicely; **se te ve ~** it looks good on you.

bonito[2] NM (*pez*) striped tunny, bonito.

bono NM [a] (*vale*) voucher, certificate; **~ de billetes de metro** booklet of metro tickets. [b] (*Fin*) bond; **~ de caja, ~ de tesorería** debenture bond; **~ del estado** government bond; **~ del Tesoro** public bond.

bonobús NM (*Esp*) bus pass.

bono-loto, bonoloto NF state-run weekly lottery.

bonsai NM bonsai.

bonzo NM bonze; **quemarse a lo ~** to set fire to o.s.

boñiga NF, **boñigo** NM cow pat, horse dung.

boom NM [bum] boom; **~ inmobiliario** property boom.

boomerang [bume'ran] NM boomerang.

boqueada NF gasp; **dar la última ~** to be at death's door.

boquear <1a> VI [a] (*quedar boquiabierto*) to gape, gasp. [b] (*estar expirando*) to be at one's last gasp; (*fig: terminar*) to be in its final stages.

boquera NF [a] (*Agr*) sluice. [b] (*Med*) lip sore.

boquerón NM (*pez*) (kind of) anchovy.

boquete NM (*hoyo*) gap, opening; (*brecha*) breach.

boquiabierto ADJ open-mouthed; **quedarse ~** to be left aghast *o* gaping.

boquilla NF (*Mús*) mouthpiece; (*de manga*) nozzle; (*de horno*) burner; (*de biberón*) teat, nipple (*US*); (*de pipa*) stem; (*para cigarrillos*) cigarette holder; **cigarros con ~** (filter) tipped cigarettes; **lo dijo de ~** he was not sincere in what he said, he was only paying lip-service to it.

bórax NM borax.

borbollón NM = **borbotón**.

Borbón N Bourbon.

borbónico ADJ Bourbon *atr*.

borbotar <1a> VI (*gen*) to bubble; (*al hervir*) to boil (up), boil over; (*nacer*) to gush forth, well up.

borbotón NM (*gen*) bubbling, boiling; **hablar a ~es** to talk ten to the dozen; **salir a ~es** (*agua*) to gush out.

borceguí NM (baby's) bootee.

borda NF (*Náut*) [a] gunwale, rail; **(motor de) fuera ~** out-board motor; **echar** *o* **tirar algo por la ~** to throw sth overboard. b (*vela*) mainsail.

bordada NF (*Náut*) tack; **dar ~s** to tack.

bordado NM embroidery, needlework.

bordadora NF needlewoman.

bordadura NF = **bordado**.

bordar <1a> VT to embroider; (*fig*) to do supremely well; **ha bordado su papel** she was excellent in her part; **bordado a mano** hand-embroidered.

borde¹ NM (*gen*) edge, border; (*de recipiente*) brim, rim, lip; (*de ventana*) ledge; (*Cos*) edge, hem; (*Náut*) board; **~ de la acera** kerb; **~ de la carretera** roadside, verge; (*en autopista*) hard shoulder; **~ del mar** seaside, seashore; **al ~ de** (*lit*) at the edge o side of; (*fig*) on the brink o verge of.

borde² ADJ (*fam: persona*) anti-social, difficult, stroppy; **ponerse ~** to get stroppy o nasty; **¡~!** bastard! (*fam!*).

bordear <1a> 1 VT a to skirt (round). b (*lindar con*) to border on; (*fig*) to verge on. 2 VI (*Náut*) to tack.

bordelés/esa 1 ADJ of o from Bordeaux. 2 NM/F native o inhabitant of Bordeaux.

bordillo NM kerb, curb (*US*).

bordo NM a (*Náut*) side, board; **a ~** aboard, on board; **al ~** alongside; **'bienvenidos a ~'** 'welcome aboard'; **ir a ~** to go on board; (*Aer*) to board; **buque de alto ~** big ship, seagoing vessel. b (*Méx Agr*) roughly-built dam.

bordó ADJ INV (*Arg*) maroon.

bordón NM a pilgrim's staff; (*fig*) helping hand. b (*Mús*) bass string. c (*Lit*) refrain; (*fig*) pet word o phrase.

bordonear <1a> 1 VT (*Mús*) to strum. 2 VI (*zumbar*) to hum.

boreal ADJ northern.

Borgoña NF Burgundy.

borgoña NM (*tb* **vino de ~**) Burgundy.

bórico ADJ boric.

boricua, **borinqueño/a** ADJ, NM/F Puerto Rican.

borla NF (*gen*) tassel; (*de gorro*) pompon; **~ (de empolvarse)** powder puff.

borlote NM (*Méx*) row, uproar.

borne NM (*Elec*) terminal.

bornear <1a> 1 VT a (*torcer*) to twist, bend. b (*Arquit*) to put in place, align. 2 **bornearse** VR to warp, bulge.

boro NM (*Quím*) boron.

borona NF a (*maíz*) maize, corn (*US*); (*mijo*) millet. b (*CAm: migaja*) crumb.

borra NF a (*gen*) thick wool; (*para cojines*) stuffing. b (*pelusa*) fluff; (*Bot*) down; **~ de seda** floss silk. c (*Zool*) yearling ewe.

borrachera NF a (*gen*) drunkenness; **quitarse la ~** to sober up; **agarrar o** (*Esp*) **coger o pillar o** (*Méx*) **ponerse una ~** to get drunk. b (*fig*) spree, binge.

borrachín NM boozer (*fam*).

borracho/a 1 ADJ a (*gen*) drunk; (*ebrio*) intoxicated; (*habitualmente*) drunken, hard-drinking; **estar ~ como una cuba** to be plastered o blind drunk (*fam*). b (*fig*) drunk, blind (*de* with). c (*Culin: pastel*) tipsy; (: *fruta*) marinated. 2 NM/F drunkard, drunk (*fam*).

borrador NM a (*versión*) first draft, rough copy; **hacer un nuevo ~** to do a redraft. b (*cuaderno*) scribbling o (*US*) scratch pad; (*Com*) daybook. c (*para pizarra*) duster, eraser (*US*).

borradura NF erasure, crossing out.

borrajear <1a> VT, VI to scribble, scrawl.

borrar <1a> 1 VT a (*gen*) to erase, rub out; (*tachar*) to delete, cross out; (*cinta etc*) to wipe out, clean; (*Pol etc: euf*) to deal with, dispose of; (*Inform: archivo*) to delete, erase; **~ algo del mapa** to wipe sth off the map; **~ a algn de una lista** to cross sb off a list; **~ pantalla** to clear the screen. b (*Fot etc*) to blur. 2 **borrarse** VR a (*de un club etc*) to resign. b **se me ha borrado su recuerdo** his memory has faded (from my mind).

borrasca NF a (*tormenta*) storm; (: *en el mar*) squall. b (*fig*) peril, hazard.

borrascoso ADJ a (*gen*) stormy; (*viento*) squally, gusty. b (*fig*) stormy, tempestuous.

borrego/a 1 NM/F a (*yearling*) lamb; (*oveja*) sheep. b (*fig*) simpleton. 2 NM (*Cu, Méx fam*) hoax, false news.

borreguil ADJ meek, like a lamb.

borreguillo NM fleece; **forro de ~** fleece lining.

borrico/a NM/F donkey; (*fig*) fool.

borrón NM (*mancha*) blot, stain; (*fig*) blemish; **~ y cuenta nueva** let bygones be bygones.

borronear <1a> VT to scribble, scrawl.

borroso ADJ a (*Fot*) blurred, indistinct; (*escrito*) smudgy; (*Arte*) woolly, wooly (*US*); **lo veo todo ~** everything is blurred. b (*líquido*) muddy, thick. c (*fig*) vague, hazy.

boscaje NM thicket, grove.

boscoso ADJ wooded.

Bósforo NM: **el (Estrecho del) ~** the Bosp(h)orus.

Bosnia NF (*tb* **~ Herzegovina**) Bosnia (Herzegovina).

bosnio/a ADJ, NM/F Bosnian.

bosque NM (*gen*) wood; (: *denso*) forest; (*LAm fam: selva*) jungle, rain forest.

bosquecillo NM copse, small wood.

bosquejar <1a> VT (*Arte: pintura*) to sketch; (*fig*) to sketch, outline; (*plan etc*) to draft.

bosquejo NM (*gen*) sketch, outline; (*plan etc*) draft.

bosquimán, **bosquimano** NM African bushman.

bostezar <1f> VI to yawn.

bostezo NM yawn.

bota NF a (*gen*) boot; **~s de esquí/de montar/de fútbol** ski/riding/football boots; **~s camperas** cowboy boots, top boots; **~s de agua** wellingtons, gumboots; **~s de goma** gumboots; **morir con las ~s puestas** to die with one's boots on; **ponerse las ~s** (*fam: enriquecerse*) to strike it rich; (*comer*) to have a blow-out (*fam*). b (*de vino*) leather bottle. c (*tonel*) large barrel.

botada NF (*LAm: acción*) throwing away; (: *fam: cese*) boot (*fam*), sacking (*fam*).

botadero NM (*LAm*) a (*vado*) ford. b (*tiradero*) rubbish dump.

botado/a 1 ADJ (*Méx fam: Com*) dirt cheap. 2 NM/F (*LAm: tb* **niño ~**) foundling.

botadura NF a (*Náut*) launching. b (*LAm*) = **botada**.

botalón NM (*Náut*) outrigger; **~ de foque** jib-boom.

botana NF (*LAm*) hors d'oeuvres.

botánica¹ NF botany.

botánico/a² 1 ADJ botanical. 2 NM/F botanist.

botanista NMF botanist.

botar <1a> 1 VT a (*tirar*) to throw. b (*Náut*) to launch; (*virar*) to put over. c (*LAm: gen*) to throw away o out; (: *despedir*) to fire, sack (*fam*); (: *derrochar*) to fritter away, squander. 2 VI (*pelota*) to bounce; (*Aut etc*) to bump, jolt; (*caballo*) to rear; **está que bota** he's hopping mad.

botarate NM a (*loco*) madcap, wild fellow. b (*imbécil*) idiot. c (*LAm: manirroto*) spendthrift.

bote¹ NM a (*de pelota*) bounce; (*de bala*) ricochet; (*Aut etc*) bump, jolt; (*salto*) jump, leap; (*caballo*) buck; **dar el ~ a algn** (*fam*) to chuck sb out (*fam*); **darse el ~** (*fam*) to beat it (*fam*); **dar un ~** to jump; **dar ~s** (*Aut etc*) to bump; **pegar un ~** to start (with surprise). b **estar de ~ en ~** to be jam-packed (*fam*).

bote² NM a (*gen*) tin, can (*US*); (*de cristal*) jar; (*en café: propina*) tip; (: *caja*) box (for tips); **~ de humo** smoke bomb; **chupar del ~** (*gorronear*) to live off sb else; (*enriquecerse*) to feather one's nest; **está en el ~** (*fam*) it's in the bag (*fam*); **lo tiene en el ~** (*fam*) he's got it all sewn up (*fam*). b (*Naipes*) jackpot. c (*CAm, Méx fam: cárcel*) nick (*Brit fam*), can (*US fam*).

bote³ NM (*Náut*) boat; **~ salvavidas** lifeboat.

botella NF bottle; **en ~** bottled; **~ de vino** (*contenido*) bottle of wine; (*recipiente*) wine bottle.

botellazo NM a blow with a bottle.

botellín NM small bottle, half-bottle.

botica NF chemist's (shop), pharmacy (*US*), drugstore; **de todo como en ~** everything under the sun.

boticario/a NM/F chemist, druggist; (*Hist*) apothecary.

botija 1 NF a earthenware jug; **poner a algn como ~**

verde (*CAm*) to insult sb. [b] (*CAm*: *tesoro*) buried treasure. [2] NMF (*Uru fam*: *chaval*) kid.

botijo NM (*Culin*) earthenware drinking jug (with spout and handle).

botijuela NF (*LAm*) [a] (*jarro*) earthenware jug. [b] (*tesoro*) buried treasure.

botillería NF (*Chi*) liquor store, off licence (*Brit*).

botín[1] NM (*Mil etc*) booty, plunder; (*de ladrón*) loot.

botín[2] NM [a] (*zapato*) ankle boot. [b] (*polaina*) legging, spat. [c] (*Chi*) baby's bootee.

botina NF high shoe; (*de bebé*) bootee.

botiquín NM medicine cabinet; **~ de emergencia** first-aid kit.

boto ADJ (*punta*) blunt; (*fig*: *torpe*) dull, dim.

botón NM [a] (*Cos*, *Téc*) button; **~ de arranque** starter, starting switch; **~ de muestra** sample, illustration; **pulsar el ~** to press the button. [b] (*Bot*) bud; **~ de oro** buttercup.

botonadura NF (set of) buttons.

botones NM INV bellboy, bellhop (*US*).

Botsuana NF Botswana.

botulismo NM botulism, food poisoning.

boutique [bu'tik] NF boutique.

bóveda NF (*Arquit*) vault, dome; **~ celeste** vault of heaven; **~ craneal** cranial cavity.

bovino ADJ bovine; (*Agr*) **ganado ~** cattle.

box NM (*LAm*) = **boxeo**.

boxeador NM boxer.

boxear <1a> VI to box.

boxeo NM boxing.

bóxer NM boxer (dog).

boxístico ADJ boxing *atr*.

boya NF (*Náut*) buoy; (*Pesca*) float.

boyante ADJ (*Náut*) buoyant; (*feliz*) buoyant; (*próspero*) prosperous.

boyar <1a> VI to float.

bozal NM (*de animal*) muzzle; (*LAm*) halter.

bozo NM (*pelusa*) fuzz, youthful whiskers.

bracear <1a> VI (*gen*) to swing one's arms; (*nadar*) to swim, crawl; (*fig*) to wrestle, struggle.

bracero NM (*peón*) labourer, laborer (*US*), navvy; (*jornalero*) farmhand, farm labourer.

bracete ADV: **de(l) ~** (*fam*) arm-in-arm.

braco [1] ADJ pug-nosed. [2] NM: **perro ~** setter.

braga NF [a] (*de niño*) nappy, diaper (*US*); **~s** (*de mujer*) knickers, panties; **coger** o **pillar a algn en ~s** (*fam*) to catch sb with his pants down (*fam*); **dejar a algn en ~s** (*fam*) to leave sb empty-handed; **estar hecho una ~** (*fam*) to be knackered (*fam*); **estar en ~s** (*fam*) to be broke (*fam*). [b] (*Náut*, *Téc*) sling, rope (for hoisting).

bragado ADJ gritty.

bragadura NF (*Cos*) crotch.

bragapañal NM disposable nappy.

bragazas NM INV (*fam*) henpecked husband.

braguero NM (*Med*) truss.

bragueta NF (*Cos*) fly, flies, zipper (*US*).

braguetazo NM (*fam*) marriage for money; **dar el ~** to marry for money.

braguita(s) NF(PL) panties.

brah(a)mán NM Brahman, Brahmin.

bramadero NM (*LAm*) tethering post.

bramante NM twine, string.

bramar <1a> VI (*gen*) to roar; (*animal*) to bellow, roar; (*viento*) to howl, roar; (*mar*) to thunder.

bramido NM (*V vi*) roar(ing); bellow(ing); howl(ing).

brandy NM brandy.

branquia NF gills.

brasa NF live o hot coal; **carne a la ~** grilled o barbecued meat.

brasear <1a> VT to braise.

brasero NM brazier; (*Hist*) stake; (*Méx*) fireplace.

Brasil NM Brazil.

brasileño/a, **brasilero/a**, **brasileiro/a** ADJ, NM/F Brazilian.

bravata NF (*amenaza*) threat; (*fanfarronada*) boast, brag; **echar ~s** to boast, talk big.

braveza NF [a] (*ferocidad*) ferocity, savageness; (*viento etc*) fury, violence. [b] (*valor*) bravery.

bravío [1] ADJ [a] (*Zool*: *feroz*) ferocious, savage; (: *indómito*) wild, untamed; (*Bot*) wild. [b] (*fig*: *rudo*) uncouth, coarse. [2] NM ferocity.

bravo [1] ADJ [a] (*valiente*) brave, spirited. [b] (*excelente*) fine, excellent. [c] (*animal*) ferocious; (*mar etc*) rough, stormy; (*paisaje*) rugged; (*persona*: *malhumorado*) bad tempered; (: *valentón*) boastful, swaggering. [d] (*LAm Culin*) hot, spicy. [2] INTERJ bravo!, well done!

bravucón/ona [1] ADJ swaggering. [2] NM/F braggart.

bravuconada NF (*calidad*) bluster; (*dicho*) brag.

bravura NF [a] (*ferocidad*) ferocity. [b] (*valor*) bravery.

braza NF [a] (*Náut*) ≈ fathom. [b] (*natación*) breaststroke; **nadar a ~** to swim breaststroke.

brazada NF [a] (*gen*) movement of the arms. [b] (*remo*) stroke. [c] (*Natación*) stroke, style. [d] (*cantidad*) armful. [e] (*LAm Náut*: *braza*) ≈ fathom.

brazado NM armful.

brazal NM [a] armband. [b] (*Agr*) irrigation channel.

brazalete NM [a] bracelet. [b] armband.

brazo NM [a] (*gen*) arm; (*Zool*) foreleg; (*de tocadiscos*, *sillón*) arm; (*Bot*) limb, branch; (*de río*) branch; **~ armado** (*de grupo terrorista etc*) military wing; **~ derecho** (*fig*) right-hand man; **~ de gitano** (*Culin*) swiss roll; **~ de lámpara** lamp bracket; **~ de mar** inlet, sound; **~ político** (*de grupo terrorista etc*) political wing; **ir (cogidos) del ~** to walk arm-in-arm; **cruzarse de ~s** (*tb fig*) to fold one's arms; **estarse con los ~s cruzados** (*fig*) to sit back and do nothing; **no dar su ~ a torcer** not to give way easily; **huelga de ~s caídos** sit-down strike; **luchar a ~ partido** to give no quarter; **recibir a algn con los ~s abiertos** to receive o welcome sb with open arms. [b] (*fig*: *fuerza*) energy, enterprise; (: *valor*) courage. [c] **~s** hands, workers.

brea NF (*gen*) tar, pitch; (*cubierta*) tarpaulin.

brebaje NM brew, concoction.

brecha NF (*Mil*, *fig*) breach; (*hoyo*, *vacío*) gap, opening; (*Med*) gash, wound; **abrir ~ en una muralla** to breach a wall; **estar en la ~** to be in the thick of things; **hacer ~ en** (*fig*) to make an impression on; **seguir en la ~** to go on with one's work, keep at it.

brécol NM broccoli.

brega NF (*lucha*) struggle; **andar a la ~** to slog away. [b] (*riña*) quarrel, row.

bregar <1j> VI [a] (*luchar*) to struggle, fight. [b] (*reñir*) to quarrel. [c] (*trabajar mucho*) to slog away.

breña NF, **breñal** NM scrub, rough ground.

breque NM (*LAm*) [a] (*carroza*) break. [b] (*Ferro*) guard's van, baggage car (*US*). [c] (*Mec*) brake.

Bretaña NF Brittany.

brete NM [a] (*cepo*) shackles *pl*. [b] (*fig*) predicament; **estar en un ~** to be in a jam; **poner a algn en un ~** to put sb on the spot.

breteles NMPL (*LAm*) (clothes) straps.

bretón/ona ADJ, NM/F Breton.

breva NF [a] (*Bot*) early fig. [b] (*puro*) flat cigar. [c] (*fam*) stroke of luck; **¡no caerá esa ~!** no such luck!

breve [1] ADJ (*gen*) short, brief; (*estilo*) concise; **en ~** (*pronto*) shortly, before long; **en ~s palabras** in short, to sum up. [2] NM (*Rel*) papal brief; (*en prensa*) short news item. [3] NF (*Mús*) breve.

brevedad NF (*gen*) shortness, brevity; (*de estilo*) conciseness; **con** o **a la mayor ~** as soon as possible.

brevemente ADV briefly, concisely.

brevete NM (*LAm Aut*) driving licence o (*US*) license.

breviario NM (*Rel*) breviary; (*compendio*) compendium.

brezal NM moor, heath.

brezo NM heather.

bribón/ona [1] ADJ dishonest. [2] NM/F rascal, rogue.

bricolage, **bricolaje** NM do-it-yourself (work).

brida NF [a] (*freno*) bridle. [b] (*Téc*: *gen*) clamp; (: *de tubería*) flange.

bridge [briʒ, britʃ] NM (*Naipes*) bridge.

brigada ① NF (*gen*) brigade; (*de obreros*) gang; (*de policía etc*) squad; **~ de estupefacientes, ~ antidrogas** drug squad; **B~s Internacionales** International Brigade. ② NM (*Mil*) sergeant-major.

brigadier NM brigadier(-general).

brigantino/a ① ADJ of o from Corunna. ② NM/F native o inhabitant of Corunna.

brillante ① ADJ ⓐ (*gen*) bright, brilliant; (*color*) vivid, bright; (*joya*) sparkling; (*superficie*) shining. ⓑ (*persona, idea*) brilliant; (*admirable*) splendid; (*sobresaliente*) outstanding. ② NM diamond.

brillantez NF ⓐ (*color etc*) brightness; (*boato*) splendour, splendor (*US*). ⓑ (*fig*) brilliance.

brillantina NF brilliantine, hair cream.

brillar‹1a› VI ⓐ (*gen*) to shine; (*joyas*) to sparkle; (*oro*) to glitter, gleam. ⓑ (*fig: de alegría*) to glow, light up. ⓒ (*fig: sobresalir*) to shine, be outstanding; **~ por su ausencia** to be conspicuous by one's absence.

brillo NM ⓐ (*resplandor*) brilliance, brightness; (*de joyas etc*) sparkle, glitter; (*lustre*) shine; (*tela*) sheen; **sacar ~ a** to polish, shine. ⓑ (*fig*) splendour, splendor (*US*), brilliance.

brilloso ADJ (*LAm*) = **brillante 1**.

brincar‹1g› VI ⓐ (*esp LAm: gen*) to jump, leap; (: *rebotar*) to bounce; (: *de un pie*) to hop; (*animales*) to skip about, gambol. ⓑ (*fig*) **~ de cólera** to fly into a rage.

brinco NM (*gen*) jump, leap; (*al correr*) skip; **de un ~** at one bound; **dar ~s** to hop, jump *etc*; **pegar un ~** to jump, give a start.

brindar‹1a› ① VT ⓐ (*gen*) to offer, present; **bríndame un cigarro** give me a cigarette; **me brindó una copa** he bought me a drink; **le brinda la ocasión** it offers o affords him the opportunity.
ⓑ (*Taur*) to dedicate (*a* to).
② VI: **~ a** o **por** to drink to, toast; **¡brindemos por la unidad!** here's to unity!
③ **brindarse** VR: **~ a hacer algo** to offer to do sth.

brindis NM INV toast; (*Taur*) (ceremony of) dedication.

brío NM (*gen*) spirit, verve; (*resolución*) determination; (*elegancia*) elegance; **cortar los ~s a algn** to clip sb's wings.

brioso ADJ (*gen*) spirited, full of verve; (*resuelto*) determined; (*elegante*) elegant.

briqueta NF briquette.

brisa NF breeze.

brisca NF Spanish card game.

británico/a ① ADJ British. ② NM/F British person, Briton, Britisher (*US*).

brizna NF ⓐ (*hebra*) strand, thread; (*de hierba*) blade. ⓑ (*trozo*) piece, fragment. ⓒ (*LAm*) drizzle.

briznar‹1a› VI (*LAm*) to drizzle.

broca NF ⓐ (*Cos*) reel, bobbin. ⓑ (*Mec*) drill bit. ⓒ (*clavo*) tack.

brocado NM brocade.

brocha NF (large) paintbrush; **~ de afeitar** shaving brush; **pintor de ~ gorda** (*lit*) painter and decorator; (*fig*) bad painter.

brochada NF, **brochazo** NM brush-stroke.

broche NM (*Cos*) clasp, fastener; (*joya*) brooch; (*LAm*) paperclip; **el ~ final, el ~ de oro** (*fig*) the finishing touch.

brocheta NF skewer; **~s** kebabs.

broma NF (*gen*) fun, merriment; **tomar algo a ~** to take sth as a joke; **en ~** in fun, as a joke; **ni en ~** never, not on any account; **lo decía en ~** I was only joking o kidding (*fam*). ⓑ (*una ~*) joke; **~ pesada** practical joke, hoax; **entre ~s y veras** half-joking(ly); **¡déjate de ~s!** quit fooling!, joke over!; **pero ~s aparte ...** but joking aside ...; **no es ninguna ~** this is serious, it's no joke; **la ~ me costó caro** the affair cost me dear; **no está para ~s** he's in no mood for jokes; **gastar ~s** to tell jokes; **gastar una ~ a algn** to play a joke on sb.

bromear‹1a› VI to joke, crack jokes (*fam*); **creía que bromeaba** I thought he was joking.

bromista ① ADJ fond of joking. ② NMF joker.

bromuro NM bromide.

bronca NF ⓐ (*gen*) row; **armar una ~** to kick up a fuss; **se armó una ~ tremenda** there was an almighty row (*fam*); **buscar ~** (*fam*) to look for a fight, be spoiling for a fight; **dar una ~ a algn** (*Teat, Taur etc*) to give sb the bird. ⓑ (*regañada*) ticking off; **nos echó una ~ fenomenal** he came down on us like a ton of bricks. ⓒ (*fam: ruido*) racket (*fam*).

bronce NM ⓐ bronze; **~ de campana** bell metal; **~ dorado** ormolu; **ligar ~** (*Esp fam*) to get a suntan. ⓑ (*fig: latón*) brass; (*Mús*) brass instruments. ⓒ (*Arte*) bronze (statue). ⓓ (*moneda*) copper coin.

bronceado ① ADJ ⓐ bronze (coloured o (*US*) colored). ⓑ (*tostado*) tanned. ② NM ⓐ (*Téc*) bronze finish. ⓑ (*sun*)tan.

bronceador NM suntan lotion.

broncear‹1a› ① VT (*Téc*) to bronze; (*piel*) to tan, bronze, brown. ② **broncearse** VR to get a (sun)tan.

bronco ADJ ⓐ (*superficie*) rough, coarse. ⓑ (*metal*) brittle. ⓒ (*voz*) gruff, hoarse; (*Mús*) rasping, harsh. ⓓ (*caballo*) unbroken.

bronconeumonía NF bronchopneumonia.

bronquedad NF (*V adj*) ⓐ roughness. ⓑ brittleness. ⓒ gruffness, harshness.

bronquial ADJ bronchial.

bronquios NMPL bronchial tubes.

bronquítico/a ① ADJ bronchitic. ② NM/F bronchitis sufferer.

bronquitis NF INV bronchitis.

broqueta NF skewer.

brotar‹1a› VI ⓐ (*Bot*) to sprout, bud. ⓑ (*agua*) to spring up, gush forth; (*lágrimas*) to well up; (*río*) to rise. ⓒ (*Med, fig*) to break out, appear; **el movimiento brotó en enero** the movement began o arose in January.

brote NM ⓐ (*Bot*) bud, shoot. ⓑ (*Med, fig*) outbreak; **un ~ de violencia** an outbreak of violence.

broza NF ⓐ (*Bot*) dead leaves o wood. ⓑ (*fig*) rubbish, trash. ⓒ (*brocha*) hard brush.

bruces ADV: **de ~** face down; **caer de ~** to fall flat o headlong.

bruja NF ⓐ witch. ⓑ (*fam*) old hag. ⓒ (*Orn*) barn owl.

Brujas NF Bruges.

brujería NF witchcraft, sorcery, (black) magic.

brujeril ADJ witch-like.

brujo NM wizard, magician; (*LAm*) shaman, medicine man (*fam*).

brújula NF compass; **perder la ~** to lose one's bearings.

brulote NM (*Chi*) rude o dirty word.

bruma NF (sea) mist.

brumoso ADJ misty, foggy.

bruno ADJ dark brown.

bruñido ① ADJ polished, burnished. ② NM ⓐ (*acto*) polish, polishing. ⓑ (*brillo*) shine, gloss.

bruñir‹3h› VT ⓐ to polish, shine. ⓑ (*CAm: molestar*) to pester.

brusco ADJ ⓐ (*gen*) sudden, brusque; (*cambio*) abrupt, violent; (*curva, declive etc*) sharp. ⓑ (*grosero*) short, brusque.

Bruselas NF Brussels.

bruselense ① ADJ of o from Brussels. ② NMF native o inhabitant of Brussels.

brusquedad NF ⓐ (*cambio etc*) suddenness. ⓑ (*conducta*) brusqueness, abruptness; **hablar con ~** to speak sharply.

brutal ADJ ⓐ (*gen*) brutal. ⓑ (*fam*) terrific (*fam*).

brutalidad NF ⓐ (*gen*) brutality. ⓑ (*una ~*) brutal act, crime. ⓒ (*estupidez*) stupidity.

brutalizarse‹1f› VR to become brutalized.

bruto/a ① ADJ ⓐ (*brutal*) brutish.
ⓑ (*estúpido*) stupid, ignorant; (*inculto*) uncouth; **Pepe es muy ~** Joe is pretty thick (*fam*).
ⓒ (*materias*) crude, raw; **en ~** (*gen*) rough; (*diamantes*) uncut; **petróleo ~** crude oil; **hierro (en) ~** crude o pig iron; **a lo ~** roughly, crudely.
ⓓ (*medidas*) gross; **peso ~** gross weight; **salario ~** gross salary; *V tb* **producto.**

2 NM (*animal*) brute, beast.

3 NM/F brute, boor; (*idiota*) idiot; **¡~!** you beast!

bruza NF coarse brush.

Bs.As. ABR *de* **Buenos Aires**.

Bto/a ADJ ABR (*Rel*) *de* **Beato/a**.

bto ABR *de* **bruto** gr.

bu NM (*fam*) bogeyman; **hacer el ~ a algn** to scare sb.

bubónico ADJ: **peste ~a** bubonic plague.

bucal ADJ (*higiene etc*) oral; **por vía ~** (*Med*) orally, internally.

bucanero NM buccaneer.

búcaro NM (*jarrón*) vase.

buceador NM skin-diver.

bucear <1a> VI a (*gen*) to dive, swim under water; (*buzo*) to work as a diver. b (*fig*) to explore, look below the surface.

buceo NM (skin) diving.

buchaca NF (*CAm, Carib*: *bolso*) saddlebag; (*Billar*) billiard pocket.

buche NM a (*Orn*) crop; (*Zool*) maw (*fam*), belly; **guardar algo en el ~** to keep sth very quiet. b (*trago*) mouthful; **hacer ~s con algo** to rinse one's mouth out with sth. c (*LAm Med*) goitre, goiter (*US*).

bucle NM a curl, ringlet. b (*fig*) curve, bend; (*Aer, Inform*) loop.

bucodental ADJ (*salud, higiene*) oral; (*tratamiento, clínica*) dental.

bucólica NF (*Lit*) bucolic *o* pastoral poem.

bucólico ADJ bucolic, pastoral.

Buda NM Buddha.

budín NM pudding; (*LAm: pastel*) cake; **~ de pescado** fish pie.

budismo NM Buddhism.

budista ADJ, NMF Buddhist.

buen *V* **bueno**.

buenamente ADV a (*fácilmente*) easily, without difficulty. b (*de buena gana*) willingly, voluntarily.

buenaventura NF good luck *o* fortune; **decir** *o* **echar la ~ a algn** to tell sb's fortune.

buenazo/a 1 ADJ good-natured. 2 NM/F good-natured person; **ser un ~** to be (too) kindhearted, be soft (*fam*); **el ~ de Marcos** good old Marcos.

bueno 1 ADJ (*before nm sg* **buen**) a (*gen*) good; (*tiempo*) fine, good, fair; (*sociedad*) polite; **~s días** good morning; **los ~s tiempos** the good old times; **lo ~ es que** the best part is that; **¡qué ~!** (*esp LAm*) good!, great!; **¡~ está!** (*LAm*) that's enough!

b (*persona, trabajador etc*) good; (*bondadoso*) kind, nice; (*honesto*) honest; **sé ~** be good; **los ~s** decent people; (*Cine*) the goodies (*fam*); **el ~ de Manolo** good old Manolo; **es buen traductor** he's a good translator; **fue muy ~ conmigo** he was very good to me; **es ~a persona** he's a good sort; **es más ~ que el pan** he's a good soul.

c (*apropiado*) fit, proper; **por buen camino** along the right road; **ser ~ para** to be suitable *o* good for; **no es ~ que esté solo** it's not good for him to be alone.

d (*Med*) **estar ~** to be well.

e (*grande*) good, big; **un buen número de ...** a good number of ...; **un buen trozo de ...** a nice big piece of ....

f (*locuciones: iró*) fine, pretty; **¡buen conductor!** a fine driver you are!; **¡ésa sí que es ~a!** that's a good one!; **¡~a la has liado** *o* **hecho!** that's done it!; **¡en buen lío me he metido!** I've got myself into a fine old mess!; **¡estaría ~!** (*fam*) I should hope not!; **estaría ~ que ...** a fine thing it would be if ...; **le dio un tortazo de los ~s** he gave him a hell of a thump (*fam*); **le di un buen susto** I gave him a good fright; **hacer algo a la ~a de Dios** to do sth any old how; **luego verás lo que es ~** (*fam*) I'll get you!; **le pusieron ~** (*fam: le pegaron*) they gave him a good going over (*fam*); (: *le criticaron*) they slagged him off (*fam*).

g (*fam: atractivo*) **está muy ~a** she's hot stuff (*fam*); **está muy ~** he's a bit of alright (*fam*); **¡estaba buenísima!** she looked a real treat!

h (*frases con buenas*) **¡~as!** hello! (*fam*); **~as tardes**

good evening; **de ~as a primeras** suddenly, without warning; **decir una noticia a algn de ~as a primeras** to spring a piece of news on sb; **por las ~as, de ~a gana** gladly, willingly; **por las ~as o por las malas** like it or not, by hook or by crook.

2 ADV, INTERJ: **¡~!** all right!, O.K.!; (*iró*) come off it!; (*Méx Telec*) hello!; **~, resulta que** well, it happens that; **~, ¿y qué?** well, so what?; **pero ¡~!** well, I like that!; **~, pues ... well** ....

buenón ADJ (*fam*) nice-looking, good-looking.

buey NM a (*Zool*) ox; **~ marino** manatee. b **es un ~ para el trabajo** he's a tremendous worker; **hablar de ~es perdidos** (*CSur*) to waste one's breath; **sacar el ~ de la barranca** (*Méx*) to bring off something difficult.

búfalo NM buffalo.

bufanda NF scarf, muffler.

bufar <1a> 1 VI (*gen*) to snort; (*gato*) to spit; **está que bufa** he's furious. 2 **bufarse** VR (*Méx: pared*) to bulge.

bufé, bufet NM a (*mueble*) sideboard. b (*comida*) buffet supper.

bufete NM a (*mesa*) desk. b (*despacho de abogado*) lawyer's office; **establecer su ~** to set up in legal practice.

buffer N (*Inform*) buffer.

bufido NM snort.

bufo ADJ slapstick, knockabout; **ópera ~a** comic opera.

bufón 1 ADJ funny, comical. 2 NM (*payaso*) clown; (*Hist*) jester.

bufonada NF (*dicho*) jest; (*hecho*) piece of buffoonery; (*Teat*) farce.

bufonesco ADJ funny, comical; (*de payaso*) clownish.

bufoso NM (*Arg fam*) gun, rod (*fam*).

buga NM (*fam: Aut*) car, wheels (*fam*).

buganvilla NF bougainvillea.

buhardilla NF a (*ventana*) skylight. b (*desván*) loft.

búho NM (long-eared) owl.

buhonero NM pedlar, ped(d)ler (*US*), hawker.

buitre NM a (*Orn*) vulture. b (*fam*) sponger (*fam*), cadger (*fam*).

buja NF (*Méx Aut*), **buje** NM (*Aut*) axle box.

bujía NF a (*vela*) candle; (*candelero*) candlestick. b (*Elec*) candle power. c (*Aut*) spark plug.

bula NF (*papal*) bull.

bulbo NM (*gen*) bulb.

bulboso ADJ bulbous.

buldog NM bulldog.

bule NM (*Méx Bot*) gourd; (*cántaro*) water pitcher.

bulerías NFPL *Andalusian song accompanied with clapping and dancing*.

bulevar NM boulevard, avenue.

Bulgaria NF Bulgaria.

búlgaro/a 1 ADJ, NM/F Bulgarian. 2 NM (*Ling*) Bulgarian.

bulín NM (*And, CSur*) bachelor flat.

bulla NF (*esp LAm*) a (*gen*) uproar, racket; (*ruido*) noise; (*bronca*) quarrel, brawl; **armar** *o* **meter ~** to make a row *o* racket. b (*muchedumbre*) crowd, mob.

bullabesa NF fish soup, bouillabaisse.

bullanga NF disturbance, riot.

bullanguero/a 1 ADJ riotous, rowdy. 2 NM/F noisy person; (*alborotador*) troublemaker.

bulldog NM bulldog.

bulldozer [bul'doθer] NM (*pl* **~s** [bul'doθer]) bulldozer.

bullero ADJ (*LAm*) = **bullicioso**.

bullicio NM (*gen: ruido*) din, hubbub; (*movimiento*) activity, bustle.

bulliciosamente ADV (*V adj*) noisily; boisterously; busily.

bullicioso ADJ (*gen*) noisy, rowdy, boisterous; (*calle etc*) busy, bustling.

bullir <3h> 1 VI a (*hervir*) to boil; (*agitarse*) to bubble (up).

b (*moverse*) to move, stir.

c (*insectos*) to swarm; **~ de** (*fig*) to teem *o* seethe with; **bullía de indignación** he was seething with indignation; **la ciudad bullía de actividad** the town was humming with activity.

2 **bullirse** VR to move, stir.

bulo NM hoax.

bulto NM <u>a</u> (*tamaño*) size, bulk; (*volumen*) volume; **de ~** obvious, striking; **de mucho ~** (*lit*) heavy, sizeable; (*fig*) important; **de poco ~** (*lit*) small; (*fig*) unimportant; **estar de ~, hacer ~, ir de ~** to swell the number(s), make up the number(s); **hacer ~** (*lit*) to take up space. <u>b</u> (*forma*) shape, form; (*silueta*) vague o indistinct shape; **a ~** roughly, broadly; **decir algo a ~** to come right out with sth; **escurrir el ~** (*fig*) to dodge the issue. <u>c</u> (*paquete*) package, bundle; (*maleta*) piece of luggage; (*de escolar*) satchel. <u>d</u> (*Med*) lump, swelling.

bululú NM (*Ven fam*) excitement, fuss.

bumerang [bume'ran] NM (*pl* **~s** [bume'ran]) boomerang.

bungalow ['boŋgalo, buŋga'lo] NM (*pl* **~s** ['boŋgalo, buŋga'lo]) bungalow.

búnker [buŋker] NM (*pl* **~s** [buŋker]) <u>a</u> (*gen*) bunker. <u>b</u> (*Pol*) reactionary clique o core, entrenched interests.

buñuelo NM ≈ doughnut, ≈ donut (*US*), fritter.

BUP NM ABR (*Esp Escol*) de **Bachillerato Unificado y Polivalente** *secondary school education and leaving certificate for 14-17 age group*, ≈ GCSE.

buque NM <u>a</u> (*gen*) ship, boat; **~ de abastecimiento/de carga** o **carguero/de desembarco** supply ship/ freighter/landing craft; **~ cisterna** tanker; **~ escuela** training ship; **~ de guerra** warship; (*Hist*) man-of-war; **~ insignia** flagship; **~ mercante** merchantman, merchant ship; **~ nodriza** mother ship. <u>b</u> (*cabida*) capacity. <u>c</u> (*casco*) hull.

burbuja NF bubble; **hacer ~s** (*gen*) to bubble; (*gaseosa*) to fizz.

burbujear<1a> VI (*gen*) to bubble; (*gaseosa*) to fizz.

burbujeo NM bubbling.

burdel NM brothel.

Burdeos NM Bordeaux.

burdeos <u>1</u> NM (*tb* **vino de ~**) claret, Bordeaux (wine). <u>2</u> ADJ maroon, dark red.

burdo ADJ (*gen*) coarse, rough; (*fig: mentira etc*) clumsy.

bureo NM entertainment, amusement; **ir de ~** (*fam*) to go out on the tiles (*fam*).

burgalés/esa <u>1</u> ADJ of o from Burgos. <u>2</u> NM/F native o inhabitant of Burgos.

burgués/esa <u>1</u> ADJ middle-class; (*Pol, pey*) bourgeois; **pequeño ~** lower middle-class; (*Pol, pey*) petty bourgeois. <u>2</u> NM/F middle-class person; (*Pol, pey*) bourgeois; **pequeño ~** lower middle-class person; (*Pol, pey*) petty bourgeois.

burguesía NF middle-class, bourgeoisie; **alta ~** upper middle-class; **pequeña ~** lower middle-class; (*Pol, pey*) petty bourgeoisie.

buril NM engraver's chisel.

burilar<1a> VT to engrave.

burla NF <u>a</u> (*mofa*) gibe, taunt; **~s** mockery *sg*, ridicule *sg*; **hacer ~ de** to make fun of, mock. <u>b</u> (*broma*) joke; **~s** joking *sg*, fun *sg*; **de ~s** in fun, tongue in cheek; **entre ~s y veras** half-jokingly; **fue una ~ cruel** it was a cruel trick.

burladero NM (*Aut*) traffic island; (*Taur*) covert; (*en túnel*) recess.

burlador(a) <u>1</u> ADJ mocking. <u>2</u> NM/F <u>a</u> (*cínico*) mocker. <u>b</u> (*bromista*) practical joker. <u>3</u> NM Don Juan.

burlar<1a> <u>1</u> VT <u>a</u> (*engañar*) to deceive, trick; (*enemigo*) to outwit; (*vigilancia*) to defeat. <u>b</u> (*frustrar*) to cheat, frustrate. <u>c</u> (*seducir*) to seduce. <u>2</u> VI, **burlarse** VR <u>a</u> to joke, banter. <u>b</u> **~se de** to ridicule, make fun of.

burlesco ADJ <u>a</u> (*cómico*) funny, comic. <u>b</u> (*Lit*) burlesque.

burlete NM draught o (*US*) draft excluder.

burlón/ona <u>1</u> ADJ mocking, teasing; (*voz etc*) sardonic. <u>2</u> NM/F joker. <u>3</u> NM (*Méx fam*) mockingbird.

buró NM (*escritorio*) bureau, (roll-top) desk; (*Méx: mesita de noche*) bedside table; **~ político** (*Pol*) executive committee.

burocracia NF bureaucracy.

burócrata NMF bureaucrat.

burocrático ADJ bureaucratic.

burocratizar<1f> VT to bureaucratize.

burra NF <u>a</u> (*Zool*) (she-)donkey. <u>b</u> (*fig: necia*) stupid woman; (: *sufrida*) drudge, slave.

burrada NF <u>a</u> (*tontería*) stupid act; **decir ~s** to talk nonsense. <u>b</u> (*fam*) **una ~ de cosas** a whole heap of things, loads of things; **me gusta una ~** I like it a lot.

burro <u>1</u> ADJ stupid; **ponerse ~** to get pigheaded (*fam*); **el muy ~** the great oaf. <u>2</u> NM <u>a</u> (*Zool*) donkey; (*fig*) ass, idiot; **~ de carga** (*fig*) glutton for work; **caerse del ~** to realize one's mistake; **no ver tres en un ~** to be as blind as a bat. <u>b</u> (*Téc*) sawhorse; (*Méx*) stepladder.

bursátil ADJ stock-exchange *atr*, stock-market *atr*.

burundanga NF (*Cu*) piece of junk; **de ~** worthless.

bus NM (*tb Inform*) bus.

busca <u>1</u> NF (*gen*) search, hunt (*de* for); **en ~ de** in search of. <u>2</u> NM (*Telec*) bleeper, pager.

buscabulla(s) NM (*Cu, Méx*) troublemaker.

buscador(a) NM/F searcher, seeker; **~ de oro** gold prospector.

buscapiés NM INV jumping jack (*Brit*), firecracker (*US*).

buscapleitos NMF INV (*LAm*) troublemaker.

buscar<1g> <u>1</u> VT <u>a</u> (*gen*) to look o search for, try to find; (*dato etc*) to hunt for; (*objeto perdido*) to have a look for; (*enemigo*) to seek out; (*riña*) to be asking for; (*beneficio*) to seek, be out for; (*Inform*) to search; **ir a ~** to go and look for; (*traer*) to bring, fetch; **ven a ~me a la oficina** come and pick me up at the office; **nadie nos buscará aquí** nobody will look for us here; **búscalo en el diccionario** look it up in the dictionary; **~le 3 pies al gato** to split hairs, nitpick (*fam*); **el terrorista más buscado** the most wanted terrorist. <u>b</u> (*LAm: pedir*) to ask for. <u>c</u> (*Méx: provocar*) to provoke. <u>2</u> VI to look, search, hunt; **buscó en el bolsillo** he felt in his pocket. <u>3</u> **buscarse** VR <u>a</u> **'se busca'** 'wanted'. <u>b</u> **~la** (*fam: provocar*) to be looking for trouble; **él se lo buscó** he asked for it. <u>c</u> (*fam*) **~ la vida** to try to earn a living; (*arreglárselas solo*) to manage o get by on one's own.

buscas NFPL (*LAm fam*) perks (*fam*).

buscavidas NMF INV <u>a</u> snooper, nosey parker (*fam*). <u>b</u> (*persona ambiciosa*) go-getter.

buscón/ona NM/F petty thief.

buscona NF whore.

buseca NF (*CSur*) thick stew.

buseta NF (*And, Carib*) small bus, minibus.

busilis NM (*fam*) difficulty, snag; **ahí está el ~** that's the problem; **dar en el ~ del asunto** to reach the crux of the matter.

búsqueda NF search; (*investigación*) inquiry, investigation; (*Inform*) search.

busto NM (*Anat*) chest; (*escultura*) bust.

butaca NF armchair, easy chair; (*Teat*) stall; **~ de platea** o **patio** orchestra stall.

butacón NM large armchair.

butano NM (*tb* **gas ~**) butane (gas); **bomba/bombona de ~** small/large Calor ® (*Brit*) o butane gas cylinder.

buten ADV: **de ~** (*fam*) terrific (*fam*), tremendous (*fam*).

butifarra NF <u>a</u> Catalan sausage. <u>b</u> (*Per*) meat and salad roll. <u>c</u> (*CSur fam*) **tomar a algn para la ~** to make a laughing stock of sb.

butiondo ADJ lewd, lustful.

buzo¹ NM diver.

buzo² NM (*And, CSur: chándal*) tracksuit; (: *mono*) jumpsuit.

buzón NM <u>a</u> (*gen*) letterbox; (*en calle*) pillar box, mailbox (*US*); **echar al ~** to post. <u>b</u> (*tapón*) plug; (*Téc*) sluice. <u>c</u> (*Pol*) courier in secret organization.

buzonear<1a> VT to deliver door-to-door.

byte NM (*Inform*) byte.

Cc

C¹, c¹ [θe, (LDm) se] NF (*letra*) C, c.
C² ABR a *de* **centígrado** C. b *de* **Compañía** Co.
c² ABR *de* **capítulo** ch.
C-14 ABR *de* **carbono 14** C.14; **datación por ~** C.14 dating.
C/ ABR *de* **calle** St.
c/ ABR a *de* **cuenta** a/c. b *de* **capítulo** ch.
ca INTERJ not a bit of it!, never!
C.A. ABR a (*Elec*) *de* **corriente alterna** AC. b (*Esp Pol*) *de* **Comunidad Autónoma.** c *de* **Club Atlético.**
cabal 1 ADJ a (*gen*) exact; (*acabado*) finished, complete. b (*persona*) upright. 2 NM: **estar en sus ~es** to be in one's right mind.
cábala NF a (*Rel*) cab(b)ala; (*fig*) cabal, intrigue. b **~s** guess, supposition; **hacer ~s** to speculate, conjecture.
cabalgadura NF (*de montar*) mount, horse; (*de carga*) beast of burden.
cabalgar <1h> 1 VT a (*suj: jinete*) to ride. b (*suj: potro*) to cover, serve. 2 VI to ride; **~ en mula** to ride (on) a mule; **~ sin montura** to ride bareback.
cabalgata NF cavalcade, mounted procession; **~ de Reyes** Twelfth Night procession.

┌─── CABALGATA DE REYES ───┐

i The **cabalgata de Reyes** *is a float parade held on 5 January, the eve of Epiphany, in most Spanish towns and cities. It celebrates the coming of the Three Kings or Wise Men with their gifts for the infant Jesus. In the course of the* **cabalgatas,** *the Three Kings throw sweets into the crowd.*

cabalista NMF schemer, intriguer.
cabalístico ADJ cabalistic; (*fig*) occult, mysterious.
caballa NF mackerel.
caballada NF (*LAm: animalada*) stupid action.
caballar ADJ horse *atr*, equine; **ganado ~** horses.
caballeresco ADJ a (*Hist*) knightly, chivalric. b (*sentimiento*) fine, noble; (*conducta*) chivalrous.
caballería NF a (*animal: gen*) mount, steed. b (*Mil*) cavalry; **~ ligera** light cavalry. c (*Hist*) chivalry, knighthood; **~ andante** knight-errantry; **libros de ~s** books of chivalry.
caballeriza NF a (*cuadra*) stable; (*de cría*) stud, horsebreeding establishment. b (*plantilla*) stable hands, grooms.
caballerizo NM groom, stableman; **~ del rey** equerry.
caballero NM a (*Hist*) knight; **~ andante** knight errant; **~ de Santiago** Knight of the (Order of) Santiago; **el C~ de la Triste Figura** the Knight of the Doleful Countenance, Don Quixote; **armar ~ a algn** to knight sb, dub sb knight. b (*Mil*) cavalryman. c (*hombre*) gentleman; **cosas indignas de un ~** things unworthy of a gentleman; **'C~s'** 'Gents', 'Men'; **ser todo un ~** to be a real gentleman. d (*trato directo*) sir; **¿quién es Ud, ~?** who are you, sir?
caballerosidad NF gentlemanliness, chivalry.
caballeroso ADJ gentlemanly, chivalrous; **poco ~** ungentlemanly.
caballete NM (*Agr*) ridge; (*de tejado*) ridge; (*Arte*) easel; (*Téc*) trestle; (*Anat*) bridge (of the nose); **~ de serrar** sawhorse.
caballista NMF horseman/-woman.
caballito NM a little horse, pony; **~ de niño** rocking horse, hobby-horse; (*insecto*) **~ del diablo** dragonfly; **~ de mar, ~ marino** sea horse. b **~s** merry-go-round.
caballo NM a (*Zool*) horse; **~ de aros** vaulting horse; **~ balancín** rocking horse; **el ~ de batalla** the most controversial point; **~ de carga** packhorse; **~ de carreras** racehorse; **~ de caza** hunter; **~ de guerra** warhorse,

charger; **~ de tiro** cart-horse, draught o (*US*) draft horse; **~ de Troya** Trojan horse; **a ~** on horseback; **andar** o **ir** o **montar a ~** to ride, go on horseback; **estar a ~ entre dos cosas** (*fig*) to be between two things, alternate between two things; **subir a ~** to mount, get on one's horse; **ir a mata ~** (*fam*) to go at breakneck speed; **a ~ regalado no le mires el diente** don't look a gift horse in the mouth; **como ~ desbocado** (*fig*) rashly, hastily; **tropas de a ~** mounted troops. b (*Ajedrez*) knight; (*Naipes*) queen. c (*tb* **~ de vapor**) horsepower; **un motor de 18 ~s** an 18 horsepower engine; **¿cuántos ~s tiene este coche?** what horsepower is this car? d (*fam: heroína*) smack (*fam*).
caballón NM (*Agr*) ridge.
caballuno ADJ horse-like, horsy.
cabanga NF (*CAm*) nostalgia, blues (*fam*).
cabaña NF a (*choza*) hut, cabin; **~ de madera** log cabin. b (*Billar*) baulk. c (*Agr*) (large) flock. d (*CSur: estancia*) cattle-breeding ranch.
cabaré, cabaret [kaβa're] NM (*pl* **cabarets** [kaβa'res]) cabaret.
cabaretera NF cabaret entertainer.
cabe¹ PREP (*Lit*) close to, near to.
cabe² NM (*Dep*) header.
cabeceada NF (*LAm*) nod (of the head).
cabecear <1a> 1 VT (*balón*) to head. 2 VI a (*al dormir*) to nod; (*negar*) to shake one's head; (*caballo*) to toss its head. b (*Náut*) to pitch; (*Aut etc*) to lurch, sway.
cabeceo NM a (*al dormir*) nod, nodding; (*negativa*) shake of the head; (*de caballo*) toss of the head. b (*Náut*) pitching; (*Aut etc*) lurching.
cabecera NF a (*gen*) head; (*asiento*) seat of honour o (*US*) honor; **~ de cartel** top of the bill; **~ de río** headwaters of a river. b (*de cama*) headboard; (*fig*) bedside; **libro de ~** bedside book; **médico de ~** family doctor; **estar a la ~ de algn** to be at sb's bedside. c (*Tip*) heading, title; (*en periódico*) headline.
cabecilla NMF (*Mil, Pol*) ringleader.
cabellera NF a (head) of hair. b (*Astron*) tail.
cabello NM hair; **~s** (head) of hair; **~ de ángel** *pastry-like dessert of pumpkin and syrup*.
cabelludo ADJ hairy, shaggy; (*Bot*) fibrous.
caber <2l> VI a (*gen*) to go, fit (*en into*); **no cabe el libro** the book won't fit, there's no room for the book; **caben 3 más** there's room for 3 more, we can get 3 more in; **en esta maleta no cabe** it won't go into this case; **en este depósito caben 20 litros** this tank holds 20 litres o (*US*) liters; **¿cabe alguien más?** is there room for one more?, can you get one more in?; **¿cabemos todos?** is there room for us all?; **eso no cabe por esta puerta** that won't go through this door; **¡no me cabe en la cabeza!** (*fig*) I can't understand it!; **no cabe en sí de contento** o **gozo** he's overjoyed. b (*Mat*) **20 entre 5 cabe a 4** 5 into 20 goes 4 times. c (*fig: ser posible*) to be possible; **a mí me parece que es aún más caro, si cabe** I think it's even more expensive than that; **no cabe duda de que ...** there is o can be no doubt that ...; **no cabe perdón** it's inexcusable; **cabe la posibilidad de que ...** there's a possibility that ...; **dentro de lo que cabe** considering the position o circumstances; **cabe preguntar si ...** one might o could ask whether ...; **la única explicación/interpretación que cabe es que ...** the only possible explanation/interpretation is that .... d (*corresponder*) **me cabe el honor/la satisfacción de presentarles (a) ...** I have the honour o (*US*) honor/it gives me great pleasure to introduce you (to) ...; **~ a**

algn to fall to one's lot.

cabestrillo NM (*Med*) sling; **con el brazo en ~** with one's arm in a sling.

cabestro NM [a] halter. [b] (*buey*) leading ox, bell-ox.

cabeza [1] NF [a] (*gen*) head; **~ atómica** o **nuclear** atomic warhead; **~ de biela** (*Mec*) big end; **~ de dragón** (*Bot*) snapdragon; **~ explosiva** o **de guerra** warhead; **~ grabadora** o **de impresión** (*Inform*) head, printhead; **~ de partido** county town; **~ de puente** bridgehead; **caer de ~** to fall head first o headlong; **ir de ~** (*fam*) to be snowed under; **meterse de ~ en algo** to plunge into sth; **5 dólares por ~** 5 dollars a head; **por encima de la ~** over one's head, overhead; **alzar** o **levantar (la) ~** to get on one's feet again; **andar en ~** (*LAm*) to go bareheaded; **asentir** o **afirmar/negar con la ~** to nod/shake (one's head); **calentarse la ~ por** o **con algo** (*fam*) to get het up about sth (*fam*); **me da vueltas la ~** my head's spinning; **me duele la ~** my head aches, I've got a headache; **estar mal de la ~, no estar bien de la ~** (*fam*) to be soft in the head (*fam*); **se me va la ~** I feel giddy; **se me fue de la ~** it went right out of my mind; **ganar por una ~ (escasa)** to win by a (short) head; **jugarse la ~** to risk one's life; **lavarse la ~** to wash one's hair; **por fin le metimos en la ~ que ...** we finally got it into his head that ...; **se le ha metido en la ~ hacerlo sólo** he's taken it into his head to do it alone; **esa melodía la tengo metida en la ~** I've got that tune on the brain; **perder la ~** to lose one's head; **quitar algo de la ~ a algn** to get sth out of sb's head; **romper la ~ a algn** to wallop sb; **romperse la ~** to rack one's brains; **le saca una ~ a su hermano** he is a head taller than his brother; **sentar (la) ~** to settle down; **el vino se me subió a la ~** the wine went to my head; **tener ~** to be bright; **tengo la ~ como un bombo** my head is buzzing; **tener la ~ dura** to be stubborn; **tener la ~ sobre los hombros** to have one's head screwed on (the right way); **tener mala ~** to be absent-minded; **tocado de la ~** crazy; **traer de ~ a algn** to upset o bother sb; **volver la ~** to look round, turn one's head.

[b] (*Geog*) top, summit; (*Dep: de liga etc*) head, top; **ir a la ~ de la lista** to be at the top of the list; **ir en** o **a la ~** to be in the lead.

[c] (*de río*) source.

[d] **~ de ajo** bulb of garlic; **~ de plátanos** (*LAm*) bunch of bananas.

[2] NMF (*persona*) head; **~ cuadrada** (*fam*) bigot; **~ de chorlito** (*fam*) scatterbrain; **~ de familia** head of the household; **~ hueca** idiot; **~ de lista** person at the head of the list; **~ de turco** scapegoat, fall guy (*US*); **~ rapada** skinhead; **~ visible** chief, leader.

cabezada NF [a] (*cabezazo*) butt; (*porrazo etc*) blow on the head. [b] (*cabeceo*) shake of the head; **dar ~s** to nod (sleepily); **dar** o **echar una ~** to go for a snooze.

cabezadita NF: **echar una ~** (*fam*) to have a snooze (*fam*), doze.

cabezal NM [a] (*almohada*) bolster. [b] (*Téc: Inform*) head.

cabezazo NM (*gen*) butt; (*porrazo*) bump on the head; (*Dep*) header.

cabezón ADJ [a] bigheaded, with a big head; (*fig*) pigheaded. [b] (*vino*) heady.

cabezonada NF pig-headed action.

cabezonería NF pig-headedness.

cabezota NMF (*fam*) pig-headed person.

cabezudo [1] ADJ = **cabezón (a)**. [2] NM carnival figure with an enormous head.

cabezuela NF (*Bot*) head.

cabida NF (*gen*) space, room; (*Náut etc*) capacity; (*terreno*) extent, area; **con ~ para 50 personas** with space for 50 people; **dar ~ a** to make room for; **tener ~ para** to have room for, hold.

cabildear <1a> VI (*presionar*) to lobby; (*conspirar*) to intrigue.

cabildeo NM (*V vi*) lobbying; intriguing, intrigues.

cabildo NM (*Rel*) chapter; (*Pol*) town council.

cabina NF (*gen*) cabin; (*de camión*) cab; (*Aer*) cabin, cockpit; (*Cine*) projection room; (*en discoteca*) booth; **~ a presión** pressurized cabin; **~ electoral** voting booth; **~ telefónica** (tele)phone booth o kiosk.

cabinera NF (*Col*) air hostess, stewardess.

cabio NM (*Arquit: gen*) joist; (: *en puerta, ventana*) lintel.

cabizbajo ADJ dejected, downcast.

cable NM (*Náut etc*) cable, hawser; (*TV*) cable; (*de televisor, estéreo*) lead; **televisión por ~** cable television; (*Elec*) **~ aéreo** overhead cable; **~ de remolque** towline, tow-rope; **se le cruzaron los ~s** (*fam*) he totally lost the place (*fam*); **echar un ~ a algn** to give sb a helping hand; **enviar un ~ a algn** to cable sb.

cablegrafiar<1c> VI to cable.

cablegrama NM cable(gram).

cabo NM [a] (*gen*) end, extremity; **de ~ a rabo** from beginning to end.

[b] (*de proceso etc*) end, conclusion; **al ~** finally, in the end; **al ~ de 3 meses** after (the lapse of) 3 months, 3 months later; **dar ~ a** to finish off; **llevar a ~** to carry out, execute.

[c] (*de objeto*) end, stump, butt; **~ de vela** candle-end.

[d] (*hilo*) strand; (*Téc*) thread; (*Náut*) rope, cable; **~ suelto** loose end; **atar ~s** to tie up the loose ends; **no dejar ningún ~ suelto** to leave no loose ends, cover all possibilities.

[e] (*de herramienta*) handle, haft.

[f] (*Geog*) cape, point; **C~ de Buena Esperanza** Cape of Good Hope; **C~ de Hornos** Cape Horn.

[g] (*Mil*) corporal.

cabotaje NM coastal traffic o trade.

cabra NF [a] (*Zool*) (she-)goat, nanny goat; **~ montés** wild goat; (*fig*) **la ~ siempre tira al monte** what's bred in the bone will out in the flesh; **estar como una ~** to be crazy. [b] (*LAm*) loaded dice.

cabrales NM INV strong blue cheese from Asturias.

cabreante ADJ (*fam*) infuriating, maddening.

cabrear <1a> [1] VT to piss off (*fam!*), annoy. [2] **cabrearse** VR to fly off the handle, get pissed off (*fam!*).

cabreo NM (*fam*) fury, rage; **coger un ~** to fly off the handle (*fam*).

cabrero/a [1] ADJ (*CSur fam*) bad-tempered; **ponerse ~** to fly off the handle. [2] NM/F goatherd.

cabrestante NM capstan.

cabrío ADJ goatish; **macho ~** he-goat, billy goat.

cabriola NF gambol, skip; **hacer ~s** to caper about, prance around.

cabriolé NM cabriolet.

cabritas NFPL (*Chi*) popcorn.

cabritilla NF kid(skin).

cabrito NM [a] (*Zool*) kid. [b] (*fam*) **¡~!** you bugger o bastard! (*fam!*). [c] **~s** (*Chi*) popcorn.

cabro/a NM/F (*Chi fam*) kid, lad.

cabrón/ona [1] NM (*cornudo*) cuckold. [2] NM/F: **¡~!** (*fam!*) you bastard! (*fam!*); **el muy ~ le robó el coche** the bastard stole his car (*fam!*); **el tío ~ ese** that bastard (*fam!*).

cabronada NF (*fam!*) dirty trick; **hacer una ~ a algn** to play a dirty trick on sb.

cabronazo NM (*fam!*) bastard (*fam!*), bugger (*fam!*).

cabruno ADJ goatish, goat *atr*.

cábula NF (*LAm*) [a] (*complot*) cabal, intrigue. [b] (*trampa*) trick, stratagem.

cabuya NF (*LAm Bot*) agave, pita; (*fibra*) pita fibre; (*Náut*) rope, cord; **ponerse en la ~** (*fam*) to cotton on (*fam*).

caca NF (*fam*) [a] (*palabra de niños*) pooh (*fam*), number two (*fam*); **el niño tiene** o **se ha hecho ~** the kid's dirtied his nappy; **¡~!** (*no toques*) no touch!, dirty! [b] (*fig*) **una ~** rubbish.

cacahual NM (*LAm*) cacao plantation.

cacahuate NM (*Méx*), **cacahuete** NM (*sin cáscara*) peanut; (*con cáscara*) monkey nut.

cacao NM [a] (*Bot*) cacao; (*bebida*) cocoa; **pedir ~** (*LAm fig*) to give in, ask for mercy; **no valer un ~** to be worthless. [b] (*fam: jaleo*) fuss, to-do. [c] **~ mental** (*fam*) mental confusion; **tener un ~ en la cabeza** (*fam*) to be all mixed up.

cacaotal NM coffee plantation.

cacarear <1a> [1] VT to boast about, make much of; **ese**

triunfo tan cacareado that much trumpeted triumph. $\boxed{2}$ vi (*gallina*) to cackle.

cacareo NM crowing, cackling; (*fig*) boasting.

cacarizo ADJ (*Méx*) pitted, pockmarked.

cacatúa NF $\boxed{a}$ (*Orn*) cockatoo. $\boxed{b}$ (*fam: bruja*) old bat (*fam*), old cow (*fam*).

cacereño/a $\boxed{1}$ ADJ of o from Cáceres. $\boxed{2}$ NM/F native o inhabitant of Cáceres.

cacería NF $\boxed{a}$ (*gen*) hunting, shooting. $\boxed{b}$ (*partida*) hunt, shoot, shooting party; **~ de zorros** fox hunt. $\boxed{c}$ (*Arte*) hunting scene.

cacerola NF (*perola*) pan; (*cazuela*) casserole.

cacha NF $\boxed{a}$ (*de arma*) butt. $\boxed{b}$ (*Anat: muslo*) thigh.

cachaco NM (*Per fam*) cop (*fam*).

cachada NF $\boxed{a}$ (*LAm Taur*) goring. $\boxed{b}$ (*CSur*) joke, leg-pull.

cachalote NM sperm whale.

cachañar<1a> VT (*Chi*): **~ a algn** to pull sb's leg.

cachar <1a> VT $\boxed{a}$ (*And, CAm: cornear*) to butt, gore. $\boxed{b}$ (*CSur: ridiculizar*) to deride, ridicule.

cacharpari NM (*Per*) farewell banquet.

cacharrazo NM (*fam*) bash (*fam*), bang.

cacharrería NF crockery shop.

cacharro NM $\boxed{a}$ (*de barro*) earthenware pot, crock; **~s** earthenware, coarse pottery. $\boxed{b}$ (*gen*) pot; **~s de cocina** crockery, pots and pans. $\boxed{c}$ (*fam*) useless object, piece of junk; (*Aut*) old crock.

cachas ADJ INV: **estar ~** (*fam*) to be tough; **está ~** (*hombre*) he's dishy (*fam*); (*mujer*) she's hot stuff (*fam*).

cachaza NF $\boxed{a}$ (*gen*) slowness; (*flema*) calmness, phlegm. $\boxed{b}$ (*licor*) ≈ rum.

cachazudo/a $\boxed{1}$ ADJ (*gen*) slow; (*flemático*) calm, phlegmatic. $\boxed{2}$ NM/F slowcoach (*fam*).

caché NM = **cachet**.

cachear<1a> VT (*registrar*) to search, frisk (for weapons).

cachemir NM, **cachemira** NF cashmere.

cacheo NM searching, frisking (for weapons).

cachet [ka'tʃe] NM (*pl* **~s** [ka'tʃes]) (*de artista*) appearance money, fee.

cachetada NF (*LAm*) slap, box on the ear.

cachete NM $\boxed{a}$ (*Anat*) (fat) cheek. $\boxed{b}$ (*golpe*) slap, punch in the face.

cachetear<1a> VT (*LAm*) to slap, box on the ear.

cachimba NF $\boxed{a}$ (*pipa*) pipe. $\boxed{b}$ (*CAm: cartucho*) empty cartridge. $\boxed{c}$ (*Cu fam!*) tart (*fam!*).

cachimbo NM $\boxed{a}$ (*LAm*) pipe; **chupar ~** (*Ven*) to smoke a pipe. $\boxed{b}$ (*Per Univ*) freshman.

cachipolla NF mayfly.

cachiporra NF truncheon, (billy) club (*US*).

cachito NM a bit, a little; **a ~s** bit by bit.

cachivache NM $\boxed{a}$ (*vasija*) pot, utensil. $\boxed{b}$ **~s** (*fig*) trash *sg*, junk *sg*.

cacho NM $\boxed{a}$ crumb, bit; **¡~ de gloria!** my precious!; **¡~ de ladrón!** you thief!; **es un ~ de pan** (*fam*) he's terribly kind, he's got a heart of gold. $\boxed{b}$ (*LAm: cuerno*) horn; (*CSur: de plátanos*) bunch. $\boxed{c}$ (*locuciones*) **empinar el ~** (*LAm: beber*) to drink; **estar fuera de ~** to be in safe keeping; **raspar el ~ a algn** (*CSur fam*) to tell sb off (*fam*).

cachondearse <1a> VR (*fam*) to take things as a joke; **~ de algn** to take the mickey out of sb (*fam*), make fun of sb.

cachondeo NM $\boxed{a}$ (*gen*) joking; (*guasa*) laugh (*fam*); **hacer algo en plan de ~** (*fam*) to do sth for a lark o a laugh; **tomar a ~** to treat as a joke. $\boxed{b}$ (*juerga*) **estar de ~** to live it up, have a great time. $\boxed{c}$ (*farsa*) farce, mess; **¡esto es un ~!** what a farce this is!

cachondo ADJ $\boxed{a}$ (*Zool*) on heat, in rut. $\boxed{b}$ (*persona*) randy, horny (*esp US*). $\boxed{c}$ (*juerguista*) fun-loving, riotous. $\boxed{d}$ (*gracioso*) funny, amusing.

cachorro/a NM/F $\boxed{a}$ (*Zool: gen*) cub; (: *perro*) pup(py). $\boxed{b}$ (*LAm*) uncouth person; **¡~!** (*Carib fam*) you brute!

cachudo ADJ $\boxed{a}$ (*Méx*) horned, with horns. $\boxed{b}$ (*Col*) wealthy. $\boxed{c}$ (*CSur*) suspicious, distrustful.

cachuela NF $\boxed{a}$ (*Culin*) stew, fricassee. $\boxed{b}$ (*LAm*) rapids *pl*.

cachupín/ina NM/F (*CAm, Méx: Hist: pey*) Spanish settler.

cacimba NF beach well.

cacique NM (*LAm Hist*) chief, headman; (*Pol*) local party

boss; (*fig*) petty tyrant, despot.

caciquil ADJ despotic, tyrannical.

caciquismo NM (*Pol*) boss system; (*fig*) petty tyranny, despotism.

cacle NM (*Méx*) rough leather sandal.

caco NM (*ladrón*) pickpocket, thief.

cacofonía NF cacophony.

cacofónico ADJ cacophonous.

cacto NM, **cactus** NM INV cactus.

cacumen NM acumen, brains.

cada ADJ INV $\boxed{a}$ each; (*antes de número*) every; **~ día** each day, every day; **~ uno** every one; (*de dos*) both, each one; **da dos a ~ uno** give each of them one; **~ 2 días** every other day; **~ dos por tres** every other minute; **~ 3 meses** every 3 months; **~ cierta distancia por la carretera** every so often along the road, at intervals along the road; **~ cierto tiempo** every so often; **~ vez más** more and more; **~ vez menos** less and less; **~ vez mejor** better and better; **~ vez peor** worse and worse; **¿~ cuánto?** how often?; **~ que** (*Méx*) whenever, every time (that); **uno de ~ cinco** one in five, one out of (every) five; **los problemas de ~ día** everyday problems. $\boxed{b}$ (*enfático*) **¡tienes ~ idea!** what funny ideas you have!; **oye una ~ historia** the things you hear nowadays!

cadalso NM (*Jur*) scaffold; (*Téc*) stand, platform.

cadáver NM (*dead*) body, corpse, cadaver (*US*); (*animal*) body, carcass; **¡sobre mi ~!** over my dead body!; **ingresó ~** he was dead on arrival (at hospital).

cadavérico ADJ cadaverous; (*pálido*) deathly pale.

cadena NF $\boxed{a}$ (*gen, Inform, Com*) chain; (*fig*) bond, link; (*serie*) series, sequence; (*Rad, TV*) network; **~ de caracteres** (*Inform*) character string; **~ de fabricación** production line; **~ de hoteles** chain of hotels; **~ de montaje** assembly o production line; **~ de montañas** range of mountains; **~ de oruga** caterpillar track; **~ de reloj** watch chain; **~ de sonido** sound system, hi-fi system; **reacción en ~** chain reaction; **trabajo en ~** assembly line work; **tirar de la ~ (del wáter)** to flush the toilet.

$\boxed{b}$ (*Jur Hist*) chain gang.

$\boxed{c}$ (*Jur*) **~ perpetua** life imprisonment.

$\boxed{d}$ **~s** (*Aut*) tyre o (*US*) tire chains.

cadencia NF cadence, rhythm.

cadencioso ADJ rhythmic(al), cadenced.

cadeneta NF (*Cos*) chain stitch; **~ de papel** paper chain.

cadera NF hip.

cadete NM cadet.

Cádiz NM Cadiz.

cadmio NM cadmium.

caducar<1g> VI $\boxed{a}$ (*Com, Jur*) to expire, lapse; **esta oferta caduca el 31 de mayo** valid until May 31, this offer runs until May 31; **el abono ha caducado** the season ticket has expired. $\boxed{b}$ (*comida*) to be o go past its sell-by date.

caducidad NF lapse, expiry, expiration (*US*); **fecha de ~** (*gen*) expiry date; (*alimentos*) sell-by date.

caduco ADJ $\boxed{a}$ (*viejo*) senile, decrepit. $\boxed{b}$ (*Bot*) deciduous. $\boxed{c}$ (*fig: placer etc*) fleeting. $\boxed{d}$ (*Com, Jur*) lapsed, invalid; **quedar ~** to lapse, be out of date.

C.A.E. ABR $\boxed{a}$ (*Com*) *de* **cóbrese al entregar** COD. $\boxed{b}$ (*Jur*) *de* **Código Alimentario Español** regulatory food body.

caer <2n> $\boxed{1}$ VI $\boxed{a}$ (*gen*) to fall (down); (*edificio*) to collapse; (*Aer*) to crash, come down; (*cortina etc*) to hang; (*pelo*) to hang down; (*rendirse*) to give in, relapse; **~ al suelo** to fall to the ground; **~ sobre** (*abalanzarse*) to pounce on; **cayó un rayo en la torre** the tower was struck by lightning; **estar al ~** to be due to happen; (*persona*) to be about to arrive; **¡qué bajo has caído!** (*fig*) my, how you've come down in the world!; **~ en la tentación** to give in o yield to temptation; **dejar ~** to drop, let fall; **dejarse ~** to let o.s. fall; **hacer ~ algo** to knock sth down; **~ enfermo** to fall ill; **~ redondo** to fall in a heap.

$\boxed{b}$ (*Mil: pueblo etc*) to fall; (*morir*) to fall, die; **ha caído el gobierno** the government has fallen; **~ como chinches**, **~ como moscas** to die like flies.

c (*precio etc*) to fall, go down.

d (*viento etc*) to die down, drop; (*día*) to draw to a close; (*noche*) to fall; **al ~ la noche** at nightfall.

e (*sitio*) to lie; **eso cae más hacia el este** that lies further to the east; **¿por dónde cae eso?** whereabouts is that?

f (*ventana etc*) **~ a o hacia** to look over o look out on.

g (*fecha*) to fall; (*Com, Fin*) to fall due; **el aniversario cae en martes** the anniversary falls on a Tuesday.

h (*tocar*) **~ a** to fall to; **el premio gordo ha caído en Madrid** the first prize (in the lottery) went to Madrid; **¡la que nos ha caído encima!** (*fig*) that's just what we needed!

i (*darse cuenta*) **no caigo** I don't get it; **ya caigo** I see, now I understand; **~ en que** to realize that; **~ en la cuenta** to realize.

j **~ bien a algn** (*ropa*) to suit sb, look well on sb; (*gente*) **A no le cayó bien a B** A did not make a good impression on B; **me cae mal** o **gordo** o **fatal el tío ése** I can't stand that guy; **me cae (muy) bien** I (really) like him.

k (*visitar*) to come, drop in; **él suele (dejarse) ~ por aquí** he usually drops by o in.

2 caerse VR to fall down; **el edificio se está cayendo** the building is falling down; **se cae de viejo** (*edificio*) it's so old it's falling to bits; **se me ha caído el guante** I've dropped my glove.

café NM **a** (*Bot, bebida*) coffee; **~ instantáneo/descafeinado** instant/decaffeinated coffee; **~ con leche** white coffee, coffee with milk o (*US*) cream; **~ irlandés** Irish coffee; **~ molido** ground coffee; **(~) cortado** coffee with a dash of milk; **~ negro** o **solo** (small) black coffee; **~ torrefacto** roasted coffee; **~ americano** (large) black coffee, long black. **b** (*local*) café, coffee house. **c** (*CSur fam*) ticking-off (*fam*).

cafeína NF caffein(e).

cafetal NM coffee plantation.

cafetalero (*LAm*) **1** ADJ coffee atr, coffee-growing; **industria ~a** coffee industry. **2** NM coffee grower.

café-teatro NM (*lugar*) café which provides entertainment; (*actividad*) stand-up comedy, live entertainment.

cafetera NF **a** (*para hacer café*) coffee maker o machine; (*para servir café*) coffee pot; **~ de filtro** percolator. **b** (*Aut*) old banger (*fam*).

cafetería NF (*gen*) café; (*Ferro*) buffet, refreshment car; (*LAm*) retail coffee shop.

cafetero ADJ **a** coffee atr; **industria ~a** coffee industry. **b** (*que bebe café*) coffee-drinking, fond of coffee; **soy muy ~** I really like my coffee.

cafetín NM small café.

cafeto NM coffee tree.

cafetucho NM seedy little café.

cafiche NM (*CSur fam!: alcahuete*) pimp (*fam*).

cafre NMF Kaffir; **como ~s** (*fig*) like savages, like beasts.

caftán NM caftan, kaftan.

cagada NF (*fam!*) **a** shit (*fam!*); (*fig: cosa fatal*) a load of crap o balls (*fam!*). **b** (*error*) cock-up (*fam!*), fuck-up (*fam!*).

cagadero NM (*fam!*) bog (*fam*), john (*US*); (*fam*) lavatory.

cagado ADJ (*fam!*) yellow, shit-scared (*fam!*).

cagalera NF (*fam!*) runs (*fam*), diarrhoea.

cagar<1h> (*fam!*) **1** VT **a** to shit (*fam!*).

b (*fig*) to bungle, mess up; **¡la cagamos!** we blew it! **2** VI to have o (*US*) take a shit (*fam!*).

3 cagarse VR **a** to shit o.s. (*fam!*); **~ de miedo** to be shit-scared (*fam!*).

b (*locuciones*) **¡me cago en diez!** Christ! (*fam!*); **¡me cago en el gobierno!** to hell with the government!; **la película estaba que te cagabas** the film was bloody brilliant (*fam!*).

cagarruta NF pellet, dropping.

cagón/ona (*fam!*) **1** ADJ = **cagado**. **2** NM/F coward, crapper (*fam!*).

caguama NF (*Méx*) large turtle.

cagueta(s) NMF coward, crapper (*fam!*).

caída NF **a** (*gen*) fall; (*de jinete etc*) tumble, spill; (*fig*) collapse, downfall; (*Teat*) flop, failure; **la C~** (*Rel*) the Fall;

la ~ del gobierno the fall of the government; **la ~ de los dientes** the loss of one's teeth; **~ de agua** waterfall; **~ de cabeza** fall headfirst, header; **a la ~ del sol** at sunset; **sufrir una ~** to have a fall o tumble. **b** (*de precio etc*) fall, drop. **c** (*de terreno*) drop, slope; (*Geol*) dip; (*de hombros*) slope. **d** (*de cortina*) fold(s); (*de ropa*) set, hang. **e** (*fam*) witty remarks; **¡qué ~s tiene!** isn't he witty?

caído 1 ADJ **a** (*gen*) fallen; (*hombros*) drooping; (*fig*) crestfallen, dejected. **b** **~ del cielo** (*inesperado*) out of the blue; (*oportuno*) heaven-sent. **2** NM: **los ~s** the fallen.

caigo etc V **caer**.

caimán NM (*Zool*) alligator, caiman.

Caín NM Cain; **pasar las de ~** to have a terrible time; **venir con las de ~** to have evil intentions.

cairel NM (*peluca*) wig; (*Cos*) fringe.

Cairo NM: **el ~** Cairo.

caite NM (*CAm*) rough sandal.

caja NF **a** (*gen*) box; (*para mercancías*) case, crate; (*ataúd*) coffin, casket (*US*); **~ de cerillas** box of matches; **~ de cervezas** crate of beer; **~ de colores** paintbox; **~ de herramientas** toolbox; **~ de música** musical box; **~ negra** (*Aer*) black box; **~ de sorpresa** jack-in-the-box; **la ~ tonta** (*fam*) the box (*fam*); **~ torácica** chest wall.

b (*Mec*) casing, housing; (*de coche etc*) body; **~ de cambios** gearbox; **~ del cigüeñal** crankcase.

c (*Elec*) box; **~ de empalmes** junction box; **~ de fusibles** fuse box.

d (*Arquit: de escalera*) well; (*de ascensor*) well, shaft; **~ de registro** manhole.

e **~ (de fusil)** stock.

f (*Bot*) seed case, capsule.

g (*Com, Fin: en banco*) cashier's desk; (*en supermercado*) till, checkout; (*máquina*) till; **~ de caudales** strongbox, safe; **~ fuerte** strongroom, bank vault; **~ registradora** cash register, till; **metálico en ~** cash in hand; **hacer ~** (*banco*) to cash up; (*tienda*) to do the till, till up; **hicieron ~ de X pesetas** they took in X pesetas; **ingresar en ~** to be paid in.

h (*Fin*) fund; **~ de ahorros** savings bank; **~ de jubilaciones** o **pensiones** pension fund; **~ postal de ahorros** post-office savings bank; **~ de resistencia** (*Pol*) strike fund; **~ rural** agricultural credit bank.

i (*Mús*) drum; (*de piano*) case; (*de violín*) body, case; (*Rad*) cabinet; **~ de resonancia** soundbox; (*fig*) sounding board; **~ de ritmos** drum machine, beatbox; **despedir** o **echar a algn con ~s destempladas** to send sb packing (*fam*).

j (*Tip*) case; **~ alta/baja** upper/lower case.

k (*Mil*) **~ de reclutamiento** recruiting office; **entrar en ~** to join up, enlist.

cajero/a 1 NM/F (*gen*) cashier; (*en banco*) (bank) teller; (*en supermercado etc*) checkout operator. **2** NM: **~ automático** cash dispenser.

cajeta NF (*CAm, Méx*) round sweet box; (*CAm, Méx: caramelo*) sweet; (*CSur fam!*) cunt (*fam!*).

cajetilla NF **a** packet; **~ de cigarrillos** packet o (*US*) pack of cigarettes. **b** (*CSur fam*) dude (*fam*), toff (*fam*).

cajista NMF compositor, typesetter.

cajón NM **a** (*gen*) big box, crate; **~ de embalaje** packing case. **b** (*LAm*) coffin, cásket (*US*). **c** (*en mueble*) drawer; (*Com*) till; **~ de sastre** (*fig*) odds and ends. **d** (*Com: puesto*) stall. **e** (*LAm Geog*) ravine, box canyon. **f** **eso es de ~** that goes without saying.

cajuela NF (*Méx Aut*) boot, trunk (*US*).

cal NF lime; **~ apagada** o **muerta** slaked lime; **~ viva** quicklime; **cerrar algo a ~ y canto** to shut sth firmly o securely; **de ~ y canto** firm, strong; **dar una de ~ y otra de arena** to chop and change, blow hot and cold.

cala NF **a** (*Geog*) cove. **b** (*Náut*) hold. **c** (*Culin: de fruta*) sample slice. **d** (*Esp fam*) peseta.

calabacera NF pumpkin (plant), gourd.

calabacín NM **a** (*Bot*) baby marrow, courgette, zucchini (*US*). **b** (*fig*) dolt.

calabaza NF **a** (*Bot*) pumpkin; (*recipiente*) gourd, calabash. **b** (*fig*) dolt. **c** **dar ~s a** (*candidato*) to fail;

(*amante*) to jilt; **llevarse** *o* **recibir ~s** (*Univ*) to fail; **salir ~** to be a flop, prove a miserable failure.

calabobos NM drizzle.

calabozo NM (*prisión*) prison; (*celda*) prison cell; (*esp Hist*) dungeon.

calada NF a (*gen*) soaking. b (*de red*) lowering. c (*de ave*) swoop, dive. d (*de tabaco*) puff, drag (*fam*).

caladero NM fishing-grounds.

calado 1 ADJ: **estar ~ (hasta los huesos)** to be soaked (to the skin). 2 NM a (*Téc*) fretwork; (*Cos*) openwork. b (*Náut*) depth of water; (*de barco*) draught, draft (*US*).

calafatear<1a> VT (*Náut*) to caulk, plug up.

calamaco NM (*Méx Culin*) kidney bean.

calamar NM squid, cuttlefish.

calambre NM a (*muscular: tb* **~s**) cramp. b (*Elec*) shock; **un cable que da ~** a live wire.

calambur NM (*LAm*) pun.

calamidad NF calamity, disaster; (*persona*) **es una ~** he's a dead loss; **estar hecho una ~** to be in a very bad way; **¡vaya ~!** what bad luck!

calamina NF a (*gen*) calamine. b (*Chi, Per: chapa*) corrugated iron.

calamita NF lodestone.

calamitoso ADJ calamitous, disastrous.

cálamo NM (*Bot*) stem, stalk; (*Mús*) reed; (*Mús Hist*) flute; (*fig*) pen.

calandria[1] NF (*Orn*) calandra lark.

calandria[2] NF (*Téc*) mangle.

calaña NF nature, kind, stamp; **gente de mala ~** undesirables.

calar<1a> 1 VT a (*individuo*) to soak, drench; (*material*) to soak into, saturate, permeate.
b (*penetrar*) to penetrate, pierce, go through.
c (*Téc*) to do fretwork on; (*Cos*) to do openwork on.
d (*carácter*) to size up; (*intención*) to see through; **¡nos ha calado!** he's rumbled us!; **a ésos les tengo muy calados** I've got them well sized up.
e (*bayoneta*) to fix; (*red, puente*) to lower, let down.
f (*fruta*) to cut a sample slice of; (*LAm: muestra*) to take a sample of.
2 VI (*penetrar*) **~ (hondo) en** to have a (profound) effect on; **el mensaje ha calado hondo en ellos** the message really hit home with them.
3 **calarse** VR a (*gen*) to get soaked, get drenched (*hasta los huesos* to the skin).
b (*ave*) to swoop (*sobre* on).
c **~ el sombrero** to put one's hat on firmly; **~ las gafas** to stick one's glasses on.
d (*Mec*) to stop, stall.

calatear<1a> VT (*Per*) to undress.

calato ADJ (*Per*) naked.

calavera 1 NF (*Anat*) skull; (*Méx Aut*) tail-light. 2 NM (*juerguista*) reveller; (*locuelo*) madcap; (*libertino*) rake.

calaverada NF madcap escapade, foolhardy act.

calca NF a (*Per*) barn, granary. b (*LAm: copia*) copy.

calcado 1 ADJ (*idéntico*): **ese bolso es ~ al mío** that bag is just like mine; **es ~ a su padre** he's the spitting image of his father. 2 NM (*Téc*) tracing.

calcañal, calcañar, calcaño NM heel.

calcar<1g> VT a (*Téc*) to trace, make a tracing of.
b (*plagiar*) to copy, imitate.

calcáreo ADJ calcareous.

calce NM a (*Mec*) (wheel) rim. b (*Méx Tip: de documento*) foot (of a document). c (*CSur*) chance, opportunity.

cal. cen. ABR *de* **calefacción central** ch.

calceta NF: **hacer ~** to knit.

calcetín NM (*media*) sock.

calcificación NF calcification.

calcificar<1g> VT, **calcificarse** VR to calcify.

calcinación NF calcination.

calcinar<1a> VT (*gen*) to burn, reduce to ashes; **las ruinas calcinadas del edificio** the blackened ruins of the building.

calcio NM calcium.

calco NM a (*Téc*) tracing. b (*Ling*) calque (*de* on), loan translation (*de* from). c (*imitación*) copy, imitation; **ser**

un ~ de algn to be the image of sb.

calcomanía NF transfer.

calculable ADJ calculable.

calculador ADJ calculating.

calculadora NF calculator; **~ de bolsillo** pocket calculator.

calcular<1a> VT to calculate, work out; **~ que** to reckon that.

cálculo NM a (*gen*) calculation, reckoning; (*conjetura*) estimate, conjecture; (*Mat*) calculus; **~ de costo** costing, pricing (*US*); **~ diferencial** differential calculus; **hoja de ~** spreadsheet; **libro de ~s hechos** ready reckoner; **~ mental** mental arithmetic; **~ de probabilidades** theory of probability; **según mis ~s** by my reckoning; **obrar con mucho ~** to act cautiously. b (*Med*) stone; **~ biliar** gallstone.

Calcuta NF Calcutta.

caldas NFPL hot springs, hot mineral baths.

caldeamiento NM warming, heating.

caldear<1a> 1 VT to warm (up), heat (up); **~ los ánimos de la gente** to get the audience going; **una atmósfera caldeada** (*fig*) a tense atmosphere. 2 **caldearse** VR (*local*) to get hot; (*fig: ambiente*) to get tense.

caldera NF (*Téc*) boiler; (*caldero*) cauldron; **las ~s de Pe(d)ro Botero** hell.

calderero NM boilermaker.

caldereta NF (*Culin: de pescado*) fish stew; (*: de cordero*) lamb stew.

calderilla NF (*Fin*) small change, coppers.

caldero NM cauldron.

calderón NM (*Mús*) pause (sign).

caldo NM a (*Culin: gen*) stock; (*: sopa*) consommé, clear soup; (*: aderezo*) dressing, sauce; **~ gallego** broth; **~ de cultivo** (*Bio*) culture medium; (*fig*) breeding ground; **poner a algn a ~** to give sb a bashing; (*fig: reprender*) to give sb a dressing-down (*fam*); (*: insultar*) to lay into sb (*fam*). b **~s** wines; **los ~s jerezanos** the wines of Jerez, sherries.

caldoso ADJ watery, weak.

calé 1 ADJ gipsy *o* (*US*) gypsy *atr*. 2 NMF gipsy.

calefacción NF heating; **~ central** central heating; **sistema de ~** heating (system).

calefactor 1 ADJ heating *atr*; **sistema ~** heating system. 2 NM heater.

calefón NM (*CSur*) gas water-heater.

caleidoscópico ADJ kaleidoscopic.

caleidoscopio NM kaleidoscope.

calendario NM calendar; (*de reforma etc*) timetable; (*de trabajo etc*) schedule; **~ de taco** tear-off calendar.

caléndula NF marigold.

calentador NM heater; **~ de agua** water heater; **~ eléctrico** electric fire; **~ de gas** gas heater; **~ de inmersión** immersion heater.

calentamiento NM heating, warming; (*Dep: tb* **~ previo**) warm-up; **~ del planeta** *o* **de la atmósfera** global warming.

calentar<1j> 1 VT a (*agua etc*) to heat (up); (*cuarto etc*) to warm (up); **~ al rojo** to make red-hot.
b (*animar*) to speed up, get moving.
c (*fam: excitar*) to turn on (*fam*).
d (*esp LAm: enfurecer*) to make angry.
e (*fam: zurrar*) to warm (*fam*), tan (*fam*).
2 **calentarse** VR a (*gen*) to heat *o* warm up; (*al hogar etc*) to warm o.s.; (*Dep*) to warm up, do a warm-up.
b (*fig: disputa etc*) to get heated.
c (*Zool*) to be on heat (*fam*); (*gente*) to get randy (*fam*).
d (*esp LAm*) to get cross *o* (*US*) mad.

calentito ADJ (*lugar*) nice and warm, cosy, cozy (*US*); (*persona*) cuddly; (*comida*) piping hot.

calentón ADJ (*fam*) randy (*fam*), horny (*fam*).

calentura NF a (*Med*) fever, (high) temperature; **estar con** *o* **tener ~** to be feverish, have a temperature. b (*Chi*) tuberculosis. c (*fam*) randiness (*fam*), horniness (*fam*). d (*LAm: furia*) anger. e (*en labios*) cold sore.

calenturiento ADJ a (*Med*) feverish. b (*mente indecente*) dirty, prurient; (*exaltado*) rash, impulsive; **las mentes**

~as (*Pol etc*) the hotheads.
calenturón NM high fever.
calesa NF chaise, calash.
calesita(s) NF(PL) (*LAm*) merry-go-round.
caleta NF (*Geog*) cove, small bay, inlet.
calibración NF calibration.
calibrador NM (*gen*) gauge; (*de mordazas*) calliper(s).
calibrar <1a> VT (*Téc*) to calibrate; (*fig etc*) to gauge, measure.
calibre NM (*Mil*) calibre, bore; (*Ferro*) gauge; (*Téc*) diameter; (*fig*) calibre; **de grueso ~** large-bore.
caliche NM (*LAm*) saltpetre.
calicó NM calico.
calidad NF [a] (*gen*) quality; (*grado*) grade; **de ~** quality; **de mala ~** low-quality; **~ de la vida** quality of life. [b] (*condición*) position, capacity; **en ~ de** in the capacity of. [c] (*fig*) rank, importance. [d] (*clase*) type, kind. [e] (*Inform*) **~ de borrador** draft quality; **~ de carta** o **de correspondencia** letter quality; **~ de texto** text quality.
cálido ADJ (*gen*) hot; (*fig: aplausos etc*) warm.
calidoscópico ADJ kaleidoscopic.
calidoscopio NM kaleidoscope.
calienta *etc* V **calentar**.
calientabiberones NM INV bottle warmer.
calienta-platos NM INV hotplate.
calientapollas NF INV (*Esp fam!*) prick teaser (*fam!*).
caliente ADJ [a] (*gen*) warm, hot. [b] (*fig*) fiery, spirited; (*discusión etc*) heated; **un verano ~** (*Pol etc*) a long hot summer. [c] **estar ~** (*Zool*) to be on heat; (*gente*) to feel randy. [d] **en ~** at once, immediately; (*Téc*) hot.
califa NM caliph.
califato NM caliphate.
calificación NF [a] (*gen*) qualification; (*evaluación*) assessment; (*descripción*) description, label. [b] (*Escol etc*) grade, mark; **~ de sobresaliente** first-class mark.
calificado ADJ [a] (*gen*) qualified, competent; (*obrero*) skilled. [b] (*Jur: prueba*) undisputed; (*robo*) proven.
calificar <1g> VT [a] (*gen*) to qualify. [b] (*evaluar*) to assess; (*Escol etc*) to grade, mark. [c] **~ a algn** to distinguish sb; **~ a algn de tonto** to call o label sb silly.
calificativo [1] ADJ qualifying. [2] NM qualifier, epithet; **sólo merece el ~ de ...** it can only be described as ....
California NF California.
californiano/a ADJ, NM/F Californian.
calígine NF (*poet*) mist, darkness.
caliginoso ADJ (*poet*) misty, dark.
caligrafía NF (*arte*) calligraphy; (*letra*) handwriting.
caligráfico ADJ calligraphic.
calilla NF (*LAm*) bore, tedious person.
calima NF = **calina**.
calimocho NM wine and cola.
calina NF haze, mist.
calipso NM calypso.
cáliz NM [a] (*Bot*) calyx. [b] (*Rel*) chalice, communion cup; (*copa*) goblet; **~ de amargura** cup of bitterness.
caliza NF limestone.
calizo ADJ lime *atr*; (*tierra*) limy.
callada NF: **a la ~, de ~** on the quiet, secretly; **dar la ~ por respuesta** to say nothing in reply.
callado ADJ [a] (*carácter*) quiet, reserved. [b] (*silencioso*) quiet, silent; **todo estaba muy ~** everything was very quiet; **tener algo ~** to keep quiet about sth; **¡qué ~ se lo tenía Ud!** you kept pretty quiet about it!; **más ~ que un muerto** as quiet as a mouse (*fam*).
callampa NF (*Chi: hongo*) mushroom (*fam*); (*paraguas*) umbrella; (*población*) shanty town.
callar <1a> [1] VT [a] (*persona*) to silence, shut up (*fam*). [b] (*secreto*) to keep; (*omitir*) to pass over in silence, not to mention; (*información*) to keep to o.s., keep secret; (*asunto delicado*) to keep quiet about.
[2] VI, **callarse** VR (*gen*) to keep quiet, remain silent; (*ruido*) to stop; (*dejar de hablar*) to stop talking; **¡calla!, ¡cállate! ¡cállese!** shut up!, be quiet!; **¡cállate la boca!** shut your mouth!, button your lip! (*fam*); **¿quieres ~(te)?** you've said enough, that's enough now; **calla, calle** say no more, enough said; **¡calla!** (*fig*) you don't

mean to say!, well!; **hacer ~ a algn** to make sb be quiet.
calle NF [a] street, road; **~ arriba/abajo** up/down the street; **~ ciega** (*Ven*), **~ cerrada** (*Méx*) cul-de-sac, dead end (street); **~ de dirección única** one-way street; **~ de doble sentido** two-way street; **~ mayor** high o main street; **~ peatonal** pedestrian precinct; **dejar a algn en la ~** to put sb out of a job; **echarse a la ~** to go out into the street; **hacer la ~** (*euf*) to be on the game (*fam*); **llevar** o **traer a algn por la ~ de la amargura** to give sb a difficult time; **Juan se las lleva de ~** they're all after Juan; **poner a algn (de patitas) en la ~** to kick sb out, chuck sb out; **quedarse en la ~** not to have a penny to one's name; **el hombre de la ~** (*fig*) the man in the street.
[b] (*fam*) **¡~!** make way!; **abrir** o **hacer ~** to make way, clear the way.
[c] (*Dep: gen*) lane; (*Golf*) fairway.
callejear <1a> VI to wander (about) the streets.
callejero [1] ADJ [a] (*gen*) street *atr*; **accidente ~** street accident; **disturbios ~s** disturbances in the streets. [b] (*individuo*) fond of walking about the streets; V **perro[1]** (a). [2] NM street directory.
callejón NM alley, passage; (*Geog*) narrow pass; **~ sin salida** cul-de-sac; (*fig*) blind alley; **las negociaciones están en un ~ sin salida** the negotiations are deadlocked.
callejuela NF (*gen*) side street; (*fig*) way out (of the difficulty.)
callista NMF chiropodist.
callo NM [a] (*Med: de pie*) corn; (*de mano*) callus, callosity; **criar ~s** to be callous. [b] **~s** (*Culin*) tripe. [c] (*fam: mujer*) old bat (*fam*), old cow (*fam*). [d] **dar el ~** (*Esp fam*) to slog, work hard.
callosidad NF callosity.
calloso ADJ horny, rough.
calma NF [a] (*Met, Náut*) calm (weather); **~ chicha** dead calm; **estar en ~** to be calm. [b] (*Com, Fin*) calm, lull (*de in*). [c] (*de temperamento*) calm, calmness; **¡~!, ¡con ~!** calm down!, take it easy!; **hacer algo con ~** to do sth calmly; **perder la ~** to get ruffled, lose one's cool; **tomarlo con ~** to take things gently.
calmante [1] ADJ soothing, sedative. [2] NM sedative, tranquillizer.
calmar <1a> [1] VT (*gen*) to calm; (*individuo*) to calm o quieten (down); (*nervios*) to soothe, steady; (*dolor*) to relieve.
[2] VI (*Met: viento etc*) to abate, fall calm.
[3] **calmarse** VR to calm down, calm o.s.; **¡cálmese!** calm down!, don't get so worked up!
calmosamente ADV (*V adj*) [a] calmly, [b] slowly, sluggishly; nonchalantly, deliberately; lazily.
calmoso ADJ [a] calm, quiet. [b] (*pey: torpe*) slow, sluggish; (*deliberado*) nonchalant, deliberate; (*perezoso*) lazy.
caló NM (*Ling*) gipsy o (*US*) gypsy dialect, ≈ Romany; (*argot*) slang.
calor NM [a] (*intenso*) heat; (*suave*) warmth; (*de discusión etc*) heat, passion; (*de ~ agradable*) a pleasant warmth; **un ~ excesivo** an excessive heat; **~ blanco/rojo** white/red heat; **¡qué ~!** isn't it hot!, how hot it is!; **entrar en ~** to get warm; (*Dep*) to warm up; **hace (mucho) ~** it's (very) hot; **tener ~** to be o feel hot. [b] (*fig: de discusión*) warmth, heat; (*de batalla*) heat; (*de acogida*) warmth (*de pasión*) ardour, ardor (*US*), fervour, fervor (*US*).
caloría NF calorie.
calórico ADJ caloric.
calorífico ADJ calorific; **potencia ~a** calorific value.
calorro/a NM/F (*fam*) gipsy, gypsy (*US*).
calostro NM colostrum.
calote NM (*CSur fam*) swindle, trick.
caluma NF (*Per*) gap, pass.
calumnia NF (*gen*) calumny; (*Jur: oral*) slander (*de of*); (: *escrito*) libel (*de on*).
calumniador(a) NM/F slanderer, libeller.
calumniar <1b> VT to slander, libel.
calumnioso ADJ slanderous, libellous, libelous (*US*).
calurosamente ADV (*fig*) warmly, enthusiastically,

heartily.
caluroso ADJ (gen) warm, hot; (fig) enthusiastic.
calva NF (calvicie) bald patch; (forestal) clearing.
Calvados NM INV Calvados.
Calvario NM a (Rel: gen) Calvary; (via crucis) Stations of the Cross. b c~ (fig) cross, heavy burden.
calvicie NF baldness; ~ **precoz** premature baldness.
calvinismo NM Calvinism.
calvinista 1 ADJ Calvinistic. 2 NMF Calvinist.
calvo 1 ADJ a (persona) bald; **quedarse** ~ to go bald; **ni tanto ni tan** ~ (fig) pull the other one (fam). b (terreno) bare, barren. 2 NM bald man.
calza NF a wedge; **poner** ~ **a** to wedge, scotch. b (fam) stocking; ~**s** breeches. c (Col Med: empaste de dientes) filling.
calzada NF roadway, tarmac; (avenida) avenue; ~ **romana** Roman road.
calzado 1 ADJ shod, wearing shoes; ~ **de** shod with, wearing. 2 NM footwear.
calzador NM shoehorn.
calzar<1f> 1 VT a (zapatos etc) to wear; **calzaba zapatos verdes** she was wearing green shoes; **¿qué número calza Ud?** what size do you wear o take?
   b (niño etc) to put shoes on.
   c (Mil etc: armas) to carry, take.
   d (Téc: rueda etc) to scotch, chock.
   e (Col: diente) to fill.
   2 VI: **calza bien** he wears good shoes.
   3 **calzarse** VR to put on one's shoes.
calzo NM a (gen) wedge, chock; (Mec) shoe; (Náut) skid, chock. b (Fútbol) professional foul (euf).
calzón NM a (pantalón corto) shorts pl; (LAm: de hombre) pants pl (US); **amarrarse los** ~**es** to act resolutely; **hablar a** ~ **quitado** to call a spade a spade; **ponerse los** ~**es** to wear the trousers. b (LAm: de mujer) pants pl, knickers pl; (: de hombre) pants, shorts (US).
calzonarias NFPL (And, Col), **calzonarios** NMPL (Pan) knickers.
calzonazos NM INV (fam: tonto) stupid fellow; (: débil) weak-willed man; (: marido) henpecked husband.
calzoncillos NMPL underpants, shorts (US).
calzoneras NFPL (Méx) trousers buttoned down the sides.
CAM ABR de **Comunidad Autónoma de Madrid**.
cama NF a (gen) bed; ~ **de campaña** campbed; ~ **elástica** trampoline; ~**s gemelas** twin beds; ~ **sencilla/de matrimonio** single/double bed; ~ **plegable** o **de tijera** folding bed, campbed; ~ **solar** sunbed; ~ **turca** divan bed, day bed; **caer en (la)** ~ to fall ill; **estar en** ~, **guardar** ~ to be ill in bed; **hacer la** ~ to make the bed; **hacer** o **poner la** ~ **a algn** (fig) to scheme against sb; (Dep) to obstruct sb; **quien mala** ~ **hace en ella yace** having made your bed you must lie on it; **ir a la** ~ to go to bed; **irse a la** ~ **con algn** to sleep with sb; **se la llevó a la** ~ he got off with her (fam).
   b (Zool) den, lair.
   c (Geol) layer, stratum; (Culin) layer.
camada NF (Zool) litter, brood; (pandilla) gang, band; **son lobos de una** ~ they are birds of a feather.
camafeo NM cameo.
camaleón NM chameleon.
cama-nido NF (pl camas-nido) sofa bed with 2 sections.
cámara 1 NF a (gen) room; (vestíbulo) hall; ~ **acorazada** strongroom, vault; ~ **mortuoria** funeral chamber; ~ **frigorífica** cold-storage room; ~ **de tortura** torture chamber; **música de** ~ chamber music.
   b (esp Hist) royal chamber; **médico de** ~ royal doctor.
   c (Náut) wardroom; ~ **de cartas** chartroom; ~ **de motores** engine room.
   d (Pol etc) chamber, house; ~ **alta/baja** upper/lower house; ~ **de comercio** chamber of commerce; ~ **legislativa** legislative assembly; **C~ de los Comunes** House of Commons; **C~ de los Lores** House of Lords; **C~ de los Representantes** House of Representatives.
   e (Mec, Fís) chamber; ~ **de aire/de combustión/de compresión** air/combustion/compression chamber; ~

de gas gas chamber; ~ **de oxígeno** oxygen tent.
   f (Aut etc: tb ~ **de aire**, ~ **neumática**) tyre o (US) tire inner tube; **sin** ~ tubeless.
   g (Anat) cavity.
   h (Fot) camera; ~ **de cine** o **cinematográfica** cine camera, film camera; **a** ~ **lenta** in slow motion; ~ **oscura** camera obscura; ~ **de televisión** television camera; ~ **de vídeo** video camera.
   i ~**s** (Med) diarrhoea.
   2 NM cameraman.
camarada NM (gen) comrade, companion; (Pol) comrade.
camaradería NF (gen) comradeship; (Mil) camaraderie; (Dep) team spirit.
camarera NF (muchacha) maid.
camarero/a 1 NM/F a (en restaurán) waiter/waitress. b (Náut) steward/stewardess. 2 NM (Hist) chamberlain.
camarilla NF (gen) pressure group; (Pol) (party) caucus; (en cuerpo legislativo) lobby.
camarín NM a (Teat) dressing room. b (Rel) niche for an image. c (de tren) sleeping compartment; (de barco) cabin.
camarón NM (Zool) shrimp, prawn.
camarote NM (Náut) cabin, stateroom.
camastro NM rickety old bed.
camayo NM (Per Agr) foreman, overseer (of a country estate).
cambalache NM a (trueque) swap, exchange. b (LAm) secondhand shop.
cámbaro NM crayfish.
cambiable ADJ a (variable) changeable, variable. b (Com, Fin etc) exchangeable.
cambiador NM moneychanger; (LAm Ferro) pointsman, switchman (US).
cambiante 1 ADJ changing, variable. 2 NM moneychanger.
cambiar<1b> 1 VT a (gen) to change; (transformar) turn (en into).
   b (Fin, Com etc) to change, exchange (con, por for); ~ **libras en francos** o **por francos** to change pounds into francs; **¿tienes para** ~ **5000 pesetas?** can you change me a 5000 peseta note?; ~ **saludos** to exchange greetings; ~ **sellos** to swap stamps.
   c (trasladar) to shift, move; **¿lo cambiamos a otro sitio?** shall we move it somewhere else?
   2 VI a to change, alter; **¡cambio!** (Rad) over; **¡cambio y corto!** (Rad) over and out!; ~ **(de directorio)** (Inform) to change directory; ~ **a un nuevo sistema** to change o switch to a new system; **no ha cambiado nada** nothing has changed; **está muy cambiado** he's changed a lot.
   b ~ **de** to change; ~ **de casa** to move (house); ~ **de dueño** to change hands; ~ **de idea/de ropa** to change one's mind/clothes.
   c (Met: viento) to veer, change direction.
   3 **cambiarse** VR (gen) to change; (Met: viento) to veer, change round.
cambiazo NM (fam: Com) (dishonest) switch; **dar el** ~ **a algn** to switch the goods on sb.
cambio NM a (gen) change, alteration; (sucesión) changeover; (de dirección, opinión) switch, shift; (Dep) substitution; (de sitio) shift, move (a to); **ha habido muchos** ~**s** there have been many changes; **el** ~ **se efectuó en 1970** the changeover took place in 1970; ~ **de domicilio** change of address; ~ **de guardia** changing of the guard; ~ **de impresiones** exchange of views; ~ **de marchas** o **de velocidades** gear-lever, gearshift (US); **con** ~ **de marchas automático** with automatic gearbox; ~ **de la marea** turn of the tide; ~ **de vía** (Ferro) points.
   b (Fin) (small) change; **¿tienes** ~ **de 1000 pesetas?** can you change 1000 pesetas?, have you got change of 1000 pesetas?; **dar mal el** ~ **a algn** to shortchange sb.
   c (trueque) exchange, barter; **libre** ~ free trade; 'admitimos su coche usado a ~' 'we take your old car in part exchange'; **a** ~ **de** in exchange o return for; **a las primeras de** ~ at the very start; **en** ~ (Com) in exchange; ~ **de divisas** foreign exchange; ~ **a término**

forward exchange.

d **en ~** (*por otra parte*) on the other hand; **en ~ a mí no me gusta** however, I don't like it.

e (*Fin: tipo*) rate of exchange; **al ~ de** at the rate of.

f (*Inform*) **~ de línea** line feed; **~ de página** form feed.

cambista NM moneychanger.

Camboya NF Cambodia, Kampuchea.

camboyano/a ADJ, NM/F Cambodian, Kampuchean.

cambujo/a **1** ADJ swarthy. **2** NM/F mestizo.

cambullón NM (*LAm fam*) swindle.

cambur NM (*Ven*) banana.

cambuto ADJ (*Per*) small, squat.

camelar <1a> VT **a** (*mujer*) to flirt with. **b** (*persuadir*) to cajole. **c** (*Méx*) to spy on.

camelia NF camellia.

camelista NMF **a** (*cuentista*) joker. **b** (*halagador*) flatterer.

camello NM **a** (*Zool*) camel. **b** (*fam: traficante*) pusher, dealer (*fam*).

camellón NM (*Méx*) central reservation, median strip.

camelo NM **a** (*flirteo*) flirtation. **b** (*cuento*) joke, hoax; **dar ~ a algn** to make fun of sb; **a mí me da que es un ~** I don't believe a word of it (*fam*); **¡esto es un ~!** it's all a swindle!

camerino NM (*Teat*) dressing room.

camero ADJ (*gen*) bed *atr*.

Camerún NM Cameroon.

camilla NF sofa, couch; (*Med*) stretcher.

camillero NM stretcher-bearer.

caminante NMF traveller, traveler (*US*), wayfarer.

caminar <1a> **1** VT (*recorrido*) to cover, travel. **2** VI (*gen*) to walk; (*viajar*) to travel, journey; **esto no camina** (*LAm*) this doesn't work.

caminata NF (*gen*) long walk; (*campestre*) hike, ramble; (*recorrido*) stretch.

caminero ADJ: **peón ~** navvy, road labourer, road laborer (*US*).

camino NM **a** (*gen: esp Méx: carretera*) road; (*sendero*) track, path; **~ de acceso** approach road; **~ forestal** forest track; **~ trillado** well-trodden path; (*fig*) beaten track; **~ vecinal** country road, lane; **C~s, Canales y Puertos** (*Univ*) Civil Engineering.

b (*ruta*) way, road (*de* to), route; (*fig*) path, course; (*Inform*) path; **la vida no es ningún ~ de rosas** life's no bed of roses; **el ~ a seguir** the route to follow; **el ~ de La Paz** the La Paz road; **el ~ del desastre** it's the road to ruin; **es el ~ a la fama** it's the path to fame; **tirar por el ~ de en medio** (*fig*) to take the middle way; **~ de** o **a Lima** on the way to Lima; **Camino de Santiago** (*Rel*) pilgrims' road to Santiago de Compostela; (*Astron*) Milky Way; **a medio ~** halfway (there); **en el ~** on the way, en route; **está en ~ de desaparecer** it's on its way out; **estar en ~** to be on the way; **nos quedan 20 kms de ~** we still have 20 kms to go; **es mucho ~** it's a long way; **ir por buen/mal ~** (*fig*) to be on the right/wrong track; **¿vamos por buen ~?** are we on the right road?; **traer a algn por buen ~** (*fig*) to put sb on the right track o road; **abrirse ~** to make one's way; **abrirse algn ~ en la vida** to get somewhere in life; **allanar el ~** to pave the way (*a algn* for sb); **echar ~ adelante** to strike out; **errar el ~** to lose one's way; **llevar a algn por mal ~** (*fig*) to lead sb astray; **ponerse en ~** to set out, start.

┌─────── *CAMINO DE SANTIAGO* ───────┐

🛈 The **Camino de Santiago** *is a medieval pilgrim route stretching from the Pyrenees to Santiago de Compostela in north-west Spain, where tradition has it that the body of Saint James the Apostle (Spain's patron saint) is buried. At one time Santiago de Compostela came next only to Jerusalem and Rome as the most popular destination for Christian pilgrims from all over Europe. Those who had made the long, dangerous journey returned proudly wearing on their hat or cloak the* **venera** *(scallop shell) traditionally associated with this pilgrimage - Saint James' body had reportedly been found covered in scallops. Today this symbolic shell can still be seen all along the* **Camino de Santiago***, carved on ancient*

buildings and painted on modern-day road signs marking the historic route for the benefit of tourists and pilgrims.In Astronomy the **Camino de Santiago** *is another name for the* **Vía Láctea** *(Milky Way), hence the title of Buñuel's famous satirical film about the route to Compostela.*

camión NM (*Aut: gen*) lorry; (: *esp US*) truck; (: *Méx*) bus; **~ de la basura** dustcart, refuse lorry; **~ blindado** troop carrier; **~ de bomberos** fire engine; **~ de caja a bajo nivel** low loader; **~ cisterna** tanker, tank wagon; **~ frigorífico** refrigerator lorry; **~ de mudanzas** removal van; **~ de reparto** delivery truck; **estar como un ~** (*fam*) to look smashing (*fam*).

camionaje NM haulage, cartage.

camionero NM (*Aut: gen*) lorry driver, truckdriver (*US*); (: *Méx*) bus driver.

camioneta NF (*camión*) van, light truck; (*coche, carro*) estate car, station wagon (*esp US*).

camisa NF **a** shirt; **~ de fuerza** straitjacket; **estar en (mangas de) ~** to be in one's shirt-sleeves; **jugarse hasta la ~** to bet one's bottom dollar; **no le llegaba la ~ al cuerpo** he was simply terrified; **meterse en ~ de once varas** to bite off more than one can chew. **b** (*Bot*) skin. **c** (*Mec*) case, casing; **~ de agua** water jacket; **~ de gas** gas mantle. **d** (*de libro*) dust jacket.

camisería NF outfitter's (shop).

camisero **1** ADJ (*blusa, vestido*) shirt *atr*. **2** NM shirt maker, outfitter.

camiseta NF **a** (*gen*) T-shirt; (*Dep*) shirt, top; (*ropa interior*) vest, singlet; **~ de deporte** sports shirt.

camisola NF (*Méx*) sports shirt.

camisón NM (*de noche: femenino*) nightdress, nightgown; (*de hombre*) nightshirt.

camomila NF camomile.

camorra NF quarrel; **armar ~** to kick up a row.

camorrista **1** ADJ rowdy, troublemaking. **2** NMF rowdy, hooligan.

camote NM (*LAm Bot*) sweet potato.

camotear <1a> VI (*Méx*) to wander about aimlessly.

campal ADJ: **batalla ~** pitched battle.

campamento NM camp, encampment; **~ de trabajo** labour o (*US*) labor camp; **~ de verano** holiday camp.

campana[1] NF **a** (*Rel etc*) bell; **~ tañida, a toque de ~** to the sound of bells; **echar las ~s a vuelo** to peal the bells; **oír ~s y no saber dónde** not to have a clue, be totally in the dark; **tañer** o **tocar las ~s** to peal the bells. **b** (*Téc*) bell-shaped object; **~ de buzo** diving bell; **~ de cristal** bell glass, glass cover. **c** (*LAm fam: con ladrones*) thieves' look-out man.

campana[2] NF (*CSur: campo*) country(side).

campanada NF **a** (*Mús*) stroke, peal (of a bell). **b** (*fig*) sensation; **dar la ~** to create a stir, cause a great surprise.

campanario NM bell o church tower.

campaneo NM pealing, chimes.

campanero NM (*Téc*) bell founder; (*Mús*) bell ringer.

campanilla NF **a** (*Rel etc*) small bell, handbell; (*eléctrica*) electric bell; **de (muchas) ~s** better class, grand. **b** (*burbuja*) bubble. **c** (*Anat*) uvula. **d** (*Cos*) tassel. **e** (*Bot*) bell flower.

campanillear <1a> VI to ring, tinkle.

campanilleo NM ringing, tinkling.

campante ADJ self-satisfied, smug; **siguió tan ~** he went on as if nothing had happened; **allí estaba tan ~** there he sat as cool as a cucumber.

campanudo ADJ (*Téc*) bell-shaped; (*fig: estilo*) high-flown, bombastic; (: *orador*) pompous, windy.

campánula NF bell flower, campanula; **~ azul** bluebell.

campaña NF **a** (*Geog: gen*) countryside; (: *llano*) plain; **tienda de ~** tent. **b** (*Mil, Pol*) campaign; **de ~** (*Mil*) field *atr*; **~ de venta** sales campaign; **~ electoral** election campaign; **~ publicitaria** advertising campaign, publicity campaign; **~ de protesta** campaign of protest; **hacer ~** to campaign (*en pro de, a favor de* for; *contra* against); **lanzar una ~** to launch a campaign.

campañol NM vole.

campar <1a> VI **a** (*Mil etc*) to camp. **b** (*sobresalir*) to stand out, excel; **~ por sus respetos** to please oneself, look after oneself.

campear <1a> VI [a] (*Agr*) to go out to pasture. [b] (*Bot*) to show green. [c] (*Mil*) to reconnoitre.

campechanería, **campechanía** NF heartiness, cheerfulness.

campechano ADJ hearty, cheerful, genial.

campeón/ona NM/F champion.

campeonato NM championship; **de ~** (*fig*) tremendous (*fam*), stupendous.

campera NF (*Arg*) windcheater, bomber jacket (*fam*); **~ de duvet** (*CSur*) quilted jacket.

campero [1] ADJ unsheltered, (out) in the open; **fiesta ~a** open air party; **ganado ~** stock that sleeps out in the open. [2] NM (*Col: jeep*) four-wheel drive (vehicle).

campesinado NM peasantry, peasants.

campesino/a [1] ADJ (*rural*) country *atr*, rural; (*gente*) peasant *atr*; **ratón ~** field mouse. [2] NM/F peasant; (*rural*) countryman/-woman.

campestre ADJ country *atr*, rural.

camping ['kampin] NM (*pl* **~s** ['kampin]) [a] (*actividad*) camping; **estar** o **ir de ~** to go camping. [b] (*local*) camping site o ground.

campiña NF countryside.

campirano/a NM/F (*LAm*) peasant.

campista NM/F camper.

campo NM [a] (*Geog*) country(side); **~ abierto** o **raso** open country; **a ~ raso** in the open; **~ a través** cross-country (running); **ir ~ travieso** to go across country; **ir al ~** to go into the country; **¿te gusta el ~?** do you like the country(side)?; **el ~ está espléndido** the countryside looks lovely; **pasar un día de ~** to spend a day in the country. [b] (*Agr etc*) field; (*Dep*) ground, pitch, field (*US*); **~ de aterrizaje** landing field; **~ de batalla** battlefield; **~ de deportes** sports ground, playing field; **~ de ejercicios** (*Mil*) drilling ground; **~ de fútbol** football pitch; **~ de golf** golf course o links *pl*; **~ magnético** magnetic field; **~ de minas** minefield; **~ petrolífero** oilfield; **~ santo** cemetery, churchyard; **~ de tiro** firing range; **~ visual** field of vision; **abandonar el ~** to give sth up as a bad job; **dejar el ~ libre** to leave the field open (*para* for); **quedar en el ~ de batalla** to fall in battle; **reconocer el ~** to reconnoitre; **trabajar en el ~** to work the land. [c] (*Arte*) (back)ground. [d] (*Mil*) camp; **~ de concentración/de internación/de trabajo** concentration/internment/labour o (*US*) labor camp; **levantar el ~** to strike camp; (*fig*) to give up. [e] (*fig*) range, sphere; **el ~ de aplicación del invento** the scope of the invention; **dar ~ a** to give free range to; **dejar el ~ libre** to leave the field open (*para* for); **en el ~ de las ciencias** in the field of science; **trabajo de ~** fieldwork.

camposanto NM cemetery, churchyard.

CAMPSA, **Campsa** NF ABR (*Esp*) de **Compañía Arrendataria de Monopolio de Petróleos, S.A.**

campus NM INV (*Univ*) campus.

camuesa NF pippin.

camueso NM pippin tree.

can NM [a] (*hum*) dog, mutt (*fam*). [b] (*Mil*) trigger.

cana NF (*tb* **~s**) white o grey o (*US*) gray hair; **echar una ~ al aire** (*fam*) to have a fling; **faltar a las ~s** to show a lack of respect for one's elders.

canabis NM cannabis.

Canadá NM: **el ~** Canada.

canadiense ADJ, NMF Canadian.

canal¹ NM [a] (*Náut*) canal; **C~ de Panamá** Panama Canal; **~ de riego** irrigation channel. [b] (*Náut: de puerto*) navigation channel. [c] (*Geog*) channel, strait; **C~ de la Mancha** English Channel. [d] (*Anat*) duct, tract. [e] (*TV*) channel, **~ de pago** pay channel, subscription channel. [f] (*Arquit*) gutter; **~es** guttering. [g] (*Téc*) pipe, conduit. [h] (*vía*) channel; **~es de comunicación** communication channels, lines of communication; **~ de dis-**

tribución distribution outlet; **~ de pago** method of payment.

canal² NF dressed carcass; **abrir en ~** to slit from top to bottom.

canalé NM: **jersey de ~** ribbed sweater.

canaleta NF (*CSur Arq*) (roof) gutter.

canalete NM paddle.

canalización NF [a] (*Geog etc*) canalization, channelling, channeling (*US*). [b] (*Téc*) piping; (*Elec*) wiring; (*de gas etc*) mains *pl*.

canalizar <1f> VT (*gen*) to channel, direct; (*por tubería*) to pipe; (*río*) to canalise.

canalizo NM navigable channel.

canalla [1] NF rabble, riffraff. [2] NM swine, blackguard; **¡~!** you swine!

canallada NF (*hecho*) dirty trick, despicable act; (*dicho*) nasty remark, vile thing (to say).

canallesco ADJ mean, despicable.

canalón NM [a] (*Arquit*) drainpipe. [b] **~es** (*Culin*) cannelloni.

canana NF cartridge belt; **~s** (*LAm*) handcuffs.

canapé NM [a] (*sofá*) sofa, couch. [b] (*Culin*) canapé.

Canarias NFPL (*tb* **Islas ~**) Canaries, Canary Isles.

canario¹/a [1] ADJ from o of the Canary Isles. [2] NM/F Canary Islander.

canario² NM (*Orn*) canary.

canasta NF [a] (*gen*) (round) basket; (*para comida*) hamper. [b] (*Baloncesto*) basket. [c] (*Naipes*) canasta. [d] (*Méx Aut*) luggage rack.

canastilla NF (*gen*) small basket; (*de niño*) (baby's) layette.

canasto NM [a] large basket. [b] (*Col*) servant. [c] **¡~s!** good heavens!

cancán NM [a] (*Mús*) cancan. [b] (*ropa*) stiff, flounced petticoat; (*CSur: pantimedia*) pantyhose.

cancanear <1a> VI (*LAm: tartamudear*) to stammer.

cáncano NM louse; **andar como ~ loco** to go round in circles.

cancel NM (*gen*) storm door; (*tabique*) partition, thin wall; (*Méx: mampara*) folding screen.

cancela NF wrought-iron gate.

cancelación NF cancellation.

cancelar <1a> VT (*gen*) to cancel; (*deuda*) to write off, wipe out; (*decisión*) to cancel, annul; (*fig*) to dispel, banish (from one's mind).

cancelaría NF papal chancery.

cáncer NM [a] (*Med*) cancer; **~ de mama/pulmón** breast/lung cancer. [b] **C~** (*Astron*) Cancer.

cancerarse <1a> VR [a] (*Med: tumor*) to become cancerous; (*persona*) to get cancer. [b] (*fig*) to become corrupt.

cancerígeno ADJ carcinogenic.

canceroso ADJ cancerous.

cancha¹ NF (*gen*) field, ground; (*de fútbol*) pitch, field (*US*); (*de tenis, pelota*) court; (*hipódromo*) racecourse; **~ de aterrizaje** landing ground; **~ de bolos** (*LAm*) bowling alley; **abrir** o **hacer ~** to make way, make room; **estar en su ~** (*CSur*) to be in one's element; **¡~!** (*CSur*) make way!, excuse me!; **en la ~ se ven los pingos** o (*Chi*) **gallos** actions speak louder than words; **tener ~** (*CSur*) to be experienced.

cancha² NF (*LAm: maíz*) toasted maize, popcorn.

canchero/a [1] ADJ (*CSur Dep*) experienced. [2] NM/F (*LAm Dep*) groundsman/-woman.

cancilla NF gate.

canciller NM chancellor; **C~** (*LAm Pol*) Foreign Secretary (*Brit*), Secretary of State (*US*), Minister for Foreign Affairs.

cancillería NF (*en embajada*) chancery, chancellery.

canción NF (*gen*) song; (*Lit*) lyric, song; **~ de amor** love song; **~ de cuna** lullaby; **~ infantil** nursery rhyme; **~ protesta** protest song; **¡siempre la misma ~!** the same old story!

cancionero NM (*Mús*) song book, collection of songs; (*Lit*) anthology, collection of verse.

cancro NM (*Bot*) canker; (*Med*) cancer.

candado NM (*gen*) padlock; **poner algo bajo siete ~s** to lock sth safely away.

candeal [1] ADJ: **pan ~** white bread. [2] NM (*CSur Culin*) egg flip.

candela NF [a] (*vela*) candle; (*Fís*) candle power; **en ~** (*Náut*) vertical. [b] (*esp LAm*) fire; (*para cigarro*) light; **dar ~** to be a nuisance, be trying; **echar ~** to sparkle. [c] (*Bot*) blossom.

candelabro NM candelabra.

Candelaria NF Candlemas.

candelero NM candlestick; **estar en el ~** (*persona*) to be in the spotlight; (*tema*) to be in the news.

candente ADJ (*rojo*) red-hot; (*blanco*) white-hot; (*fig: cuestión*) burning; (*ambiente*) charged, electric; **un tema de ~ actualidad** a red-hot issue.

candidato NM (*gen*) candidate (*a* for); (*para puesto*) applicant (*a* for).

candidatura NF candidature; **presentar su ~ a un puesto** to put o.s. forward for a post.

candidez NF [a] (*simpleza*) simplicity, ingenuousness; (*inocencia*) naïveté. [b] (*una ~*) silly remark.

cándido ADJ (*gen*) simple, ingenuous; (*inocente*) naïve.

candil NM [a] (*lámpara*) oil lamp; (*Méx: tb ~ de prisma*) chandelier. [b] (*Zool*) tine, small horn.

candileja NF oil reservoir of a lamp; **~s** (*Teat*) footlights.

candiota NF wine cask.

candombe NM (*LAm*) African dance.

candor NM (*inocencia*) innocence, guilelessness; (*candidez*) frankness, candidness.

candoroso ADJ (*inocente*) innocent, guileless; (*franco*) frank, candid.

candungo NM (*Per*) idiot.

caneca NF (*vasija*) glazed earthenware pot; (*Cu: medida*) liquid measure of 19 litres; (*Col: cubo*) rubbish bin, garbage can (*US*).

canela NF cinnamon; **este torero es ~ fina** he's a brilliant bullfighter; **prueba estas gambas, son ~ fina** try these prawns, they're exquisite.

canelo [1] ADJ cinnamon(-coloured *o* (*US*) -colored). [2] NM cinnamon tree; **hacer el ~** to act the fool.

canelón NM [a] = **canalón (b)**. [b] (*carámbano*) icicle.

canesú NM (*Cos*) yoke.

caney NM (*Ven*) log cabin, hut.

cangilón NM [a] (*jarro*) pitcher; (*de noria*) bucket, scoop. [b] (*LAm*) cart track, rut.

cangrejo NM [a] **~ (de mar)** crab; **~ (de río)** crayfish; **avanzar como los ~s** to make little headway. [b] (*Náut*) gaff.

canguelo NM funk (*fam*); **le entró un ~ justo antes de entrar** he got the jitters just before he went in (*fam*).

canguro NM [a] (*Zool*) kangaroo. [b] (*fam: de niños*) childminder; (: *de noche*) baby-sitter.

caníbal [1] ADJ cannibal(istic); (*fig*) fierce, savage. [2] NMF cannibal.

canibalismo NM cannibalism; (*fig*) fierceness, savageness.

canica NF marble.

caniche NM poodle.

canicie NF greyness, grayness (*US*), whiteness(*of hair*)

canícula NF dog days *pl*, midsummer heat.

canicular ADJ: **calores ~es** midsummer heat.

canijo ADJ (*endeble*) weak, sickly; (*Méx: astuto*) sly.

canilla NF [a] (*Anat*) long bone; (*Orn*) wing bone; (*esp LAm: pierna*) shank, thin leg. [b] (*Téc*) bobbin, reel. [c] (*esp LAm: grifo*) tap, faucet (*US*); (*de tonel*) spout, cock. [d] (*de tela*) rib. [e] **tener ~** (*Méx*) to be very strong.

canillera NF [a] (*Dep*) shin guard. [b] (*LAm*) fear, cowardice.

canillita NM (*And, CSur*) newsboy.

canillón, canilludo ADJ (*LAm*) long-legged.

canino [1] ADJ canine, dog *atr*; **hambre ~a** ravenous hunger. [2] NM canine (tooth).

canje NM (*gen*) exchange; (*trueque*) swap.

canjeable ADJ (*Fin*) exchangeable for cash, cashable.

canjear <1a> VT (*gen*) to exchange; (*trocar*) to swap.

cano ADJ grey-haired, gray-haired (*US*), white-haired.

canoa NF [a] (*gen*) canoe; **~ automóvil** motor boat, launch. [b] (*fam: porro*) joint.

canódromo NM dog track.

canoero/a NM/F (*LAm*), **canoísta** NMF canoeist.

canon NM [a] (*Rel, Mús, Arte*) canon; (*Fin*) tax, levy; (*Agr*) rent. [b] **~es** (*Rel*) canon law *sg*.

canónico ADJ canonical; **derecho ~** canon law.

canóniga NF nap before lunch.

canónigo NM canon.

canonización NF canonization.

canonizar <1f> VT (*Rel*) to canonize; (*fig*) to applaud, show approval of.

canoro ADJ: **ave ~a** songbird.

canoso ADJ (*gen*) grey-haired, gray-haired (*US*), white-haired; (*barba*) grizzled, hoary.

canotier, canotié NM straw hat, boater.

cansado ADJ (*gen*) tired; (*fatigado*) weary (*de* of); (*ojos*) tired, strained; (*aburrido*) tedious, tiresome; **con voz ~a** in a weary voice; **estar ~** to be tired; **estoy ~ de hacerlo** I'm sick of doing it.

cansador ADJ (*CSur*) tiring, wearisome.

cansancio NM (*gen*) tiredness; (*fatiga*) weariness; (*Med*) fatigue, exhaustion; **estar muerto de ~** to be dead tired.

cansar <1a> [1] VT (*gen*) to tire (out), weary; (*Med*) to fatigue, exhaust; (*ojos*) to tire, strain; (*paciencia*) to try, wear out; (*Agr: tierra*) to exhaust; (*aburrir*) to bore; (*fastidiar*) to badger, bother (*con* with).
[2] VI (*fatigar*) to be tiring; (*aburrir*) to be boring.
[3] **cansarse** VR (*gen*) to tire, get tired, grow weary (*con, de* of); (*fatigarse*) to tire o.s. out; **~ de hacer algo** to get tired *o* bored with doing sth; **no me canso de repetirle que tenga cuidado** I'm always telling him to take care.

cansera NF (*fam*) bother.

Cantabria NF (*gen*) Cantabria; (*frec*) Santander.

cantábrico ADJ Cantabrian; **Mar C~** Bay of Biscay.

cántabro/a ADJ, NM/F Cantabrian.

cantada NF (*Méx fam*) squealing (*fam*), grassing (*fam*).

cantado ADJ: **estar ~** to be a foregone conclusion.

cantaleta NF (*LAm*) boring repetition *o* chorus.

cantaletear <1a> VT (*LAm*) to repeat ad nauseam, say over and over.

cantamañanas NMF INV bullshitter (*fam*).

cantante [1] ADJ singing. [2] NMF (professional) singer, vocalist; **~ de ópera** opera singer.

cantaor(a) NM/F Flamenco singer.

cantar <1a> [1] VT (*gen*) to sing; (*misa*) to sing, say; **~las claras** to call a spade a spade; **~ los méritos** *etc* **de ...** to sing the praises *etc* of ....
[2] VI [a] (*Mús*) to sing; (*sin música*) to chant; (*grillo etc*) to chirp; **~ a dos voces** to sing a duet.
[b] (*fam: confesar*) to squeal, grass (*fam*); **~ de plano** to make a full confession.
[c] (*oler mal*) to smell bad, stink (*fam*).
[3] NM (*Rel etc*) song; (*Lit*) poem (set to music); **C~ de los C~es** Song of Songs; **~ de gesta** epic poem; **~ a algn las cuarenta** to tell sb a few home truths; **eso es otro ~** that's another story; V **gallo (a)**.

cántara NF large pitcher.

cantárida NF (*insecto*) Spanish fly; (*Med*) cantharides.

cantarín/ina [1] ADJ (*individuo*) fond of singing; (*voz*) singsong, lilting. [2] NM/F singer.

cántaro NM pitcher, jug; **a ~s** in plenty; **llover a ~s** to rain buckets *o* cats and dogs.

cantata NF cantata.

cantautor(a) NM/F singer-songwriter.

cante NM: **~ flamenco** *o* **jondo** Flamenco singing; **dar el ~** (*fam*) to stand *o* (*fam*) stick out a mile; **siempre van dando el ~ por la calle** they're forever out posing on the street.

cantegril(es) NM(PL) (*Uru*) shanty town, slum.

cantera NF [a] (*Min*) quarry, pit; **~ de arena** sandpit; **~ de piedra** stone quarry. [b] (*fig*) nursery, breeding ground; **Escocia es una ~ de grandes futbolistas** Scotland produces many talented footballers.

cantería NF [a] (*Min*) quarrying, stone cutting. [b] (*Arquit*) masonry, stonework.

cantero NM [a] (*Arquit*) stonemason. [b] **~ de pan** crust of bread. [c] (*CSur: de plantas*) bed, plot.

cántico NM (*Rel*) canticle; (*fig*) song.

cantidad [1] NF (*gen*) quantity; (*Mat*) amount, number; (*Fin*) amount, sum; **~ alzada** lump sum; **en ~** in quantity; **~ de** (*fam*) lots of; **tengo (una) ~ de cosas que hacer** I've lots of things to do; **es ~ de chungo** (*fam*) it's really dodgy (*fam*). [2] ADV (*fam*) a lot, very much.

cantilena NF ballad, song; **la misma ~** (*fig*) the same old stuff.

cantimplora NF (*para agua*) water bottle, canteen; (*para licores*) hip flask.

cantina NF [a] (*Ferro*) buffet, refreshment room; (*Mil etc*) canteen, cafeteria (*US*); (*café-bar*) snack bar; (*LAm*) bar, saloon; (*CSur: restorán*) cheap restaurant. [b] (*sótano*) wine cellar. [c] (*caja*) hamper; **~s** (*Méx: alforjas*) saddlebags.

cantinela NF = **cantilena**.

cantinero NM barman, publican.

canto[1] NM (*Mús*) [a] (*arte: gen*) singing; (: *sin música*) chanting. [b] (*pieza*) song; **~ llano** plainsong; **al ~ del gallo** at cockcrow, at daybreak. [c] (*Lit*) song, lyric; (*capítulo*) canto.

canto[2] NM [a] (*Téc*) edge, rim; (*de cuchillo*) back; (*de pan*) crust; **ni un ~ de uña** absolutely nothing; **estar de ~** to be on edge, be on end; **le faltó el ~ de un duro** he had a narrow shave; **tener 3 cm de ~** to be 3 cm thick. [b] (*Min*) stone, pebble; **~ rodado** boulder; **si no llega a las 100.000 ptas nos podemos dar con un ~ en los dientes** if it comes to less than 100,000 pesetas we can be well pleased.

cantón[1] NM (*esquina*) corner; (*Pol*) canton; (*Mil*) cantonment.

cantón[2] NM (*Cos*) cotton material.

cantonal ADJ cantonal.

cantor(a) [1] ADJ: **ave ~a** songbird. [2] NM/F singer.

cantuja NF (*Per*) underworld slang.

canturrear <1a> VT, VI (*sin voz*) to hum; (*cantar*) to sing softly.

canturreo NM humming; soft singing.

canuto NM [a] (*Cos*) pin case. [b] (*tubo*) small tube; (*fam: porro*) joint (*fam*).

caña NF [a] (*Bot: planta*) reed; (: *tallo*) stem, stalk; (*esp LAm*) sugar cane; **~ de pescar** fishing rod; **~ del timón** tiller, helm. [b] (*Anat*) long bone; (*esp*) shinbone; (*de bota*) leg; (*de ancla*) shank. [c] (*vaso*) tumbler; **~ de cerveza** glass of draught o (*US*) draft beer; **¡dos ~s!** 'two beers please'. [d] (*esp LAm: aguardiente*) cane liquor, cheap rum o brandy. [e] (*Min*) gallery. [f] (*fam: Aut*) **dar o meter ~** to step on it (*fam*); **dar o meter ~ a algn** (*fig fam: criticar*) to slag sb off; (: *dar la tabarra*) to pester sb.

cañabrava NF (*LAm*) reed, bamboo.

cañada NF [a] (*Geog*) gully, ravine. [b] (*Agr*) cattle track.

cañamazo NM (*coarse*) canvas.

cañamelar NM sugar-cane plantation.

cañamiel NF sugar-cane.

cáñamo NM (*Bot*) hemp; (*Cos*) hempen cloth; **~ índico** (*CAm*) Indian hemp, marijuana plant.

cañavera NF reed grass.

cañaveral NM (*Bot*) reedbed; (*Agr*) sugar-cane field o plantation.

cañería NF (*tubería*) pipes, piping; (*tubo*) pipe.

cañizal, cañizar NM reedbed.

caño NM [a] (*tubo*) tube, pipe; (*Mús*) pipe; (*de fuente*) jet. [b] (*Min*) gallery.

cañón [1] NM [a] (*tubo*) tube, pipe; (*Mús*) (organ) pipe; (*de ascensor*) shaft; (*de escalera*) well; (*de fusil*) barrel; (*de pipa*) stem; **escopeta de dos ~es** double-barrelled o (*US*)-barreled gun; **escopeta de ~es recortados** sawn-off shotgun; **~ rayado** rifled barrel; **ni a ~ o ~es** (*Chi, Per*) not at all, by no means. [b] (*Mil*) gun; (*esp Hist*) cannon; **~ de agua** water cannon; **~ antiaéreo** anti-aircraft gun; **estar al pie del ~** (*fig*) to be always o ever at the ready, be always on hand. [c] (*Geog*) canyon, gorge. [d] (*Per*) path (in mountain country).

[2] ADJ INV (*fam*) fabulous (*fam*), marvellous o (*US*) marvelous (*fam*); **¡el hombre está ~!** what a gorgeous man!; **una noticia ~** a stunning piece of news.

cañonazo NM (*Mil*) gunshot; (*Ftbl*) shot, volley; **~s** gunfire, shellfire; **salva de 21 ~s** 21-gun salute.

cañonear <1a> VT to shell, bombard.

cañoneo NM shelling, gunfire.

cañonera NF [a] (*Náut: tb* **lancha ~**) gunboat. [b] (*LAm*) holster.

caoba NF mahogany.

caolín NM kaolin.

caos NM chaos.

caótico ADJ chaotic.

C.A.P. NM ABR *de* **Certificado de Aptitud Pedagógica** *teaching certificate*.

cap. ABR *de* **capítulo** ch.

capa NF [a] cloak, cape; **~ de agua** waterproof cloak; **~ del cielo** canopy of heaven; **~ torera** bullfighter's cape; **andar de ~ caída** to be in a bad way; **defender a ~ y espada** to fight tooth and nail; **hacer de su ~ un sayo** to do as one pleases (with one's things); **de ~ y espada** cloak-and-dagger *atr*. [b] (*fig*) cloak, mask; **so o bajo ~ de** on o under the pretext of. [c] (*Geol*) layer, bed, stratum; (*Met, Anat etc*) layer; (*de polvo*) layer, film; (*Culin*) coating; (*de pintura*) coat; **~ de ozono** ozone layer; **primera ~** undercoat, first coat; **~s sociales** social groups; **madera de tres ~s** three-ply wood. [d] (*Náut*) **estar o ponerse a la ~** to lie to.

capacha NF (*CSur fam: cárcel*) jail, clink (*fam*).

capacho NM [a] wicker basket; (*Téc*) hod; (*LAm*) saddlebag. [b] (*And, CSur*) old hat.

capacidad NF [a] (*Fís, Com etc*) capacity; (*cabida*) capaciousness, size; **una sala con ~ para 900** a hall that can hold 900; **~ adquisitiva** purchasing power; **~ de carga** carrying capacity; **~ financiera** financial standing; **~ de ganancia** earning power; **~ útil** effective capacity. [b] (*talento*) ability, talent; (*habilidad*) competence, efficiency; **posee una gran ~ de comprensión** he can take a lot in; **tiene una enorme ~ de trabajo** he can get through a tremendous amount of work; **tener ~ para** to have an aptitude for; **no tiene ~ para los negocios** he has no business sense.

capacitación NF training; **centro de ~** technical school.

capacitado ADJ qualified; **estar ~ para hacer algo** to be qualified to do sth.

capacitar <1a> VT [a] **~ a algn para algo** (*Univ etc*) to qualify sb for sth; (*Téc*) to train sb for sth. [b] **~ a algn para hacer algo** to empower o authorize sb to do sth.

capar <1a> VT to castrate, geld.

caparazón NM [a] (*para caballo*) nosebag. [b] (*Zool*) shell.

caparrosa NF vitriol; **~ azul** copper sulphate.

capataz(a) NM/F foreman/forewoman, overseer.

capaz ADJ [a] (*persona*) able, capable; (: *eficaz*) efficient, competent; **¿a que no eres ~?** bet you can't!; **¡eres ~!** I wouldn't put it past you!; **ser ~ de hacer algo** to be capable of doing sth; **es ~ de cualquier tontería** he's capable of the stupidest things; **ser ~ para un trabajo** to be qualified for the job. [b] (*amplio*) roomy, large; **~ de para** with room for, that holds. [c] (*LAm fam*) **(es) ~ (que)** (it is) likely/probable; **es ~ que venga mañana** he'll probably come tomorrow.

capazo NM Moses basket.

capcioso ADJ wily, deceitful; **pregunta ~a** trick question.

capea NF bullfight with young bulls.

capear <1a> [1] VT [a] (*Taur*) to play with the cape; (*fig*) to take in, deceive. [b] (*Náut, fig*) **~ el temporal** to ride out o weather the storm. [2] VI (*Náut*) to ride out the storm.

capellán NM chaplain; **~ castrense** military chaplain, padre (*fam*).

capellanía NF chaplaincy.

Caperucita Roja NF (Little) Red Riding Hood.

caperuza NF (*de vestido*) (pointed) hood; (*Mec*) hood, cowling; (*de bolígrafo*) cap, top; **~ de chimenea** chimney cowl.

capi NF (*esp LAm fam*) capital (city).

capia NF (*And, CSur*) white maize flour.

capicúa NF palindrome.

capilar [1] ADJ hair *atr*; **loción ~** hair lotion; **tubo ~** capillary. [2] NM capillary.

capilla NF [a] (*Rel*) chapel; **~ ardiente** funeral chapel; **~ mayor** choir, chancel; **estar en (la) ~** (*fig*) to be in suspense o on tenterhooks. [b] (*Mús*) choir. [c] (*Tip*) proof sheet; **estar en ~s** to be in proof. [d] (*camarilla*) clan, club.

capirote NM [a] (*Univ, Orn*) hood. [b] (*golpe*) flip, flick. [c] **tonto de ~** dunce.

capitación NF poll tax, capitation.

capital [1] ADJ (*gen*) capital; (*pecado*) mortal; (*característica*) chief, principal; (*importancia*) supreme, paramount; (*crimen, letra*) capital; (*punto*) essential; **lo ~** the main thing, the essential point.
[2] NM (*Fin*) capital; **~ activo / arriesgado / circulante** working/venture/circulating capital; **~ emitido** issued capital; **~ social** o **en acciones** share capital; **~ improductivo** idle money; **~ invertido** o **utilizado** capital employed; **~ (de) riesgo** risk capital; **inversión de ~es** capital investment.
[3] NF [a] capital (city); **~ de provincia** provincial capital. [b] (*Tip*) decorated initial capital.

capitalino / a (*LAm*) [1] ADJ of o from the capital. [2] NM/F native o inhabitant of the capital.

capitalismo NM capitalism.

capitalista ADJ, NMF capitalist.

capitalización NF capitalization.

capitalizar <1f> VT to capitalize; (*interés*) to compound.

capitán NM (*gen*) captain; (*fig*) leader, chief; (*Méx: en hotel*) maître d'(hôtel); **~ de corbeta** lieutenant-commander; **~ de fragata** commander; **~ general (de ejército)** ≈ field marshal; **~ general (de armada)** chief of naval operations; **~ de navío** captain; **~ del puerto** harbour o (*US*) harbor master.

capitana NF flagship.

capitanear <1a> VT (*equipo*) to captain; (*rebeldes etc*) to lead, command.

capitanía NF [a] (*Mil etc*) captaincy. [b] (*Náut*) harbour dues, harbor dues (*US*).

capitel NM (*Arquit*) capital.

capitolio NM capitol; (*Pol*) statehouse, parliament building; **C~** Capitol.

capitoné NM (*Com*) removal van.

capitoste NM (*fam*) big wheel (*fam*).

capitulación NF [a] (*Mil*) capitulation, surrender; **~ sin condiciones** unconditional surrender. [b] (*convenio*) agreement, pact; **~es (de boda o matrimoniales)** marriage settlement.

capitular <1a> [1] VT (*Jur*) to charge (*de* with), impeach. [2] VI (*Mil*) to capitulate, surrender.

capituleo NM (*And, CSur: Pol*) lobbying.

capítulo NM [a] (*de libro*) chapter; (*de ley*) section; **eso es ~ aparte** that's another question altogether. [b] (*reprensión*) reproof, reprimand; **~ de culpas** charge. [c] (*tema*) subject, matter; **en el ~ de las pensiones ...** on the subject of pensions ...; **ganar ~** to make one's point. [d] **~s matrimoniales** marriage contract *sg* o settlement *sg*. [e] (*Rel*) chapter; **llamar a algn a ~** to call sb to account.

capo NM (*esp Col*) drug baron.

capó NM (*Aut*) bonnet, hood (*US*).

capón¹ NM rap on the head.

capón² [1] ADJ castrated. [2] NM (*Zool*) capon; (*fam: hombre*) eunuch.

caponera NF (*Agr*) chicken coop.

caporal NM (*Mil*) corporal; (*fig*) chief, leader; (*esp LAm: capataz*) foreman (on cattle ranch).

capot [ka'po] NM (*Aut*) = **capó**.

capota NF [a] (*prenda*) bonnet. [b] (*Aer*) cowling; (*Aut*) hood, top (*US*).

capotar <1a> VI (*Aut*) to turn over, overturn; (*Aer*) to nose-dive.

capote NM [a] (*capa*) cloak with sleeves; (*Taur*) bullfighter's cloak; (*Mil*) greatcoat; **decir para su ~** to say to o.s.; **de ~** (*Méx*) on the sly, in an underhand way; **darse ~** (*Méx*) to give up one's job; **echar un ~ a algn** to give sb a helping hand. [b] (*ceño*) frown, scowl; (*Met*) mass of dark clouds. [c] (*Naipes*) slam.

capotear <1a> VT [a] (*Taur*) to play with the cape; (*engañar*) to deceive, bamboozle. [b] (*esquivar*) to dodge.

capotera NF (*LAm*) clothes hanger.

capricho NM [a] (*gen*) whim, (passing) fancy; **es un ~ nada más** it's just a passing whim; **por puro ~** just to please o.s.; **entra y sale a su ~** he comes and goes as he pleases; **hacer algo a ~** to do sth any old how. [b] (*cualidad*) whimsicality, fancifulness. [c] (*fam: amante*) plaything (*fam*). [d] (*Mús*) caprice, capriccio.

caprichoso ADJ (*gen*) capricious; (*voluntarioso*) wilful.

Capricornio NM Capricorn.

cápsula NF (*Med, Aer*) capsule; (*de botella*) cap; **~ espacial** space capsule; **~ fulminante** percussion cap.

capsular ADJ capsular; **en forma ~** in capsule form.

captar <1a> VT [a] (*atención, apoyo*) to win, attract; (*voluntad*) to gain control over. [b] (*Téc: aguas*) to harness. [c] (*Rad: onda*) to tune in to; (*fig: sentido*) to get, pick up.

captura NF capture.

capturar <1a> VT to capture.

capturista NMF (*Méx*) typist; (*en computadora*) computer operator, keyboarder.

capucha NF [a] (*de prenda, Rel*) hood, cowl. [b] (*Ling*) circumflex accent.

capuchina NF nasturtium.

capuchino NM [a] (*Rel*) Capuchin. [b] (*LAm Zool*) Capuchin monkey. [c] (*café*) cappuccino (coffee).

capullada NF (*fam!*) daft thing to do o say.

capullo NM [a] (*Zool*) cocoon. [b] (*Bot*) bud; **~ de rosa** rosebud. [c] (*fam!: Anat*) prepuce, foreskin; **¡eres un ~!** (*fam!*) you're a daft sod! (*fam!*).

caqui NM khaki; **marcar el ~** to do national service.

cara NF [a] (*Anat*) face; **~ de cuchillo** (*apodo*) hatchet face; **~ a ~** face to face; **a ~ descubierta** openly; **de ~** opposite, facing; **de ~ al norte** facing north; **~ al futuro** with an eye to the future; **de ~ a** (*fig*) in view of, with a view to; **de ~ a hacer algo** with a view to doing sth, in order to do sth; **mirar a algn a la ~** to look sb in the face; **asomar la ~** to show one's face; **se le caía la ~ de vergüenza** he blushed with shame; **cruzar la ~ a algn** to slash sb across the face; **dar la ~** to face the consequences of what one has done; **dar la ~ por otro** to answer for somebody else; **dar ~ a** to face up to; **decir algo en** o **por la ~ de algn** to say sth to sb's face; **echar algo en ~ a algn** to reproach sb for sth; **lo mejor que te puedes echar a la ~** (*fam*) the very best you could wish for; **hacer a dos ~s** to engage in double-dealing; **hacer ~ a** to face; (*enemigo etc*) to stand up to; **no mirar la ~ a algn** (*fig*) to be at daggers drawn with sb; **plantar ~ a algn** to confront sb; **romper la ~ a algn** to smash sb's face in; **sacar la ~ por algn** to stick up for sb; **tener buena ~** (*gen*) to look good; (*comida*) to look appetising; (*enfermo*) to be looking well; **no volver la ~ atrás** not to flinch.
[b] (*aspecto*) look, appearance; **poner / tener ~ de** to look like; **tener ~ de querer hacer algo** to look as if one would like to do sth; **tener ~ de aburrirse** to look bored; **~ de alegría** cheerful expression; **tiene ~ de pocos amigos** his face is tripping him (*fam*); **poner ~ de circunstancias** to look resigned; **~ de chiste** ridiculous expression; **mala ~** wry face, grimace; **poner mala ~** to grimace, make a (wry) face; **tener ~ de monja boba** to look all innocent; **~ de pascua(s)** smiling face; **~ de pijo** (*fam*) shit face (*fam!*); **~ de viernes** sad look; **~ de vinagre** sour expression.
[c] (*descaro*) cheek, nerve; **~ dura** cheek, nerve; **¡qué ~ tienes!** what a cheek you've got; **tener ~ para hacer algo** to have the nerve to do sth; **tener más ~ que espalda, tener más ~ que un elefante con paperas** (*fam*) to have the cheek of the devil.

d (*Geom*) face; (*de disco, planeta, papel*) side; (*de moneda*) face, obverse; **~ o cruz** heads or tails; **echar** o **jugar** o **sortear algo a ~ o cruz** to toss up for sth.

carabela NF caravel.

carabina NF **a** (*Mil*) carbine, rifle. **b** (*persona*) chaperone; **hacer de ~, ir de ~** to go as chaperone.

carabinero NM (*Mil*) rifleman; (*de aduana*) customs officer; (*LAm*) policeman.

caracol NM **a** (*Zool*) snail; (*esp LAm: concha*) (sea) shell. **b** (*rizo*) curl. **c** (*Arquit*) spiral; **escalera de ~** spiral o winding staircase.

caracolear <1a> VI (*caballo*) to prance about.

carácter NM (*pl* **caracteres**) **a** (*gen*) character; (*tipo*) nature, kind, condition; **de ~ totalmente distinto** of quite a different kind. **b** (*de gente*) character; **tener buen/mal ~** to be good-/ill-tempered; **no tiene ~** he lacks firmness, he's a weak character. **c** (*Bio*) feature, characteristic; **~ hereditario/adquirido** inherited/acquired characteristic. **d** (*Tip*) character; **~ de letra** handwriting; **~es de imprenta** type(face). **e** (*Inform*) **~ alfanumérico** alphanumeric character; **~ de cambio de página** form feed character; **~ libre** wildcard character.

característica¹ NF characteristic, feature.

característico/a² **1** ADJ characteristic, typical (*de* of). **2** NM/F (*Teat*) character actor/actress.

caracterizar <1f> **1** VT **a** (*gen*) to characterize; (*distinguir*) to distinguish, set apart. **b** (*Teat: papel*) to play with great effect. **2** **caracterizarse** VR (*Teat*) to make up, dress for the part.

caradura **1** NMF cheeky o brazen o (*US*) sassy person. **2** NF cheek (*fam*).

carajillo NM coffee with a dash of brandy, anis etc.

carajo (*esp LAm fam*) **1** NM: **en el quinto ~** miles away; **no entiende ni ~, no sabe ni ~ de eso** he doesn't know a damned thing about it; **¡qué coche ni que ~!** I'll car you!; **irse algo al ~** to go to pot o hell (*fam*); **no valer un ~** to be completely worthless; **¡vete al ~!** go to hell! **2** INTERJ: **¡~!** hell! (*fam*), damn! (*fam*), shit (*fam!*).

caramba INTERJ (*sorpresa*) good gracious!; (*qué raro*) how strange!; (*protesta*) hang it all!

carámbano NM icicle.

carambola NF (*juego*) billiards; (*golpe*) cannon; (*fig*) trick, ruse; **por ~** by a lucky chance; **¡~s!** (*LAm fam: euf*) hell! (*fam*), wow! (*fam*).

caramelo NM (*gen*) sweet, candy (*US*); (*Culin*) caramel; **azúcar a punto de ~** syrupy sugar.

caramillo NM **a** (*Mús*) flageolet. **b** (*montón*) untidy heap. **c** (*chisme*) piece of gossip.

carancho NM (*Per: búho*) owl; (*CSur: buitre*) vulture, turkey buzzard (*US*).

carantoñas NFPL (*arrumaco*) fondling *sg*; **hacer ~ a algn** (*amorosamente*) to caress sb.

caraota NF (*Ven*) bean.

carapacho NM shell, carapace.

carapintada NM (*Arg Mil*) rebel, right-wing officer.

caraqueño/a **1** ADJ of o from Caracas. **2** NM/F native o inhabitant of Caracas.

carátula NF **a** (*careta*) mask. **b** (*Méx: muestra de reloj*) face, dial. **c** (*Tip*) title page; (*de vídeo*) cover.

caravana NF **a** (*Hist*) caravan; (*Aut: de camiones*) convoy; (: *cola*) tailback, line of traffic (*US*). **b** (*remolque*) caravan, trailer (*US*). **c** **~s** (*CSur: pendientes*) large earrings.

caray INTERJ good heavens!

carbohidrato NM carbohydrate.

carbólico ADJ carbolic.

carbón NM **a** (*Min*) coal; **~ bituminoso** soft coal; **~ de leña** charcoal. **b** (*Tip: tb* **papel ~**) carbon paper; **copia al ~** carbon copy. **c** (*Elec*) carbon. **d** **¡se acabó el ~!** that's that, then!

carbonada NF (*And, CSur*) meat stew.

carbonatado ADJ carbonated.

carbonato NM carbonate; **~ de calcio** calcium carbonate; **~ sódico** sodium carbonate.

carboncillo NM (*Arte*) charcoal; (*Aut*) carbon.

carbonera NF **a** (*mina*) coalmine. **b** (*de casa*) coal bunker. **c** (*Téc*) charcoal kiln.

carbonería NF coalyard.

carbonero **1** ADJ coal *atr*. **2** NM **a** (*individuo*) coal merchant, coalman. **b** (*Náut*) collier, coal ship.

carbónico ADJ carbonic.

carbonífero ADJ carboniferous; **la industria ~a** the coal industry.

carbonilla NF (*Min*) coaldust, dross; (*LAm Arte*) charcoal.

carbonización NF (*Quím*) carbonization.

carbonizar <1f> **1** VT (*Quím*) to carbonize; (*madera*) to make charcoal of; **quedar carbonizado** to be charred, be burnt to a cinder; (*Elec*) to be electrocuted. **2** **carbonizarse** VR (*Quím*) to carbonize.

carbono NM carbon.

carbunclo NM (*Med*) carbuncle.

carbunco NM (*Zool*) anthrax.

carburador NM carburettor, carburetor (*US*).

carburante NM fuel.

carburar <1a> VI (*fam*) to work, go well.

carburo NM carbide.

carca ADJ, NMF INV (*fam*) reactionary; (*anticuado*) square (*fam*).

carcaj NM (*gen*) quiver; (*Méx*) rifle case.

carcajada NF (loud) laugh, guffaw; **reírse a ~s** to roar with laughter; **soltar una ~** to burst out laughing.

carcajear <1a> VI, **carcajearse** VR to roar with laughter.

carcamal NM (*fam*) old fogey (*fam*).

cárcel NF **a** prison, jail; **~ modelo** model prison; **~ de régimen abierto** open prison; **poner** o **meter en la ~** (send to) jail, put in prison. **b** (*Téc*) clamp.

carcelario ADJ prison *atr*.

carcelero **1** ADJ prison *atr*. **2** NM warder, jailer, guard (*US*).

carcinoma NM carcinoma.

carcoma NF **a** (*insecto*) woodworm. **b** (*fig: cuidado*) anxiety, perpetual worry; (: *individuo*) spendthrift.

carcomer <2a> **1** VT **a** (*gen*) to bore into, eat into o away. **b** (*fig: salud etc*) to undermine. **2** **carcomerse** VR **a** (*Arquit etc*) to get worm-eaten. **b** (*Med*) to waste away; (*fig: riqueza*) to be eaten away.

carcomido ADJ (*gen*) infested with woodworm; (*fig*) rotten, decayed.

carda NF **a** (*Bot*) teasel; (*Téc*) teasel, card. **b** (*acto*) carding.

cardán NM universal joint.

cardar <1a> VT **a** (*Téc*) to card, comb. **b** **~ la lana a** to tell off, rap over the knuckles; **~ el pelo a algn** to backcomb sb's hair.

cardenal NM **a** (*Rel*) cardinal. **b** (*Med*) bruise, mark, weal. **c** (*Chi*) geranium.

cardenillo NM verdigris.

cárdeno ADJ purple, violet; (*agua*) opalescent.

cardíaco ADJ cardiac, heart *atr*; **ataque ~** heart attack.

cardinal ADJ cardinal.

cardiograma NM cardiogram.

cardiología NF cardiology.

cardiólogo/a NM/F cardiologist, heart specialist.

cardo NM thistle; **es un ~** (*fam: insociable*) he's a prickly customer (*fam*); (*feo*) he's as ugly as sin (*fam*).

cardume(n) NM **a** (*Pesca*) shoal. **b** (*And, CSur fam: muchos*) great number, mass; **un ~ de gente** a lot o a crowd of people.

carear <1a> **1** VT (*personas*) to bring face to face; (*textos etc*) to compare. **2** **carearse** VR to come face to face.

carecer <2d> VI: **~ de** to lack, be without; (*necesitar*) to need, want; **carece de talento** he lacks talent, he has no talent; **no carecemos de dinero** we're not short of money; **eso carece de sentido** that doesn't make sense.

carencia NF (*gen*) lack (*de* of), shortage (*de* of); (*Econ*) scarcity; (*Med etc*) deficiency.

carente ADJ: **~ de** lacking (in), devoid of.

careo NM (*Jur*) confrontation, meeting (face to face).

carestía NF (*escasez*) scarcity, shortage; (*Com*) high price(s), high cost; **~ de la vida** high cost of living; **época de ~** (*gen*) period of shortage; (*Com etc*) time of rising prices.

careta NF mask; ~ **antigás** gasmask; **quitar la ~ a algn** to unmask sb.

carey NM (*materia*) tortoiseshell; (*Zool*) turtle.

carga NF a (*gen*) load; (*Náut*) cargo; (*Ferro*) freight; (*Aut*) tare, permitted load; (*fig*) burden, weight; (*Inform*) loading; ~ **aérea** (*Com*) air cargo; ~ **afectiva** o **emocional** emotional impact o import; ~ **fiscal** tax burden; **en plena ~** under full load; **bestia de ~** beast of burden; **buque de ~** freighter.
b (*Elec*) charge; ~ **máxima** peak load; **hilo con ~** live wire.
c (*Mec*) load; ~ **fija** o **muerta** dead load; ~ **de pago** o **útil** payload.
d (*explosivo*) charge; ~ **explosiva** explosive charge; ~ **de profundidad** depth charge.
e (*Fin*) tax, duty.
f (*Jur*) duty, obligation; (*Pol*) responsibility; ~ **de familia** dependent relative; ~ **personal** personal commitments; **llevar la ~** (*fam*) to carry the can (*fam*).
g (*Mil*: *ataque*) charge, attack; ~ **de caballería** cavalry charge; **volver a la ~** (*fig*) to return to the fray.
h (*acto*) loading; **andén de ~** loading platform; '**permitido ~ y descarga**' 'loading and unloading'.

cargada NF (*Méx*): **ir a la ~** to jump on the bandwagon.

cargadero NM loading platform.

cargado 1 PP de **cargar**.
2 ADJ a (*gen*) loaded, under load; (*esp fig*) laden, burdened (*de* with); **estar ~ (de vino)** to be drunk; **estar ~ de años** to be very old, be weighed down with age; **estar ~ de razón** to be absolutely right; **ser ~ de espaldas** to be round-shouldered.
b (*Elec*) live, charged.
c (*Mil*) ~ **(con bala)** live.
d (*café etc*) strong.
e (*cielo*) overcast; (*atmósfera*) heavy, close.

cargador NM a (*persona*) loader; (*Náut*) docker, stevedore; (: *de horno*) stoker. b (*de arma*) chamber; (*de bolígrafo*) filler; ~ **de acumuladores** o **de baterías** battery charger; ~ **de discos** (*Inform*) disk pack.

cargamento NM (*Aut*) load; (*Náut*) cargo; **un ~ de botellas** (*fam*) masses of bottles.

cargante ADJ (*gen*) annoying; (*tarea*) irksome; (*persona*) trying.

cargar <1h> 1 VT a (*camión, pistola, Inform, Fot*) to load (*de* with; *a, en* on); (*mechero, pluma*) to fill; (*esp fig*) to burden, weigh down (*de* with).
b (*Elec*) to charge.
c (*horno*) to stoke.
d (*recargar*: *maleta*) to make too heavy; (: *decoración*) to overdo; ~ **las tintas** to exaggerate; ~ **la mano con las tintas** to overdo it, go over the top.
e (*impuesto*) to impose (*sobre* on); (*Com, Fin*) to charge, debit (*en cuenta a* to, to the account of).
f (*acusar*) ~ **algo a algn**, **cargar a algn con algo** to charge sb with sth, accuse sb of sth; ~ **las culpas (de algo) a algn** to put the blame (for sth) on sb.
g (*Mil*) to charge, attack.
h (*LAm*) to carry, use; ~ **anteojos** to wear glasses; ~ **revólver** to carry a gun.
i (*fam: fastidiar*) to annoy; **esto me carga** this gets on my nerves.
2 VI a (*Aut*) to load (up); (*Náut*) to take on (a) cargo.
b ~ **con** (*objeto: levantar*) to pick up; (: *llevar*) to carry; (*fig: culpa, responsabilidad*) to shoulder; (*consecuencias*) to suffer.
c ~ **en** o **sobre** to lean on o against; (*Arquit etc*) to rest on, be supported by.
d (*Ling: acento*) to fall (*en, sobre* on).
3 **cargarse** VR a ~ **algo** to take sth on o.s.; ~ **de algo** to be full o of loaded with sth; (*fig*) to get one's fill of sth; ~ **de años** to get very old; **el árbol se carga de manzanas** the tree produces apples in abundance; ~ **de hijos** to have too many children.
b (*Elec*) to become charged, become live.
c (*cielo*) to become overcast; (*atmósfera*) to become op-

pressive.
d (*fam: romper*) to smash, break; **¡te lo has cargado!** (*fam*) you've broken it!
e (*fam: Educ*) ~ **a algn** to fail sb.
f (*Esp fam: matar*) ~ **a algn** to bump sb off (*fam*).
g **cargársela** (*fam*) to get into hot water (*fam*), get it in the neck (*fam*).

cargazón NF a (*Med*) heaviness. b (*Met*) mass of heavy cloud.

cargo NM a (*carga*) load, weight.
b (*fig*) burden; ~ **de conciencia** burden on one's conscience.
c (*Com*) charge, debit; **una cantidad en ~ a algn** a sum to be charged to sb; **girar a ~ de**, **librar a ~ de** to draw on.
d (*empleo*) post, office; (*Teat, fig*) part; **alto ~** (*puesto*) top post; (*persona*) top o senior official; **alto ~ directivo** (*puesto*) senior management position; (*grupo*) top o senior management; ~ **estelar** star role; **jurar el ~** to take the oath of office, be sworn into office.
e (*obligación*) duty, responsibility; (*custodia*) charge, care; **a ~ de** in the charge of; **tener algo a su ~** to be in charge of sth; **hacerse ~ de** to take charge of o responsibility for; **hacerse ~ de todas las circunstancias** to weigh up o consider all the circumstances; **el ejército se hizo ~ del poder** the army took (over) power.
f (*Jur*) charge.

cargosear <1a> VT (*LAm*) to pester, annoy.

cargoso ADJ (*LAm*) annoying.

carguero NM a (*Náut*) cargo boat; (*Aer*) freight plane; ~ **militar** (military) transport craft. b (*And, CSur*: bestia de carga*) beast of burden.

cariacontecido ADJ crestfallen, down in the mouth.

cariado ADJ decayed.

caribe 1 ADJ Caribbean; **Mar C~** Caribbean (Sea). 2 NMF Carib.

caricatura NF (*gen*) caricature; (*en periódico etc*) cartoon.

caricaturesco ADJ absurd, ridiculous.

caricaturista NMF (*gen*) caricaturist; (*de periódico etc*) cartoonist.

caricaturizar <1f> VT to caricature.

caricia NF a (*a persona*) caress; (*a animal*) pat, stroke; **hacer ~s** to caress, stroke. b (*fig*) endearment.

caridad NF charity; **obra de ~** act of charity; **hacer ~ a algn** to give alms to sb.

caries NF INV a (*Med*) dental decay, caries. b (*Agr*) blight.

carilargo ADJ long-faced.

carilla NF (*Tip*) page.

cariño NM a (*afecto*) affection, fondness (*a, por* for); **hecho con ~** done with love; **sentir ~ por algn**, **tener ~ a algn** to like sb, be fond of sb; **tomar ~ a** to take a liking to, get fond of. b (*LAm: caricia*) caress, stroke; (: *regalo*) gift, token (of affection). c **con ~s** (*en carta*) love. d ~ darling, honey.

cariñoso ADJ affectionate.

carioca 1 ADJ (*LAm*) of o from Rio de Janeiro. 2 NMF native o inhabitant of Rio de Janeiro.

carisma NM charisma.

carismático ADJ charismatic.

caritativo ADJ charitable (*con, para* to).

cariz NM (*gen*) look, aspect; (*Met, fig*) outlook; **este asunto toma mal ~** I don't like the look of this; **en vista del ~ que toman las cosas** in view of the way things are going.

carlinga NF cockpit, cabin.

carmelita ADJ, NMF Carmelite.

Carmen NM (*Rel*) Carmelite Order.

carmesí ADJ, NM crimson.

carmín NM a (*color*) carmine; ~ **de labios** lipstick. b (*Bot*) dog rose.

carminativo ADJ carminative, anti-flatulence.

carnada NF bait.

carnal ADJ a (*Rel*) carnal, of the flesh. b (*pariente*) full, blood; **hermano ~** full brother; **primo ~** first cousin.

carnaval NM carnival; **martes de ~** Shrove Tuesday.

i **Carnaval** *is the traditional period of fun, feasting and partying that precedes the start of Lent (***Cuaresma***). The most important day is probably Shrove Tuesday (***Martes de Carnaval***), but throughout ***Carnaval*** there are fancy-dress parties, parades and firework displays. In some places in Spain, the changeover from ***Carnaval*** to Lent on Ash Wednesday is marked by the ***Entierro de la Sardina***. This is a grotesque funeral parade in which the symbolic cardboard figure of a sardine is marched through the streets and finally ceremonially burnt or buried. Although banned under Franco, ***Carnaval*** has since enjoyed a revival in Spain, with Cádiz and Tenerife being particularly well-known for their celebrations.*

carnaza NF **a** (*cebo: para peces*) groundbait; (*: para leones*) scraps *pl* of meat. **b** (*fig*) **dar ~ a la gente** to satisfy people's appetite for juicy stories.
carne NF **a** (*Anat*) flesh; **~ de gallina** (*fig*) gooseflesh, goosepimples *sg*; **me pone la ~ de gallina** it gives me goose bumps; (*fig*) it gives me the creeps; **de ~ y hueso** flesh and blood; **de abundantes** o **muchas/pocas ~s** fat/thin; **en ~ viva** on the raw; **cobrar** o **criar** o **echar ~s** to put on weight; **ser de ~ y hueso** to be only human. **b** (*Culin*) meat; **~ adobada** marinated meat; **~ de cerdo** o (*LAm*) **de chancho/de cordero/de ternera/de vaca** o (*LAm*) **de res** pork/lamb/veal/beef; **~ cruda/asada/congelada** raw/roast/frozen meat; **~ magra** lean meat; **~ picada** mince, ground meat (*US*); **~ de cañón** (*fig*) cannon-fodder; **poner toda la ~ en el asador** to go the whole hog, stake one's all. **c** (*Bot*) flesh, pulp; (*LAm: cerne*) heart(wood). **d** (*Rel*) flesh, carnality.
carné NM = **carnet**.
carneada NF (*Arg*) slaughter(ing).
carnear ‹1a› VT **a** (*CSur: ganado*) to slaughter (and dress); (*fig*) to murder, butcher. **b** (*Chi*) to deceive, take in (*fam*).
carnero NM **a** (*Zool*) sheep, ram; **~ marino** seal. **b** (*Culin*) mutton. **c** (*piel*) sheepskin. **d** (*CSur*) blackleg, scab (*fam*).
carnestolendas NFPL Shrovetide.
carnet [kar'ne] NM (*pl* **~s** o **carnés** [kar'nes]) (*librito*) notebook; (*de banco*) bank book; **~ de conducir** driving licence o (*US*) license; **~ de identidad/de socio** identity/membership card; **miembro con ~** card-carrying member.
carnicería NF **a** (*Com*) butcher's (shop). **b** (*fig*) slaughter, carnage; **hacer una ~ de** to massacre, slaughter.
carnicero **1** ADJ **a** (*Zool*) carnivorous, flesh-eating; (*Orn*) of prey. **b** (*fig*) cruel, bloodthirsty. **2** NM **a** (*gen*) butcher. **b** (*Zool*) carnivore.
cárnico ADJ meat *atr*; **industria ~a** meat industry.
carnívoro **1** ADJ carnivorous, flesh-eating. **2** NM carnivore.
carnosidad NF **a** (*gen*) fleshiness; (*gordura*) corpulence. **b** (*Med*) proud flesh.
carnoso ADJ meaty.
caro **1** ADJ **a** (*querido*) dear, beloved; **las cosas que nos son tan ~as** the things which are so dear to us. **b** (*Com*) dear, expensive. **2** ADV dear, dearly; **le costó muy ~** it cost him dear; **eso sale bastante ~** that comes rather expensive; **vender ~** to sell at a high price.
carota NMF (*fam*) cool customer (*fam*).
carpa¹ NF (*pez*) carp; **~ dorada** goldfish.
carpa² NF (*circo*) big top; (*esp LAm: tienda de campaña*) tent; (*: lona*) awning.
carpanta NF **a** (*fam: hambre*) ravenous hunger. **b** (*Méx*) gang.
Cárpatos ADJ: **Montes ~** Carpathians.
carpeta NF **a** (*para guardar papeles*) folder, file; (*cartera*) briefcase. **b** (*de mesa*) (green baize) table cover.
carpetazo NM: **dar ~ a** to shelve, do nothing about.
carpidor NM (*LAm*) weeding hoe.
carpintería NF **a** (*arte, oficio*) carpentry, joinery; (*afición*)

woodwork. **b** (*taller*) carpenter's shop.
carpintero NM **a** (*Téc*) carpenter; **~ de blanco** joiner. **b** (*Orn*) woodpecker.
carraca NF **a** (*coche*) old crock; (*barco*) tub. **b** (*Mús, Dep*) rattle.
carraspear ‹1a› VI (*hablar*) to be hoarse, have a frog in one's throat; (*aclararse*) to clear one's throat.
carraspera NF hoarseness.
carrasposo ADJ **a** (*Med*) hoarse, having a sore throat. **b** (*LAm*) rough, harsh.
carrera NF **a** (*acción*) run(ning); **a ~ tendida** at full speed, all out; **a la ~** at (full) speed; **de ~** hastily; **dar ~ libre a** to give free rein to; **darse una ~ para hacer algo** to be battling against the clock to do sth; **hacer la ~** (*fam: puta*) to walk the streets; (*gen*) to be on the game (*fam*); **~ del oro** goldrush. **b** (*Dep*) race; (*Béisbol*) run; **~s** races, racing; **caballo de ~(s)** racehorse; **coche de ~s** racing car; **~ de armamentos** arms race; **~ de caballos** horse race; **~ corta** dash, sprint; **~ de fondo** long-distance race; **~ de obstáculos** obstacle race; (*de caballos*) steeplechase; **~ pedestre** walking race; **~ de relevos** relay race; **~ de vallas** (*de corredores*) hurdle race, hurdles; (*de caballos*) steeplechase; **abrir ~** to set the pace. **c** (*Aut: de taxi*) ride, journey. **d** (*fig*) career, profession; **diplomático de ~** career diplomat; **hacer ~** to get on in the world, make headway. **e** (*Univ*) course, studies; **cuando termine la ~** when he qualifies. **f** (*en medias*) run, ladder. **g** (*Astron*) course; **la ~ del sol** the course of the sun. **h** (*curso: de pistón*) stroke.
carrerilla NF: **a ~** non-stop, continuously; **de ~** on the trot, in succession; **lo dijo de ~** he reeled it off; **tomar ~** to take a run up.
carreta NF (*gen*) waggon, cart; (*Col, Ven*) wheelbarrow.
carretada NF cart load; **a ~s** in loads, galore.
carrete NM (*Fot*) reel, spool; (*Cos*) reel, bobbin; (*Elec*) coil; (*Pesca*) reel; **~ de encendido** (*Aut*) ignition coil; **~ de inducción** (*Elec*) induction coil; **dar ~ a algn** (*fig*) to keep sb guessing o in suspense; **tiene ~ para rato** she could gab all day (*fam*).
carretera NF (main) road, highway; **por ~** by road; **~ de acceso** approach road; **~ de circunvalación** o **periférica** bypass, ring road; **~ nacional** primary o A road, state highway (*US*); **~ comarcal** B road.
carretero NM cartwright, wheelwright; **fuma como un ~** he smokes like a chimney; **jurar como un ~** to swear like a trooper.
carretilla NF **a** (*tb ~ de mano*) handcart, barrow; (*Agr*) wheelbarrow; (*en tienda*) trolley; **~ de horquilla** fork-lift truck. **b** (*buscapiés*) squib, cracker. **c** (*CSur: quijada*) jaw, jawbone. **d** (*Col: serie*) lot, series. **e** **saber algo de ~** to know sth by heart.
carretón NM small cart; **~ de remolque** trailer.
carricuba NF water cart.
carril NM **a** (*huella*) rut, track; (*camino*) cart track, lane; (*Aut, Dep*) lane; (*Agr*) furrow; **entrar en (el) ~** (*fig*) to get on the right track. **b** (*Ferro*) rail; **~es** track *sg*.
carrilano (*Chi*) **1** ADJ railway *atr*, railroad *atr* (*US*). **2** NM railway labourer, railroad laborer (*US*).
carril-bici NF cycle lane, bikeway (*US*).
carrillo NM **a** (*Anat*) cheek, jowl; **comer a dos ~s** to eat greedily, stuff o.s. **b** (*Téc*) pulley.
carrito NM (*tb ~ de la compra*) trolley, cart (*US*).
carrizal NM reedbed.
carrizo NM reed.
carro NM **a** cart, wagon; (*Hist: tb ~ de guerra*) chariot; (*LAm: coche*) car, automobile; (*: autobús*) bus, coach; (*Mil*) tank; (*de supermercado*) (shopping) trolley; **~ alegórico** float; **~ blindado** armoured o (*US*) armored car; **~ de combate** tank; **~ cuba** tank truck; **~ de mudanzas** removal van; **aguantar ~s y carretas** to put up with anything; **apearse del ~** (*fam*) to leave off, give it a rest (*fam*); **¡pare Ud el ~!** hold your horses!; **tirar del ~** (*fig*) to do all the donkey work; **untar el ~ a algn** to grease

sb's palm. **b** (*carga*) cartload. **c** (*de máquina de escribir*) carriage.

carrocería NF **a** (*taller*) coachbuilder's. **b** (*Aut etc*) bodywork, coachwork.

carrocero NM coachbuilder.

carroña NF carrion.

carroza NF **a** (*state*) coach, carriage; (*de carnaval*) float; ~ **fúnebre** hearse. **b** (*Náut*) awning. **c** (*fam*) old fogey (*fam*).

carruaje NM carriage.

carrusel NM **a** (*de verbena*) merry-go-round, roundabout. **b** (*Fot*) carrousel, circular slide-tray.

carta NF **a** (*gen*) letter; ~ **abierta/adjunta/aérea** open/covering/air letter; ~ **de ajuste** (*TV*) test card; ~ **amorosa** o **de amor** love letter; **~-bomba** letter bomb; ~ **certificada** registered letter; **~s credenciales** credentials; ~ **de crédito** letter of credit; ~ **de crédito documentaria** (*Com*) documentary letter of credit; ~ **de crédito irrevocable** irrevocable letter of credit; ~ **de emplazamiento** summons; ~ **de pedido** (*Com*) order; ~ **de pésame** letter of condolence; ~ **de porte** bill of lading; ~ **de recomendación** letter of introduction (*para* to); ~ **de solicitud** application; ~ **urgente** special-delivery letter; **echar una** ~ **al correo** to post a letter. **b** (*Jur*) document, deed; (*Hist, Pol*) charter; ~ **blanca** carte blanche; ~ **de ciudadanía** naturalization papers; ~ **de pago** receipt, discharge in full; ~ **de venta** bill of sale; ~ **verde** (*Aut*) green card; **a** ~ **cabal** thoroughly, in every respect; **¡~ canta!** there it is in black and white!; **tomar ~s en el asunto** to get involved (in the affair). **c** (*Geog*) map; ~ **marítima** chart; ~ **astral** star chart. **d** (*Naipes*) playing card; ~ **de figura** picture card; **a ~s vistas** openly, honestly; **echar las ~s a algn** to tell sb's fortune (with cards); **enseñar las ~s** (*fig*) to show one's hand; **poner las ~s boca arriba** o **sobre la mesa** to put one's cards on the table; **no saber a qué ~ quedarse** not to know what to think, be undecided. **e** (*Culin*) menu; ~ **de vinos** wine list; **a la ~** à la carte.

cartabón NM (*de dibujante*) set square, triangle (*US*); (*Mil*) quadrant.

cartapacio NM (*cuaderno*) notebook; (*Escol*) satchel.

cartear<1a> **1** VI (*Naipes*) to play low. **2 cartearse** VR to correspond (*con* with).

cartel NM (*Pol etc*) poster; (*Teat etc*) bill; (*Escol*) wall chart; (*Cine*) list of credits; ~ **de escaparate** window card; **torero de** ~ star bullfighter; **estar en** ~ to be showing, be on; **tener** ~ to be a hit, be all the rage; **'se prohibe fijar ~es'** 'post no bills'.

cártel NM (*Com*) cartel, trust.

cartelera NF (*gen*) hoarding, billboard; (*en periódico*) entertainments, what's on section (*fam*); **se mantuvo en la** ~ **durante 3 años** it ran for 3 years.

carteo NM correspondence, exchange of letters.

cárter NM (*Mec*) housing, case; ~ **de cigüeñal** crankcase.

cartera NF **a** (*gen*) wallet, pocketbook; (*Cos*) pocket flap; (*de colegial*) satchel, schoolbag; (*LAm*) handbag, purse (*US*); ~ **de bolsillo** wallet; ~ **de mano** briefcase; ~ **de pedidos** (*Com*) order book. **b** (*Pol*) portfolio, ministerial post; **ministro sin** ~ minister without portfolio; **proyecto en** ~ plan in the pipeline. **c** (*Fin*) portfolio, holdings; **efectos en** ~ holding, stocks.

carterista NMF pickpocket.

carterita NF: ~ **de fósforos** (*esp LAm*) book of matches.

cartero NM postman, mailman (*US*).

cartílago NM cartilage.

cartilla NF **a** (*Escol*) primer, first reader; **cantar** o **leer la** ~ **a algn** to give sb a severe ticking off. **b** ~ **de ahorros** bank book; ~ **de seguro** o **seguridad** social security card. **c** (*Rel*) certificate of ordination; (*Mil*) record.

cartografía NF cartography, mapmaking.

cartógrafo/a NM/F cartographer, mapmaker.

cartomancia NF fortune-telling.

cartón NM **a** (*material*) cardboard; (*de libro*) board; ~ **ondulado** corrugated cardboard; ~ **piedra** papier mâché. **b** (*Arte*) cartoon. **c** (*caja*) (cardboard) box; (*esp de tabaco*) carton; ~ **de huevos** eggbox.

cartoné NM: **en** ~ (*libro*) (bound) in boards.

cartuchera NF cartridge belt.

cartucho NM **a** (*Mil*) cartridge; ~ **en blanco** blank cartridge. **b** (*bolsita*) paper cone; (*de monedas*) roll. **c** ~ **de datos** (*Inform*) data cartridge.

Cartuja NF (*Rel*) Carthusian order.

cartujano ADJ, NM Carthusian.

cartulina NF fine cardboard, card.

CASA NF ABR (*Esp*) *de* **Construcciones Aeronáuticas, S.A.** ≈ BAe.

casa NF **a** (*gen*) house; (*piso*) flat, apartment; (*edificio*) building; ~ **de campo** country house; ~ **de citas** o **de putas** (*fam*) brothel; ~ **consistorial** town hall; ~ **de huéspedes** boarding house; ~ **de juego** gambling house; ~ **de locos** loony bin (*fam*), asylum; (*fig*) madhouse; ~ **de pisos** block of flats; **~-refugio** women's refuge; ~ **de socorro** first-aid post o (*US*) station; ~ **de vecindad** block of tenements; **como una** ~ (*fam*) massive. **b** (*hogar*) home; (*residencia*) residence, house; ~ **y comida** board and lodging; **¿dónde tiene Ud su** ~? where is your home?; **está en** ~ **Dios** (*fam*) it's miles away (*fam*), it's far away; ~ **paterna** family home; ~ **solariega** family seat, ancestral home; **es una** ~ **alegre** it's a happy home; **ir a** ~ to go home; **ir hacia** ~ to head for home; **ir a** ~ **de Juan** to go to John's (house); **salir de** ~ to leave home; **estar en** ~ to be at home, be in; **¿está la señora en** ~? is the lady of the house in?; **estar fuera de** ~ to be out, be away from home; **estar por la** ~ to be about the house; **de** ~ home *atr*, household; (*ropa*) indoor; (*animal*) pet; **estar de** ~ to be in one's ordinary clothes; **una explicación de andar por** ~ a rough-and-ready explanation. **c** (*hogar: locuciones*) **abandonar la** ~ to leave home, move out; **echar la** ~ **por la ventana** (*gastar*) to spare no expense; (*pasarlo bien*) to have a wild time; **empezar la** ~ **por el tejado** to put the cart before the horse; **está Ud en su** ~ you're very welcome, make yourself at home; **franquear la** ~ **a algn** to open one's house to sb; **hacer** ~ to get rich; **llevar la** ~ to keep house, run the house; **poner** ~ to set up house; **poner** ~ **a una mujer** to set a woman up in a little place; **sentirse como en su** ~ to feel at home; **no tener** ~ **ni hogar** to be homeless. **d** (*Dep*) home (ground); **equipo de** ~ home team. **e** (*Com, Fin*) firm, business house; ~ **armadora** shipbuilding company; ~ **bancaria** o **de banca** banking house; ~ **central** head office; ~ **de discos** record company; ~ **editorial** publishing house; ~ **de (la) moneda** mint. **f** (*linaje*) line, family; ~ **real** royal house.

casabe NM cassava.

casaca NF dress coat; (*And, CSur*) blouson, zip jacket; ~ **de montar** riding coat; **cambiar de** ~ to be a turncoat.

casadero ADJ marriageable.

casado/a 1 ADJ married; **mal** ~ unhappily married; **estar** ~ to be married (*con* to); **estar** ~ **a media carta** to live in sin. **2** NM/F married man/woman; **los recién ~s** the newlyweds. **3** NM (*Tip*) imposition.

casamentero/a NM/F matchmaker.

casamiento NM marriage, wedding (ceremony); ~ **por amor** love match; ~ **a la fuerza** shotgun wedding.

casar<1a> **1** VT **a** (*suj: cura*) to marry, join in wedlock. **b** (*suj: padre*) to marry (off), give in marriage (*con* to). **c** (*fig*) to pair, match; (*colores*) to match (up); (*Tip*) to impose. **d** (*Jur*) to quash. **2** VI (*fig*) to match, harmonize. **3 casarse** VR to marry, get married; **A se casó con B** A married B; **¿cuándo te vas a** ~? when are you getting married?; **volver a** ~, **~ en segundas nupcias** to marry again; ~ **por lo civil** to have a civil wedding; **¡cásate y verás!** you'll live to regret it!

casba(h) NF kasbah.

cascabel NM **a** (*campana*) (little) bell. **b** **serpiente** ~

rattlesnake.

cascabelear ‹1a› **1** VT to take in (fam), beguile. **2** VI **a** (LAm) to jingle, tinkle. **b** (fig) to act recklessly.

cascabeleo NM jingling, tinkling.

cascabillo NM (Bot) husk.

cascada NF waterfall, cascade.

cascado ADJ **a** (gen) broken (down); (individuo) infirm, worn out. **b** (voz) cracked; (piano etc) tinny.

cascajo NM **a** (guijo) (piece of) gravel; (de vasija) fragments, sherds. **b** (trastos) junk, rubbish; **estar hecho un ~** to be a wreck.

cascanueces NM INV nutcracker; **un ~** a pair of nutcrackers.

cascar ‹1g› **1** VT **a** (gen) to split, break (open); (nuez) to crack.
b (fam: pegar) to bash; (Dep) to wipe the floor with.
c ~**la** (fam) to kick the bucket (fam).
2 VI to chatter, talk too much; (fam: morir) to kick the bucket (fam).
3 **cascarse** VR **a** (gen) to crack, break (open).
b (salud) to crack up; (voz) to break, crack.

cáscara NF (gen) shell; (de grano) husk; (de fruta) rind, skin; **~ de huevo** eggshell; **~ de limón** lemon peel; **~ de plátano** (tb fig) banana skin; **patatas cocidas con ~** potatoes in their jackets; **no hay más ~s** there's no other way out (fam).

cascarón NM (broken) eggshell; **meterse en su ~** to go into one's shell; **es recién salido del ~** he's a bit wet behind the ears.

cascarrabias NMF INV quick-tempered person.

cascarriento ADJ (CSur fam) filthy, greasy, mucky (fam).

casco NM **a** (Mil etc) helmet; (copa de sombrero) crown; **~ de acero** steel helmet; **~ azul** soldier of a UN peacekeeping force; **~ protector** crash helmet; **~s** (fam) headset, headphones.
b (Anat) skull; (fam) nut (fam); **ligero de ~s** scatterbrained, frivolous; **calentarse o romperse los ~s** to rack one's brains; **sentar los ~s** to settle down.
c (de vasija) fragment, sherd.
d (de cebolla) skin, coat.
e (tonel) cask, barrel; (botella) returnable bottle.
f (Náut) hull.
g (Zool) hoof.
h (Mec) casing.
i (Arquit) inner city; (LAm Agr) ranch house, ranch and outbuildings; **el ~ urbano** inner city, area within city limits; **el ~ antiguo de la ciudad** the old quarter o part of the city.

cascote NM (piece of) rubble.

cáseo NM curd.

caserío NM country house.

casero/a **1** ADJ **a** (gen) domestic, household atr; (Culin) home-made; (ropa) house atr, indoor.
b (persona) home-loving.
2 NM/F (propietario) landlord/landlady; (Com) house agent, property manager (US).

caserón NM large (ramshackle) house.

caseta NF (de feria) stand; (de bañista) changing room; **~ de perro** kennel, doghouse (US); **~ del timón** (Náut) wheelhouse.

caset(t)e [kaˈset] **1** NF cassette. **2** NM cassette player.

casi ADV almost, nearly; **~ ~** very nearly; **está ~ terminado** it's almost finished; **~ nada** next to nothing; **~ nunca** almost never, hardly ever.

casilla NF **a** hut, cabin, shed; (en parque, jardín zoológico) keeper's lodge; (en mercado) booth, stall. **b** (cabina) cab. **c** (Teat) box office. **d** (para cartas) pigeonhole; (de caja) compartment; (de papel) ruled column, section; (Ajedrez) square; (LAm) **~ (postal) o de correo(s)** post office box (number), P.O. Box. **e** **sacar a algn de sus ~s** to shake sb out of his complacency; **salirse algn de sus ~s** to fly off the handle.

casillero NM **a** (set of) pigeonholes. **b** (Ftbl fam) scorer.

casimir NM cashmere.

casino NM (Pol etc) club; (de juego) casino.

casita NF small house, cottage.

▼ caso NM **a** (Ling) case.
b (Med) case; **es un ~ perdido** he's a dead loss.
c (cuestión) case, instance; (suceso) event, happening; (circunstancias) circumstances; **el ~ Hess** the Hess affair; **~ de autos** (Jur) case in hand; **~ fortuito** act of God; **en ~ de** in the event of; **~ que venga, en (el) ~ de que venga** in case he should come, should he come; **y en (el) ~ contrario** and if not; **en cualquier ~** in any case; **en el mejor de los ~s** at best; **en tal ~** in such a case; **en todo ~** in any case, at all events; **en último ~** as a last resort; **en uno u otro ~** one way or the other; **según el ~** as the case may be; **dado el ~ que** supposing (that); **el ~ es que** the fact is that; **hablar al ~** to speak to the point; **venir al ~** to be relevant; **no venir al ~** to be beside the point; **pongamos por ~ que** let us suppose that; **pongamos por ~ a X** let's take X as an example; **servir para el ~** to serve one's purpose; **¡vamos al ~!** let's get to the point!; **verse en el ~ de hacer algo** to be compelled to do sth.
d (atención) notice; **hacer ~ a** to heed, notice; **no me hacen ~** they don't pay me any attention; **¡no haga Ud ~!** take no notice!; **hacer ~ de** (escuchar) to pay attention to; (tener en cuenta) to take into account; **sin hacer ~ de eso** regardless of that; **hacer ~ omiso de** to fail to mention, deliberately pass over; **¡ni ~!** (fam) don't pay any attention to him! etc.

caspa NF dandruff.

Caspio ADJ: **Mar ~** Caspian Sea.

casposo ADJ covered in dandruff.

casquete NM **a** (Mil) helmet; (Mec) cap; (gorra) skullcap; **~ de hielo** icecap. **b** **echar un ~** (fam!) to have a screw (fam!).

casquillo NM **a** (Téc) ferrule, tip; (Mil) cartridge case. **b** (LAm) horseshoe.

casquivano ADJ scatterbrained.

cassette [kaˈset] NM, NF = **caset(t)e**.

casta NF (Rel etc) caste; (raza) breed, race; (fig) class; **de ~** of quality; **eso le viene de ~** that comes naturally to him.

castaña NF **a** (fruto) chestnut; **~ de agua** water chestnut; **~ del Brasil, ~ de Pará** Brazil nut; **~ de Indias** horse chestnut; **sacar a algn las ~s del fuego** to get sb off the hook; **ser algo/algn una ~** (fam) to be a drag (fam). **b** (fam: golpe) punch; **¡toma ~!** take that!; (sorpresa) just imagine!; **darse una ~** to give o.s. a knock. **c** **cogerse una ~** (fam) to get pissed (fam!). **d** **tiene 71 ~s** (fam) he's 71 (years old).

castañar NM chestnut grove.

castañero/a NM/F chestnut seller.

castañeta NF **a** (con dedos) snap (of the fingers). **b** **~s** (Mús) castanets.

castañetear ‹1a› **1** VT **a** (dedos) to snap.
b (Mús) to play on the castanets.
2 VI **a** (dedos) to snap, click; (dientes) to chatter, rattle; (huesos) to crack.
b (Mús) to play the castanets.

castañeteo NM **a** (de dedos) snapping; (de dientes) chattering; (de huesos) cracking. **b** (Mús) sound of the castanets.

castaño **1** ADJ chestnut(-coloured o (US) -colored), brown. **2** NM chestnut tree; **~ de Indias** horse chestnut tree; **esto pasa de ~ oscuro** this is beyond a joke.

castañuelas NFPL castanets; **estar como unas ~s** to be as happy as Larry.

castellano/a **1** ADJ (Pol) Castilian; (Ling etc) Spanish.
2 NM/F Castilian.
3 NM (Ling) Castilian, Spanish.

| CASTELLANO |

ⓘ *In the Spanish-speaking world* **castellano** *rather than* **español** *is a very common term for the Spanish language. Under the Spanish Constitution* **castellano** *is Spain's official language, but in some of the* **Comunidades Autónomas** *it shares official status with another language. Use of one or other term in Spain will depend on where the speaker is from, and where they place themselves in the linguistic debate, while*

➤ EXPRESIONES GENERATIVAS: **caso** → 11.2

in general the Latin Americans tend to favour the term **castellano**.

castellonense [1] ADJ of o from Castellón. [2] NMF native o inhabitant of Castellón.

casticidad NF, **casticismo** NM [a] (*Ling*) purity, correctness. [b] (*de costumbres*) traditional character, authenticity.

casticista ADJ, NMF purist.

castidad NF chastity, purity.

castigador(a) [1] NM ladykiller. [2] NF seductress.

castigar <1h> VT [a] (*gen*) to punish (*de, por* for); (*Dep*) to penalize (*de, por* for); (*Escol*) to keep in. [b] (*fig*) to castigate; (*Rel: carne*) to mortify. [c] (*enamorar*) to seduce.

castigo NM [a] (*gen*) punishment; (*Dep, Jur*) penalty; **área de ~** penalty area o box. [b] (*fig*) castigation; (*Rel*) mortification. [c] (*Lit*) correction, revision.

Castilla NF Castile; **~ la Nueva/la Vieja** New/Old Castile; **¡ancha es ~!** it takes all sorts!

Castilla-León NM Castile and León.

castillejo NM [a] (*Arquit*) scaffolding. [b] (*de niño*) babywalker.

castillo NM castle; **~ de arena** sandcastle; **~ de fuego** firework set piece; **~ de naipes** house of cards; **~s en el aire** castles in the air.

castizo ADJ [a] (*Ling*) pure, correct. [b] (*fig*) traditional; (*auténtico*) pure, authentic; **es un tipo ~** he's one of the best.

casto ADJ chaste, pure.

castor NM beaver.

castración NF [a] (*Zool*) castration, gelding. [b] (*Bot*) pruning.

castrado [1] ADJ castrated. [2] NM eunuch.

castrar <1a> VT [a] (*Zool: gen*) to castrate, geld; (*gato*) to doctor. [b] (*Bot*) to prune, cut back. [c] (*fig*) to impair, weaken.

castrense ADJ army *atr*, military.

casual ADJ accidental, chance.

▼**casualidad** NF chance, accident; **fue una pura ~** it was sheer coincidence; **por ~** by chance o accident; **¿tienes por ~ una pluma?** do you have a pen, by any chance?; **un día entró de ~** one day he dropped in; **da la ~ que** it (so) happens that; **dio la ~ que** as luck would have it; **¡qué ~!** what a coincidence!

casualmente ADV by chance, fortuitously; **~ le vi ayer** I happened to see him yesterday.

casuca, **casucha** NF hovel.

casuista NMF casuist.

casuística NF casuistry.

CAT NF ABR (*Esp*) [a] *de* **Comisaría de Abastecimientos y Transportes**. [b] *de* **Compañía Arrendataria de Tabacos**.

cata[1] NM o NF [a] (*gen*) tasting, sampling; **~ de vino** winetasting. [b] (*porción*) sample.

cata[2] NF (*LAm: loro*) parrot.

cataclismo NM cataclysm.

catacumbas NFPL catacombs.

catador NM (*gen*) taster, sampler; (*fig*) connoisseur.

catadura NF [a] (*catar*) tasting, sampling. [b] (*aspecto*) looks, appearance; **de mala ~** nasty-looking.

catafalco NF catafalque.

catalán/ana [1] ADJ, NM/F Catalan, Catalonian. [2] NM (*Ling*) Catalan.

catalanismo NM [a] (*Ling*) word o phrase *etc* peculiar to Catalonia. [b] (*Pol*) Catalan nationalism.

catalejo NM spyglass, telescope.

catalepsia NF catalepsy.

catalítico ADJ catalytic.

catalizador NM catalyst.

catalogación NF cataloguing.

catalogar <1h> VT (*gen*) to catalogue, catalog (*US*); (*fig*) to classify (*de* as).

catálogo NM catalogue, catalog (*US*).

Cataluña NF Catalonia.

catamarán NM catamaran.

cataplasma NF [a] (*Med*) poultice. [b] (*fam*) bore.

cataplines NMPL (*fam*) goolies (*fam*).

catapulta NF catapult.

catapum, **catapún** [1] INTERJ bang!, crash! [2] ADJ: **una cosa del año ~** an ancient old thing (*fam*).

catar <1a> VT [a] (*Culin etc*) to taste, sample; (*examinar*) to examine, inspect. [b] (*mirar*) to look at; **¡cata!, ¡cátale!** just look at him! [c] (*colmenas*) to extract honeycombs from.

catarata NF [a] (*Geog*) waterfall, cataract; **C~s de Niágara** Niagara Falls; **~ de problemas** avalanche of problems. [b] (*Med*) cataract.

catarriento ADJ (*LAm*) = **catarroso**.

catarro NM (*Med: gen*) cold; (: *mucosidad*) catarrh; **pescarse un ~** to catch a cold.

catarroso ADJ having a cold.

catarsis NF catharsis.

catártico ADJ cathartic.

catastro NM property register, land registry.

catástrofe NF catastrophe.

catastrófico ADJ catastrophic.

catavinos NM INV (*profesión*) wine taster; (*fam*) boozer.

cate NM: **dar ~** (*Univ*) to fail.

catear <1a> VT [a] (*buscar*) to search. [b] (*probar*) to test, try. [c] (*fam: candidato*) to plough, plow (*US*); (: *examen*) to fail. [d] (*LAm Min*) to prospect. [e] (*Méx: policía*) to raid.

catecismo NM catechism.

catecúmeno/a NM/F catechumen.

cátedra NF [a] (*Univ*) chair, professorship; (*Escol*) principal teacher's post; (*asignatura*) subject, class; **ostentar una ~** to hold a chair (*de* of); **hablar ex ~** (*Rel*) to speak ex cathedra; (*fig*) to speak with authority; **hacer oposiciones para una ~, opositar a una ~** to try to win a chair *etc* by public competitive examination; **sentar ~ sobre un argumento** to take one's stand on an argument. [b] (*aula*) seminar room.

catedral NF cathedral; **como una ~** (*fam*) enormous, gigantic.

catedrático/a NM/F [a] (*Univ*) professor; **~ de Inglés** Professor of English. [b] (*Escol*) principal teacher; **~ de Inglés** principal English teacher.

categoría NF (*gen*) category; (*clase*) class, group; (*rango*) rank, standing; (*calidad*) quality; **de ~** (*importante*) important; (*de lujo*) luxury; (*distinguido*) distinguished, high-ranking; **es hombre de cierta ~** he is a man of some standing; **de baja ~** low-class *atr*; (*oficial etc*) low-ranking; (*mercancía*) low-grade; **de segunda ~** second-rate; **no tiene ~** he has no standing.

categórico ADJ (*gen*) categorical; (*mentira*) outright; (*orden*) express.

categorización NF categorization.

cateo NM (*Méx*) search, raid.

catequesis NF INV ≈ Sunday school.

catequizar <1f> VT [a] (*Rel*) to catechize, instruct in Christian doctrine. [b] (*fam*) to win over, talk round.

caterva NF throng, crowd.

cateto/a NM/F yokel, hick (*US*).

catire/a (*Carib, Col*) [1] ADJ blond(e), fair(-haired). [2] NM/F blond o fair(-haired) person.

cátodo NM cathode.

catolicismo NM (*Roman*) Catholicism.

católico/a [1] ADJ (*Rel*) (*Roman*) Catholic; **no ~** non-Catholic; **no estar múy ~** not to be quite right; (*Med*) to be under the weather. [2] NM/F Catholic.

catorce [1] ADJ [a] (*cardinal*) fourteen. [b] (*ordinal*) fourteenth. [2] NM (*número*) fourteen; (*fechas*) fourteenth; V *tb* **seis**.

catorceavo [1] NM fourteenth part; V *tb* **sexto**. [2] ADJ fourteen years old.

catre NM cot; (*fam*) bed; **~ de tijera** campbed, folding bed.

catrecillo NM folding seat.

catrera NF (*CSur fam*) bunk, bed.

Cáucaso NM Caucasus.

cauce NM [a] (*Geog*) riverbed; (*Agr*) irrigation channel; (*fig*) channel, means; **por el ~ reglamentario** through the usual channels.

➤ EXPRESIONES GENERATIVAS: **casualidad** → 16.3

cauchal NM rubber plantation.
cauchera NF rubber plant o tree.
cauchero [1] ADJ rubber atr; **industria ~a** rubber industry. [2] NM (LAm) worker in a rubber plantation.
caucho NM [a] (gen) rubber; **~ natural/sintético** natural/synthetic rubber. [b] (LAm Aut) tyre, tire (US).
caución NF [a] (cautela) caution, wariness. [b] (Jur) security, bond; **admitir a algn a ~** to grant sb bail.
caudal NM [a] (de río) volume, flow. [b] (abundancia) abundance, wealth; (riqueza) fortune, wealth.
caudaloso ADJ [a] (río) mighty, large. [b] (abundante) copious, abundant; (rico) wealthy, rich.
caudillaje NF leadership.
caudillo NM [a] (Mil etc) leader, chief. [b] (Pol) boss (fam).
causa NF [a] (gen) cause; (motivo) reason, motive; (de queja) grounds; **veamos qué ~ tiene esto** let us see what is the reason for this; **a o por ~ de** on account of, because of; **por poca ~, sin ~** for no good reason; **por mi ~** for my sake. [b] (Pol etc) cause; **hacer ~ común con** to make common cause with. [c] (Jur) lawsuit; **instruir ~** to take legal proceedings.
causal [1] ADJ causal. [2] NF reason, grounds.
causalidad NF causality, causation.
causante [1] ADJ causing, originating; **el coche ~ del accidente** the car which caused the accident. [2] NMF [a] cause, originator. [b] (Méx) taxpayer.
causar <1a> VT (gen) to cause; (impresión, trabajo) to create, make; (protesta) to provoke; (placer) to give.
causear <1a> VI (Chi) to have a snack.
cáustica NF caustic.
cáustico ADJ caustic.
cautela NF caution, wariness; **con mucha ~** very cautiously; **tener la ~ de hacer algo** to take the precaution of doing sth.
cautelar ADJ precautionary; **prisión ~** preventive detention.
cauteloso ADJ cautious, wary.
cauterizar <1f> VT [a] (Med) to cauterize. [b] (fig) to eradicate.
cautivante ADJ captivating.
cautivar <1a> VT [a] (Mil etc) to capture, take prisoner. [b] (hechizar) to charm, win over.
cautiverio NM, **cautividad** NF captivity; (fig) bondage, serfdom.
cautivo/a ADJ, NM/F captive.
cauto ADJ cautious, wary.
cava¹ NF champagne.
cava² NF digging.
cavador NM digger.
cavadura NF digging, excavation.
cavar <1a> [1] VT (gen) to dig; (pozo) to sink; (Agr) to dig over. [2] VI [a] (gen) to dig. [b] (fig) to delve (en into), go deeply (en into); (meditar) to meditate profoundly (en on).
caverna NF cave, cavern.
cavernícola [1] ADJ cave-dwelling, cave atr; **hombre ~** caveman. [2] NMF cave dweller.
cavernoso ADJ (gen) cavernous; (voz) resounding, deep.
caviar NM caviar(e).
cavidad NF cavity.
cavilación NF deep thought, rumination.
cavilar <1a> VI to ponder, consider closely.
caviloso ADJ brooding, suspicious.
cayado NM (Agr) crook; (Rel) crozier.
cayena NF cayenne pepper.
cayendo etc V **caer**.
cayo NM (Antillas) islet, key; **C~ Hueso** Key West.
cayuco NM (LAm) small Indian canoe.
caza [1] NF [a] (acción: gen) hunting; (: con fusil) shooting; (una ~) hunt; (: con fusil) shoot; (: persecución) chase, pursuit; **~ de brujas** witchhunt; **~ furtiva** poaching; **~ de grillos** fool's errand, wild-goose chase; **~ del hombre** manhunt; **coto de ~** hunting estate; **~ submarina** underwater fishing; **~ del tesoro** treasure hunt; **andar a (la) ~ de** to go hunting for; **dar ~ a** to hunt down; **ir a**

la ~, ir de ~ to go hunting, go (out) shooting. [b] (animales) game; **~ mayor/menor** big/small game; **levantar la ~** to put up the game; (fig) to start the ball rolling. [2] NM (Aer) fighter(-plane).
cazabe NM (LAm Culin) cassava bread o flour.
caza-bombardero NM fighter-bomber.
cazador(a)¹ NM/F (gen) hunter; (de a caballo) huntsman/-woman; **~ de pieles** trapper; **~ furtivo** poacher.
cazadora² NF bomber jacket, jerkin.
cazaejecutivos NMF INV (Com) headhunter.
cazar <1f> VT [a] (buscar) to hunt; (perseguir) to chase, go after; (esp fig) to hunt o track down; (marido) to land. [b] (prender) to catch; (matar) to bag; (fig: puesto etc) to land, get; **~las al vuelo** to be pretty sharp.
cazarrecompensas NM INV bounty-hunter.
cazasubmarinos NM INV [a] (Náut: gen) destroyer; (: sumergible) hunter-killer. [b] (Aer) anti-submarine craft.
cazatalentos NMF INV talent scout, talent spotter.
cazo NM [a] (gen) saucepan; **~ de cola** gluepot; **~ eléctrico** electric kettle. [b] (cucharón) ladle.
cazoleta NF (gen) (small) pan; (de pipa) bowl; (de espada) guard.
cazón NM dogfish.
cazuela NF [a] (vasija: de metal) pan; (: de barro) casserole; (guiso) stew, casserole. [b] (Teat) gods.
cazurro ADJ surly, sullen.
CC [1] NM ABR [a] (Aut) de **Código de la Circulación**. [b] (Pol) de **Comité Central**. [2] ABR de **Cuerpo Consular**.
C.C. ABR (Elec) de **corriente continua** DC.
c.c. ABR de **centímetros cúbicos** cc.
c/c ABR de **cuenta corriente** C/A, a/c.
CCAA ABR (Esp Pol) de **Comunidades Autónomas**.
CCI NF ABR de **Cámara de Comercio Internacional** ICC.
CCOO ABR (Esp) de **Comisiones Obreras** Communist trades union.
CD NM ABR de **disco compacto** CD.
C.D. NM ABR [a] de **Cuerpo Diplomático** CD. [b] de **Club Deportivo**.
c/d ABR [a] de **en casa de** c/o. [b] (Com) de **con descuento**.
C. de J. ABR de **Compañía de Jesús** S.J.
C.D.N. NM ABR (Esp) de **Centro Dramático Nacional** ≈ RADA.
CD-ROM [ceðe'rom] NM INV ABR de **Compact Disc Read-Only Memory** CD-ROM.
CDS NM ABR (Esp Pol) de **Centro Democrático y Social**.
Cdte ABR de **comandante** Cdr.
CE [1] NF ABR de **Comunidad Europea** EC. [2] NM ABR de **Consejo de Europa**.
ce NF NAME OF THE LETTER C; **~ por be** down to the tiniest detail; **por ~ o por be** somehow or other.
ceba NF [a] (Agr) fattening. [b] (de arma) priming. [c] (de horno) stoking.
cebada NF barley; **~ perlada** pearl barley.
cebadal NM barley field.
cebadera NF nosebag.
cebadura NF = **ceba (a)**.
cebar <1a> [1] VT [a] (Agr) to fatten o feed (con on). [b] (horno) to feed, stoke (up); (arma) to prime. [c] (trampa) to bait. [d] (CSur: maté) to make, brew. [2] VI (tuerca) to grip, catch; (clavo etc) to go in. [3] **cebarse** VR: **~ con algn** to set upon sb, go for sb; **~ en** (encarnizarse) to vent one's fury on; (estragar) to decimate; (comida, lectura) to get stuck into (fam).
cebellina NF (Zool) sable.
cebiche NM (CSur Culin) fish o shellfish dish.
cebo NM [a] (Agr) feed, food. [b] (de arma) charge, priming; (Téc) fuel, oven load. [c] (Pesca) bait; (fig) bait, lure.
cebolla NF onion; (de tulipán) bulb; (fam: cabeza) nut (fam).
cebolleta NF (planta) chive; (cebolla) spring onion, green onion (US).
cebollina NF, **cebollino** NM spring onion, green onion (US).
cebolludo/a ADJ (Bot) bulbous; (fam: personas) vulgar.

cebón [1] ADJ fat, fattened. [2] NM fattened animal.

cebra NF zebra; **paso de ~** zebra crossing.

cebú NM zebu.

CECA NF ABR [a] de **Comunidad Europea del Carbón y del Acero** ECSC. [b] de **Confederación Española de Cajas de Ahorro.**

ceca NF: **andar** o **ir de la ~ a la Meca** to chase about all over the place.

cecear<1a> VI (gen) to lisp; (Ling) to pronounce 's' as 'th'.

ceceo NM (gen) lisp; (Ling) pronunciation of 's' as 'th'.

ceceoso ADJ lisping, having a lisp.

cecina NF cured o smoked meat; (CSur) jerked meat/beef.

ceder<2a> [1] VT (gen) to hand over, give up; (territorio) to cede; (propiedad) to transfer, make over; (balón) to pass; **'ceda el paso'** (Aut) 'give way', 'yield' (US).
[2] VI [a] to give in (a to), yield (a to); **no cede a nadie en experiencia** he is inferior to none in experience.
[b] (viento) to drop; (temperatura) to go down; (fiebre) to abate.
[c] (barrera) to give (way), sag.

cedilla NF cedilla.

cedro NM cedar.

cedrón NM (CSur Culin) lemon verbena.

cédula NF (gen) document; (ficha) index card; (Com) warrant; **~ de aduana** customs permit; **~ de identidad** (LAm) identity card, ID; **~ en blanco** blank cheque o (US) check; **dar ~ a algn** to license sb.

CEE NF ABR de **Comunidad Económica Europea** EEC.

cefalea NF migraine.

cefálico ADJ cephalic.

céfiro NM zephyr.

cegador ADJ blinding.

cegar<1j, 1k> [1] VT [a] to blind; (encandilar) to dazzle.
[b] (tubería etc) to block up, stop up; (Arquit) to wall up. [2] VI to go blind, become blind(ed). [3] **cegarse** VR to be blinded (de by).

cegato, cegatón ADJ (fam) short-sighted.

ceguedad, ceguera NF blindness; (fig) shortsightedness.

CEI NF ABR de **Comunidad de Estados Independientes** CIS.

ceiba NF (LAm Bot) ceiba o kapok tree.

Ceilán NM (Hist) Ceylon.

ceja NF [a] (Anat) eyebrow; **~s pobladas** bushy o thick eyebrows; **arquear las ~s** to raise one's eyebrows; **estar endeudado hasta las ~s** to be up to one's eyes in debt; **fruncir las ~s** to knit one's brows, frown; **meterse algo entre ~ y ~** to get sth firmly into one's head; **quemarse las ~s** to burn the midnight oil; **tener a algn entre ~ y ~** to have no time for sb. [b] (Téc) rim, flange; (Cos) edging; (Arquit) projection; (Geog) brow, crown; (Mús) bridge.

cejar<1a> VI (retroceder) to move o go back; (ceder) to give way, back down; (en discusión) to climb down; (aflojar) to slacken, weaken; **no ~** to keep it up, keep going; **sin ~** unflinchingly; **no ~ en sus esfuerzos** to keep up one's efforts.

cejijunto ADJ with bushy eyebrows; (fig) scowling, frowning.

cejilla NF (Mús) bridge.

cejudo ADJ with bushy eyebrows.

celada NF [a] ambush, trap; (fig) trick, ruse; **caer en la ~** to fall into the trap. [b] (Mil Hist) helmet.

celador(a) [1] NM/F (Escol) monitor; (de cárcel) warder, guard (US); (de museo) attendant. [2] NM (sereno) watchman; (Téc) maintenance man.

celaje NM [a] (Met) sky with coloured o (US) colored clouds; (Náut) clouds; **~s** sunset clouds. [b] (Arte) cloud effect. [c] (Arquit) skylight. [d] (fig) (promising) sign, token.

celar[1]<1a> [1] VT to watch over; (Escol) to invigilate; **~ la justicia** to see that justice is done. [2] VI: **~ por** o **sobre** to watch over.

celar[2]<1a> VT to conceal, hide.

celda NF cell.

celdilla NF (de colmena) cell; (Arquit) niche.

celebérrimo ADJ SUPERL de **célebre.**

celebración NF [a] (de misa etc) celebration; (de reunión) holding. [b] (fig) applause, welcome.

celebrante NM (Rel) celebrant, officiating priest.

celebrar<1a> [1] VT [a] (aniversario etc) to celebrate; (reunión) to hold; (tratado) to conclude; (boda) to perform, solemnize; (misa) to say.
[b] (loar) to praise; (aplaudir) to applaud, welcome; (chiste) to laugh at, find amusing; **lo celebro** I'm very glad about it; **lo celebro mucho por él** I'm very glad for his sake.
[2] VI to say mass.
[3] **celebrarse** VR (Rel) to fall, occur; (reunión) to be held, take place.

célebre ADJ famous, celebrated, noted (por for).

celebridad NF [a] (fama) celebrity, fame. [b] (persona) celebrity.

celeridad NF speed, swiftness; **con ~** quickly, promptly.

celeste ADJ (Astron) heavenly; (color) sky blue.

celestial ADJ (Rel) celestial; (fig) heavenly.

celestina NF bawd, procuress.

celibato NM celibacy.

célibe ADJ, NMF celibate.

cellisca NF sleet.

celo[1] NM [a] (entusiasmo) zeal, fervour, fervor (US); (cuidado) conscientiousness; (Rel) religious fervour. [b] (Zool) rut, heat; **estar en ~** to be on heat o in season. [c] **~s** jealousy sg; **dar ~s** to cause jealousy; **dar** o **infundir ~s a algn** to make sb jealous; **tener ~s de algn** to be jealous of sb.

celo[2] NM (tb papel ~) adhesive tape.

celofán NM cellophane.

celosía NF lattice (window).

celoso ADJ [a] (gen) zealous (de for), keen (de about, on); (cuidadoso) conscientious; (entusiasta) eager. [b] (desconfiado) suspicious, distrustful. [c] (que tiene celos) jealous (de of).

celta [1] ADJ Celtic. [2] NMF Celt.

Celtiberia NF Celtiberia.

celtibérico/a, celtíbero/a ADJ, NM/F Celtiberian.

céltico ADJ Celtic.

célula NF [a] (Bio etc) cell; **~ fotoeléctrica** photoelectric cell; **~ nerviosa/sanguínea** nerve/blood cell. [b] (Pol) cell; **~ terrorista** terrorist cell.

celular ADJ cellular, cell atr; **tejido ~** cell tissue.

celulítico ADJ cellulite atr; (persona) with cellulite.

celulitis NF cellulitis.

celuloide NM celluloid; **llevar algo al ~** to make a film of sth.

celulosa NF cellulose.

CEM NM ABR (Esp) de **Centro de Estudios para la Mujer.**

cementar<1a> VT (Téc) to case-harden, cement.

cementerio NM cemetery, graveyard; **~ de coches** used-car dump, junkyard (US); **~ nuclear** nuclear waste dump.

cemento NM (Anat, Téc) cement.

CEN NM ABR (Esp) de **Consejo de Economía Nacional.**

cena NF (comida ligera) supper; (extensa) evening meal; (formal etc) dinner; **la C~, la Última C~** the Last Supper.

cenáculo NM group, coterie.

cenador NM arbour, arbor (US).

cenagal NM (pantano) bog, quagmire; (fig) mess, nasty business.

cenagoso ADJ muddy, boggy.

cenar<1a> (V cena) [1] VT to have for supper etc. [2] VI to have one's supper o dinner; **invitar a ~** to invite to dinner.

cenceño ADJ thin, skinny.

cencerrada NF bell-ringing to mark the remarrying of a widow o widower.

cencerrear<1a> VI (campanillas etc) to jangle; (aparato) to rattle, clatter; (puerta etc) to creak; (Mús) to make a dreadful noise.

cencerro NM cowbell; **a ~s tapados** stealthily, on the sly; **estar como un ~** (fam) to be round the bend (fam).

Cenebad NM ABR (Esp Escol) de **Centro Nacional de**

Educación Básica a Distancia.
cenefa NF (*Cos*) edging, border; (*Arquit*) border.
cenetista [1] ADJ: **política ~** policy of the CNT. [2] NMF member of the CNT.
cenicero NM ashtray.
Cenicienta NF Cinderella.
cenicienta NF (*fig*) Cinderella; (*de la casa*) dogsbody (*fam*).
ceniciento ADJ ashen, ash-coloured, ash-colored (*US*).
cenit NM zenith.
ceniza NF ash(es); **huir de las ~s y dar en las brasas** to jump out of the frying pan into the fire; **reducir algo a ~s** to reduce sth to ashes.
cenizo [1] ADJ ashen, ash-coloured, ash-colored (*US*). [2] NM [a] (*Bot*) goosefoot. [b] (*fam: gafe*) jinx.
cenobio NM monastery.
cenotafio NM cenotaph.
cenote NM (*CAm, Méx*) natural well.
censar <1a> VT to take a census of.
censo NM [a] (*demográfico*) census; **~ de tráfico** traffic census o count; **levantar el ~ de** to take a census of. [b] (*Fin: impuesto*) tax; (: *pago anual*) (annual) ground rent. [c] (*Pol*) **~ electoral** (*local*) polling station; (*electores*) electoral college.
censor NM [a] (*Pol*) censor. [b] (*Com, Fin*) **~ de cuentas** auditor; **~ jurado de cuentas** chartered accountant, certified public accountant (*US*). [c] (*fig*) critic.
censual ADJ [a] (*demografía*) census *atr*, relating to a census. [b] (*Fin*) mortgage *atr*.
censura NF [a] (*supresión*) censorship; **someter a la ~** to censor. [b] (*corrección*) censure, criticism; **digno de ~** reprehensible, blameworthy. [c] (*Com, Fin*) **~ de cuentas** auditing.
censurable ADJ reprehensible.
censurar <1a> VT [a] (*Pol*) to censor. [b] (*criticar*) to censure, condemn.
centavo NM [a] (*gen*) hundredth (part). [b] (*Fin*) cent.
centella NF (*chispa*) spark; (*rayo*) flash of lightning; **salió como una ~ del cuarto** he whizzed out of the room.
centelleante ADJ (*V vi*) sparkling; gleaming, glinting; twinkling; flickering.
centell(e)ar <1a> VI to sparkle; (*metal*) to gleam, glint; (*estrella*) to twinkle; (*fuego*) to flicker.
centelleo NM (*gen*) sparkling; (*de metal*) glinting.
centena NF hundred; *V tb* **seiscientos**.
centenal¹ NM hundred; **a ~es** by the hundred, in (their) hundreds.
centenal², centenar¹ NM (*Agr*) rye field.
centenar² NM = **centenal¹**.
centenario/a [1] ADJ centenary, centennial. [2] NM/F centenarian. [3] NM centenary.
centeno NM rye.
centesimal ADJ centesimal.
centésimo/a [1] ADJ hundredth; **~a parte** hundredth. [2] NM hundredth (part); *V tb* **sexto**.
centígrado ADJ centigrade.
centigramo NM centigram.
centilitro NM centilitre, centiliter (*US*).
centímetro NM centimetre, centimeter (*US*).
céntimo NM hundredth part (*esp of a peseta*), cent; **no vale un ~** it's worthless.
centinela NMF (*Mil*) sentry, guard; (*de asaltantes*) look-out man; **estar de ~** to be on guard.
centolla NF (large) crab.
centón NM (*Cos*) patchwork quilt.
central [1] ADJ central. [2] NF (*Com*) head office, headquarters; (*Pol: de sindicatos*) (union) confederation; (*Téc*) plant, station; **~ azucarera** (*Cu*) sugar mill; **~ eléctrica** power station; **~ lechera** dairy; **~ nuclear** nuclear power station; **~ de teléfonos automática** automatic telephone exchange.
centralismo NM centralism.
centralista ADJ, NMF centralist.
centralita NF (*Telec*) switchboard.
centralización NF centralization.
centralizar <1f> VT to centralize.

centrar <1a> [1] VT (*gen, Inform*) to centre, center (*US*) (*en* on); (*fig, Fot*) to focus (*en* on). [2] **centrarse** VR: **~ en** to centre on, be centred on; (*enfocarse*) to focus on; (*concentrarse*) to concentrate on.
céntrico ADJ central, middle; **es muy ~** it's very central, it's very convenient.
centrífuga NF centrifuge.
centrifugar <1h> VT (*ropa*) to spin-dry.
centrífugo/a ADJ centrifugal.
centrípeto ADJ centripetal.
centrismo NM centrism, political doctrine of the centre o (*US*) center.
centrista [1] ADJ centrist, of a centrist party o policy *etc*. [2] NMF centrist, member of a centrist party.
centro NM [a] (*gen*) centre, center (*US*), middle; (*de actividad*) hub; (*de incendio*) seat; **~ de atracción** main attraction; **~ de beneficios** profit centre; **~ cívico** community centre; **~ comercial** shopping centre o mall; **~ (de determinación) de costos** (*Com*) cost centre; **~ demográfico** centre of population; **~ docente** teaching institution; **~ de gravedad** centre of gravity; **~ neurálgico** nerve centre; **~ de planificación familiar** family planning clinic; **~ de rastreo** (*Astron*) tracking centre; **~ social** community centre; **estar en su ~** (*fig*) to be in one's element; **ir al ~** to go into town. [b] (*fig*) goal, objective. [c] (*Dep*) centre; **~ delantero** centre-forward.
centroafricano/a [1] ADJ Central African. [2] NM/F native o inhabitant of the Central African Republic.
Centroamérica NF Central America.
centroamericano/a ADJ, NM/F Central American.
centrocampista NMF (*Dep*) midfielder; **los ~s** the midfield.
Centroeuropa NF Central Europe.
centroeuropeo/a ADJ, NM/F Central European.
cént(s) ABR *de* **céntimo(s)** C.
centurión NM centurion.
cenutrio NM (*fam*) twit (*fam*), twerp (*fam*).
cenzontle NM = **zenzontle**.
ceñido ADJ [a] (*ropa*) tight-fitting, figure-hugging; (*tejanos*) skintight; (*curva*) tight. [b] (*fig: frugal*) sparing, moderate; **~ al tema** keeping close to the point.
ceñir <3h, 3l> [1] VT [a] (*gen*) to encircle, surround; (*Mil*) to besiege; **ceñí su cuerpo con mis brazos** I wrapped my arms around his body. [b] (*espada*) to gird on; (*cinturón*) to put on. [c] (*suj: ropa*) to fit tight; (*cortar más*) to take up o in; **el vestido ciñe bien** the dress fits well. [d] (*fig: recortar*) to cut down. [2] **ceñirse** VR [a] (*ropa etc*) **~ algo** to put sth on; **se ciñó la espada** he put his sword on. [b] (*hacer economías*) to tighten one's belt; **~ al asunto** to stick to the matter in hand.
ceño NM frown, scowl; **arrugar** o **fruncir el ~** to frown, knit one's brows.
ceñudo ADJ frowning, scowling.
CEOE NF ABR *de* **Confederación Española de Organizaciones Empresariales** ≈ CBI.
cepa NF [a] (*Bot*) stump; (*de vid*) stock; (*Arquit*) pier. [b] (*fig*) stock; **de buena ~ castellana** of good Castilian stock. [c] (*Bio*) strain.
CEPAL NF ABR *de* **Comisión Económica para América Latina** ECLA.
cepillado NM brush.
cepillar <1a> [1] VT [a] (*gen*) to brush; (*Téc*) to plane (down). [b] (*Univ fam*) to fail. [c] (*fam: adular*) to flatter, butter up. [2] **cepillarse** VR [a] **~ a algn** (*fam*) to bump sb off (*fam*). [b] **~ a algo** (*fam*) to rip sth off (*fam*).
cepillo NM [a] (*gen*) brush; **~ de dientes** toothbrush; **~ para el pelo/la ropa/las uñas** hair-/clothes-/nailbrush. [b] (*Téc*) plane. [c] (*Rel*) poorbox, alms box.
cepo NM [a] (*Bot*) branch, bough. [b] (*Caza*) trap, snare; (*Aut*) (tyre o (*US*) tire) clamp. [c] (*Rel*) poorbox, alms box.
ceporro NM (*fam*) [a] (*idiota*) twit (*fam*). [b] **estar como un**

~ to be very fat.

CEPSA NF ABR (*Com*) *de* **Compañía Española de Petróleos, Sociedad Anónima**.

CEPYME NF ABR *de* **Confederación Española de la Pequeña y Mediana Empresa**.

cera NF [a] wax; ~ **de abejas** beeswax; ~ **de lustrar/para suelos** wax/floor polish; ~ **de los oídos** earwax. [b] ~**s** honeycomb *sg*.

cerámica NF [a] (*Arte*) ceramics, pottery. [b] (*artefactos*) pottery.

cerámico ADJ ceramic.

ceramista NMF potter.

cerbatana NF (*Mil etc*) blowpipe; (*juguete*) peashooter; (*Med*) ear trumpet.

cerca[1] NF fence, wall; ~ **viva** hedge.

cerca[2] [1] ADV near, nearby, close; **de** ~ close up, closely; (*Mil*) at close range; **aquí** ~ near here; **por aquí** ~ nearby, hereabouts.
[2] PREP [a] ~ **de** (*sitio*) near, close to; **estar** ~ **de hacer algo** to be on the point of doing sth.
[b] ~ **de** (*cantidad*) nearly, about; (*tiempo*) nearly; **hay** ~ **de 8 toneladas** there are about 8 tons; **son** ~ **de las 6** it's nearly 6 o'clock.

cercado NM [a] (*huerto*) enclosed garden, orchard. [b] (*valla*) fence, wall.

cercanía NF [a] nearness, proximity. [b] ~**s** (*alrededores*) neighbourhood *o* (*US*) neighborhood *sg*, vicinity *sg*. [c] ~**s** (*suburbios*) outskirts, suburbs; **tren de** ~**s** suburban *o* commuter train.

cercano ADJ (*pueblo etc*) nearby, neighbouring, neighboring (*US*); (*pariente*) close; (*muerte etc*) approaching; ~ **a** near to, close to; **C~ Oriente** Near East.

cercar<1g> VT [a] (*poner vallas*) to fence *o* wall in; (*Agr etc*) to enclose; (*rodear*) to surround, ring (*de* with). [b] (*Mil*: *pueblo*) to surround, besiege; (*tropas*) to cut off, encircle.

cercenar <1a> VT [a] (*gen*) to cut *o* trim the edges of; (*miembro*) to cut off, amputate. [b] (*fig*: *gastos*) to cut down, reduce; (*texto*) to shorten, cut down.

cerciorar<1a> VT, **cerciorarse** VR to make sure; ~ **de** to find out about, ascertain.

cerco NM [a] (*Agr etc*) enclosure; (*LAm*) fence, hedge. [b] (*Téc*: *de rueda*) rim; (: *de tonel*) hoop; (*Arquit*) casing, frame. [c] (*Astron, Met*) halo. [d] (*corrillo*) social group, circle. [e] (*Mil*) siege; **poner** ~ **a** to lay siege to.

cerda NF [a] (*Zool*) sow. [b] (*pelo*) bristle; (*de caballo*) horsehair; (*de cepillo*) bristle.

cerdada NF dirty trick.

cerdear<1a> VI [a] (*Mús*) to rasp, grate. [b] (*fam*: *aplazar*) to put things off.

Cerdeña NF Sardinia.

cerdo [1] NM [a] (*Zool*) pig; ~ **marino** porpoise; **carne de** ~ pork.
[b] (*fig*: *fam!*: *persona*) dirty person, slob (*fam*); (*en lo moral*) swine (*fam!*).
[2] ADJ (*fam*) [a] (*sucio*) filthy, dirty.
[b] (*vil*) rotten (*fam*).

cerdoso ADJ bristly.

cereal [1] ADJ cereal, grain *atr*. [2] NM cereal; ~**es** cereals, grain.

cerealista [1] ADJ grain-producing. [2] NM cereal farmer; (*Com*) grain dealer.

cerebelo NM cerebellum.

cerebral ADJ cerebral, brain *atr*.

cerebro NM brain; (*fig*) brains *pl*, intelligence; ~ **electrónico** electronic brain; **es el** ~ **del equipo** he's the brains of the team; **estrujarse el** ~ to rack one's brains.

ceremonia NF [a] (*gen*) ceremony; (*Rel*) ceremony, service; **hacer** ~**s** to stand on ceremony. [b] (*ademán*) ceremoniousness; (*pompa*) formality; **falta de** ~ informality; **reunión de** ~ formal meeting; **por** ~ as a matter of form; **hablar sin** ~ to speak plainly; **hacer algo sin** ~ to do sth without fuss.

ceremonial ADJ, NM ceremonial.

ceremonioso ADJ (*gen*) ceremonious; (*reunión*) formal; (*pey*) stiff, over-polite.

cereza NF cherry; (*LAm*: *cáscara*) husk of coffee bean; **un**

suéter rojo ~ a cherry-red jumper; ~ **silvestre** wild cherry.

cerezal NM cherry orchard.

cerezo NM cherry tree.

cerilla NF [a] (*fósforo*) match; (*Rel etc*) wax taper. [b] (*Anat*) earwax.

cerillera NF, **cerillero** NM matchbox.

cerillo NM (*LAm*) match.

cernedor NM sieve.

cerneja NF fetlock.

cerner<2g> [1] VT [a] (*Téc*) to sift, sieve.
[b] (*fig*) to scan, watch.
[2] VI [a] (*Bot*) to bud, blossom.
[b] (*Met*) to drizzle.
[3] **cernerse** VR [a] (*Orn*) to hover; (*Aer*) to circle; ~ **sobre** (*fig*) to threaten, hang over.
[b] (*al andar*) to waddle.

cernícalo NM [a] (*Orn*) kestrel. [b] (*fam*: *torpe*) lout, dolt.

cernidor NM sieve.

cero NM (*gen*) nothing, nought; (*Fís etc*) zero; (*Dep*: *gen*) nil, zip (*US*); **empataron a** ~ they drew nil-nil, it was a no-score draw; **ganaron por 3 goles a** ~ they won by 3 goals to nil, they won 3 nil; **estamos a 40 (contra)** ~ (*Tenis*) we're (at) 40-love, it's 40-love; ~ **absoluto** absolute zero; **8 grados bajo** ~ 8 degrees below zero; **es un** ~ **a la izquierda** he's useless; **a partir de** ~ from scratch; **estoy a** ~ **de dinero** I'm broke (*fam*); **desde las horas** ~ from the start of the day.

ceroso ADJ waxen, waxy.

cerote NM [a] (*Téc*) (shoemaker's) wax. [b] (*fam*: *miedo*) panic.

cerquillo NM [a] (*LAm*: *flequillo*) fringe. [b] (*Téc*) seam, welt.

cerquita ADV quite near, close by.

cerrado ADJ [a] (*gen*) closed, shut; (*con llave*) locked; (*puño*) clenched; ~ **al vacío** vacuum-packed; '~ **por obras**' 'closed for repairs *o* alterations'; **huele a** ~ it smells stuffy in here.
[b] (*sentido*) hidden.
[c] (*Met*: *cielo*) cloudy, overcast; (: *atmósfera*) heavy; (: *noche*) dark, black.
[d] (*curva*) sharp, tight.
[e] (*barba*) thick, full.
[f] (*reservado*) quiet, uncommunicative; ~ **de mollera** dense, dim.
[g] (*Ling*: *vocal*) close; (: *acento*) broad, marked; **habló con** ~ **acento gallego** he spoke with a strong Galician accent.
[h] (*LAm*: *terco*) pigheaded.
[i] **a puerta** ~**a** (*Jur*) in camera; (*Pol*: *reunión*) behind closed doors.

cerradura NF (*Mec*) lock; ~ **de combinación/de muelle/de seguridad** combination/spring/safety lock.

cerraja NF (*Mec*) lock.

cerrajería NF [a] (*oficio*) locksmith's craft *o* trade. [b] (*Com*) locksmith's (shop).

cerrajero NM locksmith.

cerrar<1j> [1] VT [a] (*gen*) to close, shut; (*puño*) to clench; (*carta*) to seal; (*cremallera*) to zip up; ~ **algo con llave** to lock sth.
[b] (*brecha*) to block *o* stop (up); (*frontera, puerto*) to close; (*paso*) to block, bar; (*cercar*) to enclose, close off; (*grifo, gas*) to turn off.
[c] (*fábrica*) to close (down).
[d] (*marcha*) to bring up the rear of.
[e] (*cuento etc*) to close; (*programa*) to end, be the final item in.
[f] ~ **un trato** to seal *o* strike a deal.
[g] ~ **el sistema** (*Inform*) to close *o* shut down the system.
[2] VI [a] (*gen*) to close, shut; **la puerta cierra mal** the door doesn't close properly; **cerramos a las 9** we close at 9.
[b] (*invierno, noche*) to close in.
[c] ~ **con** *o* **contra algn** to grapple with sb; ~ **con el enemigo** to come to close quarters with the enemy.

3 cerrarse VR a (*gen*) to close, shut; (*herida*) to heal; (*Mil: tb* ~ **en banda**) to close ranks. **b** (*Met*) to cloud over, become overcast. **c** ~ **en hacer algo** to persist in doing sth.

cerrazón NF a (*Met*) threatening sky, storm clouds *pl*. **b** (*fig: obstinación*) bloody-mindedness; (*torpeza*) dimwittedness.

cerrero ADJ (*LAm: sin azúcar*) unsweetened, bitter.

cerril ADJ a (*terreno*) rough, mountainous. **b** (*animal*) untamed, unbroken; (*persona inculta*) rough, uncouth; (*de miras estrechas*) small-minded.

cerro NM a (*Geog*) hill; **andar** o **echarse** o **ir por los** ~**s de Úbeda** to wander from the point, digress. **b** (*Zool*) back; **en** ~ bareback.

cerrojazo NM slamming; **dar** ~ to slam the bolt; (*fig*) to end unexpectedly.

cerrojo NM bolt, latch; **echar el** ~ to bolt the door.

certamen NM competition, contest; ~ **de belleza** beauty contest.

certero ADJ a (*gen*) accurate, sure. **b** (*tiro*) well-aimed; (*decisión*) excellent; (*tirador*) sure, crack.

certeza NF a (*gen*) certainty; **tener la** ~ **de que** to know for certain that. **b** (*precisión*) accuracy; (*fig*) good timing, aptness.

certidumbre NF certainty; (*confianza*) conviction.

certificable ADJ certifiable.

certificación NF certification; (*Correos*) registration; (*Jur*) affidavit.

certificado 1 ADJ certified; (*Correos*) registered. **2** NM a certificate; ~ **de una acción** (*Com*) share o stock certificate; ~ **de aptitud** certificate of attainment; ~ **de garantía** guarantee; ~ **médico** medical certificate. **b** (*Correos*) registered item.

certificar‹1g› VT a (*Jur*) to guarantee, vouch for; ~ **que** to certify that. **b** (*Correos*) to register.

certitud NF certainty, certitude.

cerúleo ADJ sky blue.

cerumen NM earwax.

cervantino ADJ Cervantine; **estudios** ~**s** Cervantes studies, studies of Cervantes.

cervatillo NM, **cervato** NM fawn.

cervecera NF brewery.

cervecería NF a (*fábrica*) brewery. **b** (*bar*) bar, public house, beer hall (*US*).

cervecero 1 ADJ beer *atr*; **la industria** ~**a** the brewing industry. **2** NM brewer.

cerveza NF beer; ~ **de barril** draught o (*US*) draft beer; ~ **embotellada** bottled beer; ~ **rubia/negra** lager/stout; **una caña de** ~ a glass of beer o lager.

cervical ADJ cervical.

cerviz NF nape of the neck; **de dura** ~ stubborn, headstrong; **bajar** o **doblar la** ~ to submit, bow down.

cesación NF cessation, suspension; ~ **de pagos** suspension of payments.

cesante 1 ADJ a (*gen*) redundant; (*esp LAm*) unemployed; (*funcionario*) suspended; (*embajador*) recalled; **el gobierno/ministro** ~ the outgoing government/minister. **2** NMF redundant worker.

cesantía NF (*gen: esp LAm*) unemployment; (*paga*) redundancy money o payment; (*de funcionario*) suspension.

cesar‹1a› 1 VT a (*gen*) to cease, stop; (*pagos etc*) to stop, suspend. **b** (*esp LAm*) to sack, fire; **ha sido cesado de su cargo** he has been dismissed from his post. **2** VI a to cease, stop; ~ **de hacer algo** to stop doing sth; **no cesa de hablar** she never stops talking; **sin** ~ incessantly. **b** (*empleado*) to leave, quit.

César NM Caesar.

cesárea NF (*Med*) Cesarean (section).

cese NM a (*gen*) suspension, stoppage; ~ **de alarma** (*Mil*) all-clear signal; ~ **de fuego** ceasefire; ~ **de pagos** suspension of payments. **b** (*despido*) dismissal, sacking (*fam*); **dar el** ~ **a algn** to sack sb.

CESID, **Cesid** NM ABR (*Esp*) de **Centro Superior de Información de la Defensa**.

cesión NF a (*Pol etc*) cession. **b** (*Jur*) granting, transfer; ~ **de bienes** surrender of property.

césped NM (*gen*) lawn; (*Dep*) pitch; ~ **artificial** artificial surface, Astroturf ®.

cesta NF (*gen*) basket; (*en pelota*) racket; ~ **de la compra** shopping basket; (*Econ*) weekly *etc* cost of foodstuffs; ~ **de Navidad** Christmas box o hamper; **llevar la** ~ (*fam*) to play gooseberry.

cestada NF basketful.

cestería NF a (*arte*) basketmaking. **b** (*artefactos*) wickerwork, basketwork; **silla de** ~ wicker(work) chair. **c** (*tienda*) basket shop.

cestero/a NM/F basketmaker.

cestillo NM small basket; (*de globo*) basket.

cesto NM (large) basket, hamper; ~ **de la colada** linen o clothes basket.

cesura NF caesura.

CETME NM ABR (*Esp*) de **Centro de Estudios Técnicos de Materiales Especiales**.

cetrería NF falconry, hawking.

cetrero NM a (*Caza*) falconer. **b** (*Rel*) verger.

cetrino ADJ (*tez*) sallow; (*fig*) melancholy.

cetro NM sceptre; (*fig*) sway, dominion; **empuñar el** ~ to ascend the throne.

CEU NM ABR (*Esp*) de **Centro de Estudios Universitarios**.

Ceuta NF Ceuta.

ceutí 1 ADJ from o of Ceuta. **2** NMF native o inhabitant of Ceuta.

C.F. ABR de **Club de Fútbol** FC.

CFC NM ABR de **clorofluorocarbono** CFC.

cfr. ABR de **confróntese; compárese** cf.

cg ABR de **centigramo(s)** cg.

CGC-L ABR (*Esp*) de **Consejo General de Castilla y León**.

CGPJ NM ABR (*Esp*) de **Consejo General del Poder Judicial** *government body which oversees legal profession*.

CGT NF ABR a (*Méx, Per*) de **Confederación General de Trabajadores**. **b** (*Arg*) de **Confederación General del Trabajo**.

CGV ABR (*Esp*) de **Consejo General Vasco**.

Ch, ch [tʃe] NF (*letra*) Ch, ch.

ch ABR de **cheque** ch.

chabacanear‹1a› VI (*LAm*) to say/do coarse things.

chabacanería NF a vulgarity, bad taste. **b una** ~ a coarse o vulgar remark.

chabacano[1] ADJ (*chiste etc*) vulgar, coarse, in bad taste; (*objeto*) cheap; (*trabajo*) shoddy.

chabacano[2] NM (*Méx*) apricot (tree).

chabola NF shack; ~**s** shanty town.

chacal NM jackal.

chacalín/ina NM/F (*CAm*) kid (*fam*), child.

chácara[1] NF a (*LAm*) sore, ulcer. **b** (*CAm*) large (leather) bag.

chácara[2] NF (*LAm*) = **chacra**.

chacarero 1 NM a (*LAm: dueño*) small farmer, market gardener, truck farmer (*US*). **b** (*Chi: tb* **sandwich** ~) sandwich. **2** ADJ (*LAm*) small farm *atr*.

chacha NF maid, nursemaid.

chachalaca NF (*CAm, Méx*) chatterbox.

chachar‹1a› VT (*LAm: coca*) to chew (coca).

cháchara NF a chatter, small talk; **estar de** ~ (*fam*) to have a gab (*fam*) o chat. **b** ~**s** (*Méx: trastos*) junk *sg*.

chacharear‹1a› 1 VT (*Méx*) to deal in. **2** VI to chatter, gab (*fam*).

chacharero/a 1 ADJ chattering, garrulous. **2** NM/F (*fam*) chatterbox.

chachi (*fam*) 1 ADJ marvellous, marvelous (*US*), smashing (*fam*), terrific (*fam*); **una moto/película** ~ a cracking bike/film (*fam*); **¡qué** ~! brill! (*fam*); **¡**~, **tío!** brill! (*fam*), OK; **¡estás** ~! you look brilliant! (*fam*). **2** ADV: **nos lo pasamos** ~ we had a whale of a time (*fam*); **me fue** ~ it was smashing, it went like a bomb (*fam*).

chacho/a NM/F (*muchacho*) boy; (*muchacha*) girl; ~**s** (*CAm*) Siamese twins.

chacolí NM *sharp-tasting Basque wine*.

chacolotear‹1a› VI to clatter.

chacota NF fun (and games), high jinks; **estar de ~** to be in a joking mood; **echar** o **tomar algo a ~** to make fun of sth.

chacotear<1a> ① VI to have fun. ② **chacotearse** VR: **~ de algo** to make fun of sth.

chacotero, **chacotón** ADJ (*CSur*) fond of a laugh, merry.

chacra NF (*And, CSur: granja*) small farm, market garden, truck farm (*US*).

chacuaco ADJ (*LAm*) coarse, rough.

chafallar<1a> VT to botch (up).

chafallo NM botched job.

chafar<1a> VT ① (*aplastar*) to flatten; (*arrugar*) to crumple, crease. ⓑ **~** o **dejar chafado a algn** to crush o floor sb. © (*negocio*) to ruin, spoil; (*planes*) to fall through.

chaflán NM bevel; **la casa que hace ~** the house on the corner.

chaflar<1a> VT (*Chi fam*) to expel, fire (*fam*).

chagra NF (*Ecu*) = **chacra**.

chaguar<1i> VT (*CSur: ropa*) to wring (out).

cháguar NM (*LAm: fibra*) agave fibre, hemp.

chagüe NM (*CAm*) swamp, bog.

chagüite NM (*CAm, Méx: pantano*) swamp.

chaira NF (*de afilar*) sharpening steel; (*de zapatero*) shoemaker's knife.

chal NM shawl.

chala NF ⓐ (*And, CSur: de maíz*) tender leaf of maize. ⓑ (*CSur*) money, dough (*fam*).

chalado ADJ (*fam*) crazy (*fam*); **¡estás ~!** are you mad?; **estar ~ por** to be crazy about.

chaladura NF (*fam*) crankiness (*fam*).

chalán NM ⓐ (*horse*) dealer; (*estafador*) shady businessman, shark. ⓑ (*LAm*) horse breaker.

chalanear<1a> ① VT ⓐ (*persona*) to beat down; (*negocio*) to bring off. ⓑ (*LAm: adiestrar*) to break in, tame. ② VI to bargain shrewdly.

chalar<1a> (*fam*) ① VT to drive crazy o (*fam*) round the bend. ② **chalarse** VR to go crazy o (*fam*) off one's rocker; **~ por** to go mad for.

chaleco NM waistcoat, vest (*US*); (*jersey*) short-sleeved pullover; **~ salvavidas/antibalas** life jacket/bulletproof vest; **~ de fuerza** (*LAm*) straitjacket.

chalecón ADJ (*Méx*) tricky, deceitful.

chalequear<1a> VT (*CSur, Méx: estafar*) to trick; (: *robar*) to steal.

chalet [tʃale] NM (*pl* **~s** [tʃales]) (*rural*) villa, cottage; (*en costa*) bungalow; (*de montaña*) chalet; (*en ciudad*) detached house; (*en hilera*) terraced house; (*Dep*) clubhouse; **~ adosado** semi-detached house.

chalina NF cravat; (*LAm*) scarf.

chalona NF (*LAm*) dried meat, dried mutton.

chalupa¹ NF (*embarcación*) launch, boat; (*Méx*) small canoe; **~ salvavidas** lifeboat.

chalupa² NF (*Méx Culin*) stuffed tortilla.

chamaco/a NM/F (*esp Méx*) boy/girl.

chamal NM (*And, CSur*) blanket (*worn by Indian women as tunic, men as trousers*).

chamaril(l)ero NM secondhand dealer.

chamarra NF sheepskin o leather jacket; (*CAm, Méx: manta*) rough blanket, poncho.

chamarro NM (*LAm*) coarse woollen o (*US*) woolen blanket.

chamba¹ NF ⓐ (*And: tepe: tierra*) turf, sod. ⓑ (*Méx fam: trabajo*) work, business.

chamba² NF fluke, lucky break; **por ~** by a fluke.

chambear<1a> (*Méx fam*) VI to earn one's living.

chambón ① ADJ ⓐ (*patoso*) clumsy. ⓑ (*suertudo*) lucky. ② NM (*fam*) jammy o fluky player.

chambonada NF ⓐ (*torpeza*) awkwardness, clumsiness. ⓑ (*suerte*) fluke. © (*error*) blunder.

chambonear<1a> VI (*ser torpe*) to botch up; (*tener suerte*) to have a stroke of luck, win by a fluke.

chamelicos NMPL (*And, CSur: trastos*) lumber *sg*, junk *sg*.

chamizo NM thatched hut; (*chabola*) shack.

champa NF (*And, Chi*) ⓐ (*tierra*) sod, turf. ⓑ (*greña*) mop of hair; (*maraña*) tangled mass. © (*CAm: cobertizo*) shed;

(: *tienda de campaña*) tent.

champán NM, **champaña** NM O NF champagne.

champiñón NM mushroom.

champú NM shampoo; **~ anticaspa/condicionador** anti-dandruff/conditioning shampoo.

champurrado NM (*LAm*) mixture of liquors, cocktail; (: *fig*) mess.

chamuchina NF (*LAm fam: turba*) rabble, mob.

chamullar<1a> VT, VI (*fam*) to speak, talk; **chamullaban en árabe** they were jabbering away in Arabic.

chamuscar<1g> ① VT ⓐ (*quemar*) to scorch, singe. ⓑ (*Méx: vender barato*) to sell cheap. ② **chamuscarse** VR to get scorched, singe.

chamusquina NF ⓐ (*quemadura*) singeing, scorching. ⓑ (*riña*) row, quarrel; **esto huele a ~** there's trouble brewing.

chanada NF (*fam*) trick, swindle.

chancaca NF ⓐ (*CAm: de maíz*) maize cake, wheat cake. ⓑ (*LAm: azúcar*) brown sugar. © (*And Med*) sore, ulcer.

chancadora NF (*Chi*) grinder, crusher.

chancar<1g> VT (*LAm*) to grind, crush; (*fig: pegar*) to beat, ill-treat.

chance NM (*LAm: oportunidad*) chance; (*suerte*) good luck; **dale ~** let him have a go.

chancear<1a> VI, **chancearse** VR (*bromear*) to joke, make jokes (*de* about); (*jugar*) to fool about, play around (*con* with); **~se de algn** to make fun of sb.

chancero ADJ fond of a joke.

chancha NF (*LAm*) sow; **hacer la ~** (*fam*) to play truant o (*US*) hooky.

chanchada NF (*LAm fam*) dirty trick.

chanchería NF (*LAm*) pork-butcher's shop.

chanchero NM (*LAm*) pork butcher.

chanchi (*fam*) = **chachi**.

chanchito NM: **mi ~** (*LAm fam*) my darling.

chancho ① ADJ (*LAm*) dirty, filthy. ② NM (*LAm*) pig, hog; (*carne*) pork; **~ salvaje** wild boar.

chanchullero (*fam*) ① ADJ crooked, bent (*fam*). ② NM crook.

chanchullo NM (*fam*) fiddle (*fam*), wangle (*fam*); **andar en ~s** to be on the fiddle, be engaged in something shady.

chancla NF (*zapato viejo*) old shoe; (*chancleta*) wooden flip-flop.

chancleta ① NF ⓐ wooden flip-flop; **ir en ~s** to wear flip-flops; **estar hecho una ~** to be a wreck (*fam*). ⓑ (*LAm*) baby girl. ② NMF (*fam*) good-for-nothing.

chancletero, **chancletudo** ADJ (*LAm: ordinario*) common, low-class.

chanclo NM (*zueco*) clog; (*de goma*) overshoe, galosh.

chandal, **chándal** NM tracksuit.

chanfle NM ⓐ (*CSur: fam*) cop (*fam*). ⓑ (*LAm*) = **chaflán**.

changa¹ NF (*And, CSur*) odd job.

changador NM (*And, CSur: mozo de cordel*) porter; (: *trabajo*) odd job.

changango NM (*CSur: guitarra*) small guitar.

changarro NM (*Méx*) small shop.

chango/a² ① ADJ ⓐ (*Méx: listo*) quick, sharp; **¡ponte ~!** wake up!, watch out! (*fam*). ⓑ (*Chi: tonto*) silly. ② NM/F (*Méx*) small monkey.

changüi NM (*fam*) ⓐ (*gen*) joke. ⓑ (*engaño*) trick; **dar ~ a** to trick; (*tomar el pelo*) to tease.

chantaje NM blackmail(ing); **hacer ~ a algn** to blackmail sb.

chantajear<1a> VT to blackmail.

chantajista NMF blackmailer.

chantar<1a> VT ⓐ (*Per, Chi fam*) to throw, chuck; **~ a algn en la cárcel** to throw o put sb in jail. ⓑ (*CSur: abandonar*) to leave in the lurch.

chantre NM (*Rel*) precentor.

chanza NF joke; **~s** fun *sg*; **de** o **en ~** in fun, as a joke; **estar de ~** to be joking.

chao INTERJ (*fam*) cheerio (*fam*), ciao.

chapa NF ⓐ (*metal*) plate, sheet; **~ acanalada** u **ondulada** corrugated iron (sheet); **~ de coche** number plate, license plate (*US*). ⓑ (*madera*) board, panel, sheet;

(*acabado*) finish, veneer; **madera de 3 ~s** 3-ply wood. [c] (*disquito de metal*) small metal plate, disc, tally; **~s** (*juego*) game of passing bottle tops; **~ de identidad** identity disc; **~ de matrícula** (*CSur*) licence o (*US*) license plate. [d] (*LAm: cerradura*) lock. [e] (*chapeta*) rouge. [f] (*sentido común*) good sense, prudence; **hombre de ~** sensible man.

chapado ADJ (*metal*) plated; (*muebles etc*) finished, veneered; **~ de oro** gold-plated; **~ a la antigua** old-fashioned, of the old school.

chapalear<1a> VI = **chapotear**.

chapaleo NM = **chapoteo**.

chapapote NM (*Méx*) tar, pitch, asphalt.

chapar<1a> VT [a] (*metal*) to plate; (*muebles etc*) to veneer, finish (in); (*pared*) to tile. [b] (*frase etc*) to come out with. [c] (*Per: asir*) to seize.

chaparra NF kermes oak.

chaparrada NF = **chaparrón**.

chaparrear<1a> VI to pour in torrents.

chaparreras NFPL (*Méx*) leather chaps.

chaparro/a [1] ADJ squat; (*esp LAm: bajito*) short. [2] NM dwarf oak. [3] NM/F (*fig*) short chubby person.

chaparrón NM downpour, cloudburst; (*fig: aluvión*) flood, bombardment; **aguantar el ~** to face (up to) the music (*fam*).

chapear <1a> VT [a] = **chapar**. [b] (*LAm Agr*) to weed. [c] (*sonar*) to rattle.

chapero NM (*fam!*) queer (*fam!*), poof (*fam!*); (*prostituto*) male prostitute, rent boy.

chapeta NF = **chapa (e)**.

chapetón [1] ADJ (*LAm fam: novato*) inexperienced, green (*fam*); (: *torpe*) clumsy, awkward. [2] NM [a] (*LAm fam*) European greenhorn in Latin America. [b] (*Méx*) horse brass. [c] (*lluvia*) downpour.

chapetonada NF [a] (*And fam*) illness suffered by Europeans on arrival in Latin America. [b] (*Ecu: novatada*) blunder.

chapín NM clog.

chapista NM tinsmith; (*Aut*) panel-beater.

chapistería NF body(work) shop.

chapitel NM (*Arquit: columna*) capital; (: *torre*) spire.

chapo ADJ (*Méx*) stunted, dwarfed.

chapó [1] INTERJ bravo!, well done! [2] NM: **hacer el ~** to take off one's hat (*ante* to).

chapodar<1a> VT to prune, trim.

chapolín NM (*juego*) pool.

chapopote NM = **chapapote**.

chapote NM (*CAm, Carib, Méx: pez*) pitch, tar; (: *asfalto*) asphalt.

chapotear <1a> VI to splash about; **~ en el barro** to splash around in the mud.

chapoteo NM splashing.

chapucear <1a> VT [a] to bungle, make a mess of. [b] (*Méx: estafar*) to swindle.

chapuceramente ADV (*V adj*) roughly, crudely; shoddily; clumsily.

chapucería NF [a] shoddiness. [b] (*una ~*) botched job, shoddy piece of work.

chapucero [1] ADJ (*artefacto*) rough, crude; (*trabajo*) slapdash; (*persona*) clumsy. [2] NM bungler.

chapulín NM (*Méx*) large grasshopper.

chapurr(e)ar<1a> VT (*lengua*) to speak badly.

chapuz NM [a] ducking; **dar ~ a** to duck. [b] = **chapuza**.

chapuza NF [a] botched job. [b] (*Méx*) trick, swindle.

chapuzar<1f> [1] VT to duck. [2] VI, **chapuzarse** VR to dive (in).

chapuzas NMF INV bungler.

chapuzón NM (*zambullida*) dip, swim; **darse un ~** to go for a dip o swim.

chaqué NM morning coat.

chaqueta NF jacket; **~ de cuero/de smoking** leather/dinner jacket; **~ de punto** cardigan; **cambiar la ~** (*fig*) to change sides.

chaquete NM backgammon.

chaquetear<1a> VI to change sides, be a turncoat.

chaquetero NM turncoat.

chaquetón NM donkey jacket.

charamusca NF [a] (*LAm: tb* **~s**) firewood, kindling. [b] (*CSur, Méx: dulce*) candy twist.

charanga NF [a] hullabaloo; (*fam*) racket (*fam*). [b] (*Mús, Mil*) brass band.

charango NM (*LAm*) small guitar.

charca NF pond, pool.

charco NM pool, puddle; **cruzar** o **pasar el ~** to cross the water; (*esp*) to cross the herring-pond(*the Atlantic*)

charcutería NF pork butcher's.

charla NF (*gen*) talk; chat; (*chismes*) gossip; (*conferencia*) talk, lecture.

charlador(a) [1] ADJ talkative. [2] NM/F gossip.

charladuría NF (*tb* **~s**) prattle.

charlar<1a> VI to chat (*de* about); (*chismear*) to gossip.

charlatán/ana [1] ADJ talkative; (*cotilla*) gossipy. [2] NM/F [a] (*hablador*) chatterbox. [b] (*estafador*) (confidence) trickster, con man (*fam*).

charlatanear<1a> VI to chatter away.

charlatanería NF [a] (*locuacidad*) talkativeness, garrulousness. [b] (*engaños*) quackery, charlatanism. [c] (*de vendedor*) sales talk, patter.

charlatanismo NM = **charlatanería (a)**.

charlotada NF (*Teat*) gag; (*Taur*) mock bullfight.

charnego/a NM/F (*pey*) Southern Spanish immigrant who has settled in Catalonia.

charnela NF hinge.

charol¹ NM (*barniz*) varnish; (*cuero*) patent leather; **darse ~** to brag.

charol² NM (*LAm*), **charola** NF (*LAm*) tray.

charolar<1a> VT to varnish.

charquear<1a> VT (*LAm*) [a] (*carne*) to dry, jerk. [b] (*persona*) to slash, wound severely.

charqui NM (*LAm: carne*) dried beef, jerked meat, jerky (*US*); (*CSur*) dried fruit o vegetables.

charrada NF [a] (*adorno*) flashy ornament. [b] (*torpeza*) coarseness. [c] (*Mús*) country dance.

charrán NM rascal, villain.

charranada NF dirty trick.

charrasca NF (*LAm*) knife.

charrasquear<1a> VT (*Méx fam*) to knife, stab.

charreada NF (*Méx*) public fiesta.

charretera NF epaulette.

charro [1] ADJ [a] (*gente*) rustic. [b] (*ropa etc*) loud, gaudy; (*objeto*) flashy, showy. [c] (*salmantino*) Salamancan. [d] (*Méx: costumbres*) traditional, picturesque. [2] NM [a] rustic. [b] (*Méx: vaquero*) typical Mexican.

charrúa ADJ, NMF (*CSur*) Uruguayan.

chárter [1] ADJ INV: **vuelo ~** charter (flight). [2] NM (*pl* **~s** ['tʃarter]) charter (flight).

chasca NF (*And, CSur: greña*) mop of hair, tangled hair.

chascar <1g> [1] VT [a] (*lengua*) to click; (*dedos*) to snap; (*látigo*) to crack; (*grava*) to crunch. [b] (*comida*) to swallow. [2] VI (*de madera etc*) to crack.

chascarrillo NM funny story.

chasco NM [a] (*desilusión*) disappointment; **dar un ~ a algn** to disappoint sb; **llevarse (un) ~** to be disappointed o let down; **¡vaya ~ que me llevé!** I was just sick about that! [b] (*broma*)` `trick, joke; **dar un ~ a algn** to play a trick on sb.

chascón/ona ADJ (*Chi: greñudo*) with a (tangled) mop of hair.

chasis, chasís NM INV (*Aut etc*) chassis; (*Fot*) plateholder.

chasquear¹ <1a> VT [a] (*decepcionar*) to disappoint, let down. [b] (*engañar*) to play a trick on, fool. [c] (*promesa*) to break.

chasquear²<1a> VT, VI = **chascar**.

chasqui NM (*LAm*) messenger, courier.

chasquido NM (*de lengua*) click; (*de dedos*) snap; (*de madera*) crack; (*de galletas etc*) crunch.

chasquilla(s) NF(PL) (*And, CSur: flequillo*) fringe.

chata NF [a] bedpan. [b] (*Náut*) barge. [c] (*CSur: Ferro*) flatcar.

chatarra NF scrap (iron).

chatarrería NF scrapyard, scrap merchant's, junkyard (*US*).
chatarrero NM scrap dealer o merchant, junkman (*US*).
chateo NM (*fam*) drinking; **ir de ~** to go for a few (drinks).
chati NMF (*fam*) love, darling.
chato ⓵ ADJ ⓐ (*nariz*) snub.
ⓑ (*objeto*) flattened, blunt; (*barco etc*) flat; (*Arquit*) low, squat; (*And, Chi: persona*) short.
ⓒ (*Méx: pobre*) poor, wretched; **quedarse ~ (con algo)** (*Méx fam*) to be disappointed (at sth).
⓶ NM wine tumbler, tumbler (of wine).
chau INTERJ = **chao**.
chaucha ⓵ ADJ INV (*LAm Agr etc*) ripening early.
⓶ NF ⓐ (*LAm*) early potato; (*CSur*) string bean; (*Per*) food.
ⓑ (*Chi, Per: fam: dinero*) dough (*fam*); **~s** (*CSur fam*) peanuts (*fam*), trifles.
chauchao, **chauchau** NM (*Chi, Per*) stew, chow (*fam*).
chauchera NF (*And, CSur*) purse, pocketbook.
chaufa NF (*LAm*) Chinese fried rice.
chauvinismo NM chauvinism.
chauvinista ADJ, NMF chauvinist.
chaval(a) NM/F (*fam*) lad/lass, boy/girl, kid (*fam*); **es un ~** he's only a kid (still).
chavalo NM (*Nic fam*) lad, kid (*fam*).
chaveta ⓵ NF cotter (pin); (*LAm*) broad-bladed knife; **perder la ~** (*fam*) to go off one's rocker (*fam*). ⓶ ADJ INV: **estar ~** (*fam*) to be nuts (*fam*).
chavo NM ⓐ (*Méx, CAm: fam: tío*) bloke (*Brit fam*), guy (*fam*). ⓑ **no tener** o **estar sin un ~** to be skint (*fam*), be stony broke (*US*).
chayote NM chayote, vegetable pear (*US*).
che¹ NF the (name of the) letter ch.
che² INTERJ (*CSur*) hey!; (*en conversación*) man, boy, friend.
checar <1g> VT (*esp Méx*) = **chequear**.
checo/a ADJ, NM/F Czech.
checoslovaco/a ADJ, NM/F Czechoslovakian.
Checoslovaquia NF Czechoslovakia.
chele/a ADJ (*CAm*) fair, blond(e).
cheli NM (*fam*) ⓐ bloke (*Brit fam*), guy (*fam*). ⓑ (*Ling*) jargon, *esp* Madrid slang.
chelo¹ ADJ (*Méx*) fair, blond(e).
chelo² NM (*Mús*) cello.
chepa ⓵ NF hump. ⓶ NM hunchback.
cheque NM cheque, check (*US*); **~ abierto/en blanco/ cruzado** open/blank/crossed cheque; **~ sin fondos** bounced o dud cheque; **~ al portador** cheque payable to bearer; **~ de viaje** traveller's o (*US*) traveler's cheque; **pagar con ~** to pay by cheque; **cobrar un ~** to cash a cheque; **extender un ~** to make out a cheque.
chequear <1a> VT (*gen: esp LAm: cuenta, documento*) to check; (*investigar*) to check (up) on; (*LAm: cheque*) to issue, write; (*LAm: equipaje etc*) to register; (*Méx Aut*) to service.
chequeo NM check; (*Med*) check-up; (*Aut*) servicing.
chequera NF (*LAm*) cheque book, checkbook (*US*).
cherife NM (*LAm*) sheriff (*US*).
chévere ADJ (*esp Col, Ven*) great, fabulous (*fam*).
chic ⓵ ADJ INV chic, smart. ⓶ NM elegance.
chica NF girl; (*criada*) maid, servant.
chicana NF (*Méx*) chicanery.
chicanear <1a> VI (*Méx*) to use trickery, be cunning.
chicanero ADJ (*Méx*) tricky, crafty.
chicano/a ADJ, NM/F Chicano, Mexican-American.
chicha¹ NF (*LAm*) maize liquor, corn liquor (*US*); **~ de uva** unfermented grape juice; **ni ~ ni limonada** neither fish nor fowl; **sacar la ~ a algn/algo** (*CSur*) to exploit sb/sth very thoroughly.
chicha² NF (*fam*) meat; **tiene poca(s) ~(s)** she's as thin as a rake (*fam*).
chicha³ ADJ: **calma ~** (*Náut*) dead calm.
chícharo (*LAm*) NM (*guisante*) pea; (*garbanzo*) chickpea.
chicharra NF ⓐ harvest bug, cicada; **es como ~ en verano** it's nasty, it's unpleasant; **canta la ~** it's terribly hot, it's roasting (*fam*). ⓑ (*fig*) chatterbox. ⓒ (*Elec*) bell,

buzzer.
chicharrero NM oven, hothouse; (*fig: calor*) suffocating heat.
chicharro NM horse-mackerel.
chicharrón NM (pork) crackling; **estar hecho un ~** to be burnt to a cinder.
chiche ⓵ ADJ, ADV (*CAm*) easy, simple; (*adv*) easily; **está ~** it's a cinch (*fam*).
⓶ NM ⓐ (*CAm, Méx: fam: pecho*) breast, tit (*fam*).
ⓑ (*CSur fig: joya*) trinket; (: *juguete*) small toy.
ⓒ NF (*Méx*) nursemaid.
chichear <1a> VT, VI to hiss.
chicheo NM hiss, hissing.
chichería NF (*And*) chicha tavern o shop o bar; (*fábrica*) chicha factory.
chichero NM chicha vendor o maker.
chichi NF (*Méx fam*) ⓐ (*teta*) tit (*fam*). ⓑ (*niñera*) nursemaid.
chichón NM (*bulto*) lump, swelling.
chichonear <1a> VI (*CSur*) to joke.
chicle NM chewing gum; **~ de globo** bubble gum.
chiclear <1a> VI (*CAm, Méx*) ⓐ (*cosechar*) to extract gum.
ⓑ (*masticar*) to chew gum.
chiclero NM (*Méx, CAm*) gum collector.
chico ⓵ ADJ (*esp LAm*) small, little; **quedarse ~** to be humiliated; **dejar ~ a algn** to put sb in the shade.
⓶ NM boy, lad; (*fam: en oración directa*) mate (*fam*), pal (*fam*); **es (un) buen ~** he's a good lad; **~ de oficina** office boy; **mira ~, déjalo** OK, just leave it, will you?
chicolear <1a> VI (*Méx fam*) to flirt, say nice things.
chicoleo NM (*Méx*) ⓐ (*piropo*) compliment, flirtatious remark. ⓑ (*fam: flirteo*) flirting.
chicoria NF chicory.
chicotazo NM (*LAm*) lash.
chicote NM ⓐ (*Náut*) piece of rope, rope end; (*LAm*) whip, lash. ⓑ (*fam: puro*) cigar.
chicotear <1a> (*LAm*) VT (*azotar*) to whip, lash; (*pegar*) to beat up.
chifa NF (*Chi, Per*) Chinese restaurant.
chifla NF (*Dep etc*) hissing, whistling.
chiflado/a (*fam*) ⓵ ADJ barmy, round the bend o twist (*fam*); **estar ~ con** o **por** to be crazy about. ⓶ NM/F crazy person.
chifladura NF ⓐ = **chifla**. ⓑ (*fam*) craziness; (: *una ~*) crazy idea, wild scheme; **su ~ es el ajedrez** his mania is chess, he is crazy about chess.
chiflar <1a> ⓵ VT ⓐ (*Teat*) to hiss, boo, whistle at; (*pito*) to blow.
ⓑ (*fam: beber*) to drink, knock back (*fam*).
ⓒ (*fam: encantar*) to entrance, captivate; (: *volver loco*) to drive crazy; **esa chica le chifla** o **tiene chiflado** he's crazy about that girl; **me chiflan los helados** I just adore ice cream.
⓶ VI (*esp LAm*) to whistle, hiss; (*CAm, Méx: aves*) to sing.
⓷ **chiflarse** VR ⓐ (*fam*) to die, snuff it (*fam*); **~ con** o **por** to be/go crazy about.
ⓑ **chiflárselas** (*CAm*) to snuff it (*fam*).
chiflido NM (*esp LAm: silbido*) whistle; (*siseo*) hiss.
chiflón NM (*LAm*) (sudden) draught o (*US*) draft (of air).
chigüín/ina NM/F (*CAm fam*) kid (*fam*).
chihuahua NM Chihuahua.
chiita, chiíta ADJ, NMF Shi'ite.
chilaba NF (d)jellabah.
chilco NM (*Chi*) wild fuschia.
Chile NM Chile.
chile NM ⓐ (*Bot, Culin*) chili pepper. ⓑ (*CAm fig fam: tb ~s*) joke.
chileno/a ADJ, NM/F Chilean.
chilla¹ NF (*tabla*) thin board, weatherboard, clapboard (*US*).
chilla² NF (*Chi: zorro*) small fox.
chilla³ NF (*Méx: pobreza*) poverty; **estar en la ~** to be very poor.
chillar <1a> VI ⓐ (*fiera*) to howl; (*ratón*) to squeak; (*cerdo*) to squeal; (*ave*) to screech, squawk; (*persona*) to shriek, scream; (*radio*) to blare; (*frenos*) to screech, squeal.

b (*colores*) to scream, jar, be loud. **c** (*fig*) to shout, protest; **no ~** (*LAm*) to keep one's mouth shut, not say a word.

chillería NF row, hubbub.

chillido NM (*V chillar*) howl; squeak; squeal; screech, squawk; shriek, scream.

chillón ADJ (*color*) loud, lurid; (*sonido*) shrill.

chilpayate NM (*Méx fam*) kid (*fam*).

chimar<1a> VT (*CAm, Méx*) to annoy, bother.

chimba NF (*And, CSur: orilla*) opposite bank (of a river); (: *barrio*) suburb.

chimbar<1a> VT (*And, CSur*) to ford.

chimbe = **chimba**.

chimenea NF **a** chimney; (*Náut etc*) funnel; (*Min*) shaft; **~ de aire** air shaft; **~ refrigeradora** cooling tower. **b** (*hogar*) hearth, fireplace; **~ francesa** fireplace.

chimichurri NM barbecue sauce.

chimiscolear <1a> VI (*Méx: chismear*) to go around in search of gossip.

chimpancé NM chimpanzee.

china¹ NF (*Culin etc*) china(ware).

china² NF (*Geol*) pebble; (*fam: de droga*) block; **le tocó la ~** he had bad luck.

china³ NF (*And, CSur*) **a** (*india*) Indian girl o woman; (*niñera*) nursemaid; (*criada*) servant girl. **b** (*Téc*) fan, blower.

China NF China.

chinampa NF (*Méx*) floating garden.

chinchar<1a> (*fam*) **1** VT to pester, annoy; **me chincha tener que hacerlo** it upsets me to have to do it. **2 chincharse** VR to get cross, get upset; **¡para que te chinches!** so there!

chincharrero NM (*And*) small fishing boat.

chinche NM o NF **a** bug,; (*esp*) bedbug; **caer** o **morir como ~s** to die like flies. **b** (*clavo*) drawing pin, thumbtack (*US*). **c** (*fig: molestia*) nuisance.

chincheta NF drawing pin, thumbtack (*US*).

chinchilla NF chinchilla.

chinchín NM **a** (*música*) street music. **b** (*CSur: sonajero*) baby's rattle.

chinchona NF quinine.

chinchorrería NF **a** (*pesadez*) fussiness. **b** (*chisme*) piece of gossip.

chinchorrero ADJ **a** (*pesado*) fussy (about details). **b** (*chismoso*) gossipy.

chinchorro NM **a** (*red*) dragnet. **b** (*chalupa*) rowing boat, dinghy. **c** (*LAm: hamaca*) hammock.

chinchoso ADJ **a** full of bugs. **b** = **chinchorrero**. **c** (*pesado*) tiresome.

chinchulines NMPL (*CSur Culin*) tripe *sg*.

chinear <1a> VT (*CAm: niño*) to carry in one's arms; (: *mimar*) to spoil.

chinela NF (*zapatilla*) slipper; (*chanclo*) clog.

chinero NM china cupboard.

chinga NF (*CAm fam*) fag end, cigar stub; (: *posos*) dregs *pl*.

chingado/a (*fam!*) ADJ lousy (*fam!*), bloody (*fam!*); **hijo de la ~a** bastard (*fam!*), son of a bitch (*US fam!*).

chingana NF **a** (*And, CSur*) dive (*fam*), tavern, cheap dance hall. **b** (*CSur: fiesta*) wild party.

chinganear<1a> VI (*And, CSur*) to go on the town, live it up (*fam*).

chingar<1h> **1** VT **a** (*beber con exceso*) to knock back (*fam*). **b** (*fam!*) to fuck (up) (*fam!*), screw (up) (*fam!*); **no chingues** (*Méx fam*) don't mess me around (*fam*); **¡chinga tu madre!** (*Méx fam!*) fuck off! (*fam!*). **c** (*CAm*) to dock, cut the tail of. **2** VI **a** to get pissed (*fam!*). **b** (*CAm, Méx: fam*) to lark about (*fam*). **3 chingarse** VR **a** (*fam*) to get pissed (*fam*). **b** (*CAm, Méx: fam*) to fail; **la fiesta se chingó** the party was a disaster (*fam*).

chingo **1** ADJ **a** (*CAm: vestido*) short; (: *romo*) blunt; (: *animal*) tailless. **b** (*CAm: desnudo*) (half-)naked. **2** NM **a** (*And: caballo*) colt.

b (*And, CAm: barca*) small boat.

chingón NM (*Méx fam*) big shot (*fam*), boss.

chingue NM (*Chi*) skunk.

chinita NF (*And, CSur*) **a** (*criada*) maid; (*criado*) servant. **b** (*Zool: mariquita*) ladybird, ladybug (*US*).

chino¹/a⁴ **1** ADJ, NM/F Chinese. **2** NM **a** (*individuo*) Chinaman. **b** (*Ling*) Chinese; (*fig*) Greek, double Dutch; **hablar en ~** to talk gobbledygook.

chino² **1** ADJ: **barrio ~** (*euf*) red-light district. **2** NM (*LAm: mestizo*) half-breed; (*criado*) servant; (*indio*) Indian; **quedar como un ~** (*CSur*) to come off badly; **trabajar como un ~** (*esp CSur*) to work like a slave; **es trabajo de ~s** it's slave labour o (*US*) labor. **b** **~s** (*Méx*) curls. **c** (*rabia*) anger; **le salió el ~** he got angry.

chip NM (*Inform*) chip.

chipe ADJ (*CAm fam: enfermizo*) weak, sickly.

chipiar<1a> VT (*CAm fam*) to bother, pester.

chipichipi NM (*CAm, Méx: fam*) continuous drizzle.

chipirón NM squid.

chipotear<1a> VT (*CAm*) to slap.

Chipre NF Cyprus.

chipriota, **chipriote** ADJ, NMF Cypriot.

chiquear <1a> **1** VT (*Méx*) to spoil, indulge. **2 chiquearse** VR **a** (*Méx*) to be pampered. **b** (*CAm: contonearse*) to swagger along, waggle one's hips.

chiqueo NM **a** (*Carib, Méx*) caress. **b** (*CAm: contoneo*) swagger.

chiquero **1** NM (*lit, fig*) pigsty; (*Taur*) bull pen. **2** ADJ (*persona*) fond of kids.

chiquillada NF **a** childish prank; **esos son ~s** that's kid's stuff (*fam*). **b** (*esp LAm fam*) kids *pl*, group of children.

chiquillería NF: **una ~** a crowd of youngsters.

chiquillo/a NM/F kid (*fam*), youngster, child.

chiquitín/ina **1** ADJ tiny. **2** NM/F tiny tot.

chiquito/a **1** ADJ (*esp LAm*) tiny. **2** NM/F kid (*fam*); **andarse con ~as** to beat about the bush. **3** NM: **un ~** (*CSur*) a bit, a little.

chiribita NF **a** spark; **echar ~s, estar que echa ~s** to be furious; **le hacían ~s los ojos** her eyes sparkled o lit up. **b** **~s** spots before the eyes. **c** (*Bot*) daisy.

chiribitil NM (*desván*) attic, garret; (*cuchitril*) cubbyhole.

chirigota NF joke; **estar de ~** to be joking; **tomarse algo a ~** to take sth as a joke o in good heart; (*pey*) to treat sth too lightly.

chirimbolo NM thingummyjig (*fam*); **~s** things, gear *sg*.

chirimía NF hornpipe.

chirimiri NM drizzle.

chirimoya NF custard apple, cherimoya (*US*).

chiringuito NF refreshment stall o stand.

chirinola NF **a** (*discusión*) heated discussion. **b** (*nimiedad*) trifle, triviality.

chiripa NF (*Billar*) lucky break; (*fig*) fluke, stroke of luck; **de** o **por ~** by a fluke, by chance.

chiripá NM (*CSur*) Amerindian breeches *pl*, kind of blanket worn as trousers.

chirla NF mussel, clam.

chirle ADJ insipid.

chirlo NM gash, slash (in the face); (*cicatriz*) (long) scar.

chirola, **chirona** NF (*fam*) NF (*LAm fam*) clink (*fam*), jail; **estar en ~** to be in the clink.

chirriar<1b> VI **a** (*grillo*) to chirp, sing; (*ave*) to screech, squawk; (*gozne, puerta*) to creak, squeak; (*frenos*) to screech, squeal. **b** (*And: tiritar: de frío etc*) to shiver.

chirrido NM (*chirriar: gen*) shrill sound; screech(ing); (*V vi*) squawk(ing); creak(ing); squeak(ing).

chirrionar<1a> VT (*Méx*) to whip, lash.

chis INTERJ sh!

chiscón NM hovel.

chisme NM **a** (*gen*) gadget; **~s** things, gear *sg*. **b** (*fig: cosa*) thing, thingummyjig (*fam*); **~s** (*fig*) paraphernalia *sg*. **c** (*fig: habladuría*) piece of gossip, tale; **~s** gossip *sg*; **siempre anda con ~s** she's always talking about somebody.

chismear<1a> VI to gossip, spread scandal.

chismería NF, **chismerío** NM (*CSur*) gossip, scandal.

chismorrear<1a> VI = **chismear**.

chismorreo NM = **chismería**.

chismoso/a [1] ADJ gossiping, scandalmongering. [2] NM/F gossip.

chispa [1] NF [a] spark; (*fig*) sparkle, gleam; **echar ~s** (*fig*) **estar que echa ~s** (*fig*) to be hopping mad (*fam*). [b] (*gota de lluvia*) drop; **caen ~s** it's just spitting. [c] (*fig: pizca*) bit, tiny amount; **una ~ de café** a tiny drop of coffee; **una ~ de sal** a pinch of salt; **ni ~** not the least bit. [d] (*fig: genio*) wit; **no tiene ni ~ de gracia** it's awfully o incredibly dull; **Juan tiene ~** John's witty. [e] (*fam: borrachera*) drunkenness; **coger** o **pillar una ~** to get sloshed (*fam*). [2] ADJ INV: **estar ~** (*fam*) to be sloshed (*fam*).

chispazo NM [a] spark; **primeros ~s** (*fig*) first signs. [b] = **chisme (c)**.

chispeante ADJ (*fig*) sparkling, scintillating.

chispear<1a> VI [a] to spark. [b] (*fig*) to sparkle, scintillate. [c] (*Met*) to drizzle.

chisporrotear<1a> VI to throw out sparks; (*aceite*) to hiss, splutter; (*carne*) to sizzle; (*leña*) to crackle.

chisquero NM pocket lighter.

chistar<1a> (*fam*) VI: **no ~** not to say a word; **sin ~** without a word; **nadie chistó** nobody answered back; **a ése no le chista nadie** you don't dare answer him back.

chiste NM joke, funny story; **~ verde** blue joke, dirty story; **caer en el ~** to get the point of the story, get it; **dar en el ~** to guess right; **hacer ~ de algo, tomar algo a ~** to take sth as a joke; **tiene ~** it's funny.

chistera NF [a] fish basket; (*Dep*) variety of *pelota* racket. [b] (*fam*) top hat.

chistoso/a [1] ADJ funny, amusing. [2] NM/F wit, amusing person.

chistu NM = **txistu**.

chistulari NM = **txistulari**.

chita¹: **a la ~ callando** ADV unobtrusively.

chita² NF anklebone; **dar en la ~** to hit the nail on the head.

chito, chitón INTERJ sh!

chiva NF [a] (*Zool*) kid; (*cabra*) nanny goat. [b] (*LAm: barba*) goatee (beard). [c] (*CAm: manta*) blanket, bedcover.

chivar<1a> [1] VT (*LAm: fastidiar*) to annoy, upset. [2] **chivarse** VR [a] (*fam*) to grass (*fam*) (*a, de* on), inform (*a, con* on), squeal (*fam*) (*a, con* on); **~ a la maestra** to tell the teacher. [b] (*LAm fam*) to get annoyed.

chivatazo NM (*fam*) tip-off; **dar ~** to inform, give a tip-off.

chivatear<1a> VI [a] = **chivarse (a)**. [b] (*CSur*) to shout.

chivato NM [a] (*Zool*) kid. [b] (*fam*) informer. [c] (*Ven fam*) prominent person.

chivo NM [a] (*Zool*) billy goat. [b] (*CSur: rabia*) fit of anger. [c] (*fig, Rel*) **~ (expiatorio)** scapegoat.

chocante ADJ [a] (*sorprendente*) startling, striking; (*notorio*) noteworthy; (*raro*) odd, strange; **lo ~ es que** the odd thing about it is that. [b] (*escandaloso*) shocking, scandalous. [c] (*esp LAm: pesado*) tiresome; (: *desagradable*) offensive, unpleasant.

chocar<1g> [1] VT [a] to shock; (*sorprender*) to startle, surprise; (*asquear*) to disgust; **me choca que no lo hayan hecho** I am surprised that they haven't done it. [b] (*vasos*) to clink; (*manos*) to shake; **¡chócala!** (*fam*) put it there! (*fam*); **~ esos cinco** to shake on it; **~ la mano con algn** to shake hands with sb. [2] VI [a] to shock; (*sorprender*) to be surprising; **no es de ~** it's not all that surprising. [b] (*Aut etc*) to collide, crash (*con, contra* with, against); (*vasos*) to clink; (*platos*) to clatter; (*Mil, fig*) to clash; **~ con** to collide with, crash into, smash against; **el balón chocó con el poste** the ball crashed onto the post; **los coches chocaron** the cars crashed (into each other); **sus personalidades chocan** their personalities clash.

chocarrería NF [a] coarseness, vulgarity. [b] (*una ~*) coarse joke, dirty story.

chocarrero ADJ coarse, vulgar.

chochear<1a> VI [a] to dodder, be senile. [b] (*fig*) to be soft.

chochera, chochez NF [a] senility. [b] (*una ~*) sentimental act.

chocho¹ ADJ [a] (*senil*) doddering, senile. [b] (*fig*) sentimental; (*CSur*) delighted, pleased.

chocho² NM candy stick; **~s** sweets, candies (*US*).

choclo¹ NM clog; **meter el ~** (*Méx fam*) to put one's foot in it.

choclo² NM (*LAm Agr*) ear of (tender) maize, cob of sweet corn.

choclón NM (*Chi*) crowd.

choco¹ (*Chi*) NM poodle.

choco² ADJ (*And, CSur: rojo*) dark red.

choco³ [1] (*Chi*) ADJ (*manco*) one-armed; (*cojo*) one-legged; (*tuerto*) one-eyed. [2] NM [a] (*CSur: tocón*) stump (of tree). [b] (*And: chistera: sombrero*) top hat.

choco⁴ NM (*Zool*) cuttlefish.

chocolate [1] ADJ (*LAm*) chocolate-coloured o (*US*) -colored. [2] NM [a] chocolate; **~ con leche** milk chocolate; **~ negro** plain chocolate. [b] (*fam*) dope (*fam*), marijuana.

chocolatera NF [a] chocolate pot. [b] (*fam*) piece of junk; (*Aut*) old crock; (*Náut*) hulk.

chocolatería NF chocolate factory o shop.

chocolatero ADJ fond of chocolate.

chocolatina NF (*tableta*) bar of chocolate; (*dulce*) chocolate.

chofer NM (*LAm*), **chófer** NM driver; (*de bus*) bus driver.

cholgas NFPL (*CSur*) mussels.

cholla NF (*fam*) nut (*fam*), head; (*fig*) brains.

chollo NM (*fam*) bargain, snip (*fam*).

cholo/a [1] ADJ [a] (*LAm*) half-breed (*fam*), mestizo. [b] (*Chi: miedoso*) cowardly. [2] NM/F (*And, CSur*) darkskinned.

chomba, chompa NF (*And, CSur*) jumper, sweater.

chompipe NM (*CAm*) (species of) turkey.

chonchón NM (*Chi*) lamp.

chongo NM [a] (*Méx: moño*) bun. [b] (*CAm, Méx: trenzas*) **~s** pigtails.

chontal [1] ADJ (*CAm*) wild, uncivilized. [2] NM (*And*) peach palm.

chopería NF (*Chi*) (beer) bar.

chopo NM [a] (*Bot*) black poplar; **~ de Italia** o **lombardo** Lombardy poplar. [b] (*Mil fam*) gun; **cargar con el ~** (*fig*) to join up.

chop(p) NM (*Chi: vaso*) large beer glass; (*cerveza*) draught o (*US*) draft beer.

choque NM [a] impact; (*explosión*) blast, shock wave. [b] (*ruido*) crash; (*platos etc*) clatter; (*vasos*) clink. [c] (*Aut, Ferro etc*) crash, smash; **~ de frente** o **frontal** head-on collision; **~ de trenes** rail smash. [d] (*Elec, Med*) shock. [e] (*Mil, fig*) conflict; **ejército/tropas de ~** storm troops; **~ cultural** culture shock; **entrar en ~** to clash; **estar en abierto ~ con** to conflict openly with.

choquezuela NF kneecap.

chorear<1a> [1] VI (*Chi fam: refunfuñar*) to grumble, complain. [2] VT: **me chorea** it gets up my nose (*fam*).

choreo NM (*Chi*) complaint.

chorizar <1f> VT (*fam: robar*) to nick (*fam*); **me han chorizado la bici** they've nicked my bike (*fam*).

chorizo NM [a] (*Culin*) hard pork sausage. [b] (*en circo*) balancing pole. [c] (*fam: ratero*) small-time crook; (*maleante*) criminal; (*carterista*) pickpocket. [d] (*And, CSur: Culin*) **bife de ~** rump steak.

chorlito NM: **cabeza de ~** (*fam*) scatterbrain, dimwit (*fam*).

choro NM (*And, CSur*) mussel.

chorote NM (*Méx, Ven*) drinking chocolate (with brown sugar).

chorra (*fam*) [1] NF luck; **¡qué ~ tiene!** how jammy can you get! (*fam*); **de ~** by chance. [2] NMF (*idiota*) fool, idiot.

chorrada NF [a] (*líquidos*) extra drop. [b] (*adorno*) unnecessary adornment o detail; (*objeto*) knick-knack;

(*regalito*) little something, small present. **c** (*tonterías*) drivel (*fam*); **no digas ~s** talk sense!; **la película es una ~** the film is garbage (*fam*).

chorrear<1a> **1** VT **a** (*Mil fam*) to tick off, dress down. **b** (*verter*) to pour. **c** (*CSur: robar*) to pinch (*fam*). **2** VI **a** (*salir a chorros*) to gush (forth), spout (out); (*gotear*) to drip; **~ de sudor** to run with sweat; **la ropa chorrea todavía** his clothes are still wringing wet. **b** (*fig*) to trickle in, away *etc*. **3 chorrearse** VR: **~ algo** (*fam*) to pinch sth.

chorreo NM **a** (*flujo*) gushing, spouting; (*goteo*) dripping. **b** (*fig*) constant drain on resources *etc*.

chorrera NF **a** spout. **b** **~s** (*Cos*) frill *sg*. **c una ~ de** (*Méx fig*) a string o stream of.

chorretada NF **a** squirt, jet. **b** = **chorrada (a)**.

chorrillo NM (*fig*) steady trickle.

chorro NM **a** jet; (*caudalito*) dribble, trickle; **beber a ~** to drink without touching the bottle *etc*; **llover a ~s** to pour; **salir a ~s** to gush forth, come spurting out. **b** (*Téc*) jet, blast; (*Aer*) jet; **~ de arena** sandblast; **~ de vapor** steam jet; **con propulsión a ~** jet-propelled. **c** (*fig*) stream; **un ~ de palabras** a torrent of words; **a ~s** in plenty, in abundance; **hablar a ~s** to talk nineteen to the dozen. **d** (*CSur fam: ladrón*) thief, pickpocket.

chota NF: **estar como una ~** (*fam*) to be hopping mad (*fam*).

chotear<1a> (*LAm*) **1** VT to make fun of. **2 chotearse** VR to joke (*de* about).

choteo NM kidding, joking; **estar de ~** to be kidding.

chotis NM INV traditional dance of Madrid.

choto **1** ADJ (*CAm*) abundant, plentiful. **2** NM **a** (*cabrito*) kid; (*ternero*) calf. **b** (*CSur fam!*) prick (*fam!*).

chovinismo NM chauvinism.

chovinista ADJ, NMF chauvinist.

choza NF hut, shack.

chrisma [krisma] NF, **christma(s)** [krisma] NM (*pl* **christmas** [krismas]) Christmas card.

chubasco NM **a** (*Met*) squall, sudden rainstorm; **~ de nieve** (brief) snowstorm. **b** (*fig*) setback; **aguantar el ~** (*fig*) to weather the storm.

chubasquero NM cagoule, foul-weather gear (*US*).

chúcaro ADJ (*LAm: salvaje*) wild, untamed; (: *tímido*) shy.

chucear<1a> VT (*LAm*) to prick, goad.

chucha NF **a** (*Zool*) bitch. **b** (*fam*) sweetheart.

chuchada NF (*CAm*) trick, swindle.

chuchería NF **a** (*adorno*) trinket. **b** (*bocata*) titbit; (*dulce*) sweet.

chucho **1** ADJ (*CAm fam: tacaño*) mean, stingy (*fam*). **2** NM **a** (*Zool*) mongrel; **¡~!** down boy! **b** (*pastel*) custard-filled doughnut.

chuchumeca NF (*And, CSur: fam*) whore.

chuchumeco NM (*Méx fam: enano*) dwarf, runt.

chucrut NM, **chucruta** NF sauerkraut.

chueca NF **a** (*Bot*) stump. **b** (*Anat*) round head of a bone. **c** (*fig*) practical joke, prank; **gastar una ~ a algn** to play a joke on sb.

chueco ADJ (*LAm: gen: torcido*) crooked, bent; (: *pierna*) bandy-legged.

chufa NF chufa, earth almond; **horchata de ~** drink made from chufas.

chufeta NF = **chufleta**.

chufla NF joke, merry quip; **tomar algo a ~** to take sth as a joke.

chuflarse<1a> VR to joke, make jokes.

chufleta NF joke; (*mofa*) taunt.

chufletear<1a> VI to joke; (*mofar*) to jeer.

chuico NM (*Chi*) demijohn.

chula NF coarse woman, flashy female; *V tb* **chulo**.

chulada NF **a** (*grosería*) coarse thing; (*truco*) mean trick. **b** (*fam*) **¡qué ~ de moto!** wow! what a cracking bike! **c** (*fam*) = **chulería (a)**.

chulear<1a> VT (*fam*) **a** to make fun of. **b** to pinch (*fam*), swipe (*fam*); (*prostitutas*) to live off.

chulería NF **a** (*encanto*) natural charm, winning ways;

(*vulgaridad*) commonness, vulgarity. **b** (*una ~*) = **chulada (a)**.

chulesco ADJ = **chulo 1**.

chuleta NF **a** chop, cutlet; **~ de cerdo/de ternera** pork/veal chop. **b** (*Cos*) insert. **c** (*golpe*) punch, bash (*fam*). **d** (*Escol etc: fam*) crib (*fam*), trot (*US*). **e** (*fam: persona agresiva*) pushy person; (*fachendón*) show off (*fam*) = **chulo 3 (b)**. **f** **~s** (*fam*) side-whiskers.

chuletada NF barbecue.

chuletón NM large steak, T-bone steak.

chullo NM (*Per*) woollen o (*US*) woolen cap.

chulo **1** ADJ **a** (*fam*) amusing; (*encantador*) charming. **b** (*apariencias*) smart; (*vulgar*) flashy, vulgar. **c** (*aire*) proud; (*paso*) jaunty, swaggering; **iba andando muy ~** he swaggered along. **d** (*conducta*) bold; (*pey*) overbold, fresh; **no te pongas ~ conmigo** don't get fresh with me. **e** (*carácter*) rascally. **f** (*fam: bonito*) pretty; (: *elegante*) attractive, elegant; **¡qué vestido más ~!** what a lovely dress! **2** ADV (*CAm, Méx: fam*) well; **jugar ~** to play well. **3** NM **a** working-class person from Madrid. **b** (*rufián*) layabout, rascal; **~ de putas** pimp. **c** (*Col fam: buitre*) vulture, buzzard (*US*).

chumacera NF (*Mec*) ball bearing; (*Náut*) rowlock, oarlock (*US*).

chumado ADJ (*Arg fam*) drunk, tight (*fam*).

chumarse<1a> VR (*Arg fam*) to get drunk.

chumbar<1a> VT (*CSur: suj: perro*) to attack, go for; **¡chúmbale!** at him, boy!

chumbe NM (*LAm*) sash.

chumbera NF prickly pear.

chumbo NM prickly pear.

chuminada NF (*fam*) **a** (*tontería*) silly thing, piece of nonsense. **b** (*detalle*) petty detail; (*objeto*) trinket.

chuncho/a (*Per pey*) **1** ADJ savage, rustic. **2** NM/F savage Indian.

chunga NF (*fam*) fun; **contar ~s** to crack jokes (*fam*); **estar de ~** to be in a merry mood; **en plan de ~** for a laugh.

chungar<1h>, **chunguear**<1a> **1** VI (*fam*) to crack jokes (*fam*). **2 chungarse, chunguearse** VR (*fam*) to crack jokes (*fam*); **~ de algn** to make fun of sb.

chungo (*fam*) ADJ (*malo*) rotten; (*desagradable*) nasty; (*feo*) ugly, hideous; (*dudoso*) dodgy (*fam*); (*enfermo*) under the weather (*fam*).

chuño NM (*LAm*) (dish made with) potato starch.

chupa¹ NF: **poner a algn como ~ de dómine** to give sb a tremendous ticking off.

chupa² NF (*fam: chaqueta*) leather jacket.

chupa³ NF (*LAm: embriaguez*) drunkenness.

chupa-chups ® NM INV lollipop.

chupacirios NMF (*fam*) holy Willie (*fam*).

chupada NF suck; (*en pipa*) pull, puff; **~s** sucking *sg*, suction *sg*.

chupado ADJ **a** (*flaco*) skinny, emaciated; **~ de cara** with a gaunt face. **b** (*falda*) tight. **c estar ~ de frío** to be pinched with cold. **d estar ~** (*fam: borracho*) to be drunk. **e está ~** (*fam: fácil*) it's simple, it's dead easy (*fam*).

chupador NM **a** teething ring. **b** (*LAm fam: borracho*) drunkard.

chupaflor NM (*LAm*), **chupamirto** NM (*Méx*) hummingbird.

chupar<1a> **1** VT **a** to suck; (*absorber*) to absorb, take in o up; (*sorber*) to sip; (*pipa*) to puff at. **b** (*fam: beber demasiado*) to drink (to excess). **c** (*fig*) to milk; **el trabajo le chupa la salud** his work is undermining his health; **~ la sangre a algn** (*fig*) to bleed sb dry, take sb for everything. **2** VI to suck. **3 chuparse** VR **a** (*fam*) **¡chúpate esa!** put that in your pipe and smoke it! **b** **~ el dedo** to suck one's finger; **a ver si te crees que me chupo el dedo** (*fig*) do you think I'm some sort of a mug? (*fam*); **para ~ los dedos** mouthwatering.

c (*Med*) to waste away.
d (*fam: aguantar*) to put up with; **nos chupamos toda la conferencia de pie** we managed to go through the whole of the lecture standing.
chupatintas NM INV penpusher.
chupe NM (*And, CSur: Culin*) stew.
chupete NM **a** dummy, pacifier (*US*); (*de biberón*) teat; (*LAm: piruli*) lollipop. **b** (*LAm: chupada*) suck. **c de ~** delicious.
chupetear<1a> **1** VT to suck (at). **2** VI to suck (slowly).
chupeteo NM sucking.
chupetón NM suck.
chupito NM (*fam*) shot (*fam*).
chupo NM (*LAm Med*) boil.
chupón NM **a** (*Bot*) sucker. **b** (*fam: parásito*) sponger (*fam*). **c** (*dulce*) lollipop, sucking sweet; **~ de caramelo** toffee apple. **d** (*LAm*) dummy, pacifier (*US*); (*biberón*) baby's bottle.
churdón NM raspberry.
churrasco NM (*barbacoa*) barbecue, roasted o barbecued meat; (*CSur: filete*) steak.
churrería NF fritter stall o shop.
churrero/a NM/F fritter maker o seller.
churrete NM grease spot, dirty mark.
churretear<1a> VT (*LAm*) to stain, dirty.
churria NF (*Méx, Col*) stain; **~s** (*fam*) runs (*fam*), trots (*fam*).
churriento ADJ filthy.
churrigueresco ADJ **a** (*Arquit*) baroque. **b** (*fig*) excessively ornate.
churro **1** ADJ (*lana*) coarse.
2 NM **a** (*Culin*) fritter.
b (*chapuza*) botch, mess; **el dibujo ha salido un ~** the sketch came out all wrong.
c (*suerte*) fluke.
d (*And, CSur: fam*) attractive o dishy person.

┌─ CHURROS ─────────────────────────────┐

(i) Churros, *long fritters made with flour and water, are popular in much of Spain and are often eaten with thick hot chocolate either for breakfast or as a snack. In Madrid, you can find a thicker variety of* **churro** *called a* **porra.**

└──────────────────────────────────────┘

churrullero ADJ talkative, gossipy.
churruscar<1g> **1** VT to fry crisp. **2** VI to sizzle. **3 churruscarse** VR to burn.
churrusco NM burnt toast.
churumbel NM (*fam*) kid (*fam*).
churumbela NF **a** (*Mús*) flageolet. **b** (*CAm*) maté cup.
chus INTERJ **no decir ~ ni mus** not to say a word.
chuscada NF funny remark, joke.
chusco[1] ADJ funny, droll.
chusco[2] NM: **un ~ de pan** a chunk of bread.
chusma NF rabble, mob, riffraff.
chusmaje NM (*LAm*) = **chusma.**
chuspa NF (*LAm*) bag, pouch.
chutar<1a> **1** VI (*Dep*) to shoot (at goal). **2 chutarse** VR (*fam: heroína*) to shoot up (*fam*).
chute NM (*Dep*) shot (at goal); (*fam: heroína*) shot (*fam*).
chuzo NM (*Mil, Hist*) pike; (*bastón*) spiked stick; (*aguijón*) prick, goad; **caer ~s de punta** to rain cats and dogs, pelt down (*fam*).
chuzón ADJ **a** (*astuto*) wily. **b** (*ingenioso*) witty, amusing.
C.I. **1** NM ABR de **coeficiente de inteligencia** o **intelectual** IQ. **2** NF ABR (*LAm*) de **cédula de identidad** ID.
CIA NF ABR (*US*) de **Agencia Central de Inteligencia** CIA.
Cía ABR de **compañía** Co.
cía NF hip bone.
cianotipo NM blueprint.
cianuro NM cyanide; **~ potásico** potassium cyanide.
ciar<1c> VI **a** (*gen*) to go backwards; (*Náut*) to go astern. **b** (*fig*) to back down, back out.
ciática NF sciatica.
ciático ADJ sciatic.
cibercafé NM cybercafé.
ciberespacio NM cyberspace.

cibernauta NMF cybernaut.
cibernética NF cybernetics.
cibersexo NM cybersex.
cicatear<1a> VI to be stingy o mean.
cicatería NF stinginess, meanness.
cicatero/a **1** ADJ stingy, mean. **2** NM/F miser, skinflint.
cicatriz NF scar.
cicatrización NF healing, knitting (*fam*).
cicatrizar<1f> **1** VT to heal. **2 cicatrizarse** VR to heal (up), form a scar.
cicerone NM guide, cicerone.
ciclamen, ciclamino NM cyclamen.
cíclico ADJ cyclic(al).
ciclismo NM (*gen*) cycling; (*Dep*) cycle racing.
ciclista NMF cyclist.
ciclo NM (*Fís etc*) cycle; (*Univ etc*) course, programme, program (*US*).
ciclo-cross NM cyclo-cross.
ciclomoto(r) NM moped, autocycle.
ciclón NM cyclone.
cicloturista NMF cycling tourist, touring cyclist.
cicuta NF hemlock.
cidra NF citron.
cidro NM citron (tree).
ciego/a **1** ADJ **a** (*gen*) blind; (*cegado*) blinded; **a ~as** blindly; **andar** o **caminar a ~as** to grope one's way; **volar a ~as** to fly blind; **quedar ~** to go blind; **quedó ~ después del accidente** he was blinded in the accident; **más ~ que un topo** as blind as a bat.
b (*fig*) blind; **~ a** o **para** blind to; **con una fe ~a** with blind faith; **~ de ira** blind with rage.
c (*Arquit*) blind; (*Téc: tubo etc*) blocked, choked.
d (*fam: borracho*) pissed (*fam!*), plastered (*fam*); (*drogado*) stoned (*fam*); **ponerse ~** (*fam*) to get high (*de* on).
2 NM/F blind man/woman; **los ~s** the blind, blind people.
3 NM (*fam: borrachera*) drunken state; (: *de drogas*) high; **llevarse un ~ enorme** to be really away with it (*fam*).
cielo NM **a** (*Met etc*) sky; **~ encapotado** overcast sky; **~ máximo** (*Aer*) ceiling; **a ~ abierto** o **raso** in the open air; **mina a ~ abierto** opencast mine; **a ~ descubierto** in the open; **remover ~ y tierra** to move heaven and earth; **se vino el ~ abajo** it rained cats and dogs, the heavens opened.
b (*Arquit: tb* **~ raso**) ceiling; (*de boca*) roof; (*de cama*) canopy.
c (*Rel*) heaven; **¡~s!** good heavens!; **esto clama al ~ por una reforma** this is crying out for reform; **estar en el séptimo ~** to be in seventh heaven; **ganar el ~** to win salvation; **ganar el ~ con rosario ajeno** to use other people's efforts to one's own advantage; **ir al ~** to go to heaven; **poner a algn en el ~** to praise sb to the skies; **ver el ~ abierto** to see one's way out of a difficulty.
d ¡**mi ~!**, ¡**~ mío!** my love, sweetheart; **el jefe es un ~** the boss is a dear.
ciempiés NM INV centipede.
cien ADJ (*antes de n, apócope de* **ciento**) **a** a hundred; **~ mil** a hundred thousand; **las últimas ~ páginas** the last hundred pages; **me pone a ~** (*fam*) it drives me up the wall (*fam*). **b 10 por ~** ten per cent; **por ~** (*fig*) a hundred per cent; **es español ~ por ~** he's Spanish through and through; **lo apoyo al ~ por ~** I support it wholeheartedly; *V tb* **seis.**
ciénaga NF marsh, swamp.
ciencia NF (*gen*) science; (*esp fig*) knowledge, learning; **hombre de ~** scientist; **~ del hogar** home economics; **~ infusa** instinct, intuition; **~s empresariales** business studies; **~s naturales** natural sciences; **saber algo a ~ cierta** to know sth for certain o for a fact.
ciencia-ficción NF science fiction.
Cienciología NF Scientology.
cieno NM (*gen*) mud, mire; (*depósito fluvial*) silt.
científico/a **1** ADJ scientific. **2** NM/F scientist.
cientista NMF (*LAm: tb* **~ social**) social scientist.
ciento ADJ, NM (one) hundred; **~ veinte** a hundred and

twenty; **~ por ~** a hundred per cent; **hay un 5 por ~ de descuento** there is a 5 per cent discount; **por ~s** in hundreds, by the hundred; **de ~ en boca** tiny, insignificant; **dar ~ y raya al más pintado** to be a match for anyone; **había ~ y la madre** there were far too many; *V tb* **seis**.

cierne NM blossoming, budding; **en ~(s)** (*Bot*) in blossom; (*fig*) in its infancy; **es un ajedrecista en ~s** he's a budding chess champion.

cierra *etc V* **cerrar**.

cierre NM [a] (*acto: gen*) closing, shutting; (: *con llave*) locking; (*Rad, TV*) close-down; **~ patronal** lockout. [b] (*Téc*) locking device; (*de vestido*) (snap) fastener; (*de cinturón*) buckle, clasp; (*Aut*) choke; **~ de cremallera, ~ relámpago** (*LAm*), **~ eclair** (*Chi*) zip (fastener), zipper (*esp US*); **~ centralizado** (*Aut*) central locking; **~ metálico** roll shutter, metal blind. [c] **precios de ~** (*Fin*) closing prices. [d] **~ del sistema** (*Inform*) system shutdown. [e] **echar el ~ a algn** (*fam*) to shut sb up; **¡echa el ~!** (*fam*) give it a rest!

cierrecler NM (*Chi*) zip (fastener), zipper (*esp US*).

cierro NM (*Chi*) fence.

▼**cierto** ADJ [a] (*gen*) sure, certain; (*promesa*) definite; **¡~!** certainly!; **por ~** certainly; (*a propósito*) by the way; **por ~ que no era el único** and moreover *o* what is more he was not the only one; **es ~** it *o* that is true; **¿es ~ eso?** is that really so?; **es ~ que** it is certain that; **lo ~ es que** the fact is that; **lo único ~ es que** the only sure thing is that; **estar en lo ~** to be right; **¿no es ~?** don't you think? [b] (*algún*) a certain; **~s** some, certain; **~ día de mayo** one day in May; **~a persona que yo conozco** a certain person I know.

cierva NF hind.

ciervo NM stag; (*Zool etc*) deer; (*Culin*) venison; **~ común** red deer.

cierzo NM north wind.

CIF NM ABR (*Esp*) *de* **Cédula de Identificación Fiscal** *company tax code*.

cifra NF [a] (*Mat*) number, numeral; **~s** figures, statistics; **~ arábiga/romana** Arabic/Roman numeral; **en ~s redondas** in round figures; **escribirlo en ~s y letras** to write it down in words and figures. [b] (*cantidad*) quantity, amount; **~ global** lump sum; **~ de ventas** sales figures, turnover; **la ~ de los muertos** the death toll *o* tally. [c] (*Mil etc*) code, cipher; **en ~** in code; (*fig*) mysteriously, enigmatically. [d] (*monograma*) monogram; **~ de referencia** (*Com*) bench mark; **en ~** in brief, briefly.

cifrado ADJ coded, in code.

cifrar<1a> VT [a] (*mensaje*) to write in code; (*fig*) to summarize. [b] (*esperanzas*) to place (*en* on).

cigala NF Dublin Bay prawn.

cigarra NF cicada.

cigarrera NF cigar case.

cigarrería NF (*LAm*) tobacconist's (shop).

cigarrero NM (*fabricante*) cigar maker; (*vendedor*) cigar seller.

cigarrillo NM cigarette; **cajetilla** *o* **paquete/cartón de ~s** pack(et)/box of cigarettes; **liar un ~** to roll a cigarette.

cigarro NM (*tb* **~ puro**) cigar; (*cigarrillo*) cigarette; **~ habano** Havana cigar.

cigoto NM zygote.

cigüeña NF [a] (*Orn*) stork. [b] (*Mec*) crank, handle; (*Náut*) winch, capstan.

cigüeñal NM crankshaft.

CIJ NF ABR *de* **Corte Internacional de Justicia** ICJ.

cilantro NM (*Bot, Culin*) coriander.

cilicio NM hair shirt.

cilindrada NF cylinder capacity.

cilindradora NF steamroller, road roller.

cilindrar<1a> VT to roll (flat).

cilíndrico ADJ cylindrical.

cilindrín NM (*fam*) cigarette; **incinerar el ~** to light up.

cilindro NM (*Mat, Téc*) cylinder; (*en máquina de escribir*) roller; (*Méx: organillo*) barrel organ; **~ compresor** steamroller, road roller.

cima NF (*de árbol*) top; (*de cerro etc*) peak, summit; (*fig*)

➤ EXPRESIONES GENERATIVAS: **cierto** → 4, 15.1

height; **dar ~ a** to complete, carry out successfully.

cimarrón/ona [1] ADJ [a] (*LAm: Bot, Zool*) wild; (*fig*) rough, uncouth. [b] (*CSur: mate*) bitter, unsweetened. [2] NM/F (*Hist*) runaway slave. [3] NM (*CSur*) unsweetened maté.

címbalo NM cymbal.

cimbor(r)io NM (*Arquit*) dome; (*Min*) roof.

cimbrear<1a> [1] VT (*vara etc*) to swish, swing; (*curvar*) to bend. [2] VI to swing round. [3] **cimbrearse** VR to sway, swing.

cimbreño ADJ pliant, flexible.

cimbreo NM swaying, swinging.

cimbrón NM (*LAm*) vibration.

cimentación NF [a] (*obra*) foundation. [b] (*acción*) laying of foundations.

cimentar<1i> VT (*Arquit*) to lay the foundations of *o* for; (*fig: fundar*) to found, establish; (: *fortalecer*) to strengthen, cement.

cimera NF crest.

cimero ADJ topmost.

cimiento NM (*Arquit*) foundation, groundwork; (*fig*) source; **abrir los ~s** to dig the foundations; **echar los ~s de** to lay the foundations for.

cimitarra NF scimitar.

cinc NM zinc.

cincel NM chisel.

cincelador NM (*en metal*) engraver; (*en piedra*) stone cutter.

cincelar<1a> VT to chisel.

cincha NF girth, saddle strap; **a revienta ~s** at breakneck speed.

cinchar<1a> VT (*gen*) to girth; (*Téc*) to band, hoop.

cincho NM (*gen*) belt, girdle; (*aro*) iron hoop, metal band.

cinco [1] ADJ (*gen*) five; (*fecha*) fifth; **las ~** five o'clock; **estar sin ~** (*fam*) to be broke (*fam*); **le dije cuántas son ~** I told him a thing or two; **saber cuántas son ~** to know what's what; **tener los ~ muy listos** (*fam*) to be light-fingered; **¡vengan esos ~!** shake on it! [2] NM [a] (*gen*) five; (*fecha*) fifth. [b] (*Ven*) 5-stringed guitar; *V tb* **seis**.

cincuenta ADJ (*gen*) fifty; (*ordinal*) fiftieth; *V tb* **seis**.

cincuentavo NM fiftieth part; *V tb* **sexto 2**.

cincuentena NF fifty; **una ~ de** fifty-odd, fifty or so.

cincuentenario NM fiftieth anniversary.

cincuenteno ADJ fiftieth; *V tb* **sexto 1**.

cincuentón/ona [1] ADJ fifty-year old, fiftyish. [2] NM/F person in his/her fifties.

cine NM [a] (*arte*) cinema, pictures (*Brit*), movies (*US*); (*obra*) film; **unos muebles de ~** (*fam*) posh furniture; **~ de arte y ensayo** arts cinema; **el ~ español actual** the contemporary Spanish cinema; **~ mudo/sonoro** silent/talking films; **hacer ~** to make films. [b] (*edificio*) cinema, movie theater (*US*); **~ de estreno** first-run cinema; **~ de verano** open-air cinema; **ir al ~** to go to the cinema *o* (*Brit*) the pictures *o* (*US*) the movies.

cineasta NM/F (*gen*) film-maker; (*crítico*) critic; (*aficionado*) film buff; (*director*) director.

cine-club NM (*pl* **~s** *o* **~es**) film club.

cinéfilo/a NM/F film fan, movie fan; (*especialista*) film buff (*fam*).

cinegética NF hunting, the chase.

cinemateca NF film library.

cinematografía NF cinematography.

cinematografiar<1a> VT to film.

cinematográfico ADJ cine-, film *atr*.

cinematógrafo NM [a] (*local*) cinema. [b] (*Téc*) (film) projector.

cineración NF incineration.

cinerama NM cinerama.

cinéreo ADJ ash-grey *o* (*US*) -gray, ashen.

cinética NF kinetics *sg*.

cinético ADJ kinetic.

cínico/a [1] ADJ [a] (*gen*) cynical. [b] (*descarado*) brazen, shameless. [2] NM/F [a] (*gen*) cynic. [b] (*sinvergüenza*) brazen individual.

cinismo NM [a] (*gen*) cynicism. [b] (*descaro*) brazenness, effrontery.

cinta NF [a] (gen) band, strip; (magnética) tape; (Cos) ribbon; (Cine) film; ~ **adhesiva** adhesive tape; ~ **aislante** insulating tape; ~ **de freno** brake lining; ~ **de goma** rubber band; ~ **de llegada** (Dep) (finishing) tape; ~ **magnética** (Inform) magnetic tape; ~ **magnetofónica** audio tape; ~ **virgen** o **en blanco** blank tape; **grabar en** ~ to tape; ~ **de cortometraje** short (film); ~ **métrica** tape measure; ~ **de pelo** hairband; ~ **transbordadora**, ~ **transportadora**, ~ **de transporte** conveyor belt. [b] (Arquit) fillet, scroll. [c] (de acera) kerb, curb (US).

cintillo NM hatband.

cinto NM (Mil) belt; **armas de** ~ side arms.

cintura NF [a] (Anat) waist; (medida) waistline; ~ **de avispa** wasp waist; **de la** ~ **(para) arriba** from the waist up. [b] (Cos) belt; **meter a algn en** ~ to bring o keep sb under control.

cinturón NM [a] (gen) belt; ~ **salvavidas** lifebelt; ~ **de seguridad** safety belt; **apretarse el** ~ (fig) to tighten one's belt. [b] (fig) belt, zone; **el** ~ **industrial de Madrid** the Madrid industrial belt; ~ **de miseria** (Méx: de chabolas) shanty town. [c] (Dep) belt.

CIP NM ABR [a] (Madrid) de **Club Internacional de Prensa**. [b] (Per) de **Centro Internacional de la Papa**.

cipo NM milestone.

cipote [1] ADJ stupid. [2] NM [a] (CAm, Carib: chico) lad, youngster. [b] (fam!) prick (fam!).

ciprés NM cypress (tree).

CIR NM ABR (Esp Mil) de **Centro de Instrucción de Reclutas**.

circo NM [a] (Arquit) circus, amphitheatre, amphitheater (US). [b] (espectáculo) circus.

circuir<3g> VT to encircle, surround.

circuito NM (contorno) circumference, distance round; (viaje) tour; (Elec etc) circuit; (Dep) lap; ~ **en bucle** loop; ~ **cerrado** closed circuit, loop; ~ **interno de TV, TV por** ~ **cerrado** closed-circuit TV; ~ **lógico** (Inform) logical circuit; **corto** ~ short circuit.

circulación NF [a] (gen) circulation; ~ **fiduciaria** paper money; ~ **sanguínea** o **de la sangre** circulation of the blood; **estar fuera de** ~ to be out of circulation; **poner algo en** ~ to issue sth, put sth into circulation. [b] (Aut) (movement of) traffic; ~ **rodada** vehicular traffic; **'cerrado a la** ~ **rodada'** 'closed to vehicles'; **calle de gran** ~ busy street.

circulante ADJ (gen) circulating; (Fin: capital) working; (biblioteca etc) mobile.

circular [1] ADJ (gen) circular, round; (billete) return, round-trip. [2] NF circular. [3] <1a> VT to circulate. [4] VI [a] (gen) to circulate; (Fin) to be in circulation; **hacer** ~ **una carta** to circulate a letter. [b] (gente) to move about, walk around (por in); **¡circulen!** move along!; **hacer** ~ **a la gente** to move people along. [c] (Aut) to drive; ~ **por la izquierda** (país) to drive on the left; (en calle) to keep to the left; **hacer** ~ **los coches** to keep the cars moving. [d] (autobús etc) to run; **no circula los domingos** it does not run on Sundays.

circulatorio ADJ circulatory.

círculo NM [a] (Mat etc) circle; **C~ Polar Ártico/Polar Antártico** Arctic/Antarctic Circle; ~ **vicioso** vicious circle. [b] (grupo) circle, group; (centro) clubhouse; (Pol) political group, faction; ~**s** circles; **en los** ~**s íntimos del ministro** sources close to the minister.

circun... PREF circum....

circuncidar<1a> VT to circumcise.

circuncisión NF circumcision.

circunciso/a [1] ADJ circumcised. [2] NM/F circumcised man/woman.

circundante ADJ surrounding.

circundar<1a> VT to surround.

circunferencia NF circumference.

circunferir<3i> VT to limit.

circunflejo NM circumflex.

circunlocución NF, **circunloquio** NM circumlocution, roundabout expression.

circunnavegar<1a> VT to sail round, circumnavigate.

circunscribir <3a> (pp **circunscrito**) [1] VT (gen) to circumscribe; (fig) to limit, restrict (a to). [2] **circunscribirse** VR (fig) to be limited, be confined (a to).

circunscripción NF (gen) circumscription; (Mil etc) district; (Pol) constituency, electoral district.

circunspección NF circumspection, prudence.

circunspecto ADJ (gen) circumspect, prudent; (palabras) carefully chosen.

circunstancia NF circumstance; ~**s agravantes/atenuantes** aggravating/extenuating circumstances; **dadas las** ~**s** in o under the circumstances; **estar a la altura de las** ~**s** to rise to the occasion.

circunstanciado ADJ detailed.

circunstancial ADJ circumstantial.

circunstante NMF onlooker, bystander; **los** ~**s** those present.

circunvalación NF: **carretera de** ~ bypass, ring road, beltway (US).

cirio NM (Rel) (wax) candle; (fam: jaleo) squabble; **montar un** ~ to kick up a row (a algn with sb).

cirquero NM (Méx) circus performer, acrobat; (Com) circus impresario.

cirrosis NF cirrhosis.

ciruela NF plum; ~ **claudia** o **verdal** greengage; ~ **damascena** damson; ~ **pasa** o **seca** prune.

ciruelo NM [a] (Bot) plum tree. [b] (fam!: picha) prick (fam!).

cirugía NF surgery; ~ **estética** o **plástica** plastic surgery.

cirujano/a NM/F surgeon.

ciscar<1g> [1] VT [a] (gen) to dirty, soil. [b] (Cu, Méx fam) to put to shame. [2] **ciscarse** VR [a] (gen) to soil o.s. [b] (Cu, Méx fam) to feel ashamed.

cisco NM [a] (Min) coaldust, dross; **estar hecho (un)** ~ to be a wreck, be all in. [b] (fam: rollo) row, shindy; **armar un** ~ to kick up a row.

Cisjordania NF West Bank.

cisma NM schism; (Pol etc) split; (fig) discord, disagreement.

cismático ADJ (Rel) schismatic(al); (fig) troublemaking, dissident.

cisne NM [a] (Orn) swan. [b] (CSur: borla de empolvarse) powder puff.

Cister, Císter NM Cistercian Order.

cisterciense ADJ, NM Cistercian.

cisterna NF cistern, tank; **buque** ~ tanker.

cistitis NF cystitis.

cita NF [a] (gen) appointment, meeting; (de novios) date; **acudir a una** ~ to turn up for an appointment; **se dieron (una)** ~ **para las 8** they agreed to meet at 8; **los mejores atletas se han dado** ~ **aquí** the best athletes are gathered here; **faltar a una** ~ to miss an appointment; **tener una** ~ **con** to have an appointment with. [b] (Lit etc) quotation (de from); **con largas** ~**s probatorias** with long quotations in support.

citación NF [a] (Lit etc) quotation. [b] (Jur) summons, citation; ~ **a licitadores** invitation to tender.

citadino/a (LAm) [1] ADJ· urban. [2] NM/F urban o city dweller.

citado ADJ aforementioned; **en el** ~ **país** in the aforementioned country.

citar <1a> [1] VT [a] (gen) to make an appointment with; (novia etc) to make a date with; **la cité para las 9** I arranged to meet her at 9; **¿está Ud citado?** do you have an appointment? [b] (Jur) to call, summon; **tiene facultades para** ~ **testigos** he has the power to call witnesses. [c] (Taur) to incite, provoke. [d] (Lit etc) to quote, cite (de from); **citó varios ejemplos** o **casos** he gave many examples o cases in illustration. [2] **citarse** VR: ~ **con algn** to arrange to meet sb.

cítara NF zither.

citología NF smear test.

cítrico ADJ citric.

CiU ABR (*Esp Pol*) *de* **Convergència i Unió** *Catalan political party.*

ciudad NF city, town; **C~ del Cabo** Cape Town; **~ colmena** o **dormitorio** commuter suburb, dormitory town; **~ perdida** (*Méx: chabolas*) shanty town; **~ satélite** new town (*Brit*), satellite city (*US*); **~ universitaria** university campus; **es el mejor café de la ~** it's the best café in town; **hoy vamos a la ~** we're going (in)to town today.

ciudadanía NF citizenship; **~ de honor** freedom of a city.

ciudadano/a **1** ADJ civic, city *atr*; **el orgullo ~** civic pride.
   2 NM/F **a** (*de ciudad*) city dweller, townsman/townswoman.
   b (*Pol etc*) citizen; **~ de honor** freeman of city; **~s de segunda clase** second-class citizens.

ciudadela NF (*Mil*) citadel, fortress.

ciudadrealeño/a **1** ADJ from o of Ciudad Real. **2** NM/F native o inhabitant of Ciudad Real.

civeto NM civet.

cívico **1** ADJ (*gen*) civic; (*fig*) public-spirited, patriotic.
   2 NM (*Arg: vaso de cerveza*) large glass of beer.

civil **1** ADJ **a** (*Pol etc*) civil; **derechos ~es** civil rights; **guerra ~** civil war; **casarse por lo ~** to have a civil wedding.
   b (*Mil*) **población ~** civil o civilian population.
   c (*fig*) civil, courteous.
   d (*Rel*) secular.
   2 NM **a** (*fam: guardia*) civil guard.
   b (*Mil*) civilian.
   c (*Culin*) pickled herring.

civilización NF civilization.

civilizado ADJ civilized.

civilizador ADJ civilizing.

civilizar<1f> **1** VT to civilize. **2** **civilizarse** VR to become civilized.

civismo NM community spirit.

cizalla NF **a** (*herramienta*) wire cutters. **b** (*fragmento*) shaving.

cizaña NF **a** (*Bot*) darnel; (*Biblia*) tares. **b** (*fig*) discord; **meter** o **sembrar ~** to sow discord, create a rift (*entre* among).

cizañero/a NM/F troublemaker.

cl. ABR *de* **centilitro(s)** cl.

clamar<1a> **1** VT to clamour o (*US*) clamor for, cry out for. **2** VI to cry out, clamour; **~ contra** to protest against; **~ por** to clamour for; **esto clama al cielo** this cries out to heaven (to be reformed *etc*).

clamor NM **a** (*grito*) cry, shout; (*ruido*) noise, clamour, clamor (*US*). **b** (*de campana*) tolling, knell. **c** (*fig*) clamour, outcry.

clamorear<1a> **1** VT = **clamar 1**. **2** VI (*campana*) to toll.

clamoreo NM (*gen*) clamour(ing), clamor(ing) (*US*); (*ruegos*) pestering.

clamoroso ADJ **a** (*fig*) noisy, loud, clamorous, clamorous (*US*). **b** (*fig: éxito etc*) resounding, enormous.

clan NM (*Hist etc*) clan; (*fig: de gángsters*) family, mob (*fam*).

clandestinidad NF secrecy; **en la ~** in secrecy; (*Pol*) underground.

clandestino ADJ (*gen*) secret, clandestine; (*Pol*) clandestine, underground; (*agente*) secret, undercover.

claque NF claque.

claqué NM tap-dancing.

claqueta NF (*Cine*) clapperboard.

clara NF (*Culin*) white of an egg; (*bebida*) (lager) shandy.

claraboya NF skylight.

clarear<1a> **1** VT (*color*) to make lighter.
   2 VI **a** (*Met*) to clear o brighten up.
   b (*día*) to dawn, break; (*cielo*) to grow light.
   3 **clarearse** VR **a** (*tela*) to be transparent o see-through.
   b (*fam: traicionarse*) to give the game away.

clarete NM (*de Burdeos*) claret; (*corriente*) light red wine.

claridad NF **a** (*Met etc*) brightness, light. **b** (*fig*) clearness, clarity; **lo explicó todo con mucha ~** he explained it all very clearly. **c** **~es** home truths.

clarificación NF **a** (*Téc*) illumination, lighting (up). **b** (*fig*) clarification.

clarificar <1g> VT **a** (*Téc*) to illuminate, light (up). **b** (*líquidos*) to clarify. **c** (*fig*) to clarify.

clarín NM **a** (*instrumento*) bugle, trumpet; (*músico*) bugler; (*esp fig*) clarion. **b** (*Chi*) sweet pea.

clarinazo NM (*fig*) warning signal.

clarinete NM clarinet.

clarión NM chalk, white crayon.

clarividencia NF (*gen*) clairvoyance; (*fig*) far-sightedness.

clarividente **1** ADJ far-sighted. **2** NMF clairvoyant.

claro **1** ADJ **a** (*ojos etc*) bright; (*sala*) light, well lit.
   b (*agua*) clear, transparent.
   c (*color*) light; **una tela verde ~** a light-green cloth.
   d (*voz etc*) clear, distinct; **mente ~a** clear mind; **tan ~ como la luz del día** as plain as a pikestaff; **más ~ que el agua** as clear as day(light); **tener las ideas ~as** to be clear in one's own mind.
   e (*líquidos*) thin; (*té etc*) weak.
   f (*prueba etc*) clear, evident; **todo queda muy ~** it's all very clear; **¡~!** naturally!, of course!; **¡pues ~!** I quite agree with you!; **¡~ que sí!** yes of course!; **¡~ que no!** of course not!; **~ que no es verdad** of course it isn't true; **está ~ que** it is plain that, it is obvious that; **a las ~as** openly; **¡lo llevas o tienes ~!** (*fam*) don't say I didn't warn you! (*fam*); **tengo ~ un punto, ...** I'm clear on one thing, ...; **ni siquiera tengo ~ lo que me espera mañana** I'm not even clear what's in store for me tomorrow.
   2 ADV clearly; **hablar ~** (*fig*) to speak plainly o bluntly; **poner algo en ~** to clear up o clarify sth; **no sacamos nada en ~** we couldn't get anything definite; **pasar la noche en ~** to have a sleepless night.
   3 NM **a** (*gen*) opening; (*Tip*) gap, space; (*en discurso*) pause; (*en bosque*) clearing, glade; (*en pelo*) bald patch.
   b (*Arquit*) skylight.
   c (*Arte*) highlight.
   d (*Met*) break in the clouds.
   e **~ de luna** moonlight.

claroscuro NM chiaroscuro.

clase NF **a** (*gen*) class; (*tipo*) kind, sort; **de buena ~** good quality *atr*; **con toda ~ de** with all kinds of, with every sort of; **gente de toda ~** people of every kind, all sorts of people; **de esta ~** of this kind; **de otra ~** of another sort; **les deseo toda ~ de felicidades** I wish you every kind of happiness.
   b (*Aer, Ferro etc*) class; **primera/tercera ~** first/third class; **~ preferente** club class; **~ turista** tourist class.
   c (*Escol etc*) class; **~ nocturna** evening class; **~ particular** private class o lesson; **~ de conducción** o **de conducir** driving lesson; **dar ~s** to teach; **faltar a ~** to miss class, not go to class.
   d (*aula: Escol*) classroom; (: *Univ*) lecture room.
   e (*Pol*) class; **~ alta/media/obrera/baja** upper/middle/working/lower class; **de la ~ obrera** working-class; **~ política** politicians *pl*; **las ~s acomodadas** the well-to-do, the moneyed classes.
   f (*Mil*) **~s de tropa** non-commissioned officers.

clásicas NFPL (*Univ*) classics.

clasicismo NM classicism.

clásico **1** ADJ **a** (*Arte*) classical.
   b (*fig: gen*) classic; (: *destacado*) outstanding, remarkable; (: *coche etc*) vintage; (: *institución*) traditional, typical; **le dio el ~ saludo** he gave him the time-honoured o (*US*) time-honored salute.
   2 NM classic.

clasificable ADJ classifiable.

clasificación NF (*gen*) classification; (*Dep: liga*) table, league; (: *torneo*) qualification; (*Inform*) sorting; **~ nacional del disco** hit parade.

clasificador NM filing cabinet; **~ de cartas** letter file.

clasificar <1g> **1** VT (*gen*) to classify (*en la B* under B);

(*Com etc*) to grade, class; (*Correos, Inform*) to sort.
2 clasificarse VR **a** (*gen*) to occupy a position; **mi equipo se clasificó en segundo lugar** my team came second.
b (*Dep: torneo*) to qualify; **no se clasificó el equipo para la final** the team did not qualify for the final.
clasificatorio ADJ (*fase, prueba*) qualifying; **tabla ~a** league table.
clasista **1** ADJ (*Pol*) class *atr*; (*fam: actitud*) snobbish. **2** NMF snob.
claudicación NF giving way, abandonment of one's principles, backing down; **~ moral** failure of moral duty.
claudicar<1g> VI (*cejar*) to give way, back down, abandon one's principles.
claustro NM **a** (*Rel*) cloister. **b** (*Univ*) staff, faculty (*US*); (*junta*) senate. **c** (*Anat*) **~ materno** womb.
claustrofobia NF claustrophobia.
cláusula NF clause; **~ de exclusión** (*Com*) exclusion clause; **~ de reajuste de los precios** escalation clause.
clausura NF **a** (*Pol etc*) formal closing, closing ceremony; **discurso de ~** closing speech. **b** (*Rel*) cloister; **convento de ~** enclosed convent.
clausurar<1a> VT **a** (*debate etc*) to close, bring to a close; (*Pol etc*) to adjourn. **b** (*cerrar*) to close (down).
clavadista NMF (*CAm, Méx Dep*) diver.
clavado ADJ **a** (*gen*) nailed; (*fijo*) firmly fixed; **quedó ~ en la pared** it stuck in the wall; **el reloj estaba ~ en las 7** the watch was stopped at 7. **b** (*mueble*) studded with nails. **c** (*ropa*) just right, exactly fitting. **d dejar a algn ~** to leave sb speechless; **quedó ~** he was dumbfounded. **e a las 5 ~as** at 5 sharp o on the dot. **f es Domingo ~** he's the spitting image of Domingo. **g ¡~!** exactly!, precisely!
clavar<1a> **1** VT **a** (*clavo*) to drive in o home; (*fijar*) to fasten, fix; (*con alfiler*) to pin; (*tablas etc*) to nail (together); (*cuchillo*) to stick, thrust (*en* into), bury (*en* in); **~ un anuncio en la puerta** to nail an announcement to the door.
b (*joya*) to set, mount.
c (*mirada*) to fix (*en* on), rivet (*en* to).
d (*fam: estafar*) to cheat; **me clavaron 50 dólares** they stung me for 50 dollars.
2 clavarse VR **a** (*clavo etc*) to penetrate, go in.
b (*con puñal etc*) to stab o.s.; **~ una astilla en dedo** to get a splinter in one's finger; **~ una espina** to prick o.s. on a thorn.
c (*CAm, Méx Dep*) to dive.
clave **1** NF **a** (*de cifra etc*) key; **la ~ del problema** the key to the problem.
b (*Mús*) clef; **~ de fa/de sol** bass/treble clef.
c (*Arquit*) keystone.
d (*Inform*) **~ de búsqueda** search key; **~ de clasificación** sort key. **2** NM (*Mús*) harpsichord.
3 ADJ key *atr*; **cuestión ~** key question; **posición ~** key position.
clavel NM (*Bot*) carnation.
clavellina NF (*Bot*) pink.
clavero[1] NM (*Bot*) clove tree.
clavero[2] NM key-holder.
claveteado NM studding.
clavetear<1a> VT to decorate with nails.
clavicémbalo NM harpsichord.
clavicordio NM clavichord.
clavícula NF collar bone, clavicle.
clavija NF (*Carpintería*) peg, dowel, pin; (*Mús*) peg; (*Elec*) plug; **~ hendida** o **de dos patas** cotter pin; **apretar las ~s a algn** to put the screws on sb (*fam*).
clavijero NM (*Mús*) pegbox; (*percha*) clothes rack.
clavillo NM **a** pivot, pin. **b** (*Bot*) clove.
clavo NM **a** (*Téc*) nail; (*de adorno*) stud; **verdad de ~ pasado** platitude, truism; **agarrarse a un ~ ardiendo** to clutch at a straw; **no da** o **no pega ~** he doesn't do a stroke; **dar en el ~** (*fig*) to hit the nail on the head; **entrar de ~** to squeeze in; **llegar como un ~** to arrive on

the dot; **remachar el ~** (*fig*) to go on and on. **b** (*Bot*) clove. **c** (*Med: jaqueca*) migraine; (: *callo*) corn. **d** (*CSur: cosa desagradable*) **es un ~** it's a real pain.
claxon NM (*pl* **~s** ['klakson]) (*Aut*) horn, hooter; **tocar el ~** to sound one's horn, hoot.
claxonazo NM (*Aut*) hoot, toot (on the horn).
clemátide NF clematis.
clemencia NF (*gen*) mercy, clemency; (*Jur*) leniency.
clemente ADJ (*gen*) merciful, clement; (*Jur*) lenient.
clementina NF clementine, tangerine.
cleptomanía NF kleptomania.
cleptómano/a NM/F kleptomaniac.
clerecía NF **a** (*estado*) priesthood. **b** (*cuerpo*) clergy.
clerical ADJ clerical.
clericalismo NM clericalism.
clericato NM, **clericatura** NF priesthood.
clérigo NM priest.
clero NM clergy.
clic NM click; **hacer ~ en algo** (*Inform*) to click on sth.
cliché NM **a** (*Tip*) stencil. **b** (*Lit*) cliché. **c** (*Fot*) negative.
cliente NMF (*Com*) customer; (*Jur*) client; (*Med*) patient.
clientela NF (*Com*) clientele, customers *pl*; (*Med*) practice, patients *pl*.
clima NM climate; **~ artificial** air conditioning.
climático ADJ climatic.
climatización NF air conditioning.
climatizado ADJ air-conditioned.
climatología NF climatology.
climatológico ADJ climatological; **estudios ~s** studies in changes in the climate.
clímax ['klimas] NM INV climax.
clínica NF **a** (*gen*) clinic; **~ ambulatoria** health centre; **~ de reposo** convalescent home. **b** (*Univ*) clinical training.
clínico **1** ADJ clinical; **hospital ~** teaching hospital. **2** NM consultant.
clip NM (*pl* **~s** [klis]) (*gen*) clip; (*para papeles*) paper clip; (*LAm*) clip-on earring.
clíper NM (*Náut*) clipper.
clisar<1a> VT to stereotype, stencil.
clisé NM (*Tip*) cliché, stereotype plate; (*Fot*) negative.
cloaca NF sewer, drain.
cloch(e) NM (*CAm, Méx: Aut*) clutch.
clon NM clone.
clonación NF, **clonaje** NM cloning.
clónico **1** ADJ clonal, cloned. **2** NM (*Inform*) clone.
cloquear<1a> VI to cluck.
cloqueo NM clucking.
cloración NF chlorination.
clorador NM chlorinator.
clorhídrico ADJ hydrochloric.
cloro NM chlorine.
clorofila NF chlorophyl(l).
cloroformar <1a> VT (*LAm*), **cloroformizar** <1f> VT to chloroform.
cloroformo NM chloroform.
cloruro NM chloride; **~ sódico** sodium chloride.
closet, clóset NM (*LAm*) (built-in) cupboard, closet (*US*).
clown [klawn] NM (*pl* **~s** [klawn]) clown.
club [klu, kluβ] NM (*pl* **~s** o (*esp LAm*) **es** [klus, 'kluβes]) club; **~ campestre** country club; **~ de fútbol** football club.
clubista NMF club member.
clueca NF broody hen.
cm ABR *de* **centímetro(s)** cm.
cm² ABR *de* **centímetros cuadrados** sq. cm.
cm³ ABR *de* **centímetros cúbicos** cc.
CMCC NF ABR *de* **Comunidad y Mercado Común del Caribe** CARICOM.
CN NF ABR *de* **carretera nacional** ≈ A road.
CNA NM ABR *de* **Congreso Nacional Africano** ANC.
CNT NF ABR **a** (*Esp*) *de* **Confederación Nacional del Trabajo** *anarchist trade union*. **b** (*CSur, Méx*) *de* **Confederación Nacional de Trabajadores** *trade union*.
co... PREF CO....

coacción NF coercion, compulsion; **con ~** under duress.

coaccionar<1a> VT to coerce, compel.

coactivo ADJ coercive, compelling.

coacusado/a NM/F co-defendant.

coadyutor(a) NM/F assistant, coadjutor.

coadyuvar<1a> VT to help, assist.

coagulación NF (gen) coagulation; (de sangre) clotting.

coagulante NM coagulant.

coagular<1a> VT, **coagularse** VR to coagulate; (sangre) to clot, congeal; (leche) to curdle.

coágulo NM clot, congealed lump.

coalición NF coalition; **gobierno de ~** coalition government.

coaligado/a ① ADJ: **estar ~s** to be allied o in league. ② ADJ ally, confederate.

coaligarse<1h> VR to make common cause (con with).

coartada NF alibi; **alegar una ~** to produce an alibi.

coartar<1a> VT to limit, restrict.

coatí NM (LAm) coati.

coautor(a) NM/F joint author, coauthor.

coba NF soft soap; **dar ~ a algn** to soft-soap sb.

cobalto NM cobalt.

cobarde ① ADJ cowardly. ② NMF coward.

cobardear<1a> VI to be a coward.

cobardía NF cowardliness.

cobaya NF, **cobayo** NM guinea pig.

cobertera NF ⓐ (tapadera) lid, cover; (de reloj) watchcase. ⓑ (Bot) white water lily.

cobertizo NM (gen) shed, lean-to; **~ de aviación** hangar; **~ de coche** car port.

cobertor NM bedspread, coverlet.

cobertura NF ⓐ (acción) covering. ⓑ (Fin) coverage, collateral (US); **~ de dividendo** dividend cover; **~ del seguro** insurance cover.

cobija NF ⓐ (Arquit) coping tile. ⓑ (LAm) blanket; **~s** bedclothes.

cobijar<1a> ① VT ⓐ (cubrir) to cover (up). ⓑ (fig: proteger) to protect, shelter; (hospedar) to take in, give shelter to; (Pol, Jur etc) to harbour, harbor (US). ② **cobijarse** VR to (take) shelter.

cobijo NM ⓐ (lit) shelter, lodging. ⓑ (fig) cover.

cobista NMF (fam) crawler (fam), toady (fam).

cobra¹ NF (Zool) cobra.

cobra² NF (Caza) retrieval.

cobrable, cobradero ADJ (cheque) cashable; (precio) chargeable; (suma) recoverable.

cobrador(a) NM/F ⓐ (Com) collector. ⓑ (en bus etc) conductor/conductress.

cobrar<1a> ① VT ⓐ (recuperar) to recover; (Caza) to retrieve; (cuerda) to pull in.
ⓑ (precio) to charge; **cobran 200 dólares por arreglarlo** they charge 200 dollars to repair it; **¿cuánto me va Ud a ~?** what are you going to charge me?
ⓒ (suma) to collect, receive; (cheque) to cash; (salario) to earn; (retirar) to draw; **fue a la oficina a ~ el sueldo** he went to the office to get his wages; **cantidades por ~** sums payable, sums due; **¡cóbrame!** (en bar etc) what do I owe you?; **cuenta por ~** unpaid bill; **¡vas a ~!** you're for it!
ⓓ (fama etc) to acquire, gain; (valor etc) to summon up, muster; **~ actualidad** to be very relevant; **~ cariño a algn** to take a liking to sb; **~ fama de inteligente/ladrón** to acquire a reputation for being intelligent/a thief.
② VI (Fin) to draw one's pay, collect one's salary; **cobra los viernes** he gets paid on Fridays; **a ~** receivable.
③ **cobrarse** VR (deuda) to collect, recover; **¡se cobra aquí, por favor!** pay over here, please!; **~se un favor** to get repaid a favour o (US) favor; **el accidente se cobró 3 víctimas** the accident claimed 3 lives.

cobre NM ⓐ (Min) copper; (LAm fam: céntimo) cent; **no tengo un ~** I haven't a cent o penny. ⓑ (Culin) copper pans. ⓒ (Mús) brass; **batir(se) el ~** to work with a will.

cobrizo ADJ coppery, copper-coloured, copper-colored (US).

cobro NM ⓐ (Caza) recovery, retrieval. ⓑ (Fin) collec-

tion; (de cheque) encashment; (pago) payment; **~ a la entrega** collect on delivery; **llamar a ~ revertido** to reverse the charges; **poner al o en ~** make payable; (factura) to send out. ⓒ (fig) safe place; **poner algo en ~** to put sth in a safe place o out of harm's way; **ponerse en ~** to take refuge, get to safety.

coca NF ⓐ (Bot) coca; (droga) coke (fam), snow (fam). ⓑ (Méx fam) **de ~** free, gratis.

cocada NF (Bol, Per) coca plug.

cocaína NF cocaine.

cocainómano/a NM/F cocaine addict.

cocal NM coca plantation.

cocción NF (Culin: gen) cooking; (: el hervir) boiling; (Téc) firing; **el agua de ~** boiling water.

cocear<1a> VT, VI to kick.

cocer <2b, 2h> ① VT ⓐ (Culin: gen) to cook; (: hervir) to boil; (: al vapor) to steam (cook). ⓑ (Téc) to bake, fire. ② VI (gen) to boil; (vino) to ferment. ③ **cocerse** VR (tramarse) to be brewing; **¿qué se cuece por ahí?** what's cooking? (fam).

cochambre NM (mugre) filth; (objeto) disgusting object; (fig) rubbish.

cochambroso ADJ filthy.

cochayuyo NM (LAm) edible seaweed.

coche NM ⓐ (Aut) car, automobile (US); **~ ambulancia** ambulance; **~ de alquiler** hire car; **~ blindado** armoured o (US) armored car; **~ de bomberos** fire engine; **~ de carreras** racing car; **~ celular** prison van, patrol wagon; **~ de choque** dodgem car; **~ deportivo** sports car; **~ fúnebre** hearse; **~ de línea** long-distance taxi; **~ patrulla** patrol car; **~ de turismo** private car; **ir en ~** to go by car, drive; **ir en el ~ de San Fernando** to go on shanks's pony.
ⓑ (Ferro) coach, car, carriage; **~ cama/comedor** sleeping/dining o restaurant car; **~ de correos** mail van; **~ directo** through carriage; **~ de equipajes** luggage van, baggage car (US); **~ de literas** couchette car; **~ de viajeros** passenger coach.
ⓒ (Hist) coach, carriage.

coche-bomba NM (pl **coches-bomba**) car bomb.

cochecito NM ⓐ (juguete) toy car; (para bebé) pram; (para niño) pushchair. ⓑ (Med) wheelchair.

cochera NF ⓐ (de carruajes) coach house; **~ de alquiler** livery stable. ⓑ (Aut) garage, carport; (de autobuses) depot.

cochero ① ADJ: **puerta ~a** carriage entrance. ② NM coachman; **hablar (en) ~** (Méx) to use coarse language.

cochina NF sow; V tb **cochino**.

cochinada NF ⓐ (suciedad) filth, filthiness; (comentario) filthy language. ⓑ (cosa) filthy object. ⓒ (fig) dirty trick.

cochinear<1a> VI to talk smut.

cochinería NF = **cochinada**.

cochinilla NF ⓐ (Zool) woodlouse. ⓑ (Culin) cochineal. ⓒ **de ~** (Cu, Méx) trivial.

cochinillo NM piglet, sucking-pig.

cochino/a ① ADJ ⓐ (sucio) filthy, dirty. ⓑ (fig) rotten; **esta vida ~a** this wretched life. ② NM/F ⓐ pig. ⓑ (fig) **realmente es un ~** he really is a swine. ③ NM boar.

cochiquera NF, **cochitril** NM pigsty.

cochura NF ⓐ = **cocción**. ⓑ (cantidad) batch of loaves etc.

cocido ① ADJ ⓐ boiled, cooked; **bien ~** well done. ⓑ **estar ~** (fam) to be pissed (fam!); (de calor) to be roasting (fam). ② NM stew; **ganarse el ~** to earn one's living.

cociente NM (Mat) quotient; (Dep) goal etc average.

cocina NF ⓐ (pieza) kitchen; **de ~** kitchen atr. ⓑ (aparato) stove, cooker; **~ eléctrica/de gas** electric/gas cooker; **~ de petróleo** oil stove. ⓒ (arte) cuisine; **~ casera** plain o home cooking; **~ nueva** nouvelle cuisine; **la ~ valenciana** the Valencian cuisine; **libro de ~** cookery book, cookbook (US).

cocinar<1a> ① VT to cook. ② VI ⓐ (guisar) to cook, do

the cooking. **b** (*fig*) to meddle.

cocinero/a NM/F cook.

cocinilla NF **a** (*cuarto*) small kitchen, kitchenette. **b** (*Mec: gen*) small cooker; (: *de alcohol*) spirit stove.

coco¹ NM (*Med*) coccus; (*insecto*) grub, maggot.

coco² NM **a** (*fantasma*) bogeyman; **parece un ~** he's an ugly devil; **¡que viene el ~!** the bogey man'll get you! **b** (*mueca*) face, grimace.

coco³ NM **a** (*Bot: fruto*) coconut; (: *árbol*) coconut palm. **b** (*fam: cabeza*) head, nut (*fam*); **comer el ~ a algn** (*fam*) to brainwash sb; **comerse el ~ por algo** (*fam*) to get neurotic about sth.

cocodrilo NM crocodile.

cocoliche NM (*CSur Ling*) hybrid Spanish of Italian immigrants.

cocorota NF bonce (*fam*), nut (*fam*).

cocotal NM coconut plantation.

cocotero NM coconut palm.

cóctel NM (*pl* **~s** *o* **~es**) **a** (*bebida*) cocktail. **b** (*reunión*) cocktail party. **c** **~ (Molotov)** petrol bomb.

coctelera NF cocktail shaker.

cocuyo NM (*LAm*) glow worm, lightning bug (*US*).

cod. ABR *de* **código**.

codazo NM **a** dig, nudge (with one's elbow); **abrirse paso a ~s** to elbow one's way through. **b** (*Méx*) **dar ~ a algn** to tip sb off, warn sb.

codear<1a> **1** VI to elbow, jostle. **2** **codearse** VR: **~ con** to hobnob o rub shoulders with.

codeína NF codeine.

codeo NM (*LAm fam*) sponging.

codera NF elbow patch.

codeso NM laburnum.

códice NM manuscript, codex.

codicia NF greed, covetousness; **~ de** lust for.

codiciable ADJ covetable, desirable.

codiciado ADJ sought-after, coveted.

codiciar<1b> VT to covet.

codicilo NM codicil.

codicioso ADJ greedy, covetous; **ser ~ de** to be greedy for, covet.

codificación NF codification.

codificación NF: **~ de barras** bar coding.

codificador NM (*Inform*) encoder.

codificar<1g> VT to codify.

código NM **a** (*Jur etc*) code, rules *pl*; **~ de barras/de máquina/de operación** (*Inform*) bar/machine/operational o machine code; **~ de (la) circulación** o **del tránsito** highway code; **~ civil** civil code; **~ de leyes** statute book; **~ militar** military law; **~ penal** penal code; **~ postal** postcode; **~ de práctica** code of practice. **b** (*Telec etc*) code; **mensaje en ~** coded message.

codillo NM (*Zool*) knee; (*Bot*) stump; (*Téc*) elbow.

codirigir<3c> VT (*TV, Cine*) to co-direct.

codo NM **a** (*Anat*) elbow; (*Zool*) knee; **~ con ~** neck and neck; **comerse los ~s de hambre** to be utterly destitute; **dar con el** o **dar de(l) ~ a algn** (*CAm*) to nudge sb; **empinar el ~** to booze; **hablar por los ~s** to talk 19 to the dozen, talk a blue streak (*US*); **morderse un ~** (*Méx, CSur*) to restrain o.s.; **pelarse** o **romperse los ~s** to swot (*fam*); **ser del ~, ser duro de ~** (*CAm*) to be mean. **b** (*Téc*) elbow, bend. **c** (*fig*) **hacer más ~s** to put more elbow grease into it.

codorniz NF quail.

COE NM ABR *de* **Comité Olímpico Español**.

coedición NF (*libro*) joint publication; (*acto*) joint publishing.

coeducación NF coeducation.

coeducacional ADJ coeducational.

coeficiente NM (*Mat*) coefficient; (*Econ etc*) rate; (*Med*) degree; **~ de incremento** rate of increase; **~ de inteligencia** intelligence quotient, IQ.

coercer<2b> VT to coerce.

coerción NF coercion.

coercitivo ADJ coercive.

coetáneo/a ADJ, NM/F contemporary.

coexistencia NF coexistence; **~ pacífica** peaceful coex-

istence.

coexistir<3a> VI to coexist (*con* with).

cofia NF hair net; (*de enfermera*) (white) cap.

cofrade NM member (of a brotherhood), brother.

cofradía NF (*Rel*) brotherhood, fraternity; (*gremio*) guild; (*de ladrones etc*) gang.

cofre NM (*gen*) chest; (*para joyas etc*) box, case; (*Méx Aut*) bonnet, hood (*US*).

cogedor NM dustpan.

coger<2c> **1** VT **a** (*gen: esp Esp*) to take o catch hold of; (*por fuerza*) to seize, grasp; (*balón etc*) to catch; (*vestido*) to gather up; (*libro, algo caído*) to pick up; **~ la tercera (calle) a la derecha** to take the third (street) on the right; **~ a algn de la mano** to take sb by the hand; **cogidos de la mano** hand-in-hand; **no ha cogido un fusil en la vida** he's never held a gun in his life.

b (*robar*) to pinch; (*pedir prestado*) to borrow; **me coge siempre las cerillas** he always takes my matches; **te he cogido la regla** I've borrowed your ruler, I've nabbed your ruler (*fam*).

c (*flor*) to pick; (*fruta*) to gather, collect.

d (*persona, pez, prisionero*) to catch; (*Jur*) to arrest; (*Mil*) to take prisoner; **¡por fin te he cogido!** caught you at last!; **~ a algn en una mentira** to catch sb lying o in a lie.

e (*sorprender*) to catch out; **~ a algn desprevenido/en una mentira** to take sb unawares/catch sb lying; **la guerra nos cogió en Francia** the war found o caught us in France.

f (*suj: toro*) to gore, toss; (: *coche*) to knock down, run over.

g (*billete etc*) to get, acquire; **he cogido un billete de avión** I've got an air ticket; **cógeme un buen sitio** get me a good place.

h (*Med*) to catch; (*fig: costumbre*) to get into; **el niño cogió sarampión** the child got o caught measles; **ha cogido la manía de las quinielas** he's caught the pools craze.

i (*suj: emoción*) to take; **~ aversión/cariño a** to take a dislike/liking to; **~ celos a** to become jealous of.

j (*sentido*) to get, understand; (*frase*) to catch; (*acento*) to pick up.

k (*empleados, trabajo*) to take on; (*propina*) to take, accept.

l (*Ferro etc*) to take, catch, go by; **vamos a ~ el tren** let's take the train.

m (*fuerzas, velocidad*) to gather.

n (*emisora, canal*) to pick up, get; **con esta radio cogemos Praga** we can get Radio Prague on this set.

o (*suj: recipiente*) to hold, take; (*área*) to cover.

p (*escoger*) to choose, pick; **has cogido un mal momento** you've picked a bad time.

q (*LAm fam!*) to lay (*fam*), screw (*fam!*).

2 VI **a** (*Bot*) to take. **b** (*caber*) to fit; **aquí no coge** there's no room for it here.

c **cogió y se fue** (*fam*) he just upped and offed (*fam*).

d (*dirigirse*) **cogió por esta calle** he went down this street.

3 **cogerse** VR **a** (*gen*) to catch; **~ los dedos en la puerta** to catch one's fingers in the door; **~ una mona** o **trompa** (*fam*) to get pissed (*fam!*) o plastered (*fam*).

b **~ de** (*agarrarse*) to grab hold of.

c (*robar*) **~ algo** to steal sth.

cogestión NF co-partnership.

cogida NF **a** (*Agr*) gathering, picking. **b** (*Taur*) goring, tossing. **c** (*LAm fam!*) hump (*fam!*), lay (*fam*).

cognición NF cognition.

cogollo NM **a** (*Bot: tallo*) shoot, sprout; (: *de lechuga*) heart. **b** **el ~ de la sociedad** the cream of society. **c** (*fig*) core, nucleus.

cogote NM back of the neck, nape.

cohabitación NF cohabitation; (*Pol*) coexistence.

cohabitar<1a> VI to live together, cohabit; (*Pol*) to coexist.

cohechar<1a> VT to bribe.

cohecho NM bribe, bribery.
coherencia NF (*gen*) coherence; (*Fís*) cohesion.
coherente ADJ coherent.
cohesión NF cohesion.
cohesionar<1a> VT to unite, draw together.
cohesivo ADJ cohesive.
cohete [1] NM [a] (*gen*) rocket; **~ espacial** (space) rocket; **~ luminoso** o **de señales** flare, distress signal. [b] (*Méx fam: pistola*) piece (*fam*), pistol. [c] (*CSur*) **al ~** to no effect. [2] ADJ (*CAm, Méx*) drunk, tight (*fam*).
cohibición NF (*Jur etc*) restraint; (*Med*) inhibition.
cohibido ADJ (*Jur etc*) restrained; (*Med*) inhibited; (*tímido*) shy; **sentirse ~** to feel embarrassed.
cohibir<3a> [1] VT (*Jur etc*) to restrain, restrict; (*Med*) to inhibit; (*incomodar*) to embarrass. [2] **cohibirse** VR (*Med etc*) to feel inhibited; (*incomodarse*) to feel embarrassed.
cohonestar<1a> VT [a] (*acto*) to explain away, whitewash. [b] (*diferencias*) to reconcile.
cohorte NF cohort.
COI NM ABR de **Comité Olímpico Internacional** IOC.
coima NF (*LAm: soborno*) bribe.
coimacracia NF (*Per fam*) rule of graft.
coimero/a (*And, CSur*) [1] ADJ bribe-taking. [2] NM/F bribe-taker.
coincidencia NF (*gen*) coincidence; (*acuerdo*) agreement, conformity; **en ~ con** in agreement with.
coincidir <3a> VI [a] (*sucesos*) to coincide (*con* with); **coincidimos en el teatro** we met up by chance at the theatre. [b] (*estar de acuerdo*) to agree (*en que* that).
coipo, coipu NM (*LAm*) beaver-like animal.
coito NM intercourse, coitus.
cojear<1a> VI (*al andar*) to limp, hobble (along); (*estado*) to be lame (*de* in); (*mueble*) to wobble; **cojean del mismo pie** they both have the same faults.
cojera NF lameness, limp.
cojín NM cushion.
cojinete NM [a] (*almohadilla*) small cushion, pad. [b] (*Mec*) bearing; **~ de bolas/de rodillos** ball/roller bearing. [c] (*Ferro*) chair.
cojo¹/a [1] ADJ [a] (*gen*) lame, crippled; (*Dep etc*) limping; (*muebles*) wobbly; **~ de un pie** lame in one foot. [b] (*fig*) lame, weak; **la frase está ~a** the sentence is incomplete. [2] NM/F cripple.
cojo² (*etc*) V **coger**.
cojón NM (*fam!*) ball (*fam!*), testicle; **es un tío con ~es** he's got guts; **¡hace falta tener ~es!** the bloody cheek! (*fam*); **hacer algo por ~es** to do sth by hook or by crook, do sth at all costs; **hace un frío de ~es** it's bloody cold (*fam*).
cojonudo ADJ (*Esp fam*) marvellous, marvelous (*US*), brilliant (*fam*).
cojudez NF (*And, CSur: fam!*) nonsense, stupidity.
cojudo/a [1] ADJ [a] (*animal*) entire, not castrated. [b] (*CSur fam!*) stupid. [2] NM/F stupid idiot (*fam*).
cok(e) NM (*LAm Min*) coke.
col¹ NF cabbage; **~ de bruselas** (Brussels) sprouts; **~ roja** red cabbage; **entre ~ y ~, lechuga** a change is as good as a rest.
col², col.ª ABR de **columna** col.
cola¹ NF [a] (*Zool*) tail. [b] (*de frac etc*) tail; (*de vestido*) train. [c] (*posición*) tail end; **estar a la ~** to be last in line, be at the end of the queue o (*US*) line; (*en clase etc*) to be bottom; **venir a la ~** to come last. [d] (*línea*) queue, line (*US*); **hacer ~** to queue (up); **¡a la ~!, ¡haga Ud ~!** get in the queue! [e] (*Téc*) **~ de milano** o **de pato** dovetail. [f] (*fig*) **tener** o **traer ~** to have grave consequences; **tener ~ de paja** (*Uru fam*) to feel guilty.
cola² NF (*adhesivo*) glue, gum; (*Arte*) size; **pintura a la ~** distemper; (*Arte*) tempera; **esas cortinas no pegan ni con ~** those curtains just do not match in; **el final de la película no pega ni con ~** the film's ending doesn't fit in.
colaboración NF [a] (*gen*) collaboration. [b] (*en periódico*) contribution (*a, en* to).

colaboracionismo NM collaboration.
colaboracionista NMF (*Pol*) collaborator.
colaborador(a) NM/F (*gen*) collaborator, coworker; (*Lit etc*) contributor.
colaborar<1a> VI [a] (*gen*) to collaborate (*en algo* on sth). [b] **~ en un periódico** to contribute (articles) to o write for a newspaper.
colación NF [a] (*comparación*) collation, comparison; **sacar a ~** to bring up. [b] (*Culin*) collation; (*LAm*) box of sweets. [c] (*Univ*) conferral.
colacionar<1a> VT to collate, compare.
colada NF [a] (*lavado*) washing; **día de ~** washday; **tender la ~** to hang out the washing. [b] (*lejía*) bleach, lye. [c] (*Geol*) outflow.
coladero, colador NM strainer, colander; **dejar como un ~** to riddle with bullets.
colado ADJ [a] (*metal*) cast. [b] **aire ~** draught, draft (*US*). [c] **estar ~ por** (*fam*) to be madly in love with.
coladura NF [a] (*filtración*) straining. [b] **~s** grounds, dregs. [c] (*fam: pata*) clanger.
colágeno NM collagen.
colapsar<1a> [1] VT [a] (*derribar*) to overthrow, cause to collapse. [b] (*Aut etc*) to jam, block. [2] VI, **colapsarse** VR to collapse, go to pieces.
colapso NM [a] (*Med*) collapse; **~ nervioso** nervous breakdown. [b] (*fig*) breakdown.
colar <1l> [1] VT [a] (*verduras*) to strain (off); (*café*) to filter; (*metal*) to cast, pour. [b] (*ropa*) to bleach. [c] **~ algo por un sitio** to slip sth through a place. [d] **~ algo a algn** to foist o palm sth off on sb; **~ una moneda** to pass a (false) coin; **¡a mí no me la cuelas!** I'm not going to swallow that! [2] VI [a] **esa noticia no cuela** that news item doesn't wash. [b] (*fam: beber*) to booze, tipple. [3] **colarse** VR [a] (*gen*) to slip in; (*líquidos*) to filter through; (*aire*) to get in (*por* through); (*en mitin*) to sneak in; (*en fiesta*) to gatecrash; (*en cola*) to jump the queue, cut in line (*US*). [b] (*equivocarse*) to slip up; (*meter la pata*) to put one's foot in it. [c] (*enamorarse*) **~ por una chica** to fall for a girl.
colateral ADJ collateral.
colcha NF bedspread, counterpane.
colchón NM mattress; **~ de aire** airbed; (*Téc*) air cushion; **~ de muelles** spring mattress; **~ de plumas** feather bed; **servir de ~ a** (*fig*) to act as a buffer for.
colchoneta NF (*Dep*) mat.
cole NM (*fam*) = **colegio**.
colear<1a> [1] VT [a] (*Taur: toro*) to hold on to the tail of. [b] (*LAm fam*) to harass. [2] VI [a] (*perro*) to wag its tail; (*caballo etc*) to swish its tail; (*pez*) to wriggle. [b] (*fig*) **el asunto todavía colea** the affair is still not settled; **vivito y coleando** alive and kicking.
colección NF collection.
coleccionar<1a> VT, VI to collect.
coleccionista NMF collector.
colecta NF [a] (*gen*) collection (for charity). [b] (*Rel*) collect.
colectar<1a> VT to collect.
colectivero NM (*LAm*) (mini-)bus driver.
colectividad NF (*gen*) collectivity; (*grupo*) group, community; **en ~** collectively.
colectivizar<1f> VT to collectivize.
colectivo [1] ADJ collective; **acción ~a** joint action; V **convenio**. [2] NM [a] (*Pol*) collective. [b] (*LAm: bus*) minibus, (small) bus; (: *taxi*) taxi.
colector NM [a] (*individuo*) collector; (*Elec*) collector; (*Mec*) sump, trap.
colega NMF (*gen*) colleague; (*fam*) mate, pal, buddy (*US*).
colegiado/a [1] ADJ [a] collegiate. [2] NM/F (*Dep*) referee.
colegial(a) [1] ADJ [a] (*Escol etc*) school atr, college atr. [b] (*Rel*) collegiate. [c] (*Méx: inexperto*) raw, green (*fam*), inexperienced. [2] NM/F schoolboy/schoolgirl.

colegiarse <1a> VR to become a member of one's professional association.

colegiata NF collegiate church.

colegiatura(s) NF(PL) (*Méx*) school o university fees.

colegio NM [a] (*Escol*) school; **~ de internos** boarding school; **~ de monjas** convent school; **~ de pago** fee-paying school; **ir al ~** to go to school. [b] (*Univ*) college; **~ mayor** hall of residence. [c] (*gremio etc*) **~ de abogados** bar (association); **C~ de cardenales** College of Cardinals; **~ electoral** (*local*) polling station; (*electores*) electoral college.

colegir <3c, 3k> VT [a] (*juntar*) to collect, gather. [b] (*inferir*) to infer, conclude (*de* from).

cólera [1] NF [a] (*ira*) anger, rage; **descargar la ~ en** to vent one's anger on. [b] (*Anat*) bile. [2] NM (*Med*) cholera.

colérico ADJ (*furioso*) angry, furious; (*malhumorado*) irritable, bad-tempered.

colero NM (*Chi*) top hat.

colesterol NM cholesterol.

coleta NF [a] (*trenza*) plait; (*Taur*) pigtail; **gente de ~** bullfighters, bullfighting people; **cortarse la ~** to quit, retire. [b] (*adición*) postscript, afterthought.

coletazo NM [a] (*de animal*) lash, blow with the tail; **está dando los últimos ~s** (*fig*) it's on its last legs. [b] (*Aut*) swaying movement; **dar ~s** to sway about. [c] (*fig*) **~s** death throes.

coletilla NF afterthought.

coleto NM [a] (*Hist*) doublet, jerkin. [b] (*fam*) **decir para su ~** to say to o.s.; **echarse algo al ~** (*comer*) to eat sth right up; (*beber*) to drink sth down; **echarse un libro al ~** to devour a book.

colgadero NM (*gancho*) peg; (*percha*) hanger.

colgadizo [1] ADJ hanging, loose. [2] NM lean-to shed.

colgado [1] PP de **colgar**.
[2] ADJ [a] (*gen*) hanging; (*ahorcado*) hanged, hung; (: *asunto*) pending.
[b] (*locuciones*) **dejar ~ a algn** to let sb down; (*en cita*) to stand sb up; **estar ~** (*fam*: *drogado*) to be stoned (*fam*); (*sin plan*) to be at a loose end (*fam*); **quedar ~ a algn** (*fam*) to let sb down, leave sb out on a limb; **quedarse ~** (*fam*) to be let down.

colgadura NF hangings *pl*.

colgajo NM [a] (*trapo*) tatter, shred. [b] (*Bot*) bunch. [c] (*Med*) flap of flesh.

colgante [1] ADJ hanging; **con la lengua ~** with his tongue hanging out; V **puente**. [2] NM [a] (*joya*) pendant. [b] (*Arquit*) festoon.

colgar <1h, 1l> [1] VT [a] (*cuadro etc*) to hang (up) (*de* from; *en* on); (*reo*) to hang; (*colada*) to hang out. [b] (*pared*) to decorate with hangings, drape (*de* with). [c] (*achacar*) to attribute (*a* to); **~ la culpa a algn** to pin the blame on sb. [d] (*Univ fam*) to fail. [e] (*Telec*) **~ a algn** to hang up on sb. [2] VI (*gen*) to hang, be suspended (*de* on, from); (*Telec*) to hang up, ring off.

colibrí NM hummingbird.

cólico NM colic.

coliflor NF cauliflower.

colilla NF cigarette o (*Brit*) fag end.

colimba NF (*Arg fam*) military service.

colina NF hill.

colindante ADJ adjacent, adjoining.

colindar <1a> VI to adjoin, be adjacent; **~ con** to border on.

colirio NM eye-drops.

colisión NF [a] (*Aut etc*) crash, smash; **~ de frente** head-on collision. [b] (*fig*) clash.

colitis NF colitis.

collage [ko'la:3] NM collage.

collar NM [a] (*adorno*) necklace; (*insignia*) chain (of office); (*Zool etc*) collar; **~ de perlas** pearl necklace. [b] (*Mec*) collar, ring.

collarín NM surgical collar.

collera NF [a] (*Agr*) horse collar. [b] (*CSur*) **~s** cufflinks.

colmado [1] ADJ full (*de* of); **una cucharada ~a** one

heaped spoonful; **una carrera ~a de incidentes** an eventful race. [2] NM grocer's shop.

colmar <1a> VT [a] (*vaso etc*) to fill to the brim o to overflowing (*de* with); (*cuchara etc*) to heap (*de* with). [b] (*ambición etc*) to fulfil, fulfill (*US*), realize. [c] (*fig*) **~ a algn de honores/improperios** to shower o heap honours o (*US*) honors/abuse (up)on sb.

colmena NF [a] (*de abejas*) beehive; (*fig*) hive. [b] (*Méx*: *abeja*) bee.

colmenar NM apiary.

colmenero/a NM/F beekeeper.

colmillo NM [a] (*Anat*) eye tooth, canine (tooth); (*Zool*) fang; (*de elefante*) tusk. [b] (*fig*) **enseñar los ~s** to show one's teeth; **escupir por el ~** to talk big, brag; **tener el ~ torcido** to be an old fox.

colmo NM (*fig*) height, extreme; **el ~ de la elegancia** the height of elegance; **para ~ (de desgracias)** to cap it all; **¡eso ya es el ~!** that's beyond a joke!, that's the limit!; **sería el ~ si** it would be the end if.

colocación NF [a] (*acto*) placing, positioning; (*Com*) investment. [b] (*empleo*) job; **no encuentro ~** I can't find a job. [c] (*situación*) place, position.

colocado ADJ [a] (*en trabajo*) in employment, working; **está muy bien ~a** she's got a great job. [b] (*fam*: *bebido*) drunk; (*colgado*) stoned (*fam*).

colocar <1g> [1] VT [a] (*gen*) to place, put, position; (*arreglar*) to arrange; **~ la quilla de un buque** to lay down a ship's keel; **~ un satélite en órbita** to put o place a satellite in orbit.
[b] (*emplear*) to place (in a job), find a post for.
[c] (*Fin*) to invest.
[d] **~ a algn** (*fam*: *suj*: *droga*) to get sb stoned (*fam*); (: *alcohol*) to get sb pissed (*fam*).
[e] **~ algo a algn** (*fam*) to fob sth off on sb; **~ un rollo a algn** (*fam*: *vender*) to rabbit on to sb about sth (*fam*).
[2] **colocarse** VR [a] (*gen*) to place o station o.s.
[b] (*Dep*) to be (placed); **el equipo se ha colocado en quinto lugar** the team has climbed to fifth position.
[c] (*conseguir trabajo*) to get a job.
[d] (*fam*) to get high (*fam*) (*con* on).

colocolo NM (*Chi*) [a] (*gato montés*) wildcat. [b] (*monstruo*) mythical monster.

colofón NM colophon.

colofonia NF rosin, colophony.

Colombia NF Colombia.

colombiano/a ADJ, NM/F Colombian.

colon NM (*Anat*) colon.

Colón NM Columbus.

colón NM (*CR*, *ElS*) monetary unit of Costa Rica and El Salvador.

colonia¹ NF [a] (*Bio*, *Pol etc*) colony; (*Méx*) residential suburb o area; **~ Quintanilla del D.F.** the Quintanilla area of the capital; **~ escolar**, **~ veraniega**, **~ de vacaciones** summer camp for schoolchildren; **~ obrera** working-class housing scheme; **~ penal** penal settlement. [b] (*cinta*) silk ribbon.

colonia² NF eau-de-Cologne.

Colonia NF Cologne.

coloniaje NM (*LAm*: *época*) colonial period; (: *sistema*) colonial government.

colonial ADJ colonial; (*Com*) overseas, imported.

colonialismo NM colonialism.

colonialista ADJ, NMF colonialist.

colonización NF colonization, settlement.

colonizador(a) [1] ADJ colonizing. [2] NM/F colonist, colonizer.

colonizar <1f> VT to colonize, settle.

colono NM [a] (*Pol*) colonist, settler. [b] (*Agr*) tenant farmer.

coloquial ADJ colloquial, familiar.

coloquio NM (*charla*) conversation, talk; (*Univ etc*) conference; (*Lit*) dialogue, dialog (*US*); (*Inform*) handshake.

color NM [a] (*gen*) colour, color (*US*); (*esp fig*) hue, shade; **a ~, en ~es** (*film*) in colour, colour *atr*; **a todo ~** in full colour; **gente de ~** coloured people; **el suceso tuvo ~es trágicos** the event had its tragic aspect; **~ base** ba-

sic colour; **~ muerto** o **quebrado/sólido** dull/fast colour; **un vestido de ~ malva** a mauve(-coloured) dress; **verlo todo ~ de rosa** to see everything through rose-coloured spectacles; **me puse de mil ~es** I went bright red with embarrassment; **le salieron los ~es** she blushed; **no hay ~** (fam) there's no comparison, they're streets apart (fam).
b (Arte) colour, paint; (Téc) dye, colouring matter; (fig: tono) tone; (tendencia) tendency.
c ~es (Mil) colours; **los ~es nacionales** the (national) flag.
d (fam: droga) dope (fam).

coloración NF coloration, colouring, coloring (US); (Zool etc) markings pl.

colorado **1** ADJ **a** coloured, colored (US); (esp) red; (tez) ruddy; **poner ~ a algn** to make sb blush; **ponerse ~** to blush. **b** (esp LAm: chiste) blue, rude. **2** NM red.

colorante ADJ, NM colouring, coloring (US).

colorar <1a> VT (gen) to colour, color (US); (teñir) to dye, tint; **~ algo de amarillo** to colour o dye etc sth yellow.

colorear <1a> **1** VT **a** = **colorar**. **b** (fig) to justify, whitewash. **2** VI **a** (frutos) to ripen. **b** (tirar a rojo) to be reddish; (ponerse colorado) to redden.

colorete NM rouge.

colorido NM colour(ing), color(ing) (US).

colorín NM **a** (color) bright colour o (US) color; **con muchos ~es** all bright and colourful; **y ~, colorado, este cuento ha acabado** and they all lived happily ever after; **¡qué ~es tiene el niño!** what rosy cheeks the little fellow has! **b** (Orn) linnet. **c** (Med) measles.

colorista **1** ADJ colouristic, coloristic (US). **2** NMF colourist, colorist (US).

colosal ADJ colossal; (comida etc) splendid.

coloso NM colossus.

columbario NM columbarium.

columbrar <1a> VT **a** (divisar) to make out. **b** (fig) to guess.

columna NF **a** (Arquit, Téc, Tip) column; **~ de dirección** steering column. **b** (Mil) column; **~ blindada** armoured o (US) armored column; **quinta ~** fifth column. **c** (Anat) **~ vertebral** spine, spinal column. **d** (fig) pillar; **una ~ de la religión** a pillar of religion.

columnata NF colonnade.

columnista NMF columnist.

columpiar <1b> **1** VT to swing, push (on a swing). **2** **columpiarse** VR (mecerse) to swing.

columpio NM swing; **~ basculante** o **de tabla** seesaw.

colusión NF collusion.

colza NF (Bot) rape, colza; **aceite de ~** rape-seed oil.

coma[1] NM (Med) coma.

coma[2] NF (Tip) comma; (Mat) decimal point; **sin faltar una ~** dotting the 'i's and crossing the 't's; **12,5 (doce ~ cinco)** 12.5 (twelve point five).

comadre NF **a** (madrina) godmother. **b** (vecina) neighbour, neighbor (US); (chismosa) gossip. **c** (Med) midwife. **d** (alcahueta) go-between, procuress.

comadrear <1a> VI to chat, gossip.

comadreja NF weasel.

comadreo NM, **comadrería** NF gossip(ing).

comadrona NF midwife.

comal NM (CAm, Méx) (clay) griddle.

comanche ADJ, NMF Comanche.

comandancia NF **a** (función) command. **b** (grado) rank of major. **c** (central) headquarters. **d** (zona) area under a commander's jurisdiction.

comandante NM **a** commandant, commander; **~ en jefe** commander-in-chief; **~ de vuelo** pilot, captain. **b** (grado) major.

comandar <1a> VT to command, lead.

comandita NF sleeping o silent partnership.

comanditario ADJ: **socio ~** sleeping o silent partner.

comando NM (Mil: mando) command; (: soldado) commando; (: grupo) commando unit o group; (de terroristas) active service unit; (Inform) command.

comarca NF region, area, county (US).

comarcal ADJ local, regional.

comatoso ADJ comatose.

comba NF **a** (gen) bend; (en viga) warp, sag. **b** (juguete) skipping rope; **saltar a la ~** to skip. **c** (juego) skipping. **d** **no pierde ~** he doesn't miss a trick.

combadura NF **a** = **comba (a)**. **b** (Aut) camber.

combar <1a> **1** VT to bend, curve. **2** **combarse** VR (hacer curva) to bend, curve; (alabearse) to bulge, warp.

combate NM (gen) fight; (Mil) combat; (Boxeo) contest, fight; (fig) battle, struggle; **~ naval** naval battle; **~ singular** single combat; **estar fuera de ~** (lit, fig) to be out of action; (Boxeo) to be knocked out.

combatiente NMF combatant; **no ~** non-combatant.

combatir <1a> **1** VT (Mil) to attack; (fig) to combat, fight. **2** VI to fight.

combatividad NF (gen) fighting spirit; (agresividad) aggressiveness.

combativo ADJ (gen) full of fight, spirited; (Pol) militant.

combi NF (Méx, CSur) combi van.

combinación NF **a** (acción) combination. **b** (de caja fuerte) combination. **c** (Ferro etc) connection; **hacer ~ con** to connect with. **d** (prenda) slip. **e** (quinielas) permutation; **~ métrica** (Lit) stanza form, rhyme scheme. **f** (plan) setup, scheme.

combinado NM cocktail.

combinar <1a> **1** VT (gen) to combine; (colores) to match; (plan) to devise. **2** **combinarse** VR (gen) to combine; (conspirar) to conspire.

combustible **1** ADJ combustible. **2** NM fuel.

combustión NF combustion.

comecocos (fam) **1** NM INV **a** (obsesión) obsession, hang-up (fam); (pasatiempo) brainteaser; (lavacerebros) brainwashing exercise. **b** (preocupación) nagging worry. **2** NMF INV (persona) nag (fam).

COMECON NM ABR de **Consejo para la Mutua Ayuda Económica** Comecon.

comedero NM (Agr) trough, manger.

comedia NF **a** comedy; (Hist) play; **~ en un acto** one-act play; **~ de capa y espada** cloak-and-dagger play; **~ de enredos** comedy of intrigue; **~ italiana** commedia dell'arte. **b** (fig) farce; **hacer ~** to put on an act.

comediante/a NM/F **a** (Teat) (comic) actor/actress. **b** (hipócrita) hypocrite.

comedidamente ADV moderately.

comedido ADJ (moderado) moderate, restrained; (cortés) courteous; (esp LAm) obliging.

comedimiento NM (V adj) moderation, restraint; courtesy; (esp LAm) helpfulness.

comediógrafo/a NM/F playwright.

comedirse <3k> VR to be courteous; **~ en las palabras** to choose one's words carefully.

comedor **1** ADJ voracious; **es muy ~** he likes his food. **2** NM **a** (en casa) dining room; (Ferro) restaurant; (Escol, de fábrica) canteen, cafeteria (US); (Univ) refectory. **b** (muebles) dining-room suite.

comedura NF: **~ de coco** o **de tarro** = **comecocos 1**.

comefuegos NMF INV fire eater.

comején NM (insecto) termite, white ant.

comendador NM knight commander (of a military order).

comensal NMF fellow diner; **habrá 13 ~es** there will be 13 to dinner; **me lo dijo mi ~** the man sitting next to me at dinner told me so.

comentador(a) NM/F commentator.

comentar <1a> VT (hacer comentarios sobre) to comment on; (hablar sobre) to discuss.

comentario NM **a** (observación) comment, remark; **y ahora sin más ~** and now without further ado; **sin ~s** no comment. **b** (Lit) commentary; **~ de texto** (Educ) (literary) commentary. **c** ~s gossip sg, tittle-tattle sg; **dar lugar a ~s** to cause gossip; **hacer ~s** to pass (nasty) remarks.

comentarista NMF commentator.

comenzar <1f, 1j> VT, VI to begin, start, commence; **~ protestando** to begin by protesting; **~ a hacer algo** to begin o start to do sth, start doing sth; **~ con** to begin with; **~ por** to begin with; **~ por hacer algo** to begin by doing sth.

comer <2a> **1** VT **a** (*gen*) to eat; **sin ~lo ni beberlo** (*fig*) without having (had) anything to do with it, without wishing to be involved; **sin ~lo ni beberlo, yo ...** before I knew where I was ....
b (*a mediodía*) to eat o have for lunch; (*cenar*) to eat o have for dinner; **hoy hemos comido truchas** today we had trout for dinner.
c (*Quím*) to corrode; (*color*) to fade; (*Geol*) to erode; (*Med*) to itch; **el pelo te come la cara** your hair's all over your face.
d (*ahorros etc*) to eat up.
e **le come la envidia** she is eaten up with envy.
f (*Ajedrez etc*) to take, capture; V tb **coco; tarro.**
2 VI **a** (*gen*) to eat; (*a mediodía*) to have lunch; (*cenar*) to have dinner; **~ como una vaca** o **fiera** to eat like a horse; **~ con los ojos** to have eyes bigger than one's stomach; **Juan es de buen ~** John eats anything, John has a hearty appetite; **no tienen qué ~** they don't have enough to live on.
b **~ de** to eat, have some of; **dar de ~** to feed, give to eat.
3 **comerse** VR **a** (*comida*) to eat (up); **sólo me he comido un bocadillo** I only had a sandwich; **se lo comió todo** he ate it all up; **está para ~la** (*fam*) she looks a treat (*fam*); **~ las uñas** to bite one's nails.
b (*Quím*) to corrode.
c (*capital*) to eat up.
d (*párrafo etc*) to skip; (*palabra*) to slur.
e **~ a algn a besos** to smother sb in kisses; **~ a algn con los ojos** to give sb the eye; **¿con qué se come eso?** what on earth is that?; V tb **coco³; tarro (b).**

comerciabilidad NF marketability, saleability.
comerciable ADJ marketable, saleable.
comercial 1 ADJ commercial; (*director, experiencia*) sales *atr*; **zona ~** business quarter, shopping area. **2** NMF salesperson.
comercialización NF (*proceso*) commercialization; (*de producto*) marketing.
comercializar <1f> VT (*gen*) to commercialize; (*producto*) to market.
comerciante NMF (*gen*) merchant, dealer; (*tendero*) shopkeeper; **~ exclusivo** sole trader; **~ al por mayor/menor** wholesaler/retailer.
comerciar <1b> VI (*dos empresas*) to have dealings; (*naciones*) to trade; **~ con** (*empresa*) to do business with; (*país*) to trade with; (*mercancías*) to deal in, handle.
comercio NM **a** (*gen*) commerce, trade; (*negocio*) business; **~ autorizado** licensed trade; **~ de** o **en** trade o traffic in; dealings in; **el ~ español** Spanish trade; **~ de exportación/importación** export/import trade; **~ exterior/interior** foreign o overseas/domestic trade.
b (*personas etc colectivamente*) business world, business interests. **c** (*tienda*) shop, store (*US*). **d** **~ carnal** the ways of the flesh *pl*.
comestible 1 ADJ eatable, edible. **2** NM **a** **~s** food *sg*, foodstuffs. **b** (*Com*) **~s** groceries, provisions; **tienda de ~s** grocer's (shop), grocery (*US*).
cometa¹ NM (*Astron*) comet.
cometa² NF kite.
cometer <2a> VT (*crimen*) to commit; (*error*) to make.
cometido NM (*encargo*) assignment; (*obligación*) duty; **cumplió su ~** he did his duty.
comezón NF **a** (*Med*) itch, itching; **tener ~** to itch, be itching. **b** (*fig*) itch (*por* for); **sentir ~ de hacer algo** to feel an itch to do sth.
comible ADJ eatable, fit to eat.
cómic NM (*pl* **~s**) comic.
comicastro NM ham (actor).
comicidad NF funniness, comicalness.
comicios NMPL elections, voting *sg*.
cómico/a 1 ADJ **a** (*gracioso*) comic(al), funny. **b** (*Teat*) comedy *atr*; **autor ~** playwright. **2** NM/F (*Teat*) (comic) actor/actress; (*de cabaret etc*) comedian/comedienne.
comida NF **a** (*alimentos*) food; **~ basura** junk food; **~ rápida** fast food. **b** (*acción*) eating; (*una ~*) meal; (*LAm: cena*) dinner, evening meal; **la ~** lunch; **bendecir la ~** to

say grace. **c** **casa y ~** board and lodging. **d** **~ de coco** o **tarro** (*fam*) = **comecocos 1.**
comidilla NF hobby, special interest; **ser la ~ del barrio** *etc* to be the talk of the town.
comienzo NM (*gen*) beginning, start; (*de plan etc*) inception; (*Med*) onset; **~ del archivo** (*Inform*) top-of-file; **al ~** at the start, at first; **en los ~s de este siglo** at the beginning of this century; **dar ~ a un acto** to begin a ceremony; **dar ~ a una carrera** to start a race (off).
comillas NFPL (*de cita*) quotation marks; (*de ironía etc*) inverted commas; **entre ~** in inverted commas.
comilón/ona 1 ADJ greedy. **2** NM/F (*gen*) big eater; (*tragón*) glutton, pig.
comilona² NF (*fam*) feast, blowout (*fam*).
comino NM cumin (seed); **no vale un ~** it's not worth tuppence; **(no) me importa un ~** I couldn't give a damn.
Comintern NF ABR *de* **Internacional Comunista** Comintern.
comisaría NF (*de policía*) police station, precinct (*US*).
comisario NM (*de policía*) police inspector; (*delegado*) commissioner; (*Pol*) commissar; **~ europeo** European commissioner.
comiscar <1g> VT to nibble (at).
comisión NF **a** (*encargo*) assignment, mission. **b** (*Pol etc*) commission; **~ mixta/permanente** joint/standing committee. **c** **~ Europea** European Commission; **C~es Obreras** Workers' Commissions; **~ de seguimiento** watchdog committee. **d** (*Fin*) board. **e** (*Com: pago*) commission, rake off (*fam*); **~ sobre las ventas** sales commission; **a ~** on a commission basis. **f** (*ejecución*) commission; (*de ultraje*) perpetration.
comisionado/a NM/F (*gen*) commissioner; (*Pol*) committee member; (*Com, Fin*) board member.
comisionar <1a> VT to commission.
comisionista NM commission agent.
comiso NM seizure, confiscation.
comisquear <1a> VT = **comiscar.**
comistrajo NM bad meal, awful food.
comisura NF corner, angle; **~ de los labios** corner of the mouth.
comité NM committee; **~ de dirección** steering committee; **C~ Directivo** (*Dep*) board (of management); **~ ejecutivo** executive board; **~ de empresa** works committee, shop stewards' committee; **~ de redacción** drafting committee; (*Prensa*) editorial committee.
comitiva NF suite, retinue; **~ fúnebre** cortège, funeral procession.
▼**como 1** ADV **a** (*semejanza*) as, like; (*equivalencia*) such as; **es ~ un pez** it's like a fish; **juega ~ yo** he plays like me o as I do; **tuvo resultados ~ no se habían conocido antes** it had results such as had never been known before; **~ éste hay pocos** there are few like this o him; **sabe ~ a queso** it tastes a bit like cheese; **sentía ~ una tristeza** she felt a sort of sadness; **hay peces, ~ truchas y salmones** there are fish, such as trout and salmon.
b (*modo*) **hazlo ~ quieras** do it as o however you want o like; **no es ~ me lo imaginaba** it isn't as I imagined it; **libre ~ estaba** free as he was; **prefiero ~ lo haces tú** I prefer it the way you do it; **~ sea** somehow.
c (*en calidad de*) as; **asistió ~ espectador** he attended as a spectator; **lo dice ~ juez** he says it in his capacity as judge; **lo usamos ~ cama** we use it as o for a bed.
d (*más o menos*) about, around; **había ~ cincuenta** there were about fifty; **vino ~ a las dos** he came (at) about o around two.
e (*según*) as; **~ se ve en la gráfica** as you can see from the diagram.
2 CONJ **a** (+ *indic*: *ya que*) as, since; (*según*) as; **~ no tenía dinero** as o since o because I had no money; **~ que** because, since; **~ que no van a pagar, pagaré yo** since they're not going to pay, I will.
b (+ *indic*: *cuando*) as soon as; **así ~ nos vio lanzó un grito** as soon as he saw us he shouted.
c **~ que ...** as if ...; **hizo ~ que no nos veía** he pretended not to see us; **¡~ que te van a pagar!** (*incredulidad*) don't tell me they're going to pay you (you too)!

➤ EXPRESIONES GENERATIVAS: **como** → 7.1, 8.1

d (+ *subjun*: *si*) if; **~ vengas tarde, no comes** if you're late you'll get nothing to eat; **~ no lo haga en seguida** unless he does it at once; **~ sea cierto, ¡estamos perdidos!** if it turns out to be true, we're done for!; **~ no sea para hacer algo** unless it is to do sth, except to do sth; **¡~ lo pierdas!** if you lose that!, you'd better not lose that!

e (+ *subjun*) **~ si ...** as if ...; **~ si no hubiera pasado nada** as though nothing had happened; **~ si fuera a llover** as if it were about to rain, as if it was going to rain.

f (**~** *para*) **¡es ~ para denunciarles!** it's enough to make you want to turn them in!

g (*CAm, Méx*) **a ~ dé/diera lugar** at any cost.

cómo **1** ADV **a** INTERROG (*gen*) how?; (*¿por qué?*) why?; **¿~ lo hace?** how does he do it?; **¿~ son?** what are they like?; **¿~ están mis nietos?** how are my grandchildren?; **¿~ está Ud?** how are you?; **¿~ es de alto?** how tall is it?, what height is it?; **¿(a) ~ vamos?** (*Dep*) what's the score?; **¿a ~ son las peras?** how much are the pears?; **¿~ dice?** I beg your pardon?; **¿~ así?, ¿~ es eso?** how come?, how can that be?; **¿~ es que no viniste?** why didn't you come?; **¿~?** (*aclaración*) what?; **¿~ que no?** what do you mean, 'no'?; **¿~ no?** (*esp LAm*) why not?; **no sé ~ hacerlo** I don't know how to do it; **me gusta ~ toca** I like the way he plays; **fue así ~ comenzó la cosa** that was how the thing began; **no había ~ alcanzarlo** there was no way of reaching it.
b (*exclamación*) **¡~ llueve!** look at the rain!, it's pouring!; **¡~ corre!** he's one hell of a runner (*fam*). **2** INTERJ **¿~?** (*sorpresa*) what was that?; (*ira*) how dare you!; **¡~ no!** of course!
3 NM: **el ~ y el por qué de** the whys and wherefores of.

cómoda NF chest of drawers.

cómodamente ADV comfortably.

comodidad NF **a** (*gen*) comfort; (*ventaja*) convenience; **pensar en su propia ~** to consider one's own convenience; **vivir con ~** to live in comfort. **b** **~es** comforts, amenities; **~es de la vida** good things of life.

comodín NM **a** (*Naipes*) joker. **b** (*excusa*) pretext, regular excuse. **c** (*Ling*) catch-all, all-purpose word. **d** (*Inform*) wildcard.

cómodo ADJ **a** (*mueble*) comfortable; (*cuarto*) cosy, cozy (*US*), snug; (*útil*) convenient. **b** (*individuo*) comfortable; (: *egoísta*) smug; **así estarás más ~** you'll be more comfortable this way; **ponerse ~** to make o.s. comfortable.

comodón/a **1** ADJ comfort-loving; (*pey*) lazy. **2** NM/F (*pey*) lazybones (*fam*); **es un ~** he likes his home comforts.

comodoro NM commodore.

comoquiera CONJ **a** **~ que** (+ *indic*) since, in view of the fact that. **b** **~ que** (+ *subjun*) in whatever way; **~ que sea eso** however that may be.

comp. ABR *de* **compárese** cp.

compa NMF **a** (*CAm, Méx*: *fam*) pal (*fam*), buddy (*US*). **b** (*Nic Hist*) Nicaraguan freedom fighter.

compact NM (*pl* **~s**) (*tb* **~ disc**) compact disc.

compactadora NF compacter.

compactar <1a> VT to compact, compress.

compacto **1** ADJ (*gen*) compact; (*denso*) dense; (*apretado*) close. **2** NM (*Mús*) compact disc.

compadecer <2d> **1** VT (*apiadarse de*) to pity, be sorry for; (*comprender*) to sympathize with. **2** **compadecerse** VR: **~ con** to fit, square with; **~ de = 1**.

compadrazgo NM status of godfather; (*esp LAm*: *amistad*) close friendship.

compadre NM **a** (*padrino*) godfather. **b** (*fam*: *esp LAm*) friend, pal; (*esp US*) buddy (*fam*). **c** (*CSur*: *jactancioso*) braggart, loudmouth.

compadrear <1a> VI **a** (*esp LAm*: *amigos*) to be mates o (*US*) buddies (*fam*). **b** (*CSur*) to brag.

compadreo NM (*esp LAm*) companionship, close contact.

compadrito NM (*CSur*) = **compadre (c)**.

compaginable ADJ compatible; **motivos difícilmente ~s** motives which it is hard to reconcile.

compaginación NF (*Cine*) continuity.

compaginar <1a> **1** VT **a** (*gen*) to combine, reconcile; **~ A con B** to bring A into line with B.
b (*Tip*) to make up.
2 **compaginarse** VR to agree, tally; **~ con** (*concordar*) to tally with; (*colores*) to blend with.

compañerismo NM (*gen*) comradeship, friendship (*US*); (*Dep etc*) team spirit.

compañero/a NM/F **a** (*gen*) companion; (*Dep, Naipes*) partner; (*Dep*: *equipos*) team-mate; **~ de armas** comrade-in-arms; **~ de baile** dancing partner; **~ de clase/de cuarto** schoolmate/roommate; **~ de juego** playmate; **~ de trabajo** workmate; **~ de viaje** fellow traveller o (*US*) traveler; **es un ~ divertido** he's good company. **b** **dos calcetines que no son ~s** two odd socks; **¿dónde está el ~ de éste?** where is the one that goes with this? **c** (*Pol*) brother/sister; **¡~s!** comrades.

compañía NF **a** (*gen*) company; **en ~ de** with, in the company of; **hacer ~ a algn** to keep sb company; **andar en malas ~s** to keep bad company. **b** (*Com, Teat etc*) company; **~ afiliada** associated company; **~ concesionadora** franchiser; **C~ de Jesús** Society of Jesus; **~ (no) cotizable** (un)listed company; **Pérez y C~** Perez and Company; **~ inversionista** investment trust; **~ de seguros** insurance company. **c** (*Mil*) company.

▼**comparable** ADJ comparable (*a* to; *con* with).

▼**comparación** NF **a** (*gen*) comparison; **en ~ con** in comparison with, beside; **es sin ~** it is beyond compare. **b** (*Lit*) simile.

comparado ADJ (*estudio etc*) comparative.

▼**comparar** <1a> **1** VT to compare (*a* to; *con* with), liken (*con* to); **~ dos archivos** (*Inform*) to compare two files. **2** **compararse** VR: **~ a** o **con** to compare with o to; **él no puede ~se a ti** he doesn't stand comparison with you, he comes nowhere near you (*fam*).

comparativo ADJ, NM comparative.

comparecencia NF (*Jur*) appearance (in court); **su no ~** his non-appearance; **orden de ~** summons, subpoena (*US*).

comparecer <2d> VI (*Jur*) to appear (in court).

comparsa **1** NF (*carnaval etc*) group, procession; **la ~** (*Teat*) the extras *pl*. **2** NMF (*Teat*) extra.

compartible ADJ which can be shared.

compartimiento NM **a** (*acción*) division, sharing. **b** (*Náut, etc*) compartment; **~ de bombas** (*Aer*) bomb bay; **~ estanco** watertight compartment.

compartir <3a> VT (*distribuir*) to divide (up), share (out); (*cuarto, opinión*) to share (*con* with); **no comparto ese criterio** I do not share that view.

compás NM **a** (*ritmo*) beat, rhythm; (*división*) bar; **~ de 2 por 4** 2/4 time; **~ de vals** waltz time; **a ~** in time; **al ~ de la música** in time to the music; **fuera de ~** off beat; **llevar/perder el ~** to keep time/lose the beat; **mantenemos el ~ de espera** we are still waiting. **b** (*Mat etc*) compass, pair of compasses. **c** (*Náut etc*) compass.

compasado ADJ measured, moderate.

compasión NF pity, compassion; **¡por ~!** for pity's sake!; **tener ~** to take pity on.

compasivamente ADV compassionately, sympathetically.

compasivo ADJ compassionate, sympathetic.

compatibilidad NF (*Inform*) compatibility.

compatible ADJ (*Inform*) compatible (*con* with).

compatriota NMF compatriot, fellow countryman/-woman.

compeler <2a> VT to compel.

compendiar <1b> VT to abridge.

compendio NM (*gen*) abridgement; (*Univ, Téc etc*) summary, abstract; **en ~** briefly, in brief.

compenetración NF (*fig*) mutual understanding.

compenetrarse <1a> VR **a** (*Quím etc*) to interpenetrate, fuse. **b** (*fig*) to understand one another; **~ con algn/algo** to identify with sb/sth; **estamos muy compenetrados** we've got a great understanding.

compensación NF **a** (*gen*) compensation; (*Jur*) reparation, damages *pl*; **en ~** in exchange, as compensation. **b** (*Fin*) clearing; **cámara de ~** clearing house.

compensar <1a> **1** VT (*gen*) to compensate (*de* for); (*pérdida*) to redeem, make up (for); (*error*) to make amends for; (*Mec etc*) to balance; **le compensaron con 10 dólares** they gave him 10 dollars' compensation. **2** VI to be worthwhile; **el esfuerzo no (me) compensa** it's not worth the effort.

compensatorio ADJ compensatory.

competencia NF **a** (*Com etc*) competition; **~ desleal** unfair competition; **~ despiadada** o **encarnizada** bitter o fierce competition; **estar en ~ con** to be in competition with; **hacer la ~ a** to compete with o against. **b** (*Jur, habilidad*) competence. **c** (*cargo*) field, province; **no es de mi ~** that is not my responsibility. **d** (*Pol*) **~s** powers; **~s transferidas a las comunidades autónomas** powers transferred to the autonomous regions.

competente ADJ **a** (*Jur*) competent; **esto se elevará al ministerio ~** this will be sent to the appropriate ministry. **b** (*apto*) fit, suitable.

competentemente ADV **a** (*apropiadamente*) appropriately. **b** (*suficientemente*) competently.

competer <2a> VI: **~ a** to be the responsibility of, fall to; **le compete castigarlos** it is up to him to punish them.

competición NF competition.

competidor(a) **1** ADJ competing, rival. **2** NM/F (*gen*) competitor; (*Com etc*) rival (*a* for); (*TV etc*) contestant.

competir <3k> VI **a** to compete (*con* against, with; *en* in; *para* for). **b** **~ con** (*fig*) to rival, vie with; **en cuanto a resistencia A no compite con B** A cannot match B for stamina.

competitivamente ADV competitively.

competitivo ADJ competitive.

compilación NF compilation; **tiempo de ~** (*Inform*) compile time.

compilador(a) NM/F (*gen, Inform*) compiler.

compilar <1a> VT to compile.

compincharse <1a> VR to band together, team up; **estar compinchados** (*fam*) to be in cahoots (*fam*) (*con* with).

compinche NM (*amigo*) mate; (*esp US*) buddy; (*cómplice*) partner in crime, accomplice.

compita NMF (*Nic Hist: fam*) comrade (*fam*), Nicaraguan freedom fighter.

complacencia NF **a** (*gen*) pleasure, satisfaction. **b** (*agrado*) willingness; **lo hizo con ~** he did it gladly. **c** (*indulgencia*) indulgence; **tiene excesivas ~s con los empleados** he is too indulgent towards his employees.

complacer <2w> **1** VT (*gen*) to please; (*cliente etc*) to help, oblige; (*deseo*) to indulge; **nos complace anunciarles ...** we are pleased to announce .... **2 complacerse** VR: **~ en hacer algo** to take pleasure in doing sth.

complacido ADJ pleased, satisfied; **me miró ~** he gave me a grateful look.

complaciente ADJ **a** (*gen*) obliging, helpful; **ser ~ con** to be helpful to. **b** (*marido*) complaisant.

complejidad NF complexity.

complejo **1** ADJ (*gen*) complex. **2** NM **a** (*Psic*) complex; **~ de culpa** o **de culpabilidad** guilt complex; **~ de Edipo** Oedipus complex; **~ de inferioridad** inferiority complex. **b** (*Téc*) complex; **~ deportivo** sports complex o hall; **~ industrial** industrial complex; **~ recreativo** leisure complex.

complementar <1a> **1** VT to complement, complete. **2 complementarse** VR to complement each other, be complementary to each other.

complementario ADJ complementary.

complemento NM **a** (*Mat etc*) complement. **b** (*Ling*) complement, object; **~ directo/indirecto** direct/indirect object. **c** (*fig*) **sería el ~ de su felicidad** it would complete her happiness; **el vino es un ~ de la buena comida** wine is an essential concomitant to good food. **d** **~s** (*Aut, de moda*) accessories. **e** **oficial de ~** (*Mil*) reserve officer. **f** **~ salarial** o **de sueldo** bonus, extra pay.

completamente ADV completely.

completar <1a> VT (*gen*) to complete; (*perfeccionar*) to round off, make up; (*Méx*) to match.

completo **1** ADJ **a** (*gen*) complete; (*acabado*) perfect, finished; (*tarifa*) inclusive, all-in; **un hombre ~** a real man; **fue un ~ fracaso** it was a complete o utter o total failure; **al ~** full up, to capacity; **asistió el ayuntamiento al ~** the whole council was present; **por ~** completely, utterly. **b** (*autobús, hotel*) full. **2** NM (*Chi*) sandwich, hot dog (with salad).

complexión NF (*Anat*) build; **un hombre de ~ fuerte** a well-built man.

complicación NF complication; **una persona sin ~** an uncomplicated person; **han surgido ~es** complications have arisen.

complicado ADJ (*gen*) complicated, complex; (*fractura*) compound; (*estilo etc*) elaborate; (*persona*) complex; (*Jur*) involved, implicated.

complicar <1g> **1** VT **a** (*gen*) to complicate. **b** (*Jur*) to involve (*en* in). **2 complicarse** VR **a** (*gen*) to get complicated; **~ la vida** to make life difficult for o.s. **b** **~ en un asunto** to get involved o entangled in a matter.

cómplice NMF accomplice.

complicidad NF complicity, involvement (*en* in).

complot, complot NM (*pl* **complots** o **complós**) plot, conspiracy.

componenda NF shady deal.

componente **1** ADJ component, constituent. **2** NM (*gen*) component; (*Culin etc*) ingredient; (*persona*) member.

componer <2q> (*pp* **compuesto**) **1** VT **a** (*formar*) to put together. **b** (*constituir*) to constitute, make up; **componen el jurado 12 personas** 12 persons make up the jury. **c** (*Lit, Mús*) to compose, write. **d** (*Culin*) to prepare. **e** (*Mec*) to repair, fix; (*Med: hueso*) to set; (: *estómago*) to settle. **f** (*Tip*) to typeset, set; (*arreglar*) to arrange; (*adornar*) to adorn. **2 componerse** VR **a** (*equipo etc*) **~ de** to be composed o made up of; **se compone de 6 partes** it consists of 6 parts. **b** (*mujer etc*) to dress (up). **c** (*Méx: persona*) to recover. **d** **~las** to manage, get along; **~las para hacer algo** to contrive to do sth; **¡allá se las componga!** (*fam*) that's his funeral (*fam*).

comportamiento NM behaviour, behavior (*US*), conduct.

comportar <1a> **1** VT (*significar*) to involve; **no comporta obligación alguna** it carries no obligation. **2 comportarse** VR to behave; **~ como es debido** to behave properly; **~ mal** to misbehave, behave badly.

composición NF **a** (*Mús, Quím, Arte*) composition; **~ de lugar** stocktaking; **hacer una ~ de lugar** to take stock (of one's situation). **b** (*Tip*) typesetting; **~ por ordenador** computer typesetting.

compositor(a) NM/F (*Mús*) composer.

compostelano/a **1** ADJ from o of Santiago de Compostela. **2** NM/F native o inhabitant of Santiago de Compostela.

compostura NF **a** (*arreglo*) mending, repair. **b** (*dignidad*) composure; **perder la ~** to lose one's composure.

compota NF compote, preserve; **~ de manzanas** stewed apples.

compra NF **a** (*proceso*) purchasing, buying; **~ al contado/a plazos** cash/hire purchase; **~ a granel** (*Com*) bulk buying; **~ proteccionista** (*Com*) support buying; **hacer la ~** to do the shopping; **ir de ~s** to go shopping, shop. **b** (*artículo*) purchase; **es una buena ~** it's a good buy; **~s** purchases, shopping *sg*.

comprador(a) NM/F (*Com*) buyer, purchaser; (*en tienda*) shopper, customer.

comprar <1a> VT **a** (*gen*) to buy, purchase (*a* from); ~ **al contado** to pay cash for; ~ **deudas** (*Com*) to factor; ~ **fiado** to buy on credit; ~ **a plazos** to buy on hire purchase. **b** (*euf: sobornar*) to buy off, bribe.

compraventa NF **a** (*gen*) buying and selling, dealing. **b** (*Jur*) contract of sale.

comprender <2a> VT, VI **a** (*incluir*) to include, take in; **todo comprendido** everything included, all in. **b** (*entender*) to understand, see; ~ **que** to understand that, see that; **¿comprendes?** see?, understand?; **¡ya comprendo!** I see!, now I get it!; **no comprendo cómo** I don't see how; **comprendo su actitud** I understand his attitude; **cuando comprendió que no iba a ayudarle** when he realized o saw I was not going to help; **compréndanme Uds** let's be clear about this; **hacerse** ~ to make o.s. understood.

comprensible ADJ understandable, comprehensible (*para* to); **no es** ~ **que** I *etc* cannot understand how.

comprensión NF **a** (*entendimiento*) understanding, grasp. **b** (*actitud*) understanding (attitude), sympathy.

comprensivo ADJ (*persona*) understanding, sympathetic.

compresa NF (*para mujer*) sanitary towel o (*US*) napkin; (*Med*) compress.

compresión NF compression.

compresor NM compressor.

comprimido **1** ADJ compressed. **2** NM (*Med*) pill, tablet.

comprimir <3a> **1** VT (*Téc etc*) to compress (*en* into); (*prensar*) to press (down) *etc*, squeeze down *etc*; (*Inform*) to pack. **2 comprimirse** VR to get compressed; (*personas*) to squeeze together, get squashed.

comprobable ADJ verifiable; **un alegato fácilmente** ~ an allegation which is easy to check.

comprobación NF (*proceso*) checking, verification; (*datos*) proof; ~ **general de cuentas** (*Com*) general audit; **de difícil** ~ hard to check.

comprobante **1** ADJ: **documento** ~ supporting document. **2** NM proof; (*Com*) receipt, voucher.

comprobar <1l> VT (*averiguar*) to check, verify; (*demostrar*) to prove; ~ (**el disco**) (*Inform*) to check the disk; ~ **que** to establish that; ~ **si** to check whether.

comprometedor ADJ compromising.

comprometer <2a> **1** VT **a** (*individuo*) to compromise, put in an awkward situation; (*Jur*) to involve, implicate; **aquellas cartas le comprometieron** those letters have compromised him. **b** (*poner en peligro*) to endanger, jeopardize; (*reputación*) to risk. **c** ~ **a algn a algo** to hold sb to sth; ~ **a algn a hacer algo** to force sb to do sth. **2 comprometerse** VR to compromise o.s.; (*meterse*) to get involved (*en* in). **b** ~ **a hacer algo** to undertake o promise to do sth; **se compromete a todo** he'll say yes to anything.

comprometido ADJ **a** (*situación*) awkward, embarrassing. **b** (*arte*) engaged, committed. **c** **estar** ~ **a hacer algo** to be obliged to do sth.

compromiso NM **a** (*gen*) obligation, commitment; (*Jur*) undertaking; (*cita*) engagement, date; **por** ~ out of a sense of duty; **libre de** ~ (*Com*) without obligation; **adquirir un** ~ **de hacer algo** to commit o.s. to doing sth; **atender** o **cumplir sus** ~**s** to meet one's obligations; **tener muchos** ~**s** to have many commitments; **soltero sin** ~ single unattached male. **b** (*acuerdo*) agreement; ~ **matrimonial** engagement (to marry); ~ **verbal** gentlemen's agreement. **c** (*aprieto*) fix; **poner a algn en un** ~ to place sb in an embarrassing situation; **poner a algn en el** ~ **de tener que ...** to put sb in the position of having to ....

compuerta NF **a** (*en canal*) sluice, floodgate. **b** (*Inform*) gate.

compuesto **1** PP *de* **componer; estar** ~ **de** to consist of, be made up of. **2** ADJ **a** (*Mat, Fin, Ling, Quím*) compound; (*Bot*) compo-

site. **b** (*elegante*) elegant. **c** (*fig*) composed, calm. **3** NM (*Quím, Ling etc*) compound; (*Med*) preparation.

compulsa NF **a** (*cotejo*) checking, comparison. **b** (*Jur, Admin*) certified true copy.

compulsar <1a> VT **a** (*comparar*) to collate, compare. **b** (*Jur, Admin*) to make an attested copy of.

compulsión NF compulsion.

compulsivo ADJ compulsive.

compunción NF (*arrepentimiento*) regret; (*tristeza*) sorrow.

compungido ADJ remorseful, contrite, sorry; (*triste*) sad, sorrowful.

compungir <3c> **1** VT to make remorseful. **2 compungirse** VR (*arrepentirse*) to feel remorseful (*por* about, because of), feel sorry (*por* for); (*entristecerse*) to feel sad, be sorrowful.

computación NF (*esp LAm*) **a** (*cálculo*) calculation. **b** (*Inform*) computing.

computador NM (*esp LAm*), **computadora** NF (*esp LAm*) computer; ~ **central** mainframe computer.

computar <1a> VT to calculate, compute.

computerizar <1f> VT to computerize.

cómputo NM calculation, computation.

COMSAT NM ABR *de* **satélite de comunicaciones** comsat.

comulgante NMF communicant.

comulgar <1h> **1** VT to administer communion to. **2** VI **a** to take communion. **b** ~ **con** (*ideas*) to share; (*personas*) to sympathize with; **hay varias cosas con las que ella no comulga** there are several things that she doesn't agree with.

comulgatorio NM communion rail.

común **1** ADJ **a** (*gen*) common (*a* to); **los intereses** ~**es** common interests; **de** ~ **con** in common with; **en** ~ in common; **hacer algo en** ~ to do sth jointly o together; **tener algo en** ~ to have sth in common. **b** (*universal*) common, general; **es costumbre muy** ~ it is a very widespread custom; **nombre** ~ (*Ling*) common noun. **c** (*corriente*) common, ordinary; **fuera de lo** ~ out of the ordinary; **por lo** ~ generally. **d** (*compartido: habitación*) communal; (: *gastos*) shared, common; (: *amigos, aficiones*) in common; (: *asignatura*) core. **2** NM **a** **el** ~ the community, the people (at large); **bienes del** ~ public property. **b** **el** ~ **de la gentes** most people. **c** (*fam: retrete*) toilet. **d** **Cámara de los C**~**es** (*Brit Pol*) the House of Commons.

comuna NF **a** (*comunidad*) commune. **b** (*LAm: municipio*) municipality, county (*US*).

comunal ADJ communal, community *atr*.

comunicable ADJ **a** (*gen*) communicable. **b** (*individuo*) sociable.

comunicación NF **a** (*gen*) communication; **no hemos tenido más** ~ **con él** we have had no further contact with him. **b** (*mensaje*) message; (*informe*) report; (*Pol*) communiqué. **c** (*Telec*) **póngame en** ~ **con el Sr Q** please put me through to Mr Q; ~**es** communications, communication links.

comunicado NM communiqué; ~ **de prensa** press release.

comunicar <1g> **1** VT **a** (*gen*) to communicate, pass on (*a* to); (*noticia*) to convey, tell (*a* to); (*enfermedad*) to give (*a* to); (*costumbre etc*) to pass on; **nos comunicó su miedo** his fear infected us; **¿me comunica con ...?** may I speak to ...? **b** (*Arquit*) to connect, join; **cuartos comunicados** connecting rooms. **2** VI **a** to send a report (*de* from); **comunican desde Lisboa que** it is reported from Lisbon that. **b** (*Telec*) **estar comunicando** to be engaged. **c** (*Arquit*) ~ **con** to connect with.

comunicarse VR [a] (*personas: gen*) to communicate (with each other); (: *por carta*) to correspond; **nos comunicamos nuestras expresiones** we exchanged impressions.
[b] (*Med etc*) to spread, be transmitted; **el miedo se comunicó a todos** the fear affected everybody. [c] (*Arquit*) to be connected. [d] (*Ferro etc*) **la colonia está bien comunicada por tren** the development has good train services; **pueblos bien comunicados** towns with good communications.
comunicativo ADJ (*gen*) communicative.
comunidad NF [a] (*gen*) community; **~ autónoma** autonomous region; **C~ (Económica) Europea** European (Economic) Community; **C~ de Estados Independientes** Commonwealth of Independent States; **~ de vecinos** residents' association; **de ~** (*Jur*) jointly. [b] (*fam: de piso*) service charge, charge for communal services.

┌─ COMUNIDAD AUTÓNOMA ────────────────────┐

i *In Spain the* **comunidades autónomas** *are any of the 19 administrative regions consisting of one or more provinces and having political powers devolved from Madrid in accordance with the 1978 Constitution. They have their own democratically elected parliaments, form their own cabinets and legislate and execute policies in certain areas such as housing, infrastructure, environment, health and education. For historical and linguistic reasons, three of them - Catalonia, Galicia and the Basque Country - have a particularly strong cultural identity and have long felt somewhat separate from the rest of Spain. The other 16* **Comunidades Autónomas** *are: Andalucía, Aragón, Asturias, Islas Baleares, Canarias, Cantabria, Castilla y León, Castilla-La Mancha, Extremadura, Madrid, Murcia, Navarra, La Rioja, Comunidad Valenciana, Ceuta and Melilla.*

└──────────────────────────────────────┘

comunión NF communion.
comunismo NM communism.
comunista ADJ, NMF communist.
comunitario ADJ [a] (*gen*) community *atr*. [b] (*CE*) Community *atr*.
con [1] PREP [a] (*gen*) with; **atado ~ cuerda** tied with string; **~ su ayuda** with his help; **~ el tiempo** in the course of time; **¿~ quién hablas?** who are you speaking to?; **se levantó ~ rapidez** he got up quickly; **andar ~ muletas** to walk on o with crutches; **~ este sol no hay quien salga** no one can go out in that sun; **¡~ lo difícil que es todo esto!** what with all this being so difficult!
[b] (*pese a*) in spite of; **~ todo, él la quiere mucho** in spite of it all, he loves her dearly. [c] (*hacia: tb* **para ~**) to, towards; **amable ~ todos** kind to everybody; **ser insolente ~ el jefe** to be disrespectful to the boss. [d] (+ *infin*) **~ llegar tan tarde** (by) arriving so late; **cree que ~ confesarlo se librará del castigo** by owning up he thinks he'll escape punishment; **~ decirle que no voy, se arreglará todo** when I tell him I'm not going, everything will be fine; **~ llegar a las 6 estará bien** if you come at 6 it will be all right. [e] (*locuciones*) **~ arreglo a** in accordance with; **~ mucho gusto** certainly, by all means; **estar ~ dolor de muelas/la pierna escayolada** to have toothache/one's leg in plaster; **está ~ la gripe** he's got flu; **¡vaya ~ el niño!** (*fam*) the cheeky monkey! (*fam*); **¡~ lo bien que se está aquí!** (and) it's so good here too!; *V tb* **tal**.
[2]: **~ que** CONJ and so; **¿~ que Ud lo sabía?** so you knew, then?; **~ que me invite, me conformo** (just) so long as she invites me, I'm happy; **~ que fuimos a la cama** and so we went to bed; *V tb* **tal**.
CONADEP NF ABR (*Arg Pol*) *de* **Comisión Nacional sobre la Desaparición de Personas.**
conato NM attempt; **~ de robo** attempted robbery; **hacer un ~ de entrar** to make an attempt to get in.
concatenación NF concatenation, linking; **~ de circunstancias** chain of circumstances.
concatenar<1a> VT to link together.

concavidad NF concavity.
cóncavo ADJ concave.
concebible ADJ conceivable, thinkable; **no es ~ que** it is unthinkable that.
concebir<3k> [1] VT (*gen*) to conceive; (*imaginar*) to imagine; (*esperanzas*) to build up; **~ una antipatía hacia** o **por** to take a dislike to; **no concibo que ...** I cannot understand how o why .... [2] VI to conceive, become pregnant.
conceder <2a> VT (*gen*) to concede, grant; (*honor etc*) to confer (*a* on), bestow (*a* on); (*descuento*) to allow; **~ que** to concede o admit that.
concejal(a) NM/F town councillor, town councilman (*US*).
concejalía NF post of town councillor o (*US*) councilman.
concejo NM town council.
concentración NF concentration; (*Pol etc*) gathering, meeting, rally.
concentrado [1] ADJ concentrated. [2] NM [a] (*Culin etc*) extract, concentrate. [b] (*Pol*) demonstrator.
concentrar<1a> [1] VT to concentrate (*en* in, on).
[2] **concentrarse** VR [a] (*Mil etc*) to concentrate, be concentrated; **se concentraron cientos de personas** hundreds of people gathered (together).
[b] (*fig*) to concentrate (*en hacer algo* on doing sth).
concéntrico ADJ concentric.
concepción NF [a] (*Bio*) conception; **la Inmaculada C~** the Immaculate Conception. [b] (*idea*) conception, idea.
conceptismo NM witty, allusive and involved style of esp 17th century.
conceptista ADJ witty, allusive and involved.
concepto NM [a] concept, notion; **formarse un ~ de algo** to get an idea of sth. [b] (*opinión*) view, judgment; **¿qué ~ has formado de él?** what do you think of him?; **tener buen ~ de algn, tener en buen ~ a algn** to think highly of sb. [c] (*en cuenta*) heading, section; **bajo ningún ~** in no way, under no circumstances; **bajo todos (los) ~s, por todos ~s** from every point of view; **en** o **por ~ de** as, by way of; **se le pagó esa cantidad por ~ de derechos** he was paid that amount as royalties; **por ningún ~** in no way. [d] (*Lit*) conceit.
conceptual ADJ conceptual.
conceptuar<1e> VT to judge, deem; **le conceptúo poco apto para eso** I think him unsuited for that; **~ a algn de** o **como** to deem sb to be.
concerniente ADJ: **~ a** concerning, relating to; **en lo ~** a with regard to, as for.
concernir<3i; defectivo> VI: **~ a** to relate o refer to; **en lo que concierne a ...** with regard to ..., concerning ....
concertación NF [a] **política de ~** consensus politics. [b] (*pacto*) agreement pact.
concertado ADJ [a] (*metódico*) systematic, concerted; (*ordenado*) ordered; (*armonioso*) harmonious. [b] (*Pol*) officially approved, state assisted.
concertar<1j> [1] VT [a] (*Mús: voces*) to harmonize, bring into harmony; (: *instrumentos*) to tune (up).
[b] (*planes*) to coordinate; (*diferencias*) to reconcile; **~ a varias personas para que contribuyan** to get various people to agree to contribute.
[c] (*tratado*) to conclude (*con* with); (*precio*) to agree (*en* at); (*reunión*) to fix up, arrange; **~ una venta en 20 dólares** to agree to sell sth for 20 dollars; **~ hacer algo** to agree to do sth.
[2] VI [a] (*Mús*) to harmonize, be in tune.
[b] (*Ling, fig*) to agree.
[3] **concertarse** VR to reach agreement, come to terms; **~ para hacer algo** to conspire together to do sth.
concertina NF concertina.
concertino NM first violin, concertmaster (*US*).
concertista NMF soloist, solo performer.
concesión NF (*acción*) concession, granting; (*Jur, Pol*) award; (*Com: fabricación*) licence, license (*US*); (: *de venta*) franchise; (: *de transporte etc*) concession, contract.
concesionario/a NM/F (*Com: gen*) licence holder, licence holder (*US*), licensee; (: *de venta*) franchisee,

authorized dealer, retail outlet; (: *de transportes etc*) contractor; **~ exclusivo** sole agency, exclusive dealership.

concha NF a (*Zool*) shell; (*carey*) tortoiseshell; **meterse en su ~** to retire into one's shell; **tener muchas ~s** to be very sharp, be a sly one. b (*de porcelana*) flake, chip. c (*Teat*) prompt box. d (*And, CSur: fam!*) **¡~(s) de tu madre!** bastard! (*fam!*), son of a bitch! (*US fam!*) = **coño 1 (a).**

conchabar <1a> 1 VT (*LAm: persona*) to hire for work. 2 **conchabarse** VR to gang up (*contra* on), conspire (*para hacer algo* to do sth); **los dos estaban conchabados** the two were in cahoots (*fam*).

Conchinchina NF: **estar en la ~** (*fam*) to be miles away, be on the other side of the world.

concho[1] NM (*LAm: poso*) dregs, sediment; **~s** (*sobras*) left-overs; **hasta el ~** to the very end.

concho[2] INTERJ (*euf, fam!*) = **coño 1 (a).**

conchudo/a NM/F (*And, CSur: fam*) bloody fool (*fam!*), jerk (*US fam*).

conciencia NF a (*moral*) conscience; **a ~** conscientiously; **en ~** honestly, in truth; **gusanillo de la ~** (*fig*) (guilty) conscience; **libertad de ~** freedom of worship; **acusarle** o **remorderle a algn la ~** to have a guilty conscience; **tener la ~ tranquila** to have a clear conscience. b (*conocimiento*) awareness, consciousness; **~ de clase** class-consciousness; **tener plena ~ de** to be fully aware of; **tomar ~ de** to become aware of.

concienciación NF arousal, awakening, (process of) becoming aware.

concienciado ADJ politically o socially aware.

concienciar <1b> 1 VT (*despertar*) to arouse, awaken, make aware; (*sensibilizar*) to raise the conscience of; (*condicionar*) to prepare (mentally); (*convencer*) to convince, persuade. 2 **concienciarse** VR to be aroused (*de* to), become aware (*de* of); (*convencerse*) to convince o.s. (*de que* that).

concienzudamente ADV conscientiously, painstakingly, thoroughly.

concienzudo ADJ conscientious.

concierto NM a (*acuerdo*) agreement; **de ~ con** in concert with. b (*Mús: función*) concert; (: *obra*) concerto; **~ sinfónico** symphony concert. c (*fig*) chorus.

conciliable ADJ reconcilable.

conciliábulo NM secret meeting o discussion.

conciliación NF conciliation.

conciliador(a) 1 ADJ conciliatory. 2 NM/F conciliator.

conciliar[1] <1b> 1 VT (*enemigos*) to reconcile; (*ideas*) to harmonize, bring into line. b **~ el sueño** to get to sleep.

conciliar[2] ADJ (*Rel*) of a council, council *atr*.

conciliatorio ADJ conciliatory.

concilio NM (*Rel*) council; **el Segundo C~ Vaticano** the Second Vatican Council.

concisamente ADV concisely, briefly, tersely.

concisión NF conciseness, brevity.

conciso ADJ concise, brief.

concitar <1a> VT to stir up, incite (*contra* against).

conciudadano/a NM/F fellow citizen.

cónclave NM conclave.

concluir <3g> 1 VT a (*acabar*) to conclude, finish. b (*inferir*) to infer, deduce. 2 VI to conclude, finish; **~ por hacer algo** to end up by doing sth; **todo ha concluido** it's all over. 3 **concluirse** VR to end, conclude.

conclusión NF conclusion; **en ~** in conclusion, finally; **llegar a la ~ de que** to come to the conclusion that.

concluyente ADJ conclusive, decisive.

concomerse <2a> VR: **~ de impaciencia** (*fig fam*) to be itching with impatience.

concomitante ADJ concomitant.

concordancia NF a (*gen*) agreement, agreement. b (*Ling*) concord, agreement. c (*Mús*) harmony. d **~s** (*Lit*) concordance *sg.*

concordante ADJ concordant.

concordar <1l> 1 VT (*gen*) to reconcile, bring into line; (*Ling*) to make agree. 2 VI (*gen*) to agree (*con* with), tally

(*con* with); **esto no concuerda con los hechos** this does not square with o fit in with the facts.

concordato NM concordat.

concorde ADJ: **estar ~s** to be agreed o in agreement; **estar ~ en hacer algo** to agree to do sth.

concordia NF concord, harmony.

concreción NF (*Fís*) concretion; (*Med*) stone.

concretamente ADV specifically, to be exact; **¿qué dijo ~?** what did he in fact say?; **se refirió ~ a dos** he referred specifically to two; **~ eran 39** to be exact there were 39.

concretar <1a> 1 VT (*lo abstracto*) to express in concrete terms; (*problema*) to pinpoint; (*tema*) to reduce to essentials; (*esperanzas*) to pin (*en* on); (*hora*) to specify; **en la reunión no concretamos nada** we didn't settle anything at the meeting; **concretemos, para ~** let us be more specific, let's get down to the details. 2 **concretarse** VR a (*idea etc*) to take shape; **~ en** to come down specifically to. b **~ a hacer algo** to confine o.s. to doing sth.

concreto 1 ADJ (*gen*) concrete; (*específico*) actual, specific; **en este caso** o in this particular instance; **no me dijo ninguna hora ~a** he didn't tell me any definite o particular time; **en ~** to be exact; **en ~ había 7** there were 7 to be exact; **no hay nada en ~** there's nothing you can put your finger on. 2 NM (*LAm*) concrete; **~ armado** reinforced concrete.

concubina NF concubine.

concubinato NM concubinage.

concupiscencia NF (*lujuria*) lustfulness.

concupiscente ADJ (*lujurioso*) lustful.

concurrencia NF a (*coincidencia*) concurrence. b (*reunión*) gathering; (*público: Dep*) spectators; (: *Cine, Teat*) audience; **había una numerosa ~** there was a big attendance o turnout.

concurrente 1 ADJ (*que coincide*) concurrent. 2 NMF: **los ~s** those present, the audience.

concurrido ADJ (*local*) crowded; (*calle*) busy; (*Teat etc*) popular.

concurrir <3a> VI a (*converger*) to meet, come together (*en* at). b (*reunirse*) to meet, gather (*a* at; *en* in); **~ a un baile/a las urnas** to go to a dance/the polls. c (*contribuir*) **~ al éxito de una empresa** to contribute to the success of an enterprise. d (*cualidades etc*) to be found, be present; **concurren en ella muchas buenas cualidades** she has many good qualities. e **~ en una opinión** to concur in an opinion. f (*sucesos*) to coincide (*con* with). g (*concursar: en examen, competición*) to compete (*a* in), take part in (*a* in).

concursante NMF competitor, contestant, participant.

concursar <1a> 1 VT to compete in o for; **va a ~ por la vacante** he is going to apply for the vacancy. 2 VI to compete, participate.

concurso NM a (*Com*) tender. b **~ de acreedores** (*Jur*) meeting of creditors. c (*Dep etc*) competition, contest; (*examen*) examination, open competition; (*TV etc*) quiz; **~ de belleza** beauty contest; **~ de méritos** competition for posts; **~ radiofónico** radio quiz (show); **ganar un puesto por ~** to win a post in open competition; **presentar algo a ~** to open sth up to (competitive) tender, put sth out to tender; **queda ya fuera de ~** he's out of the running now. d (*coincidencia*) coincidence. e (*ayuda*) cooperation; **con el ~ de** with the help of; **prestar su ~** to help, collaborate.

condado NM county; (*Hist*) earldom.

condal ADJ: **Ciudad C~** Barcelona.

conde NM earl, count.

condecoración NF (*acción*) decoration; (*insignia*) decoration, medal.

condecorar <1a> VT to decorate (*con* with).

condena NF a (*pronunciamiento*) sentence, conviction; (*extensión*) term (of imprisonment); **cumplir una ~** to serve a sentence. b (*desaprobación*) condemnation.

condenable ADJ reprehensible.

condenación NF (gen) condemnation; (Rel) damnation.
condenadamente ADV: **es un trabajo ~ duro** it's bloody hard work (fam).
condenado/a ① ADJ ⓐ (Jur) condemned, convicted; (Rel) damned.
　ⓑ (fig) doomed; **~ al olvido** destined for oblivion.
　ⓒ (fam: maldito) damned, flaming (euf); **aquel ~ teléfono** that ruddy telephone.
　② NM/F ⓐ (Jur) convicted person, prisoner; **el ~ a muerte** the condemned man; **trabaja como un ~** he works like a Trojan.
　ⓑ (Rel) damned soul.
condenar<1a> ① VT ⓐ (gen) to condemn.
　ⓑ (Jur: gen) to convict, find guilty; (: a pena capital) to condemn; **~ a algn a 3 meses de cárcel** to sentence sb to 3 months in jail; **le condenaron por ladrón** they found him guilty of robbery.
　ⓒ (Rel) to damn.
　ⓓ (Arquit) to wall up.
　② **condenarse** VR ⓐ (Jur etc) to confess (one's guilt), own up.
　ⓑ (Rel) to be damned.
condenatorio ADJ condemnatory.
condensación NF condensation.
condensado ADJ condensed.
condensador NM condenser.
condensar<1a> ① VT to condense. ② **condensarse** VR to condense, become condensed.
condesa NF countess.
condescendencia NF (deferencia) obligingness; (indulgencia) affability; **aceptar algo por ~** to accept sth so as not to hurt feelings.
condescender <2g> VI to acquiesce; **~ a** to consent to, say yes to; **~ a los ruegos de algn** to agree to sb's requests; **~ en hacer algo** to agree to do sth.
condescendiente ADJ obliging.
condición NF ⓐ (naturaleza) nature, condition; (genio) temperament, character; **la ~ humana** the human condition; **de ~ perversa** of a perverse nature.
　ⓑ (rango) social class, rank; **de humilde ~** low (in) status; **una boda de personas de distinta ~** a wedding between people of different social backgrounds; **en su ~ de Presidente** in his capacity as President.
　ⓒ (cualidades) **~es** qualities; **ella no tiene ~es para pintora** she is not cut out to be a painter.
　ⓓ (estado) **~es** condition, state; **~es de trabajo** working conditions; **~es de vida** living conditions; **nuestras ~es económicas** our economic circumstances; **el coche está en malas ~es** the car is in a bad state; **no está en ~es para salir** it is not fit to go out; **no estamos en ~es para hacerlo** we are not in a position to do it.
　ⓔ (Jur etc) provision, stipulation; **las ~es del contrato** the terms of the contract; **~ previa** precondition; **~ sine qua non** essential condition; **~es de venta** conditions of sale; **a ~ de que** on condition that, provided that; **con esta ~** on this condition; **ayuda sin ~es** help with no strings attached; **rendición sin ~es** unconditional surrender.
condicionado ADJ conditioned.
condicional ADJ conditional.
condicionamiento NM conditioning.
condicionante ① ADJ determining. ② NM determining factor, determinant.
condicionar <1a> VT ⓐ (gen) to condition. ⓑ **X condiciona su apoyo a la retirada de Y** X makes his support conditional on the withdrawal of Y.
condimentar<1a> VT to flavour, flavor (US), season.
condimento NM seasoning, flavouring, flavoring (US).
condiscípulo/a NM/F fellow student.
condolencia NF condolence, sympathy.
condolerse<2h> VR: **~ de o por** to sympathize with, feel sorry for.
condominio NM (Jur) joint ownership; (Pol) condominium; (LAm) condo(minium), apartment.
condón NM (fam) condom, rubber (fam).
condonar<1a> VT (Jur: reo) to reprieve; (Fin: deuda) to can-

cel.
cóndor NM condor.
conducción NF ⓐ (acción: gen) leading; (: Com) management; (: transporte) transport(ation); (: de líquidos) piping; (: por cable) wiring; (: Fís) conduction. ⓑ (Aut) driving; **~ por derecha** right-hand drive; **~ imprudente o temeraria** careless o reckless driving. ⓒ (Téc: tubo) pipe; (: cable) cabling; **~ principal de gas/agua** gas/water main.
conducente ADJ: **~ a** conducive to, leading to.
conducir<3n> ① VT ⓐ (líquidos) to take, convey; (Elec etc) to carry.
　ⓑ (Aut etc) to drive; **~ por la derecha** to drive on the right.
　ⓒ (individuo) to take, lead (a to); **me condujeron por un pasillo** they led me along a passage.
　ⓓ (negocio) to manage; (Mil) to lead.
　② VI ⓐ (Aut) to drive; **aprender a ~** to learn to drive.
　ⓑ **~ a** (fig) to lead to; **¿a qué conduce?** what's the point?; **esto no nos conduce a ninguna parte** this is getting us nowhere.
　③ **conducirse** VR to behave.
conducta NF ⓐ (comportamiento) conduct, behaviour, behavior (US); **mala ~** misconduct, misbehaviour; **cambiar de ~** to mend one's ways. ⓑ (Com etc) direction, management.
conductibilidad NF conductivity.
conductismo NM behaviourism, behaviorism (US).
conductista ADJ behaviourist, behaviorist (US).
conducto NM ⓐ (de agua etc) pipe, conduit; (Anat) duct, canal; (Elec) lead, cable; **~ biliar/lacrimal** bile/tear duct. ⓑ (fig) channel; **por ~ de** through, by means of.
conductor(a) ① ADJ ⓐ (gen) leading, guiding. ⓑ (Fís) conductive. ② NM/F ⓐ (Aut) driver; (de coche) motorist. ⓑ (fig) leader. ③ NM conductor.
condumio NM (fam) food, grub (fam).
conectado ADJ (Elec etc) connected; **estar ~** to be on, be live.
conectar<1a> ① VT ⓐ (Téc) to connect (up); (enchufar) to plug in; (computador etc) to hook up; (encender) to switch on; (Inform) to toggle on; **~ a tierra** to earth.
　ⓑ **~ a algn con otra persona** to put sb in touch with somebody else.
　② VI: **~ con** (persona) to communicate with.
　③ **conectarse** VR (Inform) to log in (on).
coneja NF doe rabbit.
conejar NM (rabbit) hutch.
conejera NF ⓐ (madriguera) warren, burrow; (conejar) rabbit hutch. ⓑ (fam: tasca etc) den.
conejillo NM young rabbit, bunny; **~ de Indias** guinea-pig.
conejo NM ⓐ (Zool) rabbit; **~ casero** tame rabbit; **~ de monte** wild rabbit. ⓑ (Anat: fam!) = **coño 1(a)**.
conexión NF (gen) connection, connexion; (Inform) interface.
conexo ADJ connected, related.
confabulación NF plot, dubious scheme.
confabularse<1a> VR to plot, conspire (para hacer algo to do sth).
confección NF ⓐ (preparación) making-up, preparation. ⓑ (Cos) dressmaking; (: industria) clothing; (: vestido) ready-made o off-the-peg o (US) off-the-rack garment; **~ de caballero** menswear.
confeccionado ADJ off-the-peg, ready-to-wear; **~ a la medida** made to measure.
confeccionar<1a> VT (lista) to make out; (Cos) to make (up); (Culin) to make, bake.
confederación NF confederation.
confederado/a ADJ, NM/F confederate.
confederarse<1a> VR to confederate, form a confederation.
conferencia NF ⓐ (Pol etc) conference, meeting; **~ cumbre** summit (conference); **~ episcopal** synod; **~ de prensa** press conference; **~ de ventas** sales conference. ⓑ (charla) lecture; **dar una ~** to give a lecture. ⓒ (Telec: tb **~ interurbana**) long-distance call; **~ a cobro**

revertido reverse charge o (*US*) collect call; **facilidad de ~ múltiple** follow-on call facility.

conferenciante NMF lecturer.

conferenciar<1b> VI to confer (*con* with).

conferencista NMF (*LAm*) lecturer.

conferir<3i> VT [a] (*premio*) to award (*a* to); (*honor*) to confer (*a* on), bestow (*a* on). [b] (*fig*) to lend, give (*a* to); **los cuadros confieren un aire de dignidad a la sala** the paintings lend the room an air of dignity.

confesar<1j> [1] VT [a] (*error*) to acknowledge; (*crimen*) to own up to; (*pecados*) to confess. [b] (*Rel*) to confess, hear the confession of. [2] VI, **confesarse** VR (*gen*) to confess, own up; (*Rel*) to confess (*a, con* to), make one's confession; **~ de sus pecados** to confess one's sins; **~ de plano** to own up.

confesión NF confession.

confesional ADJ [a] (*de la confesión*) confessional. [b] (*de sectas*) confessional, denominational.

confes(i)onario NM confessional (box).

confeso [1] ADJ [a] (*Jur etc*) self-confessed. [b] (*Hist: judío*) converted. [2] NM (*Hist*) converted Jew; (*Rel*) lay brother.

confesor NM confessor.

confeti NM confetti.

confiable ADJ reliable, trustworthy.

confiadamente ADV [a] (*con confianza*) trustingly. [b] (*tranquilamente*) confidently.

confiado ADJ [a] (*gen*) trusting; (*crédulo*) gullible. [b] (*seguro*) confident; **estar muy ~** to be excessively hopeful.

confianza NF [a] (*gen*) trust (*en* in), reliance (*en* on); **margen de ~** credibility gap; **persona de (toda) ~** reliable o trustworthy person; **puesto de ~** responsible post; **decir algo en ~** to say sth in confidence; **defraudar la ~ de algn** to let sb down; **poner su ~ en** to put one's trust in; **él es de ~** he is all right, you can speak freely in front of him. [b] (*ánimo*) confidence; **~ en sí mismo** self-confidence; **infundir ~ a algn** to give sb confidence. [c] (*familiaridad*) intimacy, familiarity (*con* with); **amigo/reunión de ~** close friend/intimate gathering; **en tono de ~** in a confidential tone; **tener ~ con algn** to be on close terms with sb; **tratar a algn con ~** to treat sb without formality, not to stand on ceremony with sb; **aquí estamos en ~** we're all friends here. [d] ~s (*pey*) familiarities; **se toma demasiadas ~s** he is too familiar, he's too fresh.

confiar<1c> [1] VT: **~ algo a algn** to entrust sth to sb/sb with sth; **~ algo al azar** to leave sth to chance. [2] VI (*gen*) to trust (*en* in); (*contar con*) to rely (*en* on), count (*en* on); **confío en ti** I trust you; **~ en el éxito de algo** to feel confident about the success of sth; **~ en que** to hope o trust that. [3] **confiarse** VR (*fig: confesar*) to confide (*a* in); **no te confíes (demasiado)** I'd be a bit more wary.

confidencia NF confidence, secret; **hacer ~s a algn** to confide in sb, tell sb secrets.

confidencial ADJ confidential.

confidencialidad NF confidentiality, confidential nature.

confidencialmente ADV confidentially.

confidente/a NM/F [a] (*amigo*) confidant(e), intimate friend. [b] (*Jur*) informer.

configuración NF shape, configuration; (*Inform*) configuration; **~ de bits** (*Inform*) bit configuration; **la ~ del terreno** the lie of the land.

configurar<1a> VT to shape, form.

confín NM (*gen*) boundary; (*horizonte*) horizon; **~es** confines, limits (*tb fig*).

confinación NF, **confinamiento** NM confinement.

confinar<1a> [1] VT (*Jur etc*) to confine (*a, en* in); (*Pol*) to banish, exile (*a* to). [2] VI: **~ con** to border on. [3] **confinarse** VR to shut o.s. away.

confirmación NF confirmation.

confirmar<1a> [1] VT (*Rel etc*) to confirm; (*Jur etc*) to corroborate; **~ a algn de como** to confirm sb as; **la excepción confirma la regla** the exception proves the rule. [2] **confirmarse** VR [a] (*Rel*) to be confirmed. [b] (*probarse*) to be proven o confirmed.

confiscación NF confiscation.

confiscar<1g> VT to confiscate.

confitar<1a> VT (*conservar: en almíbar*) to preserve (in syrup); (: *con azúcar*) to candy.

confite NM sweet, candy (*US*).

confitería NF [a] (*arte*) confectionery. [b] (*tienda*) confectioner's (shop), sweetshop, candy store (*US*); (*And, CSur: café*) café and cake shop.

confitero/a NM/F confectioner.

confitura NF (*mermelada*) preserve, jam; (*fruta escarchada*) crystallized fruit.

conflagración NF conflagration; (*fig*) flare-up, outbreak; **~ bélica** outbreak of war.

conflictividad NF [a] (*tensiones*) tensions and disputes; **la ~ laboral** industrial disputes, labour o (*US*) labor troubles; **~ social** social unrest. [b] (*cualidad*) controversial o debatable nature.

conflictivo ADJ conflicting; (*sociedad etc*) troubled; (*asunto*) controversial; (*situación*) tense, troubled; **zona ~a** troubled region, trouble spot.

conflicto NM [a] (*gen*) conflict; **~ de intereses** clash of interests; **~ laboral** labour o (*US*) labor dispute. [b] (*fig*) difficulty, fix; **estar en** o **tener un ~** to be in a jam.

confluencia NF confluence.

confluente ADJ confluent.

confluir<3g> VI (*Geog: ríos etc*) to meet, come together; (*gente*) to gather.

conformación NF shape, form.

conformar<1a> [1] VT (*formar*) to shape; (*adaptar*) to adjust (*a* to), bring into line (*a* with). [2] VI to agree (*con* with). [3] **conformarse** VR to conform; (*resignarse*) to resign o.s.; **~ con** (*ley*) to comply with, observe; (*política*) to fall into line with; (*contentarse*) to put up with; **se conforma con cualquier cosa** he's content with anything.

conforme [1] ADJ [a] (*correspondiente*) consistent (*a* with); **un premio ~ a sus méritos** a prize in keeping with his merits. [b] (*acorde*) agreed, in agreement; **¡~(s)!** agreed!, all right!; **estar ~s** to be agreed; **estamos ~s en que** we agree that; **declararse ~ con algo** to consent to sth. [c] (*satisfecho*) satisfied, content (*con* with); **quedarse ~ con** to be happy o satisfied with. [2] ADV: **~ a** in accordance with; **~ a la muestra** as per sample; **lo hicieron ~ a sus instrucciones** they acted according to their instructions. [3] CONJ as; **~ lo iban sacando** as they were taking it out. [4] NM agreement; **dar el ~** to agree.

conformidad NF [a] (*semejanza*) similarity. [b] (*acuerdo*) agreement; (*consentimiento*) approval, consent; **de ~** by common consent; **de/en ~ con** in accordance/compliance with; **no ~** nonconformity; **dar su ~** to consent. [c] (*resignación*) resignation (*con* to); **soportar algo con ~** to resign o.s. to putting up with sth.

conformismo NM conformism, conventionality.

conformista ADJ, NMF conformist.

confort [kon'for(t)] NM (*pl* **~s** [kon'for(t)]) comfort; **'todo ~'** 'all mod cons'.

confortable ADJ comfortable.

confortante ADJ [a] (*gen*) comforting. [b] (*Med*) invigorating.

confortar<1a> VT [a] (*gen*) to comfort. [b] (*Med etc*) to invigorate, act as a tonic to.

confraternidad NF fraternity, brotherhood.

confraternizar<1f> VI to fraternize (*con* with).

confrontación NF [a] (*gen*) confrontation. [b] (*Lit*) comparison.

confrontar<1a> [1] VT [a] (*enfrentar*) to confront, face (up to). [b] (*carear*) to bring face to face. [c] (*textos*) to compare, collate. [2] VI to border (*con* on). [3] **confrontarse** VR: **~ con** to confront, face.

confundible ADJ: **fácilmente** ~ easily mistaken (*con* for), easily confused (*con* with).
confundir<3a> ⓵ VT ⓐ (*borrar*) to blur.
ⓑ (*despistar*) to confuse, muddle; ~ **A con B** to mistake A for B, confuse A with B; **ha confundido todos los sellos** he has mixed up all the stamps.
ⓒ (*dejar boquiabierto*) to confound; (*turbar*) to bewilder, perplex; ~ **a algn con atenciones** to overwhelm sb with kindness.
ⓓ (*humillar*) to put to shame.
⓶ **confundirse** VR ⓐ (*hacerse borroso*) to become blurred.
ⓑ (*turbarse*) to get confused, get in a muddle; (*equivocarse*) to make a mistake; **Ud se ha confundido de número** (*Telec*) you have the wrong number.
ⓒ (*avergonzarse*) to feel ashamed.
ⓓ (*mezclarse*) to mix; **se confundió con la multitud** he disappeared in the crowd; **los policías se confundieron con los manifestantes** the police mingled with the demonstrators.
confusión NF confusion.
confusionismo NF confusion, uncertainty; **sembrar el** ~ **y desconcierto** to spread alarm and despondency.
confuso ADJ (*gen*) confused; (*desordenado*) mixed up, jumbled up; (*recuerdo*) hazy; (*estilo*) obscure; (*ruido*) indistinct; (*imagen*) blurred; **estar** ~ (*turbado*) to be confused *o* bewildered.
conga NF (*Mús*) conga.
congelación NF ⓐ (*gen*) freezing. ⓑ (*Med*) frostbite. ⓒ (*Fin etc*) freeze, freezing; ~ **de créditos** credit freeze.
congelado ADJ ⓐ (*carne*) frozen, chilled; **¡estoy ~!** I'm frozen *o* freezing! ⓑ (*Med*) frostbitten. ⓒ (*Fin etc*) frozen, blocked.
congelador NM freezer.
congelar<1a> ⓵ VT ⓐ (*gen*) to freeze; (*sangre*) to congeal; (*imagen de vídeo*) to freeze.
ⓑ (*Med*) to affect with frostbite.
ⓒ (*Fin etc*) to freeze, block.
⓶ **congelarse** VR ⓐ (*gen*) to freeze; (*sangre*) to congeal.
ⓑ (*Med*) to get frostbitten.
congénere NM fellow, person *etc* of the same sort; **el criminal y sus ~s** the criminal and others like him.
congeniar<1b> VI to get on (*con* with).
congénito ADJ congenital.
congestión NF congestion.
congestionado ADJ (*gen*) congested; (*rostro*) flushed, red.
congestionar<1a> ⓵ VT to congest, produce congestion in. ⓶ **congestionarse** VR to become congested; **se le congestionó la cara** his face became flushed.
conglomeración NF conglomeration.
conglomerado NM (*Geol, Téc*) conglomerate; (*fig*) conglomeration.
conglomerar <1a> VT, **conglomerarse** VR to conglomerate.
Congo NM: **el** ~ the Congo.
congoja NF anguish, distress.
congoleño/a ADJ, NM/F Congolese.
congraciar<1b> ⓵ VT to win over. ⓶ **congraciarse** VR to ingratiate o.s. (*con* with).
congratulación NF congratulation.
congratular<1a> ⓵ VT to congratulate (*por* on). ⓶ **congratularse** VR to congratulate o.s., be pleased; **de eso nos congratulamos** we are glad about that.
congregación NF (*asamblea*) gathering, assembly; (*Rel*) congregation; **la ~ de los fieles** the (Catholic) Church.
congresal NMF (*LAm*) = **congresista**.
congresista NMF delegate, member (of a congress).
congreso NM congress; (*Pol*) parliament; ~ **anual** annual conference; **C~ de los Diputados** (*Esp Pol*) ≈ House of Commons, ≈ House of Representatives (*US*).
congrio NM conger (eel).
congruencia NF ⓐ (*Mat etc*) congruence. ⓑ (*coherencia*) suitability.
congruente, congruo ADJ ⓐ (*gen*) congruent, congruous (*con* with). ⓑ (*coherente*) suitable.

cónico ADJ (*gen*) conical; (*sección etc*) conic.
conífera NF conifer.
conífero ADJ coniferous.
conimbricense ⓵ ADJ of *o* from Cohimbra. ⓶ NMF native *o* inhabitant of Cohimbra.
conjetura NF conjecture, surmise; **son meras ~s** it's just guesswork.
conjeturar <1a> VT to guess (at), surmise (*de, por* from; *que* that).
conjugación NF conjugation.
conjugar<1h> ⓵ VT ⓐ (*Ling*) to conjugate.
ⓑ (*fig*) to combine; **es difícil ~ los deseos de los dos** it is difficult to please them both.
⓶ **conjugarse** VR ⓐ (*Ling*) to be conjugated.
ⓑ (*fig*) to fit together, blend.
conjunción NF conjunction.
conjuntado ADJ coordinated.
conjuntamente ADV jointly, together; ~ **con** together with.
conjuntar <1a> ⓵ VT to coordinate. ⓶ VI: ~ **con** to go with, match.
conjuntero/a NM/F (*Mús fam*) band member.
conjuntivitis NF conjunctivitis.
conjuntivo ADJ conjunctive.
conjunto ⓵ ADJ combined, joint.
⓶ NM ⓐ (*gen*) whole; **en** ~ as a whole, altogether; **en su** ~ in its entirety; **formar un** ~ to form a whole.
ⓑ (*vestido*) ensemble.
ⓒ (*Mús: de cámara*) ensemble; (: *pop*) group.
ⓓ (*Teat*) chorus.
ⓔ (*muebles etc*) suite.
ⓕ (*Inform*) set; ~ **integrado de programas** integrated software suite.
conjura, conjuración NF plot, conspiracy.
conjurado/a NM/F plotter, conspirator.
conjurar<1a> ⓵ VT ⓐ (*Rel*) to exorcise.
ⓑ (*peligro*) to ward off; (*pensamiento*) to rid o.s. of.
ⓒ (*rogar*) to entreat.
⓶ VI: ~ **contra algn** to plot *o* conspire against sb.
⓷ **conjurarse** VR to get together in a plot.
conjuro NM ⓐ (*Rel*) exorcism; (*fig*) spell. ⓑ (*ruego*) entreaty.
conllevar<1a> VT ⓐ (*sentido*) to convey, carry (with it); (*acarrear*) to imply, involve. ⓑ (*aguantar*) to bear, put up with.
conmemoración NF commemoration.
conmemorar<1a> VT to commemorate.
conmemorativo ADJ commemorative.
conmigo PRON (*gen*) with me; **atento** ~ kind to *o* towards me; **se portó muy bien** ~ he was very good to me.
conminar <1a> VT ⓐ (*amenazar*) to threaten (*con* with). ⓑ (*avisar*) to warn (officially).
conminatorio ADJ threatening, warning.
conmiseración NF sympathy, commiseration.
conmoción NF ⓐ (*Geol*) shock, tremor. ⓑ (*Med*) ~ **cerebral** concussion. ⓒ (*fig*) shock; (*Pol*) disturbance; **una** ~ **social** a social upheaval.
conmocionar <1a> VT ⓐ (*conmover*) to move, affect deeply; (*sacudir*) to shake profoundly, cause an upheaval in. ⓑ (*Med*) to put into shock, concuss.
conmovedor ADJ (*gen*) moving; (*enternecedor*) poignant.
conmover<2h> ⓵ VT ⓐ (*Geol*) to shake.
ⓑ (*fig: enternecer*) to move, touch; (: *turbar*) to upset.
⓶ **conmoverse** VR ⓐ (*Geol*) to shake, be shaken.
ⓑ (*fig*) to be moved.
conmutación NF commutation; (*Inform*) switching; ~ **de mensajes** message switching; ~ **por paquetes** packet switching.
conmutador NM (*Elec*) switch; (*LAm Telec: centralita*) switchboard.
conmutar <1a> VT ⓐ (*trocar*) to exchange (*por* for). ⓑ (*Jur*) to commute (*en, por* to).
connatural ADJ innate, inherent.
connivencia NF connivance; **estar en** ~ **con** to be in collusion with.
connotación NF connotation.

connotado ADJ (*LAm*) famous.
connotar<1a> VT to connote.
cono NM cone.
conocedor(a) [1] ADJ expert (*de* in), knowledgeable (*de* about). [2] NM/F expert (*de* in), connoisseur (*de* of); **es buen ~ de ganado** he's a good judge of cattle.
conocer<2d> [1] VT [a] (*gen*) to know; (*llegar a ~*) to get to know; **~ a algn de vista** to know sb by sight; **conozco las dificultades** I know (about) the difficulties; **la conocí en Sevilla** I met her in Seville; **¿conoces a Pedro?** have you met Pedro?; **¿conoce Portugal?** have you been to Portugal?; **cuando la conozcas mejor** when you get to know her better; **¿de qué le conoces?** where do you know him from?; **no me conoce de nada** he doesn't know me from Adam; **conoce su oficio** he knows his job; **dar a ~** (*informe etc*) to release to the press *etc*; (*indebidamente*) to leak; **darse a ~** (*presentarse*) to make o.s. known; (*hacerse famoso*) to make a name for o.s.
[b] (*distinguir*) to tell, recognize (*en, por* by); **~ a algn por su modo de andar** to know sb by o from his walk.
[2] VI **~ de** to know about.
[b] (*Jur*) **~ de** o **en una causa** to try a case.
[3] **conocerse** VR [a] (*individuo*) to know o.s.
[b] (*ser conocidos*) to know each other; (*llegar a ~*) to get to know each other, get acquainted; **se conocieron en un baile** they met at a dance.
[c] (*reconocerse*) to recognize each other.
[d] **no se le conoce tal defecto** he's not known to have any such shortcoming; **se conoce que** (*parece*) apparently; (*es obvio*) you can tell.
conocido/a [1] ADJ (*dato*) known; (*persona*) well-known; **un médico ~** a well-known doctor. [2] NM/F acquaintance.
conocimiento NM [a] (*gen*) knowledge; **hablar con ~ de causa** to know what one is talking about; **ha llegado a mi ~ que** it has come to my notice o attention that; **poner algo en ~ de algn** to bring sth to sb's attention; **tener ~ de** to know about, have knowledge of; **al tenerse ~ del suceso** as soon as the event became known.
[b] **~s** knowledge *sg* (*de* of); **~s elementales** basics (*fam*); **mis pocos ~s de filosofía** my limited knowledge of philosophy.
[c] (*sensatez*) good sense; **los niños no tienen ~** the children have no sense.
[d] (*Med*) consciousness; **estar sin ~** to be unconscious; **perder el ~** to lose consciousness.
[e] (*Náut*) **~ de embarque** bill of lading.
[f] (*Com*) **~ de embarque aéreo** air waybill.
Cono Sur NM (*Pol*) Argentina, Chile and Uruguay; Southern Cone.
conque CONJ (*fam*) so (then); **¿~ te pillaron?** so they caught you?
conquense [1] ADJ of o from Cuenca. [2] NMF native o inhabitant of Cuenca.
conquista NF conquest.
conquistador(a) [1] ADJ conquering. [2] NM/F conqueror. [3] NM [a] (*Hist*) conquistador. [b] (*fam*) ladykiller.
conquistar <1a> VT [a] (*Mil*) to conquer. [b] (*puesto, simpatía*) to win; (*adversario*) to win round o over; (*enamorar*) to win the heart of.
consabido ADJ (*gen*) well-known; (*frase etc*) old, oft-repeated.
consagración NF (*Rel*) consecration, dedication; (*de costumbre*) establishment.
consagrado ADJ [a] (*Rel*) consecrated (*a* to), dedicated (*a* to). [b] (*fig*) hallowed, traditional; **según la expresión ~a** in the time-honoured o (*US*) -honored phrase; **un actor ~** an established actor.
consagrar <1a> [1] VT [a] (*Rel*) to consecrate, dedicate (*a* to).
[b] (*fig: vida etc*) to devote, dedicate (*a* to); (*monumento*) to put up (*a* to).
[c] (*fama etc*) to confirm; **este triunfo lo consagra como un cirujano excepcional** this success confirms him as a really exceptional surgeon.
[2] **consagrarse** VR [a] (*por fama*) to establish o.s.
[b] (*la vida etc*) **~ a** to devote o.s. to.
consanguíneo ADJ related by blood, consanguineous.
consanguinidad NF blood relationship, consanguinity.
consciencia NF conscience.
consciente ADJ [a] (*gen*) conscious; **ser ~ de** to be conscious o aware of. [b] (*Med*) **estar ~** to be conscious. [c] (*Jur*) fully responsible. [d] (*sensato*) responsible.
conscripción NF (*Arg*) conscription.
conscripto NM (*Arg*) conscript.
consecución NF (*gen*) obtaining; (*de meta*) attainment; **de difícil ~** hard to come by o get hold of.
▼**consecuencia** NF [a] (*gen*) consequence; (*resultado*) outcome, result; **a ~ de eso** as a result of that; **como** o **en ~** in consequence, accordingly; **aceptar las ~s** to take the consequences; **¡pues aténgase a las ~s!** then you'd better watch out!; **no tuvo ~s** nothing bad came of it.
[b] (*firmeza*) consistency; **su ~ con sus principios le llevó a la cárcel** his faithfulness to his beliefs landed him in jail.
consecuente ADJ [a] (*gen*) consistent (*con* with). [b] (*Fil*) consequent.
consecuentemente ADV consistently.
consecutivo ADJ consecutive.
conseguir <3d, 3k> VT [a] (*gen*) to get, obtain; (*puesto etc*) to land; (*entradas*) to get one's hands on; **~ hacer algo** to succeed in doing sth, manage o do sth; **~ que algn haga algo** to get sb to do sth. [b] (*meta*) to attain, achieve.
conseja NF old wives' tale.
consejería NF (*Esp Pol*) ministry in a regional government.
consejero/a NM/F (*gen*) adviser; (*Téc etc*) consultant; (*Com*) director; (*en comisión*) member of a board *etc*; (*de autonomía*) minister in a regional government.
▼**consejo** NM [a] (*gen*) advice; **un ~** a piece of advice; **~s** advice *sg*; **fue muy útil tu ~** your tip was very useful; **¿qué ~ me das?** what would you suggest?; **pedir ~ a algn** to ask sb for advice, ask sb's advice. [b] (*Pol etc*) council; (*Com*) board; **~ de administración** board of directors; **C~ de Europa** Council of Europe; **~ de guerra** court-martial; **~ de ministros** (*entidad*) cabinet; (*reunión*) cabinet meeting.
consenso NM (*consentimiento*) consent; (*esp Pol*) consensus.
consensual ADJ agreed; **unión ~** common-law marriage.
consentido ADJ [a] (*mimado*) spoiled. [b] (*marido*) complaisant.
consentimiento NM consent.
consentir <3i> [1] VT [a] (*gen*) to consent to; (*permitir*) to allow; **¡eso no se puede ~!** we can't have o allow that!; **no te consiento que vayas** I can't allow you to go.
[b] (*soportar*) to stand, bear; **la plataforma no consiente más peso** the platform will not bear any more weight.
[c] (*mimar*) to spoil.
[2] VI to agree, consent, say yes (*en* to); **~ en hacer algo** to agree to do sth.
[3] **consentirse** VR to break, give (way).
conserje NM (*gen*) porter; (*de hotel*) hall-porter.
conserjería NF porter's office o lodge.
conserva NF [a] (*proceso*) preserving. [b] (*Culin*) preserve(s); **~s alimenticias** tinned o (*US*) canned goods; **~s de carne** canned meat; **en ~** preserved.
conservación NF (*gen*) conservation; (*Culin*) preservation; **~ refrigerada** cold storage; **~ de suelos** soil conservation; **gastos de ~** maintenance costs; **instinto de ~** instinct of self-preservation.
conservador(a) [1] ADJ (*Pol*) conservative; (: *Brit*) Tory. [2] NM/F [a] (*Pol*) conservative; (: *Brit*) Tory. [b] (*de museo etc*) curator, keeper.
conservadurismo NM (*Pol etc*) conservatism.
conservante NM preservative.
conservar <1a> [1] VT [a] (*gen*) to preserve; (*Culin: en vinagre*) to pickle; (: *en lata*) to tin, can.
[b] (*energía*) to conserve, save.

➤ EXPRESIONES GENERATIVAS: **consecuencia** → 7.1 **consejo** → 11.2

c (*costumbre*) to retain; (*secreto*) to keep; **conservo varias cartas suyas** I (still) have a few letters of his. **2 conservarse** VR **a** (*costumbre*) to survive. **b** (*individuo*) to keep (well); **¡qué bien se conserva!** he looks well for his age.

conservatorio NM **a** (*Mús*) conservatoire. **b** (*LAm*) greenhouse.

conservero ADJ canning *atr*; **la industria ~a** the canning industry.

considerable ADJ considerable.

consideración NF **a** (*deliberación*) consideration; **está en ~** it is under consideration; **tomar en ~** to take into account.

b (*atención*) consideration, regard; **de mi/nuestra (mayor) ~** (*esp LAm*) Dear Sir/Madam; **en ~ a** considering, in consideration of; **sin ~ a** irrespective of; **tratar a algn sin ~** to treat sb without consideration.

c (*respeto*) respect; **por ~ a** out of respect for; **tengo una gran ~ por él** I hold him in high esteem.

d **~es** kindness *sg*; **tener ~es con algn** to be kind o considerate to sb.

e **de ~** important; **una herida de ~** a serious wound; **de poca ~** unimportant, of no account.

considerado ADJ **a** (*respetado*) respected, esteemed; **bien ~** well-regarded; **mal ~** ill-regarded. **b** (*atento*) considerate, thoughtful.

considerar <1a> VT **a** (*gen*) to consider; (*meditar*) to think about; **~ que** to consider o think that. **b** (*tener en cuenta*) to take into account; **considera que** bear in mind that, don't forget that. **c** (*juzgar*) to consider, deem; **lo considero imposible** I consider it (to be) impossible. **d** (*respetar*) to esteem, respect.

consigna NF **a** (*orden*) order; (*lema*) watchword; **~s de vuelo** operating instructions for a flight, operational orders for a flight. **b** (*Ferro*) left-luggage office, checkroom (*US*); **~ automática** left-luggage locker.

consignación NF **a** (*Com*) consignment, shipment. **b** (*Fin*) allocation. **c** (*Méx Jur*) remand.

consignador NM (*Com*) consignor.

consignar <1a> VT **a** (*Com*) to send, dispatch (*a* to). **b** (*Fin*) to assign; (*créditos*) to allocate. **c** (*registrar*) to record, register; (*escribir*) to set down, state.

consignatario/a NM/F (*Com*) consignee; (*Náut*) broker, agent; (*Jur*) trustee.

consigo PRON (*gen*) with him/her; (*usted(es)*) with you; (*~ mismo*) with one(self) *etc*; **no lleva nada ~** he isn't taking anything with him; **hablaba ~ misma** she was talking to herself.

▼**consiguiente** ADJ consequent; **por ~** therefore, consequently.

consistencia NF consistence, consistency.

consistente ADJ **a** (*gen*) consistent; (*argumento*) sound, valid. **b** (*materia*) solid, firm, tough; (*Culin etc*) thick. **c** **~ en** consisting of.

consistir <3a> VI **a** **~ en** (*componerse*) to consist of, be composed of; **¿en qué consiste?** what does it consist of? **b** **~ en** (*estribar*) to lie in, be due to; **no consiste en eso la dificultad** the difficulty does not lie in that.

consistorial ADJ (*Rel*) consistorial; **casa ~** town hall.

consistorio NM (*Rel*) consistory; (*Pol*) town council.

consola NF (*mesa*) console table; (*Inform, Mús*) console.

consolación NF consolation.

consolador(a) **1** ADJ consoling, comforting. **2** NM/F consoler, comforter. **3** NM dildo.

consolar <1b> **1** VT to console, comfort. **2** **consolarse** VR to console o.s. (*por* about).

consolidación NF consolidation.

consolidar <1a> VT (*gen*) to consolidate, strengthen; (*Arquit*) to shore up; (*Fin*) to fund.

consomé NM consommé, clear soup.

consonancia NF **a** (*Mús etc*) consonance, harmony; **en ~ con** in accordance o harmony with. **b** (*Lit*) consonance, rhyme.

consonante **1** ADJ **a** (*Mús etc*) consonant, harmonious. **b** (*Ling*) consonantal. **c** (*Lit*) rhyming. **2** NF (*Ling*) consonant.

consonántico ADJ consonantal.

consorcio NM **a** (*Com*) consortium, syndicate. **b** (*unión*) relationship.

consorte NMF **a** (*esposo/a*) consort, spouse; **príncipe ~** prince consort. **b** **~s** (*Jur*) accomplices.

conspicuo ADJ eminent, famous.

conspiración NF conspiracy.

conspirador(a) NM/F conspirator.

conspirar <1a> VI to conspire, plot (*con* with; *contra* against); **~ a hacer algo** to conspire to do sth (*tb fig*).

constancia NF **a** (*gen*) constancy; (*firmeza*) firmness, steadfastness. **b** (*certeza*) certainty; (*prueba*) proof, evidence; **no hay ~ de ello** there is no certainty of it; **dejar ~ de algo** to place sth on record; **para que quede ~ de la fecha** in order to give proof of the date.

constante **1** ADJ (*gen*) constant; (*persona*) firm, steadfast. **2** NF (*Mat, fig*) constant.

constantemente ADV constantly.

constar <1a> VI **a** **consta que** it is a fact that; **me consta que** I have evidence that; **conste que yo no lo aprobé** let it be clearly understood that I did not approve; **que conste que lo hice por ti** believe me, I did it for your own good. **b** **~ (en)** to appear (in), be given (in o on); **no consta en el catálogo** it is not listed in the catalogue o (*US*) catalog; **en el carnet no consta su edad** his age is not stated on the licence o (*US*) license; **hacer ~** to put on record; **y para que así conste ...** and for the record .... **c** **~ de** to consist of, be composed of.

constatación NF confirmation, verification.

constatar <1a> VT (*gen*) to verify; (*manifestar*) to state.

constelación NF constellation.

constelado ADJ (*Met etc*) starry, full of stars; (*fig*) bespangled (*de* with).

consternación NF consternation, dismay.

consternar <1a> **1** VT to dismay. **2** **consternarse** VR to be dismayed (*con* by).

constipado **1** ADJ: **estar ~** to have a cold. **2** NM (*Med*) cold, catarrh; **coger un ~** to catch a cold.

constiparse <1a> VR to catch a cold.

constitución NF constitution.

constitucional ADJ constitutional.

constitucionalmente ADV constitutionally.

constituir <3g> **1** VT **a** (*formar*) to constitute, form; **lo constituyen 12 miembros** it consists of 12 members, it is made up of 12 members.

b (*ser*) to be; **eso no constituye estorbo** that doesn't amount to an obstacle; **para mí constituye un placer** for me it is a pleasure.

c (*fundar: gen*) to create, set up, establish; (: *escuela etc*) to found.

d **~ una nación en república** to make a country into a republic; **~ a algn en árbitro** to set sb up as arbiter. **2** **constituirse** VR **a** **~ en algo** to set o.s. up as sth. **b** (*Jur*) **~ en un lugar** to present o.s. at a place. **c** (*Pol etc: cuerpo*) to be composed (*de* of); (: *fundarse*) to be established (*en* in).

constitutivo ADJ constitutive; **acto ~ de delito** act constituting a crime.

constituyente ADJ (*Pol*) constituent.

constreñir <3h, 3k> VT **a** (*limitar*) to restrict. **b** **~ a algn a hacer algo** to compel o force o constrain sb to do sth. **c** (*Med*) to constrict.

constricción NF constriction.

construcción NF **a** (*proceso*) construction, building; (*estructura*) structure; (*rama*) construction industry; **~ de buques, ~ naval** shipbuilding; **en (vía de) ~** under construction. **b** (*Ling*) construction.

constructivo ADJ constructive.

constructor(a¹) **1** ADJ building, construction *atr*. **2** NM/F builder; **~ de buques, ~ naval** shipbuilder.

constructora² NF (*tb* **empresa ~**) construction company.

construir <3g> VT **a** (*gen*) to construct; (*Arquit*) to build, put up. **b** (*Ling*) to construe.

consuegra NF mother-in-law of one's son o daughter.

consuegro NM father-in-law of one's son o daughter.

➤ EXPRESIONES GENERATIVAS: **consiguiente** → 7.2

consuelo NM solace, comfort; **llorar sin ~** to weep inconsolably.

consuetudinario ADJ: **derecho ~** common law.

cónsul NMF consul.

consulado NM (*cargo*) consulship; (*sede*) consulate.

consular ADJ consular.

consulta NF a (*acción*) consultation; (*Inform*) enquiry. b (*Med: consultorio*) surgery, consulting room; (: *cita*) examination; **horas de ~** surgery o (*US*) office hours; **la ~ es de 5 a 8** the surgery is from 5 to 8; **~ a domicilio** home visit. c **obra de ~** reference book.

consultar <1a> VT a (*experto*) to consult (*acerca de* about; *sobre* on); **~ a un médico** to consult o see a doctor; **~ un archivo** (*Inform*) to interrogate a file. b (*asunto*) to discuss, raise (*con* with); **lo consultaré con mi abogado** I will take that up with my lawyer; **~ algo con la almohada** to sleep on sth. c (*libro*) to consult, look up; (*cita etc*) to look up.

consultivo ADJ consultative.

consultor(a¹) NM/F consultant; **~ en dirección de empresas** (*Com*) management consultant.

consultora² NF consultancy (firm).

consultorio NM (*Med*) surgery, doctor's office (*US*); (*de abogado*) office; (*de revista: tb* **~ sentimental**) problem page, agony column.

consumación NF (*gen*) consummation; (*Jur*) commission, perpetration.

consumado ADJ (*gen*) consummate, perfect; (*imbécil etc*) thorough, out-and-out.

consumar <1a> VT (*acabar*) to complete; (*crimen*) to commit; (*sentencia etc*) to carry out; (*matrimonio*) to consummate.

consumición NF a (*acción*) consumption. b (*bebida*) drink; **~ mínima** cover charge; **pagar la ~** to pay for what one has had.

consumido ADJ (*flaco*) skinny.

consumidor(a) NM/F consumer.

consumir <3a> 1 VT a (*comida*) to consume, eat; (*utilizar*) to use; (*incendio etc*) to burn, consume; (*en restaurante*) to take, have. b (*material*) to wear away; (*paciencia*) to wear down; (*salud etc*) to waste away. c (*fig*) **le consumen los celos** he is eaten up with jealousy; **me consume su terquedad** his obstinacy is getting on my nerves. 2 **consumirse** VR a (*líquidos*) to boil away; (*sólidos*) to burn (up o out); **se ha consumido la vela** the candle is finished. b (*Med*) to waste away; (*de pasión*) to be consumed o overcome.

consumismo NM consumerism.

consumista ADJ consumer atr, consumerist.

consumo NM consumption; **~ de drogas** drug taking; **bienes de ~** consumer goods; **sociedad de ~** consumer society.

consunción NF (*Med*) consumption.

consustancial ADJ consubstantial; **ser ~ con** to be inseparable from, be all of a piece with.

contabilidad NF a (*práctica*) accounting, book-keeping; **'C~'** (*letrero*) 'Accounts', 'Accounts Department'. b (*profesión*) accountancy. c (*Com*) **~ analítica** variable costing o (*US*) pricing; **~ de costos** cost accounting; **~ de doble partida** double-entry book-keeping; **~ de gestión** management accounting; **~ por partida simple** single-entry book-keeping.

contabilizar <1f> VT a (*Fin*) to enter in the accounts. b (*fig*) to reckon with, take into account.

contable 1 ADJ countable. 2 NMF (*gen*) book-keeper; (*licenciado*) accountant.

contactar <1a> VI: **~ con** to contact, get in touch with.

contacto NM a (*gen*) contact, touch; (*Aut*) ignition; **lentes de ~** contact lenses; **estar en ~ con** to be in touch with; **entrar en ~ con** to come into contact with; **ponerse en ~ con** to get into touch with, contact. b (*Elec etc*) contact; (*Méx: enchufe*) plug.

contado 1 ADJ a counted, numbered; **tiene los días ~s**

his days are numbered. b **~s** few, scarce; **en ~as ocasiones** on rare occasions; **~as veces** seldom, rarely; **son ~s los que** there are few who. 2 NM (*Com*) **al ~** for cash, cash down; **pago al ~** cash payment; **precio al ~** cash price.

contador(a) 1 ADJ counting. 2 NM/F (*esp LAm: Com*) book-keeper, accountant; (*Jur*) receiver. 3 NM a (*Náut*) **~ (de navío)** purser. b (*Téc*) meter; **~ de gas/agua** gas/water meter; **C~ Geiger** Geiger counter.

contaduría NF a (*profesión*) accountancy. b (*oficina*) accountant's office.

contagiar <1b> 1 VT a (*Med: enfermedad*) to pass on, transmit, give (*a* to); (: *víctima*) to infect (*con* with). b (*fig*) to infect (*con* with); **me ha contagiado su optimismo** I've been smitten with his optimism. 2 **contagiarse** VR a (*Med: enfermedad*) to be contagious o catching; (*víctima*) to become infected; **~ de** to become infected with, catch. b (*fig*) **~ de** to be tainted with.

contagio NM infection, contagion; (*fig*) contamination.

contagioso ADJ (*enfermedad*) contagious; (*enfermo*) infected, infectious; (*fig*) catching; (*risa*) infectious.

contáiner NM container.

contaminación NF (*gen*) contamination; (*textual*) corruption; (*Met etc*) pollution; **~ del aire** air pollution.

contaminante NM pollutant.

contaminar <1a> 1 VT a (*gen*) to contaminate; (*ambiente*) to pollute; (*texto*) to corrupt. b (*fig*) to taint, infect. 2 **contaminarse** VR to be(come) contaminated (*con* with; *de* by); (*agua, aire*) to become polluted.

contante ADJ: **dinero ~ (y sonante)** cash.

contar <1l> 1 VT a (*Mat*) to count; (*incluir*) to include, count in; **cuenta 18 años** she is 18; **~ con los dedos** to count on one's fingers. b (*considerar*) to consider; **al niño le cuentan como medio** they count the child as half; **le cuento entre mis amigos** I reckon him among my friends; **sin ~** not counting, not to mention. c (*tener en cuenta*) to remember, bear in mind; **cuenta que es más fuerte que tú** don't forget he's stronger than you are. d (*relato etc*) to tell; **es muy largo de ~** it's a long story; **¡cuéntaselo a tu abuela!** pull the other one! (*fam*); **¿y a mí qué me cuentas?** so what?; **ya me contarás** you tell me your side of it, you tell me how you see things. 2 VI a (*Mat*) to count (up); **~ hasta 20** to count (up) to 20; **cuenta por dos** he counts for o as two. b (*fig*) to count; **esos puntos no cuentan** those points don't count; **no cuenta para nada** he doesn't count at all. c **~ con** (*fiarse de*) to rely o count on; (*gozar de*) to have; **cuenta conmigo** count on me, you can rely on me; **cuenta con varias ventajas** it has a number of advantages; **no contábamos con eso** we had not bargained for that; **cuento con que no llueva** I'm counting on the rain staying off; **sin ~ con que ...** leaving aside the fact that .... 3 **contarse** VR a (*incluirse*) to be counted, figure (*entre* among); **se le cuenta entre los más famosos** he is reckoned among the most famous; **me cuento entre sus admiradores** I count myself among his admirers. b **¿qué te cuentas?** (*fam*) how's things? (*fam*). c **se cuentan por millares** there are thousands of them.

contemplación NF a (*gen*) contemplation; (*meditación*) meditation. b **~es** indulgence; **no andarse con ~es** not to stand on ceremony; **tratar a algn con ~es** to treat sb leniently; **no me vengas con ~es** don't come to me with excuses; **sin ~es** without ceremony.

contemplar <1a> 1 VT a (*mirar*) to look at, gaze, watch, contemplate. b (*complacer*) to be (too) lenient with.

c (*tomar en cuenta*) to take account of, deal with; **la ley contempla los casos siguientes** the law provides for the following cases. **2** VI (*Rel*) to meditate.

contemplativo ADJ contemplative.
contemporáneo/a ADJ, NM/F contemporary.
contemporización NF temporizing.
contemporizador(a) **1** ADJ excessively compliant. **2** NM/F temporiser.
contemporizar<1f> VI to be compliant, show o.s. ready to compromise; (*pey*) to temporise (*con* with).
contención NF **a** (*Mil etc*) containing, containment; **muro de ~** retaining wall. **b** (*restricción*) restraint.
contencioso **1** ADJ (*Jur etc*) contentious; (*carácter*) captious. **2** NM (*disputa*) dispute; (*punto conflictivo*) point of disagreement.
contender<2g> VI (*gen*) to contend (*con* with; *sobre* over); (*competir*) to compete; (*Mil etc*) to fight.
contendiente **1** ADJ contending. **2** NMF contestant, contender.
contenedor NM container; (*Náut*) container ship; **~ de escombros** (builder's) skip; **~ de vidrio** bottle bank.
contener<2k> **1** VT **a** (*suj: recipiente*) to hold, contain. **b** (*Mil etc*) to contain; (*caballo etc*) to hold back, restrain; (*respiración*) to hold; (*emoción*) to choke back, bottle up; (*risa*) to smother; (*tendencia*) to check, curb. **2** **contenerse** VR to control o restrain o.s.
contenido **1** ADJ **a** (*individuo*) restrained, controlled. **b** (*risa etc*) suppressed. **2** NM (*gen*) contents; (*Téc*) content.
contentadizo ADJ easy to please.
contentamiento NM contentment.
contentar<1a> **1** VT **a** (*gen*) to satisfy, content. **b** (*Com*) to endorse. **2** **contentarse** VR **a** **~ con** to be contented o satisfied with, make do with; **~ con hacer algo** to content o.s. with doing sth. **b** (*reconciliarse*) to become reconciled (*con* with).
contento **1** ADJ (*satisfecho*) contented, satisfied; (*alegre*) glad, happy; **estar ~ con** o **de** to be satisfied with, be happy about; **están ~s con el coche** they are pleased with the car; **viven muy ~s** they live very happily; **¿estás ~?** are you happy?; **estar más ~ que unas castañuelas** to be as happy as a lark. **2** NM contentment, joy; **no caber en sí de ~** to be overjoyed.
contera NF (*Téc*) (metal) tip, ferrule.
contertulio/a NM/F fellow member (*of a social set*); **~s de café** café companions.
contestable ADJ questionable, debatable.
contestación NF **a** (*respuesta*) answer, reply; **~ a la demanda** (*Jur*) defence o (*US*) defense plea; **mala ~** sharp retort, piece of backchat; **dejar una carta sin ~** to leave a letter unanswered. **b** (*Pol*) protest.
contestado ADJ contentious, controversial.
contestador NM: **~ automático** answering machine, Ansaphone ®.
contestar<1a> VT, VI **a** (*gen*) to answer, reply; (*replicar*) to answer back; (*saludo etc*) to return; **~ una carta** to reply to a letter; **~ el teléfono** to answer the telephone; **contestó que sí** he replied that it was o he would *etc*; **abstenerse de ~** to make no reply; **no contestan** there's no reply. **b** (*Jur*) to corroborate, confirm.
contestatario/a **1** ADJ non-conformist, anti-establishment; **movimiento ~** protest movement. **2** NM/F non-conformist, person with anti-establishment views.
contexto NM context.
contextualizar<1f> VT to provide a context for, set in a context.
contextura NF **a** (*Téc*) contexture. **b** (*Anat*) build, physique.
contienda NF contest, struggle.
contigo PRON with you; (*Rel*) with thee.
contigüidad NF contiguity.
contiguo ADJ adjacent, contiguous (*a* to); **en un cuarto ~**

in an adjoining room.
continencia NF continence.
continental ADJ continental.
continente NM **a** (*Geog*) continent. **b** (*recipiente*) container. **c** (*fig*) bearing; **de ~ distinguido** with an air of distinction.
contingencia NF (*gen*) contingency; (*posibilidad*) eventuality, possibility.
contingente **1** ADJ contingent. **2** NM **a** (*Mil etc*) contingent. **b** (*Com etc*) quota.
continuación NF (*gen*) continuation; (*Lit etc*) sequel; **a ~** next, immediately after; **según lo expuesto a ~** as set out below, as follows; **a ~ de** after, following.
continuamente ADV (*sin interrupción*) continuously; (*siempre*) continually.
continuar <1e> **1** VT (*gen*) to continue, go on with; (*reanudar*) to resume. **2** VI **a** to continue, go on, carry on; **'continuará'** 'to be continued'; **~ hablando** to continue talking o to talk, go on talking; **continúa lloviendo** it's still raining. **b** (*prolongarse*) to continue; **la carretera continúa más allá de la frontera** the road continues (on) beyond the frontier.
continuidad NF continuity.
continuismo NM (*esp LAm: Pol*) preservation of the status quo, practice of succeeding o.s. in office.
continuo **1** ADJ **a** (*serie etc*) unbroken, continuous. **b** (*constante*) continual, constant; **sus ~as quejas** his continual complaints. **c** (*Fís: movimiento*) perpetual; (*Elec: corriente*) direct. **2** NM continuum.
contonearse <1a> VR (*hombre*) to swagger; (*mujer*) to swing o wiggle one's hips.
contoneo NM (*de hombre*) swagger; (*de mujer*) hipswinging, wiggle.
contorno NM **a** (*perfil*) outline; (*Geog*) contour; (*perímetro*) perimeter; **en ~** round about, all around. **b** (*medida*) girth; **el ~ de cintura es de 26 pulgadas** her waist measurement is 26 inches. **c** **~s** neighbourhood o (*US*) neighborhood *sg*, surrounding area *sg*; **Caracas y sus ~s** Caracas and its environs.
contorsión NF contortion; **hacer ~es** to writhe.
contorsionista NMF contortionist.
Contra NF: **la ~** (*Nic Hist*) the counter-revolutionary forces, the Contras.
▼**contra** **1** PREP (*gen*) against; (*enfrente*) opposite, facing; (*Com: giro*) on; **puntos en ~** points against; **apoyar algo ~ la pared** to lean sth against the wall; **hablar en ~ de** to speak against; **en ~ de lo que habíamos pensado** contrary to what we had thought; **ir en ~ de algo** to go against sth. **2** ADJ, NM/F (*Pol fam*) counter-revolutionary. **3** NF **a** (*Esgrima*) counter. **b** (*quid*) rub, snag. **c** **llevar la ~ a algn** to oppose sb. **d** (*LAm Med*) antidote.
contra(a)lmirante NM rear admiral.
contra(a)tacar<1g> VT, VI to counter-attack.
contra(a)taque NM counter-attack.
contrabajo NM double bass.
contrabandista NMF smuggler; **~ de armas** gunrunner.
contrabando NM **a** (*actividad*) smuggling; **~ de armas** gun-running. **b** (*mercancías*) contraband, smuggled goods; **pasar** o **introducir algo de ~** to smuggle sth in.
contracción NF contraction.
contracepción NF contraception.
contrachapado **1** ADJ: **madera ~a = 2**. **2** NM plywood.
contracorriente NF cross-current; **ir a ~** to go against the current, go upstream; (*fig*) to go against the tide.
contractual ADJ contractual.
contradecir<3o> **1** VT to contradict. **2** **contradecirse** VR to contradict o.s.
contradicción NF (*gen*) contradiction; (*fig*) discrepancy, anomaly; **espíritu de ~** contrariness.
contradictorio ADJ contradictory.

➤ EXPRESIONES GENERATIVAS: **contra → 5**

contraer<2o> **1** VT **a** (*Téc*) to contract.
b (*deuda etc*) to contract; (*hábito*) to acquire, pick up; **~ matrimonio con algn** to get married to sb, wed sb. **2 contraerse** VR **a** (*Med etc*) to contract.
b **~ a** to limit o.s. to.

contraespionaje NM counter-espionage.

contrafuerte NM (*Arquit*) buttress; (*Geog*) spur; (*de calzado*) stiffener.

contragolpe NM counter-blow; (*fig*) backlash, reaction.

contrahaz NM (*de tela*) wrong side.

contrahecho ADJ (*Anat*) hunchbacked.

contraindicación NF (*Med*) counter-indication.

contralor NM (*LAm*) Government accounting inspector.

contralto NMF contralto.

contraluz NM view against the light; **a ~** against the light.

contramaestre NM (*Náut*) boatswain; (*Téc*) foreman.

contramano NM: **a ~** the wrong way.

contramarchar<1a> VI to countermarch.

contraofensiva NF counter-offensive.

contraorden NF countermand.

contrapartida NF **a** (*Com, Fin*) balancing entry. **b** (*fig*) compensation; **como ~ de** as o in compensation for, in return for.

contrapelo NM: **a ~** the wrong way; **todo lo hace a ~** he does everything the wrong way round.

contrapesar<1a> VT (*gen*) to counterbalance (*con* with); (*fig*) to offset, compensate for.

contrapeso NM **a** (*Téc*) counterpoise, counterweight; (*Com*) makeweight; (*de equilibrista*) balancing pole. **b** (*fig*) counterweight.

contraponer<2q> VT **a** (*cotejar*) to compare, set against each other. **b** (*oponer*) to oppose; **~ A a B** to set up A against B; **a esta idea ellos contraponen su teoría de que** against this idea they set up their theory that.

contraportada NF back cover.

contraposición NF (*cotejo*) comparison; (*oposición*) contrast, clash; **en ~ a** in contrast to.

contraproducente ADJ self-defeating, counterproductive; **tener un resultado ~** to have a boomerang effect, boomerang.

contraprogramación NF (*TV*) competitive programme scheduling.

contrapuerta NF storm door.

contrapuesto ADJ (*intereses*) conflicting, opposing.

contrapunto NM counterpoint.

contrariamente ADV: **~ a lo que habíamos pensado** contrary to what we had thought.

contrariar<1c> VT **a** (*contradecir*) to contradict; (*oponer*) to oppose, go against; (*dificultar*) to impede, thwart; **sólo lo hace por ~nos** he only does it to be contrary o awkward. **b** (*fastidiar*) to vex, annoy.

contrariedad NF **a** (*obstáculo*) obstacle; (*contratiempo*) setback, trouble. **b** (*disgusto*) vexation, annoyance. **c** (*oposición*) contrary nature.

contrario/a **1** ADJ **a** (*carácter etc*) opposed, different; **son ~s en sus aficiones** they differ widely in tastes.
b (*sentido etc*) opposite; **en sentido ~** the other way, in the other direction; **en sentido ~ del que realmente tiene** in the opposite sense to its true one. **c** (*dañino*) harmful, damaging (*a* to); **~ a los intereses del país** contrary to the nation's interests.
d (*opinión*) opposed; **él es ~ a las reformas** he is opposed to the reforms, he is against the changes.
e (*locuciones*) **al ~, por el ~** on the contrary; **al ~ de** unlike; **todo salió al ~ de lo que habíamos previsto** it all turned out differently from what we had expected; **lo ~** the opposite, the reverse; **de lo ~** otherwise; **todo lo ~** quite the reverse; **llevar la ~a** to be contrary o awkward; **no le lleves la ~a** try to humour o (*US*) humor him.
2 NM/F (*enemigo*) enemy, adversary; (*Dep etc*) opponent.

contrarreembolso NM cash on delivery (*Brit*), collect on delivery (*US*).

Contrarreforma NF Counter-Reformation.

contrarreloj **1** ADV against the clock. **2** ADJ: **prueba ~ =** 3. **3** NF time trial.

contrarréplica NF rejoinder.

contrarrestar<1a> VT **a** (*resistir*) to resist; (*oponerse*) to oppose; (*efecto etc*) to counter. **b** (*pelota*) to return.

Contrarrevolución NF (*Nic Hist*) armed opposition to the Sandinista government of the 1980's.

contrarrevolución NF counter-revolution.

contrarrevolucionario/a ADJ, NM/F counterrevolutionary.

contrasentido NM **a** (*gen*) contradiction; (*disparate*) piece of nonsense. **b** (*Lit etc*) mistranslation.

contraseña NF **a** (*gen*) countersign, secret mark; (*Mil etc*) watchword, password. **b** (*Teat*) pass-out ticket.

contrastar<1a> **1** VT (*metal*) to assay; (*medidas*) to check; (*hechos*) to check, confirm, document. **2** VI to contrast (*con* with).

▼**contraste** NM **a** (*gen, TV*) contrast; **en ~ con** in contrast to; **por ~** in contrast; **hacer ~ con** to contrast with.
b (*Téc: de metales*) assay; (: *de medidas*) inspection, check; **(marca del) ~** hallmark.

contrata NF contract.

contratación NF **a** (*gen*) hiring, employment. **b** (*Jur*) contracting. **c** (*Dep*) signing-on terms.

contratante NMF contracting party.

contratar<1a> VT (*Com*) to sign a contract for; (*empleado*) to hire, engage; (*jugador*) to sign (up).

contratiempo NM **a** (*gen*) setback, reverse; (*accidente*) mishap, accident. **b** (*Mús*) **a ~** offbeat.

contratista NMF contractor; **~ de obras** building contractor, builder.

contrato NM contract (*de* for); **~ de alquiler** lease, leasing agreement; **~ de compraventa** contract of sale; **~ a precio fijo** fixed-price contract; **~ a término** forward contract; **~ de trabajo** contract of employment o service.

contravención NF contravention, violation.

contravenir<3r> VT to contravene, infringe.

contraventana NF shutter.

contrayente NMF: **los ~s** the bride and groom.

contribución NF **a** (*gen*) contribution; **su ~ a la victoria** his contribution to the victory, his part in the victory. **b** (*Fin*) tax; **~es** taxes, taxation; **~ directa** direct tax; **~ municipal** rates; **~ territorial urbana** rates; **exento de ~es** tax-free, tax-exempt (*US*).

contribuidor(a) NM/F contributor.

contribuir<3g> VT, VI **a** (*gen*) to contribute (*a* to; *para* towards); **~ con una cantidad** to contribute a sum; **~ a hacer algo** to help to do sth. **b** (*Fin*) to pay (in taxes).

contribuyente NMF (*Fin*) taxpayer.

contrición NF contrition.

contrincante NM opponent, rival.

contrito ADJ contrite.

control NM **a** (*gen*) control; **bajo/fuera de ~** under/out of control; **~ de calidad/de costos/de créditos/de existencias** quality/cost/credit/stock control; **~ de cambio** exchange control; **~ de la circulación** traffic control; **~ a distancia, ~ remoto** remote control; **~ de (la) natalidad** birth control; **~ de precios** price control; **~ de sí mismo** self-control. **b** (*Jur etc*) inspection, check; (*Com, Fin*) audit(ing); (*de policía*) checkpoint, roadblock; **~ de carretera** roadblock; **~ de frontera** frontier checkpoint; **~ de pasaportes** passport inspection.

controlador(a) NM/F (*tb* **~ aéreo**) air-traffic controller.

controlar<1a> **1** VT **a** (*gen*) to control. **b** (*comprobar*) to inspect, check; (*máquina, proceso*) to monitor; (*vigilar*) to keep an eye on; (*Com, Fin*) to audit. **2 controlarse** VR to control o.s., keep o.s. under control.

controversia NF controversy.

controvertido ADJ controversial.

controvertir<3i> **1** VT to dispute, question. **2** VI to argue.

contubernio NM ring, conspiracy.

contumacia NF obstinacy, stubborn disobedience.

contumaz ADJ (*gen*) obstinate, stubbornly disobedient; (*Jur*) guilty of contempt (of court).

contundencia NF forcefulness, power.

➤ EXPRESIONES GENERATIVAS: **contraste** → 8.2

contundente ADJ ⓐ (*arma*) offensive, for striking a blow with; **instrumento** ~ blunt instrument. ⓑ (*fig*: *argumento*) forceful, convincing; (*prueba*) conclusive; (*derrota*) crushing, overwhelming.
conturbar <1a> ① VT to dismay, perturb. ② **conturbarse** VR to be troubled, become uneasy.
contusión NF bruise, contusion.
contusionar<1a> VT (*magullar*) to bruise; (*dañar*) to hurt, damage.
conuco NM (*Ven*) smallholding.
convalecencia NF convalescence.
convalecer<2d> VI to convalesce, recover (*de* from).
convaleciente ADJ, NMF convalescent.
convalidable ADJ which can be validated.
convalidación NF validation; (*de documento*) ratification, confirmation.
convalidar<1a> VT (*título*) to validate; (*documento*) to ratify, confirm.
convección NF convection.
▼**convecino/a** NM/F (close) neighbour o (*US*) neighbor.
▼**convencer** <2b> ① VT, VI to convince; ~ **a algn de algo** to convince sb of sth; ~ **a algn para que haga algo** to persuade sb to do sth; **no me convence del todo** I'm not fully convinced; **no me convence ese tío** I don't really trust that chap; **dejarse** ~ to allow o.s. to be persuaded.
② **convencerse** VR to become convinced; **¡convéncete!** you'll have to get used to the idea.
convencido ADJ (*pacifista, cristiano, católico*) committed, convinced; **estar** ~ **de algo** to be convinced of sth, be certain of sth.
convencimiento NM ⓐ (*acto*) convincing, persuasion. ⓑ (*creencia*) conviction, certainty; **llegar al** ~ **de** to become convinced of; **tener el** ~ **de que** to be convinced that.
convención NF convention.
convencional ADJ conventional.
convencionalismo NM conventionalism.
conveniencia NF ⓐ (*aptitud*) suitability, fitness; (*provecho*) usefulness, advantageousness; (*oportunidad*) advisability; **ser de la** ~ **de algn** to suit sb. ⓑ (*acuerdo*) agreement. ⓒ ~**s** (**sociales**) conventions, social etiquette.
conveniente ADJ (*adecuado*) suitable; (*correcto*) fit, proper; (*útil*) useful; (*aconsejable*) advisable; **no es** ~ **que** it is not advisable that; **sería** ~ **que ...** it would be a good thing if ..., it would be an advantage if ...; **creer** o **estimar** o **juzgar** ~ to think o see fit; **juzgar** ~ **hacer algo** to see fit to do sth.
convenio NM agreement, treaty; ~ **colectivo** collective bargain, general wages agreement; ~ **comercial** trade agreement; ~ **de nivel crítico** threshold agreement.
convenir<3s> ① VT (*precio, hora*) to agree on, fix; **'sueldo a** ~**'** 'salary to be agreed'.
② VI ⓐ (*estar de acuerdo*) to agree (*con* with; *en* about); ~ **en hacer algo** to agree to do sth; ~ **en que** to agree that. ⓑ (*ser adecuado*) to suit, be suited to; **si le conviene** if it suits you; **no me conviene** it's not in my interest, it's not worth my while; **me conviene quedarme aquí** it is best for me to stay here, the best thing is for me to stay here; **te convendría olvidarlo** you would be best advised to forget it; **no te conviene fumar** smoking is no good for you.
ⓒ (*impersonal*) **conviene hacer algo** it is important to do sth; **conviene recordar que** it is to be remembered that; **no conviene que se publique eso** it is not desirable that that should be published.
conventillo NM (*esp LAm*) tenement house.
convento NM (*de monjes*) monastery; (*de monjas*) convent, nunnery.
conventual ADJ conventual.
convergencia NF ⓐ (*lit*) convergence. ⓑ (*fig*) common tendency, common direction.
convergente ADJ ⓐ (*lit*) convergent, converging. ⓑ (*fig*) having a common tendency, tending in the same direction.

converger <2c>, **convergir** <3c> VI ⓐ (*Mat etc*) to converge (*en* on). ⓑ (*fig*) to tend in the same direction (*con* as); **sus esfuerzos convergen en un fin común** their efforts are directed towards the same objective.
conversación NF conversation, talk; **cambiar de** ~ to change the subject; **trabar** ~ **con algn** to strike up a conversation with sb.
conversada NF (*LAm fam*) chat.
conversador(a) ① ADJ talkative, chatty. ② NM/F conversationalist.
conversar<1a> VI to talk, chat.
conversión NF ⓐ (*gen*) conversion. ⓑ (*Mil*) wheel.
converso/a ① ADJ converted. ② NM/F (*gen*) convert; (*Hist: esp*) converted Jew(ess).
convertibilidad NF convertibility.
convertible ADJ convertible.
convertidor NM (*Elec, Metal*) converter.
convertir <3i> ① VT ⓐ (*gen*) to convert; (*transformar*) to transform, turn (*en* into); ~ **a algn al catolicismo** to convert sb to Catholicism.
ⓑ (*Fin*) to (ex)change (*en* into, for).
② **convertirse** VR (*gen*) to be transformed, be changed (*en* into); (*Rel*) to be converted, convert (*a* to).
convexidad NF convexity.
convexo ADJ convex.
convicción NF conviction.
convicto ADJ convicted.
convidado/a NM/F guest.
convidar<1a> ① VT ⓐ (*gen*) to invite; ~ **a algn a hacer algo** to invite sb to do sth; ~ **a algn a una cerveza** to treat sb to a beer.
ⓑ (*fig*) ~ **a** to stir to, move to; **el ambiente convida a la meditación** the atmosphere is conducive to meditation.
② **convidarse** VR to invite o.s. along.
convincente ADJ convincing.
convite NM ⓐ (*acción*) invitation. ⓑ (*función*) banquet, feast.
convivencia NF (*gen*) cohabitation, living together; (*fig, Pol*) coexistence.
conviviente NMF (*Chi*) partner, de facto.
convivir <3a> VI (*gen*) to live together (in harmony); (*coexistir*) to coexist.
convocación NF calling, convening.
convocar <1g> VT to summon, convoke; (*elecciones, huelga*) to call.
convocatoria NF ⓐ (*gen*) summons, call (to a meeting); (*anuncio*) notice of a meeting; ~ **de huelga** strike call. ⓑ = **convocación**. ⓒ (*Univ etc*) examination diet.
convoy NM (*Mil, Náut*) convoy; (*Ferro*) train; (*séquito*) retinue.
convoyar<1a> VT to escort.
convulsión NF (*gen*) convulsion; (*Geol*) tremor; (*Pol etc*) upheaval.
convulsionar<1a> VT to convulse.
convulsivo ADJ convulsive.
convulso ADJ convulsed (*de* with).
conyugal ADJ conjugal, married; **vida** ~ married life.
cónyuge NMF spouse, partner; ~**s** married couple, husband and wife.
coña NF (*fam!*) piss-taking (*fam!*); **estar de** ~ to be in a joking mood; **ser la** ~ to be the limit, be beyond a joke; **tomar algo a** ~ to take sth as a joke.
coñac [koɲa] NM (*pl* ~**s** [koɲas]) brandy, cognac.
coñazo NM (*fam*) pain (*fam*); **dar el** ~ to be a real pain.
coñearse<1a> VR (*fam!*) to take the piss (*fam!*).
coñete ADJ (*Chi, Per*) mean.
coño (*fam!*) ① NM ⓐ (*fam!*) cunt (*fam!*); (*LAm fam: pey*) nickname for Spaniard.
ⓑ **viven en el quinto** ~ they live way out in the sticks (*fam*), they live at the back of beyond (*fam*).
② INTERJ (*enfado*) hell!, damn!; (*sorpresa*) well I'm damned!, Christ!; **¡esto hay que celebrarlo,** ~**!** (*alegría*) we jolly well must celebrate this!; **¿qué** ~ **te importa?** why the hell does it matter to you? (*fam*).
cooficial ADJ: **dos lenguas** ~**es** two languages equally recognised as official.

➤ EXPRESIONES GENERATIVAS: **convencer** → 2.2, 4, 15.1

cooperación NF cooperation.
cooperador(a) [1] ADJ cooperative. [2] NM/F collaborator, co-worker.
cooperar<1a> VI to cooperate (*en* in; *con* with); **~ a hacer algo** to cooperate in doing sth; **~ a un mismo fin** to work for a common aim; **~ en** to collaborate in, work together on.
cooperativa NF cooperative, co-op (*fam*); **~ agrícola/industrial** agricultural/industrial cooperative.
cooperativo ADJ cooperative.
coordenada NF (*Mat*) coordinate.
coordinación NF coordination.
coordinado [1] ADJ coordinated. [2] NMPL: **~s** (*ropa*) separates.
coordinador(a)[1] [1] ADJ coordinating. [2] NM/F coordinator.
coordinadora[2] NF coordinating committee.
coordinar<1a> VT to coordinate.
copa NF [a] (*gen*) (stemmed) glass; (*bebida*) drink; (*poet*) goblet; (*Dep*) cup, trophy; **llevar una ~ de más** to have (had) one over the eight; **ir(se)** o **salir de ~s** to go out for a drink; **tomarse unas ~s** to have a drink or two; **C~ del Rey** ≈ FA Cup, ≈ Scottish Cup. [b] (*de sombrero*) crown; (*de árbol*) top; **huevo a la ~** (*And, CSur*) boiled egg. [c] (*Naipes*) **~s** ≈ hearts; **la ~** ≈ the ace of hearts.
copal NM (*CAm, Méx*) resin; (*Hist*) incense.
copar <1a> VT (*Mil*) to surround, cut off; (*fig*) to corner; (*Naipes*) to win (all the tricks); (*Pol, fig*) to win hands down; **han copado todos los puestos** they've made a clean sweep of all the posts.
copartícipe NMF partner.
COPE NF ABR *de* **Cadena de Ondas Populares Españolas**.
copear<1a> VI (*fam*) to booze, tipple (*fam*).
Copenhague NM Copenhagen.
copeo NM: **ir de ~** (*fam*) to go drinking.
copete NM [a] (*de persona*) tuft (of hair), quiff; (*de caballo*) forelock; (*Orn*) tuft, crest; **estar hasta el ~** (*LAm fam*) to be utterly fed up. [b] (*fig*) pride; **de alto ~** aristocratic, upper-crust (*fam*).
copetín NM (*Cu, CSur*) drink, aperitif.
copetón ADJ (*LAm*) = **copetudo (a).**
copetudo ADJ [a] (*Zool*) tufted, crested. [b] (*fig*) haughty, stuck-up (*fam*).
copia NF [a] (*gen*) copy; (*Arte*) replica, reproduction; (*Fin etc*) duplicate; **~ al carbón** carbon copy. [b] (*abundancia*) abundance, plenty. [c] (*Inform*) **~ de respaldo** o **de seguridad** back-up copy; **hacer ~ de seguridad** to back up.
copiadora NF photocopier, Xerox ® machine.
copiante NMF copyist.
copiar <1b> VT (*gen*) to copy (*de* from); (*dictado*) to take down; **~ por las dos caras** (*Téc*) to make a double-sided copy; **~ al pie de la letra** to copy word for word.
copihue NM (*Chi*) Chilean bell flower (*national symbol of Chile*).
copilotar<1a> VT (*Aut*) to be the co-driver of; (*Aer*) to co-pilot.
copiloto NM (*Aut*) co-driver; (*Aer*) copilot.
copión/ona NM/F (*fam: alumno*) cheat; (: *imitador*) copycat (*fam*).
copioso ADJ (*gen*) copious, abundant; (*lluvia*) heavy.
copista NMF copyist.
copistería NF copy shop.
copita NF (small) glass; **una ~ de jerez** a glass of sherry; **tomarse unas ~s** to have a drink or two.
copla NF [a] (*Lit*) verse (*esp of 4 lines*); (*Mús*) popular song, ballad; **~s** verses; **~s de ciego** doggerel; **la misma ~** (*fam*) the same old song (*fam*). [b] (*LAm: Téc*) pipe joint.
copo NM [a] (*de lino etc*) small bundle; **~ de algodón** cotton ball; **~ de avena** oatmeal, rolled oats; **~s de maíz** cornflakes; **~ de nieve** snowflake. [b] (*LAm*) tree top.
copón NM large cup; (*Rel*) pyx; **un susto** *etc* **del ~** (*fam*) a tremendous fright *etc*.
coprocesador NM (*Inform*) co-processor.
coproducción NF (*Cine etc*) joint production.
coproducir <3n> VT (*Cine etc*) to co-produce, produce

jointly.
copropiedad NF co-ownership.
copropietario/a NM/F co-owner, joint owner.
copudo ADJ (*Bot*) bushy, thick.
cópula NF [a] (*Bio*) copulation. [b] (*Ling*) conjunction.
copular<1a> VI to copulate (*con* with).
copulativo ADJ (*Ling*) copulative.
coque NM (*Min*) coke.
coquear<1a> VI (*And, CSur*) to chew coca.
coqueta [1] ADJ flirtatious, coquettish. [2] NF [a] (*mujer*) flirt, coquette. [b] (*mueble*) dressing table.
coquetear<1a> VI to flirt (*con* with).
coqueteo NM, **coquetería** NF [a] (*cualidad*) flirtatiousness, coquetry. [b] (*acto*) flirtation.
coquetón ADJ [a] (*objeto*) neat (*fam*). [b] (*individuo*) flirtatious.
coracha NF leather bag.
coraje NM (*esp LAm*) [a] (*valor*) courage, fortitude. [b] (*ira*) anger; **dar ~ a** to make angry, enrage.
corajina NF fit of rage.
corajudo ADJ (*irascible*) quick-tempered; (*valiente*) brave, gutsy (*fam*).
coral[1] (*Mús*) [1] ADJ choral. [2] NM chorale. [3] NF choir, choral group.
coral[2] NM (*Zool*) coral.
coralina NF coralline.
coralino ADJ coral *atr*, coralline.
Corán NM Koran.
coránico ADJ Koranic.
coraza NF [a] (*Mil, Hist*) cuirass; (*fig*) protection. [b] (*Náut*) armour-plating, armor-plating (*US*). [c] (*Zool*) shell.
corazón NM [a] (*Anat, fig*) heart; **de ~** willingly; **de todo ~** wholeheartedly; **de buen ~** kind-hearted; **¡hijo de mi ~!** my precious child!; **duro de ~** hard-hearted; **sin ~** heartless; **con el ~ en la mano** frankly; **estar mal del ~** to have heart trouble; **arrancar** o **partir** o **romper el ~ a algn** to break sb's heart; **no caberle a algn el ~ en el pecho** to be bursting with joy; **tener el ~ en un puño** to have one's heart in one's mouth; **no tener ~** to be heartless. [b] (*Bot*) core. [c] (*Naipes*) **~es** hearts.
corazonada NF [a] (*presentimiento*) hunch. [b] (*impulso*) impulsive act.
corbata NF tie, necktie (*US*).
corbatín NM bow tie.
corbeta NF corvette.
Córcega NF Corsica.
corcel NM steed, charger.
corchea NF (*Mús*) quaver.
corchero ADJ cork *atr*; **industria ~a** cork industry.
corchete NM [a] (*Cos: broche*) hook and eye; (: *macho*) hook; (*Chi: grapa*) staple. [b] (*Tip*) **~s** square brackets.
corchetera NF (*Chi*) stapler.
corcho NM (*gen*) cork; (*Pesca*) float; **de ~** cork *atr*; **sacar el ~** to draw the cork, uncork.
corcholata NF (*Méx*) (metal) bottle top.
córcholis INTERJ (*fam*) good Lord!, dear me!
corcova NF hump, hunchback.
corcovado/a [1] ADJ hunchbacked. [2] NM/F hunchback.
corcovear<1a> VI (*caballo*) to buck, plunge.
corcovo NM (*de caballo*) buck, plunge.
cordada NF (*Alpinismo*) team, roped team.
cordaje NM (*cuerdas*) cordage, ropes; (*Náut*) rigging.
cordel NM cord, line; **a ~** in a straight line.
cordelería NF [a] (*Náut*) rigging. [b] (*oficio*) ropemaking.
corderillo NM lambskin.
cordero/a [1] NM/F [a] (*Zool*) lamb; **C~ de Dios** Lamb of God; **es (como) un ~** he wouldn't say 'boo', he's as quiet as a mouse. [2] NM (*piel*) lambskin.
cordial [1] ADJ [a] (*gen*) cordial. [b] (*Med*) tonic, invigorating. [2] NM cordial, tonic.
cordialidad NF warmth, cordiality.
cordialmente ADV cordially; (*en carta*) sincerely.
cordillera NF (mountain) range o chain.
cordillerano ADJ (*CSur*) Andean.
Córdoba NF (*Sp*) Cordova; (*Arg*) Cordoba.
córdoba NM (*Nic*) *monetary unit of Nicaragua*.

cordobán NM cordovan (leather).
cordobés/esa ADJ, NM/F Cordovan.
cordón NM a (gen) cord, string; (Náut) strand; (de zapato) lace; (Mil) braid; (Elec) flex, wire (US), cord (US); **lana de 3 ~es** 3-ply wool. b (Anat) cord; **~ umbilical** umbilical cord. c (Mil, de policía) cordon; **~ sanitario** cordon sanitaire. d (CSur: bordillo) kerb, curb (US).
cordoncillo NM (de tela) rib; (Cos) braid, piping; (de moneda) milled edge.
cordura NF (Med) sanity; (fig) good sense, wisdom; **con ~** sensibly, wisely.
Corea NF Korea; **~ del Norte/del Sur** North/South Korea.
coreano/a ADJ, NM/F Korean.
corear <1a> VT to chorus; (eslogan) to shout (in unison), chant; (Mús) to sing in chorus, sing together.
coreografía NF choreography.
coreográfico ADJ choreographic.
coreógrafo NM choreographer.
Corfú NM Corfu.
corintio ADJ Corinthian.
Corinto NM Corinth.
corista 1 NMF (Rel, Mús) chorister. 2 NF (Teat etc) chorus girl.
cormorán NM cormorant.
cornada NF (Taur etc) butt, goring; **dar una ~ a** to gore.
cornamenta NF horns; (de ciervo) antlers.
cornamusa NF bagpipe.
córnea NF cornea.
cornear <1a> VT to butt, gore.
corneja NF crow.
córneo ADJ horny, corneous.
córner ['korner] NM (pl **~s** ['korne, 'kornes]) (Dep) corner (kick).
corneta 1 NF bugle; **~ de llaves** cornet. 2 NM bugler, cornet player.
cornetín/ina 1 NM (instrumento) cornet. 2 NM/F (artista) cornet player.
cornezuelo NM (Bot) ergot.
cornisa NF cornice; **la C~ Cantábrica** the Cantabrian coast.
corno NM (Mús) horn; **~ inglés** cor anglais.
Cornualles NM Cornwall.
cornucopia NF cornucopia, horn of plenty.
cornudo 1 ADJ a (Zool) horned. b (marido) cuckolded. 2 NM cuckold.
cornúpeta NM (Taur) bull.
coro NM a (Mús, Teat) chorus; **cantar las partes a ~** to sing the parts alternately; **decir algo a ~** to say sth in a chorus o in unison; **hacer ~ a algn** to back sb up, take sides with sb. b (Mús, Rel) choir; **niño de ~** choirboy.
corola NF corolla.
corolario NM corollary.
corona NF a crown; **~ de espinas** crown of thorns; **ceñirse la ~** to take the crown. b (Astron) corona; (Met) halo. c (de flores) garland; **~ funeraria** wreath. d (Anat) crown, top of the head; (Rel) tonsure; (de diente) crown. e (Fin) crown. f (los reyes) **la C~** the Crown.
coronación NF a (de rey) coronation. b (fig) crowning, completion.
coronamiento NM a (fig) crowning, completion. b (Arquit) crown.
coronar <1a> VT a to crown; **~ a algn rey** to crown sb king. b **~ la cima** to reach the summit. c (fig) to complete, round off; **~ algo con éxito** to crown sth with success.
coronario ADJ coronary.
coronel NM colonel; **~ de aviación** group captain, colonel (US).
coronilla NF crown, top of the head; **andar** o **bailar** o **ir de ~** to bend over backwards to please sb; **estar hasta la ~** to be utterly fed up (de with).
corotos NMPL (Col, Ven: fam) odds and ends.
corpacho, corpanchón, corpazo NM (fam) carcass (fam).
corpiño NM bodice; (LAm: sostén) bra.

corporación NF corporation.
corporal ADJ corporal, bodily; **castigo ~** corporal punishment.
corporativismo NM corporate spirit.
corporativo ADJ corporate.
corporeidad NF corporeal nature.
corpóreo ADJ corporeal, bodily.
corpulencia NF burliness, stoutness.
corpulento ADJ (persona) burly, heavily-built; (árbol etc) stout, solid, massive.
Corpus NM Corpus Christi.
corpus NM INV corpus, body.
corpúsculo NM corpuscle.
corral NM a (Agr: de aves) poultry yard; (redil) pen, corral (US); (de pesca) weir; (patio) farmyard. b (de niño) playpen.
corralón NM (gen) large yard; (maderería) timberyard; (Per) vacant site or (US) lot.
correa NF a (gen) leather strap, thong; (Téc etc) belt; (de perro) leash; **~ de transmisión** driving belt, drive; **~ de ventilador** (Aut etc) fan belt. b (flexibilidad) give, elasticity; **tener ~** to be easy-going.
correaje NM (Agr) harness; (Mil etc) leathers.
corrección NF a (acto: gen) correction; **~ por líneas** (Inform) line editing; **~ de pruebas** (Tip) proofreading. b (censura) rebuke, reprimand. c (calidad) correctness; (cortesía) courtesy, good manners.
correccional NM reformatory.
correctamente ADV a (exactamente) correctly, accurately. b (decentemente) correctly, politely.
correctivo ADJ, NM corrective.
correcto ADJ a (respuesta etc) correct, right; **¡~!** right!, O.K.! b (individuo) correct; (conducta) courteous; **estuvo muy ~ conmigo** he was very polite to me.
corrector(a) 1 NM/F: **~ de pruebas** (Tip) proofreader; **~ de estilo** (Prensa) copy editor. 2 NM a (líquido) correcting fluid. b **~ ortográfico** (Inform) spell(ing) checker. c (de dientes) brace.
corredera NF (Téc) slide; (ranura) track, rail, runner; **puerta de ~** sliding door.
corredizo ADJ (gen) sliding; (nudo) running, slip atr.
corredor(a) 1 NM/F a (Dep) runner; **~ automovilista** racing driver; **~ de fondo** long-distance runner. b (Com) agent, broker; **~ de fincas** estate agent, real-estate broker (US); **~ de bolsa** stockbroker. 2 NM a (Arquit) corridor, passage. b (Méx Caza) beater.
corregible ADJ rectifiable.
corregidor NM (Hist) chief magistrate.
corregir <3c, 3k> 1 VT a (gen) to correct; (Mec) to adjust; (Tip: pruebas) to read. b (reprender) to rebuke, reprimand. 2 **corregirse** VR (persona) to reform, mend one's ways; (defecto) to right itself.
correlación NF correlation.
correlacionar <1a> VT to correlate.
correlativo ADJ, NM correlative.
correligionario/a NM/F (Rel) co-religionist; (Pol) sympathizer.
correlón ADJ (Méx, Ven) cowardly.
correntada NF (CSur) rapids pl, strong current.
correntoso ADJ (LAm: río) strong-flowing, rapid.
correo NM a (mensajero) courier; (cartero: Mil) dispatch rider. b (servicio) post, mail; **~ aéreo** airmail; **~ certificado** registered post; **~ urgente** special delivery; **echar al ~, poner en el ~** to post, mail (esp US); **¿ha llegado el ~?** has the post come?; **a vuelta de ~** by return (of post); **por ~** by post, through the post. c **~s** post office sg; **Administración General de C~s** General Post Office; **ir a ~s** to go to the post office.
correosidad NF (Culin) toughness, leatheriness; (flexibilidad) flexibility.
correoso ADJ (Culin) tough, leathery; (flexible) flexible.
correr <2a> 1 VT a (distancia) to cover, travel over; (terreno) to pass over; **ha corrido medio mundo** he's

been round half the world.
[b] (*Dep*) to run.
[c] (*objeto*) to push along; (*silla*) to pull o draw up; (*cerrojo*) to shoot, draw; (*cortina*) to draw; (*nudo*) to adjust.
[d] (*caballo*) to race, run; (*toro*) to fight; (*caza*) to chase.
[e] (*riesgo*) to run; (*aventura*) to have.
[f] (*colores*) to make run.
[g] **~la** (*fam*) to live it up (*fam*); **no corréis peligro** you're not in danger.
[h] **~ a algn** (*esp LAm fam*) to chuck sb out (*fam*).
[2] VI [a] (*gen*) to run; **¡corre!** hurry!, hurry up!; **~ como un galgo** o **gamo** to run like a hare; **echar a ~** to break into a run; **salió/subió corriendo** he ran off/down.
[b] (*ir de prisa*) to hurry, rush; (*coche*) to go fast; (*conductor*) to drive fast; **¡no corras tanto!** not so fast!; **hacer algo a todo ~** to do sth as fast as one can; **me voy corriendo** I'm off!
[c] (*agua etc*) to run, flow; (*aire*) to flow; **el río corre muy crecido** the river is running very high; **corre mucho viento** there's a strong wind blowing; **dejar ~ la sangre** to let the blood flow; **dejar las cosas ~** to let things take their course.
[d] (*río, carretera*) to run (*de* from); **~ por** to run through.
[e] (*tiempo*) to pass (quickly), elapse; (*período*) to extend; **el tiempo corre** time is passing o presses; **el mes que corre** the current month.
[f] (*rumor*) to go round; (*creencia*) to be commonly held.
[g] (*sueldo etc*) to be payable.
[h] **~ con los gastos** to pay o meet o bear the expenses; **eso corre de mi cuenta** I'll take care of that; **eso corre a cargo de la empresa** the company will take care of that.
[3] **correrse** VR [a] (*objeto*) to slide, move along; (*peso*) to shift; **córrete un poco** move over a bit; **se ha corrido el tablero unos centímetros** the board has moved a few centimetres o (*US*) centimeters.
[b] (*colores, medias*) to run.
[c] (*fam: avergonzarse*) to blush, get embarrassed.
[d] (*fam!: tener orgasmo*) to come (*fam!*).
[e] (*Per fam!*) to screw (*fam!*).
correría NF (*Mil*) raid, foray; (*fig*) adventure; **~s** travels.
correspondencia NF [a] (*gen*) correspondence.
[b] (*cartas*) correspondence, letters; **~ particular** private correspondence; **curso por ~** correspondence course; **estar en ~ con algn** to be in correspondence with sb.
[c] (*comunicación*) communications, contact; (*Ferro etc*) connection (*con* with). [d] (*reciprocidad*) reciprocation, return.
▼**corresponder** <2a> [1] VI [a] (*Mat etc*) to correspond (*a* to).
[b] (*ser apto*) to be suitable o fitting; (*pertenecer*) to belong; **~ a** (*muebles etc*) to match; **la llave corresponde a esta cerradura** the key fits this lock; **el resultado no ha correspondido a nuestras esperanzas** the result did not come up to our hopes.
[c] **~ a** (*pago*) to fall to the lot of, be the share of; **le dieron lo que le correspondía** they gave him his share; **éste es el premio que le ha correspondido** this is the prize he won.
[d] **~ a** (*deber*) to concern; (*tarea*) to rest with, devolve upon; **'a quien corresponda'** 'to whom it may concern'; **no me corresponde hacerlo** it is not my job to do it.
[e] (*contestar*) to respond, reply; **~ a** (*afecto*) to return, reciprocate; (*favor*) to repay; **nunca podré ~ a tanta generosidad** I can never adequately repay such generosity; **amor no correspondido** unrequited love.
[f] (*Ferro*) to connect (*con* with).
[g] (*Arquit*) to communicate (*con* with).
[2] **corresponderse** VR [a] to correspond; (*armonizar*) to agree, tally, be in harmony (*con* with).
[b] (*amarse*) to love one another; (*colores, piezas*) to go together.
correspondiente ADJ (*gen*) corresponding (*a* to); (*respectivo*) respective; **cada regalo con su tarjeta ~**

each present with its own card.
corresponsal NM (newspaper) correspondent; **~ de guerra** war correspondent.
corretaje NM brokerage.
corretear <1a> [1] VT [a] (*LAm: acosar*) to harass. [b] (*CAm*) to scare off. [2] VI [a] (*ir de prisa*) to run about. [b] (*vagar*) to loiter, hang about the streets.
correve(i)dile NMF tell-tale.
corrida NF [a] (*gen*) run; **decir algo de ~** to rattle off sth from memory; **en una ~** in an instant. [b] **~ (de toros)** bullfight. [c] (*fam!*) orgasm. [d] (*Chi*) row, line.
corrido [1] ADJ [a] (*Arquit*) continuous.
[b] (*cortinas*) drawn.
[c] (*fig: confuso*) abashed, embarrassed.
[d] (*experimentado*) worldly-wise, sharp.
[e] **de ~** fluently; **decir algo de ~** to rattle sth off.
[f] (*Méx*) **comida ~a** fixed price menu.
[2] NM [a] (*Méx*) ballad.
[b] (*Per*) fugitive from justice.
corriente [1] ADJ [a] (*agua*) running; (*dinero*) valid, accepted; (*cuenta*) current, checking (*US*); (*noticia*) topical.
[b] (*común*) common, everyday; **~ y moliente** ordinary, run-of-the-mill; **aquí es ~ ver eso** it's common to see that here, that is a common sight here; **es una chica ~** she's an ordinary sort of girl.
[2] NM [a] current month; **el 9 del ~** the 9th of the current month, the 9th inst.
[b] **al ~** up-to-date; **estar al ~ de** to be informed about, be well up on; **mantenerse al ~** to keep up to date (*de* with); **tener a algn al ~ de** to keep sb informed about.
[3] NF [a] (*río etc*) current; **C~ del Golfo** Gulf Stream; **~ de lava** lava flow; **~ submarina** undercurrent.
[b] **~ de aire** draught, draft (*US*); **~ de aire caliente** flow of warm air.
[c] (*Elec*) current; **~ alterna/continua** alternating/direct current.
[d] (*fig: tendencia*) course, tendency; **dejarse llevar de la ~, seguir la ~** to drift along, follow the crowd; **seguirle a algn la ~** to humour o (*US*) humor sb; **las ~s modernas del arte** modern trends in art.
corrientemente ADV usually, normally.
corrillo NM (*gen*) huddle, small group; (*fig*) clique, coterie.
corrimiento NM (*Geol*) slip; **~ de tierras** landslide.
corro NM [a] (*de gente*) ring, circle; **la gente hizo ~** the people formed a ring. [b] (*baile*) ring-a-ring-o-roses; **los niños cantan esto en ~** the children sing this in a ring.
[c] (*espacio*) circular space; **hacer ~** to make room, leave a circular space.
corroboración NF corroboration.
corroborar <1a> VT to corroborate.
corroborativo ADJ corroborative.
corroer <2a> [1] VT (*Téc*) to corrode; (*Geol*) to erode; (*fig*) to corrode, eat away; **le corroen los celos** he is eaten up with jealousy. [2] **corroerse** VR to corrode, become corroded.
corromper <2a> [1] VT [a] (*madera*) to rot; (*alimentos*) to turn bad.
[b] (*pervertir*) to corrupt, pervert; (*sobornar*) to bribe.
[2] **corromperse** VR [a] (*madera*) to rot; (*alimentos*) to go bad, be spoiled.
[b] (*personas*) to become corrupted.
corrompido ADJ [a] (*cosas*) rotten, putrid. [b] (*personas*) corrupt.
corrosión NF (*Quím*) corrosion; (*Geol*) erosion.
corrosivo ADJ, NM corrosive.
corte. ABR **de corriente, de los corrientes** inst.
corrupción NF [a] (*Bot*) rot. [b] (*fig*) corruption; (*Jur*) corruption, graft; **~ de menores** corruption of minors.
corruptela NF [a] (*gen*) corruption. [b] (*una ~*) corrupt practice, abuse.
corrupto ADJ corrupt.
corruptor(a) [1] ADJ corrupting. [2] NM/F corrupter, perverter.
corsario NM privateer, corsair.
corsé NM corset; (*fig*) straitjacket.

corso/a ADJ, NM/F Corsican.
corta NF felling, cutting.
cortaalambres NM INV wire cutters.
cortacésped NM lawnmower.
cortacircuitos NM INV circuit breaker.
cortada NF (LAm: corte) cut; (: atajo) short cut.
cortado [1] ADJ [a] (gen) cut; **~ a pico** steep, sheer, precipitous. [b] (leche) sour. [c] (estilo) disjointed. [d] (fam: tímido) shy; (: confuso) embarrassed; **dejar ~ to** cut short; **me quedé ~** I was speechless. [e] **estar ~** (esp LAm fam) to be broke (fam). [2] NM coffee with a little milk o (US) cream.
cortador(a) [1] ADJ cutting. [2] NM/F cutter.
cortadura NF [a] (incisión) cut; (grande) slash, slit. [b] (Geog) narrow pass, defile.
cortafrío NM cold chisel.
cortafuego(s) NM (INV) fire-break, fire lane (US).
cortante ADJ [a] (instrumento) cutting, sharp. [b] (viento) cutting, biting; (frío) bitter.
cortapapeles NM INV paper knife.
cortapisa NF [a] (restricción) restriction, condition; **sin ~s** without strings attached. [b] (traba) snag, obstacle; **poner ~s a algo/algn** to restrict, hold back; **hablar sin ~s** to talk freely. [c] (gracia) charm, wit.
cortaplumas NM INV penknife.
cortapuros NM INV cigar cutter.
cortar <1a> [1] VT [a] (gen) to cut; (pelo) to cut, trim; (cabeza) to cut off; (árbol) to fell; (carne) to carve, cut up; (pan) to slice; (diseño etc) to cut out; **~ por la mitad** to cut down the middle. [b] (Mat) to cut; (Geog) to cut (across); **esa línea corta la provincia en dos** that line cuts the province in two. [c] (Dep: balón) to cut, slice. [d] (piel) to chap, crack. [e] (baraja) to cut. [f] (comunicación) to cut off; (corriente) to cut off; (LAm Telec) to hang up; **la carretera está cortada** the road is cut; **quedaron cortados por la nieve** they were cut off by snow. [g] (discurso etc) to cut short; (conversación) to interrupt, break into. [h] (suprimir) to cut out, excise.
[2] VI [a] (gen) to cut; **este cuchillo no corta** this knife doesn't cut; **~ por lo sano** to settle things once and for all. [b] (Naipes) to cut. [c] (Met: viento) to be biting; **hace un viento que corta** there's a bitter wind. [d] **~ con el pasado** to (make a) break with the past; **ha cortado con su novia** he's finished with his girlfriend, he and his girlfriend have broken up. [e] **¡corta!** (fam) give us a break! (fam). [f] (LAm Telec) **cortó** he o she hung up.
[3] **cortarse** VR [a] (persona) to cut o.s.; **~ el pelo** to have one's hair cut; **si no acepta, me corto** (fam!) I'm bloody sure he'll accept it (fam). [b] (manos, labios) to get chapped; (material) to split, come apart. [c] (leche, mayonesa) to curdle, turn (sour). [d] (fam) to become embarrassed o confused; **no se corta** he isn't backward in coming forward. [e] (interrumpirse: Telec) to go dead; (luz) to go off o out; **se ha cortado la comunicación** the line's gone dead.
cortaúñas NM INV nail clippers.
corte[1] NM [a] (acto) cut(ting); (Cos) cutting out; **~ y confección** dressmaking; **~ de carretera** closing of a road; **~ de digestión** stomach cramp; **~ de pelo** haircut. [b] (herida) cut. [c] (Tip etc) cut, deletion; **el censor lo dejó sin ~s** the censor did not cut it. [d] (Elec etc) cut; **~ de corriente** power cut. [e] (Téc) section; **~ transversal** cross section. [f] (Cos: cantidad) piece, length; **~ de vestido** dress

length; (arte) tailoring; (: estilo) cut, style; **un traje de ~ muy moderno** a suit of very modern cut. [g] (Tip etc) edge; **con ~s dorados** with gilt edges; **dar ~ a** to sharpen, put an edge on. [h] (fam: réplica) snub, rebuff; **¡qué ~!** that's one in the eye!; **~ de mangas** obscene sign equivalent to two fingers, ≈ V-sign. [i] (fam: vergüenza) **¡qué ~!** how embarrassing!, what a brass neck! (fam); **me da ~ hacerlo** I'm affronted to do it.
corte[2] NF [a] (real) (royal) court. [b] (capital) capital (city); **La C~** Madrid. [c] (séquito) retinue. [d] **C~s** Spanish parliament; **C~s de Castilla y León** Regional Assembly of Castile and León. [e] **hacer la ~ a** to woo, court. [f] (LAm) law court; **C~ Suprema** Supreme Court.

┌─ *CORTES* ─┐

ⓘ *The Spanish Parliament,* **Las Cortes (Españolas),** *has a lower and an upper chamber, the* **Congreso de los Diputados** *and the* **Senado** *respectively. There are 350 seats in the* **Congreso** *and members, called* **diputados,** *are elected by proportional representation for a maximum term of four years. It is they who elect the* **Presidente del Gobierno** *who is then invited by the King to form a government. In the* **Senado** *there are 256 seats of which 20% are filled according to nominations from the regional parliaments. The remaining 80% of* **senadores** *acquire their seats in the general elections. As in the* **Congreso de los Diputados,** *the term of office for the* **Senado** *is no longer than four years.*

cortedad NF [a] (de tiempo) shortness, brevity. [b] (de espacio) smallness. [c] (fig: escasez) dearth, lack; (: timidez) bashfulness; **~ de ánimo** diffidence.
cortejar <1a> VT to court, woo.
cortejo NM [a] (Pol etc) entourage, retinue. [b] (Rel etc) procession; **~ fúnebre** funeral cortège o procession; **~ nupcial** wedding party. [c] (acción) wooing, courting.
cortés ADJ courteous, polite.
cortesana NF courtesan.
cortesano [1] ADJ of the court, courtly; **ceremonias ~as** court ceremony. [2] NM courtier.
cortesía NF [a] (conducta) courtesy, politeness; **visita de ~** courtesy call; **por ~** as a courtesy. [b] (de carta) formal ending. [c] (reverencia) bow, curtsy.
cortésmente ADV courteously, politely.
corteza NF [a] (Bot: de árbol) bark; (: de fruta) peel, skin; (Culin: de queso) rind; (: de pan) crust; **~ terrestre** earth's crust. [b] (fig: exterior) outside, outward appearance.
cortijo NM farmhouse.
cortina NF (gen) curtain; (Téc) retaining wall; (fig) screen; **~ de fuego** (Mil) barrage; **~ de humo** smoke screen.
cortinilla NF lace curtain.
cortisona NF cortisone.
corto [1] ADJ [a] (espacio) short; (tiempo) brief, short; (Com, Rad) short; **a la ~a o a la larga** sooner or later; **el vestido le ha quedado ~** the dress has got too short for her; **se ha hecho ~a la película** the film's been cut short. [b] (suministro) scanty; (ración) small; **~ de oído** hard of hearing; **~ de vista** shortsighted; **pongamos 500 pesetas y me quedo ~** let's say 500 pesetas and that's an underestimate; **se quedó ~ en la comida** she did not provide enough food. [c] (tímido) bashful, shy; **ni ~ ni perezoso, él ...** without thinking twice, he .... [d] (tb **~ de alcances**) dim(-witted). [2] NM (Cine) short.
cortocircuito NM short-circuit.
cortometraje NM (Cine) short.
Coruña NF: **La ~** Corunna.
coruñés/esa [1] ADJ of o from Corunna. [2] NM/F native o inhabitant of Corunna.
corva NF back of the knee.
corvadura NF (gen) curvature; (Arquit) arch.
corvejón NM (Zool) hock; (Orn) spur.
corveta [1] ADJ (CAm) bow-legged. [2] NF curvet, prance.
corvo ADJ (gen) curved, bent; (nariz) hooked.

corzo/a NM/F roe deer.

cosa NF [a] (*gen*) thing; **hay una ~ que no me gusta** there is something I don't like; **alguna ~** something; **¿alguna ~ más?** anything else?; **20 kilos o ~ así** 20 kilos or thereabouts; **ni ~ que se le parezca** nor anything else of the kind; **otra ~** anything *o* something else; **ésa es otra ~** that's another matter (altogether); **poca ~** nothing much; **es poca ~, no es gran ~** it's not important; **el apartamento no vale gran ~** the flat isn't worth much; **la chica es poquita ~** she's no great shakes (*fam*); **como si tal ~** as cool as you please; **la ~ es que** the trouble is that; **la ~ no es para menos** it's not to be sneezed at; **no es ~ que lo dejes todo** there's no reason for you to give it all up; **no es ninguna ~ del otro jueves** *o* **mundo** it's nothing to write home about; **no sea ~ que ...** in case ...; **tal como están las ~s** as things stand; **¡lo que son las ~s!** just imagine!; **¡no hay tal ~!** nothing of the sort!; **las ~s van mejor** things are going better.

[b] (*locuciones con adj etc*) **es ~ de nunca acabar** there's no end to it; **no es ~ de broma** *o* **risa** it's no laughing matter; **~(s) de comer** eatables, food; **es ~ distinta** that's another matter; **es ~ fácil** it's easy; **¿has visto ~ igual?** did you ever see the like?; **~ rara** strange thing; **¡(qué) ~ más rara!** how strange!; **y, ~ rara, nadie lo vio** and, oddly enough, nobody saw it; **es ~ de ver** it's worth seeing; **ésa es ~ vieja** (*iró*) so what's new?

[c] (*asunto*) affair, business; **meterse en ~s de otros** to stick one's nose in, interfere; **eso es ~ tuya** that's your affair, that's up to you; **eso es otra ~** that's another matter (entirely).

[d] **~s** (*fig*) odd ideas, wild notions; **¡~s de muchachos!** boys will be boys!; **¡son ~s de Juan!** that's John all over!; **¡qué ~s dices!** what dreadful things you say!

[e] **~ de** about, more or less; **~ de 8 días** about a week; **en ~ de 10 minutos** in about 10 minutes; **es ~ de unas 4 horas** it takes about 4 hours.

cosaco/a ADJ, NM/F Cossack; **beber como un ~** to drink like a fish.

coscoja NF kermes oak.

coscorrón NM [a] (*golpe*) bump on the head. [b] (*fig*) setback, knock.

cosecha NF (*frutas*) crop, harvest; (*producción*) yield; (*acto*) harvesting; (*temporada*) harvest time; **la ~ de 1972** (*vino*) the 1972 vintage; **de ~ propia** home-grown, home-produced; **cosas de su propia ~** (*fig*) things of one's own invention.

cosechadora NF combine harvester, combine (*US*).

cosechar <1a> VT [a] (*gen*) to harvest, gather (in); (*cereales*) to reap; (*frutas*) to pick; (*cultivar*) to grow, cultivate; **aquí no cosechan sino patatas** the only thing they grow here is potatoes. [b] (*fig*) to reap, win; **no cosechó sino disgustos** all he got was troubles.

cosechero/a NM/F harvester, reaper.

coseno NM cosine.

coser <2a> [1] VT (*vestido*) to sew (up); (*botón etc*) to sew on, stitch on; (*Med*) to stitch (up); (*Náut*) to lash; **~ con grapas** to staple.

[b] (*fig*) to unite, join closely (*con* to).

[c] **es cosa de ~ y cantar** it's straightforward.

[d] **~ a algn a balazos** to riddle sb with bullets; **le encontraron cosido a puñaladas** they found him cut to pieces.

[2] VI to sew.

cosido NM sewing, needlework.

cosificar <1g> VT to reify.

cosignatario/a NM/F cosignatory.

cosmética NF cosmetics.

cosmético ADJ, NM cosmetic.

cósmico ADJ cosmic.

cosmografía NF cosmography.

cosmología NF cosmology.

cosmonauta NMF cosmonaut.

cosmopolita ADJ, NMF cosmopolitan.

cosmos NM INV cosmos.

coso¹ NM (*recinto*) enclosure; (*esp*) bullring.

coso² NM (*insecto*) deathwatch beetle, woodworm.

coso³ NM (*esp CSur fam*) thingummy (*fam*), what-d'you-call-it.

cospel NM (*Arg Telec*) telephone token.

cosquillas NFPL tickling (sensation); **buscar las ~ a algn** to tease sb; **me hace ~** it tickles; **hacer ~ a algn** to tickle sb; **tener ~** to be ticklish.

cosquillear <1a> VT to tickle; **me cosquillea la idea de ...** I've a notion to ..., I've half a mind to ....

cosquilleo NM tickling (sensation).

cosquilloso ADJ [a] (*gen*) ticklish. [b] (*fig*) touchy, easily offended.

costa¹ NF (*Fin*) cost, price; **~s** (*Jur*) costs; **a ~** (*Com*) at cost; **a ~ de** at the expense of; **a ~ de muchos sacrificios** by making many sacrifices; **nos estuvimos riendo a ~ suya** we had a laugh at his expense; **a toda ~** at any price; **condenar a algn en ~s** (*Jur*) to order sb to pay the costs.

costa² NF [a] (*Geog*) coast(line); (*CSur*) riverbank, lakeside; **ir a la ~** to go to the seaside. [b] **C~ de Marfil** Ivory Coast; **C~ Blanca/Brava/Dorada/del Sol** Almería/Barcelona/Tarragona/Málaga coast.

costado NM [a] (*gen*) side; (*Mil*) flank; **de ~** on one's side. [b] (*Méx. Ferro*) platform. [c] **~s** ancestors; **español por los 4 ~s** Spanish through and through.

costal NM sack, bag; **~ de huesos** (*fig*) bag of bones.

costalada NF, **costalazo** NM (*caída*) bad fall; **darse un ~** to fall on one's back.

costanera NF (*LAm*) seaside promenade *o* drive.

costar <1l> VT, VI [a] (*Com, Fin*) to cost; **¿cuánto cuesta?** how much does it cost?; (*en tienda*) how much is it?; **¿cuesta mucho?** is it expensive? [b] (*fig*) to cost dear *o* dearly; **cuesta poco** it's easy; **cuesta mucho** it's difficult; **cueste lo que cueste** at all costs; **le ha costado caro** it has cost him dear; **es un trabajo que cuesta unos minutos** it's a job which takes a few minutes; **me cuesta hablar alemán** I find it difficult to speak German; **me cuesta creerlo** I find that hard to believe.

Costa Rica NF Costa Rica.

costarricense, **costarriqueño/a** ADJ, NM/F Costa Rican.

coste NM cost, price; **a precio de ~** at cost (price); **~ de la vida** cost of living; **~s de fabricación/funcionamiento** manufacturing/running costs.

costear¹ <1a> [1] VT (*gen*) to pay for; (*Com etc*) to finance; **costea los estudios a su sobrino** he is paying for his nephew's education; **no lo podemos ~** we can't afford it. [2] **costearse** VR: **~ los estudios/los caprichos** to pay (for) one's studies/little indulgences.

costear² <1a> VT (*Náut*) to sail along the coast of; (*río etc*) to skirt, go along the edge of.

costear³ <1a> VT (*CSur. ganado*) to pasture.

costeño ADJ coastal.

costera NF [a] (*de bala etc*) side. [b] (*Geog*) slope. [c] (*Náut*) fishing season.

costero ADJ coastal; (*barco, comercio*) coasting.

costilla NF [a] (*Anat*) rib. [b] (*Culin*) cutlet. [c] **~s** back, shoulders; **todo carga sobre mis ~s** I get all the burdens. [d] (*fam: mujer*) wife, better half.

costipado ADJ, NM = **constipado**.

costo NM [a] (*esp LAm*) cost; **~ efectivo** actual cost; **~ de expedición** shipping charges; **~ de sustitución** replacement cost; **~ unitario** unit cost; **~, seguro y flete** cost, insurance and freight; **~ de (la) vida** cost of living. [b] (*fam!*) dope (*fam!*).

costoso ADJ costly, expensive.

costra NF (*corteza*) crust; (*Med*) scab.

costumbre NF custom, habit; **~s** customs, ways; (*fig*) morals; **las ~s de esta provincia** the customs of this province; **de ~** (*adj*) usual; (*adv*) usually; **como de ~** as usual; **más que de ~** more than usual; **he perdido la ~** I've got out of the habit; **tener la ~ de hacer algo**, **tener por ~ hacer algo** to be in the habit of doing sth; **novela de ~s** novel of (local) customs and manners.

costumbrismo NM (*Lit*) literature of manners.

costumbrista [1] ADJ (*Lit*) of (local) customs and man-

ners. [2] NMF writer about (local) customs and manners.
costura NF [a] (*puntadas*) seam; **sin ~** seamless. [b] (*labor*) sewing, needlework; (*confección*) dressmaking; **alta ~** haute couture, high fashion; **la ~ italiana** Italian fashions.
costurera NF dressmaker, seamstress.
costurero NM sewing box.
cota¹ NF (*Hist*) **~ de malla** coat of mail.
cota² NF (*Geog*) height above sea level; (*fig*) height, level; (*estándar*) standard.
cotarro NM: **alborotar el ~** (*fam*) to stir up trouble; **dirigir el ~** to be the boss.
coteja NF (*LAm*) equal, match.
cotejar<1a> VT to compare, collate.
cotejo NM comparison, collation.
cotelé NM (*Chi*) corduroy.
coterráneo/a [1] ADJ from the same country o region. [2] NM/F compatriot, fellow countryman/-woman; **un ~ le dio trabajo a Reilly en México** a fellow countryman gave Reilly work in Mexico.
cotidiano ADJ daily; **la vida ~a** daily life.
cotilla NMF (*fam*) busybody, gossip.
cotillear<1a> VI (*fam*) to gossip.
cotilleo NM (*fam*) gossip(ing).
cotillón NM ≈ New Year's Eve party.
cotiza NF (*LAm*) rough sandal.
cotización NF [a] (*Fin*) quotation, price; **~ de apertura/de cierre** opening/closing price. [b] (*de club etc*) dues, subscription; (*a la Seguridad Social*) N.I. contributions. [c] (*cambio*) exchange rate.
cotizado ADJ in demand, sought-after; (*fig*) valued, esteemed.
cotizar<1f> [1] VT [a] (*Fin: acción*) to quote, price (*en* at). [b] (*fijar*) to fix; (*pagar*) to pay. [c] **~ a la Seguridad Social** to pay N.I. contributions. [2] VI [a] (*miembro*) to pay one's dues, pay one's subscription. [b] (*Fin*) to be quoted; **la sociedad cotiza ahora en Bolsa** the company is now quoted on the Stock Exchange. [3] **cotizarse** VR [a] (*Com, Fin*) **~ a** to sell at o for; (*Bolsa*) to stand at, be quoted at; **éste es el que se cotiza más** this one fetches the highest o best price of all. [b] (*fig*) to be valued o esteemed; **tales conocimientos se cotizan mucho** such knowledge is highly valued.
coto¹ NM [a] (*Agr*) enclosure; (*Caza*) estate, reserve; **~ de caza** game preserve; **~ cerrado** (*fig*) closed shop. [b] (*fig*) limit; **poner ~ a** to put a stop to.
coto² NM (*LAm Med*) goitre, goiter (*US*).
cotón NM (*Méx: camisa*) shirt.
cotona NF (*LAm*) strongly-made shirt; (*Méx: cazadora*) leather o suede jacket.
cotorra NF [a] (*Orn: loro*) parrot; (: *urraca*) magpie. [b] (*fam: persona*) windbag.
cotorrear<1a> VI (*fam*) to chatter, gabble.
cotorreo NM (*fam*) chatter, gabble.
COU NM ABR (*Esp*) de **Curso de Orientación Universitaria** *one year course leading to final school leaving certificate and university entrance examinations*, ≈ A Level.
covacha NF [a] (*Geog*) small cave. [b] (*fig*) hovel, dive (*fam*). [c] (*LAm*) lumber room, storage space.
covadera NF (*LAm*) guano deposit.
cowboy NM cowboy.
coyotaje NM (*Méx fam: gen*) fixing (*fam*).
coyote NM [a] (*Zool*) coyote, prairie wolf. [b] (*Méx fam: gen*) middleman, fixer; (: *sablista*) con man; (*guía*) guide for would-be immigrants to US.
coyotear<1a> (*Méx*) VI (*Com, Fin*) to deal o speculate in shares; (*ser intermediario*) to act as go-between; (*ser sablista*) to be a con man (*fam*).
coyuntura NF [a] (*Anat*) joint. [b] (*fig*) juncture, occasion; **~ crítica** critical moment; **la ~ política** the political situation; **esperar una ~ favorable** to await a favourable o (*US*) favorable moment.
coz NF [a] (*patada*) kick; **dar coces, dar de coces a** to kick. [b] (*de fusil: retroceso*) recoil, kick. [c] (*fig*) insult, rude remark; **tratar a algn a coces** to treat sb like dirt.

CP ABR [a] (*Esp*) de **Caja Postal**. [b] (*Esp Com*) de **contestación pagada** RP. [c] (*LAm*) de **casilla postal** PO Box.
C.P.A. NF ABR de **Caja Postal de Ahorros**.
CP/M NM ABR de **Programa Central para Microprocesadores** CP/M.
CPN NM ABR (*Esp*) de **Cuerpo de la Policía Nacional**.
CPS ABR de **caracteres por segundo** cps.
crac¹ NM [a] (*Com, Fin*) crash; **el viernes del C~** Black Friday. [b] (*fig*) crack-up.
crac² INTERJ snap!, crack!; **hizo ¡~! y se abrió** it went crack! and it opened out.
crack NM (*LAm Dep*) star, top player.
cranearse<1a> VR (*Chi, Per: fam*) to dream up.
cráneo NM skull, cranium; **voy de ~** (*me va mal: fam*) everything's going wrong for me.
crápula [1] NF (*embriaguez*) drunkenness; (*disipación*) dissipation. [2] NM wastrel.
craso ADJ [a] (*gordo*) fat. [b] (*fig: error*) gross, crass.
cráter NM crater.
crawl NM (*Dep*) (front) crawl.
creación NF creation.
creador(a) [1] ADJ creative. [2] NM/F (*gen*) creator; (*inventor*) inventor; **el C~** the Creator.
crear<1a> [1] VT (*gen*) to create; (*oficial*) to make; (*inventar*) to invent; (*originar*) to originate; (*establecer*) to found, establish; **~ un directorio** (*Inform*) to make a directory; **~ problemas** to cause problems. [2] **crearse** VR (*gen*) to make o create for o.s.; (*comité etc*) to be set up.
creatividad NF creativity.
creativo ADJ creative.
crecer<2d> [1] VI (*gen*) to grow, increase; (*precio*) to rise; (*días*) to get longer; (*luna*) to wax; **dejarse ~ la barba** to grow a beard. [2] **crecerse** VR [a] **'se crece un punto'** 'increase by one stitch'. [b] (*cobrar ánimo*) to grow bolder, acquire greater confidence; (*engreírse*) to get cocky (*fam*).
creces NFPL: **con ~** amply, fully; (*fig*) with a vengeance; **pagar a algn con ~** to more than repay one's debt; **devolver algo con ~** to return o repay sth with interest.
crecida NF (*de río*) spate, flood.
crecido ADJ [a] (*persona*) full-grown. [b] (*cantidad*) large. [c] (*río*) in flood. [d] (*fig*) vain, conceited.
creciente [1] ADJ (*gen*) growing, increasing; (*paro etc*) rising; **luna ~** crescent o waxing moon. [2] NM crescent. [3] NF flood; **~ del mar** flood tide.
crecimiento NM (*acción*) growth; (*aumento*) increase, rise; (*Fin*) rise; **~ cero** zero growth.
credenciales NFPL credentials.
credibilidad NF credibility.
crediticio ADJ (*Fin*) credit *atr*.
crédito NM [a] (*fe*) credit, credence; **dar ~ a** to believe (in), credit; **apenas daba ~ a sus oídos** he could scarcely believe his ears. [b] (*fama*) standing, reputation; **persona (digna) de ~** reliable person; **tiene ~ de muy escrupuloso** he has the reputation of being thoroughly honest. [c] (*Com, Fin*) credit; **~ a largo/corto plazo** long-/short-term credit; **~ al consumidor** consumer credit; **~ rotativo o renovable** revolving credit; **a ~** on credit; **abrir ~ a** to give credit to. [d] (*Univ*) credit.
credo NM creed, credo.
credulidad NF credulity.
crédulo/a [1] ADJ credulous, gullible. [2] NM/F sucker (*fam*).
creencia NF belief (*en* in); **en la ~ de que** in the belief that.
▼creer <2e> [1] VT, VI [a] (*gen*) to think, believe; **~ que** to think that, believe that; **creo que sí** I think so; **creo que no, no creo** I don't think so; **¡ya lo creo!** (*por supuesto*) of course!; (*iró*) pull the other one!; **créame** believe me, take my word for it; **no se vaya Ud a ~ que** don't go thinking that; **es difícil, no creas** it's hard enough, I'm telling you. [b] **~ en** to believe in.

➤ EXPRESIONES GENERATIVAS: **creer** → 2.2, 11.1

c (*considerar*) to think, consider; **no le creo tan culpable** I don't think him so much to blame; **lo creo mi deber** I consider it (to be) my duty.

2 creerse VR **a** to believe *o* consider o.s. (to be); **se cree muy astuto** he thinks he's pretty clever; **¿quién te crees que eres?** who do you think you are?; **se cree alguien** he thinks he is somebody; **¿qué se ha creído?** who does he think he is?; **se lo tiene muy creído** he's full of himself.

b **no me lo creo** I don't believe it; **se cree todo lo que le dicen** he swallows everything he's told; **¡que te crees tú eso!** (*fam*) and you believe it! (*fam*); **¡no te lo crees ni tú!** come off it!

creíble ADJ believable, credible; **¿es ~ que?** is it conceivable that?

creído ADJ **a** (*engreído*) conceited. **b** (*crédulo*) credulous, trusting; **es un ~** he's full of himself.

crema **1** NF **a** (*Culin: gen*) cream; (*: natillas*) custard; **~ pastelera** confectioner's cream *o* custard.
b **~ de afeitar** shaving cream; **~ de belleza** beauty cream; **~ bronceadora** suntan cream; **~ dental** toothpaste; **~ depilatoria** hair remover; **~ hidratante** moisturizer.
c (*betún*) shoe polish.
d (*fig*) cream, best; **la ~ de la sociedad** the cream of society.
2 ADJ cream(-coloured *o* (*US*) -colored).

cremación NF cremation.

cremallera NF **a** (*tb* **cierre de ~**) zip (fastener), zipper (*US*); **cerrar la ~** to zip up; **echar la ~** (*fam*) to shut *o* (*fam*) button up. **b** (*Téc*) rack; **~ y piñón** rack and pinion.

crematístico ADJ financial, economic.

crematorio **1** ADJ: **horno ~ = 2**. **2** NM crematorium.

cremosidad NF creaminess.

cremoso ADJ creamy.

crencha NF (*de pelo*) parting.

creosota NF creosote.

crepe, **crêpe** NF crêpe, pancake.

crepé NM **a** (*gen*) crêpe. **b** (*Méx fig*) wig.

crepitación NF crackling.

crepitar<1a> VI to crackle.

crepuscular ADJ twilight, crepuscular; **luz ~** twilight.

crepúsculo NM twilight, dusk.

crescendo NM crescendo; **ir in ~** to increase, get louder *o* greater *etc*.

crespo ADJ **a** (*pelo*) fuzzy, curly; (*hoja etc*) curled. **b** (*estilo*) involved, tortuous.

crespón NM crape, crêpe.

cresta NF **a** (*Orn*) crest, comb. **b** (*Geog*) crest. **c** (*de ola*) crest; **en la ~ de la ola** (*fig*) on the crest of a wave.

crestón NM (*de celada*) crest; (*Min*) outcrop.

Creta NF Crete.

creta NF chalk.

cretáceo ADJ cretaceous.

cretinismo NM cretinism.

cretino/a **1** ADJ cretinous. **2** NM/F cretin.

cretona NF cretonne.

creyente NMF believer.

CRI NF ABR *de* **Cruz Roja Internacional**.

cría NF **a** (*Agr*) rearing, breeding; **~ de ganado** cattle breeding, stock raising; **hembra de ~** breeding female. **b** (*Zool: camada*) litter; (*: individuo*) young; (*Orn*) brood.

criadero NM **a** (*Bot*) nursery. **b** (*Zool*) breeding place; **~ de ostras** oyster bed; **~ de peces** fish hatchery. **c** (*Geol*) vein, seam.

criadilla NF (*Culin*) testicles; **~s de tierra** truffles.

criado/a **1** ADJ reared, brought up; **bien ~** well-bred. **2** NM/F servant.

criador(a) NM/F breeder.

criandera NF (*LAm*) nursemaid, wet-nurse.

crianza NF **a** (*Agr etc*) rearing, breeding. **b** (*Med*) lactation. **c** (*de vinos*) vintage; **vinos de ~** vintage wines. **d** (*fig*) breeding; **mala ~** lack of breeding; **sin ~** ill-bred.

criar<1c> **1** VT **a** (*niños*) to suckle, feed; **~ al biberón/al pecho** to bottle-/breast-feed.

b (*plantas*) to grow.
c (*ganado*) to rear, raise, breed.
d (*tierra etc*) to bear, grow, produce; **esta tierra no cría hierba** this soil is not suitable for grass; **los perros crían pulgas** dogs have *o* get fleas; **~ carnes** to put on weight.
e (*educar*) to bring up, raise.
f (*vino*) to age, mature.
g (*locuciones*) **Dios los cría y ellos se juntan** birds of a feather flock together; **~ cuervos** to nourish a viper in one's bosom.

2 criarse VR to grow (up); **se criaron juntos** they grew up together; **~ en buena cuna** *o* **en buenos pañales** to be born with a silver spoon in one's mouth.

criatura NF **a** (*gen*) creature. **b** (*niño*) infant, baby; **todavía es una ~** she's only a child still; **¡no seas ~!** be *o* act your age!

criba NF **a** (*instrumento*) sieve, screen. **b** (*acto: fig*) sifting, selection; **hacer una ~** (*fig*) to sort out the sheep from the goats.

cribar<1a> VT to sieve, sift, screen.

cric NM (*Mec*) jack.

cricket, **criquet** NM cricket.

crimen NM crime; **~ de guerra** war crime; **~ pasional** crime of passion; **¡es un ~!** (*fig*) what a crime!, it's criminal!

criminal ADJ, NMF criminal.

criminalidad NF **a** (*gen*) criminality. **b** (*índice*) crime rate.

criminalista NM **a** (*Univ*) criminologist. **b** (*Jur*) criminal lawyer.

criminología NF criminology.

criminólogo/a NM/F criminologist.

crin NF (*Zool*) mane; (*Téc etc*) horsehair.

crinolina NF crinoline.

crío/a NM/F kid (*fam*), child; (*pey*) brat (*fam*); **¡no seas ~!** grow up!

criollo/a **1** ADJ **a** (*gen*) Creole. **b** (*LAm*) native (to America), national. **2** NM/F **a** (*gen*) Creole. **b** (*LAm*) native American.

cripta NF crypt.

críptico ADJ cryptic.

criptografía NF cryptography.

criptográfico ADJ cryptographic(al).

criptógrafo/a NM/F cryptographer.

criptograma NM cryptogram.

crisálida NF chrysalis.

crisantemo NM chrysanthemum.

crisis NF INV crisis; **~ económica** economic crisis; **~ nerviosa** nervous breakdown; **~ de la vivienda** housing shortage; **hacer ~** to be in crisis.

crisma NF **a** (*Rel*) chrism, holy oil. **b** (*fam*) **romper la ~ a algn** to knock sb's block off (*fam*); **romperse la ~** to split one's head open.

crisol NM (*Téc*) crucible; (*fig*) melting pot.

crispación NF (*fig*) tension, nervousness.

crispado ADJ tense, on edge.

crispar<1a> **1** VT (*músculo*) to cause to twitch *o* contract; (*nervios*) to set on edge; **con el rostro crispado por la ira** with his face contorted with anger; **eso me crispa (los nervios)** that gets on my nerves.
2 crisparse VR (*músculo*) to twitch, contract; (*cara*) to contort; (*nervios*) to get all on edge.

cristal NM **a** (*Quím etc*) crystal; **~ de roca** rock crystal. **b** (*vidrio*) glass; (*fino*) crystal; (*Aut*) window; (*de gafas*) lens; **el ~ (de la ventana)** the (window) pane; **un ~** a pane *o* sheet of glass; **~ ahumado/cilindrado/inastillable/de seguridad/tallado** smoked/plate/splinterproof/safety/cut glass; **de ~** glass *atr*; **puerta de ~(es)** glass door; **vaso de ~** crystal glass; **hay ~es en el suelo** there's broken glass on the floor.

cristalera NF (large) window.

cristalería NF **a** (*arte*) glass making. **b** (*fábrica*) glassworks; (*tienda*) glassware shop. **c** (*objetos*) glassware.

cristalino ADJ (*Fís*) crystalline; (*fig*) clear, translucent.

cristalizar<1f> VT, VI, **cristalizarse** VR to crystallize.

cristalografía NF crystallography.

cristianamente ADV in a Christian way; **morir ~** to die as a Christian, die like a good Christian.
cristianar<1a> VT to christen, baptize.
cristiandad NF Christendom.
cristianismo NM Christianity.
cristiano / a [1] ADJ [a] (*Rel*) Christian.
[b] **vino ~** unwatered wine.
[2] NM/F (*Rel*) Christian; **~ nuevo** (*Hist*) converted Jew or Moor; **~ viejo** (*Hist*) Christian with no Jewish or Moslem blood.
[3] NM [a] (*persona*) person, (living) soul; **eso lo sabe cualquier ~** any idiot knows that.
[b] **hablar en ~** (*claramente*) to talk sense; (*en español*) to speak Spanish.
Cristo NM Christ; **el año 41 antes de ~** 41 BC; **el año 80 después de ~** 80 AD; **donde ~ perdió la sandalia** at the back of beyond; **armar un ~** (*fam*) to raise an almighty row; **donde ~ dio las tres voces** at the back of beyond (*fam*); **no había ni ~** there wasn't a soul (*fam*); **todo ~** every mortal soul, every man Jack; **ir hecho un ~** (*fam*) to be a sight (*fam*); **poner a algn como un ~** (*fam: criticar*) to give sb a right dressing down (*fam*); (*manchar*) to run sb into the ground (*fam*); (*pegar*) to give sb a real thumping (*fam*).
cristo NM crucifix; **¡un ~!** what a nightmare!
Cristóbal NM Christopher; **~ Colón** Christopher Columbus.
criterio NM [a] (*norma*) criterion; (*medida*) yardstick.
[b] (*enfoque*) attitude, approach; **depende del ~ de cada cual** o **uno** it depends on the individual's viewpoint.
[c] (*juicio*) discernment; **lo dejo a su ~** I leave it to your discretion; **tiene buen ~** his taste is admirable. [d] (*punto de vista*) view, opinion; **en mi ~** in my opinion.
crítica¹ NF [a] (*gen*) criticism; **~ literaria** literary criticism.
[b] (*Teat etc*) review, notice; (*Pol etc*) critique; **la ~** the critics pl. [c] (*censura*) faultfinding; V tb **crítico**.
criticable ADJ (*conducta, actitud*) reprehensible.
criticar<1g> VT to criticize; **siempre está criticando a la gente** he's always finding fault with people.
crítico / a² [1] ADJ critical. [2] NM/F critic.
criticón / ona [1] ADJ hypercritical, faultfinding. [2] NM/F carping critic, faultfinder.
Croacia NF Croatia.
croar<1a> VI to croak.
croata ADJ, NMF Croat(ian).
croché, crochet [kro'tʃe] NM crochet.
croissant [krwa'zan] NM croissant.
croissantería [krwazante'ria] NF croissant shop.
cromado [1] ADJ chromium-plated. [2] NM chromium plating, chrome.
cromático ADJ chromatic.
cromo NM [a] (*Quím*) chromium, chrome. [b] (*Tip*) coloured o (*US*) colored print; (*tarjeta*) picture card; **iba hecho un ~** (*fam*) he was a sight (*fam*).
cromosoma NM chromosome.
crónica NF [a] (*Hist*) chronicle; (*fig*) account. [b] (*de periódico*) feature, article; **~ deportiva** sports page; **~ de sociedad** society column, gossip column; **'C~ de sucesos'** 'News in Brief'.
crónico ADJ (*Med, fig*) chronic; (*vicio*) ingrained.
cronista NMF [a] (*Hist*) chronicler. [b] (*de periódico*) reporter, columnist; **~ deportivo** sports writer.
cronología NF chronology.
cronológicamente ADV chronologically, in chronological order.
cronológico ADJ chronological.
cronometrador(a) NM/F timekeeper.
cronometraje NM timing.
cronometrar<1a> VT to time.
cronómetro NM (*Téc etc*) chronometer; (*Dep*) stopwatch.
croquet [kro'ke] NM croquet.
croqueta NF croquette, rissole.
croquis NM INV sketch.
cross [kros] NM INV cross-country running.
crótalo NM [a] (*Zool*) rattlesnake. [b] (*Mús*) **~s** castanets.
cruasán NM croissant.

cruce NM [a] (*acto*) crossing. [b] (*Mat etc*) (point of) intersection. [c] (*Aut etc*) junction, intersection; (*Méx*) level crossing; **~ (de carreteras)** crossroads. [d] (*Telec*) crossed line; **hay un ~ en las líneas** the wires are crossed.
[e] (*Bio: proceso*) crossbreeding; (: *ente*) cross, hybrid.
[f] (*Aut*) **luces de ~** dipped headlights; **poner luz de ~** to dip one's lights.
crucero NM [a] (*Mil*) cruiser. [b] (*Náut: barco*) cruise ship, liner; (: *viaje*) cruise; **velocidad de ~** cruising speed.
[c] (*Arquit: de templo*) transept. [d] (*viga*) crosspiece.
cruceta NF [a] (*viga*) crosspiece; (*Náut*) crosstree. [b] (*Mec*) crosshead.
crucial ADJ crucial.
crucificar<1g> VT (*Rel*) to crucify; (*fig*) to torment, torture.
crucifijo NM crucifix.
crucifixión NF crucifixion.
crucigrama NM crossword.
cruda¹ NF (*LAm fam: resaca*) hangover.
crudeza NF [a] (*de imágenes, descripción*) coarseness, crudeness; [b] (*rigor*) harshness.
crudo / a² [1] ADJ [a] (*carne*) raw; (*legumbres*) green, uncooked; **las patatas están ~as** the potatoes are underdone.
[b] (*Téc*) untreated; (*seda*) raw; (*lino*) unbleached; **de color ~** plain, natural.
[c] (*clima etc*) harsh.
[d] (*descripción*) crude, coarse.
[e] (*fam: difícil*) **lo tendrán ~ si piensan que ...** they'll have a tough time of it if they think that ...; **lo veo muy ~** it doesn't look (too) good.
[2] NM [a] (*petróleo*) crude (oil).
[b] (*LAm fam: resaca*) hangover.
[c] (*Per: arpillera*) sackcloth.
cruel ADJ cruel (*con, para*).
crueldad NF cruelty.
cruelmente ADV cruelly.
cruento ADJ (*lit*) bloody, gory.
crujido NM (*de papel etc*) rustle; (*de madera*) creak; (*de dientes*) grinding, gnashing.
crujiente ADJ (*seda*) rustling; (*madera*) creaking; (*galleta*) crunchy.
crujir<3a> VI (*papel, seda*) to rustle; (*madera, mueble, rama*) to creak; (*articulación, hueso*) to crack; (*galletas, nieve*) to crunch.
crupier NM croupier.
crustáceo NM crustacean.
cruz NF [a] (*gen*) cross; **~ gamada** swastika; **~ de hierro** iron cross; **C~ del Sur** Southern Cross; **C~ Roja** Red Cross; **¡~ y raya!** that's quite enough!, no more!; **en ~** cross-shaped; **con los brazos en ~** with arms crossed; **firmar con una ~** to make one's mark; **hacerse cruces** (*fig*) to show one's surprise. [b] (*de espada*) hilt; (*de ancla*) crown; (*de moneda*) tails; (*Zool*) withers. [c] (*fig*) cross, burden; **cada uno lleva su ~** each of us has his cross to bear.
cruza NF (*LAm*) cross, hybrid.
cruzada NF crusade.
cruzado [1] ADJ [a] (*cheque etc*) crossed; **con los brazos ~s** arms folded; (*fig*) at a loose end (*fam*). [b] (*Cos*) double-breasted. [c] (*Zool*) crossbred, hybrid. [2] NM (*Hist*) crusader.
cruzamiento NM crossing.
cruzar <1f> [1] VT [a] (*gen*) to cross; (*Arquit etc*) to cut across, intersect; **~ un palo sobre otro** to place a stick across another; **~ el lago a nado** to swim across a lake.
[b] (*palabras*) to have, exchange; **~ apuestas** to place o make bets.
[c] (*estar cruzado*) to lie across; (*rayar*) to draw across, score.
[d] (*Bio*) to cross.
[2] VI (*peatón*) to cross.
[3] **cruzarse** VR [a] (*líneas etc*) to cross each other, intersect.
[b] **~ de brazos** to fold one's arms.
[c] (*peatones*) to pass each other; **~ con algn en la calle**

to pass sb in the street; **se cruzó un coche delante de nosotros** a car crossed in front of us.

CSD NM ABR (*Esp*) *de* **Consejo Superior de Deportes** ≈ Sports Council.

csf ABR *de* **costo, seguro y flete** c.i.f.

CSIC NM ABR (*Esp*) *de* **Consejo Superior de Investigaciones Científicas.**

CSN NM ABR (*Esp*) *de* **Consejo de Seguridad Nuclear.**

CSP NM ABR (*Esp*) *de* **Cuerpo Superior de Policía.**

cta., c.[ta] ABR *de* **cuenta** a/c, acc., acct.

cta. cte. ABR *de* **cuenta corriente** C/A.

cta. cto. ABR *de* **carta de crédito** L/C.

ctdad. ABR *de* **cantidad** qty.

cte. ABR *de* **corriente, de los corrientes** inst.

CTNE NF ABR *de* **Compañía Telefónica Nacional de España** ≈ BT.

ctra. ABR *de* **carretera** Rd.

cu NF Q, name of the letter Q.

c/u ABR *de* **cada uno** ea.

cuaco NM (*LAm: rocín*) nag.

cuadernillo NM (*gen*) booklet.

cuaderno NM (*gen*) notebook; (*Escol*) jotter, exercise book, workbook (*US*); **~ de bitácora** (*Náut*) logbook.

cuadra NF [a] (*Agr*) stable. [b] (*LAm*) (city) block.

cuadrado [1] ADJ [a] (*Mat etc*) square; **dos metros ~s** two metres o (*US*) meters square, two square metres. [b] (*corpulento*) broad, square-shouldered. [c] **tenerlos ~s** (*fam!*) to have balls (*fam!*). [2] NM (*Mat, Geom*) square; **cinco (elevado) al ~** five square(d).

cuadragésimo ADJ fortieth; *V tb* **sexto 1.**

cuadrangular ADJ quadrangular.

cuadrante NM [a] (*Mat, Náut*) quadrant. [b] (*indicador*) dial; (*de reloj*) face; **~ (solar)** sundial.

cuadrar<1a> [1] VT [a] (*Mat*) to square. [b] (*Téc*) to square (off). [c] (*fig*) to please; **si te cuadra** if it suits you. [d] (*Per: aparcar*) to park. [2] VI (*coincidir*) to tally; **~ con** (*cuenta etc*) to square o tally with; (*muebles etc*) to match, go with. [3] **cuadrarse** VR [a] (*Mil*) to stand to attention. [b] (*fig*) to dig one's heels in.

cuadratura NF (*Mat*) quadrature; **la ~ del círculo** squaring the circle.

cuadrícula NF (*Tip etc*) grid, ruled squares.

cuadriculado ADJ: **papel ~** squared o graph paper.

cuadricular<1a> VT to rule squares on.

cuadrilátero [1] ADJ quadrilateral, four-sided. [2] NM (*Mat*) quadrilateral; (*Boxeo*) ring.

cuadrilla NF (*amigos*) party, group; (*pandilla*) band, gang; (*Mil*) squad; (*obreros*) gang, team; (*Taur*) quadrille.

cuadro NM [a] (*Mat*) square; **camisa a ~s** chequered o (*US*) checkered o check shirt. [b] (*Téc*) frame; **~ de bicicleta** bicycle frame. [c] (*Arte*) picture, painting; **dos ~s de Velázquez** two Velazquez paintings. [d] (*Teat, fig*) scene; **fue un ~** (*fam*) it was some scene (*fam*), it was really quite dramatic. [e] (*Lit*) description, picture; **~ de costumbres** scene of local colour o (*US*) color. [f] (*Agr*) bed, plot. [g] (*Elec etc*) panel; **~ de instrumentos** instrument panel; (*Aut*) dashboard; **~ de mandos** control panel. [h] (*Mil: formación*) square. [i] (*gráfico: tb* **~ sinóptico**) table, chart, diagram. [j] (*personal: gen*) staff; (: *Dep*) line-up, team; (: *Pol*) cadre. [k] (*Med*) set of symptoms.

cuadrúpedo NM quadruped.

cuádruple ADJ quadruple, fourfold.

cuadruplicar<1g> [1] VT to quadruple; **las pérdidas cuadruplican las del año pasado** losses are four times last year's. [2] **cuadruplicarse** VR to quadruple.

cuádruplo [1] ADJ fourfold, quadruple. [2] NM quadruple.

cuajada NF (*de leche*) curd; (*requesón*) cottage cheese.

cuajado ADJ [a] (*leche*) curdled; (*sangre*) coagulated, congealed. [b] **~ de** (*fig*) full of, filled with; **una situación**

~a de peligros a situation fraught with dangers; **un texto ~ de problemas** a text bristling with problems.

cuajar<1a> [1] VT [a] (*leche*) to curdle; (*sangre*) to coagulate, clot; (*grasa*) to congeal; (*gelatina*) to set. [b] (*adornar*) to cover, adorn (*de* with); (*llenar*) to fill (*de* with). [2] VI [a] (*nieve*) to lie. [b] (*fig*) to become set, become established; (*plan etc*) to take shape; (*truco*) to come off, work; (*idea*) to be received, be acceptable; **el acuerdo no cuajó** the agreement didn't come off. [3] **cuajarse** VR [a] (*leche*) to curdle; (*sangre*) to congeal, coagulate; (*gelatina*) to set. [b] **~ de** (*fig*) to fill (up) with.

cuajo NM [a] (*Zool*) rennet. [b] (*fig*) phlegm, calmness. [c] **arrancar algo de ~** to tear sth out by its roots; **arrancar una puerta de ~** to wrench a door out of its frame; **extirpar un vicio de ~** to eradicate a vice completely. [d] (*Méx fam: charla*) chatter; (: *fig*) fantasy; (: *Escol*) playtime; (: *látigo*) short whip.

cual [1] ADJ (*lit*) such as, of the kind (that); (*Jur*) said, aforementioned. [2] PRON [a] **cada ~** each one; **allá cada ~** every man to his own taste. [b] (*relativo*) **el** *etc* **~** (*cosas*) which; (*gente*) who; **al** *etc* **~** (*cosas*) to which; (*obj pers: directo*) whom; (: *indirecto*) to whom; **ese edificio, el ~ se construyó en el siglo XV** that building, which was built in the 15th century; **había ocho chicos, tres de los ~es hablaban en inglés** there were eight boys, three of whom were speaking in English. [c] **lo ~** (*relativo*) which; **se rieron mucho, lo ~ me disgustó** they laughed a lot, which upset me; **con lo ~** at which, whereupon; **llegué tarde con lo ~ no pude entrar** because (of the fact that) I arrived late I couldn't get in; **por lo ~** (and) so, on account of which. [3] ADV, CONJ (*con n*) like, as; (*con vb*) (just) as; **brillaba ~ estrella** she shone like a star; **en la foto salió tal ~ es en realidad** it came out in the photo just as it is in real life; **~ si** as if.

cuál [1] PRON INTERROG [a] what, which (one); **¿~ quieres?** which (one) do you want?; **¿~ es el que dices?** which one are you talking about?; **ignora ~ será el resultado** he does not know what the outcome will be; **¿~es libros?** (*esp Méx, Per, Ven*) what books? [b] (*indef*) **~ más ~ menos** some more, some less. [c] (*locuciones*) **son a ~ más gandul** each is as idle as the other; **una serie de coches a ~ más rápido** a series of cars each faster than the last o outdoing each other in speed. [2] INTERJ **¡~ no sería mi asombro!** imagine the surprise I got!

cualidad NF (*gen*) quality; (*atributo*) attribute, characteristic; (*Fís etc*) property; **tiene buenas ~es** he has good qualities.

cualificado ADJ (*obrero*) skilled, qualified; **obrero no ~** unskilled worker.

cualitativamente ADV qualitatively.

cualitativo ADJ qualitative.

cualquier(a¹) (*pl* **cualesquier(a)**) ADJ INDEF [a] any; **~ hombre de los de aquí** any man from these parts; **en ~ momento** at any time; **en ~ sitio donde lo busques** in whatever place you look for it. [b] (*después de n*) any; **como un ciudadano ~a** like any ordinary citizen; **éste no es un coche ~a** this is not just any old car.

cualquiera² PRON INDEF [a] (*persona*) anyone, anybody; (*cosa*) any one; **~ puede hacer eso** anybody can do that; **~ de los dos** either of them o of the two; **te lo diría ~** anyone would tell you the same; **puedes coger ~** you can choose any one (you like); **~ de las sucursales del banco** any branch o any of the branches of the bank; **¡~ sabe!** who knows?; **¡~ sube ahí arriba!** you try and get up there!; **¡así ~!** anyone could do that! [b] **~ que** (*persona*) anyone who; (*cosa: suj*) whatever; (: *obj*) whichever; **~ que conozca a mi hermano** anyone who knows my brother; **~ que sea el color de su piel**

whatever the colour of their skin; **~ que compres te va a costar una fortuna** whichever (one) you buy it'll cost you a fortune.
[c] **es un ~** he's a nobody.
[d] **una ~** a loose woman.

cuán ADV how; **¡~ agradable fue todo eso!** how delightful it all was!

cuando [1] ADV, CONJ [a] (*tiempo*) when; **~ nos veamos** when we meet again; **~ iba allí lo veía** whenever I went there I saw him; **ven ~ quieras** come when(ever) you like; **me acuerdo de ~** I remember the time when; **lo dejaremos para ~ estés mejor** we'll leave it until you're better; **de ~ en ~, de vez en ~** from time to time, now and again.
[b] (*condicional, causal*) if; **~ lo dice él, será verdad** if he says so, it must be true; **~ más** at (the) most; **~ menos** at least; **~ no** if not, otherwise.
[c] (*concesiva*) **aun ~ no sea así** even if it's not so.
[d] (*adversativa*) **yo lo hago todo, ~ es él quien debería hacerlo** I'm the one that does it all, when it should be him.
[2] PREP at the time of; **eso fue ~ la guerra** that was during the war; **~ niño** as a child, when I *etc* was a child.

cuándo ADV, CONJ INTERROG when; **¿~ lo perdiste?** when did you lose it?; **no sé ~ será** I don't know when it will be; **¿de ~ acá?** since when?; (*fig*) how come?; **¿desde ~ es esto así?** how long has it been like this?

cuantía NF (*cantidad*) quantity, amount; (*alcance*) extent; (*importancia*) importance; **de mayor ~** important; **de menor ~, de poca ~** unimportant, of little account; **se ignora la ~ de las pérdidas** the extent of the losses is not known.

cuántico ADJ: **teoría ~a** quantum theory.

cuantificar<1g> VT to quantify.

cuantioso ADJ (*grande*) large, substantial; (*abundante*) abundant; (*pérdida*) heavy, grave.

cuantitativo ADJ quantitative.

cuanto/a [1] ADJ whatever; **daremos ~s créditos se precisen** we will give whatever credits are needed; **~s hombres la ven se enamoran de ella** all the men that see her fall for her; **unos ~s libros** a few books; **~s más invitados vengan (tantas) más comidas necesitamos** the more guests come, the more meals we'll need.
[2] PRON all that (which), as much as; **~s** all those that, as many as; **tiene ~ desea** he has all (that) he wants; **tome ~ quiera** take all (that) you want, take as much as you want; **~s más, mejor** the more the merrier.
[3] ADV, CONJ [a] **en ~** inasmuch as; **él, en ~ erudito,** he, as a scholar; **en ~** as soon as, immediately, directly; **en ~ lo supe me fui** as soon as I heard it I left; **en ~ a** as for, with regard to; **por ~** and so, hence; **llama la atención por ~ supone de innovación** it attracts attention because of its novelty value.
[b] **~ más/menos** at most/least; **~ antes** as soon as possible; **~ más** the more; **~ más gana menos gasta** the more he earns the less he spends; **~ más calor hace, más tiempo paso en la playa** the warmer it is, the more time I spend at the beach; **~ más que resultó ser mujer** all the more so because it turned out to be a woman.

cuánto/a ADJ, PRON, ADV [1] INTERJ [a] (+ *vb*) **¡~ has crecido!** how you've grown!; **¡~ trabajas!** how hard you work!; **¡~ has gastado!** what a lot you've spent!; **¡~ me alegro!** I'm so glad!
[b] (+ *n*) **¡~a gente!** what a lot of people!; **¡~ tiempo perdido!** what a lot of time wasted!, the time you've wasted!
[2] INTERROG [a] (*sg*) how much?; **¿~ has gastado?** how much have you spent?; **¿~ tiempo?** how long?; **¿~ durará esto?** how long will this last?; **¿~ hay de aquí a Bilbao?** how far is it from here to Bilbao?; **¿a ~ están las peras?** how much are (the) pears?; **¿cada ~?** how often?
[b] **¿~s?** how many?; **¿~as personas había?** how many people were there?; **¿a ~s estamos?** what's the date?
[c] **el señor no sé ~s** Mr So-and-So; **el señor Anastasio**

no sé ~s Mr Anastasius Something.

cuáquero/a ADJ, NM/F Quaker.

cuarcita NF quartzite.

cuarenta ADJ (*gen*) forty; (*cuadragésimo*) fortieth; **ésas son otras ~** (*Arg, Per*) that's a different story; **los (años) ~** the forties; **cantar las ~ a algn** to tell sb a few home truths; **hasta el ~ de mayo no te quites el sayo** ne'er cast a clout till May be out; *V tb* **seis**.

cuarentavo [1] ADJ fortieth; **~a parte** fortieth. [2] NM fortieth.

cuarentena NF [a] (*conjunto*) forty(-odd); **una ~ de** some forty, forty or so. [b] (*Med etc*) quarantine; **poner en ~** (*fig: persona*) to send to Coventry; (: *asunto*) to suspend judgement on.

cuarentón/ona [1] ADJ forty-year-old, fortyish. [2] NM/F person of about forty.

cuaresma NF Lent.

cuaresmal ADJ Lenten.

cuarta NF [a] (*Mat*) quarter, fourth (part). [b] (*palmo*) span. [c] (*Náut*) point (of the compass). [d] (*LAm*) whip.

cuartear <1a> [1] VT [a] (*gen*) to quarter; (*Mat*) to divide into four.
[b] (*carretera*) to zigzag up.
[2] VI (*Taur*) to dodge, step aside.
[3] **cuartearse** VR [a] (*agrietarse*) to crack, split.
[b] (*Taur*) to dodge, step aside.

cuartel NM [a] (*Mil*) barracks; **~es** quarters; **~ general** headquarters *pl*. [b] (*cuarta*) quarter; (*distrito*) quarter, district. [c] **no dar ~** to give no quarter; **no hubo ~ para los revoltosos** no mercy was shown to the rioters; **guerra sin ~** war without mercy.

cuartelazo NM coup.

cuartelillo NM police station.

cuarterón/ona [1] NM [a] (*peso*) quarter pound. [b] (*de ventana*) shutter; (*de puerta*) panel. [2] NM/F (*LAm*) quadroon.

cuarteta NF quatrain.

cuarteto NM [a] (*Mús*) quartet(te). [b] (*Lit*) quatrain.

cuartilla NF [a] (*hoja*) sheet (of paper); **~s** (*Tip*) copy. [b] (*de caballo*) pastern.

cuarto [1] ADJ fourth; *V tb* **sexto**.
[2] NM [a] (*Mat etc*) quarter, fourth part; **(abrigo) tres ~s** three-quarter length coat; **~s de final** quarter finals; **~ de hora** quarter of an hour; **las 6 y/menos ~** a quarter past/to 6; **tardó tres ~s de hora** he took three-quarters of an hour; **~ de luna** quarter of the moon; **~ creciente/menguante** first/last quarter.
[b] (*Zool*) quarters; **~ trasero** hindquarters.
[c] (*Tip*) quarto.
[d] **~s** (*fam: dinero*) dough (*fam*); **de tres al ~** worthless, third-rate; **por 5 ~s** for a song; **no tener un ~** to be broke (*fam*); **aflojar los ~s** (*fam*) to cough up (*fam*).
[e] (*Arquit*) room; **~ de baño** bathroom; **~ de estar** living room; **~ oscuro** (*Fot*) darkroom.
[f] **estar de ~** (*Mil*) to be on watch.

cuartón NM dressed timber, beam, plank.

cuarzo NM quartz.

cuate/a (*CAm, Méx*) [1] ADJ twin. [2] NM/F [a] (*gemelo*) twin. [b] (*compadre*) pal; (*esp US*) buddy.

cuaternario ADJ, NM quaternary.

cuatrero NM (*CSur: de ganado*) rustler, stock thief.

cuatrienal ADJ four-year *atr*.

cuatrillizos/as NMPL/NFPL quadruplets.

cuatrimestral ADJ four-monthly, every four months.

cuatrimotor [1] ADJ four-engined. [2] NM four-engined plane.

cuatro [1] ADJ (*gen*) four; (*fechas*) fourth; **cada ~ días** every four days; **las ~** four o'clock; **más de ~ lo creen** quite a few people believe it; **sólo había ~ gatos** the place was dead (*fam*).
[2] NM [a] (*gen*) four; (*ordinal*) fourth; **el ~ de octubre** (on) the fourth of October, (on) October the fourth; *V tb* **seis**.
[b] (*Méx: trampa*) trick, fraud.
[c] (*Ven*) four-stringed guitar.

cuatrocientos/as ADJ, NMPL/NFPL four hundred; *V tb*

seiscientos.

Cuba NF Cuba.

cuba NF a (*tonel*) cask, barrel; (*tina*) tub, vat. b (*panzudo*) pot-bellied person. c (*borracho*) drunkard, boozer; **estar como una ~** to be as drunk as a lord.

cubalibre NM (*gen*) (white) rum and coke ®; **~ de ginebra** gin and coke ®.

cubano/a ADJ, NM/F Cuban.

cubata NM, FAM = **cubalibre**.

cubero NM cooper.

cubertería NF cutlery.

cubeta NF (*tonel*) keg, small cask; (*manual*) pail; (*Fot*) tray; **~ de siembra** seed box.

cubicar<1g> VT a (*Mat*) to cube. b (*Fís*) to determine the volume of.

cúbico ADJ cubic; **raíz ~a** cube root.

cubículo NM cubicle.

cubierta NF a (*gen*) cover(ing); (*Tip*) cover, jacket; (*Arquit*) roof; (*Téc*) casing; (*Aut etc*) tyre, tire (*US*), outer cover; (*sobre*) envelope; **~ de cama** coverlet; **~ de lona** tarpaulin. b (*Náut*) deck; **~ de aterrizaje** o **vuelo** flight deck. c (*Méx: funda*) sheath. d (*fig*) cover, pretext.

cubierto 1 PP de **cubrir**.
2 ADJ (*gen*) covered; (*cielo*) overcast; (*vacante*) filled; (*persona*) with a hat.
3 NM a (*techumbre*) cover; **a** o **bajo ~** under cover; **a ~ de** safe from; **ponerse a ~** to shelter (*de* from).
b (*servicio de mesa*) place (at table); (*menú*) menu; (*una pieza sólo*) knife, spoon o fork; **~s** cutlery *sg*; **precio del ~** cover charge.

cubil NM den, lair.

cubilete NM a (*de dados*) cup. b (*hielo*) ice cube. c (*Culin*) pastry tray.

cubiletear<1a> VT to intrigue, scheme.

cubismo NM cubism.

cubista ADJ, NMF cubist.

cubito NM a **~ de hielo** ice cube. b **~ de caldo** stock cube. c (*de niño*) bucket, beach pail.

cúbito NM ulna.

cubo NM a (*Mat*) cube. b (*balde*) bucket, pail; **~ de (la) basura** (*en calle*) litter bin, trash can (*US*); (*en casa*) dustbin, trash can (*US*); **~ para el carbón** coal scuttle. c (*Mec*) barrel, drum. d (*de rueda*) hub.

cuboflash NM (*Fot*) flashcube.

cubrecama NM bedspread, counterpane.

cubrerrueda NF mudguard, fender (*US*).

cubretetera NM tea cosy o (*US*) cozy.

cubrir<3a> (*pp* **cubierto**) 1 VT a (*gen*) to cover (in, over, up) (*con, de* with); (*ocultar*) to cover up, hide; (*llenar*) to fill (up), cover; (*Arquit*) to cover; **lo cubrieron las aguas** the waters closed over it; **el agua casi me cubría** I was almost out of my depth; **las nubes cubrían la cima de la montaña** the clouds enshrouded the mountain top.
b **~ a algn con un revólver** to cover sb with a revolver.
c (*emoción*) to conceal; **cubre su tristeza con una falsa alegría** she covers up her sadness with a false cheerfulness; **~ las formas** to keep up appearances.
d **~ a algn de improperios** to shower sb with insults; **~ a algn de alabanzas** to heap praises on sb; **~ a algn de besos** to smother sb with kisses.
e (*proteger*) to cover, protect; (*ocultar*) to cover up for.
f (*distancia*) to travel, do; **~ 80 kms en una hora** to cover 80 kms in an hour.
g (*vacante*) to fill.
h (*Bio*) to cover, mate with.
i (*gastos*) to meet, cover; (*deuda*) to repay; **esto cubre todas nuestras necesidades** this meets all our needs.
j (*Prensa: suceso*) to cover.
2 **cubrirse** VR a (*ponerse el sombrero*) to put on one's hat.
b (*fig iró*) **~ de gloria** to show o.s. up, give o.s. a showing-up.
c **~ contra un riesgo** to cover o protect o.s. against a risk.
d (*Met: cielo*) to become overcast.
e (*Fin: gastos*) to be met o paid; (: *deuda*) to be covered.

cuca NF a (*fam*) one peseta. b (*fam!*) prick (*fam!*).

cucaña NF a (*hueso*) cinch (*fam*), easy thing. b (*diversión*) greasy pole.

cucañero/a NM/F (*fam*) smart cookie (*fam*).

cucaracha NF cockroach.

cuchara NF a (*gen*) spoon; (*cucharón*) ladle; (*Téc*) scoop, bucket; **~ de café** teaspoon; **~ de palo** wooden spoon; **~ sopera** soup spoon; **meter su ~** to butt in, shove one's oar in; **despacharse** o **servirse con la ~ grande** (*esp LAm*) to look after number one (*fam*); **soplar ~** (*fam*) to eat. b (*LAm: llana*) flat trowel; **albañil de ~** skilled bricklayer. c (*CAm, Chi: fam*) **hacer ~(s)** to pout. d (*Méx fam: carterista*) pickpocket.

cucharada NF spoonful; **~ colmada/rasa** heaped/level spoonful; **~ de café** teaspoonful; **~ de sopa** tablespoonful.

cucharadita NF teaspoonful.

cucharilla, cucharita NF (*tb* **~ de té**) small spoon, teaspoon.

cucharón NM (*Culin etc*) ladle; (*Téc*) scoop, bucket.

cuchi (*Per*) 1 INTERJ call to a pig o (*US*) hog. 2 NM pig, hog (*US*).

cuchichear<1a> VI to whisper (*a* to).

cuchicheo NM whispering.

cuchilla NF a (*de metal*) blade; **~ de afeitar** razor blade. b (*cuchillo*) (large kitchen) knife; (*de carnicero*) chopper, cleaver. c (*Geog*) ridge, crest; (*Chi: colinas*) sharp ridge.

cuchillada NF a (*herida*) slash, knife wound; **dar una ~** to stab; **hubo ~s** there was a serious fight; (*fig*) the knives really came out. b (*Cos*) slash, slit.

cuchillero NM cutler.

cuchillo NM a (*gen*) knife; **~ de monte** hunting knife; **~ de trinchar** carving knife; **pasar a ~** to put to the sword. b (*Arquit*) upright, support. c **~ de aire** sharp draught o (*US*) draft.

cuchipanda NF (*fam*) feed (*fam*), blow-out (*fam*).

cuchitril NM hovel, pigsty, dump (*fam*).

cuchufleta NF joke, crack (*fam*).

cuclillas NFPL: **en ~** squatting, crouching; **sentarse en ~** to squat, sit on one's heels.

cuclillo NM a (*Orn*) cuckoo. b (*fam*) cuckold.

cuco/a 1 ADJ a (*taimado*) sly, crafty. b (*mono*) pretty, cute. 2 NM/F (*fam*) wily bird (*fam*). 3 NM a (*Orn*) cuckoo. b (*oruga*) grub, caterpillar.

cucú NM (*canto*) cuckoo.

cucufato/a (*And, CSur: pey*) 1 ADJ (*hipócrita*) hypocritical; (*mojigato*) prudish. 2 NM/F (*religioso*) hypocrite; (*mojigato*) prude.

cucur(r)ucú NM (*LAm*) cock-a-doodle-doo.

cucurucho NM a (*Culin etc*) paper cone, cornet. b (*Rel*) penitent's hood.

cueca NF (*And, CSur*) popular handkerchief dance, Chilean national dance.

cuelgacapas NM INV (*en pared*) coat rack; (*en soporte*) coat stand.

cuelgue NM: **llevar un ~** (*fam: Fin*) to be broke (*fam*); (*confuso*) to be all at sea, be in a bad way; (*drogas*) to need a fix (*fam*).

cuello NM a (*Anat*) neck; **~ uterino** o **del útero** cervix, neck of the womb; **cortar a ~ a algn** to cut sb's throat; **jugarse el ~** (*fam*) to stick one's neck out; **levantar el ~** (*fig*) to get on one's feet again (*fig*). b (*de prenda*) collar; (*talla*) (collar) size; **~ de caja** crew neck; **~ (de) cisne** polo neck; **~ de pico** V-neck. c (*de una botella*) neck; **~ de botella** (*Aut*) bottleneck.

cuenca NF a (*Anat*) eye socket. b (*Geog*) bowl, deep valley; (*fluvial*) basin; **la ~ del Ebro** the Ebro basin; **~ minera** coalfield.

cuenco NM a (*concavidad*) hollow; **~ de la mano** hollow of the hand. b (*recipiente*) earthenware bowl.

cuenta NF a (*acción*) counting; (*resultado*) count; (*esp fig*) reckoning; (*Boxeo*) count; **~ de la vieja** counting on one's fingers; **~ atrás** countdown; **a esa ~** at that rate; **por la ~** apparently, as far as one can tell; **beber más de la ~** to have one over the eight; **caer en la ~** to catch on (*de* to), see the point (*de of*); **perder la ~ (de) algo** to lose count (of) sth; **tener en ~** to take into account.

b (*Fin*) account; **~ de ahorros, ~ a plazo (fijo)** deposit account; **~ de asignación** appropriation account; **~ de caja/de capital/de crédito** cash/capital/loan account; **~ corriente** current o (*US*) checking account; **~ de gastos e ingresos** income and expenditure account; **~ en participación** joint account; **~ por cobrar/pagar** account receivable/payable; **'únicamente en ~ del beneficiario'** 'payee only'; **abrir una ~** to open an account; **a ~** on account; **tomar un coche a ~** to take a car in part payment; **abonar una cantidad en ~ a algn** to credit a sum to sb's account; **cargar en ~** to charge to sb's account.

c (*Com: factura*) account, bill; (*de restaurante*) bill, check (*US*); **~ de gastos** expense account; **~ pendiente** unpaid bill, outstanding account; **la ~ es la ~** business is business; **ajustar** o **liquidar una ~** to settle an account; **echar las ~s** to reckon up; **llevar la ~ de** to keep an account of; **pasar la ~** to send the bill.

d (*fam: de disputa*) score, account; **ajustar ~s** to settle up (*con* with); **ajustar ~s viejas con algn** to settle old scores with sb; **tener ~s pendientes con algn** to have a matter to settle with sb; **voy a ajustarle las ~s** I'm going to have it out with him.

e (*fig: partida*) report, statement; **en resumidas ~s** in short, in a nutshell, all in all; **dar ~ de** to give an account of, report on; **dar ~ a algn de sus actos** to account to sb for one's actions; **no tiene que dar ~s a nadie** he's not answerable to anyone; **dar buena ~ de sí** (*hacer bien algo*) to give a good account of o.s.; (*defenderse*) to give as good as one gets; **dar ~ de algo** (*acabar*) to finish sth off, be done with sth; (*informar*) to recount sth, report sth; **darse ~ de** to realize (*que* that); **sin darse ~** without realizing it, without noticing; **rendir ~s a algn** to report to sb; **tener algo en ~** to bear sth in mind; **tomar algo en ~ a algn** to hold sth against sb.

f (*fig: asunto*) affair, business; **ésa es ~ mía** that's my affair, that's up to me; **de ~ y riesgo de algn** at one's own risk; **por ~ propia, por su propia ~** on one's own account; **trabajar por ~ propia** to work for oneself, be self-employed; **trabajar por ~ ajena** to work for someone else; **por mi ~** in my opinion, as for me; **eso corre de ~ o por mi ~** that's my affair; **éste corre por mi ~** this one's on me; **no querer ~s con algn** to want nothing to do with sb.

g **~s** plans; **echar ~s** to reflect, take stock; **echar ~ de hacer algo** to plan to do sth; **le salieron fallidas las ~s** his plans went wrong.

h (*fig: importe*) importance; **de (mucha) ~** important; **no tiene ~ hacer algo** there is no point in doing sth.

i (*fig: beneficio*) benefit; **por la ~ que le tiene** because it is to his benefit; **no trae ~ hacerlo** it is not profitable to do it; **me sale más a ~** it suits me better.

j (*Rel*) bead.

k **estar fuera de sus ~s, salirse de sus ~s** (*fam: mujer*) to be overdue.

cuentagotas NM INV (*Med*) dropper.

cuentakilómetros NM INV **a** (*de distancias*) milometer, clock. **b** (*velocímetro*) speedometer, odometer (*US*).

cuentarrevoluciones NM INV rev counter.

cuente *etc V* **contar**.

cuentista NMF **a** (*Lit*) short-story writer; (*narrador*) storyteller. **b** (*chismoso*) gossip. **c** (*mentiroso*) liar, fibber. **d** (*esp LAm fam*) confidence trickster.

cuento[1] NM **a** (*gen*) story, tale; (*Lit*) short story; **~ de hadas** fairy tale; **~ de viejas** old wives' tale; **tener más ~ que siete viejas** *etc* to have the gift of the gab; **es un ~ largo** it's a long story; **es el ~ de nunca acabar** it's an endless business; **estar en el ~** to be in the know; **ir a algn con el ~** to go off and tell sb; **en seguida le fue con el ~ a la maestra** he went straight off and told the teacher; **va de ~ que** the story goes that, it is said that; **traer algo a ~** to bring sth up; **eso no viene a ~** that's irrelevant; **vivir del ~** to live by one's wits.

b **sin ~** countless.

c (*fábula*) story, tale; (*mentira*) fib; (*pretexto*) pretext; **¡puro ~!** a likely story!; **~ chino** tall story.

d **~s** (*fig*) trouble, difficulties; **han tenido no se qué ~s entre ellos** they've had some upset among themselves.

e (*fam: exageración*) fuss, exaggeration.

cuento[2] NM (*de bastón etc*) point, tip.

cuerda NF **a** (*gen*) rope; (*delgado*) string, cord; **~ arrojadiza** lasso; **~ floja** tightrope; **~ de plomada** plumbline; **~ salvavidas** o **de salvamento** lifeline; **~ para tender la ropa** clothesline; **aflojar la ~** (*fig*) to ease up; **apretar la ~** (*fig*) to tighten up; **bailar en la ~ floja** to sit on the fence; **estirar la ~** (*fig*) to go too far, overdo it; **son de la misma ~** they're all as bad as each other; **bajo ~** in an underhand way, on the side.

b (*Mec*) clockwork mechanism; (*de reloj*) spring; **aún le queda ~** (*fig*) he's still got some steam left in him; **tienen ~ para rato** they've something to keep them going, they've got a lot to talk about; **dar ~ al reloj** to wind up one's watch; **dar ~ a algn** to encourage sb (to talk); **un coche de ~** a clockwork car.

c (*Mús: de violín etc*) string; (: *fig*) vocal range.

d (*Mat, Anat*) chord; **~s vocales** vocal cords.

e (*Dep: atletismo*) inside; (: *de hipódromo*) rails; **~s** (*Boxeo*) ropes.

f (*de presos*) chain gang.

cuerdo ADJ **a** (*persona*) sane. **b** (*acto*) sensible, prudent.

cuereada, cueriza NF (*LAm*) beating, tanning (*fam*).

cuerear<1a> VT (*LAm: animal*) to skin.

cuerna NF **a** (*Zool: gen*) horns; (: *de ciervo*) antlers. **b** (*vaso*) drinking horn. **c** (*Caza*) (hunting) horn.

cuerno NM **a** (*Zool: gen*) horn; (: *de ciervo*) antler; **~ de la abundancia** horn of plenty; **coger** o **tomar al toro por los ~s** to take the bull by the horns; **estar en los ~s (del toro)** to be in a jam; **poner los ~s a** to cuckold; **oler** o **saber a ~ quemado** to leave a nasty taste; **esto me sabe a ~ quemado** this makes my blood boil. **b** (*fam: locuciones*) **¡(y) un ~!** my foot!; **irse al ~** (*negocio*) to fail, fall through; **mandar a algn al ~** to tell sb to go to hell.

cuero NM **a** (*Zool*) skin, hide; (*Téc etc*) leather; **~ cabelludo** scalp; **andar en ~s** to go about stark naked; **dejar a algn en ~s** (*fig*) to clean sb out (*fam*). **b** (*odre*) wineskin; **estar hecho un ~** to be as drunk as a lord. **c** (*de grifo*) washer. **d** (*LAm: látigo*) whip; **arrimar el ~ a algn** to give sb a beating. **e** (*Dep*) ball.

cuerpear<1a> VI (*CSur*) to dodge.

cuerpo NM **a** (*Anat etc*) body; (*talle*) figure, build; (*cadáver*) corpse; (*Dep*) length; **luchar ~ a ~** to fight hand-to-hand; **~ del delito** corpus delicti; **de ~ entero** (*retrato etc*) full-length; (*auténtico*) thoroughgoing, out-and-out; **de medio ~** half-length; **en ~ y alma** fully; **dar con el ~ en tierra** to fall down; **echar el ~ atrás** to lean backwards suddenly; **estar de ~ presente** to lie in state; **ganar por 4 ~s** to win by 4 lengths; **hacer de(l) ~** to relieve o.s.; **hurtar el ~** to dodge, move (one's body) out of the way; **vivir a ~ de rey** to live like a king.

b (*Jur etc: colección*) body; **~ de doctrina** body of teaching.

c (*personal: gen*) body, force; (*Mil*) corps; **~ de baile** corps de ballet; **~ legislativo** legislature; **~ de bomberos** fire brigade, fire department (*US*); **~ diplomático** diplomatic corps; **~ de intendencia** service corps.

d (*Quím*) body, substance; **~ compuesto** compound; **~ simple** element; **~ extraño** foreign body.

e (*Astron, Fís*) body; (*Téc: de cohete*) stage; (*de mueble*) part, section; **de un solo ~** single-stage *atr*; **un armario de dos ~s** a two-part cupboard.

f (*tronco*) trunk; (*fig*) main part; **el ~ de un libro** the main part of a book; **un vino de mucho ~** a full-bodied wine; **dar ~ a un líquido** to thicken a liquid; **tomar ~** to swell, get bigger; (*plan etc*) to take shape.

g (*Tip: de letra*) size; (: *de papel*) thickness.

cuervo NM (*Orn*) raven; (*CSur: buitre*) vulture, buzzard (*US*); (*fam: cura*) priest; **~ marino** cormorant; *V* **criar 1** **(g)**.

cuesco NM **a** (*Bot*) stone. **b** (*fam: pedo*) fart (*fam!*).

cuesta NF **a** (*Geog*) slope; (*colina*) hill; **~ abajo** downhill;

ir ~ abajo (fig) to decline, go downhill; **~ arriba** uphill; **se me hace ~ arriba hacer algo** I find it hard to do sth; **~ de enero** period of financial stringency following Christmas spending; **hemos vencido la ~ ya** we're on the home straight now. **b a ~s** on one's back; **echar algo a ~s** to put sth on one's back; (fig) to take on the burden of sth.

cuestación NF charity collection.

cuestión NF **a** (tema) matter, question, issue; (Mat etc) problem; **~ batallona** vexed question; **~ clave** key question; **~ candente** burning question; **~ de procedimiento** matter of procedure; **la cosa en ~** the matter at issue; **en ~ de** about, concerning; **es ~ de** it is a matter of; **no es ~ de que lo hagas tú sólo** it's not as if you'll be doing it on your own; **eso es otra ~** that's another matter.
b (riña) quarrel, dispute; (dificultad) trouble, complication; **hay ~ sobre si** there's an argument about whether; **la ~ es que** the trouble is that; **no quiero ~es con los empleados** I don't want trouble with the staff.

cuestionable ADJ questionable.

cuestionar <1a> **1** VT to question, dispute. **2** VI to argue.

cuestionario NM (de sondeo etc) questionnaire; (Univ etc) question paper.

cueva NF (Geog) cave; (Arquit) cellar, vault; **~ de ladrones** den of thieves.

cuévano NM pannier.

cuezo NM: **meter el ~** to drop a clanger (fam), put one's foot in it (fam).

cui (pl **~s** o **~ses**) NM (LAm) guinea-pig.

cuico/a NM/F **a** (CSur: forastero) foreigner, outsider. **b** (Méx) pig (fam!), cop (fam).

▼**cuidado** NM **a** (preocupación) worry, concern; **estar con ~** to be anxious o worried; **estar de ~** to be in a bad way; **¡no haya ~!, ¡pierda Ud ~!** don't worry!; **sentir ~** to be anxious o worried; **eso me tiene sin ~** I'm not worried about that.
b (atención) care, carefulness; **¡~!** look out!, watch out!; **¡~ con el paquete!** careful with the parcel!; **¡~ con el perro!** beware of the dog!; **~s intensivos** intensive care; **¡~ con perderlo!** mind you don't lose it!; **de ~** (serio) serious; (inquietante) worrying; (amenazador) threatening; (enfermo) very ill; **andarse con ~** to go carefully, watch out; **poner mucho ~ en algo** to take great care over sth; **tener ~** to be careful, take care; **hay que tener ~ con él** you have to handle him carefully; **¡ten ~!** careful!
c (dependencia) charge, care; (asunto) affair, business; **¡allá ~s!** let others worry about that!, that's their funeral! (fam); **'al ~ del Sr A'** 'care of Mr A'; **lo dejo a su ~** I leave it to you; **está al ~ de la computadora** he's in charge of the computer; **estar al ~ de algn** to be in charge of sb, be responsible for sb.

cuidador/a¹ NM/F (Boxeo) second; (de caballos etc) trainer.

cuidadora² NF (Méx) nanny.

cuidadoso ADJ **a** (atento) careful (con about, with). **b** (solícito) anxious, concerned (de, por about). **c** (prudente) wary, cautious.

cuidar <1a> **1** VT **a** (asistir) to take care of, look after; (detalles etc) to pay attention to; **ella cuida a los niños** she minds the children; **no cuidan la casa** they don't look after the house.
b (Med) to care for.
2 VI: **~ de** to take care of, look after; **~ de algn** to look after sb; **~ de una obligación** to attend to a duty; **~ de que** to take care that, see (to it) that; **cuidó de que todo saliera bien** he ensured that everything should go smoothly.
3 **cuidarse** VR **a** (Med etc) to look after o take care of o.s.; **¡cuídate!** (adiós) take care!; **ella ha dejado de ~** she's let herself go.
b **~ de algo** to worry about sth; **~ de hacer algo** to be careful to do sth; **no se cuida del qué dirán** she doesn't worry about what people will think.
c **~ muy bien de hacer algo** to take good care not to do sth.

cuita¹ NF (preocupación) worry, trouble; (pena) grief, affliction; **contar sus ~s a algn** to tell sb one's troubles.

cuita² NF (CAm, Méx: estiércol) poultry manure; (: gen) excrement.

cuitado ADJ **a** (preocupado) worried, troubled. **b** (tímido) timid.

culada NF: **darse una ~** (fam) to drop a clanger (fam).

culantro NM coriander.

culata NF **a** (Mec: de fusil) butt; (: de cañón) breech; (: de cilindro) head. **b** (Zool) haunch, hindquarters. **c** (fig) rear, back.

culatazo NM kick, recoil.

culebra NF (Zool) snake; **~ de anteojos** cobra; **~ de cascabel** rattlesnake; **hacer ~** to zigzag, stagger along.

culebrear <1a> VI (gen) to slither, wriggle (along); (carretera etc) to zigzag; (río) to wind, meander.

culebreo NM wriggling; (carretera etc) zigzag; (río) winding, meandering.

culebrina NF (Met) forked lightning.

culebrón NM (fam) soap opera (fam), soap (fam).

culera NF seat (of the trousers).

culero **1** ADJ lazy. **2** NM nappy, diaper (US).

culinario ADJ culinary, cooking atr.

culmen **1** NM: **el ~ de la ignorancia** the height of ignorance; (persona) the epitome of ignorance; **el ~ de su carrera** the crowning moment of his career; **llegar a su ~** to reach its height. **2** ADJ: **el momento ~** the crowning moment.

culminación NF culmination.

culminante ADJ (Geog etc) highest, topmost; (momento) culminating; (fig) outstanding.

culminar <1a> VI to culminate (en in).

culo NM (fam) **a** (asentaderas) backside (fam), bum (Brit fam), fanny (US fam); (ano) arse(hole) (fam!), ass(hole) (US fam!); **dar a algn un puntapié en el ~** to kick sb's backside; **ir con el ~ a rastras** to be in a fix o jam (fam); **ir de ~** to be way behind (con, en with, in); **irse algo a tomar por (el) ~** to go right out of the window (fam); **les mandó a tomar por ~** he told them to get stuffed (fam!); **¡métetelo por el ~!** you can stick it! (fam); **perder el ~ por algo** o **algn** to go all out for sth o sb; **ser un ~ de mal asiento** to be restless o fidgety.
b (de vaso etc) bottom; **queda un ~ de vino** there's a trickle of wine left at the bottom.

▼**culpa** NF **a** (gen) fault, blame; (Jur) guilt; **por ~ de** through the fault of; **no le alcanza ~** no blame attaches to him; **cargar con la ~ a algn** to pin o put the blame on sb; **echar la ~ a algn** to blame sb (de for); **tener la ~** to be to blame (de for); **Ud tiene la ~** it's your fault; **la ~ fue de los frenos** the brakes were to blame; **es ~ suya** it's his fault. **b** **~s** sins; **pagar las ~s ajenas** to pay for somebody else's sins.

culpabilidad NF (gen) culpability; (Jur etc) guilt; (esp fig) responsibility.

culpable **1** ADJ (gen) **la persona ~** the person to blame o at fault; (Jur) the guilty person, the culprit; **confesarse ~** to plead guilty; **declarar ~ a algn** to find sb guilty. **2** NMF (gen) culprit; (Jur etc) offender, guilty party.

culpar <1a> VT to blame, accuse; **~ a algn de algo** to blame sb for sth; **~ a algn de descuido** to accuse sb of carelessness.

cultismo NM (Ling) learned word.

cultivable ADJ cultivable, arable.

cultivador NM (Téc) Rotavator ®.

cultivador(a) NM/F farmer, grower; **~ de vino** winegrower; **~ de café** coffee planter.

cultivar <1a> VT **a** (Agr: tierra) to cultivate, till; (: cosecha) to raise, grow. **b** (fig: amistad etc) to cultivate; (: talento) to develop, improve.

cultivo NM **a** (Agr: acto) cultivation, growing. **b** (cosecha) crop; **el ~ principal de la región** the chief crop of the area; **rotación de ~s** rotation of crops. **c** (Bio) culture; **caldo de ~** culture medium.

culto **1** ADJ **a** (gen) cultured, educated. **b** (Ling) learned; **palabra ~a** learned word. **2** NM (Rel) worship; (Pol etc) cult (a of); **~ a la per-**

sonalidad personality cult; **rendir ~ a** to worship; (*fig*) to pay homage o tribute to.

cultura NF culture; **~ física** physical culture; **la ~ popular** o **de masas** popular culture.

cultural ADJ cultural.

culturismo NM body building.

culturista NMF body builder.

culturizar <1f> **1** VT to educate, enlighten. **2 culturizarse** VR to educate o.s., improve one's mind.

cumbre **1** NF (*Geog*) summit, top; (*fig*) top, height; **conferencia (en la) ~** summit (conference); **está en la ~ de su poderío** he is at the height of his power. **2** ATR: **conferencia ~** summit conference; **momento ~** culminating point; **es su libro ~** it's his most important book.

cume, cumiche NM (*CAm*) baby of the family.

cumpleaños NM INV birthday; **¡feliz ~!** many happy returns!, happy birthday!

cumplido **1** ADJ **a** (*acabado*) completed; **misión ~a** mission accomplished. **b** (*cabal*) complete, full; **un ~ caballero** a perfect gentlemen. **c** (*ropa*) full, extra large; (*ración*) large, plentiful. **d** (*cortés*) courteous, correct; (*formal*) formal (*in manner*). **e** **tiene 60 años ~s** he is all of 60, he is at least 60. **2** NM compliment; **~s** politeness; **visita de ~** courtesy call; **por ~** out of politeness, as a matter of courtesy; **he venido por ~** I came out of a sense of duty; **¡sin ~s!** no ceremony, please!; **andarse con ~s, estar de ~, usar ~s** to stand on ceremony, be formal.

cumplidor ADJ reliable, trustworthy.

cumplimentar <1a> VT **a** (*dar parabién*) to congratulate (*por* on). **b** (*órdenes*) to carry out.

cumplimiento NM **a** (*gen*) execution, performance; (*de compromiso*) fulfilment, fulfillment (*US*); (*de ley etc*) enforcement; (*acatamiento*) observance. **b** (*Com etc*) expiry, expiration (*US*), end.

cumplir <3a> **1** VT **a** (*gen*) to do; (*promesa etc*) to keep, carry out, fulfil, fulfill (*US*); (*lo estipulado*) to comply with; (*ley*) to observe, obey; (*compromiso*) to honour, honor (*US*). **b** (*condena*) to serve. **c** (*años*) to reach, attain; **hoy cumple 8 años** she's 8 today; **cuando cumpla los 21 años** when you're 21. **2** VI **a** (*plazo*) to end, expire; (*pago*) to fall due. **b** (*persona*) to keep one's word; (: *Mil*) to complete national service; **Juan siempre cumple con sus compromisos** John always honours his commitments; **~ algn con su deber** to do one's duty; **~ con la iglesia** to fulfil one's religious obligations. **3 cumplirse** VR **a** (*plan etc*) to be fulfilled; (*vaticinio*) to come true. **b** (*plazo*) to expire, end; (*aniversario*) to be.

cúmulo NM **a** (*montón*) heap, accumulation; (*fig*) pile, lot. **b** (*Met*) cumulus.

cuna NF **a** (*camita*) cradle, cot; **~ portátil** carrycot; **canción de ~** lullaby. **b** (*familia*) family, stock; **de ~ humilde** of humble origin; **criarse en buena ~** to be born with a silver spoon in one's mouth. **c** (*fig*) cradle, birthplace. **d** **~s** cat's-cradle.

cundir <3a> VI **a** (*gen*) to spread; (*multiplicarse*) to increase; **la noticia cundió** the news spread; **van cundiendo los efectos del paro** the effects of unemployment are multiplying. **b** (*arroz etc*) to swell; (*rendir*) to produce a good *etc* quantity; **hoy no me ha cundido el trabajo** I didn't get anywhere at work today; **no me cunde** I'm not making any headway; **no me cunde el tiempo** time's just running out on me.

cuneco/a NM/F (*Ven*) baby of the family.

cuneiforme ADJ cuneiform.

cuneta NF (*de carretera*) ditch; (*de calle*) gutter; (*arcén*) hard shoulder.

cuña NF **a** (*de rueda*) chock. **b** **meter ~** to sow discord. **c** (*fam: persona*) influential person; **tener ~s** to have pull.

cuñado/a NM/F brother-/sister-in-law.

cuño NM **a** (*Téc*) die-stamp; **de nuevo ~** (*fig*) newly-coined. **b** (*fig*) stamp, mark.

cuota NF **a** (*gen*) quota, share; (*tarifa*) tariff. **b** (*de club etc*) fee, dues; **~ del gremio** union dues; **~ de socio** membership fee. **c** (*impuesto*) tax. **d** (*importe*) cost; **~ de instalación** installation charge. **e** **venta por ~s** hire purchase.

cupé NM (*Aut*) coupé.

cupiera *etc* V **caber**.

cupo NM **a** (*Fin etc*) quota, share; **~ de azúcar** sugar quota; **~ de importación** import quota. **b** (*Méx*) capacity. **c** (*Mil*) draft, intake; **excedente de ~** exempt from military service.

cupón NM (*gen*) coupon; (*de lotería*) ticket; **~ de (los) ciegos** ticket for the lottery for the blind; **~ de respuestas internacional** international reply coupon.

cúpula NF **a** (*Arquit*) dome, cupola. **b** (*Náut*) turret.

cuquería NF craftiness.

cura¹ NM (*Rel*) priest; **~ párroco** parish priest; **sí, señor ~** yes, father.

cura² NF (*Med*) treatment; **primera ~** first aid; **~ de choque** shock treatment; **~ de reposo** rest cure; **~ de urgencia** emergency treatment, first aid; **tiene ~** it can be cured, it is curable.

curable ADJ curable.

curaca NM (*And: cacique*) Indian chief, Indian native authority.

curación NF (*Med: proceso*) cure, healing; (: *tratamiento*) treatment; **primera ~** first aid.

curado ADJ **a** (*Culin etc*) cured; (*pieles*) tanned, prepared. **b** (*And, CSur: borracho*) drunk. **c** (*endurecido*) hardened, inured; **estar ~ de espanto(s)** to have seen it all before.

curador(a) NM/F (*Jur: tutor*) guardian; (: *administrador*) executor; (*de museo*) curator.

curalotodo NM cure-all.

curandero/a NM/F quack (doctor).

curar <1a> **1** VT **a** (*Med: gen*) to cure (*de* of); (: *herida*) to treat, dress; (: *enfermedad*) to treat (*con* with). **b** (*fig: mal*) to remedy, put right. **c** (*Culin*) to cure, salt; (*pieles*) to tan; (*tela*) to bleach. **2** VI (*Med*) to get well (*de* after), recover (*de* from). **3 curarse** VR **a** (*Med*) to recover, get better; (: *herida*) to heal up. **b** **~ de** to take notice of, heed; (*ocuparse de*) to look after. **c** (*And, CSur: emborracharse*) to get drunk; (*Méx: para reponerse*) to have the hair of the dog (*fam*).

curare NM curare, curari.

curasao NM curaçao.

curcuncho NM (*And, Chi: joroba*) hump; (*jorobado*) hunchback.

curda ADJ (*fam*) pissed (*fam!*), drunk; **estar ~, tener una ~** to be sozzled (*fam*) o soused (*US fam*).

curia NF **a** (*Rel: tb* **~ romana**) papal Curia. **b** (*Jur*) legal profession, the Bar.

curiana NF cockroach.

curiara NF (*Ven*) dugout canoe.

curiosamente ADV (*extrañamente*) curiously, oddly.

curiosear <1a> **1** VT to look over o round. **2** VI (*en tienda etc*) to look o wander round; (*explorar*) to poke about; (*pey: fisgar*) to snoop, pry.

curiosidad NF **a** (*gen*) curiosity; (*indiscreción*) inquisitiveness; **despertar la ~ de algn** to arouse sb's curiosity; **la ~ de noticias me llevó allí** the quest for news took me there; **estar muerto de ~** to be dying of curiosity; **tenemos ~ por saber si ...** we are curious to know if .... **b** (*objeto*) curiosity, curio. **c** (*aseo*) neatness, cleanliness. **d** (*cuidado*) care(fulness), conscientiousness.

curioso/a **1** ADJ **a** (*persona: gen*) curious; (: *indiscreto*) inquisitive; **estar ~ por saber** to be curious to know. **b** (*objeto etc*) curious, odd; **¡qué ~!** how odd! **c** (*aseado*) neat, clean, tidy. **d** (*cuidadoso*) careful, conscientious. **2** NM/F bystander, onlooker.

curita NF (*LAm*) (sticking) plaster, bandaid ® (*US*).

currante NMF (*fam*) worker.

currar<1a>, **currelar**<1a> VI (*fam*) to work.
currelo NM (*fam*) work, job.
curricular ADJ curriculum *atr*.
currículo, curriculum NM (*plan de estudios*) curriculum; (*CV*) curriculum vitae; **curriculum vitae** curriculum vitae.
curro NM [a] = **currelo**. [b] **dar un ~** to beat up.
currusco NM (*fam*) hard crust.
currutaco ADJ [a] (*ostentoso*) showy, loud. [b] (*LAm: bajito*) short, squat.
curry NM curry.
cursante NMF (*LAm*) student.
cursar<1a> VT [a] (*orden etc*) to send, dispatch; (*solicitud*) to deal with. [b] (*Univ etc*) to study; **~ Matemáticas** to read Maths.
cursi [1] ADJ (*gen*) pretentious; (*esnob*) snobby, snooty; (*amanerado*) affected. [2] NMF = **cursilón**.
cursilada NF: **hizo la ~ de cortarle el pelo al caniche** he was tacky enough to get the poodle's hair cut.
cursilería NF (*vulgaridad*) bad taste, vulgarity; (*presunción*) pretentiousness; (*amaneramiento*) affectation.
cursillo NM (*Univ etc*) short course; (*conferencias*) short series (of lectures).
cursilón / ona NM/F snob, snoot, show-off.
cursiva NF (*Tip*) italics.
cursivo ADJ (*gen*) cursive; (*Tip*) italic.
curso NM [a] (*gen: dirección*) course, direction; **~ de agua** watercourse.
[b] (*fig*) progress; **el ~ de la enfermedad** the course o the progress of the disease; **dar libre ~ a** to give free rein to; **dejar que las cosas sigan su ~** to let matters take their course; **en el ~ de la vida** in the course of a lifetime; **en ~ (de realización)** under way; **el año en ~** the present o current year.
[c] (*Com*) **moneda de ~ legal** legal tender.
[d] (*Escol*) school year; (*Univ*) academic year; **apertura/clausura de ~** beginning/end of term.
[e] (*Univ etc: carrera*) course; **~ acelerado o intensivo** crash course; **~ por correspondencia** correspondence course.
cursor NM (*Téc*) slide; (*Inform*) cursor.
curtido [1] ADJ [a] (*cuero*) tanned; (*cara: por sol*) tanned; (: *por intemperie*) weather-beaten. [b] (*fig*) **estar ~ en** to be expert at, be skilled in. [2] NM tanning.
curtidor NM tanner.
curtiduría, curtiembre NF (*LAm*) tannery.
curtir<3a> [1] VT [a] (*cuero*) to tan.
[b] (*piel*) to tan, bronze.
[c] (*fig*) to harden, inure.
[2] **curtirse** VR [a] (*por sol*) to become tanned; (*por intemperie*) to get weather-beaten.

[b] (*fig: acostumbrarse*) to become inured (*contra* to).
curva NF [a] (*gen*) curve; (*Aut etc*) bend; **~ en herradura** hairpin bend; **~ de nivel** contour line; **~ de rentabilidad** (*Com*) break-even chart. [b] **~s** (*fam: de mujer*) vital statistics; **¡una mujer con unas ~s!** what a body she's got!
curvar<1a> [1] VT (*material*) to bend; (*labios*) to curl. [2] **curvarse** VR (*material*) to bend; (*estante*) to sag, bend; (*madera*) to warp.
curvatura NF curvature.
curvilíneo ADJ curved, curvilinear.
curvo ADJ (*gen*) curved, bent.
cuscurro NM = **currusco**.
cuscús NM couscous.
cusma NF (*Per*) (native) sleeveless shirt, tunic.
cúspide NF [a] (*Anat*) cusp. [b] (*Geog*) summit, peak; (*fig*) pinnacle, apex. [c] (*Mat*) apex.
cusqui NF: **hacer la ~** (*fam*) to bug (*fam*), annoy.
custodia NF [a] (*cuidado*) care, safekeeping, custody; **~ preventiva** protective custody; **bajo la ~ de** in the care o custody of. [b] (*escolta*) guard, escort. [c] (*Rel*) monstrance.
custodiar<1b> VT (*conservar*) to take care of, look after; (*proteger*) to defend; (*vigilar*) to guard, watch over.
custodio [1] ADJ: **ángel ~** guardian angel. [2] NM custodian.
cutama NF [a] (*Chi*) bag, saddlebag. [b] clumsy person.
cutáneo ADJ cutaneous, skin *atr*.
cúter NM (*Náut*) cutter.
cutícula NF cuticle.
cutis NM skin, complexion.
cutrería NF (*fam: tacañería*) meanness, stinginess; (*ordinariez*) vulgarity, coarseness; (*miseria*) squalidness, shabbiness; **ese vestido me parece una ~** I think that dress is utterly tasteless; **su bar es una auténtica ~** his bar is a total dump (*fam*).
cutter ['kuter] NM (*pl* **~s**) (*de carpintero*) Stanley knife ®, razor knife (*US*); (*para papel*) artist's scalpel.
cuyano / a ADJ, NM/F (*Chi fam*) from Cuyo region, Argentinian.
cuy(e) (*pl* **cuis** o **cuyes**) NM (*LAm*) guinea-pig.
cuyo ADJ REL [a] (*gen*) whose; (*persona*) of whom; (*objeto*) of which; **la señora en ~a casa nos hospedábamos** the lady in whose house we were staying; **el asunto ~s detalles conoces** the matter of which you know the details. [b] **en ~ caso** in which case; **por ~a razón** and for this reason.
C.V. [1] NM ABR *de* **curriculum vitae** CV. [2] NMPL ABR *de* **caballos de vapor** HP, h.p.
C y F ABR *de* **costo y flete** CAF, c.a.f., C and F.

Dd

D, d [de] NF (*letra*) D, d.

D. ABR a (*Fin*) *de* **debe**. b *de* **Don** Esq. c *de* **diciembre** Dec.

Da., D.ª ABR *de* **Doña**.

dable ADJ possible, feasible; **en lo que sea ~** as far as possible.

dabuti (*fam*) 1 ADJ (*estupendo*) super (*fam*), smashing (*fam*). 2 ADV: **pasarlo ~** to have a great time.

DAC NM ABR (*LAm*) *de* **diseño asistido por computador** CAD.

dacrón ® NM Dacron ®.

dactilar ADJ: **huellas ~es** fingerprints.

dactilografía NF typing, typewriting.

dactilógrafo/a NM/F typist.

dadista NM (*Méx*) dice player.

dádiva NF (*regalo*) gift; (*compensación*) sop.

dadivoso ADJ generous, open-handed.

dado¹ NM a (*en juegos*) die; **~s** dice. b (*Arquit*) dado. c (*Mec*) block.

▼**dado**² 1 PP *de* **dar**.
2 ADJ a **en un momento ~** at a certain point; **~as las circunstancias** in view of these circumstances.
b **ser ~ a** to be given to *o* very fond of (*hacer algo* doing sth).
c **~ que** (+ *subjun*) provided (that); (+ *indic*) given that.

dador(a) NM/F (*gen*) giver, donor; (*de carta*) bearer; (*Com*) drawer.

daga NF dagger.

daguerrotipo NM daguerreotype.

daiquiri, daiquirí NM daiquiri.

dalia NF dahlia.

daltónico ADJ colour-blind, color-blind (*US*).

daltonismo NM colour blindness, color blindness (*US*).

dama NF a (*gen*) lady; (*noble*) gentlewoman; (*amante*) mistress; **primera ~** (*Teat*) leading lady; (*Pol*) president's wife, first lady (*US*); **~ de honor** (*de reina*) lady-in-waiting; (*de novia*) bridesmaid; **~ regidora** carnival queen; **'D~s y caballeros'** 'Ladies and Gentlemen'. b (*Ajedrez, Naipes*) queen; (*Damas*) king. c **~s** (*juego*) draughts, checkers (*US*).

damajuana, damasana (*LAm*) NF demijohn.

Damasco NM Damascus.

damasco NM a (*tela*) damask. b (*fruta*) damson; (*LAm: árbol*) apricot tree; (: *fruta*) apricot.

damasquin(ad)o ADJ (*metal*) damask.

damasquinar <1a> VT (*metales*) to damask.

damero NM (*tablero*) draughtboard; (*crucigrama*) type of crossword.

damnificar <1g> VT (*frm: persona*) to injure, harm; (*cosa*) to damage; **los damnificados** the victims.

danés/esa 1 ADJ Danish. 2 NM/F Dane. 3 NM (*idioma*) Danish.

danta NF (*LAm*) tapir.

dantesco ADJ (*fig*) nightmarish.

Danubio NM Danube.

danza NF a (*gen*) dancing; (*una ~*) dance; **~ de apareamiento** courtship dance, mating display; **~ de figuras/guerrera** square-/war dance; **él siempre está en ~** he's always buzzing around. b (*fam: negocio sucio*) shady affair; (: *lío*) mess. c (*fam: jaleo*) row, rumpus (*fam*); **armar una ~** to kick up a row.

danzante/a NM/F a (*fam: persona activa*) live wire; (: *entrometido*) busybody; (: *zascandil*) scatterbrain.

danzar <1f> 1 VT to dance. 2 VI a to dance (*tb fig*). b (*fam: entrometerse*) to meddle.

danzarín/ina 1 ADJ (*persona*) jumpy. 2 NM/F a dancer. b = **danzante (b)**.

dañado ADJ damaged.

dañar <1a> 1 VT (*objeto*) to damage; (*persona*) to harm, hurt; (*estropear*) to spoil. 2 **dañarse** VR a (*V vt*) to get damaged; to get hurt; to spoil. b (*comestibles etc*) to rot, go bad; (*Med*) to hurt o.s., do o.s. harm.

dañino ADJ harmful (*para* to); **animales ~s** vermin, pests.

daño NM a (*a objeto*) damage; (*a persona*) hurt, harm, injury; **en ~ de** to the detriment of; **hacer ~ a** to damage, harm; (*Med*) to hurt, injure; **no hace ~** it doesn't hurt; **el ajo me hace ~** garlic disagrees with me; **hacerse ~** to hurt o.s.; **se hizo ~ en el pie** he hurt his foot. b (*Med*) trouble; **los médicos no saben dónde está el ~** the doctors cannot tell where the trouble is. c (*Jur*) **~s y perjuicios** damages.

dañoso ADJ harmful.

DAO NM ABR *de* **diseño asistido por ordenador** CAD.

dar <1q> 1 VT a (*gen*) to give; (*entregar: objeto*) to hand, pass; (: *mensaje*) to deliver; (*fiesta*) to have, hold; (*golpe*) to strike; (*grito, alarido etc*) to let out; (*ejemplo*) to set; (*paso, paseo*) to take; (*luz*) to turn on; (*naipes*) to deal (out); (*noticias*) to tell, break; (*olor*) to give off; (*obra: de teatro*) to perform, put on; (: *musical*) to play; (*película*) to show, screen; **déme 2 kilos** I'll have 2 kilos; **~ los buenos días** *etc* **a algn** to wish sb good morning *o* good day *etc*, say hello *etc* to sb; **el reloj dio las tres** the clock struck 3 o'clock; **ya han dado las 8** it's past *o* gone 8 o'clock; **a mí no me la das** (*fam*) you can't fool me; **¡ahí te las den todas!** (*fam*) you just couldn't care less.
b (*producir: cosecha*) to produce; (: *flores*) to bear; (: *ganancias, intereses*) to yield; (*fig*) **me da asco/miedo/pena** *o* **lástima** it sickens/frightens/saddens me; **da gusto hablar con él** he's really nice to talk to; **le dio un fuerte dolor en el costado** he felt a sudden sharp pain in his side.
c (*considerar*) **~ como** *o* **por** to consider, regard as; **doy el asunto por concluido** I regard the matter as settled; **le dieron por desaparecido** they gave him up as lost.
d **lo mismo da** it makes no difference *o* odds; **lo mismo me da, tanto me da** it's all the same to me, I don't mind; **¡qué más da!, ¡da igual!** what does it matter!, never mind!
e **¡dale!** (*gen*) go on!; (*Dep: ¡anda!*) come on!, get on with it!; (*¡pégale!*) hit him!; (*en una persecución*) after him!; **¡y dale!** (*¡otra vez!*) not again!; **estar/seguir que dale** *o* **dale que te pego** *o* (*LAm*) **dale y dale** to go/keep on and on.
f **~ a conocer** (*persona*) to introduce, present; (*informe*) to release; (*sin autorización*) to leak; **~ a entender (que)** to give to understand (that); (*insinuar*) to imply (that).
2 VI a **~ a** *o* **sobre** (*cuarto, ventana*) to look out on, overlook; (*casa*) to face (towards).
b **~ con** (*persona: topar*) to meet, run into; (: *hallar*) to find; (*idea, solución*) to hit on; **el barco dio contra el puente** the ship struck the bridge; **no doy con el nombre** I can't think of the name; **dio consigo en la cárcel** he ended up in jail.
c **~ de cabeza** to fall on one's head; (*fútbol*) to head the ball; **~ de palos/puñetazos a algn** to beat/punch sb; **~ de sí** (*cuero, tela*) to give, stretch; **~ de beber/comer a algn** to give sb something to drink/eat; **~ de beber/comer a** (*a animales*) to feed.
d **~ en** (*blanco, suelo*) to hit, see; (*error*) to fall into; (*solución*) to hit on; **~ en hacer algo** to take to *o* get into the habit of doing sth; **el sol me da en la cara** the sun is shining right in my face.
e **~le a algn por hacer algo** to take it into one's head to do sth, begin *o* decide to do sth; **al chico le daba por**

➤ EXPRESIONES GENERATIVAS: **dado²** → 7.1

dormirse en la clase the boy was always falling asleep in class.
[f] **~ que hablar** to set people talking; **una película que da en qué pensar** a thought-provoking film.
[g] **~ para** to be enough for; **mi cabeza no da para más** my head can't take any more.
[3] **darse** VR [a] (*entregarse*) to surrender, give in.
[b] (*suceso*) to happen; (*Bio*) to exist, occur; (*Agr*) to grow, come up; **si se da el caso** if that happens; **se dió una situación extraña** a funny situation arose; **los pepinos se dan bien en esta tierra** cucumbers come up a treat on this land.
[c] **~ a** to take to; (*pey*) to abandon o.s. to; **~ a la bebida** to take to drink; **~ a conocer** (*hecho*) to become known.
[d] **~ con** o **contra** to bump o.s. against.
[e] **dárselas de** to pose as; **se las da de experto** he fancies himself as an expert; **no te las des de listo** stop acting the smart ass! (*fam*).
[f] **~ por** to consider o.s. as; **me doy por vencido** I give up; **no se dio por aludido** he didn't take the hint; **~ por satisfecho** to be perfectly happy.
[g] **no se me** *etc* **da un higo** o **bledo** o **rábano** I *etc* don't care two hoots.
[h] **se me dan muy bien/mal los idiomas** I am very good/bad at languages.
Dardanelos NMPL Dardanelles.
dardo NM dart, shaft.
dársena NF dock.
data NF [a] (*fecha*) date. [b] (*Com*) item.
datar<1a> [1] VT to date, put a date on. [2] VI: **~ de** to date from o back to.
dátil NM (*Bot*) date.
datilera NF date palm.
dativo NM (*Ling*) dative.
dato NM fact, piece of information; (*Mat*) datum; **~s** data, facts, information; **no tenemos todos los ~s** we do not have all the facts; **~s estadísticos** statistics; **~s personales** personal particulars.
dB ABR *de* **decibelio** dB.
DC NF ABR (*Pol*) *de* **Democracia Cristiana**.
dcha. ABR *de* **derecha** R.
d. de J. C. ABR *de* **después de Jesucristo** AD.
DDT NM ABR *de* **diclorodifeniltricloroetano** DDT.
de PREP [a] (*posesión, pertenencia*) of; **el coche ~ mi amigo/mis amigos** my friend's car o the car of my friend/my friends' car; **la llave ~ mi cuarto** the key to my room; (*aposición*) **la ciudad ~ Madrid** the city of Madrid; **uno ~ nosotros** one of us; **las calles ~ Madrid** the Madrid streets, the streets of Madrid; **la carretera ~ La Coruña** the road to La Coruña; **un libro ~ Unamuno** a book by Unamuno; (*superlativo*) **el más caro ~ la tienda/mundo** the most expensive in the shop/world.
[b] (*origen, distancia*) from; **vuelo 507 ~ Londres** flight 507 from London; **es ~ Sevilla** she's from Seville; **~ A a B hay 5 kms** it is 5 kms from A to B; **tiene 3 hijos ~ su primera mujer** he has 3 children by his first wife; **salir ~ casa** to go out, leave the house.
[c] (*causa, manera, modo*) **estar loco ~ alegría** to be crazy with joy; **morir ~ hambre** to die of o from starvation; **~ puro cansado** out of sheer tiredness; **trabaja ~ empleado** he works as a clerk; **~ un salto** at o with one bound; **~ puerta en puerta** from door to door; **iban entrando ~ 2 en 2** they came in 2 by 2; **bajó la escalera ~ 4 en 4** he came down the stairs 4 at a time; **mejor ~ salud** better in health; **~ niño** as a child.
[d] (*característica, material*) **vestido ~ azul** dressed in blue; **una cadena ~ oro** a gold chain; **pintado ~ rojo** painted red; **la niña ~ pelo largo** the girl with long hair; **una clase ~ francés** a French class; **un libro ~ biología** a biology book, a book on o about biology; **una cocina ~ gas** a gas stove; **es abogado ~ profesión** he's a lawyer by profession.
[e] (*uso*) **goma ~ mascar** chewing gum; **máquina ~ coser** sewing machine.
[f] (*medida, valor*) **un chico ~ 15 años** a boy of 15, a 15-year-old boy; **un viaje ~ 2 días** a journey of two days, a

two-day journey; **tiene 1 metro ~ alto** it's a metre o (*US*) meter high; **una moneda ~ 5 pesos** a 5-peso coin.
[g] (*con números*) **3 ~ cada 4** three out of every four; **más/menos ~ 7** more/less than 7.
[h] (*hora y fecha*) **a las 7 ~ la mañana** at 7 o'clock in the morning, at 7 a.m.; **muy ~ mañana** very early in the morning; **~ día/noche** by day/by o at night; **~ mayo a julio** from May to July; **del 15 al 30** from the 15th to the 30th.
[i] (*condicional*) **~ ser posible** if possible; **~ haberlo sabido no hubiese venido** if he had known, he wouldn't have come; **~ no** (*LAm: si no*) otherwise; **~ no ser así** if it were not so, were it not so.
[j] (*contenido*) **una copa ~ vino** a glass of wine; **una cajita ~ bombones** a box of chocolates.
[k] (*en oraciones pasivas*) **fue amado ~ todos** he was loved by all.
[l] (*locuciones*) **el bueno/pobre ~ Pedro** good/poor old Peter; **el imbécil ~ Fernández** that idiot Fernández.
[m] (+ *infin*) **un problema fácil ~ resolver** a problem that is easily solved; **un libro grato ~ leer** a nice book to read.
dé V dar.
deambulador NM walking frame, zimmer ®.
deambular <1a> VI to saunter, stroll (*por* along, in, through); (*vagar*) to wander (about).
deán NM (*Rel*) dean.
debacle NF debacle, disaster.
debajo [1] ADV (*tb por ~*) underneath, below, on the underside. [2] **~ de** PREP under, below, beneath; **~ de la mesa** under the table; **por ~ de la media** below average; **pasar por ~ de algo** to pass under something.
debate NM (*gen, Pol*) debate; (*discusión*) discussion, argument; **poner un tema a ~** to raise an issue for discussion.
debatir <3a> [1] VT to debate; (*discutir*) to discuss, argue about. [2] **debatirse** VR (*combatir*) to struggle; (*forcejear*) to writhe; **~ entre la vida y la muerte** to be fighting for life.
debe NM (*en cuenta*) debit side; **~ y haber** debit and credit; **asentar algo al ~ de algn** to debit sth to sb.
▼**deber** <2a> [1] VT (*dinero, respeto*) to owe; **me debes 5 dólares** you owe me 5 dollars; **¿qué le debo?** (*en bares, tiendas*) how much (is it)?; **esto lo debe a influencia francesa** he owes this to French influence.
[2] VI [a] (+ *infin*) **debo hacerlo** I must do it, I have to do it; **no debes comer tanto** you shouldn't eat so much; **debiera ir** he ought to go, he should go; **deberá cambiarse cada mes** it should be changed every month; **debíamos haber salido ayer** we were to have o should have left yesterday; **hubieras debido traerlo** you ought to have o should have brought it.
[b] (*suposición*) **debe de ser así** it must be like that, that's how it must be; **debe de ser brasileño** he must be a Brazilian; **no debe de ser muy caro** it can't be very dear; **debe de haber ido** he must have gone; **he debido perderlo** I must have lost it; **debió de perderlo** he must have lost it.
[3] **deberse** VR: **~ a** to be owing o due to o because of; **se debe a que no hay carbón** it is because (of the fact that) there's no coal; **¿a qué se debe esto?** what is the explanation of this?, why is this?
[4] NM [a] (*obligación*) duty, obligation; **últimos ~es** last rites.
[b] (*deuda*) debt.
[c] **~es** (*Escol*) homework *sg*.
debidamente ADV properly; (*rellenar: documento, solicitud*) duly.
▼**debido** ADJ [a] (*correcto*) proper, due; (*justo*) right, correct; **a su ~ tiempo** in due course; **en ~a forma** duly; **como o según es ~** as is (only) right and proper; **no lo hizo como es ~** he didn't do it properly; **más de lo ~** more than necessary; **con las ~as precauciones** with all the necessary precautions; **una fiesta como es ~** a real party. [b] **~ a** owing to, due to, because of; **~ a ello** because of this; **~ a que ...** because (of the fact that) ....

➤ EXPRESIONES GENERATIVAS: **deber** → 11.1, 11.2, 11.3, 13   **debido** → 7.1

débil ADJ (*gen*) weak; (*persona: físicamente*) feeble, frail; (*salud*) poor; (*esfuerzo*) feeble, halfhearted; (*voz, ruido*) faint; (*luz*) dim.

debilidad NF (*V adj*) weakness; feebleness, frailty; poor health; feebleness, half-heartedness; faintness; dimness; **~ senil** senility, senile decay; **tener ~ por algn** to have a soft spot for sb; **tener ~ por el chocolate** to have a weakness for chocolate.

debilitamiento NM, **debilitación** NF weakening, debilitation.

debilitar <1a> **1** VT (*gen*) to weaken; (*Med*) to debilitate. **2 debilitarse** VR (*lit, fig*) to grow weak(er), weaken.

debitar <1a> VT (*Com*) to debit.

débito NM (*Com: debe*) debit; (: *deuda*) debt.

debut [de'βu] NM (*pl* **~s** [de'βus]) début.

debutante **1** NMF (*principiante*) beginner. **2** NF (*en sociedad*) debutante.

debutar <1a> VI to make one's debut.

década NF decade.

decadencia NF (*estado*) decadence; (*proceso*) decline, decay.

decadente ADJ decadent.

decaer <2n> VI to decay, decline; (*debilitarse: fuerzas*) to weaken; (: *salud*) to fail; (*negocio*) to fall off.

decaimiento NM (*gen*) decay; (*declinación*) decline; (*Med: empeoramiento*) weakening; (*Com*) falling-off; (*de ánimo*) discouragement.

decálogo NM decalogue.

decanato NM (*cargo*) deanship; (*despacho*) dean's office.

decano/a NM/F **a** (*Univ etc*) dean. **b** (*de junta, grupo*) doyen(ne), senior member.

decantamiento NM preference; (*ideológico*) leaning.

decantar¹ <1a> **1** VT (*vino*) to decant; (*líquidos*) to pour off. **2 decantarse** VR: **~ hacia** to move towards, evolve in the direction of; **~ por algo** o **algn** to show preference for sth o sb.

decantar² <1a> VT to praise.

decapitar <1a> VT to behead, decapitate.

decena NF (*diez*) ten; (*alrededor de diez*) (about) ten; **~s** (*Mat*) tens; **una ~ de barcos** about o some ten ships; **~s de miles de** tens of thousands of.

decencia NF **a** (*gen*) decency; (*decoro*) decorum; (*honestidad*) respectability. **b** (*aseo*) cleanliness, tidiness.

decenio NM decade.

decente ADJ **a** (*gen*) decent; (*correcto*) proper; (*honesto*) respectable. **b** (*aseado*) clean, tidy.

decepción NF disappointment.

decepcionado ADJ disappointed; **estar ~ con algo** to be disappointed with sth.

decepcionante ADJ disappointing.

▼**decepcionar** <1a> VT to disappoint.

deceso NM (*LAm*) decease, passing.

decibel, decibelio NM decibel.

decidido ADJ decided; (*resuelto*) resolute; **estar ~ a hacer algo** to be resolved to do sth.

▼**decidir** <3a> **1** VT **a** (*persona*) to decide, persuade; **esto le decidió a dejarlo** this decided him o made him decide to give it up; **esto por fin le decidió** this finally made his mind up (for him). **b** (*asunto, problema, resultado*) to decide, settle. **2** VI to decide (*de, en* about; *hacer algo* to do sth); **~ en favor de algn** to decide in sb's favour o (*US*) favor; **~ entre A y B** to decide between A and B; **~ sobre cuál conviene más** to decide o choose which is more suitable. **3 decidirse** VR to decide, take the decision, make up one's mind (*a hacer algo* to do sth); **~ por** to decide o settle on, choose.

decidor ADJ **a** (*gracioso*) witty, amusing. **b** (*elocuente*) fluent, eloquent.

décima NF **a** (*Mat*) tenth; (*esp en lotería*) tenth part. **b** (*Rel*) tithe.

decimación NF decimation.

decimal **1** ADJ decimal. **2** NM decimal.

décimo ADJ, NM tenth; *V tb* **sexto**.

decimoctavo ADJ eighteenth; *V tb* **sexto 1**.

decimocuarto ADJ fourteenth; *V tb* **sexto 1**.

decimonónico ADJ (*hum, pey*) nineteenth-century *atr*.

decimonono, **decimonoveno** ADJ nineteenth; *V tb* **sexto 1**.

decimoquinto ADJ fifteenth; *V tb* **sexto 1**.

decimoséptimo ADJ seventeenth; *V tb* **sexto 1**.

decimosexto ADJ sixteenth; *V tb* **sexto 1**.

decimotercero, **decimotercio** ADJ thirteenth; *V tb* **sexto 1**.

decir <3o> (*pp* **dicho**) **1** VT, VI **a** (*palabras*) to say; **'tengo prisa' dijo** 'I'm in a hurry,' he said; **~ para** o **entre sí** to say to o.s.; **como dicen los madrileños** as they say in Madrid; **¿cómo ha dicho Ud?** pardon?, what did you say? (*fam*); **eso digo (yo)** that's (just) what I say; **no hay más que ~** there's no more to be said (about it); **no sé qué ~** I (just) don't know what to say; **¡qué digo!** what am I saying?

b **~ que** to say that; **'¿viene?' - 'dice que sí'** 'is she coming?' - 'she says she is o she says so'; **el cartel dice claramente que ...** the sign says clearly o clearly states that ...; **~ que sí/no** to say yes/no; **no hay que ~ que, ni que ~ tiene que** (*frm*) it goes without saying that; **sabe lo que dice** he knows what he's talking about.

c **~ algo a algn** to tell sb sth, say sth to sb; **~ a algn que ...** to tell sb that ..., say to sb that ...; **tengo algo que ~te** there's something I want o I've got something to tell you; **me dice que lo haga ahora** (*ordenar*) he's telling me to do it now; **le dije que fuera más tarde** I told her to go later; **¿quién te lo dijo?** who told you (so)?

d (*mentiras, secreto*) to tell; (*verdad*) to speak, tell; (*tonterías*) to talk; (*misa*) to say; (*texto*) to say, read; (*indicar*) to show, indicate; (*revelar*) to reveal (*fam*); (*nombrar*) to call; **~ tonterías** to talk nonsense, say stupid things; **no me dice nada este libro** this book leaves me cold; **pues, ¿qué me dice de estos cambios?** what do you think about these changes, then?

e **~ con** (*convenir*) to suit; (*armonizar*) to go with, match.

f (*locuciones: gen*) **pues, eso digo** that's what I say, exactly; **había 8, digo 9** there were 8, (no) I mean 9; **pero dice mal** but he is wrong; **y dice bien** and he is right; **no lo digo por ti** I'm not referring to you, I'm not getting at you; **como quien dice, como si dijéramos** so to speak; (*aproximadamente*) in a way, more or less; **como quien no dice nada** quite casually, as though it wasn't important; **¿cómo (lo) diría yo?** how shall I put it?; **¡lo que he dicho!** I stand by what I said!; **¡quién lo diría!** would you believe it!, did you ever? (*fam*).

g (*locuciones con infin*) **al ~ de** according to, in the opinion of; **es ~** that is to say, I mean; **es mucho ~, ya es ~** that's saying a lot; **querer ~** to mean; **¿qué quiere ~ 'spatha'?** what does 'spatha' mean?; **¿qué quiere Ud ~ con eso?** what do you mean by that?; **dar que ~ (a la gente)** to make people talk, set the tongues wagging; **ni que ~ tiene que ...** it goes without saying that ...; **~ por ~** to talk for talking's sake; **o por mejor ~** or rather; **por ~lo así** so to speak, in a manner of speaking.

h (*locuciones con futuro*) **dirá Ud aquel otro** you must mean that other one; **Ud dirá** it's for you to say; (*sirviendo bebida*) how much do you like?, say when (*fam*); **¡hombre, ya me dirás!** hey, too right!; **el qué dirán** what people will say.

i (*locuciones con subjun*) **¡diga!, ¡dígame!** (*en tienda etc*) can I help you?, yes sir?; (*Telec*) hullo?; **digámoslo así** so to speak, for want of a better word; **¡no me digas!** (*sorpresa*) you don't say!, well I'm blowed!; (*incredulidad*) come off it!; **¡y que lo digas!** you can say that again!; **y no digamos (de) ...** not to mention ...; **no es muy bonito, que digamos** it's not what you could really call pretty; **es, digamos, un comerciante** he's a dealer, for want of a better word; **y su madre, no digamos** not to mention his mother; **me lo hubieras dicho** you might have told me.

j (*con pp*) **mejor dicho** rather; **o dicho de otro modo ...**

➤ EXPRESIONES GENERATIVAS: **decepcionar** → 5 **decidir** → 12.2

or, putting it another way, ...; **¡lo dicho, dicho!** I stand by what I said!; **bueno, lo dicho** ah well, OK, then; **¡dicho y hecho!** no sooner said than done!; **del dicho al hecho (hay mucho trecho)** actions speak louder than words; **¡haberlo dicho!** you might have told me!
　2 **decirse** VR a **yo sé lo que me digo** I know what I'm talking about.
　b **esta plaza se dice de la Revolución** this is called Revolution Square; **¿cómo se dice 'cursi' en inglés?** what's the English for 'cursi'?, how do you say 'cursi' in English?
　c **se dice** it is said, they o people say; (*se cuenta*) the story goes; **se les ha dicho que ...** they have been told that ....
　d **hablar portugués, lo que se dice hablar, no sé** I can't really talk Portuguese; **esto es lo que se dice un queso** this is what you really call a cheese.
　3 NM saying; (*gracia*) witty remark; **es un ~** it's just a phrase; **a ~ de todos** by all accounts; **al ~ de X** according to X.

decisión NF a decision; (*Jur*) judgment; **forzar una ~** to force the issue; **tomar una ~** to make o take a decision. b (*firmeza*) decisiveness; (*voluntad*) determination.

decisivo ADJ (*gen*) decisive; (*argumento*) overriding; (*voto*) casting.

declamación NF a declamation; (*cualidad*) delivery. b (*pey*) ranting.

declamar<1a> VT (*gen*) to declaim; (*versos etc*) to recite.

declaración NF a (*gen*) declaration; (*afirmación*) statement; (*explicación*) explanation; (*de matrimonio*) proposal (of marriage); **~ de derechos** (*Pol*) bill of rights; **~ de ingresos** o **de renta** income tax return. b (*Naipes*) bid. c (*Jur: deposición*) statement; (: *testimonio*) evidence; **~ jurada** sworn statement, affidavit; **falsa ~** misrepresentation; **prestar ~** to make a statement; **tomar la ~ a algn** to take a statement from sb.

declaradamente ADV confessedly, frankly.

declarado ADJ (*intención*) avowed; (*opinión*) professed; (*ateo etc*) (self-)confessed.

declarante NMF a (*Jur*) person making a statement, person giving evidence. b (*Naipes*) bidder.

declarar<1a> **1** VT a (*gen*) to declare (*tb en aduana*); (*manifestar*) to state (*que* that); (*explicar*) to explain; **~ la guerra** to declare war (*a* on).
　b (*Naipes*) to bid.
　c (*Jur*) **~ culpable/inocente a algn** to find sb guilty/innocent.
　2 VI a to declare.
　b (*Naipes*) to bid.
　c (*Jur: deponer*) to make a statement; (*atestiguar*) to testify, give evidence.
　3 **declararse** VR a (*opinión*) to make one's opinion o position etc known; (*a una chica*) to propose; **~ por** o **a favor de/en contra de** to come out in favour o (*US*) favor of/against, side with/go against; **~ en huelga** to come out o go on strike; **~ en quiebra** to declare o.s. bankrupt.
　b (*Jur*) **~ culpable/inocente** to plead guilty/not guilty.
　c (*guerra, incendio*) to break out.

declinación NF a (*decaimiento*) decline, falling-off. b (*Astron, Náut*) declination. c (*Ling*) declension.

declinar<1a> **1** VT a (*honor*) to decline; (*Jur*) to reject.
　b (*Ling*) to decline.
　2 VI a (*decaer*) to decline, decay; (*día*) to draw to a close.
　b (*terreno*) to slope (away o down).
　c (*Ling*) to decline.

declive NM a slope, incline; (*Ferro*) gradient; **en ~** sloping, on a slope; **estar en ~** to slope. b (*fig: Fin etc: tb ~ económico*) slump.

decodificador NM (*Inform*) decoder.

decolaje NM (*And, Chi*) take-off.

decolar<1a> VI (*And, Chi*) to take off.

decolorante NM bleaching agent.

decolorar <1a> **1** VT to discolour, discolor (*US*), fade.
　2 **decolorarse** VR to get discoloured, become discol-

ored (*US*), fade.

decomisar<1a> VT to seize, confiscate.

decongestionante NM decongestant.

decoración NF decoration; **~ de escaparate** window display; **~ de escaparates** window dressing; **~ del hogar** o **de interiores** interior decorating.

decorado NM (*Cine, Teat*) scenery, set.

decorador(a) NM/F a (*de interiores*) (interior) decorator. b (*Teat*) stage o set designer. c **~ de escaparates** window dresser.

decorar<1a> VT to decorate, adorn (*de* with).

decorativo ADJ decorative, ornamental.

decoro NM a decorum, decency. b (*honor*) honour, honor (*US*), respect.

decoroso ADJ decorous.

decrecer<2d> VI (*gen*) to decrease; (*nivel de agua*) to subside, go down; (*días*) to draw in.

decreciente ADJ decreasing, diminishing.

decrecimiento, decremento NM decrease.

decrépito ADJ decrepit.

decretar<1a> VT a (*por decreto*) to decree; (*ordenar*) to order. b (*premio*) to award.

decreto NM decree, order; (*Pol*) act.

decreto-ley NM (*pl* **decretos-leyes**) bill, law.

decúbito NM (*Med*) **~ prono/supino** prone/supine position.

dedada NF (*de dedal*) thimbleful; (*cantidad*) very small quantity; (*de mermelada etc*) spot, dab.

dedal NM thimble.

dédalo NM a (*laberinto*) labyrinth. b (*fig*) tangle, mess.

dedicación NF a (*acto*) dedication; (*fig*) dedication, devotion. b (*Rel*) consecration. c **con** o **en ~ exclusiva** o **plena** full-time.

dedicar <1g> **1** VT a to dedicate; (*Rel*) to consecrate; (*ejemplar de libro*) to autograph.
　b (*esfuerzo, tiempo*) to devote, give; **dedico un día a la semana a pescar** I spend one day a week fishing.
　2 **dedicarse** VR: **~ a** to devote o.s. to (*hacer algo* doing sth); (*carrera, estudio*) to go in for, take up; **se dedicó a la cerámica** he took up pottery; **¿a qué se dedica Ud?** what do you do (for a living)?, what business are you in?

dedicatoria NF inscription, dedication.

dedicatorio ADJ dedicatory.

dedillo NM: **conocer algo al ~** to know sth like the back of one's hand; **cumplir algo al ~** to do sth to a T; **saber algo al ~** to have sth at one's fingertips.

dedo NM a finger; (*del pie*) toe; **~ anular** ring finger; **~ meñique** o (*LAm*) **chico/gordo** little/big toe; **~ pulgar** thumb; **ligero de ~s** light-fingered; **contar con los ~s** to count on one's fingers; **chuparse los ~s** to eat with relish; (*fig*) to smack one's lips; **cruzar los ~s** to cross one's fingers, keep one's fingers crossed; **no se chupa el ~** he's pretty smart; **entrar a ~** to get in o get a job by pulling strings; **hacer ~s** (*Mús*) to practise, practice (*US*), do scales; **no moverá un ~** (*fig*) he won't lift a finger; **pillarse los ~s** (*fig*) to get caught red-handed; **poner el ~ en la llaga** to put one's finger on it; **no se ven los ~s de la mano** it's pitch-dark.
　b (*fig: gota*) bit, drop; (: *medida*) finger; **¡dos ~s nada más!** (*bebida*) just a tiny drop!; **estar a dos ~s de** to be within an inch o on the verge of; **no tiene dos ~s de frente** he's pretty dim.

deducción NF a deduction; (*razonamiento*) inference. b (*Com*) deduction.

deducible ADJ a (*que se puede deducir*) deducible, inferable (*de* from). b (*Fin*) deductible; (*para impuestos*) allowable.

deducir<3n> VT a to deduce, infer (*de* from); (*fórmula*) to derive. b (*descontar*) to deduct; **deducidos los gastos** less charges.

deductivo ADJ deductive.

defecar<1g> VI to defecate.

defección NF defection, desertion.

defectivo ADJ (*gen, Ling*) defective.

defecto NM a (*en máquina*) defect, fault; (*en argumento,* *tela*) flaw. **b** (*falta*) lack, absence; **en ~ de** for lack *o* want of. **c** (*de carácter*) shortcoming, failing; (*de cara*) imperfection; **~ de pronunciación** speech impediment; **~ latente** (*Com*) latent defect; **por ~** (*Inform*) default.

defectuoso ADJ defective, faulty.

defender <2g> **1** VT (*gen*) to defend; (*proteger*) to protect, shelter; (*ideas*) to uphold; (*causa*) to champion; (*amigos*) to stand up for; **para ~los contra el frío** in order to protect them from the cold. **2 defenderse** VR **a** to defend o.s.; **~ bien** to give a good account of o.s. **b** (*fig*) **me defiendo en inglés** I can get by in English; **¿qué tal os va? - hombre, nos defendemos** how are things? - we're managing.

defendible ADJ defensible.

defenestrar <1a> VT (*hum*) to dismiss abruptly, remove suddenly.

defensa **1** NF **a** (*gen*) defence, defense (*US*) (*contra, de* against); (*protección*) protection, shelter; **~ pasiva** civil defence; **~ personal** self-defence; **en ~ propia** in self-defence. **b** (*Náut*) fender; (*Dep*) defence, defenders *pl*. **c** ~**s** (*Mil*) defences. **2** NM (*Dep*) back, fullback.

defensiva NF defensive; **estar a la ~** to be on the defensive.

defensivo ADJ defensive.

defensor(a) NM/F defender; (*protector*) protector; (*de causa*) upholder; (*Jur*) **abogado ~** defending counsel.

deferencia NF deference; **en** *o* **por ~ a** in deference to.

deferente ADJ deferential.

deferir <3k> **1** VT (*Jur*) to refer, delegate. **2** VI: **~ a** to defer to.

deficiencia NF (*falta*) deficiency; (*defecto*) defect (*de* in, of); **~ mental** mental deficiency; **~ visual** visual handicap.

deficiente ADJ deficient (*en* in); (*imperfecto*) defective.

déficit NM (*pl* **~s**) (*Com, Fin*) deficit; (*fig*) lack, shortage; **~ exterior** trade deficit.

deficitario ADJ (*Fin*) deficit *atr*; (*cuenta*) in deficit, showing a deficit; (*empresa, operación*) loss-making.

definible ADJ definable.

definición NF (*tb Téc*) definition; **por ~** (*Inform*) by definition.

definido ADJ (*tb Ling*) definite; **bien ~** well *o* clearly defined; **~ por el usuario** (*Inform*) user-defined.

definir <3a> VT (*gen, Inform*) to define; (*explicar*) to clarify; (*decidir*) to determine.

definitivamente ADV: **está ~ cancelado** it has finally been cancelled.

definitivo ADJ (*edición, texto*) definitive; (*decisión*) final; (*prueba*) conclusive; (*fecha*) definite; **en ~a** definitively; (*en conclusión*) finally; (*en resumen*) in short.

definitorio ADJ defining, distinctive.

deflación NF deflation.

deflacionar <1a> VT to deflate.

deflacionario, deflacionista ADJ deflationary.

deflector NM (*Téc*) baffle, baffle plate.

deformación NF deformation; (*Rad etc*) distortion; (*Mec*) strain; (*de madera etc*) warping.

deformar <1a> **1** VT to deform; (*cara, cuerpo*) to disfigure; (*Rad, verdad*) to distort; (*Mec*) to strain; (*madera*) to warp. **2 deformarse** VR (*V vt*) to become deformed; to get distorted; to warp.

deforme ADJ (*de forma anormal*) deformed; (*mal hecho*) misshapen; (*feo*) ugly.

deformidad NF (*forma anormal*) deformity, malformation. **b** (*fig: defecto*) (moral) shortcoming.

defraudación NF (*desfalco*) defrauding; (*engaño*) deceit; **~ fiscal** *o* **de impuestos** tax evasion. **b** (*decepción*) disappointment.

defraudar <1a> VT **a** (*acreedores*) to cheat, defraud; **~ impuestos** to evade taxes, fiddle one's income tax (*fam*). **b** (*decepcionar*) to disappoint; (*esperanzas*) to dash, disappoint. **c** (*Fís*) to intercept, cut off.

defunción NF decease.

DEG NMPL ABR DE *de* **derechos especiales de giro** SDR.

degeneración NF **a** (*proceso*) degeneration (*en* into). **b** (*estado*) (moral) degeneracy.

degenerado/a **1** ADJ degenerate. **2** NM/F (*sexual*) pervert.

degenerar <1a> VI (*gen*) to degenerate (*en* into); (*decaer*) to decline; (*empeorar*) to get worse.

deglutir <3a> VT, VI to swallow.

degollación NF throat cutting; (*Jur*) beheading, execution; (*fig: masacre*) massacre.

degollar <1m> VT **a** (*cortar la garganta de*) to cut *o* slit the throat of; (*animal*) to slaughter; (*decapitar*) to behead; (*fig: masacrar*) to massacre. **b** (*fig: arruinar*) to destroy.

degradación NF **a** degradation. **b** (*Mil etc*) demotion.

degradar <1a> **1** VT **a** to degrade, debase. **b** (*Mil etc*) to demote, downgrade; (*Inform: datos*) to corrupt. **2 degradarse** VR to demean o.s.

degüello NM **a** (*lit*) **entrar a ~ en una ciudad** to put the people of a city to the sword. **b** (*de arma*) shaft.

degustación NF tasting, sampling.

degustar <1a> VT to taste, sample.

deidad NF (*dios*) deity; (*divinidad*) divinity.

deificación NF deification.

deificar <1g> VT **a** (*lit*) to deify. **b** (*fig*) to exalt.

deísmo NM deism.

deísta **1** ADJ deistic(al). **2** NMF deist.

dejadez NF (*V adj*) slovenliness; carelessness.

dejado ADJ **a** (*desaliñado*) slovenly. **b** (*negligente*) careless. **c** **~ de la mano de Dios** godforsaken.

dejamiento NM = **dejadez**.

▼**dejar** <1a> **1** VT **a** (*gen*) to leave; (*omitir*) to leave out; (*actividad, empleo*) to give up; (*dinero: en un banco*) to deposit; (*abandonar*) to leave, desert, abandon; (*beneficio*) to produce, yield; **¡déjalo!** (*¡no hagas eso!*) stop it!; (*no te preocupes*) forget it!, don't worry about it!; **¡deja eso!** stop that!, drop that!, chuck it! (*fam*); **¡déjame (en paz)!** leave me alone!; **~ a un lado** to set aside; **~ aparte** to leave aside; **te dejo en tu casa** I'll drop you off at your place; **~ atrás** a (*fig*) to outstrip; **el negocio le deja lo justo para vivir** the business brings in just enough for him to live on; **~ algo para mañana** to leave sth *o* put sth off till tomorrow; **lo dejamos porque era muy difícil** we gave it up because it was too hard; **lo dejamos por imposible** we gave it up as (being) impossible; **~ caer** (*objeto*) to drop; (*comentario*) to slip in; **se lo dejo en la conserjería** I'll leave it for you at the porter's office; **¿me dejas el coche?** can you *o* will you let me have the car?; **~ así las cosas** to leave things as they are; **dejémoslo así** let's leave it at that; **dejó dicho que** he left a message that; **deja mucho que desear** it leaves a lot to be desired; **me dejó confundido** she left me confused; **~ la bebida** to give up drink. **b** (*permitir*) to let, allow; **quiero pero no me dejan** I want to but they won't let me; **no me dejan hacerlo** they won't let me do it *o* allow me to do it; **~ entrar/ salir** to let in/out; **~ pasar** to let in *o* through *o* past *etc*; **~ el paso libre** to leave the way open; **~ que las cosas vayan de mal en peor** to let things go from bad to worse. **c** (*esperar*) **deja que acabe de llover** wait for it to stop raining. **2** VI **a** **dejó de comer** she stopped *o* left off eating; **no puedo ~ de fumar** I can't give up smoking; **no puedo ~ de asombrarme** I cannot help being astonished; **yo he dejado de ir hace muchos años** I stopped going years ago. **b** **no dejes de visitarles** don't fail to visit them; **no dejes de comprar un billete** make sure you buy a ticket. **c** **no deja de ser algo raro** all the same it's rather odd; **eso no deja de tener gracia** it's not without its funny side. **3 dejarse** VR **a** (*abandonarse*) to let o.s. go. **b** **~ + infin** to allow o.s. *o* let o.s. be + *pp*; **~ caer por un sitio** to drop by somewhere; **~ llevar por el entusiasmo** to get carried away by one's enthusiasm; **~ persuadir** to allow o.s. to be persuaded; **~ ver** to show o.s.

▶ EXPRESIONES GENERATIVAS: **dejar** → 14.1, 14.2

c ~ **de hacer algo** to stop doing sth; **¡déjese de eso!** stop that!, cut it out!; **¡déjate de andar y vamos a coger el coche!** forget about walking, let's get the car!; **¡déjate de tonterías!** stop messing about o being silly.

d (*olvidar*) **me he dejado el dinero en casa** I've left my money at home.

e ~ **barba/el pelo largo** to grow a beard/long hair.

deje NM (trace of) accent.

dejo NM **a** (*sabor*) aftertaste. **b** (*fig*) touch. **c** (*Ling*) (trace of) accent.

del = **de** + **el**.

Del. ABR *de* **Delegación**.

delación NF denunciation.

delantal NM apron; ~ **de niña** pinafore.

delante **1** ADV (*tb* **por** ~) in front; (*adelante*) ahead; (*enfrente*) opposite; **la parte de** ~ the front part; **la casa no tiene nada** ~ the house has nothing opposite; **estando otros** ~ with others present; **abierto por** ~ open in front; **¡las damas** ~! ladies first!; **tenemos todavía 4 horas por** ~ we still have 4 hours in front of us; ~ **mío** *etc* (*esp CSur fam*) in front of me *etc*; **llevárselo todo por** ~ (*fig*) to ride roughshod over everything. **2** PREP: ~ **de** (*gen*) in front of; (*tiempo*) before, ahead of; **esperaba** ~ **del cine** he was waiting outside the cinema.

delantera NF **a** (*de casa, vestido*) front (part); (*Teat*) front row; (*Dep*) forward line. **b** **coger** o **tomar a algn la** ~ (*en carrera*) to take the lead over sb; (*anticipar*) to beat sb to it; **llevar la** ~ to be in the lead.

delantero/a **1** ADJ (*gen*) front *atr*; (*patas de animal*) fore; (*Dep*: *línea, posición*) forward. **2** NM/F (*Dep*) forward.

delatar <1a> VT **a** to denounce, inform against; **los delató a la policía** he reported them to the police. **b** (*fig*) to betray, give away.

delator(a) NM/F informer.

delco NM (*Aut*) distributor.

delectación NF delectation.

delegación NF **a** (*acto, delegados*) delegation; ~ **de poderes** (*Admin*) devolution. **b** (*Com*) local office; (*oficina estatal*) local office of a government department; (*Méx*: *comisaría*) main police station; (: *municipio*) Municipal District.

delegado/a NM/F (*gen*) delegate; (*Com*) agent, representative; ~ **del Gobierno** (*Esp*) *representative of central government attached to each autonomous region*.

delegar <1h> VT to delegate (*a* o *en algn* sb).

deleitar <1a> **1** VT to delight, charm. **2** **deleitarse** VR to delight (*con, en* in).

deleite NM delight, pleasure.

deletrear <1a> VT **a** (*decir letra por letra*) to spell (out). **b** (*descifrar*) to decipher, interpret.

deleznable ADJ **a** (*arcilla*) crumbly; (*superficie*) slippery. **b** (*argumento*) weak; (*pasajero*) fleeting.

delfín NM dolphin.

delgadez NF (*V adj*) **a** thinness; slimness. **b** delicateness; tenuousness. **c** sharpness.

delgado ADJ **a** (*gen*) thin; (*persona*: *esbelto*) slim; (: *flaco*) thin. **b** (*delicado*) delicate; (*tenue*) tenuous. **c** (*agudo*) sharp, clever.

deliberación NF deliberation.

deliberado ADJ deliberate.

deliberar <1a> **1** VT to debate. **2** VI to deliberate (*sobre* on), discuss (*si* whether).

deliberativo ADJ deliberative.

delicadez NF **a** = **delicadeza**. **b** (*debilidad física*) weakness. **c** (*sensibilidad excesiva*) hypersensitiveness.

delicadeza NF **a** (*gen*) delicacy; (*de rasgos*) daintiness; (*de gustos*) refinement. **b** (*sensibilidad excesiva*) hypersensitiveness; (*tacto*) tactfulness; **falta de** ~ tactlessness.

delicado ADJ **a** (*gen*) delicate; (*máquina*) sensitive; (*salud*) delicate; (*tela*) fine; (*color*) soft; (*rasgos*) dainty; (*gusto*) refined; (*comida*) exquisite; (*distinción*) subtle; (*situación*: *difícil*) tricky; (: *violento*) embarrassing; (*punto, tema*) sore; **está** ~ **del estómago** he has a delicate stomach. **b** (*persona*: *difícil de contentar*) hard to please, fussy; (: *sensible*) hypersensitive; (: *discreto*) tactful; (: *atento*) considerate;

es muy ~ **en el comer** he's very choosy about his food (*fam*).

delicia NF delight; **tiene un jardín que es una** ~ he has a delightful garden; **un libro que ha hecho las** ~**s de muchos niños** a book which has delighted many children.

delicioso ADJ (*gen*) delightful; (*comida*) delicious.

delictivo ADJ criminal *atr*.

delimitar <1a> VT to delimit.

delincuencia NF delinquency; ~ **juvenil** o **de menores** juvenile delinquency; **cifras de la** ~ incidence of crime.

delincuente **1** ADJ delinquent. **2** NMF delinquent; (*criminal*) criminal, offender; ~ **sin antecedentes penales** first offender; ~ **habitual** hardened criminal; ~ **juvenil** juvenile delinquent.

delineante NM draughtsman, draftsman (*US*).

delinear <1a> VT (*gen*) to delineate; (*contornos*) to outline.

delinquir <3e> VI to commit an offence o (*US*) offense.

delirante ADJ (*Med*) delirious, raving; (*idea*) crazy.

delirar <1a> VI (*Med*) to be delirious; (*desatinar*) to rave, talk nonsense.

delirio NM **a** (*Med, fig*) delirium; (*palabras insensatas*) nonsense. **b** (*frenesí*) frenzy; (*manía*) mania; ~ **de grandeza** megalomania. **c** (*fam*) **con** ~ madly; **¡fue el** ~! it was great!; **cuando acabó de hablar fue el** ~ when he finished speaking the place went wild.

delito NM **a** (*gen*) crime; (*infracción*) offence, offense (*US*); ~ **común/político** common/political crime; ~ **de mayor/menor cuantía** felony/misdemeanour o (*US*) misdemeanor; ~ **de sangre** violent crime. **b** (*fig*) misdeed.

delta **1** NM (*Geog*) delta. **2** NF (*letra*) delta.

demacrado ADJ emaciated.

demacrarse <1a> VR to become emaciated.

demagogia NF demagogy, demagoguery.

demagógico ADJ demagogic.

demagogo NM demagogue, demagog (*US*).

demanda NF **a** request (*de* for); (*pregunta*) inquiry; (*reivindicación*) claim; ~ **de extradición** request for extradition; ~ **de pago** demand for payment; **escribir en** ~ **de ayuda** to write asking for help. **b** (*Teat*) call. **c** (*Com*) demand; ~ **final/indirecta/de mercado** final/derived/market demand; **hay mucha** ~ **de profesores** teachers are in great demand; **tener** ~ to be in demand. **d** (*Elec*) load; ~ **máxima** peak load. **e** (*Jur*) action, lawsuit; **entablar** ~ to bring an action, sue; **presentar** ~ **de divorcio a algn** to sue sb for divorce.

demandado/a NM/F defendant; (*en divorcio*) respondent.

demandante NMF claimant; (*Jur*) plaintiff.

demandar <1a> VT **a** (*gen*) to demand. **b** (*Jur*) to sue, file a suit against, start proceedings against; ~ **a algn por calumnia/daños y perjuicios** to sue sb for libel/damages.

demarcación NF demarcation; **línea de** ~ demarcation line.

demarcar <1g> VT to demarcate.

demás **1** ADJ: **los** ~ **libros** the other o remaining books, the rest of the books; **y** ~ **gente de ese tipo** and other people of that sort. **2** PRON: **lo** ~ the rest (of it); **los/las** ~ the others, the rest (of them); **por lo** ~ otherwise; **todo lo** ~ everything else; **todos los** ~ everybody o everyone else. **3** ADV: **por** ~ moreover; (*en vano*) in vain; **y** ~ etcetera, and so on.

demasía NF **a** excess; **con** o **en** ~ too much, excessively. **b** (*fig: atropello*) outrage; (: *ofensa*) affront; (: *insolencia*) insolence.

demasiado **1** ADJ **a** too much; (*excesivo*) overmuch, excessive; **eso es** ~ that's too much; **con** ~ **cuidado** with excessive care; **hace** ~ **calor** it's too hot; **¡esto es** ~! that's the limit!; **no tengo** ~ **tiempo** I'm short of time; **¡qué** ~! (*fam: increíble*) this is too much! (*fam*). **b** ~**s** too many. **2** ADV too (much), excessively; **comer** ~ to eat too much; **es** ~ **pesado para levantarlo** it is too heavy to lift; ~ **lo sé** I know it only too well; **es** ~ **sabio** (*LAm*:

muy) he's very wise; **lo siento ~** (*LAm: mucho*) I'm very o really sorry.

demediar<1b> [1] VT to divide in half. [2] VI to be divided in half.

demencia NF madness, dementia.

demencial ADJ mad, crazy, demented.

demente [1] ADJ mad, demented. [2] NMF lunatic; (*en hospital*) mental patient.

demérito NM (*falta*) fault.

democracia NF democracy.

demócrata NF democrat.

democrático ADJ democratic.

democratizar<1f> VT to democratize.

democristiano/a [1] ADJ Christian Democratic. [2] NM/F Christian Democrat.

demodé ADJ (*fam*) out of fashion.

demografía NF demography.

demográfico ADJ demographic, population *atr*; **la explosión ~a** the population explosion.

demoledor ADJ (*fig: argumento*) overwhelming; (: *ataque*) shattering.

demoler <2h> VT (*lit, fig*) to demolish; (*edificio*) to pull down.

demolición NF demolition.

demoníaco ADJ demoniacal, demonic.

demonio NM [a] (*lit*) devil, demon; **ser algn el mismísimo ~** to be a right little devil.
[b] **ese ~ de niño** that devil of a child; **ir como el ~** to go like the devil, to go hell for leather; **esto pesa como el ~** this is hellishly heavy; **¡vete al ~!** go to the devil!; **¡que se lo lleve el ~!** to hell with it!; **un ruido de todos los** o **de mil ~s** a hell of a noise (*fam*).
[c] (*frases exclamativas*) **¡(qué) ~s!** (*ira*) hell!, damn it!; (*sorpresa*) well, I'll be blowed!, what the devil ...?; **¿qué/quién ~s será?** what/who the devil can that be?; **¿dónde ~ lo habré dejado?** where the devil can I have left it?

demora NF [a] (*atraso*) delay; **sin ~** without delay. [b] (*Náut*) bearing.

demorar<1a> [1] VT to delay; (*llegada, terminación etc*) to hold up, hold back.
[2] VI (*detenerse*) to stay o linger on; (*perder tiempo*) to waste time; **~ en hacer algo** (*LAm: tardar*) to take time in doing sth, be slow in doing sth; **no te demores mucho** don't be long, now.
[3] **demorarse** VR [a] = **vi**.
[b] to take a long time (*en hacer algo* to do sth), be slow (*en hacer algo* in doing sth).

demorón ADJ (*LAm: lento*) slow; **ser ~ en hacer algo** to take a long time to do sth, be slow in doing sth.

demoroso ADJ (*LAm: moroso*) late, overdue; (: *lento*) slow.

demostrable ADJ demonstrable.

demostración NF [a] (*gen, Mat*) demonstration; (*de teorema*) proof. [b] (*de cariño, fuerza*) show; (*de amistad*) gesture; (*de cólera, gimnasia*) display; **~ comercial** commercial o trade exhibition.

demostrar <1l> VT to demonstrate; (*emoción*) to show; (*teoría*) to prove; **~ cómo se hace algo** to demonstrate how sth is done; **~ que** (*gen*) to show that; (*probar*) to prove that; **Ud no puede ~ nada** you can't prove anything.

demostrativo [1] ADJ demonstrative. [2] NM (*Ling*) demonstrative.

demudado ADJ (*fig*) upset, distraught.

demudar<1a> [1] VT to change, alter.
[2] **demudarse** VR [a] (*expresión*) to change, alter.
[b] (*fig: perder color*) to change colour o (*US*) color; (: *alterarse*) to look upset; **continuó sin ~** he went on quite unaffected o unabashed.

den *V* **dar**.

denegación NF (*V vt*) refusal, rejection; denial.

denegar<1h, 1j> VT (*rechazar*) to refuse, reject; (*negar*) to deny; (*Jur: petición*) to refuse to allow.

dengoso ADJ (*V nm*) affected; coy.

dengue NM [a] (*afectación*) affectation; (*coquetería*) coyness; **ne me vengas con esos ~s** I don't want to hear

your silly complaints. [b] (*Med*) dengue o breakbone fever.

denier NM denier.

denigrante ADJ (*injurioso*) insulting; (*deshonroso*) degrading.

denigrar <1a> VT (*difamar*) to denigrate, run down; (*injuriar*) to insult.

denodado ADJ bold, brave.

denominación NF [a] (*acto*) naming. [b] (*nombre*) name, designation; (*clase*) denomination; **~ de origen** denomination of origin; **~ social** (*Méx*) firm's official name.

┌─ DENOMINACIÓN DE ORIGEN ─┐

i The **Denominación de Origen**, *abbreviated to* **D.O.**, *is a prestigious product classification which is awarded to wines, cheeses, sausages, hams and other food products that are produced in designated Spanish regions according to stringent production criteria.* **D.O.** *labels serve as a guarantee of quality.*

---

denominador NM denominator; **~ común** common denominator.

denominar<1a> VT to name, designate.

denostar<1l> VT to insult.

denotar<1a> VT (*significar*) to denote; (*indicar*) to indicate, show.

densidad NF (*V adj*) density; compactness; thickness; solidity; (*Inform: de caracteres*) pitch; **~ de población** population density.

denso ADJ (*gen*) dense; (*compacto*) compact; (*humo, líquido*) thick; (*apretado*) solid.

dentado ADJ (*rueda*) cogged; (*filo*) jagged; (*sello*) perforated; (*Bot*) dentate.

dentadura NF (set of) teeth *pl*; **~ postiza** false teeth *pl*, denture(s); **tener mala ~** to have bad teeth.

dental ADJ dental.

dentar <1j> [1] VT to put teeth on; (*filo*) to make jagged; (*Téc*) to indent; (*sello*) to perforate. [2] VI (*niño*) to teethe, cut one's teeth.

dentellada NF [a] (*mordisco*) bite, nip; **partir algo a ~s** to sever sth with one's teeth. [b] (*señal*) tooth mark.

dentellar<1a> VI (*dientes*) to chatter; **estaba dentellando** his teeth were chattering.

dentellear<1a> VT to bite, nibble (at).

dentera NF [a] the shivers *pl*, the shudders *pl*; **dar ~ a algn** to set sb's teeth on edge, give sb the shivers. [b] (*envidia*) envy, jealousy; (*deseo*) great desire; **dar ~ a algn** to make sb jealous.

dentición NF [a] (*acto*) teething; **estar con la ~** to be teething. [b] (*Anat*) dentition; **~ de leche** milk teeth.

dentífrico [1] ADJ tooth *atr*; **pasta ~a** toothpaste. [2] NM dentifrice, toothpaste.

dentina NF dentine.

dentista NMF dentist.

dentistería NF (*Col, Ven: ciencia*) dentistry; (: *clínica*) dental clinic o surgery.

dentística NF (*Chi*) dentistry.

dentón ADJ toothy.

dentro [1] ADV [a] (*estar, ir*) in, inside; (*en casa*) indoors; (*sentir, pensar*) inwardly, inside; **allí ~** in there; **de** o **desde ~** from inside; **está ~** she's inside; **por ~** (on the) inside.
[b] **meter para ~** to push in; **vamos ~** let's go in(side).
[2] PREP [a] **~ de** (*estar*) in, inside, within; **~ de la casa** inside the house.
[b] **~ de** (*meter etc*) into, inside; **lo metió ~ del cajón** he put it into the drawer.
[c] **~ de** (*tiempo*) within, inside; **~ de 3 meses** inside o within 3 months; **llegará ~ de poco** he'll be here shortly.
[d] **~ de lo posible** as far as one *etc* can, as far as (is) possible; **~ de todo** all in all, all things considered.

denudar<1a> VT to denude, to lay bare.

denuedo NM (*audacia*) boldness; (*valentía*) bravery.

denuesto NM insult.

denuncia NF (*de accidente*) report; (*delación*) denunciation; (*acusación*) accusation; **~ de accidente** report of an accident; **~ falsa** false accusation; **hacer** o **presentar** o **poner una ~** to make an official complaint (to the police *etc*).

denunciable ADJ indictable, punishable.

denunciación NF denunciation.

denunciador(a) NM/F, **denunciante** NMF accuser; (*delator*) informer; **el ~ del accidente** the person who reported the accident.

denunciar <1b> VT (*delito, infracción*) to report; (*guerra, armisticio*) to proclaim; (*censurar*) to denounce, condemn; (*Jur: delatar*) to denounce, inform against o on; (*pey*) to betray; **el accidente fue denunciado a la policía** the accident was reported to the police; **esto denunciaba la presencia del gas** this betrayed o indicated the presence of gas.

denuncio NM = **denuncia**.

deontología NF deontology; (*profesional*) professional ethics *pl*.

D.E.P. ABR *de* **descanse en paz** RIP.

Dep. ABR [a] *de* **Departamento** Dept. [b] (*Com*) *de* **Depósito**.

deparar <1a> VT (*brindar*) to provide o furnish with; **nos deparó la ocasión para** it gave us a chance to; **los placeres que el viaje nos deparó** the pleasures which the trip afforded us.

departamental ADJ departmental.

departamento NM [a] (*sección administrativa*) department, section; (*oficina*) office; (*And, Chi: provincia*) province; **~ de envíos** dispatch department; **~ jurídico** legal department; **~ de visados** visa section. [b] (*de caja, Ferro*) compartment; **~ de (no) fumadores** (non-)smoking compartment; **~ de primera** first-class compartment. [c] (*Náut*) **~ de máquinas** engine room. [d] (*LAm: piso*) flat, apartment (*US*); (: *distrito*) department, province.

departir <1a> VI to talk, converse (*con* with; *de* about).

depauperación NF [a] impoverishment. [b] (*Med*) weakening, exhaustion.

depauperar <1a> VT [a] to impoverish. [b] (*Med*) to weaken, deplete, exhaust.

dependencia NF [a] (*gen*) dependence (*de* on), reliance (*de* on). [b] (*parentesco*) relationship, kinship. [c] (*Pol etc*) dependency. [d] (*Com: sección*) section, office; (*sucursal*) branch office. [e] (*Arquit: cuarto*) room; **~s** outbuildings. [f] (*Com: personal etc*) personnel, employees.

▼**depender** <2a> VI to depend; **~ de** to depend on; (*contar con*) to rely on; (*de autoridad*) to be under o answerable to; **depende** it (all) depends; **depende de lo que haga ella** it depends on what she does; **no depende de mí** it does not rest with me; (*frm*) it's not up to me; **la asociación depende completamente de los donativos** the association is entirely dependant on donations; **el departamento depende de ella** she is responsible for o in charge of the department; **todos dependemos de ti** we are all relying on you.

dependienta NF salesgirl, saleswoman, shop assistant.

dependiente [1] ADJ dependent (*de* on). [2] NM employee; (*oficinista*) clerk; (*en tienda*) salesman, shop assistant.

depilador [1] ADJ: **crema ~a** hair remover, depilatory cream. [2] NM hair remover, depilatory.

depiladora NF hair remover (*machine*).

depilar <1a> VT (*piernas*) to depilate; (*cejas*) to pluck.

depilatorio [1] ADJ depilatory. [2] NM depilatory, hair remover.

deplorable ADJ deplorable.

deplorar <1a> VT to deplore; (*censurar*) to condemn; **lo deploro mucho** I'm extremely sorry.

deponer <2q> [1] VT [a] (*armas*) to lay down; (*actitud*) to set aside; (*quitar*) to remove, take down.
[b] (*rey*) to depose; (*gobernante*) to oust, overthrow; (*ministro*) to remove from office.
[2] VI [a] (*Jur*) to give evidence; (: *declarar*) to make a statement.
[b] (*CAm, Méx*) to vomit.

▶ EXPRESIONES GENERATIVAS: **depender** → 2.3

deportación NF deportation.

deportar <1a> VT to deport.

deporte NM (*gen*) sport; (*juego*) game; (*pasatiempo*) pastime; **~s acuáticos** water sports; **~ hípico** horse-riding; **~s de invierno** winter sports; **~ de vela** sailing; **es muy aficionada a los ~s** she is very fond of sport.

deportista [1] ADJ sports *atr*, sporting; **el público ~** the sporting public. [2] NMF (*atleta*) sportsman/sportswoman; (*aficionado*) sports fan (*fam*).

deportivamente ADV [a] sportingly; (*fig*) in a good spirit. [b] **hablando ~** in sport, in sporting terms.

deportividad NF sportsmanship.

deportivo [1] ADJ [a] (*club, periódico*) sports *atr*. [b] (*actitud*) sporting, sportsmanlike. [2] NM (*Aut*) sports car.

deposición NF [a] (*de funcionario etc*) removal from office. [b] (*Jur: testimonio*) deposition, evidence.

depositador(a) NM/F, **depositante** NMF (*Com, Fin*) depositor.

depositar <1a> [1] VT (*dinero*) to deposit; (*colocar*) to place; (*mercancías*) to put away, (put into) store; **~ la confianza en algn** to place one's trust in sb. [2] **depositarse** VR (*líquido*) to settle.

depositario/a NM/F depository, trustee; (*de secreto*) repository; **~ judicial** official receiver.

depósito NM [a] (*gen*) deposit; (*Quím*) sediment; (*Com, Fin*) **~ bancario** bank deposit; **dejar una cantidad en ~** to leave a sum as a deposit. [b] (*Com etc: almacén*) store, warehouse, depot; (*de animales, coches*) pound; (*Mil*) depot; (*de desechos*) dump; **~ afianzado** bonded warehouse; **~ de cadáveres** mortuary, morgue; **~ de carbono** coal tip; **~ de locomotoras** engine shed; **~ de maderas** timber o (*US*) lumber yard; **mercancías en ~** bonded goods. [c] (*de agua, gasolina*) tank; (*en retrete*) cistern.

depravación NF depravity, corruption.

depravado ADJ depraved, corrupt.

depravar <1a> [1] VT to deprave, corrupt. [2] **depravarse** VR to become depraved.

depreciación NF depreciation; **~ normal** wear and tear.

depreciar <1b> [1] VT to depreciate, reduce the value of. [2] **depreciarse** VR to depreciate, lose value.

depredación NF (*malversación*) depredation; (*saqueo*) pillage; (*Bio*) predation.

depredador NM (*Bio*) predator.

depredar <1a> VT to pillage.

depresión NF [a] (*gen*) depression; (*hueco*) hollow; (*en horizonte, camino*) dip. [b] (*acto*) lowering; (*merma*) drop, fall (*de* in); **~ del mercurio** fall in temperature o pressure. [c] (*Econ*) slump, recession. [d] (*Med*) depression; **~ nerviosa** nervous breakdown; **~ posparto** postnatal depression.

depresivo ADJ (*carácter*) depressive.

deprimente ADJ depressing.

deprimido ADJ depressed.

deprimir <3a> [1] VT [a] (*gen*) to depress; (*apretar*) to press down; (*nivel*) to lower. [b] (*fig: humillar*) to humiliate; (*despreciar*) to belittle. [2] **deprimirse** VR to get depressed.

deprisa ADV V **prisa**.

depuración NF [a] (*purificación*) purification. [b] (*Pol etc*) purge. [c] (*Inform*) debugging.

depurador NM purifier.

depuradora NF purifying plant; (*de agua*) water-treatment plant; **~ de aguas residuales** sewage farm.

depurar <1a> VT [a] to purify; (*sangre*) to purge. [b] (*Pol etc*) to purge. [c] (*Inform*) to debug.

depurativo NM blood tonic.

der. ABR *de* **derecho** r.

derecha NF [a] (*mano*) right hand; (*lado*) right(-hand) side; **estar a la ~ de** to be on the right of; **torcer a la ~** to turn (to the) right; **conducción a la ~** (*Aut*) right-hand drive; **de la ~** on the right; **seguir por la ~** to keep (to the) right. [b] (*Pol*) **la ~, las ~s** the Right; **es de ~s** she's on the right, she has right-wing views. [c] **a ~s** rightly, correctly.

derechazo NM (*Boxeo*) right; (*Tenis*) forehand drive; (*Taur*) pass with the cape.

derechista [1] ADJ rightist, right-wing. [2] NMF rightist, right-winger.

derechización NF drift towards the right.

derecho [1] ADJ [a] (*mano*) right; (*bolsillo etc*) right-hand; (*fig*) **brazo** ~ right-hand man.
[b] (*recto*) straight; (*vertical*) upright; **más ~ que una vela** as straight as a die; **poner algo ~** to stand sth upright.
[c] **no hacer nada a ~as** to do nothing right o properly.
[d] (*honrado*) honest, straight; (*LAm: suertudo*) lucky.
[2] ADV [a] (*verticalmente*) straight, upright.
[b] (*directamente*) straight, directly; **ir ~ a** to go straight to; **siga ~** carry straight on.
[3] NM [a] (*lado: de tela, papel*) right side; **ponlo del ~** put it on the right.
[b] (*gen*) right; (*título*) claim, title; **~s civiles** civil rights; **~ de propiedad literaria** copyright; **~ de reunión** right of assembly; **~ de votar** o **al voto** right to vote, franchise; **con ~** rightly, justly; **con ~ a** with a right to, with entitlement to; **'reservados todos los ~s'** 'all rights reserved', 'copyright'; **'se reserva el ~ de entrada'** 'the management reserve the right to admission'; **estar algn en su (pleno) ~** to be (well) within one's rights; **tener ~ a** to have a right to, be entitled to (*hacer algo* do sth); **¡no hay ~!** it's not fair!
[c] (*Jur: leyes*) law; (: *justicia*) justice; **~ civil/criminal** o **penal/tributario** Civil/Criminal/Tax Law; **~ marítimo** maritime law; **Facultad de D~** Faculty of Law; **lo que manda el ~ en este caso** what justice demands in this case.
[d] (*Fin*) **~ de timbre** stamp duty; **~s** due(s); (*profesionales*) fee(s); (*impuestos*) tax(es); (*de autor*) royalties; **franco de ~s** duty-free; **~s de aduana** o **arancelarios** customs duty; **~s de muelle** dock dues o (*US*) docking fees; **~s portuarios** harbour o (*US*) harbor dues; **~ de patente** patent rights; **~s de peaje** (*Aut*) toll.

derechura NF [a] (*honestidad*) straightness; (*franqueza*) directness; **en ~** (*hablar*) plainly; (*hacer*) right away. [b] (*justicia*) rightness, justice. [c] (*LAm*) (good) luck.

deriva NF (*Náut*) drift; **a la ~** (*buque*) adrift; (*fig*) aimlessly; **ir** o **estar a la ~** to drift, be adrift (*tb fig*).

derivación NF [a] derivation; (*origen*) origin. [b] (*Elec*) shunt; **en ~** shunt *atr*.

derivado [1] ADJ derived. [2] NM [a] (*Ling*) derivative. [b] (*Industria, Quím*) by-product; **~ lácteo** milk product.

derivar¹ <1a> [1] VT to derive; (*encaminar*) to direct. [2] VI, **derivarse** VR to derive, be derived (*de* from); (*consecuencia*) to spring (*de* from); **la conversación derivó hacia otros temas** the conversation drifted off to different topics.

derivar² <1a> VI (*Náut*) to drift.

derivativo ADJ, NM derivative.

dermatología NF dermatology.

dermatólogo/a NM/F dermatologist.

dérmico ADJ skin *atr*.

dermoprotector [1] ADJ skin *atr*. [2] NM skin protector.

der.º ABR *de* **derecho** r.

derogación NF repeal.

derogar <1h> VT (*ley*) to repeal; (*contrato*) to revoke.

derramamiento NM [a] (*gen*) spilling; (*rebosamiento*) overflowing; **~ de sangre** bloodshed. [b] (*esparcimiento*) scattering. [c] (*fig*) squandering.

derramar <1a> [1] VT [a] (*involuntariamente*) to spill; (*verter*) to pour (out); (*lágrimas*) to weep, shed; (*sangre, luz*) to shed; **~ una taza de café** to spill a cup of coffee.
[b] (*esparcir*) to scatter, spread (about).
[c] (*fig*) to squander, waste; (: *regalos*) to lavish (*en* on).
[2] **derramarse** VR [a] (*agua*) to spill; (*harina etc*) to pour o spill out; (*pluma*) to leak; **llenar una taza hasta ~** to fill a cup to overflowing.
[b] (*esparcirse*) to spread, scatter.

derrame NM [a] (*acto*) = **derramamiento**. [b] (*salida*) overflow; (*pérdida*) leakage. [c] (*Med*) discharge; (: *en ojo*) tear; **~ cerebral** brain haemorrhage o (*US*) hemorrhage; **~ sinovial** synovitis.

derrapar <1a> VI (*Aut*) to skid.

derredor NM: **al** o **en ~ (de)** around, about; **en su ~** round about him.

derrengado ADJ [a] (*torcido*) bent, twisted. [b] (*cojo*) crippled, lame; **estar ~** (*fig*) to ache all over; **dejar ~ a algn** (*fig*) to wear sb out.

derrengar <1h> VT [a] (*torcer*) to bend, twist. [b] **~ a algn** (*deslomar*) to break sb's back; (*fig*) to wear sb out.

derretido ADJ [a] (*gen*) melted; (*metal*) molten; (*nieve*) thawed. [b] **estar ~ por algn** to be crazy about sb.

derretimiento NM [a] (*gen*) melting; (*de nieve*) thawing. [b] (*fig: derroche*) squandering.

derretir <3k> [1] VT (*gen*) to melt; (*nieve*) to thaw. [2] **derretirse** VR [a] to melt. [b] (*fig*) to fall in love easily; **~ por algn** to be crazy about sb.

derribar <1a> [1] VT [a] (*edificio*) to knock down, pull down; (*puerta*) to batter down; (*suj: viento*) to blow down.
[b] (*persona*) to knock down; (: *Boxeo*) to floor.
[c] (*Aer*) to shoot down, bring down.
[d] (*Caza*) to shoot, bag.
[e] (*fig: gobierno*) to bring down, topple.
[2] **derribarse** VR [a] to fall down, collapse.
[b] (*tirarse al suelo*) to throw o.s. down.

derribo NM [a] knocking down, demolition. [b] (*Lucha*) throw, take-down (*US*). [c] (*Aer*) shooting down. [d] (*Pol*) overthrow. [e] **~s** rubble *sg*, debris *sg*.

derrocamiento NM (*de edificio*) demolition; (*de gobierno*) overthrow.

derrocar <1g> [1] VT [a] (*despeñar*) to hurl down; (*edificio*) to knock down, demolish.
[b] (*Pol: gobierno*) to overthrow, topple; (: *ministro*) to oust.
[2] **derrocarse** VR: **~ por un precipicio** to throw o.s. over a cliff.

derrochador(a) ADJ, NM/F spendthrift.

derrochar <1a> VT (*dinero, recursos*) to squander, waste; (*energía, salud*) to be bursting with o full of.

derroche NM [a] (*despilfarro*) squandering, waste; (*exceso*) extravagance; **con un formidable ~ de recursos** with a lavish use of resources; **no se puede tolerar tal ~** such extravagance is not to be tolerated. [b] (*abundancia*) abundance, excess; **con un ~ de buen gusto** with a fine display of good taste.

derrota¹ NF [a] (*camino, vereda*) route, track. [b] (*Náut*) course.

derrota² NF (*gen, Mil*) defeat; (*fuga*) rout; (*desastre: tb fig*) disaster; **sufrir una grave ~** to suffer a serious defeat; (*fig*) to suffer a grave setback.

derrotado ADJ [a] defeated; (*equipo*) beaten, losing. [b] (*fig: vestidos, persona*) shabby.

derrotar <1a> VT (*gen*) to defeat; (*poner en fuga*) to rout, put to flight.

derrotero NM (*Náut, fig*) course; **tomar otro ~** (*fig*) to adopt a different course.

derrotismo NM defeatism.

derrotista ADJ, NMF defeatist.

derruir <3g> VT to demolish, tear down.

derrumbamiento NM [a] (*caída*) plunge. [b] (*demolición*) demolition; (*desplome*) collapse; (*de piedras*) fall; **~ de tierra** landslide. [c] (*fig*) collapse; (: *de precios*) sharp fall.

derrumbar <1a> [1] VT [a] (*despeñar*) to fling o hurl down.
[b] (*edificio*) to knock down, demolish.
[c] (*volcar*) to upset, overturn.
[2] **derrumbarse** VR [a] (*precipitarse: persona*) to fling o.s., hurl o.s. (*por* down, over).
[b] (*hundirse*) to collapse, fall down; (: *techo*) to fall in, cave in.
[c] (*fig: esperanzas*) to collapse; **se han derrumbado los precios** prices have tumbled.

derrumbe NM = **derrumbamiento**.

des... PREF de..., des..., un....

desabastecido ADJ: **estar ~ de algo** to be short o out of sth.

desabolladura NF (*esp LAm: Aut*) panel beating.

desaborido ADJ (*comida*) insipid, tasteless; (*persona*) dull.

desabotonar<1a> [1] VT to unbutton, undo. [2] VI (*Bot*) to blossom. [3] **desabotonarse** VR to come undone.

desabrido ADJ [a] (*comida*) tasteless, insipid; (*tiempo*) unpleasant. [b] (*persona*: *áspero*) surly; (*tono*) harsh; (*respuesta*) sharp.

desabrigado ADJ (*sin abrigo*) not sufficiently protected; (*fig*) exposed.

desabrigar<1h> [1] VT [a] (*quitar ropa a*) to remove the clothing of; (*descubrir*) to uncover. [b] (*fig*) to deprive of protection. [2] **desabrigarse** VR to take off one's (outer) clothing; ~ **en la cama** to throw off one's bedcovers.

desabrigo NM [a] (*acto*) uncovering. [b] (*fig*) lack of protection.

desabrochar<1a> [1] VT [a] (*ropa, zapatos*) to undo, unfasten; (: *de otro*) to loosen the clothing of. [b] (*fig*) to penetrate, expose. [2] **desabrocharse** VR (*fig*) to confide, unburden o.s.

desacatar<1a> VT (*ley*) to disobey.

desacato NM (*falta de respeto*) disrespect; (*Jur*) (act of) contempt; ~ **a la justicia** contempt of court.

desaceleración NF deceleration, slowing down, slowdown; (*Econ*) downturn, reduction.

desacertado ADJ (*opinión*) mistaken, wide of the mark; (*medida*) unwise.

desacertar<1j> VI (*errar*) to be mistaken, be wrong; (*destinar*) to act unwisely.

desacierto NM (*error*) mistake; (*dicho*) unfortunate remark; **ha sido un ~ elegir este sitio** it was a mistake to choose this place.

desacomodado ADJ [a] (*parado*) unemployed, out of a job. [b] (*pobre*) badly off. [c] (*incómodo*) awkward, inconvenient.

desacompasado ADJ = descompasado.

desaconsejable ADJ inadvisable.

desaconsejar<1a> VT to dissuade, advise against.

desacoplar<1a> VT (*Elec*) to disconnect; (*Mec*) to take apart, uncouple.

desacorde ADJ [a] (*Mús*) discordant. [b] (*fig*: *opiniones*) conflicting; (: *colores*) clashing.

desacostumbrado ADJ unusual.

desacostumbrar<1a> [1] VT: ~ **a algn de** to break sb of the habit of. [2] **desacostumbrarse** VR: ~ **de** to break o.s. of the habit of.

desacreditar<1a> [1] VT [a] to discredit, bring into disrepute. [b] (*denigrar*) to disparage, run down. [2] **desacreditarse** VR to become discredited.

desactivar <1a> VT (*bomba*) to deactivate, defuse; (*alarma*) to deactivate, neutralize.

desacuerdo NM [a] disagreement, discord; ~ **amistoso** agreement to differ; **en** ~ out of keeping o at variance (*con* with). [b] (*error*) error, blunder.

desadorno NM bareness.

desadvertido ADJ careless.

desafecto [1] ADJ disaffected; ~ **a** hostile to. [2] NM disaffection.

desaferrar<1j> VT [a] (*soltar*) to loosen, unfasten; (*Náut*: *ancla*) to weigh. [b] (*disuadir*) to dissuade, bring round.

desafiador(a) [1] ADJ (*insolente*) defiant; (*retador*) challenging. [2] NM/F challenger.

desafiante ADJ challenging; (*actitud etc*) defiant.

desafiar<1a> VT [a] to challenge, dare (*a algn a hacer algo* sb to do sth). [b] (*peligro*) to defy; (*enfrentarse*) to face (up to). [c] (*competir*) to challenge, compete with. [d] (*Méx*) to fight.

desafilar<1a> [1] VT to blunt, dull. [2] **desafilarse** VR to get blunt.

desafinado ADJ out of tune.

desafinar <1a> VI [a] (*instrumento etc*) to be out of tune; (*cantar*) to sing out of tune. [b] (*hablar inoportunamente*) to speak out of turn.

desafío NM [a] challenge; (*combate*) duel. [b] (*fig*) challenge; (*provocación*) defiance; (*competencia*) competition, rivalry; **es un ~ a todos nosotros** it is a challenge to us all.

desaforadamente ADV: **gritar** ~ to shout one's head off.

desaforado ADJ [a] (*comportamiento*) outrageous. [b] (*enorme*) huge; (*grito*) ear-splitting.

desafortunado ADJ [a] unfortunate, unlucky. [b] (*no oportuno*) inopportune, untimely; (*desacertado*) unwise.

desagraciado ADJ graceless, unattractive.

desagradable ADJ disagreeable, unpleasant; **ser** ~ **con algn** to be rude to sb.

desagradar <1a> [1] VT (*no agradar*) to displease; (*molestar*) to bother; **me desagrada ese olor** I don't like that smell; **me desagrada tener que hacerlo** I dislike having to do it. [2] VI to be unpleasant.

desagradecido ADJ ungrateful (*con, para con* to).

desagradecimiento NM ingratitude.

desagrado NM (*disgusto*) displeasure; (*desconformidad*) dissatisfaction; **hacer algo con** ~ to do sth unwillingly.

desagraviar<1b> [1] VT [a] (*persona*) to make amends to (*de* for); (: *compensar*) to indemnify; (: *disculparse con*) to apologize to. [b] (*agravio*) to make amends for. [2] **desagraviarse** VR (*vengarse*) to get one's own back.

desagravio NM (*satisfacción*) amends *pl*; (*compensación*) compensation; **en** ~ **de** as amends for.

desaguadero NM (*lit, fig*) drain (*de* on).

desaguar <1i> [1] VT [a] (*líquido*) to drain. [b] (*fig*) to squander. [2] VI [a] to drain away, drain off. [b] (*río*) ~ **en** to drain o flow into.

desagüe NM [a] (*acto*) drainage, draining. [b] (*canal*) drainage channel; (*caño*) drainpipe; (*salida*) outlet, drain; **tubo de** ~ drainpipe, waste pipe.

desaguisado [1] ADJ illegal. [2] NM offence, offense (*US*), outrage.

desahogadamente ADV comfortably.

desahogado ADJ [a] (*habitación, vestido*) roomy, large; (*espacio*) clear, free. [b] (*vida*) comfortable; (*persona*: *holgado*) comfortably off; (: *descarado*) brazen, impudent.

desahogar <1h> [1] VT (*dolor*) to ease, relieve; (*ira*) to vent (*en* on). [2] **desahogarse** VR [a] (*recobrarse*) to recover; (*distenderse*) to relax. [b] (*librarse*) to get out of debt/a difficulty. [c] (*desfogarse*) to let off steam (*fam*); (*confesarse*) to confess, get sth off one's chest (*fam*).

desahogo NM [a] (*comodidad*) comfort, ease; **vivir con** ~ to be comfortably off. [b] (*alivio*) relief; (*recuperación*) recovery; (*medio*) outlet. [c] (*libertad*) freedom; (*descaro*) brazenness, impudence.

desahuciado ADJ hopeless; **estar** ~ to be beyond recovery, be hopelessly ill.

desahuciar<1b> [1] VT [a] (*inquilino*) to evict; (*Chi*) to dismiss. [b] (*quitar esperanza a*) to deprive of hope; (*enfermo*) to declare past recovery. [2] **desahuciarse** VR to lose all hope.

desahucio NM (*V vt (a)*) eviction, ejection; (*Chi*) dismissal.

desairado ADJ [a] (*menospreciado*) disregarded; (*sin éxito*) unsuccessful; **quedar** ~ to come off badly. [b] (*desgarbado*) unattractive.

desairar<1a> VT [a] (*persona*) to slight, snub; (*cosa*) to disregard; **lo haré por no** ~ I'll do it rather than cause offence o (*US*) offense. [b] (*Com*) to default on.

desaire NM (*menosprecio*) slight, snub; **dar** o **hacer un** ~ **a algn** (*rechazar*) to snub sb; (*ofender*) to offend sb; **sufrir un** ~ to suffer a rebuff; **¿me va Ud a hacer ese ~?** (*invitación*) I won't take no for an answer!

desajustado ADJ ill-adjusted, poorly adjusted.

desajustar <1a> [1] VT (*desarreglar*) to disarrange; (*máquina*) to put out of order; (*fig*: *planes*) to upset. [2] **desajustarse** VR [a] (*estropearse*) to get out of order, go wrong; (*aflojarse*) to get loose, loosen. [b] (*estar en desacuerdo*) to disagree, fall out; (*desdecirse*) to break a contract.

desajuste NM [a] (*desarreglo*) disorder; (*avería*) breakdown. [b] (*de situación*) imbalance, lack of balance. [c] (*desacuerdo*) disagreement; (*de planes*) upsetting.

desaladora NF desalination plant.

desalar[1]<1a> **1** VT to clip the wings of. **2 desalarse** VR (*apresurarse*) to rush, hasten along; **~ por hacer algo** to rush to do sth.

desalar[2]<1a> VT to remove the salt from; (*agua salada*) to desalinate.

desalentador ADJ discouraging.

desalentar<1j> **1** VT (*lit*) to make breathless; (*fig*) to discourage. **2 desalentarse** VR to get discouraged, lose heart.

desaliento NM (*fig*) discouragement; (*abatimiento*) depression, dejection.

desalinar<1a>, **desalinizar**<1f> VT to desalinate.

desalinización NF desalination.

desaliñado ADJ **a** (*descuidado*) slovenly; (*raído*) shabby; (*desordenado*) untidy, dishevelled, disheveled (*US*). **b** (*negligente*) careless, slovenly.

desaliño NM **a** (*descuido*) slovenliness; (*pobreza*) shabbiness; (*desorden*) untidiness. **b** (*negligencia*) carelessness.

desalmado ADJ cruel, heartless.

desalojamiento NM (*V vt*) **a** removal; ejection; ousting; displacement. **b** evacuation; abandonment; clearing.

desalojar<1a> **1** VT **a** (*gen*) to remove, expel; (*inquilino*) to evict, eject; (*Mil*) to dislodge, oust; (*Náut*) to displace. **b** (*desocupar*) to evacuate; (: *casa*) to abandon, move out of o away from; **las tropas han desalojado el pueblo** the troops have moved out of the village; **la policía desalojó el local** the police cleared people out of the place. **2** VI to move out.

desalojo NM ejection, removal; (*desocupación*) evacuation; (*de casa*) abandonment.

desalquilar<1a> **1** VT to vacate, move out of. **2 desalquilarse** VR to become vacant.

desamarrar<1a> VT to untie; (*Náut*) to cast off.

desamor NM coldness, indifference; dislike; enmity.

desamortización NF (*Jur*) disentailment; (*Esp Hist*) sale of Church lands.

desamparado ADJ **a** (*sin protección*) helpless, defenceless, defenseless (*US*); (*abandonado*) abandoned; **los niños ~s de la ciudad** the city's waifs and strays; **sentirse ~** to feel helpless. **b** (*lugar: expuesto*) exposed; (: *desierto*) deserted.

desamparar <1a> VT **a** (*persona*) to desert, abandon. **b** (*sitio*) to leave, abandon; (: *indefenso*) to leave defenceless o (*US*) defenseless.

desamparo NM **a** (*acto*) desertion, abandonment. **b** (*estado*) helplessness.

desamueblado ADJ unfurnished.

desandar<1p> VT: **~ lo andado** o **el camino** (*lit, fig*) to retrace one's steps; **no se puede ~ lo andado** what's done can't be undone.

desangelado ADJ (*persona*) charmless, dull, unattractive; (*cosa*) dull, insipid;: *lugar*) empty, lifeless.

desangramiento NM bleeding; **morir de ~** to bleed to death.

desangrar<1a> **1** VT **a** (*persona*) to bleed; (*lago*) to drain. **b** (*fig*) to bleed white. **2 desangrarse** VR (*morir*) to bleed to death.

desangre NM (*LAm*) bleeding, loss of blood.

desanimado ADJ **a** (*sin ánimos*) downhearted, dejected. **b** (*espectáculo, fiesta*) dull, lifeless.

desanimar <1a> **1** VT (*desalentar*) to discourage; (*deprimir*) to depress, sadden. **2 desanimarse** VR to get discouraged, lose heart.

desánimo NM **a** despondency; (*abatimiento*) dejection. **b** (*falta de animación*) dullness.

desanudar<1a> VT to untie, undo; (*fig*) to clear up, sort out.

desapacible ADJ (*gen*) unpleasant; (*carácter*) surly; (*tono*) harsh; (*discusión*) bitter, bad-tempered.

desaparecer<2d> **1** VI (*gen*) to disappear, vanish; (~ *de vista*) to drop out of sight; (*efectos, señales*) to wear off. **2** VT (*LAm: Pol*) to cause to disappear; (: *euf*) to murder.

desaparecido/a **1** ADJ (*gen*) missing; (*especie*) extinct; (*LAm: Pol*) kidnapped, missing; **número de muertos,** heridos y **~s** number of dead, wounded and missing. **2** NM/F (*LAm: Pol*) kidnapped person, missing person.

desaparejar<1a> VT **a** (*caballo*) to unharness, unhitch. **b** (*Náut*) to unrig.

desaparición NF (*gen*) disappearance; (*de especie etc*) extinction.

desapasionado ADJ dispassionate, impartial.

desapego NM (*frialdad*) coolness, indifference (*hacia* towards); (*distancia*) detachment.

desapercibido ADJ **a** (*gen*) unnoticed; **marcharse ~** to slip away (unseen); **pasar ~** to go unnoticed. **b** (*desprevenido*) unprepared.

desaplicado ADJ slack, lazy.

desapolillarse<1a> VR (*fig*) to get rid of the cobwebs.

desaprender<2a> VT to forget; (*lo aprendido*) to unlearn.

desaprensión NF unscrupulousness.

desaprensivo ADJ unscrupulous.

desaprobación NF (*V vt*) disapproval; condemnation; rejection.

▼**desaprobar** <1l> VT (*gen*) to disapprove of; (*condenar*) to condemn; (*rechazar*) to reject, dismiss.

desaprovechado ADJ **a** (*oportunidad, tiempo*) wasted. **b** (*alumno, estudiante*) slack.

desaprovechamiento NM waste.

desaprovechar <1a> **1** VT (*gen*) to fail to take advantage of; (*oportunidad*) to waste, miss; (*talento*) not to use to the full. **2** VI (*perder terreno*) to lose ground, slip back.

desarbolar <1a> VT to dismast.

desarmable ADJ: **mesa ~** fold-away table.

desarmador NM (*de fusil*) hammer; (*Méx*) screwdriver.

desarmar<1a> **1** VT **a** (*Mil*) to disarm. **b** (*Mec*) to take apart o into pieces; (*tienda de campaña*) to take down. **c** (*fig: persona*) to disarm; (: *ira*) to calm. **2** VI to disarm.

desarme NM disarmament; **~ unilateral** unilateral disarmament.

desarraigado ADJ (*persona*) without roots.

desarraigar<1h> VT **a** (*árbol*) to uproot, dig up. **b** (*fig: costumbre*) to root out, eradicate; (: *pueblo*) to uproot; (: *persona*) to banish.

desarraigo NM (*V vt*) eradication; uprooting; banishment.

desarrajar<1a> VT (*LAm fam*) = **descerrajar (a)**.

desarrapado ADJ = **desharrapado**.

desarreglado ADJ **a** (*Mec*) out of order; (*desordenado*) untidy, in disorder. **b** (*comportamiento*) disorderly; (*aspecto*) slovenly; (*hábitos*) irregular, unsystematic.

desarreglar <1a> **1** VT to mess up; (*planes*) to upset; (*Mec*) to put out of order; **el viento le desarregló el peinado** the wind made a mess of her hairdo; **los niños desarreglaron el cuarto** the children messed up the room. **2 desarreglarse** VR to get disarranged, get untidy; (*Mec*) to break down.

desarreglo NM (*desorden*) disorder, confusion; (*de ropa*) untidiness; (*Mec*) trouble; (*Med*) upset; (*de cuarto*) mess; **viven en el mayor ~** they live in complete chaos.

desarrollado ADJ developed.

desarrollar <1a> **1** VT **a** (*rollo etc*) to unroll; (*mapa*) to unfold, open (out). **b** (*Mat*) to expand. **c** (*fig, tb Mec*) to develop; (*teoría*) to explain, expound; **aquí desarrollan un trabajo muy importante** they carry on o very important work here. **2 desarrollarse** VR **a** (*rollo*) to unroll; (*mapa*) to open (out). **b** (*fig*) to develop, grow; (*comedia, novela*) to unfold; (*tener lugar*) to take place; **la industria se desarrolla rápidamente** the industry is developing rapidly; **la acción se desarrolla en Roma** (*Cine etc*) the scene is set o the action takes place in Rome.

desarrollo NM (*gen*) development; (*de acontecimientos*) unfolding; (*de industria, mercado*) expansion, growth; **~ en línea** ribbon development; **país en vías de ~** developing country; **la industria está en pleno ~** industry is expanding steadily; **está en la edad del ~** he's beginning to develop.

➤ EXPRESIONES GENERATIVAS: **desaprobar → 5**

desarroparse → desbravar ———————————————— 154

desarroparse ‹1a› VR (*en la cama*) to kick off the blankets.

desarrugar ‹1h› VT (*alisar*) to smooth (out); (*ropa*) to remove the creases *o* (*US*) wrinkles from.

desarticulado ADJ disjointed.

desarticular ‹1a› VT (*desarmar*) to take apart *o* to pieces; (*huesos*) to dislocate, put out of joint; **~ un grupo terrorista** to put a terrorist group out of action.

desaseado ADJ (*sucio*) dirty; (*desaliñado*) untidy, unkempt.

desaseo NM messiness.

desasimiento NM [a] (*gen*) loosening, undoing; (*soltar*) release. [b] (*despego*) detachment (*de* from); (*indiferencia*) indifference (*de* to).

desasir ‹3a; presente como salir› [1] VT to loosen, undo. [2] **desasirse** VR [a] to extricate o.s. (*de* from). [b] **~ de** (*ceder*) to let go, give up; (*deshacerse de*) to rid o.s. of.

desasistir ‹3a› VT (*abandonar*) to desert, abandon; (*desatender*) to neglect.

desasnar ‹1a› VT (*civilizar*) to civilize; (*instruir*) to make less stupid.

desasosegado ADJ uneasy, anxious.

desasosegar ‹1h, 1j› [1] VT to disturb, make uneasy. [2] **desasosegarse** VR to become uneasy, get perturbed.

desasosiego NM (*inquietud*) uneasiness, anxiety; (*intranquilidad*) restlessness; (*Pol etc*) unrest.

desastrado ADJ [a] (*sucio*) dirty; (*harapiento*) shabby, ragged. [b] (*desgraciado*) unlucky.

desastre NM disaster; **¡un ~!** how awful!; **la función fue un ~** the show was a shambles; **como pintor es un ~** he's a totally useless painter; **es un ~ de mujer** (*fam*) she's a dead loss (*fam*).

desastroso ADJ disastrous, calamitous.

desatado ADJ (*fig*) wild; (*descontrolado*) uncontrolled.

desatar ‹1a› [1] VT [a] (*nudo*) to untie, undo; (*perro*) to unleash; **la bebida le desató la lengua** the drink loosened his tongue.
[b] (*odio, represión*) to unleash; (*misterio*) to solve, unravel.
[2] **desatarse** VR [a] to come untied *o* undone.
[b] **~ de un compromiso** to get out of an agreement.
[c] (*tormenta*) to break, burst; (*entusiasmo*) to break all bounds; (*desastre*) to fall (*sobre* on); (*escándalo*) to break (out); **~ en injurias** to pour out a stream of insults.
[d] (*perder control de sí*) to lose self-control; (*delirar*) to talk wildly.

desatascador NM plunger.

desatascar ‹1g› VT [a] (*carro*) to pull out of the mud; **~ a algn** (*fig*) to get sb out of a jam. [b] (*cañería*) to clear, unblock.

desatención NF [a] (*descuido*) inattention; (*distracción*) absent-mindedness. [b] (*descortesía*) discourtesy.

desatender ‹2g› VT (*gen*) to disregard, pay no attention to; (*deber*) to neglect; (*persona: ofender*) to slight, offend.

desatentado ADJ [a] (*irreflexivo*) thoughtless, rash. [b] (*desmesurado*) excessive, extreme.

desatento ADJ [a] (*descuidado*) heedless, careless. [b] (*descortés*) discourteous.

desatinado ADJ silly, foolish.

desatinar ‹1a› [1] VT to perplex, bewilder. [2] VI (*al actuar*) to act foolishly; (*decir tonterías*) to talk nonsense.

desatino NM [a] (*cualidad*) foolishness, silliness; (*torpeza*) tactlessness. [b] (*tontería*) foolish act; (*error*) blunder, mistake; **~s** nonsense *sg*; **¡qué ~!** how silly!, what rubbish!

desatornillar ‹1a› VT to unscrew.

desatracar ‹1g› VI (*Náut*) to cast off.

desatrancar ‹1g› VT [a] (*puerta*) to unbolt. [b] (*cañería*) to unblock.

desautorización NF (*V vt*) [a] discrediting; disapproval; repudiation. [b] denial.

desautorizado ADJ (*gen*) unauthorized; (*informe*) repudiated; (*no aprobado*) unauthorized; (*no oficial*) unofficial; (*no justificado*) unwarranted.

desautorizar ‹1f› VT [a] (*oficial etc*) to deprive of authority; (*desacreditar*) to discredit; (*desaprobar*) to disapprove of; (*rechazar*) to repudiate. [b] (*desmentir*) to deny, issue a denial of.

desavenencia NF (*desacuerdo*) disagreement; (*riña*) quarrel.

desavenido ADJ (*opuesto*) contrary; (*reñidos*) in disagreement; **ellos están ~s** they are at odds.

desavenir ‹3r› [1] VT (*enemistar*) to make trouble between. [2] **desavenirse** VR to fall out (*con* with), have a falling out (*US*).

desaventajado ADJ (*desfavorable*) disadvantageous.

desayunar ‹1a› VI, **desayunarse** VR to have breakfast; **vengo desayunado** I've had breakfast; **~ con café** to have coffee for breakfast, breakfast on coffee; **~ con algo** to get the first news of sth.

desayuno NM breakfast; **~ de trabajo** working breakfast.

desazón NF [a] (*falta de sabor*) tastelessness. [b] (*Med*) discomfort. [c] (*desasosiego*) uneasiness; (*angustia*) anxiety.

desazonar ‹1a› [1] VT [a] (*comida*) to make tasteless. [b] (*desasosegar*) to upset; (*angustiar*) to worry. [2] **desazonarse** VR [a] (*Med*) to be out of sorts. [b] (*irritarse*) to be annoyed; (*preocuparse*) to worry.

desbancar ‹1g› VT (*quitar el puesto a*) to displace, oust, dislodge; (*suplantar*) to supplant (in sb's affections); (*en juegos: banca*) to bust (*fam*); (: *persona*) to take the bank from.

desbandada NF rush (to get away); **~ general** mass exodus; **a la ~** in disorder.

desbandarse ‹1a› VR [a] (*Mil*) to disband. [b] (*fig*) to flee in disorder.

desbarajustar ‹1a› VT (*causar confusión*) to throw into confusion; (*desordenar*) to mess up.

desbarajuste NM confusion, chaos; **¡qué ~!** what a mess!

desbaratamiento NM [a] (*el arruinar*) ruin; (*de planes etc*) thwarting; (*de teoría*) destruction. [b] (*Mil*) rout. [c] (*Med*) **~ de vientre** bowel upset. [d] (*derroche*) squandering.

desbaratar ‹1a› [1] VT [a] (*gen*) to mess up; (*plan*) to spoil; (*arruinar*) to ruin; (*frustrar*) to thwart; (*teoría*) to destroy; (*fortuna*) to squander.
[b] (*Mil*) to rout.
[2] VI to talk nonsense.
[3] **desbaratarse** VR [a] (*Mec*) to break down.
[b] (*persona: descontrolarse*) to fly off the handle (*fam*).

desbarrar ‹1a› VI (*al hablar*) to talk rubbish; (*hacer tonterías*) to act silly.

desbastar ‹1a› [1] VT [a] (*Téc*) to plane (down), smooth (down). [b] (*persona*) to knock the corners off, lick into shape. [2] **desbastarse** VR (*fig*) to acquire some polish.

desbaste NM [a] (*Téc*) planing, smoothing. [b] (*de persona*) polishing.

desbloquear ‹1a› VT (*Com, Fin*) to unfreeze, unblock.

desbocado ADJ [a] (*caballo*) runaway. [b] (*herramienta*) worn. [c] (*vestido, jersey*) baggy. [d] (*persona: malhablado*) foulmouthed; (: *descarado*) cheeky.

desbocar ‹1g› [1] VT (*vasija*) to break the rim *o* mouth of.
[2] VI = **desembocar**.
[3] **desbocarse** VR [a] (*caballo*) to bolt.
[b] (*vestido, jersey*) to go baggy.
[c] (*persona: soltar injurias*) to let out a stream of insults.

desbordamiento NM [a] (*de río*) overflowing. [b] (*de cólera*) outburst; (*de entusiasmo*) upsurge. [c] (*Inform*) overflow.

desbordar ‹1a› [1] VT (*exceder*) to pass, go beyond; **el proyecto desborda los límites señalados** the plan goes well beyond the limits which were set; **esto desborda mi tolerancia** this is more than I can bear; **el problema me desborda** the problem's beyond me.
[2] VI, **desbordarse** VR [a] (*río*) to flood, burst its banks; (*líquido*) to overflow, spill (over).
[b] (*persona*) to get carried away; **~(se) de alegría** to be bursting with happiness.

desbravador NM horse-breaker.

desbravar ‹1a› [1] VT (*caballo*) to break in; (*animal*) to tame. [2] VI, **desbravarse** VR (*animal*) to get less wild;

(*licor*) to lose its strength.
desbrozar <1f> VT (*camino*) to clear (of rubbish); (*campo*) to clear of scrub.
descabalado ADJ incomplete.
descabalar <1a> VT (*juego*) to leave unfinished o incomplete; (*medias etc*) to lose (one of a pair of); (*fig: planes*) to scupper.
descabalgar <1h> VI to dismount.
descabellado ADJ (*plan, idea*) crazy, preposterous.
descabellar <1a> VT [a] (*pelo*) to ruffle. [b] (*Taur*) to kill with a thrust in the neck.
descabello NM (*Taur*) final thrust, coup de grâce.
descabezado ADJ [a] (*sin cabeza*) headless. [b] (*insensato*) wild.
descabezar <1f> [1] VT [a] (*persona*) to behead; (*árbol*) to lop. [b] (*dificultad*) to surmount. [2] **descabezarse** VR [a] (*Bot*) to shed the grain. [b] (*persona*) to rack one's brains.
descacharrado ADJ (*CAm*) dirty, slovenly.
descacharrar <1a> VT to bust **descacharrarse** VR to break down.
descafeinado ADJ decaffeinated.
descafeinar <1a> VT to decaffeinate; (*fig*) to dilute, water down.
descalabrado ADJ: **salir ~** to come out the loser (*de* in).
descalabrar <1a> [1] VT [a] to smash, damage; (*persona*) to hit, hurt; (*esp*) hit on the head; (*Náut*) to cripple, disable. [b] (*dañar*) to harm, damage. [2] **descalabrarse** VR to hurt one's head.
descalabro NM (*contratiempo*) blow, setback; (*Mil*) defeat; **~ electoral** disaster at the polls.
descalificación NF disqualification.
descalificar <1g> VT to disqualify.
descalzar <1f> [1] VT [a] **~ a algn** to take off sb's shoes *etc*; **A no vale ni para ~ a B** A can't hold a candle to B. [b] (*rueda*) to remove the chocks from. [2] **descalzarse** VR [a] to take off one's shoes *etc*. [b] (*caballo*) to cast a shoe.
descalzo ADJ barefoot(ed); **estar (con los pies) ~(s)** to be barefooted, have no shoes *etc* on.
descaminado ADJ (*proyecto*) misguided; **ir ~** (*fig*) to be on the wrong track; **andar ~ en** to be mistaken in o about; **en eso no anda Ud muy ~** you're not far wrong there.
descaminar <1a> [1] VT (*hacer perderse*) to misdirect, put on the wrong road; (*fig*) to lead astray. [2] **descaminarse** VR (*en camino*) to go the wrong way; (*fig*) to go astray.
descamisado [1] ADJ ragged, shabby. [2] NM (*desharrapado*) ragamuffin; (*vagabundo*) down-and-out; (*desgraciado*) wretch; **~s** (*Arg: Hist, Pol*) workers, proletariat.
descamisarse <1a> VR (*CSur*) to take off one's shirt.
descampado NM open space, piece of empty ground; **comer al ~** to eat in the open air; **vivir en ~** to live in open country.
descansado ADJ [a] (*persona*) rested, refreshed. [b] (*sitio*) restful.
descansar <1a> [1] VT [a] (*apoyar*) to rest, support, lean (*sobre* on). [b] (*dar descanso a*) to rest; **esto descansa la vista más** this rests one's eyes better. [c] **~ sus penas en algn** to tell sb one's troubles. [d] (*Mil*) **¡descansen armas!** order arms! [2] VI [a] (*no trabajar*) to (take a) rest, have a break (*de* from); (*acostarse*) to lie down; (*cadáver, restos*) to lie; **necesito ~ un rato** I need to rest a bit; **descanse en paz** rest in peace; **no descansé en todo el día** I didn't have a moment's rest all day; **¡que Ud descanse!**, **¡descanse bien!** sleep well! [b] (*Agr*) to lie fallow. [c] **~ en** (*Arquit*) to be supported by; (*argumento*) to be based on. [d] (*Mil*) **descansen!** at ease! [3] **descansarse** VR: **~ en algn** to rely on sb.
descansillo NM (*Arquit*) landing.

descanso NM [a] (*gen*) rest; (*alivio*) relief; (*período*) break; **tomarse unos días de ~** to take a few days' leave o rest; **trabajar sin ~** to work without a break; **día de ~** day off; **~ por enfermedad/maternidad** sick/maternity leave. [b] (*Dep*) half-time; (*Teat*) interval. [c] (*Téc*) rest, support.
descapitalizado ADJ undercapitalized.
descapotable ADJ, NM (*Aut*) convertible.
descarado ADJ (*sinvergüenza*) shameless; (*mentira*) barefaced; (*insolente*) cheeky, sassy (*US*); (*patente*) blatant.
descarga NF [a] (*de barco, carro*) unloading. [b] (*Mil*) firing, discharge. [c] (*Elec*) discharge.
descargadero NM wharf.
descargado ADJ (*vaciado*) empty, unloaded; (*pilas*) flat.
descargador NM (*de barcos*) docker, stevedore.
descargar <1h> [1] VT [a] (*barco, carro etc*) to unload, empty. [b] (*arma*) to fire; (*golpe*) to deal; **~ golpes sobre la mesa** to beat the table; **~ un golpe contra la censura** to strike a blow against censorship. [c] (*Elec*) to discharge; (*pila*) to run down. [d] (*cólera*) to vent (*en, sobre* on); (*conciencia*) to relieve. [e] (*Com*) to take up. [f] (*persona: de una obligación*) to release; (: *de una deuda*) to free; (*Jur*) to clear, acquit (*de* of). [2] VI [a] (*río*) to flow (*en* into). [b] (*Elec*) to discharge. [c] (*río*) to burst, break. [3] **descargarse** VR [a] to unburden o.s.; **~ de algo** to get rid of sth; **~ con o en algn de algo** to unload sth on to sb. [b] (*Jur*) to clear o.s. (*de* of). [c] (*dimitir*) to resign. [d] (*Elec: batería*) to go flat.
descargo NM [a] (*descarga*) unloading; (*fig: de obligación*) release. [b] (*Com: recibo*) receipt; (: *de deuda*) discharge. [c] (*Jur*) **~s** (*pruebas*) evidence *sg*; (*de acusado*) plea *sg*; **testigo de ~** witness for the defence o (*US*) defense; **~ de una acusación** acquittal of a charge.
descarnado ADJ (*cara*) lean; (*estilo*) straightforward.
descaro NM (*insolencia*) cheek, nerve; **tuvo el ~ de decirme que** he had the nerve to tell me that; **¡qué ~!** what cheek!, what a nerve!
descarriar <1c> [1] VT [a] (*descaminar*) to misdirect. [b] (*fig*) to lead astray. [2] **descarriarse** VR [a] (*persona*) to lose one's way; (*res*) to stray. [b] (*fig*) to go astray.
descarrilamiento NM derailment.
descarrilar <1a> VI, **descarrilarse** (*LAm*) VR [a] (*Ferro*) to be derailed. [b] (*fig*) to get off the track.
descartar <1a> [1] VT (*gen*) to discard; (*Naipes*) to throw away o down; (*poner de lado*) to put aside; (*rechazar*) to reject; (*posibilidad*) to rule out. [2] **descartarse** VR [a] (*Naipes*) to discard. [b] to excuse o.s. (*de* from).
descarte NM (*rechazo*) rejection; (*fig*) excuse.
descascarar <1a> [1] VT (*naranja, limón*) to peel; (*nueces, huevo duro, gamba*) to shell. [2] **descascararse** VR to peel (off).
descascarillado NM (*de plato*) chipping; (*de pintura*) peeling, flaking.
descascarillar <1a> VT to shell, peel; (*vasija etc*) to chip.
descastado ADJ (*frío*) cold, indifferent (to affection).
descatalogado ADJ (*libro*) out-of-print; (*disco*) unlisted; (*producto*) discontinued.
descendencia NF [a] (*origen*) descent, origin. [b] (*descendientes*) descendants *pl*; **morir sin dejar ~** to die without issue.
descendente ADJ descending, downward; (*cantidad*) diminishing; **tren ~** down train.
descender <2g> [1] VT [a] (*bajar*) to lower, let down; (*equipaje*) to get down. [b] (*escalera*) to descend. [2] VI [a] to descend. [b] (*fiebre, temperatura*) to drop, fall. [c] (*líquido*) to run, flow. [d] (*cortina etc*) to hang, fall (*US*).

e (*fuerzas, persona*) to fail, get weak; **~ de** o **en energía** to suffer a loss of energy.
f **~ a** to stoop to.
g **~ de** to descend o come from, be descended from; (*derivarse*) to be derived from.

descendiente NMF descendant; **~s** issue *sg*, descendants.

descendimiento NM descent; (*acto*) lowering.

descenso NM **a** (*acto*) descent, going down; (*de fiebre, temperatura etc*) drop, fall; (*de producción*) downturn; (*de calidad*) decline, falling-off; (*Dep*) relegation. **b** (*Min etc*) collapse, subsidence. **c** (*Med*) rupture; **~ del útero** prolapse. **d** (*bajada*) slope, drop; **el ~ hacia el río** (*bajada*) the slope down to the river. **e** (*fig: decadencia*) decline.

descentrado ADJ **a** (*pieza de una máquina*) offcentre, offcenter (*US*), off-beam; (*rueda*) out of true. **b** (*persona*) all-at-sea, bewildered; (*inadaptado*) maladjusted; (*desequilibrado*) unbalanced; (*problema*) out of focus; **todavía está algo ~** he is still somewhat out of touch.

descentralización NF decentralization.

descentralizar<1f> VT to decentralize.

descentrar<1a> VT to put off centre o (*US*) center (*fam*), to put off one's stroke.

descerrajar<1a> VT **a** (*cerradura, puerta*) to break open, force. **b** (*tiro*) to let off, fire (*a* at).

descifrable ADJ (*gen*) decipherable; (*letra*) legible.

descifrar<1a> VT (*escritura*) to decipher; (*mensaje en cifra*) to decode; (*problema*) to puzzle out; (*misterio*) to solve.

desclavar<1a> VT to pull out the nails from, unnail.

descocado ADJ (*descarado*) cheeky, sassy (*US*); (*chica*) brazen.

descocarse<1g> VR (*descararse*) to be cheeky.

descoco NM (*descaro*) cheek, sass (*US*); (*atrevimiento*) brazenness.

descodificación NF decoding; (*TV*) unscrambling, descrambling.

descodificador NM decoder; (*TV*) unscrambler, descrambler.

descodificar<1g> VT to decode; (*TV*) to unscramble, descramble.

descojonado ADJ (*fam!: cansado*) knackered (*fam*).

descojonante ADJ (*fam!: gracioso*) riotous, wildly funny.

descojonarse<1a> VR (*fam!*) **a** (*reír*) to piss o.s. laughing (*fam!*). **b** (*tb* **~ vivo**) to do o.s. in (*fam*).

descojono (*fam!*) NM: **fue un ~, ¡qué ~!** (*situación graciosa*) what a bloody riot! (*fam*); **¡esto es un ~!** what a bloody shambles! (*fam*).

descolar<1a> VT (*Méx*) to snub, slight.

descolgar<1h, 1l> **1** VT (*cuadro etc*) to take o get down; (*desde una posición alta*) to lower, let down; (*teléfono*) to lift, pick up; (*de una pared etc*) to unhook; **dejó el teléfono descolgado** he left the phone off the hook. **2** **descolgarse** VR **a** (*bajar por una cuerda*) to let o.s. down, lower o.s.; **~ de** (*bajar rápidamente*) to come o rush down; **~ por** (*bajar escurriéndose*) to slip o slide down; (*pared*) to climb down; **quedar descolgado** to be left behind. **b** (*aparecer inesperadamente: persona*) to turn up unexpectedly. **c** **~ del pelotón** (*ciclismo*) to be left behind the group. **d** **~ con** (*estupidez etc*) to come out with, blurt out.

descollante ADJ outstanding.

descollar<1l> VI (*sobresalir*) to stand out, be outstanding; (*montaña etc*) to rise, tower; **la obra que más descuella de las suyas** his most outstanding work.

descolocado ADJ (*objeto*) misplaced; (*cosa, lugar*) untidy.

descolocar<1g> VT (*papeles, libros*) to misplace; (*cajón, habitación*) to mess up.

descolonización NF decolonization.

descolonizar<1f> VT to decolonize.

descoloramiento NM discoloration; (*de color, tela etc*) fading.

descolorar<1a> VT = **decolorar 1**.

descolorido ADJ (*gen*) discoloured, discolored (*US*); (*color, tela*) faded; (*pálido*) pale.

descomedido ADJ **a** (*excesivo*) excessive, immoderate.

b (*persona*) rude, insolent (*con* to, towards).

descomedimiento NM rudeness, insolence.

descomedirse<3k> VR to be rude, be disrespectful (*con* to, towards).

descompasado ADJ (*excesivo*) excessive; (*sin proporción*) out of all proportion.

descompensar<1a> VT to unbalance.

descomponer<2r> (*pp* **descompuesto**) **1** VT **a** (*gen, Ling, Mat*) to break down (into parts), split up; (*Quím*) to decompose. **b** (*materia orgánica*) to rot, decompose. **c** (*Mec*) to break; (*mecanismo*) to put out of order; (*facciones*) to distort; (*estómago etc*) to upset; (*peinado*) to disarrange. **d** (*orden*) to disarrange, disturb; (*planes*) to mess up, upset; (*calma*) to ruffle; (*persona*) to shake up; (*irritar*) to anger. **2** **descomponerse** VR **a** (*pudrirse*) to rot, decompose. **b** (*esp Méx: Mec*) to break down; (*estómago*) to get upset. **c** (*irritarse*) to lose one's temper.

descomposición NF **a** (*gen*) breakdown; (*Quím*) decomposition. **b** (*putrefacción*) rotting. **c** (*Med*) **~ (de vientre)** stomach upset, diarrhoea, diarrhea (*US*).

descompostura NF **a** (*esp Méx: Téc etc*) breakdown, fault; (*desaliño*) untidiness. **b** (*fig: descaro*) brazenness.

descompresión NF decompression.

descompuesto **1** PP *de* **descomponer**. **2** ADJ **a** (*corrompido*) decomposed; (*esp Méx: reloj*) broken; (*: motor*) broken down, out of order. **b** (*Med*) **estar ~** to have diarrhoea o (*US*) diarrhea. **c** (*alterado: rostro*) distorted; (*furioso*) angry; (*LAm fam: medio ebrio*) tipsy.

descomunal ADJ (*enorme*) huge, enormous.

desconcentrar<1a> **1** VT **a** (*industria*) to decentralize. **b** (*persona*) to distract. **2** **desconcentrarse** VR to lose concentration, get distracted.

desconceptuar<1e> VT to discredit.

desconcertado ADJ: **estar** o **quedar ~** (*fig*) to be disconcerted, taken aback; (*turbado*) disconcerted, bewildered.

desconcertante ADJ disconcerting, upsetting.

desconcertar<1j> **1** VT **a** (*orden*) to disturb; (*proyecto*) to upset. **b** (*persona: incomodar*) to disconcert, upset; (*: azorar*) to embarrass; (*: confundir*) to baffle, bewilder. **2** **desconcertarse** VR (*persona: turbarse*) to be disconcerted o upset; (*: azorarse*) to get embarrassed; (*: confundirse*) to be bewildered; **sin ~** quite unruffled.

desconchado NM (*de pared*) place where plaster etc has broken away; (*de vasija*) chip.

desconchar<1a> **1** VT (*pared*) to strip off, peel off; (*loza*) to chip off. **2** **desconcharse** VR to peel off; to chip.

desconcierto NM **a** (*gen*) disorder. **b** (*fig: inquietud*) uneasiness; (*: desorientación*) uncertainty; (*: turbación*) embarrassment; (*: confusión*) bewilderment; **sembrar el ~** to sow discord.

desconectado ADJ (*Inform*) off-line.

desconectar<1a> **1** VT (*Elec, Mec*) to disconnect; (*enchufe*) to take o pull out; (*desenchufar*) to unplug; (*radio, televisor etc*) to switch off, turn off; (*Inform*) to put o take off-line; **estar desconectado de** to have no contact with. **2** VI (*fig: de conversación etc*) to switch off.

desconfiado ADJ distrustful, suspicious (*de* of).

desconfianza NF distrust, mistrust; **voto de ~** vote of no confidence.

desconfiar<1c> VI (*ser desconfiado*) to be distrustful; (*sentirse inseguro*) to lack confidence; **~ de** (*sospechar*) to distrust, mistrust; (*no tener confianza en*) to have no faith o confidence in; **desconfíe de las imitaciones** (*Com*) beware of imitations; **desconfío de poder hacerlo** I don't think I can do it.

descongelar<1a> **1** VT (*nevera*) to defrost; (*comida*) to thaw; (*Aut*) to de-ice; (*Econ, Fin: créditos etc*) to unfreeze. **2** **descongelarse** VR (*alimentos congelados*) to thaw.

descongestión NF (*gen*) relief, relieving; (*de pulmones, nariz*) clearing.

descongestionar<1a> VT (*cabeza*) to clear; (*calle, ciudad*) to relieve congestion in; (*fig: despejar*) to clear.

desconocer <2d> VT [a] (*ignorar*) not to know, be ignorant *o* unaware of. [b] (*no reconocer*) not to recognize; (: *fingiendo*) to pretend not to know. [c] (*obra*) to disown; (*no aceptar*) to deny.

desconocido/a [1] ADJ [a] unknown, not known (*de, para* to); (*poco familiar*) unfamiliar; (*no reconocido*) unrecognized; **lo ~** the unknown; **el triunfo de un atleta ~** the success of an unknown athlete.
[b] **está ~** he is hardly recognizable.
[2] NM/F stranger; (*recién llegado*) newcomer.

desconocimiento NM [a] (*falta de conocimientos*) ignorance. [b] (*repudio*) disregard.

desconsideración NF inconsiderateness, thoughtlessness.

desconsiderado ADJ (*descuidado*) inconsiderate; (*insensible*) thoughtless.

desconsolado ADJ (*afligido*) disconsolate; (*cara*) sad; (*desanimado*) dejected.

desconsolador ADJ distressing, grievous.

desconsolar <1l> [1] VT to distress. [2] **desconsolarse** VR to despair.

desconsuelo NM (*pena*) distress, grief; (*tristeza*) sadness; (*desesperación*) despair.

descontado ADJ: **por ~** of course; **dar por ~** to take for granted.

descontaminación NF decontamination.

descontaminar<1a> VT to decontaminate.

descontar<1l> VT (*deducir*) to deduct, take away; (*Com*) to discount, deduct; **descontando los gastos de alojamiento** excluding accommodation expenses.

descontentadizo ADJ (*difícil de contentar*) hard to please.

descontentar<1a> VT to displease.

descontento [1] ADJ (*insatisfecho*) dissatisfied, discontented (*de* with); (*disgustado*) disgruntled (*de* about, at). [2] NM [a] (*insatisfacción*) dissatisfaction; (*desagrado*) displeasure; (*disgusto*) disgruntlement. [b] (*Pol etc*) discontent, unrest.

descontinuar<1e> VT to discontinue.

descontrol NM lack *o* loss of control; **hay un ~ en la oficina** the office is in chaos.

descontrolado ADJ uncontrolled; **estar ~** to be out of control.

descontrolarse<1a> VR to lose control, get out of control, go wild.

desconvocar<1g> VT (*huelga, reunión*) to call off, cancel.

descoordinación NF lack of coordination.

descoque NM = **descoco**.

descorazonador ADJ discouraging, disheartening.

descorazonar <1a> [1] VT to discourage, dishearten. [2] **descorazonarse** VR to get discouraged, lose heart.

descorbatado ADJ tieless.

descorchador NM corkscrew.

descorchar<1a> VT [a] (*alcornoque*) to remove the bark from. [b] (*botella*) to uncork, open.

descorche NM uncorking, opening (of a bottle).

descornar<1l> [1] VT to de-horn, poll. [2] **descornarse** VR (*fig: trabajar*) to slog away, work like a slave; (*pensar*) to rack one's brains; (*fam: caer*) to have a nasty fall, break one's head.

descorrer <2a> VT (*cerrojo, cortina*) to draw back; (*velo*) to remove.

descortés ADJ (*mal educado*) discourteous; (*grosero*) rude, impolite.

descortesía NF (*gen*) discourtesy; (*grosería*) rudeness, impoliteness.

descortezar<1f> VT (*árbol*) to strip the bark from; (*pan*) to cut the crust off; (*fruta*) to peel.

descoser <2a> [1] VT (*costura*) to unstitch, unpick. [2] **descoserse** VR [a] (*Cos*) to come apart (at the seam). [b] (*fam: descubrir un secreto*) to blurt out a secret. [c] **~ de risa** to split one's sides laughing.

descosido [1] ADJ (*Cos*) unstitched, torn. [2] NM [a] (*Cos*) open seam. [b] **como un ~** (*obrar*) wildly; (*beber, comer*) to excess; (*estudiar etc*) like mad; **habla como un ~** he

just rattles on and on (*fam*).

descoyuntar<1a> [1] VT [a] (*Anat*) to dislocate; **estar descoyuntado** (*fam*) to be pooped (*fam*). [b] (*hechos*) to twist. [2] **descoyuntarse** VR [a] (*Anat*) **~ un hueso** to put a bone out of joint. [b] **~ de risa** (*fam*) to split one's sides laughing.

descrédito NM (*desprestigio*) discredit, disrepute; **caer en ~** to fall into disrepute; **ir en ~ de** to be to the discredit of.

descreencia NF unbelief.

descreído/a [1] ADJ unbelieving; (*ateo*) godless. [2] NM/F unbeliever.

descreimiento NM unbelief.

descremado ADJ (*leche*) skimmed, low-fat.

descremar<1a> VT (*leche*) to skim.

describir<3a> (*pp descrito*) VT (*gen*) to describe.

descripción NF description; **supera toda ~** it is indescribable.

descriptible ADJ describable.

descriptivo ADJ descriptive.

descrismarse <1a> VR [a] to split one's head open. [b] (*fig: trabajar*) to slave away; (: *pensar*) to rack one's brains.

descrito [1] PP de **describir**. [2] ADJ (*narrado*) described.

descruzar<1f> VT (*piernas*) to uncross; (*brazos*) to unfold.

descuajar <1a> VT [a] (*disolver*) to melt, dissolve. [b] (*arrancar*) to uproot; (*sacar*) to pull out. [c] (*extirpar*) to eradicate, wipe out.

descuajaringar, **descuajeringar**<1h> (*fam*) [1] VT to smash to bits *o* pieces. [2] **descuajaringarse, descuajeringarse** VR to fall to bits; **~ de risa** to split one's sides laughing, die laughing.

descuartizamiento NM (*de animal*) carving up, cutting up; (*Hist*) quartering.

descuartizar<1f> VT (*animal*) to carve up, cut up; (*Hist: persona*) to quarter; (*fig: hacer pedazos algo*) to tear apart.

descubierta NF [a] (*Mil*) reconnoitring, patrolling. [b] **a la ~** (*sin disfraz*) openly; (*sin protección*) in the open.

descubierto [1] PP de **descubrir**.
[2] ADJ (*gen*) uncovered; (*situación*) open, exposed; (*Mil*) under fire; (*cabeza, cuerpo*) bare; (*sin sombrero*) bareheaded, hatless; (*cielo*) clear; (*coche*) open; (*campo*) treeless.
[3] NM [a] (*lugar*) open space; **al ~** (*al raso*) (out) in the open; (*sin rodeos*) openly; **poner al ~** to lay bare, expose to view; **quedar al ~** to be exposed, come out into the open. [b] (*Com: en cuenta corriente*) deficit; (: *en el presupuesto*) shortage; (*saldo deudor*) overdraft; **vender al ~** to sell short; **estar en ~** to be overdrawn *o* (*fam*) in the red; **girar en ~** to overdraw.

descubridor(a) NM/F discoverer.

descubrimiento NM (*hallazgo*) discovery; (*de criminal, fraude*) detection; (*de secreto etc*) disclosure, revelation; (*de estatua etc*) unveiling.

descubrir <3a> (*pp descubierto*) [1] VT [a] (*país, remedio etc*) to discover; (*criminal, fraude*) to detect; (*encontrar: mina de oro, tesoro*) to find; (: *petróleo*) to strike; (*destapar*) to uncover; (*cacerola*) to take the lid off; (*naipes*) to lay down; (*sacar a luz: crimen*) to bring to light; (*enterarse de: causa, solución*) to find out, learn; **~ su juego** to show one's hand *o* one's cards.
[b] (*divisar*) to see, make out.
[c] (*estatua, placa*) to unveil.
[d] (*poner al descubierto*) to expose to view; (*revelar*) to show, reveal; (*delatar*) to give away, betray; **~ el estómago** to uncover *o* bare one's stomach.
[2] **descubrirse** VR [a] to be discovered; (*mostrarse*) to reveal *o* show o.s.; (*verse*) to come into sight.
[b] (*quitarse el sombrero*) to take off one's hat; (*para saludar*) to raise one's hat (in greeting).
[c] (*fig: salir a luz*) to come out *o* to light.

descuento NM discount, rebate; **~ del 3%** 3% off; **a ~** below par; **con ~** at a discount; **hacer ~** to give a discount; **~ por pago al contado/por volumen de com-**

pras (Com) cash/volume discount.
descuerar<1a> VT (Chi fam) to tell off (fam).
descuidadamente ADV (V adj) carelessly; slackly; untidily.
descuidado ADJ [a] (sin cuidado) careless; (negligente) slack; (olvidadizo) forgetful; (despreocupado) casual. [b] (aspecto) untidy, slovenly. [c] (desprevenido) unprepared, off (one's) guard. [d] (tranquilo) easy in one's mind; **puedes estar ~** you needn't worry, you can relax. [e] (abandonado) neglected.
descuidar<1a> [1] VT (desatender: deberes) to neglect; (olvidar) to overlook. [2] VI not to worry; **¡descuida!** don't worry!, it's all right!; **descuida, que yo me encargo de esto** don't worry, I'll take care of this. [3] **descuidarse** VR [a] (no prestar atención) to be careless, be negligent; (desprevenirse) to feel safe, drop one's guard; **si te descuidas** if you don't watch out; **a poco que te descuides te cobran el doble** you've got to watch them all the time or they'll charge you double; **a poco que te descuides ya no está** before you know where you are it's gone. [b] (abandonarse) to let o.s. go.
descuidero/a NM/F sneak thief, pickpocket.
descuido NM [a] (gen) carelessness; (negligencia) slackness; (olvido) forgetfulness; **al menor ~** if my etc attention wanders for a minute; **con ~** thoughtlessly. [b] (desaseo) untidiness. [c] (un ~) oversight; **en un ~** when least expected; **por ~** by an oversight, inadvertently.
desde [1] PREP [a] (lugar) from; **~ Burgos hay 30 km** it's 30 km from Burgos; **~ A hasta M** from A to M; **~ arriba/abajo** from above/below. [b] (tiempo) from, since; **~ ahora** from now on; **~ entonces** since then; **~ siempre** always; **~ el siglo XV para acá** from the 15th century onward; **no existe ~ 1960** it ceased to exist in 1960; **llueve ~ hace 3 días** it's been raining for 3 days; **no le vemos ~ hace 2 años** we haven't seen him for 2 years; **¿~ cuándo ocurre esto?** how long has this been happening? [c] **~ niño** since childhood, since I etc was a child. [d] **~ luego** (coletilla) really; (por supuesto) of course; **~ luego, quien lo iba a pensar** I ask you, who would have thought it?; **'¿vendrás?' - '~ luego'** 'are you coming?' - 'of course'. [2] **~ que** CONJ since; **~ que llovió** since it rained; **~ que puedo recordar** ever since I can remember, (for) as long as I can remember.
desdecir<3o> [1] VI [a] **~ de** to be unworthy of; (no merecer) **esta novela no desdice de las otras** this novel is well up to the standard of the others. [b] **~ de** (no corresponder) to clash with. [2] **desdecirse** VR (retractarse) to go back on what one has said; **~ de algo** to go back on sth.
desdén NM scorn, disdain; **al ~** carelessly.
desdentado ADJ toothless.
desdeñable ADJ contemptible; **nada ~** far from negligible.
desdeñar<1a> VT to scorn, disdain; (rechazar) to turn up one's nose at.
desdeñoso ADJ scornful, disdainful.
desdibujado ADJ blurred.
desdibujar<1a> [1] VT to blur (the outlines of). [2] **desdibujarse** VR to get blurred, fade (away); **el recuerdo se ha desdibujado** the memory has become blurred.
desdicha NF [a] (gen) unhappiness; (miseria) wretchedness. [b] (una ~) misfortune. [c] (fig fam: persona, cosa inútil) dead loss (fam).
desdichado/a [1] ADJ [a] (infeliz) unhappy; (desgraciado) unlucky; **¡qué ~ soy!** how wretched I am! [b] (día) ill-fated. [2] NM/F (pobre desgraciado) poor devil.
desdoblamiento NM [a] (de carreteras) widening. [b] (Escol: de grupos) breaking down, reduction. [c] **~ de la personalidad** split personality.
desdoblar<1a> [1] VT [a] (desplegar) to unfold; (extender) to spread out; (alambre) to untwist.

[b] (Quím) to break down (en into). [c] (duplicar) to double; **~ un cargo** to split the functions of a post. [2] **desdoblarse** VR to divide, split in two.
desdorar<1a> VT (lit, fig) to tarnish.
desdoro NM (fig) stigma, dishonour, dishonor (US).
desdramatizar<1f> VT to take the drama out of; (crisis) to defuse.
deseable ADJ desirable.
desear<1a> VT to want, desire, wish (for); **le deseo toda clase de éxito** I wish you every success; **¿qué desea?** (Com etc) what can I do for you?; **estoy deseando que esto termine** I'm longing for this to finish; **~ hacer algo** to want o wish to do sth; **estoy deseando verle** I'm looking forward to seeing him; **deja bastante que ~** it leaves a lot to be desired.
desecación NF desiccation.
desecar<1g> [1] VT (gen) to dry up; (estanque, terreno) to drain. [2] **desecarse** VR to dry up.
desechable ADJ disposable; **la oferta no es ~** the offer is not to be turned down lightly; **envases ~s** non-returnable empties.
desechar<1a> VT [a] (basura) to throw out; (lo inútil) to scrap, get rid of. [b] (consejo, miedo) to cast aside; (oferta) to reject; (plan) to drop.
desecho NM [a] (reject); **producto de ~** waste product; **ropa de ~** castoffs; **~s** (materiales inservibles) rubbish sg, scrap sg; (industriales) waste sg; (ropa) castoffs pl; **~s radiactivos** radioactive waste. [b] **ese tío es un ~** that bloke is a dead loss; **el ~ de la sociedad** the scum o dregs of society. [c] (LAm: atajo) short cut.
desembalar<1a> VT to unpack.
desembarazado ADJ [a] (libre) clear, free. [b] (desenvuelto) free and easy.
desembarazar<1f> [1] VT (camino, cuarto) to clear, free (de of). [2] **desembarazarse** VR: **~ de algo** to get rid of sth, free o.s. of sth.
desembarazo NM [a] (LAm: parto) birth. [b] (desenfado) ease, naturalness.
desembarcadero NM quay, landing stage.
desembarcar<1g> [1] VT (personas) to land, put ashore; (mercancías) to unload. [2] VI [a] (de barco) to land, go ashore; (de avión) to disembark. [b] (esp LAm) to alight (de from), get out (de of).
desembarco NM landing.
desembargar<1h> VT (Jur) to lift o remove the embargo on.
desembargo NM lifting o removal of an embargo.
desembarque NM (gen) disembarkation; (de pasajeros) landing; (de mercancías) unloading.
desembarrancar<1g> VT (barco) to refloat, get off.
desembocadura NF (salida) outlet; (de río) mouth; (de calle) opening, end.
desembocar<1a> VI [a] **~ en** (río) to flow o run into; (calle) to join, lead into. [b] **~ en** (terminar en) to end o result in; **esto desembocó en una tragedia** this ended in o led to tragedy.
desembolsar<1a> VT (pagar) to pay out; (gastar) to lay out.
desembolso NM (gen) payment; (gastos) outlay, expenditure; **~ inicial** deposit.
desembozar<1f> VT (lit, fig) to unmask.
desembragar<1h> [1] VT (Mec) to disengage, disconnect. [2] VI (Aut) to declutch, let out the clutch.
desembrague NM disengagement; (Aut: acto) declutching; (: mecanismo) clutch release.
desembrollar<1a> VT (madeja) to unravel; (asunto, malentendido) to sort out.
desembuchar<1a> [1] VT to disgorge; (fig) to come out with. [2] VI (confesar) to spill the beans (fam); **¡desembucha!** out with it! [3] **desembucharse** VR (Chi) to be sick.
desemejante ADJ dissimilar, unlike.
desemejanza NF dissimilarity.
desempacar<1g> VT (esp LAm) to unpack.
desempacharse<1a> VR [a] **se desempachó** his stom-

ach settled down (after its upset). **b** (*perder la timidez*) to come out of one's shell.

desempacho NM (*soltura*) ease; (*despreocupación*) unconcern; (*pey*) forwardness.

desempañar ‹1a› VT (*cristal*) to clean, de-mist, defog (*US*).

desempapelar ‹1a› VT (*pared*) to strip.

desempaquetar ‹1a› VT to unpack, unwrap.

desempatar ‹1a› VI: **volvieron a jugar para ~** they held a play-off.

desempate NM (*partido*) play-off; (*efecto*) breakthrough; **~ a penaltis** penalty shoot-out; **el gol del ~** the deciding *o* winning goal.

desempeñar ‹1a› **1** VT **a** (*lo empeñado*) to redeem, get out of pawn. **b** **~ a algn** to get sb out of debt, pay sb's debts. **c** (*cargo*) to occupy, hold; (*deber, función*) to perform, carry out; (*papel: tb en teatro*) to play. **2 desempeñarse** VR to get out of debt.

desempeño NM **a** (*de lo empeñado*) redeeming, redemption. **b** (*de cargo, deber*) carrying out, fulfilment, fulfillment (*US*); (*Teat*) performance, acting.

desempleado/a **1** ADJ unemployed, out of work. **2** NM/F unemployed man/woman; **los ~s** the unemployed.

desempleo NM **a** unemployment. **b** (*pago*) unemployment benefit.

desempolvar ‹1a› VT (*muebles etc*) to dust; (*lo olvidado*) to revive.

desencadenamiento NM (*fig*) unleashing; **~ de hostilidades** outbreak of hostilities.

desencadenante **1** ADJ: **los factores ~s del accidente** the factors which caused *o* contributed to *o* triggered off the accident. **2** NM cause, trigger.

desencadenar ‹1a› **1** VT **a** (*quitar las cadenas de*) to unchain; (*perro*) to unleash. **b** (*desatar: ira etc*) to unleash; (*provocar*) to cause, set off. **2 desencadenarse** VR **a** (*soltarse*) to break loose. **b** (*estallar: tormenta*) to burst; (*guerra*) to break out; **se desencadenó una violenta reacción** a violent reaction was produced.

desencajado ADJ (*cara*) twisted, contorted; (*ojos*) wild.

desencajar ‹1a› **1** VT **a** (*hueso*) to throw out of joint, dislocate. **b** (*Mec*) to disconnect, disengage. **2 desencajarse** VR (*cara*) to become distorted (with fear); (*ojos*) to look wild.

desencallar ‹1a› VT (*barco*) to refloat, get off.

desencaminado ADJ headed in the wrong direction, misguided.

desencantar ‹1a› VT to disillusion, disenchant.

desencanto NM disillusion(ment), disenchantment.

desencapotarse ‹1a› VR (*cielo*) to clear (up).

desenchufar ‹1a› VT to disconnect, unplug.

desencogerse ‹2c› VR to lose one's fear, loosen up.

desencolarse ‹1a› VR to come unstuck.

desenconar ‹1a› **1** VT (*cólera*) to calm down, soothe. **2 desenconarse** VR (*odio*) to die down; (*persona*) to calm down.

desencuadernar ‹1a› **1** VT to unbind. **2 desencuadernarse** VR to come unbound.

desendeudarse ‹1a› VR (*LAm*) to pay one's debts, get out of the red.

desenfadado ADJ (*aire, carácter*) free, uninhibited; (*despreocupado*) free-and-easy, carefree; (*desenvuelto*) self-confident; (*pey: descarado*) forward; (*en el vestir*) casual.

desenfadar ‹1a› **1** VT to pacify, calm down. **2 desenfadarse** VR to calm down.

desenfado NM (*libertad*) freedom, lack of inhibition; (*despreocupación*) free-and-easy manner; (*pey: descaro*) forwardness; (*desenvoltura*) self-confidence.

desenfocado ADJ out of focus.

desenfocar ‹1g› **1** VT (*Fot*) to put out of focus, focus badly; (*fig: asunto*) to read wrongly. **2 desenfocarse** VR (*Fot*) to go out of focus.

desenfrenadamente ADV (*V adj*) wildly, in an uncon-

trolled way; immoderately; licentiously.

desenfrenado ADJ (*frenético*) wild; (*inmoderado*) immoderate; (*apetito, pasiones*) unbridled.

desenfrenarse ‹1a› VR **a** (*persona: desmandarse*) to lose all self-control; (*multitud*) to run riot. **b** (*tempestad*) to burst; (*viento*) to rage.

desenfreno NM (*de pasiones*) unleashing; (*libertinaje*) licentiousness.

desenfundar ‹1a› **1** VT (*pistola*) to pull out, draw; (*destapar*) to uncover. **2** VI (*fam*) to flash (*fam*).

desenganchar ‹1a› **1** VT (*gen*) to unhook; (*Ferro*) to uncouple; (*Mec*) to disengage; (*caballo*) to unhitch. **2 desengancharse** VR (*fam*) to come off drugs, kick the habit (*fam*).

desengañado ADJ disillusioned.

desengañar ‹1a› **1** VT (*desilusionar*) to disillusion; (*decepcionar*) to disappoint; (*abrir los ojos a*) to open the eyes of, enlighten; **es mejor no ~la** it is best not to disillusion her *o* not to take away her hopes. **2 desengañarse** VR **a** (*desilusionarse*) to become disillusioned (*de* about); (*decepcionarse*) to be disappointed. **b** (*abrir los ojos*) to see the light, see things as they really are; **¡desengáñate!** wise up! (*fam*).

desengaño NM (*desilusión*) disillusion(ment); (*decepción*) disappointment; (*revelación*) eyeopener; **sufrir un ~ amoroso** to be disappointed in love.

desengrasar ‹1a› VT to degrease.

desenhebrar ‹1j› VT to unthread.

desenlace NM (*resultado*) outcome; (*Lit*) ending, dénouement (*frm*); **~ fatal** *o* **trágico** tragic ending; **el libro tiene un ~ feliz** the book has a happy ending.

desenlatar ‹1a› VT (*LAm: latas*) to open.

desenlazar ‹1f› **1** VT (*desatar*) to untie. **2 desenlazarse** VR **a** (*desatarse*) to come undone. **b** (*Lit*) to end, turn out.

desenmarañar ‹1a› VT (*lo enredado*) to disentangle; (*aclarar*) to unravel, clear up.

desenmascarar ‹1a› VT (*fig*) to unmask, expose.

desenredar ‹1a› **1** VT (*pelo etc*) to unravel; (*dificultad, problema*) to straighten out. **2 desenredarse** VR (*fig*) to extricate o.s. (*de* from).

desenrollar ‹1a› **1** VT to unroll, unwind. **2 desenrollarse** VR to unroll, unwind.

desenroscar ‹1g› VT (*tornillo etc*) to unscrew.

desensillar ‹1a› VT to unsaddle.

desentenderse ‹2g› VR **a** **~ de** (*simular ignorancia*) to pretend not to know about. **b** **~ de** to wash one's hands of, want nothing to do with; **se ha desentendido del asunto** he wants nothing to do with the matter.

desentendido ADJ: **hacerse el ~** to pretend not to notice; **se hizo el ~** he didn't take the hint; **no te hagas el ~** don't pretend you haven't heard.

desenterrar ‹1j› VT **a** (*cadáver*) to disinter; (*tesoro*) to unearth. **b** (*cosas olvidadas*) to rake up.

desentonado ADJ (*Mús*) out of tune.

desentonar ‹1a› VI **a** (*Mús*) to be out of tune. **b** (*no encajar*) to be out of place; (*colores*) to clash (*con* with); **el edificio desentona con el entorno** the building doesn't fit in with the surroundings.

desentorpecer ‹2d› VT **a** (*miembro*) to stretch, loosen up. **b** (*fam: persona*) to polish up.

desentramparse ‹1a› VR (*fam*) to get out of the red.

desentrañar ‹1a› VT (*misterio*) to get to the bottom of; (*significado*) to puzzle out.

desentrenado ADJ out of training.

desentumecer ‹2d› VT (*miembro*) to stretch; (*Dep: músculos*) to loosen up.

desenvainar ‹1a› VT (*espada*) to draw, unsheathe.

desenvoltura NF (*de movimientos*) ease; (*falta de timidez*) (self-)confidence; (*al hablar*) fluency; (*pey*) forwardness, brazenness.

desenvolver ‹2h› (*pp* **desenvuelto**) **1** VT (*paquete*) to unwrap; (*rollo*) to unwind, unroll. **2 desenvolverse** VR (*suceder*) to go off; (*desarrollarse*) to develop; (*manejarse*) to manage, cope; **se des-**

envuelve muy bien en público he comes across really well in public.

desenvuelto [1] PP de **desenvolver**. [2] ADJ (*suelto*) easy; (*desenfadado*) confident; (*al hablar*) fluent; (*pey*) forward.

deseo NM wish, desire; **el ~ de algo/hacer algo** the wish o desire for sth/to do sth; **~ de saber** thirst for knowledge; **buenos ~ s** good intentions; **arder en ~s de algo** to yearn for sth; **tener ~ de hacer algo** to want o yearn to do sth.

deseoso ADJ: **estar ~ de hacer algo** to be anxious o eager to do sth.

desequilibrado/a ADJ [1] ADJ (*lit, fig*) unbalanced; (*desigual*) one-sided, lop-sided. [2] NM/F unbalanced person; **~ mental** mentally disturbed person.

desequilibrar<1a> [1] VT (*mente*) to unbalance; (*objeto*) to throw out of balance; (*persona*) to throw off balance. [2] **desequilibrarse** VR (*balanza*) to go off balance; (*persona*) to become mentally unstable.

desequilibrio NM [a] (*de mente*) unbalance; (*entre cantidades*) imbalance. [b] (*Med*) unbalanced mental condition.

deserción NF desertion.

desertar<1a> VI to desert; **~ de** (*Mil etc*) to desert; **~ del hogar** to abandon one's home; **~ de sus deberes** to neglect one's duties.

desértico ADJ (*árido*) desert-like, barren; (*vacío*) deserted.

desertización NF (process of) turning land into a desert.

desertizar<1f> VT to turn into a desert.

desertor(a) NM/F deserter.

desesperación NF [a] (*falta de apetito*) despair, desperation; **con ~** despairingly. [b] **nadar con ~** to swim furiously. [c] **es una ~** it's maddening; **es una ~ tener que ...** it's infuriating to have to ....

desesperada NF: **hacer algo a la ~** to do sth as a last resort o in desperation.

desesperadamente ADV desperately, despairingly.

desesperado [1] ADJ [a] (*persona: sin esperanza*) desperate, despairing; (*caso, situación*) hopeless. [b] (*esfuerzo*) furious, frenzied. [2] NM: **como un ~** like mad.

desesperante ADJ (*exasperante*) infuriating; (*persona*) hopeless.

desesperanzar<1f> [1] VT to drive to despair. [2] **desesperanzarse** VR to lose hope, despair.

desesperar<1a> [1] VT to deprive of hope, drive to despair (*fam*); (*irritar*) to drive to distraction. [2] VI to despair (*de* of), lose hope; **~ de hacer algo** to give up all hope of doing sth. [3] **desesperarse** VR to despair, lose hope.

desespero NM (*LAm*) despair, desperation.

desestabilización NF destabilization.

desestabilizador ADJ (*campaña, influencia*) destabilizing.

desestabilizar<1f> VT to destabilize.

desestimar<1a> VT [a] (*menospreciar*) to have a low opinion of. [b] (*Jur: demanda*) to reject.

desfachatez NF cheek, nerve.

desfalcar<1g> VT to embezzle.

desfalco NM embezzlement.

desfallecer <2d> VI (*perder las fuerzas*) to get weak; (*desmayarse*) to faint; (*desanimarse*) to lose heart, get down (*fam*).

desfallecido ADJ (*débil*) weak.

desfallecimiento NM weakness; (*desmayo*) fainting fit.

desfasado ADJ (*anticuado*) behind the times; (*Téc*) out of phase; (*Anat*) uncoordinated.

desfasar<1a> VT to phase out.

desfase NM (*fig: diferencia*) gap; **~ horario** jet lag; **hay un ~ entre A y B** there is no correspondence between A and B.

desfavorable ADJ unfavourable, unfavorable (*US*).

desfavorecer <2d> VT (*suj: ropa: sentar mal*) to not suit, not to look well on.

desfavorecido ADJ underprivileged.

desfiguración NF, **desfiguramiento** NM (*de persona*) disfigurement; (*de monumento*) defacement.

desfigurado ADJ (*persona*) disfigured; (*sentido*) distorted.

desfigurar<1a> VT (*cara*) to disfigure; (*cuerpo*) to deform; (*cuadro, monumento*) to deface; (*sentido*) to twist; (*suceso*) to misrepresent; **una cicatriz le desfigura la cara** a scar disfigures his face.

desfiladero NM defile, gorge.

desfilar <1a> VI [a] (*Mil*) to parade; **desfilaron ante el general** they marched past the general. [b] (*pasar*) to come, pass by; **por su despacho han desfilado muchos acreedores** many creditors have passed through his office. [c] (*salir*) to leave, file out; **según acababan, iban desfilando por la puerta** as the finished, they filtered out the door.

desfile NM (*gen*) procession; (*Mil*) parade, march past; **~ de modelos** fashion show o parade; **~ de la victoria** victory parade.

desflorar<1a> VT [a] (*mujer*) to deflower. [b] (*arruinar*) to tarnish. [c] (*asunto*) to touch on.

desfogar<1h> [1] VT (*fig*) to vent (*con, en* on). [2] VI (*Náut: tormenta*) to burst. [3] **desfogarse** VR (*cólera*) to vent one's anger (*con, en* on), let off steam (*fam*).

desforestación NF deforestation.

desforestar<1a> VT to deforest.

desgajar<1a> [1] VT [a] (*rama*) to tear off; (*hoja de papel*) to tear out; (*naranja*) to split into segments. [b] **~ a algn de** to tear sb away from. [2] **desgajarse** VR to come off, break off.

desgana NF [a] (*falta de apetito*) lack o loss of appetite. [b] (*apatía*) unwillingness, reluctance; **hacer algo con ~** to do sth reluctantly.

desganado ADJ (*sin apetito*) not hungry; (*sin entusiasmo*) half-hearted; **estar ~** to have no appetite.

desganarse<1a> VR [a] (*perder el apetito*) to lose one's appetite. [b] (*cansarse*) to lose interest (*de* in), get fed up (*de* with).

desgañitarse<1a> VR to shout o.s. hoarse.

desgarbado ADJ (*sin gracia*) clumsy, ungainly.

desgarrador ADJ heartbreaking, heartrending; (*grito*) piercing.

desgarrar<1a> VT [a] (*vestido*) to tear, rip. [b] (*corazón*) to break.

desgarro NM [a] (*en tela*) tear, rip. [b] (*LAm: expectoración*) expectoration; (: *flema*) phlegm.

desgarrón NM big tear.

desgastar<1a> [1] VT [a] to wear away o down; (*Geol*) to erode; (*cuerda*) to fray; (*metal*) to corrode; **~ la ropa** to wear one's clothes out. [b] (*fig*) to spoil, ruin. [2] **desgastarse** VR [a] (*V vt*) to wear away; to erode; to fray; to corrode; to get worn out. [b] (*agotarse*) to wear o.s. out.

desgaste NM [a] (*de motor, objeto*) wear (and tear) (*de* on); (*de roca*) erosion; (*de cuerda*) fraying; (*de metal*) corrosion. [b] (*de gobierno etc*) ruination, downfall; **~ económico** drain on one's resources; **guerra de ~** war of attrition.

desglosar <1a> VT to detach; (*fig: cifras etc*) to break down.

desglose NM breakdown.

desgobernar <1j> VT (*Pol*) to misgovern, misrule; (*asunto*) to handle badly.

desgobierno NM (*V vt*) misgovernment, misrule; bad handling.

desgracia NF [a] (*gen*) misfortune; (*contratiempo*) accident; (*mala suerte*) (piece of) bad luck; **por ~** unfortunately; **¡qué ~!** what bad luck!; **en el accidente no hay que lamentar ~s personales** there were no casualties in the accident; **tener la ~ de** to be unlucky enough to. [b] **caer en ~** to lose favour o (*US*) favor.

desgraciadamente ADV unfortunately, unluckily.

desgraciado/a [1] ADJ [a] (*sin suerte*) unlucky, luckless; (*infeliz*) unhappy; (*lamentable*) unfortunate; (*LAm: asqueroso*) lousy (*fam*); **era ~ en su matrimonio** he was unhappy in his marriage; **¡qué ~ soy!** how wretched I am! [b] **ese día ~** that ill-fated day.

desgraciar<1b> **1** VT **a** (*estropear*) to spoil. **b** (*ofender*) to displease. **2** **desgraciarse** VR (*estropearse*) to be spoiled o be ruined; (*plan etc*) to fall through; **se le desgració el niño antes de nacer** she had a miscarriage, she lost the baby.

desgranar <1a> **1** VT **a** (*trigo*) to thresh; (*guisantes*) to shell; **~ un racimo** to pick the grapes from a bunch. **b** **~ las cuentas del rosario** to tell one's beads. **c** **~ mentiras** to come out with a string of lies. **2** **desgranarse** VR (*trigo*) to shed its grain; (*planta*) to drop its seeds. **b** (*cuentas*) to come unstrung.

desgravable ADJ tax-deductible, allowable against tax.

desgravación NF: **~ fiscal** o **de impuestos** tax relief; (*una ~*) tax deduction; **~ personal** tax allowance.

desgravar <1a> **1** VT (*producto*) to reduce the tax o duty on. **2** VI: **esas inversiones desgravan** those investments are tax-deductible.

desgreñado ADJ dishevelled, disheveled (*US*), tousled.

desguace NM (*de barco*) breaking-up, scrapping; (*de coche*) stripping, scrapping.

desguarnecer <2d> VT **a** (*Téc*) to strip down; (*quitar los adornos de*) to remove the accessories from; (*caballo*) to unharness; **~ un barco de las velas** to remove the sails from a boat. **b** (*Mil: pueblo*) to remove the garrison from; (: *plaza fuerte*) to dismantle.

desguarnecido ADJ **a** (*gen*) bare, shorn of trimmings *etc*. **b** (*ciudad*) undefended, unprotected; (*flanco*) exposed.

desguazar <1f> VT (*barco*) to break up, scrap; (*coche etc*) to strip, scrap.

deshabillé NM negligee.

deshabitado ADJ uninhabited.

deshabitar <1a> VT (*casa*) to leave empty; (*despoblar*) to depopulate.

deshabituar <1e> **1** VT: **~ a algn de la droga** to break sb of the drug habit, wean sb away from his addiction. **2** **deshabituarse** VR to lose the habit; **~ de la droga** to break o.s. of the drug habit, conquer one's drug addiction.

deshacer <2r> (*pp* **deshecho**) **1** VT **a** (*lo hecho*) to undo, unmake. **b** (*proyectos: arruinar*) to spoil, ruin; (*Mec: desmontar*) to take apart; (*romper*) to pull to pieces; (*dividir*) to cut o carve up. **c** (*cama*) to strip; (*maleta*) to unpack; (*paquete*) to unwrap; (*nudo*) to untie; (*costura*) to unpick. **d** (*nieve, helado*) to melt; (*pastilla etc*) to dissolve. **e** (*camino, pasos*) to retrace; (*tratado*) to break; (*contrato*) to annul; (*enemigo*) to rout; (*persona, economía*) to shatter. **2** **deshacerse** VR **a** (*desatarse*) to come undone o untied; (*estropearse*) to be spoiled o ruined; (*descomponerse*) to fall to pieces; **cuando lo levanté, se me deshizo todo** when I lifted it up it fell to bits. **b** (*derretirse*) to melt, dissolve; (*desvanecerse*) to vanish. **c** (*afligirse*) to grieve; (*impacientarse*) to get impatient; **se ha deshecho tras la tragedia** she has gone to pieces since the tragedy. **d** **~ de** (*gen*) to get rid of; (*de mala gana*) to part with; (*Com*) to dump, unload; **no quiero ~me de eso** I don't want to part with that. **e** **~ en** (*lágrimas*) to burst into; (*cumplidos, elogios*) to be lavish with. **f** (*esforzarse*) **se deshace por su familia** he does all he can for his family; **se deshace trabajando** he works excessively hard; **~ por complacer a algn** to strive o do one's utmost to please sb.

desharrapado/a **1** ADJ ragged, tattered. **2** NM/F: **los ~ de la sociedad** society's outcasts.

deshecho **1** PP *de* **deshacer**. **2** ADJ (*lazo, nudo*) undone; (*roto*) smashed; (*despedazado*) in pieces; (*cama*) unmade; **el pastel ha quedado ~** the cake is ruined; **estoy ~** I'm shattered.

deshelador NM (*Aer*) de-icer.

deshelar <1j> **1** VT (*tubería*) to thaw; (*congelador*) to defrost; (*avión, coche*) to de-ice. **2** VI, **deshelarse** VR to thaw, melt.

desherbar <1j> VT to weed.

desheredado/a NM/F: **los ~s** the dispossessed.

desheredar <1a> VT to disinherit.

deshidratación NF dehydration.

deshidratado ADJ dehydrated.

deshidratar <1a> **1** VT to dehydrate. **2** **deshidratarse** VR to become dehydrated.

deshielo NM (*gen*) thaw; (*de congelador*) defrosting; **~ diplomático** diplomatic thaw.

deshilachar <1a> VT, **deshilacharse** VR to fray.

deshilar <1a> **1** VT to fray. **2** **deshilarse** VR to get worn, fray.

deshilvanado ADJ (*fig*) disjointed, incoherent.

deshilvanar <1a> VT (*Cos*) to untack, take the stitches out of.

deshinchar <1a> **1** VT **a** (*neumático*) to let down; (*quitar la hinchazón de*) to reduce (the swelling of). **b** (*fig*) to give vent to. **2** **deshincharse** VR **a** (*neumático*) to go flat; (*hinchazón*) to go down. **b** (*fig*) to get down off one's high horse.

deshipotecar <1g> VT (*propiedad*) to pay off the mortgage on.

deshojar <1a> **1** VT (*árbol*) to strip the leaves off; (*flor*) to pull the petals off; (*LAm: maíz*) to husk; (: *fruta*) to peel. **2** **deshojarse** VR to lose its leaves *etc*.

deshollinador NM (chimney) sweep.

deshollinar <1a> VT (*chimenea*) to sweep.

deshonestidad NF (*falta de honradez*) dishonesty; (*indecencia*) indecency.

deshonesto ADJ (*no honrado*) dishonest; (*indecente*) indecent.

deshonor NM **a** dishonour, dishonor (*US*), disgrace. **b** (*un ~*) insult, affront (*a* to); **no es un ~ trabajar** it is no disgrace to work.

deshonra NF **a** (*deshonor*) dishonour, dishonor (*US*), disgrace; (*vergüenza*) shame; **lo tiene a ~** he thinks it beneath him. **b** (*acto*) shameful act.

deshonrar <1a> VT **a** to dishonour, dishonor (*US*), disgrace. **b** (*afrentar*) to insult. **c** (*mujer*) to seduce.

deshonroso ADJ dishonourable, dishonorable (*US*), disgraceful, ignominious.

deshora NF: **a ~** at an inconvenient time; (*llegar*) unexpectedly; (*acostarse*) at some unearthly hour; (*hacer*) at the wrong moment.

deshuesar <1a> VT (*carne*) to bone; (*fruta*) to stone.

deshumanizar <1f> VT to dehumanize.

desidia NF **a** (*pereza*) idleness. **b** (*en el vestir*) slovenliness.

desidioso ADJ (*V nf*) **a** idle. **b** slovenly.

desierto **1** ADJ **a** (*isla, región*) desert; (*paisaje*) bleak, desolate; (*calle, casa*) deserted. **b** **declarar ~** (*oposiciones, premio*) to declare void. **2** NM desert; **clamar en el ~** to preach in the wilderness.

designación NF **a** (*para un cargo*) appointment. **b** (*nombre*) designation.

designar <1a> VT (*nombrar*) to designate, appoint; (*elegir*) to select; (*fecha, lugar*) to fix.

designio NM plan, design; **los ~s divinos** divine intentions.

desigual ADJ **a** (*gen*) unequal; (*diferente*) different; (*lucha*) unequal; (*tratamiento*) unfair. **b** (*cambiadizo: tiempo*) changeable; (: *carácter*) unpredictable. **c** (*escritura*) uneven; (*terreno*) rough.

desigualdad NF **a** (*Econ, Pol*) inequality. **b** (*de carácter, tiempo*) unpredictability. **c** (*de escritura*) unevenness; (*de terreno*) roughness.

desilusión NF (*pérdida de ilusiones*) disillusion(ment); (*decepción*) disappointment; **caer en la ~** to get disillusioned; **sufrir una ~** to suffer a disappointment.

desilusionar <1a> **1** VT (*hacer perder las ilusiones*) to disillusion; (*decepcionar*) to disappoint, let down. **2** **desilusionarse** VR (*desengañarse*) to get disillusioned;

(*decepcionarse*) to be disappointed.

desincrustar<1a> VT to descale.

desinencia NF (*Ling*) ending.

desinfección NF disinfection.

desinfectante ADJ, NM disinfectant.

desinfectar<1a> VT to disinfect.

desinflación NF (*Com*) disinflation.

desinflado ADJ (*neumático*) flat.

desinflar<1a> ☐1 VT to deflate, let the air out of. ☐2 **desinflarse** VR (*neumático*) to go down o flat.

desinformación NF ☐a (*información engañosa*) disinformation, misleading information, black propaganda. ☐b (*ignorancia*) ignorance, lack of information.

desinhibición NF lack of inhibition(s).

desinhibido ADJ uninhibited.

desinhibir<3a> ☐1 VT to free from inhibitions. ☐2 **desinhibirse** VR to lose one's inhibitions.

desintegración NF disintegration; **~ nuclear** nuclear fission.

desintegrar<1a> ☐1 VT (*gen*) to disintegrate; (*átomo*) to split; (*grupo*) to break up. ☐2 **desintegrarse** VR to disintegrate; to split; to break up.

desinterés NM ☐a (*imparcialidad*) disinterestedness; (*altruismo*) unselfishness. ☐b (*falta de interés*) lack of interest.

desinteresado ADJ (*imparcial*) disinterested; (*altruista*) unselfish.

desinteresarse<1a> VR ☐a (*perder interés*) to lose interest (*de* in). ☐b **~ de** (*desentenderse*) to take nothing to do with.

desintoxicación NF (*gen*) curing of poisoning; (*de drogas*) curing of drug addiction; **centro de ~** detox(ification) centre o (*US*) center.

desintoxicar<1g> ☐1 VT to cure of poisoning; (*de drogas*) to cure of drug addiction *etc*. ☐2 **desintoxicarse** VR to undergo treatment for drug addiction *etc*.

desistir<3a> VI to desist; **~ de** (*empresa*) to give up; (*derecho*) to waive; **~ de hacer algo** to desist from o give up doing sth.

deslavazado ADJ (*lacio*) limp; (*desteñido*) faded; (*insípido*) colourless, colorless (*US*); (*incoherente*) disjointed.

desleal ADJ disloyal (*a, con* to); (*Com: competencia*) unfair.

deslealtad NF (*gen*) disloyalty; (*Com*) unfairness.

desleído ADJ (*fig: idea*) weak, woolly.

desleír<3l> ☐1 VT (*lo sólido*) to dissolve; (*lo líquido*) to dilute. ☐2 **desleírse** VR to dissolve; to become diluted.

deslenguado ADJ (*malhablado*) foul-mouthed.

deslenguarse<1i> VR (*hablar: demasiado*) to shoot one's mouth off; (: *groseramente*) to pour out obscenities.

desliar<1c> ☐1 VT (*desatar*) to untie, undo; (*paquete*) to open. ☐2 **desliarse** VR to come undone.

desligado ADJ loose, free; **vive ~ de todo** he lives in a world of his own.

desligar<1h> ☐1 VT ☐a (*gen*) to untie, undo. ☐b (*separar*) to detach; **~ el primer aspecto del segundo** to separate the first aspect from the second. ☐c (*absolver*) to absolve, free (*de* from); **~ a algn de una promesa** to release sb from a promise. ☐2 **desligarse** VR (*objeto*) to come undone; (*persona*) to extricate o.s. (*de* from).

deslindar<1a> VT ☐a (*señalar las lindes de*) to mark out, fix the limits o boundaries of. ☐b (*fig*) to define.

desliz NM ☐a (*de persona*) slip; (*de objeto*) sliding; (*Aut*) skid. ☐b (*equivocación*) slip; (*indiscreción*) indiscretion; **cometer un ~** to slip up.

deslizamiento NM (*de cosas*) sliding; (*de persona*) slipping; (*Aut*) skid; **~ de tierra** landslide.

deslizar<1f> ☐1 VT ☐a (*gen*) to slide, slip (*en* into; *por* along, through). ☐b **~ una propina a algn** to slip sb a tip; **~ una observación** to slip in a remark. ☐2 **deslizarse** VR ☐a (*resbalar*) to slip (*en* on); (*por nieve etc*) to slide (*por* along); (*Aut*) to skid. ☐b (*serpiente*) to slither; (*barco*) to glide; (*agua*) to flow gently; (*tiempo*) to pass; (*persona: irse*) to slip away; **~ en un cuarto** to slip into a room; **~ fuera de un agujero** to

wriggle out of a hole; **la anguila se deslizó entre mis manos** the eel slipped through my fingers.

deslomar<1a> ☐1 VT (*romper el lomo de*) to break the back of; (*fig*) to wear out; **~ a algn a golpes** to beat sb mercilessly. ☐2 **deslomarse** VR (*fig fam*) to work one's guts out.

deslucido ADJ ☐a (*deslustrado*) tarnished; (*raído*) shabby. ☐b (*sin vida*) dull; (*actuación*) undistinguished; **la fiesta resultó ~a** the party was a flop. ☐c (*sin gracia*) graceless. ☐d (*fracasado*) unsuccessful; **quedar ~** to make a poor impression.

deslucimiento NM ☐a (*de muebles, vestidos*) shabbiness. ☐b (*falta de brillantez*) dullness. ☐c (*falta de gracia*) gracelessness. ☐d (*fracaso*) failure.

deslucir<3f> ☐1 VT ☐a (*deslustrar*) to tarnish; (*estropear*) to spoil, ruin; **la lluvia deslució el acto** the rain ruined the ceremony. ☐b (*persona*) to discredit. ☐2 **deslucirse** VR (*fracasar*) to fail, be unsuccessful.

deslumbrador, deslumbrante ADJ (*lit, fig*) dazzling.

deslumbramiento NM glare, dazzle.

deslumbrar<1a> VT ☐a (*con la luz*) to dazzle; (: *cegar*) to blind. ☐b (*impresionar*) to dazzle; (*dejar perplejo a*) to puzzle, confuse; **deslumbró a todos con su oratoria** he captivated everyone with his oratory.

deslustrado ADJ (*sin lustre*: *tb fig*) dull; (*reputación*) tarnished.

deslustrar <1a> VT ☐a (*quitar lustre a*) to dull. ☐b (*reputación*) to sully.

desmadejamiento NM enervation, weakness.

desmadejar<1a> ☐1 VT to enervate, weaken, take it out of. ☐2 **desmadejarse** VR to weaken.

desmadrarse<1a> VR (*fam: descontrolarse*) to get out of control, go too far; (*divertirse*) to let one's hair down; (*excederse*) to go over the top.

desmadre NM (*fam*) ☐a (*exceso*) excess; **esto va de ~ total** this is really getting out of hand. ☐b (*confusión*) chaos. ☐c (*juerga*) rave-up (*fam*).

desmalezar<1f> VT (*LAm*) to weed.

desmán NM (*exceso*) excess; (*ultraje*) outrage; **cometer un ~** to commit an outrage (*contra* on).

desmandado ADJ ☐a (*desobediente*) unruly; (*desenfrenado*) unbridled; (*incontrolable*) out of hand. ☐b (*caballo*) runaway.

desmandarse<1a> VR ☐a (*excederse*) to get out of hand; (*portarse mal*) to behave badly. ☐b (*caballo*) to bolt, run away.

desmano: a ~ ADV out of the way; **me pilla a ~** it's not on my way.

desmantelamiento NM dismantling; (*de barcos*) unrigging; (*de organización*) disbanding.

desmantelar<1a> ☐1 VT ☐a (*base, fábrica*) to dismantle; (*máquina*) to strip down; (*andamio*) to take down; (*casa*) to strip of its contents; (*Náut*) to unrig. ☐b (*organización*) to disband. ☐2 **desmantelarse** VR (*casa*) to fall into disrepair.

desmañado ADJ clumsy.

desmaquillador, desmaquillante NM make-up remover.

desmaquillarse<1a> VR to remove one's make-up.

desmarcarse<1a> VR (*Dep*) to shake off one's attacker, get clear; (*fig*) to distance o.s. (*de* from).

desmasificar VT (*cárceles, hospitales*) to reduce overcrowding in; **~ la universidad** to reduce student numbers.

desmayado ADJ ☐a (*Med*) unconscious. ☐b (*débil*) faint; (*carácter*) dull, lacklustre, lackluster (*US*). ☐c (*color*) pale.

desmayar<1a> ☐1 VI (*persona*) to lose heart; (*esfuerzo*) to falter, flag. ☐2 **desmayarse** VR (*Med*) to faint.

desmayo NM ☐a (*Med: acto*) faint, fainting fit; (: *estado*) unconsciousness; **sufrir un ~** to have a fainting fit, faint. ☐b (*de voz*) faltering; (*depresión*) dejection, depression; (*del cuerpo en gen*) languidness, limpness; **hablar con ~** to talk in a small voice, speak falteringly.

desmedido ADJ (*excesivo*) excessive; (*desproporcionado*) out of all proportion; (*ambición*) boundless.

desmedirse<3k> VR to go too far.

desmejorado ADJ: **ha quedado muy ~a** she's lost her looks; **está muy ~a** (*Med*) she's not looking at all well.

desmejoramiento NM deterioration.

desmejorar<1a> [1] VT [a] (*dañar*) to impair, damage. [b] (*Med*) to weaken. [2] **desmejorarse** VR [a] (*situación*) to deteriorate. [b] (*persona*) to lose one's looks, look less attractive; (*Med*) to get worse (in health).

desmelenarse<1a> VR (*fam*) to let one's hair down.

desmembración NF, **desmembramiento** NM (*lit*) dismemberment; (*fig*) break-up.

desmembrar<1j> VT (*lit*) to dismember; (*fig*) to break up.

desmemoriado ADJ absent-minded.

desmentir <3i> VT (*acusación*) to deny, refute; (*rumor*) to scotch, squelch (*US*); (*teoría*) to refute; (*carácter, orígenes*) to belie; **~ rotundamente una acusación** to flatly deny a charge.

desmenuzable ADJ crumbly.

desmenuzar<1f> [1] VT [a] (*pan*) to crumble (up); (*carne*) to chop. [b] (*examinar*) to examine minutely. [2] **desmenuzarse** VR to crumble (up).

desmerecedor ADJ undeserving.

desmerecer <2d> [1] VT to be unworthy of. [2] VI [a] (*deteriorarse*) to deteriorate; (*perder valor*) to lose value. [b] **~ de** to compare unfavourably *o* (*US*) unfavorably with; **ésta no desmerece de sus otras películas** this is every bit as good as his earlier films.

desmesuradamente ADV disproportionately, excessively; **abrir ~ la boca** to open one's mouth extra wide.

desmesurado ADJ [a] (*desmedido*) disproportionate; (*enorme*) enormous; (*ambición*) boundless. [b] (*descarado*) insolent.

desmigajar <1a>, **desmigar** <1h> [1] VT to crumble. [2] **desmigajarse, desmigarse** VR to crumble.

desmilitarización NF demilitarization.

desmilitarizar<1f> VT to demilitarize.

desmirriado ADJ weedy.

desmitificar<1g> VT to demythologize.

desmochar <1a> VT (*árbol*) to lop; (*texto*) to cut, hack about.

desmoche NM (*de árbol*) lopping.

desmontable [1] ADJ (*gen*) which can be taken apart; (*que se quita*) detachable; (*en compartimientos*) sectional; (*que se puede plegar etc*) collapsible. [2] NM tyre *o* (*US*) tire lever.

desmontar <1a> [1] VT [a] (*gen*) to dismantle; (*motor*) to strip down; (*máquina*) to take apart *o* to pieces; (*edificio*) to knock down; (*escopeta*) to uncock; (*artillería*) to knock out; (*tienda de campaña*) to take down. [b] (*terreno*) to level; (*quitar los árboles a*) to clear. [c] (*jinete*) to throw, unseat. [2] VI to dismount, alight (*de* from).

desmonte NM [a] (*acto*) (*V vt* (b)) levelling, leveling (*US*); clearing; **los trabajos exigirán el ~ de X metros cúbicos** the work will necessitate the removal of X cubic metres *o* (*US*) meters. [b] (*terreno*) levelled *o* (*US*) leveled ground. [c] (*Ferro*) cutting, cut (*US*).

desmoralización NF demoralization.

desmoralizado ADJ demoralized.

desmoralizador ADJ demoralizing.

desmoralizar <1f> [1] VT (*gen*) to demoralize. [2] **desmoralizarse** VR to lose heart, get discouraged.

desmoronado ADJ (*casa, edificio*) tumbledown, in ruins.

desmoronamiento NM (*lit, fig*) crumbling, collapse.

desmoronar <1a> [1] VT (*desgastar*) to wear away; (*fig: erosionar*) to erode. [2] **desmoronarse** VR (*Geol*) to crumble, fall apart; (*casa*) to fall into disrepair; (*fig: decaer*) to decay; **tras la muerte de su marido se desmoronó** after her husband's death she went to pieces.

desmovilización NF demobilization.

desmovilizar<1f> VT to demobilize.

desnacionalización NF denationalization.

desnacionalizado ADJ (*industria*) denationalized; (*persona*) stateless.

desnacionalizar<1f> VT to denationalize.

desnatado ADJ (*leche*) skimmed, low-fat *atr*.

desnatar<1a> VT (*leche*) to skim; **leche sin ~** whole milk.

desnaturalizado ADJ [a] **alcohol ~** methylated spirits. [b] (*persona*) unnatural.

desnaturalizar <1f> [1] VT [a] (*Quím*) to denature. [b] (*corromper*) to pervert; (*sentido de algo, sucesos*) to distort, misrepresent. [2] **desnaturalizarse** VR (*perder la nacionalidad*) to give up one's nationality.

desnivel NM [a] (*de terreno*) unevenness. [b] (*Pol, Sociol*) inequality; (*diferencia*) difference (*entre* between).

desnivelado ADJ [a] (*terreno*) uneven. [b] (*fig: desequilibrado*) unbalanced.

desnivelar <1a> VT [a] (*terreno*) to make uneven. [b] (*fig: desequilibrar*) to unbalance; (*balanza*) to tip.

desnuclearizado ADJ: **región ~a** nuclear-free area.

desnudar<1a> [1] VT (*despojar*) to strip (*de* of); (*persona*) to strip, undress; (*brazo*) to bare; (*espada*) to draw; (*Geol*) to denude; (*descubrir*) to uncover. [2] **desnudarse** VR [a] (*persona*) to undress, get undressed; **~ hasta la cintura** to strip to the waist. [b] **~ de algo** to get rid of sth; **el árbol se está desnudando de sus hojas** the tree is shedding *o* losing its leaves.

desnudez NF [a] (*de persona*) nudity, nakedness. [b] (*fig*) bareness.

desnudo [1] ADJ [a] (*cuerpo*) naked, nude; (*árbol, brazo*) bare; (*paisaje*) flat, featureless; **en las paredes ~as** on the bare walls; **cavar con las manos ~as** to dig with one's bare hands. [b] (*estilo*) unadorned; (*verdad*) plain, unvarnished; **~ de** devoid *o* bereft of. [c] (*pobre*) penniless; (*arruinado*) ruined, bankrupt. [2] NM [a] (*Arte*) nude; **la retrató al ~** he painted her in the nude. [b] **poner al ~** (*fig*) to lay bare.

desnutrición NF malnutrition, undernourishment.

desnutrido ADJ undernourished.

desobedecer<2d> VT, VI to disobey.

desobediencia NF disobedience; **~ civil** civil disobedience.

desobediente ADJ disobedient.

desocupación NF [a] (*esp LAm: desempleo*) unemployment. [b] (*ocio*) leisure. [c] (*de piso, fábrica*) clearance, clearing.

desocupado ADJ [a] (*asiento*) empty; (*piso*) unoccupied; (*mesa en restaurante*) free. [b] (*tiempo*) spare, free. [c] (*persona: libre*) free, not busy; (*Econ: parado*) unemployed.

desocupar<1a> [1] VT [a] (*casa, piso*) to vacate, move out of; (*recipiente*) to empty. [b] (*piso, fábrica*) to clear (out). [c] (*contenido*) to remove, take out. [2] **desocuparse** VR (*quedar libre*) to be free; **cuando me desocupe, te llamo** I'll call you when I'm free; **se ha desocupado aquella mesa** that table's free now.

desodorante NM deodorant.

desodorizar<1f> VT to deodorize.

desoír<3p> VT to ignore, disregard.

desojarse<1a> VR to strain one's eyes.

desolación NF (*lit, fig*) desolation.

desolado ADJ [a] (*lugar*) desolate. [b] (*persona*) distressed.

desolador ADJ (*que aflige*) distressing; (*epidemia*) devastating.

desolar <1a> [1] VT (*ciudad, poblado*) to lay waste; (*afligir*) to desolate. [2] **desolarse** VR to grieve, be distressed.

desollar <1l> VT [a] (*quitar la piel a*) to skin. [b] **~ vivo a** (*hacer pagar*) to fleece; (*criticar*) to criticize unmercifully.

desorbitado ADJ [a] (*excesivo*) disproportionate; (*precio*) exorbitant. [b] **con los ojos ~s** popeyed.

desorbitar <1a> [1] VT [a] (*exagerar*) to exaggerate. [b] (*interpretar mal*) to misinterpret, get out of perspective. [2] **desorbitarse** VR (*persona*) to lose one's sense of proportion; (*asunto*) to get out of hand.

desorden NM [a] (*gen*) disorder; (*confusión*) confusion; (*de casa, cuarto*) mess; **en ~** in confusion; (*objetos*) in a mess; **poner las cosas en ~** to upset things; **la casa está en un ~ total** the house is in a complete mess.

[b] **~es** (*alborotos*) disturbances; (*excesos*) excesses.
desordenado ADJ [a] (*habitación, persona*) untidy; (*objetos: revueltos*) in a mess, jumbled. [b] (*vida*) irregular.
desordenar<1a> [1] VT (*gen*) to disarrange; (*pelo*) to mess up; (*cuarto*) to make a mess in; (*causar confusión a*) to throw into confusion. [2] **desordenarse** VR (*papeles, casa*) to get into a mess.
desorganización NF disorganization.
desorganizar<1f> VT to disorganize.
desorientado ADJ [a] **estoy algo ~** I'm lost. [b] (*juventud etc*) disoriented.
desorientar<1a> [1] VT [a] (*extraviar*) **~ a algn** to make sb lose his way, disorientate sb; **me desorientó el nuevo edificio de la esquina** the new building on the corner made me lose my bearings *o* threw me out.
[b] (*despistar*) to lead astray; (*confundir*) to confuse.
[2] **desorientarse** VR (*V vt*) [a] to lose one's way *o* bearings.
[b] to go astray; to get confused.
desovar<1l> VI (*peces*) to spawn; (*insectos*) to lay eggs.
desove NM (*de pez*) spawning; (*de insecto*) egg-laying.
desoxidar<1a> VT to deoxidize.
despabilado ADJ [a] (*despierto*) wide-awake.
[b] (*despejado*) sharp, quick (on the uptake).
despabilar<1a> [1] VT [a] (*vela*) to snuff; (*mecha*) to trim.
[b] (*despertar*) to wake up; (*avivar el ingenio de*) to liven up, brighten up.
[c] (*fortuna*) to squander rapidly; (*comida*) to eat up; (*trabajo*) to get through quickly.
[d] (*fam: afanar*) to pinch (*fam*).
[2] VI to get a move on (*fam*); **¡despabila!** shift it! (*fam*), jump to it! (*fam*).
[3] **despabilarse** VR (*lit*) to wake up; (*fig*) to get a move on.
despachar<1a> [1] VT [a] (*terminar: tarea, negocio*) to complete; (*resolver: problema*) to settle; (*correspondencia*) to deal with, attend to; **~ asuntos con el gerente** to settle matters with the manager; **medio capítulo llevo despachado ya** I've already knocked off half a chapter; **quiero ~ este asunto hoy** I want to get this matter settled *o* out of the way today.
[b] (*fam: comida*) to polish off (*fam*); (: *bebida*) to knock back (*fam*), gulp down (*US*).
[c] (*billete*) to issue; (*Arg: facturar*) to register, check in.
[d] (*enviar: mensaje, persona*) to dispatch (*a to*).
[e] (*persona: del trabajo*) to sack, fire (*fam*); **cuando me pidió dinero, lo despaché** when he asked me for money, I sent him packing.
[f] (*matar*) to do in (*fam*).
[g] (*Com: mercancías*) to sell, deal in; (: *cliente*) to attend to; **en seguida le despacho** I'll attend to you at once.
[2] VI [a] (*Com*) **no despacha los domingos** he doesn't do business on Sundays; **¿quién despacha?** is anybody serving?
[b] (*decidirse*) to get things settled; **¡despacha de una vez!** make up your mind!
[3] **despacharse** VR [a] to finish off; **~ de algo** to get rid *o* clear of sth.
[b] **~ a su gusto con algn** to give sb a piece of one's mind.
despachero/a NM/F (*Chi*) shopkeeper.
despacho NM [a] (*envío*) dispatch, sending (out); (*de negocio*) settling; (*mensaje*) message; (*Mil, diplomático*) dispatch; **~ telegráfico** telegram. [c] (*oficina: Com, Pol*) office; (: *en una casa*) study; **~ de billetes** *o* (*LAm*) **de boletos** booking office; **~ de localidades** box office; **~ de lotería** lottery ticket office. [d] (*Com: venta*) sale (of goods), selling; (: *tienda*) shop; (*Chi*) general stores.
despachurrar<1a> [1] VT (*aplastar*) to crush, squash; (*cuento*) to mangle; (*persona*) to flatten. [2] **despachurrarse** VR (*fruta, pastel*) to get squashed *o* crushed (up).
despacio ADV [a] (*lentamente*) slowly; (*sin esforzarse*) gently; (*poco a poco*) gradually; **¡~!** gently does it!, take it easy! [b] (*esp LAm: en voz baja*) softly, in a low voice; **habla ~** he's soft-spoken.
despacito ADV (*fam*) slowly; (*suavemente*) softly; **¡~!**

slowly does it!
despampanante ADJ (*fam: chica*) stunning.
despanzurrar<1a> [1] VT to crush, squash. [2] **despanzurrarse** VR to get squashed *o* crushed (up) (*contra* against).
desparejado, desparejo ADJ odd.
desparpajar<1a> (*CAm, Méx*) [1] VT (*desparramar*) to scatter. [2] VI, **desparpajarse** VR (*despertarse*) to wake up.
desparpajo NM [a] (*desenvoltura*) self-confidence; (*pey*) nerve. [b] (*CAm: confusión*) muddle.
desparramar<1a> [1] VT [a] (*gen*) to scatter (*por over*); (*líquido: sin querer*) to spill.
[b] (*fortuna*) to squander; (*atención*) to spread too widely.
[2] **desparramarse** VR (*V vt*) to scatter; to spill, be spilt.
despatarrado ADJ (*lit*) sprawling; (*fig*) flabbergasted.
despatarrarse <1a> VR (*abrir las piernas*) to open one's legs wide; (*al caerse*) to go sprawling; (*sentarse*) to sprawl.
despavorido ADJ terrified.
despechado ADJ spiteful.
despecho NM [a] (*ojeriza*) spite; **por ~** out of (sheer) spite. [b] **a ~ de** in spite of, despite.
despechugado ADJ (*fam*) bare-chested.
despechugarse <1h> VR (*fam*) to bare one's chest *o* breast.
despectivamente ADV contemptuously, scornfully; (*Ling*) pejoratively.
despectivo ADJ contemptuous, scornful; (*Ling*) pejorative; **hablar de algn en términos ~s** to speak disparagingly of sb.
despedazar<1f> VT [a] (*hacer pedazos*) to tear apart *o* to pieces. [b] (*corazón*) to break.
despedida NF [a] (*adiós*) goodbye, farewell; (*antes de viaje*) send-off; (*ceremonia*) farewell ceremony; **cena/ función de ~** farewell dinner/performance; **regalo de ~** parting gift; **~ de soltero/soltera** stag/hen party. [b] (*en carta*) closing formula.
despedir<3k> [1] VT [a] (*gen*) to say goodbye to; (*visita*) to see out; (*cliente*) to show out; **fuimos a ~le a la estación** we went to see him off at the station.
[b] (*empleado*) to dismiss, sack (*fam*); (*inquilino*) to evict.
[c] **~ algo de sí** to get rid of sth; **~ un pensamiento de sí** to put a thought out of one's mind.
[d] (*arrojar: objeto*) to hurl, fling; (*olor*) to give off *o* out; (*calor*) to give out; **salir despedido** to fly off (*fam*).
[2] **despedirse** VR (*decir adiós*) to say goodbye, take one's leave; (*dejar un empleo*) to give up one's job; **se despidieron** they said goodbye to each other; **~ de algn** to say goodbye to *o* take one's leave of sb; (*a la estación*) to see sb off; **¡ya puedes ~te de ese dinero!** you can say goodbye to that money!
despegado/a ADJ [a] (*separado*) detached, loose; **el sobre está ~** the envelope has come unstuck; **el libro está ~** the book is falling apart. [b] (*persona: poco afectuoso*) cold, indifferent.
despegar<1h> [1] VT (*cosas pegadas*) to unstick; (*separar*) to detach; (*sobre*) to open; **sin ~ los labios** without uttering a word.
[2] VI (*avión*) to take off; (*cohete*) to blast off.
[3] **despegarse** VR [a] (*objeto*) to come unstuck.
[b] (*persona: apartarse*) to become alienated (*de from*); **~ de los amigos** to break with one's friends; **~ del mundo** to renounce worldly things.
despego NM = **desapego**.
despegue NM (*de avión, tb fig*) takeoff; (*de cohete*) blast-off; **~ vertical** vertical takeoff.
despeinado ADJ (*pelo*) ruffled, messed up; **estoy ~** my hair's a mess.
despeinar <1a> [1] VT (*pelo*) to ruffle; **¡me has despeinado!** look at the mess you've made of my hair!
[2] **despeinarse** VR to get one's hair in a mess.
despejado ADJ [a] (*camino, mente*) clear; (*campo*) open; (*habitación, plaza*) spacious. [b] (*cielo*) cloudless. [c] (*despierto*) (wide-)awake. [d] (*persona: despabilado*) bright, smart.
despejar <1a> [1] VT [a] (*lugar*) to clear; **los bomberos despejaron el teatro** the firemen cleared the theatre *o*

(*US*) theater (of people). **b** (*Dep*: balón) to clear. **c** (*misterio*) to clear up; (*Mat*: incógnita) to find. **d** (*Inform*: pantalla) to clear. **2** VI (*Dep, Met*) to clear; **¡despejen!** (*moverse*) move along!; (*salirse*) everybody out! **3** **despejarse** VR **a** (*Met*: cielo) to clear; **se está despejando** the weather's clearing. **b** (*persona: despabilarse*) to brighten up; (: *esparcirse*) to relax; **me lavé la cara con agua fría para despejarme** I washed my face with cold water to wake myself up; **voy a salir a ~ un poco** I'm going out to freshen up a bit. **c** (*misterio*) to become clearer.

despeje NM (*Dep*) clearance.

despellejar <1a> VT **a** (*animal*) to skin. **b** (*criticar*) to criticize unmercifully.

despelotarse <1a> VR (*fam*) **a** (*desnudarse*) to strip (off). **b** **~ de risa** to laugh fit to burst (*fam*).

despelote NM **a** (*fam*: acto) strip. **b** **¡qué** o **vaya ~!** what a riot o laugh! (*fam*). **c** (*LAm fam*) mess.

despenalización NF decriminalization.

despenalizar <1f> VT to decriminalize.

despendolado ADJ (*fam*) uninhibited, free and easy, wild.

despensa NF **a** (*armario*) pantry, larder; (*Náut*) storeroom. **b** (*provisión de comestibles*) stock of food.

despeñadero NM (*Geog*) cliff, precipice.

despeñar <1a> **1** VT (*arrojar*) to fling o hurl down, throw over a cliff. **2** **despeñarse** VR to fling o hurl o.s. down, throw o.s. over a cliff; (*caer*) to fall headlong.

despepitarse <1a> VR **a** (*gritar*) to bawl, shriek (one's head off); (*actuar*) to act wildly. **b** **~ por algo** to long for sth; **~ por hacer algo** to long to do sth.

desperdiciar <1b> VT (*comida, tiempo*) to waste; (*oportunidad*) to throw away.

desperdicio NM **a** (*de tiempo*) waste. **b** **~s** (*basura*) rubbish *sg*, refuse *sg*, garbage *sg* (*US*); (*residuos*) waste *sg*; (*Bio, Téc*) waste products; (*de la cocina*) scraps. **c** **el libro no tiene ~** the book is excellent from beginning to end; **esta carne no tiene ~** all this meat can be eaten.

desperdigado ADJ scattered.

desperdigar <1h> **1** VT (*esparcir*) to scatter, disperse; (*energía*) to spread too widely, dissipate. **2** **desperdigarse** VR to scatter.

desperezarse <1f> VR to stretch (o.s.).

desperfecto NM (*defecto*) flaw, imperfection; (*daño*) slight damage; **sufrió algunos ~s en el accidente** it suffered slight damage in the accident.

despersonalizar <1f> VT to depersonalize.

despertador(a) **1** NM alarm clock; **~ de viaje** travelling o (*US*) traveling clock. **2** NM/F (*persona*) knocker-up.

despertar <1j> **1** VT **a** (*del sueño*) to wake (up), awaken. **b** (*esperanzas*) to raise; (*recuerdo*) to revive; (*sentimiento*) to arouse. **2** VI, **despertarse** VR to wake up, awaken; **siempre me despierto temprano** I always wake up early; **~ a la realidad** to wake up to reality. **3** NM awakening.

despiadado ADJ (*gen*) cruel; (*ataque*) merciless; (*persona*) heartless.

despido NM dismissal, sacking (*fam*); **~ improcedente** o **injustificado** wrongful dismissal; **~ incentivado** o **voluntario** voluntary redundancy o (*US*) dismissal; **~ injusto** unfair dismissal; **~ libre** arbitrary dismissal.

despiece NM (*de res*) quartering, carving-up.

despierto ADJ **a** (*no dormido*) awake. **b** (*listo*) sharp; (*alerta*) alert.

despilfarrador/a **1** ADJ (*malgastador*) wasteful; (*con dinero*) spendthrift. **2** NM/F spendthrift.

despilfarrar <1a> VT (*gen*) to waste; (*dinero*) to squander.

despilfarro NM **a** (*acción*) wasting, squandering. **b** (*calidad*) extravagance, wastefulness.

despintar <1a> **1** VT **a** (*quitar pintura a*) to take the paint off. **b** (*hechos*) to distort. **c** (*Chi fam*) **no ~ algo a algn** not to spare sb (from) sth.

2 VI: **éste no despinta de su casta** he is in no way different from the rest of his family. **3** **despintarse** VR **a** (*con la lluvia*) to wash off; (*desteñir*) to fade. **b** (*Chi fam*) **no ~ de alguien** o **algo** never to be without sb o sth.

despiojar <1a> VT (*quitar los piojos a*) to delouse.

despiole NM (*Arg fam*) mess.

despistado/a **1** ADJ **a** (*distraído*) vague, absent-minded; (*poco práctico*) unpractical. **b** (*confuso*) confused, muddled; (*desorientado*) off the track; **ando muy ~ con todo esto** I'm terribly muddled about all this. **2** NM/F (*tipo: distraído*) scatterbrain, absent-minded person; (: *poco práctico*) unpractical type; **es un ~** he's hopeless, he's a dreamer; **hacerse el ~** to pretend not to understand.

despistar <1a> **1** VT **a** (*perro*) to throw off the scent. **b** (*confundir*) to mislead, fox; **esa pregunta está hecha para ~** that question is designed to mislead you; **lograron ~ a sus perseguidores** they managed to shake off o give the slip to their pursuers. **2** **despistarse** VR **a** (*extraviarse*) to take the wrong route o road; (*confundirse*) to get confused. **b** (*distraerse*) to be o get absent-minded; (*al hacer algo*) to forget o.s.; **no puedes ~te un momento** you can't let your attention wander for a moment.

despiste NM **a** (*error*) slip; **ha sido un ~** it was just a momentary lapse. **b** (*distracción*) absent-mindedness; **¡qué ~ tienes!** what a clot you are!; **tiene un terrible ~** he's terribly absent-minded.

desplanchar <1a> **1** VT (*ropa*) to crease, crumple. **2** **desplancharse** VR to crease, crumple.

desplantador NM trowel.

desplante NM (*dicho*) outspoken remark; **dar** o **hacer un ~ a algn** to be short with sb.

desplazado/a **1** ADJ **a** (*pieza*) wrongly placed. **b** **sentirse un poco ~** to feel rather out of place. **2** NM/F (*inadaptado*) misfit; (*Pol*) displaced person.

desplazamiento NM **a** (*Fís, Náut*) displacement; (*de tropas*) movement. **b** (*viaje*) journey. **c** (*de opinión, votos*) shift, swing. **d** (*Inform*) scrolling; **~ hacía arriba/abajo** scroll up/down. **e** (*Com*) **~ de la demanda** shift in demand.

desplazar <1f> **1** VT **a** (*gen*) to move; (*Fís, Náut, Téc*) to displace; (*tropas*) to transfer; (*suplantar*) to take the place of; (*Inform*) to scroll. **2** **desplazarse** VR **a** (*objeto*) to move, shift. **b** (*persona, vehículo*) to go, travel; **tiene que ~ todos los días 25 kms** he has to travel 25 kms every day; **el avión se desplaza a más de 1500 kph** the aircraft travels at more than 1500 kph. **c** (*votos, opinión*) to shift, swing.

desplegar <1h, 1j> **1** VT **a** (*gen*) to unfold; (*periódico*) to open (out); (*alas*) to spread; (*bandera, velas*) to unfurl; (*Mil*) to deploy. **b** (*fig: energías*) to put forth, use, display. **c** (*misterio*) to clarify. **2** **desplegarse** VR (*flor*) to open (out); (*alas*) to spread (out); (*Mil*) to deploy.

despliegue NM (*Mil*) deployment; (*de fuerza etc*) display, show.

desplomarse <1a> VR (*gobierno, persona*) to collapse; (*derrumbarse*) to topple over; (*precios*) to slump, tumble; (*Aer*) to make a pancake landing; (*caer a plomo: objeto*) to plummet down; **se ha desplomado el techo** the ceiling has fallen in.

desplome NM **a** (*acción*) (*V vr*) collapse; slump; pancake landing. **b** (*Alpinismo, Arquit, Geol etc*) overhang.

desplumar <1a> **1** VT **a** (*ave*) to pluck. **b** (*fam: estafar*) to fleece (*fam*), skin (*fam*). **2** **desplumarse** VR to moult, molt (*US*).

despoblación NF depopulation; **~ rural** o **del campo** drift from the land.

despoblado **1** ADJ (*con insuficientes habitantes*) underpopulated; (*con pocos habitantes*) depopulated; (*sin* *habitantes*) unpopulated. **2** NM deserted spot.

despoblar<1l> **1** VT (*suj: epidemia, guerra: zona etc*) to depopulate; (*despojar*) to clear; **~ una zona de árboles** to clear an area of trees. **2** **despoblarse** VR to become depopulated, lose its population.

despojar<1a> **1** VT (*gen*) to strip, leave bare; (*de honores, títulos*) to divest; (*Jur*) to dispossess; **verse despojado de su autoridad** to find o.s. stripped of one's authority. **2** **despojarse** VR (*desnudarse*) to undress; **~ de** (*ropa*) to take off; (*hojas*) to shed; (*poderes*) to relinquish, give up.

despojo NM **a** (*robo*) plundering; (*acción*) stripping. **b** (*Mil: botín*) plunder, loot. **c** **~s** (*gen*) waste *sg*; (*de comida*) left-overs; (*de animal*) offal; (*de edificio*) rubble *sg*; (*Geol*) debris; (*mortales*) remains.

despolitización NF depoliticization.

despolitizar<1f> VT to depoliticize.

desportillar<1a> VT, **desportillarse** VR <1a> to chip (off).

desposado ADJ recently married; **los ~s** the bridal couple, the newly-weds.

desposar<1a> **1** VT (*suj: sacerdote: pareja*) to marry. **2** **desposarse** VR (*formalizar noviazgo*) to get engaged (*con* to); (*casarse*) to marry, get married (*con* to).

desposeer<2e> **1** VT to dispossess (*de* of); **~ a algn de su autoridad** to strip sb of his authority. **2** **desposeerse** VR: **~ de** to give up, relinquish.

desposeído/a NM/F: **los ~s** the have-nots.

desposorios NMPL (*esponsales*) betrothal *sg*; (*boda*) marriage (ceremony) *sg*.

déspota NMF despot.

despótico ADJ despotic.

despotismo NM despotism; **~ ilustrado** enlightened despotism.

despotricar<1g> VI to rave, rant, carry on (*contra* about).

despreciable ADJ (*moralmente*) despicable, contemptible; (*objeto*) worthless, valueless; (*cantidad*) negligible; **una suma nada ~** a far from negligible amount.

despreciar<1b> VT (*gen*) to scorn, despise; (*oferta*) to spurn, reject; (*peligros*) to scorn; **desprecian a los extranjeros** they look down on foreigners; **no hay que ~ tal posibilidad** one should not underestimate such a possibility.

despreciativo ADJ (*observación, tono*) scornful, contemptuous; (*comentario*) derogatory.

desprecio NM **a** (*desdén*) scorn, contempt; **lo miró con ~** he looked at it contemptuously. **b** (*desaire*) slight, snub; **le hicieron el ~ de no acudir** they snubbed him by not coming.

desprender<2a> **1** VT **a** (*soltar*) to loosen; (*separar*) to detach. **b** (*gas, olor*) to give off; (*piel*) to shed. **2** **desprenderse** VR **a** (*pieza*) to become detached, work loose; (*botón*) to fall off. **b** (*librarse*) **~ de un estorbo** to extricate o.s. from a difficulty; **la serpiente se desprende de la piel** the snake sheds its skin. **c** **~ de algo** (*ceder*) to give sth up, part with sth; (*desembarazarse*) to get rid of sth; **se desprendió de sus joyas** she parted with her jewels; **tendremos que ~nos del coche** we shall have to get rid of the car; **se desprendió de su autoridad** he relinquished his authority. **d** (*gas, olor*) to be given off, issue; **se desprende humedad de la pared** there is damp coming from the wall; **se desprendían chispas del fuego** sparks were shooting out from the fire. **e** (*sentido*) **~ de** to follow from, be implied by; **de ahí se desprende que ...** so, it follows that ...; **se desprende de esta declaración que ...** it is clear from this statement that ....

desprendido ADJ **a** (*pieza*) loose, detached; (*sin abrochar*) unfastened. **b** (*desinteresado*) disinterested. **c** (*generoso*) generous.

desprendimiento NM **a** (*gen*) loosening; **~ de retina** detachment of the retina; **~ de tierras** landslide. **b** (*falta de interés*) disinterestedness; (*generosidad*) generosity.

despreocupación NF **a** (*falta de preocupación*) unconcern; (*tranquilidad*) nonchalance; (*negligencia*) sloppiness. **b** (*indiferencia*) indifference.

despreocupadamente ADV in a carefree way, nonchalantly; (*pey*) carelessly, sloppily.

despreocupado ADJ **a** (*sin preocupación*) unworried, unconcerned; (*tranquilo*) nonchalant. **b** (*en el vestir*) casual; (*pey*) careless, sloppy.

despreocuparse <1a> VR (*descuidarse*) not to bother; (*dejar de inquietarse*) to stop worrying; (*ser indiferente*) to be unconcerned.

desprestigiar <1b> **1** VT (*criticar*) to disparage, run down; (*desacreditar*) to discredit. **2** **desprestigiarse** VR to lose (one's) prestige.

desprestigio NM (*denigración*) disparagement; (*descrédito*) discredit, loss of prestige; (*impopularidad*) unpopularity; **campaña de ~** smear campaign; **esas cosas que van en ~ nuestro** those things which are to our discredit.

desprevenido ADJ (*no preparado*) unready, unprepared; **coger** o **pillar a algn ~** to catch sb unawares o off his guard.

desprolijo ADJ (*Arg fam*) untidy, sloppy (*fam*).

desproporción NF disproportion, lack of proportion.

desproporcionado ADJ disproportionate, out of proportion.

despropósito NM (*salida de tono*) irrelevant remark; (*disparate*) piece of nonsense.

desprotección NF (*gen*) vulnerability, defencelessness, defenselessness (*US*); (*legal*) lack of (legal) protection; (*Inform*) deprotection.

desprotegido ADJ unprotected, vulnerable, defenceless, defenseless (*US*); **los ~s** (*frec*) the poor and needy.

desprovisto ADJ: **~ de** devoid of, without; **estar ~ de** to lack, be lacking in; **estar ~ de medios** to be without means.

después **1** ADV **a** (*gen*) afterwards, later; (*desde entonces*) since (then); (*luego*) next; **años ~** years later; **¿qué pasó ~?** what happened then?; **poco ~** soon after, shortly after; **nos vemos ~** I'll see you afterwards o later; **me encontré con él el año pasado, pero ~ no lo vi más** I bumped into him last year, but I haven't seen him since. **b** (*orden*) next, after; **¿y ~?** and what comes next?; **nuestra casa viene ~** and then our house is next. **2** PREP **a** **~ de** (*tiempo*) after, since; **~ de esa fecha** (*pasado*) since that date; (*futuro*) from o after that date; **~ de verlo** after seeing it; **no ~ de** not o no later than; **~ de cerrada la puerta** after o once the door was o had been closed; **~ de todo** after all. **b** **~ de** (*orden*) next (to); **mi nombre está ~ del tuyo** my name comes next to o after yours; **es el primero ~ de éste** it's the next one after this. **3** CONJ: **~ (de) que** after; **~ (de) que lo escribí** after o since I wrote it, after writing it; **~ de que venga él ...** whenever he comes ....

despuntado ADJ blunt.

despuntar<1a> **1** VT (*lápiz*) to blunt. **2** VI **a** (*Bot: plantas*) to sprout; (*flores*) to bud. **b** (*alba*) to break; (*día*) to dawn. **c** (*persona: descollar*) to excel, stand out; **despunta en matemáticas** he shines at maths; **despunta por su talento** her talent is outstanding.

desquiciamiento NM **a** upsetting, disturbance, turning upside down. **b** (*turbación*) unhinging.

desquiciar<1b> **1** VT **a** (*puerta*) to take off its hinges. **b** (*descomponer*) to upset. **c** (*persona: turbar*) to disturb, upset; (*volver loco a*) to unhinge, drive mad. **2** **desquiciarse** VR (*persona*) to go mad.

desquitarse <1a> VR (*tomar satisfacción*) to obtain satisfaction; (*Com, Fin*) to recover a debt; (*fig: vengarse de*) to get even (*con* with), get one's own back (*con* on); **~ de una pérdida** to make up for a loss; **~ de una mala pasada** to get one's own back for a dirty trick.

desquite NM (*satisfacción*) satisfaction; (*recompensa*) compensation; (*venganza*) revenge, retaliation; (*Dep*: *tb* **partido de ~**) return match o game; **tomarse el ~** to get one's own back; **tomarse el ~ de algo** to make up for sth.

desratización NF: **campaña de ~** anti-rodent campaign.

desratizar<1f> VT to clear of rats.

desrielar<1a> VI (*LAm*) to derail.

desrizador, desrizante NM hair straightener.

desrizar<1f> VT (*pelo*) to straighten.

Dest. ABR *de* **destinatario.**

destacado ADJ (*gen*) outstanding.

destacamento NM (*Mil*) detachment.

destacar<1g> ⟦1⟧ VT (*Arte: hacer resaltar*) to make stand out; (*subrayar*) to emphasize; (*poner de relieve*) to throw into relief; **quiero ~ que ...** I wish to emphasize that ...; **sirve para ~ su belleza** it serves to show off her beauty. ⟦b⟧ (*Mil*) to detach, detail.
⟦2⟧ VI, **destacarse** VR ⟦a⟧ to stand out; **~ contra** o **en** o **sobre** to stand out o be outlined against; **la torre se destaca contra el cielo** the tower is silhouetted against the sky.
⟦b⟧ (*persona: sobresalir*) to be outstanding o exceptional.

destajar<1a> VT (*LAm: despedazar: reses*) to cut up.

destajo NM (*gen*) piecework; **a ~** (*por pieza*) by the job; (*con afán*) eagerly; **trabajar a ~** (*lit*) to do piecework; (*fig*) to work one's fingers to the bone; **trabajo a ~** piecework; **hablar a ~** (*fam*) to talk nineteen to the dozen.

destapamiento NM (*Méx: Pol*) announcement of official PRI presidential candidate.

destapar<1a> ⟦1⟧ VT ⟦a⟧ (*descubrir*) to uncover; (*botella*) to open, uncork; (*quitar la tapa a: cacerola, caja*) to take the lid off; (*persona: en la cama*) to take the bedclothes from.
⟦b⟧ (*relevar*) to reveal.
⟦2⟧ **destaparse** VR ⟦a⟧ (*descubrirse*) to get uncovered; **el niño se ha destapado** (*en la cama*) the child's lost his bedclothes.
⟦b⟧ (*revelarse*) to show one's true character.
⟦c⟧ (*fig*) to open one's heart (*con algn* to sb).

destape NM (*de persona: estado*) state of undress, nudity; (*acto*) undressing, stripping off; **~ integral** full-frontal nudity; **el ~ español** the relaxation of sexual censorship (*after Franco's death*).

destaponar<1a> VT (*conducto, tubería*) to unblock, clear.

destartalado ADJ (*casa: grande, mal dispuesta*) large and rambling; (*: ruinoso*) tumbledown; (*coche*) rickety.

destejer <2d> VT (*labor de punto*) to take the stitches out of.

destellar <1a> VI (*diamante*) to sparkle; (*metal*) to glint; (*estrella*) to twinkle.

destello NM ⟦a⟧ (*V vi*) sparkle; glint; twinkling. ⟦b⟧ (*Téc*) signal light. ⟦c⟧ (*fig*) glimmer, hint; **tiene a veces ~s de inteligencia** he sometimes shows a glimmer of intelligence.

destemplado ADJ ⟦a⟧ (*Mús: instrumento*) out of tune; (*: voz*) harsh, unpleasant. ⟦b⟧ (*Med*) out of sorts. ⟦c⟧ (*carácter: malhumorado*) ill-tempered; (*: áspero*) harsh. ⟦d⟧ (*Met*) unpleasant.

destemplanza NF ⟦a⟧ (*Mús*) tunelessness. ⟦b⟧ (*Med*) indisposition. ⟦c⟧ (*falta de moderación*) intemperance, harshness. ⟦d⟧ (*Met*) unpleasantness, inclemency.

destemplar<1a> ⟦1⟧ VT ⟦a⟧ (*Mús*) to put out of tune. ⟦b⟧ (*alterar*) to upset, disturb.
⟦2⟧ **destemplarse** VR ⟦a⟧ (*Mús*) to get out of tune. ⟦b⟧ (*descomponerse*) to get out of order; (*persona: irritarse*) to get upset; (*Med*) to get out of sorts. ⟦c⟧ (*LAm*) **con eso me destemplo** that sets my teeth on edge.

desteñido ADJ faded, discoloured, discolored (*US*).

desteñir <3h, 3k> ⟦1⟧ VT (*quitar el color a*) to fade, discolour, discolor (*US*).
⟦2⟧ VI, **desteñirse** VR (*perder color*) to fade; (*colores*) to run; **'esta tela no destiñe'** 'this fabric will not run'; **se ha desteñido la camiseta** the shirt has faded.

desternillante ADJ (*fam*) hilarious, very funny.

desternillarse <1a> VR: **~ de risa** to split one's sides

laughing.

desterrado/a NM/F (*exiliado*) exile.

desterrar<1j> VT ⟦a⟧ (*exiliar*) to exile, banish. ⟦b⟧ (*desechar*) to dismiss; **~ una sospecha** to banish a suspicion from one's mind; **~ el uso de las armas de fuego** to banish firearms, prohibit the use of firearms.

destetar <1a> VT to wean.

destete NM weaning.

destiempo NM: **a ~** at the wrong time.

destierro NM ⟦a⟧ (*exilio*) exile, banishment; **vivir en el ~** to live in exile. ⟦b⟧ (*lugar alejado*) remote spot.

destilación NF distillation.

destilador NM ⟦a⟧ (*alambique*) still. ⟦b⟧ (*persona*) distiller.

destilar <1a> ⟦1⟧ VT ⟦a⟧ (*alcohol*) to distil; (*pus, sangre*) to ooze.
⟦b⟧ (*fig: rebosar*) to exude; (: *revelar*) to reveal; **la carta destilaba odio** the letter exuded hatred.
⟦2⟧ VI (*gotear*) to drip; (*rezumar*) to ooze (out).

destilería NF distillery.

destinar <1a> VT ⟦a⟧ (*gen*) to destine (*a, para* for, to); (*fondos*) to set aside, earmark (*a* for); **me habían destinado una habitación elegante** they had assigned me an elegant room; **le destinan al sacerdocio** they intend him for the priesthood; **es un libro destinado a los niños** it is a book (intended o meant) for children; **una carta que viene destinada a Ud** a letter for you, a letter addressed to you; **ir destinado a** (*Náut etc*) to be bound for; **estaba destinado a morir joven** he was destined to die young.
⟦b⟧ (*designar: funcionario*) to appoint, assign (*a* to); (*Mil etc*) to post (*a* to); **le han destinado a Lima** they have appointed him to Lima.

destinatario/a NM/F ⟨*de carta*⟩ addressee; (*de giro*) payee.

destino NM ⟦a⟧ (*suerte*) destiny, fate; **es mi ~ no encontrarlo** I am fated not to find it; **el ~ lo quiso así** it was destiny; **rige los ~s del país** he rules the country's fate.
⟦b⟧ (*de avión, viajero etc*) destination; **'a franquear en ~'** 'postage will be payed by the addressee'; **van con ~ a Londres** they are going to London; (*Náut*) they are bound for London; **salir con ~ a** to leave for; **con ~ a Londres** (*avión, barco*) bound for London; (*pasajeros*) for London; (*carta*) to London.
⟦c⟧ (*puesto*) job, post; **~ público** public appointment; **buscarse un ~ de sereno** to look for a job as night watchman.
⟦d⟧ (*uso*) use, purpose; **dar ~ a algo** to put sth to good use, find a use for sth.

destitución NF dismissal, removal.

destituir <3g> VT (*despedir*) to dismiss (*de* from); (: *ministro, funcionario*) to remove from office; **ha sido destituido de su cargo** he has been removed from his post.

destornillador NM screwdriver.

destornillar<1a> ⟦1⟧ VT to unscrew. ⟦2⟧ **destornillarse** VR (*lit*) to become unscrewed (*fam*); (*enloquecer*) to go round the bend (*fam*).

destreza NF (*habilidad*) skill; (*agilidad*) dexterity.

destripar <1a> VT ⟦a⟧ (*animal*) to gut; (*persona*) to disembowel. ⟦b⟧ (*reventar*) to mangle; (*cuento*) to spoil.

destronamiento NM (*de rey*) dethronement; (*fig*) overthrow.

destronar<1a> VT (*rey*) to dethrone; (*fig*) to overthrow.

destroncar<1g> VT (*LAm: desarraigar: planta*) to uproot.

destrozado ADJ ⟦a⟧ (*objeto*) smashed, shattered, ruined.
⟦b⟧ (*abatido*) shattered, broken-hearted. ⟦c⟧ (*fam: cansado*) knackered (*fam*), shattered (*fam*).

destrozar <1f> VT ⟦a⟧ (*romper*) to smash, break to pieces; (*destruir*) to destroy; (*ropa, zapatos*) to ruin; (*Mil: ejército, enemigo*) to smash; (*carne*) to mangle; (*nervios*) to shatter; **ha destrozado el coche** he's wrecked the car.
⟦b⟧ (*arruinar: persona, vida*) to ruin; (*dejar abatido a*) to shatter; (*corazón*) to break; **le ha destrozado el que no quisiera casarse con él** her refusal to marry him broke him up o shattered him.

destrozo NM (*acción*) destruction; (*de ejército*) rout; (*de personas*) massacre; **~s** (*pedazos*) debris *sg*; (*daños*) havoc *sg;* **causar ~s** to create havoc (*en* in).

destrozón ADJ: **un niño ~** a child who is hard on his clothes.

destrucción NF destruction.

destructivo ADJ destructive.

destructor [1] ADJ destructive. [2] NM (*Náut*) destroyer.

destruir <3g> VT [a] (*gen*) to destroy; (*arruinar*) to ruin; (*casa*) to demolish. [b] (*equilibrio*) to upset; (*proyecto*) to spoil; (*esperanzas*) to dash; (*argumento*) to demolish.

desubicar<1g> VT (*CSur*) to disorientate.

desunión NF [a] (*separación*) separation. [b] (*discordia*) disunity.

desunir <3a> VT [a] (*separar*) to separate. [b] (*enemistar*) to cause a rift between; **el problema de la herencia ha desunido a la familia** the inheritance problem has split the family.

desusado ADJ [a] (*anticuado*) obsolete, antiquated. [b] (*inusitado*) unusual, unwonted.

desuso NM disuse; **caer en ~** to fall into disuse, become obsolete; **una expresión (caída) en ~** an obsolete expression.

desvaído ADJ [a] (*color*) pale, washed-out. [b] (*contorno*) vague, blurred. [c] (*persona*: *soso*) characterless; (*personalidad*) flat, dull.

desvalido ADJ (*sin fuerzas*) helpless; (*desprotegido*) destitute; **los ~s** (*Pol*) the underprivileged; **niños ~s** waifs and strays.

desvalijamiento NM (*V vt*) robbing, robbery; rifling; burgling.

desvalijar<1a> VT (*persona*) to rob; (*cajón, maleta*) to rifle; (*casa, tienda*) to burgle, ransack.

desvalorización NF devaluation.

desvalorizar<1f> VT to devalue.

desván NM loft, attic.

desvanecer <2d> [1] VT [a] (*gen*) to make disappear; (*duda*) to dispel; (*recuerdo, temor*) to banish. [b] (*colores*) to tone down; (*contorno*) to blur; (*Fot*) to mask. [2] **desvanecerse** VR [a] to vanish, disappear; (*recuerdo, sonido*) to fade (away); (*duda*) to be dispelled. [b] (*Med*) to faint (away).

desvanecido ADJ (*Med*) faint; **caer ~** to fall in a faint.

desvanecimiento NM [a] (*gen*) disappearance; (*de dudas*) dispelling; (*de contornos*) blurring; (*Fot*) masking; (*de colores, recuerdo, sonido*) fading. [b] (*Med*) fainting fit o (*US*) spell.

desvariar <1c> VI [a] (*Med*) to be delirious. [b] (*delirar*) to talk nonsense.

desvarío NM [a] (*Med*) delirium. [b] (*desatino*) absurdity; (*cosa inaudita*) extravagant o strange notion; **~s** ravings.

desvelado ADJ sleepless, wakeful; **estar ~** to be awake, be unable to get to sleep.

desvelar<1a> [1] VT [a] (*persona*) to keep awake; **el café me desvela** coffee keeps me awake. [b] (*lo oculto*) to reveal, unveil. [2] **desvelarse** VR [a] (*no poder dormir*) to stay awake, have a sleepless night. [b] (*vigilar*) to be watchful, keep one's eyes open; **~ por algo** to take great care over sth; **~ por hacer algo** to do everything possible to do sth; **se desvela porque no nos falte nada** she works hard so that we should not go short of anything.

desvelo NM [a] (*falta de sueño*) lack of sleep, sleeplessness. [b] (*vigilancia*) watchfulness. [c] **~s** (*preocupación*) anxiety *sg*, effort *sg*; **gracias a sus ~s** thanks to his efforts.

desvencijado ADJ (*casa*) ramshackle; (*silla*) rickety; (*máquina*) broken-down.

desvencijar<1a> [1] VT [a] (*romper*) to break; (*soltar*) to loosen. [b] (*persona*: *agotar*) to exhaust. [2] **desvencijarse** VR [a] (*romperse*) to come apart, fall to pieces. [b] (*Med*) to rupture o.s.

desventaja NF (*gen*) disadvantage; (*inconveniente*) drawback; **estar en ~** to be at a disadvantage.

desventajoso ADJ disadvantageous, unfavourable, unfavorable (*US*).

desventura NF misfortune.

desventurado ADJ (*desgraciado*) unfortunate; (*de poca suerte*) ill-fated.

desvergonzado/a [1] ADJ (*sin vergüenza*) shameless; (*descarado*) insolent. [2] NM/F shameless person.

desvergüenza NF (*mala conducta*) shamelessness; (*descaro*) effrontery, impudence; **esto es una ~** this is disgraceful, this is shameful; **¡qué ~!** what a nerve!; **tener la ~ de hacer algo** to have the impudence o nerve to do sth.

desvestir <3k> (*esp LAm*) [1] VT to undress. [2] **desvestirse** VR to undress.

desviación NF [a] (*gen*) deviation (*de* from); (*de un golpe*) deflection (*de* from); **~ normal** standard deviation; **es una ~ de sus principios** it is a deviation o departure from his principles. [b] (*Pol, Med*) deviation. [c] (*Aut: rodeo*) diversion, detour; (*carretera de circunvalación*) by-pass, ring road, beltway (*US*); **~ de la circulación** traffic diversion.

desviar <1c> [1] VT [a] (*balón, flecha, golpe*) to deflect; (*pregunta*) to parry; (*ojos*) to avert, turn away; (*avión, circulación*) to divert (*por* through); (*Ferro*) to switch (into a siding); **~ el cauce de un río** to alter the course of a river; **~ la conversación** to change the (topic of) conversation. [b] (*fig*) to turn aside (*de* from); **le desviaron de su propósito** they dissuaded him from his intention; **~ a algn de su vocación** to turn sb from his (true) vocation; **~ a algn del buen camino** (*fig*) to lead sb astray. [2] **desviarse** VR (*apartarse del camino*) to turn aside o away (*de* from) (*carretera*) to branch off; (*Náut*) to sail off course; (*Aut: dar un rodeo*) to make a detour; **~ de un tema** to wander from the point.

desvincular <1a> [1] VT to free, release. [2] **desvincularse** VR (*aislarse*) to be cut off; (*alejarse*) to cut o.s. off (*de* from).

desvío NM [a] (*acción*) deflection, deviation (*de* from). [b] (*Aut: rodeo*) detour; (: *obligatorio*) diversion; (*Ferro*) siding.

desvirgar<1h> VT to deflower.

desvirtuar <1e> [1] VT (*estropear*) to impair, spoil; (*argumento, razonamiento*) to detract from; (*efecto*) to counteract; (*sentido*) to distort; **la cláusula secreta desvirtuó el objetivo del tratado** the secret clause nullified the aim of the treaty. [2] **desvirtuarse** VR (*estropearse*) to go off.

desvitalizar<1f> VT (*nervio*) to numb.

desvivirse<3a> VR: **~ por algo** (*desear*) to crave sth, long for sth; (*chiflarse por*) to be crazy about sth; **~ por los amigos** to do anything for one's friends; **~ por salir** to be dying to go out; **se desvivió por ayudarme** he leant over backwards o went out of his way to help me.

detalladamente ADV (*con detalles*) in detail; (*extensamente*) at great length.

detallado ADJ (*informe, relato*) detailed; (*declaración*) circumstantial; (*conocimiento*) intimate.

detallar<1a> VT [a] (*contar con detalles*) to detail; (*asunto por asunto*) to itemize. [b] (*cuento*) to tell in detail. [c] (*Com*) to (sell) retail.

detalle NM [a] (*gen*) detail; **al ~** in detail; **con todo ~, con todos los ~s** in detail, with full particulars; **hasta en sus menores ~es** down to the last detail; **no pierde ~** he doesn't miss a trick; **me observaba sin perder ~** he watched my every move. [b] (*atención*) token (of appreciation), gesture; (*regalo*) gift; **¡qué ~!** what a nice gesture, how thoughtful!; **tiene muchos ~s** he is very considerate; **lo que importa es el ~** it's the thought that counts; **es el primer ~ que te veo en mucho tiempo** it's the first sign of consideration I've had from you in a long time. [c] (*Com*) **al ~** retail *atr*; **vender al ~** to sell retail; **comercio al ~** retail trade.

detallista [1] ADJ [a] (*meticuloso*) meticulous. [b] retail *atr*; **comercio ~** retail trade. [2] NMF retailer, retail trader.

detección NF detection.

detectar<1a> VT to detect.

detective NM detective; **~ de la casa/privado** house/

private detective.

detector NM (*Náut, Téc etc*) detector; **~ de mentiras/de minas** lie/mine detector.

detención NF [a] (*acción*) stopping; (*estancamiento*) stoppage; (*retraso*) holdup, delay. [b] (*Jur: arresto*) arrest; (: *prisión*) detention; **~ ilegal** unlawful detention; **~ en masa** mass arrest. [c] (*cuidado*) care.

detener <2k> [1] VT [a] (*gen*) to stop; (*retrasar*) to hold up, delay; **~ el progreso de** to hold up the progress of; **no quiero ~le** I don't want to delay you. [b] (*objeto*) to keep; (*aliento*) to hold. [c] (*Jur: arrestar*) to arrest; (: *encarcelar*) to detain. [2] **detenerse** VR (*gen*) to stop; (*demorarse*) to delay, linger (*en* over); **se detuvo a mirarlo** he stopped to look at it; **¡no te detengas!** don't hang about!; **se detiene mucho en eso** he's taking a long time over that.

detenidamente ADV (*minuciosamente*) carefully, thoroughly; (*extensamente*) at great length.

detenido/a [1] ADJ [a] (*arrestado*) arrested, under arrest; (*preso*) in custody. [b] (*narración, estudio*) detailed; (*análisis, examen*) thorough. [2] NM/F person under arrest; (*en cárcel*) prisoner.

detenimiento NM care; **con ~** thoroughly.

detentar <1a> VT [a] (*Dep*) to hold. [b] (*sin derecho: título*) to hold unlawfully; (: *puesto*) to occupy unlawfully.

detergente ADJ, NM detergent.

deteriorado ADJ (*estropeado*) damaged; (*desgastado*) worn.

deteriorar <1a> [1] VT (*estropear*) to spoil, damage; (*Mec*) to cause wear and tear to; **la falta de medios puede ~ la calidad de enseñanza** the lack of resources can have a damaging effect on the quality of education. [2] **deteriorarse** VR (*estropearse*) to get damaged; (*Mec*) to wear, get worn; **se está deteriorando su salud** her health is getting worse; **las relaciones entre ambos países se han deteriorado** relations between the two countries have deteriorated.

deterioro NM (*empeoramiento*) deterioration; (*daño*) damage; (*Mec*) wear (and tear); **en caso de ~ de las mercancías** should the goods be imperfect in any way.

determinación NF [a] (*decisión*) decision; **tomar una ~** to take a decision. [b] (*calidad*) determination, resolution; **actuar con ~** to take determined action. [c] (*de fecha, precio*) settling, fixing.

determinado ADJ [a] (*preciso*) fixed, set; **un día ~** on a certain o given day; **hay ~s límites** there are fixed limits; **no hay ningún tema ~** there is no particular theme. [b] (*Ling: artículo*) definite. [c] (*persona: resuelto*) determined, resolute.

determinante ADJ, NM determinant.

determinar <1a> [1] VT [a] (*gen*) to determine; (*fecha, plazo*) to fix, set; (*precio*) to settle; (*peso*) to work out. [b] (*daños, impuestos*) to assess; (*pleito*) to decide; **el reglamento determina que ...** the rule states that .... [c] (*causar*) to cause; **aquello determinó la caída del gobierno** that brought about the fall of the government. [d] (*persona*) **esto le determinó** this decided him; **~ a algn a hacer algo** to determine o lead sb to do sth. [2] **determinarse** VR [a] (*asunto*) to be decided. [b] (*persona*) to decide, make up one's mind; **~ a hacer algo** to determine to do sth; **no se determina a marcharse** he can't make up his mind to go.

determinismo NM determinism.

determinista ADJ deterministic.

detestable ADJ (*persona*) hateful; (*costumbre*) detestable; (*sabor, tiempo*) foul.

detestar <1a> VT to detest, hate, loathe.

detonación NF (*acción*) detonation; (*ruido*) explosion.

detonador NM detonator.

detonante [1] ADJ explosive; [2] NM explosive; (*fig*) trigger (*de* for); **eso fue el ~ de la crisis** that sparked off the crisis.

detonar <1a> VI to detonate, explode.

detracción NF (*denigración*) disparagement.

detractor(a) [1] ADJ disparaging. [2] NM/F detractor.

detrás [1] ADV behind; **la foto lleva una dedicatoria ~** the photo has a dedication on the back; **salir de ~** to come out from behind; **por ~** behind; **atacar a algn por ~** to attack sb from behind; **los coches de ~** the cars at the back o in the rear; **paso yo adelante y tú vienes ~** I'll go first and you come after; **~ mío** *etc* (*esp CSur fam*) behind me *etc*. [2] PREP: **~ de** behind, back of (*US*); **~ del colegio** behind the school; **por ~ de algn** (*fig*) behind sb's back; **salir de ~ de un árbol** to come out from behind a tree; **¿quién está ~ de todo esto?** (*fig*) who's behind all this?

detrasito ADV (*LAm fam*) behind.

detrimento NM (*daño*) harm, damage; (*de honor, intereses*) detriment; **en ~ de** to the detriment of.

detritus NM INV (*Geol etc*) detritus; **los ~** (*desperdicios*) waste *sg*.

deuda¹ NF [a] (*condición*) indebtedness, debt; **estar en ~ con algn** (*deber dinero*) to be in debt to sb; (*fig*) to be indebted to sb. [b] (*una ~*) debt; **~ a largo plazo** long-term debt; **~s activas/pasivas** assets/liabilities; **~ exterior** o **externa/pública** foreign/national debt; **~ incobrable** bad debt; **una ~ de gratitud** a debt of gratitude; **contraer ~s** to get into debt; **estar lleno de ~s** to be heavily in debt. [c] (*Rel*) **perdónanos nuestras ~s** forgive us our trespasses.

deudo/a² NM/F relative.

deudor(a) [1] ADJ [a] **saldo ~** debit balance, adverse balance. [b] **le soy muy ~** I am greatly indebted to you. [2] NM/F debtor; **~ hipotecario** mortgager; **~ moroso** slow payer.

devaluación NF devaluation.

devaluar <1e> VT to devalue.

devanado NM (*Elec*) winding.

devanador NM (*carrete*) spool, bobbin.

devanar <1a> [1] VT (*hilo*) to wind. [2] **devanarse** VR [a] **~ los sesos** to rack one's brains. [b] (*Méx*) **~ de dolor/risa** to double up with pain/laughter.

devaneo NM [a] (*fruslería*) idle pursuit. [b] (*amorío*) flirtation.

devastación NF devastation.

devastador ADJ (*lit, fig*) devastating.

devastar <1a> VT to devastate.

devengado ADJ (*sueldo*) due, outstanding; (*intereses*) accrued.

devengar <1h> VT (*salario: ganar*) to earn; (: *tener que cobrar*) to be due; (*intereses*) to bring in, to bear.

devenir <3r> [1] VI: **~ en** to become, turn into. [2] NM (*Fil: movimiento progresivo*) process of development; (*transformación*) transformation.

devoción NF [a] (*Rel*) devotion, devoutness; **con ~** devoutly; **la ~ a esta imagen** the veneration for this image. [b] (*gen*) devotion (*a* to); (*afición*) strong attachment (*a* to); **sienten ~ por su madre** they are devoted to their mother.

devocionario NM prayer book.

devolución NF (*gen*) return; (*Com*) repayment, refund; (*restitución*) giving back; (*Jur*) devolution; **sin ~** non returnable; **pidió la ~ de los libros** he asked for the books to be given back; **'no se admiten ~es'** 'no refunds will be given'.

devolver <2h> (*pp* **devuelto**) [1] VT [a] (*gen*) to return; (*lo extraviado, prestado*) to give back; (*a su sitio*) to put back; (*Com: dinero*) to repay, refund; (: *mercancía*) to take back; **devuélveme el disco** give me back the record; **~ un florero a su sitio** to put a vase back in its place; **~ mal por bien** to return ill for good; **¿cuándo me vas a ~ el dinero que te presté?** when are you going to pay me back the money I lent you?; **'devuélvase al remitente'** 'return to sender'. [b] (*cumplido, favor*) to return; (*salud, vista*) to restore; **han devuelto la casa a su antiguo esplendor** they have restored the house to its former glory; **~ la pelota a algn** (*fig*) to give sb tit for tat. [c] (*vomitar*) to vomit, throw up (*fam*). [2] VI (*vomitar*) to vomit, throw up (*fam*). [3] **devolverse** VR (*LAm: regresar*) to return, come o go back.

devorador ADJ (*pasión*) devouring; (*fuego*) all-consuming; (*hambre*) ravenous.

devorar <1a> VT [a] (*suj: animal*) to devour; (*comer ávidamente*) to gobble up, wolf (down) (*fam*). [b] (*fig: gen*) to devour; (: *fortuna*) to run through; **~ con los ojos** to ogle; **todo lo devoró el fuego** the fire consumed everything; **devora las novelas de amor** she laps up love stories; **le devoran los celos** is consumed with jealousy.

devoto/a [1] ADJ [a] (*Rel: persona*) devout; (: *obra*) devotional; **ser muy ~ de un santo** to have a special devotion to a saint.
[b] (*amigo*) devoted (*de algn* to sb); **su muy ~** your devoted servant.
[2] NM/F [a] (*Rel*) devout person; **los ~s** the faithful; (*en iglesia*) the congregation *sg*.
[b] (*fig*) devotee; **la estrella y sus ~s** the star and her fans (*fam*).

devuelto PP *de* **devolver**.

dextrosa NF dextrose.

D.F. ABR (*Méx*) *de* **Distrito Federal**.

D.G. ABR [a] *de* **Dirección General**. [b] *de* **Director General** DG.

dg. ABR *de* **decigramo(s)** dg.

DGS NF ABR (*Esp*) [a] *de* **Dirección General de Seguridad** *national police headquarters*. [b] *de* **Dirección General de Sanidad** ≈ Department of Health.

DGT NF ABR [a] *de* **Dirección General de Tráfico**. [b] *de* **Dirección General de Turismo**.

di *etc* V **dar**.

día NM [a] (*período de tiempo*) day; **(llegará) el ~ 2 de mayo** (he'll arrive on) the second of May; **ocho ~s** a week; **quince ~s** a fortnight; **cuatro ~s** (*fig*) a couple of days; **¿qué ~ es hoy?** what's the date today?; **¡buenos ~s!** good morning!, good day!; **~ y noche** night and day; **parece que no pasan por ti los ~s** you don't look a day older; **~ lunes/martes** *etc* (*LAm*) Monday/Tuesday *etc*.
[b] (*expresiones con art, adj*) **el ~ de hoy** today; **el ~ de mañana** (*lit*) tomorrow; (*fig*) at some future date; **el mejor ~** some fine day; **el ~ menos pensado** when you least expect it; **un buen ~** (*fig*) one fine day; **un ~ de éstos** one of these days; **un ~ sí y otro no** every other day; **~ tras ~** day after day; **algún ~** some day, sometime; **cada ~** each o every day; **otro ~** some other day o time; **dejémoslo para otro ~** let's leave it for the moment; **todos los ~s** every day, daily; **todo el santo ~** the whole blessed day.
[c] (*con prep*) **~ a ~** day in day out; **a ~s** at times, once in a while; **a los pocos ~s** within o after a few days, a few days later; **al otro ~** (on) the following day; **al ~ siguiente** on the following day; **7 veces al ~** 7 times a day, 7 times daily; **de ~ en ~** from day to day; **del ~** (*estilos*) fashionable, up-to-date; (*menú*) today's; **de un ~ para otro** any day now; **en su ~** in due time; **¡hasta otro ~!** so long!
[d] (*expresiones con vb*) **dar los buenos ~s a algn** to say good morning to sb; **estar al ~** (*al tanto*) to be up to date; (*de moda*) to be with it; **quien quiera estar al ~ en estos estudios, lea ...** if anybody wants to keep up to date in these matters, he should read ...; **hace buen ~** it's a fine day; **poner al ~** (*diario*) to write up; (*texto, persona*) to bring up to date; **vivir al ~** to live from hand to mouth.
[e] (*con adj*) **~ de asueto** day off; **~ azul** (*Ferro*) cheap ticket day; **~ de diario, ~ de entresemana, ~ entre semana** weekday; **~ de los enamorados** St Valentine's Day (*14 February*); **~ feriado** o **festivo** o **de fiesta** holiday; **~ hábil/inhábil** working/non-working day; **D~ de la Hispanidad** Columbus Day (*12 October*); **~ del Juicio (Final)** Judgment Day; **estaremos aquí hasta el ~ del Juicio** we'll be here till Kingdom come; **~ de detención** o **inactividad** quiet day; **~ laborable** o **útil** o **de trabajo** working day, weekday; **~ lectivo** teaching day; **~ libre** free day, day off; **D~ de (los) Muertos** (*Méx*) All Souls' Day; **~ de paga** payday; **D~ de la Raza** Columbus Day

(*12 October*); **D~ de Reyes** Epiphany (*6 January*); **~ de los (Santos) Inocentes** (*28 December*) ≈ All Fools' Day (*1 April*); **~ señalado** special day, red-letter day.
[f] (*horas de luz*) daytime; **de ~** by day; **durante el ~** during the day(time); **en pleno ~** in broad daylight; **ya es de ~** it's daylight.

diabetes NF diabetes.

diabético/a ADJ, NM/F diabetic.

diablesa NF she-devil.

diablillo NM (*fam*) imp, monkey.

diablo NM (*lit, fig*) devil; **pobre ~** poor devil; **hace un frío de mil** o **todos los ~s** it's hellishly cold (*fam*); **¿cómo ~s se le ocurrió hacer tal cosa?** what the devil possessed him to do such a thing?; V **demonio** *para muchas frases*.

diablura NF (*travesura*) prank; **~s** mischief *sg*.

diabólico ADJ diabolical, devilish.

diábolo NM diabolo.

diaconato NM deaconry, diaconate.

diácono NM deacon.

diacrónico ADJ diachronic.

Diada NF Catalan national day (*11 September*).

diadema NF (*lit, fig*) diadem; (*joya*) tiara.

diáfano ADJ (*tela*) diaphanous; (*agua*) crystal-clear.

diafragma NM (*gen*) diaphragm; (*Med*) (Dutch) cap; (*Fot*) aperture.

diagnosis NF INV diagnosis.

diagnosticar <1g> VT to diagnose.

diagnóstico [1] ADJ diagnostic. [2] NM diagnosis.

diagonal ADJ, NF diagonal.

diagonalmente ADV diagonally.

diagrama NM diagram; **~ de flujo** flow chart.

dial NM (*Aut, Rad etc*) dial.

dialectal ADJ dialectal, dialect *atr*.

dialectalismo NM [a] (*carácter*) dialectal nature, dialectalism. [b] (*palabra etc*) dialectalism, dialect word o phrase *etc*.

dialéctica NF dialectic(s).

dialéctico ADJ dialectical.

dialecto NM dialect.

dialectología NF dialectology.

diálisis NF dialysis.

dialogado ADJ: **solución** o **salida ~a** negotiated settlement.

dialogante [1] ADJ open, open-minded, willing to discuss. [2] NMF participant (in a discussion).

dialogar <1h> [1] VT to write in dialogue o (*US*) dialog form. [2] VI (*conversar*) to have a conversation; **~ con** (*Pol etc*) to engage in a dialogue with.

diálogo NM dialogue, dialog (*US*); (*conversación*) conversation; **~ norte-sur** North-South dialogue; **~ de los sordos** dialogue of the deaf.

diamante NM [a] (*joya*) diamond; **~ en bruto** uncut diamond; **ser un ~ en bruto** (*fig*) to be a rough diamond; **~ falso** paste. [b] **~s** (*Naipes*) diamonds.

diamantífero ADJ diamond-bearing.

diametral ADJ diametrical.

diametralmente ADV diametrically; **~ opuesto a** diametrically opposed to.

diámetro NM diameter; **~ de giro** (*Aut*) turning circle; **faros de gran ~** wide-angle headlights.

diana NF [a] (*Mil*) reveille; **tocar ~** to sound reveille. [b] (*de blanco*) centre, center (*US*), bull's-eye; **hacer ~** to score a bull's-eye.

diantre NM: **¡~!** (*fam: euf*) oh hell!

diapasón NM [a] (*Mús*) diapason range. [b] (*de violín etc*) fingerboard. [c] **~ normal** tuning fork. [d] (*de voz*) tone; **bajar/subir el ~** to lower/raise one's voice.

diapositiva NF slide; **~ en color** colour o (*US*) color slide.

diariamente ADV daily, every day.

diariero NM (*Arg*) paperboy.

diario [1] ADJ daily, everyday; **cien pesetas ~as** a hundred pesetas a day.
[2] ADV (*LAm*) daily, every day.
[3] NM [a] (*periódico*) newspaper, daily; (*libro diario*) diary; **~ de entradas y salidas** (*Com*) daybook; **~ de a bordo,**

~ de navegación (*Náut*) logbook; **~ hablado** (*Rad*) news (bulletin); **~ dominical/matinal** *o* **de la mañana/de la noche** Sunday/morning/evening paper; **~ de sesiones** parliamentary report. **b** (*Fin*) daily expenses *pl*.
c a ~ daily; **de** *o* **para ~** everyday; **nuestro mantel de a ~** our tablecloth for everyday (use), our ordinary tablecloth.

diarismo NM (*LAm*) journalism.
diarrea NF diarrhoea, diarrhea (*US*).
diáspora NF (*Hist*) diaspora; (*fig*) dispersal, migration.
diatriba NF diatribe, tirade.
dibujante NM **a** (*de bosquejos*) sketcher; (*de dibujos animados etc*) cartoonist. **b** (*Téc*) draughtsman/ draughtswoman, draftsman/draftswoman (*US*); (*de moda*) designer; **~ de publicidad** commercial artist.
dibujar<1a> **1** VT **a** (*Arte*) to draw, sketch.
b (*Téc*) to design.
c (*describir*) to sketch, describe.
2 **dibujarse** VR **a** (*perfilarse*) to be outlined (*contra* against).
b (*emoción*) to show, appear; **el sufrimiento se dibujaba en su cara** suffering showed in his face.
dibujo NM **a** (*actividad*) drawing, sketching; **~ lineal** draughtsmanship, draftsmanship (*US*). **b** (*un ~*) drawing, sketch; (*Téc*) design; (*en papel, tela*) pattern; (*en periódico*) cartoon, caricature; **~s animados** (*Cine*) cartoons; **~ del natural** drawing from life; **~ (hecho) a pulso** freehand drawing; **con ~ a rayas** with a striped pattern. **c** (*fig*) description, depiction.
dic. ABR *de* **diciembre** Dec.
dicción NF (*gen*) diction.
diccionario NM dictionary; **~ enciclopédico** encyclopaedia; **~ geográfico** gazetteer.
dic.ᵉ ABR *de* **diciembre** Dec.
dicha NF **a** (*felicidad*) happiness. **b** **es una ~ poder** ... it is a happy thing to be able to .... **c** (*suerte*) good luck.
dicharachero/a **1** ADJ (*gracioso*) witty; (*parlanchín*) talkative. **2** NM/F wit; (*parlanchín*) chatterbox.
dicharacho NM coarse remark.
dicho **1** PP *de* **decir**.
2 ADJ (*este*) this, the said; (*susodicho*) aforementioned; **~s animales** the said animals; **en ~ país** in this (same) country; **las avispas propiamente ~as** true wasps, wasps in the strict sense; **~ y hecho** no sooner said than done; *V tb* **decir 1 (j)**.
3 NM (*gen*) saying; (*proverbio*) proverb; (*ocurrencia*) bright remark; (*insulto*) insult; **del ~ al hecho hay mucho** *o* **gran trecho** there's many a slip 'twixt cup and lip; **es un ~** it's just a saying.
dichoso ADJ **a** (*feliz*) happy; **me siento ~ de hacer algo** I feel privileged to do sth. **b** (*afortunado*) lucky, fortunate; **¡~s los ojos!** nice to see you! **c** (*fam*) **¡aquel ~ coche!** that blessed car!
diciembre NM December; *V tb* **se(p)tiembre**.
diciendo *etc V* **decir**.
dicotomía NF dichotomy.
dictado NM **a** dictation; **escribir al ~** to take dictation; **escribir algo al ~** to take sth down (as it is dictated). **b** (*fig*) **los ~s de la conciencia** the dictates of conscience.
dictador(a) NM/F dictator.
dictadura NF dictatorship.
dictáfono NM Dictaphone ®.
dictamen NM (*opinión*) opinion; (*informe*) report; (*Jur*) legal opinion; **~ contable** (*Méx*) auditor's report; **~ facultativo** (*Med*) medical report.
dictaminar<1a> **1** VT (*juicio*) to pass. **2** VI to pass judgment, give an opinion (*en* on).
dictar<1a> VT **a** (*carta*) to dictate (*a* to). **b** (*sentencia*) to pass, pronounce; (*decreto*) to issue. **c** **lo que dicta el sentido común** what common sense suggests. **d** (*LAm: clase*) to give; (: *conferencia*) to deliver.
dictatorial ADJ dictatorial.
dicterio NM taunt.
didáctica NF didactics.

didacticismo NM didacticism.
didáctico ADJ didactic.
didactismo NM = **didacticismo**.
diecinueve ADJ, NM nineteen; (*fecha*) nineteenth; *V tb* **seis**.
dieciochesco ADJ eighteenth-century.
dieciocho ADJ, NM eighteen; (*fecha*) eighteenth; *V tb* **seis**.
dieciséis ADJ, NM sixteen; (*fecha*) sixteenth; **a las ~ horas** at sixteen hundred hours; *V tb* **seis**.
diecisiete ADJ, NM seventeen; (*fecha*) seventeenth; *V tb* **seis**.
diente NM **a** (*Anat, tb de peine, sierra*) tooth; (*de elefante etc*) tusk; (*de reptil*) fang; **~ canino/de leche** canine (tooth)/milk tooth; **~ incisivo/molar** incisor/molar; **~s postizos** false teeth; **echar los ~s** to teethe.
b (*locuciones*) **enseñar los ~s** (*fig*) to show one's claws, turn nasty; **hablar entre ~s** to mumble, mutter; **hincar el ~ en** (*comida*) to bite into; (*fig*) to get one's knife into; **nunca pude hincar el ~ a ese libro** I could never get my teeth into that book; **se le oía maldecir entre ~s** you could hear him cursing under his breath; **pelar el ~** (*LAm fam*) to smile affectedly; **se me ponen los ~s largos** I get green with envy; **tener buen ~** to be a hearty eater.
c (*Mec*) cog; (*de hebilla*) tongue.
d (*de ajo*) clove; **~ de león** dandelion.
diera *etc V* **dar**.
diéresis NF diaeresis.
diesel NM (*tb motor ~*) diesel engine.
diestra NF right hand.
diestro **1** ADJ **a** (*derecho*) right; **a ~ y siniestro** (*sin método*) wildly, at random; **repartir golpes a ~ y siniestro** to throw out punches right and left.
b (*hábil*) skilful, skillful (*US*); (: *con las manos*) handy. **c** (*astuto*) shrewd; (*pey*) sly. **2** NM **a** (*Taur*) matador.
b (*correa*) bridle.
dieta NF **a** (*Med*) diet; **~ láctea** milk diet; **la ~ mediterránea** the Mediterranean diet; **estar a ~** to diet, be on a diet. **b** (*Pol*) diet, assembly. **c** **~s** subsistence allowance *sg*, expenses.
dietética NF dietetics.
dietético/a **1** ADJ dietetic, dietary. **2** NM/F dietician.
dietista NM/F dietician.
diez ADJ, NM ten; (*fecha*) tenth; **un ~ para Pérez** ten out of ten for Pérez; **hacer las ~ de últimas** (*Naipes*) to sweep the board; (*fig*) to queer one's own pitch; *V tb* **seis**.
diezmar<1a> VT (*lit, fig*) to decimate.
diezmillo NM (*Méx*) sirloin steak.
diezmo NM tithe.
difamación NF (*hablando*) slander (*de* of); (*por escrito*) libel (*de* on).
difamador(a) **1** ADJ (*palabra*) slanderous; (*escrito*) libellous, libelous (*US*). **2** NM/F slanderer.
difamar<1a> VT (*Jur: hablando*) to slander; (: *por escrito*) to libel.
difamatorio ADJ (*V vt*) slanderous; libellous, libelous (*US*).
diferencia NF (*gen*) difference (*de* in); **~ de edad(es)** age difference; **~ salarial** (*Com*) wage differential; **a ~ de** unlike, in contrast to; **con corta** *o* **poca ~** more or less; **hacer ~ entre** to make a distinction between; **partir la ~** to split the difference; **ya han resuelto las ~s** they've patched up their differences; **no veo ~ de A a Z** I see nothing to choose between A and Z.
diferenciación NF differentiation.
diferenciador ADJ distinguishing.
diferencial **1** ADJ (*gen, Mat*) differential; (*rasgos*) distinguishing, distinctive. **2** NM (*Aut*) differential. **3** NF (*Mat*) differential.
diferenciar<1b> **1** VT **a** (*hacer diferencias*) to differentiate; **~ entre A y B** to distinguish *o* differentiate between A and B.
b (*hacer diferente*) to make different.
2 **diferenciarse** VR **a** (*ser diferente*) to differ, be different (*de* from); **no se diferencian en nada** they do not

differ at all. |b| (*destacarse*) to distinguish o.s.; **este producto se diferencia por su calidad** this products stands out because of its quality.

diferente ADJ |a| different (*de algo* from sth). |b| ~**s** several, various.

diferido ADJ: **emisión en** ~ (*Rad, TV*) recorded programme o (*US*) program, delayed transmission.

▼**diferir** <3i> |1| VT (*gen*) to defer; (*Jur: fallo*) to reserve. |2| VI to differ, be different (*de* from; *en* in).

difícil ADJ |a| (*gen*) difficult; (*tiempos, vida*) hard; (*situación*) delicate; ~ **de hacer** hard o difficult to do; **es** ~ **que venga** he is unlikely to come; **me resulta muy** ~ **decidir** ... I find it very hard to decide ..., I have great difficulty in deciding ...; **creo que lo tiene** ~ I think he's got a tough job on. |b| (*persona*) **es un hombre** ~ he's a difficult man to get on with; **niño** ~ problem child. |c| (*fam: raro*) odd, ugly.

difícilmente ADV (*con dificultad*) with difficulty; (*apenas*) hardly; ~ **se podrá hacer** it can hardly be done.

dificultad NF (*gen*) difficulty; (*problema*) trouble; (*objeción*) objection; **sin** ~ **alguna** without the least difficulty; **tuvieron algunas** ~**es para llegar a casa** they had some trouble getting home; **poner** ~**es** to raise objections; **me pusieron** ~**es para darme el pasaporte** they made it awkward for me to get a passport.

dificultar <1a> VT |a| (*camino*) to obstruct; (*tráfico*) to hold up; (*poner obstáculos a*) to put obstacles in the way of; **las restricciones dificultan el comercio** the restrictions hinder trade o make trade difficult. |b| ~ **que suceda algo** to make it unlikely that sth will happen.

dificultoso ADJ difficult, hard.

difteria NF diphtheria.

difuminar <1a> VT (*dibujo*) to blur.

difumino NM stump.

difundir <3a> |1| VT (*calor, luz*) to diffuse; (*Rad*) to broadcast, transmit; (*gas etc*) to give off o out; ~ **una noticia** to spread a piece of news. |2| **difundirse** VR (*teoría etc*) to spread; (*calor, luz*) to become diffused.

difunto/a |1| ADJ deceased; **el** ~ **ministro** the late minister. |2| NM/F deceased (person); **Día de los D**~**s** All Souls' Day.

difusión NF (*de calor, luz*) diffusion; (*de noticia, teoría*) dissemination; (*de programa*) broadcasting; (*programa*) broadcast; (*Prensa*) circulation, readership figures; **diario de** ~ **nacional** nationally distributed newspaper.

difuso ADJ |a| (*luz*) diffused; (*conocimientos*) widespread. |b| (*estilo, explicación*) wordy.

difusor |1| ADJ: **el medio** ~ (*Rad*) the broadcasting medium. |2| NM blow-drier.

diga *etc* V **decir**.

digerible ADJ digestible.

digerir <3i> VT |a| (*gen*) to digest. |b| (*asimilar*) to absorb, assimilate; (*reflexionar sobre*) to think over; **no puedo** ~ **a ese tío** I can't stand that chap; **le ha costado** ~ **su fracaso** he's found it hard to accept his failure.

digestible ADJ digestible.

digestión NF digestion.

digestivo ADJ digestive.

digitación NF (*Mús*) fingering.

digital |1| ADJ (*ordenador, reloj*) digital; (*dactilar*) finger *atr*; **huellas** ~**es** fingerprints. |2| NF (*Bot*) foxglove; (*droga*) digitalis.

digitalizador NM (*Inform*) digitizer.

digitalizar <1f> VT to digitize.

dígito NM (*Mat etc*) digit; ~ **binario** (*Inform*) binary digit, bit.

dignamente ADV |a| (*gen*) worthily; (*apropiadamente*) fittingly, properly, appropriately. |b| (*honradamente*) honourably, honorably (*US*); (*con dignidad*) with dignity, in a dignified way. |c| (*decentemente*) decently.

dignarse <1a> VR |a| to deign o condescend (*hacer algo* to do sth). |b| **dígnese venir a esta oficina** please (be so good as to) come to this office.

dignatario NM dignitary.

dignidad NF |a| (*gen*) dignity; (*de sí mismo*) self-respect;

herir la ~ **de algn** to offend sb's self-respect. |b| (*rango*) rank; **tiene** ~ **de ministro** he has the rank of a minister.

dignificar <1g> VT to dignify.

digno ADJ |a| (*gen*) worthy; (*correspondiente*) fitting, appropriate; ~ **de** worthy of, deserving; ~ **de elogio** praiseworthy; ~ **de mención** worth mentioning; **es** ~ **de verse** it is worth seeing. |b| (*persona: honesto*) honourable, honorable (*US*); (: *grave*) dignified. |c| (*decoroso*) decent; **viviendas** ~**as para los obreros** decent homes for the workers.

digresión NF digression.

dije¹ V **decir**.

dije² NM (*relicario*) locket; (*amuleto*) charm.

dije³ ADJ (*Chi fam*) nice.

dilación NF delay; **sin** ~ without delay, immediately.

dilapidación NF squandering, waste.

dilapidar <1a> VT to squander, waste.

dilatación NF (*V vt*) dilation; expansion; enlargement; protraction, prolongation.

dilatado ADJ (*pupila*) dilated; (*extenso*) extensive; (*período*) long.

dilatar <1a> |1| VT |a| (*gen*) to dilate; (*metales*) to expand; (*ampliar*) to enlarge. |b| (*prolongar*) to protract, prolong. |c| (*diferir*) to delay. |2| **dilatarse** VR |a| (*pupila*) to dilate; (*agua*) to expand. |b| (*al hablar*) to be long-winded. |c| (*LAm*) to take a long time o be slow (*en hacer algo* to do sth). |d| (*CAm, Méx*) to delay, be delayed o late.

dilatorio |1| ADJ delaying. |2| ~**as** NFPL delaying tactics; **andar con** ~ to drag things out.

dilema NM dilemma.

diletante NMF dilettante.

diligencia NF |a| (*esmero*) diligence; (*rapidez*) speed. |b| (*encargo*) errand; **hacer las** ~**s de costumbre** to take the usual steps (*para hacer algo* to do sth). |c| (*Jur*) ~**s** formalities; (*policiales etc*) report *sg*, official statement *sg*; ~**s judiciales** judicial proceedings; ~**s previas** inquest. |d| (*carruaje*) stagecoach.

diligenciar <1b> VT to take steps to obtain.

diligente ADJ (*aplicado*) diligent; (*pronto*) speedy; **poco** ~ slack.

dilucidar <1a> VT (*aclarar*) to elucidate, clarify; (*misterio*) to clear up.

dilución NF dilution.

diluir <3g> |1| VT (*líquidos*) to dilute; (*aguar, tb fig*) to water down. |2| **diluirse** VR to dissolve.

diluviar <1b> VI to pour with rain.

diluvio NM (*lit, fig*) flood; **un** ~ **de cartas** a deluge of letters; **¡fue el** ~**!** it was chaos!

dimanar <1a> VI: ~ **de** to arise o spring from.

dimensión NF (*gen*) dimension; ~**es** size *sg*; **de grandes** ~**es** of great size; **las** ~**es de la tragedia** the extent of the tragedy; **tomar las** ~**es de** to take the measurements of.

dimes NMPL: ~ **y diretes** (*riñas*) bickering, squabbling; **andar en** ~ **y diretes con algn** to bicker o squabble with sb.

diminutivo ADJ, NM diminutive.

diminuto ADJ tiny, diminutive.

dimisión NF resignation; **presentar la** ~ to hand in o submit one's resignation.

dimisionario ADJ outgoing, resigning.

dimitir <3a> |1| VT (*cargo*) to resign; ~ **de la jefatura del partido** to resign (from) the party leadership. |2| VI to resign (*de* from).

dimos V **dar**.

Dinamarca NF Denmark.

dinámica NF |a| dynamics; ~ **de grupo** group dynamics; **la** ~ **de la sociedad** the dynamic of society.

dinámico ADJ (*lit, fig*) dynamic.

dinamismo NM dynamism.

dinamita NF dynamite.

dinamitar <1a> VT to dynamite.

dinamizar <1f> VT to invigorate, put (new) energy into.

➤ EXPRESIONES GENERATIVAS: **diferir** → 8.2

dínamo, dinamo NF (*nm in LAm*) dynamo.

dinastía NF dynasty.

dinástico ADJ dynastic.

dinerada NF, **dineral** NM fortune; **habrá costado un ~** it must have cost a bomb.

dinerillos NMPL: **tiene sus ~** she's got a bit of money (put by).

dinero NM (*gen*) money; (*~ en circulación*) currency; **persona de ~** wealthy person; **es hombre de ~** he is a man of means; **~ caro/barato** dear o (*US*) expensive/cheap o easy money; **~ contante** cash; **~ contante y sonante** hard cash; **~ de curso legal** legal tender; **~ en caja** cash in hand; **~ para gastos** pocket money; **~ negro** o **sucio** dirty money, money from crime; **~ suelto** loose change; **el ~ lo puede todo** money can do anything, money talks; **andar mal de ~** to be short of money; **el negocio no da ~** the business does not pay; **ganar ~ a espuertas** o **a porrillo** to make money hand over fist; **hacer ~** to make money.

dinosaurio NM dinosaur.

dintel NM lintel.

diñar<1a> VT (*fam*): **~la** to kick the bucket (*fam*).

dio *V* dar.

diocesano ADJ diocesan.

diócesi(s) NF (*pl* diócesis) diocese.

diodo NM diode.

dioptría NF dioptre; **~s** gradation.

Dios NM [a] God; **~ mediante** God willing; **a ~ gracias** thank heaven; **a la buena de ~** any old how; **una de ~ es Cristo** an almighty row; **armar la de ~ (es Cristo)** to raise hell; **~ los cría y ellos se juntan** birds of a feather flock together; **~ dirá** time will tell; **lo hace como ~ le da a entender** he does it as best as he can; **como ~ manda** as is proper; **cuando ~ quiera** all in God's good time; **si ~ quiere** God willing; **a ~ rogando y con el mazo dando** trust in God but keep your powder dry; **sabe ~** God knows; **sabe ~ que no quería ofender** God knows I did not intend to cause offence o (*US*) offense; **sólo ~ sabe** God alone knows; **vaya con ~** goodbye, may God be with you; (*iró*) and good riddance.

[b] **¡~ mío!** good gracious!; **¡por ~!** for God's sake!; **¡~ le ampare** o **asista!** and the best of luck!; **¡~ te bendiga!** God bless you!; **¡~ me libre!** Heaven forbid!; **¡válgame ~!** bless my soul!; **¡vaya por ~!** (*contrariedad*) oh no!

dios NM [a] god. [b] **como todo ~** (*fam*) like any guy; **no hay ~ que entienda eso** nobody can understand that; **no había ni ~** there wasn't a soul.

diosa NF goddess.

Dip. ABR *de* **Diputación** ≈ CC.

diploma NM diploma.

diplomacia NF diplomacy.

diplomado/a [1] ADJ qualified, trained. [2] NM/F holder of a diploma. (*Univ*) graduate.

diplomarse<1a> VR (*esp LAm*) to graduate (from college etc).

diplomáticamente ADV diplomatically.

diplomático/a [1] ADJ (*cuerpo*) diplomatic; (*que tiene tacto*) tactful. [2] NM/F diplomat.

diplomatura NF diploma course, course leading to a diploma.

dipsomanía NF dipsomania.

dipsomaníaco/a, dipsómano/a NM/F dipsomaniac.

díptero NM fly.

díptico NM diptych.

diptongo NM diphthong.

diputación NF [a] deputation; **~ permanente** (*Pol*) standing committee. [b] **~ provincial** ≈ county council o (*US*) commission.

diputado/a NM/F (*delegado*) delegate; (*Pol*) ≈ member of parliament (*Brit*), ≈ representative (*US*); **el ~ por Guadalajara** the member for Guadalajara; **~ provincial** ≈ member of a county council.

diputar<1a> VT to delegate, depute.

dique NM [a] dyke, dike (*US*); (*rompeolas*) breakwater; **~ de contención** dam; **~ flotante/seco** floating/dry dock; **entrar en ~, hacer ~** to dock. [b] (*fig*) **es un ~ contra la**

---

expansión it is a barrier to expansion.

Dir. ABR [a] *de* **dirección.** [b] *de* **director** dir.

dire NMF (*fam*) = **director(a).**

diré *etc V* **decir.**

dirección NF [a] (*lit, fig: sentido*) direction; (*fig: tendencia*) course, trend; **con** o **en ~ a** in the direction of, towards; **'~ prohibida'** (*Aut*) 'no entry'; **calle de ~ obligatoria, calle de ~ única** 'one-way street'; **~ este/oeste** (*Aut: de autopista*) eastbound/westbound; **¿podría Ud indicarme la ~ de ...?** could you please direct me to ...?; **ir en ~ contraria** to go the other way; **salir con ~ a** to leave for, depart for.

[b] (*gobierno*) guidance; (*control*) control; (*de empresa*) running, management; (*de periódico*) editorship; (*de partido*) leadership; **~ escénica** o **de escena** stage management; **le han confiado la ~ de la obra** he has been put in charge of the work; **tomar la ~ de una empresa** to take over the running of a company.

[c] (*personal directivo*) **la ~** the management; (*junta*) board of directors; (*de partido político*) leadership, top men.

[d] (*cargo: en empresa*) post of manager; (*: en escuela*) headship, principalship (*US*); (*: en periódico*) editorship; (*Admin*) post of chief executive.

[e] (*Aut etc: mecanismo*) steering; **~ asistida** power-assisted steering.

[f] (*oficina principal*) (head) office; (*despacho*) director's/manager's/headmaster's/editor's office; **~ provincial** provincial office of a government department; **D~ General de Seguridad/Turismo** State Security/Tourist office.

[g] (*señas*) address; **~ particular** home address; **poner la ~ en una carta** to address a letter; **~ absoluta/relativa** (*Inform*) absolute/relative address.

direccional [1] ADJ directional. [2]: **~es** NMPL (*Méx Aut*) (car) indicators, trafficators.

direccionamiento NM (*Inform*) addressing.

directa NF (*Aut*) top gear.

directamente ADV directly; **fui ~ a casa** I went straight home.

directiva¹ NF (*de empresa*) board of directors; **~s** guidelines.

directivo(a)² [1] ADJ (*junta*) managing; (*función*) managerial, administrative; (*clase*) executive. [2] NM/F (*Com etc*) manager, executive.

directo [1] ADJ [a] (*gen*) direct; (*línea*) straight; (*inmediato*) immediate.

[b] (*tren*) through; (*vuelo*) non-stop.

[c] (*TV*) **en ~** live; **transmitir en ~** to broadcast live. [2] NM (*Boxeo*) straight punch; (*Tenis*) forehand shot.

director(a) NM/F (*en banco, empresa, fábrica: encargado*) manager(ess); (*: administrador*) director; (*de compañía*) president; (*Admin*) head; (*de escuela*) headmaster/headmistress, principal (*US*); (*de periódico*) editor; (*de Academia*) president; (*de prisión*) governor; (*Mús*) conductor; (*Cine, TV*) director; **~ adjunto/general** assistant/general manager; **~ de escena** stage manager; **~ comercial/de personal/de sucursal** marketing/personnel/branch manager; **~ ejecutivo/de empresa/gerente** executive/company/managing director; **~ espiritual** father confessor; **~ de orquesta** conductor.

directorial ADJ (*Com etc*) managing, executive; **clase ~** managers, management.

directorio NM [a] (*norma*) directive. [b] (*junta*) (board of) directors. [c] (*libro, Inform*) directory; **~ telefónico** o **de teléfonos** (*Méx*) telephone directory.

directriz NF [a] guideline, instruction, directive. [b] (*Mat*) directrix.

dirigente [1] ADJ leading; **la clase ~** the ruling class. [2] NM (*Pol etc*) leader; **~ de la oposición** leader of the opposition; **los ~s del partido** the party leaders.

dirigible [1] ADJ (*Aer, Náut*) steerable. [2] NM dirigible, airship, blimp (*US*).

dirigido ADJ (*misil*) guided.

dirigir <3c> VT [a] (*gen*) to direct (*a, hacia* at, to, towards); (*acusación*) to level (*a* at), make (*a* against); (*carta, comentario, pregunta*) to address (*a* to); (*mirada*) to

turn (a on); (pistola, telescopio) to aim, point (a at); **dirigieron sus quejas al jefe** they addressed their complaints to the boss.
b (Com: empresa) to manage, run; (expedición) to lead; (sublevación) to head; (periódico) to edit.
c (guiar) to guide, advise (en about, in); **hay que ~ todos nuestros esfuerzos a ese fin** we must direct all our efforts to this end.
d (Aut, Naút) to steer; (Aut) to drive.
e (Mús) to conduct.
f (Cine, Teat) to produce, direct.
2 dirigirse VR **a** **~ a** (ir hacia) to go to, make one's way to; (Náut etc) to steer for; **se dirigía a su oficina cuando lo arrestaron** he was on his way to the office when they arrested him; **~ hacia** to head for.
b **~ a** (hablar a) to speak to, address; **~ a algn solicitando algo** to apply to sb for sth; **'diríjase a ...'** 'apply to ...', 'write to ...'; **el programa se dirige a los adultos** the programme o (US) program is aimed at adults.

dirigismo NM management, control; **~ estatal** state control.
dirigista ADJ, NMF interventionist.
dirimir <3a> VT **a** (contrato, matrimonio) to dissolve, annul. **b** (disputa) to settle.
discado NM (And, CSur) dialling, dialing (US).
discapacitación NF disability, handicap.
discapacitado/a **1** ADJ disabled, handicapped. **2** NM/F disabled o handicapped person.
discar <1g> VT (And, CSur) to dial.
discernimiento NM discernment.
discernir <3k> **1** VT **a** to discern; **~ A de B** to distinguish A from B. **b** (esp LAm: premio) to award (a to). **2** VI to distinguish (entre between).
disciplina NF (gen: tb Univ) discipline; **~ férrea** iron will; **~ de partido** o **de voto** party discipline o whip; **romper la ~ de voto** to vote against one's party.
disciplinar <1a> VT **a** (gen) to discipline. **b** (enseñar) to school, train; (Mil) to drill.
disciplinario ADJ disciplinary.
discípulo/a NM/F **a** (Rel, Fil) disciple; (seguidor) follower. **b** (Escol) pupil, student.
discjockey [dis'jokei] NMF disc jockey.
disco¹ NM **a** disk, disc; (Dep) discus; (Ferro) signal; (Telec) dial; (Mús) record; **~ compacto** compact disc; **~ de freno** brake disc; **~ de larga duración** long-playing record; **~ rojo/verde** (Aut) red/green light. **b** (Inform) **~ fijo** hard disk; **~ flexible** o **floppy** floppy disk; **~ magnético** magnetic tape. **c** (fam pey) **siempre con el mismo ~** it's always the same old story with him etc; **no cambia de ~** he never changes his tune.
disco² NF (fam) disco.
discóbolo NM discus thrower.
discografía NF (gen) records pl; (discos) record collection; **la ~ de Eccles** the complete recordings of Eccles.
discográfica NF record company.
discográfico ADJ record attr; **casa ~a** record company; **éxito ~** chart success.
díscolo ADJ (rebelde) unruly; (niño) mischievous.
disconforme ADJ differing; **estar ~** to be in disagreement (con with), not agree.
disconformidad NF disagreement.
discontinuidad NF lack of continuity, discontinuity.
discontinuo ADJ discontinuous; **línea ~a** (Aut) broken line.
discordancia NF (tb fig) discord.
discordante ADJ (Mús) discordant; (opiniones) clashing; **su traje fue la nota ~ en la reunión** his suit struck the only bad note in the meeting.
discordar <1l> VI **a** (Mús) to be out of tune. **b** (estar en desacuerdo) to disagree (de with); (colores, opiniones) to clash.
discorde ADJ (sonido) discordant; (opiniones) clashing; **su actitud es ~ con la política del partido** his attitude is out of line with the party's policy.
discordia NF discord, disagreement; **sembrar la ~** to

sow discord.
discoteca NF **a** (colección) record library, record collection. **b** (lugar de baile) disco, nightclub.
discotequero/a **1** ADJ disco attr. **2** NM/F disco goer, nightclubber.
discreción NF **a** (gen) discretion; (tacto) tact; (prudencia) prudence; **tenemos que actuar con ~** we must act discreetly. **b** **a ~** at one's discretion; **añadir azúcar a ~** (Culin) add sugar to taste; **comer a ~** to eat as much as one likes; **¡a ~!** (Mil) stand easy!; **rendirse a ~** (Mil) to surrender unconditionally.
discrecional ADJ (poder) discretionary; (facultativo) optional; **parada ~** request o (US) flag stop; **servicio ~ (de autobuses)** discretionary (bus) service.
discrepancia NF discrepancy; (desacuerdo) disagreement.
discrepante ADJ divergent; **hubo varias voces ~s** there were some dissenting voices.
discrepar <1a> VI to differ (de from), disagree (de with); **discrepamos en varios puntos** we disagree on a number of points.
discreto ADJ **a** (diplomático) discreet; (prudente) prudent; (listo) shrewd. **b** (color, vestido) sober, unobtrusive; (advertencia) discreet, tactful. **c** (mediano) average, middling; **de inteligencia ~a** reasonably intelligent; **le daremos un plazo ~** we'll allow him a reasonable time; **unas ganancias ~as** modest benefits.
discriminación NF discrimination (contra against); **~ racial** racial discrimination.
discriminado ADJ: **sentirse ~** to feel that one has been unfairly treated, feel one has been discriminated against.
discriminar <1a> **1** VT to discriminate against. **2** VI to distinguish, discriminate (entre between).
discriminatorio ADJ discriminatory.
disculpa NF (pretexto) excuse; (pedir perdón) apology; **pedir ~s a/por** to apologize to/for.
disculpar <1a> **1** VT (perdonar) to excuse, forgive; **disculpa (el) que venga tarde** forgive me for coming late; **¡discúlpeme!** I'm sorry! **2** **disculparse** VR to apologize (con to); **se disculpó por haber llegado tarde** he apologized for arriving late.
discurrir <3a> **1** VT (inventar) to think up; **esos chicos no discurren nada bueno** these lads are up to no good. **2** VI **a** (recorrer) to roam, wander (por about, along). **b** (río) to flow. **c** (tiempo) to pass; **la sesión discurrió sin novedad** the meeting went off quietly. **d** (meditar) to meditate (en about, on); (hablar) to discourse (sobre about, on); **discurre poco** o **menos que un mosquito** he just never thinks.
discursear <1a> VI to speechify.
discursivo ADJ discursive.
discurso NM **a** speech; **~ de clausura** closing speech; **pronunciar un ~** to make o deliver a speech. **b** (escrito) discourse, treatise; (razonamiento) reasoning power. **c** (tiempo) **en el ~ del tiempo** with the passage of time; **en el ~ de 4 generaciones** in the space of 4 generations.
discusión NF (diálogo) discussion; (riña) argument; **eso no admite ~** there can be no argument about that; **tener una ~** to have an argument.
discutible ADJ debatable, arguable; **de mérito ~** of dubious worth.
discutido ADJ controversial.
discutir <3a> **1** VT (plan, proyecto, idea) to discuss; (precio) to argue about; (contradecir) to argue against; **~ a algn lo que está diciendo** to contradict what sb is saying. **2** VI (gen) to discuss, talk; (disputar) to argue (de, sobre about, over); **~ de política** to argue about o talk politics; **¡no discutas!** don't argue!
disecar <1g> VT **a** (Med, fig) to dissect. **b** (para conservar: animal) to stuff; (: planta) to preserve, mount.
disección NF (V vt) **a** dissection. **b** stuffing; preservation, mounting.
diseminación NF dissemination, spread(ing).

diseminar<1a> VT to disseminate, spread.
disensión NF dissension.
disentería NF dysentery.
disentimiento NM dissent, disagreement.
disentir<3i> VI to dissent (*de* from), disagree (*de* with).
diseñador(a) NM/F designer; **~ gráfico** commercial artist; **~ de moda(s)** fashion o dress designer.
diseñar<1a> VT (*Téc*) to design; (*Arte*) to draw, sketch.
diseño NM (*Téc*) design; (*Arte*) drawing, sketch; (*Cos*) pattern; **~ gráfico** graphic design; **~ industrial** industrial design; **~ asistido por ordenador** o (*LAm*) **computador** computer-assisted design; **camisa de ~** designer shirt; **de ~ italiano** Italian-designed.
disertación NF dissertation.
disertar<1a> VI to discourse (*acerca de, sobre* upon).
disfraz NM (*gen*) disguise; (*traje*) fancy dress; (*Mil*) camouflage; (*pretexto*) blind (*de* for); **baile de disfraces** fancy-dress ball; **bajo el ~ de** under the cloak of.
disfrazado ADJ disguised (*de* as); **ir ~ de** to masquerade as; (*para fiesta*) to dress up as.
disfrazar<1f> **1** VT (*lit, fig*) to disguise (*de* as); (*ocultar*) to cover up, conceal; (*Mil*) to camouflage; **lo disfrazaron de soldado** they disguised him as a soldier.
2 disfrazarse VR (*persona*) to dress (o.s.) up, disguise o.s. (*de* as).
disfrutar<1a> **1** VT (*gozar de*) to enjoy; (*aprovechar*) to make use of; **disfrutan una pensión del Estado** they get o receive a state pension.
2 VI **a** (*pasarlo bien*) to enjoy o.s.; **¡cómo disfruto!** this is the life!; **¡qué disfrutes!** have a good time!; **~ como un enano** to have a great time; **~ con algo** to enjoy sth; **disfruto haciéndolo** I enjoy doing it.
b **~ de buena salud** to enjoy good health; **~ de la naturaleza** to enjoy nature.
disfrute NM (*V vt*) enjoyment; use.
disfunción NF malfunction, difficulty.
disgregación NF disintegration.
disgregar<1h> **1** VT (*gen*) to disintegrate; (*manifestantes*) to disperse. **2 disgregarse** VR to disintegrate, break up (*en* into).
disgustar <1a> **1** VT (*molestar*) to annoy, upset; (*desagradar*) to displease; **me disgusta tener que repetirlo** it annoys me to have to repeat it, I don't like having to repeat it; **estaba muy disgustado con el asunto** he was very upset about the affair.
2 disgustarse VR **a** (*enfadarse*) to be annoyed (*con, de* about); (*molestarse*) to be displeased, be offended (*con* about).
b (*amigos*) to fall out (*con algn* with sb).
disgusto NM **a** (*enfado*) annoyance; (*desagrado*) displeasure; (*tristeza*) sorrow; **estar** o **sentirse a ~** to be o feel ill at ease; **hacer algo a ~** to do sth unwillingly; **me causó un gran ~** it upset me very much; **matar a algn a ~s** to drive sb to distraction; **¡qué ~!** how o that's terrible! **b** (*un ~: dificultad*) trouble, bother; (*percance*) unpleasant experience; (*desgracia*) misfortune; (*golpe*) blow, shock; **dar un ~ a algn** to upset sb; **nunca nos dio un ~** he never gave us any trouble; **llevarse un ~** to be upset. **c** (*riña*) quarrel, row; **tener un ~ con algn** to fall out with sb.
disidencia NF (*Pol*) dissidence; (*Rel*) dissent; (*desacuerdo*) disagreement.
disidente **1** ADJ (*Pol*) dissident. **2** NMF (*Pol*) dissident; (*Rel*) dissenter, nonconformist.
disimulación NF (*doblez*) dissimulation; (*ocultación*) concealment.
disimuladamente ADV (*V adj*) furtively; cunningly, slyly; covertly.
disimulado ADJ (*solapado*) furtive, underhand; (*taimado*) sly; (*oculto*) covert; **estaba ~ entre unos papeles** it was hidden among some papers; **hacerse el ~** to pretend not to notice.
disimular<1a> **1** VT **a** (*gen*) to hide; (*intención*) to conceal; **no pudo ~ lo que sentía** he couldn't hide o conceal what he felt.
b (*perdonar*) to excuse, overlook.

2 VI to dissemble, pretend; **lo sé todo, así que no disimules** I know it all so don't bother pretending.
disimulo NM **a** (*fingimiento*) dissimulation; **con ~** cunningly, craftily. **b** (*tolerancia*) tolerance.
disipación NF (*gen*) dissipation.
disipado ADJ **a** (*gen*) dissipated. **b** (*manirroto*) extravagant.
disipador(a) NM/F spendthrift.
disipar<1a> **1** VT **a** (*niebla*) to dispel; (*nubes*) to disperse. **b** (*duda, temor*) to dispel, remove; (*esperanza*) to destroy.
c (*dinero*) to fritter away (*en* on).
2 disiparse VR **a** (*niebla*) to lift; (*nubes*) to disperse. **b** (*dudas*) to be dispelled.
diskette NM = **disqueta**.
dislate NM (*absurdo*) absurdity; **~s** nonsense *sg*.
dislexia NF dyslexia.
disléxico / a ADJ, NM/F dyslexic.
dislocación NF (*Med*) dislocation; (*de estado*) dismemberment.
dislocar <1g> **1** VT (*gen*) to dislocate; (*tobillo*) to sprain.
2 dislocarse VR (*Anat, fig*) to dislocate, be dislocated; **~ el tobillo** to dislocate one's ankle.
disloque NM (*fam*): **es el ~** it's the last straw; **al llegar la medianoche aquello fue ya el ~** when midnight came it was utter madness.
disminución NF decrease (*de* of), fall (*de* in); **continuar sin ~** to continue unchecked o unabated; **ir en ~** to diminish, (be on the) decrease.
disminuido / a **1** ADJ (*Med*) handicapped. **2** NM/F: **~ físico** physically handicapped person; **~ psíquico** mentally handicapped person.
disminuir <3g> **1** VT **a** (*gen*) to reduce, decrease; (*temperatura*) to lower; (*gastos, raciones*) to cut down; (*fuerzas*) to diminish; (*precios*) to bring down.
b (*dolor*) to relieve, lessen; (*autoridad, prestigio*) to weaken; (*entusiasmo*) to damp.
2 VI (*fuerzas, raciones*) to diminish; (*días*) to grow shorter; (*precios, temperatura*) to drop, fall; (*velocidad*) to slacken; (*población*) to decrease; (*beneficios, número*) to fall off, dwindle; (*memoria, vista*) to fail.
Disneylandia NF (*tb fig*) Disneyland.
disociación NF dissociation.
disociar <1b> **1** VT to dissociate (*de* from). **2 disociarse** VR to dissociate o.s. (*de* from).
disoluble ADJ soluble, dissolvable.
disolución NF **a** (*acto*) dissolution. **b** (*Quím*) solution.
c (*Com*) liquidation. **d** (*moral*) dissoluteness, dissipation.
disoluto ADJ dissolute.
disolvente NM solvent, thinner.
disolver <2h> (*pp* **disuelto**) **1** VT **a** (*azúcar, sal*) to dissolve.
b (*contrato, matrimonio, parlamento*) to dissolve; (*manifestación*) to break up.
2 disolverse VR **a** to dissolve.
b (*Com*) to go into liquidation.
c (*manifestación*) to break up.
disonancia NF **a** (*Mús*) dissonance. **b** (*fig*) discord; **hacer ~ con** to be out of harmony with.
disonante ADJ (*Mús*) dissonant; (*fig*) discordant.
disonar <1l> VI **a** (*Mús*) to be out of tune. **b** (*fig*) **~ con** to be out of keeping with, clash with.
dispar ADJ unlike, disparate.
disparada NF (*LAm*: *salida apresurada*) sudden departure; (*prisa*) rush; **ir a la ~** to go at full speed; **irse a la ~** to be off like a shot; **tomar la ~** (*CSur fam*) to beat it (*fam*).
disparadero NM trigger (mechanism); **poner a algn en el ~** to drive sb to distraction.
disparado ADJ: **entrar ~** to shoot in; **ir ~** to go like mad; **salir ~** to shoot out, be off like a shot.
disparador **1** ADJ (*Méx fam*) lavish. **2** NM (*de arma*) trigger; (*Fot, Téc*) release; (*de reloj*) escapement.
disparar <1a> **1** VT **a** (*arma de fuego*) to shoot, fire; (*piedra*) to hurl, let fly (*contra* at); (*balón*) to shoot (*a* at; *en* into); **¡nos están disparando!** they're firing at us!

boxed-b (*consumo, precio*) to cause to shoot up, increase excessively.
boxed-2 VI boxed-a to shoot, fire; **¡disparad!** fire!; **~ a matar** to shoot to kill.
boxed-b = **disparatar**.
boxed-c (*Méx fam: gastar mucho*) to spend lavishly.
boxed-3 **dispararse** VR boxed-a (*arma de fuego*) to go off; (*pestillo*) to be released; (*aprensión, pánico*) to take hold, be unleashed.
boxed-b (*persona: marcharse*) to rush off, dash away.
boxed-c (*caballo*) to bolt; (*consumo, precios*) to shoot up.
boxed-d (*enojarse*) to lose control, blow one's top (*fam*); (*al hablar*) to get carried away (*fam*), rant on; **¡no te dispares!** take it easy!

disparatado ADJ crazy, nonsensical.

disparatar ‹1a› VI (*decir disparates*) to talk nonsense; (*hacer disparates*) to blunder.

disparate NM boxed-a (*comentario*) foolish remark; (*acción*) absurd thing (to do); (*error*) blunder; **¡no digas ~s!** don't talk nonsense!; **¡qué ~!** what rubbish!, how absurd!; **sacar el coche en esta niebla es un ~** taking the car out in this fog is just crazy. boxed-b **costar un ~** to cost a hell of a lot (*fam*).

disparidad NF disparity.

disparo NM boxed-a (*tiro*) shot; (*estampido*) report; (*acto*) firing; (*Dep*) shot; **~s** shooting, (exchange of) shots; **~ de advertencia** o **intimidación** warning shot; **~ inicial** (*de cohete*) blast-off. boxed-b (*Mec*) release.

dispendio NM waste.

dispensa NF exemption (*de* from); (*Rel*) dispensation.

dispensar ‹1a› VT boxed-a (*Jur, Med*) to dispense; (*ayuda*) to give; (*honores*) to grant; (*acogida etc*) to give, accord. boxed-b (*perdonar*) to excuse; **¡Ud dispense!, ¡dispénseme Ud!** I beg your pardon!, sorry! boxed-c (*eximir*) to exempt, excuse (*de* from); **~ a algn de una obligación/de hacer algo** to excuse sb (from) an obligation/from doing sth; **le han dispensado de hacer gimnasia** he's been let off gymnastics; **~ que algn haga algo** to excuse sb for doing sth.

dispensario NM (*clínica*) community clinic; (*de hospital*) outpatients' department.

dispepsia NF dyspepsia.

dispersar ‹1a› boxed-1 VT to disperse, scatter; (*Mil*) to rout; (*manifestación*) to break up. boxed-2 **dispersarse** VR to disperse, scatter; to break up.

dispersión NF (*gen, Fís*) dispersion; (*de multitud*) dispersal.

disperso ADJ scattered, dispersed.

displicencia NF (*mal humor*) peevishness; (*desgana*) lack of enthusiasm.

displicente ADJ (*malhumorado*) peevish; (*poco entusiasta*) unenthusiastic.

disponer ‹2q› (*pp* **dispuesto**) boxed-1 VT boxed-a (*arreglar*) to arrange; (*mesa*) to lay; **dispuso tostadas y mermelada en la mesa** she put toast and jam on the table.
boxed-b (*preparar*) to prepare, get ready.
boxed-c (*mandar*) to order; **la ley dispone que ...** the law provides that ...; **el general dispuso que nadie saliera** the general gave an order that nobody was to go out.
boxed-2 VI boxed-a **~ de** (*tener*) to have; **dispone de 2 coches** he has 2 cars; **disponemos de poco tiempo** we have very little time (at our disposal o available).
boxed-b **no puede ~ de esos bienes** she cannot dispose of those properties.
boxed-3 **disponerse** VR: **~ a** o **para hacer algo** to prepare o get ready to do sth; **se disponía a marcharse cuando ...** he was all set to go when ....

disponibilidad NF boxed-a availability. boxed-b (*Com*) **~es** resources, financial assets.

disponible ADJ (*gen*) available; (*tiempo*) spare; (*dinero*) on hand.

disposición NF boxed-a (*arreglo*) arrangement; (*de casa*) layout.
boxed-b (*ley*) order; (*cláusula*) provision; **pasar a ~ judicial** to be taken into custody; **según las ~es del código** according to the provisions of the statute; **última ~** last

will and testament.
boxed-c **tomar las ~es para** to make preparations for.
boxed-d **a su ~** at your service; **tener algo a su ~** to have sth at one's disposal o available; **poner algo a la ~ de algn** to put sth at sb's disposal.
boxed-e **estar en ~ de hacer algo** to be ready to do sth, be in a position to do sth.
boxed-f (*estado de ánimo*) frame of mind; (*condiciones*) position; **~ de ánimo** frame of mind.
boxed-g (*aptitud*) aptitude, talent (*para* for); **no tener ~ para** to have no talent for.

dispositivo NM boxed-a (*Mec*) device, mechanism; **~ de arranque** starting mechanism; **~ intrauterino** intrauterine device; **~ de seguridad** safety catch. boxed-b **~s** (*Mil etc*) forces; **~s de seguridad** security forces.

dispuesto boxed-1 PP *de* **disponer**.
boxed-2 ADJ boxed-a (*arreglado*) arranged; **todo está ~** everything's ready.
boxed-b (*persona*) **bien ~** well-disposed (*hacia* towards); **mal ~** ill-disposed.
boxed-c **estar ~/poco ~ a hacer algo** to be prepared/reluctant to do sth; **estar ~ a ir a juicio si es necesario** to be ready to go to court if necessary.
boxed-d (*persona: dinámico*) bright, go-ahead.

disputa NF (*discusión*) dispute, argument; (*controversia*) controversy; **los asuntos en ~** the matters in dispute o at issue.

disputado ADJ (*partido*) close, tough, hard fought.

disputar ‹1a› boxed-1 VT boxed-a (*discutir*) to dispute, question.
boxed-b (*premio, posesión*) to contend for; (*Dep: partido*) to play, contest.
boxed-2 VI boxed-a to debate, argue (*con* with; *de, sobre* about).
boxed-b **~ con algn por un premio** to contend with sb for a prize.
boxed-3 **disputarse** VR: **~ un premio** to contend for a prize; **~ la posesión de** to fight over o for the possession of.

disqueta NF (*LAm*), **disquete** NM (*Inform*) floppy disk, diskette.

disquetera NF disk drive.

disquisición NF boxed-a (*análisis*) disquisition. boxed-b **~es** irrelevancies, comments on the side.

Dist. ABR boxed-a *de* **distancia**. boxed-b *de* **Distrito**.

distancia NF (*gen*) distance; (*de tiempo*) interval; (*disparidad*) gap, difference; **~ de despegue** (*Aer*) length of takeoff; **~ de detención** stopping distance; **~ focal** focal length; **~ de frenado** braking distance; **~ de seguridad** (*Aut*) safe distance; **~ del suelo** o **sobre el suelo** (*Aut etc*) height off the ground, clearance; **a ~** at a distance; **a gran** o **larga ~** long-distance; **mantener a algn a ~** to keep sb at arm's length; **mantenerse a ~** to keep one's distance; (*fig*) to remain aloof; **cada cierta ~** every so often, at intervals; **acortar las ~s** to shorten the distance; (*fig*) to bridge the gap; **guardar las ~s** to keep one's distance; **salvando las ~s** recognizing that the cases are not entirely the same.

distanciado ADJ boxed-a (*remoto*) remote (*de* from); (*separado*) widely separated. boxed-b (*fig: alejado*) far apart; **estamos algo ~s** we are not particularly close; **ella está ~a de su familia** she has grown apart from her family; **estamos ~s en ideas** our ideas are poles apart.

distanciamiento NM boxed-a (*acto*) spacing out. boxed-b (*estado*) remoteness, isolation; (*fig*) distance; **~ generacional** generation gap. boxed-c (*Teat etc*) distancing effect.

distanciar ‹1b› boxed-1 VT boxed-a (*objetos*) to space out, separate.
boxed-b (*en carrera*) to outdistance.
boxed-c (*enemistar*) to cause a rift between.
boxed-2 **distanciarse** VR (*dos personas*) to fall out, become estranged; **~ de un rival** to get ahead of a rival; **~ de la familia** to distance o.s. from one's family.

distante ADJ (*lit, fig*) distant.

distar ‹1a› VI boxed-a **dista 5 kms de aquí** it is 5 kms from here; **¿dista mucho?** is it far? boxed-b **dista mucho de la verdad** it's very far from o a long way off the truth.

distender ‹2g› boxed-1 VT to distend, stretch; **~ las relaciones entre ambos países** to ease o steady relations between the two countries. boxed-2 **distenderse** VR (*músculos*) to tense up; (*relaciones*) to ease, steady.

distendido ADJ: **ambiente ~** relaxed atmosphere.

distensión NF distension, stretching; (*Med*) strain; (*Pol*) détente.

distinción NF **a** (*diferencia*) distinction; **a ~ de** unlike, in contrast to; **sin ~** indiscriminately; **sin ~ de personas** without respect to persons; **sin ~ de edades** irrespective of age; **sin ~ de raza** without distinction of race; **hacer una ~ entre** to make a distinction between, differentiate between; **hacer una ~ con algn** to show sb special consideration. **b** (*honor*) distinction, honour, honor (*US*); **~ honorífica** honour. **c** (*elegancia*) elegance, refinement.

distingo NM: **hacer** *o* **poner ~s a algo** to make reservations about sth.

distinguido ADJ **a** distinguished; (*famoso*) prominent, well-known. **b** (*elegante*) elegant, refined.

distinguir <3d> **1** VT **a** (*gen*) to distinguish; (*divisar*) to make out; **distingo los dos aspectos del problema** I separate *o* make a distinction between the two aspects of the problem.

b (*diferencias*) to distinguish (*de* from; *entre* between), tell (*de* from); **no distingo cuál es el mío** I can't tell which is mine; **le he puesto una señal para distinguirlo** I've put a sign on it to make it stand out.

c (*caracterizar*) to mark out, distinguish; **eso los distingue de los demás** this makes them stand out from the others.

d (*honrar*) **me distingue con su amistad** he honours *o* (*US*) honors me with his friendship.

2 VI: **no ~** to be indiscriminating; **es un hombre que sabe ~** he is a discerning *o* discriminating person.

3 **distinguirse** VR **a** (*diferenciarse*) to be distinguished (*de* from), differ (*de* from); **~ por su calidad** to stand out by reason of its quality.

b (*destacarse*) to distinguish o.s.

c **a lo lejos no se distingue** it's not visible from a distance.

distintivo **1** ADJ distinctive; (*signo*) distinguishing. **2** NM (*de policía etc*) badge; (*fig*) characteristic.

distinto ADJ **a** (*perfil, vista*) clear, distinct. **b** (*diferente*) different, distinct (*a, de* from); **son muy ~s** they are very different; **eso es ~** that's a different matter. **c** **~s** several, various; **hay ~s opiniones sobre eso** there are various opinions about that.

distorsión NF **a** (*Anat*) twisting. **b** (*Rad etc*) distortion.

distorsionar<1a> VT to distort.

distracción NF **a** (*esparcimiento*) recreation, distraction; **es mi ~ favorita** it's my favourite *o* (*US*) favorite pastime; **lo hace como ~ nada más** he only does it as a hobby. **b** (*despiste*) forgetfulness, absentmindedness; (*falta de atención*) heedlessness; **por ~** absent-mindedly. **c** (*error, olvido*) slip, blunder; **fue una ~ mía** it was an oversight on my part.

distraer<2o> **1** VT **a** (*atención*) to distract (*de* from); **no me distraigas** don't distract me.

b (*entretener*) to amuse, relax; **la cocina me distrae de mis problemas** cooking takes my mind off my problems.

c (*Fin*) to embezzle.

2 VI to be relaxing; **el pescar distrae** fishing is a relaxation.

3 **distraerse** VR **a** (*entretenerse*) to amuse o.s., entertain o.s.; **me distraigo viendo la tele** I find it relaxing to watch TV.

b (*despistarse*) **me distraje un momento** my attention wandered for a moment; **no te distraigas** don't let yourself be distracted; **el niño se distrae mucho en clase** the boy gets distracted a lot in class.

distraídamente ADV (*V adj*) **a** absent-mindedly; unobservantly; (*pey*) inattentively; slackly. **b** idly, casually.

distraído **1** ADJ **a** (*persona: despistado*) absentminded, vague; (: *desatento*) inattentive; (: *que no se fija*) unobservant; **iba yo algo ~** I was rather absorbed in other things; **con aire ~** idly, casually; **me miró ~a** she gave

me a casual glance.

b (*divertido*) amusing, entertaining.

c (*LAm fam: desaliñado*) slovenly.

2 NM: **hacerse el ~** to pretend not to notice.

distribución NF **a** (*gen*) distribution; (*entrega*) delivery; **~ de premios** prize giving. **b** (*en estadística*) distribution, incidence; **la ~ de los impuestos** the incidence of taxes. **c** (*Arquit*) layout, ground plan. **d** (*Aut, Téc*) distribution.

distribuido ADJ: **una casa bien ~a** a well laid out house.

distribuidor(a¹) **1** ADJ: **red/casa ~** (*Com*) distribution network/house. **2** NM/F (*persona: gen*) distributor; (: *Correos*) sorter; (: *Com*) dealer, stockist; **su ~ habitual** your regular dealer.

distribuidora² NF (*Cine*) distributor.

distribuir <3g> VT **a** (*gen*) to distribute; (*prospectos*) to hand out; (*cartas*) to deliver; (*trabajo*) to allocate. **b** (*premios*) to give out, award; (*dividendos*) to pay; (*peso*) to distribute. **c** (*Arquit*) to plan, lay out.

distributivo ADJ distributive.

distrito NM district; (*Jur*) circuit; **~ electoral** constituency, electoral area, precinct (*US*); **~ postal** postal district.

distrofia NF: **~ muscular** (*progressive*) muscular dystrophy.

disturbio NM (*gen*) disturbance; **los ~s** the riots; **~ aerodinámico** (*Aer*) wash, slipstream.

disuadir <3a> VT to dissuade, deter, discourage (*de* from): **~ a algn de hacer algo** to dissuade *o* deter sb from doing sth.

disuasión NF dissuasion; (*Mil etc*) deterrent.

disuasivo ADJ dissuasive; **arma ~a** deterrent.

disuasorio ADJ (*Mil*) deterrent.

disuelto PP *de* **disolver**.

disyuntiva NF (*dilema*) dilemma.

dita NF (*garantía*) surety, security; (*LAm: deuda*) debt.

DIU NM ABR *de* **dispositivo intrauterino** IUD.

diurético ADJ, NM diuretic.

diurno ADJ diurnal, day *atr*, daytime *atr*.

diva¹ NF prima donna, diva; *V tb* **divo**.

divagación NF digression; **~es** wanderings, ramblings.

divagar <1h> VI (*salir del tema*) to digress; (*hablar vagamente*) to ramble.

diván NM divan; (*de psiquiatra*) couch.

díver ADJ (*fam*) = **divertido**.

divergencia NF divergence; **~ de opiniones** difference of opinion.

divergente ADJ (*lit, fig*) divergent.

divergir<3c> VI **a** (*líneas*) to diverge. **b** (*opiniones*) to differ; (*personas*) to disagree.

diversidad NF diversity.

diversificación NF diversification.

diversificar<1g> **1** VT to diversify. **2** **diversificarse** VR to diversify.

diversión NF **a** (*entretenimiento*) entertainment; (*pasatiempo*) hobby, pastime. **b** (*Mil*) diversion.

diverso **1** ADJ **a** (*variado*) diverse, varied.

b (*diferente*) different (*de* from).

c **~s** several, various; **está en ~s libros** it appears in several books.

2: **~s** NMPL (*Com*) sundries.

divertido ADJ (*libro, película*) entertaining, amusing; (*chiste, persona*) funny, amusing; (*fiesta*) enjoyable; **el viaje fue muy ~** the trip was great fun.

divertimiento NM (*Mil*) diversion; (*Mús*) divertissement.

divertir<3i> **1** VT **a** (*entretener*) to entertain; **¡me divirtió mucho la película** I enjoyed the film a lot; **Luis me divierte** I find Luis amusing.

b (*atención*) to divert, distract.

2 **divertirse** VR (*distraerse*) to amuse o.s.; (*pasarlo bien*) to have a good time, enjoy o.s.; **lo hacen sólo por ~** they just do it for fun; **¡que te diviertas!** have a good time!

dividendo NM dividend; **~ definitivo** final demand; **~s por acción** earnings per share.

dividir <3a> **1** VT (*gen, Mat*) to divide (*en* into; *por* by); (*repartir*) to share out; **~ 12 entre** *o* **por 4** to divide 12 by

4; **~ algo en 5 partes** to divide sth into 5 parts; **~ algo por la mitad** to divide sth down the middle; **este tema ha dividido al partido** this issue has split the party.
[2] **dividirse** VR to divide, split up; (*fig*) to be in two places at the one time.

divieso NM (*Med*) boil.

divinamente ADV (*tb fig*) divinely; **lo pasamos ~** we had a wonderful time.

divinidad NF [a] (*esencia divina*) divinity; **la D~** God. [b] (*una ~*) godhead, deity. [c] **¡qué ~!**, **¡es una ~!** it's gorgeous o lovely!

divinizar<1f> VT to deify.

divino ADJ (*lit*) divine; (*fig*) divine, lovely; **la nueva casa es ~a** the new house is lovely.

divisa NF [a] emblem, badge. [b] **~s** (*Fin*) foreign currency *sg* o exchange *sg*; **~ de reserva** reserve currency; **control de ~s** exchange control.

divisar<1a> VT to make out, distinguish.

divisible ADJ divisible.

división NF (*gen, Mat, Mil*) division; (*de partido, familia*) split; (*de país*) partition; **hay ~ de opiniones** opinions are divided; **primera ~** first division.

divismo NM artistic o star temperament.

divisor NM (*Mat*) divisor; **máximo común ~** highest common factor.

divisorio/a ADJ (*línea*) dividing; **línea ~a de las aguas** watershed.

divo/a² NM/F star.

divorciado/a [1] ADJ divorced; (*opinión*) divided. [2] NM/F divorcé(e).

divorciar<1b> [1] VT [a] (*cónyuge*) to divorce. [b] (*fig*) to divorce, separate (*de* from). [2] **divorciarse** VR to get divorced, get a divorce (*de* from).

divorcio NM [a] divorce. [b] (*fig*) split; **existe un ~ entre A y B** there is a great discrepancy between A and B.

divulgación NF (*V vt*) spreading; popularizing; disclosure; **revistas de ~ científica** journals for the scientific community.

divulgar<1h> [1] VT (*ideas*) to spread; (*popularizar*) to popularize; (*secreto*) to divulge, disclose. [2] **divulgarse** VR (*secreto*) to leak out; (*rumor*) to get about.

dizque ADV (*LAm fam: al parecer*) apparently, allegedly; **~ vendrán hoy** they're supposed to be coming today.

D.J.C. = **d. de J.C.**

dl. ABR *de* **decilitro(s)** dl.

Dls, dls ABR (*LAm*) *de* **dólares.**

DM ABR *de* **Deutschmark** DM.

Dm. ABR *de* **decimal.**

dm. ABR *de* **decímetro(s)** dm.

D.m. ABR *de* **Dios mediante** DV.

D.N. ABR *de* **Delegación Nacional.**

DNI NM ABR (*Esp*) *de* **documento nacional de identidad** ID card.

Dña. = **Dª.**

do NM (*Mús*) do, C; **~ mayor** C major; **~ de pecho** high C; **dar el ~ de pecho** to give one's all, do one's very best.

D.O. ABR *de* **denominación de origen.**

dóberman NM Doberman.

dobladillo NM (*de vestido*) hem; (*de pantalón: vuelta*) turn-up(s), cuff(s) (*US*).

doblado ADJ [a] (*carta, tela*) folded. [b] (*barra, rama*) bent, twisted. [c] (*persona*) crooked, bent (*fam*). [d] (*Cine*) dubbed.

doblaje NM (*Cine*) dubbing.

doblar <1a> [1] VT [a] (*duplicar*) to double; **~ el sueldo a algn** to double sb's salary; **te doblo en o la edad** I'm twice your age.
[b] (*carta, tela*) to fold (up o over); (*cabeza, rodilla*) to bend; (*Méx: matar*) to shoot down; **~ a algn a palos** to beat sb up.
[c] (*esquina*) to turn.
[d] (*Cine*) to dub; (: *sustituir*) to stand in for.
[2] VI [a] (*torcer*) to turn; **hay que ~ a la izquierda/derecha** you have to turn left/right.
[b] (*campana*) to toll.
[c] (*Teat, Cine*) to double, understudy (*a* for).

[3] **doblarse** VR [a] (*cantidad*) to double. [b] (*plegarse*) to fold (up), crease; (*encorvarse*) to bend.

doble [1] ADJ [a] (*gen*) double; (*nacionalidad*) dual; (*fondo*) false; (*ventaja*) twofold; (*cuerda*) thick. [b] (*falso*) two-faced. [2] ADV: **veo ~** I see double. [3] NM [a] double (quantity); **~ o nada** double or quits; **el ~** twice the quantity o amount o as much; **apostar ~ contra sencillo** to bet two to one; **hoy gana el ~** today he earns double o twice as much; **su sueldo es el ~ del mío** his salary is twice (as much as) mine. [b] (*Cos*) fold, crease. [c] (*de campana*) toll(ing), knell. [d] **~s** (*Tenis*) doubles; **~s masculinos** men's doubles. [e] **~ página** double-page spread. [4] NMF (*Cine*) double, stand-in; **ser el ~ de algn** (*fig*) to be sb's double.

doblegar <1h> [1] VT [a] (*doblar*) to bend. [b] (*arma*) to brandish. [c] **~ a algn** to make sb give in. [2] **doblegarse** VR (*fig*) to yield, give in.

doblemente ADV (*lit*) doubly; (*fig*) insincerely.

doblete NM: **hacer ~** (*TV, Teat*) to double (*a* for).

doblez [1] NM (*pliegue*) fold, hem; (*dobladillo*) turn-up(s), cuff(s) (*US*). [2] NF (*falsedad*) duplicity.

doc. ABR [a] *de* **docena** doz. [b] *de* **documento.**

doce [1] ADJ twelve; (*fecha*) twelfth; **las ~** twelve o'clock. [2] NM twelve; **los ~** (*de la CE*) the Twelve; *V tb* **seis.**

docena NF dozen; **~ del fraile** baker's dozen; **a ~s** by the dozen, in great numbers; **por ~(s)** by the dozen, in dozens.

docencia NF teaching.

docente ADJ: **centro/personal ~** teaching institution/staff.

dócil ADJ docile; (*manso*) gentle, mild.

docilidad NF (*V adj*) docility; gentleness, mildness.

dócilmente ADV (*V adj*) in a docile way; gently, mildly.

doctamente ADV learnedly.

docto/a [1] ADJ learned, erudite. [2] NM/F scholar, learned person.

doctor(a) [1] NM/F (*Med, Univ*) doctor; **~ en filosofía** doctor of Philosophy. [2] NM (*Rel*) father, saint.

doctorado NM doctorate, Ph.D.

doctoral ADJ doctoral; (*pey*) learned, pompous.

doctorarse<1a> VR to get a doctorate.

doctrina NF doctrine; (*enseñanza*) teaching.

doctrinal ADJ doctrinal.

doctrinario/a [1] ADJ doctrinaire. [2] NM/F doctrinarian.

documentación NF [a] (*gen*) documentation. [b] (*papeles*) papers, documents; **~ del barco** ship's papers; **la ~, por favor** your papers, please.

documentado ADJ [a] **un libro bien ~** a well documented o researched book. [b] **no voy ~** I don't have my papers with me.

documental ADJ, NM documentary.

documentar <1a> [1] VT to document. [2] **documentarse** VR to gather information; (*fig*) to do one's homework.

documento NM document; (*certificado*) certificate; (*Jur*) exhibit; **~ justificativo** voucher, certificate; **~ nacional de identidad** identity card; **~s** papers.

┌──────────────────────────────────────┐
│ *DOCUMENTO NACIONAL DE IDENTIDAD* │
└──────────────────────────────────────┘

i *The Spanish* **Documento Nacional de Identidad** *is a laminated plastic ID card which is renewable every 10 years. All Spanish nationals over the age of 14 are required to carry this card, which has their photo, fingerprints and personal details, at all times, and must be able to produce it to the police on request. As a legal document it is commonly used as proof of identity, for instance when opening a bank account, and it can be used instead of a passport for travelling around the EU. In Spain it is commonly known as the* **DNI,** *or else the* **carnet (de identidad).** *In Latin America a similar card is called the* **cédula (de identidad).**

dodecafónico ADJ dodecaphonic.
dodotis ® NM INV nappy, diaper (*US*).

dogal NM (*para animal*) halter; (*para ahorcar*) noose; **estar con el ~ al cuello** to be in a terrible fix *o* jam.

dogma NM dogma.

dogmático ADJ dogmatic.

dogmatismo NM dogmatism.

dogmatizar<1f> VI to dogmatize.

dogo NM bulldog.

dola NF (*fam*) = **pídola**.

dólar NM dollar; **gente montada en el ~** (*fam*) filthy rich people (*fam*).

dolencia NF (*achaque*) ailment; (*dolor*) ache.

doler <2h> [1] VT, VI [a] (*Med*) to hurt; **me duele el brazo** my arm hurts *o* aches; **me duele el estómago** I've got stomach ache; **me duele la garganta** I've got a sore throat; **¿te duele?** is it sore?, does it hurt?; **la inyección no duele** the injection doesn't hurt. [b] (*afligir*) to grieve, distress; **le duele aún la pérdida** he still feels the loss; **no me duele el dinero** I don't mind about the money, the money doesn't bother me; **me duele que me traten así** it hurts me to be treated like this; **¡ahí (le) duele!** you've put your finger on it! [2] **dolerse** VR [a] (*afligirse*) to grieve (*de* about, for), feel sorry (*de* about, for); **~ de haber hecho algo** to regret having done sth. [b] (*quejarse*) to complain.

dolido ADJ: **estar ~** (*fig*) to be distressed, be upset.

doliente [1] ADJ [a] (*enfermo*) sick, ill; (*dolorido*) aching. [b] (*triste*) sorrowful; **la familia ~** the bereaved family. [2] NMF (*Med*) sick person.

dolmen NM dolmen.

dolor NM [a] (*físico*) pain; **~ de cabeza** headache; **~ de espalda** backache; **~ de estómago** stomach ache; **~ de muelas** toothache; **~ de oídos** earache; **~es de(l) parto** labour *o* (*US*) labor pains. [b] (*pesar*) grief, sorrow; **con ~ de mi corazón** with an ache in my heart; **le causa mucho ~** it causes him great distress.

dolorido ADJ [a] (*Med*) sore; **la parte ~a** the part which hurts. [b] (*persona*) distressed, upset. [c] (*pained*) pained.

doloroso ADJ (*Med*) painful; (*fig*) painful, distressing.

doma NF (*de animal*) taming; (*adiestramiento*) training; (*de caballo*) breaking-in.

domador(a) NM/F tamer; (*que adiestra*) trainer; **~ de caballos** horse-breaker.

domar<1a> VT [a] (*animal: amansar*) to tame; (: *adiestrar*) to train; (*caballo*) to break in. [b] (*emoción*) to master, control.

domesticado ADJ (*amansado*) tame; (*de casa*) pet.

domesticar<1g> [1] VT (*amansar*) to tame, domesticate; (*tener en casa*) to make a pet of. [2] **domesticarse** VR to become tame, become domesticated.

domesticidad NF domesticity, (state of being in) captivity.

doméstico/a [1] ADJ [a] domestic *atr*; **economía ~a** home economy, housekeeping; **faenas ~as** housework; **gastos ~s** household expenses. [b] (*animal*) pet. [2] NM/F servant.

domiciliación NF (*Fin*) automatic payment (through a bank), direct debiting.

domiciliado ADJ: **~ en Valencia** resident in Valencia.

domiciliar<1b> [1] VT [a] to domicile. [b] (*Fin: pago*) to pay by direct debit; **pago domiciliado** direct debit. [c] (*Méx: carta*) to address. [2] **domiciliarse** VR to take up (one's) residence.

domiciliario ADJ: **arresto ~** house arrest.

domicilio NM (*casa*) home; (*frm*) domicile, residence; **~ particular** private residence; **~ social** (*Com*) head office, registered office; **servicio a ~** delivery service; **ventas a ~** door-to-door selling; **sin ~ fijo** of no fixed abode.

dominación NF (*gen*) domination; (*Mil*) commanding position.

dominador ADJ dominating; (*carácter*) domineering.

dominante ADJ [a] (*gen, Mús*) dominant; **la tendencia ~** the dominant *o* prevailing tendency. [b] (*carácter*) domineering.

dominar<1a> [1] VT [a] (*gen*) to dominate; (*países*) to rule (over); (*adversario*) to overpower; (*caballo, nervios,*

emoción) to control; (*incendio, epidemia*) to check, bring under control; **le domina la envidia** he is ruled by envy. [b] (*técnica, tema*) to master; **domina bien la materia** she has a good grasp of the subject; **domina 7 idiomas** he's fluent in 7 languages. [c] **la catedral domina toda la ciudad** the cathedral dominates *o* towers above the whole town. [2] VI (*edificio*) to dominate; (*color, rasgo*) to stand out; (*opinión, tendencia*) to predominate, prevail. [3] **dominarse** VR to control o.s.

domingo NM Sunday; **D~ de Ramos** Palm Sunday; **D~ de Resurrección** Easter Sunday; **el traje de los ~s** Sunday best; *V tb* **sábado**.

dominguero/a [1] ADJ Sunday *atr*. [2] NM/F Sunday excursionist; (*Aut*) Sunday driver.

Dominica NF Dominica.

dominical [1] ADJ Sunday *atr*; **periódico ~** Sunday newspaper. [2] NM Sunday supplement.

dominicano/a ADJ, NM/F (*Geog, Rel*) Dominican.

dominico, domínico NM (*LAm*) Dominican.

dominio NM [a] (*soberanía*) dominion, power; (*autoridad*) authority (*sobre* over); (*supremacía*) supremacy; **~ público** public property, national property; **ser del ~ público** to be widely known, be common knowledge; **~ de o sobre sí mismo** self-control; **es impresionante su ~ del inglés** his command of *o* fluency in English is staggering. [b] (*terreno*) domain; (*Pol*) dominion. [c] (*fig*) field (of study), domain.

dominó NM (*pieza*) domino; (*juego*) dominoes; **un ~** (*estuche*) a set of dominoes; **juego de ~** dominoes.

dom.º ABR *de* **domingo** Sun.

domo NM (*Méx*) skylight.

domótica NF home automation.

don[1] NM [a] **Señor D~ Alfredo Gómez** A Gómez Esq, Mr A Gómez; **no ha venido ~ Alfredo** Mr Gómez hasn't come; **el rey ~ Pedro** King Peter. [b] **un ~ nadie** a nobody.

┌─── DON/DOÑA ───┐

i A courtesy title, **don/doña** *placed before the first name of an older or more senior man/woman is a way of showing them your respect when talking to them or about them. E.g.* **'¿Podría hablar con don César Roca?', 'Buenos días doña Alicia. ¿Qué tal su viaje?'** *Although now becoming rarer, in Spain* **Don** *and* **Doña,** *often abbreviated to* **D.** *and* **Dª.** *or* **Dña.,** *are commonly used before full names on official documents and contracts. In formal correspondence, they are used in combination with* **Sr., Sra.** *and* **Srta.,** *e.g.* **Sr. D. Bernardo Esplugas Martín, Sra. Dña. Ana Rodríguez.**

---

don[2] NM [a] (*regalo*) gift. [b] (*deseo*) wish; **el hada le concedió 3 ~es** the fairy gave him 3 wishes. [c] (*talento*) gift (*de* for); **~ de gentes** personal charm, human touch; **tener ~ de gentes** to know how to handle people; **~ de lenguas** gift for languages; **~ de mando** (quality of) leadership; (*Mil*) generalship; **~ de palabra** gift of the gab (*fam*), gift of gab (*US fam*).

donación NF donation; (*Jur*) gift; **~ de sangre** donation of blood.

donaire NM (*en el hablar*) wit, cleverness; (*elegancia*) elegance; (*un ~*) witticism.

donante NMF donor; **~ de sangre** blood donor.

donar<1a> VT to donate.

donativo NM donation.

doncella NF [a] (*criada*) maidservant. [b] (*virgen*) virgin; (*Hist, Lit*) maid, maiden.

donde [1] REL ADV where; **el sitio ~ lo encontré** the place where I found it; **~ tú quieras** wherever you want; **quiero un trabajo ~ sea** I want a job anywhere; **a ~** to where, to which; **fue a ~ estaban** he went to (the place) where they were; **es a ~ vamos nosotros** that's where we're going; **el país de ~ vienen** the country they come from; **la caja de ~ lo sacó** the box he took it out of, the box from which he took it; **el pueblo en ~ vive** the village where *o* in which he lives; **la puerta por ~ se entra** the door you go in by.

[2] PREP [a] **es allí ~ el farol** it's over there by the lamp-post.
[b] (*esp LAm*) at *o* to the house *etc* of; **están cenando ~ mi madre** they are having dinner at my mother's (house).

dónde INTERROG ADV [a] where?; **¿~ lo dejaste?** where did you leave it?; **¿a ~ vas?** where are you going (to)?; **¿de ~ vienes?** where have you come from?; **¿en ~?** where?; **¿por ~ se va al estadio?** how do I get to the stadium?; **¿por ~ queda la estación?** whereabouts *o* which way is the station? [b] where; **no sé ~ lo puse** I don't know where I put it.

dondequiera CONJ anywhere, wherever; **~ que lo busques** wherever you look for it.

donjuán NM Casanova, womanizer.

donjuanismo NM womanizing.

Donosti(a) NF San Sebastián.

donostiarra [1] ADJ *of o* from San Sebastián. [2] NMF native *o* inhabitant of San Sebastián.

Don Quijote NM Don Quixote.

donus NM INV, **donut** NM (*pl* **~s**) doughnut, donut (*US*).

doña NF (*antepuesto a nombre de pila, no se traduce*) **D~ Alicia Pérez** Mrs Alicia Pérez; **está ~ Alicia?** is Mrs Pérez in?

dopado ADJ doped, doped-up (*fam*).

dopar <1a> [1] VT to dope, drug. [2] **doparse** VR to take drugs.

doping, **dóping** ['dopin] NM doping, drugging.

doquier ADV: **por ~** (*frm*) all over, everywhere.

dorado [1] ADJ golden; (*Téc*) gilt, gilded. [2] NM (*Téc*) gilding, gilt.

dorar <1a> VT (*Téc*) to gild; (*Culin*) to brown, cook lightly; **~ la píldora** to sweeten the pill.

dormida NF (*LAm*) sleep; (: *por 1 noche*) overnight stop.

dormidero NM (*de ganado*) sleeping place; (*de gallinas*) roost.

dormido ADJ: **estar ~** to be asleep; (*con sueño*) to be very sleepy; **quedarse ~** to fall asleep, go to sleep.

dormilón / ona[1] [1] ADJ fond of sleeping. [2] NM/F sleepy-head; (*pey*) sleepy sort.

dormilona[2] NF (*Ven*) nightdress.

dormir <3j> [1] VT [a] **~ la siesta** to have an afternoon nap, have a doze.
[b] **~la** (*fam*) to sleep it off; **~ la mona** (*fam*) to sleep off a hangover.
[c] **~ a algn** (*hacer dormir*) to send sb to sleep, make sb go to sleep; (*anestesiar*) to put sb to sleep; **nos cuesta ~ al niño** we have trouble getting the child to sleep.
[2] VI to sleep; **dormí en casa de mi tío** I stayed overnight at my uncle's; **~ como un lirón *o* tronco** to sleep like a log; **~ como un bendito *o* santo** to be fast asleep; **~ a pierna suelta *o* tendida** to sleep soundly; **~ con algn** to sleep with sb.
[3] **dormirse** VR [a] (*persona*) to go to sleep, fall asleep; **no llegué a la hora porque me dormí** I didn't arrive on time because I overslept; **no puede uno ~** (*fig*) you can't let the grass grow under your feet.
[b] (*brazo, pierna*) to go to sleep, get numb.

dormitar <1a> VI to doze, snooze.

dormitorio NM (*cuarto*) bedroom; (*muebles*) bedroom suite; (*en colegio etc*) dormitory.

dorsal [1] ADJ dorsal. [2] NM (*Dep*) number. [3] NF ridge.

dorso NM back; **escribir algo al ~** to write sth on the back; **'V al ~'** 'see other side', 'please turn over'.

dos [1] ADJ [a] two; (*fecha*) second; **vosotros ~** you two; **~ a ~** two against two; **~ y ~ son cuatro** two and two are four; **como ~ y ~ son cuatro** as sure as sure can be; **cada ~ por tres** every 5 minutes; **de ~ en ~** in twos, two by two; **los ~ libros** both books; **como ése no hay ~** they don't come any better than that.
[b] **los ~** the two of them *o* us *etc*, both (of them *o* us *etc*); **es para los ~** it's for both of you *o* us *etc*.
[2] NM two; **estamos a ~** (*Tenis*) the score is deuce; **en un ~ por tres** in no time at all; *V tb* **seis**.

dos-caballos NM INV (*Aut*) deux-chevaux, 2 CV.

doscientos / as ADJ, NMPL/NFPL two hundred; *V tb*

seiscientos.

dosel NM canopy.

dosificación NF dosage.

dosificar <1g> VT (*Culin, Med, Quím*) to measure out; (*no derrochar*) to be sparing with.

dosis NF INV [a] (*Med*) dose; (*Quím*) proportion; **en pequeñas ~** in small doses. [b] (*fig: cantidad*) dose; **con buena ~ de vanidad** with a good proportion of vanity; **en pequeñas ~** in small doses.

dos piezas NM INV two-piece.

dos(s)ier NM (*pl* **~s** *o* **~es** [dosi'er]) dossier.

dotación NF [a] (*dinero*) endowment; **~ del premio** amount of the prize. [b] (*plantilla*) staff, personnel; (*Náut*) crew; **la ~ es insuficiente** we are under-staffed.

dotado ADJ [a] (*persona*) gifted; **los niños excepcionalmente ~s** exceptionally gifted children; **bien ~** (*fam: físicamente*) well-endowed. [b] **~ de** (*persona*) endowed with; (*máquina*) equipped with, fitted with.

dotar <1a> VT [a] (*mujer*) to endow (con with), give a dowry to; **la dotó con un millón** he gave her a million as a dowry. [b] (*fig*) to endow (con, de with); **la naturaleza lo dotó de buenas cualidades** nature endowed him with good qualities. [c] (*destinar bienes a*) to endow; **son necesarias X pesetas para ~ estos puestos de enseñanza** X pesetas are needed to pay for these teaching posts; **la Academia ha dotado 2 premios** the Academy has set aside funds for 2 prizes. [d] (*Mec*) to fit (*de* with). [e] (*barco*) to man (*de* with); (*barco, oficina*) to staff (*de* with).

dote NF [a] (*de novia*) dowry; **con un millón de ~** with a dowry of a million. [b] **~s** gifts, talents; **tiene excelentes ~s** she has great gifts; **~s de adherencia** (*Aut*) road-holding qualities.

doy *V* **dar**.

dpdo. ABR *de* **duplicado**.

Dpto. ABR *de* **Departamento** Dept.

Dr(a). ABR *de* **doctor(a)** Dr.

dracma NF [a] (*Farm*) drachm, dram. [b] (*moneda*) drachma.

DRAE ABR *de* **Diccionario de la Real Academia Española**.

draga NF (*máquina*) dredge; (*barco*) dredger.

dragado NM dredging.

dragaminas NM INV minesweeper.

dragar <1h> VT to dredge; (*minas*) to sweep.

dragón NM [a] dragon. [b] (*Mil*) dragoon. [c] (*Bot*) snap-dragon. [d] (*Méx fam: tragafuegos*) flame-thrower.

dragonear <1a> VI (*LAm*) to boast, brag; **~ de** to pose as.

drama NM (*lit, fig*) drama; (*obra*) play.

dramática NF drama, dramatic art.

dramático [1] ADJ (*lit, fig*) dramatic. [2] NM (*autor*) dramatist.

dramatismo NM drama, dramatic quality.

dramatizar <1f> VT to dramatize.

dramaturgo / a NM/F dramatist, playwright.

drástico ADJ drastic.

drenaje NM drainage.

drenar <1a> VT to drain.

Dresde NM Dresden.

drible NM dribble.

dribl(e)ar <1a> VT, VI (*Dep*) to dribble; **~ a algn** to dribble past sb.

dril NM (*material*) drill; **~ de algodón** denim.

droga NF [a] (*Med*) drug; (*Dep*) dope; **~ blanda / dura** soft/hard drug; **~ milagrosa** wonder drug; **el problema de la ~** the drug problem. [b] (*LAm fam: deuda*) debt, bad debt; **hacer ~** (*Méx fam*) to refuse to pay up.

drogadicto / a NM/F drug addict.

drogado NM (*de caballo*) doping.

drogar <1h> [1] VT to drug; (*Dep*) to dope. [2] **drogarse** VR to take drugs.

drogata, **drogota** NMF (*fam*) druggy (*fam*).

drogodependencia NF dependence on drugs, drug addiction.

droguería NF hardware store.

droguero / a NM/F [a] (*de tienda*) hardware merchant.

b (*LAm fam: tramposo*) cheat, crook; (: *de deuda*) slow payer, swindler.

dromedario NM dromedary.

druida NM druid.

DSE NF ABR *de* **Dirección de la Seguridad del Estado** *national police headquarters*.

Dto., D.ᵗᵒ ABR *de* **descuento**.

dto. ABR *de* **departamento** dept.

Dtor(a). ABR *de* **Director(a)** Dir.

dual ADJ, NM (*Ling*) dual.

dualidad NF duality.

dualismo NM dualism.

dubitativo ADJ (*gen*) doubtful; (*actitud*) uncertain, hesitant.

Dublín NM Dublin.

dublinés/esa **1** ADJ Dublin *atr*. **2** NM/F Dubliner.

ducado NM duchy, dukedom.

ducal ADJ ducal.

ducentésimo ADJ two hundredth; *V tb* **sexto**.

ducha NF (*gen*) shower; (*Med*) douche; **tomarse una ~** to have a shower; **dar una ~ de agua fría a un proyecto** (*fig*) to pour cold water on a plan.

duchar <1a> **1** VT to give a shower to; (*Med*) to douche. **2 ducharse** VR to have a shower.

ducho ADJ: **~ en** (*experimentado*) experienced in; (*hábil*) skilled at.

duco NM thick paint, lacquer; **pintar al ~** to lacquer.

dúctil ADJ (*metal*) ductile; (*persona*) easily influenced.

ductilidad NF ductility.

▼**duda** NF **a** (*gen*) doubt; **fuera de toda ~** beyond all doubt; **sin ~** no doubt, doubtless; **¡sin ~!** of course!; **sin ~ alguna** without a shadow of a doubt; **no cabe ~** there is no doubt about it; **no cabe ~ de que vendrá** there can be no doubt he'll come; **no le quepa ~** make no mistake about it; **surge una ~** a question arises; **estar en ~** to be in doubt; **no quiero poner en ~ su conducta** I don't want to call his behaviour *o* (*US*) behavior into question; **sacar a algn de ~s** *o* **la ~** to settle sb's doubts; **salir de ~s** to put aside one's doubts. **b** **al principio tuve muchas ~s** I had a lot of misgivings at first; **tengo una ~** I have a query.

▼**dudar** <1a> **1** VT to doubt; **lo dudo** I doubt it, I have my doubts about it; **a no ~lo** undoubtedly. **2** VI **a** to doubt, have doubts; **~ acerca de algo** to be uncertain about sth; **no dudo de su capacidad** I don't doubt *o* question his ability; **dudo de sus motivos** I mistrust his reasons. **b** **dudó en comprarlo** he hesitated to buy it; **dudamos entre ir en autobús o en taxi** we were not sure whether to go by bus or taxi; **dudaba entre los dos** she couldn't decide between the two. **c** (*~ que* + *subjun*, *~ si* + *indic*) **dudan que sea verdad** they doubt whether *o* if it's true; **dudo que venga** I don't think she'll come; **dudo si ha echado la carta al correo** I'm not sure whether he has posted the letter.

▼**dudoso** ADJ **a** doubtful; (*resultado*) indecisive; **es un caso ~** it's a doubtful case. **b** (*persona: vacilante*) hesitant; (*conducta*) dubious.

duele *etc V* **doler**.

duelo¹ NM (*Mil*) duel; **batirse en ~** to fight a duel.

duelo² NM **a** (*dolor*) grief, sorrow; **~s** sufferings. **b** (*luto*) mourning; (*personas*) mourners *pl*.

duende NM **a** goblin, elf; (*niño travieso*) imp. **b** **tiene ~** he has a certain magic.

dueño/a NM/F **a** (*gen: propietario*) owner; (*de negocio*) proprietor/proprietress; (*de pensión, taberna*) landlord/landlady; (*de casa, perro*) master/mistress; (*empresario, patrón*) employer; **¿quién es el ~ del caballo?** who is the owner of *o* owns the horse? **b** **ser ~ de sí mismo** to have self-control; (*libre*) to be one's own boss; **eres ~ de hacer como te parezca** you're free to do as you think fit; **es Ud muy ~** (*iró*) you're very welcome; **cambiar de ~** to change hands; **hacerse ~ de una situación** to take

command of a situation.

duerma *etc V* **dormir**.

duermevela NM O NF: **pasé toda la noche en un ~** I tossed and turned all night.

Duero NM Douro.

dulce **1** ADJ (*gen*) sweet; (*metal, sonido, voz*) soft; (*carácter, clima*) gentle, mild; (*música*) sweet; **agua ~** fresh water; **esto vino es muy ~** this wine is very sweet. **2** ADV gently, softly; **habla muy ~** she speaks very softly. **3** NM sweet, candy (*US*); **~s** sweets; **~ de almíbar** preserved fruit.

dulcería NF confectioner's, sweetshop, candy store (*US*).

dulcero ADJ: **ser ~** to have a sweet tooth.

dulcificar <1g> VT (*fig*) to soften.

dulzarrón, dulzón ADJ **a** (*demasiado dulce*) sickly-sweet. **b** (*fig: empalagoso*) cloying.

dulzor NM, **dulzura** NF (*gen*) sweetness; (*de carácter*) mildness; **con ~** sweetly, softly.

dumping ['dumpin] NM (*Com*) dumping; **hacer ~** to dump goods.

dunas NFPL dunes.

Dunquerque NM Dunkirk.

dúo NM duet, duo.

duodécimo ADJ twelfth; *V tb* **sexto**.

duodeno NM duodenum.

dup. ABR *de* **duplicado**.

dúplex NM INV (*piso*) flat on two floors; (*Telec*) link-up; **~ integral** (*Inform*) full duplex.

duplicación NF duplication.

duplicado **1** ADJ duplicate; **número 14 ~** No. 14A. **2** NM duplicate; **por ~** in duplicate.

duplicar <1g> **1** VT (*copias*) to duplicate; (*repetir*) to repeat; (*cantidad*) to double. **2 duplicarse** VR (*cifra, ganancias*) to double.

duplicidad NF duplicity, deceitfulness.

duplo ADJ double; **12 es ~ de 6** 12 is twice 6.

duque(sa) NM/F duke/duchess.

durable ADJ durable, lasting.

duración NF (*gen*) length; (*Aut, Mec*) life; **la ~ del disco** the length of the record; **~ media de la vida** average life expectancy; **de larga ~** (*enfermedad*) lengthy; (*pila*) long-life; (*disco*) long-playing; **de poca ~** short.

duradero ADJ (*tela*) hard-wearing; (*paz*) lasting.

durante PREP during; **~ toda la noche** all through the night, all night long; **habló ~ una hora** he spoke for an hour.

durar <1a> VI (*gen*) to last; (*efecto, memoria*) to survive, endure, remain; (*ropa*) to wear (well); **la película duró 5 horas** the film lasted 5 hours *o* was 5 hours long; **no va a ~ mucho más** it'll soon be over.

duraznero NM (*esp LAm*) peach tree.

durazno NM (*esp LAm: fruta*) peach; (*árbol*) peach tree.

dureza NF **a** (*V adj (a)*) hardness; staleness; toughness; stiffness; harshness. **b** (*Med*) hard patch.

durmiente **1** ADJ sleeping. **2** NMF sleeper. **3** NM (*Ferro*) sleeper, tie (*US*).

duro **1** ADJ **a** (*gen*) hard; (*pan*) stale, old; (*carne, legumbres etc*) tough; (*cuello, puerta etc*) stiff; (*golpe*) hard, heavy; (*viento*) strong; (*luz, agua, sonido*) hard; **más ~ que una piedra** as hard as nails; **tomar las ~as con las maduras** to take the rough with the smooth. **b** (*carácter, actitud, prueba etc*) tough; **el sector ~ del partido** the hardliners in the party; **ser ~ con algn** to be hard on sb, be tough with sb. **c** **~ de mollera** (*torpe*) dense, dim; **~ de oído** hard of hearing; (*Mús*) tone deaf; **es muy ~ de pelar** it's a hard nut to crack. **2** ADV hard; **trabajar ~** to work hard. **3** NM (*moneda*) 5-peseta coin; **estar sin un ~** to be broke (*fam*).

DYA NF ABR *de* **Detente y Ayuda**.

Ee

E¹, e¹ [e] NF (*letra*) E, e.

E² ABR *de* **este** E.

e² CONJ (*before words beginning with i and hi, but not hie*) and; *V* **tb y**.

e/ ABR (*Com*) *de* **envío** shpt.

EA NM ABR (*Esp*) [a] (*Mil*) *de* **Ejército del Aire**. [b] ABR (*Pol*) *de* **Eusko Alkartasuna** *Basque political party*.

ea INTERJ (*venga*) come on!

EAU NMPL ABR *de* **Emiratos Árabes Unidos** UAE.

ebanista NM cabinetmaker, carpenter.

ebanistería NF [a] (*oficio*) cabinetmaking. [b] (*taller*) cabinetmaker's (work shop).

ébano NM ebony.

ebriedad NF intoxication, drunkenness.

ebrio ADJ [a] intoxicated, drunk. [b] (*fig*) blind (*de* with); **~ de alegría** beside o.s. with joy.

Ebro NM Ebro.

ebullición NF [a] (*de líquidos*) boiling; **entrar en ~** to begin to boil, to come to the boil; **punto de ~** boiling point. [b] (*fig: alboroto*) turmoil; (: *emoción*) ferment; **la juventud está en ~** youth is boiling over (with excitement).

eccehomo NM poor wretch; **estar hecho un ~** to be in a sorry state.

eccema NM eczema.

ECG NM ABR *de* **electrocardiograma** ECG.

echada NF (*Méx*) boast.

echado ADJ [a] **estar ~** to lie, be lying (down). [b] (*lanzado*) thrown; (*tirado*) thrown away. [c] **es muy ~ pa'lante** (*fam*) he's very pushy o forward.

echar ⟨1a⟩ [1] VT [a] (*gen*) to throw; (*con violencia*) to fling; (*ancla, anzuelo*) to cast; (*moneda*) to toss; (*mirada*) to cast, give; (*cimientos*) to lay; (*dados*) to throw; (*cartas*) to deal; (*maldiciones*) to shower, cast; **~ algo a cara o cruz** to toss up for sth; **~ algo a suertes** to draw lots for sth; **~ un pitillo/una partida** to have a cigarette/game.
[b] (*añadir: azúcar, carbón etc*) to put in; **échale un poco más de sal** throw on a bit more salt.
[c] (*servir: bebidas*) to pour out; (: *comida*) to serve (out); **échame agua** give o pour me some water.
[d] to emit; (*gas*) to give off o out; (*sangre*) to lose, shed.
[e] (*persona*) to eject, throw o chuck out; (*empleado*) to fire (*fam*); (*de un club etc*) to expel; (*desperdicios*) to throw away o out; (*Náut*) to jettison; (*piel*) to slough; **~ algo de sí** to get rid of sth; **~ algo a un lado** (*tb fig*) to throw sth to one side; **cuando protesté me echaron** when I protested they threw me out; **¡que le echen fuera!** chuck him out!
[f] (*pelo etc*) to grow, begin to grow o have; (*dientes*) to cut; (*Bot: hojas etc*) to put forth, sprout; (: *raíces*) to set down.
[g] (*llave*) to turn; (*cerrojo*) to shoot; (*pestillo*) to slide, work; (*freno*) to put on, apply.
[h] (*empujar*) to push; (*mover*) to move; **~ a algn a un lado** to push sb aside; **~ la cabeza a un lado** to tilt o cock one's head to one side; **~ atrás a la multitud** to push the crowd back.
[i] **~ abajo** (*edificio*) to demolish, pull down; (*fig*) to overthrow.
[j] (*discurso*) to give, make; (*reprimenda*) to deal out.
[k] (*carta*) to post, mail (*US*).
[l] (*multa*) to lay, impose (*a* on).
[m] **~ en cara algo a algn** to cast sth up to sb; **~ la culpa a algn** to lay the blame on sb; **~ el muerto a algn** (*fam*) to lay the blame on sb.
[n] (*calcular: cuenta*) to make up, balance; **¿cuántos años le echas?** how old do you think he is?
[o] (*fam: película*) to show, put on, screen; **¿qué echan esta noche en el cine?** what's on tonight at the pictures?
[p] (*fam: beber*) to have; **¿echamos un café?** fancy a coffee?
[2] VI [a] **~ por una dirección** to go o turn in a direction; **~ por una calle** to go down a street; **echemos por aquí** let's go this way.
[b] **~ a hacer algo** to begin o start doing sth o to do sth; **~ a reír** to burst out o start laughing; **~ a correr** to break into a run; (*escapar*) to run off; *V* **ver 1 (f)**.
[3] **echarse** VR [a] **~ un pitillo** to have a smoke; **~ una novia** to get o.s. a girlfriend; **~ una siestecita** to have a doze.
[b] to throw o fling o.s.; **~ atrás** to throw o.s. back(wards); (*fig*) to go back on what one has said; **~ en brazos de algn** to throw o.s. into sb's arms.
[c] (*acostarse*) to lie down; (*estirarse*) to stretch out; **se echó en el suelo** he lay down on the floor; **me voy a ~ un rato** I'm going to lie down for a bit.
[d] **~ a hacer algo** to begin doing sth.
[e] **~las de** to pose as.

echarpe NM (woman's) stole, scarf.

echazón NF (*Náut*) jetsam.

echón NM (*Carib, Méx*) braggart, swank (*fam*).

eclecticismo NM eclecticism.

ecléctico/a ADJ, NM/F eclectic.

eclesiástico [1] ADJ ecclesiastic(al); (*autoridades etc*) church *atr*. [2] NM clergyman, ecclesiastic.

eclipsar ⟨1a⟩ VT (*Astron*) to eclipse; (*fig*) to overshadow.

eclipse NM (*Astron, fig*) eclipse.

eclosión NF [a] bloom, blooming; **hacer ~** (*fig*) to bloom, blossom (forth). [b] (*Ent*) hatching, emerging; **hacer ~** to hatch, emerge.

eco NM [a] echo; **hacer ~** to (awaken an) echo. [b] (*reacción*) echo; **despertar o encontrar un ~** to produce a response (*en* from); **hacer ~** to make an impression; **hacerse ~ de una opinión** to echo an opinion; **tener ~** to catch on, arouse interest.

ecoetiqueta NF ecolabel.

ecografía NF ultrasound scan.

ecolecuá INTERJ (*LAm*) exactly!, that's it!

ecología NF ecology.

ecológico ADJ ecological.

ecologista NMF, **ecólogo/a** NM/F ecologist, environmentalist.

economato NM (*tienda*) cooperative o cut-price store; (: *de empresa*) company store; (*Mil*) ≈ NAAFI (*Brit*), ≈ PX (*US*).

economía NF [a] economy; **~ dirigida** planned economy; **~ doméstica** housekeeping, home economics (*US*); **~ mixta** mixed economy; **~ política** political economy; **~ sumergida** black economy; **~s de escala** economies of scale. [b] (*estudio*) economics. [c] (*una ~*) economy; **hacer ~s** to economize. [d] (*cualidad*) economy, thrift.

económico ADJ [a] (*gen*) economic; (*año etc*) fiscal, financial; **la situación ~a** the economic position, the state of the economy. [b] (*persona*) thrifty; (*pey*) miserly. [c] (*Com, Fin*) economical, inexpensive; **edición ~a** cheap o popular edition.

economista NMF economist.

economizar ⟨1f⟩ [1] VT to economize (on), save. [2] VI to economize; (*ahorros*) to save up; (*pey*) to be miserly, skimp.

ecotasa NF green tax, eco-tax.

ecoturismo NM ecotourism.

ECU, ecu NM ECU, ecu.

ecuación NF equation.

Ecuador NM: **el ~** Ecuador.

ecuador NM equator.

ecualizador NM equalizer.

ecuánime ADJ (*carácter*) level-headed; (*estado de ánimo*) calm; (*juicio etc*) impartial.

ecuanimidad NF (*V adj*) level-headedness; calmness; impartiality.

ecuatoguineano/a [1] ADJ of (*o* from) Equatorial Guinea. [2] NM/F native *o* inhabitant of Equatorial Guinea.

ecuatorial ADJ equatorial.

ecuatoriano/a ADJ, NM/F Ecuador(i)an.

ecuestre ADJ equestrian.

ecuménico ADJ ecumenical.

eczema NM eczema.

ed. ABR *de* **edición** ed.

edad NF [a] (*de persona*) age; **¿qué ~ tiene?** what age *o* how old is he?; **a la ~ de 8 años** at the age of 8; **de ~** elderly; **de corta ~** young, of tender years; **de ~ madura, de mediana ~** middle-aged; **avanzado de ~** advanced in years; **a una ~ avanzada** late in life; **ser mayor de ~** to be of age, be adult; **llegar a mayor de ~, cumplir la mayoría de ~** to come of age; **ser menor de ~** to be under age; **~ adulta** adulthood; **la ~ del pavo** the awkward age; **~ viril** prime of life; **~ crítica** change of life; **~ escolar** school age; **ella no aparenta la ~ que tiene** she doesn't look her age; **tercera ~** third age; **persona de la tercera ~** senior citizen; **¿qué ~ le das?** how old do you think she is? [b] (*Hist*) age, period; **E~es Bárbaras** Dark Ages; **E~ Media** Middle Ages.

edecán NM aide-de-camp; (*Méx Com*) assistant.

edema NM oedema.

Edén NM Eden, Paradise; **es un e~** it's an earthly paradise.

ed. física ABR *de* **educación física** PE.

edición NF [a] (*acto*) publication, issue; (*industria*) publishing. [b] (*libro etc*) edition; **~ aérea** airmail edition; **~ de bolsillo/extraordinaria** pocket/special edition; **'al cerrar la ~'** (*Tip*) 'stop-press'. [c] (*Com*) **E~es Ramírez** Ramírez Publications. [d] (*fig*) event, occasion; **es la tercera ~ de este festival** this is the third occasion on which this festival has been held.

edicto NM edict, proclamation.

edificación NF [a] (*Arquit*) construction, building. [b] (*fig*) edification.

edificante ADJ edifying; **una escena poco ~** an unedifying spectacle.

edificar <1g> VT [a] (*Arquit*) to build. [b] (*fig*) to edify.

edificio NM building; (*fig*) edifice, structure.

Edimburgo NM Edinburgh.

editar <1a> VT [a] (*publicar*) to publish. [b] (*corregir el texto de: tb Inform*) to edit.

editor(a) [1] ADJ publishing *atr*; **casa ~a** publishing house. [2] NM/F [a] publisher. [b] (*redactor*) editor, compiler.

editorial [1] ADJ [a] (*relativo a la industria del libro*) publishing *atr*; **casa ~** publishing house. [b] (*función, política*) editorial. [2] NM leading article, editorial. [3] NF publishing house.

editorialista NMF leader-writer.

Edo. ABR (*Méx*) *de* **Estado**.

edredón NM eiderdown.

ed. religiosa ABR *de* **educación religiosa** RE, RI.

educable ADJ educable, teachable.

educación NF [a] (*gen*) education; (*adiestramiento*) training; (*cría*) upbringing; **~ física** physical education; **~ de la voz** elocution lessons. [b] (*buenos modales*) (good) manners; (: *en la mesa*) table manners; **mala ~** bad manners, incivility; **es de mala ~ escupir** it's bad manners *o* ill-mannered to spit; **sin ~** badly bred, ill-mannered; **¡qué falta de ~!** how rude!; **~ primaria** primary education.

educacional ADJ educational.

educado ADJ (*de buenos modales*) well-mannered, polite; (*instruido*) cultivated; **mal ~** ill-mannered, rude.

educador(a) NM/F educator, teacher.

educando/a NM/F pupil.

educar <1g> VT (*gen*) to educate; (*adiestrar*) to train; (*hijos*) to raise, bring up.

educativo ADJ educative.

EE ABR *de* **Euskadiko Ezkerra** *Basque political party*.

EEB NF ABR *de* **encefalopatía espongiforme bovina** BSE.

EE.UU. ABR *de* **Estados Unidos** US(A).

efe NF (name of the letter) F.

efectismo NM straining after effect.

efectista [1] ADJ showy, sensational. [2] NMF sensationalist.

efectivamente ADV (*verdaderamente*) really; (*de hecho*) in fact; (*como respuesta*) exactly, precisely.

efectivo [1] ADJ [a] effective; **hacer algo ~** to put sth into effect; **hacer ~ un cheque** to cash a cheque *o* (*US*) check; **inmediatamente ~** effective immediately. [b] (*poder etc*) actual, real. [c] (*trabajo*) regular, permanent. [2] NM [a] cash; **con 50 libras en ~** with £50 in cash; **~ en caja** *o* **en existencia** cash in hand. [b] **~s** (*Mil etc*) forces.

efecto NM [a] effect; **~ invernadero** greenhouse effect; **~s sonoros** sound effects; **~ útil** (*Mec*) efficiency, output; **hacer ~** to take effect; **hacer** *o* **surtir ~** to have the desired effect; (*idea etc*) to get across; **poner en ~** to carry out; **tener ~** to take effect; (*acontecimiento*) to take place. [b] **en ~** sure enough; (*como respuesta*) yes indeed. [c] (*resultado*) result; **tener por ~** to have as a result. [d] (*objetivo*) purpose, end; **a este** *o* **a tal ~** to this end; **a cuyo ~** to which end; **a ~s de hacer algo** with a view to doing sth; **a ~s de máxima seguridad** in order to ensure the tightest security; **a ~s fiscales** for tax purposes; **construido al ~** (specially) built for the purpose. [e] (*impresión*) effect, impact; **hacer ~** to make an impression. [f] (*de pelota*) spin; **dar ~ a una pelota** to put spin on a ball. [g] **~s** (*Fin*) bills, securities; **~s a cobrar** bills receivable. [h] **~s** (*personales*) personal effects; (*Fin*) assets; (*Com*) goods, merchandise *sg*; **~s de consumo** consumer goods.

efectuación NF accomplishment.

efectuar <1e> VT (*gen*) to effect; (*plan, reparación*) to carry out; (*mejoría, viaje, visita, parada*) to make; (*censo*) to take.

efeméride NF event (remembered on its anniversary); **~s** (*en periódico*) list of the day's anniversaries.

efervescencia NF [a] (*de líquidos*) fizziness; **entrar** *o* **estar en ~** to effervesce. [b] (*fig: alboroto*) commotion; (: *ánimo*) high spirits.

efervescente ADJ [a] (*bebida*) fizzy, bubbly. [b] (*fig: animado*) high-spirited.

eficacia NF efficacy, effectiveness.

eficaz ADJ efficacious, effective.

eficazmente ADV [a] (*con efecto*) efficaciously, effectively; tellingly. [b] (*eficientemente*) efficiently.

eficiencia NF efficiency.

eficiente ADJ efficient.

eficientemente ADV efficiently.

efigie NF effigy.

efímera NF mayfly.

efímero ADJ ephemeral.

eflorescente ADJ efflorescent.

efluvio NM (*emanación*) outpour, outflow; **un ~ de optimismo** a sudden burst of optimism.

efusión NF [a] (*lit, fig*) outpouring; **~ de sangre** bloodshed. [b] (*en el trato*) warmth, effusiveness; (*pey*) gushing manner; **con ~** effusively.

efusivo ADJ (*gen*) effusive; (*pey*) gushing; **mis más ~as gracias** my warmest thanks.

EGB NF ABR *de* **Educación General Básica** *primary school education (ages 6 to 13)*.

Egeo NM: **el Mar ~** the Aegean Sea.

égida NF: **bajo la ~ de** under the aegis of.

egipcio/a ADJ, NM/F Egyptian.

Egipto NM Egypt.

egiptología NF Egyptology.
egocéntrico ADJ egocentric(al), self-centred, self-centered (US).
egoísmo NM egoism, selfishness.
egoísta [1] ADJ egoistical, selfish. [2] NMF egoist, selfish person.
ególatra ADJ big-headed.
egolatría NF egomania.
egotismo NM egotism.
egotista [1] ADJ egotistic(al). [2] NMF egotist.
egregio ADJ eminent, distinguished.
egresado / a NM/F (LAm: licenciado) graduate.
egresar<1a> VI (LAm) [a] to go out, leave; ~ **de** to go away from. [b] (Univ) to graduate.
egreso NM (LAm) [a] departure. [b] (Univ) graduation.
eh INTERJ hey!, hi!
eider NM eider duck.
Eire NM Eire.
ej. ABR de ejemplo.
eje NM [a] (Geog, Mat) axis; ~ **de simetría** axis of symmetry; **partir a algn por el** ~ (fam) to really knock sb for six (fam). [b] (Mec: de rueda) axle; ~ **delantero / trasero** front/rear axle; (: de máquina) shaft, spindle; ~ **del cigüeñal** crankshaft; **untar el** ~ (fam) to grease sb's palm. [c] (Pol, fig) axis, main line; (núcleo) core, central idea.
ejecución NF [a] (gen) performance, carrying out; (realización) fulfilment, fulfillment (US); **poner en** ~ to carry out. [b] (Jur) attachment. [c] (Mús) performance. [d] (ajusticiamiento) execution.
ejecutable ADJ feasible, practicable.
ejecutante NMF (Mús) performer.
ejecutar<1a> VT [a] (orden) to execute, carry out; (deseos) to perform, fulfil, fulfill (US); (hecho) to execute. [b] (Jur) to attach, distrain on. [c] (Mús) to perform, render, play. [d] (ajusticiamiento) to execute. [e] (Inform) to run.
ejecutiva NF (Pol etc) executive (body o committee).
ejecutivo / a [1] ADJ [a] (función, poder) executive. [b] (petición etc) pressing, insistent; (respuesta) prompt. [2] NM (Pol) executive. [3] NM/F (Com) executive.
ejecutor NM (tb ~ **testamentario**) executor.
ejecutoria NF [a] letters patent of nobility; (fig) pedigree. [b] (Jur) final judgment.
ejemplar [1] ADJ exemplary, model. [2] NM (gen) example; (Zool etc) specimen, example; (de libro) copy; (de revista) number, issue; ~ **gratuito** free copy; ~ **de regalo** complimentary copy.
ejemplaridad NF exemplariness.
ejemplarizador ADJ (Chi) exemplary.
ejemplarizar<1f> VT to set an example to.
ejemplarmente ADV (actuar) in exemplary fashion; **castigar ~ a algn** to make an example of sb.
ejemplificar<1g> VT to exemplify, illustrate.
ejemplo NM (gen) example; (caso) instance; **por ~** for example o instance; **sin ~** unprecedented, unparalleled; **dar ~** to set an example; **poner como o por ~** to give o take as an example; **tomar algo por ~** to take sth as an example.
ejercer<2b> [1] VT (gen) to exercise; (influencia) to exert, bring to bear; (poder) to wield; (profesión: derecho etc) to practise, practice (US); (negocio etc) to manage, run; (funciones) to perform. [2] VI to practise, practice (US) (de as).
ejercicio NM [a] (gen) exercise; (práctica) practice; (Mil) drill, training; ~ **acrobático** (Aer) stunt; ~**s espirituales** (Rel) retreat; **hacer ~s** to take exercise; (Mil) to drill, train. [b] (de cargo) tenure. [c] (Com, Fin: tb ~ **financiero**) fiscal year, financial year.
ejercitar<1a> [1] VT to exercise; (profesión) to practise, practice (US); (ejército) to drill, train. [2] **ejercitarse** VR to exercise; to practise; (Mil) to drill, train.
ejército NM army; ~ **de ocupación** army of occupation; ~ **permanente** standing army; **E~ de Salvación** Salvation Army.
ejidatario / a NM/F (esp Méx) holder of a share in common lands.

ejido NM common land.
ejote NM (CAm, Méx) string bean.
el¹, la, los, las ART DEF [a] the. [b] (no se traduce) **La India** India; **en el México de hoy** in present-day Mexico; **me gusta el fútbol** I like football; **está en la cárcel** he's in jail; **el General Prim** General Prim; **¿qué manda la señora?** what would madam like?; **a las ocho** at eight o'clock; **a los quince días** after a fortnight; ~ **hacerlo fue un error** doing it was a mistake, it was a mistake to do it. [c] (traducido por el posesivo) **se lavó las manos** he washed his hands; **me he cortado el pelo** I got my hair cut. [d] (en interj) **¡el frío que hacía!** it was freezing!
el², la, los, las PRON DEM: **mi libro y ~ de Ud** my book and yours; **este jugador y ~ de la camisa azul** this player and the one in the blue shirt; ~ **de Pepe es mejor** Joe's is better; **y ~ de todos los demás** and that of everybody else, and everybody else's.
el³, la, los, las PRON REL: ~ **que** he who, whoever, the one(s) that; ~ **que quiera, que lo haga** whoever wants to can get on with it; **los que hacen eso son tontos** those who do so are foolish; ~ **que compramos no vale** the one we bought is no good; **a los que mencionaras añádase éste** add this one to the ones we mentioned; **él es el que quiere** it's him who wants to, he's the one who wants to.
él PRON PERS M [a] (suj: persona) he; (: cosa, animal) it; **¡es ~!** it's him! [b] (después de prep: persona) him; (: cosa, animal) it; **esto es para ~** this is for him; **vamos sin ~** let's go without him. [c] (después de de: persona) his; (: cosa, animal) its; **mis libros y los de ~** my books and his; **todo eso es de ~** all that is his, all that belongs to him.
elaboración NF (V vt) elaboration; manufacture; working; working-out.
elaborar<1a> VT (materia prima) to elaborate; (producto) to make, manufacture; (metal, madera etc) to work; (proyecto etc) to work on o out.
elación NF [a] elation. [b] (orgullo) haughtiness, pride. [c] (de estilo) pomposity.
elasticidad NF [a] elasticity; (de madera) spring. [b] (fig) elasticity.
elástico [1] ADJ [a] (lit, fig) elastic; (principio) flexible; (superficie etc) springy. [b] (fig) elastic; (moralmente) resilient. [2] NM elastic.
ELE, E / LE ABR de **español como lengua extranjera**.
ele NF (name of the letter) L.
elección NF [a] (selección) choice, selection; **su patria de** ~ his chosen country. [b] (Pol etc) election (a for); ~**es generales** general election; ~**es municipales** local elections; ~**es parciales** by-election, off-year election (US); ~**es primarias** primaries.
eleccionario ADJ (LAm) electoral, election atr.
electivo ADJ elective.
electo ADJ elect; **el presidente ~** the president elect.
elector NM/F elector, voter.
electorado NM electorate, voters.
electoral ADJ electoral; **potencia ~** voting power.
electricidad NF electricity.
electricista NM electrician.
eléctrico ADJ electric(al).
electrificación NF electrification.
electrificar<1g> VT to electrify.
electrizante ADJ (fig) electrifying.
electrizar<1f> VT (lit, fig) to electrify.
electro ... PREF electro....
electrocardiograma NM electrocardiogram.
electrochapado ADJ electroplated.
electrocución NF electrocution.
electrocutar<1a> VT to electrocute.
electrodinámica NF electrodynamics.
electrodo NM electrode.
electrodoméstico NM electrical household appliance; ~**s de línea blanca** white goods, major appliances (US).
electroimán NM electromagnet.
electrólisis NF electrolysis.
electromagnético ADJ electromagnetic.
electromotor NM electric motor.

electrón NM electron.
electrónica NF electronics.
electrónico ADJ electronic; (*microscopio*) electron *atr*; **proceso ~ de datos** (*Inform*) electronic data processing.
electrotecnia NF electrical engineering.
electrotermo NM immersion *o* (*US*) immersible heater.
elefante/a NM/F elephant; **~ blanco** white elephant.
elegancia NF (*gen*) elegance.
elegante ADJ (*gen*) elegant; (*traje, fiesta, tienda*) fashionable, smart; (*sociedad*) fashionable, elegant; (*decoración*) tasteful; (*frase etc*) elegant, well-turned, polished.
elegantemente ADV (*V adj*) elegantly; fashionably, smartly; tastefully.
elegantoso ADJ (*LAm*) = **elegante**.
elegía NF elegy.
elegíaco ADJ elegiac.
elegibilidad NF eligibility.
elegible ADJ eligible.
elegido ADJ a̲ (*escogido*) chosen, selected. b̲ (*Pol etc*) elect, elected.
elegir‹3c, 3k› VT a̲ to choose; select; **café con bizcochos a ~** coffee with a choice of cakes. b̲ (*Pol etc*) to elect.
elemental ADJ elementary; (*de los elementos*) elemental.
elemento NM a̲ element; **los cuatro ~s** the four elements; **estar en su ~** to be in one's element. b̲ (*Quím etc*) element; (*parte*) ingredient, constituent (part); (*factor*) element, factor; (*fundamento*) basis; **~s** material, ingredients. c̲ (*Elec*) element; (*de pila*) cell. d̲ (*LAm*) person, individual; **vino a verle un ~** someone came to see you. e̲ (*LAm*) dimwit (*fam*), ass (*Brit fam*). f̲ (*tipo raro*) odd person, eccentric. g̲ (*Esp pey*) undesirable; **~s subversivos** subversive elements; **¡menudo ~!** watch out for him! h̲ **~s** (*de filosofía etc*) elements, first principles.
elenco NM a̲ catalogue, catalog (*US*), list; (*Teat*) cast. b̲ (*LAm: Dep: equipo*) team.
elepé NM long-playing record.
elevación NF a̲ (*acción*) elevation (*a* to), raising, lifting; (*Rel*) elevation; (*de precio, tipo etc*) rise. b̲ (*Geog etc*) height, altitude. c̲ (*de estilo, mente*) elevation; (*de persona*) exaltation; (: *pey*) conceit, pride. d̲ (*éxtasis*) rapture.
elevadamente ADV loftily, sublimely.
elevado 1̲ ADJ a̲ (*subido*) elevated, raised; (*edificio*) high, tall; (*precio, tipo etc*) high; (*puesto*) exalted, high; **a precios elevadísimos** at terribly high prices.
b̲ (*pensamientos, estilo etc*) elevated, lofty; **de pensamientos ~s** of noble thoughts.
2̲ NM (*Cu*) overhead railway.
elevador NM elevator, hoist; (*LAm*) lift, elevator (*US*).
elevadorista NMF (*LAm*) lift *o* (*US*) elevator operator.
elevalunas NM INV **~ eléctrico** (*Aut*) electric windows.
elevar‹1a› 1̲ VT a̲ (*subir*) to raise, lift (up); elevate; (*precio, tipo*) to raise; (*producción*) to step up; (*Elec*) to boost; (*Mat*) to raise (*a una potencia* to a power); (*persona*) to promote; (*alabar*) to exalt; (*estilo*) to raise the tone of; **~ a algn de posición** to promote sb.
b̲ (*informe etc*) to present, submit (*a* to).
2̲ **elevarse** VR a̲ (*subirse*) to rise, go up; (*edificio etc*) to rise, soar; **la cantidad se eleva a** the quantity amounts to.
b̲ (*extasiarse*) to go into raptures.
c̲ (*pey*) to get conceited.
elidir‹3a› 1̲ VT to elide. 2̲ **elidirse** VR to elide, be elided.
eliminación NF elimination, removal; **~ progresiva** (*Dep*) knockout.
eliminar ‹1a› VT (*gen*) to eliminate; (*necesidad etc*) to remove; (*escombros, olor*) to get rid of; (*Dep*) to eliminate, knock out; **~ un directorio** (*Inform*) to remove a directory.
eliminatoria NF (*Dep: partido*) heat, qualifying round; (: *concurso*) knockout competition.
elipse NF ellipse.
elipsis NF INV ellipsis.
elíptico ADJ elliptic(al).
elisión NF elision.
élite, elite NF elite.
elitista ADJ, NMF elitist.

elixir NM elixir.
ella PRON PERS F a̲ (*suj: persona*) she; (: *cosa*) it. b̲ (*después de prep: persona*) her; (: *cosa*) it; **estuve con ~** I was with her. c̲ (*después de de: persona*) hers; (: *cosa*) its; **mi sombrero y el de ~** my hat and hers; **nada de esto es de ~** none of this is hers.
ellas *V* **ellos**.
elle NF (name of the letter) ll.
ello PRON 'NEUTRO' a̲ it; **no tiene fuerzas para ~** he's not strong enough for it; **sin embargo, ~ no es obstáculo para que venga** nevertheless, that shouldn't stop him coming; **todo ~ se acabó** (*frm, Lit*) the whole thing is over and done with. b̲ (*frases idiomáticas*) **es por ~ por lo que** that is why; **~ dirá** the event will show; **¡a por ~!** here goes!
ellos/as PRON PERS M/FPL a̲ (*sujeto*) they. b̲ (*después de prep*) them. c̲ (*después de de*) theirs; *V tb* **él, ella**.
elocución NF elocution.
elocuencia NF eloquence.
elocuente ADJ eloquent; (*fig*) significant; **un dato ~** a fact which speaks for itself.
elogiar‹1b› VT to praise, eulogize.
elogio NM (*gen*) praise; (*homenaje*) tribute; **queda por encima de todo ~** it's beyond praise; **hacer ~ de** to sing the praises of; **hizo un caluroso ~ del héroe** he paid a warm tribute to the hero.
elogiosamente ADV with warm approval; **comentó ~ sus cualidades** he spoke very favourably *o* (*US*) favorably of his qualities.
elogioso ADJ highly favourable *o* (*US*) favorable; **en términos ~s** in highly favourable terms.
elote NM (*CAm, Méx*) maize, corn on the cob, sweetcorn; **coger a algn asando ~s** to catch sb red-handed.
El Salvador NM El Salvador.
elucidación NF elucidation.
elucidar‹1a› VT to elucidate.
elucubración NF lucubration.
elucubrar‹1a› VI to lucubrate.
eludible ADJ avoidable.
eludir‹3a› VT to elude, evade.
elusivo ADJ evasive, tricky.
E.M. ABR *de* **Estado Mayor.**
Em.ª ABR *de* **Eminencia.**
emanación NF emanation; (*olor*) smell.
emanar‹1a› VI: **~ de** to emanate from, come from.
emancipación NF emancipation.
emancipado ADJ (*liberado*) emancipated; (*libre*) independent, free.
emancipar‹1a› 1̲ VT to emancipate; (*fig*) to free.
2̲ **emanciparse** VR to become emancipated (*de* from); (*fig*) to free o.s. (*de* from).
emascular‹1a› VT to castrate; (*fig*) to emasculate.
embadurnar‹1a› VT to daub, smear (*de* with).
embajada NF a̲ (*lugar*) embassy. b̲ (*cargo*) ambassadorship. c̲ (*fig*) errand, message. d̲ (*pey*) unwelcome proposal, silly suggestion.
embajador NM ambassador (*en* in; *cerca de* to).
embajadora NF (woman) ambassador; (*mujer de embajador*) ambassador's wife.
embalador(a) NM/F packer.
embaladura NF (*LAm*), **embalaje** NM packing.
embalar ‹1a› 1̲ VT to pack, parcel up, wrap; (*mercancías pesadas*) to crate; (*LAm Aut*) to race along.
2̲ **embalarse** VR a̲ (*Dep*) to sprint, make a dash; (*Aut*) to step on it.
b̲ (*LAm*) to run off, escape.
c̲ (*fig*) to get carried away.
embaldosado NM tiled floor.
embaldosar‹1a› VT to tile, pave with tiles.
embalsamar‹1a› VT to embalm.
embalsar‹1a› a̲ (*río*) to dam (up); (*agua*) to retain, collect. b̲ (*Náut*) to sling, hoist.
embalse NM (*presa*) dam; (*lago*) reservoir.
embanastar‹1a› VT to put into a basket; (*fig*) to jam in, overcrowd.
embanderar‹1a› VT to deck with flags.

embarazada [1] ADJ pregnant; **dejar ~ a una chica** to get a girl pregnant, put a girl in the family way (fam). [2] NF pregnant woman.

embarazar <1f> VT [a] (estorbar) to hamper, hinder. [b] (mujer) to make pregnant, put in the family way (fam).

embarazo NM [a] (estorbo) obstacle, hindrance. [b] (de mujer) pregnancy.

embarazoso ADJ (molesto) awkward, inconvenient; (violento) embarrassing.

embarcación NF [a] boat, craft, (small) vessel; **~ de arrastre** trawler; **~ de cabotaje** coasting vessel; **~ de recreo/de vela** pleasure/sailing boat. [b] (acto) embarkation.

embarcadero NM [a] (de barcos) pier, jetty. [b] (LAm Ferro) cattle loading yard of a station.

embarcar <1g> [1] VT [a] (personas) to embark, put on board; (carga) to ship, stow. [b] (fig) **~ a algn en una empresa** to launch sb on an enterprise. [2] **embarcarse** VR [a] to embark, go on board; (marinero) to sign on; **~ para** to sail for. [b] (LAm Ferro etc) to get on, get in; **se embarcó en el autobús** he got on the bus. [c] (fig) **~ en un asunto** to get involved in a matter.

embarco NM embarkation.

embargar <1h> VT [a] (estorbar) to impede, hinder; (frenar) to restrain. [b] (sentidos) to overpower. [c] (Jur) to seize, impound.

embargo NM [a] (Jur) seizure, distraint; (Com etc) embargo. [b] (Med) indigestion. [c] **sin ~** still, however, nonetheless.

embarque NM (de personas) embarkation; (de carga) shipment, loading; **tarjeta de ~** boarding card.

embarrancar <1g> VT, VI [a] (Náut) to run aground. [b] (Aut etc) to run into a ditch. [2] **embarrancarse** VR [a] to run aground. [b] to run into a ditch.

embarrar <1a> [1] VT [a] to smear (de with); (de barro) to splash with mud. [b] (LAm: pared) to cover with mud; (: enyesar) to plaster. [c] (Carib, CSur) **~ a algn** to smear sb, damage sb's standing; **la embarré** (CSur fam) I put my foot in it (fam), I spoiled things. [2] **embarrarse** VR to get covered in mud.

embarrialarse <1a> VR [a] (CAm, Ven) to get covered with mud. [b] (CAm fig) to get bogged down.

embarullador ADJ bungling.

embarullar <1a> VT to bungle, mess up.

embastar <1a> VT to stitch, tack.

embaste NM stitching, tacking.

embate NM [a] (de mar, viento) beating, violence. [b] (fig) **~s de la fortuna** blows of fate.

embaucador(a) NM/F (estafador) trickster, swindler; (impostor) impostor.

embaucamiento NM swindle, swindling.

embaucar <1g> VT to trick, fool, lead up the garden path.

embeber <2a> [1] VT [a] (absorber) to absorb, soak up. [b] (Cos) to take in, gather. [c] (fig: absorber) to imbibe; (: meter) to insert, introduce (en into); (: abarcar) to contain, incorporate. [2] VI (tela) to shrink. [3] **embeberse** VR [a] to be absorbed, become engrossed (en in), be enraptured (en with). [b] **~ de** to imbibe, become well versed in.

embelecar <1g> VT to deceive, cheat.

embeleco NM, **embelequería** (LAm) NF deceit, fraud.

embelesado ADJ spellbound, enraptured.

embelesador ADJ enchanting, entrancing.

embelesar <1a> [1] VT to enchant, entrance. [2] **embelesarse** VR to be enchanted o enraptured.

embeleso NM enchantment, delight.

embellecedor [1] ADJ: **productos ~es** beauty products. [2] NM (Aut) hub cap.

embellecer <2d> VT to embellish, beautify.

embellecimiento NM embellishment.

embestida NF assault, onslaught; (de toro etc) charge.

embestir <3k> [1] VT (agredir) to assault, attack; (abalanzarse sobre) to rush at o upon; (toro) to charge; (Aut) to hit, collide with, crash into. [2] VI to attack; (toro) to rush, charge; **~ contra** to rush upon; (toro etc) to charge down on.

embetunar <1a> VT (zapatos) to polish.

emblandecer <2d> [1] VT to soften; (fig) to mollify. [2] **emblandecerse** VR to soften, get soft; (fig) to relent.

emblanquecer <2d> [1] VT to whiten, bleach. [2] **emblanquecerse** VR to turn white, bleach.

emblema NM emblem.

emblemático ADJ emblematic.

embobamiento NM (fascinación) fascination; (perplejidad) bewilderment.

embobar <1a> [1] VT (asombrar) to amaze; (fascinar) to fascinate; **esa niña me emboba** that girl is driving me crazy. [2] **embobarse** VR to be amazed (con, de, en at), to be fascinated (con, de, en by); **reírse embobado** to laugh like mad.

embobecer <2d> [1] VT to make silly. [2] **embobecerse** VR to get silly.

embocadura NF [a] (entrada) narrow entrance; (de río) mouth; (Náut) passage, narrows. [b] (Mús) mouthpiece; (de cigarrillo etc) tip; (de brida) bit. [c] (de vino) flavour, flavor (US). [d] (Teat) proscenium arch.

embocar <1g> VT [a] **~ algo** to put sth into sb's mouth; **~ algo en un agujero** to insert sth into a hole. [b] **~ un negocio** to undertake a piece of business. [c] **~ algo a algn** (fig) to put one over on sb; **~ una calle/un túnel** to go into o enter a street/tunnel.

embochinchar <1a> VT (LAm) to throw into confusion, create chaos in.

embolado NM [a] (Teat) bit part, minor role. [b] (fam) trick. [c] **meter a algn en un ~** (fam) to put sb in a tight spot.

embolador NM (And) bootblack.

embolar <1a> VT [a] (Taur: cuernos) to tip with wooden balls. [b] (And: zapatos) to black. [c] (CAm, Méx: fam) to make drunk.

embolia NF (Med) embolism; **~ cerebral** clot on the brain.

émbolo NM plunger; (Mec) piston.

embolsar <1a> VT, **embolsicar** <1g> VT (LAm fam) to (put into one's) pocket; (dinero, ganancias etc) to collect, take in.

embonar <1a> VT [a] (Carib, CSur, Méx: tierra) to manure. [b] (fig) to improve. [c] (Náut) to sheathe. [d] (And, Carib, Méx) **le embona el sombrero** the hat suits him; (LAm: unir) to join.

emboque NM (fam) trick, hoax.

emboquillado ADJ (cigarrillo) tipped.

emboquillar <1a> VT (cigarrillo) to tip.

emborrachar <1a> [1] VT to make drunk. [2] **emborracharse** VR to get drunk (con, de on).

emborrascarse <1g> VR [a] (Met) to get stormy. [b] (fig) to get cross. [c] (Com: negocio) to fail. [d] (CSur, Méx: mina) to peter out.

emborronar <1a> [1] VT (manchar) to blot, make blots on; (escribir) to scribble on. [2] VI (V t 1) to make blots; to scribble. [3] **emborronarse** VR to get smudged.

emboscada NF ambush; **tender una ~ a** to lay an ambush for.

emboscarse <1g> VR to lie in ambush; **estaban emboscados cerca del camino** they were in ambush near the road.

embotado ADJ (tb fig) dull, blunt.

embotamiento NM [a] (acto) dulling, blunting (tb fig). [b] (estado) dullness, bluntness (tb fig).

embotar <1a> VT [a] (objeto) to blunt. [b] (sentidos) to dull, blunt; (debilitar) to weaken, enervate.

embotellado [1] ADJ bottled. [2] NM bottling.

embotellador NM bottler.

embotellamiento NM [a] (Aut) traffic jam. [b] (sitio) bottleneck.

embotellar <1a> [1] VT [a] to bottle. [b] (Mil etc) to bottle up.

c (*CSur, Carib*: *discurso*) to prepare beforehand, memorize.

2 **embotellarse** VR (*Aut*: *tráfico*) to get into a jam; (: *coche*) to get caught in a traffic jam.

embovedar<1a> VT to arch, vault.

embozadamente ADV covertly, stealthily.

embozado ADJ **a** muffled up (to the eyes). **b** (*fig*) covert, stealthy.

embozar <1f> **1** VT **a** to muffle (up). **b** (*fig*) to cloak. **2** **embozarse** VR to muffle o.s. up (*con, de* in).

embozo NM **a** muffler, mask; **quitarse el ~** (*fig*) to drop the mask, end the play-acting. **b** (*de sábana*) turn over. **c** (*astucia*) cunning; (*disimulo*) concealment; **sin ~** frankly, openly.

embragar <1h> **1** VT (*Aut, Mec*) to engage; (*partes*) to connect, couple; (*Náut*) to sling. **2** VI (*Aut etc*) to put the clutch in.

embrague NM (*Aut, partes*) clutch.

embravecer<2d> **1** VT to enrage, infuriate. **2** VI (*Bot*) to flourish. **3** **embravecerse** VR **a** (*mar*) to get rough. **b** (*persona*) to get furious.

embravecido ADJ **a** (*mar*) rough; (*viento etc*) wild. **b** (*persona*) furious, enraged.

embrear<1a> VT to cover with tar o pitch; **~ y emplumar a algn** to tar and feather sb.

embretar<1a> VT (*LAm*: *animales*) to pen, corral.

embriagado ADJ **a** (*borracho*) drunk, inebriated (*frm*). **b** (*fig*) **~ de éxito** drunk with success; **~ de poder** power-crazed.

embriagador ADJ intoxicating; (*vino etc*) heady, strong.

embriagar<1h> **1** VT **a** to make drunk. **b** (*fig*) to delight. **2** **embriagarse** VR to get drunk.

embriaguez NF **a** (*borrachera*) drunkenness. **b** (*fig*) rapture, delight.

embridar<1a> VT **a** (*caballo*) to bridle, put a bridle on. **b** (*fig*) to check, restrain.

embriología NF embryology.

embrión NM embryo; (*de proyecto, idea*) germ; **en ~** in embryo; (*fig*) in its infancy o early stages.

embrionario ADJ embryonic.

embrocación NF embrocation.

embrollar<1a> **1** VT (*asunto*) to muddle, confuse; (*personas*) to involve, embroil (*en* in). **2** **embrollarse** VR to get into a muddle o mess; **~ en un asunto** to get involved in a matter.

embrollo NM (*confusión*) muddle, confusion; (*apuro*) fix, jam; (*fraude*) fraud, trick; (*mentira*) lie, falsehood.

embrollón(a) NM/F troublemaker.

embromado ADJ (*LAm fam*) tricky, difficult; **estar ~** to be in a fix.

embromar<1a> VT **a** (*burlarse de*) to tease, make fun of. **b** (*engañar*) to hoodwink. **c** (*LAm fam*: *molestar*) to annoy; (*perjudicar*) to harm, set back. **d** (*Chi*: *atrasar*) to delay unnecessarily.

embrujado ADJ (*persona*) bewitched; (*sitio*) haunted; **una casa ~a** a haunted house.

embrujar<1a> VT (*persona*) to bewitch, put a spell on; (*sitio*) to haunt.

embrujo NM **a** (*acto*) bewitching. **b** (*maldición*) curse. **c** (*ensalmo*) spell, charm; **el ~ de la Alhambra** the enchantment o magic of the Alhambra.

embrutecer<2d> **1** VT to stupefy, dull the senses of. **2** **embrutecerse** VR to be stupefied.

embuchacarse <1g> VR (*CAm, Méx*) **~ algo** (*tb fig*) to pocket sth.

embuchado NM **a** (*Culin*) sausage. **b** (*fam*) pretext, blind.

embuchar<1a> VT **a** (*Culin*) to stuff with minced meat. **b** (*fam*: *comida*) to wolf, bolt.

embudo NM **a** (*para líquidos*) funnel. **b** (*fig*) trick, fraud.

embullar<1a> (*LAm*) **1** VT (*excitar*) to excite, disturb. **2** **embullarse** VR (*excitarse*) to get excited.

embullo NM (*CAm*: *ruido*) excitement, revelry.

embuste NM **a** (*engaño*) trick; (*mentira*) lie; (: *hum*) fib, story. **b** **~s** trinkets.

embustero/a **1** ADJ **a** (*engañoso*) deceitful.

b (*mentiroso*) lying. **2** NM/F (*estafador*) cheat; (*mentiroso*) liar; (*hum*) fibber, storyteller; **¡~!** (*con cariño*) you rascal!

embute NM (*Méx*) bribe.

embutido NM **a** (*Culin*) sausage. **b** (*Téc*) inlay, inlaid work, marquetry. **c** (*CSur, Méx, Ven*) lace insert.

embutir <3a> **1** VT **a** to insert (*en* into); (*fam*) to pack tight, stuff, cram (*de* with; *en* into); (*fam*: *comida*) to cram, scoff (*fam*); **~ algo a algn** to make sb swallow sth; **ella estaba embutida en un vestido apretadísimo** she was squeezed into a terribly close-fitting dress. **b** (*Téc*) to inlay; (*metal*) to hammer, work. **2** **embutirse** VR (*fam*) to stuff o.s. (*de* with).

eme NF **a** (name of the letter) M. **b** (*fam*: *euf*) = **mierda**.

emergencia NF **a** (*acción*) emergence. **b** (*accidente etc*) emergency; **de ~** emergency *atr*.

emergente ADJ resultant, consequent.

emerger<2c> VI to emerge; (*submarino*) to surface.

emérito ADJ emeritus.

emético ADJ, NM emetic.

emigración NF emigration; (*de aves*) migration.

emigrado/a NM/F emigrant; (*Pol etc*) émigré(e).

emigrante ADJ, NMF emigrant.

emigrar<1a> VI to emigrate; (*aves*) to migrate.

eminencia NF **a** (*Geog*) height, eminence. **b** (*fig*) eminence. **c** (*en títulos*) **Su E~** His Eminence; **Vuestra E~** Your Eminence.

eminente ADJ **a** (*alto*) high, lofty. **b** (*destacado*) eminent, distinguished.

eminentemente ADV eminently, especially.

emir NM emir.

emirato NM emirate.

emisario NM emissary.

emisión NF **a** emission; (*Fin etc*) issue; **~ de acciones** (*Bolsa*) share issue; **~ gratuita de acciones** rights issue; **~ de valores** flotation. **b** (*Rad, TV*: *difusión*) broadcasting; (: *programa*) broadcast, programme, program (*US*); **~ deportiva** sports programme; **~ publicitaria** commercial, advertising spot.

emisor NM transmitter; **~ de radar** radar station.

emisora NF radio o broadcasting station; **~ de onda corta** shortwave radio station; **~ pirata** pirate radio station.

emisor-receptor NM walkie-talkie.

emitir <3a> VT **a** (*sonido, olor etc*) to emit, give off o out. **b** (*dinero, sellos, bonos etc*) to issue; (*dinero falsificado*) to circulate; (*préstamo*) to give. **c** (*opinión*) to express; (*veredicto*) to return, issue, give; (*voto*) to cast. **d** (*Rad, TV*) to broadcast; (*señal*) to send out.

emoción NF **a** (*gen*) emotion; (*sentimiento*) feeling; **llorar de ~** to be moved to tears; **sentir una honda ~** to feel a deep emotion. **b** (*excitación*) excitement; **¡qué ~!** (*lit*) how exciting!; (*iró*) big deal; **con la ~ del momento no me dí cuenta** in the heat of the moment I just didn't realise; **la ~ de la película no disminuye** the excitement o tension of the film does not flag.

emocionado ADJ deeply moved, stirred.

emocional ADJ emotional.

emocionante ADJ exciting, thrilling.

emocionar<1a> **1** VT (*excitar*) to excite, thrill; (*conmover*) to touch, move. **2** **emocionarse** VR (*V vt*) to get excited; be thrilled; to be moved; **¡no te emociones tanto!** don't get so worked up!

emolumento NM emolument.

emotivo ADJ (*persona*) emotional; (*escena*) moving, touching; (*palabras*) emotive.

empacadora NF **a** (*Agr*) baler. **b** (*Méx*) packing company.

empacar <1g> **1** VT (*esp LAm*: *gen*) to pack; (*And, Méx*: *embalar*) to package; (*en caja*) to bale, crate. **2** **empacarse** VR **a** (*enfadarse*) to get rattled, get confused. **b** (*LAm*: *caballo*) to balk, shy; (*fig*) to be obstinate.

empachado ADJ **a** clogged; (*estómago*) upset. **b** (*avergonzado*) embarrassed. **c** (*torpe*) awkward, clumsy.

empachar<1a> **1** VT **a** (*Med*: *estómago*) to upset; (*perso-*

na) to give indigestion to. **b** (*fig: empalagar*) to annoy; (: *cansar*) to bore. **2 empacharse** VR **a** (*Med*) to get indigestion. **b** (*fig: empalagarse*) to get annoyed; (: *cansarse*) to get bored, get fed up (*fam*). **c** (*avergonzarse*) to get embarrassed, feel awkward.

empacho NM **a** (*Med*) indigestion; **darse un ~ de algo** (*fig*) to get a bellyful of sth (*fam*). **b** (*incomodidad*) embarrassment, awkwardness; (*timidez*) bashfulness; **sin ~** without ceremony; **no tener ~ en hacer algo** to have no objection to doing sth.

empachoso ADJ **a** (*comida*) cloying, indigestible. **b** (*fig: empalagoso*) annoying. **c** (*vergonzoso*) embarrassing.

empadronamiento NM (*censo*) census; (*de electores*) electoral register, list of registered voters (*US*).

empadronar<1a> VT (*censar*) to take a census of; (: *como elector*) to register.

empajar<1a> VT to cover *o* fill with straw.

empalagar<1h> **1** VT **a** (*suj: comida*) to cloy. **b** (*hartar*) to pall on, bore. **2** VI to pall. **3 empalagarse** VR to get sick (*de* of).

empalago NM **a** (*de comida*) cloying, palling. **b** (*aburrimiento*) boredom.

empalagoso ADJ **a** (*dulce etc*) cloying. **b** (*fig*) boring.

empalar<1a> VT to impale.

empalizada NF fence; (*Mil etc*) palisade, stockade.

empalmar<1a> **1** VT **a** to join, connect; (*cuerdas*) to splice. **b** (*fig*) to combine, put together. **2** VI **a** (*Ferro etc: vías*) to join; (: *trenes*) to connect (*con* with). **b** (*cable, pieza*) to connect (*con* with). **c** (*sucederse*) to follow on (*con* from). **3 empalmarse** VR (*fam*) to get a hard-on (*fam*).

empalme NM **a** (*Téc*) joint, connection. **b** (*combinación*) combination. **c** (*de vías, carreteras*) junction; (*de trenes*) connection.

empamparse<1a> VR (*LAm*) **a** to get lost on the pampas; (*fig*) to lose one's way. **b** (*asombrarse*) to be amazed.

empanada NF **a** (meat) pie, patty. **b** (*fig*) fraud, piece of shady business.

empanado ADJ (*Culin*) cooked *o* rolled in breadcrumbs *o* pastry.

empanar<1a> VT (*Culin*) to cook *o* roll in breadcrumbs *o* pastry.

empantanado ADJ flooded, swampy; (*fig: proyecto*) bogged down.

empantanar<1a> **1** VT **a** (*lit*) to flood, swamp. **b** (*negociación*) to bog down. **2 empantanarse** VR **a** to be flooded, get swamped. **b** (*fig*) to be held up; **~ en un asunto** to get bogged down in a matter.

empañado ADJ (*ventana etc*) misty, steamed-up; (*contorno*) blurred; (*superficie*) tarnished; (*voz*) faint, unsteady; (*honra*) tarnished.

empañar<1a> **1** VT (*ventana etc*) to mist, steam up; (*contorno*) to dim, blur; (*superficie, honra*) to tarnish; (*belleza*) to taint. **2 empañarse** VR (*V vt*) **a** (*cristales*) to get steamed up; (*voz*) to falter. **b** (*fig*) to become sad; (: *reputación*) to get tarnished.

empañetar<1a> VT (*LAm: enyesar*) to plaster; (: *encalar*) to whitewash.

empapar<1a> **1** VT **a** (*mojar*) to soak, drench; (*fig*) to steep (*de, en* in). **b** (*absorber*) to soak up, absorb. **2 empaparse** VR **a** to soak. **b** **~ de** to soak up, soak in. **c** **~ de o en** (*fig*) to steep o.s. in.

empapelado NM (*acto*) papering, paperhanging; (*papel*) wallpaper.

empapelador NM paperhanger.

empapelar<1a> VT (*objeto*) to wrap in paper; (*caja*) to line with paper; (*cuarto, pared*) to paper; **~ a algn** (*fam*)

to do sb (*fam*); (*fig*) to throw the book at sb.

empaque NM **a** (*fam: aspecto*) look, appearance; (: *modales*) manner. **b** (*LAm: descaro*) nerve, effrontery.

empaquetador(a) NM/F packer.

empaquetadura NF packing; (*Mec*) gasket.

empaquetar<1a> VT to pack *o* parcel (up); (*Com*) to package.

emparamarse<1a> VR (*And, Carib: entumecerse*) to go numb with cold; (: *morir*) to die of cold.

emparedado NM sandwich.

emparedar<1a> VT to confine.

emparejar<1a> **1** VT **a** (*dos cosas*) to pair, match. **b** (*nivelar*) to (make) level. **2** VI **a** (*alcanzar*) to catch up (*con* with). **b** (*nivelarse*) to be even (*con* with). **3 emparejarse** VR to match.

emparentado ADJ related by marriage (*con* to).

emparentar<1j> VI to become related by marriage (*con* to); **~ con una familia** to marry into a family.

emparrado NM trained vine.

emparrandarse<1a> VR (*LAm*) to go on a binge (*fam*).

empastado ADJ **a** (*Tip*) clothbound. **b** (*diente*) filled.

empastar<1a> VT **a** (*engomar*) to paste. **b** (*Tip*) to bind in stiff covers. **c** (*diente*) to fill, stop. **d** (*LAm*) to convert into pasture land.

empaste NM filling.

empatar<1a> **1** VT (*LAm*) to connect. **2** VI (*Dep*) to draw, tie; (*carreras*) to tie, have a dead heat; (*votación*) to tie; **los equipos empataron a 2** the teams drew 2-all.

empate NM draw, tie; **un ~ a 0** a 0-0 draw.

empavesado NM bunting.

empavesar<1a> VT (*adornar*) to deck, adorn; (*barco*) to dress.

empavonarse<1a> VR (*CAm*) to dress up.

empecatado ADJ (*fam*) damned.

empecinado ADJ stubborn, pigheaded.

empecinamiento NM stubbornness, pigheadedness.

empecinarse<1a> VR to be stubborn; **~ en algo** to be stubborn about sth; **~ en hacer algo** to persist in doing sth.

empedarse<1a> VR (*Méx, CSur: fam*) to get drunk, get sloshed (*fam*).

empedernido ADJ **a** (*persona*) heartless, cruel. **b** (*vicio*) hardened, inveterate; **un bebedor/fumador ~** a heavy drinker/smoker; **un pecador ~** an unregenerate sinner.

empedernir <3a: defectivo> **1** VT to harden. **2 empedernirse** VR (*fig*) to harden one's heart, resolve to be tough.

empedrado **1** ADJ (*superficie*) paved; (*fig*) pitted (*de* with); (*cara*) pockmarked; (*color*) dappled, flecked; (*cielo*) cloud-flecked. **2** NM paving.

empedrar<1k> VT to pave.

empeine NM **a** (*de pie, zapato*) instep; (*vientre*) groin. **b** **~s** (*Med*) impetigo.

empella NF **a** (*de zapato*) upper. **b** (*LAm*) lard.

empellar<1a> VT to push, jostle.

empellón NM push, shove; **mover a ~es** to shove, move by pushing; **abrirse paso a ~es** to push roughly past; **dar ~es** to shove, jostle.

empelotado ADJ (*LAm fam: desnudo*) naked, stripped.

empelotar<1a> **1** VT (*LAm: desvestir*) to undress, strip to the skin. **2 empelotarse** VR **a** (*fam*) to get into a row. **b** (*LAm*) to strip naked. **c** (*Carib, Méx: fam: enamorarse*) to fall head over heels in love.

empenachar<1a> VT to adorn with plumes.

empeñado ADJ **a** (*objeto de valor*) pawned. **b** **estar ~ hasta los ojos** to be deeply in debt. **c** (*persona*) determined; **estar ~ en hacer algo** to be determined to do sth. **d** (*discusión*) bitter, heated.

empeñar<1a> **1** VT **a** (*objeto de valor*) to pawn, pledge. **b** (*palabra*) to give; (*persona*) to engage, compel. **c** (*batalla*) to join; (*discusión*) to start. **2 empeñarse** VR **a** (*prometer*) to bind o.s., pledge o.s. **b** (*endeudarse*) to get into debt. **c** **~ en algo** to insist on sth; **~ en hacer algo** to be set on doing sth; **se empeña en que es así** he insists that it is so.

d ~ **en una lucha** to engage in a fight; ~ **en una discusión** to get involved in a heated argument.

e ~ **por algn** to intercede for sb.

empeñero NM (*Méx*) pawnbroker, moneylender.

empeño NM **a** (*objeto*) pledge. **b** (*promesa*) obligation, undertaking. **c** (*resolución*) determination (*en hacer algo* to do sth); **con** ~ insistently; (*con celo*) eagerly, keenly; **poner** ~ **en algo** to put a lot of effort into sth; **poner** ~ **en hacer algo** to strive to do sth; **tener** ~ **en hacer algo** to be bent on doing sth. **d** (*tienda*) pawnshop. **e** (*empresa*) undertaking; **morir en el** ~ to die in the attempt.

empeoramiento NM deterioration, worsening.

empeorar <1a> **1** VT to make worse, worsen. **2** VI, **empeorarse** VR to get worse, worsen.

empequeñecer <2d> VT **a** (*hacer parecer más pequeño*) to dwarf, make (seem) smaller. **b** (*minimizar*) to minimize, belittle.

emperador NM emperor.

emperatriz NF empress.

emperejilarse <1a> VR to dress up, doll o.s. up.

emperifollarse <1a> VR to dress up, doll o.s. up.

emperramiento NM stubbornness.

emperrarse <1a> VR to get stubborn, be obstinate; ~ **en algo** to persist in sth.

empertigar <1h> VT (*Chi: caballo*) to hitch up.

empezar <1f, 1j> VT, VI to begin, start; **empezó a llover** it started to rain; **empezó diciendo que** he began by saying that; **empezaré por limpiar todo** I'll begin by cleaning everything; **¡no empieces!** (*a regañar etc*) don't start; **¡no empieces (otra vez)!** don't start on that (all over again)!; **bueno, para** ~ well, to start with; **volver a** ~, ~ **otra vez** to start over again.

empiece NM (*fam*) beginning, start.

empiezo NM (*LAm fam*) = **comienzo**.

empilonar <1a> VT (*LAm*) to pile up.

empinada NF (*Aer*) steep climb.

empinado ADJ **a** (*cuesta*) steep; (*edificio*) high, lofty. **b** (*fig*) proud.

empinar <1a> **1** VT **a** to raise; (*botella*) to tip up; ~ **el codo** to booze (*fam*). **b** (*enderezar*) to straighten. **2** VI (*fam*) to drink, booze. **3** **empinarse** VR (*persona*) to stand on tiptoe; (*caballo*) to rear up; (*edificio*) to tower, soar; (*Aer*) to zoom upwards.

empingorotado ADJ (*fam*) stuck-up (*fam*).

empiparse <1a> VR (*LAm*) to stuff o.s. with food.

empírico **1** ADJ empiric(al). **2** NM empiricist.

empirismo NM empiricism.

empizarrado NM slate roof.

empizarrar <1a> VT to roof with slates.

emplastar <1a> VT (*Med*) to put a plaster/poultice on.

emplasto NM **a** (*Med*) poultice. **b** (*fig*) makeshift arrangement. **c** (*persona*) sickly person.

emplazamiento NM **a** (*Jur*) summons. **b** (*sitio*) location; (*Mil*) (gun) emplacement.

emplazar <1f> VT **a** (*convocar*) to summon, convene; (*Jur*) to summons. **b** (*ubicar*) to site, place; (*estatua etc*) to erect. **c** ~ **a algn a hacer algo** to call on sb to do sth.

empleado/a NM/F (*gen*) employee; (*oficinista*) clerk, office worker; ~ **bancario** o **de banco** bank clerk; ~ **de correos** post office worker; ~ **del hogar** servant, maid.

empleador(a) NM/F employer.

emplear <1a> **1** VT **a** (*usar: herramienta, palabra etc*) to use, employ. **b** (*persona*) to employ. **c** (*consumir: tiempo*) to occupy, spend; (: *dinero*) to invest; ~ **mal** to misuse; ~ **mal el tiempo** to waste time; **¡te está bien empleado!** it serves you right! **2** **emplearse** VR to be used, be employed; ~ **a fondo** to make a great effort, do one's utmost.

empleo NM **a** (*de algo*) use; (*de tiempo*) spending; (*Com*) investment; **'modo de** ~**'** 'instructions for use'. **b** (*trabajo*) employment, work; ~ **comunitario** commu-

nity work; **pleno** ~ full employment. **c** (*puesto*) job, employment, post; **buscar un** ~ to look for a job; **estar sin** ~ to be unemployed; **'solicitan** ~**'** 'situations wanted'.

emplomadura NF lead covering; (*Arg, Uru: de diente*) filling.

emplomar <1a> VT (*vidrieras*) to lead; (*revestir*) to cover o line o weight with lead; (*precintar*) to seal with lead; (*Arg, Uru: diente*) to fill.

emplumar <1a> **1** VT **a** to adorn with feathers; (*como castigo*) to tar and feather; **le emplumaron 6 meses de cárcel** (*fam*) they packed him off to prison for six months (*fam*). **b** (*LAm fam: estafar*) to swindle. **c** (*Hon fam: zurrar*) to beat up, thrash. **d** (*Chi fam*) ~**las** to run away. **2** VI **a** to grow feathers. **b** (*LAm fam: huir*) to take to one's heels.

emplumecer <2d> VI to grow feathers.

empobrecer <2d> **1** VT to impoverish. **2** **empobrecerse** VR to become poor.

empobrecimiento NM impoverishment.

empollada NF: **darse** o **pegarse una** ~ (*fam*) to swot (*fam*), cram.

empollar <1a> **1** VT **a** to incubate, sit on. **b** (*Univ etc fam: asignatura*) to swot up (*fam*). **2** VI **a** (*gallina*) to sit, brood. **b** (*abejas*) to breed. **c** (*Univ etc fam*) to swot (*fam*), cram.

empollón/ona NM/F (*Univ etc fam*) swot (*fam*).

empolvado ADJ (*sustancia*) powdery; (*superficie*) dusty.

empolvar <1a> **1** VT (*cara*) to powder; (*superficie*) to cover with dust. **2** **empolvarse** VR **a** (*cara*) to powder one's face; (*superficie*) to get dusty. **b** (*CAm, Méx*) to get rusty, get out of practice. **c** (*Carib: huir*) to run away.

emponchado ADJ **a** (*LAm: vestido de poncho*) wearing a poncho, covered with a poncho. **b** (*And, CSur: sospechoso*) suspicious.

emponcharse <1a> VR (*esp LAm*) to put on one's poncho.

emponzoñamiento NM poisoning.

emponzoñar <1a> VT (*lit, fig*) to poison.

emporcar <1g, 1l> VT to soil.

emporio NM emporium, trading centre o (*US*) center; (*LAm*) large department store.

emporrarse <1a> VR (*fam*) to get stoned (*fam*).

emporroso ADJ (*CAm, Carib*) annoying.

empotrado ADJ (*armario etc*) built-in; (*Mec*) fixed, integral.

empotrar <1a> **1** VT (*gen*) to embed, fix; (*armario etc*) to build in. **2** **empotrarse** VR: **el coche se empotró en la tienda** the car embedded itself in the shop.

empotrerar <1a> VT **a** (*LAm: ganado*) to (put out to) pasture. **b** (*Carib, CSur: tierra*) to enclose.

empozarse <1f> VR (*Méx*) to form pools.

emprendedor(a) **1** ADJ enterprising, go-ahead. **2** NM/F (*Fin*) entrepreneur.

emprender <2a> VT **a** (*trabajo*) to undertake; (*viaje*) to embark on; ~ **marcha** a to set out for; ~ **el regreso** to return; ~ **la retirada** to retreat. **b** ~**la** to start, set out; ~**la con algn** to have a go at sb; **la emprendieron a botellazos con el árbitro** they went for the referee with bottles.

empresa NF **a** (*tarea*) enterprise; ~ **libre/privada** free/private enterprise. **b** (*Com, Fin: sociedad*) firm, company; ~ **colectiva** joint venture; ~ **funeraria** undertaker's; ~ **particular** private company; ~ **de servicios públicos** public utility company; **pequeñas y medianas** ~**s** small and medium-sized companies; ~ **pública** public sector company. **c** (*esp Teat: dirección*) management; **la** ~ **lamenta que ...** the management regrets that ....

empresariado NM business (world); (*gerentes*) managers (*collectively*), management.

empresarial ADJ (*función, clase etc*) managerial; **ciencias** ~**es** business studies.

empresario NM (*Fin*) businessman; (*Téc*) manager; (*Mús: de opera etc*) impresario; (*Boxeo*) promoter; (*Com*) contractor; **~ de pompas fúnebres** undertaker, mortician (*US*); **~ de transporte** shipping agent.

emprestar<1a> VT (*LAm fam: dar prestado*) to lend.

empréstito NM (public) loan; **~ de guerra** war loan; (*Com*) loan capital.

empujada NF (*LAm*) push, shove.

empujadora-niveladora NF bulldozer.

empujar<1a> VT ⓐ (*gen*) to push; (*con fuerza*) to shove, thrust (*en into*); (*Mec*) to drive; (*bicicleta*) to push; **'empujar'** (*en puertas*) 'push'; **¡no empujen!** stop pushing! ⓑ (*fig: presionar*) to push, press. ⓒ **~ algo** (*fam*) to work behind the scenes for sth.

empujatierra NF bulldozer.

empuje NM ⓐ (*gen*) pressure; (*Mec, Fís*) thrust. ⓑ (*un ~*) push, shove. ⓒ (*fig*) push, drive; **le falta ~** he lacks drive; **en un espíritu de ~** in a thrustful spirit.

empujón NM push, shove; (*fig*) push, drive; **abrirse paso a ~es** to shove one's way through; **avanzar a ~es** to go forward in fits and starts; **dar un ~ a algo** (*fig*) to push sth through o forward.

empuñadura NF ⓐ (*de espada*) hilt; (*de herramienta etc*) handle. ⓑ (*de cuento*) start, opening.

empuñar<1a> VT ⓐ to grasp, clutch. ⓑ (*fig*) **~ las armas** to take up arms; **~ el bastón** to take command.

empurrarse<1a> VR (*CAm*) to get angry.

E.M.T. NF ABR (*Esp*) de **Empresa Municipal de Transportes**.

emú NM emu.

emulación NF emulation.

emulador(a) ⓐ ADJ emulous (*de of*). ② NM/F rival.

emular<1a> VT to emulate, rival.

emulgente NM emulsifier.

émulo/a NM/F rival, competitor.

emulsión NF emulsion.

emulsionante NM emulsifier.

emulsionar<1a> VT to emulsify.

EN ABR (*Esp*) de **Editora Nacional**.

en PREP ⓐ (*sitio*) in; (*dirección*) into; (*sobre*) on, upon; **está ~ el cajón** it's in the drawer; **está ~ Argentina** he's in Argentina; **está ~ algún lugar de la Mancha** he's at some place in La Mancha; **~ casa** at home; **~ el colegio/la oficina** at school/the office; **te esperé ~ la estación** I waited for you at the station; **trabaja ~ la tienda** she works in the shop; **entra ~ el coche** get into the car; **meterse algo ~ el bolsillo** to put sth in(to) one's pocket; **está ~ el suelo** it's on the floor; **ir de puerta ~ puerta** to go from door to door. ⓑ (*tiempo*) in, on; **~ 1605** in 1605; **~ el siglo X** in the 10th century; **~ invierno/enero** in winter/January; **~ aquella ocasión** on that occasion; **lo terminaron ~ 3 semanas** they finished it in 3 weeks; **~ la mañana/tarde** *etc* (*LAm*) in the morning/evening *etc*. ⓒ (*transporte*) by; **~ avión/coche/autobús** by plane/car/bus. ⓓ (*modo*) in; **~ inglés** in English; **~ color** in colour o (*US*) color; **~ pantalón corto** in shorts; **~ voz alta** loudly. ⓔ (*precio*) at, for; **lo vendió ~ 5 dólares** he sold it at o for 5 dollars. ⓕ (*tema, ocupación*) **experto ~ las materia** expert on the subject; **bueno ~ dibujo** good at drawing; **trabaja ~ la construcción** he works in the building trade. ⓖ (*proporción*) by; **reducir algo ~ una tercera parte** to reduce sth by a third; **ha aumentado ~ un 20 por ciento** it has increased by 20%. ⓗ (*con infinitivo*) **le conocí ~ el andar** I recognized him by his walk; **fue el último ~ hacerlo** he was the last to do it. ⓘ (*con gerundio*) **~ viéndole se lo dije** the moment I saw him I told him.

enaceitar<1a> VT to oil.

ENAGAS, Enagas NF ABR (*Esp*) de **Empresa Nacional del Gas**.

enagua NF (*esp LAm*), **enaguas** NFPL petticoat.

enajenación NF, **enajenamiento** NM ⓐ (*Jur etc*) alienation; **~ forzosa** expropriation. ⓑ (*distracción*) absentmindedness; (*éxtasis*) rapture, trance; **~ mental** mental derangement.

enajenar<1a> ① VT ⓐ (*Jur etc: propiedad*) to alienate, transfer; (: *derechos*) to dispose of. ⓑ (*persona*) to alienate, estrange. ⓒ (*fig*) to enrapture, carry away; (*volver loco*) to drive mad. ② **enajenarse** VR ⓐ **~ algo** to deprive o.s. of sth; **~ las simpatías** to make o.s. disliked. ⓑ (*amigos*) to become estranged. ⓒ (*extasiarse*) to be enraptured, get carried away.

enaltecer<2d> VT to extol.

enamoradizo ADJ who easily falls in love.

enamorado ADJ ⓐ in love; **estar ~** to be in love (*de* with). ⓑ (*aficionado*) **es un ~ de la ópera** he's a real opera fan, he really loves opera.

enamoramiento NM falling in love.

enamorar<1a> ① VT ⓐ to win the love of. ⓑ (*gustar mucho*) **me enamora este paisaje** I simply adore this scenery. ② **enamorarse** VR ⓐ to fall in love (*de* with). ⓑ (*fig*) **~ de** to become a real fan of, become dead keen on.

enamoricarse<1g> VR (*fam*), **enamoriscarse**<1g> VR (*fam*) to be just a bit in love (*de* with).

enangostar<1a> ① VT to narrow. ② **enangostarse** VR to narrow, get narrower.

enanismo NM (*Med*) dwarfism.

enano/a ① ADJ dwarf *atr.* ② NM/F dwarf, midget; (*pey*) runt; **disfrutar** o **pasárselo como un ~** to have a brilliant time.

enarbolar<1a> ① VT (*bandera etc*) to hoist; (*espada etc*) to flourish. ② **enarbolarse** VR ⓐ (*persona*) to get angry. ⓑ (*caballo*) to rear up.

enarcar<1g> VT ⓐ (*Téc*) to put a hoop on. ⓑ (*cejas*) to raise; (*lomo*) to arch; (*pecho*) to throw out.

enardecer<2d> ① VT ⓐ (*pasión*) to inflame; (*persona*) to fill with enthusiasm. ② **enardecerse** VR ⓐ (*Med*) to become inflamed. ⓑ (*fig*) to get excited, get enthusiastic (*por about*).

enarenar<1a> ① VT to cover with sand. ② **enarenarse** VR (*Náut*) to run aground.

enastado ADJ horned.

encaballgamiento NM (*Lit*) enjambement.

encabestrar<1a> VT ⓐ (*caballo*) to put a halter on. ⓑ (*fig*) to overcome.

encabezado ADJ (*vino*) fortified.

encabezamiento NM (*en periódico*) headline, caption; (*preámbulo*) foreword, preface; (*de carta*) heading; (*Com*) bill head, letterhead.

encabezar<1f> VT ⓐ (*movimiento, revolución etc*) to lead, head. ⓑ (*lista, liga etc*) to head, be at the top of. ⓒ (*papel, documento*) to put a heading to; (*artículo*) to head, entitle. ⓓ (*vino*) to fortify.

encabritarse<1a> VT ⓐ (*caballo*) to rear up. ⓑ (*fig: enfadarse*) to get riled (*fam*), get cross.

encabronar<1a> VT to make angry.

encachar<1a> VT (*Taur: cabeza*) to lower before charging.

encachilarse<1a> VR (*Arg fam*) to get furious.

encachorrarse<1a> VR (*And*) to get angry.

encadenación NF, **encadenamiento** NM ⓐ chaining (together). ⓑ (*fig*) linking, connection, concatenation.

encadenar<1a> VT ⓐ (*atar con cadenas*) to chain (together); (*poner grilletes a*) to fetter, shackle; (*fig*) to tie down. ⓑ (*enlazar: ideas*) to connect, link. ⓒ (*fig*) to shackle, paralyze, immobilize.

encajadura NF ⓐ (*acto*) insertion. ⓑ (*hueco*) socket; (*ranura*) groove.

encajar<1a> ① VT ⓐ (*ajustar*) to insert, fit (*en into*); (*meter a la fuerza*) to push in, thrust in; (*máquina etc*) to house, encase; (*partes*) to join, fit together. ⓑ (*comentario*) to get in; (*cuento, sermón*) to come out with; (*insinuación*) to drop; (*insulto*) to hurl (*a at*).

c ~ **algo a algn** to palm o foist sth off on sb; ~ **una historia a algn** to force sb to listen to a (disagreeable) story. **d** (*fam: golpe*) to give, deal; **le encajó un bofetón** he gave him a punch. **e** (*aguantar: golpe, broma*) to take; (: *desgracia*) to suffer; **ha sabido ~ bien el golpe** he was able to cope well with the shock. **2** VI **a** (*ajustar*) to fit; **esto no encaja bien** this doesn't fit properly. **b** (*corresponder a*) to fit, correspond; **esto no encaja con lo que dijo antes** this does not tally with what he said before. **3** **encajarse** VR **a** (*fam: introducirse*) to squeeze (o.s.) in. **b** (*atascarse*) to get jammed, get stuck. **c** ~ **un sombrero** to put on a hat.

encaje NM **a** (*acto*) insertion, fitting. **b** (*hueco*) socket; (*ranura*) groove; (*Mec*) housing. **c** (*taracea*) inlay, mosaic; (*Cos*) lace; ~ **de aplicación** appliqué (work). **d** (*Fin*) reserve, stock; ~ **de oro** gold reserve.

encajero/a NM/F lacemaker.

encajetillar<1a> VT to pack in boxes, box.

encajonar<1a> **1** VT **a** to box (up), put in a box; (*Mec*) to box in. **b** (*río*) to canalize. **c** (*meter en un sitio estrecho*) to squeeze in o through. **2** **encajonarse** VR (*río*) to run between steep banks.

encalabrinar<1a> **1** VT **a** (*suj: vino*) to go to one's head. **b** ~ **a algn** to get sb worked up. **c** (*fam*) ~ **a una** to attract a girl. **2** **encalabrinarse** VR (*fam*) ~ **de una** to get infatuated with a girl.

encalambrarse<1a> VR (*LAm*) to get cramp; (: *aterirse*) to get stiff with cold.

encalar<1a> VT (*pared*) to whitewash.

encalladero NM shoal, sandbank.

encallar<1a> **1** VI **a** (*Náut*) to run aground, get stranded (*en on*). **b** (*fracasar*) to fail; (*en gestiones etc*) to get bogged down. **2** **encallarse** VR **a** (*Náut*) to run aground, get stranded (*en on*). **b** (*carne*) to go rubbery.

encallecer<2d> VI, **encallecerse** VR to harden, form corns.

encallecido ADJ hardened.

encalmado ADJ **a** (*Náut*) becalmed. **b** (*Com, Fin*) quiet, slack.

encalmarse<1a> VR to calm down.

encalvecer<2d> VI to go bald.

encamarse <1a> VR **a** to take to one's bed; **estar encamado** to be confined to bed. **b** (*maíz etc*) to be flattened. **c** (*animal*) to crouch, hide.

encaminar<1a> **1** VT **a** (*poner en camino*) to direct, set on the right road (*a* to); **pude ~le** I was able to tell him the way to go. **b** (*vehículo, expedición etc*) to route (*por* via). **c** (*fig: orientar: atención, fuerza etc*) to direct (*a* towards); **medidas encaminadas a corregir esto** measures designed to correct this; **el proyecto está encaminado a ayudarles** the plan is directed towards helping them o is designed to help them. **2** **encaminarse** VR **a** ~ **a** (*dirigirse a*) to set out for, take the road to. **b** ~ **a** (*tener como objetivo*) to be directed towards, be intended for.

encamotado ADJ (*LAm fam*) **estar** ~ to be in love (*de* with).

encamotarse<1a> VR (*LAm fam*) to fall in love (*de* with).

encampanado ADJ bell-shaped.

encampanar <1a> **1** VT (*elevar*) to raise. **2** **encampanarse** VR (*LAm: encumbrarse*) to rise; (*Col, Méx: enamorarse*) to fall in love.

encanallarse<1a> VR (*rebajarse*) to degrade o.s.; (*soltar la lengua*) to become coarse.

encandecer<2d> VT to make white-hot.

encandilado ADJ **a** high, erect. **b** (*fig fam: deslumbrado*)

estar ~ **con algn** to be all taken with sb.

encandilar<1a> **1** VT **a** (*deslumbrar*) to dazzle. **b** (*lumbre*) to stir, poke. **c** (*persona*) to daze, bewilder. **d** (*fig: emoción*) to kindle, stimulate. **2** **encandilarse** VR **a** (*ojos*) to light up. **b** (*And, Carib: asustarse*) to get scared.

encanecer <2d> VI, **encanecerse** VR **a** (*pelo*) to go grey o (*US*) gray; (*persona*) to go grey, look old. **b** (*fig*) to go mouldy o (*US*) moldy.

encanijado ADJ weak, puny.

encanijarse<1a> VR to grow weak, become emaciated.

▼**encantado** ADJ **a** (*hechizado*) bewitched; (*casa*) haunted; (*sitio*) romantic. **b** (*muy contento*) delighted, pleased; **¡~!** (*presentación*) how do you do!, pleased to meet you; **estoy ~ de conocerle** I'm delighted to meet you; **yo, ~** it's all right with me. **c** (*distraído*) absent-minded; **parecer estar ~** to seem to be in a trance.

encantador(a) **1** ADJ (*persona*) charming, delightful; (*sitio*) lovely. **2** NM/F magician, enchanter/enchantress; ~ **de serpientes** snake charmer.

encantamiento NM enchantment.

▼**encantar** <1a> VT **a** (*hechizar*) to bewitch, cast a spell on o over. **b** (*gustar mucho*) to charm, delight; (*cautivar*) to captivate, fascinate; **nos encanta la casa** we are delighted with the house; **me encantan las flores** I love flowers.

encanto NM **a** (*magia*) charm, spell; **como por ~** as if by magic; (*fig*) in a flash. **b** (*atractivo*) charm; (*gozo*) delight; **la playa es un ~** the beach is delightful; **¡qué ~ de jardín!** what a lovely garden!; **¡es un ~ de mujer!** what a delightful woman!; **se dejó seducir por sus ~s** he got led astray by her charms. **c** (*expresión de ternura*) sweetheart, my love; **¡oye, ~!** hullo gorgeous! (*fam*).

encañada NF ravine.

encañado NM pipe.

encañar <1a> VT **a** (*agua*) to pipe. **b** (*planta*) to stake. **c** (*tierra*) to drain.

encañizado NM wire netting fence.

encañonar <1a> **1** VT **a** (*agua*) to pipe. **b** (*fam: asaltar con arma*) to stick up (*fam*), hold up; (*amenazar*) to cover (with a gun). **2** VI (*pájaros*) to grow feathers.

encapotado ADJ **a** (*con capa*) wearing a cloak. **b** (*cielo*) cloudy, overcast.

encapotarse<1a> VR (*Met*) to become cloudy o overcast.

encapricharse VR to take a fancy (*con o por algo* to sth).

encapuchado ADJ hooded.

encarado ADJ: **bien ~** good-looking; **mal ~** plain.

encaramar <1a> **1** VT **a** (*subir*) to raise, lift up. **b** (*alabar*) to praise, extol, extoll (*US*). **2** **encaramarse** VR (*subir*) to perch, sit up high; ~ **a** (*árbol etc*) to climb up o on to.

encarar<1a> **1** VT **a** (*arma*) to aim, point. **b** (*estar de cara a*) to face; (*afrontar*) to face up to. **2** **encararse** VR: ~ **a** o **con** to confront, come face to face with; **se encaró en seguida con el problema** he immediately faced up to the problem.

encarcelación NF, **encarcelamiento** NM imprisonment.

encarcelar<1a> VT to imprison, jail.

encarecer<2d> **1** VT **a** (*Com*) to put up the price of. **b** (*alabar*) to praise, extol, extoll (*US*); (*persona*) to recommend; (*dificultad*) to stress, emphasize; (*exagerar*) to exaggerate; **le encarezco que lo haga** I urge you to do it. **2** VI, **encarecerse** VR (*Com*) to get dearer.

encarecidamente ADV insistently, earnestly.

encarecimiento NM **a** (*de precio*) price increase. **b** (*alabanza*) extolling; (*insistencia*) stressing, emphasizing; (*exageración*) exaggeration; **con ~** insistently, strongly.

encargado/a **1** ADJ: **el empleado ~ de estos géneros** the employee in charge of these stocks. **2** NM/F (*agente*) agent, representative; (*persona responsable*) person in charge; ~ **de negocios** (*Pol*) chargé d'affaires; ~ **de obra** foreman, site manager; ~ **de**

➤ EXPRESIONES GENERATIVAS: **encantado** → 3 **encantar** → 1.2

prensa press officer; ~ **de relaciones públicas** public relations officer; ~**a de vestuario** (*Teat*) wardrobe mistress.

encargar<1h> **1** VT (*confiar*) to entrust; (*aconsejar*) to recommend, advise; (*pedir*) to ask for; (*Com*) to order; ~ **algo a algn** to put sb in charge of sth; ~ **un niño** (*Méx fam*) to fall pregnant. **2 encargarse** VR **a** ~ **de algo** to take charge of sth, take sth over; **él se encarga del negocio** he looks after the business; **no irá, de eso me encargo yo** he won't be going, I'll make sure of that. **b** ~ **de hacer algo** (*ver de*) to see about doing sth, undertake to do sth.

encargo NM **a** (*tarea*) assignment, job; (*puesto*) post; (*orden*) commission; (*responsabilidad*) responsibility; **hacer ~s** to run errands. **b** (*petición*) order, request; (*Com*) order (*de* for); **(hecho) de ~** ready made. **c** **estar con o de** ~ (*LAm fam*) to be in the family way (*fam*).

encariñado ADJ: **estar ~ con** to be fond of.

encariñarse <1a> VR: ~ **con** to grow fond of, get attached to; (*Psicol*) to bond.

encarnación NF (*Rel*) incarnation; (*personificación*) embodiment.

encarnadino ADJ blood-red.

encarnado ADJ **a** (*Rel, fig*) incarnate; **es la sencillez ~a** it's simplicity itself. **b** (*color*) red; (*tez*) ruddy; (: *pey*) florid; **ponerse** ~ to blush.

encarnadura NF: **tiene buena** ~ his skin heals (up) well.

encarnar <1a> **1** VT (*gen*) to personify; (*Teat: papel*) to play, bring to life. **2** VI **a** (*Rel etc*) to become incarnate. **b** (*Med*) to heal (up). **3 encarnarse** VR (*Rel*) to become incarnate, to be made flesh.

encarnizadamente ADV (*fig*) bloodily, fiercely.

encarnizado ADJ **a** (*herida*) red, inflamed; (*ojo*) bloodshot. **b** (*batalla*) bloody, fierce.

encarnizamiento NM (*V vt*) rage, fury; bitterness, ferocity.

encarnizar <1f> **1** VT (*enfadar*) to enrage; (*volver cruel*) to make cruel. **2 encarnizarse** VR **a** ~ **en** (*atracarse*) to gorge o.s. on. **b** (*luchar*) to fight fiercely; ~ **con** o **en** to be cruel to.

encarpetar <1a> VT **a** (*papeles*) to file away; (*proyecto etc*) to shelve, bury. **b** (*LAm: moción*) to shelve, bury.

encarrilar <1a> VT **a** (*tren*) to put back on the rails. **b** (*fig*) to put on the right track; (: *corregir*) to correct; (: *dirigir*) to direct, guide.

encartar <1a> **1** VT **a** to enrol, enroll (*US*), enter (on a list); (*Jur*) to summon. **b** (*criminal*) to outlaw. **2** VI (*Naipes*) to lead. **3 encartarse** VR (*Naipes*) to take on one's opponent's suit.

encarte NM **a** (*Tip*) insert, inset. **b** (*Naipes*) lead.

encartuchar <1a> VT (*LAm: papel*) to roll up into a cone.

encasar <1a> VT (*hueso*) to set.

encasillado **1** ADJ (*actor*) typecast. **2** NM (set of) pigeonholes.

encasillar <1a> VT **a** (*poner en casillas*) to pigeonhole; (*clasificar*) to classify; (*archivar*) to file. **b** (*Teat etc*) to typecast.

encasquetar <1a> VT **a** (*sombrero*) to pull down tight. **b** ~ **una idea a algn** to put an idea into sb's head. **c** (*fam*) ~ **algo a algn** to foist sth on sb.

encasquillador NM (*LAm*) blacksmith.

encasquillar <1a> VT (*LAm: caballo*) to shoe.

encastillado ADJ **a** (*Arquit*) castellated. **b** (*soberbio*) haughty; (*obstinado*) stubborn.

encausar <1a> VT to prosecute, sue.

encauzar <1f> VT **a** (*agua, río*) to channel. **b** (*fig*) to channel, direct; **las protestas se pueden ~ a fines positivos** the protests can be guided into useful channels.

encefalitis NF encephalitis; ~ **(letárgica)** sleeping sickness.

enceguecer <2d> (*LAm*) **1** VT to blind. **2** VI,

enceguecerse VR to go blind.

encelar <1a> **1** VT to make jealous. **2 encelarse** VR to become jealous.

encenagarse <1h> VR **a** to get muddy. **b** (*fig*) to become depraved.

encendedor NM (*esp LAm: mechero*) lighter; ~ **de bolsillo** pocket lighter; ~ **de cigarrillos/de gas/eléctrico** cigarette/gas/electric lighter; ~ **del gas** gas poker.

encender <2g> **1** VT **a** (*gen*) to light; (*pegar fuego a*) to set alight o on fire, set fire to; (*cerilla*) to strike; (*luz, radio*) to turn o switch o put on; (*Inform*) to toggle on, switch on. **b** (*avivar: pasiones etc*) to inflame; (*despertar: entusiasmo*) to arouse; (: *celos, odio*) to awake; (*guerra*) to spark off. **2 encenderse** VR **a** (*gen*) to light; (*prenderse*) to catch (fire), ignite; (*arder más*) to flare up; **¿cuándo se encienden las luces?** when is lighting-up time? **b** (*iluminarse: cara*) to light up; (*exaltarse*) to get excited; (*ruborizarse*) to blush; (*estallar*) to break out; ~ **de ira** to flare up with rage.

encendidamente ADV passionately, ardently.

encendido **1** ADJ **a** (*gen*) alight; (*colilla, fuego*) lighted, lit; (*ardiendo*) burning, on fire; (*luz, radio*) (switched) on; (*hilo*) live. **b** (*rojo vivo*) bright red; (*mejillas*) glowing (*de* with); (*cara: por el vino etc*) flushed; (: *por la ira*) purple; (*mirada*) fiery, passionate. **2** NM (*de faroles etc*) lighting; (*Aut*) ignition; ~ **eléctrico** electric lighting.

encerado **1** ADJ (*suelo*) waxed, polished; (*de color cera*) wax-coloured, wax-colored (*US*). **2** NM **a** (*hule*) oilcloth; (*Náut*) tarpaulin. **b** (*Escol etc*) blackboard.

encerador(a)[1] NM/F (*persona*) polisher.

enceradora[2] NF polishing machine.

encerar <1a> VT (*suelo*) to wax, polish.

encerradero NM fold, pen.

encerrar <1j> **1** VT **a** to shut in; (*con llave*) to lock in o up; (*cercar*) to enclose; (*confinar*) to confine. **b** (*abarcar*) to include, comprise; **el libro encierra profundas verdades** the book contains deep truths. **c** (*implicar*) to involve, imply. **2 encerrarse** VR **a** to shut o lock o.s. up o in; (*aislarse*) to go into seclusion; ~ **en uno mismo** to withdraw into o.s. **b** (*como protesta*) to do a sit-in.

encerrona NF: **preparar a algn una** ~ (*fig fam*) to put sb in a tight spot.

encespedar <1a> VT to turf.

enceste NM (*Dep*) basket.

enchapado NM (*de metal*) plating; (*de madera*) veneer.

enchaquetarse <1a> VR (*And, Carib*) to put one's jacket on.

encharcado ADJ (*terreno*) swamped.

encharcar <1g> **1** VT (*tierra*) to swamp, flood. **2 encharcarse** VR **a** (*tierra*) to swamp, get flooded. **b** (*agua: estancarse*) to become stagnant. **c** (*Med: pulmones*) to get clogged up

enchastrar <1a> VT (*CSur*) to (make) dirty.

enchucharse <1a> VR (*LAm fam*) to get drunk on chicha.

enchilada NF (*CAm, Méx*) stuffed tortilla.

enchilado **1** ADJ **a** (*CAm, Méx: Culin*) seasoned with chili. **b** (*Méx: rojo*) bright red. **2** NM (*CAm, Méx*) stew with chili sauce.

enchilar <1a> **1** VT **a** (*LAm Culin*) to season with chili. **b** (*Méx*) to annoy. **2** VI (*Méx*) to sting, burn. **3 enchilarse** VR (*Méx fam*) to get angry o (*US*) mad.

enchiloso ADJ (*CAm, Méx: sabor*) hot.

enchinar <1a> (*Méx*) **1** VT to curl, perm. **2 enchinarse** VR: ~ **el cuerpo** to get gooseflesh.

enchinchar <1a> **1** VT **a** (*LAm*) to put out, bother. **b** (*Méx: asunto*) to delay. **2 enchincharse** VR **a** (*LAm*) to get infested with bugs. **b** (*Arg, Méx: enfadarse*) to get bad-tempered.

enchiquerar <1a> VT to pen, corral.

enchironar <1a> VT (*fam*) to jail, lock up.

enchisparse <1a> VR (*LAm fam*) to get tight (*fam*).

enchufado/a (*fam*) NM/F (*influyente*) well-connected person, person with pull; (*cobista*) creep; (*en escuela*) teacher's pet.
enchufar<1a> ① VT [a] (*Téc etc*) to join, fit together o in; (*Elec*) to plug in. [b] (*Com, Fin*) to merge. ② **enchufarse** VR (*fam: puesto*) to wangle o.s. a job *etc* (*fam*), get a cushy job (*fam*); (*relacionarse bien*) to get in with the right people.
enchufe NM [a] (*Téc etc*) joint; (*manguito*) sleeve; (*encaje*) socket. [b] (*Elec*) plug; (*caja de enchufe*) point, socket. [c] (*fam: influencia*) useful contact; **hay que tener ~s** you've got to have contacts; **lo consiguió por ~s** he pulled strings to do it. [d] (*fam: puesto*) cushy job (*fam*).
enchufismo NM (*fam*) wirepulling (*fam*).
encía NF gum.
encíclica NF encyclical.
enciclopedia NF encyclopaedia.
enciclopédico ADJ encyclopaedic.
encierro NM [a] (*acto de encerrar*) shutting-in, locking; (*cercado*) confinement; (*de manifestantes*) sit-in; (*en fábrica*) work-in, sit-down strike. [b] (*reclusión*) enclosure; (*cárcel*) prison; (*Agr*) pen; (*Taur*) bull pen. [c] (*Taur*) bull run (through the streets).
encima ① ADV [a] (*lugar*) above; **hay una torre con dos estatuas ~** there's a tower with two statues on top; **ves el cerro y ~ la iglesia** you can see the hill and at the top the church; **el avión pasó por ~** the plane passed overhead; **póngalo ~** put it on top. [b] (*fig*) **echarse algo ~** to take sth upon o.s.; **la policía se les ha echado ~** the police got hold of them; **quitarse algo/algn de ~** to get rid of sth/sb, shake sth/sb off; **la guerra está ~** war is imminent; **muy por ~** very superficially o hastily; **leer algo muy por ~** to skim over o through sth; **no llevo dinero ~** I haven't any money on me; **tienes bastante ~** you've got enough to worry about; **se me vino ~** (*sorpresa*) it took me by surprise. [c] (*además*) as well, besides; **le regalaron una máquina fotográfica y ~ 5 carretes** they gave him a camera and 5 rolls of film as well; **no viniste y ~ no me llamaste** you didn't come and on top of that you didn't ring me. ② PREP [a] **~ de** (*sobre*) on (top of); (*más arriba*) above; **~ de la puerta colgaba una cruz** a cross hung above the door; **por ~ de** over; **por ~ de mis posibilidades** beyond my ability; **estoy por ~ de él en categoría** I'm of a higher standard than him; **estamos** o **quedamos por ~ de aquello** we are above that sort of thing; **quiero hacerlo por ~ de todo** I want to do it above all else. [b] **~ de** (*además*) besides, in addition to; **y luego ~ de todo eso** and then, to cap it all. [c] (*esp CSur*) **~ nuestro** *etc* above us *etc*; **está siempre ~ mío vigilando lo que hago** he's always on top of me watching everything I do.
encimar<1a> VT [a] (*LAm fam*) to add as a bonus. [b] (*Dep*) to mark.
encimera NF worktop, work surface.
encina NF ilex, holm oak.
encinta ADJ pregnant; (*Zool*) with young; **mujer ~** pregnant woman; **dejar a una ~** to get a girl pregnant.
encizañar <1a> VT, VI to sow discord o create trouble (among).
enclaustrar<1a> VT (*Rel*) to cloister; (*fig*) to hide away.
enclavar<1a> VT [a] (*clavar*) to nail; (*traspasar*) to pierce, transfix. [b] (*empotrar*) to embed, set; (*edificio*) to place; **las ruinas están enclavadas en un valle** the ruins are set in a valley. [c] (*fam: engañar*) to swindle.
enclave NM (*Pol etc*) enclave.
enclenque ADJ weak, sickly.
enclítico ADJ enclitic.
encobar<1a> VI, **encobarse** VR (*gallina*) to brood.
encofrar<1a> VT to plank, timber.
encoger<2c> ① VT [a] (*tejidos*) to shrink. [b] (*fig: acobardar*) to intimidate. ② VI (*tela*) to shrink. ③ **encogerse** VR [a] to shrink.

[b] **~ de hombros** to shrug one's shoulders. [c] (*acobardarse*) to cringe; (*desanimarse*) to get discouraged; (*avergonzarse*) to be shy o timid.
encogidamente ADV (*fig*) shyly, bashfully.
encogido ADJ [a] (*tejido*) shrunken; (*marchito*) shrivelled, shriveled (*US*). [b] (*tímido*) shy, bashful.
encogimiento NM [a] (*de tejidos*) shrinking. [b] **~ de hombros** shrug (of the shoulders). [c] (*timidez*) shyness, bashfulness.
encohetarse<1a> VR (*And, CAm*) to get furious.
encojar <1a> ① VT to lame, cripple. ② **encojarse** VR to go lame (*fam*); (*fingir enfermedad*) to pretend to be ill.
encolar<1a> VT (*engomar*) to glue, paste; (*aprestar*) to size; (*pegar*) to stick down o together.
encolerizar <1f> ① VT to anger, provoke. ② **encolerizarse** VR to get angry.
encomendar <1j> ① VT to entrust, commend (*a* to, to the charge of). ② **encomendarse** VR: **~ a** to entrust o.s. to.
encomendería NF (*Per*) grocery store.
encomendero NM (*Per*) grocer.
encomiable ADJ laudable, praiseworthy.
encomiar<1b> VT to praise, pay tribute to.
encomienda NF [a] (*encargo*) charge, mission; (*elogio*) praise. [b] (*LAm Hist*) colonial grant of land and native inhabitants to a settler. [c] (*LAm: almacén*) warehouse; (: *paquete postal*) parcel.
encomio NM praise, eulogy.
encomioso ADJ (*LAm*) laudatory, eulogistic.
enconado ADJ [a] (*Med: inflamado*) inflamed; (: *dolorido*) sore. [b] (*discusión*) bitter.
enconamiento NM (*Med*) inflammation, soreness.
enconar <1a> ① VT [a] (*Med: inflamar*) to inflame; (: *provocar dolor a*) to make sore. [b] (*fig*) to anger, irritate. ② **enconarse** VR [a] (*Med*) to become inflamed; (: *supurar*) to fester. [b] (*persona*) to get angry o irritated; (*agravio*) to fester, rankle.
enconcharse<1a> VR (*fig*) to go into one's shell.
encono NM [a] (*rencor*) rancour, rancor (*US*), spite(fulness); (*mala leche*) bad blood. [b] (*Col, Méx*) inflammation, soreness.
enconoso ADJ (*Med*) sensitive. [b] (*fig*) resentful, malevolent.
encontrado ADJ (*situación*) conflicting; (*posiciones*) opposite.
encontrar<1l> ① VT [a] (*hallar*) to find. [b] (*considerar*) **lo encontró bastante fácil** he found it pretty easy; **no sé lo que le encuentran** I don't know what they see in her. [c] (*topar con*) to meet, encounter; **~ dificultades** to run into trouble. ② **encontrarse** VR [a] (*personas*) to meet (each other); **~ con algn** to meet o run across sb; **~ con un obstáculo** to encounter an obstacle; **me encontré con que no tenía gasolina** I found I was out of petrol o (*US*) gas. [b] (*vehículos*) to crash, collide; (*opiniones etc*) to clash, conflict. [c] (*situarse*) to be (situated o located), stand; **se encuentra en la plaza principal** it is in the main square. [d] (*hallarse*) to find o.s., be. [e] (*sentirse*) **se encuentra enferma** she is ill; **~ tranquilo** to be at ease, be relaxed; **¿cómo te encuentras ahora?** how are you now?; **no se encuentra aquí en este momento** he's not here at the moment.
encontrón, encontronazo NM collision, crash.
encoñado (*fam*) ADJ: **estar ~ con algn** (*enamorado*) to have the hots for sb (*fam*); **estar ~ con algo** (*encaprichado*) to be mad keen on sth.
encopetado ADJ (*altanero*) haughty; (*presumido*) conceited; (*de buen tono*) posh (*fam*), grand.
encopetarse<1a> VR to get conceited, give o.s. airs.
encorchar<1a> VT [a] (*botella*) to cork. [b] (*abejas*) to hive.
encordado NM (*Boxeo*) ring.
encordar<1l> ① VT [a] (*Mús*) to fit strings to. [b] (*atar*) to

bind, tie (with ropes). **c** (*espacio*) to rope off. **2 encordarse** VR (*alpinistas*) to rope themselves together.

encornar‹1› VT to gore.

encorralar‹1a› VT to pen, corral.

encorsetar ‹1a› VT (*fig*) to confine, put into a straitjacket.

encorvado ADJ (*doblado*) curved, bent; (*inclinado*) stooping; (*torcido*) crooked.

encorvadura NF (*curva*) curve, curvature; (*torcedura*) bend.

encorvar ‹1a› **1** VT (*doblar*) to bend, curve; (*inclinar*) to bend down o over. **2 encorvarse** VR **a** (*inclinarse*) to stoop. **b** (*combarse*) to sag; (*torcerse*) to buckle.

encrespado ADJ curly.

encrespador NM curling tongs.

encrespar‹1a› **1** VT **a** (*pelo*) to curl; (*plumas*) to ruffle; (*agua*) to ripple; (*mar*) to make rough. **b** (*irritar*) to anger, irritate. **2 encresparse** VR (*V vt*) **a** to curl; to ripple; to get rough. **b** (*fig*) to get cross, get irritated.

encrucijada NF (*lit, fig*) crossroads; (*empalme*) intersection; **poner a algn en la ~** (*fig*) to put sb on the spot.

encuadernación NF **a** binding; **~ en cuero** o **piel/tela** leather/cloth binding; **~ en pasta** hardback (binding). **b** (*taller*) binder's.

encuadernador(a) NM/F bookbinder.

encuadernar ‹1a› VT to bind (*en* in); **libro sin ~** unbound book.

encuadrar ‹1a› VT **a** (*cuadro*) to (put in a) frame. **b** (*encajar*) to fit, insert (*en* into). **c** (*fig: comprender*) to contain.

encuadre NM (*Fot etc*) setting, background, frame; (*fig*) setting.

encubierta NF fraud.

encubierto **1** PP *de* **encubrir**. **2** ADJ (*oculto*) hidden; (*turbio*) underhand; (*secreto*) undercover; (*crítica*) veiled.

encubridor(a) **1** ADJ concealing. **2** NM/F (*de lo robado*) receiver, fence (*fam*); (*que encubre delito*) accessory (after the fact).

encubrimiento NM (*gen*) concealment; (*Jur*) complicity.

encubrir ‹3a› (*pp* encubierto) VT to hide; (*delincuente*) to harbour, harbor (*US*); (*delito*) to conceal; (*ayudar*) to be an accomplice in.

encuentro NM **a** (*gen*) meeting; **un ~ fortuito** a chance meeting; **ir** o **salir al ~ de algn** to go to meet sb. **b** (*Mil*) encounter; (: *escaramuza*) skirmish. **c** (*Dep: partido*) match; **~ cumbre** (*Boxeo*) main bout. **d** (*Aut etc*) collision, crash; (*de opiniones etc*) clash; **llevarse a algn de ~** (*Carib, Méx: fam: arruinar*) to drag sb down, ruin sb.

encuerado ADJ (*Carib, Méx: fam*) naked.

encuerar ‹1a› **1** VT (*LAm: desnudar*) **a** to strip (naked). **b** (*fig*) to skin, fleece. **2 encuerarse** VR (*LAm fam*) to strip off, get undressed.

encuesta NF **a** (*gen*) inquiry, investigation (*de* into); **~ judicial** post mortem. **b** (*sondeo*) public opinion poll; **E~ Gallup** Gallup Poll; **~ por teléfono** telephone poll.

encuestador(a) NM/F pollster.

encuestar ‹1a› VT to poll, take a poll of; **el 69 por 100 de los encuestados** 69% of those polled.

encumbrado ADJ **a** (*edificio*) towering, high. **b** (*persona*) exalted; (: *pey*) haughty.

encumbramiento NM **a** (*acto*) raising, elevation. **b** (*altura*) height, loftiness.

encumbrar‹1a› **1** VT **a** (*levantar*) to raise, elevate. **b** (*persona*) to elevate, exalt (*a* to); (*ensalzar*) to extol. **2 encumbrarse** VR **a** (*edificio*) to rise, tower. **b** (*fig*) **~ sobre** to be far superior to. **c** (*engreírse*) to be proud o haughty.

encurtido NM pickle.

encurtir‹3a› VT to pickle.

ende ADV (*frm*) **por ~** hence, therefore.

endeble ADJ (*Med*) feeble, weak; (*razón*) feeble.

endémico ADJ (*Med*) endemic; (*mal social*) rife, chronic.

endemoniado ADJ **a** (*poseído*) possessed (of the devil);

b (*travieso*) devilish, fiendish; (*perverso*) perverse.

endemoniar‹1b› **1** VT **a** (*endiablar*) to bedevil. **b** (*fam*) to provoke. **2 endemoniarse** VR (*fam*) to get angry.

endentar‹1j› VT, VI (*Mec*) to engage, mesh (*con* with).

endentecer‹2d› VI to teethe, cut one's teeth.

enderezado ADJ (*adecuado*) appropriate; (*propicio*) favourable, favorable (*US*).

enderezar‹1f› **1** VT **a** (*poner derecho*) to straighten (out o up); (*destorcer*) to unbend. **b** (*poner vertical*) to set upright, stand vertically; (*Náut*) to right. **c** (*arreglar*) to put in order. **d** (*dirigir*) to direct; **las medidas están enderezadas a** o **para corregirlo** the measures are designed to correct it. **e** (*fig*) **~ a algn** to correct sb's faults. **2 enderezarse** VR **a** to straighten up, draw o.s. up; (*Náut*) to right itself; (*Aer*) to flatten out. **b** **~ a un lugar** to set out for a place. **c** **~ a hacer algo** to take steps to do sth.

ENDESA NF ABR (*Esp*) *de* **Empresa Nacional de Electricidad, Sociedad Anónima**.

endeudamiento NM indebtedness, (extent of) debt.

endeudarse‹1a› VR to get into debt (*con* with).

endiablado ADJ **a** (*diabólico*) devilish, diabolical. **b** (*hum*) impish, mischievous. **c** (*feo*) ugly. **d** (*enfadado*) furious, angry. **e** (*carretera*) difficult, dangerous; (: *asunto*) tricky.

endibia NF endive.

endilgar‹1h› VT (*fam*) **a** (*enviar*) to send; (*encaminar*) to guide. **b** (*golpe*) to fetch. **c** **~ algo a algn** to spring sth on sb; **~ un sermón a algn** to give sb a lecture.

endiñar‹1a› VT **a** (*fam: golpe*) to fetch. **b** (*fam*) **~ algo a algn** to label sb with sth.

endiosado ADJ (*vanidoso*) stuck-up (*fam*), conceited; (*reservado*) stand-offish.

endiosarse ‹1a› VR **a** (*engreírse*) to give o.s. airs; (*ser reservado*) to be stand-offish. **b** (*engolfarse*) **~ en algo** to be(come) absorbed in sth.

enditarse‹1a› VR (*LAm*) to get into debt.

endocrina NF (*tb* glándula **~**) endocrine (gland).

endocrino/a ADJ endocrine *atr*.

endogamia NF inbreeding; **engendrado por ~** inbred.

endomingado ADJ in one's Sunday best.

endomingarse‹1h› VR to put on one's Sunday best.

endorsar‹1a› = **endosar**.

endosante NMF endorser.

endosar‹1a› VT **a** (*cheque*) to endorse, back; (*confirmar*) to confirm. **b** (*fam*) **~ algo a algn** to lumber sb with sth.

endosatario/a NM/F endorsee.

endoso NM endorsement; **sin ~** unendorsed.

endrina NF sloe.

endrino NM blackthorn, sloe.

endrogarse‹1h› VR (*And, Méx*) to get into debt.

endulzar‹1f› VT (*lit, fig*) to sweeten; (*suavizar*) to soften.

endurecer ‹2d› **1** VT **a** (*gen*) to harden, make hard; (*hacer más fuerte*) to toughen; (*barro etc*) to harden, cake. **b** (*acostumbrar*) to toughen; **~ a algn a los peligros** to inure sb to dangers. **c** (*volver insensible*) to turn cruel o hard. **2 endurecerse** VR **a** (*V vt*) to harden, get hard; to toughen; to cake, set (firm); (*Fin: precio*) to harden. **b** (*volverse insensible*) to become cruel. **c** **~ a los peligros** to inure o.s. to danger.

endurecido ADJ **a** (*V vt*) hard; tough; hardened, caked. **b** (*resistente*) hardy, tough; **~ a** used to. **c** (*cruel*) cruel, hard-hearted; (*terco*) obdurate.

endurecimiento NM **a** (*acto*) hardening; **~ de las arterias** hardening of the arteries. **b** (*dureza*) hardness, toughness. **c** (*crueldad*) cruelty, callousness.

ENE ABR *de* **estenordeste** ENE.

ene NF (name of the letter) N; **supongamos que hay ~ objetos** let us suppose there are X objects.

ene. ABR *de* **enero** Jan.

enebro NM juniper.

eneldo NM dill.

enema NF enema.

enemigo/a [1] ADJ enemy, hostile; (*poco amistoso*) unfriendly; **ser ~ de** (*persona*) to dislike, be hostile to; (*tendencia*) to be inimical to. [2] NM/F enemy; (*adversario*) foe, opponent; **pasarse al ~** to go over to the enemy.

enemistad NF enmity.

enemistar <1a> [1] VT to make enemies of, cause a rift between. [2] **enemistarse** VR to become enemies; **~ con algn** to fall out with sb, have a falling out with sb (*US*).

energético ADJ (*política*) energy atr.

energía NF [a] (*vigor*) energy, drive; (*empuje*) push, go; **reaccionar con ~** to react vigorously. [b] (*Téc*) power, energy; **~ atómica** atomic energy; **~ eólica/hidráulica/nuclear/solar** wind/water/nuclear/solar power.

enérgicamente ADV (*V adj*) energetically; vigorously; forcefully; emphatically; strenuously; boldly.

enérgico ADJ (*persona*) energetic, vigorous; (*manera*) forceful, forthright; (*gesto, habla, tono etc*) emphatic; (*esfuerzo*) determined; (*ejercicio*) strenuous; (*campaña*) vigorous, high-pressure; (*medida*) bold, drastic; (*ataque*) vigorous, strong; **ponerse ~ con algn** to get tough with sb.

energúmeno/a NM/F demon, madman/madwoman.

enero NM January; *V tb* **se(p)tiembre**.

enervante ADJ enervating.

enervar <1a> VT (*debilitar*) to enervate, weaken; (*poner nervioso a*) to get on sb's nerves.

enésimo ADJ [a] (*Mat*) nth; **elevado a la ~a potencia** raised to the nth power; (*fig*) to the nth degree. [b] (*fig*) **por ~a vez** for the umpteenth time.

enfadadizo ADJ irritable, crotchety.

enfadado ADJ annoyed, angry.

enfadar <1a> [1] VT (*gen*) to anger, irritate; (*ofender*) to offend.
[2] **enfadarse** VR to get angry o cross o annoyed (*con* with; *por, de* about, at); **de nada sirve enfadarte** it's no good getting cross; **se enfadó con su novio** she fell out with her boyfriend; **se enfada por nada** he gets angry at the slightest thing.

enfado NM [a] (*irritación*) annoyance, anger. [b] (*molestia*) trouble, bother.

enfadoso ADJ (*molesto*) annoying; (*pesado*) tedious.

enfangar <1h> [1] VT to cover with mud. [2] **enfangarse** VR [a] to get muddy o covered in mud. [b] (*fig: ensuciarse*) to dirty one's hands; **~ en el vicio** to wallow in vice.

enfardar <1a> VT to bale.

énfasis NM (*gen*) emphasis; (*insistencia*) stress; **hablar con ~** to speak emphatically; **poner el ~ en** to stress.

enfático ADJ emphatic; (*positivo*) positive; (*habla*) heavy; **dijo ~** he said emphatically.

enfatizar <1f> VT to emphasize, stress.

enfermar <1a> [1] VT (*Med*) to make ill; **su actitud me enferma** her attitude makes me sick. [2] VI, **enfermarse** VR (*esp LAm*) to fall o be taken ill (*de* with); **~ del corazón** to develop heart trouble.

enfermedad NF [a] (*indisposición*) illness, sickness; **durante esta ~** during this illness; **ausentarse por ~** to be off sick. [b] (*afección*) illness, disease; (*mal*) complaint, malady; **~ contagiosa/degenerativa/profesional/venérea** contagious/degenerative/occupational/venereal disease; **~ de la piel** skin infection; **~ del sueño** sleeping sickness; **~ transmitida por virus** viral infection; **pegar** (*fam*) o **contagiar una ~ a algn** to give sb a disease.

enfermera NF nurse; **~ ambulante** visiting nurse; **~ jefa** matron, head nurse (*US*).

enfermería NF (*hospital*) infirmary; (*Escol etc*) sick bay.

enfermero NM (*en hospital*) male nurse; (*Mil*) medical orderly.

enfermizo ADJ (*persona: enclenque*) sickly; (*mente*) morbid; (*pasión*) morbid, unhealthy.

enfermo/a [1] ADJ ill, sick, unwell; **~ de amor** lovesick; **caer** o **ponerse ~** to fall ill (*de* with); **estar ~ de gravedad/de peligro** to be seriously/dangerously ill. [2] NM/F (*gen*) sick person; (*en hospital*) patient; **~ terminal** terminal patient, terminally ill person.

enfermoso ADJ (*LAm*) = **enfermizo**.

enfervorizar <1f> VT to arouse, arouse fervour o (*US*) fervor in.

enfiestarse <1a> VR (*LAm*) to have a good time.

enfilar <1a> VT [a] (*Mil*) to rake with fire. [b] (*colocar en fila*) to line up, put in a row; (*cuentas*) to thread. [c] (*calle*) to go straight along o down.

enflaquecer <2d> [1] VT (*adelgazar*) to make thin; (*debilitar*) to weaken, sap the strength of. [2] VI, **enflaquecerse** VR [a] to get thin, lose weight. [b] (*esfuerzo*) to flag; (*desanimarse*) to lose heart.

enflaquecido ADJ thin.

enflatarse <1a> VR (*LAm: ponerse de mal humor*) to become depressed o bad tempered.

enflautar <1a> VT (*LAm fam*): **~ algo a algn** to unload sth on to sb.

enfocar <1g> [1] VT [a] (*Fot etc*) to focus (*a, sobre* on). [b] (*cuestión, problema*) to consider, look at; **no me gusta su modo de ~ la cuestión** I do not like his approach to the question. [2] VI, **enfocarse** VR to focus (*a, sobre* on).

enfollonado ADJ (*fam*) muddled, confused.

enfollonarse <1a> VR (*fam*) to get muddled, get all mixed up.

enfoque NM [a] (*Fot: acto*) focusing; (: *resultado*) focus. [b] (*aumento*) magnification; **potencia de ~** magnifying power. [c] (*óptica*) approach.

enfoscar <1g> VT to fill with mortar.

enfrascar <1g> [1] VT to bottle. [2] **enfrascarse** VR [a] **~ en un libro** to bury o.s. in a book. [b] **~ en un problema** to get deeply involved in a problem.

enfrenar <1a> VT (*caballo*) to bridle; (*Mec*) to brake.

enfrentado ADJ (*posiciones, opiniones*) conflicting, opposing.

enfrentamiento NM (*conflicto*) confrontation; (*encuentro*) (face to face) meeting o encounter.

enfrentar <1a> [1] VT [a] (*carear*) to put face to face. [b] (*problema, dificultad*) to face, confront. [c] (*enemistar*) to set against. [2] VI to face. [3] **enfrentarse** VR: **~ con** (*problema*) to face (up to), confront; (*persona*) to stand up to; (*ejército*) to meet, face; (*Dep: equipos*) to play against, meet; **hay que ~ con el peligro** one must face the danger squarely.

enfrente [1] ADV (*en el lado opuesto*) opposite; (*delante*) in front, facing; (*en contra*) in opposition; **~ mío** etc (*esp CSur: fam*) opposite me etc; **la casa de ~** the house opposite, the house across the street. [2] **~ de** PREP (*frente a*) opposite (to), facing; (*en contra de*) opposed to, against; **estar uno ~ de otro** to be against one other.

enfriamiento NM [a] (*acción*) cooling. [b] (*Med*) cold, chill.

enfriar <1c> [1] VT [a] (*poner frío: vino etc*) to cool, chill; (*lo caliente*) to cool down. [b] (*pasión*) to cool down; (*entusiasmo*) to dampen. [c] (*LAm fam: matar*) to kill, bump off (*fam*). [2] **enfriarse** VR [a] to cool (down o off); **déjelo hasta que se enfríe** leave it to cool down; **se te va a ~ el café** your coffee's going to get cold. [b] (*pasión*) to cool off. [c] (*Med*) to catch a chill, get chilled (*US*).

enfrijolarse <1a> VR (*Méx: negocio*) to get messed up, fall through.

enfundar <1a> [1] VT (*espada*) to sheathe; (*gafas, violín*) to put in its case; (*diente*) to cap; **una señora enfundada en visón** a lady swathed in mink. [2] **enfundarse** VR: **se enfundó la capa** he wrapped himself (up) in his cape.

enfurecer <2d> [1] VT to enrage, madden. [2] **enfurecerse** VR [a] (*persona*) to get furious, fly into a rage. [b] (*mar*) to get rough.

enfurruñarse <1a> VR (*fam*) [a] to get angry. [b] (*estar mohíno*) to sulk.

engaitar <1a> VT (*fam*) **~ a algn** to talk sb round.

engalanar <1a> [1] VT to adorn, deck (*de* with). [2] **engalanarse** VR to adorn o.s., dress up.

enganchar ‹1a› VT [a] (con gancho) to hook; (caballo) to harness; (carro, remolque) to hitch up; (Mec) to couple, connect; (dos vagones) to couple up.
[b] (fam: atraer: persona) to rope in; (: marido) to land; (: cautivar) to hook; **los programas que más enganchan** the programmes o (US) programs which get most people hooked.
[c] (Mil) to recruit.
[2] **engancharse** VR [a] (quedarse prendido) to get hooked up, catch (en on); (Mec) to engage (en with); **el vestido se enganchó en un clavo** the dress got caught on a nail; **~ a la droga** (fam) to get hooked on drugs (fam), become addicted to drugs; **estar enganchado** (fam) to be hooked on drugs.
[b] (Mil) to enlist, join up.
enganche NM [a] (acto) hooking (up); (de remolque) hitching. [b] (gancho) hook. [c] (Mec) coupling, connection; (Ferro) coupling. [d] (Mil) recruitment, enlistment. [e] (Méx Com: depósito) deposit, initial payment. [f] (Telec) connection charge.
engañabobos NM INV [a] (persona) trickster. [b] (trampa) trick, trap.
engañadizo ADJ gullible.
engañador(a) [1] ADJ deceiving, cheating; (cosa) deceptive. [2] NM/F (persona) impostor.
engañapichanga NF (Arg fam) swindle, hoax, fraud.
engañar ‹1a› [1] VT [a] (embaucar) to deceive, trick; (despistar) to mislead; (con promesas vanas) to delude; (estafar) to cheat, swindle; **engaña a su mujer** he's unfaithful to his wife; **a mí no me engaña nadie** you can't fool me; **no te dejes ~** don't let yourself be taken in.
[b] **necesito picar algo para ~ el hambre hasta que cenemos** I need to nibble at sth to stop me feeling hungry until we have dinner; **~ el tiempo** to kill time.
[2] VI to be deceptive; **las apariencias engañan** appearances are misleading.
[3] **engañarse** VR [a] (equivocarse) to be wrong, be mistaken; **en eso te engañas** you're wrong there.
[b] (ocultarse la verdad) to delude o.s., fool o.s.; **no te engañes** don't kid yourself.
engañifa NF (fam) trick, swindle.
engaño NM [a] (acción) deception; (trampa) trick, swindle; (ilusión) delusion; **todo es ~** it's all a sham; **llamarse a ~** to protest that one has been cheated. [b] (malentendido) mistake, misunderstanding; **padecer ~** to labour o (US) labor under a misunderstanding. [c] **~s** (astucia) wiles, tricks.
engañoso ADJ (persona) deceitful, dishonest; (apariencia) deceptive; (consejo) misleading.
engaratusar ‹1a› VT (And, CAm, Méx) = **engatusar**.
engarce NM [a] (de piedra) setting, mount. [b] (fig) linking, connection.
engarrotarse ‹1a› VR (esp LAm: miembros) to get stiff, go numb.
engarzar ‹1f› [1] VT [a] (joya) to set, mount; (cuentas) to thread. [b] (ideas) to link, connect. [2] **engarzarse** VR (CSur) to get tangled, get stuck.
engastar ‹1a› VT (joya) to set, mount.
engaste NM setting, mount.
engatusar ‹1a› VT to coax, wheedle; **no me vas a ~** you're not going to get round me; **~ a algn para que haga algo** to coax sb into doing sth.
engendrar ‹1a› VT [a] (Bio) to beget, breed. [b] (Mat) to generate. [c] (problemas, situación) to cause.
engendro NM [a] (Bio) foetus; (pey) runt. [b] (obra mal hecha) bungled job. [c] (idea) brainchild; **el proyecto es el ~ del ministro** the plan is one brainchild of the minister. [d] (fam) **¡mal ~!, ¡~ del diablo!** little monster!
engestarse ‹1a› VR (Méx fam) to scowl.
englobar ‹1a› VT [a] (comprender) to include, comprise. [b] (incluir) to lump together.
engolado ADJ (fig) haughty.
engolfarse ‹1a› VR [a] (Náut) to sail out to sea. [b] **~ en** (política) to get deeply involved in; (estudio) to bury o.s. in.
engolosinar ‹1a› [1] VT to tempt, entice. [2] **engolo-**

sinarse VR (encariñarse) to grow fond (con of).
engomado ADJ gummed.
engomar ‹1a› VT to gum, glue.
engorda NF [a] (LAm: cebadura) fattening (up). [b] (CSur: ganado) fattened animals.
engordar ‹1a› [1] VT to fatten (up). [2] VI [a] (ponerse gordo) to get fat; (aumentar de peso) to put on weight; (Agr) to fatten. [b] (comida) to be fattening. [c] (fam) to get rich.
engorde NM fattening (up).
engorrar ‹1a› VT (LAm) to annoy.
engorro NM bother, nuisance.
engorroso ADJ bothersome, trying.
engrampar ‹1a› VT (LAm) to clip together, staple.
engranaje NM (un ~) gear; (conjunto) gears pl; (dientes) gear teeth pl, cogs pl; **~ de distribución** timing gear.
engranar ‹1a› [1] VT [a] (Téc) to gear; **~ algo con algo** to engage sth with sth. [b] (ideas) to link together o up. [2] VI to interlock; (Mec) to engage (con una rueda a wheel), mesh (con with).
engrandecer ‹2d› VT [a] (aumentar) to enlarge, magnify. [b] (ensalzar) to speak highly of; (exagerar) to exaggerate.
engrandecimiento NM (V vt) [a] enlargement. [b] exaltation; exaggeration.
engrane NM mesh(ing).
engrasación NF, **engrasado** NM greasing, lubrication.
engrasador NM grease cup; **~ de compresión** o **de pistón** grease gun.
engrasamiento NM greasing, lubrication.
engrasar ‹1a› VT [a] (Mec) to grease, oil. [b] (manchar) to stain with grease. [c] (Agr) to manure. [d] (Méx Med) to contract lead poisoning.
engrase NM greasing, lubrication.
engreído ADJ (vanidoso) vain, stuck-up (fam).
engreimiento NM vanity, conceit.
engreír ‹3k› [1] VT (poner vanidoso) to make vain o conceited. [2] **engreírse** VR [a] to get conceited. [b] (LAm: encariñarse) to grow fond (a, con of).
engrifarse ‹1a› VR (fam) to get high on drugs.
engrosar ‹1l› [1] VT (ensanchar) to enlarge; (cantidad) to increase; (espesar) to thicken. [2] VI (engordar) to get fat. [3] **engrosarse** VR to increase, swell.
engrudar ‹1a› VT to paste.
engrudo NM paste.
enguantado ADJ (mano) gloved.
enguarrar ‹1a› VT (fam) to make filthy, make dirty.
enguijarrado NM cobbles pl.
engullir ‹3a, 3h› VT to gobble, gulp (down).
enharinar ‹1a› VT (Culin) to flour.
enhebrar ‹1a› VT to thread.
enhiesto ADJ [a] (derecho) erect, upright. [b] (bandera) raised; (edificio) lofty, towering.
enhorabuena [1] NF congratulations pl; **¡~!** the best of luck!; **dar la ~ a algn** to congratulate sb; **estar de ~** to be in luck, be on to a good thing. [2] ADV **¡~!** all right!; **~ que ...** thank heavens that ...
enhoramala INTERJ: **¡~!** good riddance!; **¡vete ~!** go to the devil!
enigma NM enigma; (misterio) mystery.
enigmáticamente ADV enigmatically.
enigmático ADJ enigmatic.
enjabonado [1] ADJ soapy. [2] NM soaping, lathering.
enjabonadura NF = **enjabonado 2**.
enjabonar ‹1a› VT [a] (manos, ropa) to soap, wash; (barba) to lather. [b] (fam: adular) to soft-soap; (: reprender) to give sb a dressing-down.
enjaezar ‹1f› VT to harness, saddle up.
enjalbegado NM, **enjalbegadura** NF whitewashing.
enjalbegar ‹1h› VT (pared) to whitewash; (cara) to make up.
enjambrar ‹1a› [1] VT to hive. [2] VI to swarm.
enjambre NM (lit, fig) swarm.
enjaranarse ‹1a› VR (CAm) to get into debt.
enjaretar ‹1a› VT [a] (fam: recitar) to reel off, spout. [b] (fam) **me enjaretó la tarea de ...** he lumbered me with the task of .... [c] (hacer de prisa) to rush, rush

through.

enjaular <1a> VT to (put in a) cage; (*encerrar*) to coop up (*fam*); (*encarcelar*) to jail, lock up.

enjoyar <1a> **1** VT to adorn with jewels, set with precious stones. **2** **enjoyarse** VR (*fam*) to get all dressed up in jewels.

enjuagar <1h> VT (*ropa*) to rinse (out); (*boca*) to wash out.

enjuague NM **a** (*de ropa*) rinsing; (*de boca*) washing. **b** (*fig: intriga*) scheme.

enjugar <1h> **1** VT **a** (*sudor*) to wipe (off); (*lágrimas*) to wipe away; (*platos*) to wipe (up), dry; (*líquido*) to wipe o mop up. **b** (*deuda*) to wipe out. **2** **enjugarse** VR: ~ **la frente** to wipe o mop one's brow.

enjuiciamiento NM **a** (*acción*) judgment. **b** (*Jur*) ~ **civil** lawsuit; ~ **criminal** trial.

enjuiciar <1b> VT **a** (*juzgar*) to judge, pass judgment on. **b** (*Jur: acusar*) to indict; (: *procesar*) to prosecute; (: *sentenciar*) to sentence.

enjundia NF **a** (*grasa*) animal fat. **b** (*fuerza*) strength; (*meollo*) essence.

enjundioso ADJ **a** (*grasiento*) fat. **b** (*fig*) substantial, meaty.

enjuto ADJ (*seco*) dry, dried; (*flaco*) lean, skinny.

enlace NM **a** (*relación*) connection, relationship; (*encuentro*) rendezvous. **b** (*Elec*) linkage; (*Quím*) bond; (*Ferro*) connection; (: *de vías*) crossover; (*Mil*) liaison; **estación de** ~ junction. **c** (*matrimonio: tb* ~ **matrimonial**) marriage. **d** ~ **sindical** shop steward. **e** ~ **de datos** (*Inform*) data link.

enladrillado NM brick paving.

enladrillar <1a> VT to pave with bricks.

enlatado NM canning, tinning.

enlatar <1a> VT to can, tin.

enlazar <1f> **1** VT **a** (*unir con lazos*) to bind together; (*atar*) to tie. **b** (*ideas*) to link, connect. **c** (*LAm*) to lasso. **2** VI (*Ferro*) to connect (*con* with). **3** **enlazarse** VR (*gen*) to be linked; (*ideas*) to be connected; (*novios*) to get married; (*dos familias*) to become related by marriage.

enlistar <1a> VT (*CAm, Carib, Méx*) = **alistar**.

enlodar <1a>, **enlodazar** <1f> **1** VT **a** to cover in mud. **b** (*fig*) to stain. **2** **enlodarse** VR, **enlodazarse** VR to get muddy.

enloquecedor ADJ maddening; (*dolor de cabeza*) splitting; (*dolor*) excruciating.

enloquecer <2d> **1** VT (*volver loco*) to drive mad; (*enfurecer*) to madden, drive crazy; (*gustar mucho*) to send (*fam*). **2** VI, **enloquecerse** VR to go mad, go out of one's mind.

enlosado NM flagstone pavement.

enlosar <1a> VT to pave (with flagstones).

enlozado ADJ (*LAm*) enamelled, enameled (*US*), glazed.

enlozar <1f> VT (*LAm*) to enamel, glaze.

enlucido NM plaster.

enlucir <3f> VT (*pared*) to plaster; (*metal*) to polish.

enlutado ADJ (*persona*) in o wearing mourning; (*ciudad*) stricken.

enlutar <1a> **1** VT **a** (*persona*) to put into mourning. **b** (*ciudad, país*) to plunge into mourning; (*entristecer*) to sadden, grieve. **c** (*oscurecer*) to darken. **2** **enlutarse** VR (*vestirse de luto*) to dress in mourning.

enmaderar <1a> VT (*revestir*) to timber; (*cerrar*) to board (up).

enmadrado ADJ: **está** ~ (*fam*) he's a mummy's boy, he's tied to his mother's apron strings.

enmaniguarse <1i> VR (*LAm*) to get overgrown with trees.

enmarañado ADJ **a** (*pelo*) tangled. **b** (*asunto*) messy, complicated.

enmarañar <1a> **1** VT **a** (*enredar*) to tangle (up), entangle. **b** (*complicar*) to complicate; (*confundir*) to confuse, perplex; **sólo logró** ~ **más el asunto** he only managed to

make a still worse mess of the matter.

2 **enmarañarse** VR **a** (*enredarse*) to get tangled (up), become entangled. **b** (*complicarse*) to get more involved; (*confundirse*) to get confused.

enmarcar <1g> VT **a** (*encuadrar*) to frame. **b** (*fig*) to provide the setting for.

enmascarar <1a> **1** VT **a** (*cubrir con máscara*) to mask. **b** (*intenciones*) to disguise. **2** **enmascararse** VR **a** to put on a mask. **b** (*fig*) ~ **de** to masquerade as.

enmendar <1j> **1** VT **a** (*texto*) to emend, correct; (*ley*) to amend. **b** (*moral*) to reform. **c** (*pérdida*) to make good, compensate for. **2** **enmendarse** VR (*persona*) to mend one's ways.

enmicar <1g> VT (*Méx Téc: documento*) to cover in plastic.

enmienda NF **a** (*corrección*) emendation, correction; (*Jur, Pol etc*) amendment; ~ **a la totalidad** motion for the rejection of a bill. **b** (*de comportamiento*) reform. **c** (*compensación*) compensation, indemnity.

enmohecer <2d> **1** VT **a** (*metal*) to rust. **b** (*Bot etc*) to make mouldy o (*US*) moldy. **2** **enmohecerse** VR (*V vt*) to rust, get rusty; to get mouldy.

enmohecido ADJ **a** (*metal*) rusty, rust-covered. **b** (*planta*) mouldy, moldy (*US*), mildewed.

enmonarse <1a> VR (*LAm fam*) to get tight.

enmontarse <1a> VR (*CAm, Col, Méx*) to get overgrown.

enmoquetado ADJ carpeted.

enmudecer <2d> **1** VT to silence. **2** VI (*perder el habla*) to go dumb; (*fig: por miedo, sorpresa*) to be dumbstruck **enmudecerse** VR (*callarse*) to remain silent, say nothing; (*por miedo*) to be struck dumb.

enmugrar <1a> VT (*LAm fam*), **enmugrecer** <2d> VT (*fam*), **enmugrentar** <1a> VT (*Chi fam*) to soil, dirty.

ennegrecer <2d> **1** VT (*poner negro*) to blacken; (*fig*) to darken. **2** VI, **ennegrecerse** VR (*V vt*) to turn black; to get dark, darken.

ennoblecer <2d> VT **a** (*gen*) to ennoble. **b** (*adornar*) to embellish.

en.º ABR *de* **enero** Jan.

enojada NF (*Carib, Méx*) (fit of) anger.

enojadizo ADJ (*esp LAm*) irritable, short-tempered.

enojado ADJ (*esp LAm*) angry, cross, mad (*US*); **dijo** ~ he said angrily.

enojar <1a> (*esp LAm*) **1** VT (*encolerizar*) to anger; (*molestar*) to upset, annoy. **2** **enojarse** VR to get angry, lose one's temper; (*irritarse*) to get annoyed o cross o (*US*) mad (*con, contra* with; *por* at, about).

enojo NM **a** (*esp LAm: ira*) anger; (: *irritación*) annoyance; **decir con** ~ to say angrily. **b** (*tener repentinos* ~**s** to be quick to anger, be easily upset. **c** ~**s** troubles, trials.

enojón ADJ (*Chi, Col, Méx*) = **enojadizo**.

enojoso ADJ irritating, annoying.

enología NF oenology, science of wine(-making).

enorgullecer <2d> **1** VT to fill with pride. **2** **enorgullecerse** VR to be proud (*de* of), to pride o.s. (*de* on).

enorme ADJ **a** (*gen*) enormous, huge; (*masivo*) massive. **b** (*muy malo*) monstrous.

enormemente ADV: **me gustó** ~ I enjoyed it enormously o tremendously.

enormidad NF **a** (*inmensidad*) enormousness, hugeness. **b** (*de crimen*) enormity. **c** (*acto*) wicked o monstrous thing. **d** (*fam*) **me gustó una** ~ I liked it enormously.

ENP, ENPETROL NF ABR *de* **Empresa Nacional del Petróleo.**

enquistarse <1a> VR (*Med*) to develop a cyst.

enrabiar <1b> **1** VT to enrage. **2** **enrabiarse** VR to get enraged.

enraizado ADJ (*tradición*) well established, long-standing; (*idea, prejuicio*) deep-seated, deeply rooted.

enraizar <1f> VI to take root.

enramada NF **a** (*follaje*) leafy foliage. **b** (*cobertizo*) arbour, arbor (*US*), cover made of branches.

enrarecer <2d> **1** VT **a** (*aire*) to rarefy. **b** to make scarce. **2** **enrarecerse** VR **a** (*aire*) to become rarefied, get thin. **b** (*escasear*) to become scarce.

enrarecido ADJ rarefied.

enrastrojarse<1a> VR (*Méx*) to get covered in scrub.

enredadera NF (*Bot*) climbing plant, creeper; **~ (de campo)** bindweed.

enredador(a) [1] ADJ (*niño*) naughty, mischievous; (*que causa riñas*) troublemaking. [2] NM/F (*niño*) naughty child; (*lioso*) troublemaker.

enredar <1a> [1] VT [a] (*animal*) to (catch in a) net; (*entrelazar*) to intertwine; (*pey: enmarañar*) to entangle, tangle (up).

[b] (*situación*) to confuse, complicate; (*desordenar*) to make a mess of; (: *comprometer: persona*) to involve; (*meter cizaña*) to cause trouble o sow discord among o between; (*entretener*) to delay, hold up.

[c] (*engañar: persona*) to deceive.

[2] VI (*hacer travesuras*) to play about, get into mischief; **~ con** (*juguetear*) to fiddle o tinker with.

[3] **enredarse** VR [a] (*enmarañarse*) to get entangled o tangled (up); **~ en** (*cuerda*) to catch on; (*Náut: ancla*) to foul.

[b] (*complicarse: asunto*) to get muddled o complicated; (*persona: involucrarse*) to get involved (*con, en* with); (: *amancebarse*) to have an affair; **no se enrede Ud en esto** don't you get mixed up in this.

enredista ADJ, NMF (*LAm fam*) = **enredador 1, 2**.

enredo NM [a] (*maraña*) tangle; **un ~ de pelos** a tangle of hair. [b] (*lío*) muddle, mess; (*confusión*) mix-up; (*laberinto*) maze; (*apuro*) jam; (*asunto turbio*) shady business. [c] (*amorío*) love affair. [d] (*trama: de novela etc*) plot. [e] **~s** (*fam: trastos*) odds and ends, stuff *sg.*

enredoso [1] ADJ [a] (*complicado*) complicated; (*tramposo*) tricky. [b] (*Méx*) = **enredador 1**. [2] NM/F (*Méx*) = **enredador 2**.

enrejado NM grating; (*de ventana*) lattice; (*en jardín*) trellis; (*Cos*) openwork; (*verja*) railings; (*de jaula*) bars; **~ de alambre** wire netting (fence).

enrejar <1a> VT [a] (*poner rejilla*) to put a grating on; (*cercar*) to fence. [b] (*LAm: poner el ronzal*) to put a halter on.

ENRESA, Enresa NF ABR (*Esp*) de **Empresa Nacional de Residuos Nucleares.**

enrevesado ADJ (*asunto*) difficult, complex.

enrielar <1a> VT (*poner rieles a*) to lay rails on; (*LAm fig*) to put on the right track.

enriquecer <2d> [1] VT to make rich, enrich. [2] **enriquecerse** VR to get rich; (*prosperar*) to prosper; **~ a costa ajena** to do well at other people's expense.

enriquecido ADJ (*producto*) enriched.

enriquecimiento NM enrichment.

enriscado ADJ craggy, rocky.

enristrar <1a> VT [a] to (put on a) string. [b] (*lanza*) to take up.

enrojecer <2d> [1] VT to redden, turn red; (*persona*) to make blush; (*metal*) to make red-hot. [2] VI, **enrojecerse** VR (*ruborizarse*) to blush; (*de ira*) to go red (with anger); (*hierro*) to get red-hot.

enrolar <1a> (*esp LAm*) [1] VT (*reclutar*) to enrol, enroll (*US*), sign on o up; (*Mil*) to enlist. [2] **enrolarse** VR to enrol, sign on; (*Mil*) to enlist, join up.

enrollado ADJ: **es un tío muy ~** he's right with it, that guy (*fam*); **estar ~ con algn** (*ocupado con*) to be tied up with sb; (*salir con*) to be going out with sb.

enrollar <1a> [1] VT [a] (*periódico*) to roll (up); (*hilo*) to wind (up); (*cable*) to coil.

[b] (*atraer: fam*) to turn on (*fam*); **a mí no me enrolla eso** that doesn't turn me on.

[2] **enrollarse** VR (*fam*) [a] (*al explicarse*) to go on a long time, jabber on; **cuando se enrolla no hay quien lo pare** when he gets going there's no stopping him.

[b] **~ con algn** to get involved with sb; (*como amante*) to get off with sb (*fam*); **~ bien con algn** to hit it off with sb (*fam*).

enronquecer <2d> [1] VT to make hoarse. [2] VI, **enronquecerse** VR to grow hoarse.

enroque NM (*Ajedrez*) castling.

enroscado ADJ (*V vt*) coiled; twisted.

enroscar <1g> [1] VT [a] (*arrollar*) to coil (round); (*torcer*) to

twist; (*formar espirales*) to curl (up).

[b] (*tornillo*) to screw in.

[2] **enroscarse** VR (*V vt*) to coil; to twist; to curl (up); **~ alrededor de un árbol** to twine round a tree.

enrostrar <1a> VT (*LAm*) to reproach.

enrular <1a> VT (*And, CSur*) to curl.

enrumbar <1a> VI (*And, CSur*) to set off.

ensaimada NF light, spiral-shaped pastry typical of Mallorca.

ensalada NF [a] (*Culin*) salad; **~ de patatas** potato salad. [b] (*mescolanza*) hotchpotch; (*lío*) mix-up.

ensaladera NF salad bowl.

ensaladilla NF diced vegetable salad.

ensalmar <1a> VT (*hueso*) to set; (*enfermedad*) to treat by quack remedies.

ensalmo NM spell, charm; (*Med*) quack remedy o treatment; **(como) por ~** as if by magic.

ensalzar <1f> VT (*elevar*) to exalt; (*alabar*) to praise, extol.

ensamblador NM (*carpintero*) joiner; (*ajustador*) fitter; (*Inform*) assembler.

ensambladura NF, **ensamblaje** NM (*acción*) assembly; (*unión*) joint.

ensamblar <1a> VT (*madera etc*) to join; (*montar*) to assemble.

ensanchador NM (*Téc*) stretcher.

ensanchar <1a> [1] VT (*agrandar*) to enlarge, widen; (*estirar*) to stretch; (*aumentar*) to expand; (*Cos*) to let out. [2] **ensancharse** VR [a] (*V vt*) to get wider, expand; to stretch.

[b] (*fig*) to be pleased with o.s.; **cada vez que habla de sus hijos se ensancha de orgullo** whenever she talks about her children she fills up with pride.

ensanche NM (*de ciudad*) enlargement; (*de calle*) widening, expansion; (*de elástico*) stretch(ing); (*barrio*) suburban development; (*Cos*) room to let out.

ensangrentado ADJ bloodstained.

ensangrentar <1j> VT to stain with o cover in blood.

ensañamiento NM (*cólera*) rage; (*crueldad*) cruelty.

ensañar <1a> [1] VT to enrage. [2] **ensañarse** VR: **~ con o en** to treat brutally.

ensarnarse <1a> VR (*Méx*) to get mangy.

ensartar <1a> [1] VT [a] (*cuentas*) to string; (*aguja*) to thread; (*carne*) to spit.

[b] (*ideas*) to string together; (*disculpas*) to reel off. [c] (*Chi, Méx: engañar*) to deceive.

[2] **ensartarse** VR (*And, Carib: meterse en un aprieto*) to get into a jam, fall into a trap.

ensayar <1a> [1] VT [a] (*probar*) to test, try (out). [b] (*metal*) to assay. [c] (*Mús, Teat*) to rehearse. [2] **ensayarse** VR to rehearse; **~ a hacer algo** to practise o (*US*) practice doing sth.

ensayista NMF essayist.

ensayo NM [a] (*prueba*) test, trial; (*experimento*) experiment; (*intento*) attempt; **de ~** experimental; **hacer algo a modo de ~** to do sth as an experiment; **hacer ~s** to practise, practice (*US*) (*de* on), train. [b] (*de metal*) assay. [c] (*Lit, Escol etc*) essay. [d] (*Mús, Teat*) rehearsal; **~ general** dress rehearsal.

enseguida ADV V **seguida.**

ensenada NF inlet, cove.

enseña NF ensign, standard.

enseñado ADJ trained, educated; **bien ~** (*perro*) housetrained.

enseñanza NF [a] (*educación*) education; (*acción, profesión*) teaching; (*entrenamiento*) training; **~ a distancia** distance learning; **~ general básica** education course in Spain from 6 to 14; **primera ~, ~ primaria** elementary education; **segunda ~, ~ secundaria** secondary education; **~ superior/universitaria** higher/university education; **~ de niños con dificultades de aprendizaje** remedial o special needs teaching; **~ programada** programmed o (*US*) programed learning. [b] (*doctrina*) teaching, doctrine; **la ~ de la Iglesia** the teaching of the Church.

enseñar <1a> [1] VT [a] to teach, educate; (*entrenar*) to train; **~ a algn a hacer algo** to teach sb (how) to do sth; **enseña francés** he teaches French.

b (*mostrar*) to show; (: *involuntariamente*) to show off, reveal; (*señalar*) to point out *o* to; **estás enseñando el sujetador** your bra's showing; **~ con el dedo** to point out; **nos enseñó el museo** he showed us (over) the museum.
2 VI to teach, be a teacher.
3 **enseñarse** VR (*esp LAm: acostumbrarse*) to accustom o.s. (*a* to); **no me enseño aquí** I can't settle down here.

enseres NMPL (*efectos personales*) goods and chattels; (*avíos*) equipment *sg*; **~ domésticos** household goods.

ENSIDESA, Ensidesa NF ABR (*Esp Com*) *de* **Empresa Nacional Siderúrgica, Sociedad Anónima.**

ensillar<1a> VT to saddle (up).

ensimismarse<1a> VR **a** to be(come) lost in thought.
b (*LAm*) to get conceited.

ensoberbecer <2d> **1** VT to make proud.
2 **ensoberbecerse** VR **a** (*persona*) to become proud *o* arrogant. **b** (*mar*) to get rough.

ensombrecer <2d> **1** VT **a** to darken, cast a shadow over. **b** (*fig*) to overshadow, put in the shade. **2** **ensombrecerse** VR **a** to darken, get dark. **b** (*fig*) to get gloomy.

ensoñación NF fantasy, fancy, dream.

ensoñador(a) **1** ADJ dreamy. **2** NM/F dreamer.

ensopar<1a> (*LAm*) **1** VT to soak, drench; (*galleta*) to dip, dunk. **2** **ensoparse** VR (*persona*) to get soaked.

ensordecedor ADJ deafening.

ensordecer <2d> **1** VT (*persona*) to deafen; (*ruido*) to muffle. **2** VI to go deaf.

ensortijar<1a> **1** VT **a** (*pelo*) to curl. **b** (*nariz*) to fix a ring in. **2** **ensortijarse** VR to get dirty.

ensuciar <1b> **1** VT **a** to dirty, make dirty; **el hollín ensucia todo** the soot makes everything dirty. **b** (*fig: deshonrar*) to defile. **2** **ensuciarse** VR to get dirty.

ensueño NM dream, fantasy; (*soñando despierto*) reverie; **de ~** dream-like; **una cocina de ~** a dream kitchen.
b **~s** visions, fantasies; **¡ni por ~s!** never!

entabicar<1g> VT to partition off.

entablado NM (*tablas*) boarding, planking; (*suelo*) floorboards *pl*.

entablar<1a> **1** VT **a** (*poner tablas*) to board (in *o* up).
b (*Ajedrez*) to set up.
c (*Med*) to (put in a) splint.
d (*conversación*) to strike up; (*negocio*) to enter into; (*proceso*) to file; (*reclamación*) to put in.
2 VI (*Ajedrez*) to draw.
3 **entablarse** VR (*viento*) to settle.

entablillar<1a> VT (*Med*) to (put in a) splint.

entallado ADJ (*Cos*) waisted, with a waist.

entalladura NF (*corte*) slot, groove.

entallar<1a> **1** VT (*Cos*) to cut, tailor; (*ceñir*) to bring in.
2 VI to fit (well); **un traje que entalla bien** a well-cut suit.

entallecer<2d> VI, **entallecerse** VR to shoot, sprout.

entarimado NM parquet floor.

entarimar<1a> VT to parquet.

entarugado NM block flooring.

ente NM **a** (*organización: gubernamental, oficial*) body, organization; (*compañía*) company; **el E~** (*Esp fam*) *the* Spanish state television (and radio). **b** (*Fil*) entity, being.
c (*fam: sujeto*) odd sort.

entechar<1a> VT (*LAm*) to roof.

enteco ADJ weak, sickly, frail.

Entel NF ABR *de* **Empresa Nacional de Telecomunicaciones.**

entelerido ADJ (*LAm*) skinny, weak.

entendederas NFPL (*fam*) brains; **ser corto de** *o* **tener pocas ~** to be pretty dim.

entender <2g> **1** VT **a** to understand; (*darse cuenta*) to realize; **no entiendo palabra** I don't understand a word; **no entendió ni jota** *o* **una patata** he didn't understand a word of it; **no te entiendo** I don't understand you; **no entiendo tu letra** I can't make out your writing; **~ mal** to misunderstand; **dar a ~ que** to give to understand that, imply that; **según él da a ~** according to what he says, as he implies; **hacer ~ algo a algn** to make sb

understand sth; **hacerse ~** to make o.s. understood; **logré ~ lo que me decía** I managed to grasp what he was telling me.
b (*querer decir*) to mean; **¿qué entiendes con eso?** what do you mean by that?
c (*creer*) to think, believe; **¿debo ~ que lo niegas?** am I to understand that you deny it?; **entiendo que sería mejor decírselo** I think it would be better to tell him.
2 VI **a** to understand; **¡ya entiendo!** now I get it!; **¿entiendes?** (do you) understand?; **a mi ~** in my opinion.
b **~ de** to be an expert on, know all about; **yo no entiendo de vinos** I'm no judge of wines; **ella no entiende de coches** she's hopeless with cars.
c **~ en un asunto** to be in charge of an affair.
3 **entenderse** VR **a** (*comprenderse*) to be understood; **no se entendió el mensaje** the message was not understood; **¿qué se entiende por estas palabras?** what is meant by these words?; **se entiende que ...** it is understood that ....
b (*percibir con el oído*) to make out, catch; **no se entiende nada** I can't make out a word they're saying.
c (*uno mismo*) to understand o.s.; (*tener razones*) to know what one is about; **yo me entiendo** I know what I'm up to.
d (*2 personas: llevarse bien*) to get along (well) together, understand each other; **digamos, para entendernos, que ...** let us say, so that there should be no misunderstanding, that ....
e **~ con algn** (*llevarse bien*) to get on *o* along with sb; (*euf*) to have an affair with sb; **entendérselas con algn** to have it out with sb.
f **~ con algo** to know how to deal with sth.

entendido/a **1** ADJ **a** understood; **¡~!** (*convenido*) agreed!; **bien ~ que** on the understanding that; **según tenemos ~** as far as we can gather.
b (*experto*) expert; (*perito*) skilled; (*sabio*) wise; (*enterado*) well-informed; **ser ~ en** to be well up on.
2 NM/F expert; **según el juicio de los ~s** according to the experts; **el whisk(e)y de los ~s** the connoisseur's whisky.

entendimiento NM **a** (*comprensión*) understanding.
b (*inteligencia*) mind, intellect. **c** (*juicio*) judgment.

entenebrecer <2d> **1** VT **a** (*oscurecer*) to darken, obscure. **b** (*asunto*) to cloud, obscure. **2** **entenebrecerse** VR to get dark.

entente NF entente.

enterado ADJ (*informado*) knowledgeable, well-informed; **estar ~** to be informed *o* in the know; **estar ~ de** to be aware of; **estar ~ de que** to know that; **no darse por ~** to pretend not to understand.

enteramente ADV entirely, completely.

enterar <1a> **1** VT **a** to inform (*de* about, of), tell (*de* about).
b (*LAm: dinero*) to pay; (: *cantidad*) to make up, complete.
2 **enterarse** VR (*llegar a saber*) to find out, get to know; **me enteré de tu accidente por Juan** I heard about your accident from John; **¿se entera?** do you get it?; **¡entérate!** listen!, get this!; (*fam*) **para que te enteres ...** I'd have you know ....

entereza NF **a** (*totalidad*) entirety. **b** (*integridad*) integrity; (*firmeza*) firmness; **~ de carácter** strength of character.

enteritis NF enteritis.

enterito NM (*Arg*) boilersuit.

enterizo ADJ in one piece, one-piece *atr*.

enternecedor ADJ touching.

enternecer<2d> **1** VT (*ablandar*) to soften; (*conmover*) to affect, move (to pity). **2** **enternecerse** VR to relent; (*conmoverse*) to be affected, be moved (to pity).

entero **1** ADJ **a** entire, complete; **la cantidad ~a** the whole sum; **por el mundo ~** over the whole world; **por ~** wholly, fully.
b (*Mat*) whole, integral.
c (*Bio*) entire.

d (*persona: honrado*) upright; (: *firme*) resolute.
e (*fuerte*) sound; (*tela etc*) strong.
f (*LAm fam*) identical, similar. **2** NM **a** (*Mat*) integer.
b (*Com, Fin*) point; **las acciones han subido dos ~s** the shares have gone up two points.
c (*LAm*) payment.
d (*Arg*) boilersuit.

enterrador NM gravedigger.

enterramiento NM burial, interment.

enterrar<1j> VT **a** (*gen*) to bury. **b** (*LAm: arma*) to thrust (*en into*). **c** (*olvidarse de*) to bury, forget.

entibiar<1b> **1** VT **a** (*lo caliente*) to cool. **b** (*ira*) to cool (down). **2** **entibiarse** VR **a** (*lo caliente*) to become lukewarm. **b** (*ira, amistad*) to cool off.

entidad NF **a** entity; (*Admin, Pol*) body, organization; (*Comm, Fin*) firm, company; **~ bancaria** bank; **~ comercial** company, business. **b de ~** of importance.

entierrar<1a> VT (*Chi fam: zapatos*) to (make) dirty.

entierro NM **a** (*acto*) burial, interment. **b** (*funeral*) funeral; **asistir al ~** to go to the funeral.

entintar<1a> VT (*tampón*) to ink; (*manchar*) to stain with ink.

entoldado NM awning.

entoldar <1a> **1** VT (*cubrir con toldo*) to put an awning over. **2** **entoldarse** VR (*Met*) to become overcast.

entomología NF entomology.

entomólogo/a NM/F entomologist.

entonación NF **a** (*Ling*) intonation. **b** (*fig: arrogancia*) conceit.

entonado ADJ **a** (*Mús*) in tune. **b** (*fig*) haughty, arrogant. **c** (*fig fam: en forma*) lively, in good form.

entonar<1a> **1** VT **a** (*Mús: canción*) to intone; (: *nota*) to give, set; (: *órgano*) to blow.
b (*fig: alabanzas*) to sound.
c (*Med*) to tone up.
2 VI **a** (*Mús: cantar afinadamente*) to be in tune (*con* with).
b (*colores*) to match.
3 **entonarse** VR **a** (*físicamente*) **toma, un cafecito para entonarte** here's a nice cup of coffee to pick you up.
b (*fam: animarse*) to perk up.
c (*engreírse*) to get arrogant.

entonces ADV **a** (*tiempo*) then; **desde ~** since then; **en aquel ~** at that time; **hasta ~** up till then; **las costumbres de ~** the customs of the time; **el ~ embajador de España** the then Spanish ambassador. **b** (*concesivo*) (and) so; **~, ¿qué hacemos?** so, what shall we do?; **¿~ cómo no viniste?** then why didn't you come?

entono NM **a** (*Mús*) intoning. **b** (*arrogancia*) haughtiness.

entornado ADJ (*ojos*) half-closed; (*puerta*) ajar.

entornar<1a> VT (*ojos*) to half-close; (*puerta*) to leave ajar.

entorno NM **a** setting, milieu; (*medioambiente*) environment; (*clima*) climate; (*escenario*) scene; **~ social** social setting. **b** (*Inform*) environment; **~ gráfico/de red** graphics/network environment.

entorpecer <2d> VT **a** (*entendimiento*) to dull; (*aletargar*) to make lethargic. **b** (*estorbar*) to obstruct, hinder; (*proyectos etc*) to set back; (*tráfico*) to slow down o up; (*trabajo*) to delay.

entorpecimiento NM **a** (*de entendimiento*) dullness; (*entumecimiento*) numbness. **b** (*estorbo*) obstruction; (*retraso*) delay.

entrada NF **a** (*gen*) entrance, way in (*de* to); (*puerta*) gate(way); (*medio de acceso*) access; (*de casa*) doorway; (*vestíbulo*) entrance hall; (*de cueva, túnel*) mouth; **~ lateral/principal** side/main entrance; **~ de artistas** (*Teat*) stage door; **~ de servicio** tradesman's entrance. **b** (*Mec*) inlet, intake. **c** (*acción*) entry, entrance (*en* into); (*en academia, club etc*) admission; (*derecho*) right of entry; (*Mil*) invasion; **~ en escena** (*Teat*) entrance (on stage); **~ en vigor** coming into effect; **~ a viva fuerza** forced entry; **'~ gratis'** 'admission free'; **'prohibida la ~'** 'no entry', 'keep out'; **dar ~ a** (*admitir*) to admit; (*conducir*) to lead into.

d (*Teat: billete*) ticket; **~ de abono/favor** season/complimentary ticket.
e (*público: Teat*) house, audience; (: *Dep*) gate, crowd.
f (*recaudación: Fin, Teat*) receipts *pl*, takings *pl*; (: *Dep*) gate money.
g (*principio: de año, discurso, libro*) beginning, start; **~ en materia** introduction; **de ~** right away, from the outset; **de primera ~** at first sight.
h (*Culin*) entrée.
i (*Dep*) innings.
j (*Com: en libro mayor*) entry; (*en diccionario*) headword, entry.
k (*Com: desembolso inicial: para club*) entrance o membership fee; (: *al comprar un piso, coche etc*) deposit, down payment; **'sin ~'** 'no down payment'.
l (*Fin: ingresos*) **~s** income; **~s brutas** gross receipts; **~s y salidas** income and expenditure.
m (*Inform*) input; **~ de datos** data entry, data input; **~ inmediata** immediate access.
n (*Ftbl*) tackle (*a* on).
o (*de pelo*) bald patch; **tener ~s** to have a receding hairline.

entrado **1** ADJ **~ en años** elderly; **~ en carnes** plump, overweight; **hasta muy ~a la noche** until late at night. **2** NM (*Inform*) input.

entramado NM (*Arquit*) framework.

entrambos ADJ PL (*Liter*) both.

entrampar<1a> **1** VT **a** to trap, snare; (*fig: engañar*) to snare, trick.
b (*fig: enredar*) to make a mess of.
c (*Com*) to burden with debts.
2 **entramparse** VR (*fig*) **a** to get into a mess.
b (*Com*) to get into debt.

entrante **1** ADJ **a** (*esp LAm*) next; **la semana ~** next week. **b** (*ministro, presidente*) new, incoming. **2** NM (*Geog*) inlet; (*Arquit*) recess.

entraña NF **a** **~s** (*Anat*) entrails, bowels; **arrancar las ~s a algn** (*fig*) to break sb's heart; **dar hasta las ~s** to give one's all; **echar las ~s** (*fam*) to puke (*fam*); **en las ~s de la Tierra** in the bowels of the Earth. **b** (*lo esencial: tb* **~s**) core. **c** **~s** (*sentimientos*) heart, feelings; (*temperamento*) disposition; **no tener ~s** to be heartless; **¡hijo de mis ~s!** my precious child!; **de malas ~s** malicious, evil-minded; **de buenas ~s** well-intentioned, kind-hearted.

entrañable ADJ (*amigo*) dear, close; (*amistad*) deep.

entrañar<1a> **1** VT (*contener*) to contain; (*acarrear*) to entail. **2** **entrañarse** VR to become deeply attached (*con* to).

entrar<1a> **1** VT **a** (*fam: objeto*) to bring in; (*Inform*) to access, enter; **no sabe ~ el coche en el garaje** she can't get the car into the garage.
b (*fam: abordar*) to get at, approach; (*Dep*) to tackle; **sabe ~ a la gente** he knows how to approach o tackle people.
2 VI **a** to go o come in, enter; (*Mús*) to come in; (*Teat*) to enter; **entré en** o (*LAm*) **a la casa** I went into the house; **¡entre!** come in!; **entra en el coche** get into the car; **hágalo ~** show him in; **no me dejan ~** I'm not allowed in; **~ en detalles** to go into details; **no ~ ni salir en un asunto** to play no part in a matter.
b (*encajar*) **el paquete no entra en el saco** the parcel won't go o fit into the bag; **¿entra uno más?** is there room for one more?; **este pantalón no me entra** these trousers don't fit (me).
c (*estar incluido en*) **el servicio no entra en el precio** service charge is not included in the price; **no entra en nuestros planes** that does not enter into our plans; **en un kilo entran cuatro manzanas** you get four apples to the kilo.
d (*comenzar: época, estación*) to begin; **el año/mes que entra** next year/month.
e **~ en una sociedad/profesión** to join a society/take up a profession; **entró de botones en el banco** he started as a bellboy with the bank.
f (*venir*) to come over; **me entró sed/sueño** I felt

thirsty/sleepy; **me entraron ganas de reír/irme** I felt like laughing/leaving.

g (fam: soportar) to bear; (entender) to get the hang of; **ese tío no me entra** I can't bear o stand that fellow; **no le entra el álgebra** he can't get the hang of algebra; **no le entra a la gente que ...** people can't get it into their heads that ....

h ~ **a hacer algo** to begin to do sth; **entró a formar parte del comité central** he became a member of the central committee.

entre PREP **a** (dos cosas) between; ~ **las montañas y el mar** between the mountains and the sea; ~ **la una y las dos** between one and two o'clock; ~ **clase y clase** in between lessons; ~ **azul y verde** midway between blue and green; **dudo** o **estoy** ~ **comprar éste o aquél** I'm swithering between buying this one or that one; **hablaban** ~ **sí** they were talking between themselves.

b (más de dos) among, amongst; **lo vi** ~ **los que aplaudían** I saw him among o in the midst of those who were clapping; **la cuento** ~ **mis amigas** I count her as one of my friends; ~ **otras cosas** among other things; **se abrieron paso** ~ **la multitud** they forced their way through the crowd; **esto lo solucionaremos** ~ **nosotros** we'll sort that out among ourselves; **lo dividieron** ~ **los tres** they shared it out among the three of them.

c (en total) **lo haremos** ~ **todos** we'll do it between all of us; ~ **todos había doce personas** there were twelve people in all o all told; ~ **viaje y alojamiento nos gastaremos ...** taking the travel and accommodation together we'll spend ...; ~ **una cosa y la otra,** ~ **unas cosas y otras** what with one thing and another.

d (Mat) **20** ~ **4** 20 by 4.

e (causa) ~ **que era tarde y hacía frío, decidimos no salir** what with it being late and cold we decided not to go out.

f (esp LAm fam) ~ **más estudia más aprende** the more he studies the more he learns.

entre... PREF inter....

entreabierto **1** PP de **entreabrir**. **2** ADJ half-open; (puerta etc) ajar.

entreabrir <3a> (pp **entreabierto**) VT (gen) to half-open; (puerta) to leave ajar.

entreacto NM interval, entr'acte.

entrecano ADJ (pelo) greyish, grayish (US), greying, grayish (US); (persona) going grey.

entrecejo NM: **arrugar** o **fruncir el** ~ to frown.

entrecerrar <1j> VT (esp LAm) to half-close; (: puerta) to leave ajar.

entrechocar <1g> **1** VI (dientes) to chatter. **2 entrechocarse** VR to collide, crash.

entrecomillado **1** ADJ in inverted commas, in quotes. **2** NM inverted commas, quotes.

entrecortado ADJ (respiración) laboured, labored (US), difficult; (habla) faltering, hesitant; **en voz ~a** in a faltering voice.

entrecortar <1a> VT (objeto) to cut halfway through; (interrumpir) to cut off, interrupt.

entrecot NM beefsteak.

entrecruzar <1f> **1** VT **a** (entrelazar) to interlace, interweave; (Bio) to cross, interbreed. **2 entrecruzarse** VR (Bio) to interbreed.

entredicho NM (prohibición) prohibition, ban; (Jur) injunction; **su profesionalidad está** o **ha quedado en** ~ grave doubts have been cast on his professionalism; **poner algo en** ~ to raise doubts about, call into question.

entredós NM (Cos) insertion, panel.

entrefino ADJ (tela) medium(-quality).

entrega NF **a** (de cartas, mercancías) delivery; (rendición) surrender; (de premios) presentation; **'~ a domicilio'** 'we deliver'; ~ **contra pago** o **reembolso** cash on delivery. **b** (de novela) instalment, installment (US); (de revista) number; **por ~s** in instalments. **c** (dedicación) commitment.

entregado ADJ committed, devoted; ~ **a** absorbed in; committed to.

entregar <1h> **1** VT **a** (dar) to hand, give; (ejercicios) to hand in; (poderes) to hand over; (pedido, carta) to deliver; (ceder) to surrender; **me entregó la carta hoy** he gave me the letter today; **hay que** ~ **este trabajo mañana** this work has to be handed in tomorrow; **le entregaron a la policía** they handed him over to the police.

b (Com) **a** ~ to be supplied; ~ **algo a un abogado** to refer sth to a lawyer.

2 entregarse VR **a** (Mil) to surrender, give in.

b (dedicarse) to devote o.s. (a to); (pey: a la bebida, vicio) to indulge (a in); ~ **a la desesperación** to give in to despair.

entreguerras ADJ: **el período de** ~ the inter-war period, the period between the wars (ie 1918-39).

entrelazar <1f> VT, **entrelazarse** VR to entwine, interlace.

entremedias **1** ADV (en medio) in between, halfway; (mientras tanto) in the meantime. **2** ~ **de** PREP between, among.

entremés NM (Culin) side dish; **~es** hors d'oeuvres.

entremeter <2a> VT (inserir) to insert; (poner entre) to put between.

entremeterse etc V **entrometerse** etc.

entremezclar <1a> VT, **entremezclarse** VR to intermingle.

entrenador(a) **1** NM/F trainer, coach. **2** NM: ~ **de pilotaje** flight simulator.

entrenamiento NM training, coaching.

entrenar <1a> **1** VT (Dep) to train, coach; (caballo) to exercise; **estar entrenado** to be in training, be fit. **2** VI (Chi, Ven) to train (oneself). **3 entrenarse** VR to train.

entreoír <3p> VT to half-hear.

entrepaño NM **a** (muro) (stretch of) wall. **b** (panel) door panel; (anaquel) shelf.

entrepierna NF (tb ~s) crotch, crutch.

entreplanta NF mezzanine.

entresacar <1g> VT (seleccionar) to pick out; (pelo, plantas) to thin out.

entresemana NF midweek; **de** ~ midweek atr.

entresijo NM (secreto) secret; (dificultad) difficulty; **esto tiene muchos ~s** this is very complicated; **él tiene sus ~s** he's a deep one.

entresuelo NM mezzanine, entresol.

entretanto **1** ADV meanwhile, meantime. **2** NM meantime; **en el** ~ in the meantime.

entretecho NM (Chi, Col) attic.

entretejer <2a> VT (hilos) to interweave; (entrecruzar) to entwine; (fig) to interweave.

entretela NF **a** (Cos) interlining. **b** ~**s** heartstrings.

entretención NF (LAm) entertainment.

entretener <2k> **1** VT **a** (divertir) to entertain, amuse; (distraer) to distract.

b (retrasar: decisión) to delay; (: persona) to detain, keep waiting; (ocupar) to keep occupied; **nos entretuvo en conversación** he kept us talking; ~ **a los acreedores** to keep one's creditors at bay; **pues no le entretengo más** then I won't keep you any longer.

c (hambre) to stave off; (dolor) to allay; (tiempo) to while away.

d (mantener: fuego) to maintain; (: ilusiones) to nourish.

2 entretenerse VR **a** (divertirse) to amuse o.s.; (pasar el rato) to while away the time.

b (tardar) to dally; **¡no te entretengas!** don't hang about!

entretenido ADJ (libro, obra de teatro) entertaining, amusing; (trabajo) demanding.

entretenimiento NM **a** (diversión) entertainment, amusement; (recreo) recreation; **es un** ~ **nada más** it's just an amusement. **b** (Mec etc) upkeep, maintenance.

entretiempo NM period between seasons; (primavera) spring; (otoño) autumn.

entrever <2u> VT (ver apenas) to glimpse, catch a glimpse of; (adivinar) to guess.

entreverado ADJ (mezclado) mixed; (tocino) streaky.

entreverar <1a> **1** VT (confundir) to mix up. **2 entreverarse** VR **a** to be intermingled. **b** (CSur: mezclarse *en*) to become mixed up in.

entrevero NM (*LAm*) confusion, disorder.

entrevía NF (*Ferro*) gauge; **~ angosta** narrow gauge.

entrevista NF interview; (*reunión*) meeting, conference; **celebrar una ~ con** to have an interview with; **hacer una ~ a** to interview.

entrevistar<1a> ① VT to interview. ② **entrevistarse** VR to have an interview, meet (*con* with); **el ministro se entrevistó con la reina ayer** the minister saw the queen yesterday.

entristecer <2d> ① VT to sadden, grieve. ② **entristecerse** VR to grow sad, grieve.

entrometerse<2a> VR to meddle, interfere (*en* in, with).

entrometido/a ① ADJ meddlesome, interfering. ② NM/F busybody, meddler.

entromparse<1a> VR **a** (*fam*) to get drunk, get sozzled (*fam*). **b** (*LAm fam*) to get cross, get mad (*US*).

entroncar<1g> ① VT to connect, establish a relationship between. ② VI (*tener parentesco*) to be related, be connected (*con* to, with); (*vías*) to join, connect (*con* with).

entronque NM **a** (*parentesco*) relationship, link. **b** (*LAm Ferro*) junction.

entrucharse <1a> VR (*Méx fam*) to stick one's nose into other people's affairs.

entuerto NM **a** (*injusticia*) wrong, injustice. **b** **~s** (*Med*) afterpains.

entumecer <2d> ① VT to numb. ② **entumecerse** VR **a** (*miembro*) to get numb, go to sleep. **b** (*río*) to swell; (*mar*) to surge.

entumecido ADJ numb, stiff.

enturbiar<1b> ① VT **a** (*líquido*) to muddy; (*hacer menos claro*) to make cloudy.
b (*asunto*) to confuse; (*mente, persona*) to unhinge. ② **enturbiarse** VR (*V vt*) **a** to get muddy; to become cloudy.
b to become obscured.

▼**entusiasmar** <1a> ① VT to fire with enthusiasm; **no le entusiasma mucho la idea** he's not very keen on the idea.
② **entusiasmarse** VR (*tener entusiasmo*) to get enthusiastic, get excited (*con, por* about); **se ha quedado entusiasmada con el vestido** she raved about the dress; **me entusiasma el trabajo** I love my work.

entusiasmo NM enthusiasm (*por* for); **con ~** enthusiastically.

entusiasta ① ADJ enthusiastic (*de* about), keen (*de* on). ② NMF enthusiast, fan (*fam*).

entusiástico ADJ enthusiastic.

enumeración NF enumeration.

enumerar <1a> VT (*nombrar*) to enumerate; (*contar*) to count, reckon up.

enunciación NF (*de teoría*) enunciation; (*declaración*) declaration.

enunciar<1b> VT (*teoría*) to enunciate; (*idea*) to put forward.

enuresis NF enuresis, bedwetting.

envainar<1a> VT (*arma*) to sheathe.

envalentonamiento NM (*valor*) boldness; (*pey*) Dutch courage.

envalentonar <1a> ① VT (*dar valor a*) to make bold. ② **envalentonarse** VR (*animarse*) to pluck up courage; (*jactarse*) to brag.

envanecer <2d> ① VT to make conceited. ② **envanecerse** VR to get conceited.

envanecido ADJ conceited, stuck-up (*fam*).

envanecimiento NM conceit, vanity.

envarado ADJ rigid, stiff.

envarar <1a> ① VT (*entumecer*) to stiffen, make stiff. ② **envararse** VR to be numb, become stiff.

envasar <1a> ① VT **a** (*empaquetar*) to pack, wrap; (*embotellar*) to bottle; (*poner en latas*) to can, tin. **b** (*esp LAm*) **~ un puñal en algn** to plunge a dagger into sb. ② VI (*fam*) to tipple.

envase NM **a** (*acto*) (*V vt*) packing, wrapping; bottling; canning. **b** (*recipiente*) container; (*embalaje*) package, wrapping; (*botella*) bottle; (*botella vacía*) empty; (*lata*)

can, tin; (*barril*) barrel; (*bolsa*) bag; **precio con ~** price including packing; **géneros sin ~** loose o unwrapped goods.

envasijar<1a> VT (*LAm*) = **envasar 1**.

envejecer <2d> ① VT to age, make (seem) old. ② VI, **envejecerse** VR (*volverse viejo*) to age, get o grow old; (*parecer viejo*) to look old; **en 2 años ha envejecido mucho** he's aged a lot these last two years.

envejecido ADJ old, aged; (*de aspecto*) old-looking; **está muy ~** he looks terribly old.

envenenamiento NM poisoning.

envenenar<1a> ① VT to poison; (*amargar*) to embitter. ② **envenenarse** VR **a** to poison o.s., take poison. **b** to get poisoned.

enverdecer<2r> VI to turn green.

envergadura NF **a** (*extensión*) expanse, spread; (*Náut*) breadth; (*Aer, Orn*) wingspan; (*de boxeador*) reach. **b** (*importancia*) scope; **un programa de gran ~** a wide-ranging programme.

envés NM (*de tela*) back, wrong side; (*de espada*) flat; (*Anat fam*) back.

enviado/a NM/F (*Pol*) envoy; **~ especial** (*de periódico, TV*) special correspondent.

enviar<1b> VT to send; **~ a algn a hacer algo** to send sb to do sth.

enviciar <1b> ① VT to corrupt. ② **enviciarse** VR (*corromperse*) to get corrupted; **~ con** o **en** to get addicted to.

envidar<1a> VT, VI (*Naipes*) to bid.

envidia NF envy, jealousy; **tener ~ a** to envy.

envidiable ADJ enviable.

envidiar<1b> VT to envy; (*codiciar*) to desire, covet; **~ algo a algn** to envy sb sth, begrudge sb sth; **A no tiene nada que ~ a B** A is at least as good as B, A is quite up to the standard of B.

envidioso ADJ envious, jealous; (*codicioso*) covetous.

envilecer<2d> ① VT to debase, degrade. ② **envilecerse** VR to degrade o.s., lower o.s.

envilecimiento NM degradation, debasement.

envío NM **a** (*acción: gen*) sending; (: *Com*) dispatch; (: *en barco*) shipment; **~ contra reembolso** cash on delivery; **gastos de ~** (cost of) postage and packing, postage and handling (*US*). **b** (*de mercancías*) consignment, lot; (*Náut*) shipment; (*de dinero*) remittance.

envión NM push, shove.

envite NM **a** (*apuesta*) stake. **b** (*ofrecimiento*) offer, bid. **c** (*empujón*) push, shove; **al primer ~** from the very start.

enviudar<1d> VI to become a widow(er), be widowed; **~ de su primera mujer** to lose one's first wife.

envoltijo, envoltorio NM bundle, package.

envoltura NF (*gen*) cover; (*de papel*) wrapper, wrapping; (*Bot*) envelope.

envolvente ADJ **a** (*que rodea*) surrounding; (*Mil: movimiento*) encircling, enveloping. **b** (*fig*) comprehensive.

envolver <2h> (*pp* **envuelto**) ① VT **a** (*con papel*) to wrap (up), do up; (*con ropa*) to wrap, cover; **¿quiere que se lo envuelva?** shall I wrap it (up) for you?; **envuelto en una capa** muffled up in a cloak.
b (*Mil*) to encircle, surround.
c (*implicar*) to imply, mean; (*persona*) to involve, implicate (*en* in). ② **envolverse** VR **a** (*abrigarse*) to wrap o.s. up (*en* in). **b** (*involucrarse*) to become involved (*en* in).

envuelto PP de **envolver**.

enyesado NM, **enyesadura** NF plastering.

enyesar<1a> VT **a** (*pared*) to plaster. **b** (*Med*) to put in a plaster cast, cast (*US*).

enyugar<1h> VT to yoke.

enzarzar <1f> ① VT (*fig*) to involve (in a dispute). ② **enzarzarse** VR to get involved in a dispute.

enzima NF enzyme.

EOI NF ABR (*Esp*) de **Escuela Oficial de Idiomas**.

eólico ADJ wind *atr*; **energía ~a** wind power.

EP NF ABR (*Esp*) de **Educación Primaria** education for 6- to

11-year-olds.

┌─────────────────────────────┐
│ **EP - EDUCACIÓN PRIMARIA** │
└─────────────────────────────┘

*ⓘ Following the implementation of the 1990 Spanish education reform law, **LOGSE**, primary education was renamed **Educación Primaria** and divided into two **ciclos** or stages: **primer ciclo** for 6- to 9-year olds, and **segundo ciclo** for 9- to 12-year-olds.*

epa, **épale** INTERJ (*LAm fam*) hey!, wow!
epatar <1a> VT (*fam: asombrar*) to amaze, astonish; (*deslumbrar*) to startle, dazzle.
E.P.D. ABR *de* **en paz descanse** RIP.
épica NF epic poetry.
epicentro NM epicentre, epicenter (*US*).
épico ADJ epic.
epicúreo/a ADJ, NM/F epicurean.
epidemia NF epidemic.
epidémico ADJ epidemic.
epidermis NF epidermis.
Epifanía NF Epiphany, Twelfth Night.
epígrafe NM epigraph.
epigrama NM epigram.
epilepsia NF epilepsy.
epiléptico/a ADJ, NM/F epileptic.
epílogo NM epilogue.
episcopado NM [a] (*cargo*) bishopric. [b] (*obispos*) bishops (*collectively*).
episcopal ADJ episcopal.
episódico ADJ episodic.
episodio NM (*gen*) episode, incident; (*de cuento*) episode, part.
epistemología NF epistemology.
epístola NF epistle.
epitafio NM epitaph.
epíteto NM epithet.
epítome NM summary, résumé.
época NF [a] (*gen*) age, epoch; (*temporada*) season, time; **la ~ de Carlos III** the age of Charles III; **~ dorada** golden age; **en aquella ~** at that time, in that period; **~ de celo** (*Zool*) mating o rutting season; **muebles de ~** period furniture; **coche de ~** vintage car; **anticiparse a su ~** to be ahead of one's time; **hacer ~** to be epoch-making; **todos tenemos ~s así** we all go through spells like that. [b] (*tb* **~ del año**) season o time of the year; **~ de lluvias** rainy season.
epopeya NF (*lit, fig*) epic.
equidad NF (*justicia*) equity, fairness; (*de precio*) reasonableness.
equidistante ADJ equidistant.
equilátero ADJ equilateral.
equilibrado ADJ (*persona: sensato*) level-headed; (: *ecuánime*) well-balanced; (*dieta*) balanced.
equilibrar <1a> [1] VT (*gen*) to balance; (*una cosa con otra*) to counterbalance. [2] **equilibrarse** VR (*persona*) to balance o.s. (*en* on); (*fuerzas*) to counterbalance each other.
equilibrio NM [a] (*gen*) balance; (*Fís*) equilibrium; **~ político** balance of power; **mantener el ~** to keep the balance (*entre* between); **perder el ~** to lose one's balance. [b] (*serenidad*) poise.
equilibrista NMF (*funámbulo*) tightrope walker; (*acróbata*) acrobat.
equino [1] ADJ equine, horse *atr.* [2] NM sea urchin.
equinoccio NM equinox.
equipaje NM [a] (*conjunto de cosas*) equipment; (*para deportes*) kit; (*industrial*) plant; (*de turbinas etc*) set; **~ de caza** hunting gear; **~ cinematográfico móvil** mobile film unit; **~ de música/de alta fidelidad** music/Hi-Fi system; **~ de novia** trousseau; **~ de reparaciones** repair kit; **~ rodante** (*Ferro*) rolling stock. [b] (*grupo*) team; (*turno*) shift; **~ de día** day shift; **~ médico** medical team o unit; **~ de salvamento** rescue squad o unit. [c] (*Dep*) team, side; **~ de fuera/local** away/home team.
equipal NM (*Méx*) wicker o leather chair.
equipar <1a> VT (*gen*) to equip (*con, de* with); (*Náut*) to fit out.
equiparable ADJ comparable (*con* to, with).
equiparación NF comparison.
equiparar <1a> [1] VT (*igualar*) to put on the same level; (*comparar*) to compare (*con* with). [2] **equipararse** VR: **~ con** to be on a level with.
equipo NM [a] (*conjunto de cosas*) equipment; (*para* ...)

equis NF (name of the letter) X; **pongamos que cuesta ~ dólares** let us suppose it costs X dollars.
equitación NF [a] (*acto*) riding; **escuela de ~** riding school. [b] (*arte*) horsemanship.
equitativo ADJ (*gen*) fair; (*precio*) reasonable; **trato ~** fair o square deal.
equivalencia NF equivalence.
▼**equivalente** [1] ADJ equivalent (*a* to). [2] NM equivalent.
equivaler <2p> VI: **~ a** to be equivalent to, be equal to; (*en grado, nivel*) to rank as.
equivocación NF (*error*) mistake, error; (*descuido*) oversight; (*malentendido*) misunderstanding; **por ~** by mistake; **ha sido por ~** it was a mistake.
equivocadamente ADV wrongly, mistakenly.
▼**equivocado** ADJ wrong, mistaken; (*afecto, confianza*) misplaced; **Ud está ~** you are mistaken.
▼**equivocar** <1g> [1] VT to mistake (*con* for); **~ el camino** to take the wrong road. [2] **equivocarse** VR (*no tener razón*) to be wrong, be mistaken; (*cometer un error*) to make a mistake; **~ de casa** to go to the wrong house; **~ en una elección** to choose wrongly.
equívoco [1] ADJ equivocal, ambiguous. [2] NM (*ambigüedad*) ambiguity; (*malentendido*) misunderstanding; (*Méx fam*) mistake.
era¹ V ser.
era² NF era, age; **~ atómica** atomic age; **~ cristiana** Christian era.
era³ NF (*Agr*) threshing floor; (*para flores*) bed; (*para hortalizas*) patch.
erais, **éramos** V ser.
erario NM treasury.
erección NF (*gen*) erection; (*acto de levantar*) raising; (*fundación*) establishment.
eres V ser.
ergonomía NF ergonomics *sg.*
erguido ADJ (*cuerpo*) erect, straight.
erguir <3m> [1] VT (*levantar*) to raise, lift. [2] **erguirse** VR [a] (*enderezarse*) to straighten up. [b] (*envanecerse*) to swell with pride.
erial NM uncultivated land.
erigir <3c> [1] VT [a] (*monumento*) to erect; (*edificio*) to build. [b] (*fundar*) to establish, found. [c] **~ a algn en algo** to set sb up as sth. [2] **erigirse** VR: **~ en algo** to set o.s. up as sth.
erizado ADJ [a] bristly; **~ de espinas** covered with thorns. [b] **~ de problemas** bristling with problems.
erizar <1f> [1] VT [a] **el gato erizó el pelo** the cat bristled, the cat's hair stood on end. [b] (*asunto*) to complicate, surround with difficulties. [2] **erizarse** VR (*pelo: de perro*) to bristle; **se me erizó el pelo** my hair stood on end.
erizo NM [a] (*Zool*) hedgehog; **~ de mar** o **marino** sea urchin. [b] (*Bot*) burr. [c] (*fam*) grumpy sort.
ermita NF hermitage.
ermitaño/a NM/F hermit.
erogación NF (*LAm: gasto*) expenditure.
erogar <1h> VT [a] (*propiedad*) to distribute. [b] (*LAm: pagar*) to pay, contribute.
erógeno ADJ erogenous.
erosión NF (*Geol etc*) erosion; (*Med*) graze; **causar ~ en** to erode.
erosionable ADJ subject to erosion; **un suelo fácilmente ~** a soil which is easily eroded.
erosionar <1a> VT to erode.
erosivo ADJ erosive.
erótica NF: **la ~ del poder** the thrill of power.
erótico ADJ erotic; (*versos*) love *atr.*
erotismo NM eroticism.

➤ EXPRESIONES GENERATIVAS: **equivalente** → 8.1 **equivocado** → 4 **equivocar** → 4

errabundo ADJ wandering, roving.
erradicación NF eradication.
erradicar<1g> VT to eradicate.
errado ADJ (equivocado) mistaken, wrong; (tiro) wide of the mark.
errante ADJ|a| wandering; (animal) stray. |b| (fig) errant.
errar <1k> |1| VT |a| (tiro) to miss with; (blanco) to miss; (vocación etc) to miss, mistake.
|b| (persona) to fail (in one's duty to).
|2| VI (vagar) to wander; (equivocarse) to be mistaken.
|3| **errarse** VR to err, be mistaken; ~ **es cosa humana** to err is human.
errata NF misprint, printer's error.
errático ADJ erratic.
erre NF (name of the letter) R; ~ **que** ~ stubbornly.
erróneamente ADV (V adj) mistakenly, erroneously; falsely.
erróneo ADJ (equivocado) mistaken; (falso) untrue.
error NM (gen) error, mistake; (defecto) fault; (Inform) bug; ~ **de copia** clerical error; ~ **de imprenta** o **tipográfico** misprint; ~ **judicial** miscarriage of justice; ~ **de lectura/escritura** (Inform) read/write error; ~ **de tecla** o **máquina** typing error; **por** ~ by mistake.
ERT ABR (Arg) de **Ente de Radiotelevisión**.
Ertzaintza [er'tʃaintʃa] NF Basque police force.
eructar<1a> VI to belch.
eructo NM belch.
erudición NF erudition, learning.
erudito/a |1| ADJ erudite, learned. |2| NM/F scholar; **los** ~**s en esta materia** those who are expert in this subject; ~ **a la violeta** (pey) pseudo-intellectual.
erupción NF |a| (Geol) eruption; ~ **solar** solar flare; **estar en** ~ to be erupting; **entrar en** ~ to (begin to) erupt. |b| (Med) ~ **cutánea** rash. |c| (de violencia) outbreak; (de ira) outburst.
es V ser.
E/S ABR (Inform) de **entrada/salida** I/O.
esa, ésa etc V **ese, ése**.
esbelto ADJ (delgado) slim, slender; (gracioso) graceful.
esbirro NM henchman.
esbozar<1f> VT (Arte) to sketch; (fig) to outline.
esbozo NM (Arte) sketch; (fig) outline.
escabechar<1a> VT |a| (Culin) to pickle, souse. |b| (canas) to dye. |c| (fam) to do in (fam). |d| (Univ fam) to plough (fam).
escabeche NM (liquid) pickle, brine.
escabechina NF slaughter; (fig) destruction, slaughter; **hacer una** ~ (fam) to wreak havoc; (Univ fam) to fail a pile of students.
escabel NM (foot)stool.
escabrosidad NF (V adj) roughness; unevenness; harshness; difficulty.
escabroso ADJ |a| (tierra) rough; (superficie) uneven. |b| (sonido) harsh; (problema) tough, difficult. |c| (chiste) risqué.
escabullarse <1a> VR (LAm), **escabullirse** <3a> VR to slip away o off, clear out; ~ **por** to slip through.
escacharrar (fam) |1| VT to bust (fam). |2| **escacharrarse** VR to break.
escafandra NF (buzo) diving suit.
escala NF |a| (escalera de mano) ladder; ~ **de cuerda** o **viento** (Náut) rope ladder.
|b| (Mat, Mús, fig) scale; (de colores, velocidades etc) range; ~ **de ascensos** salary-increase scale; ~ **móvil** sliding scale; ~ **salarial** o **de sueldos** salary scale; **una investigación a** ~ **nacional** a nationwide inquiry; **modelo a** ~ scale model; **el dibujo no está a** ~ the drawing is not to scale; **en gran** ~ in a big way, on a large scale; **un plan en gran** ~ a large-scale plan; **reproducir según** ~ to reproduce to scale.
|c| (parada) stopping place; (Náut) port of call; **hacer** ~ **en** to stop (off) at; (Náut) to put in at; ~ **técnica** (Aer) refuelling o (US) refueling stop.
escalación NF (Mil, Pol) escalation.
escalada NF |a| (de montaña) climb, climbing; (de pared) scaling; (de casa) break-in; (tb ~ **en rocas**) rock climb-

ing. |b| (Mil, Pol) escalation; **una** ~ **de violencia** an escalation in violence.
escalador(a) NM/F |a| (alpinista) climber, mountaineer; (tb ~ **en rocas**) rock climber. |b| (ladrón) burglar.
escalafón NM |a| (de empleados, soldados) roll. |b| (de salarios) salary o wage scale.
escalamiento NM = **escalada**.
escalar<1a> |1| VT |a| (montaña) to climb, scale.
|b| (casa) to burgle, to burglarize (US), break into.
|c| (fig) to scale, rise to.
|2| VI |a| (alpinista) to climb.
|b| (Náut) to call, put in (en at).
|c| (Mil, Pol) to escalate.
escaldado ADJ (receloso) wary, cautious.
escaldar<1a> |1| VT |a| (quemar) to scald; (metal) to make red-hot. |b| (escarmentar) to teach a lesson.
|2| **escaldarse** VR (quemarse) to scald o.s.; (bebé) to get nappy rash.
escalera NF |a| (de casa) stairs pl; (de camión) tailboard; ~ **de caracol** o **winding staircase**; ~ **doble** o **de mano** o **de tijera** steps, stepladder; ~ **de incendios** fire escape; ~ **mecánica** o **móvil** escalator; ~ **de servicio** backstairs. |b| (Naipes) run, sequence.
escalerilla NF small ladder; (Náut: en barco) gangway.
escalfar<1a> VT (huevo) to poach.
escalinata NF (flight of) steps pl; (exterior) outside staircase.
escalofriante ADJ (espeluznante) bloodcurdling; (aterrador) frightening.
escalofrío NM |a| (Med) (feverish) chill. |b| (fig) ~**s** shivers.
escalón NM |a| (peldaño) step, stair; (de escalera de mano) rung; (de cohete) stage. |b| (fig: paso) step; (al éxito) ladder; (paso) stepping stone.
escalonar <1a> VT to spread out at intervals; (tierra) to terrace; (horas de trabajo) to stagger.
escalope NM (Culin) escalope, cutlet (US); ~ **de ternera** escalope of veal.
escalpelo NM scalpel.
escama NF |a| (Bot, Zool) scale; (de jabón) flake. |b| (resentimiento) resentment; (sospecha) suspicion.
escamado ADJ (desconfiado) wary, cautious.
escamar<1a> |1| VT |a| (pez) to scale. |b| (producir recelo) to make wary; **eso me escama** that makes me suspicious.
|2| **escamarse** VR |a| to scale (off), flake off. |b| to get wary.
escamoso ADJ (pez) scaly; (sustancia) flaky.
escamoteador NM (prestidigitador) conjurer, juggler; (pey) swindler.
escamot(e)ar <1a> VT |a| (hacer desaparecer) to make vanish; (carta) to palm. |b| (fam: robar) to lift (fam). |c| (verdad: ocultar) to hide, cover up. |d| (esquivar: dificultad) to shirk.
escamoteo NM |a| (ilusionismo) conjuring; (un ~) conjuring trick. |b| (fam: robo) lifting (fam); (: un ~) swindle.
escampar<1a> |1| VT (sitio) to clear out. |2| VI |a| (cielo) to clear; (lluvia) to stop; (tiempo) to clear up. |b| (Carib, Méx: abrigarse) to shelter from the rain.
escanciar<1b> |1| VT (vino) to pour (out), serve; (copa) to drain. |2| VI to drink wine.
escandalera NF (fam) row, uproar.
escandalizar <1f> |1| VT to scandalize, shock. |2| VI to make a fuss. |3| **escandalizarse** VR to be shocked (de at, by), be scandalized (de at, by)
escandallo NM |a| (Náut) lead. |b| (Com: etiqueta) price tag; (acto) pricing.
escándalo NM |a| (gen) scandal; **¡es un** ~**!** it's outrageous o shocking!; **precios de** ~ outrageous prices; **comportamiento de** ~ scandalous behaviour o (US) behavior. |b| (alboroto) row, uproar; **armar un** ~ to make a scene. |c| (asombro) astonishment.
escandaloso ADJ (gen) scandalous, shocking; (delito) flagrant; (risa) hearty; (niño) noisy.
Escandinavia NF Scandinavia.
escandinavo/a ADJ, NM/F Scandinavian.
escaneado NM scanning.

escanear<1a> VT to scan.
escáner NM a (*aparato*) scanner. b (*imagen*) scan.
escantillón NM pattern, template.
escaño NM (*banco*) bench; (*Pol*) seat.
escapada NF a (*huida*) escape, flight; **en una ~** in a jiffy. b (*Carreras, Dep*) breakaway. c (*viaje*) quick trip; **hice una ~ a la capital** I made a quick trip to the capital. d (*pey*) escapade.
escapado ADJ, ADV at top speed, in a rush; **irse / salir / volverse ~** to rush off/out/back.
escapar<1a> 1 VT (*caballo*) to drive hard.
2 VI a to escape, run away; **~ a algn** to escape from sb; **~ de la cárcel** to escape from prison.
b (*Carreras, Dep*) to break away.
3 **escaparse** VR a (*persona*) to escape, run o get away; **~ por un pelo** to have a narrow escape.
b (*gas etc*) to leak (out), escape.
c (*noticias*) to leak out; **se le escapó ese detalle** that point went by him completely; **se me escapa su nombre** his name escapes me; **se le escapó la fecha de la reunión** he let the date of the meeting slip out.
escaparate NM a (shop) window; (*vitrina*) showcase; **mirar ~s** to go window-shopping. b (*LAm*) wardrobe.
escapatoria NF a (*huida*) flight; (*fam: escapada*) secret trip; **~ del trabajo** escape from work. b (*rendija*) loophole; (*pretexto*) excuse.
escape NM a (*huida*) escape, flight; **a ~** at full speed; **salir a ~** to rush out. b (*de gas etc*) leak(age), escape. c (*Téc*) exhaust; **gases de ~** exhaust (fumes). d (*Inform: tecla*) Esc(ape) key.
escapismo NM escapism.
escapista ADJ, NMF escapist.
escápula NF scapula, shoulder blade.
escapulario NM scapular(y).
escaquearse<1a> VR (*fam: negar la responsabilidad*) to pass the buck (*fam*).
escarabajear<1a> 1 VT (*fam: preocupar*) to bother, worry. 2 VI a (*agitarse*) to wriggle, squirm. b (*garabatear*) to scribble.
escarabajo NM a (*insecto*) beetle; **~ del Colorado** o **de la patata** Colorado beetle. b (*Téc*) flaw. c (*fam: persona*) dwarf. d **~s** (*fam: garabatos*) scribble. e (*Aut*) Beetle.
escaramujo NM (*Bot*) wild rose; (*fruto*) hip.
escaramuza NF a (*Mil*) skirmish, brush. b (*fig*) brush.
escaramuzar<1f> VI to skirmish.
escarapela NF a (*insignia*) rosette. b (*fam: riña*) brawl, shindy.
escarbadientes NM INV toothpick.
escarbador NM scraper.
escarbar<1a> 1 VT a (*tierra*) to scratch; (*fuego*) to poke; (*dientes*) to pick. b (*investigar*) to investigate; (*curiosear*) to pry into. 2 VI a to scratch. b **~ en = 1 (b)**.
escarcear<1a> VI (*CSur*) to prance.
escarceo NM a (*tb* **~s**: *de caballo*) nervous movement, prance. b (*fig*) **en mis ~s con la política** in my occasional dealings with politics; **~s amorosos** romantic flings.
escarcha NF (hoar)frost.
escarchar<1a> 1 VT (*Culin: tarta*) to ice; (: *fruta*) to crystallize. 2 VI: **escarcha** it's frosty, it's freezing.
escarda NF (*acción*) weeding; (*herramienta*) weeding hoe.
escardar<1a> VT (*lit, fig*) to weed (out).
escardillo NM weeding hoe.
escarlata 1 ADJ INV scarlet. 2 NF (*color*) scarlet; (*tela*) scarlet cloth.
escarlatina NF scarlet fever.
escarmentado ADJ wary, cautious.
escarmentar<1j> 1 VT to punish severely. 2 VI to learn one's lesson; **¡para que escarmientes!** that'll teach you!
escarmiento NM (*castigo*) punishment; (*aviso*) lesson, warning; **que esto te sirva de ~** let this be a lesson o warning to you.
escarnecer<2d> VT to scoff at, mock.
escarnio NM (*insulto*) jibe; (*burla*) ridicule.
escarola NF (*Bot*) curly endive, escarole (*US*).

escarpa NF (*cuesta*) slope; (*Geog, Mil*) scarp, escarpment.
escarpado ADJ (*pendiente*) steep, sheer; (*rocas*) craggy.
escarpia NF spike.
escasamente ADV a (*insuficientemente*) scantily, sparingly. b (*apenas*) scarcely, hardly.
escasear<1a> VI to be o get scarce.
escasez NF (*gen*) scarcity, lack; (*pobreza*) poverty; **~ de dinero** shortage of funds; **vivir con escaseces** to live in poverty.
escaso ADJ a (*comida*) scarce; (*recursos*) scanty; (*cosecha, público*) sparse; (*posibilidad*) slim; (*recompensa*) meagre, meager (*US*); (*visibilidad*) poor; **~ de dinero** short of money; **~ de recursos naturales** poor in natural resources. b **hay 2 toneladas ~as** there are barely 2 tons; **tenemos una media hora ~a** we have only half an hour; **ganar por una cabeza ~a** to win by a short head.
escatimar <1a> VT to skimp, be sparing with; **no ~ esfuerzos (para)** to spare no effort (to); **no escatimaba sus alabanzas de ...** he was unstinting in his praise of ....
escatología[1] NF (*Rel*) eschatology.
escatología[2] NF scatology.
escatológico[1] ADJ (*Rel*) eschatological.
escatológico[2] ADJ scatological.
escayola NF (*Arte*) plaster of Paris; (*Med, Constr*) plaster, cast (*US*).
escayolar <1a> VT to put in plaster, cast (*US*); **con la pierna escayolada** with his leg in plaster.
escena NF a (*gen*) scene; **una ~ conmovedora** a touching scene; **~ retrospectiva** (*Cine*) flashback; **montar una ~** to make a scene. b (*escenario*) stage; **entrar en ~** to enter, come on; **poner en ~** to stage, put on.
escenario NM a (*Teat*) stage; **en el ~** on (the) stage. b (*Cine*) setting. c (*fig*) scene; **el ~ del crimen** the scene of the crime; **el ~ político** the political scene.
escénico ADJ scenic.
escenificación NF (*V vt*) staging; dramatization.
escenificar <1g> VT a (*comedia*) to stage; (*novela etc*) to dramatize, make a stage version of; (*suceso histórico*) to re-enact, reproduce.
escenografía NF scenography, stage design.
escenógrafo / a NM/F stage designer.
escepticismo NM scepticism, skepticism (*US*).
escéptico / a 1 ADJ sceptical, skeptical (*US*). 2 NM/F sceptic, skeptic (*US*).
escindir <3a> 1 VT to split; **el partido está escindido** the party is split. 2 **escindirse** VR to split (*en* into); (*facción*) to split off.
escisión NF a (*Med*) excision; **~ nuclear** nuclear fission. b (*fig*) split, division; **la ~ del partido** the split in the party.
esclarecedor ADJ (*explicación*) illuminating.
esclarecer <2d> VT (*dilucidar*) to explain, shed light on; (*explicar*) to enlighten; (*crimen*) to clear up.
esclarecido ADJ illustrious, distinguished.
esclarecimiento NM (*explicación*) explanation; (*información*) enlightenment.
esclava[1] NF (*pulsera*) bangle.
esclavatura NF (*LAm Hist: esclavos*) slaves.
esclavina NF short cloak, cape.
esclavitud NF (*lit, fig*) slavery.
esclavizar<1f> VT to enslave.
esclavo / a[2] NM/F slave; **ser ~ del tabaco** (*fig*) to be a slave to tobacco.
esclerosis NF a sclerosis; **~ múltiple** multiple sclerosis. b (*fig*) fossilization, stagnation.
esclusa NF (*de canal*) lock; (*compuerta*) floodgate; **~ de aire** airlock.
escoba NF a broom; **pasar la ~** to sweep up. b (*Bot*) broom.
escobar<1a> VT to sweep (out).
escobazo NM (*golpe*) blow with a broom.
escobilla NF a (*escoba*) small broom; (*esp LAm: cepillo*) brush. b (*Aut, Elec*) dynamo brush.
escobillón NM (*Mec, Med*) swab.
escobón NM long-handled broom.

escocer <2b, 2h> **1** VT (*irritar*) to annoy, upset. **2** VI (*picar*) to smart, sting; **me escuece el labio/la herida** my lip/cut is nipping. **3** **escocerse** VR to chafe, get sore.

escocés/esa **1** ADJ (*persona*) Scottish; (*whisky*) Scotch; **falda ~a** kilt; **tela ~a** tartan, plaid. **2** NM/F Scot, Scotsman/Scotswoman; (*Ling*) Scots; **los ~es** the Scots.

Escocia NF Scotland.

escocido ADJ: **el niño está ~** *o* **tiene el culito ~** the baby has nappy rash.

escofina NF rasp, file.

escoger <2c> VT, VI to choose, select; (*Pol*) to elect; **hay que ~ entre los dos** you must choose between the two; **puestos a ~, ellos ...** faced with the choice, they ....

escogido ADJ (*mercancías*) choice, select; (*obras*) selected.

escolar **1** ADJ (*éxitos*) scholastic; (*edad, vacaciones*) school *atr*; **año ~** school year. **2** NM/F schoolboy/ schoolgirl, pupil.

escolaridad NF schooling; **~ obligatoria** compulsory schooling; **el porcentaje de ~ es elevado** the proportion of those in school is high.

escolarización NF schooling, education.

escolarizar <1f> VT to provide with schooling; **niños sin ~** children not in school, children receiving no schooling.

escolástica NF scholasticism.

escolástico ADJ scholastic.

escoleta NF (*Méx: banda*) amateur band.

escollera NF breakwater, jetty.

escollo NM **a** (*arrecife*) reef, rock. **b** (*fig: obstáculo*) pitfall, stumbling block.

escolopendra NF (*Zool*) centipede.

escolta NF escort; **dar ~ a** to escort, accompany.

escoltar <1a> VT (*gen*) to escort; (*proteger*) to guard; (*Náut*) to escort, convoy.

escombrera NF (*vertedero*) dump; (*Min*) slag heap.

escombros NMPL (*basura*) rubbish *sg*; (*restos: de edificio etc*) debris *sg*, rubble *sg*; (*Min*) slag *sg*.

esconder <2a> **1** VT to hide (*de* from), conceal (*de* from). **2** **esconderse** VR to hide (o.s.), conceal o.s.; (*estar escondido*) to be hidden, lurk.

escondidas NFPL (*LAm*) hide-and-seek; **a ~** secretly, by stealth; **hacer algo a ~ de algn** to do sth behind sb's back.

escondite NM **a** (*escondrijo*) hiding place. **b** (*juego*) hide-and-seek; **jugar al ~ con** (*fig*) to play hide-and-seek with.

escondrijo NM (*escondite*) hiding place, hideout; (*rincón*) nook.

escoñar <1a> (*fam*) **1** VT to smash up, break, shatter. **2** **escoñarse** VR **a** (*persona*) to hurt o.s.; **estoy escoñado** I'm knackered (*fam*). **b** (*Mec*) to break, get broken.

escopeta NF shotgun; **~ de aire comprimido** airgun; **~ de dos cañones** *o* **de tiro doble** double-barrelled *o* (*US*) -barreled gun; **~ de cañones recortados** sawn-off shotgun.

escopetazo NM **a** (*disparo*) gunshot; (*herida*) gunshot wound. **b** (*noticia*) blow, bombshell.

escopet(e)ado ADJ: **salir ~** to be off like a shot.

escoplo NM chisel.

escora NF (*Náut*) **a** (*línea*) level *o* load line. **b** (*apoyo*) prop, shore. **c** (*inclinación*) list; **con una ~ de 30 grados** with a thirty-degree list.

escorar <1a> VI (*Náut*) to list; **~ a babor** to list to port.

escorbuto NM scurvy.

escoria NF **a** (*de alto horno*) slag, dross. **b** (*fig*) scum, dregs *pl*; **la ~ de la humanidad** the scum of humanity.

Escorpio NM Scorpio.

escorpión NM scorpion; **E~** (*Astron*) Scorpio.

escorzo NM foreshortening.

escotado ADJ (*vestido*) low-cut.

escotar <1a> **1** VT (*vestido*) to cut low in front; (*cuello*) to cut low. **2** VI (*pagar su parte*) to pay one's share, chip in.

escote NM **a** (*de vestido*) low neck(line). **b** share; **ir** *o* **pagar a ~** to share the expenses, go fifty-fifty; (*pareja*) to

go Dutch.

escotilla NF (*Náut*) hatchway.

escotillón NM trap door.

escozor NM (*dolor*) sting(ing); (*sentimiento*) grief, heartache.

escribanía NF **a** (*mueble*) writing desk. **b** (*Jur: cargo*) clerkship; (*: despacho*) clerk's office.

escribano NM **a** (*secretario judicial*) court clerk, lawyer's clerk; (*notario*) notary. **b** (*Orn*) bunting.

escribiente NM clerk.

escribir <3a> (*pp* **escrito**) **1** VT, VI **a** to write; (*cheque*) to write *o* make out; (*música*) to compose; **~ a mano** to write in longhand; **~ a máquina** to type.
b (*ortografía*) to spell; **'voy' se escribe con 'v'** 'voy' is spelled with a 'v'; **¿cómo se escribe eso?** how is that spelled?, how do you spell that? **2** **escribirse** VR **a** (*cartearse*) to write to each other, correspond. **b** **~ con** to correspond with, write to.

escrito **1** PP *de* **escribir**. **2** ADJ written, in writing; (*examen*) written; **lo arriba ~** what has been said above. **3** NM **a** (*gen*) writing; (*documento*) document; (*Jur*) brief; **~s** (*Lit*) writings, works; **por ~** in writing; **poner por ~** to write down.

escritor(a) NM/F writer; **~ de material publicitario** copywriter.

escritorio NM (*mueble*) desk, bureau; (*despacho*) office.

escritura NF **a** (*gen*) writing; (*de individuo*) (hand)writing; **tiene malísima ~** her writing is terrible; **~ corrida** *o* **normal** longhand; **~ fonética** phonetic script; **~ a máquina** typing. **b** **Sagrada E~** (Holy) Scripture. **c** (*Jur*) deed, document; **~ de propiedad** title deed.

escriturar <1a> VT (*Jur: documentos*) to formalize legally.

escroto NM scrotum.

escruchante NMF (*Arg fam*) = **escrushante**.

escrúpulo NM **a** scruple; **falta de ~s** unscrupulousness; **sin ~** unscrupulous; **no tuvo ~s en hacerlo** he had no qualms about doing it. **b** (*con la comida etc*) fussiness, pernicketiness; **me da ~ beber de ahí** I'm wary about drinking from there.

escrupulosamente ADV scrupulously.

escrupulosidad NF scrupulousness.

escrupuloso ADJ **a** (*gen*) scrupulous; (*minucioso*) particular, precise. **b** (*con la comida etc*) fussy, pernickety.

escrushante NMF (*Arg fam*) burglar, housebreaker.

escrutador(a) **1** ADJ (*mirada*) searching, penetrating. **2** NM/F (*Pol: de votos*) returning officer, scrutineer.

escrutar <1a> VT **a** (*examinar*) to scrutinize, examine. **b** (*votos*) to count.

escrutinio NM **a** (*examen atento*) scrutiny, examination. **b** (*Pol: de votos*) count, counting.

escuadra NF **a** (*instrumento*) square; **~ de delineante** set square; **a ~** square, at right angles; **fuera de ~** out of true. **b** (*Mil*) squad; (*Náut*) squadron; (*de coches*) fleet.

escuadrar <1a> VT (*Téc*) to square.

escuadrilla NF (*Aer*) wing, squadron.

escuadrón NM (*Mil, Aer*) squadron.

escuálido ADJ (*muy delgado*) skinny, scraggy.

escucha **1** NF (*acción*) listening; (*Rad*) monitoring; **~s telefónicas** telephone tapping; **estar a la ~** to listen in; **estar de ~** to spy, eavesdrop. **2** NM (*Mil*) scout. **3** NM/F (*Rad*) monitor.

escuchar <1a> **1** VT to listen to; (*esp LAm*) oír) to hear; (*consejo*) to heed, pay attention to; **se escucha muy mal** it's a very bad line *o* (*US*) connection. **2** VI to listen.

escuchimizado ADJ: **estar ~** (*fam*) to be (all) skin and bones; **es un chico ~** he's a skinny boy.

escudar <1a> **1** VT (*lit, fig*) to shield. **2** **escudarse** VR to shield o.s.

escudería NF motor-racing team.

escudero NM squire.

escudilla NF bowl, basin.

escudo NM **a** (*lit, fig*) shield; **~ de armas** coat of arms. **b** (*moneda*) escudo.

escudriñar <1a> VT (*investigar*) to inquire into, investigate; (*examinar*) to scrutinize.

escuela NF ⓐ (*gen*) school; ~ **de Bellas Artes** Art School; ~ **de comercio** business school, school of business studies; ~ **de enfermería** nursing college; ~ **normal** teacher training college; ~ **de párvulos** infant school, kindergarten; ~ **primaria** o **de primera enseñanza** primary school; ~ **pública** state school; ~ **universitaria** college; **ir a la** ~ to go to school. ⓑ (*del pensamiento, pintura*) school; **gente de la vieja** ~ people of the old school. ⓒ (*formación*) training; **le falta** ~ he needs experience. ⓓ **la** ~ **de la vida** the university of life.

escuelante NMF (*Col, Méx, Ven: alumno*) pupil.

escuerzo NM toad.

escuetamente ADV plainly, baldly.

escueto ADJ (*verdad*) plain, bald; (*estilo*) simple; (*explicación, presentación*) concise.

escuincle/a, escuintle/a NM/F (*Méx fam*) child, kid.

esculcar <1g> VT (*Méx*) to search.

esculpir <3a> VT (*piedra*) to sculpt; (*madera*) to carve.

escultor(a) NM/F sculptor/sculptress.

escultórico ADJ sculptural.

escultura NF sculpture, carving; ~ **en madera** wood carving.

escultural ADJ sculptural; (*mujer*) statuesque, shapely.

escupidera NF ⓐ (*para escupir*) spittoon. ⓑ (*And, CSur: orinal*) chamberpot.

escupir <3a> ① VT ⓐ (*sangre*) to spit; (*llamas*) to belch out.
ⓑ (*fig: palabra*) to spit, spit out.
ⓒ (*fam: confesar*) to cough (*fam*), sing (*fam*).
② VI to spit (*a algn* at sb); ~ **a la cara de algn** to spit in sb's face.

escupitajo NM (*fam*) spit.

escurreplatos NM INV dish rack.

escurridera NF draining board, drainboard (*US*).

escurridero NM draining board, drainboard (*US*).

escurridizo ADJ (*carácter, superficie*) slippery; (*idea*) elusive.

escurridor NM (*de platos*) dish rack; (*colador*) colander.

escurrir <3a> ① VT (*ropa*) to wring (out); (*platos, líquido, botella*) to drain; (*verduras*) to strain.
② VI (*líquido*) to drip.
③ **escurrirse** VR ⓐ (*líquido*) to drip; (*objeto*) to slip, slide; **se me escurrió de entre las manos** it slipped out of my hands.
ⓑ (*platos*) to drain.
ⓒ (*observación*) to slip out; (*persona: esfumarse*) to slip away, sneak off.

escúter NM (*motor*) scooter.

esdrújulo ADJ having dactylic stress, accented on the antepenult.

ESE ABR *de* **estesudeste** ESE.

ese¹ NF ⓐ (name of the letter) S; **en forma de** ~ S-shaped. ⓑ **hacer ~s** (*carretera*) to zigzag, twist and turn; (*borracho*) to reel about.

ese²/a ADJ DEM that; **esos/as** those; ~**a casa** that house; **esos dibujos** those drawings.

ése/a PRON DEM ⓐ that one; **ésos/as** those (ones); (*los anteriores*) the former; **prefiero ésos** I prefer those (ones); ~ **es el mío** that one is mine; **ésos que te compré yo** the ones I bought you. ⓑ **... y cosas de ~as ...** and suchlike; **ni por ~as** (*de ningún modo*) on no account; (*aun así*) even so; **¡no me vengas con ~as!** don't give me any more of that nonsense.

esencia NF (*gen*) essence; (*de asunto*) heart; **en** ~ essentially, in essence.

▼**esencial** ① ADJ (*imprescindible*) essential; (*principal*) chief, main; **lo** ~ the main thing. ② NM essential.

esfera NF ⓐ (*Geog, Mat*) sphere; ~ **terrestre** globe; **en forma de** ~ spherical. ⓑ (*instrumento*) dial; (*de reloj*) face. ⓒ (*campo*) sphere, field; ~ **de acción** scope, range; ~ **de actividad** sphere of activity.

esférico ADJ spherical.

esfinge NF (*lit, fig*) sphinx; **ser como una** ~ to be expressionless.

esfínter NM sphincter.

esforzado ADJ (*enérgico*) vigorous, energetic; (*fuerte*) strong, tough; (*emprendedor*) enterprising; (*valiente*) brave; (*trabajador*) hardworking.

esforzar <1f, 1l> ① VT (*voz, vista*) to strain. ② **esforzarse** VR to exert o.s., make an effort; **hay que ~ más** you must try harder; ~ **en** o **por lograr algo** to struggle o strive to achieve sth.

esfuerzo NM ⓐ (*gen*) effort; (*vigor*) spirit, vigour, vigor (*US*); **sin** ~ effortlessly, without strain; **hacer un** ~ to make an effort. ⓑ (*Mec*) stress.

esfumar <1a> ① VT (*Arte*) to tone down, soften. ② **esfumarse** VR (*apoyo, esperanzas*) to fade away, melt away; (*persona*) to vanish, make o.s. scarce; **¡esfúmate!** (*fam*) get lost! (*fam*).

esgrima NF (*Dep*) fencing; (*arte*) swordsmanship.

esgrimidor(a) NM/F (*Dep*) fencer.

esgrimir <3a> ① VT (*espada*) to wield; (*argumento*) to use. ② VI to fence.

esguince NM ⓐ swerve, dodge. ⓑ (*Med*) sprain.

eskay NM imitation leather.

eslabón NM (*lit, fig*) link; (*para afilar*) steel; ~ **perdido** (*Bio, fig*) missing link.

eslabonar <1a> VT (*lit*) to link (together, up); (*fig*) to interlink, connect.

eslálom, eslalon NM = **slalom**.

eslavo/a ① ADJ Slav, Slavonic. ② NM/F Slav. ③ NM (*Ling*) Slavonic.

eslip NM (*pl* ~**s**) = **slip**.

eslogan NM (*pl* ~**s**) = **slogan**.

eslora NF (*Náut*) length.

Eslovaquia NF Slovakia.

Eslovenia NF Slovenia.

esloveno/a ADJ, NM/F Slovene, Slovenian.

esmaltar <1a> VT ⓐ (*gen*) to enamel; (*uñas*) to varnish, paint. ⓑ (*fig*) to adorn (*con, de* with).

esmalte NM ⓐ (*Anat, Téc*) enamel; (*objeto*) enamelwork; ~ **de uñas** nail varnish o polish. ⓑ (*fig*) lustre, luster (*US*).

esmeradamente ADV carefully, neatly.

esmerado ADJ (*trabajo*) careful, neat; (*persona*) careful, painstaking.

esmeralda NF emerald.

esmerar <1a> ① VT to polish. ② **esmerarse** VR (*aplicarse*) to take great pains (*en* over); (*hacer lo mejor*) to do one's best; ~ **en hacer algo** to take great pains to do sth.

esmeril NM emery.

esmerilar <1a> VT to polish with emery.

esmero NM (*cuidado*) care, carefulness; (*aseo*) neatness; **poner** ~ **en** to take great care over.

esmirriado ADJ puny.

esmoquin NM dinner jacket, tuxedo (*US*).

esnifar <1a> VT (*fam: colas etc*) to sniff; (: *cocaína*) to snort.

esnob ① ADJ INV (*persona*) snobbish; (*coche, restaurante etc*) posh (*fam*), de luxe, swish (*fam*). ② NMF (*pl* ~**s** [ez'noβ]) snob.

esnobismo NM snobbery, snobbishness.

ESO NF ABR *de* **Enseñanza Secundaria obligatoria** *compulsory secondary education for 12- to 16-year-olds.*

┌─── *ESO* ───────────────────

ⓘ *As a consequence of the 1990 education reform law,* **LOGSE**, *secondary education in Spain is now divided into two stages. The first stage,* **ESO**, *or* **Educación Secundaria Obligatoria**, *is for 12- to 16-year-olds. It is free and compulsory and includes both vocational and academic subjects. Students are awarded the* **Título de Graduado en Educación Secundaria** *on successful completion at age 16 and can leave school at this point. If they choose to continue their education they go on to the second stage, which consists of either the academically orientated* **Bachillerato** *or the vocational* **Formación Profesional Específica**.

eso PRON DEM that; ~ **no me gusta** I don't like that; **¿qué es** ~? what's that?; ~ **de su coche** that business about his car; **¿es verdad ~ que me han contado?** is it true what I've been told?; **¿qué es ~ de que ...?** what's all this about ...?; **¡~!** that's right!; **~ es** that's it, that's right; **~ sí** yes, of course; **el coche es viejo, ~ sí** the car is certainly old; **~ digo yo** I quite agree; (*respondiendo a pregunta*) that's what I'd like to know; **¡~ no!, ¡~ sí que no!** no way!; **~ creo/espero** I think/hope so; **a ~ de las 2** at about 2 o'clock, round about 2; **en ~** thereupon, at that point; **nada de ~** nothing of the kind, far from it; **¡nada de ~!** not a bit of it!; **¿no es ~?** isn't that so?; **por ~** therefore, and so; **por ~ no vine** that's why I didn't come; **no es por ~** that's not the reason; **¿y ~?** why?, how so? (*fam*); **y ~ que llovía** in spite of the fact it was raining.

esófago NM oesophagus, esophagus (*US*), gullet.

esotérico ADJ esoteric.

esoterismo NM (*culto*) cult of the esoteric; (*como género*) esoterics; (*carácter*) esoteric nature.

esp. ABR *de* **español**.

espabilar<1a> VT, **espabilarse** VR = **despabilar**.

espachurrar<1a> [1] VT to squash, flatten. [2] **espachurrarse** VR to get squashed o flattened.

espaciado NM (*Inform*) spacing.

espaciador NM space bar.

espacial ADJ INV [a] (*Mat etc*) spatial. [b] space; (*atr*) **viajes ~es** space travel.

espaciar<1b> VT (*gen*) to space (out); (*noticia*) to spread; (*pagos*) to spread out, stagger.

espacio NM [a] (*gen*) space; **~ aéreo** air space; **~ libre** room, clear space; **~ de maniobra** room for manoeuvre o (*US*) maneuver; **~ muerto** clearance; **en el ~ de una hora** in the space of one hour; **por ~ de** during, for; **ocupar mucho ~** to take up a lot of room. [b] (*Aer, Geog*) space; **~ exterior** outer space. [c] (*Tip*) space, spacing; **a un ~** single-spaced; **a dos ~s, a doble ~** double-spaced. [d] (*Mús*) interval; (*Rad, TV*) programme, program (*US*); (: *en la programación*) slot; **~ informativo** newscast; **~ publicitario** advertising spot, commercial.

espacioso ADJ [a] (*cuarto, casa*) spacious, roomy. [b] (*movimiento*) slow, deliberate.

espada [1] NF [a] sword; **estar entre la ~ y la pared** to be between the devil and the deep blue sea. [b] **~s** (*Naipes*) ≈ spades. [2] NM swordsman; (*Taur*) matador.

espadachín NM (*esgrimidor*) skilled swordsman; (*pey*) bully, thug.

espadaña NF bulrush.

espadín NM dress o ceremonial sword.

espagueti(s) NMPL spaghetti *sg*.

espalda NF [a] back; (*hombros*) shoulder(s); **a ~s de algn** behind sb's back; **de ~s a** with one's back to; **de ~s a la marcha** facing backwards, with one's back to the engine; **por la ~** from behind; **atar las manos a la ~** to tie sb's hands behind his back; **caer de ~s** to fall on one's back; **cubrirse las ~s** (*fig*) to cover o.s. o one's own back; **dar la ~ a** to turn one's back on, face away from; **echar algo sobre las ~s** to take sth on, take charge of sth; **estar con** o **tener las ~s cubiertas** to make sure, be on the safe side; **estar de ~s** to have one's back turned; **volver la ~ a** to turn away; (*pey*) to turn tail; **volver la ~ a algn** to cold-shoulder sb; **volverse de ~s** to turn one's back.
[b] (*Dep*) backstroke.

espaldar NM [a] (*de silla*) back. [b] (*para plantas*) trellis, espalier.

espaldarazo NM (*apoyo*) backing.

espaldera NF [a] trellis, espalier. [b] (*Dep*) **~s** wall bars.

espaldilla NF shoulder blade.

espantada NF (*huida: de animal*) stampede; (*de gente*) stampede, mayhem.

espantadizo ADJ shy, easily scared (off).

espantajo NM (*espantapájaros*) scarecrow; (*persona*) sight, fright.

espantapájaros NM INV scarecrow.

espantar <1a> [1] VT to frighten, scare; (*ahuyentar*) to frighten off; (*horrorizar*) to appal. [2] **espantarse** VR (*asustarse*) to get frightened, get scared (*de* at, of);

(*horrorizarse*) to be appalled (*de* at).

espanto NM [a] (*susto*) fright; (*asombro*) astonishment. [b] (*amenaza*) threat, menace. [c] (*LAm: fantasma*) ghost. [d] (*fam*) **¡qué ~!** how awful!, goodness!; **hace un frío de ~** it's terribly cold.

espantoso ADJ (*aterrador*) frightening, terrifying; (*malo*) appalling; (*ruido*) dreadful.

España NF Spain; **la ~ de pandereta** touristy Spain.

español(a) [1] ADJ Spanish. [2] NM/F Spaniard; **los ~ es** the Spaniards, the Spanish. [3] NM (*Ling*) Spanish.

españolada NF (*pey*) typically Spanish product o feature *etc*.

españolismo NM (*amor a lo español*) love of Spain; (*carácter español*) Spanishness; (*Ling*) Hispanicism.

españolista [1] ADJ centralist, unionist (*as opposed to regionalist*). [2] NMF pro-centralist.

españolizar <1f> [1] VT to make Spanish, Hispanicize. [2] **españolizarse** VR to adopt Spanish ways; **se españolizó por completo** he became completely Spanish.

esparadrapo NM sticking plaster, bandaid (*US*).

esparcido ADJ [a] (*desparramado*) scattered; (*extendido*) widespread. [b] (*fig: alegre*) cheerful.

esparcimiento NM [a] (*dispersión*) spreading. [b] (*descanso*) relaxation; (*recreo*) amusement.

esparcir <3b> [1] VT [a] (*desparramar*) to spread, scatter; (*divulgar*) to disseminate.
[b] (*distraer*) to amuse, divert. [2] **esparcirse** VR [a] (*desparramarse*) to spread (out), scatter.
[b] (*descansar*) to relax; (*divertirse*) to amuse o.s.

espárrago NM asparagus; **~ triguero** wild asparagus; **estar hecho un ~** to be as thin as a rake; **¡vete a freír ~s!** (*fam*) away you go!

espartano/a ADJ (*fig*) spartan.

espartillo NM (*LAm*) esparto (grass).

esparto NM esparto (grass); **estar como el ~** to be all dried up.

espasmo NM spasm.

espasmódico ADJ spasmodic.

espástico/a ADJ, NM/F spastic.

espatarrarse<1a> VR (*fam*) to sprawl.

espátula NF (*Med*) spatula; (*Arte*) palette knife; (*Culin*) fish slice; (*Constr*) putty knife.

especia NF spice.

especial ADJ [a] special, especial; **en ~** especially, particularly; **un material ~ para ...** material suitable for .... [b] (*pey: persona*) particular, fussy (*en* about).

especialidad NF (*gen, Culin*) speciality, specialty (*US*); (*Univ: ramo*) specialism, special field; **no es de mi ~** it's not in my line.

especialista NMF [a] (*gen*) specialist. [b] (*Cine etc*) stuntman/stuntwoman.

especialización NF specialization.

especializado ADJ specialized; (*obrero*) skilled, trained; **mano de obra ~a** skilled labour o (*US*) labor.

especializarse<1f> VR to specialize (*en* in).

especialmente ADV (e)specially, particularly.

especie NF [a] (*Bio*) species; **~ amenazada** o **en peligro** endangered species. [b] (*clase*) kind, sort; **una ~ de ...** a sort of .... [c] (*asunto*) matter; (*noticia*) piece of news; (*rumor*) rumour, rumor (*US*), piece of gossip. [d] **en ~** in kind; **pagar en ~** to pay in kind.

especiero NM spice rack.

especificación NF specification.

específicamente ADV specifically.

especificar<1g> VT to specify.

específico [1] ADJ specific. [2] NM (*Med*) specific; (*medicina fabricada*) patent medicine.

espécimen NM (*pl* **especímenes**) specimen.

espectacular ADJ spectacular.

espectacularidad NF spectacular nature; **de gran ~** very spectacular.

espectacularmente ADV spectacularly, in spectacular fashion.

espectáculo NM spectacle; (*Teat*) show; (: *función*) performance; **~ de variedades** variety show; **dar un ~** to make a scene; **el deporte como ~** sport presented as showbiz.

espectador(a) NM/F (*Cine, Dep, Teat*) spectator; (*de acontecimiento*) onlooker; **los ~es** (*Dep*) the spectators; (*Teat*) the audience *sg*.

espectral ADJ [a] (*Fís*) spectral. [b] (*fig*) ghostly.

espectro NM [a] (*Fís*) spectrum; **de amplio ~** wide-ranging, covering a broad spectrum. [b] (*fantasma*) spectre, specter (*US*), ghost; **el ~ del hambre** the spectre of famine.

espectroscopio NM spectroscope.

especulación NF (*gen*) speculation; **~ bursátil** speculation on the stock exchange; **~ inmobiliaria** property speculation.

especulador(a) NM/F speculator.

especular <1a> VI [a] (*hacer cábalas*) to speculate (*sobre* about). [b] (*Com, Fin*) to speculate (*en, con* with).

especulativo ADJ speculative.

espejismo NM (*lit, fig*) mirage.

espejo NM mirror; **~ de cuerpo entero / retrovisor** full-length/rear-view mirror; **mirarse al ~** to look at o.s. in the mirror.

espeleología NF potholing.

espeleólogo / a NM/F potholer.

espeluznante ADJ hair-raising, horrifying.

espera NF [a] wait; **estar a la ~ de algo** to be expecting sth; **la cosa no tiene ~** the affair is most urgent; **en ~ de** waiting for; **en ~ de su contestación** awaiting your reply. [b] (*Jur*) stay, respite.

esperado ADJ [a] (*previsto: resultados*) expected. [b] (*deseado*) **el acontecimiento más ~ del año** the most keenly anticipated event of the year.

esperanto NM Esperanto.

esperanza NF hope; (*expectativa*) expectation; **~ de vida** life expectancy; **con la ~ de / de que** in the hope of/that; **¡qué ~!** (*LAm*) some hope!, not on your life! (*fam*); **hay pocas ~s de que venga** there is little prospect of his coming; **dar ~s a algn** to give sb hope; **tener ~s de** to have hopes of; **tener la ~ puesta en** to pin one's faith on.

esperanzador ADJ hopeful, encouraging.

esperanzar <1f> VT to give hope to; **estar esperanzado** to be hopeful.

▼**esperar** <1a> [1] VT [a] (*tener esperanza de*) to hope for; **espero llegar a tiempo** I hope to arrive on time; **eso espero** I hope so; **espero que sea así** I hope it is *o* will be so; **espero que te haya gustado** I hope you liked it; **espero que vengas** I hope you'll come.
[b] (*aguardar*) to wait for, await; **~ el avión** to wait for the plane; **ir a ~ a algn** to go and meet sb; **no me esperes después de las 7** don't wait for me after 7; **nos espera un duro invierno** we've got a hard winter in store; **¡la que te espera cuando llegues a casa!** you're for it when you get home!; **un lío de aquí te espero** (*fam*) a tremendous row (*fam*).
[c] (*contar con*) to expect; **¿esperas visita?** are you expecting someone?; **espero la llamada en cualquier momento** I expect his call at any moment; **¿no esperarás que pague yo?** are you expecting me to pay?; **no esperaba menos de ti** I knew I could count on you, I expected nothing less of you; **era de ~ que eso sucediera** it was to be expected that that would happen.
[d] (*bebé*) to be expecting.
[2] VI (*estar en espera*) to wait; **esperaré aquí** I'll wait here; **¡espera un momento!** wait a moment!, just a minute!; **~ a o hasta que algn haga algo** to wait for sb to do sth, wait until sb does sth; **hacer ~ a algn** to make sb wait, keep sb waiting; **espera y verás** wait and see; **¡ya puedes ~ sentado!** (*fam*) don't hold your breath! (*fam*); **el que espera desespera** a watched pot never boils.
[3] **esperarse** VR [a] **como podía ~** as was to be expected; **no fue tan bueno como se esperaba** it was not as good as expected; **se espera que** it is hoped.
[b] **no es lo que me esperaba** it isn't what I expected;

¡me lo esperaba! I was expecting this!
[c] **¡espérate (un momento)!** wait (a minute)!, hold on (a minute)!; **espérate a que deje de llover** wait until it stops raining.

esperma NM (A VECES NF) [a] sperm; **~ de ballena** spermaceti. [b] (*Carib, Col: vela*) candle.

espermatozoo NM spermatozoon.

espermicida NM spermicide.

esperpéntico ADJ [a] (*absurdo*) absurd, nonsensical. [b] (*grotesco*) grotesque, exaggerated.

esperpento NM [a] (*persona*) fright, sight. [b] (*disparate*) (piece of) nonsense. [c] (*Teat*) play which focuses on the grotesque.

espesante NM thickener, thickening agent.

espesar <1a> [1] VT to thicken. [2] **espesarse** VR (*líquido*) to thicken, get thicker; (*bosque*) to get denser.

espeso ADJ (*gen*) thick; (*bosque*) dense; (*nieve*) deep; (*pasta*) stiff.

espesor NM thickness; (*de nieve*) depth; **tiene medio metro de ~** it is half a metre *o* (*US*) meter thick.

espesura NF [a] thickness. [b] (*Bot*) thicket.

espetar <1a> VT [a] (*carne*) to skewer, spit; (*persona*) to run through. [b] (*orden*) to rap out; **~ algo a algn** to spring sth on sb.

espetón NM (*broqueta*) skewer; (*asador*) spit.

espía NMF spy; **satélite ~** spy satellite.

espiar <1c> [1] VT (*observar*) to spy on; (*LAm: mirar*) to look at, watch. [2] VI to spy.

espichar[1] <1a> [1] VT: **~la** (*fam*) to kick the bucket (*fam*). [2] VI = **1**. [3] **espicharse** VR (*LAm: enflaquecerse*) to get thin.

espichar[2] <1a> VI (*LAm fam: pronunciar un discurso*) to speechify.

espich(e) NM (*LAm fam*) speech.

espiga NF (*Bot: de trigo*) ear; (: *de flores*) spike; (*clavija*) peg.

espigado ADJ (*Bot*) ripe; (*fig*) tall, slender.

espigar <1h> [1] VT (*Agr, fig*) to glean; (*Téc*) to pin, peg. [2] VI (*cereales*) to come into ear. [3] **espigarse** VR (*muchachos*) to shoot up.

espigón NM [a] (*Bot*) ear; (*de herramienta*) sharp point, spike. [b] (*Náut*) breakwater.

espina NF [a] (*Bot*) thorn; (*astilla*) splinter; **me da mala ~** it makes me suspicious; **sacarse la ~** (*fig*) to get even. [b] (*de pez*) bone; (*Anat: tb* **~ dorsal**) spine. [c] (*problema*) worry.

espinaca NF spinach.

espinal ADJ spinal.

espinazo NM spine, backbone; **doblar el ~** (*fig*) to knuckle under.

espinilla NF [a] (*Anat: tibia*) shin(bone). [b] (*en la piel*) blackhead.

espinillera NF shinpad, shin guard (*US*).

espino NM hawthorn; **~ negro** blackthorn, sloe.

espinoso [1] ADJ [a] (*planta*) thorny, prickly; (*pez*) bony. [b] (*problema*) knotty. [2] NM stickleback.

espionaje NM spying, espionage; **~ industrial** industrial espionage; **novela de ~** spy story.

espira NF (*Mat*) spire; (*Zool*) whorl, ring; (*Elec*) turn.

espiráculo NM blow-hole.

espiral [1] ADJ spiral. [2] NM (*de reloj*) hairspring. [3] NF spiral; **la ~ inflacionista** the inflationary spiral; **el humo subía en ~** the smoke went spiralling *o* (*US*) spiraling up.

espirar <1a> [1] VT (*aire, humo*) to breathe out, exhale; (*olor*) to give off. [2] VI to breathe (out).

espiritismo NM spiritualism.

espiritista ADJ, NMF spiritualist.

espiritoso ADJ spirituous; **bebidas ~s** spirits.

espíritu NM [a] (*gen*) spirit; **~ de cuerpo** esprit de corps; **~ de equipo / de lucha** team/fighting spirit; **en la letra y en el ~** in the letter and in the spirit; **pobre de ~** poor in spirit; **levantar el ~ de algn** to raise sb's spirits. [b] (*mente*) mind; (*inteligencia*) intelligence; **con ~ amplio** with an open mind; **de ~ crítico** of a critical turn of mind; **edificar el ~ de algn** to improve sb's mind. [c] (*Rel*) spirit, soul; **E~ Santo** Holy Ghost; **dar o rendir**

➤ EXPRESIONES GENERATIVAS: **esperar** → 12.2, 12.3, 15.1

el ~ to give up the ghost. d (*aparecido*) spirit, ghost; ~ **maligno** evil spirit. e (*alcohol*) spirits *pl*, liquor; ~ **de vino** spirits of wine.

espiritual 1 ADJ (*vida, patria, poderes*) spiritual. 2 NM (*Negro*) spiritual.

espiritualismo NM spiritualism.

espirituoso = **espiritoso**.

espita NF a tap, faucet (*US*). b (*fam: borracho*) drunkard.

espléndidamente ADV (*V adj*) a splendidly, magnificently. b lavishly, generously.

esplendidez NF (*magnificencia*) splendour, splendor (*US*), magnificence; (*generosidad*) generosity.

espléndido ADJ a (*magnífico*) splendid, magnificent. b (*generoso*) lavish, generous.

esplendor NM splendour, splendor (*US*), magnificence; (*resplandor*) brilliance.

esplendoroso ADJ (*magnífico*) magnificent; (*resplandeciente*) brilliant, radiant.

espliego NM lavender.

espolear <1a> VT (*caballo*) to spur (on); (*fig*) to spur on, stimulate.

espoleta NF a (*Mil*) fuse. b (*Anat*) wishbone.

espolón NM a (*Zool: de gallo*) spur; (: *de caballo*) fetlock. b (*Geog*) spur. c (*Náut: proa*) stem. d (*malecón*) sea wall; (*contrafuerte*) buttress. e (*paseo*) promenade.

espolvorear <1a> VT to dust, sprinkle (*de* with).

esponja NF a sponge; **beber como una** ~ to drink like a fish. b (*fam: gorrón*) sponger (*fam*).

esponjar <1a> 1 VT to make spongy; (*lana*) to fluff up. 2 **esponjarse** VR a to become spongy; (*lana*) to fluff up. b (*engreírse*) to swell with pride.

esponjosidad NF sponginess.

esponjoso ADJ spongy.

esponsales NMPL betrothal *sg*.

espontaneidad NF spontaneity.

espontáneo 1 ADJ (*gen*) spontaneous; (*improvisado*) impromptu; (*persona: natural*) natural. 2 NM (*Taur*) intruder, spectator who rushes into the ring and attempts to take part.

espora NF spore.

esporádicamente ADV sporadically.

esporádico ADJ sporadic.

esposa NF a wife. b ~s handcuffs; (*grillos*) manacles; **poner las ~s a algn** to handcuff sb.

esposar <1a> VT to handcuff.

esposo NM husband; **los ~s** husband and wife, the couple.

esprint NM (*pl* ~s [esprin] ~es) sprint.

esprínter NMF sprinter.

espuela NF a (*lit, fig*) spur. b (*fam: trago*) last drink, one for the road.

espuelear <1a> VT (*LAm fam*) to spur (on).

espuerta NF basket, pannier; **a ~s** in vast quantities, by the ton.

espulgar <1h> VT a (*quitar la pulgas a*) to delouse, get the lice o fleas out of. b (*fig*) to scrutinize.

espuma NF (*de agua*) foam, spray; (*de olas*) surf; (*de cerveza*) froth, head; (*de jabón*) lather; (*residuos*) floating waste, surface scum; ~ **de afeitar** shaving foam; **crecer como la** ~ to flourish; **hacer** ~ to foam, froth.

espumadera NF, **espumador** NM (*Culin*) skimming ladle.

espumajear <1a> VI to foam at the mouth.

espumar <1a> 1 VT (*quitar espuma a*) to skim off. 2 VI (*cerveza*) to froth, foam; (*vino*) to sparkle.

espumarajo NM froth, foam; **echar ~s (de rabia)** to splutter with rage.

espumilla NF (*LAm*) meringue.

espumillón NM tinsel.

espumoso ADJ frothy; (*vino*) sparkling.

espúreo, espurio ADJ spurious; (*niño*) illegitimate, bastard.

esputar <1a> VT, VI to spit (out).

esputo NM (*saliva*) spit, spittle; (*Med*) sputum.

esqueje NM (*de planta*) cutting.

esquela NF a (*nota*) note. b (*anuncio*) notice; ~ **de**

defunción o **mortuoria** announcement of death.

esquelético ADJ skeletal; (*fam*) thin, skinny.

esqueleto NM a (*Anat*) skeleton; **mover el** ~ (*fam*) to shake it about (*fam*). b (*fig*) skeleton; (*lo esencial*) bare bones (of a matter); (*Chi, Lit: borrador*) rough draft; (*And, CAm, Méx: formulario*) form, blank; **en** ~ unfinished; **menear el** ~ (*fam*) to dance.

esquema NM a (*diagrama*) diagram, plan; (*proyecto*) scheme; (*esbozo*) sketch. b (*Rel*) schema.

esquemático ADJ schematic; **un resumen** ~ an outline.

esquematizar <1f> VT to outline.

esquí NM (*pl* ~s o ~es) a (*objeto*) ski. b (*deporte*) skiing; ~ **acuático** water-skiing; **hacer** ~ to go skiing.

esquiador(a) NM/F skier.

esquiar <1c> VI to ski.

esquife NM skiff.

esquila[1] NF (*campanilla*) small bell; (*cencerro*) cowbell.

esquila[2] NF (*Agr: de ovejas*) shearing.

esquilar <1a> VT to shear.

esquilmar <1a> VT a (*cosecha*) to harvest. b (*tierra, tb fig*) to impoverish. c (*fam: jugador*) to skin (*fam*).

esquimal 1 ADJ, NMF Eskimo. 2 NM (*Ling*) Eskimo.

esquina NF a corner (*tb Dep*); **doblar la** ~ to turn the corner; **hacer** ~ (*edificio*) to be on the corner; (*calles*) to meet. b (*LAm: tienda*) corner shop, village store. c (*fam*) **la** ~ the game (*fam*), prostitution.

esquinado ADJ a sharp-cornered. b (*Fút*) **tiro** ~ low shot into the corner of the net.

esquinar <1a> 1 VT a (*Dep*) to put in a corner. 2 VI: ~ **con** (*hacer esquina*) to form a corner with; (*estar en la esquina*) to be on the corner of. 3 **esquinarse** VR (*pelearse*) to quarrel (*con* with).

esquinazo NM: **dar** ~ **a algn** to give sb the slip, shake sb off.

esquirla NF splinter.

esquirol NM scab (*fam*), strikebreaker.

esquivada NF (*LAm*) evasion.

esquivar <1a> VT (*evitar*) to avoid, shun; (*evadir*) to dodge, side-step; ~ **un golpe** to dodge a blow; ~ **hacer algo** to avoid o be chary of doing sth.

esquivez NF (*timidez*) shyness; (*despego*) unsociability; (*desdén*) scorn.

esquivo ADJ a (*tímido*) shy; (*huraño*) unsociable; (*evasivo*) evasive. b (*despreciativo*) scornful.

esquizo ADJ, NM (*fam*) schizo (*fam*).

esquizofrenia NF schizophrenia.

esquizofrénico/a ADJ, NM/F schizophrenic.

esquizoide ADJ, NMF schizoid.

esta, ésta etc V **este**[2]; **éste**.

está V **estar**.

estabilidad NF stability.

estabilización NF stabilization.

estabilizador 1 ADJ stabilizing. 2 NM stabilizer; (*Aut*) anti-roll bar.

estabilizar <1f> 1 VT (*gen*) to stabilize; (*fijar*) to make steady; (*precios*) to peg. 2 **estabilizarse** VR to become stable.

estable ADJ (*firme*) stable, steady; (*habitual*) regular.

establecer <2d> 1 VT to establish; (*fundar*) to set up, found; (*colonos*) to settle; (*alegación*) to justify; (*récord*) to set (up); (*domicilio*) to take up; **la ley establece que ...** the law provides that ....
2 **establecerse** VR to establish o.s., settle; (*Com*) to start a business; (*sucursal*) to open a branch.

establecimiento NM a (*acto*) establishment; (*fundación*) institution; (*de colonias*) settlement. b (*local*) establishment; ~ **central** head office; ~ **comercial** business house. c (*Jur*) statute.

establo NM cowshed, stall, barn.

estaca NF a (*poste*) stake, post; (*de tienda de campaña*) peg; (*porra*) cudgel. b (*Agr*) cutting. c (*LAm*) large mining claim o concession.

estacada NF a (*cerca*) fence; (*Mil*) stockade; **dejar a algn en la** ~ (*fig*) to leave sb in the lurch; **estar o quedar en la** ~ (*estar en apuro*) to be in a jam; (*fracasar*) to fail disastrously. b (*LAm*) wound.

estacar<1g> VT (*LAm: herir*) to wound; (: *pinchar*) prick.

estación NF **a** (*gen*) station; ~ **balnearia** (*medicinal*) spa; (*de mar*) seaside resort; ~ **depuradora** sewage works; ~ **de esquí** ski resort; ~ **terminal** terminus; ~ **transmisora** transmitter; ~ **meteorológica** weather station; ~ **de autobuses/ferrocarril/servicio** bus/railway/service o petrol station. **b** (*Rel*) **E~es del vía Crucis** Stations of the Cross. **c** (*temporada*) season; ~ **muerta** off season. **d** **hacer** ~ to make a stop (*en* at, in).

estacional ADJ seasonal.

estacionamiento NM stationing; (*Aut: acción*) parking; (: *esp LAm*) car park.

estacionar<1a> **1** VT to station, place; (*Aut*) to park. **2** **estacionarse** VR to station o.s.; (*Aut*) to park; (*no moverse*) to remain stationary; **la inflación/la fiebre se ha estacionado** inflation/the fever has stabilized.

estacionario ADJ stationary; (*Med*) stable; (*Com, Fin*) slack.

estacionómetro NM (*Méx Aut*) parking meter.

estacón NM (*LAm*) prick, jab.

estada NF (*LAm*) stay.

estadía NF (*LAm*) stay; (: *duración*) length of stay.

estadio NM **a** (*fase*) stage, phase. **b** (*Mat*) furlong. **c** (*Dep*) stadium.

estadista NM **a** (*Pol*) statesman. **b** (*Mat*) statistician.

estadística NF (*ciencia*) statistics *sg*; **una** ~ a figure, a statistic.

estadísticamente ADV statistically.

estadístico/a **1** ADJ statistical. **2** NM/F statistician.

estado NM **a** (*gen*) state, condition; ~ **de alarma** o **alerta** state of alert; ~ **de ánimo** state of mind; ~ (**de salud**) condition; ~ **de sitio** state of siege; ~ **de emergencia** o **excepción** state of emergency; ~ **de gracia** (*fig*) honeymoon period; ~ **de guerra** state of war; ~ **sólido** solid state; **estar en** ~ **de buena esperanza** to be pregnant, be in the family way; **estar en buen** ~ to be in good condition; **quedar en** ~ to become pregnant.

b (*categoría*) ~ **civil** marital status; ~ **llano** third estate, commoners.

c (*Mil*) ~ **mayor** staff.

d (*Pol*) state; ~ **benefactor** o **del bienestar** o **de previsión** welfare state; **el E~ Español** the Spanish State; **asuntos de** ~ affairs of state; ~ **de derecho** state ruled by law, constitutional state; ~ **policial** police state; **hombre de** ~ statesman.

e (*lista*) list (of employees).

f (*resumen*) summary; (*informe*) report; ~ **de cuenta(s)** statement of account; ~ **financiero/de pérdidas y ganancias** financial/profit and loss statement.

Estados Unidos NMPL United States.

estadounidense **1** ADJ United States *atr*, American. **2** NMF United States citizen, American.

estafa NF (*timo*) swindle; (*Com, Fin*) racket.

estafador(a) NM/F swindler; (*Com, Fin*) racketeer.

estafar <1a> VT to swindle, defraud; ~ **algo a algn** to swindle sb out of sth; **¡me han estafado!** I've been done! (*fam*).

estafeta NF (*tb* ~ **de Correos**) (sub-)post office.

estalactita NF stalactite.

estalagmita NF stalagmite.

estalinismo NM Stalinism.

estalinista ADJ, NMF Stalinist.

estallar <1a> VI (*gen*) to explode; (*bomba*) to explode, go off; (*volcán*) to erupt; (*neumático*) to burst; (*vidrio*) to shatter; (*látigo*) to crack; (*epidemia, guerra, conflicto*) to break out; (*sublevación*) to break out; ~ **en llanto** to burst into tears; **el parabrisas estalló en pedazos** the windscreen shattered; **cuando estalló la guerra** when the war broke out; **hacer** ~ to set off; (*fig*) to spark off, start.

estallido NM (*explosión*) explosion; (*de látigo, trueno*) crack; (*comienzo*) outbreak.

estambre NM **a** (*tela*) worsted. **b** (*Bot*) stamen.

Estambul NM Istanbul.

estamento NM (*social*) class.

estampa NF **a** (*imagen*) print; (*en libro*) picture.

b (*imprenta*) printing. **c** (*fig: aspecto*) appearance, aspect; **de magnífica** ~ fantastic-looking; **~s de la vida cotidiana** vignettes of everyday life; **ser la propia** ~ **de algn** to be the very image of sb.

estampado **1** ADJ (*gen*) printed; (*vestido*) print. **2** NM (*impresión*) printing; (*diseño*) print (dress).

estampar <1a> VT **a** (*imprimir*) to print; (*marcar*) to stamp; (*grabar*) to engrave; (*fig: grabar*) to stamp, imprint (*en* on). **b** (*fam: beso, bofetada*) to plant. **c** **lo estampó contra la pared** (*fam*) she flung him against the wall.

estampida NF (*Agr, Zool*) stampede; **se marchó de** ~ he went off like a shot.

estampido NM bang; ~ **sónico** sonic boom.

estampilla NF **a** (*sello de goma*) seal, (rubber) stamp. **b** (*LAm Correos*) stamp.

estampillado NM rubber stamp o stamping.

estampillar<1a> VT to rubber-stamp.

estampita NF (*Rel*) small religious picture; **el timo de la** ~ con trick.

están V estar.

estancado ADJ (*agua*) stagnant; (*negociaciones*) at a standstill; **quedarse** ~ to get bogged down, get into a rut.

estancamiento NM (*de agua, asunto*) stagnation; (*de negociaciones*) deadlock.

estancar <1g> **1** VT **a** (*aguas*) to hold back, stem. **b** (*progreso*) to hold up; (*negociación*) to deadlock; (*Com*) to establish a monopoly in. **2** **estancarse** VR (*gen*) to stagnate.

estancia NF **a** (*permanencia*) stay; (*domicilio*) dwelling, abode. **b** (*LAm*) farm, cattle ranch; (*Carib*) small farm, smallholding. **c** (*Lit*) stanza.

estanciera NF (*CSur Aut*) station wagon.

estanciero NM (*LAm*) farmer, rancher.

estanco **1** ADJ watertight.

2 NM (*monopolio*) state monopoly; (*tienda*) tobacconist's (shop), cigar store (*US*).

| ESTANCO |

ⓘ In Spain, an **estanco** is a government-licensed tobacconist's, recognizable by the brown and yellow 'T' logo of the state tobacco monopoly, **Tabacalera S.A.**, which regulates the entire tobacco industry. Tobacco can also be bought at bars and restaurants and **quioscos**, but at a higher price. As well as tobacco products the **estanco** sells stamps, **papel timbrado** (*official forms*) and coupons for the **quiniela** or football pools.

estand NM = **stand**.

estándar ADJ, NM standard.

estandarización NF standardization.

estandarizar<1f> VT to standardize.

estandarte NM banner, standard.

estanque NM (*lago: ornamental*) lake; (: *pequeño*) pool, pond; (*depósito*) tank; ~ **de juegos** paddling pool.

estanquero/a NM/F tobacconist.

estante NM **a** (*anaquel*) shelf. **b** (*soporte*) rack, stand; ~ (**para libros**) bookcase.

estantería NF shelving, shelves *pl*.

estañar<1a> VT (*Téc*) to tin; (*soldar*) to solder.

estaño NM tin.

estaquear<1a> VT (*CSur*) to stretch out between stakes.

estaquilla NF (*de madera*) peg; (*clavo largo*) spike, long nail; (*para tienda*) tent peg.

estar <1o> **1** VI **a** (*presencia, posición*) to be; **¿está Juan?** is John in?; **no está** he is not here, he's out; **está fuera** (*de casa*) she's out; (*de ciudad*) she's away o out of town; **el monumento está en la plaza** the monument is o stands in the square; **¿dónde está la estación?** where is the station?; **estamos en octubre** we are in October.

b (+ *adj: estado transitorio*) ~ **enfermo** o **malo** to be o feel ill; **está vacío** it's empty; **¡qué elegante estás!** how smart you're looking!; **¡qué bueno está!** it's really good!; **el traje te está grande** the suit is too big for you; **está más viejo** he looks o seems older.

|c| (+ *adv*) **está bien** (*sano*) he's all right; (*correcto*) it's right; **que esté(s) bien** (*Col fam*) goodbye, bye (*fam*); **está mal** (*enfermo*) he's ill; (*incorrecto*) it's wrong; **¿cómo o qué tal estás?** how are you keeping?

|d| (*estar listo*) to be ready; **estará a las cuatro** it'll be ready at four; **en seguida está** it'll be ready in a moment; **dos vueltas más y ya está** two more turns and that's it, two more turns and it's done.

|e| (+ *ger*) **estoy leyendo un libro** I am reading a book; **estaba corriendo** he was running.

|f| (+ *participio*) **está envuelto en papel** it is wrapped in paper; **no está cocido todavía** it is not boiled yet.

|g| (+ *a: precio*) **las uvas están a 100 pesetas** grapes are (selling) at 100 pesetas; (: *fecha*) **estamos a 8 de junio** it is the 8th of June, today is the 8th of June; **¿a cuántos estamos?** what's the date?; (: *distancia*) **¿a cuánto estamos de Madrid?** how far are we from Madrid?

|h| (+ *con*) **está con la gripe** he's down with flu; **yo estoy con él** (*de acuerdo*) I'm with him.

|i| (+ *de: trabajo*) **está de camarero** he's working as a waiter; (: *vestido*) **estaba de uniforme** he was (dressed) in uniform; (: *ocupación*) **están de vacaciones** they are (away) on holiday; **están de charla** they're having a natter; (: *actitud*) **está de buen humor** he's in good spirits; (: *enfático*) **¡estoy de nervioso!** I'm so nervous!

|j| (+ *en: consistir*) **el problema está en que** the problem lies in the fact that; (: *creer*) **yo estoy en que ...** I believe that ..., I'm of the opinion that ....

|k| (+ *para: a punto de*) **está para salir** he's about to leave; (: *con humor de*) **no estoy para bromas** I'm not in the mood for joking.

|l| (+ *por: en favor de*) **~ por** to be in favour o (*US*) favor of; **yo estoy por dejarlo** I'm for just leaving it; (: *sin hacer*) **está por escribir** it has yet to be written; (: *a punto de*) **está por llover** (*LAm*) it's about to rain.

|m| (+ *sin*) **está sin hacer** it hasn't been done.

|n| (+ *que*) **está que rabia** (*fam*) he's hopping mad (*fam*); **estoy que me caigo de sueño** I'm terribly sleepy, I can't keep my eyes open.

|o| (*modismos*) **¿estamos?** (*comprender*) right?; (*estar listo*) ready?; (*de acuerdo*) are we agreed?; **¿cómo estamos?** how do we stand?; (*Dep*) what's the score?; **¡ya está!** that's it!, done!; **¡ya estuvo!** (*Méx*) that's it!, that's done!; **¡ya está bien!** that will do!, that's enough!; **ya que estamos** while we are at it.

|2| **estarse** VR |a| **se estaba muriendo** he was (gradually) dying.

|b| (*quedarse*) to stay, remain.

|c| **¡estáte quieto!** keep still!, stop fidgeting!

estarcido NM stencil.
estarcir <3b> VT to stencil.
estárter NM = **stárter**.
estás V **estar**.
estatal ADJ state *atr*; (*Esp frec*) national, nationwide.
estatalización NF nationalization.
estatalizar <1f> VT to nationalize.
estático ADJ static.
estatua NF statue.
estatuilla NF statuette, figure.
estatuir <3g> VT (*establecer*) to establish; (*ordenar*) to ordain.
estatura NF stature, height; **un hombre de 1,80m de ~ a** man 1.80m in height.
estatus NM INV status.
estatutario ADJ statutory.
estatuto NM (*gen*) statute; (*de ciudad*) bylaw; (*de comité*) (standing) rule; **E~ de Autonomía** (*Esp Pol*) statute of autonomy; **~s sociales** (*Com*) articles of association.
este[1] (*Geog*) |1| ADJ (*parte*) east; (*dirección*) easterly; (*viento*) east, easterly.

|2| NM |a| east; **la Europa del E~** Eastern Europe; **en la parte del ~** in the eastern part; **al ~ de Toledo** to the east of Toledo, on the east side of Toledo.

|b| (*viento*) east wind.
este[2]**/a** ADJ DEM this; **estos/as** these; **esta silla** this chair; **¡~ Pedro es un desastre!** Pedro is a complete dis-

aster!; **¡vaya con el niño ~!** that kid! (*fam*).
éste/a PRON DEM this, this one; (*el último*) the latter; **éstos/as** these; (*los últimos*) the latter; **en ésta** in this town (from where I am writing); **~ me quiere engañar** this guy's out to cheat me!; **pero ¿dónde está ~?** where on earth is he?; **en éstas se acerca y dice ...** just then he went up and said ...; **jurar por éstas** to swear by all that is holy; **~ ...** (*LAm: como muletilla*) er ..., um ....
esté V **estar**.
estela NF (*Náut*) wake, wash; (*Aer*) slipstream, trail; (*fig*) trail.
estelar ADJ |a| (*Astron*) stellar. |b| (*Teat*) star *atr*; **función ~** all-star show.
estén V **estar**.
estenografía NF shorthand.
estenógrafo/a NM/F shorthand writer.
estenotipia NF shorthand typing.
estenotipista NMF shorthand typist.
estentóreo ADJ (*voz*) stentorian, booming; (*sonido*) strident.
estepa NF (*Geog*) steppe.
estepario ADJ steppe *atr*.
estera NF (*alfombra*) mat; (*tejido*) matting.
estercolar <1a> VT to manure.
estercolero NM manure heap, dunghill; (*fig*) pigsty, shit hole (*fam!*).
estéreo ADJ, NM stereo.
estereofonía NF stereo(phony).
estereofónico ADJ stereo(phonic), in stereo.
estereoscópico ADJ stereoscopic.
estereotipado ADJ stereotyped.
estereotipar <1a> VT (*lit, fig*) to stereotype.
estereotipo NM stereotype.
estéril ADJ |a| (*terreno*) sterile, barren. |b| (*esfuerzo*) vain, futile.
esterilidad NF |a| (*de terreno*) sterility, barrenness. |b| (*fig*) futility, uselessness.
esterilización NF sterilization.
esterilizar <1f> VT to sterilize.
esterilla NF (*alfombrilla*) small mat; (*tejido*) rush matting; **silla de ~** (*Arg*) wicker chair.
esterlina ADJ: **libra ~** pound sterling.
esternón NM breastbone, sternum.
estero NM (*estuario*) estuary; (*LAm*) swamp, marsh.
esteroide NM steroid; **~ anabólico** o **anabolizante** anabolic steroid.
estertor NM death rattle.
estés V **estar**.
esteta NMF aesthete, esthete (*US*).
estética NF aesthetics *sg*, esthetics *sg* (*US*).
esteticismo NM aestheticism, estheticism (*US*).
esteticista NMF beauty consultant o specialist.
estético ADJ aesthetic, esthetic (*US*); **cirugía ~a** cosmetic surgery.
estetoscopio NM stethoscope.
estevado ADJ bow-legged, bandy-legged.
estiaje NM low water.
estibador NM stevedore, docker.
estibar <1a> VT (*Náut*) to stow.
estiércol NM dung, manure.
estigma NM (*lit, fig*) stigma; **~s** (*Rel*) stigmata.
estigmatizar <1f> VT to stigmatize.
estilar <1a> VI, **estilarse** VR (*estar de moda*) to be in fashion; (*usarse*) to be used; **~ + infin** to be customary to + infin; **ya no se estila la chistera** top hats aren't in fashion anymore.
estilete NM (*arma*) stiletto.
estilista NMF (*Lit etc*) stylist; (*Téc*) designer.
estilístico ADJ stylistic.
estilización NF (*Téc*) styling.
estilizado ADJ stylized; **una chica muy ~a** (*delgada*) a slender young woman; (*con facciones finas*) a fine-featured young woman.
estilizar <1f> VT to stylize; (*Téc*) to design, style.
estilo NM |a| (*gen*) style; **el ~ del escritor** the writer's style; **~ de vida** way of life; **un comedor ~ Luis XV**

dining-room suite in Louis XV style; **~ directo/ indirecto** (*Ling*) direct/indirect speech; **al ~ de** in the style of; **una chica con ~** a stylish girl; **algo por el ~** something of the sort o along these lines; **no tenemos nada por ese ~** we have nothing in that line. **b** (*Natación*) stroke; **~ braza/mariposa** breast/butterfly stroke; **~ libre** freestyle. **c** (*para escribir*) stylus.

estilográfica NF fountain pen.

estima NF **a** (*aprecio*) esteem, respect; **tener a algn en gran ~** to hold sb in high esteem. **b** (*Náut*) dead reckoning.

estimable ADJ estimable; (*cantidad*) considerable.

estimación NF **a** (*acción*) estimation. **b** (*evaluación*) estimate, valuation. **c** (*aprecio*) esteem, regard; **~ propia** self-esteem.

estimado ADJ esteemed, respected; **'~ Señor'** 'Dear Sir'.

estimador/a NM/F (*Com*) estimator.

estimar <1a> **1** VT **a** (*evaluar*) to estimate; (*valorar*) to value, appraise (*US*) (*en* at). **b** (*respetar*) to esteem, respect; **~ a algn en mucho/ poco** to have a high/low opinion of sb. **c** (*juzgar*) to consider, reckon; **lo que Ud estime conveniente** whatever you deem appropriate. **2 estimarse** VR **a** (*objeto*) to be estimated (*en* at), be valued (*en* at). **b** **¡se estima!** thanks very much!, I appreciate it! **c** (*algn mismo*) to have a high opinion of o.s.

estimativo ADJ rough, approximate.

estimulante 1 ADJ stimulating. **2** NM stimulant.

estimular <1a> VT (*apetito*) to stimulate; (*esfuerzos, persona*) to encourage (*a hacer algo* to do sth); (*discusión*) to promote.

estímulo NM stimulus; (*incentivo*) incentive.

estío NM summer.

estipendio NM salary; (*Com*) stipend.

estipulación NF stipulation, condition.

estipular <1a> VT to stipulate.

estirado 1 ADJ **a** (*alargado*) stretched. **b** (*fig: tieso*) stiff, starchy; (*engreído*) stuck-up (*fam*). **c** (*tacaño*) tightfisted. **2** NM: **~ de (la) piel** face-lift.

estirajar <1a> VT (*fam*) to stretch (out).

estiramiento NM: **~ facial** face-lift.

estirar <1a> **1** VT **a** (*gen*) to stretch; (*brazos*) to stretch out; (*cuello*) to crane; (*para desarrugar*) to smooth out; (*piel*) to tighten; **salir a ~ las piernas** to go out and stretch one's legs. **b** (*dinero*) to eke out; (*discurso*) to spin out. **c** (*LAm fam*) to bump off (*fam*); **~ la pata** to kick the bucket. **2 estirarse** VR to stretch.

estirón NM (*tirón*) pull, tug; **dar un ~** (*niño*) to shoot up.

estirpe NF stock, lineage.

estival ADJ summer *atr*.

esto PRON DEM this; **~ es difícil** this is difficult; **~ es** that is (to say); **~ de la boda** this business about the wedding; **durante ~** in the meantime; **en ~** at this o that point; **por ~** for this reason; **¿qué es ~?** what's all this?; **y ~ ¿qué es?** whatever is this?; **~ ...** (*vacilando*) er ..., um ....

estocada NF (*acción*) stab, thrust; (*herida*) stab wound; (*Taur*) death blow.

Estocolmo NM Stockholm.

estofa NF quality; **de baja ~** poor-quality.

estofado 1 ADJ **a** (*Culin*) stewed. **b** (*Cos*) quilted. **2** NM stew, hotpot.

estofar <1a> VT **a** (*Culin*) to stew. **b** (*Cos*) to quilt.

estoicismo NM stoicism.

estoico/a 1 ADJ stoic(al). **2** NM/F stoic.

estola NF stole; **~ de visón** mink cape.

estólido ADJ stupid.

estomacal ADJ stomach *atr*; **trastorno ~** stomach upset.

estomagar <1h> VT **a** to give indigestion to. **b** (*fig*) to annoy.

estómago NM stomach; **dolor de ~** stomach ache; **revolver el ~ a algn** to revolt sb; (*molestar*) to annoy sb; **tener buen ~** (*ser insensible*) to be thick-skinned; (*ser*

poco escrupuloso) to have an elastic conscience.

Estonia NF Estonia.

estopa NF (*del cáñamo*) tow; (*harpillera*) burlap; **~ de acero** steel wool.

estoque NM (*arma*) rapier, sword.

estoquear <1a> VT to stab, run through.

estorbar <1a> **1** VT (*obstaculizar*) to hinder, be o get in the way of; (*dificultar*) to interfere with; (*molestar*) to bother. **2** VI to be in the way.

estorbo NM (*gen*) hindrance; (*molestia*) nuisance.

estornino NM starling.

estornudar <1a> VI to sneeze.

estornudo NM sneeze.

estoy V estar.

estrabismo NM squint.

estrada NF road, highway; **batir la ~** (*Mil*) to reconnoitre.

estrado NM (*tarima*) platform; (*Mús*) bandstand; **~s** law courts.

estrafalario ADJ **a** (*excéntrico*) odd, eccentric. **b** (*traje*) slovenly.

estrago NM (*ruina*) ruin; (*corrupción*) corruption; **~s** havoc *sg*; **hacer ~s en** o **entre** to play havoc with.

estragón NM (*Bot, Culin*) tarragon.

estrambótico ADJ odd, outlandish.

estrangis ADV: **de ~** (*fam*) secretly, on the quiet.

estrangulación NF strangulation.

estrangulador(a) 1 NM/F (*persona*) strangler. **2** NM (*Mec*) throttle; (*Aut*) choke.

estrangulamiento NM strangulation.

estrangular <1a> VT (*persona*) to strangle; (*Mec*) to throttle; (*Aut*) to choke.

estraperlista NMF black marketeer.

estraperlo NM black market; **comprar algo de ~** to buy sth on the black market.

Estrasburgo NM Strasbourg.

estratagema NF stratagem.

estratega NM strategist.

estrategia NF strategy.

estratégico ADJ strategic.

estratificación NF stratification.

estratificar <1g> VT to stratify.

estrato NM **a** stratum. **b** (*nube*) stratus.

estratosfera NF stratosphere.

estraza NF rag; **papel de ~** brown o wrapping paper.

estrechamente ADV **a** (*austeramente*) austerely. **b** (*íntimamente*) closely, intimately.

estrechamiento NM **a** (*de valle, calle*) narrowing; (*Aut*) bottleneck. **b** (*de lazos*) tightening.

estrechar <1a> **1** VT **a** (*calle*) to narrow; (*vestido*) to take in; (*lazos*) to tighten. **b** (*abrazar: persona*) to hug, embrace; **~ la mano a algn** to shake sb's hand. **c** (*obligar*) to compel. **2 estrecharse** VR **a** (*calle*) to narrow, get narrow. **b** (*2 personas*) to embrace (one another), hug; **se estrecharon la mano** they shook hands. **c** (*lazos*) to become closer; **~ con algn** to get very friendly with sb.

estrechez NF **a** (*angostura*) narrowness; (*de ropa*) tightness. **b** (*pobreza*) poverty; **estrecheces** financial difficulties; **vivir con ~** to live in straitened circumstances. **c** (*de amistad*) closeness; (*rigidez*) strictness; **~ de miras** narrow-mindedness.

estrecho 1 ADJ **a** (*gen*) narrow; (*zapato, ropa*) (too) tight; **estos zapatos me están muy ~s** these shoes are too small for me, these shoes pinch my feet. **b** (*amistad, relación*) close. **c** (*moral*) strict; (*carácter: pey*) mean; **~ de miras** narrow-minded; **¡no te hagas la ~a!** (*fam*) don't be so coy! **2** NM (*Geog*) strait(s); **E~ de Gibraltar** Straits of Gibraltar.

estrella NF (*gen*) star; **~ fugaz** shooting star; **~ de mar** starfish; **~ de cine** film o movie star; **nacer con ~** to be born lucky; **tener (buena)/mala ~** to be lucky/unlucky; **ver las ~s** (*fig*) to see stars; **un hotel de cinco ~s** a five-

star hotel.
estrelladera NF slice.
estrellado ADJ [a] (*en forma de estrella*) star-shaped; (*cielo*) starry; (*vestido*) spangled. [b] (*hecho pedazos*) smashed, shattered. [c] (*huevos*) fried.
estrellar <1a> [1] VT [a] (*decorar con estrellas*) to spangle, cover with stars.
[b] (*hacer pedazos*) to smash, shatter; **lo estrelló contra la pared** he smashed it against the wall.
[c] (*huevos*) to fry.
[2] **estrellarse** VR [a] to smash, shatter; **el coche se estrelló contra el muro** the car crashed into the wall.
[b] (*fig*) to fail.
estrellato NM stardom.
estrellón NM (*esp LAm: Aer*) crash; (: *Aut*) crash, collision.
estremecedor ADJ alarming, disturbing, shattering.
estremecer <2d> [1] VT (*lit, fig*) to shake.
[2] **estremecerse** VR (*edificio*) to shake, vibrate; (*persona: de miedo*) to tremble (*ante* at; *de* with); (: *horror*) to shudder (*de* with); (: *frío*) to shiver (*de* with).
estremecimiento NM (*sacudida*) shake; (*temblor*) trembling; (*de frío*) shiver(ing); (*sobresalto*) shock.
estrenar <1a> [1] VT [a] (*gen*) to use for the first time; (*ropa etc*) to wear o put on for the first time.
[b] (*Cine: película*) to give its premiere; (: *distribuir*) to release, put on release; (*Teat*) to perform for the first time.
[2] **estrenarse** VR [a] (*persona*) to make one's debut.
[b] (*película*) to have its premiere; (*obra*) to open.
[c] (*fam*) to cough up (*fam*), pay up.
estreno NM [a] (*gen*) first use. [b] (*de persona*) debut, first appearance. [c] (*Cine*) premiere; (*Teat*) premiere, first night o performance; **~ general** general release; **riguroso ~** world premiere.
estreñido ADJ constipated.
estreñimiento NM constipation.
estreñir <3h, 3k> [1] VT to constipate. [2] **estreñirse** VR to get constipated.
estrépito NM (*alboroto*) noise, racket; (*bulla*) fuss; **reírse con ~** to laugh uproariously.
estrepitosamente ADV (*V adj*) noisily; loudly, deafeningly; rowdily, boisterously; spectacularly.
estrepitoso ADJ noisy; (*persona, fiesta*) rowdy; (*caída, fracaso*) spectacular; **con aplausos ~s** with loud applause.
estreptococo NM streptococcus.
estreptomicina NF streptomycin.
estrés NM stress.
estresado/a [1] ADJ stressed; **estar ~** to be under stress. [2] NM/F stress sufferer.
estresante ADJ stressful.
estresar <1a> VT to cause stress to, put stress on.
estría NF groove; (*Arquit*) flute, fluting; **~s** (*Anat*) stretch marks.
estriado ADJ grooved.
estriar <1c> VT to groove, make a groove in.
estribación NF (*Geog*) spur; **~es** foothills.
estribar <1a> VI: **~ en** to rest on, be supported by; (*fig*) to rest on; **la dificultad estriba en el texto** the difficulty lies in the text.
estribera NF (*LAm*) saddle strap.
estribillo NM (*Lit*) refrain; (*Mús*) chorus; (*fig*) pet word o phrase; **¡siempre (con) el mismo ~!** the same old story!
estribo NM [a] (*de jinete*) stirrup; (*Aut etc*) running board; **perder los ~s** (*fig: enfadarse*) to lose one's temper; (: *agitarse*) to get hot under the collar. [b] (*Téc*) brace. [c] (*Arquit: de edificio*) buttress; (: *de puente*) pier. [d] (*fig*) foundation.
estribor NM starboard.
estricnina NF strychnine.
estrictamente ADV strictly.
estricto ADJ strict.
estridencia NF stridency, raucousness; **iba vestida sin ~s** she was not loudly dressed.
estridente ADJ strident, raucous.
estriptis, estriptís NM striptease.
estrofa NF verse, strophe.

estrógeno NM oestrogen.
estroncio NM strontium.
estropajo NM (*para fregar*) scourer, scouring pad; **poner a algn como un ~** to make sb feel a heel.
estropajoso ADJ [a] (*carne*) tough. [b] (*lengua*) coated, furry; (*habla*) indistinct. [c] (*persona*) slovenly. [d] (*pelo*) straggly.
estropeado ADJ: **está ~** (*máquina*) it's broken down, it isn't working; **ella está muy ~a** she's really aged.
estropear <1a> [1] VT (*comida, cosecha*) to ruin; (*proyecto, vida*) to mess up; (*máquina*) to damage; (*persona*) to age. [2] VI (*proyecto*) to fail; (*máquina: deteriorarse*) to get damaged; (*coche*) to break down.
estropicio NM (*fam*) [a] (*rotura*) breakage, smashing. [b] (*efectos*) harmful effects *pl*; (*jaleo*) rumpus (*fam*).
estructura NF structure; (*armazón*) frame(work).
estructuración NF structure.
estructural ADJ structural.
estructuralismo NM structuralism.
estructurar <1a> VT to structure, arrange.
estruendo NM [a] (*ruido: fuerte*) din; (: *brusco*) crash. [b] (*alboroto*) uproar, turmoil. [c] (*pompa*) pomp.
estruendoso ADJ (*ruidoso*) noisy; (*persona*) loud.
estrujar <1a> [1] VT (*exprimir*) to squeeze; (*apretar*) to press; (*fig*) to drain, bleed white. [2] **estrujarse** VR: **~ la mollera** (*fam*) to rack one's brains.
estrujón NM squeeze, press.
estuario NM estuary.
estucar <1g> VT to stucco, plaster.
estuche NM (*gen*) case; (*Escol*) pencil case; (*vaina*) sheath; **~ de cigarros** cigar case; **~ de joyas** jewel box.
estuco NM stucco, plaster.
estudiado ADJ (*fig*) studied.
estudiantado NM students *pl*, student body.
estudiante NMF student; **~ de derecho** law student; **~ de medicina** medical student; **~ de ruso** student of Russian.
estudiantil ADJ student *atr*; **vida ~** student life.
estudiantina NF student music group.
estudiar <1b> VT, VI (*gen*) to study; (*propuesta*) to think about o over; (*asignatura*) to read, study; **~ para abogado** to study to become a lawyer, study law; **estudia todo el día en la biblioteca** he works all day in the library; **lo estudiaré** I'll think about it.
estudio NM [a] (*gen, Arte, Mús*) study; (*encuesta*) research, survey; (*investigación*) investigation (*de* into); (*proyecto preliminar*) plan, design (*de* for); **~ de casos prácticos** case study; **~ de desplazamientos y tiempos** (*Com*) time and motion study; **~ de mercado** market reseach; **~s de motivación** motivational research *sg*; **~ del trabajo** work study; **~ de viabilidad** feasibility study; **estar en ~** to be under consideration.
[b] **~s** (*educación*) schooling, education; (*investigaciones*) work, researches; **cursar o hacer ~s** to study; **le pagaron los ~s** they paid for his schooling o education.
[c] (*Cine, Rad etc*) studio; (*en casa*) study; (*piso*) bedsit(ter); (*de abogado*) office; **~ cinematográfico o de cine** film studio; **~ de grabación** recording studio; **~ de televisión** television studio.
[d] (*aplicación*) studiousness, diligence; (*erudición*) learning.
estudioso/a [1] ADJ studious. [2] NM/F student, scholar.
estufa NF [a] stove, heater; **~ eléctrica/de gas** electric/gas fire; **~ de petróleo** oil stove. [b] (*Agr*) hot-house; **criar a algn en ~** (*fig*) to pamper sb.
estufilla NF [a] (*brasero*) small stove, brazier. [b] (*para las manos*) muff.
estulticia NF (*liter*) stupidity, foolishness.
estupa (*fam*) [1] NF drug squad. [2] NMF member of the drug squad.
estupefacción NF astonishment, stupefaction.
estupefaciente [1] ADJ (*sustancia*) narcotic *atr*. [2] NM narcotic, drug.
estupefacto ADJ astonished; **me miró ~** he looked at me in amazement; **dejar a algn ~** to leave sb speechless.
estupendamente ADV marvellously, marvelously (*US*),

wonderfully, terrifically; **estoy ~** (*salud*) I feel great; **le salió ~** he did it very well.

▼**estupendo** ADJ marvellous, marvelous (*US*), great; **¡~!** that's great!, splendid!

estupidez NF [a] (*cualidad*) stupidity, silliness. [b] (*acto*) stupid thing (to do); **fue una ~ mía** it was a silly mistake of mine; **cometer una ~** to do something silly.

estúpido/a [1] ADJ stupid, silly. [2] NM/F idiot.

estupor NM (*Med*) stupor; (*fig*) amazement.

estupro NM (*con menor de edad*) sexual intercourse with a minor; (*violación*) rape.

esturión NM sturgeon.

estuve *etc* V **estar**.

esvástica NF swastika.

ET NM ABR (*Esp*) de **Ejército de Tierra**.

ETA NF ABR (*Esp Pol*) de **Euskadi Ta Askatasuna, Patria Vasca y Libertad** ETA.

etapa NF [a] (*de viaje*) stage; (*Dep*) leg, lap; (*Mil*) stopping place; **en pequeñas ~s** in easy stages; **hacer ~ en** to break one's journey at; **quemar ~s** to make rapid progress. [b] (*fig*) stage, phase; **la segunda ~ del plan** the second phase of the plan; **una adquisición proyectada por ~s** a phased takeover; **lo haremos por ~s** we'll do it gradually o in stages.

etarra [1] ADJ of ETA. [2] NMF member of ETA.

etc. ABR de **etcétera** etc.

etcétera [1] ADV etcetera; **gatos y perros, ~** cats and dogs and so on. [2] NM (long) list; **y un largo ~** and a lot more besides, and much much more; **y un largo ~ de autores** and many more authors besides.

éter NM ether.

etéreo ADJ ethereal.

eternamente ADV eternally, everlastingly.

eternidad NF eternity.

eternizar <1f> [1] VT to perpetuate; (*pey*) to drag out. [2] **eternizarse** VR (*discurso*) to be interminable; **~ en hacer algo** to take ages to do sth.

eterno ADJ eternal, everlasting; (*pey*) never-ending; **el viaje se me hizo ~** I thought the journey would never end.

ética NF ethics; **~ profesional** professional ethics.

ético/a ADJ ethical.

etílico ADJ: **alcohol ~** ethyl alcohol; **en estado ~** intoxicated; **intoxicación ~a** alcohol poisoning.

etilo NM ethyl.

etimología NF etymology.

etimológico ADJ etymological.

etiología NF aetiology, etiology (*US*).

etíope ADJ, NMF Ethiopian.

Etiopía NF Ethiopia.

etiqueta NF [a] (*formalismo*) etiquette, ceremony; **de ~** formal; **ir de ~** to wear evening dress; **'vestir de ~'** 'dress: formal'. [b] (*rótulo*) label; (*de paquete*) tag.

etiquetar <1a> VT to label.

etiquetero ADJ formal, ceremonious.

etnia NF ethnic group.

étnico ADJ ethnic.

etnocéntrico ADJ ethnocentric.

etnografía NF ethnography.

etnología NF ethnology.

etrusco/a [1] ADJ, NM/F Etruscan. [2] NM (*Ling*) Etruscan.

ETS [1] NF ABR (*Med*) de **enfermedad de transmisión sexual** STD. [2] NFPL ABR (*Esp*) de **Escuelas Técnicas Superiores** *technical colleges offering short degree courses*.

ETT NF (*Esp*) ABR de **Empresa de Trabajo Temporal** temp agency.

EU(A) ABR (*esp LAm*) de **Estados Unidos (de América)** US(A).

eucalipto NM eucalyptus, gum tree.

eucaristía NF Eucharist.

eucarístico ADJ eucharistic.

euclidiano ADJ Euclidean.

eufemismo NM euphemism.

eufemístico ADJ euphemistic.

eufonía NF euphony.

euforia NF euphoria.

eufórico ADJ euphoric.

Eufrates NM Euphrates.

eugenesia NF eugenics.

eunuco NM eunuch.

eurasiático/a ADJ, NM/F Eurasian.

eureka INTERJ eureka!

euro NM [a] (*moneda*) euro. [b] (*liter*) east wind.

euro... PREF Euro....

eurocheque NM Eurocheque.

eurocomunismo NM Eurocommunism.

eurócrata NMF Eurocrat.

Eurocrédito NM Eurocredit.

eurodiputado/a NM/F Euro MP, member of the European Parliament.

eurofuncionario/a NM/F EU official.

Europa NF Europe.

europarlamentario/a NM/F member of the European Parliament.

europeísta ADJ, NMF pro-European.

europeización NF Europeanization.

europeizante (*LAm*) = **europeísta**.

europeizar <1f> [1] VT to Europeanize. [2] **europeizarse** VR to become Europeanized.

europeo/a ADJ, NM/F European.

Eurovisión NF Eurovision.

Euskadi NM the Basque Country.

euskaldún/una [1] ADJ Basque; (*Ling*) Basque-speaking. [2] NM/F Basque-speaker.

euskera, eusquera NM Basque, the Basque language; **~ batua** standard Basque.

eutanasia NF euthanasia, mercy killing.

evacuación NF [a] (*gen*) evacuation. [b] (*Téc*) waste.

evacuado/a NM/F evacuee.

evacuar <1d> VT (*gen*) to evacuate; (*Med: llaga*) to drain; **~ el vientre** to have a movement of the bowels.

evadido/a NM/F escaped prisoner.

evadir <3a> [1] VT to evade, avoid; (*impuestos*) to evade. [2] **evadirse** VR (*gen*) to escape; (*de cárcel*) to break out; **~ de la realidad** to escape from reality.

evaluación NF [a] evaluation. [b] (*Escol*) assessment; **~ continua** continuous assessment.

evaluar <1e> VT to evaluate.

evangélico ADJ evangelic(al).

evangelio NM gospel.

evangelista NM evangelist.

evangelizar <1f> VT to evangelize.

evaporación NF evaporation.

evaporar <1a> [1] VT to evaporate. [2] **evaporarse** VR to evaporate; (*fig*) to vanish.

evasión NF escape; (*fig*) evasion; **~ de capitales** flight of capital; **~ fiscal** o **de impuestos** o **tributaria** tax evasion; **literatura de ~** escapist literature.

evasiva NF (*pretexto*) excuse; (*escapatoria*) loophole, way out; **contestar con ~as** to avoid o dodge the issue.

evasivo ADJ (*respuesta*) evasive, non-committal.

evento NM [a] unforeseen happening; **a todo ~** whatever happens. [b] (*acontecimiento*) event; (: *Dep*) fixture.

eventual [1] ADJ [a] (*casual*) fortuitous; (*posible*) possible. [b] (*trabajo, obrero*) temporary, casual; (*oficial*) acting; (*solución*) stopgap *atr*. [2] NMF temporary worker.

eventualidad NF eventuality.

eventualmente ADV (*por casualidad*) by chance; (*posiblemente*) possibly.

Everest NM: **el (Monte) ~** (Mount) Everest.

evidencia NF [a] evidence, proof; **poner en ~** to make clear, show; **ponerse en ~** to show o.s.; **dejar** o **poner a algn en ~** to put sb in an embarrassing position, show sb up in a bad light. [b] (*lo evidente*) obviousness.

evidenciar <1b> VT (*probar*) to prove, demonstrate; (*hacer ver*) to make evident; **~ de modo inconfundible** to give clear proof of.

evidente ADJ obvious, clear, evident; **¡~!** naturally!, obviously!

evidentemente ADV obviously, clearly, evidently.

evitable ADJ avoidable, preventable.

➤ EXPRESIONES GENERATIVAS: **estupendo** → 3, 5

evitación NF avoidance; **~ de accidentes** accident prevention.

evitar <1a> **[1]** VT (*gen*) to avoid; (*precaver*) to prevent; (*peligro*) to escape; (*molestia*) to save, spare; (*tentación etc*) to shun; **no lo lograrán si puedo ~lo** they won't get away with that if I can help it; **~ hacer algo** to avoid doing sth. **[2] evitarse** VR **[a] ~ trabajo** to save o.s. trouble; **así me evito tener que ir** that way I can avoid going. **[b]** (*dos personas*) to avoid each other.

evocación NF evocation; (*de espíritus*) invocation.

evocador ADJ (*sugestivo*) evocative; (*del pasado*) reminiscent (*de* of).

evocar <1g> VT (*recordar*) to evoke, conjure up.

evolución NF **[a]** (*Bio*) evolution; (*fig*) evolution, development; (*Med*) progress. **[b]** (*Mil etc*) manoeuvre, maneuver (*US*).

evolucionar <1a> VI **[a]** (*Bio*) to evolve; (*fig*) to evolve, develop; (*Med etc*) to progress. **[b]** (*Mil*) to manoeuvre, maneuver (*US*); (*Aer*) to circle.

evolutivo ADJ evolutionary.

ex **[1]** PREF ex-, former; **~ secretario** ex-secretary, former secretary. **[2]** NMF: **mi ~** (*fam*) my ex (*fam*) (husband *o* wife).

exabrupto NM broadside.

exacción NF (*acto*) exaction; (*de impuestos*) demand.

exacerbación NF exacerbation.

exacerbar <1a> VT to aggravate, exacerbate; (*irritar*) to irritate.

exactamente ADV (*V adj*) exactly; accurately; precisely; correctly.

exactitud NF (*V adj*) exactness; accuracy; precision, correctness.

exacto ADJ exact; (*acertado*) accurate; (*correcto*) precise, correct; **¡~!** exactly!, quite right!; **eso no es del todo ~** that's not quite right; **para ser ~** to be precise.

exageración NF exaggeration; **lleva 10 horas trabajando - ¡qué ~!** he's been working 10 hours - that'll be the day!

exagerado/a **[1]** ADJ (*relato*) exaggerated, highly-coloured *o* (*US*) -colored; (*precio*) excessive, steep; (*persona*) over-demonstrative; (*gesto*) theatrical. **[2]** NM/F: **¡qué ~ eres!, ¡no seas ~!** don't exaggerate!

exagerar <1a> **[1]** VT to exaggerate; (*exceder*) to overdo; (*aumentar*) to enlarge upon. **[2]** VI to exaggerate; (*pey*) to overdo it; **creo que eso sería ~** I think that would be going a bit far.

exaltación NF **[a]** exaltation. **[b]** (*sobreexcitación*) overexcitement, elation; (*fanatismo*) hot-headedness. **[c]** (*Pol*) extremism.

exaltado/a **[1]** ADJ **[a]** exalted. **[b]** (*estado, humor*) overexcited, elated; (*carácter*) excitable; (*fanático*) hot-headed; (*discurso*) impassioned. **[c]** (*Pol*) extreme. **[2]** NM/F (*fanático*) hothead; (*Pol*) extremist.

exaltar <1a> **[1]** VT **[a]** to exalt; (*enaltecer*) to raise (*a* to). **[b]** (*encomiar*) to extol, praise. **[c]** (*emocionar*) to excite, work up; (*emoción*) to intensify; (*imaginación*) to fire. **[2] exaltarse** VR (*persona*) to get excited, get worked up; (*emoción*) to run high; **¡no te exaltes!** don't get so worked up!

exalumno/a NM/F (*esp LAm Univ*) graduate, former student.

examen NM (*Escol*) examination, exam; (*Med*) examination; (*encuesta*) inquiry (*de* into); (*de problema*) consideration; **~ de admisión** *o* **de ingreso** entrance examination; **~ de conducir** driving test; **~ eliminatorio** qualifying examination; **hacer un ~** to sit an exam(ination); **presentarse a un ~** to enter *o* go in for an exam(ination).

examinado/a NM/F exam candidate.

examinador(a) NM/F examiner.

examinando/a NM/F exam candidate.

examinar <1a> **[1]** VT (*gen*) to examine; (*poner a prueba*) to test; (*inspeccionar*) to inspect, go over; (*indagar*) to inquire into. **[2] examinarse** VR to take an examination, be examined (*en* in).

exangüe ADJ bloodless; (*fig*) weak.

exánime ADJ lifeless; (*fig*) exhausted.

exasperación NF exasperation.

exasperante ADJ exasperating, infuriating.

exasperar <1a> **[1]** VT to exasperate, infuriate. **[2] exasperarse** VR to get exasperated, lose patience.

Exc.ª ABR *de* **Excelencia**

excarcelar <1a> VT to release (from prison).

excavación NF excavation.

excavador(a)[1] NM/F (*persona*) excavator, digger.

excavadora[2] NF (*máquina*) digger.

excavar <1a> VT to excavate, dig (out).

excedencia NF leave (of absence).

excedente ADJ, NM excess, surplus.

exceder <2a> **[1]** VT (*superar*) to exceed, surpass; (*sobrepasar*) to outdo, excel. **[2]** VI: **~ de** to exceed, surpass. **[3] excederse** VR **[a]** (*sobrepasarse*) to excel o.s. **[b]** (*pey*) to go too far; **~ en sus funciones** to exceed one's duty.

excelencia NF **[a]** excellence; **por ~** par excellence. **[b] su E~** his Excellency.

excelente ADJ excellent, superior.

excelso ADJ lofty, exalted, sublime.

excentricidad NF eccentricity.

excéntrico/a ADJ, NM/F eccentric.

excepción NF exception; **la ~ confirma la regla** the exception proves the rule; **a** *o* **con ~ de** with the exception of, except for; **un libro de ~** an exceptional book; **hacer una ~** to make an exception.

excepcional ADJ exceptional.

excepcionalidad NF exceptional nature.

excepto PREP except (for), excepting.

exceptuar <1e> VT to except, exclude.

excesivamente ADV (*V adj*) excessively; unreasonably, unduly.

excesivo ADJ (*gen*) excessive; (*indebido*) unreasonable, undue; **con generosidad ~a** overgenerously.

exceso NM (*lit, fig*) excess; (*Com, Fin*) surplus; **~ de equipaje** excess luggage *o* (*US*) baggage; **~ de mano de obra, ~ de plantilla** overmanning, overstaffing; **~ de peso** excess weight; **~ de velocidad** speeding; **en** *o* **por ~** excessively, to excess; **los ~s cometidos en su juventud** the overindulgences of his youth; **los ~s de la revolución** the excesses of the revolution.

excitabilidad NF excitability.

excitable ADJ excitable.

excitación NF (*emoción*) excitement; (*acción*) excitation.

excitante **[1]** ADJ exciting; (*Med*) stimulating. **[2]** NM stimulant.

excitar <1a> **[1]** VT **[a]** (*gen*) to excite; (*emoción*) to stir up; **el café me excita** coffee makes me jumpy. **[b]** (*incitar*) to incite. **[c]** (*Elec*) to excite, energize. **[2] excitarse** VR to get excited, get worked up.

exclamación NF exclamation; (*grito*) cry.

exclamar <1a> VT, VI to exclaim, cry out.

exclamativo, exclamatorio ADJ exclamatory.

excluir <3g> VT (*gen*) to exclude (*de* from); (*solución*) to reject; (*posibilidad*) to rule out; **le han excluido del equipo** he's been left out of the team.

exclusión NF exclusion; **con ~ de** excluding.

exclusiva NF **[a]** (*Com*) sole right, sole agency; **tener la ~ de un producto** to be the sole agents for a product; **venta en ~** exclusive sale. **[b]** (*en periódicos etc*) exclusive story, scoop; **reportaje en ~** exclusive story.

exclusivamente ADV exclusively.

exclusive ADV exclusively, exclusive of, not counting; **hasta el primero de enero ~** till the first of January exclusive.

exclusividad NF exclusiveness; (*Com*) sole right.

exclusivista ADJ (*club etc*) exclusive, select; (*grupo*) clannish; (*actitud*) snobbish.

exclusivo ADJ exclusive; **derecho ~** sole *o* exclusive right.

Excmo / a. ABR de **Excelentísimo / a.**

excombatiente NM ex-serviceman, veteran (*US*).

excomulgar<1h> VT (*Rel*) to excommunicate.

excomunión NF excommunication.

excoriar<1b> ①① VT (*desollar*) to graze. ② **excoriarse** VR to graze o.s.

excreción NF excretion.

excremento NM excrement.

excretar<1a> VT to excrete.

exculpación NF exoneration; (*Jur*) acquittal.

exculpar<1a> VT to exonerate; (*Jur*) to acquit (*de* of).

excursión NF (*paseo*) excursion, trip; (*Mil*) raid; **~ campestre** picnic; **~ a pie** walk, hike; **ir de ~** to go (off) on a trip o an outing.

excursionar<1a> VI to go on a trip, have an outing.

excursionismo NM going on trips; (*por el campo*) walking, hiking, rambling.

excursionista NMF (*en una excursión*) tripper; (*por campo, montaña*) hiker, rambler.

excusa NF excuse; **presentar sus ~s** to make one's excuses, excuse o.s.

excusado ① ADJ (*inútil*) unnecessary; **~ es decir que** needless to say; **estar ~ de** to be exempt from. ② NM lavatory, toilet.

excusar<1a> ① VT ⓐ (*disculpar*) to excuse; **excúsame con los otros** apologize to the others for me.
ⓑ (*eximir*) to exempt (*de* from); (*evitar: disgustos*) to avoid, prevent; **excusamos decirle que ...** we don't have to tell you that ....
② **excusarse** VR (*disculparse*) to apologize (*con algn* to sb; *de haber hecho algo* for having done sth).

execrable ADJ execrable.

execrar<1a> VT to loathe.

exégesis NF exegesis.

exención NF exemption (*de* from); **~ contributiva, ~ de impuestos** tax exemption, tax allowance.

exento ADJ exempt (*de* from), free (*de* from, of); **~ del servicio militar** exempt from military service; **~ de derechos / impuestos** duty-/tax-free, free of tax/duty; **una expedición no ~a de peligros** an expedition not without (its) dangers.

exequias NFPL funeral rites.

exfoliación NF (*cosmética*) peeling, flaking.

exfoliar<1b> VT to exfoliate.

exhalación NF ⓐ (*acción*) exhalation; (*vapor*) fumes *pl*.
ⓑ (*Astron*) shooting star; **pasar como una ~** to flash past.

exhalar<1a> ① VT to exhale; (*suspiro*) to breathe; **~ el último suspiro** (*euf*) to give up one's last breath. ② **exhalarse** VR to hurry, run.

exhaustivamente ADV exhaustively, thoroughly.

exhaustividad NF exhaustiveness, thoroughness.

exhaustivo ADJ exhaustive, thorough.

exhausto ADJ exhausted; (*persona*) worn-out.

exhibición NF ⓐ (*exposición*) exhibition; (*demostración*) show, display; (*de película*) showing; (*de equipo*) performance; **~ aérea** flying display; **una impresionante ~ de fuerza** an impressive show of strength. ⓑ (*Méx Com*) payment of an instalment o (*US*) installment.

exhibicionismo NM exhibitionism; (*sexual*) indecent exposure, flashing.

exhibicionista ① ADJ, NMF exhibitionist. ② NM (*sexual*) flasher (*fam*).

exhibir<3a> ① VT ⓐ (*cuadros*) to exhibit, put on show; (*artículos*) to display; (*pasaporte*) to show; (*película*) to screen.
ⓑ (*mostrar con orgullo*) to show off; (*hacer alarde de*) to let show.
ⓒ (*Méx: cantidad*) to pay in cash.
② **exhibirse** VR (*mostrarse en público*) to show o.s. off; (*indecentemente*) to expose o.s.

exhortación NF exhortation.

exhortar<1a> VT to exhort (*a* to).

exhumación NF exhumation, disinterment.

exhumar<1a> VT to exhume, disinter.

exigencia NF demand; (*lo necesario*) requirement; **según las ~s de la situación** as the situation requires.

exigente ADJ (*persona, trabajo*) demanding; **ser ~ con algn** to be hard on sb; **es muy ~ en la limpieza** she is very particular about cleanliness.

exigir <3c> VT ⓐ (*impuestos*) to exact, levy (*a* from).
ⓑ (*requerir*) to demand, require (*a* of, from), to call for (*a* from); **~ el pago** to demand payment; **esto exige mucho cuidado** this needs o calls for a lot of care; **exige mucho** he's very demanding; **exija un recibo** insist on getting a receipt. ⓒ (*Ven: cosa*) to ask for, request; (: *persona*) to beg, plead with.

exiguo ADJ (*cantidad*) meagre, meager (*US*); (*objeto: pequeño*) tiny.

exilado / a ① ADJ exiled, in exile. ② NM/F exile.

exiliar<1b> ① VT to exile. ② **exiliarse** VR to go into exile.

exilio NM exile; **estar o vivir en el ~** to be in exile.

eximio ADJ (*persona*) distinguished.

eximir <3a> ① VT (*de impuestos, servicio militar*) to exempt (*de* from); (*de obligación*) to free (*de* from). ② **eximirse** VR to free o.s. (*de hacer algo* from doing sth).

existencia NF ⓐ existence; (*vida*) life; **amargar la ~ a algn** to make sb's life a misery. ⓑ (*Com*) **~ de mercancías** stock-in-trade; **~s** stock *sg*, goods; **nuestras ~s de carbón** our coal stocks; **estar / tener en ~** to be/ have in stock; **liquidar ~s** to clear stock; **renovar ~s** to restock.

existencial ADJ existential.

existencialismo NM existentialism.

existencialista ADJ, NMF existentialist.

existente ADJ existing, in existence; (*situación*) present.

existir <3a> VI to exist; **dejar de ~** (*persona: euf*) to pass away; (*euf*) **esta sociedad existe desde hace 90 años** the company has been in existence for 90 years; **no existe tal cosa** there's no such thing.

exitazo NM great success; (*Mús, Teat etc*) smash hit.

éxito NM ⓐ success; **con ~** successfully; **tener ~ en** to be successful in, make a success of; **no tener ~** to be unsuccessful, not succeed. ⓑ (*Mús, Teat, fig*) success, hit; **~ editorial** o **de librería** bestseller; **~ rotundo** huge success; (*Mús etc*) smash hit; **~ de ventas** best-seller; **grandes ~s** greatest hits.

exitoso ADJ (*esp LAm*) successful.

éxodo NM exodus; **el ~ rural** the drift from the land.

ex oficio ADJ, ADV ex officio.

exonerar<1a> VT ⓐ to exonerate; **~ a algn de un deber** to free sb from a duty. ⓑ (*empleado*) to dismiss.

exorbitante ADJ exorbitant.

exorcismo NM exorcism.

exorcizar<1f> VT to exorcise.

exótico ADJ exotic.

exotismo NM exoticism.

expandir <3a> ① VT (*Anat*) to expand; (*Com*) to expand, enlarge; (*fig*) to spread. ② **expandirse** VR to expand, spread.

expansión NF ⓐ (*V expandir*) expansion; enlargement; spread(ing); **la ~ económica** economic growth. ⓑ (*recreo*) relaxation; (*efusión*) expansiveness.

expansionarse <1a> VR (*dilatarse*) to expand; (*recrearse*) to relax; (*desahogarse*) to open one's heart (*con* to).

expansionista ADJ (*Pol etc*) expansionist.

expansivo ADJ (*lit, fig*) expansive; (*efusivo*) communicative.

expatriación NF (*emigración*) expatriation; (*exilio*) exile.

expatriado / a NM/F (*emigrado*) expatriate; (*exilado*) exile.

expatriarse<1b> VR (*emigrar*) to emigrate; (*Pol*) to go into exile.

expectación NF (*esperanza*) expectation; (*ilusión*) excitement; **crece la ~** excitement is growing.

expectante ADJ expectant.

expectativa NF expectation; (*esperanza*) hope; **~ de vida** life expectancy; **estar a la ~** to wait and see (what will happen); **estar a la ~ de algo** to look out for sth, be on the watch for sth.

expectorar<1a> VT, VI to expectorate.

expedición NF ⓐ (*Geog, Mil*) expedition; **~ de**

salvamento rescue expedition. **b** (*Com*) shipment; **gastos de ~** shipping charges.

expedicionario/a **1** ADJ expeditionary. **2** NM/F member of an expedition.

expedidor NM shipping agent.

expedientar <1a> VT (*investigar*) to make a file on, draw up a dossier on; (*Jur*) to start proceedings against.

expediente NM **a** (*medio*) expedient, means; **recurrir al ~ de hacer algo** to resort to the device of doing sth. **b** (*Jur*) action; (: *papeles*) records of a case; **abrir** o **incoar ~** to start proceedings; **~ disciplinario** disciplinary proceedings; **~ judicial** legal proceedings; **~ de regulación de empleo** notice of dismissal. **c** (*papeles*) record; (*ficha*) file; **~ policial** police dossier; **~ académico** (*Escol*) student's record. **d** **cubrir el ~** to do just enough to keep out of trouble; **lo haré por cubrir el ~** I'll do it to keep up appearances.

expedir <3k> VT (*mercancías*) to send, ship off; (*documento*) to draw up; (*orden, billete*) to issue; (*negocio*) to deal with.

expeditar <1a> VT (*CAm, Méx*) to expedite, hurry along.

expeditivo ADJ expeditious.

expedito ADJ **a** (*pronto*) prompt, speedy. **b** (*camino*) clear, free.

expeler <2a> VT to expel, eject.

expendedor(a) **1** ADJ: **máquina ~a** vending machine. **2** NM/F (*de lotería*) lottery-ticket seller; (*de tabaco*) tobacconist. **3** NM: **~ automático** vending machine.

expendeduría NF (*de lotería*) lottery-ticket shop o stall; (*de tabaco*) tobacconist's (shop), cigar store (*US*).

expender <2a> VT (*gastar*) to spend; (*moneda falsa*) to pass; (*mercancías*) to sell (retail).

expendio NM (*LAm*: *tienda*) small shop; **~ de boletos** (*Méx*) ticket office.

expensas NFPL: **a ~ de** at the expense of; **a mis ~** at my expense.

experiencia NF **a** experience; **~ laboral** work experience; **saber por ~** to know by o from experience. **b** (*experimento*) experiment (*en* on); **~ piloto** pilot scheme.

experimentación NF experimentation.

experimentado ADJ experienced.

experimental ADJ experimental.

experimentar <1a> **1** VT **a** (*método, producto*) to test, try out. **b** (*cambio*) to experience, go through; (*pérdida, deterioro*) to suffer; (*aumento*) to show; (*sensación*) to feel; **las cifras han experimentado un aumento de un 5 por 100** the figures show an increase of 5%. **2** VI to experiment (*con* with; *en* on).

experimento NM experiment (*con* with; *en* on); **como ~** as an experiment, by way of experiment; **hacer ~s** to experiment (*con* with; *en* on).

experto/a **1** ADJ (*gen*) expert, skilled. **2** NM/F expert (*en* algo in o on sth).

expiación NF expiation, atonement.

expiar <1c> VT to expiate, atone for.

expiración NF expiration.

expirar <1a> VI to expire.

explanada NF (*paseo*) esplanade; (*a orillas del mar*) sea front, promenade.

explayar <1a> **1** VT to extend. **2** **explayarse** VR (*esparcirse*) to relax; (*en discurso*) to speak at length; **~ a su gusto** to talk one's head off, talk to one's heart's content; **~ con algn** to confide in sb.

explicable ADJ explicable, explainable, that can be explained.

explicación NF (*gen*) explanation; (*motivo*) reason (*de* for); **sin dar ~es** without giving any reason.

explicar <1g> **1** VT (*gen*) to explain; (*teoría*) to expound; (*Escol*: *materia*) to lecture in. **2** **explicarse** VR **a** (*persona*) to explain (o.s.); **se explica con claridad** he states things clearly. **b** **~ algo** to understand sth; **no me lo explico** I can't understand it, I can't make it out. **c** **esto no se explica fácilmente** this cannot be explained (away) easily.

explicativo, explicatorio ADJ explanatory.

explícitamente ADV explicitly.

explicitar <1a> VT (*declarar*) to state, assert, make explicit.

explícito ADJ explicit.

exploración NF exploration; (*Mil*) reconnaissance; (*Radar*) scanning.

explorador(a)[1] **1** NM/F (*Geog etc*) explorer; (*Mil*) scout. **2** NM **a** (*Med*) probe. **b** (*niño*) **~** (boy) scout.

exploradora[2] NF girl guide o (*US*) scout.

explorar <1a> **1** VT (*Geog, fig*) to explore; (*Med*) to probe; (*Radar*) to scan. **2** VI to explore; (*Mil*) to reconnoitre.

exploratorio ADJ exploratory.

explosión NF (*lit, fig*) explosion; (*de cólera*) outburst; **motor de ~** internal combustion engine; **hacer ~** to explode.

explosionar <1a> VTI to explode, blow up.

explosivo ADJ, NM explosive.

explotación NF (*pey*) exploitation; (*de planta*) running; (*Min*) working; (*de recursos*) development; **~ agrícola** farm; **~ forestal** forestry; **~ minera** mine; **gastos de ~** operating costs o expenses.

explotador(a) **1** ADJ exploitative. **2** NM/F exploiter.

explotar <1a> **1** VT **a** (*recursos, situación*: *tb pey*) to exploit; (*planta*) to run. **b** (*mina*) to work; (*bomba*) to explode. **2** VI (*bomba etc*) to explode, go off.

expoliación NF pillaging, sacking.

expoliar <1b> VT to pillage, sack.

expolio NM pillaging, sacking.

exponente **1** NMF exponent. **2** NM **a** (*Mat*) index, exponent. **b** (*ejemplo*) model, (prime) example; **el tabaco cubano es ~ de calidad** Cuban tobacco is the best of its kind.

exponer <2q> (*pp expuesto*) **1** VT **a** (*gen, Rel, Fot*) to expose; (*cuadro*) to exhibit, put on show; (*cartel, mercancías*) to display. **b** (*teoría*) to expound; (*idea*) to explain; (*hechos*) to set out. **2** **exponerse** VR to lay o.s. open (*a* to); **~ a (hacer) algo** to run the risk of (doing) sth.

exportable ADJ exportable.

exportación NF **a** (*acto*) export, exportation. **b** (*artículo*) export, exported article; (*mercancías*) exports.

exportador(a) **1** ADJ (*país*) exporting. **2** NM/F exporter.

exportar <1a> VT to export.

exposición NF **a** (*Fot*) exposure; (*de cuadro*) showing; (*Com*) display. **b** (*de hechos*) statement; (*de teoría*) exposition. **c** (*Arte*) exhibition; (*Com*) show, fair; **~ universal** world fair.

exposímetro NM (*Fot*) exposure meter.

expósito/a **1** ADJ: **niño ~ = 2.** **2** NM/F foundling.

expositor(a) NM/F (*Arte etc*) exhibitor.

exprés **1** ADJ (*café*) espresso; **carta ~** express delivery letter; **olla ~** pressure cooker. **2** NM **a** (*LAm*) express train. **b** (*café*) espresso coffee.

expresado ADJ above-mentioned; **según las cifras ~as** according to these figures.

expresamente ADV (*concretamente*) expressly; (*a propósito*) on purpose; **no lo dijo ~** he didn't say so in so many words.

expresar <1a> **1** VT (*gen*) to express; (*redactar*) to phrase, put; (*sentimiento*) to show; **estaba expresado de otro modo** it was worded differently. **2** **expresarse** VR (*persona*) to express o.s.; (*cifra, dato*) to be stated; **como abajo se expresa** as is stated below.

expresión NF (*gen, Ling*) expression; **~ corporal** self-expression through movement; **~ familiar** colloquialism, conversational expression.

expresionismo NM expressionism.

expresionista ADJ, NMF expressionist.

expresivamente ADV **a** (*gen*) expressively. **b** (*cariñosamente*) tenderly, affectionately.

expresividad NF expressiveness.

expresivo ADJ (*gen*) expressive; (*cariñoso*) tender, affectionate.

expreso **1** ADJ **a** (*explícito*) express; (*exacto*) specific,

clear. **b** (*tren*) night *atr.* **2** NM (*Ferro*) night train.
exprimelimones NM INV lemon squeezer.
exprimidor NM squeezer.
exprimir ‹3a› **1** VT **a** (*limón*) to squeeze; (*jugo*) to squeeze out. **b** (*pey: persona*) to exploit. **2** **exprimirse** VR: ~ **el cerebro** o **los sesos** (*fam*) to rack one's brains.
ex profeso ADV on purpose.
expropiación NF expropriation.
expropiar‹1b› VT to expropriate.
expuesto **1** PP *de* **exponer**; **según lo arriba** ~ according to what has been stated o set out above. **2** ADJ **a** (*lugar*) exposed. **b** (*cuadro, mercancías*) on show, on display. **c** **estar** ~ **a** to be exposed o open to.
expugnar‹1a› VT to take by storm.
expulsar‹1a› VT (*alumno*) to expel (*de* from); (*extranjero*) to expel, deport; (*jugador*) to send off, eject (*US*); ~ **a algn a puntapiés** to kick sb out.
expulsión NF expulsion; (*de país*) deportation; (*Dep*) sending-off, ejection (*US*).
expulsor **1** ADJ: **asiento** ~ (*Aer*) ejector seat. **2** NM (*Téc*) ejector.
expurgar‹1h› VT to expurgate.
exquisitez NF exquisiteness; (*comida*) delicacy.
exquisito ADJ **a** (*belleza*) exquisite; (*comida*) delicious. **b** (*pey*) affected.
Ext. ABR **a** *de* **Exterior**. **b** *de* **Extensión** ext., extn.
extasiar‹1c› **1** VT to entrance, enrapture. **2** **extasiarse** VR to go into ecstasies (*ante* over, about).
éxtasis NM INV ecstasy; (*trance*) trance; **estar en el** ~ to be in ecstasy.
extático ADJ ecstatic, rapturous.
extemporáneo ADJ (*lluvia etc*) unseasonable; (*viaje*) untimely.
extender‹2g› **1** VT **a** (*gen*) to extend; (*agrandar*) to enlarge; (*mapa, tela*) to spread (out), open (out); (*naipes*) to lay down; (*brazo, mano*) to stretch out; (*crema de belleza, mantequilla*) to spread.
b (*documento*) to draw up; (*cheque*) to write o make out; (*certificado*) to issue.
2 **extenderse** VR **a** (*mancha, incendio*) to spread; (*terreno*) to stretch o spread (out); **sus terrenos se extienden sobre muchos kilómetros** his lands spread over many miles.
b (*en el tiempo*) to extend, last (*a* to, till; *de* from).
c (*costumbre, rumor*) to spread, extend; (*guerra*) to escalate; **la epidemia se extendió rápidamente** the epidemic spread rapidly.
d ~ **sobre un tema** to enlarge on a subject.
extendido ADJ **a** (*tela*) spread out, open; (*brazos*) outstretched. **b** (*costumbre, conocimiento*) widespread; (*pey*) rife, rampant.
extensamente ADV **a** (*viajar, leer*) extensively, widely. **b** (*tratar*) fully, in full, with full details.
extensible ADJ extending.
extensión NF **a** (*acción: gen*) extension, stretching; (*de alas*) spreading; ~ **de plazo** (*Com*) extension. **b** (*superficie*) extent; (*de terreno, mar*) expanse, stretch; **por toda la** ~ **del paisaje** over the whole (expanse) of the countryside. **c** (*tiempo*) length, duration. **d** (*Mús*) range, compass. **e** (*de conocimientos*) extent, range; (*de programa*) scope. **f** (*Telec*) extension.
extensivo ADJ extensive; **hacer** ~ **a** to extend to, apply to, make applicable to; **la crítica se hizo** ~**a a toda la ciudad** the criticism applied to the whole city.
extenso ADJ **a** (*amplio*) extensive; (*cuarto*) big. **b** (*conocimientos*) widespread; (*reportaje*) full; **por** ~ in full, at length.
extenuación NF exhaustion.
extenuado ADJ exhausted.
extenuar‹1e› **1** VT to exhaust. **2** **extenuarse** VR to get exhausted.
exterior **1** ADJ **a** exterior, external, outer; (*aspecto*) outward; (*habitación*) outside.
b (*relaciones, deuda*) foreign; **asuntos** ~**es** foreign affairs; **comercio** ~ foreign o overseas trade.
2 NM **a** (*de casa*) exterior, outside; **con el** ~ **pintado de**

azul with the outside painted blue.
b (*países extranjeros*) abroad; **en el** ~ abroad; **noticias del** ~ foreign o overseas news.
c (*Dep*) ~ **derecho/izquierdo** outside-right/-left.
d ~**es** (*Cine*) location shots.
exterioridad NF outward appearance, externals *pl.*
exteriorizar‹1f› VT to show, reveal.
exteriormente ADV outwardly.
exterminación NF extermination.
exterminar‹1a› VT to exterminate.
exterminio NM extermination.
externalizar‹1f› VT = **exteriorizar**.
externo/a **1** ADJ external, outside. **2** NM/F day pupil.
extinción NF (*gen*) extinction.
extinguido ADJ (*animal, volcán*) extinct; (*fuego*) out, extinguished.
extinguir ‹3d› **1** VT **a** (*fuego*) to extinguish, put out; (*deuda*) to wipe out.
b (*Bio*) to exterminate, wipe out.
2 **extinguirse** VR **a** (*fuego*) to go out.
b (*Bio*) to die out, become extinct.
extinto ADJ (*volcán*) extinct; (*Méx: euf*) dead, deceased.
extintor NM (*tb* ~ **de incendios**) fire extinguisher.
extirpación NF extirpation, eradication; (*Med*) removal.
extirpar ‹1a› VT (*vicios*) to eradicate, stamp out; (*Med*) to remove (surgically).
extorsión NF **a** (*Fin etc*) extortion, exaction; (*chantaje*) blackmail. **b** (*molestia*) inconvenience.
extorsionar ‹1a› VT **a** (*usurpar*) to extort, extract (*de* from). **b** (*fig*) to pester, bother.
extra **1** ADJ INV (*tiempo*) extra; (*Com: vino*) first-rate; (: *gasolina*) high-octane. **2** NMF (*Cine*) extra. **3** NM (*cuenta*) extra; (*periódico*) special edition.
extra... PREF extra....
extracción NF (*gen*) extraction; (*sorteo*) draw; (*de carbón*) mining.
extracto NM (*Quím*) extract; (*Lit*) summary.
extractor NM extractor; ~ **de humos** extractor fan.
extradición NF extradition.
extraditable NM (*esp Col*) prominent drug baron (*wanted by US police*).
extraditar‹1a› VT to extradite.
extraer ‹2p› VT (*gen, Mat, Med*) to extract; (*muela*) to take o pull out; (*Min*) to mine.
extraescolar ADJ: **actividad** ~ out-of-school activity.
extrafino ADJ superfine.
extrajudicial ADJ extrajudicial, out of court.
extrajudicialmente ADV out of court.
extralargo ADJ king-size.
extralimitación NF abuse (of authority).
extralimitarse ‹1a› VR to exceed o abuse one's authority.
extramatrimonial ADJ (*relaciones*) extramarital; **hijo** ~ child born outside marriage o wedlock.
extramuros ADV outside the city.
extranjería NF alien status, status of foreigners; **ley de** ~ law on aliens.
extranjerismo NM foreign word o phrase *etc*.
extranjero/a **1** ADJ foreign. **2** NM/F foreigner. **3** NM foreign country; **estar en el** ~ to be abroad o overseas; **ir al** ~ to go abroad.
extranjis: de ~ ADV (*fam*) secretly, on the sly.
extrañamiento NM **a** estrangement (*de* from). **b** = **extrañeza**.
extrañar‹1a› **1** VT **a** (*hallar extraño*) to find strange; **me extrañaba que no hubieras venido** I was surprised you had not come; **eso me extraña** that surprises me, I find that odd; **me extrañaría que ...** I'd be surprised if ...; **no es de** ~ **que ...** it's hardly surprising that ...; **¡no me extrañaría!** no wonder!
b (*esp LAm: echar de menos*) to miss.
2 **extrañarse** VR to be amazed, be surprised (*de* at); (*maravillarse de*) to marvel at.
extrañeza NF **a** (*rareza*) strangeness, oddness. **b** (*asombro*) surprise, amazement.
extraño ADJ **a** strange, odd; **¡qué** ~**!** how strange!;

parece ~ que ... it seems strange that .... **b** (*ajeno*) extraneous (*a* to).
extraoficial ADJ unofficial, informal.
extraoficialmente ADV unofficially, informally.
extraordinaria NF (*paga*) Christmas bonus.
extraordinariamente ADV extraordinarily.
extraordinario **1** ADJ extraordinary; (*insólito*) unusual; (*edición, numero, descuento*) special; (*cobro*) supplementary; **no tiene nada de ~** there's nothing special about it. **2** NM **a** treat.
b (*menú*) special dish.
c (*Tip*) special issue.
extrapolación NF extrapolation.
extrapolar <1a> VT to extrapolate.
extrarradio NM suburbs *pl*.
extraterrenal, **extraterreno** ADJ (*LAm*) supernatural, extraterrestrial.
extraterrestre **1** ADJ from outer space. **2** NMF creature from outer space.
extravagancia NF **a** (*V extravagante*: *calidad*) extravagance; outlandishness; oddness. **b** (*capricho*) whim; (*rareza*) peculiarity; **~s** (*tonterías*) nonsense *sg*.
extravagante ADJ extravagant; (*estrafalario*) outlandish; (*raro*) odd.
extraviado ADJ lost; (*animal*) lost, stray.
extraviar <1c> **1** VT **a** (*persona*: *desorientar*) to mislead, misdirect.
b (*objeto*) to lose, mislay.
2 **extraviarse** VR **a** (*persona*) to get lost; (*animal*) to stray; (*objeto*) to go missing o astray.
b (*persona*: *moralmente*) to go astray.
extravío NM (*de objeto*) loss, mislaying; (*fig: moral*) misconduct.
extremadamente ADV extremely, exceedingly.
extremado ADJ extreme, excessive.
Extremadura NF Estremadura.
extremar <1a> **1** VT to carry to extremes; **sin ~ el sentimentalismo** without overdoing the sentimentality; **debemos ~ la atención** we must step up our guard; **es necesario ~ las precauciones** we must tighten up

our safeguards.
2 **extremarse** VR to do one's utmost (*en hacer algo* to do sth).
extremaunción NF extreme unction.
extremeño/a **1** ADJ of o from Extremadura. **2** NM/F native o inhabitant of Extremadura.
extremidad NF **a** (*punta*) tip, extremity; (*borde*) edge.
b **~es** (*Anat*) extremities.
extremismo NM extremism.
extremista ADJ, NMF extremist.
extremo **1** ADJ (*gen*) extreme; (*último*) last; (*sumo*) utmost; (*más alejado*) furthest; **en caso ~** as a last resort. **2** NM **a** (*límite*) end, extremity; **pasar de un ~ a otro** (*lit*) to go from one end to the other; (*fig*) to go from one extreme to the other.
b (*situación*) extreme; **al ~ de**, **hasta el ~ de** to the point of; **con ~** in the extreme; **en último ~** as a last resort.
c (*asunto*) point, matter.
d (*Dep*) **~ derecho/izquierdo** outside-right/-left.
Extremo Oriente NM Far East.
extrínseco ADJ extrinsic.
extroversión NF extroversion.
extrovertido/a **1** ADJ extrovert, outgoing. **2** NM/F extrovert.
exuberancia NF **a** exuberance. **b** (*Bot*) luxuriance, lushness. **c** (*de tipo*) fullness, buxomness.
exuberante ADJ **a** exuberant. **b** (*Bot*) luxuriant, lush.
c (*tipo etc*) full, buxom, well-covered.
exudar <1a> VT, VI to exude.
exultación NF exultation.
exultante ADJ elated, overjoyed; **~ de felicidad** flushed with happiness.
exultar <1a> VI to exult.
exvoto NM votive offering.
eyaculación NF (*Med*) ejaculation; **~ precoz** premature ejaculation.
eyacular <1a> VT, VI (*Med*) to ejaculate.
eyectable ADJ: **asiento ~** ejector seat.
eyectarse <1a> VR (*Aer*) to eject.

F[1], f [efe] NF (*letra*) F, f.

F[2] ABR [a] *de* **fuerza**; **un viento F8** a force 8 wind. [b] *de* **febrero** Feb.; **el 23-F** the 23rd February (*date of the Tejero coup attempt (1981)*).

23-F

ⓘ *23-F refers to the attempted coup d'état carried out in the* **Cortes** *on 23 February 1981 by a group of* **Guardias Civiles** *led by Lt. Colonel Antonio Tejero and supported by certain sectors of the army. Members of the Spanish Parliament were held hostage overnight, the national TV station - TVE - was taken over by the military and forced to broadcast nothing but military music and, in some big cities, the army took up positions on the streets. In his role as Supreme Commander of the Armed Forces King Juan Carlos defused the situation by reassuring army commanders that the coup did not have his backing and by pledging his support for democracy. The rebels surrendered the following morning.*

---

f.[a] ABR (*Com*) *de* **factura** inv.
fa NM (*Mús*) fa; **~ mayor** F major.
fab ABR *de* **fabricante** mfr(s).
f.a.b. ABR *de* **franco a bordo** FOB, f.o.b.
fabada NF *rich stew of beans, pork etc.*
fábrica NF [a] (*gen*) factory; (*maquinaria*) works, plant; (*molino*) mill; **~ de cerveza** brewery; **~ de montaje/conservas** assembly/canning plant; **~ de gas** gasworks; **~ de moneda** mint; **~ de papel** paper mill; **marca de ~** trademark; **precio de ~** price ex-works. [b] (*proceso*) manufacture. [c] (*Arquit*) building, structure; (*material*) masonry.
fabricación NF manufacture, production; **de ~ casera** home-made; **de ~ nacional** home-produced; **de ~ propia** our own make; **~ en serie** mass production.
fabricante NMF manufacturer, maker.
fabricar <1g> VT [a] (*gen*) to manufacture, make; (*construir*) to build, construct; **~ en serie** to mass-produce. [b] (*mentira*) to fabricate, concoct.
fabril ADJ manufacturing.
fábula NF [a] (*gen*) fable. [b] (*habladuría*) rumour, rumor (*US*), piece of gossip; (*mentira*) fib. [c] (*fam*) **de ~** splendid; **es de ~** it's fabulous (*fam*).
fabuloso ADJ [a] (*fam*) fabulous; (*ficticio*) imaginary, fictitious. [b] (*fam: maravilloso*) fantastic.
FACA NM ABR (*Esp*) *de* **Futuro avión de combate y ataque.**
facción NF [a] (*Pol*) faction. [b] (*Anat*) feature; **de ~es irregulares** with irregular features.
faccioso/a [1] ADJ (*revoltoso*) rebellious. [2] NM/F (*rebelde*) rebel; (*agitador*) troublemaker.
faceta NF facet.
facha[1] NF [a] (*aspecto*) look, appearance; (*cara*) face; **tener ~ de** to look like. [b] (*pey*) **estar hecho una ~** to look a sight, look terrible; **~s!** (*Méx*) slovenly dress *sg*.
facha[2] NMF (*fam pey*) fascist, right-wing extremist, reactionary.
fachada NF [a] (*Arquit*) façade; (*parte delantera*) front; **con 15 metros de ~** with a frontage of 15 m. [b] (*Tip*) title page. [c] (*fig: apariencia*) façade, outward show; **no tiene más que ~** it's all just show with him.
fachenda (*fam*) [1] NF swank, conceit. [2] NMF swank, show-off.
fachendear <1a> VI (*fam*) to swank, show off.
fachendoso/a [1] ADJ swanky, conceited. [2] NM/F swank, show-off.
fachinal NM (*CSur fam*) swamp.
fachoso ADJ (*fam*) [a] (*raro*) ridiculous, odd-looking. [b] (*And, CSur: elegante*) elegant, natty (*fam*); (*Méx: engreído*) conceited.

facial ADJ facial.
fácil [1] ADJ [a] (*gen*) easy; (*sencillo*) simple, straightforward; **es ~ ver que** it is easy to see that; **~ de hacer** easy to do; **~ de usar** (*Inform*) user-friendly. [b] (*estilo etc*) fluent; (*respuesta*) facile, glib. [c] (*mujer*) easy, loose. [d] **es ~ que venga** he is quite likely to come; **no veo muy ~ que** I don't think it is at all likely that. [2] ADV easily.
facilidad NF [a] (*gen*) ease, easiness; (*sencillez*) simplicity; **con la mayor ~** with the greatest (of) ease. [b] (*habilidad*) facility, gift; (: *para hablar*) fluency, gift of the gab (*fam*). [c] **~es** facilities; **~es de crédito** credit facilities; **'~es de pago'** (*Com*) 'easy terms', 'credit available'.
facilitar <1a> VT [a] (*hacer fácil*) to facilitate, make easy; (*agilizar*) to expedite. [b] (*proporcionar*) to provide, furnish, supply; (: *documento*) to issue; **¿quién facilitó el dinero?** who put up the money?; **me facilitó un coche** he got me o let me have a car; (*Com*) **le agradecería me facilitara** I would be grateful if you could let me have.
fácilmente ADV easily.
facilón ADJ (*fam*) very easy; (*pey: respuesta*) trite; (: *canción*) rubbishy (*fam*).
facineroso/a ADJ, NM/F criminal.
facistol [1] ADJ (*And, Carib*) vain, conceited. [2] NM [a] (*Rel*) lectern. [b] (*And, Carib*) vain o conceited person.
facón NM (*CSur*) long gaucho knife.
facsímil(e) ADJ, NM facsimile.
factibilidad NF feasibility.
factible ADJ feasible.
facticio ADJ artificial.
fáctico ADJ: **los poderes ~s** the powers that be.
factor(a) [1] NM [a] (*Mat*) factor. [b] (*elemento*) factor, element; **~ determinante/humano/de seguridad** determining/human/safety factor; **~ sorpresa** element of surprise; **~ tiempo** time factor. [2] NM/F [a] (*Com: representante*) agent, factor. [b] (*Ferro*) freight clerk.
factoría NF [a] (*Com*) agency. [b] (*esp LAm: fábrica*) factory.
factótum NM jack-of-all-trades; (*Com etc*) agent, nominee.
factura NF [a] (*Com: cuenta*) bill; (: *nota de pago*) invoice; **~ simulada** o **pro forma** pro forma invoice; **según ~** as per invoice; **pasar** o **presentar ~** (*tb fig*) to send an invoice, send the bill. [b] (*CSur*) bun, cake.
facturación NF [a] (*Com: acto*) invoicing. [b] (*Com: ventas*) sales (collectively), turnover. [c] (*Ferro, Aer etc*) registration, check-in.
facturar <1a> VT [a] (*Com: géneros*) to invoice. [b] **la compañía facturó X pesetas en 1995** the company turned over o had a turnover of X pesetas in 1995. [c] (*Ferro, Aer etc*) to register, check (*US*).
facultad NF [a] (*gen*) faculty. [b] (*autoridad*) power; **tener la ~ de hacer algo** to have the power to do sth; **tener ~ para hacer algo** to be authorized to do sth. [c] (*inteligencia*) **~es** faculties, powers; **~es mentales** mental powers. [d] (*Univ*) faculty, school; **F~ de Filosofía y Letras/de Ciencias/de Derecho** Faculty o School of Arts/Science/Law.
facultar <1a> VT to authorize, empower; **~ a algn para hacer algo** to empower sb to do sth.
facultativo [1] ADJ [a] (*gen*) optional. [b] (*Univ*) faculty *atr*. [c] (*de un oficio*) professional; **dictamen ~** medical report; **prescripción ~a** medical prescription. [2] NM doctor.
facundia NF eloquence; (*labia*) gift of the gab (*fam*).
FAD NM ABR (*Esp*) *de* **Fondo de Ayuda al Desarrollo**

development aid fund.

faena NF [a] (*gen*) task, job, piece of work; (*Mil*) fatigue; **~ doméstica** housework; **~s** chores; **estar en (plena) ~** to be hard at work. [b] (*fam: tb* **mala ~**) dirty trick; **hacer una ~ a algn** to play a dirty trick on sb; **¡menuda ~ la que me hizo!** a fine thing he did to me! [c] (*Taur*) set of passes with cape.

faenar<1a> VI [a] to work, labour, labor (*US*). [b] (*pescador*) to fish, work.

faenero NM (*Chi*) farm worker.

fagot [1] NM (*instrumento*) bassoon. [2] NMF (*músico*) bassoonist.

faisán NM pheasant.

faja NF [a] (*tira*) strip, band; (*cinturón*) belt; (: *de tela*) sash; (*de mujer*) girdle, corset; (*Med*) bandage, support. [b] (*Geog: zona*) belt, zone. [c] (*Arquit*) band, fascia.

fajar<1a> [1] VT [a] (*envolver*) to wrap. [b] (*atacar*) to attack; (*esp LAm fam: golpear*) to thrash. [2] **fajarse** VR [a] to put on one's belt o sash *etc*; (*fig*) to tighten one's belt. [b] (*LAm: pelearse*) to come to blows (*fam*), fight.

fajilla NF (*CAm, Méx: correo*) wrapper.

fajín NM (*Mil*) sash.

fajina NF [a] (*Agr*) shock, pile, rick. [b] (*leña*) kindling. [c] (*faena*) task. [d] (*Mil*) bugle call; (*esp*) call to mess.

fajo NM [a] (*de papeles*) bundle, sheaf; (*de billetes*) roll, wad. [b] (*Méx*) woman's belt.

falacia NF [a] (*engaño*) deceit, fraud; (*error*) fallacy, error. [b] (*falsedad*) deceitfulness.

falange NF [a] (*Mil*) phalanx; (*Pol*) **F~** Falangist party. [b] (*Anat*) phalange.

┌─── *FALANGE ESPAÑOLA* ────────────────────────────┐

ⓘ *Founded in 1933 by José Antonio Primo de Rivera, son of the dictator Miguel Primo de Rivera, the* **Falange Española** *was a sort of paramilitary fascist party. It grew rapidly in the early months of the Spanish Civil War, particularly after its leader was executed by the Republicans. Franco later merged the* **Falange** *with the* **Carlistas** *to form the* **Falange Española Tradicionalista de las Juntas de Ofensiva Nacional-Sindicalista.** *After the Civil War, the* **FET de las JONS** *was the only legally political party permitted in Franco's Spain. The* **Falange** *is still in existence.*

falangista ADJ, NMF Falangist.

falaz ADJ (*individuo*) false, deceitful; (*doctrina*) fallacious; (*apariencia*) deceptive, misleading.

falda NF [a] (*ropa*) skirt; (*pliegue*) flap, fold; **~ escocesa** kilt; **~ pantalón** culottes *pl*, divided skirt; **está cosido** o **pegado a las ~s de su madre** he's tied to his mother's apron strings. [b] (*Anat*) lap; **sentarse en la ~ de algn** to sit on sb's lap. [c] (*fam: mujer*) bird (*fam*); **ser muy aficionado a las ~s** to be fond of the ladies; **es asunto de ~s** there's a woman in it somewhere. [d] (*Geog: colina*) foothill; (: *pie de slope*) foot, bottom (of a slope). [e] (*Culin*) brisket. [f] (*de camilla*) table cover.

faldero ADJ: **perro ~** lapdog; **hombre ~** ladies' man.

faldillas NFPL (*de abrigo*) coat-tails; (*de camisa*) shirt-tails.

faldón NM [a] (*de vestido*) tail, skirt; (*Cos: pliegue*) flap. [b] (*Arquit*) gable.

falencia NF (*Arg*) bankruptcy.

falibilidad NF fallibility.

falible ADJ fallible.

fálico ADJ phallic.

falla NF [a] (*defecto*) fault, defect; (*esp LAm: de carácter*) failing; **géneros que tienen ~s** (*Com*) seconds. [b] (*Geol*) fault. [c] (*Esp*) huge ornate cardboard figure burnt in Valencia at the Fallas.

fallar<1a> [1] VT [a] (*Naipes*) to trump. [b] (*Jur*) to pronounce sentence on; (*premio*) to award, decide (on). [c] (*errar*) to miss; **~ el blanco** to miss the target. [2] VI [a] (*gen: freno, memoria etc*) to fail; (*proyectos*) to go wrong, miscarry; (*tiro*) to miss, go astray; (*piernas*) to give way; (*cuerda etc*) to break, snap, give way; (*fusil etc*) to misfire, fail to go off; (*motor*) to misfire, miss; **~ a**

algn to fail sb, let sb down; **algo falló en sus planes** something went wrong with his plans; **le falló el corazón** his heart failed; **no falla nunca** it never fails. [b] (*Jur*) to pronounce sentence, pass judgment. [c] (*Naipes*) to trump (in).

Fallas NFPL *Valencian celebration of the feast of St Joseph.*

┌─── *FALLAS* ─────────────────────────────────────┐

ⓘ *In the week of 19 March (the feast of San José), Valencia honours its patron saint with a spectacular fiesta called* **las Fallas.** **Fallas** *is the name given to the huge papier-mâché, cardboard and wooden sculptures depicting politicians and other well-known public figures which, amidst a deafening display of fireworks, are put on bonfires and set alight by members of competing groups, or* **falleros,** *who will have spent the previous year creating and building them. Only the sculpture which is voted best escapes the flames.*

fallecer<2d> VI to pass away, die.

fallecido / a [1] ADJ late. [2] NM/F deceased.

fallecimiento NM decease; (*frm*) death.

fallero / a [1] ADJ of o relating to the Fallas. [2] NM/F maker of fallas. [3] NF: **fallera mayor** Fallas queen.

fallido ADJ [a] (*gen*) vain, frustrated; (*esfuerzo*) unsuccessful; (*esperanza*) disappointed; (*Mec, Mil etc*) dud; (*deuda*) bad, irrecoverable. [b] (*Com*) bankrupt.

fallo NM [a] (*avería*) failure, breakdown; (*Med*) failure; (*Dep*) mistake; (*falta*) fault, shortcoming; (*Inform*) bug; **ha sido un ~ decírselo** it was a mistake telling him; **debido a un ~ de los frenos** because of a brake failure. [b] (*Jur: sentencia*) sentence, verdict; (: *decisión*) decision, ruling; (: *de jurado etc*) findings.

fallutería NF (*CSur fam*) hypocrisy.

falluto ADJ (*CSur*) hypocritical.

falo NM phallus.

falocracia NF (*fam*) male domination o chauvinism.

falócrata NM male chauvinist pig.

falsario / a NM/F (*mentiroso*) liar.

falseador(a) NM/F forger, counterfeiter.

falsear<1a> [1] VT (*gen*) to falsify; (*firma etc*) to forge, fake; (*moneda etc*) to counterfeit; (*cerrojo*) to pick; (*Téc*) to bevel; **~ la verdad / los hechos** to bend the truth/the facts. [2] VI [a] (*ceder*) to buckle, give way; (*fig*) to flag, slacken. [b] (*Mús*) to be out of tune.

falsedad NF [a] (*gen*) falseness, falsity; (*hipocresía*) hypocrisy, insincerity. [b] (*una ~*) a falsehood.

falsete NM (*Téc*) plug, bung. [b] (*Mús*) falsetto.

falsía NF duplicity.

falsificación NF [a] (*acto*) falsification, forging. [b] (*objeto*) forgery.

falsificador(a) NM/F forger, counterfeiter.

falsificar<1g> VT (*gen*) to falsify; (*moneda*) to counterfeit; (*Arte*) to forge, fake; (*resultado etc*) to rig.

falso ADJ [a] (*mentira*) untrue, false; (*incorrecto*) wrong, incorrect; (*fabricado*) false, fake; (*moneda*) counterfeit, dud; (*firma, documento, cuadro*) forged, fake; (*joya*) imitation *atr*; (*caballo*) vicious; (*persona: insincero*) hollow, insincere; (: *poco honesto*) dishonest; (: *traicionero*) treacherous, false. [b] **en ~** falsely; **jurar en ~** to commit perjury; **dar un paso en ~** to trip; (*fig*) to take a false step.

▼**falta** NF [a] (*carencia*) lack, want; (*necesidad*) need; (*escasez*) shortage; (*Jur*) default; **~ de asistencia** non-attendance; **~ de pago** non-payment; **a ~ de** failing; **a** o **por ~ de** for want o lack of; **~ de dinero** shortage of money; **~ de peso** short weight; **~ de respeto** disrespect; **~ de seriedad** frivolity; **echar algo/algn en ~** to miss sth/sb; **hacer ~** to be lacking, be wanting; **me hace (mucha) ~ una secretaria/una pluma** I (badly) need a secretary/a pen; **no nos hace ~ nada** there's nothing we need; **a este plato le hace ~ sal** this dish needs more salt; **lo que hace ~ aquí** what's needed here; **si hace ~, voy** if necessary, I'll go; **aquí no haces ~** you are not needed here; **¡~ hacía!** and about time too!; **hacer ~ hacer algo** to be necessary to do sth; **hace ~ pintarlo** it needs painting; **no hace ~ que vayas / se lo digas** you don't need to go/tell him; **poner ~ a algn** (*Escol*) to mark sb

absent, put sb down as absent.
b (*fallo*) failure, shortcoming; (*Téc, culpa*) fault; (*error*) mistake; (*ofensa*) offence; (*defecto*) flaw, defect; **~ de ortografía** spelling mistake; **~ garrafal** dreadful blunder; **sin ~** without fail; **sacar ~s a algn** to point out sb's defects.
c (*Jur*) misdemeanour, misdemeanor (*US*).
d (*Dep*) foul, infringement; (: *tenis*) fault; **cometer una ~ contra algn** to foul sb.
e (*Med: por embarazo*) missed period.
faltar <1a> **1** VT (*LAm*) **~le a algn al respeto** , (*esp LAm*) **~le a algn** to be rude to o show disrespect for sb.
2 VI **a** (*necesitar*) to be lacking o wanting; **le falta dinero** he needs money; **me falta un cuchillo** I need o I am missing a knife; **nos falta tiempo para hacerlo** we haven't the time to do it; **nos faltan 9** we're 9 short; **no le falta valor** he doesn't lack courage.
b (*no estar*) to be missing; **falta Pedro/una hoja** Pedro/a sheet is missing; **faltan 1000 ptas en la caja** 1000 pesetas are missing from the till; **¿quién falta?** who's absent?, who's not here?; **¿falta algo?** is anything missing?; **no falta quien opina que ...** there are those who think that ....
c (*no ir*) to miss; **¡no faltaré!** I'll be there!; **~ a clase** to miss school o classes; **~ a una cita** to miss o break an appointment; **~ al trabajo** to stay away from work; **en 8 años no he faltado ni una sola vez** I've not missed once in 8 years.
d (*quedar*) **faltan 3 semanas para las elecciones** there are 3 weeks to go to the election; **faltan 5 para las 7** (*LAm*) it's five to seven; **falta mucho todavía** there's plenty of time yet; **¿falta mucho?** is there long to go?; **falta poco para las 8** it's nearly 8 o'clock; **falta poco para terminar** it's almost over; **faltó poco para que le pillara un coche** he was very nearly run down by a car; **faltan pocos minutos para el comienzo** it's only a few minutes to go to the start; **falta todavía por hacer** it is still to be done.
e (*no cumplir*) **~ a** (*principio*) to be false to; (*persona: ser infiel*) to be unfaithful to; **~ a la decencia** to offend against decency; **~ a una promesa** to go back on one's word; **~ al respeto** to be disrespectful (*a* to); **~ a la verdad** to lie, be untruthful.
f (*euf: morirse*) to pass away; **cuando falte yo** when I'm gone.
g (*locuciones*) **¡lo que (me) faltaba!** that's all I needed; **¡no faltaba** o **faltaría más!** (*no hay de qué*) don't mention it!; (*naturalmente*) of course, naturally; (*¡ni hablar!*) certainly not!, no way! (*fam*); **¡no faltaba más que eso!** o **¡lo que faltaba!** (*¡es el colmo!*) it's the limit!, it's the last straw!; (*¡ni hablar!*) certainly not!, no way! (*fam*).
falto ADJ (*gen*) short, deficient; **~ de moral** downhearted; **estar ~ de** to be short of; (*cualidad*) to be lacking in; **estar ~ de personal** to be understaffed.
faltón ADJ **a** (*gen*) neglectful, unreliable (*in carrying out duties*). **b** (*irrespetuoso*) disrespectful.
faltriquera NF (*bolsillo*) fob, watch pocket; (*bolsa*) handbag; **rascarse la ~** to dig into one's pocket (*fig*).
falúa NF launch.
fama NF (*renombre*) fame; (*reputación*) reputation, repute; **mala ~** notoriety; **de mala ~** notorious, of ill repute; **este restaurante tiene ~ de barato** this restaurant is reputed to be cheap; **el libro que le dio ~** the book which made him famous, the book which made his name; **tener ~** to be famous; **tener ~ de gran cazador** to be known as a great hunter; **tener ~ de poco escrupuloso** he is thought to be unscrupulous; **tus pasteles tienen ~** your cakes are famous.
famélico ADJ starving, famished.
familia NF (*gen*) family; (*habitantes de casa*) household; **~ numerosa** large family; **~ política** in-laws; **de buena ~** of good family; **acordarse de la ~ de algn** (*fam*) to insult sb at length; **sentirse como en ~** to feel thoroughly at home; **ser como de la ~** to be one of the family; **tener mucha ~** to have lots of children; **eso viene de ~** that runs in the family.

familiar **1** ADJ **a** (*de la familia*) family *atr*; **los lazos ~es** family ties; **subsidio ~** family allowance.
b (*conocido*) familiar (*a* to).
c (*estilo*) homely, informal; (*Ling*) colloquial.
2 NMF relative, relation.
familiaridad NF (*gen*) familiarity (*con* with); (*de estilo*) homeliness, informality; **~es** familiarities.
familiarizar <1f> **1** VT to familiarize, acquaint (*con* with).
2 **familiarizarse** VR: **~ con** to familiarize o.s. with, get to know.
famoso **1** ADJ (*gen*) famous (*por* for). **2** NM famous person, celebrity; **los ~s** the famous.
fan NMF (*pl* **~s**) (*gen*) fan (*fam*); (*Cine*) buff.
fanal NM **a** (*Náut*) (harbour o (*US*) harbor) beacon.
b (*campana*) bell glass.
fanático/a **1** ADJ fanatical. **2** NM/F (*gen*) fanatic; (*intransigente*) bigot; (*Cine etc*) fan (*fam*); (*Dep: hincha*) supporter; **es un ~ del aeromodelismo** he's mad about model aeroplanes.
fanatismo NM (*gen*) fanaticism; (*intransigencia*) bigotry; (*entusiasmo*) enthusiasm.
fancine NM = **fanzine**.
fandango NM **a** (*Mús*) fandango. **b** (*fam: jaleo*) row, rumpus; **se armó un ~** there was a great row. **c** (*fiesta*) rowdy party.
fané ADJ INV (*CSur fam*) worn out, tired out.
faneca NF (*pez*) species of flatfish.
fanega NF **a** *grain measure* (= *Spain 1.58 bushels, Méx 2.57 bushels, CSur 3.89 bushels*). **b** *land measure* (= *Spain 1.59 acres, Carib 1.73 acres*).
fanfarria NF **a** (*fam: jactancia*) bluster, bravado. **b** (*Mús*) fanfare.
fanfarrón/ona **1** ADJ blustering, boastful. **2** NM/F blowhard, braggart.
fanfarronada NF bluster, bravado.
fanfarronear <1a> VI to boast, talk big (*fam*).
fanfarronería NF (*acto*) boasting, bragging; = **fanfarronada**.
fangal NM bog, quagmire.
fango NM (*lodo*) mud, mire; (*fig*) mire, dirt.
fangoso ADJ muddy, miry.
fantasear <1a> VI (*soñar*) to dream, fantasize.
fantaseo NM (*V vi*) dreaming.
fantasía NF **a** (*gen*) fantasy; (*imaginación*) imagination; **es obra de la ~** it is a work of the imagination. **b** (*Arte, Lit etc*) fantasy; (*cuento*) fantastic tale; (*Mús*) fantasia; **tocar por ~** to improvise. **c** (*una ~*) whim, fancy. **d** (*Com*) **de ~** fancy; **joyas de ~** costume jewellery o (*US*) jewelry.
fantasioso ADJ (*soñador*) dreamy.
fantasma **1** NM **a** (*gen*) ghost, phantom.
b (*fam: presumido*) show-off, bighead (*fam*); (*fanfarrón*) boaster, blowhard; **¡no seas ~!** stop showing off!
c (*TV*) shadow, ghost image.
2 ADJ ghost, phantom; **buque ~** ghost ship; **compañía ~** dummy company.
fantasmada NF (*fam*) bluster, bravado.
fantasmagoría NF phantasmagoria.
fantasmagórico ADJ phantasmagoric.
fantasmal ADJ ghostly.
fantasmón/ona NM/F (*fam*) = **fantasma 1(b)**.
fantástico ADJ **a** (*gen*) fantastic; (*extraño*) weird, unreal. **b** (*estupendo*) fantastic, great. **c** (*fanfarrón*) boastful.
fantoche NM **a** (*títere*) puppet, marionette. **b** (*fam: persona: mediocre*) mediocrity, nonentity; (: *presumido*) braggart, loudmouth (*fam*).
fanzine NM fanzine.
FAO NF ABR *de* **fabricación asistida por ordenador** CAM.
faquir NM fakir.
farabute NM (*CSur*) rogue.
farallón NM (*Geog*) headland; (*Geol*) outcrop, rocky peak.
faramalla NF **a** (*charla*) humbug, claptrap; (*cosa tirada*) trash. **b** (*Méx, Chi: fam*) lie.
faramallear <1a> VI (*Méx, Chi: fam*) to lie.
farándula NF (*Teat: Hist*) troupe of strolling players; **el mundo de la ~** the theatre o (*US*) theater world.

farandulero/a ADJ (*LAm*) = **farolero**.
faraón/a [1] NM Pharaoh. [2] NM/F (*fig*) king/queen.
faraónico ADJ Pharaonic; (*plan etc*) overambitious.
fardada NF (*fam*) show, display; **pegarse una ~** to show off.
fardar <1a> VI (*fam*) [a] (*objeto*) to be classy; **es un coche que farda mucho** it's a car with a lot of class. [b] (*persona*) to show off, put on a display. [c] (*jactarse*) to boast, spin a line; **fardaba de sus amigas** he boasted about his girlfriends.
fardo NM (*gen*) bundle; (*bala*) bale, pack; (*fig*) burden; **pasar el ~** (*Per fam*) to pass the buck (*fam*).
fardón ADJ (*fam*) [a] (*de clase*) classy, posh. [b] (*vanidoso*) stuck-up (*fam*), swanky.
farero/a NM/F lighthouse-keeper.
farfulla NF (*fam*) spluttering; (*LAm*) bragging, boasting.
farfullador ADJ spluttering; (*LAm*) bragging, boastful.
farfullar <1a> [1] VI to splutter; (*LAm*) to brag, boast. [2] VT to gabble.
farináceo ADJ starchy, farinaceous.
faringe NF pharynx.
faringitis NF pharyngitis.
fariña NF (*Per, CSur*) coarse manioc flour.
farisaico ADJ Pharisaic(al), hypocritical.
fariseo NM Pharisee, hypocrite.
farmacéutico/a [1] ADJ pharmaceutical. [2] NM/F chemist, pharmacist.
farmacia NF (*ciencia*) pharmacy; (*tienda*) chemist's (shop), drugstore (*US*); **~ de guardia** all-night chemist's.
fármaco NM drug.
farmacología NF pharmacology.
farmacológico ADJ pharmacological.
farmacólogo/a NM/F pharmacologist.
farmacopea NF pharmacopoeia.
faro NM [a] (*Náut: torre*) lighthouse; (*señal*) beacon; **~ aéreo** air beacon. [b] (*Aut*) headlamp, headlight; **~ antiniebla** foglamp.
farol NM [a] (*linterna*) lantern, lamp; (*Ferro*) headlamp; (*en la calle*) street lamp; **~ antiniebla** foglamp; (*poste*) lamppost; **~ de viento** hurricane lamp. [b] (*Taur*) flourishing pass. [c] (*CSur*) bay window. [d] (*Naipes etc*) bluff; **echarse o marcarse o tirarse un ~** (*fam*) to shoot a line (*fam*), brag; (*Naipes etc*) to bluff.
farola NF street lamp, lamppost.
farolazo NM (*CAm, Méx: fam*) swig.
farolear <1a> VI (*fam*) to brag, boast; (*Naipes*) to bluff.
farolero/a [1] ADJ (*fam*) boastful, vain. [2] NM/F (*presumido*) braggart; (*engañador*) bullshitter (*fam!*).
farolillo NM Chinese lantern; **~ rojo** (*fig*) back marker, team *etc*) in last place.
farra NF [a] (*esp LAm*) spree; **ir de ~** to go on a binge. [b] (*CSur*) mockery, teasing; **tomar a algn para la ~** to pull sb's leg.
fárrago NM hotchpotch.
farrear <1a> [1] VI (*esp CSur*) to make merry, carouse. [2] **farrearse** VR [a] (*CSur*) **~ de algn** to tease sb. [b] (*Arg: dinero*) to squander.
farrista ADJ (*CSur*) hard-drinking.
farruco ADJ (*fam*) pig-headed; **ponerse ~** to get aggressive.
farruto ADJ (*Chi fam: pey*) sickly, weak.
farsa NF (*Teat*) farce; (*fig*) farce, sham.
farsante NM/F (*fam*) fraud, phoney (*fam*).
FAS ABR de **Fuerzas Armadas**.
fas: por ~ o por nefas by hook or by crook.
fascículo NM (*gen*) part, instalment, installment (*US*).
fascinación NF fascination.
fascinador(a), fascinante ADJ fascinating.
fascinar <1a> VT, VI (*gen*) to fascinate; (*encantar*) to captivate.
fascismo NM fascism.
fascista ADJ, NM/F fascist.
fase NF [a] (*gen*) phase, stage. [b] (*Astron, Bio, Elec*) phase.
fastidiado ADJ (*fam: estropeado*) ruined, bust; **ando ~ del estómago, tengo el estómago ~** I've got a dodgy stomach.

fastidiar <1b> [1] VT [a] (*molestar*) to annoy, bother; (*aburrir*) to bore; (*dar asco*) to disgust, sicken; **¡no fastidies!** you're kidding!; **¡no me fastidies!** stop bothering me!; **me fastidia tener que ir** it's a pain having to go (*fam*).
[b] (*dañar*) to harm, damage; **nos ha fastidiado las vacaciones** it's ruined our holidays.
[2] **fastidiarse** VR [a] (*gen*) to get cross; (*aburrirse*) to get bored; **¡que se fastidie!** (*fam: aguante*) he'll just have to put up with it; (: *que vaya al diablo*) he can go to hell (*fam*).
[b] (*hacerse daño*) to harm o.s. (*US*), do o.s. an injury.
[c] (*fam: estropearse*) to break; (*fiesta, tarde*) to be spoiled o ruined.
fastidio NM (*molestia*) annoyance, bother; (*aburrimiento*) boredom; (*asco*) disgust, repugnance; **¡qué ~!** what a nuisance!
fastidioso ADJ (*molesto*) annoying, bothersome; (*aburrido*) tedious, boring; (*asqueroso*) sickening.
fasto NM (*pompa*) pomp, pageantry.
fastuosamente ADV (*V adj*) magnificently, splendidly; lavishly.
fastuoso ADJ (*espléndido*) magnificent, splendid; (*banquete etc*) lavish.
fatal [1] ADJ [a] (*mortal*) fatal.
[b] (*inevitable*) fateful; (*plazo, cita*) unavoidable.
[c] (*fam*) awful, rotten.
[2] ADV terribly; **lo pasaron ~** they had a terrible time (of it); **cocina ~** he's a terrible cook; **me encuentro ~** I feel awful.
fatalidad NF [a] (*destino*) fate; (*Mil etc*) fatality.
[b] (*desdicha*) misfortune, ill-luck.
fatalismo NM fatalism.
fatalista [1] ADJ fatalistic. [2] NM/F fatalist.
fatalmente ADV (*V adj*) [a] fatally. [b] unavoidably.
fatídico ADJ (*gen*) fateful, ominous.
fatiga NF [a] (*cansancio*) fatigue, weariness; **~ cerebral** mental fatigue; **~ del metal** (*Téc*) metal fatigue. [b] **~s** hardships, troubles.
fatigar <1h> [1] VT (*cansar*) to tire, weary; (*molestar*) to annoy. [2] **fatigarse** VR to tire, get tired, grow weary; **~ de andar** to wear o.s. out walking.
fatigosamente ADV painfully, with difficulty.
fatigoso ADJ [a] (*cansado*) tiring, exhausting. [b] (*Med*) painful, difficult; **respiración ~a** laboured o (*US*) labored breathing. [c] (*fastidioso*) trying.
fatuidad NF (*gen*) foolishness; (*vanidad*) conceit.
fatuo ADJ (*gen*) fatuous, foolish; (*vanidoso*) conceited.
fauces NFPL (*Anat*) fauces, gullet *sg*; (*fig*) jaws, maw *sg*.
faul NM (*Méx Dep*) foul.
faulear <1a> VT (*Méx Dep*) to foul.
fauna NF fauna; **toda la ~ del barrio** (*fam*) all the weirdos in the neighbourhood (*fam*).
fauno NM faun.
fausto [1] ADJ fortunate, lucky. [2] NM splendour, splendor (*US*).
▼**favor** NM [a] (*ayuda*) favour, favor (*US*), good turn; **~es** (*de mujer*) favours; **entrada de ~** complimentary ticket; **hacer un ~** to do a favour; **por ~** please; **haga el ~ de esperar** please wait; **¿me hace el ~ de pasar la sal?** would you be so kind as to pass the salt?; **si hace el ~ de pasar** please go in; **~ de venir puntualmente** (*LAm*) please be punctual.
[b] (*gracia*) good graces; **gracias al ~ del rey** thanks to the king's protection.
[c] **a ~** in favour; **¿estás a ~?** are you in favour o in agreement?; **a ~ de** in favour of; (*Com*) to the order of; **en ~ de** on behalf of; **a ~ de la marea** taking advantage of the tide.
favorable ADJ (*gen*) favourable, favorable (*US*); (*condiciones etc*) advantageous.
favorecedor ADJ (*vestido*) becoming; (*retrato*) flattering.
favorecer <2d> VT [a] (*gen*) to favour, to favor (*US*); (*amparar*) to help, protect; (*suj: destino etc*) to smile on.
[b] (*vestido*) to become, look well on; (*retrato*) to flatter.
favoritismo NM favouritism, favoritism (*US*).

➤ EXPRESIONES GENERATIVAS: **favor → 9**

favorito/a ADJ, NM/F favourite, favorite (US).

fax NM fax (machine); (mensaje) fax.

fayuca NF (Méx fam) smuggling.

fayuquear<1a> VT (Méx fam) to smuggle.

fayuquero/a NM/F (Méx fam) seller of smuggled goods.

faz NF (lit, fig) face; (de moneda) obverse; **en la ~ de la tierra** on the face of the earth.

FC, f.c. ABR de **ferrocarril** Rly.

Fdo. ABR (en correspondencia) de **firmado**; **~ D. Josep Pauli i Costa** Signed, Josep Pauli i Costa Esq.

FE NF ABR (Hist) de **Falange Española**.

fe NF [a] (Rel) faith (en in); **la ~ católica** the Catholic faith. [b] (confianza) faith, belief; **de buena ~** in good faith; (Jur) bona fide; **actuar en** o **de buena/mala ~** to act in good/bad faith; **dar** o **prestar ~ a** to believe, place reliance on; **tener ~ en** to have faith in, believe in. [c] (palabra) assurance; **en ~ de lo cual** in witness whereof; **dar ~ de** to testify to, bear witness to. [d] (Admin) certificate; **~ de bautismo** certificate of baptism; **~ de erratas** errata; **~ de vida** document proving that a person is still alive.

FEA NF ABR [a] de **Federación Española de Automovilismo**. [b] de **Federación Española de Atletismo**. [c] (Hist) de **Falange Española Auténtica**.

fealdad NF ugliness, hideousness.

feb., feb.º ABR de **febrero** Feb.

febrero NM February; V tb **se(p)tiembre**.

febril ADJ (gen) fevered, feverish; (movido) hectic.

fecal ADJ faecal, fecal (US); **aguas ~es** sewage.

fecha NF date; **~ de caducidad**, **~ límite de venta** sell-by date; **~ límite** o **tope** deadline; **~ de nacimiento** date of birth; **~ de vencimiento/de vigencia** (Com) due/effective date; **a 30 días ~** (Com) at 30 days' sight; **con ~ del 15 de agosto** dated the 15th of August; **en ~ próxima** soon, at an early date; **hasta la ~** to date, so far; **para estas ~s** by this time; **pasarse de ~** (Com) to pass the sell-by date; **por estas ~s** about now; **el año pasado por estas ~s** this time last year.

fechador NM date stamp.

fechar<1a> VT to date.

fechoría NF misdeed, villainy.

FECOM NM ABR de **Fondo Europeo de Cooperación Monetaria** EMCF.

fécula NF starch.

feculento ADJ starchy.

fecundación NF fertilization; **~ in vitro** test-tube fertilization.

fecundar<1a> VT to fertilize.

fecundidad NF (gen) fertility, fecundity; (fig: productividad) productiveness.

fecundizar<1f> VT to fertilize.

fecundo ADJ (gen) fertile; (fig) prolific; (fructífero) fruitful, productive.

FED NM ABR de **Fondo Europeo de Desarrollo** EDF.

FEDER NM ABR de **Fondo Europeo de Desarrollo Regional** ERDF.

federación NF federation.

federal [1] ADJ federal; **Distrito F~** (Méx) Mexico City. [2] NM: **los ~s** (Méx) federal soldiers o police.

federalismo NM federalism.

federalista NMF federalist.

federar<1a> [1] VT to federate. [2] **federarse** VR [a] (Pol) to federate. [b] (hacerse socio) to become a member.

federativo ADJ federative.

fehaciente ADJ reliable, authentic; **de fuentes ~s** from reliable sources.

FE-JONS, FE de las JONS NF ABR (Hist) de **Falange Española de las Juntas de Ofensiva Nacional Sindicalista**.

felación NF fellatio.

feldespato NM felspar.

felicidad NF (gen) happiness; (suerte) good fortune (fig fam); **curva de la ~** pot belly; **¡~es!** best wishes, congratulations!; (cumpleaños) happy birthday!

felicitación NF good wish; (tarjeta) greetings card; **~es** congratulations; **~ de Navidad** Christmas greetings;

(tarjeta) Christmas card.

felicitar<1a> [1] VT to congratulate (a algn por algo sb on o about sth); **¡le felicito!** congratulations!, well done!; **~ la Navidad** etc **a algn** to wish sb a happy Christmas etc. [2] **felicitarse** VR to congratulate o.s.

feligrés/esa NM/F parishioner.

feligresía NF (parroquia) parish; (feligreses) parishioners.

felino ADJ feline, catlike.

felipismo NM policies of Felipe González (Spanish Prime Minister 1983-1996).

felipista [1] ADJ characteristic of Felipe González; **la mayoría ~** the pro-Felipe González majority. [2] NMF supporter of Felipe González.

feliz ADJ [a] (gen) happy; **¡~ año nuevo!** happy New Year!; **y vivieron felices** o **fueron felices y comieron perdices** and they lived happily ever after. [b] (expresión) felicitous, apt, fitting. [c] (afortunado) lucky, fortunate; **el asunto tuvo un final ~** the affair turned out well.

felizmente ADV (V adj) happily; felicitously; luckily, fortunately.

felonía NF disloyalty, treachery.

felpa NF (terciopelo) plush; (toalla) (terry) towelling; (fig fam: paliza) hiding; **echarle una ~ a algn** to bawl sb out.

felpear<1a> VT (CSur, Méx: fam) to dress down.

felpilla NF chenille.

felpudo [1] ADJ plush. [2] NM doormat.

femenil ADJ feminine, womanly; (Dep etc) **equipo ~** women's team.

femenino [1] ADJ (gen) feminine; (sexo) female; **deporte ~** sport for women; **equipo ~** women's team. [2] NM (Ling) feminine.

fémina NF (hum) woman, female.

feminidad NF femininity.

feminismo NM feminism.

feminista ADJ, NMF feminist.

FEMP NF ABR de **Federación Española de Municipios y Provincias**.

fémur NM femur.

fenecer <2d> VI [a] (concluirse) to come to an end, cease. [b] (euf) to pass away, die.

fenicio/a ADJ, NM/F Phoenician.

fénix NM phoenix.

fenol NM phenol.

fenomenal [1] ADJ (gen) phenomenal (fam); (estupendo) tremendous, terrific (fam). [2] (fam) ADV: **le va ~** he's getting on tremendously well; **lo hemos pasado ~** we've had a terrific time.

fenómeno [1] NM [a] (gen) phenomenon; (fig) freak, accident. [b] **Pedro es un ~** Peter is a genius, Peter is altogether exceptional. [2] ADJ (fam) great, marvellous, marvelous (US); **una chica ~a** a smashing girl. [3] ADV (fam) = **fenomenal 2**.

feo [1] ADJ [a] (gen: aspecto) ugly; (horroroso) hideous; **más ~ que Picio** o **un grajo** as ugly as sin; **me tocó bailar con la más ~a** (fig) I got the short straw. [b] (desagradable) nasty; (jugada) dirty, foul; **es una costumbre ~a** it's a nasty habit; **eso es muy ~** that's nasty; **el tiempo se está poniendo ~** the weather's o it's turning nasty; **esto se está poniendo ~** I don't like the look of this; **hace ~ comerse las uñas en público** it's not done o it's bad-mannered to bite your nails in public. [c] (olor) foul; (comida) foul-tasting. [2] NM (ofensa) insult, slight; **hacer un ~ a algn** to offend sb; **¿me vas a hacer ese ~?** but you can't refuse! [3] ADV (esp LAm fam) bad, badly; **oler ~** to smell bad; **cantar ~** to sing badly.

FEOGA NM ABR de **Fondo Europeo de Orientación y de Garantía Agrícola** EAGGF.

feote ADJ (fam) plug-ugly (fam).

feraz ADJ fertile.

féretro NM coffin.

feria NF [a] (gen) fair; (mercado) market; (Agr) show; **la F~ de Sevilla** the Seville Carnival; **~ del libro** book fair; **~**

comercial trade fair; ~ **de muestras** trade show o exhibition. [b] (*descanso*) holiday, day off. [c] (*Méx fam: cambio*) (small) change.
feriado [1] ADJ: **día** ~ holiday, day off. [2] NM (*LAm*) bank holiday, public holiday.
ferial [1] ADJ: **recinto** ~ fairground, exhibition area. [2] NM fairground.
feriante NMF (*Com*) stallholder, trader; (*público*) fair-goer.
feriar<1b> VT (*Méx*) to exchange.
ferino ADJ: **tos** ~**a** whooping cough.
fermentación NF fermentation.
fermentado ADJ fermented.
fermentar<1a> VT, VI to ferment.
fermento NM ferment.
ferocidad NF ferociousness, ferocity.
Feroe: Islas ~ FPL Faroe Islands, the Faroes.
feroz ADJ (*salvaje*) fierce, ferocious, savage; (*cruel*) cruel.
férreo ADJ [a] (*gen*) iron; (*Quím*) ferrous; **metal no** ~ nonferrous metal. [b] (*Ferro*) **vía** ~**a** railway, railroad (*US*). [c] (*fig*) iron *atr*; **una voluntad** ~**a** an iron will.
ferrería NF ironworks, foundry.
ferretería NF [a] (*objetos*) ironmongery, hardware. [b] (*tienda*) ironmonger's (shop), hardware store.
ferretero / a NM/F ironmonger, hardware dealer.
ferroaleación NF ferro-alloy.
ferrocarril NM railway, railroad (*US*); ~ **elevado** overhead railway; ~ **de vía estrecha/única** narrow-gauge/single-track railway; **por** ~ by rail, by train.
ferrocarrilero (*LAm*) [1] ADJ railway *atr*, rail *atr*, railroad *atr* (*US*). [2] NM (*LAm*) railwayman, railroad worker (*US*).
ferroso ADJ ferrous; **metal no** ~ non-ferrous metal.
ferroviario [1] ADJ railway *atr*, rail *atr*, railroad *atr* (*US*). [2] NM railwayman, railway o (*US*) railroad worker.
fértil ADJ (*gen*) fertile; (*productivo*) fruitful, productive; (*rico*) rich (*en* in).
fertilidad NF (*V adj*) fertility; productivity; richness.
fertilizante NM fertilizer.
fertilizar<1f> VT to fertilize.
férula NF [a] (*vara*) birch, rod. [b] (*Med*) splint. [c] (*fig: dominio*) rule, domination.
férvido ADJ fervid, ardent.
ferviente ADJ fervent.
fervor NM fervour, fervor (*US*), passion.
fervorosamente ADV fervently, passionately.
fervoroso ADJ fervent, passionate.
festejar <1a> VT [a] (*divertir*) to wine and dine, fête. [b] (*celebrar*) to celebrate. [c] (*cortejar*) to woo, court. [d] (*Méx fam*) to thrash.
festejo NM [a] (*de huésped*) fêting. [b] (*de cumpleaños etc*) celebration; ~**s** public festivities. [c] (*cortejo*) wooing, courtship.
festín NM feast, banquet.
festival NM festival.
festivalero ADJ festival *atr*.
festividad NF [a] (*ceremonia*) festivity. [b] (*Rel*) feast, holiday. [c] (*ingenio*) wit.
festivo ADJ [a] (*fiesta*) festive, merry. [b] **día** ~ holiday. [c] (*agudo*) witty; (*Lit etc*) burlesque.
festón NM (*Cos*) festoon, scallop; (*de flores*) garland.
festonear <1a> VT (*Cos*) to festoon, scallop; (*de flores*) to garland.
FET NF ABR [a] *de* **Federación Española de Tenis**. [b] (*Hist*) *de* **Falange Española Tradicionalista**; *V* **falange**.
fetal ADJ foetal.
fetiche NM (*gen*) fetish.
fetichismo NM fetishism.
fetichista [1] ADJ fetishistic. [2] NMF fetishist.
fetidez NF smelliness, rankness.
fétido ADJ foul-smelling, stinking.
feto NM foetus, fetus (*US*). [b] (*fam*) ugly sod (*fam!*).
feúcho ADJ (*fam*) plain, homely (*US*).
feudal ADJ feudal.
feudalismo NM feudalism.
feudo NM fief, realm.
FEVE NF ABR *de* **Ferrocarriles Españoles de Vía Estrecha**.
FF, f.f. ABR *de* **franco (en) fábrica**; **precio** ~ price ex-

factory.
FF. AA. ABR *de* **Fuerzas Armadas**.
FF. CC. ABR *de* **Ferrocarriles**.
FGD NM ABR *de* **Fondo de Garantía de Depósitos** *supervisory financial body*.
fha. ABR *de* **fecha** d.
fiabilidad NF reliability, trustworthiness.
fiable ADJ reliable, trustworthy.
fiaca NF (*Arg fam*) laziness.
fiado NM: **al** ~ on trust; (*Com*) on credit.
fiador(a) NM/F [a] (*Jur*) guarantor, bondsman (*US*); **salir** ~ **por algn** to stand security for sb. [b] (*Mec*) (safety) catch.
fiambre [1] ADJ [a] (*Culin*) (served) cold. [b] (*fig: noticia etc*) old, stale. [2] NM [a] (*Culin*) cold meat, cold cut (*US*). [b] (*fam: cadáver*) corpse, stiff (*fam*); **el pobre está** ~ the poor chap is stone dead, the poor fellow is cold meat now (*fam*). [c] (*CSur fam: fiesta*) lifeless party.
fiambrera NF [a] (*para almuerzo*) lunch basket, dinner pail (*US*). [b] (*CSur: nevera*) meat safe o store.
fiambrería NF (*And, CSur*) delicatessen.
fianza NF (*gen*) surety, security; (*anticipo*) deposit; (*Jur*) bail, bond; **bajo** ~ (*Jur*) on bail.
fiar<1c> [1] VT [a] (*secreto etc*) to entrust, confide (*a* to). [b] (*Fin etc*) to guarantee, stand security for; (*Jur*) to stand o (*US*) post bail for. [c] (*Com*) to sell on credit; **me fió la comida** he let me have the food on tick (*fam*) o credit. [2] VI to trust (*en* in); **ser de** ~ to be reliable o trustworthy. [3] **fiarse** VR: ~ **de algn** to trust o rely on sb; **no me fío de él** I don't trust him; **'no se fía'** (*en tienda*) 'no credit given'.
fiasco NM fiasco.
fibra NF [a] (*gen*) fibre, fiber (*US*); ~ **artificial** man-made fibre; ~ **óptica** (*Inform*) optical fibre; ~ **de vidrio** fibreglass. [b] (*en madera*) grain. [c] (*fig: vigor*) vigour, vigor (*US*); ~**s del corazón** heartstrings; **despertar la** ~ **sensible** to strike a sympathetic cord, awaken a sympathetic response.
fibroso ADJ fibrous.
ficción NF (*gen*) fiction; (*mentira*) fabrication; ~ **científica** science-fiction.
ficha NF [a] (*Telec etc*) token; (*en juegos*) counter, marker; (*en casino*) chip; (*Com, Fin*) tally, check (*US*); ~ **del dominó** domino. [b] (*tarjeta*) card; (*de archivo*) index card; (*en hotel*) registration form; ~ **policial** police dossier; ~ **técnica** (*TV etc*) (list of) credits.
fichaje NM [a] (*Dep*) signing(-up); (: *dinero*) signing-on fee. [b] (*persona*) signing.
fichar<1a> [1] VT [a] (*archivar*) to file, index; ~ **a algn** (*LAm*) to put sb on file; **está fichado** he's got a record; **lo tenemos fichado** we've got our eye on him. [b] (*Dep: jugador*) to sign (up); (*Pol: nuevos miembros*) to sign up, recruit. [2] VI [a] (*Dep: jugador*) to sign (up). [b] (*trabajador: al entrar*) to clock in o on; (: *al salir*) to clock out o off.
fichero NM (*archivo*) card index; (*archivero*) filing cabinet; (*Inform*) file; (*de policía*) (criminal) records; ~ **activo/archivado/indexado/de reserva** (*Inform*) active/archive/index/back-up file.
ficticio ADJ (*gen*) fictitious; (*inventado*) fabricated.
FIDA NM ABR *de* **Fondo Internacional de Desarrollo Agrícola** IFAD.
fidedigno ADJ reliable, trustworthy; **fuentes** ~**as** reliable sources.
fideicomisario [1] ADJ trust *atr*; **banco** ~ trust company. [2] NM trustee.
fideicomiso NM trust.
fidelidad NF [a] (*gen*) loyalty, fidelity (*a* to). [b] (*exactitud: dato etc*) accuracy. [c] **alta** ~ high fidelity, hi-fi.
fidelísimo ADJ SUPERL *de* **fiel**.
fideo NM [a] ~**s** (*Culin*) noodles. [b] (*fam: delgado*) beanpole (*fam*).

fiduciario/a [1] ADJ fiduciary. [2] NM/F fiduciary, trustee.

fiebre NF [a] (*Med*) fever; **tener ~** to have a temperature; **~ amarilla/reumática/del heno** yellow/rheumatic/hay fever; **~ palúdica** malaria; **~ tifoidea** typhoid. [b] (*fig*) fever, excitement; **la ~ de oro** gold fever.

fiel [1] ADJ [a] (*gen*) faithful; (*leal*) loyal; (*fiable*) reliable, trustworthy; **seguir siendo ~ a** to remain loyal o true to. [b] (*traducción etc*) accurate, faithful. [2] NM [a] (*Téc: de balanza*) needle, pointer. [b] **los ~es** (*Rel*) the faithful.

fielmente ADV (*V adj*) [a] (*gen*) faithfully, loyally; reliably. [b] (*exactamente*) exactly, exactly.

fieltro NM (*gen*) felt; **sombrero de ~** felt hat.

fiera NF [a] (*Zool*) wild beast o animal; (*Taur*) bull. [b] (*fig*) fiend; **es una ~ para el deporte** he's a sports fiend; **es una ~ para el trabajo** he's a demon for work; **ponerse hecho una ~** to be furious, be beside o.s. with rage; **entró hecha una ~** she came in absolutely furious.

fierecilla NF (*fig*) shrew.

fiereza NF (*ferocidad*) fierceness, ferocity; (*Zool*) wildness; (*crueldad*) cruelty.

fiero ADJ (*feroz*) fierce, ferocious; (*Zool*) wild; (*cruel*) cruel.

fierro (*LAm*) NM (*gen*) iron; (*cuchillo*) knife; (*Agr*) branding iron, brand.

fiesta NF [a] (*particular*) party; (*festejo*) celebration; (*festival*) festival; **~s** public holiday o festivities; **~s patrias** (*LAm*) independence day; **la ~ nacional** bullfighting; **organizar una ~ en honor de algn** to give a party in sb's honour o (*US*) honor; **¡se acabó la ~!** (*fig*) that's enough!, give it a rest! (*fam*); **estar de ~** to be in high spirits; **no estoy para ~s** I'm in no mood for jokes; **aguar la ~** to spoil the fun, be a killjoy; (*fig*) to spoil the party; **la noticia del accidente nos aguó la ~ a todos** news of the accident put a real dampener on us all; **¡tengamos la ~ en paz!** let's all just calm down! [b] (*Rel*) feast day; **~s** holidays; (*esp*) Christmas festivities o season; **~ de la banderita** flag day; **~ de guardar** o **de precepto** day of obligation; **F~ de la Hispanidad** Columbus Day; **~ nacional** public o bank holiday; **F~ del Trabajo** Labour o (*US*) Labor Day; **~ movible/fija** movable/immovable feast; **mañana es ~** it's a holiday tomorrow; **hacer ~** to take a day off. [c] **~s** soothing words, flattery *sg*; **hacer ~s a** to caress, fondle; (*fig*) to make a great fuss of, fawn on.

┌─ *FIESTAS* ─┐

ⓘ There are a fixed number of public holidays in the Spanish calendar but some dates vary locally. National public holidays include **Navidad** *(25 Dec),* **Reyes** *(6 Jan), the* **Día de los Trabajadores** *(1 May), the* **Día de la Hispanidad/del Pilar** *(12 Oct) and the* **Día de la Constitución** *(6 Dec). Additionally, each autonomous region and town at its discretion a small number of public holidays that usually coincide with local traditions like a patron saint's day or other celebrations such as* **Carnaval.** *Thus there is a holiday in Madrid for* **San Isidro,** *the city's patron saint, and one in Catalonia for* **Sant Jordi,** *who is the patron saint of the region.*
└──────────┘

FIFA NF ABR *de* **Federación Internacional de Asociaciones de Fútbol** FIFA.

fifí NM (*Méx fam*) playboy.

fifiriche NM (*CAm, Méx: fam: lechuguino*) dandy, toff (*fam*); (*enclenque*) weed (*fam*), weedy person (*fam*).

figura [1] NF [a] (*gen*) figure; (*forma*) shape, form; (*imagen*) image; **~ decorativa** (*fig*) figurehead; **tener buena ~** to have a good figure. [b] (*individuo*) personality; **una ~ destacada** an outstanding figure. [c] (*Naipes*) picture card, court card; (*Ajedrez*) piece, man. [d] (*Mat*) drawing, diagram; (*Ling*) **~ geométrica** geometric shape; **~ retórica** figure of speech. [e] (*Teat*) character, role; **en la ~ de** in the role of. [f] (*Mús*) note. [g] (*Baile, Patinaje*) figure.

[2] NM: **ser un ~** to be a big name, be somebody.

figuraciones NFPL: **eso son ~ tuyas** it's just your imagination, you're imagining things.

figurado ADJ figurative.

figurante NMF (*nf a veces* **figuranta**) [a] (*Teat*) extra. [b] (*fig*) figurehead.

▼**figurar** <1a> [1] VT (*formar*) to shape, form; (*representar*) to represent, depict; (*fingir*) to feign. [2] VI [a] to figure (*como* as; *entre* among), appear; **los nombres no figuran aquí** the names are not here o do not figure here. [b] (*fig*) to show off; **todo se debe al afán de ~** it's the urge to be somebody that causes it all. [3] **figurarse** VR (*suponer*) to suppose; (*imaginarse*) to imagine; **¡figúrate!** just imagine!, imagine that!; **ya me lo figuraba** I thought as much; **~ que ...** to believe o think that ....

figurativo ADJ figurative.

figurilla NF figurine.

figurín NM (*modelo*) model, dummy; (*revista*) fashion magazine; (*dibujo*) design.

figurinista NMF (*Teat*) costume designer.

figurón NM [a] huge figure; **~ de proa** (*Náut*) figurehead. [b] (*fam*) pompous ass.

figuroso ADJ (*Méx*) showy, loud.

fija NF (*And, CSur: Dep*) favourite, favorite (*US*); **es una ~** (*CSur*) it's a cert o cinch (*fam*).

fijación NF [a] (*acto: gen*) fixing; (*con clavos etc*) securing, fastening; (*con goma*) sticking (on), posting. [b] (*Psic*) fixation.

fijador NM (*Fot: etc*) fixative; (*para pelo*) setting lotion.

fijamente ADV fixedly; **mirar ~ a algn** to stare at sb.

fijar <1a> [1] VT [a] (*gen*) to fix; (*clavar*) to secure, fasten (on, down *etc*); (*con goma*) to glue (on); (*sello*) to affix, stick (on); (*cartel*) to post, put up; (*pelo*) to set; (*Fot*) to fix; (*residencia*) to take up, establish. [b] (*fig: determinar*) to settle (on), decide, determine; (*fecha, hora etc*) to fix, set; **fijaron el precio en ...** they fixed the price at .... [2] **fijarse** VR [a] (*establecerse*) to become fixed, to settle. [b] (*prestar atención*) to pay attention; (*darse cuenta*) to notice; **fíjese bien** watch this carefully; **¡fíjate!** just imagine!; **¿te fijas?** (*esp LAm*) see what I mean?; **¡fíjate qué precios!** just look at these prices; **lo malo es que no se fija (en los detalles)** the trouble is she doesn't pay attention (to detail); **no me había fijado (en ello)** I hadn't noticed (it).

fijasellos NM INV stamp hinge.

fijeza NF (*gen*) firmness, stability; (*constancia*) constancy; **mirar con ~ a algn** to stare at sb.

fijo ADJ [a] (*gen*) fixed; (*firme*) firm; (*fecha, precio etc*) fixed; (*mirada*) fixed, steady; (*seguro*) steady, secure; **de ~** (*fam*) certainly, for sure. [b] (*plantilla*) permanent; (*cliente*) regular; **trabajo ~** steady job.

fila NF [a] (*gen*) row, line; (*en marcha*) file; (*Teat etc*) row, tier (of seats); **primera ~** front row; **una ~ de coches** a line of cars; **~ india** single file; **en ~** in a line; **aparcar en doble ~** to double-park; **ponerse en ~** to line up, get into line. [b] (*Mil*) rank; **las ~s** (*fig*) the ranks; **¡en ~s!** fall in!; **cerrar ~s** (*fig*) to close ranks; **llamar a algn a ~s** to call sb up; **romper ~s** to fall out, break ranks; **¡rompan ~s!** dismiss! [c] (*fam*) dislike, antipathy.

Filadelfia N Philadelphia.

filamento NM filament.

filantropía NF philanthropy.

filantrópico ADJ philanthropic.

filántropo/a NM/F philanthropist.

filarmónica NF Philharmonic (orchestra).

filarmónico ADJ philharmonic; **orquesta ~a** Philharmonic (orchestra).

filatelia NF philately, stamp collecting.

filatélico/a [1] ADJ philatelic. [2] NM/F = **filatelista.**

filatelista NMF philatelist, stamp collector.

filete NM [a] (*Culin: carne*) meat; (*: bistec*) steak; (*: de solomillo*) tenderloin; (*: de pescado*) fillet; **darse el ~** (*fam*) to neck (*fam*), pet (*fam*); **darse el ~ con** (*fam*) to feel

> ➤ EXPRESIONES GENERATIVAS: **figurar** → 2.2

(*fam*), touch up (*fam*). **b** (*Mec*) worm; (*rosca*) thread. **c** (*de caballo*) snaffle bit. **d** (*Cos*) narrow hem. **e** (*Tip*) ornamental bar o line.

filfa NF (*fam*) hoax.

filiación NF **a** (*a partido etc*) affiliation; (*de ideas etc*) connection, relationship. **b** (*señas*) particulars; (*Mil, de policía*) records.

filial **1** ADJ filial; (*Com*) subsidiary atr, affiliated. **2** NF (*Com*) subsidiary; (*sucursal*) branch.

filibusterismo NM (*Pol*) filibustering.

filibustero NM pirate, freebooter.

filigrana NF (*Téc*) filigree (work); (*Tip*) watermark; **~s** (*fig*) delicate work; (*Dep*) elegant play, fancy footwork.

filípica NF harangue, philippic.

Filipinas NFPL: **las (Islas) ~** the Philippines.

filipino/a ADJ, NM/F Philippine.

filisteo/a **1** ADJ, NM/F Philistine. **2** NM (*fig*) big man, giant.

film NM (*pl* **~s** o **~es**) film, picture, movie (*US*).

filmación NF filming, shooting.

filmar<1a> VT to film, shoot.

filme NM = **film**.

fílmico ADJ film atr, movie atr (*US*).

filmina NF slide, transparency.

filmografía NF (*Univ etc*) study of the film; (*catálogo*) filmography; **la ~ de la estrella** the star's screen career; **la ~ del famoso director** the famous director's films.

filmoteca NF film library o archive.

filo¹ NM **a** (*de navaja etc*) (cutting) edge, blade; (*línea*) dividing line; **~ de la navaja** (*fig*) razor's edge; **~ del viento** (*Náut*) direction of the wind; **de doble ~, de dos ~s** double-edged; **sacar ~ a** to sharpen. **b** (*Méx fam*) hunger.

filo² NM (*Bio*) phylum.

...filo/a NM/F SUF ...phile; **franco~** Francophile.

filo... PREF philo..., pro-; **~comunista** pro-communist.

filología NF philology; **F~ Francesa** (*Univ*) French Studies.

filológico ADJ philological.

filólogo/a NM/F philologist; (*Univ: hum*) language graduate.

filón NM (*Min*) vein, lode; (*fig*) gold mine.

filoso ADJ (*LAm*) sharp.

filosofal ADJ: **piedra ~** philosopher's stone.

filosofar<1a> VI to philosophize.

filosofía NF philosophy; **tomarse las cosas con ~** to take things philosophically; **~ moral/natural** moral/natural philosophy; *V* **facultad (d)**.

filosófico ADJ philosophic(al).

filósofo/a NM/F philosopher.

filtración NF (*Téc*) filtration; (*fig: de fondos*) misappropriation; (: *de datos*) leak.

filtrador NM filter.

filtrar<1a> **1** VT **a** (*gen*) to filter.
b (*información*) to leak.
2 VI, **filtrarse** VR **a** (*gen*) to filter; **~ por** to spread o filter through; (*perderse*) to seep o leak through.
b (*fig: dinero etc*) to disappear.

filtro NM **a** (*Téc*) filter; **~ de aceite/de aire** oil/air filter; **cigarrillo con ~** filter-tipped cigarette. **b** (*Hist*) lovepotion, philtre.

filudo ADJ (*LAm*) sharp.

fin NM **a** (*gen*) end; (*conclusión*) ending, conclusion; **~ de archivo** (*Inform*) end of file; **~ de fiesta** (*Teat etc*) grand finale; **~ de semana** weekend; **a/hacia ~es de mes** at o about/towards the end of the month; **al ~** finally, in the end; **al ~ y al cabo** in the end, after all; **a ~ de cuentas** in the last analysis; **en ~** (*en resumen*) in short; (*fig*) well (then); **¡en ~!** so that's that!, what next?; **pero en ~, ...** but still, ...; **por ~** (*finalmente*) finally, at last; **¡por ~!** at last!; **sin ~** (*adv*) endlessly; (*adj*) endless; **correa sin ~** endless belt; **dar ~ a un discurso** to end o close a speech; **llegar a ~ de mes** (*fig*) to make ends meet; **llevar algo a buen ~** to carry sth through to a successful conclusion; **poner ~ a** to stop, put a stop to.
b (*objetivo*) aim, purpose, objective; **los ~es de este**

estudio the aims of this study; **a ~ de hacer algo** in order to do sth; **a ~ de que** so that; **con el ~ de hacer algo** with the purpose of doing sth.

finado/a **1** ADJ late, deceased; **el ~ presidente** the late president. **2** NM/F deceased.

final **1** ADJ (*gen*) final, last; (*último*) ultimate.
2 NM (*gen*) end; (*de film*) ending; (*Mús*) finale; **~ feliz** happy ending; **al ~ de la calle** at the end of the street.
3 NF (*Dep*) final, championship (*US*); **cuartos de ~** quarter-finals.

finalidad NF **a** (*propósito*) purpose, intention; **la ~ de este libro** the aim of this book. **b** (*Fil etc*) finality.

finalista NM/F finalist.

finalización NF ending, conclusion.

finalizar<1f> **1** VT to end, finish; **~ la sesión** (*Inform*) to log out o off; **dar algo por finalizado** to consider sth finished. **2** VI to conclude, come to an end.

finalmente ADV finally.

finamente ADV (*V* **fino** (d), (e)) politely; elegantly; acutely, shrewdly; subtly; delicately.

financiación NF financing.

financiador(a) NM/F financial backer.

financiamiento NM finance, financing, financial backing.

financiar<1b> VT to finance.

financiera NF (*empresa*) finance company, finance house.

financiero/a **1** ADJ financial; **el mundo ~** the world of finance. **2** NM/F financier.

financista NM (*LAm: bolsista*) financier; (: *consejero*) financial expert.

finanzas NFPL finances.

finar<1a> **1** VI to pass away, die. **2** **finarse** VR to long, yearn.

finca NF **a** (*bien inmueble*) property, land, real estate; **~ urbana** town property. **b** (*casa*) country house; (*LAm*) farm; **~ azucarera/cafetelera** sugar/coffee plantation; **pasan un mes en su ~** they're spending a month at their country place.

fineza NF **a** (*cualidad*) fineness, excellence; (*pureza*) purity. **b** (*modales*) refinement. **c** (*acto*) kindness, nice thing (to say/do etc); (*dádiva*) small gift, token.

fingido ADJ (*falso*) feigned, false; **nombre ~** assumed name.

fingimiento NM pretence, pretense (*US*), feigning.

fingir<3c> **1** VT, VI (*simular*) to feign, simulate; (*hacer como si*) to pretend; **finge que duerme** o **dormir** he's pretending to be asleep; **~ desinterés** to pretend not to be interested.
2 **fingirse** VR: **~ dormido** to pretend to be asleep; **~ muerto** to play o act dead.

finiquitar<1a> VT (*Fin: cuenta*) to settle and close, balance up.

finiquito NM (*Com, Fin*) settlement.

finisecular ADJ fin-de-siècle atr.

Finisterre NM: **el Cabo de ~** Cape Finisterre.

finito ADJ finite.

finlandés/esa **1** ADJ Finnish. **2** NM/F Finn. **3** NM (*Ling*) Finnish.

Finlandia NF Finland.

fino **1** ADJ **a** (*de buena calidad*) fine, excellent; (*fruta etc*) choice, quality; (*tabaco*) select; (*Min*) refined; **oro ~** pure gold.
b (*delgado*) thin; (*persona*) slender, slight; (*tela etc*) delicate.
c (*punta*) sharp.
d (*cortés*) polite, well-bred; (*refinado*) refined, cultured; (*piropo etc*) elegant, well-turned; **ponerse ~** to turn on the charm.
e (*inteligencia*) shrewd, acute, penetrating; (*gusto*) discriminating; (*oído*) sharp.
f (*sutil*) subtle, delicate.
2 NM dry sherry, fino sherry.

finolis ADJ INV affected.

finquero NM (*LAm*) estate farmer.

finta NF feint; **hacer ~s** to feint, spar.

fintar<1a>, **fintear**<1a> VI (*LAm*) to feint, spar.

finura NF 𝐚 (*buena calidad*) fineness, excellence; (: *de fruta, vino etc*) choiceness, high quality. 𝐛 (*cortesía*) politeness, courtesy; (*elegancia*) elegance. 𝐜 (*agudeza*) shrewdness, acuteness. 𝐝 (*sutileza*) subtlety, delicacy.

fiordo NM fiord.

FIP NF ABR (*Esp*) de **Formación Intensiva Profesional** *retraining organization*.

fique NM (*Col, Méx, Ven: fibra*) vegetable fibre *o* (*US*) fiber, rope, cord.

firma NF 𝐚 (*gen*) signature; (*acto*) signing. 𝐛 (*Com, Fin*) firm, company.

firmamento NM firmament.

firmante ADJ, NMF signatory (*de* to); **los abajo ~s** the undersigned.

firmar<1a> VT, VI to sign; **firmado y sellado** signed and sealed; **~ un contrato** (*Com: colocarse*) to sign on.

firme 𝟏 ADJ 𝐚 (*gen*) firm; (*estable*) steady, stable; (*duro*) hard; (*sólido*) solid, compact; (*color*) fast; (*decisión*) resolute; **mantenerse ~** to hold one's ground.
  𝐛 (*persona leal*) steadfast, resolute.
  𝐜 (*Mil*) ¡**~s!** attention!; **estar en posición de ~s** to stand at attention; **ponerse ~s** to come to attention.
  𝐝 **de ~** firmly, strongly; **batir de ~** to strike hard; **resistir de ~** to resist strongly; **trabajar de ~** to work hard.
  𝐞 (*Com*) **oferta en ~** firm offer.
  𝟐 ADV hard; **pegar ~** to hit hard.
  𝟑 NM (*Aut*) roadbed, road surface; '**~ provisional'** 'temporary surface'; **~ del suelo** (*Arquit*) rubble base(*of floor*)

firmemente ADV 𝐚 firmly. 𝐛 (*lealmente*) staunchly, steadfastly.

firmeza NF 𝐚 (*gen*) firmness; (*estabilidad*) steadiness, stability; (*solidez*) solidity, compactness. 𝐛 (*fig*) firmness; (*voluntad*) resolution.

fiscal 𝟏 ADJ (*gen*) fiscal, tax *atr*. 𝟐 NMF 𝐚 (*Jur*) prosecutor, district attorney (*US*); **~ general** Attorney-General. 𝐛 (*fam*) busybody, meddler.

fiscalía NF Attorney-General's office.

fiscalizar<1f> VT 𝐚 (*controlar*) to control; (*registrar*) to inspect (officially); 𝐛 (*fig: criticar*) to criticize, find fault with. 𝐜 (*fam: hurgar*) to pry into.

fisco NM (*hacienda*) treasury, exchequer; **declarar algo al ~** to declare sth for tax purposes.

fisga NF (*Guat, Méx: Taur*) banderilla.

fisgar<1h> 𝟏 VT (*fig*) to pry into, spy on. 𝟐 VI = **fisgonear**.

fisgón/ona (*fam*) 𝟏 ADJ (*gen*) prying, nosey. 𝟐 NM/F snooper, nosey-parker.

fisgonear<1a> VI (*fam*) to snoop (*fam*), be a nosey-parker (*fam*).

física NF physics; **~ nuclear** nuclear physics.

físicamente ADV physically.

físico/a 𝟏 ADJ physical. 𝟐 NM/F (*gen*) physicist; (*Hist*) physician. 𝟑 NM (*Anat*) physique; (*aspecto*) appearance, looks *pl*; **de ~ regular** ordinary-looking.

fisiología NF physiology.

fisiológico ADJ physiological.

fisiólogo/a NM/F physiologist.

fisión NF fission; **~ nuclear** nuclear fission.

fisioterapeuta NMF physiotherapist.

fisioterapia NF physiotherapy.

fisioterapista NMF (*esp LAm*) physiotherapist.

fisonomía NF physiognomy, features; **la ~ de la ciudad** the appearance of the city.

fisonomista NMF: **ser buen ~** to have a good memory for faces.

fisoterapeuta NMF physiotherapist.

fistol NM (*Méx*) tiepin.

fístula NF fistula.

fisura NF fissure.

FIV NF ABR de **fecundación in vitro** IVF.

flaccidez NF softness, flabbiness.

fláccido ADJ flaccid, flabby.

flaco 𝟏 ADJ 𝐚 (*esp LAm: Anat*) thin, skinny; **años ~s** (*LAm*) lean years; **ponerse ~** (*LAm*) to get thin.
  𝐛 (*fig: débil*) weak, feeble; (: *memoria*) bad, short; **su punto ~** his weak point, his weakness. 𝟐 NM (*defecto*) weak spot, failing.

flacura NF (*gen*) thinness, skinniness.

flagelación NF flagellation, whipping.

flagelar<1a> VT (*gen*) to flagellate, whip; (*fig*) to flay, criticize severely.

flagelo NM (*gen*) whip, scourge; (*fig*) scourge, calamity.

flagrante ADJ flagrant; **en ~ delito** in the act, red-handed.

flama NF (*Méx*) flame.

flamante ADJ (*estupendo*) brilliant, fabulous; (*nuevo*) brand-new.

flamear <1a> 𝟏 VT (*Culin*) to flambé. 𝟐 VI 𝐚 (*llamear*) to flame, blaze (up). 𝐛 (*Náut: vela*) to flap; (*bandera*) to flutter.

flamenco¹ NM (*Orn*) flamingo.

flamenco/a² 𝟏 ADJ 𝐚 (*Geog*) Flemish.
  𝐛 (*Mús*) flamenco.
  𝐜 **ponerse ~** (*fam*) to get cocky (*fam*).
  𝟐 NM/F (*persona*) Fleming; **los ~s** the Flemings, the Flemish.
  𝟑 NM 𝐚 (*Mús*) flamenco.
  𝐛 (*Ling*) Flemish.

flamígero ADJ: **estilo gótico ~** flamboyant Gothic style.

flámula NF streamer.

flan NM (*Culin*) creme caramel, egg custard, custard (*US*); **estar hecho** *o* **estar como un ~** to shake like a jelly.

flanco NM (*gen*) side, flank.

Flandes NM Flanders.

flanera NF jelly mould, jelly mold (*US*).

flanquear<1a> VT 𝐚 (*gen*) to flank. 𝐛 (*Mil*) to outflank.

flaquear <1a> VI (*debilitarse*) to weaken, grow weak; (: *esfuerzo*) to slacken, flag; (*viga: ceder*) to give way; (*salud*) to get worse; (*persona: desanimarse*) to lose heart; **me flaquean las piernas** my legs are like jelly.

flaqueza NF 𝐚 (*Anat*) thinness, leanness; (*debilidad*) feebleness, frailty. 𝐛 **una ~** a failing, a weakness.

flash [flas] NM 𝐚 (*pl* **~es** ['flases]) (*TV etc*) newsflash. 𝐛 (*Fot*) flash, flashlight. 𝐜 (*fam: sorpresa*) surprise; (: *choque*) shattering experience.

flashback [flasbak] NM flashback.

flato NM 𝐚 (*Med*) flatulence, wind; **tener ~** to have a stitch. 𝐛 (*LAm: depresión*) gloom, depression; (*CAm: temor*) fear, apprehension.

flatoso ADJ 𝐚 (*Med*) flatulent. 𝐛 (*CAm, Col, Méx: deprimido*) depressed.

flatulencia NF flatulence.

flatulento ADJ flatulent.

flauta 𝟏 NF flute; **~ dulce** recorder; **sonó la ~ (por casualidad)** that was sheer luck!
  𝟐 NMF flautist, flute player.
  𝟑 INTERJ (*LAm*) gosh!; ¡**la gran ~!** my God!; ¡**hijo de la gran ~!** (*fam!*) bastard (*fam!*), son of a bitch (*US fam!*).

flautín 𝟏 NM piccolo. 𝟐 NMF (*persona*) piccolo player.

flautista NMF flautist, flute player; **el ~ de Hamelin** the Pied Piper of Hamelin.

flebitis NF phlebitis.

flecha NF (*gen*) arrow; (*en juego*) dart; (*Arquit*) spire; **como una ~** like an arrow, like a shot.

flechado ADV: **salir ~** (*fam*) to shoot off (*fam*).

flechar<1a> VT (*Arg, Méx*) to prick (*esp with a goad*).

flechazo NM 𝐚 (*acción*) bowshot; (*herida*) arrow wound. 𝐛 (*fam: amor*) love at first sight.

fleco NM (*Cos*) tassel; **~s** frayed edge (*of cloth*).

flejar <1a> VT 𝐚 (*esp LAm*) to strap, secure with metal strips. 𝐛 (*Méx: paquete*) to pack.

fleje NM (*Téc*) hoop, metal band; (: *resorte*) spring clip.

flema NF phlegm.

flemático ADJ (*imperturbable*) phlegmatic; (*tono, comportamiento*) matter-of-fact, unruffled.

flemón NM gumboil.

flequillo NM fringe, bangs *pl* (*US*).

fletamento, **fletamiento** NM chartering; **contrato de ~** charter.

fletán NM (*tb* **~ negro**) Greenland halibut.

fletar<1a> **1** VT **a** (*avión, barco*) to charter; (*embarcar*) to load, freight. **b** (*LAm: Aut etc*) to hire. **c** (*CSur fam*) to get rid of, fire (*fam*). **2 fletarse** VR (*And, Carib, Méx: fam: largarse*) to beat it (*fam*); (*Arg: colarse*) to gatecrash.

flete NM **a** (*alquiler*) charter. **b** (*carga*) freight; (: *Náut, Aer*) cargo; (*gastos*) freightage, carriage; **~ debido/pagado/sobre compras** freight forward/prepaid/inward. **c** (*LAm: caballo*) fast horse.

fletero **1** ADJ (*LAm*) hired, for hire, charter *atr*; **camión ~** lorry for hire. **2** NM (*LAm: transportista*) haulier.

flexibilidad NF (*gen*) flexibility; (*Téc*) pliability; (*fig*) flexibility, adaptability; **~ laboral** o **de plantillas** (*euf*) ability to redeploy the workforce, freedom to hire and fire.

flexibilizar <1f> VT to make (more) flexible; (*plantilla*) to redeploy.

flexible **1** ADJ (*gen*) flexible; (*Téc*) pliable; (*sombrero*) soft. **2** NM **a** soft hat. **b** (*Elec*) flex, cord.

flexión NF **a** (*gen*) flexion; (*ejercicio*) press-up. **b** (*Ling*) inflexion.

flexionar <1a> VT to bend; (*músculo*) to flex.

flexo NM adjustable table-lamp.

flipado ADJ (*fam*) stoned (*fam*).

flipante ADJ (*fam*) **a** great, smashing. **b** (*pasmoso*) amazing.

flipar <1a> (*fam*) **1** VT **a** (*gustar*) to turn on (*fam*), send (*fam*); **esto me flipa** this really sends me, I just adore this. **b** (*pasmar*) to amaze, knock sideways. **2** VI **a** (*drogarse*) to get stoned (*fam*). **b** (*pasarlo bien*) to have a great time; **~ con algo** (*disfrutar*) to enjoy sth, rave about sth; (*pasmarse*) to be amazed at sth.

flipe NM (*fam*) **a** (*experiencia*) amazing experience, startling revelation. **b** (*droga*) high (*fam*).

flipper ['fliper] NM pinball machine.

flirt [flir o fler] NM (*pl* **~s**) (*amorío*) flirtation, (lighthearted) affair.

flirteador(a) NM/F flirt.

flirtear <1a> VI (*fam*) to flirt (*con* with).

flirteo NM (*fam*) (*gen*) flirting. **b** (*un ~*) flirtation.

flojear <1a> VI (*debilitarse*) to weaken; (*amainar*) to slacken, ease up; **me flojean las piernas** my legs are away.

flojedad NF **a** (*Téc*) looseness, slackness. **b** (*debilidad*) weakness, feebleness. **c** (*flaccidez*) limpness, flaccidity. **d** (*descuido*) slackness, negligence.

flojera NF **a** weakness, feebleness. **b** (*esp LAm fam*) **me da** o **tengo ~** I can't be bothered.

flojo ADJ **a** (*tuerca etc*) loose, slack; **me la trae ~a** (*fam*) it leaves me stone-cold; **cuerda ~a** tightrope. **b** (*esfuerzo*) weak, feeble; (*viento*) light. **c** (*brazo etc*) limp; (*carnes*) flaccid. **d** (*té, vino*) weak; (*trabajo*) poor, feeble; (*estudiante etc*) poor, weak; **estoy ~ en física** I'm no good at physics. **e** (*actitud*) slack, lax. **f** (*Fin: precio*) low, weak; (: *mercado*) dull. **g** (*LAm: poco trabajador*) lazy, idle.

flor NF **a** (*Bot: gen*) flower, bloom; **en ~** in flower, in bloom; **en plena ~** in full bloom; **no es ~ de un día** this is no mere flash in the pan; **¡ni ~es!** (*fam*) no way! (*fam*). **b** (*de ciruela etc*) bloom. **c** (*de cuero*) grain. **d** (*fig*) flower, cream; **la ~ y nata de la sociedad** the cream of society; **la ~ de la canela** the crème de la crème; **en la ~ de la vida** in the prime of life. **e** (*Téc*) surface; **a ~ de** (*a nivel de*) level o flush with; (*sobre*) on the surface of; **a ~ de agua** at water level; **a ~ de tierra** at ground level; **con los nervios a ~ de piel** with one's nerves on a knife edge. **f** (*piropo*) compliment; **decir** o **echar ~es a** to pay compliments to. **g** (*LAm*) **~ de caballo** a wonderful horse; **~ de alegre** really happy, very cheerful.

flora NF flora.

floración NF flowering; **en plena ~** in full bloom.

floral ADJ floral.

floreado ADJ (*tela*) flowery, flowered.

florear <1a> VI **a** (*LAm*) to flower, bloom. **b** (*Mús*) to play a flourish.

florecer <2d> **1** VI **a** (*Bot*) to flower, bloom. **b** (*fig*) to flourish, thrive. **2 florecerse** VR to go mouldy, go moldy (*US*).

floreciente ADJ **a** (*Bot*) in flower, flowering, blooming. **b** (*fig*) flourishing, thriving.

florecimiento NM **a** (*Bot*) flowering, blooming. **b** (*fig*) flourishing, thriving.

Florencia NF Florence.

florentino/a ADJ, NM/F Florentine.

floreo NM (*Esgrima, Mús*) flourish.

florería NF florist's (shop).

florero NM (*recipiente*) vase.

florescencia NF florescence.

floresta NF (*bosque*) wood, grove; (*LAm: selva*) forest, jungle.

florete NM (*Esgrima*) foil.

floricultor(a) NM/F flower-grower.

floricultura NF flower growing.

florido ADJ **a** (*campo etc*) full of flowers. **b** (*fig*) choice, select; **lo más ~** the pick. **c** (*estilo*) flowery, florid.

florilegio NM anthology.

florín NM florin; (*holandés*) guilder.

floripón NM (*LAm*) **a** (*Cos: pey*) big flower. **b** (*fam: hombre*) pansy (*fam*), poof (*fam!*).

floripondio NM = **floripón (a)**.

florista NMF florist.

floristería NF florist's (shop).

floritura NF flourish.

florón NM **a** (*Bot*) big flower. **b** (*Arquit*) fleuron, rosette. **c** (*Tip*) tailpiece.

flota NF (*de buques, aviones*) fleet; **~ mercante** merchant navy; **~ pesquera** fishing fleet.

flotación NF (*Fin*) flotation; (*Náut*) floating; **línea de ~** waterline.

flotador NM (*gen*) float; (*de cisterna*) ballcock; (*de niño*) float, rubber ring, life preserver (*US*).

flotante **1** ADJ (*gen*) floating; (*pieza*) loose; **de coma ~** (*Inform*) floating-point. **2** NM (*Col*) braggart.

flotar <1a> VI **a** (*gen*) to float. **b** (*pieza etc*) to hang (loose); (*bandera*) to flutter; **~ al viento** (*cabello*) to stream in the wind.

flote NM: **estar a ~** (*tb fig*) to be afloat; **poner a ~** to float; (*Econ etc*) to make viable, restore to profitability; **sacar a ~** to refloat, raise; **ponerse** o **salir a ~** (*fig*) to get back on one's feet.

flotilla NF flotilla, fleet; (*de aviones, taxis etc*) fleet.

fluctuación NF **a** (*gen*) fluctuation; **las ~es de la moda** the ups and downs of fashion. **b** (*indecisión*) uncertainty, hesitation.

fluctuante ADJ fluctuating.

fluctuar <1e> VI **a** (*gen*) to fluctuate. **b** (*vacilar*) to waver, hesitate.

fluidez NF **a** (*Téc*) fluidity. **b** (*fig*) fluency, smoothness.

fluido **1** ADJ (*Téc*) fluid; (*lenguaje*) fluent; (*estilo*) smooth; **la circulación es bastante ~a** traffic is moving quite freely. **2** NM **a** (*Téc*) fluid. **b** (*Elec*) current, juice (*fam*).

fluir <3g> VI (*gen*) to flow, run; (*fig*) to spring.

flujo NM **a** (*gen*) flow, stream; (*de votantes*) swing; (*Náut*) rising tide, incoming tide; **~ y reflujo** ebb and flood; (*fig*) ebb and flow; **~ positivo/negativo de efectivo** (*Com*) positive/negative cash flow. **b** (*Med*) discharge.

fluminense **1** ADJ of o from Rio de Janeiro. **2** NMF native o inhabitant of Rio de Janeiro.

flúor NM fluoride.

fluorescencia NF fluorescence.

fluorescente **1** ADJ fluorescent. **2** NM (*tb* **tubo ~**) fluorescent tube.

fluorización NF fluoridation.

fluoruro NM fluoride.

flus NM (*Col, Ven*) suit of clothes.

fluvial ADJ fluvial, river *atr*.

flux [flus] NM INV **a** (*Naipes*) flush; **~ real** royal flush. **b** (*Méx fam*) **estar** o **quedarse a ~** to be completely

broke (fam). **c** (Col, Ven) = **flus**.
FM NF ABR de **Frecuencia Modulada** FM.
FMI NM ABR de **Fondo Monetario Internacional** IMF.
FNMT NF ABR (Esp) de **Fábrica Nacional de Moneda y Timbre** ≈ Royal Mint (Brit), ≈ (US) Mint (US).
f.º ABR de **folio** fo., fol.
fobia NF phobia.
foca NF **a** (Zool) seal. **b** (fam: persona) fat lump.
focal ADJ focal.
focha NF coot.
foco NM **a** (Mat etc) focus; (centro) focal point, centre, center (US); (fuente) source; (de incendio) seat; (LAm: guerrilla) foco; **un ~ de infección** a focus of infection. **b** (Elec) floodlight; (Teat etc) spotlight; (LAm) electric lightbulb; (: Aut) headlamp; (: farol) street light.
fodongo ADJ (Méx fam) lazy, slovenly.
fofadal NM (Argr) bog, quagmire.
fofo ADJ (esponjoso) soft, spongy (fam); (individuo) flabby.
fogaje NM **a** (Méx, Ven: fiebre) fever, high temperature; (: sarpullido) heat rash. **b** (Col, Ven: bochorno) sultry weather.
fogata NF (llamas) blaze; (hoguera) bonfire.
fogón NM **a** (Culin) range; (Ferro) firebox; (Náut) galley. **b** (LAm) bonfire.
fogonazo NM **a** (estallido) flash, explosion. **b** (Méx) coffee with brandy.
fogonero NM (Náut, Ferro) stoker.
fogosidad NF (gen) spirit, mettle; (ímpetu) dash, verve; (de caballo etc) fieriness, friskiness.
fogoso ADJ (gen) spirited, ardent; (caballo etc) fiery, frisky.
fogueado ADJ (LAm: persona) expert, experienced; (Méx: animal) trained.
fogueo NM: **cartucho de ~** blank cartridge.
foie-gras [fwa'gras] NM INV foie gras.
foja NF **a** (Orn) coot. **b** (LAm) sheet (of paper); **~ de servicios** record file o sheet.
fol. ABR de **folio** fo., fol.
folder, fólder NM (LAm) folder.
foliación NF **a** (Bot) foliation. **b** (Tip: de páginas) numbering.
folio NM **a** (Hist, Tip: gen) folio; **en ~** in folio. **b** (tb tamaño ~) A4 size; **doble ~** A3 size; **un ~** an A4 sheet; **~s** A4 paper.
folk ADJ INV, NM folk.
folklore NM folklore.
folklórica NF (pseudo) flamenco singer.
folklórico ADJ **a** folk atr, popular, traditional; **es muy ~** it's very picturesque, it's full of local colour o (US) color. **b** (pey) frivolous, unserious.
folklorista **1** ADJ **a** folklore atr. **b** (pey) frivolous, unserious. **2** NMF folklorist, student of folklore.
follado (fam!) ADJ: **ir ~** to go like fuck (fam!).
follaje NM **a** (Bot) foliage, leaves; (Arte) leaf motif. **b** (fig) waffle (fam), verbiage.
follar <1l> **1** VT, VI (fam!) to fuck (fam!). **2 follarse** VR: **me lo voy a ~ vivo** (fam!) I'll have his guts for garters (fam!); **se me han follado en Física** they've fucking failed me in Physics (fam!).
folletín NM newspaper serial; (fig) drama, saga; (TV) soap opera, TV serial.
folletinesco ADJ melodramatic.
folletinista NMF pulp writer.
folleto NM (Com) brochure; (Pol) pamphlet; (volatín) leaflet; **~ informativo** information leaflet.
follisca NF (And: lío) shindy (fam); (: riña) brawl.
follón NM **a** (fam: alboroto) rumpus, row; **hubo o se armó un ~ tremendo** there was a hell of a row. **b** (confusión) mess; **¡qué ~ de papeles!** what a mess of papers! **c** (Méx fam) silent fart (fam!).
follon(e)arse <1a> VR (Méx fam!) to fart silently (fam!).
follonero/a (fam) **1** ADJ rowdy, trouble-making. **2** NM/F rowdy, troublemaker.
fome ADJ INV (Chi fam) boring.
fomentar <1a> VT **a** (Med) to foment, warm. **b** (fig: promover) to promote, foster, encourage; (odio etc) to foment, stir up.

fomento NM **a** (Med) poultice. **b** (fig: ayuda) fostering, encouragement; (Com: de ventas) promotion; (Pol etc) fomentation.
fonador ADJ (sistema, aparato, órgano) speech atr.
fonda NF (restaurante) small restaurant; (pensión) boarding house; (Hist) inn, tavern; (Ferro) buffet.
fondeadero NM (gen) anchorage; (en puerto) berth.
fondeado ADJ **a** (Náut) **estar ~** to be anchored, be at anchor. **b** (LAm fam) **quedar ~** to be in the money (fam).
fondear <1a> **1** VT **a** (Náut: anclar) to anchor; (sondear) to sound. **b** (registrar: barco) to search; (fig) to examine. **c** (CAm) to provide with money. **d** (Chi) to drown at sea, throw overboard. **2** VI to anchor, drop anchor. **3 fondearse** VR (LAm fam: enriquecerse) to get rich.
fondeo NM (Chi) dumping o drowning at sea.
fondero NM (LAm) innkeeper.
fondillo NM (LAm fam), **fondillos** NMPL (de pantalones) seat of trousers o (US) pants.
fondilludo ADJ (LAm fam) big-bottomed.
fondista NMF **a** (de restaurante) restaurant owner; (Hist) innkeeper. **b** (Dep) long-distance runner.
fondo NM **a** (de caja etc) bottom; (de sala etc) back, far end; (medida) depth; **doble ~** false bottom; **~ del mar** sea bed o floor; **a ~** (adj) thorough; (adv) thoroughly; **una investigación a ~** a thorough investigation; **conocer algo a ~** to know sth inside out; **al ~** (de sala etc) at the back, at the rear; **al ~ del pasillo** at the bottom of the corridor; **de ~** (carrera de distancia) long-distance; (prueba de resistencia) endurance atr; **artículo de ~** (Prensa) leader; **cuestión de ~** basic question; **el problema de ~** the fundamental o underlying problem; **en el ~** (fig) at bottom, at heart; **en el ~ de su corazón** deep down in his heart; **sin ~** bottomless; **irse al ~** to sink, go to the bottom; **llegar al ~ de un misterio** to get to the bottom of a mystery; **tener poco ~** (fig) to be shallow; **tocar ~** (tb fig) to touch bottom; **la forma y el ~** the form and substance.
b (Arte) background, ground; (Cos) ground; **música de ~** background music; **verde sobre ~ rojo** green on a red background.
c **los bajos ~s** (fig) the underworld.
d (Com, Fin) fund; (tb ~ común) kitty; **~s** funds, resources; (fig) supply, reservoir; **~ de amortización** sinking fund; **~s bloqueados** frozen assets; **F~ Monetario Internacional** International Monetary Fund; **~ de pensiones** pension fund; **~ de previsión** provident fund; **cheque sin ~s** bad cheque o (US) check; **estar sin ~s** to have no money, be broke (fam); **a ~ perdido** (adv) without security; (adj) unsecured, non-repayable; **subvención a ~ perdido** capital grant; **invertir a ~ perdido** to invest without hope of recovering one's money; **reunir ~s** to raise funds.
e (de biblioteca, archivos) holdings pl, collection.
f (fig: carácter) nature, disposition; **tener buen ~** to be good-natured.
g (Méx: combinación de mujer) petticoat.
fonducha NF, **fonducho** NM cheap restaurant.
fonema NM phoneme.
fonética NF phonetics.
fonético ADJ phonetic.
fónico ADJ phonic.
fono NM (Chi Telec: auricular) earpiece; (: número) telephone number.
fonobuzón NM voice mail.
fonocaptor NM (de tocadiscos) pickup.
fonógrafo NM (esp LAm) gramophone, phonograph (US).
fonología NF phonology.
fonológico ADJ phonological.
fonoteca NF record library, sound archive.
fontanal, fontanar NM spring.
fontanería NF plumbing.
fontanero NM plumber.
footing ['futin] NM jogging.
F.O.P. NFPL ABR de **Fuerzas del Orden Público**.

foque NM jib.
foquismo NM (*LAm Pol*) a theory of guerrilla warfare.
forajido NM outlaw, bandit.
foral ADJ: **parlamento ~** regional parliament; V **fuero**.
foramen NM (*Méx*) hole.
foráneo/a ① ADJ foreign. ② NM/F outsider, stranger.
forastero/a ① ADJ alien, strange. ② NM/F stranger, outsider.
forcej(e)ar <1a> VI (*gen*) to struggle, wrestle; (*afanarse*) to strive.
forcej(e)o NM struggle.
fórceps NM INV forceps.
forense ① ADJ forensic, legal. ② NMF pathologist; (*Jur*) coroner.
forestación NF afforestation.
forestal ADJ (*gen*) forest *atr*; (*industria*) timber *atr*.
forfait [for'fe] NM ⓐ (*ausencia*) absence, non-appearance; **ganar por ~** to win by default. ⓑ (*precio*) flat rate, fixed price; (*Esquí etc*) all-in charge.
forja NF ⓐ (*fragua*) forge; (*fundición*) foundry. ⓑ (*acción*) forging.
forjado ADJ: **hierro ~** wrought iron.
forjar <1a> VT ⓐ (*gen*) to forge, shape. ⓑ (*fig: formar*) to form, make; **~ un plan** to hammer out a plan; **tratamos de ~ un estado moderno** we are trying to build a modern state. ⓒ (*mentiras etc*) to invent, concoct; (*sueños, ilusiones*) to build up.
forma NF ⓐ (*gen*) shape, form; **de ~ triangular** triangular (in shape); **en ~ de U** U-shaped.
ⓑ (*Téc*) mould, mold (*US*); (*de zapatero*) last.
ⓒ (*Med*) fitness; **estar en ~** to be in (good) form, be fit; (*Dep*) to be on form; **estar en baja ~** to be off form, to be going through a bad spell.
ⓓ (*modo*) way; (*método*) means, method; **~ de pago** (*Com*) manner o method of payment; **~ de ser** character, temperament; **de esta ~** in this way; **de ~ que** so that; **de todas ~s** at any rate, in any case; **en debida ~** duly, in due form; **la única ~ de hacerlo es** the only way to do it is; **me gusta más de esta ~** I like it better this way; **no hubo ~ de convencerle** it was impossible to persuade him; **no veo ~ de hacerlo** I can see no way of doing it.
ⓔ **~s** social forms, conventions, **buenas ~s** good manners; **guardar las ~s** to keep up appearances.
ⓕ (*Tip*) format.
formación NF ⓐ (*gen*) formation. ⓑ (*enseñanza*) training, education; **~ profesional/fuera del trabajo/en el trabajo** o **sobre la práctica** vocational/off-the-job/on-the-job training.
formado ADJ formed, shaped; **bien ~** nicely-shaped, well-formed; **hombre (ya) ~** grown man.
formal ADJ (*serio*) serious; (*grave*) dignified; (*promesa*) express, definite; (*individuo: de fiar*) reliable, dependable; (: *puntual*) punctual; (*conducta*) steady, stable; **¿has sido ~?** did you behave yourself?; **estuvo muy ~ conmigo** he treated me very properly.
formaldehido NM (*Quím*) formaldehyde.
formaleta NF (*CAm, Col: construcción*) wooden framework.
formalidad NF ⓐ (*requisito*) formality; **son las ~es de costumbre** these are the usual formalities; **hay que cumplir muchas ~es** there's a lot of red tape. ⓑ (*seriedad*) seriousness; (*dignidad*) dignity; (*fiabilidad*) reliability, dependable nature; (*puntualidad*) punctuality; (*estabilidad*) steadiness, stability; (*conducta*) proper behaviour o (*US*) behavior; **hablar con ~** to speak in earnest; **¡niños, ~!** kids, behave yourselves!; **¡señores, un poco de ~!** gentlemen, let's be serious!
formalina NF formalin.
formalismo NM (*gen*) formalism; (*pey: burocracia*) red tape.
formalista NMF formalist.
formalizar <1f> ① VT (*Jur*) to formalize; (*plan etc*) to formulate, draw up; (*situación etc*) to put in order, regularize; **~ sus relaciones** to become formally engaged. ② **formalizarse** VR ⓐ (*ponerse serio*) to grow serious. ⓑ (*situación*) to be put in order, be regularized.

formar <1a> ① VT ⓐ (*gen*) to form, shape; (*plan etc*) to make, fashion; (*reservas*) to build up.
ⓑ (*constituir*) to make up, constitute; **está formado por** it is formed by o made up of; **~ parte de** to be part of.
ⓒ (*enseñar*) to train, educate.
ⓓ (*Mil*) to form up, parade.
② VI (*Mil*) to fall in; (*Dep*) to line up; **¡a ~!** (*Mil*) fall in!
③ **formarse** VR ⓐ (*gen*) to take form, be formed; (*desarrollarse*) to develop.
ⓑ (*educarse*) to be trained, be educated.
ⓒ (*Mil*) to fall in, get into line; (*Dep*) to line up; **¡fórmense!** fall in!; **el equipo se formó sin González** the team lined up without Gonzalez.
ⓓ **~ una opinión** to form an opinion.
formatear <1a> VT (*Inform*) to format.
formateo NM (*Inform*) formatting.
formativo ADJ formative.
formato NM (*Tip, Inform*) format; (*tamaño: de papel*) size; **periódico de ~ reducido** tabloid newspaper.
formica ® NF Formica ®.
fórmico ADJ: **ácido ~** formic acid.
formidable ADJ ⓐ (*gen*) formidable, redoubtable; (*enorme*) huge; (*impresionante*) forbidding. ⓑ (*fig*) terrific, tremendous; **¡~!** that's great!, splendid!
formón NM chisel.
Formosa NF: **la Isla de ~** (*Hist*) Formosa.
fórmula NF (*gen*) formula; (*Med etc*) prescription; **por pura ~** purely as a matter of form.
formulación NF formulation.
formular <1a> VT (*gen*) to formulate; (*plan etc*) to draw up, make out; (*pregunta*) to frame, pose; (*protesta*) to make, lodge; (*demanda*) to file, put in; (*deseo*) to express.
formulario NM (*para rellenar*) form; **~ de solicitud** application form; **~ de pedido** (*Com*) order form; **rellenar un ~** to fill in o complete a form.
formulismo NM red tape.
fornicación NF fornication.
fornicador(a) ① ADJ fornicating. ② NM/F fornicator; (*adúltero*) adulterer/adulteress.
fornicar <1g> VI to fornicate.
fornido ADJ strapping, hefty.
fornitura NF (*Téc*) movement; (*Cos*) accessories *pl*; (*Mil*) cartridge belt.
foro NM ⓐ (*Pol, Hist*) forum; (*reunión*) forum, (open) meeting. ⓑ (*Jur: tribunal*) court of justice; (: *abogados*) bar, legal profession. ⓒ (*Teat*) upstage area; **desaparecer** o **marcharse por el ~** to exit stage left, do a disappearing act.
FORPPA NM ABR (*Esp*) de **Fondo de Ordenación y Regulación de Precios de Productos Agrarios**.
forrado ADJ ⓐ (*Cos etc*) lined; **~ de nilón** lined with nylon; **un coche ~ de ...** a car upholstered in .... ⓑ **estar ~** (*fam*) to be loaded (*fam*).
forraje NM ⓐ (*Agr*) forage, fodder. ⓑ (*acción*) foraging. ⓒ (*fam: mezcla*) hotchpotch, mixture.
forrajear <1a> VI to forage.
forrar <1a> ① VT (*Cos etc*) to line (*de* with); (*libro*) to cover (*de* with), bind (*de* in); (*coche*) to upholster; (*Téc*) to lag. ② **forrarse** VR ⓐ (*enriquecerse*) to line one's pockets. ⓑ (*comida*) to stuff o.s. (*de* with); (*Méx, Guat: fam*) to eat a heavy meal.
forro NM ⓐ (*gen*) lining; (*relleno*) padding; (*Tip*) cover; (*Náut*) sheathing; (*Téc*) casing, lining; (*Aut*) upholstery; **con ~ de piel** fur-lined; **~ de freno** (*Aut*) brake lining; **ni por el ~** (*fam*) not in the least; **no ha visto el libro ni por el ~** no way has he even seen the book. ⓑ (*CSur fam*) rubber (*fam*), condom. ⓒ (*LAm: fraude*) swindle, fraud. ⓓ (*Chi*) tyre, tire (*US*).
fortachón ADJ (*fam*) strong, tough.
fortalecer <2d> ① VT ⓐ (*gen*) to strengthen; (*Mil*) to fortify.
ⓑ **~ a algn en una opinión** to encourage sb in a belief. ② **fortalecerse** VR ⓐ to fortify o.s. (*con* with).
ⓑ (*opinión etc*) to become stronger.
fortalecimiento NM ⓐ (*gen*) strengthening; (*Mil*) fortification. ⓑ (*fig: de creencia*) encouragement; (: *de decisión*)

stiffening.

fortaleza NF ⓐ (*Mil*) fortress, stronghold. ⓑ (*fuerza*) strength, toughness; (: *moral*) fortitude, resolution.

fortificación NF fortification.

fortificar<1g> VT to fortify; (*fig*) to strengthen.

fortín NM (*gen*) (small) fort; (*de hormigón*) pillbox.

fortísimo ADJ SUPERL *de* **fuerte**; (*Mús*) fortissimo.

fortuito ADJ (*gen*) fortuitous; (*encuentro etc*) accidental, chance *atr*.

fortuna NF ⓐ (*gen*) fortune, chance; (*suerte*) (good) luck; **mala** ~ misfortune; **por** ~ luckily, fortunately; **tener la** ~ **de hacer algo** to have the good fortune to do sth; **probar** ~ to have a shot. ⓑ (*Náut*) **correr** ~ to ride out a storm. ⓒ (*Fin*) fortune.

forzado ADJ (*gen*) forced; (*obligatorio*) compulsory; **son-risa ~a** forced smile; **trabajos ~s** hard labour *o* (*US*) labor *sg*.

forzar <1f, 1l> VT ⓐ to force, compel; ~ **a algn a hacer algo** to force o make sb do sth. ⓑ (*puerta etc*) to force, break down *o* open; (*cerradura*) to force, pick; (*casa*) to break into; (*Mil*) to storm, take; (*violar*) to rape. ⓒ (*ojos etc*) to strain.

forzosamente ADV (*gen*) necessarily; (*inevitablemente*) inevitably; (*por obligación*) compulsorily, by obligation; **tuvieron que cerrarlo** ~ they had (no alternative but) to close it; ~ **lo harás** you'll have no choice but to do it.

forzoso ADJ (*necesario*) necessary; (*inevitable*) inescapable, unavoidable; (*obligatorio*) compulsory; (*aterrizaje etc*) forced; **es** ~ **que** it is inevitable that; **le fue** ~ **hacerlo** he had no choice but to do it.

forzudo ① ADJ (*fuerte*) tough, brawny. ② NM (*de circo*) strong man; (*pey: matón*) thug.

fosa NF ⓐ grave; ~ **común** common grave; ~ **marina** deep trough in the ocean bed; ~ **de reparaciones** (*Aut*) inspection pit; ~ **séptica** septic tank. ⓑ (*Anat*) cavity; **~s nasales** nasal cavities.

fosfato NM phosphate.

fosforecer<2d> VI to phosphoresce, glow.

fosforera NF ⓐ (*caja*) matchbox. ⓑ (*fábrica*) match factory.

fosforescencia NF phosphorescence.

fosforescente ADJ phosphorescent.

fosfórico ADJ phosphoric.

fósforo NM ⓐ (*Quím*) phosphorus. ⓑ (*esp LAm*) match.

fosforoso ADJ phosphorous.

fósil ① ADJ fossil, fossilized. ② NM ⓐ fossil. ⓑ (*fam: viejo*) old crock *o* dodderer.

fosilizarse<1f> VR (*gen*) to become fossilized; (*fig*) to veg-etate (*fam*).

foso NM (*gen*) pit, hole; (*Teat*) pit; (*Mil*) moat; ~ **de agua** (*Dep*) water jump; **irse** *o* **venirse al** ~ (*Teat*) to flop, fail.

fotingo NM (*LAm fam*) old crock, jalopy (*fam*).

foto NF photo; ~ **de carnet** passport(-size) photograph; ~ **de conjunto** group photo; **sacar** *o* **tomar una** ~ to take a photo *o* snap (*de of*).

fotocalco NM photoprint.

fotocontrol NM (*Dep*) **resultado comprobado por** ~ photo finish.

fotocopia NF photocopy, print.

fotocopiadora NF photocopier.

fotocopiar<1b> VT to photocopy.

fotocopistería NF photocopying shop.

fotoeléctrico ADJ photoelectric; **célula ~a** photoelectric cell.

fotogénico ADJ photogenic.

fotograbado NM photogravure, photoengraving.

fotografía NF ⓐ (*gen*) photography; ~ **aérea/en colores** aerial/colour *o* (*US*) color photography. ⓑ (*una* ~) photograph; ~ **en colores** colour photograph; ~ **instantánea** snapshot; **sacar** *o* **tomar una** ~ **de** to take a photograph of; *V* **foto**.

fotografiar<1c> ① VT to photograph. ② **fotografiarse** VR to have one's photograph taken.

fotográfico ADJ photographic.

fotógrafo NMF photographer; ~ **de estudio** portrait pho-tographer; ~ **de prensa** press photographer.

fotograma NM (*Cine*) shot, still.

fotomatón NM (*quiosco*) photograph booth.

fotómetro NM light meter.

fotomontaje NM photomontage.

fotón NM photon.

fotonovela NF romance *o* crime story *etc* illustrated with photos.

fotoquímico ADJ photochemical.

foto-robot NF (*pl* **foto-robots**) Photofit picture ®.

fotosíntesis NF photosynthesis.

fotostato NM photostat.

fototeca NF collection of photographs.

fotuto NM ⓐ (*LAm Mús*) wind instrument (of gourd). ⓑ (*Cu: bocina*) car horn.

foul [faul] NM = **faul**.

foulard [fu'lar] NM (*de mujer*) (head)scarf; (*de hombre*) cra-vat.

fox [fos] NM INV foxtrot.

FP ① NF ABR (*Esp Escol, Com*) *de* **Formación Profesional** vocational courses for 14- to 18-year-olds. ② NM ABR (*Pol*) *de* **Frente Popular**.

FPLP NM ABR *de* **Frente Popular para la Liberación de Palestina** PFLP.

Fr. ABR *de* **Fray** Fr.

frac NM (*pl* **~s** *o* **fraques**) dress coat, tails.

fracasado/a ① ADJ failed, unsuccessful. ② NM/F failure.

fracasar<1a> VI (*gen*) to fail, be unsuccessful; (*plan etc*) to fall through.

fracaso NM (*gen*) failure; (*de negociaciones etc*) collapse, breakdown; ~ **escolar** school drop-out, failure in end-of-year exams; **ir al** ~ to court disaster; **¡es un** ~**!** he's a disaster!

fracción NF ⓐ (*Mat*) fraction; ~ **decimal** fraction. ⓑ (*parte*) part, fragment. ⓒ (*Pol etc*) faction, splinter group. ⓓ (*repartición*) division, breaking-up (*en* into).

fraccionado ADJ: **pago** ~ payment by instalments *o* (*US*) installments.

fraccionadora NF (*Méx*) housing estate, real estate de-velopment (*esp US*).

fraccionamiento NM ⓐ (*gen*) division, breaking-up (*en* into). ⓑ (*Méx*) housing estate, housing development (*US*); ~ **de tierras** land distribution. ⓒ (*Téc: de petróleo*) cracking.

fraccionar<1a> VT to divide, break up, split up (*en* into).

fraccionario ADJ fractional; (*dinero*) small, in small units.

fractura NF ⓐ (*gen*) fracture, break; ~ **complicada** multi-ple fracture. ⓑ (*Jur*) **robo con** ~ burglary.

fracturar <1a> ① VI (*gen*) to fracture, break. ② **fracturarse** VR to fracture, break.

fragancia NF fragrance, perfume.

fragante ADJ fragrant, scented.

fraganti *V* **in fraganti**.

fragata NF frigate.

frágil ADJ (*gen*) fragile; (*Com*) breakable; (*fig*) frail, deli-cate.

fragilidad NF (*gen*) fragility; (*fig*) frailty, delicacy.

fragmentación NF fragmentation.

fragmentar<1a> ① VT (*gen*) to fragment; (*en trozos etc*) to break *o* divide up. ② **fragmentarse** VR to fragment; (*en trozos etc*) to break *o* divide up.

fragmentario ADJ fragmentary.

fragmento NM (*gen*) fragment; (*pedazo*) piece, bit; (*de discurso*) excerpt; (*de canción etc*) snatch.

fragor NM (*gen*) din, clamour, clamor (*US*); (*de trueno etc*) crash, clash; (*de máquina*) roar.

fragosidad NF ⓐ (*cualidad*) roughness, unevenness. ⓑ (*una* ~) rough spot; (*esp*) rough road.

fragoso ADJ (*gen*) rough, uneven; (*terreno*) difficult; (*bosque*) dense.

fragua NF forge.

fraguado NM ⓐ (*de metal*) forging. ⓑ (*de hormigón etc*) hardening, setting.

fraguar<1i> ① VT ⓐ (*metal*) to forge. ⓑ (*fig: plan etc*) to hatch, concoct. ② VI (*hormigón etc*) to harden, set.

fraile NM (*Rel*) friar, monk; ~ **de misa y olla** simple-

minded friar.
frailecillo NM (*Orn*) puffin.
frailesco, frailuno ADJ monkish.
frambuesa NF raspberry.
frambueso NM raspberry cane.
francachela (*fam*) NF (*comida*) spread; (*juerga*) spree.
francamente ADV a (*abiertamente*) frankly, openly. b (*generosamente*) generously, liberally. c (*realmente*) really; ~ **no lo sé** I don't really know; ~ **eso está mal** frankly, that's wrong.
francés/esa 1 ADJ French; **a la ~a** in the French manner o style; **tortilla ~a** plain omelette. 2 NM/F Frenchman/Frenchwoman. 3 NM (*Ling*) French.
francesilla NF a (*Bot*) buttercup. b (*Culin*) roll.
franchute NMF (*fam*) Frenchy (*fam*), frog (*fam*).
Francia NF France.
franciscano ADJ, NM Franciscan.
francmasón NM (free)mason.
francmasonería NF (free)masonry.
franco¹ NM (*Fin*) franc.
franco² ADJ a (*directo*) frank, forthright, candid; **seré ~ contigo** I will be frank with you; **para serte ~** to be honest (with you); **estar en ~a decadencia** to be in full decline; **estar en ~a rebeldía** to be in open rebellion.
  b (*liberal*) generous.
  c (*Com etc*) free, gratis; (*exento*) exempt; (*puerto*) free; ~ **a bordo/al costado del buque/puesto sobre vagón** free on board/alongside ship/on rail; ~ **de derechos** duty-free; **precio ~ (en) fábrica** price ex-factory, price ex-works; ~ **de porte** (*Com*) carriage-free; (*Correos*) post-free.
  d (*CSur*) **estar de ~** to be off duty o on leave.
franco... PREF franco....
francocanadiense ADJ, NMF French-Canadian.
francófilo/a NM/F Francophile.
francófobo/a NM/F Francophobe.
francófono/a 1 ADJ French-speaking. 2 NM/F French speaker.
francote ADJ outspoken, blunt.
francotirador NM (*tirador aislado*) sniper; (*experto*) sharpshooter; (*fig*) freelance, free agent.
franela NF a (*gen*) flannel. b (*LAm: camiseta*) vest, undershirt (*US*).
frangollero ADJ (*And, CSur*) bungling.
frangollo NM (*And, CSur: Culin*) corn mash; (*Méx*) carelessly-prepared meal, dog's dinner (*fam*).
frangollón/ona (*LAm*) 1 ADJ bungling. 2 NM/F bungler.
franja NF a (*borde*) fringe, border, trimming; (*de uniforme*) stripe. b (*de tierra etc*) strip; **la ~ de Gaza** the Gaza strip.
franqueadora NF (*Correos*) franking machine.
franquear ‹1a› 1 VT a (*esclavo*) to free, liberate; (*Com etc*) to free, exempt (*de* from).
  b (*derecho*) to grant, concede (*a* to); ~ **la entrada a** to give free entry to.
  c (*camino etc*) to clear, open; ~ **el paso a algn** to clear the way for sb.
  d (*río*) to cross; (*obstáculo*) to negotiate, overcome.
  e (*Correos*) to frank, stamp; **una carta franqueada** a post-paid letter.
  2 **franquearse** VR a (*ceder*) to give way to sb.
  b ~ **a** o **con algn** (*abrirse*) to have a heart-to-heart talk with sb.
franqueo NM (*Correos*) franking; **con ~ insuficiente** with insufficient postage.
franqueza NF a (*gen*) frankness; (*candidez*) forthrightness; **con ~** frankly; **lo digo con toda ~** I say so quite openly. b (*liberalidad*) generosity.
franquía NF (*Náut*) room to manoeuvre o (*US*) maneuver.
franquicia NF a exemption (*de* from); ~ **aduanera** o **arancelaria** exemption from customs duties; ~ **postal** Freepost ®. b (*Com*) franchise.
franquismo NM: **el ~** (*período*) the Franco years o period; (*política*) Francoism.

franquista 1 ADJ (*gen*) pro-Franco. 2 NMF (*gen*) supporter of Franco.
fraques NPL *de* **frac**.
frasco NM (*botella*) flask, bottle; ~ **de perfume** scent bottle; ~ **al vacío** vacuum flask.
frase NF (*Ling: oración*) sentence; (: *locución*) phrase, expression; ~ **compleja** complex sentence; ~ **hecha** idiom; (*pey*) cliché.
fraseo NM (*Mús*) phrasing.
fraseología NF phraseology.
fraternal ADJ brotherly, fraternal.
fraternidad NF brotherhood, fraternity.
fraternización NF fraternization.
fraternizar ‹1f› VI to fraternize.
fraterno ADJ brotherly, fraternal.
fratricida 1 ADJ fratricidal. 2 NMF (*individuo*) fratricide.
fratricidio NM (*crimen*) fratricide.
fraude NM a (*falta de honradez*) dishonesty, fraudulence. b (*engaño*) fraud, swindle; ~ **fiscal** tax fraud; **por ~** under false pretences.
fraudulencia NF fraudulence.
fraudulento ADJ fraudulent, dishonest.
fray NM brother, friar; **F~ Juan** Brother o Friar John.
frazada NF (*LAm*) blanket.
frecuencia NF frequency; **con ~** frequently, often; (*Elec, Rad*) **de alta ~** high-frequency; ~ **modulada** frequency modulation; (*Inform*) ~ **de red** mains frequency; ~ **de reloj** clock speed.
frecuentar ‹1a› VT to frequent, haunt.
frecuente ADJ (*gen*) frequent; (*costumbre*) common, prevalent; (*vicio*) rife.
frecuentemente ADV frequently, often.
freelance, free-lance [fri'lans] ADJ, NMF INV freelance.
fregada NF (*LAm fam*) nuisance, pain (*fam*).
fregadera NM (*LAm fam*) nuisance, annoyance, pain (*fam*).
fregadero NM (kitchen) sink.
fregado 1 ADJ a (*LAm fam: molesto*) annoying; (: *condenado*) damn (*fam*), lousy (*fam*), bloody (*fam*); (: *obstinado*) stubborn.
  b (*CAm, Méx: astuto*) cunning.
  2 NM a (*gen*) scrubbing, scouring; (*de platos*) washing-up; **hacer el ~** to do the washing-up.
  b (*lío*) mess, messy affair.
  c (*riña*) row.
fregandera NF (*Méx*) charwoman, cleaner.
fregar ‹1h, 1j› 1 VT a (*gen*) to scrub, scour; (*suelo*) to mop, scrub; (*platos*) to wash (up).
  b (*LAm: fastidiar*) to bother, annoy; (: *usar mal*) to muck (sb) about; (: *zurrar*) to thrash, beat up; **¡no friegues!** don't be a nuisance, leave me *etc* alone.
  c (*CSur fam!: joder*) to fuck (*fam!*), screw (*fam!*).
  2 **fregarse** VR (*And, CSur: fam!*) to screw up (*fam!*).
fregón ADJ (*LAm: molesto*) tiresome, annoying.
fregona NF a (*fig*) slave, skivvy (*fam*). b (*fam: utensilio*) mop.
fregoteo NM (*fam*) = **fregado 2 (a)**.
freidora NF deep-fat frier.
freiduría NF: ~ **(de pescado)** fried-fish shop.
freír ‹3l› (*pp* **frito**) 1 VT a (*gen*) to fry; **al ~ será el reír** he who laughs last laughs longest.

b (*fig: molestar*) to annoy; **~le a algn a preguntas** to bombard sb with questions.

c **~ a algn a tiros** to riddle sb with bullets.

2 **freírse** VR **a** (*gen*) to fry, be frying.

b **~la a algn** (*fam*) to plan to deceive sb.

frejol, fréjol NM (*esp Per*) = **fríjol**.

frenada NF (*Aut*) (sudden) braking.

frenado NM (*Aut*) braking.

frenar <1a> VT **a** (*Aut, Mec*) to brake, apply the brake to. **b** (*fig*) to check, curb.

frenesí NM frenzy.

frenético ADJ frantic, frenzied; **ponerse ~** to lose one's head.

frenillo NM: **tener ~** (*fig*) to have a speech defect.

freno NM **a** (*Aut, Mec etc*) brake; **~ de aire/de mano/de pedal** air/hand/foot brake; **~ de disco/tambor** disc o (*US*) disk/drum brake; **líquido de ~s** brake fluid; **poner el ~** to apply the brake(s); **soltar el ~** to release the brake. **b** (*de caballo*) bit; **morder** o **tascar el ~** (*fig*) to champ at the bit. **c** (*fig: obstáculo*) check, restraint; **~s y equilibrios** (*Pol*) checks and balances; **poner ~ a** to curb, check. **d** (*CSur fam*) hunger.

frenología NF phrenology.

frentazo NM (*Méx*) disappointment.

▼**frente** **1** NM **a** (*parte delantera*) front (part); (*Arquit*) façade; **~ de trabajo** (*Min*) working face; **al ~** in front (*de of*); **al ~ de** (*fig*) at the head of; **ir de ~** to go forward; **mirar de ~** to look (straight) ahead; **chocar de ~** to crash head-on; **en ~** opposite; **la casa de en ~** the house opposite; **hacer ~ a** to resist, stand o face up to; **hacer ~ a grandes gastos** to (have to) meet considerable expenses. **b** (*Mil, Pol*) front; **~ de batalla** battle front, firing line; **~ del oeste** western front; **~ popular** popular front; **~ unido** united front; **hacer un ~ común con algn** to make common cause with sb. **c** (*Met*) front; **~ frío** cold front. **2** NF (*Anat*) forehead, brow; **~ a ~** face to face; **arrugar la ~** to frown; **llevar algo escrito en la ~** to be an open book. **3** PREP: **~ a** opposite (to), facing; **~ mío** etc (*esp CSur fam*) in front of o opposite me *etc.*

fresa NF **a** (*Bot: fruta*) strawberry; (*planta*) strawberry plant. **b** (*Téc*) milling cutter; (*de dentista*) drill. **c** (*Méx: fam pey*) snob (*fam*).

fresadora NF (*Mec*) milling machine; **~ de roscar** thread cutter.

fresal NM strawberry bed o fields pl.

fresar <1a> VT (*Mec*) to mill.

fresca NF **a** (*aire*) fresh air; (*parte del día*) cool part of the day; **tomar la ~** to go out for a breath of air. **b** (*fam*) **decir** o **soltar cuatro ~s a algn** to give sb a piece of one's mind.

frescachón ADJ **a** (*robusto*) glowing with health, ruddy. **b** (*niño*) bouncing, healthy. **c** (*mujer*) buxom.

frescales NM INV (*fam*) scamp, rascal.

fresco **1** ADJ **a** (*gen*) fresh; (*nuevo*) new; (*reciente*) recent; (*huevo*) new-laid. **b** (*bastante frío*) cool; **bebida ~a** cool o cold drink; **hace ~** (*Met*) it's cool o fresh. **c** (*tela*) light, thin. **d** (*impasible*) cool, calm; **me lo dijo tan ~** he just said it to me as cool as you like; **me lo dijo y se quedó tan ~** he said it without batting an eyelid; **estar más ~ que una lechuga** to be as cool as a cucumber. **e** (*descarado*) cheeky, bad-mannered, sassy (*US*); **¡qué ~!** what a cheek!, what a nerve! **2** NM **a** (*aire*) fresh air, cool air; **al ~** in the open air, out of doors; **tomar el ~** to get some fresh air. **b** (*Arte*) fresco; **pintar al ~** to paint in fresco. **c** (*fam*) fresh guy (*US fam*), bad-mannered person. **d** (*CAm: bebida*) fruit juice o drink.

frescor NM freshness; **gozar del ~ nocturno** to enjoy the cool night air.

frescura NF **a** (*gen*) freshness; (*frío*) coolness. **b** (*serenidad*) coolness, calmness; **con la mayor ~** com-

pletely unmoved o unconcerned. **c** (*fam: descaro*) cheek, nerve; **¡qué ~!** what a nerve! **d** (*impertinencia*) impudent remark.

fresnada NF ash grove.

fresno NM ash (tree).

fresón NM (*Bot: fruto*) strawberry; (*planta*) strawberry plant.

fresquera NF meat safe, cold-room.

fresquería NF (*LAm*) refreshment stall.

freudiano/a ADJ, NM/F Freudian.

freza NF **a** (*de peces*) spawn; (*estación*) spawning. **b** (*Zool*) dung, droppings.

frezar <1f> VI to spawn.

frialdad NF **a** (*frío*) coldness, cold; (*fig*) chilliness. **b** (*indiferencia*) indifference, unconcern; **recibir a algn con ~** to give sb a cool reception.

fríamente ADV (*fig*) coldly.

fricasé NM fricassee.

fricativa NF fricative.

fricativo ADJ fricative.

fricción NF (*friega*) rub, rubbing; (*Med*) massage; (*Mec*) friction; (*Pol, fig etc*) friction, trouble.

friccionar <1a> VT (*frotar*) to rub; (*Med*) to rub, massage.

friega NF **a** (*gen*) rub, rubbing; (*Med*) massage; (*Dep*) rub-down. **b** (*LAm fam: molestia*) nuisance, annoyance. **c** (*And, CSur: zurra*) thrashing.

friegaplatos NM INV dishwasher.

frigidez NF frigidity.

frígido ADJ frigid.

frigo NM (*fam*) fridge, refrigerator.

frigorífico **1** ADJ (*gen*) refrigerating; **instalación ~a** cold-storage plant. **2** NM (*gen*) refrigerator; (*electrodoméstico*) fridge; (*Náut*) refrigerator ship; (*camión*) freezer lorry o (*US*) truck.

frigorífico-congelador NM (*pl* **frigoríficos-congeladores**) fridge-freezer.

fríjol, frijol NM **a** (*esp LAm: Bot*) kidney bean; (: *gen*) bean. **b** **~es** (*LAm fam*) food, grub (*fam*); **buscarse los ~es** (*Cu fam*) to earn a living.

frío **1** ADJ **a** (*gen*) cold; **más ~ que el hielo** as cold as ice. **b** (*fig: indiferente*) unmoved, indifferent; (*poco entusiasta*) chilly, cool; (*inexpresivo*) cold, lifeless; (*poco apasionado*) frigid; **eso me deja ~** that turns me off. **2** NM **a** cold; **¡qué ~!** how cold it is!; **hace (mucho) ~** it's (very) cold; **coger ~** to catch cold; **pasar ~** to be cold; **tener ~** to be o feel cold; **no me da ni ~ ni calor** it's all the same to me. **b** (*indiferencia*) coldness, indifference.

friolento ADJ (*LAm*) sensitive to cold.

friolera NF trifle, mere nothing; **gastó la ~ de 100.000 ptas** (*iró*) he spent a mere 100,000 pesetas.

friolero ADJ sensitive to cold.

frisa NF (*And, CSur*) nap (on cloth).

frisar <1a> VI: **~ en** to border on, be o come close to; **frisa en los 50** she's getting on for 50.

friso NM (*Arquit*) frieze; (: *rodapié*) skirting board.

fritada NF fry, fry-up (*fam*).

fritanga NF (*LAm*) = **fritada**.

fritanguería NF (*Chi, Per*) fried food shop o stall.

fritar <1a> VT (*LAm*) to fry.

frito **1** PP de **freír**. **2** ADJ **a** (*gen*) fried; **patatas** o (*LAm*) **papas ~as** chips, French fries (*US*). **b** **tener ~ a algn** (*fam*) to get on sb's nerves, be a nuisance to sb; **este trabajo me tiene ~** this job's getting me down. **c** (*fam: persona*) **dejar a algn ~** (*matar*) to do sb in (*fam*); **estar ~** to be finished, be done for (*fam*); (*dormido*) to be kipping (*fam*); (*muerto*) to be a goner (*fam*); **quedarse ~** (*fam: dormirse*) to go out like a light. **3** NM fry, fried dish; **~s variados** mixed grill.

fritura NF **a** (*gen*) fry, fried dish. **b** (*Telec*) crackling, interference.

frivolidad NF frivolity, frivolousness.

frívolo ADJ frivolous.

fronda NF frond; **~s** foliage, leaves.

➤ EXPRESIONES GENERATIVAS: **frente** → 8.2

frondoso ADJ leafy, luxuriant.
frontal ADJ frontal; (*parte, posición*) front; **choque ~** head-on collision.
frontera NF [a] (*línea divisoria*) frontier, border; (*zona fronteriza*) frontier area, borderland. [b] (*Arquit*) façade.
fronterizo ADJ frontier; (*atr*) border *atr*.
frontero ADJ opposite, facing.
frontis NM (*Arquit*) façade.
frontispicio NM (*de libro*) frontispiece; (*fam*) face, clock (*fam*).
frontón NM [a] (*Arquit*) pediment. [b] (*Dep*) pelota court.
frotación NF, **frotadura** NF, **frotamiento** NM (*gen*) rub, rubbing; (*Mec*) friction.
frotar <1a> [1] VT (*gen*) to rub; (*fósforo*) to strike; **quitar algo frotando** to rub sth off. [2] **frotarse** VR to rub, chafe; **~ las manos** to rub one's hands (together).
frote NM (*acción*) rub.
frotis NM: **~ cervical / vaginal** cervical/vaginal smear.
fr(s). ABR *de* **franco(s)** fr.
fructífero ADJ [a] (*Bot etc*) productive, fruit-bearing. [b] (*fig*) fruitful.
fructificar <1g> VI [a] (*Bot*) to produce *o* bear fruit. [b] (*fig*) to yield a profit.
fructosa NF fructose.
fructuoso ADJ fruitful.
frufrú NM rustling.
frugal ADJ frugal.
frugalidad NF frugality.
fruición NF (*gen*) enjoyment; **~ maliciosa** malicious pleasure.
frunce NM (*Cos*) gather, shirr.
fruncido [1] ADJ [a] (*Cos*) pleated, gathered; (*frente*) wrinkled, furrowed; (*ceño*) frowning. [b] (*CSur*) prudish, demure. [2] NM = **frunce**.
fruncir <3b> VT (*Cos*) to gather, shirr; (*ceño*) to frown; (*frente*) to wrinkle, knit; (*labios*) to purse.
fruslería NF (*chuchería*) trinket; (*fig: nimiedad*) trifle, triviality.
frustración NF frustration.
frustrado ADJ (*persona*) frustrated; (*intento, plan, atentado*) failed; **delito de homicidio ~** attempted murder.
frustrar <1a> [1] VT to frustrate, thwart. [2] **frustrarse** VR (*gen*) to be frustrated; (*plan etc*) to fail, miscarry.
frustre NM (*fam*) = **frustración**.
fruta NF (*gen*) fruit; **~s confitadas** candied fruits; **~ prohibida** forbidden fruit; **~ de sartén** fritter; **~ del tiempo** seasonal fruit.
frutal [1] ADJ fruit-bearing, fruit *atr*. [2] NM: **(árbol) ~** fruit tree.
frutería NF fruiterer's (shop), fruit shop.
frutero / a [1] ADJ fruit *atr*; **plato ~** fruit dish. [2] NM/F fruiterer. [3] NM fruit dish *o* bowl.
fruticultor(a) NM/F fruit-farmer, fruit-grower.
frutilla NF (*And, CSur*) strawberry.
fruto NM [a] (*gen*) fruit; **~ del pan** breadfruit; **~s del país** (*LAm*) agricultural products; **~s secos** nuts; **dar ~** to fruit, bear fruit. [b] (*fig: resultado*) result, consequence; (*hijo etc*) offspring, child; **el ~ de esta unión** the offspring of this marriage; **sacar ~ de** to profit from, derive benefit from.
FSE NM ABR *de* **Fondo Social Europeo** ESF.
FSM NF ABR *de* **Federación Sindical Mundial** WFTU.
fu [1] NM (*de gato*) spit *o* hiss. [2] INTERJ ugh! [3]: **ni ~ ni fa** neither chalk nor cheese.
fuácata NF (*Cu, Méx: fam*) **estar en la ~** to be broke (*fam*).
fucha, fuchi INTERJ (*Méx: asco*) yuk!, ugh!; (: *sorpresa*) phew!
fucsia NF fuchsia.
fue V *ser*; *ir*.
fuego NM [a] (*gen*) fire; **~s artificiales** fireworks; **~ fatuo** will-o'-the-wisp; **encender** *o* (*LAm*) **prender / apagar el ~** to light/put out the fire; **avivar el ~** (*fig*) to stoke things up; **avivar** *o* **atizar el ~** to poke the fire; **echar ~ por los ojos** to glare, look daggers; **jugar con ~** to play with fire; **marcar a ~** to brand; **pegar** *o* **prender ~ a** to set fire to, set on fire; **poner un pueblo a ~ y sangre**

to lay a village waste. [b] (*Culin: gas*) burner, ring; (: *Elec*) (hot) plate; (: *calor*) flame, heat; **hervir a ~ lento** to simmer. [c] (*Náut etc*) beacon, signal fire. [d] (*para cigarro*) light; **¿tienes** *o* **me das ~?** have you got a light?; **le pedí ~** I asked him for a light. [e] (*Mil*) fire; **¡alto el ~!** cease fire!; **~ cruzado** crossfire; **abrir** *o* **romper ~** to open fire; **hacer ~** to fire (*sobre* at, on); **estar entre dos ~s** (*fig*) to be in the crossfire. [f] (*Med*) rash; **~ pérsico** shingles. [g] (*fig: pasión*) fire, passion; **apagar los ~s de algn** to damp down sb's ardour *o* (*US*) ardor; **atizar el ~** to stir things up, add fuel to the fire.
fuelle NM [a] (*gen*) bellows; (*de gaita*) bag; **~ de pie** foot pump. [b] (*Aut*) folding hood, folding top (*US*); **~ quitasol** (*Fot*) hood. [c] (*fam: soplón*) grass (*fam*).
fuel-oil [fuel'oil] NM paraffin, kerosene (*US*).
fuente NF [a] (*gen*) fountain; (*ojo de agua*) spring; **~ de beber** drinking fountain; **~ termal** hot spring; **~ de río** source of a river. [b] (*Culin*) serving dish. [c] (*fig: origen*) source, origin; **de ~ desconocida / fidedigna** from an unknown/a reliable source; **~ de alimentación** (*Inform*) power supply; **~ de suministro** source of supply. [d] (*Chi*) **~ de soda** small café, ≈ soda fountain (*US*).
fuer NM: **a ~ de** as *a*; **a ~ de caballero** as a gentleman.
fuera [1] ADV [a] (*situación*) outside; (*dirección*) out; **¡~!** get out!; **'¡ruritanos ~!'** 'Ruritanians go home!'; **ir** *o* **salir ~** to go out; **el perro tenía la lengua ~** the dog had his tongue hanging out; **la parte de ~** the outside *o* outer part; **desde ~** from outside; **por ~** (on the) outside; **los de ~** strangers, newcomers. [b] **estar ~** to be away; (*en el extranjero*) to be abroad; **estuvo ~ 8 semanas** he was away for 8 weeks; **salir ~** to go abroad. [c] (*Dep*) **estar ~** to be in touch *o* out; **poner ~** to put into touch; **jugar ~** (*Ftbl etc*) to play away (from home); **el equipo de ~** the away team. [2] PREP [a] **~ de** outside (of), out of; **estaba ~ de su jaula** it was out of its cage; **esperamos ~ de la puerta** we waited outside the door; **~ de alcance** out of reach; **~ de combate** (*Mil*) wounded; (*Boxeo*) K.O.ed; **~ de serie** out of order; (*fig*) special; **~ de peligro** out of danger; **~ de lo común** unusual; **~ de lugar** (*fig*) inappropriate, out of place; **estar ~ de sí** to be beside o.s. [b] **~ de** (*fig*) in addition to, besides, beyond; **pero ~ de eso** but aside from that; **~ de que ...** outside *o* beyond the fact that .... [3] NMF: **un ~ de serie** an exceptional person, an outstanding individual.
fueraborda [1] ADJ outboard. [2] NM *o* NF INV outboard engine *o* motor.
fuereño / a NM/F (*Méx: gen*) outsider; (: *pey*) rustic, provincial.
fuero NM [a] (*carta municipal*) municipal charter; (*leyes municipales*) local *o* regional law code; (*privilegio: tb* **~s**) privilege, exemption; **a ~ de** de jure, in law; **¿con qué ~?** by what right?; **a ~ de** de jure, in law. [b] (*autoridad*) jurisdiction; **el ~ no alcanza a tanto** his authority does not extend that far. [c] (*fig*) **en mi** *etc* **~ interno ...** in my *etc* heart of hearts ..., deep down ....
fuerte [1] ADJ (*gen*) strong; (*robusto*) tough, sturdy; (*comida*) heavy, big; (*té*) strong; (*terreno*) rough, difficult; (*golpe*) hard, heavy; (*voz, ruido*) loud; (*dolor, calor*) intense, great; (*rigor*) excessive, extreme; **plato ~** (*Culin*) main course; (*fig*) main event; **¡qué ~!** (*fam*) that's great!; (*sorpresa*) well!, extraordinary!; **eso es muy ~** that's a very serious thing to say; **se hicieron ~s en la casa** they barricaded themselves in the house; **estar ~ en filosofía** to be strong *o* well up in philosophy. [2] ADV (*gen*) strongly; (*golpear*) hard; (*hablar etc*) loud, loudly; (*abrazar*) tight(ly); **pegar ~ al enemigo** to hit the enemy hard; **¡más ~!** speak up!; **poner la radio más ~** to turn the radio up. [3] NM [a] (*Mil*) fort, strongpoint. [b] (*Mús*) forte. [c] (*fig*) forte, strongpoint; **el canto no es mi ~** singing is

not my strong point.

fuerza NF **a** (*poder*) strength; (*dureza*) toughness; (*robustez*) sturdiness; (*vigor*) vigour, vigor (*US*); (*intensidad*) intensity; (*de argumento etc*) force, effect; **~ de voluntad** willpower; **a ~ de** by dint o force of; **a viva ~** by sheer strength; **entrada a viva ~** forced entry; **cobrar ~s** to recuperate; (*Med*) to convalesce; **restar ~s a** to weaken; **sacar ~s de flaqueza** to make a supreme effort; **no me siento con ~s para eso** I don't feel up to it; **tener ~s para hacer algo** to be strong enough to do sth.

b (*Fís, Mec*) force, power; **~ de arrastre** pulling power; **~ de brazos** manpower; **~ centrífuga/centrípeta** centrifugal/centripetal force; **~ de gravedad** force of gravity; **~ hidráulica/motriz** hydraulic o water power/ motive force; **~ de sustentación** (*Aer*) lift.

c (*obligación*) force, compulsion; **~ mayor** force majeure; **por ~ mayor** by. sheer force; **a la** o **por la ~** by force, under pressure; (*por necesidad*) of necessity; **con ~ legal** (*Com*) legally binding; **en ~ de** by virtue of; **es ~ hacer algo** it is necessary to do sth.

d (*violencia*) violence; **~ bruta** brute force; **hacer ~ a una mujer** to rape a woman; **recurrir a la ~** to resort to force, use violence.

e (*Mil etc*) force, forces; **~(s) aérea(s)** air force; **~s armadas (FFAA)** armed forces; **~ de choque** storm-troops, spearhead; **~s de Orden Público (F.O.P.)** police (forces); **~ de pacificación** peace-keeping force; **~s de seguridad** security forces.

fuese V **ser**; **ir**.

fuetazo NM (*LAm*) lash.

fuete NM (*LAm*) whip.

fuga¹ NF **a** (*gen*) flight, escape; (*de enamorados*) elopement; **~ de capitales** flight of capital abroad; **~ de la cárcel** escape from prison, jailbreak; **~ de cerebros** brain drain; **darse a la** o **ponerse en ~** to flee, take to flight; **poner al enemigo en ~** to put the enemy to flight. **b** (*de gas etc*) leak, escape; **~ de cerebros** (*fig*) brain drain. **c** (*fig: ardor*) ardour, ardor (*US*), impetuosity. **d** (*locución*) **le aplicaron la ley de ~s** he was shot while trying to escape.

fuga² NF (*Mús*) fugue.

fugacidad NF fleetingness, transitory nature.

fugarse <1h> VR **a** (*gen*) to flee; (*preso*) to escape; (*niño*) to run away; (*enamorados*) to elope (*con* with). **b** (*gas etc*) to leak (out), escape.

fugaz ADJ **a** (*momento etc*) fleeting, brief. **b** **estrella ~** shooting star.

fugitivo/a **1** ADJ **a** fugitive, fleeing. **b** = **fugaz (a)**. **2** NM/F fugitive.

fui, fuimos *etc* V **ser**; **ir**.

fulana NF **a** **Doña F~** Mrs So-and-so. **b** (*fam*) tart (*fam*).

fulano NM so-and-so, what's-his-name; **~ de tal, Don F~** Mr So-and-so, Joe Bloggs (*Brit*), John Doe (*US*); **~, zutano y mengano** Tom, Dick and Harry; **me lo dijo ~** somebody told me; **no te vas a casar con un ~** you're not going to marry just anybody.

fulbito NM (*Dep*) five-a-side football.

fulcro NM fulcrum.

fulero ADJ **a** (*objeto*) useless, poorly made. **b** (*individuo: torpe*) blundering, incompetent; (: *astuto*) sly.

fulgente, fúlgido ADJ dazzling, brilliant.

fulgir <3c> VI to shine, glow.

fulgor NM brilliance, glow; (*fig*) splendour, splendor (*US*).

fulgurante ADJ **a** bright, shining. **b** (*fig*) shattering, stunning.

fulgurar <1a> VI to shine, glow.

fullería NF **a** (*Naipes etc*) cheating, cardsharping. **b** (*trampa*) trick.

fullero **1** ADJ: **hacer algo en plan ~** to botch sth (*fam*). **2** NM (*Naipes etc*) cheat, cardsharp; (*tramposo*) sneak (*fam*).

fulminación NF fulmination; (*rayo*) bolt.

fulminante **1** ADJ **a** (*pólvora*) fulminating; **cápsula ~** percussion cap; (*fig: mirada*) withering. **b** (*Med*) fulminant; **ataque ~** stroke.

c (*fam*) terrific, tremendous; **golpe ~** terrific blow; **tiro ~** (*Ftbl etc*) sizzling shot. **2** NM (*LAm*) percussion cap.

fulminar <1a> **1** VT **a** (*gen*) to fulminate; (*amenazas*) to utter (*contra* against); **~ a algn con la mirada** to look daggers at sb. **b** (*con rayo*) to strike with lightning; (*fig*) to strike down. **2** VI to fulminate, explode.

fumada NF (*de cigarro*) puff, drag (*fam*).

fumadero NM smoking room; **~ de opio** opium den; **este cuarto es un ~** this room is full of smoke.

fumado ADJ: **estar ~** (*fam*) to be stoned (*fam*).

fumador(a) NM/F smoker; **~ de pipa** pipe smoker; **~ pasivo** passive smoker; **no ~** non-smoker.

fumar <1a> **1** VT, VI to smoke; **'prohibido ~'** 'no smoking'; **él fuma en pipa** he smokes a pipe; **¿puedo ~?** may I smoke? **2** **fumarse** VR **a** (*dinero*) to squander; (*clase*) to cut, miss. **b** **fumárselo a algn** (*LAm fam: engañar*) to trick o swindle sb.

fumarada NF **a** (*gen*) puff of smoke. **b** (*en pipa*) pipeful.

fumigación NF fumigation.

fumigar <1h> VT to fumigate.

fumista NM (*CSur*) joker, tease.

fumosidad NF smokiness.

fumoso ADJ smoky.

funambulista NMF, **funámbulo/a** NM/F tightrope walker.

función NF **a** (*gen*) function; (*de máquina etc*) functioning, operation. **b** (*deberes*) duties; **entrar en ~es** to take up one's duties; **excederse en sus ~es** to exceed one's duty; **presidente en ~es** acting president. **c** (*Teat etc*) performance; **~ benéfica/de despedida** charity/farewell performance; **~ de tarde/de noche** matinée/evening performance; **~ de títeres** puppet show; **~ taquillera** box-office success, hit (*fam*); **mañana no hay ~** there will be no performance tomorrow. **d** **en ~ de** on the basis of, in relation to; **retribución en ~ de la valía del candidato** remuneration to reflect the quality of the successful candidate. **e** **~ pública** civil service, civil servants (*collectively*).

funcional ADJ functional.

funcionalidad NF functional character.

funcionamiento NM (*gen*) functioning, operation; (*Mec, Téc*) operation, working, running; **entrar en ~** to come into operation; **poner en ~** to bring into service; **sociedad en ~** going concern.

funcionar <1a> VT (*gen*) to function; (*Mec, Téc*) to go, work, run; (*Aut etc*) to perform; **funcionando** in working o running order; **'no funciona'** 'out of order'; **hacer ~ una máquina** to operate a machine.

funcionario/a NM/F official, civil servant; **~ público** public official.

funda NF **a** case, cover; **~ (de almohada)** pillowcase, pillowslip; **~ de pistola** holster; **~ protectora del disco** (*Inform*) disk-jacket. **b** (*Col: falda*) skirt.

fundación NF foundation.

fundado ADJ (*justificado*) well-founded, justified; **una pretensión mal ~a** an ill-founded claim.

fundador(a) NM/F founder.

fundamental ADJ fundamental, basic; (*esencial*) essential.

fundamentalismo NM fundamentalism.

fundamentalista ADJ, NMF fundamentalist.

fundamentalmente ADV (*V adj*) fundamentally, basically; essentially.

fundamentar <1a> VT **a** (*sentar las bases*) to lay the foundations of. **b** (*fig: basarse*) to base, found (*en* on).

fundamento NM **a** (*Arquit*) foundations. **b** (*fig: base*) foundation, basis; (: *razón*) grounds, reason; **eso carece de ~** that is groundless, that is completely unjustified; **creencia sin ~** groundless o unfounded belief. **c** (*moral*) reliability, trustworthiness. **d** (*Téc*) weft, woof.

e ~s (fig) fundamentals, basic essentials.
fundar<1a> **1** VT **a** (gen) to found; (crear) to institute, set up, establish.
b (fig: basarse etc) to base, found (en on).
2 fundarse VR **a** to be founded o established.
b ~ **en** to be founded o based on; **me fundo en los siguientes hechos** I base my opinion on the following facts.
fundente NM flux.
fundición NF **a** (acción) smelting, founding. **b** (Com: fábrica) foundry, smelting plant; ~ **de hierro** iron foundry. **c** (Téc: colado) casting; ~ **de acero** steel casting. **d** (Tip) font, fount.
fundido ADJ (LAm Com) ruined, bankrupt.
fundidor NM, **fundidora** NF foundry.
fundillo NM (LAm Cos) trouser seat, seat of the pants (US); (LAm fam: culo) bum (Brit fam), arse (Brit fam!), ass (US fam).
fundir<3a> **1** VT **a** (fusionar) to fuse (together); (unir) to join, unite.
b (Téc) to melt (down), smelt; (nieve etc) to melt; (Elec) to fuse; (pieza) to found, cast; (Com) to merge.
c (CSur) to ruin.
2 fundirse VR **a** (gen) to fuse (together); (colores etc) to merge, blend (together).
b (derretirse: tb fig) to melt; (Elec: fusible, lámpara etc) to blow, burn out; **se fundieron los plomos** the fuses blew o went.
c (malgastar) **se fundió la fortuna en unos meses** he squandered his fortune in a few months.
d (LAm) to be ruined.
fundo NM (Per, Chi) landed property, estate.
fúnebre ADJ **a** (gen) funeral atr; **coche** ~ hearse; **pompas** ~s undertaker's (Brit), funeral parlor (US).
b (fig) funereal; (sonido etc) mournful, lugubrious.
funeral **1** ADJ funeral atr. **2** NM funeral; ~es funeral, obsequies.
funerala NF: **marchar a la** ~ to march with reversed arms; **ojo a la** ~ black eye.
funeraria NF undertaker's, mortician's (US), funeral parlor (US); **director de** ~ undertaker, funeral director, mortician (US).
funerario ADJ funeral atr.
funesto ADJ (gen) ill-fated, unfortunate; (desastroso) fatal, disastrous (para for).
fungicida NM fungicide.
fungir<3c> VI (CAm, Méx: actuar) to act (de as).
fungo NM (Med) fungus.
fungoso ADJ fungous.
funicular NM funicular (railway).
furcia NF (fam) tart (fam), whore; **¡~!** you slut!
furgón NM wagon, truck; (Ferro) van; ~ **blindado** armoured o (US) armored truck; ~ **celular** police van, prison van; ~ **de equipajes** luggage van, baggage car (US); ~ **de mudanzas** removal lorry; ~ **de reparto** delivery lorry.
furgoneta NF (Aut, Com) (transit) van, pickup (truck) (US); (coche) estate (car).
furia NF (gen) fury, rage; (violencia) violence; **a toda** ~ (CSur) at top speed; **estar hecho una** ~ to be furious o

raging; **ponerse hecho una** ~ to get mad.
furibundo ADJ furious, enraged.
furioso ADJ (gen) furious; (violento) violent; **estar** ~ to be furious; **ponerse** ~ to get furious, lose one's head.
furor NM **a** (gen) fury, rage; (pasión) frenzy, passion; **dijo con** ~ he said furiously. **b** (fig) rage; **hacer** ~ to be all the rage, be a sensation.
furriel, furrier NM quartermaster.
furriña NF (Méx) anger.
furrular<1a> VI (fam) to work.
furtivo ADJ (gen) furtive, clandestine; **cazador** o **pescador** ~ poacher.
furúnculo NM (Med) boil.
fuselado ADJ streamlined.
fuselaje NM fuselage.
fusible NM fuse.
fusil NM rifle, gun; ~ **de juguete** toy gun.
fusilamiento NM (Jur) execution by firing squad; (irregular) summary execution.
fusilar<1a> VT **a** to shoot, execute. **b** (fam: plagiar) to pinch (fam), plagiarize; (producto) to pirate, copy illegally.
fusilero NM rifleman, fusileer.
fusión NF (Fís etc) fusion; (unión) joining, uniting; (metal etc) melting; (Com) merger, amalgamation.
fusionar<1a> **1** VT to fuse (together); (Com) to merge, amalgamate. **2 fusionarse** VR to fuse; (Com) to merge, amalgamate.
fusta NF **a** (látigo) riding whip. **b** (leña) brushwood, twigs pl.
fustán NM **a** (tela) fustian. **b** (LAm: funda) petticoat, underskirt; (: falda) skirt.
fuste NM **a** (gen) log, timber; **de** ~ wooden. **b** (de lanza) shaft; (de chimenea) shaft; **de** ~ (fig) important, of some consequence. **c** (CAm fam: Anat) bottom.
fustigar<1h> VT (gen) to whip, lash; (fig) to upbraid, give a tongue-lashing to (fam).
fútbol NM football, soccer; ~ **americano** American football.
futbolín NM table football.
futbolista NM footballer.
futbolístico ADJ football atr.
futesa NF trifle, mere nothing; ~s small talk.
fútil ADJ trifling, trivial.
futileza NF (Chi), **futilidad** NF trifle, triviality.
futón NM futon.
futre NM (Chi fam) toff (fam), dude (US fam).
futura NF **a** (Jur) reversion. **b** (fam) fiancée.
futurismo NM futurism.
futurístico ADJ futuristic.
futuro **1** ADJ future; ~**a madre** mother-to-be. **2** NM **a** future; **en el** ~ in (the) future; **en lo** o **un** ~ in (the) future; **en un** ~ some time in the future; **en un** ~ **próximo** in the very near future, very soon. **b** (Ling) future tense. **c** (fam) fiancé. **d** ~s (Com) futures.
futurología NF futurology.
futurólogo/a NM/F futurologist.

Gg

G, g [xe] NF (*letra*) G, g.

g/ ABR *de* **giro** p.o., m.o. (*US*).

gabacho/a ① ADJ ⓐ (*Geog*) Pyrenean. ⓑ (*pey: afrancesado*) frenchified. ⓒ **le salió ~a la cosa** the affair was a failure. ② NM/F ⓐ (*Geog*) Pyrenean villager. ⓑ (*fam pey*) Frenchy (*fam*), froggy (*fam*); (*español*) frenchified Spaniard.

gabán NM overcoat, topcoat.

gabardina NF (*tela*) gabardine; (*sobretodo*) raincoat, mackintosh.

gabarra NF (*barcaza*) barge, flatboat.

gabarrero NM (*barquero*) bargeman.

gabarro NM ⓐ (*en una tela: defecto*) flaw, defect. ⓑ (*Vet: moquillo*) distemper, pip. ⓒ (*fig: en las cuentas*) error, miscalculation; (*obstáculo*) snag; (*molestia*) annoyance.

gabela NF (*impuesto*) tax, duty; (*carga*) burden.

gabinete NM ⓐ (*estudio*) study, library; (*sala de recibo*) private sitting room; (*tocador*) boudoir; (*Jur, Med*) office; (*Arte*) studio; **~ de consulta/de lectura** consulting/reading room; **~ fiscal** tax advisory office; **~ de prensa** press office. ⓑ (*Pol*) cabinet. ⓒ (*muebles*) suite of office furniture.

gablete NM (*Arquit*) gable.

gacela NF gazelle.

gaceta NF (*periódico*) gazette, official journal.

gacetilla NF ⓐ (*notas sociales*) gossip column; (*noticias generales*) section of local *o* miscellaneous news; **'G~'** (*titular*) 'News in Brief'. ⓑ (*fam: soplón*) gossip, scandalmonger; **ella es una ~ con dos patas** she's a dreadful gossip.

gacetillero /a NM/F (*reportero de sociales*) gossip columnist; (*fam pey: periodista*) hack.

gacha NF ⓐ thin paste, mush; **~s** (*Culin: papilla*) pap; **~s de avena** oatmeal porridge; **se ha hecho unas ~s** (*fig*) she's turned all sentimental. ⓑ (*LAm: vasija*) earthenware bowl.

gachí NF (*pl* **~s**) (*fam: chica*) dame (*US fam*), bird (*Brit fam*).

gacho ADJ ⓐ (*encorvado*) bent down, turned downward; (*cuerno*) down-curved; (*sombrero*) with down-turned brim; (*orejas*) drooping, floppy; **sombrero ~** slouch hat; **salió con las orejas ~as** *o* **la cabeza ~a** he went out all down in the mouth (*fam*). ⓑ (*Méx fam: feo*) nasty, ugly. ⓒ (*fam*) **ir a ~as** to go on all fours.

gachó NM (*pl* **~s**) (*fam*) chap (*fam*), bloke (*fam*).

gachón ADJ (*fam: que tiene gracia*) charming, sweet; (*niño*) spoilt.

gachupín/ina NM/F (*Méx pey*) (any) Spaniard.

gacilla NF (*CAm: imperdible*) safety pin.

gaditano/a ① ADJ of *o* from Cadiz. ② NM/F native *o* inhabitant of Cadiz.

GAE NM ABR (*Esp Mil*) *de* **Grupo Aéreo Embarcado**.

gaélico/a ① ADJ Gaelic. ② NM/F Gael. ③ NM (*Ling*) Gaelic.

gafa NF (*grapa*) grapple; (*abrazadera*) clamp; (*anteojos*) **~s** glasses, spectacles; (*Dep*) goggles; **~s ahumadas/bifocales** *o* **graduadas** smoked glasses/bifocals; **~s de baño** goggles; **~s de motorista/protectoras** motorcyclist's/protective goggles; **~s de sol** sunglasses.

gafar <1a> VT ⓐ (*arrebatar*) to hook, latch on to. ⓑ (*fam: traer mala suerte*) to put a jinx on; (*estropear*) to mess up.

gafe ① ADJ: **ser ~** (*fam*) to have a jinx (*fam*), be jinxed (*fam*). ② NM (*fam*) jinx (*fam*).

gafete NM clasp, hook and eye.

gafo ADJ (*LAm: de caballo*) footsore; (*Méx: adormecido*) numb.

gag [gax] NM (*pl* **~s** [gax]) (*Teat*) gag.

gago/a (*Méx*) ① ADJ stammering. ② NM/F stammerer.

gaguear <1a> VI (*Méx fam: tartamudear*) to stammer, stutter.

gaguera NF (*Méx: tartamudeo*) stammer, speech defect.

gaita NF ⓐ (*Mús: gen*) bagpipe(s); (: *flauta*) flute; (: *organillo*) hurdy-gurdy; **~ gallega** bagpipe; **ser como una ~** to be very demanding; **estar de ~** to be merry; **templar ~s a algn** to calm sb down. ⓑ (*fam: pescuezo*) neck; **sacar la ~** to stick one's neck out. ⓒ (*dificultad*) bother, nuisance; (*cosa engorrosa*) tough job; **¡qué ~!** what a pain! (*fam*). ⓓ **estar hecho una ~** to be a wreck (*fam*). ⓔ (*Méx fam: maula*) cheat, trickster.

gaitero ① ADJ ⓐ (*colores*) gaudy, flashy. ⓑ (*ridículamente alegre*) inappropriately jocular *o* witty. ② NM (*Mús*) (bag)piper.

gajes NMPL (*salario*) pay; (*gratificación*) perquisites; **~ del oficio** (*hum*) occupational hazards *o* risks; **~ y emolumentos** (*Com*) perquisites.

gajo NM ⓐ (*rama*) torn-off branch *o* bough; (*de uvas*) small cluster, bunch; (*de naranja*) slice, segment. ⓑ (*de horca*) point, prong. ⓒ (*Geog*) spur.

GAL NMPL ABR (*Esp*) *de* **Grupos Antiterroristas de Liberación** anti-ETA terrorist group.

gala NF ⓐ (*traje de etiqueta*) full dress; (*vestido lucido*) best dress; (*traje ceremonial*) court dress; **de ~** state *atr*, gala *atr*; **estar de ~** to be in full dress; (*bien vestido*) to be all dressed up; (*ciudad*) to be in festive mood. ⓑ **~s** (*artículos de lujo*) finery, trappings; (*joyas*) jewels; **~s de novia** bridal attire. ⓒ **hacer ~ de** to show off; (*jactarse*) to boast of, glory in; **tener algo a ~** to be proud of sth; **tener a ~ hacer algo** to be proud to do sth. ⓓ (*lo más selecto*) cream, pride; **es la ~ de la ciudad** it is the pride of the city; **llevarse las ~** to deserve *o* win applause. ⓔ (*Mús*) gig, show, concert. ⓕ (*fiesta etc*) show; **~ benéfica** charity event.

galáctico ADJ (*Astron*) galactic.

galán NM ⓐ (*apuesto*) handsome fellow; (*Don Juan*) ladies' man; (*Hist*) young gentleman, courtier. ⓑ (*novio*) gallant, beau; (*pretendiente*) suitor. ⓒ (*Teat*) male lead; (*protagonista*) hero; **~ de cine** matinée idol; **primer ~** leading man. ⓓ (*Bot*) **~ de noche** night jasmine. ⓔ (*mueble: tb* **~ de noche**) clothes-rack and trouser press.

galano ADJ ⓐ (*primoroso*) smart, spruce; (*elegante*) elegant; (*gallardo*) gaily dressed. ⓑ (*Cu: tez*) mottled.

galante ADJ ⓐ (*hombre*) gallant; (*atento*) charming; (*cortés*) polite. ⓑ (*mujer*) flirtatious.

galantear <1a> VT (*enamorar*) to court, woo; (*coquetear*) to flirt with.

galanteo NM (*corte*) courtship, wooing; (*coqueteo*) flirting.

galantería NF ⓐ (*gen*) gallantry; (*atención*) attentiveness to women; (*gentileza*) politeness. ⓑ (*requiebro*) compliment; (*piropo*) charming thing to say.

galanura NF (*gracia*) prettiness; (*encanto*) charm; (*gallardía*) elegance.

galápago NM ⓐ (*Zool: tortuga*) freshwater tortoise. ⓑ (*molde*) tile mould *o* (*US*) mold. ⓒ (*Téc*) ingot, pig. ⓓ (*montura*) light saddle; (*LAm: montura de lado*) sidesaddle.

Galápagos: Islas ~ NFPL Galapagos Islands.

galardón NM (*Lit*) reward, prize.

galardonar <1a> VT (*premiar*) to reward, recompense (*con* with); (*Lit: una obra*) to give a prize to; **obra galardonada por la Academia** work which won an Academy prize.

galaxia NF (*Astron*) galaxy.

galbana NF (*pereza*) sloth, laziness; (*holgazanería*) shiftlessness.

galena NF galena, galenite.

galeno [1] ADJ (*viento*) moderate, soft. [2] NM (*fig*) physician.

galeón NM (*Náut*) galleon.

galeote NM (*Náut*) galley slave.

galera NF [a] (*Náut*) galley; **condenar a algn a ~s** to condemn sb to the galleys. [b] (*carro*) covered wagon. [c] (*Med*) hospital ward; (*Hist*) women's prison; (*CAm, Méx*) shed. [d] (*LAm*) top hat. [e] (*Tip*) galley.

galerada NF [a] (*carga*) wagonload. [b] (*Tip*) galley proof.

galería NF (*gen*) gallery; (*corredor*) passage, corridor; (*Min*) gallery; (*balcón*) veranda(h); (*Arte*) gallery; (*fam: público*) audience; **~ de columnas** colonnade; **~ comercial** shopping mall; **~ de popa** (*Náut*) stern gallery; **~ secreta** secret passage; **hacer algo cara a la ~** (*fig*) to play to the gallery; **~ de tiro** shooting gallery.

galerita NF (*Orn*) crested lark.

galerna NF, **galerno** NM violent north-west wind (*on N coast of Spain*).

galerón NM (*CAm*) shed; (*Méx*) big room.

Gales NM Wales.

galés/esa [1] ADJ Welsh. [2] NM/F Welshman/woman. [3] NM (*Ling*) Welsh.

galga NF [a] (*Zool*) greyhound bitch. [b] (*Geol*) boulder, rolling stone; (*Téc: de molino de aceite*) millstone.

galgo NM greyhound; **¡échale un ~!** (*fam*) you've no chance of catching him; **¡vaya Ud a espulgar un ~!** (*fam*) go to blazes!

Galia NF Gaul.

galiciano/a ADJ, NM/F Galician.

galicismo NM Gallicism.

Galilea NF Galilee.

galimatías NM INV (*asunto confuso*) rigmarole; (*lenguaje oscuro*) gibberish, nonsense.

gallada NF (*LAm: acto atrevido*) bold deed, great achievement; (: *jactancia*) piece of boasting; **la ~** (*CSur fam*) the boys (*fam*), the lads (*fam*).

gallardear <1a> VI (*actuar con gracia*) to act with ease and grace; (*comportarse*) to bear o.s. well.

gallardete NM (*banderola*) pennant, streamer.

gallardía NF (*gracia*) gracefulness; (*magnificencia*) fineness; (*valentía*) bravery; (*caballerosidad*) gallantry; (*nobleza*) nobleness.

gallardo ADJ (*V n*) graceful, fine, brave, gallant.

gallareta NF (*LAm*) South American coot.

gallear <1a> [1] VT (*suj: gallo*) to tread. [2] VI [a] (*destacar*) to excel, stand out. [b] (*envalentonarse*) to put on airs, strut; (*presumir*) to brag; (*alzar la voz*) to bawl.

gallego/a [1] ADJ [a] (*LAm pey*) Spanish. [2] NM/F [a] Galician. [b] (*LAm pey*) Spaniard. [c] (*viento*) north-west wind. [3] NM (*Ling*) Galician.

galleguismo NM [a] (*Ling*) word o phrase *etc* peculiar to Galicia. [b] (*Pol*) Galician nationalism.

galleguista [1] ADJ that supports *etc* Galician autonomy. [2] NMF supporter *etc* of Galician autonomy.

gallera NF cockpit; (*gallinero*) coop (for gamecocks).

gallería NF (*Cu*) = **gallera**.

gallero [1] ADJ (*LAm*) fond of cockfighting. [2] NM (*LAm: encargado*) owner o trainer of fighting cocks; (: *aficionado*) cockfighting enthusiast.

galleta NF [a] (*Culin*) biscuit, cookie (*US*); (: *delgada*) wafer; (*Náut*) ship's biscuit, hardtack; **~ dulce** rusk; **~ de perro** dog biscuit. [b] (*fam: bofetada*) bash (*fam*), slap; (: *golpe*) thump; **se pegó una ~ con la moto** he got a real thump with the bike. [c] (*And, CSur*) small bowl for drinking maté. [d] **colgar** o **dar la ~ a algn** (*And, Arg: fam*) to get rid of o (*fam*) sack sb; (: *plantar*) to jilt sb; **hacerse una ~** (*CSur fam*) to get muddled; **tener ~** (*Méx fam*) to be very strong. [e] (*LAm fam*) confusion, disorder; **~ del tráfico** (*Ven fam*) traffic jam.

galletear <1a> VT (*Méx: golpear*) to bash (*fam*), punch.

galletero NM (*recipiente*) biscuit barrel o tin.

gallina [1] NF [a] (*Orn*) hen, fowl; **~ de agua** coot; **~ clueca** broody o (*US*) brooding hen; **~ de Guinea** guinea fowl; **~ ponedora** laying hen; **acostarse con las ~s** to go to bed early; **cantar la ~** to own up, hold up one's hands; **estar como ~ en corral ajeno** to be like a fish out of water; **las ~s de arriba ensucian a las de abajo** (*Chi*) the underdog always suffers; **matar la ~ de los huevos de oro** to kill the goose that lays the golden eggs. [b] **jugar a la ~ ciega** to play blind man's buff. [2] NMF (*fam: cobarde*) coward.

gallinaza NF hen droppings.

gallinazo NM (*LAm: buitre*) turkey buzzard.

gallinería NF [a] flock of hens; (*Com*) poultry shop, chicken market. [b] (*fig: cobardía*) cowardice.

gallinero NM [a] (*criadero*) henhouse, coop. [b] (*criador*) chicken farmer; (*pollero*) poulterer. [c] (*Teat*) gods, top gallery. [d] (*confusión*) babel, hubbub; (*griterío*) noisy gathering.

gallineta NF (*Orn*) sandpiper; (*LAm*) guinea fowl.

gallipavo NM [a] (*Orn*) turkey. [b] (*Mús*) false o wrong note.

gallito [1] ADJ (*fam*) cocky (*fam*), cocksure; **ponerse ~** to get cocky (*fam*). [2] NM [a] (*Orn*) small cock. [b] (*fig: pendenciero*) troublemaker; **el ~ del mundo** the cock-o'-the walk, the top dog.

gallo NM [a] (*Orn*) cock, rooster; **~ lira** black grouse; **~ montés** o **silvestre** capercaillie; **~ de combate** o **pelea** o **riña** gamecock, fighting cock; **estar como ~ en gallinero** to be much esteemed, be well thought of; **en menos que canta un ~** in an instant; **otro ~ me cantara** that would be quite a different matter; **haber comido ~** (*Méx fam*) to be in a fighting mood; *V* **pata (a).** [b] (*fam*) boss. [c] **alzar** o **levantar el ~** (*fig*) to bawl, behave noisily; **tener mucho ~** to be cocky (*fam*). [d] (*Pesca*) cork float; (*Pez*) john dory. [e] (*Mús*) false o wrong note; (*cambio de voz*) break in the voice; **soltar un ~** to sing a wrong note.

gallumbos NMPL (*fam*: *calzoncillos*) underpants; (*pantalones*) pants, trousers.

galo/a [1] ADJ Gallic. [2] NM/F Gaul.

galón¹ NM (*Cos*) braid; (*Mil*) stripe, chevron; **quitar los ~es a algn** to demote sb; **la acción le valió 2 ~es** the action got him a couple of stripes.

galón² NM (*medida*) gallon.

galonear <1a> VT to trim with braid.

galopada NF gallop.

galopante ADJ (*Med, fig*) galloping.

galopar <1a> VI to gallop; **echar a ~** to break into a gallop.

galope NM gallop; **a ~, al ~** at a gallop; (*fig*) in great haste, in a rush; **a ~ tendido** at full gallop; **alejarse a ~** to gallop off; **llegar a ~** to gallop up; **medio ~** canter.

galopín NM (*pícaro*) ragamuffin, urchin; (*bribón*) scoundrel; (*Náut: grumete*) cabin boy.

galpón NM (*LAm: cobertizo grande*) shed, storehouse; (*Aut*) garage.

galvánico ADJ galvanic.

galvanizado ADJ galvanized.

galvanizar <1f> VT (*Fís*) to electroplate; (*tb fig*) to galvanize.

galvanoplastia NF electro-plating.

gama¹ NF (*Mús*) scale; (*fig: escala*) range, scale; **una extensa ~ de colores** an extensive range of colours o (*US*) colors; **~ de frecuencias/ondas/sonora** frequency/wave/sound range.

gama² NF (*Zool*) doe (*of fallow deer*).

gamba NF (*marisco*) prawn; (*fam: pierna*) leg; **meter la ~** (*fam*) to put one's foot in it (*fam*).

gambado ADJ (*Carib: patituerto*) knock-kneed.

gamberrada NF (*patanería*) piece of hooliganism, loutish thing (to do).

gamberrear <1a> VI (*hacer el gamberro*) to go around causing trouble, act like a hooligan; (*gandulear*) to loaf.

gamberrismo NM hooliganism, loutishness.

gamberro [1] ADJ (*pey*) ill-bred, loutish. [2] NM [a] (*pey*) lout, hooligan; **hacer el ~** (*fam*) to act like a hooligan.

b (*fam*) joker, tease.

gambeta NF (*de caballo*) prance, caper; (*LAm: esguince*) dodge, avoiding action, swerve; (: *Dep*) dribble, swerving; (*fig: pretexto*) dodge, pretext.

gambito NM (*Ajedrez*) gambit.

gamella NF (*abrevadero*) trough; (*artesa*) washtub.

gameto NM gamete.

gamín NM (*Col fam: chiquillo*) kid (*fam*).

gamma NF (*letra*) gamma; **rayos ~** gamma rays.

gamo NM (*Zool*) buck (*of fallow deer*).

gamonal NM (*LAm*) = **cacique**.

gamonalismo NM (*LAm*) = **caciquismo**.

gamuza NF **a** (*Zool*) chamois. **b** (*piel*) chamois o wash leather; (*sacudidor*) duster.

▼**gana** NF (*gen*) desire, wish (*de* for); (*hambre*) appetite (*de* for); (*afán*) inclination, longing (*de* for); **¡las ~s!** you'll wish you had!; **son ~s de joder** (*fam!*) o **molestar** they're just trying to be awkward; **~ tiene de coles quien besa al hortelano** it's just cupboard love; **donde hay ~ hay maña** where there's a will, there's a way; **con ~s** with a will, enthusiastically; **de buena ~** willingly, readily; **¡de buena ~!** gladly!; **de mala ~** reluctantly, grudgingly; **comer con ~s** to eat heartily; **darle la ~ de hacer algo** to feel like doing sth, to want to do sth, have an inclination to do sth; **esto da ~s de comerlo** it makes you want to eat it; **porque (no) me da la (real) ~** because I (don't) (damned well) want to; **como te dé la ~** just as you wish; **le entran ~s de hacer algo** he feels the urge to do sth; **hacer uno lo que le da la ~** to do as one pleases; **quedarse con las ~s** to be disappointed; **quitársele a uno las ~s de** to lose one's appetite for; **tener ~s de hacer algo** to feel like doing sth, have a mind to do sth; **no me viene en ~** I don't feel like it, I can't be bothered.

ganadería NF **a** (*crianza*) cattle raising; (: *en estancia*) ranching. **b** (*estancia*) stock farm; (*rancho*) cattle ranch. **c** (*ganado*) cattle, livestock; (*raza*) breed, race of cattle.

ganadero **1** ADJ cattle *atr*, stock *atr*; (*pecuario*) cattle-raising *atr*. **2** NM (*que cría ganado*) stockbreeder (*US*); (*resero*) rancher; (*que trata en ganados*) cattle dealer.

ganado NM **a** (*gen*) livestock; (*esp LAm: vacuno*) cattle; (*un ~*) herd, flock; **~ asnal** donkeys; **~ caballar** horses; **~ cabrío** goats; **~ lanar** u **ovejuno** sheep; **~ mayor** cattle, horses and mules; **~ menor** sheep, goats and pigs; **~ porcino** pigs; **~ vacuno** cattle. **b** (*pey: gente*) **un ~ de** a crowd o mob of; **¡ya verás qué ~ tenemos esta noche!** we've got a right bunch in here tonight! (*fam*).

ganador(a) **1** ADJ (*vencedor*) winning, victorious; **el equipo ~** the winning team; **apostar a ~ y colocado** to back (a horse) each way, back for a win and a place. **2** NM/F winner; (*Fin*) earner; (*fig: que aventaja*) gainer, one who gains.

ganancia NF **a** (*beneficio*) gain; (*aumento*) increase; (*Com, Fin: utilidad*) profit; **~s** (*utilidades*) earnings; (*beneficios*) profits; **~s y pérdidas** profit and loss; **~ bruta** gross profit; **~s de capital** capital gains; **~ líquida** net profit; **sacar ~s de** to draw profit from. **b** (*LAm: propina*) extra, bonus.

ganancial ADJ profit *atr*.

gananciosо/a **1** ADJ **a** (*que produce beneficios*) profitable, lucrative. **b** (*triunfador*) winning; **salir ~** to emerge the winner; (*que saca provecho*) to be the gainer. **2** NM/F gainer, winner; **en esto el ~ es él** in this he is the gainer.

ganapán NM **a** (*mandadero*) messenger. **b** (*sin trabajo fijo*) casual labourer o (*US*) laborer; (*que trabaja de vez en cuando*) odd-job man. **c** (*persona ruda*) lout, rough individual.

ganar <1a> **1** VT **a** (*sueldo*) to earn; **¿cuánto ganas al mes?** how much do you earn o make a month?

b (*guerra, partido*) to win; (*un punto*) to score, win; (*oponente*) to beat; **¡les ganamos!** we beat them!; **no hay quien le gane** there's nobody who can beat him, he's unbeatable.

c (*conseguir: premio*) to win; (: *tiempo, peso, terreno*) to

gain; **si te toca puedes ~ un millón** if you win you could get a million; **¿qué gano yo con todo esto?** what do I gain from all that?; **tierras ganadas al mar** land reclaimed o won from the sea.

d (*aventajar*) to outstrip; **te gana en inteligencia** he's more intelligent than you.

e (*Mil: plaza, pueblo*) to take, capture.

f (*alcanzar*) to reach; **~ la orilla** to reach the shore; **~ la orilla nadando** to swim to the shore.

g (*fig: conquistar*) to win over; (*apoyo, seguidores*) to win, get; **dejarse ~ por** to allow o.s. to be won over by; **no se deja ~ en ningún momento por la desesperación** he never gives way to despair.

2 VI **a** (*Dep, Mil etc*) to win; (*aventajar*) to gain.

b (*fig: prosperar*) to thrive, improve; **hemos ganado con el cambio** we've done well with the change; **ha ganado mucho en salud** his health has greatly improved; **saldrás ganando** you'll do well out of it.

3 **ganarse** VR to win, earn; **~ la confianza de algn** to win sb's trust; **~ la vida** to earn one's living; **se lo ha ganado** he has earned it o deserves it; **¡te la vas a ~!** (*fam*) you're for it! (*fam*).

ganchillo NM **a** small hook; (*Cos*) crochet hook. **b** (*labor*) crochet work; **hacer ~** to crochet.

ganchito ® NM *light potato snack*, ≈ Wotsit ® (*Brit*).

gancho NM **a** (*gen*) hook; (*colgador*) hanger; (*Agr*) shepherd's crook; (*LAm: horquilla*) hairpin; **~ de carnicero** butcher's hook; **echar el ~ a** (*fig: capturar*) to hook, capture. **b** (*pey: persona*) decoy; **le usan de ~ para atraer a la gente** they use him to lure people. **c** (*fam*) sex appeal, charm; **tiene muchísimo ~** she's got lots of sex appeal; **esta música tiene ~** this music's got something to it. **d** (*de anuncio*) pull, bite. **e** (*Boxeo: golpe*) hook; **un ~ hacia arriba** an uppercut. **f** (*LAm: ayuda*) help; **hacer ~** (*CSur fam*) to lend a hand.

ganchoso, **ganchudo** ADJ (*encorvado*) hooked.

gandul(a) **1** ADJ (*holgazán*) idle, slack; (*vago*) good-for-nothing. **2** NM/F (*holgazán*) idler, slacker.

gandulear <1a> VI (*holgazanear*) to idle, loaf.

gandulería NF (*holgazanería*) idleness, loafing.

gang [gan] NM (*pl* **~s** [g an])(*Policía: pandilla*) gang.

ganga NF **a** (*Com*) bargain; **¡una verdadera ~!** a genuine bargain!; **precios de ~** bargain o giveaway prices. **b** (*fig: golpe de suerte*) windfall; (*cosa fácil*) cinch (*fam*), gift (*fam*); **esto es una ~** this is a gift.

Ganges NM: **el Río ~** the Ganges.

ganglio NM (*Anat*) ganglion; (*hinchazón*) swelling.

gangoso ADJ nasal, twanging.

gangrena NF gangrene.

gangrenarse <1a> VR to become gangrenous.

gángster NM (*pl* **~s**, **~es**) (*forajido*) gangster, gunman.

gangsterismo NM gangsterism.

ganguear <1a> VI (*hablar con la nariz*) to talk with a nasal accent, speak with a twang.

gangueo NM nasal accent, twang.

ganoso ADJ (*afanoso*) anxious, keen; **~ de hacer algo** anxious to do sth, keen to do sth.

gansada NF stupid thing (to do), piece of stupidity; **hacer ~s** to act the fool.

gansear <1a> VI (*fam*) to play the fool, clown around.

ganso **1** NM **a** (*Orn*) goose, gander; **~ salvaje** wild goose.

b (*fam: torpe*) idiot, dimwit (*fam*); (*persona rústica*) country bumpkin; **hacer el ~** to play the fool. **2** ADJ (*fam: grande*) huge, hefty; (*gandul*) lazy; (*estúpido*) idiotic; (*pey: bromista*) play-acting; **¡no seas ~!** don't be an idiot!

Gante NM Ghent.

ganzúa **1** NF (*llave maestra*) picklock, skeleton key. **2** NMF (*ladrón*) burglar, thief; (*sonsacador*) inquisitive person.

gañán NM farmhand, labourer, laborer (*US*).

gañido NM (*aullido*) yelp, howl; (*graznido*) croak.

gañir <3h> VI (*perro*) to yelp, howl; (*pájaro*) to croak; (*persona*) to wheeze, croak.

gañón, **gañote** NM (*fam: gaznate*) throat, gullet.

➤ EXPRESIONES GENERATIVAS: **gana** → 12.3

GAR NM ABR (*Esp*) de **Grupo Antiterrorista Rural** *anti-terrorist branch of the Civil Guard.*

garabatear <1a> [1] VT to scribble, scrawl. [2] VI [a] (*enganchar*) to throw out a hook. [b] (*al escribir*) to scribble, scrawl. [c] (*andar con rodeos*) to beat about the bush.

garabato NM [a] (*gancho*) hook; (*Náut*) grappling iron; ~ **de carnicero** meat hook. [b] (*en un ejercicio de escritura*) pothook. [c] ~s scribble, scrawl.

garaje NM garage; ~ **de varios pisos** multi-storey car park.

garambaina NF [a] (*adorno de mal gusto*) cheap o tawdry finery. [b] ~s affected grimaces; (*ademanes afectados*) absurd mannerisms; **¡déjate de ~s!** stop your nonsense! [c] ~s = **garabato (c)**.

garandumba NF (*Arg*: *balsa*) flatboat, flat river boat.

garante [1] ADJ (*responsable*) responsible. [2] NMF (*Fin*) guarantor, surety.

garantía NF (*gen*) guarantee; (*seguridad*) pledge, security; (*compromiso*) undertaking; (*Jur*: *caución*) warranty; **bajo ~** under guarantee; **de máxima ~** absolutely guaranteed; ~ **de trabajo** job security; ~ **en efectivo** cash guarantee, surety; ~s **constitucionales** constitutional guarantees; **suspender las ~s** to suspend civil rights.

garantir <3a; defectivo> VT to guarantee.

garantizado ADJ guaranteed.

garantizar <1f> VT to guarantee, warrant; (*responder*) to vouch for.

garañón NM (*asno*) stud jackass; (*LAm*: *semental*) stallion.

garapiña NF [a] (*almíbar*) sugar icing o coating. [b] (*LAm*) iced pineapple drink.

garapiñar <1a> VT (*granizado*) to freeze; (*pastel*) to ice, coat with sugar; (*fruta*) to candy; V **almendra**.

garapiñera NF (*congelador*) ice-cream freezer.

garba NF (*Agr*: *gavilla*) sheaf.

garbanzo NM [a] (*Bot*) chickpea; **ser el ~ negro** to be the black sheep of the family; **ganarse los ~s** to earn one's living. [b] **de ~** (*vulgar*) ordinary, unpretentious; **gente de ~** humble folk, ordinary people.

garbeo NM affected elegance, show; **darse o pegarse un ~** (*fam*: *dar un paseo*) to go for a stroll; (: *ir por ahí*) to go out, go out and about.

garbo NM [a] grace, elegance; (*porte*) graceful bearing; (*aire*) jauntiness; (*de mujer*) glamour, glamor (*US*), attractiveness; **andar con ~** to walk gracefully; **hacer algo con ~** to do sth with grace and ease o with style; **¡qué ~!** isn't she lovely? [b] (*largueza*) magnanimity, generosity. [c] (*brío*) agility; **empezó a limpiar el cuarto con mucho ~** she went whizzing round the room cleaning up.

garboso ADJ [a] (*elegante*) graceful, elegant; (*gallardo*) jaunty; (*encantador*) glamorous, alluring; (*con estilo*) stylish. [b] (*desinteresado*) magnanimous, generous.

garceta NF (*Orn*) egret.

garçon (*LAm*) = **garzón**.

gardenia NF (*Bot*) gardenia.

garduña[1] NF (*Zool*) marten.

garduño/a[2] NM/F (*ratero*) sneak thief.

garete NM: **irse al ~** (*barco*) to be adrift; (*fam*: *plan, proyecto etc*) to fall through; (*empresa*) to go bust (*fam*).

garfio NM (*gancho*) hook; (*Téc*: *arpeo*) grappling iron, claw; (*Alpinismo*: *pico*) climbing iron; (*fam*: *dedos*) fingers.

gargajear <1a> VI (*expectorar*) to spit phlegm, hawk.

gargajo NM (*flema*) phlegm, sputum.

garganta NF [a] (*Anat*) throat, gullet; (*cuello*) neck; **le tengo atravesado en la ~** he sticks in my gullet; **mojar la ~** to wet one's whistle. [b] (*Anat*: *del pie*) instep. [c] (*Mús*) singing voice; **tener buena ~** to have a good singing voice. [d] (*de botella*) neck. [e] (*Geog*: *barranco*) ravine; (: *desfiladero*) narrow pass. [f] (*Arquit*: *de columna*) shaft.

gargantilla NF necklace, choker.

gárgara NF gargle, gargling; **hacer ~s** to gargle; **¡váyase Ud a hacer ~s!** (*fam*) go to blazes!

gargarismo NM [a] (*líquido*) gargle, gargling solution. [b] (*acto*) gargling.

gargarizar <1f> VI to gargle.

gárgola NF (*Arquit*) gargoyle.

garguero NM (*garganta*) gullet; (*esófago*) windpipe.

garita NF (*caseta*) cabin, box; (*de centinela*) sentry box; (*de camión*) cab; (*de edificio*) porter's lodge; (*puesto de vigilancia*) look-out post; ~ **de señales** (*Ferro*) signal box; ~ **de control** checkpoint.

garito NM [a] (*timba*) gaming house o den. [b] (*ganancias del juego*) gambling profits.

garlito NM (*especie de nasa*) fish trap; (*celada*) snare, trap; **caer en el ~** to fall into the trap; **coger a algn en el ~** to catch sb in the act.

garlopa NF (*Carpintería*: *cepillo*) jack plane.

garnacha NF [a] (*Jur Hist*) gown, robe. [b] (*uva*) garnacha grape; (*vino*) garnacha (*sweet wine from garnacha grape*). [c] (*Méx Culin*) tortilla with meat filling. [d] **a la ~** (*CAm fam*) violently. [e] (*Chi*: *ventaja*) advantage, edge.

Garona NM: **el (Río) ~** the Garonne.

garra NF [a] (*Zool*) claw; (*fig*) hand, paw; (*Méx fam*) muscular strength; **echar la ~ a algn** to arrest o seize sb. [b] ~s (*Zool*) claws; (*fig*) grip, clutch; **caer en las ~s de algn** to fall into sb's clutches. [c] (*Téc*) claw, hook; (*Mec*) clutch; ~ **de seguridad** safety clutch. [d] (*fig*) bite; **esa canción no tiene ~** that song has no bite to it. [e] (*Chi fam*) strip of old leather; ~s (*Méx fam*) bits, pieces; **no hay cuero sin ~s** (*Méx fam*) nothing is ever perfect.

garrafa NF [a] carafe, decanter; (*grande*: *para agua*) large glass water container. [b] (*Arg*: *bombona de gas etc*) cylinder. [c] **de ~** (*fam pey*: *ginebra etc*) cheap, dodgy (*fam*).

garrafal ADJ enormous, terrific; (*error*) monumental, terrible.

garrafón NM (*damajuana*) carboy, demijohn.

garrancha NF (*fam*: *espada*) sword; (*Colombia*: *gancho*) hook.

garrapata NF [a] (*Zool*) tick. [b] (*Mil fam*) disabled o useless horse.

garrapatear <1a> VI (*garabatear*) to scribble, scrawl.

garrapaticida NM (*LAm*) insecticide, tick-killing agent.

garrapato NM pothook; ~s (*fig*) scribble, scrawl.

garrapiñado ADJ: **almendra ~a** sugar-coated almond.

garrapiñar <1a> VT = **garapiñar**.

garrido ADJ [a] (*galano*) neat, smart. [b] (*atractivo*) handsome; (*hermoso*) pretty.

garrobo NM (*CAm*: *lagarto*) iguana.

garrocha NF (*Agr*) goad; (*Taur*) spear; (*Dep*) vaulting pole.

garrón NM (*Orn*: *espolón*) spur; (*Zool*) paw; (*talón*) heel; (*de carne*) shank; (*Arg*) hock; (*Bot*) snag, spur; **vivir de ~** (*Arg*) = **garronear**.

garronear <1a> VI (*Arg fam*: *gorrear*) to sponge (*fam*), live off others.

garrota NF (*bastón*) stick, truncheon; (*de pastor*) crook.

garrotazo NM blow with a stick o club.

garrote NM [a] stick, truncheon. [b] (*Med*) tourniquet; (*Jur*: *estrangulación, tormento*) garrotte; **dar ~ a algn** to garrotte sb.

garrotear <1a> VT (*LAm*: *apalear*) to hit (with a stick).

garrotero [1] ADJ (*Carib, CSur*: *fam*) stingy (*fam*). [2] NM (*Méx Ferro*) guard, brakeman (*US*).

garrotillo NM (*Med*: *difteria*) croup.

garrucha NF (*polea*) pulley.

garrudo ADJ (*Méx*) tough, muscular.

garrulería NF (*palabrería*) chatter.

garrulidad NF (*charlatanería*) talkativeness.

garrulo/a [1] ADJ (*bruto*) thick. [2] NM/F lout.

gárrulo ADJ (*persona*) chattering, talkative; (: *vulgar*) garrulous; (*pájaro*) twittering; (*agua*) babbling.

garúa NF (*LAm*) drizzle.

garuar <1e> VI (*LAm*) to drizzle; **¡que le garúe fino!** I wish you luck!

garza NF [a] (*tb* ~ **real**) heron; ~ **imperial** purple heron. [b] (*Chi*) lager o beer glass.

garzo ADJ blue, bluish.

garzón/ona NM/F (*Chi, Uru*: *camarero*) waiter/waitress.

gas NM [a] gas; (*vapores*) fumes *pl*; ~ **butano** butane; ~**es de escape** exhaust (fumes); ~ **del alumbrado/tóxico/lacrimógeno/mostaza/natural** coal/poison/tear/mustard/natural gas; **bebida con ~** fizzy drink; **asfixiar con**

~ to gas. **b** (*CAm, Méx: gasolina*) petrol, gas (*US*); **darle ~** to step on the gas (*fam*); **ir a todo ~** (*Aut*) to go full out. **c** **~es** (*flatulencias*) wind *sg*, flatulence *sg*; **tener ~es** to have wind o flatulence.

gasa NF gauze; (*Med*) lint; (*de luto*) crêpe; (*de pañal*) nappy o (*US*) diaper liner.

Gascuña NF Gascony.

gaseosa NF soda water; (*bebida efervescente*) fizzy drink; (*de limón*) lemonade.

gaseoso ADJ (*gen*) gaseous; (*agua*) aerated, carbonated; (*bebida*) fizzy.

gásfiter NM (*And, CSur: fontanero*) plumber.

gasfitería NF (*And, CSur: fontanería*) plumber's (shop).

gasfitero NM = **gásfiter**.

gasoducto NM gas pipeline.

gasofa NF (*fam*) juice (*fam*), petrol.

gas-oil [ga'soil] NM, **gasóleo** NM diesel oil.

gasolina NF (*Aut*) petrol, gas(oline) (*US*); **~ de aviación** aviation spirit o fuel; **~ de alto octanaje** high octane petrol; **~ sin plomo** unleaded (petrol); **~ súper** 4-star petrol.

gasolinera NF **a** (*Aut*) petrol o (*US*) gas station. **b** (*Náut*) motorboat.

gasómetro NM gasometer.

gastado ADJ **a** (*usado*) spent, used up. **b** (*decaído*) worn out; (*vestido*) shabby. **c** (*trillado*) hackneyed, trite; (*broma*) old, corny (*fam*).

gastador(a) **1** ADJ (*extravagante*) extravagant; (*disipador*) wasteful. **2** NM/F **a** (*derrochador*) spender; (*pey: manirroto*) spendthrift. **b** (*Mil Hist*) sapper.

gastar <1a> **1** VT **a** (*esfuerzo, dinero, tiempo*) to spend; (*desembolsar*) to expend; (*disponer: dinero*) to lay out; **han gastado un dineral** they've spent a fortune.
b (*consumir: gasolina, electricidad etc*) to use (up), consume; (*agotar: recursos*) to use up, exhaust; **mi coche gasta mucha gasolina** my car uses a lot of petrol; **las reservas se gastaron** the reserves are used up.
c (*pey: desperdiciar*) to waste; **~ una semana en hacer algo** to waste a week doing sth; **~ palabras** to waste one's breath.
d (*Mec*) to wear away o down; (*ropa, zapato: desgastar*) to wear out; (: *estropear*) to spoil.
e (*vestir*) to wear; (*coche*) to run; **¿qué número (de zapatos) gastas?** what size (of shoes) do you take?; **~ barba** to have o sport a beard.
f (*broma*) to play (*a* on).
g **~las** (*fam*) to act, behave; **todos sabemos cómo las gasta Juan** we all know how John carries on (*fam*).
2 VI to spend.
3 **gastarse** VR (*consumirse*) to become exhausted; (*terminarse*) to run out; (*desgastarse*) to wear out; (*deteriorarse*) to waste, spoil.

Gasteiz NM Vitoria.

gasto NM **a** (*acto*) spending, expenditure.
b (*cantidad gastada*) outlay, expense; **ello supone un gran ~ para él** it means a considerable expense for him.
c (*consumo*) consumption, use; (*Mec*) wear; (*desgaste*) waste; (*de gas*) flow, rate of flow.
d **~s** (*Com, Fin*) expenses; (*costos*) charge(s), cost(s); **~s de acarreo** transport charges, haulage; **~s bancarios** bank charges; **~s de administración/defensa** administrative/defence o (*US*) defense costs; **~s de distribución/explotación** o **operacionales** distribution/operating costs; **~s de comunidad** o **de escalera** service charge; **~ corriente** revenue expenditure; **~s de desplazamiento** removal expenses; **~s de envío** charge for postage and packing; **~s fijos** fixed charges; **~s de flete** freight charges; **~s generales** overheads, overhead (*US*); **~s de mantenimiento** maintenance expenses; **~s menores (de caja)** petty cash; **~ público** public expenditure; **~s de tramitación** handling charge *sg*; **~s de transporte** o **de viaje** travelling o (*US*) traveling expenses; **~s vendidos** accrued charges; **cubrir ~s** to cover expenses; **meterse en ~s** to incur expense.

gástrico ADJ (*Anat*) gastric.

gastritis NF (*Med*) gastritis.

gastronomía NF (*arte culinaria*) gastronomy.

gastrónomo/a NM/F gastronome, gourmet.

gata NF **a** (*Zool*) she-cat. **b** (*fam: madrileña*) Madrid woman; (*Méx fam: sirvienta*) servant, maid. **c** (*Met*) hill cloud. **d** (*LAm Aut*) jack. **a ~s** to go on all fours; (*gatear*) to creep, crawl; (*bebé*) to crawl.

gatear <1a> **1** VT (*CAm, Méx: fam: ligar*) to look to pick up (*fam*), court furtively. **2** VI (*trepar*) to climb, clamber (*por* up); (*andar a gatas*) to crawl, go on all fours.

gatera¹ NF **a** (*tb Náut*) cat hole. **b** (*And: verdulera*) market woman, stallholder.

gatero/a² **1** ADJ fond of cats. **2** NM/F cat-lover.

gatillero NM (*Méx: pistolero*) hired gun(man).

gatillo NM **a** (*Mil*) trigger; (*Med*) dental forceps; (*Téc*) clamp. **b** (*Zool*) nape of the neck. **c** (*ratero*) young pickpocket.

gato NM **a** (*Zool*) cat; **~ de algalia/de Angora/montés** civet/Angora/wild cat; **'El ~ con botas'** 'Puss in Boots'; **dar a algn ~ por liebre** to swindle sb, con sb; **el ~ escaldado del agua fría huye** once bitten twice shy; **aquí hay ~ encerrado** there's something fishy here; **no había más que 4 ~s** there was hardly anybody there; **jugar al ~ y ratón con algn** to play a cat-and-mouse game with sb; **lavarse como los ~s** to give o.s. a quick wash; **llevar el ~ al agua** to bring o pull it off; **pasar sobre algo como ~ sobre ascuas** to tread carefully round sth; **estar para el ~** (*Chi fam: persona*) to be worn out (*fam*); V **pie (a)**.
b (*Téc: Aut*) jack; (*torno*) clamp, vice, vise (*US*); **~ de tornillo** screw jack.
c (*Fin*) money bag.
d (*fam: ladrón*) sneak o petty thief; (: *hombre sagaz*) slyboots (*fam*).
e (*madrileño*) native of Madrid.
f (*Méx fam*) servant; (*CSur*) a popular Argentinian folk dance.

GATT NM ABR *de* **Acuerdo general sobre aranceles aduaneros** GATT.

gatuno ADJ (*felino*) catlike, feline.

gatuperio NM **a** (*mezcla*) hotchpotch. **b** (*chanchullo*) shady dealing.

gauchada NF (*CSur*) **a** gauchos *pl*. **b** (*hazaña de gaucho*) gaucho exploit o trick. **c** (*favor*) kind deed, favour, favor (*US*).

gauchaje NM (*CSur*) gauchos *pl*; (*pey: gentuza*) riffraff, rabble.

gauchear <1a> VI (*CSur*) to live like a gaucho.

gauchesco ADJ (*CSur*) gaucho *atr*, of the gauchos; **vida ~a** gaucho life.

gaucho **1** NM (*LAm*) gaucho; (*vaquero*) cowboy, herdsman.
2 ADJ **a** gaucho (*atr*), gaucho-like. **b** (*LAm: grosero*) coarse; (*taimado*) sly.

┌─ *GAUCHO* ─

ⓘ **Gaucho** *is the name given to the men who rode the* **Pampa**, *the plains of Argentina, Uruguay and parts of southern Brazil, earning their living on cattle farms. Important parts of the* **gaucho's** *traditional costume include the* **faja**, *a sash worn round the waist, the* **facón**, *a sheath knife, and* **boleadoras**, *strips of leather weighted with stones at either end which were used somewhat like lassos to catch cattle. During the 19th century this vast pampas area was divided up into large ranches and the free-roaming lifestyle of the* **gaucho** *gradually disappeared.*

gaudeamus NM (*fam: fiesta*) party.

gaveta NF (*cajón*) drawer, till; (*con llave*) locker.

gavia NF **a** (*Náut: vela*) main topsail. **b** (*Agr: zanja*) ditch. **c** (*cuadrilla*) squad of workmen.

gavilán NM **a** (*Orn*) sparrowhawk. **b** (*de pluma*) nib. **c** (*LAm: uñero*) ingrowing toenail.

gavilla NF **a** (*Agr*) sheaf. **b** (*fam: pandilla*) gang, band.

gaviota NF (*Orn*) seagull.

gay [gai] **1** ADJ INV gay. **2** NM (*pl* **~s**) gay man, gay; **los ~s**

the gays.

gaya NF [a] (*Orn*: *urraca*) magpie. [b] (*en tela*) coloured o (*US*) colored stripe.

gayo ADJ [a] (*alegre*) merry, gay; **~a ciencia** (*Lit Hist*) art of poetry. [b] (*vistoso*) bright, showy.

gayola NF (*jaula*) cage; (*fam*: *cárcel*) jail.

gaza NF (*lazo*) loop; (*Náut*) bend, bight.

gazapa NF (*fam*: *mentira*) fib, lie.

gazapatón NM (*fam*: *disparate*) blunder, slip.

gazapera NF [a] (*madriguera*) rabbit hole, warren. [b] (*fam*, *fig*) den of thieves. [c] (*riña*) brawl, shindy.

gazapo NM [a] (*Zool*) young rabbit. [b] (*fam*: *disparate*) blunder (*fam*); (*Tip*: *error*) printing error; **meter un ~** (*fam*) to make a blunder; **cazar un ~** to spot a mistake.

gazmoñería NF (*mojigatería*) prudery; (*santurronería*) sanctimoniousness.

gazmoñero/a, **gazmoño/a** [1] ADJ (*mojigato*) prudish; (*beato*) sanctimonious. [2] NM/F prude, sanctimonious person.

gaznápiro/a NM/F (*zoquete*) dolt, simpleton.

gaznate NM (*pescuezo*) gullet; (*garganta*) windpipe; **refrescar el ~** (*fam*) to wet one's whistle (*fam*).

gazpacho NM (*Culin*) cold vegetable soup of Andalucía.

gazuza NF (*fam*: *hambre*) ravenous hunger.

GC NF ABR de **Guardia Civil**.

géiser NM (*Geog*) geyser.

geisha ['geiʃa] NF geisha girl.

gel NM (*pl* **~s** o **~es**) gel.

gelatina NF (*Culin*) gelatin(e), jelly, jello (*US*); **~ explosiva** gelignite.

gelatinoso ADJ gelatinous.

gélido ADJ chill, icy.

gelignita NF gelignite.

gema NF [a] (*piedra preciosa*) gem, jewel. [b] (*Bot*: *botón*) bud.

gemelo/a [1] ADJ (*mellizo*) twin; **buque ~** sister ship; **hermanas ~as** twin sisters; **es mi alma ~a** we're two of a kind. [2] NM/F [a] twin. [b] **~s de campo** field glasses, binoculars; **~s de teatro** opera glasses. [c] **~s** (*Cos*) cufflinks. [d] **G~s** (*Astron*) Gemini.

gemido NM (*quejido*) groan, moan; (*lamento*) wail, howl.

Géminis NM Gemini.

gemir <3k> VI (*quejarse*) to groan, moan; (*lamentarse*) to wail, howl; (*animal*) to whine; (*viento*) to howl; (*fig*) to moan; **'sí' dijo gimiendo** 'yes,' he groaned.

Gen ABR de **General** Gen.

gen NM gene.

gen. ABR (*Ling*) [a] de **género**. [b] de **genitivo**.

genciana NF (*Bot*) gentian.

gendarme NM (*esp LAm*: *policía*) policeman, gendarme.

gendarmería NF (*esp LAm*) police, gendarmerie.

genealogía NF (*ascendientes*) genealogy; (*árbol*) family tree; (*raza*) pedigree.

genealógico ADJ genealogical.

generación NF [a] (*acto*) generation. [b] (*grupo*) generation; **la ~ del '98** the '98 generation; **las nuevas ~es** the rising generation; **primera/segunda/tercera/cuarta ~** (*Inform*) first/second/third/fourth generation. [c] (*especie*) progeny; (*sucesión*) succession.

generacional ADJ generation *atr*.

generado/a ADJ: **~ por ordenador** (*Inform*) computer-generated.

generador [1] ADJ generating. [2] NM generator; **~ de programas** (*Inform*) program generator.

general [1] ADJ (*gen*) general; (*amplio*) wide; (*común*) common; (*pey*: *corriente*) rife; (*frecuente*) usual; **de distribución ~** of general distribution; **en** o **por lo ~** generally, as a general rule; **el mundo en ~** the world in general o at large. [2] NM (*Mil*, *Rel*) general; **~ de brigada** brigadier-general; **~ de división** major-general.

generalato NM (*Mil*, *Rel*) generalship.

generalidad NF [a] generality; (*mayoría*) mass, majority; **la ~ de los hombres** the majority of o most men. [b] (*vaguedad*) vague answer, generalization.

generalísimo NM (*Mil*) supreme commander; **el G~ Franco** General Franco.

Generalitat NF Catalan autonomous government.

generalización NF [a] (*acto*) generalization. [b] (*de un conflicto*) widening, escalation.

generalizado ADJ (*crisis*, *creencia*) widespread; **existe la creencia ~a de que ...** it is commonly o widely believed that ....

generalizar <1f> [1] VT [a] to generalize; (*hacer general una cosa*) to make more widely known. [b] (*Mil*: *ampliar*) to widen, escalate. [2] VI to generalise. [3] **generalizarse** VR [a] to become general o universal; (*difundirse*) to become widely known o used. [b] (*Mil*: *extenderse*) to widen, escalate.

generar <1a> VT to generate.

generativo ADJ generative.

genérico ADJ generic.

género NM [a] (*clase*) class, kind; **~ humano** human race, mankind; **le deseo todo ~ de felicidades** I wish you all the happiness in the world. [b] (*Bio*: *especie*) genus. [c] (*Arte*, *Lit*) genre, type; **~ chico** genre of short farces; (*zarzuela*) Spanish operetta; **~ novelístico** novel genre, fiction; **pintor de ~** genre painter; **es todo un ~ de literatura** it is a whole type of literature. [d] (*Ling*) gender; **del ~ masculino** of the masculine gender. [e] (*Com*) cloth, material; **~s** (*productos*) goods; (*mercancías*) commodities; **~s de lino** linen goods; **~s de punto** knitwear; **le conozco el ~** I know his sort.

generosidad NF [a] (*larqueza*) generosity. [b] (*Hist*) nobility; (*valor*) valour, valor (*US*).

generoso ADJ [a] (*liberal*) generous (*con*, *para* to); (*noble*) noble, magnanimous. [b] (*Hist*) highborn; (*caballeresco*) gentlemanly; (*valiente*) brave; **de sangre ~a** of noble blood; **en pecho ~** in a noble heart. [c] (*vino*) rich, full-bodied.

genésico ADJ genetic.

génesis NF genesis; **G~** (*Rel*) Genesis.

genética NF genetics *sg*.

genético ADJ genetic.

genial ADJ [a] (*brillante*) brilliant, of genius; **escritor ~** writer of genius; **fue una idea ~** it was a brilliant idea. [b] (*estupendo*) fabulous, wonderful; **fue una película ~** it was a wonderful o marvellous o (*US*) marvelous film. [c] (*agradable*) pleasant, genial. [d] (*propio*) characteristic; (*singular*) individual; (*típico*) typical.

genialidad NF [a] (*cualidad*) genius; (*acto genial*) stroke of genius, brilliant stroke; **es una ~ suya** (*iró*) it's one of his brilliant ideas. [b] (*singularidad*) peculiarity; (*excentricidad*) eccentricity.

genio NM [a] (*inclinación*) disposition, temper; **buen ~** good nature; **de ~ franco** of an open nature; **mal ~** bad temper; **~ vivo** quick o hot temper; **corto de ~** (*torpe*) dimwitted; (*tímido*) timid; **~ y figura hasta la sepultura** the leopard can't change his spots. [b] (*cólera*) bad temper; **es una mujer de mucho ~** she's a quick-tempered woman; **tiene ~** he's temperamental. [c] (*talento*) genius; **¡eres un ~!** you're a genius! [d] (*peculiaridad*) genius, peculiarities; **el ~ andaluz** the Andalusian spirit, the spirit of Andalucía. [e] (*Rel etc*) spirit; (*espíritu*) genie; **~ del mal** evil spirit; **~ tutelar** guardian spirit.

genista NF (*Bot*) broom.

genital [1] ADJ genital. [2] NM: **~es** genitals, genital organs.

genitivo [1] ADJ (*reproductivo*) generative, reproductive. [2] NM (*Ling*: *caso*) genitive.

genocida NMF person accused o guilty of genocide.

genocidio NM genocide.

genoma NM genome.

Génova NF Genoa.

genovés/esa ADJ, NM/F Genoese.

gente NF [a] (*gen*) people; **~ baja** lower classes; **~ bien/de bien** upper-class o (*pey*) posh/decent people; **~ de capa parda** country folk; **~ de color** (*euf*) coloured o (*US*) colored people; **~ guapa** beautiful people; **~ de mar** seafaring men; **~ de medio pelo** people of limited means; **~ menuda** children; **~ principal** nobility, gentry; **~ de trato** tradespeople; **hay muy poca ~** there are very few people; **son ~ inculta** they're rough people; **buena/mala ~** good/bad sort; **Juan es buena ~** Juan's a good sort; V **don²**.
[b] (*nación*) race, nation; (*fam: parientes*) relatives, folks; (*Mil*) men, troops; **mi ~** my people, my folks; **el rey y su ~** the king and his retinue.
[c] (*LAm*) upper-class people; **buena ~** nice o respectable people; **ser ~** to be somebody.
[d] (*LAm: persona*) person; **había dos ~s** there were two people.

gentecilla NF unimportant people; (*pey: gentuza*) rabble, riffraff.

gentil [1] ADJ [a] (*elegante*) graceful; (*guapo*) charming.
[b] (*fino*) courteous; (*iró*) pretty, fine; **¡~ cumplido!** a fine compliment!
[c] (*idólatra*) pagan, heathen; (*no judío*) gentile.
[2] NMF (*V adj*) pagan, heathen; gentile.

gentileza NF [a] (*gracia*) gracefulness; (*encanto*) charm; (*finura*) courtesy; **'por ~ de X'** 'by courtesy of X'.
[b] (*pompa*) splendour, splendor (*US*). [c] (*cortesía*) dash, gallantry.

gentilicio ADJ (*de las naciones*) national, tribal; (*familiar*) family *atr*; **nombre ~** family name.

gentilidad NF, **gentilismo** NM (*idolatría*) heathenism.

gentío NM crowd, throng.

gentuza NF (*pey: plebe*) rabble, mob; (: *chusma*) riffraff; **¡qué ~!** what a rabble! (*fam*).

genuflexión NF genuflexion.

genuino ADJ (*auténtico*) genuine; (*verdadero*) real, true.

GEO NMPL ABR (*Esp*) de **Grupo Especial de Operaciones**.

geociencia NF geoscience.

geofísica NF geophysics.

geografía NF [a] geography; **en toda la ~ nacional** all over the country. [b] (*país*) territory, country.

geográfico ADJ geographical.

geógrafo/a NM/F geographer.

geología NF geology.

geológico ADJ geological.

geólogo NM geologist.

geometría NF geometry; **~ del espacio** solid geometry.

geométrico ADJ geometric(al).

geopolítica NF geopolitics.

Georgia NF Georgia.

geranio NM (*Bot*) geranium.

gerencia NF [a] (*dirección*) management. [b] (*cargo*) post of manager. [c] (*oficina*) manager's office.

gerente NMF manager/manageress, director; (*ejecutivo*) executive; **~ de fábrica** works manager.

geriatría NF (*Med*) geriatrics *sg*.

gerifalte NM [a] (*Orn*) gerfalcon. [b] (*fig*) important person; **estar o vivir como un ~** to live like a king.

germanía NF (*jerga*) thieves' slang, underworld parlance.

germano ADJ Germanic.

germanófilo/a NM/F Germanophile.

germen NM [a] (*Bio, Med*) germ; **~ plasma** germ plasma.
[b] (*fig*) germ, seed; (*origen*) source; **el ~ de una idea** the germ of an idea.

germicida [1] ADJ germicidal. [2] NM (*desinfectante*) germicide.

germinación NF germination.

germinar <1a> VI (*nacer*) to germinate; (*brotar*) to sprout, shoot.

Gerona NF Gerona.

gerontocracia NF gerontocracy.

gerontología NF gerontology.

gerundense [1] ADJ of o from Gerona. [2] NMF native o inhabitant of Gerona.

gerundiano ADJ (*estilo*) bombastic.

gerundiar <1b> VI to speak o write meaninglessly.

gerundio NM (*Ling*) gerund; **~ adjetivado** gerundive; **andando, que es ~** get a move on - now!

gesta NF [a] (*acción heroica*) heroic deed. [b] (*Lit Hist*) epic poem; V **cantar 3**.

gestación NF gestation.

gestante ADJ: **mujer ~** pregnant woman, expectant mother.

Gestapo NF: **la ~** the Gestapo.

gestar <1a> [1] VT (*Bio*) to gestate; (*fig*) to prepare, hatch.
[2] **gestarse** VR (*Bio*) to gestate; (*fig*) to be in preparation, be brewing.

gestear <1a> VI = **gesticular**.

gesticulación NF [a] (*mímica*) gesticulation. [b] (*mueca*) grimace, wry face.

gesticular <1a> VI [a] to gesticulate, gesture. [b] (*hacer muecas*) to grimace, make a face.

gestión NF [a] (*Com*) management, conduct. [b] (*negociación*) negotiation. [c] (*medida*) step; (*acción*) action; (*esfuerzo*) effort; **~es** measures, steps; **hacer las ~es necesarias para hacer algo** to take the necessary steps to do sth; **hacer las ~es preliminares** to do the groundwork; **~ financiera/de personal** (*Com*) financial/personnel management; **~ interna** (*Inform*) housekeeping.

gestionar <1a> VT [a] (*conducir*) to manage, conduct. [b] (*negociar*) to negotiate (for). [c] (*hacer diligencias*) to try to arrange, work towards o for.

gesto NM [a] (*cara*) face; (*semblante*) expression on one's face; **poner mal o torcer el ~** to make a wry face; **fruncir el ~** to scowl, look cross. [b] (*mueca*) grimace, wry face; (*ceño*) scowl; **hacer ~s** to make faces (*a* at); **hizo un ~ de asco** he looked disgusted; **hizo o puso un ~ de extrañeza** he looked surprised. [c] (*actitud*) gesture; (*ademán*) sign; **hacer ~s** to make gestures (*a* to); **con un ~ de cansancio** with a weary gesture.

gestor(a) [1] ADJ (*que gestiona*) managing. [2] NM/F manager/manageress; (*promotor*) promoter; (*agente*) business agent.

gestoría NF agency (*for undertaking business with government departments, insurance companies etc*).

┌─ GESTORÍA ─┐

ⓘ In Spain **gestorías** are private agencies which specialize in dealing with legal and administrative work. For a fee they carry out the **trámites** involved in getting passports, work permits, car documentation etc, and liaise with the Inland Revenue (**Agencia Tributaria**), thereby saving their clients much inconvenience and queueing time.

Ghana NF Ghana.

ghanés/esa ADJ, NM/F Ghanaian.

ghetto NM ghetto.

giba NF [a] (*joroba*) hump. [b] (*fam: molestia*) nuisance, bother.

gibado ADJ (*jorobado*) with a hump, hunchbacked.

gibar <1a> VT (*fam: molestar*) to annoy, bother.

gibón NM (*mono*) gibbon.

Gibraltar NM Gibraltar.

gibraltareño/a [1] ADJ of o from Gibraltar. [2] NM/F native o inhabitant of Gibraltar.

gigante [1] ADJ (*muy alto*) giant *atr*, gigantic. [2] NM giant; (*fig*) superior.

gigantesco ADJ gigantic, giant *atr*.

gigantismo NM (*Med*) gigantism, giantism.

gigantón NM (*muñeco grande*) giant carnival figure.

gigoló NM gigolo.

gijonés/esa [1] ADJ of o from Gijón. [2] NM/F native o inhabitant of Gijón.

gil NMF (*esp CSur fam: tonto*) fool.

gili, gilí NMF = **gilipollas**.

gilipollada NF (*fam o fam!*): **es una ~** that's nonsense o silly.

gilipollas NMF INV (*fam o fam!: estúpido*) idiot; **¡~!** you prat! (*Brit fam*), you jerk! (*US fam*).

gilipollez NF (*fam o fam!*): **es una ~** that's nonsense o silly; **decir gilipolleces** to talk rubbish.

gilipuertas NMF INV (*fam: euf*) = **gilipollas**.

gillet(t)e ® [xi'lete] NF razor blade.

gimnasia NF gymnastics; (*entrenamiento*) physical training; **~ de mantenimiento** keep-fit; **~ respiratoria** deep breathing; **confundir la ~ con la magnesia** to get things mixed up.

gimnasio NM gymnasium, gym (*fam*).

gimnasta NMF gymnast.

gimnástico ADJ gymnastic.

gimotear <1a> VI (*gemir*) to whine; (*lamentar*) to wail; (*lloriquear*) to snivel.

gimoteo NM (*gemido*) whine, whining; (*lamento*) wailing; (*lloriqueo*) snivelling, sniveling (*US*).

gincana NF gymkhana.

Ginebra NF (*Geog*) Geneva.

ginebra NF (*bebida*) gin.

ginebrés / esa [1] ADJ of o from Geneva. [2] NM/F native o inhabitant of Geneva.

ginecología NF gynaecology.

ginecológico ADJ gyn(a)ecological.

ginecólogo NM gynaecologist.

gingivitis NF INV gingivitis.

ginkana NF gymkhana.

ginseng [jin'sen] NM ginseng.

gira NF (*Mús, Teat*) tour; (*viaje*) trip; **estar de ~** to be on tour; **~ artística** artistic tour; V tb **jira**.

girado / a NM/F (*Com*) drawee.

girador(a) NM/F (*Com*) drawer.

giralda, **giraldilla** NF weathercock.

girar <1a> [1] VT [a] (*dar vuelta a*) to turn round, rotate; (*torcer*) to twist; (*revolver*) to spin; **~ la manivela 2 veces** to turn the crank twice.
[b] (*volver*) to swing, swivel; **~ la vista** to look round.
[c] (*Com*) to draw (*a cargo de, contra* on), issue.
[2] VI [a] (*voltearse*) to turn round; (*dar vueltas*) to rotate; (*Mec*) to spin; (*rodar*) to wheel; (*Dep: pelota*) to spin; **~ hacia la derecha** to swing right; **gira a 1600 rpm** it rotates at 1600 rpm; **el satélite gira alrededor de la tierra** the satellite circles the earth; **la conversación giraba en torno de las elecciones** the conversation turned on the election.
[b] (*balancear*) to swing, swivel; (*sobre goznes*) to hinge; (*en equilibrio*) to pivot; **la puerta giró sobre sus goznes** the door swung on its hinges.
[c] (*Com*) to draw; **~ en descubierto** to overdraw.

girasol NM sunflower.

giratorio ADJ (*gen*) revolving; (*puerta*) revolving; (*puente*) swing atr; (*silla*) swivel atr.

giro[1] NM [a] (*vuelta*) turn; (*rotación*) revolution, rotation; (*cambio de sentido*) change of direction; **hacer un ~** to make a turn; **el coche dio un ~ brusco** the car swung away suddenly. [b] (*fig: de sucesos*) trend, course; **~ de 180 grados** (*fig*) U-turn, complete turnaround; **la cosa ha tomado un ~ favorable** the matter has taken a favourable o (*US*) favorable turn. [c] (*Ling*) turn of phrase, expression. [d] (*Com*) draft; (*letra*) bill of exchange; **~ bancario** bank giro o draft; **~ en descubierto** overdraft; **~ postal** postal order; **~ a la vista** sight draft.

giro[2] ADJ (*LAm: gallo*) with some yellow colouring o (*US*) coloring.

girocompás NM gyrocompass.

girola NF (*Arquit*) ambulatory.

giroscopio NM gyroscope.

gis NM [a] (*And, Méx*) lápiz de pizarra) slate pencil. [b] (*Méx fam*) pulque.

gitanada NF [a] (*acción*) gipsy o gypsy trick, mean trick. [b] (*halago*) wheedling, cajolery; (*embuste*) humbug.

gitanear <1a> VT (*halagar*) to wheedle, cajole.

gitanería NF [a] (*grupo*) band of gipsies o gypsies. [b] (*vida*) gipsy (way) of life. [c] (*dicho*) gipsy saying.

gitano / a [1] ADJ [a] (*de gitanos*) gipsy atr, gypsy atr; **las costumbres ~as** gipsy customs.
[b] (*fig*) wheedling, cajoling.
[c] (*astuto*) wily, sly.
[d] (*sucio*) dirty.

[2] NM/F gipsy; **~a** (*adivinadora*) fortune teller; **vivir como ~s** to live like tramps; **volvió hecho un ~** he came back dirty all over.

glaciación NF glaciation.

glacial ADJ [a] (*masa de hielo*) glacial; (*viento*) icy, bitter. [b] (*fig*) icy, stony.

glaciar NM glacier.

gladiador NM (*Hist*) gladiator.

gladio, **gladíolo** NM gladiolus.

glamo(u)r NM glamour, glamor (*US*).

glamo(u)roso ADJ glamorous.

glándula NF (*Anat, Bot*) gland; **~ endocrina / pituitaria / prostática / tiroides** endocrine/pituitary/prostate/thyroid gland.

glandular ADJ glandular.

glas ADJ: **azúcar ~** icing-sugar.

glaseado ADJ (*brillante*) glazed, glossy; (*tela*) glacé.

glasear <1a> VT (*papel*) to glaze.

glauco ADJ (*Lit: verde claro*) green, light-green.

glaucoma NM (*Med*) glaucoma.

gleba NF (*terrón*) clod.

glicerina NF (*Quím*) glycerin(e).

global ADJ (*en conjunto*) global; (*completo*) total, overall; (*investigación*) full, comprehensive; (*cantidad*) total, aggregate; (*suma*) lump atr.

globalizar <1f> VT [a] (*abarcar*) to encompass, include. [b] (*extender*) to make universal, extend world-wide.

globo NM [a] (*esfera*) globe, sphere; **~ de luz** spherical lamp; **~ ocular** o **del ojo** eyeball; **~ terráqueo** globe. [b] (*con aire*) balloon; **~ aerostático** (*Aer*) balloon; **~ cautivo** observation balloon; **~ dirigible** airship, dirigible. [c] (*fam: preservativo*) condom, rubber (*fam*). [d] (*fam*) **tener un ~** to be stoned (*fam*).

globoso, **globular** ADJ globular, spherical.

glóbulo NM [a] globule. [b] (*Anat*) corpuscle; **~ blanco / rojo** white/red corpuscle.

gloria NF (*fama*) glory; (*fig*) delight; (*delicia*) bliss; **una vieja ~** a has-been; **¡por la ~ de mi madre!** by all that's holy!; **cubrirse de ~** (*iró*) to make a fine mess of sth; **¡da ~ verlos!** it's great to see them!; **estar en la ~** to be in one's element; **saber a ~** to taste heavenly; **Dios la tenga en su santa ~** God rest his soul.

gloriarse <1b> VR: **~ de algo** (*preciarse*) to boast of sth, be proud of sth; **~ en algo** (*complacerse*) to glory o rejoice in sth.

glorieta NF [a] (*pérgola*) bower; (*cenador*) summerhouse. [b] (*Aut*) roundabout, traffic circle (*US*); (*plaza redonda*) circus; (*cruce*) junction, intersection.

glorificar <1g> [1] VT (*alabar*) to glorify, praise. [2] **glorificarse** VR: **~ de** o **en** (*gloriarse*) to boast of, glory in.

glorioso ADJ (*digno*) glorious; (*Rel: santo*) blessed, in glory; (*memoria*) blessed; **la G~a** (*Rel*) the Virgin.

glosa NF (*explicación*) gloss; (*comentario*) comment, note.

glosar <1a> VT (*explicar*) to gloss; (*comentar*) to comment on, annotate; (*criticar*) to criticize.

glosario NM glossary.

glotis NF INV (*Anat*) glottis.

glotón / ona [1] ADJ (*tragón*) gluttonous, greedy. [2] NM/F glutton. [3] NM (*tb ~ de América*) wolverine.

glotonear <1a> VI to be greedy o gluttonous.

glotonería NF gluttony, greediness.

glucosa NF (*Quím*) glucose.

gluglú NM (*de agua*) gurgle, gurgling; **hacer ~** to gurgle.

gluten NM gluten.

glúteo [1] ADJ (*Anat*) gluteal. [2] NM (*fam: nalgas*) buttocks pl, backside.

G.N. ABR (*Nic, Pan*) de **Guardia Nacional**.

gnomo ['nomo] NM gnome.

gobernable ADJ [a] (*Pol*) governable; **un pueblo difícilmente ~** an unruly people. [b] (*Náut*) navigable, steerable.

gobernación NF [a] (*acto*) governing, government; **Ministro de la G~** Minister of the Interior, Home Secretary (*Brit*), Secretary of the Interior (*US*). [b] (*residencia*) governor's residence o office.

gobernador(a) [1] ADJ (*que gobierna*) governing, ruling. [2] NM/F (*jefe político*) governor, ruler; **~ general** governor general.

gobernalle NM (*timón*) rudder, helm.

gobernanta NF [a] (*esp LAm: niñera*) governess. [b] (*de hotel*) staff manageress, housekeeper.

gobernante [1] ADJ (*que gobierna*) ruling. [2] NMF (*líder*) ruler, governor; (*fig*) self-appointed leader.

gobernar <1j> [1] VT [a] (*Pol*) to govern, rule. [b] (*gen*) to govern; (*guiar*) to guide; (*controlar*) to manage, run; (*manejar*) to handle. [c] (*Náut*) to steer, sail. [2] VI [a] (*Pol*) to govern, rule; **~ mal** to misgovern. [b] (*Náut*) to handle, steer.

gobierno NM [a] (*Pol*) government; **el ~ español** the Spanish government; **~ autónomo** autonomous government; **~ de concentración** government of national unity; **~ fantasma** shadow cabinet; **~ de gestión, ~ interino, ~ de transición** caretaker government. [b] (*gen*) guidance, direction; (*dirección*) management; (*manejo*) control, handling; **~ doméstico** o **de la casa** housekeeping; **para su ~** for your guidance o information; **servir de ~ a** to act as a guide to. [c] (*puesto*) governorship; (*edificio*) Government House; **~ civil** (*puesto*) civil governorship. [d] (*Náut*) steering; (*timón*) helm; **buen ~** navigability; **de buen ~** navigable, easily steerable.

gob.^no ABR *de* **gobierno** govt.

goce NM (*disfrute*) enjoyment; (*posesión*) possession.

godo/a [1] ADJ (*gótico*) Gothic. [2] NM/F [a] (*Hist*) Goth. [b] (*LAm Hist: pey*) Spaniard; (: *Pol: conservador*) conservative. [c] (*Canarias: pey*) (Peninsular) Spaniard.

gofio NM (*Canarias, LAm*) roasted maize meal (*often stirred into coffee*).

gofre NM waffle.

gol NM goal; **¡~!** goal!

gola NF [a] (*Anat*) throat, gullet. [b] (*Arquit*) cyma, ogee.

goleada NF avalanche of goals.

goleador NM (*Dep*) goal scorer; **el máximo ~ de la liga** the top goal scorer in the league.

golear <1a> [1] VT (*anotar tantos*) to score a goal against; **Eslobodia goleó a Ruritania por 13 a 0** Slobodia overwhelmed Ruritania by 13-0. [2] VI (*anotar*) to score a goal.

goleta NF schooner.

golf NM golf; **campo de ~** golf course; **~ miniatura** miniature golf.

golfa NF (*fam: prostituta*) tart (*fam*).

golfante [1] ADJ loutish; (*delincuente*) delinquent, criminal. [2] NM oaf, lout; (*pillo*) rascal.

golfear <1a> VI (*vagabundear*) to loaf, idle; (*vivir a la briba*) to live like a street urchin.

golfería NF [a] (*en conjunto*) loafers; (*vagos*) street urchins. [b] (*holgazanear*) loafing, idling; (*vida callejera*) street life. [c] (*trampa*) dirty trick.

golfista NMF (*Dep*) golfer.

golfo¹ NM [a] (*Geog: bahía*) gulf, bay; **G~ de** (*Esp*) **Méjico** o (*LAm*) **México** Gulf of Mexico; **G~ Pérsico** Persian Gulf. [b] (*el mar*) open sea. [c] (*fig*) gulf, abyss.

golfo² NM (*pilluelo*) street urchin; (*vago*) tramp; (*gorrón*) loafer.

golilla NF [a] (*LAm: bufanda*) neckerchief; **andar de ~** to be all dressed up; **ajustar la ~** to do one's duty. [b] (*LAm Orn*) collar, ruff.

gollería NF (*golosina*) dainty, delicacy; (*gaje*) extra, special treat; **pedir ~s** to ask too much; **es un empleo con muchas ~s** the job has a lot of perks.

gollete NM (*garganta*) throat, neck; (*de botella*) neck; **estar hasta el ~** (*fam: harto*) to be up to here (*fam*); (: *lleno*) to be full up.

golondrina NF [a] (*Orn*) swallow; **~ de mar** tern; **una ~ no hace verano** one swallow does not make a summer. [b] (*Chi Hist*) furniture cart.

golondrino NM [a] (*vagabundo*) tramp; (*Mil*) deserter. [b] (*Med*) tumour o (*US*) tumor under the armpit.

golosina NF [a] (*manjar*) titbit, tidbit (*US*), dainty; (*dulce*) sweet. [b] (*bagatela*) trifle; (*cosa inútil*) useless object.

goloso ADJ [a] (*de lo dulce*) sweet-toothed. [b] (*apetecible*) attractive, inviting.

golpazo NM heavy thump.

golpe NM [a] (*gen*) blow; (*impacto*) hit, knock; (*manotazo*) smack; (*encuentro*) bump; (*con un remo*) stroke; (*del corazón*) beat, throb; (*de reloj*) tick; **se dio un ~ en la cabeza** he got a bump on his head; **A dio a B un ~ con un palo** A gave B a blow with his stick; **~ aplastante** crushing blow; **~ de gracia** coup de grâce (*tb fig*); **~ mortal** death blow; **dar ~s en la puerta** to pound (at o on) the door; **descargar ~s sobre algn** to rain blows on sb; **no dar ~** (*fam*) not to do a stroke; **errar el ~** to fail in an attempt.
[b] (*Téc*) stroke; **~ de émbolo** piston stroke.
[c] (*Boxeo*) blow, punch; (*Fútbol*) kick; (*Béisbol, Golf, Tenis*) hit, shot; **~ bajo** (*Boxeo, fig*) low punch, punch below the belt; (*fig*) dirty trick; **~ de acercamiento** (*Golf*) approach shot; **~ de castigo/franco** penalty/free kick; **~ de martillo** (*Tenis*) smash; **~ de salida** (*Golf*) drive, drive off.
[d] (*mala suerte*) blow, misfortune; (*choque*) shock, clash; (*sorpresa*) surprise, astonishment; **ha sufrido un duro ~** he has had a hard knock; **dar el ~ con algo** to cause a surprise with sth.
[e] (*fam: atraco*) job (*fam*), heist (*US*); **dieron un ~ en un banco** they did a bank job.
[f] (*salida*) witticism, sally; **¡qué ~!** how very clever!, good one!; **el libro tiene unos ~s buenísimos** the book's got some great lines in it.
[g] (*Pol*) coup; **~ de estado** coup d'état; **~ de mano** rising, sudden attack.
[h] (*fig*) **~ de agua** heavy fall of rain; **~ de efecto** coup de théâtre; **~ de fortuna/maestro** stroke of luck/genius; **~ de teléfono** telephone call; **~ de tos** fit of coughing; **~ de viento** gust of wind; **~ de vista** look.
[i] (*locuciones + prep*) **a ~ seguro** without any risk; **ir a ~ de calcetín** o **de alpargata** (*fam*) to go on shanks's pony; **de ~ (y porrazo)** suddenly, unexpectedly; **de un ~** in one go; (*de una vez*) outright; (*de un tirón*) at a stretch; **la puerta se abrió de ~** the door flew open; **cerrar una puerta de ~** to slam a door.
[j] (*Mec*) **pestillo de ~** spring bolt.
[k] (*Cos: adorno*) pocket flap; (*Col: vuelta*) facing. [l] (*Méx: mazo*) sledgehammer.

golpeador NM (*LAm: aldaba*) door knocker.

golpear <1a> [1] VT (*gen*) to strike, knock; (*persona, alfombra*) to beat; (*dar un puñetazo*) to punch; (*aporrear*) to thump; (*mesa*) to bang; (*con suavidad*) to tap; **la vida le ha golpeado mucho** (*fig*) life has treated him badly. [2] VI (*latir*) to throb, tick; (*Aut, Mec*) to knock; **el ~ de las olas** the pounding of the sea.

golpecito NM (light) blow, tap; **dar ~s en** to tap (on), rap (on).

golpetazo NM: **darse un ~ contra algo** (*fam*) to bang into sth, crash into sth.

golpetear <1a> VT, VI to beat; (*martillar*) to knock, hammer; (*traquetear*) to rattle.

golpeteo NM (*golpes*) beating; (*martilleo*) drumming, tapping; (*traqueteo*) rattling.

golpismo NM tendency to military coups; (*actitud*) coup d'état mentality.

golpista [1] ADJ (*tendencia etc*) V **golpismo**. [2] NMF participant in a coup d'état.

golpiza NF (*LAm: paliza*) bashing (*fam*), beating-up (*fam*); **dar una ~ a algn** to beat sb up.

goma NF [a] (*gen*) gum; (*caucho*) rubber; (*Cos*) elastic; **~ arábiga** gum arabic; **~ espumosa** foam rubber; **~ de mascar** chewing gum; **~ de pegar** gum, glue. [b] (*una ~*) rubber o elastic band; (*tira*) piece of elastic; (*Aut*) tyre, tire (*US*); (*fam: preservativo*) condom, sheath; **~ de borrar** rubber, eraser. [c] **estar de ~** (*CAm fam*) to have a hangover. [d] (*fam: droga*) good quality hashish.

goma-espuma NF foam rubber.

gomero [1] ADJ gum *atr*; (*de caucho*) rubber *atr*. [2] NM [a] (*Bot*) gum tree; (*caucho*) rubber tree. [b] (*persona*) rubber planter o producer; (*esp LAm:*

trabajador) rubber-plantation worker.
[c] (frasco) glue container.
gomina NF hair cream.
gomoso [1] ADJ (pegajoso) gummy, sticky. [2] NM (fam: pisaverde) toff (fam), dandy.
gónada NF gonad.
góndola NF (Náut) gondola; (Ferro) goods wagon, freight car (US); (And, Chi) bus; **~ de cable** cablecar; **~ del motor** (Aer) engine casing.
gondolero NM gondolier.
gong [gon] NM (pl **~s** [gon]), **gongo** NM gong.
gonorrea NF gonorrhoea.
gorda NF [a] **se armó la ~** all hell broke loose; V tb **gordo**. [b] **no tener ni ~** to be skint (fam).
gordiflón, gordinflón ADJ (fam) podgy, chubby; **¡~!** fatty! (fam).
gordito/a ADJ (Chi fam: mi vida) darling (fam).
gordo/a [1] ADJ [a] (persona) fat; (corpulento) stout, plump; (cosa) big; (lienzo, hilo) coarse; (hecho) important, big; (premio) first, big; **una mentira ~a** a fat lie; **lo más ~ fue ...** the most outrageous part was ...; V **gota**; **perra**; **sangre (b)**; **dedo**; **pez**. [b] (comida, sustancia) greasy, oily. [c] (agua) hard. [d] (fam: antipático) unpleasant; **ese tipo me cae ~** that chap gets on my nerves. [e] (Chi fam: mi vida) darling (fam). [2] ADV (fam): **hablar ~** to talk big (fam). [3] NM/F fat man/woman; **¡~!** fatty! (fam). [4] NM [a] (Culin) fat, suet. [b] (fam: premio) first o big prize; **ganar el ~** to win the big prize; **sacarse el ~** (fig) to bring home the bacon (fam).

┌─ **EL GORDO** ──────────────────────────────
ⓘ **El Gordo**, 'the big one', refers to a large lottery jackpot, particularly the one offered in the Spanish **Lotería Nacional** at Christmas. The **Sorteo Extraordinario de Navidad** takes place on 22 December and the jackpot is worth several million pounds. Because of the cost of whole tickets people generally form syndicates so the prize is usually shared out between a number of people.
└──

gordura NF [a] (obesidad) fat, fatness; (corpulencia) corpulence, stoutness. [b] (Culin) grease, fat.
gorgojo NM [a] (insecto) grub, weevil. [b] (fig) dwarf, runt.
gorgón NM (And: hormigón) concrete.
gorgoritear <1a> VI (gorjear) to trill, warble.
gorgorito NM (gorjeo) trill, warble.
gorgotear <1a> VI (hacer gárgaras) to gurgle.
gorgoteo NM (gárgara) gurgle.
gori NM: **armar el ~** (fam) to make a row, kick up a fuss.
gorigori NM (fam) funeral chanting (fig) wailing, gloomy chanting.
gorila [1] NF (Zool) gorilla. [2] NM (fam: matón) tough (fam), thug (fam); (guardaespaldas) bodyguard; (CSur Pol: fam) right-winger; (: Mil) senior officer. [3] ADJ (CSur Pol: fam) reactionary.
gorjear <1a> [1] VI (trinar) to chirp, trill. [2] **gorjearse** VR (niño) to gurgle, burble.
gorjeo NM (trino) chirping, trilling; (gorgoteo) gurgling, burbling.
gorra [1] NF (gen) cap; (de bebé) bonnet; (Mil) bearskin, busby; (Univ) cap; **~ de montar/de paño/de punto/de visera** riding/cloth/knitted/peaked cap; **pasar ~** to pass the hat round. [2] NMF: **una comida de ~** (fam) a free meal; **andar** o **ir** o **vivir de ~** to sponge (fam), scrounge (fam); **colarse de ~** to gatecrash; **comer de ~** to scrounge a meal (fam).
gorrear <1a> VI to sponge (fam), live as a parasite.
gorrero NM (fam) = **gorra 2**.
gorrinada NF (fig: mala pasada) dirty trick.
gorrinera NF (pocilga) pigsty.
gorrinería NF [a] (porquería) dirt. [b] (fig) dirty trick.
gorrino/a NM/F [a] (cochinito) small pig, sucking pig.

[b] (fig) dirty individual.
gorrión NM (gen) sparrow.
gorro NM (gen) cap; (de bebé, mujer) bonnet; **~ de baño/de dormir/de papel** bathing cap/nightcap/paper hat; **poner el ~ a algn** (fam) to cuckold sb; **estoy hasta el ~** I am fed up.
gorrón¹ NM [a] (guijarro) pebble, cobblestone. [b] (Mec) pivot, journal.
gorrón² NM (fam) sponger (fam), parasite.
gorronear <1a> VI (fam) to sponge (fam), scrounge (fam).
gota NF [a] (de agua) drop; (de sudor) bead; (de pintura) blob; **~s amargas** bitters; **~ a ~** drop by drop; **caer a ~s** to drip; **la ~ que colma el vaso** the straw that breaks the camel's back, the last straw; **parecerse como dos ~s de agua** to be as like as two peas; **sudar la ~ gorda** to sweat blood; **no ver ni ~** to see nothing; **el ~ a ~** (Med) the drip. [b] (Med) gout; **~ caduca** o **coral** epilepsy. [c] (Met) **~ fría** cold front. [d] **~ de leche** (Chi: fig) child welfare clinic.
goteado ADJ speckled, spotted.
gotear <1a> VI (destilar) to drip; (escurrir) to trickle; (salirse) to leak; (vela) to gutter; (Met) to rain lightly.
goteo NM (gen) dripping; (Med) drip.
gotera NF [a] (gotas) drip; (chorrito) trickle; (agujero) leak. [b] (mancha) stain o mark left by dripping water. [c] (Med: achaque) chronic ailment; **estar lleno de ~s** to be full of aches and pains.
gotero NM (LAm Med) dropper.
gótico [1] ADJ Gothic; (fig) noble, illustrious. [2] NM (Ling) Gothic.
gotita NF droplet; **¡una ~ nada más!** (de bebida) just a drop!; **hubo dos ~s de lluvia** it rained a drop or two.
gotoso ADJ gouty.
gourmet [gur'me] NM (pl **~s** [gur'mes]) (gastrónomo) gourmet, connoisseur (of food).
gozada NF (fam) (great) pleasure, delight; **es una ~** it's a real joy.
gozar <1f> [1] VT [a] (disfrutar) to enjoy; (poseer) to have, possess. [b] (mujer) to have, seduce. [2] VI (disfrutar) to enjoy o.s., have a good time (con with); **~ de** to enjoy; (tener) to have; **~ de buena salud** to enjoy good health. [3] **gozarse** VR to enjoy o.s.; **~ en hacer algo** to enjoy doing sth, take pleasure in doing sth.
gozne NM hinge.
gozo NM [a] (placer) enjoyment, pleasure; (complacencia) delight; (júbilo) joy, rejoicing; **¡mi ~ en un pozo!** it's gone down the drain!; **no caber (en sí) de ~** to be overjoyed; **da ~ escucharle** it's a pleasure to listen to him. [b] **~s** (Lit, Mús) couplets in honour o (US) honor of the Virgin.
gozoso ADJ glad, delighted (con, de about).
g.p. NM ABR de **giro postal** p.o., m.o. (US).
gr. ABR de **gramo(s)**.
grabación NF recording; **~ en cinta** o **magnetofónica** tape recording; **~ digital** digital recording.
grabado [1] ADJ (música) recorded; (en cinta) on tape. [2] NM (impresión) engraving, print; (en un libro) illustration, print; **~ al agua fuerte** etching; **~ al agua tinta** aquatint; **~ en cobre** copperplate; **~ en madera** woodcut; **~ rupestre** rock carving.
grabador(a)¹ NM/F (persona) engraver.
grabadora² NF [a] (Téc) graver, cutting tool. [b] (Elec) recorder; **~ de cinta** tape recorder; **~ de cassettes** cassette recorder.
grabadura NF engraving.
grabar <1a> VT [a] (Arte) to engrave; **~ al agua fuerte** to etch. [b] (disco, cinta) to record. [c] (impresionar) to engrave, impress; **~ algo en el ánimo de algn** to impress sth on sb's mind; **la escena está grabada en mi memoria** the scene is engraved on my memory; **sus palabras se me quedaron grabadas** his words stuck in my mind.
gracejada NF (CAm, Méx: fam: estupidez) stupid joke.
gracejo NM [a] (al hablar) charm, grace. [b] (chispa) wit,

humour, humor (US); (conversación) repartee.

▼**gracia** NF [a] (garbo) grace, gracefulness; (atractivo) attractiveness; **sin ~** graceless, unattractive.

[b] (favor) favour, favor (US), kindness; **de ~** free, gratis; **hacer a algn ~ de algo** to free sb from sth.

[c] (benevolencia) graciousness.

[d] (agrado) grace, favour; **caer en ~ a algn** to find favour with o please sb.

[e] (Jur) pardon, mercy.

[f] (chiste) joke, witticism; (humor) humour, humor (US); (chispa) wit; (sentido) point of a joke; **por ~** as a joke; **¡qué ~!** how funny!; (iró) what a nerve!, the very idea!; **coger** o **pescar la ~** to see the point (of a joke); **dar en la ~ de decir algo** to harp on sth; **ahí está la ~** that's what's so funny; **hacer ~ a algn** to amuse sb, strike sb as funny; **no nos hace ~** we are not amused; **no me hace ~ la idea** I'm not keen on the idea; **hacer una ~ a algn** to play a practical joke on sb; **hizo una de sus ~s** he showed himself up once again; **reírle las ~s a algn** to laugh along with sb; (encantar) **tener ~** to be funny; **¡tiene ~ la cosa!** (iró) would you believe it!, it's unbelievable!; **si lo haces se va la ~** if you do it, it breaks the spell.

[g] (fam: nombre) name; **¿cuál es su ~?** what's your name?

[h] (Rel) grace; **por la G~ de Dios** (en una moneda) by the grace of God; **estar en ~ (de Dios)** to be in a state of grace.

[i] **en ~ a** for the sake of; **en ~ a la brevedad** to be brief.

[j] (agradecimiento) **~s** thanks; **¡~s!** thank you!; **¡muchas ~s!, ¡muchísimas ~s!** thanks very much!; **~s a Dios** thank heaven; **~s a ...** thanks to ...; **~s a que** thanks to the fact that; **toma eso, ¡y ~s!** take that and be thankful!; **con anticipadas/repetidas ~s** thanking you in advance/again; **dar las ~s a algn por algo** to thank sb for sth.

[k] (Mitología) **las G~s** the Three Graces.

grácil ADJ (sutil) graceful; (delgado) slender; (delicado) delicate; **un coche de líneas ~es** a car of graceful lines.

gracioso [1] ADJ [a] (garboso) graceful; (atractivo) pleasing, elegant.

[b] (título) gracious; **su ~a Majestad** her gracious Majesty.

[c] (chistoso) funny, amusing; (agudo) witty; **una situación muy ~a** a very amusing situation; **¡qué ~!** how funny!; **es un tío de lo más ~** he's a most amusing chap; **lo ~ del caso es que ...** the funny thing about it is that ....

[d] (gratuito) free.

[2] NM (Teat Hist) comic character, fool; **¡no se haga el ~!** don't try to be funny!

grada NF [a] (peldaño) step, stair; (Rel) altar step; **~s** (escalones) flight of steps. [b] (Dep, Teat) tier, row of seats. [c] (Náut) **~s** slips, slipway; **~s de construcción** shipbuilding yard. [d] (Agr: azada) harrow; **~ de disco** disk harrow; **~ de mano** hoe, cultivator.

gradación NF [a] (progresión) gradation; (serie) graded series. [b] (Retórica) climax; (Ling) comparison.

gradar <1a> VT (Agr: allanar) to harrow; (: cultivar) to hoe.

gradería NF, **graderío** NM (Dep, Teat) tiers, rows of seats; **~ cubierta** covered stand, grandstand.

grado NM [a] (gen) degree; (etapa) stage, step; (nivel) rate; **quemaduras de primer ~** first-degree burns; **el ~ de autonomía que hemos alcanzado** the degree of autonomy that we have gained; **está en el segundo ~ de elaboración** it is now in the second stage of production; **~ de velocidad** (rate of) speed; **de ~ en ~, por ~s** step by step; **en sumo** o **alto ~, en ~ superlativo** in the highest degree.

[b] (Geog, Mat, Fís) degree; **~ de latitud** degree of latitude; **en un ángulo de 45 ~s** at an angle of 45 degrees; **la temperatura es de 40 ~s** the temperature is 40 degrees.

[c] (calidad) grade, quality; (Mil) rank; **de ~ superior** of superior quality.

[d] (Escol) class, year, grade (US).

[e] (Univ) degree; **~ universitario** university degree; **colación de ~** conferment of degrees.

[f] (Ling) degree of comparison.

[g] (de parentesco) order of lineage.

[h] (gusto) willingness; **de ~, de buen ~** willingly; **de mal ~, mal de mi ~** unwillingly.

[i] **~s** (Rel) minor orders.

graduable ADJ adjustable.

graduación NF [a] (acto) gradation, grading; (Univ) graduation. [b] (clasificación) rating, grading; (de una bebida) alcoholic strength, proof grading; **~ octánica** octane rating. [c] (de vista) testing. [d] (de volumen) adjustment. [e] (Mil: rango) rank; **de alta ~** of high rank.

graduado/a [1] ADJ (estudiante) graduate atr; (escala) graduated; (militar) commissioned; **gafas ~as** prescription glasses, glasses with prescription lenses. [2] NM/F graduate; **~ escolar** EGB certificate.

gradual ADJ gradual.

graduar <1e> [1] VT [a] (clasificar) to grade, classify (de, por as); (considerar) to appraise; (medir) to gauge, measure; (Téc) to calibrate; (vista) to test; (termómetro) to graduate; **~ el volumen** to adjust the volume.

[b] (Univ) to confer a degree on.

[c] (Mil) to confer a rank on; **~ a algn de capitán** to confer the rank of captain on sb.

[2] **graduarse** VR [a] (Univ) to graduate, take one's degree; **~ de** to take the degree of.

[b] (Mil) to take a commission (de as).

GRAE ABR de **Gramática de la Real Academia Española.**

grafía NF (escritura) writing; (ortografía) spelling.

gráfica NF (Mat) graph; (diagrama) diagram; **~ de fiebre** o **de temperatura** (Med) temperature chart.

gráfico [1] ADJ [a] graphic; (ilustrado) pictorial, illustrated. [b] (fig: vívido) vivid, lively. [2] NM (Mat etc) graph, diagram, chart; **~s** (Inform) graphics; **~ de barras** bar graph; **~ de sectores** o **tarta** pie chart; V **gráfica.**

grafito NM (Miner) graphite, black lead.

grafología NF graphology.

gragea NF (confite) small coloured o (US) colored sweets; (Med) sugar-coated pill.

grajear <1a> VI (Orn) to caw.

grajiento ADJ (LAm) sweaty, smelly.

grajo NM [a] (cuervo) rook. [b] (LAm) body odour o (US) odor, underarm smell.

Gral. ABR de **General** Gen.

grama NF (esp LAm: Bot) grass.

gramática¹ NF [a] grammar. [b] **~ parda** native wit, horse sense.

gramatical ADJ grammatical.

gramático/a² [1] ADJ grammatical. [2] NM/F (persona) grammarian; V tb **gramática.**

gramil NM (Téc) gauge.

gramo NM gramme, gram (US).

gramófono NM gramophone, phonograph (US).

gramola NF gramophone, phonograph (US); (en café etc) jukebox.

grampa NF (esp LAm) paper clip.

gran V **grande.**

grana¹ NF (Bot) [a] (semilla) small seed; **dar en ~** to go to seed. [b] (sembradura) seeding time.

grana² NF (Zool) cochineal; (tinte) kermes; (color) scarlet; (tela) scarlet cloth; **de ~** scarlet, bright red; **ponerse como la ~** to go as red as a beetroot.

Granada NF (Caribe) Grenada; (Esp) Granada.

granada NF [a] (Bot) pomegranate. [b] (Mil) shell; (bomba) grenade; **~ de mano** hand grenade; **~ de metralla** shrapnel shell; **a prueba de ~** shellproof.

granadero NM (Mil) grenadier; **~s** (Méx: policía) riot police.

granadilla NF (pasionaria) passionflower; (fruto) passion fruit.

granadino/a [1] ADJ of o from Granada. [2] NM/F native o inhabitant of Granada.

granado¹ NM (Bot) pomegranate tree.

granado² ADJ [a] (maduro) mature; (alto) full-grown.

➤ EXPRESIONES GENERATIVAS: **gracia** → 7.1

b (*selecto*) choice, select; (*notable*) distinguished; **lo más ~ de** the cream of, the pick of.
granar<1a> VI (*maíz, arroz*) to seed.
granate NM (*Miner*) garnet; (*color*) maroon.
Gran Bretaña NF Great Britain.
Gran Canaria NF Grand Canary.
grancanario/a **1** ADJ of o from Grand Canary. **2** NM/F native o inhabitant of Grand Canary.
grande **1** ADJ (*before sg noun* **gran**) **a** (*de tamaño*) big, large; (*de estatura*) big, tall; (*número, velocidad*) high, great; **los zapatos le están muy ~s** the shoes are too big for her; **quedarse algo grande a algn** (*fig*) to be too much for sb, to be more than sb can handle; **con gran placer** with great pleasure; **¿cómo es de ~?** how big o what size is it?
b (*moral*) great; **un gran hombre/una gran hazaña** a great man/achievement.
c (*impresionante*) grand, grandiose.
d **en ~** (*en conjunto*) as a whole; (*en cantidad*) on a large scale; **pasarlo en ~** to have a tremendous time (*fam*); **hacer algo/vivir a lo ~** to do sth/live in style.
e **grandísimo** (*iró*) big, huge; **un coche ~** a whacking big car (*fam*); **¡grandísimo tunante!** you awful old rogue!
f (*LAm: viejo*) old.
g **¡qué ~!** (*Arg fam*) how funny!
2 NM **a** **los ~s de la industria** the major companies in the industry; **los siete ~s (bancos)** the Big Seven.
b **G~ (de España)** grandee.
3 NF (*Arg*) first o big prize (in a lottery).
grandeza NF **a** (*tamaño*) bigness; (*magnitud*) magnitude. **b** (*generosidad*) greatness. **c** (*esplendidez*) grandness, impressiveness; (*ostentación*) grandeur. **d** (*nobleza*) nobility.
grandilocuencia NF grandiloquence.
grandiosidad NF = **grandeza (c)**.
grandioso ADJ (*magnífico*) grand, magnificent; (*pey*: *ostentoso*) grandiose.
grandote ADJ great big, huge.
grandullón ADJ (*muy crecido*) overgrown, oversized.
granear<1a> VT **a** (*semilla*) to sow. **b** (*Téc*) to grain, stipple.
granel NM (*montón*) heap; **a ~** in abundance; (*a montones*) by the ton; (*con profusión*) lavishly; (*Com*) in bulk, loose; **vino a ~** wine in bulk o in the barrel.
granero NM (*edificio*) granary, barn; **el ~ de Europa** (*fig*) the breadbasket of Europe.
granetario NM precision balance.
granete NM (*Téc*) punch.
granilla NF grain (in cloth).
granito[1] NM (*Geol*) granite.
granito[2] NM (*Agr*) small grain; (*Med*) pimple.
granizada NF **a** (*Met*) hailstorm. **b** (*fig*) hail; (*abundancia*) shower; **una ~ de balas** a hail of bullets.
granizado NM (*bebida*) iced drink; (*de hielo*) slush; **~ de café** iced coffee.
granizar<1f> VI (*Met*) to hail; (*fig*) to shower.
granizo NM hail.
granja NF farm; (*cortijo*) farmhouse; (*lechería*) dairy; **~ avícola** chicken o poultry farm; **~ colectiva** collective farm; **~ escuela** educational farm.
granjear<1a> **1** VT (*adquirir*) to gain, earn; (*ganar*) to win. **2** **granjearse** VR (*voluntad, amistad*) to win o gain for o.s.
granjería NF **a** (*Com, Fin*) profit, earnings; (*Agr*: *producto*) farm earnings. **b** (*Agr*: *zootecnia*) farming, husbandry.
granjero/a NM/F farmer.
grano NM **a** (*Agr, Bot*) grain; (*semilla*) seed; **~s** corn, cereals; **~ de arroz/trigo** grain of rice/wheat; **~ de café** coffee bean; **¡vamos al ~!** let's get to the point!; **ir al ~** to get to the point. **b** (*partícula*) particle, grain; (*punto*) speck; **~ de arena** grain of sand; **no es ~ de anís** o **arena** it's not just a small thing; **apartar el ~ de la paja** to separate the wheat from the chaff. **c** (*en piedra, madera, tela*) grain; **de ~ fino/gordo** fine-/coarse-grained. **d** (*Med*) pimple, spot. **e** (*Farm*) grain.

granoso ADJ granular, granulated.
granuja **1** NF (*uvas*) loose grapes; (*semilla*) grape seed. **2** NM (*pilluelo*) urchin, ragamuffin; (*bribón*) rogue.
granujada NF dirty trick; **hacer una ~** to pull a fast one; **es una ~** it's a low-down thing to do.
granujería NF (*en conjunto*) urchins *pl*, rogues *pl*.
granulación NF granulation.
granulado **1** ADJ granulated. **2** NM (*Farm*) **un ~ vitamínico** a vitamin powder.
granular<1a> **1** VT to granulate. **2** **granularse** VR **a** to granulate. **b** (*Med*) to break out in spots.
gránulo NM granule.
granuloso ADJ granular.
grapa NF **a** (*para papel*) staple; (*sujetador*) clip, fastener; (*Mec*) dog clamp; (*Arquit*) cramp. **b** (*CSur*: *aguardiente*) (cheap) grape liquor.
grapadora NF stapler, stapling gun.
grapar<1a> VT (*papeles*) to staple.
GRAPO NMPL ABR (*Esp Pol*) de **Grupos de Resistencia Antifascista Primero de Octubre**.
grasa **1** NF **a** (*gen*) grease; (*Culin*) fat; (*sebo*) suet; **~ de ballena** blubber; **~ de pescado** fish oil; **~ vegetal** vegetable fat; **alimentos bajos en ~s** low-fat foods; **eliminar ~s** to cut out fats.
b (*Aut, Mec*) oil; (*lubricante*) grease; **~ para ejes** axle grease.
c (*Anat*) fat.
d (*Méx fam*) shoe polish.
e (*mugre*) greasy dirt, filth; (*Arg fam*) working-class person.
f **~s** (*Min*: *escorias*) slag.
2 ADJ (*Arg fam*: *torpe*) stupid, slow.
grasiento ADJ (*grasoso*) greasy, oily; (*resbaloso*) slippery; (*mugriento*) filthy.
graso ADJ (*gen*) fatty; (*aceitoso*) greasy, oily.
grasoso ADJ (*graso*) fatty; (*esp LAm*: *grasiento*) greasy.
gratificación NF (*recompensa*) reward, recompense; (*propina*) tip; (*aguinaldo*) gratuity; (*de sueldo*) bonus; (*prima*) bonus.
gratificador ADJ (*satisfactorio*) satisfying.
gratificante ADJ gratifying.
gratificar <1g> VT **a** (*recompensar*) to reward, recompense; (*primar el sueldo*) to give a bonus to; **'se gratificará'** 'a reward is offered'. **b** (*satisfacer*) to gratify; (*complacer*) to give pleasure to; (*un anhelo*) to indulge.
gratinado **1** ADJ au gratin. **2** NM dish cooked au gratin.
gratinador NM overhead grill.
gratinar<1a> VT to cook au gratin.
gratis ADV free, for nothing; **'entrada ~'** 'admission free'.
gratitud NF gratitude.
grato ADJ (*placentero*) pleasing, pleasant; (*agradable*) agreeable; (*satisfactorio*) welcome; **una decisión muy ~a para todos** a very welcome decision for everybody; **nos es ~ informarle que ...** we are pleased to inform you that ....
gratuito ADJ **a** (*gratis*) free. **b** (*comentario*) gratuitous, uncalled-for; (*acusación*) unfounded.
gratulatorio ADJ (*carta, discurso*) congratulatory.
grava NF (*guijos*) gravel; (*piedra molida*) crushed stone; (*en carreteras*) road metal.
gravamen NM (*carga*) burden, obligation; (*Jur*) lien, encumbrance; (*Fin*) tax; **libre de ~** free from encumbrances.
gravar<1a> VT (*pesar*) to burden, encumber (*de* with); (*Jur*: *propiedad*) to place a lien upon; (*Fin*) to assess for tax; **~ con impuestos** to burden with taxes.
grave ADJ **a** (*pesado*) heavy, weighty. **b** (*fig*: *serio*) grave, serious; (*espinoso*) critical; (*importante*) important, momentous; (*pérdida*) grave, grievous; **un deber muy ~** a very grave duty; **la situación es ~** the situation is grave o critical. **c** (*carácter*) serious, dignified. **d** (*Med*: *enfermedad, estado*) grave, serious; (: *herida*) severe; **estar ~** to be seriously ill. **e** (*Mús*: *nota, tono*) low, deep. **f** (*Ling*: *acento*) grave; (: *palabra*) stressed on the penultimate syllable.
gravedad NF **a** (*Fís*: *ley*) gravity. **b** (*fig*) gravity, seriousness; (*grandeza*) importance; (*severidad*) severity.

c (*dignidad*) seriousness, dignity. **d** (*Med*) gravity; **estar enfermo de** ~ to be seriously ill; **estar herido de** ~ to be severely injured o wounded. **e** (*Mús*) depth.

gravemente ADV gravely, critically; **habló** ~ he spoke gravely; **estar** ~ **enfermo** to be critically ill.

gravidez NF pregnancy; **en estado de** ~ pregnant.

grávido ADJ **a** (*embarazada*) pregnant; (*Zool*) carrying young. **b** (*fig*) full (*de* of), heavy (*de* with); **me sentí** ~ **de emociones** I was weighed down with emotions.

gravilla NF gravel.

gravitación NF (*Fís*) gravitation.

gravitar<1a> VI **a** (*Fís*) to gravitate (*hacia* towards). **b** ~ **sobre** to rest on; (*caer sobre*) to bear down on; (*fig: pesar sobre*) to be a burden to; (*amenazar*) to loom over.

gravoso ADJ **a** (*molesto*) burdensome, oppressive; **ser** ~ **a** to be a burden to. **b** (*Fin*) costly; (*oneroso*) burdensome; (*precio*) extortionate. **c** (*insufrible*) tiresome, vexatious.

graznar<1a> VI (*gen*) to squawk; (*cuervo*) to croak; (*ganso*) to cackle; (*pato*) to quack; (*pey: cantante*) to croak.

graznido NM (*V vi*) squawk; croak; cackle; quack.

Grecia NF Greece.

greda NF (*Geol: arcilla*) clay; (*Téc*) fuller's earth.

gredal NM claypit.

gregario ADJ **a** (*en grupo*) gregarious; **instinto** ~ herd instinct. **b** (*fig*) servile, slavish.

gregoriano ADJ Gregorian.

grelos NMPL parsnip o turnip tops.

gremial **1** ADJ **a** (*Hist*) guild atr. **b** (*Pol: sindical*) trade-union atr. **2** NM (*miembro*) union member.

gremio NM **a** (*Hist*) guild, corporation. **b** (*Pol: sindicato*) (trade) union; (*asociación*) association, organization.

greña NF **a** (*tb* ~**s**: *cabello revuelto*) shock o mat o mop of hair. **b** (*fig*) tangle; **andar a la** ~ to bicker, squabble. **c en** ~ (*Méx: seda*) raw; (: *plata*) unpolished.

greñudo ADJ (*cabello*) tangled, matted; (*persona*) dishevelled, disheveled (*US*).

gres NM **a** (*Geol*) potter's clay. **b** (*alfarería*) earthenware, stoneware.

gresca NF (*bulla*) uproar; (*trifulca*) row; **armar una** ~ to cause a fight.

grey NF (*Rel, fig*) flock, congregation.

Grial NM: **Santo** ~ Holy Grail.

griego/a **1** ADJ Greek, Grecian. **2** NM/F Greek. **3** NM **a** (*Ling*) Greek; ~ **antiguo** ancient Greek. **b** (*fig*) gibberish, double Dutch; **hablar en** ~ to talk double Dutch.

grieta NF (*fisura*) fissure, crack; (*hendidura*) chink; (*quiebra*) crevice; (*en la piel*) chap, crack; (*Pol*) rift.

grifa NF (*droga*) marijuana.

grifear<1a> VI to smoke marijuana.

grifería NF plumbing fixtures, taps, faucets (*US*).

grifero NM (*And*) petrol pump attendant.

grifo¹ NM **a** (*tap*, faucet (*US*); (*a presión*) cock; **cerveza (servida) al** ~ draught o (*US*) draft beer; **cerrar el** ~ (*fig*) to turn off the tap, cut off the funds. **b** (*And: gasolinera*) petrol o (*US*) gas station; (*bar*) dive (*fam*).

grifo² **1** ADJ: **estar** ~ (*Méx: borracho*) to be plastered o (*US*) soused (*fam*); (: *loco*) to be nuts (*fam*); (: *drogado*) to be high (*fam*), be doped up (*fam*).
2 NM **a** (*droga*) marijuana, pot (*fam*).
b (*adicto*) marijuana smoker, pot smoker (*fam*).
c (*borracho*) drunkard.

grifo³ ADJ (*LAm: pelo*) curly, kinky.

grifota NMF (*fam*) dope smoker (*fam*).

grill [gril] NM (*aparato*) grill.

grilla NF (*insecto*) female cricket; **¡ésa es** ~ **(y no canta)!** (*fam*) that's a likely story! (*iró*).

grillado ADJ (*fam: chiflado*) barmy (*fam*).

grillera NF (*jaula*) cage for crickets; (*nido*) cricket hole.

grillete NM fetter, shackle.

grillo NM **a** (*insecto*) cricket. **b** (*Bot: brote*) shoot, sprout. **c** ~**s** (*cadenas*) fetters, shackles; (*fig: estorbo*) shackles.

grima NF (*horror*) loathing; (*desagrado*) reluctance; (*desazón*) uneasiness; (*disgusto*) annoyance, irritation; **me da** ~ it gets on my nerves, it sickens me.

gringada NF (*CSur fam*) group of gringos o foreigners;

(: *canallada*) dirty trick.

gringaje NM (*CSur*) group of gringos o foreigners.

gringo/a (*LAm*) **1** ADJ **a** (*pey: extranjero*) foreign.
b (*idioma*) foreign, unintelligible.
c (*LAm: rubio*) blond(e), fair.
2 NM/F **a** (*pey: extranjero*) foreigner.
b (*LAm: rubio*) blond(e), fair-haired person.
3 NM (*griego*) gibberish; **hablar en** ~ to talk double Dutch.

┌─ GRINGO ─────────────────────────────┐

*ⓘ The word **gringo** is a derogatory term used in Latin America to refer to white English-speakers, usually Americans, especially in the context of alleged economic, cultural and political interference in Latin America. One rather fanciful theory traces its origin to the Mexican-American War of 1846-48 and the song 'Green Grow the Rushes-oh', supposedly sung by the American troops. According to another theory it is a corruption of **griego** or 'Greek', in the sense of anything foreign and unintelligible, as in the English expression 'it's all Greek to me'.*

└───────────────────────────────────────┘

gringolandia NF (*LAm pey*) USA.

gringuería NF (*LAm*) group of gringos o foreigners.

gripa NF (*LAm: gripe*) flu, influenza.

gripal ADJ flu atr.

gripe NF flu, influenza.

griposo ADJ: **estar** ~ to have flu.

gris **1** ADJ (*color*) grey, gray (*US*); (*día, tiempo, persona*) grey, dull; ~ **marengo** (*tela*) dark grey; ~ **perla** pearl-grey.
2 NM (*color*) grey; (*esp Hist fam*) member of the armed police; **hace un** ~ (*fam*) there's a cold wind; V **oso**.

grisáceo ADJ greyish, grayish (*US*).

grisalla NF (*Méx: chatarra*) rusty scrap metal.

grisma NF (*CSur*) bit, shred.

grisoso ADJ (*esp LAm: grisáceo*) greyish, grayish (*US*).

grisú NM (*Min: gas*) firedamp.

gritar <1a> **1** VT (*gen*) to shout (*algo* sth; *a algn* at sb); (*abuchear*) to jeer (at), boo; **le gritaron que callara** they shouted at him to be quiet.
2 VI (*gen*) to shout; (*fuerte*) to yell, scream; (*abuchear*) to jeer, boo; **¡no grites!** stop shouting!

gritería NF, **griterío** NM shouting, uproar.

grito NM **a** (*clamor*) shout, yell; (*chillido*) scream, cry; (*abuchear*) hoot, boo; (*Zool*) cry, sound; (*Orn*) call, cry; **a** ~**s, a** ~ **pelado, a voz en** ~ at the top of one's voice; **llorar a** ~**s** to weep and wail; **esa chica está pidiendo un corte de pelo a** ~**s** she badly needs a haircut; **poner el** ~ **en el cielo** to scream blue murder(*fam*); **es el último** ~ (*de la moda*) it's the latest thing; **pegar o lanzar un** ~ to cry out. **b** (*LAm*) proclamation; ~ **de independencia** proclamation of independence; **el** ~ **de Dolores** the proclamation of Mexican independence (1810).

gritón ADJ loud-mouthed.

groenlandés/esa **1** ADJ Greenland atr. **2** NM/F Greenlander.

Groenlandia NF Greenland.

groggy ['grogi], **grogui** ADJ (*fam*) groggy.

grosella NF redcurrant; ~ **espinosa** gooseberry; ~ **negra** blackcurrant.

grosería NF **a** (*gen*) rudeness, discourtesy; (*ordinariez*) coarseness, vulgarity; (*tosquedad*) roughness. **b** (*comentario*) rude o vulgar remark; (*palabra*) swearword.

grosero ADJ (*descortés*) rude, discourteous; (*ordinario*) coarse, vulgar; (*tosco*) rough, loutish; (*error*) gross, stupid.

grosor NM thickness.

grotesco ADJ (*ridículo*) grotesque; (*absurdo*) bizarre, absurd.

grúa NF (*Téc*) crane; (*Náut*) derrick; (*camión*) tow truck; ~ **corrediza o móvil/de pescante/puente/de torre** travelling o (*US*) traveling/jib/overhead/tower crane; ~ **horquilla** (*Chi*) forklift truck.

gruesa NF (*cantidad*) gross, twelve dozen.

grueso **1** ADJ **a** (*espeso*) thick; (*voluminoso*) bulky, solid;

(*pesado*) big, heavy; (*obeso*) stout, thickset; (*grande*) large; **mar ~a** heavy sea.
b (*calidad*) coarse; **palabras ~as** coarse language; **humor ~** coarse humour o (*US*) humor.
2 NM a (*espesor*) thickness; (*tamaño*) bulkiness, size; (*densidad*) density.
b (*parte principal*) main part, major portion; (*de gente, tropa*) main body, mass; **el ~ del pelotón** (*en carrera*) the main body of the runners.
c (*Com*) **en ~** in bulk.
grujidor NM glass cutter, glazier.
grulla NF (*Orn: tb ~ común*) crane.
grullo 1 ADJ a (*fam: grosero*) uncouth, rough. b (*CAm, Méx: caballo*) grey, gray (*US*). 2 NM (*CAm, Méx*) grey horse.
grumete NM (*Náut*) cabin o ship's boy.
grumo NM a (*coágulo*) clot, lump; (*masa*) dollop; **~ de leche** curd. b (*de uvas*) bunch, cluster.
grumoso ADJ (*cuajado*) clotted; (*con grumos*) lumpy.
gruñido NM (*de animal*) grunt, growl; (*fig*) grouse (*fam*), grumble; **dar ~s** = **gruñir**.
gruñir <3h> VI (*animal*) to grunt, growl; (*fig*) to grouse (*fam*), grumble; (*puerta*) to creak.
gruñón/ona 1 ADJ grumpy, grumbling. 2 NM/F grumbler.
grupa NF crupper, hindquarters.
grupo NM a (*gen*) group; (*de árboles*) cluster, clump; **~ del dólar** dollar block; **~ de presión** pressure group; **~ sanguíneo** blood group; **discusión en ~** group discussion. b (*Elec, Téc*) unit, plant; (*montaje*) assembly; **~ compresor** compressor unit; **~ electrógeno** o **generador** power plant.
gruta NF cavern, grotto.
GT ABR de Gran Turismo GT.
Gta. ABR (*Aut*) de **glorieta**.
gua[1] INTERJ (*LAm: preocupación*) oh dear!; (*sorpresa*) well!; (*desdén*) get away!
gua[2] NM (*juego*) marbles; (*hoyo*) hole for marbles.
gua... PREF *for certain words written with this prefix in LAm; V tb* **hua...**.
guaca NF (*LAm*) (Indian) tomb, funeral mound; (*tesoro*) buried treasure.
guacal NM (*LAm: cajón*) wooden crate; (: *calabaza*) gourd, vessel.
guacamayo 1 ADJ (*Méx fam*) absurdly dressed. 2 NM a (*Orn*) macaw. b (*persona*) absurdly dressed person.
guacamole NM (*LAm Culin*) avocado salad.
guachada NF (*Arg fam: canallada*) dirty trick.
guachafita NF (*LAm: batahola*) hubbub, din; (*desorden*) disorder.
guachafitero/a 1 ADJ (*Ven: desorganizado*) chaotic, inefficient. 2 NM/F (*persona*) inefficient person.
guachapear <1a> 1 VT a (*en agua*) to dabble in, splash about in. b (*estropear*) to botch, mess up. 2 VI (*sonar*) to rattle, clatter.
guache NM (*And, Carib: fam*) uncouth person.
guachimán NM (*LAm: guardián*) watchman.
guachinango NM (*Carib, Méx: pez*) red snapper.
guacho/a 1 ADJ (*And, CSur: persona*) homeless, orphaned; (: *animal*) motherless.
2 NM a (*polluelo*) baby bird, chick.
b (*And, CSur: expósito*) homeless o abandoned child; (: *huérfano*) orphan, foundling; (: *Agr*) motherless animal; (: *fam: bastardo*) illegitimate child.
Guadalajara NF Guadalajara.
guadalajareño/a 1 ADJ of o from Guadalajara. 2 NM/F native o inhabitant of Guadalajara.
Guadalquivir NM: **el Río ~** the Guadalquivir.
guadamecí NM (*cuero*) embossed leather.
guadaña NF (*Agr*) scythe; **la G~** (*fig*) the Grim Reaper.
guadañadora NF mowing machine.
guadañar <1a> VT to scythe, mow.
guadaño NM (*Cu, Méx*) lighter, small harbour o (*US*) harbor boat.
Guadiana NM: **el Río ~** the Guadiana.

guagua[1] NF (*Cu, Canarias: autobús*) bus.
guagua[2] 1 ADJ (*And: pequeño*) small, little. 2 NMF (*And, CSur*) a baby. b (*bagatela*) trifle, small thing; **de ~** (*Cu, Méx: gratis*) free, for nothing.
guagüero/a 1 ADJ a (*gorrón*) sponging (*fam*), parasitical. b (*Cu*) bus atr. 2 NM/F a (*Cu: chofer*) bus driver. b (*saca provecho*) bargain hunter.
guai ADJ (*fam*) = **guay**.
guaico (*And*) NM (*hondonada*) hollow, dip; (*abismo*) ravine; (*alud*) avalanche.
guaina (*And, CSur*) 1 NF (*muchacha*) girl, young woman. 2 NM (*muchacho*) youth, young man.
guaipe NM (*Chi*) cotton waste.
guaira NF a (*CAm*) Indian flute. b (*And, CSur: Min*) earthenware smelting furnace (*for silver ore*). c (*Náut*) triangular sail.
guairo NM (*Cu, Ven: Náut*) small coastal vessel.
guajada NF (*Méx fam: necedad*) stupid thing.
guaje 1 ADJ (*Méx: estúpido*) silly, stupid; **hacer ~ a algn** (*engañar*) to fool sb.
2 NM a (*Méx*) gourd, calabash.
b (*CAm fam: trasto*) old thing, piece of junk.
c (*CAm, Méx: acacia*) species of acacia.
3 NMF (*CAm, Méx: fam: necedad*) idiot, fool.
guajear <1a> VI (*Méx*) to play the fool.
guajería NF (*Méx*) a (*estupidez*) idiocy, foolishness. b (*acto*) stupid thing, foolish act.
guajiro/a NF (*Carib, Col: campesino*) (white) peasant.
guajolote (*Méx*) 1 ADJ (*estúpido*) silly, stupid. 2 NM a (*pavo*) turkey. b (*fam: tonto*) fool, idiot, turkey (*US*).
gualdo ADJ yellow, golden.
gualdrapa NF a (*Hist*) trappings pl. b (*fam: harapos*) tatter, ragged end.
gualdrapear <1a> VI a (*Náut: velas*) to flap. b (*Cu: caballo*) to walk slowly.
gualicho NM a (*And, CSur: maleficio*) evil spell. b (*Arg: talismán*) good-luck charm.
guama NF (*And, CAm: fam: mentira*) lie.
guambra NMF (*Ecu: niño indio o mestizo*) Indian o mestizo child.
guampa NF (*And, CSur: cuerno*) horn.
guampudo ADJ (*And, CSur: con cuernos*) horned.
guanábana NF (*LAm: fruta tropical*) soursop, prickly custard apple.
guanábano NM (*árbol tropical*) soursop (tree).
guanacada NF (*LAm: estupidez*) foolish act, silly thing.
guanaco 1 ADJ (*LAm fam: tonto*) simple, silly; (: *torpe*) slow. 2 NM a (*Zool*) guanaco. b (*LAm fam: tonto*) simpleton, dimwit (*fam*); (*campesino*) rustic.
guanajo NM (*LAm*) a (*pavo*) turkey. b (*fam*) fool, idiot.
guando NM (*And, Chi: parihuela*) stretcher.
guanear <1a> 1 VT a (*Per Agr*) to fertilize with guano. b (*Bol: ensuciar*) to dirty, soil. 2 VI (*LAm: animales*) to defecate.
guanera NF (*esp LAm*) guano deposit.
guanero ADJ (*LAm*) guano atr, pertaining to guano.
guano[1] NM a (*LAm: estiércol de aves marinas*) guano; (*estiércol*) dung, manure. b (*Cu: fam*) money, brass (*fam*).
guano[2] NM (*LAm: palma*) palm tree; (: *hoja*) palm leaf.
guantada NF, **guantazo** NM slap.
guante NM a glove; **~ de boxeo/cabritilla/goma** boxing/kid/rubber glove; **~ con puño** gauntlet; **se ajusta como un ~** it fits like a glove; **arrojar el ~** to throw down the gauntlet; **colgar los ~s** (*Boxeo*) to quit boxing; (*fig*) to retire; **echar el ~ a algn** to catch hold of sb; (*fig: policía*) to catch sb; **echar el ~ a algo** to lay hold of sth; **recoger el ~** to take up the challenge. b (*Chi*) whip, cat-o'-nine-tails. c ~s (*gratificación*) tip, commission.
guantear <1a> VT (*LAm*) to slap, hit.
guantelete NM gauntlet.
guantera NF (*Aut*) glove compartment.
guantón NM (*LAm*) slap, hit, blow.
guañusco ADJ (*Arg fam*) a (*marchito*) withered, faded. b (*chamuscado*) burned, burned up.

guapear <1a> VI (*fam*) [a] (*ostentar*) to cut a dash, dress flashily. [b] (*bravear*) to bluster, swagger.

guaperas ADJ INV (*fam*) gorgeous (*fam*).

guapetón = guapo.

guapeza NF [a] (*atractivo*) good looks, attractiveness. [b] (*elegancia*) smartness, elegance; (*pey: ostentación*) flashiness. [c] (*valentía*) boldness, dash; (*bravata*) bravado.

guapo [1] ADJ [a] (*atractivo*) good-looking; (*mujer*) pretty, attractive; (*hombre*) handsome; **¡oye, ~a!** (*¡basta!*) hey, that's enough!; **¡cállate, ~!** just shut up! [b] (*elegante*) smart, elegant; (*pey*) flashy, overdressed; **¡hombre, qué ~ estás!** how nice you're looking!; **ir ~** to look smart; **va de ~ por la vida** he goes through life with every confidence in his good looks. [c] (*valiente*) bold, dashing. [d] (*fam: guay*) ace (*fam*), brill (*fam*). [2] NM (*esp LAm: bravucón*) bully, tough guy; (*fanfarrón*) braggart.

guapura NF (*fam*) good looks *pl*.

guaquear <1a> VT (*And, CAm: robar tumbas*) to rob (tombs).

guaqueo NM (*And, CAm*) tomb robbing.

guaquero NM (*And, Cam*) tomb robber.

guaraca NF (*And: honda*) sling; (*: azote para trompo*) whip.

guarache NM (*Méx: sandalia*) sandal, light shoe.

guaragua NF [a] (*CAm: mentira*) lie; (*: mentiroso*) liar, taleteller. [b] (*LAm: contoneo*) rhythmical movement (in dancing).

guarango ADJ (*And, CSur: grosero: acto*) rude; (*: persona*) uncouth.

guaranguear <1a> VI (*And, CSur*) to be rude.

guaraní [1] ADJ, NMF Guaraní. [2] NM (*Ling*) Guaraní.

guaranismo NM (*Ling*) word o expression from the Guaraní language.

guarapear <1a> VI, **guarapearse** VR [a] (*Per*) to drink sugar-cane liquor. [b] (*Carib fam: emborracharse*) to drink, get drunk.

guarapo NM (*LAm: bebida*) sugar-cane liquor; (*Ven*) fermented pineapple juice; **menear la ~** (*Cu, Ven*) to beat; **se le enfrió el ~** (*Carib fam*) he lost his nerve.

guarapón NM (*And, CSur: sombrero*) broad-brimmed hat.

guarda [1] NM (*guardián*) guard; (*cuidador*) keeper, custodian; (*CSur Ferro*) ticket inspector; **~ de coto** o **forestal** gamekeeper; **~ de dique** lock keeper; **~ jurado** (*de empresa*) security guard; **~ nocturno** night watchman. [2] NF [a] (*acto*) guard, guarding; (*depósito*) safekeeping; (*custodia*) custody. [b] (*de la ley*) observance. [c] (*de cerradura*) ward; (*de espada*) guard; (*Tip*) flyleaf, endpaper. [d] (*LAm: Cos*) ribbing, trimming.

guarda(a)gujas NM INV (*Ferro*) switchman.

guarda(a)lmacén NM (*Com: tendero*) storekeeper.

guardabarrera NM [a] (*Ferro: persona*) crossing keeper. [b] (*Ferro: en paso*) level-crossing o (*US*) grade-crossing gate(s).

guardabarros NM INV mudguard, fender (*US*).

guardabosque(s) NM INV gamekeeper; (*guardia*) ranger, forester.

guardabrisa NF (*Aut: parabrisa*) windscreen, windshield (*US*).

guardacabo NM (*Náut*) thimble.

guardacantón NM (*en las esquinas o caminos*) kerbstone, curbstone (*US*); (*poste*) roadside post.

guardacoches NMF INV (*celador*) parking attendant.

guardacostas NM INV coastguard vessel, revenue cutter.

guardador [1] ADJ [a] (*protector*) protective. [b] (*de orden, ley*) observant, watchful. [2] NM [a] (*cuidador*) keeper; (*guarda*) guardian; (*protector*) protector. [b] (*de la ley*) observer.

guardaespaldas NM INV bodyguard, henchman.

guardafango NM mudguard, fender (*US*).

guardafrenos NM INV (*Ferro*) guard, brakeman.

guardafuego NM (*alambrera*) fireguard; (*Náut: defensa*) fender.

guardagujas NM INV (*Ferro*) pointsman, switchman (*US*).

guardajoyas NM INV (*joyero*) jewel case.

guardameta NMF goalkeeper.

guardamuebles NM INV furniture repository.

guardapapeles NM INV (*archivo*) filing cabinet.

guardaparques NMF INV park ranger.

guardapelo NM (*joya*) locket.

guardapolvo NM [a] (*cubierta*) dust cover o sheet. [b] (*ropa*) dust coat; (*mono*) overalls; (*sobretodo*) outdoor coat.

guardar <1a> [1] VT [a] (*retener*) to keep, hold; (*conservar*) to put away, store away; (*ahorrar*) to save; (*Inform: archivo*) to save; **~ algo para sí** to keep sth for o.s.; **lo guardó en el bolsillo** he put it away in his pocket; **te lo puedes ~** you can keep it; **guardo los sellos para mi hermano** I save the stamps for my brother; **guardo los mejores recuerdos** I have the nicest memories. [b] (*promesa, secreto, mandamiento*) to keep; (*ley*) to observe, respect; (*respeto*) to have, show (*a* for); (*rencor*) to bear, have (*a* to, towards); **V cama; silencio.** [c] (*cuidar*) to guard; (*proteger*) to watch over, protect; (*preservar*) to maintain, preserve; (*rebaño*) to tend; **¡Dios guarde a la Reina!** God save the Queen!; **Dios os guarde** may God be with you; **~ las apariencias** to keep up appearances; **~ las distancias** to keep one's distance. [2] VI: **¡guarda!** (*Arg fam*) look out!, watch out! [3] **guardarse** VR [a] (*recelar*) to be on one's guard; (*precaverse*) to look out for o.s. [b] **~ de algo** (*evitar*) to avoid sth; (*cuidarse*) to look out for sth; (*abstenerse*) to refrain from sth; (*protegerse*) to protect o.s. against sth; **~ de hacer algo** to be careful not to do sth, guard against doing sth; **¡guárdate mucho de hacerlo!** don't you dare!; **guárdate de no ofenderle** take care not to upset him. [c] **~la a algn** to have it in for sb.

guardarraya NF (*Cu, PR*) path between rows of coffee bushes.

guardarropa [1] NM [a] (*cuarto*) cloakroom, checkroom (*US*). [b] (*ropero*) wardrobe. [2] NMF (*persona*) cloakroom attendant.

guardarropía NF (*Teat*) wardrobe; (*accesorios*) properties, props (*fam*); **de ~** make-believe.

guardavalla(s) NM (*LAm: portero*) goalkeeper.

guardavía NM (*Ferro*) linesman.

guardavidas NM INV (*Arg: en la playa*) lifeguard.

guardavista NM (*visera*) visor, sunshade.

guardería NF: **~ infantil** crèche, day nursery.

guardés/esa NM/F guard; (*de puerta*) doorman; (*de casa de campo*) gatekeeper.

guardia [1] NF [a] (*gen*) custody, care; (*defensa*) defence, defense (*US*), protection; (*Mil etc*) guarding; **farmacia de ~** all-night chemist's; **médico de ~** doctor on call; **estar de ~** to be on duty; (*vigilar*) to keep watch; **estar en ~ contra** to be on one's guard against; **montar (la) ~** to mount guard; **poner a algn en ~** to put sb on his guard; **relevar la ~** to change guard. [b] (*Mil*) guard; (*policía*) police; (*Náut*) watch; **~ de asalto** riot police; **G~ Civil** Civil Guard; **~ jurado** security guard; **~ montada** horse guards; **~ municipal** o **urbana** town o traffic police; **G~ Nacional** (*Nic, Pan*) National Guard, Army. [c] (*esgrima: posición*) guard; **aflojar** o **bajar la ~** (*tb fig*) to lower one's guard; **estar en ~** to be on guard. [2] NMF (*policía*) policeman/policewoman; (*Mil*) guardsman; **~s de asalto** riot police; (*Mil*) shock troops; **~ de tráfico** o **urbano/a** traffic policeman/policewoman; **~ civil** civil guard; **~ forestal** game warden, ranger; **~ marina** midshipman.

GUARDIA CIVIL

The **Guardia Civil**, *commonly referred to as* **la Benemérita**, *is the oldest of Spain's various police forces. A paramilitary force like the French* **Gendarmerie**, *it was set up in 1844 to combat banditry in rural areas, but was also used as an instrument of repression in the cities. Under Franco* *it was resented by many as an oppressive, reactionary force, and was especially hated in the Basque Country. With the return of democracy, Franco's despised* **Policia Armada** *were reformed as the* **Policia Nacional**, *and the present-day role of the* **Guardia Civil** *was redefined. They are mainly stationed in rural areas, and their duties include policing highways and frontiers and taking part in anti-terrorist operations. Their traditional tunics and capes have been replaced by a green uniform, and the famous black patent-leather three-cornered hats are now reserved for ceremonial occasions.*

guardián/ana NM/F (*cuidador*) guardian, keeper; (*guarda*) warden; (*vigilante*) watchman; (*Zool*) keeper; **~ de niño(s)** baby-sitter; **~ de parque** park keeper; **~ de prisiones** warder.

guardilla NF (*buhardilla*) attic, garret; (*cuarto*) attic room.

guarecer <2d> [1] VT (*cobijar*) to protect, give shelter to; (*preservar*) to preserve. [2] **guarecerse** VR (*refugiarse*) to shelter, take refuge (*de* from).

guaricha NF [a] (*Ven: joven*) young unmarried Indian girl. [b] (*And, CAm, Carib: fam: puta*) whore.

guarida NF (*Zool*) den, hideout; (*fig*) refuge, shelter; (*amparo*) cover; (*de persona*) haunt, hideout.

guarismo NM figure, numeral; **en ~ y por extenso** in figures and in words.

guarnecer <2d> VT [a] (*proveer*) to equip, provide (*de* with); (*adornar*) to adorn, garnish (*de* with); (*Cos*) to trim (*de* with); (*frenos*) to line; (*pared*) to plaster, stucco; (*joya*) to set, mount; (*caballo*) to harness; (*Téc*) to reinforce (*de* with). [b] (*Mil*) to man, garrison.

guarnecido NM plaster, plastering.

guarnición NF [a] (*acto: de proveer*) equipment, provision; (: *de engastar*) fitting; (: *de adornar*) adorning, embellishing; (*Culin*) garnishing. [b] (*adorno*) adornment; (*Cos*) trimming, binding; (*de frenos*) lining; (*de pared*) plastering; (*de joya*) setting, mount; (*de espada*) guard; (*Mec*) packing. [c] **~es** harness; (*equipo*) gear; (*de casa*) fittings, fixtures; **~es del alumbrado** light fittings. [d] (*Mil*) garrison.

guarnicionar <1a> VT (*Mil*) to garrison, man.

guaro NM [a] (*CAm: ron*) liquor, spirits. [b] (*Orn*) small parrot.

guarrada NF (*trampa*) dirty trick; (*dicho*) rotten thing (to say); (*indecencia*) indecent act, vulgar thing (to do).

guarrear <1a> VT to dirty, mess up.

guarrería NF = **guarrada**.

guarrindongo ADJ (*fam*) = **guarro 1**.

guarro/a [1] ADJ (*cochino*) dirty, filthy. [2] NM/F (*puerco*) pig, hog; (*fig*) dirty o slovenly person.

guarura NM (*Méx fam: guardaespaldas*) bodyguard.

guasa NF [a] (*broma*) joke; (*chanza*) joking, teasing; **con** o **de ~** jokingly, in fun; **tomarse algo a ~** to take sth as a joke. [b] (*Chi: campesina*) peasant woman.

guasanga NF [a] (*CAm, Cu, Méx: bulla*) din, uproar. [b] (*CAm: chiste*) joke.

guasca (*LAm*) NF (*correa*) leather strap, rawhide thong; **dar ~ a** (*azotar*) to whip, flog.

guascazo NM (*LAm: latigazo*) lash.

guasearse <1a> VR (*bromearse*) to joke, tease.

guasería NF (*And, CSur: fam: grosería*) rudeness.

guaso/a (*And, Carib, CSur: fam*) [1] ADJ (*grosero*) coarse, rough. [2] NM/F (*Chi: campesino*) peasant, countryman/woman. [3] NM (*Cu fam: bulla*) merry din, revelry.

guasón [1] ADJ (*pícaro*) witty, humorous; (*burlón*) joking, teasing; **dijo ~** he said jokingly o teasingly. [2] NM joker, tease.

guasqueada NF (*LAm fam: latigazo*) lash; (: *azote*) whipping, flogging.

guasquear <1a> [1] VT (*LAm: azotar*) to whip, flog. [2] VI (*Chi: sonido*) to crack.

guata¹ NF (*And, CSur: panza*) paunch, belly; **~s** (*CSur Culin*) tripe; **echar ~** (*Chi fam*) to get fat.

guata² NF [a] (*algodón*) raw cotton; (*relleno*) padding; (*And: cuerda*) twine, cord. [b] (*Cu: mentira*) lie, fib.

guataca [1] NF (*Cu: azada*) small hoe. [2] NMF (*lameculos*) bootlicker (*fam*).

guataco ADJ (*And: pey*) Indian, native.

guatal NM (*CAm*) hillock.

guate NM [a] (*CAm: de maíz*) maize plantation. [b] (*Ven fam: serrano*) highlander.

guateado ADJ quilted.

guatearse <1a> VR (*Chi*) to warp, bulge.

Guatemala NF Guatemala.

guatemalteco/a ADJ, NMF Guatemalan.

guateque NM (*fiesta*) party, binge (*fam*).

guatero NM (*Chi*) hot water bottle.

guatitas NFPL (*Chi Culin: callos*) tripe *sg*.

guatón ADJ (*Chi fam: barrigón*) fat, pot-bellied.

guau [1] INTERJ bow-wow! [2] NM (*ladrido*) bark.

guay ADJ (*fam*) super (*fam*), great, smashing (*fam*).

guaya NF (*Ven*) wire.

guayaba NF [a] (*LAm Bot*) guava; (*jalea*) guava jelly. [b] (*fig, fam: LAm*) fib, lie.

guayabear <1a> VT (*CAm fam: besar*) to kiss.

guayabera NF (*LAm*) loose shirt with large pockets, lightweight jacket.

guayabo NM [a] (*Bot*) guava tree. [b] (*And: pena*) grief, sorrow. [c] (*Ven: murria*) nostalgia. [d] (*And, CSur: fam: resaca*) hangover. [e] (*fam: guapa*) pretty girl, smasher (*fam*).

guayaca NF (*LAm: bolso*) bag, purse.

Guayana NF Guyana, Guiana.

guayanés/esa ADJ, NM/F Guyanese.

guayar <1a> VT (*Carib Culin*) to grate.

guayuco NM (*Col, Ven: taparrabo*) loincloth.

gubernamental [1] ADJ governmental; (*facción*) loyalist. [2] NMF (*leal*) loyalist; (*Mil*) government soldier.

gubernativo ADJ governmental.

gubia NF (*Téc: formón*) gouge.

guedeja NF (*cabellera*) long hair, lock; (*de león*) mane.

güegüecho [1] ADJ [a] (*And, CAm: fam: tonto*) silly, stupid. [b] (*CAm, Méx: Med*) suffering from goitre o (*US*) goiter. [2] NM (*CAm, Méx: Med*) goitre, goiter (*US*).

guepardo NM cheetah.

Guernesey NM Guernsey.

güero ADJ (*CAm, Méx*) blond(e), fair.

guerra NF [a] (*gen*) war; (*arte*) warfare; (*lucha*) struggle, conflict; **~ de agotamiento** o **desgaste** war of attrition; **~ atómica/bacteriológica/nuclear/de guerrilla** atomic/germ/nuclear/guerrilla warfare; **~ civil/fría** civil/cold war; **~ de las galaxias** Star Wars; **~ a muerte** war to the bitter end; **~ psicológica** psychological warfare; **~ santa** holy war, crusade; **~ sin cuartel** all-out war; **G~ de los Cien/Treinta Años** Hundred/Thirty Years' War; **G~ de la Independencia** (*Esp, LAm*) War of Independence; **G~ del Transvaal** Boer War; **Primera/Segunda G~ Mundial** First/Second World War; **de ~** military, war *atr*; **Ministerio de G~** Ministry of War, War Office (*Brit*), War Department (*US*); **estar en ~** to be at war (*con* with); **dar ~** to be a nuisance (*a* to), make trouble (*a* for); (*niño*) to carry on; **declarar la ~** to declare war (*a* on); **hacer la ~** to wage war (*a* on). [b] (*juego*) billiards. [c] (*Com*) **~ económica** economic warfare; **~ de precios** price war.

┌─── GUERRA CIVIL ESPAÑOLA ───┐

ⓘ *Spain's political climate was extremely volatile in the 1930s, under the Second Republic, with various sectors of society all vying for power. The elections of February 1936 were won by a coalition of socialist and anarchist groups known as the* **Frente Popular** *or* **FP**, *and were followed by a period of strikes, uprisings and social disorder. On 18 July of that year, General Francisco Franco led a military coup. In the ensuing war Franco's side was known as the* **Nacionales** *and the government forces as the* **Republicanos**. *Neither army was well-equipped, so foreign support was a decisive factor: the USSR sent aid to the Republicans and volunteers from all over Europe formed* **Brigadas Internacionales** (*International Brigades*) *to fight with them. Fascist Italy and Germany sent troops and weapons to Franco. The fighting was bitter and protracted, and the Nationalists' superior firepower finally triumphed. The war ended officially on 1 April 1939, when*

Franco proclaimed himself **Jefe del Estado**, *a position he held for the next 36 years.*

guerrear<1a> VI (*pelear*) to wage war, fight; (*fig*) to put up a fight, resist.

guerrera NF trench coat; (*Mil*) military jacket.

guerrero [1] ADJ [a] (*belicoso*) war atr; **espíritu ~** fighting spirit.
[b] (*contrario*) warring.
[c] (*de carácter*) warlike, martial; **un pueblo ~** a warlike people.
[2] NM (*soldado*) warrior, soldier.

guerrilla NF [a] (*grupo*) guerrilla band; (*partidarios*) group of partisans. [b] (*guerra clandestina*) guerrilla warfare.

guerrillero NM guerrilla (fighter); (*paisano*) partisan.

güevón (*LAm*) = **huevón**.

guía [1] NF [a] (*orientación*) guidance; **~ vocacional** vocational guidance; **para que le sirva de ~** for your guidance.
[b] (*Tip*) guidebook (*de* to); (*manual*) handbook; (*de teléfono*) directory; (*Inform*) prompt; **~ de campo** (*Bio*) field guide; **~ de carga** (*Ferro*) waybill; **~ oficial de ferrocarriles** (*Ferro*) official timetable; **~ telefónica** o **de teléfonos** telephone directory; **~ del turista** tourist guide; **~ del viajero** traveller's o (*US*) traveler's guide.
[c] (*Mec*) guide; (*de bicicleta*) handlebars; (*caballo*) leader, front horse; **~s** reins; **~ sonora** (*Cine*) soundtrack.
[2] NMF guide; (*dirigente*) leader; (*consejero*) adviser.

guiar<1c> [1] VT [a] (*gen*) to guide; (*dirigir*) to lead, direct; (*conducir*) to manage; (*orientar*) to advise.
[b] (*Aut etc*) to drive; (*Náut*) to steer; (*Aer*) to pilot.
[c] (*Bot: dirigir*) to train.
[2] **guiarse** VR: **~ por** to be guided by, be ruled by, go by.

guija NF (*piedra*) pebble; (*en camino*) cobblestone.

guijarral NM (*con guijarros*) stony place; (*playa*) shingle, pebbles.

guijarro NM (*guija*) pebble; (*canto*) boulder; (*en camino*) cobblestone.

guijo NM [a] (*grava*) gravel; (*para caminos*) granite chips; (*en la playa*) shingle. [b] (*Mec: gorrón*) shaft of wheel.

güila NF [a] (*Méx fam: ramera*) whore. [b] (*Chi fam: andrajos*) rags, tatters.

guillado ADJ (*fam: chiflado*) cracked (*fam*), crazy; **estar ~** to be off one's trolley (*fam*).

guillame NM (*Téc*) rabbet plane.

guillarse<1a> VR (*fam: chiflarse*) to go crazy.

guillotina NF guillotine; (*para papel*) paper cutter; **ventana de ~** sash window.

guillotinar<1a> VT to guillotine.

güilo (*Méx*) ADJ (*tullido*) maimed, crippled; (*fig*) weak, sickly.

güincha NF (*And, CSur*) [a] (*ribete*) narrow strip of cloth; (*tira*) ribbon; (*cinta*) hair ribbon; (*Dep*) tape. [b] (*cinta métrica*) measuring tape, tape measure.

güinche NM (*Arg: torno*) winch, hoist; (*: grúa*) crane.

guinda NF (*fruta*) mazzard o morello o (*US*) sour cherry; **poner la ~ a algo** to add the finishing touches to sth; **aquello puso la ~ final** (*iró*) that was the last straw.

guindaleza NF (*Náut*) hawser.

guindar<1a> [1] VT [a] (*colgar*) to hoist, hang up (high); (*fam: ahorcar*) to hang, string up (*fam*).
[b] (*fam: robar*) to pinch (*fam*), swipe (*fam*).
[2] **guindarse** VR (*fam: ahorcarse*) to hang o.s.; (*fam: morirse*) to kick the bucket (*fam*); (*descolgarse*) to hang (down).

guindaste NM (*Náut*) jib crane.

guindilla[1] NF (*Esp: pimiento*) chil(l)i.

guindilla[2] NM (*fam*) bobby (*fam*), cop (*fam*).

guindo NM mazzard o morello o morello cherry tree; **caer del ~** (*fam*) to twig o cotton on (*fam*).

guindola NF (*Náut*) lifebuoy.

Guinea NF Guinea; **~ Española** Spanish Guinea.

guineo[1] ADJ, NM/F Guinea(n).

guineo[2] NM (*LAm Bot*) banana.

guiñada NF [a] (*guiño*) wink; (*pestañeo*) blink. [b] (*Aer,*

(*Náut*) yaw.

guiñapo NM [a] (*andrajo*) rag, tatter; **poner a algn como un ~** to shower insults on sb. [b] (*dejado*) slovenly person; (*granuja*) ragamuffin; (*réprobo*) rogue, reprobate.

guiñar<1a> [1] VT (*parpadear*) to wink; (*pestañear*) to blink.
[2] VI [a] to wink; to blink. [b] (*Aer, Náut*) to yaw.

guiño NM [a] (*parpadeo*) wink; (*muecas*) grimace, wry face; **hacer ~s a** to wink at. [b] (*Aer, Náut*) yaw.

guiñol NM (*Teat*) puppet theatre o (*US*) theater, Punch and Judy show.

guión NM [a] (*Tip*) hyphen, dash. [b] (*Lit: esquema*) summary, outline; (*: aclaración*) explanatory text; (*Cine, Rad, TV*) script. [c] (*pendón*) royal standard; (*Rel*) processional cross o banner. [d] (*Orn*) **~ de codornices** corncrake.

guionista NMF (*Cine*) scriptwriter.

guipar<1a> VT (*fam*) [a] (*ver*) to see. [b] (*entender*) to cotton on to (*fam*), catch on to. [c] (*percibir*) to spot, catch sight of.

güipil (*CAm, Méx*) = **huipil**.

guipuzcoano/a [1] ADJ of o from Guipúzcoa. [2] NM/F native o inhabitant of Guipúzcoa.

guiri NMF (*fam: extranjero*) foreigner; (*turista*) tourist.

guirigay NM [a] (*lenguaje confuso*) gibberish, jargon.
[b] (*griterío*) hubbub, uproar; (*confusión*) chaos, confusion; **¡esto es un ~!** the place is like a bear garden!

guirlache NM (*turrón*) type of nougat.

guirnalda NF (*corona*) garland; (*en entierro*) wreath; (*Arte*) garland, floral motif.

güiro NM (*Carib fam: calabaza*) gourd; (*: Mús*) musical instrument.

guisa NF: **a ~ de** (*modo*) as, like; **de tal ~** in such a way (*que* that).

guisado NM stew.

guisante NM pea; **~ de olor** sweet pea.

guisar<1a> [1] VT [a] (*Culin*) to cook; (*cocinar*) to stew; **él se lo guisa, él se lo come** he's made his bed, so he can lie in it.
[b] (*fig: preparar*) to prepare; (*ordenar*) to arrange.
[2] **guisarse** VR (*fig: urdirse*) to be brewing, be simmering.

guiso NM cooked dish; (*guisado*) stew.

guisote NM (*pey: guiso*) hash, poor-quality stew; (*mezcla*) concoction; (*comida*) grub (*fam*).

guita NF [a] (*cuerda*) twine; (*bramante*) packthread.
[b] (*fam: dinero*) dough (*fam*); **aflojar** o **soltar la ~** to stump up (*fam*), fork out (*fam*).

guitarra NF (*Mús*) guitar; **ser como ~ en un entierro** to strike the wrong note; **chafar la ~ a algn** to queer sb's pitch; **estar con la ~ bien/mal templada** to be in a good/bad mood.

guitarreo NM strum(ming).

guitarrista NMF guitarist.

güito NM (*hueso*) stone.

gula NF greed, gluttony.

gurí/isa NM/F (*Arg, Uru: fam*) kid (*fam*).

guripa NM (*fam: Mil*) soldier; (*policía*) cop (*fam*).

gurrí NM (*Col, Ecu: Orn*) wild duck.

gurrumina NF [a] (*And fam: molestia*) bother, vexation; (*: tristeza*) sadness. [b] (*Méx: fruslería*) trifle, mere nothing.

gurrumino [1] ADJ (*débil*) weak, sickly; (*insignificante*) small, puny. [2] NM (*Méx: chiquillo*) child.

gur(r)upié NM (*Méx: en los garitos*) croupier.

guru, gurú NM (*pl* **~s**) guru.

gus NM (*And: buitre*) turkey buzzard.

gusa NM (A VECES) NF (*fam:* = **gusanillo** (*a*)) hunger; **tener ~** to be hungry.

gusanera NF [a] (*nido*) nest o breeding ground for maggots. [b] (*fig: montón*) bunch, lot; **una ~ de chiquillos** a bunch of kids.

gusanillo NM [a] small maggot o worm; **me anda el ~** I feel peckish. [b] (*fam: interés*) craze, obsession; **le entró el ~ de las motos** he was taken with the motorbike craze.

gusano NM [a] maggot, worm; (*de mariposa, polilla*) caterpillar; **~ de luz/seda** glow-worm/silkworm; **~ de la conciencia** remorse; **matar el ~** to have a bite to eat; (*licor*) to drink to clear one's head; **criar ~s** to be dead and buried. **b** (*fig*) worm; (*ser despreciable*) contemptible person; (*persona dócil*) meek creature. **c** (*Cu Pol: pey*) nickname for Cuban refugees post-1959.

gusanoso ADJ maggoty, worm-eaten.

gusarapa NF, **gusarapo** NM tadpole; (*fam*) bug.

gustación NF tasting, trying.

▼**gustar** <1a> **1** VI **a** (*con complemento personal*) **me gusta el té** I like tea; **¿te gusta México?** do you like Mexico?; **no me gusta mucho** I don't like it much; **me gusta como anda** I like the way she walks.

b (*sin complemento explícito*) to please, be pleasing; **es una película que siempre gusta** it's a film which always pleases; **la comedia no gustó** the play was not a success.

c (*frases de cortesía*) **¿gusta Ud?** would you like some?, may I offer you some?; **si Ud gusta** if you please, if you don't mind; **como Ud guste** as you wish.

d **~ de algo** to like o enjoy sth; **~ de hacer algo** to like to do sth, to be fond of doing sth, enjoy doing sth.

2 VT (*probar*) to taste, sample.

gustazo NM (*fam: mucho placer*) great pleasure; **me di el ~ de levantarme a las doce** I treated myself to a long lie till twelve.

gustillo NM (*dejo*) touch, tang.

▼**gusto** NM **a** (*sentido*) taste; **agregue azúcar a ~** add sugar to taste.

b (*de comida*) taste, flavour, flavor (*US*); **tiene un ~ amargo** it has a bitter taste.

c (*Arte*) taste; (*estilo*) style, fashion; **buen/mal ~** good/bad taste; **de buen ~** in good taste; **es de un mal ~** ex-traordinario it is in extraordinarily bad taste; **ser persona de ~** to be a person of taste; **sobre ~s no hay disputa, de ~s no hay nada escrito** there's no accounting for tastes.

d (*placer*) pleasure; **con mucho ~** with pleasure; (*con voluntad*) gladly; **comer con ~** to eat heartily; **aquí me encuentro a ~** I feel at home here; **acomodarse a su ~** to make o.s. at home; **me corro** o **muero del ~** (*fam!*) it's bloody brilliant (*fam!*); **dar ~ a** to please, give pleasure to; **tener el ~ de hacer algo** to have the pleasure of doing sth; **tener ~ en hacer algo** to be glad to do sth.

e (*presentaciones*) **¡mucho ~!, ¡tanto ~!,** (*LAm fam*) **¡~ verlo!** how do you do?, pleased to meet you; **el ~ es mío** how do you do?, the pleasure is mine; **tengo mucho ~ en presentar al Sr X** allow me to introduce Mr X.

f (*agrado*) liking (*por* for); **al ~ de** to the liking of; **ser del ~ de algn** to be to sb's liking; **tener ~ por** to have a liking for; **tomar ~ a** to take a liking to.

g (*antojo*) whim, fancy; **a ~** at will, according to one's fancy.

gustoso ADJ **a** (*sabroso*) tasty, nice. **b** (*agradable*) pleasant. **c** (*complacido*) willing, glad; **lo hizo ~** he did it gladly; **le ofrezco ~ una habitación de matrimonio** I am glad to be able to offer you a double room.

gutapercha NF gutta-percha.

gutural ADJ guttural (*tb Ling*); (*de la garganta*) throaty.

Guyana NF Guyana.

guyanés/esa ADJ, NM/F Guyanese, Guyanan.

Gzlez. ABR *de* **González.**

H, h¹ ['atʃe] NF (*letra*) H, h.

h² ABR *de* **hora** h., hr.

H. ABR [a] (*Fin*) *de* **haber** Cr. [b] *de* **hectárea(s)**. [c] (*Rel*) *de* **Hermano** Br, Bro.

h. ABR [a] *de* **hacia** c. [b] *de* **habitantes** pop.

ha V **haber**.

Ha. ABR *de* **hectárea(s)**.

haba NF (*legumbre*) (broad) bean; (*de café etc*) bean; **~ de las Indias** sweet pea; **son ~s contadas** it goes without saying; **en todas partes cuecen ~s** it's the same the whole world over.

Habana NF: **La ~** Havana.

habanera¹ NF (*Mús*) habanera.

habanero/a² [1] ADJ of o from Havana. [2] NM/F native o inhabitant of Havana.

habano NM Havana cigar.

hábeas corpus NM habeas corpus.

▼**haber** <2j> [1] VT [a] (*Lit*) to catch, lay hands on.
[b] (*periodismo, Jur etc*) **un hijo habido fuera del matrimonio** a child born out of wedlock; **la lista de las víctimas habidas** the list of casualties suffered; **en el encuentro habido ayer** (*Prensa*) in yesterday's game; **X, que Dios haya en su gloria** X, God rest his soul; **todos los inventos habidos y por ~** all inventions present and future.
[2] VB AUX [a] (*en tiempos compuestos*) to have; **he comido** I have eaten; **había ido al cine** he had gone to the cinema; **lo hubiéramos hecho** we would have done it; **¡hubiera(n) visto la casa!** (*esp LAm fam*) you should have seen the house!; **¡~lo dicho!** you should have said!; **antes de ~lo visto** before seeing him; **de ~lo sabido** if I had known it; **pero, ¿habráse visto (cosa igual)?** well, have you ever seen the like?
[b] **~ de** to have to; **he de hacerlo** I have to do it; **¿qué he de hacer?** what am I to do?; **hemos de tener paciencia** we must be patient; **han de ser las 9** it must be about 9 o'clock; **has de saber que ...** you really should know that ...; **ha de llegar hoy** (*esp LAm*) he will o should get here today; **has de estar equivocado** (*esp LAm fam*) you must be wrong.
[3] VB IMPERS [a] (*gen*) **hay** there is, there are; **hay un hombre/2 hombres en la calle** there is one man/there are 2 men in the street; **ha habido problemas** there have been problems; **habían muchas personas** (*esp LAm fam*) there were many people there; **hay tanto que hacer** there is so much to be done; **no hay plátanos** we have no bananas; **no hubo discusión** there was no discussion; **¿habrá tiempo?** will there be time?; **tomará lo que haya** he'll take whatever there is; **lo que hay es que** it's like this; **algo debe (de) ~ para que se comporte así** there must be some reason for him acting like that; **hay sol** the sun is shining, it is sunny; **¿qué hay?** (*¿qué pasa?*) what's up?; (*¿qué tal?*) how's it going?; **¡qué hubo!, ¡quihúbole!** (*Chi, Méx, Ven: fam*) hi!, what's the matter?; **no hay más que hablar** there's no more to be said; **¡no hay de qué!** don't mention it!, not at all!; **¿cuánto hay de aquí a Cuzco?** how far is it from here to Cuzco?; **no hay nada mejor que ...** there's nothing better than ...; **no hay quien te entienda** there's no understanding you; **¡aquí no hay quien duerma!** it's impossible trying to sleep here!; **¡eres de lo que no hay!** you're unbelievable!; **un amigo como hay pocos o donde los haya** a friend in a million.
[b] **hay que hacer algo** it is necessary to do sth, one must do sth; **hay que trabajar más** you must work harder; **hay que hacerlo** it has to be done; **¡había que verlo!** you should have seen it!; **¡hay que ver!** (*sorpresa*) well now!; **hay que ser fuertes** we *etc* must be strong.

[c] (*tiempo*) **3 años ha** (*frm*) 3 years ago.
[4] **haberse** VR: **habérselas con algn** (*tener delante*) to be up against sb; (*enfrentarse*) to have it out with sb.
[5] NM (*ingresos*) income, salary; (*bienes*) assets *pl*; (*en balance*) credit side; **~es** assets; **¿cuánto tengo en el ~?** how much have I to my credit o in my account?

habichuela NF kidney bean.

hábil ADJ [a] (*listo*) clever; (*diestro*) skilful, skillful (*US*); (*capaz*) able, capable; (*experto*) good, expert (*en* at); (*pey*) cunning, smart. [b] competent.

habilidad NF [a] (*gen*) cleverness, skill; (*capacidad*) ability, proficiency; (*destreza*) expertness, expertise; (*pey*) cunning, smartness; **hombre de gran ~ política** a man of great political skill; **tener ~ manual** to be clever with one's hands. [b] **~ para** fitness (for). [c] (*Jur*) competence.

habilidoso ADJ capable, handy.

habilitación NF [a] qualification, entitlement. [b] (*de casa etc*) equipment, fitting out. [c] (*Fin*) financing. [d] (*oficina*) paymaster's o (*US*) payroll office.

habilitado NM paymaster.

habilitar <1a> VT [a] (*gen*) to qualify, entitle (*para que haga* to do); (*permitir*) to enable (*para que haga* to do); (*autorizar*) to empower, authorize (*para que haga* to do). [b] (*preparar*) to equip, fit out. [c] (*financiar*) to finance. [d] (*CSur Com*) to take into partnership.

hábilmente ADV (*V hábil*) cleverly; skilfully, skillfully (*US*); ably, expertly; cunningly, smartly.

habiloso ADJ (*CSur fam*) clever, skilful, skillful (*US*).

habitable ADJ inhabitable, that can be lived in.

habitación NF [a] (*vivienda*) dwelling, abode; (*alquilada*) lodging(s), apartment; (*Bio*) habitat, habitation. [b] (*cuarto*) room; **~ doble** o **de matrimonio** double room; **~ individual** single room.

habitacional ADJ (*LAm*) housing *atr*.

habitáculo NM living space; (*Aut*) inside, interior.

habitado ADJ inhabited; (*satélite etc*) manned.

habitante [1] NMF (*gen*) inhabitant; (*vecino*) resident; (*inquilino*) occupant, tenant. [2] NM (*hum: piojo*) louse.

habitar <1a> [1] VT to inhabit, live in; (*casa*) to occupy, be the occupant of. [2] VI to live.

hábitat NM (*pl* **~s** ['aβitas]) habitat.

hábito NM [a] habit, custom; **~s de consumo** buying habits; **una droga que crea ~** a habit-forming drug; **tener el ~ de hacer algo** to be in the habit of doing sth. [b] (*Rel*) habit; **colgar los ~s** to leave the priesthood; **tomar el ~** (*hombre*) to take holy orders, become a monk; (*mujer*) to take the veil, become a nun.

habitual [1] ADJ habitual, customary, usual; (*cliente, lector etc*) regular; (*criminal*) hardened; **su restaurante ~** one's usual restaurant; **como lector ~ de esa revista** as a regular reader of your journal. [2] NMF (*de bar, tienda etc*) regular.

habituar <1e> [1] VT to accustom (*a* to). [2] **habituarse** VR: **~ a** to become accustomed o get used to.

habla NF [a] (*gen*) speech; **dejar a algn sin ~** to leave sb speechless; **perder el ~** to become speechless. [b] (*Ling: idioma*) language; (*dialecto*) dialect, speech; (*Lit*) language, style; **de ~ francesa** French-speaking. [c] (*el hablar*) talk; **¡García al ~!** (*Telec*) García speaking!; **estar al ~** to be in contact; (*Telec*) to be on the line, be speaking (*con* to).

habladas NFPL (*LAm*) boasts.

hablado ADJ [a] spoken; **la palabra ~a** the spoken word. [b] **bien ~** well-spoken; **mal ~** coarse, foul-mouthed.

hablador(a) [1] ADJ [a] (*parlanchín*) talkative. [b] (*chismoso*) gossipy. [2] NM/F [a] chatterbox. [b] gossip.

habladuría NF (*gen*) rumour, rumor (*US*); (*injuria*) nasty remark; **~s** gossip, scandal.

hablante [1] ADJ speaking. [2] NMF speaker.

hablar <1a> [1] VT (*gen*) to speak, talk; (*Méx Telec*) to (tele)phone; **habla bien el portugués** he speaks good Portuguese, he speaks Portuguese well; **y no hay más que ~** so there's no more to be said about it; **eso habrá que ~lo con X** you'll have to discuss that with X.
[2] VI to speak, talk (*a, con* to; *de* about, of); **que hable él** let him speak; **¡hable!, ¡puede ~!** (*Telec*) you're through!, go ahead (*US*); **¿quién habla?** (*Telec*) who is it?, who's calling?; **¡mira quién fue a ~!** look who's talking!; **de eso ni ~** it's out of the question, no way (*fam*); **~ alto/bajo/claro** to speak loudly/quietly/plainly o bluntly; **~ por** to talk for talking's sake; **los datos hablan por sí solos** the facts speak for themselves; **~ solo** to talk to o.s.; **dar que ~ a la gente** to cause (people to) gossip; **hacer ~ a algn** to make sb talk.
[3] **hablarse** VR [a] **'se habla inglés'** 'English spoken here'; **se habla de que van a comprarlo** there is talk of their buying it.
[b] **no se hablan** they are not on speaking terms; **no me hablo con él** I'm not talking to him, I'm not on speaking terms with him.

hablilla NF rumour, rumor (*US*), story.

Habsburgo NM Hapsburg.

hacedero ADJ practicable, feasible.

hacedor(a) NM/F (*gen*) maker; (*Lit*) poet; **el (Supremo) H~** the Maker.

hacendado/a [1] ADJ landed, property-owning. [2] NM/F (*terrateniente*) landowner; (*LAm*) rancher.

hacendoso ADJ industrious, hard-working.

hacer <2r> (*pp* **hecho**) [1] VT [a] (*fabricar*) to make; (*Téc*) to manufacture; (*construir*) to build, construct; (*crear*) to create; (*Lit, Mús*) to compose; (*dinero*) to earn, make; (*cama*) to make; (*comida*) to prepare, cook; (*maletas*) to pack; (*nudo*) to tie; (*pregunta*) to put, ask; (*sombra*) to cast, give; (*visita*) to pay; **~ la guerra** to make war; **~ el amor** to make love; **~ el pelo/las uñas a algn** to do sb's hair/nails; **~ un favor a algn** to do sb a favour o (*US*) favor; **~ un gesto** (*gen*) to make a sign; (*con la cara*) to make o pull a face; **~ un recado** to run an errand; **~ gracia** to amuse; **~ ruido** to make a noise; **~ sitio** to make room, move along; **~ tiempo** to kill time.
[b] (*gen*) to do; (*realizar*) to execute, perform, put into practice; (*teatro*) to do, perform; (*milagros etc*) to do, work; **no sé qu's ~** I don't know what to do; **haga lo que quiera** do as you please; **¿qué haces ahí?** what are you doing there?; **¿qué le vamos a ~?** what can we do about it?, there's nothing you can do, what can you do!; **~ por ~** to do sth for the sake of doing it; **¡la hemos hecho buena!** a fine mess we've made of it!, we're in a right pickle now! (*fam*).
[c] (*dedicarse a*) **~ cine** to make films, be working for the cinema; **este año hace turismo en África** this year he's gone touring in Africa.
[d] (*en lugar de otro verbo*) to do; **él protestó y yo hice lo mismo** he protested and I did the same; **no viene como lo solía ~** he doesn't come as he used to (do).
[e] (*Teat, fig*) **~ un papel** to play a role o part; **~ teatro** to act; **~ el tonto** to act the fool; **~ el muerto** to float.
[f] (*pensar*) to imagine, think; **yo le hacía más viejo** I thought he was older; **te hacíamos en el Perú** we assumed you were in Peru.
[g] (*acostumbrar*) to accustom, inure; **~ el cuerpo al frío** to get one's body used to cold.
[h] (+ *infin, + subjun*) to make, force, oblige; **les hice venir** I made them come; **yo haré que vengan** I'll see to it that they come; **hágale entrar** show him in; **me lo hizo saber** he informed o told me of it; **~ construir una casa** to have a house built.
[i] (*Mat: sumar*) to make (up), amount to; **6 y 3 hacen 9** 6 and 3 make 9; **éste hace 100** this one makes 100.
[j] (*volver*) to make, turn, render; **~ feliz a algn** to make sb happy; **esto lo hará más difícil** this will make o render it more difficult; **te hace más delgado** it makes you look thinner; **~ polvo algo** to smash sth to pieces.

[k] (*ejercitar*) **~ dedos** to do finger exercises; **~ piernas** to stretch one's legs.
[2] VI [a] (*gen*) to act, behave; (*disimular*) to pretend; **~ bien/mal** to behave well/badly; **haces bien en esperar** you're doing the right thing in waiting; **~ como que** o **como si** to act as if; **~ de** to act as; (*Teat*) to act, play the part of; **~ de malo** to play the villain o baddie; **~ las veces de** to act o serve as.
[b] **dar que ~** to cause trouble; **daban que ~ a la policía** they gave the police trouble.
[c] **~ por hacer algo** to try to do sth.
[d] **no le hace** (*LAm*) it doesn't matter, never mind.
[e] (*ser apropiado*) to be suitable; **¿hace?** will it do?, is it all right?; **la llave hace a todas las puertas** the key fits all the doors.
[3] VB IMPERS [a] (*Met*) to be; **hace calor/frío** it's hot/cold; **¿qué tiempo hace?** what's the weather like?
[b] (*tiempo*) ago; **hace 3 años** 3 years ago; **hace 3 años que se fue** he left 3 years ago, it's 3 years since he left; **hace 3 años que no le veo** I haven't seen him for 3 years, it's 3 years since I last saw him; **desde hace 4 años** for (the last) 4 years; **hace poco** a short while back, a short time ago; **no hace mucho** not long ago; **hacía un año** a year previously.
[4] **hacerse** VR [a] to be made, be done *etc*; **todavía no se ha hecho** it still has not been done; **¡eso no se hace!** that's not done!
[b] **~ algo** (*por otra persona*) to have sth made; (*uno mismo*) to make o.s. sth; **~ un retrato, ~ retratar** to have one's portrait painted; **se hizo un jersey** he made himself a jumper; **~ una idea de ...** to get an impression of ...; **~ ilusiones de** to get carried away by, get worked up at.
[c] (*llegar a ser*) to become; (*disimular*) to pretend; **se hicieron amigos** they became friends; **~ enfermera** to become a nurse; **~ a uno mismo** to be a self-made man/woman.
[d] (*fingirse*) to act; **~ el interesante** to act all high and mighty; **~ el sordo** to pretend not to hear, turn a deaf ear; **~ el sueco** to pretend not to understand; **~ el tonto** to act o play the fool.
[e] (*con adj*) to become, grow, get; **esto se hace pesado** this is becoming tedious; **~ grande** to grow o get tall; **se hace tarde** it's getting late; **~ viejo** to grow o get old.
[f] (*parecer*) **se me hace imposible trabajar** I'm finding it impossible to work; **se me hizo largo/pesado el viaje** the journey felt long/boring; **se me hace que ...** (*esp LAm*) it seems to me that ..., I get the impression that ....
[g] **~ a algo** to get used to sth; **~ una idea** to get used to an idea; **~ a hacer algo** to get used to doing sth.
[h] **~ con algo** to get hold of sth; **logró ~ con una copia** he managed to get hold of a copy.
[i] **~ a un lado** to stand aside, move over; **~ atrás** to move back; **~ de rogar** to play hard to get; **~ de nuevas** to act all innocent.

hacha¹ NF [a] (*gen*) axe, ax (*US*); (*pequeña*) hatchet.
[b] (*fig*) **¡es un ~!** he's right on the ball!; **es un ~ para ...** he's an ace at ....; [c] **de ~** (*Chi*) unexpectedly, without warning.

hacha² NF large candle.

hachazo NM [a] (*golpe*) blow with an axe o (*US*) ax.
[b] (*LAm*) gash, axe wound.

hache NF (name of the letter) H; **llámele Ud ~** call it what you will.

hachís¹ NM hashish.

hachís² INTERJ atishoo!

hachón NM (large) torch, firebrand.

hacia PREP [a] (*lugar*) towards, in the direction of; **~ abajo/arriba** downwards/upwards; **~ adelante/atrás** forwards/backwards; **eso está más ~ el este** that's further (over) to the east; **vamos ~ allá** let's go in that direction, let's go over that way. [b] (*hora*) about; **~ las cinco** about o around five. [c] (*actitud*) towards; **su hostilidad ~ la empresa** his hostility towards the firm.

hacienda NF [a] (*finca*) country estate; (*LAm*) ranch.
[b] (*CSur*) cattle, livestock. [c] **~ pública** public finance;

(Ministerio de) H~ Treasury, Exchequer, Treasury Department (*US*).

hacinado ADJ crowded *o* packed together; **vivían ~s** they lived one on top of the other.

hacinamiento NM heaping (up); (*Agr*) stacking; (*fig*) (over)crowding.

hacinar<1a> VT to pile (up), heap (up); (*Agr*) to stack; (*fig*) to overcrowd.

hada NF fairy; **~ madrina** fairy godmother; **cuento de ~s** fairy tale.

hado NM fate, destiny.

haga V **hacer**.

hagiografía NF hagiography.

hagiógrafo/a NM/F hagiographer.

hago V **hacer**.

Haití NM Haiti.

haitiano/a ADJ, NM/F Haitian.

hala INTERJ [a] (*sorpresa*) wow!; (*qué exageración*) away (you go)!, come off it! [b] (*vamos*) come on!, let's go! [c] (*anda*) get on with it!, hurry up! [d] (*Náut*) heave!

halagador ADJ (*que agrada*) pleasing, gratifying; (*adulador*) flattering.

halagar <1h> VT [a] (*mostrar afecto*) to show affection to. [b] (*agradar*) to please, gratify; (*atraer*) to allure, attract; **es una perspectiva que me halaga** it's a possibility which pleases me. [c] (*lisonjear*) to flatter.

halago NM [a] (*gusto*) pleasure, delight; (*satisfacción*) gratification; (*atracción*) attraction. [b] (*lisonjas*) flattery.

halagüeño ADJ (*gen*) pleasing; (*atractivo*) attractive; (*adulador*) flattering (*para* to); (*prometedor*) promising, rosy.

halar<1a> VT, VI (*LAm*) = **jalar**.

halcón NM [a] falcon; **~ común** *o* **peregrino** peregrine. [b] (*Méx: matón a sueldo*) young government-sponsored thug.

halconería NF falconry.

halconero NM falconer.

hale INTERJ = **hala (b), (c)**.

hálito NM breath.

halitosis NF halitosis, bad breath.

hall [xol] NM (*pl* ~s *o* ~es [xol]) hall; (*Teat etc*) foyer.

hallaca NF (*Ven*) tamale.

hallar <1a> [1] VT (*gen*) to find; (*descubrir*) to discover; (*averiguar*) to find out; (*aprobación etc*) to meet with; (*oposición etc*) to meet with, run up against. [2] **hallarse** VR (*estar*) to be; (*encontrarse*) to find o.s.; **se hallaba fuera** he was away at the time; **~ enfermo/ mejor** to be ill/better; **no se halla en las fiestas** he feels out of place at parties; **no se halla bien con el nuevo jefe** he doesn't get on with the new boss; **~ con un obstáculo** to encounter an obstacle.

hallazgo NM [a] (*acto*) finding, discovery. [b] (*cosa hallada*) find, thing found.

halo NM halo.

halógeno [1] ADJ halogenous, halogen *atr*. [2] NM halogen.

halón NM (*LAm*) = **jalón (c)**.

halterofilia NF weight-lifting.

hamaca NF (*cama*) hammock; (*CSur: mecedora*) rocking chair; **~ plegable** deckchair.

hamacar<1g> (*LAm*), **hamaquear**<1a> (*LAm*) [1] VT to rock, swing. [b] **~ a algn** (*Méx fam: fig*) to keep sb on tenterhooks. [2] **hamacarse** VR (*esp LAm*) **hamaquearse** VR (*esp LAm*) to rock, swing.

hambre NF [a] (*gen*) hunger; (*escasez general*) famine; (*inanición*) starvation; **~ canina** *o* **feroz** ravenous hunger; **estar con ~**, **padecer ~**, **pasar ~** to be *o* go hungry, starve; **hacer morir** *o* **matar de ~ a algn** to starve sb to death; **matar el ~** to satisfy one's hunger; **morir de ~** to starve to death; **tener ~** to be hungry; **vengo con mucha ~** I'm terribly hungry. [b] (*fig*) hunger, keen desire, longing (*de* for); **tener ~ de** to hunger *o* be hungry for.

hambreador(a) NM/F (*Chi, Per: de personas*) exploiter.

hambrear <1a> VT (*Chi: explotar: personas*) to exploit; (*hacer pasar hambre*) to starve.

hambriento/a [1] ADJ [a] starving, hungry, famished. [b] (*fig*) **~ de** hungry *o* longing for. [2] NM/F starving person; **los ~s** the hungry, the starving.

hambruna NF [a] famine. [b] (*And, CSur*) = **hambrusia**.

hambrusia NF (*Col, Méx*) ravenous hunger; **tener ~** to be famished.

Hamburgo NM Hamburg.

hamburgués/esa¹ [1] ADJ of *o* from Hamburg. [2] NM/F native *o* inhabitant of Hamburg.

hamburguesa² NF hamburger.

hamburguesería NF burger bar *o* joint.

hampa NF criminal underworld; **gente del ~** criminals, riffraff.

hampesco ADJ underworld *atr*, criminal.

hampón NM thug.

hámster NM (*pl* ~s) hamster.

han V **haber**.

hándicap ['xandikap] NM (*pl* ~s) handicap.

hangar NM (*Aer*) hangar.

Hannover, Hannóver NM Hanover.

haragán/ana [1] ADJ idle, lazy. [2] NM/F layabout, good-for-nothing.

haraganear<1a> VI to idle, waste one's time.

harakiri NM hara-kiri; **hacerse el ~** to commit hara-kiri.

harapiento ADJ tattered, in rags.

harapo NM rag, tatter; **estar hecho un ~** to go about in rags.

haraposo ADJ = **harapiento**.

haraquiri NM = **harakiri**.

hardware ['xarwer] NM (computer) hardware.

haré *etc* V **hacer**.

harén NM harem.

harina NF flour; **~ de maíz/de trigo** cornflour *o* (*US*) corn starch/wheat flour; **eso es ~ de otro costal** that's another story.

harinero [1] ADJ flour *atr*. [2] NM [a] (*comerciante*) flour merchant. [b] (*recipiente*) flour bin.

harinoso ADJ floury.

harnear<1a> VT (*LAm*) to sieve, sift.

harnero NM sieve.

harpillera NF sacking, sackcloth.

hartar<1a> [1] VT [a] (*saciar*) to satiate, satisfy (*de* with). [b] (*fig*) to sicken, tire, bore; **¡me estás hartando!** you're getting on my nerves! [c] **~ a algn de algo** (*fig*) to overwhelm sb with sth; **~ a algn de palos** to rain blows on sb. [2] **hartarse** VR [a] to eat one's fill, gorge o.s. (*de* on), be satiated; **comer hasta ~** to eat one's fill; **~ de uvas** to stuff o.s. with grapes. [b] (*fig*) to (get) weary (*de* of); **dormir hasta ~** to be well-rested; **~ de reír** to laugh fit to burst; **se hartó de él** she got fed up with him; **¡ya me he hartado de esperar!** I'm sick and tired of waiting! [c] (*hacer mucho*) **en vacaciones me harté a** *o* **tomar el sol** during the holidays all I did was sunbathe.

hartazgo NM surfeit, glut; **darse un ~** to eat one's fill (*de* of); (*fig*) to overdo, have too much (*de* of).

▼**harto** [1] ADJ [a] full, satiated. [b] (*fig*) **estar ~ de** to be fed up with, be tired of; **¡estamos ~s ya!** we're fed up!, enough is enough!; **¡estoy ~ de decírtelo!** I'm sick of telling you (so)! [c] (*esp LAm fam: mucho*) a lot of, many; **~s chilenos** a lot of Chileans. [2] ADV (*esp LAm fam: muy*) very; **una tarea ~ difícil** a very difficult task.

hartón ADJ (*CAm, Méx, Ven*) gluttonous.

hartura NF [a] (*gen*) surfeit, glut; (*abundancia*) abundance, plenty; **con ~** in abundance *o* plenty. [b] (*fig: deseo*) fulfilment, fulfillment (*US*).

has V **haber**.

has. ABR *de* **hectáreas**.

hasta [1] ADV even; **y ~ le pegó** and he even hit her; **~ en Valencia hiela a veces** even in Valencia it freezes sometimes. [2] PREP [a] (*lugar*) as far as; (*subiendo*) up to; (*bajando*) down to; **lo llevó ~ la iglesia** he carried it as far as the church; **¿~ dónde vais?** how far are you going?; **los árboles crecen ~ los 4.000 metros** the trees grow up to 4,000 m. **[b]** (*tiempo, hora*) till, until, up to; **se quedará ~ el martes** she will stay till Tuesday; **¿hasta cuándo os quedáis?** how long are you staying for?; **siguió en pie ~ el siglo pasado** it stood until *o* up to *o* as late as the last century; **~ ahora** see you soon (*fam*); (*hasta el momento*) so *o* thus far; **~ entonces** till *o* until then; **~ luego** *o* **la vista** goodbye, see you (*fam*); **~ siempre** (*Arg fam*) goodbye; **lo hizo ~ el martes** (*CAm, Col, Méx: neg*) he didn't do it until Tuesday; **~ hoy lo conocí** I didn't meet him until today; **~ la fecha** (up) to date; **~ nueva orden** until further notice. **[3]** CONJ: **~ que** till, until; **~ que me lo des** until you give it to me.

hastial NM (*Arquit*) gable end.

hastiar <1c> **[1]** VT (*fastidiar*) to weary, bore; (*asquear*) to sicken, disgust. **[2] hastiarse** VR: **~ de** to tire of.

hastío NM (*cansancio*) weariness; (*asco*) disgust.

hatajo NM lot, collection; **un ~ de sinvergüenzas** a bunch of no-gooders.

hato NM **[a]** (*enseres*) personal effects, possessions; **echarse el ~ a cuestas, liar el ~** to pack up; **revolver el ~** to stir up trouble. **[b]** (*víveres*) provisions. **[c]** (*choza*) shepherd's hut. **[d]** (*Agr*) flock, herd; (*gente*) group, crowd. **[e]** (*LAm*) cattle ranch.

Hawai NF(PL) (*tb* **Islas ~**) Hawaii.

hawaianas NFPL (*esp LAm: de playa*) flip flops, thongs.

hawaiano/a ADJ, NM/F Hawaiian.

hay V haber.

haya¹ V haber.

haya² NF beech tree.

Haya NF: **La ~** The Hague.

hayal, hayedo NM beechwood.

haz¹ NM **[a]** (*de cosas*) bundle, bunch; (*Agr: de trigo*) sheaf. **[b]** (*rayo*) beam; **~ de luz** beam of light.

haz² NF (*fig*) face, surface; (: *de tela*) right side.

haz³ V hacer.

hazaña NF feat, exploit, deed; **las ~s del héroe** the hero's exploits; **sería una ~** it would be a great achievement.

hazmerreír NM laughing stock, joke.

HB NM ABR (*Esp Pol*) de **Herri Batasuna** *Basque political party.*

he¹ V haber.

he² (*frm*) ADV: **~ aquí** here is, here are; **¡~me aquí!** here I am!; **¡~lo aquí!** here it is!; **¡~los allí!** there they are!; **~ aquí la razón de que ..., ~ aquí por qué ...** that is why ....

heavy ['xeβi] (*pl* **heavies**) **[1]** ADJ **[a]** (*música, grupo*) heavy metal. **[b]** (*fam: duro*) heavy (*fam*). **[2]** NMF heavy metal fan. **[3]** NM (*música*) heavy metal.

hebdomadario ADJ, NM weekly.

hebilla NF buckle, clasp.

hebra NF (*hilo*) thread; (*Bot etc*) strand; (: *fibra*) fibre, fiber (*US*); (*de madera*) grain; (*de metal*) vein; **tabaco de ~** loose tobacco; **de una ~** (*CSur, Méx: fam*) all at once; **pegar la ~** to start a conversation; (*hablar mucho*) to chatter; **se rompió la ~ entre los dos amigos** (*Méx fam*) the two friends fell out.

hebraico ADJ Hebraic.

hebreo/a **[1]** ADJ, NM/F Hebrew. **[2]** NM (*Ling*) Hebrew.

Hébridas NFPL Hebrides.

hebroso ADJ (*gen*) fibrous; (*carne*) stringy.

hecatombe NF (*fig*) slaughter, butchery.

hechicera NF sorceress, witch.

hechicería NF **[a]** (*gen*) sorcery, witchcraft. **[b]** (*una ~*) spell. **[c]** (*fig*) spell, charm.

hechicero **[1]** ADJ magic(al); (*fig*) enchanting. **[2]** NM wizard, sorcerer.

hechizar <1f> VT **[a]** to bewitch, cast a spell on. **[b]** (*fig*) to fascinate.

hechizo **[1]** ADJ (*And, CSur, Méx*) home-made, locally produced, craft *atr.* **[2]** NM **[a]** (*gen*) magic, witchcraft; (*un ~*) magic spell, charm. **[b]** (*fig*) spell, enchantment; **~s**

(*femeninos*) charms.

hecho **[1]** PP *de* hacer. **[2]** ADJ **[a]** done; **¡~!** (*de acuerdo*) agreed!, it's a deal!; **a lo ~ pecho** there is no use crying over spilt milk; **lo ~ está ~** what's done cannot be undone; **bien/mal** (*gen*) well/badly done; (*manufactura etc*) well/poorly made; **él, ~ un ...** he, like a ...; **ella, ~a una furia, se lanzó** she hurled herself furiously; **estar ~ a** to be used to. **[b]** (*gen*) complete, finished; (*Cos*) readymade, ready-to-wear; **~ a la medida** made-to-measure; **~ a mano/máquina** hand-/machine-made; **frase ~a** stock expression, idiom; **un hombre ~ y derecho** a real man. **[c]** (*Culin: fruta*) ripe; **muy ~** overdone, well-cooked; **no muy ~, poco ~** underdone, undercooked; **un filete poco** *o* **no muy ~** a rare steak. **[3]** NM **[a]** (*acto*) deed, act, action; **H~s de los Apóstoles** Acts of the Apostles; **~s y** *o* **que no palabras** actions speak louder than words; **un ~ consumado** a fait accompli. **[b]** (*gen*) fact; **es un ~** it's a fact; (*consumado*) it's done now (*fam*); **el ~ es que** the fact *o* the position is that; **los ~s** the events; **el lugar de los ~s** (*Jur*) the scene of the crime; **de ~** in fact, as a matter of fact; (*Pol etc: adj, adv*) de facto; **de ~ y de derecho** de facto and de jure.

hechura NF **[a]** (*acto*) making, creation. **[b]** (*objeto*) creation, product; **somos ~ de Dios** we are God's handiwork. **[c]** (*forma*) form, shape; (*talle*) build; (*corte*) cut; **a ~ de** like, after the manner of; **no tener una ~** (*LAm*) to be a dead loss. **[d]** (*Cos*) making-up, confection; **~s** cost of making up; **de ~ sastre** tailor-made. **[e]** (*Téc*) craftsmanship, workmanship. **[f]** (*fig*) creature, puppet; **él es una ~ del ministro** he is a creature of the minister.

hectárea NF hectare (= *2.471 acres*).

hectogramo NM hectogramme, hectogram (*US*).

hectolitro NM hectolitre, hectoliter (*US*).

heder <2g> VI **[a]** to stink, reek (*a* of). **[b]** (*fig: molestar*) to annoy, be unbearable.

hediondez NF **[a]** (*olor*) stink, stench. **[b]** (*cosa*) stinking thing.

hediondo ADJ **[a]** stinking, foul-smelling. **[b]** (*asqueroso*) repulsive. **[c]** (*fig: inaguantable*) annoying, unbearable.

hedonismo NM hedonism.

hedonista **[1]** ADJ hedonistic. **[2]** NMF hedonist.

hedor NM stink, stench (*a* of).

hegemonía NF hegemony.

hégira NF Hegira.

helada NF frost.

heladera¹ NF (*CSur*) refrigerator.

heladería NF ice-cream stall *o* (*US*) parlor.

heladero/a² NM/F ice-cream man/woman.

helado **[1]** ADJ **[a]** (*gen*) frozen; (*carretera*) icy. **[b]** (*muy frío*) freezing, ice-cold; **¡estoy ~!** I'm frozen!; **¡tengo las manos ~as!** my hands are like ice!; (*fig: mirada*) frosty, icy. **[c]** **dejar ~ a algn** to dumbfound sb; **¡me deja Ud ~!** you amaze me!; **¡me quedé ~!** I couldn't believe it! **[2]** NM ice cream.

helador ADJ (*viento etc*) icy, freezing.

heladora NF freezer; (*esp CSur*) refrigerator, icebox.

helar <1j> **[1]** VT **[a]** (*Met*) to freeze, ice (up); (*líquido*) to congeal; (*bebidas etc*) to ice, chill. **[b]** (*fig*) to dumbfound, amaze; (*desalentar*) to discourage. **[2]** VI to freeze. **[3] helarse** VR (*Met*) to freeze; (*estado*) to be frozen; (*Aer, Ferro etc*) to ice (up), freeze up; (*líquido*) to congeal, set; (*plantas*) to die from frost; (*lago, río*) to freeze over; **¡me estoy helando!** I'm freezing (here)!; **se me heló la sangre (en las venas)** my blood turned cold.

helecho NM bracken, fern.

helénico ADJ Hellenic, Greek.

heleno/a NM/F Hellenic, Greek.

hélice NF **[a]** (*espiral*) spiral; (*Anat, Elec, Mat*) helix. **[b]** (*Aer, Náut*) propeller.

helicóptero NM helicopter.

heliesquí NM heli-skiing.

helio NM helium.

helioesquí NM heli-skiing.
heliotropo NM heliotrope.
helipuerto NM heliport.
helitransportar<1a> VT (*Mil etc*) to helicopter (in).
helmántico ADJ (*Esp*) of o from Salamanca.
helvético/a ADJ, NM/F Swiss.
hematíe NM red (blood) corpuscle.
hematoma NM bruise.
hembra NF [a] (*Bot, Zool*) female; (*mujer*) woman; **el pájaro ~** the hen bird; **5 hijos: 2 varones y 3 ~s** 5 children: 2 boys and 3 girls. [b] (*Mec*) nut. [c] (*Cos*) eye; **macho y ~** hook and eye.
hemeroteca NF newspaper library.
hemiciclo NM semicircular theatre o (*US*) theater; (*Pol*) floor; (*gen*) chamber.
hemisferio NM hemisphere.
hemofilia NF haemophilia, hemophilia (*US*).
hemofílico/a ADJ, NM/F haemophiliac, hemophiliac (*US*).
hemoglobina NF haemoglobin, hemoglobin (*US*).
hemorragia NF haemorrhage, hemorrhage (*US*); **~ cerebral** cerebral haemorrhage; **~ nasal** nosebleed.
hemorroides NFPL haemorrhoids, hemorrhoids (*US*), piles.
hemos V **haber**.
henar NM meadow, hayfield.
henchir <3h> [1] VT to fill (up), stuff, cram (*de* with). [2] **henchirse** VR [a] to swell; (*de comida*) to stuff o.s. (with food). [b] **~ de orgullo** to swell with pride.
Hendaya NF Hendaye.
hendedura NF = **hendidura**.
hender <2g> VT (*gen*) to crack; (*cortar*) to cleave, split.
hendidura NF (*grieta*) crack, fissure; (*corte*) cleft, split.
hendija NF (*LAm*) crack, crevice.
hendir <3i> VT = **hender**.
henequén NM (*LAm: planta*) agave, henequen; (: *fibra*) agave fibre o (*US*) fiber.
heno NM hay.
hepático ADJ hepatic, liver *atr*.
hepatitis NF hepatitis.
heptagonal ADJ heptagonal.
heptágono NM heptagon.
heráldica NF heraldry.
heráldico ADJ heraldic.
heraldo NM herald.
herbáceo ADJ herbaceous.
herbario [1] ADJ herbal. [2] NM herbarium, plant collection.
herbicida NM weed-killer.
herbívoro [1] ADJ herbivorous. [2] NM herbivore.
herbolario/a NM/F herbalist; (*tienda*) herbalist's (shop).
herboristería NF herbalist's (shop).
hercio NM hertz.
hercúleo ADJ Herculean.
heredad NF country estate.
heredar <1a> VT (*dinero, tradición, problema*) to inherit (*de* from).
heredero/a NM/F heir/heiress (*de* to), inheritor (*de* of); **~ del trono** heir to the throne.
hereditario ADJ hereditary.
hereje NMF heretic.
herejía NF (*Rel y fig*) heresy.
herencia NF [a] inheritance, legacy; (*fig*) heritage. [b] (*Bio*) heredity.
herético ADJ heretical.
herida¹ NF [a] wound, injury. [b] (*fig*) insult; **hurgar en la ~** to reopen an old wound.
herido/a² [1] ADJ [a] injured; (*Mil etc*) wounded. [b] (*fig*) offended; **sentirse ~en su amor propio** to hurt one's pride. [2] NM/F injured person, casualty; **los ~s** (*Mil*) the wounded; **el número de los ~s en el accidente** the number of casualties in the accident.
herir <3i> VT [a] (*dañar*) to injure, hurt; (*Mil etc*) to wound; **~ a algn en el brazo** to wound sb in the arm. [b] (*golpear*) to beat, strike, hit; (*Mús*) to pluck, play; (*suj:*

el sol) to beat down on; **es un color que hiere la vista** it's a colour which offends the eye. [c] (*fig: ofender*) to hurt; **me hirió en lo más hondo** it really hurt me deep down.
hermafrodita ADJ, NM hermaphrodite.
hermana NF (*gen, Rel*) sister; V *tb* **hermano**.
hermanamiento NM (*de ciudades*) twinning.
hermanar <1a> VT (*hacer juego*) to match; (*unir*) to join; (*ciudades*) to twin, make sister cities (*US*); (*armonizar*) to harmonize, bring into harmony.
hermanastro/a NM/F stepbrother/stepsister.
hermandad NF [a] (*parentesco: gen, de hombres*) brotherhood, fraternity; (: *de mujeres*) sisterhood. [b] (*sindicato etc*) association.
hermanitas NFPL: **~ de la caridad** Little Sisters of Charity.
hermano [1] ADJ similar; (*barco*) sister; **ciudades ~as** twin towns. [2] NM [a] brother; **medio ~** half-brother; **primo ~** first cousin; **~ gemelo** twin brother; **~ de leche** foster brother; **~ mayor** elder brother, big brother; **~ político** brother-in-law; **mis ~s** my brothers and sisters. [b] (*Rel, fig*) brother; **~s** brethren. [c] (*de par*) twin.
herméticamente ADV hermetically.
hermético ADJ (*gen*) hermetic, airtight; (*fig: teoría*) watertight; (: *misterio*) impenetrable.
hermetismo NM (*fig*) tight secrecy, close secrecy; (*de persona*) silence, reserve.
hermosear <1a> VT to beautify, embellish.
hermoso ADJ (*gen*) beautiful, lovely; (*espléndido*) fine, splendid; (*hombre*) handsome; **un día ~** a fine o lovely day; **un ~ gesto** a grand gesture; **seis ~s toros** six magnificent bulls.
hermosura NF [a] (*gen*) beauty, loveliness; (*de hombre*) handsomeness. [b] (*mujer: una ~*) beauty; **¡qué ~ de niño!** what a lovely child!
hernia NF rupture, hernia; **~ discal** slipped disc.
herniarse <1b> VR to rupture o.s.; (*fig*) to break one's back.
héroe NM hero.
heroicamente ADV heroically.
heroicidad NF [a] heroism. [b] (*una ~*) heroic deed.
heroico ADJ heroic.
heroína¹ NF heroine.
heroína² NF (*Farm*) heroin.
heroinómano/a NM/F heroin addict.
heroísmo NM heroism.
herpes NM INV (*Med: gen*) herpes; (: *de la piel*) shingles.
herrada NF (*Col: caballo*) shoeing.
herrador NM farrier, blacksmith.
herradura NF horseshoe.
herraje NM [a] (*trabajos*) ironwork, iron fittings. [b] (*Méx*) silver harness fittings.
herramienta NF [a] (*gen*) tool; (*conjunto*) set of tools; **~ mecánica** power tool. [b] (*hum: de toro*) horns; (: *dientes*) teeth.
herrar <1l> VT (*Agr: caballo*) to shoe; (: *ganado*) to brand; (*Téc*) to bind with iron, trim with ironwork.
herrería NF [a] (*taller*) smithy, blacksmith's (shop), blacksmith's workshop (*US*). [b] (*oficio*) blacksmith's trade.
herrerillo NM (*Orn*) tit.
herrero NM blacksmith, smith; **en casa del ~ (cuchillo de palo)** there's none worse shod than the shoemaker's wife.
herrete NM (*cabo*) metal tip, ferrule.
herrumbre NF [a] rust. [b] (*Bot*) rust. [c] (*fig*) iron taste.
herrumbroso ADJ rusty.
hervidero NM [a] (*manantial*) hot spring. [b] (*fig*) swarm; (*Pol etc*) hotbed; **un ~ de gente** a swarm of people; **un ~ de disturbios** a hotbed of unrest.
hervido [1] ADJ boiled. [2] NM (*LAm*) stew.
hervidor NM kettle.
hervir <3i> [1] VT to boil. [2] VI [a] (*gen*) to boil; (*burbujear*) to bubble, seethe; **~ a**

fuego lento to simmer; **dejar de/empezar** o **romper a ~** to go off/come to the boil.

[b] (*fig: por emociones*) to boil, seethe; **¡me hierve la sangre!** my blood's boiling!; **hiervo en deseos de ...** I'm just itching to ...; **el público hervía de emoción** the audience was carried away with excitement; **~ de** o **en** to swarm with; **la cama hervía de pulgas** the bed was swarming with fleas.

hervor NM (*acto*) boiling; (*fig*) ardour, ardor (*US*); **dar un ~ a algo** to boil sth once.

heterodoxia NF heterodoxy.

heterodoxo ADJ heterodox, unorthodox.

heterogeneidad NF heterogeneous nature.

heterogéneo ADJ heterogeneous.

heterosexual ADJ, NMF heterosexual.

hexagonal ADJ hexagonal.

hexágono NM hexagon.

hexámetro NM hexameter.

hez NF (*tb* **heces**) dregs; (*Med*) faeces; (*de vino*) lees; (*fig*) dregs, scum; **la ~ de la sociedad** the scum of society.

hg. ABR *de* **hectogramos** hg.

hibernación NF hibernation; **estar en ~** (*fig*) to be dormant.

hibernar<1a> VI to hibernate.

híbrido ADJ, NM hybrid.

hice *etc* V **hacer.**

hidalgo/a [1] ADJ (*gen*) noble; (*fig: honrado*) honourable, honorable (*US*); (*generoso*) generous. [2] NM/F noble(man/woman).

hidalguía NF (*nobleza*) nobility; (*fig: honradez*) nobility, honourableness, honorableness (*US*); (*generosidad*) generosity.

hidratación NF (*de la piel*) moisturizing.

hidratante ADJ: **crema ~** moisturizer, moisturizing cream.

hidratar<1a> [1] VT to moisturize. [2] **hidratarse** VR to put on moisturizing cream.

hidrato NM hydrate; **~ de carbono** carbohydrate.

hidráulica NF hydraulics *sg.*

hidráulico ADJ hydraulic, water *atr*; **fuerza ~a** water o hydraulic power.

hidro... PREF hydro..., water-.

hidroavión NM seaplane, flying boat.

hidrocarburo NM hydrocarbon.

hidroeléctrico ADJ hydroelectric; **central ~a** hydro(electricity) station.

hidrófilo ADJ absorbent; **algodón ~** cotton wool, absorbent cotton (*US*).

hidrofobia NF hydrophobia, rabies.

hidrofoil NM hydrofoil.

hidrófugo ADJ water-repellent.

hidrógeno NM hydrogen.

hidrólisis NF hydrolysis.

hidromasaje NM hydromassage.

hidrosoluble ADJ soluble in water, water-soluble.

hidroterapia NF hydrotherapy.

hidróxido NM hydroxide.

hiedra NF ivy.

hiel NF [a] (*Anat*) gall, bile; **echar la ~** to sweat blood (*fam*). [b] (*fig*) bitterness. [c] **~es** (*fig*) troubles, upsets.

hiela V **helar.**

hielera NF (*Chi, Méx: nevera*) refrigerator, fridge.

hielo NM [a] (*gen*) ice; **~ picado** crushed ice; **romper el ~** (*fig*) to break the ice. [b] (*fig*) coldness.

hiena NF hyena; (*fig*) vulture.

hierático ADJ (*figura*) hieratic(al); (*aspecto*) stern, severe.

hierba NF (*pasto*) grass; (*Med: planta*) herb, medicinal plant; (*Culin*) herb; (*fam: droga*) grass, pot; **a las finas ~s** cooked with herbs; **cura/infusión de ~s** herbal cure/tea; **mala ~** weed; **'mala ~ nunca muere'** 'it's a case of the proverbial bad penny'; **~ mate** (*esp CSur*) maté; **~ mora** nightshade; **y otras ~s** (*fig*) and so forth.

hierbabuena NF mint.

hierbajo NM weed.

hierra NF (*LAm*) branding.

hierro NM [a] (*metal*) iron; **~ acanalado/bruto/colado/**

forjado/viejo corrugated/pig/cast/wrought/scrap iron; **de ~** iron *atr*; **machacar en ~ frío** to flog a dead horse; **el que** o **quien a ~ mata, a ~ muere** those that live by the sword die by the sword; **quitar ~** to minimize sth; (*LAm*) V **fierro.** [b] (*objeto*) iron object; (*herramienta*) tool; (*de flecha*) head; (*Agr*) branding-iron; (*Golf*) iron; **~s** irons.

higa NF (*gesto*) rude sign, obscene gesture; (*fig*) scorn, derision.

hígado NM [a] liver; **castigar el ~** (*fam*) to knock it back (*fam*); **echar los ~s** to sweat one's guts out (*fam*). [b] **~s** (*fig*) guts, pluck *sg.* [c] **ser un ~** (*CAm, Méx: fam*) to be a pain in the neck (*fam*).

highball NM (*LAm: cóctel*) cocktail, highball (*US*).

higiene NF hygiene.

higiénico ADJ hygienic, sanitary; **papel ~** toilet paper.

higienizar<1f> VT to clean up.

higo NM (*Bot*) fig, green fig; **~ chumbo** prickly pear; **~ seco** dried fig; **de ~s a brevas** once in a blue moon; **estar hecho un ~** to be all crumpled up; **(no) me importa un ~** I couldn't care less.

higuera NF fig tree; **~ chumba** prickly pear (cactus); **caer de la ~** to come down to earth with a bump; **estar en la ~** to be daydreaming.

hija NF daughter; (*uso vocativo*) dear; **~, no te lo puedo decir** I can't tell you, dear; **~ política** daughter-in-law; V *tb* **hijo.**

hijastro/a NM/F stepson/stepdaughter.

hijo NM [a] (*varón*) son; (*gen*) child; **~s** children, sons and daughters; **sin ~s** childless; **¿cuántos ~s tiene?** how many children has she?; **Juan Pérez, ~** Juan Pérez Junior; **~ adoptivo/de leche/natural** adopted/foster/illegitimate child; **~ político** son-in-law; **~ predilecto** favourite o (*US*) favorite son; **~ pródigo** prodigal son; **cada** o **todo ~ de vecino** everyone, any Tom, Dick and Harry (*fam*); **~ de puta** (*fam!*) bastard (*fam!*), son of a bitch (*fam!*); **ser ~ único** to be an only child; **~ de papá** daddy's boy (*fam*).

[b] (*uso vocativo: con niño*) son, my boy; (*con adulto*) man, old chap; **¡~ de mi alma!** my precious child!; **¡~(s)!**, **¡híjole!** (*Méx fam*) Christ! (*fam*), good God! (*fam*).

[c] **hacer a una un ~** to get sb with child.

hijodeputa, hijoputa NM (*fam!*) bastard (*fam!*), son of a bitch (*US fam!*).

hijuela NF (*And, CSur*) rural property.

hijuelo NM [a] (*Zool*) young. [b] (*Bot*) shoot.

hijueputa NM (*LAm fam!*) bastard (*fam!*), son of a bitch (*US fam!*).

hijuna INTERJ (*LAm fam!*) you bastard! (*fam!*), you son of a bitch! (*US fam!*).

hilacha NF (*hilo*) ravelled thread; **~s** (*Méx: andrajos*) rags; **mostrar la ~** (*CSur*) to show o.s. in one's true colours o (*US*) colors.

hilachos NMPL (*Méx: andrajos*) rags.

hilada NF row, line; (*Arquit*) course.

hilado [1] ADJ spun; **seda ~a** spun silk. [2] NM [a] (*acto*) spinning. [b] (*hilo*) thread, yarn.

hilador(a) NM/F spinner.

hilandería NF [a] (*oficio*) spinning. [b] (*fábrica*) spinning mill; **~ de algodón** cotton mill.

hilandero/a NM/F spinner.

hilar<1a> VT [a] (*lit*) to spin. [b] (*fig*) to reason, infer; **~ (muy) delgado** o **fino** to split hairs.

hilarante ADJ hilarious; **gas ~** laughing gas.

hilaridad NF hilarity.

hilatura NF spinning.

hilaza NF yarn, coarse thread; **descubrir la ~** to show o.s. in one's true colours o (*US*) colors.

hilazón NF connection.

hilera NF row, line; (*Mil etc*) rank, file; (*Arquit*) course; (*Agr*) row, drill.

hilo NM [a] (*Cos*) thread, yarn; (*Bot etc*) fibre, fiber (*US*), filament; (*fig*) thin wire... (continued)

c (*de líquido*) thin stream, trickle; (*de gente*) thin line; **~ de humo** thin line of smoke, plume of smoke; **~ musical** piped music; **decir algo con un ~ de voz** to say sth in a thin o barely audible voice.

d (*tela*) linen; **traje de ~** linen dress o suit.

e (*fig: conversación*) thread, theme; (*vida*) course; (*pensamientos*) train; **el ~ conductor** the theme o leitmotiv; **coger el ~** to pick up the thread; **perder el ~** to lose the thread; **seguir el ~** (*de razonamiento*) to follow, understand.

hilván NM (*Cos*) tacking, basting.

hilvanar <1a> VT **a** (*Cos*) to tack, baste (*US*). **b** (*fig: trabajo, discurso*) to cobble together; (: *ideas*) to string together.

Himalaya NM: **el ~, los montes ~** the Himalayas.

himalayo ADJ Himalayan.

himen NM hymen, maidenhead.

himeneo NM (*Lit*) nuptials (*Lit*), wedding.

himno NM hymn; **~ nacional** national anthem.

hincada NF (*Chi, Ecu: de rodillas*) genuflection.

hincapié NM: **hacer ~ en** to emphasize, make a special point of; (*insistir en*) to insist on, demand on.

hincar <1g> **1** VT (*meter*) to thrust o drive o push (in); (*diente*) to sink (*en into*); (*pie etc*) to set (firmly) (*en on*). **2 hincarse** VR: **~ de rodillas** (*esp LAm*) to kneel (down).

hincha **1** NF ill will; **tener ~ a algn** to have a grudge against sb; **tomar ~ a algn** to take a dislike to sb. **2** NMF **a** (*Dep etc*) fan, supporter. **b** (*Per*) pal, buddy.

hinchada NF supporters *pl*, fans *pl*.

hinchado ADJ **a** (*inflamado*) swollen. **b** (*fig: vanidoso*) arrogant, vain; (: *inflado*) pompous.

hinchapelotas NM INV: **es un ~** (*CSur fam!*) she o he's a pain in the arse (*fam!*) o (*US fam*) ass.

hinchar <1a> **1** VT **a** (*gen*) to swell; (*vientre*) to distend; (*globo etc*) to blow up, inflate, pump up. **b** (*fig*) to exaggerate. **2 hincharse** VR **a** (*gen*) to swell (up); (*vientre*) to get distended; (*llenarse*) to stuff o.s. (*de with*). **b** (*fig*) to get conceited, become vain. **c** **~ a correr** *etc* to run *etc* hard; **~ a reír** to have a good laugh.

hinchazón NF **a** (*Med etc*) swelling; (*protuberancia*) bump, lump. **b** (*fig*) arrogance; (*de estilo etc*) pomposity.

hindú ADJ, NMF Hindu.

hinojo¹ NM (*Bot*) fennel.

hinojo² NM: **de ~s** on bended knee; **postrarse de ~s** to kneel (down), go down on one's knees.

hip INTERJ hic.

hipar <1a> VI **a** to hiccup, hiccough. **b** (*perro*) to pant; **~ por algo** to long for sth. **c** (*gimotear*) to whine.

hiper NM INV (*fam*) hypermarket.

hiper... PREF hyper....

hiperactivo ADJ hyperactive.

hipérbaton NM (*pl* **hipérbatos**) hyperbaton.

hipérbole NF hyperbole.

hiperbólico ADJ hyperbolic(al), exaggerated.

hipercrítico ADJ hypercritical; (*reparón*) carping.

hipermercado NM hypermarket.

hipermetropía NF long-sightedness; **tener ~** to be long-sighted.

hipersensible ADJ hypersensitive.

hipertensión NF hypertension, high blood pressure.

hipertenso ADJ having o with high blood pressure; **ser ~** to have high blood pressure.

hipertexto NM hypertext.

hipertrofia NF hypertrophy.

hípico ADJ horse *atr*, equine; **club ~** riding club.

hipido NM whine, whimper.

hipnosis NF hypnosis.

hipnoterapia NF hypnotherapy.

hipnótico/a ADJ, NM/F hypnotic.

hipnotismo NM hypnotism.

hipnotizador(a) **1** ADJ hypnotizing. **2** NM/F hypnotist.

hipnotizar <1f> VT to hypnotize, mesmerize.

hipo NM hiccup(s), hiccough(s); **quitar el ~ a algn** to cure sb's hiccups; (*fig*) to take sb's breath away, be a shock to

sb; **tener ~** to have hiccups.

hipo... PREF hypo....

hipocalórico ADJ low-calorie *atr*.

hipocondría NF hypochondria.

hipocondriaco/a, **hipocondríaco/a** ADJ, NM/F hypochondriac.

hipocrático ADJ: **juramento ~** Hippocratic oath.

hipocresía NF hypocrisy.

hipócrita **1** ADJ hypocritical. **2** NMF hypocrite.

hipodérmico ADJ: **aguja ~a** hypodermic needle.

hipódromo NM racetrack, racecourse.

hipoglucemia NF hypoglycaemia.

hipopótamo NM hippopotamus.

hipoteca NF mortgage; **redimir una ~** to pay off a mortgage; **segunda ~** second mortgage, remortgage.

hipotecar <1g> VT to mortgage; (*fig: futuro*) to jeopardize.

hipotecario ADJ mortgage *atr*.

hipotenusa NF hypotenuse.

hipótesis NF INV hypothesis, supposition; **es una ~ (nada más)** that's just an idea o a theory.

hipotético ADJ hypothetic(al).

hippie, hippy ['xipi] ADJ, NMF (*pl* **hippies**) hippy.

hippioso/a [xi'pjoso] (*fam*) **1** ADJ hippyish. **2** NM/F hippy type.

hiriente ADJ (*gen*) wounding; (*contraste*) striking.

hirsuto ADJ **a** (*peludo*) hairy, hirsute. **b** (*fig: brusco*) brusque, gruff.

hirviente ADJ boiling, seething.

hisopo NM **a** (*Rel*) sprinkler, aspergillum. **b** (*Bot*) hyssop. **c** (*LAm: brocha*) paintbrush; (: *tb* **~ de algodón**) cotton bud.

hispalense ADJ, NMF Sevillian.

hispánico ADJ Hispanic, Spanish.

hispanidad NF **a** (*gen*) Spanishness, Spanish characteristics. **b** (*Pol*) Spanish world, Hispanic world; **Día de la H~** Columbus Day (*12 October*).

---
i *DÍA DE LA HISPANIDAD*

El Día de la Hispanidad, *on 12 October, is a national holiday in Spain in honour of Columbus's arrival in the Americas. It is also a holiday in other Spanish-speaking countries where it is called the* **Día de la Raza**.

---

hispanismo NM **a** word *etc* borrowed from Spanish, Hispanicism. **b** (*Univ etc*) Hispanism, Hispanic studies.

hispanista NMF (*Univ etc*) Hispanist, Hispanicist, Spanish scholar, student of Spain and Latin America.

hispanizar <1f> VT to Hispanicize.

hispano/a **1** ADJ Spanish, Hispanic. **2** NM/F Spaniard, Spanish-speaking American (*US*).

hispano... PREF Hispano-, Spanish-.

Hispanoamérica NF Spanish America, Latin America.

hispanoamericano/a ADJ, NM/F Spanish o Latin American.

hispanoárabe ADJ Hispano-Arabic.

hispanófilo/a NM/F Hispanophile.

hispanohablante **1** ADJ Spanish-speaking. **2** NMF Spanish speaker.

histerectomía NF hysterectomy.

histeria NF hysteria.

histérico ADJ hysterical; **paroxismo ~** hysterics; **¡me pone ~!** (*fam*) it drives me mad!

histerismo NM (*Med*) hysteria; (*fig*) hysterics.

histograma NM histogram.

historia NF **a** (*gen*) story; (*cuento*) tale; (*lío*) messy business; **~s** (*pey*) gossip *sg*; **la ~ es larga de contar** it's a long story; **la ~ de siempre, la misma ~** the same old story; **dejarse de ~s** to come to the point; **no me vengas con ~s** don't think you can fool me (*fam*). **b** (*estudio*) history; **~ antigua/natural** ancient/natural history; **es una mujer que tiene ~** she's a woman with a past; **pasar a la ~** to go down in history (*como* as).

historiador(a) NM/F historian.

historial NM (*gen*) record; (*profesional*) curriculum vitae, c.v., résumé (*US*); (*Med*) case history.

historiar <1b> VT **a** (*escribir*) to write the history of.

b (*Arte etc*) to depict.

histórico ADJ (*personaje, hecho*) historical; (*acontecimiento, encuentro*) historic.

historieta NF strip cartoon; (*anécdota*) tale.

histrionismo NM **a** (*Teat*) acting, art of acting. **b** (*fig*) histrionics.

hitita **1** ADJ, NMF Hittite. **2** NM (*Ling*) Hittite.

hitleriano ADJ Hitlerian.

hito NM **a** (*para límites*) boundary post; (*para distancias*) milestone. **b** (*fig*) landmark, milestone; **es un ~ en nuestra historia** it is a landmark in our history. **c** **dar en el ~** to hit the nail on the head. **d** **mirar a algn de ~ en ~** to stare at sb.

hl ABR *de* **hectolitro(s)** hl.

Hna(s) ABR *de* **Hermana(s)** Sr(s).

Hno(s) ABR *de* **Hermano(s)** Bro(s).

hocico NM **a** (*de animal*) snout, nose (*fam*); (*de persona: cara*) mug (*fam*); (*: nariz*) snout (*fam*); **caer** o **dar de ~s** to fall on one's face; **dar de ~s contra algo** to bump into sth; **estar de ~s** to be in a bad mood; **meter el ~** to meddle, shove one's nose in. **b** (*fig: mueca*) angry face, grimace; **torcer el ~** to scowl, look cross.

hockey ['oki o 'xoki] NM **a** **~ sobre hierba**) hockey; **~ sobre patines/sobre hielo** roller hockey/ice hockey.

hogar NM **a** (*lit*) fireplace, hearth. **b** (*fig: casa*) home, house; (*: vida doméstica*) home life, family life; **artículos del** o **para el ~** domestic goods; **~ de ancianos** o **jubilados** o **pensionistas** old folk's o people's home.

hogareño ADJ home *atr*; (*gente*) home-loving.

hogaza NF large loaf.

hoguera NF bonfire; (*Hist*) stake; **murió en la ~** he died at the stake.

hoja NF **a** (*Bot*) leaf; (*: pétalo*) petal; (*: de hierba*) blade; **~ de parra** (*fig*) fig leaf; **de ~ ancha** broad-leaved; **de ~ caduca/perenne** deciduous/evergreen.
b (*papel*) leaf, sheet; (*página*) page; (*formulario*) form, document; **~ electrónica** o **de cálculo** spreadsheet; **~ parroquial** parish magazine; **~ de pedido** order form; **~ de ruta** waybill; **~ de servicio(s)** record (of service); **~s sueltas** loose sheets, loose-leaf paper; **~ de trabajo** (*Inform*) worksheet; **~ volante** leaflet, handbill; **volver la ~** (*fig*) to change the subject.
c (*metal*) sheet; (*puerta*) leaf; (*espada, patín*) blade; (*vidrio*) sheet, pane; **~ de afeitar** razor blade.

hojalata NF tin, tinplate.

hojalatada NF (*Méx Aut*) panel beating.

hojalatero NM tinsmith.

hojaldra NF (*LAm*), **hojaldre** NM puff pastry.

hojarasca NF **a** (*hojas*) dead leaves, fallen leaves. **b** (*fig*) rubbish, trash; (*palabras*) empty verbiage, waffle.

hojear <1a> VT to turn the pages of, leaf through.

hojuela NF **a** (*Bot*) leaflet, little leaf. **b** (*hoja delgada*) flake; (*de metal*) foil, thin sheet. **c** (*Culin*) pancake.

hola INTERJ hullo!, hello!

Holanda NF Holland.

holandés/esa[1] **1** ADJ Dutch. **2** NM/F Dutchman/woman. **3** NM (*Ling*) Dutch.

holandesa[2] NF (*Tip*) quarto sheet.

holgadamente ADV **a** loosely, comfortably; **caben ~** they fit in easily, they go in with room to spare. **b** **vivir ~** to live comfortably, be well off.

holgado ADJ **a** (*ropa*) loose, comfortable; **demasiado ~** too big. **b** (*Fin*) comfortably off, well-to-do; **vida ~a** comfortable life, life of luxury.

holganza NF **a** (*gen*) idleness; (*descanso*) rest; (*ocio*) leisure, ease. **b** (*diversión*) amusement, enjoyment.

holgar <1h, 1l> **1** VI **a** (*descansar*) to rest; (*en paro*) to be idle o out of work; (*objeto*) to lie unused.
b (*sobrar*) to be unnecessary, be superfluous; **huelga decir que ...** it goes without saying that ....
2 VI, **holgarse** VR to amuse o enjoy o.s.; **~(se) con algo** to take pleasure in sth.

holgazán/ana **1** ADJ idle, lazy. **2** NM/F idler, loafer.

holgazanear <1a> VI to laze around, loaf.

holgazanería NF laziness, loafing.

holgura NF **a** (*Cos*) looseness, fullness; (*Mec*) play, free

movement. **b** (*ocio*) leisure, ease. **c** (*lujo*) comfortable living, luxury; **vivir con ~** to live in luxury.

hollar <1m> VT **a** (*gen*) to tread (on); (*pisotear*) to trample down. **b** (*fig*) to trample underfoot; (*humillar*) to humiliate.

hollejo NM (*Bot*) skin, peel.

hollín NM soot.

holocausto NM holocaust.

holografía NF holograph.

hombrada NF manly deed, brave act; **¡vaya ~** (*iró*) how brave!

hombre **1** NM (*gen*) man; (*raza humana*) mankind; **su ~** (*fam*) her man o husband; **es otro ~** he's a changed man; **pobre ~** poor devil; (*pey*) poor fish; **de ~ a ~** man-to-man; **el ~ propone y Dios dispone** man proposes, God disposes; **ser muy ~** to be a real man, be pretty tough; **¡~ al agua!** man overboard!; **~ de bien** honest o good man; **~ de confianza** right-hand man; **~ de estado** statesman; **~ hecho** grown man; **~ de letras** man of letters; **el ~ de la calle** the man in the street; **el ~ medio** the average man, the man in the street; **~ de mundo** man of the world; **~ de negocios** businessman; **~ orquesta** one-man band; **~ de paja** stooge (*fam*); **~ de pro** o **de provecho** worthy o honest man; **~ del tiempo** weatherman.
2 INTERJ **a** old chap, man; **sí ~** yes (of course); **¡~ claro!** (*why*) of course!; **~, yo creo que ...** well, I think that ....
b (*sorpresa*) you don't say!; **¡~, Pedro! ¿qué tal?** hey, Pedro! how's things?
c (*protesta*) come now!

hombre-anuncio NM (*pl* **hombres-anuncio**) sandwich-board man.

hombrear[1] <1a> VI (*joven*) to act grown-up; (*hombre*) to act tough.

hombrear[2] <1a> VT to shoulder.

hombre-lobo NM (*pl* **hombres-lobo**) werewolf.

hombre-mono NM (*pl* **hombres-mono**) apeman.

hombrera NF (*tirante*) shoulder strap; (*almohadilla*) shoulder pad; (*Mil*) epaulette.

hombre-rana NM (*pl* **hombres-rana**) frogman.

hombría NF manliness.

hombro NM shoulder; **~ con ~** shoulder to shoulder; **a ~s** on one's shoulders; **¡armas al ~!** shoulder arms!; **arrimar** o **poner el ~** to put one's shoulder to the wheel, lend a hand; **cargar algo sobre los ~s** to shoulder sth; **encogerse de ~s** to shrug one's shoulders; **sacar a algn en ~s** to carry sb out on (their) shoulders.

hombruno ADJ mannish, butch (*fam*).

homenaje NM **a** (*gen*) homage; **rendir ~ a** to do o pay homage to. **b** (*fig*) tribute; (*Hist*) homage; **en honor o** (*US*) honor of; **una cena ~ para Don XY** a dinner in honour of Don XY; **rendir ~ a** to pay a tribute to; **partido ~** benefit match.

homenajeado/a NM/F: **el ~** the person being honoured o (*US*) honored, the guest of honour o (*US*) honor.

homenajear <1a> VT to honour, honor (*US*), pay tribute to.

homeópata NM homeopath.

homeopatía NF homeopathy.

homeopático ADJ homeopathic.

homérico ADJ Homeric.

homicida **1** ADJ homicidal; **el arma ~** the murder weapon. **2** NMF murderer/murderess.

homicidio NM (*intencional*) murder, homicide; (*involuntario*) manslaughter.

homilía NF homily.

homogeneidad NF homogeneity.

homogeneización NF levelling o (*US*) leveling down, equalization.

homogen(e)izar <1f> VT to homogeneize, level down, equalize.

homogéneo ADJ homogeneous.

homologación NF official approval, sanction(ing); (*de sueldos*) parity.

homologado ADJ officially approved, authorized.

homologar <1h> VT **a** (*estandarizar*) to bring into line, standardize. **b** (*aprobar*) to approve officially, sanction; (*récord*) to accept.

homólogo/a **1** ADJ equivalent. **2** NM/F counterpart, opposite number.

homónimo **1** ADJ homonymous. **2** NM (*Ling*) homonym; (*tocayo*) namesake.

homosexual ADJ, NMF homosexual.

homosexualidad NF homosexuality.

honda NF sling.

hondear <1a> VT (*LAm*) to hit with a catapult.

hondo **1** ADJ **a** (*gen*) deep; (*bajo*) low. **b** (*fig*) profound; **con ~ pesar** with deep regret, with profound sorrow. **2** ADV: **respirar ~** to breathe deeply. **3** NM depth(s).

hondonada NF **a** (*valle*) hollow, dip. **b** (*llano*) lowland.

hondura NF depth, profundity; **meterse en ~s** to get out of one's depth, get into deep water.

Honduras NF Honduras; **~ Británica** (*Hist*) British Honduras.

hondureño/a ADJ, NM/F Honduran.

honestamente ADV (*V n*) **a** decently. **b** purely. **c** fairly, justly. **d** honourably, honorably (*US*); honestly.

honestidad NF **a** (*decencia*) decency. **b** (*pureza*) purity, chastity. **c** (*justicia*) fairness, justice. **d** (*nobleza*) honourableness, honorableness (*US*); (*honradez*) honesty.

honesto ADJ (*V n*) **a** decent. **b** pure, chaste. **c** fair, just. **d** honourable, honorable (*US*); (*honrado*) honest.

hongo NM **a** (*Bot*) fungus; (*comestible*) mushroom; (*venenoso*) toadstool; **un enorme ~ de humo** an enormous mushroom of smoke. **b** (*sombrero*) bowler hat, derby (*US*).

Honolulú NM Honolulu.

honor NM (*gen*) honour, honor (*US*); (*fig*) glory; **~es** (*Mil etc*) honours; **~ profesional** professional etiquette; **en ~ a la verdad** to be fair; **en ~ de algn** in sb's honour; **hacer ~ a** to honour; **hacer ~ a su fama** to live up to it's *etc* reputation; **hacer los ~es de la casa** to do the honours (of the house); **hacer los debidos ~es a una comida** to do full justice to a meal; **sepultar a algn con todos los ~es militares** to bury sb with full military honours; **tener el ~ de hacer algo** to have the honour to do sth, to be proud to do sth.

honorable ADJ honourable, honorable (*US*), worthy.

honorario **1** ADJ honorary, honorific. **2** NMPL: **~s** (professional) fees, charges.

honorífico ADJ honourable, honorable (*US*); **cargo ~** honorary post; **mención ~a** honourable mention.

honra NF (*personal*) self-esteem; (*de mujer*) honour, honor (*US*), virtue, good name; **~s fúnebres** funeral rites; **tener algo a mucha ~** to be proud of sth; **tener a mucha ~ hacer algo** to be proud to do sth; **¡y a mucha ~!** and proud of it!

honradamente ADV (*V adj*) honestly; honourably, honorably (*US*), uprightly.

honradez NF (*gen*) honesty; (*integridad*) uprightness, integrity.

honrado ADJ (*honesto*) honest; (*honorable*) honourable, honorable (*US*), upright; **hombre ~** honest o decent man.

honrar <1a> **1** VT **a** to honour, to honor (*US*); (*ser orgullo de*) to do credit to; **un gesto que le honra** a gesture to be proud of. **b** (*Com etc*) to honour. **2** **honrarse** VR: **~ con algo** to be honoured by sth; **~ de hacer algo** to be honoured to do sth.

honrilla NF: **por la negra ~** out of concern for what people will say.

honroso ADJ honourable, honorable (*US*); (*respetable*) respectable.

hontanar NM spring, group of springs.

hopa INTERJ (*Arg: a animales*) whoa!

hora NF **a** hour; (*tiempo*) time; **media ~** half an hour; **durante 2 ~s** for 2 hours; **esperamos ~s** we waited hours; **en la ~ de su muerte** at the moment of his death; **¿a qué ~?** at what time?; **¿qué ~ es?** what time is it?; **¡la ~!, ¡es la ~!** time's up!; **es ~ de hacer algo** it is time to do sth; **es ~ de irnos** it's time we went, it's time

for us to go; **¡ya es** *o* **va siendo ~ de que ...!** it is high time that ...; **¡ya era ~!** and about time too!; **no comer entre ~s** not to eat between meals; **1000 pts la ~** 1000 pesetas an hour.

b (*con adj o prep*) **a altas ~s (de la madrugada)** in the (wee) small hours; **~ de apertura** opening time; **a una ~ avanzada** at a late hour; **a buena ~** opportunely; **¡a buena(s) ~(s) (mangas verdes)** it's too late now!; **en buena ~** fortunately; **~ cero** zero hour; **desde las cero ~s** from the start of the day, from midnight; **~ de comer** mealtime; **a la ~ de comer** at lunchtime; **~s de comercio** business hours; **~s de consulta** consulting hours; **~s extra** *o* **extraordinarias** overtime; **~s libres** free *o* spare time; **en mala ~** unluckily; **~s muertas** dead period; **se pasa las ~s muertas viendo la tele** he spends hour after hour watching telly; **~s de oficina** business *o* office hours; **~ peninsular** time in mainland Spain; **a primera ~** first thing in the morning; **~s punta** *o* (*Méx*) **pico** peak *o* rush hours; **~ de recreo** playtime; **'última ~'** 'stop press'; **a última ~** at the last moment; **noticias de última ~** last-minute news; **dejar las cosas hasta última ~** to leave things until the last moment; **~ de verano** summer time; **la ~ de la verdad** the moment of truth; **~s de vuelo** (*Aer*) flying time; (*fig: experiencia*) experience; (: *antigüedad*) seniority; **a la ~ en punto** on the dot; **a la ~ justa** in the nick of time; **a estas ~s** now, at this time; **a la ~ de pagar** when it comes to paying; **sueldo por ~s** hourly wage; **trabajar por ~s** to be paid by the hour.

c (*con verbo*) **dar la ~** to strike (the hour); **hacer ~s (extra)** to work overtime; **le ha llegado la ~** her time has come; **poner el reloj en ~** to set one's watch; **no ver la ~ de algo** to be scarcely able to wait for sth.

d (*cita*) **dar/pedir/tener ~** to fix/ask for/have an appointment.

horadar <1a> VT to bore (through), drill.

hora-hombre NF (*pl* **horas-hombre**) man-hour.

horario **1** ADJ (*cada hora*) hourly; (*huso*) time *atr*. **2** NM (*de reloj*) hour hand; (*Escol, Ferro etc*) timetable; **~ comercial** business hours; **~ flexible** flexitime; **trabajo de ~ partido** job involving a split day; **~ de visitas** (*de hospital etc*) visiting hours; (*de médico*) doctor's surgery hours.

horca NF **a** (*de ejecución*) gallows, gibbet. **b** (*Agr*) pitchfork. **c** (*de ajos etc*) string.

horcajadas NFPL: **a ~** astride.

horchata NF (*de chufas*) tiger nut milk; (*de almendras*) almond milk.

horda NF horde.

horita ADV (*esp Méx fam*) = **ahorita**.

horizontal ADJ horizontal.

horizontalmente ADV horizontally.

horizonte NM horizon; **línea del ~** skyline.

horma NF (*Téc*) form, mould, mold (*US*); **~ de sombrero** hat block; **~ (de calzado)** last, shoetree; **encontrar(se con) la ~ de su zapato** to meet one's match.

hormiga NF **a** ant; **~ obrera** worker ant. **b** **ser una ~** (*trabajador*) to be hard-working; (*ahorrativo*) to be thrifty.

hormigón NM concrete; **~ armado/pretensado** reinforced/pre-stressed concrete.

hormigonera NF concrete mixer.

hormiguear <1a> VI **a** (*piel etc*) to tingle; **me hormiguea el pie** I've got pins and needles in my foot. **b** (*bullir*) to swarm, teem.

hormigueo NM **a** (*de piel etc*) tingling, prickly feeling, pins and needles. **b** (*fig: inquietud*) anxiety, uneasiness. **c** (*bullición*) swarming.

hormiguero **1** ADJ: **oso ~** anteater. **2** NM ant hill; **aquello era un ~** it was swarming with people.

hormiguillo NM = **hormigueo** (a); (b).

hormiguita NF: **ser una ~** to be always beavering away.

hormona NF hormone.

hormonal ADJ hormonal.

hornacina NF (vaulted) niche.

hornada NF batch (of loaves *etc*).

hornazo NM (*Culin*) Easter pie (*decorated with eggs*).

hornear<1a> VT to cook, bake.
hornero/a NM/F baker.
hornillo NM (*Téc*) small furnace; (*Culin*) cooker, stove; (*de pipa*) bowl; **~ eléctrico** hotplate; **~ de gas** gas ring.
horno NM (*Culin*) oven, stove; (*Téc*) furnace; (*para cerámica*) kiln; **~ microondas** microwave oven; **alto(s) ~(s)** blast furnace; **~ crematorio** crematorium; **al ~** baked; **¡esta casa es un ~!** it's like an oven in here!; **~ de fundición** smelting furnace; **no está el ~ para bollos** this is the wrong moment, this is a bad time to ask.
horóscopo NM horoscope; **leer el ~** to read one's stars.
horquilla NF (*para pelo*) hairpin, hairclip; (*Agr*) pitchfork; (*en bicicleta*) fork; (*Mec*) yoke; (*Telec*) rest, cradle; **~ (de cavar)** garden fork.
horrendo ADJ horrible, awful.
hórreo NM (raised) granary.
horrible ADJ [a] horrible, ghastly. [b] (*fig*) dreadful, nasty, terrible (*fam*).
horripilante ADJ hair-raising, horrifying.
horripilar<1a> VT: **~ a algn** to make sb's hair stand on end, horrify sb.
horror NM [a] (*gen*) horror, dread (*a* of); (*odio*) abhorrence (*a* of); **¡qué ~!** how awful o dreadful!; **tener ~ a algo** to have a horror of sth. [b] (*acto*) atrocity. [c] (*fam: como adv*) **me duele ~es** it's frightfully painful, it hurts a lot; **me gusta ~es** o **un ~** I like it awfully.
horrorizar<1f> [1] VT to horrify. [2] **horrorizarse** VR to be horrified.
horroroso/a ADJ [a] horrifying, terrifying. [b] (*fig*) ghastly (*fam*); (*feo*) hideous, ugly.
hortaliza NF (*verdura*) vegetable; **~s** vegetables, garden produce.
hortelano NM gardener; (*Com*) market gardener, truck farmer (*US*).
hortensia NF hydrangea.
hortera (*fam*) [1] ADJ INV (*decoración, persona*) tacky; (*gustos*) terrible. [2] NMF: **es un ~** his taste stinks (*fam*).
horterada NF: **ese vestido es una ~** that dress is a sight (*fam*).
hortícola ADJ horticultural.
horticultor(a) NM/F horticulturist.
horticultura NF horticulture.
hortofrutícola ADJ fruit and vegetable *atr*.
hosco ADJ [a] (*lúgubre*) gloomy. [b] (*persona*) sullen, morose.
hospedaje NM (cost of) board and lodging.
hospedar<1a> [1] VT (*alojar*) to put up, lodge; (*recibir*) to receive as a guest, entertain. [2] **hospedarse** VR to stay, put up, lodge (*con* with; *en* at).
hospedería NF [a] (*edificio*) hostelry, inn. [b] (*en convento*) guest quarters.
hospedero/a NM/F landlord/landlady, innkeeper.
hospiciano/a NM/F, **hospiciante** NMF (*LAm*) inmate of an orphanage, orphan.
hospicio NM poorhouse; (*Rel*) hospice.
hospital NM hospital, infirmary; **~ de sangre** field dressing station.
hospitalario ADJ [a] hospitable. [b] (*Med*) hospital *atr*; **estancia ~a** stay in hospital.
hospitalidad NF hospitality.
hospitalización NF hospitalization.
hospitalizar<1f> [1] VT to send o take to hospital, hospitalize; **estuvo hospitalizado durante 3 meses** he spent 3 months in hospital. [2] **hospitalizarse** VR (*LAm*) to go into hospital.
hosquedad NF sullenness.
hostal NM cheap hotel, boarding house.
hostelería NF hotel trade o business; **empresa de ~** catering company.
hostelero/a [1] ADJ catering *atr*. [2] NM/F innkeeper, landlord/landlady.
hostería NF (*posada*) inn, hostelry; (*CSur: hotel*) hotel.
hostia NF [a] (*Rel*) host, consecrated wafer. [b] (*fam*) punch, bash (*fam*); (*choque*) bang, bash (*fam*); **liarse a ~s** to get into a scrap (*fam*); **le pegué dos ~s** (*fam*) I walloped him a couple of times (*fam*).

[c] (*fam: locuciones*) **¡ese tío es la ~!** (*con admiración*) he's a hell of a guy (*fam*); (*con enfado*) what a shit he is! (*fam!*); **no entiendo ni ~** I don't understand a damn word of it (*fam*); **había un tráfico de la ~** the traffic was bloody awful (*fam*); **estar de mala ~** to be in a shitty mood (*fam*); **ir a toda ~** to go like the clappers (*fam*); **salió cagando** o **echando ~s** he shot out like a bat out of hell; **tener mala ~** (*carácter*) to have a nasty streak.
[d] (*fam!*) **¡~!** damn it! (*fam*); (*sorpresa*) Christ almighty! (*fam*); (*fastidio*) damn it all!; (*negación*) get away!, never!, no way!; (*rechazo*) bollocks! (*fam!*); **¿qué ~s quieres?** what the hell do you want?; **¡qué libros ni qué ~s!** books, your backside! (*fam*).
hostiar<1b> VT (*fam*) to wallop (*fam*), sock.
hostigamiento NM (*fig*) harassment.
hostigar<1h> VT [a] (*dar latigazos*) to lash, whip. [b] (*fig: molestar*) to harass.
hostil ADJ hostile.
hostilidad NF hostility; **romper las ~es** to start hostilities.
hotel NM (*gen*) hotel.

┌─ HOTEL ─────────────────────────────────────┐
In Spain you can choose from the following categories of accommodation in descending order of quality and price: **hotel** (*from 5 stars to 1*), **hostal, pensión, casa de huéspedes, fonda**. *Quality can vary widely even within these categories. The State also runs luxury hotels called* **paradores**, *which are usually sited in places of particular historical interest and are often historic buildings themselves.*
└───┘

hotelero/a [1] ADJ hotel *atr*; **la industria ~a** the hotel trade. [2] NM/F hotelkeeper, hotel manager/ess.
hoy ADV (*gen*) today; (*ahora*) now, nowadays; **la juventud de ~** the youth of today; **~ (en) día** nowadays; **el día de ~** (*Esp*) this very day; **~ por ~** at the present time, right now; **de ~ en ocho (días)** a week today; **de ~ a mañana** any time now; **de ~ en adelante** from now on; **desde ~** from now on; **¡y hasta ~!** and I've heard no more about it!, and that was the last I heard!; **por ~** for the present.
hoya NF [a] (*agujero*) pit, hole; (*tumba*) grave; **~ de arena** (*Golf*) bunker. [b] (*Geog*) vale, valley.
hoyador NM (*LAm fam*) dibber, seed drill.
hoyanco NM (*Méx Aut*) pothole.
hoyito NM dimple.
hoyo NM [a] (*gen*) hole; (*hondura*) pit; (*tumba*) grave. [b] (*Golf*) hole; **en el ~ 18** at the 18th hole. [c] (*Med*) pockmark.
hoyuelo NM dimple.
hoz NF [a] (*Agr*) sickle; **la ~ y el martillo** the hammer and sickle. [b] (*Geog*) gorge.
hs. ABR *de* **horas** h., hrs.
hua... PREF *for certain words written with this prefix in LAm; V tb* **gua...**.
huaca NF ETC = **guaca** etc.
huacalón ADJ (*Méx: gordo*) fat.
huachafo/a (*And*) [1] ADJ = **cursi**. [2] NM/F middle-class snob, social climber.
huaco NM (*And Hist*) ancient Peruvian pottery artefact.
huahua NF (*LAm*) = **guagua**.
huaica NF (*And*) bargain sale.
huaipe NM (*Chi*) cotton waste.
huarache NM (*Méx: sandalia*) sandal, light shoe.
huáscar NM (*Chi fam*) (police) water cannon truck.
huasipungo NM (*And Agr*) (Indian's) tied plot of land.
huaso NM/F (*Chi*) = **guaso 2**.
huatal NM (*LAm*) = **guatal**.
huayco NM (*And, Chi: alud*) landslide of mud and rock; *V tb* **guaico**.
huayno NM (*And, Chi*) folk song and dance.
hube *etc V* **haber**.
hucha NF [a] (*para ahorrar*) moneybox; (*para caridad*) collecting tin. [b] (*fig*) savings; **tener una buena ~** to have a nest egg.
hueco [1] ADJ [a] (*gen*) hollow; (*vacío*) empty. [b] (*blando*) soft, spongy.

c (*sonido*) resonant.
d (*persona*) conceited; (*estilo*) pompous, affected.
2 NM **a** (*agujero*) hole, gap; (*cavidad*) hollow; (*Arquit*) recess; (*de escalera*) well; (*de ascensor*) shaft; **~ de la mano** hollow of the hand.
b (*sitio vacío*) (empty) space; (*de tiempo*) free time; **hacer (un) ~ a algn** to make space for sb; **llenar un ~** (*fig*) to fill a gap.

huecograbado NM (*Tip*) photogravure.

huela *etc* V **oler**.

huelga NF strike; **~ de brazos caídos** sit-down strike; **~ de celo** work-to-rule, go-slow; **~ general** general strike; **~ de hambre** hunger strike; **~ oficial** official strike; **~ selvaje** wildcat strike; **~ por solidaridad** sympathy strike; **estar en ~** to be on strike; **declarar la ~, declararse o ponerse en ~, hacer ~, ir a la ~** to come out o go on strike, strike.

huelguista NMF striker.

huelguístico ADJ strike *atr*.

huella NF (*rastro*) trace; (*marca*) imprint; (*de pie*) footprint; (*de coche, de pata*) track; **~ dactilar** o **digital** fingerprint; **~ genética** genetic fingerprint; **se le notaban las ~s del sufrimiento** you could see the signs of her suffering; **sin dejar ~** without leaving a trace; **aquello dejó una ~ imborrable** (*fig*) it left an indelible memory; **seguir las ~s de algn** (*fig*) to follow in sb's footsteps.

huemul NM (*CSur*) southern Andean deer.

huérfano/a **1** ADJ orphan, orphaned; (*fig*) unprotected, defenceless, defenseless (*US*); **una niña ~a de madre** a motherless child. **2** NM/F orphan.

huero ADJ **a** (*huevo*) rotten. **b** (*fig*) empty, sterile.

huerta NF **a** vegetable garden, kitchen garden; (*comercial*) (large) market garden, truck farm (*US*). **b** (*esp Murcia, Valencia*) irrigated region.

huertero NM (*LAm*) gardener.

huerto NM kitchen garden; (*comercial*) (small) market garden o (*US*) truck farm; (*de árboles frutales*) orchard; (*en casa pequeña*) back garden; **llevarse a algn al ~** (*engañar: fam*) to put one over on sb, to lead sb up the garden path (*fam*); (*a la cama*) to go to bed with sb, sleep with sb.

huesillo NM (*And, CSur*) sun-dried peach.

hueso NM **a** (*Anat*) bone; **un ~ duro de roer** a hard nut to crack; **sin ~** boneless; **dar con sus ~s en la cárcel** to land o end up in jail; **no dejar ~ sano a algn** to pull sb to pieces; **estar en los ~s** to be nothing but skin and bone; **tener los ~s molidos** to be fagged out (*fam*), ache all over. **b** (*Bot*) stone, pit (*US*). **c** (*fig*) hard work, drudgery. **d** (*CAm, Méx: sinecura*) government job, sinecure. **e** **ser un ~** (*fig*) to be terribly strict.

huesoso ADJ (*esp LAm*) bony.

huésped(a) NM/F **a** (*invitado*) guest; (*en pensión*) lodger, boarder; **se le hacen los dedos ~es cada vez que oye hablar de dinero** he rubs his hands at the first mention of money. **b** (*anfitrión*) host/hostess.

hueste NF **a** (*Lit*) host, army. **b** (*muchedumbre*) crowd, mass; (*partidarios*) followers.

huesudo ADJ bony.

hueva NF **a** (*de peces*) (hard) roe; **~s** eggs, spawn *sg*. **b** (*tb* **~s**: *Chi fam!*) ball(s) (*fam!*).

huevada (*And, CSur*) NF (*fam: comentario*) piece of nonsense, foolish remark; (*acto*) stupid thing (to do); **~s** (*tonterías*) nonsense, crap (*fam!*).

huevear<1a> VI (*Chi fam*) to mess about (*fam*).

huevera NF eggcup.

huevería NF *shop that specializes in selling eggs*.

huevo NM **a** egg; **~ pasado por agua/cocido** o **duro** soft-boiled/hard-boiled egg; **~ a la copa** (*And, Chi*) boiled egg; **~ crudo** raw egg; **~ estrellado** o **frito/escalfado** fried/poached egg; **~s revueltos** o (*Col, Ven*) **pericos** scrambled eggs; **~ tibios** (*And, CAm, Méx*) soft-boiled eggs; **nos lo han puesto a ~** they've made it easy for us.
b (*fam!*) ball (*fam!*), testicle; **¡un ~!** (*fam!*) bollocks! (*fam!*), no way! (*fam*); **me costó un ~** it took me a lot of trouble, it was hard work; (*precio*) it cost me an arm and

a leg, it cost me a bomb (*fam*); **estar hasta los ~s** to be pissed off (*fam!*); **tener ~s** to have guts o balls (*fam*), be tough; **sabe un ~ de vinos** he knows a lot about wine; V **cojón** *para muchas locuciones*.

huevón/a (*LAm fam*) **1** ADJ (*flojo*) lazy; (*estúpido*) stupid, thick (*fam*); (*cobarde*) cowardly. **2** NM/F (*vago*) lazy sod (*fam!*), skiver (*fam*); (*imbécil*) stupid idiot (*fam*), bloody fool (*fam!*).

huida NF **a** flight, escape. **b** (*de caballo*) shy, bolt.

huidizo ADJ (*tímido*) shy; (*esquivo*) elusive; (*fugaz*) fleeting.

huido ADJ fugitive, on the run; **un esclavo ~** a runaway slave.

huilas NFPL (*Chi fam: andrajos*) rags.

huincha NF (*And, CSur*) = **güincha**.

huipil NM (*CAm, Méx*) Indian regional dress o blouse.

huir<3g> VI **a** (*escaparse*) to run away, flee (*de* from); **huyó del país** he fled the country. **b** (*evitar*) to avoid, shun (*de* from); **huye de esto como de la peste** avoid it like the plague. **c** (*tiempo*) to fly.

huira NF (*And, CSur: cuerda*) rope; **dar ~ a algn** (*fam*) to thrash sb.

huiro NM (*And, CSur*) seaweed.

huisache NM (*CAm, Méx*) species of acacia.

huisachero NM (*CAm, Méx: leguleyo*) shyster lawyer, unqualified lawyer.

huitlacoche NM (*CAm, Méx*) black mushroom.

huizache NM (*CAm, Méx*) = **huisache**.

hulado NM (*CAm*) oilskin, rubberized cloth.

hular NM (*Méx*) rubber plantation.

hule NM **a** (*goma*) rubber. **b** (*tela*) oilskin, oilcloth. **c** **habrá ~** there'll be trouble. **d** (*CAm, Méx: árbol*) rubber tree. **e** (*Méx fam: preservativo*) condom, rubber (*fam*).

hulla NF coal, soft coal.

hullero ADJ coal *atr*.

humanamente ADV **a** (*en términos humanos*) humanly. **b** (*con humanidad*) humanely.

humanidad NF **a** (*género humano*) humanity, mankind. **b** (*cualidad*) humanity. **c** (*fam: gordura*) corpulence. **d** **las ~es** the humanities.

humanismo NM humanism.

humanista NMF humanist.

humanístico ADJ humanistic.

humanitario/a **1** ADJ humanitarian; (*benévolo*) humane. **2** NM/F humanitarian.

humanizar<1f> **1** VT to humanize, make more human. **2** **humanizarse** VR to become more human.

humano **1** ADJ **a** (*relativo al hombre*) human; **ser ~** human being; **equivocarse es ~** to err is human. **b** (*benévolo*) humane. **2** NM human (being).

humareda NF cloud of smoke.

humazo NM dense smoke, cloud of smoke.

humeante ADJ smoking, smoky; (*caldo, sopa*) steaming.

humear <1a> **1** VT (*LAm: fumigar*) to fumigate. **2** VI **a** (*humo*) to smoke, give out smoke; (*vapor*) to steam. **b** (*fig: memoria, rencor etc*) to be still alive, linger on.

humectador NM humidifier.

humedad NF humidity, damp(ness); (*rocío etc*) moisture; **a prueba de ~** damp-proof.

humedecer <2d> **1** VT to dampen, moisten; (*ambiente*) to humidify. **2** **humedecerse** VR to get damp o wet; **se le humedecieron los ojos** his eyes filled with tears, tears came into his eyes.

húmedo ADJ (*clima etc*) humid, damp; (*ropa*) damp; (*pelo*) wet; (*ligeramente: labios, tierra*) moist.

húmero NM humerus.

humildad NF **a** humbleness, humility. **b** (*fig*) lowliness.

humilde ADJ **a** humble. **b** (*clase etc*) low, modest; **son gente ~** they are humble o poor people.

humildemente ADV humbly.

humillación NF (*abatimiento*) humiliation; (*acto*) humbling.

humillante ADJ humiliating, degrading.

humillar<1a> **1** VT to humiliate, humble. **2** **humillarse** VR to humble o.s.; **~ a** to grovel to.

humita NF (*And, CSur: Culin*) tamale.

humo NM [a] (gen) smoke; (gases) fumes; (vapor) vapour, vapor (US), steam; **echar ~** to smoke; **convertirse en ~** (fig) to vanish without trace; **hacerse ~** (And, CSur. fam: desaparecer) to disappear, clear off (fam); **írsele al ~ a algn** (LAm) to jump sb (fam). [b] **~s** (fig: aires) conceit, airs; **bajar los ~s a algn** to take sb down a peg; **darse ~s** to brag, boast; **tener muchos ~s** to think highly of o.s., have a big head.

humor NM [a] (gen) mood, humour, humor (US), temper; **buen ~** good humour; **un ~ de perros** a stinker of a mood (fam); **estar de buen/mal ~** to be in a good/bad mood o temper; **me pone de mal ~** it puts me in a bad mood; **seguir el ~ a algn** to humour sb; **tengo ~ para fiestas** I'm in a party mood. [b] (gracia) humour; **~ negro** black humour.

humorada NF [a] (broma) witticism. [b] (capricho) caprice, whim.

humorismo NM humour, humor (US); (de cara al público) stand-up comedy.

humorista NMF humorist; (de cara al público) stand-up comedian/comedienne.

humorístico ADJ humorous, funny.

humus NM humus.

hundido ADJ [a] sunken; (ojos) deep-set. [b] (desmoralizado) downcast, demoralized.

hundimiento NM [a] (gen) sinking. [b] (colapso) collapse, ruin; (Min) cave-in, subsidence.

hundir<3a> [1] VT [a] (gen) to sink; (sumergir) to submerge. [b] (edificio etc) to ruin, destroy; (plan etc) to sink, ruin. [c] (desmoralizar) to demoralize; **me hundes en la miseria** you are driving me to ruin. [2] **hundirse** VR [a] (Náut) to sink; (en arena, lodo etc) to sink. [b] (edificio etc) to collapse, fall (down); (tierra) to cave in, subside. [c] (fig: arruinarse) to be destroyed, be ruined; (: persona) to collapse, break down; **se hundió la economía** the economy collapsed; **el negocio se hundió** the business failed o went under; **se hundieron los precios** prices slumped; **se hundió en la meditación** he became lost in meditation; **~ en la miseria** to get really low o depressed.

húngaro/a [1] ADJ, NM/F Hungarian. [2] NM (Ling) Hungarian, Magyar.

Hungría NF Hungary.

huno NM Hun.

huracán NM hurricane.

huracanado ADJ: **viento ~** hurricane wind, violent wind.

huraño ADJ (tímido) shy; (esquivo) shy, elusive.

hurgar<1h> [1] VT [a] (tocar) to poke, jab; (: fuego) to poke, rake. [b] = **hurguetear**. [2] VI: **~ en** to rummage in. [3] **hurgarse** VR (tb **~ las narices**) to pick one's nose.

hurgón NM (de fuego) poker.

hurguete NM (CSur) nosy parker.

hurguetear <1a> VT (LAm: remover) to finger, turn over, rummage (inquisitively) among; (fisgonear) to shove one's nose into, pry into.

hurí NF houri.

hurón [1] ADJ (tímido) shy, unsociable. [2] NM [a] (Zool) ferret. [b] (fig) shy person. [c] (fisgón) nosy parker, snooper.

huronear<1a> VI (fig) to pry, snoop around.

hurra INTERJ hurray!, hurrah!

hurtadillas NFPL: **a ~** stealthily, on the sly.

hurtar<1a> VT [a] (robar) to steal. [b] **~ el cuerpo** to dodge.

hurto NM [a] (acto) theft; (robo) thieving, robbery. [b] (lo robado) (piece of) stolen property, loot.

húsar NM hussar.

husillo NM [a] (Mec) spindle, shaft; (de prensa etc) screw, worm. [b] (conducto) drain.

husma NF: **andar a la ~** to go snooping around, go prying (de after, for).

husmear<1a> [1] VT [a] (oler) to scent, get wind of. [b] (fig) to pry into, sniff out. [2] VI (carne) to smell bad.

husmeo NM [a] scenting. [b] (fig) prying, snooping.

huso NM [a] (Téc) spindle; (de torno) drum. [b] **~ horario** (Geog) time zone. [c] (Col fam) kneecap.

huy INTERJ (dolor) ow!, ouch!; (sorpresa) well!; (alivio) phew!; **¡~, perdona!** oops, sorry!

Hz ABR de **hertzio** Hz.

I, i [i] NF (*letra*) letter I, i.
IA NF ABR *de* **inteligencia artificial** AI.
IAC NF ABR *de* **ingeniería asistida por computadora** CAE.
IAE NM ABR (*Esp*) *de* **Impuesto de** *o* **sobre Actividades Económicas** tax on commercial and professional activities.
IAO NF ABR *de* **instrucción asistida por ordenador** CAI.
IB ABR *de* **Iberia, Líneas Aéreas de España, Sociedad Anónima**.
iba *etc* V **ir**.
Iberia NF Iberia.
ibérico ADJ Iberian.
ibero/a, íbero*/a ADJ, NM/F Iberian.
Iberoamérica NF Latin America.
iberoamericano/a ADJ, NM/F Latin-American.
íbice NM ibex.
ibicenco/a 1 ADJ of *o* from Ibiza. 2 NM/F native *o* inhabitant of Ibiza; **los ~s** the people of Ibiza.
Ibiza NF Ibiza.
ICE NM ABR (*Esp*) a (*Escol*) *de* **Instituto de Ciencias de la Educación**. b (*Com*) *de* **Instituto de Ciencias Económicas**.
iceberg NM ['iθeβer] (*pl* ~s ['iθeβer]) iceberg; **la punta** *o* **cabeza del** ~ the tip of the iceberg.
ICEX NM ABR *de* **Instituto de Comercio Exterior**.
ICH NM ABR (*Esp*) *de* **Instituto de Cultura Hispánica**.
ICI NM ABR (*Esp*) *de* **Instituto de Cooperación Iberoamericana**.
ICO NM ABR (*Esp*) *de* **Instituto de Crédito Oficial**.
ICONA, Icona NM ABR (*Esp*) *de* **Instituto para la Conservación de la Naturaleza** ≈ NCC.
icono NM ikon; (*tb Inform*) icon.
iconoclasta 1 ADJ iconoclastic. 2 NMF iconoclast.
iconografía NF iconography.
ictericia NF jaundice.
ICYT NM ABR *de* **Instituto de Información y Documentación sobre Ciencia y Tecnología**.
I + D ABR *de* **Investigación y Desarrollo** R & D.
íd. ABR *de* **ídem** do.
ida NF a (*gen*) going, departure; **~s y venidas** comings and goings; (*viaje de*) ~ outward journey; **billete de ~ y vuelta** round ticket *o* (*US*) round trip ticket; ~ **y vuelta** round trip. b (*Caza*) track, trail. c (*fig*) rash act.
IDCA NM ABR *de* **Instituto de Desarrollo Cooperativo en América**.
IDE NF ABR *de* **Iniciativa de Defensa Estratégica** SDI.
idea NF a (*gen*) idea, notion; ~ **genial** brilliant idea; ~ **fija** fixed idea, obsession; **¡ni ~!** I haven't a clue!, search me!); **hacerse a la idea de que ...** to get used to the idea of ...; **meterse una ~ en la cabeza** to get an idea into one's head; **no tengo la menor** *o* **la más remota** ~ I haven't the faintest *o* foggiest idea; **no tenía la menor ~ de que ...** I had no idea that ...; **una persona de ~s liberales** a liberal-minded person.
b (*impresión*) opinion; **¿qué ~ tienes de él?** what impression do you have of him?; **darse una ~ de, hacerse una ~ de** to get an idea of, form an impression of.
c (*propósito*) intention; **una persona de mala ~** a malicious person; **con la ~ de hacer algo** with the idea of doing sth; **cambiar** *o* **mudar de ~** to change one's mind; **hacer algo a** *o* **con mala ~** to do sth maliciously; **llevar ~ de hacer algo** to have a mind to do sth.
ideal 1 ADJ ideal; **nuestra casa ~** our dream house. 2 NM ideal.
idealismo NM idealism.
idealista 1 ADJ idealistic. 2 NMF idealist.
idealización NF idealization.
idealizar <1f> VT to idealize.
idear <1a> VT (*gen*) to think up; (*inventar*) to invent, devise.
ideario NM ideology; **el ~ de la organización** the thinking of the organization.
ideático ADJ a (*LAm*) eccentric. b (*CAm: inventivo*) ingenious.
IDEM NM ABR (*Esp*) *de* **Instituto de los Derechos de la Mujer**.
ídem ADV ditto, idem.
idéntico ADJ identical.
identidad NF (*gen*) identity; (*semejanza*) sameness, similarity; **carnet de** ~ identity card; ~ **corporativa** (*Com*) corporate identity *o* image.
identificación NF identification; ~ **errónea** mistaken identity.
identificar <1g> 1 VT to identify; **víctima sin** ~ unidentified victim. 2 **identificarse** VR a to identify o.s. b ~ **con** to identify (o.s.) with.
ideograma NM ideogram.
ideología NF ideology.
ideológico ADJ ideological.
ideólogo/a NM/F ideologue.
idílico ADJ idyllic.
idilio NM idyll; (*amor*) romance, love affair.
idioma NM language.
idiomático ADJ idiomatic; **giro** ~ idiom, idiomatic expression.
idiosincrasia NF idiosyncrasy.
idiota 1 ADJ idiotic, stupid. 2 NMF idiot; **¡~!** you idiot!
idiotez NF idiocy; **¡eso es una ~!** that's nonsense!
idiotizar <1f> VT a to reduce to a state of idiocy, make an idiot of; (*fig*) to stupefy. b (*LAm*) ~ **a algn** to drive sb crazy.
IDO NM ABR (*Esp*) *de* **Instituto de Denominaciones de Origen**.
ido ADJ a (*fam: despistado*) absent-minded; **estar** ~ to be miles away. b (*chiflado*) crazy (*fam*), nuts (*fam*); **estar** ~ **(de la cabeza)** to be crazy, be mad.
idólatra 1 ADJ idolatrous. 2 NMF idolator/tress.
idolatrar <1a> VT to worship, adore; (*fig*) to idolize.
idolatría NF idolatry.
ídolo NM idol.
idoneidad NF (*gen*) suitability; (*capacidad*) aptitude, ability.
idóneo ADJ suitable, fit, fitting.
IEE NM ABR a (*Admin*) *de* **Instituto Español de Emigración**. b (*Esp Com*) *de* **Instituto de Estudios Económicos**.
IEI NM ABR (*Esp*) *de* **Instituto de Educación e Investigación**.
IEM NM ABR (*Esp*) *de* **Instituto de Enseñanza Media**.
iglesia NF church; **I~ Católica** Catholic Church; ~ **parroquial** parish church; **casarse por la** ~ to get married in church; **cumplir con la** ~ to fulfil *o* (*US*) fulfill one's religious obligations; **llevar a algn a la** ~ to lead sb to the altar; **¡con la ~ hemos topado!** now we're really up against it!
iglú NM igloo.
IGN NM ABR (*Esp, Honduras*) *de* **Instituto Geográfico Nacional**.
ignición NF ignition.
ignifugación NF fireproofing.
ignífugo ADJ fireproof, fire-resistant.
ignominia NF a ignominy, disgrace. b (*acto*) disgraceful act.
ignominioso ADJ ignominious, disgraceful.
ignorado ADJ (*gen*) unknown; (*poco conocido*) obscure, little-known.
ignorancia NF ignorance; **por** ~ through ignorance.

ignorante [1] ADJ ignorant. [2] NMF ignoramus.
ignorar<1a> VT [a] (*desconocer*) not to know, be ignorant *o* unaware of; **lo ignoro en absoluto** I've no idea; **ignoramos su paradero** we don't know his whereabouts. [b] (*no tener en cuenta*) to ignore.
ignoto ADJ (*gen*) unknown; (*no descubierto*) undiscovered.
igual [1] ADJ [a] (*gen*) equal (*a* to); (*semejante*) alike, similar; **no vi nunca cosa ~** I never saw the like; **1 kilómetro es ~ a 1.000 metros** a kilometre is equal to 1,000 metres; **A es ~ a B** A is the same as B; **es ~ it** makes no difference, it's all the same; **me es ~** it's all the same to me; **son todos ~es** they're all the same.
  [b] (*llano*) even, level; (*constante*) uniform, constant; (*invariable*) unchanging; (*liso*) smooth; **ir ~es** (*Dep*) to be level, be even; **quince ~es** (*Tenis*) fifteen all.
  [c] ~ **que** like, the same as; **A, ~ que B, no sabe** A, like B, doesn't know; **A es ~ de bonito que B** A is just as nice as B.
  [d] **al ~ que** like, just like; **los chilenos, al ~ que los argentinos, estiman que ...** the Chileans, (just) like the Argentines, think that ....
  [2] ADV [a] (*Esp fam: a lo mejor*) maybe; **~ no lo saben** maybe they don't know.
  [b] (*CSur fam: a pesar de todo*) just the same, still, in spite of everything; **era inocente pero me expulsaron ~** I was innocent but they threw me out just the same.
  [3] NMF equal; **al o por ~** equally, on an equal basis; **sin ~** peerless; **ser el ~ de** to be a match for; **no tener ~** to be unrivalled; **tratar a algn de ~ a ~** to treat sb as an equal.
  [4] NM (*Mat*) equals sign.
iguala NF (*Com*) agreement; (*cuota*) agreed fee.
igualación NF (*gen*) equalization; (*nivelación*) evening up, levelling, leveling (*US*); (*Mat*) equating.
igualada NF (*Dep*) equalizer; (*igualdad de puntos*) level score.
igualado ADJ [a] (*en carrera, competición*) level. [b] (*CAm, Méx: fam*) disrespectful (to superiors).
igualar<1a> [1] VT [a] (*hacer igual*) to equalize, make equal; (*Mat*) to equate (*a* to); (*fig*) to compare, match (*a* with); **~ el marcador** (*Dep*) to level the score.
  [b] (*allanar*) to level (off *o* up), even out; (*alisar*) to smooth; (*fig*) to even out, adjust.
  [c] (*Com*) to agree upon.
  [2] VI, **igualarse** VR [a] to be equal; **~ a o con** to equal, be equal to, be the equal of.
  [b] (*Dep*) to equalize.
  [c] (*Com*) to come to an agreement.
igualatorio NM (*Med*) insurance group.
igualdad NF [a] (*gen*) equality; (*semejanza*) sameness; **~ de derechos/oportunidades** equal rights/opportunities; **en ~ de condiciones** on an equal basis. [b] (*de superficie*) evenness, levelness; (*de forma*) uniformity.
igualitario ADJ egalitarian.
igualito ADJ (*diminutivo de* **igual**) exactly the same, identical; **los dos son ~s** they're the spitting image of each other.
igualmente ADV [a] (*gen*) equally. [b] (*también*) likewise, also. [c] (*saludo*) the same to you.
iguana NF iguana.
IHS ABR *de* **Jesús** IHS.
III NM ABR (*Méx*) *de* **Instituto Indigenista Interamericano**.
ijada NF, **ijar** NM (*Zool*) flank; (*Anat*) loin.
ikastola NF Basque language school.
ikurriña NF Basque national flag.
ilación NF (*gen*) inference; (*nexo*) connection.
ILARI NM ABR *de* **Instituto Latinoamericano de Relaciones Internacionales**.
ilativo ADJ inferential; (*Ling*) illative.
ilegal ADJ illegal, unlawful.
ilegalidad NF illegality, unlawfulness; **trabajar en la ~** to work illegally.
ilegalización NF outlawing, banning.
ilegalizar<1f> VT to outlaw, declare illegal, ban.
ilegalmente ADV illegally, unlawfully.
ilegible ADJ illegible.
ilegitimidad NF illegitimacy.

ilegítimo ADJ [a] (*gen*) illegitimate; (*ilegal*) unlawful. [b] (*fig*) false, spurious.
ileso ADJ (*sin daños*) unhurt, unharmed; (*sin tocar*) untouched; **salió ~** he got out unscathed.
iletrado ADJ uncultured, illiterate.
ilicitano/a [1] ADJ of *o* from Elche. [2] NM/F native *o* inhabitant of Elche.
ilícito ADJ illicit, illegal, unlawful.
ilimitado ADJ unlimited, limitless.
Ilmo/a. ABR *de* **Ilustrísimo/a**)(*courtesy title*)
ilocalizable ADJ that cannot be found; **ayer X seguía ~** X was still unavailable yesterday.
ilógico ADJ illogical.
ILPES NM ABR *de* **Instituto Latinoamericano de Planificación Económica y Social**.
iluminación NF [a] (*gen*) illumination, lighting; (*en estadio etc*) flood lighting; **~ indirecta** indirect lighting. [b] (*fig*) enlightenment.
iluminado/a [1] ADJ illuminated, lighted, lit; (*fig*) enlightened. [2] NM/F visionary.
iluminar<1a> VT [a] to illuminate, light (up); (*estadio etc*) to floodlight. [b] (*fig*) to enlighten.
ilusión NF [a] (*gen*) illusion; (*delirio*) delusion; **~ óptica** optical illusion.
  [b] (*fig*) unfounded hope, piece of wishful thinking; **con ~** hopefully; **su ~ era comprarlo** her dream was to buy it; **forjarse o hacerse ~es** to build up (false) hopes; **no te hagas ~es** don't get any false ideas; **no me hago muchas ~es de que ...** I am not very hopeful that ...; **poner su ~ en algo** to pin one's hopes on sth.
  [c] (*emoción*) excitement, thrill; (*entusiasmo*) eagerness; **¡qué ~!** how exciting!; **trabajar con ~** to work with a will; **el viaje me hace mucha ~** I am so looking forward to the trip; **tu carta me hizo mucha ~** I was thrilled to get your letter.
ilusionado ADJ (*gen*) hopeful; (*entusiasmado*) excited, eager; **estaba ~ con ir a Francia** he was looking forward to going to France.
ilusionar<1a> [1] VT [a] (*falsamente*) to give grounds for false hopes to.
  [b] (*entusiasmar*) to excite, thrill; **me ilusiona el viaje** I'm really excited about the journey.
  [2] **ilusionarse** VR [a] (*falsamente*) to get carried away; **no te ilusiones** don't get any false ideas.
  [b] (*entusiasmarse*) to be excited, be thrilled.
ilusionismo NM conjuring.
ilusionista NMF conjurer, illusionist (*US*).
iluso/a [1] ADJ (*gen*) gullible; (*engañado*) deluded. [2] NM/F dreamer, visionary; **¡~!** you're hopeful!
ilusorio ADJ (*gen*) illusory, unreal; (*sin valor*) empty; (*sin efecto*) ineffectual.
ilustración NF [a] (*gen*) illustration. [b] (*Tip*) picture, drawing. [c] (*fig*) learning, erudition; **la I~** the Enlightenment.
ilustrado ADJ [a] (*gen*) illustrated. [b] (*culto*) learned, erudite; (*fig*) enlightened.
ilustrador(a) [1] ADJ illustrative; (*instructivo*) enlightening. [2] NM/F illustrator.
ilustrar<1a> VT [a] (*gen*) to illustrate. [b] (*elucidar*) to explain, make clear. [c] (*instruir*) to instruct, enlighten. [2] **ilustrarse** VR to acquire knowledge.
ilustrativo ADJ illustrative.
ilustre ADJ illustrious, famous.
ilustrísimo ADJ most illustrious; **Su I~a** (*arzobispo*) His Grace; (*lord: Brit*) His Lordship; **Vuestra I~a** Your Grace, Your Lordship.
IM NM ABR *de* **Instituto de la Mujer** WI.
IMAC NM ABR *de* **Instituto de Mediación, Arbitraje y Conciliación** ≈ ACAS.
imagen NF [a] (*gen*) image; (*semejanza*) likeness; **ser la viva ~ de** to be the spitting (*fam*) *o* living image of; **a su ~ (y semejanza)** in one's own image (and likeness). [b] (*Rel*) image, statue. [c] (*TV*) picture; (*Fot*) frame; **fantasma** ghost image. [d] (*Lit*) image; **imágenes** imagery. [e] (*apariencia*) image; **cuidar su ~** to care for one's appearance; (*fig*) to protect one's image.

imaginable ADJ imaginable, conceivable.

imaginación NF (*gen*) imagination; (*fig*) fancy; **ni por ~** on no account; **no se me pasó por la ~ que …** it never even occurred to me that …; **son ~es tuyas** you're imagining things.

imaginar<1a> **1** VT (*gen*) to imagine; (*visualizar*) to visualize; (*concebir*) to think up, invent.
2 VI, **imaginarse** VR to imagine, fancy; **¡imagínate!** just imagine!, just fancy!; **imagínese que** suppose that, imagine that; **me imagino que** I suppose that; **sí, me imagino** yes, I can imagine; **me imagino que sí** I should think so.

imaginaria NF (*Mil*) reserve o nightguard.

imaginario ADJ imaginary, unreal.

imaginativa NF (*gen*) imagination, imaginativeness; (*sentido común*) common sense.

imaginativo ADJ imaginative.

imaginería NF (*Ecl*) images, statues.

imam, imán[1] NM (*Rel*) imam.

imán[2] NM magnet; **~ de herradura** horseshoe magnet.

iman(t)ación NF magnetization.

iman(t)ar<1a> VT to magnetize.

imbatible ADJ unbeatable.

imbatido ADJ unbeaten.

imbécil **1** ADJ **a** (*Med*) imbecile. **b** (*fig*) silly, stupid.
2 NMF **a** (*Med*) imbecile. **b** (*fig*) imbecile, idiot; **¡~!** you idiot!

imbecilidad NF **a** (*Med*) imbecility. **b** (*fig*) stupidity, idiocy; **decir ~es** to say silly things.

imberbe ADJ beardless.

imbombera NF (*Ven Med*) pernicious anaemia o (*US*) anemia.

imbornal NM (*Náut*) scupper; (*Arquit*) gutter.

imborrable ADJ (*gen*) indelible; (*recuerdo etc*) unforgettable.

imbricación NF (*Cos*) overlapping; (*fig*) interweaving, interdependence.

imbricar<1g> VT, **imbricarse** VR to overlap.

imbuir<3g> VT to imbue, infuse (*de, en* with).

imbunchar<1a> VT (*Chi: encantar*) to bewitch.

IMCE NM ABR *de* **Instituto Mejicano de Comercio Exterior**.

IMEC NF ABR *de* **Instrucción Militar de la Escala de Complemento**.

imitable ADJ imitable.

imitación NF **a** (*gen*) imitation; (*parodia*) mimicry; **a ~ de** in imitation of; **desconfíe de las ~es** (*Com*) beware of copies o imitations. **b** **de ~** imitation *atr*; **joyas de ~** imitation jewellery o (*US*) jewelry. **c** (*Teat*) imitation, impersonation.

imitador(a) **1** ADJ imitative. **2** NM/F imitator, follower; (*Teat*) mimic, impersonator.

imitar<1a> VT **a** (*gen*) to imitate; (*Teat etc*) to mimic, ape; (*copiar*) to follow. **b** (*falsificar*) to forge, counterfeit.

imitativo ADJ imitative.

impaciencia NF impatience.

impacientar <1a> **1** VT to make impatient; (*enfadar*) to irritate, exasperate. **2** **impacientarse** VR to get impatient (*ante, por* about, at; *con* with), lose patience; (*agitarse*) to get worked up; (*inquietarse*) to fret.

impaciente ADJ impatient; (*inquieto*) anxious, fretful; **~ por empezar** impatient to start, keen to get going; **¡estoy ~!** I can't wait (*por + infin* to + *infin*).

impacientemente ADV (*V adj*) impatiently; anxiously; fretfully.

impactar<1a> **1** VT (*impresionar*) to impress, have an impact on. **2** VI: **~ en** to affect, have an effect on, influence.

impacto NM **a** (*gen*) impact; (*Mil*) hit, shock; **~ político** political impact. **b** (*señal*) **~ de bala** bullet hole. **c** (*impresión*) impact, impression; (*esp LAm*) shock.

impagable ADJ unpayable; (*fig*) priceless, inestimable.

impagado ADJ unpaid, still to be paid.

impago **1** ADJ (*CSur*) unpaid, still to be paid. **2** NM nonpayment.

impalpable ADJ impalpable.

impar **1** ADJ (*Mat*) odd; (*fig*) unique; **los números ~es** the odd numbers. **2** NM odd number.

imparable ADJ unstoppable.

imparcial ADJ impartial, fair.

imparcialidad NF impartiality, fairness.

imparcialmente ADV impartially, fairly.

impartible ADJ indivisible.

impartir<3a> VT to impart, give.

impasible ADJ impassive, unmoved.

impavidez NF (*gen*) intrepidity, dauntlessness.

impávido ADJ **a** (*gen*) intrepid, dauntless. **b** (*LAm*) cheeky.

IMPE NM ABR (*Esp*) *de* **Instituto de la Mediana y Pequeña Empresa**.

impecable ADJ impeccable, faultless.

impedido ADJ crippled, disabled.

impedimenta NF (*Mil*) impedimenta.

impedimento NM **a** (*gen*) impediment, hindrance. **b** (*Med*) disability.

impedir<3k> VT **a** (*bloquear*) to impede, obstruct; **~ el paso** to block the way. **b** (*parar*) to stop, prevent; (*frustrar*) to thwart, hinder; **~ algo a algn** to keep sb from doing sth; **~ a algn hacer algo**, **~ que algn haga algo** to stop sb doing sth, prevent sb (from) doing sth; **me veo impedido para ayudar** I find it impossible to help.

impeler<2a> VT **a** (*Mec*) to drive, propel. **b** (*fig*) to urge; **~ a algn a hacer algo** to drive o urge sb to do sth; **impelido por la necesidad** driven by need.

impenetrabilidad NF impenetrability.

impenetrable ADJ (*gen*) impenetrable; (*impermeable*) impervious; (*fig*) obscure, incomprehensible.

impenitencia NF impenitence.

impenitente ADJ unrepentant.

▼**impensable** ADJ unthinkable.

impensado ADJ **a** (*imprevisto*) unexpected, unforeseen. **b** (*casual*) random, chance *atr*.

impepinable ADJ (*fam*) certain, inevitable.

imperante ADJ ruling, prevailing.

imperar<1a> VI **a** (*reinar*) to rule, reign. **b** (*fig*) to reign, prevail; (*precio etc*) to be in force, be current.

imperativo **1** ADJ **a** (*gen*) imperative. **b** (*tono etc*) imperious, commanding. **2** NM **a** (*necesidad etc*) imperative; **~ categórico** moral imperative. **b** (*Ling*) imperative (mood).

imperceptible ADJ imperceptible, undiscernible.

imperceptiblemente ADV imperceptibly.

imperdible NM safety pin.

imperdonable ADJ unforgivable, inexcusable.

imperecedero ADJ imperishable; (*fig*) undying.

imperfección NF (*gen*) imperfection; (*falla*) flaw, fault, blemish.

imperfecto **1** ADJ **a** (*Com*) imperfect, faulty. **b** (*tarea*) unfinished, incomplete. **c** (*Ling*) imperfect. **2** NM (*Ling*) imperfect (tense).

imperial **1** ADJ imperial. **2** NF (*en autobús*) top o upper deck.

imperialismo NM imperialism.

imperialista **1** ADJ imperialist(ic). **2** NMF imperialist.

impericia NF (*torpeza*) unskilfulness, unskillfulness (*US*); (*inexperiencia*) inexperience; **a prueba de ~** foolproof.

imperio NM **a** (*gen*) empire; **I~ Español** Spanish Empire; **vale un ~**, **vale siete ~s** it's worth a fortune. **b** (*autoridad*) rule, authority.

imperioso ADJ **a** (*porte, tono etc*) imperious. **b** (*urgente*) urgent; **necesidad ~a** absolute necessity, pressing need.

impermeabilidad NF impermeability, imperviousness.

impermeabilizar <1f> VT to waterproof, make watertight.

impermeable **1** ADJ (*gen*) impermeable, impervious (*a* to); (*agua*) waterproof. **2** NM raincoat, mac (*fam*).

impersonal ADJ impersonal.

impersonalidad NF impersonality.

impertérrito ADJ (*gen*) unafraid; (*impávido*) unshaken, undaunted.

impertinencia NF (*insolencia*) impertinence; **~s** impertinent remarks.

impertinente [1] ADJ (*insolente*) impertinent. [2] NM: ~s lorgnette.

imperturbable ADJ (*gen*) imperturbable; (*sereno*) unruffled, unflappable; (*impasible*) impassive.

impétigo NM impetigo.

ímpetu NM [a] (*gen*) impetus, impulse; (*Mec*) momentum. [b] (*acometida*) rush, onrush. [c] (*impetuosidad*) impetuosity.

impetuosidad NF (*gen*) impetuousness, impulsiveness; (*violencia*) violence.

impetuoso ADJ (*gen*) impetuous, impulsive; (*voluntarioso*) headstrong; (*corriente etc*) rushing, violent; (*acto*) hasty, impetuous.

impiedad NF (*Rel*) impiety, ungodliness; (*crueldad*) cruelty, pitilessness.

impío ADJ (*Rel*) impious, ungodly; (*cruel*) cruel, pitiless.

implacable ADJ implacable, relentless.

implantación NF (*gen*) implantation; (*de costumbre*) introduction.

implantar <1a> VT (*gen*) to implant; (*costumbre etc*) to introduce.

implementar<1a> VT to implement.

implemento NM (*herramienta*) implement, tool.

implicación NF [a] (*complicidad*) involvement, complicity. [b] (*significado*) implication.

implicar <1g> VT [a] (*involucrar*) to implicate, involve; **las partes implicadas** the parties concerned. [b] (*significar*) to imply; **esto no implica que ...** this does not mean that ....

implícitamente ADV implicitly.

implícito ADJ implicit, implied.

imploración NF supplication, entreaty.

implorar<1a> VT to implore, beg.

impoluto ADJ unpolluted, pure.

imponderable [1] ADJ imponderable. [2] NM: ~s imponderables.

imponencia NF (*LAm*) impressiveness.

imponente ADJ (*impresionante*) imposing, impressive; (*maravilloso*) terrific, great.

imponer <2q> (*pp* **impuesto**) [1] VT [a] (*gen*) to impose; (*carga*) to lay, thrust (*a* upon); (*tarea*) to set; (*impuesto*) to put, impose (*a, sobre* on). [b] (*obediencia etc*) to exact (*a* from), demand (*a* from); (*respeto*) to command (*a* from); (*miedo*) to inspire (*a* in). [c] (*informar*) to inform (*de* of). [d] (*Com, Fin*) to deposit. [2] VI (*edificio*) to be impressive; (*persona*) to inspire respect. [3] **imponerse** VR [a] **~ un deber** to assume a duty, take on a duty. [b] (*hacerse obedecer*) to assert o.s., get one's way; **~ a** to dominate, impose one's authority on. [c] (*prevalecer*) to prevail (*a* over); (*costumbre*) to grow up; **se impondrá el buen sentido** good sense will prevail. [d] (*ser necesario*) to be necessary; **la conclusión se impone** the conclusion is inescapable. [e] (*ganar: equipo*) to get on top. [f] (*instruirse*) **~ de** to acquaint o.s. with.

imponible ADJ (*Fin*) taxable, subject to tax; (*importación*) dutiable, subject to duty; **no ~** tax-free, tax-exempt (*US*).

impopular ADJ unpopular.

impopularidad NF unpopularity.

importación NF [a] (*acto*) importation, importing; **artículo de ~** imported article; **comercio de ~** import trade. [b] (*importaciones*) imports.

importador(a) [1] ADJ importing. [2] NM/F importer.

importancia NF (*gen*) importance; (*peso*) significance, weight; (*valor*) size, magnitude; **de cierta ~** of some importance; **sin ~** insignificant, minor; **carecer de ~** to be unimportant; **conceder** o **dar mucha ~ a** to attach great importance to, put the emphasis on; **no dar ~ a** to consider unimportant; (*fig*) to make light of; **darse ~** to give o.s. airs; **quitar** o **restar ~ a** to play down; **no tiene ~** it's nothing, it's not important.

importante ADJ [a] (*gen*) important; (*trascendental*) significant, momentous; **lo (más) ~ es** the main thing is; **poco ~** unimportant. [b] (*cantidad etc*) considerable, sizeable; (*lesión, retraso*) serious.

importar¹ <1a> VT (*Com*) to import (*a* into; *de* from).

▼**importar²** <1a> [1] VT (*Fin*) to amount to; (*valer*) to cost, be worth. [2] VI to be important, matter; **~ a** to concern; **no importa** it doesn't matter; **¡no importa!** never mind!; **¿qué importa?** what difference does it make?; **y a ti ¿qué te importa?** and what business is it of yours?; **no le importa** he doesn't care, it doesn't bother him; **lo que importa es ...** what matters is ..., the main thing is ...; **(no) me importa un bledo** o **rábano** I couldn't care less (*de* about); **¿te importa** o **importaría prestármelo?** would you mind lending it to me?; **no me importa esperar** I don't mind waiting; **'no importa precio'** 'cost no object'; **lo comprará a no importa qué precio** he'll buy it at any price.

importe NM value, cost; **~ total** final o grand total; **hasta el ~ de** up to the amount of; **el ~ de esta factura** the amount of this bill.

importunación NF pestering.

importunar<1a> VT to bother, pester.

importunidad NF (*acción*) pestering; (*efecto*) annoyance.

importuno ADJ [a] (*fastidioso*) troublesome, annoying. [b] (*inoportuno*) inopportune, ill-timed.

imposibilidad NF [a] impossibility. [b] **mi ~ para hacer algo** my inability to do sth.

imposibilitado ADJ [a] (*Med*) disabled, crippled; (*Fin*) helpless, without means. [b] **estar** o **verse ~ para hacer algo** to be unable to do sth, be prevented from doing sth.

imposibilitar<1a> VT [a] (*Med*) to disable; (*incapacitar*) to make unfit, incapacitate; **la lesión le imposibilitó participar en la carrera** the injury ruled him out of the race. [b] (*impedir*) to make impossible, prevent.

▼**imposible** NM ADJ [a] (*gen*) impossible; (*inaguantable*) intolerable, unbearable; **es ~** it's out of the question; **es ~ de predecir** it's impossible to forecast; **hacer lo ~** to do one's utmost (*por hacer algo* to do sth). [b] (*difícil*) difficult, awkward.

imposición NF [a] (*gen*) imposition. [b] (*Com, Fin*) tax. [c] (*Fin*) deposit; **efectuar una ~** to make a deposit. [d] (*Rel*) **~ de manos** laying on of hands.

impositivo ADJ (*Fin*) tax *atr*; **sistema ~** taxation, tax system.

impositor(a) NM/F (*Fin*) depositor.

impostor(a) NM/F [a] (*charlatán*) impostor, fraud. [b] (*calumniador*) slanderer.

impostura NF [a] (*gen*) imposture, fraud. [b] (*calumnia*) slur, slander.

impotencia NF [a] (*gen*) impotence, powerlessness, helplessness. [b] (*Med, fig*) impotence.

impotente ADJ [a] (*gen*) impotent, powerless, helpless. [b] (*Med, fig*) impotent.

impracticable ADJ [a] (*gen*) impracticable, unworkable. [b] (*carretera*) impassable.

imprecación NF imprecation, curse.

imprecar<1g> VT to curse.

imprecisión NF lack of precision, vagueness.

impreciso ADJ imprecise, vague.

impredecible ADJ, **impredictible** ADJ (*LAm*) unpredictable.

impregnación NF impregnation.

impregnar<1a> VT (*gen*) to impregnate; (*saturar*) to saturate (*de* with); (*fig*) to pervade.

impremeditado ADJ unpremeditated.

imprenta NF [a] (*arte*) printing; **dar a la ~** to send for printing. [b] (*aparato*) press; (*taller*) printer's.

imprescindible ADJ essential, indispensable; **cosas ~s** essentials; **es ~ que ...** it is imperative that ...; **lo más ~** the essentials.

impresentable ADJ unpresentable; (*acto*) disgraceful; (*persona*) disreputable; **Juan es ~** you can't take John anywhere.

➤ EXPRESIONES GENERATIVAS: **importar²** → 1.2, 1.5, 9, 14.1, 14.2 **imposible** → 16.3

impresión NF **a** (*gen*) impression; (*huella*) imprint; ~ **digital** fingerprint. **b** (*Tip: gen*) printing; (: *una* ~) print-run; (: *letra*) print; (: *tirada*) edition, issue; **quinta** ~ fifth impression; **una** ~ **de 5.000 ejemplares** an edition of 5,000 copies; ~ **en color(es)** colour *o* (*US*) color printing. **c** (*Fot*) print. **d** (*Inform*) printout. **e** (*fig*) impression; **cambiar** ~**es** to compare notes; **da la** ~ **de hacer algo** it gives the impression of doing sth; **me da la** ~ **de que ...** I have the feeling that ...; **causar** *o* **hacer buena** ~ to make a good impression, impress; **su muerte me causó una gran** ~ her death was a great shock to me; **¿qué** ~ **te produjo?** how did it impress you?, what impression did it make on you?; **tener la** ~ **de que ...** to have the impression that ....

impresionable ADJ impressionable.

impresionado ADJ **a** (*gen*) impressed. **b** (*Fot*) exposed.

impresionante ADJ (*gen*) impressive; (*maravilloso*) great, marvellous, marvelous (*US*); (*espectáculo*) striking; (*conmovedor*) moving, affecting.

impresionar <1a> **1** VT **a** (*disco*) to cut; (*Fot*) to expose; **película sin** ~ unexposed film. **b** (*causar impresión a*) to impress, strike; (*conmover*) to move, affect; **la noticia de su muerte me impresionó mucho** the news of his death had a profound effect on me. **2** VI (*causar impresión*) to make an impression; **lo hace sólo para** ~ he does it just to impress. **3 impresionarse** VR to be impressed; (*conmoverse*) to be moved, be affected.

impresionismo NM impressionism.

impresionista **1** ADJ impressionist(ic). **2** NMF impressionist.

impreso **1** PP *de* **imprimir**. **2** ADJ printed. **3** NM **a** printed work. **b** (*formulario*) form; ~ **de solicitud** application form. **c** ~**s** printed matter *sg*.

impresor(a)¹ NM/F printer.

impresora² NF (*Inform*) printer; ~ **(por) láser** laser printer; ~ **de línea** line-printer; ~ **de margarita** daisy-wheel printer; ~ **por chorro de tinta por burbuja** ink-jet printer; ~ **matricial**, ~ **de matriz de puntos** dot-matrix printer.

imprevisible ADJ (*gen*) unforeseeable; (*individuo*) unpredictable.

imprevisión NF (*gen*) short-sightedness; (*irreflexión*) thoughtlessness.

imprevisto **1** ADJ unforeseen, unexpected. **2** NM (*suceso*) contingency; ~**s** incidentals, unforeseen expenses; **si no surgen** ~**s** if nothing unexpected occurs.

imprimar <1a> VT (*Arte*) to prime.

imprimátur NM (*tb fig*) imprimatur.

imprimir <3a> (*pp* **impreso**) VT **a** (*gen*) to imprint, impress, stamp (*en* on). **b** (*Tip*) to print; (*Inform*) to output, print out. **c** (*fig*) **quedó impreso en su memoria** it was lodged firmly in his mind.

improbabilidad NF improbability, unlikelihood.

▼**improbable** ADJ improbable, unlikely.

improbidad NF dishonesty.

ímprobo ADJ **a** (*poco honrado*) dishonest, corrupt. **b** (*tarea*) arduous, thankless, tough; (*esfuerzo etc*) tremendous, awful, strenuous.

improcedencia NF (*V adj*) unsuitability, inappropriateness; unseemliness; inadmissibility.

improcedente ADJ **a** (*inadecuado*) unsuitable, inappropriate; (*indecoroso*) unseemly. **b** (*Jur*) inadmissible; **despido** ~ unfair dismissal.

improductivo ADJ unproductive.

impronta NF (*de relieve*) rubbing; (*de hueco*) cast, mould, mold (*US*); (*fig*) stamp, mark.

impronunciable ADJ unpronounceable.

improperio NM insult, taunt; **soltar** ~**s** to curse.

impropiedad NF **a** (*inadecuación*) inappropriateness, unsuitability. **b** (*de estilo, palabras*) impropriety.

impropio ADJ (*gen*) improper; (*inadecuado*) inappropriate, unsuitable; ~ **de** foreign to.

improvisación NF (*gen*) improvisation; (*Mús*) extemporization, impromptu; (*Teat etc*) ad-lib.

improvisadamente ADV (*de repente*) unexpectedly, suddenly; (*sin preparación*) at the drop of a hat.

improvisado ADJ (*gen*) improvised; (*reparación*) makeshift; (*Mús etc*) extempore, impromptu.

improvisar <1a> VT (*gen*) to improvise; (*Mús etc*) to extemporize; (*Teat etc*) to ad-lib; (*Culin: comida*) to rustle up (*fam*).

improviso ADJ: **de** ~ unexpectedly, suddenly; (*dicho*) off the cuff; (*hecho*) on the spur of the moment; **coger** *o* **pillar de** ~ to catch unawares; **tocar de** ~ to play impromptu.

imprudencia NF **a** (*gen*) imprudence, rashness; (*indiscreción*) indiscretion; (*descuido*) carelessness. **b** (*acción*) **fue una** ~ **de conductor** it was the driver's carelessness; ~ **temeraria** criminal negligence; **ser acusado de conducir con** ~ **temeraria** to be charged with dangerous driving.

imprudente ADJ (*gen*) imprudent, rash; (*indiscreto*) indiscreet; (*conductor*) careless.

Impte ABR *de* **Importe** amt.

impúber ADJ not having reached puberty, immature.

impublicable ADJ unprintable.

impudicia NF immodesty, shamelessness; (*obscenidad*) lewdness.

impúdico ADJ immodest, shameless; (*obsceno*) lewd.

impudor NM = **impudicia**.

impuesto **1** PP *de* **imponer**; **estar** ~ **en** to be well versed in. **2** NM (*gen*) tax; (*derecho*) duty, levy (*sobre* on); ~**s** taxes, taxation; **sujeto a** ~ taxable, dutiable; ~ **sobre los bienes heredados** estate duty; ~ **sobre el capital** capital levy; ~ **directo** direct tax; ~ **de lujo** luxury tax; ~ **de plusvalía** capital gains tax; ~ **sobre la propiedad** rate (*US*), property tax (*Brit*); ~ **revolucionario** protection money paid to terrorists; ~ **sobre la riqueza** wealth tax; ~ **sobre sociedades** corporation tax; ~ **sobre la renta** income tax; ~ **de transferencia de capital** capital transfer tax; **I~ sobre (el) Valor Añadido** *o* (*LAm*) **Agregado (IVA)** Value Added Tax (VAT); ~ **de venta** sales *o* purchase tax; **anterior al** ~ pre-tax.

impugnar <1a> VT (*decisión, fallo*) to contest, challenge; (*teoría*) to refute.

impulsador NM (*Aer*) booster.

impulsar <1a> VT **a** (*Mec*) to drive, propel. **b** (*fig*) to drive, impel; **impulsado por el miedo** driven on by fear. **c** (*promover*) to promote, stimulate.

impulsión NF impulsion; (*Mec*) propulsion, drive.

impulsividad NF impulsiveness.

impulsivo ADJ impulsive.

impulso NM **a** (*gen*) impulse; (*Mec*) drive, thrust; (*empuje*) impetus, momentum; **coger** *o* **tomar** ~ (*Dep*) to take a run up. **b** (*fig*) impulse, urge; **un** ~ **repentino** a sudden impulse. **c** (*estímulo*) stimulus, boost.

impune ADJ unpunished.

impunemente ADV with impunity.

impunidad NF impunity.

impureza NF **a** (*gen*) impurity. **b** (*fig*) unchastity, lewdness.

impuro ADJ **a** (*gen*) impure. **b** (*fig*) unchaste, lewd.

imputación NF imputation.

imputar <1a> VT: ~ **a** to impute to, attribute to; **los hechos que se les imputan** the acts with which they are charged.

inabordable ADJ unapproachable.

inacabable ADJ endless, interminable.

inacabado ADJ unfinished.

inaccesibilidad NF inaccessibility.

inaccesible ADJ (*gen*) inaccessible; (*fig: precio*) beyond one's reach (*fam*), prohibitive; (*individuo*) aloof.

inacción NF (*gen*) inaction; (*ociosidad*) inactivity, idleness.

inacentuado ADJ unaccented, unstressed.

inaceptable ADJ unacceptable.

inactividad NF (*gen*) inactivity; (*pereza*) laziness, idleness; (*Com, Fin*) dullness.

inactivo ADJ (*gen*) inactive; (*perezoso*) lazy, idle; (*Com, Fin*) dull; (*población*) non-working.

inadaptable ADJ unadaptable.

inadaptación NF (*gen*) maladjustment; (*Med*) rejection.

inadaptado/a ⓵ ADJ maladjusted. ⓶ NM/F misfit.

inadecuación NF (*gen*) inadequacy; (*impropiedad*) unsuitability, inappropriateness.

inadecuado ADJ (*gen*) inadequate; (*inapto*) unsuitable, inappropriate.

inadmisibilidad NF inadmissibility.

inadmisible ADJ inadmissible.

inadvertencia NF inadvertence; **por ~** inadvertently.

inadvertido ADJ ⓐ (*despistado*) unobservant, inattentive; (*descuidado*) careless. ⓑ (*sin observar*) unnoticed, unobserved; **pasar ~** to escape notice, slip by.

inagotable ADJ inexhaustible.

inaguantable ADJ intolerable, unbearable.

inajenable ADJ (*Jur*) inalienable; (*billete*) not transferable.

inalámbrico ADJ wireless.

in albis ADV: **quedarse ~** to be left in the dark.

inalcanzable ADJ unattainable.

inalienable ADJ inalienable.

inalterable ADJ (*gen*) unchanging; (*color*) permanent, fast; (*cara*) impassive.

inalterado ADJ unchanged, unaltered.

inamovible ADJ fixed, immovable; (*Téc*) undetachable.

inanición NF starvation; (*Med*) inanition; **morir de ~** to die of starvation.

inanidad NF inanity.

inanimado ADJ inanimate.

inánime ADJ lifeless.

INAP NM ABR (*Esp*) *de* **Instituto Nacional de la Administración Pública.**

inapelable ADJ (*Jur*) unappealable; (*fig*) irremediable; **las decisiones de los jueces serán ~s** the judges' decisions will be final.

inapetencia NF lack of appetite.

inapetente ADJ: **estar ~** to have no appetite, not to be hungry.

inaplicable ADJ not applicable.

inaplicado ADJ slack, lazy.

inapreciable ADJ ⓐ (*diferencia etc*) imperceptible. ⓑ (*de valor*) invaluable.

inaprehensible ADJ indefinite, hard to pin down.

inaptitud NF unsuitability.

inapto ADJ unsuited (*para* to).

inarmónico ADJ unharmonious; (*fig*) cacophonous.

inarrugable ADJ crease-resistant.

inarticulado ADJ inarticulate.

inasequible ADJ (*gen*) unattainable, out of reach; (*indisponible*) unobtainable.

inasistencia NF absence.

inastillable ADJ shatterproof.

inatacable ADJ unassailable.

inatención NF inattention.

inatento ADJ inattentive.

inaudible ADJ inaudible.

inaudito ADJ (*gen*) unheard-of; (*sin precedente*) unprecedented; (*increíble*) outrageous.

inauguración NF (*gen*) inauguration; (*Teat etc*) opening; **~ privada** (*Arte*) private view.

inaugural ADJ (*gen*) inaugural; (*Teat etc*) opening; (*viaje etc*) maiden *atr*.

inaugurar <1a> VT (*gen*) to inaugurate; (*exposición etc*) to open (formally); (*estatua*) to unveil.

INB NM ABR (*Esp Escol*) *de* **Instituto Nacional de Bachillerato** ≈ comprehensive school (*Brit*), ≈ high school (*US*).

I.N.B.A. ABR (*Méx*) *de* **Instituto Nacional de Bellas Artes.**

INBAD NM (*Esp abr*) *de* **Instituto Nacional de Bachillerato a Distancia.**

INC NM ABR ⓐ (*Esp*) *de* **Instituto Nacional de Colonización.** ⓑ (*Esp Com*) *de* **Instituto Nacional de Consumo.**

inc. ABR *de* **inclusive** inc.

inca NMF Inca.

incaico ADJ Inca *atr*.

incalculable ADJ incalculable.

incalificable ADJ indescribable, unspeakable.

incanato NM (*Per: época*) Inca period; (: *reinado*) reign of an Inca.

incandescencia NF incandescence.

incandescente ADJ incandescent; (*fam*) white hot.

incansable ADJ tireless, untiring.

incansablemente ADV tirelessly, untiringly.

incapacidad NF (*gen*) incapability; (*inaptitud*) unsuitability (*para* for); (*incompetencia*) inadequacy, incompetence; **su ~ para hacer algo** his inability to do sth.

incapacitado ADJ (*descalificado*) disqualified; (*inadecuado*) unfitted (*para* for); (*inválido*) handicapped, disabled.

incapacitar <1a> VT (*gen*) to incapacitate, handicap (*para* for); (*Jur*) to disqualify (*para* for).

incapaz ADJ (*gen*) incapable (*de* of); (*inadecuado*) unfit, inadequate; (*Jur*) incompetent; **~ de hacer algo** unable to do sth; **yo sería ~ de hacerlo** I couldn't do it.

incario NM (*Per*) Inca period.

incásico ADJ (*LAm*) Inca *atr*.

incautación NF seizure, confiscation.

incautarse <1a> VR: **~ de** (*Jur*) to seize, confiscate, impound; (*intervenir*) to take possession of.

incauto ADJ unwary, incautious.

incendiar <1b> ⓵ VT to set on fire, set fire to, set alight; (*fig*) to kindle, inflame. ⓶ **incendiarse** VR to catch fire.

incendiario/a ⓵ ADJ ⓐ incendiary; **bomba ~a** incendiary (device). ⓑ (*fig*) inflammatory. ⓶ NM/F fire-raiser, pyromaniac.

incendio NM fire, conflagration (*frm*); **~ forestal** forest fire; **~ intencionado** o **provocado** arson.

incensar <1j> VT (*Rel*) to cense, incense; (*fig*) to flatter.

incensario NM censer.

incentivación NF ⓐ motivation. ⓑ (*Fin*) incentive scheme.

incentivar <1a> VT to encourage, stimulate; **baja incentivada** voluntary severance.

incentivo NM incentive; **~ fiscal** tax incentive.

incertidumbre NF uncertainty, doubt.

incesante ADJ incessant, unceasing.

incesantemente ADV incessantly, unceasingly.

incesto NM incest.

incestuoso ADJ incestuous.

incidencia NF ⓐ (*Mat etc*) incidence. ⓑ (*suceso*) incident. ⓒ (*impacto*) effect, impact; **la huelga tuvo escasa ~** the strike was not widely supported, the strike had little impact.

incidente ⓵ ADJ incidental. ⓶ NM incident; **un viaje sin ~s** an uneventful journey.

incidir <3a> ⓵ VT (*Med*) to incise. ⓶ VI: **~ en** to fall upon; (*afectar*) to influence, affect; **~ en un error** to fall into error; **el impuesto incide más en ellos** the tax affects them worst.

incienso NM (*Rel*) incense; (*fig*) flattery.

incierto ADJ (*dudoso*) uncertain, doubtful; (*inconstante*) inconstant; (*inseguro*) insecure.

incineración NF (*de basuras*) incineration; (*de cadáveres*) cremation.

incinerador NM, **incineradora** NF incinerator.

incinerar <1a> VT to incinerate, burn; (*cadáver*) to cremate.

incipiente ADJ incipient.

incircunciso ADJ uncircumcised.

incisión NF incision.

incisivo ⓵ ADJ (*gen*) sharp, cutting; (*fig*) incisive. ⓶ NM incisor.

inciso NM (*Ling*) clause, sentence; (*coma*) comma; (*Jur*) subsection; (*observación*) parenthetical comment, aside; **hacer un ~** to make an aside.

incitación NF incitement.

incitante ADJ provocative.

incitar <1a> VT to incite, rouse, spur on; **~ a algn a hacer**

algo to urge sb to do sth.
incívico ADJ antisocial.
incivil ADJ uncivil, rude.
incivilizado ADJ uncivilized.
inclasificable ADJ unclassifiable, nondescript.
inclemencia NF (*Met*) harshness, inclemency.
inclemente ADJ (*Met*) harsh, inclement.
inclinación NF [a] (*gen*) inclination; (*declive*) slope, incline; (*Náut*) pitch, tilt; **~ lateral** (*Aer*) bank. [b] (*reverencia*) bow; (*de cabeza*) nod. [c] (*fig*) inclination, bent, leaning; **tener ~ hacia la poesía** to have a penchant for poetry.
inclinado ADJ [a] (*en ángulo*) inclined, sloping, slanting; **la torre ~a de Pisa** the leaning tower of Pisa. [b] **sentirse ~ a hacer algo** to feel inclined to do sth.
inclinar <1a> [1] VT [a] (*gen*) to incline; (*sesgar*) to slope, slant, tilt; (*cabeza: afirmar*) to nod; (*bajar*) to bow. [b] (*fig*) **~ a algn a hacer algo** to persuade sb to do sth. [2] **inclinarse** VR [a] (*gen*) to incline; (*ladearse*) to slope, slant; (*Náut, Téc*) to tilt. [b] (*encorvarse*) to stoop, bend; (*hacer una reverencia*) to bow; **~ ante** (*fig*) to bow to, bow down before; **~ sobre algo/algn** to lean on sth/sb. [c] **~ a favor de, ~ por** to lean towards; **me inclino a pensar que ...** I am inclined to think that ....
incluir <3g> VT (*gen*) to include; (*comprender*) to comprise, contain; (*en carta*) to enclose; **todo incluido** (*Com*) inclusive, all-in.
inclusa NF foundling hospital.
inclusión NF inclusion; **con ~ de** including.
inclusive ADV inclusive, inclusively; **del 1 al 10, ambos ~** from the first to the 10th inclusive; **hasta el próximo domingo ~** up to and including next Sunday.
inclusivo ADJ inclusive.
incluso ADV [a] including. [b] (*aun*) even, actually; **~ le pegó** he even hit her, he actually hit her.
incoar <1a> VT to start, initiate.
incobrable ADJ irrecoverable; (*deuda*) bad.
incógnita NF (*Mat*) unknown quantity; (*fig*) unknown quantity o factor; (*razón oculta*) hidden motive; **queda en pie la ~ sobre su influencia** there is still a question mark over his influence.
incógnito/a [1] ADJ unknown. [2] NM incognito; **viajar de ~** to travel incognito.
incoherencia NF (*gen*) incoherence; (*falta de conexión*) disconnectedness; (*de comportamiento, respuestas*) inconsistency; **~s** nonsense (*sg*).
incoherente ADJ incoherent; (*inconexo*) disconnected; **es ~ con sus ideas** he's inconsistent in his thinking.
incoloro ADJ colourless, colorless (*US*).
incólume ADJ (*gen*) safe; (*ileso*) unhurt, unharmed; **salir ~ del accidente** to emerge unharmed from the accident.
incombustible ADJ (*gen*) fire-resistant; (*telas*) fireproof.
incomible ADJ inedible.
incomodar <1a> [1] VT to inconvenience, trouble. [2] **incomodarse** VR [a] to put o.s. out, take trouble; **¡no se incomode!** don't bother! [b] (*enfadarse*) to get cross o annoyed (*con* with).
incomodidad NF [a] (*inoportunidad*) inconvenience; (*falta de comodidad*) discomfort. [b] (*fastidio*) annoyance.
incómodo ADJ (*inoportuno*) inconvenient; (*poco cómodo*) uncomfortable; (*pesado*) tiresome, annoying; **sentirse ~** to feel ill at ease; **estar ~ con algn** (*CSur*) to be angry with sb.
incomparable ADJ incomparable.
incomparecencia NF failure to appear (in court *etc*), non-appearance.
incompatibilidad NF incompatibility; **ley de ~es** law against the holding of multiple posts; **~ de caracteres** mutual incompatibility.
incompatible ADJ incompatible.
incompetencia NF incompetence.
incompetente ADJ incompetent.
incompleto ADJ incomplete, unfinished.

incomprendido/a [1] ADJ (*persona*) misunderstood; (*genio etc*) not appreciated. [2] NM/F misunderstood person; (*genio etc*) person who is not appreciated.
incomprensibilidad NF incomprehensibility.
incomprensible ADJ incomprehensible.
incomprensión NF (*gen*) incomprehension, lack of understanding; (*subestimación*) lack of appreciation.
incomunicación NF (*gen*) isolation; (*para presos*) solitary confinement.
incomunicado ADJ (*gen*) isolated, cut off; (*preso*) in solitary confinement, incommunicado.
incomunicar <1g> VT (*gen*) to cut off, isolate; (*preso*) to put into solitary confinement.
inconcebible ADJ inconceivable, unthinkable.
inconciliable ADJ irreconcilable.
inconcluso ADJ unfinished, incomplete.
incondicional [1] ADJ (*gen*) unconditional; (*fe*) complete, unquestioning; (*apoyo*) wholehearted; (*afirmación*) unqualified; (*partidario etc*) staunch, stalwart. [b] (*LAm*) servile, fawning. [2] NM/F [a] stalwart, staunch supporter. [b] (*LAm*) yes man (*fam*).
inconexión NF (*V adj*) unconnectedness; disconnectedness; incoherence.
inconexo ADJ (*gen*) unconnected; (*desarticulado*) disconnected, disjointed; (*incoherente*) incoherent.
inconfesable ADJ shameful, disgraceful.
inconfeso ADJ (*reo*) who does not confess.
inconformismo NM nonconformism.
inconformista ADJ, NM/F nonconformist.
inconfundible ADJ unmistakable.
incongruencia NF incongruity.
incongruente, incongruo ADJ incongruous.
inconmensurable ADJ (*gen*) immeasurable, vast; (*Mat*) incommensurate.
inconmovible ADJ unshakeable.
inconmutable ADJ immutable.
inconquistable ADJ (*gen*) unconquerable; (*fig*) inconquerable, unyielding.
inconsciencia NF [a] (*Med*) unconsciousness. [b] (*fig*) unawareness. [c] (*irreflexión*) thoughtlessness.
inconsciente [1] ADJ [a] (*Med*) unconscious; **le encontraron ~** they found him unconscious. [b] (*fig: ignorante*) unaware (*de* of), oblivious (*de* to); (*involuntario*) unwitting. [c] (*irresponsable*) thoughtless, reckless. [2] NM unconscious; **el ~ colectivo** the collective unconscious.
inconscientemente ADV (*V adj*) [a] (*sin saber*) unconsciously; unawares, unwittingly. [b] (*sin pensar*) thoughtlessly; recklessly; in a carefree manner.
inconsecuencia NF inconsistency.
inconsecuente ADJ inconsistent.
inconsideración NF (*gen*) inconsiderateness, thoughtlessness; (*precipitación*) rashness, haste.
inconsiderado ADJ (*gen*) inconsiderate, thoughtless; (*precipitado*) rash, hasty.
inconsistencia NF (*V adj*) lack of firmness; weakness; flimsiness; (*Culin: de masa*) lumpiness.
inconsistente ADJ (*poco sólido*) lacking firmness, not solid; (*argumento*) weak; (*Culin*) lumpy, unmixed; (*tela*) flimsy.
inconsolable ADJ inconsolable.
inconstancia NF (*V adj*) inconstancy; changeability; fickleness.
inconstante ADJ inconstant; (*tiempo*) changeable; (*caprichoso*) fickle; **un amigo ~** a fair-weather friend.
inconstitucional ADJ unconstitutional.
inconstitucionalidad NF unconstitutional nature.
incontable ADJ countless, innumerable.
incontenible ADJ uncontrollable, unstoppable.
incontestable ADJ (*irrefutable*) unanswerable; (*innegable*) undeniable, indisputable.
incontinencia NF (*tb Med*) incontinence.
incontinente ADJ (*tb Med*) incontinent.
incontrastable ADJ (*dificultad*) insuperable; (*argumento*)

unanswerable.

incontrolable ADJ uncontrollable.

incontrolado ADJ uncontrolled.

incontrovertible ADJ incontrovertible.

inconveniencia NF [a] (*gen*) unsuitability, inappropriateness; (*imprudencia*) inadvisability; (*desventaja*) inconvenience. [b] (*descortesía*) impoliteness. [c] (*dicho*) silly o tactless remark.

▼**inconveniente** [1] ADJ [a] (*gen*) unsuitable, inappropriate; (*imprudente*) inadvisable; (*inoportuno*) inconvenient. [b] (*descortés*) impolite. [2] NM (*obstáculo*) obstacle, difficulty; (*desventaja*) drawback; **el ~ es que** the trouble is that, the difficulty is that; **no hay ~ en hacer eso** there is no objection to doing that; **poner un ~** to raise an objection; **no tengo ~** I don't mind; **no veo ~** I see no objection.

inconvertibilidad NF inconvertibility.

inconvertible ADJ inconvertible.

incordiar <1b> VT (*fam*) to bother, bug (*fam*); **¡déjate de ~!** give it a break (*fam*).

incordio NM (*fam*) pain (*fam*), nuisance.

incorporación NF (*gen*) incorporation; (*fig*) inclusion; (*a filas*) enlisting, enlistment; **la ~ del ejército al gabinete** the inclusion of the Army in the Cabinet.

incorporado ADJ (*Téc*) built-in; **con antena ~a** with built-in aerial.

incorporar <1a> [1] VT [a] (*incluir*) to incorporate (*a, con, en* into, in); (*abarcar*) to embody; (*Culin*) to mix. [b] **~ a algn** to make sb sit up (in bed). [2] **incorporarse** VR [a] (*cuando se está acostado*) to sit up, raise o.s.; **~ en la cama** to sit up in bed. [b] **~ a** (*regimiento, sociedad etc*) to join; **~ a filas** (*Mil*) to join up, enlist; **~ al trabajo** to go to work, report for work.

incorpóreo ADJ incorporeal, bodiless; (*intocable*) intangible.

incorrección NF [a] (*de datos*) incorrectness, inaccuracy. [b] (*descortesía*) discourtesy, bad-mannered behaviour o (*US*) behavior; **cometer una ~** to commit a faux pas. [c] (*Ling*) mistake.

incorrectamente ADV (*V adj*) [a] incorrectly, inaccurately. [b] discourteously.

incorrecto ADJ [a] (*dato*) incorrect, inaccurate, wrong. [b] (*conducta*) discourteous, bad-mannered; (*irregular*) improper; **ser ~ con** to take liberties with.

incorregible ADJ incorrigible.

incorruptible ADJ incorruptible.

incorrupto ADJ (*gen*) uncorrupted; (*fig*) pure, chaste.

incredibilidad NF incredibility.

incredulidad NF incredulity; (*fig*) scepticism, skepticism (*US*).

incrédulo/a [1] ADJ incredulous; (*fig*) sceptical, skeptical (*US*). [2] NM/F unbeliever, sceptic, skeptic (*US*).

increíble ADJ incredible; **es ~ que ...** it is unbelievable that ....

incrementar <1a> [1] VT (*aumentar*) to increase; (*alzar*) to raise. [2] **incrementarse** VR to increase.

incremento NM (*gen*) increment; (*alza*) increase; **~ salarial** pay increase, rise in wages; **~ de temperatura** rise in temperature.

increpación NF reprimand, rebuke.

increpar <1a> VT to reprimand, rebuke.

in crescendo [1] ADV: **ir ~** to increase, intensify, spiral upwards. [2] NM increase, upward spiral.

incriminación NF incrimination.

incriminar <1a> VT (*Jur*) to incriminate.

incruento ADJ bloodless.

incrustación NF [a] (*gen*) incrustation. [b] (*Arte*) inlay, inlaid work. [c] (*Téc*) scale.

incrustar <1a> [1] VT [a] (*gen*) to incrust (*de* with); (*joyas etc*) to inlay (*de* with); (*fig*) to graft (*en* on to) (*Téc*) to set (*en* into). [2] **incrustarse** VR: **~ en** (*bomba etc*) to lodge in, embed itself in.

incubación NF incubation.

incubadora NF incubator.

incubar <1a> VT to incubate, hatch.

incuestionable ADJ unchallengeable.

inculcar <1g> VT to instil, inculcate (*en* in, into).

inculpación NF charge, accusation.

inculpar <1a> VT (*Jur*) to charge (*de* with), accuse (*de* of); (*fig*: *achacar*) to blame (*de* for).

incultivable ADJ uncultivable, unworkable.

inculto ADJ [a] (*Agr*) uncultivated. [b] (*fig*) uncultured; (*grosero*) uncouth.

incultura NF lack of culture.

incumbencia NF obligation, duty; **no es de mi ~** it is not my job.

incumbir <3a> VI: **~ a** to be incumbent upon; **no me incumbe a mí** it is no concern of mine; **le incumbe hacerlo** that's his job.

incumplimiento NM non-fulfilment, non-fulfillment (*US*); (*Com*) repudiation; **~ de contrato** breach of contract; **por ~** by default.

incumplir <3a> VT (*regla*) to break, disobey, fail to observe; (*promesa*) to break, fail to keep.

incunable NM incunabulum; **~s** incunabula.

incurable [1] ADJ (*Med*) incurable; (*fig*) hopeless, irremediable. [2] NMF incurable.

incurrir <3a> VI: **~ en** (*error*) to fall into; (*crimen etc*) to commit; (*deuda, odio*) to incur; (*desastre etc*) to bring on o.s.

incursión NF raid, incursion; **~ aérea** air-raid.

indagación NF investigation, inquiry.

indagar <1h> VT (*gen*) to investigate, inquire into; (*averiguar*) to find out, ascertain.

indebidamente ADV (*V adj*) unduly; improperly; illegally, wrongfully.

indebido ADJ (*gen*) undue; (*dicho*) improper; (*acto*) illegal, wrongful.

indecencia NF [a] (*gen*) indecency; (*obscenidad*) obscenity. [b] (*porquería*) filth. [c] (*acto*) indecent act; (*palabra*) indecent thing.

indecente ADJ [a] (*gen*) indecent, improper; (*obsceno*) obscene. [b] (*asqueroso*) filthy; **un cuchitril ~** a miserable pigsty of a place; **es una persona ~** he's a low sort, he's a mean character.

indecible ADJ unspeakable, indescribable; **sufrir lo ~** to suffer terribly.

indecisión NF indecision, hesitation.

indeciso/a [1] ADJ [a] (*gen*) undecided; (*fig*: *persona*) hesitant, irresolute; (*indefinido*) vague; **¡soy más ~!** I can never make up my mind! [b] (*resultado etc*) indecisive. [2] NM/F (*Pol*) floating voter; (*en encuesta*) don't know.

indeclinable ADJ [a] (*Ling*) indeclinable. [b] (*inevitable*) unavoidable.

indecoroso ADJ (*gen*) unseemly, indecorous; (*vergonzoso*) indecent.

indefectible ADJ unfailing, infallible.

indefectiblemente ADV unfailingly, infallibly.

indefendible ADJ indefensible.

indefenso ADJ defenceless, defenseless (*US*).

indefinible ADJ indefinable.

indefinidamente ADV indefinitely.

indefinido ADJ (*gen*) indefinite; (*vago*) undefined, vague; **por tiempo ~** for an indefinite time, indefinitely.

indeformable ADJ that keeps its shape.

indeleble ADJ indelible.

indelicadeza NF indelicacy; **cometió o tuvo la ~ de preguntarle la edad** he was tactless enough to ask her age.

indemne ADJ (*objeto*) undamaged; (*persona*) unharmed, unhurt.

indemnidad NF indemnity.

indemnización NF [a] (*acto*) indemnification. [b] (*suma*) indemnity, compensation; **~es** (*Mil, Pol*) reparations; **~ por cese** redundancy pay o money; **~ por despido** severance pay.

indemnizar <1f> VT to indemnify (*de* against, for), compensate (*por* for).

independencia NF independence; **con ~ de** independent of, irrespective of.

independentismo NM independence.
independentista [1] ADJ independence atr. [2] NMF supporter of independence, independent.
independiente [1] ADJ (gen) independent; (autosuficiente) self-sufficient; (piso etc) self-contained; (Inform) stand-alone; **hacerse ~** to become independent. [2] NMF independent.
independientemente ADV independently; **~ de que** irrespective o regardless of whether.
independizar<1f> [1] VT to make independent, grant independence to. [2] **independizarse** VR to become independent (de of).
indescifrable ADJ (Mil: código) indecipherable; (fig: misterio) impenetrable.
indescriptible ADJ indescribable.
indeseable [1] ADJ undesirable. [2] NMF undesirable (person).
indeseado ADJ unwanted.
indesmallable ADJ (medias) run-proof.
indestructible ADJ indestructible.
indeterminación NF (al hablar) vagueness; (sobre el futuro) uncertainty, unpredictability; **principio de ~** (Phys) uncertainty principle.
indeterminado ADJ (gen) indeterminate; (resultado) inconclusive; (Ling) indefinite.
India NF: **la ~** India; **las ~s** the Indies.
indiada NF (LAm: grupo) group of Indians; (: acto etc) typically Indian thing to do o say etc.
indiana¹ NF printed calico.
indiano/a² [1] ADJ (Spanish-)American. [2] NM/F Spaniard who has made good in America.
indicación NF [a] (gen) indication; (Med) sign, symptom. [b] (sugerencia) hint, suggestion; **por ~ de** at the suggestion of. [c] (dato) piece of information; (Téc: de termómetro etc) reading. [d] **~es** (Com etc) instructions, directions; **~es para el empleo** instructions for use.
indicado ADJ (apto) right, appropriate; **el sitio más ~** the most obvious place; **tú eres el menos ~ para hacerlo** you're the least suitable o last person to do it; **no es el momento más ~** it isn't the best moment.
indicador NM (gen) indicator; (Téc: aparato) gauge, meter, dial; (aguja) hand, pointer; (de carretera) road sign; **~ de dirección** (Aut) indicator; **~ de encendido** (Inform) power on indicator; **~ de velocidades** speedometer.
indicar<1g> VT [a] to indicate, show; (Téc: registrar) to register, record; (termómetro etc) to read. [b] (señalar) to point out to; (mostrar) to show; (sugerir) to suggest, hint; **me indicó con la cabeza que ...** he nodded to me that ...; **lo que te indique el médico** whatever the doctor tells you.
indicativo [1] ADJ indicative. [2] NM [a] (Ling) indicative. [b] (Rad) call sign, call letters (US); **~ de nacionalidad** (Aut) national identification plate.
índice NM [a] (gen) index; (catálogo) (library) catalogue o (US) catalog; **~ de materias** table of contents. [b] (Mat, Com etc) ratio, rate; **~ de audiencia** (TV) audience ratings; **~ del coste de (la) vida** cost-of-living index; **~ de natalidad** birth rate; **~ de ocupación** occupancy rate; **~ de participación** electoral turnout; **~ de precios al consumo** o **al por menor (IPM)** retail price index (RPI); **~ de vida** life expectancy. [c] (Téc: aguja) pointer, needle; (manecilla) hand. [d] (Anat) index finger, forefinger.
indicio NM (gen) indication, sign; (fig) token; (Jur etc) piece of evidence, clue (de to); (vestigio) trace, vestige; (Inform) marker, mark; **es ~ de** it is an indication of, it is a sign of; **no hay el menor ~ de él** there isn't the faintest sign of him, there isn't the least trace of him.
indiferencia NF (gen) indifference; (apatía) apathy, lack of interest.
indiferente ADJ [a] (gen) indifferent (a to), unconcerned (a about); (apático) apathetic, uninterested. [b] (fig) immaterial; **me es ~** it makes no difference to me.
indiferentemente ADV indifferently.
indígena [1] ADJ indigenous (de to), native (de to); (LAm) Indian. [2] NMF (gen) native; (LAm) Indian.
indigencia NF poverty, destitution, indigence.

indigenismo (esp LAm) NM indigenism, pro-Indian political movement; (estudio) study of Indian societies and cultures.
indigenista [1] ADJ (LAm) pro-Indian. [2] NMF (LAm: estudiante) student of Indian cultures; (Pol etc) supporter o promoter of Indian cultures, supporter of the Indian cause.
indigente [1] ADJ destitute, indigent. [2] NMF poor person.
indigerible ADJ indigestible.
indigestar <1a> [1] VT to cause indigestion to. [2] **indigestarse** VR [a] (persona) to get o have indigestion. [b] (comida) to cause indigestion. [c] (fig) to be insufferable; **se me indigesta ese tío** I can't stand that fellow.
indigestión NF indigestion.
indigesto ADJ (gen) indigestible, hard to digest; (fig) muddled, badly thought-out.
indignación NF indignation, anger; **descargar la ~ sobre** to vent one's spleen on.
indignado ADJ indignant, angry (con, contra with; por at, about).
indignante ADJ outrageous, infuriating.
indignar <1a> [1] VT to anger, make indignant. [2] **indignarse** VR to get angry; **~ con algn** to get indignant with sb.
indignidad NF [a] (falta de mérito) unworthiness. [b] (vileza) unworthy act; (insulto) indignity, insult; **sufrir la ~ de hacer algo** to suffer the indignity of doing sth.
indigno ADJ [a] (sin mérito) unworthy (de of). [b] (ruin) contemptible, low.
índigo NM indigo.
indio/a [1] ADJ Indian. [2] NM/F [a] Indian; **subírsele** o **asomarle el ~ a algn** (CSur fam) to get excited, blow one's top (fam). [b] **hacer el ~** to play the fool.
indirecta NF (gen) hint; (pey: insinuación) insinuation, innuendo; **soltar una ~** to drop a hint, make an insinuation.
indirectamente ADV indirectly.
indirecto ADJ (gen) indirect; (ruta) roundabout; (fig: crítica etc) oblique.
indisciplina NF (gen) indiscipline, lack of discipline; (Mil etc) insubordination.
indisciplinado ADJ undisciplined.
indisciplinarse<1a> VR to get out of control.
indiscreción NF (gen) indiscretion; (falta social) gaffe, faux pas; **si no es ~** if I may say so; **cometió la ~ de decírmelo** he was tactless enough to tell me.
indiscreto ADJ (gen) indiscreet; (dicho etc) tactless.
indiscriminadamente ADV indiscriminately.
indiscriminado ADJ indiscriminate.
indiscutible ADJ indisputable, unquestionable.
indisimulado ADJ undisguised.
indisoluble ADJ (Com etc) indissoluble; (fig: amigos etc) inseparable.
indispensable ADJ indispensable, essential.
indisponer <2q> [1] VT [a] (plan etc) to spoil, upset. [b] (Med) to upset, make ill. [c] **~ a algn con otro** to set sb against another person. [2] **indisponerse** VR [a] (Med) to become o fall ill. [b] **~ con algn** to fall out with sb.
indisponible ADJ not available, unavailable.
indisposición NF [a] (Med) indisposition. [b] (desgana) disinclination, unwillingness.
indispuesto ADJ indisposed, unwell; **sentirse ~** to feel slightly ill.
indistinguible ADJ indistinguishable (de from).
indistintamente ADV (V adj) without distinction; indiscriminately; **pueden firmar ~** either (joint holder of the account etc) may sign.
indistinto ADJ [a] (poco claro) indistinct, vague; (borroso) faint, dim. [b] (indiscriminado) indiscriminate.
individua NF (fam pey) woman, female.
individual [1] ADJ (gen) individual; (particular) peculiar, special; (cama, cuarto) single. [2] NM (Dep) singles (match); **~ femenino/masculino** women's/men's singles.

individualidad NF individuality.
individualismo NM individualism.
individualista [1] ADJ individualistic. [2] NMF individualist.
individualizar<1f> VT to individualize.
individualmente ADV individually.
individuo NM [a] individual; (*pey*) individual, chap, fellow; **el ~ en cuestión** the person in question. [b] (*socio etc*) member, fellow.
indivisible ADJ indivisible.
indiviso ADJ undivided.
INDO NM ABR (*Com*) *de* **Instituto Nacional de Denominaciones de Origen de los Vinos Españoles**.
Indo NM (*Geog*) Indus.
indo... PREF Indo....
Indochina NF: **la ~** Indochina.
indócil ADJ (*gen*) unmanageable, headstrong; (*rebelde*) disobedient.
indoctrinar <1a> VT to indoctrinate; (*fig pey*) to brainwash.
indocumentado/a [1] ADJ without identifying documents, who carries no identity papers. [2] NM/F person who carries no identity papers; (*Méx etc*) illegal immigrant.
indoeuropeo/a ADJ, NM/F Indo-European.
índole NF [a] (*naturaleza*) nature; (*carácter*) character. [b] (*tipo*) kind, sort.
indolencia NF (*gen*) indolence, laziness; (*abulia*) apathy.
indolente ADJ (*gen*) indolent, lazy; (*abúlico*) apathetic.
indoloro ADJ painless.
indomable ADJ (*espíritu*) indomitable; (*animal*) untameable; (*fig*) unmanageable, uncontrollable.
indomado ADJ wild, untamed.
indomiciliado ADJ homeless.
indómito ADJ = **indomable**.
Indonesia NF Indonesia.
indonesio/a ADJ, NM/F Indonesian.
Indostán NM Hindustan.
indte. ABR *de* **indistintamente**.
Indubán NM ABR (*Esp Fin*) *de* **Banco de Financiación Industrial**.
indubitable ADJ indubitable, undoubted.
inducción NF [a] (*Fil, Elec*) induction; **por ~** by induction, inductively. [b] (*persuasión*) inducement, persuasion.
inducido NM (*Elec*) armature.
inducir <3n> VT [a] (*Elec*) to induce; (*Fil*) to infer. [b] (*persuadir*) to induce, persuade; **~ a algn a error** to mislead sb, lead sb astray.
inductivo ADJ inductive.
indudable ADJ undoubted, indubitable; **es ~ que ...** there is no doubt that ....
indulgencia NF [a] (*gen*) indulgence; (*Jur etc*) leniency; **proceder sin ~ contra** to proceed ruthlessly against. [b] (*Rel*) indulgence; **~ plenaria** plenary indulgence.
indulgente ADJ indulgent (*con* towards).
indultar <1a> VT [a] (*Jur: perdonar*) to pardon, reprieve (*de* from). [b] (*eximir*) to exempt, excuse (*de* from).
indulto NM [a] (*Jur: perdón*) pardon, reprieve. [b] (*exención*) exemption.
indumentaria NF [a] (*ropa*) clothing, dress. [b] (*estudio*) (history of) costume.
industria NF (*Com etc*) industry; **~ básica/clave/pesada/petrolífera** basic/key/heavy/oil industry; **~ agropecuaria** farming and fishing; **~ artesanal/casera** cottage industry; **~ automovilística** car o (*US*) auto industry.
industrial [1] ADJ [a] (*de la industria*) industrial. [b] (*no casero*) factory-made, industrially produced; (*fig*) large, massive. [2] NMF industrialist, manufacturer.
industrialización NF industrialization; **~ sustitutiva** import-substitution industrialisation.
industrializar <1f> [1] VT to industrialize. [2] **industrializarse** VR to become industrialized.
industriarse <1b> VR to manage, find a way; **~las para hacer algo** to manage to do sth.
industrioso ADJ [a] (*trabajador*) industrious. [b] (*mañoso*)

skilful, skillful (*US*), resourceful.
INE NM ABR (*Esp*) *de* **Instituto Nacional de Estadística**.
inédito ADJ [a] (*texto*) unpublished. [b] (*fig*) new; **una experiencia ~a** a completely new experience.
INEF NM ABR *de* **Instituto Nacional de Educación Física**.
inefable ADJ indescribable, ineffable.
ineficacia NF [a] (*de medida*) ineffectiveness. [b] (*de proceso*) inefficiency.
ineficaz ADJ [a] (*medida*) ineffective, ineffectual. [b] (*proceso*) inefficient.
ineficiencia NF inefficiency.
ineficiente ADJ inefficient.
inelástico ADJ inelastic, rigid.
inelegible ADJ ineligible.
ineludible ADJ unavoidable, inescapable.
INEM NM ABR [a] (*Esp*) *de* **Instituto Nacional de Empleo** employment organization. [b] (*Esp*) *de* **Instituto Nacional de Enseñanza Media**.
INEN NM (*Méx*) *de* **Instituto Nacional de Energía Nuclear**.
inenarrable ADJ inexpressible.
inencogible ADJ shrink-resistant.
inencontrable ADJ unobtainable.
inepcia NF (*gen*) ineptitude, incompetence; (*necedad*) stupidity.
ineptitud NF ineptitude, incompetence.
inepto ADJ inept, incompetent; (*necio*) stupid.
inequívoco ADJ (*sin ambigüedad*) unequivocal, unambiguous; (*inconfundible*) unmistakable.
inercia NF [a] (*Fís*) inertia. [b] (*fig*) passivity; (*indolencia*) sluggishness.
inerme ADJ (*sin armas*) unarmed; (*fig: indefenso*) defenceless, defenseless (*US*), unprotected.
inerte ADJ [a] (*Fís*) inert. [b] (*fig*) passive, inactive; (*indolente*) sluggish.
inescrutable ADJ inscrutable.
inesperadamente ADV (*V adj*) unexpectedly; without warning, suddenly.
inesperado ADJ (*gen*) unexpected, unforeseen; (*repentino*) sudden.
inesquivable ADJ unavoidable.
inestabilidad NF instability, unsteadiness.
inestable ADJ unstable, unsteady.
inestimable ADJ inestimable, invaluable.
inevitabilidad NF inevitability.
inevitable ADJ inevitable, unavoidable.
inexactitud NF (*imprecisión*) inaccuracy; (*falsedad*) incorrectness, wrongness.
inexacto ADJ (*detalles etc*) inaccurate; (*no cierto*) incorrect, untrue.
inexcusable ADJ [a] (*conducta*) inexcusable, unforgivable. [b] (*conclusión etc*) inevitable.
inexistencia NF non-existence.
inexistente ADJ non-existent.
inexorable ADJ inexorable.
inexperiencia NF (*gen*) inexperience; (*incompetencia*) lack of skill.
inexperto ADJ (*novato*) inexperienced; (*incompetente*) unskilled, inexpert.
inexplicable ADJ inexplicable, unaccountable.
inexplicablemente ADV inexplicably, unaccountably.
inexplorado ADJ (*gen*) unexplored; (*Náut, fig: ruta*) uncharted.
inexpresable ADJ inexpressible.
inexpresividad NF (*V adj*) inexpressiveness; flatness, woodenness.
inexpresivo ADJ (*gen*) inexpressive; (*ojos*) dull; (*cara*) wooden.
inexpugnable ADJ [a] (*Mil*) impregnable. [b] (*fig*) firm, unshakeable.
inextinguible ADJ eternal, inextinguishable.
inextricable ADJ inextricable.
infalibilidad NF (*Rel*) infallibility; (*certeza*) certainty.
infalible ADJ (*Rel*) infallible; (*indefectible*) certain, sure; (*aparato, plan*) foolproof; (*Mil: puntería*) unerring.
infamar <1a> VT to defame, slander.

infamatorio ADJ defamatory, slanderous.
infame ADJ (*gen*) infamous, odious; (*tarea*) thankless; **esto es** ~ this is monstrous.
infamia NF (*gen*) infamy; (*descrédito*) disgrace.
infancia NF (*niñez*) infancy, childhood; (*fig*) infancy, beginnings.
infanta NF (*Hist*) infanta, princess.
infante NM (*Hist*) infante, prince; (*Mil Hist*) infantryman; ~ **de marina** marine.
infantería NF infantry; ~ **de marina** marines *pl*.
infanticida NMF child-killer.
infanticidio NM infanticide.
infantil ADJ [a] child's, children's; **libros ~es** children's books. [b] (*inocente*) childlike, innocent; (*pueril*) infantile, childish.
infantilada NF: **es una** ~ (*fam*) it's such a childish thing to do.
infantilismo NM infantilism.
infarto NM: ~ **(de miocardio)** heart attack, coronary.
infatigable ADJ tireless, untiring.
infausto ADJ (*gen*) unlucky; (*funesto*) ill-starred, ill-fated.
INFE NM ABR *de* **Instituto de Fomento de las Exportaciones**.
infección NF infection.
infeccioso ADJ infectious.
infectar <1a> [1] VT (*gen*) to infect; (*contaminar*) to contaminate, corrupt; (*pervertir*) to pervert. [2] **infectarse** VR to become infected (*de* with) (*tb fig*).
infecto ADJ (*gen*) infected (*de* with); (*contaminado*) corrupt, tainted.
infecundidad NF (*V adj*) infertility, barrenness; sterility.
infecundo ADJ (*tierra*) infertile, barren; (*mujer*) sterile.
infelicidad NF unhappiness, misfortune.
infeliz [1] ADJ [a] (*desgraciado*) unhappy; (*desdichado*) unfortunate, wretched. [b] (*bondadoso*) kindhearted, good-natured; (*inocente*) gullible. [2] NMF [a] (*desgraciado*) wretch. [b] (*inocentón*) good-natured simpleton.
inferencia NF inference; **por** ~ by inference.
inferior [1] ADJ [a] (*situación*) lower (*a* than); **labio** ~ bottom *o* lower lip; **el lado** ~ the underside, the side underneath. [b] (*rango*) inferior (*a* to), lower (*a* than); **de calidad** ~ of inferior quality. [c] (*Mat*) lower; **cualquier número** ~ **a 9** any number under *o* below *o* less than 9; **una cantidad** ~ a lesser quantity. [2] NMF inferior, subordinate.
inferioridad NF inferiority; **complejo de** ~ inferiority complex; **en** ~ **de condiciones** on less good conditions.
inferir <3i> VT [a] (*gen*) to infer, deduce; ~ **una cosa de otra** to infer one thing from another. [b] (*herida*) to inflict (*a, en* on); (*daños*) to cause.
infernal ADJ infernal; **un ruido** ~ a dreadful racket (*fam*).
infernillo NM (*tb* ~ **de alcohol**) spirit lamp *o* stove; ~ **campestre** camp stove; ~ **de gasolina** petrol stove.
infértil ADJ infertile.
infestar <1a> VT to infest, overrun; (*fig*) to harass, beset; **infestado de turistas** overrun with tourists.
inficionar <1a> VT = **infectar**.
infidelidad NF [a] infidelity, unfaithfulness; ~ **conyugal** marital infidelity. [b] (*Rel*) unbelief, lack of faith.
infiel [1] ADJ [a] (*desleal*) unfaithful, disloyal (*a, para, con* to); **fue** ~ **a su mujer** he was unfaithful to his wife. [b] (*Rel*) unbelieving, infidel. [c] (*fig: erróneo*) inaccurate; **la memoria le fue** ~ his memory failed him. [2] NMF (*Rel*) unbeliever, infidel.
infiernillo NM = **infernillo**.
infierno NM [a] hell, inferno; **la ciudad era un** ~ the city was ablaze. [b] (*fig*) **¡vete al ~!** go to hell!; **está en el quinto** ~ it's at the back of beyond.
infiltración NF infiltration.
infiltrado/a NM/F infiltrator.
infiltrar <1a> [1] VT (*gen*) to infiltrate (*en* into) (*fig: infundir*)

to inculcate (*en* in). [2] **infiltrarse** VR to infiltrate (*en* into).
ínfimo ADJ (*más bajo*) lowest; (*peor*) worst; (*miserable*) wretched, mean; **de ~a calidad** terrible quality *atr*; **precios ~s** cut-throat prices.
infinidad NF [a] (*Mat etc*) infinity. [b] (*fig*) great quantity, enormous number; ~ **de** vast numbers of; ~ **de veces** countless times; **hay** ~ **de personas que creen ...** any number of people believe ....
infinitamente ADV infinitely.
infinitesimal ADJ infinitesimal.
infinitivo [1] ADJ infinitive. [2] NM infinitive (mood).
infinito [1] ADJ [a] (*gen*) infinite. [b] (*fig*) boundless, limitless; **con paciencia ~a** with infinite patience; **hasta lo** ~ ad infinitum. [2] ADV infinitely, immensely. [3] NM (*Mat*) infinity; **el** ~ (*Fil etc*) the infinite.
inflable ADJ inflatable.
inflación NF (*gen, tb Econ*) inflation.
inflacionario ADJ (*Econ*) inflationary; **una política económica ~a** an inflationary economic policy.
inflacionismo NM (*Econ*) inflation.
inflacionista ADJ inflationary.
inflador NM (*LAm*) bicycle pump.
inflamable ADJ inflammable.
inflamación NF [a] (*Fís*) ignition, combustion. [b] (*Med*) inflammation.
inflamar <1a> VT [a] (*prender fuego a*) to set on fire, ignite. [b] (*Med*) to inflame. [c] (*fig*) to inflame, arouse. [2] **inflamarse** VR [a] (*Fís*) to catch fire, ignite. [b] (*Med*) to become inflamed. [c] (*fig*) to become inflamed (*de* with), get excited.
inflamatorio ADJ inflammatory.
inflar <1a> [1] VT [a] (*neumático etc*) to inflate, blow up, pump air into. [b] (*fig*) to exaggerate; (*precios*) to inflate; (*engreír*) to make conceited. [2] **inflarse** VR [a] (*hincharse*) to swell. [b] (*engreírse*) to get conceited; ~ **de orgullo** to swell with pride.
inflexibilidad NF inflexibility.
inflexible ADJ inflexible; (*fig*) unbending, unyielding; **regla** ~ strict *o* hard-and-fast rule.
inflexión NF inflexion.
infligir <3c> VT to inflict (*a* on).
influencia NF influence (*sobre* on); **bajo la** ~ **de** under the influence of.
influenciable ADJ impressionable, easily influenced.
influenciar <1b> VT to influence.
influenza NF (*esp LAm*) influenza, flu.
influir <3g> [1] VT to influence; **A, influido por B ...** A, influenced by B .... [2] VI [a] to have influence, carry weight (*con* with). [b] ~ **en** *o* **sobre** to influence, affect; (*contribuir a*) to have a hand in.
influjo NM influence (*sobre* on).
influyente ADJ influential.
infografía NF computer graphics.
información NF [a] (*gen*) information; (*noticias*) news; (*Mil*) intelligence; **una** ~ a piece of information. [b] (*informe*) report, account; (*rúbrica periodística*) section; ~ **deportiva** sports section; ~ **extranjera** foreign news. [c] (*Jur*) judicial inquiry, investigation. [d] (*Inform: datos*) data; (*Telec*) I~ Directory Enquiries, Directory Assistance (*US*).
informador(a) NM/F informant; ~ **(de policía)** informer; ~ **gráfico** reporter, pressman; (*fotoperiodista*) photojournalist.
informal ADJ [a] (*charla, lenguaje, cena*) informal; (*ropa*) casual. [b] (*conducta: descortés*) bad, unmannerly; (: *poco usual*) unconventional. [c] (*individuo: poco fiable*) unreliable, untrustworthy; (*mal educado*) offhand, bad-mannered.
informalidad NF [a] (*gen*) informality; (*en el vestir*) casualness. [b] (*de conducta*) bad manners, rudeness. [c] (*poca*

formalidad) unreliability, offhandedness.

informalmente ADV [a] (sin formalismos) informally. [b] (sin formalidad) unreliably.

informante NMF informant.

informar <1a> [1] VT [a] (enterar) to inform, tell (de of; sobre about). [b] (dar forma a) to form, shape. [2] VI [a] (gen) to report (acerca de, de on). [b] (Jur: delator) to inform (contra against); (: abogado) to plead. [3] **informarse** VR to find out, inform o.s.; ~ **de** to find out about, inquire into.

informática¹ NF (Téc) information technology; (Univ etc) computer science o studies, computing.

informático/a² [1] ADJ computer atr; **servicios ~s** computer services. [2] NM/F computer scientist.

informativo [1] ADJ (gen) informative; (TV etc) **boletín ~** news bulletin; **un folleto ~** an information booklet, an explanatory booklet. [2] NM (Rad, TV) news programme o (US) program.

informatización NF computerization.

informatizar <1f> VT to computerize.

informe¹ ADJ shapeless.

informe² NM [a] (gen) report; (Pol) white paper; (dictamen) statement; (Mil) briefing; **~s** information; (datos) data; (de trabajador) references; **según mis ~s** according to my information; **dar ~s sobre** to give information about; **pedir ~s** to ask for information, make inquiries (a of; sobre about). [b] (Jur) plea; **~ del juez** summing-up, summation (US). [c] (Com) **~ anual** annual report.

infortunado ADJ unfortunate, unlucky.

infortunio NM (gen) misfortune, ill luck; (accidente) mishap.

infra... PREF infra..., under....

infracción NF (de ley etc) infringement (de of); (de acuerdo) breach (de of); (Aut etc) offence (de against), violation (US).

infractor(a) NM/F offender (de against).

infraestructura NF infrastructure.

in fraganti ADV: **pillar a algn ~** to catch sb red handed.

infrahumano ADJ subhuman.

infranqueable ADJ (Aut etc) impassable; (fig) insurmountable.

infrarrojo ADJ infrared.

infrautilizado ADJ underused.

infravalorar <1a> VT (subvalorar) to undervalue; (subestimar) to underestimate.

infrecuencia NF infrequency.

infrecuente ADJ infrequent.

infringir <3c> VT to infringe, break, contravene.

infructuoso ADJ (inútil) fruitless; (fracasado) unsuccessful.

ínfulas NFPL conceit; **darse ~** to get all high and mighty; **tener (muchas) ~ de** to fancy o.s. as.

infundado ADJ unfounded, baseless.

infundio NM (fam) fairy tale, fib.

infundir <3a> VT to instil (a, en into); **~ ánimo a algn** to encourage sb; **~ miedo a algn** to intimidate sb.

infusión NF infusion; **~ (de hierbas)** herbal tea; **~ de manzanilla** camomile tea.

infuso ADJ: **ciencia ~a** instinct, intuition; **saber algo por ciencia ~a** to know sth instinctively.

Ing. ABR de **ingeniero** de **ingeniera**.

ingeniar <1a> [1] VT to devise, think up, contrive. [2] **ingeniarse** VR to manage, find a way, get along; **ingeniárselas para hacer algo** to manage to do sth.

ingeniería NF engineering; **~ genética** genetic engineering; **~ de sistemas** (Inform) systems engineering.

Ingeniero NM (esp Méx) graduate; (título) sir; **Ing. Quintanilla** ≈ Dr. Quintanilla.

ingeniero/a NM/F engineer; **~ agrónomo** agronomist, agricultural expert; **~ de caminos, canales y puertos** civil engineer; **~ de minas** mining engineer; **~ naval** naval architect; **~ químico** chemical engineer.

ingenio NM [a] (inventiva) ingenuity, inventiveness; (talento) creativeness; (agudeza) wit, wits; **aguzar el ~ to** sharpen one's wits. [b] (individuo) clever o talented per-

son. [c] (Mec) apparatus, device; (Mil) device; (fundición) foundry; **~ nuclear** nuclear device; **~ (de azúcar)** sugar refinery.

ingeniosidad NF ingenuity, ingeniousness.

ingenioso ADJ [a] (mañoso) clever, resourceful. [b] (agudo) witty.

ingente ADJ huge, enormous.

ingenuidad NF (gen) ingenuousness, naïveté; (sencillez) simplicity.

ingenuo ADJ ingenuous, candid.

ingerir <3i> VT to consume, take in; **el conductor había ingerido 3 litros de alcohol** the driver had drunk 3 litres of alcohol.

ingestión NF ingestion.

Inglaterra NF England.

ingle NF groin.

inglés/esa [1] ADJ English. [2] NM/F [a] Englishman/ Englishwoman; **los ~es** the English. [b] (Ling) English; **montar a la ~a** to ride sidesaddle.

ingobernable ADJ uncontrollable; (Pol) ungovernable.

ingratitud NF ingratitude.

ingrato ADJ [a] (individuo) ungrateful; **¡~!** you wretch! [b] (tarea) thankless.

ingravidez NF weightlessness.

ingrávido ADJ weightless.

ingrediente NM ingredient; **~s** (Arg: tapas) appetizers.

ingresar <1a> [1] VT [a] (dinero) to deposit, pay in; (ganancias) to receive, take in; **~ dinero en una cuenta** to pay money into an account. [b] (Med) **~ a algn** to admit sb (as a patient); **X continúa ingresado en el hospital** X is still in hospital. [2] VI to go in, enter; **~ a** (esp LAm) to enter, go in; **~ en** (club) to join; (Mil, Univ) to enrol o (US) enroll in; **~ en una sociedad** to become a member of o join a club; **~ en la Academia** to be admitted to the Academy; **~ en el ejército** to join the army, join up; **~ en el hospital** to be admitted to hospital. [3] **ingresarse** VR (Méx) to join, become a member; (Méx Mil) to join up.

ingreso NM [a] (acto) entry (en into); (en club) joining; (Mil, Univ) enrolment, enrollment (US); (en hospital etc) admission (en to); **examen de ~** entrance examination. [b] (lugar) entrance. [c] (Com) entry, deposit; **hacer un ~** to make a deposit, pay in. [d] **~s** (Fin: renta) income; (: del Estado) revenue; (: entradas) receipts, takings; **~s anuales/devengados** annual/earned income sg; **~s exentos de impuestos/personales disponibles** nontaxable/disposable personal income sg; **~s brutos** gross receipts; **vivir con arreglo a los ~s** to live within one's income.

íngrimo ADJ: **~ y solo** (esp LAm fam) all o completely alone.

inhábil ADJ [a] (torpe) unskilful, unskillful (US), clumsy; (incompetente) unfit (para for; para hacer algo to do sth). [b] **día ~** non-working day.

inhabilidad NF (torpeza) unskilfulness, unskillfulness (US), clumsiness; (incompetencia) unfitness (para for).

inhabilitación NF [a] (Pol, Jur) disqualification. [b] (Med) disablement.

inhabilitar <1a> VT [a] (Pol, Jur) to disqualify (para hacer algo from doing sth). [b] (Med) to disable, render unfit (para for).

inhabitable ADJ uninhabitable.

inhabitado ADJ uninhabited.

inhabituado ADJ unaccustomed (a to).

inhalación NF inhalation.

inhalador NM inhaler.

inhalar <1a> VT to inhale.

inherente ADJ inherent (a in).

inhibición NF inhibition.

inhibir <3a> [1] VT (gen) to inhibit; (Jur) to restrain, stay. [2] **inhibirse** VR to keep out (de of).

inhospitalario ADJ (gen) inhospitable; (fig) bleak, uninviting.

inhospitalidad NF inhospitality.

inhóspito ADJ inhospitable.

inhumación NF burial, interment.
inhumano/a ADJ (gen) inhuman; (fig) inhumane.
inhumar<1a> VT to bury, inter.
INI NM ABR (Esp Com) de **Instituto Nacional de Industria** ≈ National Enterprise Board.
INIA NM ABR (Esp Agr) de **Instituto Nacional de Investigación Agraria**.
iniciación NF (Rel) initiation; (comienzo) beginning.
iniciado/a [1] ADJ initiate(d). [2] NM/F initiate.
iniciador NM initiator, starter; (pionero) pioneer.
inicial [1] ADJ initial. [2] NF initial.
inicializar<1a> VT (Inform) to initialize.
iniciar<1b> VT [a] (gen) to initiate (en into); ~ **a algn en un secreto** to let sb into a secret. [b] (comenzar) to begin, start; (dar origen a) to originate; ~ **la sesión** (Inform) to log in o on.
iniciático ADJ: **ritos ~s** initiation rites.
iniciativa NF (gen) initiative; (liderazgo) leadership; ~ **privada** private enterprise; **por ~ propia** on one's own initiative; **carecer de ~** to lack initiative; **tomar la ~ to** take the initiative.
inicio NM start, beginning.
inicuo ADJ wicked, iniquitous.
indentificable ADJ unidentifiable.
inidentificado ADJ unidentified.
inigualado ADJ unequalled.
inimaginable ADJ unimaginable.
inimitable ADJ inimitable.
ininteligible ADJ unintelligible.
ininterrumpidamente ADV (V adj) uninterruptedly; continuously, without a break; steadily.
ininterrumpido ADJ (gen) uninterrupted; (proceso) continuous; (progreso) steady, sustained.
iniquidad NF (gen) wickedness; (injusticia) injustice.
injerencia NF interference, meddling (en in).
injerir <3i> [1] VT to insert, introduce (en into); (Agr) to graft (en on, on to). [2] **injerirse** VR to interfere, meddle (en in).
injertar<1a> VT (Agr, Med) to graft (en on, on to); (fig) to inject (en into).
injerto NM [a] (acción) grafting. [b] (Agr, Med) graft; ~ **de piel** skin graft.
injuria NF (gen) insult, offence, offense (US); (agravio) affront (para to); **~s** abuse; **llenar a algn de ~s** to heap abuse on sb.
injuriar<1b> VT (insultar) to insult, abuse.
injurioso ADJ insulting, offensive.
injusticia NF (gen) injustice; (fig, Dep) unfairness; **una solemne ~** a terrible injustice; **con ~** unjustly.
injustificable ADJ unjustifiable.
injustificado ADJ unjustified, unwarranted.
injusto ADJ (gen) unjust, unfair; (indebido) wrong(ful); **ser ~ con algn** to be unjust to sb.
INLE NM ABR de **Instituto Nacional del Libro Español**.
inmaculado ADJ immaculate; (Rel) **la Vírgen I~a** the Immaculate Virgin.
inmadurez NF immaturity.
inmaduro ADJ (individuo) immature; (fruta) unripe.
inmarcesible, inmarchitable ADJ undying, unfading.
inmaterial ADJ immaterial.
INME NM ABR de **Instituto Nacional de Moneda Extranjera**.
inmediaciones NFPL neighbourhood, neighborhood (US), environs; **en las ~ de** in the neighbourhood of.
inmediatamente ADV immediately, at once.
inmediatez NF immediacy.
inmediato ADJ [a] (gen) immediate; (rápido) prompt; **de ~** (esp LAm) immediately, promptly. [b] (contiguo) next, adjoining; (próximo) neighbouring, neighboring (US); **~ a** close to, next to.
inmejorable ADJ unsurpassable; (precio etc) unbeatable; **~s recomendaciones** excellent references; **de calidad ~** of the very best quality.
inmemorial ADJ immemorial; **desde tiempo ~** from time immemorial.
inmensamente ADV immensely, vastly; **~ rico** hugely

rich, enormously wealthy.
inmensidad NF (gen) immensity, vastness; (cantidad) vast numbers.
inmenso ADJ immense, vast; **sentir una tristeza ~a** to be terribly sad.
inmensurable ADJ immeasurable.
inmerecidamente ADV undeservedly.
inmerecido ADJ undeserved.
inmersión NF [a] (gen) immersion; (buzo etc) dive, plunge. [b] (Téc, Fot etc) **tanque de ~** bath.
inmerso ADJ [a] (gen) immersed; (fig) involved (en in); **~ en sus meditaciones** deep in thought.
inmigración NF immigration.
inmigrado/a NM/F immigrant.
inmigrante ADJ, NMF immigrant.
inmigrar<1a> VI to immigrate.
inminencia NF imminence.
inminente ADJ imminent, impending.
inmiscuirse<3g> VR to interfere, meddle (en in).
inmisericorde ADJ insensitive, pitiless.
inmobiliaria NF estate agency, real estate agency (US); (de construcción) construction company, builder(s).
inmobiliario ADJ real estate atr, property atr; **agente ~** estate agent; **venta ~a** sale of property.
inmoderación NF excess.
inmoderado ADJ immoderate, excessive.
inmodestia NF immodesty.
inmodesto ADJ immodest.
inmolación NF sacrifice.
inmolar<1a> VT to immolate, sacrifice.
inmoral ADJ immoral.
inmoralidad NF immorality.
inmortal ADJ, NMF immortal.
inmortalidad NF immortality.
inmortalizar<1f> VT to immortalize.
inmotivado ADJ (gen) unmotivated; (sospecha etc) groundless.
inmóvil ADJ [a] (inamovible) immovable; (sin mover) motionless, still; **quedar ~** to remain o be o stand motionless; (Aut etc) to remain stationary. [b] (fig) steadfast, unshaken.
inmovilidad NF immobility.
inmovilismo NM resistance to change; (Pol) ultraconservatism.
inmovilista ADJ resistant to change; (Pol) ultraconservative.
inmovilización NF (V vt) immobilization; paralysing; **~ de coches** o **carros** etc (Méx) traffic jam.
inmovilizado NM capital assets, fixed assets.
inmovilizar<1f> VT (gen) to immobilize; (fig: paralizar) to paralyse, bring to a standstill; (Fin: capital) to tie up.
inmueble [1] ADJ: **bienes ~s** real estate, landed o (US) real property. [2] NM property, building.
inmundicia NF filth, dirt; **~s** rubbish.
inmundo ADJ (gen) filthy, dirty; (asqueroso) foul.
inmune ADJ (Med, fig) immune (a against, to); **~ a las críticas** immune to criticism.
inmunidad NF (Pol, Med) immunity; **~ diplomática/ parlamentaria** diplomatic/parliamentary immunity.
inmunitario ADJ: **sistema ~** immune system.
inmunizar<1f> VT to immunize.
inmunodefensivo ADJ: **sistema ~** immune defence system.
inmunodeficiencia NF immunodeficiency.
inmunología NF immunology.
inmunológico ADJ immune atr; **sistema ~** immune system.
inmutabilidad NF immutability.
inmutable ADJ changeless.
inmutarse<1a> VR to lose one's self-possession; **ni se inmutó** he didn't turn a hair; **siguió sin ~** he carried on unperturbed.
innato ADJ innate, inborn.
innatural ADJ unnatural.
innavegable ADJ (río etc) unnavigable; (barco) unseaworthy.

innecesariamente ADV unnecessarily.
innecesario ADJ unnecessary.
innegable ADJ undeniable.
innoble ADJ ignoble.
innocuo ADJ = **inocuo**.
innombrable ADJ unmentionable.
innovación NF innovation; (*novedad*) novelty, new thing.
innovador(a) [1] ADJ innovatory. [2] NM/F innovator.
innovar<1a> [1] VT to introduce. [2] VI to innovate.
innumerable ADJ countless.
inobjetable ADJ unobjectionable.
inobservancia NF non-observance (*de* of); (*de ley*) violation, breaking (*de* of).
inocencia NF (*gen*) innocence; (*sencillez*) naïveté.
inocentada NF [a] (*simpleza*: *dicho*) naïve remark; (: *hecho*) blunder. [b] (*engaño*) practical joke, April Fool joke.
inocente [1] ADJ [a] (*gen*) innocent (*de* of); (*sin malicia*) harmless.
[b] (*ingenuo*) simple, naïve.
[2] NMF [a] innocent (person).
[b] (*bobo*) simple soul; **día de los (Santos) Inocentes** (*28 diciembre*) ≈ All Fools' Day (*1 April*)

┌──────── *DÍA DE LOS (SANTOS) INOCENTES* ────────┐

🛈 *28 December,* **el día de los (Santos) Inocentes,** *is when the Catholic Church in Spain commemorates the New Testament story of King Herod's slaughter of the innocent children of Judaea. Like our April Fools' Day, Spaniards play practical jokes or* **inocentadas** *on each other. A typical example is sticking a* **monigote,** *a cut-out paper figure, on someone's back. Whenever someone falls for a trick, the practical joker cries out* **'Inocente!'**

└──────────────────────────────────────┘

inocentemente ADV innocently.
inocentón/ona [1] ADJ gullible. [2] NM/F simple soul.
inocuidad NF harmlessness.
inoculación NF inoculation.
inocular<1a> VT to inoculate (*contra* against; *de* with).
inocuo ADJ innocuous, harmless.
inodoro [1] ADJ odourless, odorless (*US*), having no smell. [2] NM toilet, lavatory.
inofensivo ADJ inoffensive, harmless.
inolvidable ADJ unforgettable.
inoperancia NF inoperative character.
inoperante ADJ (*gen*) ineffective, ineffectual.
inopia NF: **estar en la ~** (*fig: no saber*) to be in the dark, have no idea; (*estar despistado*) to be dreaming, be far away.
inopinadamente ADV unexpectedly.
inopinado ADJ unexpected.
inoportunamente ADV (*V adj*) [a] inopportunely, at the wrong time. [b] inconveniently; inappropriately.
inoportunidad NF [a] (*momento*) inopportuneness, untimeliness. [b] (*molestia*) inconvenience; (*impropiedad*) inappropriateness.
inoportuno ADJ [a] (*momento*) inopportune, untimely, ill-timed. [b] (*molesto*) inconvenient; (*inapropiado*) inappropriate.
inorgánico ADJ inorganic.
inoxidable ADJ (*gen*) rustless; (*acero*) stainless.
inquebrantable ADJ [a] unbreakable. [b] (*fig*) unshakeable, unyielding, unswerving.
inquietante ADJ worrying, disturbing.
inquietar<1a> [1] VT to worry, disturb. [2] **inquietarse** VR to worry, upset o.s.; **¡no te inquietes!** don't panic!
inquieto ADJ [a] (*preocupado*) anxious, worried, uneasy; **estar ~ por** to be anxious o worried about. [b] (*agitado*) restless, unsettled.
inquietud NF [a] (*gen*) anxiety, disquiet. [b] (*desasosiego*) restlessness.
inquilinato NM (*Arg, Col, Uru*) tenement house; (*pey*) slum.
inquilino/a NM/F tenant; (*Com*) lessee; (*Chi*) tenant farmer.

inquina NF (*aversión*) dislike, aversion; (*rencor*) ill will, spite; **tener ~ a algn** to have a grudge against sb.
inquirir <3i> [1] VT to investigate, look into. [2] VI to inquire.
inquisición NF inquiry, investigation; **la I~** the Inquisition.
inquisidor NM inquisitor.
inquisitivo ADJ inquisitive, curious; (*mirada*) prying.
inquisitorial ADJ inquisitorial.
inri NM: **para más ~** to make matters worse.
insaciable ADJ insatiable.
insalubre ADJ (*gen*) unhealthy; (*fig: condiciones*) insanitary.
insalubridad NF unhealthiness.
INSALUD, Insalud NM ABR (*Esp*) *de* **Instituto Nacional de la Salud**.
insalvable ADJ (*obstáculo*) insuperable.
insano ADJ [a] (*loco*) insane, mad. [b] (*malsano*) unhealthy.
insatisfacción NF dissatisfaction.
insatisfactorio ADJ unsatisfactory.
insatisfecho ADJ (*condición etc*) unsatisfied; (*estado de ánimo*) dissatisfied.
inscribir <3a> (*pp* **inscrito**) [1] VT (*grabar*) to inscribe; (*poner en lista*) to list, enter (on a list); (*matricular*) to enrol, enroll (*US*), register. [2] **inscribirse** VR to enrol, register.
inscripción NF [a] (*en curso etc*) registration, enrolment, enrollment (*US*). [b] (*grabado*) inscription; (*Tip*) lettering.
inscrito PP *de* **inscribir**.
insecticida NM insecticide.
insectívoro ADJ insectivorous.
insecto NM insect.
inseguridad NF (*peligro*) insecurity, unsafeness; (*vacilación*) unsteadiness; (*incertidumbre*) uncertainty; **~ ciudadana** lack of safety in the streets, decline in law and order.
inseguro ADJ (*peligroso*) unsafe; (*paso etc*) unsteady; (*incierto*) uncertain.
inseminación NF: **~ artificial** artificial insemination.
inseminar<1a> VT to inseminate, fertilize.
insensatez NF foolishness, stupidity.
insensato ADJ senseless, stupid.
insensibilidad NF [a] (*gen*) insensitivity; (*indiferencia*) callousness. [b] (*Med*) insensibility, unconsciousness; (*entumecimiento*) numbness.
insensibilizar <1f> VT (*gen*) to render insensitive, make callous; (*Med*) to anaesthetize, anesthetize (*US*); (*Téc*) to desensitize.
insensible ADJ [a] (*gen*) insensitive (*a* to); (*indiferente*) callous. [b] (*cambio etc*) imperceptible. [c] (*Med*) insensible, unconscious; (*entumecido*) numb.
inseparable ADJ inseparable.
inseparablemente ADV inseparably.
insepulto ADJ unburied.
inserción NF insertion.
INSERSO, Inserso NM ABR (*Esp*) *de* **Instituto Nacional de Servicios Sociales**.
insertar<1a> VT to insert.
inservible ADJ (*gen*) useless; (*Mec etc*) out of order.
insidia NF [a] (*trampa*) snare, trap. [b] (*acto*) malicious act. [c] (*cualidad*) maliciousness.
insidioso ADJ insidious, deceptive.
insigne ADJ (*gen*) distinguished; (*famoso*) notable, famous.
insignia NF [a] (*señal*) badge, emblem. [b] (*estandarte*) flag, banner; (*Náut*) pennant. [c] **~s** insignia.
insignificancia NF insignificance, trifle.
insignificante ADJ (*gen*) insignificant; (*nimio*) trivial, petty.
insinceridad NF insincerity.
insincero ADJ insincere.
insinuación NF (*gen*) hint; (*indirecta*) insinuation.
insinuante ADJ (*que insinúa*) insinuating; (*atrevido*) forward, suggestive.
insinuar<1e> [1] VT (*gen*) to insinuate, hint at; **~ que ...** to imply that .... [2] **insinuarse** VR [a] **~ a algn** to make

advances to sb. **b** ~ **en** to worm one's way into.

insipidez NF insipidness, tastelessness; (*fig*) dullness, flatness.

insípido ADJ insipid, tasteless; (*fig*) dull, tedious.

insistencia NF insistence (*en* on); **con ~ machacona** persistently, ad nauseam.

insistente ADJ (*individuo*) insistent; (*quejas etc*) persistent.

insistentemente ADV (*V adj*) insistently; persistently.

insistir <3a> VI (*gen*) to insist; (*persistir*) to persist; **~ en algo** to insist on sth; (*enfatizar*) to stress sth; **~ en una idea** to press an idea; **~ en hacer algo** to insist on doing sth; **~ en que se haga algo** to insist that sth should be done.

in situ ADV (*formal*) in situ; (*más común*) on the spot.

insobornable ADJ incorruptible.

insociabilidad NF unsociability.

insociable ADJ unsociable.

insolación NF **a** (*Met*) sunshine; **horas de ~** hours of sunshine. **b** (*Med*) sunstroke; **coger una ~** to get sunstroke.

insolencia NF **a** (*descaro*) insolence, effrontery. **b** (*ultraje*) piece of rudeness.

insolentarse <1a> VR to be insolent (*con* to).

insolente ADJ **a** (*gen*) insolent, rude. **b** (*altivo*) haughty, contemptuous.

insolidaridad NF lack of solidarity.

insolidario ADJ unsupportive, uncooperative.

insólito ADJ unusual.

insoluble ADJ insoluble.

insolvencia NF insolvency, bankruptcy.

insolvente ADJ insolvent, bankrupt.

insomne **1** ADJ sleepless. **2** NMF insomniac.

insomnio NM (*desvelo*) sleeplessness; (*Med*) insomnia.

insondable ADJ bottomless; (*fig*) unfathomable.

insonorización NF soundproofing.

insonorizado ADJ soundproof; **estar ~** to be soundproofed.

insoportable ADJ unbearable, intolerable.

insoslayable ADJ unavoidable.

insospechado ADJ unsuspected.

insostenible ADJ untenable.

inspección NF (*gen*) inspection, examination; (*control*) check; **I~** inspectorate; **~ ocular** visual examination; **~ técnica de vehículos** ≈ MOT test.

inspeccionar <1a> VT (*gen*) to inspect, examine; (*controlar*) to check; (*velar*) to supervise; (*Inform*) to peek.

inspector NM (*gen*) inspector; (*supervisor*) supervisor; **~ de aduanas** customs officer; **~ de Hacienda** tax inspector.

inspectorado NM inspectorate.

inspiración NF **a** (*gen*) inspiration. **b** (*Med*) inhalation.

inspirado ADJ inspired.

inspirador ADJ inspiring.

inspirar <1a> **1** VT **a** to inspire. **b** (*Med*) to inhale, breathe in. **2** **inspirarse** VR: **~ en** to be inspired by, find inspiration in.

INSS NM ABR (*Esp*) *de* **Instituto Nacional de Seguridad Social.**

instalación NF **a** (*acto*) installation. **b** (*equipo*) fittings, equipment; **~es deportivas** sports facilities; **~ de fuerza** power plant; **~ sanitaria** sanitation, plumbing.

instalador(a) NM/F fitter; **~ sanitario** plumber.

instalar <1a> **1** VT (*gen*) to install; (*equipar*) to set o fit up, lay on. **2** **instalarse** VR to install o establish o.s., settle (down).

instancia NF (*gen*) request; (*solicitud*) application; (*Jur*) petition; **a ~(s) de** at the request of; **en última ~** as a last resort.

instantánea NF (*Fot*) snap(shot).

instantáneo ADJ instantaneous; **café ~** instant coffee.

instante NM instant, moment; **al ~** right now, at once; **(a) cada ~** all the time; **en un ~** in a flash; **en ese** o **aquel mismo ~** at that precise moment; **por ~s** incessantly; **hace un ~** a moment ago.

instar <1a> **1** VT to urge, press. **2** VI to be urgent o pressing.

instauración NF (*establecimiento*) establishment, setting-up.

instaurar <1a> VT (*establecer*) to establish, set up.

instigación NF instigation; **a ~ de** at the instigation of.

instigador(a) NM/F instigator; **~ de un delito** (*Jur*) accessory before the fact.

instigar <1h> VT to instigate; **~ a algn a hacer algo** to incite o induce sb to do sth; **~ a la sublevación** to incite to riot.

instilar <1a> VT to instil o (*US*) instill (*en* into).

instintivo ADJ instinctive.

instinto NM (*gen*) instinct; (*impulso*) impulse, urge; **~ sexual** sexual urge; **por ~** instinctively.

institución NF **a** (*acción*) establishment. **b** (*organismo*) institution; **~ benéfica** charitable foundation. **c** **~es** (*bases*) principles.

institucional ADJ institutional.

institucionalizar <1f> **1** VT to institutionalize. **2** **institucionalizarse** VR to become institutionalized.

instituir <3g> VT (*gen*) to institute, establish; (*fundar*) to found, set up.

instituto NM **a** (*gen*) institute, institution; **~ de belleza** (*Esp*) beauty parlour o (*US*) parlor; **~ financiero** financial institution; **I~ Nacional del Bachillerato** state secondary school, high school (*US*); **I~ Nacional de Industria** **(INI)** ≈ National Enterprise Board. **b** (*regla*) principle, rule.

institutriz NF governess.

instrucción NF **a** (*gen*) education, teaching; (*Mil etc*) training, drill; (*Dep*) coaching, training. **b** (*conocimientos*) knowledge, learning; **tener poca ~ en** to know little about. **c** (*Jur: tb ~ del sumario*) proceedings. **d** (*Inform*) statement. **e** **~es** instructions, orders; **de acuerdo con sus ~es** in accordance with your instructions; **~es para el uso** o **de uso** directions for use.

instructivo ADJ (*gen*) instructive; (*educativo*) educational.

instructor(a) NM/F instructor/tress, teacher; (*Dep*) coach, trainer.

instruido ADJ well-informed.

instruir <3g> **1** VT **a** (*gen*) to instruct, teach (*de, en, sobre* in, about); (*enseñar*) to educate; (*Mil etc*) to train, drill; (*Dep*) to coach, train. **b** (*Jur: proceso*) to prepare, draw up. **2** **instruirse** VR to learn, teach o.s. (*de, en, sobre* about).

instrumentación NF orchestration, scoring.

instrumental **1** ADJ instrumental. **2** NM (set of) instruments.

instrumentar <1a> VT to score, orchestrate.

instrumentista NMF (*músico*) instrumentalist; (*fabricante*) instrument maker.

instrumento NM **a** (*gen, tb fig*) instrument; (*herramienta*) tool, implement; **~s científicos** scientific instruments; **~s de mando** (*Aer etc*) controls; **~ de precisión** precision instrument. **b** (*Mús*) instrument; **~ de percusión/cuerda/viento** percussion/string(ed)/wind instrument. **c** (*Jur*) deed, legal document.

insubordinación NF (*Mil etc*) insubordination; (*fig*) unruliness.

insubordinar <1a> **1** VT to stir up, rouse to rebellion. **2** **insubordinarse** VR to rebel.

insuficiencia NF **a** (*gen*) insufficiency, inadequacy; (*carencia*) lack, shortage; **~ de franqueo** underpaid postage. **b** (*fig: incompetencia*) incompetence. **c** (*Med*) **~ cardíaca/renal** heart/kidney failure.

insuficiente ADJ **a** (*gen*) insufficient, inadequate. **b** (*fig: individuo*) incompetent. **c** (*nota*) unsatisfactory.

insufrible ADJ unbearable, insufferable.

insular ADJ insular, island *atr*.

insularidad NF insularity.

insulina NF insulin.

insulsez NF **a** (*de comida*) tastelessness. **b** (*fig*) flatness, dullness.

insulso ADJ **a** (*comida*) tasteless, insipid. **b** (*fig*) flat, dull.

insultante ADJ insulting, abusive.

insultar <1a> VT to insult.

insulto NM insult (*para* to).

insumisión NF rebelliousness; (*Esp*) refusal to do military service.

insumiso ① ADJ rebellious. ② NM ⓐ (*Esp*) *man who refuses to do military service or community service*. ⓑ **~s** NMPL (*Méx Econ: entradas*) input (materials).

insuperable ADJ (*problema*) insurmountable; (*precio*) unbeatable; (*calidad*) unsurpassable.

insuperado ADJ unsurpassed.

insurgente ADJ, NMF insurgent.

insurrección NF revolt, insurrection.

insurreccional ADJ insurrectionary.

insurreccionar <1a> ① VT to incite to rebel. ② **insurreccionarse** VR to rebel, revolt.

insurrecto = **insurgente**.

insustancial ADJ insubstantial.

insustituible ADJ irreplaceable.

INTA NM ABR (*Esp Aer*) **de Instituto Nacional de Técnica Aerospacial**.

intachable ADJ faultless, perfect.

intacto ADJ (*sin tocar*) untouched; (*entero*) whole, intact; (*puro*) pure.

intangible ADJ intangible.

integración NF integration; **~ racial** racial integration.

integrado ADJ (*Inform*): **circuito ~** integrated circuit.

integrador ADJ: **política ~a** policy of integration, integrationalist policy; **proceso ~** process of integration.

integral ① ADJ ⓐ (*gen*) integral; (*Mec etc*) built-in; **arroz ~** brown rice; **pan ~** wholemeal bread. ⓑ (*fam*) total, complete; **un idiota ~** an utter fool. ② NF (*Mat*) integral.

integrante ① ADJ integral. ② NMF member; **los ~s del conjunto** the members of the group.

integrar <1a> VT ⓐ to make up, compose, form; **y los que integran el otro grupo** and those who make up the other group. ⓑ (*Mat, fig*) to integrate. ⓒ (*Fin*) to repay, reimburse.

integridad NF ⓐ (*totalidad*) wholeness, completeness; **~ física** physical wellbeing; **en su ~** completely, as a whole. ⓑ (*fig: rectitud*) uprightness, integrity; **peligró su ~ física** he was nearly hurt, he came close to suffering injury. ⓒ (*Inform*) integrity.

integrismo NM (*social*) entrenched traditionalism; (*Pol*) fundamentalism; **el ~ árabe** Arab fundamentalism.

integrista ADJ, NMF (*social*) traditionalist; (*Pol*) fundamentalist.

íntegro ADJ ⓐ (*gen*) whole, entire, complete; (*integral*) integral; (*texto*) uncut, unabridged. ⓑ (*honrado*) honest, upright.

intelecto NM intellect.

intelectual ADJ, NMF intellectual.

intelectualidad NF intelligentsia, intellectuals.

intelectualoide ADJ, NMF pseudo-intellectual.

inteligencia NF ⓐ (*gen*) intelligence; (*intelecto*) mind, understanding. ⓑ (*fig: comprensión*) understanding; (*trato secreto*) collusion. ⓒ (*personas*) intelligentsia.

inteligente ADJ ⓐ (*gen*) intelligent; (*listo*) clever, brainy. ⓑ (*hábil*) skilful, skillful (*US*).

inteligibilidad NF intelligibility.

inteligible ADJ intelligible.

intemperancia NF intemperance, excess.

intemperante ADJ intemperate.

intemperie NF bad o rough weather; **estar a la ~** to be at the mercy of the elements; **una cara curtida a la ~** a face tanned by wind and weather.

intempestivo ADJ untimely, ill-timed.

▼**intención** NF (*gen*) intention, purpose; (*plan*) plan; **~ delictiva** criminal intent; **su ~ era muy otra** he had something very different in mind; **segunda ~** duplicity, underhandedness; **con ~** deliberately; **con segunda o doble ~** in an underhand way; **con la ~ de hacer algo** with the idea of doing sth; **de ~** on purpose; **aceptar las ~es de algn** to accept sb's advances; **sin hacer la menor ~ de hacer algo** without making the least move to do sth; **tener la ~ de hacer algo** to intend to do sth, mean to do sth.

intencionado ADJ ⓐ (*intencional*) deliberate. ⓑ **bien ~** well-meaning; **mal ~** ill-disposed, hostile; (*malévolo*) malicious.

intencional ADJ intentional.

intencionalidad NF (*propósito*) purpose, intention; **la ~ del incendio** the fact that the fire was deliberately started.

intendencia NF ⓐ (*dirección*) management, administration. ⓑ (*Mil: tb* **cuerpo de ~**) ≈ service corps. ⓒ (*Arg*) mayoralty.

intendente NM ⓐ manager. ⓑ **~ de ejército** quartermaster general. ⓒ (*LAm Hist*) governor. ⓓ (*Arg: alcalde*) mayor; (*Arg, Chi: gobernador*) provincial governor. ⓔ (*Méx, Ecu: policía*) police inspector.

intensidad NF (*gen*) intensity; (*de recuerdo etc*) vividness; (*Elec, Téc*) strength.

intensificación NF intensification.

intensificar <1g> ① VT to intensify. ② **intensificarse** VR to intensify.

intensivo ADJ (*gen*) intensive; (*curso*) crash.

intenso ADJ (*gen*) intense; (*emoción*) powerful, strong; (*recuerdo etc*) vivid, profound; (*color*) deep; (*Elec etc*) strong.

intentar <1a> VT to try, attempt; **~ algo** to try sth; **~ hacer algo** to try o attempt to do sth; **¡venga, inténtalo!** go on, have a go!

intento NM ⓐ (*propósito*) intention, intent, purpose. ⓑ (*tentativa*) attempt; **~ fracasado** failed attempt; **~ de suicidio/violación** attempted suicide/rape.

intentona NF foolhardy attempt; (*Pol*) putsch, rising.

inter... PREF inter....

interacción NF interaction, interplay.

interaccionar <1a> VI (*tb Inform*) to interact (*con* with).

interactivo ADJ interactive; **computación ~a** (*Inform*) interactive computing.

interamericano ADJ inter-American.

interanual ADJ: **promedio ~** year-on-year average.

interbancario ADJ inter-bank *atr*.

intercalación NF intercalation, insertion; (*Inform*) merging.

intercalar <1a> VT to intercalate, insert; (*Inform: archivos, texto*) to merge.

intercambiable ADJ interchangeable.

intercambiar <1b> VT to interchange; (*presos etc*) to exchange; (*sellos etc*) to swap.

intercambio NM interchange; (*canje*) exchange; (*trueque*) swap(ping).

interceder <2a> VI to intercede; **~ con A por B** to intercede with A on B's behalf, plead with A for B.

interceptación NF (*gen*) interception; (*Aut etc*) stoppage, holdup.

interceptar <1a> VT (*gen*) to intercept, cut off; (*Aut etc*) to stop, hold up.

interceptor NM ⓐ interceptor. ⓑ (*Mec*) trap, separator.

intercesión NF intercession.

intercomunicación NF intercommunication.

interconectar <1a> VT to interconnect.

interconexión NF interconnection.

interconfesional ADJ interdenominational.

intercontinental ADJ intercontinental.

interdecir <3o> VT to forbid, prohibit.

interdependencia NF interdependence.

interdicto NM prohibition, ban; (*Jur, Rel*) interdict.

interdisciplinar(io) ADJ interdisciplinary.

interés NM ⓐ (*gen*) interest; (*importancia*) concern; **con gran ~** with great interest; **de gran ~** very interesting; **su ~ en o por** his interest in; **poner ~ en** to take an interest in; **sentir o tener ~ por** to be interested in.
ⓑ (*participación*) interest, share, part; **~es** interests, affairs; **~es creados** vested interests; **en ~ de** in the interest of; **fomentar los ~es de algn** to promote sb's interests; **tener ~ en** to hold a share in, have a part in.
ⓒ (*pey: egoísmo*) selfishness, egotism.
ⓓ (*Com, Fin*) interest; **con un ~ del 9 por ciento** with interest of 9%; **~ compuesto** compound interest; **~ simple** simple interest; **~es acumulados** accrued interest

---

➤ EXPRESIONES GENERATIVAS: **intención** → 6.4, 12.1, 12.2

sg; **dar a ~** to lend at interest; **devengar ~es** to bear interest.

interesado/a [1] ADJ [a] (*gen*) interested; **estar ~ en** to be interested in, have an interest in. [b] (*parcial*) biassed, prejudiced. [c] (*egoísta*) selfish, self-seeking. [2] NM/F [a] person concerned, interested party. [b] (*firmante*) the undersigned.

interesante ADJ interesting; **hacerse el/la ~** to try to attract attention.

interesar<1a> [1] VT [a] (*gen*) to interest, be of interest to; (*cautivar*) to appeal to; **¿te interesa el fútbol?** are you interested in football?; **no me interesan los toros** bullfighting does not appeal to me; **logré ~le en mi idea** I succeeded in interesting him in my idea. [b] (*afectar*) to concern, involve; **el asunto interesa a todos** the matter concerns everybody. [c] (*Med*) to affect, involve; **la lesión interesa la región lumbar** the injury affects the lumbar region. [2] VI (*gen*) to be of interest; (*importar*) to be important. [3] **interesarse** VR to be interested, take an interest (*en, por* in).

interestatal ADJ inter-state.

interface NM (*Inform*) interface.

interfecto/a [1] ADJ killed, murdered. [2] NM/F [a] murdered person, murder victim. [b] (*fam*) punter (*fam*), person in question.

interferencia NF [a] (*Rad etc*) interference; (*Mil*) jamming; (*Telec*) tapping. [b] (*fig*) interference (*en* in).

interferir<3i> [1] VT [a] (*Rad etc*) to interfere with; (*Mil*) to jam; (*Telec*) to tap. [b] (*fig*) to interfere with, affect. [2] VI to interfere (*en* in, with). [3] **interferirse** VR to interfere (*en* in, with).

interfono NM intercom.

intergubernamental ADJ inter-governmental, between governments.

ínterin [1] ADV meanwhile. [2] NM interim; **en el ~** in the meantime.

interinidad NF (*estado*) temporary nature; (*estatus*) provisional status; (*empleo*) temporary work.

interino/a [1] ADJ [a] (*gen*) temporary; (*medida*) stopgap, interim. [b] (*empleado etc: provisional*) acting. [2] NM/F temporary holder of a post, acting official; (*Teat*) stand-in; (*Med*) locum, on-call doctor (*US*).

interior [1] ADJ [a] (*gen*) interior; (*pensamientos*) inward, inner; (*comercio*) domestic, internal; **ropa ~** underwear; **habitación ~** room without a view; **en la parte ~** inside, on the inside; **pista ~** inside track. [2] NM [a] interior, inside; (*parte interior*) inner part. [b] (*fig*) mind, soul; **en su ~** in one's heart; **dije para mí ~** I said to myself. [c] (*Geog*) interior, hinterland; (*Pol*) **Ministerio del I~** Home Office (*Brit*), Justice Department (*US*). [d] (*Dep*) inside-forward; **~ derecho/izquierdo** inside-right/-left. [e] (*Anat*) insides. [f] **~es** (*Col, Ven: calzoncillos*) (under)pants, shorts (*US*).

interioridad NF [a] inwardness. [b] **~es** family secrets; (*detalles*) ins and outs; **explicó las ~es de la lucha** he explained the inner history of the struggle.

interiorizar <1f> [1] VT [a] (*Psic*) to internalize. [b] (*Chi*) to inform (*de, sobre* about). [2] **interiorizarse** VR: **~ algo** to familiarize o.s. with sth.

interjección NF interjection.

interlínea NF (*Inform*) line feed.

interlocutor(a) NM/F speaker, interlocutor; (*al teléfono*) person at the other end (of the line); **mi ~** the person I was speaking to, the person who spoke to me; **~ válido** (*Pol*) official negotiator o spokesman.

interludio NM interlude.

intermediario/a [1] ADJ [a] (*gen*) intermediary. [b] (*mediador*) mediating. [2] NM/F [a] intermediary, go-between; (*Com*) middle-man. [b] (*mediador*) mediator.

intermedio [1] ADJ [a] (*etapa*) intermediate, halfway (en-

tre between). [b] (*tiempo*) intervening; **el período ~** the interim, the period between. [2] NM interval; (*Pol*) recess.

intermezzo [inter'metso] NM intermezzo.

interminable ADJ endless, interminable.

interministerial ADJ interministerial.

intermisión NF intermission, interval.

intermitente [1] ADJ intermittent. [2] NM (*Aut*) flashing light, indicator.

internacional ADJ, NMF international.

internacionalismo NM internationalism.

internacionalizar<1f> VT to internationalize.

internada NF (*Dep*) attack.

internado/a [1] NM/F (*Mil etc*) internee; (*Escol*) boarder. [2] NM [a] (*colegio*) boarding school. [b] (*alumnos*) boarders.

internamente ADV internally.

internamiento NM internment.

internar<1a> [1] VT (*Mil*) to intern; (*Med*) to admit (*en* to); **~ a algn en un manicomio** to commit sb (to an asylum). [2] **internarse** VR [a] (*avanzar*) to advance (deeply), penetrate; **~ en** to go into o right inside; **se internó en el edificio** he disappeared into the building; **~ en un país** to go into the interior of a country. [b] **~ en un estudio** to study a subject in depth.

internauta NMF Net user, Internet user.

Internet, internet NM O NF Internet.

interno/a [1] ADJ internal, interior; **la política ~a** domestic politics; **por vía ~a** (*Med*) internally. [2] NM (*CSur Telec*) (telephone) extension. [3] NM/F (*Escol*) boarder; (*Med*) houseman.

interparlamentario ADJ interparliamentary.

interpelación NF appeal, plea.

interpelar<1a> VT (*dirigirse a*) to address, speak to; (*Pol*) to ask for explanations, grill (*fam*).

interpersonal ADJ interpersonal.

interplanetario ADJ interplanetary.

Interpol NF ABR *de* **Organización Internacional de Policía Criminal** Interpol.

interpolación NF interpolation.

interpolar<1a> VT (*gen*) to interpolate; (*interrumpir*) to interrupt briefly.

interponer <2q> [1] VT [a] (*insertar*) to interpose, put in. [b] (*Jur: apelación*) to lodge, put in. [2] **interponerse** VR to intervene.

interpretación NF [a] (*gen*) interpretation; **mala ~** misinterpretation. [b] (*traducción*) translation. [c] (*Mús, Teat*) performance.

interpretar<1a> VT [a] (*gen*) to interpret; **~ mal** to misinterpret. [b] (*Ling*) to interpret, translate. [c] (*Mús, Teat: pieza*) to perform; (*papel*) to play.

intérprete NMF [a] (*Ling*) interpreter, translator. [b] (*Mús*) performer; (*Teat*) artist(e).

interprofesional ADJ V **salario**.

interracial ADJ interracial.

interregno NM (*Hist, Pol*) interregnum.

interrelación NF interrelation.

interrelacionar<1a> VT to interrelate.

interrogación NF [a] (*Mil etc*) questioning, interrogation. [b] (*Ling: pregunta*) question. [c] (*Tip: signo de ~*) question mark.

interrogador(a) NM/F interrogator, questioner.

interrogante [1] ADJ questioning. [2] NM question mark; (*fig*) question mark, query.

interrogar <1h> VT to question, interrogate; (*Jur*) to examine.

interrogativo ADJ, NM interrogative.

interrogatorio NM (*gen*) interrogation, questioning; (*Mil*) debriefing; (*Jur*) examination.

interrumpir<3a> VT (*gen*) to interrupt; (*vacaciones*) to cut short; (*servicio*) to cut off; (*tráfico*) to block, hold up; (*Elec: apagar*) to switch off; (*embarazo*) to terminate.

interrupción NF (*gen*) interruption; (*paro etc*) stoppage, holdup; (*de embarazo*) termination.

interruptor NM (*Elec*) switch; **~ de dos direcciones** two-way switch.

intersección NF intersection; (*Aut*) crossing, junction.

intersticio NM interstice; (*grieta*) crack; (*intervalo*) interval, gap; (*Mec*) clearance.

interurbano ADJ inter-city; (*Telec*) long-distance.

intervalo NM (*Mús, tiempo*) interval; (*descanso*) break; (*espacio*) gap; **a ~s** at intervals; (*de vez en cuando*) every now and then.

intervención NF [a] (*gen*) supervision, control; (*LAm: de sindicatos etc*) government takeover. [b] (*Com*) audit, auditing. [c] (*Med*) operation; **~ quirúrgica** surgical operation. [d] (*Telec*) tapping. [e] (*participación*) intervention (*en* in); **su ~ en la discusión** his contribution to the discussion; **la política de no ~** the policy of non-intervention.

intervenir <3r> [1] VT [a] to supervise, control; (*LAm: sindicatos*) to install government appointees in; **el gobierno intervino a los ferroviarios** the government took over the railworkers' union.
[b] (*Com*) to audit.
[c] (*Med*) to operate on.
[d] (*Telec*) to tap.
[2] VI [a] to be involved, intervene (*en* in); **no intervino en el debate** he did not take part in the debate.
[b] (*mediar*) to mediate; **~ por algn** to intercede for sb.

interventor(a) NM/F inspector, supervisor; (*judicial*) (official) receiver; (*Com: tb* **~ de cuentas**) auditor.

interventor NM (*gen*) inspector, supervisor; (*LAm*) government-appointed manager; (*Com*) auditor.

interviú NF interview; **hacer una ~ a algn** to interview sb.

interviu(v)ador(a) NM/F interviewer.

interviu(v)ar <1a> VT to interview.

intestado ADJ intestate.

intestinal ADJ intestinal.

intestino [1] ADJ (*interno*) internal; (*lucha etc*) internecine. [2] NM intestine, gut; **~ delgado/grueso** small/large intestine.

inti NM (*Per Fin*) Peruvian monetary unit since 1986.

intimación NF announcement, notification.

intimar <1a> [1] VT (*notificar*) to announce, notify (*a* to); (*mandar*) to order, require (*que* that). [2] VI, **intimarse** VR to become intimate *o* friendly (*con* with)

intimidación NF intimidation.

intimidad NF [a] intimacy, familiarity; **disfrutar de la ~ de algn** to be on close terms with sb; **entrar en ~ con algn** to become friendly with sb. [b] (*vida personal*) private life; (*Jur: derecho*) privacy. [c] **~es** (*pl: Anat*) private parts.

intimidar <1a> [1] VT to intimidate, scare. [2] **intimidarse** VR (*temer*) to be intimidated *o* frightened; (*asustarse*) to get scared.

intimidatorio ADJ intimidating.

intimista ADJ intimate, private.

íntimo ADJ (*gen*) intimate; (*estrecho*) close; (*pensamientos*) innermost; (*vida*) personal, private; (*amigo*) **una boda ~a** a quiet wedding; **en lo más ~ de su corazón** in one's heart of hearts.

intitular <1a> VT to entitle, call.

intocable ADJ, NMF untouchable.

intolerable ADJ intolerable, unbearable.

intolerancia NF (*gen*) intolerance; (*Rel*) bigotry.

intolerante ADJ (*gen*) intolerant (*con* of); (*Rel*) bigoted (*en* about).

intoxicación NF poisoning; **~ alimenticia** food poisoning; **~ etílica** alcohol(ic) poisoning.

intoxicar <1g> VT to poison.

intra... PREF intra....

intracomunitario ADJ within the European Community.

intragable ADJ unpalatable.

intranquilidad NF worry, anxiety.

intranquilizar <1f> [1] VT to worry, make uneasy. [2] **intranquilizarse** VR to get worried, feel uneasy.

intranquilo ADJ (*gen*) worried, anxious; (*desasosegado*) restless.

intranscendente ADJ unimportant, insignificant.

intransferible ADJ not transferable.

intransigencia NF intransigence.

intransigente ADJ (*gen*) intransigent, uncompromising; (*fanático*) diehard.

intransitable ADJ impassable.

intransitivo ADJ intransitive.

intratable ADJ (*problema*) intractable; (*dificultad*) awkward, tough; (*individuo*) unsociable; **¡son ~s!** they're impossible!

intrauterino ADJ intrauterine.

intravenoso ADJ intravenous.

intrepidez NF boldness.

intrépido ADJ intrepid, dauntless.

intriga NF (*gen*) intrigue; (*ardid*) plot, scheme; (*Teat*) plot; **~ secundaria** subplot.

intrigante [1] ADJ [a] (*enredador*) scheming. [b] (*interesante*) intriguing, interesting. [2] NMF intriguer.

intrigar <1h> [1] VT to intrigue, interest. [2] VI to scheme, plot.

intrincado ADJ [a] (*bosque*) dense, tangled. [b] (*fig*) intricate.

intrincar <1g> VT to confuse, complicate.

intríngulis NM (*fam*) hidden snag, catch (*fam*).

intrínseco ADJ intrinsic.

intro... PREF intro....

introducción NF (*gen*) introduction; (*de monedas etc*) insertion; (*libro*) foreword; (*Inform*) input.

introducir <3n> [1] VT (*gen*) to introduce; (*hacer pasar*) to bring in, show in; (*moneda etc*) to insert, put in; (*discordia etc*) to create, sow; (*poner en uso*) to bring in; (*Inform*) to input, enter.
[2] **introducirse** VR (*meterse*) to get *o* slip in; (*fig*) to worm one's way (*en* into).

introductor ADJ introductory.

introductorio ADJ introductory.

introito NM (*Teat*) prologue, prolog (*US*); (*Rel*) introit.

intromisión NF interference, meddling.

introspección NF introspection.

introspectivo ADJ introspective.

introversión NF introversion.

introvertido/a ADJ, NM/F introvert.

intrusión NF (*gen*) intrusion; (*Jur*) trespass.

intruso/a [1] ADJ intrusive. [2] NM/F intruder; (*extraño*) outsider; (*en fiesta*) gatecrasher; (*Jur*) trespasser.

intuición NF intuition; **por ~** intuitively.

intuir <3g> [1] VT to know by intuition. [2] **intuirse** VR: **eso se intuye** that can be guessed; **se intuye que ...** one can tell intuitively that ....

intuitivo ADJ intuitive.

inundación NF flood, flooding.

inundar <1a> VT to flood, swamp (*de, en* with); **~ el mercado de un producto** to flood the market with a product; **quedamos inundados de ofertas** we were inundated with offers, offers rained in on us.

inusitado ADJ unusual, rare.

inusual ADJ unusual.

inútil ADJ (*gen*) useless; (*vano*) fruitless, vain; **todo es ~** nothing is any use; **es ~ que Ud proteste** it's no good your protesting.

inutilidad NF uselessness.

inutilizar <1f> VT to make *o* render useless; (*incapacitar*) to disable, put out of action; (*estropear*) to spoil, ruin.

INV NM ABR (*Esp*) *de* **Instituto Nacional de la Vivienda**.

invadir <3a> VT [a] (*Mil etc*) to invade, overrun; **la turba invadió las calles** the mob poured out on to the streets; **me invadió la nostalgia** I was overcome with homesickness. [b] (*fig: derechos*) to encroach upon.

invalidar <1a> VT (*gen*) to invalidate, nullify; (*Pol: leyes*) to repeal.

invalidez NF [a] (*Med*) disablement; **~ permanente** permanent disability. [b] (*Jur*) invalidity, nullity.

inválido/a [1] ADJ [a] (*Med*) invalid, disabled. [b] (*Jur*) invalid, null and void. [2] NM/F (*Med*) invalid. [3] NM (*Mil Med*) disabled ex-serviceman.

invariable ADJ invariable.

invasión NF (*gen*) invasion; (*fig*) encroachment (*de* on).

invasor(a) [1] ADJ invading. [2] NM/F invader, attacker.
invectiva NF invective; **una ~ a** tirade.
invencibilidad NF invincibility.
invencible ADJ (gen) invincible; (obstáculo) insurmountable.
invención NF (invento) invention; (hallazgo) discovery, finding; (mentira) fabrication; (Lit etc) fiction, tale.
inventar <1a> [1] VT (gen) to invent; (plan) to devise; (historia, excusa) to make up, concoct. [2] **inventarse** VR (historia, excusa) to make up, concoct.
inventario NM (gen) inventory; (Com) stocktaking, taking inventory (US).
inventiva NF inventiveness.
inventivo ADJ inventive.
invento NM invention.
inventor(a) NM/F inventor.
invernáculo NM greenhouse.
invernada NF (LAm) winter pasture.
invernadero [1] NM [a] greenhouse. [b] (LAm) winter pasture. [c] (lugar de recreo) winter resort. [2] ATR: **gas/efecto ~** greenhouse gas/effect.
invernal ADJ wintry, winter atr.
invernar <1j> [1] VI to winter, spend the winter; (Zool) to hibernate. [2] VT (CSur: ganado) to pasture (and fatten) in winter.
inverosímil ADJ (improbable) unlikely, improbable; (increíble) implausible.
inverosimilitud NF implausibility.
inversión NF [a] (gen) inversion; (Elec) reversal; (Aut, Mec) **~ de marcha** reversing, backing; **~ sexual** homosexuality. [b] (Com, Fin) investment (en in); **~ de capital(es)** capital investment; **~es extranjeras** foreign investment sg.
inversionista NMF (Com, Fin) investor.
inverso ADJ (Mat) inverse, inverted; (cara) reverse; (contrario) opposite; **a la ~a** inversely, the other way round; (fig) vice versa; (al contrario) on the contrary; **en sentido ~** in the opposite direction.
inversor(a) NM/F (Com, Fin) investor; **~ financiero** investments manager; **~ inmobiliario** property investor.
invertebrado ADJ, NM invertebrate.
invertido [1] ADJ inverted; (al revés) reversed. [b] homosexual. [2] NM homosexual.
invertir <3i> VT [a] (Mat) to invert; (cambiar: orden: dirección) reverse, to change; (volcar) to turn upside down; (poner al revés) to put the other way round. [b] (Com, Fin) to invest (en in). [c] (esfuerzo, tiempo) to spend, put in (en on).
investidura NF (Pol) investiture.
investigación NF [a] (gen) investigation; (indagación) inquiry (de into); **~ policíaca** police investigation. [b] (científica etc) research (work) (sobre in, into). [c] (Com) **~ y desarrollo** research and development (R and D); **~ de los medios de publicidad/del mercado** media/market research.
investigador(a) NM/F [a] investigator. [b] (científico etc) research worker, researcher.
investigar <1h> VT [a] to investigate, look into. [b] (Univ etc) to do research into.
investir <3k> VT: **~ a algn con** o **de algo** to confer sth on sb.
inveterado ADJ (gen) inveterate; (criminal) hardened.
invicto ADJ unconquered, unbeaten.
invidencia NF sightlessness.
invidente [1] ADJ sightless, blind. [2] NMF sightless o blind person.
invierno NM winter(time).
inviolabilidad NF inviolability; **~ parlamentaria** parliamentary immunity.
inviolable ADJ inviolable.
inviolado ADJ inviolate.
invisibilidad NF invisibility.
invisible [1] ADJ invisible; **importaciones/exportaciones ~s** (Com) invisible imports/exports. [2] NM (Arg) hairpin.
invitación NF invitation (a to).
invitado/a NM/F guest.

invitar <1a> VT [a] (gen) to invite; **~ a algn a hacer algo** to invite sb to do sth; (invocar) to call on sb to do sth; **invito yo** it's on me, be my guest; **os invito a una cerveza** I'll buy o stand you all a beer; **nos invitó a cenar (fuera)** she took us out for a meal. [b] to attract, entice.
in vitro ADJ, ADV in vitro; **fecundación** o **fertilización ~** in vitro fertilization.
invocar <1g> VT to invoke, call on; (Inform) to call; **~ la ley** to invoke the law; **~ la ayuda de algn** to beg for sb's help.
involución NF (Pol) regression, reaction.
involucionismo NM (Pol) reaction; (en sentido amplio) reactionary forces.
involucrar <1a> [1] VT: **~ algo en un discurso** to bring sth irrelevant into a speech; **~ a algn en algo** to involve sb in sth, mix sb up in sth. [2] **involucrarse** VR (interesarse en) to get involved (en in).
involuntario ADJ (gen) involuntary; (ofensa etc) unintentional.
invulnerable ADJ invulnerable.
inyección NF injection, shot, jab (fam); **hacerse** o **ponerse una ~** to give o.s. an injection.
inyectable NM serum, vaccine.
inyectado ADJ: **ojos ~s en sangre** bloodshot eyes.
inyectar <1a> VT to inject (en into); **~ algo en algn** to inject sb with sth.
inyector NM (Aut) injector; (tobera) nozzle.
· **ion** NM ion.
iónico ADJ ionic.
ionizador NM (negative) ioniser.
ionizar <1f> VT to ionize.
ionosfera NF ionosphere.
IORTV NM ABR de **Instituto Oficial de Radiodifusión y Televisión.**
iota NF iota.
IPC NM ABR de **índice de precios al consumidor** o **consumo** CPI.
IPPV NM ABR de **Instituto para la Promoción Pública de la Vivienda.**
▼**ir** <3s> [1] VI [a] (gen) to go; (moverse) to move; (viajar) to travel; (a pie) to walk; (en coche) to drive; (: como pasajero) to ride; **~ a Quito** to go to Quito; **este camino va a Huesca** this road goes to Huesca, this is the road to Huesca; **fui en coche** I went by car, I drove; **fui en tren** I went by train o rail; **~ despacio** to go slow(ly); **~ con tiento** to go carefully o cautiously; **vaya donde vaya, encontrará ...** wherever you go, you will find ...; **¡voy!** I'm coming!, with you in a moment!; **¡vamos!** let's go!; **¿quién va?** (Mil etc) who goes there?; **~ demasiado lejos** (fig) to go too far; **sin ~ más lejos** without looking any further; **~ por** to fetch, go for; **~ por la derecha** to walk o drive etc on the right, keep to the right; **~ por la mitad** to be halfway through sth; **voy por el médico** I'll call the doctor.
[b] **va para los 40** he's knocking on 40; **va para viejo** he's getting old.
[c] (proceso) to go; (Med) to be, get along; **¿cómo va eso?** how are things (going)?; **¿cómo le va?** how goes it?; **¿cómo va el ensayo?** how are you getting on with the essay?
[d] (importancia) **va mucho de A a B** there's a lot of difference between A and B; **va mucho en esto** a lot depends on it; **no le va la vida en esto** he can take it or leave it (fam); **ni me va ni me viene** it doesn't concern me at all.
[e] (intención) **eso no va por Ud** I wasn't referring to you; **va para arquitecto** he's going to be an architect.
[f] (apuestas) **van 5 pesos a que no lo haces** I bet 5 pesos that you won't do it; **¿cuánto va?** how much do you bet?
[g] (sentar) to suit, become; (combinar) to match; **¿me va bien esto?** does this suit me?; **el marrón no va bien con el azul** brown doesn't go well with blue.
[h] (vestir) **~ de rojo** to be dressed in red; **~ con pantalones** to be wearing trousers.
[i] (interj) **¡vaya!** well!, I say!; **¡vaya coche!** what a car!,

➤ EXPRESIONES GENERATIVAS: **ir → 12.1, 12.2**

that's some car!; **¡vaya susto que me pegué!** what a fright I got!; **vaya con Dios** (*despido*) God speed; (*en misa*) God be with you; **¡vaya con el niño!** that damn kid! (*fam*); **¡vamos!** well!; (*animando*) come on!; **vamos, no es difícil** come now, it's not difficult; **¡qué va!** rubbish!, nonsense!; **¡vaya por Pepe!** here's to Joe!; **¡que le vaya bien!** (*LAm fam: despedida*) all the best, then!, bye (*fam*).

j (*en tiempos continuos*) **iba anocheciendo** it was getting dark; **iban fumando** they were smoking; **¡voy corriendo!** I'll be right there!; **voy comprendiendo que ...** I am beginning to see that ...; **no vaya a ser que ...** unless he should ..., in case he should ....

k (*con pp*) **iba cansado** he was tired; **van escritas 3 cartas** that's 3 letters I've written; **va vendido todo** everything has been sold.

l (*ir a + infin*) **voy a hacerlo** I'm going to do it; **fui a verle** I went to see him; **¿qué le vamos a hacer?** what can we do about it?, what can you do?

m (*ir de + n: fam*) **¿de qué va la película?** what's the film about?; **no sabe de qué va el rollo** he doesn't know what it's all about; **va de intelectual de por vida** he acts the intellectual all the time; **¿de qué vas?** what are you on about?

n (*locuciones*) **~ de mal en peor** to go from bad to worse; **esto va de veras** this is serious; **es el no va más** (*fam*) it's the very last word; **en lo que va del año** so far this year; **aquí cada uno va a lo suyo** everyone does their own thing here; **a eso voy** I'm coming to that; **pues, a eso voy** that's what I mean; **con éste van 30** that makes 30; **¿de qué va el libro?** (*fam*) what's the book about?; **~ dado** (*fam*) to be away with it (*fam*); **si crees que te voy a pagar las vacaciones, vas dado** if you think I'm going to pay for your holidays, you must be joking!

2 irse VR **a** **por aquí se va a Jaca** this is the way to Jaca; **¿por dónde se va al aeropuerto?** which way to the airport?

b (*marcharse*) to go away, leave, depart; **me voy, ¡hasta luego!** I'm off, see you!; **se fueron** they went (off), they left; **es hora de ~nos** it's time we went; **¡vete!** go away!, get out!; **¡vete ya!** piss off! (*fam!*); **¡no te vayas!** don't go!; **¡vámonos!** let's go!; **¡nos fuimos!** (*LAm fam*) let's go!, off we go! (*fam*); **~ de algo** to discard sth; **~ de la lengua** to mouth off (*fam*).

c (*resbalar*) to slip, lose one's balance; (*pared*) to give way; V **mano**; **pie** *etc*.

d (*euf: presente*) to be dying; (*pasado*) to die; **se nos va el amo** the master is dying; **se nos fue hace 3 años** he passed away 3 years ago.

ira NF (*rabia*) anger, rage; (*fig: de elementos*) fury.
iracundia NF irascibility.
iracundo ADJ irascible.
Irak = **Iraq**.
irakí V **iraquí**.
Irán NM Iran.
iraní ADJ, NM/F Iranian.
Iraq NM Iraq.
iraquí ADJ, NMF Iraqi.
irascibilidad NF irascibility.
irascible ADJ irascible.
iribú NM (*Arg Orn*) turkey buzzard.
iridescente ADJ iridescent.
iris NM INV (*Met*) rainbow; (*Anat*) iris.
irisación NF iridescence.
irisado ADJ iridescent.
Irlanda NF Ireland; **~ del Norte** Northern Ireland.
irlandés/esa **1** ADJ Irish. **2** NM/F Irishman/woman; **los ~es** the Irish. **3** NM (*Ling*) Irish.
ironía NF irony; **con ~** ironically; (*tono*) sarcastically.
irónico ADJ (*gen*) ironic(al); (*mordaz*) sarcastic.
ironizar<1f> **1** VT to ridicule. **2** VI to speak ironically.
IRPF NM ABR (*Esp*) de **impuesto sobre la renta de las personas físicas**.
irracional **1** ADJ (*gen*) irrational; (*actitud*) unreasoning. **2** NM brute (creature).

irracionalidad NF (*gen*) irrationality; (*actitud*) unreasonableness.
irradiación NF irradiation.
irradiar<1b> VT (*gen*) to irradiate; (*Med*) to scan.
irrazonable ADJ unreasonable.
irreal ADJ unreal.
irrealidad NF unreality.
irrealizable ADJ (*gen*) unrealizable; (*meta*) unrealistic, impossible.
irrebatible ADJ irrefutable.
irreconciliable ADJ irreconcilable.
irreconocible ADJ unrecognizable.
irrecuperable ADJ irrecoverable, irretrievable.
irrecurrible ADJ: **la decisión es ~** there is no appeal against this decision.
irrecusable ADJ unimpeachable.
irreducible ADJ **a** (*mínimo*) irreducible. **b** (*diferencias*) irreconcilable, incompatible.
irreductible ADJ (*defensor etc*) uncompromising, unyielding; (*pey*) bigoted.
irreembolsable ADJ (*Com, Fin*) non-returnable.
irreemplazable ADJ irreplaceable.
irreflexión NF (*gen*) thoughtlessness; (*ímpetu*) rashness, impetuosity.
irreflexivo ADJ (*gen*) thoughtless, unthinking; (*acto*) rash, ill-considered.
irrefrenable ADJ uncontrollable; (*deseo*) unstoppable.
irrefutable ADJ irrefutable, unanswerable.
irregular ADJ (*gen*) irregular; (*situación*) abnormal; (*sueño*) fitful; (*pulso*) erratic.
irregularidad NF (*gen*) irregularity; (*anomalía*) abnormality.
irrelevante ADJ (*esp LAm*) irrelevant.
irremediable ADJ (*gen*) irremediable; (*vicio*) incurable.
irremisible ADJ (*falta*) unpardonable; (*pérdida*) irretrievable.
irremontable ADJ (*barrera*) insurmountable.
irreparable ADJ irreparable.
irrepetible ADJ one-and-only, unique.
irreprimible ADJ irrepressible.
irreprochable ADJ irreproachable.
irreproducible ADJ that cannot be reproduced, unrepeatable.
irresistible ADJ irresistible.
irresolución NF hesitation, indecision.
irresoluto ADJ **a** (*perplejo*) hesitant, undecided. **b** (*sin resolver*) unresolved.
irrespetar<1a> VT (*LAm*) to show disrespect to o for.
irrespeto NM disrespect.
irrespetuoso ADJ disrespectful.
irrespirable ADJ unbreathable.
irresponsabilidad NF irresponsibility.
irresponsable ADJ irresponsible.
irrestricto ADJ: **apoyo ~** (*LAm*) unconditional support.
irreverencia NF disrespect.
irreverente ADJ disrespectful.
irreversible ADJ irreversible.
irrevocable ADJ irrevocable.
irrigación NF irrigation.
irrigador NM sprinkler.
irrigar<1h> VT to irrigate.
irrisible ADJ laughable, absurd; (*fig: precio*) absurdly low, bargain.
irrisión NF **a** (*mofa*) derision, ridicule. **b** (*hazmerreír*) laughing stock.
irrisorio ADJ (*ridículo*) derisory, ridiculous; (*fig: precio*) absurdly low, bargain *atr*.
irritabilidad NF irritability.
irritable ADJ irritable.
irritación NF irritation.
irritador ADJ irritating.
irritante **1** ADJ irritating. **2** NM irritant.
irritar<1a> **1** VT **a** (*gen*) to irritate, exasperate. **b** (*Med*) to irritate. **2 irritarse** VR to get angry, lose one's temper (*por algo* about o at sth; *con algn* with sb).
irrompible ADJ unbreakable.

irrumpir<3a> VI: **~ en** to burst o rush into.

irrupción NF (gen) irruption; (Mil etc) invasion.

IRTP NM ABR (Esp) de **impuesto sobre el rendimiento del trabajo personal** ≈ PAYE.

IRYDA NM ABR de **Instituto para la Reforma y el Desarrollo Agrario**.

ISDE NM ABR (Esp Com) de **Instituto Superior de Dirección de Empresas**.

isla NF [a] (Geog) island, isle; **l~s Británicas** British Isles; **Las l~s Filipinas/Malvinas/Canarias** The Philippines/Falklands/Canaries. [b] (Arquit) block; (Aut) traffic island. [c] (de árboles) isolated cluster of trees.

Islam NM Islam.

islámico ADJ Islamic.

islamismo NM (Rel) Islam; (integrismo) Islamic fundamentalism.

islamista ADJ, NMF Islamic fundamentalist.

islandés/esa [1] ADJ Icelandic. [2] NM/F Icelander. [3] NM (Ling) Icelandic.

Islandia NF Iceland.

isleño/a [1] ADJ island atr. [2] NM/F islander.

isleta NF islet.

islote NM small island.

iso... PREF iso....

isobara NF isobar.

isoca NF (CSur) caterpillar, grub.

isósceles ADJ: **triángulo ~** isosceles triangle.

isoterma NF isotherm.

isotérmico ADJ insulated; (Geog) isothermal.

isótopo NM isotope.

Israel NM Israel.

israelí ADJ, NMF Israeli.

istmo NM isthmus; **~ de Panamá** Isthmus of Panama.

itacate NM (Méx) provisions (for journey).

Italia NF Italy.

italiano/a ADJ, NM/F Italian.

itálica NF (gen, tb Inform) italic; **en ~** in italics.

ITE NM ABR (Esp Hist) de **impuesto de tráfico de empresas**.

ítem [1] NM item. [2] ADV also, likewise.

itemizar<1f> VT (Chi) to itemize, list.

iterar<1a> VT to repeat.

iterativo ADJ iterative.

itinerante ADJ (gen) travelling; (embajador) roving.

itinerario NM itinerary, route.

ITV NF ABR (Esp) de **Inspección Técnica de Vehículos** ≈ MOT.

IU NF ABR (Esp Pol) de **Izquierda Unida** Spanish coalition of left-wing parties.

IVA NM ABR de **impuesto sobre el valor añadido** o **agregado** (LAm) VAT.

I. y D. NF ABR de **Investigación y Desarrollo** R & D.

izada NF (LAm: alzamiento) lifting, raising.

izar<1f> VT (bandera) to hoist, run up.

izcuincle, izcuintle (Méx) NM (perro) mangy dog, mongrel; (fam: chiquillo) kid (fam).

izda, izq.ª ABR de **izquierda**.

izdo, izq, izq.º ABR de **izquierdo** L, l.

izquierda NF [a] (mano) left hand; (lado) left(-hand) side; **estar a la ~ de** to be on the left of; **conducción por la ~** (Aut) left-hand drive; **seguir por la ~** to keep (to the) left; **es un cero a la ~** (fam) he is a nonentity. [b] (Pol) left (wing).

izquierdista [1] ADJ leftist, left-wing. [2] NMF leftist, left-winger.

izquierdo ADJ [a] (gen) left(-hand). [b] (zurdo) left-handed.

J, j ['xota] NF (*letra*) J, j.

ja INTERJ ha!

jaba NF [a] (*Cu*) straw basket. [b] (*CAm, Méx*) crate.

jabalí NM wild boar.

jabalina NF [a] (*Zool*) wild sow. [b] (*Dep*) javelin.

jábega NF [a] (*red*) sweep net. [b] (*barca*) fishing smack.

jabón NM [a] soap; (*un ~*) piece o cake of soap; **~ de afeitar** shaving soap; **~ en escama** soapflakes; **~ de tocador** toilet soap; **~ (en polvo)** soap o washing powder. [b] (*fam: adulación*) flattery; **dar ~ a algn** to soft-soap sb.

jabonada NF [a] = **jabonadura (a)**. [b] (*LAm: bronca*) telling-off.

jabonado NM [a] (*acto*) soaping. [b] (*cosas lavadas*) wash, laundry.

jabonadura NF [a] (*acto*) soaping. [b] **~s** lather *sg*, soapsuds. [c] (*fam: regaño*) telling-off; **dar una ~ a algn** to tell sb off.

jabonar <1a> VT [a] to soap; (*ropa*) to wash; (*barba*) to lather. [b] (*fam*) to tell off, dress down.

jaboncillo NM (piece of) toilet soap; **~ de sastre** French chalk.

jabonera NF soapdish.

jabonoso ADJ soapy.

jaca NF pony, small horse; (*yegua*) mare.

jacal NM (*CAm, Carib, Méx*) shack, hut.

jacalear <1a> VI (*Méx fam*) to go around gossiping.

jacalón NM (*Méx*) shed.

jácara NF [a] **estar de ~** to be very merry. [b] (*fam: molestia*) pain (*fam*), nuisance.

jacarandá NM (*pl* **jacarandaes** o (*fam*) **~s**) (*esp LAm*) jacaranda (tree).

jacarandoso ADJ merry, jolly; (*airoso*) spirited, lively.

jácena NF girder.

jacinto NM (*Bot*) hyacinth; (*Min*) jacinth.

jactancia NF (*autoalabanza*) boasting; (*orgullo*) boastfulness.

jactarse <1a> VR to boast, brag; **~ de** to boast about o of; **~ de hacer algo** to boast of doing sth.

jade NM jade.

jadeante ADJ panting, gasping.

jadear <1a> VI to pant, gasp for breath.

jadeo NM panting, gasping.

jaez NM [a] harness; **jaeces** trappings. [b] (*fig*) kind, sort.

jaguar NM jaguar.

jagüel NM (*LAm*), **jagüey** NM (*LAm*) (natural o artificial) pool.

jai alai NM pelota.

jaiba NF (*LAm*) crab.

jáibol NM (*LAm*) highball (*US*).

jáilaif NM (*LAm fam*) high life.

jalada NF (*Méx*) [a] pull, tug, heave. [b] (*reprimenda*) rebuke.

jalar <1a> [1] VT [a] (*LAm: gen*) to pull; (: *arrastrar: tb Náut*) to haul. [b] (*fam*) to eat. [2] VI [a] (*LAm*) to go off; **~ para su casa** to go off home. [b] (*CAm, Méx*) to be courting. [3] **jalarse** VR [a] (*LAm*) to get drunk. [b] = **2 (a)**.

jalbegar <1h> VT to whitewash.

jalbegue NM (*pintura*) whitewash; (*acto*) whitewashing.

jalde, jaldo ADJ bright yellow.

jalea NF jelly; **~ de guayaba** guava jelly; **~ real** royal jelly.

jalear <1a> [1] VT (*perros*) to urge on; (*bailarina etc*) to cheer o shout on. [2] VI (*Méx*) to amuse o.s. noisily.

jaleo NM [a] (*juerga*) binge (*fam*). [b] (*ruido*) racket, uproar; (*confusión*) hassle; (*lío*) mix-up, tangle; **armar un ~** to kick up a row o din; **se armó un ~** all hell broke loose (*fam*); **con tanto botón me armo unos ~s** I get into such a tangle with all these buttons; **es un ~ acordarse de tantos nombres** it's such a hassle having to remember all those names. [c] (*Mús*) shouting and clapping.

jalón NM [a] (*poste*) stake, pole. [b] (*fig: hito*) milestone, watershed. [c] (*LAm*) pull, tug; **hacer algo de un ~** (*Col, Méx*) to do sth in one go.

jalonar <1a> VT to stake o mark out; (*fig*) to mark.

jalonear <1a> [1] VT (*Méx*) to pull, tug. [2] VI (*Méx: regatear*) to haggle.

Jamaica NF Jamaica.

jamar <1a> VT (*fam*) to stuff o.s. with.

jamás ADV never; (*con vb neg, tb interrog*) ever; **¿se vio ~ tal cosa?** did you ever see such a thing?; **¡~!** never!; **el mejor amigo que ~ ha existido** the best friend ever; **¡~ de los jamases!** never in your life!

jamba NF jamb; **~ de puerta** jamb, door post.

jambarse <1a> VR (*CAm, Méx*) to overeat.

jamelgo NM wretched horse, nag.

jamón NM [a] (*sin cocer*) bacon; (*cocido*) ham; **~ dulce/ serrano** boiled/cured ham; **y un ~ (con chorreras)!** you're not on! [b] (*fam: pierna*) leg, pin (*fam*).

jamona NF buxom (middle-aged) woman.

Japón NM Japan.

japonés/esa [1] ADJ, NM/F Japanese. [2] NM (*Ling*) Japanese.

jaque NM (*Ajedrez*) check; (*fam: matón*) bully; **~ mate** checkmate; **dar ~ a** to check; **dar ~ mate a** to checkmate, mate; **tener en ~** (*fig*) to hold a threat over.

jaquear <1a> VT (*Ajedrez*) to check; (*Mil, fig*) to harass.

jaqueca NF (severe) headache, migraine.

jara NF [a] (*Bot*) rockrose. [b] (*dardo*) dart.

jarabe NM syrup; **~ de arce** maple syrup; **~ de palo** (*fam*) beating; **~ contra** o **para la tos** cough syrup o mixture; **~ tapatío** (*esp Méx*) Mexican hat dance; **dar ~ a algn** (*fam*) to butter sb up (*fam*).

jaral NM [a] thicket. [b] (*fig*) difficult affair, thorny question.

jarana NF [a] (*juerga*) spree (*fam*), rumpus, row; **andar/ir de ~** to be/go on a spree. [b] (*trampa*) trick, deceit; (*mala pasada*) practical joke, hoax. [c] (*Mús: Per*) dance; (: *Méx*) small guitar.

jaranear <1a> VI to be o go on a spree, have a high old time.

jaranero ADJ merry, roistering.

jarcia NF (*de pescar*) fishing tackle; (*Náut: tb* **~s**) rigging; (*Cu, Méx*) rope.

jardín NM (flower) garden; **~ botánico** botanical garden; **~ de niños** o **de (la) infancia** kindergarten, nursery school; **~ zoológico** zoo.

jardinera[1] NF [a] (*de ventana*) window box. [b] (*CSur: carrito*) street vendor's barrow o cart. [c] (*Chi: mono*) overalls *pl*.

jardinería NF gardening.

jardinero/a[2] NM/F gardener.

jarea NF (*Méx fam*) hunger, keen appetite.

jarearse <1a> VR (*Méx fam*) [a] (*de hambre*) to be dying of hunger. [b] (*huir*) to flee.

jareta NF [a] (*Náut*) cable, rope. [b] (*Cos*) casing.

jarra NF [a] jar, pitcher; (*de leche*) churn; (*de cerveza*) mug, tankard; **de** o **en ~s** with arms akimbo.

jarrada NF (*LAm*) jarful, jugful.

jarrete NM (*Anat*) back of the knee; (*Zool*) hock.

jarro NM jug, pitcher; **echar un ~ de agua fría a una idea/algn** to pour cold water on an idea/sb.

jarrón NM vase; (*Arqueol*) urn.

jaspe NM jasper.
jaspeado ADJ mottled, speckled.
Jauja NF: ¡esto es ~! this is the life!; **Tierra de ~** land of milk and honey.
jaula NF cage; (*embalaje*) crate; (*de loco*) cell; (*Aut*) lock-up garage; (*Méx Ferro*: open truck; (*Carib fam*) Black Maria (*Brit fam*), paddy wagon (*US fam*).
jauría NF pack of hounds.
jazmín NM jasmine.
jazz [jaθ o jas] NM jazz.
jazzístico ADJ jazz *atr*.
J.C. ABR de **Jesucristo** J.C.
jeans ['jins] NMPL jeans.
jebe NM [a] (*LAm Bot*) rubber plant; (: *goma*) rubber. [b] (*CSur*) elastic.
jeep [jip] NM jeep.
jefatura NF [a] (*liderato*) leadership. [b] (*sede*) central office; **~ de policía** police headquarters; **J~ de la aviación civil** ≈ Civil Aviation Authority, ≈ Federal Aviation Administration (*US*).
jefe/a NM/F (*dueño*) boss; (*director*) chief, head; (*Pol*) leader; (*Com*) manager; (*Mil*) officer in command; **~ de bomberos** fire officer; **~ de camareros** head waiter/waitress; **~ de cocina** chef; **~ de ejecutivo** (*Com*) chief executive; **~ de estación** station master; **~ de estado** head *o* chief of state; **~ de estado mayor** chief of staff; **~ de estudios** (*Escol*) deputy head; **~ de oficina/de producción** (*Com*) office/production manager; **~ de personal** personnel manager; **~ de redacción** editor-in-chief; **~ supremo** commander-in-chief; **~ de taller** foreman; **sí, mi ~** (*esp LAm*) yes sir *o* boss.
Jehová NM Jehovah.
jején NM [a] (*LAm*) gnat. [b] **un ~ de** (*Méx fam*) a lot of.
JEN NF ABR (*Esp*) de **Junta de Energía Nuclear** ≈ AEA, ≈ AEC (*US*).
jengibre NM ginger.
jeque NM sheik(h).
jerarca NM chief, leader.
jerarquía NF hierarchy; **una persona de ~** a high-ranking person.
jerárquico ADJ hierarchic(al).
Jerez NF: **~ de la Frontera** Jerez.
jerez NM sherry.
jerezano/a [1] ADJ of *o* from Jerez. [2] NM/F native *o* inhabitant of Jerez.
jerga¹ NF (*tela*) coarse cloth, sackcloth; (*LAm*) horse blanket.
jerga² NF (*lengua*) jargon.
jergón NM palliasse, straw mattress.
jerigonza NF [a] = **jerga²**. [b] (*galimatías*) gibberish.
jeringa NF syringe; **~ de engrase** grease gun.
jeringar <1h> VT [a] to syringe; (*inyectar*) to inject. [b] (*fam*) to annoy, plague; **¡nos ha jeringado!** he's pulled a fly one on us (*fam*); (*en menosprecio*) wouldn't we all!
jeringazo NM syringing; (*inyección*) injection; (*chorro*) squirt.
jeringón NM (*esp LAm*) pest, pain (*fam*).
jeringuilla NF hypodermic (syringe).
jeroglífico NM hieroglyph(ic); (*fig*) puzzle.
jersei, jersey NM (*pl* **~s**) (*suéter*) jersey, pullover.
Jerusalén NF Jerusalem.
Jesucristo NM Jesus Christ.
jesuita ADJ, NM Jesuit.
Jesús NM Jesus; **¡~!** good heavens!; (*al estornudar*) bless you!; **en un decir ~** before you can say Jack Robinson.
jet (*pl* **~s**) [1] NM (*Aer*) jet, jet plane. [2] NF jet-set.
jeta NF (*fam*) [a] thick lips; **poner ~** to pout. [b] (*Zool*) snout; (*fam: cara*) face, dial (*fam*); **estirar la ~** (*CSur fam!*) to kick the bucket (*fam*). [c] (*fam: insolencia*) **¡qué ~ tienes!** you've got a nerve!; **se quedó con mi libro por la ~** she had the cheek to hold on to my book.
JHS ABR de **Jesús** IHS.
jibia NF cuttlefish.
jícama NF (*CAm, Méx*) edible tuber.
jícara NF [a] (*para chocolate*) chocolate-cup. [b] (*CAm, Méx: calabaza*) gourd; (*CAm fam: cabeza*) head.

jicote NM (*CAm, Méx*) wasp.
jicotera NF (*CAm, Méx*) wasps' nest; **armar una ~** to kick up a row.
jienense, jiennense [1] ADJ of *o* from Jaen. [2] NMF native *o* inhabitant of Jaen.
jifia NF swordfish.
jilguero NM goldfinch.
jili... V **gili...**.
jilote NM (*CAm, Méx: Agr*) green ear of maize *o* (*US*) corn.
jineta NF (*Zool*) genet.
jinete/a NM/F horseman/-woman, rider.
jinetear <1a> [1] VT (*LAm: gen*) to ride; (: *caballo*) to break in. [2] VI to ride around.
jiote NM (*Méx: sarpullido*) rash, impetigo.
jipa NF (*And fam*), **jipe, jipi** NM (*LAm*) Panama *o* straw hat.
jipijapa (*LAm*) [1] NF fine woven straw. [2] NM (*tb* **sombrero de ~**: *esp LAm*) Panama *o* straw hat.
jira NF excursion, outing; (*tb* **~ campestre**) picnic; (*Mús, Pol*) tour; **ir de ~** to go on an outing; **estar de ~** to be (away) on a tour *o* trip.
jirafa NF giraffe; (*TV etc*) boom.
jirón NM [a] rag, tatter; **en** *o* **hecho ~es** in shreds *o* tatters; **hacer algo ~es** to tear sth to shreds. [b] (*fig*) bit, shred. [c] (*Per*) street.
jitomate NM (*Méx*) tomato.
JJ.OO. ABR de **Juegos Olímpicos**.
jobar INTERJ (*fam*) God!
jockey ['joki] NM (*pl* **~s** ['jokis]) jockey.
joco ADJ (*CAm, Méx*) sharp, bitter.
jocoque NM (*Méx*), **jocoqui** NM (*Méx*) sour milk, sour cream.
jocosidad NF humour, humor (*US*); **una ~** a joke.
jocoso ADJ humorous, jocular.
joda NF (*esp LAm fam*) [a] (*molestia*) bloody nuisance (*fam*). [b] (*broma*) joke; **lo dijo en ~** he said it as a joke.
joder <2a> (*fam!*) [1] VT [a] to fuck (*fam!*), screw (*fam!*). [b] (*fig: fastidiar*) to piss off (*fam!*), bug (*fam*); **esto me jode** I'm browned off with this (*fam*); **jode tener que pagar tanto** it's a bugger having to pay all that (*fam!*); **ahora tú tienes que hacerlo, ¿a que jode?** now it's your turn to do it - it's a bastard, isn't it? (*fam*); **¡nos ha jodido!** (*en menosprecio*) wouldn't we all! [c] (*fig: estropear*) to fuck up (*fam!*), screw up (*fam!*). [d] (*como exclamación*) **¡~!** (*enfado*) bloody hell! (*fam!*), shit! (*fam!*); **¡no jodas!** (*sorpresa*) bloody hell! (*fam!*), bugger off! (*fam!*).
[2] joderse VR [a] **¡que se joda!** sod him! (*fam!*), stuff him! (*fam*); **¡te jodes!** tough shit! (*fam!*); **¡(es que) hay que joderse!** for fuck sake! (*fam!*). [b] (*fracasar*) to get ballsed up (*fam*); **se jodió todo** it was a total balls-up (*fam*). [c] (*estropearse*) to get fucked *o* screwed up (*fam!*); **se jodió el pie jugando al fútbol** he fucked up his foot playing football (*fam*).
jodido ADJ (*fam!*) [a] (*difícil*) bloody awkward (*fam*), damn difficult (*fam*); **es un libro ~** it's a bloody difficult book (*fam*). [b] (*fig: cansado: enfermo*) buggered (*fam!*), totally fucked (*fam!*); (*desanimado*) pissed off (*fam!*); **estoy ~** I'm (*fam*) knackered *o* (*fam!*) buggered. [c] **todo está ~** it's all a bloody balls-up (*fam!*). [d] (*maldito*) fucking (*fam!*), bloody (*fam*); **¡qué guapo es el muy ~!** he's a bloody nice looking guy!; **¡el ~ coche no arranca otra vez!** the fucking car won't start again! (*fam!*). [e] (*LAm fam: muy pesado*) bloody annoying (*fam*).
jodienda NF (*fam!*) [a] (*acto sexual*) fuck (*fam!*). [b] (*fastidio*) fucking nuisance (*fam!*).
jofaina NF washbasin.
jogging ['jopˆɔn] NM [a] (*Dep*) jogging; **hacer ~** to jog. [b] (*Arg*) jogging suit.
jojoba NF (*Bot*) jojoba (tree *o* seed).
jojoto NM (*Ven: maíz tierno*) (ear of) corn *o* maize.
jolgorio NM (*juerga*) fun, revelry; **un ~** binge; **ir de ~** to go on a binge.
jolín, jolines INTERJ (*euf*) crikey! (*euf*), flip! (*euf*).
jonrón NM (*esp LAm: béisbol*) home run.

JONS NFPL ABR (*Esp Hist*) de **Juntas de Ofensiva Nacional Sindicalista**.

Jordán NM Jordan (river).

Jordania NF Jordan (country).

jornada NF [a] (*día de trabajo*) working day; (*horas*) hours of work; (*fig: vida*) lifetime, span of life; **~ de 8 horas** 8-hour day; **~ completa** full working day; **~ intensiva** full day's work with no breaks; **~ laboral** (*semana*) working week; (*anual*) working year; **~ partida** split shift; **media ~** half day; **trabajar en ~s reducidas** to work short-time. [b] (*día de viaje*) day's journey; (*etapa*) stage. [c] (*Mil*) expedition. [d] (*Univ etc*) congress, conference; **J~s Cervantinas** Conference on Cervantes.

jornal NM (*sueldo*) (day's) wage; (*trabajo*) day's work; **política de ~es y precios** prices and incomes policy; **trabajar a ~** to work for a day wage, be paid by the day.

jornalero NM (day) labourer, (day) laborer (*US*).

joroba NF [a] hump. [b] (*fig*) nuisance.

jorobado/a [1] ADJ hunchbacked. [2] NM/F hunchback.

jorobar <1a> [1] VT [a] to annoy, pester, bother; **esto me joroba** I'm fed up with this; **¡no me jorobes!** get off my back! [b] (*estropear*) to break, smash; (*dañar*) to mess up. [2] **jorobarse** VR [a] (*molestarse*) to get cross, get worked up; (*cansarse*) to get fed up. [b] **pues ¡que se jorobe!** well, he can lump it! (*fam*). [c] (*fracasar*) to fail, go down the drain; (*estropearse*) to spoil, be spoiled. [d] (*romperse*) to break, be damaged; **¡hay que ~!** to hell with it!

jorongo NM (*Méx*) (sleeveless) poncho.

joropo NM (*Ven Mús*) (national) Venezuelan dance.

jota NF [a] (name of the letter) J. [b] (*fig*) jot, iota; **no entendió ni ~** he didn't understand a word of it; **sin faltar una ~** to a T; **no entender** o **saber ni ~** to have no idea.

joto NM (*Méx fam*) effeminate person, queer (*fam*), fag (*US*).

joven [1] ADJ (*gen*) young; (*aspecto etc*) youthful. [2] NMF young man/young woman; **¡~!** (*Méx: en tiendas, cafés: al cliente*) (yes), sir?; (*al empleado*) excuse me!

jovencito/a NM/F youngster.

jovial ADJ jolly, cheerful.

jovialidad NF jolliness, cheerfulness.

joya NF [a] jewel, gem; **~ de familia** heirloom. [b] **~s** jewels, jewellery, jewelry (*US*); (*de novia*) trousseau; **~ de fantasía** costume o imitation jewellery. [c] (*fig*) gem, treasure.

joyería NF [a] (*joyas*) jewellery, jewelry (*US*), jewels. [b] (*tienda*) jeweller's o (*US*) jeweler's (shop).

joyero NM [a] (*persona*) jeweller, jeweler (*US*). [b] (*estuche*) jewel case.

Juan NM John; **un buen ~** a good-natured fool; **ser un Don ~** to be a Romeo (*fam*).

juan NM (*Méx fam*) common soldier.

juanete NM bunion.

jubilación NF [a] (*retiro*) retirement; **~ anticipada** early retirement; **~ forzosa** compulsory retirement. [b] (*pensión*) retirement pension.

jubilado/a [1] ADJ retired; **vivir ~** to live in retirement. [2] NM/F retired person, pensioner.

jubilar <1a> [1] VT [a] (*gen*) to pension off, retire. [b] (*fig: gente*) to put out to grass; (*objeto*) to discard. [2] VI to rejoice. [3] **jubilarse** VR to retire, take one's pension.

júbilo NM joy, rejoicing; **con ~** joyfully, with jubilation.

jubiloso ADJ jubilant.

judaico ADJ Jewish, Judaic.

judaísmo NM Judaism.

Judas NM [a] Judas; (*fig*) traitor, betrayer. [b] (*LAm*) Easter effigy, guy.

judas NM peephole.

judería NF [a] (*barrio*) Jewish quarter, ghetto. [b] (*judíos*) Jewry.

judía¹ NF (*Bot*) kidney bean; **~ blanca** haricot bean; **~ escarlata** runner bean; **~ de la peladilla** Lima bean; **~ pinta** pinto bean; **~ verde** French o string bean.

judiada NF [a] (*acto cruel*) cruel act, cruel thing. [b] (*Fin*) extortion.

judicatura NF [a] (*cuerpo de jueces*) judiciary. [b] (*cargo de juez*) office of judge.

judicial ADJ judicial; **recurrir a la vía ~** to go to law.

judío/a² [1] ADJ Jewish. [b] (*fig, pey*) usurious. [2] NM/F Jew/Jewess, Jewish man/woman.

judo NM judo.

judoca NMF, **judoka** NMF judoka.

juego¹ etc V **jugar**.

juego² NM [a] (*acto de jugar*) play, playing; (*diversión*) fun, amusement; **entrar en ~** to take a hand; **poner algo en ~** to bring sth into play. [b] (*deporte*) sport; **J~s Olímpicos** Olympic Games; **J~s Olímpicos de invierno** Winter Olympics; **el balón está en ~** the ball is in play; **~ duro** rough play; **~ limpio/sucio** fair/foul o dirty play; **estar fuera de ~** (*jugador*) to be offside; (*balón*) to be out of play. [c] (*actividad: un ~*) game, sport; **~ de azar** game of chance; **~ de cartas** o **naipes** card game; **~ de damas** draughts, checkers (*US*); **~ de destreza** game of skill; **~s infantiles** children's games; **~s malabares** juggling; **~s de manos** conjuring; **~ de mesa** table game; **~ de palabras** pun, play on words. [d] (*tb ~ terminado*) (complete o finished) game; (*Tenis*) game; **~, set y partido** game, set and match. [e] (*fig*) game; **le conozco el ~** I know his little game, I know what he's up to; **seguirle el ~ a algn** to play along with sb. [f] (*con apuesta*) gambling, gaming; **el ~ es un vicio** gambling is a vice; **¡hagan ~!** place your bets!; **lo que está en ~** what is at stake; **hay diversos intereses en ~** there are various interests concerned. [g] (*Mec*) play, movement; **estar en ~** to be in gear. [h] (*de luz*) play. [i] (*conjunto*) set; (*vajilla*) set, service; (*muebles*) suite; (*herramientas*) kit; **~ de café** coffee set; **~ de comedor** dining-room suite; **~ de mesa** dinner service; **con falda a ~** with skirt to match; **hacen ~** they match, they go well together.

juerga NF binge (*fam*); **ir de ~** to go out for a good time.

juerguista NM reveller.

juev. ABR de **jueves** Thur(s).

jueves NM INV Thursday; **no es cosa del otro ~** it's nothing to write home about; V tb **sábado**.

juez NMF [a] (*gen*) judge; **~ árbitro** arbitrator, referee; **~ de instrucción** examining magistrate; **~ de paz** justice of the peace. [b] (*Dep*) judge; **~ de línea** linesman; **~ de salida** starter; **~ de silla** (*Tenis*) umpire.

jugada NF [a] (*gen*) play. [b] (*Dep*) piece of play; (*Ftbl etc*) move; (*golf*) stroke, shot; **una bonita ~** a lovely move. [c] (*mala*) **~** dirty trick; **hacer** o **gastar una mala ~ a algn** to play a dirty trick on sb. [d] (*Méx*) dodge.

jugador(a) NM/F (*gen*) player; (*de apuestas*) gambler; **~ de bolsa** gambler on the stock exchange; **~ de fútbol** footballer.

jugar <1h, 1n> [1] VT [a] (*carta etc*) to play; **¡me la han jugado!** (*fam*) they've done me! [b] (*apostar*) to gamble, stake; **~ 5 dólares a una carta** to stake o put 5 dollars on a card. [2] VI [a] to play (*con* with; *contra* against); **~ limpio/sucio** to play fair/unfairly o dirty; **~ al tenis** to play tennis; **~ a los indios** to play cowboys and Indians; **solamente está jugando contigo** he's just having a game with you. [b] (*mover*) to make a move; **¿quién juega?** whose move o turn is it? [c] (*apostar*) to gamble; (*Fin*) to speculate. [d] (*Mec*) to move about. [e] (*hacer juego*) to match, go together. [3] **jugarse** VR to gamble (away), risk; **se jugó 500 dólares** he staked 500 dollars; **¿qué te juegas a que tengo razón?** what's the betting I'm right?; **jugársela** to stick one's neck out; **~ el todo por el todo** to stake one's all, go for bust (*fam*).

jugarreta NF [a] (*mala jugada*) bad move, poor piece of play. **b** (*trampa*) dirty trick; **hacer una ~ a algn** to play a dirty trick on sb.

jugo NM **a** juice; (*savia*) sap; (*de carne*) gravy; **~ de naranja** orange juice. **b** (*fig*) essence, substance; **sacar el ~ a algn** to pick sb's brains.

jugosidad NF (*suculencia*) juiciness, succulence.

jugoso ADJ **a** juicy, succulent. **b** (*fig*) substantial, important; (*rentable*) profitable.

juguera NF (*CSur*) blender, liquidizer.

juguete NM **a** toy; **un cañón de ~** a toy gun. **b** (*fig*) toy, plaything.

juguetear<1a> VI to play, sport.

jugueteo NM playing, romping.

juguetería NF **a** (*Com*) toy business. **b** (*tienda*) toyshop.

juguetón ADJ playful.

juicio NM **a** judgment, reason. **b** (*razón*) sanity, reason; (*sabiduría*) wisdom; **lo dejo a su ~** I leave it to your discretion; **estar en su (cabal** o **sano) ~** to be in one's right mind; **estar fuera de ~** to be out of one's mind; **perder el ~** to go mad; **no tener ~, tener poco ~** to lack common sense; **tener mucho ~** to be sensible. **c** (*opinión*) opinion; **~ de valor** value judgment; **a mi ~** in my opinion. **d** (*Jur: proceso*) trial; (: *veredicto*) verdict, judgment; **llevar a algn a ~** to take sb to court; **J~ Final** Last Judgment; **~ civil/criminal** civil/criminal trial; **~ en rebeldía** judgement by default.

juicioso ADJ judicious, wise.

JUJEM NF ABR (*Esp Mil*) de **Junta de Jefes del Estado Mayor**.

jul. ABR *de* **julio** Jul, Jly.

julepe NM (*Naipes*) card game.

julepear<1a> (*CSur*) **1** VT to scare, terrify. **2** **julepearse** VR to get scared.

julia NF (*Méx fam*) Black Maria (*Brit fam*), paddy wagon (*US fam*).

juliana NF julienne; **cortar en ~** to cut into thin shreds o into julienne strips.

julio NM July; *V tb* **se(p)tiembre**.

jumadera NF (*Méx fam*) drunkenness, drunken state.

jumado ADJ (*LAm fam*) drunk.

jumarse<1a> VR (*LAm fam*) to get drunk.

jumento NM donkey; (*fig*) dolt.

jumo ADJ (*LAm fam*) drunk.

jun. ABR *de* **junio** Jun.

juncal **1** ADJ **a** rushy, reedy. **b** (*fig*) willowy, lissom. **2** NM = **juncar**.

juncar NM ground covered in rushes.

junco¹ NM rush, reed.

junco² NM (*Náut*) junk.

jungla NF jungle.

junio NM June; *V* **se(p)tiembre**.

junior ADJ, NMF (*pl* **~s**) (*Dep*) junior.

junquera NF rush, bulrush.

junta NF **a** (*asamblea*) meeting, assembly; (*sesión*) session; **~ general de accionistas** annual general meeting (of shareholders); **~ general extraordinaria** extraordinary general meeting, special meeting (*US*); **celebrar ~** to hold a meeting; (*comité*) to sit. **b** (*consejo*) council, committee; (*Com, Fin*) board; (*Pol, Mil*) junta; **~ constitutiva** statutory meeting; **~ directiva** board of management; **~ de portavoces** (*Parl*) House business committee. **c** (*punto de unión*) junction. **d** (*Téc*) joint.

juntamente ADV (*conjuntamente*) together; (*al mismo tiempo*) together, at the same time.

juntar<1a> **1** VT **a** (*gen*) to join; (*unir*) to unite; (*montar*) to assemble, put together; (*coleccionar*) to collect, gather (together); **~ el armario a la pared** to join the cupboard to the wall. **b** (*puerta*) to half close, leave ajar. **2** **juntarse** VR **a** to join, come together; (*gente*) to meet, assemble, gather (together); (*arrimarse*) to approach, draw closer; **~ con algn** to join sb; (*encontrarse*) to meet (up) with sb; (: *con frecuencia*) to associate with sb; **se juntó con ellos en la estación** he joined them at the station. **b** (*personas: euf*) to live together.

junto **1** ADJ (*gen*) joined; (*unido*) united; **~s** together; **tenía los ojos muy ~s** his eyes were very close together. **2** ADV near, close; **(de) por ~, en ~** (*Com*) wholesale; **ocurrió todo ~** it happened all at once. **3** PREP: **~ a** (*cerca de*) near (to), close to; (*al lado de*) next to; **~ con** together with.

juntura NF join, junction; (*Anat, Téc*) joint.

Júpiter NM Jupiter.

jura NF **a** (*juramento*) oath, pledge; **~ de la bandera** (taking the) oath of loyalty o allegiance. **b** **la ~** (*CAm fam*) the cops (*fam*).

jurado NM **a** (*Jur: cuerpo*) jury; (*en TV etc*) panel (of judges). **b** (*Jur: persona*) juror; (*en TV etc*) member of a panel.

juramentar<1a> **1** VT to swear in, administer the oath to. **2** **juramentarse** VR to be sworn in, take the oath.

juramento NM **a** oath; **bajo ~** on oath; **prestar ~** to take the oath; **tomar ~ a algn** to swear sb in. **b** (*palabrota*) oath, curse.

jurar<1a> **1** VT, VI to swear; **~ decir la verdad** to swear to tell the truth; **~ en falso** to commit perjury; **juro por mi honor/madre** I swear on my honour o (*US*) honor/mother; **~ la Constitución** to swear to keep faith with the Constitution; **~ la bandera** to take an oath of allegiance (to the flag). **2** **jurarse** VR: **jurársela a algn** to have it in for sb.

jurídico ADJ juridical, legal.

jurisdicción NF **a** jurisdiction. **b** (*distrito*) district, administrative area.

jurisdiccional ADJ: **aguas ~es** territorial waters.

jurisprudencia NF jurisprudence.

jurista NMF jurist.

justa NF (*Hist*) joust, tournament; (*fig*) contest.

justamente ADV **a** (*con justicia*) justly, fairly. **b** (*precisamente*) just, precisely, exactly; **son ~ las que no se venden** they are precisely the ones which are not for sale. **c** (*con escasez*) frugally; **viven muy ~ con la pensión** they live very meagrely on their pension.

justicia NF (*gen*) justice; (*equidad*) fairness, equity; (*derecho*) right; **de ~** justly, deservedly; **es de ~ añadir que** it is only right to add that; **en ~** by rights; **hacer ~ a** to do justice to; **tomarse la ~ por su mano** to take the law into one's own hands.

justicialismo NM (*Arg: Hist, Pol*) political movement founded by Perón.

justiciero ADJ (strictly) just, righteous.

justificable ADJ justifiable.

justificación NF justification.

justificado ADJ (*gen, tb Tip*) justified; **no ~** unjustified.

justificante NM voucher.

justificar <1g> VT to justify; (*probar*) to verify, substantiate; (*declarar inocente*) to clear (of).

▼**justo** **1** ADJ **a** (*correcto*) just, fair, right; **pagan ~s por pecadores** the innocent often pay for the guilty; **me parece muy ~** it seems perfectly fair to me; **más de lo ~** more than is proper. **b** (*exacto*) exact, correct; **el peso ~** the correct weight; **¡~!** that's it!, correct!, right! **c** (*ropa*) tight; **el traje me viene muy ~** the suit is tight for o on me. **d** (*tiempo*) **llegaste muy ~ de tiempo** you just made it; (*dinero*) **voy ~ de dinero** money's a bit tight at the moment. **e** (*preciso*) exact, precise; **vino en el momento ~** he arrived right on time. **2** ADV **a** (*con justicia*) justly. **b** (*exactamente*) right. **c** (*con dificultad*) tightly; **vivir muy ~** to be hard up, have only just enough to live on.

juvenil ADJ youthful; **obra ~** early work; **torneo ~** (*Dep*) junior tournament; **de aspecto ~** youthful in appearance.

juventud NF **a** (*época*) youth, early life. **b** (*jóvenes*) young people; **la ~ de hoy** young people today, today's youth; (*Pol*) **J~es Comunistas** *etc* Young Communists *etc*.

juyungo/a NM/F (*Ecu: persona*) black, mulatto.

juzgado NM court; **~ de primera instancia** court of first instance, low-level court.

juzgar <1h> VT, VI [a] (*emitir un juicio*) to judge; **~ mal** to misjudge; **a ~ por** to judge by, judging by. [b] (*considerar*) to think, consider; **júzguelo Ud mismo** see for yourself, form your own judgement; **lo juzgo mi deber** I consider *o* deem it my duty; **juzgue Ud mi sorpresa cuando me enteré** imagine my surprise when I found out.

K¹, k [ka] NF (*letra*) K, k.
K² NM ABR [a] *de* **kilobyte** K. [b] **vehículo K** unmarked police car.
ka NF (name of the letter) K.
kaki NM = **caqui**.
kamikaze NM kamikaze.
Kampuchea NF Kampuchea.
karaoke NM karaoke.
kárate NM karate.
karateka NMF karate expert, karateka.
karting NM go-kart racing.
KAS NF ABR *de* **Koordinadora Abertzale Sozialista** *Basque nationalist umbrella group*.
Katar NM Qatar.
kayac, kayak NM kayak, canoe.
kazajo/a [1] ADJ, NM/F Kazak(h). [2] NM (*Ling*) Kazak(h).
Kazajstán NM Kazakhstan.
k/c. ABR *de* **kilociclos** klc.
Kenia NF Kenya.
kepí, kepis NM (*esp LAm: gorro militar*) (military style)˙ round cap *o* hat.
kerosén NM (*LAm*), **kerosene** NM (*LAm*), **keroseno** NM, **kerosina** NF (*CAm*) kerosene, paraffin.
ketchup ['ketʃap, 'ketʃup] NM ketchup.
kg ABR *de* **kilogramo(s)** kg.
Khz ABR *de* **kilohertzio** KHz.
kiko NM *snack of salted, toasted maize*.
kilate NM = **quilate**.
kilo NM kilo.
kilocaloría NF kilocalorie.
kilociclo NM kilocycle.
kilogramo NM kilogramme, kilogram (*US*).
kilolitro NM kilolitre, kiloliter (*US*).
kilometraje NM distance *o* rate in kilometres *o* (*US*) kilometers, ≈ mileage.

kilométrico ADJ [a] kilometric; (**billete**) ~ (*Ferro*) ≈ mileage ticket. [b] (*fam*) very long; **palabra ~a** very long *o* multisyllabic word.
kilómetro NM kilometre, kilometer (*US*).
kiloocteto NM (*Inform*) kilobyte.
kilovatio NM kilowatt.
kilovatios-hora NMPL kilowatt-hours.
kimona NF (*Cu, Méx*) **kimono** NM kimono.
kinder, kínder, kindergarten NM kindergarten, playgroup.
kinesiología NF kinesiology.
kiosco NM = **quiosco**.
kiosquero/a NM/F = **quiosquero**.
Kirguizistán NM Kyrgyzstan.
kitsch [kitʃ] ADJ INV, NM kitsch.
kiwi NM [a] (*Orn*) kiwi. [b] (*fruta*) kiwi fruit, Chinese gooseberry.
klaxon NM horn; **tocar el** ~ to blow the horn, toot.
klínex NM INV tissue, Kleenex ®.
km. ABR *de* **kilómetro(s)** km.
km/h. ABR *de* **kilómetros por hora** km/h.
knock-out ['nokau] NM, **K.O.** [kaw] NM (*gen*) knockout; (*golpe*) knockout blow; **dejar a algn** ~ to knock sb out; V *tb* **noqueo** *etc*.
k.p.h ABR *de* **kilómetros por hora** km/h.
k.p.l ABR *de* **kilómetros por litro** ≈ mpg.
kuchen NM (*Chi: tarta*) fancy (German-style) cake.
Kurdistán NM Kurdistan.
kurdo/a [1] ADJ kurdish. [2] NM/F Kurd. [3] NM (*Ling*) Kurdish.
Kuwait NM Kuwait.
kuwaití ADJ, NMF Kuwaiti.
kv. ABR *de* **kilovatio(s)** kW.
kv/h. ABR *de* **kilovatios-hora** kW/h.

L, l [ele] NF (*letra*) L, l.

l. ABR [a] *de* **litro(s)** l. [b] *de* **libro** bk. [c] (*Jur*) *de* **ley**.

L/ ABR *de* **Letra**.

l/100 km ABR *de* **litros por 100 kilómetros** ≈ mpg.

la[1]: **~ mujer** the woman; **La India** India; *V* **el**[1].

la[2] PRON PERS her; (*Ud*) you; (*cosa*) it; *V tb* **laísmo**.

la[3] PRON DEM: **mi casa y ~ de Ud** my house and yours; **esta chica y ~ del sombrero verde** this girl and the one in the green hat; **~ de Pedro es mejor** Peter's is better; **¡~ de goles que marcó!** what a lot of goals he scored; **¡~ de veces que se equivoca!** how often he's wrong!; *V* **el**[2].

la[4] PRON REL *V* **el**[3].

la[5] NM (*Mús*) la.

laberíntico ADJ labyrinthine; (*edificio*) rambling.

laberinto NM labyrinth, maze.

labia NF glib tongue; **tener mucha ~** to have the gift of the gab *o* (*US*) gab (*fam*).

labial ADJ, NF labial.

labio NM lip; (*de vasija etc*) edge, rim; (*fig*) tongue; **~s** lips, mouth; **~ inferior/superior** lower/upper lip; **~ leporino** harelip; **no descoser los ~s** to keep one's mouth shut; **sin despegar los ~s** without uttering a word.

labiodental ADJ labiodental.

labiolectura NF lip-reading.

labor NF [a] (*trabajo*) labour, labor (*US*), work; (*una ~*) job, task, piece of work; **~ de chinos** tedious task; **~ de equipo** teamwork; **~es domésticas** household chores; **'profesión: sus ~es'** (*en formulario*) 'occupation: housewife'. [b] (*Agr*) ploughing, plowing (*US*). [c] (*costura*) sewing; (*bordado*) embroidery; (*punto*) knitting; **una ~** a piece of sewing *etc*; **~ de aguja, ~es de punto** needlework; **~ de ganchillo** crochet, crocheting. [d] **~es** (*Min*) workings.

laborable ADJ (*gen*) workable; (*Agr*) arable; **día ~** working day, weekday.

laboral ADJ labour *o* (*US*) labor *atr*.

laboralista ADJ labour *o* (*US*) labor *atr*; **abogado ~** labour lawyer.

laborar <1a> [1] VT to work; (*Agr*) to till. [2] VI to work.

laboratorio NM laboratory.

laborear <1a> VT to work.

laboreo NM (*Agr*) tilling; (*Min*) exploitation.

laboriosidad NF (*trabajo*) industry; (*pesadez*) laboriousness.

laborioso ADJ (*individuo*) hard-working, industrious; (*trabajo*) hard, laborious.

laborismo NM Labourism.

laborista [1] ADJ: **Partido L~** Labour Party. [2] NMF (*Brit Pol*) Labour Party member *o* supporter.

labrado ADJ arable.

labrado [1] ADJ (*gen*) worked; (*metal*) wrought; (*madera*) carved; (*tela*) patterned, embroidered. [2] NM cultivated field; **~s** cultivated land.

Labrador NM (*Geog*) Labrador.

labrador NM (peasant) farmer.

labrantío ADJ arable.

labranza NF (*cultivo*) cultivation; (*trabajo*) work.

labrar <1a> [1] VT (*gen*) to work; (*metal*) to work; (*madera*) to carve; (*tierra*) to work, farm, till; (*tela*) to embroider; (*fig*) to cause, bring about.
[2] **labrarse** VR: **~ un porvenir** to carve out a future for o.s.

labriego/a NM/F farmhand.

laburno NM laburnum.

laburo NM (*CSur fam*) work; **¡qué ~!** what a job!

laca NF shellac; (*barniz*) lacquer; (*de pelo*) hairspray; **~ de** *o* **para uñas** nail polish *o* varnish.

lacado NM lacquer.

lacayo NM (*criado*) footman; (*fig*) lackey.

lacear <1a> VT (*LAm*) to lasso; (*Arg*) to whip.

laceración NF laceration.

lacerante ADJ (*fig*) wounding, hurtful.

lacerar <1a> VT to lacerate; (*fig*) to damage, spoil.

lacho NM (*Chi, Per*) lover.

lacio ADJ (*Bot*) withered, faded; (*pelo*) lank, straight; (*fig*) limp, languid.

lacón NM shoulder of pork.

lacónico ADJ laconic, terse.

lacra NF (*Med*) mark, scar; (*LAm: llaga*) sore, ulcer; (: *costra*) scab; (*fig*) blot, blemish.

lacrar[1] <1a> VT (*Med, fig*) to injure, harm; (: *contagiar*) to infect.

lacrar[2] <1a> VT to seal.

lacre [1] ADJ (*LAm*) bright red. [2] NM sealing wax; (*Chi*) red (colour *o* (*US*) color).

lacrimógeno ADJ [a] tear-producing; **gas ~** tear gas. [b] (*fig*) tearful, highly sentimental; **novela ~a** tear-jerker.

lacrimoso ADJ tearful, lachrymose.

lacrosse [la'kros] NF lacrosse.

lactación NF, **lactancia** NF lactation; (*de niño*) breast-feeding.

lactante [1] ADJ: **mujer ~** nursing mother. [2] NMF breast-fed baby.

lactar <1a> VT, VI to suckle, breast-feed.

lácteo ADJ: **productos ~s** dairy products.

lactosa NF lactose.

ladeado ADJ [a] tilted, leaning, inclined. [b] (*Arg: descuidado*) slovenly.

ladear <1a> [1] VT [a] (*gen*) to tilt, tip; (*Aer*) to bank, turn. [b] (*montaña etc*) to skirt, go round the side of.
[2] VI to tilt, tip, lean.
[3] **ladearse** VR [a] to lean, incline (*a* towards); (*torcerse*) to bend; (*Dep etc*) to swerve; (*Aer*) to bank, turn. [b] (*Chi fam*) to fall in love (*con* with).

ladeo NM (*gen*) tilting; (*Aer*) banking, turning; (*fig*) inclination.

ladera NF slope, hillside.

ladero [1] ADJ side *atr*, lateral. [2] NM (*Arg fam*) helper, backer.

ladilla NF crab louse.

ladino [1] ADJ [a] smart, shrewd. [b] (*LAm: indio*) Spanish-speaking. [c] (*CAm, Méx*) half-breed, mestizo. [2] NM (*LAm*) Spanish-speaking Indian; (*CAm, Méx*) half-breed, mestizo.

lado NM [a] (*gen*) side; **~ débil** weak spot; **~ izquierdo** left(-hand) side; **a un ~** to one side; **a un ~ y a otro** on all sides, all around; **~ a ~** side by side; **ir a todos ~s** to go all over; **al ~** near, at hand; **al ~ de** by the side of, beside; **estuvo a mi ~** she was at my side, she was beside me; **al otro ~ de la calle** on the other side of *o* across the street; **al ~ de aquello, esto no es nada** beside *o* in comparison with that, this is nothing; **la casa de al ~** the house next door; **viven al ~ de nosotros** they live next door to us; **estar de un ~ para otro** to be up and down; **poner algo de ~** to put sth sideways *o* edgeways; **por el ~ de Madrid** in the direction of Madrid; **por todos ~s** on all sides, all round; **por un ~, por otro** on the one hand, on the other; **dar a algn de ~** to disregard sb, be unconcerned about sb; **me da de ~** I don't care; **dejar a un ~** (*omitir*) to skip, omit, pass over; (*dejar*) to leave aside; **echar a un ~** to cast aside; **hacerse a un ~** to stand aside; **poner a un ~** to put aside.
[b] (*Mil*) flank.
[c] (*Dep*) end; **cambiar de ~** to change ends.

d (*Pol etc*) faction; **ponerse al ~ de algn** to side with sb.

ladrar <1a> VI to bark; (*fig: chillar*) to squeal.

ladrido NM bark, barking; (*fig*) slander, scandal.

ladrillado NM brick floor; (*de azulejos*) tile floor.

ladrillar [1] NM brickworks. [2] <1a> VT to brick, pave with bricks.

ladrillera NF brickworks.

ladrillo NM (*gen*) brick; (*azulejo*) tile; **este libro es un ~** (*fam*) this book is a yawn (*fam*).

ladrón/ona [1] ADJ thieving. [2] NM/F thief; **~ de corazones** ladykiller; **¡al ~!** stop thief! [3] NM (*Elec*) adaptor, multiple plug.

ladronera NF den of thieves.

lagar NM (*Agr*) (wine o oil) press.

lagarta NF (*reptil*) lizard; (*fig*) sly woman; (*prostituta*) whore; **¡~!** you bitch!

lagartija NF (small) lizard, wall lizard.

lagarto NM **a** (*Zool*) lizard; (*LAm: caimán*) alligator; **~ de Indias** alligator; **¡~, ~!** look out! **b** (*taimado*) devious person.

lagartón ADJ sharp, shrewd.

lagartona NF (*fam*) bitch, slut.

lago NM lake; (*escocés*) loch; **los Grandes L~s** the Great Lakes.

Lagos N Lagos.

lágrima NF (*gen*) tear; (*gota*) drop; **~s de cocodrilo** crocodile tears; **beberse las ~s** to hold back one's tears; **deshacerse en ~s** to burst into tears; **se me saltaron las ~s** tears came to my eyes; **llorar a ~ viva** to sob one's heart out.

lagrimal NM corner of the eye.

lagrimea NF: **tener ~** to have streaming eyes.

lagrimear <1a> VI (*gente*) to shed tears easily; (*ojos*) to water.

lagrimoso ADJ (*gente*) tearful; (*ojos*) watery.

laguna NF **a** (*Geog*) pool; (*costal*) lagoon. **b** (*Lit etc*) gap, lacuna; (*en proceso*) hiatus, gap.

lagunoso ADJ marshy, swampy.

laico/a [1] ADJ lay; **educación ~a** secular education. [2] NM/F layman/woman.

laísmo NM *use of 'la' as indirect object.*

laja NF (*LAm*) sandstone, rock.

lama¹ NF **a** mud, slime, ooze. **b** (*LAm: moho*) mould, mold (*US*), verdigris; (*Min*) crushed ore.

lama² NM (*Rel*) lama.

lambarear <1a> VI (*Cu fam*) to wander aimlessly about.

lambeculo NMF (*LAm*) creep (*fam*), toady.

lamber <2a> VT (*LAm*) **a** = **lamer**. **b** to fawn on, toady to, suck up to (*fam*).

lambeta NMF (*CSur*) creep (*fam*), toady.

lambetada NF (*LAm*) servile action; **~s** crawling (*fam*).

lambiche ADJ (*Méx*) = **lambiscón**.

lambido ADJ (*LAm*) affected, vain; (*Méx, CAm: cínico*) shameless, cynical.

lambiscón (*LAm*) ADJ **a** (*glotón*) greedy, gluttonous. **b** (*adulón*) fawning.

lambisconear <1a> (*LAm*) VT (*fig*) to suck up to (*fam*).

lambisconería NF (*Méx, Per. fam*) **a** (*gula*) greediness, gluttony. **b** (*coba*) crawling (*fam*), fawning.

lambisquear <1a> VT, VI (*Méx*) to look for sweets o (*US*) candies.

lambrijo ADJ (*fam*) skinny.

lamé NM lamé.

lameculos NMF INV (*fam*) arselicker (*fam!*), crawler (*fam*).

lamedura NF lick, licking.

lamentable ADJ lamentable; (*escena, aspecto*) sorry, woeful; **es ~ que ...** it is regrettable that ....

lamentablemente ADV unfortunately.

lamentación NF lamentation; **ahora no sirven ~es** it's no good crying over split milk.

▼**lamentar** <1a> [1] VT to be sorry about, regret; (*pérdida*) to lament, bewail; (*difunto*) to mourn; **~ que** to be sorry that, regret that; **lamento lo que pasó** I'm sorry about what happened; **no hay que ~ víctimas** fortunately there were no casualties.

[2] **lamentarse** VR to lament, wail, moan (*de, por* about,

over); (*difunto*) to mourn (*de, por* over); (*quejarse*) to complain (*de, por* about).

lamento NM lament; **~s** lamentation *sg.*

lamentoso ADJ (*LAm*) **a** = **lamentable**. **b** plaintive.

lameplatos NMF **a** pauper. **b** (*Méx fam*) toady; (: *parásito*) scrounger (*fam*).

lamer <2a> VT (*gen*) to lick; (*olas*) to lap (against).

lamido [1] ADJ very thin. [2] NM (*Téc*) lapping.

lámina NF (*gen*) sheet; (*Fot, Tip*) plate; (*grabado*) engraving; **~s de acero** sheet steel.

laminado ADJ laminate(d); (*Téc*) sheet, rolled; **cobre ~** sheet o rolled copper.

laminador NM, **laminadora** NF rolling mill.

laminar <1a> VT to laminate; (*Téc*) to roll.

lampa NF (*Chi, Per. azada*) hoe; (: *Min: pico*) pick.

lampalagua NF (*Chi*) mythical snake.

lámpara NF **a** lamp, light; (*bombilla*) bulb; **~ de alcohol/gas** spirit o (*US*) alcohol/gas lamp; **~ de bolsillo** torch, flashlight; **~ de lectura/de pie** reading/ standard lamp; **~ de soldar** blow-lamp, blow torch; **~ solar ultravioleta** sun-ray lamp; **~ plegable** Anglepoise ® lamp. **b** (*mancha*) stain, dirty mark.

lamparazo NM (*Méx*) gulp.

lamparilla NF **a** night-light. **b** (*Bot*) aspen.

lamparín NM (*Chi, Per*) paraffin lamp.

lamparón NM (*Med*) scrofula; (*mancha*) large grease spot.

lampazo¹ NM (*Bot*) burdock.

lampazo² NM **a** (*LAm: escobilla*) floor mop. **b** (*And, Carib: azotamiento*) whipping.

lampiño ADJ hairless; (*afeitado*) clean-shaven.

lamprea NF **a** (*pez*) lamprey. **b** (*Med*) sore, ulcer.

lana NF **a** wool; (*vellón*) fleece; (*tela*) woollen o (*US*) woollen cloth; (*para labores*) knitting wool; **~ de acero** steel wool; **~ para labores** knitting wool; **~ virgen** pure new wool; (**hecho) de ~** wool, woollen. **b** (*And, Méx: fam: dinero*) money, dough (*fam*); (: *mentira*) lie.

lanar ADJ wool-bearing; **ganado ~** sheep.

lance NM **a** (*de red etc*) throw, cast. **b** (*Pesca*) catch. **c** (*Dep etc*) move, piece of play. **d** (*episodio*) incident, event; **tirarse (a) un ~** (*CSur*) to take a chance. **e** (*riña*) row, quarrel; **~ de honor** affair of honour o (*US*) honor, duel. **f** (*Com*) **de ~** secondhand.

lancear <1a> VT to spear.

lanceta NF **a** (*Med etc*) lancet; **abrir con ~** to lance. **b** (*LAm*) goad.

lancha NF (*gen*) (small) boat; (*de motor*) launch; **~ de carga** lighter, barge; **~ de carreras** speedboat; **~ de desembarco** landing craft; **~ motora** motorboat, speedboat; **~ neumática** (*Aer etc*) rubber dinghy o (*US*) raft; **~ salvavidas** o **de socorro** lifeboat.

lanchaje NM (*Méx*) freight charge.

lanchero NM boatman.

lanchón NM lighter, barge.

lancinante ADJ (*dolor*) piercing.

lancinar <1a> VT to lance, pierce.

lanero [1] ADJ: **la industria ~a** the wool industry. [2] NM (*persona*) wool dealer.

lángara NMF (*Méx fam*) untrustworthy individual.

langosta NF (*de mar*) lobster; (*insecto*) locust.

langostera NF lobster pot.

langostín NM, **langostino** NM (*de mar*) prawn; (*de agua dulce*) crayfish.

languidecer <2d> VI to languish, pine (away).

languidez NF (*cansancio*) languor, lassitude; (*decaimiento*) listlessness.

lánguido ADJ (*gen*) languid; (*débil*) weak, listless.

lanilla NF nap; (*tela*) thin flannel cloth.

lanolina NF lanolin(e).

lanudo ADJ **a** woolly, wooly (*US*), fleecy. **b** (*Méx*) well off.

lanza [1] NF **a** (*Mil*) lance, spear; **estar ~ en ristre** to be ready for action; **medir ~s** to cross swords; **ser una ~** (*Méx*) to be sly, be a rogue. **b** (*en carruajes*) shaft; **romper una ~ por algn** to defend sb to the hilt. [2] NM (*LAm fam: estafador*) cheat; (*Chi fam: ratero*) pick-

➤ EXPRESIONES GENERATIVAS: **lamentar** →6.3

pocket, thief.

lanzabombas NM INV (*Aer*) bomb release; (*Mil*) mortar.

lanzacohetes NM INV rocket launcher.

lanzadera NF shuttle.

lanzado ADJ (*fam*) [a] (*ser*) forward, brazen. [b] (*estar*: *decidido*) determined, single-minded.

lanzador NM [a] thrower; (*Dep*) bowler, pitcher (*US*); ~ **de cuchillos** knife-thrower. [b] (*Com, Fin*) promoter.

lanzaespumas NM INV foam extinguisher.

lanzagranadas NM INV grenade launcher, mortar.

lanzallamas NM INV flamethrower.

lanzamiento NM [a] (*gen*) throw, cast; (*acto*) throwing, casting, hurling; (*Aer*) jump, descent; ~ **de disco** throwing the discus; ~ **de pesos** putting the shot. [b] (*Aer, Náut*) launch, launching. [c] (*Com, Fin*) promotion; **oferta de** ~ promotional offer. [d] (*Jur*) eviction.

lanzaminas NM INV minelayer.

lanzamisiles NM INV missile-launcher.

lanzar <1f> [1] VT [a] (*gen*) to throw, cast; (*con violencia*) to fling, hurl; (*Dep*: *balón*) to bowl; (: *US*) to pitch (*a* at, to); (: *peso*) to put; (*Aer*) to drop; (*desafío*) to throw out *o* down. [b] (*grito*) to give, utter; (*vistazo*) to give, cast (*a* at); (*suspiro*) to give; (*crítica*) to hurl. [c] (*Aer, Náut*) to launch. [d] (*Com, Fin*) to launch, promote. [2] **lanzarse** VR [a] to throw *o* hurl *o* fling o.s. (*a, en* into; *sobre* on); (*ataque*) to rush (*sobre* at, on), fly (*sobre* at); (*Aer*) to jump, bale out; **se lanzó al río** he dived into the river. [b] ~ **a** (*fig*) to embark upon, undertake.

Lanzarote NM Lanzarote.

lanzatorpedos NM INV torpedo tube.

laña NF clamp.

lañar <1a> VT to clamp (together).

Laos NM Laos.

lapa NF (*Zool*) limpet.

lapicera NF (*CSur*: *plumafuente*) fountain pen; (: *bolígrafo*) ballpoint pen.

lapicero NM propelling *o* (*US*) mechanical pencil; (*LAm*: *plumafuente*) fountain pen; (: *bolígrafo*) ballpoint pen.

lápida NF memorial tablet *o* stone; ~ **mortuoria** headstone, gravestone; ~ **sepulcral** tombstone.

lapidar <1a> VT (*persona*) to stone, throw stones at; (*LAm*: *joyas*) to cut.

lapidario ADJ, NM lapidary.

lápiz NM [a] (*gen*) pencil; (*de color*) crayon; ~ **de cejas** *o* **ojos** eyebrow pencil; ~ **de labios** lipstick; ~ **electrónico** *u* **óptico** light pen; **escribir algo a** *o* **con** ~ to write sth in pencil. [b] (*Min*) blacklead, graphite.

lapo NM (*fam*) punch; **de un** ~ (*LAm*) at one go.

lapón/ona [1] ADJ, NM/F Lapp, Laplander. [2] NM (*Ling*) Lapp.

Laponia NF Lapland.

lapso NM (*gen*) lapse; (*error*) mistake, error; ~ **de tiempo** interval of time.

laquear <1a> VT to lacquer; (*uñas*) to varnish.

LAR NF ABR (*Esp Jur*) de **Ley de Arrendamientos Rústicos**.

larga NF (*Taur*) pass with the cape; *V tb* **largo 1(f)**.

largamente ADV [a] for a long time; (*relatar etc*) at length, fully. [b] (*vivir*) comfortably, at ease.

largar <1a> [1] VT [a] (*soltar*) to let go, let loose, release; (*aflojar*) to loosen, slacken; (*cuerda*) to let out, pay out; (*Náut*) to unfurl. [b] (*golpe*) to give, fetch, deal. [c] (*insulto*) to let fly. [d] (*decir*) ~ **un rollo/discurso** to deliver a spiel/speech; **le largó una tremenda bronca** she gave him a good ticking-off (*fam*). [e] (*dar*) to give; **le largó una buena propina** he slipped him a good tip. [f] (*LAm fam*: *lanzar*) to throw, hurl; (*echar*) to throw out; (*deshacerse de*) to get rid of. [2] VI (*fam*) to speak, talk; (*mucho*) to ramble on. [3] **largarse** VR [a] (*fam*) to beat it (*fam*), hop it (*fam*); **¡lárgate!** clear off!

[b] (*Náut*) to set sail, start out. [c] (*LAm*) ~ **a hacer algo** to start to do sth.

largavistas NM INV (*CSur Téc*: *gemelos*) binoculars.

largo [1] ADJ [a] (*gen*) long; (*alto*) tall; ~ **de piernas** long-legged; **se cayó al suelo cuan** ~ **era** he fell to the floor full out; **después de una** ~**a demora** after a lengthy delay; **es muy** ~ **de contar** it's a long story; **a** ~ **plazo** in the long term; ~ **y tendido** (*como adv*) at great length. [b] (*fam*) **¡**~ **(de aquí)!** clear off! [c] (*de* ~) **ponerse de** ~ to put on grown-up clothes; **pasar de** ~ to pass by, go by (without stopping); **dejar pasar a algn de** ~ to give sb a wide berth; **este problema viene de** ~ this problem started way back, this problem has been with us a long time. [d] (*lo* ~) **a lo más** ~ at the most; **a lo** ~ (*posición*) lengthways; (*relatar*) at great length, lengthily; (*ver*) in the distance, far off; **a lo** ~ **de** along; (*al lado de*) alongside; (*tiempo*) all through, throughout; **a lo** ~ **y a lo ancho de** the length and breadth of; **a todo lo** ~ **del río** all along the river. [e] (*cantidades*) full, good; **tardó media hora** ~**a** he took a good *o* full half-hour; **los aventajó en un minuto** ~ he beat them by a full minute; **ir para** ~ to go on and on, go on at length. [f] (*larga*) **a la** ~**a** in the long run; **dar** ~**s a algo** to put sth off; **saberla** ~**a** to have no flies on one (*fam*). [g] (*generoso*) generous; **tirar de** ~ to spend lavishly. [h] (*Agr etc*) abundant. [i] (*astuto*) sharp, shrewd. [j] (*cuerda*) loose, slack. [2] NM [a] length; **el** ~ **de las faldas** the length of skirts; **tiene 9 metros de** ~ it is 9 m long; **¿cuánto tiene de** ~**?** how long is it? [b] (*Mús*) largo.

largometraje NM full-length *o* feature film.

larguero [1] ADJ (*CSur*) long, lengthy; (*individuo*) slow-working. [2] NM (*Arquit*) main beam, chief support; (*de puerta*) jamb; (*Dep*) crossbar; (*en cama*) bolster.

largueza NF generosity.

larguirucho ADJ lanky, gangling.

largura NF length.

laringe NF larynx.

laringitis NF laryngitis.

larva NF larva, grub.

larvado ADJ hidden, latent.

las V **los**.

lasaña NF lasagne, lasagna.

lasca NF chip of stone.

lascadura NF (*Méx*) graze, abrasion.

lascar <1g> VT (*Méx*) to graze, bruise; (*piedra*) to chip off.

lascivia NF (*gen*) lewdness, lasciviousness; (*lujuria*) lust, lustfulness.

lascivo ADJ lewd, lascivious; (*lujurioso*) lustful.

láser NM laser; **rayo** ~ laser beam.

lasitud NF lassitude, weariness.

laso ADJ (*gen*) weary; (*lánguido*) languid.

lástima NF [a] (*gen*) pity; (*compasión*) compassion; **¡qué** ~**!** what a shame!, that's too bad!; **¡qué** ~ **de hombre!** isn't he pitiful?; **es una** ~ it's a shame; **es** ~ **que** it's a pity that; **dar** ~ to be pitiful; **eso me da mucha** ~ I feel very sorry about that; **tener** ~ **de** to feel sorry for. [b] **estar hecho una** ~ to be a sorry sight. [c] (*queja*) complaint.

lastimadura NF (*LAm*) wound, injury.

lastimar <1a> [1] VT (*gen*) to hurt, injure; (*herir*) to wound; (*ofender*) to offend, distress. [2] **lastimarse** VR to hurt *o* injure o.s.; **se lastimó el brazo** he hurt his arm; ~ **de** to complain about.

lastimero ADJ [a] harmful, injurious. [b] = **lastimoso**.

lastimoso ADJ pitiful, pathetic.

lastrar <1a> VT to ballast.

lastre NM [a] (*Náut, Téc*) ballast. [b] (*fig*) dead weight. [c] (*sentido común*) good sense, steadiness.

lata NF [a] (*metal*) tinplate; (*envase*) tin, can; **sardinas en** ~ tinned *o* canned sardines. [b] (*fam*) nuisance, pain (*fam*); **es una** ~ **tener que** it's a nuisance having to;

¡vaya (una) ~!, ¡qué ~! what a nuisance o (*fam*) bore; **dar la ~** to be a nuisance o (*fam*) pain.

latente ADJ latent.

lateral [1] ADJ lateral; **calle ~** side street. [2] NM (*Teat*) wings *pl*.

laterío NM (*Méx*) tinned o canned goods *pl*.

latero NM (*LAm*: *oficio*) tinsmith.

látex NM latex.

latido NM [a] (*de corazón*) beat, beating; (*de herida*) throb, throbbing. [b] (*de perro*) yelp.

latifundio NM latifundium, large estate.

latifundista NM owner of a large estate.

latigazo NM [a] (*golpe*) lash; (*chasquido*) crack. [b] (*fig*: *insultos*) verbal lashing. [c] (*de bebida*) swig (*fam*).

látigo NM whip.

latiguear<1a> VT (*LAm*) to whip, thrash.

latiguillo NM (*Teat*) hamming.

latín NM Latin; **saber (mucho) ~** (*fam*) to be pretty sharp.

latinajo NM dog Latin; **echar ~s** to come out with learned quotations and references.

latinismo NM Latinism.

latinista NMF Latinist.

latino/a ADJ, NM/F Latin.

Latinoamérica NF Latin America.

latinoamericano/a ADJ, NM/F Latin-American.

latir <3a> VI [a] (*corazón*) to beat; (*herida etc*) to throb. [b] (*estar latente*) to lie (hidden), lurk.

latitud NF (*Geog*, *fig*) latitude; (*área*) area, extent.

LATN NF ABR (*Par Aer*) de **Líneas Aéreas de Transporte Nacional**.

lato ADJ broad, wide.

latón NM [a] (*metal*) brass. [b] (*CSur*) large tin container.

latoso ADJ (*molesto*) annoying; (*pesado*) boring, tedious.

latrocinio NM robbery, theft.

Latvia NF Latvia.

LAU NF ABR (*Esp Jur*) [a] (*Hist*) de **Ley de Autonomía Universitaria**. [b] de **Ley de Arrendamientos Urbanos**.

laucha NF (*CSur*) small mouse; (*Arg*) dirty old man; **ser una ~** (*CSur*) to be very sharp; **aguaitar** o **catear la ~** (*CSur fam*) to await a favourable o (*US*) favorable opportunity.

lauco ADJ (*Chi*) bald, hairless.

laúd NM (*Mús*) lute.

laudable ADJ laudable, praiseworthy.

laudatorio ADJ laudatory.

laudo NM (*Jur*) decision, finding.

laurear<1a> VT to honour, honor (*US*), reward.

laurel NM (*Bot*) laurel; (*fig*) laurels; (: *premio*) honour, honor (*US*), reward; **(hojas de) ~** (*Culin*) bay (leaves).

Lausana NF Lausanne.

lava NF (*Geol*) lava.

lavable ADJ washable.

lavabo NM [a] (*jofaina*) washbasin. [b] (*retrete*) lavatory, washroom (*US*), toilet (*Brit*).

lavacoches NM INV car wash.

lavada NF (*LAm*) wash, washing.

lavadero NM [a] (*lavandería*) laundry, wash house; (*en río*) washing place. [b] (*LAm Min*) gold-bearing sands (*in river*).

lavado NM [a] (*acto*) wash, washing; **~ de cabeza** shampoo; **~ de cerebro** brainwashing; **~ en seco** dry cleaning; **le hicieron un ~ de estómago** he had his stomach pumped. [b] (*ropa*) wash, laundry.

lavador NM (*CSur*) washbasin.

lavadora NF washing machine.

lavadura NF (*lavado*) washing; (*agua sucia*) dirty water.

lavafrutas NM INV finger bowl.

lavaje NM (*CSur*) = **lavadura**.

lavamanos NM INV washbasin.

lavanda NF lavender.

lavandera NF laundress, washerwoman.

lavandería NF laundry; **~ automática** launderette, laundromat (*US*).

lavandero NM launderer, laundryman.

lavándula NF = **lavanda**.

lavaojos NM INV eye bath.

lavaparabrisas NM INV windscreen washer, windshield washer (*US*).

lavaplatos NM INV [a] (*aparato*) dish-washer. [b] (*empleado*) washer-up. [c] (*Chi*, *Col*, *Méx*: *fregadero*) sink.

lavar<1a> [1] VT [a] to wash; (*fam*: *dinero*) to launder (*fam*); **~ y marcar** (*pelo*) to shampoo and set; **~ en seco** to dry-clean; **~ la cabeza** to wash one's hair. [b] (*fig*) to wipe away o out. [2] **lavarse** VR to wash, have a wash; **~ las manos** to wash one's hands; (*fig*) to wash one's hands of it.

lavasecadora NF washer-dryer.

lavaseco NM (*Chi*: *tintorería*) drycleaning (shop).

lavativa NF [a] (*Med*) enema. [b] (*fig*) nuisance.

lavatorio NM [a] washstand. [b] (*LAm*) lavatory, washroom (*US*). [c] (*Med*) lotion.

lavavajillas NM INV dishwasher.

lavoteo NM (*fam*) quick wash.

laxante ADJ, NM laxative.

laxar<1a> VT to ease, slacken; (*vientre*) to loosen.

laxitud NF laxity, slackness.

laxo ADJ lax, slack.

laya NF [a] spade; **~ de puntas** (garden) fork. [b] (*fig*) kind, sort; **de esta ~** of this kind.

lazada NF bow, knot.

lazar<1f> VT [a] to lasso, rope. [b] (*Méx*) = **enlazar 1**.

lazarillo NM blind man's guide.

lazo NM [a] (*gen*) bow, knot; (*Agr*) lasso, lariat; **~ corredizo** slipknot; **~ de zapato** bootlace. [b] (*Caza*, *fig*) snare, trap; **caer en el ~** to fall into the trap. [c] (*Aut*) hairpin bend. [d] (*fig*: *vínculo*) link, bond, tie; **los ~s familiares** the family bond, the ties of blood.

LBE NF ABR (*Esp Jur*) de **Ley Básica de Empleo**.

L/C NF ABR de **Letra de Cambio** B/E.

Ldo/a. ABR de **Licenciado/a**.

le PRON PERS [a] (*dir*: *él*) him; (: *Ud*) you; **no ~ veo** I don't see him; **¿~ ayudo?** shall I help you? [b] (*indir*: *dativo*) (to) him, (to) her, (to) it; (: *Ud*) (to) you; **~ hablé** I spoke to her; **quiero dar~ esto** I want to give you this; **~ he comprado esto** I bought this for you; *V tb* **leísmo**.

leal ADJ loyal, faithful.

lealtad NF loyalty, fidelity.

leasing ['lizin] NM leasing; **~ operativo** operational lease.

lebrel NM greyhound.

lebrón ADJ (*Méx fam*: *astuto*) experienced.

LEC NF ABR (*Esp Jur*) de **Ley de Enjuiciamiento Civil**.

lección NF [a] (*gen*) lesson; (*Escol*) lesson, class; (*Univ*) lecture, class; **~ práctica** object lesson (*de* in); **aprenderse la ~** to learn one's lesson; **dar ~es** to teach, give lessons; **dar una ~ a algn** (*fig*) to teach sb a lesson; **¡que te sirva de ~!** let that be a lesson to you! [b] (*Lit*, *en Biblia*) reading.

lechada NF [a] (*lavado*) whitewash; (*para fijar*) paste, grout; (*para papel*) pulp. [b] (*Méx*) milking.

lechar<1a> VT [a] (*LAm*) to milk. [b] (*CAm*, *Méx*) to whitewash.

lechazo NM young lamb.

leche NF [a] milk; **~ completa** o **entera** full-cream milk, unskimmed milk; **~ condensada/desnatada/pasteurizada** condensed/skimmed/pasteurised milk; **~ descremada** o **de larga duración** long-life milk; **~ de magnesia** milk of magnesia; **~ en polvo** powdered milk. [b] (*Bot*) milk, milky juice; (*Bol*) rubber. [c] (*fam*: *locuciones*) **¡~!** hell!, shit (*fam!*); **mala ~** bad blood, ill-feeling; **estar de mala ~** to be pissed off (*fam!*), be in a shitty mood (*fam*); **poner a algn de mala ~** to put sb in a lather (*fam*), wind sb up the wrong way (*fam*); **¿qué ~s quieres?** what the hell do you want?; **¡qué coche ni qué ~!** car my foot! (*fam*); **salió echando ~s** he went like a bat out of hell (*fam*); **tener mala ~** to be a shit (*fam!*); **hay mucha mala ~ entre ellos** there's a lot of bad blood between them; **ir a toda ~** to scorch along (*fam*); **cantando es la ~** when she sings she's a bloody marvel (*fam*); (*pey*) when she sings she's bloody awful (*fam*). [d] (*fam*: *golpe*) bash (*fam*), swipe; (*choque*) bash (*fam*), bang; **darse una ~** (*fig*) to come a cropper (*fam*).

washer (*US*).

e (*fam: molestia*) bore, pain (*fam*); **¡es la ~!** it's such a pain!

f (*LAm: suerte*) good luck; **¡qué ~ tienes!** you lucky devil!

lechecillas NFPL sweetbreads.

lechera NF a (*persona*) milkmaid, dairymaid. b (*recipiente*) milk can, milk churn. c (*LAm: animal*) cow.

lechería NF a (*lugar*) dairy, creamery. b (*LAm*) meanness.

lecherita NF milk jug.

lechero 1 ADJ a milk (*atr*); **producción ~a** milk production; **vaca ~a** milk o milch cow. b (*LAm: suertudo*) lucky. 2 NM (*granjero*) dairyman; (*distribuidor*) milkman.

lecho NM a bed; (*Agr*) bedding; **~ mortuorio** deathbed. b (*de río*) bed; (*Geol*) layer; **~ de roca** bedrock.

lechón NM piglet, sucking o (*US*) suckling pig.

lechona NF a sow. b (*fig*) pig.

lechosa NF (*Ven*) papaya.

lechoso ADJ a milky. b (*LAm: suertudo*) lucky.

lechudo ADJ (*LAm*) lucky.

lechuga 1 NF a lettuce. b (*Cos*) frill, flounce. 2 NM (*Esp fam: billete*) 1000 peseta note.

lechuguino NM young lettuce.

lechuza NF (*Orn*) owl; **~ común** barn owl.

lectivo ADJ: **año ~** school year.

lectoescritura NF reading and writing.

lector(a) 1 NM/F a reader. b (*Escol, Univ*) (conversation) assistant. 2 (*aparato*) **~ de compact disc** o **de discos compactos** CD o compact disc player; **~ óptico de caracteres** optical character reader o scanner.

lectura NF (*gen*) reading; (*obra*) reading matter; **dar ~ a** to read (publicly); **sala de ~** reading room.

leer <2e> VT, VI to read; **~ el pensamiento a algn** to read sb's mind; **~ los labios** to lip-read; **~ entre líneas** to read between the lines.

legación NF legation.

legado NM a legate. b (*Jur*) legacy, bequest.

legajo NM file, bundle (of papers).

legal ADJ a (*gen*) legal, lawful; (*hora*) standard. b (*individuo*) trustworthy, truthful; **tío ~** good bloke (*fam*).

legalidad NF legality, lawfulness.

legalista ADJ legalistic.

legalización NF legalization; (*de documentos*) authentication.

legalizar <1f> VT (*gen*) to legalize, make lawful; (*documentos*) to authenticate.

légamo NM slime, mud; (*arcilla*) clay.

legamoso ADJ slimy, oozy.

legaña NF sleep; (*en los ojos*) rheum.

legañoso ADJ bleary.

legar <1h> VT to bequeath, leave (*a* to).

legatario/a NM/F legatee.

legendario ADJ legendary.

legibilidad NF legibility.

legible ADJ legible; **~ por máquina** (*Inform*) machine-readable.

legión NF legion; **L~ Extranjera** Foreign Legion; **L~ de Honor** Legion of Honour o (*US*) Honor.

legionario 1 ADJ legionary; 2 NM legionary; (*soldado activo*) legionnaire.

legislación NF legislation; (*leyes*) laws; **~ antimonopolio** (*Com*) anti-trust legislation.

legislador(a) NM/F legislator.

legislar <1a> VI to legislate.

legislatura NF (*Jur*) term; (*Pol*) session; (*LAm*) legislature, legislative body.

legista 1 NM jurist; (*estudiante*) law student. 2 ADJ (*LAm*) **médico ~** forensic expert.

legitimar <1a> 1 VT (*gen*) to legitimize; (*Jur*) to legalize. 2 **legitimarse** VR to establish one's title o claim.

legitimidad NF legitimacy.

legitimización NF legitimization.

legítimo ADJ legitimate, rightful; (*auténtico*) authentic.

lego/a 1 ADJ a (*Rel*) lay. b (*fig*) ignorant, uninformed.

2 NM/F lay brother/sister; **los ~s** the laity.

legración NF, **legrado** NM (*Med*) scrape.

legua NF league; **eso se ve** o **se nota a la ~** you can tell it a mile away.

leguleyo NM pettifogging o (*US*) shyster lawyer.

legumbre NF (*seca*) pulse; (*fresca*) vegetable.

leguminosa NF (*Bot*) pulse.

leíble ADJ legible.

leída NF (*LAm*) reading; **de una ~** in one reading, at one go; **dar una ~ a** to read.

leído ADJ (*individuo*) well-read; (*libro*) widely read.

leísmo NM *use of 'le' instead of 'lo' as direct objects*.

lejanía NF (*distancia*) distance, remoteness; (*lugar*) remote place.

lejano ADJ distant, remote, far off; **L~ Oriente** Far East.

lejía NF a bleach. b (*fam*) dressing-down.

lejos 1 ADV far away o off; **a lo ~** in the distance, far off; **de** o **desde ~** from afar, from a long way off; **más ~** further (off); **está muy ~** it's a long way (away); **¿está ~?** is it far?; **ese chico llegará ~** that boy will go far; **esta vez has ido demasiado ~** this time you've gone too far; **eso queda demasiado ~** that's too far (away); **para no ir más ~** (*fig*) to take an obvious example.

2 PREP: **~ de** far from; **estoy muy ~ de pensar que ...** I am very far from thinking that ....

3 NM distant view; (*de cuadro*) background.

lele ADJ (*LAm*) **lelo** ADJ silly, stupid.

lema NM motto, device; (*Pol etc*) slogan.

lempira NM (*Hon*) monetary unit of Honduras.

lémur NM lemur.

lencería NF a (*ropa blanca*) linen, drapery; (*ropa interior*) lingerie. b (*tienda*) draper's (shop).

lencero NM draper.

lengua NF a (*Anat, fig*) tongue; **mala ~, ~ larga, ~ de trapo** (*LAm*) gossip; **de ~ en ~** from mouth to mouth; **según las malas ~s ...** according to gossip ...; **andar en ~s** to be the talk of the town; **atar la ~ a algn** (*fig*) to silence sb; **dar a la ~** to chatter, talk too much; **estar con la ~ fuera** (*fig*) to be dead beat; **irse uno de la ~** to let the cat out of the bag; **morderse la ~** to hold one's tongue; **sacar la ~ a algn** (*fig*) to cock a snook at sb; **soltar la ~** (*fam*) to spill the beans (*fam*); **se le trabó la ~** he was tongue-tied; **tirar de la ~ a algn** to draw sb out, make sb talk.

b (*en campana*) clapper.

c (*Geog*) **~ de tierra** spit o tongue of land.

d (*Ling*) language, tongue; **L~** (*Esp Escol*) Spanish language (*as a school subject*); **~ franca** lingua franca; **~ materna** mother tongue; **~ origen** source language.

lenguado NM sole, dab.

lenguaje NM a (*gen*) language; (*facultad*) (faculty of) speech. b (*forma de hablar*) parlance, (mode of) speech; **~ comercial** business language; **~ del cuerpo** body language; **~ de gestos** sign language; **~ periodístico** journalese; **en ~ llano** ≈ in plain English. c (*Lit*) style, diction. d (*Inform*) language; **~ máquina** machine language; **~ de programación** program(m)ing language.

lenguaraz ADJ talkative; (*mal hablado*) foulmouthed.

lenguaz ADJ garrulous.

lengüeta NF a (*gen*) tab, small tongue; (*de zapatos, Mús*) tongue; (*Anat*) epiglottis. b (*LAm: hablador*) chatterbox; (*chismoso*) gossip.

lengüetada NF, **lengüetazo** NM lick.

lengüetear <1a> (*LAm*) 1 VT to lick. 2 VI to stick one's tongue out.

lengüeterías NFPL (*LAm*) gossip *sg*, tittle-tattle *sg*.

lenguón/ona (*LAm*) [1] ADJ gossipy. [2] NM/F gossip.
lenidad NF lenience.
Leningrado NM Leningrad.
lenitivo [1] ADJ lenitive. [2] NM lenitive, palliative.
lenocinio NM pimping, procuring; **(casa de)** ~ brothel.
lente NM O NF lens; **~s** (*esp LAm*) spectacles; **~ de aumento** magnifying glass; **~s de contacto** contact lenses.
lenteja NF lentil; **~s** lentil soup.
lentejuela NF spangle, sequin.
lentilla NF contact lens.
lentitud NF slowness; **con ~** slowly.
lento ADJ slow; (*persona*) slow, dull; **cocer a fuego ~** to simmer.
leña NF [a] firewood; **echar ~ al fuego** to add fuel to the flames o fire; **hacer ~** to gather firewood. [b] (*fam*) thrashing; **cargar de ~, hartar de ~, dar ~ a** to thrash; **repartir ~** to lash out.
leñador NM woodcutter, woodman.
leñazo NM (*golpe*) bash, thump; (*choque*) collision, bash.
leñe INTERJ (*fam*) shit! (*fam!*).
leñera NF woodshed.
leñero NM [a] (*comerciante*) dealer in wood. [b] (*lugar*) woodshed.
leño NM [a] log, timber. [b] (*fam*) dolt (*fam*).
leñoso ADJ woody.
Leo NM Leo.
León NM Leon; **~ (de Francia)** Lyons.
león NM lion; (*LAm*) puma; **~ marino** sea lion.
leona NF [a] lioness. [b] (*Chi*) confusion, mix-up.
leonado ADJ tawny.
leonera NF [a] (*jaula*) lion's cage; (*cueva etc*) lion's den; **parece una ~** it's shockingly dirty. [b] (*fam*) gambling den; (*CSur*) communal prison cell.
leonés/esa [1] ADJ of o from Leon. [2] NM/F native o inhabitant of Leon.
leonino ADJ leonine; (*Com, Jur*) unfair, one-sided.
leontina NF watch chain.
leopardo NM leopard; **~ cazador** cheetah.
leopoldina NF fob, short watch chain.
leotardo NM leotard; **~s** tights.
Lepe NM: **saber más que ~** to be pretty smart.
leperada NF (*CAm, Méx*) coarse remark.
lépero/a (*CAm, Méx*) [1] ADJ (*grosero*) rude, tough, uncouth. [2] NM/F rude o uncouth person.
leporino ADJ: **labio ~** harelip.
lepra NF leprosy.
leprosario NM (*Méx*), **leprosería** NF leper colony.
leproso/a [1] ADJ leprous. [2] NM/F leper.
lerdear <1a> [1] VI (*CAm, Arg*) to do things very slowly. [2] **lerdearse** VR to be slow (about doing things).
lerdez, lerdeza NF (*CAm*) slowness; (*estupidez*) slow-wittedness; (*torpeza*) clumsiness.
lerdo ADJ (*lento*) slow; (*de pocas luces*) slow-witted; (*torpe*) clumsy.
lerdura NF (*CSur*) = **lerdez**.
leridano/a [1] ADJ of o from Lerida. [2] NM/F native o inhabitant of Lerida.
les PRON PERS [a] (*dir*) them; (: *Uds*) you. [b] (*indir*) (to) them; (: *Uds*) (to) you; V **le para uso**.
lesbiana NF lesbian.
lesbianismo NM lesbianism.
lésbico, lesbio ADJ lesbian.
leseras NFPL (*CSur fam: tonterías*) nonsense.
lesión NF wound, lesion; (*Dep*) injury; (*fig*) damage; **~ cerebral** brain-damage.
lesionado ADJ hurt; (*Dep*) injured.
lesionar <1a> [1] VT (*dañar*) to hurt, injure; (*herir*) to wound. [2] **lesionarse** VR to get hurt.
lesivo ADJ harmful, damaging.
lesna NF awl.
leso ADJ [a] (*ofendido*) hurt, injured, offended; **crimen de ~a majestad** lèse-majesté, treason; **crimen de ~a patria** high treason. [b] (*LAm*) simple, stupid.
Lesoto NM Lesotho.
lesura NF (*Chi fam*) stupidity.

letal ADJ deadly, lethal.
letanía NF (*Rel*) litany; (*fig*) rigmarole; (: *retahíla*) long list.
letárgico ADJ lethargic.
letargo NM lethargy.
Letonia NF Latvia.
letra NF [a] (*Tip etc*) letter; **~ gótica** Gothic script; **~ de imprenta** print; **~ inicial/mayúscula/minúscula** initial/capital/small letter; **~ bastardilla/negrilla** italics/bold o heavy type; **en ~s de molde** in block letters.
[b] (*fig*) letter, literal meaning; **lo tomó al pie de la ~** he took it literally.
[c] **poner unas** o **dos** o **cuatro ~s a algn** (*escrito*) to drop sb a line.
[d] (*escritura*) handwriting; **~ cursiva** cursive writing; **tiene buena ~** his writing is good.
[e] (*Com*) letter, bill, draft; **~ abierta** letter of credit; **~ de cambio** bill (of exchange), draft; **~ de crédito** letter of credit; **~ de patente** letters patent *pl*; **pagar a ~ vista** to pay on sight.
[f] (*Mús*) words, lyric(s).
[g] **~s** (*fig*) letters, learning; (*Escol, Univ*) Arts; **Filosofía y L~s** humanities; **primeras ~s** elementary education, the three Rs; **hombre de ~s** man of letters.
letrado [1] ADJ (*gen*) learned; (*despectivo*) pedantic. [b] legal; **derecho a la asistencia ~a** right to have a lawyer present. [2] NM lawyer.
letrero NM (*gen*) sign, notice; (*Pol*) placard, poster; (*Com*) label; **~ luminoso** neon sign.
letrina NF latrine, privy; (*fig*) pit (*fam*), hole (*fam*).
letrista NMF songwriter.
leucemia NF leukaemia, leukemia (*US*).
leucémico/a NM/F leukaemia sufferer.
leudante ADJ rising.
leva NF [a] (*Náut*) weighing anchor. [b] (*Mil*) levy. [c] (*Mec*) cam; (*palanca*) lever.
levadizo ADJ: **puente ~** drawbridge.
levadura NF yeast, leaven; **~ de cerveza** brewer's yeast; **~ en polvo** baking powder.
levantada NF (*Per: alzamiento*) raising.
levantado ADJ (*despierto*) up; **no me esperes ~** don't wait up for me.
levantador NM: **~ de pesos** weight lifter.
levantamiento NM [a] raising, lifting; **~ del cadáver** removal of the body; **~ de pesos** weight lifting. [b] (*Pol*) rising, revolt. [c] (*Geog*) survey.
levantar <1a> [1] VT [a] (*gen*) to raise, lift (up); (*elevar*) to elevate; (*recoger*) to pick up; (*Arquit*) to build, erect; (*fig: imperio*) to raise, build up; (*ejército*) to recruit; (*censo*) to take; (*sesión*) to adjourn; (*empresa*) to set up; **levantó la mano** he raised o put up his hand; **~ los ojos** to look up, raise one's eyes; **¡no levantes la voz!** keep your voice down!; **fue imposible ~lo** it was impossible to lift it.
[b] (*mesa*) to clear away; (*casa*) to move; (*campamento*) to strike; (*tienda*) to take down.
[c] (*prohibición*) to raise, lift.
[d] (*fig: persona*) to rouse, arouse; (: *ánimo*) to lift, uplift, raise; (*Pol*) to rouse, stir up.
[e] (*Jur*) **~ acta de algo** to take an official record of sth.
[2] VI: **no levanta del suelo más de 1,40m** she stands only 1.40 m.
[3] **levantarse** VR [a] (*gen*) to rise; (*incorporarse*) to get up, stand up, rise to one's feet; **~ (de la cama)** to get up, get out of bed; **~ con el pie izquierdo** (*fam*) to get out of bed on the wrong side.
[b] (*Met: niebla*) to lift; (: *viento*) to rise.
[c] (*destacarse etc*) to stand up, stick up, stand out.
[d] (*sesión*) to be adjourned, conclude.
[e] (*Pol*) to rise, revolt, rebel.
Levante NM [a] (*gen*) Levant; **el ~** the Levant, the (Near) East. [b] (*España*) east coast, south-east coast.
levante NM (*Geog*) [a] (*gen*) east. [b] (*viento*) east wind.
levantino/a [1] ADJ of o from the eastern coast o provinces of Spain. [2] NM/F: **los ~s** the people of the east of Spain.

levantisco ADJ restless, turbulent.
levar<1a> **1** VT (*Mil*) to levy, recruit (by force); (*Náut*) **~ anclas** to weigh anchor. **2 levarse** VR to weigh anchor, set sail.
leve ADJ (*gen*) light; (*mínimo*) slight; (*sin importancia*) trivial, unimportant; **una herida ~** a slight wound.
levedad NF lightness; (*fig*) levity.
levita NF frock coat.
levitar<1a> VI to levitate.
lexema NM lexeme.
léxico **1** ADJ lexical. **2** NM lexicon, dictionary; (*vocabulario*) vocabulary.
lexicografía NF lexicography.
lexicógrafo/a NM/F lexicographer.
lexicología NF lexicology.
lexicólogo/a NM/F lexicologist.
ley NF **a** (*gen*) law; (*Jur*) act; (*Dep etc*) rule, law; (*Pol*) **proyecto de ~** bill, measure; **decreto-~** decree law; **~ del más fuerte** (principle of) might is right; **~ no escrita** unwritten law; **~ natural** law of nature; **la ~ de la oferta y la demanda** the law of supply and demand; **~ orgánica** constitutional law; **~ seca** prohibition law; **a ~ de** on the word of; **de acuerdo con** o **según la ~** in accordance with the law, by law, in law; **con todas las de la ~** (*sirviéndose de la ~*) within the law, legally; **va a protestar, y con todas las de la ~** (*con razón*) he's going to complain, and rightly so; **está fuera de la ~** he's outside the law; **un fuera de la ~** an outlaw; **hecha la ~ he-cha la trampa** every law has a loophole; **recurrir a la ~** to go to law.
b (*fig*) loyalty, devotion; **tener/tomar ~ a** to be/become devoted to.
c (*para metales*) legal standard of fineness; **oro de ~** pure o standard gold; **bajo de ~** base; **de buena ~** (*fig*) genuine, reliable; **de mala ~** (*fig*) base, disreputable; **en buena ~** really.
leyenda NF **a** legend; **la ~ negra** the black legend.
b (*Tip*) legend, inscription.
lezna NF awl.
liana NF liana.
liante (*fam*) NMF (*enredador*) mischief-maker; (*difícil*) awkward customer (*fam*); (*timador*) con man (*fam*); (*chismoso*) gossip.
liar<1c> **1** VT **a** (*gen*) to tie (up), do up; (*atar*) to bind; (*envolver*) to wrap (up); (*cigarrillo*) to roll; **estoy muy liado ahora** (*fig*) I'm really tied up right now.
b (*fig*) to confuse; **¡no me líes!** (*no me confundas*) don't mix me up!; (*no me metas en un lío*) don't get me in trouble!; **~la** (*provocar una discusión*) to stir up trouble; (*hacer algo mal*) to make a mess of things; **¡la liamos!** (*fam*) we've done it now! (*fam*).
2 liarse VR **a** to get tied up; (*envolverse*) to wrap up.
b (*fig*) to get muddled up.
c (*fig*) to get involved (*con* with).
d **~ a hostias** (*fam!*) to come to blows.
lib. ABR de **libro** bk.
libanés/esa ADJ, NM/F Lebanese.
Líbano NM: **el ~** the Lebanon.
libar<1a> VT to suck.
libelo NM **a** lampoon, satire (*contra* of). **b** (*Jur*) libel.
libélula NF dragonfly.
liberación NF (*gen*) liberation; (*de preso*) release.
liberado/a NM/F liberated; (*Com, Fin*) paid-up, paid-in (*US*); (*Pol: obrero*) full-time.
liberal ADJ, NMF liberal.
liberalidad NF liberality, generosity.
liberalismo NM liberalism.
liberalizar<1f> VT to liberalize.
liberar<1a> VT **a** to free, liberate. **b** **~ a algn de una obligación** to release sb from a duty.
Liberia NF Liberia.
líbero NM (*Dep*) sweeper.
libertad NF (*gen*) liberty, freedom; (*privilegio*) licence, license (*US*); **~ de conciencia** freedom of conscience; **estar en ~ condicional** o **vigilada** to be on probation; **~ de cultos** freedom of worship; **~ bajo fianza** release on

bail; **~ de asociación/de imprenta** o **prensa/de (la) palabra** freedom of association/of the press/of speech; **~ bajo palabra** o **a prueba** parole; **estar en ~** to be free; **poner a algn en ~** to set sb free; **tomarse una ~** to take a liberty; **decir algo con entera** o **total ~** to say sth in total freedom.
libertador(a) **1** ADJ liberating. **2** NM/F liberator; **El L~** (*LAm Hist*) the Liberator.
libertar<1a> VT (*gen*) to set free, liberate, release (*de* from); (*de un deber etc*) to exempt (*de* from) (*salvar*) to deliver (*de* from); **~ a algn de la muerte** to save sb from death.
libertinaje NM licentiousness.
libertino/a **1** ADJ permissive. **2** NM/F permissive person.
Libia NF Libya.
libidinoso ADJ lustful, libidinous.
libido NF libido.
libio/a ADJ, NM/F Libyan.
Libra NF Libra.
libra NF pound; (*Per Hist*) 10 soles note; **~ esterlina** pound sterling.
librado/a NM/F (*Com*) drawee.
librador(a) NM/F (*Com*) drawer.
libramiento NM rescue, delivery (*de* from); (*Com*) order of payment.
libranza NF (*Com*) draft, bill of exchange; **~ de correos** o **postal** postal o money order.
librar<1a> **1** VT **a** to save, free, rescue (*de* from); (*Jur*) to exempt, release (*de* from); **~ a algn de una obligación** to free sb from an obligation; **¡líbreme Dios de ...!** Heaven forbid that I ...!
b (*sentencia*) to pass; (*decreto etc*) to issue.
c (*Com*) to draw; (*cheque*) to make out; **~ a cargo de** to draw on.
d (*combate*) to fight, wage.
2 VI **a** to give birth.
b **~ bien/mal** to succeed/fail.
c (*tiempo*) **libro los sábados** I keep Saturdays free.
3 librarse VR to free o.s., escape; **de buena nos hemos librado** we're well out of that; **por fin nos hemos librado de él** we've finally got rid of him.
libre **1** ADJ **a** (*gen*) free (*de* from, of); (*plaza*) vacant, unoccupied; (*tiempo*) spare, free; **¿estás ~?** are you free?; **¿está ~ este asiento?** is this seat free?; **~ de derechos** duty-free; **~ de franqueo** post-free; **~ de impuestos** free of tax; **al aire ~** in the open air; **examinarse por ~** to take one's exams as an independent candidate; **ir por ~** to go it alone; **trabajar por ~** to freelance.
b (*comportamiento*) licentious, loose, immoral; **de vida ~** loose-living, immoral.
c (*Natación*) free-style; (*Ftbl*) **tiro** o **saque ~** free kick.
2 NM (*Dep*) = **líbero**.
librea NF livery, uniform.
librecambio NM free trade.
librecambista **1** ADJ free-trade *atr*. **2** NM freetrader.
librera NF (*LAm*) bookcase.
librería NF **a** (*tienda*) bookshop, bookstore (*US*); **~ anticuaria** antiquarian bookshop; **~ de ocasión** o **de viejo** secondhand bookshop. **b** (*estante*) bookcase.
c (*comercio*) book trade.
librero NM **a** bookseller. **b** (*LAm*) bookcase.
libresco ADJ bookish.
libreta NF notebook; (*Com*) account book; **~ de banco** o **de ahorros** bank o pass book.
libreto NM (*LAm: guión*) (film) script.
libro NM book; **~ de actas** minute book; **~ de apuntes** notebook; **~ de bolsillo** paperback; **~ de caja/de caja auxiliar** cash/petty cash book; **~ de cabecera** bedside book; **~ de cocina** cookery book, cookbook (*US*); **~ de consulta** reference book; **~ de cuentas** account book; **~ de cuentos** storybook; **~ escolar** school report; **~ de familia** marriage certificate; **~ de honor** o **visitas** visitors' book; **~ de lectura** reader; **~ mayor** ledger; **~ móvil** o **vivo** pop-up book; **~ de pedidos** o **encargos** order book; **~ de reclamaciones** complaints book; **L~**

Blanco/Rojo (*Pol*) White/Red Paper; **~ en rústica** *o* **de bolsillo/en pasta** *o* **encuadernado** paperback/hardback (book); **~ de texto** textbook; **~ de vuelos** (*Aer*) logbook; **ahorcar los ~s** (*fig*) to give up studying; **llevar los ~s** (*Com*) to keep the books *o* accounts; **hacer ~ nuevo** to turn over a new leaf.

librote NM big book, tome.

Lic. ABR (*esp Méx*) *de* **Licenciado/a**.

licencia NF [a] (*gen*) licence, license (*US*), permission; **sin mi ~** without my permission. [b] (*esp LAm*: *documento*) licence, permit; **~ de armas** gun licence; **~ de caza** game licence, hunting permit; **~ de exportación** (*Com*) export licence; **~ de manejar** (*LAm*) driving licence; **~ de matrimonio** marriage licence; **~ de vuelo** pilot's licence. [c] (*Mil etc*) leave, furlough (*US*); **~ por enfermedad** sick leave; **~ sin sueldo** unpaid leave; **ir de ~** to go on leave. [d] (*Mil*) **~ absoluta** discharge. [e] (*moral*) licence, licentiousness; **~ poética** poetic licence. [f] (*Univ*) degree; **~ en Derecho/Ciencias** Law/Science degree.

licenciado/a NM/F [a] (*Univ*) graduate, bachelor; **L~ en Filosofía y Letras** Bachelor of Arts. [b] (*LAm*) lawyer; (*esp Méx*: *título*) ≈ Dr; **El L~ Papacostas nos dice que ...** Dr Papacostas tells us that ....

licenciar ‹1b› [1] VT [a] (*dar permiso*) to license, grant a permit *o* licence *o* (*US*) license to. [b] (*permitir*) to permit, allow. [c] (*Mil*) to discharge. [d] (*Univ*) to confer a degree on. [2] **licenciarse** VR to graduate; **~ en Derecho** to take a degree in Law.

licenciatura NF [a] (*título*) degree. [b] (*estudios*) degree course, course of study (*US*).

licencioso ADJ licentious.

liceo NM lyceum; (*LAm*) secondary school.

lichi NM lychee.

licitar ‹1a› [1] VT to bid for. [2] VI to bid.

lícito ADJ lawful, legal, licit; (*justo*) fair, just; **si es ~ preguntarlo** if one may ask.

licitud NF (*legalidad*) legality; (*justicia*) fairness, justness.

licor NM [a] (*líquido*) liquid. [b] (*alcohol*: *gen*) spirits, liquor (*US*); (: *con hierbas etc*) liqueur; **~es espiritosos** hard liquor.

licorera NF decanter.

licuar ‹1d› VT to liquefy, turn into liquid; (*Culin*) to liquidize.

licuefacción NF liquefaction.

lid NF (*gen*) fight, combat; (*disputa*) dispute, controversy; **en buena ~** in (a) fair fight.

líder [1] ATR top, leading, foremost; **marca ~** leading brand, brand leader. [2] NM leader; **~ del mercado** market leader.

liderato, liderazgo NM leadership.

lidia NF [a] struggle, fight. [b] (*Taur*) bullfighting; (*una ~*) bullfight; **toro de ~** fighting bull. [c] (*LAm*) trouble, nuisance; **dar ~** to be trying, be a nuisance.

lidiador NM fighter; (*Taur*) bullfighter.

lidiar ‹1a› [1] VT (*Taur*) to fight. [2] VI to fight (*con, contra* against; *por* for).

liebre NF [a] (*Zool*) hare; (*fig*) coward; **~ corrida** (*Méx fam*) old hand; **dar gato por ~** to con (*fam*), fool; **levantar la ~** to blow the gaff. [b] (*Chi*: *microbús*) minibus.

Lieja NF Liège.

liendre NF nit.

lienzo NM [a] linen; (*Arte*) canvas; (*pañuelo*) handkerchief. [b] (*Arquit*) wall; (*fachada*) face, front; (*LAm*: *valla etc*) section; (*Méx*) corral, pen.

lifting NM face lift.

liga NF [a] (*Pol etc*) league. [b] (*faja*) suspender, garter; (*elástica*) elastic band. [c] (*Bot*) mistletoe. [d] (*sustancia viscosa*) birdlime. [e] (*CAm, Méx*) binding.

ligadura NF bond, tie; (*Med*) ligature, legato.

ligamento NM ligament.

ligamiento NM tying; (*fig*) harmony.

ligar ‹1h› [1] VT [a] (*gen*) to tie, bind; (*metales*) to alloy, mix; (*Med*) to bind up; (*fig*) to join, bind together; (*bebidas*) to mix; (*salsa*) to thicken; (*fam*: *chicas etc*) to pick up, get off with (*fam*); **estar ligado por contrato a** to be bound by contract to. [b] (*birlar*) to pinch (*fam*). [2] VI [a] to mix (well), blend, go well together. [b] (*conquistar*) to score (*fam*) (*con* with), get off with; **parece que han ligado** it appears they've got off together. [3] **ligarse** VR [a] (*unirse*) to unite, band together. [b] to get off with; **~ a algn** to get off with sb. [c] (*fig*) to bind *o* commit o.s.

ligazón NF [a] (*Náut*) rib, beam. [b] (*fig*) bond, tie.

ligereza NF [a] (*gen*) lightness. [b] (*rapidez*) swiftness, speed. [c] (*agilidad*) agility, nimbleness. [d] (*carácter*) fickleness; (*una ~*: *dicho*) flippant remark; (: *hecho*) indiscretion.

ligero [1] ADJ [a] (*gen*) light; (*tela*) lightweight, thin; (*té*) weak; **más ~ que un corcho** *o* **una pluma** as light as a feather. [b] (*rápido*) swift, quick, rapid; **~ de pies** light-footed, quick; **corrió ~ por el puente** she ran quickly over the bridge. [c] (*ágil*) agile, quick, nimble. [d] (*carácter*: *superficial*) shallow, superficial; (: *inconstante*) fickle; (*pey*: *mujer*) loose (*fam*); **juzgar a la ~a** to judge hastily, jump to conclusions; (*superficial*) **un ~ conocimiento** a slight acquaintance. [2] ADV quickly, swiftly.

ligón NM (*fam*) ladies' man, Romeo (*fam*).

ligoteo NM (*fam*) = **ligue 1(a)**.

ligue (*fam*) [1] NM [a] **ir de ~** to look for sb to get off with (*fam*), go eyeing up the talent (*fam*). [b] (*acto*: *un ~*) pick-up (*fam*), date; (*amorío*) affair. [2] NMF (*persona*) pick-up (*fam*), date.

liguero [1] NM suspender belt, garter belt (*US*). [2] ADJ league *atr*.

lija NF [a] (*Zool*) dogfish. [b] (*Téc*: *papel de ~*) sandpaper.

lijar ‹1a› VT to sandpaper.

lila¹ NF (*Bot*) lilac.

lila² NM [a] (*color*) lilac. [b] (*idiota*) twit (*fam*).

liliquear ‹1a› VI (*Chi fam*) to tremble nervously, shake.

lima¹ NF (*Bot*) lime, sweet-lime tree.

lima² NF [a] (*Téc*) file; **~ de** *o* **para las uñas** nail file. [b] (*pulido*) filing, polishing. [c] (*fig*) polish, finish; **comer como una ~** to eat like a horse.

Lima NF Lima.

limadura NF [a] filing, polishing. [b] **~s** filings.

limar ‹1a› VT (*Téc*) to file (down *o* off); (*alisar*) to smooth (over); (*fig*) to polish (up), put the final polish on; (*diferencias*) to smooth over, iron out.

limaza NF slug.

limazo NM slime, sliminess.

limbo NM (*Bot, Mat*) limb; (*Rel, fig*) limbo; **estar en el ~** to be in limbo; (*fig*) to be distracted.

limeño/a [1] ADJ of *o* from Lima. [2] NM/F native *o* inhabitant of Lima.

limero NM lime (tree).

limeta NF [a] (*CSur*) broad brow, domed forehead. [b] (*LAm*) flagon.

limitación NF (*gen*) limitation; (*límite*) limit; **~ de velocidad** speed limit; **sin ~** unlimited.

limitado ADJ [a] limited; **sociedad ~a** (*Com*) limited company, corporation (*US*). [b] (*lerdo*) slow-witted, dim.

limitar ‹1a› [1] VT (*restringir*) to limit, restrict; (*reducir*) to cut down, reduce; **~ a algn a hacer algo** to limit sb to doing sth. [2] VI: **~ con** to border on. [3] **limitarse** VR to limit *o* restrict o.s.; **~ a hacer algo** to limit *o* confine o.s. to doing sth.

límite [1] NM (*gen*) limit; (*final*) end; (*Geog, Pol*) boundary, border; **~ de crédito** (*Com*) credit limit; **~ forestal** tree line; **~ de página** (*Inform*) page break; **~ de velocidad** speed limit; **como ~** at (the) most; (*fecha*) at the latest;

sin **~s** limitless; **poner un ~ a** to set a limit to; (*fig*) to draw the line at; **no tener ~s** to know no bounds. [2] ATR extreme, maximum; **caso ~** extreme case; **situaciones ~** extreme situations.
limítrofe ADJ bordering, neighbouring, neighboring (*US*).
limo NM slime, mud.
limón NM lemon.
limonada NF lemonade; **~ natural** lemon juice o squash; **ni chicha ni ~** neither chalk nor cheese.
limonar NM lemon grove.
limonero NM lemon tree.
limosna NF alms; **pedir ~** to beg; **vivir de ~** to live by begging.
limosnear<1a> VI to beg, ask for alms.
limosnero/a [1] ADJ charitable. [2] NM/F (*LAm*) beggar.
limoso ADJ slimy, muddy.
limpia [1] NF cleaning; (*CAm, Méx: Agr*) weeding; (*fig: Pol etc*) clean-up, purge. [2] NM (*fam*) bootblack.
limpiabotas NM INV bootblack.
limpiacabezales NM INV head-cleaner.
limpiachimeneas NM INV chimney-sweep.
limpiacoches NMF INV street car-washer.
limpiacristales NM INV [a] window cleaner. [b] (*líquido*) window-cleaning fluid.
limpiada NF (*LAm*) clean, clean-up.
limpiadientes NM INV toothpick.
limpiador(a) [1] ADJ cleaning, cleansing. [2] NM/F cleaner.
limpiadura NF [a] cleaning, cleaning-up. [b] **~s** dirt, dust, scourings.
limpiafaros NM INV headlamp wiper.
limpialuneta NM: **~ trasero** o **posterior** rear-screen wiper, rear wiper.
limpiamanos NM INV (*CAm, Méx*) hand towel.
limpiametales NM INV metal polish.
limpiamuebles NM INV furniture polish.
limpiaparabrisas NM INV windscreen wiper, windshield wiper (*US*).
limpiapipas NM INV pipe-cleaner.
limpiar <1b> [1] VT [a] (*gen*) to clean; (*enjugar*) to wipe; (*maquillaje, marca*) to wipe off o clean; (*zapatos*) to shine, polish; (*casa*) to tidy (up); **~ en seco** to dry-clean; **~ las narices a un niño** to wipe a child's nose. [b] (*fig*) to cleanse, purify; (*Mil etc*) to mop up; (*Policía*) to clean up; (*Bot*) to prune, cut back. [c] (*fam: juego*) to clean out (*fam*). [d] (*fam: robar*) to swipe (*fam*), nick (*fam*). [e] (*Méx fam*) to hit, bash (*fam*). [2] **limpiarse** VR to clean o wipe o.s.; **~ las narices** to wipe one's nose.
límpido ADJ limpid.
limpieza NF [a] (*acción: gen*) cleaning, cleansing; (*zapatos*) shining, polishing; **~ en seco** dry cleaning; **~ general** ≈ spring cleaning; **hacer la ~** to clean (up). [b] (*Pol etc*) purge; (*Mil*) mopping-up; (*Policía*) clean-up. [c] (*estado*) cleanness, cleanliness; **~ de sangre** racial purity. [d] (*moral*) purity; (*integridad*) integrity, honesty. [e] (*destreza*) skill; (*Dep*) fair play.
limpio [1] ADJ [a] (*gen*) clean; (*ordenado*) neat, tidy; (*despejado*) clear; (*líquidos*) pure; **~ de** free from, clear of; **más ~ que los chorros del oro** as clean as can be. [b] (*moral*) pure; (*honesto*) honest; (*Dep*) fair, clean. [c] (*Fin*) clear, net; **50 dólares de ganancia ~a** 50 dollars of clear profit. [d] (*locuciones*) **a puñetazo ~** with bare fists; **estar ~** (*fam*) not to know a single thing; **quedar(se) ~** (*fam*) to be cleaned out (*fam*). [2] NM (*Dep*) fair, clean; **en ~** clearly; (*Fin*) clear, net; **copia en ~** fair copy; **estar** o **quedar en ~** to be broke; **pasar** o **poner algo en ~** to make a fair o (*US*) clean copy of sth; **quedó en ~ que** it was clear that; **sacar algo en ~** to make sense of sth. [3] ADV: **jugar ~** to play fair.
limusina NF limousine.
linaje NM [a] lineage, family; **de ~ de reyes** descended from royalty, of royal descent. [b] (*clase*) class, kind; **~ humano** mankind; **de otro ~** of another kind.

linajudo ADJ highborn, noble.
linaza NF linseed.
lince NM [a] (*Zool*) lynx. [b] (*fig*) **ser un ~** to be very observant; (*astuto*) to be shrewd, be crafty; **tener ojos de ~** to be very sharp o observant.
linchamiento NM lynching.
linchar<1a> VT to lynch.
lindante ADJ bordering (*con* on), adjacent (*con* to).
lindar<1a> VI to border (*con* on), adjoin, be adjacent (*con* to); (*Arquit*) to abut (*con* on).
linde NM o NF boundary.
lindero [1] ADJ adjoining, bordering. [2] NM (*borde*) edge, border; (*linde*) boundary.
lindeza NF [a] (*gen*) prettiness; (*elegancia*) elegance. [b] (*esp LAm*) niceness. [c] **~s** pretty things; (*modalidades*) charming ways. [d] **~s** (*iró: insultos*) insults, improprieties.
lindo [1] ADJ (*esp LAm*) [a] pretty; (*exquisito*) exquisite. [b] (*iró*) fine, pretty. [c] (*bonito*) nice, lovely; (*excelente*) fine, excellent; **un ~ coche** a nice car; **un ~ partido** a first-rate game; **un ~ concierto** a marvellous concert; **de lo ~** a lot, a great deal; **es de ~** (*LAm*) it's fine, it's marvellous. [2] ADV (*LAm*) nicely, well; **baila ~** she dances beautifully.
lindura NF (*LAm*) = **lindeza**.
línea NF [a] (*gen*) line; (*Elec*) line, cable; **~ aérea** (*Aer*) airline; (*Elec*) overhead cable; **~ de alto el fuego** ceasefire line; **~ de banda** sideline, touchline; **~ de medio campo** o **de centro** halfway line; **~ delantera** forward line; **~ derivada** (*Telec*) extension; **~ directa** (*Telec*) direct line; **~ discontinua** (*Aut*) broken line; **~ divisoria** dividing line; **~ férrea** railway; **~ de flotación** water line; **~ de fuego** firing line; **~ de gol** o **de meta** o **de puerta** goal line; **~ de montaje** assembly o production line; **~ primera** ~ front line; **~ recta** straight line; **~ de socorro** (*Telec*) helpline; **autobús de ~** service o regular bus; **explicar algo en (sus) ~s generales** to set sth out in broad outline; **de ~** (*Mil*) regular, front-line; **de primera ~** first-rate, top-ranking; **en ~** in (a) line, in a row; **en/fuera de ~** (*Inform*) on-/off-line; **leer entre ~s** to read between the lines; **poner unas ~s a algn** to drop a line to sb. [b] (*talle*) figure; (*Náut: perfil*) lines, outline; **guardar** o **conservar la ~** to keep one's figure (trim); **la ~ de 1997** (*moda*) the 1997 look. [c] (*moral, Pol etc*) line; **~ de conducta** course of action; **~ dura** (*Pol*) hard line; **~ de partido** party line.
lineal ADJ linear; (*Inform*) on-line; **dibujo ~** line drawing.
linfa NF lymph.
linfático ADJ lymphatic.
lingotazo NM (*fam*) swig (*fam*), shot (*fam*).
lingote NM ingot; (*de oro etc*) bar.
lingüista NMF linguist, language specialist.
lingüística NF linguistics.
lingüístico ADJ linguistic.
linimento NM liniment.
lino NM [a] (*Bot*) flax. [b] (*CSur*) linseed. [c] (*ropa fina*) linen; (*lona*) canvas.
linóleo NM lino, linoleum.
linotipia NF linotype.
linotipista NM linotypist.
linterna NF lantern, lamp; (*Elec*) spotlight; **~ eléctrica** o **a pila** torch, flashlight (*US*).
linyera NM (*CSur: vagabundo*) tramp, bum (*US fam*).
lío NM [a] (*gen*) bundle; (*paquete*) package, parcel. [b] (*fam: jaleo*) row, fuss; (: *confusión*) mix-up, confusion, muddle; **un ~ de papeles** a jumble of papers; **armar un ~** to make o kick up a fuss; **hacerse un ~** to get all mixed up, get into a muddle; **meterse en un ~** to get into a jam. [c] (*fam*) affair, liaison; **tener un ~ con algn** to be having an affair with sb. [d] (*chisme*) tale, piece of gossip; **no me vengas con ~s** less of your tales!
liofilizado ADJ freeze-dried.
liposoma NM liposome.
liposucción NF liposuction.
lipotimia NF faint, black-out.

liquen NM lichen.
liquidación NF [a] (*Quím*) liquefaction. [b] (*Com, Fin*) liquidation, winding-up; (*cuenta*) settlement; **entrar en ~** to go into liquidation. [c] (*venta de* ~) (clearance) sale; **~ por cierre del negocio** closing-down sale; **vender en ~** to sell up. [d] (*Pol*) liquidation. [e] (*Méx*) redundancy pay.
liquidar<1a> [1] VT [a] (*Quím*) to liquefy.
[b] (*Com, Fin*) to liquidate; (*cuenta*) to settle; (*empresa*) to wind up; (*deudas*) to settle, pay off, clear; (*existencias*) to sell off, sell up.
[c] (*Pol*) to liquidate; (*fam: matar*) to bump off (*fam*).
[d] (*Méx*) to pay off.
[2] **liquidarse** VR (*Quím*) to liquefy.
liquidez NF liquidity, fluidity.
líquido [1] ADJ [a] (*gen*) liquid, fluid.
[b] (*Com*) net; **ganancia ~a** net profit.
[c] (*CAm, Méx*) exact; **4 varas ~as** exactly 4 yards.
[2] NM [a] (*gen*) liquid, fluid; **~ anticongelante** antifreeze; **~ de frenos** brake fluid.
[b] (*Fin: efectivo*) ready cash o money; (*Com, Fin*) net amount o profit; **~ imponible** net taxable income.
lira NF (*Mús*) lyre.
lírica NF lyric(al) poetry.
lírico/a [1] ADJ [a] (*Lit*) lyric(al); (*Teat*) musical. [b] (*LAm: persona*) full of idealistic plans; (*plan, idea*) Utopian, fantastic. [2] NM/F (*LAm*) dreamer, Utopian.
lirio NM iris; **~ de los valles** lily of the valley.
lirismo NM [a] lyricism; (*sentimentalismo*) sentimentality.
[b] (*LAm*) dreams, Utopia; (*manera de ser*) fantasy, Utopianism.
lirón NM (*Zool*) dormouse; (*fig*) sleepyhead.
lisamente ADV evenly.
Lisboa NF Lisbon.
lisboeta [1] ADJ of o from Lisbon. [2] NMF native o inhabitant of Lisbon.
lisiado/a [1] ADJ (*gen*) injured, hurt; (*cojo*) lame, crippled. [2] NM/F cripple; **~ de guerra** wounded exserviceman.
lisiar<1b> VT (*gen*) to injure (permanently), hurt (seriously); (*tullir*) to cripple, maim.
liso ADJ [a] (*gen*) smooth, even; (*pelo*) straight; (*carrera*) flat; **los 400 metros ~s** the 400-m flat race. [b] (*fig*) plain, unadorned; **~ y llano** plain, simple; **~a y llanamente** plainly, in plain language. [c] (*And, CSur: grosero*) rude.
lisonja NF flattery.
lisonjear<1a> VT [a] (*alabar*) to flatter. [b] (*agradar*) to please, delight.
lisonjero/a [1] ADJ [a] flattering. [b] (*agradable*) pleasing, agreeable. [2] NM/F flatterer.
lista NF [a] (*gen*) list; (*catálogo*) catalogue, catalog (*US*); (*Mil*) roll (call); (*Escol*) roll, register, school list (*US*); **~ de boda** wedding list; **~ de comidas** o **de platos** menu; **~ de correos** poste restante; **~ electoral** electoral roll, register of voters; **~ de espera** waiting list; **~ de raya** payroll; **~ de tandas** duty roster, rota; **pasar ~** (*Mil*) to call the roll; (*Escol*) to call the register. [b] (*raya*) stripe; (*tela*) strip; (*de papel*) slip; **tela a ~s** striped material.
listado[1] ADJ striped.
listado[2] N (*lista*) list, listing; (*Com, Inform*) listing, printout; **~ paginado** paged listing.
listar<1a> VT to list, enter on a list; (*Inform*) to list.
listeria NF listeria.
listillo/a NM/F know-all, smart Aleck (*fam*).
listín NM: **~ de teléfonos** telephone directory.
listo ADJ [a] (*gen*) ready, prepared; **~ para usar** ready-to-use; **¿estás ~?** are you ready? [b] **¡~!** (*interj*: ¡*bien*!) all right!, OK!; (*¡se acabó!*) that's the lot!, it's all over!
[c] (*astuto*) clever, smart; **¡~!** wake up!; **dárselas de ~** to think o.s. very clever; **ser más ~ que el hambre** to be as smart as they come; **pasarse de ~** to be too clever by half. [d] (*fam*) **¡estás ~!** no way! (*fam*), not likely!; **¡estamos ~s!** that's done it! (*fam*).
listón NM (*Cos*) ribbon; (*de madera*) strip, lath; (*Dep*) bar; (*de metal*) strip.

lisura NF [a] (*gen*) smoothness, evenness; (*de pelo*) straightness. [b] (*sinceridad*) sincerity. [c] (*And, CSur: grosería*) rude remark.
lisurero ADJ (*Per*) rude.
litera NF (*Hist*) litter; (*en alcoba*) bunk, bunk bed; (*Náut, Ferro*) bunk, berth.
literal ADJ literal.
literario ADJ literary.
literato/a NM/F writer, author.
literatura NF literature.
litigación NF litigation.
litigante NMF litigant.
litigar<1h> [1] VT to dispute at law. [2] VI (*Jur*) to go to law; (*fig*) to argue, dispute.
litigio NM (*gen*) litigation; (*pleito*) lawsuit; (*fig*) dispute; **en ~** at stake, in dispute.
litio NM lithium.
litografía NF [a] (*proceso*) lithography. [b] (*cuadro etc*) lithograph.
litografiar<1c> VT to lithograph.
litoral [1] ADJ coastal, littoral. [2] NM seaboard, littoral, coast.
litro NM litre, liter (*US*).
litrona NF litre o (*US*) liter bottle (of beer).
Lituania NF Lithuania.
lituano/a [1] ADJ, NM/F Lithuanian. [2] NM (*Ling*) Lithuanian.
liturgia NF liturgy.
litúrgico ADJ liturgical.
liviandad NF (*V adj*) fickleness; lewdness; lightness.
liviano ADJ [a] (*inconstante*) fickle. [b] (*lascivo*) lewd.
lividez NF [a] lividness. [b] (*palidez*) paleness, pallor.
lívido ADJ [a] (*morado*) livid; (*amoratado*) black and blue.
[b] (*pálido*) pale, pallid.
living ['liβin] NM (*pl* **~s** ['liβin]) (*LAm*) living room.
ll, ll [eʎe] NF (*letra*) Ll, ll.
llaga NF [a] wound; (*úlcera*) ulcer, sore; **¡por las ~s (de Cristo)!** damnation! [b] (*fig*) affliction, torment; **las ~s de la guerra** the havoc of war.
llagar<1h> VT to make sore; (*herir*) to wound, injure.
llama[1] NF (*Zool*) llama.
llama[2] NF [a] flame; **~ piloto** pilot light; **arder sin ~** to smoulder, smolder (*US*); **en ~s** burning, ablaze, in flames; **estallar en ~s** to burst into flames. [b] (*fig*) passion, ardour, ardor (*US*).
llamada NF [a] call; (*a la puerta: golpe*) knock; (: *timbre*) ring; (*Mil*) call to arms; **~ interurbana** o **a larga distancia** long-distance o trunk call; **~ a cobro revertido** reverse-charge o (*US*) collect call; **~ al orden** call to order; **~ a procedimiento** (*Inform*) procedure call.
[b] (*gesto*) signal, sign, gesture. [c] (*Tip*) reference mark.
llamado [1] ADJ so-called. [2] NM (*LAm: llamada*) (telephone) call; (: *llamamiento*) appeal.
llamador NM [a] (*visita*) caller. [b] (*aldaba*) door knocker; (*timbre*) bell.
llamamiento NM call; **hacer un ~ a algn para que haga algo** to appeal to sb to do sth.
llamar <1a> [1] VT [a] (*nombrar*) to call, name; **le llamaron el Gordo** they called him Tubby; **¿cómo le van a ~?** what are they going to call him?
[b] to call; (*convocar*) to summon; (*invocar*) to invoke, call upon; (*atraer con gesto*) to beckon; (*Telec*: **tb ~ por teléfono**) to call, ring up, telephone (to); **¿quién me llama?** who's asking for me?; **que me llamen a las 7** please have them call me at 7; **le llamaron a palacio** they called o summoned him to the palace.
[c] (*atraer*) to draw, attract; **me llamó la atención su traje** his suit attracted my attention; **el policía me llamó la atención** (*LAm*) the policeman gave me a warning o (*fam*) gave me a ticking-off; **no me llama la atención** (*fam*) I see nothing special about it (*fam*).
[2] VI [a] (*gen*) to call; **¿quién llama?** (*Telec*) who's calling?, who's that?; **~ por ayuda** to call for help.
[b] (*a la puerta: aldaba*) to knock; (: *timbre*) to ring; **~ a la puerta** to knock at the door; **¿quién llama?** who's there?

3 llamarse VR to be called, be named; **me llamo Mimi** my name is Mimi; **¿cómo te llamas?** what's your name?; **¡eso sí que se llama hablar!** now you're talking!, that's more like it!; **¡como me llamo Rodríguez, que lo haré!** as sure as my name's Rodríguez, I'll do it!

llamarada NF flare-up, sudden blaze; (*en rostro*) flush; (*fig*) flare-up, outburst.

llamativo ADJ (*ostentoso*) gaudy, flashy; (*color*) loud; **de modo ~** in such a way as to draw attention.

llamear<la> VI to blaze.

llampo NM (*And, CSur*) pulverized ore.

llana NF **a** (*Geog*) plain. **b** (*Arquit*) trowel.

llanada NF flat ground.

llanamente ADV **a** (*lisamente*) smoothly, evenly. **b** (*sin ostentaciones*) plainly, simply; (*sinceramente*) openly, frankly; V **liso**.

llanca NF (*LAm*) copper ore.

llanero NM (*esp Ven*) plainsman.

llaneza NF (*fig: simplicidad*) plainness, simplicity; (*: franqueza*) openness, frankness.

llano 1 ADJ **a** (*superficie*) level, flat, smooth, even. **b** (*fig: sencillo*) plain, simple; (*: franco*) open, frank; **en lenguaje ~** in plain language; **a la ~a** simply; **decir algo por lo ~** to put matters bluntly; **de ~** openly. **2** NM plain, flat ground; **Los L~s** (*Ven Geog*) Venezuelan Plains.

llanta¹ NF (*esp LAm*) tyre, tire (*US*); (*de rueda*) rim; **~ de oruga** caterpillar track.

llanta² NF (*Bol, Per*) sunshade, awning.

llanto NM weeping, tears *pl*; (*fig*) lamentation; (*Lit*) dirge, lament; **dejar el ~** to stop crying.

llanura NF **a** (*lisura*) flatness, smoothness, evenness. **b** (*Geog*) plain; (*pampa*) prairie.

llapa NF (*LAm*) V **yapa**.

llave NF **a** key; **~ de contacto** (*Aut*) ignition key; **~ maestra** skeleton o master key; **bajo ~** under lock and key; **cerrar con ~** to lock; **echar (la) ~ (a)** to lock up; **tener las ~s de la caja** (*fig*) to hold the purse strings. **b** (*de gas, agua*) tap, faucet (*US*); (*Elec*) switch; **~ de cierre** stopcock. **c** (*Mec*) spanner; **~ ajustable** adjustable spanner; **~ inglesa** monkey wrench.

llavero NM key ring.

llavín NM latch key.

llegada NF arrival, coming.

llegar<1h> **1** VT to bring up, bring over, draw up. **2** VI **a** to arrive; **por fin llegamos** we're here at last; **avíseme cuando llegue** tell me when he comes; **llegará en tren/autobús** he will come by train/bus; **no llegues tarde** don't be late. **b** (*alcanzar*) to reach; (*bastar*) to be enough; (*sumar*) to amount to, equal; **esta cuerda no llega** this rope isn't long enough; **el importe llega a 50 pesos** the total is 50 pesos; **con ese dinero no va Ud a ~** you won't have enough money; **hacer ~ el sueldo** to make (both) ends meet (on one's salary). **c** (*con verbo*) **~ a hacer algo** (*gen*) to reach the point of doing sth; (*lograr*) to manage to do sth, succeed in doing sth; **por fin llegó a hacerlo** he managed to do it eventually; **llegué a creerlo** I believed it in the end; **~ a saber algo** to find sth out; **~ a ser famoso/el jefe** to become famous/the boss.

3 llegarse VR to come near, approach.

llenar<la> **1** VT **a** to fill (*de* with); (*superficie*) to cover (*de* with); (*espacio, tiempo*) to fill, take up (*de* with); (*documento*) to fill in, fill out (*US*). **b** (*deber*) to fulfil, fulfill (*US*); (*deseo*) to satisfy; **la poesía me ha llenado** poetry has made me feel fulfilled. **c** (*fig*) **~ a algn de elogios** to heap praises on sb. **2 llenarse** VR **a** to fill (up) (*de* with); (*fam*) to stuff o.s. (*de* with). **b** (*fig*) to get cross, get annoyed.

lleno 1 ADJ full (*de* of), filled (*de* with); (*Ferro etc*) full up; **estar ~ a reventar** to be full to bursting; **estar ~ de sí mismo** to be full of o.s.; **de ~** fully, entirely; **le dio de ~ en la cara** it hit him full in the face. **2** NM **a** (*fam*) abundance, plenty.

b (*Teat*) full house, sellout. **c** (*Astron*) full moon.

llevadero ADJ bearable, tolerable.

llevar <la> **1** VT **a** (*gen*) to carry; (*a sitio*) to take; (*en vehículo*) to transport; **¿me llevas esta carta?** will you take this letter for me?; **yo llevaba la maleta** I was carrying the case; **~ adelante** (*fig*) to carry forward o out. **b** (*ropa etc*) to wear; (*título etc*) to bear; **llevaba traje azul** he wore a blue suit; **lleva barba/el pelo corto** he wears a beard/his hair short; **no llevo dinero (encima)** I have no money on me; **lleva un rótulo que dice ...** it has a label which says ...; **el tren no lleva coche-comedor** the train has no dining car. **c** (*gente*) to take (*a* to); (*conducir: tb fig*) to lead (*a* to); **este camino nos lleva a Bogotá** this road takes us to Bogotá; **le llevamos al teatro** we took him to the theatre o (*US*) theater; **~ a algn de la mano** (*tb fig*) to lead sb by the hand; **~ a algn a creer que ...** to lead sb to think that .... **d** (*ruta*) to follow, keep to; **¿qué dirección llevaba?** what direction was he going in?; **~ buen/mal camino** to be on the right/wrong road; **~ camino de ...** to be on the road to ..., be heading for .... **e** (*apartar*) to carry off, take away, cut off; **la bala se le llevó dos dedos** the shot took off two of his fingers. **f** (*premio etc*) to win, get, carry off. **g** (*precio*) to charge; **¿cuánto me van a ~?** what are you going to charge me? **h** (*Agr*) to bear, produce; (*Com, Fin*) to bear, carry; **los bonos llevan un 8 por cien de interés** the bonds bear interest at 8%. **i** (*vida*) to lead; **~ una vida tranquila** to live o lead a quiet life. **j** (*aguantar*) to bear, stand, put up with; **~ las desgracias con paciencia** to bear misfortunes patiently; **lo lleva bien** he's taking it well. **k** (*tiempo*) to spend; **¿cuánto tiempo llevas aquí?** how long have you been here?; **el tren lleva una hora de retraso** the train is an hour late; **el trabajo me llevará tres días** the work will take me three days. **l** (*vb aux*) **llevo 3 meses buscándolo** I have been looking for it for 3 months; **llevo estudiados 3 capítulos** I have studied 3 chapters. **m** (*negocio etc*) to conduct, direct, manage; **~ una finca** to manage an estate; **¿quién lleva la cuenta?** who is keeping count?; **~ los libros** o **las cuentas** (*Com*) to keep the books. **n** (*ritmo, paso, compás*) to keep, mark. **o** (*aventajar*) **ella me lleva 2 años** she's 2 years older than I am; **~ la ventaja** to be winning o in the lead; **les llevamos una gran ventaja** we have a great advantage over them. **p** (*Mat*) to carry. **q** (*locuciones*) **llevo las de perder** I'm likely to lose, I'm in a bad way; **no las lleva todas consigo** he's not all there; **~ algo a (buen) término** to bring sth to a successful conclusion; **~ algo a la práctica** to put sth into practice; **~ la contraria** to maintain an opposite point of view; (*a algn*) to oppose, contradict; **dejarse ~** to get carried away (*por* at, by); **dejarse ~ (por algn)** to allow o.s. to be influenced by sb; **no te dejes ~ por las apariencias** don't be taken in by appearances; **si te dejas ~ por él, acabarás mal** if you fall in with him, you'll be in trouble; **se dejó ~ por las olas** he was swept away by the waves. **2** VI (*carretera*) to go, lead; **esta carretera lleva a La Paz** this road goes to La Paz. **3 llevarse** VR **a** to carry off, take away, remove; **se lo llevaron al cine** they took him off to the cinema; **los ladrones se llevaron la caja** the thieves took the safe (away); **siempre me llevo la peor parte** (*fig*) I always come off worst. **b** ~ **bien** to get on well (together); **no se lleva bien con el jefe** he doesn't get on o along with the boss. **c** ~ **a algn por delante** (*atropellar*) to run over sb; (*LAm: ofender*) to offend sb; (*: maltratar*) to ride roughshod over

sb.
d (*estar de moda*) to be in (*fam*); **se llevan los lunares** polka dots are all the rage (*fam*).
e (+ *sust*: *tener*) **me llevé una alegría** I was so happy; **se llevó un buen susto** he got a right old fright (*fam*).
llorar<1a> **1** VT to weep over o for, cry about; (*lamentar*) to bewail, lament; (*difunto etc*) to mourn.
2 VI **a** to cry, weep; **¡no llores!** don't cry!; **~ a moco tendido** to sob one's heart out, cry uncontrollably. **b** (*ojos*) to water.
c (*Chi fam*) to suit, be becoming, look nice (*a* on).
lloricón/ona NM/F crybaby.
lloriquear<1a> VI to snivel, whimper.
lloriqueo NM snivelling, sniveling (*US*), whimpering.
llorón/ona¹ **1** ADJ weeping, tearful. **2** NM/F tearful person.
llorona² NF professional mourner.
lloroso ADJ weeping, tearful; (*triste*) sad.
llovedizo ADJ **a** (*techo*) leaky. **b** **agua ~a** rainwater.
llover<2h> VI **a** to rain; **llueve, está lloviendo** it is raining; **~ a cántaros** o **a cubos** o **a mares** to rain cats and dogs, pour (down); **ser una cosa llovida del cielo** to be a godsend; **llueve sobre mojado** it never rains but it pours. **b** (*fig*) to rain; **le llovieron regalos encima** he was showered with gifts.
llovida NF (*LAm*) rain, shower.
llovido NM stowaway.
llovizna NF drizzle.
lloviznar<1a> VI to drizzle.
llueca NF broody hen.
lluvia NF rain; (*cantidad*) rainfall; (*fig*: *balas etc*) hail, shower; **día de ~** rainy day; **~ ácida** acid rain; **~ menuda** drizzle; **~ radiactiva** (radioactive) fallout; **una ~ de regalos** a shower of gifts.
lluvioso ADJ rainy, wet.
lo¹ **a** **~ bello** the beautiful, what is beautiful, that which is beautiful; **~ difícil** what is difficult; **~ difícil es que** the difficult thing about it is that; **quiero ~ justo** I want what is just; **defiendo ~ mío** I defend what is mine; **visto ~ ocurrido** in view of what has happened; **ven ~ más pronto posible** come as soon as you possibly can; **es de ~ mejor/peor** it's the very best/worst; **es de ~ más divertido** it's so o really funny; **~ mejor/peor de la película** the best/worst thing about the film; **sufre ~ indecible** she suffers terribly.
b (*estilo*: *a ~*) **construido a ~ campesino** built in peasant style; **viste a ~ americano** he dresses in the American style, he dresses like an American.
c (*cuán*) **no saben ~ aburrido que es** they don't know how boring it is; **me doy cuenta de ~ amables que son** I realize how kind they are; **sabes ~ mucho que me gusta** you know (just) how much I like it.
lo² PRON **a** (*individuo*) him; (*cosa*) it; **~ tengo aquí** I have it here; **~ creo** I think so; **~ sé** I know; **~ veo** I see it; **ya ~ creo** I should think so; **guapa sí que ~ es** she's certainly very pretty. **b** (*LAm*) = **le**.
lo³ PRON DEM: **~ de** that matter of, that business about; **~ de ayer** what happened yesterday; **~ de siempre** the same old story; **~ de Rumasa** the Rumasa affair; **(a) ~ de ...** (*CSur*: *a casa etc de*) to the house *etc* of ....
lo⁴ PRON REL **a** **~ que** what, that which; **~ que digo es** what I say is; **toma ~ que quieras** take what(ever) you want; **todo ~ que puedas** as much as o whatever you can; **~ que hay, lo que pasa es que** (*fam*) what's happening is that, it's like this; **empezó a tocar, ~ que le fastidió** she began to play, which made him cross.
b (*locuciones*) **~ que sea** whatever; **~ que se dice feo** really ugly; **~ que es eso** as for that; **¡~ que has tardado!** how late you are!; **¡~ que es saber esperanto!** isn't it wonderful to speak Esperanto?; **¡~ que he dicho!** I stand by what I said!; **¡~ que ves!** can't you see?, it's there for you to see!
c **(a) ~ que** (*LAm*: *en cuanto*: *como conj*) as soon as.
loa NF praise.
loable ADV praiseworthy, laudable.
LOAPA NF ABR (*Esp Jur*) *de* **Ley Orgánica de Armonización**

del Proceso Autonómico.
loar<1a> VT to praise.
loba NF **a** (*Zool*) she-wolf. **b** (*Agr*) ridge (between furrows).
lobanillo NM wen, cyst.
lobato, lobezno NM wolf cub.
lobero ADJ: **perro ~** wolfhound.
lobo **1** ADJ (*Chi*) shy. **2** NM wolf; **~ de mar** old salt, sea dog; (*Chi*) seal; **~ marino** seal; **son ~s de una camada** they're birds of a feather; **¡menos ~s (Caperucita)!** tell me another one!
lóbrego ADJ dark, gloomy.
lobreguez NF darkness, gloom(iness).
lóbulo NM lobe.
lobuno ADJ wolfish, wolflike.
LOC NM ABR (*Inform*) *de* **lector óptico de caracteres** optical character reader.
local **1** ADJ local; **equipo ~** home team. **2** NM (*gen*) place; (*oficina etc*) premises; (*Com*) **en el ~** on the premises.
localidad NF **a** locality; (*pueblo*) town. **b** (*Teat*) seat; **'no hay ~es'** 'house full', 'sold out'.
localización NF location.
localizado ADJ localized.
localizar<1f> VT **a** (*gen*) to locate; (*colocar*) to place, site; (*hallar*) to find, track down; **¿dónde se puede ~ al Sr Gómez?** where can I find Mr Gómez? **b** (*Med etc*) to localize.
localmente ADV: **~ enamorado** madly in love.
locatario/a NM/F tenant, lessee.
locería NF (*LAm*) china, chinaware.
locero/a NM/F (*LAm*) potter.
loción NF lotion, wash; **~ para el cabello** hair restorer; **~ para después del afeitado** aftershave lotion.
lock-out [lokaut] NM (*pl* **~s** [lokaut]) lockout.
loco/a **1** ADJ **a** (*gen*) mad, crazy; (*fig*) wild, mad; **~ de atar, ~ rematado, ~ de remate** raving mad; **más ~ que una cabra** as mad as a hatter; **ando ~ con el examen** the exam is driving me crazy; **estar ~ de alegría** to be mad with joy; **estar ~ por hacer algo** to be mad keen to do sth; **estar ~ por una chica** to be mad about a girl; **esto me tiene** o **trae ~** it's driving me crazy; **no lo hago ni ~** (*fam*) no way will I do that (*fam*); **volver ~ a algn** to drive sb mad o round the bend; **volverse ~** to go mad; **estar para volverse ~** to be at one's wits' end.
b **hacer algo a lo ~** to do sth any old how.
c (*Mec*) loose, free.
d (*fam*: *enorme*) huge, tremendous; **un éxito ~** a huge success.
2 NM/F lunatic, loony (*fam*), madman/madwoman; **correr como un ~** to run like mad; **gritar como un ~** to shout like a madman; **hacerse el ~** to act the fool.
3 NM (*Chi*) (species of) abalone.
locomoción NF locomotion.
locomotora NF (*Ferro*) engine, locomotive.
locro NM (*LAm*) meat and vegetable stew.
locuacidad NF loquacity, talkativeness.
locuaz ADJ loquacious, talkative.
locución NF expression, idiom.
locumba, locumbeta (*Per fam*) **1** ADJ INV (*loco*) crazy (*fam*), nuts (*fam*). **2** NMF INV crazy person, madman.
locura NF **a** madness, lunacy, insanity; **¡qué ~!** it's madness!; **es una casa de ~** (*fam*) it's a smashing house (*fam*). **b** (*acto*) mad o crazy thing; **~s** folly *sg*; **es capaz de hacer cualquier ~** he is capable of any madness.
c **tener** o **sentir ~ por** to be crazy about.
locutor(a) NM/F (*Rad*) announcer; (*comentarista*) commentator; (*TV*) newscaster, newsreader.
locutorio NM (*Telec*) telephone box o booth; **~ radiofónico** studio.
lodazal NM bog.
LODE NF ABR (*Esp Escol*) *de* **Ley Orgánica Reguladora del Derecho a la Educación**.
lodo NM mud, mire; (*Min*) sludge; **~s** (*Med*) mudbath.
lodoso ADJ muddy.
log ABR *de* **logaritmo** log.

logaritmo NM logarithm.
logia NF [a] (*Mil, de masones*) lodge. [b] (*Arquit*) loggia.
lógica NF logic.
lógico [1] ADJ (*gen*) logical; (*correcto*) natural; (*razonable*) reasonable; **como es ~** logically enough; **es ~ que ...** it stands to reason that .... [2] NM logician.
logística NF logistics *pl*.
logopeda NMF speech therapist.
logopedia NF speech therapy.
logoterapia NF speech therapy.
logotipo NM logo.
lograr <1a> VT [a] (*gen*) to get, obtain; (*conseguir*) to achieve, attain; **por fin lo logró** eventually he managed it; **logra cuanto quiere** he gets whatever he wants. [b] **~ hacer algo** to manage to do sth, succeed in doing sth; **~ que algn haga algo** to (manage to) get sb to do sth.
logrero NM [a] moneylender. [b] (*LAm*) sponger (*fam*), parasite.
logro NM [a] (*éxito*) achievement, attainment; **uno de sus mayores ~s** one of his greatest successes. [b] (*Com, Fin*) profit; (*usura*) usury; **a ~** at (a high rate of) interest.
logroñés/esa [1] ADJ of o from Logroño. [2] NM/F native o inhabitant of Logroño.
LOGSE NF ABR *de* **Ley Orgánica de Ordenación General del Sistema Educativo**.
Loira NM Loire.
loísmo NM *use of 'lo' instead of 'le' as indirect object.*
lolo/a NM/F (*Chi fam*) boy o girl, teenager.
loma NF hillock, low ridge.
lomada NF (*CSur*) = **loma**.
lomaje NM (*CSur*) low ridge.
lombarda NF (*Agr*) red cabbage.
Lombardía NF Lombardy.
lombriciento ADJ (*LAm*) suffering from worms.
lombriz NF worm, earthworm; **~ intestinal** tapeworm.
lomería NF, **lomerío** NM (*LAm*) low hills.
lomo NM [a] (*Anat*) back; (*de cerdo*) (tender)loin; **~s** ribs; **iba a ~s de una mula** he was riding a mule, he was mounted on a mule. [b] (*Agr*) balk, ridge; (*Ferro*) gradient; **~ de burro** (*Arg fam*) speed hump o ramp. [c] (*de libro*) spine, back. [d] (*de cuchillo*) blunt edge.
lona NF (*gen*) canvas; (*Náut*) sailcloth; (*arpillera*) sackcloth.
loncha NF = **lonja**[1].
lonche NM (*LAm*) lunch.
lonchería NF (*LAm*) lunch counter, snack bar, diner (*US*).
londinense [1] ADJ London *atr*, of o from London. [2] NMF Londoner.
Londres NM London.
loneta NF (*CSur*) thin canvas.
longanimidad NF forbearance, magnanimity.
longánimo ADJ forbearing, magnanimous.
longaniza NF long pork sausage.
longevidad NF longevity.
longevo ADJ long-lived.
longitud NF [a] length; **~ de onda** wave length; **salto de ~** (*Dep*) long jump. [b] (*Geog*) longitude.
longitudinal ADJ longitudinal.
longo/a NM/F (*Ecu*) young Indian.
longui(s) (*fam*) NM: **hacerse el ~** (*desentenderse*) to pretend not to know; (*fingir desinterés*) to pretend not to be interested; (*guardar secreto*) not to let on, keep mum (*fam*).
lonja[1] NF [a] slice; (*de tocino*) rasher. [b] (*CSur: cuero*) strip of leather.
lonja[2] NF (*Com*) market, exchange; **~ de granos** corn exchange; **~ de pescado** fish market; **manipular la ~** to rig the market.
lonjear <1a> VT (*CSur: cuero*) to cut into strips; (*zurrar*) to thrash severely.
lontananza NF (*Arte*) background; **en ~** far away, in the distance.
loor NM praise.
LOPJ NF ABR (*Esp Jur*) *de* **Ley Orgánica del Poder Judicial**.
loquera NF [a] (*fam: manicomio*) madhouse, loony bin (*fam*). [b] (*LAm*) madness; V tb **loquero**.
loquería NF (*LAm*) madhouse, lunatic asylum.

loquero/a [1] NM/F (*fam: enfermero*) psychiatric nurse. [2] NM (*Arg: bullicio*) row, uproar.
lor NM lord.
Lorena NF Lorraine.
loro [1] ADJ dark brown. [2] NM [a] parrot. [b] (*fam*) radio, transistor; radio-cassette; **estar al ~** (*alerta*) to be on the alert; (*informado*) to know the score (*fam*). [c] (*fam: mujer fea*) old bag o bat (*fam*).
los[1] ART DEF MPL, **las** FPL the; V tb **el**[1].
los[2], **las**[2] PRON them; **¿los hay?** are there any?; **los hay** there are some.
los[3], **las**[3] PRON DEM: **mis libros y los de Ud** my books and yours; **las de Juan son verdes** John's are green; **una inocentada de las de niño pequeño** a practical joke typical of a small child; V **el**[2].
los[4], **las**[4] PRON REL V **el**[3].
losa NF (stone) slab, flagstone; **~ radiante** (*Arg*) underfloor heating; **~ sepulcral** gravestone, tombstone.
losange NM diamond (shape); (*Mat*) rhomb; (*Dep*) diamond.
loseta NF carpet square, carpet tile.
lote NM [a] portion, share; (*Com etc*) lot; (*Inform*) batch. [b] (*LAm: solar*) lot. [c] (*fam*) affair; **darse o pegarse el ~ con una** to make it with a girl (*fam*).
lotear <1a> VT (*esp CSur*) to divide into lots.
lotería NF lottery; **le cayó o le tocó la ~** he won a big prize in the lottery; (*fig*) he struck lucky; **jugar a la ~** to play the lottery; **L~ Nacional** National Lottery; **~ primitiva** *weekly state-run lottery.*
lotero/a NM/F seller of lottery tickets.
loto NM lotus.
loza NF crockery; **~ fina** china, chinaware; **hacer la ~** to wash up.
lozanear <1a> VI (*Bot*) to flourish, do well; (*fig*) to be full of life, bloom.
lozanía NF (*Bot*) lushness, luxuriance; (*fig*) life, liveliness.
lozano ADJ (*Bot*) lush, luxuriant; (*fig*) full of life, lively.
LRA NF ABR *de* **Ley de Reforma Agraria**.
LRU NF ABR (*Esp Jur*) *de* **Ley de Reforma Universitaria**.
LSM ADJ ABR *de* **libre del servicio militar**.
lubina NF sea bass.
lubricación NF lubrication.
lubricador [1] ADJ lubricating. [2] NM lubricator.
lubricante [1] ADJ lubricant, lubricating. [2] NM lubricant.
lubricar <1g> VT to lubricate, oil, grease.
lubricidad NF [a] (*lo grasoso*) slipperiness. [b] (*lujuria*) lewdness, lubricity.
lúbrico ADJ [a] slippery. [b] (*fig*) lewd, lubricious.
lubrificación NF = **lubricación**.
lubrificante ADJ, NMF = **lubricante**.
lubrificar <1f> VT ETC = **lubricar** etc.
lucas ADJ INV (*Méx fam*) crazy, cracked (*fam*).
lucense [1] ADJ of o from Lugo. [2] NMF native o inhabitant of Lugo.
lucera NF skylight.
Lucerna NF Lucerne.
lucerna NF chandelier.
lucero NM [a] (*Astron*) bright star; (*esp*) Venus; **~ del alba/de la tarde** morning/evening star. [b] (*fig*) brilliance, radiance.
lucha NF [a] (*gen*) fight, struggle (*por* for); **~ de clases** class struggle; **la ~ contra la droga** the fight against drugs. [b] (*Dep*) **~ de la cuerda** tug-of-war; **~ libre** wrestling.
luchador(a) [1] ADJ combative. [2] NM/F (*gen*) fighter; (*Dep*) wrestler.
luchar <1a> VI [a] (*gen*) to fight, struggle (*por algo* for sth; *por hacer* to do); **luchaba con los mandos** he was struggling o wrestling with the controls; **~ con o contra algn** to fight (against) sb. [b] (*Dep*) to wrestle (*con* with).
lucidez NF lucidity, clarity.
lucido ADJ [a] (*gen*) splendid, brilliant; (*elegante*) elegant; (*exitoso*) successful. [b] **estar ~** (*iró*) to make a mess of things.

lúcido ADJ lucid, clear.
luciérnaga NF glow-worm.
Lucifer NM Lucifer.
lucimiento NM (*gen*) brilliance, lustre, luster (*US*), splendour, splendor (*US*); (*triunfo*) success; **hacer algo con ~** to do sth outstandingly well.
lucio NM (*pez*) pike.
lucir<3f> [1] VT [a] (*echar luz a*) to illuminate, light up. [b] (*ostentar*) to show off, display; **~ las habilidades** to show off one's talents; **lucía traje nuevo** he was sporting a new suit. [2] VI [a] (*gen*) to shine. [b] (*fig*) to shine, be brilliant; **no lucía en los estudios** he did not shine at his studies. [c] (*aprovechar*) to gain from; **no le luce el esfuerzo** all his effort is in vain. [d] (*LAm: parecer*) to look, seem; **(te) luce lindo** it looks nice (on you). [3] **lucirse** VR [a] to dress up, dress elegantly; *V* **vi (b)**. [b] to do well; (*iró*) to make a fool of o.s.; **se lució con un gol** he distinguished himself with a goal.
lucrarse<1a> VR to do well out of a deal.
lucrativo ADJ lucrative, profitable; **institución no ~a** non-profitmaking institution.
lucro NM profit; **~s y daños** (*Fin*) profit and loss.
luctuoso ADJ mournful, sad, tragic.
lucubración NF lucubration; **déjate de ~es y vamos al grano** come down off the clouds and let's talk sense.
lúcuma NF (*Chi, Per*) pear-shaped fruit; (: *fam*) head.
ludibrio NM mockery, derision.
lúdico ADJ (*Lit*) playful.
ludir<3a> VT to rub (*con, contra* against).
ludópata [1] ADJ addicted to gambling. [2] NMF compulsive gambler, gambling addict.
ludopatía NF compulsive gambling, addiction to gambling.
luego ADV (*gen*) then, next; (*pronto*) presently, soon; (*más tarde*) later (on), afterwards; (*LAm: en seguida*) at once, instantly, immediately; (: *más tarde*) later; **¿y ~?** what next?, what happened then?; **desde ~** naturally, of course; **desde ~ que no** of course not; **¡hasta ~!** see you later!, so long!; **~ de eso** immediately after that; **~ de haberlo dicho** immediately after saying it; **~ que** as soon as; **luego ~** (*esp Méx fam*) straight o right away.
lueguito ADV [a] (*LAm*) at once, right now. [b] (*Chi, CAm, Méx: fam*) near; **aquí ~** right here, near here.
lúes NF syphilis.
▼**lugar** NM [a] (*gen*) place, spot; (*posición*) position; **~ seguro** safe place; **en ~ de** instead of, in place of; **en primer ~** in the first place, firstly; **yo en su ~** if I were him; **estar fuera de ~** (*tb fig*) to be out of place; **devolver un libro a su ~** to put a book back (in its place); **ocupar el ~ de** to take the place of; **poner las cosas en su ~** (*fig*) to put things straight; **póngase en mi ~** put yourself in my place; **sentirse fuera de ~** to feel out of place; **tener ~** to take place, happen, occur. [b] (*espacio*) room, space; **¿hay ~?** is there any room?; **hacer ~ para** to make room for, make way for. [c] (*pueblo*) village, town, place. [d] (*fig: razón*) reason (*para* for), cause; (*ocasión*) opportunity; **sin ~ a dudas** doubtlessly, without a doubt; **si se me da el ~** if I have the chance; **dar ~ a** to give rise to, occasion; **dejar ~ a** to allow, permit of; **'¡protesto!' - 'no ha ~'** (*Jur*) 'objection!' - 'overruled'; **una reacción tan fuerte, francamente no ha ~** (*fam*) there is no need for such a violent response. [e] **~ común** commonplace, cliché, platitude.
lugareño/a [1] ADJ village *atr*. [2] NM/F villager.
lugarteniente NM deputy.
Lugo NM Lugo.
lúgubre ADJ mournful, lugubrious.
Luisiana NF Louisiana.
lujo NM [a] (*gen*) luxury; **de ~** de luxe, luxury *atr*; **vivir en el ~** to live in luxury. [b] (*fig*) profusion, wealth, abundance; **con todo ~ de detalles** in the very finest detail.
lujoso ADJ luxurious.

lujuria NF lust, lechery, lewdness; (*fig*) excess.
lujuriante ADJ [a] (*rico*) luxuriant, lush. [b] (*lujurioso*) lustful.
lujuriar<1b> VI to lust.
lujurioso ADJ lustful, lecherous.
lulo (*Chi*) NM (*bulto*) cylindrical bundle; (*persona*) lanky person.
lumbago NM lumbago.
lumbre NF [a] fire; **a la o cerca de la ~** near the fire, at the fireside; **echar ~ por los ojos** to be furious. [b] (*para cigarro etc*) light; **¿tienes ~?, ¿me das ~?** have you got a light? [c] (*luz*) light; (*brillo*) brightness, brilliance, splendour, splendor (*US*); (*Arquit*) (sky)light.
lumbrera NF [a] (*Arquit*) skylight. [b] (*Mec*) vent, port; **~ de escape** exhaust vent. [c] (*fig*) leading light. [d] (*Méx: Taur, Teat*) box.
luminar NM = **lumbrera (c)**.
luminaria NF altar lamp; **~s** illuminations, lights.
luminosidad NF [a] (*gen*) brightness, luminosity. [b] (*fig*) brightness, brilliance.
luminoso ADJ [a] (*gen*) bright, luminous, shining; (*letrero*) illuminated. [b] (*fig: idea etc*) bright, brilliant.
luminotecnia NF lighting.
luminotécnico ADJ lighting *atr*; **efectos ~s** lighting effects.
lumpen [1] ADJ INV lumpen; **el Madrid ~** the Madrid underclass. [2] NM INV underclass, lumpen.
luna NF [a] moon; **claro de ~** moonlight; **~ creciente/llena/media/nueva/menguante** crescent/full/half-/new/waning moon; **~ de miel** honeymoon; **estar en la ~ de Valencia** to be in dreamland; **eso es hablar de la ~** that's nonsense; **estar o vivir en la ~** to have one's head in the clouds. [b] (*vidrio: escaparate*) plate glass; (: *espejo*) mirror.
lunar [1] ADJ lunar. [2] NM (*Anat*) mole, spot; (*fig*) defect, flaw, blemish; (*moral*) stain, blot; **~ postizo** beauty spot.
lunático/a ADJ, NM/F lunatic.
lunes NM INV Monday; **hacer San L~** (*LAm fam*) to stay away from work on Monday; **no ocurre cada ~ y cada martes** it doesn't happen every day of the week; *V tb* **sábado**.
luneta NF [a] lens, glass (of spectacles). [b] half-moon shape, crescent.
lunfardo NM (*Arg*) local slang of Buenos Aires.
lupa NF magnifying glass.
lupanar NM brothel.
lúpulo NM (*Bot*) hop, hops.
lurio (*Méx fam*) ADJ in love; (*loco*) crazy, cracked (*fam*).
lusitano/a ADJ, NM/F Portuguese.
luso ADJ = **lusitano**.
lustrabotas NM INV (*LAm*) bootblack.
lustrada NM (*LAm fam: acto*) shoeshine.
lustrador NM [a] (*Téc*) polisher. [b] (*LAm: limpiabotas*) bootblack, shoeshine boy.
lustradora NF polishing machine.
lustrar<1a> VT (*esp LAm*) to shine, polish.
lustre NM [a] (*brillo*) shine, gloss, lustre, luster (*US*); **dar ~ a** to polish, put a shine on. [b] (*sustancia*) polish; **~ para calzado/metales** shoe/metal polish. [c] (*fig*) lustre, glory.
lustrín NM (*Chi*) shoeshine box o stand.
lustrina NF shiny material of alpaca.
lustro NM period of five years.
lustroso ADJ glossy, bright, shining.
luteranismo NM Lutheranism.
luterano/a ADJ, NM/F Lutheran.
luto NM [a] (*gen*) mourning; (*duelo*) grief, sorrow; **~ riguroso** deep mourning; **estar de o vestir(se) de ~** to be in mourning (*por* for); **dejar el ~** to come out of mourning. [b] **~s** mourning (clothes).
Luxemburgo NM Luxembourg.
luxemburgués/esa [1] ADJ of o from Luxembourg. [2] NM/F native o inhabitant of Luxembourg.
luz NF [a] (*gen*) light; **~ y sombra** light and shade; **la ~ del día** the light of day; **a la ~ del día** (*fig*) in the cold light of day; **~ eléctrica** electric light; **~ de la luna/del sol** o

solar moonlight/sunlight; **a la ~ de una vela** by the light of a candle; **a primera ~** at first light; **espectáculo de ~ y sonido** son et lumière show; **dar a ~ un niño** to give birth to a child; **dar a ~ un libro** to publish a book; **negar la ~ del día a algn** to concede absolutely nothing to sb; **quitar la ~ a algn** to stand in sb's light; **sacar a la ~** to bring to light; (*libro*) to publish; **salir a la ~** (*hecho*) to come to light; (*libro*) to come out; **ver la ~** to appear, come out; (*nacer*) to be born.

[b] (*Elec: fam*) electricity; **les cortaron la ~** their (electricity) supply was cut off.

[c] (*fig*) light; **a la ~ de** in the light of; **a la ~ de un nuevo descubrimiento** in the light of a new discovery;

a todas luces by any reckoning.

[d] (*Elec etc*) light, lamp; **~ de costado** sidelight; **~ de cruce** dipped *o* (*US*) low-beam headlight; **~ intermitente/trasera** flashing/rear light; **luces de freno/de estacionamiento/de tráfico** brake/parking/traffic lights; **~ roja/verde** red/green light; **poner** *o* **encender/apagar la ~** to switch *o* turn *o* put the light on/off; **~ relámpago** (*Fot*) flashlight.

[e] (*Arquit*) space, span.

[f] **luces** (*fig*) intelligence *sg*; **corto de luces, de pocas luces** dim, stupid; **el Siglo de las Luces** the Age of Enlightenment.

lycra ® NF lycra ®.

M¹, m¹ ['eme] NF (*letra*) M, m.
M² ABR *de* **mediano** M.
m² ABR **a** *de* **metro(s)** m. **b** *de* **minuto(s)** m, min. **c** *de*
masculino masc., m. **d** *de* **murió** d. **e** *de* **mes** m. **f** *de*
monte Mt.
m² ABR *de* **metros cuadrados** sq. m., m².
m³ ABR *de* **metros cúbicos** cu. m., m³.
M. ABR **a** *de* **Madrid.** **b** (*Ferro*) *de* **Metropolitano.**
c (*Geog*) *de* **Meridiano.** **d** *de* **María.**
M-19 NM ABR (*Col Pol*) *de* **Movimiento 19 de Abril.**
M.ª ABR *de* **María.**
maca NF (*defecto*) flaw; (*mancha*) spot; (*en fruta*) bruise.
macabro ADJ macabre.
macaco **1** (*LAm fam*) ADJ (*deforme*) deformed, misshap-
en; (*feo*) ugly. **2** NM (*Zool*) rhesus monkey.
macadán NM macadam.
macagua NF (*LAm Orn*) laughing falcon.
macana (*LAm*) NF (*Hist*) Indian club, cudgel; (*fig fam:*
mentira) lie, fib; (*tontería*) piece of nonsense; **¡~!** (*LAm*)
it's all lies!
macanear <1a> VI (*esp And, CSur: fam: mentir*) to lie, tell
tall stories; (*decir tonterías*) to talk nonsense *o* rubbish
(*fam*); (*hacer tonterías*) to mess about (*fam*).
macanudo ADJ (*LAm fam*) super (*fam*), terrific (*fam*),
great.
Macao NM Macao.
macarrón¹ NM (*tb* **~ de almendras**) macaroon.
macarrón² NM (*Náut*) bulwark, stanchion.
macarrones NMPL macaroni.
macarse <1g> VR to go bad, rot.
macear <1a> **1** VT to hammer, pound. **2** VI = **machacar**
2.
macedonia¹ NF: **~ de frutas** fruit salad.
Macedonia NF Macedonia.
macedonio/a² **1** ADJ, NM/F Macedonian. **2** NM (*Ling*)
Macedonian.
maceración NF maceration; (*fig*) mortification.
macerar <1a> VT to macerate; (*avergonzar*) to mortify.
maceta **1** ADJ (*And, CSur: fam*) slow, thick (*fam*). **2** NF
a (*tiesto*) flower *o* plant pot; (*CSur*) bouquet, bunch of
flowers. **b** (*martillo*) mallet.
macetero NM flowerpot stand *o* holder; (*LAm: maceta*)
flowerpot.
macetón NM (*para plantas*) tub.
machaca **1** NF (*aparato*) crusher, pounder. **2** NMF (*per-*
sona) nag(ger).
machacadora NF crushing machine.
machacar <1g> **1** VT **a** (*hacer polvo*) to crush, pound;
(*moler*) to grind (up); (*aplastar*) to mash.
b (*hacer pedazos*) to knock to bits; (*enemigo*) to maul,
crush; (*en discusión*) to crush, flatten; (*precio*) to slash.
c (*lección*) to swot (up) (*fam*).
2 VI **a** (*insistir*) to go on, keep on (about sth); (*regañar*)
to nag; V **hierro**.
b (*Univ etc*) to swot (*fam*).
3 **machacarse** VR (*fam*) **~ el verano** to spend the summer swotting (*fam*).
machacón/ona **1** ADJ (*pesado*) tiresome; (*insistente*) insistent; (*monótono*) monotonous. **2** NM/F pest, bore.
machaconeo NM (*V machacón*) insistence; monotony,
repetitiveness.
machaconería NF = **machaconeo**.
machada NF act of courage, heroic deed; (*pey*) piece of
bravado.
machado NM hatchet.
machamartillo: a ~ ADV: **creer a ~** (*firmemente*) to believe firmly; (*ciegamente*) to believe blindly; **cumplir a ~**
to carry out a task to the letter.

machaqueo NM crushing, pounding.
machaquería NF = **machaconería**.
machetazo NM (*esp LAm*) blow *o* slash with a machete.
machete NM (*esp LAm*) machete, cane knife, big knife.
machetear <1a> **1** (*LAm*) VT (*caña etc*) to cut down with
a machete; (*persona*) to slash *o* wound *o* stab with a machete. **2** VI (*Méx: obstinarse*) to keep on, persevere.
machetero NM **a** (*esp LAm Agr*) cane cutter. **b** (*Méx:*
cargador) porter, stevedore. **c** (*Méx fam: estudiante*) plod-
ding student.
machi, machí NM (*CSur*) medicine man.
machihembrado NM dovetail (joint).
machihembrar <1a> VT to dovetail.
machismo NM male chauvinism, machismo.
machista **1** ADJ male chauvinistic, macho *atr*. **2** NM
male chauvinist.
macho **1** ADJ **a** (*Bio*) male.
b (*fig: varonil*) masculine; (*fuerte*) strong, tough; **es muy**
~ he's very tough.
c (*Mec*) male.
2 NM **a** (*Bio*) male; (*mulo*) mule; **~ cabrío** he-goat,
billy-goat.
b (*Mec: perno*) pin, peg; (*Elec*) pin, plug; (*Cos*) hook.
c (*Téc*) sledgehammer.
d (*Arquit*) buttress.
e (*fig: persona*) tough guy (*US fam*), he-man (*fam*).
machón NM buttress.
machota NF: **a la ~** (*And, Carib: fam*) carelessly.
machote NM **a** (*fam*) tough guy (*US fam*), he-man (*fam*).
b (*Méx: borrador*) rough draft; (: *modelo*) model. **c** (*Méx:*
impreso en blanco) blank form.
machucadura NF bruise.
machucar <1g> VT (*aplastar*) to pound, crush; (*golpear*) to
beat; (*magullar*) to dent; (*dañar*) to knock about, damage.
machucho ADJ **a** (*mayor*) elderly. **b** (*juicioso*) prudent.
c (*And, Méx: fam: taimado*) cunning, sly.
machucón NM (*Méx*) bruise.
macicez NF massiveness, solidity; (*gordura*) stoutness.
macilento ADJ (*pálido*) pale, wan; (*demacrado*) haggard,
emaciated.
macillo NM (*Mús*) hammer.
macis NF (*Culin*) mace.
macizo **1** ADJ (*de una pieza*) solid; (: *sólido, fuerte*) solidly
made; (: *persona*) solid, stoutly built; (*grande*) massive.
2 NM **a** mass; (*trozo*) lump, solid piece.
b (*Geog*) massif.
c (*de plantas*) bed, plot.
d (*Aut*) solid tyre *o* (*US*) tire.
e (*Arquit*) stretch, section (of a wall); (: *de edificios*)
group.
macramé NM macramé.
macró NM (*CSur fam: alcahuete*) pimp (*fam*).
macro... PREF macro....
macrobiótico ADJ macrobiotic.
macrocefálico ADJ macrocephalic; (*fig*) top-heavy.
macrocomando NM (*Inform*) macro(command).
macroconcierto NM mega-gig.
macrocosmo(s) NM macrocosm.
macroeconomía NF macroeconomy.
macuco (*And, CSur: fam*) **1** ADJ (*taimado*) crafty, cunning.
2 NM (*grandullón*) overgrown boy.
mácula NF (*gen, fig*) stain, blemish; (*Anat*) blind spot;
sin ~ spotless, without stain. **b** (*fig: trampa*) trick.
macuto NM (*Mil*) knapsack.
Madagascar NM Madagascar.
madalena NF fairy cake.
madama NF (*LAm*) madam, brothel keeper.
madeja NF (*de lana*) skein, hank; (*de pelo*) mass, mop; **se**

está enredando la ~ the plot thickens.

Madera NF Madeira.

madera NF [a] wood; **~ (de construcción)** timber; **una ~** a piece of wood; **~ contrachapada** o **laminada** plywood; **~ fósil** lignite; **una silla de ~** a wooden chair; **¡toca ~!** touch wood!, knock on wood! (US). [b] (Zool) horny part of hoof. [c] (fig) nature, temperament; (: aptitud) aptitude; **tiene buena ~** he's made of solid stuff; **tiene ~ de futbolista** he's got the makings of a footballer. [d] (fam) fuzz (fam), cops (fam).

maderable ADJ: **árbol ~** tree useful for its wood.

maderaje, **maderamen** NM timber, wood; (trabajo) woodwork, timbering.

maderero/a [1] NM/F timber merchant, lumberman. [2] ADJ timber, wood; **industria ~a** timber industry.

madero NM [a] (viga) beam; (tronco) log; (madera) (piece of) timber. [b] (fig) ship, vessel. [c] (Esp: fam: policía) cop (fam), pig (fam!).

Madona NF Madonna.

madrastra NF stepmother; (fig) unloving mother.

madraza NF caring mother.

madrazo NM (Méx fam) hard blow.

madre [1] ADJ mother; **lengua ~** native language; **la M~ Patria** the Mother o Old Country (Spain). [2] NF [a] mother; (en asilo etc) matron; **~ adoptiva** foster mother; **~ de alquiler** surrogate mother; **~ de familia** mother; **~ política** mother-in-law; **~ de Dios** Mother of God; **¡~ de Dios!** good heavens!; **~ soltera** unmarried o single mother; **futura ~** expectant mother, mother-to-be; **su señora ~** (esp Méx) your mother; **sin ~** motherless; **¡~ mía!** oh dear!, good heavens!; **como su ~ lo echó al mundo**, **como su ~ lo parió** (fam) in his etc birthday suit (fam), starkers (fam); **ahí está la ~ del cordero** (fam) that's just the trouble; **ciento y la ~** (fam) hundreds of people; **ser ~** to be a mother. [b] (Rel) mother; **~ superiora** Mother Superior. [c] (fam!) **¡tu ~!** up yours! (fam!), get stuffed! (fam!); **¡me cago en la ~ que te parió!** (fam!) get to fuck! (fam!), fuck off! (fam!); **mentarle la ~ a algn** to insult sb violently; **darle a algn en la ~** (Méx fam) to wallop sb (fam), thump sb. [d] (fig: origen) origin, cradle. [e] (de río) bed; **sacar de ~ a algn** to upset sb; **salirse de ~** (río) to burst its banks; (persona) to lose all self-control; (proceso etc) to go beyond its normal limits. [f] (de vino etc) dregs, sediment. [g] (Agr: acequia) main channel, main irrigation ditch; (Téc: alcantarilla) main sewer.

madreperla NF mother-of-pearl.

madreselva NF honeysuckle.

Madrid NM Madrid.

madrigal NM madrigal.

madriguera NF [a] (Zool) den, burrow. [b] (fig) den.

madrileño/a [1] ADJ of o from Madrid. [2] NM/F native o inhabitant of Madrid.

Madriles NMPL: **Los ~** (fam) Madrid.

madrina NF [a] godmother; (de empresa etc) patron(ess), protectress; **~ de boda** ≈ bridesmaid. [b] (LAm) tame animal (used in breaking in or catching others).

madroño NM (Bot) strawberry tree, arbutus; (borla) tassel.

madrugada NF early morning, small hours; (alba) dawn, daybreak; **de ~** in the small hours; **a las 4 de la ~** at 4 o'clock in the morning, at 4 a.m.

madrugador(a) [1] ADJ early rising, who gets up early. [2] NM/F early riser; (fig) early bird.

madrugar<1h> VI [a] to get up early; (de costumbre) to be an early riser; **a quien madruga**, **Dios le ayuda** God helps those who help themselves. [b] (anticiparse) to get a head start, get in first; (Dep, fig) to jump the gun.

madrugón NM: **darse** o **pegarse un ~** to get up terribly early.

maduración NF ripening, maturing.

madurar<1a> [1] VT [a] (fruta) to ripen. [b] (fig: persona) to mature; (: hacer fuerte) to toughen (up); (: proyecto etc) to think out. [2] VI [a] (fruta) to ripen.

[b] (fig) to mature.

[3] **madurarse** VR to ripen.

madurez NF [a] ripeness. [b] (fig: carácter, edad) maturity; (sabiduría) sageness, wisdom.

maduro [1] ADJ [a] (fruta) ripe; **poco ~** unripe, underripe. [b] (fig: carácter) mature; (: tranquilo) mellow; **de edad ~a** middle-aged; **el divieso está ~** the boil is about to burst. [2] NM (Col) plantain.

MAE NM ABR (Esp Pol) de **Ministerio de Asuntos Exteriores.**

maestranza NF [a] (Mil) arsenal, armoury, armory (US); (Náut) naval dockyard. [b] (personal) staff of an arsenal/a dockyard.

maestría NF (dominio) mastery; (habilidad) skill, expertise; **lo hizo con ~** he did it very skilfully o (US) skillfully o in a masterly fashion.

maestro/a [1] ADJ [a] masterly; (perito) skilled, expert. [b] (Téc: principal) main, principal; (llave, viga) master atr; **obra ~a** masterpiece. [c] (abeja) **abeja ~a** queen bee. [2] NM/F [a] master; (profesor) teacher; (autoridad) authority; (Téc) master craftsman; **~ (de escuela)** schoolteacher. [b] **~ albañil/sastre** master mason/tailor. [c] (Mús) maestro. [d] **~ de armas** o **de esgrima** fencing master; **~ de cocina** chef; **~ de obras** master builder, foreman. [e] (esp LAm) skilled workman, craftsman.

mafia NF mafia, criminal gang, ring; **la M~** the Mafia; **ese departamento es una ~** (fam) that department is very cliquey (fam).

mafioso/a [1] ADJ Mafia atr. [2] NM/F mafioso; (de la Mafia) member of the Mafia; (criminal) gangster.

Magallanes NM: **Estrecho de ~** Magellan Strait.

maganzón NM (LAm) lazy person, idler, loafer.

magazine NM (TV) magazine.

magdalena NF (Culin) bun, fairy cake.

magenta NF magenta.

magia NF magic; **~ negra** black magic; **por arte de ~** (as if) by magic.

mágico ADJ magic, magical; **momentos ~s** magic moments.

magín NM (fam: fantasía) fancy, imagination; (: mente) mind; **todo eso salió de su ~** it all came out of his own head.

magisterio NM [a] (enseñanza) teaching; (profesión) teaching profession; (formación) teachers' training; (maestros) teachers (collectively). [b] (fig: pedantería) pompousness, pedantry.

magistrado NM [a] magistrate, judge. [b] (LAm Pol) **Primer M~** President, Prime Minister.

magistral ADJ magisterial; (fig: genial) masterly; (: pedante) pompous, pedantic.

magistratura NF magistracy; **alta ~** (fig) highest authority; **M~ de trabajo** industrial tribunal.

magma NM magma.

magnánimamente ADV magnanimously.

magnanimidad NF magnanimity.

magnánimo ADJ magnanimous.

magnate NMF magnate, tycoon; **~ de la prensa** press baron.

magnavoz NM (Méx) loudspeaker, loudhailer.

magnesia NF magnesia.

magnesio NM (Quím) magnesium; (Fot) flash.

magnético ADJ (tb fig) magnetic.

magnetismo NM (tb fig) magnetism.

magnetizar<1f> VT (tb fig) to magnetize.

magneto NF magneto.

magnetofón, **magnetófono** NM tape recorder.

magnetofónico ADJ: **cinta ~a** recording tape.

magnicida NMF assassin (of an important person).

magnicidio NM assassination (of an important person).

magníficamente ADV splendidly, wonderfully, superbly, magnificently.

magnificar<1g> VT to praise, extol.

magnificencia NF [a] splendour, splendor (US), magnificence. [b] (generosidad) lavishness, generosity.
magnífico ADJ wonderful, magnificent; ¡~! splendid!, that's great!; **rector** ~ (Esp Univ) honourable Chancellor o (US) honorable Chancelor.
magnitud NF magnitude; (tb Astron) **de primera** ~ (Astron) of the first magnitude; (fig) first rate atr.
magnolia NF magnolia.
mago/a [1] NM/F magician; **los Reyes M~s** the Magi, the Three Wise Men. [2] NM (en cuentos) wizard.
magrear<1a> VT (fam: Esp) to touch up.
magreo NM (Esp fam) touching up (fam).
magro [1] ADJ [a] (persona) thin, lean. [b] (carne) lean; (porción) meagre, meager (US). [c] (tierra) poor, thin. [2] NM lean cut (of meat).
maguarse<1i> VR (Carib fam) [a] (fiesta) to be a failure, be spoiled. [b] (persona: decepcionarse) to suffer a disappointment.
maguey NM (Bot) maguey.
magulladura NF bruise.
magullamiento NM bruising.
magullar<1a> [1] VT (amoratar) to bruise; (dañar) to hurt, damage. [2] **magullarse** VR to get bruised; (hacerse daño) to get hurt.
magullón NM bruise.
Maguncia NF Mainz.
maharajá NM maharajah; **vivir como un** ~ to live like a prince.
Mahoma NM Mahomet, Muhammad.
mahometano/a ADJ, NM/F Mahometan, Muslim.
mahometismo NM Mahometanism.
mahonesa NF mayonnaise.
maicena NF (esp LAm) cornflour, corn starch (US).
maicero ADJ maize atr, corn atr (US).
maicillo NM (Chi) (road) gravel.
mailing ['mailin] NM (pl ~s ['mailin]) mailshot.
maillot [ma'jot] NM (Dep) jersey, vest; **el** ~ **amarillo** the yellow jersey.
maitines NMPL matins.
maître ['metre] NM head waiter.
maíz NM maize, corn (US), sweetcorn, Indian corn.
maizal NM maize field, cornfield (US).
majada NF [a] (corral) sheepfold. [b] (estiércol) dung.
majaderear<1a> VT (LAm) to nag.
majadería NF [a] (tontería) silliness; (sin sentido) absurdity. [b] **una** ~ a silly thing, an absurdity; ~s nonsense sg.
majadero/a [1] ADJ (tonto) silly, stupid. [2] NM/F (tonto) idiot, fool; ¡~! you idiot!
majador NM pestle.
majar <1a> VT (aplastar) to pound, crush, mash; (Med) to bruise.
majara, majareta (fam) [1] ADJ cracked (fam), potty (fam). [2] NMF nutter (fam).
majestad NF majesty; **Su M~** His/Her Majesty; **(Vuestra) M~** Your Majesty.
majestuosamente ADV majestically.
majestuosidad NF majesty.
majestuoso ADJ majestic, stately, imposing.
majete ADJ (fam) nice.
majo ADJ [a] nice; (guapo) attractive, good-looking. [b] (elegante) smart, natty. [c] (apelativo) **ven, ~, ven** come on darling o dear.
majuelo NM [a] (vid) young vine. [b] (espino) hawthorn.
mal [1] ADV [a] badly; (equivocadamente) wrongly; (insuficientemente) poorly; (con dificultad) with difficulty; **me cae** ~ **tu amigo** I don't like his friend; **se come** ~ **en este restaurante** you don't get a good meal in this restaurant; **hablar** ~ **de algn** to speak ill of sb; **lo hace muy** ~ he does it very badly; **hace** ~ **en mentir** he is wrong to lie; **huele** ~ it smells bad; **sabe** ~ it tastes nasty; **eso está** ~ that's wrong; **estar** ~ to be ill; **oigo/veo** ~ I can't hear/see well; **sentirse** ~ to feel ill o bad; (mareado) to feel sick; **está muy** ~ **escrito** it's very badly written; **¡no está** ~ **este vino!** hey, this wine isn't bad!; **no estaría** ~ **ir mañana de excursión** I wouldn't mind going on a trip tomorrow; **me entendió** ~ he misunderstood me; **pensar** ~ **de algn** to think badly of sb; ~ **puedo hablar yo de este asunto** I'm hardly the right person to talk to about this.
[b] (locuciones) ~ **que bien** one way or another; **ir de** ~ **en peor** to go from bad to worse, get worse; **¡menos** ~!** just as well!; **menos** ~ **que ...** it's just as well (that) ..., it's a good job (that) ...; **si** ~ **no recuerdo** if my memory serves me right; **estar a** ~ **con algn** to be on bad terms with sb; **tomar algo a** ~ to take sth the wrong way.
[2] CONJ ~ **que le pese** whether he likes it or not.
[3] ADJ V **malo 1**.
[4] NM [a] evil, wrong; **el bien y el** ~ good and evil; **combatir el** ~ to fight against evil.
[b] (daño) harm, damage; (desgracia) misfortune; **un** ~ **menor** a lesser evil; **no le deseo ningún** ~ I don't wish him any harm o ill; **el** ~ **ya está hecho** the harm is done now; **el** ~ **está en que ...** the trouble is (that) ...; **no hay** ~ **que por bien no venga** it's an ill wind that blows nobody any good; **'~ de muchos (consuelo de todos)'** 'we're all in the same boat'; **'~ de muchos (consuelo de tontos)'** 'that's no consolation'.
[c] (Med: enfermedad) disease, illness; (fig: sufrimiento) suffering; **~es** (fig) ills; **~ de altura** altitude sickness; **~ de amores** lovesickness; **~ de Chagas** Chagas' disease; **los ~es de la economía** the problems with the economy; **~ de ojo** evil eye.
[d] (LAm Med) epileptic fit.
malabar ADJ: **juegos ~es** juggling sg.
malabarismo NM [a] juggling, conjuring. [b] ~s (fig) juggling sg, balancing act sg.
malabarista NMF juggler, conjurer.
malacate NM winch, capstan; (CAm) spindle.
malaconsejado ADJ ill-advised.
malaconsejar<1a> VT to give bad advice to.
malacostumbrado ADJ [a] (de malos hábitos) having bad habits. [b] (consentido) spoiled.
malacostumbrar <1a> VT: ~ **a algn** to get sb into bad habits; (consentir) to spoil o ruin sb.
malacrianza NF (LAm) rudeness.
malagradecido ADJ ungrateful.
malagueño/a [1] ADJ of o from Málaga. [2] NM/F native o inhabitant of Málaga.
malamente ADV badly; **tenemos gasolina** ~ **para ... +** infin we hardly have enough petrol to ... + infin; ~ **puede hacerse si ...** it can scarcely be done if ....
malandrín/ina NM/F (hum) scoundrel, rogue.
malanga NF (Carib, Méx) tuber resembling a sweet potato.
malaria NF malaria.
Malasia NF Malaysia.
malasio/a ADJ, NM/F Malaysian.
Malaui, Malawi NM Malawi.
malavenido ADJ: **estar ~s** to be in disagreement o in conflict; **una pareja ~a** an unsuited o incompatible couple.
malaventura NF misfortune.
malaya[1] INTERJ (LAm) damn!
malayo/a[2] [1] ADJ Malay(an). [2] NM/F Malay. [3] NM (idioma) Malay.
malbaratar<1a> VT (Com: malvender) to sell off cheap, sell at a loss; (fig: malgastar) to squander.
malcarado ADJ ugly, grim-faced; (enfadado) fierce-looking, cross-looking.
malcasado ADJ unhappily married.
malcomer<2a> VI to have a poor meal, eat badly.
malcriadez NF (LAm) bad breeding, lack of breeding.
malcriado ADJ (grosero) rude, bad-mannered; (consentido) spoiled.
malcriar<1c> VT to spoil, pamper.
maldad NF [a] evil, wickedness. [b] **una** ~ a wicked thing.
maldecir<3o> [1] VT [a] to curse. [b] (odiar) to loathe, detest. [2] VI to curse; ~ **de** to speak ill of; (fig: quejarse) to complain bitterly of.
maldiciente [1] ADJ (quejumbroso) that speaks ill of everything, forever criticizing; (grosero) foulmouthed. [2] NMF grumbler.
maldición NF curse; ¡~! curse it!, damn!

maldito ADJ [a] damned, accursed; **poeta ~** accursed poet. [b] (*condenado*) damned; **¡~a sea!** damn it!; **ese ~ niño** wretched child; **~ lo que me importa** I don't care a damn; **¡~ el día en que le conocí!** curse the day I met him!; **no le hace ~ (el) caso** he doesn't take a blind bit of notice. [c] (*maligno*) wicked. [d] (*Méx fam: taimado*) crafty.

maleable ADJ malleable.

maleante [1] ADJ (*malo*) wicked; (*pícaro*) villainous, rascally; (*indeseable*) unsavoury, unsavory (*US*). [2] NMF (*malhechor*) crook, villain; (*vago*) vagrant.

malear <1a> [1] VT (*corromper*) to corrupt, pervert. [2] **malearse** VR to be corrupted.

malecón NM pier, jetty.

maledicencia NF slander, scandal.

maledicente ADJ slanderous, scandalous.

maleducado ADJ ill-bred, bad-mannered.

maleficio NM (*hechizo*) curse, spell; (*brujería*) witchcraft.

maléfico ADJ harmful, evil.

malentendido NM misunderstanding.

malestar NM [a] (*Med: incomodidad*) discomfort; (: *enfermedad*) indisposition. [b] (*fig: inquietud*) uneasiness; (: *irritación*) annoyance; (*Pol etc*) unrest.

maleta[1] ADJ [a] (*LAm: travieso*) naughty, mischievous. [b] (*LAm: vago*) lazy.

maleta[2] [1] NF [a] (suit)case; (*saco*) travelling *o* (*US*) traveling bag; **hacer la(s) ~(s)** to pack (up); **ya puede ir preparando las ~s** (*fig*) he's on his way out, he'll not last much longer.
[b] (*LAm: flojo*) lazy person, idler.
[c] (*CSur: de caballo*) saddlebag.
[d] (*CAm: fajo de ropa*) bundle of clothes; (: *joroba*) hump.
[e] (*Auto*) boot, trunk (*US*).
[2] NM (*fam, Taur*) bungler, clumsy beginner; (*Dep*) poor player; (*Teat*) ham.

maletera NF [a] (*LAm Aut*) boot, trunk (*US*). [b] (*And, Méx: de caballo*) saddlebag.

maletero NM [a] (*Aut*) boot, trunk (*US*). [b] (*persona*) porter.

maletilla NM (*Taur*) itinerant aspiring bullfighter.

maletín NM (*maleta*) small case; (*portafolio*) briefcase, attaché case.

maletudo (*And, Carib*) [1] ADJ hunchbacked. [2] NM hunchback.

malevo/a NM/F (*CSur*) malefactor.

malevolencia NF malevolence, spite.

malévolo ADJ malevolent, spiteful.

maleza NF [a] (*Agr*) weeds. [b] (*matas*) scrub, undergrowth; (*zarza*) thicket.

Malgache NM Madagascar.

malgache [1] ADJ of *o* from Madagascar. [2] NMF native *o* inhabitant of Madagascar.

malgastador(a) [1] ADJ spendthrift, wasteful. [2] NM/F spendthrift.

malgastar <1a> VT (*tiempo, esfuerzo*) to waste; (*recursos, dinero*) to squander, waste; (*salud*) to ruin.

malgeniado, malgenio(so) ADJ (*LAm*) bad-tempered.

malhablado ADJ (*grosero*) coarse, rude; (*que dice groserías*) foul-mouthed.

malhaya INTERJ (*LAm*) damn!; **¡~ sea!** damn him *etc* (*fam*).

malhechor(a) NM/F malefactor, criminal.

malherido ADJ badly injured, seriously wounded.

malhumorado ADJ bad-tempered, cross.

malicia NF [a] (*maldad*) wickedness. [b] (*intención*) spite, malice; **lo dije sin ~** I said it without malice. [c] (*de animal*) viciousness, vicious nature; (*de niño: travesura*) mischief; (: *carácter*) mischievous nature. [d] (*de mirada, chiste etc*) roguishness, naughtiness, provocative nature; **el niño tiene demasiada ~ para su edad** the kid is too knowing for his age (*fam*). [e] (*astucia*) slyness, guile. [f] **~s** suspicions.

maliciarse <1b> VR to suspect, have one's suspicions.

malicioso ADJ [a] (*malo*) wicked, evil. [b] (*malintencionado*) ill-intentioned; (*rencoroso*) spiteful, malicious. [c] (*violento*) vicious; (*travieso*) mischievous. [d] (*pícaro*) roguish, naughty. [e] (*astuto*) sly, crafty.

malignidad NF [a] (*Med*) malignancy. [b] (*maldad*) evil nature, viciousness; (*daño*) harmfulness; (*rencor*) malice.

maligno [1] ADJ [a] (*Med*) malignant, pernicious. [b] (*malo*) evil, vicious; (*dañino*) pernicious, harmful; (*rencoroso*) malicious. [2] NM: **el ~** the devil.

Malinche NF (*Méx*) mistress of Cortés.

malintencionado ADJ (*comentario*) hostile; (*persona*) malicious.

malinterpretar <1a> VT to misinterpret, misunderstand.

malísimamente ADV very badly, dreadfully, appallingly.

malísimo ADJ very bad, dreadful, appalling.

malla NF [a] (*de una red*) mesh; (*red*) network; **~ de alambre** wire mesh *o* netting. [b] (*para ballet etc*) leotard. [c] **~ (de baño)** (*LAm*) swimming costume, swimsuit. [d] (*Dep*) **las ~s** the net *sg*.

mallo NM mallet.

Mallorca NF Majorca.

mallorquín/ina [1] ADJ, NM/F Majorcan. [2] NM (*Ling*) Majorcan language.

malmirado ADJ [a] **estar ~** to be disliked. [b] (*desconsiderado*) thoughtless, inconsiderate.

malnutrición NF malnutrition.

malnutrido ADJ undernourished.

malo/a [1] ADJ (*before nm sing* **mal**) [a] bad; (*calidad*) poor; (*miserable*) wretched; (*espantoso*) dreadful; (*olor etc*) bad, nasty, unpleasant; (*parte del cuerpo*) sore; (*niño*) disobedient, naughty; **ir por mal camino** to be on the wrong road; **esta película es bastante ~a** it's a pretty bad film; **es una tela muy ~a** it's a very poor material; **es ~ para la salud** it's bad for your health; **¡no seas ~!** don't be naughty!, behave yourself!; **soy muy ~ para las matemáticas** I'm no good at maths. [b] (*Med etc*) **estar ~** to be ill; **ponerse ~** (*persona*) to fall ill; (*comida*) to go off. [c] (*difícil*) difficult, hard; **es un animal ~ de domesticar** it's a difficult animal to tame. [d] (*locuciones*) **¡~!** oh dear!, that's bad!; **lo ~ es que ...** the trouble is that ...; **~ sería que no ganáramos** we're certain to win, I'd be surprised if we didn't win; **¿qué tiene de ~?** what's wrong with that?; **¿qué tiene de ~ comer helados en invierno?** what's wrong with eating ice cream in winter?; **a la ~a** (*LAm: a la fuerza*) by force, forcibly; (: *en forma traicionera*) treacherously; **andar a ~as con algn** to be on bad terms with sb; **ponerse a ~as con algn** to fall out with sb; **estar de ~as** (*sin suerte*) to be out of luck; (*de mal humor*) to be in a bad mood; **venir de ~as** to have evil intentions; **por las ~as** by force, willy-nilly. [2] NM/F (*Teat*) villain; (*Cine*) baddie (*fam*).

malogrado ADJ [a] (*proyecto etc*) abortive; (*esfuerzo etc*) wasted. [b] (*persona*) who died before his time; **el ~ actor** the failed actor.

malograr <1a> [1] VT (*arruinar*) to spoil, upset; (*desperdiciar*) to waste. [2] **malograrse** VR [a] (*proyecto etc*) to fail, miscarry. [b] (*esp Per: máquina etc*) to go wrong. [c] (*persona*) to die before one's time, die early.

maloliente ADJ stinking, smelly.

malón NM (*LAm Hist*) Indian raid.

malparado ADJ: **salir ~** to come off badly *o* worst.

malpensado ADJ evil-minded; **¡no seas ~!** don't be so nasty *o* horrid!

malquerencia NF dislike.

malquistar <1a> [1] VT: **~ a dos personas** to cause a rift between two people. [2] **malquistarse** VR [a] **~ con algn** to fall out with sb. [b] (*dos personas*) to fall out, become estranged.

malsano ADJ [a] (*clima etc*) unhealthy. [b] (*Med*) sickly; (*mente*) sick, morbid.

malsonante ADJ (*palabra*) nasty, rude.

malsufrido ADJ impatient.

Malta NF Malta.

malta NF malt.

malteada NF (*LAm*) malted milk shake.

malteado [1] ADJ malted. [2] NM malting.

maltés / esa ADJ, NM/F Maltese.

maltraer ‹2o› VI: **llevar** o **traer a ~ a algn** to keep on at sb.

maltraído ADJ (*LAm*) shabby, untidy.

maltratado ADJ (*bebé, mujer*) battered; (*sexualmente*) abused.

maltratamiento NM = **maltrato**.

maltratar ‹1a› VT **a** (*persona*) to ill-treat, maltreat; (*mujer, hijo*) to batter; (*cosas*) to handle roughly, damage. **b** (*tb* **~ de palabra**) to abuse, insult.

maltrato NM **a** (*de persona*) rough treatment; (*daño*) damage; (*de bebé, mujer*) battering; **~ infantil / psicológico** child/psychological abuse. **b** (*abuso*) abuse, insults.

maltrecho ADJ (*golpeado*) battered, damaged; (*lastimado*) injured; **dejar ~ a algn** to leave sb in a bad way.

malucho ADJ (*Med fam*) poorly, under the weather.

malva **1** ADJ INV (*color*) mauve. **2** (*color*) mauve. **3** NF (*Bot*) mallow; **~ loca** o **real** o **rósea** hollyhock; **criar ~s** (*Esp fam*) to be pushing up the daisies (*fam*); **estar como una ~** to be very meek and mild.

malvado / a **1** ADJ evil, wicked. **2** NM/F villain.

malvaloca NF hollyhock.

malvarrosa NF hollyhock.

malvasía NF malmsey.

malvavisco NM marshmallow.

malvender ‹2a› VT to sell off cheap o at a loss.

malversación NF embezzlement, misappropriation.

malversador NM embezzler.

malversar ‹1a› VT: **~ fondos** to embezzle o misappropriate funds.

Malvinas NFPL (*tb* **Islas ~**) Falkland Islands, Falklands.

malvivir ‹3a› VI to live badly, live poorly; **malviven de lo que pueden** they get along as best they can.

malvón NM (*LAm*) geranium.

mama NF **a** (*Med*) mammary gland; (*de mujer*) breast; (*de animal*) teat. **b** = **mamá (a)**.

mamá NF (*fam*) **a** mummy; (*fam*) mum (*fam*), mom(my) (*US*); (*gen US*) mamma. **b** (*esp CAm, Carib, Méx: cortesía*) mother; **~ grande** (*Col*) grandmother; **futura ~** expectant mother, mother-to-be.

mamacita NF (*LAm fam*) mummy (*fam*), mum (*fam*).

mamada NF **a** (*chupada*) blow job (*fam!*). **b** (*LAm: trabajo*) soft job, sinecure. **c** (*fam: borrachera*) drunkenness.

mamadera (*LAm*) NF (*tetilla*) rubber teat; (*biberón*) feeding bottle.

mamado ADJ (*esp LAm fam*) drunk, sloshed (*fam*).

mamagrande NF (*LAm*) grandmother; V tb **mamá (b)**.

mamantear ‹1a› VT (*LAm*) **a** (*mamar*) to nurse, feed, suckle. **b** (*fig: mimar*) to spoil, pamper.

mamar ‹1a› **1** VT **a** (*leche, pecho*) to suck. **b** (*fig: asimilar*) to absorb, assimilate; **lo mamó desde pequeño** he grew up with it from childhood. **2** VI to suck; **dar de ~ a** to feed, suckle. **3** **mamarse** VR **a** (*fam: emborracharse*) to get sloshed (*fam*). **b** **~ a algn** (*LAm: engañar*) to cheat sb.

mamario ADJ mammary.

mamarrachada NF (*fam: acción*) something stupid; (*objeto*) sight (*fam*).

mamarracho NM mess, botch; (*persona*) sight, scarecrow.

mambo NM (*Mús*) mambo.

mameluco NM **a** (*Hist*) Mameluke. **b** (*fam*) chump (*fam*), idiot. **c** (*LAm: mono*) overalls; (*tb* **~s de niño**) rompers.

mamey NM (*LAm*) mammee apple, mamey.

mamífero **1** ADJ mammalian, mammal *atr*. **2** NM mammal.

mamografía NF mammography.

mamón NM **a** (*fam!*) prick (*fam!*), wanker (*fam!*). **b** (*Bot*) sucker, shoot. **c** (*And, CSur*) papaya tree o fruit.

mamonada NF (*fam!*): **eso es una ~** that's bloody stupid (*fam!*).

mamotreto NM (*libro*) hefty volume, whacking great book; (*fig: objeto*) monstrosity.

mampara NF screen, partition.

mamporro NM (*fam*) clout; (*al caer*) bump; **atizar un ~ a algn** to give sb a swipe; **liarse a ~s con algn** to come to blows with sb.

mampostería NF masonry; (*sin labrar*) rubblework.

mampuesto NM **a** (*piedra*) rough stone. **b** (*muro*) wall, parapet. **c** (*LAm: de fusil*) rest.

mamut NM mammoth.

mana NF (*LAm*) spring, fountain.

maná NM manna.

manada NF **a** (*Zool*) herd, flock; (*de lobos*) pack; (*de leones*) pride. **b** (*fam*) **llegaron en ~** they came in droves.

manager ['manaʒer] NM (*pl* **~s** ['manaʒers]) manager.

manantial NM **a** spring, fountain; **agua de ~** spring water. **b** (*fig*) source.

manar ‹1a› **1** VT to run o flow with; **la herida manaba sangre** blood flowed from the wound. **2** VI **a** (*líquido*) to run, flow; (*: a chorros*) to pour out; (*surgir*) to well up. **b** (*fig: abundar*) to abound, be plentiful.

manatí NM manatee, sea cow.

manazas NMF: **ser (un) ~s** to be clumsy.

manazo NM (*LAm*) slap.

mancar ‹1g› VT **a** to maim, cripple. **b** (*CSur*) **~ el tiro** to miss.

mancarrón NM (*CSur fam: caballo*) worn-out horse, nag.

mancebo NM **a** (*joven*) youth, young man. **b** (*soltero*) bachelor.

Mancha NF: **La ~** La Mancha.

mancha NF **a** spot, mark, stain; (*Zool*) patch; (*Med: gen*) spot; (*: moretón*) bruise; (*de tinta*) blot; (*de vegetación*) patch; **~ solar** sunspot; **propagarse como una ~ de aceite** to spread like wildfire. **b** (*fig: imperfección*) stain, blemish, blot.

manchado ADJ (*sucio*) dirty, stained; (*animal*) spotted, dappled; (*ave*) speckled; (*de tinta*) smudged; **un abrigo ~ de barro** a coat stained o bespattered with mud.

manchar ‹1a› **1** VT **a** (*ensuciar*) to soil, stain; (*de tinta*) to smudge. **b** (*fig: honor*) to stain, sully. **2** **mancharse** VR **a** to get dirty. **b** (*fig*) to dirty one's hands.

manchego / a **1** ADJ of o from La Mancha. **2** NM/F native o inhabitant of La Mancha.

Manchuria NF Manchuria.

mancilla NF stain, blemish; **sin ~** unblemished.

mancillar ‹1a› VT to stain, sully.

manco / a **1** ADJ **a** (*de una mano*) one-handed, one-armed; (*sin brazos*) armless; (*inválido*) crippled, maimed. **b** (*fig: fallado*) defective, faulty. **c** **no ser ~** to be nobody's fool. **2** NM/F (*V adj*) one-armed person; armless person; cripple.

mancomunadamente ADV (*tb* **de mancomún**: *en conjunto*) jointly, together; (*por voluntad común*) by common consent.

mancomunar ‹1a› **1** VT (*personas*) to unite, associate; (*intereses*) to combine; (*recursos*) to pool; (*Jur*) to make jointly responsible. **2** **mancomunarse** VR to unite, merge.

mancomunidad NF (*unión*) union, association; (*comunidad*) community; (*Jur*) joint responsibility.

mancornas NFPL (*LAm*), **mancuernas** NFPL (*Méx*), **mancuernillas** NFPL (*CAm, Méx*) cufflinks.

manda NF (*LAm: voto*) religious vow.

mandado / a **1** NM/F: **ser un ~** to be a gofer (*fam*). **2** NM order; (*recado*) commission, errand.

mandamás NMF INV boss (*fam*), big shot (*fam*).

mandamiento NM **a** (*orden*) order, command. **b** (*Jur*) writ, warrant; **~ de entrada y registro** search warrant; **~ judicial** warrant. **c** (*Rel*) commandment.

mandar ‹1a› **1** VT **a** (*ordenar*) to order; **~ a algn hacer algo** to order sb to do sth; **¿qué manda Ud?** (*Lit o esp LAm*) can I help you?; **¿manda Ud algo más?** (*Lit o esp LAm*) would you like something else?; **~ llamar o venir a algn** to send for sb; **~ salir a algn** to order sb out. **b** (*enviar*) to send; **le manda muchos recuerdos** he sends you warmest regards; **se lo mandaremos por correo** we'll post o (US) mail it to you; **le mandé a por** o **a comprar pan** I sent him for bread; **~ a algn a paseo** o **a la porra** to tell sb to go to hell (fam).

c (Com: encargar) to order, ask for; **~ hacer un traje to** order a suit, have a suit made; **he mandado que nos traigan el desayuno a la habitación** I've ordered breakfast to be brought to the room.

d (Mil etc) to lead, command; (estar a cargo) to be in charge of.

e (LAm: echar) to throw, hurl; (: tirar, botar) to throw away.

2 VI **a** (estar a cargo) to be in charge o command; (controlar) to be in control; **¿quién manda aquí?** who's in charge here?; **aquí mando yo** I'm the boss here.

b (gobernar) to rule; **los que mandan en este país** the people that run the country.

c **¡mande Ud!** at your service!, what can I do for you?; **¿mande?** (esp Méx) pardon?, what did you say?; (: como respuesta) yes?

d (pey) to be bossy, boss people about; **le gusta mucho ~** he likes bossing around a lot.

3 **mandarse** VR (LAm) **a** **~ cambiar** o **mudar** to go away, leave; **¡mándese mudar!** get out!

b **~ algo** (comerse) to scoff (fam); (: beberse) to knock back (fam).

mandarín NM **a** (Hist, Ling) Mandarin. **b** (pey) petty bureaucrat.

mandarina NF (Bot) tangerine, mandarin (orange).

mandatario NM **a** (Jur) agent, attorney. **b** leader; (esp LAm Pol: tb primer **~**) President, Head of State.

mandato NM **a** (orden) order; (Jur: expediente) writ, warrant; (: poder) power of attorney; **~ judicial** (search) warrant. **b** (Pol: programa) mandate; (: presidencia etc) term (of office). **c** (Inform) command.

mandíbula NF (Anat, Téc) jaw; (Zool) mandible; **reírse a ~ batiente** to laugh one's head off.

mandil NM **a** (delantal) apron. **b** (LAm) horse blanket.

mandinga NM **a** (LAm: diablo) devil; (: duende) evil spirit. **b** (And, Carib: negro) Black.

mandioca NF cassava, manioc.

mando NM **a** (Mil) command; (de país) rule; (liderazgo) leadership; (período de **~**) term of office; **alto ~** high command; **al ~ de** in charge of; **ejercer el** o **estar al ~** to be in charge o command. **b** **~s** (personas) leaders, leadership, top people. **c** (Mec) drive, control; **~ a la izquierda** left-hand drive; **~ a distancia** o (esp LAm) **remoto** remote control; **palanca de ~** control lever; (de avión) joystick. **d** (Rad, Téc etc) **~s** controls.

mandoble NM **a** (golpe) two-handed blow. **b** (espada) broadsword.

mandolina NF mandolin(e).

mandón **1** ADJ bossy, domineering. **2** NM (CSur) mine foreman.

mandonear<1a> VT (fam): **~ a algn** to boss sb around.

mandrágora NF mandrake.

mandril¹ NM (Zool) mandrill.

mandril² NM (Téc) mandrel.

manduca NF (fam) grub, scoff (fam).

maneador NM (LAm) hobble.

manecilla NF **a** (Téc) pointer; (de reloj) hand; **~ grande/pequeña** minute/hour hand. **b** (de libro) clasp.

maneco ADJ (Méx: tullido) maimed, deformed.

manejabilidad NF (V adj) manageability; handiness; manoeuvrability.

manejable ADJ manageable; (fácil de usar) handy, easy to use; (avión etc) manoeuvrable.

manejador(a) **1** ADJ manipulative. **2** NM/F (LAm Aut) driver, motorist.

manejar <1a> **1** VT **a** (útiles, animales) to handle; (máquina) to work, operate; (casa, empresa) to run, manage.

b (persona) to manage, push about.

c (LAm Aut) to drive.

2 VI **a** '**~ con cuidado**' 'handle with care'.

b (LAm) to drive.

3 **manejarse** VR **a** (comportarse) to act, behave.

b (arreglárselas) to manage; **se maneja bien con los chiquillos** she manages all right with the kids.

c (Med) to get about unaided.

manejo NM **a** handling; (de máquina) working, operation; (de casa, empresa) management; **de fácil ~** (herramienta) easy-to-use. **b** (seguridad) confidence, ease of manner. **c** (pey: trampa) intrigue; (: negocio sucio) shady deal; **turbios ~s** intrigues, underhand dealing. **d** (LAm Aut) driving.

manera NF **a** way, manner, fashion; **~ de obrar** way of going about things, conduct; **tu ~ de ser** the way you are; **¡no hay ~ !** it's just impossible!; **no hay ~ de hacer algo** there's no way of doing sth; **no había ~ de convencerle** there was no convincing him; **¡vaya una ~ qué ~ de hacerlo!** what a way to do sth!

b (locuciones con prep) **a la ~ de** in the manner of, after the fashion of; **lo hice a mi ~** I did it my way; **a mi ~ de ver** in my view, as I see it; **de alguna ~** somehow; (en cierto modo) in a way; **de cualquier ~** (sin cuidado) any old how; (en cualquier caso) anyway, in any case; **de esta/la misma ~** (in) this/the same way; **¡llovía de una ~!** it was just pouring!, you should have seen how it rained!; **de la ~ que sea** however you etc like; **de mala ~** really, properly (fam); **de otra ~** otherwise, if not; (de forma distinta) in a different way; **de ninguna ~** by no means, not at all; **¡de ninguna ~!** certainly not!, never!; **de ~ que** so (that); **¿de ~ que esto no le gusta?** so you don't like it?; **de tal ~ que ...** in such a way that ...; **de todas ~s** anyway, at any rate; **en cierta ~** up to a point, in a way; **en gran ~** to a large extent; **sobre ~** exceedingly.

c (Lit: género) kind, sort.

d (Arte, Lit etc: estilo) manner, style.

e **~s** (modales) manners; **buenas ~s** good manners; **con buenas ~s** politely.

manflor NM (LAm), **manflorita** NM (LAm: afeminado) pansy (fam), queer (fam).

manga NF **a** sleeve; **~ de camisa** shirtsleeve; **estar en ~s de camisa** to be in one's shirtsleeves; **de ~ corta/larga** short-/long-sleeved; **sin ~s** sleeveless; **corte de ~s** ≈ V sign; **ser de** o **tener ~ ancha** to be easy-going o broadminded; (pey) to be unscrupulous; **andar ~ por hombro** to be a mess; **sacarse algo de la ~** to pull sth out of the bag; **traer algo en la ~** to have sth up one's sleeve.

b (tb **~ de riego**) hose, hosepipe; **~ de incendios** fire hose.

c (Culin) strainer; (de pastelería) piping bag.

d (Aer) windsock, wind gauge.

e (Geog: de agua) stretch; **~ marina** waterspout; **~ de viento** whirlwind.

f (Náut) beam, breadth.

g (Dep) leg, round; (Bridge) game; **ir a ~** to go to game.

h (LAm: multitud) crowd, mob, swarm; (: Agr) funnel, narrow entrance (to a corral etc).

i (CAm) poncho, coarse blanket.

manganear<1a> VT (Per) to bother, annoy.

manganeso NM manganese.

manganeta NF (LAm), **manganilla** NF **a** (juego de manos) sleight of hand. **b** (engaño) trick, deceit.

mangante NMF (fam: gorrón) scrounger (fam), freeloader (fam); (ladrón) thief; (: en tienda) shoplifter.

manganzón ADJ (perezoso) lazy.

mangar <1h> (fam) **1** VT (robar) to pinch (fam), swipe (fam). **2** VI (robar) to pilfer (fam); (: en tienda) to shoplift.

manglar NM mangrove swamp.

mangle NM (Bot) mangrove.

mango¹ NM (Bot) mango.

mango² NM **a** (asa) handle, haft; **~ de escoba** broomstick; (Aer) joystick. **b** (Arg fam: dinero) dough (fam).

mangón NM (And: prado) pasture.

mangoneador(a) NM/F **a** (fam: entrometido) meddler, interfering sort; (: mandón) bossy individual. **b** (Méx fam: oficial vendido) corrupt official.

mangonear<1a> (fam) **1** VT **a** (persona) to boss about.

b (*birlar*) to swipe (*fam*), pinch (*fam*). **2** VI **a** (*entrometerse*) to meddle, interfere (*en* in); (*interesarse por*) to dabble (*en* in). **b** (*ser mandón*) to boss people about. **c** (*LAm: estafar*) to graft, be on the fiddle (*fam*).

mangoneo NM (*fam*) **a** (*entrometimiento*) meddling, interference. **b** (*con personas*) bossing people about. **c** (*LAm*) graft (*fam*), fiddling (*fam*); (*Pol*) fixing, fiddling of results.

mangoneón/a, mangonero/a **1** ADJ (*entrometido*) meddlesome, interfering; (*mandón*) bossy; (*descarado*) brazen. **2** NM/F busybody; (*entrometido*) bossy individual; (*descarado*) brazen sort.

mangosta NF mongoose.

manguear<1a> (*LAm*) **1** VT (*ganado*) to drive. **2** VI (*fam*) to pretend to be working.

manguera NF (*de riego*) hose, hosepipe; (*tubo*) pipe, tube; **~ de aspiración** suction pump; **~ de incendios** fire hose.

mangui NMF (*fam: ladrón*) thief; (: *chorizo*) small-time crook (*fam*).

manguito NM **a** muff. **b** (*Téc*) sleeve, coupling; **~ incandescente** gas mantle.

manguta NMF (*fam: indeseable*) good-for-nothing.

mani NF (*fam*) demo (*fam*).

maní NM (*pl* **~es** o **manises**) (*esp LAm*) **a** (*cacahuete*) peanut; (*planta*) groundnut plant. **b** (*fam: Carib: dinero*) dough (*fam*), money.

manía NF **a** (*Med*) mania; **~ persecutoria** persecution mania. **b** (*costumbre*) odd habit; (*rareza*) peculiarity, oddity; (*capricho*) fad; **tiene ~s** he's rather odd, he has his little ways. **c** (*afición*) mania; (*moda*) rage, craze, oddity; **la ~ del fútbol** the football craze; **tiene la ~ de las motos** he's obsessed with motorbikes, he's bike-crazy (*fam*); **tiene la ~ de comerse las uñas** he has the annoying habit of biting his nails. **d** (*antipatía*) dislike; (*malicia*) **coger ~ a algn** to take a dislike to sb; **tener ~ a algn** to dislike sb; **tengo ~ a los bichos** I can't stand insects; **el maestro me tiene ~** the teacher's got it in for me.

maníaco/a **1** ADJ maniac(al). **2** NM/F maniac; **~ sexual** sex maniac.

maniacodepresivo/a ADJ, NM/F manic depressive.

maniatar<1a> VT to tie the hands of.

maniático/a **1** ADJ **a** maniacal. **b** (*fig: loco*) crazy; (: *excéntrico*) odd, eccentric; (: *delicado*) fussy; (: *terco*) stubborn. **2** NM/F **a** maniac. **b** (*fig*) maniac; (: *excéntrico*) eccentric; **es un ~ del fútbol** he's football crazy.

manicero NM (*LAm*) peanut seller.

manicomio NM lunatic asylum, insane asylum (*US*), mental hospital.

manicura[1] NF manicure.

manicuro/a[2] NM/F manicurist.

manido ADJ **a** (*carne*) high, gamy; (*frutos secos*) stale. **b** (*tema etc*) trite, stale.

manierismo NM (*Arte, Lit*) mannerism.

manierista ADJ, NMF mannerist.

manifa NF (*fam*) demo, rally.

manifestación NF **a** (*de emoción etc*) display, show; (*señal*) manifestation, sign. **b** (*declaración*) statement, declaration; (*Pol: desfile etc*) demonstration; (: *concentración*) mass meeting, rally. **c** (*Chi: tb* **~ social**) social occasion.

manifestante NMF demonstrator.

manifestar<1j> **1** VT **a** (*emociones etc*) to show, display; (*revelar*) to reveal. **b** (*declarar*) to state; (*expresar*) to express. **2 manifestarse** VR **a** to show, become apparent; **~ en** to become evident in o from, be shown by. **b** (*Pol: desfilar*) to demonstrate; (: *reunirse*) to hold a mass meeting, hold a rally.

manifiesto **1** ADJ clear, manifest; (*patente*) evident, obvious; (*error*) glaring, obvious; **poner algo de ~** (*aclarar*) to make sth clear; (*revelar*) to reveal sth; **quiero poner**

de ~ que I wish to state that; **quedar ~** to be plain o clear. **2** NM **a** (*Náut*) manifest. **b** (*Pol, Arte: programa*) manifesto.

manigua (*LAm*) NF (*pantano*) swampy scrubland; (*selva*) jungle; **irse a la ~** to take to the hills (in revolt).

manija NF **a** handle; (*Arg: de puerta*) door knob; (: *Aut*) starting handle. **b** (*Mec*) clamp, collar; (*Ferro*) coupling. **c** (*Agr*) hobble.

Manila NF Manila.

manilargo ADJ **a** (*generoso*) open-handed, generous. **b** (*esp LAm: fam: ladrón*) light-fingered, thievish.

manilla NF **a** (*pulsera*) bracelet; **~s (de hierro)** handcuffs, manacles. **b** (*de reloj*) hand. **c** (*LAm: mango*) handle.

manillar NM handlebars.

maniobra NF **a** manoeuvring, maneuvering (*US*); (*manejo*) handling; (*operación*) operation; (*Ferro*) shunting; **hacer ~s** to manoeuvre, maneuver (*US*); (*Ferro*) to shunt. **b** (*Náut: marinería*) seamanship; (: *aparejo*) gear, rigging. **c** **~s** (*Mil*) manoeuvres. **d** (*fig*) manoeuvre, move; (: *estratagema*) trick, stratagem; **mediante una ~ hábil** by a clever move.

maniobrar<1a> **1** VT (*manejar*) to handle, operate; (*mover*) to manoeuvre, to maneuver (*US*); (*Ferro*) to shunt. **2** VI (*lit, fig*) to manoeuvre.

maniota NF hobble.

manipulable ADJ **a** (*Téc*) operable, that can be operated. **b** (*persona*) easily influenced, readily manipulated.

manipulación NF manipulation; (*Com*) handling.

manipulador(a) **1** NM/F manipulator; handler. **2** NM (*Elec, Telec*) key, tapper.

manipular<1a> **1** VT to manipulate; (*Com*) to handle. **2** VI: **~ con** o **en** to manipulate.

manipuleo NM (*gen*) manipulation; (*pey*) fiddling.

maniqueísmo NM (*Hist*) Manich(a)eism; (*fig*) tendency to see things in black and white.

maniqueo/a **1** ADJ Manich(a)ean; (*fig*) black-and-white. **2** NM/F (*Hist*) Manich(a)ean; (*fig*) person who tends to see things in terms of black and white.

maniquí **1** NM (*de sastre*) dummy, manikin. **b** (*fig: títere*) puppet. **2** NF mannequin, model.

manirroto/a **1** ADJ lavish, extravagant. **2** NM/F spendthrift.

manisero (*LAm*) = **manicero**.

manita NF little hand; **~s de cerdo** etc pig's etc trotters; **~s de plata** o **de oro** delicate o artistic hands; **echar una ~ a algn** to lend sb a hand; **hacer ~s** (*amantes*) to hold hands (*con* with); **ser ~s** to be handy, be clever with one's hands.

manitas NMF: **ser (un) ~** to be handy (*be good with one's hands*).

manito NM (*Méx: en conversación*) mate (*fam*), chum.

manivela NF crank; **~ de arranque** starting handle.

manjar NM (*tasty*) dish, special dish; (*CSur: dulce*) heated condensed milk; **~ exquisito** tasty morsel.

mano[1] NF **a** (*Anat*) hand; (*Zool: de cuadrúpedo*) foot, forefoot, paw; (: *de ave*) foot, claw(s); (: *de halcón*) talon(s); **~s de cerdo** pig's trotters.

b (*fig: locuciones*) hand; **~ a ~** (*trabajar*) together, hand in hand; (*hablar*) tête-à-tête; **Pedro es mi ~ derecha** Pedro is my right-hand man; **~ dura** harsh treatment; (*Pol*) firm hand, heavy-handedness; **~ de santo** sure remedy; **¡~s a la obra!** to work!, let's get on with it!; **¡las ~s quietas!** hands off!; **¡qué ~!** (*Ven*) not likely!

c (*con prep*) **a ~** (*sin máquina*) by hand; (*cerca*) handy, at hand; (*asequible*) handy, to hand; **tener algo a ~** to have sth to hand; **hecho a ~** handmade; **a ~ izquierda/derecha** on the left-/right-hand side; **robo a ~ armada** armed robbery; **a ~s llenas** lavishly, generously; **morir a ~s de** to die at the hands of; **llegó a mis ~s** it reached me, it came into my hands; **llegar a las ~s** to come to blows; **votar a ~ alzada** to vote by a show of hands; **¡arriba las ~s!** hands up!; **bajo ~** (*secretamente*) in secret; (*de modo turbio*) in an underhand way; **coger a algn con las ~s en la masa** to catch sb red handed; **de ~**

hand *atr*; **equipaje de ~** hand-luggage; **los dos iban de la ~** the two were walking hand-in-hand; **llevar a algn de la ~** to lead sb by the hand; **de primera/segunda ~** (at) first-/second-hand; **de ~s de** at the hands of; **a entregar en ~** to deliver by hand; **está en tus** *etc* **~s** it's up to you *etc*; **en ~s de** in the hands of, into the hands of; **en buenas ~s** in good hands; **me pongo en tus ~s** I place myself in your hands; **ha hecho cuanto ha estado en su ~** he has done all in his power (*para hacer algo* to do sth); **traer un asunto entre ~s** to have a matter in hand; (*estar ocupado en*) to have a matter on one's hands; **¿qué os traéis entre ~s?** what are you up to?; **ganar por la ~ a algn** to beat sb to it; **tomarse la justicia por su ~** to take the law into one's own hands; **estar ~ sobre ~** to be idle, be out of work.
[d] (*con vb*) **abrir la ~** to open up, loosen up; (*fig*) to let one's standards slip; **alzar la ~ a o contra** to raise one's hand against; **cargar la ~** (*exagerar*) to overdo it; (*Com: cobrar demasiado*) to overcharge; (*Culin*) to put too much spice in; **dar la ~ a algn** to take sb by the hand; (*saludar*) to shake hands with sb; **le das la ~ y se toma el codo** give him an inch and he'll take a mile; **darse la ~ o las ~s** to shake hands; **echar una ~** to lend a hand (*a* to); **echar ~ a** to lay hands on; **echar ~ de** to make use of, resort to; **estrechar la ~ a algn** to shake sb's hand; **se le fue la ~** (*lit*) his hand slipped; (*fig*) he went too far, he overdid it; **irse de la ~** (*al cocinar*) to add too much; **meter ~ a algn** (*fam*) to touch sb up (*fam*); **no hay quien le meta ~** (*persona*) there's nobody can touch him; (*cosa*) nobody can make anything of it; **pasar la ~ a algn** (*LAm*) to flatter sb o (*fam*) suck up to sb; **¡como me pongas la ~ encima ...!** if you lay one finger on me ...!; **tener las ~s largas** to be light-fingered; **untar la ~ a algn** to grease sb's palm; **¡venga esa ~!** shake!, put it there!
[e] (*habilidad*) **tener buena ~** to have the knack; **tener buena ~ para la cocina** to be a good cook; **tener buena ~ para tratar a la gente** to be good with people; **tener buena ~ para las plantas** to have green fingers; **¡qué ~s tiene!** he's so clever with his hands!
[f] (*Dep*) handling, handball; **¡~!** handball!
[g] (*de reloj*) hand.
[h] **~ de almirez o mortero** pestle.
[i] (*de pintura*) coat; (*de jabón*) wash, soaping.
[j] (*Naipes etc*) hand, round, game; **ser o tener la ~** to lead; **soy ~** it's my lead.
[k] (*lote*) lot, series; (*LAm: de plátanos*) bunch, hand.
[l] **~ de obra** labour, labor (*US*), manpower; (*obreros*) **~ de obra especializada** skilled labour o (*US*) labor; **~ de obra directa** direct labour o (*US*) labor.
[m] **~s** hands, workmen; **contratar ~s** to sign up workmen.

mano² NM (*Méx: en conversación*) mate (*fam*), chum.

manojo NM handful, bunch (*fam*); (*grupo*) bunch; **~ de hierba** tuft of grass; **~ de llaves** bunch of keys; **~ de pillos** bunch of rogues; **estar hecho o ser un ~ de nervios** to be a bag of nerves.

manómetro NM (pressure) gauge.

manopla NF [a] (*guante*) mitten; (*Hist, Téc etc*) gauntlet. [b] (*de cocina*) knuckle-duster.

manoseado ADJ (*fig*) hackneyed, well-worn.

manosear <1a> VT [a] (*tocar*) to handle, touch; (*desordenar*) to rumple, mess up; (*jugar con*) to fiddle with; (*LAm: acariciar*) to fondle, feel o touch up (*fam*). [b] (*insistir en*) to overwork, repeat.

manoseo NM (*V vt*) [a] handling, touching; rumpling; (*LAm*) fondling. [b] overworking, repetition.

manotada NF [a] slap, smack. [b] (*LAm: puñado*) handful, fistful.

manotazo NM slap, smack.

manotear <1a> [1] VT (*dar palmadas*) to slap, smack. [2] VI (*gesticular*) to gesticulate, move o use one's hands; (*LAm: arrancar*) to bag-snatch; (*Méx: robar*) to steal.

manoteo NM gesticulation.

mansalva NF: **a ~** (*sin riesgo*) without risk; (*a granel*) in abundance; (*en gran escala*) on a large scale; **le dis-**

pararon a ~ they shot him before he could defend himself.

mansamente ADV gently, mildly, meekly.

mansarda NF (*esp LAm*) attic.

mansedumbre NF [a] (*de persona*) gentleness, meekness. [b] (*de animal*) tameness.

mansión NF mansion.

manso ADJ [a] (*persona*) meek, gentle. [b] (*animal*) tame. [c] (*Chi fam*) huge, tremendous.

manta¹ NF [a] (*de cama etc*) blanket; (*rebozo*) shawl; **~ eléctrica** electric blanket; **~ de viaje** travelling o (*US*) traveling rug; **a ~** plentifully, abundantly; **liarse la ~ a la cabeza** to decide to go the whole hog; **tirar de la ~** to let the cat out of the bag, give the game away. [b] (*LAm: tela*) calico, coarse cotton cloth; (*poncho*) poncho. [c] (*fam*) hiding.

manta² NF (*Esp fam*) [1] ADJ bone-idle. [2] NMF idler, slacker.

mantear <1a> VT to toss in a blanket.

manteca NF (animal) fat; (*CSur*) butter; **~ de cacahuete/cacao** peanut/cocoa butter; **~ de cerdo** lard.

mantecada NF small cake, iced bun.

mantecado NM (*helado*) ice cream; (*pasta*) ≈ shortbread.

mantecoso ADJ fat, greasy; (*cremoso*) creamy; **queso ~** soft cheese.

mantel NM tablecloth; (*Rel*) altar cloth.

mantelería NF table linen.

mantener <2k> [1] VT [a] (*Arquit, Téc etc*) to hold up, support; **~ algo en equilibrio** to keep sth balanced. [b] (*idea, opinión etc*) to maintain, defend; (*persona*) to keep, support; **mantenella y no emendalla** firm defence o (*US*) defense of a decision etc. [c] (*fuego*) to keep in, keep going; (*alimentar*) to sustain; **le mantiene la esperanza** he is sustained by hope, hope keeps him going. [d] (*Fin*) to maintain, support. [e] (*Mec etc*) to maintain, service. [f] (*costumbre, disciplina, relaciones*) to keep up, maintain; **~ la línea** to keep one's figure, keep in shape. [g] (*~ + adj*) **~ algo caliente** to keep sth hot; '**Mantenga limpia España**' 'Keep Spain clean'. [2] **mantenerse** VR [a] **el edificio se mantiene todavía en pie** the building is still standing. [b] **~ firme** to hold one's ground; **~ a distancia** to keep one's distance; **~ en vigor** to stand, remain in force; **~ en un puesto** to stay in one's job, keep one's post; **~ en contacto con** to keep up one's contacts with, keep in touch with; **~ en forma** to keep fit. [c] (*alimentarse*) to subsist; **se mantiene con leche** she keeps going on milk.

mantenimiento NM maintenance; (*Aut etc*) service, servicing; (*Dep*) keep-fit; **clase de ~** keep-fit class.

mantequera NF [a] (*para batir*) churn. [b] (*para servir*) butter dish.

mantequería NF (*LAm: lechería*) dairy, creamery; (: *ultramarinos*) grocer's (shop).

mantequilla NF butter.

mantilla NF [a] mantilla. [b] **~s** baby clothes; **estar en ~s** (*persona*) to be terribly innocent; (*proyecto*) to be in its infancy.

mantillo NM humus, mould, mold (*US*).

mantis NF INV: **~ religiosa** praying mantis.

manto NM [a] (*capa*) cloak; (*Rel, Jur etc*) robe, gown. [b] (*Zool*) mantle. [c] (*Arquit: tb ~ de chimenea*) mantel. [d] (*Min*) layer, stratum. [e] (*fig*) cloak, mantle.

mantón NM shawl.

manual [1] ADJ manual, hand *atr*; **habilidad ~** manual skill; **tener habilidad ~** to be clever with one's hands; **trabajo ~** manual labour o (*US*) labor. [2] NM manual, guide(book); **~ de estilo** stylebook.

manualidades NFPL manual labour o (*US*) labor *sg*; (*Escol*) handicraft.

manubrio NM [a] handle, crank; (*torno*) winch. [b] (*Mús*) barrel organ. [c] (*LAm*) handlebar(s). [d] (*Par Aut*) steering wheel.

manufactura NF [a] (*fabricación, producto*) manufacture.

b (*fábrica*) factory.

manufacturar<1a> VT to manufacture.

manufacturero/a **1** ADJ manufacturing. **2** NM/F (*esp LAm*) manufacturer.

manuscrito **1** ADJ handwritten. **2** NM manuscript; **~s del Mar Muerto** Dead Sea scrolls.

manutención NF (*gen, Mec*) maintenance; (*sustento*) support; (*pensión*) keep, board.

manzana NF **a** apple; **~ de la discordia** (*fig*) bone of contention. **b** **~ de Adán** (*Anat esp LAm*) Adam's apple. **c** (*Arquit*) block (of houses). **d** (*CAm*) *land measure* (= 1.75 *acres*).

manzanal NM **a** (*huerto*) apple orchard. **b** (*manzano*) apple tree.

manzanar NM apple orchard.

manzanilla NF **a** camomile; (*infusión*) camomile tea. **b** (*jerez*) manzanilla sherry.

manzano NM apple tree.

maña NF **a** (*habilidad*) skill, dexterity; (*ingeniosidad*) ingenuity; (*pey*) craft, guile; **con ~** craftily, slyly; **darse ~ para hacer algo** to contrive to do sth. **b** **una ~** trick, knack; **(malas) ~s** bad habits, vices; (*de niño etc*) naughty ways; **tiene ~ para hacerlo** he's got the knack of doing it.

mañana **1** ADV **a** tomorrow; **~ por la ~/noche** tomorrow morning/night; **¡hasta ~!** see you tomorrow!; **pasado ~** the day after tomorrow; **~ temprano** early tomorrow; **~ será otro día** tomorrow's another day. **b** (*en otro momento*) later, some other time. **2** NM future; **el día de ~** (at) some time in the future. **3** NF morning; **la ~ siguiente** (on) the following morning; **a las 7 de la ~** at 7 o'clock, at 7 a.m; **de** o **por la ~** in the morning; **muy de ~** very early in the morning; **en la ~ de hoy** this morning; **de la noche a la ~** overnight.

mañanero/a **1** ADJ (*madrugador*) early-rising; (*matutino*) morning *atr*. **2** NM/F early riser.

mañanita NF **a** early morning; **de ~** very early in the morning, at the crack of dawn. **b** (*chal*) bed jacket. **c** **~s** (*Méx: canción*) serenade.

maño/a ADJ, NM/F Aragonese.

mañosear<1a> VI (*And, CSur: niño*) to be difficult (*esp about food*).

mañoso ADJ **a** (*hábil*) clever, ingenious; (*pey: astuto*) crafty, cunning. **b** (*LAm: violento: animal*) vicious.

maoísmo NM Maoism.

maoísta ADJ, NMF Maoist.

MAPA NM ABR de **Ministerio de Agricultura, Pesca y Alimentación** ≈ MAFF.

mapa NM map; **~ meteorológico/en relieve/mural** weather/relief/wall map; **desaparecer del ~** to vanish off the face of the earth.

mapache NM rac(c)oon.

mapamundi NM globe, world map.

mapuche (*a veces en fem* **mapucha**) (*esp Chi*) **1** ADJ Mapuche, Araucanian. **2** NMF Mapuche o Araucanian (Indian). **3** NM (*Ling*) Mapuche.

maque NM lacquer.

maquear<1a> **1** VT to lacquer. **2** **maquearse** VR (*fam*) to get ready (to go out), get dressed up.

maqueta NF **a** (*scale*) model, mock-up. **b** (*libro*) dummy. **c** (*Mús*) demo (tape).

maquetación NF (*Prensa*) layout, design.

maquetar<1a> VT to lay out, design.

maquiavélico ADJ Machiavellian.

maquiladora NF (*Méx Com*) bonded assembly plant.

maquillador(a) NM/F (*Teat etc*) make-up man/girl.

maquillaje NM (*pintura*) make-up; (*acto*) making-up; **~ base** o **de fondo** foundation make-up.

maquillar<1a> **1** VT **a** to make up. **b** (*fam: cifras, cuentas*) to massage (*fam*). **2** **maquillarse** VR to make up.

máquina NF machine; (*Ferro*) engine, locomotive; (*motor*) engine; (*Fot*) camera; (*fam: bicicleta*) bike (*fam*); (*CAm, Cu*) car; **~ de afeitar** (safety) razor; **~ de afeitar eléctrica** electric shaver; **~ (de bolas)** (*fam*) pinball (machine); **~**

de coser sewing machine; **~ de discos** jukebox; **~ de escribir** typewriter; **~ expendedora** vending machine; **~ fotográfica** camera; **~ herramienta** machine tool; **~ de tabaco** (*fam*) cigarette machine; **~ de tejer** o **de hacer punto** o **de tricotar** knitting machine; **~ tragaperras** fruit machine, one-armed bandit; (*Com*) slot machine; **~ recreativa** game machine; **~ registradora** (*LAm*) cash register; **~ de vapor** steam engine; **a toda ~** at full speed; **hecho a ~** machine-made; **acabar** o **coser a ~** to machine; **escribir a ~** to type; **escrito a ~** typed, typewritten; **entrar en ~** to go to press.

maquinación NF machination, plot.

maquinador(a) NM/F schemer, plotter.

maquinal ADJ (*fig*) mechanical, automatic.

maquinalmente ADV (*fig*) mechanically, automatically.

maquinar<1a> VT, VI to plot, machinate.

maquinaria NF **a** machinery; (*equipo*) plant. **b** (*de reloj etc*) mechanism, works. **c** (*Pol*) machine.

maquinilla NF (*para el pelo*) clippers; **~ de afeitar** (safety) razor; **~ eléctrica** electric razor, shaver; **~ para liar cigarrillos** cigarette(-rolling) machine.

maquinista NMF (*Ferro*) engine driver, engineer (*US*); (*Náut etc*) engineer; (*Téc*) operator, machinist.

maquis NM INV resistance movement.

mar NM o NF **a** (*gen*) sea; (*océano*) ocean; (*marea*) tide; **~ de fondo** groundswell; (*fig*) undertone of protest; **~ gruesa** heavy sea; **~ llena** high tide; **~ Mediterráneo/ Rojo** Mediterranean/Red Sea; **~ adentro/afuera** out at/ out to sea; **de alta ~** (*buque*) seagoing, oceangoing; (*pesca*) deep-water *atr*; **en alta ~** on the high seas; **por ~** by sea o boat; **es hablar de la ~** it's just a dream; **hacerse a la ~** to put to sea. **b** **un ~ de confusiones** a sea of confusion, a welter of confusion; **hay un ~ de diferencia** there's a world of difference; **estar hecho un ~ de lágrimas, llorar a ~es** to weep buckets; **a ~es** in abundance; **llover a ~es** to rain cats and dogs. **c** (*fam*) **la ~ de cosas** lots o no end of things; **es la ~ de guapa** she's awfully pretty (*fam*); **la ~ de bien** very well; **estar la ~ de contento** to be very happy.

mar. ABR *de* **marzo** Mar.

mara NF (*fam*) crowd, gang (*fam*).

marabunta NF **a** (*de hormigas*) plague of ants. **b** (*multitud*) crowd.

maraca NF (*Mús*) maraca, rattle.

maraña NF **a** (*maleza*) thicket, tangle of plants. **b** (*enredo, tb fig*) mess, tangle. **c** (*fam: truco*) trick, ruse.

maraquear<1a> VT (*LAm*) to shake, rattle.

marasmo NM **a** (*Med*) wasting, atrophy. **b** (*fig*) paralysis, stagnation.

maratón NM (*a veces nf*) marathon.

maratoniano/a **1** ADJ marathon *atr*. **2** NM/F marathon runner.

maravedí NM (*pl* **~s** o **maravedises**) *old Spanish coin*.

maravilla NF **a** (*objeto*) marvel, wonder; (*sentimiento*) wonderment; **las siete ~s del mundo** the seven wonders of the world; **contar** o **decir ~s de algn** to praise sb to the heavens; **hacer ~s** to work wonders; **a (las mil) ~(s)** wonderfully well, marvellously; **lo hace de ~** he does it perfectly o splendidly; **¡qué ~!** that's brilliant! **b** (*Bot*) marigold. **c** (*Chi Bot*) sunflower.

maravillar<1a> **1** VT to astonish, amaze. **2** **maravillarse** VR to be astonished o amazed; **~ con** o **de** to wonder at, marvel at.

maravillosamente ADV wonderfully, marvellously.

maravilloso ADJ wonderful, marvellous, marvelous (*US*).

marbellí **1** ADJ o *de* from Marbella. **2** NMF native o inhabitant of Marbella.

marbete NM **a** (*etiqueta*) label, tag. **b** (*Cos*) edge, border.

marca NF **a** mark; (*sello*) stamp; (*de pie*) footprint, footmark; (*de ganado*) brand; (: *acto*) branding. **b** (*Com: de tabaco, jabón*) brand; (: *de máquinas, coches etc*) make; **ropa de ~** designer clothes; **~ de fábrica** trademark; **~ de nacimiento** birthmark; **~ propia** own brand; **~ registrada** registered trademark; **de ~ mayor** (*susto,* borrachera) incredible; (*imbécil*) utter. **c** (*Náut*) seamark; (: *boya*) marker, buoy; (: *lugar conocido*) landmark. **d** (*Dep*) record; **batir** o **mejorar la ~** to break the record. **e** (*Naipes*) bid.

marcación NF (*Náut*) bearing.

marcadamente ADV markedly.

marcado **1** ADJ marked, pronounced; (*evidente*) distinct; **con ~ acento argentino** with a marked Argentinian accent. **2** NM (*de pelo*) set.

marcador NM **a** marker; (*de libro*) bookmark. **b** (*Dep*) scoreboard; (: *persona*) scorer; **abrir el ~** to open the scoring.

marcaje NM (*Dep*) marking; (*entrada*) tackle, tackling.

marcapasos NM INV pacemaker.

marcar <1g> **1** VT **a** to mark (*de* with); (*ganado etc*) to brand, stamp; (*tierra etc*) to mark off o out; (*ropa*) to put one's name on; (*Inform: bloque, texto*) to flag; **~ un hito en la historia** to be a historical landmark.

b (*indicar*) to mark, indicate; (*cuadrante, termómetro etc*) to show, register, record, read, say; **mi reloj marca las 2** it's 2 o'clock by my watch; **mi reloj marca la hora exacta** my watch keeps exact time.

c (*números, tanteo*) to keep the tally o score of.

d (*Mús: paso*) to mark; **~ el compás** to keep o beat time.

e (*Telec*) to dial.

f (*Naipes*) to bid.

g (*Dep: tb fig: tanto*) to score; (: *jugador, contrario*) to mark.

h (*tarea*) to assign; (*política*) to lay down.

i (*Com*) to put a price on.

j (*pelo*) to set.

2 VI **a** (*Dep*) to score.

b (*Telec*) to dial.

3 marcarse VR **a** (*fam*) **~ un farol** to shoot a line (*fam*); **~ un rollo** to ramble on and on; **~ un tanto** (*fig*) to score a Brownie point (*fam*).

b **~ el pelo** to have one's hair set o styled.

marcha NF **a** (*Mil*) march; (*Pol etc*) (protest) march; **~ forzada** forced march; **a ~s forzadas** (*fig*) with all speed; **abrir la ~** to be at the head of the procession; **cerrar la ~** to bring up the rear; **¡en ~!** (*Mil*) forward march!; (*fig*) let's go!; (: *a otro*) get going!, get moving!; (: *adelante*) here goes!

b (*Dep*) walk; (*excursión*) walk, hike; **~ atlética** o **de competición** walk, walking race.

c (*partida*) departure; **tras su ~** after he left.

d (*velocidad*) speed; '**~ moderada**' (*Aut*) 'drive slowly'; **moderar la ~** to slow down; **a toda ~** (*lit*) at full speed; (*fig*) at full blast, full-blast.

e (*Mús*) march; **~ fúnebre** funeral march; **~ nupcial** wedding march; **M~ Real** national anthem.

f (*Aut, Mec*) gear; **primera ~** first o bottom gear; **~ directa/atrás** top/reverse gear; **dar ~ atrás, poner en ~ atrás** to reverse, put into reverse.

g (*Mec: funcionamiento*) working, operation; **estar en ~** to be working; (*fig: proyecto*) to be underway; **un país en ~** a country on the move o going places; **poner en ~** to start; (*fig*) to set in motion, get going.

h (*fig: progreso*) progress; (: *avance*) march; (: *curso, sentido*) trend, course; (*de huracán*) path; **la ~ de los acontecimientos** the course of events; **sobre la ~** en route, on the way; **hacer algo sobre la ~** to do sth as you go along.

i (*fam: animación*) buzz (*fam*); **la ~** the action, the scene; **ir de ~** to go out to enjoy o.s.; **tener ~** (*persona*) to be full of beans (*fam*); (*ciudad*) to be buzzing (*fam*); (*música*) to be lively; **hoy no tengo ~** I've got no get-up-and-go today.

j (*Méx Aut*) self-starter.

marchamo NM label, tag; (*de aduana*) customs mark; (*fig*) stamp.

marchantaje NM (*LAm*) clients *pl*, clientele.

marchante/a NM/F **a** (*comerciante*) dealer, merchant. **b** (*LAm fam: cliente*) client, customer.

marchar <1a> **1** VI **a** (*ir*) to go; (*moverse*) to move, travel;

(*LAm: andar*) to walk; (*Mil*) to march.

b **¡marchando!** get moving!, on your way!; '**una tortilla**' - '**¡marchando!**' 'an omelette o (*US*) omelet' - 'right away!'

c (*Mec*) to go, work; **el motor marcha mal** the engine is running badly; **~ en vacío** to tick over; **el reloj no marcha** the watch isn't working.

d (*fig*) to go, proceed; **todo marcha bien** everything is going well; **el proyecto marcha** the plan is working (out); **el negocio no marcha** the business is getting nowhere, the deal is making no progress; **¿cómo marcha eso** o **marchan las cosas?** (*esp LAm*) how's it going?, how are things?

2 marcharse VR to go (away), leave; **~ a otro sitio** to go somewhere else, leave for another place; **~ de la capital** to leave the capital; **¿os marcháis?** are you leaving?, must you go?; **con permiso, me marcho** if you don't mind I must go.

marchitar <1a> **1** VT to wither, dry up. **2 marchitarse** VR **a** (*Bot*) to wither, fade. **b** (*fig: languidecer*) to languish, fade away.

marchito ADJ withered, faded.

marchoso/a (*fam*) **1** ADJ **a** (*animado*) buzzing, turned-on (*fam*). **b** (*amigo de placeres*) fun-loving. **2** NM/F go-getter.

marcial ADJ (*ley*) martial; (*porte, disciplina*) military.

marcianitos NMPL (*juego*) Space Invaders ®.

marciano/a ADJ, NM/F Martian.

marco NM **a** frame; **~ de chimenea** mantelpiece; **poner ~ a un cuadro** to frame a picture. **b** (*Dep*) goal posts. **c** (*fig*) setting; (*contexto*) framework; **un ~ incomparable** a perfect setting. **d** (*Fin*) mark. **e** **acuerdo ~** general framework of agreement.

marea NF **a** tide; **~ alta/baja/creciente/menguante/muerta/viva** high/low/rising/ebb/neap/spring tide; **~ negra** oil spill, large oil slick. **b** (*fig*) tide; **la ~ de la rebelión** the tide of revolt. **c** (*brisa*) light sea breeze.

mareado ADJ **a** (*con náuseas*) sick; (*Náut*) seasick; (*aturdido*) dizzy. **b** (*fam: achispado*) tipsy.

mareaje NM **a** (*marinería*) navigation, seamanship. **b** (*rumbo*) ship's course.

marear <1a> **1** VT **a** (*Náut*) to sail, navigate. **b** (*Med*) **~ a algn** to make sb (feel) sick; (*aturdir*) to make sb (feel) dizzy. **c** (*fig: irritar*) to annoy; (: *cargar*) to burden. **2 marearse** VR **a** (*Med*) to feel sick; (: *en barco*) to be o get o feel seasick; (*aturdirse*) to feel dizzy; (*desvanecerse*) to feel faint.

b **no te marees con esto** don't bother your head about this.

c (*fam*) to get a bit drunk.

marejada NF **a** (*Náut*) swell, heavy sea. **b** (*fig: de descontento*) undercurrent.

maremagno, maremágnum NM (*fig*) ocean, abundance; (: *confusión*) noisy confusion.

maremoto NM tidal wave.

marengo ADJ INV: **gris ~** dark grey o (*US*) gray.

mareo NM **a** (*Med*) sick feeling; (: *en viaje*) travel sickness; (: *en mar*) seasickness; (: *aturdimiento*) dizziness, giddiness. **b** (*fig*) irritation; (: *confusión*) confusion; (: *nervios*) nervy state. **c** (*lata*) nuisance, bore.

marfil NM ivory.

marfileño ADJ ivory, like ivory.

marga NF marl, loam.

margarina NF margarine.

margarita NF **a** (*Bot*) daisy; **criar ~s** (*fam*) to be pushing up the daisies (*fam*); **deshojar la ~** (*juego*) to play 'she loves me, she loves me not'; (*fig: dudar*) to waver. **b** (*perla*) pearl; **echar ~s a los cerdos** to cast pearls before swine. **c** (*Zool*) winkle. **d** (*Tip*) daisy-wheel.

margen **1** NM **a** (*borde*) border, edge; (*de papel, Tip*) margin; **al ~** in the margin.

b (*fig*) margin; (*libertad de acción*) leeway; **~ de beneficio** o **de ganancia** profit margin; **~ de confianza** credibility gap; **~ de error** margin of error; **hay un ~ de aproximación de 8 días** we allow a week each way.

c (fig) **al ~ de lo que digas** despite what you say; **dejar a algn al ~** to leave sb out (in the cold); **mantener a algn al ~** to keep sb out (of things); **mantenerse al ~** to keep out, stand aside; **vivir al ~ de la sociedad** to live on the edge of society.

d (fig: ocasión) occasion, opportunity; **dar ~ para** to give an opportunity for, give scope for.

2 NF (de río etc) bank.

marginación NF **a** (acto) exclusion, rejection. **b** (estado) isolation.

marginado ADJ: **estar** o **quedar ~** to be excluded, be left out; **sentirse ~** to feel rejected.

marginado/a NM/F outcast.

marginal ADJ marginal; (grupo, organización) fringe atr.

marginalizar ‹1f› VT to marginalize; (minoría, pueblo) to exclude.

marginar ‹1a› **1** VT **a** (apartar) to exclude, edge out. **b** (texto) to write notes in the margin of. **2** **marginarse** VR to exclude oneself, isolate oneself.

maría[1] NF (Esp fam: droga) pot (fam), hash (fam).

maría[2] NF (hum, pey) housewife.

maría[3] NF (fam: Escol) unimportant subject.

maría[4] NF (Méx fam) female Indian immigrant from the country to Mexico city.

mariachi **1** ADJ (Méx) mariachi. **2** NM mariachi band.

marica **1** NF (urraca) magpie. **2** NM **a** (fam) sissy. **b** (fam) = **maricón**.

Maricastaña NF: **en los días** o **en tiempos de ~** way back, in the good old days.

maricón NM (fam) queer (fam), poof (fam).

mariconada NF (fam) dirty trick.

mariconear ‹1a› VI (fam) to act like a poof (fam), poof around (fam).

mariconeo NM (fam) homosexual activities.

mariconera NF (fam) (man's) handbag.

maridaje NM (asociación) marriage, close association; (Pol etc) unholy alliance.

marido NM husband.

marihuana, mariguana, marijuana NF cannabis, Indian hemp.

marimacho NM (fam) mannish woman.

marimandón/ona **1** ADJ overbearing, bossy. **2** NM/F bossy-boots (fam).

marimba NF (Mús) kind of drum; (: LAm) marimba, kind of xylophone.

marimorena NF fuss, row; **armar la ~** to kick up a row.

marina NF **a** (Geog) coast, coastal area. **b** (marinería) seamanship; (navegación) navigation; **término de ~** nautical term. **c** (Mil) navy; (barcos: tb **~ de guerra**) navy; **~ mercante** merchant navy, merchant marine (US). **d** (Arte) seascape.

marinera NF (Per) Peruvian folk dance.

marinería NF **a** seamanship. **b** (tripulación) ship's crew.

marinero **1** ADJ **a** = **marino 1**. **b** (gente) sea atr, seafaring; (barco) seaworthy. **2** NM (gen) sailor, mariner; (hombre de mar) seafarer, seaman; **~ de agua dulce/de cubierta/de primera** landlubber/deckhand/able seaman.

marino **1** ADJ sea atr, marine. **2** NM sailor, seaman; **~ mercante** merchant seaman.

marioneta NF marionette, puppet.

mariposa NF **a** butterfly; **~ (nocturna)** moth; **~ de la col** cabbage white butterfly; **~ cabeza de muerte, ~ de calavera** death's head moth. **b** (natación) butterfly (stroke).

mariposear ‹1a› VI **a** (revolotear) to flutter about, flit to and fro. **b** (ser inconstante) to be fickle, act capriciously; (coquetear) to flirt; **~ alrededor de algn** to dance attendance on sb.

mariposón NM (fam) **a** (que galantea) flirt, Romeo (fam). **b** (gay) queer (fam), poof (fam).

mariquita **1** NF **a** (insecto) ladybird, ladybug (US). **b** (Orn) parakeet. **2** NM = **marica 2**.

marisabidilla NF know-all.

mariscada NF seafood dish.

mariscal NM (Mil) major-general; **~ de campo** field mar-

shal.

mariscar ‹1g› VI to gather shellfish.

marisco NM shellfish, seafood.

marisma NF (pantano) marsh, swamp; (tierras de arena) mud flats.

marisquería NF shellfish bar, seafood restaurant.

marital ADJ marital.

marítimo ADJ (de barcos, costeño) maritime; (del mar) marine, sea atr; (de navegación) shipping atr; **ciudad ~a** coastal town; **ruta ~a** ocean route, seaway; **seguro ~** marine insurance.

marjal NM marsh, fen, bog.

márketing ['marketin] NM marketing.

marmita NF **a** (Culin) pot; (Mil) mess tin. **b** (Geol) **~ de gigante** pothole.

mármol NM marble; (de cocina) worktop; (Culin) chopping-block.

marmóreo ADJ marble atr, marmoreal.

marmota NF **a** (Zool) marmot; **~ de América** woodchuck; **dormir como una ~** to sleep like a log. **b** (fig) sleepyhead.

maroma NF **a** (cuerda) rope. **b** (LAm: cuerda floja) tightrope; (: acrobacia) **~s** acrobatics, acrobatic stunts; **hacer ~s** = **maromear**.

maromear ‹1a› VI (LAm) **a** (en cuerda floja) to walk (on) a tightrope. **b** (Pol, fig) to do a balancing act.

maromero NM (LAm) **a** (acróbata) tightrope walker, acrobat. **b** (fig: político etc) opportunist (politician).

maromo NM (Esp fam) bloke (fam).

marqués NM marquis.

marquesa NF marchioness.

marquesina NF (cobertizo) glass canopy, porch; (techo) glass roof, cantilever roof; (de tienda de campaña) flysheet; (de parada) bus-shelter.

marquetería NF marquetry, inlaid work.

marrajo **1** ADJ (toro) vicious, dangerous; (persona) sly. **2** NM (tiburón) shark.

marrana NF **a** (Zool) sow. **b** (fam) slut.

marranada, marranería NF **a** (inmundicia) filthiness. **b** (acto) filthy act; (mala jugada) dirty trick.

marrano **1** ADJ filthy, dirty. **2** NM **a** (Zool) pig, hog. **b** (fam: malo) swine; (: sucio) dirty pig.

Marraquech, Marraqués NM Marrakesh.

marrar ‹1a› **1** VT: **~ el tiro** to miss; **~ el golpe** to miss (with a blow). **2** VI **a** to miss; (fig) to miss the mark. **b** (fig) to fail, miscarry.

marras ADV: **de ~** (the same) old; **es el problema de ~** it's the same old problem; **el individuo de ~ ...** the man in question ....

marrazo NM (Méx) bayonet.

marrón **1** ADJ (color) brown. **2** NM **a** brown. **b** (Culin) **~ glacé** marron glacé. **c** (fam: acusación) charge; (condena) sentence; **comerse un ~** to cough up (fam), own up; **le pillaron de** o **en un ~** they caught him red handed.

marroquí **1** ADJ, NMF Moroccan. **2** NM (Téc) morocco (leather).

marroquinería NF **a** (arte) fine leather work. **b** (artículos) fine leather goods.

Marruecos NM Morocco.

marrullería NF **a** (cualidad) smoothness, glibness. **b** (una) a plausible excuse; **~s** smooth approach, cajolery, wheedling.

marrullero/a **1** ADJ (lenguaraz) smooth, glib; (que engatusa) cajoling, wheedling. **2** NM/F smooth type, smoothie (fam).

Marsella NF Marseilles.

Marsellesa NF Marseillaise.

marsopa NF porpoise.

marsupial ADJ, NM marsupial.

mart. ABR de martes Tue(s).

marta NF (animal) (pine) marten; (piel) sable; **~ cebellina** sable.

martajar ‹1a› VT (CAm, Méx: maíz) to pound, grind.

Marte NM Mars.

martes NM INV Tuesday; **~ de carnaval** o **de carnestolendas** Shrove Tuesday; **~ y trece** ≈ Friday 13th; V tb **sábado**.

┌─── MARTES Y TRECE ───┐

i According to Spanish superstition Tuesday is an unlucky day, even more so if it falls on the 13th of the month. As the proverb goes, 'En martes, ni te cases ni te embarques'.

martiano/a (Cu Pol) [1] ADJ supporting the ideas of José Martí. [2] NM/F supporter of José Martí.
martillar<1a> VT = **martillear**.
martillazo NM (heavy) blow with a hammer; **a ~s** by hammering.
martillear <1a> [1] VT to hammer; (machacar) to pound. [2] VI (motor) to knock.
martilleo NM hammering; (machaqueo) pounding.
martillero NM (And, CSur) auctioneer.
martillo NM [a] (tb Dep) hammer; (de presidente de asamblea etc) gavel; **~ mecánico** power hammer; **~ neumático** pneumatic drill, jackhammer (US); **~ de orejas** o **sacaclavos** claw hammer. [b] (Com) auction room. [c] (Arquit) projecting part. [d] (fig: persona) hammer, scourge.
martín NM: **~ pescador** kingfisher.
martinete NM (mazo) drop hammer, pile driver; (Mús) hammer.
martingala NF (artimaña) trick, ruse.
Martinica NF Martinique.
mártir NMF martyr.
martirio NM [a] (Rel) martyrdom. [b] (fig) torment.
martirizador a (fig) agonizing, excruciating.
martirizar <1f> VT [a] (Rel) to martyr. [b] (fig) to torture, torment.
maruja NF (fam) housewife.
marxismo NM Marxism.
marxista ADJ, NMF Marxist.
marzo NM March; V tb **se(p)tiembre**.
mas CONJ but.
más [1] ADV [a] (comp) more; **A es ~ difícil que B** A is more difficult o harder than B; **tiene ~ dinero que yo** he has more money than me o I (do); **~ de más than**; **~ de 10** more than ten; **~ de lo que queremos** more than we want; **con ~ dinero de lo que creíamos** with more money than we thought; **se trata de voluntad ~ que de fuerza** it's more a question of willpower than of strength, it's a matter of willpower rather than of strength; **correr ~** to run faster; **durar ~** to last longer; **me gusta ~** I like it better; **trabajar ~** to work harder; **son ~ de las diez** it's past ten o'clock; **cada vez ~ difícil** more and more difficult, harder and harder; **~ y ~** more and more.
[b] (superl) (the) most; **él es el ~ inteligente** he is the most intelligent (one); **es él que sabe ~** he's the one who knows most; **un libro de lo ~ divertido** a most o highly amusing book; **un hombre de lo ~ honrado** a completely honest man.
[c] (preguntas) **¿algo ~?** anything else?; **¿qué ~?** what else?; **¿quién ~?** anybody else?
[d] (adición) **un kilómetro ~** one more kilometre o (US) kilometer; (al sumar) and, plus; **2 ~ 3 (son) 5** 2 and o plus 3 are 5; **seremos nosotros ~ los niños** it will be us plus the kids.
[e] (en frases negativas) **no veo ~ solución que ...** I see no other solution than o but to ...; **hace no ~ de tres semanas** only three weeks ago, no more than three weeks ago; **no vengas ~ por aquí** don't come round here any more.
[f] (+ nada, nadie) **nada ~** nothing else; **¡nada ~!** that's all!, that's the lot!; **nadie ~** no one else; **nadie ~ que tú** only you, nobody but you.
[g] (LAm) **no ~** only, just; **ayer no ~** just yesterday; **dos días no ~** only two days; **¡pase no ~!** (entre) please o do go in; (venga) please o do come in; **siga no ~** just carry on.
[h] **~ bien** rather; **lo hizo, o ~ bien lo intentó** he did it,

or rather he tried.
[i] (valor intensivo) **¡qué perro ~ feo!** what an ugly dog!; **¡qué cena ~ rica!** what a splendid supper!; **¡es ~ bueno!** (fam) he's (ever) so kind!
[j] (de ~) **llevaba tres de ~** he was carrying three too many; **trae una manta de ~** bring an extra blanket; **estar de ~** to be unnecessary, be superfluous; **aquí yo estoy de ~** I'm not needed here, I'm in the way here; **unas copas no estarían de ~** a few drinks wouldn't do any harm.
[k] (locuciones con prep y otras) **~ de la cuenta** too much; **~ o menos** more or less; **2 ~ 2 menos** give or take two; **~ aún** even more; **es ~** furthermore; **a las 8 a ~ tardar** at 8 o'clock at the latest; **la cosa no fue a ~** things did not get out of hand; **a ~ no poder** to the utmost o limit; **está nevando a ~ y mejor** it really is snowing; **trabaja tanto como el que ~** he works as hard as anyone; **ocurrió nada ~ iniciado el partido** it happened when the game had scarcely begun; **nada ~ llegar te llamo** I'll call you as soon as I arrive; **son 10 pesos nada ~** it's only 10 pesos; **ni ~ ni menos** neither more nor less, just; **por ~ que se esfuerce** however much o hard he tries, no matter how (hard) he tries; **por ~ que quisiera ayudar** much as I should like to help; **por ~ veces que se lo he dicho** no matter how many times I've told him; **¡que ~ da!** what does it matter?, it's all the same; **quien ~, quien menos** everybody, each and every one; **sin ~ (ni ~)** without more ado.
[l] (lo + ~) **lo ~ posible** as much as possible; **lo ~ temprano** the earliest; **a lo ~** at (the) most; **todo lo ~** at (the) most; **lo ~ que puede** as much as he can; V **allá**; **bien 1** (e); **cuento¹** (a); **nunca**; **vale 2** (b).
[2] ADJ (fam) **esta es ~ casa que la otra** this is a better house than the last one; **es ~ hombre** he's more of a man.
[3] NM [a] (Mat) plus, plus sign.
[b] **tiene sus ~ y sus menos** it has its good and bad points.
[c] **los ~** most people; **las ~ de las veces** most of the time, the majority of the time.
masa¹ NF [a] (Culin) dough. [b] (CSur) small bun, teacake.
masa² NF [a] (Fís etc) mass; (fig) mass, bulk; (volumen) volume, quantity; **las ~s** the masses; **en ~** (gente) en masse; **reunir(se) en ~** to mass. [b] (Elec) earth, ground (US).
masacrar<1a> VT to massacre.
masacre NF massacre.
masaje NM massage; **dar ~ a** to massage.
masajear<1a> VT to massage.
masajista NMF masseur/masseuse.
masato NM (And, CAm) drink made from fermented maize, bananas, yucca etc.
mascada NF [a] (LAm: tabaco) plug of chewing tobacco. [b] (CAm: ahorrar) nest egg; (: fam: reprimenda) rebuke. [c] (Méx: pañuelo) silk handkerchief o scarf.
mascadura NF chewing.
mascar<1g> [1] VT [a] to chew. [b] (fam: palabras) to mumble, mutter; **~ un asunto, dar mascado un asunto** (fam) to explain sth in very simple terms. [2] VI to chew; (esp LAm) to chew tobacco.
máscara [1] NF [a] (gen, tb Inform) mask; **~ antigás** gas mask; **~ de oxígeno** oxygen mask; (Aer etc) breathing apparatus.
[b] **~s** masque sg, masquerade sg.
[c] (fig) mask; (: disfraz) disguise; **quitar la ~ a algn** to unmask sb; **quitarse la ~** to reveal o.s. [2] NMF masked person.
mascarada NF [a] masque, masquerade. [b] (fig) masquerade; (: farsa) farce, charade.
mascarilla NF mask; (tb Med: vaciado) plaster cast (of the face); (maquillaje) face pack; **~ de arcilla** mudpack; **~ mortuoria** death mask; **~ de oxígeno** oxygen mask.
mascarón NM large mask; **~ de proa** figurehead.
mascota NF mascot.
masculinidad NF masculinity, manliness.
masculino [1] ADJ masculine; (macho) manly; (Bio) male;

ropa ~a men's clothing. [2] NM (*Ling*) masculine.
mascullar<1a> VT to mumble, mutter.
masectomía NF mastectomy.
masía NF (*Aragón, Catalonia*) farm.
masificación NF overcrowding.
masificado ADJ overcrowded.
masificarse<1g> VR to get overcrowded.
masilla NF (*para ventanas*) putty; (*para agujeros*) filler.
masivo ADJ (*grande, fuerte*) massive; (*en masa: evacuación etc*) en masse, general; (*ejecución*) mass *atr*; **reunión ~a** mass meeting.
masoca (*fam*) [1] ADJ masochistic. [2] NMF masochist.
masón NM (free)mason.
masonería NF (free)masonry.
masónico ADJ masonic.
masoquismo NM masochism.
masoquista [1] ADJ masochistic. [2] NMF masochist.
mastate NM (*CAm, Méx: Hist*) loincloth.
mastectomía NF mastectomy.
master [1] ADJ (*copia*) master. [2] NM (*pl ~s*) [a] (*Univ*) master's degree (*en in*). [b] (*Cine, Mús*) master copy. [c] (*Dep*) masters' competition.
masticación NF mastication.
masticar<1g> VT to masticate, chew.
mástil NM [a] pole, post; (*para bandera*) flagpole; (*Náut*) mast. [b] (*de guitarra*) neck.
mastín NM mastiff; **~ danés** Great Dane.
mastitis NF mastitis.
mastodonte NM mastodon; (*fam*) elephantine person *u* object *etc*.
mastodóntico ADJ (*fig*) colossal, huge.
mastoides ADJ, NF INV mastoid.
mastuerzo NM [a] cress. [b] (*fam*) dolt.
masturbación NF masturbation.
masturbar<1a> VT, **masturbarse** VR to masturbate.
Mat. ABR *de* **Matemáticas**.
mata NF [a] (*arbusto*) bush, shrub; (*esp LAm: cualquier vegetal*) plant; (: *en cubo etc*) potted plant; **a salto de ~** (*día a día*) from day to day; (*al azar*) haphazardly. [b] (*ramita*) sprig; (*manojo*) tuft, blade; (*raíz*) clump, root; (*ramo*) bunch. [c] **~s** scrub *sg*. [d] (*Agr: terreno*) field. [e] (*de bananos*) clump, grove; (*LAm: bosque*) forest, jungle; **~ de bananos** clump of banana trees, banana plantation. [f] **~ de pelo** head *o* mop of hair.
matacaballo ADV: **a ~** at breakneck speed.
matadero NM [a] slaughterhouse, abattoir. [b] (*Méx, CSur: fam: prostíbulo*) brothel.
matador(a) [1] ADJ [a] (*persona*) to kill; (*fam: horrible*) **el vestido te está ~** that dress looks terrible on you. [2] NM/F killer. [3] NM (*Taur*) matador, bullfighter.
mátalas callando NM INV (*fam*) wolf in sheep's clothing.
matambre NM (*CSur Culin*) stuffed rolled beef.
matamoscas NM INV (*palo*) fly swat; (*papel*) flypaper; (*aerosol*) fly spray.
matanza NF slaughter, killing; (*Agr*) slaughtering; (*esp*) pig-killing; (*temporada*) slaughtering season; (*fig*) slaughter.
matapolillas NM INV mothball.
matar <1a> [1] VT [a] (*persona*) to kill, murder; (*animal*) to slaughter; **~ a algn a disgustos** to make sb's life a misery; **así me maten** for the life of me; **que me maten si ...** I'll be damned if ...; **~las callando** to go about things slyly.
[b] (*fig: tiempo, pelota*) to kill; (: *hambre*) to stay; (: *polvo*) to lay; (: *sello*) to postmark, cancel; (: *borde etc*) to file down; (: *color*) to tone down.
[2] VI [a] to kill; **estar** *o* **llevarse a ~ con algn** to be at daggers drawn with sb.
[b] (*Ajedrez*) to mate.
[3] **matarse** VR [a] (*suicidarse*) to kill o.s., commit suicide; (*morir*) to be *o* get killed.
[b] (*fig: gastarse*) to wear o.s. out, kill o.s.; **~ trabajando** to kill o.s. with work, overwork; **~ por hacer algo** to struggle *o* strain to do sth.
matarife NM slaughterman.

matarratas NM rat poison; (*fig: alcohol*) hooch, bad liquor.
matasanos NM INV (*fam*) quack (doctor).
matasellos NM INV (*marca*) postmark; (*instrumento*) franking machine; (: *tb* **~ de puño**) handstamp.
matasuegras NM INV streamer.
match [maʧ] NM (*pl* **~s** [maʧ]) (*Dep*) match.
mate¹ ADJ dull, matt, unpolished; (*Fot*) matt.
mate² NM (*Ajedrez*) mate; **dar ~ a** to mate, checkmate.
mate³ NM (*LAm*) [a] (*bebida*) maté, Paraguayan tea; **~ cocido** maté infusion; **~ de coca/menta** coca leaf tea/mint tea. [b] (*vasija*) gourd, mate pot.
matear<1a> VI (*And, CSur*) to drink maté.
matemáticamente ADV mathematically; **siempre llegan ~ a la misma hora** they always arrive at exactly the the same time.
matemáticas NFPL mathematics.
matemático/a [1] ADJ mathematical; **¡es ~!** - **¡cada vez que me siento, suena el teléfono!** it's like clockwork! - every time I sit down the phone rings! [2] NM/F mathematician.
materia NF [a] (*gen, Fís*) matter; (*material*) material, stuff; **~ colorante** dyestuff; **~ gris** grey *o* (*US*) gray matter; **~ prima** raw material. [b] (*tema*) (subject) matter; (*Escol*) subject; **índice de ~s** table of contents; **en ~ de** on the subject of; (*en cuanto a*) as regards; **entrar en ~** to get down to business.
material [1] ADJ [a] material.
[b] (*físico*) physical; **la presencia ~ de algn** sb's physical *o* bodily presence; **daños ~es** physical damage.
[c] (*real*) real, true; (*literal*) literal; **la imposibilidad ~ de ...** the physical impossibility of ...; **el autor ~ del hecho** the actual perpetrator of the deed; **no tengo tiempo ~ para ir** I've literally no time to go.
[2] NM [a] material; **~ bélico** *o* **de guerra** war material; **~ de construcción** building material; **~es de derribo** rubble; **tengo ya ~ para una novela** I've got enough material now for a novel.
[b] (*equipo*) equipment, plant; **~ escolar/de limpieza** teaching/cleaning materials; **~ fotográfico** photographic equipment; **~ móvil** *o* **rodante** rolling stock; **~ de oficina** office supplies.
[c] (*Tip*) copy.
[d] (*fam: cuero*) leather.
materialidad NF (*naturaleza*) (material) nature; (*apariencia*) outward appearance; **percibe solamente la ~ del asunto** he sees only the surface of the question.
materialismo NM materialism.
materialista [1] ADJ materialist(ic). [2] NMF materialist. [3] NM (*Méx*) lorry driver, truckdriver (*US*).
materialización NF materialization.
materializar <1f> [1] VT to materialize. [2] **materializarse** VR to materialize.
materialmente ADV [a] materially; (*físicamente*) physically. [b] (*absolutamente*) absolutely; (*textualmente*) literally; **nos es ~ imposible** it is quite *o* absolutely impossible for us.
maternal ADJ motherly, maternal.
maternidad NF [a] motherhood, maternity. [b] (*tb* **casa de ~**) maternity hospital.
materno ADJ (*lengua etc*) mother *atr*; (*casa etc*) mother's; **abuelo ~** maternal grandfather; **leche ~a** mother's milk.
mates NFPL (*fam*) maths (*fam*), math (*US*).
matinal [1] ADJ morning *atr*. [2] NF matinée.
matinée NM (*Teat*) matinée.
matiz NM [a] (*de color*) shade, tint. [b] (*de sentido*) shade, nuance; (*ironía etc*) touch.
matización NF [a] (*Arte*) blending. [b] (*V vt: teñido*) tinging, tinting; (*fig*) variation; toning down; refinement, fine-tuning; clarification.
matizado ADJ: **~ de** *o* **en** tinged *o* touched with (*tb fig*).
matizar <1f> VT [a] (*color: tb fig*) to tinge, tint (*de with*); (*tono etc*) to vary, introduce some variety into; (*contraste, intensidad de colores*) to tone down; (*aclarar*) to make more precise, add precision to, fine-tune; (*sutilizar*) to go

into fine detail over, introduce subtle distinctions into; **~ un discurso de ironía** to give a speech an ironical slant. **b** (*fig: variar*) to vary; (: *suavizar*) to tone down.

matón NM bully, thug.

matorral NM (*arbusto*) thicket; (*matas*) brushwood, scrub.

matraca **1** NF **a** rattle. **b** (*fam*) nuisance, bore; (: *burla*) teasing, banter; **dar la ~ a algn** to pester o tease sb. **2** NMF (*fam: persona*) nuisance, bore.

matraquear <1a> VT **a** to rattle. **b** (*fam*) = **dar la matraca** *V* **matraca 1 (b)**.

matraz NM (*Quím*) flask.

matrero (*LAm*) **1** ADJ suspicious, distrustful. **2** NM (*bandido*) bandit, brigand.

matriarca NF matriarch.

matriarcado NM matriarchy.

matriarcal ADJ matriarchal.

matricida NMF (*persona*) matricide.

matricidio NM (*acto*) matricide.

matrícula NF **a** (*registro*) register, registration (*US*), list. **b** (*Náut*) registration; (*Escol: inscripción*) registration, matriculation; **~ de honor** first class with distinction (*and remission of registration fee*). **c** (*Aut*) registration number; (: *placa*) licence o (*US*) license plate.

matriculación NF (*V vt*) registration; enrolment, enrollment (*US*).

matricular <1a> **1** VT (*registrar*) to register; (*inscribir*) to enrol, enroll (*US*). **2** **matricularse** VR to register, enrol; **~ en el curso de ...** to sign on for the course in ....

matrimonial ADJ matrimonial; **agencia ~** marriage bureau; **enlace ~** wedding; **vida ~** married life, conjugal life.

matrimonio NM **a** (*gen*) marriage, matrimony; (*acto*) marriage; **~ civil/clandestino** civil/secret marriage; **~ de conveniencia** o **de interés** marriage of convenience; **cama de ~** double bed; **contraer ~ (con)** to marry; **hacer vida de ~** to live together. **b** (*pareja*) (married) couple; **el ~ García** the Garcías, Mr and Mrs García.

matriz **1** NF **a** (*Anat*) womb, uterus. **b** (*Téc*) mould, mold (*US*), die; (*Tip*) matrix. **c** (*de libreta de cheques etc*) stub. **d** (*Jur*) original, master copy. **2** ADJ: **casa ~** (*Com: sede*) head office; (: *compañía*) parent company.

matrona NF **a** matron. **b** (*Med*) midwife.

matute NM smuggling, contraband; **de ~** (*Com*) smuggled o contraband (goods); (*adv*) secretly, stealthily.

matutero NM smuggler.

matutino **1** ADJ morning *atr*. **2** NM morning newspaper.

maula **1** (*LAm*) ADJ (*animal*) useless, lazy; (*persona*) good-for-nothing, unreliable. **2** NF (*Cos*) remnant; (*trasto*) piece of junk; (*persona*) dead loss (*fam*); (*truco*) dirty trick. **3** NMF **a** (*vago*) idler, slacker. **b** (*tramposo*) cheat; (*Fin: que paga con atraso*) bad payer.

maullar <1a> VI to mew, miaow.

maullido NM mew, miaow.

Mauricio NM (*Geog*) Mauritius.

Mauritania NF Mauritania.

mauritano/a ADJ, NM/F Mauritanian.

mausoleo NM mausoleum.

máx. ABR *de* **máximo** max.

maxilar **1** ADJ maxillary. **2** NM jaw, jawbone.

máxima¹ NF maxim.

máxima² NF (*Met*) maximum (temperature), high, highest temperature.

maximalismo NM going all out; (*Pol*) extremism, advocacy of extreme solutions.

maximalista **1** ADJ far-out, extreme. **2** NMF person who goes all out; (*Pol*) extremist, advocate of extreme solutions.

máxime ADV (*sobre todo*) especially; (*principalmente*) principally; **y ~ cuando ...** and all the more so when ....

máximo **1** ADJ maximum; (*primero*) top; (*sumo*) highest, greatest; **el ~ dirigente** the top leader; **llegar al punto ~** to reach the highest point; **es lo ~ en la moda juvenil**

(*fam*) it's the most in young people's fashions (*fam*); **~ jefe** o **líder, jefe** o **líder ~** (*esp LAm*) President, leader. **2** NM maximum; **al ~** to the utmost; **como ~** at most, at the outside.

maxisencillo, maxisingle NM twelve-incher, maxisingle.

may. ABR *de* **mayúscula(s)** cap(s).

maya¹ NF **a** (*Bot*) daisy. **b** May Queen.

maya² ADJ, NMF Maya(n).

mayal NM flail.

mayestático ADJ majestic; **el plural ~** the royal 'we'.

mayo NM **a** (*mes*) May; *V tb* **se(p)tiembre**. **b** (*palo*) maypole.

mayonesa NF mayonnaise.

mayor **1** ADJ **a** (*principal*) main, major; (*más grande*) larger. **b** (*altar, misa, calle etc*) high; *V* **libro**. **c** (*Mús*) major. **d** (*adulto*) grown up, adult; (*Jur*) of age; (*de edad avanzada*) elderly; **ser ~ de edad** to be of age, be adult; **hacerse ~** to grow up. **e** (*jefe*) head, chief. **2** ADJ COMP **a** (*tamaño*) bigger, larger, greater (*que* than). **b** (*edad*) older (*que* than), elder; (*rango*) senior (*que* to). **3** ADJ SUPERL **a** (*tamaño*) biggest, largest, greatest (*tb fig*); **su ~ enemigo** his greatest enemy; **su ~ problema** his biggest problem. **b** (*edad*) oldest; (*rango*) most senior; **mi hijo ~** my eldest son. **4** NMF **a** (*LAm Mil*) major. **b** **~ de edad** adult, person legally of age; **~es** grown-ups, adults; (*antepasados*) ancestors, forefathers. **c** **llegar a ~es** (*situación*) to get out of hand, get out of control. **5** NM: **al por ~** (*tb fig*) wholesale.

mayoral NM (*capataz*) foreman, overseer; (*Agr*) head shepherd; (*mayordomo*) farm manager.

mayorazgo NM **a** (*institución*) primogeniture. **b** (*tierras*) entailed estate. **c** (*hijo*) eldest son.

mayorcito ADJ rather older, a bit more grown-up; **eres ~ ya** you're grown up, you're a big boy now; **ya eres un poco ~ para hacer eso** you're too old now to be doing that.

mayordomo NM steward; (*de casa*) butler.

mayoreo NM (*LAm*) wholesale (trade).

mayoría NF **a** (*gen*) majority; (*mayor parte*) greater o larger part; **la ~ de las veces** usually, on most occasions; **en la ~ de los casos** in most cases; **en su ~** on the whole; **la abrumadora** o **inmensa ~** the overwhelming o vast majority; **~ absoluta** absolute majority; **~ silenciosa** silent majority; **~ simple** simple majority; **una ~ de 20 por ciento** a 20% majority. **b** **~ de edad** majority, adult age; **cumplir** o **llegar a la ~ de edad** to come of age.

mayorista NMF wholesaler.

mayoritariamente ADV preponderantly, for the most part; (*al votar*) by a majority.

mayoritario ADJ majority *atr*; **gobierno ~** majority government.

mayormente ADV (*principalmente*) chiefly, mainly; (*especialmente*) especially.

mayúscula NF capital (letter); (*Tip*) upper case letter.

mayúsculo ADJ **a** (*letra*) capital. **b** (*fig: enorme*) big, tremendous; **un susto ~** a big scare.

maza NF **a** (*arma*) mace; (*Dep*) bat; (*Polo*) stick, mallet; (*Mús*) drumstick; (*billar etc: taco*) thick end; (*Téc*) flail; **~ de fraga** drop hammer; **~ de gimnasia** Indian club. **b** (*fam: molestia*) pest, bore.

mazacote NM **a** (*Culin*) dry doughy food; (*Arquit: hormigón*) concrete; (*CAm, Méx: dulce*) sweet mixture; **el arroz se ha hecho un ~** the rice has gone lumpy. **b** (*Arte, Lit etc*) mess, hotchpotch. **c** (*fig fam: lata*) bore; (: *monstruosidad*) eyesore.

mazamorra NF (*LAm: de maíz*) maize mush o porridge; (*pey*) mush.

mazapán NM marzipan.

mazazo NM heavy blow; **fue un ~ para él** (*fig*) it came as a real blow to him.

mazmorra NF dungeon.

mazo NM [a] (*martillo*) mallet; (*de mortero*) pestle; (*Dep*) club, bat; (*Agr*) flail; **a Dios rogando y con el ~ dando** God helps those who help themselves. [b] (*manojo*) bunch, handful; (*fardo*) bundle, packet; (*de papeles*) sheaf o bundle; (*de naipes*) stack; (*de billetes*) wad; (*Arg: naipes*) pack (of cards). [c] (*fam*) bore.

mazorca NF [a] (*Bot*) spike; (: *de maíz*) cob, ear; **~ de maíz** corncob. [b] (*Téc*) spindle.

Mb ABR *de* **megabyte** Mb.

Mbytes ABR *de* **megabytes** Mbytes.

M.C. NM ABR *de* **Mercado Común** C.M.

MCCA NM ABR *de* **Mercado Común Centroamericano** CACM.

MCD NM ABR *de* **Máximo Común Divisor** HCF.

MCE NM ABR (*Com*) *de* **Mercado Común Europeo** ECM.

MCI NM ABR *de* **Mercado Común Iberoamericano**.

MCM NM ABR *de* **Mínimo Común Múltiplo** LCD.

me PRON PERS [a] (*dir*) me. [b] (*indir*) (to) me; **¡dámelo!** give it to me!; **~ lo compró** (*de mí*) he bought it from me; (*para mí*) he bought it for me; **~ rompí el brazo** I broke my arm. [c] (*reflexivo*) (to) myself; **~ lavé** I washed (myself); **~ marcho** I am going.

meada NF [a] (*fam: orina*) piss (*fam!*). [b] (*mancha*) urine mark o stain *etc*.

meadero NM (*fam*) bog (*fam*), piss house (*fam!*).

meandro NM meander.

mear <1a> (*fam!*) [1] VT to piss on (*fam!*). [2] VI to piss (*fam!*), have o (*US*) take a piss (*fam!*). [3] **mearse** VR to wet o.s.; **~ de risa** to piss o.s. laughing (*fam!*).

MEC NM ABR (*Esp*) *de* **Ministerio de Educación y Ciencia**.

meca[1] NF: **la ~ del cine** the Mecca of motion pictures, the centre o (*US*) center of the film world.

meca[2] INTERJ (*Chi fam!*) shit (*fam!*).

Meca NF: **La ~** Mecca.

mecachis INTERJ (*Esp*) (*euf de* **¡me cago!**) oh hell! (*fam*), shoot! (*fam*).

mecánica NF [a] mechanics *sg*; **~ de precisión** precision engineering. [b] (*mecanismo*) mechanism, works. [c] (*fig: funcionamiento*) mechanics, workings.

mecánicamente ADV mechanically.

mecanicista ADJ mechanistic.

mecánico/a [1] ADJ [a] mechanical; (*con motor*) power-driven, power-operated; (*de máquinas*) machine *atr*. [b] (*gesto, trabajo*) mechanical. [2] NM/F mechanic; (*operario*) machinist; (*ajustador*) fitter, repair man/woman; (*Aer*) rigger, fitter; **~ de vuelo** flight engineer.

mecanismo NM [a] mechanism, works, machinery; (*engranaje*) gear; **~ de dirección** steering gear. [b] (*movimiento*) action, movement. [c] (*fig: procedimiento*) mechanism; **~ de defensa** defense mechanism; **el ~ electoral** the electoral procedure.

mecanización NF mechanization.

mecanizar <1f> VT to mechanize.

mecano NM ® Meccano ®.

mecanografía NF typing; **~ al tacto** touch-typing.

mecanografiado [1] ADJ typewritten, typescript. [2] NM typescript.

mecanografiar <1c> VT to type.

mecanógrafo/a NM/F typist.

mecapal NM (*CAm, Méx*) leather strap (for carrying).

mecapalero NM (*CAm, Méx*) porter.

mecate NM [a] (*CAm, Méx: cuerda burda*) rope, twine. [b] (*Méx fam: persona*) boor, oaf.

mecatear <1a> (*CAm, Méx*) VT (*atar*) to tie up; (*azotar*) to lash, whip.

mecedor [1] ADJ rocking, swinging. [2] NM swing.

mecedora NF rocking chair.

mecenas NMF INV patron.

mecenazgo NM patronage.

mecer <2b> [1] VT [a] to swing; (*cuna, niño etc*) to rock; (*rama etc*) to sway. [b] (*líquido*) to stir. [2] **mecerse** VR (*V vt*) to swing; to rock; to sway.

mecha NF [a] (*gen*) wick; (*Mil etc*) fuse; **aguantar ~** (*fig*) to grin and bear it; **a toda ~** (*fam*) at full speed; **encender la ~** to stir up trouble. [b] **~s** (*en el pelo*) highlights. [c] (*de tocino*) rasher, slice. [d] (*LAm: miedo*) fear, fright.

mechar <1a> VT (*Culin: poner manteca*) to lard; (: *rellenar*) to stuff.

mechero NM (*encendedor*) cigarette lighter; (*estufa*) burner, jet; **~ Bunsen** Bunsen burner; **~ de gas** gas burner, gas jet, gas lighter.

mechón NM (*de pelo*) tuft, lock; (*hilos*) bundle.

mechudo ADJ (*LAm: pelo*) tousled, unkempt.

meco ADJ (*CAm, Méx: fam*) coarse; (*vulgar: Hist*) wild (Indian).

medalla NF medal; (*joya*) medallion, pendant.

medallista NMF medallist.

medallón NM [a] (*medalla*) medallion. [b] (*relicario*) locket.

médano NM (*en tierra*) sand dune; (*de mar*) sandbank.

media NF [a] (*hasta el muslo*) stocking; (*LAm: de hombre*) sock; **~s** (*pantis*) tights, pantyhose (*US*). [b] **de ~** knitting *atr*; **hacer ~** to knit. [c] (*Dep*) half-back line. [d] (*Mat: promedio*) mean; **~ aritmética** arithmetic mean; **100 de ~ al día** 100 as a daily average, 100 each day on the average.

mediación NF mediation; **por ~ de** through.

mediado ADJ [a] (*local*) half full; (*trabajo*) halfway through, half completed. [b] **a ~s de marzo** in the middle of o halfway though March; **a ~s del siglo pasado** in the mid-nineteenth century; **~ a la tarde** halfway through the afternoon; **llevo ~ el trabajo** I'm halfway through the job, I've completed half the work.

mediador(a) NM/F mediator.

medialuna NF (*LAm*) croissant.

mediana NF (*Aut*) central reservation, median (*US*).

medianamente ADV (*moderadamente*) moderately, fairly; (*regularmente*) moderately well.

medianería NF [a] (*pared*) party wall. [b] (*Agr*) sharecropping.

medianero ADJ [a] (*pared*) party *atr*, dividing; (*valla*) boundary *atr*. [b] (*vecino*) adjacent, next.

medianía NF [a] (*promedio*) average; (*término medio*) halfway point. [b] (*persona mediocre*) mediocrity, secondrater.

mediano ADJ (*regular*) middling, average; (*empresa etc*) medium-sized; (*indiferente*) indifferent, undistinguished; (*euf*) mediocre; (*euf: no muy bueno*) rather poor; (*en tamaño*) medium-sized; **de ~a edad** middle-aged.

medianoche NF midnight; **a ~** at midnight; (*durante la noche*) in the middle of the night.

mediante PREP by means of, through, by.

mediar <1b> VI [a] (*estar en medio*) to be in the middle, be halfway through; (*llegar a la mitad*) to get to the middle, get halfway; (*tiempo*) to elapse, pass; **entre los dos sucesos mediaron varios años** several years elapsed between the two events; **media un abismo entre los dos gobiernos** there is a wide gap between the two governments; **mediaba el otoño** autumn was half over; **mediaba el mes de julio** it was halfway through July; **sin ~ palabra** directly. [b] (*ocurrir*) to come up, happen; (*intervenir*) to intervene; (*existir*) to exist; **pero medió la muerte de su madre** but his mother's death intervened; **media el hecho de que ...** there is the fact that .... [c] (*interceder*) to mediate (*en* in; *entre* between), intervene; **~ en favor de, ~ por algn** to intercede on sb's behalf.

mediático ADJ (*poder, cultura, estrella*) media *atr*.

mediatizar <1f> VT (*estorbar*) to interfere with, obstruct; (*influir*) to affect adversely, influence for the worse.

medicación NF medication, treatment.

medicamento NM medicine, drug.

medicar <1g> [1] VT to medicate, give medicine to. [2] **medicarse** VR to medicate o.s., take medicine.

medicina NF medicine; **~ forense** o **legal** forensic medicine; **~ general** general practice; **estudiante de ~** medical student.

medicinal ADJ medicinal.

medicinar <1a> **1** VT (*tratar*) to treat, prescribe for. **2 medicinarse** VR to dose o.s.
medición NF measurement, measuring.
médico/a **1** ADJ medical; **receta ~a** prescription. **2** NM/F doctor, medical practitioner, physician; **~ de cabecera** family doctor; **~ forense** forensic surgeon; **~ interno o residente** house physician, intern (*US*).
medida NF **a** (*Mat*) measurement; (*medición*) measuring, measurement; **a la ~** (*proporcionado*) in proportion; (*apto*) suitable, just right; **hay uno a la ~ de sus necesidades** this is one to suit your needs; **una caja a la ~** a specially made box, a box made for the purpose; **un traje (hecho) a la ~** a made-to-measure suit; **a ~ de** (*de acuerdo con*) in proportion to, in keeping with; **a ~ que**, as, at the same time as; **a ~ que vaya bajando el agua** as the water goes down; **en cierta ~** up to a point, in a way; **en gran ~** to a great extent; **en la ~ de lo posible** as far as possible; **~s vitales** vital statistics; **tomar las ~s a algn** to measure sb, take sb's measurements; (*fig*) to size sb up.
b (*sistema, recipiente*) measure; **pesos y ~s** weights and measures; **~ para áridos/para líquidos** dry/liquid measure; **esto colma la ~** (*fig*) this is the last straw.
c (*de camisa, zapato etc*) size, fitting.
d (*disposición*) measure, step; **~ preventiva/represiva** preventive/repressive measures; **tomar ~s** to take steps.
e (*fig*) **con ~** with restraint; **sin ~** immoderately, in an unrestrained fashion.
f (*moderación*) moderation, prudence.
medidor NM (*LAm*) meter, gauge; **~ de lluvia** rain gauge.
medieval ADJ medieval.
medievalismo NM medievalism.
medievalista NMF medievalist.
medievo NM Middle Ages.
medio **1** ADJ **a** (*mitad*) half (a); **~a hora** half an hour; **~a pensión** half-board; **nos queda ~a botella** we've half a bottle left; **~a luz** half-light; **vino ~ mundo** lots (and lots) of people came.
b (*intermedio: punto etc*) mid(way), middle; **a ~ camino** halfway (there); **clase ~** middle class(es); **a ~a tarde** halfway through the afternoon; **café de ~a mañana** (mid-)morning coffee.
c (*Mat: promedio*) mean, average; (*fig*) average; **el hombre ~** the man in the street; **término ~** average; (*fig*) compromise.
d **a ~as** half, by halves; **lo dejó hecho a ~as** he left it half-done; **está escrito a ~** it's half-written; **ir a ~as** to go fifty-fifty, divide the costs *etc* equally; **verdad a ~as** half-truth.
2 ADV **a** half; **~ dormido** half asleep; **está ~ borracha** she is half drunk; **es ~ tonto** he's not half wise; **está a ~ escribir/terminar** *etc* it is half-written/finished *etc*.
b (*LAm: bastante*) rather, quite, pretty (*fam*); **fue ~ difícil** it was pretty hard.
3 NM **a** (*centro*) middle, centre, center (*US*); (*término medio*) halfway point *etc*; **justo ~** happy medium, fair compromise; **equivocarse de ~ a ~** to be completely wrong; **en ~** (*gen*) in the middle; (*entre*) in between; **en ~ de todos ellos** among all of them; **la casa de en ~** the middle house, the house in between; **quitar algo de en ~** to get sth out of the way; **quitarse de en ~** to get out of the way; **pasar por ~ de** to go through (the middle of); **de por ~** in between; **hay dificultades de por ~** there are snags in the way; **meterse de por ~** to intervene.
b (*Dep*) half-back; **~ centro** centre-half.
c (*método*) means *pl*, way; (*medida*) measure, expedient; **los ~s de comunicación, los ~s de difusión** the media; **~s de comunicación de masas** mass media; **~s informativos** news media; **~ de transporte** means of transport; **por ~ de** by (means of), through; **por todos los ~s** in every possible way; **no hay ~ de conseguirlo** there is no way of getting it; **poner todos los ~s o no regatear ~ para hacer algo** to spare no effort to do sth.
d **~s** (*Econ, Fin*) means, resources; **hombre de (muchos) ~s** a man of means.

e (*atmósfera*) atmosphere; (*entorno*) milieu, ambience; (*círculo*) circle; (*Bio*) medium, environment; **~ ambiente** environment; **en los ~s financieros** in financial circles; **encontrarse en su ~** to be in one's element.
medioambiental ADJ environmental.
medioambiente NM environment.
mediocre ADJ middling, average; (*pey*) mediocre.
mediocridad NF middling quality; (*pey*) mediocrity.
mediodía NM **a** (*las doce*) midday, noon; (*hora de comer*) early afternoon, ≈ lunchtime; **a ~** at lunchtime.
b (*Geog*) south.
medioevo NM Middle Ages.
Medio Oriente NM Middle East.
mediopensionista NMF day pupil o student.
medir <3k> **1** VT **a** (*gen*) to measure; (*tierra*) to survey, plot; **~ a algn (con la vista)** (*fig*) to size sb up.
b (*plan, posibilidad etc*) to weigh up; **~ las calles** (*Méx*) to roam the streets.
c (*moderar*) to consider; **mide tus palabras** choose your words carefully.
d (*Liter: verso*) to scan (properly).
2 VI to measure, be; **el papel mide 20 cms de ancho** the paper is 20 cms wide; **¿cuánto mides?** how tall are you? I am 1.50 m tall; **mide 88 cms de pecho** her bust measurement is 88 cms.
3 medirse VR **a** **~ con algn** to measure up against sb.
b (*fig: moderarse*) to be moderate, act with restraint.
c (*Dep*) to play each other, meet.
meditabundo ADJ pensive, thoughtful.
meditación NF meditation.
meditar <1a> **1** VT (*pensar*) to ponder, think over, meditate (on); (*plan etc*) to think out, work out. **2** VI to ponder, think, meditate; (*considerar*) to muse.
Mediterráneo NM: **el ~** the Mediterranean.
mediterráneo ADJ Mediterranean.
médium NM (*pl* **~s**) (*persona*) medium.
medrar <1a> VI (*aumentarse*) to increase, grow; (*mejorar*) to improve, do well; (*Econ: prosperar*) to prosper, thrive; (*animal, planta etc*) to grow, thrive.
medro NM (*V medrar*) increase, growth; improvement; prosperity.
medroso ADJ fearful, timid.
médula NF **a** (*Anat*) marrow; **~ espinal** spinal cord; **hasta la ~** (*fig*) to the core, through and through.
b (*Bot*) pith. **c** (*fig*) essence, substance.
medusa NF jellyfish.
megabyte NM (*Inform*) megabyte.
megaciclo NM megacycle.
megafonía NF public address system.
megáfono NM megaphone.
megahercio, megaher(t)zio NM megahertz.
megalítico ADJ megalithic.
megalito NM megalith.
megalomanía NF megalomania.
megalómano/a NM/F megalomaniac.
megatón NM megaton.
megavatio NM megawatt.
megavoltio NM megavolt.
meiga NF (*Galicia*) wise woman.
mejicano *etc* V **mexicano** *etc*.
Méjico NM Mexico.
mejilla NF cheek.
mejillón NM mussel.
mejillonero ADJ mussel *atr*; **industria ~a** mussel industry.
▼mejor **1** ADJ **a** (*comp*) better (*que* than).
b (*superl*) best; (*oferta etc*) highest; **es el ~ de todos** he's the best of all; **lo ~** the best thing, the best part *etc*; **lo ~ de** the best thing about, the best part of; **lo ~ de la vida** the prime of life; **lo hice lo ~ que pude** I did the best I could, I did my best; **llevarse la ~ parte** to get the best of it.
c (*preferible*) better; **es ~ callarse** it's better saying nothing, just say nothing; **será ~ que te vayas** you'd better go.
2 ADV **a** (*comp*) better; **A canta ~ que B** A sings better

than B; **~ vámonos** (*esp LAm fam*) we'd better go; **tú, ~ te callas** (*esp LAm fam*) you'd better shut up (*fam*); **¡~!** good!, that's fine!; **~ que ~** better and better, all the better; **~ dicho** or rather, to be precise; **tanto ~** all the better, so much the better; **está mucho ~** he's much better. **b** (*superl*) best.

c **a lo ~** (*probablemente*) probably; (*tal vez*) maybe; **a lo ~ viene mañana** he might come tomorrow.

mejora NF **a** improvement; **~s** (*arreglos*) improvements, alterations. **b** (*en subasta*) higher bid.

mejoramiento NM improvement.

mejorana NF marjoram.

mejorar <1a> **1** VT **a** to improve, make better; (*realzar*) to enhance; (*oferta etc*) to raise, improve; (*récord*) to break. **b** **~ a** to be better than. **2** VI **a** (*situación*) to improve, get better; (*Met*) to improve, clear up; (*Fin etc*) to do well, prosper; (*enfermo*) to recover; **los negocios mejoran** business is picking up; **¡que se mejore!** get well soon! **b** (*subasta*) to raise one's bid. **3 mejorarse** VR to get better, improve.

mejoría NF improvement; (*restablecimiento*) recovery.

mejunje NM **a** (*mezcla*) brew, concoction. **b** (*fam: fraude*) fraud.

melado **1** ADJ (*color*) honey-coloured *o* (*US*) -colored. **2** NM (*LAm: de caña*) cane syrup.

melancolía NF melancholy, sadness.

melancólicamente ADV (*V adj*) gloomily, sadly, in a melancholy way; wistfully.

melancólico ADJ melancholy, sad; (*soñador*) dreamy, wistful.

melanina NF melanin.

melanoma NM melanoma.

melaza NF molasses, treacle.

mêlée [me'le] NF (*Rugby*) scrum.

melena NF (*de hombre*) long hair; (*de mujer*) loose hair, flowing hair; (*Zool*) mane; **~s** (*pey*) mop of hair.

melenas NM INV (*fam*) = **melenudo 2**.

melenudo/a **1** ADJ long-haired. **2** NM/F long-haired yob.

melifluo ADJ mellifluous, sweet.

melindre NM **a** sweet cake; (*buñuelo*) honey fritter. **b** **~s** daintiness *sg*, dainty ways *sg*; (*pey: afectación*) affected ways; (*mojigatería*) prudery *sg*, prudishness *sg*.

melindroso ADJ (*afectado*) affected; (*mojigato*) prudish; (*quisquilloso*) finicky, fussy.

mella NF **a** (*rotura*) nick, notch; (*de dientes etc*) gap; **hacer ~** (*fig*) to make an impression, sink in. **b** (*fig: daños*) harm, damage; **hacer ~ en** to do damage to, harm.

mellado ADJ (*borde*) jagged, nicked; (*persona*) gap-toothed.

mellar <1a> VT **a** (*hacer muescas en*) to nick, dent, notch; (*astilla*) to take a chip out of. **b** (*fig: dañar*) to damage, harm.

mellizo/a ADJ, NM/F twin.

melocotón NM peach.

melocotonero NM peach tree.

melodía NF **a** **una ~** melody, tune, air. **b** (*cualidad*) melodiousness.

melódico ADJ melodic.

melodioso ADJ melodious, tuneful.

melodrama NM melodrama.

melodramático ADJ melodramatic.

melómano/a NM/F music-lover.

melón NM **a** (*Bot*) melon. **b** (*fam: cabeza*) head, nut; (: *tonto*) idiot.

melonar NM bed of melons, melon plot.

melopea NF (*fam*) binge (*fam*); **coger etc una ~** to get canned (*fam*) *o* (*US*) soused.

melosidad NF **a** sweetness; (*pey: lo empalagoso*) sickliness. **b** (*fig: dulzura*) sweetness; (*pey*) smoothness.

meloso ADJ **a** (*dulce*) honeyed, sweet; (*empalagoso*) sickly, cloying. **b** (*fig: voz etc*) sweet, musical; (*pey: zalamero*) smooth, soapy.

membrana NF membrane; **~ mucosa** mucous membrane.

membresía NF (*Méx*) membership.

membrete NM letterhead, heading.

membrillo NM **a** quince; **(carne de) ~** quince jelly. **b** (*fam*) fool, idiot.

memez NF (*fam*) stupidity; (: *una ~*) silly thing; **decir memeces** to talk rubbish.

memo/a (*fam*) **1** ADJ silly, stupid. **2** NM/F idiot.

memorable ADJ memorable.

memorándum NM (*pl* **~s**) **a** (*cuaderno*) notebook. **b** (*memorial*) memorandum.

memoria NF **a** memory; **de buena** *o* **feliz ~** of happy memory; **digno de ~** memorable; **falta de ~** forgetfulness; **aprender algo de ~** to learn sth by heart; **hablar de ~** to speak from memory; **se le fue de la ~** he forgot it, it slipped his mind; **la peor tormenta de que hay ~** the worst storm in living memory *o* on record; **hacer ~** to try to remember; **hacer ~ de algo** to recall sth; **no queda ~ de eso** there is no memory *o* record of that; **tener buena/mala ~** to have a good/bad memory; **si tengo buena ~** if my memory serves me right; **traer algo a la ~** to recall sth; **venir a la ~** to come to mind. **b** (*informe*) note, report; (*relación*) record; (*memorándum*) aide-mémoire, memorandum; (*petición*) petition; (*artículo*) (learned) paper; **~ anual** annual report; (**~s** *personales*) memoirs; (*de sociedad*) transactions. **c** (*Inform*) memory; **~ de acceso aleatorio** random access memory, RAM; **~ auxiliar** backing storage; **~ central** *o* **principal** main memory; **~ intermedia** buffer; **~ muerta** *o* **de sólo lectura** read-only memory, ROM.

memorial NM memorial, petition; (*Jur*) brief.

memorioso, memorista ADJ (*esp LAm*) having a retentive memory.

memorístico ADJ memory *atr*; **enseñanza ~a** learning by rote.

memorización NF memorizing.

memorizar <1f> VT to memorize.

mena NF ore.

menaje NM **a** (*muebles*) furniture, furnishings. **b** (*tareas domésticas*) housework. **c** (*Com etc: utensilios domésticos*) household equipment; **sección de ~** (*tienda*) hardware and kitchen department.

mención NF mention; **~ honorífica** honourable *o* (*US*) honorable mention; **hacer ~ de** to mention.

mencionado ADJ aforementioned.

mencionar <1a> VT (*referirse a*) to mention, refer to; (*nombrar*) to name; **sin ~ ...** let alone ....

menda PRON (*fam: tb* **~s**: *yo*) yours truly; **un ~** a bloke (*fam*), a guy (*fam*).

mendacidad NF **a** (*mentir*) untruthfulness. **b** **una ~** untruth, gross lie.

mendaz ADJ lying, untruthful.

mendicante ADJ, NMF mendicant.

mendicidad NF begging.

mendigar <1h> **1** VT to beg (for). **2** VI to beg (for alms).

mendigo/a NM/F beggar.

mendrugo NM **a** (*de pan*) crust of bread. **b** (*fam: tonto*) chump (*fam*).

meneallo V **menear**.

menear <1a> **1** VT **a** (*cabeza etc*) to move, shake; (*líquido*) to stir; (*pelo*) to toss; (*cola*) to wag; (*cadera*) to swing; **sin ~ un dedo** without lifting a finger; **peor es meneallo** don't go stirring all that up; **¡me la menean!** (*fam!*) I don't give a shit! (*fam!*). **b** (*asunto*) to get on with, get moving; (*negocio*) to handle, conduct. **2 menearse** VR **a** (*gen*) to move, shake; (*cola*) to wag; (*contonearse*) to swing, waggle; **~** *o* **meneársela** (*fam!*) to wank (*fam!*); **un vapuleo de no te menees** a terrific beating-up (*fam*). **b** (*apurarse*) to get a move on; **¡~!** get going!, jump to it!

meneo NM **a** (*movimiento*) movement; (: *repentino*) shake, toss; (: *de cola*) wag; (*de líquido*) stir, stirring; (*de caderas etc*) swing(ing); (*sacudida*) jerk, jolt. **b** (*fam*) hid-

ing.

menester NM [a] **ser ~** to be necessary; **es ~ hacer algo** it is necessary to do sth, we *etc* must do sth. [b] (*trabajo*) job, piece of business; (*recado*) errand; **~es** (*deberes*) duties, business; (*ocupación*) occupation; (*función*) function; **hacer sus ~es** (*euf*) to do one's business (*euf*).

menesteroso ADJ needy.

menestra NF stew; **~ de verduras** vegetable stew.

mengano/a NM/F Mr/Mrs/Miss So-and-so; *V* **fulano**.

mengua NF [a] (*disminución*) decrease, diminishment; (*decadencia*) decay, decline; **sin ~** (*íntegro*) complete, whole; (*intacto*) untouched. [b] (*falta*) lack, want; (*pérdida*) loss. [c] (*pobreza*) poverty. [d] (*persona: debilidad*) spinelessness. [e] (*descrédito*) discredit; **en ~ de** to the detriment of.

menguado ADJ [a] (*disminuido*) decreased, diminished. [b] (*fig*) wretched, miserable; (: *débil*) weak; (: *tacaño*) mean; (: *tonto*) foolish.

menguante [1] ADJ decreasing, diminishing; (*decadente*) decaying; (*luna*) waning; (*marea*) ebb *atr*. [2] NF [a] (*Náut*) ebb tide, low water. [b] (*luna*) waning. [c] (*fig*) decay, decline.

menguar <1i> [1] VT [a] (*disminuir*) to lessen, reduce; (*labor de punto*) to decrease (by). [b] (*fig*) to discredit. [2] VI [a] (*disminuirse*) to decrease; (*número, marea etc*) to go down; (*luna*) to wane. [b] (*fig*) to wane, decay, decline.

meningitis NF meningitis.

menisco NM meniscus.

menopausia NF menopause.

menopáusico ADJ menopausal.

menor [1] ADJ (*Mús, Rel*) minor. [2] ADJ COMP [a] (*tamaño*) smaller (*que* than); less, lesser; **en ~ número** in smaller numbers. [b] younger (*que* than), junior (*que* to); **el hermano ~** the younger brother; **Juanito es ~ que Pepe** Johnnie is younger than Joe; **ser ~ de edad** to be a minor, be under age. [3] ADJ SUPERL [a] (*tamaño*) smallest; (*número*) least; **éste es el ~ de todos** this is the smallest of the lot; **no le doy la ~ importancia** I don't attach the least o slightest importance to it; **no tengo la ~ idea** I haven't the least o slightest idea. [b] (*en edad*) youngest; **ella es la ~ de todas** she is the youngest of all. [4] NMF (*joven*) young person, juvenile; (*Jur*) minor; **los ~es de edad** those who are under age, the juveniles; **apto para ~es** (*Cine*) for all ages; **no apto para ~es** (*Cine*) not suitable for juveniles. [5] NM: **al por ~** (*Com*) retail.

Menorca NF Minorca.

menorista (*LAm*) [1] ADJ retail *atr*. [2] NMF retailer.

menos [1] ADV [a] (*comp*) less; (*número*) fewer; **con ~ ruido** with less noise; **aquí hay ~ gente** there are fewer people here; **A tiene ~ ventajas que B** A has fewer advantages than B; **A es ~ caro que B** A is less expensive than B; **hoy se va ~** people don't go so much nowadays, nowadays people go less; **~ de** less than; **~ de 9** less than 9; **~ de lo que piensas** less than you think. [b] (*superl*) least; **es el ~ inteligente de los 4** he is the least intelligent of the 4; **es el que ~ culpa tiene** he is (the) least to blame; **es él que habla ~** he's the one who talks (the) least. [c] (*locuciones*) **~ aún** even less; **al ~** at least; **si al ~ lloviera** if only it would rain; **hay 7 de ~** we're 7 short, there are 7 missing; **me dieron un paquete con medio kilo de ~** they gave me a packet which was half a kilo short o under weight; **me han pagado 2 libras de ~** they have underpaid me by £2; **en ~ de nada** in no time at all; **fue nada ~ que un rey** he was a king no less; **no es para ~** quite right too; **¡~ mal!** just as well!; **por ~ de nada** for no reason at all; **¿qué ~ que darle las gracias?** the least we can do is say thanks! [d] (*locuciones con lo*) **lo ~ 10** 10 at least; **lo ~ posible** as little as possible; **eso es lo de ~** that's the least of it; **es**

lo ~ que se puede esperar it's the least one can expect; **por lo ~** at least. [e] (*locuciones con verbos*) **tener a ~ hacer algo** to consider it beneath o.s. to do sth; **ir o venir a ~** to come down in the world; **echar de ~ (a algn)** to miss (sb); **hacer a algn de ~** to despise o belittle sb; **no se quedó en ~** he was not to be outdone; **para no ser ~ que los demás** to keep up with the rest (of them); **¡ya será ~!** come off it!; *V* **cuando; mucho; poder.** [2] PREP [a] except; **todos ~ él** everybody except him; **¡todo ~ eso!** anything but that! [b] (*cifras*) minus, less; **5 ~ 2** 5 minus o less 2; **7 ~ 2 (son)** 5 2 from 7 leaves 5, 7 take away 2 leaves 5; **las 7 ~ 20** (*hora*) 20 to 7. [3] ADJ (*fam*) **éste es ~ coche que el anterior** this is not as good a car as the last one. [4] CONJ: **a ~ que ...** unless .... [5] NM [a] (*Mat*) minus sign. [b] **los ~** the minority. [c] *V* **más.**

menoscabar <1a> VT [a] (*disminuir*) to lessen, reduce; (*dañar*) to damage, impair. [b] (*desacreditar*) to discredit.

menoscabo NM (*V vt*) lessening, reduction; damage; **con o en ~ de** to the detriment of; **sin ~** unimpaired.

menospreciable ADJ contemptible.

menospreciar <1b> VT [a] (*despreciar*) to scorn, despise. [b] (*ofender*) to slight. [c] (*subestimar*) to underrate.

menosprecio NM [a] (*desdén*) scorn, contempt. [b] (*subestimación*) underrating, undervaluation. [c] (*falta de respeto*) disrespect.

mensáfono NM bleeper, pager.

mensaje NM message; **~ de la corona** speech from the throne; **~ de error** (*Inform*) error message.

mensajería NF messaging; **~ electrónica** electronic messaging; **empresa de ~** courier company, messaging company; **servicio de ~** courier service, messaging service.

mensajero/a NM/F messenger; (*profesional*) courier.

menso ADJ (*Chi, Méx: fam*) silly, stupid.

menstruación NF menstruation.

menstrual ADJ menstrual.

menstruar <1e> VI to menstruate.

menstruo NM menstruation.

mensual ADJ monthly; **50 dólares ~es** 50 dollars a month.

mensualidad NF (*salario*) monthly salary; (*Com*) monthly instalment o (*US*) installment o payment.

mensualmente ADV monthly.

mensuario NM (*LAm*) monthly magazine o journal.

mensurable ADJ measurable.

menta[1] NF mint; **~ romana** o **verde** spearmint.

menta[2] NF (*Arg fam: fama*) reputation; **~s** (*Chi fam: chismes*) rumours, rumors (*US*), gossip.

mentada NF: **hacerle a algn una ~** (*LAm fam*) to (seriously) insult sb.

mentado ADJ [a] (*mencionado*) aforementioned. [b] (*famoso*) well-known, famous.

mental ADJ mental; (*capacidad, trabajo etc*) intellectual.

mentalidad NF mentality, mind.

mentalización NF (*V vt*) (mental) preparation; conditioning; sensitization; persuasion; (*pey*) brainwashing.

mentalizar <1f> [1] VT to prepare (mentally), condition; (*concienciar*) to sensitize, make aware; (*convencer*) to persuade, convince; (*pey*) to brainwash. [2] **mentalizarse** VR to prepare o.s. (mentally); (*concienciarse*) to make o.s. aware.

mentalmente ADV mentally.

mentar <1j> VT to mention, name; **~ la madre a algn** (*esp Méx*) to swear at sb.

mente NF mind; (*inteligencia*) intelligence, understanding; **no está en mi ~ hacer algo, no tengo en ~ hacer algo** it is not in my mind to o it is not my intention to do sth; **se le fue completamente de la ~** it completely slipped his mind; **traer/venir a la ~** to call/come to mind.

mentecato/a [1] ADJ silly, stupid. [2] NM/F idiot, fool.

mentidero NM gossip shop (fam).

mentir <3k> VI to (tell a) lie, tell lies; (engañar) to be deceptive; **¡miento!** sorry, I'm wrong!, my mistake!

mentira NF [a] (una ~) lie, falsehood; (acto de mentir) lying, deceitfulness; **¡~!** it's a lie!; **una ~ como una casa** a whopping great lie (fam); **~ piadosa** white lie; **¡parece ~!** well (I never)!; **aunque parezca ~** however incredible it seems, strange though it may seem; **parece ~ que ...** it seems impossible that ...; **parece ~ que no te acuerdes** I'm surprised you don't remember; **coger a algn en una ~** to catch sb in a lie. [b] (uñas) white mark (on fingernail).

mentirijillas NFPL: **es** o **va de ~** it's only a joke; (a niño) just pretend, it's just make-believe; **jugar de ~** to play for fun (ie not for money).

mentiroso/a [1] ADJ lying; (que engaña) deceitful; (falso) deceptive, false. [2] NM/F liar; deceiver.

mentís NM INV denial; **dar el ~ a** to refute, deny.

mentol NM menthol.

mentolado ADJ mentholated.

mentón NM chin.

mentor NM mentor.

menú NM (tb Inform) menu; **~ del día** (Esp) fixed price meal; **guiado por ~** (Inform) menu-driven.

menudear <1a> [1] VT [a] (repetir) to repeat frequently; **menudea sus visitas** he often comes to visit. [b] (LAm) to sell retail. [2] VI (ser frecuente) to be frequent, happen frequently.

menudencia NF (bagatela) trifle, small thing; **~s** odds and ends.

menudillos NMPL giblets.

menudo [1] ADJ [a] (pequeño) small, minute; (fig) slight, insignificant.
[b] (iró) fine, some; (admirativo) what a, some; **¡~ negocio!** (iró) a fine deal (indeed)!; (con admiración) what a great bit of business!; **¡~ lío!** what a mess!; **~ viento hizo anoche!** that was some wind last night! [2] NM small change. [3] ADV: **a ~** often, frequently.

meñique NM (tb **dedo ~**) little finger.

meódromo NM (fam) bog (fam), loo (fam).

meollo NM [a] (Anat: médula) marrow. [b] (de pan) soft part, inside, crumb. [c] (fig: de persona) brains. [d] (fig: núcleo) gist, essence, core; **el ~ de la cuestión** the heart of the matter.

meón/ona (fam) [1] ADJ (niño) that wets itself. [2] NM/F baby (boy/girl).

mequetrefe NM good-for-nothing, whippersnapper.

meramente ADV merely, only, solely.

mercachifle NM [a] (pey: comerciante) small-time trader o dealer. [b] (fig: rapaz) money-grubber.

mercadear <1a> VT to deal, trade.

mercadeo NM marketing.

mercader NM (esp Hist) merchant.

mercadería NF commodity; **~s** goods, merchandise sg.

mercadillo NM street market.

mercado NM market; **~ en baja** falling market; **M~ Común** Common Market; **~ de demanda** seller's market; **~ exterior/interior** o **nacional/libre/único** overseas/home/free/single market; **~ negro/objetivo** black/target market; **~ de trabajo** o **laboral** labour o (US) labor market; **~ de productos básicos/de valores** commodity/stock market; **inundar el ~ de** to flood the market with; **salir al ~** to come on to the market.

mercadotecnia NF marketing; **estudios de ~** market research.

mercancía [1] NF commodity; **~s** goods, merchandise sg; **~s en depósito** bonded goods. [2] NM INV: **~s** goods train, freight train (US).

mercante [1] ADJ merchant atr, commercial. [2] NM (buque) merchantman, merchant ship.

mercantil ADJ mercantile, commercial; (derecho) commercial.

mercantilismo NM mercantilism.

merced NF [a] (Lit: favor) favour, favor (US); **hacer la ~ de hacer algo** to do the favour of doing sth; **tenga la ~ de**

hacerlo please be so good as to do it. [b] **~ a** thanks to. [c] **estar a la ~ de** to be at the mercy of. [d] (antaño) **vuestra ~** your worship, sir.

mercenario ADJ, NM mercenary.

mercería NF [a] (artículos) haberdashery, notions pl (US). [b] (tienda) haberdasher's (shop), notions store (US); (Carib, Méx: lencería) draper's (shop), dry-goods store (US); (: ferretería) ironmonger's, hardware salesman.

mercero NM haberdasher; (LAm) draper.

Mercosur NM ABR de **Mercado Común del Cono Sur** (Argentina, Brazil, Paraguay and Uruguay)

mercurio NM mercury.

merdoso ADJ (fam!: inmundo) filthy; (: puerco) sluttish.

merecedor ADJ deserving, worthy (de of); **~ de confianza** trustworthy; **ser ~ de** to deserve, be deserving of.

merecer <2d> [1] VT (gen) to deserve, merit; **~ hacer algo** to deserve to do sth; **merece la pena** it's worth it. [2] VI to be deserving, be worthy. [3] **merecerse** VR: **~ algo** to earn sth; **se lo mereció** he deserved it, he got what he deserved.

merecido [1] ADJ (premio etc) well deserved, fully deserved; **bien ~ lo tiene** it serves him right. [2] NM: **llevarse su ~** to get one's deserts.

merecimiento NM [a] (lo merecido) deserts pl. [b] (méritos) merit, worthiness.

merendar <1j> [1] VT to have for tea o (US) lunch. [2] VI to have tea; (en el campo) to picnic, take tea out. [3] **merendarse** VR (fam) [a] **~ algo** to wangle sth (fam). [b] **~ una fortuna** to squander a fortune. [c] **~ a algn** (fig) to gobble sb up, make short work of sb; (LAm: matar) to bump sb off (fam).

merendero NM (café) tearoom; (en el campo) picnic spot.

merengue [1] ADJ (fam) (of) Real Madrid F.C. [2] NM [a] (Culin) meringue. [b] (LAm: enfermizo) sickly person, invalid. [c] (And, Carib) popular dance. [3] NMPL: **los ~s** (fam) Real Madrid F.C.

meretriz NF prostitute.

meridiano/a [1] ADJ [a] (calor, hora etc) midday atr, noon atr. [b] (hecho etc) clear as day, crystal-clear. [2] NM (Astron, Geog) meridian.

meridional [1] ADJ southern. [2] NMF southerner.

merienda NF tea, afternoon snack; (de viaje) packed meal; (en el campo) (picnic) meal; **~ de negros** (fam: confusión) bedlam, free-for-all; (: chanchullo) crooked deal.

merino ADJ, NM merino.

mérito NM (valor) merit, worth, value; (excelencia) excellence; **de ~** worthy, of merit; **~s de guerra** mention in dispatches; **hacer ~ de** to mention; **hacer ~s** to strive to be deserving; **restar ~ de** to detract from.

meritocracia NF meritocracy.

meritorio/a [1] ADJ (que merita) deserving; (: alabanza) praiseworthy. [2] NM/F unpaid trainee; (esp) office junior.

merluza NF [a] hake. [b] (fam) **coger una ~** to get sozzled (fam) o (US) soused.

merluzo [1] ADJ (fam) silly, stupid. [2] NM idiot.

merma NF decrease; (pérdida) wastage, loss.

mermar <1a> [1] VT (disminuir) to reduce, lessen; (cortar) to cut down. [2] VI, **mermarse** VR (disminuirse) to decrease, dwindle; (líquido) to go down; (fig) to waste away.

mermelada NF jam; **~ de naranja** marmalade.

mero¹ [1] ADJ [a] (gen) mere, simple; **el ~ hecho de ...** the mere o simple fact of .... [b] (CAm, Méx: exacto) real; **la ~a verdad** the simple truth; **el ~ Jaime** Jaime himself; **en la ~a esquina** right on the corner. [2] ADV (CAm, Méx: justo) just, right; **aquí ~** (exacto) right here, near here; **ahora ~** right now; (pronto) in a minute; **¡ya ~!** (fam) just coming; **él va ~ adelante** he's just ahead. [3] NM: **el ~ ~** (Méx fam) the boss (fam).

mero² NM (Pez) grouper.

merodeador [1] ADJ marauding, prowling. [2] NM (Mil etc) marauder, raider; (nocturno) prowler.

merodear <1a> VI (Mil etc) to maraud; (de noche) to prowl (about); (*curiosear*) to snoop around.

merolico NM (*Méx fam: curandero*) quack (*fam*); (*vendedor*) street salesman.

mersa (*Arg fam*) [1] ADJ INV common, vulgar. [2] NMF INV common person.

mes NM [a] month; **al ~ llegó él** he came a month later; **50 dólares al ~** 50 dollars a month; **~ lunar** lunar month; **el ~ corriente** this o the current month; **el ~ que viene** next month. [b] (*Fin: sueldo*) month's pay; (: *pago*) monthly payment. [c] (*Med: fam*) **estar con** o **tener el ~** to be having one's period.

mesa NF [a] table; (*tb ~ de trabajo*) desk; **~ de billar** billiard table, pool table (*US*); **~ digitalizadora** (*Inform*) graph pad; **~ de operaciones** u **operatoria** operating table; **~ redonda** (*Hist*) Round Table; (*Pol*) round table; (*conferencia*) round-table conference; **quitar la ~** to clear away; **bendecir la ~** to say grace; **poner la ~** to lay the table; **sentarse a la ~** to sit down to table; **servir a la ~** to wait at table. [b] (*personas: de empresa*) presiding committee, board; (: *en mitin*) platform; **~ electoral** officials in charge of a polling station.

mesana NF mizzen.

mesarse <1a> VR: **~ el pelo** o **los cabellos/la barba** to tear one's hair/beard.

mescalina NF mescaline.

mesero/a NM/F (*Méx*) waiter/waitress.

meseta NF [a] (*Geog*) meseta, tableland, plateau. [b] (*Arquit*) landing.

mesetario ADJ of o from the Castilian meseta; (*fig*) Castilian.

mesiánico ADJ messianic.

Mesías NM Messiah.

mesilla NF small o side o occasional table; (*tb ~ de noche*) bedside table.

mesón NM [a] (*Hist*) inn; (*moderno*) olde worlde inn. [b] (*Chi, Ven*) counter.

mesonero/a NM/F [a] innkeeper. [b] (*Carib*) waiter/waitress.

mesteño (*Méx*) [1] ADJ (*caballo*) wild, untamed. [2] NM mustang.

mestizaje NM [a] (*cruce*) crossbreeding. [b] (*gente*) mestizos *pl*.

mestizo/a [1] ADJ racially mixed; (*Zool: cruzado*) crossbred, mongrel; (*híbrido*) hybrid. [2] NM/F (*persona*) mestizo; (*animal*) crossbreed.

mesura NF [a] (*calma*) calm. [b] (*moderación*) moderation, restraint. [c] (*cortesía*) courtesy.

mesurado ADJ (V *nf*) [a] calm. [b] moderate, restrained. [c] courteous.

mesurar <1a> [1] VT [a] (*contener*) to restrain, temper. [b] (*Ecu: medir*) to measure. [2] **mesurarse** VR to restrain o.s., act with restraint.

meta [1] NF [a] (*Ftbl*) goal; (*Carrera*) winning post, finishing line; (*Atletismo*) tape; **~ volante** (*ciclismo*) sprint. [b] (*fig*) goal, aim, objective. [2] NM (*portero*) goalkeeper.

metabólico ADJ metabolic.

metabolismo NM metabolism.

metadona NF methadone.

metafísica NF metaphysics *sg*.

metafísico ADJ metaphysical.

metáfora NF metaphor.

metafórico ADJ metaphoric(al).

metal NM [a] metal; (*Mús*) brass; **~ en láminas** o **laminado** sheet metal; **~ pesado** heavy metal; **el vil ~** filthy lucre. [b] (*de voz*) timbre; (*fig*) quality.

metalenguaje NM metalanguage.

metálico [1] ADJ metallic, metal *atr*. [2] NM cash; **pagar en ~** to pay (in) cash.

metalizado ADJ (*pintura*) metallic.

metalurgia NF metallurgy.

metalúrgico/a [1] ADJ metallurgic(al); **industria ~a** engineering industry. [2] NM/F metallurgist.

metamorfosear <1a> [1] VT to metamorphose, transform (*en* into). [2] **metamorfosearse** VR to be metamorphosed, be transformed.

metamorfosis NF INV metamorphosis, transformation.

metano NM methane.

metate NM (*CAm, Méx*) flat stone for grinding.

metedor NM [a] (*de bebé*) nappy liner. [b] (*contrabandista*) smuggler.

metedura NF [a] (*fam: acto de meter*) putting, placing. [b] (*fam*) **~ de pata** (*fam*) blunder, clanger.

metelón ADJ (*Méx*) meddling.

meteórico ADJ meteoric.

meteorito NM meteor, meteorite.

meteoro NM meteor.

meteorología NF meteorology.

meteorológico ADJ meteorological, weather *atr*.

meteorólogo/a NM/F meteorologist; (*Rad, TV*) weatherman (*fam*), female weather reporter.

metepatas NMF INV (*fam*): **eres un ~** you're always putting your foot in it.

meter <2a> [1] VT [a] to put (*en, a* (*LAm*) in, into); (*encajar*) to fit in; (: *con dificultad*) to squeeze in; **~ la mano en el bolsillo** to put one's hand in one's pocket; **~ dinero en el banco** to put money in the bank; **~ a algn en la cárcel** to put sb in prison; **a todo ~** as fast as possible. [b] (*Dep: gol*) to score. [c] (*Com: tb ~ de contrabando*) to smuggle (in). [d] (*hacer, provocar*) to make, cause; **~ ruido** to make a noise; (*fig*) to cause a stir; **~ miedo a algn** to scare o frighten sb; **~ un susto a algn** to put the wind up sb (*fam*); **~ prisa a algn** to make sb get a move on. [e] (*dinero: apostar*) to stake, wager; (: *invertir*) to invest. [f] (*persona*) to involve; **tú me metiste en este lío** you got me into this mess. [g] **~ a algn a trabajar** to put sb to work; **~ a algn a un oficio** to put sb to a trade; **~ una chica monja** to send a girl to a convent. [h] (*Cos: achicar etc*) to take in, take up. [i] (*fam: golpe*) to give, deal. [j] (*fam*) **~ algo a algn** to palm sth off on sb; **nos metió un rollo** he went on and on, he gave us a whole spiel; **le metieron 5 años de cárcel** they did him for 5 years (*fam*); **nos van a ~ más trabajo** they're going to lumber us with more work; **¿quién le metió esas ideas en la cabeza?** who gave him those ideas?

[2] **meterse** VR [a] **~ en** (*entrar*) to go o get into, enter; (*negocio, situación etc*) to take part o get involved in; **se metió en la cama** she got into bed; **se metió en la tienda** he went into the shop; **~ en explicaciones** to enter into explanations; **~ en líos** to get into problems; **~ en sí mismo** to withdraw into one's shell; **¿dónde se habrá metido el lápiz?** where can the pencil have got to?; **la pobre no sabía donde ~** she didn't know where to hide. [b] (*Geog: cabo*) to extend, project; (*río*) to flow into. [c] **~ la camisa** to tuck one's shirt in; **~ una buena cena** (*fam*) to tuck into a good dinner; **~ un pico** to give o.s. a fix; **¡métetelo donde te quepa!** (*fam*) you can stuff it! (*fam*). [d] **~ en** (*fig*) to interfere o meddle in; **¡no te metas en lo que no te importa!, ¡no te metas donde no te llaman!** mind your own business!; **¿por qué te metes?** what's it to you? [e] **~ con algn** (*provocar*) to provoke sb, pick a quarrel with sb; (*burlarse*) to tease sb, have a go at sb. [f] **~ (a) monja** to become a nun; **~ a escritor** to become a writer; (*pey*) set o.s. up as a writer; **~ de aprendiz en un oficio** to go into trade as an apprentice. [g] **~ a hacer algo** to start doing sth o to do sth.

meterete ADJ INV (*Arg fam*), **metete** ADJ INV (*Chi, Méx: fam*) interfering.

metiche ADJ (*CAm, Chi, Méx: fam*) meddling, meddlesome.

meticón/ona (*fam*) [1] ADJ meddling. [2] NM/F busybody, meddler.

meticuloso ADJ meticulous, thorough.

metido [1] ADJ [a] **~ en sí mismo** introspective. [b] **estar muy ~ en un asunto** to be deeply involved in a matter. [c] **~ en años** elderly, advanced in years; **~ en carnes**

plump.
d (*LAm: entrometido*) meddling, meddlesome.
2 NM (*fam*) **a** (*reprimenda*) ticking-off; **dar** o **pegar un ~ a algn** to give sb a dressing-down.
b **pegar un buen ~ a una tarta** to take a good chunk out of a cake.
metílico ADJ: **alcohol ~** methylated spirit.
metódicamente ADV methodically.
metódico ADJ methodical.
metodismo NM Methodism.
metodista ADJ, NMF Methodist.
método NM method.
metodología NF methodology.
metodológico ADJ methodological.
metomentodo NMF (*fam*) meddler, busybody.
metraje NM (*Cine*) length.
metralla NF **a** shrapnel. **b** (*fam*) coppers, small change.
metralleta NF sub-machine o tommy gun.
métrica NF metrics.
métrico ADJ metric(al); **cinta ~a** tape measure.
metro¹ NM **a** (*medida*) metre, meter (*US*); **~ cuadrado/cúbico** square/cubic metre. **b** (*instrumento*) rule, ruler; (*cinta métrica*) tape measure.
metro² NM (*Ferro*) underground, tube, subway (*US*).
metrónomo NM metronome.
metrópoli NF metropolis; (*de imperio*) mother country.
metropolitano **1** ADJ metropolitan; **área ~a de Madrid** Greater Madrid. **2** NM **a** (*Rel*) metropolitan. **b** (*Ferro*) = **metro²**.
mexicano/a ADJ, NM/F (*LAm*) Mexican.
México NM (*LAm*) Mexico.
mezanine NM mezzanine.
mezcal NM (*Méx: bebida*) mescal.
mezcla NF **a** (*acto*) mixing. **b** (*sustancia*) mixture; (*fig*) blend, combination; (*Cos*) tweed; **sin ~** pure, unadulterated; (*bebida*) neat; **~ explosiva** explosive mixture; (*fam*) unholy mixture. **c** (*Arquit*) mortar.
mezclador(a) **1** NM/F: **~ de imágenes** vision mixer; **~ de sonido** dubbing mixer. **2** NF (*máquina*) mixer.
mezclar <1a> **1** VT **a** (*gen*) to mix, mix up (together); (*líquidos*) to blend; (*combinar*) to merge, combine; (*desordenar, confundir*) to mix up; (*naipes*) to shuffle.
b (*fig: envolver*) to involve; (: *introducir*) to bring o drag in; **no quiero que me mezcles en ese asunto** I don't want you to get me involved up in that business.
2 **mezclarse** VR **a** (*V vt*) to mix (*con* with); to blend (*con* with); (*desordenarse*) to get mixed up.
b (*personas*) to mingle; **~ con cierta gente** (*alternar*) to mix with certain people; **se mezcló con unos indeseables** he got mixed up with a bunch of undesirables.
c (*intervenir*) **~ en** to get mixed up in, get involved in.
mezcolanza NF hotchpotch, jumble.
mezquinar <1a> (*LAm*) **1** VT to be stingy with, give sparingly. **2** VI to be mean, be stingy.
mezquindad NF **a** (*cicatería*) meanness, stinginess; (*miras estrechas*) pettiness; (*vileza*) ignoble nature; (*insignificancia*) paltriness, wretchedness. **b** (*acto*) mean action, petty deed.
mezquino/a **1** ADJ **a** (*tacaño*) mean, stingy.
b (*de miras estrechas*) small-minded, petty; (*interesado*) materialistic, lacking the finer sentiments. **c** (*miserable*) miserable, paltry. **2** NM/F **a** (*avaro*) mean person, miser; (*miserable*) petty individual, wretch.
b (*LAm: verruga*) wart.
mezquita NF mosque.
mezquite NM (*Méx*) mesquite (tree o shrub).
mezzanine NM mezzanine.
M.F. NF ABR *de* **modulación de frecuencia** FM.
mg. ABR *de* **miligramo(s)** mg.
Mhz ABR *de* **megahertzio** MHz.
mi¹ ADJ POS my.
mi² NM (*Mús*) E; **~ mayor** E major.
mí PRON (*después de prep*) me, myself; **¡a ~!** help!; **¡a ~ con ésas!** come off it!, tell me another!; **¿y a ~ qué?** so what?, what has that got to do with me?; **para ~ no hay**

duda I don't believe there can be any doubt; **por ~ puede ir** so far as I'm concerned she can go; **por ~ mismo** by myself, on my own account.
miaja NF (*gen*) crumb; **ni (una) ~** (*fig*) not the least little bit.
miasma NM miasma.
miau NM mew, miaow.
Mibor NM ABR *de* **Madrid inter-bank offered rate**.
mica NF (*Miner*) mica.
michelín NM (*fam*) spare tyre o (*US*) tire, roll of fat.
mico NM **a** (*Zool*) monkey; (*esp*) long-tailed monkey.
b (*fam: feo*) ugly devil; (: *engreído*) conceited person, big head (*fam*); **¡~!** (*a niño*) you little monkey! **c** **dar el ~** (*engañar*) to cheat; (*decepcionar*) to disappoint; **volverse ~ para hacer algo** to be at one's wit's end to know how to do sth.
micra NF micron.
micrero/a NM/F (*And, CSur*) minibus driver; (*CSur*) coach driver.
micro¹ NM (*Rad*) mike (*fam*), microphone.
micro² NF (A VECES NM) (*And, CSur: de corta distancia*) minibus; (*CSur: de larga distancia*) bus, coach.
micro... PREF micro....
microbio NM microbe.
microbiología NF microbiology.
microbiólogo/a NM/F microbiologist.
microbús NM minibus.
microchip NM microchip.
microcircuito NM microcircuit.
microclima NM microclimate.
microcomputadora NF microcomputer.
microcosmo(s) NM microcosm.
microeconomía NF microeconomics *sg*.
microelectrónica NF microelectronics.
microficha NF microfiche.
microfilm NM (*pl* **~s** o **~es**) microfilm.
micrófono NM microphone; (*Telec*) mouthpiece.
microlentillas NFPL contact lenses.
micrómetro NM micrometer.
microonda NF microwave; **(horno) ~s** microwave (oven).
microordenador NM microcomputer.
microorganismo NM microorganism.
micropastilla NF (*Inform*) chip, wafer.
microplaqueta, microplaquita NF: **~ de silicio** silicon chip.
microprocesador NM microprocessor.
microprograma NM (*Inform*) microprogram.
microscópico ADJ microscopic.
microscopio NM microscope.
microsurco NM microgroove.
microtécnica, microtecnología NF microtechnology.
MIE NM ABR (*Esp*) *de* **Ministerio de Industria y Energía**.
miéchica INTERJ (*LAm euf*) damn! (*fam*), shoot! (*fam*).
miedica(s) NMF (*fam*) coward.
miedo NM **a** (*gen*) fear, dread (*a, de* of); (*recelo*) apprehension, nervousness; **~ cerval** o **espantoso** great fear; **~ al público** (*Teat*) stage fright; **por ~ a** o **de** for fear of; **por ~ de que ...** for fear that ...; **¡qué ~!** what a fright!; **dar** o **infundir** o **meter ~ a** to scare, frighten; **me da ~** it scares me o makes me nervous; **me da ~ dejar solo al niño** I worry about leaving the kid alone; **que da ~** (*adj*) fearsome; (*adv*) dreadfully, terribly; **meterle el ~ en el cuerpo a algn** to scare the wits out of sb, scare the pants off sb (*fam*); **tener ~** to be afraid (*a* of); **tener ~ de** o **a hacer algo** to be afraid to do sth, be afraid o nervous of doing sth; **tengo ~ de que le ocurra algo** I'm scared something will happen to him. **b** (*fam*) **de ~** (*adj, adv*) wonderful(ly), marvellous(ly); (*pey*) awful(ly); **es un coche de ~** it's a smashing car (*fam*); **hace un frío de ~** it's terribly cold (*fam*).
miedoso ADJ (*cobarde*) fearful, fainthearted; (*tímido*) nervous, shy.
miel NF **a** honey; (*tb* **~ de caña** o **negra**) molasses.
b (*locuciones*) **las ~es del triunfo** the sweets of success;

es ~ sobre hojuelas better still; **no hay ~ sin hiel** there's no rose without a thorn; **dejar a algn con la ~ en los labios** to spoil sb's fun.

mielga NF alfalfa.

miembro [1] NM [a] (*Anat*) limb, member; **~ viril** male member, penis.
[b] (*Ling, Mat etc*) member.
[c] (*de club*) member; (*de institución*) fellow.
[2] ADJ member; **los países ~s** the member countries.

mientes NFPL: **¡ni por ~!** never!, not on your life!; **parar ~ en** to reflect on; **traer a las ~** to recall; **se le vino a las ~** it occurred to him.

▼ **mientras** [1] CONJ [a] while, when, as long as; **~ duraba la guerra** as long as the war lasted; **~ él estaba fuera** while he was abroad; **no podemos comenzar ~ no venga** we can't start until he comes.
[b] **~ (que)** whereas; **tú trabajas ~ que yo estoy en el paro** you're working while I'm unemployed; **~ más tienen más quieren** (*esp LAm*) the more they have the more they want.
[2] ADV (*entre tanto: tb* **y ~, ~ tanto**) meanwhile, meantime; (*todo el tiempo*) all the while; **llegaré en seguida, ~ (tanto), prepáralo todo** I'll be right there, in the meantime, you get it all ready.

miérc. ABR de **miércoles**

miércoles NM INV Wednesday; **~ de ceniza** Ash Wednesday; *V* **sábado**.

mierda NF (*fam!*) [a] shit; (*fam!*) crap (*fam!*); (*fig*) filth, dirt; **¡~!** shit (*fam!*); **de ~** (*esp LAm: maldito*) lousy (*fam*), bloody (*fam*). [b] (*fig*) **el libro es una ~** the book is crap (*fam*), **una película de ~** a crappy film (*fam!*); **esos políticos de ~** those lousy politicians (*fam*); **coger** *o* **pillar una ~** to get sozzled (*fam*); **estar hecho una ~** to be knackered (*fam*); **irse todo a la ~** to get ballsed up (*fam!*); **¡vete a la ~!** go to hell! (*fam!*), piss off! (*fam!*).

mies NF [a] (*ripe*) corn, wheat, grain. [b] (*temporada*) harvest time. [c] **~es** cornfields.

miga NF [a] crumb; (*fig*) bit; **la ~** the dough; **~s** (*Culin*) fried breadcrumbs. [b] (*fig: médula*) core, essence; **esto tiene su ~** there's more to this than meets the eye. [c] **hacer algo ~s** to break *o* smash sth into little pieces; **hacer ~s a algn** to leave sb in a sorry state; **hacer buenas ~s** to get on well, hit it off.

migajas NFPL (*de pan*) crumbs; (*gen*) bits; (*fig*) leavings.

migar <1h> VT to crumble, break up.

migración NF migration.

migraña NF migraine.

migrar <1a> VI to migrate.

migratorio ADJ migratory.

mijo NM millet.

mil ADJ, NM a *o* one thousand; **tres ~ coches** three thousand cars; **~ doscientos dólares** one thousand two hundred dollars; **~ veces** hundreds of times; **a las ~** (*fam*) at some ungodly hour; *V* **seis**.

milagrero/a (*fam*) [1] ADJ [a] **personas ~as** people who believe in miracles.
[b] (*curación, poder*) miraculous; (*persona*) with miraculous powers.
[2] NM/F [a] (*que cree en milagros*) believer in miracles.
[b] (*que hace milagros*) miracle-worker.

milagro NM miracle; **~ económico** economic miracle; **es un ~ que ...** it is a miracle *o* wonder that ...; **salvarse de ~** to escape miraculously *o* by the skin of one's teeth; **hacer ~s** (*fig*) to work wonders.

milagroso ADJ miraculous.

Milán NM Milan.

milanesa NF (*Arg Culin*) schnitzel.

milano NM (*Orn*) kite.

mildeu NM (*tb* **mildiu, mildiú**) mildew.

milenario [1] ADJ millennial; (*fig*) very ancient, age-old.
[2] NM millennium.

milenio NM millennium.

milésimo/a [1] ADJ thousandth. [2] NM/F thousandth; **una ~a de segundo** a thousandth of a second; (*fig*) split second; *V* **sexto**.

milhojas NM *o* NF INV (*Culin*) millefeuille; (*pastel*) cake

made with puff pastry, filled with meringue.

mili NF (*fam*) military service; **hacer la ~** to do one's military service.

MILI

ⓘ **La mili** *is the colloquial term used in Spain to refer to the compulsory military service (***servicio militar***) which men are drafted into at 18. Exemption is possible on medical grounds and in certain family situations, while students and those living abroad can obtain a deferment (***prórroga***) which allows them to put off doing their military service until a more convenient time. Conscientious objectors (***objetores de conciencia***) can choose to do a longer period of community service, known as* **prestación social sustitutoria** *(PSS) instead of military service. Over recent years, the length of* **la mili** *has been reduced to the current nine months, but there is still plenty of opposition to it and the number of those who refuse to do either military or community service, called* **insumisos***, has increased. Plans have been drawn up to abolish military service and establish a professional army.*

---

milibar NM millibar.

milicia NF [a] militia; (*militares*) military. [b] (*arte*) art of war; (*profesión*) soldiering, military profession; (*servicio militar*) (period of) military service.

miliciano/a NM/F militiaman/-woman.

milico NM (*And, CSur: pey: soldado*) soldier; (: *policía*) policeman.

miligramo NM milligramme, milligram (*US*).

mililitro NM millilitre, milliliter (*US*).

milimetrado ADJ (*fig*) minutely calculated.

milimétrico ADJ (*fig*) precise, minute; **con precisión ~a** with pinpoint accuracy.

milímetro NM millimetre, millimeter (*US*); **lo calculó al** *o* **hasta el ~** (*fig*) he calculated it very precisely.

militancia NF [a] (*cualidad*) militancy. [b] (*Pol*) membership.

militante [1] ADJ militant. [2] NMF militant; (*Pol*) (active) member; **~ de base** rank and file member.

militar [1] ADJ military; (*guerrero*) warlike; **ciencia ~** art of war.
[2] NM (*soldado*) soldier, military man; (: *en la mili*) serviceman; **los ~es** the military.
[3] <1a> VI [a] (*Mil*) to serve (in the army).
[b] (*fig*) **~ en un partido** to belong to *o* be active in a party.
[c] (*fig*) **~ contra/a favor de** (*hecho*) to militate against/for; (*persona*) to fight against/for.

militarismo NM militarism.

militarista [1] ADJ militaristic. [2] NMF militarist.

militarización NF militarization.

militarizar <1f> VT to militarize.

milla NF mile; **~ marina** nautical mile.

millar NM thousand; **a ~es** in thousands, by the thousand.

millo NM (*esp LAm*) (variety of) millet.

millón NM: **un ~** a *o* one million; **un ~ de sellos** a million stamps; **3 ~es de niños** 3 million children; **¡un ~ de gracias!** thanks a million!

millonada NF (*fam*) million.

millonario/a NM/F millionaire/millionairess.

millonésimo/a ADJ, NM/F millionth.

milonga (*CSur*) NF kind of dance; (*fiesta*) party.

milpa NF (*CAm, Méx*) maize field, cornfield (*US*).

milpear <1a> (*CAm, Méx*) [1] VT to prepare for the sowing of maize. [2] VI [a] to make a maize field. [b] (*maíz: brotar*) to sprout.

milpero NM (*CAm, Méx*) maize grower.

miltomate NM (*CAm, Méx*) small green tomato.

mimado ADJ spoiled.

mimar <1a> VT (*niño etc*) to spoil, pamper.

mimbre NMF [a] (*Bot*) osier, willow. [b] (*material*) wicker; **de ~** wicker *atr*, wickerwork.

mimbrearse <1a> VR to sway.

mimeografiar <1c> VT to mimeograph.

mimeógrafo NM mimeograph.

➤ EXPRESIONES GENERATIVAS: **mientras → 8.2**

mimético ADJ mimetic, imitation *atr*.

mimetismo NM mimetism; (*Zool etc*) mimicry.

mimetizar <1f> (*esp LAm*) [1] VT to change colour *o* (*US*) color, camouflage. [2] **mimetizarse** VR (*Zool*) to change colour *o* (*US*) color; (*Mil*) to camouflage o.s.

mímica NF [a] (*arte*) mime; (*lenguaje*) sign language; (*gesto*) gesticulation. [b] (*imitación*) mimicry.

mímico ADJ mimic; **lenguaje** ~ sign language.

mimo/a [1] NM/F (*Teat*) mime. [2] NM [a] (*Teat*) mime. [b] (*caricia*) affectionate caress; (*condescendencia*) pampering; **dar ~s a un niño** to spoil a child; **hacer ~s a algn** to make a (great) fuss of *o* over sb.

mimosa NF mimosa.

mimoso ADJ affectionate; (*pey: niño*) clingy; (: *novia*) kittenish.

Min ABR *de* **Ministerio** Min; ~ **de AA.EE** FCO, FO; ~ **de D** MOD.

min ABR [a] *de* **minuto** min. [b] *de* **minúscula** lc.

mín ABR *de* **mínimo** min.

mina NF [a] (*Min*) mine; ~ **a cielo abierto** opencast mine; ~ **de carbón** *o* **hullera** coal mine. [b] (*galería*) gallery; (*pozo*) shaft. [c] (*Mil, Náut*) mine. [d] (*de lápiz*) lead, refill. [e] (*fig*) (gold) mine, storehouse. [f] (*And, CSur: fam: chica*) bird (*fam*), broad *o* (*US fam*) chick.

minador NM [a] (*Mil*) sapper; (*Min*) [b] (*Náut: tb* **buque ~**) minelayer.

minar <1a> VT [a] (*Mil, Min, Náut*) to mine. [b] (*fig*) to undermine, sap.

minarete NM minaret.

mineral [1] ADJ mineral. [2] NM (*Geol*) mineral; (*Min*) ore; ~ **de hierro** iron ore.

mineralogía NF mineralogy.

mineralogista NMF mineralogist.

minería NF mining.

minero/a [1] ADJ mining. [2] NM/F miner.

minga¹ NF (*fam!*) prick (*fam!*).

minga² NF (*LAm*) [a] (*trabajo*) voluntary communal labour *o* (*US*) labor, cooperative work. [b] (*equipo*) crew, gang (of cooperative workers).

mingar <1h> VT [a] (*LAm: trabajar*) to work communally on, contribute cooperatively to. [b] (*And, CSur: trabajadores*) to call together for a communal task.

mingitorio NM (*hum: tb* ~**s**) toilets, urinals.

mini NF (*falda*) mini, miniskirt.

mini... PREF mini....

miniatura [1] ADJ miniature; (*perro etc*) toy. [2] NF miniature; **en** ~ in miniature.

minicadena NF mini hi-fi.

minicines NMPL *cinema with several small screens*.

minifalda NF miniskirt.

minifundio NM smallholding, small farm.

minifundista NMF smallholder.

minigolf NM putting (green), miniature golf(-course).

mínima NF (*Met*) low, lowest temperature.

minimal, minimalista ADJ, NMF minimalist.

minimalismo NM minimalism.

mínimamente ADV minimally.

minimizar <1f> VT to minimize.

mínimo [1] ADJ (*gen*) minimum; (*insignificante*) minimal; (*el más pequeño*) smallest, slightest, least; **cifra ~a** minimum number; **con el ~ esfuerzo** with the slightest effort; **en lo más** ~ not at all *o* in the least; **no me importa en lo más** ~ it doesn't matter to me in the least *o* slightest; **precio/salario** ~ minimum price/wage. [2] NM minimum; **como** ~ as a minimum, at the very least; **lo ~ que pueden hacer** the least they can do; ~ **de presión** (*Met*) low-pressure area, trough; **estar bajo ~s** to be at a low ebb.

mínimum NM minimum.

minino/a NM/F puss, pussy-cat.

Minipimer ® NM electric mixer.

miniserie NF miniseries.

ministerial ADJ ministerial.

ministerio NM [a] (*gen*) ministry; (*esp US*) department; **M~ de Asuntos Exteriores** Foreign Office (*Brit*), State Department (*US*); **M~ de Comercio e Industria** Department of Trade and Industry (*Brit*); **M~ de (la) Gobernación** *o* **del Interior** ≈ Home Office (*Brit*), Department of the Interior (*US*); **M~ de Hacienda** Treasury. [b] (*Jur*) **el** ~ **público** the Prosecution, the State Prosecutor (*US*).

ministro/a NM/F [a] (*en gobierno*) minister; (*esp US*) secretary; ~ **de la Iglesia** minister of religion; **primer** ~ prime minister; ~ **portavoz** government spokesperson; ~ **sin cartera** minister without portfolio; ~ **de Asuntos Exteriores** Foreign Secretary (*Brit*), Secretary of State (*US*); ~ **de Hacienda** Chancellor of the Exchequer (*Brit*), Secretary of the Treasury (*US*); ~ **de (la) Gobernación** *o* **del Interior** ≈ Home Secretary (*Brit*), Secretary of the Interior (*US*). [b] (*Pol*) **consejo de ~s** cabinet.

minoría NF minority; ~ **de edad** minority.

minorista [1] ADJ retail *atr*. [2] NMF retailer, retail trader.

minoritario ADJ minority *atr*; **gobierno** ~ minority government.

minucia NF (*detalle insignificante*) trifle, insignificant detail; (*bagatela*) mere nothing; (*pedazo*) morsel, tiny bit; ~**s** petty details, minutiae.

minuciosamente ADV (*V nf*) thoroughly, meticulously; in a very detailed way; minutely.

minuciosidad NF (*meticulosidad*) thoroughness, meticulousness; (*detalle*) detailed nature; (*carácter pequeño*) minuteness.

minucioso ADJ (*V nf*) thorough, meticulous; very detailed; minute.

minúscula NF small letter; (*Tip*) lower case letter.

minúsculo ADJ tiny, minute, minuscule; (*Tip*) small.

minusvalía NF [a] (*physical*) handicap. [b] (*Com*) depreciation, capital loss.

minusválido/a [1] ADJ physically handicapped *o* disabled. [2] NM/F disabled person; **los ~s** the disabled; ~ **físico** physically handicapped person; ~ **psíquico** mentally handicapped person.

minuta NF [a] (*borrador*) rough draft, first draft. [b] (*cuenta*) lawyer's bill. [c] (*Culin*) menu.

minutero NM minute hand.

minuto NM minute; **al** ~ a minute later; **dentro de un** ~ in a minute.

Miño NM: **el (río)** ~ the Miño.

mío ADJ Y PRON POS mine, of mine; **es** ~, **es el** ~ it is mine; **lo** ~ (what is) mine, what belongs to me; **lo** ~ **son los deportes** I'm a sports person myself; **no es amigo** ~ he's no friend of mine; **¡Dios** ~**!** my God!, good heavens!; **¡hijo** ~**!** my dear boy!; **los** ~**s** my people, my relations, my family.

miope [1] ADJ near- *o* short-sighted, myopic. [2] NMF short-sighted person.

miopía NF near- *o* short-sightedness, myopia.

MIPS NMPL ABR *de* **millones de instrucciones por segundo** MIPS.

MIR NM ABR (*Esp Med*) *de* **Médico interno y residente**.

mira NF [a] **estar a la** ~ to be on the look-out, keep watch (*de* for). [b] (*Mil, Téc etc*) sight(s); ~ **de bombardeo** bombsight; ~ **telescópica** telescopic sight; **con la** ~ **puesta en** (*fig*) with one's sights set on. [c] (*Mil*) watchtower, look-out post. [d] (*fig*) aim, intention; **con la** ~ **de hacer algo** with the aim of doing sth; **con ~s a** with a view to; **poner la** ~ **en** to aim at. [e] (*fig*) **de amplias/estrechas ~s** broad-/narrow-minded *o* bigoted.

mirada NF [a] look, glance; ~ **fija** stare, gaze; ~ **de soslayo** sidelong glance; ~ **perdida** *o* **vaga** vague *o* distant look; **apartar la** ~ to look away (*de* from); **apuñalar** *o* **fulminar a algn con la** ~ to look daggers at sb; **echar una** ~ **a** (*mirar*) to glance at; (*vigilar*) to keep an eye on; **lanzar una** ~ **a** to (cast a) glance at; **levantar/bajar la** ~ to look up/down; **resistir la** ~ **de algn** to stare sb out. [b] (*expresión*) look, expression; **con una** ~ **triste** with a sad look.

miradero NM [a] (*lugar*) vantage point. [b] (*atracción*) centre *o* (*US*) center of attention *o* attraction.

mirado ADJ [a] **bien** ~ well *o* highly thought of; **no está bien** ~ **que** it is not thought proper that; **mal** ~ disliked;

_V_ **malmirado.** ⓑ (_sensato_) sensible; (_cauto_) cautious, careful; (_considerado_) considerate, thoughtful. ⓒ (_pey_) finicky, fussy. ⓓ **bien ~** (_adv_) all in all, all things considered.

mirador NM ⓐ (_ventana_) bay window; (_balcón_) (enclosed) balcony. ⓑ (_lugar de observación_) viewpoint, vantage point.

miraguano NM (_material_) silk cotton, kapok; (_árbol_) silk cotton tree, kapok tree.

miramiento NM ⓐ (_consideración_) considerateness; (_cortesía_) courtesy. ⓑ (_circunspección_) care; (_pey: timidez_) timidity. ⓒ **~s** respect _sg_; **sin ~s** unceremoniously; **tratar sin ~ a algn** to ride roughshod over sb.

miranda (_fam_) NF: **estar de ~** (_gandulear_) to be idle, loaf around; (_mirar_) to look on, be an onlooker.

mirar<1a> ① VT ⓐ to look at; (_observar_) to watch; **miraba la foto** she was looking at the photo; **se quedó mirando cómo jugaban los niños** she stood watching the children play; **míralo en el diccionario** look it up in the dictionary; **¡mira lo que has hecho!** (just) look what you've done!; **~ a algn de arriba abajo** to look sb up and down; **~ fijamente** (_a algn_) to stare at; (_a algo_) to gaze at; **~ algo por encima** to glance over sth, glance cursorily at sth; **~ algo/a algn por encima del hombro** to look down on sth/sb; **~ algo/a algn de reojo o de través** to look askance at sth/sb; **de mírame y no me toques** delicate, fragile.

ⓑ (_registrar_) to look at o through, search; **le miraron la maleta** they looked at his suitcase.

ⓒ (_LAm: ver_) to see; **¿lo miras?** can you see it?

ⓓ (_fig: reflexionar sobre_) to consider, think over, think carefully about; **lo hago mirando el porvenir** I do it with the future in mind; **no mira las dificultades** he doesn't take account of the difficulties; **mirándolo bien, bien mirado** (_en definitiva_) all in all; (_pensándolo bien_) on second thoughts; **¡mira lo que haces!** mind what you're doing!; **¡mira con quien hablas!** just remember who you're talking to!; **¡mira que no tenemos dinero!** remember we've no money!

ⓔ (_fig: vigilar_) to watch, keep an eye on; (: _cuidar_) to be careful about; **conviene ~ el bolso** it's best to keep an eye on your handbag.

ⓕ (_fig_) **~ bien** o **con buenos ojos** to think highly of; **~ mal, ~ con malos ojos** to have a poor opinion of.

ⓖ (_comprobar_) to look and see, check; **mira (a ver) si está** see if he's in; **mira a ver lo que hace el niño** go and check what the kid's up to.

ⓗ (_locuciones_) **¡mira que si no viene!** just suppose he doesn't come!; **¡mira que es tonto!** what an idiot!, he's so stupid!; **¡mira que te avisé!** I did warn you, didn't I?; **¡mira quien fue a hablar!** look who's talking!, you're a fine one to talk!; **¡mira que ponerse a llover ahora!** imagine it starting to rain right now!; **¡mira si será listo!** (_tb iró_) boy he's quick! (_fam_).

② VI ⓐ to look; (**~ de reojo**) to glance; **¡mira!** look!; (_protesta_) look here!; **mira, yo creo que …** look, I think that …; **¡(pues) mira por donde …!** surprise, surprise!; **~ alrededor** to look around; **~ atrás** (_fig_) to look back, think about the past; **~ hacia otro lado** to look the other way; **~ por la ventana** to look out of the window; **~ por un agujero** to look through a hole; **~ de través** to squint.

ⓑ (_registrar_) to look; **¿has mirado en el cajón?** have you looked in the drawer?

ⓒ (_Arquit_) to face, look o open on to; **la casa mira al sur** the house faces south.

ⓓ (_fig_) **~ a** to aim at, have in mind.

ⓔ (_fig_) **~ por** to look after, take care of; **~ por sus intereses** to look after one's own interests.

③ **mirarse** VR ⓐ to look at o.s.; **~ al espejo** to look at o.s. in the mirror.

ⓑ (_2 personas_) to look at one another o each other; **~ a los ojos** to look into each other's eyes.

ⓒ **se mire por donde se mire** whichever way you look at it.

mirasol NM sunflower.

mirilla NF (_agujero_) peephole, spyhole; (_Fot_) viewer.

miriñaque NM (_Hist_) crinoline, hoop skirt.

miriópodo NM millipede.

mirlo NM ⓐ (_Orn_) blackbird. ⓑ **~ blanco** (_fig_) rare bird.

mirón/ona (_fam_) ① ADJ nosey (_fam_). ② NM/F (_espectador_) onlooker, watcher, observer; (_pey_) peeping Tom; **estar de ~** to look on (without doing anything); **ir de ~** to go along just to watch.

mirra NF myrrh.

mirtilo NM bilberry, whortleberry.

mirto NM myrtle.

misa NF mass; **~ del gallo** midnight mass (_on Christmas Eve_); **~ de difuntos** requiem mass; **~ mayor/rezada** high/low mass; **como en ~** in dead silence; **ir a** o **oír ~** to go to mass o church; **no saben de la ~ la media** they don't know the half of it; **estos datos van a ~** (_fig_) these facts are utterly trustworthy.

misal NM missal.

misantropía NF misanthropy.

misantrópico ADJ misanthropic.

misántropo/a NM/F misanthrope, misanthropist.

miscelánea NF ⓐ miscellany. ⓑ (_Méx_) corner shop.

misceláneo ADJ miscellaneous.

miserable ① ADJ ⓐ (_cicatero_) mean, stingy; (_avaro_) miserly; (_sueldo etc_) miserable, paltry.

ⓑ (_moralmente_) rotten (_fam_), vile, despicable; **¡~!** you wretch!

ⓒ (_lugar, habitación etc_) squalid, sordid.

ⓓ (_desdichado_) wretched.

② NMF (_canalla_) rotter (_fam_).

miseria NF ⓐ (_pobreza_) poverty, destitution; (_carencia_) want; **vivir en la ~** to live in abject poverty. ⓑ (_condiciones_) squalor, squalid conditions. ⓒ **una ~** a (mere) pittance. ⓓ (_tacañería_) meanness, stinginess.

misericordia NF ⓐ (_compasión_) pity, compassion. ⓑ (_perdón_) forgiveness, mercy.

misericordioso ADJ (_V nf_) ⓐ compassionate. ⓑ forgiving, merciful.

mísero ADJ = **miserable 1**.

Misiá, Misia NF (_esp CSur fam: tratamiento_) Missis (_fam_), Missus (_fam_); **~ Eugenia** Doña Eugenia, Miss Eugenia.

misil NM missile; **~ balístico/autodirigido** ballistic/guided missile; **~ tierra-aire** ground-to-air missile.

misión NF mission; (_tarea_) job, duty; (_Pol_) assignment; **~es** (_Rel_) overseas missions, missionary work _sg_; **~ de buena voluntad** goodwill mission.

misional ADJ missionary.

misionero/a NM/F missionary.

Misisipí NM Mississippi.

misiva NF missive.

mismamente ADV (_fam: sólo_) only, just; (: _textualmente_) literally; **ayer ~ vino** it was only yesterday he came.

mismísimo ADJ SUPERL selfsame, very (same); **con mis ~s ojos** with my very own eyes; **estuvo el ~ obispo** the bishop himself was there.

▼ **mismo** ① ADJ ⓐ same (_que_ as, that); **el ~ coche** the same car; **tengo el ~ dinero que tú** I've got the same amount of money as you.

ⓑ (_reflexivo_) -self; **para mí ~** to myself; **lo hizo por sí ~** he did it by himself; **perjudicarse a sí ~** to harm one's own interests.

ⓒ (_enfático_) very, selfsame; **en ese ~ momento** at that very moment; **en Argentina ~a, en la ~a Argentina** in Argentina itself; **ella es la generosidad ~a** she is generosity itself o the soul of generosity; **estuvo el ~ ministro** the minister himself was there; **yo ~ lo vi** I saw it myself o with my own eyes; **ni ella ~a lo sabe** she doesn't even know herself.

② PRON: **lo ~** the same (thing); (_en un bar etc_) the same again; **lo ~ digo yo** that's (exactly) what I say; **no es lo ~** it's not the same (at all); **es** o **da lo ~** it's all the same, it makes no difference; **me da lo ~, lo ~ me da** I don't mind, it's all the same to me; **da lo ~ que vengas hoy o mañana** it doesn't matter whether you come today or tomorrow; **por lo ~** for the same reason; **lo ~ A que B** both A and B; **lo ~ si viene que si no viene** whether he

➤ EXPRESIONES GENERATIVAS: **mismo** → 1.5, 8.1

comes or not.
3 ADV **a** (*enfático*) right; **ahora** ~ right away; **aquí** ~ right here, on this very spot; **ayer** ~ only yesterday; **hoy** ~ this very day; **delante** ~ **de la casa** right in front of the house.
b (*por ejemplo*) **aquí** ~ here will do; **¿quién responde? a ver, tú** ~ who's going to answer? right, you, for example!
c (*fam: a lo mejor*) **lo** ~ **no vienen** they might not come.
4 CONJ: **lo** ~ **que** just like, just as (if); **lo** ~ **que Ud es médico yo soy ingeniero** just as you are a doctor I am an engineer; **nos divertimos lo** ~ **que si hubiéramos ido al baile** we had just as good a time as if we had gone to the dance.
misoginia NF misogyny.
misógino NM misogynist.
miss [mis] NF beauty queen; **M~ España 1984** Miss Spain 1984.
misterio NM **a** mystery; (*enigma*) enigma, puzzle; (*técnica, pericia profesionales*) mystique; **no hay** ~ there's no mystery about it. **b** (*lo secreto*) secrecy; **obrar con** ~ to go about sth secretly.
misteriosamente ADV (*V adj*) mysteriously; puzzlingly.
misterioso ADJ mysterious; (*inexplicable*) mystifying, puzzling.
mística[1] NF, **misticismo** NM mysticism.
místico/a[2] [1] ADJ mystic(al). [2] NM/F mystic.
mistificación NF (*broma*) hoax, practical joke; (*misterio*) mystification; (*jerga etc*) hocus-pocus; **sin ~es** plain, without frills, with no nonsense about it.
mistificar <1g> VT **a** (*engañar*) to hoax, play a practical joke on. **b** (*falsificar*) to falsify; **c** (*mezclar*) to mix up, make a mess of.
Misuri NM Missouri.
mita (*And, CSur: Hist*) NF (*dinero*) tax o tribute paid by Indians; (*trabajo*) common service to landlord.
mitad NF **a** half; ~ **(y)** ~ half-and-half; (*fig*) so-so, yes and no; **paguemos** ~ **y** ~ let's go halves; **es** ~ **blanco y** ~ **rojo** it's half white and half red; **me queda la** ~ I have half left; **a** ~ **de precio** half-price; **reducir en una** ~ to cut by half, halve.
b (*centro*) middle; **a** ~ **de** halfway along o through *etc*; **a** ~ **de camino entre A y Z** halfway between A and Z; **en** ~ **de la calle** in the middle of the street; **está a la** ~ it's half empty, it's half gone *etc*; **estar a** ~ **de camino** to be halfway there; **hacia la** ~ **de la película** halfway through the film; **cortar por la** ~ to cut down the middle; **partir a algn por la** ~ (*fig*) to upset sb's plans, queer sb's pitch; *V* **dividir**.
mítico ADJ mythical.
mitificar <1g> VT to mythologize, convert into a myth.
mitigación NF (*V vb*) mitigation; relief; quenching; appeasement; tempering; reduction.
mitigar <1h> VT (*gen*) to mitigate; (*dolor*) to relieve, ease; (*sed*) to quench; (*ira*) to appease; (*dureza*) to temper, mitigate; (*preocupación*) to allay; (*calor*) to reduce; (*soledad*) to alleviate, relieve.
mitin NM **a** (*esp Pol*) meeting; ~ **popular** rally. **b** (*discurso*) political speech; (*pey*) rabble-rousing speech.
mito NM myth.
mitología NF mythology.
mitológico ADJ mythological.
mitómano/a NM/F myth-maker, person who exaggerates.
mitote NM (*Méx fam*) uproar.
mitra NF mitre.
mixomatosis NF myxomatosis.
Mixteca NF (*Méx*) southern Mexico.
mixto [1] ADJ mixed; (*comité*) joint. [2] NM **a** (*fósforo*) match; (*Mil*) explosive compound. **b** (*Ferro*) passenger and goods train.
mixtura NF mixture.
Mk ABR *de* **Marco** Mk.
ml. ABR *de* **mililitro(s)** ml.
mm. ABR *de* **milímetro(s)** mm.

M.N., m/n ABR (*LAm*) *de* **moneda nacional** *V* **moneda**.
mnemotécnico ADJ mnemonic.
Mnez. ABR *de* **Martínez**.
M.º ABR **a** (*Pol*) *de* **Ministerio** Min. **b** (*Escol*) *de* **Maestro**.
M.O. ABR *de* **mano de obra**.
m/o ABR (*Com*) *de* **mi orden**.
moai NM (*pl* **~s**) (*Chi*) Easter Island statue.
mobiliario NM (*muebles*) furniture; (*artículos domésticos*) household goods; (*juego*) suite (of furniture).
moblaje NM = **mobiliario**.
MOC NM ABR *de* **Movimiento de Objeción de Conciencia**.
moca NM mocha.
mocasín NM moccasin.
mocedad NF **a** (*juventud*) youth; **en mis ~es** in my young days. **b** **~es** (*travesuras*) youthful pranks; (*vida licenciosa*) wild living; **pasar las ~es** to sow one's wild oats.
mocetón/ona NM/F strapping boy/girl.
mochales ADJ: **estar** ~ (*Esp fam*) to be round the bend (*fam*).
mochar <1a> VT **a** (*LAm: cortar*) to chop off, hack off (clumsily). **b** (*And fam: despedir*) to fire (*fam*).
mochila NF rucksack, knapsack; (*Mil*) pack.
mocho [1] ADJ (*truncado*) cut off, short; (*muñón*) stubby; (*desafilado*) blunt; (*árbol*) lopped; (*vaca*) hornless, polled. [2] NM (*de utensilio etc*) blunt end, thick end.
mochuelo NM **a** (*Orn: tb* ~ **común**) little owl. **b** **cargar con el** ~ to get landed with it; **colgar** o **echar el** ~ **a algn** to lumber sb with the job (*fam*); (*culpa*) to make sb carry the can (*fam*); (*crimen*) to frame sb.
moción NF **a** motion, movement. **b** (*Parlamento etc*) motion; ~ **de censura** motion of censure, censure motion; ~ **compuesta** composite motion; ~ **de confianza** vote of confidence; **hacer** o **presentar una** ~ to propose a motion.
mocionante NMF (*CAm, Méx*) proposer (of a motion).
mocionar <1a> VT (*CAm, Méx*) to move, propose.
mocito/a [1] ADJ very young. [2] NM/F youngster.
moco NM **a** mucus, snot (*fam*); **limpiarse los ~s** to blow one's nose; **llorar a** ~ **tendido** to sob one's heart out, cry one's eyes out; **tener ~s** to have a runny nose; **tirarse el** ~ (*fam*) to brag; (*Orn*) crest; **no es** ~ **de pavo** it's no trifle o not to be sneezed at. **c** (*pábilo*) snuff, burnt wick; (*cera derretida*) candle grease. **d** (*Téc*) slag.
mocoso/a [1] ADJ snivelling; **un niño** ~ a kid with a runny nose. [2] NM/F (*fam*) brat; (*fig*) child.
moda NF fashion; (*estilo*) style; **de** ~ (*adj*) in fashion, fashionable; (*adv*) fashionably; **a la** ~ **de** after the fashion of; **estar a la** ~ to be in fashion o fashionable; **ponerse a la** ~ to smarten up, get some new clothes; **vestido a la última** ~ trendily dressed; **pasado de** ~ out of fashion, old-fashioned, outdated; **pasarse de** ~ to go out of fashion; **ponerse de** ~ to become fashionable; **estar muy de** ~ to be in fashion.
modal [1] ADJ modal. [2] NM: **~es** manners.
modalidad NF (*clase*) kind, variety; (*manera*) way; (*Inform*) mode; ~ **de pago** (*Com*) method of payment; ~ **de texto** (*Inform*) text mode; **habrá pruebas de atletismo en todas sus ~es** there will be athletics trials in every discipline; **hay varias ~es del juego** there are several ways of playing the game.
modelado NM modelling.
modelador(a) NM/F modeller.
modelar <1a> [1] VT **a** to model (*sobre, según* on). **b** (*dar forma a*) to shape, form. [2] **modelarse** VR: ~ **sobre** to model o.s. on.
modélicamente ADV in a model way, in an exemplary fashion.
modélico ADJ model, ideal, exemplary.
modelismo NM modelling, model-making.
modelista NMF model-maker.
modelo [1] NM (*gen*) model; (*patrón*) pattern; (*norma*) standard; ~ **a escala** scale model; **presentar algo como** ~ to hold sth up as a model. [2] NMF (*Arte, Fot, Moda etc*) model; ~ **de portada** cover girl; **desfile de ~s** fashion show o parade.

[3] ADJ model; **cárcel ~** model prison; **niño ~** model child; **un coche último ~** a latest-model car.

módem NM modem.

moderación NF moderation; **~ salarial** wage restraint; **con ~** in moderation.

moderadamente ADV moderately.

moderado/a [1] ADJ moderate; (*cálculo*) conservative. [2] NM/F (*Pol*) moderate, wet (*Brit*).

moderador(a) [1] ADJ moderating. [2] NM/F (*en debate*) chairperson, chairman/chairwoman; (*TV*) presenter.

moderar<1a> [1] VT [a] to moderate; (*violencia*) to restrain, control; (*velocidad*) to reduce. [b] (*debate*) to chair; (*TV*) to present. [2] **moderarse** VR (*fig: contenerse*) to restrain o control o.s.; (: *tranquilizarse*) to calm down.

modernamente ADV nowadays, in modern times.

modernidad NF modernity.

modernismo NM modernism.

modernista [1] ADJ modernist(ic). [2] NMF modernist.

modernización NF modernization.

modernizar<1f> [1] VT to modernize, bring up to date, update. [2] **modernizarse** VR to modernize o.s., get up to date, move with the times.

moderno/a [1] ADJ (*gen*) modern; (*actual*) present-day; (*equipo etc*) up-to-date; **lo ~** up-to-date things, the new. [2] NM/F trendy.

modestamente ADV modestly.

modestia NF modesty.

modesto ADJ modest.

módico ADJ (*gen*) reasonable, moderate; (*precio, suma*) low, modest.

modificación NF modification.

modificar<1g> VT to modify.

modismo NM idiom.

modista NF dressmaker.

modisto NM fashion designer, couturier.

modo NM [a] way, manner; (*estilo*) fashion; (*método*) mode, method; **'~ de empleo'** (*en etiqueta*) 'instructions for use'; **~ de gobierno** form of government; **a mi ~ de ver** o **pensar** in my view, as I see it. [b] (*locuciones con prep*) **a mi/tu** etc **~** in my/your etc (own) way; **lo interpretan a su ~** they interpret it each in his own way; **a ~ de** like; **algo a ~ de saco** a sort of bag, some kind of bag; **de este ~** (in) this way, like this; **del mismo** o **de igual ~ (que)** in the same way o just (as); **de igual ~** in the same way; **¡de ~ que sí fuiste tú!** so it was you after all!; **de un ~ u otro** (in) one way or another, by some means or other; *V para otras locuciones* **manera (a), (b).** [c] **~s** (*de persona*) manners; **buenos ~s** good manners; **contestar con buenos ~s/de mal ~** to answer courteously/rudely. [d] (*Inform, Mús*) mode. [e] (*Ling*) mood; **~ imperativo/indicativo/subjuntivo** imperative/indicative/subjunctive mood.

modorra NF drowsiness, heaviness.

modorro ADJ [a] drowsy, heavy. [b] (*fam: tonto*) dull, stupid.

modoso ADJ (*educado*) quiet, well-mannered; (*niña*) demure.

modulación NF modulation; **~ de frecuencia** (*Rad*) frequency modulation.

modular<1a> [1] ADJ modular. [2] VT to modulate.

módulo NM module; (*de mobiliario*) unit.

mofa NF mockery, ridicule; **hacer ~ de** to scoff o jeer at, make fun of.

mofarse<1a> VR: **~ de** to mock, scoff at.

mofeta NF [a] (*Zool*) skunk. [b] (*Min*) firedamp.

mofle NM (*LAm Aut*) silencer.

moflete NM [a] fat cheek, chubby cheek. [b] **~s** (*fig*) chubbiness *sg*.

mofletudo ADJ fat-cheeked, chubby.

mogollón (*fam*) [1] NM [a] (*gran cantidad*) loads, masses; **(un) ~ de gente** a mass of people, loads of people; **tengo (un) ~ de discos** I've got loads of records. [b] (*confusión*) commotion, upheaval; **hay mucho ~ aquí**

it's a bit wild here. [2] ADV (*mucho*) **me gusta ~** I like it loads (*fam*).

mogollónico ADJ (*fam*) huge, colossal.

mohair [mo'xair, mo'air] NM mohair.

mohín NM (*mueca*) (wry) face, grimace; (*pucheros*) pout.

mohíno ADJ (*triste*) gloomy, depressed; (*malhumorado*) sulky, sullen.

moho NM [a] (*en metal*) rust. [b] (*Bot*) mould, mold (*US*), mildew; **cubierto de ~** mouldy, moldy (*US*), mildewed; **no cría ~** (*fig*) he's always on the go.

mohoso ADJ [a] (*oxidado*) rusty. [b] (*cubierto de moho*) mouldy, moldy (*US*), mildewed; (*olor, sabor*) musty. [c] (*fig: chiste etc*) stale.

Moisés NM Moses.

moisés NM Moses basket, cradle; (*portátil*) carrycot.

mojado ADJ wet; (*húmedo*) damp, moist; (*empapado*) drenched, soaked; **llueve sobre ~** it never rains but it pours.

mojar<1a> [1] VT [a] to wet; (*humedecer*) to damp(en), moisten; (*empapar*) to drench, soak; **el niño ha mojado la cama** the baby's wet the bed; **moja un poco el trapo** dampen the cloth; **la lluvia nos mojó a todos** the rain soaked us all; **~ el pan en el café** to dip o dunk one's bread in one's coffee. [b] (*fam: triunfo etc*) to celebrate (with a drink). [c] **~ la cabeza al niño** to wet the baby's head. [2] VI: **~ en** (*entrometerse*) to meddle o get involved in. [3] **mojarse** VR [a] to get wet; **~ hasta los huesos** to get soaked to the skin. [b] (*fam: comprometerse*) to get one's feet wet; **no se mojó** he kept out of it, he didn't get involved.

mojarra NF (*LAm*) short broad knife.

mojicón NM [a] (*Culin: bizcocho*) sponge cake; (*bollo*) bun. [b] (*fam: bofetada*) punch in the face, slap.

mojigatería NF (*V adj*) hypocrisy; sanctimoniousness; prudery, prudishness.

mojigato/a [1] ADJ (*hipócrita*) hypocritical; (*santurrón*) sanctimonious; (*gazmoño*) prudish, straitlaced. [2] NM/F (*V adj*) hypocrite; sanctimonious person; prude.

mojinete NM (*CSur: aguilón*) gable.

mojón NM (*hito*) landmark; (*piedra*) boundary stone; (*tb ~ kilométrico*) milestone; (*señal*) signpost; (*montón*) heap.

mol. ABR (*Fís*) *de* **molécula** mol.

molar[1] NM molar.

molar[2]<1a> VI (*fam*) [a] **lo que más me mola es ...** what I'm really into is ... (*fam*); **no me mola** I don't go for that (*fam*), I don't fancy that. [b] (*estar de moda*) to be in (*fam*), be fashionable; **eso mola mucho ahora** it's all the rage now. [c] (*dar tono*) to be classy (*fam*), be real posh (*fam*).

molcajete NM (*esp Méx: Culin*) mortar.

Moldavia NF Moldavia.

moldavo/a ADJ, NM/F Moldavian, Moldovan.

molde NM (*Culin, Téc*) mould, mold (*US*), shape; (*vaciado*) cast; (*Tip*) forme; **romper ~s** (*fig*) to break the mould.

moldeado NM moulding, molding (*US*); (*en yeso*) casting; (*del pelo*) soft perm.

moldear<1a> VT [a] (*gen*) to mould, mold (*US*), shape; (*en yeso etc*) to cast; (*pelo*) to give a soft perm. [b] (*fig*) to mould, shape, form.

moldura NF moulding, molding (*US*).

mole[1] NF (*masa*) mass, bulk; (*edificio*) pile; **ese edificio/ hombre es una ~** that building/man is massive; **se sentó con toda su ~** he sat down with his full weight.

mole[2] (*Méx*) NM thick chile sauce; (*plato*) meat in chile sauce; **~ poblano** meat dish from Puebla.

molécula NF molecule.

molecular ADJ molecular.

moledor [1] ADJ [a] (*que muele*) grinding, crushing. [b] (*fam: aburrido*) boring. [2] NM (*Téc: aparato*) grinder, crusher; (: *de rodillo*) roller.

moler<2h> VT [a] (*café etc*) to grind; (*machacar*) to crush; (*pulverizar*) to pound; (*trigo etc*) to mill; (*fam*) to chew (up); **~ a algn a palos** to give sb a beating. [b] (*fig: cansar*) to tire out, weary, exhaust; (*fastidiar*) to annoy; (*aburrir*) to bore.

molestar<1a> **1** VT **a** to annoy; (*fastidiar*) to bother, irritate; (*incomodar*) to inconvenience, put out; (*perturbar*) to trouble, upset; **me molesta ese ruido** that noise upsets me o gets on my nerves; **¿le molesta el ruido?** do you mind the noise?, does the noise bother you?; **me molesta tener que repetirlo** I hate having to repeat it; **¿le molesta que abra la ventana/que fume?** do you mind if I open the window/if I smoke?; **siento ~le** I'm sorry to trouble you; **que no me moleste nadie** I don't want to be disturbed by anyone.
b (*físicamente*) to trouble, bother; **me molestan un poco los zapatos** my shoes are hurting a bit.
c (*ofender*) **me ha molestado lo que has dicho sobre mí** I'm hurt at what you said about me.
2 VI (*fastidiar*) to be a nuisance; (*estorbar*) **no quiero ~** I don't want to intrude o be in the way; **'se ruega no ~'** 'please do not disturb'.
3 **molestarse** VR **a** to bother (*con* about); (*incomodarse*) to go to a lot of trouble, put o.s. out; **~ en hacer algo** to bother to do sth; **¡no se moleste!** don't bother, don't trouble yourself!
b (*enfadarse*) to get cross; (*ofenderse*) to take offence, get upset.

molestia NF (*gen*) bother, trouble; (*estorbo*) nuisance; (*incomodidad*) inconvenience; (*Med*) discomfort; **es una ~** it's a nuisance; **¡no es ninguna ~!** it's no trouble at all!; **ahorrarse ~s** to save trouble, spare o.s. effort; **darse** o **tomarse la ~ de hacer algo** to take the trouble to do sth o go out of one's way to do sth; **'perdonen las ~s'** 'we apologize for any inconvenience'.

molesto ADJ **a** (*que fastidia*) troublesome, annoying; (*pesado*) trying, tiresome; (*incómodo*) inconvenient; (*tarea: difícil*) irksome; (*olor, sabor*) nasty; **si no es ~ para Ud** if it's no trouble to you; **es una persona muy ~a** he's a very trying person. **b** (*descontento*) discontented; (*inquieto*) restless; (*incómodo*) ill-at-ease, uncomfortable; (*ofendido*) upset, offended; (*azorado*) embarrassed; **estar ~** (*Med*) to be in some discomfort; **estar ~ con algn** to be cross with sb; **me sentí ~** I felt embarrassed.

molestoso ADJ (*LAm*) annoying.

molicie NF **a** softness. **b** (*fig: vida*) soft o luxurious living.

molido ADJ **a** (*machacado*) ground, crushed; (*pulverizado*) powdered. **b** **estar ~** (*fig*) to be exhausted o dead beat.

molienda NF **a** (*acto*) grinding; (*de trigo etc*) milling. **b** (*cantidad*) quantity of grain to be ground. **c** (*fam: cansancio*) weariness; (*: molestia*) nuisance.

moliente ADJ V **corriente**.

molinero/a NM/F miller.

molinillo NM **a** hand mill; **~ de café** coffee mill o grinder. **b** (*juguete*) (toy) windmill.

molino NM (*gen*) mill; (*trituradora*) grinder; **~ de agua/de viento** watermill/windmill.

molla NF (*Anat*) fleshy part; (*de carne*) lean part; (*de fruta*) flesh; (*de pan*) doughy part.

mollar ADJ (*fruta*) soft, tender.

molledo NM **a** (*Anat*) fleshy part. **b** (*de pan*) dough.

molleja NF gizzard; **~s** sweetbreads.

mollera NF (*Anat*) crown of the head; (*fam: seso*) brains *pl*, sense; **cerrado** o **duro de ~** (*estúpido*) thick, dim; (*terco*) pig-headed; **no les cabe en la ~** they just can't believe it.

mollete NM (*Culin*) (fried) roll.

molón ADJ (*fam*) **a** (*bueno*) super (*fam*), smashing (*fam*). **b** (*Esp: elegante*) posh (*fam*), classy (*fam*).

molotov NM: **cóctel** o **bomba ~** Molotov cocktail.

Molucas NFPL: **las (Islas) ~** the Moluccas, the Molucca Islands.

molusco NM mollusc.

momentáneamente ADV momentarily.

momentáneo ADJ momentary.

momento NM **a** moment; (*instante*) instant; (*tiempo*) time; **al ~** at once; **a cada ~** all the time; **de ~** at o for the moment; **continúa de ~ en el puesto** he stays in the job for the time being; **no los vi de ~** I didn't see them at first; **de un ~ a otro** at any moment; **del ~** current; **desde el ~ en que lo reconoce** (*tan pronto como*) as soon as he admits it; (*puesto que*) since he admits it; **en el ~ actual** at the present time; **en el ~ menos pensado** when least expected; **en el ~ oportuno** at the right o proper time; **en este ~** at the moment, right now; **en su ~** (*pasado*) in its time; (*futuro*) in due course, when the time is right; **hace un ~** not a moment ago; **por el ~** for the time being; **está cambiando por ~s** it is changing by the minute; **atravesamos un ~ difícil** we are going through a difficult time; **ha llegado el ~ de hacer algo** the time has come to do sth.
b (*Mec*) momentum, moment.

momia NF mummy.

momificación NF mummification.

momificar<1g> **1** VT to mummify. **2** **momificarse** VR to mummify, become mummified.

momio[1] NM (*ganga*) bargain; (*sinecura*) cushy job (*fam*); **de ~** free.

momio[2]**/a** (*Chi fam*) **1** ADJ reactionary, right wing *atr*. **2** NM/F reactionary, right winger.

mona NF **a** (*Zool: hembra*) female monkey; (*: especie*) Barbary ape; **aunque la ~ se vista de seda (~ se queda)** fine feathers don't make fine birds; **mandar a algn a freír ~s** (*fam*) to tell sb to go to blazes (*fam*). **b** (*fam: copión*) copycat (*fam*). **c** (*fam: borrachera*) **coger** o **pillar una ~** to get canned (*fam*); **dormir la ~** to sleep it off. **d** (*Ven fam*) stuck-up girl.

monacal ADJ monastic.

monacato NM monastic life.

Mónaco NM Monaco.

monada NF **a** (*comportamiento*) monkeying around; (*tontería*) silly habit o trick. **b** (*de niño*) charming habit, sweet little way. **c** (*cosa primorosa*) lovely thing; (*chica*) pretty girl; **la casa es una ~** the house is lovely; **¡qué ~!** isn't it cute?, isn't it lovely? **d** (*fam: zalamería*) **~s** flattery *sg*.

monago, monaguillo NM acolyte, altar boy.

monarca NM monarch, ruler.

monarquía NF monarchy.

monárquico/a ADJ monarchic(al); (*Pol*) royalist, monarchist.

monarquista NM monarchist.

monasterio NM monastery.

monástico ADJ monastic.

Moncloa NF: **la ~** official residence of the Spanish prime minister (Madrid).

monda[1] NF **a** (*acción: de fruta*) peeling; (*peladura*) peel, peelings; (*cáscara*) skin. **b** (*LAm fam: paliza*) beating.

monda[2] NF (*fam*) **a** **¡es la ~!** (*fantástico*) it's great!; (*el colmo*) it's the limit!; **fue la ~** (*para reírse*) it was a scream (*fam*). **b** **¡es la ~!** (*persona: gracioso*) she's o he's a knock-out (*fam*).

mondadientes NM INV toothpick.

mondadura NF **a** = **monda**[1]. **b** **~s** peel.

mondar<1a> **1** VT **a** (*fruta*) to peel, skin; (*patata*) to peel; (*nueces, guisantes*) to shell; (*palo*) to pare. **b** (*pelar*) to fleece, clean out (*fam*). **c** (*LAm fam: pegar*) to beat (up). **2** **mondarse** VR: **~ (de risa)** (*fam*) to die laughing (*fam*).

mondo ADJ **a** (*limpio*) clean; (*puro*) pure; (*sencillo*) plain. **b** (*sin añadidura*) bare, plain; **tiene su sueldo ~ y nada más** he has his bare salary and nothing more; **me ha quedado ~** I'm cleaned out (*fam*), I haven't a cent; **~ y lirondo** (*fam*) plain, pure and simple.

mondongo NM guts *pl*, insides *pl*; (*callos*) tripe.

monear <1a> VT (*comportarse como mono*) to act like a monkey; (*hacer muecas*) to make faces.

moneda NF **a** (*gen*) currency, money; (*metálico*) coinage; **~ blanda/dura** soft/hard currency; **~ corriente** legal tender; **~ fraccionaria** money in small units; **~ menuda** o **suelta** small change; **~ nacional** (*LAm*) local currency; **~ única (europea)** single (European) currency; **el precio es $1.000 ~ nacional** the price is 1000 pesos; **~ única** single currency; **en ~ española** in Spanish money; **pagar a algn con** o **en la misma ~** to pay sb back in

his own coin; **es ~ corriente** (*fig*) it's common knowledge; **(casa de) la ~** the mint. **[b]** (*una ~*) coin; **~ falsa** false o dud coin; **una ~ de 5 dólares** a 5-dollar piece.
monedero NM **[a]** (*portamonedas*) purse. **[b]** **~ falso** counterfeiter.
monegasco/a **[1]** ADJ of o from Monaco, Monegasque. **[2]** NM/F native o inhabitant of Monaco, Monegasque.
monería NF **[a]** (*mueca*) funny face, monkey face. **[b]** (*payasada*) antic, prank.
monetario ADJ monetary, financial.
monetarismo NM monetarism.
monetarista ADJ, NMF monetarist.
mongol **[1]** ADJ, NM/F Mongol, Mongolian. **[2]** NM (*Ling*) Mongolian.
Mongolia NF Mongolia.
mongólico/a ADJ, NM/F (*Med*) Mongol.
mongolismo NM mongolism.
monigote NM **[a]** (*muñeco*) rag doll; (*títere*) puppet; (*figura ridícula*) grotesque figure; (*de papel*) paper doll. **[b]** (*sin personalidad*) colourless o (*US*) colorless individual. **[c]** (*caricatura*) humorous sketch, cartoon; (*pey*) bad painting.
monitor(a) **[1]** NM (*tb Inform, Téc*) monitor. **[2]** NM/F (*persona: Escol*) monitor; (: *Dep etc*) instructor, coach.
monitorio ADJ admonitory.
monja NF nun.
monje NM monk.
monjil ADJ nun's, of o like a nun; (*pey fig*) excessively demure.
mono¹ NM **[a]** (*Zool*) monkey, ape; **¡~!** (*a niño*) you little monkey! **[b]** (*imitador*) mimic; **~ de imitación** (*niño*) copycat (*fam*). **[c]** (*fam: petimetre*) pansy; (: *hombre feo*) ugly devil. **[d]** (*figura*) cartoon o caricature figure; V tb **monigote (c)**. **[e]** (*Med: fam*) withdrawal symptoms (*following deprivation of drugs*), cold turkey; **estar con el ~** to be suffering withdrawal symptoms. **[f]** (*fam: seña*) sign (*between lovers etc*); **hacerse ~s** to make eyes at each other. **[g]** (*locuciones*) **es el último ~** he's a nobody; **meter los ~s a algn** (*LAm*) to put the wind up sb.
mono² ADJ (*bonito*) pretty, lovely, attractive; (*simpático*) nice, charming, cute; **una chica muy ~a** a very pretty o attractive girl.
mono³ NM (*overoles*) overalls, boiler suit; (*de niño*) rompers.
mono⁴/a **[1]** (*LAm*) ADJ (*amarillo*) yellow; (*rubio*) blonde. **[2]** NM/F (*Col: rubio*) blond(e) (person); V tb **mona (d)**.
mono... PREF mono....
monocarril NM monorail.
monocorde ADJ **[a]** (*Mús*) single-stringed. **[b]** (*fig*) monotonous, unvaried.
monocromo ADJ, NM monochrome.
monóculo NM monocle.
monocultivo NM single crop farming, monoculture.
monogamia NF monogamy.
monógamo ADJ monogamous.
monográfico **[1]** ADJ: **estudio ~** monograph; **número ~ de la revista** an issue of the journal devoted to a single subject. **[2]** NM monograph, special edition.
monograma NM monogram.
monolingüe ADJ monolingual.
monolítico ADJ monolithic.
monolito NM monolith.
monologar<1h> VT to soliloquize.
monólogo NM monologue.
monomanía NF (*idea fija*) monomania; (*obsesión*) mania, obsession.
monopatín NM skateboard.
monoplano NM monoplane.
monopolio NM monopoly; **~ total** absolute monopoly.
monopolista ADJ, NMF monopolist.
monopolización NF monopolization.
monopolizar<1f> VT to monopolize.
monorail NM monorail.
monosabio NM (*Zool*) trained monkey.
monosilábico ADJ monosyllabic.
monosílabo **[1]** ADJ monosyllabic. **[2]** NM monosyllable.

monoteísmo NM monotheism.
monotemático ADJ having a single theme.
monotipia NF Monotype ®.
monotonía NF (*sonido*) monotone; (*fig*) monotony; (: *tristeza*) dreariness.
monótono ADJ (*sonido*) on one note; (*fig*) monotonous; (*triste*) dreary.
mono-usuario ADJ (*Inform*) single-user.
monovolumen **[1]** ADJ: **vehículo ~** people carrier. **[2]** NM people carrier.
monóxido NM monoxide; **~ de carbono** carbon monoxide.
Mons. ABR de **Monseñor** Mgr, Mons, Msgr.
monseñor NM Monsignor.
monserga NF (*importuna*) annoying request; (*pesada*) boring spiel; **¡no me vengas con ~s!** give my head peace!
monstruo **[1]** NM (*gen*) monster; (*Bio*) freak; (*espectáculos etc*) idol, wonder boy. **[2]** ADJ INV (*fam*) fantastic, fabulous (*fam*).
monstruoso ADJ (*gen*) monstrous; (*enorme*) huge; (*Bio*) freakish, freak *atr*; (*fig*) monstrous, hideous.
monta NF **[a]** (*acto de montar*) mounting. **[b]** (*Mat*) total, sum. **[c]** (*valor*) value; **~ de poca** unimportant.
montacargas NM INV service lift, hoist, freight elevator (*US*).
montado¹ ADJ **[a]** (*a caballo*) mounted; **estar ~ (en el dólar)** (*fam*) to be flush (*fam*), be loaded (*fam*). **[b]** (*Téc: instalado*) equipped.
montado² NM: **~ de lomo** *a hot sandwich made with pork loin.*
montador NM **[a]** (*para montar*) mounting block. **[b]** (*profesión*) fitter; (*Cine*) film editor.
montadura NF **[a]** (*acto*) mounting. **[b]** = **montura (b)**.
montaje NM **[a]** (*Mec etc*) assembly; (: *organización*) fitting-up; (*Arquit*) erection; (: *fam: estafa*) put-up job (*fam*), frame-up (*fam*); **~ publicitario** advertising o publicity stunt. **[b]** (*Rad*) hookup; (*Arte, Cine, Fot*) montage; (*Teat: escenografía*) stage designing, décor.
montante NM **[a]** (*poste*) upright, post; (*soporte*) stanchion; (*Arquit: de puerta*) transom; (: *de ventana*) mullion. **[b]** (*suma*) total, amount.
montaña NF **[a]** mountain; (*sierra*) mountains, mountainous area; **~ rusa** roller-coaster. **[b]** (*LAm: bosque*) forest.
montañero/a **[1]** ADJ mountain *atr*. **[2]** NM/F mountaineer, climber.
montañés/esa **[1]** ADJ (*de montaña*) mountain *atr*; (*de tierras altas*) highland. **[2]** NM/F highlander.
montañismo NM mountaineering, climbing.
montañoso ADJ mountainous.
montaplatos NM INV service lift, dumbwaiter (*US*).
montar <1a> **[1]** VT **[a]** (*subir a: caballo, bicicleta*) to mount, get on; (*bicicleta, caballo*) to ride; **estar montado en bicicleta/caballo** to be riding a bicycle/horse; **hoy monta mi caballo** she's riding my horse today. **[b]** (*Téc: armar*) to assemble, put together; (: *construir*) to erect, put up; (*pistola*) to cock; **~ una casa** to set up house; **~ guardia** to mount guard; **~ una tienda** to open a shop; **~ un negocio** to start up in business. **[c]** (*Cos*) to cast on. **[d]** (*Cine: película*) to edit; (*Teat: obra*) to stage, put on. **[e]** (*Culin: batir*) to whip, beat; **~ a punto de nieve** to beat until stiff. **[f]** (*Zool: aparear*) to mate with, cover. **[g]** **~ a algn sobre algo** to lift sb on to sth. **[h]** (*engarzar: joya*) to set. **[i]** (*sumar*) **~ (a)** to amount (to). **[j]** (*fam: organizar*) to raise, kick up; **~la** to kick up a fuss; **~ una bronca** to start a fight.
[2] VI **[a]** (*a caballo, en bicicleta etc*) to ride; (: *subir a*) to mount o get onto; **~ en el avión** to get on o board the plane. **[b]** (*cubrir*) to overlap. **[c]** **~ en cólera** to fly into a rage. **[d]** (*Fin*) **~ a** to amount o come to.

e tanto **monta** it makes no odds.

3 **montarse** VR = **2 (a)**; **él se lo monta mejor** (*fam*) he does things better, he gets himself better organized; **se lo monta muy mal** he's no idea how to manage things, he's just not with it (*fam*); **~ en el dólar** (*fam*) to make a mint.

montaraz ADJ **a** (*de montaña*) mountain *atr*; (*de tierras altas*) highland *atr*. **b** (*salvaje*) wild, untamed; (*tosco*) rough, coarse; (*esquivo*) unsociable.

monte NM **a** (*montaña*) mountain; (*cerro*) hill; **echarse al ~** to take to the hills. **b** (*bosque*) woodland; (*despoblado*) wild country; **~ (alto/bajo)** forest/scrub *o* brush; **batir el ~** to beat for game, go hunting; (*fig*: *buscar*) to search high and low. **c** **~ pío** *o* **de piedad** (state-owned) pawnshop. **d** (*CAm, Carib*: *alrededores*) outskirts, surrounding country; (*LAm*: *hierba*) grass, pasture. **e** (*Naipes*: *baraja*) pile; (: *banca*) bank. **f** (*fam*: *obstáculo*) obstacle, snag; **todo se le hace un ~** he makes mountains out of molehills.

montecillo NM mound, hump.

montepío NM **a** (*sociedad*) friendly society. **b** (*monte de piedad*) pawnshop.

montera NF (*sombrero*) cloth cap; (*de torero*) bullfighter's hat; **ponerse el mundo por ~** not to care what anybody thinks.

montería NF **a** (*arte*) hunting; (*caza*) hunt, chase. **b** (*animales*) animals, game.

montero/a NM/F huntsman, hunter.

montés ADJ wild.

montículo NM = **montecillo**.

montón NM **a** heap, pile; (*de nieve*) drift. **b** **un hombre del ~** an ordinary chap; **un ~ de** lots *o* heaps *o* masses of; **un ~ de gente** a crowd of people; **sabe un ~** he knows loads (*fam*); **a ~** all jumbled together; **a ~es** by the score, galore.

montonera NF (*LAm*) **a** (*guerrilla*) band of guerrilla fighters. **b** (*montón*) pile, heap. **c** (*CSur Hist*) troop of mounted rebels.

montonero /a **1** ADJ **a** (*LAm*: *autoritario*) overbearing. **b** (*CSur*) urban guer(r)illa *atr*. **2** NM/F urban guer(r)illa.

montuoso ADJ hilly, mountainous.

montura NF **a** (*cabalgadura*) mount. **b** (*silla*) saddle; (*arreos*) harness, trappings. **c** (*de joya*) mounting, setting; (*de gafas*) frame.

monumental ADJ monumental; (*fam*: *excelente*) tremendous (*fam*), terrific (*fam*).

monumento **1** NM (*lit, fig*) monument; (*de conmemoración*) memorial; (*fig*: *persona*) beauty; **~ a los caídos** war memorial. **2** ADJ (*fam*) **un éxito ~** a tremendous *o* huge success.

monzón NM monsoon.

monzónico ADJ monsoon *atr*.

moña NF **a** (*lazo*) hair ribbon, bow; (*cinta*) ribbon. **b** (*fam*: *muñeca*) doll. **c** (*fam*) **cogerse una ~** to get sloshed (*fam*); **estar con la ~** to be canned (*fam*).

moño NM **a** (*de pelo*) bun, chignon; (*LAm*: *cabello*) hair; **agarrarse del ~** to pull each other's hair; **estar hasta el ~** (*fam*) to be fed up to the back teeth; **ponerse ~s** (*fam*) to give o.s. airs, put it on. **b** (*Orn*) crest. **c** = **moña (a)**. **d** **~s** (*fig*) fripperies. **e** (*LAm*: *altivez*) pride, haughtiness; **bajar el ~ a algn** to take sb down a peg.

MOPT NM ABR (*Esp*) *de* **Ministerio de Obras Públicas y Transportes**.

moquear <1a> VI to have a runny nose.

moqueo NM runny nose.

moquera NF: **tener ~** to have a runny *o* streaming nose.

moqueta NF fitted carpet.

moquete NM punch on the nose.

moquillo NM (*Vet*) distemper.

mor: **por ~ de** PREP because of, on account of.

mora¹ NF (*Bot*) mulberry; (: *zarzamora*) blackberry.

mora² NF (*Fin*: *Jur*) delay; **ponerse en ~** to default, get into arrears.

morada NF **a** (*gen*) dwelling; (*casa*) abode, home; **última ~** (last) resting place; **no tener ~ fija** to be of no fixed abode. **b** (*estadía*) stay.

morado **1** ADJ purple, violet; **pasarlas ~as** to have a tough time of it; **ponerse ~ (de algo)** (*fam*) to do o.s. well, gorge o.s. **2** NM bruise.

morador(a) NM/F inhabitant.

moradura NF bruise.

moral¹ NM (*Bot*) mulberry tree.

moral² **1** ADJ moral. **2** NF **a** (*moralidad*) morals *pl*, morality; (*ética*) ethics *pl*; **tiene más ~ que el alcoyano** he keeps going against all the odds. **b** (*estado de ánimo*) morale; **tener baja la ~** to be in low spirits.

moraleja NF moral.

moralidad NF **a** morals PL morality. **b** (*moraleja*) moral.

moralista **1** ADJ moralistic. **2** NMF moralist.

moralizar <1f> VT to moralize.

morapio NM (*fam*) cheap red wine, plonk (*fam*).

morar <1a> VI to live, dwell.

moratón NM bruise.

moratoria NF moratorium.

mórbido ADJ **a** (*enfermo*) morbid, diseased. **b** (*suave*) soft, delicate.

morbo NM disease, illness.

morbosidad NF morbidity, morbidness; (*mala salud*) unhealthiness.

morboso ADJ **a** (*enfermo*) morbid, sickly; (*que causa enfermedad*) likely to cause disease(s). **b** (*fig*: *malsano*) diseased, morbid.

morcilla NF **a** (*Culin*) blood sausage, black pudding. **b** (*Teat*) ad lib.

mordacidad NF (*de crítica*) sharpness.

mordaz ADJ (*crítica*) sharp, scathing.

mordaza NF **a** (*en la boca*) gag. **b** (*Téc*) clamp, jaw.

mordedura NF (*acción, herida*) bite.

mordelón ADJ **a** (*LAm*: *esp perro*) prone to bite. **b** (*CAm, Méx*: *fam*: *sobornable*) given to taking bribes.

morder <2h> **1** VT **a** to bite; (*pinchar*) to nip; (*mordisquear*) to nibble (at). **b** (*Quím*) to corrode, eat away; (*recursos etc*) to eat into. **c** (*Mec*: *embrague etc*) to catch. **d** (*fam*: *denigrar*) to gossip about, run down. **e** (*CAm, Méx*: *exigir soborno*) to take a bribe from. **2** VI to bite; **está que muerde** he's hopping mad. **3** **morderse** VR to bite; **~ la lengua** to hold one's tongue.

mordida NF **a** bite. **b** (*CAm, Méx*: *dinero etc*) bribe; (: *el soborno*) graft, bribery.

mordiscar <1g> **1** VT (*gen*) to nibble at; (*con fuerza*) to gnaw at; (*pinchar*) to nip; (*suj*: *caballo*) to champ. **2** VI (*gen*) to nibble; (*caballo*) to champ.

mordisco NM **a** (*mordedura*) bite, nip. **b** (*trozo*) bite.

mordisquear <1a> = **mordiscar**.

morena NF (*Pez*) moray.

moreno/a **1** ADJ (*gen*) (dark) brown; (*persona*: *de pelo ~*) dark-haired; (: *de tez ~a*) dark(-skinned), swarthy; (: *euf*) coloured, colored (*US*); **ponerse ~** to get brown, acquire a suntan. **2** NM/F (*de tez*) dark(-skinned) man/woman; (*de pelo*) dark-haired man/woman; (: *negro*) black-haired man/woman.

morera NF mulberry tree.

morería NF (*Hist*) Moorish lands, Moorish territory; (*barrio*) Moorish quarter.

moretón NM bruise.

morfema NM morpheme.

morfina NF morphia, morphine.

morfinómano/a **1** ADJ addicted to hard drugs. **2** NM/F drug addict.

morfología NF morphology.

morganático ADJ morganatic.

morgue NF (*esp LAm*) morgue.

moribundo/a **1** ADJ dying; (*esp fig*) moribund. **2** NM/F dying person.

morir <3j> (*pp* **muerto**) **1** VT (*sólo pp y pretérito perfecto*) to kill; **fue muerto a tiros** he was shot (dead). **2** VI **a** (*gen*) to die (*de* of); **~ ahogado/ahorcado/fusilado** to drown/to be hanged/to be shot; **~ de frío/hambre** to die of cold/to starve to death; **~ joven** to die

young; **¡muera el tirano!** down with the tyrant!
b (*extinguirse*: *fuego*) to die down; (: *luz*) to get dim; **moría el día** night was falling; **las olas iban a ~ a la playa** the waves ran out on the beach.
c (*Ferro etc*: *vías*) to end (*en* at); (*calle*) to come out (*en* at).
3 morirse VR **a** to die; **se le murió el tío** an uncle of his died; **¡me muero de hambre!** (*fig*) I'm starving!; **no es cosa de** ~ it's not as bad as all that.
b (*fig*) to be dying; **me moría de vergüenza** I nearly died of shame; **me moría de miedo** I was half-dead with fright; **se van a ~ de risa** they'll die laughing; **~ de ganas (de hacer)** to be dying (to do).
c ~ **por algo** to be dying o desperate for sth; ~ **por algn** to be crazy about sb; **se muere por el fútbol** he's mad keen on football; ~ **por hacer algo** to be dying to do sth.
d (*entumecerse*) to go to sleep, go numb.
morisco / a **1** ADJ Moorish; (*Arquit*) in the Moorish style.
2 NM/F (*Hist*) Moslem convert to Christianity.
mormón / ona NM/F Mormon.
moro / a **1** ADJ **a** Moorish.
b (*caballo*) dappled, piebald.
c (*fam*: *machista*) macho (*fam*).
2 NM/F **a** Moor; **¡hay ~s en la costa!** watch out!, the coast isn't clear.
b (*LAm*: *caballo*) piebald horse.
3 NM (*fam*: *marido*) domineering husband.
morocho (*LAm*) **1** ADJ **a** (*pelo*) dark; (*persona*: *de piel ~a*) dark-skinned.
b (*fuerte*) strong, tough; (*bien conservado*) well-preserved.
2 NM **a** (*maíz*) hard maize, corn (*US*).
b (*persona fuerte*) tough person.
c (*Ven*: *gemelos*) **~s** twins.
moronga NF (*CAm, Méx*) blood sausage, black pudding.
morosidad NF (*lentitud*) slowness; (*tardanza*) dilatoriness.
moroso **1** ADJ **a** (*lento*) slow, dilatory; (*Com, Fin*) **deudor ~** slow payer, defaulter. **b** **delectación ~a** (*pey*) morbid o unhealthy enjoyment. **2** NM (*Com, Fin*) bad debtor, defaulter.
morrada NF (*cabezazo*) butt; (*bofetada*) bash (*fam*), punch.
morral NM **a** (*mochila*) haversack, knapsack; (*de caza*) pouch, gamebag; (*de caballo*) nosebag. **b** (*fam*: *matón*) lout, rough type.
morralla NF **a** (*peces*) small fry, little fish. **b** (*basura*) rubbish. **c** (*personas*) rabble, common sort. **d** (*fig*) trinket. **e** (*Méx*: *calderilla*) small change.
morrazo NM (*golpe*) thump.
morrear <1a> VT, VI (*fam*) to snog (*fam*).
morreo NM (*fam*) snogging (*fam*).
morrillo NM (*Zool*) fleshy part of the neck; (*fam*: *cuello*) neck.
morriña NF (*Esp*) homesickness.
morrión NM (*Mil*) helmet, bearskin.
morro NM **a** (*Zool*) snout, nose; (*fam*: *labio*) (thick) lip; **andar de ~ con algn** to be at odds with sb; **estar de ~s (con algn)** to be in a bad mood (with sb); **partir los ~s a algn** (*fam*) to bash sb's face in (*fam*); **poner** o **torcer el ~** to look cross. **b** (*Aer, Aut etc*) nose; **caer de ~** to nosedive. **c** (*fam*: *descaro*) cheek, nerve (*fam*); **echarle mucho ~** (*fam*) to have a real nerve (*fam*); **me lo quedé por el ~** I just held on to it and to hell with them *etc*! (*fam*); **¡qué ~ tienes!** (*fam*) you've got a nerve! (*fam*). **d** (*Geog*: *promontorio*) headland, promontory. **e** (*guijarro*) pebble. **f** (*cerro*) small rounded hill.
morrocotudo ADJ (*fam*) **a** (*fantástico*) smashing, terrific (*fam*); (*riña, golpe*) tremendous. **b** (*fuerte*) strong; (*pesado*) heavy. **c** (*difícil*) awkward; (*importante*) important. **d** (*grande*) big.
morrón **1** ADJ: **pimiento ~** red pepper. **2** NM hot sweet red pepper; (*Esp fam*) blow.
morrudo ADJ (*de labios gruesos*) thick-lipped.
morsa NF walrus.

morse NM morse.
mortadela NF bologna sausage.
mortaja NF **a** (*de muerto*) shroud. **b** (*Téc*) mortise.
c (*LAm fam*: *papel*) cigarette paper.
mortal **1** ADJ **a** (*que muere*) mortal.
b (*herida*) mortal, fatal; (*golpe*) deadly; (*pecado*) mortal.
c (*angustiante*) deadly, dreadful; (*interminable*) unending.
d **salto ~** somersault.
2 NMF mortal, human being.
mortalidad NF **a** (*condición de mortal*) mortality.
b (*cantidad de muertos etc*) mortality, loss of life; (*mortandad*) death rate; **~ infantil** (rate of) infantile mortality.
mortandad NF (*número de víctimas*) loss of life, number of victims; (*Mil*) slaughter, carnage.
mortecino ADJ **a** (*débil*) weak, failing. **b** (*luz*) dim, fading; (*color*) dull, faded.
mortero NM mortar.
mortífero ADJ deadly, lethal.
mortificación NF (*sufrimiento*) mortification; (*humillación*) humiliation.
mortificar <1g> **1** VT **a** (*Med*) to damage seriously.
b (*atormentar*) to torment, plague; **~ la carne** to mortify the flesh.
c (*doler*) to mortify; (*humillar*) to humiliate.
2 **mortificarse** VR (*atormentarse*) to be mortified (*con* at); (*CAm, Méx*: *avergonzarse*) to feel ashamed o embarrassed.
mortuorio ADJ mortuary, death *atr*.
morueco NM (*Zool*) ram.
Mosa NM: **el (río) ~** the Meuse.
mosaico NM mosaic; **~ de madera** marquetry.
mosca NF **a** (*insecto*) fly; **~ de burro** horsefly; **~ muerta** (*fig*) hypocrite; **cazar** o **papar ~s** to daydream; **pescar ~** to fish with a fly; **por si las ~s** just in case; **estar ~** (*desconfiar*) to smell a rat; (*estar harto*) to be utterly fed up; **estar ~ con algn** to be cross with sb; **tener la ~ en** o **detrás de la oreja** to be wary; **¿qué ~ te ha picado?** what's eating you? **b** (*fam*: *pasta*) dough (*fam*); **aflojar** o **soltar la ~** to fork out (*fam*), stump up. **c** (*fam*: *persona pesada*) pest, bore. **d** (*pelo*) tuft of hair; (*barba*) small goatee beard. **e** **~s** sparks; **~s volantes** spots before the eyes, floaters. **f** (*Méx fam*: *parásito*) sponger (*fam*).
moscado ADJ: **nuez ~a** nutmeg.
moscarda NF blowfly, bluebottle.
moscardón NM **a** (*moscarda*) blowfly; (*abejón*) hornet.
b (*fam*: *persona molesta*) pest.
moscatel ADJ, NM muscatel.
moscón NM **a** = **moscarda**. **b** (*Bot*) maple. **c** (*fam*) pest, nuisance.
moscoso NM (*fam*) day off (*for personal matters, not deducted from annual leave*).
moscovita ADJ, NMF Muscovite.
Moscú NM Moscow.
mosqueado ADJ **a** (*moteado*) spotted. **b** (*fam*: *enfadado*) angry, resentful.
mosqueante ADJ **a** (*molesto*) annoying, irritating.
b (*sospechoso*) suspicious, fishy (*fam*).
mosquearse <1a> VR **a** (*enfadarse*) to get cross; (*ofenderse*) to take offence o (*US*) offense. **b** (*desconfiar*) to smell a rat (*fam*), get suspicious.
mosqueo NM **a** (*enfado*) annoyance, anger, resentment.
b (*lío*) hassle, fuss.
mosquete NM musket.
mosquita NF: **~ muerta** (*fig*) hypocrite; **hacerse la ~ muerta** to look as if butter would not melt in one's mouth.
mosquitero NM mosquito net.
mosquito NM mosquito; (*pequeño*) gnat.
mostaza NF mustard.
mosto NM must, unfermented grape juice.
mostrador NM (*de tienda*) counter; (*de café etc*) bar.
mostrar <1l> **1** VT (*gen*) to show; (*exponer*) to display, exhibit; (*señalar*) to point out; (*explicar*) to explain; (*demostrar*) to demonstrate; **~ en pantalla** (*Inform*) to dis-

play.
2 mostrarse VR [a] to show o.s., appear.
[b] (con adj: parecer) to appear, seem; (resultar ser) to turn out o prove to be; **se mostró ofendido** he appeared (to be) cross.
mostrenco ADJ [a] (sin dueño) ownerless, unclaimed; (animal) stray. [b] (fam: persona: torpe) dense, slow; (: gordo) fat.
mota NF [a] (partícula) speck, tiny piece; (de pelusa) piece of fluff; **~ de polvo** speck of dust. [b] **a ~s** (dibujo) dotted, of dots. [c] (fig: defecto) fault, blemish. [d] **no hace (ni) ~ de aire** there isn't a breath of air. [e] (LAm: lana) tuft (of wool); (: marijuana: planta) marijuana plant; (: droga) grass (fam). [f] (And, Carib, Méx: borla) powder puff.
mote¹ NM (apodo) nickname; (sentencia) motto.
mote² NM (And, CSur) boiled maize, boiled corn (US); **~ con huesillos** (Chi) maize and peach drink.
moteado ADJ (piel) speckled, mottled, dappled (de with); (tela) dotted, with a design of dots.
motejar<1a> VT to nickname.
motel NM motel.
motín NM (insurrección) revolt, rising; (disturbio) riot, disturbance.
motivación NF motivation.
motivar <1a> VT [a] (gen) to motivate; (causar) to cause. [b] (explicar) to explain, justify (con, en by, by reference to).
motivo [1] ADJ motive.
[2] NM [a] motive, reason (de for), cause (de of); **~s de divorcio** grounds for divorce; **~ oculto** ulterior motive; **con ~ de** (debido a) because of, owing to; (en ocasión de) on the occasion of; (con el fin de) in order to, for the purpose of; **con este o tal ~** for this reason; **por cuyo ~** for which reason; **por ~s de salud** for health reasons; **sin ~** for no reason at all, without good reason; **~ más que sobrado para ...** all the more reason to ...; **la decisión fue ~ de críticas** the decision became the object of criticism; **tengo mis ~s** I have my reasons.
[b] (Arte, Mús) motif; **~ conductor** leitmotif.
moto NF (motor)bike; (escúter) scooter.
motobomba NF fire engine.
motocarro NM three-wheeler, light delivery van.
motocicleta NF motorcycle.
motociclismo NM motorcycling.
motociclista NMF motorcyclist; **~ de escolta** outrider.
motocross NM moto-cross.
motonáutica NF motorboat o speedboat racing.
motonave NF motor ship, motor vessel.
motoneta NF (LAm) motor scooter.
motoniveladora NF bulldozer.
motor [1] ADJ [a] (Téc) motive, motor (US); **potencia ~a** motive power.
[b] (Anat) motor.
[2] NM motor, engine; **con ~** power-driven; **con 6 ~es** 6-engined; **~ de arranque** o **de puesta en marcha** starter, starting motor; **~ de combustión interna** o **de explosión** internal combustion engine; **~ a chorro** o **a reacción** jet engine; **~ Diesel** diesel engine; **~ de inyección** fuel-injected engine; **~ de fuera de borda** outboard motor; **calentar ~es** to warm up.
motora NF, **motorbote** NM motorboat, speedboat.
motorismo NM motorcycling.
motorista NMF (esp LAm: automovilista) motorist; (motociclista) motorcyclist.
motorístico ADJ motor-racing atr.
motorizado ADJ motorized; **estar ~** (fam) to be mobile, have a car; **patrulla ~a** motorized patrol, mobile unit.
motorizar <1f> [1] VT (Mil, Téc) to motorize, mechanize. [2] **motorizarse** VR (hum, fam) to get o.s. a car, become mobile.
motosegadora NF motor mower, motorized lawn mower.
motosierra NF mechanical saw.
motoso ADJ (LAm: pelo) kinky.
motriz ADJ motive, driving; **fuerza ~** driving force.

mousse [muːs] NF (A VECES NM) (Culin, de pelo) mousse.
movedizo ADJ [a] (movible) easily moved, movable; (suelto) loose; (inseguro) unsteady; (arenas) shifting. [b] (persona: cambiadizo) fickle; (situación) unsettled, changeable.
mover <2h> [1] VT [a] (gen) to move; (cambiar de lugar) to shift; (cabeza: para negar) to shake; (: para asentir) to nod; (cola) to wag; **'no nos moverán'** (eslogan) 'we shall not be moved'.
[b] (Mec: accionar) to drive, power, work; (tren) to pull; **el agua mueve la rueda** the water turns o drives the wheel.
[c] (fig: causar) to cause, provoke; **~ una guerra contra algn** to wage war on sb; **~ un pleito contra algn** to start proceedings against sb; **~ a algn a la risa/a lágrimas** to make sb laugh/cry; **~ a algn a hacer algo** to move sb to do sth.
[2] VI [a] (Bot) to bud, sprout.
[b] (fam: para irse) to make a move.
[3] **moverse** VR [a] (gen) to move; (hacer lugar) to move over; **no se ha movido de su asiento** he has not stirred from his seat.
[b] (mar) to get rough; (viento) to rise.
[c] (fig: apresurarse) to move o.s., get a move on; (: evolucionar) to be on the move; (hacer gestiones) to make a move; **se movió mucho para conseguir el puesto** he pulled out all the stops to get the post.
[d] to move, go around; **se mueve mucho entre aristócratas** he mixes a lot with aristocrats; **siempre me he movido en el mundo financiero** I've always been around the business world.
movible ADJ [a] (no fijo) movable; (móvil) mobile. [b] (fig: cambiadizo) changeable; (: persona) fickle.
movida NF [a] (Ajedrez) move. [b] (fam: asunto) thing, business; (: acontecimiento) happening; **la ~ cultural** the cultural scene; **¡qué ~!** what a carry-on! (fam).
movido ADJ [a] (Fot) blurred. [b] (persona: activo) active; (: inquieto) restless, always on the go; (agitado) lively; (mar) rough, choppy; (día) hectic.
móvil [1] ADJ = **movible**. [2] NM (motivo) motive (de for); (incentivo) incentive.
movilidad NF mobility.
movilización NF mobilization.
movilizar<1f> VT (organizar) to mobilize.
movimiento NM [a] (gen) movement; (Mec, Fís) motion; (de cabeza: para negar) shake; (para asentir) nod; **~ hacia arriba/hacia abajo** upward/downward movement; **~ de bloques** (Inform) block move; **~ de caja** (Fin) transaction; **~ de mercancías** (Com) turnover, volume of business; **~ obrero/sindical** workers'/trade union movement; **~ sísmico** earth tremor; **mantener algo en ~** to keep sth moving; **poner algo en ~** to set sth in motion, start sth.
[b] (actividad) activity; (bullicio) bustle, stir; (Aut) traffic; **de mucho ~** (tienda etc) busy; **~ máximo** (Aut) peak traffic; **había mucho ~ en el tribunal** there was great activity in the court.
[c] (Mús) tempo.
[d] (emociones: cambio) change, alteration; (: de pasión, celos) fit, outburst.
[e] (Lit, Pol etc) movement.
moza NF (chica) girl; (criada) servant; **buena ~** good-looking girl.
Mozambique NM Mozambique.
mozambiqueño/a ADJ, NM/F Mozambican.
mozárabe [1] ADJ Mozarabic. [2] NMF Mozarab.
mozo [1] ADJ [a] (joven) young.
[b] (soltero) single, unmarried.
[2] NM (joven) youth, young fellow, lad; (criado) servant; (camarero) waiter; **buen ~** handsome fellow; **~ de caballos** groom; **~ de cuerda** o **estación** o **de equipajes** porter; **~ de hotel** page, buttons, bellhop (US).
mozuela NF girl; (pey) wench.
mozuelo NM (young) lad.
MTC NM ABR (Esp) de **Ministerio de Transportes y Comunicaciones**.

mucama NF (*And, CSur*) maid, servant; (*ama*) housekeeper.

mucamo NM (*And, CSur*) servant, houseboy.

muchacha NF [a] (*chica*) girl. [b] (*tb ~ de servicio*: *criada*) maid.

muchachada NF [a] (*travesura*) childish prank. [b] (*pandilla*) group of kids. [c] (*LAm*: *grupo de jóvenes*) group of young people.

muchachería NF [a] (*travesura*) childish prank. [b] (*muchachos*) boys and girls, kids (*fam*); (*pandilla*) crowd of kids (*fam*).

muchacho NM [a] (*chico*) boy, lad. [b] (*criado*) servant. [c] (*Chi*: *cuña*) clamp, wedge.

muchedumbre NF crowd, mass, throng; (*pey*) mob, herd; (*de pájaros*) flock.

muchísimo ADJ, ADV (*superl de mucho*) very much, a very great deal.

mucho [1] ADJ [a] (*cantidad de*) a lot of; (*grande*) much, great; **~ tiempo** a long time; **~ dinero** a lot of money; **no tengo ~ dinero/tiempo** I don't have a lot of money/time, I don't have much money/time; **con ~ valor** with much o great courage; **hace ~ calor/frío** it's very hot/cold; **es ~ dinero para un niño** it's too much money for a child. [b] (*sg*: *fam*: *colectivo*) **había ~ borracho** there were a lot o lots of drunks (*fam*). [c] (*sg*: *fam*: *grande*) **ésta es ~a casa para nosotros** this house is far too big for us. [d] (*pl*) **~s** many, lots of; **hay ~s conejos** there are lots of rabbits; **no hay ~s conejos** there are not many rabbits; **~s de los ausentes** many of those absent; **somos ~s** there are a lot of us; **se lo he dicho ~as veces** I've told him many times o many a time. [2] PRON a lot, much; (*pl*) a lot, many; **tengo ~ que hacer** I have a lot to do; **~s dicen que ...** a lot of people say that ...; **¿cuánto queda? - ~** (*tiempo*) how long to go? - ages; (*vino*) how much is left? - lots; **¿te gusta? - no ~** do you like it? - not really. [3] ADV [a] a lot, a great deal, much; **~ más/menos** much o a lot more/less; **~ peor** much worse; **~ antes/después** long before/after; **come ~** she eats a lot o a great deal; **me alegro/lo siento ~** I'm very glad/sorry; **corrér ~** to run fast; **te quiero ~** I love you very much o a lot; **trabajar ~** to work hard; **es ~** it's a lot (of money), it's too much; **si no es ~ pedir** if that's not asking too much; **se guardará muy ~ de hacerlo** (*fam*) he'll jolly well be careful not to do it (*fam*). [b] (*tiempo*) long; **¿te vas a quedar ~?** are you staying long? [c] (*a menudo*) often; **viene ~** he comes a lot o often. [d] (*como respuesta*) very; **¿estás cansado? - ¡~!** are you tired? - very o I certainly am. [e] (*locuciones*) **¡~ lo sientes tú!** a fat lot you care! (*fam*); **como ~** at (the) most o the outside; **con ~** far and away, by far; **con ~ el mejor** far and away the best; **ni con ~** not nearly, nothing like, not by a long chalk; **ni ~ menos** far from it; **tener a algn en ~** to think highly of sb; **por ~ que** however much; **por ~ que estudies** however hard you study.

mucosa NF (*membrana*) mucous membrane; (*secreción*) mucus.

mucosidad NF mucus.

mucoso ADJ mucous.

muda NF [a] (*de ropa*) change of clothing. [b] (*Orn, Zool*) moult, molt (*US*); (*de serpiente*) slough. [c] (*temporada*) moulting season. [d] (*de la voz*) breaking, changing; **está de ~** (*chico*) his voice is breaking.

mudable ADJ (*variable*) changeable, variable; (*persona*) fickle.

mudanza NF [a] (*gen*) change. [b] (*de casa*) move, removal; **camión de ~s** removal van; **estar de ~** to be moving. [c] (*Baile*) figure. [d] **~s** (*fig*: *inconstancia*) fickleness *sg*, moodiness *sg*.

mudar <1a> [1] VT [a] (*cambiar*) to change, alter; (*transformar*) to change o turn o transform (*en* into); **le han mudado a otra oficina** they've moved him to another office; **le mudan las sábanas todos los días** they change his sheets every day. [b] (*Orn, Zool*) to shed, moult, molt (*US*). [2] VI to change; **~ de ropa** to change one's clothes. [3] **mudarse** VR [a] V **2**. [b] (*tb ~ de casa*) to move (house). [c] (*voz*) to break; V **mandar 3 (a)**.

mudéjar [1] ADJ Mudejar. [2] NMF (*Hist*) Mudejar (*Moslem permitted to live under Christian rule*).

mudez NF dumbness.

mudo ADJ [a] (*sin facultad de hablar*) dumb; (*callado*) silent, mute; **quedarse ~ (de)** (*fig*) to be dumb (with); **quedarse ~ de asombro** to be speechless; **se quedó ~ durante 3 horas** he did not speak for 3 hours. [b] (*Ling*: *letra*) mute, silent; (*consonante*) voiceless. [c] (*película*) silent; **papel ~** (*Teat*) walk-on part.

mueblaje NM = **mobiliario**.

mueble [1] ADJ: **bienes ~s** movable o personal property. [2] NM piece of furniture; **~s** furniture *sg*; (*de tienda etc*) fittings; (*armario*) cabinet, dresser; **con/sin ~s** furnished/unfurnished; **~s y enseres** furniture and fittings.

mueble-bar NM cocktail cabinet.

mueca NF (wry) face, grimace; **hacer ~s** to make faces (*a* at).

muela NF [a] (*Anat*) tooth; **~ del juicio** wisdom tooth; **dolor de ~s** toothache. [b] (*Téc*: *de molino*) millstone; (: *de afilar*) grindstone. [c] (*Geog*: *cerro*) mound, hillock.

muelle[1] [1] ADJ [a] (*blando*) soft; (*delicado*) delicate. [b] (*fig*: *vida*) soft, easy. [2] NM (*resorte*) spring; **~ real** mainspring; **colchón de ~s** interior sprung mattress.

muelle[2] NM [a] (*Náut*: *puerto*) wharf, quay; (*malecón*) pier. [b] (*Ferro*) unloading bay.

muera *etc* V **morir**.

muérdago NM mistletoe.

muerdo NM (*fam*) bite.

muermo [1] ADJ (*Esp fam*: *pesado*) boring; (*débil*: *lento*) slow, slow-witted. [2] NM [a] (*aburrimiento*) boredom; (*depresión*) blues. [b] (*asunto etc*) bore, pain (*fam*).

muerte NF [a] (*gen, fig*) death; (*homicidio*) murder; **~ civil** loss of civil rights; **~ violenta** o **a mano airada** violent death; **de vida o ~** life-and-death; **~ repentina** sudden death; **dar ~ a** to kill; **causar** o **producir la ~ a** (*en accidente*) to kill, cause the death of; **encontrar la ~** to die, meet one's death; **estar a la ~** to be at death's door; **pena de ~** death sentence. [b] (*fig*: *locuciones*) **luchar a ~** to fight to the death; **un susto de ~** a terrible fright; **odiar a algn a ~** to hate sb implacably; **aburrirse de ~** to be bored to death; **de mala ~** lousy (*fam*), rotten (*fam*); **un pueblo de mala ~** a one-horse town; **es la ~** it's deadly (boring).

muerto/a [1] PP de **morir**. [2] ADJ [a] (*gen, fig*) dead; (*inactivo*) lifeless; **nacido ~** stillborn; **naturaleza ~a** (*Arte*) still life; **más ~ que vivo** half-dead, more dead than alive; **dar por ~ a algn** to give sb up for dead; **no tener donde caerse ~** to be utterly destitute, not have a penny to one's name. [b] (*fig*) **estar ~ de cansancio/de miedo/de hambre** to be dead tired/dead scared/dying of hunger; **medio ~** (*fig*) ready to drop (*fam*). [c] (*color*) dull. [d] (*cal*) slaked. [3] NM/F dead man/woman; (*difunto*) deceased; (*frm*: *cadáver*) corpse; (*fam*: *lento*) slowcoach (*fam*); (*pesado*) bore; **callarse como un ~** to keep absolutely quiet; **cargar con el ~** (*fam*) to carry the can (*fam*); **echar el ~ a algn** to pass the buck (*fam*); **hacer el ~** (*nadando*) to float; **ser un ~ de hambre** (*fig*) to be a nobody. [4] NM (*Naipes*) dummy.

muesca NF (*concavidad*) notch, nick; (*ranura*) groove, slot.

muesli NM muesli.

muestra NF [a] (*señal*) indication, sign; (*ejemplo*) example; (*demostración*) demonstration; (*prueba*) proof; (*testimonio*) token; (*exposición*) trade fair; **dar ~s** to show signs. [b] (*Com etc*) sample, specimen; **~ gratuita** free

sample. [c] (*estadística*) sample; ~ **aleatoria/ representativa** random/cross-section example. [d] (*modelo*) model, pattern, guide; (*Cos*) pattern. [e] (*reloj*) face. [f] (*tienda*) sign, signboard.

muestrario NM collection of samples; (*fig: exposición*) showcase.

muestreo NM (*acto*) sampling; (*números*) sample; (*sondeo*) survey.

mueva *etc* V **mover.**

mugido NM (*de vaca*) moo, lowing; (*de toro*) bellow; (*de dolor*) roar, howl.

mugir<3c> VI (*V nm*) to moo, low; to bellow; to roar, howl.

mugre NF (*suciedad*) dirt; (*inmundicia*) filth; (*grasa*) grease, grime.

mugriento ADJ (*V nf*) dirty; filthy; greasy, grimy.

mugrón NM (*vid*) sucker, layer; (*vástago*) shoot, sprout.

mugroso ADJ (*LAm*) dirty, mucky (*fam*).

muguete NM lily of the valley.

mujer NF [a] (*gen*) woman; ~ **de (mala) vida, ~ pública** prostitute; ~ **de la limpieza** help, cleaner; ~ **policía** policewoman; **ser muy ~ de su casa** to be very houseproud. [b] (*esposa*) wife; **mi futura ~** my wife to be. [c] ¡~! woman!

mujerero ADJ (*LAm*) fond of women.

mujeriego [1] ADJ [a] womanizing. [b] **cabalgar a ~as** to ride sidesaddle. [2] NM ladykiller; (*pey*) womanizer.

mujeril ADJ womanly.

mujer-objeto NF (*pl* **mujeres-objeto**) woman treated as an object, sex object.

mujerzuela NF whore.

mula NF [a] (*animal*) mule; **más terco que una ~** as stubborn as a mule. [b] (*Méx: trastos*) trash, junk. [c] (*fuerte*) tough guy.

mulada NF drove of mules.

muladar NM dung heap.

mulato ADJ, NM mulatto.

mulero NM muleteer.

muleta NF [a] (*para andar*) crutch. [b] (*Taur*) *matador's* stick with red cloth attached. [c] (*fig: soporte*) prop, support.

muletilla NF [a] (*bastón*) cross-handled cane; (*Téc: botón*) wooden toggle o button. [b] (*frase*) pet word, tag; (*de cómico etc*) catch phrase.

mullido [1] ADJ (*cama*) soft, sprung; (*hierba*) springy. [2] NM (*relleno*) stuffing, filling.

mullir<3a> VT (*almohada etc*) to fluff up; (*ablandar*) to soften; (*azadonar*) to hoe, loosen.

mullo NM (*red*) mullet.

mulo NM mule.

multa NF fine; **echar o dar o (im)poner una ~ a** to fine o impose a fine on.

multar<1a> VT to fine; (*Dep*) to penalize; ~ **a algn en 100 dólares** to fine sb 100 dollars.

multi... PREF multi....

multiacceso ADJ (*Inform*) multi-access.

multicanal ADJ (*TV*) multichannel.

multicine NM multiscreen cinema, multiplex.

multicolor ADJ multicoloured, multicolored (*US*).

multicopiar<1b> VT to duplicate.

multicopista NF duplicator, duplicating machine.

multicultural ADJ multicultural.

multidireccional ADJ multidirectional.

multidisciplinar(io) ADJ: **estudio ~** cross-disciplinary study.

multiforme ADJ manifold, multiform.

multilaminar ADJ: **madera ~** plywood.

multilateral, multilátero ADJ multilateral, many-sided.

multimillonario/a NM/F multimillionaire/-millionairess.

multinacional NF multinational (company).

multipartidista ADJ multi-party *atr*.

múltiple ADJ [a] (*Mat*) multiple; (*fig: variado*) many-sided. [b] **~s** (*muchos*) many, numerous; (*variados*) manifold, multifarious. [c] (*Inform*) **de tarea ~** multi-task; **de usuario ~** multi-user.

multiplicación NF multiplication.

multiplicar<1g> [1] VT (*Mat, fig*) to multiply (*por* by); (*aumentar*) to increase; (*Mec*) to gear up. [2] **multiplicarse** VR [a] (*Mat, Bio: reproducirse*) to multiply; (: *aumentarse*) to increase. [b] (*fig: estar en todas partes*) to be everywhere at once.

multiplicidad NF multiplicity.

multipropiedad NF time-share.

multitud NF (*gentío*) crowd; **la ~** (*pey: la masa*) the multitude, the masses; **~ de** (*fam*) lots o heaps of.

multitudinario ADJ (*numeroso*) multitudinous; (*de masa*) mass *atr*.

multiviaje ADJ INV: **billete ~** season ticket.

mun. ABR *de* **municipio**.

mundanal ADJ worldly; **lejos del ~ ruido** far from the madding crowd.

mundanería NF worldliness.

mundano/a [1] ADJ [a] worldly, of the world. [b] (*de alta sociedad*) society *atr*; (*de moda*) fashionable. [2] NM/F society person, socialite.

mundial ADJ (*universal*) world-wide, universal; (*del mundo*) world *atr*; **la 1ª/2ª guerra ~** the 1st/2nd World War.

mundialmente ADV worldwide, universally; ~ **famoso** world-famous.

mundillo NM world, circle; **en el ~ teatral** in the theatre o (*US*) theater world, in theatrical circles; **vive enfrascado en su ~** (*pey*) he lives in a world of his own.

mundo NM [a] (*gen*) world; (*fig: ámbito*) world, realm; **Nuevo/Antiguo o Viejo M~** New/Old World; **Tercer M~** Third World; **en todo el ~** the (whole) world over; **el otro ~** the next world, the hereafter. [b] (*gente*) people; **todo el ~** everyone, everybody; **estaba medio ~** there were masses of people; **conoce medio ~** he knows everybody. [c] (*locuciones*) **no es nada del otro ~** it's nothing special o to write home about; **el ~ es un pañuelo** it's a small world; **desde que el ~ es ~** since time began; **se le cayó el ~ encima** he was totally shattered; **así va el ~** no wonder things are as they are; **por nada del o en el ~** not for all the world; **no es el fin del ~** it's not the end of the world; **tener (mucho)/poco ~** to be experienced o know one's way about/be inexperienced; **como Dios lo trajo al ~, tal como vino al ~** stark naked; **venir al ~** to come into the world, be born; **ha visto o corrido mucho ~** he's knocked around a lot; **se le cayó el ~ (encima)** his world fell apart. [d] (*ámbito*) world, circle; **en el ~ científico** in scientific circles; **el gran ~** high society; **el ~ del espectáculo** show business.

Munich NM Munich.

munición NF [a] (*tb* **~es**) ammunition; (*balas*) munitions; (*provisiones*) stores, supplies; **~es de boca** provisions. [b] **de ~** army *atr*, service *atr*.

municipal [1] ADJ (*elección*) municipal; (*concejo*) town *atr*, local; (*piscina etc*) public. [2] NM (*guardia*) policeman.

municipalidad NF municipality; (*edificio*) town hall.

municipio NM [a] (*distrito*) municipality; (*población*) town(ship). [b] (*ayuntamiento*) town council, local council.

muniqués/esa [1] ADJ of o from Munich. [2] NM/F native o inhabitant of Munich.

muñeca NF [a] (*Anat*) wrist. [b] (*juguete*) doll; (*maniquí*) dummy, manikin; **~ de trapo** rag doll. [c] (*trapo*) polishing rag. [d] (*And, CSur: mutualidad*) Friendly Society (*Brit*), Benefit Society (*US*).

muñeco NM [a] (*figura*) figure; (*juguete*) (boy) doll; (*espantapájaros*) guy, scarecrow; (*títere*) puppet, marionette; (*maniquí*) dummy; **~ de nieve** snowman. [b] (*fig: instrumento*) puppet, pawn. [c] (*fam: niño*) pretty little boy, little angel.

muñequera NF (*correa*) wristband.

muñón NM (*Anat*) stump.

mural [1] ADJ mural, wall *atr*. [2] NM mural.

muralla NF (*muro defensivo*) (city) wall, walls *pl*; (*terraplén*) rampart; (*LAm: gen: pared*) wall.

murciano/a [1] ADJ of o from Murcia. [2] NM/F native o inhabitant of Murcia.

murciélago NM (*Zool*) bat.
murga NF [a] (*banda*) band of street musicians. [b] (*fam: lata*) nuisance, bind (*fam*); **dar la ~** to be a pain (*fam*), be a pest.
murmullo NM [a] (*susurro*) murmur(ing), whisper(ing). [b] (*de hojas, viento*) rustle, rustling; (*de agua*) murmur, lapping; (*ruido confuso*) hum(ming).
murmuración NF (*cotilleo*) gossip; (: *malicioso*) backbiting.
murmurador(a) [1] ADJ (*chismoso*) gossiping; (*criticón*) backbiting. [2] NM/F (*chismoso*) gossip; (*criticón*) backbiter.
murmurar<1a> VI [a] (*persona: susurrar*) to murmur, whisper; (: *quejarse*) to mutter. [b] (*agua*) to lap; (*hojas, viento*) to rustle; (*multitud*) to hum. [c] (*fig: cotillear*) to gossip (*de* about); (: *quejarse*) to grumble o mutter (*de* about); **siempre están murmurando del jefe** they're always grumbling about the boss, they're always criticizing the boss.
muro NM wall; **~ de contención** retaining wall.
murria NF depression, blues; **tener ~** to be down in the dumps (*fam*).
murrio ADJ depressed.
musa NF Muse.
musaraña NF [a] (*Zool*) shrew; (*animalito*) small creature; (*insecto*) creepy-crawly (*fam*). [b] **mirar a las ~s** to stare vacantly; **pensar en las ~s** to daydream.
muscular ADJ muscular.
musculatura NF muscles, musculature.
músculo NM muscle.
musculoso ADJ (*de muchos músculos*) muscular; (*fortachón*) tough, brawny.
muselina NF muslin.
museo NM museum; **~ de arte** o **de pintura** art gallery; **~ de cera** waxworks.
musgo NM moss.
musgoso ADJ mossy, moss-covered.
música NF [a] music; **~ de cámara / coreada / de fondo** o **ambiental** chamber/choral/background music; **~ celestial** (*fam*) nonsense, drivel; **poner ~ a** to set to music; **irse con la ~ a otra parte** to clear off. [b] (*banda*) band. [c] **~s** (*fam: tonterías*) drivel *sg*.
musical ADJ musical.
musicalidad NF musicality, musical quality.

músico [1] ADJ musical. [2] NM musician, player; **~ callejero** street musician.
musitar<1a> VT, VI to mumble, mutter.
muslera NF Tubigrip ®, thigh strap.
muslo NM thigh; (*de pollo*) leg, drumstick.
mustango NM mustang.
mustio ADJ [a] (*planta*) withered, faded. [b] (*persona*) depressed, gloomy. [c] (*Méx fam: hipócrita*) hypocritical.
musulmán / ana ADJ, NM/F Moslem.
mutación NF [a] (*cambio*) change. [b] (*Bio, Ling*) mutation. [c] (*Teat*) change of scene.
mutante ADJ, NMF mutant.
mutar <1a> [1] VI [a] (*Bio*) to mutate. [2] VT [a] (*Bio*) to mutate. [b] (*cambiar*) to transform, alter. [3] **mutarse** VR to mutate (*en* into).
mutilación NF mutilation.
mutilado / a [1] ADJ crippled. [2] NM/F cripple, disabled person; **~ de guerra** disabled veteran.
mutilar<1a> VT [a] (*gen*) to mutilate; (*lisiar*) to cripple, disable. [b] (*estropear*) to hack about, spoil; (: *cuento*) to garble; (*desfigurar*) to deface.
mutis NM INV (*Teat*) exit; **¡~!** sh!; **hacer ~** (*Teat: retirarse*) to exit, go off; (*fig*) to say nothing, keep quiet; **hacer ~ por el foro** to make o.s. scarce (*fam*).
mutismo NM (*mudez*) dumbness; (*fig: silencio*) silence.
mutua NF mutual (society).
mutualidad NF [a] (*reciprocidad*) mutual character. [b] (*ayuda*) mutual aid, reciprocal aid. [c] (*asociación*) friendly o (*US*) benefit society.
mutuo ADJ (*recíproco*) mutual, reciprocal; (*conjunto*) joint.
muy ADJ (*gen*) very; (*con pp*) greatly, highly; (*demasiado*) too; **~ bien** (*manera*) very well; (*de acuerdo*) all right, fine; **~ buscado** highly prized; **~ de noche** (very) late at night; **el ~ bestia de Pedro** that great idiot Peter; **¡el ~ bandido!** the rascal!; **es ~ hombre / mujer** he's very manly/she's a real woman; **eso es ~ de él** that's just like him; **eso es ~ español** that's typically Spanish; **tener ~ en cuenta** to bear very much in mind; **llegar ~ tarde** to come very late; **M~ Señor mío** Dear Sir; **por ~ cansado que estés** however o no matter how tired you are.

N¹, n ['ene] NF (*letra*) N, n.

N² ABR a de **Norte** N. b de **nacional**. c de **noviembre** Nov. d (*LAm*) de **Moneda Nacional**; **le entregaron sólo N$2.000** they only gave him $2,000 pesos.

20-N

ⓘ **20-N** *is commonly used as shorthand to refer to the anniversary of General Franco's death on 20 November 1975. Every year supporters of the far right hold a commemorative rally in Madrid's Plaza de Oriente, the scene of many of Franco's speeches to the people.*

---

n. ABR a de **nuestro/a**. b de **nacido** b. c de **número** no.

nabo NM (*Bot*) turnip; **~ gallego** rape.

nácar NM mother-of-pearl, nacre.

nacarado, nacarino ADJ mother-of-pearl *atr*, pearly, nacreous.

nacer <2d> 1 VI a to be born; (*ave*) to hatch; **nací en Cuba** I was born in Cuba; **cuando nazca el niño** when the baby is born; **nació para poeta** he was born to be a poet; **nadie nace enseñado** we all have to learn; **~ de pie** to be born lucky; **¡a ver si te crees que he nacido ayer!** do you think I was born yesterday! b (*Bot*) to sprout, bud; (*estrella etc*) to rise; (*agua*) to spring up, appear, begin to flow; (*camino*) to begin, start (*de río; en* in); (*día*) to dawn. c (*fig*) to begin, originate, have its origin (*en* in); **el error nace del hecho de que** the error springs o stems from that fact that; **entre ellos ha nacido una fuerte simpatía** a strong friendship has sprung up between them. 2 **nacerse** VR a (*Bot*) to bud, sprout. b (*Cos*) to split.

nacido 1 ADJ born; **bien ~** of noble birth; **ser un mal ~** to be mean o wicked; **recién ~** newborn. 2 NM a human being; **ningún ~** nobody. b (*Med*) tumour, tumor (*US*), growth. c (*Cos*) split.

naciente 1 ADJ nascent; (*nuevo*) new, recent; (*creciente*) growing; (*sol*) rising. 2 NM a east. b (*CSur: tb ~s*) spring, source.

nacimiento NM a birth; (*Orn etc*) hatching; **ciego de ~** blind from birth. b (*fig: estirpe*) descent, family. c (*agua*) spring; (*de río*) source. d (*fig: origen*) origin, beginning, start; **dar ~ a** to give rise to. e (*Arte, Rel*) nativity (scene).

nación NF nation; (*pueblo*) people; **N~es Unidas** United Nations; **de ~ española** Spanish by birth, of Spanish nationality.

nacional 1 ADJ national; (*Econ, Com*) domestic, home *atr*; **'vuelos ~es'** 'domestic flights'; V **moneda (a)**. 2 NMF (*LAm*) national; **los nacionales** (*España, 1936 etc*) the Franco forces.

nacionalidad NF a nationality; **doble ~** dual nationality. b (*Esp Pol*) autonomous region; regional government.

nacionalismo NM nationalism.

nacionalista 1 ADJ nationalist(ic). 2 NMF nationalist.

nacionalización NF a (*de inmigrante*) naturalization. b (*Econ*) nationalization.

nacionalizar <1f> 1 VT a (*inmigrante*) to naturalize. b (*Econ*) to nationalize. 2 **nacionalizarse** VR to become naturalized; to be nationalized.

nada 1 PRON nothing; **no dijo ~** she said nothing, she didn't say anything; **¡~, ~!** not a bit of it!; **~ de ~** absolutely nothing, nothing at all; **~ de eso** nothing of the kind, far from it; **¡~ de eso!** not a bit of it!; **¡~ de marcharse!** forget about leaving!; **no tiene ~ de particular** there's nothing special about it; **~ más** nothing else o more; **~ más llegar yo (cuando) ...** I had just arrived when ...; **(~ más y) ~ menos que ...** (no more and) no less than ...; **antes de ~** very soon, right away; **antes de ~ tengo que** before I do anything else I must; **a cada ~** (*LAm fam*) constantly; **casi ~** next to nothing; **como si ~** as if it didn't matter; **¡de ~!** you're welcome!, don't mention it!; **no entiende ~** he doesn't understand a thing; **estuvo en ~ que lo perdiesen** they very nearly lost it; **hace ~** just a moment ago; **no los mencionó para ~** he never mentioned them at all; **quedar(se) en ~** to come to nothing; **no quiere comer ni ~** he won't even eat; **no es listo ni ~** he's really smart; **no reparar en ~** to stop at nothing; **no servir para ~** to be utterly useless; **llorar por ~** to cry for no reason at all; **por ~ del mundo** not for anything in the world; **por menos de ~** for two pins; **¡pues ~!** not to worry!; (*coletilla*) OK then, right; **no ha sido ~** it's nothing; **y ~** and that was that. 2 ADV not at all, by no means; **no es ~ fácil** it's not at all easy, it's far from easy. 3 NF nothingness; **la ~** the void; **el avión parecía salir de la ~** the aircraft seemed to come from nowhere.

nadador(a) NM/F swimmer.

nadar <1a> VI a to swim; (*flotar*) to float. b (*Cos*) **en estos pantalones va nadando** these trousers are much too big for him. c **~ en la abundancia** (*fig*) to be rolling in money.

nadería NF small thing, mere trifle.

nadie PRON a nobody, no one; **~ lo tiene, no lo tiene ~** nobody has it; **no he visto a ~** I haven't seen anybody; **casi ~** hardly anybody. b **no es ~** he's nobody (that matters); **es un don ~** he's a nobody o nonentity.

nadir NM nadir.

nadita (*esp LAm fam*) = **nada**.

nado NM: **cruzar** o **pasar a ~** to swim (across).

nafta NF naphtha; (*Arg*) petrol, gasoline (*US*).

naftaleno NM, **naftalina** NF naphthaline.

nagual NM a (*CAm, Méx*) sorcerer, wizard. b (*Méx fam*) lie.

náhuatl 1 ADJ INV Nahuatl. 2 NMF INV Nahuatl Indian. 3 NM (*Ling*) Nahuatl language.

nailon NM nylon.

naipe NM playing card; **~s** cards; **una baraja de ~s** a pack of cards.

naja NF: **salir de ~s** (*fam*) to get out, beat it (*fam*).

najarse <1a> VR (*fam*) to beat it (*fam*).

nal. ABR de **nacional** nat.

nalga NF buttock; **~s** buttocks, backside; **dar de ~s** to fall on one's bottom.

nalgón ADJ (*And*), **nalgudo** ADJ big-bottomed, broad in the beam (*fam*).

Namibia NF Namibia.

nana NF a (*Mús*) lullaby, cradlesong. b (*CAm, Méx: nodriza*) wet nurse; (: *niñera*) nursemaid.

nanai, nanay INTERJ no (you don't)!

nano/a NM/F kid.

nao NF (*Hist*) ship.

napa NF imitation leather.

napalm NM napalm.

Napoleón NM Napoleon.

napoleón NM (*Chi: alicates*) pliers *sg*, cutters *sg*.

Nápoles NM Naples.

napolitano/a ADJ, NM/F Neapolitan.

naranja 1 NF a orange; **~ cajel** Seville orange; **~ sanguina** blood orange. b (*fam*) **¡~s!, ¡~s de la China!** nonsense!, rubbish! c **mi media ~** my better half; **encontrar su media ~** to meet one's match.

2 NM (*color*) orange.
naranjada NF orangeade, orange squash.
naranjal NM orange grove.
naranjero/a **1** ADJ orange-growing. **2** NM/F (*agricultor*) orange grower; (*vendedor*) orange seller. **3** NM (*árbol*) orange tree.
naranjo NM orange tree.
narcisismo NM narcissism.
narcisista ADJ narcissistic.
narciso NM **a** narcissus; **~ atrompetado** *o* **trompón** daffodil. **b** (*fig*) dandy, fop.
narco NM (*fam*) = **narcotraficante; narcotráfico**.
narcodependencia NF drug dependency, drug dependence.
narcodólar NM drug dollar.
narcosis NF narcosis.
narcótico ADJ, NM narcotic.
narcotizante ADJ, NM narcotic.
narcotizar<1f> VT (*gen*) to narcotize; (*fam*) to drug, dope.
narcotraficante NMF drug dealer.
narguile NM hookah.
narigón **1** ADJ big-nosed. **2** NM (*Méx*) nose ring.
narigudo ADJ big-nosed.
nariz NF **a** (*gen*) nose; (*orificio*) nostril.
b **narices** nostrils; (*fam*) nose; **¡narices!** (*fam*) rubbish!, nonsense!; **me cerró la puerta en las narices** he shut the door in my face; **dar de narices** to fall flat on one's face; **dar de narices contra la puerta** to bang one's face on the door; **estar hasta las narices** to be completely fed up; **hacer algo por narices** (*fam*) to do sth for the hell of it (*fam*); **hace un frío de narices** (*fam*) it's really cold; **se le hincharon las narices** (*fam*) he got really mad; **meter las narices en algo** to poke one's nose into sth.
c (*olfato*) sense of smell.
d (*de vino*) bouquet.
narizudo ADJ (*CAm, Méx*) big-nosed.
narración NF narration, account.
narrador(a) NM/F narrator.
narrar<1a> VT to tell, narrate, recount.
narrativa NF narrative, story.
narrativo/a ADJ narrative.
nasa NF bread bin; (*Pesca*) basket, creel.
nasal ADJ, NF nasal.
nasalizar<1f> VT to nasalize.
N.ª S.ʳᵃ ABR *de* **Nuestra Señora**.
nata NF **a** cream; (*en leche cocida etc*) skin; **~ batida** *o* **montada** whipped cream; **~ líquida** cream. **b** (*fig*) cream; **la flor y ~ de la sociedad** society's crème de la crème, the cream of society.
natación NF swimming.
natal ADJ natal; (*país*) native; (*pueblo etc*) home *atr*.
natalicio NM birthday.
natalidad NF birth rate.
natillas NFPL custard.
natividad NF nativity.
nativo/a **1** ADJ **a** (*gen*) native; (*país etc*) native, home *atr*; **lengua ~a** mother tongue. **b** natural, innate. **2** NM/F native.
nato ADJ born; **un actor ~** a born actor.
natural **1** ADJ **a** (*gen*) natural; **es ~ que ...** it is natural that ....
b (*frutas*) fresh; (*agua*) plain; (*luz*) natural; (*hijo*) illegitimate; **de tamaño ~** life-size(d).
c (*Mús*) natural.
2 NMF native, inhabitant; **es ~ de Sigüenza** he is a native of Sigüenza.
3 NM **a** disposition, temperament; **buen ~** good nature.
b **fruta al ~** fruit in its own juice; **ginebra al ~** neat gin; **está muy guapa al ~** she is very pretty just as she is (without make-up); **pintar del ~** to paint from life.
c (*Taur*) type of pass.
naturaleza NF **a** (*gen*) nature; **es generoso por ~** he's generous by nature; **son de ~ tímida** they're timid by nature. **b** **~ muerta** (*Arte*) still life. **c** (*Pol*) nationality.

d (*Pol*) **carta de ~** naturalization papers.
naturalidad NF naturalness; **con la mayor ~ (del mundo)** as if nothing had happened; **hacer algo con ~** (*sencillez*) to do sth in a straightforward fashion.
naturalismo NM naturalism.
naturalista **1** ADJ naturalistic. **2** NMF naturalist.
naturalización NF naturalization.
naturalizar<1f> **1** VT to naturalize. **2** **naturalizarse** VR to become naturalized, become acclimated (*US*).
naturalmente ADV **a** (*de modo natural*) in a natural way. **b** **¡~!** naturally!, of course!
naturismo NM naturism.
naturista NMF naturist.
naufragar <1h> VI **a** (*barco*) to be wrecked, sink; (*gente*) to be shipwrecked. **b** (*fig*) to fail, miscarry.
naufragio NM **a** shipwreck. **b** (*fig*) failure, ruin.
náufrago/a **1** ADJ shipwrecked. **2** NM/F shipwrecked person.
nauseabundo ADJ nauseating, sickening.
náusea(s) NF(PL) nausea, sick feeling; (*fig*) disgust, repulsion; **dar ~s a** to nauseate, sicken, disgust; **tener ~s** to feel sick.
náutica NF navigation, seamanship.
náutico/a ADJ nautical; **club ~** yacht club.
navaja NF **a** clasp knife, penknife; **~ (de afeitar)** razor. **b** (*marisco*) razor shell.
navajada NF, **navajazo** NM slash, gash, razor wound.
navajero NM criminal who carries a knife.
naval ADJ (*gen*) naval.
Navarra NF Navarre.
navarro/a ADJ, NM/F Navarrese.
nave NF **a** (*Náut*) ship, vessel; **quemar las ~s** to burn one's boats. **b** (*Aer*) **~ espacial** spaceship, spacecraft. **c** (*Arquit*) nave; **~ lateral** aisle. **d** (*Téc*) shop; **~ industrial** factory premises.
navegable ADJ navigable.
navegación NF **a** navigation. **b** (*viaje*) sea voyage; **~ costera** coastal traffic; **~ fluvial** river navigation. **c** (*buques*) ships, shipping; **cerrado a la ~** closed to shipping.
navegador, navegante NM navigator.
navegar<1h> VI **a** (*barco*) to sail; (*avión*) to fly; **~ a vela** to sail, go sailing. **b** **~ por Internet** to surf the Net.
Navidad NF Christmas; **(día de) ~** Christmas Day; **~es** Christmas time; **por ~es** at Christmas time; **¡feliz ~!** happy Christmas!
navideño ADJ Christmas *atr*.
naviero NM shipowner.
navío NM ship.
nazarenas NFPL (*And, CSur*) large gaucho spurs.
nazareno/a NM/F penitent.
nazi ADJ, NMF Nazi.
nazismo NM Nazism.
NB ABR *de* **nota bene** NB.
N. de la R. ABR *de* **nota de la redacción**.
N. de la T, N. del T ABR *de* **Nota de la Traductora, Nota del Traductor**.
NE ABR *de* **nor(d)este** NE.
neblina NF mist; (*fig*) fog.
nebulizador NM atomizer, nebulizer.
nebulosa NF nebula.
nebulosidad NF **a** nebulosity, cloudiness. **b** (*fig*) vagueness, obscurity.
nebuloso ADJ **a** (*Astron*) nebular, nebulous; (*cielo*) cloudy; (*aire*) misty, foggy. **b** (*fig*) nebulous, vague.
necedad NF **a** foolishness, silliness. **b** (*una ~*) silly thing; **~es** nonsense.
necesario ADJ necessary; **si es ~** if need(s) be; **es ~ que lo hagas** you have to o must do it.
neceser NM toilet case; **~ de belleza** vanity case; **~ de costura** workbox; **~ de fin de semana** weekend bag.
necesidad NF **a** (*gen*) necessity, need (*de* for); **~ primordial** absolute necessity, pressing need; **de** *o* **por ~** of necessity; **esto es de primera ~** this is absolutely essential; **no hay ~ de mirarlo** there is no need to look at it; **tener ~ de** to need. **b** (*fig*) tight spot; **en caso de ~**

in case of emergency. [c] (*pobreza*) need, poverty. [d] ~es hardships. [e] **hacer sus ~es** to relieve o.s.
necesitado ADJ [a] ~ **de** in need of. [b] needy; **los ~s** the needy, the poor.
▼**necesitar** <1a> [1] VT (*gen*) to need, want; (*exigir*) to necessitate, require; **necesitamos 2 más** we need 2 more; **necesita un poco de cuidado** it needs o requires a little care; ~ **hacer algo** to need o have to do sth; **'se necesita coche'** 'car wanted'.
  [2] VI: ~ **de** to need.
necio/a [1] ADJ (*gen*) silly, stupid; (*Méx*: *terco*) stubborn. [2] NM/F fool.
necrofilia NF necrophilia.
necrófilo/a ADJ, NM/F necrophiliac.
necrología, **necrológica** NF (*lista*) obituary column; (*noticia*) obituary.
necrológico ADJ necrological, obituary *atr*.
necrópolis NF INV necropolis.
necrosis NF INV necrosis.
néctar NM nectar.
nectarina NF nectarine.
neerlandés/esa [1] ADJ Dutch. [2] NM/F Dutchman/-woman. [3] NM (*Ling*) Dutch.
nefando ADJ unspeakable, abominable.
nefario ADJ nefarious.
nefasto ADJ unlucky, ill-fated.
nefritis NF nephritis.
negación NF [a] (*gen*) negation; (*negativa*) refusal, denial. [b] (*Ling*) negative.
negado ADJ: ~ **para** inept at, unfitted for.
▼**negar** <1h, 1j> [1] VT [a] (*gen*) to deny; (*rechazar*) to reject, refute.
  [b] (*permiso*) to deny, refuse (*a* to); (*privar de*) to withhold (*a* from); ~ **el saludo a algn** to cut sb.
  [c] (*responsabilidad etc*) to disclaim, disown.
  [2] VI: ~ **con la cabeza** to shake one's head.
  [3] **negarse** VR [a] ~ **a hacer algo** to refuse to do sth.
  [b] ~ **a una visita** to refuse to see a visitor.
negativa NF (*rechazo*) denial, refusal; ~ **rotunda** flat refusal.
negativo [1] ADJ [a] negative. [b] (*Mat*) minus. [c] (*Fot*) negative. [2] NM (*Fot*) negative.
negligencia NF (*gen*) negligence; (*abandono*) neglect.
negligente ADJ (*gen*) negligent; (*para deberes*) neglectful.
negociable ADJ negotiable.
negociación NF (*gen*) negotiation; (*de cheque*) clearance; ~ **colectiva de salarios** collective bargaining.
negociado NM [a] (*sección*) department, section. [b] (*And, CSur*) shady deal, illegal transaction.
negociador(a) NM/F negotiator.
negociante NMF businessman/-woman.
negociar <1b> [1] VT to negotiate. [2] VI [a] (*Pol etc*) to negotiate. [b] (*Com*) ~ **en** o **con** to deal in, trade in.
negocio NM [a] affair; **¡mal ~!** it looks bad!; **eso es ~ tuyo** that's your affair. [b] (*negocios*: *tienda*) shop; **el ~ del libro** the book trade; **hombre/mujer de ~s** businessman/-woman; **estar en viaje de ~s** to be (away) on business; **hablar de ~s** to talk business; **montar un ~** to start a business. [c] (*transacción*) deal, transaction; **buen ~** profitable deal; ~ **sucio** shady deal; **hacer un buen ~** to pull off a profitable deal; **cuidar de su propio ~** to look after one's own interests.
negra[1] NF [a] (*Mús*) crotchet. [b] (*fig*) bad luck; **le tocó la ~** he had bad luck; **ése me trae la ~** he brings me bad luck; **tener la ~** to be out of luck, have a run of bad luck; *V tb* **negro**.
negrear <1a> VI (*gen*) to turn black; (*parecer*) to appear black.
negrero NM slave trader; (*fig*) exploiter of labour o (*US*) labor, cruel boss.
negrilla NF [a] (*Tip*) = **negrita**. [b] (*Bot*) elm.
negrita NF (*Tip*) bold face; **en ~** in bold o heavy type.
negrito NM golliwog.
negro/a[2] [1] ADJ [a] (*gen*) black; (*oscuro*) dark; (*raza*) Negro; ~ **como boca de lobo** o **como un pozo** pitch-black; **ponerse ~** (*moreno*) to get a good tan.

[b] (*fig*: *humor etc*) sad; (*lúgubre*) black, gloomy; (*suerte*) atrocious; **pasarlas ~as** to have a tough time of it; **la cosa se pone ~a** it's not going well, it looks bad; **verse ~** to be in a jam; **verse ~ para hacer algo** to have one's work cut out to do sth.
  [c] (*fam*) cross, peeved (*fam*); **estoy ~ con esto** I'm getting desperate about it; **poner ~ a algn** (*fam*) to make sb cross.
  [d] (*ilegal*) black; **dinero ~** hot money, money not declared for tax; **mercado ~** black market.
  [2] NM (*color*) black.
  [3] NM/F [a] (*individuo*) Negro/Negress, black; **trabajar como un ~** to work like a Trojan, slave away.
  [b] (*fam*: *escritor*) ghostwriter.
  [c] **mi ~** (*And, CSur fam*: *mi vida*) darling, honey.
negroide ADJ negroid.
negrura NF blackness.
negruzco ADJ blackish.
nemotécnica NF (*etc*) = **mnemotécnica** *etc*.
nene/a NM/F baby, small child.
nenúfar NM water lily.
neo... PREF neo....
neocelandés/esa, **neozelandés/esa** [1] ADJ New Zealand *atr*, of o from New Zealand. [2] NM/F New Zealander.
neoclasicismo NM neoclassicism.
neofascismo NM neofascism.
neolatino ADJ: **lenguas ~as** Romance languages.
neolítico ADJ neolithic.
neologismo NM neologism.
neón NM neon.
neonazi ADJ, NMF neo Nazi.
neoyorquino/a [1] ADJ New York *atr*, of o from New York. [2] NM/F New Yorker.
Nepal NM Nepal.
nepotismo NM nepotism.
Neptuno NM Neptune.
nervadura NF (*Arquit, Bot*) ribs.
nervio NM [a] (*gen*) nerve; **crispar los ~s a algn, poner los ~s de punta a algn** to get on sb's nerves; **estar destrozado de los ~s, tener los ~s destrozados** to be a nervous wreck. [b] (*Anat*) tendon, sinew; (*en carne*) sinew, tough part. [c] (*Arquit, Tip, Bot*) rib; (*de insectos*) vein; (*Mús*) string. [d] (*fig*) vigour, vigor (*US*), strength; **un hombre sin ~** a spineless man; **tener ~** to have character. [e] (*fig*: *eje*) soul, leading light. [f] (*fig*: *fondo*) core, crux.
nerviosidad NF, **nerviosismo** NM nervousness, nerves pl; (*agitación*) agitation, restlessness.
nervioso ADJ [a] (*Anat*) nerve *atr*, nervous; **centro ~** nerve centre o (*US*) center; **crisis ~a** nervous breakdown; **sistema ~** (*mano etc*) nervous system. [b] (*mano etc*) sinewy, wiry. [c] (*individuo*: *de temperamento ~*) nervy, highly-strung; (*impaciente*) restless, impatient; (*irritable*) edgy; (*exaltado*) worked up; **estar ~** to be nervous; **poner ~ a algn** to make sb nervous; (*fastidiar*) to make sb cross; **ponerse ~** to get upset; **¡no te pongas ~!** take it easy!, keep your hair on! (*fam*). [d] (*vigoroso*) vigorous, forceful.
nervudo ADJ [a] (*gen*) tough, strong. [b] (*mano etc*) sinewy, wiry.
nesgado ADJ (*Cos*) flared.
nesgar <1h> VT (*Cos*) to flare, gore.
neto ADJ [a] (*gen*) clear; (*puro*) clean, pure; (*sencillo*) simple; **tiene su sueldo ~** he has (just) his bare salary. [b] (*Com, Fin*) net; **peso ~** net weight.
neumático [1] ADJ pneumatic, air *atr*. [2] NM tyre, tire (*US*); ~ **sin cámara** tubeless tyre; ~ **de recambio** o **de repuesto** spare tyre.
neumonía NF pneumonia.
neura NF (*fam*: *manía*) obsession; (*depresión*) depression.
neuralgia NF neuralgia.
neurálgico ADJ neuralgic, nerve *atr*.
neurastenia NF [a] (*Med*) neurasthenia. [b] (*fig*) excitability.
neurasténico ADJ [a] (*Med*) neurasthenic. [b] (*fig*) excitable.

neurocirugía NF neurosurgery.
neurocirujano/a NM/F neurosurgeon.
neurología NF neurology.
neurólogo NM neurologist.
neurona NF neuron, nerve cell.
neuropsiquiatría NF neuropsychiatry.
neurosis NF INV neurosis.
neurótico/a ADJ, NM/F neurotic.
neutral ADJ, NMF neutral.
neutralidad NF neutrality.
neutralismo NM neutralism.
neutralización NF neutralization.
neutralizar<1f> VT to neutralize.
neutro ADJ|a| (gen) neutral. |b| (Zool, Ling) neuter.
neutrón NM neutron.
nevada¹ NF snowfall.
nevado/a² |1| ADJ |a| snow-covered; (montaña) snow-capped. |b| (fig) snowy, snow-white. |2| NM (LAm) snow-capped mountain.
nevar<1j> |1| VT to cover with snow; (fig) to whiten. |2| VI to snow.
nevasca NF snowstorm.
nevazón NF (And, CSur) snowstorm.
nevera NF refrigerator, icebox (US); (fig) icebox.
nevera-congelador NF fridge-freezer.
nevisca NF light snowfall.
neviscar<1g> VI to snow lightly.
nexo NM link, connection, nexus.
n/f. ABR de **nuestro favor.**
n/g. ABR de **nuestro giro.**
ni CONJ |a| nor, neither; **~ el uno ~ el otro** neither one nor the other; **~ vino ~ llamó por teléfono** he neither came nor rang up; **sin temor ~ favor** without fear or favour o (US) favor; **~ yo** nor me. |b| (tb **~ siquiera**) not even; **~ siquiera me llamó** he didn't even phone me; **~ (siquiera) a ti te lo dirá** he won't even tell you; **¡~ hablar!** not on your life!, no way!; **¡~ por ésas!** (fam) no bloody way! (fam). |c| **~ que** not even if; **~ que fueses su mujer** it's not as if you were his wife. |d| **~ bien** (Arg: en cuanto) as soon as.
Niágara NM Niagara.
niara NF (Agr) stack, rick.
nica ADJ, NMF (CAm pey) Nicaraguan.
Nicaragua NF Nicaragua.
nicaragüense ADJ, NMF Nicaraguan.
nicho NM niche, recess.
nicotina NF nicotine.
nidada NF (huevos) clutch; (pajarillos) brood.
nidal NM nest.
nido NM |a| nest; **caer del ~** (fig) to come down to earth with a bump; **parece que se ha caído de un ~** he seems so innocent. |b| **~ de ladrones** den of thieves. |c| (fig: escondrijo) hiding place. |d| (fig: criadero) centre, center (US), hotbed.
NIE NM ABR de **número de identificación de extranjero.**
niebla NF |a| fog, mist; **~ artificial** smoke screen; **un día de ~** a foggy day; **hay ~** it is foggy. |b| (fig) confusion. |c| (Bot) mildew.
niego, niegue etc V **negar.**
nieta NF granddaughter.
nieto NM |a| grandson; **~s** grandchildren. |b| (fig) descendant.
nieva etc V **nevar.**
nieve NF |a| snow; **copo de ~** snowflake; **las primeras ~s** the first snows, the first snowfall. |b| (Culin) **a punto de ~** (beaten) stiff. |c| (LAm: helado) ice pole. |d| (fam: cocaína) snow (fam), coke (fam).
NIF NM ABR de **número de identificación fiscal.**
Nigeria NF Nigeria.
nigeriano/a ADJ, NM/F Nigerian.
nigromancia NF necromancy, black magic.
nigua NF (Ant, CAm: pulga) chigoe, chigger.
nihilismo NM nihilism.
nihilista |1| ADJ nihilistic. |2| NMF nihilist.
Nilo NM Nile.
nilón NM nylon.

nimbo NM (Arte, Astron, Rel) halo; (Met) nimbus.
nimiedad NF |a| (cualidad) triviality; (prolijidad) long-windedness; (demasía) excess. |b| (una ~) trifle, tiny detail; **riñeron por una ~** they quarrelled o (US) quarreled over nothing.
nimio ADJ|a| insignificant, trivial, tiny; **un sinfín de detalles ~s** a host of petty details. |b| (individuo: gen) fussy (about details).
ninfa NF nymph.
ninfómana NF nymphomaniac.
ningún V **ninguno.**
ningunear<1a> VT: **~ a algn** (CAm, Méx: fam) to ignore o pay no attention to sb, pretend that sb doesn't exist.
ninguneo NM: **le condenaron al ~** (CAm, Méx: fam) they made a non-person of him.
ninguno |1| ADJ (before nm sing **ningún**) no; **ningún hombre** no man; **~a belleza** no beauty; **no hay ningún libro que valga más** there is no book that is worth more; **no tiene ningún interés** it holds no interest; **no voy a ~a parte** I'm not going anywhere. |2| PRON nobody, no one, none; **no lo sabe ~** nobody knows; **~ de ellos** none of them; **~ de los dos** neither of them; **¿cuál prefieres? ~** which do you prefer? neither (of them).
niña NF |a| (little) girl, child. |b| (LAm: esp Hist: título) miss, mistress. |c| (Anat) pupil; **ser la ~ de los ojos de algn** to be the apple of sb's eye.
niñada NF = **niñería (b).**
niñear<1a> VI to act childishly.
niñera NF nursemaid, nanny.
niñería NF |a| (cualidad) childishness. |b| (acto) childish thing; **llora por cualquier ~** she cries about any triviality.
niñero ADJ fond of children.
niñez NF (gen) childhood; (fig: principio) infancy.
niño |1| ADJ (gen) young; (de poca experiencia) immature, inexperienced; (pey) childish; **es muy ~ todavía** he's still very young o small. |2| NM |a| (gen) child; (varón) (little) boy; (al hablar) my boy, my lad; **los ~s** the children; **el N~ (Jesús)** the Baby Jesus; **~ bien** o **bonito** Hooray Henry (fam); **~ expósito** foundling; **~ de pecho** babe-in-arms; **~ probeta** test-tube baby; **~ prodigio** child prodigy; **de ~** as a child; **desde ~** since childhood, since I etc was a child; **¡no seas ~!** don't be such a baby!; **ser el ~ mimado de algn** to be sb's pet; **¡qué coche ni qué ~ muerto!** (fam) all this nonsense about a car, car my foot! (fam); **va a tener un ~** she's going to have a baby. |b| (LAm: esp Hist: título) master, sir; **el ~ Francisco** (young) master Francisco.
nipón/ona ADJ, NM/F Japanese.
níquel NM nickel; (Téc) nickel-plating.
niquelar<1a> VT to nickel-plate.
niqui NM T-shirt.
níspero NM, **níspola** NF medlar.
nitidez NF |a| (gen) brightness; (limpieza) spotlessness; (Fot etc) clarity, sharpness. |b| (fig) unblemished nature.
nítido ADJ |a| (gen) bright; (limpio) clean, spotless; (Fot etc) clear, sharp. |b| (fig) pure, unblemished.
nitral NM nitrate deposit.
nitrato NM nitrate.
nítrico ADJ nitric.
nitro NM nitre, saltpetre.
nitrógeno NM nitrogen.
nitroglicerina NF nitroglycerin(e).
nivel NM |a| (Geog etc) level, height; **~ de(l) aceite** (Aut etc) oil level; **a 900 m sobre el ~ del mar** at 900 m above sea level; **a ~** level, flush; **paso a ~** level crossing, grade crossing (US); **al ~ de** on a level with, at the same height as. |b| (fig) level, standard; **el ~ cultural del país** the cultural standard of the country; **~ de vida** standard of living; **alto ~ de trabajo** high level of employment; **estar al ~ de** to be equal to; **estar al ~ de las circunstancias** to rise to the occasion. |c| (Téc) **~ de aire** o **de burbuja** spirit level.
nivelación NF levelling, leveling (US).

nivelado ADJ level, flat; (*Téc*) flush.
niveladora NF bulldozer.
nivelar<1a> VT [a] to level (out); (*Ferro*) to grade. [b] (*fig*) to level (up), even (out o up); (*Fin etc*) to balance (*con* against).
nixtamal NM (*CAm, Méx: maíz cocido*) boiled maize o (*US*) corn.
Niza NF Nice.
n/l. ABR *de* **nuestra letra**.
NN ABR *de* **ningún nombre** no name (*mark on grave of unknown person*).
NNE ABR *de* **nornordeste** NNE.
NNO ABR *de* **nornoroeste** NNW.
NN.UU. ABR *de* **Naciones Unidas** UN.
NO ABR *de* **noroeste** NW.
no [1] ADV [a] (*en respuestas*) no; (*en frases sin verbo*) not; (*con verbo*) not; **¡~!** no!; **¡yo ~!** not I!; **~ sé** I do not know, I don't know; **me rogó ~ hacerlo** he asked me not to do it; **¿vives aquí, ~?** you live here, don't you?; **decir que ~** to say no; **creo que ~** I don't think so; **¡que ~!** I tell you it isn't! o doesn't! *etc*; **¡a que ~!** I bet you can't!, I bet you it isn't! *etc*; **¡a que ~ lo sabes!** I bet you don't know!; **~ bien** (*LAm: en cuanto*) as soon as; **si ~,** (*LAm*) **de ~** if not, otherwise; (*advertencia*) unless you *etc* do; **todavía ~** not yet; *V* **más; sino²**.
[b] (*en doble negación*) **~ tengo nada** I have nothing, I don't have anything; *V* **nada; nunca**.
[c] (*palabras compuestas*) **el ~ conformismo** non-conformism; **pacto de ~ agresión** non-aggression pact; **los países ~ alineados** the non-aligned nations; **cosa ~ esencial** inessential.
[d] (*en comparaciones*) **es mejor que lo diga que ~ que se calle** it's better he speaks up rather than saying nothing.
[2] NM: **un '~' contundente** a resounding o firm 'no'.
N.º, n.º ABR *de* **número** No., no.
n/o. ABR *de* **nuestra orden**.
Nobel NM [a] (*tb Premio ~*) Nobel Prize. [b] (*persona*) Nobel prizewinner.
nobiliario ADJ [a] (*título*) noble. [b] (*libro etc*) genealogical.
noble [1] ADJ (*gen*) noble; (*honrado*) honest, upright. [2] NMF noble, nobleman/noblewoman; **los ~s** the nobility.
nobleza NF [a] (*cualidad: gen*) nobility; (*honradez*) honesty, uprightness. [b] (*aristocracia*) nobility, aristocracy.
nobuk NM nubuck.
nocaut NM (*esp LAm*) knockout.
noche NF night, night-time; (*fig*) dark, darkness; (*fig*) **ayer ~** last night; **esta ~** tonight; **mañana por la ~** to-morrow night; **las once de la ~** eleven (o'clock) at night; **¡buenas ~s!** (*saludo*) good evening!; (*despedida*) good night!; **~ de estreno** (*Teat*) first night; **~ toledana** sleepless night; **N~ Vieja** New Year's Eve; **a la ~** at nightfall; **de ~** (*adv*) at night, by night, in the night-time; **función de ~** late-night show, evening performance; **traje de ~** evening dress; **de la ~ a la mañana** overnight; **en toda la ~** all night; **hasta muy entrada la ~** until late at night; **por la ~** at night, during the night; **hacer ~ en un sitio** to spend the night in a place; **se hace de ~** it's getting dark; **pasar la ~ en blanco** to have a sleepless night.
Nochebuena NF Christmas Eve.

┌─ NOCHEBUENA ─────────────────┐

i   *Traditional Christmas celebrations in Spanish-speaking countries mainly take place on the night of* **Nochebuena**, *Christmas Eve. These include a large Christmas meal, going to Midnight Mass, the* **misa del Gallo**, *and, in Spain, watching the seasonal message from the King on TV. Presents are traditionally given at Epiphany by* **los Reyes Magos**, *the Three Kings, but due to ever increasing Anglo-Saxon influence some people also give presents on Christmas Day.*

└──────────────────────────────┘

nochero [1] ADJ (*LAm*) nocturnal. [2] NM [a] (*Chi, Col*) night watchman; (*Guat*) night worker. [b] (*Col*) bedside table.
Nochevieja NF New Year's Eve.

┌─ NOCHEVIEJA ─────────────────┐

i   **Nochevieja**, *or New Year's Eve, is one of the most important seasonal celebrations in Spanish-speaking countries. Whereas* **Nochebuena** *is traditionally spent at home with the family,* **Nochevieja** *is an occasion for going out. In Spain, the highlight of the evening is* **las campanadas**, *the chimes of the* **Puerta del Sol** *clock in Madrid, which are broadcast live to usher in the New Year, like Big Ben in the UK. As the bells strike it is traditional to eat twelve grapes, one for each chime, a custom known as* **las uvas de la suerte** *or* **las doce uvas**.

└──────────────────────────────┘

nochote NM (*Méx*) cactus beer.
noción NF [a] notion, idea; **no tener la menor ~ de algo** not to have the faintest idea about sth. [b] **~es** elements, rudiments; **tiene algunas ~es de árabe** he has a smattering of Arabic.
nocivo ADJ harmful, injurious (*para* to).
noctambulismo NM sleepwalking.
noctámbulo/a NM/F sleepwalker.
nocturno [1] ADJ night *atr*, evening *atr*; (*Zool etc*) nocturnal; **clase ~a** evening class; **vida ~a** night life. [2] NM (*Mús*) nocturne.
nodo NM node.
nodriza NF wet nurse.
nodular ADJ nodular.
nódulo NM nodule.
Noé NM Noah.
nogal NM (*madera*) walnut; (*árbol*) walnut tree.
noguera NF walnut tree.
nómada [1] ADJ nomadic. [2] NMF nomad.
nomadismo NM nomadism.
nomás ADV (*LAm: gen*) just; (: *tan sólo*) only; *V tb* **más 1 (e)**.
nombradía NF fame, renown.
nombramiento NM (*gen*) nomination; (*designación*) appointment; (*Mil*) commission.
nombrar <1a> VT [a] (*gen*) to name; (*mencionar*) to mention. [b] (*designar*) to nominate, appoint; (*Mil*) to commission.
nombre NM [a] name; **mal ~** nickname; **~ y apellidos** name in full, full name; **~ artístico** (*de autor*) pen-name; (*de actor*) stage name; (*gen*) professional name; **~ comercial** trade name; **~ de fichero** (*Inform*) file name; **~ de lugar** place name; **~ de pila** first name, Christian name; **~ propio** proper name; **un sobre a ~ de ...** an envelope addressed to ...; **de ~** by name; **de ~ García** García by name; **no existe sino de ~** it exists in name only; **en ~ de** in the name of, on behalf of; **en ~ de la libertad** in the name of liberty; **por ~** by the name of, called; **sin ~** nameless; **poner ~ a** to call, name; **¿qué ~ le van a poner?** what are they going to call him?; **su conducta no tiene ~** his conduct is utterly despicable.
[b] (*Ling*) noun.
[c] (*fig*) name, reputation; **un médico de ~** a famous doctor; **tiene ~ en el mundo entero** it has a world-wide reputation.
nomenclatura NF nomenclature.
nomeolvides NF INV forget-me-not.
nómina NF [a] list, roll; (*Com, Fin*) payroll; **estar en ~** to be on the staff; **tiene una ~ de 500 personas** he has 500 on his payroll. [b] (*sueldo*) salary.
nominación NF (*esp LAm*) nomination.
nominal ADJ [a] (*cargo*) nominal, titular, in name only. [b] (*valor*) face *atr*, nominal. [c] (*Ling*) noun *atr*, substantival.
nominar <1a> VT to nominate.
nominativo [1] ADJ [a] (*Ling*) nominative. [b] (*Com, Fin*) bearing a person's name; **el cheque será ~ a favor de X** the cheque o (*US*) check should be made out to X. [2] NM (*Ling*) nominative.
non [1] ADJ (*número*) odd, uneven. [2] NM odd number; **pares y ~es** odds and evens; **los ~es** the odd ones; **un zapato de ~** an odd shoe; **estar de ~** (*persona*) to be the

odd man out; (*fig*) to be useless.
nonada NF trifle, mere nothing.
nonagésimo ADJ ninetieth; V **sexto 1**.
nonato ADJ unborn.
nones ADV: **decir** ~ to say no.
noningentésimo ADJ nine-hundredth.
nono ADJ ninth.
nopal NM prickly pear.
nopalera NF patch of prickly pears.
noqueada NF (*esp LAm*) knockout blow.
noquear<1a> VT (*esp LAm*) to knock out.
noqueo NM (*esp LAm*) knockout.
noray NM bollard.
norcoreano/a ADJ, NM/F North Korean.
nordeste [1] ADJ (*región etc*) north-east(ern); (*dirección*) north-easterly. [2] NM [a] (*región*) northeast. [b] (*viento*) north-east wind.
nórdico/a [1] ADJ [a] northern, northerly. [b] (*Hist*) Nordic, Norse. [2] NM/F [a] northerner. [b] (*Hist*) Norseman.
noreste = **nordeste**.
noria NF [a] (*Agr*) waterwheel. [b] (*de feria*) big *o* (*US*) Ferris wheel.
norirlandés/esa [1] ADJ Northern Irish. [2] NM/F Northern Irishman/-woman.
norma NF [a] standard, norm, rule; (*patrón*) pattern; (*método*) method; ~ **de comprobación** (*Fís etc*) control; ~**s de seguridad** safety regulations; ~ **de vida** principle. [b] (*Arquit, Téc*) square.
normal ADJ (*gen*) normal; (*usual*) usual, natural; (*Téc*) standard; **Escuela N~** (*esp LAm*) teachers' training college.
normalidad NF normality, normalcy; (*Pol*) calm, normal conditions.
normalista (*esp LAm*) [1] ADJ INV student teacher *atr*. [2] NMF student teacher.
normalización NF (*Com*) standardization.
normalizar <1f> [1] VT to normalize, restore to normal; (*Téc*) to standardize. [2] **normalizarse** VR to return to normal, settle down.
Normandía NF Normandy.
normando [1] ADJ Norman; (*vikingo*) Norse; **Islas N~as** Channel Islands. [2] NM/F Norman; (*vikingo*) Northman, Norseman.
normativo ADJ: **es** ~ **en todos los coches nuevos** it is standard in all new cars.
noroeste [1] ADJ (*región*) north-west(ern); (*dirección*) north-westerly. [2] NM [a] north-west. [b] (*viento*) north-west wind.
nortada NF (steady) northerly wind.
norte [1] ADJ (*región etc*) north(ern); (*dirección*) northerly. [2] NM [a] north; **en la parte del** ~ in the northern part; **al** ~ **de Segovia** to the north of Segovia. [b] (*viento*) north wind. [c] (*fig*) guide; (*meta*) aim, objective.
Norteamérica NF North America.
norteamericano/a ADJ, NM/F North American; (*esp*) American.
norteño/a [1] ADJ northern. [2] NM/F northerner.
nortino/a (*And, CSur*) [1] ADJ northern. [2] NM/F northerner.
Noruega NF Norway.
noruego/a [1] ADJ, NM/F Norwegian. [2] NM (*Ling*) Norwegian.
nos PRON PERS PL [a] (*dir*) us. [b] (*indir*) (to) us; ~ **lo dará** he will give it to us; ~ **lo compró** (*de*) he bought it from us; (*para*) he bought it for us; ~ **cortamos el pelo** we had our hair cut. [c] (*reflexivo*) (to) ourselves; (*mutuo*) (to) each other; ~ **lavamos** we washed; **no** ~ **hablamos** we don't speak to each other; ~ **levantamos a las 7** we get up at 7.
nosocomio NM (*esp LAm*) hospital.
nosotros/as PRON PERS PL [a] (*sujeto*) we. [b] (*después de prep*) us; ~ (**mismos**) ourselves; **entre** ~ between you and me; **no irán sin** ~ they won't go without us; **no pedimos nada para** ~ we ask nothing for ourselves.
nostalgia NF nostalgia, homesickness.

nostálgico ADJ nostalgic, homesick.
nota NF [a] (*gen*) note, memorandum; (*Univ etc*) footnote; (*Com*) account; (*vale*) IOU; ~ **de aviso** advice note; ~ **de crédito/débito** credit/debit note; ~ **de gastos** expense account; ~ **a pie de página** footnote; ~ **de sociedad** gossip column; **tomar (buena)** ~ (**de algo**) (*fijarse*) to take (good) note of sth. [b] (*Escol*) mark, grade (*US*); (*de fin de año*) report; **obtener** *o* **sacar buenas** ~**s** to get good marks. [c] (*Mús, fig*) note; ~ **de adorno** grace note; **una** ~ **de buen gusto** a tasteful note; **dar la** ~ (*fig*) to set the tone; ~ **dominante** dominant feature; **de mala** ~ notorious. [d] **digno de** ~ notable, worthy of note.
notabilidad NF [a] (*cualidad*) noteworthiness, notability. [b] (*individuo*) notable, worthy.
notable [1] ADJ (*gen*) noteworthy, notable; (*Escol etc*) outstanding. [2] NMF notable, worthy.
notación NF notation.
notar <1a> [1] VT (*gen*) to note, notice; (*percibir*) to feel, perceive; (*ver*) to see; **no noto frío alguno** I don't feel cold at all; **no lo había notado** I hadn't noticed it; **te noto raro** you seem strange; **hacer** ~ **que** to note that, observe that; **hacerse** ~ to stand out, draw attention to o.s. [2] **notarse** VR to show, be apparent *o* obvious; **se nota que** one observes that, one notes that; **no se nota nada la mancha** you can't see the stain at all.
notaría NF [a] (*profesión*) profession of notary. [b] (*despacho*) notary's office.
notariado NM (*profesión*) profession of notary; (*notarios*) notaries *pl*.
notarial ADJ (*gen*) notarial; (*estilo etc*) legal, lawyer's.
notario NM notary (public); (*abogado*) solicitor.
noticia NF [a] news; (*una* ~) piece of news; (*TV etc*) news item; ~**s** news; **¿hay alguna** ~? any news?; **una buena/mal** ~ a good/bad piece of news; **¡**~**s frescas!** (*iró*) tell me a new one!; ~ **necrológica** obituary notice; **según nuestras** ~**s** according to our information; **tener** ~**s de algn** to have news of sb; **hace tiempo que no tenemos** ~**s suyas** we haven't heard from her for a long time. [b] (*conocimiento*) knowledge, notion; **no tener la menor** ~ **de algo** to know nothing at all about a matter.
noticiar <1b> VT to notify.
noticiario NM (*TV etc*) news bulletin.
noticiero [1] ADJ news *atr*. [2] NM newspaper, gazette.
noticioso ADJ (*LAm*) news *atr*; **agencia** ~**a** news agency.
notificación NF notification.
notificar <1g> VT to notify, inform.
notoriedad NF fame, renown.
notorio ADJ [a] (*gen*) publicly known; **un hecho** ~ a well-known fact; **es** ~ **que** it is well-known that. [b] (*obvio*) obvious; (*error etc*) glaring, blatant.
nov. ABR *de* **noviembre** Nov.
novatada NF [a] (*burla*) ragging, hazing (*US*). [b] (*error*) beginner's mistake; **pagar la** ~ to learn the hard way.
novato/a [1] ADJ raw, green, new. [2] NM/F beginner.
novecientos/as ADJ, NMPL/NFPL nine hundred; V **seiscientos**.
novedad NF [a] (*cualidad*) newness, novelty; (*extrañeza*) strangeness. [b] (*objeto*) novelty; (*sorpresa*) surprise; ~**es** (*noticia*) latest news; ~**es, últimas** ~**es** (*Com*) latest models. [c] (*fig: cambio*) new feature *o* development, change; **llegar sin** ~ to arrive safely; **la jornada ha sido sin** ~ it has been a quiet *o* normal day; **el enfermo sigue sin** ~ the patient's condition is unchanged.
novedoso ADJ novel, full of novelties.
novel ADJ, NMF = **novato**.
novela NF novel; ~ **de amor** love story, romance; ~ **por entregas** serial; ~ **negra** thriller; ~ **policíaca** detective story, whodunit (*fam*).
novelar <1a> [1] VT to make a novel out of, fictionalize. [2] VI to write novels.
novelesco ADJ [a] (*Lit*) fictional; **el género** ~ fiction, the novel. [b] romantic, fantastic; (*aventura etc*) storybook.
novelista NMF novelist.
novelística NF: **la** ~ fiction, the novel.
novena NF (*Ecl*) novena.

noveno ADJ ninth; V tb **sexto**.

noventa ADJ (cardinal) ninety; (ordinal) ninetieth; V tb **seis**.

novia NF (amiga) girlfriend, sweetheart; (prometida) fiancée; (en boda) bride; **traje de ~** wedding dress.

noviar<1b> VI: **~ con** (CSur) to go out with, date (fam).

noviazgo NM engagement.

noviciado NM apprenticeship, training; (Rel) novitiate.

novicio/a NM/F (gen) beginner, novice; (aprendiz) apprentice; (Rel) novice.

noviembre NM November; V tb **se(p)tiembre**.

novilla NF heifer.

novillada NF (Taur) training fight.

novillero NM [a] (Taur) apprentice bullfighter. [b] (fam) truant.

novillo NM [a] bullock, steer; **~s** (Taur) = **novillada**. [b] **hacer ~s** (Escol) to play truant, play hooky (US).

novio NM (amigo) boyfriend, sweetheart; (prometido) fiancé; (en boda) bridegroom; **los ~s** (prometidos) the engaged couple; (en boda) the bride and groom; (recién casados) the newly-weds; **ser ~s formales** to be formally engaged; **viaje de ~s** honeymoon.

novísimo ADJ (gen) newest, latest; (Com etc) brand-new.

NPI ABR [a] (Inform, Fin) de **Número Personal de Identificación** PIN. [b] (Esp fam) de **ni puta** o **puñetera idea**.

nro./a ABR de **nuestro/a**.

ns ABR de **no sabe/n**.

N.S. ABR de **Nuestro Señor**.

ns/nc ABR de **no sabe(n)/no contesta(n)** don't knows.

N.T. ABR [a] (Rel) de **Nuevo Testamento** NT. [b] (Téc) de **nuevas tecnologías**.

ntra. ABR de **nuestra**.

nubada, **nubarrada** NF [a] downpour, sudden shower. [b] (fig) abundance.

nubarrón NM storm cloud.

nube NF [a] (gen) cloud; **~ de lluvia** raincloud; **~ de tormenta** storm cloud. [b] (fig) crowd, mass, multitude; **una ~ de periodistas** a crowd of journalists; **una ~ de críticas** a storm of criticism. [c] (Med: en el ojo) cloud, film. [d] (locuciones) **los precios están por las ~s** prices are sky high (fam); **poner a algn en** o **por** o **sobre las ~s** to praise sb to the skies; **ponerse por las ~s** (individuo) to go up the wall (fam); (precio) to rocket, soar; **andar por las ~s, estar en las ~s** to be away with the fairies (fam).

núbil ADJ marriageable, nubile.

nublado [1] ADJ cloudy, overcast. [2] NM [a] (nube) storm cloud, black cloud. [b] (fig: amenaza) threat, impending danger. [c] (enfado) anger, black mood; **pasó el ~** (fig) the trouble's over.

nublar<1a> [1] VT [a] (gen) to darken, obscure. [b] (fig: vista, mente) to cloud, disturb. [2] **nublarse** VR to become cloudy, cloud over.

nubloso ADJ [a] cloudy. [b] (fig) unlucky, unfortunate.

nubosidad NF cloudiness.

nuboso ADJ cloudy.

nuca NF nape (of the neck), back of the neck.

nuclear ADJ nuclear; **central ~** nuclear power station.

nuclearización NF (proceso) introduction of nuclear energy (de to); (de un país) conversion to nuclear energy.

nuclearizado ADJ: **países ~s** countries possessing nuclear weapons.

núcleo NM (gen) nucleus; (Elec) core; (Bot) kernel, stone; (fig) core, essence; **~ de población** population centre o (US) center; **~ duro** hard core; **~ urbano** city centre.

nudillo NM knuckle.

nudismo NM nudism.

nudista NMF nudist.

nudo NM [a] knot; **~ corredizo** slipknot; **~ llano** reef knot. [b] (Náut) knot. [c] (Bot, Min) node. [d] thick part, lump; **con un ~ en la garganta** with a lump in one's throat; **se me hizo un ~ en la garganta** i got a lump in my throat. [e] (Ferro) junction. [f] (vínculo) bond, tie, link. [g] (fig: de problema etc) core, crux; (Teat etc) crisis, point

of greatest complexity.

nudoso ADJ (madera) knotty; (tronco) gnarled; (bastón) knobbly, knobby (US).

nuera NF daughter-in-law.

nuestro [1] ADJ POS our; (después de n) of ours; **un barco ~** a boat of ours, one of our boats; **no es amigo ~** he's no friend of ours; **lo ~** (what is) ours, what belongs to us. [2] PRON PERS ours, of ours; **es el ~** it is ours; **los ~s** (frec) our people, our relations, our family; (Dep) our o the local side o team; **es de los ~s** he's one of ours o us.

nueva NF piece of news; **~s** news; **me cogió de ~s** it was news to me, it took me by surprise; **hacerse de ~s** to pretend not to have heard a piece of news before, pretend to be surprised.

Nueva Delhi NF New Delhi.

Nueva Escocia NF Nova Scotia.

nuevamente ADV (gen) again; (de nuevo) anew.

Nueva York NF New York.

Nueva Zelanda, **Nueva Zelandia** NF (LAm) New Zealand.

nueve [1] ADJ nine; (fecha) ninth; **las ~** nine o'clock. [2] NM nine; V tb **seis**.

nuevo ADJ (gen) new; (adicional) further, additional; **de ~** again; **es ~ en el oficio** he's new to the trade; **no hay nada ~ bajo el sol** there's nothing new under the sun; **es más ~ que yo** he is junior to me; **con ~s argumentos** with further arguments; **la casa es ~a** the house is new; **la casa está ~a** the house is as good as new; **estos pantalones están como ~s** these trousers are just like new; **¿qué hay de ~?** (fam) what's new? (fam).

Nuevo Méjico NM New Mexico.

nuez NF nut; (esp) walnut; **~ moscada** nutmeg; **~ de la garganta** Adam's apple.

nulidad NF [a] (Jur) nullity. [b] incompetence, incapacity. [c] (individuo) nonentity; **es una ~** he's a dead loss, he's useless.

nulo ADJ [a] (Jur) (null and) void; **~ y sin efecto** null and void. [b] (individuo) useless; **es ~ para la música** he's no good at music. [c] (Dep: partido) drawn, tied.

núm. ABR de **número** No., no.

Numancia NF Numantia; (fig) symbol of heroic or last-ditch resistance.

numen NM (gen) inspiration; (talento) talent, inventiveness; **~ poético** poetic inspiration; **de propio ~** out of one's head.

numeración NF [a] numeration. [b] numbers, numerals; **~ arábiga** Arabic numerals; **~ de línea** (Inform) line numbering; **~ romana** Roman numerals.

numeral [1] ADJ numeral, number atr. [2] NM numeral.

numerar<1a> [1] VT to number; **páginas sin ~** unnumbered pages. [2] **numerarse** VR (Mil etc) to number off.

numerario [1] ADJ numerary; **profesor ~** permanent member of teaching staff. [2] NM hard cash.

numérico ADJ numerical.

número NM [a] (gen) number; (Mat) numeral; **~ arábigo/romano** Arabic/Roman numeral; **~ binario** (Inform) binary number; **~ cardinal/ordinal/par/impar/primo/entero** cardinal/ordinal/even/odd/prime/whole number; **~ fraccionario** o **quebrado** fraction; **~ de matrícula** (Aut etc) registration number; **~ personal de identificación** (Inform etc) personal identification number; **~ quebrado** fraction; **en ~s redondos** in round numbers; **~ de serie** serial number; **el jugador ~ uno de su país** the top player in his country; **en ~ de** to the number of; **miembro de ~** full member; **sin ~** (fig) countless; **estar en ~s rojos** to be in the red. [b] (zapatos etc) size. [c] (periódico etc) number, issue; **~ extraordinario** special edition o issue. [d] (Teat etc) turn, act, number; **hacer** o **montar el ~** (fam) to do something pretty far-out (fam), go over the top; (armarla) to make a scene.

numeroso ADJ numerous; **familia ~a** large family.

numismática[1] NF numismatics sg.

numismático/a[2] NM/F numismatist.

núms ABR de **números** Nos.

nunca ADV (*gen*) never; (*con verbo negativo*) ever; **no viene ~, ~ viene** he never comes, he doesn't ever come; **¡~!** never!; **casi ~** almost never, hardly ever; **¡hasta ~!** I don't care if I never see you again!; **más que ~** more than ever; **no lo he visto ~ jamás** I've never ever seen it; **~ más** never again, nevermore; **¿has visto ~ cosa igual?** have you ever seen anything like this?

nuncio NM a (*Rel*) nuncio. b messenger; (*fig*) herald, harbinger.

nupcial ADJ wedding *atr*, nuptial.

nupcias NFPL wedding, nuptials; **casarse en segundas ~** to marry again.

nutria NF otter.

nutrición NF nutrition.

nutrido ADJ a **bien ~** well-nourished; **mal ~** undernourished. b (*fig*) large, considerable; (*numeroso*) numerous; **~ de** full of, abounding in; **una ~a concurrencia** a large attendance; **~s aplausos** deafening applause; **fuego ~** (*Mil*) heavy fire.

nutrimento NM nutriment, nourishment.

nutrir <3a> VT a to feed, nourish. b (*fig*) to feed, strengthen.

nutritivo ADJ nourishing, nutritious; **valor ~** nutritional o food value.

nylon [ni'lon, 'nailon] NM nylon.

Ñ, ñ [eɲe] NF (*letra*) Ñ, ñ.

ña NF (*LAm fam*) = **doña**.

ñame NM yam.

ñandú NM (*CSur*) South American ostrich, rhea.

ñandutí NM (*CSur: encaje*) Paraguayan lace.

ñango ADJ (*LAm fam: patoso*) awkward, clumsy.

ñaña NF (*LAm fam: hermana*) elder sister; (: *nodriza*) nurse-maid, wet nurse.

ñaño (*LAm*) [1] ADJ (*amigo*) close; (*consentido*) spoiled. [2] NM (*amigo*) friend; (*hermano mayor*) elder brother.

ñapa NF (*LAm: prima*) extra, bonus; (: *propina*) tip; **de ~** as an extra.

ñapango NM (*Col*) mulatto, mestizo.

ñaque NM (*trastos*) junk.

ñata(s) NF(PL) (*LAm fam*) nose, conk (*fam*).

ñato ADJ (*LAm: de nariz chata*) flat-nosed, snub-nosed.

ñeque NM (*And, CSur: fam: fuerza*) strength.

ñiquiñaque NM [a] (*trastos*) trash, junk. [b] (*persona*) worthless individual.

ño NM (*LAm fam*) = **don**.

ñoco ADJ (*LAm: sin dedo*) lacking a finger; (: *con una sola mano*) one-handed.

ñoña NF (*Chi, Ecu: fam!*) shit (*fam!*).

ñoñería, ñoñez NF (*sosería*) insipidness; (*falta de carácter*) spinelessness; (*melindres*) fussiness.

ñoño/a [1] ADJ (*soso*) characterless, insipid; (*persona: débil*) spineless; (: *melindroso*) fussy, finicky. [2] NM/F spineless person, drip (*fam*); *V tb* **ñoña**.

ñoquis NMPL gnocchi.

ñorbo NM (*And Bot*) passionflower.

ñu NM gnu.

ñudoso ADJ = **nudoso**.

O¹, o¹ [ɔ] NF (*letra*) O, o.

O² ABR [a] (*Geog*) *de* **oeste** W. [b] *de* **octubre** Oct.

o² CONJ or; **~ ~** either or; **~ sea** that is.

o³ ABR (*Com*) *de* **orden** o.

ó CONJ (*en números para evitar confusión*) or; **5 ó 6** 5 or 6.

OAA NF ABR *de* **Organización de las Naciones Unidas para la Alimentación y la Agricultura** FAO.

OACI NF ABR *de* **Organización de la Aviación Civil Internacional** ICAO.

oasis NM INV oasis.

obcecación NF blindness, blind obstinacy; **en un momento de ~** when the balance of his *etc* mind was disturbed.

obcecado ADJ blind, mentally blinded; (*terco*) stubborn, obdurate.

obcecar <1g> [1] VT to blind (mentally); **el amor le ha obcecado** love has blinded him (to all else). [2] **obcecarse** VR to get stubborn; **~ con una idea** to be stuck on an idea.

obedecer <2d> VT, VI [a] to obey; **~ a algn** to do as someone says. [b] **~ a** (*Med etc*) to yield to, respond to (treatment by). [c] **~ a , ~ al hecho de que** to be due to, arise from; **su viaje obedece a dos motivos** his journey has two reasons.

obediencia NF obedience.

obediente ADJ obedient.

obelisco NM obelisk; (*Tip*) dagger.

obertura NF overture.

obesidad NF obesity.

obeso ADJ obese.

óbice NM obstacle, impediment.

obispado NM bishopric.

obispo NM bishop.

obituario NM (*en periódico*) obituary section.

objeción NF objection; **~ de conciencia** conscientious objection; **poner ~es** to raise objections; **no ponen ninguna ~** they make o raise no objection.

objetante NMF (*gen*) objector; (*Pol: en mitin*) heckler.

objetar <1a> VT, VI (*gen*) to object; (*objeción*) to make, offer, raise; (*argumento*) to put forward.

objetivar <1a> VT, **objetivizar** <1f> VT to objectify, put in objective terms.

objetividad NF objectivity.

objetivo [1] ADJ objective. [2] NM [a] (*fig*) objective, aim. [b] (*Mil*) objective, target. [c] (*Fot*) lens.

objeto NM [a] (*gen*) object, thing; **'~s perdidos'** (*letrero*) 'lost property'; **~s de tocador** toilet articles. [b] (*meta*) object, aim; **al o con ~ de hacer algo** with the object o aim of doing sth; **esta carta tiene por ~ hacer algo** this letter has the aim of doing sth; **fue ~ de un asalto** she was the target of an attack, she suffered an attack. [c] (*temática*) theme, subject matter. [d] (*Ling*) object.

objetor NM objector; **~ de conciencia** conscientious objector.

oblea NF (*Rel, fig*) wafer; (*Inform*) chip, wafer; **quedar como una ~** to be as thin as a rake.

oblicua NF (*Mat*) oblique line.

oblicuo ADJ (*gen*) oblique; (*Anat: ojos*) slant(ing); (*mirada*) sidelong.

obligación NF [a] obligation, duty; **~es** (*esp*) family responsibilities; **cumplir con una ~** to fulfil o (*US*) fulfill a duty; **faltar a sus ~es** to fail in one's duty; **tener ~ de hacer algo** to have a duty to do sth. [b] (*Com, Fin*) bond.

obligacionista NMF bondholder.

▼**obligar** <1h> [1] VT [a] to force, compel, oblige; **~ a algn a hacer algo** to force o compel sb to do sth; **verse obligado a hacer algo** to be obliged to do sth; **estar o quedar obligado a algn** to be obliged to sb, be in sb's

---

debt. [b] (*empujar*) to force, push. [2] **obligarse** VR to put o.s. under an obligation; **~ a hacer algo** to bind o.s. to do sth.

obligatoriedad NF obligatory nature.

▼**obligatorio** ADJ obligatory, compulsory; **es ~ hacerlo** it is obligatory to do it.

obliterar <1a> VT to obliterate, destroy.

oblongo ADJ oblong.

obnubilado ADJ stunned.

obnubilar <1a> VT = **ofuscar** (c).

oboe NM [a] oboe. [b] (*músico*) oboist.

óbolo NM (*fig*) mite, small contribution.

ob.ᵖᵒ ABR *de* **obispo** Bp.

obra NF [a] (*gen*) work; (*una ~*) piece of work; **~ de arte** work of art; **~ benéfica, ~ de misericordia, ~ piadosa** charity; **buenas ~s, ~s de caridad** good works; **de ~** (*Rel*) by deed; **~ maestra** masterpiece; **~s públicas** public works; **¡manos a la ~!** to work!, let's get on with it!; **por ~ (y gracia) de** thanks to the efforts of; **poner algo por ~** to carry sth out; **~s son amores y no buenas razones** actions speak louder than words; **seguro que es ~ suya** it must be his doing. [b] (*Arte etc*) work; (*Lit*) book; (*Teat*) play; (*Mús*) opus; **~ de consulta** reference book; **~s completas** complete works. [c] (*Arquit*) **~s** construction, building; **'~s'** 'building under construction'; (*en carretera*) 'men at work'; **'cerrado por ~s'** 'closed for repairs o alterations'; **~s de carretera** road works; **estamos en ~s** there are building repairs going on; **se han comenzado las ~s del nuevo embalse** work has begun on the new dam. [d] (*ejecución*) workmanship. [e] (*Chi*) brickworks. [f] **~ de** about; **en ~ de 8 semanas** in about 8 weeks.

obrador NM workshop.

obraje NM [a] (*CSur*) sawmill, timberyard. [b] (*Méx*) pork butcher's (shop).

obrajero NM [a] (*CSur: matadero*) lumberman. [b] (*Bol*) craftsman, skilled worker. [c] (*Méx*) pork butcher.

obrar <1a> [1] VT [a] (*gen*) to work. [b] (*Med*) to work on, have an effect on. [c] (*construir*) to build. [2] VI [a] to act, behave; **~ de acuerdo con** to proceed in accordance with. [b] (*medicinas*) to work, have an effect. [c] (*Com*) **su carta obra en mi poder** I have received your letter, your letter is to hand; (*Jur*) **el acusado obra en manos del juez** the accused man is in the judge's hands. [d] (*esp LAm fam*) to move one's bowels.

obr. cit. NF ABR *de* **obra citada** op. cit.

obrerismo NM working-class movement.

obrero/a [1] ADJ (*clase*) working; (*movimiento*) labour *atr*, labor *atr* (*US*); **condiciones ~as** working conditions. [2] NM/F (*gen*) worker; (*empleado*) man, hand; (*peón*) labourer, laborer (*US*); **~ especializado** skilled worker.

obscenidad NF obscenity.

obsceno ADJ obscene.

obscu... V **oscu...**.

obseder <2a> VT (*LAm*) to obsess.

obsequiar <1b> VT to lavish attentions on; **le obsequiaron con un reloj** they presented him with a clock, they gave him a clock.

obsequio NM [a] (*regalo*) present, gift; (*para jubilado etc*) presentation; **ejemplar de ~** presentation copy. [b] (*agasajo*) attention, kindness; **en ~ de** in honour o (*US*) honor of.

obsequioso ADJ obliging, helpful; (*en demasía*) servile.

observable ADJ observable.
observación NF $\boxed{a}$ (gen) observation; (Jur) observance. $\boxed{b}$ (en conversación etc) remark, comment; (objeción) objection; **hacer una ~** to make a remark, comment, observe.
observador(a) $\boxed{1}$ ADJ observant. $\boxed{2}$ NM/F observer; **~ extranjero** foreign observer.
observancia NF observance.
observar <1a> VT $\boxed{a}$ (gen) to observe, watch; (notar) to see, notice, spot; **~ que ...** to observe o notice that ...; **se observa una mejoría** you can detect an improvement. $\boxed{b}$ (leyes) to observe, respect; (reglas) to abide by, adhere to; **~ buena conducta** (Per) to behave o.s.
observatorio NM observatory; **~ del tiempo** weather station.
obsesión NF obsession.
obsesionante ADJ (recuerdo etc) haunting; (hábito) obsessive.
obsesionar <1a> VT to obsess, haunt; **estar obsesionado con** o **por algo** to be obsessed by sth.
obsesivo ADJ obsessive.
obseso ADJ obsessed, haunted.
obsidiana NF obsidian.
obsolescencia NF: **~ incorporada** (Com) built-in obsolescence.
obsoleto ADJ obsolete.
obstaculizar <1f> VT (gen) to hinder, hamper, hold up.
obstáculo NM (gen) obstacle, hindrance; (impedimento) handicap, drawback; **no es ~ para que yo lo haga** it is no obstacle to my doing it; **poner ~s a algo/algn** to hinder sth/sb.
obstante: **no ~** $\boxed{1}$ ADV $\boxed{a}$ (sin embargo) nevertheless, however. $\boxed{b}$ (de todos modos) all the same. $\boxed{2}$ PREP in spite of.
obstar <1a> VI: **~ a** o **para** to hinder, prevent; **eso no obsta para que lo haga** that does not prevent him from doing it.
obstetricia NF obstetrics sg.
obstétrico ADJ obstetric(al).
obstinación NF obstinacy, stubbornness.
obstinado ADJ obstinate, stubborn.
obstinarse <1a> VR to dig one's heels in; **~ en hacer algo** to persist in doing sth.
obstrucción NF obstruction.
obstruccionar <1a> VT (esp LAm) to obstruct.
obstruccionismo NM obstructionism.
obstructivo, **obstructor** ADJ obstructive.
obstruir <3g> VT (gen) to obstruct; (bloquear) to block; (Dep etc) to hinder, impede.
obtención NF (Com etc: contrato) obtaining, securing; (meta) achievement.
obtener <2k> VT (gen) to get, obtain, secure; (meta) to achieve.
obtenible ADJ available; (meta) achievable.
obturación NF (gen) plugging, stopping; (Fot) **velocidad de ~** shutter speed.
obturador NM (gen) plug, stopper; (Aut) choke; (Fot) shutter.
obturar <1a> VT to plug, stop (up).
obtuso ADJ $\boxed{a}$ (romo) blunt, dull. $\boxed{b}$ (Mat, fig) obtuse.
obús NM $\boxed{a}$ (Mil) shell. $\boxed{b}$ (Aut) tyre o (US) tire valve.
obviamente ADV obviously.
obviar <1c> $\boxed{1}$ VT to obviate, remove; **~ un problema** to get round a problem. $\boxed{2}$ VI to stand in the way.
obvio ADJ obvious.
OC NF ABR de **onda corta** SW.
oca NF goose.
ocasión NF $\boxed{a}$ occasion, time; **con ~ de** on the occasion of; **en algunas ~es** sometimes. $\boxed{b}$ (oportunidad) chance, opportunity; **aprovechar la ~** to seize one's opportunity; **dar a algn la ~ de hacer algo** to give sb a chance or an opportunity to do sth. $\boxed{c}$ (motivo) cause, motive; **no hay ~ para quejarse** there is no cause to complain. $\boxed{d}$ **de ~** (Com) secondhand; (ganga) bargain; **librería de ~** secondhand bookshop.
ocasional ADJ $\boxed{a}$ (fortuito) chance, accidental. $\boxed{b}$ (que

ocurre a veces) occasional.
ocasionar <1a> VT to cause, produce.
ocaso NM $\boxed{a}$ (Astron) sunset. $\boxed{b}$ (Geog) west. $\boxed{c}$ (fig) decline, end, fall.
occidental $\boxed{1}$ ADJ western. $\boxed{2}$ NMF westerner.
occidentalizado ADJ westernized.
occidentalizar <1f> VT to westernize.
Occidente NM (Pol) the West, the Western world.
occidente NM west.
occiso/a NM/F: **el ~** the deceased; (de asesinato) the victim.
OCDE NF ABR de **Organización para la Cooperación y el Desarrollo Económico** OECD.
Oceanía NF Oceania.
oceánico ADJ oceanic.
océano NM ocean; **O~ Atlántico/Pacífico/Indico** Atlantic/Pacific/Indian Ocean.
oceanografía NF oceanography.
oceanógrafo/a NM/F oceanographer.
ocelote NM (Zool) ocelot.
ochavado ADJ octagonal.
ochenta ADJ (cardinal) eighty; (ordinal) eightieth; V tb **seis**.
ocho $\boxed{1}$ ADJ eight; (fecha) eighth; **~ días** a week; **dentro de ~ días** within a week; **las ~** eight o'clock. $\boxed{2}$ NM eight; V tb **seis**.
ochocientos ADJ, NMPL/NFPL eight hundred; V tb **seiscientos**.
ocio NM $\boxed{a}$ leisure; (inactividad) idleness; **~s, ratos de ~** leisure o spare o free time; **'guía del ~'** 'what's on'. $\boxed{b}$ **~s** pastime, diversion.
ociosidad NF idleness; **la ~ es madre de todos los vicios** the devil finds work for idle hands.
ocioso ADJ $\boxed{a}$ at leisure; (inactivo) inactive; **estar ~** to be idle. $\boxed{b}$ (promesas etc) useless, pointless, idle; **es ~ especular** it is idle to speculate.
oclusiva NF (Ling) occlusive, plosive.
oclusivo ADJ (Ling) occlusive, plosive.
ocote NM (CAm, Méx) ocote pine.
ocozoal NM (Méx) rattlesnake.
ocre ADJ ochre.
OCSHA NF ABR (Rel) de **Obra de la Cooperación Sacerdotal Hispanoamericana**.
oct. ABR de **octubre** Oct.
octagonal ADJ octagonal.
octágono NM octagon.
octanaje NM (Téc) **de alto ~** high-octane atr.
octano NM octane.
octava NF octave.
octavilla NF pamphlet, leaflet.
octavo $\boxed{1}$ ADJ eighth. $\boxed{2}$ NM $\boxed{a}$ eighth; V tb **sexto**. $\boxed{b}$ (Tip) **libro en ~** octavo book. $\boxed{c}$ (Dep) **~s de final** quarterfinals.
octeto NM octet(te); (Inform) byte.
octogenario/a ADJ, NM/F octogenarian, eighty-year-old.
octogésimo ADJ eightieth; V tb **sexto 1**.
octosílabo $\boxed{1}$ ADJ octosyllabic. $\boxed{2}$ NM octosyllable.
octubre NM October; V tb **se(p)tiembre**.
OCU NF ABR (Esp) de **Organización de Consumidores y Usuarios** ≈ CA.
ocular $\boxed{1}$ ADJ ocular; **testigo ~** eyewitness. $\boxed{2}$ NM eyepiece.
oculista NMF oculist.
ocultar <1a> $\boxed{1}$ VT to hide, conceal (a, de from); (disfrazar) to screen, mask. $\boxed{2}$ **ocultarse** VR to hide (o.s.); **~ a la vista** to keep out of sight; **~ con** o **tras** to hide behind; **se me oculta la razón** I cannot see the reason.
ocultismo NM occultism.
oculto ADJ $\boxed{a}$ hidden, concealed; **permanecer ~** to remain in hiding. $\boxed{b}$ (fig) secret; (artes) occult; (pensamiento) inner; (motivo) ulterior.
ocupa NMF (fam) squatter.
ocupación NF (gen) occupation.
ocupado ADJ $\boxed{a}$ (plaza) occupied, taken; **¿está ~a la silla?** is that seat taken? $\boxed{b}$ **la línea está ~a** (Telec) the line is engaged, the line is busy (US). $\boxed{c}$ (individuo) busy;

estoy muy ~ I'm very busy (con with).

ocupante [1] ADJ (Mil) occupying. [2] NMF occupant.

ocupar <1a> [1] VT [a] (gen) to occupy; (atmósfera) to fill; (Mil: ciudad, país) to occupy, take over.

[b] (puesto) to hold, fill.

[c] (individuo) to engage, keep busy; (obreros) to employ, provide work for.

[d] (tiempo) to occupy, fill up, take up; **ocupa sus ratos libres pintando** he paints in his spare time.

[2] **ocuparse** VR: ~ **con** o **de** o **en** (gen) to concern o.s. with; (poner atención en) to pay attention to; (dedicarse a) to busy o.s. with; (cuidar) to take care of, look after; **me ocuparé de ello mañana** I will deal with it tomorrow; ~ **de lo suyo** to mind one's own business.

ocurrencia NF [a] (suceso) incident, event. [b] (idea) bright idea. [c] (chiste) witticism.

ocurrido ADJ: **lo ~** what has happened.

▼**ocurrir** <3a> [1] VI to happen, occur; **¿qué ocurre?** what's going on?; **por lo que pudiera ~** because of what might happen.

[2] **ocurrirse** VR: **se le ocurrió hacerlo** he thought of doing it; **si se le ocurre huir** if he takes it into his head to escape; **se me ocurre que** it occurs to me that; **nunca se me había ocurrido** it had never crossed my mind; **¿cómo no se te ocurrió pensar que …?** didn't it cross your mind that …?; **¿se te ocurre algo?** can you think of anything?; **¡ni se te ocurra (hacerlo)!** don't even think about (doing) it!; **¡se te ocurren unas cosas!** you've got some right ideas!

oda NF ode.

ODECA NF ABR de **Organización de los Estados Centroamericanos** OCAS.

ODEPA NF ABR de **Organización Deportiva Panamericana.**

▼**odiar** <1b> VT [a] to hate. [b] (Chi) to irk, annoy.

odio NM [a] hatred; ~ **de clase** class hatred; ~ **mortal** seething hatred; **almacenar ~** to store up hatred; **tener ~ a algn** to hate sb. [b] (Chi) annoyance, bother.

odioso ADJ, **odiosito** ADJ (Chi) [a] odious, hateful; **hacerse ~** to become a nuisance o (fam) a pain. [b] (Arg, Chi, Per) irksome, annoying.

Odisea NF Odyssey; **o~** odyssey.

odontología NF dentistry, dental surgery.

odontólogo/a NM/F dentist, dental surgeon.

odorífero, odorífico ADJ sweet-smelling, odoriferous.

odre NM [a] wineskin. [b] (fam) drunk(ard).

OEA NF ABR de **Organización de Estados Americanos** OAS.

OECE NF ABR de **Organización Europea de Cooperación Económica** OEEC.

oeste [1] ADJ (región etc) west(ern); (dirección) westerly. [2] NM [a] west; **en la parte del ~** in the western part; **al ~ de Bilbao** to the west of Bilbao. [b] (viento) west wind.

ofender <2a> [1] VT [a] (gen) to offend; (insultar) to slight, insult; (maltratar) to hurt; **por temor a ~le** for fear of offending him.

[b] (sentido) to offend, be offensive to.

[2] **ofenderse** VR to take offence o (US) offense (por at).

ofendido ADJ offended; **darse por ~** to take offence o (US) offense.

ofensa NF (gen) offence, offense (US); (insulto) slight.

ofensiva NF offensive; **pasar a** o **tomar la ~a** to take the offensive.

ofensivo/a ADJ (gen) offensive; (conducta) rude, insulting.

ofensor(a) [1] ADJ offending. [2] NM/F offender.

oferta NF [a] (gen) offer; (propuesta) proposal, proposition. [b] (Com: gen) offer; (para contrato) tender, bid; (Econ) supply; ~ **excedentaria/monetaria** excess/money supply; **la ley de la ~ y la demanda** the law of supply and demand; ~ **pública de adquisición (de acciones)** takeover bid; (periódico) **~s de trabajo** situations vacant column, job openings (US); **estar en ~** to be on offer. [c] (regalo) gift, present.

ofertar <1a> VT [a] (esp LAm: ofrecer) to offer, promise. [b] (Com) to tender.

off [of] NM: **voz en ~** voice off; **en ~** (Cine) off-screen; (Teat) offstage.

office NM (Esp: despensa) pantry; (trascocina) scullery; (para lavadora etc) utility room.

offset ['ofset] NM (Tip) offset.

offside [or'sai] NM (Dep) offside.

oficial [1] ADJ official. [2] NM (gen) officer; (Téc) skilled worker; (funcionario: alto grado) official; (bajo grado) clerk; **primer ~** (Náut) mate.

oficiala NF female office clerk.

oficialidad NF (Mil) officers pl.

oficialismo NM party-liners pl; (LAm) government authorities.

oficialista [1] ADJ party-line atr; (LAm) (pro-)government atr, of the party in power; **el candidato ~** the governing party's candidate. [2] NMF party-liner; (LAm) government supporter.

oficializar <1f> VT to make official, give official status to.

oficiante NM (Ecl) celebrant.

oficiar <1b> [1] VT to inform officially. [2] VI [a] (Rel) to officiate. [b] ~ **de** to officiate as, act as.

oficina NF (gen) office; (Mil) orderly room; (Farm) laboratory; (Téc) workshop; (Chi) nitrate works; **horas de ~** business o office hours; ~ **de colocación** labour exchange o (US) labor exchange, employment agency; ~ **de información** information bureau; ~ **de objetos perdidos** lost-property office, lost-and-found department (US).

oficinista NMF office worker, clerk; **los ~s** white-collar workers.

oficio NM [a] (profesión) profession, occupation; (Téc) craft, trade; **aprender un ~** to learn a trade; **ser del ~** to be on the game (fam); **no tener ni ~ ni beneficio** to be out of work, be idle. [b] (función) function; **los deberes del ~** the duties of the post. [c] **buenos ~s** good offices. [d] **Santo O~** (Hist) Holy Office, Inquisition. [e] (comunicado) official letter. [f] (Rel) service, mass; ~ **difuntos** funeral service. [g] **miembro de ~** ex officio member.

oficiosidad NF [a] helpfulness. [b] officiousness.

oficioso ADJ [a] unofficial, informal; **de fuente ~a** from a semiofficial source. [b] (solícito) helpful, obliging; **mentira ~a** white lie. [c] (entrometido) officious.

ofimática NF office automation.

Ofines NF ABR de **Oficina Internacional de Información y Observación del Español.**

ofrecer <2d> [1] VT (gen) to offer; (ventaja) to present; (bienvenida) to extend; ~ **a algn hacer algo** to offer to do sth for sb.

[2] **ofrecerse** VR [a] to offer o.s., volunteer; ~ **a hacer algo** to offer o volunteer to do sth.

[b] (oportunidad) to offer o present itself; (vista) to open up, present itself.

[c] **¿qué se ofrece?** what's going on? o happening?

[d] **¿se le ofrece algo?** is there anything I can get o do for you?; **no se me ofrece nada por ahora** I don't want anything for the moment.

ofrecimiento NM (Rel) offering; ~ **de paz** peace offer.

ofrenda NF gift; (Rel) offering; (fig) tribute.

ofrendar <1a> VT to give, contribute; (Rel) to make an offering.

oftalmología NF ophthalmology.

oftalmólogo NM ophthalmologist.

ofuscación NF, **ofuscamiento** NM (ceguera) blindness; (confusión) bewilderment, confusion.

ofuscar <1g> VT [a] (suj: luz) to dazzle. [b] (confundir) to bewilder, confuse. [c] (fig) to blind; **estar ofuscado por la cólera** to be blinded by anger.

Ogino, ogino NM: **método ~** rhythm method (of birth-control).

ogro NM ogre.

ohmio NM ohm.

OIC NF ABR [a] (Com) de **Organización Internacional del Comercio** ITO. [b] (Com) de **Organización Interamericana del Café.**

OICE NF ABR de **Organización Interamericana de Cooperación Económica.**

➤ EXPRESIONES GENERATIVAS: **ocurrir** → 11.1 **odiar** → 1.3

OICI NF ABR *de* **Organización Interamericana de Cooperación Intermunicipal** IAMO.

OID NF ABR *de* **Oficina de Información Diplomática**.

oída NF hearing; **de ~s** by hearsay.

oído NM a (*sentido*) (sense of) hearing; **duro de ~** hard of hearing.
b (*Anat*) ear; **~ interno** inner ear; **aguzar los ~s** to prick up one's ears; **dar ~s a** to listen to; (*creer*) to believe; **apenas pude dar crédito a mis ~s** I could scarcely believe my ears; **decir algo al ~ de algn** to whisper sth to sb, whisper sth in sb's ear; **hacer ~s sordos a** to turn a deaf ear to; **es una canción que se pega al ~** it's a catchy song; **llegar a ~s de algn** to come to sb's attention; **prestar ~(s) a** to give ear to; **ser todo ~s** to be all ears; **le estarán zumbando los ~s** his ears must be burning.
c (*Mús*) ear; **de ~** by ear; **tener (buen) ~** to have a good ear.

OIEA NM O NF ABR *de* **Organismo** *u* **Organización Internacional de la Energía Atómica** IAEA.

oigo *etc* V **oír**.

OIN NF ABR *de* **Organización Internacional de Normalización** ISO.

OIP NF ABR a *de* **Organización Internacional de Periodistas**. b (*Aer*) *de* **Organización Iberoamericana de Pilotos**.

OIR NF ABR a *de* **Organización Internacional para los Refugiados** IRO. b *de* **Organización Internacional de Radiodifusión**.

oír <3p> VT, VI a (*gen*) to hear; (*esp LAm: escuchar*) to listen (to); (*prestar atención a*) to pay attention to, heed; **~ hablar de** to hear about *o* of; **he oído decir que ...** I've heard it said that ..., rumour *o* (*US*) rumor has it that ...; **fui a ~ un concierto** I went to see a concert, I attended a concert; **le oí abrir la puerta** I heard him open *o* opening the door; **lo que oyes** just like I'm telling you; **lo oyó como quien oye llover** she paid no attention, she turned a deaf ear to it; **¡me van a ~!** (*fig*) they'll be hearing a from me!; **~ mal** (*persona*) to be hard of hearing; (*al teléfono*) to be unable to hear (properly).
b (*interj etc*) **¡oye!, ¡oiga!** listen!, listen to this!; (*llamando la atención*) hi!, hey!, I say!; (*objeción*) now look here!; (*sorpresa*) I say!, say! (*US*); **¡oiga!** (*Telec*) hello?
c (*ruego*) to heed, answer; **¡Dios te oiga!** I just hope you're right!

OIT NF ABR *de* **Oficina** *u* **Organización Internacional del Trabajo** ILO.

ojal NM buttonhole.

▼**ojalá** 1 INTERJ (*vivo deseo*) if only it were so!, if only it would!; (*desesperanzado*) no such luck!, some hope!
2 CONJ (*tb* **~ que**) I wish ...!, if only ...!; **¡~ venga pronto!** I hope he comes soon!, I wish he'd come!; **¡~ pudiera!** I wish I could!, if only I could!

OJD NF ABR *de* **Oficina de Justificación de la Difusión**.

OJE NF ABR *de* **Organización Juvenil Española**.

ojeada NF glance; **echar una ~ a** to glance at, take a quick look at.

ojear[1] <1a> VT (*gen*) to eye; (*fijamente*) to stare at; **voy a ~ cómo va el trabajo** I'm going to see how the work is getting on.

ojear[2] <1a> VT a to drive away *o* off, shoo. b (*Caza*) to beat, drive.

ojeo NM (*Caza*) beating.

ojera NF a bag under the eye; **tener ~s** to have bags under the eyes. b (*Med*) eyebath.

ojeriza NF spite, ill will; **tener ~ a** to have a grudge against, have it in for.

ojeroso ADJ tired, haggard.

ojete NM a (*Cos*) eyelet. b (*fam!*) arse (*fam!*).

ojímetro NM: **a ~** (*fam*) roughly, at a rough guess.

ojiva NF (*Arquit*) pointed arch; (*Mil*) warhead.

ojival ADJ ogival, pointed.

ojo NM a eye; **~ a la funerala**, **~ amoratado**, **~ a la virulé** black eye; **~s de almendra** *o* **almendrados** almond eyes; **~ de cristal** glass eye; **~s saltones** goggle *o* (*fam*) frog eyes; **a los ~s de** in the eyes of; **a ~ (de buen cubero)** roughly, at a rough guess; **a ~s cerrados** blindfold; **a ~s vistas** publicly, openly; (*crecer etc*) before one's (very) eyes; (*suceder etc*) right under one's nose; **con buenos ~s** kindly, favourably, favorably (*US*); **con malos ~s** unfavourably; **delante de mis propios ~s** before my very eyes; **~ por ~** an eye for an eye; **abrir los ~s a algn** to open sb's eyes to sth; **en un abrir y cerrar de ~s** in the twinkling of an eye; **avivar el ~** to be on the alert; **cerrar los ~s a algo** (*fig*) to shut one's eyes to sth; **clavar los ~s en** to fix one's eyes on, stare at; **comer a algn con los ~s** (*de deseo*) to eye sb up; (*de ira*) to look daggers at sb; **costar un ~ de la cara** to cost a bomb *o* packet (*fam*); **echar el ~ a** (*deseando*) to have one's eye on, covet; (*vigilar*) to keep an eye on; **guiñar el ~** to wink (*a* at); **se le fueron los ~s tras la chica** he couldn't keep his eyes off the girl; **pasar los ~s por algo** to look sth over; **paseó los ~s por la sala** he looked round the hall; **no pegué ~ en toda la noche** I didn't get a wink of sleep all night; **no quitar ~ a** to keep a close eye on; **se le salieron los ~s de las órbitas** his eyes popped out of his head; **saltar a los ~s** to be blindingly obvious; **ser la niña de los ~s de algn** to be the apple of sb's eye; **ser todo ~s** to be all eyes; **tener buen ~**, **tener ~ clínico** to have good intuition; **tener a algn entre ~s** to loathe sb; **tener los ~s puestos en** (*fig*) to have one's heart set on; **torcer los ~s** to squint; **~s que no ven, corazón que no siente** out of sight, out of mind.
b (*de aguja*) eye; (*de queso*) hole; **~ de la llave** keyhole.
c (*en puente*) span; **un puente de 4 ~s** a bridge with 4 arches *o* spans.
d (*LAm: depósito natural*) **~ de agua** (natural) pool.
e **~ de pez** (*Fot*) fish-eye *o* wide-angle lens.
f **~ (del culo)** (*fam*) hole (*fam*).
g (*Arquit*) skylight; **~ de buey** (*Náut*) porthole.
h (*fig*) judgment, sharpness; **tener buen ~ para algo** to have a good eye for sth, be a good judge of sth.
i **¡~!** careful!, look out!; (*Tip*) N.B.; **andar con ~** to take care, be careful; **hay que tener mucho ~ con los carteristas** one must be very careful of pickpockets.

ojota NF (*LAm*) rough sandal.

okupa NMF (*fam*) squatter.

OL NF ABR *de* **onda larga** LW.

ola NF (*gen*) wave; **~ de calor/frío** heat/cold wave; **~ de marea** tidal wave; **la nueva ~** the latest fashion; (*Mús, Cine*) (the) new wave.

OLADE NF ABR *de* **Organización Latinoamericana de Energía**.

OLAVU NF ABR *de* **Organización Latinoamericana del Vino y de la Uva**.

olé INTERJ bravo!

oleada NF a (*Náut*) big wave. b (*fig*) wave; **una gran ~ de gente** a great surge of people; **la primera ~ del ataque** the first wave of the attack.

oleaginoso ADJ oily, oleaginous.

oleaje NM swell, surge.

óleo NM (*gen*) oil; **santo ~** holy oil; (*Arte*) oil painting; **pintar al ~** to paint in oils.

oleo... PREF oleo...

oleoducto NM (oil) pipeline.

oleoso ADJ oily.

oler <2i> 1 VT a (*gen*) to smell.
b (*fam: curiosear*) to pry into, poke one's nose into.
c (*fam: descubrir*) to sniff out, uncover.
2 VI to smell (*a* of, like); **huele mal** it smells bad.

olfacción NF (act of) smelling.

olfatear <1a> VT a (*gen, fig*) to smell, sniff; (*animal*) to scent (out). b (*fig*) to pry into, poke one's nose into.

olfativo ADJ olfactory.

olfato NM a (*sense of*) smell. b (*fig*) instinct, intuition.

oliente ADJ: **bien/mal ~** sweet-/foul-smelling.

oligarquía NF oligarchy.

oligárquico ADJ oligarchic(al).

oligoelemento NM trace element.

oligofrénico 1 ADJ mentally retarded. 2 NM/F mentally retarded person.

olimpíada NF Olympiad; **las O~s** the Olympics.
olímpicamente ADV (*Esp fam*) totally, completely; **paso ~** I couldn't care less; **pasó de nosotros ~** he completely ignored o snubbed us.
olímpico ADJ [a] Olympian; (*Dep*) Olympic. [b] (*despectivo*) dismissive. [c] (*fam: enorme*) tremendous.
oliscar<1g> [1] VT [a] to smell, sniff (gently). [b] (*fig*) to investigate, look into. [2] VI to start to smell (bad).
olisco ADJ (*LAm: carne etc*) high (*fam*).
olisquear<1a> = **oliscar**.
oliva NF [a] (*aceituna*) olive; (*árbol*) olive tree; **(color) verde ~** olive green. [b] (*Orn*) = **lechuza**.
olivar NM olive grove.
olivo NM olive tree; **tomar el ~** (*fam: huir*) to beat it (*fam*).
olla NF [a] (*gen*) pot, pan; (*para agua*) kettle; **~ exprés, ~ de** o **a presión** pressure cooker. [b] (*Culin*) stew; **~ podrida** hotpot. [c] (*en río*) eddy, whirlpool.
olmeda NF, **olmedo** NM elm grove.
olmo NM elm, elm tree.
olor NM [a] (*gen*) smell (*a* of); (*aroma*) odour, odor (*US*), scent; **buen/mal ~** nice/nasty smell; **tiene mal ~** it stinks; **~ corporal** body odour. [b] (*fig*) suspicion; **acudir al ~ del dinero** to come to where the money is. [c] (*fama*) reputation.
oloroso ADJ sweet-smelling, fragrant.
olote NM (*CAm, Méx*) corncob.
OLP NF ABR *de* **Organización para la Liberación de Palestina** PLO.
olvidadizo ADJ (*gen*) absent-minded; (*ingrato*) ungrateful.
olvidado ADJ [a] (*gen*) forgotten; **~ de Dios** godforsaken. [b] (*individuo*) forgetful; **~ de** forgetful of, oblivious to. [c] (*fig*) ungrateful. [d] (*Arg, Col*) = **olvidadizo**.
olvidar<1a> [1] VT (*gen*) to forget; (*abandonar*) to leave behind; (*omitir*) to leave out, omit; **~ hacer algo** to forget to do sth. [2] **olvidarse** VR [a] **se me olvidó** I forgot; **se me olvidó el paraguas** I forgot my umbrella; **~ de hacer algo** to forget to do sth. [b] (*fig*) to forget o.s.
olvido NM [a] (*absoluto*) oblivion; **caer en el ~** to fall into oblivion; **echar al ~** to forget; **enterrar** o **hundir en el ~** to forget (deliberately). [b] (*estado*) forgetfulness; (*acto*) omission, oversight; (*descuido*) neglect, slip; **ha sido por ~** it was an oversight.
OM [a] NF ABR (*Pol*) *de* **Orden Ministerial**. [b] NF ABR (*Rad*) *de* **onda media** MW. [c] NM ABR (*Geog*) *de* **Oriente Medio**.
Omán NM Oman.
ombligo NM navel; **encogérsele el ~ a algn** to get the wind up, get cold feet; **mirarse el ~** to contemplate one's navel.
ombú NM (*Arg: árbol*) ombú (tree).
OMC NF ABR *de* **Organización Mundial del Comercio** WTO.
omega NF omega.
OMI NF ABR *de* **Organización Marítima Internacional** IMO.
OMIC NF ABR *de* **Oficina Municipal de Información al Consumidor**.
ominoso ADJ ominous; (*fig*) awful, dreadful.
omisión NF [a] (*gen*) omission, oversight; **su ~ de hacer algo** his failure to do sth. [b] (*descuido*) neglect.
omiso ADJ: **hacer caso ~ de** to ignore.
omitir <3a> VT [a] to leave o miss out, omit. [b] **~ hacer algo** to omit o fail to do sth.
OMM NF ABR *de* **Organización Meteorológica Mundial** WMO.
ómnibus [1] ADJ: **tren ~** slow train. [2] NM (*Aut Hist*) omnibus; (*LAm*) bus.
omnímodo ADJ all-embracing.
omnipotencia NF omnipotence.
omnipotente ADJ omnipotent, all powerful.
omnipresencia NF omnipresence.
omnipresente ADJ omnipresent.
omnisapiente, omnisciente ADJ omniscient, all-knowing.
omnisciencia NF omniscience.

omnívoro ADJ omnivorous.
omoplato, omóplato NM shoulder blade.
OMS NF ABR *de* **Organización Mundial de la Salud** WHO.
OMT NF ABR (*Esp*) *de* **Oficina Municipal de Transportes**.
ONCE ['onθe] NF ABR *de* **Organización Nacional de Ciegos Españoles**.

┌─── │ONCE│ ───────────────────────────────────────┐

i The **Organización Nacional de Ciegos Españoles** began life as a charity for the blind and is now one of the wealthiest and most successful organizations in Spain, with a wide-ranging sphere of activity, including assisting other groups for the disabled. The popular lottery which it set up to provide employment for its members is now its main source of income, generating plentiful capital for investment. One of **ONCE**'s main roles is to provide educational, occupational and rehabilitation centres for its members and to help them to achieve financial independence and social integration.

└──┘

once [1] ADJ (*gen*) eleven; (*fecha*) eleventh; **las ~** eleven o'clock; **tomar las ~** (*fam*) to have elevenses (*fam*); **tomar ~** o **la(s) ~** *a veces* **~s** (*Chi*) to have afternoon tea o a snack. [2] NM eleven; (*Ftbl*) team; V tb **seis**.
onceno ADJ eleventh; V tb **sexto 1**.
onda NF [a] (*gen*) wave; **~ corta/media/larga** short/medium/long wave; **~ de choque, ~ expansiva, ~ sísmica** shock wave; **~ explosiva** blast, shock wave; **~ sonora** sound wave. [b] (*fig*) wavelength; **coger** o (*LAm*) **agarrar la ~** (*entender*) to get it (*fam*), get the point (*fam*); **estar en la ~** (*fam: moda*) to be in (*fam*); (*al tanto*) to be on the ball (*fam*), be up to date. [c] (*Cos*) scallop.
ondear<1a> [1] VT (*gen*) to wave. [2] VI (*gen*) to wave (up and down), undulate; (*agua*) to ripple; (*bandera*) to fly, flutter; (*pelo*) to flow, fall. [3] **ondearse** VR to swing, sway.
ondulación NF (*gen*) undulation, wavy motion; (*pelo, agua*) wave; **~es** (*en paisaje*) undulations.
ondulado [1] ADJ (*gen*) wavy; (*carretera*) uneven, rough; (*paisaje*) undulating, rolling; (*cartón etc*) corrugated. [2] NM (*en pelo*) wave.
ondulante ADJ [a] undulating. [b] = **ondulado 1**.
ondular <1a> [1] VT (*pelo*) to wave; (*cuerpo*) to wiggle; **hacerse ~ el pelo** to have one's hair waved. [2] VI, **ondularse** VR to undulate.
oneroso ADJ (*pesado*) onerous, burdensome.
ONG NF ABR *de* **organización no gubernamental** NGO.
ónice NM onyx.
ONO ABR *de* **oesnoroeste** WNW.
onomástica NF saint's day.
onomástico ADJ: **índice ~** index of names; **fiesta ~a** saint's day.
onomatopeya NF onomatopoeia.
onomatopéyico ADJ onomatopoeic.
ontología NF ontology.
ONU NF ABR *de* **Organización de las Naciones Unidas** UNO.
onubense [1] ADJ of o from Huelva. [2] NMF native o inhabitant of Huelva.
ONUDI NF ABR *de* **Organización de las Naciones Unidas para el Desarrollo Industrial** UNIDO.
onza NF [a] (*peso*) ounce. [b] (*Zool*) wildcat.
onzavo/a ADJ, NM/F eleventh; V tb **sexto 1**.
OP ABR *de* **Ordenador Personal** PC.
O.P. ABR [a] *de* **Obras Publicas**. [b] (*Ecl*) *de* **Orden de Predicadores** O.S.D.
opa¹ [1] ADJ (*And, Arg*) [a] (*sordomudo*) deaf and dumb. [b] (*fam, fig*) stupid. [2] NMF idiot.
opa² INTERJ (*Arg*) stop it!
OPA NF ABR *de* **oferta pública de adquisición**.
opacar<1g> (*LAm*) [1] VT (*fig*) to outshine. [2] **opacarse** VR to become opaque; (*cielo*) to cloud over.
opacidad NF [a] opacity, opaqueness. [b] (*fig*) dullness, lifelessness.
opaco ADJ [a] opaque, dark. [b] (*oscuro*) dull. [c] (*lúgubre*) gloomy, sad.

OPAEP NF ABR de **Organización de Países Árabes Exportadores de Petróleo** OAPEC.

opalescente ADJ opalescent.

ópalo NM opal.

opción NF [a] (gen) option, choice; **no hay ~** there is no choice. [b] (derecho) right. [c] (Com) option (a on); **con ~ a 8 más, con ~ para 8 más** with an option on 8 more; **este dispositivo es de ~** this gadget is optional.

opcional ADJ optional.

open NM INV (Golf) open.

OPEP NF ABR de **Organización de Países Exportadores del Petróleo** OPEC.

ópera NF opera.

operable ADJ operable.

operación NF [a] (gen) operation; **~ quirúrgica** surgical operation; (Mil) **~ de limpieza** mopping up operation. [b] (Com) transaction, deal; (dirección) management.

operacional ADJ operational.

operador NM (gen) operator; (Med) surgeon; (Cine: rodaje) cameraman; (proyección) projectionist.

operante ADJ [a] operating. [b] (fig) powerful, influential; **los medios más ~s del país** the most influential circles in the country.

operar <1a> [1] VT [a] (efectuar) to produce, bring about, effect.
[b] (Med) to operate on; **~ a algn de apendicitis** to operate on sb for appendicitis.
[c] (Com) to manage; (Min) to work, exploit.
[2] VI [a] to operate.
[b] (Com) to deal, do business.
[3] **operarse** VR [a] to occur, come about; **se han operado grandes cambios** great changes have been made o have come about.
[b] (Med) to have an operation (de for).

operario/a NM/F operative; (esp LAm: obrero) worker; **~ de máquina** machinist.

operatividad NF [a] (acto) functioning, working; (acción) action. [b] (eficacia) effectiveness, efficiency.

operativizar <1f> VT to put into operation, make operative.

operativo [1] ADJ operative. [2] NM (CSur: esp Mil, policía) operation.

opereta NF operetta, light opera.

operístico ADJ operatic, opera atr.

opiáceo NM opiate.

▼**opinar** <1a> VI [a] to think; **~ que ...** to think that ..., be of the opinion that .... [b] **~ bien de** to think well of, have a good opinion of. [c] (dar su opinión) to give one's opinion.

▼**opinión** NF opinion, view; **~ pública** public opinion; **en mi ~** in my opinion; **cambiar** o **mudar de ~** to change one's mind; **ser de la ~ (de) que ...** to be of the opinion that ..., take the view that ....

opio NM opium.

opiómano/a NM/F opium addict.

opíparo ADJ (banquete etc) sumptuous.

oponente NMF opponent.

▼**oponer** <2q> (pp **opuesto**) [1] VT [a] **~ A a B** to pit A against B; **~ dos opiniones** to contrast two views.
[b] (objeción) to raise (a to); (resistencia) to put up, offer (a to); (arma) to use (a against); **~ la razón a la pasión** to use reason against passion.
[2] **oponerse** VR to be opposed; (mutuamente) to oppose each other; **yo no me opongo** I don't object; **~ a** to oppose; **se opone a hacerlo** he objects to doing it.

Oporto NM Oporto.

oporto NM port.

oportunidad NF [a] (cualidad) opportuneness, timeliness. [b] (una ~) opportunity, chance; **'~es'** (en tienda) 'bargains'; **igualdad de ~es** equality of opportunity; **a** o **en la primera ~** at the first opportunity; **tener la ~ de hacer algo** to have the chance of doing sth, have a chance to do sth.

oportunismo NM opportunism.

oportunista ADJ, NMF opportunist.

oportuno ADJ [a] (en buen momento) opportune, timely;

(apropiado) appropriate, suitable; (adecuado) convenient; **una respuesta ~a** a suitable reply; **en el momento ~** at the right moment; **las medidas que se estimen ~as** the measures which may be considered appropriate. [b] (individuo) witty.

oposición NF [a] opposition. [b] **~es** Civil Service examination; **hacer ~es a, presentarse a unas ~es a** to sit an examination for.

┌─ OPOSICIONES ─┐

ⓘ **Oposiciones** are exams that applicants for public-sector jobs, which are for life, must pass. The exams are held every year, every other year or every five years, depending on the speciality. The candidates (**opositores**) must sit a series of written exams and/or attend interviews. Some applicants can spend years studying for and resitting exams, so preparing candidates for **oposiciones** is a major source of students for many **academias**. All public sector appointments that are open to competition are published in the **BOE**, an official government publication.

opositar <1a> VI to go in for a public competition (for a post).

opositor(a) NM/F competitor, candidate (a for).

opresión NF [a] (gen) oppression. [b] (Med) difficulty in breathing, tightness of the chest; **sentir ~** to find it difficult to breathe.

opresivo ADJ oppressive.

opresor(a) [1] ADJ oppressive. [2] NM/F oppressor.

oprimir <3a> VT [a] (gen) to squeeze, press; (asir) to grasp, clutch; (pulsar) to press; (gas) to compress; (suj: ropa) to be too tight for. [b] (fig) to oppress.

oprobio NM shame, opprobrium.

oprobioso ADJ shameful.

optar <1a> VI [a] to choose, decide; **~ entre** to choose between; **~ por** to choose, decide on, opt for; **~ por hacer algo** to choose to do sth. [b] **(poder) ~ a** to (have the right to) apply for.

optativa NF (Educ) option.

optativo ADJ optional.

óptica NF optics sg; (fig) viewpoint; (tienda) optician's.

óptico/a [1] ADJ optic(al). [2] NM/F optician.

optimismo NM optimism.

optimista [1] ADJ optimistic, hopeful. [2] NMF optimist.

óptimo ADJ very best, optimum.

opuesto [1] PP de **oponer**. [2] ADJ [a] (lado etc) opposite; **en dirección ~a** in the opposite direction. [b] (enemigo) contrary; (Dep: equipo) opposing.

opulencia NF opulence, luxury.

opulento ADJ opulent, rich.

opúsculo NM tract, brief treatise.

OPV NF ABR de **Oferta Pública de Venta (de acciones)** share offer.

oquedad NF hollow, cavity; (fig) emptiness.

ORA NF ABR de **Operación de Regulación de Aparcamientos**.

ora ADV (frm): **~ A, ~ B** now A, now B.

oración NF [a] oration, speech; **~ fúnebre** funeral oration; **pronunciar una ~** to make a speech. [b] (Rel) prayer; **~es por la paz** prayers for peace. [c] (Ling) sentence, clause; **partes de la ~** parts of speech.

oráculo NM oracle.

orador(a) NM/F speaker, orator.

oral ADJ oral; (Med) **por vía ~** orally.

órale (Méx fam) INTERJ (¡venga!) come on!; (¡oiga!) hey!

orangután NM orang-outang.

orar <1a> VI [a] (Rel) to pray (a to; por for). [b] to speak, make a speech.

orate NMF lunatic.

oratoria NF oratory; **concurso de ~** public speaking competition.

oratorio [1] ADJ oratorical. [2] NM (Mús) oratorio; (Rel) oratory, chapel.

orbe NM [a] orb, sphere. [b] (fig) world; **en todo el ~** all over the globe.

órbita NF (gen) orbit; (Anat: ocular) (eye-)socket; **estar en**

~ to be in orbit; **está fuera de su ~ de acción** it's outside his remit.
orbital ADJ orbital.
orbitar<1a> VT to orbit.
orca NF killer whale.
Órcadas NFPL Orkneys, Orkney Islands.
órdago: de ~ first-class, super, swell (US); (pey) awful, tremendous (fam).
orden [1] NM [a] (gen) order, arrangement; (cuarto etc) tidiness; **~ del día** agenda; **de primer ~** first-rate; **en ~** in order; **en ~ a** with regard to; **en ~ de batalla** in battle order; **'en otro ~ de cosas ...'** 'passing now to other matters ...'; **fuera de ~** out of order o turn; **por (su) ~** in order; **por ~ cronológico** in chronological order; **sin ~ ni concierto** any old how; **poner en ~** to put in order, arrange (properly); (cuarto etc) to tidy (up).
[b] (Jur etc) order; **~ público** public order, law and order; **llamar al ~** to take to task, reprimand; **mantener el ~** to keep order.
[c] (números) **del ~ de** about, approximately.
[2] [a] (gen) order; (Jur) warrant, writ; **~ del día** (Mil) order of the day; **~ judicial** court order; **eso ahora está a la ~ del día** that is now the order of the day; **a la ~** (Com) to order; **a la ~ de Ud, a sus ~es** at your service; **hasta nueva ~** till further orders; **por ~ de** on the orders of, by order of; **dar la ~ de hacer algo** to give the order to do sth.
[b] (Rel) order; **~ monástica** monastic order.
[c] (Hist, Mil) **~ de caballería** order of knighthood.
[d] (Com, Fin) order; **~ bancaria** banker's order.
ordenación NF [a] (estado) order, arrangement; (acto) ordering, arranging; (Inform) sorting. [b] (Rel) ordination.
ordenado ADJ [a] (en orden) orderly, tidy, well arranged. [b] (individuo: metódico) methodical. [c] (Rel) ordained, in holy orders.
ordenador NM computer; **~ de (sobre)mesa** desktop computer.
ordenancista NM disciplinarian, stickler.
ordenanza [1] NF ordinance, decree; **~s municipales** by-laws; **ser de ~** to be the rule. [2] NM (Com etc) messenger; (Mil) orderly, batman.
ordenar <1a> [1] [a] to arrange, put in order; **~ sus asuntos** to put one's affairs in order.
[b] (mandar) to order; **~ a algn hacer algo** to order sb to do sth.
[c] (Rel) to ordain.
[2] **ordenarse** VR (Rel) to be ordained (de as).
ordeña NF (LAm) milking.
ordeñadero NM milking pail.
ordeñadora NF milking machine.
ordeñar <1a> VT (gen) to milk; (aceitunas) to harvest.
ordeño NM milking; (de aceitunas) harvest.
ordinal ADJ, NM ordinal.
ordinariez NF [a] (cualidad) coarseness, vulgarity. [b] (una ~) coarse remark/joke etc.
ordinario [1] ADJ [a] (gen) ordinary, usual; **de ~** usually, ordinarily.
[b] (vulgar) common, coarse; (chiste) crude; **son gente muy ~a** they're very common people. [2] NM (recadero) carrier, delivery man.
orear <1a> [1] VT to air. [2] **orearse** VR [a] (ropa) to air.
[b] (individuo) to get some fresh air.
orégano NM oregano.
oreja NF [a] (Anat) ear; **con las ~s gachas** (fig) dejected; **aguzar las ~s** to prick up one's ears; **calentar las ~ a algn** to box sb's ears; **hacer ~s** to listen to sense, see sense; **verle las ~s al lobo** to get a sudden fright.
[b] (Mec) lug, flange; (en martillo) claw.
orejano ADJ (And, CSur: ganado) unbranded, ownerless.
orejear <1a> VI [a] (LAm) to eavesdrop. [b] (CSur fam) to uncover one's cards one by one.
orejera NF earflap; (Agr) mouldboard, moldboard (US).
orejeta NF (Téc) lug.
orejón [1] ADJ [a] (esp LAm) = **orejudo**. [b] (CAm Méx) rough, coarse. [2] NM [a] pull on the ear. [b] strip of dried peach/apricot. [c] (And Hist) Inca officer.

orejudo ADJ (gen) big-eared.
orensano = **ourensano**.
orfanato, orfanatorio NM (LAm) orphanage.
orfandad NF [a] orphanhood. [b] (fig) helplessness, destitution.
orfebre NM gold- o silversmith.
orfebrería NF gold work, silver work, craftsmanship in precious metals.
orfelinato NM orphanage.
orfeón NM choral society.
organdí NM organdie.
orgánico ADJ organic.
organigrama NM flow chart, organization chart.
organillero NM organ-grinder.
organillo NM barrel organ, hurdy-gurdy.
organismo NM [a] (gen) organism. [b] (Pol etc) organization; (agencia) agency; **O~ Internacional de Energía Atómica** International Atomic Energy Agency.
organista NMF organist.
organización NF organization; V **OEA**; **OPEP**.
organizador(a) [1] ADJ organizing; **el comité ~** the organizing committee. [2] NM/F organizer.
organizar <1f> VT to organize.
órgano NM (gen) organ; (fig) means, medium.
orgasmo NM orgasm.
orgía NF orgy.
orgullo NM (gen) pride; (altanería) haughtiness.
orgulloso ADJ (gen) proud; (altanero) haughty; **estar ~ de algo** to be proud of sth.
orientación NF [a] (gen) orientation; (dirección) direction, course; (Arquit) aspect, prospect; **una casa con ~ sur** a house facing south. [b] (guía) guidance; **~ profesional** vocational guidance.
oriental [1] ADJ (gen) oriental; (región etc) eastern; **la Banda O~** (CSur) Uruguay. [2] NMF oriental; (CSur) Uruguayan.
orientar <1a> [1] VT [a] (gen) to orientate, position; (dirigir) to give a direction to, direct; **la casa está orientada hacia el suroeste** the house faces o looks south-west; **hay que ~ las investigaciones en otro sentido** you will have to change the direction of your inquiries; **los libros están orientados al público adolescente** the book is aimed at the youth market.
[b] (individuo: guiar) to guide, direct; (: enseñar) to train.
[2] **orientarse** VR [a] (cosa) to point, face (hacia towards). [b] (individuo) to get one's bearings, orient o.s.
orientativo ADJ guiding, illustrative.
oriente NM [a] east; **el O~** the Orient, the East; **Cercano** o **Próximo O~** Near East; **Extremo** o **Lejano O~** Far East; **O~ Medio** Middle East. [c] (viento) east wind.
orificio NM orifice, hole.
origen NM (gen) origin, source; **país de ~** country of origin; **de ~ argentino** of Argentinian origin; **dar ~ a** to cause, give rise to; **tiene su ~ en el s. XV** it dates back to the 15th century.
original [1] ADJ [a] (gen) original. [b] (fig) novel; (raro) odd, eccentric, strange. [c] = **originario (b)**. [2] NM [a] original. [b] (Tip) manuscript. [c] (individuo) character, eccentric.
originalidad NF (V adj (a), (b)) [a] originality. [b] eccentricity, oddness.
originalmente ADV originally.
originar <1a> [1] VT to start, cause, give rise to. [2] **originarse** VR to originate (de from; en in); (proceder) to spring (de from).
originario ADJ [a] original; **en su forma ~a** in its original form. [b] **ser ~ de** to originate from; **los escoceses son ~s de Irlanda** the Scots came out of Ireland. [c] **país ~** country of origin, native country.
orilla NF (gen) edge, border; (de río) bank; (de lago) side, shore; (de mar) shore; **~ del mar** seashore; **a ~s de** on the banks of; **vive ~ de mi casa** (fam) he lives next door to me.

orillar<1a> VT $\boxed{a}$ (*Cos*) to edge, trim (*de* with). $\boxed{b}$ (*lago etc*) to skirt, go round. $\boxed{c}$ (*negocio*) to put in order, tidy up; (*concluir*) to wind up; (*obstáculo*) to overcome; (*dificultad*) to avoid, get round.
orillero/a (*LAm*) $\boxed{1}$ ADJ lower o working class, common, vulgar. $\boxed{2}$ NM/F lower o working class person.
orín[1] NM rust; **tomarse de ~** to get rusty.
orín[2] NM urine.
orina NF urine.
orinacamas NM INV dandelion.
orinal NM chamberpot; **~ de cama** bedpan.
orinar<1a> $\boxed{1}$ VT, VI to urinate. $\boxed{2}$ **orinarse** VR to urinate (involuntarily), wet o.s.; **~ en la cama** to wet one's bed.
Orinoco NM: **el río ~** the Orinoco (River).
orita (*LAm fam*) = **ahorita**.
oriundo/a $\boxed{1}$ ADJ: **~ de** native to; **ser ~ de** to be a native of, come from, hail from. $\boxed{2}$ NM/F native.
orla, **orladura** NF (*Cos etc*) border.
orlar<1a> VT to border (*con*, *de* with).
ornamentación NF ornamentation, adornment.
ornamental ADJ ornamental.
ornamentar<1a> VT to adorn (*de* with).
ornamento NM ornament, adornment; **~s** (*Rel*) vestments.
ornar<1a> VT to adorn (*de* with).
ornato NM adornment, decoration.
ornitología NF ornithology.
ornitólogo NM ornithologist.
ornitorrinco NM platypus.
oro NM $\boxed{a}$ gold; **~ en barras** gold bars, bullion; **~ batido** gold leaf; **~ laminado** rolled gold; **~ molido** ormolu; **~ negro** black gold, oil; **de ~** gold, golden; **regla de ~** golden rule; **como un ~** like new; **no es ~ todo lo que reluce** all that glitters is not gold; **tiene una voz de ~** she has a marvellous o (*US*) marvelous voice; **guardar algo como ~ en paño** to treasure sth; **hacerse de ~** to make a fortune; **poner a algn de ~ y azul** to heap insults on sb; **prometer el ~ y el moro** to promise the moon. $\boxed{b}$ (*Naipes*) **~s** ≈ diamonds.
orondo ADJ $\boxed{a}$ (*vasija*) rounded. $\boxed{b}$ (*individuo*) smug, self-satisfied.
oropel NM tinsel; **de ~** flashy, bright but tawdry.
orquesta NF orchestra; **~ de jazz** jazz band; **~ sinfónica** symphony orchestra.
orquestación NF orchestration.
orquestal ADJ orchestral.
orquestar<1a> VT to orchestrate.
orquestina NF band.
orquídea NF orchid.
ortiga NF stinging nettle.
ortodoncia NF orthodontics.
ortodoxia NF orthodoxy.
ortodoxo ADJ orthodox.
ortografía NF spelling, orthography.
ortopedia NF orthopaedics, orthopedics (*US*).
ortopédico ADJ orthopaedic, orthopedic (*US*).
ortopedista NMF orthopaedist, orthopedist (*US*).
oruga NF $\boxed{a}$ (*gen*) caterpillar; **tractor de ~** caterpillar tractor. $\boxed{b}$ (*Bot*) rocket.
orujo NM *refuse of grapes or olives after pressing*; (*bebida*) *liquor distilled from grape refuse*.
orzuelo NM (*Med*) stye.
os PRON PERS PL $\boxed{a}$ (*dir*) you. $\boxed{b}$ (*indir*) (to) you; **~ lo di** I gave it to you; **~ quitáis el abrigo** you take off your coats. $\boxed{c}$ (*reflexivo*) (to) yourselves; (*mutuo*) (to) each other; **vosotros ~ laváis** you wash yourselves; **cuando ~ marchéis** when you leave; **¿~ conocéis?** have you met?, do you know each other?
osa NF she-bear; (*Astron*) **O~ Mayor/Menor** Ursa Major/Minor.
osadía NF daring, boldness; (*cara*) impudence.
osado ADJ daring, bold; (*descarado*) impudent.
osamenta NF skeleton.
osar<1a> VI to dare; **~ hacer algo** to dare to do sth.
osario NM ossuary, charnel house.
Oscar, **óscar** NM Oscar.

oscense $\boxed{1}$ ADJ of o from Huesca. $\boxed{2}$ NMF native o inhabitant of Huesca.
oscilación NF $\boxed{a}$ (*gen*) oscillation; (*vaivén*) swing, sway, to and fro movement; (*llama*) winking, blinking. $\boxed{b}$ (*de precios*) fluctuation. $\boxed{c}$ (*fig*) hesitation, wavering.
oscilador $\boxed{1}$ ADJ oscillating. $\boxed{2}$ NM oscillator.
oscilar<1a> VI $\boxed{a}$ (*gen*) to oscillate; (*péndulo etc*) to swing, sway; (*luz*) to wink, blink. $\boxed{b}$ (*fig*) to fluctuate (*entre* between). $\boxed{c}$ (*individuo*) to hesitate, to waver (*entre* between).
ósculo NM (*Lit*) osculation, kiss.
oscurantismo NM obscurantism.
oscurecer<2d> $\boxed{1}$ VT $\boxed{a}$ (*gen*) to obscure, darken, dim. $\boxed{b}$ (*fig: cuestión*) to confuse, cloud; (*rival*) to overshadow, put in the shade; (*fama*) to dim, tarnish. $\boxed{c}$ (*Arte*) to shade. $\boxed{2}$ VI to grow dark, get dark.
oscuridad NF $\boxed{a}$ darkness, obscurity. $\boxed{b}$ (*fig*) obscurity.
oscuro ADJ $\boxed{a}$ (*gen*) dark; (*fig*) obscure; (*indefinido*) confused, indistinct; **a ~as** in the dark. $\boxed{b}$ (*Met*) overcast, cloudy. $\boxed{c}$ (*fig: futuro etc*) uncertain; (*asunto*) shady.
óseo ADJ (*gen*) bony, osseous; (*Med etc*) bone atr.
osezno NM bear cub.
osificación NF ossification.
osificar<1g> $\boxed{1}$ VT to ossify. $\boxed{2}$ **osificarse** VR to ossify, become ossified.
osito NM: **~ de felpa** o **peluche** teddy bear.
osmosis, **ósmosis** NF INV osmosis.
OSO ABR *de* **oessudoeste** WSW.
oso NM bear; **~ blanco/gris/pardo** polar/grizzly/brown bear; **~ marsupial** koala bear; **~ hormiguero** anteater; **~ de peluche** teddy bear; **ser un ~** to be a prickly sort; **hacer el ~** to play the fool.
Ostende NM Ostend.
ostensible ADJ obvious, evident; **hacer algo ~** to make sth clear.
ostensiblemente ADV perceptibly, visibly; **se mostró ~ conmovido** he was visibly affected.
ostentación NF $\boxed{a}$ (*gen*) ostentation, display. $\boxed{b}$ (*acto*) show, display; **hacer ~ de** to flaunt, parade.
ostentar<1a> VT $\boxed{a}$ (*gen*) to show; (*hacer gala de*) to show off, flaunt. $\boxed{b}$ to have; **ostenta todavía las cicatrices** he still has o carries the scars. $\boxed{c}$ (*cargo*, *título*) to have, hold; **~ el título mundial en el deporte** to hold the world title in the sport.
ostentoso ADJ sumptuous.
osteoartritis NF osteoarthritis.
osteópata NM osteopath.
osteopatía NF osteopathy.
osteoporosis NF INV osteoporosis.
ostión NM (*esp LAm*) large oyster.
ostionería NF (*LAm*) sea food shop o restaurant, oyster bar.
ostra NF $\boxed{a}$ (*Zool*) oyster; **~ perlera** pearl oyster. $\boxed{b}$ **¡~s!** (*fam euf*) sugar! (*fam euf*).
ostracismo NM ostracism.
ostral NM oyster bed.
ostrería NF oyster bar.
ostrero NM $\boxed{a}$ oyster bed. $\boxed{b}$ (*Orn*) oystercatcher.
osuno ADJ bear-like.
OTAN NF ABR *de* **Organización del Tratado del Atlántico Norte** NATO.
otario/a (*CSur fam*) $\boxed{1}$ ADJ simple, gullible. $\boxed{2}$ NM/F sucker (*fam*).
OTASE NF ABR *de* **Organización del Tratado del Sudeste Asiático** SEATO.
otate NM (*Méx*) cane, reed.
otear<1a> VT $\boxed{a}$ to look down on, look over. $\boxed{b}$ (*fig*) to examine, look into.
otero NM low hill, hillock, knoll.
OTI NF ABR (*TV*) *de* **Organización de la Televisión Iberoamericana**.
otitis NF earache.
otomano/a ADJ, NM/F Ottoman.
otoñada NF autumn, fall (*US*).
otoñal ADJ autumnal, autumn atr, fall atr (*US*).

otoño NM autumn, fall (*US*).

otorgamiento NM [a] (*acto: gen*) granting, conferring; (*permiso*) consent; (*Jur*) execution. [b] (*Jur*) legal document, deed.

otorgar <1h> VT (*gen*) to grant, give (*a* to); (*poderes*) to confer (*a* on); (*premio*) to award (*a* to); (*Jur: ejecutar*) to execute; (*testamento*) to make.

otramente ADV in a different way.

otro [1] ADJ (*sg*) another; (*pl*) other; **~a taza de café** another cup of coffee; **a la ~a semana** (*fam*) the following week; **con ~s trajes** (*~s más*) with other dresses; (*diferentes*) with different dresses; **con ~s 8 libros** with another 8 books, with 8 more books; **de ~ modo** otherwise; **por ~a parte** on the other hand; **muéstreme ~a cosa** show me something else; **vete a ~ lado** go somewhere else; **¡~a!** (*Teat*) encore!; **~a cosa** something else; **~a parte** elsewhere, somewhere else; **tropezamos con ~a nueva dificultad** we run up against yet another difficulty; **va a ser ~ Manolete** he's going to be another *o* a second Manolete; **son ~s tiempos** times have changed. [2] PRON (*sg*) another one; (*pl*) others; **el ~** the other one; **los ~s** the others; **¿~?** another one?; **lo ~ no importa** the rest isn't important; **tomar el sombrero de ~** to take somebody else's hat; **conformarse con las costumbres de los ~s** to adapt o.s. to other people's habits; **~ que** other than, different from; **no fue ~ que el obispo** it was none other than the bishop; **algún ~** somebody else; **algunos ~s** some *o* a few others; **que lo haga ~** let somebody else do it; **~ dijo que ...** somebody else said ...; **como dijo el ~** as someone said; **¡~ que tal!** here we go again!; **~ tanto** the same; **uno y ~** both; **unos y ~s** both lots, all of them; **~a vez** again.

otrora ADV formerly; **el ~ señor del país** the one-time ruler of the country.

OUA NF ABR *de* **Organización de la Unidad Africana** OAU.

OUAA NF ABR *de* **Organización de la Unidad Afroamericana.**

ourensano / a [1] ADJ of *o* from Ourense. [2] NM/F native *o* inhabitant of Ourense.

ovación NF ovation.

ovacionar <1a> VT to cheer, applaud, give an ovation to.

oval, ovalado ADJ oval.

óvalo NM oval.

ovárico ADJ ovarian.

ovario NM ovary.

oveja NF sheep, ewe; **~ negra** (*fig*) black sheep (of the family); **cada ~ con su pareja** birds of a feather flock together.

ovejera NF (*Méx*) sheepfold.

ovejería NF (*Chi: ovejas*) sheep; (*cría*) sheep farming; (*hacienda*) sheep farm.

ovejita NF (*Arg fam*) whore (*fam*).

ovejo NM (*LAm*) ram.

ovejuno ADJ (*Agr*) **ganado ~** sheep; (*fig*) sheeplike.

overol NM (*LAm*) overalls.

ovetense [1] ADJ of *o* from Oviedo. [2] NMF native *o* inhabitant of Oviedo.

oviforme ADJ egg-shaped.

ovillar <1a> [1] VT (*hilo*) to wind, wind into a ball. [2] **ovillarse** VR to curl up into a ball.

ovillo NM (*bola*) ball; (*fig*) tangle; **hacerse un ~** to curl up into a ball; (*de miedo*) to crouch, cower; (*en el habla*) to get tied up in knots.

ovino ADJ ovine, sheep *atr*; **ganado ~** sheep.

ovíparo ADJ oviparous.

OVNI NM ABR *de* **objeto volante** *o* **volador no identificado** UFO.

ovoide ADJ, NM ovoid.

ovulación NF ovulation.

ovular <1a> VI to ovulate.

óvulo NM ovule, ovum.

oxear <1a> VT to shoo (away).

oxiacanta NF hawthorn.

oxiacetilénico ADJ: **soplete ~** oxyacetylene torch.

oxidación NF (*gen*) rusting; (*Quím*) oxidation.

oxidado ADJ (*gen*) rusty; (*Quím*) oxidized.

oxidar <1a> [1] VT (*gen*) to rust; (*Quím*) to oxidize. [2] **oxidarse** VR to rust, go *o* get rusty; (*Quím*) to oxidize.

óxido NM oxide.

oxigenación NF oxygenation.

oxigenado [1] ADJ [a] (*Quím*) oxygenated. [b] (*pelo*) bleached; **una rubia ~a** a peroxide blonde. [2] NM peroxide.

oxigenar <1a> [1] VT to oxygenate. [2] **oxigenarse** VR [a] to become oxygenated. [b] (*fam*) to get some fresh air.

oxígeno NM oxygen.

oxte INTERJ: **sin decir ~ ni moxte** without a word.

oyente NMF [a] listener, hearer; **'queridos ~s '** (*Rad*) 'dear listeners'. [b] (*Univ*) unregistered *o* occasional student, auditor (*US*).

ozono NM ozone.

ozonosfera NF ozonosphere, ozone layer.

Pp

P¹, p [pe] NF (*letra*) P, p.
P² ABR [a] (*Ecl*) *de* **Padre** F., Fr. [b] *de* **Papa**. [c] *de* **pregunta** Q. [d] *de* **presidente** P. [e] *de* **Príncipe** P.
p. ABR [a] (*Tip*) *de* **página** p. [b] (*Cos*) *de* **punto**.
p.ª ABR *de* **para**.
p.a. ABR [a] *de* **por autorización**. [b] *de* **por ausencia**.
PAAU NFPL ABR *de* **Pruebas para el Acceso a la Universidad**.
pabellón NM [a] (*tienda*) bell tent. [b] (*de cama*) canopy, hangings. [c] (*Arquit*) pavilion; (*de jardín*) summerhouse, hut; (*Med etc*) wing; **~ de caza** shooting box. [d] (*Mús: de trompeta*) mouth; **~ de la oreja** outer ear. [e] (*Mil*) stack. [f] (*Náut etc*) flag; **~ de conveniencia** flag of convenience.
pabilo, pábilo NM wick.
pábulo NM (*gen*) food; (*fig*) food, fuel; **dar ~ a** to feed, encourage; **dar ~ a los rumores** to encourage rumours o (*US*) rumors.
PAC NF ABR *de* **Política Agraria Común** CAP.
paca¹ NF (*Agr etc*) bale.
paca² NF (*LAm Zool*) paca, spotted cavy.
pacato ADJ timid.
pacense [1] ADJ of o from Badajoz. [2] NMF native o inhabitant of Badajoz.
paceño/a [1] ADJ of o from La Paz. [2] NM/F native o inhabitant of La Paz.
pacer <2d> [1] VT [a] (*hierba*) to eat, graze. [b] (*ganado*) to graze, pasture. [2] VI to graze.
pachá NM pasha; **vivir como un ~** to live like a king.
pachamama NF (*And, CSur*) Mother Earth.
pachamanca NF (*Per*) barbecue, feast.
pachanga NF (*Col, Méx*) lively party.
pachanguero ADJ (*fam: bullicioso*) noisy, rowdy; (*música*) catchy.
pacharán NM sloe brandy.
pacho ADJ (*CAm, CSur: fam: aplastado*) flat, thin.
pachón [1] NM (*perro*) pointer. [2] ADJ (*persona*) phlegmatic.
pachorra NF (*indolencia*) slowness, sluggishness; (*tranquilidad*) calmness; **Juan, con su santa ~ ...** John, as slow as ever ....
pachorrear <1a> VI (*CAm*) to be slow, be sluggish.
pachucho ADJ (*fruta*) overripe; (*persona*) off-colour, off-color (*US*), poorly.
pachuco/a ADJ, NM/F (*Méx pey*) Chicano, Mexican-American.
pachulí NM (*Bot, perfume*) patchouli.
paciencia NF patience, forbearance; **¡~!** be patient!; **¡~ y barajar!** keep trying!, don't give up!; **se me acaba** o **agota la ~** my patience is exhausted; **armarse de ~** to resolve to be patient; **tener ~** to have patience, be patient; **perder la ~** to lose one's temper.
paciente ADJ, NMF patient.
pacienzudo ADJ very patient, long-suffering.
pacificación NF pacification.
pacificador(a) [1] ADJ: **operación ~a** peace-keeping operation. [2] NM/F peacemaker.
pacificar <1g> [1] VT (*Mil*) to pacify; (*calmar*) to calm; (*reconciliar*) to bring together, reconcile. [2] **pacificarse** VR to calm down.
Pacífico NM (*tb* **Océano ~**) Pacific (Ocean).
pacífico ADJ (*gen*) peaceful; (*carácter*) peaceable, pacific.
pacifismo NM pacifism.
pacifista ADJ, NMF pacifist.
paco (*And, Chi*) [1] ADJ reddish. [2] NM [a] alpaca. [b] (*fam*) cop (*fam*).
pacota NF (*Méx*), **pacotilla** NF (*trasto*) trash, inferior merchandise; **de ~** trashy, shoddy.

pactar <1a> [1] VT to agree to o on. [2] VI to come to an agreement.
pacto NM pact, agreement; **~ social** social contract; **P~ de Varsovia** Warsaw Pact; **~ de no agresión** non-aggression pact.
padecer <2d> VT, VI (*gen*) to suffer; (*aguantar*) to endure, put up with; (*error etc*) to labour o (*US*) labor under, be a victim of; **~ de** to suffer from; **padece del corazón** he has heart trouble; **ella padece por ellos** she suffers on their account; **eso hace ~ el metal de los goznes** that puts a strain on the metal of the hinges.
padecimiento NM (*gen*) suffering; (*Med*) ailment.
padrastro NM [a] (*gen*) stepfather; (*fig*) harsh father. [b] (*pega*) obstacle, difficulty.
padrazo NM indulgent father.
padre [1] NM [a] (*gen*) father; (*Zool*) father, sire; **~s** father and mother, parents; (*antepasados*) ancestors; **García ~** García senior, the elder García; **~ de familia** father of a family; (*Pol etc*) head of a family; **~ político** father-in-law; **su señor ~** your father; **es el ~ de estos estudios** he is the father of this discipline. [b] (*Rel*) father; **el P~ Las Casas** Father Las Casas; **~ espiritual** confessor; **P~ Nuestro** Lord's Prayer, Our Father; **P~ Santo** Holy Father, Pope. [c] (*fam*) **una paliza de ~ y muy señor mío** the father and mother of a thrashing; **¡mi ~!** (*fam*) you don't say! (*fam*); **¡tu ~!** (*fam!*) up yours! (*fam!*). [2] ADJ (*esp Méx fam*) great, tremendous (*fam*); **un éxito ~** a terrific success (*fam*); **un lío ~** an almighty row; **darse una vida ~** to live the high life.
padrejón NM (*Arg*) stallion.
padrenuestro NM Lord's Prayer, paternoster; **en menos que se reza un ~** in no time at all.
padrinazgo NM (*Rel*) godfatherhood; (*fig*) sponsorship, patronage.
padrino NM (*Rel*) godfather; (*tb* **~ de boda**) best man; (*de desafío*) second; (*fig*) sponsor, patron; **~s** godparents.
padrísimo ADJ (*Méx fam*) = **padre 2**.
padrón NM [a] (*censo*) census; (*Pol*) electoral register o roll. [b] (*Téc*) pattern. [c] (*memorial*) commemorative column. [d] (*fig*) stain, blot; **será un ~ (de ignominia) para todos nosotros** it will be a disgrace for all of us. [e] (*LAm Agr*) stud (animal); (*caballo*) stallion. [f] (*Chi Aut*) car registration (card).
padrote NM (*CAm, Méx*) pimp.
paella NF (*Culin*) paella.
paellera NF (*Culin*) paella dish.
paf INTERJ wham!, zap!.
pág. ABR *de* **página** p.
paga NF [a] (*pago*) payment; **entrega contra ~** cash on delivery. [b] (*sueldo*) pay, wages; **día de ~** payday; **~ extra, ~ extraordinaria** salary bonus.

┌─────────────────────┐
│ **PAGA EXTRAORDINARIA** │
└─────────────────────┘

ⓘ Most long-term and permanent employment contracts in Spain stipulate that annual salary will be paid in 14 instalments. This means that most Spanish workers receive twice the normal monthly wage in June and December. These extra payments are generally known as **paga extraordinaria** or **paga extra**.

pagadero ADJ payable, due; **~ a la entrega** payable on delivery; **~ a plazos** payable in instalments o (*US*) installments.
pagado ADJ (*fig*) pleased; **~ de sí mismo** self-satisfied, smug.
pagador(a) NM/F payer; **mal ~** bad payer.
pagaduría NF paymaster's office.

paganismo NM paganism, heathenism.
pagano/a [1] ADJ (*Rel*) pagan, heathen. [2] NM/F [a] (*Rel*) pagan, heathen. [b] (*fam*) the one who pays (*fam*).
pagar <1h> [1] VT, VI [a] (*gen*) to pay; (*deuda*) to pay (off), repay; (*compras*) to pay for; **su tío le paga los estudios** his uncle is paying for his education; **no lo podemos ~** we can't afford it; **a ~** (*Correos*) postage due; **cuenta a ~** outstanding account; **~ por adelantado** to pay in advance; **~ al contado** to pay (in) cash.
[b] (*fig: favor*) to repay; (*visita*) to return; (*crimen*) to pay for; **lo pagó con la vida** he paid for it with his life; **¡me las pagarás!** I'll get you for this!; **¡las vas a ~!** you've got it coming to you!; **¡lo pagarás caro!** you'll pay dearly for that!
[2] VI to pay; **el negocio no paga** the business doesn't pay.
[3] **pagarse** VR [a] **~ con algo** to be content with sth.
[b] **~ de algo** to be pleased with sth; **~ de sí mismo** to be conceited, be full of o.s. (*fam*).
pagaré NM promissory note, IOU.
página NF page; **~s amarillas** o (*Arg*) **doradas** yellow pages; **primera ~** front page.
paginación NF pagination.
paginar <1a> VT to paginate, number the pages of; **con 6 hojas sin ~** with 6 unnumbered pages.
pago¹ NM [a] (*Fin: gen*) payment; (: *devolución*) repayment; **~ anticipado** advance payment; **~ al contado** cash payment; **~ a cuenta** payment on account; **~ a la entrega**, **~ contra reembolso** cash on delivery; **~ a título gracioso** ex gratia payment; **~ domiciliado** direct debit; **~ en especie** payment in kind; **~ fraccionado** instalment, installment (*US*), part-payment; **~ inicial** down payment, deposit; **~ a plazos** payment by instalments o (*US*) installments; **'nada de ~'** 'nothing to declare'; **colegio de ~** fee-paying school; **atrasarse en los ~s** to be in arrears; **efectuar un ~** to make a payment; **faltar en los ~s** to default.
[b] (*fig*) return, reward; **en ~ de** o **por** in return for.
pago² NM (*zona*) district; (*finca*) estate (*esp planted with vines or olives*); (*Arg*) region, area; (*CSur*) home area.
pagoda NF pagoda.
págs ABR de **páginas** pp.
pai NM (*LAm*) pie.
paila NF (*esp Chi: sartén*) frying pan, frypan (*US*); (*CSur: comida*) meal of fried food.
país NM [a] (*nación*) country; (*tierra*) land, region; **~ natal** native land; **~ satélite** satellite country; **los ~es miembros** the member countries; **vino del ~** local wine.
[b] **P~es Bajos** Low Countries; **P~ Vasco** Basque Country.
paisaje NM landscape, countryside.
paisajista NMF landscape painter.
paisanada NF (*CSur*) group of peasants; (*colectivamente*) peasants.
paisanaje NM civil population; (*Arg*) group of peasants; (*colectivamente*) peasants.
paisano/a [1] ADJ of the same country.
[2] NM/F [a] (*Mil*) civilian; **vestir de ~** to be in civvies; **traje de ~** plain clothes.
[b] (*compatriota*) compatriot, fellow countryman/-woman; **es ~ mío** he's a fellow countryman (of mine).
[c] (*esp Arg*) peasant.
paja NF [a] (*Agr*) straw; **hombre de ~** (*fig fam*) front man (*fam*); **techo de ~** thatched roof; **hacerse una ~** (*fam!*) to wank (*fam!*); **riñeron por un quítame allá esas ~s** they quarrelled o (*US*) quarreled over some trifle. [b] (*fig*) trash, rubbish; (*en libro, ensayo*) padding, waffle; **hinchar un libro con mucha ~** to pad a book out. [c] (*And, Chi*) **~ brava** tall altiplano grass.
pajar NM straw loft.
pájara NF [a] (*Orn*) hen (bird); (*esp*) hen partridge. [b] (*de papel*) paper plane. [c] **~ pinta** (game of) forfeits. [d] (*mujer: taimada*) sneaky bitch (*fam*).
pajarera NF aviary.
pajarería NF [a] (*tienda*) pet shop. [b] (*pájaros*) large flock of birds.

pajarero [1] ADJ [a] (*Orn*) bird *atr*.
[b] (*persona*) merry, fun-loving.
[c] (*ropa*) gaudy, flashy, loud.
[d] (*LAm: caballo*) nervous.
[2] NM (*Com*) bird dealer; (*cazador*) bird catcher; (*criador*) bird breeder.
pajarilla NF paper kite; **se le alegraron las ~s** he laughed himself silly.
pajarita NF [a] (*Orn*) **~ de las nieves** white wagtail.
[b] (*pájaro de papel*) paper bird. [c] (*corbata*) bow tie.
pajarito NM (*Orn*) baby bird, fledgling; (*fig*) very small person; **quedarse como un ~** to die peacefully, fade away.
pájaro NM [a] (*Orn*) bird; **~ de mal agüero** bird of ill omen; **~ azul** bluebird; **~ bobo** penguin; **~ cantor** songbird; **~ carpintero** woodpecker; **~ mosca** hummingbird; **matar dos ~s de un tiro** to kill two birds with one stone; **más vale ~ en mano que ciento volando** a bird in the hand is worth two in the bush; **tener la cabeza a ~s** to be featherbrained. [b] (*fam: astuto*) clever fellow, sharp sort; **~ bravo** (*Ven fam*) smart alec (*fam*); **~ de cuenta** big shot (*fam*). [c] (*fam: picha*) prick (*fam!*).
paje NM (*gen*) page; (*Náut*) cabin boy.
pajera NF straw loft.
pajero NM (*fam!*) tosser (*fam!*), wanker (*fam!*).
pajillero NM (*fam!*) tosser (*fam!*), wanker (*fam!*).
pajita NF (drinking) straw.
pajizo ADJ [a] (*de paja*) straw, made of straw; (*techo*) thatched. [b] (*color*) straw-coloured, straw-colored (*US*).
pajolero ADJ bloody (*fam*), damn(ed) (*fam*).
pajonal NM (*LAm*) scrubland, rough country.
Pakistán NM Pakistan.
pakistaní ADJ, NMF Pakistani.
pala NF [a] (*gen*) shovel, spade; **~ mecánica** power shovel; **~ topadora** (*Arg*) bulldozer. [b] (*Culin*) slice; **~ para el pescado** fish slice. [c] (*Dep: Béisbol*) bat; (: *ping-pong etc*) racket. [d] (*de remo etc*) blade. [e] **~ matamoscas** fly swat. [f] (*de zapato*) upper.
palabra NF [a] (*voz*) word; **~s cruzadas** crossword; **dos ~s, cuatro ~s** a couple of words; **¡ni una ~ más!** not another word!; **a media ~** at the least hint; **de ~** by word of mouth; **en una ~** in a word; **a ~s necias, oídos sordos** it's best not to listen to such nonsense; **coger a algn la ~** (*creerle*) to take sb at his word; (*obligarle*) to keep sb to his word; **sin chistar ~** without a word; **dejar a algn con la ~ en la boca** to interrupt sb; **no encuentro ~s para expresarme** words fail me; **medir las ~s** to choose one's words carefully; **negar la ~ de Dios a algn** to concede absolutely nothing to sb; **quedarse con la ~ en la boca** to stop short; **tuvo ~s de elogio para el ministro** he praised the minister; **trabarse de ~s** to wrangle, squabble.
[b] (*facultad*) (faculty of) speech; **de ~ fácil** fluent; **perder la ~** to lose the power of speech; **tener unas ~s con algn** to have a few words with sb.
[c] (*en reunión, comité etc*) right to speak; **conceder la ~ a algn** to invite sb to speak; **dirigir la ~ a algn** to address sb; **tomar la ~** to speak; **pedir la ~** to ask to be allowed to speak; **tener la ~** to have the floor.
[d] (*promesa*) word, promise; **~ de casamiento** o **de matrimonio** promise to marry; **~ de honor** word of honour o (*US*) honor; **bajo ~** (*Mil*) on parole; **es hombre de ~** he is a man of his word; **faltar a su ~** to go back on one's word.
palabreja NF strange word.
palabrería NF verbiage, hot air.
palabrero/a [1] ADJ wordy, windy. [2] NM/F windbag.
palabrota NF swearword, four-letter word (*fam*).
palacete NM small palace.
palaciego ADJ palace *atr*.
palacio NM (*gen*) palace; (*casa grande*) mansion, large house; **~ de congresos** conference hall; **~ de justicia** courthouse; **~ municipal** city hall; **~ real** royal palace; **ir a ~** to go to court.
palada NF [a] (*gen*) shovelful, spadeful. [b] (*de remo*) stroke.

paladar NM (hard) palate, roof of the mouth; (fig) palate, taste; **tener un ~ delicado** to have a delicate palate.

paladear<1a> VT to relish, savour, savor (US).

paladeo NM tasting, savouring, savoring (US).

paladín NM (Hist) paladin; (fig) champion.

paladino ADJ open, public.

palafrén NM palfrey.

palafrenero NM groom.

palanca NF [a] (gen) lever, crowbar; **~ de cambio** gear lever, gearshift (US); **~ de freno** brake lever; **~ de mando** control lever. [b] (fig) pull, influence; **mover ~s** to pull strings.

palangana [1] NF washbasin. [2] NMF (And, CSur: fam) braggart.

palanganear<1a> VI (LAm) to show off.

palanganero NM washstand.

palanquera NF stockade.

palanqueta NF (gen) small lever; (de forzar puertas) jemmy, crowbar.

palatal ADJ, NF palatal.

palatinado NM palatinate.

palatino/a ADJ (Pol) palace atr, court atr; (del palatinado) palatine.

palco NM (Teat etc) box; **~ de honor** royal box; **~ de la presidencia** (Taur) president's box; **~ de proscenio** stage box.

palenque NM [a] (estacada) stockade, palisade. [b] (recinto) arena, ring. [c] (CSur) tethering post, rail.

palenquear<1a> VT (CSur) to hitch, tether.

palentino/a [1] ADJ of o from Palencia. [2] NM/F native o inhabitant of Palencia.

paleografía NF paleography.

paleógrafo/a NM/F paleographer.

paleolítico ADJ Palaeolithic.

paleontología NF paleontology.

Palestina NF Palestine.

palestino/a ADJ, NM/F Palestinian.

palestra NF arena; (fig) lists; **salir a la ~** (fig) to take the field.

paleta NF [a] (pala) small shovel o spade; (de albañil) trowel. [b] (Arte) palette. [c] (Téc: de turbina) blade; (de noria) paddle, bucket. [d] (Anat) shoulder blade. [e] (LAm: helado) ice cream; (pirulí) ice pole.

paletada NF shovelful, spadeful.

paletilla NF shoulder blade.

paletización NF (Com) palletization.

paleto/a [1] ADJ boorish, stupid. [2] NM/F yokel, hick (US).

paliacate NM (Méx) kerchief.

paliar<1b> VT (gen) to mitigate, alleviate; (dolor) to relieve; (efectos) to cushion.

paliativo ADJ, NM palliative; **sin ~s** (desastre, fracaso) unmitigated; (rechazo) unreserved; (condenar, rechazar) unreservedly; **un edificio feo sin ~s** an ugly building with no saving graces o redeeming features.

palidecer<2d> VI to pale, turn pale.

palidez NF paleness, pallor.

pálido ADJ (gen) pale, pallid; (enfermizo) sickly.

palillero NM (para palillos) toothpick holder; (para plumillas) penholder.

palillo NM [a] (gen) small stick; (mondadientes) toothpick; (Mús) drumstick; (CSur: aguja de tejer) knitting needle; **~s** (instrumento) castanets; **~s chinos** chopsticks. [b] (fam) very thin person; **estar hecho un ~** to be as thin as a rake.

palinodia NF recantation; **cantar la ~** to recant.

palio NM (dosel) canopy; **recibir bajo ~ a algn** to roll out the red carpet for sb.

palique NM small talk, chitchat; **estar de ~** to be chatting, have a chat.

paliza [1] NF [a] beating-up; **dar una** o (fam) **propinar una ~ a algn** to give sb a beating. [b] (fig: Dep etc) drubbing; **¡qué ~ aquélla!** what a beating that was!; **los críticos le dieron una ~ a la novela** the critics panned o slated the novel; **dar la ~** (ponerse pesado) to lay down the law; **darse la ~** to flog o.s., slog; **el viaje fue una ~** the journey was ghastly (fam).

[2] NMF INV (fam: pesado) bore, pain (fam).

palizada NF [a] (valla) fence, palisade. [b] (cercado) fenced enclosure.

palizón NM = **paliza**.

pallasa NF mattress.

Palma NF: **Isla de la ~** (Canarias) Island of Palma; **~ de Mallorca** Palma; **Las ~s** (ciudad, provincia) Las Palmas.

palma NF [a] (Anat) palm; **batir** o **dar ~s** to clap hands, applaud; (Mús) to clap hands; **como la ~ de la mano** very easy, straightforward. [b] **~s** (fig) clapping, applause; **~s de tango** (fam) slow hand-clap (fam). [c] (Bot) palm (tree); (hoja) palm leaf; **llevarse la ~** to triumph, win.

palmada NF [a] slap, pat; **darse una ~ en la frente** to clap one's hand to one's brow. [b] **~s** clapping, applause; **dar ~s** to clap, applaud.

palmar¹ NM (Bot) palm grove.

palmar²<1a> VI to die, kick the bucket (fam).

palmar³, palmario ADJ obvious, self-evident.

palmarés NM (Dep: de ganadores) list of winners; (: historial) record.

palmario ADJ clear; (verdad) obvious.

palmeado ADJ (pata) webbed.

palmear<1a> [1] VT (LAm: perro etc) to pat, stroke. [2] VI to clap.

palmera¹ NF, **palmero¹** NM (Méx) palm (tree).

palmero²/a² [1] ADJ of o from the island of Palma. [2] NM/F native o inhabitant of the island of Palma.

palmeta NF (Escol) cane; **~ matamoscas** fly swat.

palmillas NFPL: **llevar a algn en ~** to treat sb with great consideration.

palmípedo ADJ web-footed.

palmitas NFPL = **palmillas**.

palmo NM (medida) span; (fig) few inches, small amount; **~ a ~** inch by inch; **avanzar ~ a ~** to go forward inch by inch; **crecer a ~s** to shoot up; **dejar a algn con un ~ de narices** to disappoint sb, let sb down; **no hay un ~ de A a B** there's hardly any distance o difference between A and B.

palmotear<1a> VI to clap, applaud.

palo NM [a] (gen) stick; (Telec etc) post, pole; (porra) club; (de herramienta) handle, shaft; (Dep) club; **~ ensebado** greasy pole; **~ de escoba** broomstick; **~ de golf** golf club; **de tal ~ tal astilla** a chip off the old block; **estar hecho un ~** to be as thin as a rake; **meter ~s en las ruedas** (fig) to put a spanner in the works. [b] (Náut) mast; **~ mayor** mainmast. [c] (Bot) stalk. [d] (madera) wood; **cuchara de ~** wooden spoon. [e] (esp LAm) tree; **~ dulce** liquorice root; **~ de hule** (CAm) rubber tree. [f] (Tip) upright. [g] (porrazo) blow, hit (with a stick); **andar a ~s** to be always squabbling; **dar un ~ a algn** (fig) to take sb to task; **¡~ y tentetieso!** come down hard on him; **dar ~s de ciego** to lash out wildly; **no dar** o **pegar (ni) ~ al agua** (fam) to do sweet nothing; **¡fue un ~!** (fam fig) what a blow o shock!; **¡qué ~ si suspendo!** it'll be a right shocker if I fail! [h] (Naipes) suit; **seguir el ~** to follow suit. [i] **a ~ seco** by itself, pure; **vermut a ~ seco** straight vermouth. [j] (Chi fam) **~ grueso** (fig) big shot (fam).

paloma NF [a] (Orn) dove, pigeon; **~ de la paz** dove of peace; **~ mensajera** carrier o homing pigeon; **~ torcaz** wood pigeon. [b] (fig) meek and mild person.

palomar NM dovecot(e), pigeon loft.

palomilla NF [a] (insecto) grain moth. [b] (Téc: tuerca) wing nut. [c] (soporte) wall bracket. [d] (de caballo) back.

palomino NM [a] (Orn) young pigeon. [b] palomino (horse). [c] (excremento) pigeon droppings.

palomita NF (Méx: aprobación) tick.

palomitas NFPL (tb **~ de maíz**) popcorn.

palomo NM (cock) pigeon.

palote NM (en escritura) downstroke.

palpable ADJ (gen) palpable; (fig) tangible, concrete.

palpar <1a> [1] VT [a] (*gen*) to touch, feel; (*andar a tientas*) to feel one's way along. [b] (*fig*) to appreciate, understand. [2] **palparse** VR (*fig*) to be felt; **se palpaba el descontento** you could feel the restlessness.

palpitación NF palpitation, throb(bing), beat(ing).

palpitante ADJ [a] (*corazón*) palpitating, throbbing. [b] (*fig: candente*) burning.

palpitar <1a> VI [a] (*gen*) to palpitate; (*corazón*) to throb, beat. [b] (*fig*) to throb; **en la poesía palpita la emoción** the poem throbs with emotion. [c] (*CSur*) **me palpita** I have a hunch.

palpite, pálpito NM hunch, presentiment; **tener un ~** to have a hunch.

palta NF (*And, CSur*) avocado (pear).

palto NM (*And, CSur*) avocado (pear) tree.

paltó NM (*esp LAm*) topcoat, overcoat.

palúdico ADJ marshy; (*Med*) malarial.

paludismo NM malaria.

palurdo/a [1] ADJ coarse, uncouth. [2] NM/F yokel, hick (*US*).

palustre NM (*Téc*) trowel.

pamela NF picture hat, sun hat.

pamema NF [a] triviality, trifle. [b] **~s** fuss; **¡déjate de ~s!** stop your fussing!, that's enough of that!

pampa¹ NF (*LAm*) pampa(s), prairie; **la P~** the Pampas.

pampa² [1] ADJ (*And, CSur: fam: negocio*) shady, dishonest. [2] NM/F (*Arg*) (pampean) Indian.

pámpano NM vine shoot o tendril.

pampeano ADJ (*LAm*) of o from the pampas.

pampear <1a> VI (*CSur*) to travel over the pampas.

pampero/a (*LAm*) [1] ADJ of o from the pampas. [2] NM/F inhabitant of the pampas. [3] NM (*Met*) strong westerly wind.

pamplina NF [a] (*Bot*) chickweed. [b] **~s** nonsense; **¡~s!** rubbish!; **esas son ~s** that's a load of rubbish; **no me venga Ud con ~s** don't come to me with that soft soap (*fam*).

pamplinero ADJ [a] (*tonto*) silly, nonsensical. [b] (*aspaventero*) fussy, emotional.

pamplonés/esa ADJ, NM/F = **pamplonica**.

pamplonica [1] ADJ of o from Pamplona. [2] NMF native o inhabitant of Pamplona.

pan NM [a] (*gen*) bread; (*un ~*) loaf; (*fig*) bread, daily bread; **~ candeal/duro/integral/de centeno** white/stale/ wholemeal/rye bread; **~ de molde** sliced loaf; **~ rallado** breadcrumbs *pl*; **el ~ nuestro de cada día** our daily bread; **ganarse el ~** to earn one's living.
[b] (*Bot*) wheat; **~es** (*fig*) crops, harvest; **año de mucho ~** year of a heavy wheat crop; **tierras de ~ llevar** wheatland.
[c] **~ de azúcar** sugar loaf; **~ de higos** block of dried figs; **~ de jabón** bar o cake of soap.
[d] (*Téc*) gold o silver leaf.
[e] (*locuciones*) **eso es ~ comido** it's a cinch; **con su ~ se lo coma** that's his look-out; **llamar al ~ ~ y al vino vino** to call a spade a spade; **venderse como ~ bendito** to sell like hot cakes.

pana¹ NF velveteen, corduroy.

pana² NF (*And Aut*) breakdown; **quedar en ~** (*Chi Aut*) to break down.

pana³ NF (*Chi: hígado*) liver.

panacea NF panacea, cure-all.

panadería NF bakery, bakehouse; (*tienda*) baker's (shop).

panadero/a NM/F baker.

panal NM honeycomb.

Panamá NM Panama.

panamá NM panama hat.

panameño/a ADJ, NM/F Panamanian.

panamericanismo NM Pan-Americanism.

panamericano ADJ Pan-American.

pancarta NF placard, banner.

panceta NF streaky bacon.

pancha NF (*fam*) = **panza**.

pancho¹ ADJ calm, unruffled; **estar tan ~** to remain perfectly calm.

pancho² NM (*Arg*) hot dog.

pancista ADJ, NMF opportunist.

pancito NM (*LAm*) (bread) roll.

páncreas NM pancreas.

panda¹ NMF (*Zool*) panda.

panda² NF bunch, group.

pandear <1a> VI, **pandearse** VR (*madera*) to bend, warp; (*pared*) to sag, bulge.

pandemonio, pandemónium NM pandemonium; **fue el ~** (*fam*) all hell broke loose.

pandereta NF tambourine; **la España de ~** (*fam*) tourist Spain.

pandero NM [a] (*Mús*) tambourine. [b] (*fam: culo*) backside.

pandilla NF (*camarilla*) clique, coterie; (*criminal etc*) gang; (*Com*) ring.

pando ADJ [a] (*pared*) bulging; (*madera*) warped; (*viga*) sagging. [b] (*lento*) slow.

Pandora NF: **la caja de ~** Pandora's box.

pandorga NF [a] (*jamona*) fat woman. [b] (*cometa*) kite.

panecillo NM (bread) roll.

panegírico NM panegyric.

panel NM panel; **~es** (*Arquit*) panelling, paneling (*US*); **~ de información de vuelos** flight information board; **~ de mandos** (*Aer etc*) controls.

panelista NMF panellist, panelist (*US*).

panera NF bread basket.

panero ADJ [a] (*industria, producción*) bread *atr*. [b] **ser muy ~** (*fam*) to love bread.

pánfilo ADJ sluggish, lethargic.

panfletario ADJ (*estilo*) violent, highly-coloured, highly-colored (*US*).

panfletista NMF pamphleteer.

panfleto NM (*Pol etc*) pamphlet; (*esp LAm*) lampoon, scandal sheet.

pánico NM [a] panic, fear; **yo le tengo un ~ tremendo** I'm scared stiff of him. [b] **de ~** excellent, brilliant.

paniego ADJ (*Agr*) **tierra ~a** wheatland.

panificación NF breadmaking.

panificadora NF bakery.

panizo NM [a] (*Bot: gen*) millet; (: *maíz*) maize. [b] (*Chi*) mineral deposit; (*fig*) treasure, gem; (*fig*) goose that lays the golden eggs, gold mine.

panocha, panoja NF [a] (*Bot*) corncob, ear of maize. [b] (*Méx: azúcar*) unrefined brown sugar; (: *dulce*) brown sugar (candy).

panoli(s) NMF INV chump, idiot.

panoplia NF panoply.

panorama NM (*gen*) panorama; (*vista*) view, scene.

panorámico ADJ panoramic; **punto ~** vantage point.

panqué NM (*CAm, Carib*), **panqueque** NM (*esp LAm*) pancake.

pantagruélico ADJ lavish.

pantaleta(s) NF(PL) (*LAm*) panties, bloomers, drawers.

pantalla NF [a] (*de lámpara*) (lamp)shade. [b] (*Cine, Inform etc*) screen; **~ de cristal líquido** liquid crystal display; **~ plana** flat screen; **~ táctil** touch-sensitive screen; **~ de televisión** television screen; **los personajes de la ~** screen personalities; **llevar una historia a la ~** to film a story. [c] (*CAm*) fan. [d] (*fig*) blind, pretext; **servir de ~ a** to be a blind for; **hacer la ~** (*Dep*) to protect the goalkeeper. [e] (*de chimenea*) fireguard.

pantalón NM, **pantalones** NMPL [a] (*de hombre*) trousers, pants (*US*); (*femenino*) slacks, trousers; **~es cortos** shorts; **~es de esquí** ski pants; **~es tejanos** o **vaqueros** jeans; **es ella la que lleva los ~es** (*fam*) she's the one who wears the trousers. [b] **bajarse los ~es** (*fig fam*) to back down.

pantanal NM marshland.

pantano NM [a] (*natural*) marsh, bog; (*artificial*) reservoir. [b] (*fig*) fix, difficulty; **salir de un ~** to get out of a jam.

pantanoso ADJ (*Agr etc*) marshy, boggy; (*fig*) difficult.

panteísmo NM pantheism.

panteísta [1] ADJ pantheistic. [2] NMF pantheist.

panteón NM [a] pantheon; **~ familiar** family vault. [b] (*LAm*) cemetery.

pantera NF (*Zool: gen*) panther; (: *Carib*) jaguar, ocelot.

pantimedias NFPL (*Méx*) tights, panty-hose.
pantis NMPL tights, panty-hose.
pantomima NF pantomime.
pantoque NM (*Náut*) bilge.
pantorrilla NF calf (of the leg).
pantufla NF, **pantuflo** NM (carpet) slipper.
panty NM (*pl* **~s, panties**) (*Esp: medias*) tights, panty-hose.
panza NF belly, paunch; **~ mojada** (*Méx fam*) wetback (*US*).
panzada NF [a] (*hartazgo: tb fig*) bellyful; **darse una ~ de algo** to get a bellyful of sth. [b] (*golpe*) blow in the belly. [c] **aterrizaje de ~** belly landing.
panzón, panzudo ADJ paunchy, potbellied.
pañal NM [a] (*de bebé*) nappy, diaper (*US*); (*de camisa*) shirt-tail. [b] (*fig*) **de humildes ~es** of humble origins; **criarse en buenos ~es** to be born with a silver spoon in one's mouth; **estar todavía en ~es** to be still wet behind the ears.
pañería NF (*géneros*) drapery; (*tienda*) draper's (shop), dry-goods store (*US*).
pañito NM (*Esp*) table-runner.
paño NM [a] (*gen*) cloth; (*tela*) material; **le conozco el ~** I know his sort.
[b] (*un ~*) (piece of) cloth; (*trapo*) duster, rag; **~s calientes** (*fig*) half-measures; **no andarse con ~s calientes** to pull no punches; **poner ~s calientes** to make a half-hearted attempt; **conocerse el ~** to know the score (*fam*); **~ de cocina** dishcloth; **~ higiénico** sanitary towel, sanitary napkin (*US*); **~ de lágrimas** (*fig*) standby, consolation; **~ de manos** towel; **~ mortuorio** pall; **~ de secar** tea towel.
[c] (*Cos: ancho*) piece of cloth, width.
[d] **~s** clothes; (*Arte*) drapes; **~s menores** undies (*fam*).
[e] **al ~** (*Teat*) offstage.
[f] (*Arquit*) wall section.
[g] (*en cristal*) mist, cloud; (*de diamante*) flaw.
pañol NM (*Náut*) store(room); **~ del agua** water store.
pañoleta NF fichu.
pañolón NM shawl.
pañuelo NM (*gen*) handkerchief; (*de cabeza*) (head)scarf; **~ de cuello** cravat; **~ de papel** handkerchief.
papa¹ NM (*Rel*) pope.
papa² NF (*esp LAm*) potato; **~s fritas** chips, French fries (*US*), **~ dulce** sweet potato. [b] **ni ~** sweet Fanny Adams (*fam*); **no saber ni ~** to be clueless. [c] (*Méx*) lie, fib.
papá NM [a] dad(dy), pop (*US*); **hijo de ~** Hooray Henry (*fam*). [b] **~s** parents. [c] **~ grande** (*Méx*) grandfather.
papachar <1a> (*Méx fam*) VT (*acariciar*) to pat, caress, stroke; (*mimar*) to pamper, spoil.
papachos NMPL (*Méx fam: caricias*) cuddles, caresses.
papada NF double chin.
papado NM papacy.
papagayo NM [a] (*Orn*) parrot. [b] (*fig*) chatterbox.
papaíto NM (*fam*) daddy.
papal¹ ADJ (*Rel*) papal.
papal² NM (*LAm*) potato field.
papalina NF (*gorra*) ski-cap.
papalote NM (*CAm, Méx: juguete*) kite.
papamoscas [1] NM INV (*Orn*) fly-catcher. [2] NMF INV = **papanatas**.
papanatas NM INV simpleton.
papanatería NF, **papanatismo** NM gullibility, simple-mindedness.
papar <1a> [1] VT to swallow, gulp (down). [2] **paparse** VR: **~ algo** (*fam*) to eat sth up; **se lo papó todo** he scoffed the lot; **¡pápate ésa!** put that in your pipe and smoke it! (*fam*).
paparrucha NF (*disparate*) piece of nonsense, silly thing.
papaya NF (*Bot*) papaya.
papayo NM (*LAm*) papaya tree.
papel NM [a] (*gen*) paper; **~ (de) aluminio** tinfoil; (*Culin*) aluminium foil; **~ atrapamoscas** flypaper; **~ de calcar** tracing paper; **~ carbón** carbon (paper); **~ de cartas** notepaper, stationery; **~ continuo** continuous feed paper; **~ cuadriculado** squared o graph paper; **~ de China**

India paper; **~ de embalar** o **envolver** wrapping paper; **~ de empapelar** wallpaper; **~ encerado** wax(ed) paper; **~ engomado** gummed paper; **~ de envolver** brown paper; (*regalo*) wrapping paper; **~ de estaño** tinfoil; **~ de filtro** filter paper; **~ de fumar** cigarette paper; **~ higiénico** toilet paper; **~ de lija** sandpaper; **~ madera** (*CSur: cartón*) cardboard; **~ mojado** (*fig*) scrap of paper, worthless bit of paper; **~ de paja de arroz** rice paper; **~ pintado** wallpaper; **~ de plata** silver paper; **~ prensa** newsprint; **~ de regalo** gift-wrap paper; **~ sanitario** (*Méx*) toilet paper; **~ secante** blotting paper; **~ timbrado** official form(s); **~ de tornasol** litmus paper; **~ vitela** vellum paper; **sobre el ~** (*fig*) on paper, in theory.
[b] (*un ~*) piece o sheet (of paper); **~es** papers; **~es viejos** waste paper.
[c] (*Pol etc*) **~es** papers, documents; (*carnet*) identification papers; **tiene los ~es en regla** his papers are in order.
[d] (*Fin: billetes*) **~ moneda** paper money, banknotes; **mil dólares en ~** a thousand dollars in notes.
[e] (*bonos*) stocks and shares; **~ del Estado** government bonds.
[f] (*Cine, Teat etc*) part, role; **desempeñar un ~** (*fig*) **hacer un ~** to play a part; **el ~ del gobierno en este asunto** the government's role in this matter; **hacer buen** o **mal ~** to make a good o bad impression; **hizo el ~ de Cleopatra** she played the part of Cleopatra; **tuvo que desempeñar un ~ secundario** he had to play second fiddle.
papelada NF (*Col*) charade.
papeleo NM (*fig*) red tape.
papelera NF [a] (*gen*) wastepaper basket. [b] (*escritorio*) writing desk.
papelería NF stationer's (shop).
papelero/a [1] ADJ [a] (*Com etc*) paper *atr*. [b] (*farolero*) pretentious. [2] NM/F [a] (*fabricante*) paper manufacturer. [b] (*vendedor*) stationer. [3] NM (*Méx*) paper-seller.
papeleta NF (*gen*) slip o bit of paper; (*ficha*) index o file card; (*de rifa*) ticket; (*Pol*) ballot paper; (*Escol*) report; **~ de empeño** pawn ticket; **~ de examen** (*Univ*) (examination) report; **¡vaya ~!** this is a tough one.
papelillo NM [a] (*cigarro*) cigarette. [b] (*Med*) sachet.
papelón NM (*Teat etc*) leading role, big part; **hacer un ~** to do something ridiculous, make o.s. a laughing-stock.
papelote, papelucho NM useless bit of paper.
papera NF (*Med: bocio*) goitre, goiter (*US*); **~s** mumps.
papiamento NM (*Ling*) Papiamento.
papilla NF [a] (*de bebé*) pap, mush. [b] (*fig*) guile, deceit. [c] **estar hecho ~** to be dog-tired.
papiro NM papyrus.
papiroflexia NF origami.
papirotazo, papirote NM flick.
papismo NM popery.
papista ADJ, NMF papist; **es más ~ que el papa** (*fig*) he's more Catholic than the pope.
papo NM [a] (*Orn*) crop; (*Zool*) dewlap; (*sotabarba*) jowl, double chin. [b] (*Med*) goitre, goiter (*US*). [c] (*fam!: coño*) pussy (*fam!*), cunt (*fam!*).
paquebote NM packet boat.
paquete [1] NM [a] (*Correos etc*) parcel, package; **~s postales** (*como servicio*) parcel post; **~ de cigarrillos** packet o (*US*) pack of cigarettes; **ir** o **viajar de ~** (*fam: en moto*) to ride pillion.
[b] (*conjunto*) package; **~ de medidas económicas** package of financial measures.
[c] (*Náut*) packet (boat).
[d] (*Mil fam*) **meter un ~ a algn** to put sb on a charge.
[e] (*Inform*) **~ de aplicaciones** application package; **~ integrado** integrated package.
[2] ADJ INV (*And, Arg: fam*) elegant, chic.
paquete-bomba NM (*pl* **paquetes-bomba**) parcel bomb.
paquidermo NM pachyderm.
paquistaní = **pakistaní**.
par [1] ADJ (*semejante*) like, equal; (*número*) even.
[2] NM [a] (*gen*) pair, couple; **un ~ de guantes** a pair of

gloves; **por un ~ de dólares** for a couple of dollars; **un ~ de veces** a couple of times; **le dio un ~ de hostias** he hit him a couple of times; **a ~es** in pairs, in twos.

[b] (*igual*) equal; **al ~ equally**; **está al ~ de los mejores** it is on a level with the best; **caminar al ~ de** to walk abreast of; **sin ~** matchless, peerless; **no tener ~** to have no parallel, be unique.

[c] (*Mat*) even number; **~es o nones** odds or evens.

[d] (*Golf*) par; **lo hizo con 4 por debajo del ~** he did it in 4 under par.

[e] (*Mec*) **~ de fuerzas** couple; **~ de torsión** torque.

[f] **estar abierto de ~ en ~** to be wide open.

[g] (*Pol*) peer; **los doce ~es** the twelve peers.

3 NF (*esp Com, Fin*) par; **a la ~** at par; (*fig: conjuntamente*) together; (: *igualmente*) at the same time; **a la ~ que** at the same time as; **es útil a la ~ que divertido** it is both useful and amusing; **estar a la ~** to be at par; **estar por encima de la ~** to be above o over par.

para PREP [a] (*destino, finalidad, uso etc*) (intended) for; **un regalo ~ ti** a present for you; **un hotel ~ turistas** a tourist hotel; **una taza ~ café** a coffee cup, a cup for coffee; **no es ~ comer** it's not for eating, it's not to be eaten; **nació ~ poeta** he was born to be a poet; **~ mí que ...** in my opinion ..., if you ask me ...; **léelo ~ ti** read it to yourself; **~ esto, podíamos habernos quedado en casa** if this is all it is we might as well have stayed at home; **yo no valgo ~ esto** I'm no good at this; **no estoy ~ estos trotes** I'm not up to this running around.

[b] **¿~ qué?** why?, for what purpose?, what's the use?; **¿~ qué lo quieres?** why do you want it?, what do you want it for?

[c] **~ que** in order that, so that; **lo traje ~ que lo veas** I brought it so that you could see it; **~ que eso fuera posible habría que trabajar mucho** you would have to work hard for that to be possible o to bring that about.

[d] **~ hacer algo** (*propósito*) to do sth, in order to do sth; **lo hizo ~ salvarse** he did it (in order) to save himself; **~ comprarlo necesitas 5 dólares más** to buy it you need another 5 dollars; **el rey visitará A ~ volar después a B** the king will visit A and then fly on to B; **es ~ que lo leas** it's so you read it.

[e] **~ hacer algo** (*resultado*) only to do sth; **se casaron ~ separarse en seguida** they married only to separate at once.

[f] (*con demasiado, bastante, muy*) **tengo bastante ~ vivir** I have enough to live on; **es demasiado tarde ~ ir** it's too late to go; **tiene demasiada inteligencia ~ pensar así** he's too intelligent to think that.

[g] (*tiempo*) **~ entonces** by then o that time; **~ mañana** for o by tomorrow; **lo dejamos ~ mañana** we left it till tomorrow; **lo tendré listo ~ fin de mes** I'll have it ready by o for the end of the month; **ahora ~ la feria de agosto hará un año** it'll be a year ago this o come the August holiday; **va ~ un año desde la última vez** it's getting on for a year since the last time; **con esto tengo ~ rato** this lot will take me a while; **un cuarto ~ las diez** (*esp LAm*) a quarter to ten.

[h] (*dirección*) **~ atrás** back(wards); **~ la derecha** to the right; **iba ~ el metro** I was going towards the underground.

[i] (*trato: tb* **~ con**) to, towards; **tan amable ~ todos** so kind to everybody.

[j] (*comparación*) **~ profesor habla muy mal** he talks very badly for a teacher; **~ niño lo hace muy bien** he does it very well for a child; **es mucho ~ lo que suele dar** this is a lot in comparison with what he usually gives; **¿quién es Ud ~ gritar así?** who are you to shout like that?; **~ patatas, las de mi pueblo** if it's potatoes you want, my town's the one.

parabellum ® NM (*pistola*) (automatic) pistol.

parabién NM congratulations *pl*; **dar el ~ a algn** to congratulate sb (*por* on).

parábola NF [a] (*Mat*) parabola. [b] (*Lit*) parable.

parabólica NF satellite dish.

parabólico ADJ parabolic.

parabrisas NM INV windscreen, windshield (*US*).

paraca NMF (*fam*) para (*fam*), paratrooper.

paracaídas NM INV parachute; **lanzarse en ~** to parachute (down).

paracaidismo NM parachuting.

paracaidista NMF [a] parachutist. [b] (*Mil*) paratrooper; **los ~s** (*Mil*) the paratroops. [c] (*Méx fam: ocupante*) squatter.

parachoques NM INV (*Aut*) bumper, fender (*US*); (*Ferro*) buffer(s); (*Mec etc*) shock absorber.

parada NF [a] (*acción*) stopping; (*sitio*) stopping place; (*industrial*) stoppage; **~ de autobús** bus stop; **~ cardíaca** cardiac arrest; **~ discrecional** request stop; **~ en seco** sudden stop; **~ de taxis** taxi rank. [b] (*de caballos*) relay, team. [c] (*en el juego*) bet, stake. [d] (*presa*) dam. [e] (*Agr*) stud, breeding establishment. [f] (*Mil etc*) parade; **formar en ~** to parade.

paradero NM [a] (*gen*) whereabouts; **averiguar el ~ de** to ascertain the whereabouts of; **X, ahora en ~ desconocido** X, whose whereabouts are unknown. [b] (*morada*) lodging. [c] (*fig*) end; **seguramente tendrá mal ~** he'll surely come to a bad end. [d] (*And, CSur: parada*) bus stop.

paradigma NM paradigm.

paradigmático ADJ paradigmatic.

paradisíaco ADJ heavenly.

parado [1] ADJ [a] **estar ~** (*inmóvil: persona*) to be motionless; (: *máquina*) to be idle; (: *fábrica*) to be at a standstill; (: *coche etc*) to be stationary.

[b] **estar ~** (*obrero*) to be unemployed, be idle.

[c] **estar ~** (*LAm*) to be standing (up); **estuve ~ durante 2 horas** I was standing for 2 hours.

[d] **dejar a algn ~** (*fig*) to amaze o bewilder sb; **¡me deja Ud ~!** you amaze me!; **me quedé ~** I was completely confused.

[e] **salir bien ~** to come off well; **salió mejor ~ de lo que cabía esperar** he came out of it better than could be expected; **estar bien ~** to be well placed; **caer ~ (como los gatos)** to land on one's feet, be lucky.

[f] **ser ~** (*persona*) to be slow.

2 NM unemployed person; **los ~s** the unemployed.

paradoja NF paradox.

paradójico ADJ paradoxical.

parador NM [a] (*Hist*) inn; (*hotel: tb* **~ nacional de turismo**) (state-run) tourist hotel. [b] (*jugador*) heavy gambler.

┌─ *PARADOR NACIONAL* ─┐

i *In the early days of the Spanish tourist industry in the 1950s, the government set up a network of high-class tourist hotels known as* **paradores***. They are sited in rural beauty spots and places of historical interest, often in converted castles and monasteries. There are currently 57 paradors, all rated at 3 stars or above and aiming to provide a high standard of accommodation with the emphasis on local character and cuisine.*

paraestatal ADJ semi-official.

parafernalia NF paraphernalia.

parafina NF paraffin.

parafrasear <1a> VT to paraphrase.

paráfrasis NF INV paraphrase.

paragolpes NM INV (*CSur Aut*) bumper (bar), fender (*US*).

paraguas NM INV [a] (*gen*) umbrella. [b] (*fam: condón*) rubber (*fam*).

Paraguay NM: **el ~** Paraguay.

paraguayo / a ADJ, NM/F Paraguayan.

paragüero NM umbrella stand.

paraíso NM [a] (*Rel*) paradise, heaven; **~ fiscal** tax haven. [b] (*Teat*) gods.

paraje NM place, spot.

paralela NF parallel (line); **~s** parallel bars; *V* **paralelo**.

paralelismo NM parallelism.

paralelo / a [1] ADJ [a] parallel (*a* to). [b] (*fig*) unofficial, irregular; **importaciones ~as** unauthorized imports, illegal imports. **2** NM parallel; **en ~** (*Elec*) in parallel.

paralelogramo NM parallelogram.

paralímpico/a ADJ, NM/F = **paraolímpico**.

parálisis NF paralysis; **~ cerebral** cerebral palsy; **~ infantil** infantile paralysis; **~ progresiva** creeping paralysis.

paralítico/a ADJ, NM/F paralytic.

paralización NF (gen) stoppage; (fig) blocking; **la ~ fue total** there was a complete stoppage.

paralizador, paralizante ADJ paralyzing.

paralizar <1f> [1] VT to paralyse, paralyze (US); **estar paralizado de un brazo** to be paralysed in one arm. [2] **paralizarse** VR to become paralysed; (fig) to be paralysed, come to a standstill.

paramento NM [a] (adorno) ornamental cover; (de caballo) trappings; **~s sacerdotales** liturgical vestments. [b] (de pared) face.

parámetro NM parameter.

paramilitar ADJ paramilitary.

páramo NM bleak plateau.

parangón NM comparison; **sin ~** incomparable, matchless.

parangonar <1a> VT to compare (con to).

paraninfo NM (Univ) assembly hall.

paranoia NF paranoia.

paranoico/a ADJ, NM/F paranoid, paranoiac.

paranormal ADJ paranormal.

paraolimpiada NF, **paraolimpiadas** NFPL Paralympics, Paralympic Games.

paraolímpico/a [1] ADJ Paralympic; **Juegos P~s** Paralympics, Paralympic Games. [2] NM/F Paralympic athlete.

parapente NM (deporte) paragliding; (aparato) paraglider.

parapetarse <1a> VR [a] to protect o.s., shelter (tras behind). [b] (fig) **~ tras una razón** to take refuge in a reason (for not doing sth).

parapeto NM parapet, railings.

paraplejía NF paraplegia.

parapléjico/a ADJ, NM/F paraplegic.

parapsicología NF parapsychology.

parar <1a> [1] VT [a] (gen) to stop; (fig: progreso etc) to check, halt. [b] (golpe etc) to ward off; (Esgrima) to parry; (tiro) to save. [c] (atención) to fix (en on). [d] (fig) to lead; **ahí le paró esa manera de vida** that's where that way of life led him.

[2] VI [a] (gen) to stop; **¡pare!** stop!; **el coche ha parado** the car has stopped; **el autobús para enfrente** the bus stops opposite; **sin ~** without stopping; **~ en seco** to stop dead; **no parará hasta conseguirlo** he won't give up until he gets it; **¿adónde vamos a ~?** (fig) where's it all going to end?; **vino a ~ a mis pies** it came to rest at my feet.
[b] **~ de hacer algo** to stop doing sth; **ha parado de llover** it has stopped raining; **no para de quejarse** he never stops complaining; **y pare Ud de contar** and that was it; **¡no para!** siempre está haciendo algo he never stops! he's always doing something.
[c] **~ en** (terminar) to end up in o at; (plan etc) to come down to; (persona) to end up at; **no sabemos en qué va a ~ todo esto** we don't know where all this is going to end; **¿dónde vamos a ir a ~?** what's going to become of us?; **fueron a ~ a la comisaría** they finished up at the police station; **'es mucho mejor este' - '¡dónde va a ~!'** 'this one's much better' - 'what's the world coming to!'.
[d] (hospedarse) to stay, put up, lodge (en at); **siempre paro en este hotel** I always stay at this hotel.
[e] (perro) to point.
[3] **pararse** VR [a] (gen) to stop; (Aut) to stop, pull up; (proceso) to come to a halt; (trabajo) to stop, come to a standstill; **~ a hacer algo** to stop to do sth, pause to do sth.
[b] **~ en algo** to pay attention to sth.
[c] (LAm) to stand up.

pararrayos NM INV lightning conductor, lightning rod (US).

parasitar <1a> VT to feed o live off.

parasitario ADJ parasitic(al).

parasitismo NM parasitism.

parásito [1] ADJ parasitic (de on). [2] NM [a] parasite. [b] (Rad) **~s** interference.

parasol NM parasol, sunshade.

paratifoidea NF paratyphoid.

paratopes NM INV (Ferro) buffer(s).

parcela NF (solar) plot; (Agr) smallholding.

parcelar <1a> VT (gen) to divide into plots; (finca) to break up.

parchar <1a> VT (esp LAm) to patch, mend.

parche NM [a] (Med) sticking plaster; (Aut etc) patch; (fig) patch, mend; **~ de nicotina** nicotine patch; **poner ~s a** to apply temporary remedies to. [b] (Mús) drumhead.

parchís NM board game.

parcial [1] ADJ [a] (incompleto) partial, part-. [b] (Jur) partial, prejudiced; (Pol) partisan. [2] NFPL: **~es** (Pol) by-election.

parcialidad NF [a] (Jur) partiality, bias; (Pol) partisanship. [b] (grupo) faction, group.

parco ADJ (gen) frugal, sparing; (moderado) moderate, temperate; **muy ~ en comer** very frugal in one's eating habits; **~ en elogios** sparing in one's praises.

parcómetro NM parking meter.

pardear <1a> VI to look brown(ish).

pardiez INTERJ good heavens!

pardillo/a [1] NM/F yokel, hick (US). [2] NM (Orn) linnet.

pardo ADJ (gen) brown; (cielo) overcast; (voz) flat, dull.

parear <1a> VT [a] (formar pares de) to match, put together. [b] (Bio) to mate, pair. [2] **parearse** VR to pair off.

▼**parecer** [1] NM [a] (opinión) opinion, view; **a mi ~** in my opinion; **al ~** apparently, seemingly; **mudar o cambiar de ~** to change one's mind.
[b] (aspecto) looks; **de buen ~** good-looking, handsome; **de mal ~** ugly.
[c] (Jur) expert advice.
[2] <2d> VI [a] (gen) to seem, look; **parece muy difícil** it looks very difficult; **parecía volar** it seemed to fly; **así parece** so it seems; **a lo que parece, según parece** evidently, apparently; **aunque no lo parezca** surprising though it may seem; **parece como si quisieras ...** + infin it looks as if you wanted to ...; **parece que va a llover** it looks as though it's going to rain.
[b] (con pron pers) **me parece que** it seems to me that; **me parece que no** I don't think so; **si te parece, si a Ud le parece** if you think so, if you want to; **¿cómo te parece?** what do you think (of it)?; **como te parezca** as you wish; **¿qué te parece?** what do you think (of it)?; **me parece bien que vayas** I think it's a good idea for you to go; **si a Ud le parece mal** if you don't like it.
[c] (semejar) to look like, resemble; **una casa que parece un palacio** a house that looks like a palace; **¡pareces una reina!** you look like a queen!
[3] **parecerse** VR [a] (dos cosas) to look alike, resemble each other; **se parecen mucho** they look very much alike; **ni cosa que se parezca** nor anything of the sort; **¿en qué se parecen estos dos objetos?** what's the similarity between these two objects?
[b] **~ a** to look like, resemble; **se parece a su abuelo** he takes after his grandfather; **el retrato no se le parece** the picture isn't at all like him.

▼**parecido** [1] ADJ [a] similar (de, en in, in respect of); **~ a** like, similar to; **son muy ~s** they are very much alike.
[b] **bien ~** good-looking, nice-looking, handsome; **no es mal ~a** she's not bad-looking.
[2] NM similarity, likeness, resemblance (a, entre to, between); **tienen mucho ~** they are very alike.

pared NF wall; (Alpinismo) face, wall; **~ divisoria/ medianera** dividing/party wall; **~ por medio** next door; **ni que hablara uno a la ~** I might as well talk to a brick wall; **las ~es oyen** the walls have ears; **ponerse como la ~** to go as white as a sheet; **subirse por las ~es** (fam) to go up the wall (fam); **hacer la ~** (Dep: obstaculizar) to obstruct, check; (Ftbl) to make a one-two (fam).

paredón NM [a] (Arquit) thick wall; (de ruinas) standing wall. **[b]** (*Mil*) **llevar a algn al ~** to put sb up against a wall, shoot sb; **¡al ~!** shoot him!

pareja NF **[a]** (*par*) pair. **[b]** (*esposos etc*) couple; **~ de hecho** unmarried couple. **[c]** = **parejita**. **[d]** (*Guardias*) Civil Guard patrol. **[e]** (*de baile etc*) partner; **no encuentro la ~ de este zapato** I can't find the shoe that goes with this one o my other shoe; **correr ~s** to be on a par, go together, keep pace (*con* with). **[f]** (*novio*) boyfriend; (*novia*) girlfriend; (*cónyuge*) other o better half; **vivir en ~** to live as a couple.

parejita NF pigeon pair (*son and daughter*).

parejo **[1]** ADJ **[a]** (*igual*) similar, alike; **6 todos ~s** 6 all the same; **ir ~s** to be neck and neck; **ir ~ con** to be on a par with, be paralleled by. **[b]** (*Téc*) even, flush; (*LAm*) flat, level. **[2]** ADV (*LAm*) at the same time, together.

parentela NF relations *pl*, family.

parentesco NM relationship, kinship.

paréntesis NM INV **[a]** (*Ling*) parenthesis. **[b]** (*Tip*) parenthesis, bracket; **entre ~** (*adj*) parenthetical, incidental; (*adv*) parenthetically, incidentally; **y, entre ~ ...** and, by the way .... **[c]** (*fig*) interruption, interval, break.

paria NMF pariah.

parida[1] NF: **~ mental** (*fam*) dumb idea (*fam*); **salir con una ~** to come out with some silly remark; *V* **parido**.

paridad NF **[a]** (*igualdad*) parity, equality. **[b]** (*comparación*) comparison.

parido/a[2] ADJ (*fam*) **bien ~** good-looking.

parienta[1] NF: **la ~** (*fam*) the wife (*fam*), the missus (*fam*).

pariente/a[2] NM/F relative, relation; **~ político** relative by marriage; **los ~s políticos** the in-laws.

parietal ADJ parietal.

parihuela NF stretcher.

paripé NM: **hacer** o **montar el ~** to put on a show, keep up the show.

parir<3a> **[1]** VT **[a]** (*Bio*) to give birth to, bear. **[b]** (*fig*) to cause, give rise to. **[2]** VI (*mujer*) to give birth, have a baby; (*yegua*) to foal; (*vaca*) to calve; **éramos pocos y parió la abuela** (*fam*) that's the limit (*fam*); **poner a ~ a algn** (*fam*) to slag sb off (*fam*).

París NM Paris.

parisiense, **parisino/a** ADJ, NM/F Parisian.

paritario ADJ peer *atr*.

parking ['parkin] NM car park, parking lot (*US*).

parlador ADJ talkative.

parlamentar<1a> VI (*gen*) to converse, talk; (*Mil*) to parley.

parlamentario/a **[1]** ADJ parliamentary. **[2]** NM/F parliamentarian.

parlamento NM **[a]** (*Pol*) parliament. **[b]** (*Mil*) parley. **[c]** (*Jur*) speech.

parlanchín/ina **[1]** ADJ loose-tongued, indiscreet. **[2]** NM/F chatterbox.

parlante **[1]** ADJ talking. **[2]** NM (*LAm: altoparlante*) loudspeaker.

parlar<1a> VI (*gen*) to chatter (away), talk (a lot), gossip; (*Orn*) to talk.

parlotear<1a> VI to chatter, prattle.

parloteo NM chatter, prattle.

parmesano ADJ, NM Parmesan.

parné NM (*fam: dinero*) dough (*fam*).

paro[1] NM (*Orn*) tit.

paro[2] NM **[a]** (*Com etc: gen*) stoppage (of work); **hay ~ en la industria** work in the industry is at a standstill. **[b]** (*desempleo*) unemployment; **índice de ~** level of unemployment; **estar en ~** to be unemployed; **~ encubierto** underemployment; **~ estacional** seasonal unemployment; **~ (pago)** unemployment benefit; **cobrar el ~** to receive unemployment benefit; (*frec*) to be on the dole. **[d]** (*Inform*) **~ del sistema** system shutdown.

parodia NF parody, takeoff (*fam*).

parodiar<1b> VT to parody, take off.

paroxismo NM paroxysm; **~ histérico** hysterics; **~ de risa** convulsions of laughter.

parpadear<1a> VT (*ojos*) to blink, wink; (*luz*) to blink,

flicker; (*estrella*) to twinkle.

parpadeo NM (*de ojos*) blinking, winking; (*de luz*) flickering.

párpado NM eyelid; **restregarse los ~s** to rub one's eyes.

parque NM **[a]** (*gen*) park; **~ de estacionamiento** car park, parking lot (*US*); **~ de atracciones** fun fair, fairground; **~ nacional** national park; **~ natural** nature reserve; **~ zoológico** zoo. **[b]** (*Mil etc*) depot; **~ de bomberos** fire station; **el ~ provincial de tractores** the number of tractors in use in the province. **[c]** **~ de jugar** playpen. **[d]** (*Méx*) ammunition, ammo (*fam*).

parqué, **parquet** NM parquet.

parqueadero NM (*LAm: aparcamiento*) car park, parking lot (*US*).

parquear<1a> VT, VI (*LAm*) to park.

parquedad NF (*gen*) frugality; (*templanza*) moderation; (*economía*) sparingness.

parquímetro NM parking meter.

parra NF grapevine; **subirse a la ~** (*fam*) to blow one's top (*fam*).

parrafada NF (*esp LAm fam: charla*) chat, talk (*: discurso*) spiel (*fam*), talk; **soltar una ~** to give a lengthy spiel.

párrafo NM paragraph; **hacer ~ aparte** to start a new paragraph; (*fig*) to change the subject.

parral NM vine arbour, vine arbor (*US*).

parrampán NM (*Pan fam: cursi*) pretentious person.

parranda NF spree, party; **andar** o **ir de ~** to go on a binge (*fam*).

parricida NMF (*individuo*) parricide.

parricidio NM (*crimen*) parricide.

parrilla NF **[a]** (*Culin*) grill; **carne a la ~** grilled meat. **[b]** (*Dep Aut: tb* **~ de salida**) starting grid. **[c]** (*LAm Aut: baca*) roof-rack.

parrillada NF (mixed) grill.

párroco NM parish priest.

parroquia NF **[a]** (*Rel: zona*) parish; (*iglesia*) parish church; (*filigreses*) parishioners *pl*. **[b]** (*Com*) clientele, customers; **una tienda con mucha ~** a shop with a large clientele.

parroquial ADJ parochial, parish *atr*.

parroquiano/a NM/F **[a]** (*Rel*) parishioner. **[b]** (*Com*) customer, patron; **ser ~ de** to shop regularly at, patronize.

parsimonia NF **[a]** (*frugalidad*) carefulness; (*frugalidad*) sparingness. **[b]** (*calma*) deliberateness, calmness; **con ~** calmly, unhurriedly.

parsimonioso ADJ **[a]** (*frugal*) sensible; (*con dinero*) careful. **[b]** (*tranquilo*) calm, unhurried.

parte[1] NM (*Telec*) message; (*informe*) report; (*Mil*) dispatch, communiqué; **~ médico** medical report o bulletin; **~ meteorológico** weather forecast; **dar ~ a algn** to report to sb.

parte[2] NF **[a]** (*gen*) part; (*sección*) portion, section; **cuarta ~** quarter, fourth part; **tercera ~** third; **reducir algo en una tercera ~** to reduce sth by a third; **primera ~** (*Dep*) first half; **la mayor ~ de** the great majority of; **la mayor ~ de los argentinos** most Argentinians; **~ del mundo** part of the world; **~ de la oración** part of speech; **ser ~ esencial** o **integral de** to be an essential part of; **de algún tiempo a esta ~** for some time past; **como ~ del pago** in part exchange; **de ~ a ~** through and through; **de ~ de** from, on behalf of; **¿de ~ de quién?** (*Telec*) who's calling?; **de ~ de todos nosotros** on behalf of us all; **salúdale de mi ~** give him my regards; **en ~** in part, partly; **en gran ~** to a large extent; **por ~ de** on the part of; **por ~s** stage by stage, systematically; **¡vayamos por ~s!** let's take one step at a time!; **por otra ~** (or) again, on the other hand; **por una ~ ... por otra (~)** on the one hand, ... on the other; **yo por mi ~** I for my part; **echar algo a mala ~** to look on sth with disapproval; **formar ~ de** to form part of; (*individuo*) to be a member of; **tomar algo en buena ~** to take sth in good part.

[b] (*participación*) share; **a ~s iguales** in equal shares; **hacer su ~** to do one's share; **llevarse la mejor ~** to come off best, get the best of it; **poner algo de su ~** to do one's bit o share; **tener ~ en** to share in; **tomar ~ to**

take part (*en* in).

c (*lugar*) part; **en alguna ~** somewhere; **en alguna ~ de Europa** somewhere in Europe; **en cualquier ~** anywhere; **por ahí no se va a ninguna ~** that leads nowhere; (*fig*) this is getting us nowhere; **en ninguna ~ del país** nowhere in the country; **ir a otra ~** to go somewhere else; **ha de estar en otra ~** it must be somewhere else; **¿en qué ~ del país?** in which part of the country?; **en todas ~s** everywhere; **en todas ~s de España** everywhere in Spain, all over Spain.

d (*lado*) side; **por cualquier ~ que lo mires** from whichever side you look at it.

e (*Mús, Teat*) part.

f (*de parentesco*) side; **por ~ de madre** on the mother's side.

g (*Jur etc: bando*) party, side; **~ actora** plaintiff; **las ~s contratantes** the contracting parties; **¿de ~ de quién estás tú?** whose side are you on?; **todo está de su ~** it's all in his favour o (*US*) favor; **ponerse de ~ de** to side with; **ser juez y ~** to be judge and jury (in one's own case).

h (*Anat*) ~s parts; ~s **íntimas** o **pudendas** private parts; **~ sensible** sensitive spot; **le dio en salva sea la ~** (*Esp euf*) it hit her you know where.

partenogénesis NF INV parthenogenesis.

partero/a NM/F (*comadrona*) midwife; (*Méx*) obstetrician.

parterre NM **a** (*de flores*) (flower)bed; **b** (*Teat etc*) stalls.

partición NF (*Mat*) division; (*reparto*) division, sharing-out; (*Pol etc*) partition.

participación NF **a** (*acto*) participation, taking part. **b** (*Fin*) share, stock (*US*); (*Com*) interest; **~ minoritaria** minority interest; **~ en los beneficios** profit-sharing; **su ~ en estos asuntos** his share o part in these matters. **c** (*Dep*) entry; **hubo una nutrida ~** there was a big entry. **d** (*parte*) share; (*de lotería*) (part of a) lottery ticket. **e** (*aviso*) **~ de boda** notice of a forthcoming wedding; **dar ~ de** to give notice of.

participante **1** ADJ participating. **2** NMF participant.

participar <1a> **1** VT (*informar*) to notify, inform; **~ algo a algn** to notify sb of sth; **le participo que ...** I have to tell you that .... **2** VI **a** (*tomar parte de*) to take part, participate (*en* in); **~ en una carrera** to enter for a race. **b** **~ de** o **en una herencia** to share in an estate; **~ en una empresa** (*Fin*) to invest in an enterprise. **c** (*compartir*) **~ de una cualidad/opinión** to share a quality/an opinion.

partícipe NMF (*gen*) participant; (*Com etc*) interested party; **hacer ~ a algn de algo** (*enterar*) to inform sb of sth; (*compartir*) to share sth with sb; (*implicar*) to make sb party to sth.

participial ADJ participial.

participio NM participle; **~ de pasado/presente** past/present participle.

partícula NF particle.

particular **1** ADJ **a** (*gen*) particular, special; (*propio*) peculiar (*a* to); **nada de ~** nothing special; **lo que tiene de ~ es que** what's remarkable about it is that; **en ~** in particular; **tiene un sabor ~** it has a flavour o (*US*) flavor of its own. **b** (*personal*) private, personal; **secretario ~** private secretary; **clase ~** private lesson; **casa ~** private home. **2** NM **a** (*asunto*) particular, point; **no dijo mucho sobre este ~** he didn't say much about this matter. **b** (*individuo*) (private) individual; **no comerciamos con ~es** we don't do business with individuals.

particularidad NF particularity, peculiarity; **tiene la ~ de que ...** one of its special features is (that) ....

particularizar <1f> **1** VT **a** (*distinguir*) to distinguish, characterize. **b** (*especificar*) to specify. **c** (*singularizar*) to single out. **d** (*preferir*) to prefer. **2** **particularizarse** VR (*cosa*) to distinguish itself, stand out; (*persona*) to make one's mark.

partida NF **a** (*salida*) departure. **b** (*documento*) certifi-

cate; **~ de bautismo/defunción/matrimonio/nacimiento** baptismal/death/marriage/birth certificate. **c** (*Fin*) entry, item; **~ doble** double entry. **d** (*Com*) consignment. **e** (*Naipes*) game, hand; (*Ajedrez etc*) game; **~ de dobles** doubles match; **~ de individuales** singles match; **echar una ~** to have a game. **f** (*personas*) party; **~ de caza** hunting party; **~ de campo** picnic (party). **g** **(mala) ~** dirty trick.

partidario/a **1** ADJ partisan. **2** NM/F supporter, follower (*de* of).

partidismo NM (*Jur*) partisanship, bias; (*Pol*) party politics.

partidista ADJ, NMF partisan.

partido NM **a** (*Pol etc*) party; **~ político** political party; **sistema de ~ único** one-party system. **b** (*Dep*) game, match; **~ amistoso** friendly (game); **~ de fútbol** football match; **~ internacional** international (match). **c** (*distrito*) district, administrative area. **d** **tomar ~** to take sides. **e** (*ventaja*) advantage, profit; **sacar ~ de** to profit from, benefit from; **ser un buen ~** (*persona*) to be a good catch (*fam*), be eligible.

partir <3a> **1** VT **a** (*dividir*) to split (up, into two etc), divide (up); (*nuez etc*) to crack; (*hender*) to split open; **~ la cabeza a algn** to split sb's head open; **~ el corazón a algn** to break sb's heart. **b** (*loncha etc*) to cut off. **c** (*repartir*) to share (out), distribute; **~ algo con otros** to share sth with others. **2** VI **a** (*ponerse en camino*) to start, set off o out, depart (*de, para, con rumbo a* from, for, in the direction of). **b** (*comenzar*) to start (*de* from); **a ~ de hoy/mañana** from today/tomorrow; **a ~ del lunes** from Monday, starting on o from Monday; **a ~ de ahora** from now on, from here on; **hemos partido de un supuesto falso** we have started from a false assumption. **3** **partirse** VR **a** (*irse*) to leave; (*ponerse en camino*) to set off o out. **b** (*dividirse*) to split. **c** (*romperse*) to break; **~ de risa** to split one's sides.

partisano/a ADJ, NM/F partisan.

partitivo ADJ partitive.

partitura NF (*Mús*) score.

parto NM **a** (*Med*) childbirth, delivery; (*Zool*) parturition; **asistir un ~** to deliver a baby; **mal ~** miscarriage; **~ sin dolor** painless childbirth; **tener un ~ difícil** to have a difficult labour o (*US*) labor. **b** (*fig*) product, creation; **~ del ingenio** brainchild; **el ensayo ha sido un ~ difícil** I sweated blood over the essay.

parturienta NF woman in labour o (*US*) labor.

parva NF (*Agr*) (heap of) unthreshed corn.

parvedad NF littleness, smallness; **una ~** a tiny bit.

parvulario NM nursery school, kindergarten.

párvulo/a NM/F infant; **colegio de ~s** nursery school.

pasa NF raisin; **~ de Corinto** currant; **~ de Esmirna** sultana.

pasable ADJ passable.

pasabocas NMPL (*Col: tapas*) tasty snacks.

pasacalles NM INV street band; (*teatro*) informal theatre o (*US*) theater troupe.

pasada NF **a** (*acción*) passing, passage; (*con trapo*) wipe; **~ de pintura** coat of paint; **dar dos ~s de jabón a la ropa** to soap the clothes twice; **de ~** in passing. **b** (*Cos: línea*) row of stitches; (: *hilvanado*) tacking stitch; **~s** patch, mend. **c** **mala ~** dirty trick. **d** (*fam: ultraje, exceso*) outrage, excess; **esto fue una ~ suya** he went over the top (*fam*); **¡qué ~!** that's a bit much!; **una ~ de ...** a lot of ..., a whole heap of ....

pasadera NF stepping stone.

pasadero/a ADJ (*tolerable*) passable, tolerable; (*Aut etc*) passable, open.

pasadizo NM (*Arquit*) passage, corridor; (*callejón*) passageway, alley.

pasado **1** ADJ **a** (*gen*) past; **lo ~** the past; **lo ~, ~** let bygones be bygones; **el jueves ~** last Thursday; **el mes ~** last month; **~ mañana** the day after tomorrow; **~s dos días** after two days; **ya eran ~as las seis** it was already

after six.
[b] (*comida*) stale, bad; (*fruta*) overripe; (*noticia*) stale; (*idea*) antiquated, out of date; **~ de moda** old fashioned, ancient (*fam*); **la carne está ~a** the meat is off o bad; (*muy hecho*) the meat is overdone.
[c] (*Culin: huevo*) **~ por agua** boiled.
[2] NM **[a]** (*de tiempo*) past.
[b] (*Ling*) past (tense).
pasador(a) **[1]** NM/F smuggler.
[2] NM **[a]** (*Culin: gen*) colander; (: *de té*) strainer.
[b] (*Téc: filtro*) filter; (: *pestillo*) bolt; (: *de bisagra*) pin.
[c] (*de corbata*) tie pin o clip; (*de camisa*) collar stud.
[d] (*de pelo*) hairpin.
[e] **~s** (*LAm: cordones*) shoelaces.
pasaje NM **[a]** (*acción*) passage, passing; (*Náut*) voyage, crossing. **[b]** (*tarifa*) fare; **cobrar el ~** to collect fares. **[c]** (*viajeros*) passengers *pl*. **[d]** (*callejón*) passageway, alleyway. **[e]** (*Lit, Mús*) passage.
pasajero/a **[1]** ADJ **[a]** (*momento*) fleeting, transient. **[b]** (*ave*) of passage, migratory. **[c]** (*sitio*) busy. **[2]** NM/F passenger, traveller, traveler (*US*).
pasamano(s) NM **[a]** (*Arquit: gen*) handrail; (: *de escalera*) banister. **[b]** (*CSur: Ferro etc*) strap.
pasamontaña(s) NM Balaclava (helmet).
pasante NM assistant.
pasapalos NMPL (*Méx, Ven: tapas*) tasty snacks.
pasaporte NM passport; **dar el ~ a algn** (*fam*) to bump sb off (*fam*).
pasapurés NM INV mixer, blender.
▼pasar <1a> **[1]** VT **[a]** (*gen*) to pass; (*objeto*) to hand, pass (*a* to); (*noticia*) to give, pass on; (*factura*) to send; (*bienes*) to transfer; (*persona*) to take, conduct (*a* to, into); **¿me pasas la sal, por favor?** would you please pass the salt?; **nos pasaron a otra habitación** they moved us into another room; V **lista**; **revista** etc.
[b] (*enfermedad*) to give, infect with; **me has pasado tu catarro** you've given me that cold.
[c] (*visita etc*) to make, carry out; **el médico pasará visita** the doctor will call.
[d] (*cruzar: río*) to cross, go over; (: *frontera*) to cross; (*barrera*) to pass through o across o over; **esto pasa los límites de lo razonable** this goes beyond anything that is reasonable.
[e] (*insertar*) to insert, put in; (*deslizar*) to slip, pass; (*colar*) to strain, pass through; **~ el café por el colador** to strain the coffee.
[f] (*tragar*) to swallow.
[g] (*examen*) to pass.
[h] (*falta etc*) to overlook, tolerate; (*individuo*) to be soft on; **no te voy a ~ más** I'm not going to indulge you any more; **~ por alto una falta** to ignore a mistake.
[i] (*moneda falsa*) to pass (off); (*contrabando*) to smuggle (in/out); (*drogas*) to deal; **a ése se le puede ~ cualquier cosa** you can get anything past him.
[j] (*superar*) to surpass, excel; (*rival*) to beat; (*Aut*) to pass, overtake; **él me pasa ya 3 cms** he's already 3 cms taller than I am.
[k] (*fecha etc*) to pass, go past; **hemos pasado el aniversario** we are past the anniversary, the anniversary is behind us.
[l] (*omitir*) to omit, pass over; **~ por alto un detalle** to skip a detail.
[m] (*tiempo*) to spend, pass; **~ las vacaciones** to spend one's holidays; **fuimos a ~ el día en la playa** we went to the seaside for the day; **~lo bien** to have a good time; **¡que lo pases bien!** have a good time!, enjoy yourself!; **~lo mal** to have a bad time (of it); **~las canutas** o **moradas** o **negras** to have a rough time of it; **~lo bomba** o **de maravilla** to have a great time.
[n] (*desgracias*) to suffer, go through; **~ hambre/frío** to be hungry/cold.
[o] **~ la mano por algo** to run one's hand over sth; **el cepillo por el pelo** to run a brush through o over one's hair; **~ la aspiradora** to do the hoovering; **voy a ~le un trapo** I'm going to give it a wipe.
[p] (*película, programa*) to screen, show.

[2] VI **[a]** (*gen*) to pass, go; **pasó de mis manos a las suyas** it passed from my hands into his; **la cuerda pasa de un lado a otro de la calle** the rope goes from one side of the street to the other; **el hilo pasa por el agujero** the thread goes through the hole; **el río pasa por la ciudad** the river flows o goes o runs through the city; **el autobús pasa por delante de nuestra casa** the bus goes past our house; **~ de largo** to go by, pass by; **pasó una bicicleta** a bicycle went past; **ya ha pasado el tren de las 6** the 6 o'clock train has already gone by.
[b] (*persona: gen*) to pass, go; (: *moverse*) to move; (: *entrar*) to come in, go in; **¡pase (Ud)!** (*al entrar*) after you!; (*¡entre!*) come in!; **~ a un cuarto contiguo** to go into an adjoining room; **no se puede ~** you can't go through; **pasamos directamente a ver al jefe** we went straight in to see the chief; **nos hicieron ~** they showed us in (*a* to); **~ a decir algo** to go on to say sth; **~ a ser** to become; **y luego pasaron a otra cosa** and then they went on to something else; **~ adelante** to go on, proceed; **~ de teniente a general** to go from lieutenant to general; **~ por una crisis** to go through a crisis; **pasaré por tu casa** I'll drop in.
[c] (*propuesta etc*) to pass, be approved; **puede ~** it's passable, it's OK (*fam*); **por esta vez pase** I'll let it go this time; **esta moneda no pasa** this coin is a dud.
[d] **~ de** to go beyond, exceed; **~ de los límites** to exceed the limits; **pasa ya de los 70** he's over 70; **esto pasa de ser una broma** this goes beyond a joke; **no pasan de 60 los que lo tienen** those who have it do not number more than 60; **~ de moda** to go out of fashion; **de ésta no pasa** this is the very last time; **de hoy no pasa que le escriba** I'll write to him this very day; **yo de ahí no paso** I draw the line at that, that's the bottom line.
[e] **~ por** (*ser tenido por*) to pass as; **Juan pasa por francés** John could be taken for a Frenchman; **pasa por sabio** he has a reputation for learning; **se hace ~ por médico** he passes himself off as a doctor.
[f] (*aguantar*) **ir pasando** (*fig*) to get by, manage (somehow); **tendrá que ~ sin coche** he'll have to get by o along without a car; **~ con poco** to get along with very little; **pasa por todo con tal que no le hagan trabajar** he'll put up with anything as long as they don't make him work.
[g] (*Naipes*) to pass; **yo paso** I pass, no bid.
[h] (*Esp fam*) to be indifferent; (*no querer intervenir*) to stand back, stand aside, not take part; (*ser pasota*) to drop out; **yo paso** count me out; **~ de** to do without, get by without; (*no estar interesado en*) to have no interest in, have no concern for; (*desatender*) to ignore; **yo paso de política** (*fam*) I'm not into politics, politics is not for me; **paso de todo** I couldn't care less.
[i] (*tiempo*) to pass, go by, elapse; **han pasado 4 años** 4 years have gone by; **¡cómo pasa el tiempo!** how time flies!
[j] (*problema, situación etc*) to be over; (*efectos*) to wear off; **ha pasado la crisis** the crisis is over; **ya pasó aquello** that's all over (and done with) now.
[k] (*ocurrir*) to happen; **aquí pasa algo misterioso** something odd is going on here; **¿qué pasa?** what's happening?, what's going on?, what's up?; (*saludo*) how's things? (*fam*), how are things?; **¿qué le pasa a ése?** what's the matter with him?; **lo que pasa es que ...** well, you see..., the problem is that ...; **como si no hubiese pasado nada** as if nothing (unusual) had happened; **pase lo que pase** whatever happens, come what may; **siempre pasa igual** it's always the same; **siempre me pasa lo mismo** I'm always having the same trouble; **¿qué pasa contigo?** (*fam*) how's it going? (*fam*), how are you?

[3] **pasarse** VR **[a]** (*efectos*) to pass, be over; **ya se te pasará** you'll get over it.
[b] (*perder*) to miss; **se me pasó el turno** I missed my turn; **no se te pase la oportunidad** don't miss the chance this time.
[c] (*trasladarse*) to go over; **~ al enemigo** to go over to

▶ EXPRESIONES GENERATIVAS: **pasar → 9**

the enemy.
d (*flor etc*) to fade; (*comida*) to go bad o off; (*ropa*) to show signs of wear, get threadbare; **no se pasará si se tapa la botella** it will keep if you put the cap on the bottle.
e (*tornillo, tuerca*) to get ringed.
f (*fam: excederse*) to go too far, overstep the mark; **¡no te pases!** (*fam*) you'd better toe the line!; **¡te has pasado, tío!** (*fam*) bravo, friend!, well done, man! (*fam*); (*censurando*) you've really done it now!; **~ de bueno** to be too good; **~ de listo** to be too clever by half; **~ de la raya** to go too far.
g (*tiempo*) to spend, pass; **se ha pasado todo el día leyendo** he has spent the whole day reading.
h **no se le pasa nada** nothing escapes him, he misses nothing; **se me pasó hacerlo** I forgot to do it.
i **~ por un sitio** (*ir*) to drop by somewhere; **se me pasó por la cabeza** o **imaginación** it crossed my mind.
j **~ sin algo** to do without sth.
pasarela NF (*puente*) footbridge; (*Teat*) catwalk; (*Náut*) gangway, gangplank.
pasatiempo NM pastime, hobby.
Pascua, pascua NF **a** **~ florida** o **de Resurrección** Easter; (*los Reyes*) Epiphany; **~ de Navidad** Christmas; **~ de Pentecostés** Pentecost; **~s** Christmas time o period; **¡felices ~s!** merry Christmas! **b** **~ de los hebreos** Passover. **c** (*locuciones*) **y santas ~s** and that's that; **de ~s a Ramos** once in a blue moon; **estar como unas ~s** to be as happy as a sandboy; **hacer la ~ a** (*fam*) to annoy, bug (*fam*).
pascual ADJ Paschal.
pase NM **a** (*gen*) pass; **~ adelante/(hacia) atrás** forward/back pass; **~ de favor** (*Pol etc*) safe conduct. **b** (*Cine*) showing; **~ de modas, ~ de modelos** fashion show. **c** (*Com*) permit. **d** (*Jur*) licence, license (*US*).
paseante NMF (*gen*) walker, stroller; (*transeúnte*) passer-by.
pasear<1a> **1** VT **a** (*perro etc*) to take for a walk, walk.
b (*exhibir*) to parade, show off.
2 VI, **pasearse** VR **a** (*gen*) to go for a walk, stroll; **~ en bicicleta** to go for a ride, go cycling; **~ en coche** to go for a drive, go driving; **~ a caballo** to ride, go riding; **~ en bote** to go sailing.
b (*fig*) to idle, loaf about.
paseíllo NM (*Taur*) ceremonial entry of bullfighters.
paseo NM **a** (*gen*) stroll, walk; (*excursión*) outing; **~ en bicicleta, ~ a caballo** ride; **~ en coche** drive, run; **~ de vigilancia** round, tour of inspection; **dar un ~** to go for a walk o stroll; (*en coche*) to go for a ride; **dar el ~ a algn** to take sb for a ride (*fam*); **estar de ~** to be out for a walk; **mandar a algn a ~** to tell sb to go to blazes; **¡vete a ~!** get lost!, on your bike! (*fam*); **llevar** o **sacar a un niño de ~** to take a child out for a walk. **b** (*avenida*) parade, avenue; **~ marítimo** promenade, esplanade; **~ cívico** (*Méx*) (fiesta) procession.
pasillo NM **a** (*Arquit*) passage, corridor; (*Pol fig*) lobby; (*Náut*) gangway. **b** (*Teat*) short piece, sketch.
pasión NF passion; **tener ~ por** to have a passion for.
pasional ADJ passionate; **crimen ~** crime of passion.
pasionaria NF passionflower.
pasito ADV gently, softly.
pasividad NF passiveness, passivity.
pasivo **1** ADJ (*gen*) passive; (*Econ*) inactive. **2** NM **a** (*Com, Fin*) liabilities *pl*, debts *pl*; (*de cuenta*) debit side; **~ circulante** current liabilities *pl*. **b** (*Ling*) passive (voice).
pasma NM (*fam*) cop (*fam*), Civil Guard.
pasmado ADJ **a** (*frío*) frozen stiff; (*Bot*) frostbitten. **b** (*asombrado*) astonished, amazed; **dejar ~ a algn** to amaze sb; **estar** o **quedar ~ de** to be amazed at, be astonished at; **mirar con cara de ~** to look in astonishment at. **c** (*atontado*) bewildered; **se quedó ahí ~** he just stood there gaping; **¡oye, ~!** (*fam*) hey, you dope!
pasmar <1a> **1** VT **a** (*asombrar*) to amaze, astonish; (*atontar*) to stun, dumbfound.
b (*enfriar*) to chill (to the bone); (*Bot*) to nip, cut.

2 **pasmarse** VR **a** (*asombrarse*) to be amazed o astonished (*de* at).
b (*estar helado*) to be chilled to the bone.
c (*Med*) to get lockjaw.
d (*colores*) to fade.
pasmarote NMF (*fam*) idiot.
pasmo NM **a** (*asombro*) amazement, astonishment; (*fig*) wonder, marvel. **b** (*Med: enfriamiento*) chill; (*trismo*) lockjaw, tetanus; **darle un ~ algn** (*fam*) to get frozen stiff.
pasmoso ADJ amazing, astonishing.
paso¹ ADJ (*fruta*) dried.
paso² **1** NM **a** (*acción: gen*) passing, passage; (*cruce*) crossing; (*Aut*) overtaking, passing; (*Orn, Zool*) migration, passage; (*fig*) transition; (*Rel*) float or series of sculptures carried in procession representing parts of the Easter story; **el ~ del tiempo** the passage of time; **lo recogeré al ~** I'll pick it up when I'm passing; **salir al ~ a** o **de** to confront; **de ~** in passing; **estar de ~** to be passing through; **entrar de ~** to drop in, call in (for a moment). **b** (*camino*) way through, passage; (*Arquit*) passage; **¡~!** make way!; **~ de cebra** (*Esp*) zebra crossing; **~ elevado** (*Aut*) flyover; **~ libre** free passage; **~ a nivel** level o (*US*) grade crossing; **~ de peatones** pedestrian crossing; **~ subterráneo** subway, underpass (*US*); **'prohibido el ~'** 'no thoroughfare'; (*Aut*) 'no entry'; **abrir ~ para** to make way for; **abrirse ~** to make one's way (*entre, por* through), force a way through; **abrirse ~ a tiros** to shoot one's way through; **ceder el ~** to give way, yield; **'ceda el ~'** (*Aut*) 'give way'; **cerrar el ~** to block the way; **dejarle ~ a algn** to let sb by. **c** (*Geog*) pass; (*Náut*) strait.
d (*distancia*) step, pace; (*huella*) footprint; (*ruido*) footstep, footfall; **~ atrás** step backwards; (*fig*) backward step; **~ a ~** step by step; **a cada ~** at every step, at every turn; **a ~s agigantados** (*fig*) by leaps and bounds; **a dos ~s de aquí** two steps from here, very near here; **por sus ~s contados** step by step, systematically; **dar un ~** to take a step; **dar un ~ en falso** to trip; (*fig*) to take a false step; **llevar el ~** to keep in step, keep time; **marcar el ~** to keep time; (*fig*) to mark time; **seguir los ~s a algn** to tail o shadow sb; **seguir los ~s de algn** to follow in sb's footsteps; **volver sobre los ~s** to retrace one's steps.
e (*modo de andar*) walk, gait; (*ritmo*) pace, rate; (*de caballo*) gait; **~ de andadura** amble; **buen ~** good pace; **a buen ~** quickly; (*fig*) at a good rate; **a ~ lento** at a slow pace, slowly; **a ~ de tortuga** at a snail's pace; **a ese ~** (*fig*) at that rate; **al ~ que vamos** at the rate we're going; **acelerar el ~** to go faster, speed up; **aflojar el ~** to slow down, slacken one's pace.
f (*de baile*) step; **~ a dos** pas de deux; **~ de vals** waltz step.
g (*fig*) step, measure; **es un ~ hacia nuestro objetivo** it's a step towards our objective; **andar en malos ~s** to be mixed up in shady affairs; **dar un mal ~** to take a false step, make a false move; **dar los primeros ~s** to make the first move.
h (*aventura*) incident, event.
i (*Elec, Téc*) pitch.
j (*apuro*) difficulty, crisis; **salir del ~** to get out of trouble.
k (*Telec*) metered unit.
2 ADV softly, gently; **¡~!** not so fast!, easy there!
pasodoble NM paso doble.
pasota ADJ, NMF ≈ dropout.
pasote NM (*fam*) = **pasada (d)**.
pasotismo NM underground o alternative culture.
paspa NF (*And*), **paspadura** NF (*And, CSur*) chapped o cracked skin.
pasparse<1a> VR (*And, CSur: piel*) to chap, crack.
paspartú NM passe-partout.
pasquín NM (*Pol*) poster.
pasta NF **a** (*gen*) paste; **~ de carne** meat paste; **~ de dientes** o **dentífrica** toothpaste; **~ de madera/papel** wood/paper pulp. **b** (*Tip*) boards; **media ~** half-binding; **libro en ~** hardback. **c** (*Culin: masa*) dough;

(: *masa cocida*) pastry; **~s** pasta. **d** (*fam: dinero*) money, dough (*fam*). **e** (*fig*) makings *pl*; **tiene ~ de futbolista** he has the makings of a good footballer; **ser de buena ~** to be a good sort.

pastaje, pastal NM (*LAm*) pasture, grazing land.

pastar<1a> VT, VI to graze.

pastel **1** NM **a** (*Culin: gen*) cake; (: *de carne*) pie; **~es** pastry, confectionery.
b (*Arte*) pastel.
c (*Naipes*) sharp practice; (*fig*) plot; **se descubrió el ~** they let the cat out of the bag.
2 ADJ: **tono ~** pastel shade.

pastelería NF **a** (*arte*) pastry-making. **b** (*pasteles*) cakes *pl*, pastries *pl*. **c** (*tienda*) baker's, cake shop.

pastelero/a **1** ADJ **a** (*Culin*) **masa ~a** dough, cake-mix.
b **no tengo ni ~a idea** (*fam: euf*) I haven't a clue (*fam*).
2 NM/F **a** (*Culin*) pastrycook.
b (*Com*) baker, confectioner.

pastelillo NM (*Culin*) tart.

pasteurización NF pasteurization.

pasteurizado ADJ pasteurized.

pasteurizar<1f> VT to pasteurize.

pastiche NM pastiche.

pastilla NF **a** (*Med*) tablet, pastille; (*de jabón etc*) cake, bar; (*de chocolate*) bar; **~ de caldo** stock cube; **~ para la tos** cough drop; **ir a toda ~** (*Esp fam*) to go full pelt (*fam*). **b** (*fam*) **la ~** the Pill.

pastizal NM pasture.

pasto NM **a** (*Agr: acción*) grazing; (: *sitio*) pasture, field; (: *hierba*) grass, pasture; (: *pienso*) feed, fodder; (*LAm*) grass, lawn; **derecho de ~** grazing rights; **~ seco** fodder. **b** (*fig*) food, nourishment; **fue ~ del fuego** *o* **de las llamas** it was fuel to the flames, the flames devoured it; **sirvió de ~ a los mirones** the onlookers lapped it up (*fam*); **ser ~ de la actualidad** to be headline material, be newsworthy. **c** **a todo ~** abundantly; **había fruta a todo ~** there was fruit in unlimited quantities. **d** **vino de ~** ordinary wine.

pastor(a) **1** NM/F shepherd/shepherdess. **2** NM **a** (*Rel*) minister, pastor. **b** (*Zool*) sheepdog; **~ alemán** Alsatian, German shepherd.

pastoral **1** ADJ pastoral. **2** NF pastoral, idyll.

pastorear<1a> VT **a** (*Agr, Rel*) to shepherd. **b** (*LAm fam*) to lie in wait for.

pastoreo NM grazing.

pastoril ADJ (*Lit*) pastoral.

pastoso ADJ **a** (*material*) doughy, pasty. **b** (*lengua*) furry; (*voz*) rich, mellow. **c** (*CSur*) grassy.

pat. ABR *de* **patente** pat.

pata NF **a** (*Zool: pierna*) leg; (: *pie*) paw; (*Orn*) foot; (*de mesa etc*) leg; (*Chi: etapa*) stage, leg; **~ de cabra** (*Téc*) crowbar; **~s de gallo** crow's-feet; **americana a ~ de gallo** jacket with a hound's-tooth check; **~ hendida** cloven hoof; **~ de palo** wooden leg; **~ coja** hopscotch; **eso lo sé hacer a la ~ coja** I can do that blindfold; **~s arriba** on one's back, upside down; (*fig*) topsy turvy; **a ~** on foot; **a cuatro ~s** on all fours; **a la ~ llana** plainly, simply; **estirar la ~** (*fam*) to kick it (*fam*); **meter la ~** to put one's foot in it; **metedura de ~** clanger (*fam*); **es un diccionario con dos ~s** he's a walking dictionary; **es la virtud con dos ~s** she is virtue personified; **tener buena ~** to be lucky; **tener mala ~** to be unlucky; **ser de mala ~** to bring bad luck.
b (*Orn*) (female) duck.
c **P~s** (*fam*) Old Nick (*fam*); **~s cortas** shorty, titch (*fam*).
d **~s** (*Chi fam: caradura*) cheek (*fam*).

patada NF (*gen*) kick; (*en el suelo*) stamp; **a ~s** in abundance; (*trato*) roughly, inconsiderately; **esto lo termino en dos ~s** I'll finish *o* be through with this in no time at all, it won't take me any time to finish this; **dar ~s** to kick; (*en el suelo*) to stamp; **dar la ~ a algn** (*fam*) to give sb the boot (*fam*); **me da cien ~s** (*fam: objeto*) it gets on my nerves; (*persona*) he gives me a pain in the neck (*fam*), I can't stand him; **caer como una ~ en los**

cojones (*fam!*) to be very unwelcome; **echar a algn a ~s** to kick sb out; **tratar a algn a ~s** to kick sb around.

patagón/ona ADJ, NM/F Patagonian.

Patagonia NF Patagonia; **voy a la ~** I'm going to Patagonia.

patagónico ADJ Patagonian.

patalear <1a> VI **a** (*en el suelo*) to stamp (angrily). **b** (*bebé etc*) to kick out.

pataleo NM (*en el suelo*) stamping; (*en el aire*) kicking; **derecho al ~** right to protest, right to make a fuss.

patán NM rustic, yokel.

patata NF **a** potato; **~ de siembra** seed potato; **~s fritas** chips, French fries (*US*); **~s fritas (a la inglesa)** crisps, potato chips (*US*); **puré de ~s** mashed potatoes. **b** **ni ~** (*fam*) nothing at all; **ser una ~** (*fam*) to be duff (*fam*); **no entendió ni ~** he didn't understand a single word.

patatal, patatar NM potato field.

patatús NM dizzy spell, faint; **darle un ~ a algn** to come over all funny.

paté NM pâté.

patear<1a> **1** VT **a** (*pisotear*) to stamp on, trample (on); (*dar patadas a*) to kick, boot.
b (*Esp fam: andar por*) to tramp round, cover, go over; **tuve que ~ toda la ciudad** I had to tramp round the whole town.
c (*fig*) to treat roughly; (*Teat*) to boo, jeer. **2** VI **a** (*patalear*) to stamp one's foot; (*Teat etc*) to stamp.
b (*LAm: arma etc*) to kick.

patena NF paten.

patentado ADJ patent(ed); **marca ~a** registered trade mark.

patentar<1a> VT to patent.

patente **1** ADJ **a** patent, obvious; **hacer ~** to show clearly, establish.
b (*Com etc*) patent.
2 NF **a** (*Com: gen*) patent; (*Jur etc*) licence, license (*US*), authorization; **~ de corso** licence to do whatever one pleases; **~ de invención** patent; **~ de navegación** ship's certificate of registration; **~ de privilegio** letters patent; **~ de sanidad** bill of health; **de ~** patent.
b (*CSur Aut*) licence *o* (*US*) license plate.

patentizar<1f> VT to show, make evident.

pateo NM (*gen*) stamping; (*Teat*) the bird (*fam*).

patera NF (*Esp*) (small) boat.

paternal ADJ fatherly, paternal.

paternalismo NM paternalism; (*pey*) patronizing attitude.

paternalista **1** ADJ paternalistic; (*pey*) patronizing. **2** NM paternalist; (*pey*) patronizing person.

paternidad NF **a** (*gen*) fatherhood, parenthood. **b** (*Jur*) paternity; **prueba de ~** paternity test; **~ literaria** authorship.

paterno ADJ paternal; **abuelo ~** paternal grandfather.

patético ADJ moving, poignant.

patetismo NM pathos, poignancy.

patíbulo NM scaffold, gallows.

paticorto ADJ short-legged.

patidifuso ADJ (*fam*) aghast, taken aback.

patilargo ADJ long-legged.

patilla NF **a** (*de gafas*) sidepiece, temple (*US*); **~s** whiskers, sideburns; **tener ~s** to have a brass neck (*fam*).
b (*Arg*) bench. **c** (*Carib, Col*) watermelon.

patín NM (*gen*) skate; (*de trineo*) runner; (*Aer*) skid; (*tb* **~ de pedal, ~ playero**) pedalo; **~ de cola** (*Aer*) tailskid; **~ de hielo** ice skate; **~ de ruedas** roller skate.

pátina NF patina.

patinador(a) NM/F skater.

patinaje NM **a** (*Dep*) skating; **~ artístico** figure skating; **~ sobre hielo** ice-skating; **~ sobre ruedas** roller-skating. **b** (*Aut*) skidding.

patinar<1a> VI **a** (*Dep*) to skate. **b** (*Aut etc*) to skid, slip. **c** (*fam: meter la pata*) to boob (*fam*), make a blunder. **d** (*Arg fam*) to fail.

patinazo NM **a** (*Aut*) skid. **b** (*fam: error*) boob (*fam*); **dar un ~** to blunder.

patinete NM scooter.
patio NM (*Arquit*) courtyard, patio; (*Teat*) pit; **~ de butacas** stalls, orchestra (*US*); **~ de luces** well (of a building); **~ de recreo** playground; **¡cómo está el ~!** (*fam*) what a to-do!
patitieso ADJ a (*paralizado*) paralysed with cold/fright etc. b (*presumido*) stuck-up (*fam*).
patito NM duckling; **los dos ~s** all the twos (*fam*), twenty-two.
patizambo ADJ knock-kneed.
pato NM a (*Orn*) duck; **~ (macho)** drake; **~ silvestre** mallard, wild duck; **pagar el ~** to take the blame, carry the can (*fam*). b (*fam: persona*) c (*torpe*) **ser un ~** to be clumsy.
patochada NF blunder, bloomer.
patógeno NM pathogen.
patología NF pathology.
patológico ADJ pathological.
patólogo/a NM/F pathologist.
patoso/a 1 ADJ (*soso*) boring, tedious; (*torpe*) clumsy, heavy-footed. 2 NM/F (*soso*) bore; (*torpe*) clumsy oaf.
patraña NF fabrication, tall story.
patria NF native land, fatherland; **~ adoptiva** country of adoption; **~ chica** home town; **madre ~** mother country; **luchar por la ~** to fight for one's country.
patriarca NM patriarch.
patriarcado NM patriarchy.
patriarcal ADJ patriarchal.
patricio/a ADJ, NM/F patrician.
patrimonial ADJ hereditary.
patrimonio NM a (*Jur*) inheritance. b (*fig*) heritage, birthright; **el ~ artístico de la nación** our national art heritage; **~ nacional** national wealth, national resources; **~ real** crown land(s).
patrio ADJ a (*Pol*) native, home; **el suelo ~** one's native land. b (*Jur*) paternal.
patriota 1 ADJ patriotic. 2 NMF patriot.
patriotería NF chauvinism.
patriotero/a 1 ADJ chauvinistic. 2 NM/F chauvinist.
patriótico ADJ patriotic.
patriotismo NM patriotism.
patrocinador(a) 1 ADJ sponsoring. 2 NM/F sponsor, patron, patroness.
patrocinar <1a> VT to sponsor, act as patron to.
patrocinio NM sponsorship, patronage.
patrón/ona 1 NM/F a (*protector*) patron(ess). b (*Rel*) patron saint. c (*jefe*) boss (*fam*), employer. d (*de pensión*) landlord/landlady. 2 NM a (*Náut*) master, skipper. b (*Cos*) pattern; (*Téc*) standard, norm; **~ oro** gold standard. c (*Bot*) stock.
patronal 1 ADJ employers'; **sindicato ~** employers' association; **cierre ~** lockout. 2 NF employers' organization; (*dirección*) management.
patronato NM a (*protección*) patronage, sponsorship; **bajo el ~ de** under the patronage of. b (*Com, Fin*) employers' association; (*Pol*) owners *pl*; **el ~ francés** French industrialists. c (*junta*) board of management; **el ~ de turismo** the tourist board. d (*fundación*) trust, foundation.
patronímico ADJ, NM patronymic.
patrono NM = **patrón 1 (a)**.
patrulla NF patrol; **coche ~** patrol car.
patrullar <1a> VI to patrol.
patulea NF mob, rabble.
paulatino ADJ gradual, slow.
pauperismo NM pauperism.
pauperización NF impoverishment.
paupérrimo ADJ very poor, poverty-stricken.
pausa NF a (*gen*) pause, break; (*Mús*) rest. b **con ~** slowly, deliberately. c (*Téc: cassette*) pause (button); (: *en videograbadora*) hold.
pausado ADJ slow, deliberate.
pauta NF (*regla*) rule, guide; (*rayas*) lines *pl*; (*fig: modelo*)

model; (*guía*) guideline; **marcar la ~** to establish guidelines, lay down general rules.
pautar <1a> VT (*Tip: papel*) to rule.
pava NF a (*Orn*) turkey (hen); **~ real** peahen; **pelar la ~** to whisper sweet nothings. b (*CSur: para hervir*) kettle. c (*Col, Ven*) broad-brimmed straw hat.
pavada NF a (*esp Arg fam: tontería*) silliness, stupidity. b (*Orn*) flock of turkeys.
pavear <1a> 1 VT (*And*) to kill (treacherously). 2 VI (*CSur, Per: fam*) to act the fool.
pavesa NF piece of ash.
pavimentación NF paving.
pavimentar <1a> VT (*con losas*) to pave; (*Arquit*) to floor.
pavimento NM (*con losas*) pavement, paving; (*Arquit*) flooring.
pavo NM a (*Orn*) turkey (cock); **~ real** peacock; **estar en la edad del ~** to be going through the awkward stage (of adolescence). b **comer ~** (*fam*) to be a wallflower. c (*necio*) silly thing, idiot; **¡no seas ~!** don't be silly! d (*fam: moneda*) 5 pesetas, one *duro*. e (*fam: primo*) sucker (*fam*). f (*Chi fam*) stowaway. g **subirse a algn el ~** to blush like a lobster.
pavón NM a (*Orn*) peacock. b (*Téc*) bluing, bronzing.
pavonearse <1a> VR to swagger, show off (*de* at).
pavoneo NM strutting, showing-off.
pavor NM dread, terror.
pavoroso ADJ dreadful, frightening, terrifying.
pay NM (*LAm*) pie.
paya, payada NF (*CSur*) improvised ballad.
payador NM (*CSur*) gaucho minstrel.
payar <1a> VI (*CSur*) to improvise songs to a guitar accompaniment.
payasada NF ridiculous thing (to do); **~s** clowning, tomfoolery; (*Teat etc*) slapstick, knockabout humour *o* (*US*) humor.
payasear <1a> VI (*LAm*) to clown.
payaso NM clown.
payo 1 ADJ (*Arg*) albino. 2 NM/F (*para gitanos*) non-gipsy, non-gypsy (*US*).
paz NF a (*gen*) peace; (*tranquilidad*) peace and quiet, tranquillity, tranquility (*US*); **¡a la ~ de Dios!** God be with you!; **en ~ y en guerra** in peace and war, in peacetime and wartime; **no dar ~ a la lengua** to keep on and on; **dejar a algn en ~** to leave sb alone *o* in peace; **¡déjame en ~!** leave me alone!; **descansar en ~** to rest in peace; **su madre, que en ~ descanse** her mother, God rest her soul; **¡haya ~!** stop it!, that's enough!; **mantener la ~** to keep the peace; **¡... y en ~!**, **¡aquí ~ y después gloria!** and that's that! b (*tratado*) peace treaty; **firmar ~** to sign a peace treaty; **hacer las paces** to make peace; (*fig*) to make (it) up; **poner ~** to make peace.
pazguato ADJ simple, stupid.
PC NM ABR de **Partido Comunista** CP.
p.c. NM ABR de **por cien** p.c.
PCB NM ABR de **policlorobifenilo** PCB.
PCE NM ABR de **Partido Comunista Español**.
PCL NF ABR de **pantalla cristal líquido**.
PD ABR de **posdata** PS.
Pdte ABR (*Chi Prensa*) de **presidente**.
P.ᵉ ABR de **Padre** F., Fr.
pe NF, NAME OF THE LETTER P; **de ~ a pa** from A to Z, from beginning to end.
peaje NM toll; **autopista de ~** toll motorway, turnpike (*US*).
peana NF stand, base.
peatón NM pedestrian; **paso de ~es** pedestrian crossing, crosswalk (*US*).
pebete NM/F (*Arg, Uru: fam*) kid, child.
pebre NM (*esp Chi: Culin*) mild sauce.
peca NF freckle.
pecado NM sin; **~ venial/capital** venial/mortal sin; **~ de comisión** sin of commission; **por mis ~s** for my sins; **sería un ~ no aprovecharlo** it would be a crime *o* sin *o* pity not to make use of it.
pecador(a) 1 ADJ sinful, sinning. 2 NM/F sinner.

pecaminoso ADJ sinful.
pecar <1g> VI [a] (*Rel*) to sin; (*fig*) to err, go astray; **si he pecado en esto, ha sido por ...** if I have been at fault in this, it has been because .... [b] (*fig*) **~ de** + *adj* to be too + *adj*; **peca de generoso** he is too generous; **peca por exceso de confianza** he is too cocky.
pécari, pecarí NM (*LAm Zool*) peccary.
peccata NF: **ser ~ minuta** to be no big deal, be unimportant.
pecera NF fishbowl, fishtank.
pechar <1a> [1] VT [a] (*LAm: empujar*) to push, shove. [b] (*pedir dinero*) to tap (*fam*), touch for. [2] VI: **~ con** (*fam*) [a] to put up with, get stuck *o* landed with. [b] (*cometido etc*) to shoulder, take on; (*problema*) to face up to.
pechera NF [a] (*Cos: de camisa*) shirt front; (: *de vestido*) front; (*Mil etc*) chest protector; **~ postiza** dicky. [b] (*Anat fam*) (big) bosom.
pechero NM bib.
pecho NM [a] (*Anat: gen*) chest; **de ~ plano** flat-chested; **a ~ descubierto** unarmed, defenceless, defenseless (*US*); (*fig*) openly, frankly; **dar el ~** to face things squarely; **quedarse con algo entre ~ y espalda** to keep sth back; **sacar el ~** to thrust one's chest out. [b] (*de mujer*) bust, breast; **los ~s** the breasts; **dar el ~ a** to breast-feed. [c] (*fig*) heart, breast; **abrir su ~ a algn** to confide in sb; **no le cabía la alegría en el ~** he was bursting with happiness; **tomar algo a ~** to take sth to heart. [d] (*valor*) courage, spirit; **¡~ al agua!** courage!; **a lo hecho ~** we must make the best of it now. [e] (*Geog*) slope, gradient.
pechuga NF [a] (*Culin*) breast; **~ de pollo** chicken breast; (*fam: de mujer*) tits *pl* (*fam*). [b] (*Geog*) slope, hill. [c] (*LAm fam*) nerve, cheek (*fam*).
pechugón ADJ (*fam: de mucho pecho*) busty (*fam*), big-bosomed.
pécora NF (*tb mala ~: lagarta*) bitch; (*arpía*) harpy; (*puta*) loose woman, whore.
pecoso ADJ freckled.
pectina NF pectin.
pectoral [1] ADJ (*Anat*) pectoral; (*Med*) **pastillas ~es** cough drops *o* lozenges. [2] NM [a] (*Rel*) pectoral cross. [b] **~es** (*Anat*) pectorals.
pecuario ADJ livestock *atr*.
peculado NM embezzlement.
peculiar ADJ special, peculiar (*de* to).
peculiaridad NF peculiarity.
peculio NM one's own money.
pecuniario ADJ pecuniary, money; **pena ~a** fine.
PED NM ABR *de* **Procesamiento Electrónico de Datos** EDP.
pedagogía NF pedagogy.
pedagógico ADJ pedagogic(al).
pedagogo NM teacher, pedagogue, pedagog (*US*).
pedal NM pedal; **~ de acelerador** accelerator (pedal); **~ de embrague** clutch (pedal); **~ de freno** footbrake, brake (pedal); **~ fuerte** (*Mús*) loud pedal; **coger un ~** (*fam*) to get canned (*fam*).
pedalear <1a> VI to pedal; **~ en agua** to tread water.
pedante [1] ADJ pedantic. [2] NMF pedant.
pedantería NF pedantry.
pedantesco ADJ pedantic.
pedazo NM [a] piece, bit; **un ~ de papel** a piece of paper; **un ~ de pan** a scrap of bread; (*fig*) a terribly nice person; **trabaja por un ~ de pan** he works for a mere pittance; **caerse a ~s** to fall to bits; **hacer ~s** (*papel*) to rip *o* tear (up); (*vaso etc*) to shatter, smash; (*persona*) to tear to shreds; **se hizo ~s** it fell to pieces, it shattered; **estoy hecho ~s** I'm worn out. [b] (*fig*) **~ del alma** *o* **del corazón** the apple of one's eye; **~ de animal** *o* **alcornoque** blockhead.
pederasta NM pederast.
pederastia NF pederasty.
pedernal NM flint; **como un ~** (*fig*) of flint, flinty.
pedestal NM pedestal, stand.
pedestre ADJ pedestrian; **carrera ~** foot race.

pedestrismo NM walking.
pediatra NMF paediatrician, pediatrician (*US*).
pediatría NF paediatrics *sg*, pediatrics *sg* (*US*).
pedicura NF chiropody.
pedicuro/a NM/F chiropodist, podiatrist (*US*).
pedida NF: **~ de mano** engagement; *V* **pulsera**.
pedido NM (*Com*) order; **~ de ensayo** trial order; **~ de repetición** repeat order.
pedigrí NM pedigree.
pedigüeño ADJ mooching (*fam*).
pedimento NM petition.
pedir <3k> [1] VT [a] (*gen*) to ask for, request; (*comida*) to order; (*Com*) to order (*a* from); **~ algo a algn** to ask sb for sth; **~ que ...** to ask that ...; **~ algo a Dios** to pray to God for sth; **me pidió que cerrara la puerta** he asked me to shut the door. [b] (*precio*) to look for (*fam*), ask; **¿cuánto piden por él?** how much are they asking for it? [c] **~ a una joven en matrimonio** to ask for a girl's hand in marriage. [d] (*Jur*) **~ en justicia** to sue. [e] (*fig*) to need, demand, require; **la casa está pidiendo (a gritos) una mano de pintura** the house is crying out for a dab of paint. [f] **~ prestado** to borrow; **~ cuentas** to demand an explanation; **~ disculpas** to apologize; **~ limosna** to beg. [2] VI [a] to beg; **por ~ que no quede** it does no harm to ask, one might as well ask. [b] (*mendigo*) to beg.
pedo [1] ADJ: **estar ~** (*fam: borracho*) to be pissed (*fam!*), be drunk; (: *drogado*) to be high (*fam*). [2] NM [a] (*fam*) fart (*fam!*); **tirarse un ~** to fart (*fam!*). [b] **agarrar** *o* **coger un ~** (*fam: borracho*) to get pissed (*fam!*); (: *drogado*) to get high (*fam*).
pedofilia NF paedophilia, pedophilia (*US*).
pedorrera NF (*fam!*) string of farts (*fam!*).
pedorreta NF (*fam*) raspberry (*fam*).
pedorro/a (*fam*) [1] ADJ (*tonto*) daft; (*pelmazo*) annoying. [2] NM/F (*tonto*) twit (*fam*); (*pelmazo*) pain (*fam*).
pedrada NF [a] (*acción*) throw of a stone; (*golpe*) hit *o* blow from a stone; **matar a algn a ~s** to stone sb to death. [b] (*fig*) snide remark, dig.
pedrea NF [a] (*combate*) stone-throwing. [b] (*Met*) hailstorm. [c] (*fam: de lotería*) minor prizes.
pedregal NM rocky ground.
pedregoso ADJ stony, rocky.
pedregullo NM (*CSur*) gravel.
pedrera NF quarry.
pedrería NF precious stones, jewels.
pedrisco NM (*granizo*) hail; (*granizada*) hailstorm.
Pedro NM Peter; **entrar como ~ por su casa** to come in as if one owned the place.
pedrusco NM rough stone.
pedúnculo NM stem, stalk.
pega NF [a] (*acción*) sticking. [b] (*chasco*) practical joke. [c] (*dificultad*) snag, difficulty; **todo son ~s** there's nothing but problems; **poner ~s** to raise objections. [d] (*Univ etc*) catch *o* trick question. [e] **de ~** false, dud; **un billete de ~** a dud banknote.
pegadizo ADJ [a] (*pegajoso*) sticky. [b] (*Med*) infectious, catching. [c] (*canción etc*) catchy. [d] (*postizo*) false. [e] (*gorrón*) sponging.
pegado [1] ADJ (*fig*) **dejar a algn ~** to leave sb nonplussed; **estar ~** (*fam*) to have no idea, be clueless (*fam*). [2] NM patch, sticking plaster.
pegajoso ADJ [a] (*gen*) sticky, adhesive. [b] (*persona*) cloying; (*niño*) clinging.
pegamento NM (*adhesivo*) gum; **~ de caucho** (*Aut etc*) rubber solution.
pegar <1h> [1] VT [a] (*gen*) to stick (on *o* together *o* up); (*con cola*) to glue, paste; (*cartel*) to post, stick up; (*coser*) to sew (on); **~ un sello** to stick a stamp on; **~ una silla a una pared** to move a chair up against a wall. [b] (*enfermedad*) to give, infect with; (*idea etc*) to give (*a* to); **él me pegó la costumbre** he passed on the habit to me.

c (*golpe*) to hit, deal; (*balón*) to hit; (*persona*) to hit, strike; **~ un puntapié a algn** to give sb a kick; **dicen que pega a su mujer** they say he knocks his wife about; **hazlo o te pego** do it or I'll hit you.

d (*fam*) **~ un grito** to let out a yell; **~ un salto** to jump (with fright *etc*); **~le un susto a algn** to scare sb.

e (*And, Arg: fam*) **~la** to be lucky.

f (*fam*) **~le a algo** to be a great one for sth (*fam*); **~le a la bebida** to be a heavy drinker.

2 VI a (*adherir*) to stick, adhere.

b **~ en** to touch; **el piano pega en la pared** the piano is touching the wall.

c (*planta*) to take root.

d (*fam: encajar*) to fit, go well; (*dos colores etc*) to match, go together; **este sillón no pega aquí** this armchair doesn't look right in here; **no le pega nada actuar así** it's not like him to act like that; **~ con** to match, go with; **ese sombrero no pega con el abrigo** that hat doesn't go with the coat.

e (*golpear*) to hit, beat; **~ en** to hit, strike (against); **la flecha pegó en el blanco** the arrow hit the target; **las ramas pegan en los cristales** the branches beat against the windows.

f (*sol*) to beat down; **a estas horas el sol pega fuerte** the sun really beats down at this time; **esta canción está pegando muy fuerte** (*fam*) this song is rocketing up the charts; **este vino pega** (*fam*) this wine goes to your head.

g (*fam*) **me pega que no vendrá** I have a hunch that he won't come.

3 **pegarse** VR a (*adherirse*) to stick.

b (*pelearse*) to hit each other, fight.

c **~ a** (*acercarse mucho a*) to get very close to; (: *pey*) to stick to, attach o.s. to; (*Dep*) to mark; **~ a una reunión** to gatecrash a meeting (*fam*).

d (*Med*) to be catching; (*fig*) to be infectious, catchy.

e (*Culin*) to burn.

f (*fam*) **ella se la pega a su marido** she's unfaithful to her husband.

g (*fam*) **~ un tiro** to shoot o.s.; **~ un golpe** to hit o.s.; **se pega una vida de millonario** he lives the life of Riley.

pegatina NF (*Pol etc*) sticker.

pego NM (*Esp fam*): **da el ~** it looks great, that looks just right.

pegote NM a (*Med*) sticking plaster; (*fig*) patch, ugly mend. b (*Culin fam*) sticky mess. c **echarse un, tirarse ~s** (*fam*) to come on strong, exaggerate. d (*fam: gorrón*) sponger, hanger-on.

PEIN NM ABR *de* **Plan Electrónico e Informático Nacional.**

peinada NF combing; **darse una ~** to comb one's hair.

peinado 1 ADJ combed. 2 NM hairdo.

peinador(a) 1 NM/F hairdresser. 2 NM a (*bata*) dressing gown. b (*LAm*) dressing table.

peinar‹1a› 1 VT a (*gen: pelo*) to comb, do. b (*Arg fam*) to flatter. 2 **peinarse** VR to comb one's hair.

peine NM comb; **¡te vas a enterar de lo que vale un ~!** (*fam*) your chickens are coming home to roost!

peinecillo NM fine comb.

peineta NF back comb, ornamental comb.

p.ej. ABR *de* **por ejemplo** e.g.

pejiguera NF (*fam*) bother, nuisance.

Pekín NM Pekin(g).

pela NF a (*Culin*) peeling. b (*fam: peseta*) peseta; **unas buenas ~s** a good few bucks (*fam*). c (*LAm fam*) beating. d (*Méx fam*) slog, hard work. e **cambiar la ~** (*fam*) to vomit, puke (up) (*fam*).

pelada NF a (*LAm*) haircut. b (*CSur*) bald head.

peladera NF (*Med*) alopecia.

peladez NF (*Méx fam*) vulgarity.

peladilla NF (*Esp*) sugared almond, coated almond.

pelado/a 1 ADJ a (*cabeza*) hairless; (*piel*) peeled; (*hueso*) clean; (*fruta*) pared, peeled; (*terreno*) treeless, bare.

b (*fig*) bare; **cobra el sueldo ~** he gets just the bare salary; **el cinco mil ~** exactly five thousand.

c (*esp LAm fam*) broke (*fam*), penniless.

d (*Méx: grosero*) coarse, rude.

e (*número*) round.

2 NM (*fam: corte de pelo*) close crop.

3 NM/F (*gen*) pauper; (*Méx fam*) working-class person.

peladura NF a (*acción*) peeling. b **~s** peel, peelings.

pelagatos NM INV poor devil, wretch.

pelaje NM a (*Zool*) fur, coat. b (*fig*) appearance; **y otros de ese ~** and others of that ilk.

pelambre NM a (*Agr*) skin, fleece. b (*fig fam*) hair, mop (*fam*).

pelambrera NF = **pelambre (a)**.

pelandusca NF (*Esp fam*) tart (*fam*), slut (*fam*).

pelapatatas NM INV potato peeler.

pelar‹1a› 1 VT a (*pelo*) to cut; (*animal*) to skin; (*ave*) to pluck; (*fruta*) to peel; (*habas, mariscos etc*) to shell. b (*fam: criticar*) to criticize.

c (*fam: quitar dinero*) to fleece, clean out (*fam*).

2 **pelarse** VR a (*piel etc*) to peel (off).

b (*fam: individuo*) to go baldy (*fam*); **voy a ~me** I'm going to get cropped (*fam*).

c **~las por algo** (*fam*) to crave (for) sth.

d (*fam*) **corre que se las pela** he runs like nobody's business (*fam*); **hace un frío que pela** it's really cold.

peldaño NM (*Arquit*) step, stair; (*de escalera portátil*) rung.

pelea NF a (*gen*) fight, tussle; (*riña*) quarrel, row; **armar una ~** to kick up a row. b **~ de gallos** cockfight; **gallo de ~** fighting cock.

peleado ADJ: **estar ~ con algn** to be on bad terms with sb.

peleador ADJ quarrelsome.

pelear ‹1a› 1 VI (*gen*) to scuffle, brawl; (*fig*) to fight, struggle (*por* for); (*con palabras*) to quarrel.

2 **pelearse** VR a (*gen*) to scuffle, brawl; **~ con algn** to fight sb (*por* for).

b (*fig*) to fall out, quarrel (*con, por* with, about, over).

pelechar‹1a› VI (*Zool, Orn*) to moult, molt (*US*), shed its hair; (*fig*) to regain one's strength.

pelele NM a (*figura*) guy, dummy; (*fig*) tool, puppet. b (*bobo*) simpleton. c (*traje infantil*) rompers.

peleón ADJ a (*persona*) pugnacious, aggressive. b (*vino*) cheap, ordinary.

peletería NF furrier's, fur shop.

peletero NM furrier.

peliagudo ADJ (*tema*) tricky, ticklish.

pelícano NM pelican.

película NF a (*Téc*) film, thin covering. b (*Cine*) film, movie (*US*); **~ en colores** colour o (*US*) color film; **~ de dibujos (animados)** cartoon film; **~ muda** silent film; **~ del Oeste** western; **~ S** porn film; **~ sonora** talkie.

c (*Fot*) (roll o reel of) film. d **de ~** astonishing, out of this world (*fam*); **fue de ~** it was an incredible scene.

peliculero (*fam*) ADJ a film *atr*, cine *atr*, movie (*US atr*).

b (*aficionado*) fond of films, fond of the cinema. c (*fam: afectado*) showy.

peligrar‹1a› VI to be in danger; **~ de hacer algo** to be in danger of doing sth.

peligro NM (*gen*) danger, peril; (*riesgo*) risk; (*fig: amenaza*) menace, threat; **'~ de muerte'** 'danger'; **con ~ de la vida** at the risk of one's life; **estar en ~** to be in danger; **estar fuera de ~** to be out of danger; **correr ~** to be in danger; **correr ~ de hacer algo** to run the risk of doing sth; **estar enfermo de ~** to be seriously ill; **poner en ~** to endanger, put at risk.

peligrosidad NF danger, riskiness.

peligroso ADJ dangerous, risky.

pelillo NM (*fig fam*) trifle, triviality; **echar ~s a la mar** to bury the hatchet.

pelirrojo/a 1 ADJ red-haired, red-headed. 2 NM/F redhead.

pella NF (*gen*) ball, pellet, round mass; (*sin forma*) dollop.

pellejería NF a (*pieles*) skins *pl*, hides *pl*. b (*curtiduría*) tannery. c **~s** (*CSur*) difficulties, jam *sg* (*fam*).

pellejo NM a (*Zool*) skin, hide, pelt; (*Anat: esp LAm*) skin; (*de uva etc*) skin, peel, rind. b (*odre*) wineskin; (*fam: borracho*) drunk. c (*fam: puta*) whore, hooker (*US*).

d *(fig)* skin, hide; **arriesgar el ~** to risk one's neck; **no caber en el ~** *(fig)* to be big-boned; *(euf)* be tubby; **perder el ~** to lose one's life; **no quisiera estar en su ~** I wouldn't like to be in his shoes; **salvar el ~** to save one's skin.

pelliza NF fur jacket.

pellizcar<1g> VT *(gen)* to pinch, nip; *(comida)* to nibble o pick at.

pellizco NM **a** *(gen)* pinch, nip. **b** *(Culin etc)* small bit; **un ~ de sal** a pinch of salt; **un buen ~** *(fam)* a tidy sum *(fam)*.

pelma **1** NMF *(fam)* bore; **¡no seas ~!** don't be such a bore!, don't go on about it! **2** NM lump, solid mass.

pelmazo NM = **pelma 1, 2**.

pelo NM **a** *(gen)* hair; *(de barba)* whisker; *(Zool)* hair, fur, coat; *(de fruta)* down; *(de tejido)* nap, pile; *(Téc)* fibre, fiber *(US)*, strand; *(de diamante)* flaw; **un ~ rubio** a blond hair; **tiene ~ rubio** she has blond hair; **dos caballos del mismo ~** two horses of the same colour o *(US)* color; **cortarse el ~** to have one's hair cut.
b *(locuciones)* **a ~** bareheaded, hatless; *(fam: desnudo)* naked; **de medio ~** common; **venir al ~** to come just right, be exactly what one needs; **con es(t)os ~s** *(fam)* unprepared, in a right state *(fam)*; **con (sus) ~s y señales** with full details, with chapter and verse; **hombre de ~ en pecho** real man, macho man *(fam)*; **por los ~s** by the skin of one's teeth; **escaparse por un ~** to have a close shave; **pasó el examen por los ~s** he scraped through the exam; **agarrarse** o **asirse a un ~** to clutch at any opportunity; **¡se te va a caer el ~!** *(Esp fam)* now you're for it know!, now you've really done it!; **no se cortó un ~** he didn't bat an eyelid; **cortar un ~ en el aire** *(fig)* to be pretty smart; **así nos luce el ~** *(fam)* and that's the awful state we're in, that's why we're so badly off; **estuvo en un ~ que lo perdiéramos** we very nearly lost it; **se me pusieron los ~s de punta** my hair stood on end; **soltarse el ~** to burst out, drop all restraint; **no tiene ~ de tonto** he's no fool; **no tener ~s en la lengua** to be outspoken, not mince words; **no tocar un ~ de la ropa a algn** not to lay a finger on sb; **tomar el ~ a algn** to pull sb's leg; **no se les ve el ~ desde hace mucho** they haven't been around for a long time.
c *(grieta)* hairline, fine crack.
d *(Téc: sierra)* fine saw.

pelón/ona **1** ADJ **a** *(calvo)* bald. **b** *(estilo)* with a crew-cut. **c** *(tonto)* thick *(fam)*, stupid. **d** *(sin recursos)* broke *(fam)*. **2** NM poor wretch.

pelota NF **a** *(Dep etc)* ball; *(fam: cabeza)* nut, head; **~ de goma** *(Mil)* rubber bullet; **~ vasca** pelota; **devolver la ~ a algn** *(fig)* to turn the tables on sb; **la ~ sigue en el tejado** *(fig)* the situation is still unresolved. **b** **en ~s** stark naked; **dejar a algn en ~** to strip sb of all that he has; *(en el juego)* to clean sb out *(fam)*; **estar en ~s** *(fam)* to be broke *(fam)*. **c** **~s** *(fam!)* balls *(fam!)*; **tener ~s** to have balls; **tocar las ~** to bug *(fam)*, annoy. **d** **hacer la ~ a** *(fam)* to suck up to; **ser algn un ~** to be a toady.

pelotari NM pelota player.

pelotazo NM *(Esp fam)* drink.

pelotear<1a> **1** VT *(Fin: cuenta)* to audit. **2** VI **a** *(Dep)* to knock o kick a ball about. **b** *(reñir)* to bicker, argue.

peloteo NM *(Tenis)* rally, long exchange of shots; *(Ftbl)* kick-about *(fam)*; *(de entrada)* warm-up.

pelotera NF row, set-to *(fam)*.

pelotilla NF = **pelota (d)**.

pelotillero/a **1** ADJ crawling *(fam)*, boot-licking *(fam)*. **2** NM/F crawler *(fam)*, bootlicker *(fam)*.

pelotón NM **a** *(Dep)* big ball. **b** *(de hilos)* tangle, mat. **c** *(de gente)* crowd. **d** *(Mil)* party, detachment; **~ de ejecución** firing squad.

pelotudo/a *(CSur fam!)* **1** ADJ stupid. **2** NM/F bloody fool *(fam!)*, jerk *(US fam)*.

peltre NM pewter.

peluca NF *(gen)* wig.

peluche NM felt.

peludo **1** ADJ *(gen)* hairy, shaggy; *(de cabello largo)* long-haired; *(animal)* long-haired, shaggy; *(barba)* bushy.

2 NM **a** *(felpudo)* round felt mat. **b** *(CSur Zool)* (species of) armadillo.

peluquería NF **a** *(de mujeres)* hairdresser's. **b** *(de hombres)* barber's (shop).

peluquero/a NM/F **a** *(de hombres)* barber. **b** *(de mujeres)* hairdresser.

peluquín NM toupée; **ni hablar del ~** *(fam)* no way! *(fam)*, you're not on *(fam)*.

pelusa NF **a** *(Bot)* down; *(Cos)* fluff. **b** *(entre niños)* envy, jealousy.

pélvico ADJ pelvic.

pelvis NF pelvis.

PEMEX NM ABR de **Petróleos Mexicanos**.

PEN NM ABR **a** *(Esp)* de **Plan Energético Nacional**. **b** *(Arg)* de **Poder Ejecutivo Nacional**.

▼**pena** NF **a** *(pesadumbre)* grief, sorrow; *(malestar)* anxiety; **¡allá ~s!** I don't care!, that's not my worry!; **pasó sin ~ ni gloria** it happened unnoticed, it happened but left no impression; **es una ~** it's a shame, it's a pity *(que* that); **me da mucha ~** *(LAm)* I'm very embarrassed; **da ~ verlos así** it grieves me to see them like that; **es una ~ que no vengan más** it's a pity they don't come more often; **¡qué ~!** what a shame!; *(LAm)* how embarrassing!; **valer la ~** to be worthwhile; **no merece la ~** it's not worth the trouble; **morir de ~** to die of a broken heart.
b *(fam: dolor)* pain; **tener una ~** to have a pain.
c *(dificultad)* trouble; **~s** hardships; **alma en ~** soul in torment; **a duras ~s** with great difficulty; *(fig)* hardly, scarcely; **ahorrarse la ~** to save o.s. trouble.
d *(Jur)* punishment, penalty; *(Com)* penalty; **~ capital** capital punishment; **~ pecuniaria** fine; **bajo** o **so ~ de** on pain of.

penable ADJ punishable.

penacho NM **a** *(Orn)* tuft, crest; *(Mil)* plume. **b** *(fig)* pride, arrogance.

penado/a **1** ADJ = **penoso (b)**. **2** NM/F convict.

penal **1** ADJ penal. **2** NM prison.

penalidad NF **a** *(tb ~es: dificultad)* trouble, hardship. **b** *(Jur)* penalty, punishment.

penalista NM expert in criminal law.

penalización NF penalty.

penalizar<1f> VT to penalize.

penalti, penalty NM *(Dep)* penalty (kick); **punto de ~** penalty spot; **casarse de ~** *(fig fam)* to have a shotgun wedding; **pitar ~** to award a penalty.

penar<1a> **1** VT to punish. **2** VI **a** *(gen)* to suffer; *(alma)* to be in torment; **ella pena por todos** she takes everybody's sufferings upon herself. **b** **~ por** to pine for, long for.

penca NF *(Bot: de maguey)* leaf.

penco NM **a** *(persona)* dimwit *(fam)*, nitwit *(fam)*. **b** *(caballo)* nag.

pendejada NF **a** *(LAm: tontería)* foolish act. **b** *(Cu, Méx: fam: cobardía)* cowardly act.

pendejear<1a> VI *(And, Méx)* to act the fool.

pendejo *(esp LAm fam)* **1** ADJ *(imbécil)* idiotic; *(cobarde)* cowardly, yellow *(fam)*. **2** NM *(gen)* fool, idiot; *(cobarde)* coward.

pendencia NF *(riña)* quarrel; *(pelea)* fight, brawl; **armar ~** to stir up trouble.

pendenciero/a **1** ADJ quarrelsome, argumentative. **2** NM/F troublemaker.

pender<2a> VI **a** *(gen)* to hang *(de, en, sobre* from, over). **b** *(Jur)* to be pending. **c** *(depender)* to depend o rest *(de* on).

pendiente **1** ADJ **a** *(colgado)* hanging. **b** *(asunto)* pending, unsettled; *(cuenta)* outstanding, unpaid. **c** *(fig)* **estar ~ de algo** *(depender)* to be relying on sth; *(asignatura)* to have a resit; **estar ~ de un cabello** to hang by a thread; **estar ~ de los labios de algn** to hang on sb's lips o words. **2** NM *(arete)* earring; *(colgante)* pendant. **3** NF *(Geog)* slope, incline; *(Aut etc)* hill, slope; *(Arquit)* pitch; **en ~** sloping.

péndola NF **a** *(pluma)* pen, quill. **b** *(de puente etc)* suspension cable.

pendón NM [a] (*bandera*) banner, standard. [b] (*persona*) wild character.

pendonear<1a> VI (*fam*) to loaf around the streets.

péndulo NM pendulum.

pene NM penis.

penede NM = **P.N.D.**

penene NMF = **PNN**.

penetrable ADJ penetrable.

penetración NF [a] (*acción*) penetration. [b] (*agudeza*) sharpness, acuteness; (*visión*) insight.

penetrante ADJ [a] (*herida*) deep. [b] (*arma*) sharp; (*frío*) biting; (*sonido*) piercing; (*mirada*) searching. [c] (*genio*) acute, keen.

penetrar<1a> [1] VT [a] (*defensas*) to penetrate, pierce. [b] (*misterio*) to fathom; (*secreto*) to unlock; (*sentido*) to grasp.
[2] VI [a] (*gen*) to penetrate, go in; (*líquidos*) to sink in, soak in; ~ **en** o **por** to penetrate; **el cuchillo penetró en la carne** the knife went into o entered o penetrated the flesh; ~ **en las filas enemigas** to break into enemy lines; **el frío penetra en los huesos** the cold gets right into the bones.
[b] (*entrar*) to enter, go in; ~ **en un túnel** to enter o go into a tunnel.
[c] (*emoción etc*) to pierce.
[d] ~ **en el sentido de algo** to penetrate the meaning of sth.

penicilina NF penicillin.

península NF peninsula; **P~ Ibérica** Iberian Peninsula.

peninsular [1] ADJ peninsular. [2] NMF: **los ~es** the people(s) of the (Iberian) Peninsula.

penique NM penny; **~s** pence; **un ~** a o one penny.

penitencia NF [a] (*estado*) penitence. [b] (*castigo*) penance; **en ~** as a penance; **imponer una ~ a algn** to give sb a penance; **hacer ~** to do penance (*por* for).

penitenciaría NF prison; (*esp US*) penitentiary.

penitenciario [1] ADJ penitentiary, prison *atr*. [2] NM confessor.

penitente ADJ, NMF penitent.

penoso ADJ [a] (*que aflige*) painful, distressing; (*lamentable*) pathetic, sorry; **un estado ~** a sorry state; **era ~ verlo** it was a pathetic sight. [b] (*difícil*) arduous, laborious, difficult. [c] (*And, Méx*) timid, shy.

pensado ADJ [a] **un proyecto poco ~** a badly thought-out scheme; **lo tengo bien ~** I have thought it over o out carefully; **lo tengo ~ hacerlo mañana** I have it in mind to do it tomorrow; **bien ~, creo que ...** on reflection, I think that .... [b] **en el momento menos ~** when least expected.

pensador(a) NM/F thinker.

pensamiento NM [a] (*facultad*) thought; **como el ~** (*fig*) in a flash. [b] (*mente*) mind; **acudir** o **venir al ~ de algn** to come to sb's mind; **no le pasó por el ~** it never occurred to him. [c] (*un ~*) thought; **mal ~** nasty o wicked thought; **el ~ de Quevedo** Quevedo's thought; **adivinar los ~s de algn** to read sb's thoughts. [d] (*propósito*) idea, intention; **mi ~ es hacer algo** my idea is to do sth. [e] (*Bot*) pansy.

pensante ADJ thinking.

▼**pensar** <1k> [1] VT [a] (*gen*) to think; ~ **que** to think that; **cuando menos lo pienses** when you least expect it; **¿qué piensas de ella?** what do you think of her?; **lo pensó mejor** she thought better of it; **dar que ~ a algn** to give sb food for thought; **dar que ~ a la gente** to set people thinking; **¡ni ~lo!** not a bit of it!; **sólo con ~lo ...** just the thought of it ...; **sin ~lo** unexpectedly.
[b] (*problema etc*) to think over o out; **lo pensaré** I'll think about it; **esto es para ~lo** this needs thinking about; **pensándolo bien** on reflection.
[c] (*decidir*) ~ **que ...** to decide that ..., come to the conclusion that ....
[d] (*planear*) ~ **hacer algo** to intend o propose to do sth; **pienso seguir insistiendo** I'm going to keep on trying.
[e] (*concebir*) to think up, invent; **¿quién pensó este plan?** who thought this one up?

[2] VI [a] to think; ~ **en** to think of o about; **¿en qué piensas?** what are you thinking about?; ~ **bien/mal de algo/algn** to think ill/well of sth/sb; **¡no pienses mal!** don't be nasty!; **¡siempre pensando mal!** what a nasty mind you've got!; ~ **para sí** to think to o.s.; ~ **sobre** to think about, think over; **sin ~** without thinking.
[b] (*aspirar*) ~ **en** to aim at, aspire to; **piensa en una cátedra** he's aiming at a chair.

pensativo ADJ thoughtful, pensive.

pensión NF [a] (*Fin*) pension; ~ **alimenticia** alimony, maintenance; ~ **de inválidos** disability allowance; ~ **de jubilación** retirement pension; ~ **escalada** graduated pension; ~ **vitalicia** annuity; **cobrar la ~** to draw one's pension. [b] (*casa de huéspedes*) boarding house, guest-house; (*Univ etc*) lodgings. [c] (*precio*) board and lodging; ~ **completa** full board; **media ~** half board.

pensionado/a [1] ADJ pensioned. [2] NM boarding school.

pensionar<1a> VT to pension, give a pension to.

pensionista NMF [a] (*jubilado*) (old-age) pensioner. [b] (*huésped*) lodger, paying guest. [c] (*Escol*) boarder.

pentagonal ADJ pentagonal.

pentágono NM pentagon; **el P~** (*US*) the Pentagon.

pentagrama NM (*Mús*) stave, staff.

pentámetro NM pentameter.

pentatlón NM pentathlon.

Pentecostés NM [a] (*cristiano*) Whitsun(tide); **domingo de ~** Whit Sunday. [b] (*judío*) Pentecost.

penúltima[1] NF (*fam*) one for the road (*fam*).

penúltimo/a[2] ADJ, NM/F penultimate, last but one.

penumbra NF penumbra, half-light; **sentado en la ~** seated in the shadows.

penuria NF (*pobreza*) penury, poverty; (*escasez*) shortage, dearth.

peña NF [a] (*Geog*) cliff, crag. [b] (*grupo*) group, circle; ~ **deportiva** supporters' club; ~ **taurina** club of bull-fighting enthusiasts. [c] (*fam*) crowd; **hay mucha ~** there's loads of people (*fam*). [d] (*LAm: club*) folk club.

peñascal NM rocky place.

peñasco NM large rock, crag.

peñazo (*fam*) [1] ADJ: **¡no seas tan ~!** don't be such a pain! (*fam*). [2] NM pain (in the neck) (*fam*); **dar el ~ to** be a pain (*fam*), be a bore (*fam*).

peñón NM wall of rock, crag; **el P~** the Rock (of Gibraltar).

peón NM [a] (*Téc*) unskilled workman, labourer, laborer (*US*); (*esp LAm: Agr*) farm labourer, farmhand; ~ **de albañil** bricklayer's mate; ~ **caminero** navvy, roadmender. [b] (*Ajedrez*) pawn.

peonada NF (*Agr*) day's stint.

peonaje NM group of labourers o (*US*) laborers.

peoneta NM (*Chi Aut*) lorry o (*US*) truck driver's mate.

peonía NF peony.

peonza NF spinning top.

peor ADJ, ADV (*comp*) worse; (*superl*) worst; **A es ~ que B** A is worse than B; **Z es el ~ de todos** Z is the worst of all; **lo ~ es que** the worst of it is that; **llevar lo ~** to get the worst of it; **o si no, será ~ para tí** or if you don't, it will be the worse for you; **¡~ para tí!** tough! (*fam*); **tanto ~** so much the worse.

pepa NF (*LAm Bot*) seed, pip, stone.

pepenar <1a> [1] VT (*And, CAm, Méx*) to pick up; (*Méx: basura*) to search through. [2] VI (*Méx*) to search through rubbish tips.

pepinazo NM (*fam*) [a] (*explosión*) bang. [b] (*Ftbl*) screamer (*fam*), scorcher (*fam*). [c] (*accidente*) smash.

pepinillo NM gherkin.

pepino NM cucumber; **me importa un ~** I don't care two hoots o give a damn.

pepita NF [a] (*Vet*) pip. [b] (*Bot*) pip. [c] (*Min*) nugget.

pepito NM meat sandwich.

pepitoria NF: **pollo en ~** (*Esp Culin*) fricassee of chicken.

pepona NF large cardboard doll.

pepsina NF pepsin.

péptico ADJ peptic.

peque NMF (*fam*) kid (*fam*), child.

➤ EXPRESIONES GENERATIVAS: **pensar** → 2.1, 12.1, 12.2

pequeñez NF [a] (*tamaño*) smallness, littleness, small size; (*infancia*) infancy. [b] (*de miras*) pettiness, small-mindedness. [c] (*nada*) triviality; **preocuparse por pequeñeces** to worry about trifles.

pequeño/a [1] ADJ (*gen*) small, little; (*cifra*) small, low; (*bajo*) short; **el hermano ~** the youngest brother; **un niño ~** a small child; **cuando era ~, de ~** when I was a child; **un castillo en ~** a miniature castle. [2] NM/F child; **los ~s** the children, the little ones; **soy el ~** I'm the youngest (brother).

pequeñoburgués/esa [1] ADJ petit bourgeois. [2] NM/F petit(e) bourgeois(e).

pequero NM (*CSur fam*) cardsharp.

pequinés/esa [1] ADJ Pekinese, of o from Peking. [2] NM/F Pekinese, native o inhabitant of Peking. [3] NM (*perro*) Pekinese.

pera¹ NF [a] (*Bot*) pear; **eso es pedir ~s al olmo** that's asking the impossible. [b] (*barba*) goatee; (*Chi fam*) chin. [c] (*fam*) **tocarse la ~** (*fam*) to sit on one's backside (doing nothing). [d] (*de atomizador, bocina etc*) bulb; (*interruptor*) switch.

pera² ADJ INV (*fam*) classy, posh (*fam*); **niño ~** spoiled upper-class brat; **un barrio ~** a posh area; **fuimos a un restaurante muy ~** we went to a really swish restaurant (*fam*).

peral NM pear tree.

peralte NM (*Arquit*) cant, slope; (*de carretera*) banking, camber.

perca NF (*pez*) perch.

percal NM: **conocer el ~** (*fam*) to know what the score is (*fam*).

percán NM (*Chi*) mould, mold (*US*), mildew.

percance NM [a] (*gen*) misfortune, mishap; (*en plan etc*) setback, hitch; **sufrir** o **tener un ~** to have a mishap. [b] (*Fin*) perquisite.

per cápita ADV per capita.

percatarse <1a> VR: **~ de** (*gen*) to notice, take note of; (*comprender*) to realize, come to understand.

percebe NM [a] (*Zool*) barnacle. [b] (*fam*) idiot.

percepción NF [a] (*gen*) perception; **~ extrasensorial** extrasensory perception. [b] (*idea*) notion, idea. [c] (*Com, Fin*) collection.

perceptible ADJ [a] (*visible*) perceptible, noticeable. [b] (*Com, Fin*) payable, receivable.

perceptivo ADJ perceptive.

perceptor(a) NM/F (*Fin: de impuestos*) collector, receiver.

percha NF [a] (*para ropa: gen*) (clothes) hanger; (: *colgador*) clothes rack; (*para sombreros*) hatstand. [b] (*Téc*) rack. [c] (*para pájaros*) perch. [d] (*tronco*) pole. [e] (*fam: tipo*) build, physique.

perchero NM clothes rack.

percibir <3a> VT [a] (*notar*) to perceive, notice, detect; (*ver*) to see, observe; (*peligro etc*) to sense, scent. [b] (*sueldo, subsidio*) to draw.

percusión NF percussion; **instrumento de ~** percussion instrument.

percusionista NMF percussionist, drummer.

percusor, percutor NM (*Téc*) hammer; (*de arma*) firing pin.

perdedor(a) [1] ADJ losing. [2] NM/F loser; **buen ~** good sport.

perder <2g> [1] VT [a] (*gen*) to lose; **¿dónde lo perdió?** where did you lose it?; **he perdido 5 kilos** I've lost 5 kilos; **he perdido la costumbre** I have got out of the habit; **no tienes nada que ~** you have nothing to lose. [b] (*tiempo etc*) to waste; (*oportunidad*) to miss, lose; (*tren etc*) to miss; (*Jur*) to lose, forfeit; **no pierde detalle** he doesn't miss a thing; **sin ~ un momento** without wasting a moment. [c] (*destruir*) to ruin; **ese error le perdió** that mistake was his undoing; **ese vicio le perderá** that vice will be his ruin, that vice will destroy him; **lo que le pierde es ...** where he comes unstuck is .... [2] VI [a] (*gen*) to lose; **el equipo perdió por 2-5** the team lost 2-5; **salir perdiendo** to lose, be the loser; (*fig*) to come off worst; (*Com*) to lose on a deal; **saber ~, tener**

buen ~ to be a good loser; **tienen todas las de ~** they're on a hiding to nothing. [b] (*fig*) to deteriorate, go down(hill). [c] (*tela*) to fade, discolour, discolor (*US*). [d] **echar a ~** (*comida*) to spoil, ruin; **echarse a ~** to go downhill. [3] **perderse** VR [a] (*persona*) to get lost, lose one's way; **¡piérdete!** (*fam*) get lost! (*fam*); **se perdieron en el bosque** they got lost in the wood; **se perdió en un mar de contradicciones** he got lost in a mass of contradictions; **¿qué se les ha perdido en Eslobodia?** what business have they (to be) in Slobodia? [b] (*objeto*) to be lost; **se me han perdido las llaves** I've lost my keys. [c] **~ un programa/algo interesante** to miss a programme o (*US*) program/something interesting; **¡no te lo pierdas!** don't miss it!; **no se pierde ni una** she doesn't miss out on anything. [d] (*desaparecer*) to disappear, be lost (to view); **el tren se perdió en la niebla** the train disappeared into the fog. [e] (*desperdiciarse*) to be wasted, go to waste. [f] (*Agr etc*) to be ruined, get spoiled; **con la lluvia se ha perdido la cosecha** with so much rain the crop has been ruined. [g] (*arruinarse*) to be ruined; **se perdió por el juego** he was ruined through gambling. [h] **~ por** to be mad about o on.

perdición NF (*Rel etc*) perdition; (*fig*) undoing, ruin; **fue su ~** it was his undoing.

pérdida NF (*gen*) loss; **~s** (*Fin, Mil etc*) losses; (*Téc*) leakage, wastage; **~ contable** (*Com*) book loss; **es una ~ de tiempo** it's a waste of time; **~ de conocimiento** loss of consciousness; **¡no tiene ~!** you can't miss!, you can't go wrong!; **vender algo con ~** to sell sth at a loss.

perdidamente ADV: **~ enamorado** passionately in love, hopelessly in love.

perdido/a [1] ADJ [a] (*gen*) lost; (*bala*) stray; (*rato*) spare; **dar algo por ~** to give sth up for lost. [b] (*sin solución: loco*) raving; (: *borracho etc*) inveterate, hardened; **es un caso ~** he is a hopeless case; **de ~s, al río** in for a penny, in for a pound; **es tonto ~** he's totally mad; **¡estamos ~s!** we're done for! [c] **estar ~ por** to be mad o crazy about. [d] (*de suciedad*) **~ de barro** to cover in mud; **te has puesto ~ el pantalón** you've ruined your trousers. [2] NM/F libertine.

perdigar <1h> VT to half-cook, brown.

perdigón NM [a] (*Orn*) young partridge. [b] (*bala*) pellet; **~ zorrero** buckshot; **~es** shot, pellets.

perdiguero [1] ADJ: **perro ~** gundog. [2] NM gundog.

perdiz NF partridge; **~ blanca** ptarmigan.

perdón NM (*gen: tb Jur*) pardon, forgiveness; (*indulto*) mercy; **¡~!** sorry!, I beg your pardon!; **¡le pido ~!** I am so sorry!, do forgive me!; **pedir ~ a algn** to ask sb's forgiveness; **con ~** if I may, if you don't mind; **con ~ de los presentes** present company excepted; **hablando con ~** if you'll pardon the expression; **no cabe ~** it's inexcusable.

perdonable ADJ pardonable, excusable.

▼**perdonar** <1a> VT, VI [a] (*gen*) to pardon, forgive, excuse; **¿me perdonas?** will you forgive me?; **¡perdone (Ud)!** sorry!, I beg your pardon!; **perdone, pero me parece que ...** excuse me, but I think ...; **perdónanos nuestras deudas** forgive us our trespasses. [b] **~ la vida a algn** to spare sb's life. [c] (*de obligación*) to exempt, excuse; **he perdonado las clases** I have excused them from classes. [d] **no ~ esfuerzo** to spare no effort; **no ~ ocasión de hacer algo** to miss no chance to do sth; **no perdona (ni) una** he doesn't miss a trick.

perdonavidas NM INV (*matón*) bully, tough, thug; (*suficiente*) superior person, condescending type.

perdulario ADJ (*gen*) forgetful; (*descuidado*) careless; (*vicioso*) dissolute.

perdurable ADJ (*duradero*) lasting, abiding; (*perpetuo*) everlasting.

perdurar <1a> VI (*gen*) to last, endure; (*subsistir*) to stand,

➤ EXPRESIONES GENERATIVAS: **perdonar → 6.1**

still exist.

perecedero ADJ (*Com etc*) perishable; (*vida etc*) transitory; **géneros no ~s** non-perishable goods.

perecer<2d> VI to perish, die.

peregrinación NF pilgrimage; **ir en ~** to make a pilgrimage (*a* to).

peregrinar <1a> VI ⟨a⟩ (*Rel*) to go on a pilgrimage (*a* to). ⟨b⟩ (*ir*) to go to and fro.

peregrino/a ⟨1⟩ ADJ ⟨a⟩ (*que viaja*) wandering, travelling, traveling (*US*); (*Orn*) migratory. ⟨b⟩ (*fig: exótico*) exotic; (*extraño*) strange, odd; (*singular*) rare, extraordinary; **ideas ~as** harebrained ideas. ⟨2⟩ NM/F pilgrim.

perejil NM parsley.

perendengue NM trinket, cheap ornament.

perengano/a NM/F somebody or other, someone or other.

perenne ADJ (*gen*) everlasting, constant; (*Bot*) perennial; **de hoja ~** evergreen.

perentorio ADJ (*urgente*) urgent; (*terminante*) peremptory; **plazo ~** deadline.

pereza NF laziness, idleness; **me da una ~ ducharme** I can't be bothered showering; **tener ~** to feel lazy.

perezosamente ADV (*V adj*) lazily; slowly, sluggishly.

perezoso/a ⟨1⟩ ADJ lazy, idle; (*lento*) slow, sluggish. ⟨2⟩ NM/F loafer, idler. ⟨3⟩ NM (*Zool*) sloth.

perfección NF perfection; **a la ~** to perfection.

perfeccionamiento NM (*proceso*) perfection; (*mejora*) improvement.

perfeccionar<1a> VT ⟨a⟩ (*gen*) to perfect; (*mejorar*) to improve. ⟨b⟩ (*acabar*) to complete, finish.

perfeccionismo NM perfectionism.

perfeccionista NMF perfectionist.

perfectamente ADV perfectly; **te entiendo ~** I know exactly what you mean; **¡~!** (*de acuerdo*) fine!

perfectibilidad NF perfectibility.

perfectible ADJ perfectible.

perfecto ADJ (*gen, Ling*) perfect; **un ~ imbécil** a complete idiot; **¡~!** fine; **me parece ~ que lo hagan** I think it right that they should.

perfidia NF perfidy, treachery.

pérfido ADJ perfidious, treacherous.

perfil NM ⟨a⟩ (*gen*) profile; (*contorno*) silhouette, outline; (*Geol etc*) (cross) section; **~ aerodinámico** streamlining; **de ~** in profile, from the side. ⟨b⟩ (*profesional*) profile; **~ del cliente** (*Com*) customer profile. ⟨c⟩ **~es** (*rasgos*) features, characteristics.

perfilado ADJ (*rostro*) long; (*nariz*) well-formed, shapely; (*Aer*) streamlined.

perfilar<1a> ⟨1⟩ VT ⟨a⟩ (*gen*) to outline; (*fig*) to shape, give character to. ⟨b⟩ (*Aer etc*) to streamline. ⟨c⟩ (*rematar*) to put the finishing touches to. ⟨2⟩ **perfilarse** VR ⟨a⟩ (*modelo*) to show one's profile, stand sideways on; (*Taur*) to prepare for the kill; (*edificio etc*) to show in outline, be silhouetted (*en* against). ⟨b⟩ (*fig*) to become more definite; **el proyecto se va perfilando** the plan is taking shape.

perforación NF ⟨a⟩ (*orificio: Tip*) perforation; (: *Cine, Fot*) sprocket; (: *Téc*) punch-hole; (: *Min*) bore-hole. ⟨b⟩ (*proceso: gen*) piercing, perforation; (: *Min*) drilling, boring; (: *Tip*) punching, perforating.

perforadora NF (*Tip etc*) punch; (*Téc*) drill; **~ neumática** pneumatic drill.

perforar<1a> VT (*gen*) to perforate, pierce; (*Min*) to drill, bore; (*tarjeta, ficha*) to punch.

performance [per'formans] NF performance.

perfumador NM perfume spray.

perfumar<1a> VT to scent, perfume.

perfume NM scent, perfume.

perfumería NF perfumery.

perfumista ⟨1⟩ ADJ (*empresa*) perfumery atr. ⟨2⟩ NMF perfumer.

pergamino NM parchment.

pergeñar<1a> VT (*gen*) to sketch; (*texto etc*) to do a draft of, prepare.

pérgola NF pergola.

pericia NF (*habilidad*) skill, skilfulness, skillfulness (*US*); (*experiencia*) expertness, expertise.

pericial ADJ expert; **tasación ~** expert valuation; **testigo ~** expert witness.

periclitar <1a> VI (*Lit: declinar*) to decay, decline; (*quedar anticuado*) to become outmoded.

perico NM ⟨a⟩ (*Orn*) parakeet. ⟨b⟩ (*Bot*) giant asparagus. ⟨c⟩ (*fam*) snow (*fam*), cocaine. ⟨d⟩ (*Col: café con leche*) white coffee.

periferia NF (*Mat*) periphery; ⟨*Geog: de población*⟩ outskirts.

periférico ⟨1⟩ ADJ (*gen*) peripheral; **barrio ~** outlying district; **unidad ~a** peripheral (unit). ⟨2⟩ NM: **~s** (*Inform*) peripherals.

perifollo NM ⟨a⟩ (*Bot*) chervil. ⟨b⟩ **~s** (*adornos*) buttons and bows, trimmings.

perífrasis NF INV periphrasis.

perifrástico ADJ periphrastic.

perilla NF (*barba*) goatee; **venir de ~(s)** to come just right, be very welcome, be perfect.

perillán NM (*fam*) rogue, rascal.

perímetro NM perimeter.

perinatal ADJ perinatal.

periódicamente ADV periodically.

periodicidad NF periodicity.

periódico ⟨1⟩ ADJ (*gen*) periodic(al); (*Mat*) recurrent. ⟨2⟩ NM (news)paper; **~ dominical** Sunday (news)paper.

periodismo NM journalism.

periodista NMF journalist; **~ de televisión/de radio** television/radio journalist.

periodístico ADJ journalistic; **estilo ~** journalistic style, journalese; **el mundo ~** the newspaper world.

periodo, período NM (*gen: tb Med*) period; **~ contable** (*Com*) accounting period.

peripecia NF vicissitude; **~s** vicissitudes, ups and downs.

periplo NM (long) journey, tour; (*Náut*) (long) voyage.

peripuesto ADJ dressed up, smart; **tan ~** all dressed up (to the nines).

periquete NM: **en un ~** (*fam*) in a tick.

periquito NM parakeet.

periscopio NM periscope.

perista NM (*fam*) fence (*fam*), receiver (of stolen goods).

peristilo NM peristyle.

peritaje NM ⟨a⟩ (*informe*) specialist's report. ⟨b⟩ (*honorario*) expert's fee. ⟨c⟩ (*estudios*) professional training.

perito/a ⟨1⟩ ADJ expert; **ser ~ en** (*actividad*) to be expert at; (*materia*) to be an expert on. ⟨2⟩ NM/F (*gen*) expert; (*licenciado*) ≈ graduate engineer; **~ agrónomo** agronomist; **~ forense** legal expert.

peritonitis NF peritonitis.

perjudicar <1g> VT (*dañar*) to damage, harm; (*fig: posibilidades etc*) to damage, prejudice.

perjudicial ADJ harmful, detrimental (*a, para* to).

perjuicio NM damage, harm; (*Fin*) financial loss; **en ~ de** to the detriment of; **redundar en ~ de** to be detrimental to, harm; **sin ~ de** without prejudice to; **sufrir grandes ~s** to suffer great damage.

perjurar<1a> VI ⟨a⟩ (*Jur*) to perjure o.s., commit perjury. ⟨b⟩ (*jurar*) to swear a lot.

perjurio NM perjury.

perjuro/a ⟨1⟩ ADJ perjured. ⟨2⟩ NM/F perjurer.

perla NF ⟨a⟩ pearl; **~ cultivada** cultured pearl; **~s de imitación** imitation pearls. ⟨b⟩ (*fig*) pearl (*de* of, among), gem; **me parece de ~s** it all seems splendid to me; **me viene de ~s** it comes just right.

perlado ADJ pearly; **cebada ~a** pearl barley.

permanecer<2d> VI ⟨a⟩ to stay, remain; **aún permanece** it still remains. ⟨b⟩ **~ +** *adj* to go on being + *adj*, remain + *adj*; **~ indeciso** to remain undecided; **permanezcan sentados** (please) remain seated.

permanencia NF ⟨a⟩ (*gen*) permanence. ⟨b⟩ (*estancia*) stay.

permanente ⟨1⟩ ADJ (*gen*) permanent, constant; (*color*) fast; (*comisión, ejército etc*) standing. ⟨2⟩ NF permanent wave, perm (fam); **hacerse una ~** to have one's hair permed.

permanentemente ADV permanently.

permanganato NM permanganate.

permeabilidad NF permeability, pervious nature.

permeable ADJ permeable, pervious (a to).

permisible ADJ allowable, permissible.

permisividad NF permissiveness.

permisivo ADJ permissive.

permiso NM [a] (gen) permission; **con ~** (pidiendo ver algo) if I may; (queriendo entrar, pasar: esp LAm) excuse me; **con ~ de Uds me voy** excuse me but I must go; **dar su ~** to give one's permission; **tener ~ para hacer algo** to have permission to do sth. [b] (documento) permit, licence, license (US); **~ de conducir** driving licence; **~ de exportación/importación** export/import licence; **~ de residencia/trabajo** residence/work permit. [c] (Mil etc) leave; **~ de convalecencia** sick leave; **estar de ~** to be on leave.

▼**permitir** <3a> [1] VT [a] (gen) to permit, allow; **~ a algn hacer algo** to allow sb to do sth; **¿me permite?** may I?, do you mind?; (al pasar) excuse me!; **si el tiempo lo permite** weather permitting. [b] (hacer posible) to allow, enable; **la televisión nos permite llegar a más público** television allows us to reach a wider audience. [2] **permitirse** VR [a] (gen) to be permitted o allowed; **eso no se permite** that is not allowed. [b] **~se algo** to permit o allow o.s. sth; (económicamente) to afford sth; **no puedo permitirme ese lujo** I can't afford the extra expense. [c] (tomarse una libertad) to take it upon o.s. to; **me permito recordarle que** may I remind you that.

permuta NF exchange.

permutación NF [a] (Mat etc) permutation. [b] = **permuta**.

permutar <1a> VT [a] (Mat etc) to permute. [b] (cambiar) to switch, exchange (con, por with, for); **~ destinos con algn** to swap (fam) o exchange jobs with sb.

pernada NF: **derecho de ~** (Hist) droit de seigneur.

pernear <1a> VI to kick one's legs.

pernera NF trouser leg.

pernicioso ADJ pernicious.

pernil NM [a] (Zool) upper leg, haunch; (Culin) leg. [b] (Cos) trouser leg.

perno NM bolt.

pernocta NF: **pase (de) ~** overnight pass.

pernoctar <1a> VI to spend the night, stay for the night.

pero[1] [1] CONJ [a] (gen) but; (sin embargo) yet; **me gusta, ~ es muy caro** I like it, but it's very expensive; **yo no quería ir, ~ bueno ...** I didn't want to go, but still .... [b] (enfático) **~, ¿dónde está Pedro?** where on earth is Pedro?; **~ bueno, ¿vienes o no?** now look, are you coming or not?; **~ vamos a ver** well let's see; **¡~ que muy bien!** jolly good!; **¡~ qué guapa estás!** you look great!; **¡~ si no tiene coche!** I tell you he hasn't got a car! [2] NM [a] (falta) flaw, defect. [b] (pega) objection; **encontrar o poner ~s a** to raise objections to, find fault with; **¡no hay ~ que valga!** there are no buts about it!

pero[2] NM (And, CSur) pear tree.

perogrullada NF platitude, truism.

Pero Grullo NM: **verdad de ~** platitude, truism.

perol NM pot.

peroné NM (Anat) fibula.

peronista ADJ, NMF (Arg) Peronist.

peroración NF peroration, speech.

perorar <1a> VI to make a speech.

perorata NF long-winded speech; **echar una ~** to rattle on (fam) (sobre about).

peróxido NM peroxide.

perpendicular [1] ADJ [a] perpendicular (a to). [b] (en ángulo recto) at right angles (a to); **el camino es ~ al río** the road is at right angles to the river. [2] NF perpendicular.

perpetración NF perpetration.

perpetrador(a) NM/F perpetrator.

perpetrar <1a> VT to perpetrate.

perpetuación NF perpetuation.

perpetuar <1e> VT to perpetuate.

perpetuidad NF perpetuity; **a ~** in perpetuity, for ever; **le condenaron a ~** he was sentenced to life.

perpetuo ADJ (Rel etc) perpetual, everlasting; **cadena ~a** (Jur etc) life imprisonment.

perplejidad NF perplexity, bewilderment.

perplejo ADJ perplexed, bewildered; **me miró ~** he looked at me in a puzzled way; **dejar a algn ~** to perplex sb; **se quedó ~ un momento** he hesitated a moment.

perra NF [a] (Zool) bitch, female dog. [b] (Esp) **~ chica/gorda** (Hist) 5/10 cent piece; **no tener una ~** (fam) to be broke (fam), be skint (fam); **ahorró unas ~s** he saved a few coppers (fam). [c] (fam: rabieta) tantrum; **el niño cogió una ~** the child had a tantrum. [d] (fam: obsesión) obsession (fam); **está con la ~ de comprárselo** he's taken it into his head to buy it.

perramus NM INV (Arg) raincoat.

perrera NF (gen) kennels.

perrería NF (trampa) dirty trick.

perrillo NM [a] (Zool) pup(py). [b] (Mil) trigger.

perrito NM: **~ caliente** hot dog.

perro[1] NM [a] (Zool) dog; **'~ peligroso'** 'beware of the dog'; **~ de aguas/cobrador/de lanas/de muestra/de presa** spaniel/retriever/poodle/pointer/bulldog; **~ callejero/faldero/pastor/de casta/de caza** mongrel/lapdog/sheepdog/pedigree dog/hunting dog; **~ guardián** watchdog; **~ de guía, ~ lazarillo** guide dog; **~ lobo** wolfhound; **~ policía** police dog; **~ salchicha** (fam) sausage dog. [b] (locuciones) **ser como el ~ del hortelano** to be a dog in the manger; **se cree que allí atan los ~s con longaniza** he thinks it's the land of milk and honey; **ser ~ viejo** to be an old hand; **vida de ~** dog's life; **tiempo de ~s** dirty weather; **¡a otro ~ con ese hueso!** pull the other one, it has bells on it! (fam); **echar a algn los ~s encima** to persecute sb; **hacer ~ muerto** (Chi, Per: fam) to avoid paying; **se llevan como (el) ~ y (el) gato** they fight like cat and dog; **meter los ~s en danza** to set the cat among the pigeons; **~ ladrador, poco mordedor** his bark is worse than his bite; **a ~ flaco todo son pulgas** it never rains but it pours; **tratar a algn como a un ~** to treat sb like dirt. [c] (fam: persona) swine. [d] (Culin) **~ caliente** hot dog.

perro[2] ADJ (fam) awful, wretched; **esta ~a vida** this wretched life.

perruno/a ADJ (gen) canine, dog; (afecto etc) doglike.

persa ADJ, NMF Persian.

per s(a)ecula s(a)eculorum ADV for ever and ever.

persecución NF [a] (acoso) pursuit, chase; **estar en plena ~** to be in full cry. [b] (Pol etc) persecution.

persecutorio ADJ: **manía ~a** persecution complex o mania.

perseguidor(a) NM/F [a] (gen) pursuer. [b] (Pol etc) persecutor.

perseguir <3d, 3k> VT [a] (caza, fugitivo) to pursue, chase; (acosar) to hunt down. [b] (chica, empleo) to chase after, go after; (propósito) to pursue. [c] (Pol etc) to persecute; (fig) to harass; **me persiguieron hasta que dije que sí** they pestered me until I said yes; **le persiguen los remordimientos** he is gnawed by remorse; **le persigue la mala suerte** he is dogged by ill luck.

perseverancia NF perseverance, persistence.

perseverante ADJ persevering, persistent.

perseverar <1a> VI to persevere, keep on, persist; **~ en** to persevere in, persist with.

Persia NF Persia.

persiana NF (Venetian) blind; (enrollable) roller blind.

persignarse <1a> VR to cross o.s.

persistencia NF persistence.

persistente ADJ persistent.

➤ EXPRESIONES GENERATIVAS: **permitir** → 14.3

persistir<3a> VI to persist (*en, en hacer* in, in doing).

persona NF person; **20 ~s** 20 people; **aquellas ~s que lo deseen** those who wish; **es buena ~** he's a good sort; **tercera ~** third party; (*Ling*) third person; **un pronombre de primera ~** a first person pronoun; **~ física** (*Jur*) natural person; **~ no grata** persona non grata; **~ de historia** dubious individual; **~ jurídica** legal entity; **~s reales** royalty, king and queen; **en ~** in person, in the flesh; **en la ~ de** in the person of; **3 caramelos por ~** 3 sweets each; **pagaron 2 dólares por ~** they paid 2 dollars a head.

personaje NM [a] (*sujeto notable*) personage, important person; (*famoso*) celebrity, personality; **ser un ~** to be somebody. [b] (*Lit, Teat etc*) character.

personal [1] ADJ personal.
[2] NM [a] (*plantilla*) personnel, staff; (*total*) establishment; (*esp Mil*) force; (*Náut*) crew, complement; **~ de tierra** (*Aer*) ground crew; **estar falto de ~** to be shorthanded.
[b] (*fam: gente*) people; **había mucho ~ en el cine** there was a big crowd in the cinema.

personalidad NF [a] (*gen*) personality. [b] (*Jur*) legal entity. [c] **~es** (*personas*) personalities, dignitaries.

personalismo NM personal preference, partiality; **obrar sin ~s** to act with partiality towards none.

personalizar<1f> [1] VT (*gen*) to personalize; (*personificar*) to embody, personify. [2] VI to make a personal reference. [3] **personalizarse** VR to become personal.

personalmente ADV personally.

personarse<1a> VR to appear in person; **~ en** to present o.s. at, report to.

personero/a NM/F (*esp LAm Pol: representante*) (government) official.

personificación NF personification.

personificar <1g> VT to personify, be the embodiment of.

perspectiva NF [a] (*Arte, fig*) perspective; **en ~** in perspective; **le falta ~** he lacks a sense of perspective. [b] (*vista*) view, scene, panorama. [c] (*fig*) outlook, prospect; **'buenas ~s de mejora'** 'good prospects'; **es una ~ nada halagüeña** it's a most unwelcome prospect; **se alegró con la ~ de pasar un día en el campo** he cheered up with the prospect of spending a day in the country; **encontrarse ante la ~ de hacer algo** to be faced with the prospect of doing sth; **tener algo en ~** to have sth in view.

perspicacia NF perspicacity, shrewdness, discernment.

perspicaz ADJ perspicacious, shrewd.

persuadir <3a> [1] VT (*gen*) to persuade; (*convencer*) to convince; **~ a algn de algo/para hacer algo** to persuade sb of sth/to do sth; **dejarse ~** to allow o.s. to be persuaded. [2] **persuadirse** VR to be persuaded, become convinced.

persuasión NF [a] (*gen*) persuasion. [b] (*convicción*) conviction.

persuasivo ADJ persuasive, convincing.

pertenecer <2d> VI [a] to belong (*a* to). [b] (*fig*) **~ a** to concern; **le pertenece a él hacerlo** it's his job to do it.

perteneciente ADJ [a] (*gen*) belonging (*a* to). [b] **~ a** pertaining to.

pertenencia NF ownership; **las cosas de su ~** his possessions, his property; **~s** personal belongings.

pértiga NF pole; **salto de ~** (*Dep*) pole vault.

pertinacia NF [a] (*persistencia*) persistence. [b] (*obstinación*) obstinacy.

pertinaz ADJ [a] (*duradero*) persistent. [b] (*obstinado*) obstinate.

pertinencia NF relevance, pertinence.

pertinente ADJ relevant, pertinent; **no es ~ hacerlo ahora** this is not the appropriate time to do it.

pertrechar<1a> [1] VT (*gen*) to supply (*con, de* with); (*Mil*) to supply with ammunition and stores. [2] **pertrecharse** VR: **~ de algo** to provide o.s. with sth.

pertrechos NMPL (*gen*) implements, equipment; (*Mil*) supplies and stores; **~ de pesca** fishing tackle.

perturbación NF [a] (*Met, Pol etc*) disturbance; **~ del**

orden público breach of the peace. [b] (*Med*) upset, disturbance; (*mental*) mental disorder.

perturbado/a NM/F mentally unbalanced person.

perturbador(a) [1] ADJ [a] (*noticia etc*) perturbing, disturbing. [b] (*conducta*) unruly, disorderly. [2] NM/F disturber (of the peace).

perturbar<1a> VT [a] (*orden*) to disturb; (*plan etc*) to upset. [b] (*Med*) to upset, disturb; (*psicológicamente*) to perturb.

Perú NM: **(el) ~** Peru.

peruano/a ADJ, NM/F Peruvian.

perversidad NF perversity, depravity.

perversión NF [a] (*gen*) perversion; **~ sexual** sexual perversion. [b] (*maldad*) wickedness; (*corrupción*) corruption.

perverso ADJ perverse, depraved.

pervertido/a [1] ADJ perverted. [2] NM/F pervert.

pervertidor(a) NM/F corruptor; **~ de menores** corruptor of minors, child abuser.

pervertimiento NM perversion, corruption.

pervertir<3i> [1] VT to pervert, corrupt. [2] **pervertirse** VR to become perverted.

pervivencia NF survival.

pesa NF weight; **levantamiento de ~s** weightlifting; **hacer ~s** to do weight training.

pesabebés NM INV baby scales.

pesadamente ADV [a] (*gen*) heavily; **caer ~** to fall heavily. [b] (*lentamente*) slowly, sluggishly. [c] (*de manera aburrida*) boringly, tediously.

pesadez NF [a] (*peso*) heaviness, weight. [b] (*lentitud*) slowness, sluggishness. [c] (*Med*) heavy feeling; **~ de estómago** full feeling in the stomach. [d] (*fatiga*) tediousness; (*molestia*) annoyance; **es una ~ tener que ...** it's a bore having to ....

pesadilla NF [a] (*gen*) nightmare, bad dream; **de ~** nightmarish. [b] (*fig*) worry, obsession; **ese equipo es nuestra ~** that is our bogey team; **ha sido la ~ de todos** it has been a nightmare for everybody.

pesado/a [1] ADJ [a] (*gen*) heavy; **industria ~a** heavy industry.
[b] (*tardo*) slow, sluggish.
[c] (*Met*) heavy, sultry.
[d] (*sueño*) deep, heavy.
[e] (*Med*) heavy; **tener el estómago ~** to feel bloated.
[f] (*tarea etc: difícil*) tough, hard; (: *aburrido*) tedious, boring; (: *molesto*) annoying; **esto se hace ~** this is becoming tedious; **la lectura del libro resultó ~a** the book was heavy going; **es una persona de lo más ~** he's a terribly dull sort; **¡no seas ~!** stop pestering me!
[2] NM/F boring person, bore; **es un ~** he's such a bore.

pesadumbre NF grief, sorrow, affliction.

pesaje NM (*Boxeo*) weigh-in.

pésame NM message of sympathy; **dar el ~** to express one's condolences (*por* for, on).

pesar<1a> [1] VT [a] (*averiguar el peso de*) to weigh.
[b] (*resultar pesado*) to weigh down, be heavy for; **me pesa el abrigo** the coat weighs me down.
[c] (*resultar difícil para*) to weigh heavily on; **le pesa tanta responsabilidad** so much responsibility bears heavily on him o is a burden to him.
[d] (*fig: examinar*) to weigh.
[e] (*afligir*) to grieve, afflict, distress; **me pesa mucho** I am very sorry about it o to hear it *etc*; **no me pesa haberlo hecho** I'm not sorry I did it; **¡ya le pesará!** you'll be sorry!
[2] VI [a] (*gen*) to weigh; (*Boxeo, Hípica*) to weigh in (at); **pesa 5 kilos** it weighs 5 kilos; **¿cuánto pesas?** what o how much do you weigh?
[b] (*pesar mucho*) to weigh a lot, be heavy; (*tiempo*) to drag, hang heavy; **ese paquete no pesa** that parcel hardly weighs anything; **¿pesa mucho?** is it heavy?
[c] (*fig*) to weigh heavily; **sobre ella pesan muchas obligaciones** many obligations bear heavily on her; **pesa sobre mi conciencia** it is weighing on my conscience; **la hipoteca que pesa sobre la finca** the mortgage with which the estate is burdened.
[d] (*fig: opinión etc*) to carry weight, count for a lot; **eso no ha pesado en mi decisión** that didn't have any bear-

ing on my decision.
[e] **pese a (que)** ... in spite (of) ...; **pese a las dificultades** in spite of the difficulties.
[3] **pesarse** VR to weigh o.s.; (*Boxeo, Hípica*) to weigh in.
[4] NM [a] (*arrepentimiento*) regret; (*aflicción*) grief, sorrow; **a mi ~** to my regret; **con gran ~ mío** much to my sorrow; **causar ~ a algn** to cause grief to sb; **sentir** o **tener ~ por no haber ...** to regret not having ....
[b] **a ~ de** in spite of, despite; **a ~ de eso** in spite of that, notwithstanding that; **a ~ de todo** in spite of everything; **a ~ de que no tiene dinero** despite having no money; **a ~ suyo** against his will.
pesaroso ADJ (*arrepentido*) regretful; (*afligido*) sorrowful, sad.
pesca NF [a] (*actividad*) fishing; **~ de altura** deep sea fishing; **~ de bajura** coastal fishing; **~ de perlas** pearl fishing; **~ submarina** underwater fishing; **ir de ~** to go fishing; **andar a la ~ de** (*fig*) to fish for, angle for. [b] (*lo pescado*) catch, quantity (of fish) caught; **la ~ ha sido mala** it's been a poor catch. [c] (*fam*) **y toda la ~** and all the rest of it.
pescadería NF fish shop, fishmonger's, fish market (*US*).
pescadero/a NM/F fishmonger.
pescadilla NF whiting.
pescado NM fish.
pescador(a) [1] ADJ fishing. [2] NM/F fisherman/-woman; **~ de caña** angler, fisherman.
pescante NM [a] (*de carruaje*) driver's seat. [b] (*Teat*) wire. [c] (*Téc*) jib.
pescar <1g> [1] VT [a] (*tomar*) to catch, land. [b] (*intentar tomar*) to fish for, try to catch. [c] (*fam: obtener*) to get hold of, land; (*empleo*) to land, manage to get; (*datos*) to dredge up; (*resfriado*) to catch; **viene a ~ un marido** she's come to get a husband; **le ha pescado la policía** he's been caught by the police. [d] (*fam: sorprender*) to nab, catch unawares; **¡ya te pesqué!** now I've found you out!
[2] VI to fish; **ir a ~** to go fishing; **~ a mosca** to fish with a fly; **~ a la rastra** to trawl; **~ en río revuelto** to fish in troubled waters.
pescozón NM slap on the neck.
pescuezo NM (*Zool*) neck; (*fam: Anat*) scruff of the neck; **retorcer el ~ a una gallina** to wring a chicken's neck; **¡calla, o te retuerzo el ~!** shut up, or I'll wring your neck!
pese PREP: **~ a** despite, in spite of.
pesebre NM [a] (*Agr*) manger, stall. [b] (*Rel*) nativity scene, crib.
pesero NM (*Méx: colectivo*) (fixed price) collective taxi.
peseta NF peseta.
pesetero ADJ (*avaro*) money-grabbing, mercenary; (*tacaño*) mean, stingy (*fam*).
pésimamente ADV awfully, dreadfully.
pesimismo NM pessimism.
pesimista [1] ADJ pessimistic. [2] NMF pessimist.
pésimo ADJ awful (*fam*), dreadful (*fam*).
peso NM [a] (*gen*) weight; (*pesadez*) heaviness; **~s y medidas** weights and measures; **~ atómico/bruto/neto** atomic/gross/net weight; **~ específico** specific gravity; **comprar algo a ~ de oro** to buy sth at a very high price; **vender a ~** to sell by weight; **de poco ~** light(weight); **de mucho ~** (very) heavy; **poner/perder ~** to put on/lose weight; **eso cae de su (propio) ~** that goes without saying, that's obvious.
[b] (*objeto*) weight, weighty object; (*Dep*) shot; **lanzar el ~** to put the shot; **levantamiento de ~s** weightlifting.
[c] (*Boxeo*) weight; **~ mosca/gallo/pluma/ligero/medio/pesado** fly-/bantam-/feather-/light-/middle-/heavyweight.
[d] (*sensación de pesadez*) heavy feeling, dull feeling.
[e] (*fig*) weight; **el ~ de la responsabilidad/los años** the burden of responsibility/age; **llevar el ~ del ataque** to bear the brunt of the attack; **quitarse un ~ de encima** to get a load off one's mind; **argumento de ~** weighty argument; **razones de ~** good o sound reasons; **un hombre de ~** an influential man.

[f] (*balanza*) scales, balance, weighing machine.
[g] (*LAm Fin*) monetary unit.
pespunte NM (*Cos*) backstitch(ing).
pespuntear <1a> VT, VI to backstitch.
pesquera¹ NF = **pesquería**.
pesquería NF fishing ground, fishery.
pesquero/a² [1] ADJ fishing *atr*. [2] NM fishing boat.
pesquisa NF (*indagación*) investigation, inquiry; (*búsqueda*) search.
pestaña NF [a] eyelash. [b] (*Téc*) flange; (*de neumático*) rim.
pestañear <1a> VI to blink, wink; **sin ~** without batting an eyelid.
pestañeo NM blink(ing), wink(ing).
pestazo NM (*fam*) stink, stench.
peste NF [a] (*Med*) plague; **~ bubónica** bubonic plague; **~ negra** Black Death; **~ porcina** swine fever. [b] (*fig: plaga*) plague; **los chiquillos son una ~** the kids are a nuisance (*fam*). [c] (*mal olor*) stink, foul smell; **¡qué ~ hay aquí!** what a stink! [d] **echar ~s** to swear, fume.
pesticida NM pesticide.
pestilencia NF [a] (*plaga*) pestilence, plague. [b] (*mal olor*) stink, stench.
pestilente ADJ [a] pestilent. [b] (*que huele mal*) smelly, foul.
pestillo NM bolt, latch; (*cerrojo*) catch, fastener.
pesuña NF (*LAm*) = **pezuña**.
peta NM (*fam: droga*) joint.
petaca [1] NF [a] (*de cigarrillos*) cigarette; (*de puros*) cigar case; (*de pipa*) tobacco pouch; (*de alcohol*) flask; **hacerle la ~ a algn** to make an apple-pie bed for sb. [b] (*esp LAm*) leather-covered chest; (*Méx: equipaje*) piece of luggage. [2] NMF (*Arg fam: rechoncho*) short squat person. [3] ADJ INV (*Chi*) slow, sluggish.
petacón ADJ (*Méx fam*) fat-bottomed, broad in the beam (*fam*).
pétalo NM petal.
petanca NF pétanque.
petar <1a> VI (*fam*) **no me peta** (*gustar*) I don't like it, I'm not into it; (*apetecer*) I don't feel like it.
petardear <1a> VI (*Aut*) to backfire.
petardo NM [a] firework, firecracker; (*Mil*) petard. [b] (*fam: lo que aburre*) bore, drag. [c] (*mujer fea*) bag (*fam*).
petate NM [a] (*esp LAm*) mat of palm leaves, sleeping mat. [b] (*equipaje*) bundle of bedding and belongings; (*Mil*) luggage; **liar el ~** (*fam*) to pack; (*irse*) to pack up and go, clear out (*fam*); (*morir*) to kick it (*fam*).
petatearse <1a> VR (*Méx*) to peg out (*fam*), die.
peteneras NFPL: **salir por ~** to butt in with some silly remark.
petición NF (*gen*) request, plea; (*memorial*) petition; (*Jur: alegato*) plea; (: *reclamación*) claim; **a ~** by request; **a ~ de** at the request of; **~ de divorcio** petition for divorce; **~ de mano** proposal; **~ de orden** (*Inform*) prompt; **con una ~ de 12 años de condena** (*Jur*) with a recommendation to serve 12 years.
peticionar <1a> VT (*LAm*) to petition.
peticionario/a NM/F petitioner.
petimetre [1] ADJ foppish. [2] NM fop, dandy.
petirrojo NM robin.
petiso/a, petizo/a (*LAm*) [1] ADJ (*pequeño*) small; (*rechoncho*) stocky, chubby. [2] NM small horse. [3] NM/F small person.
peto NM (*de falda*) bodice; (*de pantalón*) bib; (*Mil*) breastplate; (*Taur*) horse's padding; (**pantalones con**) **~** dungarees.
petrel NM petrel.
pétreo ADJ stony, rocky.
petrificación NF petrifaction.
petrificado ADJ petrified.
petrificar <1g> [1] VT (*lit, fig*) to petrify. [2] **petrificarse** VR (*lit*) to become petrified; (*fig*) to be petrified.
petrodólar NM petrodollar.
petróleo NM (*Min*) oil, petroleum; **~ de alumbrado** paraffin (oil); **~ combustible** fuel oil; **~ crudo** crude oil.

petrolero [1] ADJ oil *atr*. [2] NM tanker.

petrolífero ADJ petroliferous, oil-bearing; (*Com*) oil *atr*; **compañía ~a** oil company.

petroquímica NF (*ciencia*) petrochemistry; (*Com*) petrochemical company; (*fábrica*) petrochemical factory.

petroquímico ADJ petrochemical.

petulancia NF (*insolencia*) vanity, opinionated nature.

petulante ADJ vain, opinionated.

petunia NF petunia.

peyorativo ADJ pejorative.

pez¹ NM [a] fish; **~ de colores** goldfish; **~ espada** sword-fish; **~ martillo** hammerhead; **~ sierra** sawfish; **~ volador** *o* **volante** flying fish; **estar como el ~ en el agua** to feel completely at home, be in one's element. [b] **~ gordo** big shot. [c] **estar ~ en algo** to be completely ignorant of sth, know nothing at all about sth.

pez² NF (*brea*) pitch, tar.

pezón NM [a] (*Anat*) teat, nipple. [b] (*Bot*) stalk. [c] (*Mec*) **~ de engrase** lubrication point.

pezuña NF [a] (*Zool*) hoof. [b] (*Méx, Per: fam*) smelly feet.

pgdo. ABR *de* **pagado** pd.

piadoso ADJ [a] (*Rel*) pious, devout. [b] (*bondadoso*) kind, merciful (*para, con* to).

piafar<1a> VI (*caballo*) to paw the ground, stamp.

pianista NMF pianist.

piano NM piano; **~ de cola** grand piano; **~ de media cola** baby grand; **~ recto** *o* **vertical** upright piano; **como un ~** (*Esp fam*) real big; **tocar el ~** (*lit*) to play the piano; (*fam: fregar los platos*) to do the washing-up; (: *registrar huellas*) to have one's fingerprints taken.

piar<1c> VI (*ave*) to cheep.

piara NF (*manada*) herd, drove.

PIB NM ABR *de* **producto interior bruto** GNP.

pibe/a NM/F (*esp Arg fam*) kid (*fam*), child.

pica¹ NF (*Orn*) magpie.

pica² NF (*Mil*) pike; (*Taur*) goad; **poner una ~ en Flandes** to bring off something difficult.

pica³ NF (*And, Agr*) tapping (of rubber trees); (*Chi, Per*) annoyance, grudge; **sacar ~ a algn** (*fam*) to annoy sb.

pica⁴ NF (*fam: Ferro etc*) inspector.

picacho NM peak, summit.

picada NF (*CSur: tapas*) tasty snacks *pl*.

picadero NM [a] (*escuela*) riding school. [b] (*fam: habitación*) pad (*fam*).

picadillo NM (*Culin*) mince, minced meat; (*fig*) **los hizo ~** he made mincemeat out of them.

picado [1] ADJ [a] (*material*) pricked, perforated; (*superficie*) pitted; **~ de viruelas** pockmarked. [b] (*carne*) minced; (*tabaco*) cut; (*mar*) choppy; (*cebolla etc*) finely chopped; (*vino*) pricked, slightly sour. [c] **estar ~** to be offended, be cross. [2] NM [a] (*Aer, Orn*) dive, **caer en ~** (*Aer*) to dive, plummet; (*precios*) to plummet, fall sharply. [b] (*Mús*) pizzicato.

picador NM [a] horse-trainer, horse-breaker. [b] (*Taur*) picador. [c] (*Min*) face worker.

picadora NF (*tb* **~ de carne**) mincer, mincing machine.

picadura NF [a] (*gen*) prick; (*pinchazo*) puncture; (*de insecto etc*) sting, bite. [b] (*tabaco picado*) cut tobacco.

picaflor NM (*LAm*) [a] (*Orn*) hummingbird. [b] (*fam*) ladykiller (*fam*), Don Juan.

picajón, picajoso ADJ (*fam*) touchy.

picana NF (*LAm*) cattle prod, goad; (*eléctrica*) prod (*esp for torture*).

picanear<1a> (*LAm*) VT to spur on, goad on; (*persona*) to torture with electric shocks.

picante [1] ADJ [a] (*comida, sabor*) hot, spicy. [b] (*comentario*) sharp, cutting; (*broma*) racy, spicy. [2] NM [a] (*sabor*) hot taste. [b] (*And, CSur: Culin: salsa*) chili sauce; (: *guisado*) meat stew with chili sauce.

picantería NF (*And, CSur*) (cheap) restaurant (*specializing in spicy dishes*).

picapedrero NM stonecutter, quarryman.

picapica: **polvos de ~** NMPL itching powder.

picapleitos NMF INV litigious person; (*pey: abogado*) shark

lawyer.

picaporte NM (*manija*) door-handle; (*pestillo*) latch; (*aldaba*) doorknocker.

picar<1g> [1] VT [a] (*perforar*) to prick, puncture; (*papel*) to prick (a line of) holes in, perforate; (*superficie*) to pit, pock; (*Arte*) to stipple; (*billete*) to punch, clip. [b] (*suj: insecto, reptil*) to bite; (: *abeja, avispa*) to sting; (: *espina*) to prick; (: *pájaro*) to peck. [c] (*comer: ave*) to peck at; (: *persona*) to nibble (at), pick at; (: *pez*) to bite. [d] (*caballo*) to put spurs to, spur on; (*toro*) to stick, prick (with the goad). [e] (*Culin: carne*) to mince; (: *cebollas etc*) to chop up. [f] (*piedra*) to chip; (*en cantera*) to cut; (*tabaco*) to cut. [g] (*Mús*) to play pizzicato. [h] (*fig: incitar*) to goad, incite; (*ofender*) to pique; (*molestar*) to annoy; **eso me picó la curiosidad** that aroused my curiosity; **~ el amor propio de algn** to wound sb's self esteem.
[2] VI [a] (*espina*) to prick; (*insecto*) to sting, bite; **no es de los que pican** it's not the kind that stings. [b] (*pájaro*) to peck (*en* at); (*persona*) to pick, nibble (*en* at, on); (*fig*) to dabble in; **ha picado en todos los géneros literarios** he's had a go at all the literary genres. [c] (*pez*) to bite, take the bait; (*fig*) to rise to the bait; **por fin picó** he swallowed the bait eventually; **ha picado mucha gente** lots of people have fallen for it, it has caught on with lots of people. [d] (*comida*) to be hot. [e] (*sentir picor*) to itch, sting; **me pican los ojos** my eyes hurt; **me pica la garganta/barba** I've got an itchy throat/beard; **me pica el brazo** my arm itches; **me pica la lengua** my tongue is smarting; **un jersey que pica** an itchy jumper. [f] (*sol*) to burn, scorch. [g] (*Aer, Orn*) to dive. [h] **~ muy alto** to aim too high, be over-ambitious.
[3] **picarse** VR [a] (*ropa*) to get moth-eaten; (*substancia*) to get holes in it; (*diente*) to decay. [b] (*vino etc*) to turn sour; (*fruta etc*) to go rotten. [c] (*mar*) to get choppy. [d] (*persona*) to take offence, take offense (*US*); **el que se pica ajos come** if the cap fits, wear it. [e] **~ con algo** get an obsession about sth. [f] (*sentirse estimulado*) to pick o.s. up, give o.s. a shake. [g] (*fam: inyectarse*) to give o.s. a shot (of drugs) (*fam*), shoot up (*fam*).

picardía NF [a] (*cualidad*) crookedness; (*astucia*) slyness; (*travesura*) naughtiness. [b] (*una ~*) prank.

picardías NM INV negligée.

picaresco ADJ [a] (*travieso*) roguish, rascally. [b] (*Lit: novela*) picaresque.

pícaro/a [1] ADJ [a] (*deshonesto*) crooked; (*pillo*) villainous; (*taimado*) sly, crafty; (*niño: travieso*) naughty, mischievous. [b] (*niño: precoz*) precocious, knowing. [2] NM/F [a] (*granuja*) rogue; (*ladino*) sly sort; (*niño*) rascal, scamp; **¡~!** you rascal! [b] (*Lit*) rogue.

picarón/ona [1] ADJ naughty, roguish. [2] NM (*LAm*) fritter.

picatoste NM fried bread.

picazón NF [a] (*comezón*) itch; (*ardor*) sting, stinging feeling. [b] (*desazón*) uneasiness; (*remordimiento*) pang of conscience.

píccolo NM piccolo.

picha NF (*fam!*) prick (*fam!*).

piche NM (*CAm*) miser, skinflint.

pichi NM (*prenda*) pinafore dress.

pichicata NF (*LAm fam*) cocaine powder.

pichicatero/a (*LAm*) NM/F (*adicto*) dope addict (*fam*); (*comerciante*) dope peddler (*fam*).

pichicato ADJ (*LAm fam: tacaño*) stingy (*fam*).

pichincha NF (*And, CSur: fam*) bargain.

pichón/ona [1] NM [a] (*paloma*) young pigeon; (*LAm*) chick, young bird; **~ de barro** clay pigeon. [b] (*LAm fam:*

novato) novice, greenhorn. **2** NM/F (*apelativo*) darling, dearest.
pichonear <1a> VT (*Méx fam*) to swindle.
pichuleador NM (*CSur fam*) money-grubber.
pichuleo NM (*CSur fam*) meanness, stinginess (*fam*).
picia NF (*fam*) prank, escapade.
pick-up [pi'kap, pi'ku] NM (*Téc*) pickup.
picnic NM picnic.
pico NM [a] (*Orn*) beak, bill; (*boca*) mouth; **darse un ~** to kiss.
　[b] (*punta*) corner, sharp point; (*de página*) corner; **cuello de ~** V-neck; **sombrero de tres ~s** cocked hat, three-cornered hat; **irse de ~s pardos** (*fam*) to have a whale of a time (*fam*).
　[c] (*de jarra*) lip, spout.
　[d] (*Téc*) pick, pickaxe, pickax (*US*).
　[e] (*Geog*) peak, summit.
　[f] **y ~** and a bit; **son las 3 y ~** it's just after 3; **tiene 50 libros y ~** he has 50-odd books; **quédese con el ~** keep the change; **me costó un ~** it cost me quite a bit.
　[g] (*pájaro*) woodpecker.
　[h] (*fam: boca*) mouth, trap (*fam*), gob (*fam*); (*labia*) talkativeness; **cerrar el ~** to shut one's trap (*fam*); **darle al ~** to gab a lot (*fam*); **ser un ~ de oro, tener buen o mucho ~** to have the gift of the gab o (*US*) gab; **irse del ~** to talk too much.
　[i] (*fam: de drogas*) fix (*fam*), shot (*fam*).
picoleto NM (*Esp fam*) Civil Guard.
picor NM = **picazón (a)**.
picoso ADJ (*LAm Culin*) very hot, spicy.
picota NF pillory; **poner a algn en la ~** (*fig*) to ridicule sb.
picotada NF, **picotazo** NM (*de pájaro*) peck; (*de insecto*) sting, bite.
picotear <1a> **1** VT to peck. **2** VI (*al comer*) to nibble, pick.
pictórico ADJ [a] (*gen*) pictorial. [b] (*paisaje etc*) worth painting. [c] (*habilidad*) artistic; **tiene dotes ~as** she has a talent for painting.
picudo ADJ [a] (*puntiagudo*) pointed, with a point; (*jarra*) with a spout. [b] (*Méx fam: astuto*) crafty, clever.
PID NM ABR de **proceso integrado de datos** IDP.
pida, pido etc V **pedir**.
pídola NF leapfrog.
pie NM [a] (*Anat*) foot; **~ de atleta** athlete's foot; **~ de cabra** crowbar; **~s de gato** climbing boots; **~s planos** flat feet; **a ~** on foot; **ir a ~** to go on foot, walk; **a ~ firme** steadfastly; **a ~s juntillas** (*fig*) firmly, absolutely; **con ~s de plomo** warily, gingerly; **con un ~ en el hoyo** with one foot in the grave; **caer de ~** (*fig*) to fall on one's feet; **cojear del mismo ~** to be birds of a feather; **entrar con buen o con ~ derecho** to get off to a good start; **estar de ~** to be standing (up); **levantarse con el ~ izquierdo** (*fig*) to get out of the wrong side of the bed; **nacer de ~** to be born lucky; **ponerse de o en ~** to stand o get up, rise; **saber de qué ~ cojea algn** to know sb's weak spots o weaknesses; **de ~s a cabeza** from head to foot, from top to toe; **soldado de a ~** (*Hist*) foot-soldier; **de a ~** (*fig*) common, ordinary; **en ~** upright; **mantenerse en ~** to remain upright; **la oferta sigue en ~** the offer remains; **irse o salir por ~s, poner ~s en polvorosa** to make off; **argumento sin ~s ni cabeza** pointless o absurd argument; **buscar tres ~s al gato** to split hairs, quibble; **no dar ~ con bola** to do everything wrong; **se le fueron los ~s** he slipped, he stumbled; **hacer ~** to touch the bottom; **no hacer ~** to be out of one's depth; **parar los ~s a algn** to clip sb's wings, take sb down a peg; **poner el ~** to tread, put one's foot on; **poner los ~s en** (*fig*) to set foot in.
　[b] (*Mat*) foot; **~ cuadrado** square foot; **tiene 6 ~s de largo** it is 6 feet long.
　[c] (*Bot*) trunk, stem; (*de rosa etc*) stock; (*de copa*) stem; (*de estatua*) foot, base; (*de cama, página, escalera*) foot, bottom; (*de foto*) caption; **~ de imprenta** imprint; **al ~ del monte** at the foot o bottom of the mountain; **a los ~s de la cama** at the foot of the bed; **al ~ de la letra** (*citar*) literally, verbatim; (*copiar*) exactly, word for word;

al ~ del cañón ready to act.
　[d] (*Teat*) cue.
　[e] (*de vino*) sediment.
　[f] (*causa*) motive, basis; (*pretexto*) pretext; **dar ~ a** to give cause for; **dar ~ para que algn haga algo** to give sb a motive for doing sth.
　[g] (*posición*) standing, footing; **en ~ de guerra** on a war footing; **estar en ~ de igualdad** to be on an equal footing (*con* with).
piedad NF [a] (*Rel*) piety. [b] (*compasión*) pity; (*misericordia*) mercy; **¡por ~!** for pity's sake!; **tener ~ de** to take pity on; **¡ten un poco de ~!** show some sympathy!; **no tuvieron ~ de ellos** they showed them no mercy.
piedra NF (*gen*) stone; (*roca*) rock; (*de mechero*) flint; (*Med*) stone; (*Met*) hailstone; **un puente de ~** a stone bridge; **tener el corazón de ~** to be hard-hearted; **primera ~** foundation stone; **~ de afilar** grindstone; **~ angular / arenisca / caliza** cornerstone/sandstone/limestone; **~ filosofal** philosopher's stone; **~ imán** lodestone; **~ de molino** millstone; **~ pómez** pumice (stone); **~ preciosa** precious stone; **~ de toque** touchstone; **menos da una ~** it's better than nothing; **no dejar ~ sobre ~** to raze to the ground; **¿quién se atreve a lanzar la primera ~?** which of you shall cast the first stone?; **quedarse de ~** to be thunderstruck, be rooted to the spot; **no soy de ~** I'm not made of stone, I do have feelings; **eso sería tirar ~s sobre su propio tejado** people who live in glass houses should not throw stones.
piel [1] NF [a] (*Anat*) skin.
　[b] (*Zool: pellejo*) skin, hide, fur; (*cuero*) leather; **~ de ante** suede; **~ de ternera** calf; **~ de cerdo** pigskin; **abrigo de ~es** fur coat; **artículos de ~** leather goods; **una maleta de ~** a leather suitcase; **dejarse la ~** (*fig*) to give one's all.
　[c] (*Bot*) skin, peel.
　[2] NMF: **~ roja** redskin.
piélago NM [a] (*poet*) ocean, deep. [b] (*fig*) **un ~ de dificultades** a sea of difficulties.
pienso NM (*Agr*) feed, fodder; **~s** feeding stuffs.
pierna NF leg; **en ~s** bare-legged; **estirar las ~s** (*fig*) to stretch one's legs; **dormir a ~ suelta o tendida** to sleep the sleep of the just.
pierrot [pie'ro] NM pierrot.
pieza [1] NF [a] (*gen*) piece; (*de tela*) piece, roll; **~ de museo** museum piece; **~ de ropa** article of clothing; **de una ~** in one piece; **¡buena ~ estás tú hecho!** you're a fine one!; **quedarse de una ~** to be dumbfounded; **vender algo por ~s** to sell sth by the piece.
　[b] (*Mec*) part; **~ de recambio o de repuesto** spare (part), extra (*US*).
　[c] **~ de oro** gold coin, gold piece.
　[d] (*Ajedrez etc*) piece, man.
　[e] (*Caza*) specimen bagged.
　[f] (*esp LAm: habitación*) room; **~ amueblada** furnished room.
　[g] (*Mús*) piece, composition; (*Teat*) work, play.
　[h] **~ de artillería** piece, gun.
　[2] NM: **un dos ~s** (*traje*) a two-piece suit.
pifia NF [a] (*Billar*) bad shot. [b] (*fig: error*) blunder, bloomer. [c] (*And, CSur: burla*) mockery; **hacer ~ de** to mock. [d] (*And, CSur: rechifla*) hiss.
pifiar <1b> **1** VT (*And, Arg*) to joke about, mock. **2** VI [a] (*And, CSur*) to fail, come a cropper (*fam*). [b] (*tb* **~la**) to blunder, make a bloomer (*fam*).
pigmentación NF pigmentation.
pigmento NM pigment.
pigmeo/a ADJ, NM/F pigmy.
pignorar <1a> VT (*empeñar*) to pawn.
pigricia NF (*And*) trifle, bagatelle.
pija NF (*esp LAm: fam!*) prick (*fam!*).
pijada NF (*fam*) [a] (*cosa absurda*) **eso es una ~** that's utter nonsense o rubbish. [b] (*cosa sin importancia*) trifle.
pijama NM pyjamas, pajama (*US*).
pije NM (*Chi*) toff (*fam*), snob (*fam*).
pijo/a² (*fam*) **1** ADJ [a] (*pera*) posh.
　[b] (*tonto*) stupid.

2 NM/F **a** (*pera*) snob (*fam*), toff (*fam*). **b** (*tonto*) berk (*fam*), twit (*fam*), jerk (*US*). **3** NM (*Esp fam!*) prick (*fam!*).

pijotada NF = **pijada**.

pijotería NF **a** snobbery, snobbishness. **b** (*LAm*) = **pijada (b)**. **c** (*fam: tacañería*) stinginess (*fam*).

pijotero/a (*fam*) **1** ADJ **a** (*molesto*) tedious, annoying. **b** (*LAm: tacaño*) mean, stingy (*fam*). **2** NM/F (*persona*) pain (*fam*), drag (*fam*).

pila¹ NF **a** (*montón*) pile, stack. **b** (*fam*) heap; **tengo una ~ de cosas que hacer** I have heaps o stacks of things to do. **c** (*esp LAm fam*) **una ~ de** a heap of, a lot of; **una ~ de años** very many years.

pila² NF **a** (*fregadero*) sink; (*artesa*) trough; (*de fuente*) basin; (*LAm*) (public) fountain. **b** (*Rel: tb* ~ **bautismal**) font; ~ **de agua bendita** holy-water stoup; **nombre de** ~ Christian o first name. **c** (*Elec*) battery, cell; ~ **atómica** atomic pile; ~ **(de) botón** small battery; ~ **seca** dry cell; **cargar las ~s** (*fig*) to recharge one's batteries.

pilar¹ NM **a** (*gen*) pillar; (*mojón*) milestone; (*de puente*) pier. **b** (*fig*) prop, mainstay; **un ~ de la monarquía** a mainstay of the monarchy.

pilar² NM (*de fuente*) basin, bowl.

pilastra NF pilaster.

pilcha NF (*CSur fam*) garment, article of clothing; **~s** (*ropa: vieja*) old clothes; (: *elegante*) fine clothes.

pilche NM (*LAm*) (coconut) gourd, calabash.

píldora NF pill; **la ~ (anticonceptiva)** the (contraceptive) pill; **dorar la ~** to sweeten the pill; **tragarse la ~** to be taken in.

pileta NF **a** basin, bowl; (*de cocina*) sink. **b** (*LAm*) ~ **de natación** swimming pool.

pilila NF (*fam*) willy (*fam*).

pillaje NM pillage, plunder.

pillar <1a> VT **a** (*atrapar*) to grasp, seize; (*alcanzar*) to catch up with; **¡como te pille ...!** if I get hold of you ...!; **le pilló la policía** the police nabbed him; **la puerta le pilló el dedo** he got his finger caught in the door. **b** (*atropellar*) to knock down, run over. **c** (*fam: sorprender*) to catch out o in the act; (: *encontrar*) to catch, get; **¡te he pillado!** got you!; **a ver si le pillo en casa** maybe I'll catch him at home. **d** (*resfriado*) to catch, get; (*puesto, ganga etc*) to get, land; (*broma, significado*) to get, catch on to. **e** (*Esp fam*) **me pilla lejos** it's too far for me; **me pilla de camino** it's on my way; **me pilla muy cerca** it's right here.

pillería NF **a** (*acción*) dirty trick. **b** (*de niños*) naughtiness; (*de adultos*) craftiness. **c** (*pandilla*) gang of scoundrels.

pillín/ina NM/F little rascal.

pillo/a **1** ADJ (*adulto*) sly, crafty; (*niño*) naughty. **2** NM/F (*adulto*) rogue, scoundrel; (*niño*) rascal, scamp.

pilmama NF (*Méx: nodriza*) wet-nurse; (: *niñera*) nursemaid.

pilón¹ NM **a** (*gen*) pillar, post; (*Elec etc*) pylon. **b** (*Téc*) drop hammer.

pilón² NM **a** (*abrevadero*) drinking trough; (*de fuente*) basin. **b** (*mortero*) mortar. **c** (*Méx fam*) extra, bonus; (*propina*) tip.

piloncillo NM (*Méx*) powdered brown sugar.

pilongo ADJ (*castaña*) dried.

piloso ADJ hairy.

pilotaje NM (*Náut, Aer*) piloting.

pilotar <1a> VT (*avión*) to pilot; (*coche*) to drive; (*barco*) to steer, navigate.

pilote NM (*Arquit*) pile.

piloto **1** NMF (*Aer*) pilot; (*Aut*) (racing) driver; (*Náut*) navigator, navigation officer. **2** NM **a** ~ **automático** automatic pilot. **b** (*luz*) pilot (light); (*Aut*) tail light; ~ **de alarma** flashing light. **3** ATR pilot *atr*; **piso ~** show flat; **programa ~** pilot programme o (*US*) program.

pilsen, pílsener NF (*Chi*) beer.

piltra NF (*fam*) kip (*fam*).

piltrafa NF **a** poor quality meat; **~s** offal *sg*, scraps. **b** (*fig*) worthless object; (*individuo*) wretch. **c** (*LAm*) **~s** rags, old clothes.

PIM NMPL ABR *de* **Programas Integrados Mediterráneos**.

pimentero NM (*Bot*) pepper plant.

pimentón NM paprika.

pimienta NF pepper; ~ **negra** black pepper.

pimiento NM **a** (*fruto*) pepper, pimiento; ~ **rojo/verde** red/green pepper; **(no) me importa un ~** I don't care two hoots (*fam*). **b** (*Bot*) pepper plant.

pimpante ADJ **a** smart, spruce. **b** (*tb tan ~*) smug, self-satisfied.

pimpinela NF pimpernel.

pimplar <1a> (*fam*) **1** VI to booze (*fam*). **2** **pimplarse** VR: ~ **una botella** to down a bottle (*fam*), quaff a bottle (*fam*).

pimpollo NM **a** (*Bot*) sucker, shoot; (*brote*) sapling; (*capullo*) rosebud. **b** **hecho un ~** (*elegante*) very smart; (*joven*) very young for one's age.

pimpón NM ping-pong.

PIN NM ABR *de* **producto interior neto**.

pin NM (*pl* **pins**) **a** (*chapa*) badge. **b** (*Elec*) pin.

pinacoteca NF art gallery.

pináculo NM (*lit, fig*) pinnacle.

pinar NM pine grove o plantation.

pincel NM **a** paintbrush, artist's brush. **b** (*fig*) painter.

pincelada NF brushstroke; **última ~** (*fig*) finishing touch.

pincha NM (*fam*) D.J., deejay.

pinchadiscos NMF INV disc jockey.

pinchar <1a> **1** VT **a** (*gen*) to prick, pierce; (*neumático*) to puncture; (*con navaja*) to knife, stab; **no ~ ni cortar** (*fam*) to cut no ice; **tener un neumático pinchado** to have a puncture o a flat tyre o (*US*) tire; ~ **a algn** (*Med fam*) to give sb a jab. **b** (*Telec: fam*) to tap, bug. **c** (*fig: estimular*) to prod; **hay que ~le** he needs prodding; **le pinchan para que se case** they keep prodding him to get married. **d** (*fig: molestar*) to get at; **siempre me está pinchando** he's always getting on at me. **e** (*disco*) to play, put on. **2** VI **a** (*Aut*) to puncture, burst, have a puncture o (*US*) flat. **b** (*fam: perder*) to fail, suffer a defeat, get beaten. **3** **pincharse** VR **a** (*gen*) to prick; (*con droga*) to inject o.s. **b** (*neumático*) to burst, puncture.

pinchazo NM **a** (*gen*) prick; (*en neumático*) puncture, flat (*US*). **b** (*Med: fam*) jab. **c** (*de dolor*) pang. **d** (*Telec fam*) tap (*fam*), bug (*fam*).

pinche **1** ADJ (*Méx fam*) bloody (*fam*), lousy (*fam*). **2** NMF kitchen hand.

pinchito NM savoury, savory (*US*), titbit.

pincho NM **a** (*gen*) point; (*Bot*) prickle, thorn; (*aguijón*) pointed stick, spike. **b** (*Culin*) snack; **un ~ de tortilla** a portion of omelette; ~ **moruno** kebab.

pinga NF (*LAm fam!*) prick (*fam!*).

pingajo NM rag, shred; **ir hecho un ~** to look a right mess (*fam*).

pinganilla NM **a** (*LAm fam*) sharp dresser. **b** (*Méx*) **en ~s** (*de puntillas*) on tiptoe.

pingo **1** ADJ INV (*fam pey*) loose (*fam*), promiscuous. **2** NM **a** (*gen*) rag; (*harapo*) old garment, shabby dress; **ir de ~** to gad about; **poner a algn como un ~** to give sb a piece of one's mind. **b** (*fam: callejeador*) gadabout; (: *pey: mujer*) slut (*fam*). **c** (*CSur fam*) good horse. **d** (*Méx*) **el ~** the devil.

pingonear <1a> VI (*fam*) to gad about.

ping-pong ['pimpon] NM ping-pong.

pingüe ADJ (*ganancias*) rich, fat; (*cosecha*) bumper, rich; (*negocio*) lucrative.

pingüino NM penguin.

pininos NMPL (*esp LAm*), **pinitos** NMPL: **hacer sus ~** (*niño*) to toddle, take his first steps; (*novato*) to take his first steps; **hago mis ~ como pintor** I play o dabble at paint-

ing.

pino NM (*Bot*) pine tree; **~ albar** Scots pine; **~ de tea** pitch pine; **hacer el ~** to do a handstand; **vivir en el quinto ~** to live at the back of beyond.

pinol(e) NM (*CAm, Méx*) roasted maize o (*US*) cornflour.

pinta¹ NF a (*lunar*) spot, dot; (*Zool*) spot, mark; **una tela a ~s azules** a cloth with blue spots. b (*de líquidos*) drop, spot; (*de lluvia*) drop of rain; (*bebida*) drink, drop to drink; **una ~ de grasa** a grease spot. c (*fam: aspecto*) look(s); **por la ~** by the look of it; **tener buena ~** to look good, look well; **tener ~ de listo** to look clever; **con esa(s) ~(s) no puedes ir** you can't go looking like that. d (*LAm Zool: colorido*) colouring, coloring (*US*), coloration; (*LAm: característica*) family characteristic, distinguishing mark. e (*CAm, Méx: pintadas*) piece of graffiti.

pinta² NF pint.

pinta³ NM (*fam*) rogue.

pintada NF piece of graffiti; **~s** graffiti.

pintado ADJ a (*moteado*) spotted; (*pinto*) mottled, dappled; (*fig*) multicoloured, multicolored (*US*); **'recién ~'** 'wet paint'. b **podría pasarle al más ~** it could happen to anybody; **me sienta que ni ~, viene que ni ~** it suits me a treat. c (*fam: igual*) like, identical; **el niño salió ~ al padre** the boy looked exactly like his father.

pintalabios NM INV lipstick.

pintamonas NMF INV (*fam*) a (*pintor*) dauber (*fam*). b (*don nadie*) **un ~** a nobody.

pintar <1a> 1 VT a (*gen*) to paint; (*letrero, dibujo*) to draw; **~ algo de azul** to paint sth blue. b (*fig: describir*) to paint, depict, describe; **lo pinta todo muy negro** he paints it all very black. c **pero, ¿qué pintamos aquí?** what on earth are we doing here? 2 VI a to paint. b (*Bot: madurar*) to ripen, turn red. c (*Naipes*) to be trumps; **¿qué pinta?** what's trumps? d (*fam*) **él aquí no pinta nada** (*no cuenta*) he's nothing here; (*no le concierne*) this has nothing to do with him. 3 **pintarse** VR a (*maquillarse*) to use o put on make-up; (*pey*) to paint o.s. b (*arreglárselas*) **pintárselas solo para algo** to manage to do sth by o.s.

pintarraj(e)ar <1a> VT, VI (*fam*) to daub.

pintas NM INV (*fam*) scruff (*fam*).

pintear <1a> VI to drizzle, spot with rain.

pintiparado ADJ a identical (*a* to). b **me viene (que ni) ~** it comes just right.

pinto ADJ a (*LAm: con manchas: esp animal*) spotted, dappled. b (*Cu*) clever.

pintor(a) NM/F painter; **~ de brocha gorda** house painter; (*fig*) bad painter, dauber; **~ decorador** decorator.

pintoresco ADJ picturesque.

pintura NF a (*gen*) painting; **no lo podía ver ni en ~** she couldn't stand the sight of him. b (*una ~*) painting; **~ a la acuarela** watercolour, watercolor (*US*); **~ al óleo** oil painting; **~ rupestre** cave painting. c (*material*) paint; **~ al temple** distemper; (*Arte*) tempera. d (*lápiz de color*) crayon; **~ de cera** wax crayon.

pinturero/a (*fam*) 1 ADJ conceited, swanky (*fam*). 2 NM/F show-off (*fam*), swank (*fam*).

pinza NF a (*de ropa*) clothes peg, clothespin (*US*); (*Zool*) claw. b (*Cos*) dart. c **~s** (*de depilar*) tweezers; (*Med*) forceps; (*tenazas*) tongs; (*Téc*) pincers; **~s de azúcar** sugar tongs; **había que cogerlo con ~s** (*fig*) I had to take it very carefully; **no se lo sacan ni con ~s** wild horses won't drag it out of him.

pinzón NM (*Orn*) finch; **~ vulgar** chaffinch; **~ real** bullfinch.

piña NF a (*de pino*) pine cone. b (*fruta*) pineapple. c (*fig: grupo*) group; (*conjunto*) cluster, knot; (*corrillo*) clique, closed circle. d (*Carib, Méx*) hub. e (*fam: golpe*) punch, bash (*fam*); **darse una ~** to have a crash.

piñata NF suspended balloon filled with sweets for parties.

piño¹ NM (*fam*) ivory (*fam*), tooth.

piño² NM (*Chi fam: reunión de personas*) crowd.

piñón¹ NM (*Bot*) pine kernel; **estar** o **llevarse a partir un**

~ to be the best of buddies; **seguir a ~ fijo** (*fam: sin moverse*) to be rooted to the spot; (*fig*) to go on in the same old way, be stuck in one's old ways.

piñón² NM (*Orn, Téc*) pinion.

pío¹ ADJ (*caballo*) piebald, dappled.

pío² ADJ a (*Rel*) pious, devout; (*pey*) sanctimonious. b (*compasivo*) merciful.

pío³ NM (*Orn*) cheep, chirp; **no decir ni ~** not to breathe a word; **¡de esto no digas ni ~!** you keep your mouth shut about this!

PIO NM ABR (*Esp*) de **Patronato de Igualdad de Oportunidades** ≈ EOC.

piocha NF pickaxe, pickax (*US*).

piojo NM louse; **estar como ~s en costura** to be packed in like sardines.

piojoso ADJ a lousy; (*sucio*) dirty, ragged. b (*mezquino*) mean.

piola 1 NF (*LAm*) a (*soga*) rope, tether. b (*cuerda*) cord, string. 2 ADJ INV (*Arg fam: astuto*) smart, clever.

piolet [pio'le] NM (*pl* **~s** [pio'les]) ice axe, ice ax (*US*).

pionero/a 1 ADJ pioneering. 2 NM/F pioneer.

pioneta NM (*LAm Aut*) lorry o (*US*) truck driver's mate.

piorrea NF pyorrhoea.

pipa NF a pipe; **fumar en ~** to smoke a pipe. b (*de vino*) cask, barrel; (*medida*) pipe. c (*Bot: semilla*) pipe, seed; (*esp de girasol*) (edible) sunflower seed; **no tener ni para ~s** to be broke o skint (*fam*). d (*Mús*) reed. e (*LAm fam: barriga*) belly (*fam*); **tener ~** to be potbellied. f (*fam: pistola*) rod (*fam*). g **pasarlo ~** (*fam*) to have a great time.

pipeta NF pipette.

pipí NM (*fam*) wee wee (*fam*); **hacer ~** to do a wee wee (*fam*).

pipiolo/a NM/F youngster; (*chico*) little boy, little girl; (*fig: novato*) novice, greenhorn.

pipón NM (*PR fam*) kid (*fam*).

pipote NM keg, cask.

pique NM a (*resentimiento*) resentment; (*inquina*) grudge; (*rivalidad*) rivalry, competition; **tener un ~ con algn** to have a grudge against sb; **tienen (un) ~ sobre sus coches** they're always trying to outdo one another with their cars. b **estar a ~ de hacer algo** to be on the point of doing sth. c **irse a ~** (*barco*) to sink, founder; (*esperanza, familia*) to be ruined. d (*LAm*) mine shaft.

piquera NF a (*de tonel, colmena*) hole, vent. b (*CAm, Méx: fam: taberna*) dive (*fam*).

piqueta NF pick, pickaxe, pickax (*US*); (*de tienda de campaña*) peg.

piquete NM a (*Mil*) squad, party; (*de huelguistas*) picket; **~ secundario** secondary picket. b (*Arg*) yard, small corral.

piquiña NF (*And, Carib*) itch, sting.

pira NF (*hoguera*) pyre.

pirado/a (*fam*) 1 ADJ round the bend (*fam*). 2 NM/F nutcase (*fam*).

piragua NF canoe.

piragüismo NM canoeing.

piragüista NMF canoeist.

piramidal ADJ pyramidal.

pirámide NF pyramid.

piraña NF piranha.

pirarse <1a> VR a **~(las)** to beat it (*fam*). b **~ la(s) clases** to cut class.

pirata 1 NMF a pirate; **~ aéreo** hijacker. b (*Inform*) hacker. 2 ADJ: **barco ~** pirate ship; **disco ~** bootleg record; **edición ~** pirated edition; **emisora ~** pirate radio station.

piratear <1a> 1 VT (*Aer*) to hijack; (*Mús*) to pirate; (*Inform*) to hack into. 2 VI to buccaneer, practise o (*US*) practice piracy.

piratería NF piracy; (*de disco*) pirating, bootlegging; (*Inform*) hacking; **~s** depredations.

pirca NF (*And, Chi*) dry-stone wall.

pirenaico ADJ Pyrenean.

pirgua NF (*And, CSur*) shed, small barn.

pirineo ADJ Pyrenean.

Pirineo(s) NM(PL) Pyrenees; **el ~ catalán** the Catalan (part of the) Pyrenees.

piripi ADJ (*fam*): **estar ~** to be sozzled (*fam*).

pirita NF pyrite.

piro NM: **darse el ~** (*fam*) to beat it (*fam*).

piromanía NF pyromania.

pirómano/a NM/F arsonist, fire-raiser, pyromaniac.

piropear‹1a› VT to compliment.

piropo NM (*amorous*) compliment, flirtatious remark; (*lisonja*) flattery; **echar ~s a** to compliment.

pirotecnia NF pyrotechnics; (*fuegos artificiales*) firework display.

pirotécnico ADJ pyrotechnic, firework *atr*.

pirquén NM: **mina al ~** (*Chi*) rented mine.

pirrar‹1a›, **pirriar**‹1b› **1** VT: **le pirraba el cine** he was right into the cinema (*fam*). **2 pirr(i)arse** VR: **~ por** to rave about, be crazy about.

pírrico ADJ: **victoria ~a** Pyrrhic victory.

pirueta NF a pirouette; (*cabriola*) caper. **b hacer ~s** (*fig*) to perform a balancing act.

piruetear‹1a› VI to pirouette.

pirula NF: **hacer la ~ a** (*fam: molestar*) to upset, annoy; (: *jugarla*) to play a dirty trick on.

piruleta NF lollipop.

pirulí NM (*chupachups*) lollipop; **el P~** (*fam*) Madrid television tower.

pis NM pee (*fam*); (*entre niños*) wee wee (*fam*); **hacer ~** to have a pee (*fam*), do a wee wee (*fam*).

Pisa NF Pisa.

pisada NF footstep, tread; (*huella*) footprint.

pisano/a 1 ADJ of o from Pisa. **2** NM/F native o inhabitant of Pisa.

pisapapeles NM INV paperweight.

pisar‹1a› **1** VT **a** to tread (on), walk on; (*por casualidad*) to step on; (*para destruir*) to flatten, crush, trample (*underfoot*); (*uvas*) to tread; (*tierra*) to tread down; **¡me has pisado!** you've stood on me!; **~ el acelerador** to step on the accelerator; **'prohibido ~ el césped'** 'keep off the grass'; **no volvimos a ~ ese sitio** we never set foot in that place again. **b** (*Mús: tecla*) to strike, press; (: *cuerda*) to hold down. **c** (*And: hembra*) to cover. **d** (*fig: atropellar*) to trample on, walk all over; (*maltratar*) to abuse; **no se deja ~ por nadie** he doesn't let anybody trample over him. **e** (*fam: adelantarse a*) **otro le pisó el puesto** somebody got in first and collared the job; **el periódico le pisó la noticia** the newspaper got in first with the news. **2** VI **a** (*andar*) to tread, step; **hay que ~ con cuidado** you have to tread carefully. **b** (*fig*) **~ fuerte** to act determinedly; **entrar pisando fuerte** to get off to a good start.

pisaverde NMF toff (*fam*).

pisca NF (*Méx*) = **pizca**.

piscar‹1g› VI (*Méx*) to pinch, nip.

piscicultor(a) NM/F fish-farmer.

piscicultura NF fish-farming.

piscifactoría NF fish-farm.

piscina NF **a** swimming pool; **~ climatizada** heated swimming pool; **~ cubierta** indoor swimming pool; **~ olímpica** Olympic-length pool. **b** (*estanque*) fishpond, fish tank.

Piscis NM Pisces.

pisco NM (*And, Chi*) strong grape liquor; **~ sauer** (*And*) pisco cocktail.

piscolabis NM INV snack.

piso NM **a** (*esp LAm: gen*) floor; (*suelo*) flooring. **b** (*de edificio*) storey, floor; (*de autobús*) deck; (*de cohete*) stage; (*de pastel*) layer, tier; **~ alto/bajo** top/ground o (*US*) first floor; **primer ~** first o (*US*) second floor; **viven en el quinto ~** they live on the fifth floor; **autobús de dos ~s** double-decker bus. **c** (*casa*) flat, apartment (*US*); **~ franco** (*Esp*) safe house, hideout. **d** (*Aut: de neumático*) tread. **e** (*de zapato*) sole. **f** (*LAm: tapete*) table runner.

pisón NM (*para aplastar tierra*) ram, rammer.

pisotear‹1a› VT **a** (*gen*) to tread down, trample (underfoot); (*hollar*) to stamp on. **b** (*fig: humillar*) to trample on; (*ley etc*) to abuse, disregard.

pisotón NM stamp; **me ha dado un ~** he stood on me.

pispar‹1a› VI (*CSur: acechar*) to spy, keep watch.

pis-pas NM (*fam*) **en un ~** in a flash, in no time at all.

pista NF **a** (*rastro*) track, trail; (*Inform*) track; **estar sobre la ~** to be on the scent; **estar sobre la ~ de algn** to be on sb's trail; **seguir la ~ de algn** to be on sb's track. **b** (*indicio*) clue, clew (*US*); **~ falsa** false trail, false clue; (: *ardid*) red herring; **dame una ~** give me a clue; **la policía tiene una ~ ya** the police already have a lead. **c** (*Dep*) track, course; (*cancha*) court; (*de circo etc*) floor, arena; **~ de aterrizaje** runway, landing strip; **~ de baile** dance floor; **~ de carreras** racetrack; **~ de esquí** ski run; **~ forestal** forest trail; **~ de hielo** ice rink; **~ de patinaje** skating rink; **~ de tenis** tennis court; **~ de tierra batida** clay court. **d** (*de cinta*) track.

pistacho NM pistachio.

pistilo NM (*Bot*) pistil.

pisto NM **a** (*Med*) chicken broth. **b** (*Culin*) fried vegetable hash, ratatouille. **c** (*fig: revoltijo*) mixture, hotchpotch, hodgepodge (*US*). **d darse ~** (*fam*) to show off. **e** (*LAm fam: dinero*) money, dough (*fam*).

pistola NF (*arma*) pistol, gun; (*Téc: para pintar*) spray gun; **~ de engrase** grease gun; **~ de juguete** toy pistol.

pistolera NF **a** holster. **b** (*Anat fam*) **~s** flabby thighs.

pistolero NM gunman, gangster; **~ a sueldo** hired gunman.

pistoletazo NM pistol shot; (*Dep, fig*) starting signal.

pistón NM **a** (*Mec*) piston. **b** (*Mús*) key; (*Col*) bugle, cornet.

pistonudo ADJ (*fam*) smashing (*fam*), terrific (*fam*).

pistudo ADJ (*CAm fam*) filthy rich (*fam*).

pita NF (*planta*) agave; (*fibra*) pita fibre, pita thread.

pitada NF **a** (*silbido*) whistle; (*rechifla*) hiss. **b** (*LAm fam: de cigarrillo*) puff, draw (*fam*).

pitagorín NM (*fam*) brainbox (*fam*).

pitanza NF **a** dole, daily ration; (*fam*) grub. **b** (*fam*) price.

pitar‹1a› **1** VT **a** (*silbato*) to blow; (*partido*) to referee; **el árbitro pitó falta** the referee whistled for a foul. **b** (*Dep*) to whistle at, boo; (*actor, obra*) to hiss, give the bird to. **c** (*LAm fam: fumar*) to smoke. **2** VI **a** (*sonar*) to whistle, blow a whistle; (*rechiflar*) to hiss, boo; (*Aut*) to sound one's horn. **b** (*LAm fam: fumar*) to smoke. **c** (*fam: funcionar*) **esto no pita** this is no good; **salir pitando** to beat it (*fam*).

pitazo NM (*LAm*) whistle, hoot.

pitido NM whistle; (*sonido agudo*) beep; (*sonido corto*) pip.

pitillera NF cigarette case.

pitillo NM **a** cigarette; **echarse un ~** to have a smoke. **b** (*And, Carib*) drinking straw.

pítima NF: **coger una ~** (*fam*) to get plastered (*fam*).

pitimliní NM: **de ~** (*fig*) trifling, trivial.

pito NM **a** (*silbato*) whistle; (*Aut*) horn, hooter; (*Ferro*) whistle, hooter; **tener voz de ~** to have a squeaky voice. **b** (*Orn*) **~ real** green woodpecker. **c** (*fam: cigarrillo*) fag (*fam*), ciggy (*fam*); (*LAm*) pipe. **d** (*fam!*) prick (*fam!*); (*entre niños*) willy (*fam*). **e** (*locuciones*) **cuando no es por ~s es por flautas** if it isn't one thing it's another; **entre ~s y flautas** what with one thing and another; **(no) me importa un ~** I don't care two hoots (*de* about); **me tomaron por el ~ del sereno** (*Esp*) they thought I was something the cat dragged in.

pitón¹ NM (*Zool*) python.

pitón² NM (*Zool*) horn; (*de jarra etc*) spout; (*LAm: de manguera*) nozzle.

pitonisa NF (*adivinadora*) fortune teller; (*hechicera*) witch, sorceress.

pitorrearse‹1a› VR: **~ de** to scoff at, make fun of.

pitorreo NM (*fam*) teasing, joking; **estar de ~** to be in a joking mood.

pitorro NM spout.

pitote NM (*fam*) fuss, row.

pituco/a (*And, CSur*) [1] ADJ posh (*fam*), elegant. [2] NM/F (*fam*) toff (*fam*), elegant person.

pituitario ADJ pituitary; **glándula ~a** pituitary (gland).

pivotar <1a> VI [a] (*girar, Dep*) to pivot. [b] (*fig*) **alrededor de/sobre** to revolve around.

pivote NM pivot.

píxel NM (*Inform*) pixel.

piyama NM (*LAm*) pyjamas *pl*, pajama (*US*).

pizarra NF [a] (*piedra*) slate; (*esquisto*) shale. [b] (*Escol*) blackboard.

pizarral NM V **pizarra (a)** slate quarry; shale bed.

pizarrín NM slate pencil.

pizarrón NM (*Escol*) blackboard.

pizca NF [a] (*partícula*) pinch, spot; (*migaja*) crumb; **una ~ de sal** a pinch of salt. [b] (*fig: rastro*) trace, jot; **ni ~** not a bit, not a scrap; **no tiene ni ~ de gracia** it's not funny at all.

pizpireta NF (*fam*) bright girl, smart little piece (*fam*).

pizza NF (*Culin*) pizza.

PJ NM ABR (*Arg*) de **Partido Justicialista**.

p.j. NM ABR de **partido judicial**.

PL NM ABR de **Parlamento Latinoamericano**.

placa NF [a] (*gen*) plate; (*lámina*) thin piece of material, (thin) sheet; (*de cocina*) plate; (*radiador*) radiator; **~ conmemorativa** commemorative plaque; (*dental*) plaque; **~ de hielo** icy patch; **~ de matrícula** number o (*US*) license plate, registration plate; **~ madre** (*Inform*) motherboard; **~ del nombre** nameplate. [b] (*Fot: tb ~ fotográfica*) plate. [c] (*LAm: Mús*) gramophone o (*US*) phonograph record. [d] (*distintivo*) badge, insignia. [e] (*LAm: erupción*) blotch, skin blemish.

placaje NM (*Rugby*) tackle.

placar<1g> VT (*Rugby*) to tackle.

placard NM (*CSur: armario empotrado*) built-in cupboard, (clothes) closet (*US*).

placebo NM placebo; **efecto ~** placebo effect.

pláceme NM (*felicitación*) congratulations, message of congratulations; **dar el ~ a algn** to congratulate sb.

placenta NF placenta, afterbirth.

placentero ADJ pleasant, agreeable.

placer¹ [1] NM (*gen*) pleasure; (*contento*) enjoyment, delight; **a ~** as much as one wants; **es un ~ hacerlo** it is a pleasure to do it; **con mucho** o **sumo ~** with great pleasure; **tengo el ~ de presentarle** It's my pleasure to introduce; **~ de dioses** heavenly delight; **viaje de ~** pleasure trip. [2]<2w> VT (*agradar*) to please; **me place poder hacerlo** I am glad to be able to do it.

placer² NM (*Geol, Min*) placer.

placero/a NM/F [a] (*vendedor*) stallholder, market trader. [b] (*fig: ocioso*) loafer, gossip.

plácidamente ADV placidly.

placidez NF placidity.

plácido ADJ placid.

placita NF little square.

plaf INTERJ bang!, crash!, smack!

plafón NM (*en el techo*) rosette; (*de madera*) panel; (*LAm: Constr*) ceiling.

plaga NF [a] (*Agr: Zool*) pest; (: *Bot*) blight; **~ del jardín** garden pest; **~s forestales** forest pests. [b] (*de langostas*) plague; (*azote*) scourge; (*infortunio*) calamity, disaster; **aquí la sequía es una ~** drought is a menace here; **una ~ de turistas** a plague of tourists. [c] (*exceso*) glut.

plagar<1h> [1] VT (*infestar*) to infest, plague; (*llenar*) to fill; **han plagado la ciudad de carteles** they have plastered the town with posters; **un texto plagado de errores** a text riddled with errors. [2] **plagarse** VR to become infested with.

plagiar <1b> VT [a] (*copiar*) to plagiarize. [b] (*Méx: secuestrar*) to kidnap.

plagiario/a NM/F [a] plagiarist. [b] (*Méx*) kidnapper.

plagio NM [a] (*copia*) plagiarism. [b] (*Méx*) kidnap.

plan NM [a] (*gen*) plan; (*proyecto*) scheme; (*intención*) idea, intention; **~ de desarrollo** development plan; **~ de**

incentivos incentive scheme; **~ quinquenal** five-year plan; **no tengo ~es para el futuro** I have no plans for the future. [b] (*idea*) (idea for an) activity, amusement; **tengo un ~ estupendo para mañana** I've got a splendid idea about what to do tomorrow. [c] (*fam: aventura*) date; (*pey*) affair; **¿tienes ~ para esta noche?** have you a date for tonight? [d] (*de curso*) programme, program (*US*); **~ de estudios** curriculum, syllabus. [e] (*Med*) régime; **estar a ~** to be on a course of treatment. [f] (*Topografía: nivel*) level. [g] (*fam: manera*) way; (: *actitud*) attitude; **en ~ económico** in an economical way; **en ese ~** in that way, at that rate; **si te pones en ese ~** if that's your attitude; **eso no es ~, tampoco es ~** that's not on (*fam*); **vamos en ~ de turismo** we're going as tourists; **lo hicieron en ~ de broma** they did it for a laugh; **lo hizo en ~ bruto** (*Esp*) he did it in a brutal way; **unos jóvenes en ~ de divertirse** some youngsters out for a good time.

plana NF [a] (*de hoja*) side, page; (*Tip*) page; **noticias de primera ~** front-page news; **en primera ~** on the front page; **corregir** o **enmendar la ~ a algn** to put sb right. [b] (*Mil*) **~ mayor** staff; (*fig*) top brass (*fam*), big shots (*fam*). [c] (*Téc*) trowel; (*de tonelero*) cooper's plane.

plancha NF [a] (*lámina*) plate, sheet; (*losa*) slab; (*Tip*) plate; (*Náut*) gangway; (*Culin*) grill; **pescado a la ~** grilled fish. [b] (*utensilio*) iron; (*acción*) ironing; (: *de traje*) pressing; (*ropa para planchar*) ironing; **~ eléctrica** electric iron. [c] (*fam: error*) bloomer (*fam*); **hacer** o **tirarse una ~** to drop a clanger (*fam*). [d] (*Dep*) dive; **entrada en ~** sliding tackle; **lanzarse en ~** to dive (for the ball), dive headlong.

planchada NF [a] (*para barcas*) landing stage. [b] (*LAm*) = **plancha (c)**.

planchado [1] ADJ [a] (*ropa*) ironed; (*traje*) pressed. [b] (*CAm, CSur*) very smart, dolled up. [c] (*LAm fam: sin dinero*) broke (*fam*). [2] NM [a] (*V adj (a)*) ironing; pressing; **dar un ~ a** to iron, press; **prenda que no necesita ~** non-iron garment. [b] (*And, CSur: Aut*) panel beating.

planchar <1a> [1] VT [a] (*ropa*) to iron; (*traje*) to press; **prenda de no ~** non-iron garment. [b] (*LAm fam*) to flatter, suck up to (*fam*). [2] VI [a] to iron, do the ironing. [b] (*LAm fam*) to sit out (a dance). [c] (*Chi fam*) to drop a clanger (*fam*); (*parecer absurdo*) to look ridiculous.

planchazo NM (*fam*) = **plancha (c)**.

plancton NM plankton.

planeador NM (*Aer*) glider.

planear<1a> [1] VT (*proyectar*) to plan. [2] VI (*Aer*) to glide; (*fig*) to hang, hover (*sobre* over).

planeta NM planet.

planetario [1] ADJ planetary. [2] NM planetarium.

planicie NF (*llanura*) plain; (*llano*) flat area, level ground.

planificación NF planning; **~ corporativa** corporate planning; **~ familiar** family planning.

planificador [1] ADJ planning. [2] NM planner.

planificar<1g> VT (*proyectar*) to plan.

planilla NF (*LAm*) [a] (*lista*) list; (*tabla*) table, tabulation; (*nómina*) payroll. [b] (*Ferro etc*) ticket. [c] (*formulario*) application form, blank; (*Fin: cuenta*) account; (*de gastos*) expense account. [d] (*para votar*) voting paper; (*Pol*) ticket.

plan(n)ing ['planin] NM (*pl* **~s** ['planin]) agenda, schedule, plan.

plano [1] ADJ [a] (*llano*) flat, level; (*Mat, Mec*) plane; (*liso*) smooth; **caer de ~** to fall flat. [b] (*fig*) **le daba el sol de ~** the sun shone directly on it; **confesar de ~** to make a full confession; **rechazar algo de ~** to turn sth down flat. [2] NM [a] (*Mat, Mec*) plane; **~ focal** focal plane. [b] (*fig: posición*) position, level; **de distinto ~ social** of a different social position.

[c] (*Cine*) shot; **primer ~** close-up; (*de imagen*) foreground; **está en (un) primer/segundo ~** (*fig*) to be in the foreground/background.
[d] (*Aer*) **~ de cola** tailplane.
[e] (*Arquit, Mec*) plan; (*Geog*) map; (*de ciudad*) map, street plan; **~ acotado** contour map; **levantar el ~ de** (*de país*) to survey, make a map of; (*de edificio*) to draw up the designs for.

planta NF **[a]** (*Bot*) plant; **~ de interior** indoor plant, houseplant. **[b]** (*del pie*) sole of the foot, foot. **[c]** (*Arquit: piso*) floor, storey; **~ baja** ground o (*US*) first floor. **[d]** (*Arquit: plano*) ground plan; **construir un edificio de (nueva) ~** to build a completely new building. **[e]** (*presencia*) **de buena ~** well-built; (*de buen talle*) shapely; **tener buena ~** to have a fine physique; (*atractivo*) to be good-looking. **[f]** (*fábrica*) plant.

plantación NF **[a]** (*acción*) planting. **[b]** plantation; **~ de tabaco** tobacco plantation.

plantado ADJ (*fam*) **[a]** **dejar a algn ~** (*en una cita*) to stand sb up; (*abandonar*) to walk out on sb; **dejar ~ al novio** to jilt one's boyfriend; **dejar algo ~ (en cualquier sitio)** to dump sth down. **[b]** **sigue ahí ~** he's still standing there. **[c]** V **planta (e)**; **bien ~** well-built; shapely; good-looking.

plantador(a) **[1]** NM/F (*persona*) planter. **[2]** NM (*Agr*) dibber.

plantar <1a> **[1]** VT **[a]** (*Bot*) to plant.
[b] (*poste etc*) to put in; (*tienda*) to pitch.
[c] (*fam: beso, bofetada*) to plant.
[d] (*fam: insulto*) to offer, hurl; **le planté cuatro verdades** I gave him a good piece of my mind.
[e] **~ a algn (de patitas) en la calle** to chuck sb out.
[f] V **plantado**.
[2] **plantarse** VR **[a]** to stand firm, stay resolutely where one is; (*con firmeza*) to plant o.s.; (*fig: de pie firme*) to stand firm, refuse to compromise.
[b] (*caballo: resistirse*) to balk, refuse.
[c] **~ en** to reach, get to; **en 3 horas se plantó en Sevilla** he got to Seville in 3 hours.
[d] (*Naipes*) to stick.

planteamiento NM **[a]** (*de problema*) posing, raising.
[b] (*aproximación*) approach.

plantear <1a> **[1]** VT **[a]** (*proponer*) to bring up, raise.
[b] (*problema*) to create, pose; (*dificultad*) to raise; **nos ha planteado muchos problemas** it has created a lot of problems for us; **se lo planteará** I'll put it to him.
[2] **plantearse** VR: **~ algo** (*pensar en*) to think about sth; (*enfrentarse a*) to address sth.

plantel NM **[a]** (*Bot*) nursery. **[b]** (*fig: centro educativo*) training establishment, nursery. **[c]** (*fig: personal*) staff, personnel; **~ de actores y actrices** leading actors and actresses. **[d]** (*LAm: escuela*) school.

plantilla NF **[a]** (*de zapato*) inner sole, insole; (*de media etc*) sole. **[b]** (*Téc*) pattern, template; (*patrón*) stencil. **[c]** (*personas*) personnel; **estar de ~** to be on the payroll.

plantío NM plot, bed, patch.

plantón NM (*fam: espera*) long wait, tedious wait; **dar (un) ~ a algn** to stand sb up; **estar de ~** to be stuck, have to wait around.

plañidera NF (paid) mourner.

plañidero ADJ mournful, plaintive.

plañir <3h> VT to mourn, grieve over.

plaqueta NF (*Med*) platelet.

plasma NM plasma.

plasmar <1a> **[1]** VT (*figurar*) to mould, mold (*US*), shape; (*crear*) to create; (*dar forma a*) to represent. **[2]** VI, **plasmarse** VR: **~ en** to take the form of, emerge as.

plasta **[1]** NF **[a]** (*gen*) soft mass, lump; (*cosa aplastada*) flattened mass. **[b]** (*fam: desastre*) botch, mess. **[2]** NMF (*fam: pelmazo*) bore. **[3]** ADJ INV boring.

plástica NF (art of) sculpture, modelling, modeling (*US*).

plasticidad NF **[a]** plasticity. **[b]** (*fig*) expressiveness, descriptiveness; (*de descripción*) richness.

plástico **[1]** ADJ **[a]** (*gen*) plastic; **artes ~as** plastic arts.
[b] (*fig: imagen*) expressive, descriptive; (*descripción*) rich, poetic, evocative.

[2] NM **[a]** (*gen*) plastic.
[b] (*fam: disco*) record, disc.

plastificar <1a> VT (*documento*) to cover with plastic, seal in plastic.

plastilina ® NF Plasticine ®.

plata NF **[a]** (*metal*) silver; (*vajilla*) silverware; (*Fin*) silver, silver coin(s). **[b]** (*esp LAm*) money; **podrido en ~** (*fam*) stinking rich (*fam*), rolling in money (*fam*). **[c]** **hablar en ~** to speak bluntly o frankly.

plataforma NF **[a]** platform; **~ de lanzamiento** launching pad; **~ petrolífera** o **de perforación** drilling rig, oil rig; **zapatos de ~** platforms. **[b]** (*Pol: tb* **~ electoral**) platform; **~ reivindicativa** set of demands. **[c]** (*fig: para lograr algo*) springboard.

platal NM (*LAm*) wealth, fortune.

platanal NM, **platanar** NM (*Col*), **platanera** NF (*LAm*) banana plantation.

platanero **[1]** ADJ banana *atr*. **[2]** NM (*LAm*) banana grower; (*Com*) dealer in bananas.

plátano NM **[a]** (*banana: fruta*) banana; (: *árbol*) banana tree. **[b]** (*árbol*) plane (tree).

platea NF (*Cine, Teat*) stalls *pl*, ground floor (*US*).

plateado **[1]** ADJ **[a]** (*color*) silvery; (*Téc*) silver-plated. **[b]** (*Méx*) wealthy. **[2]** NM silver-plating.

platear <1a> VT **[a]** to silver-plate. **[b]** (*CAm, Méx*) to sell, turn into money.

platense (*Arg*) **[1]** ADJ **[a]** = **rioplatense 1**. **[b]** of o from La Plata. **[2]** NMF **[a]** = **rioplatense 2**. **[b]** native o inhabitant of La Plata.

plateresco ADJ plateresque.

platería NF **[a]** silversmith's craft. **[b]** silversmith's.

platero/a NM/F silversmith.

plática NF (*esp Méx: charla*) talk, chat; (*Rel*) sermon; **estar de ~** to be chatting, have a talk.

platicar <1g> **[1]** VI (*charlar*) to talk, chat. **[2]** VT (*Méx: decir*) to say, tell.

platija NF plaice.

platillo NM **[a]** saucer; (*plato*) small plate; (*de limosnas*) collecting bowl; (*~ de balanza*) scale, pan; **~ volante** flying saucer; **pasar el ~** to pass the hat round. **[b]** **~s** (*Mús*) cymbals.

platina NF **[a]** microscope slide. **[b]** (*de cassette*) tape (deck); **doble ~** twin deck.

platino **[1]** NM platinum; **~s** (*Aut*) contact points. **[2]** ADJ: **rubia ~** platinum blonde.

plato NM **[a]** plate, dish; (*de balanza*) scale, pan; **~ frutero/sopero** fruit/soup dish; **fregar los ~s** to wash the dishes, wash up; **pagar los ~s rotos** (*fam*) to carry the can (*fam*). **[b]** (*contenido del ~*) plateful, dish; **un ~ de arroz** a dish of rice. **[c]** (*Culin: en menú*) course; (: *guiso*) dish; **~ combinado** set main course; **~ fuerte** main course; (*fig: tema*) main topic, central theme; **sopa y 4 ~s** soup and 4 courses; **es un ~ típico español** it's a typical Spanish dish; **es mi ~ favorito** it's my favourite dish o meal; **no es ~ de mi gusto** (*fig*) it's not my cup of tea. **[d]** (*de tocadiscos*) turntable.

plató NM (*Cine*) set; (*TV*) floor.

platónicamente ADV platonically.

platónico ADJ platonic.

platudo ADJ (*LAm fam: rico*) rich, well-heeled (*fam*).

plausible ADJ **[a]** (*loable*) commendable, praiseworthy. **[b]** (*argumento*) acceptable, admissible.

playa NF **[a]** (*orilla*) beach; **pasar el día en la ~** to spend the day on the beach. **[b]** (*gen: costa*) seaside; **ir a veranear a la ~** to spend the summer at the seaside. **[c]** (*LAm*) flat open space; (*Ferro*) goods-yard; **~ de estacionamiento** car park, parking lot (*US*); **~ de juegos** playground.

playera NF (*CAm, Méx*) T-shirt.

playeras NFPL sandshoes, canvas shoes.

playero ADJ beach *atr*.

playo ADJ (*Arg, Méx*) shallow.

plaza NF **[a]** (*gen*) square; (*lugar amplio*) public square; (*mercado*) market (place); **~ mayor** main square; **~ de toros** bullring; **hacer la ~** to do the daily shopping.
[b] (*Com: población mercantil*) town, city, centre, center

(*US*). **c** (*espacio*) room, space; (*lugar*) place; (*de vehículo etc*) seat, place; **de dos ~s** (*Aut etc*) two-seater; **~ hotelera** hotel bed; **el avión tiene 90 ~s** the plane carries 90 passengers; **reservar una ~** to reserve a seat. **d** (*ocupación*) post, job; (*vacante*) vacancy; **cubrir una ~** to fill a job. **e** (*Mil: tb* **~ fuerte**) fortress, fortified town.

plazo NM **a** (*tiempo*) time, period; (*término*) time limit; (*vencimiento*) expiry date, expiration date (*US*); (*Com, Fin*) date; **en un ~ de 6 meses** in the space of 6 months; **nos dan un ~ de 8 días** they allow us a week, they give us a week's grace; **¿cuándo vence el ~?** when is the deadline?; **se ha cumplido el ~** the time is up; **a corto ~** (*adj: préstamo, fig*) short-dated; (*fig*) short-term; (*adv*) in the short term; **a largo ~** (*adj*) long-dated; (*fig*) long-term; (*adv*) in the long term; **es una tarea a largo ~** it's a long-term job.
b (*pago*) instalment, installment (*US*), payment; **pagar el ~ de marzo** to pay the March instalment; **comprar a ~s** to buy on hire purchase, pay for in instalments.

plazoleta, plazuela NF small square.

pleamar NF high tide.

plebe NF: **la ~** the common people, the masses; (*populacho: pey*) the mob, the rabble.

plebeyo/a **1** ADJ plebeian; (*ordinario*) coarse, common. **2** NM/F plebeian, commoner.

plebiscito NM plebiscite.

pleca NF (*Inform*) backslash.

plectro NM plectrum.

plegable ADJ pliable, that bends; (*silla*) folding, collapsible.

plegado NM (*acto*) folding; (*doblar*) bending.

plegamiento NM (*Geol*) fold.

plegar <1h, 1j> **1** VT (*papel*) to fold; (*lo duro*) to bend; (*Cos*) to pleat. **2** **plegarse** VR **a** to bend. **b** (*fig: someterse*) to yield, submit (*a* to).

plegaria NF (*oración*) prayer.

pleitear <1a> VI **a** (*Jur*) to plead, conduct a lawsuit; (*litigar*) to go to law (*con, contra, sobre* with, over), indulge in litigation. **b** (*esp LAm fam*) to argue.

pleitesía NF: **rendir ~ a** to show respect for, show courtesy to; (*homenaje*) to pay tribute to.

pleito NM **a** (*Jur*) lawsuit, case; **~s** litigation *sg*; **~ de acreedores** bankruptcy proceedings; **~ civil** civil action; **entablar ~** to bring an action o a lawsuit; **ganar el ~** to win one's case; **poner ~** to sue, bring an action. **b** (*fig: litigio*) dispute, feud; (*controversia*) controversy; (*pelea*) quarrel, argument.

plenamente ADJ fully; (*enteramente*) completely.

plenario ADJ plenary, full.

plenilunio NM full moon.

plenipotenciario/a ADJ, NM/F plenipotentiary.

plenitud NF (*totalidad*) plenitude, fullness; (*exceso*) abundance; **en la ~ de** in the fullness of; (*pináculo*) at the height of.

pleno **1** ADJ full; (*entero*) complete; (*poderes*) full; (*sesión*) plenary, full; **en ~ día** in broad daylight; **en ~ verano** at the height of summer; **en ~a vista** in full view; **le dio en ~a cara** it hit him full in the face. **2** NM **a** plenum. **b** (*en el juego*) clean sweep. **c** **en ~** as a whole, collectively; (*por unanimidad*) unanimously.

pleonasmo NM pleonasm.

pletina NF = **platina**.

plétora NF plethora, abundance.

pletórico ADJ abundant; **~ de** abounding in, full of, brimming with; **~ de salud** bursting with health.

pleuresía NF (*Med*) pleurisy.

plexiglás ® NM Perspex ®, Plexiglas ® (*US*).

plexo NM (*Anat*) **~ solar** solar plexus.

pléyade **1** NF (*Lit*) group, gathering. **2** NMPL: **P~s** Pleiades.

plica NF sealed envelope o document; (*en un concurso*) sealed entry.

pliego NM **a** (*hoja de papel*) sheet; (*carpeta*) folder; (*Tip*) gathering. **b** sealed letter o document; **~ cerrado**

(*Náut*) sealed orders; **~ de condiciones** specifications (of a tender); **~ de cargos** list of accusations; **~ de descargo** evidence (for the defendant).

pliegue NM **a** fold, crease; (*Cos*) pleat, crease; (*alforza*) tuck. **b** (*Geol etc*) fold.

plin INTERJ: **¡a mí, ~!** I couldn't care less!

plisado NM pleating.

plisar <1a> VT to pleat.

plomada NF (*Arquit*) plumb; (*Náut*) lead; (*en red de pescar*) weights *pl*, sinkers *pl*.

plomar <1a> VT to seal with lead.

plomazo NM (*CAm, Méx: tiro*) shot; (: *herida*) bullet wound.

plomería NF **a** (*Arquit*) leading, lead roofing. **b** (*LAm*) plumbing; (*taller*) plumber's workshop.

plomero NM (*esp LAm*) plumber.

plomífero ADJ (*fam*) boring.

plomizo ADJ leaden, lead-coloured, lead-colored (*US*).

plomo **1** NM **a** lead; **~ derretido** molten lead; **gasolina sin ~** unleaded petrol; **soldado de ~** tin soldier. **b** (*plomada*) **a ~** true, vertical(ly); (*fig: justo*) just right; **caer a ~** to fall heavily o flat. **c** (*Elec*) fuse; **se han fundido los ~s** the fuses have blown. **d** (*esp LAm*) bullet. **e** (*fam: pesadez*) bore; (: *pelmazo*) drag (*fam*). **2** ADJ (*LAm*) leaden grey o (*US*) gray, lead-coloured o (*US*) -colored.

pluma NF **a** (*Orn*) feather, quill; (*adorno*) plume, feather; **colchón de ~s** feather bed. **b** (*para escribir*) pen; **~ estilográfica** fountain pen; **y otras obras de su ~** and other works from his pen; **escribir a vuela ~** to write quickly. **c** **tener ~** (*Esp fam*) to be a queer (*fam*).

plumada NF stroke of the pen; (*letra adornada*) flourish.

plumado ADJ (*con plumaje*) feathered, with feathers; (*pajarito*) fledged.

plumafuente NF (*LAm*) fountain pen.

plumaje NM **a** (*Orn*) plumage, feathers *pl*. **b** (*adorno*) plume, crest; (*penacho*) bunch of feathers.

plumazo NM (*trazo fuerte*) stroke of the pen; (*tb fig*) **de un ~** with one stroke of the pen.

plúmbeo ADJ leaden.

plumear <1a> VT, VI to write.

plumero NM **a** feather duster. **b** (*adorno*) plume; (*penacho*) bunch of feathers; **se le ve el ~** (*fam*) you can see what he's really thinking, you can see what he's really like. **c** (*portaplumas*) penholder.

plumier(e) NM pencil case.

plumífero NM quilted anorak.

plumilla NF, **plumín** NM pen nib.

plumón NM **a** (*Orn*) down. **b** (*edredón*) continental quilt, duvet; (*saco de dormir*) quilted sleeping bag. **c** (*LAm*) felt-tip pen.

plural **1** ADJ plural. **2** NM plural; **en ~** in the plural.

pluralidad NF **a** (*gen*) plurality. **b** **una ~ de** a number of; **el asunto tiene ~ de aspectos** there are a number of sides to this question.

pluralismo NM pluralism.

pluralista ADJ pluralist.

pluriempleado/a **1** ADJ having more than one job. **2** NM/F person with more than one job, moonlighter (*fam*).

pluriempleo NM having more than one job, moonlighting (*fam*).

plurifamiliar ADJ: **vivienda ~** house for several families.

plurivalencia NF many-sided value; (*versatilidad*) diversity of uses.

plurivalente ADJ having numerous values; (*versátil*) having diverse uses.

plus NM (*suplemento*) extra pay, bonus; **~ de carestía de vida** cost-of-living bonus; **~ de peligrosidad** danger money; **con 5 dólares de ~** with a bonus of 5 dollars.

pluscuamperfecto NM (*Ling*) pluperfect.

plusmarca NF record.

plusmarquista NMF (*Dep*) record holder.

plusvalía NF (*mayor valor*) appreciation, added value;

(*beneficio*) capital gain.
plutocracia NF plutocracy.
plutócrata NMF plutocrat.
Plutón NM Pluto.
plutonio NM plutonium.
pluvial ADJ rain *atr*.
pluviómetro NM rain gauge.
pluviosidad NF rainfall.
PM NF ABR *de* **Policía Militar** MP.
p.m. [a] ABR *de* **post meridiem** p.m. [b] ABR *de* **por minuto**.
PMA NM ABR *de* **Programa Mundial de Alimentos** WFP.
p/mes ABR *de* **por mes** pcm.
PMM NM ABR *de* **parque móvil de ministerios** *official government cars.*
pmo ABR *de* **próximo**.
PN NMF ABR (*Esp*) *de* **profesor numerario** *de* **profesora numeraria**.
PNB NM ABR *de* **producto nacional bruto** GNP.
P.N.D. NM ABR (*Univ, Escol*) *de* **personal no docente** *non-teaching staff.*
PNN [1] NMF ABR (*Escol*) *de* **profesor(a) no numerario/a**. [2] NM ABR (*Econ*) *de* **producto nacional neto**.
PNUD NM ABR *de* **Programa de las Naciones Unidas para el Desarrollo**.
PNV NM ABR (*Esp Pol*) *de* **Partido Nacionalista Vasco**.
P.º ABR *de* **Paseo** Ave, Av.
p.o. ABR *de* **por orden**.
población NF [a] population; **~ activa/flotante** working/floating population. [b] (*ciudad*) town, city; (*pueblo*) village; (*Chi: tb* **~ callampa**) shanty town.
poblada NF (*LAm: revuelta*) rural revolt; (: *muchedumbre*) rural crowd in revolt.
poblado [1] ADJ [a] inhabited. [b] **poco/densamente ~** underpopulated/thickly populated. [c] **~ de** peopled *o* populated with; (*fig: lleno*) filled with; (: *plagado*) covered with. [d] (*barba etc*) big, thick; (*cejas*) bushy. [2] NM village; (*población*) town; (*lugar habitado*) inhabited place.
poblador(a) NM/F (*colonizador*) settler, colonist; (*fundador*) founder; (*Chi*) slum dweller.
poblano/a [1] ADJ (*LAm*) village *atr*, town *atr*; (*Méx*) of *o* from Puebla. [2] NM/F (*LAm*) villager; (*Méx*) native *o* inhabitant of Puebla.
poblar <1l> [1] VT [a] (*lugar*) to settle, colonize; (*río, colmena*) to stock (*de* with); (*tierra*) to plant (*de* with). [b] (*habitar*) to people, inhabit; **los peces que pueblan las profundidades** the fish that inhabit the depths. [2] **poblarse** VR [a] to fill (*de* with); (*ir aumentando*) to fill up (*de* with); (*irse cubriendo*) to become covered (*de* with). [b] (*Bot*) to come into leaf.
pobo NM white poplar.
pobre [1] ADJ (*gen*) poor (*de, en* in); **¡~ de mí!** poor old me!; **¡~ de ti si te pillo!** it'll be tough on you if I catch you!; **¡~ hombre!** poor fellow! [2] NMF *a* (*necesitado*) poor person; (*mendigo*) beggar, pauper; **un ~** a poor man; **los ~s** the poor, poor people. [b] (*fig*) **~ diablo** poor wretch *o* devil; **la ~ estaba mojada** the poor girl was wet through.
pobrecillo/a NM/F poor thing.
pobremente ADV poorly.
pobrería NF, **pobrerío** NM the poor.
pobrete/a NM/F poor thing *o* wretch.
pobretería NF [a] (*los pobres*) poor people. [b] (*pobreza*) poverty. [c] (*tacañería*) miserliness, meanness.
pobreza NF (*gen*) poverty; (*estrechez*) work, penury; (*moral*) **~ de espíritu** poorness of spirit, small-mindedness.
pocerón NM (*CAm, Méx*) large pool.
pochismo NM (*Méx fam: Ling*) language error, anglicism.
pocho/a [1] ADJ (*flor, color*) faded, discoloured, discolored (*US*); (*persona*) pale; (*fruta*) soft, overripe. [b] (*fig: deprimido*) depressed. [2] NM/F (*Méx etc*) United States national of Mexican origin.
pocholo ADJ (*fam*) nice, cute.

pocilga NF (*porquerizo*) piggery, pigsty; (*fig: lugar asqueroso*) pigsty.
pocillo NM cup; (*LAm*) coffee cup; (*Méx*) tankard.
pócima, poción NF (*Farm*) potion, draught, draft (*US*); (*Vet*) drench; (*fig: brebaje*) concoction, nasty drink.
poco [1] ADJ, PRON [a] (*sg: gen*) little; (*pequeño*) small; (*escaso*) slight, scanty; **era ~ para él** it was too little for him; **~a cosa** not much; **con ~ respeto** with little respect; **de ~ interés** of small interest; **de ~a extensión** not extensive; **hay ~ queso** there isn't much cheese; **nos queda ~ tiempo** we haven't much time; **con lo ~ que me quedaba** with what little I had left; **ya sabes lo ~ que me interesa** you know how little it interests me; **y por si eso fuera ~** and as if that weren't enough.
[b] (*pl: no muchos*) **~s** few; **eran ~s para ella** there were too few of them for her; **unos ~s** a few, some; **~s de entre ellos** few of them; **~s niños saben que ...** few *o* not many children know that ...; **~s son los que ...** there are few who ...; **un canalla como hay ~s** a right scoundrel.
[2] ADV [a] (*no mucho*) little, not much; (*ligeramente*) only slightly; **cuesta ~** it doesn't cost much; **ahora trabaja ~** he only works a little now; **los estiman ~** they hardly value it at all; **~ a ~** little by little; **¡~ a ~!** gently!, easy there!; **~ más o menos** more or less; **tener la vida en ~** to think little of sb; **tiene la vida en ~** he holds his life cheap.
[b] (*+adj*) **~ dispuesto a ayudar** disinclined to help; **~ amable** unkind; **~ inteligente** unintelligent.
[c] (*casi*) **por ~** almost, nearly; **por ~ me ahogo** I very nearly drowned.
[d] (*locuciones de tiempo*) **a ~** shortly (after), presently; **a ~ de haberlo firmado** shortly after he had signed it; **cada ~** every so often; **dentro de ~** shortly; **hace ~ a** short while back, a short time ago.
[e] (*Méx fam*) **¿a ~?** not really?; **¡a ~ no!** not much! (*fam*); **¿a ~** (well) isn't it?; **¿a ~ crees que ...?** do you really imagine that ...?; **a ~ vas a decir que ...** maybe you're going to say that ...; **de a ~** (*LAm*) gradually.
[3] NM: **un ~** a little, a bit; **estoy un ~ triste** I am a little sad; **le conocía un ~** I knew him slightly; **espera un ~** wait a minute; **un ~ de dinero** a little money.
poda NF [a] (*acto*) pruning. [b] (*temporada*) pruning season.
podadera NF (*Agr*) pruning knife *o* shears, secateurs.
podadora NF (*Méx*) lawnmower.
podar <1a> VT [a] to prune; (*mondar*) to lop, trim (off). [b] (*fig: cortar lo superfluo*) to prune, cut out.
podenco NM hound.
▼**poder** <2s> [1] V AUX [a] (*capacidad*) **puedo hacerlo sólo** I can do it on my own *o* by myself; **no puede** he can't do it; **no ha podido venir** he couldn't *o* was unable to come.
[b] (*posibilidad*) **puede** *o* **podría estar en cualquier sitio** it could be anywhere; **¿se puede llamar por teléfono desde aquí?** can you make a phone call from here?; **este agua no se puede beber** this water is not fit to drink.
[c] (*eventualidad*) **por lo que pueda pasar** because of what might happen; **podías haberte roto una pierna** you could have broken your leg.
[d] (*permiso*) **puedes irte** you can go; **¿puedo abrir la ventana?** may I open the window?; **aquí no se puede fumar** you are not allowed to smoke here.
[e] (*moral*) **no podemos dejarle sólo** we can't leave him alone.
[f] (*petición*) **¿puedes/puede/podría darme un vaso de agua?** can I have a glass of water please?
[g] (*cálculo*) **¿qué edad puede tener?** I wonder what age he is?
[h] (*sugerencia*) **pod(r)íamos ir al cine** we could (always) go to the cinema.
[i] (*reproche*) **¡podías habérmelo dicho!** you might have told me!
[2] VI [a] (*capacidad*) **no puedo** I can't; **lo haré si puedo**

➤ EXPRESIONES GENERATIVAS: **poder** → 4, 9, 11.2, 13, 14.1, 14.2, 14.3, 15.3

I'll do it if I can; **¡no puedo más!** (*estoy agotado*) I can't go on!; (*estoy harto*) I've had it with this!; (*he comido mucho*) I can't eat another thing!; **no pude (por) menos de sonreír** I could only smile, I just had to smile; **a más no ~** to the utmost, for all one is worth; **es tonto a más no ~** he's as daft as you're likely to get.

b (*permiso*) **¿se puede?** may o can I come in?

c (*fuerza, dominio*) **¿quién puede más?** who can better that?; **la curiosidad pudo más que el temor** his curiosity got the better of his fear; **yo le puedo** I'm a match for him, I'm up to him; **¿puedes con la maleta?** can you manage the suitcase?; **no puedo con él** (*pesa mucho*) I can't manage it; (*no puedo controlarle*) I can't handle him; **no puedo con la hipocresía** I can't stand hypocrisy.

3 V IMPERS: **puede** (*fam*) perhaps, maybe; **puede ser** maybe, it may be so; **¡no puede ser!** it can't be!, it's impossible!; **puede ser que esté enfermo** he may be sick; **puede que sí** maybe so, maybe (you're right); **puede que vaya** he might come.

4 NM **a** (*fuerza*) power; (*autoridad*) authority; **~ adquisitivo** purchasing power; **~ de convocatoria** drawing power; **el dinero es ~** money is power; **esa droga no tiene ~ contra la enfermedad** that drug is not effective against the disease.

b (*posesión*) possession; **estar** u **obrar en ~ de** to be in the hands o possession of; **pasar a ~ de** to pass to, pass into the possession of; **lo tengo en mi ~** I have it within my power.

c **el ~** power; (*los dirigentes*) the leadership; **~ absoluto** absolute power; **el cuarto ~** the fourth estate (*the Press*); **~ ejecutivo/judicial/legislativo** executive/judicial/legislative power; **~es públicos** public authorities; **los ~es fácticos** the powers that be; **¡el pueblo al ~!** power to the people!; **¡Smith al ~!** Smith for leader!; **estar en el ~, ocupar el ~** to be in power.

d (*Jur*) power of attorney, proxy; **plenos ~es** full power, full authority (to act); **por ~(es)** by proxy.

poderío NM **a** power; (*fuerza*) might; (*señorío*) authority, jurisdiction. **b** (*Fin*) wealth.

poderosamente ADV powerfully.

poderoso **1** ADJ (*gen*) powerful. **2** NMPL: **los ~s** (*dirigentes*) the people in power; (*ricos*) the rich and powerful.

podio NM podium.

pódium NM (*pl* **~s**) = **podio**.

podología NF chiropody.

podólogo/a NM/F chiropodist.

podómetro NM pedometer.

podredumbre NF (*cualidad*) rottenness, putrefaction; (*fig*) rottenness, corruption.

podrido ADJ **a** (*gen*) rotten; (*putrefacto*) pútrid. **b** (*fig*) rotten, corrupt; **está ~ por dentro** he's rotten inside; **están ~s de dinero** (*fam*) they're filthy rich (*fam*).

podrir<3a> = **pudrir**.

poema NM **a** poem. **b** (*fig*) **fue todo un ~** it was all terribly romantic; (*pey*) it was a proper farce.

poemario NM book of poems.

poesía NF **a** (*gen*) poetry; **la ~ del Siglo de Oro** Golden Age poetry. **b** (*una ~*) poem. **c** (*encanto*) charm.

poeta NM poet.

poetastro NM (*pey*) poetaster.

poética NF poetics.

poético ADJ poetic(al).

poetisa NF poetess.

poetizar<1f> VT to poeticize.

pogrom(o) NM pogrom.

póker NM poker.

polaco¹/a **1** ADJ Polish. **2** NM/F Pole. **3** NM (*Ling*) Polish.

polaco²/a ADJ, NM/F (*fam*) Catalan.

polaina NF (*sobrecalza*) gaiter, legging.

polar ADJ polar.

polaridad NF polarity.

polarización NF polarization.

polarizar<1f> **1** VT to polarize. **2** **polarizarse** VR to po-

larize (*en torno a* around).

polca NF **a** (*Mús*) polka. **b** (*fam: jaleo*) fuss, to-do (*fam*).

pólder NM polder.

polea NF pulley.

polémica NF **a** (*gen*) polemics *sg*. **b** (*una ~*) polemic, controversy.

polémico ADJ polemic(al), controversial.

polemista NMF polemicist; (*persona que polemiza*) debater, controversialist.

polemizar<1f> VI to indulge in a polemic, argue (*en torno a* about); **no quiero ~** I have no wish to get involved in an argument.

polen NM pollen.

poleo NM (*Bot*) pennyroyal.

polera NF (*Chi*) T-shirt.

poli **1** NM (*fam*) cop (*fam*). **2** NF (*fam*) **la ~** the cops (*fam*).

poli... PREF poly..., many-.

poliamida NM polyamide.

Polichinela NM Punch.

policía **1** NMF (*hombre*) policeman; (*mujer: tb* **mujer ~**) policewoman; **~ municipal** local policeman/-woman; **~ acostado** (*Ven fam: Aut*) speed bump o ramp. **2** NF **a** (*organización*) police force; **~ militar/secreta/de tráfico/montada** military/secret/traffic/mounted police; **P~ Municipal** local police; **P~ Nacional** national police. **b** **mujer ~** policewoman.

┌─ POLICÍA ────────────────────────────────────┐

ⓘ *There are two types of* **policía** *in Spain, the* **Policía Nacional**, *in charge of national security and public order in general, and the* **Policía Municipal**, *with duties of regulating traffic and policing the local community. The Basque Country and Catalonia also have their own police forces, the* **Ertzaintza** *and the* **Mossos d'Esquadra** *respectively. In rural areas the* **Guardia Civil** *is responsible for policing duties.*

└──┘

policíaco ADJ police atr; **novela ~a** detective story.

policial ADJ police atr.

policlínico NM (*tb* **hospital ~**) general hospital.

policromo, polícromo ADJ polychromatic; (*de muchos colores*) many-coloured, many-colored (*US*), colourful, colorful (*US*).

polideportivo NM sports centre, sports center (*US*), sports complex.

poliedro NM polyhedron.

poliéster NM polyester.

polietileno NM polythene, polyethylene (*US*).

polifacético ADJ (*persona, talento*) many-sided, versatile.

polifonía NF polyphony.

polifónico ADJ polyphonic.

poligamia NF polygamy.

polígamo **1** ADJ polygamous. **2** NM polygamist.

poligloto/a, políglota/a ADJ, NM/F polyglot.

polígono NM **a** (*Mat*) polygon. **b** (*solar*) site (for development), building lot; (*zona*) area; (*unidad vecinal*) housing estate; **~ industrial** industrial estate.

polilla NF moth; (*esp*) clothes moth; (*oruga*) destructive larva; (*de los libros*) bookworm.

polimerización NF (*Quím*) polymerization.

polimorfismo NM polymorphism.

polimorfo ADJ polymorphic.

Polinesia NF Polynesia.

polinesio/a ADJ, NM/F Polynesian.

polinización NF (*Bot*) pollination; **~ cruzada** cross-pollination.

polinizar<1f> VT to pollinate.

polio NF (*Med*) polio.

poliomielitis NF (*Med: parálisis infantil*) poliomyelitis.

polipiel ® NF synthetic leather.

pólipo NM polyp, polypus.

polisemia NF polysemy.

polisémico ADJ polysemous.

polisílabo **1** ADJ polysyllabic. **2** NM polysyllable.

politécnica NF ≈ technical college.

politeísmo NM polytheism.

política NF [a] (*Pol*) politics; **mezclarse en (la) ~** to go in for o get mixed up in politics. [b] (*programa*) policy; **~ agraria/económica/exterior/de ingresos y precios/ monetaria** agricultural/economic/foreign/prices and incomes/monetary policy.

politicastro NM (*pey*) politician.

político/a [1] ADJ [a] (*Pol*) political.
[b] (*gen*) politic; (*diplomático*) tactful; (*cortés*) polite, well-mannered.
[c] (*pariente*) in-law; **padre ~** father-in-law; **es tío ~ mío** he's an uncle of mine by marriage; **familia ~a** relatives by marriage, in-laws.
[2] NM/F politician.

politiquear<1a> VI to play at o dabble in politics.

politiqueo NM, **politiquería** NF (*pey*) party politics, the political game; (*intriga política*) political gossip.

politiquero/a NM/F (*pey*) politician; (*intrigante*) political intriguer.

politizar<1f> VT to politicize.

polivalente ADJ (*Quím, Med*) polyvalent.

póliza NF [a] certificate, voucher; (*Fin*) insurance certificate; **~ de seguro(s)** insurance policy; **pagar una ~** to pay out on an insurance policy. [b] (*impuesto*) tax o fiscal stamp.

polizón NM (*Aer, Náut etc*) stowaway; **viajar de ~** to stow away (*en* on).

polla NF [a] (*Orn*) pullet; (*polluelo*) chick; **~ de agua** moorhen. [b] (*LAm*) stakes, pool. [c] (*Anat fam!*) prick (*fam!*); **qué duquesa ni que ~s en vinagre!** duchess my arse! (*fam!*).

pollada NF (*Orn*) brood.

pollastro, **pollastrón** NM (*fam*) sly fellow.

pollera NF [a] (*criadero*) hencoop, chicken run; (*cesto*) basket for chickens. [b] (*LAm*) skirt, overskirt; V tb **pollero**.

pollería NF poulterer's (shop).

pollero/a NM/F [a] chicken farmer, poulterer. [b] (*LAm*) gambler. [c] (*Méx fam*) guide for illegal immigrants (*to USA*).

pollita NF (*fam*) bird (*fam*), chick (*fam*).

pollito NM [a] (*Orn*) chick. [b] (*fam*) = **pollo (b)**.

pollo NM [a] (*Orn*) chicken; (*ave tierna*) chick, young bird; (*Culin*) chicken; **~ asado** roast chicken; **~ rostizado** (*LAm*) roast chicken; (*Pol*) torture where the victim is suspended from a pole o spit. [b] (*fam: joven*) young man; (*señorito*) elegant youth, playboy; **¿quién es ese ~?** who is that chap? (*fam*). [c] (*Méx fam*) would-be immigrant to USA (*from Mexico*).

polluelo NM chick.

polo¹ NM [a] (*Geog*) pole; **P~ Norte/Sur** North/South Pole; **~ magnético** magnetic pole, magnetic north; **de ~ a ~** from pole to pole.
[b] (*Elec*) pole; (*borne*) terminal; (*de enchufe*) pin, point; **~ negativo/positivo** negative/positive pole; **una clavija de 4 ~s** a 4-pin plug.
[c] (*fig: centro*) **~ de atracción** centre o (*US*) center of attraction; **los dos generales son ~s opuestos** the two generals are at opposite extremes; **esto es el ~ opuesto de lo que dijo antes** this is the exact opposite of what he said before.
[d] **~ de desarrollo** o **de promoción** (*Com*) development area.
[e] (*helado*) iced lolly, Popsicle (*US*) ®.

polo² NM (*Dep*) polo; **~ acuático** water polo.

polo³ NM (*prenda*) polo-neck(ed sweater).

pololear<1a> VI (*And, Chi: fam*) to go out (*con* with), date (*fam*).

pololito NM (*Chi fam*) odd o casual job.

pololo/a (*Chi*) [1] NM (*insecto*) moth. [2] NM/F (*fam*) steady boy-/girlfriend.

polonesa NF polonaise.

Polonia NF Poland.

poltrón ADJ idle, lazy.

poltrona NF [a] (*tumbona*) reclining o easy chair. [b] (*fam*) cushy number (*fam*), soft job.

polución NF (*contaminación*) pollution; **~ ambiental** air pollution; **~ nocturna** nocturnal emission, wet dream.

polvareda NF [a] (*polvo*) cloud of dust. [b] (*fig: jaleo*) fuss, rumpus (*fam*); **levantar una ~** to create a storm, cause a rumpus.

polvera NF powder compact, vanity case.

polvillo NM (*LAm Agr*) blight.

polvo NM [a] (*gen*) dust; **lleno de ~** dusty; **quitar el ~ de** o **a un mueble** to dust a piece of furniture; **hacer algo ~** (*fam*) to smash sth, ruin sth; **hacer ~ a algn** (*fam*) to shatter sb; (: *en discusión*) to flatten sb, crush sb; (: *agotar*) to wear sb out; **estoy hecho ~** (*fam: deprimido*) I feel really down; (*cansado*) I'm worn out; **el libro/coche está hecho ~** the book/car is falling to pieces; **hacer morder el ~ a** to humiliate, crush; **limpio de ~ y paja** free from all charges.
[b] (*Quím, Culin, Med*) powder; **~s** face powder; **en ~** powdered; **leche en ~** powdered milk; **~s de picapica** itching powder; **~s de talco** talcum powder.
[c] (*porción*) pinch; **un ~ de rapé** a pinch of snuff.
[d] (*fam!*) screw (*fam!*), shag (*fam!*); **echar un ~** (*fam!*) to have a screw (*fam!*), shag (*fam!*).

pólvora NF [a] (*explosivo*) gunpowder; **~ de algodón** guncotton; **no ha descubierto** o **inventado la ~** he'll never set the world on fire; **propagarse como la ~** to spread like wildfire. [b] (*fuegos artificiales*) fireworks.

polvoriento ADJ (*superficie*) dusty.

polvorín NM (*Mil*) arsenal; (*fig*) powder keg; (*pólvora*) fine powder.

polvorosa ADJ: **poner pies en ~** (*fam*) to beat it (*fam*).

polvoso ADJ (*LAm*) dusty.

pomada NF cream, ointment.

pomar NM apple orchard.

pomelo NM grapefruit.

pómez NF: **piedra ~** pumice (stone).

pomo NM [a] (*Bot*) pome, fruit with pips. [b] (*frasco*) scent bottle. [c] (*de espada*) pommel; (*de puerta*) round knob, handle.

pompa NF [a] (*burbuja*) bubble; **~ de jabón** soap bubble.
[b] (*Náut*) pump. [c] (*fausto*) pomp, splendour, splendor (*US*); (*ostentación*) show, display; (*boato*) pageant, pageantry; **~s fúnebres** funeral *sg*; **'P~s fúnebres'** 'Undertaker', 'Funeral parlour o (*US*) parlor'.

pompis NM INV (*fam*) bottom, behind (*fam*).

posiposidad NF (*esplendor*) splendour, splendor (*US*), magnificence; (*magnificencia*) majesty; (*pey: vano*) pomposity.

pomposo ADJ splendid, magnificent; (*majestuoso*) majestic; (*pey*) pompous.

pómulo NM (*hueso*) cheekbone; (*fig: mejilla*) cheek.

ponchada¹ NF (*LAm*) a ponchoful of; (*mucho*) large quantity, large amount; **costó una ~** it cost a bomb (*fam*).

ponchada², **ponchadura** NF (*Méx Aut*) puncture.

ponchar<1a> VT (*Méx: neumático*) to puncture.

ponche NM punch.

ponchera NF punch bowl.

poncho¹ ADJ (*perezoso*) lazy, indolent; (*tranquilo*) quiet, peaceable.

poncho² NM (*ropa*) cape, poncho; (*manta*) blanket; **donde el diablo perdió el ~** (*CSur fam*) in a godforsaken place, at the back of beyond (*fam*).

ponchura NF (*Ven*) wash basin.

ponderación NF [a] (*contrapeso*) weighing, consideration; (*cuidado*) deliberation. [b] (*exageración*) high praise. [c] (*peso*) weighting. [d] (*equilibrio*) steadiness.

ponderado ADJ (*equilibrado*) steady, balanced.

ponderar<1a> VT [a] (*considerar*) to weigh up, consider.
[b] (*alabar*) to praise highly, speak in praise of.
[c] (*Estadística*) to weight.

ponedero NM (*nidal*) nest, nesting box.

ponedora ADJ: **gallina ~** laying hen; **ser buena ~** to be a good layer.

ponencia NF (*exposición*) (learned) paper, communication; (*informe*) report.

ponente NMF speaker (*at a conference*), person giving a paper.

poner <2q> (*pp* **puesto**) [1] VT [a] (*gen*) to put; (*colocar*) to place, set; (*ropa*) to put on; (*kilos*) to put on, gain; (*cuidado*) to take (*en* in); (*objeción*) to raise; (*la mesa*) to lay, set; (*vitrina*) to dress, arrange; (*énfasis*) to place (*en* on); (*acento, voz rara*) to put on; **han puesto un tren especial** they've laid on a special train; **ponlo en su sitio** put it back; **¡no pongas esa cara!** don't look at me like that!; ~ **algo a secar** to put sth (out) to dry; ~ **algo como ejemplo** to give sth as an example; ~ **a algn por testigo** to cite sb as a witness; ~ **algo en duda** to cast doubt on sth; ~ **algo aparte** to put sth aside *o* on one side.

b (*huevos*) to lay.

c (*reloj*) to adjust, set (right); ~ **el despertador** to set the alarm clock.

d (*conectar: radio, televisión, calefacción*) to switch on, turn on; (*disco*) to put on, play; **ponlo más alto** turn it up.

e (*carta, telegrama*) to send (*a* to).

f (*problema*) to set; (*impuesto*) to impose (*a* on); **nos han puesto una multa** they gave us a fine; **nos pone mucho trabajo** he gives us a lot of work.

g (*tienda*) to open, set up; (*casa*) to equip; **han puesto la casa con todo lujo** they have fitted the house out most luxuriously.

h (*instalar: teléfono, calefacción*) to install, put in; **queremos ~ moqueta** we want to get a carpet fitted.

i (*dinero*) to contribute, give; (*en juego de azar*) to stake; (*Fin*) to put, invest; **todos pusimos 1000 pts para el regalo** we all put in 1000 pesetas towards the present; **yo pongo el dinero pero ella escoge** I put up the money but she chooses.

j (*nombre*) to give; **¿qué nombre le van a ~?** what are they going to call him?

k (*añadir*) to add; **pongo 3 más para llegar a 100** I'll add 3 more to make it 100.

l (*Teat*) to put on, do; (*película*) to show; (*proyectar*) to screen; **¿qué ponen en el cine?** what's on at the cinema?

m (*suponer*) to suppose; **pongamos 120** let's say 120, let's put it at 120; **pongamos que ...** let us suppose that ....

n (*Telec: conectar*) ~ **a X con Y** to connect X to Y, give X a line to Y; **póngame con el conserje** put me through to the porter; **le pongo en seguida** I'm trying to connect you.

o (*estar escrito*) to say; **¿qué pone aquí?** what does it say here?

p ~ **a P bien con Q** to make things up between P and Q; ~ **a Z mal con A** to make Z fall out with A.

q (+ *adj, adv: volver*) to make, turn; **si añades eso lo pones azul** if you add that you turn it blue; **la has puesto colorada** now you've made her blush; **para no ~le de mal humor** so as not to make him cross; **¡cómo te han puesto!** (*te han manchado*) look at the mess of you!; (*te han pegado*) they've given you a right thumping!; (*te han criticado*) they fairly laid into you!; (*te han alabado*) they thought the world of you!

r ~ **a algn a hacer algo** to set sb to do sth, start sb doing sth.

s **puso a su hija de sirvienta** she got her daughter a job as a servant; **puso a sus hijos a trabajar** she sent her children out to work.

2 VI (*Orn*) to lay, lay eggs.

3 **ponerse** VR **a** to put o.s., place o.s.; **se ponía debajo de la ventana** he used to stand under the window; ~ **cómodo** to make o.s. comfortable.

b ~ **un traje** to put a suit on; **no sé qué ponerme** I don't know what to wear.

c (*sol*) to set.

d (+ *adj, adv*) to turn, become; ~ **enfermo/gordo/triste** to get ill/fat/sad; **en el agua se pone verde** it turns green in the water; **¡no te pongas así!** don't be like that!; **se puso hecho una furia** he was raging.

e (*llenarse*) ~ **de barro** to get covered in mud; **nos hemos puesto bien de comida** we had a real big feed.

f ~ **al teléfono** to go (on) to the phone; **dile que se**

ponga tell him to come to the phone.

g (*empezar*) ~ **a hacer algo** to begin to do sth, start doing sth, set about doing sth; **se pusieron a gritar** they started shouting; **se va a ~ a llover** it's going to start raining.

h ~ **a bien/mal con algn** to make up/fall out with.

i ~ **de conserje** to take a job as a porter.

j ~ **delante** (*estorbar*) to get in the way; (*intervenir*) to intercede, intervene; (*dificultad*) to come up; **destruye al que se le pone delante** he destroys anyone who gets in his way.

k (*llegar*) ~ **en** to get to, arrive at; **se puso en Madrid en 2 horas** he reached Madrid in 2 hours.

l **se me pone que ...** (*LAm*) it seems to me that ....

poney ['poni] NM (*pl* ~**s** ['ponis]) pony.

pongo[1] NM orang-outang.

pongo[2] NM (*And*) (unpaid) Indian servant.

pongueaje NM (*And, CSur: esp Hist*) domestic service which Indian tenants are obliged to give free.

poni NM pony.

poniente **1** ADJ west, western. **2** NM **a** (*oeste*) west. **b** (*céfiro*) west wind.

p.º n.º NM ABR *de* **peso neto** nt. wt.

pontazgo NM toll.

pontevedrés/esa (*Esp*) **1** ADJ of *o* from Pontevedra. **2** NM/F native *o* inhabitant of Pontevedra.

pontificado NM papacy, pontificate.

pontificar<1g> VI (*lit, fig*) to pontificate.

pontífice NM pope, pontiff; **el Sumo P~** His Holiness the Pope.

pontificio ADJ papal, pontifical.

pontón NM **a** (*Náut*) pontoon; (*Aer: de hidroavión*) float. **b** **puente de ~es** pontoon bridge. **c** (*Náut*) hulk.

ponzoña NF (*tóxico*) poison, venom; (*fig: ideas perjudiciales*) poison.

ponzoñoso ADJ (*ataque*) venomous; (*propaganda*) poisonous; (*costumbre, idea*) harmful.

pop ADJ, NM (*Mús*) pop.

popa NF stern; **a ~** astern, abaft; **de proa a ~** fore and aft, from stem to stern.

popelín NM, **popelina** NF poplin.

popof(f) ADJ INV (*Méx fam*) posh (*fam*), society *atr*.

popote NM (*Méx*) drinking straw.

populachero ADJ (*plebeyo*) common, vulgar; (*chabacano*) cheap; (*discurso, política*) rabble-rousing; (*político*) demagogic.

populacho NM populace, plebs *pl*, mob.

popular ADJ (*gen*) popular; (*habla*) colloquial; (*cultura*) of the people, folk *atr*.

popularidad NF popularity.

popularismo NM colloquial word *o* phrase.

popularizar<1f> **1** VT to popularize. **2** **popularizarse** VR to become popular.

populismo NM populism.

populista ADJ, NMF populist.

populoso ADJ populous.

popurrí NM potpourri.

poquedad NF **a** (*escasez*) scantiness; (*pequeñez*) smallness. **b** (*una ~*) small thing; (*nimiedad*) trifle. **c** (*timidez*) timidity.

póquer NM (*Naipes*) poker.

poquísimo ADJ **a** (*sg*) very little; (*casi nada*) hardly any, almost no; **con ~ dinero** with very little money. **b** (*pl*) ~**s** very few, terribly few.

poquito NM **a** **un ~** a little bit (*de* of); (*adv*) a little, a bit. **b** **a ~s** bit by bit; **¡a poco!** gently!, easy there!

▼**por** PREP **a** (+ *infin: para*) in order to; ~ **no llegar tarde** so as not to arrive late; **lo hizo ~ complacerle** he did it to please her; **hablar ~ hablar** to talk just for talking's sake.

b (*objetivo*) for; **luchar ~ la patria** to fight for one's country; **trabajar ~ dinero** to work for money; **su amor ~ la pintura** his love of painting; **hazlo ~ mí** do it for my sake.

c (*causa*) out of, because of; **fue ~ necesidad** it was out of necessity; ~ **temor** out of fear, from fear; ~ **temor a**

for fear of; **lo hago ~ gusto** I do it because I like to; **no se realizó ~ escasez de fondos** it was not put into effect because of lack of money; **no aprobó ~ no haber estudiado** he didn't pass because he hadn't studied; **se hundió ~ mal construido** it collapsed because it was badly built; **le expulsaron ~ revoltoso** they expelled him as a troublemaker; **lo dejó ~ imposible** he gave it up as being impossible.

d (*evidencia*) **~ lo que dicen** judging by o from what they say; **~ la cara que pone no debe de gustarle** from the way he looks I don't think he likes it.

e (*en cuanto a*) **~ mí, que se vaya** so far as I'm concerned o for myself o for my part he can go.

f (*medio*) by; **~ correo** by post, through the post; **~ mar** by sea; **lo obtuve ~ un amigo** I got it through a friend.

g (*agente*) by; **hecho ~ él** done by him; **'dirigido ~'** 'directed by'.

h (*modo*) in, by; (*según*) according to; **~ centenares** by the hundred; **están dispuestos ~ tamaños** they are arranged according to size o by sizes; **punto ~ punto** point by point; **día ~ día** day by day; **buscaron casa ~ casa** they searched house by house.

i (*lugar*) by, by way of; (*a través de*) through; (*a lo largo de*) along; **se va ~ ahí** we have to go that way; **¿~ dónde?** which way?; **ir a Bilbao ~ Santander** to go to Bilbao via Santander; **~ el lado izquierdo** on o along the left side; **cruzar la frontera ~ Canfranc** to cross the frontier at Canfranc; **~ la calle** along the street; **~ todas partes** all over the place; **~ todo el país** throughout the country; **pasar ~ Madrid** to pass through Madrid; **pasearse ~ el parque** to stroll through the park.

j (*tiempo*) **~ la mañana** in the morning; (*durante*) during the morning; **no sale ~ la noche** he doesn't go out at night.

k (*futuro*) for; **se quedarán ~ 15 días** they will stay for a fortnight; **será ~ poco tiempo** it won't be for long.

l (*aproximación*) **está ~ el norte** it's somewhere up north; **busca ~ ahí** look over there; **aquello ocurrió ~ abril** it happened around April.

m (*a cambio de*) for, in exchange for; **te doy éste ~ aquél** I'll swap you this one for that one; **lo vendí ~ 15 dólares** I sold it for 15 dollars; **me dieron 13 francos ~ una libra** they gave me 13 francs for a pound.

n (*sustitución*) **hoy doy yo la clase ~ él** today I'm giving the class for him.

o (*representación*) **hablo ~ todos** I speak on behalf of o in the name of us all; **vino ~ su jefe** he came instead of o in place of his boss; **interceder ~ algn** to intercede on sb's behalf; **diputado ~ Madrid** MP for Madrid.

p (*distribución*) **10 dólares ~ hora** 10 dollars an hour; **80 (kms) ~ hora** 80 (km) per hour; **revoluciones ~ minuto** revolutions per minute; **tres dólares ~ persona** three dollars each.

q (*Mat*) **5 ~ 3, 15** 5 times 3 are 15.

r (*como*) **le dan ~ muerto** they have given him up for dead; **le tienen ~ tonto** they think he's daft.

s **~ (muy) difícil que sea** however hard it is o may be; **~ mucho que lo quisieran** however much they would like to; **~ más que lo intente** no matter how o however hard I try.

t **ir a ~ algo** (*Esp fam*) to go for sth, go and fetch sth; **voy a ~ él** (*buscarle*) I'm going to find him; (*atacarle*) I'm going to get him; **¡a ~ ellos!** after them!, get them!

u **~ qué** why; **¿~ qué?** why?; **¿~?** (*fam*) why (do you ask?)

porcelana NF porcelain; (*loza*) china(ware).

porcentaje NM percentage; (*proporción*) proportion; **el ~ de defunciones** the death rate; **a ~** on a percentage basis.

porcentual ADJ percentage *atr*.

porche NM **a** (*de tiendas, alrededor de una plaza*) arcade. **b** (*de casa*) porch.

porcino ADJ pig *atr*; **ganado ~** pigs *pl*.

porción NF portion; (*parte*) part, share; (*en recetas*) quantity, amount; (*de chocolate*) piece.

pordiosear <1a> VI (*Lit, fig*) to beg.

pordiosero/a NM/F beggar.

porfía NF **a** (*persistencia*) persistence; (*terquedad*) obstinacy, stubbornness. **b** (*disputa*) dispute; (*contienda*) continuous struggle o competition. **c** **a ~** in competition.

porfiado **1** ADJ (*insistente*) persistent; (*terco*) obstinate, stubborn. **2** NM (*LAm: títere*) doll, mannikin, dummy.

porfiar <1c> VI to persist (*en* in); (*disputar con obstinación*) to argue stubbornly.

pormenor NM detail, particular.

pormenorizar <1f> **1** VT (*detallar*) to (set out in) detail; (*particularizar*) to describe in detail. **2** VI (*entrar en detalles*) to go into detail.

porno (*fam*) **1** ADJ INV porno (*fam*). **2** NM porn; **~ blando/duro** soft/hard porn.

pornografía NF pornography.

pornográfico ADJ pornographic.

poro¹ NM (*Anat*) pore.

poro² NM (*LAm*) leek.

porongo NM (*LAm*) gourd, calabash.

porosidad NF porousness, porosity.

poroso ADJ porous.

porotal NM (*LAm*) beanfield, bean patch.

poroto NM **a** (*And, CSur: judía*) bean; **~ verde** green o runner bean; **~s** (*fam*) grub (*fam*). **b** (*CSur: Dep, tb fig*) point; **anotar un ~** to win a point; **no valer un ~** (*fam*) to be worthless. **c** (*CSur fam*) kid (*fam*), child.

▼ **porque** CONJ **a** (+ *indic*) because, since, for. **b** (+ *subjun*) so that, in order that; **~ sí** because I feel like it.

porqué NM (*motivo*) reason (*de* for), cause (*de* of); **el ~ de la revolución** the factors that underlie the revolution; **no tengo ~ ir** there's no reason I should go.

porquería NF **a** (*sustancia*) filth, muck; **me lo devolvieron cubierto de ~** they gave it back to me filthy all over; **estar hecho una ~** to be covered in muck.

b (*cualidad*) nastiness; (*grosería*) indecency.

c (*objetos*) trifle; **le regalaron alguna ~** they gave her some worthless present; **lo vendieron por una ~** they sold it for next to nothing.

d (*acción: engaño*) dirty trick; (: *trastada*) mean action; (: *indecencia*) indecent act; **hacer ~s** to do a dirty pig.

e (*mala comida*) awful food; (*fam: golosina*) rubbish.

f (*basura*) rubbish; **la novela es una ~** the novel is just rubbish; **de ~** (*LAm fam: condenado*) lousy (*fam*).

porqueriza NF pigsty.

porquerizo NM pigman.

porra NF **a** (*palo*) stick, club; (*cachiporra*) truncheon, billyclub (*US*); (*Culin*) large club-shaped fritter; (*fam: nariz*) conk (*fam*). **b** (*locuciones*) **¡~s!** bother!, dash it!; (*no hay tal*) rubbish!; **¡una ~!** no way! (*fam*); **mandar a algn a la ~** (*fam*) to send sb packing; **¡vete a la ~!** go to blazes!; **¡qué coche ni que ~s!** car my foot! (*fam*). **c** (*CAm, Méx*) political gang; (*Teat*) claque.

porrada NF **a** (*porrazo*) thump, blow. **b** pile, heap, lot; **una ~ de** a whole heap of, a lot of.

porrazo NM (*golpe*) blow; (*caída*) bump; **darse un ~ con** o **contra algo** to bump o.s. with o on sth; **de golpe y ~** suddenly.

porreta NF: **en ~ (s)** (*fam*) stark naked.

porrillo: **a ~** ADV (*fam*) by the ton.

porro NM (*Esp fam*) joint (*fam*).

porrón NM wine jug.

porrudo ADJ (*Arg*) long-haired.

porsiacaso NM (*Arg, Ven: mochila*) knapsack.

port. ABR de **portugués**.

portaaviones NM INV aircraft carrier.

portabotellas NM INV (*para almacenar botellas*) wine rack; (*para llevar botellas*) bottle carrier.

portabusto(s) NM (*Méx: sostén*) bra.

portacargas NM INV carrier.

portada NF **a** (*Arquit*) main front; (*fachada*) façade. **b** (*Tip: primera plana*) frontispiece, title page; (*de revista*) cover; (*de disco*) sleeve.

portador(a) NM/F carrier, bearer; (*Com, Fin*) bearer, payee; **~ de gérmenes** germ carrier; **el ~ de esta carta** the bearer of this letter.

▶ EXPRESIONES GENERATIVAS: **porque** → 7.1

portaequipajes NM INV (*Aut*) boot, trunk (*US*); (*portamaletas*) luggage rack, grid.

portaestandarte NM (*Mil*) standard bearer.

portafolio(s) NMSG (*esp LAm*) briefcase.

portafusil NM rifle sling.

portal NM [a] (*zaguán*) vestibule, hall. [b] (*pórtico*) porch, doorway; (*puerta principal*) street door; **~es** arcade *sg*. [c] (*Rel: nacimiento*) **~ de Belén** Nativity scene, crèche.

portalámparas NM INV lampholder, lamp socket.

portaligas NM INV suspender o (*US*) garter belt.

portalón NM [a] (*Arquit*) large doorway o entrance. [b] (*Náut: puerta*) gangway.

portamaletas NM INV [a] (*Aut*) luggage rack. [b] (*Chi Aut*) boot, trunk (*US*).

portaminas NM INV propelling pencil.

portaobjeto(s) NM INV slide.

portaplumas NM INV penholder.

portar<1a> [1] VT to carry, bear.
[2] **portarse** VR [a] (*conducirse*) to behave, conduct o.s.; **~ mal** to misbehave, behave badly; **se portó muy bien conmigo** he treated me very well. [b] (*distinguirse*) to show up well, come through creditably. [c] (*LAm*) to behave well.

portarretratos NM INV photograph frame.

portátil [1] ADJ portable. [2] NM portable (computer).

portaviandas NM INV (*fiambrera*) lunch tin, dinner pail (*US*).

portavoz [1] NMF spokesman, spokesperson. [2] NM (*periódico etc*) mouthpiece.

portazo NM slam; **dar un ~** to slam the door.

porte NM [a] (*Com*) carriage, transport; (*costos*) carriage, transport charges; (*Correos*) postage; **~ debido** (*Com*) freight C.O.D.; **~ pagado** carriage paid; (*Correos*) postpaid. [b] (*esp Náut: tonelaje*) capacity. [c] (*presencia*) air, appearance; **de ~ distinguido** with a distinguished air.

porteador(a) NM/F carrier; (*en la caza*) bearer; (*alpinismo*) porter.

portear<1a> VT (*Com*) to carry, transport.

portento NM (*prodigio*) marvel, wonder; **es un ~ de belleza** she is extraordinarily beautiful.

portentoso ADJ marvellous, marvelous (*US*), extraordinary.

porteño/a [1] ADJ of o from Buenos Aires. [2] NM/F native o inhabitant of Buenos Aires.

portería NF [a] porter's lodge o office. [b] (*Dep: meta*) goal.

portero/a [1] NM/F [a] (*en vivienda*) porter, janitor, caretaker; (*en edificio público*) doorman; (*Dep*) goalkeeper. [2] NM: **~ automático** entry phone.

portezuela NF little door; (*de vehículo*) door.

pórtico NM [a] (*porche*) portico, porch. [b] (*atrio*) arcade.

portillo NM [a] (*abertura*) gap, opening; (*postigo*) wicket, wicket gate; (*puerta falsa*) side entrance. [b] (*fig: punto débil*) weak spot, vulnerable point; (*para solución*) opening.

portón NM large door, main door; (*LAm*) gate.

portorriqueño/a ADJ, NM/F Puerto Rican.

portuario ADJ (*del puerto*) port atr, harbour atr, harbor atr (*US*); (*del muelle*) dock atr; **trabajador ~** docker.

Portugal NM Portugal.

portugués/esa [1] ADJ, NM/F Portuguese. [2] NM (*Ling*) Portuguese.

porvenir NM future; **en el o lo ~** in the future; **le espera un brillante ~** a brilliant future awaits him.

pos[1]: **en ~ de** PREP after, in pursuit of; **ir en ~ de** to chase (after), pursue.

pos[2] (*esp LAm fam*) = **pues**.

posada NF [a] (*hospedaje*) shelter, lodging; **dar ~ a** to give shelter, to take in. [b] (*mesón*) inn; (*pensión*) lodging house. [c] (*morada*) house, dwelling.

posaderas NFPL (*fam*) backside, buttocks.

posadero/a NM/F innkeeper.

posar<1a> [1] VT (*una carga*) to lay down, put down; (*la mano*) to place, put gently; **~ los ojos en** to glance briefly at.

[2] VI (*Arte: modelar*) to sit, pose.

[3] **posarse** VR [a] (*pájaro, insecto*) to alight; (*pájaro*) to perch, sit; (*avión*) to land. [b] (*polvo, líquidos*) to settle.

posavasos NM INV drip mat, mat, coaster (*US*).

posbélico ADJ post-war atr.

posdata NF postscript.

pose NF [a] (*Arte, Cine, Fot*) pose. [b] (*fig: actitud*) attitude. [c] (*fig: afectación*) pose.

poseedor(a) NM/F owner, possessor; (*de un puesto, récord*) holder.

poseer <2e> VT (*gen: tener*) to possess, own; (*ventaja*) to have, enjoy; (*récord*) to hold.

poseído/a [1] ADJ [a] possessed (*por* by); (*fig: enloquecido*) maddened, crazed. [b] **estar muy ~ de** to be very vain about, have an excessively high opinion of. [2] NM/F: **gritar como un ~** to shout like one possessed.

posesión NF [a] (*gen*) possession; (*de un puesto*) tenure, occupation; **él está en ~ de las cartas** he is in possession of the letters; **está en ~ del récord** he holds the record; **tomar ~** to take over, enter upon office; **tomar ~ de** to take possession of, take over. [b] (*una ~*) possession; (*propiedad*) property; (*finca*) piece of property, estate. [c] (*Chi Agr*) tenant's house and land.

posesionar <1a> [1] VT: **~ a algn de algo** to hand sth over to sb. [2] **posesionarse** VR: **~ de** (*adueñarse*) to take possession of, take over.

posesivo ADJ, NM possessive.

poseso/a [1] ADJ = **poseído 1 (a)**. [2] NM/F = **poseído 2**.

posgrado NM: **curso de ~** postgraduate course.

posgraduado/a NM/F postgraduate.

posguerra NF postwar period; **los años de la ~** the post-war years.

▼**posibilidad** NF possibility; (*oportunidad*) chance; **no existe ~ alguna de que venga** there is no possibility of his coming; **tiene pocas ~es de ganar** he hasn't much chance of winning; **este chico tiene ~es** he's got potential; **vivir por encima de sus ~es** to live above one's means.

posibilitar <1a> VT to make possible; (*hacer realizable*) to make feasible.

▼**posible** [1] ADJ possible; (*realizable*) feasible; **una ~ tragedia** a possible tragedy; **todas las concesiones ~es** all possible concessions; **a ser ~** if possible; **en lo ~ as** far as possible; **lo antes ~** as quickly as possible; **hacer lo ~** to do all that one can (*para o por hacer algo* to do sth); **es ~ que vaya** it is possible (that) he'll go, perhaps he'll go; **¿es ~?** surely not?; **¿será ~ que haya venido?** can he really have come after all?; **¿será ~ que no haya venido?** surely he has come, hasn't he?; **si es ~** if possible; **si me es ~** if I possibly can; **dentro de lo ~** as far as (it is) possible. [2] NM: **~s** means.

posiblemente ADV possibly.

posición NF [a] (*gen*) position; (*categoría*) status. [b] (*Dep*) position; (*en competición, liga*) place, position; **terminar en primera ~** to finish first.

posimpresionismo NM post-impressionism.

posimpresionista ADJ, NMF post-impressionist.

posindustrial ADJ post-industrial.

positivado NM (*Fot*) printing.

positivar <1a> VT (*Fot*) to print.

positivismo NM positivism.

positivista ADJ, NMF positivist.

positivo [1] ADJ (*gen*) positive, plus; (*idea*) constructive. [2] NM [a] (*Ling*) positive. [b] (*Fot*) positive, print.

posmoderno ADJ postmodern.

posnatal ADJ postnatal.

poso NM (*sedimento*) sediment, deposit; (*de vino, café etc*) dregs pl; (*fig: huella*) trace.

posología NF (*Med*) dosage.

posoperatorio [1] ADJ post-operative. [2] NM post-operative period, period of recovery after an operation.

posparto [1] ADJ postnatal. [2] NM postnatal period.

posponer <2q> VT [a] **~ A a B** to put A behind o below B.

► EXPRESIONES GENERATIVAS: **posibilidad** → 15.3, 16.3   **posible** → 15.2, 15.3

b (*aplazar*) to postpone.

pos(t)... PREF post....

posta NF (*caballos*) relay, team; (*tramo*) stage; (*parada*) staging post; (*Chi Med*) First Aid Post o Station; **a ~** on purpose, deliberately.

postal [1] ADJ postal; **giro ~** postal order. [2] NF postcard.

postdata NF postscript.

poste NM post, pole; (*columna*) pillar; (*estaca*) stake; (*Dep*) goal, post, upright; **~ de cerca/indicador/de llegada** fencing/sign-/winning post; **~ telegráfico** telegraph pole.

póster NM poster.

postergación NF [a] (*relegación*) passing over, ignoring. [b] (*retraso*) delaying; (*aplazamiento*) deferment.

postergar <1h> VT [a] (*persona*) to pass over, disregard; (: *posponer*) to ignore the seniority o better claim of. [b] (*esp LAm: retrasar*) to delay; (*aplazar*) to defer, postpone.

posteridad NF posterity.

posterior ADJ [a] (*lugar*) back, rear; (*máquina*) rear-mounted. [b] (*en orden*) later, following. [c] (*tiempo*) later, subsequent; **ser ~ a** to be later than.

posteriori: a ~ ADV [a] at a later stage; (*comprender etc*) with (the benefit of) hindsight. [b] (*Lógica, Jur*) a posteriori.

posterioridad NF: **con ~** later, subsequently; **con ~ a** subsequent to, later than.

postgrado NM: **curso de ~** postgraduate degree.

postgraduado/a ADJ, NM/F postgraduate.

postguerra NF = **posguerra**.

postigo NM [a] (*puerta chica en otra mayor*) wicket (gate). [b] (*contraventana*) shutter.

postín NM (*fam*) [a] (*lujo*) elegance, poshness (*fam*); **de ~** posh (*fam*), swanky (*fam*). [b] (*fam: fachenda*) swank (*fam*); **darse ~** to show off, swank (*fam*).

postizo [1] ADJ (*gen*) false, artificial; (*dientes*) false; (*cuello de camisa*) detachable; (*sonrisa*) false, phoney. [2] NM (*añadido de pelo*) switch, hairpiece.

postnatal ADJ postnatal.

postoperatorio ADJ, NM = **posoperatorio**.

postor NM (*licitador*) bidder; **mejor ~** highest bidder.

postparto ADJ, NM = **posparto**.

postración NF prostration.

postrado ADJ prostrate; **~ por el dolor** prostrate with grief.

postrar <1a> [1] VT (*Med: debilitar*) to weaken, prostrate. [2] **postrarse** VR to prostrate o.s.

postre [1] NM sweet course, dessert; **¿qué hay de ~?** what is there for dessert?; **para ~** (*fam*) to crown it all, on top of all that; **llegar a los ~s** (*fig*) to come too late. [2] NF: **a la ~** in the end, when all is said and done.

postrero ADJ (*before nm sing* **postrer**) last; (*que se queda detrás*) rear, hindmost.

postrimerías NFPL final stages, closing stages; **en las ~ del siglo** in the last few years of the century.

postulado NM postulate.

postulante NMF petitioner; (*Rel: aspirante*) candidate; (*LAm*) applicant.

postular <1a> [1] VT [a] (*teoría etc*) to postulate. [b] (*pedir*) to seek, demand; (*solicitar*) to petition for; (*pretender*) to claim; **en el artículo postula la reforma de ...** in the article he sets out demands for the reform of .... [c] (*colectar*) to collect (for charity). [d] (*LAm: candidato*) to nominate. [2] VI (*LAm*) to apply.

póstumo ADJ posthumous.

postura NF [a] (*del cuerpo*) posture, position; (*actitud*) stance. [b] (*fig: actitud*) attitude, stand; **adoptar una ~ poco razonable** to take an unreasonable attitude; **tomar ~** to adopt a stance. [c] (*en una subasta*) bid; (*juego de azar*) bet, stake.

post-venta ADJ (*Com*) after-sales; **servicio** o **asistencia de ~** after-sales service.

pota NF: **echar la(s) ~(s)** (*fam*) to puke (*fam*), throw up.

potabilizar <1f> VT: **~ el agua** to make the water drinkable.

potable ADJ [a] drinkable; **agua ~** drinking water. [b] (*fam: aceptable*) good enough, passable.

potaje NM [a] (*Culin*) vegetable stew. [b] (*fig: mezcla*) mixture; (*revoltijo*) jumble.

potasa NF potash.

potasio NM potassium.

pote NM pot; (*Farm, tarro*) jar; (*jarra*) jug; (*vaso pequeño*) glass; (*Ven: bote*) tin, can; **~ gallego** (*Culin*) Galician stew.

potear <1a> VI (*fam*) to have a few drinks.

potencia NF [a] (*gen, tb Mat, Pol*) power; (*fuerza*) potency; **las grandes ~s** the great powers; **~ muscular** muscular power, muscular strength. [b] (*Mec*) power; (*capacidad*) capacity; **~ (en caballos)** horsepower; **~ real** effective power. [c] (*Rel: tb* **~ del alma**) faculty. [d] **en ~** potential, in the making.

potenciación NF = **potenciamiento**.

potencial [1] ADJ potential. [2] NM [a] potential. [b] (*Ling*) conditional.

potenciamiento NM (*V vt*) favouring, favoring (*US*), fostering, promotion; development; strengthening, boosting, reinforcement.

potenciar <1b> VT (*promover*) to favour, favor (*US*), foster; (*desarrollar*) to develop; (*mejorar*) to improve; (*Inform*) to upgrade; (*fortalecer*) to strengthen, boost.

potentado/a NM/F potentate; (*fig: opulento*) tycoon.

potente ADJ [a] (*poderoso*) powerful. [b] (*fam: grande*) big, mighty; **un grito ~** a great yell.

poteo NM: **ir de ~** (*fam*) to go for a few drinks.

potestad NF (*dominio*) authority, jurisdiction; **patria ~** paternal authority.

potestativo ADJ (*Jur*) optional.

potingue NM (*fam pey*) concoction, brew; (*crema*) face cream.

potito NM (*Esp*) (jar of) baby food.

poto NM (*And, CSur: fam*) backside, bottom; (*fondo*) lower end.

potosí NM fortune; **cuesta un ~** it costs the earth; **vale un ~** it's worth a fortune.

potra NF [a] (*Zool*) filly. [b] (*fam: suerte*) luck, jam (*fam*); **de ~** luckily, by luck; **tener ~** to be jammy (*fam*).

potranca NF filly, young mare.

potrero NM (*LAm: de ganado*) cattle ranch.

potrillo NM [a] (*caballo*) colt. [b] (*Chi: copa*) tall glass.

potro NM [a] (*Zool*) colt. [b] (*Dep*) (vaulting) horse. [c] (*de tortura*) rack. [d] (*LAm Med*) hernia, tumour, tumor (*US*).

poyo NM stone bench.

poza NF (*charca*) puddle, pool; (*remanso: de río*) backwater.

pozo NM [a] (*gen*) well; **~ artesiano** artesian well; **~ negro** cesspool; **~ de petróleo, ~ ciego** oil well; **~ séptico** septic tank. [b] (*de un río*) deep pool. [c] (*Min*) shaft. [d] (*fig*) **ser un ~ de ciencia** to be deeply learned; **ser un ~ sin fondo** to be a bottomless pit. [e] (*LAm Astron*) black hole.

PP [1] ABR de **Padres** Frs. [2] NM ABR (*Pol*) de **Partido Popular.**

pp ABR de **porte pagado** CP, c/p.

p.p. (*Jur*) ABR de **por poder** p.p.

PPM NM ABR (*Esp*) de **Patronato de Protección de la Mujer.**

ppm NFPL ABR de **partes por millón** ppm.

p.p.m. ABR de **palabras por minuto** wpm.

p.p.p. ABR de **puntos por pulgada** d.p.i.

PR NM ABR de **Puerto Rico.**

práctica NF [a] (*gen*) practice; (*método*) method; (*destreza*) skill; **en la ~** in practice; **~s restrictivas (de la competencia)** restrictive practices; **aprender con la ~** to learn by practice; **poner algo en ~** to put sth into practice. [b] (*entrenamiento*) **~s** practice, training; **~s de tiro** target practice; **hacer ~s** to do one's training; **período de ~s** (practical) training period.

practicable ADJ [a] practicable; (*factible*) workable, feasible. [b] (*camino etc*) passable, usable.

prácticamente ADV practically; **está ~ terminado** it's practically finished, it's almost finished.

practicante [1] ADJ (*Rel*) practising, practicing (*US*).

2 NMF practitioner; (*Med*) medical o doctor's assistant.
practicar<1g> 1 VT a (*habilidad, virtud*) to practise, practice (*US*), exercise.
b (*actividad*) to practise; (*Dep*) to go in for, play; (*profesión*) to practise; **~ el francés con su profesor** to practise one's French with one's teacher.
c (*ejecutar*) to perform, carry out.
d (*hoyo*) to cut, make; (*barrenar*) to bore, drill.
2 VI (*en un deporte, juego etc*) to practise, practice (*US*); (*en una profesión*) to do one's training o practice.
práctico 1 ADJ a (*gen*) practical; (*herramienta*) handy; (*casa*) convenient; (*ropa*) sensible, practical; **no resultó ser muy ~** it turned out to be not very practical.
b (*estudio, formación*) practical. 2 NM (*Náut*) pilot.
pradera NF (*prado*) meadow, meadowland; (*de EEUU etc*) prairie; **unas extensas ~s** extensive grasslands.
prado NM (*campo*) meadow, field; (*pastizal*) pasture; (*LAm: césped*) grass, lawn.
Praga NF Prague.
pragmático ADJ pragmatic.
pragmatismo NM pragmatism.
preacuerdo NM preliminary agreement.
prealerta NF standby; **en estado de ~** on standby.
preámbulo NM a (*de libro, discurso*) preamble, introduction. b (*rodeo*) evasive talk; **andarse con ~s** to beat about the bush, avoid the issue; **gastar ~s** to beat about the bush; **sin más ~s** without further ado.
preaviso NM forewarning, early warning.
prebélico ADJ prewar.
prebenda NF a (*Rel: renta*) prebend. b (*oficio*) sinecure, soft job.
preboste NM provost.
precalentamiento NM warm up, warming up.
precalentar<1j> VT to preheat; (*Dep*) to warm up.
precampaña NF (*tb ~ electoral*) run-up to the election campaign.
precandidato NM (*esp Méx Pol*) official shortlisted Presidential candidate.
precariedad NF precariousness.
precario ADJ precarious.
precaución NF a (*acto*) precaution; (*prevención*) preventive measure; **tomar ~es** to take precautions. b (*cualidad*) foresight; **ir con ~** to go cautiously; **lo hicimos por ~** we did it to be on the safe side.
precaver<2a> 1 VT (*prevenir*) to try to prevent; (*anticipar*) to forestall; (*evitar*) to stave off. 2 **precaverse** VR to be on one's guard (*contra* against).
precavido ADJ (*prudente*) cautious, wary.
precedencia NF precedence; (*prioridad*) priority; (*preeminencia*) greater importance, superiority.
precedente 1 ADJ (*anterior*) preceding, foregoing; (*primero*) former; **cada uno mejor que el ~** each one better than the one before.
2 NM (*antecedente*) precedent; **sin ~(s)** unprecedented; **establecer o sentar un ~** to establish o set a precedent; **y sin que sirva de ~** don't take that as the rule now.
preceder<2a> 1 VT a (*anteceder*) to precede, go before; **el título precede al nombre** the title goes before the name.
b **~ a** (*fig*) to have priority over; (*tener primacía*) to take precedence over.
2 VI to precede; **todo lo que precede** all the preceding (*part*).
preceptivo ADJ compulsory, obligatory, mandatory.
precepto NM precept; (*mandato*) order, rule; **de ~** (*Rel*) obligatory.
preceptor/a NM/F (*maestro*) teacher; (: *particular*) tutor.
preces NFPL (*Rel: oraciones*) prayers, supplications.
preciado ADJ esteemed, valuable.
preciarse<1b> VR (*jactarse*) to boast; **~ de algo** to pride o.s. on sth; **~ de hacer algo** to boast of doing sth.
precintado 1 ADJ (pre)sealed; (*Com*) prepackaged; (*calle etc*) sealed off. 2 NM sealing; (*Com*) prepackaging.
precintar<1a> VT (*Com etc*) to seal; (*fig*) to seal off.
precinto NM seal.
precio NM (*gen*) price; (*costo*) cost; (*valor*) value; (*de un viaje*) fare; (*en hotel*) rate, charge; **~ de compra/al contado/en fábrica/de venta/de oportunidad** u **ocasión** purchase/cash/ex works/sale/bargain price; **~ de venta al público, ~ de venta recomendado** (recommended) retail price; **~ de entrega inmediata/oferta/salida** spot/offer/minimum price; **~ unitario** unit price; **~ al detalle** o **al por menor** retail price; **~ al detallista** wholesale price; **a cualquier ~** whatever the cost; **a ~ de coste** o **cobertura** at cost price; **a ~ de saldo** at a knockdown price; **a o por un ~ simbólico** for a nominal o token sum; **'no importa ~'** 'cost no object'; **poner** o **señalar ~ a la cabeza de algn** to put a price on sb's head; **no tener ~** (*fig*) to be priceless.
preciosidad NF a preciousness; (*valor*) value, worth. b (*pey*) preciosity. c (*fam*) beautiful thing; **es una ~** it's lovely, it's really beautiful; **¡oye, ~!** hey, beautiful!
preciosismo NM (*Lit*) preciosity.
preciosista (*Lit etc*) 1 ADJ precious, affected. 2 NMF affected writer.
precioso ADJ a (*excelente*) precious; (*valioso*) valuable. b (*hermoso*) lovely, beautiful; (*primoroso*) charming; **tienen un niño ~** they have a lovely child; **¿verdad que es ~?** isn't it lovely?
preciosura NF = **preciosidad (c)**.
precipicio NM a cliff, precipice. b (*fig: abismo*) chasm, abyss.
precipitación NF a (*prisa*) haste; (*imprudencia*) rashness; **con ~** hastily, precipitately. b (*Met*) rainfall. c (*Quím*) precipitation.
precipitadamente ADV (*V adj*) headlong; hastily, suddenly; rashly, precipitately.
precipitado 1 ADJ (*huida etc*) headlong; (*partida*) hasty, sudden; (*conducta*) hasty, rash. 2 NM (*Quím*) precipitate.
precipitar<1a> 1 VT a (*arrojar*) to hurl o cast down, throw (*desde* from).
b (*apresurar*) to hasten; (*acelerar*) to precipitate; **no precipitemos los acontecimientos** let's not jump the gun (*fam*).
c (*Quím*) to precipitate.
2 **precipitarse** VR a (*arrojarse*) to throw o.s., hurl o.s. (*desde* from); (*lanzarse*) to launch o.s.; **~ sobre** (*pájaro*) to swoop on, pounce on; **~ sobre algn** to hurl o.s. on sb.
b (*correr*) to rush, dash; **~ a hacer algo** to rush to do sth; **~ hacia un sitio** to rush towards a place.
c (*actuar sin reflexión*) to act rashly; **no te precipites** take it easy.
precisado ADJ: **verse ~ a hacer algo** to be obliged to do sth.
precisamente ADV a (*con precisión*) precisely, in a precise way. b (*exactamente*) precisely, exactly; **¡~!** exactly!, precisely!, just so!; **~ por eso** for that very reason, precisely because of that; **~ fue él quien lo dijo** as a matter of fact he said it; **~ estamos hablando de eso** we are just talking about that; **yo no soy un experto ~** I'm not exactly an expert; **no es eso ~** it's not really that.
precisar<1a> 1 VT a (*necesitar*) to need, require; **no precisa lavado** it needs no washing; **no precisamos que el candidato tenga experiencia** we do not insist that the candidate should be experienced.
b (*definir*) to determine exactly, fix; (*señalar*) to pinpoint, put one's finger on; (*detalles*) to specify; **hay algo raro que no puedo ~** there is something odd which I cannot put my finger on.
2 VI (*ser imprescindible*) to be necessary; (*ser urgente*) to be urgent; **~ de algo** to need sth.
precisión NF a (*gen*) precision; (*exactitud*) preciseness, accuracy; **instrumento de ~** precision instrument. b (*necesidad*) need, necessity; **tener ~ de algo** to need sth. c (*Méx*) urgency.
preciso ADJ a (*gen*) precise; (*exacto*) exact, accurate; **una descripción ~a** a precise description. b **en aquel ~ momento** at that precise o very moment. c (*indispensable*) necessary, essential; **las cualidades ~as** the requisite qualities; **es ~ que lo hagas** you must do it. d (*estilo, lenguaje*) concise.

preclaro ADJ (*Lit*) illustrious.
precocidad NF precociousness, precocity; (*Bot etc*) earliness.
precocinar<1a> VT to precook.
precolombino ADJ pre-Columbian; **la América ~a** America before Columbus.
preconcebido ADJ preconceived; **idea ~a** preconception.
preconcepción NF preconception.
preconciliar ADJ preconciliar, before Vatican II.
preconizar<1f> VT to advocate.
precontrato NM pre-contract.
precoz ADJ (*prematuro*) precocious; (*anticipado*) forward; (*calvicie etc*) premature; (*Bot etc*) early.
precozmente ADV (*V adj*) precociously; prematurely; early.
precursor(a) NM/F predecessor, forerunner.
predecesor(a) NM/F predecessor.
predecir<3o> VT to predict, forecast.
predestinación NF predestination.
predestinado ADJ predestined; **estar ~ a hacer algo** to be predestined to do sth.
predestinar<1a> VT to predestine.
predeterminar<1a> VT to predetermine.
prédica NF sermon; **~s** preaching (*tb fig*).
predicación NF preaching.
predicado NM predicate.
predicador NM (*Rel*) preacher.
predicamento NM [a] (*dignidad*) standing, prestige. [b] (*LAm: situación difícil*) predicament.
predicar<1g> VT, VI to preach.
predicativo ADJ predicative.
predicción NF prediction; (*pronóstico*) forecast; **~ del tiempo** weather forecast(ing).
predilección NF predilection; **tener ~ por** to have a predilection for; **~es y aversiones** likes and dislikes.
predilecto ADJ favourite, favorite (*US*).
predio NM property, estate; **~ rústico/urbano** country/town property.
predisponer <2q> VT to predispose; (*pey*) to prejudice, bias (*contra* against).
predisposición NF (*tendencia*) inclination; (*prejuicio*) prejudice, bias (*contra* against); (*Med*) tendency (*a* to).
predispuesto ADJ predisposed; **ser ~ a los catarros** to have a tendency to get colds; **estar ~ contra algn** to be prejudiced against sb.
predominante ADJ predominant; (*mayor*) major; (*preponderante*) prevailing; (*Com: interés*) controlling.
predominar <1a> VI (*dominar*) to predominate; (*prevalecer*) to prevail.
predominio NM predominance; (*preponderancia*) prevalence; (*influencia*) influence; (*superioridad*) superiority.
preeminencia NF pre-eminence, superiority.
preeminente ADJ pre-eminent, superior.
preenfriar<1c> VT to precool.
pre(e)scoger<2c> VT (*jugadores*) to seed.
preescolar [1] ADJ preschool; **educación ~** preschool education, nursery education. [2] NM (*escuela*) nursery school.
preestreno NM preview, press view.
preexistente ADJ pre-existing.
prefabricado ADJ prefabricated.
prefabricar<1g> VT to prefabricate.
prefacio NM (*prólogo*) preface, foreword.
prefecto NM prefect.
prefectura NF prefecture.
▼**preferencia** NF preference; **de ~** for preference, preferably; **localidad de ~** reserved seat; **tratamiento de ~** preferential treatment; (*predilección*) **mostrar ~ por** to show preference to.
preferente ADJ [a] preferred; (*preferible*) preferable. [b] (*Fin: acción*) preference *atr*; (*trato*) preferential; (*derecho*) prior.
preferentemente ADV preferably.
preferible ADJ preferable (*a* to).
▼**preferido** ADJ favourite, favorite (*US*).

▼**preferir** <3i> VT to prefer; **~ el té al café** to prefer tea to coffee; **¿cuál prefieres?** which do you prefer?; **prefiero ir a pie** I prefer to walk, I'd rather go on foot.
prefigurar<1a> VT to foreshadow, prefigure.
prefijar <1a> VT [a] (*determinar*) to fix beforehand, prearrange. [b] (*Ling*) to prefix (*a* to).
prefijo NM (*Ling*) prefix; (*Telec*) (dialling) code, area code (*US*).
pregón NM (*proclama*) proclamation, announcement (*by town crier*); (*Com*) street/vendor's cry; **~ de las fiestas** speech about the forthcoming festival.
pregonar<1a> VT to proclaim, announce; (*un secreto*) to disclose, reveal; (*mercancía*) to hawk; (*méritos*) to praise publicly, proclaim (for all to hear).
pregonero NM town crier.
pregrabar<1a> VT to pre-record.
preguerra NF prewar period.
pregunta NF question; **~ capciosa** catch *o* loaded question; **~ retórica** rhetorical question; **contestar a una ~** to answer a question; **hacer una ~** to ask *o* put a question.
preguntar<1a> [1] VT (*gen*) to ask; (*interrogar*) to question, interrogate; **~ algo a algn** to ask sb sth; **~ si** to ask if *o* whether.
[2] VI (*indagar*) to ask, inquire; **~ por algn** to ask *o* inquire for sb; **~ por la salud de algn** to ask after sb's health.
[3] **preguntarse** VR to wonder; **me pregunto si vale la pena** I wonder if it's worthwhile.
preguntón ADJ (*fam*) inquisitive.
prehistoria NF prehistory.
prehistórico ADJ prehistoric.
preignición NF (*Mec*) pre-ignition.
prejuicio NM [a] (*acto*) prejudgement. [b] (*parcialidad*) prejudice, bias (*contra* against); (*idea preconcebida*) preconception.
prejuzgar<1h> VT (*predisponer*) to prejudge.
prelado NM (*Rel*) prelate.
preliminar ADJ, NM preliminary.
preludiar <1b> [1] VT (*anunciar*) to announce, herald; (*introducir*) to introduce; (*iniciar*) to start off. [2] VI (*Mús: afinar*) to tune up, play a few scales.
preludio NM [a] (*Mús, fig*) prelude (*de* to). [b] (*Mús: ensayo*) tuning up, practice note.
premamá ADJ: **vestido (de) ~** maternity dress.
prematrimonial ADJ premarital.
prematuro ADJ premature.
premeditación NF premeditation; **con ~** with premeditation, deliberately.
premeditadamente ADV with premeditation, deliberately.
premeditado ADJ premeditated, deliberate; (*negligencia*) wilful; (*insulto etc*) calculated.
premeditar<1a> VT to premeditate; (*reflexionar*) to plan, think out (in advance).
premenstrual ADJ premenstrual.
premiado/a [1] ADJ (*novela etc*) prize *atr*, prizewinning. [2] NM/F prizewinner.
premiar <1b> VT (*recompensar*) to reward (*con* with); (*dar un premio a*) to give a prize to, make an award to; **salir premiado** to win a prize.
premier [pre'mjer] NMF prime minister, premier.
premio NM [a] (*recompensa*) reward, recompense; **como ~ a sus servicios** as a reward for his services. [b] (*en competición*) prize; (*galardón*) award; **~ de consolación** consolation prize; **~ gordo** first prize; [c] (*Com, Fin: prima*) premium.
premisa NF premise.
premonición NF premonition.
premonitorio ADJ indicative, warning.
premura NF [a] (*aprieto*) pressure; **con ~ de tiempo** under pressure of time; **debido a ~ de espacio** because of pressure on space. [b] (*prisa*) haste, urgency.
prenatal ADJ antenatal, prenatal.
prenda NF [a] (*garantía*) pledge; (*fig: señal*) pledge, token; **dejar algo en ~** to pawn sth; **en ~ de** as a pledge *o* token of; **no soltar ~** to give nothing away, give no

➤ EXPRESIONES GENERATIVAS: **preferencia** → 1.5 **preferido** → 1.1 **preferir** → 1.1, 1.4

chance o opening. **b** (*ropa: tb* ~ **de vestir**) garment, article of clothing. **c** (*fig: cualidades*) talents, gifts; **buenas** ~**s** good qualities. **d** ~**s** (*juego*) forfeits. **e** (*fam*) darling!, my treasure!

prendar <1a> **1** VT to captivate, enchant; (*ganar la voluntad*) to win over; **volvió prendado de la ciudad** he came back enchanted with the town.
2 prendarse VR: ~ **de** (*aficionarse*) to be captivated by, be enchanted with; ~ **de algn** (*Lit*) to fall in love with sb.

prendedor NM clasp, brooch, broach (*US*).

prender <2a> **1** VT **a** (*persona: capturar*) to catch, capture; (*detener*) to arrest.
b (*Cos: sujetar*) to fasten; (*con alfiler*) to pin, attach (*en* to); (*atar*) to tie, do up; ~ **el pelo con horquillas** to fix one's hair with grips.
c (*esp LAm: fuego, horno, vela*) to light; (*cerilla*) to strike; (*luz*) to switch on.
2 VI **a** to catch, stick; (*arraigar*) to grip.
b (*fuego*) to take, take hold; (*planta*) to take root; **sus ideas prendieron fácilmente en la juventud** his ideas soon caught on easily with the young.
3 prenderse VR (*encenderse*) to catch fire.

prendido ADJ: **quedar** ~ to be caught (fast), be stuck; (*fig*) to be captivated.

prensa NF **a** (*Mec*) press; (*Tip*) printing press; (*de raqueta*) press, frame; ~ **hidráulica/rotativa** hydraulic/rotary press; **dar algo a la** ~ to publish sth; **entrar en** ~ to go to press. **b** (*fig*) **la** ~ the press; **la** ~ **amarilla** the gutter press; ~ **del corazón** periodicals specializing in real-life romance stories; **leer la** ~ to read the papers; **tener mala** ~ to have o get a bad press.

prensado NM pressing.

prensador NM press, pressing machine; ~ **de paja** straw baler.

prensar <1a> VT to press.

prensil ADJ prehensile.

preñado ADJ **a** (*mujer, Zool*) pregnant. **b** (*fig*) ~ **de** pregnant with, full of; **una situación ~a de peligros** a situation fraught with dangers.

preñar <1a> VT to get pregnant; (*Zool*) to impregnate, fertilize; (*fig*) to fill.

preñez NF pregnancy.

preocupación NF (*inquietud*) worry, anxiety, concern.

preocupado ADJ worried, anxious, concerned.

preocupante ADJ worrying, disturbing.

preocupar <1a> **1** VT (*inquietar*) to worry, preoccupy; **esto me preocupa muchísimo** this worries me greatly; **no le preocupa el qué dirán** public opinion doesn't bother him.
2 preocuparse VR **a** to worry, care (*de, por* about); (*ocuparse*) to concern o.s. (*de* about); **¡no se preocupe!** don't worry!; **no te preocupes por eso** don't worry about that.
b **tú preocúpate de que todo esté listo** you ensure that *o* see to it that everything is ready.
c ~ **de algo** to give special attention to sth.

preolímpico ADJ: **torneo** ~ Olympic qualifying tournament.

preparación NF **a** (*acto*) preparation; **estar en** ~ to be in preparation. **b** (*estado*) preparedness, readiness; ~ **militar** military preparedness. **c** (*formación*) training (*tb Dep*); **le falta** ~ he lacks training. **d** (*competencia*) competence. **e** (*Farm*) preparation.

preparado **1** ADJ **a** prepared (*para* for); (*Culin*) ready to serve, ready cooked; **¡~s, listos, ya!** ready, steady o (*US*) set, go!
b (*competente*) competent, able; (*con título*) qualified.
2 NM (*Farm*) preparation.

preparador(a) NM/F (*Dep*) trainer, coach.

preparar <1a> **1** VT **a** (*disponer*) to prepare, get ready; (*Téc*) to prepare, process.
b (*enseñar*) to teach; (*entrenar*) to train, coach.
2 prepararse VR **a** (*disponerse*) to prepare o.s., get ready; ~ **a** o **para hacer algo** to prepare to o get ready to do sth.

b (*problemas, tormenta*) to be brewing.

preparativo **1** ADJ preparatory, preliminary. **2** NM: ~**s** preparations; (*disposiciones*) preliminaries; **hacer sus** ~**s** to make one's preparations (*para hacer* to do).

preparatorio ADJ preparatory.

preponderancia NF preponderance.

preponderante ADJ preponderant.

preponderar <1a> VI (*predominar*) to preponderate; (*prevalecer*) to dominate, prevail.

preposición NF preposition.

preposicional ADJ prepositional.

prepotencia NF power, dominance, superiority; (*pey*) abuse of power; (*esp LAm: soberbia*) arrogance.

prepotente ADJ powerful, supreme; (*pey*) giving to abusing power; (*esp LAm: soberbio*) arrogant; **actitud** ~ violent attitude.

prepucio NM foreskin, prepuce.

prerrequisito NM prerequisite.

prerrogativa NF prerogative, privilege.

prerrománico ADJ pre-romanesque.

presa NF **a** (*acto*) capture, seizure; **hacer** ~ to seize; **el fuego hizo** ~ **en la cortina** the fire caught the curtain. **b** (*objeto*) capture, catch; (*Mil: botín*) spoils *pl*, booty; (*Náut*) prize; (*Zool*) prey, catch; **ave de** ~ bird of prey; **ser** ~ **de** (*fig*) to be a prey to. **c** (*en un río*) dam; (: *represa*) weir, barrage. **d** (*esp LAm*) piece of food; (: *de carne*) piece (of meat).

presagiar <1b> VT to betoken, forebode.

presagio NM omen, portent.

presbicia NF long-sightedness.

presbiteriano/a ADJ, NM/F Presbyterian.

presbiterio NM (*Rel*) presbytery, chancel.

prescindible ADJ dispensable; **y cosas fácilmente** ~**s** and things we can easily do without.

prescindir <3a> VI: ~ **de** to do o go without; (*pasar por alto*) to dispense with; (*desatender*) to disregard; (*omitir*) to omit, overlook; **han prescindido del coche** they've given up their car; **no podemos** ~ **de él** we can't manage without him.

prescribir <3a> VT to prescribe.

prescripción NF prescription; ~ **facultativa** medical prescription; **por** ~ **facultativa** on the doctor's orders.

prescrito ADJ prescribed.

preselección NF (*Dep*) seeding; (: *personas*) squad; (*de candidatos*) shortlist(ing).

preseleccionar <1a> VT (*Dep*) to seed; (*candidatos*) to shortlist.

presencia NF (*gen*) presence; ~ **de ánimo** presence of mind; **en** ~ **de** in the presence of; **tener buena** ~ to look presentable.

presencial ADJ: **testigo** ~ eyewitness.

presenciar <1b> VT to be present at; (*asistir a*) to attend; (*ver*) to see, witness.

presentable ADJ presentable.

presentación NF **a** (*gen*) presentation; (*de pruebas, informe*) submission; (*de nuevo producto*) launch, presentation; (*de persona*) introduction; ~ **en sociedad** coming out, début. **b** (*LAm: memorial*) petition.

presentador(a) NM/F presenter, host, hostess.

presentar <1a> **1** VT **a** (*gen*) to present; (*ofrecer*) to offer; (*mostrar*) to show; (*armas, disculpa*) to present; (*dimisión*) to tender; (*moción, candidato*) to propose, put forward; (*pruebas, informe*) to submit; (*nuevo producto*) to launch, introduce; (*TV*) to present, host, compère; ~ **sus respetos** to pay one's respects; **presenta señales de deterioro** it shows signs of wear; ~ **batalla** to offer resistance.
b (*persona*) to introduce; **le presento a mi hermana** may I introduce my sister (to you)?; **ser presentada en sociedad** to come out, make one's début.
c (*Com*) ~ **al cobro** o **al pago** to present for payment.
2 presentarse VR **a** (*comparecer*) to present o.s.; (*aparecer*) to appear (unexpectedly), turn up; ~ **a la policía** to report to the police; (*delincuente*) to give o.s. up to the police; **se presentó en un estado lamentable** he turned up in a dreadful state.

b (*hacerse conocer*) to introduce o.s. (*a* to).
c (*candidato*) to run, stand; **~ a** (*puesto*) to apply for; (*examen*) to sit (for).
d (*oportunidad*) to present itself; **se presentó un caso singular** a strange case came up.

presente **1** ADJ **a** (*persona*) present; **¡~!** present!, here!; **los ~s** those present; **los señores aquí ~s** the gentlemen here present; **estar ~ en** to be present at; **mejorando lo ~** present company excepted.
b **la ~ carta, la ~** this letter; **le comunico por la ~** I hereby inform you.
c (*tiempo*) present; **hacer ~** to state, declare; **tener ~** to bear in mind; **ten muy ~ que ...** understand clearly that ....
2 NM **a** present; **al ~** at present; **hasta el ~** up to the present.
b (*Ling*) present (tense).
c (*regalo*) gift.

presentimiento NM (*corazonada*) premonition, presentiment; (*vislumbre*) foreboding.
presentir<3i> VT to have a premonition of.
preservación NF protection, preservation.
preservar<1a> VT **a** (*proteger*) to protect, preserve (*contra, de* against, from). **b** (*LAm: conservar*) to keep, preserve.
preservativo NM contraceptive sheath, condom.
presidencia NF (*de nación*) presidency; (*de comité*) chairmanship; **ocupar la ~** to preside, be in o take the chair.
presidencial ADJ presidential.
presidente/a NMF (*de país, asociación*) president; (*de comité, reunión*) chairman, chairwoman, chairperson; (*Pol Esp: tb* **P~ del Gobierno**) prime minister; (: *de la cámara*) speaker; (*Jur*) presiding magistrate; **candidato a ~** presidential candidate.
presidiario/a NM/F convict.
presidio NM **a** prison, penitentiary. **b** (*Pol*) praesidium.
presidir<3a> **1** VT **a** (*gobernar*) to preside at o over; (*dirigir*) to take the chair at. **b** (*fig: dominar*) to dominate, rule. **2** VI to preside; (*dirigir*) to take the chair.
presilla NF **a** (*para cerrar*) fastener, clip. **b** (*lazo*) loop. **c** (*LAm Mil*) shoulder badge, flash, epaulette.
presión NF **a** (*gen*) pressure; (*con la mano etc*) press, squeeze; (*Met, Fís, Téc*) pressure; (*explosión*) blast; **~ arterial** o **sanguínea** blood pressure; **~ atmosférica** atmospheric pressure; **a ~** (*Téc*) pressure *atr*; **hacer ~ to** press (*sobre* on). **b** (*fig*) pressure; **ejercer** o **hacer ~ para que se haga algo** to press for sth to be done; (*Pol*) to lobby for sth to be done; **hay ~ dentro del partido** there are pressures within the party.
presionar<1a> **1** VT **a** (*botón*) to press.
b (*fig: ejercer presión*) to press, put pressure on; **el ministro, presionado por los fabricantes, accedió** the minister, under pressure from the manufacturers, agreed. **2** VI to press; **~ para** o **por** to press for.
preso/a **1** ADJ: **llevar ~ a algn** to take sb away under arrest; **estar ~ del pánico** to be panic-stricken. **2** NM/F (*prisionero*) convict, prisoner; **~ común** non-political prisoner; **~ político** political prisoner; **~ preventivo** remand prisoner.
prestación NF **a** (*aportación*) lending, loan; (*subsidio*) benefit, payment; **~ de ayuda** aid; **~ de** o **por desempleo** unemployment benefit; **~ personal** obligatory service; **~ social sustitutoria** (community) service for conscientious objectors. **b** **~ de juramento** oath-taking, swearing. **c** (*Inform*) capability. **d** (*de coche etc*) feature, performance qualities.
prestado ADJ: **dejar algo ~** to lend sth; **eso está ~** that is on loan; **pedir ~ algo** to borrow sth; **vivir de ~** to live at sb else's expense, live on what one can borrow.
prestamista NMF moneylender; **~ bancario** bank loan.
préstamo NM **a** (*acto*) loan, lending, borrowing. **b** (*empréstito*) loan; **~ hipotecario** mortgage (loan); **~ para la vivienda** home loan; **~ personal** personal loan. **c** (*Ling*) loanword.
prestancia NF (*distinción*) excellence; (*gallardía*) elegance, dignity.

prestar<1a> **1** VT **a** (*dinero, objeto*) to lend, loan.
b (*ayuda, apoyo*) to give; (*atención*) to pay (*a* to); (*servicio*) to do, render.
c (*juramento*) to take, swear.
d (*LAm: pedir prestado*) to borrow (*a* from). **2** VI (*extenderse*) to give, stretch.
3 **prestarse** VR **a** (*avenirse*) **no se presta a esas maniobras** he does not lend himself to manoeuvres o (*US*) maneuvers of that kind; **la situación se presta a muchas interpretaciones** the situation lends itself to many interpretations.
b (*ofrecerse*) to offer o volunteer (*a hacer algo* to do sth).
prestatario/a NM/F borrower.
presteza NF (*ligereza*) speed, promptness; (*prontitud*) alacrity; **con ~** promptly, with alacrity.
prestidigitación NF conjuring, sleight of hand.
prestidigitador(a) NM/F conjurer.
prestigiar<1b> VT to give prestige to; (*dar fama*) to make famous, honour (*con* with), honor (*US*).
prestigio NM (*fama*) prestige; (*reputación*) face; (*renombre*) good name; **de ~** prestigious.
prestigioso ADJ (*respetable*) worthy; (*renombrado*) prestigious.
presto **1** ADJ **a** (*rápido*) quick, prompt. **b** (*listo*) ready (*para* for). **c** (*Mús*) presto. **2** ADV (*rápidamente*) quickly; (*en seguida*) right away.
presumible ADJ presumable; **es ~** it is to be presumed.
presumido ADJ conceited; (*que se arregla mucho*) vain.
presumir<3a> **1** VT **a** (*suponer*) to presume, surmise; **~ que ...** to presume that ..., guess that ....
b (*Arg, Bol*) to court.
2 VI **a** **según cabe ~** as may be presumed, presumably; **es de ~ que** presumably, supposedly.
b (*envanecerse*) to be conceited; (*vanagloriarse*) to give o.s. airs, show off; **para ~ ante las amistades** in order to show off before one's friends; **no presumas tanto** don't be so conceited; **~ de listo** to think o.s. very smart.
presunción NF **a** (*conjetura*) supposition, presumption; (*sospecha*) suspicion. **b** (*vanidad*) conceit.
presuntamente ADV supposedly.
presunto ADJ (*supuesto*) supposed, presumed; (*llamado*) so-called; (*heredero*) presumptive; **el ~ asesino** the alleged murderer; **X, ~ implicado en ...** X, allegedly involved in ...; **estos ~ expertos** these so-called experts.
presuntuoso ADJ (*vano*) conceited, presumptuous.
presuponer<2q> VT to presuppose.
presupuestar<1a> VT (*Fin*) to budget for; (*gastos, ingresos*) to reckon up, estimate for.
presupuestario ADJ (*Fin*) budgetary, budget *atr*.
presupuesto NM (*Fin*) budget; (*para un trabajo o plan*) estimate.
presuroso ADJ (*ligero*) quick, speedy; (*pronto*) hasty; (*paso etc*) light, quick.
pretecnología NF (*Escol*) practical subjects, technical courses.
pretencioso ADJ **a** (*vanidoso*) pretentious, presumptuous. **b** (*LAm: presumido*) vain, stuck-up (*fam*).
▼**pretender** <2a> VT **a** (*intentar*) **~ hacer algo** to try to o seek to o endeavour o (*US*) endeavor to do sth; **pretendió convencerme** he sought to convince me; **¿qué pretende Ud decir con eso?** what do you mean by that?; **no pretendo ser feliz** it's not happiness I'm after.
b (*afirmar*) to claim; **~ ser rico** to claim to be rich, profess to be rich; **pretende que el coche le atropelló** he alleges that the car knocked him down.
c (*aspirar a*) to seek, try for; (*puesto*) to apply for; (*honor*) to aspire to; (*objetivo*) to aim at; **¿qué pretende Ud?** what are you after?, what do you hope to achieve?
d **~ que** + *subjun* to expect, suggest; **él pretende que yo le escriba** he wants me to write to him; **¿cómo pretende Ud que lo compre yo?** how do you expect me to buy it?
e (*mujer*) to woo, court.
pretendido ADJ (*presunto*) supposed, alleged.
pretendiente **1** NM (*de una mujer*) suitor; (*al trono*) pre-

➤ EXPRESIONES GENERATIVAS: **pretender** → 12.2

tender. [2] NMF (*aspirante*) claimant; (*a cargo*) candidate, applicant (*a* for).

pretensión NF [a] (*derecho*) claim. [b] (*propósito*) aim; (*aspiración*) aspiration. [c] (*aspiraciones*) pretension; (*expectativas*) expectations; **tener ~es de** to have pretensions to; **tener pocas ~es** to have low expectations; **tiene la ~ de que le acompañe yo** he expects me to go with him. [d] (*LAm: vanidad*) vanity.

pretérito [1] ADJ [a] (*Ling*) past. [b] (*fig*) past, former; **las glorias ~as del país** the country's former glories. [2] NM (*Ling*: *tb* **~ indefinido**) preterite, past historic; **~ perfecto/imperfecto** perfect/imperfect.

pretextar<1a> VT to plead, use as an excuse; **~ que ...** to plead o allege that ....

pretexto NM pretext; (*disculpa*) excuse, plea; **bajo ningún ~** under no circumstances; **con el ~ de que ...** on the pretext that ....

pretil NM (*valla*) parapet; (*baranda*) handrail, railing.

prevalecer <2d> VI [a] (*imponerse*) to prevail (*sobre* against, over); (*triunfar*) to triumph; (*vencer*) to come to dominate. [b] (*Bot: arraigar*) to take root and grow.

prevaleciente ADJ prevailing, dominant.

prevalerse <2q> VR (*valerse*) **~ de** to avail o.s. of; (*aprovecharse*) to take advantage of.

prevaricación NF (*Jur*) perversion of the course of justice.

prevaricar<1g> VI to pervert the course of justice.

prevención NF [a] (*preparativo*) preparation; (*estado*) readiness. [b] (*de accidente, enfermedad etc*) prevention; **en ~ de** as a guard against; **medidas de ~** emergency measures, contingency plans. [c] (*medida*) precautionary measure; **hemos tomado ciertas ~es** we have taken certain precautions. [d] (*prejuicio*) prejudice; **tener ~ contra algn** to be prejudiced against sb. [e] (*puesto*) police station.

prevenido ADJ [a] (*cuidadoso*) **ser ~** to be cautious. [b] **estar ~** (*preparado*) to be ready; (*advertido*) to be forewarned; **hombre ~ vale por dos** (*Prov*) forewarned is forearmed.

prevenir <3r> [1] VT [a] (*preparar*) to prepare, get ready (*para* for). [b] (*evitar*) to prevent; **hay accidentes que no se pueden ~** some accidents cannot be prevented; **más vale ~ (que curar)** prevention is better than cure. [c] (*advertir*) **~ a algn** to warn sb o put sb on his guard (*contra, de* against, about); **pudieron ~le a tiempo** they were able to warn him in time. [d] (*predisponer*) to prejudice, bias (*a favor de, en contra de* in favour of, against). [2] **prevenirse** VR to get ready, prepare; **~ contra** to take precautions against.

preventivo ADJ preventive, precautionary; (*Med*) preventive.

prever <2u> VT [a] (*ver con anticipación*) to foresee. [b] (*planear con anticipación*) to anticipate, envisage; (*proyectar*) to plan; (*tener en cuenta*) to make allowances for; **la elección está prevista para ...** the election is planned for ...; **no teníamos previsto nada para eso** we had not made any allowance for that; **~ que** to anticipate o expect that. [c] (*establecer*) to provide for, establish; **la ley prevé que ...** the law provides o establishes that ....

previamente ADV previously.

previo [1] ADJ previous, prior; (*examen*) preliminary; **autorización ~a** prior authorization o permission. [2] PREP after, following; **~ acuerdo de los otros** subject to the agreement of the others; **~ pago de los derechos** on payment of the fees.

previsible ADJ foreseeable.

previsión NF [a] (*cualidad*) foresight, far-sightedness; (*prudencia*) caution. [b] (*acto*) precaution, precautionary measure; **en ~ de** as a precaution against. [c] (*pronóstico*) forecast; **~ del tiempo** weather forecast(ing). [d] (*Chi*) ≈ pension fund.

previsor ADJ (*precavido*) far-sighted; (*prudente*) thoughtful.

previsto ADJ (*hora*) agreed; (*resultados*) predicted, anticipated; **según lo ~** as planned, according to schedule.

PRI NM ABR (*Méx Pol*) de **Partido Revolucionario Institucional**.

pribar<1a> VT, VI (*fam*) = **privar²**.

prieto ADJ [a] (*oscuro*) blackish, dark; (*esp Méx*) dark, swarthy; (: *mujer*) brunette. [b] (*apretado*) tight, compressed; **de carnes ~as** firm-bodied.

priísta (*Méx Pol*) [1] ADJ of o pertaining to the PRI party. [2] NMF supporter of the PRI party.

prima¹ NF (*de sueldo*) bonus; (*de seguro*) premium; (*a la exportación*) subsidy; **~ de incentivo**, **~ a la** o **de producción** incentive bonus; **~ de peligrosidad**, **~ por trabajos peligrosos** danger money.

primacía NF [a] (*superioridad*) primacy, first place; (*supremacía*) supremacy; **tener la ~ entre** to be supreme among. [b] (*Rel*) primacy.

primada NF (*fam: estupidez*) piece of stupidity; (*error*) silly mistake.

primado NM (*Rel*) primate.

primadon(n)a NF (*de ópera*) prima donna.

primar<1a> VI (*tener primacía*) to occupy first place, be supreme; (*prevalecer*) **~ sobre** to have priority o take precedence over.

primario ADJ primary; **escuela ~a** primary school.

primate NM [a] (*Zool*) primate. [b] (*prócer*) outstanding figure.

primavera NF [a] (*estación*) spring, springtime. [b] (*Orn*) blue tit. [c] (*Bot*) primrose.

primaveral ADJ spring *atr*, springlike.

primer ADJ V **primero**.

primera¹ NF [a] (*Aut etc*) first gear, bottom gear. [b] (*tren*) first class; **viajar en ~** to travel first. [c] (*excelente*) **de ~** first-class/-rate; **hotel de ~** first-class hotel; **comer de ~** to eat really well, have a first-class meal. [d] **de buenas a ~s** suddenly. [e] **a la(s) ~(s) de cambio** (*fig*) first, firstly.

primerizo/a [1] ADJ green, inexperienced. [2] NM/F beginner; **una ~a** woman who bears her first child.

primero/a² [1] ADJ (*before nm sing* **primer**) [a] (*que precede*) first; (*anterior*) former; (*página*) first, front; **en los ~s años del siglo** in the early years of the century; **~a dama** (*Teat*) leading lady; **a ~a hora de la mañana** first thing in the morning. [b] (*primordial*) first; (*principal*) prime; (*básico*) fundamental; **lo ~ es que** the fundamental thing is that; **lo ~ es lo ~** first things first; **es nuestro primer deber** it is our first duty. [2] NM/F first; **llegar el ~** to arrive first; **ser el ~ de la clase** to be first in the class; **ser el ~ en hacer algo** to be the first to do sth; *V tb* **primera**. [3] NM: **a ~s de junio** at the beginning of June. [4] ADV [a] (*primeramente*) first. [b] (*antes*) rather, sooner; **~ se quedará en casa que pedir permiso para salir** she'd rather stay at home than have to ask for permission to go out.

primicia NF [a] (*novedad*) novelty; (*estreno*) first appearance; **~ informativa** scoop. [b] **~s** (*lit, fig*) first fruits.

primigenio ADJ primitive, original.

primitiva NF: **la ~** (*fam*) = **lotería primitiva**.

primitivo ADJ [a] (*primario*) early; (*original*) first, original; **el texto ~** the original text; **quedan 200 de los ~s 850** there remain 200 from the original 850; **devolver algo a su estado ~** to restore sth to its original state. [b] (*Fin: acción*) ordinary. [c] (*Hist*) primitive; (*salvaje*) uncivilized; **en condiciones ~as** in primitive conditions.

primo/a² [1] ADJ [a] (*Mat*) prime. [b] (*materia*) raw. [2] NM/F [a] (*pariente*) cousin; **~ carnal** o **hermano** first cousin; **ser ~s hermanos** (*fig*) to be extraordinarily alike. [b] (*fam: cándido*) fool; (: *incauto*) dupe, sucker (*fam*); **hacer el ~** to be taken for a sucker (*fam*).

primogénito/a ADJ, NM/F first-born.

primogenitura NF (*gen*) primogeniture; (*patrimonio*) birthright.

primor NM [a] (*delicadeza*) exquisiteness, beauty;

(*elegancia*) elegance. **b** (*maestría*) care, skill; **hecho con ~** done most skilfully o (*US*) skillfully, delicately made. **c** (*hermosura*) fine o lovely thing; **cose que es un ~** she sews beautifully; **hijos que son un ~** delightful o charming children.

primordial ADJ fundamental, essential; **esto es ~** this is top priority; **es de interés ~** it is of fundamental concern; **es ~ saberlo** it is essential to know it.

primoroso ADJ (*delicado*) exquisite, fine; (*esmerado*) neat, skilful, skillful (*US*).

prímula NF primrose.

princesa NF princess.

principado NM principality.

principal [1] ADJ **a** (*más importante*) principal, main; (*más destacado*) foremost; (*piso*) first, second (*US*); **lo ~ es ...** the main thing is to .... **b** (*persona: distinguida*) illustrious. [2] NM **a** (*persona*) head, chief, principal. **b** (*Fin*) principal, capital. **c** (*Teat*) dress circle. **d** (*piso*) first floor, second floor (*US*).

príncipe NM **a** prince; **~ azul** Prince Charming; **~ consorte** prince consort; **~ heredero** crown prince; **~ de Gales** Prince of Wales. **b** **edición ~** first edition.

principesco ADJ princely.

principiante/a [1] ADJ (*aprendiz*) who is beginning; (*novato*) novice, (*inexperto*) inexperienced, green. [2] NM/F beginner, novice.

principiar<1b> VT, VI to begin; **~ a hacer algo** to begin to do sth, begin doing sth; **~ con** to begin with.

principio NM **a** (*comienzo*) beginning; (*origen*) origin; (*inicio*) early stage; **al ~** at first, in the beginning; **a ~s de** at the beginning of; **a ~s del verano** at the beginning of the summer; **desde el ~** from the first; **en un ~** at first; **dar ~ a** to start off; **tener ~ en** to start from. **b** **~s** rudiments; **'P~s de física'** 'Introduction to Physics'. **c** (*moral*) principle; **persona de ~s** man of principles; **en ~** in principle; **por ~** on principle; **sin ~s** unprincipled. **d** (*Fil*) principle. **e** (*Quím*) element, constituent. **f** (*Culin*) entrée.

pringado/a NM/F (*fam*) **a** (*víctima*) (innocent) victim; (*sin suerte*) unlucky person; (*infeliz*) poor devil; **el ~ del grupo** the odd man out, the loser. **b** (*tonto*) fool, idiot; **¡no seas ~!** don't be an idiot!

pringar<1h> [1] VT **a** (*Culin: pan*) to dip, dunk; (*asado*) to baste; **~ el pan en la sopa** to dip one's bread in the soup. **b** (*ensuciar*) to dirty, soil (with grease); (*rociar*) to splash grease o fat on. **c** (*fam: meter*) **~ a algn en un asunto** to involve sb in a matter. **d** (*fam*) **~la** (*meter la pata*) to drop a brick (*fam*), make a boob (*fam*); **~las** (*morir*) to kick it (*fam*). [2] VI **a** (*fam: perder*) to come a cropper (*fam*); **hemos pringado** we're done for. **b** (*Mil etc: trabajar*) to sweat one's guts out (*fam*). **c** **~ en** to dabble in. **d** (*fam: morir*) to kick it (*fam*). [3] **pringarse** VR **a** to get covered (*con, de* with, in). **b** (*fam: involucrarse*) to get mixed up (*en* in). **c** (*fam: comprometerse*) to get one's fingers burnt; **o nos pringamos todos, o ninguno** either we all carry the can or none of us does (*fam*).

pringoso ADJ greasy.

pringue NM o NF **a** (*grasa*) grease, dripping. **b** (*mancha*) grease stain; (*suciedad*) dirty object. **c** (*fam: molestia*) nuisance; **es un ~ tener que ...** it's a bind having to ... (*fam*).

prior NM (*Rel: prelado*) prior, rector.

priora NF prioress.

priorato NM (*Rel*) priory.

priori: a ~ ADV a priori; (*juzgar*) in advance.

prioridad NF (*precedencia*) priority; (*superioridad*) seniority; (*Aut*) right of way; **tener ~** to have priority (*sobre* over); (*Aut*) to have the right of way.

prioritario ADJ priority *atr*; (*Inform*) foreground *atr*; **un**

proyecto de carácter ~ a plan with top priority.

prisa NF (*prontitud*) hurry, haste; (*rapidez*) speed; (*premura*) urgency; **a** o **de ~** quickly, hurriedly; **a toda ~** as quickly as possible; **correr ~** to be urgent; **¿te corre ~?** are you in a hurry?; **¿corren ~ estas cartas?** (*Esp*) are these letters urgent?, is there any hurry for these letters?; **dar** o **meter ~ a algn** to make sb get a move on; **darse ~** to hurry (up); **¡date ~!** hurry (up)!; **tener ~** to be in a hurry.

prisión NF **a** (*cárcel*) prison. **b** (*encierro*) imprisonment; **~ mayor** sentence of more than six years and a day; **~ menor** sentence of less than six years and a day; **cinco años de ~** five years' imprisonment.

prisionero/a NM/F prisoner; **~ de guerra** prisoner of war; **hacer ~ a algn** to take sb prisoner.

prisma NM **a** prism. **b** (*fig*) point of view, angle; **bajo** o **desde el ~ de** from the point of view of.

prismático [1] ADJ prismatic. [2] NM: **~s** binoculars, field glasses.

prístino ADJ pristine, original.

priva NF: **la ~** (*Esp fam*) the booze (*fam*), the drink.

privacidad NF privacy.

privación NF **a** (*acto*) deprivation, deprival; **sufrir ~ de libertad** to suffer loss of liberty. **b** (*carencia*) deprivation; (*miseria*) want, privation; **~es** hardships, privations.

privadamente ADV privately.

privado [1] ADJ (*particular*) private, personal; **'~ y confidencial'** 'private and confidential'. [2] NM **a** (*Pol: favorito*) favourite, favorite (*US*), protégé; (*Hist*) royal favourite. **b** **en ~** privately, in private.

privar[1]<1a> [1] VT **a** (*despojar*) **~ a algn de algo** to deprive sb of sth, take sth away from sb; **~ a algn del conocimiento** to render sb unconscious. **b** (*prohibir*) **~ a algn de hacer algo** to forbid sb to do sth, prevent sb from doing sth; **lo cual me privó de verlos** which prevented me from seeing them. [2] VI **a** (*fam: gustar mucho*) **las motos me privan** I'm mad about motorbikes. **b** (*fam: estar en boga*) to be in fashion, be the thing. [3] **privarse** VR: **~ de** (*abstenerse*) to deprive o.s. of; (*renunciar*) to give up, forgo; **no se privan de nada** they don't want for anything.

privar[2]<1a> VT, VI (*fam*) to booze (*fam*), drink.

privativo ADJ exclusive; **~ de** exclusive to; **esa función es ~a del presidente** that function is the president's alone.

privatización NF privatization.

privatizar<1f> VT to privatize.

privilegiado/a [1] ADJ (*gen*) privileged; (*memoria*) exceptionally good. [2] NM/F (*afortunado*) privileged person.

privilegiar<1b> VT to grant a privilege to; (*favorecer*) to favour, favor (*US*).

privilegio NM (*prerrogativa*) privilege; (*inmunidad*) immunity, exemption; (*Jur*) sole right; **~ fiscal** (*exoneración*) tax concession.

pro [1] NM o NF (*provecho*) profit, advantage; **hombre de ~** worthy man; **los ~s y los contras** the pros and the cons; **en ~ de** for, on behalf of. [2] PREP (*en favor de*) for, on behalf of; **asociación ~ ciegos** association for (aid to) the blind.

pro- PREF pro-; **~soviético** pro-Soviet.

proa NF (*Náut*) bow, prow; (*Aer*) nose; **de ~** bow *atr*, fore; **en la ~** in the bows; **poner la ~ a** (*Náut*) to head for, set a course for; (*fig*) to aim at.

probabilidad NF **a** likelihood; **según toda ~** in all probability. **b** (*perspectiva*) chance, prospect; **~es** chances; **~es de vida** expectation of life; **hay pocas ~es de que venga** there is little prospect of his coming; **apenas tiene ~es** he hasn't much chance.

▼**probable** ADJ probable, likely; **es ~ que** + *subjun* it is probable o likely that; **es ~ que no venga** he probably won't come.

probablemente ADV probably.

probador NM (*en una tienda*) fitting room.

► EXPRESIONES GENERATIVAS: **probable** → 15.2, 16.2

probanza NF (*Jur*) proof, evidence.

probar <1l> **1** VT **a** (*evidenciar: un hecho*) to prove; (*demostrar*) to show, demonstrate; **~ que** to prove that. **b** (*aparato, arma*) to test, try (out); (*ropa*) to try on. **c** (*comida*) to try, taste; **prueba un poco de esto** try a bit of this; **no han probado nunca un buen jerez** they have never tasted a good sherry; **no lo pruebo nunca** I never touch it. **2** VI **a** (*intentar*) to try; **¿probamos?** shall we try?, shall we have a go?; **~ no cuesta nada** there's no harm in trying; **~ a hacer algo** to try to do sth. **b** **~ de = 1 (c)**. **c** (*sentar*) to suit; **no me prueba (bien) el café** coffee doesn't agree with me. **3** **probarse** VR: **~ un traje** to try a suit on.

probeta NF test tube; **niño ~** test-tube baby.

probidad NF integrity.

problema NM (*gen, Mat*) problem; **el ~ del paro** the problem of unemployment; **no quiero ~s** I don't want any trouble.

problemática NF problems, questions.

problemático ADJ problematic.

probóscide NF proboscis.

procacidad NF **a** (*desvergüenza*) insolence; (*descaro*) brazenness. **b** (*indecoro*) indecency.

procaz ADJ **a** (*atrevido*) insolent, impudent; (*descarado*) brazen. **b** (*indecoroso*) indecent.

procedencia NF **a** (*principio*) source, origin; (*lugar de salida*) point of departure; (*Náut*) port of origin. **b** (*Jur*) propriety.

procedente ADJ **a** (*que proviene de*) **~ de** coming from, originating in. **b** (*razonable*) reasonable; (*apropiado*) proper, fitting; (*Jur*) proper; (*bien establecido*) duly established.

proceder <2a> **1** VI **a** (*pasar*) to proceed; **~ a una elección** to proceed to an election; **~ contra algn** (*Jur*) to take proceedings against sb. **b** (*provenir*) **~ de** to come from, originate in; **todo esto procede de su negativa** all this springs from his refusal; **de donde procede que ...** (from) whence it happens that .... **c** (*obrar*) to act; (*conducirse*) to proceed, behave; **ha procedido precipitadamente** he has acted hastily. **d** (*ser conforme*) to be right (and proper), be fitting; **no procede obrar así** it is not right to act like that; **táchese lo que no proceda** cross out what does not apply; **luego, si procede, ...** then, if appropriate, ... **2** NM (*línea de acción*) course of action; (*conducta*) behaviour, behavior (*US*).

procedimiento NM (*gen*) procedure; (*sistema*) process; (*método*) means; (*Jur: trámite*) proceedings; **un ~ para abaratar el producto** a method of making the product cheaper; **por un ~ deductivo** by a deductive process.

proceloso ADJ (*Lit*) stormy, tempestuous.

prócer NM (*persona eminente*) worthy, notable; (*magnate*) important person; (*esp LAm: Pol*) famous son o citizen; (: *líder*) leader.

procesado¹ **1** ADJ (*alimento*) processed. **2** NM (*Téc*) processing.

procesado²/a ADJ, NM/F accused.

procesador NM processor; **~ de datos/textos** data/word processor.

procesal ADJ (*Jur: costas etc*) legal; (*derecho*) procedural.

procesamiento NM **a** (*Jur*) prosecution. **b** **~ de datos** (*Inform*) data processing.

procesar <1a> VT **a** (*enjuiciar*) to put on trial, prosecute; (*demandar*) to sue, bring an action against. **b** (*Téc, Inform*) to process.

procesión NF (*Rel*) procession; **la ~ va por dentro** he keeps his troubles to himself; (*fam: hilera*) **una ~ de mendigos/hormigas** never-ending stream of beggars/ants.

proceso NM **a** (*desarrollo, tb Anat, Quím*) process; **~ mental** mental process; **~ de una enfermedad** course o progress of a disease. **b** (*transcurso*) lapse of time; **en el ~ de un mes** in the course of a month. **c** (*Jur: juicio*) tri-

al; (: *pleito*) lawsuit; **~ verbal** record; **abrir** o **entablar ~** to bring a suit (*a* against). **d** (*Inform*) processing; **~ de datos/textos** data/word processing; **~ (electrónico) de datos** (electronic) data processing.

proclama NF **a** (*publicación oficial*) proclamation. **b** **~s** (*Rel: amonestaciones*) banns.

proclamación NF proclamation.

proclamar <1a> VT (*publicar*) to proclaim; **~ algo a las cuatro vientos** to shout sth from the rooftops. **2** **proclamarse** VR: **~ rey** to proclaim o.s. king.

proclive ADJ inclined, prone (*a* to).

procónsul NM proconsul.

procreación NF procreation, breeding.

procrear <1a> VT, VI (*generar*) to procreate, breed.

procura NF: **andar en ~ de algo** (*esp LAm*) to be trying to get sth.

procurador(a) NM/F (*Jur: abogado*) attorney, solicitor; (: *apoderado*) proxy; (*tb* **~ en Cortes**: *Pol Hist*) deputy, member of (the Spanish) parliament; (: *actualmente*) member of (some) regional parliament.

procurar <1a> **1** VT **a** (*intentar*) **~ hacer algo** to try to do sth, endeavour o (*US*) endeavor to do sth; **procura conservar la calma** do try to keep calm; **procura que no te vean** don't let them see you. **b** (*conseguir*) to get; (*asegurar*) to secure; (*producir*) to yield; **~ un puesto a algn** to get sb a job; **esto nos procurará grandes beneficios** this will bring us great benefits. **c** (*lograr*) **~ hacer algo** to manage to do sth, succeed in doing sth; **por fin procuró dominarse** eventually he managed to control himself. **2** **procurarse** VR: **~ algo** to secure sth for o.s.

prodigalidad NF **a** (*abundancia*) bounty, richness. **b** (*liberalidad*) lavishness, generosity. **c** (*derroche*) prodigality; (*despilfarro*) wastefulness.

prodigar <1h> **1** VT (*disipar*) to lavish, give lavishly; (*despilfarrar*) to squander; **prodiga las alabanzas** he is lavish in his praise (*a* of); **nos prodigó sus atenciones** he was very generous in his kindnesses to us. **2** **prodigarse** VR to be generous with what one has; (*dejarse ver*) to show o.s.

prodigio NM (*portento*) prodigy; (*maravilla*) wonder; **niño ~** child prodigy.

prodigiosamente ADV prodigiously, marvellously, marvelously (*US*).

prodigioso ADJ prodigious, marvellous, marvelous (*US*).

pródigo/a **1** ADJ **a** (*exuberante*) bountiful; (*fértil*) productive; **~ en** rich in, generous with; **la ~a naturaleza** bountiful nature. **b** (*liberal*) lavish, generous (*de* with); **ser ~ de sus talentos** to be generous in offering one's talents. **c** (*malgastador*) prodigal, wasteful; **hijo ~** prodigal son. **2** NM/F (*manirroto*) spendthrift, prodigal.

producción NF **a** (*gen*) production; (*producto*) output, yield; **~ en cadena** production-line assembly; **~ en serie** mass production. **b** (*objeto*) product; (*Cine*) production.

producir <3n> **1** VT (*gen, Cine*) to produce; (*hacer*) to make; (*rendir*) to yield; (*motivar*) to cause, generate; (*un cambio*) to bring about; (*impresión*) to give; (*interés*) to bear; **le produjo gran tristeza** it caused her much sadness; **¿qué impresión le produce?** how does it impress you?; **~ en serie** to mass-produce. **2** **producirse** VR **a** (*fabricarse*) to be produced, be made. **b** (*un cambio*) to come about; (*dificultad, crisis*) to arise; (*accidente*) to take place; (*motín*) to break out; **en ese momento se produjo una explosión** at that moment there was an explosion; **a no ser que se produzca un cambio** unless there is a change.

productividad NF productivity.

productivo ADJ productive; (*negocio*) profitable.

producto NM (*gen: resultado: tb Mat*) product; (*Fin: beneficio*) yield, profit; (: *utilidad*) proceeds, revenue; **~s** products; (*Agr*) produce; **~s agrícolas** agricultural o farm produce; **~ alimenticio** foodstuff; **~s básicos**

commodities; **~s de belleza** beauty products; **~ interno bruto** gross domestic product; **~ lácteo** dairy product; **~ nacional bruto** gross national product; **~s de marca** branded goods; **~ secundario** byproduct.

productor(a)[1] [1] ADJ (*que rinde*) productive, producing; **nación ~a** producer nation. [2] NM/F (*gen, Cine*) producer.

productora[2] NF (*Cine*) production company.

proemio NM preface, introduction.

proeza NF [a] (*hazaña*) exploit, feat, heroic deed. [b] (*LAm: ínfula*) boast.

Prof. ABR *de* **profesor** Prof.

profanación NF desecration.

profanar <1a> VT (*violar*) to desecrate, profane; (*deshonrar*) to defile; **~ la memoria de algn** to blacken the memory of sb.

profano/a [1] ADJ [a] (*laico*) profane, secular.
[b] (*irrespetuoso*) irreverent.
[c] (*ignorante*) lay, uninitiated.
[d] (*deshonesto*) indecent, immodest.
[2] NM/F (*inexperto*) layman, laywoman; **soy ~ en la materia** I don't know anything about the subject.

profecía NF prophecy.

proferir <3i> VT (*palabra, sonido*) to utter; (*insinuación*) to drop, throw out; (*insulto*) to hurl, let fly (*contra* at); (*maldición*) to utter.

profesar <1a> [1] VT [a] (*religión*) to profess; (*admiración, creencia*) to profess, declare. [b] (*ejercer*) to practise, practice (*US*). [2] VI (*Rel*) to take vows.

profesión NF [a] (*de fe etc*) profession, declaration; (*confesión*) avowal; (*Rel*) taking of vows. [b] (*carrera*) profession; (*vocación*) calling, vocation; **abogado de ~, de ~ abogado** a lawyer by profession; **~ liberal** liberal profession.

profesional [1] ADJ professional; **no ~** non-professional. [2] NMF professional.

profesionalidad NF (*de asunto*) professional nature; (*actitud*) professionalism, professional attitude.

profesionalismo NM professionalism.

profesionalización NF professionalization.

profesionalizar <1f> [1] VT to professionalize, make more professional. [2] **profesionalizarse** VR to become *o* turn professional.

profesionalmente ADV professionally.

profesionista NMF (*Méx*) professional.

profesor(a) NM/F [a] (*gen*) teacher; (*instructor*) instructor; **~ de natación** swimming instructor; **~ de piano** piano teacher. [b] (*Escol: gen*) teacher; **~ (de instituto)** schoolmaster, schoolmistress; **~ de biología** biology teacher. [c] (*Univ*) lecturer, professor (*US*); **~ adjunto** assistant lecturer, associate professor (*US*); **~ agregado** assistant professor (*US*); **se reunieron los ~es** the staff *o* (*US*) faculty met.

profesorado NM [a] (*profesión*) teaching profession; (*enseñanza*) teaching, lecturing. [b] (*cuerpo*) teaching staff, faculty (*US*).

profeta NM prophet.

profético ADJ prophetic.

profetisa NF prophetess.

profetizar <1f> VT, VI (*predecir*) to prophesy; (*fig*) to guess, conjecture.

profiláctico [1] ADJ prophylactic. [2] NM (*condón*) condom.

profilaxis NF prophylaxis.

prófugo NM (*fugitivo*) fugitive; (*Mil: desertor*) deserter; **~ de la justicia** fugitive from justice.

profundamente ADV deeply, profoundly; (*dormir*) deeply, soundly.

profundidad NF (*hondura*) depth; (*Mat*) depth, height; (*fig*) depth, profundity; **~ de campo** (*Fot*) field depth; **la poca ~ del río** the shallowness of the river; **las ~es del océano** the depths of the ocean; **tener una ~ de 30 cm** to be 30 cm deep; **¿qué ~ tiene?** how deep is it?; **investigación en ~** in-depth investigation.

profundizar <1f> [1] VT [a] (*ahondar*) to deepen, make deeper.

[b] (*fig: un asunto*) to study in depth, go deeply into; (*misterio*) to fathom, get to the bottom of. [2] VI [a] (*penetrar*) **~ en** to penetrate into, enter. [b] **~ en** (*fig*) = **1** (**b**).

profundo ADJ [a] (*hondo*) deep; **poco ~** shallow. [b] (*fig: reverencia*) low; (*suspiro, voz, respiración*) deep; (*nota*) low, deep; (*sueño*) deep, sound; (*oscuridad*) deep; (*impresión*) deep; (*misterio, pensador*) profound; **conocedor ~ del arte** expert in the art; **en lo ~ del alma** in the depths of one's soul.

profusamente ADV (*V adj*) profusely; lavishly, extravagantly.

profusión NF (*abundancia*) profusion; (*prodigalidad*) wealth, extravagance.

profuso ADJ (*abundante*) profuse; (*extravagante*) lavish, extravagant.

progenie NF [a] (*casta*) progeny, offspring; (*familia*) brood. [b] family, lineage.

progenitor NM (*antepasado*) ancestor; (*padre*) father; **~es** (*hum*) parents.

programa NM (*gen*) programme, program (*US*); (*plan*) plan; (*Inform*) program; **~ coloquio** chat show; **~ concurso** game show; **~ continuo** (*Cine*) continuous showing; **~ electoral** electoral manifesto; **~ de estudios** curriculum, syllabus; **~ verificador de ortografía** spell checker.

programable ADJ that can be programmed, programmable.

programación NF (*Inform*) programming, programing (*US*); (*Rad, TV*) programme planning, program planning (*US*); (*en periódico*) programme guide, viewing guide; **ha habido ciertos cambios en la ~** there have been a few changes to the schedule.

programado ADJ programmed, programed (*US*); (*visita etc*) planned.

programador(a) NM/F (computer) programmer.

programar <1a> VT (*Inform*) to program; (*vídeo etc*) to programme, program (*US*); (*vacaciones*) to plan; (*TV, Rad*) to schedule.

progre (*fam*) [1] ADJ leftish, liberal. [2] NMF lefty (*fam*), liberal.

progresar <1a> VI (*adelantar*) to progress, make progress.

progresía NF [a] (*actitud etc*) leftish outlook; (*pey*) liberal outlook. [b] **la ~** (*personas*) the lefties (*fam*), the liberals.

progresión NF progression; **~ aritmética/geométrica** arithmetic/geometric progression.

progresista ADJ, NMF (*Pol*) progressive.

progresivamente ADV progressively.

progresivo ADJ progressive.

progreso NM (*mejora*) progress; (*avance*) advance; **~s** progress *sg*; **hacer ~s** to progress, make progress, advance.

prohibición NF (*privación*) prohibition (*de* of); (*impedimento*) ban (*de* on); (*retención: de bienes*) embargo (*de* on); **levantar la ~ de** to remove the ban on, lift the embargo on.

prohibicionismo NM prohibitionism.

prohibicionista ADJ, NMF prohibitionist.

▼**prohibir** <3a> [1] VT (*vedar*) to forbid; (*impedir*) to ban; **~ una droga** to prohibit *o* ban a drug; **~ a algn hacer algo** to forbid sb to do sth; **'prohibido fumar'** 'no smoking'; **'queda terminantemente prohibido entrar'** 'entry strictly forbidden'.
[2] **prohibirse** VR: **'se prohíbe fumar'** 'no smoking'.

prohibitivo ADJ prohibitive.

prohijar <1a> VT (*tb fig*) to adopt.

prohombre NM (*dirigente*) outstanding man, leader.

prójima NF (*fam*) [a] loose woman. [b] **la ~** my old woman (*fam*), the wife (*fam*).

prójimo NM [a] (*semejante*) fellow man; **amar al ~** to love one's neighbour *o* (*US*) neighbor. [b] (*fam: tío*) so-and-so (*fam*), creature.

prolapso NM (*Med*) prolapse.

prole NF (*descendencia*) offspring; (*pey, hum*) brood, spawn; **padre de numerosa ~** father of a large family.

prolegómeno NM (*tb fig*) preface, introduction.

➤ EXPRESIONES GENERATIVAS: **prohibir** → 13, 14.3

proletariado NM proletariat.
proletario/a [1] ADJ proletarian. [2] NM/F proletarian.
proliferación NF proliferation; **tratado de no ~ (de armas nucleares)** non-proliferation treaty (for nuclear weapons).
proliferar <1a> VI to proliferate.
prolífico ADJ prolific (*en* of).
prolijidad NF (*gen*) prolixity, long-windedness; (*pesadez*) tediousness; (*mucho esmero*) excess of detail.
prolijo ADJ [a] (*extenso*) prolix, long-winded; (*pesado*) tedious; (*muy meticuloso*) excessively meticulous. [b] (*Arg: pulcro*) smart, neat.
prologar <1h> VT to preface, write an introduction to.
prólogo NM [a] prologue (*de* to), prolog (*US*); (*preámbulo*) preface, introduction; **un texto con ~ y notas de X** a text edited by X. [b] (*fig: principio*) prelude (*de* to).
prolongación NF [a] (*acto*) prolongation, extension. [b] (*de carretera etc*) extension; **por la ~ de la Castellana** along the new part of the Castellana.
prolongado ADJ (*sobre, habitación etc*) long; (*reunión, estadía*) lengthy.
prolongar <1h> [1] VT (*alargar*) to prolong, extend; (*Mat: línea*) to produce; (*tubo etc*) to make longer, extend; (*reunión*) to prolong. [2] **prolongarse** VR (*alargarse*) to extend, go on; **la carretera se prolonga más allá del bosque** the road goes on beyond the wood; **la sesión se prolongó bastante** the meeting went on long enough.
prom. ABR *de* **promedio** av.
promediar <1b> VT [a] (*objeto*) to divide into two halves. [b] (*Mat etc*) to work out the average of, average (out). [c] (*tener promedio de*) to average; **la producción promedia 100 barriles diarios** production averages 100 barrels a day.
promedio NM average; **el ~ de asistencia diaria** the average daily attendance; **el ~ es de 35 por 100** the average is 35%.
promesa [1] NF [a] (*ofrecimiento*) promise; (*compromiso*) pledge; **~ de matrimonio** promise of marriage; **faltar a una ~** to break a promise. [b] (*persona*) **la joven ~ del deporte español** the bright hope of Spanish sport. [2] ATR: **jugador ~** promising player.
prometedor ADJ promising.
prometer <2a> [1] VT (*ofrecer*) to promise; (*comprometer*) to pledge; **~ hacer algo** to promise to do sth; **te lo prometo** I promise; **esto promete ser interesante** this promises to be interesting. [2] VI (*tener porvenir*) to promise o show promise; **es un jugador que promete** he's a promising player. [3] **prometerse** VR [a] **~ algo** to expect sth, promise o.s. sth; **prometérselas muy felices** to have high hopes. [b] (*novios*) to get engaged.
prometido/a [1] ADJ [a] (*ofrecido*) promised; **lo ~ es deuda** a promise is a promise, you can't break a promise. [b] (*persona*) engaged; **estar ~ con** to be engaged to. [2] NM/F (*novio/a*) fiancé(e).
prominencia NF [a] (*elevación*) protuberance; (*hinchazón*) swelling; (*en el suelo*) rise. [b] (*esp LAm: fig: importancia*) prominence.
prominente ADJ [a] (*protuberante*) prominent, that sticks out. [b] (*fig: importante*) prominent.
promiscuidad NF [a] (*mezcla*) mixture, confusion. [b] (*sexual*) promiscuity.
promiscuo ADJ [a] (*revuelto*) mixed (up), in disorder; (*multitud, reunión*) motley. [b] (*persona*) promiscuous.
promisorio ADJ [a] (*futuro, artista*) promising. [b] (*Jur*) promissory.
promoción NF [a] (*ascenso*) promotion, advancement; (*profesional*) promotion. [b] (*Com: de producto, oferta*) promotion; **~ por correspondencia directa** direct mail advertising; **~ de ventas** sales promotion o drive. [c] (*año*) class, year; **la ~ de 1975** the 1975 class.
promocionar <1a> VT (*Com*) to promote; (*persona*) to give rapid promotion to, advance rapidly.
promontorio NM (*altura*) promontory; (*punta*) headland.

promotor(a) NM/F (*gen*) promoter; (*iniciador*) pioneer; (*suscitador*) instigator; **~ de ventas** sales promoter; **el ~ de los disturbios** the instigator of the rioting.
promover <2h> VT [a] (*un proceso etc*) to promote, advance; (*acción*) to begin, set in motion; (*juicio*) to bring. [b] (*escándalo*) to cause; (*motín*) to instigate, stir up. [c] (*ascender: persona, equipo*) to promote (*a* to).
promulgación NF promulgation; (*de ley*) enactment.
promulgar <1h> VT (*publicar*) to promulgate; (*ley*) to enact.
pronombre NM pronoun; **~ personal/posesivo/reflexivo** personal/possessive/reflexive pronoun.
pronominal ADJ pronominal.
pronosticador NM (*gen: que predice*) forecaster; (*Carreras*) tipster.
pronosticar <1g> VT to predict, forecast.
pronóstico NM [a] (*presagio*) prediction, forecast; (*profecía*) omen; **~ del tiempo** weather forecast; **~s para el año nuevo** predictions for the new year. [b] (*Med: diagnóstico*) prognosis; **de ~ leve** slight, not serious; **de ~ reservado** of uncertain gravity, of unknown extent, possibly serious.
pronto ADV (*Col*), **prontito** ADV (*fam*) very soon.
prontitud NF [a] (*presteza*) quickness, promptness. [b] (*viveza*) quickness, sharpness.
pronto [1] ADJ [a] (*dispuesto*) ready; **estar ~ para hacer algo** to be ready to do sth. [b] (*respuesta etc: rápido*) prompt, quick; (*esp Com*) early; (*servicio*) quick. [2] ADV [a] (*aprisa*) quickly, speedily; (*de inmediato*) at once, right away; **lo más ~ posible** as soon as possible; **tan ~ como** as soon as; **tan ~ ríe como llora** he no sooner laughs than he cries; **¡~!** hurry!, quick!, get on with it!; **de ~** suddenly, unexpectedly; **¡hasta ~!** see you soon!; **por o lo ~** (*mientras tanto*) meanwhile; (*por ahora*) for the present; (*al menos*) at least. [b] (*temprano*) early; **levantarse ~** to get up early; **todavía es ~ para decidir si ...** it's early days yet to decide whether to .... [3] NM (*impulso*) urge, strong impulse; (*de ira*) fit; (*ocurrencia*) wisecrack; **tener ~s de enojo** to be quick-tempered; **tener un ~** to have a quick temper.
pronunciación NF pronunciation.
pronunciado ADJ (*marcado*) pronounced, strong; (*curva etc*) sharp; (*facciones*) marked, noticeable.
pronunciamiento NM insurrection, military rising.
▼**pronunciar** <1b> [1] VT [a] (*Ling*) to pronounce; (*articular*) to make, utter. [b] (*discurso*) to make, deliver; **~ palabras de elogio para ...** to say a few words of tribute to .... [c] (*Jur: sentencia*) to pass, pronounce. [2] **pronunciarse** VR [a] to be pronounced; **ese sonido se pronuncia más abierto** that sound is pronounced more openly. [b] (*expresarse*) to declare o.s., state one's opinion; **~ a favor de** to declare o.s. in favour o (*US*) favor of; **~ sobre** to pronounce on, make a pronouncement about. [c] (*Pol, Mil: rebelarse*) to revolt, rise.
propagación NF (*multiplicación*) propagation; (*fig: difusión*) spread(ing), dissemination.
propaganda NF [a] (*Pol etc*) propaganda. [b] (*Com: publicidad*) advertising; **hacer ~ de un producto** to advertise a product. [c] (*panfletos etc*) leaflets *pl*.
propagandista NMF propagandist.
propagandístico ADJ propaganda *atr*; (*Com*) advertising *atr*.
propagar <1h> [1] VT (*Bio: reproducir*) to propagate; (*fig: difundir*) to spread, disseminate. [2] **propagarse** VR (*Bio*) to propagate; (*fig*) to spread, be disseminated.
propalar <1a> VT (*divulgar*) to divulge, disclose; (*publicar*) to publish an account of.
propano NM propane.
propasarse <1a> VR (*excederse*) to go too far, overstep the bounds; (*sexualmente*) to take liberties.
propender <2a> VI (*inclinarse*) **~ a** to tend towards, incline to; **~ a hacer algo** to tend to do sth, have a ten-

➤ EXPRESIONES GENERATIVAS: **pronunciar** → 2.3

dency to do sth.

propensión NF inclination, tendency (*a* to); (*Med*) tendency.

propenso ADJ (*que tiende*) ~ **a** inclined to; (*predispuesto*) prone to, subject to; (*Med*) prone to; **ser** ~ **a hacer algo** to be inclined to do sth, have a tendency to do sth.

propiamente ADV really, exactly; *V* **dicho**.

propiciar <1b> VT [a] (*atraer*) to propitiate, win over. [b] (*favorecer*) to favour, favor (*US*); (*provocar*) to cause, give rise to; **tal secreto propicia muchas conjeturas** such secrecy causes a lot of speculation.

propiciatorio ADJ propitiatory; **víctima** ~**a** scapegoat.

propicio ADJ (*gen*) propitious, auspicious; (*momento etc*) favourable, favorable (*US*); (*persona*) kind, well-disposed.

propiedad NF [a] (*pertenencia*) possession, ownership; **ceder algo a algn en** ~ to transfer to sb the full rights over sth; **ser de la** ~ **de** to be the property of, belong to; **tener una plaza en** ~ to have tenure.
[b] (*objeto etc*) property; ~ **particular** private property; ~ **privada/pública** (*Com*) private/public ownership; **una** ~ a property, a piece of property.
[c] (*Quím, Med*) property; (*fig*) property, attribute.
[d] (*cualidad*) propriety; (*conveniencia*) suitability, appositeness; **discutir la** ~ **de una palabra** to discuss the appropriateness of a word; **hablar con** ~ to speak properly.
[e] (*exactitud*) accuracy; **lo reproduce con toda** ~ he reproduces it faithfully.
[f] (*Com etc: derechos*) right(s); ~ **industrial** patent rights; ~ **intelectual** *o* **literaria** copyright.

propietario/a [1] ADJ proprietary. [2] NM/F owner, proprietor; (*Agr etc*) landowner.

propina NF tip, gratuity; (*de los niños*) pocket money; **dar algo de** ~ to give sth extra; **con dos más de** ~ (*fig*) with two more into the bargain.

propinar <1a> VT (*golpe*) to strike; (*azotes*) to give; **le propinó una buena paliza** he gave him a good thrashing.

propio ADJ [a] (*de uno*) own, of one's own; **con su** ~**a mano** with his own hand; **lo vi con mis** ~**s ojos** I saw it with my own eyes; **lo hizo en beneficio** ~ he did it for his own good; **tienen casa** ~**a** they have a house of their own.
[b] (*particular*) peculiar (*de* to), characteristic (*de* of), typical (*de* of); **una bebida** ~**a del país** a drink typical of the country; **eso es muy** ~ **de él** that's just like him; **tiene un olor muy** ~ it has a smell of its own.
[c] (*debido*) proper; (*adecuado*) suitable, fitting (*para* for); **con los honores que le son** ~**s** with the honours *o* (*US*) honors which are due to him; **ese bikini no es** ~ **para esta playa** that bikini is not suitable for this beach.
[d] (*mismo*) self-same, very; **sus** ~**as palabras** his very words; **me lo dijo el** ~ **ministro** the minister himself told me so.
[e] (*sentido: verdadero*) proper, true; (*fundamental*) basic.
[f] (*esp Méx, CAm*) **'con su permiso'** - **'**~**'** 'excuse me' - 'certainly'.

proponente NMF proposer.

proponer <2q> (*pp* **propuesto**) [1] VT (*idea, proyecto etc*) to propose, put forward; (*teoría*) to propound; (*problema*) to pose; (*moción*) to propose; (*candidato*) to propose, nominate; ~ **a algn para una beca** to propose sb for a scholarship; **le propuse que fuéramos juntos** I proposed to him that we should go together.
[2] **proponerse** VR (*determinarse*) ~ **hacer algo** to plan *o* intend to do sth; **te has propuesto hacerme perder el tren** you set out deliberately to make me miss the train.

proporción NF (*gen*) proportion; (*Mat*) ratio; (*relación*) relationship; (*razón, porcentaje*) rate; ~**es** proportions; (*fig: extensión*) dimensions; (*tamaño*) size, scope; **la** ~ **entre azules y verdes** the proportion of blues to greens; **en** ~ **con** in proportion to; **en una** ~ **de 5 a 1** in a ratio of 5 to 1; **esto no guarda** ~ **con lo otro** this is out of proportion to the rest; **una máquina de gigantescas** ~**es** a machine of huge proportions *o* size; **se desconocen las** ~**es del desastre** the size *o* extent *o* scope of the disas-

ter is unknown.

proporcionadamente ADV proportionately, in proportion.

proporcionado ADJ [a] (*que guarda relación*) proportionate (*a* to). [b] (*adecuado*) medium, just right; **de tamaño** ~ of the right size. [c] **bien** ~ well-proportioned; (*talle*) shapely, of pleasing shape.

proporcional ADJ proportional (*a* to).

proporcionalmente ADV proportionally.

proporcionar <1a> VT [a] (*facilitar*) to supply, provide; (*fig: prestar*) to lend; ~ **dinero a algn** to supply sb with money; **esto le proporciona una renta anual de ...** this brings him in a yearly income of .... [b] (*adaptar*) to adjust, adapt (*a* to).

proposición NF proposition; (*oferta*) proposal; **hacer** ~**es deshonestas** to make indecent suggestions.

▼ **propósito** NM (*intención*) purpose; (*objeto*) aim, objective; **buenos** ~**s** good intentions; (*para el Año Nuevo, futuro*) resolutions; **¿cuál es su** ~**?** what is his aim?; **nuestro** ~ **es de hacerlo** our aim is to do it; **hacer(se) el** ~ **de hacer** to set o.s. the aim of doing; **a** ~ (*adj*) appropriate, suitable (*para* for); (*comentario*) relevant; **a** ~ (*adv*) intentionally, on purpose; (*por cierto*) by the way, incidentally; **a** ~ **de** about, with regard to; **y a** ~ **de los toros** and talking of bulls; **de** ~ on purpose, deliberately; **fuera de** ~ off the point, out of place; **sin** ~ **fijo** aimless(ly), pointless(ly).

propuesta NF proposal; **a** ~ **de** at the proposal *o* suggestion of.

propuesto PP *de* **proponer**.

propugnar <1a> VT (*proponer*) to advocate, propose, suggest; (*apoyar*) to defend, support.

propulsar <1a> VT [a] (*Mec: impeler*) to drive, propel. [b] (*fig: impulsar*) to promote, encourage.

propulsión NF propulsion; ~ **a chorro**, ~ **por reacción** jet propulsion; **con** ~ **a chorro** jet-propelled.

propulsor(a) [1] NM (*Téc*) propellent, fuel. [2] NM/F (*persona*) promoter.

prorrata NF (*porción*) share, quota, prorate (*US*); **a** ~ proportionately, pro rata.

prorratear <1a> VT (*dividir*) to share out, distribute proportionately, to prorate (*US*).

prórroga NF (*Mil*) deferment; (*Com*) extension; (*Jur*) stay (of execution), respite; (*Dep*) extra time.

prorrogable ADJ which can be extended.

prorrogar <1h> VT (*sesión*) to prorogue, adjourn; (*período*) to extend; (*Mil*) to defer; (*Jur*) to grant a stay of execution to; (*decisión*) to defer, postpone; **prorrogamos una semana las vacaciones** we extended our holiday by a week.

prorrumpir <3a> VI to burst forth, break out; ~ **en gritos** to start shouting; ~ **en lágrimas** to burst into tears.

prosa NF [a] (*Lit*) prose. [b] (*fig: lo prosaico*) prosaic nature, tedium; **la** ~ **de la vida** the ordinariness of life. [c] (*fam: verborrea*) verbiage.

prosaico ADJ prosaic; (*monótono*) tedious, monotonous; (*vulgar*) ordinary.

prosaísmo NM (*fig: trivialidad*) prosaic nature; (*insulsez*) tediousness, monotony; (*vulgaridad*) ordinariness.

prosapia NF (*alcurnia*) lineage, ancestry.

proscenio NM (*Teat*) proscenium.

proscribir <3a> VT (*prohibir*) to prohibit, ban; (*partido*) to proscribe; (*criminal*) to outlaw; (*desterrar*) to banish; (*asunto*) to ban; ~ **un tema de su conversación** to banish a topic from one's conversation.

proscripción NF (*V vt*) prohibition (*de* of), ban (*de* on); proscription; outlawing; banishment.

proscrito/a [1] ADJ (*prohibido*) banned; (*desterrado*) outlawed, proscribed; **un libro** ~ a banned book. [2] NM/F (*exiliado*) exile; (*bandido*) outlaw.

prosecución NF (*proseguimiento*) continuation.

proseguir <3d, 3k> [1] VT (*seguir*) to continue, carry on; (*demanda*) to go on with, press; (*investigación, estudio*) to pursue.
[2] VI [a] ~ **en** *o* **con una actitud** to continue in one's attitude.

► EXPRESIONES GENERATIVAS: **propósito** → 6.4

b (*condición etc*) to continue, go on; **prosiguió con el cuento** he went on with the story; **¡prosigue!** continue!; **prosigue el mal tiempo** the bad weather continues.

proselitismo NM proselytism.

proselitista ADJ proselytizing.

prosélito/a NM/F proselyte.

prosificar <1g> VT (*Lit*) to write a prose version of.

prosista NMF (*escritor*) prose writer.

prosodia NF prosody.

prosopopeya NF **a** (*Lit*) personification. **b** (*fig*) pomposity, affectation.

prospección NF (*exploración*) exploration; (*Mil: reconocimiento*) prospecting (*de* for); **~ de petróleo** prospecting for oil.

prospectar <1a> VT to survey.

prospecto NM prospectus; (*Com: folleto*) leaflet, sheet of instructions; (*de medicamento*) directions (for use).

prosperar <1a> VI (*idea etc*) to prosper, thrive.

prosperidad NF (*progreso*) prosperity; (*buen éxito*) success; **en época de ~** in a period of prosperity, in good times.

próspero ADJ **a** (*rico*) prosperous, thriving; (: *venturoso*) successful; **¡~ Año Nuevo!** happy New Year! **b** **con ~a fortuna** with good luck.

próstata NF prostate.

prosternarse <1a> VR (*postrarse*) to prostrate o.s.; (*humillarse*) to bow low.

prostíbulo NM brothel.

prostitución NF prostitution.

prostituir <3g> **1** VT (*persona, fig*) to prostitute. **2 prostituirse** VR **a** to take up prostitution, become a prostitute. **b** (*fig*) to prostitute o.s.

prostituta NF prostitute; **~ callejera** streetwalker.

prostituto NM male prostitute.

protagonismo NM **a** (*papel*) leading role; (*liderazgo*) leadership. **b** (*importancia*) prominence; (*iniciativa*) initiative; (*en sociedad*) taking an active part, being socially active; **afán de ~** urge to be in the limelight; **tuvo poco ~** he made little showing; **el tema adquiere gran ~ en este texto** the theme becomes a major one in this text.

protagonista **1** ADJ important, leading, influential. **2** NMF (*gen*) protagonist; (*Lit, Cine*) main character, hero, heroine; **el ~ de la tragedia** the lead(ing role) in the tragedy.

protagonizar <1f> VT **a** (*Cine, Teat etc*) to take the chief role in, play the lead in; **una película protagonizada por Greta Garbo** a film starring Greta Garbo. **b** (*proceso, rebelión*) to lead; (*manifestación*) to stage; (*accidente*) to figure in, be concerned in.

protección NF (*gen*) protection; **~ civil** civil defence *o* (*US*) defense.

proteccionismo NM protectionism.

proteccionista **1** ADJ (*medida*) protectionist; (*tarifa*) protective. **2** NMF protectionist.

protector(a) **1** ADJ **a** (*gen*) protecting; **crema ~a** barrier cream. **b** (*tono*) patronizing. **2** NM/F (*defensor*) protector; (*Lit: bienhechor*) patron; (*de la tradición*) guardian; **El P~** (*LAm: Hist Pol*) the Protector. **3** NM **a** (*Boxeo*) gum shield. **b** **~ solar** suntan oil.

protectorado NM protectorate.

proteger <2c> VT (*resguardar*) to protect (*contra, de* against, from); (*escudar*) to shield; (*defender*) to defend; (*patrocinar*) to act as patron to; **~ contra grabación** *o* **escritura** (*Inform*) to write-protect.

protegido/a **1** ADJ: **especie ~a** protected species. **2** NM/F protégé, protégée.

proteína NF protein.

proteínico ADJ protein *atr*; **contenido ~** protein content.

protésico/a **1** ADJ (*aparato, miembro, técnica*) prosthetic. **2** NM/F prosthetist, limb-fitter; **~ dental** dental technician.

prótesis NF (*Med*) prosthesis.

protesta NF (*reclamación*) protest; (*objeción*) **bajo ~** under protest.

protestante NMF Protestant.

protestantismo NM Protestantism.

protestar <1a> **1** VT (*Fin*) **cheque protestado por falta de fondos** cheque *o* (*US*) check referred to drawer. **2** VI (*quejarse*) to protest (*contra, de, de que* about, against, that); (*objetar*) to object, remonstrate; **¡protesto, Su Señoría!** (*Jur*) objection, Your Honour *o* (*US*) Honor!; **¡siempre protestando!** always complaining!

protestón (*fam pey*) **1** ADJ given to protesting, perpetually moaning. **2** NM/F perpetual moaner, permanent protester.

protocolario ADJ **a** required by protocol. **b** (*fig: ceremonial*) formal.

protocolo NM **a** (*Pol, Inform*) protocol. **b** (*fig: reglas ceremoniales*) protocol, convention. **c** (*fig: formalismo*) **sin ~s** informal(ly), without formalities.

protón NM proton.

prototipo NM (*arquetipo*) prototype; (*fig: ideal*) model.

protuberancia NF protuberance.

prov. ABR *de* **provincia** prov.

provecho NM (*ventaja*) advantage, benefit; (*Fin: ganancia*) profit; **de ~** (*negocio*) profitable; (*actividad*) useful; (*persona*) worthy, honest; **¡buen ~!** enjoy your meal!; **en ~ de** to the benefit of; **en ~ propio** for one's own profit; **ese alimento no le hace ~ a algn** that food(stuff) doesn't do one any good; **sacar ~ de algo** to benefit from sth, profit by *o* from sth.

provechoso ADJ (*ventajoso*) advantageous; (*beneficioso*) beneficial, useful; (*Fin: lucrativo*) profitable.

provecto ADJ: **de edad ~a** elderly.

proveedor(a) NM/F (*abastecedor*) supplier, purveyor; (*distribuidor*) dealer; **consulte a su ~ habitual** consult your usual dealer.

proveer <2a> **1** VT **a** (*suministrar*) to supply, furnish (*de* with). **b** (*prevenir*) to provide, get ready; **~ todo lo necesario** to provide all that is necessary (*para* for). **c** (*vacante*) to fill. **d** (*negocio*) to transact, dispatch. **e** (*Jur*) to decree. **2** VI: **~ a** to provide for; **~ a las necesidades de algn** to provide for sb's wants. **3 proveerse** VR (*abastecerse*) **~ de** to provide o.s. with.

provenir <3r> VI: **~ de** to come from, stem from; **esto proviene de no haberlo curado antes** this comes from *o* is due to not having treated it earlier.

Provenza NF Provence.

provenzal **1** ADJ Provençal. **2** NM/F Provençal. **3** NM (*Ling*) Provençal.

proverbial ADJ (*Lit, fig*) proverbial.

proverbio NM proverb.

providencia NF **a** (*cualidad*) foresight; (*prevención*) forethought, providence; **(Divina) P~** (Divine) Providence. **b** (*precauciones*) **~s** measures, steps. **c** (*Jur*) ruling, decision.

providencial ADJ providential.

providencialmente ADJ providentially.

provincia NF province; (*Esp Admin*) ≈ county, ≈ region (*Scot*); **un pueblo de ~(s)** a country town; **la vida en ~** provincial life.

PROVINCIA

*Spain is divided into 55 administrative **provincias**, including the islands and territories in North Africa. Each one has a **capital de provincia** which generally has the same name as the province itself. **Provincias** are grouped by geography, history and culture into **comunidades autónomas**. Most **comunidades autónomas** are made up of two or more provinces (for example the **comunidad autónoma** of **Aragón** includes the provinces of **Huesca**, **Zaragoza** and **Teruel**), though some consist of just one province of the same name (e.g. **Asturias** and **Navarra**).*

---

provincial(a) **1** ADJ provincial, ≈ county *atr*, ≈ regional (*Scot*). ②︎ NM/F (*Rel*) provincial.

provincialismo NM provincialism; (*Ling*) dialect(al) word *o* phrase *etc*.

provinciano/a ①︎ ADJ (*gen, tb pey*) provincial; (*rural*) country *atr*. ②︎ NM/F provincial country dweller.

provisión NF ⓐ (*acto*) provision. ⓑ (*abastecimiento*) provision, supply; **~es** provisions, supplies, stores. ⓒ (*Fin*) **~ de fondos** financial cover; **cheque sin ~** bad cheque *o* (*US*) check. ⓓ (*previsión*) precautionary measure, step.

provisional ADJ provisional.

provisionalidad NF provisional nature, temporary character.

provisionalmente ADV provisionally.

provisorio ADJ (*esp LAm: interino*) provisional.

provisto ADV: **~ de** provided *o* supplied with; (*que tiene*) having, possessing; (*automóvil, máquina*) equipped with.

provocación NF provocation.

provocador(a) ①︎ ADJ provocative, provoking. ②︎ NM/F trouble-maker.

▼**provocar** ‹1g› VT ⓐ (*persona*) to provoke; (*excitar*) to rouse, stir up (to anger); (*tentar*) to tempt, invite; **¡no me provoques!** don't start me! ⓑ (*cambio*) to bring about, lead to; (*proceso*) to promote; (*protesta, explosión*) to cause, spark off; (*parto*) to induce, bring on; **~ risa a algn** to make sb laugh; **incendio provocado** arson. ⓒ (*sexualmente*) to rouse, stimulate (sexually). ⓓ (*LAm: gustar, apetecer*) **me provoca comer** I feel like eating; **¿te provoca un café?** would you like a coffee?

provocativo ADJ ⓐ provocative, provoking. ⓑ (*mujer*) provocative; (*vestido*) daring, immodest; (*risa, gesto*) inviting.

proxeneta NMF pimp, procurer.

proxenetismo NM procuring.

próximamente ADV shortly, soon.

proximidad NF nearness, closeness; **en las ~es de Madrid** in the vicinity of Madrid.

próximo ADJ ⓐ (*cercano*) near, close; (*vecino*) neighbouring, neighboring (*US*); (*pariente*) close; **en fecha ~a** soon, at an early date; **estar ~ a** to be close to, be near; **estar ~ a hacer algo** to be on the point of doing sth, be about to do sth. ⓑ (*siguiente, anterior*) next; **el mes ~** next month; **el ~ 5 de junio** on 5th June next; **se bajarán en la ~a parada** they will get off at the next stop.

proyección NF ⓐ (*gen*) projection. ⓑ (*Cine etc*) showing; **el tiempo de ~ es de 35 minutos** the film runs for 35 minutes. ⓒ (*Cine, Fot*) slide, transparency. ⓓ (*fig: influencia*) hold, influence; **la ~ de los periódicos sobre la sociedad** the influence which newspapers have on society.

proyeccionista NMF projectionist.

proyectable ADJ: **asiento ~** (*Aer*) ejector seat.

proyectar ‹1a› VT ⓐ (*objeto*) to hurl, throw; (*luz*) to cast, project; (*chorro, líquido*) to send out; (*dirigir*) to direct (*hacia* at); (*sombra*) to cast. ⓑ (*Cine, Fot*) to project, screen. ⓒ (*Mat*) to project. ⓓ (*Arquit*) to plan; (*Mec*) to design; **está proyectado para ...** it is designed to .... ⓔ (*planear*) **~ hacer** to plan to do.

proyectil NM projectile, missile; (*Mil: de arma*) shell; (*con cohete*) missile; **~ balístico intercontinental** intercontinental ballistic missile; **~ (tele)dirigido** guided missile; **~ de iluminación** flare, rocket.

proyectista NMF planner; (*Aer, Aut, Téc etc*) designer; (*delineante*) draughtsman, draftsman (*US*).

proyecto NM ⓐ (*Téc*) plan, design; (*idea*) project. ⓑ (*fig: intención*) plan; (*designio*) scheme, project; **~ piloto** pilot scheme; **tener ~s para** to have plans for; **tener algo en ~** to be planning sth. ⓒ (*Fin*) detailed estimate. ⓓ (*Pol*) **~ de ley** bill.

proyector NM ⓐ (*Cine*) projector; **~ de diapositivas** slide projector. ⓑ (*Mil: reflector*) searchlight; (*Teat*) spotlight.

prudencia NF (*cordura*) wisdom; (*cuidado*) care; (*sensatez*) sound judgment.

prudencial ADJ ⓐ (*adecuado*) prudential; (*sensato*) sensible; **tras un intervalo ~** after a decent interval, after a reasonable time. ⓑ (*cantidad, distancia etc*) roughly correct.

prudente ADJ (*sensato*) sensible, wise; (*conductor*) careful; (*decisión etc*) sensible, sound.

prueba NF ⓐ (*gen, tb Mat*) proof; (*Jur*) proof, evidence; **~s** (*Jur*) documents; **~ documental** documentary evidence; **~ indiciaria** circumstantial proof; **~ palpable** clear proof; **a las ~s me remito** the proof of the pudding is in the eating, the event will show; **en ~ de** in proof of; **en ~ de lo cual** in proof whereof; **¿tiene Ud ~ de ello?** can you prove it?, do you have proof? ⓑ (*fig: indicio*) proof, sign; **es ~ de que tiene buena salud** that shows he's in good health. ⓒ (*Téc etc*) test, trial; (*Quím etc*) experiment; (*Escol, Univ*) test; (*Cine: de actor*) screen test; **~s** (*Aer, Aut, Náut*) trials; **~ de acceso** entrance test; **~ de capacitación** (*Com*) proficiency test; **~ de(l) embarazo** pregnancy test; **~ de fuego** (*fig*) acid test; **~ de inteligencia** intelligence test; **~ nuclear** nuclear test; **~ de selectividad** entrance examimation; **a ~** (*Téc, Com*) on trial; **haz la ~** try it; **a ~ de agua/bala/ladrones/lluvia/ruidos** waterproof/bulletproof/burglarproof/rainproof/soundproof; **a toda ~** foolproof; **poner o someter a ~** to put to the test, try out; **poner a ~ la paciencia de algn** to try sb's patience; **período de ~** probationary period. ⓓ (*de comida*) testing, sampling. ⓔ (*Cos*) fitting, trying on. ⓕ (*Tip*) **~s** proofs; **primeras ~s** first proofs, galleys; **~s de planas** page proofs. ⓖ (*Fot*) proof, print. ⓗ (*Dep*) event; **~s** trials; **~ clasificatoria** *o* **eliminatoria** heat; **~ contra reloj** time trial; **~ de resistencia** endurance test; **~ de vallas** hurdles (race). ⓘ (*LAm*) circus act.

pruebista NMF (*LAm*) acrobat, contortionist.

prurito NM ⓐ (*Med: picazón*) itch. ⓑ (*fig: anhelo*) itch, urge (to perfectionism); **tener el ~ de hacer algo** to have the urge to do sth; **por un ~ de exactitud** out of an excessive desire for accuracy.

Prusia NF Prussia.

prusiano/a ADJ, NM/F Prussian.

PS NM ABR (*Pol gen*) de **Partido Socialista**.

psicoanálisis NM (*Med*) psychoanalysis.

psicoanalista NMF psychoanalyst.

psicoanalítico ADJ psychoanalytic(al).

psicoanalizar ‹1f› VT to psychoanalyse.

psicodélico ADJ psychedelic.

psicofármaco NM psychotropic drug, mood-altering drug.

psicolingüística NF psycholinguistics.

psicología NF psychology.

psicológico ADJ psychological.

psicólogo/a NM/F psychologist.

psicomotricidad NF psychomotor activity.

psiconeurosis NF INV psychoneurosis.

psicópata NMF psychopath.

psicopatología NF psychopathology.

psicosis NF INV psychosis.

psicosomático ADJ psychosomatic.

psicotécnico ADJ: **test ~**, **prueba ~a** response test.

psicoterapeuta NMF psychotherapist.

psicoterapia NF psychotherapy.

psicótico/a ①︎ ADJ psychotic. ②︎ NM/F psychotic.

psicotrópico ADJ psychotropic, psychoactive.

psique NF psyche.

psiquiatra NMF psychiatrist.

psiquiatría NF psychiatry.

psiquiátrico ①︎ ADJ psychiatric. ②︎ NM mental hospital.

psíquico ADJ psychic(al).

PSOE NM ABR (*Esp Pol*) de **Partido Socialista Obrero Español**.

psoriasis NF INV psoriasis.

PSS NF ABR de **prestación social sustitutoria**.

pta ABR ⓐ (*Fin*) de **peseta**. ⓑ de **presidenta**.

Pta. ABR (*Geog*) de **Punta** Pt.

ptas ABR de **pesetas**.

> EXPRESIONES GENERATIVAS: **provocar** → 7.1

pte ABR de **presidente**.

ptmo. ABR (*Com*) de **préstamo**.

pts. ABR de **pesetas**.

púa NF sharp point; (*Bot, Zool*) prickle, spine; (*de erizo*) quill; (*de peine*) tooth; (*de tenedor*) prong, tine; (*de alambre*) barb; (*LAm: de gallo de pelea*) spur; (*Mús*) plectrum.

puazo NM (*Arg fam: puñalada*) slash.

púber [1] ADJ adolescent. [2] NM/F adolescent child, child approaching puberty.

pubertad NF puberty.

pubescente ADJ pubescent.

púbico ADJ pubic.

pubis NM INV (*Anat*) pubis.

publicación NF publication.

públicamente ADV publicly.

publicar <1g> VT (*gen*) to publish; (*difundir*) to publicize; (*divulgar: secreto etc*) to make public, divulge.

publicidad NF [a] (*notoriedad*) publicity; **dar ~ a** to publicize, give publicity to. [b] (*Com: propaganda*) advertising; **~ gráfica** display advertising; **~ de lanzamiento** advertising campaign to launch a product; **hacer ~ de** to advertise; **~ en el punto de venta** point-of-sale advertising.

publicista NMF publicist.

publicitario/a [1] ADJ advertising *atr*; **campaña ~a** advertising campaign. [2] NM/F advertising agent.

público [1] ADJ public; **hacer ~** to publish, make public; (*difundir*) to disclose.
[2] NM (*concurrencia*) public; (*Mús, Teat etc*) audience; (*Dep*) spectators *pl*, crowd; (*restaurantes etc*) clients *pl*, clientele, patrons *pl*; (*de periódico*) readers *pl*, readership; **~ objetivo** (*Com*) target audience; **hay poco ~** there aren't many people; **hubo un ~ de 800** there was a crowd o an audience of 800; **el gran ~** the general public; **en ~** in public.

publirreportaje NM advertising feature.

pucará NF (*Arg, And: Hist: fortaleza*) Indian fortress; (*: tumba*) Indian burial mound.

pucelano/a [1] of o from Valladolid. [2] NM/F native o inhabitant of Valladolid.

pucha¹ NF (*Cu*) bouquet.

pucha² NF [a] (*LAm euf*) = **puta**. [b] **¡(la) ~!** well I'm damned!

pucherazo NM (*fam: fraude*) electoral fiddle (*fam*); **dar ~** to rig an election, fiddle the votes (*fam*).

puchero NM [a] (*Culin: olla*) cooking pot. [b] (*Culin: guiso*) stew; (*fig*) daily bread; **apenas gana para el ~** he hardly earns enough to live on. [c] (*fam: mueca*) pout; **hacer ~s** to pout, screw up one's face.

puches NMPL (*gachas*) porridge *sg*, gruel *sg*.

pucho NM [a] (*CSur: colilla*) fag end, cigar stub. [b] (*LAm*) scrap; (*Cos*) remnant; (*Fin*) coppers *pl*, small change; (*fig*) trifle, mere nothing; **a ~s** in dribs and drabs.

pudendo [1] ADJ: **partes ~as** private parts. [2] NM penis.

pudibundez NF (*afectación*) false modesty; (*remilgos*) excess of modesty.

pudibundo ADJ bashful, modest; (*muy remilgado*) overshy (*about sex*), excessively modest; (*melindroso*) prudish.

púdico ADJ (*recatado*) modest; (*casto*) chaste.

pudiente ADJ (*opulento*) wealthy, well-to-do; (*poderoso*) powerful, influential.

pudín NM pudding.

pudo *etc* V **poder**.

pudor NM [a] (*recato*) modesty; (*vergüenza*) (sense of) shame; **con ~** modestly, discreetly. [b] (*castidad*) chastity, virtue; **atentado al ~** indecent assault.

pudoroso ADJ [a] (*modesto*) modest. [b] (*casto*) chaste, virtuous.

pudridero NM rubbish heap, midden.

pudrir <3a> [1] VT [a] (*descomponer*) to rot.
[b] (*fam: molestar*) to upset, vex.
[2] **pudrirse** VR [a] (*corromperse*) to rot, decay; (*descomponerse*) to rot away.
[b] (*fig*) to rot, languish; **mientras se pudría en la cárcel** while he was languishing in jail; **te vas a ~ de ab-**

urrimiento you'll die of boredom; **¡que se pudra!** let him rot!

pueblada NF (*LAm fam: motín*) riot; (*: revuelta*) revolt, uprising.

pueblerino/a [1] ADJ small-town *atr*; (*persona*) rustic, provincial. [2] NM/F (*aldeano*) rustic, country person; (*pey*) country bumpkin (*fam*), hick (*US fam*).

pueblito NM (*LAm*) little town o village.

pueblo NM [a] (*Pol*) people, nation; **~ elegido** chosen people; **el ~ español** the Spanish people; **la voluntad del ~** the nation's will; **hacer un llamamiento al ~** to call on the nation. [b] (*plebe*) common people, lower orders. [c] (*aldea*) village; (*población pequeña*) small town, country town; **~ joven** (*Per*) shanty town; **ser de ~** to be a country bumpkin (*fam*) o (*US fam*) hick.

puente [1] NM [a] (*gen, fig*) bridge; **~ aéreo** shuttle service; (*en crisis*) airlift; **~ de pontones/colgante/giratorio** pontoon/suspension/swing bridge; **~ levadizo** drawbridge; **~ para peatones** footbridge; **tender un ~, tender ~s** (*fig: transigir*) to offer a compromise, go part-way to meet sb's wishes.
[b] (*de gafas, entre dientes, Elec*) bridge.
[c] (*Náut: tb ~ de mando*) bridge; (*cubierta*) deck.
[d] (*entre fiestas*) long weekend; **hacer ~** to take a long weekend, *take extra days off work between 2 public holidays*.
[2] ADJ: **crédito o préstamo ~** bridging loan; **curso ~** intermediate course (*between 2 degrees*).

puenting ['pwentin] NM bungee jumping (*from a bridge*).

puerco/a [1] NM/F [a] (*cerdo*) pig, hog (*US*); (*hembra*) sow; **~ espín** porcupine.
[b] (*fam: sinvergüenza*) pig; (*: canalla*) swine (*fam*), rotter (*fam*).
[2] ADJ [a] (*asqueroso*) dirty, filthy.
[b] (*repugnante*) nasty, disgusting; (*grosero*) coarse.
[c] (*mezquino*) rotten (*fam*), mean.

puericultor(a) NM/F: **médico ~** paediatrician, pediatrician (*US*).

puericultura NF paediatrics, pediatrics (*US*).

pueril ADJ [a] (*gen*) childish; **edad ~** childhood. [b] (*pey*) puerile, childish.

puerilidad NF (*niñería*) puerility, childishness.

puerperal ADJ puerperal.

puerro NM (*Culin*) leek.

puerta NF (*gen*) door; (*grande*) gate; (*abertura*) doorway; (*fig*) gateway (*de* to); (*Aer*) gate; (*Inform*) port, gate; (*Dep*) goal; **~ corredera/giratoria/principal/trasera** o **de servicio** sliding/swing/front/back door; **~ (de transmisión en) paralelo/serie** (*Inform*) parallel/serial port; **a ~ cerrada** behind closed doors; **a las ~s de la muerte** at death's door; **estar a las ~s de algo** to be on the verge of sth; **tenemos la guerra a las ~s** war is upon us; **coche de 2 ~s** 2-door car; **de ~s adentro** behind closed doors; **lo que pasa de ~s afuera** (*fuera de casa*) what happens on the other side of one's door; (*en el extranjero*) what happens abroad; **de ~ en ~** from door to door; **abrir la ~ a** (*fig*) to open the door to; **cerrarle todas las ~s a algn** to close off all avenues to sb; **entrar por la ~ grande** to make a grand entrance; **estar en ~s** to be imminent; **franquear las ~s a algn** to welcome sb in; **querer poner ~s al campo** to try to stem the tide; **tomar la ~** (*fam*) to leave, get out.

puerto NM [a] (*gen*) port, harbour, harbor (*US*); (*de mar*) seaport; **~ comercial/franco/de origen/pesquero** trading/free/home/fishing port; **~ deportivo** yachting harbour, marina; **entrar a** o **tomar ~** to enter (into) port. [b] (*fig: refugio*) haven, refuge; **llegar a ~** to get over a difficulty, come through safely. [c] (*tb ~ de montaña*) pass. [d] (*Inform*) gate, port.

Puerto Rico NM Puerto Rico.

puertorriqueño/a ADJ, NM/F Puerto Rican.

pues [1] ADV [a] (*entonces*) then; (*bueno*) well, well then; (*así que*) so; **~ no voy** well I'm not going; **¡no vas con ella, ~?** aren't you going with her after all?; **llegó, ~, con 2 horas de retraso** so he arrived 2 hours late; **~ sí** well, yes; (*naturalmente*) certainly; **~ no** well, no; (*de ningún modo*) not at all; **¡~ qué!** come now!, what else

did you expect!; ¿**~**? so?, well?
b (*duda*) **~ no sé** well I don't know.
2 CONJ (*porque*) since, for; **cómpralo, ~ lo necesitas** buy it, since you need it; **nos marchamos, ~ no había más remedio** we went, since there was no alternative.

puesta NF **a** (*acto*) **~ en antena** (*TV*) showing, screening; **~ a cero** (*Inform*) reset; **~ al día** updating; **~ de largo** (*fig*) coming-out (in society); **~ en libertad** freeing, release; **~ en marcha** (*acto*) starting; (*dispositivo*) self-starter; **~ en práctica** putting into effect, implementation; **~ a punto** fine tuning; **~ en escena** staging. **b** (*Astron*) setting; **~ del sol** sunset. **c** (*de huevos*) egg-laying; **una ~ anual de 300 huevos** an annual lay o output of 300 eggs.

puestero/a NM/F **a** (*esp LAm*) stallholder, market vendor. **b** (*CSur Agr*) ranch caretaker and tenant farmer.

puesto 1 PP *de* **poner**.
2 ADJ **a con el sombrero ~** with one's hat on, wearing a hat; **una mesa ~a para 9** a table laid for 9.
b bien o **muy ~** well dressed, smartly turned out; **ir ~** (*fam: drogado*) to be high (*fam*); (: *borracho*) to be steaming (*fam*), be soused (*US fam*).
c no está muy ~ en este tema he's not very well up in these matters.
3 NM **a** (*lugar*) place; (*posición*) position; **~ de honor** leading position; **ocupa el tercer ~ en la liga** it is in third place in the league; **ceder el ~ a algn** to give up one's place to sb; **sabe estar en su ~** he knows his place.
b (*cargo*) post, position, job; **tiene un ~ de conserje** he has a post as a porter; **se crearán 200 ~s de trabajo** 200 new jobs will be created.
c (*Mil*) post; **~ de escucha/de socorro** listening/first aid post; **~ fronterizo** border post; **~ de observación** observation post; **~ de policía** police station.
d (*Caza*) stand, place.
e (*Com: de mercado*) stall; (*en una exhibición*) stand, booth; (*quiosco*) kiosk; **~ callejero** street stall; **~ de periódicos** newspaper stand.
f (*CSur*) land and house held by ranch caretaker.
4: **~ que** CONJ (*pues*) since, as.

puf¹ INTERJ ugh!
puf² NM (*pl* **~s**) pouffe.
pufo NM (*fam*) **a** (*trampa*) trick, swindle; **dar el ~ a algn** to swindle sb. **b** (*deuda*) debt.
púgil NM (*boxeador*) boxer.
pugilato NM (*boxeo*) boxing; (*fig: disputa*) conflict.
pugilismo NM boxing.
pugilista NM boxer.
pugilístico ADJ boxing *atr*.
pugna NF struggle, conflict; **entrar** o **estar en ~ con** to clash with.
pugnar<1a> VI **a** (*luchar*) to fight (*por* for). **b** (*batallar*) to struggle, strive (*por hacer algo* to do sth).
puja NF (*en una subasta*) bid.
pujante ADJ (*fuerte*) strong, vigorous; (*potente*) powerful; (*enérgico*) forceful.
pujanza NF (*fuerza*) strength, vigour, vigor (*US*); (*poder*) power; (*vigor*) forcefulness, drive.
pujar<1a> VI **a** (*en subasta*) to bid, bid up; (*Naipes*) to bid.
b (*esforzarse*) to struggle, strain; **~ por hacer algo** to struggle to do sth; **~ para adentro** (*Méx fam*) to grin and bear it.
pulcritud NF (*esmero*) neatness, tidiness; (*delicadeza*) exquisiteness, delicacy.
pulcro ADJ (*aseado*) neat, tidy; (*elegante*) smartly dressed; (*estilo*) exquisite; (*delicado*) dainty, delicate.
pulga NF **a** (*insecto*) flea. **b** (*locuciones*) **buscar las ~s a algn** (*fam*) to tease sb, needle sb (*fam*); **tener malas ~s** to be short-tempered.
pulgada NF (*medida*) inch.
pulgar NM thumb.
Pulgarcito NM Tom Thumb.
pulgón NM plant louse.
pulgoso ADJ, **pulguiento** ADJ (*And*) full of fleas, verminous.

pulido ADJ (*pulcro*) neat, tidy; (*esmerado*) careful; (*pulimentado*) polished; (*refinado*) refined; (*melindroso*) affected, finicky.
pulidor(a) 1 NM/F polisher. **2** NF polishing machine.
pulimentar<1a> VT (*pulir*) to polish; (*dar lustre a*) to put a gloss on; (*alisar*) to smooth.
pulimento NM **a** (*acto*) polish; (*brillo*) gloss. **b** (*sustancia*) polish.
pulir <3a> **1** VT **a** (*gen*) to polish; (*dar lustre a*) to put a gloss o shine on.
b (*alisar*) to smooth; (*ultimar*) to finish (off).
c (*fig: perfeccionar*) to polish up, touch up; (*persona: civilizar*) to polish up.
d (*fam: birlar*) to pinch (*fam*); (*vender*) to sell, flog (*fam*).
2 pulirse VR (*fig: refinarse*) to acquire polish; (*acicalarse*) to spruce o.s. up.
pulla NF (*injuria*) cutting o wounding remark; (*mofa*) taunt; (*indirecta*) dig.
pullman NM **a** (*And, CSur: Ferro*) sleeping car. **b** (*Chi*) long-distance bus.
pulmón NM lung; **~ de acero** iron lung; **a pleno ~** (*respirar*) deeply; (*gritar*) at the top of one's voice.
pulmonar ADJ pulmonary, lung *atr*.
pulmonía NF pneumonia; **~ doble** double pneumonia.
pulóver NM pullover.
pulpa NF (*gen*) pulp; (*pasta blanda*) soft mass; (*de fruta, planta*) flesh, soft part; (*LAm*) boneless meat, fillet; **~ de madera/papel** wood/paper pulp.
pulpejo NM fleshy o soft part.
pulpería NF (*LAm: tienda*) general o food store; (: *taberna*) bar, tavern.
pulpero NM (*LAm: tendero*) storekeeper, grocer; (: *tabernero*) tavern-keeper.
púlpito NM pulpit.
pulpo NM octopus.
pulposo ADJ (*gen*) pulpy; (*carnoso*) soft, fleshy.
pulque NM (*Méx: bebida alcohólica*) pulque.

PULQUE

Pulque *is a traditional alcoholic drink from Mexico. Thick, slightly sweet and milky, it is brewed from the juice of the maguey and various other agave plants and is roughly equivalent in strength to beer. It was the sacred drink of the Aztecs, who used it in offerings to the gods and also for medicinal purposes. In modern-day Mexico it is often given to children since it is rich in vitamins, and in the cities it is sold in special bars called* **pulquerías***.*

pulquear <1a> (*Méx*) **1** VI to drink pulque. **2 pulquearse** VR to get drunk on pulque.
pulquería NF (*Méx*) bar, tavern.
pulquérrimo ADJ SUPERL *de* **pulcro**.
pulsación NF **a** (*latido*) beat, pulsation; (*Anat*) throb(bing), beat(ing). **b** (*en máquina de escribir*) tap; (*de pianista, mecanógrafo*) touch; **hace 200 ~es por minuto** she does 200 keystrokes a minute; **~ (de una tecla)** (*Tip, Inform*) keystroke.
pulsador NM (*botón*) button, push-button; (*Elec: interruptor*) switch.
pulsar <1a> VT **a** (*tecla*) to strike, touch, tap; (*botón*) to press; (*Mús*) to play. **b** (*fig: opinión*) to sound out, explore.
pulsera NF wristlet, bracelet; **~ para reloj** watch strap; **reloj de ~** wristwatch.
pulso NM **a** (*Anat*) pulse; **tomar el ~ a algn** to take o feel sb's pulse; **tomar el ~ a la opinión** to sound out opinion. **b** (*firmeza*) steady hand; **a ~** with the strength of the hand; (*con esfuerzo*) by sheer hard work; (*solo*) unaided, all alone; (*con dificultad*) the hard way; **dibujo (hecho) a ~** freehand drawing; **echar un ~** to arm-wrestle; **levantar una silla a ~** to lift a chair with one hand. **c** (*fig: tiento*) tact, good sense; **con mucho ~** very sensibly, with great tact. **d** (*Col: pulsera*) bracelet; (: *reloj*) wristwatch.
pulular<1a> VI to swarm; **aquí pululan los mosquitos** this place is teeming with mosquitoes.

pulverización NF [a] (*de sólidos*) pulverization. [b] (*de perfume, insecticida*) spraying.

pulverizador NM spray, spray gun; **~ nasal** inhaler.

pulverizar <1f> VT [a] (*sustancia*) to pulverize; (*reducir a polvo*) to powder, convert into powder. [b] (*líquido*) to spray. [c] (*fig: enemigo, ciudad*) to pulverize, smash.

pum INTERJ bang!

puma NM (*Zool*) puma.

puna NF (*And*) [a] high Andean plateau; (*páramo*) bleak upland. [b] (*Med: soroche*) mountain sickness.

punch NM (*LAm*) [a] (*puñetazo*) punch. [b] (*fig: empuje*) strength, punch.

punching ['punʃin] NM (*saco de arena*) punchball.

punción NF (*Med*) puncture.

pundonor NM (*dignidad*) self-respect, amour propre; (*honra*) honour, honor (*US*).

pundonoroso ADJ (*honrado*) honourable, honorable (*US*); (*puntilloso*) punctilious, scrupulous.

punible ADJ punishable.

púnico ADJ, NM (*Ling*) Punic.

punitivo ADJ punitive.

punki(e) ADJ, NMF punk.

punta [1] NF [a] (*extremo*) end; (*extremo punzante*) point, sharp end; (*de madera*) thin end; (*Geog*) point; (*promontorio*) headland; **~ de lanza** spearhead; **la ~ de los dedos** fingertips; **la ~ del iceberg** (*fig*) the tip of the iceberg; **la ~ de la lengua** the tip of one's tongue; **tener algo en la ~ de la lengua** to have sth on the tip of one's tongue; **cortarse las ~s (del pelo)** to have one's hair trimmed; **a ~ de pistola** at gunpoint; **de ~** on end, endways; **de ~ a ~** from one end to the other; **estar de ~ con algn** to be at odds with sb; **ir de ~ en blanco** to be all dressed up to the nines; **sacar ~ a** to sharpen; **sacar ~ a todo** (*fig*) to read too much into everything; **se le pusieron los pelos de ~** her hair stood on end; **estoy hasta la ~ de los pelos con él** I'm utterly fed up with him; **había gente a ~ pala** (*fam*) there were tons of people (*fam*). [b] (*pequeña cantidad*) bit, little; (*fig*) touch, trace; (*dejo*) tinge; **una ~ de sal** a pinch of salt; **tiene ~ de loco** he has a streak of madness; **tiene sus ~s de filósofo** there's a little of the philosopher about him. [c] (*Téc: clavo*) small nail. [d] (*colilla*) stub, butt. [e] (*Cu*) leaf of best tobacco. [f] (*Méx*) sharp weapon. [g] (*LAm: grupo*) group, gathering; (*: cantidad*) lot; **una ~ de** a lot of, a bunch of. [h] (*Bol*) eight-hour shift of work. [2] ATR: **horas ~** peak o rush hours; **tecnología ~** latest technology, leading edge technology; **velocidad ~** maximum o top speed.

puntada NF [a] (*Cos*) stitch; **~ invisible** invisible mending; **no ha dado ~** (*fig*) he hasn't done a stroke. [b] (*fam: insinuación*) hint. [c] (*Med: punzada*) stitch, sharp pain.

puntaje NM (*LAm*) score.

puntal NM [a] (*Arquit*) prop, support; (*Agr*) prop; (*Téc*) strut, crosspiece; (*montante*) stanchion. [b] (*fig: apoyo*) support; (*soporte*) chief supporter. [c] (*LAm*) snack.

puntapié NM kick; **echar a algn a ~s** to kick sb out; **pegar un ~ a algn** to give sb a kick.

puntazo NM [a] (*Taur: con el cuerno*) jab; (*LAm*) jab, poke. [b] (*fam*) **fue un ~** it went down really well (*fam*).

punteado [1] ADJ (*moteado*) dotted, covered with dots; (*pintura: grabado con puntos*) stippled; (*diseño*) of dots. [2] NM [a] (*V adj*) series of dots, stippling. [b] (*Mús*) twang, plucking.

puntear <1a> VT [a] (*motear*) to dot, cover o mark with dots; (*pintar etc con puntos*) to stipple. [b] (*Mús*) to pluck; (*tañer*) to twang. [c] (*CSur: tierra*) to fork over. [d] (*LAm: desfile*) to head, lead.

puntera NF (*punta*) toe; (*refuerzo*) toecap.

puntería NF [a] (*el apuntar*) aim, aiming; **enmendar** o **rectificar la ~** to correct one's aim. [b] (*fig: destreza*) marksmanship; **tener buena/mala ~** to be a good/bad shot.

puntero [1] ADJ (*primero*) top, leading; **más ~** outstanding; **equipo ~** top club. [2] NM [a] (*señal, Inform*) pointer. [b] (*cincel*) stonecutter's chisel. [c] (*LAm*) leading team; (*de rebaño*) leading animal; (*de desfile*) leader.

puntiagudo ADJ sharp, sharp-pointed.

puntilla NF [a] (*Cos*) lace edging. [b] (*Taur*) short dagger; **dar la ~** to finish off the bull; **dar la ~ a algo/algn** (*fig*) to finish sth/sb off; **aquello fue la ~** that was the last straw. [c] **de ~s** on tiptoe; **andar de ~s** to walk on tiptoe.

puntillazo NM [a] (*Taur*) the decisive, mortal blow in a bullfight. [b] **dar el ~ a algo** to put an end to sth.

puntillismo NM (*Arte*) pointillism.

puntillo NM (*punto de honor*) exaggerated sense of honour o (*US*) honor.

puntilloso ADJ (*pundonoroso*) punctilious; (*susceptible*) touchy, sensitive.

punto NM [a] (*en un diseño*) dot, spot; (*en plumaje*) spot, speckle; (*Naipes, dominó*) spot, pip; (*en la i*) dot; **~ negro** (*en la cara*) blackhead; **línea de ~s** dotted line; **poner los ~s sobre las íes** to dot the i's and cross the t's. [b] (*Tip*) point; **~ final** full stop, period (*US*); **dos ~s** colon; **~ y coma** semicolon; **~s suspensivos** dots, suspension points; **~ acápite** (*LAm*) full stop, new paragraph; **'~ y aparte'** (*en dictado*) 'new paragraph'; **~ y seguido** full stop; **sin faltar ~ ni coma** accurately; **¡lo digo yo y ~!** I'm telling you so and that's all about it! [c] (*tanto*) point; (*en un examen*) mark; (*en Bolsa*) point; **con 8 ~s a favor y 3 en contra** with 8 points for and 3 against; **ganar** o **vencer por ~s** to win on points; **perder (muchos) ~s** (*fig*) to lose brownie points (*fam*). [d] (*en discusión*) point; (*tema*) item, question; **contestar ~ por ~** to answer point by point; **~ capital** crucial point; (*lo esencial*) crux; **~s de consulta** terms of reference; **~s a tratar** matters to be discussed, agenda. [e] (*Mús*) pitch. [f] (*Cos*) stitch; (*de tela*) mesh; (*de media*) ladder, run; (*Med*) stitch; **~ del derecho** plain knitting; **~ de media** plain knitting; **~ del revés** purl; **hacer ~** to knit; **falda de ~** knitted skirt; **chaqueta de ~** cardigan. [g] (*de lugar*) spot, place; (*Geog*) point; (*Mat*) point; (*de proceso*) point, stage; (*en el tiempo*) point, moment; **~ de apoyo** fulcrum; **~ cardinal** cardinal point; **~ clave de las defensas** key point in the defences o (*US*) defenses; **~ de congelación/fusión** freezing/melting point; **~ de contacto** point of contact; **~ crítico** critical point; **~ culminante** culminating moment; **llegar a su ~ culminante** to reach its climax; (*a lo más alto*) to reach its peak; **~ débil** o **flaco** weak spot; **~ de encuentro** meeting point; **estar en el ~ de mira de algn** to be in sb's sights; **~ muerto** (*Mec*) dead centre, dead center (*US*); (*Aut etc*) neutral (gear); (*fig: estancamiento*) deadlock, stalemate; **las negociaciones están en un ~ muerto** the negotiations are deadlocked, there is stalemate in the talks; **~ negro** (*Aut*) (accident) black spot; **~ neurálgico** (*Anat*) nerve centre o (*US*) center; (*fig*) key point; **~ de partida/de referencia** starting/reference point; **~ de no** o **sin retorno** point of no return; **~ de venta** point of sale; **~ de veraneo** summer resort, holiday resort; **~ de vista** point of view, viewpoint; **él lo mira desde otro ~ de vista** he looks at it from another point of view. [h] (*locuciones + prep*) **a ~** ready; **con sus cámaras a ~ para disparar** with their cameras ready to shoot; **llegar a ~** to come just at the right moment; **saber algo a ~ fijo** to know sth for sure; **al ~** at once, instantly; **a ~ de caramelo** (*fig*) just ripe; **está a ~** it's ready; **estar a ~ de hacer algo** to be on the point of doing sth, be about to do sth; **estuve a ~ de llamarte** I almost called you; **poner un motor a ~** to tune an engine; **dar de todo ~** completely, absolutely; **a las 7 en ~** at 7 sharp, at 7 on the dot; **ha llegado en ~** he arrived right on time; **estar en su ~** (*Culin*) to be done to a turn; (*fruta*) to be just ripe; **el arroz está en su ~** the rice is just right; **pongamos las**

cosas en su ~ let's be absolutely clear about this; **hasta el** ~ **de hacer algo** to the extent of doing sth; **hasta cierto** ~ up to a point, to some extent; **hasta tal** ~ **que** to such an extent that; **la tensión había llegado a tal** ~ **que ...** the tension had reached such a pitch that .... [i] (*fam*) **¡vaya un** ~**!**, **¡está hecho un** ~ **filipino!** he's a right rogue! (*fam*).
[j] (*fam*) **cogerle** o **pillarle el** ~ **a algn** to suss sb out; **coger** o **ligar** o **pillar un buen** ~ (*con alcohol*) to get well-oiled (*fam*); (*con drogas*) to get high (*fam*); **si me da el** ~, **voy** if I take the notion, I'll go; **si le da el** ~ **es capaz de cualquier cosa** if he takes it into his head he can do anything.

puntuable ADJ: **una prueba** ~ **para el campeonato** a race which counts towards o scores in the championship.

puntuación NF [a] (*Ling, Tip*) punctuation. [b] (*acto: Escol*) marking; (: *Dep*) scoring; **sistema de** ~ system of scoring. [c] (*Escol: puntos*) mark(s); (*grado: Dep*) score.

puntual ADJ [a] (*persona, llegada*) punctual. [b] (*informe*) reliable; (*exacto*) precise; (*cálculo*) exact, accurate. [c] (*concreto*) specific, precise.

puntualidad NF punctuality.

puntualizar <1f> VT (*precisar*) to fix, specify; (*determinar*) to settle, determine.

puntualmente ADV punctually.

puntuar <1c> [1] VT [a] (*Ling, Tip*) to punctuate. [b] (*examen*) to mark. [2] VI (*Dep*) to score, count; **eso no puntúa** that doesn't count.

puntuado ADJ (*LAm: puntiagudo*) sharp.

punzada NF [a] (*puntura*) prick, jab. [b] (*Med*) stitch; (*dolor*) twinge (of pain), shooting pain. [c] (*fig: aflicción*) pang, twinge (of regret *etc*).

punzante ADJ [a] (*dolor*) shooting, sharp. [b] (*instrumento*) sharp. [c] (*fig: comentario*) biting, caustic.

punzar <1f> VT [a] (*pinchar*) to puncture, prick, pierce; (*Téc*) to punch; (*perforar*) to perforate. [b] (*fig: pesar*) to hurt, grieve; **le punzan remordimientos** he feels pangs of regret, his conscience pricks him.

punzó ADJ (*And, CSur*) bright red.

punzón NM (*Téc*) punch; (*buril*) graver, burin; (*Tip*) bodkin.

puñado NM (*lit, fig*) handful; **a** ~**s** by handfuls, in plenty; **me mola un** ~ (*fam*) I like it a lot.

puñal NM dagger; **poner el** ~ **al pecho a algn** (*fig*) to put sb on the spot.

puñalada NF [a] (*herida*) stab, thrust; **coser a** ~**s** to stab repeatedly. [b] (*fig*) stab, grievous blow; ~ **trapera** stab in the back.

puñeta (*fam!*) [1] NF [a] (*enojo*) **¡no me vengas con** ~**s!** give me peace!, stop your whining!; **¡qué coche ni que** ~**s!** car my arse! (*fam!*); **tengo un catarro de la** ~ I've got a hellish cold (*fam!*); **¡vete a hacer** ~**s!** get stuffed! (*fam!*), fuck off! (*fam!*).
[b] **hacer la** ~ **a algn** to screw sb around (*fam!*).
[2] INTERJ: **¡**~**s!**, **¡qué** ~**s!** (*enojo*) shit! (*fam*), hell!; (*asombro*) bugger me! (*fam!*), well I'm damned!

puñetazo NM punch; **a** ~**s** with (blows of) one's fists; **dar a algn de** ~**s** to punch sb.

puñetero ADJ (*fam: gen*) wretched; (*maldito*) damned; (*despreciable*) rotten.

puño NM [a] (*Anat*) fist; ~ **de hierro** knuckle-duster; **con el** o **a** ~ **cerrado** with one's clenched fist; **comerse los** ~**s** to be starving; **como un** ~ (*casa etc*) tiny, very small; (*verdad*) obvious; (*palpable*) tangible, visible; **mentiras como** ~**s** whopping great lies (*fam*); **de** ~ **y letra del poeta** in the poet's own handwriting; **tener a algn (metido) en un** ~ to have sb under one's thumb. [b] (*Cos*) cuff. [c] (*de espada*) hilt; (*de herramienta*) handle, haft, grip; (*de velero*) handle. [d] (*fig*) ~**s** strength *sg*; (*fuerza bruta*) brute force; **ganar algo con los** ~**s** to get sth by sheer hard work.

pupa NF (*fam*) [a] (*Med*) cold sore. [b] (*palabra de niños*) sore, pain; **hacerse** ~ to get hurt.

pupila[1] NF [a] (*Anat*) pupil. [b] (*Arg fam*) prostitute, whore.

pupilo / a[2] NM/F [a] (*en un orfelinato*) inmate; (*pensionista*)

boarder. [b] (*Jur*) ward.

pupitre NM desk.

pupurri NM pot-pourri.

pupusa NF (*CAm Culin*) stuffed tortilla.

puquío NM (*LAm*) spring, fountain.

puramente ADV purely, simply.

purasangre NMF thoroughbred.

puré NM (*Culin*) purée, (thick) soup; ~ **de patatas** mashed potatoes; ~ **de tomate** tomato purée; ~ **de verduras** thick vegetable soup; **estar hecho** ~ (*fig*) to be knackered (*fam*).

pureta (*fam*) [1] ADJ old. [2] NMF [a] (*viejo*) old crock o geezer (*fam*). [b] (*carca*) old square (*fam*).

pureza NF purity.

purga NF [a] (*Med*) purge, purgative. [b] (*Pol: depuración*) purge. [c] (*Mec: drenaje*) venting, draining; **válvula de** ~ vent.

purgación NF [a] (*acción*) purging. [b] **tener** ~**es** (*Med fam*) to have the clap (*fam*).

purgante NM (*laxante*) purgative.

purgar <1h> [1] VT [a] (*gen*) to purge, cleanse (*de* of); (*Mec: drenar*) to vent, drain, air; (*Pol: depurar*) to purge, liquidate.
[b] (*purificar*) to purify, refine.
[c] (*Med: laxar*) to purge, administer a purgative to.
[d] (*fig: pecado*) to purge, expiate.
[2] **purgarse** VR [a] (*Med*) to take a purge.
· [b] (*fig*) ~ **de** to purge o.s. of.

purgativo ADJ (*laxante*) purgative.

purgatorio NM purgatory; **¡fue un** ~**!** it was purgatory!

puridad NF (*Lit*): **en** ~ plainly, directly; (*estrictamente*) strictly, in the strict sense.

purificación NF purification.

purificador NM: ~ **de agua** water filter; ~ **de aire** air purifier, air filter.

purificante ADJ cleansing.

purificar <1g> VT (*depurar*) to purify; (*limpiar*) to cleanse; (*Téc: refinar*) to purify, refine.

Purísima ADJ SUPERL: **la** ~ the Virgin.

purismo NM purism.

purista NMF purist.

puritanismo NM puritanism.

puritano / a [1] ADJ (*actitud*) puritanical; (*religión, tradición*) puritan. [2] NM/F puritan.

puro [1] ADJ [a] (*sustancia, color, lenguaje*) pure; (*depurado*) unadulterated; (*oro*) solid; (*cielo*) clear.
[b] (*fig*) pure, simple; (*verdad*) plain; **de** ~ **aburrimiento** out of sheer boredom; **por** ~**a casualidad** by sheer chance.
[c] (*moral*) pure, virtuous, chaste.
[d] (*LAm: uno solo*) only, just; **me queda una** ~**a porción** I have just one portion left.
[2] ADV: **de** ~ **bobo** out of sheer stupidity; **no se le ve el color de** ~ **sucio** it's so dirty you can't tell what colour o (*US*) color it is.
[3] NM cigar.

púrpura NF purple.

purpurado NM cardinal.

purpurar <1a> VT to dye purple.

purpurina NF metallic paint (*gold, silver etc*).

purrela NF bad wine, cheap wine.

pus NM (*Med*) pus.

pusilánime ADJ fainthearted, pusillanimous.

pústula NF pustule, pimple.

puta [1] NF [a] whore, prostitute; ~ **callejera** streetwalker; **casa de** ~**s** brothel; **ir de** ~**s** to go whoring.
[b] (*Naipes*) jack.
[2] ADJ INV (*fam*) bloody (*fam*), bloody awful (*fam*); **¡ni** ~ **idea!** I've no bloody idea! (*fam*); **de** ~ **madre** terrific (*fam*), smashing (*fam*); **pasarlas** ~**s** to have a shitty time (*fam*).

putada NF (*fam*) dirty trick; **¡qué** ~**!** what a bloody shame! (*fam*).

putañear <1a> VI to go whoring.

putativo ADJ (*padre, hermano*) putative, supposed.

puteada NF (*LAm*) shower of gross insults.

putear<1a> **1** VI **a** = **putañear**.
  b (*fastidiar*) to bugger about (*fam*), muck around.
  c (*perjudicar*) to kick around, abuse, misuse; **estar puteado** to get fed up (to the teeth) (*fam*).
  2 VT (*CSur fam*) to insult.
putería NF **a** (*prostitución*) prostitution, whoring.
  b (*prostitutas*) gathering of prostitutes; (*prostíbulo*) brothel. **c** (*fam*) womanly wile(s).
puto (*fam*) **1** ADJ bloody (*fam*), bloody awful (*fam*). **2** NM (*prostituto*) male prostitute.
putrefacción NF **a** (*acto*) rotting, putrefaction; (*descomposición*) decay. **b** (*pudrición*) rot, rottenness; ~ **fungoide** dry rot; **sujeto a** ~ (*alimentos*) perishable.
putrefacto ADJ (*podrido*) rotten, putrid; (*descompuesto*)

decayed.
putrescente ADJ rotting, putrefying.
pútrido ADJ putrid, rotten.
puya NF (*punta acerada*) goad, pointed stick; (*Taur*) point of the picador's lance.
puyar<1a> VT **a** (*LAm*) to jab, prick. **b** (*Col fam*) to upset, needle (*fam*).
puyón NM (*espolón*) cock's spur; (*puya*) sharp point; (*espina*) thorn.
PVC NM ABR *de* **polyvinyl-chloride** PVC.
PVP NM ABR *de* **precio de venta al público** RRP.
PYME NF ABR *de* **Pequeña y Mediana Empresa**.
PYRESA NF ABR *de* **Prensa y Radio Española, Sociedad Anónima**.

Q, **q** [ku] NF (*letra*) Q, q.

Qatar NM Qatar.

q.b.s.m. ABR *de* **que besa su mano** *courtesy formula.*

q.D.g. ABR *de* **que Dios guarde** *courtesy formula.*

QED ABR *de* **quod erat demonstrandum** QED.

q.e.g.e. ABR *de* **que en gloria esté** ≈ RIP.

q.e.p.d. ABR *de* **que en paz descanse** RIP.

q.e.s.m. ABR *de* **que estrecha su mano** *courtesy formula.*

QH NF ABR *de* **quiniela hípica**.

qm ABR *de* **quintal(es) métrico(s)**.

qts ABR *de* **quilates** C.

que[1] [1] PRON RELATIVO [a] (*suj: individuo*) who, that; (*obj directo*) whom, that; **la joven ~ invité** the girl (whom) I invited.

[b] (*suj: cosa*) that, which; **el coche ~ compré** the car (that *o* which) I bought; **la cama en ~ pasé la noche** the bed in which I spent the night, the bed I spent the night in; **el día ~ ella nació** the day (when) she was born.

[2] PRON RELATIVO (*con artículo*) V **el**[3]; **lo**[4].

que[2] CONJ [a] (*con vb, adv*) that; **creo ~ va a venir** I think (that) he will come; **¡~ sí!** yes!; **claro ~ sí** of course; **decir ~ sí** to say yes; **estoy seguro de ~ lloverá** I am sure (that) it will rain; **¿~ no estabas allí?** (are you telling me) you weren't there?; **eso de ~ no lo sabía es un cuento** all that about him knowing nothing is pure fiction.

[b] (*antes de subjun*) that; **esperar ~ algn haga algo** to hope that sb will do sth; **no digo ~ sea un traidor** I'm not saying (that) he's a traitor; **quieren ~ les esperes** they want you to wait for them; **¡~ lo haga él!** let him do it!, get him to do it!; **¡~ entre!** send him in!; **¡~ venga pronto!** let's hope he comes soon!; **¡~ os guste la película!** enjoy the film!

[c] **el ~** + *subjun* the fact that; **el ~ viva en Vitoria no es ningún problema** the fact that he lives in Vitoria presents no problems.

[d] (*resultado*) that; **soplaba tan fuerte ~ no podíamos salir** the wind was so strong (that) we couldn't go out.

[e] (*locuciones*) **siguió toca ~ toca** he kept on playing; **estuvieron habla ~ habla toda la noche** they talked and talked all night; **tiene un rostro ~ para qué** what a cheek he's got.

[f] (*apócope de ya o porque*) for, since, because; **no lo derroches, ~ es muy caro** don't waste it, it's very expensive; **he venido un poco pronto ~ está lloviendo** I came a bit early because it's raining; **¡vamos, ~ cierro!** come on now, I'm closing!; **¡cuidado, ~ nos vamos!** hold tight, we're off!

[g] (*comparaciones*) than; **menos/más ~** less/more than; **más ~ nada** more than anything; **yo ~ tú** in your place, if I were you; **prefiero el mar ~ no la montaña** I prefer the seaside to the hills.

qué [1] PRON INTERROG [a] **¿~?** what?; **¿~ has dicho?** what did you say?; **¡~ hubo!, ¡quehúbole!** (*esp Méx, Chi: fam*) hi!, how are things?; **no sé ~ quiere decir** I don't know what it means; **¿y a mí ~?** so what?, what has that got to do with me?; **¿y ~?** so what?, well?; **¿~ es de tu hermano?** how's your brother these days?; **¿~ más?** what else?; (*en tienda etc*) anything else?; **¿~ tal (estás)?** how are you?; **¿~ tal el trabajo?** how's work?; **¿~ tan grande es?** (*LAm*) how big is it?; **¿~ tanto?** (*LAm: ¿cuánto?*) how much?; **¿~ tanto lo quiere?** (*LAm*) how much do you love him?; **¿para ~?** for what reason?, why?; **¿por ~?** why?; **sin ~ ni para ~** without rhyme or reason.

[b] (*exclamativas*) **¡~ día más espléndido!** what a glorious day!; **¡~ bien!** (*bravo*) well done!; (*ojalá*) now that

really would be something!; (*iró*) a lot of good that would do!; **¡~ bonito!** isn't it pretty!; **¡~ va!** no way!; **¡~ asco!** how revolting!; **¡~ susto!** what a scare!; **¡~ de gente había!** what a lot of people there were!

[2] ADJ: **¿~ libro?** what book?; **¿~ edad tiene?** what age is he?, how old is he?; **¿a ~ velocidad?** how fast?; **¿de ~ tamaño es?** what size is it?, how big is it?; **dime ~ libro buscas** tell me which book you are looking for.

quebracho NM quebracho (tree).

quebrada NF [a] (*hondonada*) ravine. [b] (*LAm: arroyo*) brook, mountain stream.

quebradero NM: **~ de cabeza** headache, worry.

quebradizo ADJ [a] (*gen*) fragile, brittle. [b] (*Med*) sickly, frail.

quebrado [1] ADJ [a] (*gen*) broken; (*terreno*) rough, uneven.

[b] (*color*) pale.

[c] (*Med*) ruptured.

[d] (*Fin*) bankrupt.

[2] NM [a] (*Mat*) fraction.

[b] (*Fin*) bankrupt; **~ rehabilitado/no rehabilitado** discharged/undischarged bankrupt.

quebradura NF [a] (*grieta*) fissure, crack. [b] (*Geog*) = **quebrada (a)**. [c] (*Med*) rupture.

quebrantadura NF, **quebrantamiento** NM [a] (*acción*) breaking; (*de ley*) violation. [b] (*estado*) exhaustion.

quebrantar ‹1a› [1] VT [a] (*gen*) to break; (*resquebrajar*) to crack.

[b] (*resistencia etc*) to weaken; (*salud*) to shatter, destroy.

[c] (*color*) to tone down.

[d] (*LAm: caballo*) to break in.

[2] **quebrantarse** VR (*individuo*) to be broken (in health etc).

quebranto NM [a] (*gen*) damage, harm; (*pérdida*) severe loss. [b] (*agotamiento*) exhaustion; (*depresión*) depression. [c] (*aflicción*) sorrow, affliction.

quebrar ‹1j› [1] VT [a] (*gen*) to break, smash.

[b] (*doblar*) to bend; (*torcer*) to twist.

[c] (*proceso*) to interrupt.

[d] = **quebrantar 1 (b), (d)**.

[e] (*Méx fam*) to bump off (*fam*).

[2] VI [a] (*Fin*) to fail, go bankrupt.

[b] (*debilitarse*) to weaken.

[3] **quebrarse** VR [a] to break, get broken.

[b] (*Med*) to be ruptured.

quechua [1] ADJ Quechua, Quechuan. [2] NMF Quechua(n) Indian. [3] NM (*Ling*) Quechua.

queda NF (*tb* **toque de ~**) curfew.

quedar ‹1a› [1] VI [a] (*gen: permanecer*) to stay, remain; **quedaron allí una semana** they stayed there a week.

[b] (+ *prep, adj: resultar*) to remain, be; **~ asombrado** to be amazed; **~ inmóvil** to remain *o* be *o* stand motionless; (*Aut etc*) to remain stationary; **~ de pie** to remain standing; **~ ciego** to go blind; **ha quedado sin hacer** nothing was done about it; **el proyecto quedó sin realizar** the plan was never carried out; **la cosa queda así** there the matter rests; **quedó el penúltimo** he came in second last.

[c] (*ropa: ser la talla*) to fit; (: *sentar*) to suit; **me queda pequeño** it's too small for me; **¿qué tal te queda el vestido?** how does the dress fit you?; **te queda bien** it suits you; **no queda bien así/aquí** it doesn't look right like that/here.

[d] (*persona*) **~ bien** to come off well; **~ bien con algn** to give a good impression; **por ~ bien** (so as) to make a good impression; **~ mal** to do badly, come off badly; **~ mal con algn** to be in sb's bad books; **por no ~ mal** so as not to cause any offence *o* (*US*) offense; **ha quedado**

como un canalla he showed himself to be a rotter, he was shown up as the rotter he is; **ha quedado en ridículo** he was totally shown up.

$\boxed{e}$ (*sitio*) to be; **eso queda muy lejos** that's a long way (away); **queda un poco más al oeste** it is *o* lies a little further west; **queda por aquí** it's around here somewhere; **queda hacia la derecha** it's over to the right; **queda a 6 kms de aquí** it's 6 kms from here.

$\boxed{f}$ (*sobrar*) to remain, be left; **quedan 6** there are 6 left; **me quedan 6** I have 6 left; **nos queda poco dinero** we haven't much money left; **no quedan más que escombros** there is nothing left but rubble; **no me queda más remedio** I have no alternative (left).

$\boxed{g}$ (*faltar*) **quedan pocos días para la fiesta** the party is only a few days away; **nos quedan 12 kms para llegar al pueblo** there are still 12 kms to go to the village; **la cosa quedó en nada** it all came to nothing.

$\boxed{h}$ (*acordar*) **~ en** *o* (*LAm*) **de hacer algo** to agree *o* arrange to do sth; **~ en que** to agree that; **¿en qué quedamos?** what shall we do then?, what's it to be then?; **quedamos en vernos mañana** we arranged to meet tomorrow.

$\boxed{i}$ **~ en** to turn out to be, end up as; **todo ese trabajo quedó en nada** all that work came to nothing.

$\boxed{j}$ **~ con algn** to arrange to meet sb, make *o* fix a date with sb; **hemos quedado en la puerta del cine** we arranged to meet at the cinema door; **¿quedamos a las cuatro?** shall we meet at four?

$\boxed{k}$ **~ por hacer** to remain *o* be still to be done; **eso queda todavía por estudiar** that remains to be studied.

$\boxed{l}$ **~ a deber algo** to owe sth.

$\boxed{m}$ (+ *ger*) **~ haciendo algo** to be doing sth, go on doing sth; **él quedaba trabajando** he went on working.

2 quedarse VR $\boxed{a}$ **~ atrás** to stay *o* remain behind; (*atrasarse*) to fall behind; **~ en una pensión** to stay *o* put up at a boarding house; **se me ha quedado pequeña esta camisa** I've outgrown this shirt; **~ sin** to find o.s. out of; **nos hemos quedado sin café** we've run out of coffee; *V tb* **1 (a), (b).**

$\boxed{b}$ (*viento etc*) to fall calm.

$\boxed{c}$ **~ con** (*gen*) to keep, hold on to; (*adquirir*) to acquire, get hold of; (*preferir*) to take, prefer; **se quedó con mi pluma** he walked off with my pen; **quédese con la vuelta** keep the change; **~ con hambre** to be still hungry; **~ con las ganas de hacer algo** to be dying to do sth; **entre A y B, me quedo con B** if I have to choose between A and B, I'll take B.

$\boxed{d}$ **~ con algn** (*fam: engañar*) to take sb in; (: *estafar*) to swindle *o* cheat sb.

$\boxed{e}$ (*locuciones*) **no se queda con la cólera dentro** he can't control his anger; **~ algo en nada** to come to nothing; **~ tan ancho** to be neither up nor down; **no se quedó en menos** he was not to be outdone.

$\boxed{f}$ (+ *ger*) **~ haciendo algo** to keep *o* go on doing sth; **se nos quedó mirando asombrado** he stood *etc* looking at us in amazement.

$\boxed{g}$ **está muy mayor, no se le quedan las cosas** he's really old now, he can't remember things; **se me quedó grabado** it stuck in my mind.

quedo $\boxed{1}$ ADJ $\boxed{a}$ still. $\boxed{b}$ (*voz*) quiet, gentle; (*paso*) soft. $\boxed{2}$ ADV softly, gently; **¡~!** careful now!

quehacer NM job, task; **~es (domésticos)** household jobs, chores; **tener mucho ~** to have a lot to do.

queja NF $\boxed{a}$ (*gen*) complaint; (*protesta*) protest; **una ~ infundada** an unjustified complaint; **presentar una ~** to make *o* file a complaint; **tener ~ de algn** to have a complaint to make about sb. $\boxed{b}$ (*gemido*) moan, groan; **~ de dolor** groan of pain.

quejarse <1a> VR $\boxed{a}$ (*gen*) to complain (*de* about, of); (*refunfuñar*) to grumble (*de* about, at); (*protestar*) to protest (*de* about, at); **~ de que ...** to complain (about the fact) that ...; **~ de vicio** (*fam*) to be always complaining. $\boxed{b}$ (*gemir*) to moan, groan.

quejica $\boxed{1}$ ADJ grumpy, complaining. $\boxed{2}$ NMF grumbler.
quejido NM moan, groan; **dar ~s** to moan, groan.
quejón/ona (*fam*) $\boxed{1}$ ADJ grumbling, complaining.

$\boxed{2}$ NM/F grumbler, constant complainer.
quejoso ADJ (*gen*) complaining; (*enfadado*) annoyed.
quejumbroso ADJ whingeing (*fam*).
quelite NM (*CAm, Méx: verduras*) any green vegetable.
quema NF $\boxed{a}$ (*gen*) fire; (*combustión*) burning, combustion. $\boxed{b}$ (*Arg*) rubbish dump. $\boxed{c}$ (*LAm Agr*) burning-off. $\boxed{d}$ (*Méx fig*) danger.
quemado ADJ $\boxed{a}$ (*gen*) burned, burnt; **esto sabe a ~** this tastes burnt. $\boxed{b}$ (*persona: agotado*) burned out, finished. $\boxed{c}$ (*Arg, Méx*) very dark. $\boxed{d}$ (*irritado*) annoyed. $\boxed{e}$ (*personaje público*) out of favour *o* (*US*) favor, in disgrace.
quemador NM burner.
quemadura NF $\boxed{a}$ (*gen*) burn; (*con líquido*) scald; (*de sol*) sunburn; (*de fusible*) blow-out; **~ de primer grado** first-degree burn. $\boxed{b}$ (*Bot: gen*) cold blight; (: *tizón*) smut.
quemar <1a> $\boxed{1}$ VT $\boxed{a}$ (*gen*) to burn; (*combustible*) to burn up; (*con líquido*) to scald; (*fusible*) to blow.
$\boxed{b}$ (*Bot: suj: frío*) to wither, burn.
$\boxed{c}$ (*fig: fortuna*) to squander; (*Com: precios*) to slash, cut.
$\boxed{d}$ (*fastidiar*) to annoy, upset; **estar quemado con** *o* **por algo** to be sick and tired of sth.
$\boxed{e}$ (*agotar, cansar*) to burn out, destroy.
$\boxed{f}$ (*Cu, Méx: estafar*) to swindle.
$\boxed{2}$ VI to be burning hot; **esto está que quema** it's burning hot; (*líquido*) it's scalding hot.
$\boxed{3}$ **quemarse** VR $\boxed{a}$ to burn o.s.; (*consumirse*) to burn (up *o* away); (*ropa etc*) to get scorched; (*con el sol*) to get sunburnt; **~ con la sopa** to burn one's mouth on the soup; **¡que me quemo!** (*fig*) I'm scorching!
$\boxed{b}$ (*en juego*) **¡que te quemas!** you are getting warm!
$\boxed{c}$ (*fig: agotarse*) to burn o.s. out, exhaust o.s.
quemarropa: a ~ ADV point-blank.
quemazón NF $\boxed{a}$ (*gen*) burn; (*acción*) burning. $\boxed{b}$ (*calor intenso*) intense heat. $\boxed{c}$ (*picazón*) itch. $\boxed{d}$ (*dicho*) cutting remark. $\boxed{e}$ (*fig: resentimiento*) pique, resentment.
quemón NM (*Méx fam: chasco*) disappointment, letdown.
quena NF (*And, CSur*) Indian flute.
quepi(s), quepí(s) NMSG (*esp LAm: Mil*) round (military) cap.
quepo *etc V* **caber.**
queque NM (*LAm*) cake (*of various kinds*).
querella NF $\boxed{a}$ (*queja*) complaint. $\boxed{b}$ (*Jur: acusación*) charge, accusation; (: *proceso*) suit, case. $\boxed{c}$ (*controversia*) dispute, controversy.
querellado/a NM/F defendant.
querellante NMF (*Jur*) plaintiff.
querencia NF (*Zool*) homing instinct; (*fig*) homesickness.
querendón/ona (*LAm fam*) $\boxed{1}$ ADJ affectionate, loving.
$\boxed{2}$ NM/F loving *o* affectionate person.
▼**querer** <2t> $\boxed{1}$ VT, VI $\boxed{a}$ to want, wish (for); **¿cuál quieres?** which one do you want?; **¿qué más quieres?** what more *o* else do you want?; **¡qué más quisiera yo!** would that I could!, my wishes entirely!; **¿quiere un café?** would you like some coffee?; **¿cuánto quieren por el coche?** what are they asking for the car?; **como Ud quiera** as you wish, as you please; **como quien no quiere la cosa** offhandedly; **ven cuando quieras** come when you like; **quiera o no, quiera que no** willy-nilly, whether he *etc* likes it or not; **lo hizo queriendo** (*fam*) he did it deliberately; **lo hizo sin ~** he didn't mean to do it, he did it inadvertently; **~ es poder** where there's a will there's a way.
$\boxed{b}$ (*amar*) to love; (*tener cariño a*) to like; **~ bien a algn** to be fond of sb; **~ mal a algn** to dislike sb; **en la oficina le quieren mucho** he is well liked at the office; **hace tiempo que te quiero** I've been in love with you for a long time; **hacerse ~ por algn** to endear o.s. to sb; **¡por lo que más quieras!** by all that's sacred!
$\boxed{c}$ (*con vb dependiente*) **~ hacer algo** to want *o* wish to do sth; **~ que algn haga algo** to want sb to do sth; **~ decir** to mean; **¿qué quieres decir?** what do you mean?; **¿quiere abrir la ventana?** would you mind opening the window?; **¿qué quieres que te diga?** how should I put it?, what can I say?; **¿qué quieres que le haga?** that's the way it is, I'm afraid; **la tradición quiere**

➤ EXPRESIONES GENERATIVAS: **querer** → 1.2, 9, 10, 12.3

que ... tradition has it that ...; **éste quiere que le rompan la cabeza** *(fam)* this guy is asking o looking for a thump on the head.

[d] *(voluntad)* **¡no quiero!** I won't!, I refuse!; **(sí,) quiero** I will; **lo hago porque quiero** I do it because I want to; **pero no quiso** but he refused.

[e] *(requerir)* to need, demand; **el traje quiere un sombrero ancho** that dress needs a big hat to go with it; **¿para qué me querrá?** I wonder what he wants me for?

[f] *(impers)* **quería amanecer** dawn was about to break; **quiere llover** it's trying to rain.

[g] **como quiera, donde quiera** V **comoquiera, dondequiera.**

[2] NM love, affection; **cosas del ~** matters of the heart.

querida[1] NF *(amante)* mistress.

querido/a[2] [1] ADJ dear, darling; *(en cartas)* dear; **nuestra ~a patria** our beloved country. [2] NM/F darling; **¡sí, ~!** yes, darling!

querosén, querosene NM *(LAm)*, **queroseno** NM kerosene, paraffin.

querubín NM cherub.

quesadilla NF [a] *(pastel)* cheesecake. [b] *(LAm)* pasty, folded tortilla.

quesera[1] NF cheese dish; V tb **quesero.**

quesería NF *(tienda)* dairy; *(fábrica)* cheese factory.

quesero/a[2] [1] ADJ: **la industria ~a** the cheese industry. [2] NM/F cheesemaker.

queso NM cheese; **~ crema** cream cheese; **~ rallado** grated cheese; **dárselas con ~ a algn** *(fam)* to take sb in.

quetzal NM *monetary unit of Guatemala.*

quevedos NMPL pince-nez.

quiá INTERJ never!, not on your life!

quiche NM quiche.

quichua [1] ADJ Quechua, Quechuan. [2] NMF Quechua(n) Indian. [3] NM *(Ling)* Quechua.

quichuista NMF Quechua specialist.

quicio NM hinge; **estar fuera de ~** *(fig)* to be out of joint; **sacar a algn de ~** to drive sb up the wall *(fam)*; **estas cosas me sacan de ~** these things make me see red.

quico NM: **ponerse como el ~** *(Esp fam: comer mucho)* to stuff o.s.

quid NM gist, crux; **dar en el ~** to hit the nail on the head.

quídam NM [a] somebody (or other). [b] *(don nadie)* nobody.

quiebra NF [a] *(gen)* break; *(grieta)* crack, fissure. [b] *(Fin)* bankruptcy; *(Econ)* slump, crash; *(fig)* failure; **es una cosa que no tiene ~** it just can't go wrong, it's a cinch *(fam)*.

quiebro NM [a] *(Taur etc)* dodge, swerve; **dar el ~ a algn** *(fig)* to dodge sb. [b] *(Mús)* grace note(s), trill.

quien PRON RELATIVO [a] *(suj)* who; *(complemento)* whom; **la señorita con ~ hablaba** the young lady to whom I was talking, the young lady I was talking to; **las personas con ~es estabas** the people you were with. [b] *(indef)* **dice eso es tonto** whoever says that is a fool; **~ lo sepa, que lo diga** let whoever knows it speak up about it; **contestó como ~ no quería** he answered as if he was reluctant to; **hay ~ no lo acepta** there are some who do not accept it; **no hay ~ lo aguante** nobody can stand him. [c] **~ más, ~ menos tiene sus problemas** everybody has problems.

quién PRON INTERROG *(suj)* who; *(complemento)* whom; **¿~ es?** who is it?; *(a la puerta)* who's there?; *(Telec)* who's calling?; **¿Q~ es Q~?** 'Who's Who?'; **¿a ~ se lo diste?** who did you give it to?; **¿a ~ le toca?** whose turn is it?; **¿con ~ estabas anoche?** who were you with last night?; **¿de ~ es la bufanda esa?** whose scarf is that?; **no sé ~ lo dijo primero** I don't know who said it first.

quienquiera PRON INDEF *(pl* **quienesquiera)** whoever; **le cazaremos ~ que sea** we'll catch him whoever he is.

quiera etc V **querer.**

quietismo NM quietism.

quieto ADJ [a] *(gen)* still; *(inmóvil)* motionless; **¡~!** *(al perro)* down boy!; **¡estáte ~!** keep still! [b] *(carácter)* calm, placid.

quietud NF *(gen)* stillness; *(calma)* calm.

quijada NF jaw(bone).

quijotada NF quixotic act.

quijote NM quixotic person, dreamer; **Don Q~** Don Quixote.

quijotesco ADJ quixotic.

quil. ABR *de* **quilates** c.

quilatar<1a> VT = **aquilatar.**

quilate NM carat.

quilco NM *(Chi)* large basket.

quiligua NF *(Méx)* large basket.

quilla NF keel; **dar de ~** to keel over.

quillango NM *(CSur)* blanket of furs.

quilo NM kilo(gramme o *(US)* gram).

quilo... PREF = **kilo....**

quilombo NM *(And, CSur)* [a] *(burdel)* brothel. [b] *(choza)* rustic hut, shack. [c] *(fam: desorden)* row; (: *lío)* mess.

quiltro NM *(Chi fam)* mongrel.

quimera NF [a] *(alucinación)* hallucination; *(sueño)* pipe dream. [b] *(sospecha)* unfounded suspicion; **tener la ~ de que ...** to suspect quite wrongly that ....

quimérico ADJ fantastic, fanciful.

quimerizar<1f> VI to indulge in fantasy o pipe dreams.

química[1] NF chemistry.

químico/a[2] [1] ADJ chemical. [2] NM/F chemist.

quimioterapia NF chemotherapy.

quimono NM kimono.

quina NF quinine, Peruvian bark.

quinaquina NF *(Med)* quinine, cinchona bark.

quincalla NF hardware, ironmongery.

quincallería NF ironmonger's (shop), hardware store *(US)*.

quincallero NM ironmonger, hardware dealer *(US)*.

quince [1] ADJ fifteen; *(fecha)* fifteenth; **~ días** a fortnight; **dar ~ y raya a algn** to be able to beat sb with one hand tied behind one's back; V tb **seis.** [2] NM fifteen.

quinceañero/a [1] ADJ fifteen-year-old; *(frec)* teenage. [2] NM/F fifteen-year-old; *(frec)* teenager.

quincena NF fortnight.

quincenal ADJ fortnightly.

quincho NM *(And, CSur)* mud hut.

quincuagésimo ADJ fiftieth; V tb **sexto 1.**

quingentésimo ADJ five-hundredth; V tb **sexto.**

quingos NMPL *(And)* zigzag *sg.*

quiniela NF pools coupon; **~(s)** football pools; **~ hípica** horse-racing totalizator.

┌─ QUINIELA ─┐

i The **quiniela** *is the Spanish equivalent of the football pools and coupons are available from* **estancos.** *Players can predict a home win (1), a draw (X) or an away win (2) for most premier and first-division matches. 12 or more correct forecasts wins a prize, the size of which varies from week to week depending on the takings or* **recaudación.** *There is also a version for horse-racing, the* **quiniela hípica,** *although most betting on horses is done at the racecourse.*

quinielista NMF pools punter.

quinielístico ADJ pools *atr*; **peña ~a** pools syndicate.

quinientos/as ADJ, NMPL/NFPL five hundred; V tb **seiscientos.**

quinina NF quinine.

quino NM *(LAm)* cinchona (tree).

quinqué NM [a] oil lamp. [b] *(fam)* shrewdness; **tener mucho ~** to know what the score is.

quinquenal ADJ quinquennial; **plan ~** five-year plan.

quinquenio NM quinquennium, five-year period.

quinqui NM *(fam)* gangster.

quinta NF [a] *(casa de campo)* villa, country house; *(LAm: chalet)* bungalow. [b] *(Mil)* draft, call-up; **ser de la (misma) ~ de algn** to be the same age as sb. [c] *(Mús)* fifth.

quintaesencia NF quintessence.

quintal NM *(Castilla: peso)* ≈ 46 kg; **~ métrico** ≈ 100 kg.

quintar<1a> VT *(Mil)* to call up, conscript, draft *(US)*.

quintero NM *(gen)* farmer; *(bracero)* farmhand, labourer, laborer *(US)*.

quinteto NM quintet(te).
Quintín NM: **se armó la de San ~** (fam) all hell broke loose (fam).
quinto [1] ADJ fifth; V tb **sexto**. [2] NM [a] (Mat) fifth. [b] (fam: Mil) conscript, national serviceman.
quíntral NM (And, CSur: Zool) armadillo; (: Mús) ten-stringed guitar.
quíntuplo [1] ADJ quintuple, fivefold. [2] NM quintuple; **X es el ~ de Y** X is five times the size of Y.
quiosco NM (Com) kiosk, stand, stall; (pabellón) summerhouse, pavilion; **~ de música** bandstand; **~ de periódicos** newsstand.
quiosquero/a NM/F proprietor of a newsstand, newspaper seller.
quipo(s), quipu(s) NM(PL) (And Hist) Inca system of recording information using knotted strings.
quiquiriquí NM cock-a-doodle-doo.
quirófano NM operating theatre o (US) room.
quiromancia NF palmistry.
quiromántico/a NM/F palmist.
quiropedia NF chiropody.
quiropodista NMF chiropodist.
quiropráctia NF osteopathy.
quirúrgico ADJ surgical.
quise etc V **querer**.
quisque PRON (fam) **cada** o **todo ~** (absolutely) everyone; **ni ~** not a living soul.
quisquilla NF [a] (nimiedad) trifle, triviality. [b] (Zool) shrimp.
quisquilloso ADJ [a] (gen) touchy, oversensitive; (perfeccionista) pernickety. [b] (preocupado por nimiedades) quibbling, hair-splitting.
quiste NM cyst.
quita NF: **de ~ y pon** V **quitapón**.
quitacutículas NM INV cuticle remover.
quitaesmalte NM INV nail-polish remover.
quitaipón = **quitapón**.
quitamanchas NM INV [a] (producto) stain remover. [b] (oficio) dry cleaner.
quitanieves NM INV snowplough, snowplow (US).
quitapiedras NM INV (Ferro) cowcatcher.
quitapón: **de ~** ADJ detachable, removable.
quitar <1a> [1] VT [a] (gen) to take away, remove; (ropa etc) to take off; (mancha) to remove, get rid of; (piel de fruta, pollo) to take off; (dolor etc) to relieve, stop, kill; (felicidad) to destroy; (vida) to take; (Mec etc) to remove, take out o off; (preocupaciones) to save, prevent; (valor etc) to reduce; (robar) to remove, steal; **quitando el postre comimos bien** apart o aside from the dessert we had a good meal; **~ extensión a un campo** to reduce the size of a field; **~ importancia a** to diminish the importance of; **quita eso de allí** get that away from there; **me quita mucho tiempo** it takes up a lot of my time; **~ el sitio a algn** to steal sb's place; **le quitaron la cartera en el tren** he had his wallet stolen on the train; **no ~le ojo a algn** to keep a close eye on sb; **el café me quita el sueño** coffee stops me sleeping; **~ el hambre** to get a good feed; **~ la sed** to quench one's thirst; **me quitó las ganas de comer** it took my appetite away; **~ la mesa** to clear the table; **~ de en medio a algn** to get rid of sb. [b] (golpe) to ward off. [c] **~ a algn de hacer algo** to stop o prevent sb (from) doing sth; **eso no quita para que me ayudes** that doesn't stop you helping me.
[2] VI [a] **¡quita!, ¡quita de ahí!** get away! [b] **ni quito ni pongo** I'm neutral, I'm not saying one thing or the other.
[3] **quitarse** VR [a] to withdraw (de from); **¡quítate de mi vista!** get out of my sight!; **esa mancha de vino no se quita** that wine stain won't come off o out. [b] **~ algo de encima** to get rid of sth; **~ la barba** to shave; **~ una muela** to get a tooth out; **~ la ropa** to take off one's clothing; **~ años** to get younger looking; **se me quitan las ganas de ir** I can't be bothered going now. [c] **~ de un vicio** to give up a habit; **~ del tabaco** to give up smoking.
quitasol NM sunshade, parasol.
quitasueño NM (fig) worry, problem.
quite NM [a] (acción) removal. [b] (movimiento) dodge, sidestep; (Taur) distracting manoeuvre o (US) maneuver; **estar al ~** to be ready to go to sb's aid; **esto no tiene ~** there's no help for it.
quiteño/a [1] ADJ of o from Quito. [2] NM/F native o inhabitant of Quito.
quizá(s) ADV perhaps, maybe; **¿vienes o no? - ~** are you coming? - perhaps; **~ llegue mañana, si tenemos suerte** if we're lucky it may arrive tomorrow o perhaps it will arrive tomorrow; **~ no** maybe not.
quórum ['kworum] NM (pl **~s** ['kworum]) quorum; **constituir ~** to make up a quorum.

R, r ['ere] NF (*letra*) R, r.

R. ABR a (*Rel*) *de* **Reverendo** Rev(d). b *de* **Real.** c *de* **Rey** *de* **Reina** R. d *de* **remite; remitente.** e *de* **respuesta.** f *de* **río** R.

rabadilla NF (*Anat*) coccyx; (*Culin: de pollo*) parson's nose (*fam*), rear (*fam*), tail (*fam*).

rabanillo NM wild radish.

rábano NM radish; **~ picante** horseradish; **¡un ~!** (*fam*) get away!; **me importa un ~** I don't care two hoots; **tomar el ~ por las hojas** to get hold of the wrong end of the stick.

rabear<1a> VI (*perro*) to wag its tail.

rabí NM (*ante un nombre*) rabbi.

rabia NF a (*Med*) rabies. b (*fig*) fury, anger; **¡qué ~!** isn't it infuriating!; (*pena*) what a pity!; **me da ~** it maddens o infuriates me; **tener ~ a algn** to have a grudge against sb, have it in for sb; **tomar ~ a** to take a dislike to.

rabiar<1b> VI a (*Med*) to have rabies. b (*sufrir*) to suffer terribly, be in great pain; **estaba rabiando de dolor de muelas** she had raging toothache. c (*encolerizarse*) to be furious; **hacer ~ a algn** to make sb furious; **está que rabia** he's hopping mad, he's furious; **¡para que rabies!** so there! d **~ por algo** to long for sth, be dying for sth; **~ por hacer algo** to be dying to do sth. e **me gusta a ~** (*fam*) I just love it.

rabieta NF (*fam*) fit of temper.

rabillo NM a (*Bot*) leaf stalk. b **mirar por el ~ del ojo** to look out of the corner of one's eye.

rabino NM rabbi; **gran ~** chief rabbi.

rabión NM (*tb* **~es**) rapids.

rabiosamente ADV (*V adj (b)*) furiously; terribly; violently; rabidly.

rabioso ADJ a (*Med*) rabid, suffering from rabies. b (*fig*) furious; (*dolor*) terrible, violent; (*aficionado*) rabid. c **de ~a actualidad** highly topical.

rabo NM tail; **~ de buey** oxtail; **con el ~ entre las piernas** crestfallen, dejected; **queda el ~ por desollar** we've still got the most difficult part to do.

rabón ADJ short-tailed.

rabona NF: **hacer ~** (*CSur*) to play truant, skip school; (*Univ*) to cut o skip lectures.

rabonear<1a> VI (*CSur*) to play truant.

racanear<1a> VI (*fam*) to slack; (*con dinero*) to be stingy.

rácano 1 ADJ a (*vago*) bone-idle. b (*tacaño*) stingy, mean. 2 a NM (*fam*) slacker, idler; **hacer el ~** to slack. b (*tacaño*) mean devil, scrooge (*fam*).

RACE NM ABR *de* **Real Automóvil Club de España** ≈ RAC, ≈ AA, ≈ AAA (*US*).

racha NF a (*Met*) gust of wind. b (*fig: serie*) string, series; **buena ~** stroke of luck; **mala ~** piece of bad luck; **a ~s** by fits and starts.

racheado ADJ (*viento*) gusty, squally.

racial ADJ racial, race atr; **odio ~** race hatred; **disturbios ~es** race riots.

racimo NM bunch, cluster.

raciocinar<1a> VI to reason.

raciocinio NM a (*facultad*) reason. b (*razonamiento*) reasoning.

ración NF (*proporción*) ratio; (*porción*) portion, helping; **una ~ de jamón** a portion of ham; **~es** (*Mil*) rations.

racional ADJ (*gen*) rational; (*razonable*) reasonable, sensible.

racionalidad NF rationality.

racionalismo NM rationalism.

racionalista ADJ, NM/F rationalist.

racionalización NF rationalization.

racionalizar<1f> VT to rationalize.

racionalmente ADV rationally, reasonably, sensibly.

racionamiento NM rationing.

racionar<1a> VT (*limitar*) to ration; (*distribuir*) to ration out, share out.

racismo NM racialism, racism.

racista ADJ, NMF racialist, racist.

radar NM radar.

radiación NF a (*Fís*) radiation. b (*Rad*) broadcasting.

radiactividad NF radioactivity.

radiactivo ADJ radioactive.

radiado ADJ (*Rad*) radio atr, broadcast; **en una interviú ~a** in a radio interview.

radiador NM radiator.

radial ADJ a (*Mec etc*) radial. b (*LAm*) radio atr, broadcasting atr.

radiante ADJ (*Fís, fig*) radiant; **estaba ~** she was radiant (*de* with).

radiar<1b> VT a (*Fís etc*) to radiate. b (*Rad*) to broadcast. c (*Med*) to treat with X-rays.

radicado ADJ: **~ en** based in.

radical 1 ADJ, NMF radical. 2 NM (*Ling*) root; (*Mat*) square-root sign.

radicalismo NM radicalism.

radicalización NF radicalization.

radicalizar<1f> 1 VT to radicalize. 2 **radicalizarse** VR a (*Pol*) to be radicalized, become more radical. b (*situación etc*) to worsen, deteriorate.

radicalmente ADV radically.

radicar<1g> 1 VI a (*Bot, fig*) to take root. b (*estar*) to be, be situated, lie. c (*dificultad, problema*) **~ en** to lie in. 2 **radicarse** VR to establish o.s., put down one's roots (*en* in).

radio¹ NM a (*Mat*) radius; **~ de acción** sphere of jurisdiction, extent of one's authority; (*Aer*) range; **un avión de largo ~ de acción** a long-range aircraft; **~ de giro** turning circle; **en un ~ de 10km** within a radius of 10km. b (*de rueda*) spoke. c (*Quím*) radium. d (*LAm*) = **radio².**

radio² NF a (*gen*) radio, wireless; **~ macuto** (*fam*) the grapevine (*fam*); **por ~** by radio, on o over the radio. b (*aparato*) radio (set), wireless (set).

radio... PREF radio....

radioactividad NF = **radiactividad.**

radioactivo ADJ = **radiactivo.**

radioaficionado/a NM/F radio ham (*fam*), amateur radio enthusiast.

radiobúsqueda NF radiopaging.

radiocasete NM o F radio cassette (player).

radiodespertador NM radio alarm clock.

radiodifusión NF broadcasting.

radiodifusora NF (*LAm*) radio station, transmitter.

radioemisora NF radio station, transmitter.

radiofónico ADJ radio atr.

radiografía NF a (*técnica*) radiography, X-ray photography. b (*una ~*) radiograph, X-ray photograph o picture.

radiografiar<1c> VT (*Med*) to X-ray.

radiográfico ADJ X-ray atr.

radiograma NM wireless message.

radiola NF (*Per*) jukebox.

radiología NF radiology.

radiólogo NM radiologist.

radiomensajería NF radiopaging.

radionovela NF radio series.

radiooperador(a) NM/F radio operator, wireless operator.

radiorreceptor NM radio (set), wireless (set), receiver.

radioso ADJ (*LAm*) radiant.

radiotelefonista NMF radiotelephonist.

radioteléfono NM radiotelephone.

radiotelegrafiar<1c> VT to radiotelegraph.
radiotelegrafista NM radio operator, wireless operator.
radiotelescopio NM radiotelescope.
radioterapia NF radiotherapy.
radiotransmisor NM radio transmitter.
radioyente NMF listener.
RAE NF ABR (Esp) de **Real Academia Española**.
raedura NF scrape, scraping.
raer<2y> 1 VT to scrape; (quitar) to scrape off. 2 **raerse** VR to chafe; (paño) to fray.
ráfaga NF a (Met) gust, squall. b (de tiros) burst. c (relámpago) flash; **dar ~s de luces a** to flash one's headlights at.
rafia NF raffia.
rafting ['raftin] NM white-water rafting.
RAH NF ABR (Esp) de **Real Academia de la Historia**.
raicear<1a> VI (LAm) to take root.
raid [raid] NM (pl ~s [raid]) a (gen) raid. b (Aer) long-distance flight; (Aut) rally drive. c (esp Méx Aut) lift.
raído ADJ a (paño) frayed, threadbare; (ropa, persona) shabby. b (fig) shameless.
rail, **raíl** NM rail.
raíz NF a (gen) root; **arrancar algo de ~** to root sth out completely; **cortar un peligro de ~** to nip a danger in the bud; **echar raíces** to take root. b **~ cuadrada** (Mat) square root. c (fig) root, origin; **a ~ de** (después de) immediately after, immediately following; (a causa de) as a result of.
raja NF a (hendedura) slit, split; (grieta) crack. b (pedazo) sliver, splinter; (de limón etc) slice.
rajá NM rajah.
rajado NM (fam) a (canalla) swine (fam). b (cobarde) coward, chicken (fam).
rajadura NF = **raja a**.
rajar<1a> 1 VT a to split, crack; (fruta etc) to slice; (tronco etc) to chop up, split; (fam: persona) to stab.
b (LAm: calumniar) to slander, run down.
2 VI (fam: hablar) to chatter, talk a lot; (: jactarse) to brag.
3 **rajarse** VR a to split, crack.
b (fam: desistir de) to back out (de of), quit; (acobardarse) to get cold feet; (faltar a su palabra) to go back on one's word; **¡me rajé!** (LAm) that's enough for me!, I'm quitting!
c (LAm: huir) to run away.
rajatabla: **a ~** ADV (estrictamente) strictly, rigorously; (exactamente) exactly; **cumplir las órdenes a ~** to carry out one's orders to the letter.
rajuñar<1a> VT (Arg fam) = **rasguñar**.
RAL NM ABR de **red de área local** LAN.
ralea NF (pey) kind, sort; **de esa ~** of that ilk; **gente de baja ~** riffraff.
ralentí NM a (Cine) slow motion; **al ~** in slow motion. b (Aut) neutral; **estar al ~** to be ticking over.
rallado ADJ grated.
rallador NM grater.
ralladura NF: **~ de limón** grated lemon rind; **~s de patata** potato peelings.
rallar<1a> VT a (Culin) to grate. b (molestar) to annoy, needle (fam).
rallo NM (Culin) grater; (Téc) file, rasp.
rally(e) NM (Aut) rally.
ralo ADJ thin, sparse.
rama NF branch; **en ~** (algodón, seda) raw; **andarse o irse por las ~s** (fig fam) to beat about the bush.
ramada NF (LAm) shelter o covering made of branches.
ramaje NM branches pl, foliage.
ramal NM a (de soga) strand (of a rope); (de caballo) halter. b (Aut) branch (road); (Ferro) branch line.
ramalazo NM (fig: de depresión, de locura) fit; **me dio un ~ de dolor** I felt a sudden stab of pain.
rambla NF avenue.
ramera NF whore.
ramificación NF ramification.
ramificarse<1g> VR to ramify.
ramillete NM a bouquet, bunch. b (Bot) cluster. b (fig) choice bunch, select group.

ramo NM a (de flores) bouquet, bunch. b (Com: sector) field, section, department; **es del ~ de la alimentación** he's in the food business. c (Med: tb ~s) **tiene ~s de loco** he has a streak of madness.
rampa NF ramp, incline; **~ de lanzamiento** launching ramp.
rampante ADJ rampant.
rampla NF (Chi Aut) (truck) trailer.
ramplón ADJ common, coarse.
ramplonería NF commonness, coarseness.
rana NF frog; **pero salió ~** (fam) but he turned out badly, but he was a big disappointment; **cuando las ~s críen pelo** when pigs (learn to) fly.
ranchada NF (LAm) shed, improvised hut.
ranchear<1a> VI (LAm) to build a camp.
ranchera NF (Méx Mús) popular song; V tb **ranchero**.
ranchería NF (LAm) a (para trabajadores) labourers' o (US) laborers' quarters. b = **rancherío**.
rancherío NM (LAm) settlement.
ranchero/a 1 ADJ (Méx) uncouth. 2 NM a (LAm: jefe de rancho) rancher, farmer. b (cocinero) mess cook. 3 NM/F (Méx) peasant, country person.
ranchitos NMPL (Ven) shanty town.
rancho NM a (choza) hut, thatched hut; (LAm: casa de campo) country house, villa. b (Náut) crew's quarters. c (Méx: granja) ranch, small farm. d (de gitanos etc) camp, settlement. e (Mil etc) mess, communal meal; (pey) bad food, grub; **hacer ~** to make room; **hacer ~ aparte** to set up on one's own, go one's own way.
rancidez, **ranciedad** NF a age, mellowness; (pey) rankness, rancidness. b (fig) great age, antiquity; (: pey) antiquatedness.
rancio 1 ADJ a (vino) old, mellow; (pey: comestibles) stale, rancid. b (fig) ancient; (: pey) antiquated, old-fashioned. 2 NM = **rancidez**.
ranfla NF (LAm) ramp, incline.
ranglán ADJ INV = **raglán**.
rango NM a rank; (prestigio) standing, status; **de alto ~** of high standing, of some status. b (LAm: lujo) luxury.
rangoso ADJ (LAm) generous.
ránking ['raŋkin] NM (pl ~s ['raŋkin]) ranking, ranking list o order.
ranura NF (hendedura) groove; (para monedas) slot; **~ de expansión** (Inform) expansion slot.
rap NM rap (music); **hacer ~** to rap.
rapacidad NF rapacity, greed.
rapado/a 1 ADJ (pelo) close-cropped. 2 NM/F (persona) skinhead. 3 NM (corte de pelo) crew cut.
rapapolvo NM ticking-off; **echar un ~ a algn** to give sb a ticking-off, tick sb off.
rapar<1a> VT (afeitar) to shave; (pelar) to crop, cut very close.
rapaz[1] 1 ADJ (ávido) rapacious, greedy; (inclinado al robo) thieving; (Zool) predatory; (Orn) of prey. 2 NF (Zool) predatory animal; (Orn) bird of prey.
rapaz[2]**(a)** NM/F (Sp) boy/girl, lad/lass.
rape[1] NM a (de barba) quick shave; (de pelo) rough haircut; **al ~** cut close. b (fam) ticking-off.
rape[2] NM (Zool) angler fish.
rapé NM snuff.
rapero/a (fam) 1 ADJ rap atr. 2 NM/F rapper.
rápidamente ADV fast, quickly.
rapidez NF rapidity, speed.
rápido 1 ADJ fast, quick. 2 ADV (fam) quickly. 3 NM a (Ferro) express. b **~s** rapids.
rapiña NF robbery (with violence); V **ave**.
raposa NF fox; (tb fig) vixen.
raposo NM fox.
rap(p)el NM abseiling.
rap(p)elar<1a> VI to abseil (down etc).
raptar<1a> VT (secuestrar) to kidnap, abduct; (llevar) to carry off.
rapto NM a (secuestro) kidnapping, kidnaping (US), abduction; (acto de llevar) carrying-off. b (impulso) sudden impulse; **en un ~ de celos** in a sudden fit of jealousy. c (éxtasis) ecstasy, rapture.

raptor NM kidnapper.

raqueta NF racket; (*de ping pong*) bat; **~ de nieve** snowshoe.

raquítico ADJ a (*Med*) rachitic; (*árbol etc*) weak, stunted. b (*fig*) small, inadequate, miserly.

raramente ADV rarely, seldom.

rareza NF a (*calidad*) rarity. b (*objeto*) rarity. c (*fig*) oddity, peculiarity; **tiene sus ~s** he has his peculiarities, he has his little ways.

raro ADJ a (*poco común*) rare, uncommon; **son ~s los que saben hacerlo** very few people know how to do it; **con alguna ~a excepción** with rare exceptions; **~a (es la) vez** very occasionally. b (*extraño*) odd, strange; (*notable*) notable, remarkable; **es ~ que** it is odd that, it is strange that; **¡qué ~!** how (very) odd!; **¡qué cosa más ~a!** how strange!, most odd!; **es un hombre muy ~** he's a very odd man. c (*Fís*) rare, rarefied.

ras NM levelness, evenness; **a ~ de** level with, flush with; **volar a ~ de tierra** to fly (almost) at ground level.

rasante 1 ADJ low; **tiro ~** low shot; **vuelo ~** low-level flight. 2 NM slope; **cambio de ~** (*Aut*) brow of a hill.

rasar <1a> VT (*casi tocar*) to skim, graze; **la bala pasó rasando su sombrero** the bullet grazed his hat.

rascacielos NM INV skyscraper.

rascadera NF, **rascador** NM scraper.

rascaespalda NF backscratcher.

rascar <1g> 1 VT to scrape, rasp; (*quitar*) to scrape off; (*con uñas etc*) to scratch. 2 VI (*LAm*) to itch. 3 **rascarse** VR a to scratch (o.s.). b (*LAm*) to get drunk.

rasco ADJ (*Chi fam*) common, ordinary.

RASD NF ABR de **República Árabe Saharaui Democrática**.

rasero NM strickle; **medir dos cosas con el mismo ~** to treat two things alike.

rasgado ADJ a (*ventana*) wide; (*ojos*) almond-shaped; (*boca*) wide, big. b (*LAm*) outspoken.

rasgadura NF tear, rip.

rasgar <1h> VT a to tear, rip; (*papel*) to tear up, tear to pieces. b = **rasguear a**.

rasgo NM a (*con pluma*) stroke, flourish; **a grandes ~s** (*fig*) with broad strokes, in outline. b **~s** (*Anat*) features; **de ~s enérgicos** of energetic appearance. c (*fig*) characteristic, feature; **~s característicos** typical features; **~s distintivos** distinctive features. d (*acto*) **~ de generosidad** generous deed; (*acción noble*) noble gesture; **~ de ingenio** flash of wit, stroke of genius. e (*LAm: acequia*) irrigation channel; (: *terreno*) plot (of land).

rasgón NM tear, rent.

rasguear <1a> VT (*Mús*) to strum.

rasguñar <1a> VT to scratch.

rasguño NM scratch; **salir sin un ~** to come out (of it) without a scratch.

raso 1 ADJ a (*llano*) flat, level; (*campo*) clear, open; (*liso*) smooth; (*asiento*) backless. b (*cielo*) clear; **está ~** the sky is clear. c (*pelota, vuelo etc*) very low, almost at ground level. d **soldado ~** private. 2 ADV: **tirar ~** (*Dep*) to shoot low. 3 NM a (*Cos*) satin. b (*campo: llano*) flat country; (: *abierto*) open country; **al ~ in the open.

raspa NF a (*Bot: de cebada*) beard. b (*de pez*) fish bone; (*esp*) backbone. c (*fam: persona irritable*) sharp-tongued person. d (*fam: persona delgada*) beanpole (*fam*).

raspado NM (*Med*) scrape, scraping; (: *del útero*) D and C.

raspador NM (*herramienta*) scraper, rasp.

raspadura NF a (*acto*) scrape, scraping, rasping. b **~s** (*de papel*) scrapings; (*de hierro*) filings. c (*raya*) scratch, mark; (*borradura*) erasure. d (*LAm*) brown sugar (scrapings).

raspar <1a> 1 VT a (*gen*) to scrape; (*limar*) to rasp, file; (*alisar*) to smooth (down); (*quitar*) to scrape off; (*arañar*) to scratch, graze; (*borrar*) to erase. b **este vino raspa la garganta** this wine is rough on the throat. c (*fam*) to pinch (*fam*), swipe (*fam*).

d (*LAm fam*) to scold. 2 VI a (*manos etc*) to be rough. b (*vino*) to be sharp, have a rough taste. c (*LAm fam*) to leave, go off.

raspear <1a> VT (*LAm fam*) to tick off (*fam*).

raspón NM a scratch, graze; (*LAm: abrasión*) abrasion. b (*LAm fam: regaño: reprensión*) scolding. c (*Col: sombrero*) straw hat.

rasposo ADJ a (*sabor*) sharp-tasting, rough. b (*LAm fam: tacaño*) stingy (*fam*).

rasqueta NF (*CSur*) horse brush, currycomb.

rasquetear <1a> VT (*CSur: caballo*) to brush down.

rasquiña NF (*LAm*) itch.

rastacuero/a ADJ, NM/F (*LAm fam*) nouveau riche.

rastra NF a (*Agr*) rake; (*grada*) harrow. b (*huella*) trail, track. c (*Pesca*) trawl; **pescar a la ~** to trawl. d (*CSur*) metal ornament on gaucho's belt. e (*fig*) unpleasant consequence, disagreeable result. f (*ristra*) string. g a **~s** by dragging, by pulling; (*fig*) unwillingly; **andar a ~s** (*fig*) to have a difficult time of it, suffer hardships; **avanzar a ~s** to crawl (along), drag o.s. along; **llevar algo a ~s** to pull sth along; **llevar un problema a ~s** to be dogged by a problem.

rastreador NM a tracker. b (*Náut: tb* **barco ~**) trawler; **~ de minas** minesweeper.

rastrear <1a> 1 VT a (*seguir*) to track, trail; (*descubrir*) to track down, trace; **~ el monte** to comb the woods. b (*arrastrar*) to dredge o drag (up); (*Pesca*) to trawl; (*minas*) to sweep; (*río*) to drag. 2 VI a (*Agr*) to rake, harrow. b (*Pesca*) to trawl. c (*Aer*) to skim the ground, fly very low.

rastreo NM a (*en agua*) dredging, dragging; (*Pesca*) trawling. b (*de satélite*) tracking.

rastrero ADJ a (*Zool*) creeping, crawling; (*Bot*) creeping. b (*vestido etc*) trailing; (*vuelo*) very low. c (*fig: conducta*) mean, despicable; (: *persona*) cringing.

rastrillar <1a> VT a (*Agr*) to rake; (*recoger*) to rake up. b (*LAm: fusil*) to fire; (: *fósforo*) to strike.

rastrillo NM a (*Agr etc*) rake. b (*Mil*) portcullis. c (*Méx*) (safety) razor.

rastro NM a (*Agr etc*) rake. b (*huella*) track, trail; (*pista*) scent; (*de cohete etc*) track, course; (*del vendaval*) path; **perder el ~** to lose the scent; **seguir el ~ de algn** to follow sb's trail. c (*fig*) trace, sign; **desaparecer sin dejar ~** to vanish without trace; **no quedaba ni ~ de ello** not a trace of it was to be seen. d (*mercadillo*) flea market; **el R~** *Madrid flea market*.

rastrojo NM a (*de campo*) stubble. b **~s** waste, remains, left-overs.

rasurado NM shave.

rasuradora NF (*Méx*) electric shaver o razor.

rasurar <1a> 1 VT a to shave. b (*Téc*) to scrape. 2 **rasurarse** VR to shave.

rata 1 NF rat. 2 NM (*tacaño: fam*) mean devil, scrooge (*fam*).

ratear <1a> 1 VT to steal, pilfer. 2 VI to crawl, creep (along).

ratería NF (*robo*) petty larceny, small-time thieving; (*cualidad*) crookedness, dishonesty.

ratero/a 1 ADJ thievish, light-fingered; (*fig*) despicable. 2 NM/F (*ladrón*) (small-time) thief; (*carterista*) pickpocket.

raticida NM rat poison.

ratificación NF ratification.

ratificar <1g> VT to ratify; (*noticia etc*) to confirm; (*opinión*) to support.

rato NM a (short) time, while; (*período*) spell, period; **un ~ a while, a time; **un buen** o **largo ~** a long time, a good while; **~s libres** o **de ocio** leisure, spare o free time; **a ~s** at times, from time to time; **a ~s perdidos** at o in odd moments; **al poco ~** shortly after; **dentro de un ~** in a little while; **de a ~s** (*Arg*) from time to time; **¡hasta cada** (*LAm*) u **otro ~!** (*fam*) so long!, I'll see you; **pasar un buen ~** to have a good time; **pasar un mal ~** to have a bad time of it, have a rough time; **pasar el ~** to while away the time; **hay para ~** there's still a long way to go; **¿vas a tardar mucho ~?** will you be long?

b (fam) **es un ~ difícil** it's a bit tricky; **sabe un ~ de matemáticas** she knows a heck of a lot of maths (fam).

ratón NM (gen, tb Inform) mouse; **~ de archivo** o **de biblioteca** bookworm.

ratonera NF **a** (trampa) mousetrap. **b** (agujero) mouse hole. **c** (And, CSur: fam) hovel, slum.

ratonero NM buzzard.

raudal NM **a** torrent, flood. **b** (fig) plenty, abundance; **a ~es** in abundance, in great numbers; **entrar a ~es** to pour in, come flooding in.

raudo ADJ (rápido) swift; (precipitado) rushing, impetuous.

raya¹ NF **a** (gen) line; (en piedra etc) scratch, mark; (en tela, diseño) stripe, pinstripe; **~ de puntos** dotted line; **a ~s** striped. **b** (en el pelo) parting; (en el pantalón) crease; **hacerse la ~** to part one's hair. **c** (límite) line, limit; (Dep) line, mark; **hacer ~** (lit, fig) to mark off; **pasarse de la ~** to overstep the mark, go too far; **poner a ~** to check, hold back; **tener a ~** to keep off, keep at bay; (controlar) keep in check, control. **d** (Tip) line, dash; (Telec) dash.

raya² NF (pez) ray, skate.

rayado **1** ADJ (papel) ruled, lined; (cheque) crossed; (tela, diseño) striped; (disco) scratched. **2** NM stripes, striped pattern.

rayadura NF scratch.

rayano ADJ: **~ en** bordering on.

rayar<1a> **1** VT **a** (papel) to line, draw lines on; (cheque) to cross; (pintura etc) to scratch, mark; (texto) to underline, underscore; (tachar) to cross out; (en diseño) to stripe, streak; (disco) to scratch.
b (caballo) to spur on.
2 VI **a** **~ con** to be next to, be adjacent to.
b (fig) **~ en** to border on, verge on; **esto raya en lo increíble** this verges on the incredible; **raya en los cincuenta** he's pushing fifty (fam).
c (arañar) to scratch, make scratches; **este producto no raya al fregar** this product cleans without scratching.
d **al ~ el alba** at break of day, at first light.
3 rayarse VR to get scratched.

rayo NM **a** ray, beam; **~ láser** laser beam; **~ de luna** moonbeam; **~ de sol** o **solar** sunbeam, ray of sunlight; **~s catódicos** cathode rays; **~s cósmicos** cosmic rays; **~s gamma** gamma rays; **~s infrarrojos** infrared rays; **~s luminosos** light rays; **~s ultravioleta** ultraviolet rays; **~s X** X-rays.
b (Téc) spoke.
c (Met) lightning, flash of lightning; **cayó un ~ en la torre** the tower was struck by lightning; **huele/sabe a ~s** (fam) it smells/tastes awful; **como un ~** like lightning, like a shot; **la noticia le sentó como un ~** the news hit him like a bombshell; **entrar/salir como un ~** to dash in/out; **pasar como un ~** to rush past, flash past; **echar ~s** to rage, fume; **¡que le parta un ~!** (fam) damn him!
d (fig: persona) fast worker; **es un ~** he's like lightning.

rayón NM rayon.

rayuela NF pitch-and-toss; (Arg) hopscotch.

raza¹ NF (gen) race; (de animal) breed, strain; (estirpe) stock; **~ humana** human race; **de (pura) ~** (caballo) thoroughbred; (perro etc) pedigree; **Día de la R~** Columbus Day (12 October).

raza² NF (Per fam: descaro) cheek (fam).

▼**razón** NF **a** (facultad) reason; **entrar en ~** to see sense, listen to reason; **perder la ~** to go out of one's mind; **tener uso de ~** to have the power of reason.
b (lo correcto) right, rightness; **con ~** o **sin ella** rightly or wrongly; **dar la ~ a algn** to agree that sb is right; **quitar la ~ a algn** to say sb is wrong; **tener ~** to be right; **no tener ~** to be wrong.
c (motivo) reason, motive; **'~: Princesa 4'** 'for further details, apply to 4 Princesa Street'; **~ le sobra** she's only too right; **¿cuál es la ~?** what is the reason?; **la ~ por qué** the reason why; **~ de más** all the more reason (para hacer algo to do sth); **~ de ser** raison d'être; **con ~** with good reason; **¡con ~!** naturally!; **en ~ de** with regard to; **dar ~ de** to give an account of, report on; **dar ~ de sí** to give an account of o.s.; **tener ~ para hacer algo** to have cause to do sth.
d (Com) **~ social** trade name, firm's name.
e (fam) message; **mandar a algn ~ de que haga algo** to send sb a message telling him to do sth.
f (Mat) ratio, proportion; **a ~ de** at the rate of; **a ~ de 5 a 7** in the ratio of 5 to 7; **a ~ de 8 por persona** at the rate of 8 per head; **en ~ directa con** in direct ratio to.

razonable ADJ reasonable.

razonablemente ADV reasonably.

razonado ADJ reasoned; (cuenta) itemized, detailed.

razonamiento NM reasoning.

razonar<1a> **1** VT (argumentar) to reason, argue; (cuenta) to itemize. **2** VI **a** (argumentar) to reason, argue. **b** (hablar) to talk (together).

rbdo. ABR (Com) de **recibido** recd.

RCE NF ABR (Rad) de **Radio Cadena Española**.

RCN NF ABR (Méx, Col) de **Radio Cadena Nacional**.

RD NM ABR de **Real Decreto**.

RDA NF ABR (Hist) de **República Democrática Alemana** GDR.

Rdo. ABR de **Reverendo** Rev(d).

re NM (Mús) D; **~ mayor** D major.

re... **a** PREF re.... **b** PREF INTENSIVO (esp LAm) very; **~frío** very cold.

reabastecer<2d> **1** VT (vehículo: de combustible, de gasolina) to refuel. **2** reabastecerse VR to refuel.

reabastecimiento NM refuelling, refueling (US).

reabrir<3a> **1** VT to reopen. **2** reabrirse VR to reopen.

reacción NF **a** (gen) reaction (a, ante to), response (a to); **~ en cadena** chain reaction. **b** (Téc) **avión a** o **de ~** jet plane; **propulsión por ~** jet propulsion.

reaccionar<1a> VI to react (a, ante to; contra against; sobre on); (responder) to respond (a to); **¿cómo reaccionó?** how did she react?

reaccionario/a ADJ, NM/F reactionary.

reacio ADJ stubborn; **ser** o **estar ~ a** to be opposed to, resist (the idea of); **ser ~ a hacer algo** to be unwilling to do sth.

reacondicionar<1a> VT to recondition.

reactor NM **a** (Fís) reactor; **~ nuclear** nuclear reactor; **~ generador** o **reproductor** breeder reactor. **b** (Aer: motor) jet engine; (: avión) jet plane.

readaptación NF: **~ profesional** industrial retraining.

readmisión NF readmission.

readmitir<3a> VT to readmit.

readquirir<3i> VT to recover.

reafirmación NF reaffirmation.

reafirmar<1a> VT to reaffirm.

reagrupación NF regrouping.

reagrupar<1a> **1** VT to regroup. **2** reagruparse VR to regroup.

reajustar<1a> **1** VT to readjust. **2** reajustarse VR to readjust.

reajuste NM (gen) readjustment; **~ doloroso** agonizing reappraisal; **~ ministerial** cabinet reshuffle; **~ de precios** (euf) rise in prices, price increase; **~ salarial** wage increase.

real¹ ADJ (verdadero) real.

real² **1** ADJ **a** (perteneciente al rey) royal.
b (fig) royal; (espléndido) grand, splendid.
2 NM **a** (Hist) army camp; (de feria) fairground.
b (Hist: Fin) coin of 25 céntimos, one quarter of a peseta; **no tiene un ~** (fam) he hasn't a bean (fam).

┌─── REAL ACADEMIA ESPAÑOLA ───┐

ⓘ The **Real Academia Española**, **(RAE)**, was created in 1713 and given royal approval by Philip V in 1714 with the motto **'limpia, fija y da esplendor'** to protect the purity of the Spanish language. There are 46 members appointed for life from among Spain's most prestigious writers and linguists. Its first dictionary, the six-volume **Diccionario de Autoridades**, was published between 1726 and 1739. A condensed single-volume version was published in 1780, since when more than

➤ EXPRESIONES GENERATIVAS: **razón** → 7.1

20 new editions have appeared.

realce NM [a] (*Téc*) embossing. [b] (*Arte*) highlight. [c] (*fig: esplendor*) lustre, luster (*US*), splendour, splendor (*US*); (*importancia*) importance, significance, enhancement; **dar ~ a** to add lustre to, enhance the splendour of; (*destacar*) to highlight; **poner de ~** to emphasize.

realengo ADJ (*LAm: animal*) ownerless.

realeza NF royalty.

realidad NF reality; (*verdad*) truth; **la ~ de la política** the realities of politics; **en ~** in fact, actually; **la ~ es que ...** the fact of the matter is that ....

realismo NM realism.

realista [1] ADJ realistic. [2] NMF realist.

reality show [re'alitiʃou] NM (*pl* **reality shows**) real-life drama show, reality show (*US*).

realizable ADJ [a] (*propósito*) attainable; (*proyecto*) practical, feasible. [b] (*activo*) realizable.

realización NF (*gen*) realization; (*cumplimiento*) fulfilment, fulfillment (*US*), carrying out; (*consecución*) achievement. [b] (*Fin*) realization; (*venta*) sale, selling-up; **~ de plusvalías** profit-taking.

realizador NM (*TV etc*) producer.

realizar <1f> [1] VT [a] (*propósito*) to achieve, realize; (*promesa*) to fulfil, fulfill (*US*), carry out; (*proyecto*) to carry out, put into effect.
[b] (*viaje, compra*) to make; (*visita*) to carry out.
[c] (*Fin: activo*) to realize; (: *existencias*) to sell off, sell up; (: *ganancias*) to take.
[2] **realizarse** VR [a] (*sueño*) to come true; (*esperanzas*) to materialize; (*proyecto*) to be carried out.
[b] (*persona*) to fulfil o.s., fulfill o.s. (*US*); **~ como persona** to fulfil one's aims in life.

realmente ADV really; (*de hecho*) in fact, actually.

realojar <1a> VT to rehouse.

realojo NM rehousing.

realquilado/a [1] ADJ sublet. [2] NM/F sublessee.

realquilar <1a> VT (*subarrendar*) to sublet; (*alquilar de nuevo*) to relet.

reanimación NF (*tb fig*) revival.

reanimar <1a> [1] VT [a] to revive. [b] (*fig*) to revive, encourage. [2] **reanimarse** VR to revive.

reanudar <1a> VT to renew; (*historia, viaje*) to resume.

reaparecer <2d> VI to reappear; (*volver*) to return.

reaparición NF reappearance; (*vuelta*) return.

reapertura NF reopening.

reaprovisionar <1a> VT to replenish, restock.

rearmar <1a> [1] VT to rearm. [2] **rearmarse** VR to rearm.

rearme NM rearmament.

reasegurar <1a> VT to reinsure.

reasumir <3a> VT to resume, reassume.

rebaja NF lowering, reduction; (*Com*) discount, rebate; (*en saldo*) reduction; **las ~s** the sales; **'grandes ~s'** 'big reductions', 'sale'; **hacer una ~ de 500 ptas** to give a 500 peseta discount.

rebajar <1a> [1] VT [a] (*terreno*) to lower (the level of).
[b] (*precio*) to reduce, lower, cut (down); (*valor*) to detract from, reduce; **~ el precio a algn en un 5 por 100** to give sb a discount of 5%, knock 5% off the price for sb.
[c] (*intensidad*) to lessen, diminish; (*color*) to tone down.
[d] (*tb* **~ de categoría:** *persona*) to demote.
[2] **rebajarse** VR: **~ ante algn** to bow before sb; **~ a hacer algo** to humble o.s. sufficiently to do sth; (*pey*) to stoop to doing sth.

rebanada NF slice.

rebanar <1a> VT (*pan*) to slice, cut in slices; (*árbol*) to slice through, slice down; (*fam: pierna*) to slice off.

rebañar <1a> VT [a] (*restos*) to scrape up, scrape together; **~ la salsa (del plato) con pan** to wipe the sauce up (from the plate) with bread; **~ el plato del arroz** to scrape a dish clean of rice. [b] (*apropiarse de*) **~ una tienda de joyas** (*fig*) to clear a shop of jewellery.

rebaño NM flock, herd; (*fig*) flock.

rebasar <1a> VT (*tb vi: tb* **~ de:** *gen*) to pass; (*en cualidad, cantidad*) to exceed, surpass; (*esp Méx Aut*) to overtake, pass; (*Naút*) to sail past; (*agua*) to overflow, rise higher

than; **han rebasado ya los límites razonables** they have already gone beyond all reasonable limits; **la cifra no rebasa de mil** the number does not exceed a thousand.

rebatir <3a> VT [a] (*ataque*) to repel. [b] (*argumento*) to reject, refute; (*sugerencia*) to reject.

rebato NM alarm; (*Mil*) surprise attack; **llamar** o **tocar a ~** (*lit, fig*) to sound the alarm.

rebautizar <1f> VT to rechristen.

rebeca NF cardigan.

rebelarse <1a> VR to revolt, rebel; **~ contra** (*fig*) to rebel against.

rebelde [1] ADJ [a] (*gen*) rebellious; **el gobierno ~** the rebel government; **ser ~ a** (*fig*) to be in revolt against, rebel against.
[b] (*niño*) unruly; (*enfermedad*) persistent, hard to cure; (*mancha*) stubborn; (*pelo*) wild.
[2] NMF [a] (*Mil, Pol*) rebel.
[b] (*Jur*) defaulter.

rebeldía NF [a] rebelliousness; (*desafío*) defiance, disobedience; **estar en plena ~** to be in open revolt.
[b] (*Jur*) default; **caer en ~** to be in default; **fue juzgado en ~** he was judged by o in default.

rebelión NF revolt, rebellion.

rebenque NM (*LAm*) whip, riding crop.

rebenqueada NF (*LAm*) lashing, whipping.

reblandecer <2d> VT to soften.

reblandecimiento NM softening; **~ cerebral** softening of the brain.

rebobinado NM rewind(ing).

rebobinar <1a> VT to rewind.

reborde NM ledge.

rebosante ADJ: **~ de** (*lit, fig*) brimming with, overflowing with.

rebosar <1a> [1] VI [a] (*líquido, recipiente*) to overflow; **llenar una sala a ~** to fill a room to overflowing.
[b] (*abundar*) to abound, be plentiful; **allí rebosa el mineral** a lot of the mineral is found there.
[c] **~ de** o **en** to overflow with, be brimming with; **~ de salud** to be bursting o brimming with health.
[2] VT to abound in; **su rostro rebosaba salud** he was the picture of health.

rebotar <1a> [1] VT [a] (*pelota*) to bounce. [b] (*persona*) to annoy. [2] VI [a] (*pelota*) to bounce; (*bala*) to ricochet (*de* off), glance (*de* off); **~ de** to bounce, rebound off.

rebote NM bounce, rebound; **de ~** on the rebound; (*fig*) indirectly.

rebozado ADJ (*Culin*) fried in batter o breadcrumbs o flour.

rebozar <1f> [1] VT [a] (*Culin*) to roll in batter o breadcrumbs; (: *freír*) to fry in batter *etc*. [b] (*cubrir el rostro*) to muffle up, wrap up. [2] **rebozarse** VR to muffle (o.s.) up.

rebozo NM [a] (*mantilla*) muffler, wrap; (*LAm*) shawl.
[b] (*fig*) dissimulation; **de ~** secretly; **sin ~** openly, frankly.

rebrotar <1a> VI to break out again, reappear.

rebujo NM (*maraña*) mass, knot, tangle, ball.

rebullirse <3a> VR to stir, begin to move.

rebuscado ADJ (*estilo*) affected; (*palabra*) recherché.

rebuscar <1g> [1] VT [a] (*objeto*) to search carefully for; (*Agr*) to glean. [b] (*lugar*) to search carefully. [2] VI to search carefully; (*Agr*) to glean.

rebuznar <1a> VI to bray.

rebuzno NM bray(ing).

recabar <1a> VT (*obtener*) to manage to get; (*solicitar*) to ask for, apply for; **~ fondos** to collect money.

recadero NM messenger.

recado NM [a] message; (*regalo*) gift, small present; **chico de los ~s** message boy; **coger** o **tomar un ~** (*Telec etc*) to take a message; **dejar ~** to leave a message; **enviar a algn a un ~** to send sb on an errand; **mandar ~** to send word; **salir a (hacer) un ~** to go out on an errand.
[b] (*provisión*) provisions, daily shopping. [c] (*LAm: montura*) saddle and trappings.

recaer <2n> VI [a] (*Med*) to suffer a relapse. [b] (*criminal etc*) to fall back, relapse (*en* into). [c] **~ en** o **sobre** to fall on, fall to; (*premio*) to go to; **las sospechas recayeron so-bre el conserje** suspicion fell on the porter; **este peso recaerá más sobre los pobres** this burden will bear most heavily on the poor. **d** (*Arquit*) **~ a** to look out on, look over.

recaída NF relapse (*en* into).

recalcar<1g> **1** VT (*subrayar*) to stress, emphasize; **~ algo a algn** to insist on sth to sb; **~ a algn que ...** to tell sb emphatically that ...; **~ cada sílaba** to stress every syllable. **2** VI **a** (*Náut*) to list, heel. **b** (*esp LAm*) to end up (*en* at, in).

recalcitrante ADJ recalcitrant.

recalentamiento NM overheating; **~ del planeta** global warming.

recalentar<1j> **1** VT **a** (*demasiado*) to overheat. **b** (*comida*) to warm up, reheat. **2** **recalentarse** VR to get too hot.

recalificar<1g> VT (*terrenos*) to reassess.

recámara NF **a** (*cuarto*) side room; (*esp Méx*) bedroom. **b** (*de fusil*) breech, chamber.

recamarera NF (*esp Méx: criada*) chambermaid, maid.

recambio NM spare; (*de pluma*) refill; **piezas de ~** spares, spare parts; **neumático de ~** spare tyre o (*US*) tire.

recapacitar<1a> **1** VT to think over, reflect on. **2** VI to think things over, reflect.

recapitulación NF recapitulation, summing-up.

recapitular<1a> VT, VI to recapitulate, sum up.

recargable ADJ rechargeable.

recargado ADJ overloaded; (*estilo, diseño*) overelaborate.

recargar<1h> VT **a** (*cargar demasiado*) to overload. **b** (*Fin*) to put an additional charge on, increase (the price of/the tax on *etc*); **c** (*Téc*) to reload, recharge; (*batería*) to recharge; (*fig*) to overload (*de* with); **~ a algn de trabajo** to overload sb with work. **e** (*discurso, decoración*) to overdo.

recargo NM **a** (*carga nueva*) new burden; (*aumento de carga*) extra load, additional load. **b** (*Fin*) extra charge, surcharge; (*aumento*) increase.

recatado ADJ **a** (*modesto*) modest, shy. **b** (*prudente*) cautious, circumspect.

recatar<1a> **1** VT to hide. **2** **recatarse** VR **a** to hide o.s. away (*de* from). **b** (*ser prudente*) to be cautious; (*vacilar*) to hesitate.

recato NM **a** (*modestia*) modesty, shyness. **b** (*cautela*) caution, circumspection; (*reserva*) reserve, restraint; **sin ~** openly, unreservedly.

recauchado NM, **recauchaje** NM (*Chi*) retreading.

recauchutado NM **a** (*neumático*) retread. **b** (*proceso*) retreading, remoulding, remolding (*US*).

recauchutar<1a> VT (*neumático*) to retread, remould, remold (*US*).

recaudación NF **a** (*acción*) collection. **b** (*cantidad*) takings *pl*, income; (*Dep*) gate, gate money. **c** (*oficina*) tax office.

recaudador NM: **~ de contribuciones** tax collector.

recaudar<1a> VT to collect.

recaudo NM **a** (*Fin*) collection. **b** (*cuidado*) care, protection; (*precaución*) precaution; **estar a buen ~** to be in safekeeping; **poner algo a buen ~** to put sth in a safe place.

recelar<1a> **1** VT: **~ que ...** to suspect that ..., fear that .... **2** VI: **~ de** to suspect, fear; **~ de hacer algo** to be afraid of doing sth.

recelo NM (*suspicacia*) suspicion; (*temor*) fear, apprehension; (*desconfianza*) distrust, mistrust.

receloso ADJ suspicious, distrustful; (*temeroso*) apprehensive.

recensión NF review.

recepción NF (*gen*) reception; (*admisión*) admission.

recepcionista NMF (hotel) receptionist.

receptáculo NM receptacle.

receptividad NF receptivity.

receptivo ADJ receptive.

receptor NM receiver; **~ de control** (*TV*) monitor; **~ de televisión** television set; **descolgar el ~** (*Telec*) to pick up the receiver.

recesión NF (*Com, Fin*) recession.

recesivo ADJ (*Bio*) recessive; (*Econ*) recession *atr*, recessionary.

receso NM recess.

receta NF (*Culin*) recipe (*de* for); (*Med*) prescription; **'con ~ médica'** 'by prescription only'.

recetar<1a> VT to prescribe.

▼rechazar <1f> VT **a** (*persona*) to push back o away; (*ataque*) to repel, beat off; (*enemigo*) to drive back. **b** (*idea*) to reject; (*oferta*) to turn down; (*tentación*) to resist.

rechazo NM (*negativa*) refusal; (*Med*) rejection; (*rebote*) bounce, rebound; (*de fusil*) recoil; (*fig*) rebuff; **de ~** on the rebound; (*fig*) in consequence, as a result.

rechifla NF **a** (*V vt*) whistling, booing. **b** (*fig*) mockery.

rechiflar<1a> **1** VT to whistle at, boo. **2** VI to whistle, boo.

rechinamiento NM (*V vi (a)*) creak(ing); clank(ing); clatter(ing); grating; hum(ming), whirr(ing); grinding; gnashing.

rechinar<1a> VI **a** (*gen*) to creak; (*máquina*) to clank, clatter; (*metal seco*) to grate; (*motor*) to hum, whirr; (*dientes*) to grind, gnash; **hacer ~ los dientes** to grind o gnash one's teeth. **b** (*fig*) to do sth grudgingly.

rechistar<1a> VI to complain; **se fue a la cama sin ~** he went to bed without (a word of) complaint; **nadie se atrevió a ~** nobody dared complain.

rechoncho ADJ thickset, stocky.

rechupete: de ~ **1** ADJ splendid, jolly good (*fam*); (*comida*) delicious, scrumptious (*fam*). **2** ADV splendidly, jolly well (*fam*); **pasarlo de ~** to have a fine time.

recibí NM 'received with thanks'.

recibidor[1] NM (*de casa*) entrance hall.

recibidor(a)[2] NM/F receiver, recipient.

recibimiento NM reception, welcome.

recibir<3a> **1** VT **a** (*gen*) to receive. **b** (*acoger*) to welcome; (*salir al encuentro*) to go and meet; **~ a algn con los brazos abiertos** to welcome sb with open arms; **lo recibió el ministro** the minister received him o granted him an interview; **~ una sorpresa** to get a surprise; **la oferta fue mal recibida** the offer was badly received; **reciba un saludo de ...** (*en carta*) Yours sincerely .... **2** VI to entertain; **reciben mucho en casa** they entertain at home a good deal; **la baronesa recibe los lunes** the baroness receives visitors on Mondays. **3** **recibirse** VR: **~ de** (*LAm*) to qualify as; **~ de doctor** to take one's doctorate, receive one's doctor's degree; V **abogado**.

recibo NM receipt; **acusar ~** to acknowledge receipt (*de* of); **estar de ~** (*persona*) to be at home (to callers).

reciclado **1** ADJ recycled. **2** NM recycling.

reciclaje, **reciclamiento** NM (*V vt*) recycling; retraining; modification, adjustment.

reciclar<1a> **1** VT (*Téc*) to recycle; (*persona*) to retrain; (*plan*) to modify, adjust. **2** **reciclarse** VR (*fig*) to retrain.

recidiva NF (*Med*) relapse.

reciedumbre NF strength; (*vigor*) vigour, vigor (*US*).

recién ADV **a** newly, recently (+ *pp*); **~ casado** newly-wed, just married; **los ~ casados** the newly-weds. **b** (*LAm*) just, recently; **~ llegó** he has just arrived, he arrived recently; **~ se acordó** he has just remembered it; **~ ahora** right now, this very moment; **~ aquí** right here, just here.

recién llegado/a **1** ADJ newly arrived. **2** NM/F newcomer, new person; (*en reunión*) latecomer.

recién nacido/a **1** ADJ newborn. **2** NM/F newborn child.

reciente ADJ recent; (*pan*) fresh, newly-made.

recientemente ADV recently.

recinto NM (*gen*) enclosure; (*área*) area, place; **~ ferial** trades fair, pavilion.

recio **1** ADJ **a** (*gen*) strong, tough; (*prueba etc*) tough, demanding, severe. **b** (*voz*) loud.

➤ EXPRESIONES GENERATIVAS: **rechazar → 4**

c (*tiempo*) harsh, severe.
d **en lo más ~ del combate** in the thick of the fight; **en lo más ~ del invierno** in the depths of winter.
2 ADV (*V adj a, b*) strongly; loudly; (*golpear*) hard.
recipiente NM **a** (*persona*) recipient. **b** (*vaso*) container.
recíprocamente ADV reciprocally, mutually.
reciprocar<1g> VT to reciprocate.
recíproco ADJ reciprocal; **a la ~a** vice versa; **estar a la ~a** to be ready to respond.
recitación NF recitation.
recital NM (*Mús*) recital; (*Lit*) reading; **~ de poesías** poetry reading.
recitar<1a> VT to recite.
recitativo NM recitative.
reclamable ADJ reclaimable.
reclamación NF **a** claim, demand; **~ salarial** wage claim. **b** (*queja*) complaint, protest; **formular** o **presentar una ~** to make o lodge a complaint.
reclamar<1a> **1** VT **a** to claim, demand (*de* from); **~ algo para sí** to claim sth for o.s.; **~ su porción de la herencia** to claim one's share of the estate; **esto reclama toda nuestra atención** this demands our full attention.
b **~ a algn ante los tribunales** to take sb to court, file a suit against sb.
2 VI: **~ contra** to complain about; **~ contra una sentencia** (*Jur*) to appeal against a sentence.
reclame NM O NF (*LAm*) advertisement.
reclamo NM **a** (*llamada*) call; **acudir al ~** to answer the call. **b** (*Tip*) catchword; (*anuncio*) advertisement; (*tentación*) attraction. **c** (*LAm*) complaint, protest.
reclinable ADJ: **asiento ~** reclining seat.
reclinar<1a> **1** VT to lean, recline (*contra* against; *sobre* on). **2** **reclinarse** VR to lean back.
recluir<3g> **1** VT to shut away; (*Jur*) to imprison. **2** **recluirse** VR to shut o.s. away.
reclusión NF **a** seclusion; (*Jur*) imprisonment, confinement; **~ perpetua** life imprisonment. **b** (*lugar*) prison.
recluso/a **1** ADJ imprisoned; **población ~a** prison population. **2** NM/F **a** (*solitario*) recluse. **b** (*Jur*) inmate (of a prison), prisoner.
reclusorio NM (*esp Méx*) prison.
recluta **1** NF recruitment. **2** NMF recruit.
reclutamiento NM recruitment.
reclutar<1a> VT **a** to recruit. **b** (*Arg: ganado*) to round up.
recobrar<1a> **1** VT (*salud, dinero*) to recover, get back; (*ciudad*) to recapture; **~ conocimiento** to regain consciousness.
2 **recobrarse** VR **a** (*Med*) to recover, convalesce; (*volver en sí*) to come to, regain consciousness.
b (*fig*) to collect o.s.
recocer<2b, 2h> VT (*calentar*) to warm o heat up; (*cocer demasiado*) to overcook.
recochineo NM (*fam*) mickey-taking (*fam*).
recogepelotas NMF INV ball boy/-girl.
recoger<2c> **1** VT **a** (*gen*) to collect; (*levantar*) to pick up; (*juntar*) to gather (up), gather together; (*correo, basura*) to collect, pick up.
b (*dinero*) to collect.
c (*Agr*) to harvest; (*fruta*) to pick; (*fig*) to get as one's reward; **no recogió más que censuras** all he got was criticism.
d (*ordenar*) to clear up o away; **~ la mesa** to clear (away) the table; **recoge tus cosas** get your things together.
e (*vela*) to take in.
f (*ir a buscar*) to get, come for; (*ir en coche*) to pick up; **te vendremos a ~ a las 8** we'll come for you at 8 o'clock; **me recogieron en la estación** they picked me up at the station.
g (*dar asilo*) to take in, shelter.
2 **recogerse** VR **a** to withdraw, retire; (*a casa*) to go home; (*acostarse*) to go to bed.
b to take in; (*falda*) to roll up, lift; (*mangas*) to roll up; **~**

el pelo to put one's hair up.
recogida NF (*Agr*) harvest; (*de correo*) collection; **~ de datos** (*Inform*) data capture; **~ de equipajes** (*Aer*) baggage reclaim; **recogida de ~** refuse o (*US*) garbage collection; **hay 6 ~s diarias** there are 6 collections daily.
recogido ADJ **a** (*vida*) quiet; (*lugar*) secluded; (*persona*) modest, retiring; **ella vive muy ~a** she lives very quietly. **b** (*pequeño*) small.
recogimiento NM **a** (*gen*) collection. **b** (*Agr*) harvesting; (*retiro*) withdrawal, retirement. **c** (*estado*) absorption, concentration; **vivir con ~** to live in peace and quiet.
recolección NF **a** (*gen*) collection; (*Agr*) harvesting; (*: época*) harvest time. **b** (*compilación*) compilation; (*resumen*) summary.
recolector(a) NM/F (*Agr*) picker; (*Lit etc*) collector.
recoleto ADJ (*persona*) quiet, retiring; (*calle*) peaceful, quiet; (*aislado*) isolated.
recomendable ADJ recommendable; **poco ~** inadvisable.
recomendación NF **a** recommendation; (*sugerencia*) suggestion. **b** (*elogio*) praise. **c** (*escrito*) reference, testimonial; **carta de ~** letter of introduction (*para* to); **tiene muchas ~es** he is strongly recommended.
▼**recomendar** <1j> VT **a** to recommend; (*sugerir*) to suggest; (*aconsejar*) to advise; **~ a algn que haga algo** to recommend o advise sb to do sth; **se lo recomiendo** I recommend it to you. **b** (*confiar*) to entrust, confide (*a* to). **c** (*elogiar*) to praise.
recomenzar <1j> VT, VI to begin again, recommence.
recomerse <2a> VR to bear a secret grudge, harbour o (*US*) harbor resentment.
recompensa NF recompense, reward; (*compensación*) compensation (*de una pérdida* for a loss); **como** o **en ~ por** in return for, as a reward for.
recompensar <1a> VT to reward, recompense (*por* for); (*compensar*) to compensate (*algo* for sth); **'se recompensará'** 'reward offered'.
recomponer<2q> **1** VT (*Téc*) to mend, repair; (*Tip*) to reset. **2** **recomponerse** VR (*fam*) to get dolled up (*fam*); **~ el peinado** to fix one's hair.
reconcentrar <1a> **1** VT (*concentrar*) to concentrate (*en* on), devote (*en* to); (*juntar*) to bring together; (*disimular*) to hide. **2** **reconcentrarse** VR to concentrate hard, become totally absorbed.
reconciliable ADJ reconcilable.
reconciliación NF reconciliation.
reconciliar <1b> **1** VT to reconcile. **2** **reconciliarse** VR to become o be reconciled.
reconcomerse <2a> VR = **recomerse**.
reconcomio NM (*rencor*) grudge, resentment.
recóndito ADJ recondite; **en lo más ~ de** in the depths of; **en lo más ~ del corazón** in one's heart of hearts.
reconducir<3n> VT to take back, bring back (*a* to).
reconfortante ADJ (*V vt*) comforting; cheering; heartwarming.
reconfortar<1a> **1** VT to comfort; (*animar*) to cheer, encourage. **2** **reconfortarse** VR: **~ con** to fortify o.s. with.
reconocer <2d> VT **a** (*gen*) to recognize. **b** **~ por** (*distinguir*) to know o recognize by; **se le reconoce por el pelo** you can recognize him by his hair. **c** (*aceptar*) to recognize as; **no le reconocieron como jefe** they did not recognize o accept him as their leader; **reconoció al niño por suyo** he recognized the child as his. **d** (*admitir*) to recognize, admit; **~ los hechos** to face the facts; **hay que ~ que no es normal** one must admit that it isn't normal; **por fin reconocieron abiertamente que era falso** eventually they openly admitted that it was untrue. **e** (*servicio*) to be grateful for. **f** (*registrar*) to search; (*Med*) to examine.
reconocible ADJ recognizable.
reconocido ADJ **a** (*jefe etc*) recognized, accepted. **b** **estar** o **quedar ~** to be grateful.
reconocimiento NM **a** (*gen*) recognition; (*gratitud*) gratitude; **en ~ a, como ~ por** out of gratitude for.

➤ EXPRESIONES GENERATIVAS: **recomendar** → 11.1

b (*registro*) search(ing); (*inspección*) inspection, examination; (*Mil*) reconnaissance; (*Med*) examination, checkup; **~ óptico de caracteres** (*Inform*) optical character recognition; **~ de la voz** (*Inform*) speech recognition; **vuelo de ~** reconnaissance flight.

reconquista NF reconquest, recapture; **la R~** the Reconquest (of Spain).

┌─────── *RECONQUISTA* ───────────────────────────────────┐

i The term **Reconquista** *refers to the eight centuries during which the Christian kings of the Spanish kingdoms gradually reclaimed their country from the Moors, who had invaded the Iberian Peninsula in 711. It is generally accepted that the reconquest began in 718 with the Christian victory at Covadonga in Asturias, and ended in 1492, when Ferdinand and Isabella, the* **Reyes Católicos**, *retook Granada, the last Muslim stronghold. In the intervening centuries there had been a great deal of contact and overlap between the two cultures. Christians living under Arab rule were called* **mozárabes**, *while* **mudéjares** *were practising Muslims living under Christian rule. In contrast with the pluralistic society that had existed under the Arabs, the final years of the* **Reconquista** *were a time of great intolerance with Arabs and Jews being forcibly converted to Christianity, after which they were known as* **conversos**. *Those refusing to be converted were expelled in 1492.*

└──┘

reconquistar<1a> VT **a** (*Mil: terreno*) to reconquer; (: *ciudad*) to recapture (*a* from). **b** (*fig*) to recover, win back.

reconsiderar<1a> VT to reconsider.

reconstituir<3g> VT to reconstitute, reform.

reconstituyente NM tonic.

reconstrucción NF reconstruction; (*Pol*) reshuffle.

reconstruir<3g> VT to reconstruct; (*Pol*) to reshuffle.

recontar <1l> VT **a** (*cantidad*) to recount, count again. **b** (*cuento*) to retell, tell again.

reconvenir<3r> VT (*reprender*) to reprimand.

reconversión NF (*tb* **~ industrial**) modernization; **~ profesional** industrial retraining.

reconvertir <3i> VT to reconvert (*en* to); (*reestructurar*) to restructure, reorganize; (*euf: industria*) to rationalize.

recopilación NF (*resumen*) summary; (*compilación*) compilation.

recopilar<1a> VT to compile.

record, récord [re'kor, 'rekor] **1** ADJ INV record; **cifras ~** record quantities; **en un tiempo ~** in a record time. **2** NM (*pl* **~s** [re'kor, 'rekor]) record; **batir el ~** to break the record.

recordación NF recollection; **digno de ~** memorable.

▼**recordar**[1] <1l> **1** VT **a** (*acordarse de*) to remember; **no lo recuerdo** I don't remember it.
b (*traer a la memoria*) to recall, bring to mind; **esto recuerda aquella escena de la película** this recalls that scene in the film; **la frase recuerda a García Lorca** the phrase is reminiscent of Lorca.
c (*acordar a otro*) to remind; **~ algo a algn** to remind sb of sth; **~ a algn que haga algo** to remind sb to do sth; **recuérdale que me debe 5 dólares** remind him that he owes me 5 dollars.
d (*LAm fam*) to awaken.
2 VI to remember; **no recuerdo** I don't remember; **que yo recuerde** as far as I can remember; **creo ~, si mal no recuerdo** if my memory serves me right; *V* **desde 2**.
3 **recordarse** VR **a** **~ que ...** to remind o.s. that .... **b** (*LAm fam*) to wake up.

recordar[2]<1l> VT (*LAm: voz*) to record.

recordatorio NM **a** (*gen*) reminder. **b** (*tarjeta*) in memoriam card.

recorrer <2a> VT **a** (*gen*) to go over; (*país*) to cross, travel through; (*distancia*) to travel, go; **~ una ciudad a pie** to walk round a city; **~ un escrito** to run one's eye over o look through a document; **en 14 días los Jones han recorrido media Europa** the Joneses have done half of Europe in a fortnight. **b** (*registrar*) to search.

recorrido NM run, journey; (*ruta*) route, course; (*distancia*) distance covered; (*de golf etc*) round; **el ~ del**

primer día fue de 450 km the first day's run was 450 kms; **un ~ en 5 bajo par** a round in 5 under par; **un ~ sin penalizaciones** a clear round; **~ de aterrizaje** (*Aer*) landing run.

recortable NM cut-out.

recortado ADJ uneven, irregular.

recortar <1a> [1] VT **a** (*exceso*) to cut away o off; (*el pelo*) to trim; (*figura*) to cut out.
b (*dibujar*) to draw in outline.
c (*fig*) to cut out, remove.
2 **recortarse** VR to stand out, be silhouetted (*en, sobre* against).

recorte NM **a** (*acción*) cutting, trimming; (*del pelo*) trim; **~ presupuestario** budget o spending cut; **~ en los salarios** cut in salaries. **b** (*papel*) cutout. **c** **~s** trimmings, clippings; **~s de periódico** newspaper cuttings; **álbum de ~s** scrapbook.

recoser<2a> VT to patch up, darn.

recosido NM patch, darn.

recostado ADJ reclining; **estar ~** to be lying down.

recostar <1l> **1** VT to lean (*en* on). **2** **recostarse** VR **a** to recline, lie back; (*acostarse*) to lie down. **b** (*fig*) to have a short rest.

recoveco NM **a** (*de calle etc*) turn, bend. **b** (*en casa*) nook, odd corner. **c** (*fig: complejidades*) **~s** ins and outs.

recreación NF **a** recreation. **b** = **recreo**.

recrear <1a> **1** VT **a** (*crear de nuevo*) to recreate. **b** (*divertir*) to amuse, entertain. **2** **recrearse** VR to enjoy o.s.

recreativo ADJ recreational.

recreo NM recreation; (*Escol*) break, playtime, recess (*US*).

recriminación NF recrimination.

recriminar <1a> **1** VT to reproach. **2** VI to recriminate. **3** **recriminarse** VR to reproach each other.

recrudecer<2d> VT, VI, **recrudecerse** VR to worsen.

recrudecimiento NM, **recrudescencia** NF new outbreak, upsurge.

recta NF straight line; **~ de llegada** o **final** home straight.

rectal ADJ rectal.

rectamente ADV (*comportarse, entender*) properly, correctly.

rectángulo **1** ADJ rectangular, oblong; (*triángulo*) right-angled. **2** NM rectangle, oblong.

rectificable ADJ rectifiable; **fácilmente ~** easily rectified.

rectificación NF correction; **publicar una ~** to publish a correction.

rectificar <1g> **1** VT **a** to rectify; (*corregir*) to correct. **b** (*enderezar*) to straighten (out). **2** VI to correct o.s.; **'no, eran 4,' rectificó** 'no,' he said, correcting himself, 'there were 4'.

rectilíneo ADJ straight.

rectitud NF **a** straightness. **b** (*fig*) rectitude.

recto **1** ADJ **a** (*derecho*) straight; (*vertical*) upright; **ángulo ~** right angle; **la flecha fue ~a al blanco** the arrow went straight to the target; **siga todo ~** go straight on.
b (*persona: honrado*) honest, upright; (: *estricto*) strict; (*juez*) fair, impartial; (*juicio*) sound.
c (*fig: sentido*) literal, proper; **en el sentido ~ de la palabra** in the proper sense of the word.
2 NM (*Anat*) rectum.

rector **1** ADJ governing; **una figura ~a** an outstanding o leading figure. **2** NM **a** head, chief. **b** (*Univ*) ≈ vice-chancellor, principal, president (*US*).

rectorado NM (*cargo*) vice-chancellorship, principalship, presidency (*US*); (*oficina*) vice-chancellor's o principal's office.

rectoría NF **a** = **rectorado**. **b** (*Rel*) rectory.

recua NF mule train, train of pack animals; **una ~ de chiquillos** a bunch of kids.

recuadro NM (*Tip*) inset; (*Esp: de formulario*) box.

recubrir <3a> (*pp* **recubierto**) VT to cover (*con, de* with); (*pintar*) to coat (*con, de* with).

recuento NM recount; (*inventario*) inventory; **hacer el ~ de** to count up, reckon up.

recuerdo NM **a** (*memoria*) memory; **contar los ~s** to reminisce; **guardar un feliz ~ de algn** to have happy memories of sb. **b** (*regalo*) souvenir, memento; **'R~ de Mallorca'** 'A present from Majorca'; **toma esto como ~** take this as a keepsake. **c** **~s** regards; **¡~s a tu madre!** give my regards to your mother.

recular<1a> VI **a** (*animal, vehículo*) to go back; (*fusil*) to recoil; (*ejército*) to fall back, retreat. **b** (*fig*) to back down.

reculón NM: **andar a ~es** to go backwards.

recuperable ADJ recoverable.

recuperación NF recovery; **~ de datos/información** (*Inform*) data/information retrieval.

recuperar<1a> **1** VT **a** to recover, recuperate; (*tiempo perdido*) to make up; (*Inform*) to retrieve; (*pérdida*) to recoup; (*fuerzas*) to restore; (*conocimiento*) to regain. **b** (*Escol: clases*) to take again, retake. **2 recuperarse** VR (*Med etc*) to recover, recuperate.

recurrente ADJ recurrent.

recurrir<3a> VI **a** **~ a** to resort to; (*persona*) to turn to. **b** (*Jur*) to appeal (*a* to; *contra* against).

recurso NM **a** resort; (*medio*) means; **como último ~** as a last resort. **b** **~s** (*Fin etc*) resources; **~s económicos** economic resources; **~s humanos** human resources; **~s naturales** natural resources. **c** (*Jur*) appeal.

recusable ADJ objectionable.

recusación NF **a** (*rechazo*) rejection. **b** (*Jur*) challenge.

recusar<1a> VT **a** to reject, refuse. **b** (*Jur*) to challenge (the authority of).

red NF **a** (*para pescar*) net; (*del pelo*) hairnet; (*malla*) mesh; (*enrejado*) grille; **~ de alambre** wire mesh, wire netting. **b** (*fig*) network, system; (*Elec, de agua*) mains, main (*US*), supply system; (*de tiendas*) chain; **~ de emisoras** radio network; **~ de espionaje** spy network; **~ ferroviaria** railway network o system; **~ informática** network; **~ (de área) local** (*Inform*) local (area) network; **estar conectado con la ~** to be connected to the mains. **c** (*fig: trampa*) snare, trap; **caer en la ~** to fall into the trap; **tender una ~ para algn** to set a trap for sb.

redacción NF **a** (*acción*) writing; (*Escol*) essay, composition. **b** (*oficina*) newspaper office; (*personas*) editorial staff.

redactar<1a> VT **a** to draft, draw up; **una carta mal redactada** a badly-worded letter. **b** (*periódico*) to edit.

redactor(a) NM/F **a** writer, drafter. **b** (*en periódico*) editor.

redada NF cast, throw; (*fig*) catch, haul; (*por policía*) raid.

redaños NMPL guts (*fam*), pluck.

redecilla NF hairnet.

redención NF redemption; (*Jur*) reduction in sentence.

redentor **1** ADJ redeeming. **2** NM redeemer.

redescubrir<3a> (*pp* **redescubierto**) VT to rediscover.

redicho ADJ (*fam*) affected.

redil NM sheepfold.

redimir<3a> VT to redeem; (*cautivo*) to ransom.

redistribución NF redistribution.

rédito NM interest, return.

redoblado ADJ **a** (*Mec*) reinforced; (*persona*) stocky, thickset. **b** (*paso*) double-quick. **c** (*fuerzas*) reinforced; **volvió al ataque con fuerzas ~as** he went back on the attack with renewed strength.

redoblar<1a> **1** VT **a** (*aumentar*) to redouble. **b** (*plegar*) to bend back. **2** VI (*Mús*) to play a roll on the drum; (*trueno*) to roll, rumble.

redoble NM (*Mús*) drumroll, drumbeat; (*de trueno*) roll, rumble.

redomado ADJ sly, artful.

redomón ADJ (*LAm: caballo*) half-trained, not fully broken-in.

redonda NF **a** (*Mús*) semibreve. **b** **en muchas millas a la ~** for many miles round about; **se olía a un kilómetro a la ~** you could smell it a mile off.

redondear<1a> **1** VT **a** (*lit, tb negocio*) to round off. **b** (*cifra*) to round up. **2 redondearse** VR (*enriquecerse*) to become wealthy.

redondel NM (*círculo*) ring, circle; (*Taur*) bullring, arena.

redondez NF roundness; **en toda la ~ de la tierra** in the whole wide world.

redondo ADJ **a** (*gen*) round(ed); **3 metros en ~** 3 m round; **¿cuánto tiene en ~?** how far is it round?; **caer ~** to fall in a heap; **girar en ~** to turn right round; **rehusar en ~** to give a flat refusal, refuse flatly; **en números ~s** in round numbers o figures. **b** (*fam: completo*) complete, finished; **todo le ha salido ~** it all went well for him; **será un negocio ~** it will be a really good deal. **c** (*negativa etc*) straight, flat.

reducción NF **a** reduction. **b** (*Med*) setting; **~ de precios** (*Com*) price-cutting.

reducido ADJ **a** (*gen*) reduced; (*limitado*) limited; (*pequeño*) small. **b** **quedar ~ a** to be reduced to.

reducir<3n> **1** VT **a** (*gen*) to reduce. **b** (*Mat*) to reduce (*a* to), convert (*a* into); **~ las millas a kilómetros** to convert miles into kilometres o (*US*) kilometers; **~ los dólares a pesetas** to change dollars into pesetas; **todo lo reduce a cosas materiales** he reduces everything to material terms. **c** (*someter*) to bring under control; **~ a algn al silencio** to reduce sb to silence; **~ a algn a la obediencia** to bring sb to heel. **d** (*Med*) to set. **2 reducirse** VR **a** to diminish, be reduced (*a* to). **b** (*Fin*) to economize. **c** (*fig*) **~ a** to come down to, amount to no more than; **el escándalo se redujo a un simple chisme** the scandal amounted to nothing more than a piece of gossip; **~ a hacer algo** to find o.s. reduced to doing sth.

reducto NM (*Mil y fig*) redoubt; **el último ~ de** the last redoubt of.

redundancia NF redundancy; **valga la ~** forgive the repetition.

redundar<1a> VI: **~ en beneficio de** to be to the advantage of.

reduplicar<1g> VT to reduplicate; (*esfuerzo etc*) to redouble.

reedición NF reissue, reprint(ing).

reedificar<1g> VT to rebuild.

reeditar<1a> VT to reissue, republish.

reeducación NF: **~ profesional** industrial retraining.

reelección NF re-election.

reelegir<3c, 3k> VT to re-elect.

reembolsable ADJ (*Com*) redeemable, refundable.

reembolsar<1a> **1** VT (*persona*) to reimburse; (*dinero*) to repay, pay back; (*depósito*) to refund, return. **2 reembolsarse** VR to reimburse o.s.

reembolso NM reimbursement; (*de depósito*) refund; **~ fiscal** tax rebate; **enviar algo contra ~** to send sth cash on delivery.

reemplazable ADJ replaceable.

reemplazar<1f> VT (*gen*) to replace (*con* with; *por* by).

reemplazo NM **a** replacement. **b** (*Mil*) call-up; (: *grupo*) reserve.

reencarnación NF reincarnation.

reencarnar<1a> **1** VT to reincarnate. **2** VI to be reincarnated.

reencuentro NM reunion.

reengancharse<1a> VR to re-enlist.

reenganche NM (*Mil*) reenlistment.

reestreno NM (*Teat*) revival; (*Cine*) reissue.

reestructurar<1a> VT to restructure, reorganize.

reevaluar<1e> VT to reappraise.

reexaminar<1a> VT to re-examine.

reexpedir <3k> VT (*a nuevo domicilio*) to forward; (*a diferente dirección*) to redirect; (*al remitente*) to return.

reexportación NF (*Com*) re-export.

reexportar<1a> VT (*Com*) to re-export.

REF NM ABR (*Esp Econ*) de **Régimen Económico Fiscal**.

Ref.ª ABR de **referencia** ref.

refacción NF (*LAm*) repair(s).

refaccionar<1a> VT (*LAm*) to repair.

refajo NM (*enagua*) flannel underskirt; (*falda*) short skirt.

refectorio NM refectory.

referencia NF **a** (*gen*) reference; **con ~ a** with reference to; **hacer ~ a** to refer o allude to; **~ comercial** trade reference. **b** (*informe*) account, report; **una ~ completa**

del suceso a complete account of what took place; **me han dado buenas ~s de ella** I received good reports about her.

referéndum NM (*pl* **~s**) referendum.

referente ADJ: **~ a** relating to, about, concerning.

referir <3i> [1] VT [a] (*contar*) to tell, recount; **~ que ...** to say that ..., tell how ....

[b] **~ al lector a un apéndice** to refer the reader to an appendix.

[c] (*relacionar*) to refer, relate; **todo lo refiere a su teoría favorita** he refers *o* relates everything to his favourite *o* (*US*) favorite theory; **han referido el cuadro al siglo XVII** they have dated the picture to the 17th century.

[d] **~ a** (*Fin*) to convert into.

[2] **referirse** VR: **~ a** to refer to; **me refiero a lo de anoche** I refer to what happened last night; **por lo que se refiere a eso** as for that, as regards that.

refilón: de ~ ADV obliquely, slantingly; **mirar a algn de ~** to look out of the corner of one's eye at sb.

refinado [1] ADJ refined. [2] NM refining.

refinador NM refiner.

refinamiento NM refinement; **con todos los ~s modernos** with all the modern refinements.

refinar <1a> VT to refine; (*fig: sistema*) to refine, perfect; (: *estilo*) to polish.

refinería NF refinery.

reflector NM [a] reflector; **~ posterior** (*Aut*) rear reflector. [b] (*Elec*) spotlight; (*Aer, Mil*) searchlight.

reflejar <1a> [1] VT [a] to reflect. [b] (*fig*) to reflect, show. [2] **reflejarse** VR to be reflected.

reflejo [1] ADJ [a] (*luz*) reflected. [b] (*movimiento*) reflex. [c] (*verbo*) reflexive. [2] NM [a] (*lit, fig*) reflection; **mirar su ~ en el agua** to look at one's reflection in the water. [b] (*Anat*) reflex; (: *acción*) reflex action; **perder ~s** (*fig*) to lose one's touch; **tener buenos ~s** to have good reflexes. [c] (*brillo*) **~s** gleam *sg*, glint *sg*; **tiene ~s metálicos** it has a metallic glint. [d] (*en el pelo*) **~s** streaks; **tiene el pelo castaño con ~s rubios** she has chestnut hair with blond streaks.

reflex, réflex (*Fot*) [1] ADJ INV SLR, reflex. [2] NF SLR camera.

reflexión NF reflection.

reflexionar <1a> [1] VT to reflect on, think about *o* over. [2] VI to reflect (*sobre* on); (*antes de obrar*) to think, pause; **¡reflexione!** you think it over!, think for a moment!

reflexivo ADJ [a] (*verbo*) reflexive. [b] (*persona*) thoughtful, reflective.

refluir <3g> VI to flow back.

reflujo NM ebb, ebb tide.

refocilar <1a> [1] VT to give great pleasure to. [2] VI (*And; rayo*) to flash. [3] **refocilarse** VR to revel (*con, en* in).

refocilo NM (*And fam: relámpago*) lightning.

reforestar <1a> VT to reforest, reafforest.

reforma NF [a] reform; (*acción*) reformation; (*mejora*) improvement; **R~** (*Rel*) Reformation; **~ agraria / educativa** land / education reform. [b] (*Arquit*) alterations, repairs; **'cerrado por ~s'** 'closed for repairs'.

reformación NF reform, reformation.

reformado ADJ reformed.

reformador(a) NM/F reformer.

reformar <1a> [1] VT [a] (*gen*) to reform; (*modificar*) to change, alter; (*reorganizar*) to reorganize; (*corregir*) to correct, put right; (*texto*) to revise. [b] (*Arquit*) to alter, repair; (*mejorar*) to improve. [2] **reformarse** VR to reform, mend one's ways.

reformatorio NM reformatory; **~ de menores** remand home, reform school (*US*).

reformismo NM reforming policy *o* attitude.

reformista NMF reformist, reformer.

reforzado ADJ reinforced.

reforzamiento NM reinforcement, strengthening.

reforzar <1f, 1l> VT [a] to reinforce. [b] (*fig: resistencia*) to strengthen, buttress, bolster up.

refracción NF refraction.

refractario ADJ [a] (*Téc*) fireproof, heat-resistant; (*Culin*) ovenproof. [b] (*rebelde*) stubborn; **ser ~ a una reforma** to resist *o* be opposed to a reform.

refractor NM refractor.

refrán NM proverb, saying; **como dice el ~** as the saying goes.

refranero NM collection of proverbs.

refregar <1h, 1j> VT [a] (*frotar*) to rub (hard); (*limpiar*) to scrub. [b] (*fig*) **~ algo a algn** to rub sth in, drive sth home to sb.

refrenar <1a> VT [a] (*caballo*) to rein back. [b] (*fig*) to restrain, hold in check.

refrendar <1a> VT (*firmar*) to endorse, countersign; (*aprobar*) to give one's approval to; (*pasaporte*) to stamp.

refrescante ADJ refreshing, cooling.

refrescar <1g> [1] VT [a] (*gen*) to refresh; (*enfriar*) to cool (down). [b] (*conocimiento*) to brush up, polish up; **~ la memoria** to refresh one's memory. [2] VI [a] (*Met*) to get cooler, cool down. [b] (*bebida*) to be refreshing. [3] **refrescarse** VR [a] (*tomar el aire*) to go out for a breath of fresh air. [b] (*lavarse*) to freshen (o.s.) up. [c] (*beber*) to have a drink.

refresco NM cool drink, soft drink; **~s** refreshments.

refresquería NF (*LAm*) refreshment stall.

refriega NF scuffle.

refrigeración NF refrigeration; (*Mec*) cooling; (*de casa*) air conditioning.

refrigerado ADJ cooled; (*sala*) air-conditioned; **~ por agua** water-cooled; **~ por aire** air-cooled.

refrigerador NM refrigerator; (*en casa*) fridge.

refrigeradora NF (*LAm*) refrigerator.

refrigerar <1a> VT (*gen*) to cool; (*Téc*) to refrigerate; (*Mec*) to cool; (*sala*) to air-condition.

refucilo NM (*And, Chi*) lightning.

refuerzo NM (*gen*) reinforcement; (*Téc*) support; **~s** (*Mil*) reinforcements.

refugiado / a ADJ, NM/F refugee.

refugiarse <1b> VR to take refuge; (*cobijarse*) to shelter (*en* in); (*esconderse*) to go into hiding; **en un país vecino** to flee to a neighbouring *o* (*US*) neighboring country.

refugio NM (*gen*) refuge, shelter; (*asilo*) asylum; (*Rel*) sanctuary; **acogerse a un ~** to take refuge, shelter (*en* in); **~ alpino** *o* **de montaña** mountain hut; **~ antiaéreo / atómico** *o* **nuclear** air-raid / fallout shelter; **~ subterráneo** (*Mil*) underground shelter, dugout.

refulgencia NF brilliance, refulgence.

refulgente ADJ brilliant, refulgent.

refulgir <3c> VI to shine (brightly).

refundición NF [a] (*Téc*) recasting. [b] (*Lit*) new version, adaptation.

refundir <3a> VT [a] (*Téc*) to recast. [b] (*Lit etc*) to adapt, rewrite.

refunfuñar <1a> VI to growl, grunt; (*quejarse*) to grumble.

refunfuñón / ona (*fam*) [1] ADJ grumpy. [2] NM/F grouch (*fam*).

refusilo NM (*And, Chi*) lightning.

refutable ADJ refutable.

refutación NF refutation.

refutar <1a> VT to refute.

regadera NF [a] watering can. [b] (*Méx*) shower. [c] (*fam*) **estar como una ~** to be crazy.

regadío NM: **de ~** irrigated; (*tb* **tierra de ~**) irrigated land; **cultivo de ~** crop that grows on irrigated land.

regaladamente ADV (*vivir*) in luxury; **comer ~** to eat extremely well.

regalado ADJ [a] (*de lujo*) of luxury; (*cómodo*) comfortable, pleasant; (*pey*) soft. [b] (*gratis*) free, given away; **me lo dio medio ~** he gave it to me for a song; **no lo quiero ni ~** I wouldn't have it at any price.

regalar <1a> [1] VT [a] to give (as a present); (*entregar*) to give away; **~ algo a algn** to give sb sth, make sb a present of sth; **están regalando plumas** they're giving pens away.

b (*persona*) to flatter; (*pey*) to indulge, pamper; **~ a algn con un banquete** to entertain sb to a dinner; **le regalaron con toda clase de atenciones** they lavished attentions on him.

2 **regalarse** VR to indulge o pamper o.s.

regalía NF **a** **~s** (*Hist*) royal prerogatives. **b** (*fig*) privilege, prerogative. **c** (*esp LAm*: *regalo*) gift, present; (: *tb* **~s**: *Com*: *plus*) bonus.

regaliz NM liquorice, licorice.

regalo NM **a** (*obsequio*) gift, present; **~ de boda** wedding present; **entrada de ~** complimentary ticket; **libro de ~** free book. **b** (*fig*) pleasure; (*de comida*) treat, delicacy; **es un ~ para el oído** it's a treat to listen to; **un ~ del cielo** a godsend. **c** (*comodidad*) luxury, comfort.

regalón ADJ **a** (*mimado*) spoiled, pampered; (*persona*) comfort-loving. **b** (*vida*) of luxury, comfortable; (*pey*) soft, easy.

regalonear<1a> VT (*CSur*: *mimar*) to spoil, pamper.

regañadientes: a ~ ADV unwillingly, reluctantly.

regañado ADJ: **estar ~ con algn** to be at odds with sb.

regañar<1a> **1** VT to scold, tell off. **2** VI **a** (*persona*) to grumble, grouse (*fam*). **b** (*dos personas*) to fall out, quarrel.

regañón ADJ grumbling; (*mujer*) nagging.

regar<1h, 1j> VT **a** (*gen*) to water; (*irrigar*) to irrigate; (*la calle*) to spray, hose down; **~ la garganta** to spray one's throat. **b** (*Geog*: *río*) to water. **c** (*fig*) to sprinkle, scatter; **iba regando monedas** he was dropping money all over the place.

regata[1] NF (*Agr*) irrigation channel.

regata[2] NF (*Náut*) race.

regate NM **a** swerve, dodge; (*Dep*) dribble. **b** (*fig*) dodge, ruse.

regatear[1]<1a> VI (*Náut*) to race.

regatear[2]<1a> **1** VT **a** (*Com*: *objeto*) to haggle over, bargain over.

b (*economizar*) to be mean with, economize on; **aquí regatean el vino** they are mean with their wine; **no hemos regateado esfuerzos para terminarlo** we have spared no effort to finish it.

c (*fig*) to deny, refuse to allow; **no le regateo buenas cualidades** I don't deny his good qualities.

2 VI **a** (*Com*) to haggle, bargain; (*fig*) to bicker. **b** (*esquivar*) to swerve, dodge; (*Dep*) to dribble.

regateo NM (*V vi*) **a** haggling, bargaining. **b** (*Dep*) dribbling.

regazo NM lap.

regencia NF regency.

regeneración NF regeneration.

regenerar<1a> VT to regenerate.

regenta NF the wife of the regent.

regentar<1a> VT **a** (*cátedra*) to occupy, hold; (*puesto*) to hold temporarily; (*fig*: *dirigir*) to guide, preside over; (: *negocio*) to be in charge of. **b** (*fam*) to domineer, boss.

regente **1** ADJ **a** (*príncipe*) regent. **b** (*director*) managing. **2** NMF **a** (*Pol*) regent. **b** (*de fábrica*) manager. **3** NM (*Méx Admin*) mayor.

regiamente ADV regally.

regicida NMF (*persona*) regicide.

regicidio NM (*acto*) regicide.

régimen NM (*pl* **regímenes**) **a** (*Pol*) régime; (*reinado*) rule; **antiguo ~** ancien régime; **bajo el ~ del dictador** under the dictator's régime o rule. **b** (*Med*) diet; **estar a ~** to be on a diet; **poner a algn a ~** to put sb on a diet. **c** (*reglas*) (set of) rules; (*manera de vivir*) way of life; **prisión de ~ abierto** open prison; **viviendas en ~ de alquiler** homes for rent; **he cambiado de ~ (de vida)** I have changed my whole way of life.

regimiento NM **a** administration, government. **b** (*Mil*) regiment. **c** (*LAm fam*: *gentío*) mass, crowd.

regio **1** ADJ **a** royal, regal. **b** (*fig*: *suntuoso*) splendid, majestic. **c** (*And*, *CSur*: *fam*) great, terrific (*fam*). **2** INTERJ (*LAm fam*) great!, fine!

regiomontano/a **1** ADJ of o from Monterrey. **2** NM/F native o inhabitant of Monterrey.

región NF (*gen*) region; (*área*) area, part.

regional ADJ regional.

regionalismo NM regionalism.

regionalista ADJ, NMF regionalist.

regir <3c, 3k> **1** VT **a** (*país*) to rule, govern; (*colegio*) to run, be in charge of; (*empresa*) to manage, run.

b (*Econ*, *Jur*, *Ling*) to govern; **los factores que rigen los cambios del mercado** the factors which govern o control changes in the market.

2 VI **a** (*Jur*: *estar en vigor*) to be in operation, apply; (*precio*) to be in force; (*condición*) to prevail, obtain; **esa ley ya no rige** that law no longer applies; **el mes que rige** the present o current month; **cuando estas condiciones ya no rijan** when these conditions no longer obtain.

b (*fam*) **no ~** to have a screw loose (*fam*), be not all there (*fam*).

3 **regirse** VR: **~ por** to be ruled o guided by, go by.

registrado ADJ registered; (*Méx Correos*: *certificado*) registered.

registrador NM (*Admin*) registrar.

registrar <1a> **1** VT **a** (*buscar*) to search; (: *en cajón*) to look through; (*inspeccionar*) to inspect; **lo hemos registrado todo de arriba abajo** we have searched the whole place from top to bottom.

b (*anotar*) to register, record.

c (*Mús*) to record; **~ la voz en una cinta** to record one's voice on tape.

2 **registrarse** VR to register; (*ocurrir*) to happen; **se han registrado algunos casos de tifus** a few cases of typhus have been reported; **el cambio que se ha registrado en su actitud** the change which has occurred in his attitude.

registro NM **a** (*acción*) registration, recording.

b (*libro*) register; (*Inform*) record; **~ de casamientos/de defunciones** register of marriages/of deaths; **~ electoral** voting register, electoral roll; **~ de entradas/salidas** visitors book; **~ de nacimientos** register of births; **firmar el ~** to sign the register.

c (*lista*) list, record; **~ de erratas** list of errata.

d (*entrada*) entry (in a register).

e (*oficina*) registry, record office; **~ civil** ≈ registry office, ≈ county clerk's office (*US*); **~ de patentes y marcas** patents office; **~ de la propiedad** land registry (office).

f (*búsqueda*) search; (*inspección*) survey, inspection; **~ domiciliario** house search; **~ policíaco** police search; **practicar un ~** to make a search (*en* of).

g (*Mús*: *grabación*) recording; **es un buen ~ de la sinfonía** it is a good recording of the symphony.

h (*Mús*: *timbre*) register; (: *del órgano*) stop; (: *del piano*) pedal; **tocar todos los ~s** (*fig*) to pull out all the stops.

i (*Téc*) manhole.

regla NF **a** (*instrumento*) ruler; **~ de cálculo** slide rule; **~ (en) T** T-square.

b (*gen*) rule; (*ley*) rule, regulation; (**~ científica**) law, principle; **~s del juego** rules of the game; **~s de la circulación** traffic regulations; **~s de oro** golden rules; **~s para utilizar una máquina** instructions for the use of a machine; **no hay ~ sin excepción** every rule has its exception; **en ~** in order; **es un español en toda ~** he's a real Spaniard, he's a Spaniard through and through; **hacer algo en toda ~** to do sth properly; **poner algo en ~** to put sth straight; **saber las cuatro ~s** to know the four R's; **no tenía los papeles en ~** his papers were not in order; **por ~ general** generally, as a rule; **salir de ~** to overstep the mark.

c (*menstruación*) period.

d (*fig*) moderation, restraint; **comer con ~** to eat in moderation.

reglamentación NF **a** (*acción*) regulation. **b** (*reglas*) rules *pl*, regulations *pl*.

reglamentar<1a> VT to regulate.

reglamentario ADJ regulation *atr*, set; (*estatuario*) statutory; (*apropiado*) proper, due; **en el traje ~** in the regulation dress; **en la forma ~a** in the properly established way.

reglamento NM (*reglas*) rules *pl*, regulations *pl*; (*municipal*) by-law; (*de profesión*) code of conduct; **~ de aduana** customs regulations; **~ del tráfico** highway code; **pistola de ~** standard issue pistol.

reglar<1a> VT [a] (*papel*) to rule. [b] (*acciones*) to regulate.

regleta NF (*Tip*) space.

regocijado ADJ jolly, cheerful.

regocijar <1a> [1] VT to gladden, cheer (up); **un chiste que regocijó a todos** a joke which made everyone laugh; **la noticia regocijó a la familia** the news delighted the family, the news filled the family with joy.

[2] **regocijarse** VR [a] (*alegrarse*) to rejoice, be glad (*de, por* about, at).

[b] (*reírse*) to laugh; **~ con un chiste** to laugh at a joke.

[c] (*pasarlo bien*) to have a good time.

[d] (*pey*) to exult; **~ por la mala suerte de otro** to delight in somebody else's misfortune.

regocijo NM [a] joy, happiness. [b] (*pey*) gloating (*por* over). [c] **~s** festivities, celebrations; **~s navideños** Christmas festivities; **~s públicos** public rejoicings.

regodearse <1a> VR [a] (*bromear*) to joke, have fun. [b] (*deleitarse*) to be glad *o* delighted; (*pey*) **~ con** *o* **en** to gloat over. [c] (*LAm fam*) to be fussy, be hard to please.

regodeo NM [a] (*broma*) joking. [b] (*deleite*) delight; (*pey*) perverse pleasure.

regordete ADJ (*persona*) chubby, plump; (*manos etc*) fat.

regresar<1a> [1] VT (*LAm*) to give back, return. [2] VI (*venir*) to return, come back; (*irse*) to return, go back. [3] **regresarse** VR (*LAm*) = **2**.

regresión NF regression; (*fig*) retreat; (*revés*) backward step; (*caída*) fall, decrease.

regresivo ADJ (*movimiento*) backward; (*fig*) regressive, backward; (*descendente*) downward.

regreso NM return; **viaje de ~** return trip, homeward journey; **emprender el ~ a** to return to, come back to; **estar de ~** to be back, be home.

regto. ABR *de* **regimiento** Regt., Rgt.

reguero NM [a] (*Agr*) irrigation ditch. [b] (*señal*) track; (*de sangre*) trickle; (*de humo*) trail; **propagarse como un ~ de pólvora** to spread like wildfire.

regulable ADJ adjustable.

regulación NF regulation; (*Mec*) adjustment; (*control*) control; **~ de empleo** dismissal, redundancy; **~ de la natalidad** birth control; **~ del tráfico** traffic control; **~ del volumen sonoro** (*Rad*) volume control.

regulador NM (*Mec*) regulator, throttle; (*Rad etc*) control, button; **~ de intensidad** dimmer (switch); **~ del volumen sonoro** volume control.

regular [1] ADJ [a] (*gen*) regular; (*normal*) normal, usual; (*común*) ordinary; (*organizado*) orderly, well-organized; **a intervalos ~es** at regular intervals; **tiene un latido ~** it has a regular beat.

[b] (*mediano*) medium, average; (*pey*) so-so, not too bad; **es una novela ~** it's an average sort of novel; **de tamaño ~** medium-sized, fair-sized; **¿qué tal la fiesta? - ~** what was the party like? - it was O.K. *o* all right *o* not too bad.

[c] **por lo ~** as a rule, generally.

[2] ADV (*fam*) **estar ~** to be all right, be so-so; **¿qué tal estás? ~** how are you? so-so *o* all right *o* can't complain.

[3] <1a> VT [a] to regulate, control; (*suj: ley*) to govern; (*tráfico, precio*) to control.

[b] (*Mec*) to adjust, regulate; (*reloj*) to put right.

regularidad NF regularity; **con ~** regularly.

regularización NF regularization.

regularizar<1f> VT to regularize.

regularmente ADV regularly.

regurgitación NF regurgitation.

regurgitar<1a> VT to regurgitate.

regusto NM aftertaste.

rehabilitación NF [a] rehabilitation; (*en cargo*) reinstatement. [b] (*Arquit*) restoration; (*Mec*) overhaul.

rehabilitar <1a> VT [a] to rehabilitate; (*en cargo*) to reinstate. [b] (*Arquit*) to restore, renovate; (*Mec*) to over-

haul.

rehacer <2r> [1] VT [a] (*volver a hacer*) to redo, do again; (*repetir*) to repeat.

[b] (*recrear*) to remake; (*reparar*) to mend, repair; (*renovar*) to renew, do up.

[2] **rehacerse** VR (*Med*) to recover; **~ de** to get over, recover from.

rehén NM hostage.

rehilete NM [a] (*flecha*) dart. [b] (*Dep: volante*) shuttlecock.

rehogar<1h> VT (*Culin*) to sauté, toss in oil.

rehuir<3g> VT to shun, avoid.

rehusar<1a> VT, VI to refuse; **~ hacer algo** to refuse to do sth.

reimplantar<1a> VT to re-establish, reintroduce.

reimpresión NF reprint(ing).

reimprimir<3a> VT to reprint.

reina [1] NF (*tb Ajedrez*) queen; **~ de belleza** beauty queen; **~ de la fiesta** carnival queen; **~ madre** queen mother. [2] ATR: **la prueba ~** the main event.

reinado NM reign; **bajo el ~ de** in the reign of.

reinante ADJ (*Lit*) reigning. [b] (*fig*) prevailing.

reinar <1a> VI [a] (*Pol*) to reign, rule. [b] (*fig*) to reign; (: *prevalecer*) to prevail, be general; **reinan las bajas temperaturas** there are low temperatures everywhere; **reina una confusión total** total confusion reigns; **entre la población reinaba el descontento** there was widespread discontent among the population.

reincidencia NF relapse (*en* into).

reincidente NMF recidivist, persistent offender.

reincidir<3a> VI to relapse (*en* into); (*criminal*) to repeat an offence *o* (*US*) offense.

reincorporarse<1a> VR: **~ a** to rejoin.

reineta [1] ADJ: **manzana ~** pippin. [2] NF pippin.

reingresar<1a> VI: **~ en** to re-enter.

reinicializar<1a> VT (*Inform*) to reset, reboot.

reino NM kingdom; **el R~ Unido** the United Kingdom.

reinstalar<1a> VT to reinstall; (*persona*) to reinstate.

reinstaurar<1a> VT to restore.

reintegración NF [a] (*a cargo*) reinstatement (*a* in). [b] (*Fin*) refund, repayment. [c] (*vuelta*) return (*a* to).

reintegrar<1a> [1] VT [a] to reintegrate.

[b] (*persona*) to reinstate (*a* in).

[c] (*Fin*) **~ a algn una cantidad** to refund *o* pay back a sum to sb; **le han reintegrado todos sus gastos** he has been reimbursed in full for all his expenses.

[d] (*dinero*) to pay back.

[e] (*documento*) to attach a fiscal stamp to.

[2] **reintegrarse** VR: **~ a** to return to.

reintegro NM [a] refund, reimbursement; (*en banco*) withdrawal. [b] (*de lotería*) return of one's stake.

reintroducir<3n> VT to reintroduce.

reinversión NF reinvestment.

reinvertir<3i> VT to reinvest.

reír<3l> [1] VT to laugh at; **todos le ríen los chistes** everybody laughs at his jokes.

[2] VI to laugh; **el que ríe el último, ríe más fuerte** *o* **mejor** he who laughs last laughs longest; **no me hagas ~** (*iró*) don't make me laugh; V **echar 2 (b)**.

[3] **reírse** VR [a] to laugh (*con, de* about, at, over); **~ de algn** to laugh at sb's jokes; **~ de algn** to laugh at sb, make fun of sb; **todos se ríen con sus chistes** everybody laughs at his jokes; **¿se ríe Ud de mí?** are you laughing at me?; **¡déjeme que me ría!** that's a good one!

[b] (*fam*) to tear, come apart; **la chaqueta se me ríe por los codos** my jacket is getting very worn at the elbows.

reiteradamente ADV repeatedly.

reiterado ADJ repeated.

reiterar<1a> VT to reiterate, reaffirm; (*repetir*) to repeat.

reiterativo ADJ reiterative; (*pey*) repetitive, repetitious.

reivindicación NF [a] (*demanda*) claim (*de* to). [b] (*de reputación*) vindication. [c] (*Jur*) recovery.

reivindicar <1g> VT [a] (*reclamar*) to claim (the right to), claim as of right; **~ un atentado** to claim responsibility for an attack. [b] (*reputación*) to vindicate; (*restaurar*) to restore. [c] (*Jur*) to recover.

reivindicativo ADJ (*movimiento, acto, plataforma*) protest *atr*; **adoptar una postura más ~a** to be more aggressive in one's demands.

reja NF a grating, grid; (*de ventana*) bars, grille; **estar entre ~s** to be behind bars. b (*Agr*) **~ del arado** ploughshare, plowshare (*US*).

rejado NM grille, grating.

rejego ADJ (*Méx fam: persona: rebelde*) wild, rebellious.

rejilla NF a grating, grille; (*Rad*) grille; (*de equipaje*) luggage rack; (*de horno*) gridiron; (*de ventilador*) vent; (*muebles*) wickerwork; **silla de ~** wicker chair. b (*braserillo*) small stove, footwarmer.

rejo NM a (*punta*) spike, sharp point. b (*LAm: látigo*) whip; (: *soga*) cattle rope.

rejón NM pointed iron bar, spike; (*Taur*) lance.

rejoneador(a) NM/F (*Taur*) mounted bullfighter who uses the lance.

rejonear <1a> (*Taur*) 1 VT to wound the bull with the lance. 2 VI to fight the bull on horseback with the lance.

rejuvenecer <2d> 1 VT to rejuvenate. 2 **rejuvenecerse** VR to be rejuvenated, become young again.

relación NF a relation, relationship (*con* to, with); **la ~ entre X y Z** the relationship between X and Z; **con** o **en ~ a** in relation to, compared with; **un aumento del 3 por ciento con ~ al año anterior** an increase of 3% over the previous year.

b **~es** relations, relationship; **~es (amorosas)** courting, courtship; **~es formales** engagement; **~es ilícitas** illicit sexual relations; **llevan varios meses de ~es** they've been going out for some months; **A está en** o **tiene ~es con B** A and B are going out together; **sus ~es con el jefe** his relations with the boss; **buenas ~es** good relations; **tener buena ~ calidad/precio** (*Com*) to be good value for money; **~es carnales** sexual relations; **~es comerciales** business connections, trade relations; **~ costo-efectivo** o **costo-rendimiento** (*Com*) cost-effectiveness; **~es empresariales** industrial relations; **~es humanas** human relations; (*como departamento, profesión*) personnel management; **~es públicas** public relations; **estar en buenas ~es con** to be on good terms with; **mantener ~es con** to keep in touch with; **romper las ~es con** to break off relations with.

c **~es** (*personas conocidas*) acquaintances; (*enchufes*) influential friends, connections; **para eso conviene tener ~es** for that it helps to have contacts.

d (*Mat*) ratio; **en una ~ de 7 a 2** in a ratio of 7 to 2; **~ real de intercambio** terms of trade; **no guardar ~ alguna con** to bear no relation whatsoever to.

e (*narración*) account, report; (*Teat*) long speech; **hizo una larga ~ de su viaje** he gave a lengthy account of his trip.

f (*lista*) list.

relacionado ADJ a related; **un tema ~ con Lorca** a subject that has to do with Lorca; **A está íntimamente ~ con B** A is closely connected with B. b **una persona ~a** (*LAm*) o **bien ~a** a well-connected person.

relacionar <1a> 1 VT to relate (*con* to), connect (*con* with).

2 **relacionarse** VR a **es hombre que se relaciona** (*LAm*) he's a man with (powerful) connections. b (*dos cosas*) to be connected, be related. c **~ con algn** to get to know sb. d **en lo que se relaciona a** as for, with regard to.

relajación NF a relaxation; (*disminución*) slackening, loosening. b (*Med*) hernia, rupture. c (*fig: moral*) laxity, looseness.

relajado ADJ a relaxed; (*vida*) dissolute, loose. b (*Med*) ruptured.

relajante 1 ADJ (*gen*) relaxing; (*Med*) sedative. 2 NM sedative.

relajar <1a> 1 VT a (*gen*) to relax; (*aflojar*) to slacken, loosen.

b (*fig: moralmente*) to weaken, corrupt.

2 **relajarse** VR a (*V vt (a)*) to relax; to slacken off, loos-

en.

b (*Med*) **~ un tobillo** to sprain one's ankle; **~ un órgano** to rupture an organ.

relajo NM (*esp LAm*) a (*acción inmoral*) immoral act. b (*ruido*) row, din. c (*burla*) rude joke; (*escarnio*) derision; **echar algo a ~** to make fun of sth; **¡que ~!** (*fam*) what a row o mess! d (*fam: relajación*) relaxation; (: *descanso*) rest, break.

relamer <2a> 1 VT to lick repeatedly.

2 **relamerse** VR a (*tb* **~ los labios**) to lick one's lips. b (*fig*) **~ con algo** to relish the prospect of sth; (*pey*) to gloat over the prospect of sth. c (*gloriarse*) to brag.

relamido ADJ (*afectado*) affected; (*pulcro*) overdressed.

relámpago 1 NM (flash of) lightning; (*fig*) flash; **~ difuso** sheet lightning; **como un ~** as quick as lightning, in a flash. 2 ADJ lightning; **guerra ~** blitzkrieg; **visita/viaje ~** lightning visit/trip.

relampaguear <1a> VI to flash; **relampagueó toda la noche** there was lightning all night.

relanzar <1f> VT a (*plan etc*) to relaunch. b (*ataque*) to repel, repulse.

relatar <1a> VT to relate, tell.

relativamente ADV relatively.

relatividad NF relativity.

relativizar <1f> VT to play down, (seek to) diminish the importance of.

relativo ADJ relative; **en lo ~ a** concerning.

relato NM (*narración*) story, tale; (*informe*) account, report.

relax [re'las] NM (*Esp*) a (*sosiego*) (state of) relaxation; (*descanso*) rest, break. b (*euf*) sexual services; **'R~'** (*anuncio*) 'Massage'.

relegación NF a relegation. b (*Hist*) exile, banishment.

relegar <1h> VT a to relegate; **~ algo al olvido** to banish sth from one's mind. b (*Hist*) to exile, banish.

relente NM night dew.

relevante ADJ outstanding.

relevar <1a> VT to relieve; **~ a algn de una obligación** to relieve sb of a duty, free sb from an obligation; **~ a algn de hacer algo** to free sb from the obligation to do sth; **~ a algn de un cargo** to relieve sb of his post; **ser relevado de su mando** to be relieved of one's command; **~ la guardia** to relieve the guard.

relevo NM a relief, change. b (*Dep*) **~s** relay (race); **100 metros ~s** 100 m relay.

relicario NM a (*Ecl*) shrine, reliquary. b (*medallón*) locket.

relieve NM a (*Arte, Téc*) relief; **alto ~** high relief; **bajo ~** bas-relief. b (*importancia*) importance, prominence; **un personaje de ~** an important man; **dar ~ a** to give prominence to, bring out; **poner algo de ~** to emphasize (the importance of).

religión NF religion; (*piedad*) religiousness, piety; **entrar en ~** to take vows, enter a religious order.

religiosa NF nun.

religiosamente ADV religiously.

religiosidad NF piety; (*fig*) religiousness.

religioso 1 ADJ religious. 2 NM monk.

relinchar <1a> VI to neigh, snort.

reliquia NF a relic; **~s** relics, remains; (*vestigios*) traces, vestiges; **~ de familia** heirloom, family treasure. b (*Med*) **~s** after-effects.

rellano NM (*Arquit*) landing.

rellena NF (*Col, Méx: morcilla*) black pudding.

rellenable ADJ refillable, reusable.

rellenar <1a> VT a (*volver a llenar*) to refill, replenish; (*Aer etc*) to refuel. b (*llenar*) to fill up; (*Culin*) to stuff (*de* with); (*Cos*) to pad; (*formulario etc*) to fill in o out.

relleno 1 ADJ (*hinchado*) packed, stuffed (*de* with); (*lleno*) full up (*de* of); (*Culin*) stuffed.

2 NM filling; (*Arquit*) plaster filling; (*Culin*) stuffing; (*Cos*) padding; (*Mec*) packing; **frases** *etc* **~ de** padding, stuffing.

reloj [re'lo] NM clock; (*de pulsera*) watch; (*Téc*) clock, meter; **~ de arena** sandglass; **~ automático** timer, timing mechanism; **~ de caja** o **de pie** grandfather clock; **~**

despertador alarm clock; **~ de estacionamiento** parking meter; **~ de pulsera** wristwatch; **~ registrador** time clock; **~ de sol** sundial; **como un ~** like clockwork; **contra (el) ~** against the clock.

relojería NF [a] (*arte*) watchmaking, clockmaking. [b] (*tienda*) watchmaker's (shop). [c] (*tb* **aparato de ~**) clockwork; **bomba de ~** time bomb; **mecanismo de ~** timing device.

relojero NM watchmaker, clockmaker.

reluciente ADJ [a] shining, brilliant; (*joyas*) glittering, sparkling. [b] (*persona*) healthy-looking.

relucir <3f> VI [a] to shine; (*joyas*) to glitter, sparkle. [b] **sacar algo a ~** (*tema*) to bring sth up, mention sth.

relumbrante ADJ brilliant, dazzling; (*deslumbrante*) glaring.

relumbrar <1a> VI to dazzle; (*deslumbrar*) to glare.

relumbrón NM [a] flash. [b] (*fig*) flashiness, ostentation; **joyas de ~** flashy jewellery *o* (*US*) jewelry; **vestirse de ~** to dress ostentatiously.

remachar <1a> VT [a] (*Téc: metales*) to rivet. [b] (*fig*) to hammer home, stress.

remache NM [a] (*Téc*) rivet. [b] (*acción*) riveting.

remaduro ADJ (*LAm*) overripe.

remanente [1] ADJ remaining; (*Com*) surplus. [2] NM remainder; (*Com, Fin*) balance; (*de producto*) surplus.

remanso NM [a] (*en río*) pool. [b] (*fig*) quiet place; **un ~ de paz** an oasis of peace.

remar <1a> VI [a] to row. [b] (*fig*) to toil, struggle.

remarcable ADJ (*esp LAm*) remarkable.

remarcar <1g> (*esp LAm*) VT to notice, observe; (*señalar*) to point out; (*subrayar*) to emphasize, underline.

rematadamente ADV terribly, hopelessly; **es ~ tonto** he's utterly stupid.

rematado ADJ hopeless, complete; **es un loco ~** he's a raving lunatic.

rematar <1a> [1] VT [a] (*gen*) to finish off; (*animal*) to shoot dead, kill instantly. [b] (*fig: trabajo etc*) to finish off, bring to a conclusion; (*Cos*) to cast off. [c] (*Com*) to sell off cheap (to clear). [d] (*LAm: comprar*) to buy at an auction; (: *vender*) to sell at auction. [2] VI [a] to end, finish off; **remató con un par de chistes** he finished with a couple of jokes. [b] **~ en** to end in, come to; **fue una broma que remató en tragedia** it was a joke which ended in tragedy. [c] (*Dep*) to shoot; **~ de cabeza** to head the ball.

remate NM [a] (*acción*) finishing (off); (*matanza*) killing off. [b] (*cabo*) end; (*punta*) tip, point; (*Arquit*) top. [c] (*fig*) finishing touch; **para ~** to crown it all, on top of all that; **como ~** finally, as a finishing touch; **poner ~ a** to cap; **de ~ = rematado.** [d] (*Com: postura*) highest bid. [e] (*Com: venta*) sell-off; (: *en subasta*) sale (by auction) (*esp LAm*) auction.

remecer <2d> [1] VT (*LAm*) to shake; (*agitar*) to wave. [2] **remecerse** VR to rock, swing (to and fro).

remedar <1a> VT to imitate, copy; (*pey*) to ape; (*para burlarse*) to ape, mimic.

remediable ADJ that can be remedied; **fácilmente ~** easy to remedy, easily remedied.

remediar <1b> VT [a] (*gen*) to remedy; (*subsanar*) to make good, repair; (*compensar*) to make up for; (*corregir*) to correct, put right; **llorando no remedias nada** you won't do any good by crying; **a ver si lo remediamos** let's see if we can do anything about it. [b] (*necesidades*) to meet, help with; (*persona*) to help (out); (*persona en peligro*) to help, save. [c] (*evitar*) to avoid, prevent; **sin poder ~lo** without being able to prevent it.

▼**remedio** NM [a] (*gen*) remedy (*contra* against); (*ayuda*) help; **~ casero** ordinary remedy, simple domestic remedy; **~ heroico** drastic action; **como último ~** as a last resort; **sin ~** (*adj*) inevitable; (*adv*) inevitably; **no se podía encontrar ni para un ~** it couldn't be had for love nor money; **¡ni por un ~!** not on your life!; **no hay más ~** there's no alternative; **¡si no hay más ~, iré!** well, if I have to, I'll go!; **no hay más ~ que operarle** the only

thing is to operate on him; (**él**) **no tiene ~** he's hopeless, he's past redemption; **no tener más ~ que ir** to have no alternative but to go; **poner ~ a un abuso** to correct an abuse. [b] (*alivio*) relief, help; **buscar ~ en su aflicción** to look for some relief in one's distress.

remedo NM imitation, copy; (*pey*) parody.

rememorar <1a> VT (*Lit*) to remember, recall.

remendar <1j> VT [a] (*ropa*) to darn, mend, repair; (*con parche*) to patch. [b] (*fig*) to correct.

remendón ADJ: **zapatero ~** cobbler.

remera NF (*Arg: camiseta*) T-shirt.

remesa NF remittance; (*Com*) shipment.

remesar <1a> VT (*dinero*) to remit, send; (*bienes*) to send, ship.

remeter <2a> VR to put back; (*camisa*) to tuck in.

remezón NM (*LAm*) earth tremor, slight earthquake.

remiendo NM [a] mending, repairing; (*con parche*) patching. [b] (*gen*) mend, darn; (*parche*) patch; **echar un ~ a** to darn; (*poner un parche*) to patch, put a patch on. [c] (*fig*) correction.

remilgado ADJ prudish, prim; (*afectado*) affected.

remilgo NM [a] prudery, primness; (*afectación*) affectation. [b] (*mueca*) smirk; **el no hace ~s a ninguna clase de trabajo** he won't turn up his nose at any kind of work.

reminiscencia NF reminiscence.

remirado ADJ (*prudente*) cautious, circumspect, careful; (*pey*) overcautious.

remise NM: **auto de ~** (*Arg*) hire car.

remisión NF [a] sending; (*esp LAm: Com*) shipment, consignment. [b] (*al lector*) reference (*a* to). [c] (*aplazamiento*) postponement. [d] (*disminución: tb Med*) remission. [e] (*Rel*) forgiveness, remission.

remiso ADJ [a] slack, slow; **estar** *o* **mostrarse ~ a hacer algo** to be reluctant to do sth, be unwilling to do sth. [b] (*movimiento*) slow, sluggish.

remisor(a) NM/F (*LAm Com*) sender.

remite NM name and address of sender (*written on back of envelope*).

remitente NMF (*Correos*) sender.

remitir <3a> [1] VT [a] (*gen*) to send; (*dinero*) to remit; (*Com*) to send, ship. [b] (*lector*) to refer (*a* to). [c] (*aplazar*) to postpone. [d] **~ una decisión a algn** to leave a decision to sb. [e] (*Rel*) to forgive, pardon. [2] VI (*disminuir*) to slacken, let up.

remo NM [a] oar; **andar al ~** (*fig*) to be hard at it; **cruzar un río a ~** to row across a river; **pasaron los cañones a ~** they rowed the guns across. [b] (*Dep*) rowing; **practicar el ~** to row. [c] (*Anat fam*) limb. [d] (*fig*) toils, hardships.

remoción NF (*esp LAm*) removal; (: *cese*) dismissal.

remodelación NF remodelling, remodeling (*US*); (*renovación*) refurbishment; (*Aut*) restyling; (*Pol*) reshuffle, restructuring; **~ ministerial** cabinet reshuffle.

remodelar <1a> VT to remodel; (*Pol*) to reshuffle, restructure.

remojar <1a> VT [a] to steep, soak (*en* in); (*galleta*) to dip (*en* in, into); (*mojar*) to soak, drench (*con* with). [b] (*fam*) to celebrate with a drink.

remojo NM [a] (*V vt a*) steeping, soaking; dipping; soaking, drenching; **dejar la ropa en ~** to leave clothes to soak; **poner algo a ~** to leave sth to soak. [b] (*LAm: regalo*) gift, present; (: *propina*) tip.

remojón NM soaking, drenching; **darse un ~** (*fam*) to go in for a dip.

remolacha NF beet(root); **~ azucarera** sugar beet.

remolcador NM (*Náut*) tug; (*Aut*) breakdown lorry, tow truck (*US*).

remolcar <1g> VT to tow.

remoler <2h> [1] VT (*LAm fam*) to annoy, bug (*fam*). [2] VI (*CSur, And*) (*fam*) to live it up (*fam*).

remolinar(se) <1a>, **remolinear(se)** <1a> = **arremolinarse.**

remolino NM **a** (*gen*) whirl; (*en río*) whirlpool; (*viento*) whirlwind. **b** (*de pelo*) tuft, cow's lick. **c** (*de gente*) crowd. **d** (*fig*) commotion.

remolón/ona **1** ADJ lazy. **2** NM/F slacker, shirker.

remolonear<1a> VI to slack, shirk.

remolque NM **a** (*acción*) towing; **a ~** on tow, being towed; **llevar un coche a ~** to tow a car; **lo hizo a ~** (*fig*) he did it reluctantly; **dar ~ a** to tow. **b** (*cabo*) towrope.

remontar<1a> **1** VT **a** to mend, repair.
 b (*río*) to go up.
 c (*obstáculo*) to negotiate, get over.
 2 **remontarse** VR **a** to rise, soar.
 b (*Fin*) **~ a** to amount to.
 c (*en tiempo*) **~ a** to go back to; **este texto se remonta al siglo XI** this text dates from o back to the 11th century.

remoquete NM (*apodo*) nickname.

rémora NF hindrance.

remorder <2h> **1** VT to disturb, distress; (*conciencia*) to prick; **me remuerde el haberle tratado así** it is preying on my mind that I treated him like that. **2** **remorderse** VR to suffer o show remorse.

remordimiento NM (*tb* ~s) remorse, regret; **tener ~s** to feel remorse, suffer pangs of conscience.

remotamente ADV vaguely.

remoto ADJ remote; **¡ni por lo más ~!** not on your life!

remover <2h> VT **a** to stir; (*tierra*) to turn over, dig up; (*objetos*) to move round; (*ensalada*) to toss; (*humores*) to disturb, upset; **~ el pasado** to stir up the past; **~ un asunto** to go into a matter. **b** (*apartar*) to remove. **c** (*esp LAm: cesar*) to dismiss.

remozar<1f> VT to rejuvenate; (*fig*) to brighten up, polish up.

remplazar *etc* = **reemplazar** *etc*.

remuneración NF remuneration.

remunerado ADJ: **trabajo mal ~** badly-paid job.

remunerar<1a> VT to remunerate; (*premiar*) to reward.

renacentista ADJ Renaissance *atr*.

renacer <2d> VI **a** to be reborn; (*Bot*) to appear again, come up again. **b** (*fig*) to revive; **hacer ~** to revive; **sentían ~ la esperanza** they felt new hope.

renaciente ADJ renascent.

renacimiento NM rebirth, revival; **R~** Renaissance.

renacuajo NM **a** (*Zool*) tadpole. **b** (*fam*) shrimp; (*pey*) runt, little squirt (*fam*).

renal ADJ renal, kidney *atr*.

Renania NF Rhineland.

rencilla NF (*disputa*) quarrel; **~s** arguments, bickering *sg*.

rencilloso ADJ quarrelsome.

renco ADJ lame.

rencor NM (*amargura*) rancour, rancor (*US*), bitterness; (*resentimiento*) ill feeling, resentment; (*malicia*) spitefulness; **guardar ~** to bear malice, have a grudge (*against*).

rencoroso ADJ **a** (*ser*) spiteful, nasty. **b** (*estar*) resentful, bitter.

rendición NF **a** (*Mil*) surrender. **b** (*Fin*) yield, profit(s).

rendido ADJ (*sumiso*) submissive; (*cansado*) worn-out; (*enamorado*) devoted.

rendidor ADJ (*LAm*) highly productive o profitable.

rendija NF **a** (*hendedura*) crack, cleft; (*abertura*) aperture. **b** (*fig*) rift, split. **c** (*en ley etc*) loophole.

rendimiento NM **a** (*Mec*) efficiency, performance; (*de una máquina*) output. **b** (*Fin*) yield, profit(s). **c** (*sumisión*) submissiveness; (*devoción*) devotion. **d** (*agotamiento*) exhaustion.

rendir<3k> **1** VT **a** (*vencer*) to defeat, conquer.
 b (*producir*) to produce; (*dar utilidad*) to yield.
 c (*cansar*) to exhaust, tire out; **le rindió el sueño** he was overcome by sleep.
 d (*dominar*) to dominate.
 e (*devolver*) to give back, return; (*Mil: ciudad*) to surrender; (: *la guardia*) to hand over.
 f **~ homenaje a** to pay tribute to; **~ las gracias** to give thanks; **~ culto a** to worship.
 2 VI **a** to yield, produce; **el negocio no rinde** the business doesn't pay; **la finca rinde para mantener a 8 familias** the estate produces enough to keep 8 families.
 b (*dar resultados*) to give good results; (*arroz*) to swell up.
 3 **rendirse** VR **a** (*ceder*) to yield (*a* to); (*Mil*) to surrender; (*entregarse*) to give o.s. up; **~ a la razón** to yield to reason; **¡me rindo!** I give in!
 b (*cansarse*) to wear o.s. out.

renegado/a ADJ, NM/F renegade.

renegar <1h, 1j> **1** VT **a** (*negar*) to deny vigorously, deny repeatedly.
 b (*detestar*) to abhor, detest.
 2 VI **a** (*apostatar*) to go over to the other side.
 b **~ de** (*renunciar*) to renounce, give up; **~ de su familia** to disown one's family; **reniego de ti** I want nothing more to do with you.
 c **~ de** (*detestar*) to abhor, detest.
 d (*blasfemar: fam*) to curse, swear; (: *Rel*) to blaspheme.
 e (*quejarse*) to protest, complain (*de* about, at).

renegrido ADJ very black o dark.

RENFE, Renfe NF ABR (*Ferro*) de **Red Nacional de los Ferrocarriles Españoles** ≈ BR (*Brit*).

renglón NM **a** line (of writing); **a ~ seguido** in the very next line; (*fig*) immediately after; **escribir unos ~es** to write a few lines o words; **leer entre ~es** to read between the lines. **b** (*Com*) item of expenditure.

renguear<1a> VI (*LAm*) to limp, hobble.

renguera NF (*LAm*) limp, limping.

reniego NM **a** (*juramento*) curse, oath; (*Rel*) blasphemy. **b** (*queja*) grumble, complaint.

reno NM reindeer.

renombrado ADJ renowned, famous.

renombrar<1a> VT (*Inform*) to rename.

renombre NM (*fama*) renown, fame; **de ~** renowned, famous.

renovable ADJ renewable.

renovación NF **a** renewal; **~ espiritual** spiritual renewal. **b** (*Arquit*) renovation. **c** (*Pol*) reorganization, transformation.

renovado ADJ renewed, redoubled; **con ~a energía** with renewed energy.

renovar<1l> VT **a** (*gen*) to renew. **b** (*Arquit*) to renovate; (*sala*) to redecorate. **c** (*Pol*) to reorganize, transform.

renquear <1a> VI **a** to limp, hobble. **b** (*fam*) to get along, manage with difficulty.

renta NF **a** (*ingresos*) income; (*ganancia*) interest, return; **política de ~s** incomes o (*US*) income policy; **~ gravable** o **imponible** taxable income; **~ nacional/bruta nacional** national/gross national income; **~ no salarial** unearned income; **~s públicas** revenue; **~ sobre el terreno** ground rent; **~ del trabajo** earned income; **~ vitalicia** annuity; **tiene ~s particulares** she has a private income; **vivir de (las) ~s** to live on one's private income. **b** (*deuda*) public debt, national debt. **c** (*esp LAm: alquiler*) rent.

rentabilidad NF profitability.

rentabilizar <1f> VT to make (more) profitable; (*sacar provecho de*) to exploit to the full; (*pey*) cash in on.

rentable ADJ profitable; **no ~** unprofitable; **la línea ya no es ~** the line is no longer economic (to run).

rentar<1a> VT **a** (*Com*) to produce, yield. **b** (*LAm*) to let, rent out; **'rento casa'** 'house to let'.

rentista NMF **a** (*accionista*) stockholder; (*que vive de sus rentas*) rentier. **b** (*especialista*) financial expert.

renuencia NF **a** (*de persona*) unwillingness, reluctance. **b** (*de materia*) awkwardness.

renuente ADJ **a** (*persona*) unwilling, reluctant. **b** (*materia*) awkward, difficult.

renuncia NF renunciation; (*de empleado*) resignation.

renunciar<1b> VT (*tb* **~ a:** *derecho*) to renounce (*en* in favour of), surrender; (*plan, vicio*) to give up; (*puesto, responsabilidad*) to resign; (*tabaco etc*) to give up; **~ a hacer algo** to give up doing sth.

reñido ADJ **a** bitter; **un partido ~** a hard-fought game; **en lo más ~ de la batalla** in the thick of the fight. **b** **estar ~ con algn** to be on bad terms with sb; **está ~**

con su familia he has fallen out with his family.
reñir <3h, 3k> ⟨1⟩ VT ⟨a⟩ (regañar) to scold; (reprender) to tell off, reprimand (por for).
⟨b⟩ (batalla) to fight, wage.
⟨2⟩ VI (disputar) to quarrel, fall out (con with); (pelear) to fight, come to blows; **ha reñido con su novio** she's fallen out with her boyfriend; **se pasan la vida riñendo** they spend their whole time quarrelling o (US) quarreling; **riñeron por cuestión de dinero** they quarrelled o (US) quarreled about o over money.
reo NMF culprit, offender; (Jur) accused, defendant; **~ de muerte** person under sentence of death.
reoca NF: **es la ~** (Esp fam: bueno) it's the tops (fam); (: malo) it's the pits (fam).
reojo: de ~ ADV: **mirar a algn de ~** to look at sb out of the corner of one's eye; (con recelo) to look askance at sb.
reorganización NF reorganization.
reorganizar <1f> VT to reorganize.
reorientación NF (V vt) reorientation; readjustment.
reorientar <1a> VT to re-orientate; (reajustar) to readjust.
Rep ABR de **República** Rep.
repanchigarse <1h> VR, **repantigarse** <1h> VR to lounge, sprawl, loll (back).
repanocha NF (fam) **¡eres la ~!** you're unbelievable!; **¡aquello fue la ~!** it was unbelievable!
reparable ADJ repairable.
reparación NF ⟨a⟩ (acción) repairing, mending. ⟨b⟩ (Téc) repair; **'~es en el acto'** 'repairs while you wait'; **efectuar ~es en** to carry out repairs to. ⟨c⟩ (fig) amends, reparation.
reparar <1a> ⟨1⟩ VT ⟨a⟩ (Téc) to repair, mend, fix.
⟨b⟩ (energías etc) to repair, restore.
⟨c⟩ (ofensa) to make amends for; (suerte) to retrieve; (daño, pérdida) to make good.
⟨d⟩ (golpe) to parry.
⟨e⟩ (observar) to observe, notice.
⟨2⟩ VI ⟨a⟩ **~ en** (darse cuenta de) to observe, notice; **no reparó en la diferencia** he didn't notice the difference; **sin ~ en que ya no funcionaba** without noticing it didn't work any more.
⟨b⟩ **~ en** (poner atención en) to pay attention to, take heed of; (considerar) to consider; **no ~ en las dificultades** to take no heed of the difficulties; **repara en lo que vas a hacer** reflect on what you are going to do; **sin ~ en los gastos** regardless of the cost; **no ~ en nada** to stop at nothing.
⟨c⟩ (LAm: caballo) to rear, buck.
⟨3⟩ **repararse** VR to restrain o.s.
reparo NM ⟨a⟩ (Téc) repair; (Arquit) restoration.
⟨b⟩ (escrúpulo) scruple, qualm; **no tuvo ~ en hacerlo** he did not hesitate to do it. ⟨c⟩ (objeción) observation; (crítica) criticism; (duda) doubt; **poner ~s** to raise objections (a to); (criticar) to criticize, express one's doubts; (pey) to find fault (a with).
repartición NF ⟨a⟩ distribution; (división) sharing out, division. ⟨b⟩ (CSur Admin) government department.
repartida NF (LAm) = **repartición (a)**.
repartidor NM distributor; **~ de leche** milkman; **~ de periódicos** paperboy.
repartija NF (LAm pey) (rough) share-out, carve-up (fam).
repartir <3a> ⟨1⟩ VT (dividir entre varios) to divide (up), share (out); (distribuir) to distribute, give out; (país) to partition; (libros) to give out, hand out; (comida) to serve out; (correo) to deliver; (naipes) to deal; (golpes) to deliver, dish out (fam); **el premio está muy repartido** the prize is shared among many.
⟨2⟩ **repartirse** VR to be distributed, be shared out.
reparto NM ⟨a⟩ (gen) distribution; (división) sharing out, division; (de correo, Com) delivery; (Teat) cast(ing); **'~ a domicilio'** 'home delivery service'. ⟨b⟩ (LAm: solar) building site; (: barrio) suburb.
repasador NM (CSur) dishcloth.
repasar <1a> VT ⟨a⟩ (lugar) to pass (by) again. ⟨b⟩ **~ la plancha por una prenda** to give a garment another iron. ⟨c⟩ (Cos) to sew (up). ⟨d⟩ (Mec) to check, overhaul. ⟨e⟩ (cuenta) to check; (texto, lección) to revise; (apuntes) to

go over again.
repaso NM review, revision; (inspección) check; (Cos) mending; (Mec) checkup, overhaul; (lectura) rapid reading, quick rereading; **~ general** general overhaul; **curso de ~** refresher course; **dar un ~ a una lección** to revise a lesson; **los técnicos daban el último ~ al cohete** the technicians were giving the rocket a final check.
repatear <1a> VT: **ese tío me repatea** (Esp fam) that guy gets on my wick o turns me right off (fam).
repatriación NF repatriation.
repatriado/a ⟨1⟩ ADJ repatriated. ⟨2⟩ NM/F repatriate, repatriated person.
repatriar <1b> ⟨1⟩ VT to repatriate; (criminal) to deport.
⟨2⟩ **repatriarse** VR to return home, go back to one's own country.
repecho NM sharp gradient, steep slope; **a ~** uphill.
repelencia NF (esp LAm) revulsion, disgust.
repelente ADJ ⟨a⟩ repellent, repulsive. ⟨b⟩ (fam: persona) annoying.
repeler <2a> ⟨1⟩ VT ⟨a⟩ (enemigo) to repel, drive back; (persona) to push away.
⟨b⟩ **el material repele el agua** the material is waterproof o water-resistant.
⟨c⟩ (idea, oferta) to reject.
⟨d⟩ (fig) to repel, disgust.
⟨2⟩ **repelerse** VR: **los dos se repelen** the two are (mutually) incompatible.
repelús NM (fam) inexplicable fear; **me da ~** it gives me the willies o shivers (fam).
repensar <1j> VT to rethink, reconsider.
repente NM ⟨a⟩ sudden movement, start; (fig) sudden impulse; **~ de ira** fit of anger. ⟨b⟩ **de ~** (de pronto) suddenly; (sin preparación) unexpectedly.
repentinamente ADV: **torcer ~** to turn sharply, make a sharp turn; V tb **repente (b)**.
repentino ADJ (súbito) sudden; (imprevisto) unexpected.
repentizar <1f> VI (Mús) to sight-read.
repera NF: **es la ~** (fam) it's the tops (fam).
repercusión NF (lit, fig) repercussion; **de amplia** o **de ancha ~** far-reaching, of profound effects; **tener ~(es) en** to have repercussions on.
repercutir <3a> ⟨1⟩ VI ⟨a⟩ (objeto) to rebound, bounce off; (sonido) to echo. ⟨b⟩ (fig) **~ en** to have repercussions on, have effects on. ⟨2⟩ **repercutirse** VR to reverberate.
repertorio NM ⟨a⟩ (lista) list, index. ⟨b⟩ (Teat) repertoire.
repesca NF (Univ) repeat (exam).
repetición NF ⟨a⟩ repetition; (reaparición) recurrence.
⟨b⟩ (Teat) encore. ⟨c⟩ **fusil de ~** repeater rifle.
repetidamente ADV repeatedly.
repetido ADJ repeated; (numeroso) numerous; **el tan ~ aviso** the oft-repeated warning; **~as veces** repeatedly, over and over again; **en ~as ocasiones** on countless occasions.
repetidor NM (Rad, TV) booster (station).
repetir <3k> ⟨1⟩ VT (gen) to repeat; (redecir) to say again; (rehacer) to do again; (Teat) to give as an encore, sing etc again; **le repito que es imposible** I repeat that it is impossible; **los niños repiten lo que hacen las personas mayores** children imitate adults; **las cebollas me repiten** onions repeat on me.
⟨2⟩ VI (comiendo) to have a second helping; **el pepino repite mucho** cucumber keeps repeating on you.
⟨3⟩ **repetirse** VR ⟨a⟩ to repeat o.s.
⟨b⟩ (suceso) to recur.
repetitivo ADJ repetitive.
repicar <1g> ⟨1⟩ VT ⟨a⟩ (carne) to chop up finely. ⟨b⟩ (campanas) to ring. ⟨c⟩ (fam) **~ gordo un acontecimiento** to celebrate an event in style. ⟨2⟩ **repicarse** VR to boast (de about, of).
repintar <1a> ⟨1⟩ VT to repaint. ⟨2⟩ **repintarse** VR to pile the make-up on.
repipi ADJ (afectado) affected; (esnob) posh, lah-di-dah, stuck-up (fam); **es una niña ~** she's a little madam.
repique NM ⟨a⟩ (Mús) peal(ing), ringing. ⟨b⟩ (fam) tiff, squabble.
repiquetear <1a> ⟨1⟩ VT ⟨a⟩ (campanas) to peal joyfully,

ring merrily. **b** (*tambor*) to tap, beat rapidly. **2** VI **a** (*Mús*) to peal out, ring. **b** (*máquina*) to clatter. **3** **repiquetearse** VR (*fam*) to squabble.

repiqueteo NM V **repiquetear** peal(ing), tapping; clatter.

repisa NF ledge, shelf; ~ **de chimenea** mantelpiece; ~ **de ventana** windowsill.

replantear <1a> **1** VT (*cuestión*) to raise again, reopen. **2** **replantearse** VR to reconsider; **me lo estoy replanteando** I'm thinking it over again.

replegable ADJ folding, that folds (up).

replegar<1h, 1j> **1** VT (*plegar*) to fold over; (: *de nuevo*) to fold again, refold. **2** **replegarse** VR (*Mil*) to withdraw, fall back.

repleto ADJ **a** replete, full up; ~ **de** filled with, crammed with; **el cuarto estaba** ~ **de gente** the room was jammed with people. **b** **estar** ~ to be full up (*with food*). **c** (*aspecto*) well-fed.

réplica NF **a** (*respuesta*) answer; **derecho de** ~ right of reply; ~**s** backchat *sg*. **b** (*Arte*) replica, copy.

replicar <1g> VI to answer, retort; (*objetar*) to argue, answer back; **¡no repliques!** don't answer back!, I don't want any backchat!

replicón ADJ (*fam*) argumentative; (*descarado*) cheeky.

repliegue NM **a** fold, crease. **b** (*Mil*) withdrawal, retirement.

repoblación NF (*gente*) repopulation, repeopling; ~ **forestal** (re)afforestation.

repoblar <1l> VT (*país*) to repopulate; (*río*) to restock; (*Bot*) to plant trees on.

repollo NM cabbage.

reponer <2q> (*pp* **repuesto**) **1** VT **a** to replace, put back; (*persona*) to reinstate; (*surtido*) to replenish. **b** (*Teat*) to revive, put on again; (*TV*) to repeat. **c** (*replicar*) to reply. **2** **reponerse** VR (*recuperarse*) to recover; ~ **de** to recover from, get over.

repóquer NM (*tb* ~ **de ases**) four aces *pl*.

reportaje NM report, article; ~ **gráfico** illustrated report.

reportar <1a> **1** VT **a** (*traer*) to bring, carry; **esto le habrá reportado algún beneficio** this will have brought him some benefit; **la cosa no le reportó sino disgustos** the affair brought him nothing but trouble. **b** (*conseguir*) to obtain. **c** (*fig*) to check, restrain. **d** (*LAm*) to report. **2** **reportarse** VR **a** (*contenerse*) to control o.s.; (*calmarse*) to calm down; **¡repórtate!** control yourself! **b** (*Méx: presentarse*) to turn up.

reporte NM (*esp CAm, Méx*) report, piece of news.

reportear <1a> VT (*LAm: entrevistar*) to interview; (*fotografiar*) to photograph (for the press).

repórter NM, **reportero(a)** NM/F reporter.

reposacabezas NM INV headrest.

reposado ADJ (*tranquilo*) quiet; (*descansado*) gentle, restful; (*lento*) unhurried, calm.

reposapiés NM INV footrest.

reposaplatos NM INV table mat.

reposar <1a> **1** VT: ~ **la comida** to let one's meal go down, settle one's stomach. **2** VI to rest, repose; (*dormir*) to sleep; (*muerto*) to lie, rest; **dejar** ~ (*Culin*) to leave to settle. **3** **reposarse** VR (*líquido*) to settle.

reposera NF (*CSur*) canvas (deck) chair.

reposición NF **a** replacement. **b** (*Fin*) reinvestment. **c** (*Teat*) revival; (*TV*) repeat.

repositorio NM repository.

reposo NM rest, repose; ~ **absoluto** (*Med*) complete rest.

repostada NF (*LAm*) rude reply, sharp answer.

repostar <1a> **1** VT (*surtido*) to replenish, renew; ~ **combustible** *o* **gasolina** (*Aer*) to refuel; (*Aut*) to fill up (with petrol). **2** VI to refuel. **3** **repostarse** VR to replenish stocks, take on supplies;

~ **de combustible** to refuel.

repostería NF **a** (*tienda*) confectioner's (shop), cake shop. **b** (*arte*) confectionery. **c** (*depósito*) larder, pantry.

repostero/a **1** NM/F confectioner, pastry cook. **2** NM (*And, Chi: despensa*) pantry, larder.

reprender <2a> VT to reprimand, tell off; (*niño*) to scold; ~ **algo a algn** to criticize sb over sth.

reprensión NF V **reprender** reprimand, telling-off; scolding.

represa NF **a** dam; (*lago artificial*) lake, pool; ~ **de molino** millpond. **b** (*fig*) check, stoppage.

represalia NF reprisal; **como** ~ **por** as a reprisal for; **tomar** ~**s** to take reprisals, retaliate (*contra* against).

represar <1a> VT **a** (*Náut*) to recapture. **b** (*Pol*) to repress; (*detener*) to check, put a stop to; (*contener*) to restrain. **c** (*agua*) to dam (up); (*fig*) to stem.

representación NF **a** (*gen*) representation; ~ **proporcional** proportional representation; **en** ~ **de** representing; **por** ~ by proxy. **b** (*Teat*) performance; (*del actor*) playing, acting; **una serie de 350** ~**es** a run of 350 performances. **c** (*fig*) importance, standing; **hombre de** ~ man of some standing. **d** (*Com*) **tener la** ~ **exclusiva de un producto** to be sole agent for a product. **e** (*Inform*) ~ **visual** display.

representante NMF **a** (*Pol*) representative; (*Com*) agent, representative. **b** (*Teat*) performer, actor/actress.

representar <1a> **1** VT **a** (*gen*) to represent; (*a otra persona*) to act for; (*simbolizar*) to stand for, symbolize. **b** (*Teat: obra*) to perform, put on; (: *papel*) to act, play. **c** (*edad*) to look; **representa unos 55 años** he looks about 55; **ella no representa los años que tiene** she doesn't look her age. **d** (*detalles*) to state, explain; ~ **una dificultad a algn** to explain a snag to sb. **e** (*significar*) to mean; **tal acto representaría la guerra** such an act would mean war. **f** (*implicar*) to represent, stand for; **representa mucho esfuerzo** it means a lot of effort. **2** **representarse** VR: ~ **una escena** to imagine *o* picture a scene; ~ **una solución** to envisage a solution; **se me representa la cara que pondrá** I can just imagine what a face he'll pull.

representativo ADJ representative.

represión NF repression; (*supresión*) suppression.

represivo, **represor** ADJ repressive.

reprimenda NF reprimand, rebuke.

reprimido ADJ repressed.

reprimir <3a> **1** VT to repress; (*suprimir*) to suppress; (*refrenar*) to curb, check. **2** **reprimirse** VR: ~ **de hacer algo** to stop o.s. from doing sth.

reprise NF (*esp LAm Teat*) revival.

reprobable ADJ blameworthy, to be condemned.

reprobación NF reproval, reprobation; (*culpa*) blame; (*condenación*) condemnation; **escrito en** ~ **de ...** written in condemnation of ....

reprobador ADJ reproving, disapproving.

reprobar <1l> VT **a** to reprove, condemn; (*culpar*) to blame; (*reprochar*) to reproach. **b** (*LAm Escol: suspender*) to fail.

réprobo ADJ (*Rel*) damned.

reprochar <1a> **1** VT to reproach; (*censurar*) to condemn, censure; ~ **algo a algn** to reproach sb for sth. **2** **reprocharse** VR to reproach o.s.

reproche NM reproach (*a* for); **es un** ~ **a su honradez** it is a reflection on his honesty; **nos miró con** ~ he looked at us reproachfully.

reproducción NF reproduction.

reproducir <3n> **1** VT to reproduce; (*Bio*) to reproduce, breed. **2** **reproducirse** VR **a** to reproduce; (*Bio*) to breed. **b** (*condiciones*) to be reproduced; (*suceso*) to happen again, recur.

reproductor **1** ADJ reproductive. **2** NM: ~ **de compact disc** *o* **de discos compactos** CD *o* compact disc player.

reptar <1a> VI to creep, crawl.

reptil **1** ADJ reptilian. **2** NM reptile.

república NF republic; **~ bananera** banana republic; **R~ Dominicana** Dominican Republic; **R~ Arabe Unida** United Arab Republic.
republicanismo NM republicanism.
republicano / a ADJ, NM/F republican.
repudiación NF repudiation.
repudiar <1b> VT (*violencia*) to repudiate; (*desconocer*) to disown; (*renunciar*) to renounce.
repudio NM repudiation.
repudrir <3a> **1** VT **a** to rot. **b** (*fig*) to gnaw at, eat up. **2 repudrirse** VR to eat one's heart out, pine away.
repuesto **1** PP *de* **reponer**.
2 NM **a** (*provisión*) stock, store; (*abastecimiento*) supply. **b** (*reemplazo*) replacement; (*de pluma*) refill. **c** (*Aut, Mec*) spare (part); **rueda de ~** spare wheel; **y llevamos otro de ~** and we have another as a spare o in reserve.
repugnancia NF **a** disgust, repugnance; (*aversión*) aversion (*hacia, por* to). **b** (*desgana*) reluctance; **lo hizo con ~** he was loathe to do it.
repugnante ADJ disgusting, revolting.
repugnar <1a> **1** VT **a** (*causar repugnancia*) to disgust, revolt; **ese olor me repugna** that smell revolts me; **me repugna tener que mirarlo** I hate having to watch it.
b (*odiar*) to hate, loathe; **siempre ha repugnado el engaño** he's always hated deceit.
2 VI to be disgusting, be revolting.
3 repugnarse VR to conflict, be in opposition; (*contradecirse*) to contradict each other; **las dos teorías se repugnan** the two theories contradict each other.
repujado ADJ (*cuero, metal*) embossed.
repujar <1a> VT to emboss, work in relief.
repulido ADJ **a** polished. **b** (*fig*) dressed up, dolled up.
repulir <3a> **1** VT **a** to polish up. **b** (*fig*) to dress up. **2 repulirse** VR (*fig*) to dress up, get dolled up.
repulsa NF (*de oferta, persona*) rebuff; (*censura*) condemnation.
repulsión NF **a** = **repulsa**. **b** (*aversión*) repulsion, disgust. **c** (*Fís*) repulsion.
repulsivo ADJ disgusting, revolting.
repuntar <1a> **1** VT (*LAm: ganado*) to round up.
2 VI **a** (*marea*) to turn.
b (*LAm: manifestarse*) to begin to show.
c (*LAm: río*) to rise suddenly.
3 repuntarse VR **a** (*vino*) to begin to sour, turn.
b (*persona*) to get cross o annoyed.
c (*dos personas*) to fall out, have a tiff.
repunte NM (*And Fin*) rise in share prices.
reputación NF reputation.
reputado ADJ (*tb* **muy ~**) highly reputed, reputable; **una colección ~a en mucho** a highly esteemed collection.
reputar <1a> VT to repute; (*estimar*) to esteem; (*considerar*) to deem, consider; **~ a algn de o por inteligente** to consider sb intelligent; **le reputan no apto para el cargo** they think him unsuitable for the post.
requebrar <1j> VT to flatter, compliment; (*flirtear*) to flirt with.
requemado ADJ (*V requemar*) scorched; parched; tanned.
requemar <1a> **1** VT **a** (*quemar*) to scorch; (*secar*) to parch, dry up; (*broncear*) to tan; (*Culin*) to overdo, burn; (*la lengua*) to burn, sting.
b (*sangre*) to inflame.
2 requemarse VR **a** (*V vt*) to scorch; to parch, dry up; to tan; to overdo, burn; to burn, sting; to inflame.
b (*fig*) to harbour o (*US*) harbor resentment.
requerimiento NM **a** (*pedido*) request; (*demanda*) demand; (*llamada*) summons; (*tb Jur*) **b** (*notificación*) notification.
requerir <3i> **1** VT **a** (*necesitar*) to need, require; **esto requiere cierto cuidado** this requires some care.
b (*pedir*) to request, ask, invite; **~ a algn que haga algo** to ask sb to do sth.
c (*ordenar*) to send for, call for; (*llamar a alguien*) to send for, summon; **el ministro requirió los documentos** the minister sent for his papers; **el ministro le requirió para que lo explicara** the minister summoned him to ex-

plain it.
d (*tb* **~ de amores**: *requebrar*) to court, woo.
2 VI: **~ de** (*esp LAm*) to need, require.
requesón NM cottage cheese.
requeté NM (*Hist*) Carlist militiaman.
requete... PREF (*fam*) extremely ...; **una chica ~guapa** an exceptionally nice-looking girl.
requiebro NM (*piropo*) compliment, flirtatious remark.
réquiem NM (*pl* **~s**) requiem.
requintar <1a> VT (*LAm: apretar*) to tighten.
requisa NF **a** (*inspección*) survey, inspection. **b** (*Mil*) requisition. **c** (*esp LAm: confiscación*) seizure, confiscation.
requisar <1a> VT **a** (*Mil*) to requisition. **b** (*esp LAm: confiscar*) to seize, confiscate. **c** (*esp LAm: registrar*) to search.
requisición NF **a** (*Mil*) requisition. **b** (*LAm*) seizure, confiscation.
requisito NM requirement, requisite; **~ previo** prerequisite; **cumplir los ~s** to fulfil o (*US*) fulfill the requirements; **cumplir los ~s para un cargo** to have the essential qualifications for a post.
requisitoria NF (*Jur*) summons.
res NF beast, animal.
resabiado ADJ (*persona*) knowing, crafty; (*caballo*) vicious.
resabiarse <1b> VR to acquire a bad habit, get into evil ways.
resabido ADJ **a** well known; **lo tengo sabido y ~** of course I know all that perfectly well. **b** (*persona*) pretentious, pedantic.
resabio NM **a** (*gusto malo*) unpleasant aftertaste; **tener ~s de** (*fig*) to smack of. **b** (*mala costumbre*) bad habit, vice.
resaca NF **a** (*Náut*) undertow, undercurrent. **b** (*de borrachera*) hangover. **c** (*reacción*) reaction, backlash; **la ~ blanca** the white backlash. **d** (*LAm fam: aguardiente*) high-quality liquor.
resacar <1g> VT (*LAm*) to distil.
resacoso ADJ (*fam*) hung-over (*fam*).
resalado ADJ lively.
resaltar <1a> VI **a** to jut out, stick out, project. **b** (*fig*) to stand out; **resalta mucho su belleza** she is outstandingly beautiful.
resalte, **resalto** NM projection.
resarcimiento NM (*pago*) repayment; (*compensación*) indemnification, compensation.
resarcir <3b> **1** VT (*pagar*) to repay; (*compensar*) to indemnify, compensate; **~ a algn de una cantidad** to repay sb a sum; **~ a algn de una pérdida** to compensate sb for a loss. **2 resarcirse** VR: **~ de** to make up for.
resbalada NF (*LAm: resbalón*) slip.
resbaladizo ADJ slippery.
resbalar <1a> VI, **resbalarse** VR **a** (*deslizar*) to slide, slither (*por* along, down); (*involuntariamente*) to slip (up) (*en, sobre* on); (*Aut*) to skid; **el embrague resbala** the clutch is slipping; **le resbalaban las lágrimas por las mejillas** tears were trickling down her cheeks. **b** (*fig*) to slip up, make a slip. **c** (*fam*) **me resbala** it leaves me cold; **las críticas le resbalan** criticism runs off him like water off a duck's back.
resbalón NM **a** (*acción*) slip; (*deslizamiento*) slide, slither; (*Aut*) skid. **b** (*fig*) slip, error; **dar un ~** to slip up.
resbaloso ADJ (*LAm*) slippery.
rescatar <1a> VT **a** (*cautivo*) to ransom; (*pueblo*) to recapture, recover. **b** (*salvar*) to save, rescue. **c** (*posesiones*) to get back, recover. **d** (*tiempo perdido*) to make up. **e** (*terreno*) to reclaim. **f** (*LAm Com*) to resell, act as a middleman for.
rescate NM **a** (*V rescatar*) ransom; recapture, recovery. **b** (*Com*) redemption. **c** (*salvación*) rescue; **operaciones de ~** rescue operations; **acudir al ~ de** to go to the rescue of. **d** (*dinero*) ransom.
rescindible ADJ: **contrato ~ por ambas partes** a contract that can be cancelled o (*US*) canceled by either side.

rescindir<3a> VT (*contrato*) to annul, rescind.

rescisión NF cancellation.

rescoldo NM [a] embers PL hot ashes *pl.* [b] (*fig*) doubt, scruple.

resecar[1] <1g> [1] VT (*secar*) to dry off, dry thoroughly; (*quemar*) to parch, scorch. [2] **resecarse** VR to dry up.

resecar[2] <1g> VT (*Med: remover*) to cut out, remove; (: *amputar*) to amputate.

resección NF (*Med*) resection.

reseco ADJ [a] very dry, too dry; (*desecado*) parched. [b] (*fig*) skinny, lean.

resentido ADJ resentful; (*amargo*) bitter; **es un ~** he's bitter, he feels hard done by.

resentimiento NM resentment; (*amargura*) bitterness.

resentirse <3i> VR [a] **~ con** o **por algo** to resent sth, feel bitter about sth. [b] (*debilitarse*) to be weakened, suffer; **con los años se resintió su salud** his health suffered o was affected over the years; **los cimientos se resintieron con el terremoto** the foundations were weakened by the earthquake. [c] **~ de** (*defecto*) to suffer from, labour o (*US*) labor under; (*consecuencias*) to feel the effects of; **me resiento todavía del golpe** I can still feel the effects of the injury.

reseña NF [a] outline, account; (*Lit*) review; (*Dep*) report (*de* on), account (*de* of). [b] (*descripción*) brief description.

reseñable ADJ (*destacado*) noteworthy, notable; (*digno de mencionar*) worth mentioning.

reseñar <1a> VT (*describir*) to describe; (*escribir*) to write up, write a brief account of; (*Lit*) to review; (*Dep*) to report on.

resero NM (*LAm*) cowboy, herdsman.

reserva [1] NF [a] (*gen*) reserve; (*Com*) reserve, stock; (*Mil*) reserve(s).
[b] (*en hotel, teatro etc*) reservation, booking; **la ~ de asientos no se paga** there is no charge for reserving seats; **~ de caja** o **en efectivo** o **en metálico** cash reserves; **~s de oro** gold reserves; **~s del Estado** government stock; **de ~** spare, reserve *atr*, emergency *atr*; **tener algo de ~** to have sth in reserve.
[c] (*discreción*) discretion, reticence; (*pey*) coldness, distance.
[d] (*cautela*) reservation; **con ciertas ~s** with certain reservations; **sin ~(s)** unreservedly; **~ de indios** Indian reservation; **~ natural** natural reserve.
[e] (*secreto*) privacy; **con ~** in confidence; **escribir con la mayor ~** to write in the strictest confidence; **'absoluta ~'** 'strictest confidence'.
[f] **a ~ de que ...** unless ..., unless it should turn out that ....
[2] NMF (*Dep*) reserve.

reservadamente ADV confidentially, privately.

reservado [1] ADJ (*gen*) reserved; (*discreto*) discreet, reticent; (*pey*) cold, distant; (*confidencial*) confidential, private. [2] NM (*en restaurante*) private room; (*Ferro*) reserved compartment.

reservar <1a> [1] VT (*gen*) to reserve; (*guardar*) to keep (in reserve), set aside; (*asientos*) to reserve, book; **~ en exceso** to overbook; **lo reserva para el final** he's keeping it till last; **ha reservado lo mejor para sí** he has kept the best part for himself.
[2] **reservarse** VR [a] to save o.s. (*para* for); **no bebo porque me reservo para más tarde** I'm not drinking because I'm saving myself for later on.
[b] (*encubrir*) to conceal; (*callar*) to keep to o.s.; **prefiero ~me los detalles** I prefer to keep the details to myself.

reservista NM reservist.

resfriado [1] ADJ [a] (*Arg fam*) indiscreet. [b] **estar ~** to have a cold. [2] NM cold; **coger un ~** to catch a cold.

resfriar <1c> [1] VT (*Med*) **~ a algn** to give sb a cold. [2] **resfriarse** VR [a] (*Med*) to catch (a) cold. [b] (*fig*) to cool off.

resfrío NM (*LAm Med*) cold.

resguardar <1a> [1] VT to protect, shield (*de* from). [2] **resguardarse** VR to defend o protect o.s.

resguardo NM [a] (*protección*) defence, defense (*US*), protection; **servir de ~ a algn** to protect sb. [b] (*Com*) voucher, certificate; (*garantía*) guarantee; (*recibo*) slip, receipt; **~ de consigna** cloakroom check.

residencia NF residence; (*Univ*) hall of residence, hostel; **~ para ancianos** o **jubilados** rest home, old folk's home; **~ sanitaria** hospital.

residencial [1] ADJ residential. [2] NF (*And, CSur*) boarding house, small hotel.

residenciar <1b> VT to investigate.

residente ADJ, NMF resident; **no ~** non-resident.

residir <3a> VI [a] to reside, live. [b] (*fig*) **~ en** to reside in, lie in; (*consistir en*) to consist in; **la autoridad reside en el gobernador** authority rests with the governor; **la dificultad reside en que ...** the difficulty lies in the fact that ....

residual ADJ residual, residuary; **aguas ~es** sewage.

residuo NM residue; (*Mat*) remainder; (*Quím*) residuum; **~s atmosféricos** fallout; **~s nucleares** nuclear waste; **~s tóxicos** toxic waste.

resignación NF resignation.

resignadamente ADV resignedly, with resignation.

resignado ADJ resigned.

resignar <1a> [1] VT to resign. [2] **resignarse** VR to resign o.s. (*a, con* to); **~ a hacer algo** to resign o.s. to doing sth.

resina NF resin.

resinoso ADJ resinous.

resistencia NF [a] (*gen*) resistance; **la R~** (*Pol*) the Resistance; **~ a la enfermedad** resistance to disease; **~ pasiva** passive resistance; **oponer ~ a** to resist, oppose. [b] (*del cuerpo*) endurance, stamina; (*fuerza*) strength; (*dureza*) strength, toughness; **carrera de ~** long-distance race; **el maratón es una prueba de ~** the marathon is a test of endurance; **los alpinistas necesitan mucha ~** mountaineers need lots of stamina o need to be very fit. [c] (*oposición*) opposition.

resistente ADJ (*gen*) resistant (*a* to); (*tela*) strong, tough; (*ropa*) hard-wearing; (*Bot*) hardy; **~ al calor** resistant to heat, heat-resistant; **hacerse ~** (*Med*) to build up a resistance (*a* to).

resistir <3a> [1] VT [a] (*peso*) to bear, support; (*presión*) to bear, withstand.
[b] (*ataque, tentación*) to resist; **resisto todo menos la tentación** I can resist anything but temptation.
[c] (*tolerar*) to put up with, endure; **no puedo ~ este frío** I can't bear o stand this cold; **no lo resisto un momento más** I'm not putting up with this a moment longer.
[d] **~le la mirada a algn** to stare sb out. [2] VI [a] (*gen*) to resist; (*luchar*) to struggle; (*combatir*) to put up a fight, fight back.
[b] (*durar*) to last, hold out; **el coche resiste todavía** the car is still going; **el equipo no puede ~ mucho tiempo más** the team can't last out much longer; **¿resistirá la silla?** will the chair stick it? [3] **resistirse** VR [a] = **2 (a)**.
[b] **~ a hacer algo** to refuse to do sth, resist doing sth; **no me resisto a citar algunos versos** I can't resist quoting a few lines; **me resisto a creerlo** I refuse to believe it.
[c] **se me resiste la química** I'm not very good at chemistry.

resol NM glare of the sun.

resolana NF (*LAm: resol*) glare of the sun; (*sitio*) sunspot.

resollar <1l> VI [a] (*respirar*) to breathe noisily; (*jadear*) to puff and blow. [b] (*fig*) **escuchar sin ~** to listen without saying a word in reply; **hace tiempo que no resuella** it's a long time since we heard from him.

resolución NF [a] (*decisión*) decision; **~ fatal** decision to take one's own life; **tomar una ~** to take a decision. [b] (*de un problema: acción*) solving; (: *respuesta*) solution; **el problema no tiene ~** there is no solution to the problem. [c] (*Pol*) resolution; (*moción*) motion; **~ judicial** legal ruling. [d] (*determinación*) resolve, determination; **obrar con ~** to act with determination, act boldly. [e] **en ~** in a word, in short, to sum up. [f] (*Inform*) **alta ~** high resolution.

resoluto ADJ = **resuelto 2**.

resolver <2h> (*pp* **resuelto**) **1** VT (*problema*) to solve, resolve; (*duda*) to settle; (*asunto*) to decide, settle.
2 VI **a** to resolve, decide; **~ a favor de algn** to resolve in sb's favour *o* (*US*) favor.
b **~ hacer algo** to resolve to do sth.
3 **resolverse** VR **a** (*problema*) to resolve itself, work out.
b **~ en** to be transformed into; **todo se resolvió en una riña más** in the end it came down to one more quarrel.
c (*decidir*) to decide, make up one's mind; **~ a hacer algo** to resolve to do sth; **~ por algo** to decide on sth; **hay que ~ por el uno o el otro** you'll have to make up your mind one way or the other.
resonancia NF **a** resonance; (*eco*) echo. **b** (*fig*) wide importance, widespread effect; **tener ~** to have repercussions, have a considerable effect.
resonante ADJ **a** resonant; (*sonoro*) ringing, resounding. **b** (*fig: éxito*) tremendous, resounding.
resonar <1l> VI to resound, ring (*de* with).
resondrar <1a> VT (*And, CSur: fam: regañar*) to tell off, tick off (*fam*).
resoplar <1a> VI **a** (*con ira*) to snort. **b** (*por cansancio*) to puff.
resoplido NM **a** (*respiración*) noisy breathing; (*jadeo*) puff, puffing; (*con ira*) snort; **dar ~s** to breathe heavily, puff; (*motor*) to chug, puff. **b** (*fig*) sharp answer.
resorte NM **a** spring. **b** (*elasticidad*) elasticity. **c** (*fig: medio*) means, expedient; (: *enchufe*) contact; (: *influencia*) influence; **tocar ~s** to pull strings. **d** (*gomita*) elastic band. **e** (*LAm: incumbencia*) concern; (: *fig*) province; **no es de mi ~** (*LAm fam*) it's not my concern *o* province.
respaldar <1a> **1** VT **a** (*fig*) to back, support; (*Inform*) to support.
b (*garantizar*) to ensure, guarantee.
2 **respaldarse** VR **a** to lean back, sprawl (*contra* against; *en* on).
b (*fig*) **~ con** *o* **en** to take one's stand on.
respaldo NM **a** (*de silla*) back; (*de cama*) head. **b** (*de documento*) back; **firmar al** *o* **en el ~** to sign on the back. **c** (*fig*) support, backing; (*LAm: ayuda*) help; (: *garantía*) guarantee.
▼**respectar** <1a> VT to concern, relate to; **por lo que respecta a** as for, with regard to.
respectivamente ADV respectively.
respectivo 1 ADJ respective. **2** PREP: **en lo ~ a** as regards, with regard to.
respecto NM: **al ~** on this matter; **a ese ~** in that respect; **no sé nada al ~** I know nothing about it; **(con) ~ a, ~ de** with regard to, in relation to.
respetabilidad NF respectability.
respetable ADJ respectable.
respetar <1a> VT to respect; **hacerse ~** to win respect.
respeto NM **a** respect, regard; (*consideración*) consideration; **~ a la opinión ajena** respect for somebody else's opinion; **~ de sí mismo** self-respect; **por ~ a** out of consideration for; **¡un ~!** show some respect!; **faltar al ~ a** to be disrespectful (*a* to); **perder el ~ a** to lose respect for. **b** (*miedo*) fear, wariness; **volar me impone mucho ~** I'm very wary of flying. **c** **~s** respects; **presentar sus ~s a** to pay one's respects to.
respetuoso ADJ respectful.
réspice NM **a** (*respuesta*) sharp answer, curt reply. **b** (*reprensión*) severe reprimand.
respingar <1h> VI (*vestido*) to ride up, curl up.
respingo NM **a** start, jump; **dar un ~** to start, jump. **b** (*fig*) gesture of disgust.
respingón ADJ (*nariz*) turned-up.
respiración NF **a** breathing; (*Med*) respiration; (*aliento*) breath; **~ artificial** *o* **mecánica** artificial respiration; **~ boca a boca** kiss of life, mouth-to-mouth resuscitation; **contener la ~** to hold one's breath; **llegar sin ~** to arrive exhausted; **sus arriesgados saltos cortaban la ~** her dangerous jumps took your breath away. **b** (*ventilación*) ventilation.
respiradero NM **a** (*Téc*) vent, valve. **b** (*fig*) respite,

breathing space.
respirar <1a> **1** VT **a** to breathe; (*inhalar*) to breathe in, inhale.
b (*fig*) to breathe easy, relax; **respira confianza** (*fig*) he oozes confidence; **¡ya puedo ~!** I can relax now!
2 VI **a** (*gen*) to breathe; **~ con dificultad** to breathe with difficulty, gasp for breath; **sin ~** without a break, without respite; **paramos durante 5 minutos para ~** we stopped for 5 minutes to get our breath back; **no dejar ~ a algn** to keep on at sb; **no ~** (*fig*) to say absolutely nothing; **estuvo escuchándole sin ~** he listened to him in complete silence; **los niños le miraban sin ~** the children watched him with bated breath.
b (*sala*) to be ventilated.
respiratorio ADJ respiratory.
respiro NM **a** breathing. **b** (*fig*) respite, breathing space; (*descanso*) rest; (*Com*) extension of time, period of grace; (*Jur*) suspension; **tomarse un ~** to take a breather *o* break.
resplandecer <2d> VI to shine; (*joyas*) to gleam, glitter; **~ de felicidad** to shine with happiness.
resplandeciente ADJ **a** shining; (*joyas*) gleaming, glittering. **b** (*fig*) radiant (*de* with).
resplandor NM brilliance, brightness; (*de joyas*) gleam, glitter.
responder <2a> **1** VT to answer, reply to.
2 VI **a** (*contestar*) to answer, reply; **~ a una pregunta** to answer a question.
b (*fig*) to reply, respond; **pero él responde con injurias** but he answers with insults.
c (*replicar*) to answer back.
d **~ a** (*situación, tratamiento*) to respond to; **la cápsula no responde a los mandos** the capsule is not obeying the controls; **pero no respondió al tratamiento** but he did not respond to the treatment.
e (*corresponder*) to correspond (*a* to); **~ a una descripción** to fit a description; **la obra no responde al título** the book is not what the title implies.
f **~ de** (*ser responsable*) to be responsible for, answer for; **yo no respondo de lo que hagan mis colegas** I am not responsible for what my colleagues may do; **yo no respondo de él** I cannot answer for him; **en estas circunstancias ¿quién responde?** who is responsible in these circumstances?
g **~ por algn** to vouch for sb.
respondón ADJ cheeky, mouthy (*US*).
responsabilidad NF responsibility; (*Jur*) liability; **~ ilimitada** (*Com*) unlimited liability; **~ solidaria** joint responsibility; **bajo mi ~** on my responsibility.
responsabilizar <1f> **1** VT **a** (*culpar*) to blame, hold responsible.
b **~ a algn** to make sb responsible, put sb in charge.
2 **responsabilizarse** VR to make o.s. responsible, take charge; **~ de un atentado** to claim responsibility for an attack.
responsable ADJ **a** responsible (*de* for); **la persona ~** the person in charge; **la policía busca a los ~s** the police are looking for the culprits; **hacer a algn ~** to hold sb responsible (*de* for); **hacerse ~ de algo** to assume responsibility for sth; **no me hago ~ de lo que pueda pasar** I take no responsibility for what may happen. **b** (*ante otro*) accountable, answerable; **ser ~ ante algn de algo** to be answerable to sb for sth.
responso NM (*Rel*) prayer for the dead.
responsorio NM (*Rel*) response.
respuesta NF answer, reply; (*reacción*) response.
resquebra(ja)dura NF crack, split.
resquebrajar <1a> **1** VT to crack, split. **2** **resquebrajarse** VR to crack, split.
resquemor NM (*fig*) resentment, bitterness.
resquicio NM **a** (*abertura*) chink, crack. **b** (*fig*) chance, possibility; **un ~ de esperanza** a glimmer of hope. **c** (*LAm: vestigio*) sign, trace.
resta NF (*sustracción*) subtraction.
restablecer <2d> **1** VT to re-establish; (*orden*) to restore. **2** **restablecerse** VR (*Med*) to recover.

restablecimiento NM re-establishment; (*restauración*) restoration; (*Med*) recovery.
restallar <1a> VI (*látigo*) to crack; (*papel*) to crackle; (*lengua*) to click.
restallido NM (*V restallar*) crack; crackle; click.
restante ADJ remaining; **lo ~** the rest, the remainder; **los ~s** the rest, those that are left (over).
restar <1a> **1** VT **a** to take away, reduce; (*descontar*) to deduct; (*Mat*) to take away, subtract (*de* from); **~ autoridad a algn** to take away authority from sb; **le restó importancia** he did not give it much importance. **b** (*Dep*: *pelota*) to return. **2** VI to remain, be left; **restan 3 días para terminarse el plazo** there are 3 days left before the period expires.
restauración NF restoration.
restaurador(a) **1** NM/F (*persona*) restorer. **2** NM: **~ de cabello** hair restorer.
restaurán [resto'ran], **restaurante** NM restaurant.
restaurar <1a> VT (*tb Inform*) to restore.
restitución NF return; (*restauración*) restoration.
restituir <3g> **1** VT **a** (*devolver*) to return, give back (*a* to). **b** (*restablecer*) to restore. **c** (*Arquit*) to restore. **2** **restituirse** VR: **~ a** to return to, go back to.
resto NM **a** rest, remainder; (*Mat*) remainder; **~s** remains; (*Culin*) leftovers, scraps; **~s humanos** human remains; **~s mortales** mortal remains. **b** (*Dep*: *de pelota*) return (of a ball); (: *persona*) receiver. **c** (*en el juego*) stake; **echar el ~** (*fam*) to stake all one's money; (*fig*) to go all out; **echar el ~ por hacer algo** to do one's utmost to do sth.
restorán NM (*LAm*) restaurant.
restregar <1h, 1j> VT (*con bruza*) to scrub; (*con trapo*) to rub (hard).
restricción NF restriction; (*limitación*) limitation; **~ mental** mental reservations; **~es eléctricas** electricity cuts; **sin ~ de** without restrictions as to; **hablar sin ~es** to talk freely.
restrictivo ADJ restrictive.
restringido ADJ restricted, limited.
restringir <3c> VT to restrict, limit (*a* to).
resucitación NF resuscitation.
resucitar <1a> **1** VT **a** to resuscitate, revive. **b** (*fig*) to revive; (*ley*) to resurrect. **2** VI **a** to revive, return to life. **b** (*fig*) to be resuscitated o resurrected.
resuello NM **a** (*aliento*) breath; (*respiración*) breathing; **corto de ~** short of breath; **sin ~** out of puff. **b** (*jadeo*) puff; (*respiración ruidosa*) wheeze. **c** **meter a algn el ~ en el cuerpo** to put the wind up sb.
resuelto **1** PP *de* **resolver**. **2** ADJ resolute, resolved, determined; (*audaz*) bold; (*firme*) steadfast; **estar ~ a algo** to be set on sth; **estar ~ a hacer algo** to be determined to do sth.
resulta NF result; **de ~s de** as a result of.
▼**resultado** NM result; (*conclusión*) outcome, sequel; (*efecto*) effect; **~s** (*Inform*) output; **dar ~** to produce results.
resultante ADJ resultant, consequential.
resultar <1a> VI **a** (*ser*) to be; (*llegar a ser*) to prove o turn out (to be); **si resulta (ser) verdadero** if it proves (to be) true; **el conductor resultó muerto** the driver was killed; **resultó (ser) el padre de mi amigo** he turned out to be my friend's father; **la casa nos resulta muy pequeña** we find the house very small; **resulta difícil decidir si ...** it is difficult to decide whether ...; **me está resultando fácil** I'm finding it easy; **resulta que ...** (*por consecuencia*) it follows that ...; (*parece que*) it seems that ...; **ahora resulta que no vamos** now it turns out that we're not going.
b **~ de** to result from; (*derivarse de*) to stem from; **~ en** to result in, produce; **de ese negocio resultaron 4 más** that deal led to four others.
c (*seguir*) to ensue; **con lo que después resultó** with what ensued, with what happened in consequence.
d (*salir bien*) to turn out well; **no resultó** it didn't work; **aquello no resultó muy bien** that didn't work out very well.

e (*Fin*) to cost, work out at, amount to; **la serie completa nos resultó en 50 dólares** the complete set cost us 50 dollars; **con unos y otros resultan a 80 pesetas** all together they amount to 80 pesetas.
f (*fam*) **~ hacer algo** to be best to do sth, be wise to do sth; **no resulta dejar el coche fuera** it's best not to leave the car outside.
g (*fam*: *agradar*) to look well; **esa corbata no resulta con ese traje** that tie doesn't go with the suit.
resultón ADJ (*fam*) **a** (*agradable*) pleasing; (*impresionante*) impressive, that makes a good impression. **b** (*hombre, mujer*) attractive (to the opposite sex).
resumen NM summary, résumé; **en ~** to sum up; (*brevemente*) in short.
resumidero NM (*LAm*) = **sumidero**.
resumir <3a> **1** VT (*recapitular*) to sum up; (*condensar*) to summarize; (*cortar*) to abridge, shorten. **2** **resumirse** VR **a** **la situación se resume en pocas palabras** the situation can be summed up in a few words. **b** (*asunto*) **~ en** to boil o come down to.
resurgimiento NM resurgence; (*fig*) revival.
resurgir <3c> VI **a** (*reaparecer*) to reappear, revive; (*resucitar*) to be resurrected. **b** (*fig*) to pick up again; (*Med*) to recover.
resurrección NF resurrection.
retablo NM altarpiece.
retacarse <1g> VR (*LAm*) to refuse to budge.
retacear <1a> VT (*And, CSur*: *dar*) to give (back) grudgingly.
retachar <1a> VT, VI (*LAm*) to bounce.
retaco NM (*fam*) **a** (*persona*) midget. **b** (*en billar*) short cue.
retacón ADJ (*And, CSur*: *fam*) short, squat.
retador(a) NM/F (*Dep*) challenger.
retaguardia NF rearguard; **estar o ir a o en ~** to bring up the rear; **3 millas a ~** 3 miles to the rear, 3 miles further back.
retahíla NF string, series; (*de injurias*) volley, stream.
retal NM remnant, piece left over.
retaliación NF (*LAm*) retaliation.
retama NF (*Bot*), **retamo** NM (*LAm Bot*) broom.
retar <1a> VT **a** (*desafiar*) to challenge. **b** (*Arg fam*: *regañar*) to tell off, tick off (*fam*).
retardado ADJ: **bomba de efecto ~** time bomb.
retardar <1a> VT to slow down, slow up; (*marcha*) to hold up; (*tren*) to delay, make late.
retardo NM delay.
retazo NM bit, piece; **~s** snippets, bits and pieces; **a ~s** in bits.
RETD NF ABR (*Esp Telec*) *de* **Red Especial de Transmisión de Datos**.
rete... PREF (*esp LAm*) very, extremely; **~bién** very well; **una persona ~fina** a terribly refined person (*fam*).
retemblar <1j> VI to shudder, shake (*de* at, with).
retemplar <1a> VT (*And, CAm, CSur*) to cheer up, revive.
retén NM **a** (*Téc*) stop, catch. **b** (*reserva*) reserve, store; **tener algo de ~** to have sth in reserve. **c** (*Mil*) reserves pl, reinforcements pl. **d** (*LAm*: *de policía*) (police) roadblock.
retención NF (*gen*) retention; (*Fin*) deduction, part (of pay *etc*) withheld; **~ fiscal** retention for tax purposes.
retener <2k> VT (*gen*) to retain; (*detener*) to keep (back), hold back; (*Fin*) to deduct; (*guardar*) to keep, hold on to; (*atención*) to hold; (*datos*) to withhold; **~ a algn preso** to keep sb in detention.
retenida NF guy-rope.
retentiva NF memory, capacity for remembering.
reticencia NF **a** (*sugerencia*) insinuation, (malevolent) suggestion. **b** (*engaño*) half-truth, misleading statement. **c** (*reserva*) reticence, reserve. **d** (*renuencia*) unwillingness, reluctance.
reticente ADJ **a** (*insinuador*) insinuating. **b** (*engañoso*) deceptive, misleading. **c** reticent, reserved. **d** (*reacio*) unwilling, reluctant; **se mostró ~ a aceptar** she was unwilling o reluctant to accept.

➤ EXPRESIONES GENERATIVAS: **resultado** → 7.2

retina NF retina.

retintín NM **a** tinkle, tinkling; (*de llaves*) jingle, jangle; (*en el oído*) ringing. **b** (*fig*) sarcastic tone; **decir algo con ~** to say sth sarcastically.

retinto ADJ (*esp LAm: tez*) very dark.

retirada NF **a** (*Mil*) retreat, withdrawal; **batirse en ~, emprender la ~** to retreat. **b** (*de dinero, embajador*) withdrawal. **c** (*refugio*) safe place, place of refuge.

retirado ADJ **a** (*vida*) quiet; (*lugar*) remote, secluded. **b** (*jubilado*) retired.

retirar <1a> **1** VT **a** (*gen*) to withdraw; (*quitar*) to take away, remove; (*mover*) to move away o back; (*la mano*) to draw back; (*jubilar*) to retire, pension off. **b** (*dinero*) to take out, withdraw; (*Aut: carnet*) to suspend, confiscate. **c** (*de circulación: moneda*) to withdraw (from circulation); (*permiso*) to cancel; (*Aut*) to suspend, confiscate, take away. **d** (*jubilar*) to retire, pension off. **2 retirarse** VR **a** (*moverse*) to move back, move away (*de from*); (*Mil*) to retreat, withdraw; **~ ante un peligro** to shrink back from a danger. **b** (*Dep*) to retire. **c** (*apartarse*) to withdraw from active life; (*jubilarse*) to retire (*de* from); **se retiró a vivir a Mallorca** he retired to Majorca; **cuando me retire de los negocios** when I retire from business. **d** (*después de cenar*) to retire (to one's room o to bed), go off to bed. **e** (*al teléfono*) to hang up; **¡no se retire!** hold the line!

retiro NM **a** (*acción: gen*) withdrawal; (*jubilación, tb Dep*) retirement. **b** (*situación*) retirement; **un oficial en ~** a retired officer. **c** (*Fin*) retirement pay, pension. **d** (*lugar*) quiet place, secluded spot; (*apartamiento*) seclusion; **vivir en el ~** to live in seclusion. **e** (*Rel*) retreat.

reto NM (*desafío*) challenge; (*amenaza*) threat.

retobado ADJ (*LAm: salvaje*) wild; (*: taimado*) sly, crafty.

retobar <1a> (*And, CSur*) VT (*forrar*) to line with leather o sacking u oilcloth; (*cubrir*) to cover with leather *etc*.

retobo NM (*LAm: forro*) lining; (*: cubierta*) covering.

retocar <1g> VT **a** (*dibujo, foto*) to touch up. **b** (*grabación*) to play back.

retomar <1a> VT to take up again.

retoñar <1a> VT **a** (*Bot*) to sprout, shoot. **b** (*fig*) to reappear, recur.

retoño NM **a** (*Bot*) sprout, shoot. **b** (*fam*) kid.

retoque NM (*acción*) touching-up; (*último trazo*) finishing touch.

retorcer <2d, 2h> **1** VT **a** (*gen*) to twist; (*manos, lavado*) to wring; **~le el pescuezo a algn** (*fam*) to wring sb's neck (*fam*). **b** (*fig: argumento*) to turn, twist. **2 retorcerse** VR **a** (*cordel*) to get into knots. **b** (*persona*) to writhe, squirm; **~ de dolor** to writhe in o squirm with pain; **~ de risa** to double up with laughter.

retorcido ADJ **a** (*estilo*) involved. **b** (*método, persona, mente*) crafty, devious.

retorcimiento NM (*V vt*) twisting; wringing; (*fig*) craftiness, deviousness.

retórica NF **a** rhetoric; (*pey*) affectedness. **b ~s** (*fam*) hot air, mere words.

retóricamente ADV rhetorically.

retórico ADJ rhetorical; (*pey*) affected, windy.

retornable ADJ returnable; **envase no ~** non-returnable empty.

retornar <1a> **1** VT **a** (*devolver*) to return, give back. **b** (*reponer*) to replace, return to its place. **c** (*mover*) to move back. **2** VI (*venir*) to return, come back; (*irse*) to return, go back.

retorno NM return; (*recompensa*) reward; **~ terrestre** (*Elec*) earth wire, ground wire (*US*); **~ del carro** (*Inform, Tip*) carriage return; **~ del carro automático** (*Inform*) wordwrap, word wraparound.

retorsión NF (*V vt*) twisting, wringing.

retortero NM: **andar al ~** to bustle about, have heaps of things to do; **andar al ~ por algo** to crave for sth; **andar**

al ~ por algn to be madly in love with sb; **llevar** o **traer a algn al ~** to have sb under one's thumb.

retortijón NM rapid twist; **~ de tripas** stomach cramp.

retostar <1l> VT to burn, overcook.

retozar <1f> VI to romp, frolic, frisk about.

retozón ADJ **a** playful, frisky. **b** (*risa*) bubbling.

retracción NF retraction.

retractable ADJ retractable.

retractar <1a> **1** VT to retract, withdraw. **2 retractarse** VR to retract, recant; **me retracto** I take that back.

retraer <2o> **1** VT (*uñas*) to draw in, retract. **2 retraerse** VR to withdraw, retire (*de* from); **~ a** to take refuge in; **~ de** (*fig*) to withdraw from; (*evitar*) to avoid, shun.

retraído ADJ shy, reserved; (*frío*) aloof, unsociable.

retraimiento NM **a** (*acción*) withdrawal, retirement; (*aislamiento*) seclusion. **b** (*cualidad*) shyness, reserve; (*frialdad*) aloofness.

retransmisión NF repeat (broadcast), rebroadcast; **~ en diferido/directo** delayed/live transmission.

retransmitir <3a> VT (*recado*) to relay, pass on; (*Rad, TV*) to repeat, retransmit; (*: en vivo*) to broadcast live.

retrasado/a **1** ADJ **a** late; (*atrasado*) behind; **estar ~** (*persona, industria*) to be o lag behind; **está ~ en química** he is behind in chemistry, he has a lot to make up in chemistry; **vamos ~s en la producción** we lag behind in production; **estar ~ en los pagos** to be behind in one's payments, be in arrears. **b** **estar ~** (*reloj*) to be slow; **tengo el reloj 8 minutos ~** my watch is 8 minutes slow. **c** (*país*) backward, underdeveloped; (*ideas, estilo*) outdated, outmoded; **tengo trabajo ~** I am behind in my work. **d** (*Med*) mentally retarded. **2** NM/F (*tb ~ mental*) mentally retarded person.

retrasar <1a> **1** VT **a** (*demorar*) to delay, put off, postpone; (*retardar*) to slow down, hold up. **b** (*reloj*) to put back. **2** VI, **retrasarse** VR (*reloj*) to be slow; (*persona, tren*) to be late, be behind time; (*en los estudios*) to lag behind; (*producción*) to decline, fall off.

retraso NM **a** (*demora*) delay; (*diferencia*) time lag; (*lentitud*) slowness; (*tardanza*) lateness; **ir con ~** to be running late; **llegar con ~** to be late, arrive late; **llegar con 25 minutos de ~** to be 25 minutes late; **llevo un ~ de 6 semanas** I'm 6 weeks behind (with my work *etc*). **b** (*de país*) backwardness, underdevelopment. **c** (*Med*) **~ mental** mental deficiency. **d** **~s** (*Fin*) arrears; (*deudas*) deficit, debts.

retratar <1a> **1** VT **a** to portray; (*Arte*) to paint the portrait of; (*Fot*) to photograph, take a picture of; **hacerse ~** to have one's portrait painted. **b** (*fig*) to portray, depict, describe. **2 retratarse** VR to have one's picture painted; (*Fot*) to have one's photograph taken.

retratista NMF (*Arte*) portrait painter; (*Fot*) photographer.

retrato NM **a** (*Arte*) portrait; (*Fot*) photograph, portrait. **b** (*descripción*) portrayal, depiction, description. **c** (*semejanza*) likeness; **ser el vivo ~ de** to be the very image of.

retrato-robot NM Identikit ® picture.

retreta NF **a** (*Mil*) retreat. **b** (*LAm: concierto*) open-air band concert.

retrete NM lavatory.

retribución NF (*pago*) pay, payment; (*recompensa*) reward; (*compensación*) compensation.

retribuido ADJ (*trabajo*) paid; (*puesto*) salaried; **un puesto mal ~** a badly-paid post.

retribuir <3g> VT **a** (*pagar*) to pay; (*recompensar*) to reward; (*compensar*) to compensate. **b** (*LAm: favor etc*) to repay, return.

retro (*fam*) **1** ADJ INV (*moda etc*) backward-looking; (*Pol*) reactionary. **2** NM (*Pol*) reactionary.

retro... PREF retro....

retroactivo ADJ retroactive, retrospective; **dar efecto ~ a un pago** to backdate a payment.

retroalimentación NF (*tb Inform*) feedback.

retroalimentar<1a> VT to feed back.

retroceder <2a> VI **a** to move *o* go back(wards); (*retirarse*) to draw back, stand back; (*volver atrás*) to turn back; (*Mil*) to fall back, retreat; (*rifle*) to recoil; (*aguas*) to go down; **retrocedió unos pasos** he went back a few steps; **la policía hizo ~ a la multitud** the police forced the crowd back. **b** (*fig*) to back down; **no ~** to stand firm.

retroceso NM **a** (*V retroceder*) backward movement; drawing back; turning back; retreat; recoil. **b** (*Com*) recession, depression. **c** (*Med*) new outbreak.

retrógrado ADJ retrograde, retrogressive; (*Pol*) reactionary.

retropropulsión NF (*Aer*) jet propulsion.

retrospección NF retrospection.

retrospectiva NF **a** (*Arte*) retrospective (exhibition). **b** **en ~** with hindsight.

retrospectivamente ADV retrospectively; (*considerar*) in retrospect.

retrospectivo ADJ retrospective; **escena ~a** flashback; **mirada ~a** backward glance, look back (*a* at).

retrovisor NM (*tb* **espejo ~**) driving mirror, rearview mirror.

retrucar<1g> VI (*CSur: replicar*) to retort sharply.

retruécano NM pun, play on words.

retruque NM (*And, CSur*) sharp retort, brusque reply.

retumbante ADJ booming, rumbling; (*sonoro*) resounding.

retumbar <1a> VI (*fusiles*) to boom, thunder; (*voz, pasos*) to echo, resound; (*continuamente*) to reverberate; **la cascada retumbaba a lo lejos** the waterfall boomed *o* roared in the distance; **la caverna retumbaba con nuestros pasos** the cave echoed with our steps; **sus palabras retumban en mi cabeza** his words are still reverberating in my mind.

retumbo NM (*V retumbar*) boom, thunder; echo; reverberation.

reubicar <1g> VT (*trabajador, empresa*) to relocate; (*comunidad, pueblo*) to resettle.

reuma, reúma NM NM rheumatism.

reumático ADJ rheumatic.

reumatismo NM rheumatism.

reunión NF **a** (*asamblea*) meeting; (*fiesta*) party; (*encuentro*) reunion; **~ en la cumbre** summit meeting; **~ plenaria** plenary session; **~ de ventas** (*Com*) sales meeting. **b** (*grupo*) group, gathering.

reunir<3a> **1** VT **a** (*juntar*) to reunite, join (together). **b** (*recolectar*) to collect, gather (together), get together; **la producción de los demás países reunidos no alcanzará al nuestro** the production of the other countries put together will not come up to ours. **c** (*personas*) to bring *o* get together; **reunió a sus amigos para discutirlo** he got his friends together to talk it over; **el jefe está reunido con el director** (*fam*) the boss is in a meeting with his director. **d** (*cualidades*) to combine; **la casa no reúne las condiciones** the house doesn't match up to requirements; **creo ~ todos los requisitos** I think I meet all the necessary requirements. **2 reunirse** VR **a** (*gen*) to join together; (*de nuevo*) to re-unite. **b** (*personas: en asamblea*) to meet, gather; (: *en casa*) to get together; **~ para hacer algo** to get together to do sth; **~ con algn para una excursión** to join sb for an outing.

reválida NF (*Hist Escol*) final examination.

revalidar<1a> VT (*ratificar*) to confirm, ratify; **~ un título** (*Dep*) to regain a title.

revalorar<1a> VT, **revalorizar**<1f> VT to revalue; (*Fin*) to reassess.

revalor(iz)ación NF revaluation; (*Fin*) reassessment.

revaluación NF revaluation.

revancha NF **a** revenge; **tomarse la ~** to get one's revenge, get one's own back. **b** (*Dep*) return match; (*Boxeo*) return fight.

revelación NF revelation; (*de un secreto*) disclosure; **fue una ~ para mí** it was a revelation to me; **el coche ~ de 1998** the surprise car of 1998.

revelado NM (*Fot*) developing.

revelador **1** ADJ revealing; (*incriminador*) telltale. **2** NM (*Fot*) developer.

revelar <1a> VT **a** to reveal; (*un secreto*) to disclose; (*mostrar*) to show; (*delatar*) to give away. **b** (*Fot*) to develop.

revendedor(a) NM/F retailer; (*pey*) speculator; **~ de entradas** ticket tout.

revender<2a> VT to retail; (*pey*) to speculate in; (*entradas*) to tout, resell.

revenirse <3r> VR **a** (*pan, galletas, fritos*) to go off; (*vino*) to sour, turn. **b** (*pintura, escayola*) to dry out.

reventa NF resale; (*especulación*) speculation; (*de entradas*) touting.

reventado ADJ (*fam*) exhausted.

reventador/a NM/F troublemaker, heckler.

reventar<1j> **1** VT **a** (*gen*) to burst; (*explotar*) to explode; (*romper*) to break, smash; **tengo una cubierta reventada** I've got a puncture *o* a burst *o* flat tyre *o* (*US*) tire. **b** (*caballo*) to flog; (*persona*) to work to death. **c** (*fam: plan*) to sink, ruin; (*obra*) to hiss off the stage; (*asamblea*) to disturb, break up. **d** (*fam: causar perjuicio*) to do serious harm to. **e** (*fam: molestar*) to annoy, rile (*fam*); **me revienta tener que ponérmelo** I hate having to wear it; **me revienta de aburrimiento** it bores me to tears. **2** VI **a** (*V vt (a)*) to burst; to explode; to break, smash. **b** (*ola*) to break. **c** **~ de** (*fig*) to be bursting with; **~ de indignación** to be bursting with indignation; **casi reventaba de ira** he almost exploded with anger; **~ de risa** to burst out laughing, split one's sides; **reventaba por ver lo que pasaba** he was dying *o* bursting to see what was going on. **3 reventarse** VR **a** (*V vt (a)*) to burst; to explode; to break, smash. **b** (*caballo*) to die of exhaustion. **c** (*fam*) **se revienta trabajando** he's killing himself with work, he's working his guts out.

reventón NM **a** burst, bursting; (*explosión*) explosion; (*Aut*) blow-out, flat (*US*); **dar un ~** to burst, explode. **b** (*fatiga*) toil, slog; **darse *o* pegarse un ~** to slog, sweat one's guts out (*para hacer algo* to do sth). **c** (*CSur fam: estallido*) outburst, explosion.

rever <2v> (*pp* **revisto**) VT **a** to see again, look at again. **b** (*Jur: sentencia*) to review; (: *pleito*) to retry.

reverberación NF reverberation.

reverberar <1a> VI **a** (*luz*) to play, be reflected; (*superficie*) to shimmer, shine; (*nieve*) to glare; **la luz reverberaba en el agua** the light played *o* danced on the water; **la luz del farol reverberaba en la calle** the lamplight was reflected on the street. **b** (*sonido*) to reverberate.

reverbero NM **a** (*de luz*) play, reflection; (*de superficie*) shimmer, shine; (*de nieve*) glare. **b** (*reverberación*) reverberation. **c** (*reflector*) reflector. **d** (*LAm: cocinilla*) small spirit stove.

reverdecer <2d> VI **a** (*Bot*) to grow green again. **b** (*fig*) to come to life again, revive.

reverencia NF **a** reverence. **b** (*inclinación*) bow; **hacer una ~** to bow. **c** **R~** (*tb* **Su R~, Vuestra R~**) Your Reverence.

reverenciar<1b> VT to revere, venerate.

reverendo ADJ **a** respected, revered. **b** (*Rel*) reverend; **el ~ padre X** Reverend Father X. **c** (*fam*) solemn. **d** (*LAm fam*) big, awful; **un ~ imbécil** an awful idiot.

reverente ADJ reverent.

reversible ADJ reversible.

reverso NM back, other side; (*contrahaz*) wrong side; (*de moneda*) reverse; **el ~ de la medalla** (*fig*) the other side of the coin.

revertir<3i> VI **a** to revert (*a* to); **~ a su estado primitivo** to revert to its original state. **b** **~ en** to end up as. **c** **~ en beneficio de** to be to the advantage of; **~ en per-**

juicio de to be to the detriment of.
revés NM [a] back; (*contrahaz*) other side, wrong side.
[b] (*golpe*) (backhand) slap; (*Dep*) backhand. [c] (*fig*) reverse, setback; **sufrir un ~** to suffer a setback; **los ~es de la fortuna** the blows of fate. [d] **al ~** the wrong o other way round; (*de arriba abajo*) upside down; (*vestido*) inside out; **y al ~** and vice versa; **entender algo al ~** to get hold of the wrong end of the stick; **todo nos salió al ~** it all turned out wrong for us; **al ~ de lo que se cree** contrary to what is believed; **volver algo del ~** to turn sth round (the other way); (*vestido*) to turn sth inside out.
revestimiento NM (*Téc*) coating, covering; (*forro*) lining.
revestir<3k> [1] VT [a] (*ponerse*) to put on; (*llevar*) to wear.
[b] (*Téc*) to coat, cover (*de* with); (*bolsa*) to line (*de* with). [c] (*fig*) to cloak, disguise (*de* in); (*persona*) to invest (*con, de* with); (*cuento*) to adorn (*de* with); **revistió su acto de generosidad** he gave his action an appearance of generosity.
[d] (*cualidad*) to have, possess; **el acto revestía gran solemnidad** the ceremony had great dignity.
[2] **revestirse** VR [a] (*Rel*) to put on one's vestments.
[b] (*ponerse*) to put on; **los árboles se revisten de hojas** the trees are coming into leaf.
[c] (*fig*) **~ con o de** (*autoridad*) to be invested with, have; (*cualidad*) to arm o.s. with; **se revistió de valor y fue a hablarle** he summoned all his courage and went to speak to her.
[d] (*fig: apasionarse*) to get carried away.
reviejo ADJ very old.
revisación NF (*CSur Med*) medical examination.
revisar<1a> VT [a] (*texto*) to revise, look over, go through; (*edición*) to revise; (*cuenta*) to check; (*Fin*) to audit; (*Jur*) review; (*teoría*) to reexamine, review. [b] (*Mil*) to review. [c] (*Mec*) to check, overhaul.
revisión NF (*V revisar*) revision; check, checking; reexamination, review; **~ aduanera** customs inspection; **~ de cuentas** audit; **~ salarial** wage review.
revisionismo NM revisionism.
revisionista ADJ, NMF revisionist.
revisor NM inspector; (*Ferro*) ticket collector, inspector; **~ de cuentas** auditor.
revista NF [a] (*inspección*) inspection; **pasar ~ a algo** to review o re-examine sth. [b] (*Mil*) review, inspection; **pasar ~ a** to review, inspect. [c] (*periódico*) review, journal, magazine; **~ cómica** comic; **~ del corazón** magazine of real-life romance stories; **~ juvenil** teenage magazine; **~ literaria** literary review; **~ para mujeres** women's magazine. [d] (*Lit*) section, page; **~ de libros** literary page; **~ de toros** bullfighting page. [e] (*Teat*) variety show.
revistar<1a> VT to review, inspect.
revistero NM (*mueble*) magazine rack.
revisto PP *de* **rever**.
revitalizante ADJ revitalizing, invigorating.
revitalizar<1f> VT to revitalize.
revival [1] NM (*Mús etc*) revival. [2] ATR: **canción ~** revived hit song, hit song from the past.
revivificar<1g> VT to revitalize.
revivir<3a> [1] VT to revive; (*vivir de nuevo*) to relive, live again; (*recordar*) to revive memories of. [2] VI to revive, be revived; (*renacer*) to come to life again; **hacer ~ = 1**.
revocación NF revocation, repeal; (*decisión contraria*) reversal.
revocar<1g> VT [a] (*decisión*) to revoke, repeal; (*orden*) to cancel. [b] (*humo*) to blow back. [c] (*Arquit*) to plaster.
revoco NM [a] = **revocación**. [b] = **revoque**.
revolcar<1g, 1l> [1] VT [a] (*persona*) to knock down, knock over.
[b] (*fam: adversario*) to wipe the floor with (*fam*). [c] (*humillar*) to bring down, deflate.
[2] **revolcarse** VR [a] to roll about; **~ de dolor** to writhe around in pain; **~ en el vicio** to wallow in vice.
[b] (*obstinarse*) to dig one's heels in.
revolcón NM (*fam*) fall, tumble; (*Fin*) slump.
revolear<1a> VT (*CSur: lazo*) to twirl, spin.

revolotear<1a> VI to flutter, fly about.
revoloteo NM fluttering.
revoltijo, revoltillo NM (*confusión*) jumble, confusion; (*desorden*) mess; **~ de huevos** scrambled eggs.
revoltoso [1] ADJ rebellious, unruly; (*niño*) naughty, unruly. [2] NM (*Pol: rebelde*) rebel; (*alborotador*) troublemaker, agitator.
revoltura NF [a] (*LAm: confusión*) confusion, jumble. [b] (*Méx: mezcla*) mixture.
revolución NF [a] (*Téc*) revolution; **~es por minuto** revolutions per minute. [b] (*Pol etc*) revolution.
revolucionar<1a> VT [a] (*una industria*) to revolutionize. [b] (*Pol*) to stir up, sow discontent among.
revolucionario/a ADJ, NM/F revolutionary.
revolver <2h> (*pp* **revuelto**) [1] VT [a] (*mover*) to move about; (*poner al revés*) to turn over o round o upside down; (*agitar*) to shake; (*líquido*) to stir; (*papeles*) to look through.
[b] (*desordenar*) to mix up, mess up; **han revuelto toda la casa** they've turned the whole house upside down.
[c] (*asunto*) to go into, inquire into, investigate.
[d] (*Pol*) to stir up, cause unrest among; (*persona*) to provoke, rouse to anger.
[e] **~ los ojos** to roll one's eyes; **~ el estómago** to turn one's stomach.
[2] VI: **~ en** to go through, rummage (about) in.
[3] **revolverse** VR [a] (*volver*) to turn (right) round; (*en cama*) to toss and turn; (*de dolor*) to writhe, squirm; (*Astron*) to revolve; **~ al enemigo** to turn to face the enemy.
[b] (*fig*) **~ contra algn** to turn on o against sb.
[c] (*sedimento*) to be stirred up; (*líquido*) to become cloudy.
[d] (*Met*) to break, turn stormy.
revólver NM revolver.
revoque NM (*Arquit*) plaster.
revuelco NM fall, tumble.
revuelo NM [a] (*de aves*) flutter(ing). [b] (*conmoción*) stir, commotion; **armar o levantar un gran ~** to cause a great stir.
revuelta NF [a] (*curva*) bend, turn. [b] (*agitación*) commotion, disturbance; (*Pol*) disturbance, riot.
revuelto [1] PP *de* **revolver**.
[2] ADJ [a] (*objetos*) mixed up, in disorder; (*huevos*) scrambled; (*agua*) cloudy, muddy; (*mar*) rough; (*tiempo*) unsettled; **todo estaba ~** everything was in disorder o upside down; **los tiempos están ~s** these are troubled times.
[b] (*inquieto*) restless, discontented; (*travieso*) mischievous, naughty; (*revoltoso*) rebellious, mutinous; **la gente está ~a por tales abusos** people are up in arms about scandals like this.
[c] (*asunto*) complicated, involved.
[3] NM [a] (*Culin*) **~ de gambas** mixed dish of prawns and vegetables.
[b] (*LAm*) mixed egg and vegetable dish.
revulsivo NM (*fig*) nasty but salutary shock.
rey [1] NM [a] king; **los R~es** the King and Queen; **a ~ muerto ~ puesto** off with the old, on with the new.
[b] (*Rel*) **los R~es (Magos)** the Magi, the Three Wise Men; (*fecha*) Twelfth Night, Epiphany.
[2] ATR: **el fútbol es el deporte ~** football is the top sport.

┌─ *DÍA DE REYES* ─────────────────────────┐

ⓘ *In the Spanish-speaking world, **Reyes** or **el Día de Reyes** is the day when children and adults traditionally receive presents for the Christmas season. When they go to bed on 5 January, children leave their shoes outside their bedroom doors or by their windows for the **Reyes Magos** (Wise Men) to leave presents beside. They may already have written letters to **SS.MM. los Reyes Magos de Oriente** with a list of what they would like. For **Reyes** it is traditional to eat **Roscón de Reyes**, a ring-shaped cake studded with frosted fruits and containing a little trinket or coin.*

└──┘

reyerta NF quarrel.

reyezuelo NM petty king, kinglet.

rezaga NF (*LAm*) = **zaga**.

rezagado/a [1] ADJ: **quedar ~** to be left behind; (*estar retrasado*) to be late, be behind. [2] NM/F latecomer; (*Mil*) straggler.

rezagar <1h> [1] VT (*dejar atrás*) to leave behind; (*retrasar*) to delay, postpone. [2] **rezagarse** VR (*atrasarse*) to fall behind; **nos rezagamos en la producción** we are falling behind in production.

rezar <1f> VI [a] (*Rel*) to pray (*a* to). [b] (*texto*) to read, go; **el anuncio reza así** the notice reads as follows. [c] (*fam*) **~ con** to concern, have to do with; **eso no reza conmigo** that has nothing to do with me.

rezo NM [a] (*oración*) prayer(s). [b] (*acto, gen*) praying.

rezongar <1h> [1] VT (*LAm: regañar*) to scold. [2] VI (*gruñir*) to grumble; (*murmurar*) to mutter; (*refunfuñar*) to growl.

rezumar <1a> [1] VT to ooze, exude.
[2] VI [a] (*contenido*) to ooze (out), seep, leak (out); (*recipiente*) to ooze, leak.
[b] (*fig*) to ooze; **le rezuma el orgullo** he oozes pride; **le rezuma el entusiasmo** he is bursting with enthusiasm.
[3] **rezumarse** VR [a] = **2 a**.
[b] (*fig*) to leak out, become known.

RFA NF ABR *de* **República Federal Alemana** FRG.

RFE NF ABR *de* **Revista de Filología Española**.

Rh NM ABR *de* **Rhesus** Rh; **ser ~ positivo** to be rhesus positive.

ría NF estuary; **R~s Altas/Bajas** northern/southern coast of Galicia.

riachuelo NM brook, stream.

riada NF flood.

ribeiro NM *young white wine from Galicia*.

ribera NF (*de río, lago*) bank; (*del mar*) beach, shore; (*área*) riverside.

ribereño/a [1] ADJ riverside *atr*; (*costero*) coastal. [2] NM/F person who lives near a river, riverside dweller.

ribete NM [a] (*Cos*) border. [b] (*fig*) addition, adornment.
[c] **~s** (*fig: elementos*) touch, quality; **tiene sus ~s de pintor** he's got a bit of the painter about him.

ribetear <1a> VT to edge, border, trim (*de* with).

ricamente ADV [a] (*lujosamente*) richly. [b] (*fig*) **muy ~, tan ~** very well; **comeremos tan ~** we'll have a really good meal; **viven muy ~ sin él** they manage perfectly well without him.

ricino NM: **aceite de ~** castor oil.

rico/a [1] ADJ [a] (*gen*) rich; (*adinerado*) wealthy.
[b] (*suelo*) rich; **~ de** *o* **en** rich in.
[c] (*valioso*) valuable, precious; (*lujoso*) luxurious, sumptuous, valuable; (*tela*) fine-quality, rich.
[d] (*sabroso*) delicious, tasty; **estos pasteles son tan ~s** these cakes are delicious.
[e] (*bonito*) cute, lovely; **¡oye, ~!** (*fam*) hey, watch it! (*fam*); **¡que no, ~!** (*Esp*) no way, mate! (*fam*); **¡qué ~ es el pequeño!** isn't he a lovely baby!; **está muy ~a la tía** (*fam*) she's a bit of all right (*fam*).
[2] NM/F rich person; **nuevo ~** nouveau riche.

rictus NM sneer, grin; **~ de dolor** wince of pain; **~ de amargura** bitter smile.

ricura NF (*fam*) **¡qué ~ de pastel!** isn't this cake lovely?; **¡qué ~ de criatura!** what a lovely baby!

ridiculez NF absurdity.

ridiculizar <1f> VT to ridicule, deride; **~ a sus adversarios** to make one's opponents look silly.

ridículo [1] ADJ ridiculous, absurd, ludicrous.
[2] NM [a] **hacer el ~** to make o.s. ridiculous.
[b] ridicule; **exponerse al ~** to lay o.s. open to ridicule; **poner a algn en ~** to ridicule *o* make a fool of sb; **ponerse en ~** to make a fool of o.s.

riego NM [a] (*aspersión*) watering; (*irrigación*) irrigation; **la política del ~** irrigation policy. [b] (*Anat*) **~ sanguíneo** blood flow *o* circulation.

riel NM (*Ferro*) rail; **~es** rails, track.

rienda NF rein; (*fig*) restraint, moderating influence; **a ~ suelta** at top speed; (*fig*) without the least restraint; **aflojar las ~s** to let up; **dar ~ suelta a** to give free rein to; **dar ~ suelta al llanto** to weep uncontrollably; **dar ~**

suelta a algn to give sb a free hand; **empuñar las ~s** to take charge; **llevar las ~s** to be in charge, be in control; **soltar las ~s** to let go.

riendo V **reír**.

riesgo NM risk, danger; **~ para la salud** health hazard; **a ~ de** at the risk of; **seguro a** *o* **contra todo ~** comprehensive insurance; **grupos de ~** groups at risk; **correr ~ de hacer algo** to run the risk of doing sth, be in danger of doing sth.

riesgoso ADJ (*LAm*) risky, dangerous.

Rif NM Rif(f).

rifa NF (*lotería*) raffle.

rifar <1a> [1] VT to raffle; **~ algo con fines benéficos** to raffle sth for charity. [2] VI to quarrel, fight. [3] **rifarse** VR (*fam*) **~ algo** to quarrel over *o* fight for sth.

rifeño/a [1] ADJ of *o* from Rif(f). [2] NM/F native *o* inhabitant of Rif(f).

rifle NM rifle.

rigidez NF [a] rigidity, stiffness; **~ cadavérica** rigor mortis. [b] (*fig*) rigidity; (*inflexibilidad*) inflexibility. [c] (*fig: de profesor*) strictness, harshness.

rígido ADJ [a] rigid, stiff; **quedarse ~** to go rigid; (*aterirse*) to get stiff (with cold). [b] (*fig: actitud*) rigid, inflexible, unadaptable. [c] (*fig: moralmente*) strict, harsh. [d] (*cara*) wooden, expressionless.

rigor NM [a] (*severidad*) severity, harshness; (*dureza*) toughness. [b] (*Met*) harshness, severity; **el ~ del verano** the hottest part of the summer; **los ~es del clima** the rigours *o* (*US*) rigors of the climate. [c] (*exactitud*) rigour, rigor (*US*); (*meticulosidad*) accuracy, meticulousness; **con todo ~ científico** with scientific precision; **una edición hecha con el mayor ~ crítico** an edition produced with absolute meticulousness. [d] **ser de ~** to be de rigueur, be absolutely essential; **después de los saludos de ~** after the inevitable greetings; **en ~** strictly speaking.

rigurosamente ADV [a] (*severamente*) severely, harshly; (*estrictamente*) strictly. [b] (*con precisión*) rigorously; (*con exactitud*) accurately, meticulously. [c] **eso no es ~ exacto** that is not strictly accurate, that is not wholly true.

rigurosidad NF rigour, rigor (*US*), harshness, severity.

riguroso ADJ [a] (*actitud, disciplina*) severe, harsh; (*aplicación*) strict; (*medida*) severe, tough; **su tratamiento ~ de los empleados** his harsh treatment of the employees. [b] (*Met*) harsh, severe; (*extremo*) extreme. [c] (*método, estudio*) rigorous; (*meticuloso*) meticulous. [d] (*Lit*) cruel; **los hados ~s** the cruel fates.

rija NF quarrel, fight.

rijoso ADJ (*sensible*) sensitive, susceptible; (*peleador*) quarrelsome.

rima NF [a] rhyme; **~ imperfecta** assonance, half rhyme; **~ perfecta** full rhyme. [b] **~s** verse, poetry.

rimar <1a> VT, VI to rhyme (*con* with).

rimbombante ADJ [a] resounding, echoing. [b] (*pomposo*) pompous, bombastic. [c] (*ostentoso*) showy, flashy.

rímel NM (*en pestañas*) mascara.

rimero NM stack, pile, heap.

Rin NM Rhine.

rin NM [a] (*Méx Aut*) rim of wheel/tyre *o* (*US*) tire. [b] (*Per Telec*) metal (phone) token.

rincón NM [a] corner (*inside*). [b] (*fig*) corner, nook; (: *retiro*) retreat; **en un ~ de mi mente** somewhere in the back of my mind. [c] (*esp LAm: terreno*) patch of ground.

rinconada NF corner.

rinconera NF (*mueble*) corner-piece (of furniture).

ring NM (*esp LAm*) (boxing) ring.

ringla NF, **ringle** NM, **ringlera** NF row, line.

ringlete (*And, CSur*) [1] ADJ fidgety (*fam*), restless. [2] NMF fidget (*fam*), restless person.

ringletear <1a> VI (*CSur*) to fidget.

ringorrango NM [a] (*en escritura*) flourish. [b] **~s** (*adornos*) frills, buttons and bows, useless adornments.

rinitis NF: **~ alérgica** hay fever.

rinoceronte NM rhinoceros.

riña NF (*discusión*) quarrel, argument; (*pelea*) fight, brawl; **~ de gallos** cockfight.

riñendo *etc V* **reñir**.

riñón NM [a] (*Anat*) kidney; (*más general*) lower part of the back; **tener el ~ bien cubierto** (*fam*) to be well off; **me costó un ~** (*fam*) it cost me a fortune. [b] (*fig*) heart, core; **aquí en el ~ de Castilla** here in the very heart of Castile.

río NM river; (*fig*) stream, torrent; **~ abajo/arriba** downstream/upstream; **es un ~ de oro** it's a gold mine; **a ~ revuelto, ganancia de pescadores** it's an ill wind that blows nobody any good; **cuando el ~ suena, agua lleva** there's no smoke without fire.

Río de Janeiro NM Rio de Janeiro.

Río de la Plata NM River Plate.

Rioja NF: **La ~** La Rioja.

rioja NM (*vino*) wine (*from La Rioja*).

riojano/a [1] ADJ of o from La Rioja. [2] NM/F native o inhabitant of La Rioja.

rioplatense [1] ADJ of o from the River Plate region. [2] NMF native o inhabitant of the River Plate region.

ripio NM [a] (*residuo*) refuse, waste; (*cascotes*) rubble, debris *sg*; (*Chi*) gravel. [b] (*fig: palabras inútiles*) padding, empty words; (*poesía*) trite verse; **no perder ~** not to miss a trick.

riqueza NF [a] wealth, riches; **vivir en la ~** to live in luxury. [b] (*cualidad*) richness.

risa NF (*una ~*) laugh; (*gen: tb* **~s**) laughter; **no es cosa de ~** it's no laughing matter; **¡qué ~!** what a laugh!; **el libro es una verdadera ~** the book is a laugh from start to finish; **estallar en ~ s** to burst out laughing; **mondarse** o **morirse de ~** to split one's sides laughing, die laughing; **estar algo muerto de ~** to be just lying there; **tomar algo a ~** to laugh sth off.

risco NM cliff, crag.

riscoso ADJ steep.

risible ADJ ludicrous, laughable.

risión NF derision, mockery; **ser un objeto de ~** to be a laughing-stock.

risotada NF guffaw, loud laugh.

ríspido ADJ (*esp LAm*) rough, coarse.

ristra NF string.

ristre NM: **en ~** at the ready, all set; *V* **lanza 1**.

risueño ADJ [a] (*cara*) smiling; **muy ~** with a big smile. [b] (*temperamento*) cheerful; (*paisaje*) pleasant. [c] (*favorable*) favourable, favorable (*US*).

RITD NF ABR de **Red Iberoamericana de Transmisión de Datos**.

rítmico ADJ rhythmic(al).

ritmo NM [a] (*Mús*) rhythm. [b] (*fig*) rhythm; (*paso*) rate, pace; (*velocidad*) speed; **~ cardíaco** pulse-rate; **~ de crecimiento** rate of growth; **~ de vida** pace of life; (*estilo de vida*) lifestyle; **trabajar a ~ lento** to go slow.

rito NM rite, ceremony; **~ de iniciación** initiation rite; (*fig*) rite of passage.

ritual [1] ADJ ritual. [2] NM ritual; **de ~** ritual, customary.

ritualismo NM ritualism.

ritualizado ADJ ritualized; (*fig*) familiar; (*fijo*) stereotyped, fixed.

rival [1] ADJ rival, competing. [2] NMF rival, competitor.

rivalidad NF rivalry, competition.

rivalizar<1f> VI to rival, contend; **~ con** to rival, compete with; **los dos rivalizan en habilidad** they rival each other in skill.

rizado ADJ (*pelo*) curly; (*superficie*) ridged; (*terreno*) undulating.

rizador NM curling iron, hair-curler.

rizapestañas NM INV eyelash curlers *pl*.

rizar <1f> [1] VT (*pelo*) to curl; (*el mar*) to ripple, ruffle. [2] **rizarse** VR (*agua*) to ripple.

rizo¹ [1] ADJ curly. [2] NM [a] curl; (*de superficie*) ridge; (*en agua*) ripple. [b] (*Aer*) loop; **hacer** o **rizar el ~** to loop the loop; **rizar el ~** (*fig*) to split hairs.

rizo² NM (*Náut*) reef.

R.M. ABR de **Reverenda Madre**.

Rmo./a ABR de **Reverendísimo/a** Rt. Rev.

RNE NF ABR de **Radio Nacional de España**.

R.O. ABR de **Real Orden**.

robar <1a> VT [a] to rob; (*objeto*) to steal (*a* from); (*casa*) to break into, burgle; **~ algo a algn** to steal sth from sb. [b] (*secuestrar*) to kidnap, abduct. [c] (*fig: atención*) to steal, capture; (: *paciencia*) to exhaust; (*vida*) to take; **~ el corazón a algn** to steal sb's heart; **tuve que ~ 3 horas al sueño** I had to use up 3 hours when I should have been sleeping. [d] (*río*) to carry away. [e] (*naipes*) to take (from the pile).

roble NM oak (tree); **de ~** oak *atr*; **de ~ macizo** of solid oak.

roblón NM rivet.

roblonar<1a> VT to rivet.

robo NM [a] (*un ~*) theft; (*gen*) robbery, theft; **~ a mano armada** armed robbery; **~ con allanamiento** o **escalamiento** burglary; **¡esto es un ~!** this is sheer robbery! [b] (*cosa robada*) stolen article, stolen goods.

robot [ro'βo] NM (*pl* **~s** [ro'βo]) [a] robot. [b] (*fig*) puppet, tool.

robótica NF robotics *sg*.

robotizar<1f> VT to automate; (*fig*) to turn into a robot.

robustecer <2d> [1] VT to strengthen. [2] **robustecerse** VR to grow stronger.

robustecimiento NM strengthening.

robustez NF strength, toughness.

robusto ADJ strong, tough, robust.

ROC NM ABR de **Reconocimiento Óptico de Caracteres** OCR.

Roca NF: **la ~** the Rock (of Gibraltar).

roca NF rock.

rocalla NF pebbles.

rocambolesco ADJ (*raro*) odd, bizarre; (*estilo*) ornate, over-elaborate.

rocanrolear<1a> VI (*fam*) to rock and roll.

roce NM [a] (*acción*) rub, rubbing; (*Téc*) friction. [b] (*caricia*) brush; (*en la piel*) graze. [c] (*fam*) close contact; (*familiaridad*) familiarity; (*disgusto*) brush; **tuvo algún ~ con la autoridad** he had a few brushes with the law.

rochabús NM (*Per fam*) (police) water cannon truck.

rociada NF [a] shower, spray; (*en bebida*) dash, splash; (*Agr*) spray. [b] (*fig: de piedras*) shower; (*de balas*) hail; (*de injurias*) hail, stream.

rociar<1c> [1] VT to sprinkle, spray (*de* with). [b] **~ el plato con un vino de la tierra** to wash down the dish with a local wine. [2] VI: **empieza a ~** the dew is beginning to fall; **rocía esta mañana** there is a dew this morning.

rocín NM (*caballo*) hack, nag.

rocío NM dew; (*llovizna*) light drizzle.

rock ADJ, NM (*Mús*) rock.

rockero/a [1] ADJ rock *atr*; **es muy ~** he's a real rock fan. [2] NM/F (*cantante*) rock singer; (*músico*) rock musician; (*aficionado*) rock fan.

rococó ADJ, NM rococo.

rocoso ADJ rocky.

rocote, rocoto NM (*LAm*) large pepper, large chili.

rodada NF rut, wheel track.

rodado ADJ [a] (*tráfico*) wheeled, on wheels. [b] (*piedra*) rounded; **canto ~** boulder; **salir** o **venir ~** to go smoothly. [c] (*fig: experimentado*) experienced.

rodadura NF (*tb* **banda de ~**: *de neumático*) tread.

rodaja NF (*raja*) slice; **limón en ~s** sliced lemon.

rodaje NM [a] (*Téc*) wheels, set of wheels. [b] (*Cine*) shooting, filming. [c] (*Aut*) running-in, breaking in (*US*); **'en ~'** 'running in'. [d] (*fig*) **período de ~** initial phase.

rodamiento NM [a] **~ a** o **de bolas** ball bearing. [b] (*tb* **banda de ~**: *de neumático*) tread.

Ródano NM Rhône.

rodante ADJ rolling.

rodapié NM skirting board.

rodar<1m> [1] VT [a] (*vehículo*) to wheel (along); (*objeto*) to roll (along). [b] (*viajar por*) to travel, go over; **ha rodado medio mundo** he's been over half the world. [c] (*coche nuevo*) to run in. [d] (*Cine*) to shoot, film. [2] VI [a] to roll (*por* along, down, over *etc*); (*coche*) to go, run; **~ escaleras abajo/por la escalera** to fall o roll downstairs; **echarlo todo a ~** (*fig*) to mess it all up. **b** (*girar*) to go round, turn, rotate.

c **andar** o **ir rodando** to move about (from place to place), drift; **no hace más que ~** he just drifts o floats about; **me han hecho ir rodando de acá para allá** they kept shunting me about from place to place; **tienen al niño rodando de guardería en guardería** they keep shifting the kid about from nursery to nursery.

d (*fig*) to be still going, still exist; **ese modelo rueda todavía por el mundo** that model is still about.

e **~ por algn** to be at sb's beck and call.

f (*Cine*) to shoot, film; **llevamos 2 meses rodando en Méjico** we've spent 2 months filming in Mexico.

g (*Méx, Arg: caballo*) to stumble, fall forwards.

Rodas NF Rhodes.

rodear<1a> **1** VT **a** to surround (*de* by, with); (*encerrar*) to encircle, enclose; **los soldados rodearon el edificio** the soldiers surrounded the building; **le rodeó el cuello con los brazos** she threw her arms round his neck.

b (*LAm: ganado*) to round up. **2** VI **a** to go round, go by an indirect route. **b** (*fig*) to beat about the bush. **3** **rodearse** VR: **~ de** to surround o.s. with.

rodeo NM **a** (*ruta indirecta*) long way round, roundabout way; (*desvío*) detour; **dar un ~** to make a detour. **b** (*fig: escape*) dodge. **c** (*en discurso*) circumlocution; (*evasión*) evasion; **no andarse con ~s, dejarse de ~s** to talk straight, stop beating about the bush; **hablar sin ~s** to speak out plainly. **d** (*LAm*) roundup, rodeo.

rodilla NF (*Anat*) knee; **de ~s** kneeling; **doblar** o **hincar la ~** to kneel down; (*fig*) to bow, humble o.s.; **estar de ~s** to kneel, be kneeling (down); **hincarse de** o **ponerse de ~s** to kneel (down); **poner de ~s a un país** to bring a country to its knees.

rodillera NF (*protección*) knee guard; (*remiendo*) kneepad, patch on the knee.

rodillo NM roller; (*Culin*) rolling pin; **~ de vapor** steam-roller.

rododendro NM rhododendron.

roedor **1** ADJ gnawing. **2** NM rodent.

roer <2z> VT **a** to gnaw; (*mordiscar*) to nibble at. **b** (*corroer*) to corrode, eat away. **c** (*conciencia*) to nag, torment.

▼ rogar <1h, 1l> **1** VT **a** (*suplicar*) to beg, plead with; (*pedir*) to ask for, beg for; **~ a algn hacer algo** to ask o beg sb to do sth; **~ que ...** + *subjun* to ask that ...; **ruegue a este señor que nos deje en paz** please ask this gentleman to leave us alone. **b** (*Rel*) to pray.

2 VI **a** to beg, plead; **hacerse (de) ~** to have to be coaxed; **no se hace (de) ~** he doesn't have to be asked twice. **b** (*Rel*) to pray. **3** **rogarse** VR: **'se ruega no fumar'** 'please do not smoke'.

rojear <1a> VI to redden, turn red.

rojete NM rouge.

rojigualdo ADJ red-and-yellow (*colours of the Spanish flag*).

rojizo ADJ reddish.

rojo **1** ADJ red; **~ cereza** cherry red; **ponerse ~** to turn red, blush; **ponerse ~ de ira** to be raging mad.

2 NM **a** red (colour o (US) color); **calentar al ~ vivo** to make red-hot; **la atmósfera está al ~ vivo** the atmosphere is electric; **la emoción está al ~ vivo** excitement is at fever pitch; **un semáforo en ~** a red light. **b** **~ de labios** rouge, lipstick. **c** (*Pol*) red.

rol NM **a** (*lista*) list, roll; (*catálogo*) catalogue, catalog (US); (*Náut*) muster. **b** (*esp LAm: Teat*) role, part; (*fig*) role.

rollazo (*fam*) **1** ADJ dead boring (*fam*). **2** NM deadly bore (*fam*).

rollista NMF (*fam: pesado*) bore; (: *mentiroso*) liar.

rollito NM roll; **~ de primavera** spring roll.

rollizo ADJ **a** (*redondo*) round; (*cilíndrico*) cylindrical. **b** (*rechoncho*) plump.

rollo **1** ADJ (*fam*) boring, tedious. **2** NM **a** (*gen*) roll; (*de cuerda*) coil; (*Hist*) scroll; **en ~** rolled, rolled up. **b** (*madera*) log. **c** (*fam*) bore; (*discurso*) boring speech; **la conferencia fue un ~** the lecture was a big drag (*fam*); **iba a soltarnos un ~** he was about to start off on a lengthy explanation; **cortar el ~** to stop the flow (of talk *etc*). **d** (*Esp fam: asunto*) thing, affair; (: *actividad*) activity; **montarse el ~** to organize one's life-style; **¡qué ~ más pobre!** what awful rubbish!; **no sabemos de qué va el ~** we're not in the picture (*fam*), we don't know what the score is (*fam*); **tirarse el ~** to shoot a line (*fam*). **e** (*Esp: fam: ambiente*) ambience, atmosphere; **el ~ madrileño** the Madrid scene (*fam*); **me va el ~** I like this scene (*fam*); **tener un buen ~ con algn** to have a good thing going with sb (*fam*).

Roma NF Rome; **~ no se construyó en un día** Rome was not built in a day; **por todas partes se va a ~, todos los caminos llevan a ~** all roads lead to Rome; **revolver ~ con Santiago** to leave no stone unturned.

romadizo NM (*resfriado*) head cold; (*catarro*) catarrh.

romance **1** ADJ (*idioma*) Romance. **2** NM **a** (*gen*) Romance language; (*idioma castellano*) Spanish (language); **hablar en ~** (*fig*) to speak plainly. **b** (*Lit*) ballad. **c** (*fam: amorío*) romance, love-affair.

romancero NM collection of ballads.

romaní ADJ, NM/F Romany, gipsy, gypsy.

Romania NF Romance countries, Romance-speaking regions.

románico ADJ **a** (*idioma*) Romance. **b** (*Arte, Arquit*) Romanesque.

romano/a ADJ, NM/F Roman.

romanticismo NM romanticism.

romántico/a ADJ, NM/F romantic.

romanticón ADJ (*fam: persona*) sentimental, soppy (*fam*); (: *película, novela*) slushy (*fam*), soppy (*fam*).

rombo NM rhombus; (*en diseño etc*) diamond (shape).

romería NF **a** (*Rel*) pilgrimage; **ir en ~** to go on a pilgrimage. **b** (*excursión*) trip, excursion; (*fiesta*) open-air dance.

┌─── *ROMERÍA* ───┐

In Spain **romerías** *are annual religious pilgrimages to chapels and shrines associated with particular saints or miracles of the Virgin. The pilgrims, called* **romeros**, *make their way on foot to the particular holy site, often covering long distances, and make offerings before gathering at* **el prado de la romería** *for a picnic. The day's festivities often include sports fixtures, fireworks and traditional music and dancing. Some* **romerías** *are large-scale events, one of the best known being the* **Romería de la Virgen del Rocío** *at Huelva in Andalusia, which involves spectacular processions of pilgrims in traditional Andalusian dress, some on horseback and some in brilliantly decorated waggons.*

---

romero¹ NM/F pilgrim.

romero² NM (*Bot*) rosemary.

romo ADJ **a** blunt. **b** (*fig*) dull, lifeless.

rompebolas NMF INV (*Arg fam!*) pain in the arse (*Brit fam!*) o ass (*US fam!*).

rompecabezas NM INV **a** puzzle; (*acertijo*) riddle; (*juego*) jigsaw (puzzle). **b** (*fig*) puzzle; (*problema*) problem, headache.

rompecorazones NMF INV heartbreaker.

rompehielos NM INV icebreaker.

rompehuelgas NM INV strikebreaker, blackleg.

rompeolas NM INV breakwater.

romper <2a> (*pp* **roto**) **1** VT **a** (*gen*) to break; (*hacer pedazos*) to smash, shatter; (*barrera, cerca etc*) to break down, break through; (*cuerda etc*) to snap, break; (*papel*) to tear o rip (up); **~ el hielo** (*fig*) to break the ice. **b** (*gastar*) to wear out. **c** (*roturar*) to break (up), plough, plow (US). **d** (*continuidad, silencio*) to break.

➤ EXPRESIONES GENERATIVAS: **rogar** → 6.1

[e] (*contrato, pacto*) to break; (*relaciones*) to break off.
[f] ~ **el fuego** to open fire; ~ **filas** to break ranks, fall out; ~ **las hostilidades** to start hostilities.
[g] (*fam*) ~**le la cabeza** *o* **cara a algn** to smash sb's face in (*fam*).
[2] VI [a] (*olas*) to break.
[b] (*guerra*) to break out.
[c] (*diente, sol*) to break through, appear; (*día*) to break; ~ **entre** to burst one's way through; ~ **por** to break through.
[d] ~ **a hacer algo** to start (suddenly) to do sth; ~ **a llorar** to burst into tears; **luego rompió a hacer calor** then it suddenly began to get hot.
[e] ~ **en llanto** to burst into tears.
[f] ~ **con algn** to finish with sb; **ha roto con su novio** she has broken up with her fiancé; ~ **con algo** to break with sth; **ha roto con la tradición** he has broken with tradition.
[g] **de rompe y rasga** full of self-confidence.
[3] **romperse** VR (*V vt*) to break, smash; to snap; to tear, rip; to wear out; ~ **un brazo** to break an arm.
rompiente NM [a] reef, shoal. [b] ~**s** breakers, surf.
rompimiento NM [a] (*V romper 1 a*) breaking; smashing, shattering; tearing. [b] (*abertura*) opening; (*quiebra*) crack. [c] (*acto: fig*) break (*con* with); ~ **de relaciones** breaking-off of relations. [d] ~ **de hostilidades** outbreak of hostilities.
romplón: de ~ ADV (*LAm*) suddenly, unexpectedly.
ron NM rum.
roncar <1g> VI [a] (*cuando se duerme*) to snore. [b] (*ciervo, mar*) to roar.
roncear <1a> [1] VT [a] to pester, keep on at. [b] (*LAm: espiar*) to keep watch on, spy on. [2] VI to work unwillingly.
roncha NF (*cardenal*) bruise; (*hinchazón*) swelling.
ronco ADJ (*persona*) hoarse; (*voz*) husky; (*sonido*) harsh, raucous.
ronda NF [a] (*Hist*) night patrol *o* watch; (*de guardia*) beat; (*personas*) watch, patrol, guard; **ir de** ~ to do one's round. [b] (*Mús*) group of serenaders. [c] (*de bebidas*) round; **pagar una** ~ to pay for a round. [d] (*de cartas*) hand, game; (*en concurso*) round; (*de negociaciones, elecciones*) round, series. [e] (*en población*) ring road.
rondar <1a> [1] VT [a] (*Mil*) to patrol; (*inspeccionar*) to do the rounds of; (*fig*) to haunt, hang about; ~ **la calle a una joven** to hang about the street where a girl lives; **sospechan de un hombre que rondaba por allí** they suspect a man who was prowling around the area.
[b] (*a una persona*) to hang round; (*molestar*) to harass, pester; (*a una chica*) to court.
[c] (*la luz: suj: mariposa*) to flutter round, fly about.
[d] (*fig*) **me está rondando un catarro** I've got a cold hanging over me.
[e] **el precio ronda los mil dólares** the price is nearly a thousand dollars.
[2] VI (*policía*) to (go on) patrol, do the rounds; (*fig*) to prowl round; (*en la calle*) to roam the streets after dark; (*Mús*) to go serenading.
rondeño/a [1] ADJ of *o* from Ronda. [2] NM/F native *o* inhabitant of Ronda.
rondín[1] NM (*And, CSur: vigilante*) night watchman.
rondín[2] NM (*And Mús: armónica*) harmonica.
rondón: de ~ ADV unexpectedly; **entrar de** ~ to rush in.
ronquear <1a> VI to be hoarse.
ronquedad, ronquera NF hoarseness.
ronquido NM snore, snoring; (*fig*) roar(ing).
ronronear <1a> VI to purr.
ronroneo NM purr.
ronzal NM halter.
ronzar <1f> VT, VI to munch, crunch.
roña [1] NF [a] (*Vet*) mange. [b] (*mugre*) dirt, grime; (*en metal*) rust. [c] (*tacañería*) meanness, stinginess. [2] NMF (*fam*) mean person, scrooge (*fam*).
roñería NF meanness, stinginess.
roñica NMF (*fam*) skinflint.
roñoso ADJ [a] (*tacaño*) mean, stingy. [b] (*mugriento*) dirty,

filthy. [c] (*inútil*) useless.
ropa NF clothes, clothing; (*vestido*) dress; ~ **blanca** linen; ~ **de cama** bedclothes; ~ **interior** underwear; ~ **lavada** *o* **para lavar** washing; ~ **planchada** ironing; ~ **sucia** dirty clothes, washing; ~ **usada** secondhand clothes; **a quemar**~ point blank; **hay** ~ **tendida** the walls have ears; **guardar la** ~ to speak cautiously; **no tocar la** ~ **a algn** not to touch a hair of sb's head, keep one's hands off sb.
ropaje NM gown, robes *pl*; ~**s** (*Rel*) vestments *pl*.
ropavejero NM old-clothes dealer.
ropería NF [a] (*tienda*) clothes shop. [b] (*comercio*) clothing trade.
ropero [1] ADJ for clothes, clothes *atr*; **armario** ~ wardrobe, clothes cupboard. [2] NM linen cupboard; (*guardarropa*) wardrobe.
roque[1] NM (*Ajedrez*) rook, castle.
roque[2] ADJ: **quedarse** ~ (*fam*) to fall asleep.
roquedal NM rocky place.
rosa [1] NF [a] (*Bot*) rose; **palo** ~ rosewood; **no hay** ~ **sin espinas** there's no rose without a thorn; **estar como una** ~ to feel as fresh as a daisy.
[b] **de** ~, **color de** ~ pink; (*fig*) rosy; **vestidos color de** ~ pink dresses.
[c] (*Anat*) (red) birthmark.
[d] ~ **náutica** *o* **de los vientos** compass (card), compass rose.
[2] ADJ pink; **Zona R**~ (*Méx: barrio*) elegant (tourist) quarter of Mexico City.
[3] NM (*color*) pink.
rosado [1] ADJ pink. [2] NM (*vino*) rosé.
rosal NM rose bush, rose tree; ~ **silvestre** wild rose.
rosaleda NF rose bed, rose garden.
rosario NM [a] (*Rel*) rosary; (*sarta*) rosary beads; **acabar como el** ~ **de la aurora** *o* **del alba** to end up in confusion, end with everybody falling out; **rezar el** ~ to say the rosary. [b] (*fig: serie*) string, series; **un** ~ **de maldiciones** a string of curses.
rosbif NM roast beef.
rosca NF [a] (*de humo*) ring, spiral; (*Culin*) ring-shaped roll/pastry, ≈ doughnut; **estaba hecho una** ~ he was all curled up in a ball; **no comerse un** ~ V **rosco (a)**. [b] (*de tornillo*) thread; **hacer la** ~ **a algn** (*fam*) to suck *o* (*US*) kiss up to sb (*fam*); **pasarse de** ~ (*fig*) to go too far, overdo it. [c] (*And Pol*) ruling clique, oligarchy.
rosco NM [a] (*Culin*) ring-shaped roll/pastry, ≈ doughnut; **no comerse un** ~ (*fam: no ligar*) to get absolutely nowhere (*con* with). [b] (*fam: Univ*) zero, nought.
roscón NM (*tb* ~ **de Reyes**) ring-shaped cake (*eaten on the 6th January*).
roseta NF [a] (*Bot*) small rose. [b] (*Dep*) rosette. [c] ~**s** (*de maíz*) popcorn.
rosetón NM [a] (*Arquit*) rose window. [b] (*Dep*) rosette. [c] (*Aut*) cloverleaf (junction).
rosita NF [a] (*Bot*) small rose. [b] **de** ~ (*Méx*) without effort; **andar de** ~ (*LAm*) to be out of work.
rosquete ADJ, NM (*And fam!*) queer (*fam!*), poof (*fam!*).
rosquetón/a (*Per fam*) [1] ADJ effeminate. [2] NM/F queer (*fam!*).
rosquilla NF [a] (*de humo*) ring. [b] (*Culin*) ring-shaped pastry, doughnut; **venderse como** ~**s** to sell like hot cakes. [c] (*larva*) small caterpillar.
rosticería NF (*Méx, Chi*) roast chicken shop.
rostizado ADJ: **pollo** ~ (*Méx*) roast chicken.
rostro NM (*semblante*) countenance; (*cara*) face.
rostropálido/a NM/F paleface.
rotación NF rotation; (*revolución*) turn, revolution; (*de producción*) turnover; ~ **de cultivos** rotation of crops.
rotaje NM (*Chi fam*) plebs *pl* (*fam*).
rotar <1a> VI to rotate.
rotarianismo NM (*esp LAm*) Rotarianism.
rotario ADJ, NM (*esp LAm*) Rotarian.
rotativo [1] ADJ rotary, revolving. [2] NM newspaper.
rotería NF (*LAm*) common people *pl*, plebs *pl* (*fam*).
rotisería NF (*Csur*) delicatessen.
roto [1] PP *de* **romper**.

2 ADJ **a** broken; (*en pedazos*) smashed; (*vestido*) torn; (*vida*) shattered, destroyed; **estar ~ (de cansancio)** to be exhausted.
b (*fig*) debauched, dissipated.
c (*And, Chi: fam*) common, low-class.
3 NM **a** (*en vestido*) hole, torn piece.
b (*LAm fam*) Chilean (person); (*Chi: pobre*) low-class person.

rotonda NF **a** (*Arquit*) rotunda, circular gallery. **b** (*CSur, Méx: Aut*) roundabout, traffic circle (*US*).
rotor NM rotor.
rotoso ADJ (*LAm fam*) ragged, shabby.
rótula NF **a** (*Anat*) kneecap. **b** (*Mec*) ball-and-socket joint.
rotulador NM felt tip pen.
rotular <1a> VT (*objeto*) to label, put a label o ticket on; (*carta, documento*) to head, entitle.
rotulista NMF sign painter.
rótulo NM (*etiqueta*) label, ticket; (*título*) heading, title; (*letrero*) sign, notice; (*cartel*) placard, poster.
rotundo ADJ **a** (*redondo*) round. **b** (*negativa*) flat, forthright; **me dio un 'sí' ~** he gave me an emphatic 'yes'. **c** (*estilo*) expressive.
rotura NF = **rompimiento (a)**.
roturar <1a> VT (*Agr*) to break up, plough, plow (*US*).
roulotte [ru'lo] NF caravan, trailer (*US*).
round ['raun] NM (*pl* **~s**) (*Boxeo*) round.
rozado ADJ worn, grazed.
rozadura NF abrasion, graze.
rozagante ADJ **a** showy; (*llamativo*) striking. **b** (*fig*) proud.
rozamiento NM rubbing, chafing; (*Mec*) friction.
rozar <1f> **1** VT **a** (*frotar*) to rub (on), rub against; (*raer*) to scrape (on); (*Mec*) to grate on; (*Med*) to chafe, graze; (*tocar ligeramente*) to graze, shave, skim; **~ a algn al pasar** to brush past sb.
b (*arrugar*) to rumple, crumple; (*ensuciar*) to dirty.
c (*fig*) to touch on, border on; **es cuestión que roza la política** it's partly a political question.
d (*Arquit*) to make a groove o hollow in.
e (*Agr: hierba*) to graze; (: *terreno*) to clear.
2 VI: **~ con** (*fig*) = **1 (c)**.
3 **rozarse** VR **a** to rub (together); **~ los puños** to graze one's knuckles.
b (*tropezarse*) to trip over one's own feet.
c (*fam: tratarse*) **~ con** to hobnob with, rub shoulders with.
d (*al hablar*) to get tongue-tied.
R.P. ABR **a** *de* **Reverendo Padre**. **b** *de* **Relaciones Públicas** PR.
r.p.m. NFPL ABR *de* **revoluciones por minuto** rpm.
RRPP NFPL ABR *de* **relaciones públicas** PR.
Rte. ABR (*Correos*) *de* **remite** *de* **remitente**.
RTVE NF ABR *de* **Radiotelevisión Española**.
ruana NF (*And, Carib*) (peasant) poncho, ruana.
ruandés/esa ADJ, NM/F Rwandan.
ruanetas NMF INV (*Col*) peasant.
rubéola NF German measles.
rubí NM ruby; (*de reloj*) jewel.
rubia NF **a** (*gen*) blonde; **~ oxigenada** o **de bote** peroxide blonde; **~ platino** platinum blonde. **b** (*Fin: fam*) one peseta.
rubiales NMF INV (*fam*) blond(e), fair-haired person.
rubicundo ADJ ruddy.
rubio ADJ **a** (*persona*) fair-haired, blond(e); (*animal*) light-coloured, light-colored (*US*), golden. **b** **tabaco ~** Virginia tobacco.
rublo NM rouble.
rubor NM **a** bright red. **b** (*en cara*) blush, flush; **causar ~ a algn** to make sb blush. **c** (*fig*) bashfulness.
ruborizarse <1f> VR to blush, redden (*de* at).
ruboroso ADJ **a** **ser ~** to blush easily. **b** **estar ~** to blush, be blushing; (*fig*) to feel bashful.
rúbrica NF **a** (*señal*) red mark. **b** (*de la firma*) flourish. **c** (*título*) title, heading; **bajo la ~ de** under the heading of. **d** *de* **~** customary, usual.

rubricar <1g> VT (*firmar*) to sign with a flourish; (*concluir*) to sign and seal.
rubro NM **a** (*LAm*) heading, title. **b** (*LAm*) **~ social** trading o firm's name.
ruca NF (*CSur: cabina*) (Indian) hut, cabin.
rucio **1** ADJ (*caballo*) grey, gray (*US*); (*persona*) greyhaired; (*Chi fam*) fair, blond(e). **2** NM (*caballo*) grey (horse); (*Chi fam*) blond(e) (person).
ruco ADJ (*LAm*) worn-out, useless.
rudeza NF **a** (*sencillez*) simplicity; (*pey*) coarseness. **b** (*estupidez*) **~ de entendimiento** stupidity.
rudimental, rudimentario ADJ rudimentary.
rudimento NM rudiment.
rudo ADJ **a** (*madera*) rough; (*sin pulir*) unpolished. **b** (*Mec: pieza*) stiff. **c** (*persona: sencilla*) simple; (: *vulgar*) common. **d** (*golpe*) hard; **fue un ~ golpe para mí** it was a serious blow to me. **e** (*estúpido*) simple, stupid.
rueda NF **a** (*gen*) wheel; **~s de aterrizaje** (*Aer*) landing wheels; **~ de atrás** rear o back wheel; **~ delantera** front wheel; **~ dentada** cog; **~ de la fortuna** wheel of fortune; **~ impresora** (*Inform*) print wheel; **~ libre** freewheel; **~ de molino** millwheel; **~ de recambio** spare wheel; **ir sobre ~s** (*fam*) to go smoothly. **b** (*círculo*) circle, ring; **en ~** in a ring; **~ de prensa** press conference; **~ de reconocimiento** identification parade. **c** (*rodaja*) slice, round. **d** (*en torneo*) round.
ruedo NM **a** (*rotación*) turn, rotation. **b** (*contorno*) edge, border; (*circunferencia*) circumference; (*de vestido*) hem. **c** (*Taur*) bullring, arena. **d** (*esterilla*) (round) mat.
ruego NM request; **a ~ de** at the request of; **accediendo a los ~s de** in response to the requests of; **'~s y preguntas'** (*en una conferencia*) 'any other business'.
rufián NM **a** (*traficante*) pimp. **b** (*gamberro*) hooligan.
rufo ADJ red-haired.
rugby ['rugbi] NM rugby.
rugido NM roar; **~ de dolor** howl of pain.
rugir <3c> VI (*gen*) to roar; (*toro*) to bellow; (*tormenta, viento*) to roar, howl, rage; (*estómago*) to rumble; **~ de dolor** to roar o howl with pain.
rugoso ADJ (*arrugado*) wrinkled, creased; (*desigual*) ridged; (*áspero*) rough.
ruido NM **a** (*gen*) noise; (*sonido*) sound; (*alboroto*) racket, row; **~ de fondo** background noise; **sin ~** quietly; **no hagas ~** don't make a sound; **mucho ~ y pocas nueces** much ado about nothing. **b** (*escándalo*) commotion, fuss; (*grito*) outcry; **hacer o meter ~** to cause a stir; **quitarse de ~s** to keep out of trouble.
ruidoso ADJ **a** noisy, loud. **b** (*fig*) sensational.
ruin ADJ **a** (*gen*) contemptible, mean. **b** (*tacaño*) mean, stingy. **c** (*pequeño*) small, weak. **d** (*animal*) vicious.
ruina NF **a** (*gen*) ruin; **~s** ruins, remains; **estar hecho una ~** to be a wreck. **b** (*colapso*) collapse; **amenazar ~** to threaten to collapse, be about to fall down. **c** (*fig*) ruin, destruction; (*de imperio*) fall, decline; (*de persona*) ruin, downfall; **será mi ~** it will be the ruin of me; **la empresa le llevó a la ~** the venture ruined him (financially).
ruindad NF **a** (*cualidad*) meanness, lowness. **b** (*acción*) low o mean act.
ruinoso ADJ **a** ruinous; (*destartalado*) tumbledown. **b** (*Fin*) ruinous, disastrous.
ruiseñor NM nightingale.
ruleta NF roulette; **~ rusa** Russian roulette.
ruletear <1a> VI (*CAm, Méx*) to drive a taxi o cab.
ruleteo NM (*CAm, Méx*) taxi o cab driving.
ruletero NM (*CAm, Méx*) taxi o cab driver.
rulo NM **a** (*rodillo*) roller. **b** (*de pelo*) curler. **c** (*And, CSur: rizo*) natural curl.
rulota NF caravan, trailer (*US*).
ruma NF (*LAm*) heap, pile.
Rumania, Rumanía NF Romania.
rumano/a **1** ADJ, NM/F Rumanian. **2** NM (*Ling*) Rumanian.
rumba NF **a** (*Mús*) rumba. **b** (*LAm: fiesta*) party, celebration.
rumbear <1a> VI **a** (*LAm Mús*) to dance the rumba.

[b] (*LAm*: *seguir*) to follow a direction. [c] (*Cu fam*: *ir de rumba*) to have a party.

rumbo NM [a] (*camino*) route, direction; (*ángulo de dirección*) course, bearing; **con ~ a** in the direction of; **ir con ~ a** to be heading for; (*Náut*) to be bound for; **corregir el ~** to correct one's course; **ir al ~** to find one's way by guesswork; **perder el ~** (*Aer, Náut*) to go off course; **poner ~ a** *o* **hacia** (*gen, Náut*) to set a course for.
[b] (*fig*) course of events; (*conducta*) line of conduct; **~ nuevo** new departure; **tomar ~ nuevo** to change one's approach; **los acontecimientos vienen tomando un ~ sensacional** events are taking a sensational turn.
[c] (*fig*: *generosidad*) generosity, lavishness; (: *pompa*) showiness, pomp; **viajar con ~** to travel in style.
[d] (*LAm*: *fiesta*) party.

rumboso ADJ (*generoso*) generous; (*espléndido*) big, splendid.

rumiante ADJ, NM ruminant.

rumiar <1b> [1] VT [a] to chew. [b] (*fig*: *masticar*) to chew over; (*ponderar*) to ponder (over). [2] VI [a] (*vaca*) to chew the cud. [b] (*fig*) to ruminate, ponder.

rumor NM [a] (*murmuración*) murmur; (*ruido sordo*) low sound; (*de voces*) buzz. [b] (*fig*) rumour, rumor (*US*); **circula un ~ de que ...** there's a rumour going round that ....

rumorearse <1a> VR: **se rumorea que** it is rumoured *o* (*US*) rumored that.

rumoreo NM murmur(ing).

rumoroso ADJ full of sounds; (*arroyo*) murmuring, musical.

runa¹ NF rune.

runa² NM (*And, CSur*) Indian (man).

runa simi NM (*And Ling*) Quechua (language).

runfla NM (*LAm fam*: *montón*) lot, heap; (: *multitud*) crowd.

runrún NM [a] sound of voices, murmur. [b] (*fig*) rumour, rumor (*US*), buzz (*fam*). [c] (*de una máquina*) whirr.

runrunearse <1a> VR: **se runrunea que ...** it is rumoured *o* (*US*) rumored that ....

runruneo NM = **runrún a**.

rupestre ADJ rock *atr*; **pintura ~** cave painting; **planta ~** rock plant.

ruptura NF rupture; (*disputa*) split; (*de contrato*) breaking; (*de relaciones*) breaking-off.

rural [1] ADJ rural, country *atr*. [2] NF (*Arg Aut*) station wagon, estate car.

Rusia NF Russia; **~ Soviética** Soviet Russia.

ruso/a [1] ADJ, NM/F Russian; (*Arg fam*) Jew. [2] NM (*Ling*) Russian.

rústica¹ NF: **libro en ~** paperback (book); **edición (en) ~** paperback edition.

rústico/a² [1] ADJ [a] rustic, rural, country *atr*. [b] (*pey*) coarse, uncouth. [2] NM/F peasant, yokel.

ruta NF route; (*fig*) course (of action).

rutilante ADJ (*Lit*) shining, sparkling, glowing.

rutilar <1a> VI to shine, sparkle.

rutina NF (*gen*) routine; **~ diaria** daily routine; **por ~** as a matter of routine; (*fig*) from force of habit.

rutinario ADJ [a] routine; (*ordinario*) ordinary, everyday. [b] (*persona*) ordinary; (*sin imaginación*) unimaginative.

Rvdo. ABR *de* **Reverendo** Rev(d).

S¹, s ['ese] NF (*letra*) S, s.

S² ABR a de **sur** S. b (*Rel*) de **San** de **Santa** de **Santo** St. c de **septiembre** Sept. d (*Cine: película*) de **película por-no.** e de **sobresaliente** v.g.

s. ABR a de **siglo** c. b de **siguiente** foll.

s/ ABR (*Com*) de **su(s)** yr.

S.ª ABR de **Sierra** Mts.

S.A. ABR a (*Com*) de **Sociedad Anónima** Ltd, plc, Corp (*US*), Inc (*US*). b de **Su Alteza** H.H.

sáb. ABR de **sábado** Sat.

sábado NM a Saturday; (*de los judíos*) Sabbath; **S~ de Gloria** o **Santo** Easter Saturday; **del ~ en ocho días** Saturday week, a week on Saturday, the Saturday after next; **el ~ pasado/próximo** o **que viene** last/this o next Saturday; **el ~ por la mañana** (on) Saturday morning; **la noche del ~** Saturday night; **un ~ sí y otro no, cada dos ~s** every other o second Saturday; **no va al colegio los ~s** he doesn't go to school on Saturdays; **vendrá el ~ (25 de marzo)** he will come on Saturday (March 25th). b (*fig*) **hacer ~** to do the weekly clean.

sabana NF savannah.

sábana NF a sheet; (*Rel*) altar cloth; **~ de agua** (*fig*) sheet of rain; **se le pegan las ~s** he oversleeps. b (*fam*) 1000 peseta note.

sabandija NF a (*bicho*) bug, creepy-crawly (*fam*); **~s** vermin *sg*. b (*fig*) wretch, louse.

sabanilla NF (*Rel*) altar cloth.

sabañón NM chilblain.

sabático ADJ (*Rel, Univ*) sabbatical.

sabelotodo NM INV (*fam*) know-all.

saber <2m> [1] VT, VI a (*conocer*) to know; **~ de** to know about, be aware of; **lo sé** I know; **sin ~lo yo** without my knowledge; **'no sabe, no contesta'** 'don't knows'; **hacer ~** to inform, let know.
b (*tener capacidad de*) **¿sabes ruso?** do o can you speak Russian?; **~ hacer algo** to know how to do sth; **sé conducir** I can drive, I know how to drive.
c (*tener noticia de*) to find out, hear; **cuando lo supe** when I heard o found out about it; **desde hace 6 meses no sabemos nada de él** we haven't heard from him for 6 months.
d (+ *infin: movimiento*) **¿sabes ir?** do you know the way?; **no sabe todavía andar por la ciudad** he still doesn't know his way about the town.
e (*locuciones*) **a ~** namely, i.e.; **a ~ si realmente lo compró** I wonder whether he really did buy it; **¡de haberlo sabido!** if only I'd known!; **¡yo qué sé!, ¡qué sé yo!** how should I know!, search me! (*fam*); **tú sabrás (lo que haces)** I suppose you know (what you're doing); **¡no lo sabes bien!** not half!; **¡quién sabe!** who knows!; **que yo sepa** as far as I know; **¡si lo sabré yo!** as if I'd know!, it's no good asking me!; **ya lo sabía yo** I thought as much; **un no sé qué** a certain something; **nos sirvió no sé qué vino** he gave us some wine or other; **¿tú qué sabes?** what do you know about it?; **para que lo sepas** just so you know; **vete (tú)** o (*LAm*) **anda a ~** your guess is as good as mine; **¿sabe?** (*fam*) you know?, you know what I mean?
f (*LAm*) **~ hacer** to be in the habit of doing; **no sabe venir por aquí** he doesn't usually come this way.
[2] VI: **~ a** to taste of; (*fig*) to smack of; **esto sabe a queso** this tastes of cheese; **esto sabe mal** o **a demonio(s)** this tastes awful; **le sabe mal que otro la saque a bailar** it upsets him that anybody else should ask her to dance.
[3] **saberse** VR a **ya se sabe que ...** it is known that ..., we know that ...; **no se sabe** nobody knows; **¿se puede ~ si ... ?** can you tell me if o whether ... ?; **eso ya me lo**

sabía yo I already knew that.
b **se supo que ...** it was learnt o discovered that ...; **por fin se supo el secreto** finally the secret was revealed.
[4] NM knowledge, learning; **según mi leal ~ y entender** to the best of my knowledge.

sabiamente ADV a (*eruditamente*) learnedly, expertly. b (*prudentemente*) wisely, sensibly.

sabidillo/a NM/F (*fam*) know-all.

sabido [1] PP de **saber**; **es ~ que** it is well known that; **como es ~** as we all know. [2] ADJ a (*consabido*) well-known, familiar. b (*iró*) knowledgeable, learned.

sabiduría NF (*gen*) wisdom; (*instrucción*) learning; **~ popular** folklore.

sabiendas: a ~ ADV (*sabiendo*) knowingly; (*a propósito*) deliberately; **a ~ de que ...** knowing full well that ....

sabihondo/a ADJ, NM/F know-all, know-it-all (*US*).

sabio/a [1] ADJ a (*persona: docto*) learned, expert; (: *iró*) know-all.
b (*persona: al actuar*) wise, sensible.
c (*acción, decisión*) wise, sensible.
d (*animal*) trained.
[2] NM/F (*docto*) learned man/woman; (*experto*) scholar, expert.

sabiondo/a ADJ, NM/F = **sabihondo**.

sablazo NM a (*herida*) sword wound. b (*fam*) sponging (*fam*); **dar** o **pegar un ~ a algn** to touch sb for a loan (*fam*). c **la cuenta fue un ~** (*fam*) the bill was astronomical.

sable NM sabre, cutlass.

sablear <1a> VI (*fam*) to touch for a loan (*fam*); **~ dinero a algn** to scrounge money off sb (*fam*).

sablista NMF (*fam*) sponger (*fam*).

sabor NM taste, flavour, flavor (*US*); (*fig*) flavour; **~ local** local colour o (*US*) color; **con ~ a queso** cheese-flavoured; **sin ~** (*lit*) tasteless; (*fig*) insipid; **le deja a uno mal ~ de boca** (*fig*) it leaves a nasty taste in the mouth.

saborcillo NM slight taste.

saborear <1a> VT a (*comida*) to taste, savour, savor (*US*). b (*dar sabor*) to flavour, flavor (*US*), add a flavour to. c (*fig*) to relish.

sabotaje NM sabotage.

saboteador(a) NM/F saboteur.

sabotear <1a> VT (*lit, fig*) to sabotage.

sabré *etc* V **saber**.

sabroso ADJ a (*comida*) tasty; (*salado*) slightly salty. b (*libro*) solid, meaty; (*oferta*) substantial; (*sueldo*) hefty, juicy (*fam*). c (*broma, historia*) racy, daring. d (*And, Carib, Méx: ameno*) pleasant.

sabueso NM a (*Zool*) bloodhound. b (*fig*) sleuth.

saca¹ NF big sack; **~ de correo(s)** mailbag.

saca² NF (*acción*) taking out, withdrawal; (*Com*) export; **estar de ~** (*Com*) to be on sale.

sacabocados NM INV (*Téc*) punch.

sacaclavos NM INV nail-puller, pincers *pl*.

sacacorchos NM INV corkscrew.

sacacuartos NM INV = **sacadineros**.

sacadineros NM INV a (*baratija*) cheap trinket. b (*diversión*) money-wasting spectacle, worthless sideshow *etc*; (*truco criminal*) small-time racket. c (*persona*) cheat.

sacamuelas NMF INV (*hum: dentista*) tooth-puller.

sacaperras NMF INV (*fam*) con artist (*fam*).

sacapuntas NM INV pencil sharpener.

sacar <1g> [1] VT a (*diente, algo del bolsillo*) to take out; (*arma*) to draw; (*dinero: de cuenta*) to draw out, withdraw; (*mancha*) to get out o off; **~ a algn de casa** to get sb out of the house; **~ a bailar a algn** to take sb out dancing.

| b | (_fig: extraer_) to get (out); ~ **una información a algn** to get information out of sb; **los datos están sacados de 2 libros** the data is taken from 2 books; **¿de dónde has sacado esa idea?** where did you get that idea?; **no conseguirán ~le nada** they'll get nothing out of him; **lo que se saca de todo esto es que** what I gather from all this is that; **~ a algn de sí** to infuriate sb.

| c | (_Dep: Tenis_) to serve; (: _Ftbl_) to throw in.

| d | (_parte del cuerpo_) ~ **la barbilla** to stick one's chin out; ~ **la lengua** to put one's tongue out; ~ **la mano** (_Aut etc_) to put one's hand out.

| e | (_ropa: esp LAm_) to take off.

| f | (_entradas, carnet_) to get.

| g | (_solución_) to reach; (_conclusión_) to draw.

| h | (_producir: producto_) to make; (: _modelo nuevo_) to bring out; (: _moda_) to create; (: _libro_) to bring out, publish; **aquí sacan 200 coches diarios** they make 200 cars a day here; **a este propósito han sacado unos versos** they've made up some verses about this.

| i | (_foto_) to take; (_copia_) to make, have made; **saca buen retrato** he takes a good photo; **te voy a ~ una foto** I'll take a photo o snap of you.

| j | (_obtener: legado, puesto_) to get; (: _ganancia_) to make; **sacó el premio gordo** he got o won the big prize; **así no vas a ~ nada** you won't get anything that way; **siempre saca notas buenas** he always gets good marks; **sacó un buen número para la lotería** he drew a good number for the lottery; **han sacado 35 diputados** they have got 35 members elected; **~ algo en limpio** o **claro** to get sth clear; **~ provecho a algo** to get some benefit from sth.

| k | (_demostrar_) to show; **en esto sacó por fin su habilidad** in this he finally showed o demonstrated his skill; **~ faltas a algn** to point out sb's defects.

| l | ~ **brillo a** to polish; ~ **los colores a algn** to make sb blush.

| m | (_mencionar_) to mention, put; **le han sacado en el periódico** they've put him in the paper; **no me saques ahora eso** don't start on about that now; ~ **algo a relucir** to bring sth up, harp on about sth.

| n | (_fam_) **le saca 10 cm a su hermano** he is 10 cm taller than his brother.

| o | ~ **adelante** (_niño_) to bring up successfully; (_negocio_) to be successful in.

| p | (_Cos: prenda de vestir_) to let out.

2 sacarse VR | a | (_esp LAm_) ~ **la ropa** to take off one's clothes.

| b | ~ **una foto** to get one's photo taken.

sacarina NF saccharin(e).

sacerdocio NM priesthood.

sacerdotal ADJ priestly.

sacerdote NM priest; ~ **obrero** worker priest; **sumo ~** high priest.

sacerdotisa NF priestess.

saciado ADJ: ~ **de** (_fig_) steeped o saturated in.

saciar <1b> **1** VT (_hambre etc_) to satiate; (_sed_) to quench; (_fig: deseos etc_) to satisfy; (_ambición_) to fulfil, fulfill (_US_), more than satisfy. **2 saciarse** VR (_fig_) to be satisfied (_con, de_ with).

saciedad NF satiation, satiety; **hasta la ~** (_comer_) one's fill; (_repetir_) ad nauseam.

saco[1] NM | a | (_costal_) bag, sack; (_Mil_) kitbag; (_contenido_) bagful; ~ **de arena** (_Mil_) sandbag; (_Dep_) punchball; ~ **de dormir** sleeping bag; **a ~s** (_fig_) by the ton; **caer en ~ roto** to fall on deaf ears; **lo tenemos en el ~** (_fam_) we've got it in the bag (_fam_). | b | (_Anat_) sac. | c | (_fam_) **es un ~ de picardías** he's full of tricks; **ser un ~ sin fondo** to spend money like water. | d | (_LAm: chaqueta_) jacket.

saco[2] NM (_Mil_) sack; **entrar a ~ en** to sack.

sacralizar <1f> VT (_hum_) to consecrate, canonize; (_aprobar_) to give official approval to.

sacramental ADJ (_Rel_) sacramental; (_palabras_) ritual.

sacramentar <1a> VT to administer the last sacraments to.

sacramento NM sacrament; **el Santísimo S~** the Blessed Sacrament; **recibir los ~s** to receive the last sacra-

ments.

sacrificado ADJ (_profesión, vida_) demanding; (_persona_) self-sacrificing.

sacrificar <1g> **1** VT | a | (_Rel, fig_) to sacrifice (_a_ to). | b | (_animal_) to slaughter; (_perro etc_) to put to sleep. **2 sacrificarse** VR to sacrifice o.s.

sacrificio NM | a | (_Rel, fig_) sacrifice. | b | (_de animal_) slaughter(ing).

sacrilegio NM sacrilege.

sacrílego ADJ sacrilegious.

sacristán NM verger, sacrist(an).

sacristía NF vestry, sacristy.

sacro ADJ sacred, holy.

sacrosanto ADJ sacrosanct.

sacudida NF | a | (_agitación_) shake, shaking; (_movimiento brusco_) jerk; (_de terremoto_) shock; (_de explosión_) blast; (_de cabeza_) toss; ~ **eléctrica** electric shock; **dar una ~ a una alfombra** to beat a carpet; **avanzar dando ~s** to bump o jolt along. | b | (_fig_) violent change; (_Pol etc_) upheaval; **hay que darle una ~** he needs a jolt.

sacudir <3a> **1** VT | a | (_gen_) to shake; (_ala_) to flap; (_alfombra_) to beat.

| b | (_quitar: tierra_) to shake off; (_cuerda_) to jerk, tug; (_pasajero, vehículo_) to jolt; (_cabeza_) to shake.

| c | (_fig_) to shake; ~ **a algn de su depresión** to shake sb out of his depression; ~ **los nervios a algn** to shatter sb's nerves.

| d | (_fam_) ~ **a algn** to belt sb (_fam_).

2 sacudirse VR to shake (o.s.); ~ **(de) un peso** to shake off a burden; **por fin se la han sacudido** they've finally got rid of him.

sacudón NM (_LAm_) violent shake.

S.A. de C.V. ABR (_Méx_) _de_ **Sociedad Anónima de Capital Variable** Ltd, plc, Corp (_US_), Inc (_US_).

sádico/a **1** ADJ sadistic. **2** NM/F sadist.

sadismo NM sadism.

sadista NMF sadist.

sadomasoquista **1** ADJ sadomasochistic. **2** NMF sadomasochist.

saeta NF | a | (_Mil_) arrow, dart. | b | (_de reloj_) hand; (_de brújula_) magnetic needle. | c | (_Mús_) sacred song in flamenco style.

safado ADJ | a | (_LAm fam_) mad, crazy. | b | (_Arg fam: despejado_) cute (_fam_), alert, bright.

safari NM safari; **estar de ~** to be on safari.

saga NF saga.

sagacidad NF (_astucia_) shrewdness, cleverness; (_perspicacia_) sagacity.

sagaz ADJ (_astuto_) shrewd, clever; (_perspicaz_) sagacious.

Sagitario NM Sagittarius.

sagrado ADJ sacred, holy.

sagrario NM shrine.

sagú NM sago.

Sahara, Sáhara ['saxara] NM Sahara.

saharaui **1** ADJ Saharan. **2** NMF native o inhabitant of the Sahara.

S.A.I. ABR _de_ **Su Alteza Imperial.**

saín NM animal fat.

sainete NM (_Teat_) one-act farce o comedy.

sajar <1a> VT (_Med_) to cut open, lance.

sajón/ona ADJ, NM/F Saxon.

Sajonia NF Saxony.

sal[1] NF | a | salt; ~**es (aromáticas)** smelling salts; ~**es de baño** bath salts; ~ **de cocina** o **gorda** kitchen o cooking salt; ~ **de fruta(s)** fruit salts; ~ **de mesa** table salt. | b | (_gracia_) wit; (_encanto_) charm; ~ **de la tierra** salt of the earth; **tiene mucha ~** he's very amusing.

sal[2] V _salir_.

sala NF | a | en casa; (_tb_ ~ **de estar**) living o sitting room, lounge; (_cuarto grande_) large room; (_de castillo_) hall. | b | (_Teat_) house, auditorium; (_Jur_) court; (_Med_) ward; ~ **de cine** cinema; ~ **de conciertos/conferencias** concert/lecture hall; ~ **de fiestas** night club; ~ **de embarque** o **salidas** departure lounge; ~ **de espera** (_Med, Ferro_) waiting room; (_Aer_) departure lounge; ~ **de juntas** (_Com_) boardroom; ~ **justicia** law court; ~ **de**

operaciones operating theatre o (*US*) room; ~ **de pren-sa** press room; ~ **de profesores** staff room; ~ **X** adult cinema; **deporte en** ~ indoor sport.

saladar NM salt marsh.

salado ADJ [a] (*Culin*) salty; (*agua*) salt *atr*; **muy** ~ strongly salted. [b] (*gracioso*) amusing; (*vivo*) lively; (*atractivo*) charming; **¡qué** ~**!** how amusing!; (*iro*) very droll! [c] (*LAm: desgraciado*) unlucky, unfortunate. [d] (*CSur fam: caro*) expensive.

salamandra NF salamander.

salamanquesa NF lizard, gecko.

salame, salami NM salami.

salar[1] NM (*And, CSur: yacimiento*) salt pan.

salar[2] <1a> VT [a] (*Culin*) to put salt in; (: *para conservar*) to salt. [b] (*LAm: arruinar*) to ruin, spoil.

salarial ADJ wage *atr*; **reclamación** ~ wage claim.

salario NM wage(s) *pl*, pay, salary; ~ **mínimo inter-profesional** guaranteed minimum wage.

salaz ADJ salacious, prurient.

salazón NF [a] (*acto*) salting. [b] (*carne*) salted meat; (*pescado*) salted fish.

salchicha NF pork sausage.

salchichería NF pork butcher's (shop).

salchichón NM (salami-type) sausage.

saldar <1a> VT [a] (*cuenta*) to pay; (*deuda*) to pay off. [b] (*diferencias*) to settle. [c] (*existencias*) to sell off.

saldo NM [a] (*pago*) settlement, payment. [b] (*en banco, tb fig*) balance; ~ **acreedor/deudor** o **pasivo** credit/debit balance; ~ **anterior** balance brought forward; ~ **de banco** o **de cuentas** bank statement; **el** ~ **es a su favor** (*fig*) the balance is in his favour o (*US*) favor. [c] (*liquidación*) sale. [d] ~**s** remnant(s), leftover(s).

saledizo [1] ADJ projecting. [2] NM projection, overhang; **en** ~ projecting, overhanging.

salero NM [a] (*Culin*) saltcellar, salt shaker (*US*). [b] (*ingenio*) wit; (*encanto*) charm.

saleroso ADJ (*fam*) = **salado** (b).

salga *etc* V **salir**.

salida NF [a] (*acto: de persona*) leaving, exit; (*Aer, Ferro*) departure; (*de gas*) leak; (*Dep*) start; **'S~s'** 'Departures'; ~ **del sol** sunrise; **precio de** ~ starting price; **a la** ~ **del teatro** after the theatre o (*US*) theater, on leaving the theatre; **después de la** ~ **del tren** after the train left; **dar la** ~ (*Dep*) to give the starting signal; **tomar la** ~ (*Dep*) to start. [b] (*lugar*) exit, way out; (*en aeropuerto*) gate; ~ **de artistas** (*Teat*) stage door; ~ **de emergencia/de incendios** emergency exit/fire escape; **la sala tiene** ~ **al jardín** the living room opens on to the garden; **el país no tiene** ~ **al mar** the country doesn't have an outlet to the sea. [c] (*solución*) way out; (*oportunidad*) opening; (*resultado*) outcome; **no hay** ~ there's no way out of it; **no tenemos otra** ~ we have no option. [d] (*Com: venta*) sale; (: *producción*) output; (: *mercado*) sales outlet; (: *publicación*) publication; (: *dinero gastado*) outlay; ~ **impresa** (*Inform*) hard copy; **tener una** ~ **difícil** to be a hard sell. [e] (*en el habla: réplica*) repartee; (: *ocurrencia*) joke; ~ **de tono** silly remark; **tener** ~**s** to be witty; **tiene** ~ **para todo** he has an answer for everything. [f] (*Mil*) sally, sortie. [g] (*Naipes*) lead.

salido [1] PP **de salir**. [2] ADJ [a] (*rasgos*) prominent; (*ojos*) bulging. [b] (*Esp fam: cachondo*) randy (*fam*), horny (*US fam*); **estar** ~**a** (*Zool*) to be on heat.

salidor ADJ (*LAm*) fond of going out a lot.

saliente [1] ADJ [a] (*Arquit*) projecting; (*rasgo*) prominent. [b] (*importante*) salient. [c] (*sol*) rising. [2] NM projection; (*Mil*) salient.

salina NF salt mine; ~**s** saltworks.

salinidad NF salinity.

salino ADJ saline.

salir <3q> [1] VI [a] (*persona: de casa, cuarto etc*) to come o go out (*de* of); (: *partir*) to leave; (: *Teat*) to enter, come on; **Juan ha salido** John has gone out, John is out; **salimos a la calle** we went out into the street; ~ **de** (*Inform*) to

exit, quit; ~ **de paseo** to go out for a walk; ~ **de viaje** to go away on holiday; **salimos de Madrid a las 8** we left Madrid at 8 o'clock; **salió corriendo (del cuarto)** he ran out (of the room); ~ **de un apuro** to get out of a jam; **por fin salió de pobre** he finally left poverty behind him; **de esta no salimos** (*fam*) we're in a right pickle here (*fam*). [b] (*transportes*) to leave, depart; (*Náut*) to sail; **el tren sale cada 2 horas** the train runs every 2 hours. [c] (*conducir*) **esta calle sale a la plaza** this street comes out in o leads to the square. [d] ~ **con algn** to go out with sb. [e] **salieron en los periódicos** they appeared o were in the (news)papers; **el libro saldrá el mes que viene** the book is coming out next month; **le salió la satisfacción a la cara** satisfaction showed in his face. [f] (*surgir*) to come up; **cuando salga la ocasión** when the opportunity comes up o arises; **le ha salido novio** she's got herself a boyfriend; **¡ya salió aquello!** so that was it!, so now we know! [g] (*planta*) to come up; (*pelo*) to grow; (*diente*) to come through. [h] (*mancha*) to come out o off. [i] (*resultar*) to turn out; **salió muy trabajadora** she turned out to be very hard-working; **salga lo que salga** come what may; **este crucigrama no me sale** this crossword won't work out; **no me sale su apellido** I can't think of his name; **salió caro** it worked out expensive; **la prueba salió positiva** the test proved positive; **me salió por** o **a 1.000 pesos** it cost me 1000 pesos; **la foto me salió bien** the photo came out well; **la fiesta salió mal** the party was a failure; **salí bien en el examen** I passed the exam; **salió alcalde por 3 votos** he was elected mayor by 3 votes. [j] (*proceder*) to come from; **el aceite sale de la aceituna** you get oil from an olive. [k] (*persona: Dep*) to start; (: *Naipes*) to lead. [l] (*Fin*) ~ **a los gastos de algn** to meet o pay sb's expenses; ~ **por** to back. [m] **y ahora sale con esto** (*decir*) and now he comes out with this. [n] (*locuciones*) ~ **adelante** to do well; ~ **ganando** to come out ahead; ~ **perdiendo** to lose out; **sale a su padre** he's like his father; **cuando hubo problemas, salió por mí** when there were problems she stuck up for me. [2] **salirse** VR [a] (*animal*) to escape (*de* from), get out (*de* of); (*aire, líquido*) to leak (out); (*río*) to overflow. [b] ~ **de la carretera** to go off the road; ~ **de la vía** to jump the rails. [c] (*exceder*) ~ **de costumbre** to break with custom; ~ **de lo normal** to go beyond what is normal; ~ **de los límites** to go beyond the limits. [d] (*locuciones*) ~ **del tema** to get off the point; ~ **de madre** (*fig*) to lose self-control; ~ **con la suya** to get one's own way.

salitre NM saltpetre, saltpeter (*US*), nitre; (*Chi: nitrato de Chile*) Chilean nitrate.

saliva NF saliva, spit; **gastar** ~ (*fig*) to waste one's breath (*en* on); **tragar** ~ to swallow one's feelings.

salivación NF salivation.

salivadera NF spittoon, cuspidor (*US*).

salivar <1a> VI to salivate; (*esp LAm*) to spit.

salivazo NM gobbet of spit; **arrojar un** ~ to spit.

salmantino/a [1] ADJ of o from Salamanca. [2] NM/F native o inhabitant of Salamanca.

salmo NM psalm.

salmodia NF [a] (*Rel*) psalmody. [b] (*fig fam*) drone.

salmodiar <1b> VI [a] to sing psalms. [b] (*fig fam*) to drone.

salmón NM salmon.

salmonete NM red mullet.

salmuera NF pickle, brine.

salobre ADJ (*agua*) salt *atr*.

salón NM (*de casa*) living-room, lounge; (*Lit*) salon; (*Náut*) saloon; (*Chi Ferro*) first class; ~ **de actos** assembly room; ~ **del automóvil** motor show; ~ **de baile** ballroom; ~ **de**

belleza/masaje beauty/massage parlour o (US) parlor; **~ de demostraciones** showroom; **~ náutico** boat show; **~ de pintura** art gallery; **~ de sesiones** assembly hall.

salpicadera NF (Méx Aut: guardabarros) mudguard, fender (US).

salpicadero NM dashboard.

salpicado ADJ: **~ de** splashed o spattered with; **un diseño ~ de puntos rojos** a pattern with red dotted about in it; **una llanura ~a de granjas** a plain with farms dotted about on it, a plain dotted with farms.

salpicadura NF [a] (acto) splashing. [b] (mancha) splash. [c] (fig) sprinkling.

salpicar <1g> VT [a] (de barro, pintura) to splash (de with); (de agua) to sprinkle (de with); (tela) to dot, fleck (de with); **~ un coche de barro** to splash a car with mud, splash mud over a car; **~ agua sobre el suelo** to sprinkle water on the floor; **este asunto salpica al gobierno** the government has got egg on its face over this affair. [b] (conversación, discurso) to sprinkle (de with).

salpicón NM [a] = **salpicadura (a)**. [b] (Culin) salmagundi; **~ de marisco(s)** seafood cocktail.

salpimentar <1a> VT [a] (Culin) to season, add salt and pepper to. [b] (fig) to spice (de with).

salpullido NM [a] (Med) rash, skin disease. [b] (fig) problem, tricky situation.

salsa[1] NF [a] (gen) sauce; (de carne) gravy; (para ensalada) dressing; **~ blanca** white sauce; **~ mayonesa** mayonnaise; **~ de tomate** tomato sauce, ketchup. [b] (fig) spice; **es la ~ de la vida** it's the spice of life; **estar en su ~** (fig) to be in one's element.

salsa[2] NF (Mús) salsa.

salsera NF sauce boat.

salsero ADJ (Mús) salsa-loving; **ritmo ~** salsa rhythm.

saltado ADJ [a] (loza) chipped, damaged. [b] (ojos) bulging.

saltador(a) [1] NM/F (Dep) jumper; **~ de altura/longitud** high/long jumper; **~ de pértiga** pole vaulter. [2] NM (comba) skipping rope.

saltadura NF (defecto) chip.

saltamontes NM INV grasshopper.

saltar <1a> [1] VT [a] (muro, obstáculo) to jump (over), leap (over). [b] (arrancar) to pull off; **le saltó 3 dientes** he knocked out 3 of his teeth. [c] (omitir: comida) to skip; (: párrafo) to miss o leave out. [d] (con explosivos) to blow up. [2] VI [a] (persona: gen) to jump (a, por, por encima de on to, into, over); (dar saltitos) to hop, skip; **~ al agua** to jump o dive into the water; **~ de la cama** to leap out of bed; **~ de alegría** to jump with o for joy; **~ en paracaídas** to (parachute) jump, come down by parachute; **~ por una ventana** to jump out of a window; **~ sobre algn** to pounce on sb. [b] (pelota) to bounce; (líquido) to spurt up; **el aceite salta** oil spits; **saltan chispas** sparks are flying; **salta a la vista** it's obvious, it hits you in the eye; **estar a la que salta** to watch out for an opportunity, look for an opening. [c] (desprenderse: botón, pieza) to come off; (corcho) to pop out; (astilla) to fly off; (resorte) to break. [d] (estallar: cristal) to smash; (explosivo) to explode, burst; **saltó en pedazos** it smashed into bits; **hacer ~ un edificio** to blow a building up; **hacer ~ la banca** to break the bank. [e] (fig: de ira) to explode, blow up. [f] **~ con una patochada** to come out with a ridiculous o foolish remark. [g] **~ de una cosa a otra** (en discurso) to skip from one thing to another; **~ del último puesto al primero** to jump from last place to first. [3] **saltarse** VR [a] (omitir) to skip, miss; **~ un párrafo** to skip a paragraph; **me he saltado dos renglones** I've left out a couple of lines. [b] (no hacer caso de) **~ un semáforo** to jump o shoot the lights; **~ todas las reglas** to break all the rules. [c] (pieza) to come off, fly off; **se me saltaron las lágri-**

mas I burst out crying.

saltarín/ina [1] ADJ (inquieto) restless; (pey) unstable. [2] NM/F dancer.

salteado ADJ [a] (discontinuo) irregular. [b] (Culin) sauté(ed).

salteador NM (tb ~ **de caminos**) highwayman.

saltear <1a> VT [a] (atracar) to hold up; (robar) to rob. [b] (Culin) to sauté. [c] (hacer discontinuamente: al trabajar) to do in fits and starts; (al leer) to skip (over).

salterio NM (Rel) psalter; (en Biblia) Book of Psalms.

saltimbanqui NM acrobat.

salto NM [a] (acción: gen) jump; (: grande) leap; **~ a ciegas** leap in the dark; **a ~s** (lit) by jumping; (fig) by fits and starts; **avanzar a ~s** to jump along; **de un ~** at one bound; **subió/bajó de un ~** he jumped up/down; **en un ~** (fig) in a jiffy (fam); **~ de línea** (Inform) line feed; **dar** o **pegar un ~** to jump (with fright); **a ~ de mata** (vivir) from hand to mouth; (escapar) headlong; (hacer) thoughtlessly. [b] (Dep: acción) jump; (: al agua) dive; **~ de altura** high jump; **~ de ángel** swallow dive; **~ a la** o **con garrocha, ~ con** o **de pértiga** pole vault; **~ de longitud** long jump; **~ mortal** somersault; **~ de trampolín** springboard dive. [c] (diferencia, omisión) gap; **aquí hay un ~ de 50 versos** there is a gap here of 50 lines; **de él al otro hermano hay un ~ de 9 años** there is a gap of 9 years between him and the other brother. [d] **~ de agua** (Geog) waterfall, cascade; (Téc) chute. [e] **~ de cama** negligé. [f] (fig) **~ a la fama** springboard to fame.

saltón [1] ADJ (ojos) bulging; (dientes) protruding. [2] NM grasshopper.

salubre ADJ healthy, salubrious.

salubridad NF [a] (calidad) healthiness. [b] (estadísticas) health statistics.

salud NF [a] (Med) health; **~ mental** mental health o well-being; **estar bien/mal de ~** to be in good/bad health; **mejorar de ~** to get better. [b] (bienestar) welfare, well-being. [c] **¡a su ~!**, **¡~ (y pesetas)!** cheers!, good health!; **beber a la ~ de** to drink to the health of.

saludable ADJ [a] (Med) healthy. [b] (provechoso) good, beneficial; **un aviso ~** a salutary warning.

saludar <1a> VT [a] (gen) to greet; **ir a ~ a algn** to drop in to see sb; **salude de mi parte a X** give my regards to X; **no ~ a algn** to cut sb. [b] (en carta) **le saluda atentamente** yours faithfully. [c] (Mil) to salute; (noticia, suceso) to hail, welcome.

saludo NM [a] greeting; (reverencia) bow; **un ~** o **~s a X** (give my) regards to X. [b] (en carta) **~s** best wishes; **un ~ afectuoso** o **cordial** yours sincerely, yours truly (US). [c] (Mil) salute.

salutación NF greeting, salutation.

salva NF [a] (Mil) salute, salvo; (de aplausos) storm. [b] (saludo) greeting.

salvación NF [a] (rescate) rescue (de from). [b] (fig, Rel) salvation.

salvado NM bran.

Salvador NM: **El ~** (Geog) El Salvador.

salvador NM rescuer, saviour, savior (US); **el S~** the Saviour.

salvadoreño/a ADJ, NM/F Salvadoran.

salvaguarda NF (fig) safeguard.

salvaguardar <1a> VT to safeguard.

salvaguardia NF (fig) safeguard.

salvajada NF savage deed, atrocity.

salvaje [1] ADJ [a] (Bot, Zool etc) wild; (tierra) uncultivated. [b] (pueblo, tribu) savage. [2] NMF (lit, fig) savage.

salvajismo NM savagery.

salvamanteles NM INV table mat.

salvamento NM (acción) rescue; (de naufragio) salvage; **~ y socorrismo** life-saving; **de ~** life-saving atr, rescue atr.

salvaplatos NM INV table mat.

salvar <1a> [1] VT [a] (gen) to save; (rescatar) to rescue (de from); (barco) to salvage; **me salvó la vida** he saved my life. [b] (montañas, río) to cross; (arroyo) to jump across;

(*dificultad*) to get round.
[c] (*distancia*) to cover, do; **el tren salva la distancia en 2 horas** the train covers the distance in 2 hours.
[d] (*excluir*) to except, exclude.
[2] **salvarse** VR [a] to save o.s., escape (*de* from); **¡sálvese quien pueda!** every man for himself!
[b] (*Rel*) to save one's soul.
salvavidas [1] NM INV lifebelt. [2] ADJ INV life-saving *atr*; **bote ~** lifeboat; **cinturón ~** lifebelt.
salvedad NF reservation, qualification; **con la ~ de que ...** with the proviso that ....
salvia NF (*Bot*) sage.
salvo [1] ADJ safe; V **sano (c)**.
[2] PREP except (for), save; **~ aquellos que ya contamos** except for those we have already counted; **~ error u omisión** (*Com*) errors and omissions excepted.
[3] ADV: **a ~** out of danger; **a ~ de** safe from; **dejar a ~** to leave out of it, make an exception of; **ponerse a ~** to reach safety.
[4] CONJ: **~ que, ~ si** unless; **iré ~ que me avises al contrario** I'll go unless you tell me not to.
salvoconducto NM safe-conduct.
samaritano/a NM/F Samaritan; **buen ~** good Samaritan.
samba NF samba.
sambenito NM (*fig*) dishonour, dishonor (*US*); **le colgaron el ~ de cobarde** they branded him a coward.
sambo/a NM/F offspring of black person and (American) Indian.
sambumbia NF (*CAm, Carib, Méx: bebida*) fruit drink.
samotana NF (*CAm fam*) row, uproar.
samovar NM samovar.
San NM (*apócope de* **santo**) saint; **~ Juan** Saint John; V **lunes**.
sanable ADJ curable.
sanalotodo NM INV cure-all.
sanar <1a> [1] VT (*herida*) to heal; (*persona*) to cure (*de* of).
[2] VI (*herida*) to heal; (*persona*) to recover.
sanatorio NM sanatorium; (*clínica*) nursing home.
sanción NF (*gen*) sanction.
sancionar <1a> VT (*gen*) to sanction; (*castigar*) to penalize.
sancochar <1a> VT (*LAm*) to parboil.
sancocho NM (*LAm*) stew (of meat, yucca etc).
sandalia NF sandal.
sándalo NM sandal, sandalwood.
sandez NF [a] (*cualidad*) foolishness. [b] (*acción*) stupid thing; **decir sandeces** to talk nonsense.
sandía[1] NF watermelon.
sandinista ADJ, NMF (*Nic Pol*) Sandinista.
sandío/a[2] [1] ADJ foolish, silly. [2] NM/F fool.
sánduche NM (*LAm*) sandwich.
sandunga NF [a] (*fam: encanto*) charm; (: *gracia*) wit. [b] (*LAm: juerga*) binge (*fam*), celebration.
sandunguero ADJ (V *nf*) charming; witty.
sandwich [saŋ'gwitʃ, sam'bitʃ] NM (*pl* **~s** o **~es**) sandwich.
sandwichería NF (*esp LAm*) sandwich bar.
saneamiento NM [a] (*de terreno*) drainage; (*de casa*) sanitation. [b] (*fig*) cleaning-up.
sanear <1a> VT [a] (*terreno*) to drain; (*Téc*) to install drainage in. [b] (*daño*) to remedy; (*abuso*) to end. [c] (*Econ*) to reorganize.
sanfasón, sanfazón NF (*LAm fam: desfachatez*) cheek (*fam*).

sanforizar <1f> VT to Sanforize ®, Sanforise ®.
sangradura NF [a] (*Med: incisión*) cut made into a vein; (*sangría*) bleeding, blood-letting. [b] (*Agr*) drainage channel.
sangrante ADJ (*herida*) bleeding; (*fig*) flagrant.
sangrar <1a> [1] VT [a] (*Med*) to bleed.
[b] (*terreno*) to drain; (*agua*) to drain off; (*árbol, tubería*) to tap.
[c] (*Tip, Inform*) to indent.
[d] (*fam*) to filch.
[2] VI [a] (*lit, fig*) to bleed.
[b] (*fig*) **estar sangrando** to be still fresh; **aún sangra la humillación** the humiliation still rankles.
sangre NF [a] (*lit, fig*) blood; **~ azul** blue blood; **~ fría** sangfroid; (*pey*) callousness; **a ~ fría** in cold blood, callously; **mala ~** bad blood; **pura ~** thoroughbred; **a ~** by animal power; **a ~ caliente** in the heat of the moment; **a ~ y fuego** by fire and sword.
[b] **le bulle la ~ (en las venas)** he is hot-blooded; **chupar la ~ a algn** (*fig*) to exploit sb; **dar su ~** to give one's blood; **echar ~** to bleed (*de* from); **encender la ~ a algn** to make sb's blood boil; **freír la ~ a algn** (*fam*) to rile o needle sb (*fam*); **se me heló la ~** my blood froze, my blood ran cold; **llegar a la ~** to come to blows; **no llegó la ~ al río** it wasn't too serious; **sudar ~** to sweat blood; **tener la ~ gorda** o **de horchata, no tener ~ en las venas** to be unemotional; **tiene mala ~** he's bloody-minded (*fam*).
sangría NF [a] (*Med*) bleeding, bloodletting; (*fig*) outflow, drain. [b] (*Agr*) irrigation channel. [c] (*de alto horno*) tapping. [d] (*Culin*) sangria. [e] (*Tip, Inform*) indentation.
sangriento ADJ [a] (*herida*) bleeding; (*arma, manos*) bloody, bloodstained; [b] (*batalla*) bloody; (*injusticia*) flagrant; (*broma*) cruel.
sangriligero, sangriliviano ADJ (*LAm fam*) pleasant, congenial.
sangripesado ADJ (*LAm fam*), **sangrón** ADJ (*Cu, Méx: fam*), **sangruno** ADJ unpleasant, nasty.
sánguche, sanguchito NM (*LAm*) sandwich.
sanguijuela NF (*lit, fig*) leech.
sanguinario ADJ bloodthirsty, cruel.
sanguíneo ADJ (*Anat*) blood *atr*; **vaso ~** blood vessel.
sanguinolento ADJ [a] (*que echa sangre*) bleeding; (*manchado de sangre*) bloodstained; (*ojos*) bloodshot. [b] (*Culin*) underdone, rare. [c] (*fig*) blood-red.
sanidad NF [a] (*gen*) health. [b] (*Admin*) (public) health; **Ministerio de S~** Ministry of Health; **inspector de ~** sanitary inspector.
sanitario [1] ADJ (*condiciones*) sanitary; (*centro, medidas*) health *atr*.
[2] NM: **~s** bathroom fittings; (*Méx*) toilets, washroom (*US*).

San Marino NM San Marino.
sano ADJ [a] (*clima, dieta, persona*) healthy; (*órgano*) sound; **cortar por lo ~** to take extreme measures, go right to

the root of the problem. [b] (*comida*) wholesome.
[c] (*objeto: entero*) whole, intact; **~ y salvo** safe and
sound; **no ha quedado plato ~ en toda la casa** there
wasn't a plate in the house left unbroken. [d] (*sin vicios*)
healthy; (*enseñanza, idea*) sound.

sánscrito ADJ, NM Sanskrit.

sanseacabó INTERJ: **y ~** (*fam*) and that's the end of it.

Sansón NM Samson; **es un ~** he's tremendously strong.

santamente ADV: **vivir ~** to live a saintly life.

santanderino/a (*Esp*) [1] ADJ of o from Santander.
[2] NM/F native o inhabitant of Santander.

santateresa NF (*insecto*) praying mantis.

santería NF [a] (*Cu*) shop selling religious images, prints etc;
(: *brujería*) witchcraft. [b] (*fam*) = **santidad**. [c] (*Carib Rel*)
religion of African origin.

santero NM (*Carib*) maker or seller of religious images, prints
etc.

Santiago NM St James; **~ de Compostela** St James of
Compostela.

santiagués/esa [1] ADJ of o from Santiago. [2] NM/F native o inhabitant of Santiago.

santiaguino/a [1] ADJ of o from Santiago de Chile.
[2] NM/F native o inhabitant of Santiago de Chile.

santiamén NM: **en un ~** in no time at all.

santidad NF (*de lugar*) holiness, sanctity; (*de persona*)
saintliness; **su S~** His Holiness.

santificar<1g> VT to sanctify; (*lugar*) to consecrate; (*fiesta*)
to keep.

santiguar<1i> [1] VT [a] (*bendecir*) to make the sign of the
cross over, bless. [b] (*fam*) to slap, hit. [2] **santiguarse** VR
[a] (*persignarse*) to cross o.s. [b] (*fam*) to make a great fuss.

santísimo [1] ADJ SUPERL (most) holy. [2] NM: **el S~** the
Holy Sacrament.

santo/a [1] ADJ [a] (*gen*) holy; (*tierra*) consecrated; (*persona*) saintly.
[b] (*fam*) blessed; **hacer su ~a voluntad** to do as one jolly well pleases; **todo el ~ día** the whole blessed day.
[2] NM/F [a] (*Rel*) saint; **~ patrón** o **titular** patron saint; **S~
Domingo** (*Geog*) Santo Domingo, Dominican Republic;
S~ Tomás St Thomas.
[b] (*locuciones*) **¿a ~ de qué?** why on earth?; **¡por todos
los ~s!** for pity's sake!; **no es ~ de mi devoción** he's not
my cup of tea (*fam*); **desnudar a un ~ para vestir otro**
to rob Peter to pay Paul; **se le fue el ~ al cielo** he forgot
what he was about to say; **fue llegar y besar el ~** it was
as easy as pie; **llegar y besar el ~** to pull it off at the first
attempt; **quedarse para vestir ~s** to be left on the
shelf.
[c] (*fig: persona*) saint; **es un ~** he's a saint.
[d] (*onomástica*) saint's day; **mañana es mi ~** tomorrow
is my name day o saint's day.
[e] (*en libro*) picture.
[f] **~ y seña** (*Mil*) password.

┌─ *SANTO* ─┐

*As well as celebrating their birthday, many Spaniards
celebrate their* **santo** *or* **onomástica**. *This is the day
when the saint whose name they have is honoured in the
Christian calendar. It used to be relatively common for
newborn children to be called after the saint whose day they
were born on. So a boy born on July 25 (Saint James's day)
stood a good chance of being christened 'Santiago'. The
tradition may be dying out now that parents are no longer
restricted to names from the Christian calendar.*

santoral NM calendar of saints' days.

santuario NM sanctuary, shrine.

santurrón/ona [1] ADJ (*mojigato*) sanctimonious;
(*hipócrita*) hypocritical. [2] NM/F sanctimonious person;
hypocrite.

saña NF (*furor*) rage; (*crueldad*) cruelty; **con ~** viciously.

sapaneco ADJ (*CAm*) plump, chubby.

sapo NM (*Zool*) toad; **echar ~s y culebras** to swear black
and blue.

saporro ADJ (*And, CAm*) short and chubby.

saque [1] NM [a] (*Tenis*) service, serve; (*Rugby*) line-out; **~**

de banda (*Ftbl*) throw-in; **~ de castigo** penalty kick; **~
de esquina** corner kick; **~ inicial** kick-off; **~ de portería**
o **de puerta** goal-kick.
[b] **tener buen ~** to eat heartily.
[2] NM/F (*Tenis*) server.

saqueador(a) NM/F looter.

saquear<1a> VT (*Mil: pueblo*) to sack; (*robar*) to loot, plunder, pillage; (*fig*) to ransack.

saqueo NM (*V vt*) sacking; looting, plundering; (*fig*) ran-
sacking.

saquito NM small bag.

S.A.R. ABR *de* **Su Alteza Real** H.R.H.

sarampión NM measles.

sarao NM [a] (*fiesta*) soirée, evening party. [b] (*fam: lío*)
fuss, to-do (*fam*).

sarape NM (*Méx*) blanket.

sarasa NM (*fam*) pansy (*fam*), fairy (*fam*).

sarcasmo NM sarcasm.

sarcástico ADJ sarcastic.

sarcófago NM sarcophagus.

sardana NF Catalan dance and music.

sardina NF sardine; **como ~s en lata** packed like sardines.

sardinero ADJ sardine atr.

sardo/a ADJ, NM/F Sardinian.

sardónico ADJ sardonic, sarcastic.

sargazo NM (*alga*) seaweed.

sargento NM sergeant; (*pey, fam*) bossy person.

sargo NM bream.

sari NM sari.

sarmentoso ADJ [a] (*planta*) twining, climbing. [b] (*manos*) gnarled.

sarmiento NM vine shoot.

sarna NF itch, scabies; (*Vet*) mange.

sarniento ADJ, **sarnoso** ADJ [a] itchy; (*Vet*) mangy.
[b] (*fig*) weak. [c] (*And, CSur: fam: despreciable*) lousy (*fam*),
contemptible.

sarpullido NM [a] (*Med*) rash. [b] (*de pulga*) fleabite.

sarraceno/a ADJ, NM/F Saracen.

sarro NM [a] (*gen*) deposit; (*en dientes*) tartar; (*en caldera,
lengua*) fur. [b] (*Bot*) rust.

sarta NF (*lit, fig*) string; **una ~ de mentiras** a pack of lies.

sartén NF o (*en LAm*) NM frying pan; **tener la ~ por el
mango** to rule the roost.

sastra NF seamstress.

sastre [1] NM tailor. [2] ATR: **traje ~** tailor-made suit.

sastrería NF [a] (*oficio*) tailor's trade. [b] (*tienda*) tailor's
(shop).

Satán, Satanás NM Satan.

satánico ADJ satanic; (*fig*) fiendish.

satanismo NM Satanism, devil-worship.

satanizar<1f> VT to demonize.

satélite [1] NM (*gen*) satellite; **~ artificial** artificial satellite; **~ de comunicaciones** communications satellite;
transmisión vía ~ satellite broadcasting. [2] ATR satellite;
país ~ satellite country.

satén NM sateen.

satín NM (*LAm*) sateen, satin.

satinado [1] ADJ glossy, shiny. [2] NM gloss, shine.

satinar<1a> VT to gloss, make glossy.

sátira NF satire.

satírico ADJ satiric(al).

satirizar<1f> VT to satirize.

sátiro NM (*Lit*) satyr; (*fig*) sex maniac.

satisfacción NF [a] (*gen*) satisfaction; **a ~ de** to the satisfaction of; **con ~ de todos** to everyone's satisfaction;
pedir una ~ a algn to demand satisfaction from sb.
[b] **~ de sí mismo** self-satisfaction, smugness.

satisfacer<2r> [1] VT [a] (*gen*) to satisfy; (*gastos, demanda*)
to meet; (*deuda*) to pay; (*Com: letra de cambio*) to honour,
honor (*US*).
[b] (*culpa*) to expiate; (*pérdida*) to make good.
[2] **satisfacerse** VR [a] (*contentarse*) to satisfy o.s., be satisfied.
[b] (*vengarse*) to take revenge.

satisfactorio ADJ satisfactory.

satisfecho ADJ [a] (*gen*) satisfied; (*contento*) content(ed); **darse por ~ con algo** to declare o.s. satisfied with sth; **dejar ~s a todos** to satisfy everybody; **quedarse ~** (*de comida*) to be full. [b] (*tb ~ consigo o de sí mismo*) self-satisfied, smug.

saturación NF saturation.

saturar <1a> VT to saturate; **~ el mercado** to flood the market; **estos aeropuertos son los más saturados** those airports are the most crowded o overused; **¡estoy saturado de tanta televisión!** I can't take any more television!

Saturno NM Saturn.

sauce NM willow; **~ llorón** weeping willow.

saúco NM (*Bot*) elder.

saudí, saudita ADJ, NMF Saudi.

sauna NF o (*en CSur*) NM sauna.

saurio NM saurian.

savia NF sap.

saxo/a [1] NM sax. [2] NM/F saxist.

saxofón/ona [1] NM (*instrumento*) saxophone. [2] NM/F (*músico*) saxophonist.

saxofonista NMF saxophonist.

saya NF (*falda*) skirt; (*enagua*) petticoat.

sayal NM sackcloth.

sayo NM smock, tunic.

sazón¹ NF [a] (*de fruta*) ripeness, maturity; **en ~** (*fruta*) ripe, ready (to eat); (*fig: adv*) opportunely; **fuera de ~** (*fruta*) out of season; (*fig: adv*) inopportunely. [b] **a la ~** then, at that time. [c] (*sabor*) flavour, flavor (*US*).

sazón²/ona ADJ (*And, CAm, Méx*) ripe.

sazonado ADJ [a] (*fruta*) ripe; (*plato*) tasty. [b] **~ de** seasoned o flavoured o (*US*) flavored with. [c] (*fig*) witty.

sazonar <1a> [1] VT [a] (*fruta*) to ripen. [b] (*Culin*) to season (*de* with). [2] VI to ripen.

s/c ABR (*Com*) [a] *de* **su casa**. [b] *de* **su cuenta**.

scalextric NM [a] ® model railway set. [b] (*Aut*) complicated traffic interchange, spaghetti junction (*fam*).

schop NM (*CSur: cerveza*) (draught o (*US*) draft) beer, pint (*Brit fam*).

schopería NF (*CSur: cervecería*) beer bar.

scotch NM (*Méx*) adhesive tape.

SD NF ABR [a] (*Pol*) *de* **Social Democracia**. [b] *de* **Solidaridad Democrática**.

Sdo. ABR (*Com*) *de* **Saldo**.

se¹ PRON REFLEXIVO [a] (*sg: m*) himself; (: *f*) herself; (: *de cosa*) itself; (: *de Ud*) yourself; (*pl*) themselves; (: *de Uds*) yourselves; (*indefinido*) oneself; **~ está lavando, está lavándo~** he's washing (himself); **~ tiraron al suelo** they threw themselves to the ground; **mirar~** to look at oneself; **vestir~** to get dressed. [b] (*recíproco*) each other, one another; **~ ayudan** they help each other; **~ miraron (el uno al otro)** they looked at one another; **no ~ hablan** they are not on speaking terms. [c] (*con verbo intransitivo*) **~ durmió** he fell asleep; **~ enfadó** he got annoyed; **~ marchó** he left. [d] (*objeto indirecto*) **~ ha comprado un sombrero** she has bought herself a hat, she has bought a hat for herself; **~ rompió la pierna** he broke his leg; **han jurado no cortar~ la barba** they have sworn not to cut their beards. [e] (*enfático*) **~ comió un pastel** he ate a cake; **no ~ esperaba eso** he didn't expect that. [f] (*uso impersonal*) **~ compró hace 3 años** it was bought 3 years ago; **no ~ sabe por qué** it is not known o people don't know why; **en esa parte ~ habla galés** in that area Welsh is spoken, in that area people speak Welsh; **en ese hotel ~ come realmente bien** the food is really good in that hotel, you eat o one eats really well in that hotel; **~ avisa a los interesados que ...** those concerned are informed that ...; **'vénde~ coche'** 'car for sale'.

se² PRON PERS (*de le, les*) **~ lo arrancó** he snatched it from her; **voy a dárselo** I'll give it to him; **~ lo buscaré** I'll look for it for you; **ya ~ lo dije** I (already) told him.

SE ABR *de* **sudeste** SE.

sé V **saber**; **ser**.

S.E. ABR *de* **Su Excelencia** H.E.

SEA NM ABR (*Esp*) *de* **Servicio de Extensión Agraria**.

SEAT, Seat NF ABR (*Esp Com*) *de* **Sociedad Española de Automóviles de Turismo**.

sebáceo ADJ sebaceous.

sebo NM [a] (*grasa*) grease, fat; (*para velas*) tallow; (*Culin*) suet. [b] (*gordura*) fat; (*mugre*) grime.

seboso ADJ (*gen*) greasy; (*mugriento*) grimy.

Sec. ABR *de* **Secretario** Sec.

seca NF (*Met*) dry season.

secadero NM drying place.

secado NM drying; **~ a mano** blow-dry.

secador NM dryer; **~ de pelo** hair-dryer; **~ centrífugo** spin-dryer.

secadora NF tumble-dryer; **~ centrífuga** spin-dryer.

secamente ADV brusquely, sharply, curtly.

secano NM (*Agr. tb* **tierra de ~**) dry land o region; (*no regado*) unirrigated land; **cultivo de ~** dry farming.

secante¹ [1] ADJ [a] **papel ~** blotting paper. [b] (*And, CSur: fam: latoso*) annoying. [2] NM blotting paper, blotter.

secante² NF (*Mat*) secant.

secar <1g> [1] VT (*ropa, lágrimas*) to dry; (*superficie*) to wipe dry; (*frente, suelo*) to mop; (*líquido*) to mop up; (*tinta*) to blot; (*planta*) to dry up; **~ los platos** to wipe o dry up, do the wiping o drying up. [2] **secarse** VR [a] (*lavado*) to dry (off); (*persona*) to dry o.s., get dry; (*planta*) to dry up, wither; (*líquido, río*) to dry up. [b] (*herida*) to heal up. [c] (*fam: persona*) to get thin.

sección NF [a] (*gen*) section; (*tb ~ transversal*) cross-section; **~ deportiva** (*en periódico*) sports page. [b] (*de almacén, oficina*) department.

seccionar <1a> VT to divide up, divide into sections.

secesión NF secession.

seco ADJ [a] (*gen, fig*) dry; (*fruta*) dried; (*planta*) dried up; (*vino etc*) dry; **dejar a algn ~** (*matar*) to bump sb off (*fam*); (*fig*) to dumbfound sb; **estar en ~** (*Náut, fig*) to be high and dry. [b] (*persona: flaco*) thin, skinny. [c] (*antipático*) disagreeable; (*brusco*) blunt; (*contestación*) curt; (*estilo*) plain. [d] (*golpe, ruido*) dull. [e] **vivir a pan ~** to live on bread alone. [f] **a ~as** just; **habrá pan a ~as** there will be just bread; **se llama Rodríguez a ~as** he is called plain Rodríguez, he is just called Rodríguez. [g] **frenar en ~** to brake sharply; **parar en ~** to stop dead o suddenly.

secoya NF redwood, sequoia.

secreción NF secretion.

secreta NF (*fam*) secret police.

secretamente ADV secretly.

secretar <1a> VT to secrete.

secretaría NF (*Admin*) secretariat; (*oficina*) secretary's office; (*cargo*) secretaryship; **S~** (*Méx Pol: Ministerio*) Ministry.

secretariado NM [a] (*oficina*) secretariat; (*cargo*) secretaryship. [b] (*curso*) secretarial course; (*profesión*) profession of secretary.

secretario/a NM/F secretary; **~ adjunto** assistant secretary; **~ de Estado** (*Esp*) junior minister; **~ general** general secretary; (*Pol*) secretary-general; **~ municipal** town clerk; **~ de prensa** press secretary.

secretear <1a> VI to talk confidentially.

secreter NM writing desk.

secretismo NM (excessive) secrecy.

secreto [1] ADJ [a] (*gen*) secret; (*información*) confidential, classified; **todo es de lo más ~** it's all highly secret. [b] (*persona*) secretive. [2] NM [a] (*un ~*) secret; **~ de confesión** confessional secret; **~ de estado/de fabricación** state/industrial secret; **~ a voces** open secret; **debido al ~ sumarial** o **sumario** because the matter is sub judice; **estar en el ~** to be in on the secret; **guardar un ~** to keep a secret.

b (*reserva*) secrecy; **con mucho ~** in great secrecy; **en ~** in secret, secretly.

secta NF sect.

sectario/a [1] ADJ sectarian; **no ~** non-sectarian, non-denominational. [2] NM/F follower; (*Rel*) sectarian.

sector NM (*gen, Econ, Geom*) sector; (*de opinión*) section; (*de ciudad*) area, sector; **~ privado/público** (*Econ*) private/public sector.

sectorial ADJ relating to a particular sector *o* industry *etc.*

secuaz NMF (*partidario*) supporter; (*pey*) henchman.

secuela NF consequence.

secuencia NF (*gen*) sequence.

secuestrador(a) NM/F kidnapper; (*de avión*) hijacker.

secuestrar <1a> VT **a** (*persona*) to kidnap; (*avión*) to hijack. **b** (*Jur*) to seize, confiscate.

secuestro NM (*V vt*) kidnapping, kidnaping (*US*); hijacking; seizure, confiscation.

secular ADJ **a** (*Rel*) secular, lay. **b** (*fig*) age-old, ancient; **una tradición ~** an age-old tradition.

secularizar <1f> VT to secularize.

secundar <1a> VT to second, help, support; (*huelga*) to take part in, join.

secundario ADJ (*gen*) secondary; (*carretera, efectos*) side *atr*; (*Inform*) background *atr*; **actor ~** supporting actor.

sed NF **a** thirst; **~ insaciable** unquenchable thirst; **apagar la ~** to quench one's thirst; **tener (mucha) ~** to be (very) thirsty. **b** (*fig*) thirst, craving (*de* for); **tener ~ de** (*fig*) to thirst *o* crave for.

seda NF **a** silk; **~ hilada/en rama** spun/raw silk; **como una ~** (*adj*) as smooth as silk; (*persona*) very meek; (*adv*) smoothly; **de ~** silk *atr*. **b** (*Zool*) bristle.

sedal NM fishing line.

sedán NM (*Aut*) sedan (*US*).

sedante ADJ, NM sedative.

sedar <1a> VT to sedate.

sedativo ADJ sedative.

sede NF **a** (*de gobierno*) seat; (*de organización*) headquarters *pl*, central office; **~ social** head *o* central office. **b** (*Rel*) see; **Santa S~** Holy See.

sedentario ADJ sedentary.

sedentarismo NM **a** sedentary nature. **b** (*Med*) sedentary lifestyle.

sedería NF (*comercio*) silk trade; (*géneros*) silk goods *pl*; (*tienda*) silk shop.

sedero/a [1] ADJ silk *atr*. [2] NM/F silk dealer.

SEDIC NF ABR *de* **Sociedad Española de Documentación e Información Científica**.

sedicente ADJ self-styled, would-be.

sedición NF sedition.

sedicioso/a [1] ADJ seditious. [2] NM/F (*lit, fig*) rebel.

sediento ADJ (*persona*: *lit, fig*) thirsty; (*campos*) parched; **~ de poder** power-hungry.

sedimentación NF sedimentation.

sedimentar <1a> [1] VT (*lit*) to deposit; (*fig*) to settle, calm. [2] **sedimentarse** VR to settle; (*fig*) to calm *o* settle down.

sedimentario ADJ sedimentary.

sedimento NM sediment, deposit.

sedoso ADJ silky, silken.

seducción NF **a** (*acción*) seduction. **b** (*encanto*) seductiveness.

seducir <3n> [1] VT (*lit, fig*) to seduce; (*cautivar*) to charm, captivate; **la teoría ha seducido a muchos** the theory has attracted many people; **no me seduce la idea** I'm not taken with the idea. [2] VI to be charming.

seductivo ADJ = **seductor 1**.

seductor(a) [1] ADJ seductive; (*idea*) tempting. [2] NM/F seducer/seductress.

Sefarad NF (*historia de los judíos*) Spain; (*fig*) homeland.

sefardí, sefardita [1] ADJ Sephardic. [2] NMF Sephardic Jew(ess); **~es** Sephardim.

segadera NF sickle.

segador(a)[1] NM/F (*persona*) harvester, reaper.

segadora[2] NF (*Mec*) mower, reaper; **~ de césped** lawnmower.

segadora-trilladora NF combine harvester.

segar <1h, 1j> VT **a** (*mies*) to reap, cut; (*hierba*) to mow, cut. **b** (*fig*: *persona*) to cut off; (: *esperanzas*) to ruin; **~ la juventud de algn** to cut sb off in his prime.

seglar [1] ADJ secular, lay. [2] NMF layman, laywoman; **los ~es** the laity.

segmentación NF segmentation.

segmentar <1a> VT to segment, cut into segments.

segmento NM segment; **~ de émbolo** piston ring.

segoviano/a [1] ADJ of *o* from Segovia. [2] NM/F native *o* inhabitant of Segovia.

segregación NF **a** segregation; **~ racial** racial segregation, apartheid. **b** (*Anat*) secretion.

segregacionista NMF segregationist, supporter of apartheid.

segregar <1h> VT **a** to segregate. **b** (*Anat*) to secrete.

seguida NF: **de ~** (*sin parar*) without a break; (*inmediatamente*) at once; **en ~** at once, right away; **en ~ termino** I've nearly finished, I shan't be long now; **en ~ voy** I'll be right there.

seguidamente ADV (*inmediatamente después*) immediately after, next; **~ le ofrecemos ...** (*TV*) (and) next ...; **dijo ~ que ...** he went on at once to say that ....

seguido [1] ADJ **a** (*línea*) continuous, unbroken. **b** **~s** consecutive, successive; **5 días ~s** 5 days running *o* in a row. [2] ADV **a** (*directo*) straight; **vaya todo ~** just keep straight on. **b** (*detrás*) after; **ese coche iba primero y ~ el mío** that car was in front and mine was immediately behind it. **c** (*LAm*) often.

seguidor(a) NM/F follower; (*Dep*) fan (*fam*), supporter.

seguimiento NM **a** (*persecución*) pursuit; (*continuación*) continuation; (*Med*) monitoring; (*TV*) report, follow-up; **estación de ~** tracking station; **ir en ~ de** to chase (after). **b** **el ~ de la huelga** the support for the strike.

seguir <3d, 3k> [1] VT **a** (*ir detrás de*) to follow; **nos están siguiendo** we're being followed; **me sigue como un perrito** (*faldero*) he's always tramping at my heels. **b** (*presa*) to chase, pursue; (*indicio*) to follow up. **c** (*observar*) to follow; (*satélite*) to track; (*Med, Téc*) to monitor; **la seguía con la mirada** his eyes followed her; **~ los acontecimientos de cerca** to monitor events closely. **d** (*consejo, instrucciones*) to follow; **siga la flecha** follow the arrow. **e** (*doctrina, líder*) to follow; **~ los pasos de algn** to follow in sb's footsteps; **sigue la tradición de la familia** he follows in the family tradition. **f** (*rumbo, dirección*) to follow; **~ su camino** (*lit*) to continue on one's way; **la enfermedad sigue su curso** the illness is taking *o* running its course. **g** (*Educ*: *curso*) to follow, take. **h** **~ a** (*ocurrir después*) to follow on from; **a la conferencia siguió una discusión** the lecture was followed by a discussion. [2] VI **a** (*venir después*) to follow (on), come next *o* after; **y los que siguen** and the next ones; **como sigue** as follows. **b** (*continuar*) to continue, go on; **¡siga!** go on!; (*LAm*: *pase*) come in; **sigue** (*en carta*) P.T.O.; (*en libro*) (to be) continued; **la carretera sigue hasta el pueblo** the road goes on as far as the town; **~ adelante** (*en un trabajo*) to go on; carry on; (*en un camino*) to go straight on; (*Aut*) to go straight ahead; **siga por la carretera hasta el cruce** follow the road up to the crossroads; **~ por este camino** to carry on along this path. **c** (*en un estado*) to be still, go on being; **sigue enfermo** he's still ill; **sigue en Caracas** she's still in Caracas; **si el tiempo sigue bueno** if the weather continues fine; **sigue casado** he's still married; **siguió sentado** he stayed sitting down, he remained seated; **sigo sin comprender** I still don't understand; **¿cómo sigue?** how is he?; **que siga Ud bien** keep well, look after yourself. **d** (+ *ger*) **~ haciendo algo** to go on doing sth, keep on doing sth; **sigue lloviendo** it's still raining; **siguió mirándola** he went on looking at her.

3 **seguirse** VR **a** (*venir después*) to follow; **después de aquello se siguió una época tranquila** after that there followed a quiet period.
b (*deducirse*) to follow, ensue; **de esto se sigue que ...** it follows that ....

según **1** ADV (*fam*) it (all) depends; **~ y como , ~ y conforme** it all depends; **¿lo vas a comprar? - ~** are you going to buy it? - it all depends.
2 PREP **a** (*de acuerdo con*) according to; **~ el jefe** according to the boss; **~ este mapa** according to this map; **obrar ~ las instrucciones** to act in accordance with one's instructions; **~ lo que dice** from what he says, going by what he says; **~ parece** seemingly, apparently.
b (*depende de*) depending on; **~ tus circunstancias** depending on your circumstances; **~ el dinero que tengamos** depending on what money we have.
3 CONJ **a** (*depende de*) depending on; **~ esté el tiempo** depending on the weather; **~ (como) me encuentre** depending on how I feel; **~ (que) vengan 3 ó 4** depending on whether 3 or 4 come.
b (*manera*) as; **está ~ lo dejaste** it's just as you left it; **¡cómo vamos a salir, ~ llueve!** how can we go out with it raining like that!; **~ están las cosas, es mejor no intervenir** the way things are, you are better not getting involved; **~ se entra, a la izquierda** to the left as you go in.
c (*simultaneidad*) as; **le vi ~ salía** I saw him as I was going out; **~ íbamos entrando nos daban la información** they gave us the data as we went in.

segunda¹ NF **a** (*Aut*) second gear; (*Ferro*) second class; **viajar en ~** to travel second class. **b** (*Mús*) second.
c **~s** (*sentido*) double meaning; **lo dijo con ~s** he really meant something else when he said it; *V tb* **segundo**.

segundero NM second hand (*de reloj*).

segundo/a² **1** ADJ second; (*enseñanza*) secondary; (*intención*) double; **en ~ lugar** (*clasificación*) in second place; (*en discurso*) secondly; *V tb* **sexto 1**.
2 NM/F (*gen*) second; (*Admin, Mil*) second in command; **~ de a bordo** (*Náut*) first mate.
3 NM **a** (*medida de tiempo*) second.
b (*piso*) second floor.

segundón NM second son, younger son.

▼**seguramente** ADV **a** (*con certeza*) for sure, with certainty. **b** (*muy probablemente*) surely; **~ tendrán otro** they must have another; **¿lo va a comprar? - ~** is he going to buy it? - I should think so. **c** (*probablemente*) probably; **~ llegarán mañana** they'll probably arrive tomorrow.

▼**seguridad** NF **a** (*ausencia de peligro*) safety; (*Mil, Pol, sensación interna*) security; **~ vial** o **en la carretera** road safety; **~ ciudadana** law and order; **S~ Social** ≈ Social Security; (*Med*) National Health Service; (*contribución*) national insurance; **cinturón de ~** safety belt; **consejo/empresa de ~** security council/firm; **con la mayor ~** with o in complete safety; **medidas de ~** (*contra incendios*) safety measures; (*contra atentados etc*) security measures; **para mayor ~** to be on the safe side, for safety's sake.
b (*certidumbre*) certainty; **con toda ~** with complete certainty; **hablar con ~** to speak with conviction; **no lo sabemos con ~** we don't know for sure; **tener la ~ de que ...** to be sure that ....
c (*tb* **~ en sí mismo**) (self-)confidence.
d (*fiabilidad*) reliability.
e (*Jur*) security, surety.

▼**seguro** **1** ADJ **a** (*sin peligro*) safe; (*sitio*) safe, secure; **un puerto ~** a safe harbour o (*US*) harbor; **un trabajo ~** a secure job; **está más ~ en el banco** it's safer in the bank; **contigo me siento ~** I feel secure with you.
b (*resultado etc*) sure, certain; (*inevitable*) bound to come, certain to happen; **ir a una muerte ~a** to go to certain death; **es ~ que ...** it is certain that ...; **~ que llueve mañana** it's sure to rain tomorrow; **~ que viene** he's sure to come.
c (*persona: cierto*) sure, certain; **¿estás ~?** are you sure?; **estar ~ de que** to be sure that.
d **estar ~ de sí mismo** to be (self-)confident; **no estés**

tan ~ de que vas a ganar don't be so confident you're going to win.
e (*de fiar: persona*) trustworthy; (: *coche, fuente, informaciones*) reliable; (*métodos*) sure.
f (*firme: objeto, fecha*) firm; **el puente no es muy ~** the bridge is not very safe.
2 ADV **a** for sure; **todavía no lo ha dicho ~** he still hasn't said for sure.
b **¡~!** sure!, I'm sure it is!
3 NM **a** (*dispositivo*) safety device; (*de cerradura*) tumbler; (*de arma*) safety catch; (*CAm, Méx: imperdible*) safety pin.
b (*fig*) **a buen** o **de ~** surely; **sobre ~** safely, without risk; **ir sobre ~** to be on safe ground.
c (*Com, Fin*) insurance; **~ de enfermedad** medical insurance; **~ de incendios** fire insurance; **~ social** national insurance; **~ contra accidentes/incendios** accident/fire insurance; **~ dotal con beneficios** with-profits endowment assurance, interest-bearing endowment insurance (*US*); **~ marítimo** marine insurance; **~ mixto** endowment assurance o (*US*) insurance; **~ temporal** term insurance; **~ a todo riesgo/contra terceros** fully comprehensive/third-party insurance; **~ de vida** life assurance o (*US*) insurance.

seis **1** ADJ CARDINAL INV six; **~ mil** six thousand; **tiene ~ años** she is six (years old); **un niño de ~ años** a six-year-old (child), a child of six; **son las ~** it's six o'clock; **son las cinco menos ~** it's six minutes to five; **nos fuimos los ~ al cine** all six of us went to the cinema; **somos ~ para comer** there are six of us for dinner; **unos ~** about six.
2 ADJ ORDINAL INV sixth, six; **el día ~** the sixth; **en la página ~** on page six.
3 NM INV six; **dos más cuatro son ~** two and o plus four are six; **hoy es ~** today is the sixth; **llega el ~ de agosto** he arrives on the sixth of August o August the sixth; **vive en el ~** he lives at number six; **el ~ de corazones** the six of hearts.

seiscientos/as **1** ADJ six hundred; **~ soldados** six hundred soldiers; **~as botellas** six hundred bottles; **~as treinta y dos pesetas** six hundred and thirty-two pesetas.
2 NMPL, NFPL six hundred; **el año ~** the year six hundred; **~ cuarenta** six hundred and forty; **¿cuántas habitaciones tiene el hotel? - ~as** how many rooms does the hotel have? - six hundred.
3 NM (*fam: Aut*) 600cc car.

seísmo NM earthquake.

SEL NF ABR de **Sociedad Española de Lingüística**.

selección NF (*gen*) selection; **~ biológica** o **natural** natural selection; **~ múltiple** multiple choice; **~ nacional** (*Dep*) national team o side.

seleccionador(a) NM/F (*Dep*) selector.

seleccionar<1a> VT (*gen*) to select.

selectividad NF **a** selectivity. **b** (*Univ*) entrance examination.

selectivo ADJ selective.

selecto ADJ (*vino, producto*) select; (*club*) exclusive; (*obras literarias*) selected.

selector NM (*Téc*) selector.

self-service NM self-service restaurant.

sellado **1** ADJ (*V vt*) sealed; stamped. **2** NM (*V vt*) sealing; stamping.

sellar <1a> VT **a** (*documento oficial*) to seal; (*pasaporte, visado*) to stamp. **b** (*marcar*) to brand; (*cerrar: pacto, labios*) to seal; (*urna, entrada*) to seal up.

sello NM **a** (*personal, de rey etc*) seal; (*administrativo*) (official etc) stamp; **~ real** royal seal; **~ de caucho** o **de goma** rubber stamp. **b** (*señal*) stamp; (*Com*) brand; (*Mús: tb* **~ discográfico**) record label; **~s de prima** (*Com*) trading stamps; **lleva el ~ de esta oficina** it carries the stamp of this office. **c** (*Correos*) stamp; **~ aéreo/de correo** airmail/postage stamp. **d** (*Med*) capsule, pill. **e** (*fig: tb* **~ distintivo**) hallmark, stamp.

seltz [selθ, sel] N: **agua (de) ~** seltzer (water).

selva NF (*bosque*) forest; (*jungla*) jungle; **S~ Negra** Black

---

➤ EXPRESIONES GENERATIVAS: **seguramente** → 16.2 **seguridad** → 15.1, 16.1 **seguro** → 2.2, 15.1, 15.2, 16.1

Forest; **~ tropical** (tropical) rainforest.
selvático ADJ a (*de la selva*) woodland *atr*; (*de la jungla*) jungle *atr*; (*fig*) rustic. b (*Bot*) wild.
sem ABR *de* **semana** wk.
S.Em.ª ABR *de* **Su Eminencia** H.E.
semáforo NM (*Náut*) semaphore; (*Ferro*) signal; (*Aut*) traffic lights.
semana NF week; (*salario*) week's wages *pl*; **~ inglesa** working *o* (*US*) work week of 5 days; **~ laboral** working week; **S~ Santa** Holy Week; **entre ~** during the week; **días entre ~** weekdays; **vuelo de entre ~** midweek flight.

┌──── SEMANA SANTA ────────────────────────────────┐

In Spain celebrations for **Semana Santa** *(Holy Week) are often spectacular.* **Viernes Santo**, **Sábado Santo** *and* **Domingo de Resurrección** *(Good Friday, Holy Saturday, Easter Sunday) are all national public holidays, with additional days being given as local holidays. There are long processions through the streets with* **pasos** *- religious floats and sculptures. Religious statues are carried along on the shoulders of the* **cofrades**, *members of the* **cofradías** *or lay brotherhoods that organize the processions. These are accompanied by* **penitentes** *and* **nazarenos** *generally wearing long hooded robes. Seville and Málaga are particularly well known for their spectacular Holy Week processions.*

└──┘

semanal ADJ weekly.
semanalmente ADV weekly, each week.
semanario 1 ADJ weekly. 2 NM weekly (magazine).
semanero/a NM/F (*LAm*) weekly-paid worker.
semántica NF semantics.
semántico ADJ semantic.
semblante NM (*lit*) face; (*fig*) look; **alterar el ~ a algn** to upset sb; **componer el ~** to regain one's composure; **mudar de ~** to change colour *o* (*US*) color.
semblantear <1a> VT (*CAm, CSur, Méx: mirar a la cara*) to look straight in the face, scrutinise sb's face.
semblanza NF biographical sketch.
sembrado NM sown field.
sembrador(a)¹ NM/F sower.
sembradora² NF (*Mec*) seed drill.
sembradura NF sowing.
sembrar <1j> VT a (*Agr*) to sow (*de* with); **~ un campo de nabos** to sow *o* plant a field with turnips. b (*objetos*) to scatter, spread; (*superficie*) to strew (*de* with); (*noticia*) to spread; (*minas*) to lay; **~ la discordia** to sow discord; **el que siembra recoge** one reaps what one has sown.
sembrío NM (*LAm*) sown field.
semejante 1 ADJ a (*parecido*) similar; **ser ~s** to be alike *o* similar *o* the same; **es ~ a ella en el carácter** she is like her in character; **son muy ~s** they are very much alike.
b (*Mat*) similar.
c (*tal*) such; **nunca hizo cosa ~** he never did such a thing *o* anything of the kind; **¿se ha visto frescura ~?** did you ever see such cheek?
2 NM (*prójimo*) fellow man *o* creature; **nuestros ~s** our fellow men.
semejanza NF similarity, resemblance; **a ~ de** like, as; **tener ~ con** to look like, resemble.
semejar <1a> 1 VI (*parecerse a*) to look like, resemble.
2 **semejarse** VR to look alike, resemble each other; **~ a** to look like, resemble.
semen NM semen.
semental 1 ADJ stud *atr*, breeding *atr*. 2 NM stallion, sire.
sementera NF a (*acto*) sowing. b (*temporada*) seedtime. c (*tierra*) sown land. d (*fig*) hotbed (*de* of), breeding ground (*de* for).
semestral ADJ half-yearly, biannual.
semestre NM a (*período de seis meses*) period of six months; (*US Univ*) semester. b (*Fin*) half-yearly payment.
semi... PREF semi-..., half-....
semiamueblado ADJ semi-furnished.
semicircular ADJ semicircular.

semicírculo NM semicircle.
semiconductor NM semiconductor.
semiconsciente ADJ semi-conscious, half-conscious.
semicorchea NF semiquaver.
semicualificado ADJ semiskilled.
semidescremado ADJ semi-skimmed.
semidesértico ADJ semidesert *atr*.
semidesierto ADJ half-empty.
semidesnatado ADJ semi-skimmed.
semidiós NM demigod.
semifinal NF semifinal.
semifinalista NMF semifinalist.
semifondo NM (*Dep*) middle-distance race.
semiinconsciente ADJ semi-unconscious.
semilla NF a (*Bot*) seed; **~ de césped** grass seed. b (*fig*) seed, source; **la ~ de la discordia** the seed of unrest.
semillero NM a (*lit*) seedbed, nursery. b (*fig*) hotbed (*de* of), breeding ground (*de* for); **un ~ de delincuencia** a hotbed of crime.
semimedio NM (*Boxeo*) welterweight.
seminal ADJ seminal.
seminario NM a (*Rel*) seminary. b (*Univ*) seminar.
seminarista NM seminarist.
semiología NF semiology.
semiótica NF semiotics.
semiótico ADJ semiotic.
semiseco NM (*vino*) medium-dry.
semisótano NM semibasement.
semita 1 ADJ Semitic. 2 NMF Semite.
semítico ADJ Semitic.
semitono NM semitone.
sémola NF semolina.
sempiterno ADJ (*lit*) eternal; (*fig*) never-ending.
Sena NM Seine.
senado NM senate; (*fig*) assembly, gathering.
senador(a) NM/F senator.
senatorial ADJ senatorial.
sencillamente ADV simply; **es ~ imposible** it's simply impossible.
sencillez NF a (*gen*) simplicity. b (*de problema*) straightforwardness. c (*de persona*) naturalness, lack of sophistication; (*pey*) simplicity.
sencillo 1 ADJ a (*gen*) simple, plain; (*costumbre, estilo, ropa etc*) simple.
b (*asunto, problema*) easy, straightforward; **es muy ~** it's very simple.
c (*persona*) natural, unaffected; (*pey*) simple.
d (*billete*) single.
2 NM a (*disco*) single.
b (*LAm*) small change.
senda NF path, track; (*fig*) path.
senderismo NM trekking, hill walking.
senderista¹ NMF (*Dep*) trekker, hill walker.
senderista² (*Per Pol*) 1 ADJ of *o* pertaining to the Sendero Luminoso guerrilla movement. 2 NMF member of Sendero Luminoso.
sendero NM path, track; **S~ Luminoso** (*Per Pol*) Shining Path guerrilla movement.
sendos ADJ PL: **les dio ~ golpes** he hit both of them, he gave each of them a blow; **recibieron ~s regalos** each one received a present.
senectud NF old age.
Senegal NM: **El ~** Senegal.
senegalés/esa ADJ, NM/F Senegalese.
senil ADJ senile.
senilidad NF senility.
seno¹ NM a (*Anat*) bosom, bust; **~s** breasts; **~ frontal** sinus; **~ materno** womb; (*fig*) bosom; **morir en el ~ de la familia** to die in the bosom of one's family; **lo escondió en su ~** she put it down the front of her dress. b (*hueco*) hollow, cavity; (*Náut*) trough. c (*Geog: ensenada*) small bay; (: *golfo*) gulf. d (*fig*) refuge, haven.
seno² NM (*Mat*) sine.
SENPA NM ABR (*Esp*) *de* **Servicio Nacional de Productos Agrarios**.
sensación NF a sensation, feeling; **una ~ de placer** a

feeling of pleasure; **tengo la ~ de que ...** I have a feeling that .... **[b]** (fig) sensation; **causar** o **hacer ~** to cause a sensation.
sensacional ADJ sensational.
sensacionalismo NM sensationalism.
sensacionalista ADJ sensationalist.
sensatamente ADV sensibly.
sensatez NF good sense; **con ~** sensibly.
sensato ADJ sensible.
sensibilidad NF sensitivity (a to), sensibility; **~ artística** artistic feeling, sensitivity to art.
sensibilización NF sensitizing.
sensibilizado ADJ sensitized; (Fot) sensitive.
sensibilizar<1f> VT to sensitize; (concienciar) to sensitize, raise awareness of; **~ la opinión pública** to inform public opinion.
sensible ADJ **[a]** (ser viviente) feeling, sentient; (que reacciona) sensitive (a to); (Med) tender, sore; (Fot) sensitive; **un aparato muy ~** a very sensitive o delicate piece of apparatus; **una placa ~ a la luz** a plate sensitive to light. **[b]** (carácter) sensitive (a to), responsive (a to). **[c]** (cambio, diferencia) appreciable, noticeable; (pérdida) considerable; **una ~ mejoría** a noticeable improvement. **[d] ~ de** capable of.
sensiblemente ADV perceptibly, appreciably, noticeably.
sensiblería NF sentimentality.
sensiblero ADJ sentimental, slushy (fam).
sensitivo ADJ **[a]** (sentidos) sense atr. **[b]** (animal etc) sentient, capable of feeling.
sensor NM sensor.
sensorial ADJ, **sensorio** ADJ sensory.
sensual ADJ sensual, sensuous.
sensualidad NF sensuality, sensuousness.
sentada NF **[a]** sitting; **de** o **en una ~** at one sitting. **[b]** (Pol etc) sit-down, sit-in.
sentadera NF (LAm) seat (of a chair etc).
sentado ADJ **[a] estar ~** to be sitting (down), be seated. **[b]** (fig) settled, established; **dar algo por ~** to take sth for granted; **dejar algo ~** to establish sth firmly. **[c]** (carácter) solid, steady.
sentar<1j> **[1]** VT **[a]** (persona) to sit, seat. **[b]** (objeto) to place (firmly), settle (in its place); **~ las costuras** to press the seams. **[c]** (base) to lay, establish; (precedente) to set. **[2]** VI **[a]** (ropa etc) to suit; **ese peinado le sienta horriblemente** that hairstyle doesn't suit her at all. **[b] ~ bien/mal a** (comida) to agree/disagree with; **unas vacaciones le sentarían bien** he could do with a holiday. **[c]** (fig) **~ bien/mal** to go down well/badly; **le ha sentado mal que lo hayas hecho tú** he didn't like your doing it; **a mí me sienta como un tiro** (fam) it suits me like a hole in the head (fam). **[3] sentarse** VR **[a]** (persona) to sit, sit down, seat o.s. (frm); **¡siéntese!** (do) sit down, take a seat. **[b]** (impurezas: en líquido) to settle. **[c]** (tiempo etc) to settle (down), clear up.
sentencia NF **[a]** (Jur) sentence; (fig) decision, ruling; (opinión) opinion; **~ de muerte** death sentence; **dictar** o **pronunciar ~** to pronounce sentence. **[b]** (Lit) maxim, saying.
sentenciar<1b> **[1]** VT (Jur) to sentence (a to). **[2]** VI to pronounce, give one's opinion.
sentencioso ADJ **[a]** (refrán) pithy. **[b]** (lenguaje) sententious; (carácter) dogmatic.
sentidamente ADV **[a]** (con pesar) regretfully. **[b]** (sinceramente) sincerely, with great feeling.
sentido **[1]** ADJ **[a]** (lamentable) regrettable; **una pérdida muy ~a** a deeply felt o most regrettable loss. **[b] le doy mi más ~ pésame** I send my deepest sympathy. **[c]** (carácter) sensitive, tender. **[d]** (Méx) hurt, offended. **[2]** NM **[a]** (gen) sense; **los cinco ~s** the five senses; **~ del olfato/del humor** sense of smell/humour o (US) humor;

~ de la orientación sense of direction; **no tiene ~ del ritmo** he has no sense of rhythm; **sexto ~** sixth sense; **sin ~** senseless, unconscious; **aguzar el ~** to prick up one's ears; **perder/recobrar el ~** to lose/regain consciousness; **quitar el ~ a algn** to take sb's breath away. **[b]** (juicio) sense; (criterio) discernment, judgment; **buen ~** good sense; **~ común** common sense. **[c]** (significado) sense, meaning; **doble ~** double meaning; **en el buen ~ de la palabra** in the best sense of the word; **en cierto ~** in a sense; **en este ~** in this respect; **en tal ~** to this effect; **en el ~ de que ...** to the effect that ...; **sin ~** meaningless; **cobrar ~** to begin to make sense; **tener ~** to make sense; **no tiene ~ que lo haga él** it makes no sense for him to do it; **la vida no tiene ~ para él** life has no meaning for him. **[d]** (movimiento) direction, way; **'~ único'** 'one way (street)'; **en ~ contrario** o **opuesto** in the opposite direction; **en el ~ de las agujas** clockwise; **en ~ contrario al de las agujas** anticlockwise.
sentimental ADJ **[a]** sentimental; (mirada) soulful. **[b]** (asunto, vida etc) love atr; **aventura ~** love affair.
sentimentalismo NM sentimentality.
sentimentalmente ADV romantically.
sentimentaloide ADJ (fam) sugary, over-sentimental.
sentimiento NM **[a]** (emoción) feeling, emotion; **un ~ de insatisfacción** a feeling of dissatisfaction; **buenos ~s** fellow-feeling; **herir los ~s de algn** to hurt sb's feelings. **[b]** (pesar) regret, sorrow; **con profundo ~** with profound regret.
sentina NF (Náut) bilge.
▼**sentir** <3i> **[1]** VT **[a]** (gen) to feel; (percibir) to perceive, sense; (esp LAm: oír) to hear; (emoción) to feel, be aware of; (música etc) to have a feeling for; **~ un dolor** to feel a pain; **~ los efectos del alcohol** to feel the effects of alcohol; **~ ganas de hacer algo** to feel an urge to do sth; **~ amor/pena por algn** to feel love/pity for sb; **dejarse** o **hacerse ~** to make itself felt; **sentía la presencia de algn en la oscuridad** he sensed somebody's presence in the darkness. **[b]** (lamentar) to regret, be sorry for; **lo siento** I'm sorry; **¡lo siento muchísimo!, ¡cuánto lo siento!** I'm very sorry!; **sintió profundamente esa pérdida** he felt that loss deeply; **~ que ...** to regret o be sorry that ...; **siento molestarle** I'm sorry to bother you. **[2]** VI to feel; **ni oía ni sentía** he could neither hear nor feel anything; **sin ~** without noticing. **[3] sentirse** VR **[a]** to feel; **¿cómo te sientes?** how do you feel?; **~ herido** (fig) to feel hurt; **mal(o)** to feel ill o bad; **~ como en su casa** to feel at home; **no me siento con ánimos** o **con fuerza para ello** I don't feel up to it. **[b]** (LAm: enfadarse) to get angry; **~ con algn** to fall out with sb. **[4]** NM opinion, judgment; **el ~ popular** popular opinion.
seña NF **[a]** (particularidad) (distinguishing) mark; **~s** description sg; **~s personales** personal description sg. **[b]** (gesto, indicio) sign; **por las ~s** so it seems; **por más ~s** moreover, and what's more; **hablar por ~s** to talk by signs, communicate by means of signs; **hacer una ~ a algn** to make a sign to sb; **hacer una ~ a algn para** o **de que venga** to signal to sb to come. **[c]** (Correos) **~s** address sg.
señal NF **[a]** (gen) sign; (síntoma) symptom; (indicio) indication; **en ~ de** as a token o sign of; **es buena ~** it's a good sign; **dar ~es de** to show signs of; **hacer la ~ de la cruz** to make the sign of the Cross; **hacer ~es de humo** to send up smoke signals. **[b]** (Com, Fin) token payment, deposit. **[c]** (con la mano) sign, signal; **dar la ~ de** o **para** to give the signal for. **[d]** (seña) mark; (vestigio) trace, vestige; (Med) scar, mark; (Geog) landmark; **sin la menor ~ de** without the least trace of. **[e]** (Ferro) signal; (Aut) sign; **~ de tráfico** traffic sign o signal; **~ de peligro** warning sign; **~ de preferencia** right of way sign; **~ vertical** road sign.

> EXPRESIONES GENERATIVAS: **sentir** → 4, 6.1, 6.3

f (*Rad*) signal; **~ horaria** time signal.

g (*Telec*) signal, tone; **~ de llamada** ringing *o* (*US*) ring tone; **~ para marcar** dialling tone *o* (*US*) dialing tone; **~ de ocupado** engaged tone, busy signal (*US*).

señalado ADJ **a** **estar ~ como** to be known to be.

b **dejar ~ a algn** to scar sb permanently. **c** (*día*) special; (*persona*) distinguished; (*pey*) notorious.

señalar <1a> **1** VT **a** to mark; (*significar*) to denote; **señalan la llegada de la primavera** they announce the arrival of spring; **eso señaló el principio del descenso** that marked the start of the decline.

b (*papel*) to mark; (*Med*: *dejar cicatriz*) to scar, leave a scar on; (*ganado*) to brand.

c (*carretera*) to put up signs on.

d (*con el dedo*) to point to, indicate; (*fig*) to show, indicate; (*aguja de reloj*) to show, point to, say; **tuve que ~le varios errores** I had to point out several mistakes to him.

e (*referirse a*) to allude to; (*pey*) to criticize.

f (*fecha, precio*) to fix, settle; (*tarea*) to set; (*persona*) to appoint.

2 **señalarse** VR to make one's mark (*como* as), distinguish o.s. (*por* by, by reason of).

señalización NF (*acto*) signposting, signing (*US*); (*conjunto de señales*) system of signs, signal code; **~ vertical** (system of) road signs.

señalizar <1f> VT (*carretera*) to put up signs on; (*ruta*) to signpost.

señero ADJ (*sin par*) unequalled, unequaled (*US*), outstanding.

señor **1** ADJ (*fam*) **a** lordly; **un coche muy ~** a really lordly car.

b real, really big; **eso es un ~ melón** that's some melon; **fue una ~a herida** it was a real big wound (*fam*).

2 NM **a** man; (*caballero*) gentleman; **le espera un ~** there's a gentleman waiting to see you; **es todo un ~** he's a real gentleman.

b (*de bienes*) owner; (*fig*) master; **el ~ de la casa** the master of the household.

c (*con nombre y/o apellido*) Mister; **es para el S~ Meléndez** it's for Mr Meléndez; **los ~es González** Mr and Mrs González; **S~ Don Jacinto Benavente** (*en sobre*) Mr J. Benavente, J. Benavente Esq.

d (*con cargos profesionales*) **el ~ alcalde/cura/presidente** the mayor/priest/president.

e (*hablando directamente*) sir; **~es** (*discurso*) gentlemen; **¡mire Ud, ~!** look here!; **¡oiga Ud, ~!** I say!; **~ alcalde** Mr Mayor; **~ director** (*de periódico*) Dear Sir; **~ juez** my Lord; **~ presidente** Mr Chairman *o* President; **¡no ~!** (*fig*) never!, absolutely not!; **¡sí ~!** (*fig*) yes indeed!, it certainly does!; **pues sí ~** well, that's how it is.

f (*Com*) **muy ~ mío** Dear Sir; **muy ~es nuestros** Dear Sirs.

g (*Hist*) noble, lord; **~ feudal** feudal lord, lord of the manor; **~ de la guerra** warlord.

h (*Rel*) **El S~** The Lord; **Nuestro S~** Our Lord; **recibir al S~** to take communion.

señora NF **a** lady; **~ de compañía** companion; **le espera una ~** there's a lady waiting to see you. **b** (*de bienes*) owner, mistress; **¿está la ~?** is the mistress in? **c** (*frm*: *esposa*) wife; **mi ~** my wife; **el jefe y su ~** the boss and his wife; **la ~ de Smith** Mrs Smith. **d** (*hablando directamente*) madam; **¡~s y señores!** ladies and gentlemen!; **sí, ~** yes, madam; **¡oiga Ud, ~!** I say! **e** (*Com*) **muy ~ mía** Dear Madam. **f** (*Rel*) **Nuestra S~** Our Lady, the Virgin (Mary).

señorear <1a> VT **a** (*gobernar*) to rule; (*fig pey*) to domineer, lord it over. **b** (*edificio*) to dominate, tower over.

señoría NF: **su** *o* **vuestra S~** your *o* his lordship/ladyship.

señorial ADJ noble, majestic, stately.

señorío NM **a** (*Hist*) manor, feudal estate. **b** (*fig*) rule, dominion (*sobre* over). **c** (*cualidad*) majesty, stateliness.

señorita NF **a** young lady. **b** (*con nombre y/o apellido*) Miss; **~ Pérez** Miss Pérez. **c** (*hablando directamente*) **¿qué busca Ud, ~?** what are you looking for? **d** (*fam*:

maestra) (school)teacher; (*en oración directa*) Miss.

señoritingo/a NM/F (*fam*) rich kid.

señorito **1** NM **a** young gentleman; (*lenguaje de criados*) master, young master. **b** (*pey*) rich kid (*fam*). **2** ADJ (*pey*) high and mighty (*fam*).

señorón/ona NM/F (*fam*) big shot (*fam*).

señuelo NM **a** (*lit*) decoy. **b** (*fig*) bait, lure.

seo NF cathedral.

sep. ABR *de* **septiembre** Sept.

sepa *etc* V **saber**.

separable ADJ separable; (*Mec*) detachable, removable.

separación NF **a** (*gen*) separation; (*Mec*) removal; (*de un cargo*) removal, dismissal (*de* from); **~ conjugal, ~ (del matrimonio)** legal separation; **~ de bienes** division of property (*between ex-spouses*); **~ racial** racial segregation, apartheid. **b** (*distancia*) gap, distance.

separado ADJ separate; (*Mec*) detached; (*esposo*) separated; **está ~ de su mujer** he is separated from his wife; **por ~** separately; (*uno por uno*) individually; (*Correos*) under separate cover.

separador NM (*Inform*) delimiter.

separar <1a> **1** VT **a** (*objeto*) to separate (*de* from); **separa la silla de la mesa** move the chair away from the table.

b (*luchadores*) to separate, pull apart; (*palabras*) to divide; (*conexión*) to sever, cut; (*letras*) to sort (out); **saber ~ las buenas de las malas** to know how to separate *o* tell the good ones from the bad; **los negocios le separan de su familia** business keeps him away from his family.

c (*Mec*: *pieza*) to detach, remove (*de* from).

d (*persona*: *de un cargo*) to remove, dismiss.

2 **separarse** VR **a** (*fragmento*) to detach itself (*de* from); (*pedazos*) to come apart; (*Pol*) to secede.

b (*persona*) to leave, go away; (*dos personas*) to part; **~ de una persona** to go away from sb; **~ de un grupo** to leave *o* part company with a group; **no quiere ~ de sus libros** he doesn't want to part with his books; **se ha separado de todos sus amigos** he has cut himself off from all his friends.

c (*matrimonio*) to separate, split up; **se ha separado de su mujer** he has left his wife.

separata NF offprint.

separatismo NM (*Pol*) separatism.

separatista ADJ, NMF separatist.

separo NM (*Méx*: *celda*) cell.

sepelio NM burial, interment.

sepia **1** ADJ, NM INV (*color*) sepia. **2** NF (*pez*) cuttlefish.

SEPLA NM ABR *de* **Sindicato Español de Pilotos de Líneas Aéreas** ≈ BALPA.

sept. ABR *de* **septiembre** Sept.

septentrión NM north.

septentrional ADJ north, northern.

septicemia NF septicaemia, septicemia (*US*).

séptico ADJ septic.

se(p)tiembre NM September; **llegará el (día) 11 de ~** he will arrive on the 11th of September *o* on September the 11th; **en ~** in September; **en ~ del año pasado/que viene** last/next September; **a mediados de ~** in mid-September; **estamos a tres de ~** it's the third of September; **todos los años, en ~** every September.

sé(p)timo ADJ, NM seventh; V *tb* **sexto**.

septuagenario/a **1** ADJ septuagenarian, seventy-year-old. **2** NM/F septuagenarian, person in his/her seventies.

septuagésimo ADJ, NM seventieth.

sepulcral ADJ sepulchral; (*fig*) gloomy, dismal; **silencio ~** deadly silence.

sepulcro NM (*esp Biblia*) tomb, grave, sepulchre, sepulcher (*US*).

sepultar <1a> VT **a** (*lit, fig*) to bury; (*Min*) to trap, entomb; **quedaron sepultados bajo la roca** they were buried under the rock. **b** (*ocultar*) to hide away, conceal.

sepultura NF **a** (*acción*) burial; **dar ~ a** to bury; **recibir ~** to be buried. **b** (*tumba*) grave, tomb.

sepulturero NM grave digger.

seque *etc V* **secar.**

sequedad NF (*gen*) [a] dryness. [b] (*de contestación*) brusqueness; (*de estilo*) plainness.

sequía NF drought.

séquito NM [a] (*de rey, presidente*) retinue, entourage. [b] (*Pol*) group of supporters. [c] (*de sucesos*) train, aftermath; **con todo un ~ de calamidades** with a whole train of disasters.

SER NF ABR (*Esp*) *de* **Sociedad Española de Radiodifusión.**

ser <2v> [1] VI [a] (*gen: absoluto, de carácter, identidad etc*) to be; **~ o no ~** to be or not to be; **es difícil** it's difficult; **él es pesimista** he's a pessimist; **soy ingeniero** I'm an engineer; **soy yo** it's me; **¡soy Pedro!** (*Telec*) Peter here, Peter speaking; **somos seis** there are six of us; **¿quién es?** who is it?, who's there?; (*Telec*) who's calling?; **es él quien debiera hacerlo** he's the one who should do it *o* ought to do it; **¿qué ha sido eso?** what happened?, what's going on?

[b] (*origen*) **~ de** to be from, come from; **ella es de Calatayud** she's from Calatayud; **estas naranjas son de España** these oranges come from Spain; **¿de dónde es Ud?** where are you from?

[c] (*sustancia*) **~ de** to be (made) of; **es de piedra** it is (made) of stone.

[d] (*posesión*) **~ de** to belong to; **éste es suyo** this is his; **el parque es del municipio** the park belongs to the town; **esta tapa es de otra caja** this lid belongs to another box; **¿de quién es este lápiz?** whose pencil is this?, who does this pencil belong to?

[e] (*destino*) **¿qué será de mí?** what will become of me?; **¿qué ha sido de él?** what has become of him?; **el trofeo fue para Alvarez** the trophy went to Alvarez; **después él fue ministro** he later became a minister.

[f] (*adecuación, finalidad*) **esas finuras no son para mí** those niceties are not for me; **ese coche no es para correr mucho** that car isn't made to go very fast; **esa manera de hablar no es de una dama** one does not expect to hear a lady say such things; **este cuchillo es para cortar pan** this knife is for cutting bread.

[g] (*horas del día, fecha, tiempo*) **es la una** it is one o'clock; **son las 7** it is 7 o'clock; **serán las 8** it would *o* must be about 8 o'clock; **hoy es 4** today is the fourth; **es verano** it's summer.

[h] (*costar*) to be; **¿cuánto es?** how much is it?

[i] (*uso especial del futuro: hipótesis*) **¿será posible?** is it possible?, can it really be so?; **¡serás burro!** can you really be so stupid!; **serán delincuentes** they must be criminals.

[j] (**~ de** + *infin*) **es de esperar que ...** it is to be hoped that ..., I *etc* hope that ...; **era de ver** it was worth seeing, you ought to have seen it.

[k] (*modismos: indic*) **es más ...** furthermore ...; **siendo así que** since; **érase que se era, érase una vez** once upon a time; **a no ~ por** but for, were it not for; **a no ~ que** unless; **es que no pude** but I couldn't; **es que no quiero** but I don't want to; **¿cómo es que ...?** how is it that ...?; **¡cómo ha de ~!** what else do you expect!; **con ~ ella su madre** given that she is his mother; **de no ~ esto así** if it were not so; **de no ~ por él** had it not been for him.

[l] (*modismos: subjun*) **¡sea!** agreed!, all right!; **o sea** that is to say, or rather; **sea ... sea** either ... or, whether ... or whether; **sea lo que sea** *o* **fuere** be that as it may; **no sea que** lest, for fear that; **hable con algún abogado que no sea Pérez** consult any lawyer you like except Pérez.

[2] VB AUX (*formas pasivas*) **fue construido** it was built; **ha sido asaltada una joyería** there has been a raid on a jeweller's *o* (*US*) jeweler's; **será fusilado** he will be shot; **está siendo estudiado** it is being examined.

[3] NM being, essence; **~ humano** human being; **S~ Supremo** Supreme Being; **~ vivo** living creature *o* organism; **en lo más íntimo de su ~** deep within himself.

sera NF pannier, basket.

seráfico ADJ angelic, seraphic.

Serbia NF Serbia.

serbio/a [1] ADJ Serbian. [2] NM/F Serb.

serbobosnio/a ADJ, NM/F Bosnian Serb.

serenamente ADV [a] (*con calma*) calmly, serenely. [b] (*tranquilamente*) peacefully, quietly.

serenar <1a> [1] VT (*frm*) to calm; (*fig*) to quieten, pacify. [2] **serenarse** VR [a] (*persona*) to calm down. [b] (*mar*) to grow calm; (*tiempo*) to clear up.

serenata NF serenade.

serenidad NF [a] (*calma*) calmness, serenity. [b] (*tranquilidad*) peacefulness, quietness.

serenísimo ADJ: **su Alteza Serenísima** His *o* Her Serene Highness.

sereno [1] ADJ [a] (*persona*) calm, unruffled. [b] (*tiempo*) settled, fine; (*cielo: sin nubes*) cloudless, clear. [c] (*ambiente*) calm, quiet. [d] (*fam*) **estar ~** to be sober. [2] NM [a] (*humedad*) night dew; **dormir al ~** to sleep out in the open. [b] (*vigilante*) night watchman.

serial NM serial; **~ radiofónico** radio serial.

serializar <1f> VT to serialize.

seriamente ADV seriously.

seriar <1b> VT [a] (*poner en serie*) to arrange in series, arrange serially. [b] (*TV etc*) to make a serial of, serialize.

sericultura NF silk-raising, sericulture.

serie NF (*TV, Bio, Mat*) series; (*gen: conjunto: de sellos etc*) set; (*de inyecciones*) course; **una ~ inacabable de** an endless series of; **en ~** (*Elec*) in series; **interface/impresora en ~** (*Inform*) serial interface/printer; **fabricación en ~** mass production; **fabricar en ~** to mass-produce; **casas construidas en ~** mass-produced *o* prefabricated houses; **fuera de ~** out of order *o* sequence; (*fig*) special, out of the ordinary; **artículos fuera de ~** (*Com*) goods left over, remainders; **modelo de ~** (*Aut etc*) standard model.

seriedad NF [a] (*calidad personal*) seriousness; **hablar con ~** to speak seriously *o* in earnest. [b] (*responsabilidad*) (sense of) responsibility; **falta de ~** frivolity, irresponsibility. [c] (*fiabilidad*) reliability, trustworthiness. [d] (*de enfermedad, crisis, problema*) seriousness.

serigrafía NF silk-screen printing, screen process; **una ~** a silk-screen print.

serigrafista NMF silk-screen printer.

serio ADJ [a] (*gen*) serious; (*expresión*) solemn; **ponerse ~** to look serious, adopt a solemn expression; **se quedó mirándome muy ~** he looked at me very seriously, he stared gravely at me.

[b] (*persona, actitud: formal*) dignified; (: *decente*) proper; (: *responsable*) responsible; **un traje ~** a formal suit; **poco ~** undignified, frivolous; **es una persona poco ~a** he's an irresponsible sort.

[c] (*fiable*) reliable, trustworthy; **poco ~** unreliable; **es una casa ~a** it's a reliable firm.

[d] (*crisis, enfermedad, pérdida*) grave, serious.

[e] **en ~** seriously; **hablo en ~** I'm serious; **¿lo dices en ~?** do you really mean it?; **tomar un asunto en ~** to take a matter seriously.

sermón NM (*Rel, tb fam*) sermon.

sermonear <1a> (*fam*) [1] VT to lecture, read a lecture to. [2] VI to sermonize.

sermoneo NM (*fam*) lecture, sermon.

seropositivo ADJ seropositive.

serpear <1a> VI, **serpentear** <1a> VI [a] (*Zool*) to wriggle, creep. [b] (*camino*) to wind, twist and turn; (*río*) to meander.

serpenteo NM [a] (*Zool*) wriggling, creeping. [b] (*de camino*) winding, twisting; (*de río*) meandering.

serpentina NF [a] (*Min*) serpentine. [b] (*papel*) streamer.

serpiente NF snake, serpent; **~ de cascabel** rattlesnake; **~ pitón** python.

serrado ADJ serrated, toothed.

serraduras NFPL sawdust *sg.*

serrallo NM harem.

serranía NF mountainous area, hilly country.

serrano/a [1] ADJ (*Geog*) highland *atr*, hill *atr*, mountain *atr*. [2] NM/F highlander.

serrar<1j> VT to saw off o up.
serrería NF sawmill.
serrín NM sawdust.
serruchar<1a> VT (*esp LAm*) to saw off o up.
serrucho NM saw, handsaw.
Servia NF ETC = **Serbia** etc.
servible ADJ serviceable, usable.
servicial ADJ helpful, obliging.
servicio NM [a] (*gen*) service; **a su ~** at your service; **estar al ~ de** to be in the service of; **estar de ~** to be serviceable o in service; **entrar en ~** to come into service o operation; **hacer un ~ para algn** to do sb a service; **hacer un flaco ~ a algn** to do sb a bad turn.
[b] (*Mil etc*) service; **~ activo** active service; **~ militar** military service; **apto para el ~** fit for military service; **en condiciones de ~** operational; **estar de ~** to be on duty; **estar fuera de ~** to be off duty; **prestar ~** to serve, see service (*de* as).
[c] **~ aduanero** o **de aduana** customs service; **~ de atención** o **post-venta** after-sales service; **~ de contraespionaje** secret service; **~ doméstico** domestic service o help; (*personas*) servants; **~ a domicilio** home delivery service; **'~ a domicilio'** 'we deliver'; **~ de información** (*Mil*) intelligence service; **~ médico** medical service; **~s mínimos** essential services (*maintained during strike*), skeleton services; **~s públicos** public services; **~ secreto** secret service; **~ social sustitutorio** community service in place of military service; **~s sociales** social services, welfare work; **~ de transportes** transport service.
[d] (*Culin etc*) service, set; **~ de café** coffee set; **~ de mesa** set of dishes.
[e] (*cuarto de baño*) toilet; **'~s'** 'Toilets', 'Restroom' (*US*).
[f] (*Rel*) service.
[g] (*hotel etc*) service; **~ incluido** service charge included.
[h] (*Tenis etc*) serve, service.
servidor(a) [1] NM/F [a] servant; **un ~** (*el que habla o escribe*) your humble servant; **¡~ de Ud!** at your service!
[b] (*Escol*) **¡~!** present!
[c] (*en cartas*) **su seguro ~** yours faithfully, yours truly (*US*).
[2] NM (*Inform*) server.
servidumbre NF [a] servitude; **~ de la gleba** serfdom.
[b] (*fig*) compulsion. [c] (*Jur*) obligation, servitude.
[d] (*personal de servicio*) servants, staff.
servil ADJ [a] slave (*atr*), serf's; (*trabajo*) menial. [b] (*actitud*) servile, grovelling, groveling (*US*); (*imitación*) slavish.
servilismo NM servility.
servilleta NF serviette, napkin.
servilletero NM serviette ring.
servir<3k> [1] VT [a] (*gen*) to serve; **~ a Dios** to serve God; **~ a la patria** to serve one's country; **¿en qué puedo ~le?** how can I help you?; **para ~le, para ~ a Ud** at your service.
[b] (*en restaurante: cliente, mesa*) to wait on, serve; (*comida, bebida*) to serve; (*en bar, tienda*) to serve; **¿a qué hora sirven el desayuno?** what time is breakfast (served)?; **¿ya le sirven, señora?** are you being attended to, madam?
[c] (*en casa: comida*) to serve out o up; **~ patatas a algn** to serve sb with potatoes, help sb to potatoes; **la cena está servida** dinner is served; **~ vino a algn** to pour out wine for sb.
[d] (*pedido*) to attend to, fill.
[e] (*Tenis etc*) to serve.
[2] VI [a] (*gen*) to serve.
[b] (*trabajar como criado*) to be a servant.
[c] (*camarero*) to serve, wait (*en* at, on).
[d] (*ser útil*) to be of use, be useful; **eso no sirve** that's no good, that won't do; **~ para** to be good for, be used for; **¿para qué sirve?** what is it for?; **ya no me sirve** I have no further use for it, it's no use to me now; **no sirve para nada** it's no use at all; **él no sirve para nada** he's a dead loss; **yo no serviría para futbolista** I would be no good as a football player, I'd never make a footballer.
[e] **~ de** to do as, act as; **el pañuelo (me) sirve de sombrero** my handkerchief does me as a hat; **le sirvió de**

advertencia it served as a warning to him; **¿de qué sirve lamentarse?** what's the use of being sorry?
[f] (*Dep*) to serve.
[g] **~ del palo** (*Naipes*) to follow suit.
[3] **servirse** VR [a] (*obj: comida*) to serve o help o.s.; **se sirvió patatas** he helped himself to potatoes; **se sirvió café** he poured himself some coffee; **¡sírvete más!** have some more!
[b] **~ de algo** to make use of sth, put sth to use; **se sirvió de su amistad con el jefe** he took advantage of his friendship with the boss.
[c] **~ hacer algo** to be kind enough to do sth; **sírvase pasarse por aquí mañana** kindly come by here tomorrow.
servo NM servo.
servo... PREF servo....
servodirección NF power steering.
servofrenos NMPL power-assisted brakes.
servomecanismo NM servo(mechanism).
sésamo NM sesame; **¡ábrete ~!** open sesame!
sesear<1a> VT to pronounce c (before e, i) and z as s (*a feature of Andalusian and much LAm pronunciation*).
sesenta ADJ, NM sixty; (*ordinal*) sixtieth; **los (años) ~** the sixties; V tb **seis.**
sesentón/ona [1] ADJ sixty-year-old, sixtyish. [2] NM/F person of about sixty.
seseo NM (*esp sur de España, Canarias y LAm*) pronunciation of c (before e, i) and of z as s.
sesera NF (*fam*) brains pl, intelligence.
sesgar<1h> VT [a] to slant, place obliquely. [b] (*Cos*) to cut on the bias; (*Téc*) to bevel. [c] (*fig: vida etc*) to cut short.
sesgo NM [a] slant; (*Cos*) bias; (*Téc*) bevel; **estar al ~** to be aslant o awry; **cortar algo al ~** to cut sth on the bias.
[b] (*fig*) direction; **ha tomado otro ~** it has taken a new turn.
sesión NF [a] (*Admin*) session, sitting, meeting; **~ secreta** secret session; **abrir/levantar la ~** to open/close o adjourn the meeting. [b] (*para retrato*) sitting; (*para tratamiento médico*) session; **~ de espiritismo** séance; **~ de lectura de poesías** poetry reading. [c] (*Cine*) showing; **~ continua** continuous showing; **la segunda ~** the second house.
seso NM [a] (*Anat*) brain; **~s** (*Culin*) brains. [b] (*fig*) brains, sense, intelligence; **calentarse** o **devanarse los ~s** to rack one's brains; **perder el ~** to go off one's head (*por over*); **eso le tiene sorbido el ~** he's crazy about it.
sestear<1a> VI to take a siesta, have a nap.
sesteo NM siesta, nap.
sesudo ADJ [a] (*sensato*) sensible, wise. [b] (*inteligente*) brainy.
set NM (*pl* set o **~s**) (*Tenis*) set.
set. ABR *de* setiembre Sept.
seta NF mushroom; **~ venenosa** toadstool.
setecientos/as ADJ, NMPL, NFPL seven hundred; V tb **seiscientos.**
setenta ADJ, NM seventy; (*ordinal*) seventieth; **los (años) ~** the seventies; V tb **seis.**
setentón/ona [1] ADJ seventy-year-old, seventyish. [2] NM/F person of about seventy.
setiembre NM = **se(p)tiembre.**
seto NM fence; **~ vivo** hedge.
SEU NM ABR (*Hist*) *de* **Sindicato Español Universitario.**
seudo... PREF pseudo....
seudónimo [1] ADJ pseudonymous. [2] NM pseudonym; (*nombre artístico*) pen name.
Seúl NM Seoul.
s.e.u.o. ABR *de* salvo error u omisión E.&O.E.
severamente ADV (*V adj*) severely, harshly; strictly, severely; grimly, sternly.
severidad NF (*gen*) severity, harshness; (*rigor*) strictness; (*dureza*) stringency; (*austeridad*) grimness, sternness.
severo ADJ [a] (*persona*) severe, harsh; (*disciplina*) strict; (*castigo, crítica*) harsh; (*estipulaciones*) stringent; **ser ~ con algn** to treat sb harshly. [b] (*invierno*) severe, hard; (*frío*) bitter. [c] (*vestido, moda, actitud*) severe; (*austero*)

grim, stern.
Sevilla NF Seville.
sevillano/a ADJ, NM/F Sevillian.
sexagenario/a [1] ADJ sixty-year-old. [2] NM/F person in his/her sixties.
sexagésimo ADJ, NM sixtieth; *V tb* **sexto 1**.
sexenio NM (*esp Méx Pol*) 6-year Presidential term of office.
sexi = **sexy**.
sexismo NM sexism.
sexista ADJ, NMF sexist.
sexo NM sex; **el bello ~** the fair sex; **el ~ débil** the gentle sex; **el ~ femenino/masculino** the female/male sex; **de ambos ~s** of both sexes; **sin ~** sexless; **hablar del ~ de los ángeles** to talk in a pointless way, indulge in pointless discussion.
sexología NF sexology.
sexólogo/a NM/F sexologist.
sex symbol [sek'simbol] NMF (*pl* **sex symbols**) sex symbol.
sexta NF (*Mús*) sixth.
sextante NM sextant.
sexteto NM sextet(te).
sexto [1] ADJ sixth; **Juan ~** John the sixth; **en el ~ piso** on the sixth floor; **en ~ lugar** in sixth place, sixth; **vigésimo ~** twenty-sixth; **una ~a parte** a sixth. [2] NM (*parte*) sixth; **dos ~s** two sixths.
sexual ADJ sexual, sex *atr*; **vida ~** sex life.
sexualidad NF sexuality.
sexualmente ADV sexually.
sexy ADJ full of sex appeal.
s.f. ABR *de* **sin fecha** n.d.
s/f ABR (*Com*) *de* **su favor** your favour *o* (*US*) favor.
SGAE NF ABR *de* **Sociedad General de Autores de España**.
SGEL NF ABR *de* **Sociedad Española General de Librería**.
SGR NF ABR *de* **sociedad de garantía recíproca**.
sgte(s). ABR *de* **siguiente(s)** foll.
share [ʃear] NM (*TV*) audience share.
shock [ʃok] NM (*pl* **shock** *o* **~s** [ʃok]) shock.
shorts [ʃors] NMPL shorts.
show [tʃo, ʃou] NM [a] (*Teat etc*) show. [b] (*fam: jaleo*) fuss, bother; **menudo ~ hizo** (*Esp*) he made a great song-and-dance about it.
si¹ CONJ [a] (*hipotético, condicional*) if; **~ lo quieres te lo doy** if you want it I'll give it to you; **~ tuviera dinero lo compraría** if I had money I would buy it; **~ me lo hubiese pedido se lo habría** *o* **hubiera dado** if he had asked me for it I would have given it to him; **~ lo sé no te lo digo** (*fam*) if I had known I wouldn't have told you; **~ no** if not, otherwise, or else; **vete, ~ no vas a llegar tarde** go, or else you'll be late; **llevo el paraguas por ~ (acaso) llueve** I've got my umbrella (just) in case it rains; **y ¿~ nos lo roban?** what if it gets stolen?
[b] (*en pregunta indirecta*) if, whether; **me pregunto ~ vale la pena** I wonder whether *o* if it's worth the trouble; **no sé ~ hacerlo o no** I don't know whether to do it or not; **no sabía ~ habías venido en avión o en tren** I didn't know whether you'd come by plane or (by) train; **que ~ lavar los platos, que ~ limpiar el suelo, que ~ ...** what with washing up and sweeping the floor and ....
[c] (*deseo*) **¡~ fuera verdad!** if only it were true!; **¡~ viniese pronto!** I wish he'd come!; (*protesta*) **¡~ no sabía que estabas allí!** but I didn't know you were there!; **¡~ (es que) acabo de llamar!** but I've only just phoned you!; **¡~ no está!** but it isn't there!; (*sorpresa*) **¡~ es el cartero!** why, it's the postman!
si² NM (*Mús*) B; **~ mayor** B major.
sí [1] ADV [a] yes; **él no quiere pero yo ~** he doesn't want to but I do; **creo que ~** I think so; **¡que ~, hombre!** I tell you it is! *etc*; **porque ~** because that's the way it is; (*porque lo digo yo*) because I say so; **lo hizo porque ~** he did it because he just felt like doing it; (*pey*) he did it out of sheer cussedness; **una semana ~ y otra no** alternate weeks, every other week.

[b] (*con énfasis*) **ella ~ vendrá** she will certainly come, she is sure to come; **¡~ que lo es!** I'll say it is!; **¡eso ~ que no!** never!, not on your life!
[2] NM consent, agreement; **dar el ~** to say yes, agree; (*mujer*) to accept a proposal of marriage; **todavía no tengo el ~** I have not yet received his consent.
sí² PRON REFLEXIVO [a] (*con preposiciones: msg*) himself; (*fsg*) herself; (*de un objeto*) itself; (*de Ud*) yourself; (*uso impersonal*) oneself; (*pl*) themselves; (*de Uds*) yourselves; **~ mismo/a** himself/herself *etc*; **lo quieren todo para ~** they want the whole lot for themselves; **no lo podrá hacer por ~ solo** he won't be able to do it by himself; **conviene guardarlo para ~** it's best to keep it to oneself; **se ríe de ~ misma** she laughs at herself.
[b] (*recíproco*) each other; **cambiaron una mirada entre ~** they gave each other a look.
[c] (*modismos*) **de por ~** in itself; (*individualmente*) separately, individually; **el problema es bastante difícil de por ~** the problem is difficult enough in itself; **estar en ~** to be in one's right mind; **pensar entre** *o* **para ~** to think to oneself; **estar fuera de ~** to be beside oneself.
Siam NM Siam.
siamés/esa ADJ, NM/F Siamese.
sibarita [1] ADJ sybaritic, luxury-loving. [2] NMF sybarite, lover of luxury.
sibaritismo NM sybaritism, love of luxury.
Siberia NF Siberia.
siberiano/a ADJ, NM/F Siberian.
sibila NF sibyl.
sibilante ADJ, NF sibilant.
sibilino ADJ sibylline.
sicario NM (*asesino a sueldo*) hired killer, hitman (*fam*).
Sicilia NF Sicily.
siciliano/a [1] ADJ, NM/F Sicilian. [2] NM (*dialecto*) Sicilian.
sico... PREF = **psico...**.
sicómoro NM sycamore.
SIDA, sida NM ABR *de* **síndrome de inmunodeficiencia adquirida** AIDS; **~ declarado** full-blown AIDS.
sidecar NM sidecar.
sideral ADJ astral; (*Astron*) space *atr*.
siderometalúrgico ADJ iron and steel *atr*.
siderurgia NF iron and steel industry.
siderúrgica NF iron and steel works.
siderúrgico ADJ iron and steel *atr*.
sidra NF cider.
sidrería NF cider bar.
siega NF [a] (*cosechar*) reaping, harvesting; (*segar*) mowing. [b] (*época*) harvest (time).
siembra NF [a] sowing; **patata de ~** seed potato. [b] (*época*) sowing time.
siempre [1] ADV [a] always; **~ está lloviendo** it's always raining; **como ~** as usual, as always; **la hora de ~** the usual time; **somos amigos de ~** we're old friends; **lo de ~** (*en bar etc*) the usual; **es la historia de ~, es lo de ~** it's the same old story; **lo vienen haciendo así desde ~** they've always done it this way; **para** *o* **por ~** for ever; **por ~ jamás** for ever and ever.
[b] (*en todo caso*) always; **~ puedes decir que no lo sabías** you can always say you didn't know.
[c] (*LAm fam: a pesar de todo*) still, in spite of everything, really; **¿~ se va mañana?** are you still going tomorrow?
[2] CONJ [a] **~ que** (*cada vez que: usu + indic*) whenever, every time (that); **~ que salgo llueve** every time I go out it rains; **voy ~ que puedo** I go whenever I can.
[b] **~ que** (*a condición de que: + subjun: tb* **~ y cuando ...**) provided that ..., as long as ...; **~ que él esté de acuerdo** provided he agrees.
siempreviva NF houseleek.
sien NF (*Anat*) temple.
siena [1] ADJ, NM INV (*color*) sienna. [2] NF sienna.
siento *etc* V **sentar**; **sentir**.
sierpe NF snake, serpent.
sierra NF [a] (*Téc*) saw; **~ para metales** hacksaw; **~ de calados** fretsaw; **~ mecánica** power saw; **~ de vaivén** jigsaw. [b] (*Geog*) mountain range, sierra; **la ~** (*zona*) the hills, the mountains.

Sierra Leona NF Sierra Leone.
siervo/a NM/F slave; **~ de la gleba** serf.
siesta NF [a] (*hora del día*) hottest part of the day, afternoon heat. [b] siesta, nap; **dormir la** o **echarse una ~** to have an afternoon nap.
siete [1] ADJ seven; (*fecha*) seventh; **hablar más que ~** to talk nineteen to the dozen.
[2] NM seven; *V tb* **seis**.
[3] INTERJ (*LAm fam*) **¡la gran ~!** wow! (*fam*), hell! (*fam*); **de la gran ~** (*como adj: tremendo*) terrible (*fam*), tremendous (*fam*); **hijo de la gran ~** bastard (*fam!*), son of a bitch (*US fam!*).
sietemesino/a [1] ADJ (*niño*) premature. [2] NM/F premature baby.
sífilis NF syphilis.
sifilítico/a ADJ, NM/F syphilitic.
sifón NM [a] (*Téc*) trap, U-bend. [b] (*de agua*) siphon (of soda water); **whisky con ~** whisky and soda.
sig. ABR *de* **siguiente** f.
sigilo NM secrecy; (*discreción*) discretion; (*pey*) stealth; **~ sacramental** secrecy of the confessional; **con mucho ~** with great secrecy.
sigilosamente ADV (*V adj*) secretly; discreetly; (*pey*) stealthily, slyly.
sigiloso ADJ secret; (*discreto*) discreet; (*pey*) stealthy.
sigla NF (*símbolo*) symbol; **~s** (*pronunciadas como una palabra*) acronym; (*pronunciadas individualmente*) abbreviation.
siglo NM [a] century; **S~ de las Luces** Age of Enlightenment; **~ de oro** (*Mitología*) golden age; **S~ de Oro** (*Lit*) Golden Age. [b] (*fig*) age(s); **hace un ~** o **hace ~s que no le veo** I haven't seen him for ages. [c] (*Rel*) **el ~** the world; **por los ~s de los ~s** world without end, for ever and ever; **retirarse del ~** to withdraw from the world, become a monk.
signatario ADJ, NM signatory.
signatura NF [a] (*Mús, Tip*) signature. [b] (*de biblioteca*) catalogue o (*US*) catalog number, press mark.
significación NF significance; (*sentido*) meaning.
significado NM (*importancia*) significance; (*de palabra*) meaning; **de ~ dudoso** a word of uncertain meaning.
significante [1] ADJ (*esp LAm*) significant. [2] NM (*Ling*) signifier.
significar <1g> [1] VT [a] (*lit, fig*) to mean, signify; **¿qué significa 'nabo'?** what does 'nabo' mean?; **significará la ruina de la sociedad** it will mean o signify the ruin of the company; **él no significa nada para mí** he means nothing to me.
[b] (*expresar*) to make known, express (*a* to); **le significó la condolencia de la familia** he expressed o conveyed the family's sympathy.
[2] **significarse** VR (*distinguirse*) to become known o famous (*como* as).
significativamente ADV (*V adj*) significantly; meaningfully.
significativo ADJ significant; (*mirada*) meaningful; **es ~ que ...** it is significant that ....
signo NM [a] (*gen*) sign; (*Mat*) sign, symbol; (*de analfabeto*) mark; **~ de admiración** exclamation mark; **~ de la cruz** sign of the Cross; **~ igual** equals sign; **~ de interrogación** question mark; **~ (de) más** o **de sumar/(de) menos** plus/minus sign; **~s de puntuación** punctuation marks; **~ de la victoria** victory sign, V-sign; **~ del zodíaco** sign of the zodiac. [b] (*fig: tendencia*) tendency; **una situación de ~ alentador** an encouraging situation.
sigo *etc V* **seguir**.
sigs. ABR *de* **siguientes** ff.
siguiente ADJ following; (*próximo*) next; **dijo lo ~** he said the following; **¡que pase el ~!** next please!; **el** o **al día ~** the following o next day.
sij ADJ, NMF (*pl* **~s**) Sikh.
sílaba NF syllable.
silabear <1a> VT (*palabra: dividir en sílabas*) to divide into syllables; (*: pronunciar*) to pronounce syllable by syllable.
silabeo NM division into syllables.
silábico ADJ syllabic.

silba NF hissing, catcalls *pl*; **armar** o **dar una ~ (a)** to hiss.
silbar <1a> [1] VT [a] (*melodía*) to whistle; (*silbato*) to blow. [b] (*comedia, orador*) to hiss. [2] VI [a] (*gen*) to whistle; (*Anat*) to wheeze. [b] (*Teat*) to hiss, boo.
silbato NM whistle.
silbido NM, **silbo** NM whistle, whistling; (*abucheo*) hiss; (*resuello*) wheeze; (*zumbido*) hum; **~ de oídos** ringing in the ears.
silenciador NM silencer.
silenciar <1b> VT [a] (*suceso*) to hush up; (*hecho*) to keep silent about. [b] (*persona*) to silence.
silencio NM [a] silence; (*tranquilidad*) quiet, hush; **¡~!** silence!, quiet!; **en ~** in silence; **en el ~ más absoluto** in dead silence; **guardar ~** to keep silent, say nothing (*sobre* about); **había un ~ sepulcral** it was as quiet as the grave; **imponer ~ a algn** to make sb be quiet; **mantener el ~ radiofónico** to keep radio silence; **pasar algo en ~** to pass over sth in silence; **reducir al ~** (*persona*) to silence, reduce to silence; (*artillería*) to silence. [b] (*Mús*) rest.
silenciosamente ADV (*V adj*) silently, quietly; soundlessly; noiselessly.
silencioso ADJ silent, quiet; (*sin ruido*) soundless; (*máquina*) silent, noiseless.
sílex NM silex, flint.
sílfide NF sylph.
silfo NM sylph.
silicato NM silicate.
sílice NF silica.
silicio NM silicon.
silicona NF silicone.
silicosis NF silicosis.
silla NF [a] seat, chair; **~ alta** high chair; **~ eléctrica** electric chair; **~ giratoria** swivel chair; **~ plegable** o **de tijera** folding chair o stool; **~ de ruedas** wheelchair; **calentar la ~** to stay too long, outstay one's welcome. [b] (*tb ~ de montar*) saddle.
sillar NM block of stone, ashlar.
sillería NF [a] (*asientos*) chairs *pl*, set of chairs; (*Rel*) choir stalls *pl*. [b] (*taller*) chairmaker's workshop.
silleta NF (*LAm: silla*) seat, chair.
sillín NM saddle.
sillita NF small chair; **~ de niño** pushchair.
sillón NM [a] armchair; (*butaca*) easy chair; (*LAm*) rocking chair; **~ orejero** o **de orejas** wing chair; **~ de hamaca** (*LAm*) rocking chair. [b] (*de montar*) sidesaddle.
silo NM (*Agr*) silo.
silogismo NM syllogism.
silueta NF silhouette; (*de edificio*) outline; (*de ciudad*) skyline; (*de persona*) figure; (*Arte*) silhouette, outline drawing.
silvestre ADJ (*Bot*) wild; (*fig*) rustic, rural.
silvicultura NF forestry.
SIM NM ABR (*Esp*) *de* **Servicio de Investigación Militar**.
sima NF abyss, chasm.
simbiosis NF symbiosis.
simbiótico ADJ symbiotic.
simbólicamente ADV symbolically.
simbólico ADJ symbolic(al); (*pago, huelga*) token.
simbolismo NM symbolism.
simbolista ADJ, NMF symbolist.
simbolizar <1f> VT (*gen*) to symbolize; (*representar*) to represent, stand for; (*ser ejemplo de*) to typify.
símbolo NM symbol; **~ gráfico** (*Inform*) icon; **~ de prestigio** status symbol.
simetría NF symmetry; (*fig*) harmony.
simétrico ADJ symmetrical; (*fig*) harmonious.
simiente NF seed.
simiesco ADJ simian.
símil [1] ADJ similar. [2] NM comparison; (*Lit*) simile.
similar ADJ similar.
similitud NF similarity, resemblance.
simio NM ape.
simpatía NF [a] (*gen*) liking; (*cariño*) affection; **~ hacia** o **por** liking for; **~s y antipatías** likes and dislikes; **coger ~ a algn** to take a liking to sb; **ganarse la ~ de todos** to

win everybody's affection; **tener ~ a** to like; **no le tenemos ~ en absoluto** we don't like him at all; **no tiene ~s en el colegio** nobody at school likes him.

b (*de ambiente*) friendliness, warmth; (*de persona, lugar*) charm, attractiveness; **la famosa ~ andaluza** that well-known Andalusian charm.

c (*solidaridad*) solidarity, sympathy; **mostrar su ~ por** to show one's support for.

d (*compasión*) sympathy, compassion.

simpático ADJ (*persona*) nice, likeable; (: *agradable*) friendly; (: *encantador*) charming, attractive; **no le hemos caído muy ~s** she didn't much take to us; **siempre procura hacerse el ~** he's always trying to ingratiate himself; **me es ~ ese muchacho** I like that lad.

simpatizante NMF sympathizer (*de* with).

simpatizar <1f> VI **a** (*dos personas*) to get on (well together); **pronto simpatizaron** they soon became friends.

b **~ con algn** to get on well with o take to sb.

simple **1** ADJ **a** (*gen, Ling, Quím*) simple; (*sin adornos*) plain, uncomplicated, unadorned; (*Bot*) single; (*método*) simple, easy, straightforward.

b (*seguido de sustantivo*) mere; (*absoluto*) pure, sheer; (*corriente*) ordinary; **por ~ descuido** through sheer o pure carelessness; **es un ~ abogado** he's simply a solicitor; **un ~ soldado** an ordinary soldier; **somos ~s aficionados** we're just amateurs.

c (*persona*) simple(-minded); (*crédulo*) gullible; (*pey: de pocas luces*) foolish, silly.

2 NMF (*persona*) simpleton.

3 NMPL: **~s** (*Tenis*) singles.

simplemente ADV (*V adj*) simply, merely; purely.

simpleza NF **a** (*cualidad mental*) simpleness, simple-mindedness; (*credulidad*) gullibility; (*pey: necedad*) foolishness. **b** (*una ~*) silly thing (to do *etc*); **~s** nonsense *sg*. **c** (*fig*) trifle, small thing.

simplicidad NF (*gen*) simplicity, simpleness.

simplificación NF simplification.

simplificar <1g> VT to simplify.

simplista ADJ (*pey*) simplistic.

simplón/ona **1** ADJ simple, gullible. **2** NM/F simple soul, gullible person.

simplote = **simplón**.

simposio NM symposium.

simulación NF simulation; (*ficción*) make-believe; (*pey*) pretence, pretense (*US*).

simulacro NM (*apariencia*) semblance; (*fingimiento*) sham, pretence, pretense (*US*); **un ~ de ataque** a mock attack; **un ~ de combate** a sham fight.

simulador NM: **~ de vuelo** flight simulator.

simular <1a> VT to simulate; (*fingir*) to feign, sham.

simultáneamente ADV simultaneously.

simultanear <1a> VT: **~ dos cosas** to do two things simultaneously; **~ A con B** to fit in A and B at the same time, combine A with B.

simultáneo ADJ simultaneous.

simún NM simoom.

sin **1** PREP **a** (*gen*) without; **~ nosotros** without us; **costó 5 dólares ~ los gastos de envío** it cost 5 dollars not counting postage and packing; **salió ~ sombrero** he went out hatless o without a hat; **me he quedado ~ cerillas** I've run out of matches; **~ protección contra el sol** with no protection against the sun.

b (+ *vb*) **~ hacer** without doing; **~ verlo** without seeing it; **~ verlo yo** without my seeing it; **las 2 y el padre ~ venir** 2 o'clock and father hasn't come home yet; **nos despedimos, no ~ antes recordarles que ...** (*TV etc*) before saying goodnight we'd like to remind you that ...; **platos ~ lavar** unwashed dishes; **recibos ~ pagar** unpaid bills.

2: **~ que** CONJ without; **~ que lo sepa él** without his knowing; **entraron ~ que nadie les observara** they came in without anyone seeing them.

sinagoga NF synagogue.

Sinaí NM Sinai.

sinalefa NF elision.

sinapismo NM (*Med*) mustard plaster.

sinceramente ADV sincerely.

sincerarse <1a> VR (*justificarse*) to vindicate o.s.; (*decir la verdad*) to tell the truth, be honest; **~ a** o **con** to open one's heart to.

sinceridad NF sincerity; **con toda ~** in all sincerity.

sincero ADJ (*gen*) sincere; (*persona*) genuine; (*opinión*) frank; (*felicitaciones*) heartfelt.

síncopa NF (*Ling*) syncope; (*Mús*) syncopation.

sincopar <1a> VT to syncopate.

síncope NM (*Ling*) syncope; (*desmayo*) blackout.

sincronía NF synchrony.

sincrónico ADJ (*Téc*) synchronized; (*sucesos*) simultaneous.

sincronización NF synchronization.

sincronizar <1f> VT to synchronize (*con* with).

sindicación NF (*de obreros*) unionization; (*Prensa*) syndication.

sindical ADJ (trade-)union *atr*; (*Pol*) syndical.

sindicalismo NM trade(s) unionism; (*Pol*) syndicalism.

sindicalista **1** ADJ (trade-)union *atr*; (*Pol*) syndicalist. **2** NMF trade(s) unionist; (*Pol*) syndicalist.

sindicar <1g> **1** VT (*obreros*) to unionize, form into a trade(s) union. **2** **sindicarse** VR (*obrero*) to join a union; (*obreros*) to form themselves into a union.

sindicato NM **a** (*de negociantes*) syndicate. **b** (*de trabajadores*) trade(s) union, labor union (*US*).

síndico NM trustee; (*Jur*) (official) receiver.

síndrome NM syndrome; **~ de abstinencia** withdrawal symptoms; **~ premenstrual** premenstrual tension; **~ tóxico** poisoning.

sinecura NF sinecure.

sine qua non ADJ: **condición ~** sine qua non.

sinfín NM = **sinnúmero**.

sinfonía NF symphony.

sinfónico ADJ symphonic; **orquesta ~a** symphony orchestra.

Singapur NM Singapore.

singladura NF (*Náut: recorrido*) day's run; (: *día*) nautical day; (*fig, Pol etc*) course, direction.

single NM (*Mús*) single.

singular **1** ADJ **a** (*Ling*) singular. **b** **combate ~** single combat. **c** (*destacado*) outstanding, exceptional; (*pey: raro*) singular, odd. **2** NM (*Ling*) singular; **en ~** in the singular; (*fig*) in particular.

singularidad NF singularity, peculiarity.

singularizar <1f> **1** VT to single out. **2** **singularizarse** VR (*distinguirse*) to distinguish o.s., stand out, excel; (*llamar la atención*) to be conspicuous.

siniestrado/a **1** ADJ damaged, wrecked, crashed; **la zona ~a** the affected area, the disaster zone. **2** NM/F victim.

siniestro **1** ADJ **a** (*poet: izquierdo*) left. **b** (*fig: funesto*) sinister; (: *maligno*) evil, malign. **c** (*nefasto*) fateful, disastrous. **2** NM natural disaster, calamity; (*accidente*) accident; **~ marítimo** shipwreck, disaster at sea; **~ total** (*Fin*) total loss o write-off.

sinnúmero NM: **un ~ de** no end of, countless.

sino¹ NM fate, destiny.

sino² CONJ **a** but; **no son 8 ~ 9** there are not 8 but 9; **no lo hace sólo para sí ~ para todos** he's not doing it only for himself but for everybody; **no sólo ..., ~ ...** not only ..., but .... **b** (*salvo*) except, save; (*únicamente*) only; **¿quién ~ él se habría atrevido?** only he would have dared!; **no te pido ~ una cosa** I ask only o but one thing of you.

sino... PREF Chinese ..., Sino....

sínodo NM synod.

sinonimia NF synonymy.

sinónimo **1** ADJ synonymous (*de* with). **2** NM synonym.

sinopsis NF INV synopsis.

sinóptico ADJ synoptic(al); **cuadro ~** diagram, chart.

sinrazón NF wrong, injustice.

sinsabor NM [a] (*disgusto*) trouble, unpleasantness. [b] (*dolor*) sorrow; (*preocupación*) uneasiness, worry.

sinsentido NM absurdity.

sinsonte NM (*CAm, Méx*) mockingbird.

sintáctico ADJ syntactic(al).

sintagma NM syntagma, syntagm.

sintaxis NF syntax.

síntesis NF INV synthesis.

sintético ADJ synthetic.

sintetizador NM (*Mús*) synthesizer.

sintetizar<1f> VT to synthesize; (*fig*) to summarize.

sintoísmo NM Shintoism.

síntoma NM (*Med, fig*) symptom; (*señal*) sign, indication.

sintomático ADJ symptomatic.

sintonía NF [a] (*Rad*) tuning. [b] (*Mús, Rad: melodía*) signature tune. [c] (*entre personas*) harmony; **estar en ~ con** to be in tune with.

sintonización NF (*Rad*) tuning.

sintonizador NM (*Rad*) tuner.

sintonizar<1f> [1] VT (*Rad: estación, emisión*) to tune (in) to, pick up. [2] VI (*fig*): **~ con** to be in tune with, be on the same wavelength as.

sinuosidad NF [a] (*gen*) sinuosity. [b] (*curva*) bend, curve; **las ~es del camino** the windings of the road. [c] (*fig*) deviousness.

sinuoso ADJ [a] (*camino*) winding, sinuous; (*línea, raya*) wavy; (*rumbo*) devious. [b] (*persona, actitud*) devious.

sinusitis NF sinusitis.

sinvergüencería NF (*acción*) dirty trick (*fam*); (*descaro*) shamelessness.

sinvergüenza [1] ADJ (*pillo*) rotten; (*descarado*) brazen, shameless. [2] NMF [a] (*pillo*) scoundrel, rogue; **¡~!** (*hum*) you villain! [b] (*insolente*) cheeky devil.

sinvergüenzada NF (*LAm fam*) rotten thing (to do) (*fam*).

Sión NM Zion.

sionismo NM Zionism.

sionista ADJ, NMF Zionist.

siqu...etc PREF V **psiqu...** etc.

siquiera [1] ADV [a] (*al menos*) at least; **una vez ~** once at least, just once; **deja ~ trabajar a los demás** at least let the others work.
[b] **ni ~** not even, not so much as; **ella ni me miró ~, ella ni ~ me miró** she didn't even look at me.
[2] CONJ even if, even though; **ven ~ sea por pocos días** do come even if it's only for a few days.

sirena NF [a] (*Mitología*) siren, mermaid. [b] (*bocina*) siren, hooter; **~ de buque** ship's siren; **~ de niebla** foghorn.

sirga NF (*Náut*) towrope.

Siria NF Syria.

sirimiri NM drizzle.

sirio/a ADJ, NM/F Syrian.

siroco NM sirocco.

sirviente/a NMF servant.

sisa NF [a] petty theft; **~s** pilfering, petty thieving. [b] (*Cos*) dart; (*para la manga*) armhole.

sisal NM sisal.

sisar<1a> VT [a] (*robar*) to thieve, pilfer; (*engañar*) to cheat. [b] (*Cos*) to take in.

sisear<1a> VT, VI to hiss.

siseo NM hiss(ing).

sísmico ADJ seismic.

sismo NM (*esp LAm*) = **seísmo**.

sismógrafo NM seismograph.

sismología NF seismology.

sisón¹/ona [1] ADJ thieving, light-fingered. [2] NM/F petty thief.

sisón² NM (*Orn*) little bustard.

sistema NM system; (*método*) method; **~ binario** (*Inform*) binary system; **~ de alerta inmediata** early-warning system; **~ experto** expert system; **~ de fondo fijo** (*Com*) imprest system; **~ impositivo** o **tributario** taxation, tax system; **~ inmunitario** o **inmunológico** immune system; **~ de lógica compartida** (*Inform*) shared logic system; **~ métrico** metric system; **S~ Monetario Europeo** European Monetary System; **~ montañoso** mountain range;

~ nervioso nervous system; **~ operativo (en disco)** (disk) operating system; **~ pedagógico** educational system; **~ rastreador** (*investigaciones espaciales*) tracking system; **trabajar con ~** to work systematically o methodically; **yo por ~ lo hago así** I make it a rule to do it this way.

sistematicidad NF systematic nature.

sistemático ADJ systematic.

sistematizar<1f> VT to systematize.

sitiador(a) NM/F besieger.

sitiar<1b> VT (*asediar*) to besiege, lay siege to; (*fig*) to surround, hem in.

sitio NM [a] (*gen*) place; **en cualquier ~** anywhere; **en ningún ~** nowhere; **en todos los ~s** everywhere, all over; **es un ~ muy pintoresco** it's a very picturesque spot; **cambiar de ~** to shift, move; **cambiar de ~ con algn** to change places with sb; **poner a algn en su ~** (*fig*) to put sb firmly in his place; **quedarse en el ~** to die instantly, die on the spot. [b] (*espacio*) room, space; **¿hay ~?** is there any room?; **hay ~ de sobra** there's plenty of room; **hacer ~** to make room (*a algn* for sb). [c] (*Mil*) siege; **en estado de ~** under martial law; **poner ~ a** to besiege.

sito ADJ situated, located (*en* at, in).

situ: in ~ ADV on the spot.

situación NF (*gen*) situation; (*en la sociedad*) position, standing; **~ económica** financial position; **estar en ~ de hacerlo** to be in a position to do it.

situado ADJ [a] situated, placed. [b] (*Fin*) **estar (bien) ~** to be financially secure.

situar<1e> [1] VT [a] to place, set; (*edificio*) to locate, site; (*Mil*) to post; **esto le sitúa entre los mejores** this places him among the best.
[b] (*dinero: invertir*) to place, invest; (: *depositar en banco*) to bank; (: *destinar*) to assign; **~ una pensión para algn** to settle an income on sb; **~ fondos en el extranjero** to place money in accounts abroad.
[2] **situarse** VR to establish o.s., do well for o.s.

siútico ADJ (*Chi fam: cursi*) pretentious, affected.

skay [es'kai] NM imitation leather.

S.L. ABR [a] (*Com*) de **Sociedad Limitada** Ltd, Corp. (*US*). [b] de **Sus Labores** V **labor (a)**.

slalom [ez'lalom] NM slalom; **~ gigante** giant slalom.

slam [ezlam] NM (*Bridge*) slam; **gran ~** grand slam; **pequeño ~** little slam.

slip [ezlip] NM (*pl* **~s** [ezlip]) briefs, pants; (*bañador*) bathing trunks.

s.l. n f. ABR (*Tip*) de **sin lugar ni fecha** n.p. or d.

slogan [ez'loɣan] NM (*pl* **~s** o **~es** [ez'loɣan]) slogan.

S.M. ABR [a] (*Esp Rel*) de **Sociedad Marianista**. [b] de **Su Majestad** HM.

SME NM ABR de **Sistema Monetario Europeo** EMS.

SMI NM ABR de **salario mínimo interprofesional**.

smoking [ez'mokin] NM (*pl* **~s** [ez'mokin]) dinner jacket, tuxedo (*US*).

s/n ABR de **sin número**.

snack [ez'nak] NM (*pl* **~s** [ez'nak]) snack.

s.n.m. ABR de **sobre el nivel del mar**.

snob etc [ez'noβ] V **esnob** etc.

so¹ INTERJ whoa!

so² INTERJ **¡~ burro!** you idiot!, you great oaf!

so³ V **pena (d)**; **pretexto**.

SO ABR de **suroeste** SW.

s/o (*Com*) ABR de **su orden**.

soba NF (*fam*) [a] (*de tela, persona*) fingering. [b] (*paliza*) hiding; **dar una ~ a algn** to wallop sb (*fam*).

sobaco NM (*Anat*) armpit; (*Cos*) armhole.

sobado ADJ [a] (*ropa*) worn, shabby; (*arrugado*) crumpled; (*libro: manoseado*) well-thumbed, dog-eared. [b] (*tema*) well-worn. [c] (*Culin: masa*) short, crumbly (*US*).

sobajar<1a> VT [a] = **sobajear**. [b] (*And, Méx*) to humiliate.

sobajear<1a> VT (*manosear*) to handle.

sobao [1] ADJ: **quedarse ~** (*fam*) to fall asleep; *V tb* **sobado**. [2] NM *sponge cake made with cream or lard*.

sobaquera NF [a] (*Cos*) armhole. [b] (*fam: mancha*) stain.

sobaquina NF (*fam*) underarm odour o (*US*) odor.
sobar<1a> **1** VT **a** (*tela*) to finger, dirty (with one's fingers); (*ropa*) to rumple, mess up; (*masa*) to knead.
b (*fam: acariciar*) to fondle; (*pey*) to finger, paw.
c (*LAm: componerse: huesos*) to set.
d (*fam: pegar*) to wallop.
e (*fam: molestar*) to pester. **2** VI to kip (*fam*), sleep.
3 sobarse VR (*fam: enamorados*) to pet, snog (*fam*).
soberanamente ADV (*fig*) supremely.
soberanía NF sovereignty.
soberano/a 1 ADJ **a** (*Pol etc*) sovereign. **b** (*supremo*) supreme. **c** (*fam*) real, really big; **una ~a paliza** a real walloping. **2** NM/F sovereign; **los ~s** the king and queen, the royal couple.
soberbia NF **a** (*orgullo*) pride; (*altanería*) haughtiness, arrogance. **b** (*fig*) magnificence, pomp. **c** (*ira*) anger.
soberbio ADJ **a** (*orgulloso*) proud; (*altanero*) haughty, arrogant. **b** (*fig*) magnificent, grand; **¡~!** splendid! **c** (*enojado*) angry; (*malhumorado*) irritable. **d** (*fam*) = **soberano 1 (c)**.
sobeta ADJ INV: **estar** o **quedarse ~** (*fam*) to be kipping (*fam*).
sobón ADJ (*fig fam*) fresh; **¡no seas ~!** get your hands off me!, stop pawing me! (*fam*).
sobornar <1a> VT (*gen*) to bribe; (*hum: engatusar*) to get round.
soborno NM (*un ~*) bribe; (*el ~*) bribery, graft.
sobra NF **a** (*excedente*) excess, surplus; **~s** leavings, leftovers, scraps; (*Cos*) remnants. **b de ~** spare, surplus, extra; **aquí tengo de ~** I've more than enough here; **tengo tiempo de ~** I've got plenty of time; **tuvo motivos de ~** he had plenty of justification; **lo sé de ~** I know it only too well; **aquí estoy de ~** I'm not needed here.
sobradamente ADV amply, (*saber*) only too well; **con eso queda ~ satisfecho** with that he is more than fully satisfied.
sobrado 1 ADJ **a** (*más que suficiente*) more than enough; (*superfluo*) superfluous, excessive; (*sobreabundante*) superabundant; **hay tiempo ~** there's plenty of time; **tuvo razón ~a** he was amply justified; **~as veces** repeatedly.
b estar ~ de algo to have more than enough of sth.
c (*acaudalado*) wealthy. **2** ADV too, exceedingly.
3 NM (*desván*) attic, garret.
sobrante 1 ADJ (*que sobra*) spare; (*que queda*) remaining; (*obrero*) redundant. **2** NM **a** surplus, remainder; (*Com, Fin*) surplus; (*saldo activo*) balance in hand. **b ~s** odds and ends.
sobrar <1a> VI (*quedar de más*) to remain, be left (over); (*ser más que suficiente*) to be more than enough; (*ser superfluo*) to be superfluous; **por este lado sobra** there's too much on this side; **sobra uno** there's one too many, there's one left; **todo lo que has dicho sobra** all that you've said is quite unnecessary; **nos sobra tiempo** we have plenty of time; **al terminar me sobraba medio metro** I had half a metre o (*US*) meter left over when I finished; **veo que aquí sobro** I see that I'm not needed here; **más vale que sobre que no que falte** better too much than too little.
sobrasada NF Majorcan sausage.
sobre¹ NM **a** envelope; (*de paga*) pay packet. **b** (*fam*) kip (*fam*), bed; **meterse en el ~** to hit the sack (*fam*).
sobre² PREP **a** (*lugar*) on, upon; (*encima*) on top of, over, above; **está ~ la mesa** it's on the table; **volamos ~ Cádiz** we're flying over Cadiz; **prestar juramento ~ la Biblia** to swear on the Bible.
b (*cantidades*) over (and above); (*además de*) in addition to, besides; **un aumento ~ el año anterior** an increase over last year; **10 dólares ~ lo estipulado** 10 dollars over and above what was agreed; **crimen ~ crimen** crime upon crime.
c estar ~ algn (*fig: acosar*) to keep on at sb; (*: vigilar*) to keep constant watch over sb.
d (*Fin*) on; **un préstamo ~ una propiedad** a loan on a

property; **un impuesto ~ algo** a tax on sth.
e (*alrededor de*) about; **~ las 6** at about 6 o'clock; **ocupa ~ 20 páginas** it fills about 20 pages.
f (*porcentaje*) in, out of; **3 ~ 100** 3 in a 100, 3 out of every 100.
g (*tema*) about, on; **un libro ~ Tirso** a book about Tirso; **hablar ~ algo** to talk about sth.
sobre... PREF super..., over....
sobreabundancia NF superabundance, overabundance.
sobrealimentado ADJ (*Mec*) supercharged.
sobrealimentador NM supercharger.
sobrealimentar <1a> VT **a** (*persona etc*) to overfeed.
b (*Mec*) to supercharge.
sobreañadir <3a> VT to give in addition, add (as a bonus).
sobrecalentar <1j> VT to overheat.
sobrecama NF (A VECES NM) bedspread.
sobrecapitalizar <1f> VT to overcapitalize.
sobrecarga NF **a** (*peso excesivo*) overload; (*fig*) new burden. **b** (*Com*) surcharge; (*Correos*) overprint(ing); **~ de importación** import surcharge.
sobrecargar <1h> VT **a** (*camión*) to overload; (*Elec*) to overload; (*persona*) to weigh down, overburden. **b** (*Com*) to surcharge.
sobrecargo NMF **a** (*Náut*) purser. **b** (*Méx: Aer*) air steward/stewardess.
sobrecito NM sachet.
sobrecogedor ADJ (*imponente: paisaje, silencio*) imposing, impressive; (*horrible*) horrific; **~as escenas de guerra** horrific scenes of war.
sobrecoger <2c> **1** VT (*sobresaltar*) to startle, take by surprise; (*asustar*) to scare, frighten.
2 sobrecogerse VR **a** (*V vt*) to be startled, start (*a, de* at, with), to get scared, be frightened.
b (*quedar impresionado*) to be overawed (*de* by); **~ de emoción** to be overcome with emotion.
sobrecubierta NF outer cover; (*de libro*) jacket.
sobredicho ADJ aforementioned.
sobredorar <1a> VT to gild; (*fig*) to gloss over.
sobredosis NF INV overdose.
sobre(e)ntender <2g> **1** VT to understand; (*adivinar*) to deduce, infer. **2 sobre(e)ntenderse** VR: **sobre(e)ntiende que ...** it is implied that ..., one infers that ....
sobre(e)scribir <3a> VT (*Inform*) to overwrite.
sobre(e)stimar <1a> VT to overestimate.
sobre(e)xcitar <1a> **1** VT to overexcite. **2 sobre(e)xcitarse** VR to get overexcited.
sobre(e)xponer <2q> VT to overexpose.
sobre(e)xposición NF (*Fot*) overexposure.
sobregiro NM overdraft.
sobrehumano ADJ superhuman.
sobreimprimir <3a> VT (*Correos*) to overprint.
sobrellevar <1a> VT (*peso*) to carry, help to carry; (*: de otro*) to ease; (*desgracia etc*) to bear, endure; (*faltas ajenas*) to be tolerant towards.
sobremanera ADV exceedingly.
sobremarcha NF (*Aut*) overdrive.
sobremesa NF **a** (*después de comer*) sitting on after a meal; **charla de ~** after-dinner speech; **conversación de ~** table talk; **programa de ~** (*TV*) afternoon programme o (*US*) program; **un cigarro de ~** an after-dinner cigar; **hablaremos de eso en la ~** we'll talk about that after dinner. **b lámpara de ~** table lamp; **ordenador de ~** desktop computer.
sobremodo ADV very much, enormously.
sobrenatural ADJ supernatural; (*misterioso*) weird, unearthly; **lo ~** the supernatural; **ciencias ~es** occult sciences; **vida ~** life after death.
sobrenombre NM nickname.
sobrentender etc V **sobre(e)ntender** etc.
sobrepaga NF extra pay, bonus.
sobreparto NM confinement (*after childbirth*); **dolores de ~** afterpains.
sobrepasar <1a> VT (*gen*) to exceed; (*esperanzas*) to sur-

pass; (*rival, récord*) to beat; (*Aer: pista de aterrizaje*) to over-shoot.

sobrepelliz NF surplice.

sobrepeso NM extra load; (*de paquete, persona*) excess weight, overweight.

sobrepoblación NF overcrowding.

sobreponer <2q> (*pp* **sobrepuesto**) **1** VT **a** to put on top (*en of*), superimpose (*en on*), add (*en to*).
b ~ **A a B** to give A preference over B.
2 **sobreponerse** VR **a** (*recobrar la calma*) to master o.s., pull o.s. together; (*vencer dificultades*) to win through.
b ~ **a una enfermedad** to pull through an illness; ~ **a un enemigo** to overcome an enemy; ~ **a un susto** to get over a fright.

sobreprecio NM surcharge; (*aumento de precio*) increase in price.

sobreprima NF (*Com*) extra premium.

sobreproducción NF overproduction.

sobreproducir <3n> VT to overproduce.

sobrepuesto **1** PP *de* **sobreponer**. **2** ADJ superimposed.

sobrepujar <1a> VT to excel, surpass; (*en subasta*) to outbid.

sobrero ADJ extra, spare.

sobresaliente **1** ADJ **a** (*Arquit*) projecting, overhanging. **b** (*fig*) outstanding, excellent; (*Univ etc*) first class. **2** NMF (*Teat*) understudy. **3** NM (*Univ etc*) first class (mark), distinction.

sobresalir <3q> VI **a** to project, jut out; (*salirse de la línea*) to stick out. **b** (*fig*) to stand out, excel.

sobresaltar <1a> **1** VT to startle, frighten. **2** **sobresaltarse** VR to start, be startled (*con, de* at).

sobresalto NM (*sorpresa*) start; (*susto*) scare; (*conmoción*) sudden shock.

sobresanar <1a> VI (*Med*) to heal superficially.

sobreseer <2e> VT: ~ **una causa** (*Jur*) to stop a case.

sobreseimiento NM stay.

sobresello NM double seal.

sobrestadía NF (*Com*) demurrage.

sobrestante NM (*capataz*) foreman, overseer; (*gerente*) site manager.

sobresueldo NM bonus, extra pay.

sobretasa NF surcharge.

sobretiro NM (*Méx*) offprint.

sobretodo NM overcoat.

sobrevaloración NF overvaluation; (*fig*) overrating.

sobrevalorado ADJ (*persona*) overrated; (*dinero, moneda*) overvalued.

sobrevalorar <1a> VT to overvalue; (*fig*) to overrate.

sobrevender <2a> VT to overbook.

sobrevenir <3r> VI to happen (unexpectedly), come up; (*resultar*) to follow, ensue.

sobreviviente = **superviviente**.

sobrevivir <3a> VI to survive; ~ **a** (*accidente*) to survive; (*persona*) to survive, outlive; (*durar más tiempo que*) to outlast.

sobrevolar <1l> VT to fly over.

sobriedad NF (*gen*) soberness; (*moderación*) moderation, restraint; (*tranquilidad*) quietness; (*sencillez*) plainness.

sobrino/a NM/F nephew/niece.

sobrio ADJ (*gen*) sober; (*moderado*) moderate, restrained; (*color*) quiet; (*moda*) plain, sober; ~ **en la bebida** temperate in one's drinking habits; **ser ~ de palabras** to speak with restraint.

socaire NM (*Náut*) lee; **al ~** to leeward; **al ~ de** (*fig: al abrigo de*) enjoying the protection of; (: *so pretexto de*) using as an excuse; **estar** o **ponerse al ~** (*fig*) to shirk.

socapa NF: **a ~** surreptitiously.

socarrón ADJ **a** (*irónico*) sarcastic, ironical; (*humor*) sly. **b** (*taimado*) crafty, cunning.

socarronería NF **a** (*sarcasmo*) sarcasm, irony; (*malicia*) sly humour o (*US*) humor. **b** (*astucia*) craftiness, cunning.

socavar <1a> VT **a** (*gen*) to undermine; (*excavar*) to dig under; (*suj: agua*) to hollow out. **b** (*fig*) to sap, under-

mine.

socavón NM **a** (*Min*) gallery, tunnel; (*hueco*) hollow; (*en la calle*) hole. **b** (*Arquit*) subsidence.

sociabilidad NF (*V adj*) sociability; gregariousness; conviviality.

sociable ADJ (*persona*) sociable, friendly; (*animal*) social, gregarious; (*reunión, fiesta*) convivial.

social ADJ **a** (*gen*) social. **b** (*Com, Fin*) company atr, company's.

socialdemocracia NF social democracy.

socialdemócrata **1** ADJ social democrat, social-democratic. **2** NMF social democrat.

socialismo NM socialism.

socialista **1** ADJ socialist(ic). **2** NMF socialist.

socialización NF socialization; (*nacionalización*) nationalization.

socializar <1f> VT to socialize; (*nacionalizar*) to nationalize.

socialmente ADV socially.

sociedad NF **a** (*gen*) society; **la ~ actual** contemporary society; **la ~ opulenta** the affluent society; **la ~ de consumo** the consumer society.
b (*asociación*) society, association; ~ **científica** o **docta** learned society; ~ **gastronómica** dining club; ~ **inmobiliaria** building society; **S~ de Jesús** Society of Jesus; **S~ de Naciones** League of Nations; ~ **secreta** secret society; ~ **de socorro mutuo** friendly o provident society.
c (*Com, Fin*) company; (*de socios*) partnership; ~ **anónima** limited liability company, corporation; **S~ Anónima** (*abr SA*) Limited, Incorporated (*US*); ~ **de beneficencia** friendly society, benefit association (*US*); ~ **de cartera** o **control** holding company; ~ **comanditaria** o **de comandita** limited partnership; ~ **conjunta** (*Com*) joint venture; ~ **limitada** (private) limited company, corporation (*US*); ~ **mercantil** trading company.
d **alta** o **buena ~** (high) society; **notas de ~** gossip column, column of society news.

socio/a NM/F **a** (*gen*) associate; (*de club*) member; (*de sociedad docta*) fellow; ~ **honorario** o **de honor** honorary member; ~ **numerario** o **de número** full member. **b** (*Com, Fin*) partner; ~ **activo** active partner; ~ **capitalista** o **comanditario** sleeping partner, silent partner (*US*). **c** (*fam*) buddy, mate (*fam*).

sociocultural ADJ sociocultural.

socioeconómico ADJ socioeconomic.

sociolingüística NF sociolinguistics.

sociología NF sociology.

sociológico ADJ sociological.

sociólogo/a NM/F sociologist.

soconusco NM fine chocolate.

socorrer <2a> VT (*persona*) to help; (*necesidades*) to meet; (*ciudad sitiada*) to relieve; (*expedición*) to bring aid to.

socorrido ADJ **a** (*tienda*) well-stocked. **b** (*objeto: útil*) handy. **c** (*persona*) helpful, obliging. **d** (*trillado*) hackneyed, well-worn.

socorrismo NM life-saving.

socorrista NMF lifeguard, life-saver.

socorro NM (*gen*) help, aid, assistance; (*alivio*) relief; **¡~!** help!; **~s mutuos** mutual aid; **trabajos de ~** relief o rescue work.

socrático ADJ Socratic.

soda NF **a** (*Quím*) soda. **b** (*bebida*) soda water.

sódico ADJ sodium atr.

sodio NM sodium.

sodomía NF sodomy.

sodomita NMF sodomite.

SOE NM ABR (*Esp*) *de* **Seguro Obligatorio de Enfermedad**.

soez ADJ dirty, obscene.

sofá NM sofa, settee.

sofá-cama, **sofá-nido** NM studio couch, sofa bed.

Sofía NF Sofia.

sofisma NM sophism.

sofisticación NF sophistication; (*pey*) affectation.

sofisticado ADJ sophisticated; (*pey*) affected.

soflama NF [a] (*fuego*) flicker. [b] (*sonrojo*) blush. [c] (*arenga*) fiery speech. [d] (*engaño*) deceit.

soflamar <1a> VT [a] to scorch; (*Culin*) to singe. [b] (*hacer sonrojar*) to shame, make blush. [c] (*fam: engañar*) to deceive.

sofocación NF [a] suffocation. [b] (*fig*) = **sofoco (b)**.

sofocado ADJ: **estar ~** (*fig*) to be out of breath; (*ahogarse*) to feel stifled; (*abochornarse*) to be hot and bothered.

sofocante ADJ stifling, suffocating.

sofocar <1g> [1] VT [a] (*persona*) to suffocate, stifle. [b] (*incendio*) to smother, put out; (*rebelión*) to crush, put down; (*epidemia*) to stop. [c] (*fig*) **~ a algn** (*hacer sonrojar*) to make sb blush, put sb to shame; (*azorar*) to embarrass sb; (*enojar*) to anger sb. [2] **sofocarse** VR [a] (*ahogarse*) to suffocate, stifle; (*jadear*) to get out of breath; (*no poder respirar*) to choke. [b] (*sonrojarse*) to blush; (*enojarse*) to get angry, get upset.

sofoco NM [a] stifling sensation. [b] (*azoro*) embarrassment; (*ira*) anger, indignation. [c] **pasar un ~** to have an embarrassing time.

sofocón NM (*fam*) shock, nasty blow; **llevarse un ~** to have a sudden shock.

sofoquina NF (*fam*) [a] stifling heat. [b] = **sofocón**.

sofreír <3l> (*pp* **sofrito**) VT to fry lightly.

sofrito [1] PP *de* **sofreír**. [2] NM fried onion and tomato sauce.

soft(ware) ['sof(wer)] NM (*Inform*) software.

soga NF (*gen*) rope, cord; (*del verdugo*) hangman's rope; **estar con la ~ al cuello** to be in deep water; **hablar de la ~ en casa del ahorcado** to say something singularly inappropriate.

sogatira NM tug of war.

soja NF soya; **semilla de ~** soya bean.

sojuzgar <1h> VT (*vencer*) to conquer; (*tiranizar*) to rule despotically.

sol¹ NM [a] (*gen*) sun; (*luz solar*) sunshine, sunlight; **de ~ a ~** from dawn to dusk; **~ naciente/poniente** rising/setting sun; **como un ~** as bright as a new pin; **tostarse al ~** to sit in the sun, sunbathe; **arrimarse al ~ que más calienta** to know which side one's bread is buttered; **hay** *o* **hace ~** it is sunny, the sun is shining; **tomar el ~** to sun o.s., sunbathe; **no dejar a algn ni a ~ ni a sombra** to pester sb; **un ~ y sombra** a glass of brandy and anisette. [b] (*fam*) **el niño es un ~** he's a lovely child. [c] (*Per Fin*) former monetary unit of Peru.

sol² NM (*Mús*) G; **~ mayor** G major.

solamente ADV (*V sólo*) only; solely; just.

solana NF (*sitio*) sunny spot, suntrap; (*en casa*) sun lounge, solarium.

solanas ADJ INV (*fam*) alone, all on one's own.

solano NM east wind.

solapa NF [a] (*de chaqueta*) lapel; (*de sobre, libro, bolsillo*) flap. [b] (*fig*) pretext.

solapadamente ADV slyly, in an underhand way, by underhand means.

solapado ADJ sly, underhand.

solapar <1a> [1] VT [a] (*cubrir parcialmente*) to overlap. [b] (*fig: encubrir*) to cover up, keep dark. [2] VI to overlap.

solar¹ NM [a] (*terreno*) lot, piece of ground, site; (*en obras*) building site. [b] (*casa solariega*) ancestral home, family seat; (*fig*) family, lineage.

solar² <1l> VT (*suelo*) to floor, tile; (*zapatos*) to sole.

solar³ ADJ solar, sun *atr*.

solariego ADJ [a] **casa ~a** family seat, ancestral home. [b] (*Hist: ascendencia*) ancient and noble; (*títulos*) manorial.

solario, solárium NM solarium.

solateras ADJ INV (*fam*) alone, all on one's own.

solaz NM (*descanso*) recreation, relaxation; (*consuelo*) solace.

solazar <1f> [1] VT (*divertir*) to amuse, provide relaxation for; (*consolar*) to console. [2] **solazarse** VR to enjoy o.s., relax.

solazo NM (*fam*) scorching sunshine.

soldada NF pay.

soldadera NF (*Méx Hist*) camp follower.

soldadesca NF (*pey*) army rabble.

soldadesco ADJ soldierly.

soldadito NM: **~ de plomo** tin soldier.

soldado¹ NMF soldier; **~ de infantería** infantryman; **~ de marina** marine; **~ de plomo** tin soldier; **~ raso** private; **la tumba del S~ Desconocido** the tomb of the Unknown Warrior.

soldado² ADJ (*juntura*) welded; **totalmente ~** welded throughout.

soldador(a) [1] NM/F (*persona*) welder. [2] NM (*Téc*) soldering iron.

soldadura NF [a] (*de materiales*) solder. [b] (*acción*) soldering, welding; **~ autógena** welding. [c] (*juntura*) welded seam.

soldar <1l> [1] VT [a] (*Téc*) to solder, weld. [b] (*juntar*) to join, unite; (*dos piezas*) to weld together; (*disputa*) to patch up. [2] **soldarse** VR (*huesos*) to knit (together).

soleado ADJ sunny.

solear <1a> VT (*dejar al sol*) to put in the sun; (*blanquear*) to bleach.

soledad NF [a] solitude; (*aislamiento*) loneliness. [b] (*lugar*) lonely place.

solemne ADJ [a] solemn; (*majestuoso*) impressive. [b] (*fam: mentira*) downright; (*tontería*) utter; (*error*) complete, terrible.

solemnemente ADV (*V adj (a)*) solemnly; impressively.

solemnidad NF [a] solemnity; (*majestuosidad*) impressiveness; (*dignidad*) formality, dignity. [b] (*ceremonia*) solemn ceremony; **~es** solemnities. [c] **~es** (bureaucratic) formalities.

solemnizar <1f> VT to solemnize, celebrate.

soler <2h; defectivo> VI: **~ hacer** to be in the habit of doing, be accustomed to do; **suele pasar por aquí** he usually comes this way; **solíamos ir todos los años** we used to go every year.

solera NF [a] (*punta*) prop, support; (*plinto*) plinth. [b] (*de cuneta*) bottom. [c] (*tradición*) tradition; **éste es país de ~ celta** this is a country of basically Celtic character; **vino de ~** vintage wine; **es un barrio con ~** it is a typically Spanish *etc* quarter.

solfa NF [a] (*Mús*) sol-fa; (: *signos*) musical notation; (*fig*) music. [b] (*fam: paliza*) tanning (*fam*). [c] (*fam*) **poner a algn en ~** to make sb look ridiculous.

solfear <1a> VT [a] (*Mús*) to sol-fa. [b] (*fam: zurrar*) to tan (*fam*). [c] (*fam: echar una bronca*) to tick off (*fam*).

solfeo NM [a] (*Mús*) sol-fa, singing of scales, voice practice; **clase de ~** singing lesson. [b] (*fam: paliza*) thrashing; (*reprensión*) ticking-off (*fam*).

solicitación NF request; (*de votos*) canvassing.

solicitado ADJ: **estar muy ~** to be in great demand, be much sought after.

solicitante NMF applicant.

solicitar <1a> VT [a] (*permiso*) to ask for, seek; (*visto bueno*) to seek; (*puesto*) to apply for; (*apoyo*) to canvass for; (*votos, opiniones*) to canvass; **~ algo a algn** to ask sb for sth. [b] (*atención, tb Fís*) to attract. [c] (*persona*) to pursue, try to attract; (*mujer*) to court; **está muy solicitado** he is in great demand.

solícito ADJ diligent, concerned (*por* about, for); (*cariñoso*) affectionate; (*marido, novio*) obliging.

solicitud NF [a] (*cualidad*) diligence, care; (*preocupación*) solicitude, concern; (*cariño*) affection. [b] (*petición*) request (*de* for); (*para un puesto*) application (*de* for); **a ~** on request; **~ de extradición** request for extradition; **presentar una ~** to make an application; **denegar** *o* **desestimar una ~** to reject an application.

solidaridad NF solidarity; **por ~ con** (*Pol etc*) out of solidarity with.

solidario ADJ [a] (*compromiso*) mutually binding, shared in common; (*participación*) joint, common; (*corresponsable*) jointly liable. [b] **hacerse ~ de** to declare one's solidarity with.

solidarizarse <1f> VR: **~ con** to affirm one's support for.

solidez NF solidity; (*dureza*) hardness.

solidificación NF solidification, hardening.

solidificar <1g> [1] VT to solidify, harden. [2] **soli-**

dificarse VR to solidify, harden.

sólido [1] ADJ [a] (gen) solid; (duro) hard. [b] (Téc) solidly made; (bien construido) well built; (zapatos) stout, strong; (color) fast. [c] (fig) solid, sound; (fijo) firm, stable; (base, principio etc) sound. [2] NM solid.

soliloquio NM soliloquy, monologue.

solista NMF soloist.

solitaria[1] NF tapeworm.

solitario/a[2] [1] ADJ [a] (persona, vida) lonely, solitary. [b] (lugar) lonely, desolate. [2] NM/F (recluso) recluse; (ermitaño) hermit. [3] NM (Naipes, tb diamante) solitaire; **en ~** alone, on one's own; **vuelta al mundo en ~** solo trip around the world; **tocar en ~** to play solo.

solito ADJ: **estar ~** (fam) to be all alone, be on one's own.

soliviantar <1a> VT [a] to stir up, rouse (to revolt). [b] (enojar) to anger; (sacar de quicio) to exasperate. [c] (inquietar) to worry. [d] (hacer sentir ansias) to fill with longing; **anda soliviantado con el proyecto** he has tremendous hopes for the scheme.

sollo NM sturgeon.

sollozar <1f> VI to sob.

sollozo NM sob; **decir algo entre ~s** to sob sth.

solo [1] ADJ [a] single, sole; (único) unique; (singular) **hay una ~a dificultad** there is just one difficulty; **su ~a preocupación es ganar dinero** his one concern is to make money; **no hubo ni una ~a objeción** there was not a single objection. [b] (solitario) lonely; (sin compañía) alone, by oneself; (café) black; (whisky) straight, neat; **venir ~** to come alone; **dejar ~ a algn** to leave sb all alone; **me siento muy ~** I feel very lonely; **tendremos que comer pan ~** we shall have to eat plain bread; **lo hace como él ~** he does it as no one else can. [c] **a ~as** alone, by oneself; **lo hizo a ~as** he did it (all) by himself. [d] (Mús) solo. [2] NM [a] (Mús) solo; **un ~ para tenor** a tenor solo. [b] (Naipes) solitaire, patience.

sólo ADV (gen) only; (exclusivamente) solely, merely, just; **~ quiero verlo** I only o just wanted to see it; **es ~ un teniente** he's merely a lieutenant; **no ~ A sino también B** not only A but also B; **~ con apretar un botón** just by pressing a button; **me parece bien ~ que no tengo tiempo** that's fine, only o but I don't have the time; **ven aunque ~ sea para media hora** come even if it's just for half an hour; **tan ~** only, just.

solomillo NM sirloin.

solsticio NM solstice.

soltar <1l> [1] VT [a] (dejar ir) to let go of; (dejar caer) to drop; **soltó mi mano** he let go of my hand; **¡suéltenme!** let me go! [b] (nudo) to untie, undo; (aflojar: cinturón, cuerda) to loosen; (amarras) to cast off; (Aut: embrague, freno) to release. [c] (preso) to release, set free; (animales) to let loose o out. [d] (suspiro) to heave; (grito, secreto, estornudo) to let out; (verdad, injurias) to come out with; (noticia) to break; **¡suéltalo ya!** out with it!, spit it out!; **~ una carcajada** to burst out laughing; **~ el dinero** to cough up the money (fam); **soltó un par de palabrotas** he came out with a couple of rude words, he let fly a couple of obscenities; **le volvió a ~ el mismo sermón** he read them the lecture all over again. [e] (golpe) to land, deal. [2] **soltarse** VR [a] (cordón, nudo etc) to come undone o untied; (animal) to get o break loose; (Mec: desprenderse) to come off; **~ de las manos de algn** to escape from sb's clutches; **~ el pelo** to let one's hair down. [b] (desmandarse) to lose control of o.s.; **~ a su gusto** to let off steam. [c] (adquirir habilidad) to become expert; (: en un idioma) to become fluent.

soltera NF unmarried woman, spinster; **apellido de ~** maiden name.

soltería NF single o unmarried state; (de hombre) bachelorhood; (de mujer) spinsterhood.

soltero [1] ADJ unmarried; **madre ~a** unmarried o single mother. [2] NM bachelor.

solterón NM confirmed bachelor, old bachelor.

solterona NF spinster, maiden lady; (pey) old maid; **tía ~** maiden aunt.

soltura NF [a] (de cuerda) slackness; (Mec) looseness; (de brazos, piernas) agility, nimbleness. [b] (al hablar etc) fluency, ease; **habla árabe con ~** he speaks Arabic fluently.

solubilidad NF solubility.

soluble ADJ [a] (Quím) soluble; **~ en agua** soluble in water. [b] (problema) solvable, that can be solved.

solución NF [a] (Quím) solution. [b] (de problema) solution; (explicación) answer (de to). [c] (Teat) climax, dénouement. [d] **~ de continuidad** break in continuity, interruption.

solucionar <1a> VT to solve; (decidir) to resolve, settle.

solvencia NF [a] (Fin) solvency. [b] (Fin: acción) settlement, payment. [c] (fig) **~ moral** character; **de toda ~ moral** completely trustworthy; **fuentes de toda ~** completely reliable sources.

solventar <1a> VT [a] (deuda) to settle, pay. [b] (dificultad) to resolve; (asunto) to settle.

solvente [1] ADJ [a] solvent, free of debt. [b] (fig) reliable, trustworthy; (fuente) reliable. [2] NM (Quím) solvent.

somalí ADJ, NMF Somali.

Somalia NF Somalia.

somanta NF beating, thrashing.

somático ADJ somatic.

sombra NF [a] (proyectada por un objeto) shadow; (protección) shade; (Arte) shaded part, shaded area; **~ de ojos** eyeshadow; **~s** shadows, darkness; **~s chinescas** shadow play o pantomime; **luz y ~** light and shade; **a la ~ de** in the shade of; (fig) under the protection of; (pey) under the cloak of; **estar a la ~** to be in the shade (fam), to be in clink (fam); **dar ~** to give shade, cast a shadow; **un árbol que da ~** a shady tree; **hacer ~** to cast a shadow; **hacer ~ a algn** (fig) to put sb in the shade; **no quiere que otros le hagan ~** he doesn't want to be overshadowed by anybody else; **no se fía ni de su ~** he doesn't even trust his shadow; **permanecer o quedarse en la ~** (fig) to stay in the background, remain on the sidelines; **gobierno en la ~** shadow cabinet. [b] (fig) **~s** obscurity; (ignorancia) ignorance; (pesimismo) sombreness. [c] (fantasma) shade, ghost. [d] (mancha) dark patch, stain; (fig) stain, blot. [e] (vestigio) shadow, sign; **sin ~ de avaricia** without a trace of greed; **sin ~ de duda** without a shadow of doubt; **no tiene ni ~ de talento** he hasn't the least bit of talent; **no es ni ~ de lo que era** he's a shadow of his former self; **ni por ~** not in the least bit. [f] (suerte) luck; **tener buena ~** to be lucky; **¡qué mala ~!** how unlucky! [g] **tiene mucha ~ para contar chistes** he's got a great talent for telling jokes; **tener buena ~** to be likeable, have lots of charm; **tener mala ~** to be a nasty piece of work. [h] (fam: persona) shadow, tail (fam).

sombreado [1] ADJ shady. [2] NM (Arte) shading.

sombrear <1a> VT (gen) to shade.

sombrerera NF [a] (artesana) milliner. [b] (caja) hatbox.

sombrerería NF [a] (sombreros) hats, millinery. [b] (tienda) hat shop; (fábrica) hat factory.

sombrerero NM (artesano) hatter, milliner.

sombrerete NM [a] little hat. [b] (de seta) cap. [c] (Téc: de carburador) bonnet; (cubo de rueda) cap; (de chimenea) cowl.

sombrero NM [a] hat; **~ de tres picos** cocked o three-cornered hat; **~ hongo** bowler (hat), derby (US); **~ de copa** o (LAm) **de pelo** top hat; **~ flexible** soft hat, trilby; **~ de jipijapa** Panama hat; **~ de paja** straw hat; **~ tejano** stetson, ten-gallon hat. [b] (Bot) cap.

sombrilla NF parasol, sunshade; **me vale ~** (Méx fam) I couldn't care less (*fam*).

sombrío ADJ [a] (*lugar*) shaded. [b] (*fig: lugar*) sombre, dismal; (: *persona*) gloomy; (: *perspectiva*) sombre.

someramente ADV superficially.

somero ADJ (*lit*) shallow; (*fig*) superficial.

someter <2a> [1] VT [a] (*nación*) to conquer; (*persona*) to subject to one's will.

[b] ~ **una decisión a lo que se resuelva en una reunión** to make one's decision dependent on the outcome of a meeting; ~ **su opinión a la de otros** to subordinate one's opinion to that of others.

[c] (*informe*) to present, submit (*a* to); ~ **algo a la aprobación de algn** to submit sth for sb's approval; ~ **algo a votación** to put sth to a vote.

[d] ~ **algo a una autoridad** to refer sth to an authority for decision.

[e] ~ **a** (*prueba*) to put o subject to; ~ **una sustancia a la acción de un ácido** to subject a substance to the action of an acid; ~ **a algn a interrogatorio** to interrogate sb, grill sb.

[2] **someterse** VR [a] to give in, submit; ~ **a la mayoría** to give way to the majority; **me someto a vuestra opinión** I'll bow to your opinion.

[b] ~ **a una operación** to undergo an operation; ~ **a un tratamiento médico** to have medical treatment.

sometimiento NM [a] (*estado*) submission, subjection. [b] (*acción*) presentation, submission.

somier [so'mjer] NM (*pl* ~**s** *o* ~**es** [so'mjer]) spring mattress.

somnífero [1] ADJ sleep-inducing. [2] NM sleeping pill.

somnolencia NF sleepiness, drowsiness.

somnoliento ADJ sleepy, drowsy.

sompopo NM (*Sal*) yellow ant.

son NM [a] sound; (*sonido agradable*) pleasant sound; **al** ~ **de** to the sound of. [b] (*rumor*) rumour, rumor (*US*). [c] (*estilo*) manner, style; **¿a qué** ~**?, ¿a** ~ **de qué?** why on earth?; **en** ~ **de** as, like; **en** ~ **de broma** as a joke; **en** ~ **de paz** in peace; *V* **bailar 2**.

sonado ADJ [a] (*comentado*) talked-of; (*famoso*) famous; (*sensacional*) sensational; **un suceso muy** ~ a much talked-of event, an event which made a great stir. [b] **hacer una (que sea)** ~**a** (*fam*) to kick up a stink (*fam*). [c] **estar** ~ (*fam*) to be crazy; (: *Boxeo*) to be punch-drunk.

sonaja NF little bell; ~**s** rattle *sg*.

sonajero NM rattle.

sonambulismo NM sleepwalking.

sonámbulo/a NM/F sleepwalker.

sonar[1] <1l> [1] VT [a] (*campana, moneda*) to ring; (*trompeta*) to play, blow; (*sirena*) to blow.

[b] ~ **(las narices) a un niño** to blow a child's nose.

[2] VI [a] to sound; (*Mús*) to play; (*campana, teléfono, timbre*) to ring; (*reloj*) to chime, strike; **le estaban sonando las tripas** his stomach was rumbling; ~ **a cascado/a hueco** to sound cracked/hollow.

[b] (*Ling*) to be sounded, be pronounced; **la h de 'hombre' no suena** the h in 'hombre' is not pronounced o is silent.

[c] (*fig*) to sound; **esas palabras suenan extrañas** those words sound strange; **no me suena bien** it sounds all wrong to me; **así como suena** just like I'm telling you.

[d] (*mencionarse*) to be talked of; **es un nombre que suena** it's a name that's in the news.

[e] (*ser conocido*) to sound o seem familiar; **no me suena el nombre** the name doesn't ring a bell with me; **me suena ese coche** that car looks familiar.

[3] **sonarse** VR (*tb* ~ **las narices**) to blow one's nose.

sonar[2] NM sonar.

sonata NF sonata.

sonda NF [a] (*acción*) sounding. [b] (*Náut*) lead; (*Téc*) bore, drill; (*Med*) probe; ~ **acústica** echo sounder; ~ **espacial** space probe.

sond(e)ar <1a> VT (*Náut*) to sound, take soundings of; (*Med*) to probe; (*Téc*) to bore (into), drill; (*fig: terreno*) to explore; (: *misterio*) to delve into; (*persona, intenciones*: ponerse *en contacto con*) to sound out; ~ **a la opinión pú-**

blica to test public opinion.

sondeo NM (*Med, Náut*) sounding; (*Téc: perforación*) drilling; (*encuesta*) poll, inquiry; (*Pol: contacto*) feeler, approach; ~ **de audiencia** audience research; ~ **de la opinión pública** Gallup Poll.

soneto NM sonnet.

sónico ADJ sonic, sound *atr*.

sonido NM sound.

soniquete NM = **sonsonete (b)**.

sonoridad NF sonority, sonorousness.

sonorización NF (*Cine*) soundtracking; (*de local*) amplification; (*Ling*) voicing.

sonorizar <1f> [1] VT (*Cine*) to add the sound track to; (*local*) to fit out with amplifiers; (*Ling*) to voice. [2] **sonorizarse** VR (*Ling*) to voice, become voiced.

sonoro ADJ [a] (*voz*) rich; (*ruidoso*) loud, resonant; (*poesía*) sonorous; (*cueva*) echoing. [b] (*Ling*) voiced. [c] **banda** ~**a** sound track; **efectos** ~**s** sound effects.

sonreír <3l> [1] VI [a] to smile; ~ **a algn** to smile at sb; ~ **de un chiste** to smile at a joke; ~ **forzadamente** to force a smile. [b] **le sonríe la fortuna** fortune smiles (up)on him. [2] **sonreírse** VR to smile.

sonriente ADJ smiling.

sonrisa NF smile; ~ **amarga/forzada** wry/forced smile; **no perder la** ~ to keep smiling.

sonrojar <1a> [1] VT: ~ **a algn** to make sb blush. [2] **sonrojarse** VR to blush (*de* at).

sonrojo NM blush.

sonrosado ADJ rosy, pink.

sonsacar <1g> VT to wheedle, coax; ~ **a algn** to pump sb for information; ~ **un secreto a algn** to worm a secret out of sb.

sonsera, sonsería NF (*LAm fam*) = **zoncería**.

sonso ADJ (*LAm fam*) = **zonzo**.

sonsonete NM [a] (*golpecitos*) tap(ping). [b] (*voz monótona*) monotonous delivery, singsong (voice). [c] (*frase rimada*) jingle, rhyming phrase.

soñado ADJ [a] dreamed-of; **el hombre** ~ one's ideal man, Mr Right. [b] (*fam*) **hemos encontrado un sitio que ni** ~ we've found an absolutely perfect spot.

soñador(a) [1] ADJ dreamy. [2] NM/F dreamer.

soñar <1l> VT, VI (*lit, fig*) to dream; ~ **con algo** to dream of sth; **soñé contigo anoche** I dreamt about you last night; ~ **con viajar** to dream of travelling o (*US*) traveling; ~ **que ...** to dream that ...; ~ **despierto** to daydream; ~ **en voz alta** to talk in one's sleep; **¡ni** ~**lo!** (*fam*) not on your life!

soñolencia NF = **somnolencia**.

soñoliento ADJ sleepy, drowsy.

sopa NF [a] soup; ~ **de cebolla** onion soup; ~ **de fideos** noodle soup; ~ **juliana** vegetable soup; ~ **de sobre** packet soup; **comer** o **andar a** o **vivir a la** ~ **boba** to scrounge one's meals (*fam*); **los encontramos hasta en la** ~ they're everywhere, they're ten a penny. [b] (*pan mojado*) sop; ~**s de leche** bread and milk; **dar** ~**s con honda a algn** to be streets ahead of sb; **estar hecho una** ~ to be sopping wet. [c] ~ **de letras** word search (game).

sopapo NM punch (on the jaw), bash (*fam*).

sopear <1a> VT (*LAm*) to soak.

sopera[1] NF soup tureen.

sopero/a[2] [1] ADJ (*plato, cuchara*) soup *atr*. [2] NM soup plate.

sopesar <1a> VT to try the weight of; (*fig*) to weigh up.

sopetón NM [a] punch. [b] **de** ~ suddenly, unexpectedly.

soplado [1] ADJ (*fam*) **estar** ~ to be tight. [2] NM (*tb* ~ **de vidrio**) glass blowing.

soplador NM (*de vidrio*) glass blower.

soplagaitas NMF INV (*fam*) idiot, twit (*fam*).

soplamocos NM INV (*fam: puñetazo*) punch, slap.

soplapollas NMF INV (*fam*) berk (*fam*), prick (*fam!*).

soplar <1a> [1] VT [a] (*polvo*) to blow away o off; (*superficie, sopa, fuego*) to blow on; (*vela*) to blow out; (*globo*) to blow up; (*vidrio*) to blow.

[b] (*fig*) to inspire.

[c] ~ **(la respuesta) a algn** to whisper the answer to sb; ~ **a algn** (*ayudar a recordar*) to prompt sb.

d (*fam: delatar*) to split on (*fam*).

e (*fam: birlar*) to pinch (*fam*).

f (*fam: cobrar*) to charge, sting (*fam*); **me han soplado 8 dólares** they stung me for 8 dollars.

g (*fam: golpe*) to deal, fetch.

2 VI **a** (*persona, viento*) to blow; **¡sopla!** well I'm blowed!

b (*fam: delatar*) to split (*fam*), squeal (*fam*).

c (*fam: beber*) to drink, booze.

3 **soplarse** VR **a** (*fam*) ~ **un pastel** to wolf (down) a cake; **se sopla un litro entero** he knocks back a whole litre *o* (*US*) liter (*fam*).

b (*fam: delatar*) ~ **de algn** to split on sb (*fam*), sneak on sb.

soplete NM blowlamp, blowtorch (*US*); ~ **oxiacetilénico** oxyacetylene burner; ~ **soldador** welding torch.

soplido NM strong puff, blast.

soplo NM **a** (*con la boca*) blow, puff; (*de viento*) puff, gust; (*Téc*) blast; **la semana pasó como** *o* **en un** ~ the week sped by, the week was over in no time. **b** (*fam*) tip(-off); **dar el** ~ to squeal (*fam*). **c** ~ **cardíaco** *o* **al corazón** heart murmur.

soplón/ona NM/F (*fam: chismoso*) telltale, sneak (*fam*); (: *de policía*) informer, grass (*fam*).

soponcio NM (*fam*) fit.

sopor NM (*Med*) drowsiness; (*letargo*) torpor.

soporífero ADJ sleep-inducing; (*fig*) soporific.

soportable ADJ bearable.

soportal NM **a** (*de casa*) porch, portico. **b** ~**es** arcade *sg*.

▼**soportar** <1a> VT **a** (*Arquit*) to bear, hold up; (*presión*) to resist, withstand. **b** (*fig*) to stand, put up with.

soporte NM **a** (*gen*) support; (*pedestal*) base, stand; (*de repisa*) bracket. **b** (*fig*) pillar, support. **c** (*Inform*) medium; ~ **físico/lógico** hardware/software.

soprano NMF soprano.

soquetes NMPL (*LAm*) ankle socks.

sor NF (*con un nombre*) Sister; **S~ María** Sister Mary.

sorber <2a> VT **a** (*con los labios*) to sip; (*chupar*) to suck up; ~ **por una paja** to drink through a straw. **b** (*suj: esponja*) to suck up; (: *papel secante*) to dry up; (*palabras*) to drink in.

sorbete NM sherbet; (*polo helado*) water ice.

sorbito NM sip.

sorbo NM sip; (*trago*) gulp, swallow; **un** ~ **de té** a sip of tea; **beber a ~s** to sip; **de un** ~ in one gulp.

sordera NF deafness.

sordidez NF **a** dirt(iness), squalor. **b** (*mezquindad*) meanness.

sórdido ADJ **a** (*sucio*) dirty, squalid. **b** (*mezquino*) mean.

sordina NF **a** (*Mús*) mute. **b** **con** ~ on the quiet, surreptitiously.

sordo/a **1** ADJ **a** (*persona*) deaf; ~ **como una tapia** as deaf as a post; **quedarse** ~ to go deaf.

b (*ruido*) dull, muffled; (*dolor*) dull; (*Ling*) voiceless; (*emociones*) suppressed.

2 NM/F deaf person; **hacerse el** ~ to pretend not to hear, turn a deaf ear.

sordomudez NF condition of being deaf and dumb.

sordomudo/a **1** ADJ deaf and dumb. **2** NM/F deaf mute.

sorgo NM sorghum.

soriano/a (*Esp*) **1** ADJ of *o* from Soria. **2** NM/F native *o* inhabitant of Soria.

soriasis NF psoriasis.

Sorlinga: Islas ~ NFPL Scilly Isles.

sorna NF (*malicia*) slyness; (*tono burlón*) sarcastic tone; **con** ~ slyly, mockingly.

sorocharse <1a> VR (*LAm*) = **asorocharse**.

soroche NM (*LAm*) mountain sickness, altitude sickness.

sorprendente ADJ surprising; (*asombroso*) amazing.

▼**sorprender** <2a> **1** VT **a** to surprise; (*asombrar*) to amaze; (*sobresaltar*) to startle; **no me sorprendería que ...** I wouldn't be surprised if ....

b (*Mil etc*) to surprise; (*coger desprevenido*) to catch unawares; (*conversación*) to overhear; (*secreto*) to find out,

discover; (*escondrijo*) to come across; **le sorprendieron robando** they caught him stealing.

2 VI to be surprising.

3 **sorprenderse** VR to be surprised (*de* at), be amazed (*de* at).

sorprendido ADJ surprised.

sorpresa **1** NF **a** (*gen*) surprise; (*asombro*) amazement; **causar** *o* **producir** ~ **a** to surprise; **con gran** ~ **mía, para mi** ~ much to my surprise; **¡qué** ~!, **¡vaya** ~! what a surprise!; **coger a algn de** *o* **por** ~ to take sb by surprise.

b (*Mil*) surprise attack.

2 ATR surprise *atr*; **ataque** ~ surprise attack; **resultado** ~ surprise result; **sobre** ~ mystery envelope; **visita** ~ unannounced visit.

sorpresivo ADJ (*esp LAm*) surprising; (*imprevisto*) sudden, unexpected.

sortear <1a> **1** VT **a** to decide by lot; (*rifar*) to raffle (for charity); (*Dep: lados*) to toss up for.

b (*obstáculo*) to dodge, avoid; (*salvar*) to get round; (*regatear*) to manage to miss, swerve past; **el esquiador sorteó las banderas con habilidad** the skier swerved skilfully *o* (*US*) skillfully round the flags; **aquí hay que** ~ **el tráfico** one has to dodge the traffic here.

c (*dificultad*) to avoid, get round; (*pregunta*) to handle, deal with (skilfully *o* (*US*) skillfully).

2 VI to draw lots; (*jugar a cara o cruz*) to toss, toss up.

sorteo NM (*en lotería*) draw; (*rifa*) raffle; (*Dep*) toss; **se realizará esto mediante** ~ it shall be determined by lot.

sortija NF **a** ring. **b** (*bucle*) curl, ringlet.

sortilegio NM **a** (*hechicería*) sorcery. **b** (*un* ~: *hechizo*) spell, charm. **c** (*fig: encanto*) charm.

sosa NF soda; ~ **cáustica** caustic soda.

sosaina (*fam*) **1** ADJ dull, boring. **2** NMF dull person, bore.

sosegado ADJ **a** (*tranquilo*) calm, peaceful; (*apacible*) gentle. **b** (*persona*) calm, steady.

sosegar <1h, 1j> **1** VT (*calmar*) to calm, quieten; (*arrullar*) to lull; (*ánimo*) to reassure; (*dudas, aprensiones*) to allay.

2 **sosegarse** VR (*calmarse*) to calm down, become calm; (*aquietarse*) to quieten down.

soseras ADJ (*fam*) = **soso (b)**.

sosería NF **a** (*insulsez*) insipidness. **b** (*monotonía*) dullness; (*aburrimiento*) flatness; **es una** ~ it's boring, it's terribly dull.

sosia NF (*persona idéntica*) double.

sosiego NM (*gen*) calm(ness); (*quietud*) peacefulness.

soslayar <1a> VT **a** (*poner ladeado*) to put sideways, place obliquely. **b** (*dificultad*) to get round; (*pregunta*) to dodge, sidestep; (*encuentro*) to avoid.

soslayo: al *o* **de** ~ ADV obliquely, sideways; **mirada de** ~ sidelong glance; **mirar de** ~ to look out of the corner of one's eye (at); (*fig*) to look askance (at).

soso ADJ **a** (*Culin: insípido*) tasteless, insipid; (: *sin sal*) unsalted; (: *sin azúcar*) unsweetened. **b** (*fig*) dull, uninteresting.

sospecha NF (*gen*) suspicion.

sospechar <1a> **1** VT to suspect. **2** VI: ~ **de** to suspect, be suspicious of.

sospechosamente ADV suspiciously.

sospechoso/a **1** ADJ (*dudoso*) suspicious; (*bajo sospecha*) suspect; **todos son ~s** everybody is under suspicion. **2** NM/F suspect.

sostén NM **a** (*Arquit*) support, prop. **b** (*prenda femenina*) brassiere, bra. **c** (*alimento*) sustenance, food. **d** (*apoyo*) support, mainstay.

sostener <2k> **1** VT **a** (*Arquit*) to hold up, support; (*carga*) to carry; (*peso*) to bear; (*suj: persona*) to hold up, hold on to; **la cinta le sostiene el pelo** the ribbon keeps her hair in place.

b (*persona*) to support, back; (: *ayudar*) to help.

c (*con alimentos*) to sustain, keep going.

d (*Mús*) to hold.

e (*fig: acusación*) to maintain; (: *opinión, promesa*) to stand by; (: *teoría*) to maintain; (: *presión*) to keep up, sustain; (: *resistencia*) to strengthen, bolster up; ~ **que** ... to maintain *o* hold that ....

➤ EXPRESIONES GENERATIVAS: **soportar** → 1.3, 5   **sorprender** → 16.2

f (*puesto, velocidad, lucha*) to keep up, maintain.
g (*Fin*) to maintain, pay for; (: *gastos*) to meet, defray.
h ~ **la mirada de algn** to look sb in the eye without flinching.
2 **sostenerse** VR **a** to hold o.s. up; (*mantenerse en pie*) to stand up; **apenas podía** ~ he could hardly stand.
b (*ganarse la vida*) to support o.s.; (*continuar*) to keep (o.s.) going; (*resistir*) to last out; ~ **en el poder** to stay in power.
c (*continuar*) to continue, remain.

sostenido **1** ADJ **a** (*gen*) continuous; (*esfuerzo*) sustained; (*de larga duración*) prolonged. **b** (*Mús*) sharp. **2** NM (*Mús*) sharp.

sostenimiento NM **a** (*apoyo*) support; (*mantenimiento*) maintenance. **b** (*Fin*) maintenance; (*con alimentos*) sustenance.

sota NF (*Naipes*) jack, knave.

sotabanco NM attic, garret.

sotabarba NF double chin, jowl.

sotana NF **a** (*Rel*) cassock, soutane. **b** (*fam: paliza*) hiding.

sótano NM basement; (*bodega*) cellar; (*en banco*) vault.

Sotavento: Islas ~ NFPL Leeward Isles.

sotavento NM (*Náut*) lee, leeward; **a** ~ to leeward; **de** ~ leeward *atr*.

sotechado NM shed.

soterrado ADJ (*fig*) buried, hidden.

soterrar<1j> VT to bury; (*fig: esconder*) to hide away.

soto NM (*matorral*) thicket; (*arboleda*) grove, copse.

sotobosque NM undergrowth.

soufflé [sufle] NM (*Culin*) soufflé.

soul ADJ INV, NM (*Mús*) soul.

soviet NM soviet.

soviético/a **1** ADJ Soviet *atr*. **2** NM/F: **los** ~**s** the Soviets, the Russians.

soya NF (*LAm*) soya bean.

S.P. NM ABR **a** (*Rel*) *de* **Santo Padre**. **b** (*Esp Aut*) *de* **Servicio Público**. **c** (*Admin*) *de* **Servicio Postal**.

spárring [es'parin] NM sparring partner.

SPM NM ABR *de* **síndrome premenstrual** PMS.

sponsor [espon'sor] NM (*pl* ~**s** [espon'sor]) sponsor.

sport [es'por] NM sport; **chaqueta (de)** ~ sports jacket *o* (*US*) coat; **ropa de** ~ casual wear; **vestido de** ~ dressed casually.

spot [es'pot] NM (*pl* ~**s**); ~ **publicitario** (*TV*) commercial, ad (*fam*).

spray [es'prai] NM (*pl* ~**s**) spray, aerosol.

sprint *etc* [es'prin] NM = **esprint** *etc*.

squash [es'kwas] NM squash.

Sr. ABR *de* **Señor** Mr.

Sra. ABR *de* **Señora** Mrs.

S.R.C. ABR *de* **se ruega contestación** RSVP.

Sres. ABR *de* **Señores** Messrs.

Sri Lanka NM Sri Lanka.

Srio./a ABR *de* **Secretario/a** Sec.

Srs. ABR *de* **Señores** Messrs.

Srta. ABR *de* **Señorita** Miss.

SS ABR *de* **Santos/as** SS.

S.S. ABR **a** (*Rel*) *de* **Su Santidad** H.H. **b** *de* **Seguridad Social**. **c** *de* **Su Señoría**.

ss. ABR *de* **siguientes** foll.

s.s. ABR *de* **seguro servidor** *courtesy formula*.

SSE ABR *de* **sudsudeste** SSE.

SSI NM ABR *de* **Servicio Social Internacional** ISS.

SS.MM. ABR *de* **Sus Majestades**.

SSO ABR *de* **sudsudoeste** SSW.

SSS NM ABR *de* **servicio social sustitutorio**.

s.s.s. ABR *de* **su seguro servidor** *courtesy formula*.

Sta ABR *de* **Santa** St, S.

stand [es'tan] NM (*pl* ~**s** [es'tan]) stand.

stándard *etc* [es'tandar] = **estándar** *etc*.

standing [es'tandin] NM standing; **de alto** ~ high-class, high-ranking; (*piso etc*) luxury, top quality.

stárter [es'tarter] NM (*Aut*) choke; (: *LAm*) self-starter, starting motor.

statu quo NM status quo.

status [es'tatus] NM INV status.

Sto. ABR *de* **Santo** St.

stock [es'tok] NM (*pl* ~**s** [es'tok]) (*Com*) stock, supply.

stop [es'top] NM (*Aut*) stop sign, halt sign.

strip-tease [es'triptis] NM striptease.

su ADJ POS **a** (*sg: de él*) his; (: *de ella*) her; (: *neutro*) its; (: *impersonal*) one's; (*de Ud*) your; **vino María con** ~ **padre** Mary came with her father; **el chico perdió** ~ **juguete** the boy lost his toy. **b** (*de Ud, Uds*) your; (*LAm: de ti, vosotros*) your; **dígame** ~ **número de teléfono** give me your telephone number.

suave ADJ **a** (*superficie*) smooth, even; (*piel, pasta etc*) smooth. **b** (*color, movimiento, reprimenda*) gentle; (*brisa*) soft, mild; (*clima*) mild; (*trabajo*) easy; (*operación mecánica*) smooth, easy; (*melodía, voz*) soft, sweet; (*ruido*) soft, gentle; (*olor*) sweet; (*sabor*) mild. **c** (*persona, personalidad*) gentle, meek; **estuvo muy** ~ **conmigo** he was very sweet to me, he behaved very nicely to me. **d** (*Chi, Méx: fam: grande*) big, huge.

suavemente ADV (*V adj*) smoothly; gently; softly, sweetly.

suavidad NF (*gen*) smoothness, evenness; (*docilidad*) gentleness; (*mansedumbre*) softness, mildness; (*dulzura*) sweetness.

suavizante NM (*para ropa*) (fabric) softener; (*para pelo*) conditioner.

suavizar<1f> **1** VT **a** to smooth out *o* down; (*ablandar*) to soften; (*pasta: quitar grumos*) to make smoother; (*navaja*) to strop; (*pendiente*) to ease, make more gentle; (*colores*) to tone down; (*tono*) to soften.
b (*persona*) to soften; (*carácter*) to mellow; (*dureza, aspereza*) to temper.
2 **suavizarse** VR (*gen*) to soften.

sub... PREF sub..., under...; ~**empleo** underemployment; ~**privilegiado** underprivileged; ~**estimar** to underestimate.

subacuático ADJ underwater.

subalimentación NF underfeeding, undernourishment.

subalimentado ADJ underfed, undernourished.

subalquilar<1a> VT to sublet.

subalterno/a **1** ADJ (*importancia*) secondary; (*personal*) minor, auxiliary. **2** NM/F subordinate.

subarrendar<1j> VT to sublet, sublease.

subarrendatario/a NM/F subtenant.

subarriendo NM subtenancy, sublease (*US*).

subasta NF **a** auction, sale by auction; (*contrato de obras*) tender(ing); ~ **a la rebaja** Dutch auction; **poner** **en** *o* **sacar a pública** ~ to put up for auction, sell at auction. **b** (*Naipes*) auction.

subastador(a) NM/F auctioneer.

subastar VT to auction, auction off, sell at auction.

subcampeón/ona NM/F runner-up.

subcomité NM subcommittee.

subconsciencia NF subconscious.

subconsciente **1** ADJ subconscious. **2** NM: **el** ~ the subconscious; **en el** ~ in the subconscious.

subcontinente NM subcontinent.

subcontrata NF subcontract.

subcontratar<1a> VT (*Com*) to subcontract.

subcontratista NMF subcontractor.

subcontrato NM subcontract.

subcutáneo ADJ subcutaneous.

subdesarrollado ADJ underdeveloped.

subdesarrollo NM underdevelopment.

subdirector(a) NM/F subdirector, assistant *o* deputy manager.

subdirectorio NM (*Inform*) subdirectory.

súbdito/a ADJ, NM/F subject.

subdividir<3a> **1** VT to subdivide. **2** **subdividirse** VR to subdivide.

subdivisión NF subdivision.

subempleado ADJ underemployed.

subempleo NM underemployment.

subespecie NF subspecies.

subestimación NF underestimation.

subestimar <1a> VT (*capacidad, enemigo*) to underestimate, underrate; (*objeto, propiedad*) to undervalue.

subexposición NF under-exposure.

subexpuesto ADJ (*Fot*) underexposed.

subfusil NM automatic rifle.

subgénero NM (*Lit*) minor genre.

subida NF [a] (*de montaña etc*) climb, ascent; **una ~ en globo** a balloon ascent. [b] (*de precio, cantidad*) rise, increase (*de* in); (*en escalafón*) promotion (*a* to). [c] (*pendiente*) slope, hill; (*nombre de calle*) rise, hill. [d] (*fam: de drogas*) high (*fam*).

subido ADJ [a] (*precio*) high. [b] (*color*) bright, intense; (*olor*) strong.

subíndice NM (*Inform, Tip*) subscript.

subinquilino/a NM/F subtenant.

subir <3a> [1] VT [a] (*objeto*) to raise, lift up; (*llevar arriba: maletas, muebles*) to take up; (*cabeza*) to raise; (*calcetines, pantalones, persianas*) to pull up; **que me suban el equipaje** please see that my luggage is brought o taken up.
[b] (*calle, cuesta*) to go up; (*escalera, montaña*) to climb.
[c] (*persona: en el escalafón*) to promote (*a* to).
[d] (*Arqui*) to build, put up; **~ una pared** to build a wall.
[e] (*precio, salario*) to raise, put up, increase; (*artículo en venta*) to put up the price of.
[f] (*volumen, TV, Rad*) to turn up.
[g] (*Mús*) to raise the pitch of.
[2] VI [a] (*gen*) to go up, come up; **~ a un caballo** to mount a horse; **~ a un autobús/avión/tren** to get on a bus/plane/train; **~ a un coche** to get in(to) a car; **le subieron los colores a la cara** she blushed.
[b] (*río, marea, mercurio*) to rise.
[c] (*Fin*) **~ a** to amount to.
[d] (*en el escalafón*) to be promoted (*a* to), rise, move up.
[e] (*precio, valor*) to rise, increase, go up; (*fiebre*) to get worse; **~ de tono** to get louder.
[3] **subirse** VR [a] (*a un árbol, tejado etc*) to get up, climb (*a* on to); **~ a un coche** to get in(to) a car.
[b] **~ los calcetines/pantalones** to pull up one's socks/trousers; **~ la cremallera (de algo)** to zip (sth) up.
[c] **el vino/el dinero se le ha subido a la cabeza** the wine/money has gone to his head.

súbitamente ADV (*V adj*) suddenly; unexpectedly.

súbito [1] ADJ [a] (*repentino*) sudden; (*imprevisto*) unexpected. [b] (*fam: precipitado*) hasty, rash. [c] (*fam: irritable*) irritable. [2] ADV (*tb de ~*) suddenly, unexpectedly.

subjetivamente ADV subjectively.

subjetivar <1a> VT, **subjetivizar** <1f> VT to subjectivize, perceive in subjective terms.

subjetividad NF subjectivity.

subjetivismo NM subjectivism.

subjetivo ADJ subjective.

subjuntivo NM subjunctive (mood).

sublevación NF revolt, rising.

sublevar <1a> [1] VT [a] to rouse to revolt. [b] (*indignar*) to infuriate. [2] **sublevarse** VR to revolt, rise.

sublimación NF sublimation.

sublimado NM (*Quím*) sublimate.

sublimar <1a> VT [a] (*persona*) to exalt, praise. [b] (*deseos etc*) to sublimate. [c] (*Quím*) to sublimate.

sublime ADJ sublime; (*noble*) noble, grand; **lo ~** the sublime.

subliminal ADJ subliminal.

submarinismo NM underwater exploration, diving; (*pesca*) underwater fishing.

submarinista NMF underwater fisherman, diver.

submarino [1] ADJ underwater, submarine; **pesca ~a** underwater fishing. [2] NM submarine.

submundo NM underworld.

subnormal [1] ADJ (*Med*) subnormal, mentally handicapped; (*fam pey*) nuts (*fam*), mental (*fam*). [2] NMF (*Med*) subnormal person, mentally handicapped person; (*fam pey*) nutcase (*fam*), blockhead (*fam*).

subnormalidad NF subnormality, mental handicap.

suboficial NM non-commissioned officer.

subordinación NF subordination.

subordinado/a ADJ, NM/F subordinate.

subordinar <1a> [1] VT to subordinate. [2] **subordinarse** VR: **~ a** to subordinate o.s. to.

subproducto NM by-product.

subrayado [1] ADJ underlined. [2] NM underlining.

subrayar <1a> VT [a] to underline. [b] (*recalcar*) to underline, emphasize.

subrepticio ADJ surreptitious.

subrogante ADJ (*Chi: interino*) acting.

subrogar <1h, 1l> VT to substitute (for), replace (with).

subrutina NF (*Inform*) subroutine.

subsanable ADJ (*perdonable*) excusable; (*reparable*) repairable; **un error fácilmente ~** an error which is easily rectified.

subsanar <1a> VT (*falta*) to overlook, excuse; (*perjuicio, defecto*) to repair, make good; (*error*) to rectify, put right; (*deficiencia*) to make up for; (*dificultad, obstáculo*) to get round, overcome.

subscribir etc = **suscribir** etc.

subsecretaría NF undersecretaryship.

subsecretario/a NM/F undersecretary, assistant secretary.

subsecuente ADJ subsequent.

subsidiario ADJ subsidiary.

subsidio NM (*gen*) subsidy, grant; (*ayuda financiera*) aid; **~ de desempleo** o **de paro** unemployment benefit o compensation (*US*); **~ de enfermedad** sick benefit o pay; **~ de exportación** export subsidy; **~ familiar** family allowance; **~ de huelga** strike pay; **~ de natalidad** maternity benefit; **~ de vejez** old age pension.

subsiguiente ADJ subsequent.

subsistencia NF subsistence; (*sustento*) sustenance.

subsistente ADJ (*que dura mucho*) lasting, enduring; (*aún existente*) surviving.

subsistir <3a> VI (*malvivir*) to subsist, live (*con, de* on); (*perdurar*) to survive, endure.

subst... PREF = **sust...**.

substituir etc = **sustituir** etc.

subsuelo NM subsoil.

subte NM (*Arg fam*) underground (railway), tube (*Brit fam*), subway (*US*).

subteniente NM sub-lieutenant, second lieutenant.

subterfugio NM subterfuge.

subterráneo [1] ADJ underground, subterranean. [2] NM [a] (*túnel*) underground passage; (*almacén bajo tierra*) underground store, cellar. [b] (*Arg*) underground (railway), tube (*Brit fam*), subway (*US*).

subtitular <1a> VT to subtitle.

subtítulo NM subtitle, subheading.

subtotal NM subtotal.

subtropical ADJ subtropical.

suburbano [1] ADJ suburban. [2] NM (*tren*) suburban train.

suburbio NM [a] (*afueras*) suburb, outlying area. [b] (*barrio bajo*) slum quarter, shantytown.

subvención NF subsidy, subvention, grant; **~ estatal** state subsidy; **~ para la inversión** (*Com*) investment grant; **~es agrícolas** agricultural subsidies.

subvencionar <1a> VT to subsidize, aid.

subvenir <3r> VI: **~ a** (*gastos: sufragar*) to meet, defray; (*necesidades*) to provide for.

subversión NF [a] (*gen*) subversion. [b] (*una ~*) revolution; **la ~ del orden establecido** the overthrow of the established order.

subversivo ADJ subversive.

subvertir <3i> VI (*gen*) to subvert; (*derrocar*) to overthrow.

subyacente ADJ underlying.

subyacer <2x> VT to underlie.

subyugación NF subjugation.

subyugar <1h> VT [a] (*país*) to subjugate, subdue; (*enemigo*) to overpower; (*voluntad*) to dominate, gain control over. [b] (*fig: hechizar*) to captivate, charm.

succión NF suction.

succionar <1a> VT (*sorber*) to suck; (*Téc*) to absorb, soak up.

sucedáneo [1] ADJ substitute, ersatz. [2] NM substitute

(food).

suceder ‹2a› **1** VI **a** (*pasar*) to happen; **pues sucede que no vamos** well it happens we're not going; **no le había sucedido eso nunca** that had never happened to him before; **suceda lo que suceda** come what may, whatever happens; **¿qué sucede?** what's going on?; **lo que sucede es que ...** the fact o the trouble is that ...; **llevar algo por lo que pueda ~** to take sth just in case.
b (*seguir*) to succeed, follow; **~ a algn en un puesto** to succeed sb in a post; **~ al trono** to succeed to the throne; **al otoño sucede el invierno** winter follows autumn.
2 **sucederse** VR to follow one another.

sucesión NF **a** (*gen*) succession (*a* to); (*secuencia*) sequence, series; **en la línea de ~ al trono** in line of succession to the throne. **b** (*herencia*) inheritance; (*bienes, fortuna*) estate; **derechos de ~** death duty. **c** (*hijos*) issue, offspring; **morir sin ~** to die without issue.

sucesivamente ADV successively, in succession; **y así ~** and so on.

sucesivo ADJ (*subsiguiente*) successive, following; (*consecutivo*) consecutive; **3 días ~s** 3 days running, 3 successive days; **en lo ~** henceforth, in future; (*desde entonces*) thereafter, thenceforth.

suceso NM (*acontecimiento*) event, happening; (*incidente*) incident; **sección de ~s** (*Prensa*) (section of) accident and crime reports.

sucesor(a) NM/F successor; (*heredero*) heir/heiress.

sucesorio ADJ (*lucha, derechos, crisis*) succession *atr*; (*impuesto*) inheritance *atr*; **tercero en la línea ~a** third in (the) line of succession.

suciedad NF **a** (*mugre*) dirt, filth, grime; (*basura*) dirtiness. **b** (*vileza*) vileness, meanness; (*obscenidad*) obscenity; (*injusticia*) unfairness. **c** (*una ~*) dirty act; (*comentario grosero*) filthy remark.

sucintamente ADV succinctly, concisely, briefly.

sucinto ADJ succinct, concise, brief.

sucio **1** ADJ **a** (*gen*) dirty; (*mugriento*) grimy; (*manchado*) grubby, soiled; (*color*) dirty; (*borroso*) blurred, smudged; (*bosquejo*) rough, messy; (*lengua*) coated, furred; **hazlo primero en ~** make a rough draft first.
b (*conducta*) vile, despicable; (*acto, palabra*) dirty, filthy; (*jugada*) foul, dirty; (*táctica*) unfair; (*negocio*) shady.
c (*conciencia*) bad.
2 ADV: **jugar ~** to play unfairly, play dirty.

sucre NM *standard monetary unit of Ecuador.*

sucrosa NF sucrose.

suculento ADJ (*sabroso*) tasty, rich; (*jugoso*) succulent, luscious, juicy.

sucumbir ‹3a› VI to succumb (*a* to).

sucursal NF (*oficina local*) branch, branch office; (*filial*) subsidiary.

sud NM (*esp LAm*) south.

sudaca ADJ, NMF (*pey fam*) South American.

sudadera NF sweatshirt.

sudado NM (*Per*) stew.

Sudáfrica NF South Africa.

sudafricano/a ADJ, NM/F South African.

Sudamérica NF South America.

sudamericano/a ADJ, NM/F South American.

Sudán NM Sudan.

sudanés/esa ADJ, NM/F Sudanese.

sudar ‹1a› **1** VT **a** (*gen*) to sweat; **~ la gota gorda** to sweat buckets (*fam*); (*fig*) to sweat it out; V **sangre (b)**.
b (*Bot: despedir*) to ooze, give out, give off; (*recipiente*) to ooze; (*pared*) to sweat.
c (*prenda*) to make sweaty.
d **~lo** (*fam*) to sweat it out; **~ un aumento de sueldo** to sweat for a rise in pay.
2 VI to sweat; **hacer ~ a algn** (*fig*) to make sb sweat.

sudario NM shroud.

sudeste = **sureste**.

sudista **1** ADJ southern. **2** NMF Southerner.

sudoeste = **suroeste**.

sudón ADJ (*LAm fam*) sweaty.

sudor NM sweat; (*fig: tb* **~es**: *trabajo duro*) toil *sg*, labour *sg*, labor *sg* (*US*); **con el ~ de su frente** by the sweat of one's brow; **estar bañado en ~** to be dripping with sweat.

sudoración NF sweating.

sudoroso ADJ sweaty, sweating; (*cubierto de sudor*) covered with sweat; **trabajo ~** thirsty work.

Suecia NF Sweden.

sueco/a **1** ADJ Swedish. **2** NM/F Swede; **hacerse el ~** (*fam*) to pretend not to hear o understand. **3** NM (*idioma*) Swedish.

suegro/a NM/F father-in-law/mother-in-law; **los ~s** one's in-laws.

suela NF (*de zapato*) sole; (*trozo de cuero*) piece of strong leather; (*Téc*) tap washer; **media ~** half sole; (*fig: remiendo*) patch, botch; (: *solución provisional*) temporary remedy; **A no le llega a la ~ del zapato a B** A can't hold a candle to B; **un pícaro de siete ~s** a proper rogue.

suelazo NM (*LAm*) heavy fall, nasty bump.

sueldo NM (*gen*) pay; (*mensual*) salary; (*semanal*) wages; **~ de hambre** starvation wages; **asesino a ~** hired assassin, contract killer; **estar a ~** to be on a salary, earn a salary.

suelo NM **a** (*tierra*) ground; (*superficie*) surface; **~ natal** o **patrio** native land, native soil; **arrastrar** o **poner** o **tirar por los ~s** to speak ill of; **caer al ~** to fall to the ground; **echar al ~** (*edificio*) to demolish; (*esperanzas*) to dash; (*plan*) to ruin; **echarse al ~** (*tirarse al ~*) to hurl o.s. to the ground; (*arrodillarse*) to fall on one's knees; **los precios están por los ~s** prices are at rock bottom; **tengo el ánimo por el ~** I feel really low; **venirse al ~** (*fig*) to fail, collapse, be ruined. **b** (*interior: de cuarto*) floor, flooring. **c** (*terreno*) soil, land; (*para contribución*) land; **~ edificable** land with planning permission; **~ vegetal** topsoil. **d** (*de vasija etc*) bottom.

suelte *etc* V **soltar**.

suelto **1** ADJ **a** (*gen*) loose; (*libre*) free; (*criminal*) released, out; (*desatado: cordones*) undone, untied; (*sin trabas*) unhampered; **el libro tiene dos hojas ~as** the book has two pages loose; **dinero ~** loose change; **el bandido anda ~** the bandit's on the loose; **iba con el ~ suelto** she had her hair down.
b (*prenda de vestir*) loose(-fitting); (*flojo: tornillo etc*) slack, loose; (*vientre*) loose; **el arroz tiene que quedar ~** rice shouldn't stick together.
c **~ de lengua** (*parlanchín*) talkative; (*respondón*) cheeky; (*soplón*) blabbing; (*obsceno*) foul-mouthed.
d (*separado: trozo, pieza etc*) separate, detached; (*aislado*) isolated; (*número de periódico etc*) odd; (*desparejado: calcetín etc*) odd; (*solo*) single; (*Com: no envasado*) (in) bulk, loose; **no se venden ~s** they are not sold singly o separately.
e (*fig: movimiento*) free, easy; (: *ágil*) quick; (: *estilo*) fluent; (: *conversación*) easy(-flowing); **está muy ~ en inglés** he is very good at o fluent in English.
2 NM **a** (*cambio*) loose o small change.
b (*artículo*) item, short article o report.

suene *etc* V **sonar**.

sueña *etc* V **soñar**.

sueñera NF (*LAm*) drowsiness, sleepiness.

▼**sueño** NM **a** sleep; **~ eterno** eternal rest; **~ invernal** (*Zool*) winter sleep; **~ pesado** o **profundo** deep o heavy sleep; **coger** o **conciliar el ~** to get to sleep; **echarse un ~** to have a nap; **perder el ~ por algo** to lose sleep over sth; **tengo ~ atrasado** I haven't had much sleep lately; **tener el ~ ligero/pesado** o **profundo** to be a light/heavy sleeper.
b (*somnolencia*) sleepiness, drowsiness; **caerse de ~** to be so sleepy one can hardly stand; **espantar el ~** to struggle to keep awake; **tener ~** to be sleepy.
c (*lo soñado: tb fig*) dream; **¡ni en ~s!, ¡ni por ~!** not on your life!; **es su ~ dorado** it's his great dream; **vive en un mundo de ~s** she lives in a dream world.

suero NM **a** (*Med*) serum. **b** (*de leche*) whey; **~ de la leche** buttermilk.

suerte NF **a** (*destino*) fate, destiny; (*azar*) chance, fortune; **dejar a algn a su ~** to abandon sb to his fate;

➤ EXPRESIONES GENERATIVAS: **sueño → 12.3**

quiso la ~ que as luck o fate would have it; **tentar a la ~** to tempt fate; **unirse a la ~ de algn** to make common cause with sb.

[b] (*elección*) lot; **caber** o **caer en ~ a algn** to fall to sb('s lot); **no me cupo tal ~** I had no such luck; **lo echaron a ~s** they drew lots o tossed up for it; **la ~ está echada** the die is cast.

[c] (*fortuna*) luck; **buena ~** (good) luck; **¡buena ~!** good luck!; **mala ~** bad o hard luck; **¡qué mala ~!** how unlucky!; **hombre de ~** lucky man; **por ~** luckily, fortunately; **dar** o **traer ~** to bring luck; **estar de ~** to be in luck; **probar ~** to try one's luck; **tener ~** to be lucky; **¡que tengas ~!** good luck!, and the best of luck!; **tuvo la ~ de que ...** he was lucky that ...; **trae mala ~** it's unlucky.

[d] (*condición*) lot, condition; **mejorar de ~** to improve one's lot.

[e] (*especie*) sort, kind; **es una ~ de** it is a kind of; **de otra ~** otherwise, if not; **de ~ que ...** in such a way that ..., so that ....

suertero ADJ (*LAm*), **suertudo** ADJ lucky.

suestada NF (*Arg*) southeast wind.

sueste NM (*Náut etc: sombrero*) sou'wester.

suéter NM sweater.

Suez NM Suez; **Canal de ~** Suez Canal.

suficiencia NF [a] (*cabida*) sufficiency; (*adecuación*) adequacy; **con ~** sufficiently, adequately. [b] (*competencia*) competence; (*idoneidad*) suitability; (*aptitud*) adequacy; (*capacidad*) capacity. [c] (*pey: engreimiento*) self-importance; (: *superioridad*) superiority; (: *satisfacción de sí mismo*) smugness, self-satisfaction, complacency.

suficiente [1] ADJ [a] (*bastante*) enough, sufficient (*para* for); (*adecuado*) adequate.
[b] (*persona: capaz*) competent; (: *idóneo*) suitable, fit.
[c] (*pey: engreído*) self-important; (: *desdeñoso*) condescending; (: *satisfecho de sí mismo*) smug, self-satisfied, complacent.
[2] NM (*Escol*) ≈ C, pass mark.

suficientemente ADV sufficiently, adequately; **~ bueno** good enough.

sufijo NM suffix.

sufragar <1h> [1] VT [a] (*ayudar*) to help, support. [b] (*gastos*) to meet, defray; (*proyecto*) to pay for, defray the costs of. [2] VI (*LAm*) to vote (*por* for).

sufragio NM [a] (*voto*) vote. [b] (*derecho de votar*) suffrage; **~ universal** universal suffrage. [c] (*apoyo*) help, aid.

sufragista [1] ADJ, NM suffragist. [2] NF suffragette.

sufrido ADJ [a] (*de carácter fuerte*) tough; (*paciente*) long-suffering, patient. [b] (*tela*) hard wearing, tough; (*color*) that does not show the dirt, that wears well. [c] (*marido*) complaisant.

sufrimiento NM [a] (*estado*) suffering; (*desgracia*) misery, wretchedness. [b] (*cualidad: resistencia*) toughness; (: *paciencia*) patience.

sufrir <3a> [1] VT [a] (*gen, consecuencias*) to suffer; (*accidente, ataque*) to have, suffer; (*cambio*) to undergo, experience; (*pérdida*) to suffer, sustain; (*intervención quirúrgica*) to have, undergo.
[b] (*tolerar*) to bear, put up with; **A no le sufre a B** A can't stand B.
[c] (*objeto: sostener*) to hold up, support.
[2] VI to suffer; **~ de** to suffer from o with; **sufre de reumatismo** she suffers from o with rheumatism.

sugerencia NF suggestion.

sugerente ADJ rich in ideas, thought-provoking; (*mirada, gesto*) suggestive.

▼**sugerir** <3i> VT to suggest; (*insinuar*) to hint (at); (*idea: incitar*) to prompt.

sugestión NF [a] suggestion; (*insinuación*) hint; (*estímulo*) prompting, stimulus. [b] (*autosugestión*) autosuggestion. [c] (*poder*) hypnotic power, power to influence others.

sugestionable ADJ impressionable; (*que se deja influenciar*) readily influenced.

sugestionar <1a> [1] VT (*influenciar*) to influence, dominate the will of. [2] **sugestionarse** VR to indulge in auto-suggestion; **~ con algo** to talk o.s. into sth.

► EXPRESIONES GENERATIVAS: **sugerir → 11.1**

sugestivo ADJ [a] (*que invita a pensar*) stimulating, thought-provoking. [b] (*atractivo*) attractive; (*encantador*) fascinating.

suich(e) NM (*esp Méx: switch: Aut*) starter (button).

suicida [1] ADJ suicidal; **comando ~** suicide squad; **conductor ~** suicidal driver. [2] NMF suicidal case; (*muerto*) suicide; **es un ~ conduciendo** he's a maniac behind the wheel.

suicidarse <1a> VR to commit suicide, kill o.s.

suicidio NM (*acto*) suicide.

sui géneris ADJ INV individual, idiosyncratic.

suite [swit] NF (*en hotel, tb Mús*) suite; **la ~ nupcial** the bridal suite.

Suiza NF Switzerland.

suizo¹/a ADJ, NM/F Swiss.

suizo² NM sugared bun.

sujeción NF [a] (*estado*) subjection. [b] (*acción: cierre*) fastening; (*acto de apoderarse de*) seizure; (*fig*) subjection (*a* to); **con ~ a** subject to.

sujetador NM (*prenda femenina*) brassiere, bra; (*para pelo*) clip, pin, grip; (*de papeles*) clip.

sujetapapeles NM INV paper clip.

sujetar <1a> [1] VT [a] (*dominar: nación*) to subdue, conquer; (*fig*) to restrain, hold o keep down; (*subordinar*) to subordinate.
[b] (*agarrar*) to seize, clutch; (*sostener*) to hold; (: *fuertemente*) to hold o tie tight(ly); (*a la fuerza: persona*) to hold down.
[c] (*fijar*) to attach, secure; (*pelo etc*) to keep o hold in place; (*papeles etc*) to fasten together; (*suj: hijos, quehaceres: ama de casa*) to tie down; **~ con clavos** to nail (down); **~ con grapas** to staple.
[2] **sujetarse** VR to hold o hang on; (*pantalones*) to stay up; **~ a** (*someterse*) to subject o.s. to; (*reglas*) to abide by; (*circunstancias*) to act in accordance with; (*autoridad*) to submit to; **~ a hacer algo** to agree to do sth.

sujeto [1] ADJ [a] (*fijo*) fastened, secure; (*firme*) firm; (*ajustado*) tight; **bien ~** securely fastened.
[b] **~ a** subject to; (*propenso a*) liable to; **~ a la aprobación de** subject to the approval of; **~ a cambios** liable to changes.
[2] NM [a] (*Ling*) subject.
[b] (*individuo*) individual; (*Med etc: caso*) subject, case; (*fam: tipo*) fellow, character (*fam*), chap (*fam*).

sulfamida NF sulphonamide.

sulfato NM sulphate.

sulfurar <1a> [1] VT [a] (*Quím*) to sulphurate. [b] (*fam: sacar de quicio*) to annoy, rile (*fam*). [2] **sulfurarse** VR (*fam: enojarse*) to get riled (*fam*), see red, blow up (*fam*).

sulfúreo ADJ sulphurous.

sulfúrico ADJ sulphuric, sulfuric (*US*).

sulfuro NM sulphide.

sulfuroso ADJ sulphurous.

sultán/ana NM/F sultan/sultana.

sultanato NM sultanate.

suma NF [a] (*Mat: acción*) adding (up), addition; (*cantidad*) total, sum; (*dinero*) sum; **~ global** lump sum; **~ y sigue** (*Com*) carry forward. [b] (*resumen*) summary; (*lo esencial*) essence; **en ~** in short.

sumador NM (*Inform*) adder.

sumadora NF adding machine.

sumamente ADV extremely, exceedingly, highly.

sumar <1a> [1] VT [a] (*Mat*) to add (up), total; (*resumir*) to summarize, sum up; **'suma y sigue'** (*Contabilidad*) 'carried forward'.
[b] **la cuenta suma 6 dólares** the bill adds up to 6 dollars.
[2] VI to add up.
[3] **sumarse** VR: **~ a un partido** to join a party; **~ a una protesta** to join in a protest.

sumarial ADJ summary.

sumario [1] ADJ (*breve*) brief, concise; (*Jur*) summary. [2] NM [a] (*resumen*) summary; (*en revista*) contents. [b] (*Jur: acusación*) indictment.

sumarísimo ADJ (*Jur*) summary.

Sumatra NF Sumatra.

sumergible [1] ADJ submersible; (*reloj*) waterproof. [2] NM submarine.

sumergido ADJ submerged, sunken; **economía ~a** black economy.

sumergir <3c> [1] VT [a] to submerge; (*hundir*) to sink; (*bañar*) to immerse, dip, plunge (*en* in).

[b] (*fig*) to plunge (*en* into).

[2] **sumergirse** VR [a] (*hundirse*) to sink beneath the surface; (*bucear*) to dive.

[b] (*fig*) ~ **en** to become absorbed in.

sumersión NF submersion.

sumidero NM (*cloaca*) drain, sewer; (*fregadero*) sink; (*Téc*) sump; (*fig*) drain.

suministrador(a) NM/F supplier.

suministrar <1a> VT (*géneros, información*) to supply, provide; (*persona*) to supply; **me ha suministrado muchos datos** he has given me a lot of data, he has supplied me with a lot of information.

suministro NM supply; (*acción*) supplying, provision; **~s** (*Mil*) supplies; **~s de combustible** fuel supply.

sumir <3a> [1] VT [a] (*hundir*) to sink, plunge; (*fig: suj: mar, olas*) to swallow up, suck down.

[b] (*fig*) to plunge (*en* into); **el desastre lo sumió en la tristeza** the disaster plunged him into sadness.

[2] **sumirse** VR [a] (*objeto*) to sink; (*agua: escaparse*) to run away.

[b] ~ **en el estudio** to become absorbed in one's work; ~ **en la duda** to plunge into doubt.

sumisión NF [a] (*acción*) submission. [b] (*docilidad*) submissiveness, docility.

sumiso ADJ (*gen*) submissive, docile; (*que no se resiste*) unresisting; (*que no se queja*) uncomplaining.

súmmum NM (*fig*) height.

sumo[1] ADJ [a] great, extreme, supreme; **con ~a dificultad** with the greatest difficulty; **con ~a indiferencia** with supreme indifference. [b] (*rango*) high, highest; ~ **sacerdote** high priest; **la ~a autoridad** the supreme authority. [c] **a lo ~** at most.

sumo[2] NM sumo (wrestling).

suní, sunita ADJ, NMF Sunni.

suntuosidad NF sumptuousness, magnificence; (*prodigalidad*) lavishness.

suntuoso ADJ sumptuous, magnificent; (*lujoso*) lavish, rich.

sup. ABR *de* **superior** sup.

supe etc V **saber**.

supeditar <1a> [1] VT [a] to subordinate (*a* to). [b] (*sojuzgar*) to subdue; (*oprimir*) to oppress, crush. [2] **supeditarse** VR: ~ **a** to make o.s. subordinate to; (*ceder*) to give way to.

súper (*fam*) [1] ADJ super (*fam*). [2] NM supermarket. [3] NF (*Aut*) four-star petrol.

super... PREF super..., over...; **~caro** (*fam*) extortionate; **~famoso** really famous.

superable ADJ (*dificultad*) surmountable, that can be overcome; (*tarea*) that can be performed.

superabundancia NF superabundance.

superabundante ADJ superabundant.

superación NF [a] (*acto*) overcoming, surmounting. [b] (*mejora*) improvement.

superar <1a> [1] VT [a] (*rival*) to surpass, excel (*in* en); (*adversario*) to overcome; (*lo esperado*) to exceed, do better than; (*límites*) to go beyond, transcend; (*marca, récord*) to break; **las escenas superan a toda imaginación** the scenes surpass one's imagination; ~ **a algn en brillantez** to outshine sb; **superó 2 veces la marca** he twice broke the record.

[b] (*dificultad*) to overcome, surmount; (*tarea*) to perform, carry out.

[c] (*etapa: dejar atrás*) to get past, emerge from; **ya hemos superado lo peor** we're over the worst now.

[2] **superarse** VR to do extremely well, excel o.s.

superávit NM (*pl* **~s**) surplus.

supercarburante NM high-grade fuel.

superchería NF fraud, trick, swindle.

superconductividad NF superconductivity.

superconductor [1] ADJ superconductive. [2] NM superconductor.

superconsumo NM overconsumption.

supercopa NF (*Fútbol*) Cup-Winners' Cup.

supercotizado ADJ in very great demand.

supercuenta NF high interest account.

superdirecta NF (*Aut*) overdrive.

superdotado/a [1] ADJ extremely gifted. [2] NM/F extremely gifted person.

superestructura NF superstructure.

superficial ADJ [a] (*medidas*) surface *atr*, of the surface; (*herida*) superficial, skin *atr*. [b] (*mirada, interés*) superficial; (*breve*) brief, perfunctory; (*carácter*) shallow; (*frívolo*) facile.

superficialidad NF superficiality; (*frivolidad*) shallowness.

superficialmente ADV superficially.

superficie NF [a] (*gen*) surface; (*exterior*) outside; ~ **inferior** lower surface, underside; ~ **de rodadura** (*Aut*) tread; **ruta de** ~ surface route, land/sea route. [b] (*medidas*) area; **en una extensa** ~ over a wide area. [c] (*aspecto externo*) surface, outward appearance.

superfino ADJ superfine.

superfluidad NF superfluity.

superfluo ADJ superfluous.

superhéroe NM superhero.

superhombre NM superman.

superíndice NF (*Inform, Tip*) superscript.

superintendencia NF supervision.

superintendente NMF supervisor, superintendent; (*capataz*) overseer; ~ **de división** sectional head.

superior [1] ADJ [a] (*posición: más alto*) upper; (*el más alto*) uppermost, top; (: *más elevado*) higher; (*clase social*) upper; (*estudios*) advanced, higher; **labio** ~ upper lip; **el piso** ~ **al mío** on the floor above mine; **un estudio de nivel** ~ **a los existentes** a study on a higher plane than the present ones.

[b] (*calidad*) superior, better.

[c] (*cantidad*) higher, greater, larger; **cualquier número** ~ **a 12** any number above o higher than 12.

[d] (*actitud*) superior.

[2] NM superior; **mis ~es** my superiors, those above me (in rank); (*fig*) my betters.

superiora NF mother superior.

superioridad NF superiority; **con aire de** ~ condescendingly, patronizingly.

superlativo ADJ, NM superlative.

superlujo NM: **hotel de** ~ super-luxury hotel.

supermercado NM supermarket.

supernova NF supernova.

supernumerario ADJ, NM supernumerary.

superpetrolero NM supertanker.

superpoblación NF overpopulation, excess of population; (*congestionamiento*) overcrowding.

superpoblado ADJ (*país, región*) overpopulated; (*barrio*) overcrowded, congested.

superponer <2q> VT [a] to superimpose, put on top; (*Inform*) to overstrike. [b] ~ **una cosa a otra** (*fig*) to give preference to one thing over another, put one thing before another.

superposición NF superposition.

superpotencia NF superpower, great power.

superproducción NF overproduction.

superprotector ADJ over-protective.

supersecreto ADJ top secret.

supersensible ADJ ultra-sensitive.

supersónico ADJ supersonic.

superstición NF superstition.

supersticioso ADJ superstitious.

supertalla NF (*Cos*) outsize.

supervalorar <1a> VT to overvalue, overstate.

superventas NM INV (*fam*) best seller; **lista de** ~ (*Mús*) charts.

supervigilancia NF (*LAm*) supervision.

supervisar <1a> VT to supervise.

supervisión NF supervision.

supervisor(a) NM/F supervisor.
supervivencia NF survival; **~ de los más aptos, ~ de los mejor dotados** survival of the fittest.
superviviente ①ADJ surviving. ②NMF survivor.
supino ADJ supine.
suplantación NF supplanting; (*acto de hacerse pasar por otro*) impersonation.
suplantar <1a> VT to supplant; (*hacerse pasar por otro*) to take the place of (fraudulently), impersonate.
suplementario ADJ (*gen*) supplementary; (*precio*) extra, additional; **empleo** *o* **negocio ~** sideline; **tren ~** extra *o* relief train.
suplemento NM ⓐ (*gen*) supplement; (*Ferro*) excess fare. ⓑ (*revista etc*) supplement; **~ dominical** Sunday supplement.
suplencia NF substitution, replacement; (*etapa*) period during which one deputizes *etc*.
suplente ①ADJ substitute, deputy; (*disponible*) reserve; **maestro ~** supply teacher. ②NMF (*sustituto*) substitute, deputy; (*reemplazo*) replacement; (*Dep*) reserve; (*Teat*) understudy.
supletorio ①ADJ supplementary; (*adicional*) extra, reserve; (*provisional*) stopgap *atr*; **cama ~a** spare bed. ②NM (*Telec*) extension.
súplica NF (*ruego*) request; (*petición*) supplication; (*Jur: instancia*) petition; **~s** entreaties, pleading.
suplicante ①ADJ (*tono de voz*) imploring, pleading. ②NMF petitioner, supplicant.
suplicar <1g> VT ⓐ (*cosa*) to beg (for), plead for, implore. ⓑ (*persona*) to beg, plead with, implore; **~ a algn no hacer algo** to implore sb not to do sth. ⓒ (*Jur*) to appeal to, petition (*de* against).
suplicio NM ⓐ (*tortura*) torture; (*Hist: ejecución*) punishment, execution. ⓑ (*fig: tormento*) torment, torture; (: *emoción*) anguish; (: *experiencia penosa*) ordeal.
suplir <3a> VT ⓐ (*necesidad, omisión*) to supply; (*falta*) to make good, make up for; (*palabra que falta*) to supply, understand. ⓑ (*sustituir*) to replace, substitute; **~ A con B** to replace A by B, substitute B for A; **suple en el equipo al portero lesionado** he's replacing the injured goalkeeper in the team.
supo *etc* V **saber**.
suponer <2q> (*pp* **supuesto**) ①VT ⓐ to suppose, assume; **supongamos que ...** let us suppose *o* assume that ...; **supongo que sí** I suppose so; **era de ~ que ...** it was to be expected that .... ⓑ (*imaginarse*) to think, imagine; (*adivinar*) to guess; **es un ~** of course that's just guesswork. ⓒ (*atribuir*) to attribute, credit (with); **le supongo unos 60 años** I guess him to be about 60; **se le supone una gran antigüedad** it is thought to be ancient. ⓓ (*significar*) to mean; (*acarrear*) to involve, entail; **el traslado le supone grandes gastos** the move involves a lot of expense for him; **tal distancia no supone nada yendo en coche** that distance doesn't amount to anything in a car; **esa cantidad supone mucho para ellos** that amount means a lot to them. ②**suponerse** VR: **~ algo** to suppose sth; **me supongo que no irá** I suppose he won't go; **ya me lo suponía** I thought *o* guessed as much.
suposición NF supposition, assumption.
supositorio NM suppository.
supra... PREF supra....
supranacional ADJ supranational.
supremacía NF supremacy.
supremo ADJ supreme; **jefe ~** commander-in-chief, supreme commander.
supresión NF suppression; (*abolición*) abolition; (*eliminación*) elimination; (*anulación*) cancellation; (*acto de borrar*) deletion; (*acto de prohibir*) banning.
supresivo ADJ suppressive.
supresor NM (*Elec*) suppressor.
suprimir <3a> VT (*rebelión, crítica*) to suppress; (*costumbre, derecho, institución*) to abolish; (*dificultad, obstáculo*) to remove, eliminate; (*restricción*) to cancel, lift; (*detalle, trozo de texto*) to delete, cut out, omit; (*libro etc*) to suppress,

ban; **~ la grasa de la dieta** to cut out fat from one's diet.
supuestamente ADV supposedly.
▼**supuesto** ①PP *de* **suponer**. ②ADJ ⓐ (*aparente*) supposed, ostensible; (*pretendido*) self-styled; **el ~ jefe del movimiento** the self-styled leader of the movement; **bajo un nombre ~** under an assumed name. ⓑ **dar por ~ algo** to take sth for granted; **¡por ~!** of course!, naturally! ③NM assumption, hypothesis; **~ previo** prior assumption; **en el ~ de que ...** on the assumption that ....
supuración NF suppuration.
supurar <1a> VI to suppurate, fester.
sur ①ADJ south, southern; (*rumbo*) southerly. ②NM ⓐ south; **al ~ de León** to the south of Leon; **las ciudades del ~** the southern cities, the cities of the south. ⓑ (*viento*) south wind.
Suráfrica NF = **Sudáfrica**.
surafricano = **sudafricano**.
Suramérica NF = **Sudamérica**.
suramericano = **sudamericano**.
surazo NM (*And, CSur*) strong southerly wind.
surcar <1g> VT ⓐ (*tierra*) to plough (through), plow (through) (*US*), furrow; (*superficie: hacer estrías*) to score, groove; (: *rayar*) to make lines across; **una superficie surcada de ...** a surface lined *o* criss-crossed with .... ⓑ (*agua, olas, aire*) to cut through, cleave; **los barcos que surcan los mares** (*Lit*) the ships which ply the seas.
surco NM (*Agr*) furrow; (*carril*) rut, track; (*en metal*) groove, score; (*en disco*) groove; (*Anat*) wrinkle; (*en agua: estela*) track, wake.
surcoreano/a ADJ, NM/F South Korean.
sureño/a ①ADJ southern. ②NM/F southerner.
sureste ①ADJ south-east, south-eastern; (*rumbo, viento*) south-easterly. ②NM south-east.
surf NM surfing; **~ a vela** windsurfing.
surfista NMF surfer.
surgir <3c> VI (*aparecer*) to arise, emerge, appear; (*líquido: brotar*) to spout (out), spurt (up); (*barco etc: en niebla*) to loom up; (*persona*) to appear unexpectedly; (*dificultad*) to arise, come up, crop up; **han surgido varios problemas** several problems have arisen.
suroeste ①ADJ south-west, south-western; (*rumbo*) south-westerly. ②NM ⓐ south-west. ⓑ (*viento*) south-west wind.
surrealismo NM surrealism.
surrealista ADJ, NMF surrealist.
surtido ①ADJ ⓐ mixed, assorted, varied. ⓑ **estar bien ~ de** to be well supplied with, have good stocks of. ②NM (*selección*) selection, assortment, range; (*existencias*) supply, stock.
surtidor NM ⓐ (*chorro*) jet, spout; (*fuente*) fountain. ⓑ **~ de gasolina** petrol *o* (*US*) gas pump.
surtir <3a> ①VT ⓐ to supply, furnish, provide; **~ el mercado** to supply the market; **~ un pedido** to fill an order. ⓑ (*efecto*) to have, produce. ②VI (*brotar*) to spout, spurt (up), rise. ③**surtirse** VR: **~ de** to provide o.s. with.
survietnamita ADJ, NMF South Vietnamese.
susceptibilidad NF susceptibility (*a* to); (*sensibilidad*) sensitivity; (*delicadeza*) touchiness.
susceptible ADJ **~ de** capable of; **~ de mejora(r)** capable of improvement; **~ de sufrir daño** liable to suffer damage. ⓑ (*gen: persona*) susceptible; (*sensible*) sensitive; (*delicado*) touchy; (*impresionable*) impressionable.
suscitar <1a> VT (*rebelión*) to stir up; (*escándalo, conflicto*) to cause, provoke; (*discusión*) to start; (*duda, problema*) to raise; (*interés, sospechas*) to arouse.
suscribir <3a> (*pp* **suscrito**) ①VT ⓐ (*contrato, memoria*) to sign; (*promesa*) to make. ⓑ (*opinión*) to subscribe to, endorse. ⓒ (*Com: acciones*) to take out an option on. ⓓ **~ a algn a una revista a** to take out a subscription to a journal for sb.

➤ EXPRESIONES GENERATIVAS: **supuesto → 14.2**

[2] **suscribirse** VR to subscribe (*a* to, for); **~ a una revista** to take out a subscription for a magazine *o* journal.

suscripción NF subscription; **abrir una ~** to take out a subscription; **cerrar su ~** to cancel one's subscription.

suscriptor(a) NM/F subscriber.

suscrito PP *de* suscribir; **~ en exceso** oversubscribed.

susodicho ADJ above-mentioned.

suspender<2a> VT [a] (*objeto*) to hang, hang up, suspend (*de* from, on). [b] (*pago, trabajo*) to stop, suspend; (*reunión, sesión*) to adjourn; (*línea, servicio*) to discontinue; (*procedimiento*) to interrupt; **~ hasta más tarde** to put off till later, postpone for a time; **~ a algn de empleo y sueldo** to suspend sb (from work) without pay; **~ la emisión de un programa** (*TV*) to cancel the showing of a programme *o* (*US*) program. [c] (*Escol: candidato, asignatura*) to fail; **lo han suspendido en química** he's failed Chemistry.

suspense NM suspense; **novela/película ~** thriller.

suspensión NF [a] (*acción*) hanging (up), suspension. [b] (*Aut, Mec*) suspension. [c] (*fig*) stoppage, suspension; (*de sesión*) adjournment; (*aplazamiento*) postponement; (*de servicios*) removal; (*Jur*) stay; **~ de empleo y sueldo** suspension without pay; **~ de hostilidades** cessation of hostilities; **~ de pagos** suspension of payments.

suspensivo ADJ: **puntos ~s** dots, suspension points.

suspenso [1] ADJ [a] hanging, suspended, hung (*de* from). [b] (*Escol: candidato*) failed. [c] (*fig*) **estar o quedarse ~** to be astonished, be amazed. [2] NM [a] (*Escol: asignatura*) fail, failure. [b] **estar en o quedar en ~** to be in suspense, be pending; (*Jur*) to be suspended, be in abeyance; (*causa*) to stand over, be postponed.

suspensores NMPL [a] (*LAm*) braces, suspenders (*US*). [b] (*Per Dep*) athletic support, jockstrap (*fam*).

suspensorio [1] ADJ suspensory. [2] NM jockstrap; (*Med*) suspensory (bandage).

suspicacia NF suspicion, mistrust.

suspicaz ADJ suspicious, distrustful.

suspirar<1a> VI to sigh; **~ por** (*fig*) to long for.

suspiro NM (*lit, fig*) sigh; (*respiro*) sigh, breath; **~ de alivio** sigh of relief; **exhalar el último ~** to breathe one's last.

sustancia NF substance; (*esencia*) essence; (*materia*) matter; **en ~** in substance, in essence; **sin ~** lacking in substance, shallow.

sustancial ADJ substantial; (*esencial*) essential, vital, fundamental.

sustancioso ADJ (*discurso*) solid; (*comida*) solid; (*nutritivo*) nourishing; (*ganancias*) healthy, fat (*pey*).

sustantivo [1] ADJ substantive; (*Ling*) substantival, noun *atr*. [2] NM noun, substantive.

sustentación NF sustenance; (*apoyo*) support; (*Aer*) lift.

sustentar<1a> [1] VT [a] (*objeto*) to hold up, support, bear (the weight of). [b] (*suj: alimento*) to sustain, nourish. [c] (*fig: esperanzas*) to sustain, keep going, buoy up. [d] (*idea, teoría*) to maintain, uphold. [2] **sustentarse** VR: **~ con** to sustain o.s. with, subsist on.

sustento NM (*apoyo*) support; (*alimento*) sustenance, food; (*manutención*) maintenance; (*fig*) livelihood; **ganarse el ~** to earn one's living, earn a livelihood.

sustitución NF substitution (*por* for), replacement (*por* by).

sustituir<3g> VT [a] (*poner en lugar de*) to substitute, replace; **~ A por B** to substitute B for A, replace A by *o* with B; **le quieren ~** they want him replaced. [b] **~ a** (*tomar el lugar de*) to replace; (*temporalmente*) to substitute for, stand in for; **los sellos azules sustituyen a los verdes** the blue stamps are replacing the green ones;

me sustituirá mientras estoy fuera he'll take my place while I'm away.

sustitutivo [1] ADJ substitute. [2] NM substitute (*de* for).

sustituto/a NM/F substitute, replacement; (*temporal*) stand-in.

sustitutorio ADJ substitute, replacement *atr*.

susto NM fright, scare; **¡qué ~!** what a scare!; **dar un ~ a algn** to give sb a fright; **darse o pegarse un ~** (*fam*) to have a fright, get scared (*US*); **este año no ganamos para ~s** (*fam*) it's been one setback after another this year.

sustracción NF [a] (*acto*) removal; (*Mat*) subtraction, taking away; (*deducción*) deduction; (*extracción*) extraction. [b] (*hurto*) theft.

sustraer<2p> [1] VT to remove, take away; (*Mat*) to subtract, take away; (*deducir*) to deduct; (*extraer*) to extract. [2] **sustraerse** VR: **~ a** (*evitar*) to avoid; (*tentación*) to resist; (*apartarse de*) to withdraw from, contract out of.

sustrato NM substratum.

susurrante ADJ (*V vi*) whispering; murmuring; rustling.

susurrar<1a> [1] VT to whisper. [2] VI [a] (*persona*) to whisper; **~ al oído de algn** to whisper to sb, whisper in sb's ear. [b] (*fig: viento*) to whisper; (*arroyo*) to murmur; (*hojas*) to rustle.

susurro NM [a] (*lit, fig*) whisper. [b] (*murmullo*) murmur; (*de hojas*) rustle.

sutil ADJ [a] (*hilo, hebra*) fine, delicate, tenuous; (*tela*) thin, light; (*atmósfera*) thin; (*olor*) delicate; (*brisa*) gentle. [b] (*diferencia*) fine, subtle. [c] (*inteligencia, persona*) sharp, keen; (*comentario*) subtle.

sutileza NF [a] (*delicadeza*) fineness, delicacy (*delgadez*) thinness; (*de argumento, estilo etc*) subtlety, subtleness; (*agudeza*) sharpness, keenness. [b] (*una ~*) subtlety (*pey: maña*) artifice, artful deceit.

sutilizar<1f> [1] VT [a] (*objeto: reducir*) to thin down, fine down; (*fig: pulir*) to polish, perfect; (: *limar, mejorar*) to refine (upon). [b] (*pey*) to quibble about, split hairs about. [2] VI (*pey: pararse en cosas nimias*) to quibble, split hairs.

sutura NF suture.

suturar<1a> VT to suture; (*juntar con puntos*) to stitch.

suyo/a [1] PRON (*con art o después del vb ser: de él*) his; (: *de ella*) hers; (: *de Ud, Uds*) yours; (: *de animal, cosa*) its (own); (: *de uno mismo*) one's own; (: *de ellos, ellas*) theirs; **este libro es (el) ~** this book is his/hers *etc*; **¿es ~ esto?** is this yours?; **la culpa es ~a** the fault is his/hers *etc*, it's his/her *etc* fault; **lo ~** (what is) his; (*su parte*) his share, what he deserves; **los ~s** (*familia*) one's family *o* relations; (*partidarios*) one's own people *o* supporters; (*fin de carta*) **~ afectísimo** yours faithfully *o* sincerely, yours truly (*US*).

[2] ADJ (*después de un n: de él*) his, of his; (: *de ella*) her, of hers; (: *de Ud, Uds*) your, of yours; (: *de animal, cosa*) of its own; (: *de uno mismo*) of one's own; (: *de ellos, ellas*) their, of theirs; **no es amigo ~** he is no friend of hers; **no es culpa ~a** it's not his/her *etc* fault, it's no fault of his/hers *etc*; **varios libros ~s** several books of theirs, several of their books.

[3] ADJ, PRON (*locuciones*) **de ~** in itself, intrinsically; (*solo*) on its own; **eso es muy ~** that's just like him, that's typical of him; **aguantar lo ~** to do one's share; (*fam: mucho*) to put up with a lot; **hizo ~as mis palabras** he echoed my words; **hacer de las ~as** to get up to one's old tricks; **ir a la ~a, ir a lo ~** to go one's own way; (*pey*) to act selfishly, think only of o.s.; **él pesa lo ~** he's really heavy, he's a fair weight; **salirse con la ~a** to get one's way; (*en una discusión*) to carry one's point; **valorar lo ~** to be worth one's keep; **cada cual a lo ~** it's best to mind one's own business.

svástica NF swastika.

switch NM (*esp Méx*) switch; (: *Aut*) starter (button).

T, t [te] NF (*letra*) T, t.
t. ABR *de* **tomo(s)** vol(s).
TA NF ABR *de* **traducción automática** AT.
taba NF (*Anat*) ankle bone; (*juego*) jacks.
tabacal NM tobacco plantation.
Tabacalera NF *Spanish state tobacco monopoly.*
tabacalero/a [1] ADJ tobacco *atr*. [2] NM/F (*vendedor*) tobacconist; (*cultivador*) tobacco grower.
tabaco [1] NM tobacco; (*cigarros*) cigarettes *pl*; (*LAm*: *puro*)
cigar; (*Bot*) tobacco plant; **~ negro/rubio** dark/Virgina
tobacco; **~ de pipa** pipe tobacco; **~ picado** shag, cut tobacco; **¿tienes ~?** have you any cigarettes?; **se me
acabó el ~** I ran out of cigarettes.
[2] ADJ (*esp LAm*) dusty brown.
tabalear <1a> VI (*con los dedos*) to drum (with one's fingers), tap.
tabaleo NM drumming, tapping.
tábano NM horsefly.
tabaquera¹ NF (*caja*) tobacco jar; (*bolsa*) tobacco pouch;
V tb **tabaquero.**
tabaquería NF (*LAm*) tobacco *o* cigar factory.
tabaquero/a² [1] ADJ tobacco *atr*. [2] NM/F tobacconist;
(*comerciante*) tobacco merchant.
tabaquismo NM addiction to tobacco, tobacco habit.
tabarra NF (*fam*) nuisance, bore; **dar la ~** to be a pain in
the neck (*fam*).
tabasco ® NM Tabasco ®.
taberna NF bar, pub; (*Hist*) tavern.
tabernáculo NM tabernacle.
tabernero/a NM/F (*dueño*) landlord/landlady; (*camarero*)
barman/barmaid.
tabicar <1g> [1] VT (*puerta*) to wall up; (*dividir con tabique*)
to partition off. [2] **tabicarse** VR (*nariz*) to get stopped
up.
tabique NM partition (wall).
tabla NF [a] (*de madera*) plank; (*estante*) shelf; (*de piedra*)
slab; (*Arte*) panel; **~ de lavar/de planchar** washboard/
ironing board; **~ de surf** surfboard; **~ de quesos**
cheeseboard; **hacer ~ rasa** to make a clean sweep;
hacer ~ rasa de (*pey*) to disregard (arbitrarily).
[b] (*Taur*) **~s** barrier *sg*.
[c] (*Teat*) **~s** stage *sg*; **salir a las ~s** to go on the stage;
tener (muchas) ~s (*fig*) to be an old hand, be an expert.
[d] (*Ajedrez*) **~s** draw; (*fig*) stalemate; **hacer ~s, quedar
en ~s** to draw, reach a drawn position; (*fig*) to reach
stalemate.
[e] (*Agr*) plot, patch.
[f] (*de falda*) box pleat.
[g] (*lista*) list; (*Mat*) table; (*de libro*) index; (*Inform*) array;
~ de consulta (*Inform*) lookup table; **~ de ejercicios** *o*
de gimnasia exercise routine, set of exercises; **~ de
materias** table of contents; **~ de multiplicar** multiplication table.
tablado NM (*suelo*) plank floor; (*plataforma*) platform;
(*Teat*) stage.
tablaje NM, **tablazón** NF planks *pl*, planking.
tablao NM flamenco show; (*plataforma*) dance-floor (*for
flamenco dancing*).
tablear <1a> VT [a] (*madera*) to cut into planks. [b] (*terreno*)
to divide up into plots. [c] (*Cos*) to pleat.
tablero NM [a] (*gen*) board; (*Escol*) blackboard; (*Elec*)
switchboard; **~ de ajedrez** chessboard; **~ de anuncios**
notice board, bulletin board (*US*); **~ de dibujo** drawing
board; **~ de gráficos** (*Inform*) graph pad; **~ de instrumentos** instrument panel; (*Aut*) dashboard. [b] (*Agr*)
bed(s), plot(s).
tableta NF [a] (*de madera*) block. [b] (*Med*) tablet; (*de
chocolate*) bar, slab.

tabletear <1a> VI to rattle.
tableteo NM rattle.
tablilla NF small board; (*Med*) splint.
tablón NM [a] plank, beam; **~ de anuncios** notice board,
bulletin board (*US*). [b] (*fam*) **coger** *o* **pillar un ~** to get
plastered (*fam*).
tabú ADJ INV, NM (*pl* **~s** *o* **~es**) taboo.
tabulación NF (*Inform*) tab(bing).
tabulador NM (*Inform*) tab.
tabular [1] <1a> VT to tabulate; (*Inform*) to tab. [2] ADJ tabular.
taburete NM stool.
tacana NF (*And, CSur*) cultivated hillside terrace.
tacañería NF meanness, stinginess.
tacaño ADJ (*avaro*) mean, stingy.
tacatá, tacataca NM (*fam*) baby-walker.
tacha¹ NF (*Téc*) large tack.
tacha² NF (*gen*) flaw; (*mancha*) blemish; (*defecto*) defect;
sin ~ flawless; **poner ~ a** to find fault with.
tachadura NF erasure; (*corrección*) correction.
tachar <1a> VT [a] (*gen*) to cross out; (*corregir*) to correct.
[b] **~ a algn de ...** to accuse sb of ...; **~ a algn de
incapaz** to accuse sb of being incompetent.
tacho (*LAm*) NM (*cubo*) bucket, pail; (*vasija*) pan; (*para
azúcar*) sugar pan; (*de la basura*) (*And, CSur*) dustbin,
rubbish bin, trash *o* garbage can (*US*).
tachón¹ NM [a] (*Téc*) ornamental stud. [b] (*Cos*) trimming.
tachón² NM erasure; (*tachadura*) crossing-out.
tachonar <1a> VT (*Téc, tb fig*) to stud; (*adornar con clavos*)
to adorn with studs; **tachonado de estrellas** star-
studded, star-spangled.
tachuela NF [a] (*clavo*) tack, tin tack. [b] (*LAm*: *recipiente*)
metal pan; (: *cazo*) dipper. [c] (*LAm fam*: *persona*) short
stocky person.
tácitamente ADV tacitly.
tácito ADJ tacit; (*acuerdo*) unspoken; (*ley*) unwritten; (*Ling*)
understood.
taciturnidad NF (*V adj*) taciturnity; sullenness.
taciturno ADJ taciturn; (*malhumorado*) sullen.
taco NM [a] (*para fusil etc*) wad(ding); (*tarugo*) stopper,
plug. [b] (*de bota de fútbol*) stud; (*LAm*) heel. [c] (*para
escribir*) pad; (*de billetes, cupones*) book; **~ de papel** writing pad. [d] (*Billar*) cue. [e] (*de jamón, queso*) cube. [f] (*fam*:
palabrota) rude word, swearword; **soltar un ~** to swear.
[g] (*fam*: *lío*) mess; **armarse** *o* **hacerse un ~** to get into a
mess. [h] (*fam*: *año*) year; **tener 16 ~s** to be 16 (years
old). [i] (*Méx Culin*) taco, filled rolled tortilla. [j] (*Chi fam*:
atasco) traffic jam.
tacógrafo NM (*Aut*) tachograph, tacho (*fam*).
tacón NM heel; **~ (de) aguja** stiletto heel; **tacones altos**
high heels; **zapatos de ~** high-heeled shoes.
taconazo NM (*patada*) kick with one's heel; **~s** (*Mil*)
heel-clicking; **entró y dio un ~** he came in and clicked
his heels.
taconear <1a> VI (*dar golpecitos*) to tap with one's heels;
(*Mil, al andar*) to click one's heels.
taconeo NM (*V vb*) tapping with one's heels; (*Mil*) heel-
clicking.
táctica NF tactics *pl*; (*jugada*) move; (: *fig*) gambit; **una
nueva ~** a new tactic.
táctico [1] ADJ tactical. [2] NM tactician.
táctil ADJ tactile.
tacto NM [a] (*gen*) touch; (*sentido*) (sense of) touch; **ser
áspero al ~** to be rough to the touch. [b] (*fig*) tact; **tener
~** to be tactful.
Tadjikistán NM Tadjikistan.
TAE NF ABR *de* **tasa anual efectiva** *o* **equivalente** APR.
tafetán NM [a] taffeta. [b] **tafetanes** (*fig*) flags; (*fam*) frills.

tafilete NM morocco leather.
tagalo/a [1] ADJ, NM/F Tagalog. [2] NM (*Ling*) Tagalog.
tagarote NM (*CAm fam*) big shot (*fam*).
Tahití NM Tahiti.
tahona NF (*tienda*) bakery; (*molino*) flour mill.
tahonero/a NM/F baker.
tahur NM gambler; (*pey*) cardsharper, cheat.
taiga NF taiga.
tailandés/esa [1] ADJ, NM/F Thai. [2] NM (*idioma*) Thai.
Tailandia NF Thailand.
taimado ADJ sly, crafty.
taita NM (*And, CSur: fam: papá*) father, dad(dy) (*fam*); (*tío*) uncle.
tajada NF [a] (*Culin*) slice. [b] (*fam*) rake-off; **sacar ~** to get one's share, take one's cut. [c] (*tajo*) cut, slash; **¡te haré ~s!** I'll cut you up! [d] **coger** o **pillar una ~** (*fam*) to get plastered (*fam*).
tajamar NM (*Náut*) stem; (*de puente*) cutwater.
tajante ADJ [a] (*herramienta*) sharp, cutting. [b] (*fig*) incisive; (*negativa*) emphatic; (*crítica*) sharp; **contestó con un 'no' ~** he answered with an emphatic 'no'; **es una persona ~** he's an incisive person.
tajantemente ADV (*fig*) sharply, emphatically; **me niego ~** I absolutely refuse.
tajar<1a> VT to cut, slice, chop.
tajear<1a> VT (*LAm fam*) to cut up, chop, slash.
Tajo NM Tagus.
tajo NM [a] cut, slash; **darse un ~ en el brazo** to cut one's arm. [b] (*Geog*) cut, cleft; (*escarpa*) steep cliff. [c] (*sitio*) working area; (*fam: tarea*) job. [d] (*Culin*) chopping block; (*del verdugo*) executioner's block. [e] (*taburete*) small three-legged stool.
tal [1] ADJ [a] (*ya mencionado*) such; **~ cosa** such a thing; **~es cosas** such things; **~ día hace 10 años** on the same day 10 years ago; **el ~ cura** this priest (we were talking about); (*pey*) this priest person.
[b] (*admiración o pey*) such; **con ~ atrevimiento** with such boldness; **con un resultado ~** with such a result.
[c] (*indeterminado*) **~ día, a ~ hora** such and such a day, at such and such a time; **un ~ García** a man called García.
[2] PRON [a] (*persona*) such a one, someone; (*cosa*) such a thing, something; **el ~** this man *etc* I mentioned; **una ~** (*euf*) a prostitute; **no haré ~** I won't do anything of the sort; **~ como** such as; **~ como es** such as it is; **y como ~, tiene que pagar** and as such, he has to pay; **vive en ~ o cual hotel** he lives in such-and-such a hotel; **son ~ para cual** they're two of a kind.
[b] (*indeterminación*) **en la calle de ~** in such-and-such a street; **hablábamos de que si ~ que si cual** we were talking about this, that and the other; **fuimos al cine y ~** we went to the pictures and stuff; **había pinchos, bebidas y ~** there were snacks and drinks and things.
[3] ADV [a] so, in such a way; **~ como** just as; **estaba ~ como lo dejé** it was just as I had left it; **~ cual** (*adv*) just as it is; **~ la madre, cual la hija** like mother, like daughter.
[b] **¿qué ~?** how goes it?, how's things?; **¿qué ~ el partido?** what was the game like?, how did the game go?; **¿qué ~ tu tío?** how's your uncle?; **¿qué ~ es?** what's she like?; **¿qué ~ estás?** how are you?; **¿qué ~ si lo compramos?** how about buying it?, suppose we buy it?; *V* **cual 3**.
[4] CONJ: **con ~ de** as long as; **hace lo que sea con ~ de llamar la atención** he does anything to attract attention; **con ~ de que** provided (that), as long as; **con ~ de que no me engañes** as long as you don't deceive me.
tala NF (*de árboles*) tree felling, wood cutting; (*fig: destrucción*) havoc.
taladradora NF drill; **~ neumática** pneumatic drill, jackhammer (*US*).
taladrar <1a> VT [a] to bore, drill; (*perforar*) to punch. [b] (*fig: suj: ruido*) to pierce; **un ruido que taladra los oídos** an ear-splitting noise.
taladro NM [a] drill; **~ neumático** pneumatic drill. [b] (*agujero*) drill hole.

talaje NM [a] (*LAm: pasto*) pasture. [b] (*CSur, Méx: pastoreo*) grazing, pasturage.
tálamo NM marriage bed.
talante NM [a] (*humor*) mood; (*voluntad*) will; **estar de buen ~** to be in a good mood; **hacer algo de buen ~** to do sth willingly; **recibir a algn de buen ~** to give sb a warm welcome; **responder de mal ~** to answer bad-temperedly. [b] (*apariencia*) look, appearance.
talar<1a> VT [a] (*árbol*) to fell, cut down. [b] (*fig: devastar*) to lay waste, devastate.
talco NM (*Quím*) talc; (*tb polvos de ~*) talcum powder.
talega NF [a] (*bolsa*) sack, bag. [b] **~s** (*fig*) money *sg*.
talegada NF, **talegazo** NM heavy fall.
talego NM [a] (*saco*) long sack. [b] (*fam: persona*) fat person. [c] (*fam: cárcel*) nick (*fam*), jail. [d] (*Esp fam*) 1000 pesetas; **medio ~** 500 pesetas.
taleguilla NF bullfighter's breeches *pl*.
talento NM talent; (*don*) ability, gift.
talentoso ADJ talented, gifted.
talero NM (*CSur*) whip.
Talgo NM ABR (*Esp Ferro*) de **tren articulado ligero Goicoechea-Oriol**.
talidomida NF thalidomide.
talión NM: **la ley del ~** an eye for an eye.
talismán NM talisman.
talla NF [a] (*Arte: obra de ~*) carving; (*: escultura*) sculpture; (*: grabado*) engraving. [b] (*de persona: altura*) height; (*estatura*) stature; (*fig*) stature; (*de ropa*) size, fitting; **camisas de todas ~s** shirts in all sizes; **tener poca ~** to be short; **dar la ~** (*fig*) to set the standard; **no dio la ~** he didn't measure up (to the task), he wasn't up to it.
tallado [1] ADJ (*madera*) carved; (*piedra*) sculpted; (*metales*) engraved. [2] NM (*en madera*) carving; (*en piedra*) sculpting; (*grabado*) engraving.
tallador(a) NM/F [a] (*en madera*) carver. [b] (*LAm Naipes*) dealer, banker.
tallar[1]<1a> VT [a] (*madera*) to carve; (*piedra*) to sculpt; (*metales*) to engrave; (*joyas*) to cut. [b] (*medir*) to measure (the height of). [c] (*Naipes*) to deal. [2] VI (*Naipes*) to deal.
tallar[2]<1a> VI (*CSur fam*) to chat, gossip.
tallarín NM noodle.
talle NM [a] (*cintura*) waist. [b] (*para ropa*) waist and chest measurements *pl*, size. [c] (*tipo: de mujer*) figure; (*: de hombre*) build; **de ~ esbelto** with a slim figure.
taller NM (*Téc, Teat*) workshop; (*fábrica*) factory; (*Aut*) garage, repair shop; (*Arte*) studio; **~ de coches** car repair shop, garage (for repairs); **~ de reparaciones** repair shop; **~ de trabajo** (*en congreso etc*) workshop; **~es agremiados** closed shop; **~es gráficos** printing works.
tallista NMF = **tallador(a) (a)**.
tallo NM (*gen*) stem, stalk; (*de hierba*) blade, shoot.
talludito ADJ (*fam*) grown-up; **el actor es ~ ya para este papel** the actor is getting on a bit now for this rôle.
talludo ADJ (*Bot*) tall; (*persona*) lanky; (*: fig*) grown-up.
talmente ADV (*fam: tan*) so; (*: exactamente*) exactly, literally; **la casa es ~ una pocilga** the house is literally a pigsty.
Talmud NM Talmud.
talmúdico ADJ Talmudic.
talón NM [a] (*Anat, de calcetín etc*) heel; **~ de Aquiles** Achilles heel; **pisar los ~es a algn** to be on sb's heels. [b] (*Aut*) flange; (*de llanta*) rim. [c] (*Com*) stub, counterfoil; (*Ferro*) luggage receipt; (*cheque*) cheque, check (*US*); **~ en blanco** blank cheque; **~ sin fondos** bad cheque; **~ al portador** bearer cheque, cheque payable to the bearer.
talonario NM (*tb libro ~*: *de recibos*) receipt book; (*: de billetes*) book of tickets; (*de cheques*) cheque book, check book (*US*).
talonear <1a> [1] VT (*LAm: caballo*) to spur along. [2] VI (*caminar rápidamente*) to walk briskly; (*con prisa*) to hurry along.
tamal NM (*LAm*) [a] (*Culin*) tamale. [b] (*trampa*) trick, fraud; **hacer un ~** to set a trap.
tamalero NM (*fabricante*) tamale maker; (*vendedor*) tamale seller.

tamaño [1] ADJ (*tan grande*) so big a, such a big; (*tan pequeño*) so small a, such a small; **parece absurdo que cometiera ~ error** it seems absurd that he should make such a mistake. [2] NM size; **~ de bolsillo** pocket-size; **una foto ~ carnet** a passport-size photo; **~ familiar** family-size; **~ gigante** king-size; **de ~ natural** full-size, life-size; **¿de qué ~ es?** what size is it?, how big is it?

tamarindo NM (*Bot*) tamarind.

tambaleante ADJ (*persona*: *al andar*) staggering; (*mueble*) wobbly; (*paso*) unsteady; (*vehículo*) swaying.

tambalear<1a> [1] VT to shake, rock. [2] **tambalearse** VR (*persona*) to stagger; (*mueble*) to wobble; (*Aut*) to sway; (*fig*: *poder, gobierno*) to be rocking; **ir tambaleándose** to stagger along.

tambero NM (*And Hist*) innkeeper.

también ADV also, as well, too; **¿Ud ~?** you too?; **y bebe ~** and he drinks as well; **no sólo A sino ~ B** not only A but also B; **estoy cansado - yo ~** I'm tired - so am I o me too; **'me gustó' - 'a mí ~'** I liked it' - 'so did I'.

tambo NM [a] (*And Hist*) wayside inn. [b] (*And, CSur*) (small) dairy (farm).

tambocha NF (*Col*) highly poisonous ant.

tambor NM [a] (*Arquit, Mús, Téc*) drum; (*de lavadora*) drum; **~ del freno** brake drum; **~ del oído** eardrum. [b] (*de detergente*) large packet. [c] (*Mús: persona*) drummer; **~ mayor** drum major. [d] **~ magnético** (*Inform*) magnetic drum.

tamboril NM small drum.

tamborilear <1a> VI (*Mús*) to drum; (*con los dedos*) to drum with one's fingers; (*lluvia*) to patter.

tamborileo NM (*V vi*) drumming; patter(ing).

tamborilero/a NM/F drummer.

Támesis NM Thames.

tamiz NM sieve; **pasar por el ~** (*fig*) to go through with a fine-tooth comb, scrutinize.

tamizar <1f> VT to sieve, sift; (*fig*) to go through with a fine-tooth comb, scrutinize.

támpax ® NM (*pl* **támpax**) Tampax ®, tampon.

tampoco ADV neither, not ... either, nor; **~ lo sabe él** he doesn't know either, neither does he know, nor does he know; **yo no lo compré ~** I didn't buy one either; **'yo no voy' - 'yo ~'** I'm not going' - 'nor o neither am I'; **'yo no fui' -'yo ~'** I didn't go' -'nor o neither did I'.

tampón NM (*Med*) tampon; (*para entintar*) ink pad.

▼**tan** ADV [a] so; **~ rápido** so fast; **no te esperaba ~ pronto** I wasn't expecting you so soon; **¿para qué quieres un coche ~ grande?** what do you want such a big car for?; **¡qué regalo ~ bonito!** what a beautiful present!; **estaba ~ cansado que me quedé dormido** I was so tired I fell asleep; **no es una idea ~ buena** it's not such a good idea; **¡que cosa ~ rara!** how strange! [b] (*comparación*) **~ es así que** so much so that; **A es ~ feo como B** A is as ugly as B. [c] **~ siquiera = siquiera 1**.

tanatorio NM (*público*) mortuary; (*privado*) funeral parlour o (*US*) parlor.

tanda NF [a] (*grupo: de cosas, personas*) batch; (*de golpes, penaltis*) series; (*huevos etc*) layer; (*de inyecciones*) course; **por ~s** in batches. [b] (*turno de trabajo, tb personas*) shift; **~ de noche** nightshift. [c] (*Billar*) game; (*Béisbol*) innings. [d] (*LAm: espectáculo*) part of a show; (*CSur Teat etc*) early performance.

tándem NM tandem; (*Pol*) duo, team; **en ~** (*Elec*) tandem.

tanga NM G-string.

tangana NF (*Per*) large oar.

tangencial ADJ tangential; (*fig*) oblique.

tangente NF tangent; **salirse por la ~** (*hacer una digresión*) to go off at a tangent; (*esquivar una pregunta*) to give an evasive answer.

Tánger NM Tangier(s).

tangerino/a [1] ADJ of o from Tangier(s). [2] NM/F native o inhabitant of Tangier(s).

tangibilidad NF tangibility.

tangible ADJ tangible, concrete.

tango NM tango.

tanguear<1a> VI (*LAm*) to tango.

tanguista NMF tango dancer.

tánico ADJ tannic; **ácido ~** tannic acid.

tanino NM tannin.

tano NM (*CSur pey*) Italian, Wop (*fam! pey*).

tanque NM (*depósito*) tank, reservoir; (*Mil*) tank; (*Aut*) tanker, tanker lorry.

tanqueta NF small tank, armoured o (*US*) armored car.

tantán NM tomtom.

tantarán, tantarantán NM (*de tambor*) drumbeat.

tanteador(a) [1] NM (*marcador*) scoreboard. [2] NM/F (*persona*) scorer.

tantear <1a> [1] VT [a] (*calcular aproximadamente*) to reckon (up), work out roughly; (*medir: tela*) to take the measure of; (*considerar*) to weigh up, consider. [b] (*probar*) to test; (*intenciones*) to sound out; **~ el terreno** (*fig*) to test the water, get the lie of the land. [c] (*Dep*) to keep the score of. [2] VI [a] (*Dep*) to score, keep (the) score. [b] (*LAm: ir a tientas*) to grope, feel one's way.

tanteo NM [a] (*cálculo*) reckoning; (*consideración*) weighing up; **por ~** by guesswork. [b] (*prueba*) test(ing), trial; (*de situación*) sounding. [c] (*Dep*) scoring.

tantico NM: **un ~** (*esp LAm fam*) (quite) a bit; **es un ~ difícil** it's a bit awkward (*fam*).

tantísimo ADJ SUPERL so much; **~s** so many; **había ~a gente** there was such a crowd.

tantito/a [1] ADJ (*Méx fam*) a little; **~ pulque** a little pulque. [2] NM = **tantico**. [3] ADV (*Méx fam*) a little; **~ antes** a little before.

▼**tanto** [1] ADJ [a] so much; (*en comparaciones*) as much; **~s** so many; (*en comparaciones*) as many; **no comas ~ pan** don't eat so much bread; **tiene ~ dinero como yo** he has as much money as I have; **tiene ~ dinero que no sabe qué hacer con él** he has so much money he doesn't know what to do with it; **hubo ~a manzana** there were so many apples; **hay otros ~s candidatos** there are as many more candidates; **~ gusto** how do you do?, pleased to meet you. [b] (*indeterminación*) **40 y ~s** 40-odd; **tiene 30 y ~s años** he's thirty-something. [2] ADV (*duración*) so much; (*en comparaciones*) as much; (*frecuencia*) so often; **permanecer ~** to stay so long; **trabajar ~** to work so hard; **estoy cansada de ~ andar** I'm tired after all this walking; **venir ~** to come so much; **¡cuesta ~!** it's so expensive!; **no es para ~** it's not as bad as all that; **él gasta ~ como yo** he spends as much as I do o as me; **~ mejor/peor** all o so much the better/worse (*para for*); **¡y ~!** and how!, I'll say it is!; **~ es así que** so much so that; **~ A como B** both A and B; **~ como eso ...** I don't think it's as much as that, I think you're exaggerating; **~ si viene como si no viene** whether he comes or not; **entre o mientras ~** meanwhile; **por lo ~** so, therefore; **Flor es joven, José no ~** Flor is young, José isn't quite; **no le tengo ni ~ así de lástima** I haven't a scrap of pity for him. [3] CONJ: **en ~ que** (*mientras que*) while; (*hasta que*) until. [4] NM [a] (*Com, Fin*) certain amount, so much; **~ alzado** agreed price; **(un) ~ por palabra** so much a word; **~ por ciento** percentage. [b] (*en juegos*) point; (*Ftbol*) goal; **~ en contra/a favor** point against/for; **apuntar los ~s** to keep score; **apuntarse un ~** to score a point. [c] **estar al ~** to be up to date; **estar al ~ de los acontecimientos** to be fully abreast of events; **poner a algn al ~** to put sb in the picture (*de about*). [d] **un ~** (*adv*) rather, somewhat; **estoy un ~ cansado** I'm rather tired; **es un ~ difícil** it's a bit awkward. [5] PRON so much; **~s** so many; **a ~s de marzo** on such and such a day in March; **uno de ~s** one of many, nothing special; **a las ~as de la madrugada** at some time in the small hours.

Tanzanía NF Tanzania.

tanzano/a ADJ, NM/F Tanzanian.

tañer<2f> VT (*Mús*) to play; (*campana*) to ring.

tañido NM (*Mús*) sound; (*de campana*) ringing.

T/año ABR *de* toneladas por año.

> ➤ EXPRESIONES GENERATIVAS: **tan** → 8.2 **tanto** → 7.1

TAO NF ABR *de* **traducción asistida por ordenador** CAT.
tapa NF [a] (*de caja, olla*) lid; (*de botella*) top; (*de libro*) cover; (*de zapato*) heel plate; **libro de ~s duras** hardback; **levantarse la ~ de los sesos** to blow one's brains out. [b] (*comida*) snack.
tapabarro NM (*CSur Aut*) mudguard, fender (*US*).
tapaboca NF, **tapabocas** NM INV muffler.
tapacubos NM INV hub cap.
tapadera NF [a] lid, cover. [b] (*fig: de organización*) cover, front (organization) (*de* for); (*de espía*) cover.
tapadillo: de ~ ADV secretly, stealthily.
tapado[1] NM (*LAm: abrigo de mujer*) woman's (top)coat.
tapado/a[2] NM/F (*Méx Pol: candidato oficial*) official PRI Presidential election candidate.
tapar <1a> [1] VT [a] (*gen*) to cover (*con* with); (*con tapadera*) to put the lid on; (*botella*) to put the cap on; (*con ropa, en cama*) to wrap up; (*cara*) to cover up, hide; (*tubo, conducto*) to stop (up), block (up); (*agujero*) to plug; (*Arqui*) to wall up; (*LAm: diente*) to fill; **el árbol tapa el sol a la nena** the tree keeps the sunlight off the baby; **el muro nos tapaba el viento** the wall protected us from the wind.
[b] (*encubrir: hecho*) to cover up, conceal; (: *fugitivo*) to hide.
[2] **taparse** VR [a] to cover o.s. up; (*contra el frío*) to wrap (o.s.) up; (*esp*) to wrap up warmly (in bed).
[b] **~ los oídos/ojos** to cover one's ears/eyes.
taparrabo NM, **taparrabos** NM INV l.cincloth.
tapatío/a NM/F (*Méx*) native *o* inhabitant of Guadalajara.
tapeo NM: **ir de ~** (*Esp fam*) to go round the bars (*eating snacks*).
tapera NF (*LAm*) [a] (*casa*) ruined house; (*fig*) hovel. [b] (*pueblo*) abandoned village.
tapete NM table cover; (*alfombrita*) rug; **~ verde** (*Naipes*) card table; **estar sobre el ~** (*fig*) to be under discussion; **poner un asunto sobre el ~** to put a matter up for discussion.
tapia NF (*de adobe*) mud *o* adobe wall; (*de jardín*) garden wall.
tapiar <1b> VT to wall in; (*puerta, ventana*) to block up *o* off.
tapicería NF [a] (*fabricación*) tapestry making; (*tapiz*) tapestry; (*tapices*) tapestries *pl*. [b] (*de coche, muebles*) upholstery.
tapicero/a NM/F (*de muebles*) upholsterer.
tapioca NF tapioca.
tapir NM tapir.
tapisca NF (*CAm, Méx*) maize harvest, corn harvest (*US*).
tapiscar <1g> VT (*CAm, Méx*) to harvest.
tapiz NM tapestry.
tapizado NM (*de pared*) tapestries *pl*; (*de coche, mueble*) upholstery.
tapizar <1f> VT [a] (*pared*) to hang with tapestries; (*muebles*) to upholster, cover; (*suelo*) to carpet. [b] (*fig*) to carpet (*con, de* with).
tapón NM [a] (*de botella*) cap, top; (*corcho*) cork; (*Téc*) plug; (*para el oído*) earplug; (*Med*) tampon; (*baloncesto*) block; **~ de rosca** screw top. [b] (*fam*) chubby person. [c] (*Aut*) traffic jam.
taponar <1a> [1] VT (*botella*) to cork, put the cap on; (*tubería, conducto*) to block; (*Dep*) to block, stop; (*Med*) to tampon. [2] **taponarse** VR (*nariz, oídos*) to get blocked up; **~ los oídos** to stop up one's ears.
taponazo NM (*de tapón*) pop.
tapujarse <1a> VR (*fam*) to muffle o.s. up.
tapujo NM (*fam: engaño*) deceit, dodge; (: *secreto*) secrecy; **sin ~s** honestly.
taquear <1a> [1] VT (*LAm: llenar*) to fill right up; (*un arma*) to load through barrel and ram. [2] VI [a] (*LAm*) to play billiards *o* (*US*) pool. [b] (*Méx: comer tacos*) to have a snack of tacos.
taquería NF (*Méx*) taco stall *o* bar.
taquicardia NF abnormally rapid heartbeat, tachycardia.
taquigrafía NF shorthand, stenography.
taquigráficamente ADV in shorthand.

taquigráfico ADJ shorthand *atr*.
taquígrafo/a NM/F shorthand writer, stenographer.
taquilla NF [a] (*en estación etc*) booking office, ticket office; (*de teatro*) box office. [b] (*recaudación: Teat*) takings, take (*US*); (: *Dep*) gate money. [c] (*armario*) locker.
taquillero/a [1] ADJ: **ser ~** to be good (for the) box office; **función ~a** box-office success. [2] NM/F (ticket) clerk.
taquimecanografía NF shorthand typing.
taquimecanógrafo/a NM/F shorthand typist.
tara NF [a] (*Com*) tare. [b] (*fig*) defect, blemish.
taracea NF inlay.
taracear <1a> VT to inlay.
tarado/a [1] ADJ [a] (*Com*) defective, imperfect.
[b] (*persona: mutilado*) physically impaired, crippled.
[c] (*esp LAm fam: idiota*) stupid; (: *loco*) crazy, nuts (*fam*). [2] NM/F (*LAm fam: idiota*) idiot, cretin.
tarambana(s) NMF (*casquivano*) harum-scarum, fly-by-night; (*estrafalario*) crackpot (*fam*).
taranta NF (*LAm: locura*) mental disturbance, madness.
tarantela NF tarantella.
tarántula NF tarantula.
tarar <1a> VT (*Com*) to tare.
tararear <1a> VT, VI to hum.
tararí (*fam*) [1] ADJ (*Esp*) crazy. [2] INTERJ no way!, you must be joking!
tardanza NF (*demora*) delay.
tardar <1a> [1] VI [a] (*tomar mucho tiempo*) to take a long time, be long; (*llegar tarde*) to be late; **¡no tardes!** don't be long; **a más ~** at the latest; **aquí tardan mucho** they are very slow here, they take a long time here; **tardamos 3 horas de A a B** we took 3 hours (to get) from A to B; **sin ~** without delay; **¿cuánto se tarda?** how long does it take?
[b] **~ en hacer algo** to be slow to do sth, take a long time to do sth; **tardó en llegar** it was late in arriving; **tardó mucho en repararlo** he took a long time to repair it; **no tarde Ud en informarme** tell me at once; **el público no tardó en reaccionar** the spectators were not slow to react.
[2] **tardarse** VR (*Méx fam*) to be long, take a long time; **no me tardo** I won't be *o* take long.
tarde [1] ADV (*gen*) late; **ya es ~ para quejarse** it's too late to complain now; **un poco más** a little later; **de ~ en ~** from time to time; **~ o temprano** sooner or later; **se hace ~** it's getting late; **llegar ~** to be late, arrive late.
[2] NF (*primeras horas*) afternoon; (*últimas horas*) evening; **¡buenas ~s!** good afternoon!; (*de noche*) good evening!; **por la ~** in the afternoon; (*después*) in the evening; **a las 7 de la ~** at 7 in the evening; **función de (la) ~** matinée.
tardío ADJ (*gen*) late; (*atrasado*) overdue; (*fruta, patata etc*) late.
tardo ADJ [a] (*lento*) slow, sluggish. [b] (*torpe*) dull, dense; **~ de oído** hard of hearing.
tarea NF (*gen*) job, task; (*faena*) chore; **todavía me queda mucha ~** I've still got a lot left to do; **es una ~ poco grata** it's a thankless task.
tarifa NF (*precio*) tariff; (*Elec, Telec: de anuncios, hotel*) rate; (*lista de precios*) price list; (*Transportes*) fare; **~ de agua** water rate; **~ de destajo** piece rate; **~ doble** double time; **~ nocturna** (*Telec*) cheap rate; **~ turística** tourist class, tourist rates.
tarifar <1a> VT to price.
tarima NF (*plataforma*) platform; (*estrado*) dais; (*banquillo*) bench.
tarjar <1a> VT (*And, CSur: tachar*) to cross out.
tarjeta NF card; **~ amarilla/roja** (*Dep*) yellow/red card; **~ de circuitos** (*Inform*) circuit board; **~ comercial/dinero** (*Com*) calling/cash card; **~ de crédito/de Navidad** credit/Christmas card; **~ de embarque** boarding pass; **~ gráfica/de multifunción** (*Inform*) graphics/multiplication card; **~ perforada** punched card; **~ postal** postcard; **~ verde** (*Méx: visado de residente en EEUU*) Green Card (*US*); **~ de visita** visiting *o* calling card.
tarot NM tarot.
tarraconense [1] ADJ of *o* from Tarragona. [2] NMF native

o inhabitant of Tarragona.
tarrina NF pot, jar; (*de helado*) tub.
tarro NM [a] (*de vidrio, porcelana etc*) pot, jar. [b] (*fam: cabeza*) nut (*fam*); **comer el ~ a algn** (*engañar*) to put one over on sb (*fam*); (*lavar el cerebro*) to brainwash sb; **comerse el ~** (*Esp*) to rack one's brains. [c] (*esp LAm: lata*) tin, can.
tarso NM tarsus.
tarta NF [a] (*pastel*) cake; (*torta*) tart; **~ de cumpleaños** birthday cake; **repartir la ~** (*fig*) to divide up the cake. [b] (*Inform*) pie chart.
tartaja (*fam*) [1] ADJ INV stammering, tongue-tied. [2] NMF INV stammerer.
tartajear<1a> VT to stammer.
tartajeo NM stammer(ing).
tartajoso/a ADJ, NM/F = **tartaja**.
tartamudear<1a> VI to stutter, stammer.
tartamudeo NM stutter(ing), stammer(ing).
tartamudez NF stutter, stammer.
tartamudo/a [1] ADJ stuttering, stammering. [2] NM/F stutterer, stammerer.
tartán NM tartan.
tartana NF [a] trap, light carriage. [b] (*fam*) banger (*fam*), clunker (*US fam*).
tartárico ADJ tartaric; **ácido ~** tartaric acid.
tártaro¹ NM (*Quím*) tartar.
tártaro² ADJ, NM/F Tartar.
tartera NF cake-tin; (*fiambrera*) lunch box.
tarugo [1] ADJ stupid. [2] NM (*pedazo de madera*) lump, chunk; (*pan*) of stale bread; (*fam: imbécil*) chump (*fam*), blockhead (*fam*).
tarumba (*fam*) ADJ NM: **volver ~ a algn** to confuse sb; **volverse ~** to get all mixed up, get completely bewildered; **esa chica me tiene ~** I'm crazy about that girl.
tasa NF [a] (*valoración*) valuation, appraisal (*US*); (*estimación*) estimate. [b] (*medida, regla*) measure, standard; **sin ~** boundless, limitless. [c] (*precio, tipo*) standard rate; **~ de aeropuerto** airport tax; **~s académicas** tuition fees. [d] (*índice*) rate; **~ básica** (*Com*) basic rate; **~ de crecimiento** growth rate; **~ de mortalidad/natalidad** death/birth rate; **~ de rendimiento** (*Com*) rate of return; **de cero ~** (*Com*) zero-rated.
tasación NF (*evaluación*) assessment; (*valoración*) appraisal; **~ pericial** expert valuation.
tasador(a) NM/F valuer, appraiser (*US*).
tasajear<1a> VT (*LAm*) to cut, slash.
tasar<1a> VT [a] (*objeto: fijar un precio*) to fix a price for; (*regular*) to regulate. [b] (*valorar*) to value.
tasca NF (*taberna*) pub, bar; **ir de ~s** to go on a pub crawl (*fam*).
Tasmania NF Tasmania.
tata¹ NF (*fam: niñera*) nanny, maid.
tatarabuelo/a NM/F great-great-grandfather/-mother; **los ~s** one's great-great-grandparents.
tataranieto/a NM/F great-great-grandson/-daughter; **los ~s** one's great-great-grandchildren.
tate INTERJ (*sorpresa*) gosh!, crumbs!; (*dándose cuenta*) so that's it!; (*aviso*) look out!
tato/a² (*fam*) [1] NM/F (*elder*) brother/sister. [2] NM (*LAm: fam*) dad(dy) (*fam*), pop (*US fam*), father.
tatuaje NM [a] (*dibujo*) tattoo. [b] (*acto*) tattooing.
tatuar<1d> VT to tattoo.
taumaturgo NM miracle worker.
taurino ADJ bullfighting *atr*; **el mundo ~** the bullfighting business.
Tauro NM Taurus.
tauromaquia NF (art of) bullfighting, tauromachy.
tauromáquico ADJ bullfighting *atr*.
tautología NF tautology.
tautológico ADJ tautological.
TAV NM ABR *de* **tren de alta velocidad** HVT.
taxativamente ADV in a restricted sense, specifically; (*tajantemente*) sharply, emphatically.
taxativo ADJ (*restringido*) limited, restricted; (*sentido*) specific; (*tajante*) sharp, emphatic.
taxi NM taxi, cab, taxi cab.

taxidermia NF taxidermy.
taxidermista NMF taxidermist.
taximetrero/a (*Arg*) NM/F, **taximetrista** NMF (*Arg: taxista*) taxi o (*US*) cab driver.
taxímetro NM (*dispositivo*) taximeter; (*Arg*) taxi.
taxista NM/F taxi o (*US*) cab driver.
taxonomía NF taxonomy.
taxonomista NMF taxonomist.
taza NF [a] (*contenido*) cup; (*contenido*) cupful; **~ de café** cup of coffee; (*recipiente*) coffee cup. [b] (*de fuente*) basin, bowl; (*de retrete*) pan, bowl.
tazón NM mug; (*cuenco*) bowl.
TBC NM ABR *de* **tren de bandas en caliente**.
TC NM ABR *de* **Tribunal Constitucional**.
TCI NF ABR *de* **Tarjeta de Circuito Impreso** PCB.
TDV NF ABR *de* **tabla deslizadora a vela**.
te¹ NF name of the letter t.
te² PRON PERS [a] (*acusativo*) you; **~ vi** I saw you. [b] (*dativo*) (to) you; **~ he traído esto** I've brought you this; **¿~ duele mucho el brazo?** does your arm hurt much? [c] (*reflexivo*) (to) yourself; **~ vas a caer** you'll fall; **~ equivocas** you're wrong; **¡cálmate!** calm yourself!, calm down!
té NM (*planta, bebida*) tea; (*reunión*) tea party.
tea NF (*antorcha*) torch.
teatral ADJ [a] (*grupo etc*) theatre *atr*, theater *atr* (*US*); (*dramático*) dramatic; **obra ~** dramatic work. [b] (*fig*) theatrical; (*dramático*) dramatic; **obra ~** dramatic work. [b] (*fig*) the-atrical; (*dramático*) dramatic; (*pey: exagerado*) histrionic.
teatralidad NF (*drama*) drama; (*pey: histrionismo*) histrionics, staginess.
teatralmente ADV (*fig*) theatrically.
teatrero/a (*fam*) [1] ADJ (*exagerado*) theatrical. [b] (*aficionado*) **ser muy ~** to be a great theatre-goer. [2] NM/F [a] (*aficionado*) theatre-goer. [b] (*artista*) theatre worker.
teatro NM [a] (*gen*) theatre, theater (*US*); **el ~** (*como profesión*) the theatre, the stage, acting; **~ del absurdo** theatre of the absurd; **~ de aficionados** amateur theatre; **~ de variedades** variety theatre, music hall, vaudeville theater (*US*). [b] (*Lit: género*) drama; (*obras de ~*) plays *pl*; **el ~ de Cervantes** Cervantes's plays; **~ del si-glo XVIII** 18th century drama. [c] (*Mil*) theatre; **~ de guerra** o **de operaciones** theatre of war, front. [d] (*fig*) **hacer ~** to make a fuss; (*exagerar*) to exaggerate; **él tiene mucho ~** he's terribly dramatic.
tebeo NM (children's) comic, comic book (*US*); **eso está más visto que el ~** that's old hat.
TEC NFPL ABR *de* **toneladas equivalentes de carbón**.
techado NM roof; (*cubierta*) covering; **bajo ~** under cover; indoors.
techar<1a> VT to roof (in o over).
techo NM [a] (*interior*) ceiling; (*exterior, Aut*) roof; **bajo ~** under cover, indoors; **bajo el mismo ~** under the same roof; **sin ~** (*persona*) homeless. [b] (*Aer*) ceiling. [c] (*fig*) limit, ceiling, upper limit; (*Fin*) ceiling; **ha tocado ~** it has reached its ceiling o limit.
techumbre NF roof.
tecito NM (*esp LAm*) cup of tea.
tecla NF (*Inform, Mús, Tip*) key; **dar en la ~** (*fam*) to get it right; **no le queda ninguna otra ~ por tocar** there's nothing else left for him to try; **~ de anulación/borrar** cancel/delete key; **~ de control/edición** control/edit key; **~ con flecha** arrow key; **~ programable** user-defined key; **~ de retorno/tabulación** return/tab key; **~ de cursor** cursor key.
teclado NM (*tb Inform*) keyboard, keys *pl*; **~ numérico** (*In-form*) numeric keypad.
teclear<1a> [1] VT (*Inform*) to key (in), type in, keyboard. [2] VI [a] (*mecanógrafa*) to type, key; (*en el piano*) to play. [b] (*fam: con los dedos*) to drum, tap. [c] (*And, CSur: fam: andar muy mal*) **ando tecleando** I'm doing very badly.
tecleo NM [a] (*Mús*) playing; (*de guitarra*) strumming. [b] (*fam: con los dedos*) drumming, tapping.
teclista NMF (*Inform*) keyboard operator, key-puncher.
técnica¹ NF technique; (*método*) method; (*destreza*) skill.
tecnicidad NF technicality.

tecnicismo NM [a] (*carácter técnico*) technical nature. [b] (*Ling*) technical term, technicality.

técnico/a² [1] ADJ technical. [2] NM/F technician; ~ **de mantenimiento** maintenance engineer; ~ **de sonido** sound engineer; ~ **de televisión** television engineer *o* repairman.

tecnicolor ® NM Technicolor ®; **en** ~ in Technicolor.

tecnócrata NMF technocrat.

tecnología NF technology; **alta** ~ high technology, advanced technology; ~ **de la información** information technology; ~ **punta** leading-edge technology.

tecnológico ADJ technological.

tecnólogo/a NM/F technologist.

tecolote NM [a] (*CAm, Méx*: *búho*) owl. [b] (*Méx fam*: *policía*) policeman, cop (*fam*).

tecomate NM (*CAm, Méx*) narrow-necked gourd, liquid container.

tedio NM boredom, tedium; **me produce** ~ it just depresses me.

tedioso ADJ boring, tedious.

Teherán NM Teheran.

teína NF theine.

teísmo NM theism.

teísta [1] ADJ theistic. [2] NMF theist.

teja¹ NF tile; **pagar a toca** ~ to pay on the nail; **de** ~**s abajo** in this world, in the natural way of things; **de** ~**s arriba** in the next world.

teja² NF lime (tree).

tejado NM (tiled) roof.

tejano/a [1] ADJ, NM/F Texan. [2] NM: ~**s** jeans.

tejar<1a> VT to tile; ~ **un techo** to tile a roof.

Tejas NM Texas.

tejedor(a) NM/F weaver.

tejemaneje NM (*fam*) [a] (*actividad*) bustle; (*bulla*) fuss; **se trae un tremendo** ~ he's making a tremendous to-do. [b] (*intriga*) intrigue.

tejer<2a> [1] VT [a] (*Cos*) to weave; (*tela de araña*) to spin; (*hacer punto*) to knit. [b] (*fig*: *un complot*) to weave; (*una mentira*) to fabricate. [2] VI: ~ **y destejer** to chop and change, do and undo (*US*).

tejido NM [a] (*tela*) material, fabric; ~**s** textiles; ~ **de punto** knitting. [b] weave; (*textura*) texture. [c] (*Anat*) tissue.

tejo¹ NM [a] (*aro*) ring, quoit; **echar** *o* **tirar los** ~**s** (*fig fam*) to make a play for somebody. [b] (*juego*) hopscotch.

tejo² NM (*Bot*) yew (tree).

tejón NM badger.

tel. ABR *de* **teléfono** tel.

tela NF [a] (*gen*) cloth, fabric; ~ **metálica** wire netting; ~ **de saco** sackcloth; **en** ~ (*libro*) clothbound. [b] (*Arte*: *lienzo*) canvas, painting. [c] web; ~ **de araña** spider's web, cobweb. [d] (*en líquido*) skin, film. [e] (*fig*: *materia*) subject, matter; **hay** ~ **para rato** there's lots to talk about; (*un trabajo*) it's a long job; (*un problema*) it's a tricky business; **el asunto trae mucha** ~ it's a complicated matter; **tiene** ~ (*fam*) there's a lot to it. [f] (*Fin fam*) dough (*fam*), money. [g] **poner en** ~ **de juicio** to (call in) question, cast doubt on.

telar NM loom; ~**es** textile mill *sg*.

telaraña NF cobweb, spider's web.

tele NF (*fam*) telly (*fam*), TV.

telebasura NF (*fam*) junk TV.

telecabina NF cable-car.

telecomedia NF TV comedy show.

telecompra NF tele-shopping.

telecomunicación NF telecommunication.

telecontrol NM remote control.

telediario NM television news bulletin.

teledifusión NF telecast.

teledirigido ADJ remote-controlled, radiocontrolled.

telef. ABR *de* **teléfono** tel.

teleférico NM cable railway, cableway, aerial tramway (*US*).

telefilm, telefilme NM TV film.

telefonazo NM (*fam*) telephone call; **te daré un** ~ I'll give you a ring, I'll call you up.

telefonear<1a> VT, VI to telephone, phone (up).

Telefónica NF: **la** ~ *Spanish national telephone company*.

telefónico ADJ telephonic, telephone *atr*; **llamada** ~**a** a telephone call.

telefonista NMF (telephone) operator, telephonist.

teléfono NM telephone, phone; (*número*) telephone number; ~ **de la esperanza** helpline; ~ **inalámbrico** *o* **sin hilos** cordless telephone; ~ **móvil** mobile (tele)phone; ~ **móvil (de coche)** car phone; **el** ~ **rojo** (*Pol*) the hot line; **está hablando por** ~ he's on the phone; **llamar a algn por** ~ to phone sb (up), ring sb up; **te llaman al** ~ you're wanted on the phone; **¿tienes** ~? are you on the phone?; **¿cuál es tu** ~? what's your phone number?

telegrafía NF telegraphy.

telegrafiar<1c> VT, VI to telegraph.

telegráfico ADJ telegraphic, telegraph *atr*.

telegrafista NMF telegraphist.

telégrafo NM telegraph.

telegrama NM telegram; **poner un** ~ **a algn** to send a telegram.

telele NM (*fam*) fit; **le dió un** ~ he had a fit.

telemando NM remote control.

telemarketing, telemárketing NM telesales *pl*.

telemática NF data transmission, telematics *pl*.

telemático ADJ telematic.

telémetro NM rangefinder.

telenovela NF soap (opera).

teleobjetivo NM telephoto lens, zoom lens.

teleología NF teleology.

teleoperador(a) NM/F telemarketing phone operator.

telepatía NF telepathy.

telepático ADJ telepathic.

telequinesia NF telekinesis.

telescópico ADJ telescopic.

telescopio NM telescope.

telesilla NF chair lift.

telespectador(a) NM/F viewer.

telesquí NM ski lift.

teletexto NM Teletext ®.

teletienda NF home shopping.

teletipo NM teletype, teleprinter.

televendedor(a) NM/F telesales person.

televenta NF telesales *pl*.

televenta(s) NF(PL) telesales.

televidente NMF viewer.

televisar<1a> VT to televise.

televisión NF television; ~ **en color** colour *o* (*US*) color television; ~ **por cable/satélite** cable/satellite television; **ver la** ~ to watch television.

televisivo ADJ [a] television *atr*; **serie** ~**a** television series. [b] (*de interés* ~) televisual; (*persona*) telegenic.

televisor NM television set.

télex NM telex.

telón NM (*Teat*) curtain; ~ **de acero** (*Pol*) iron curtain; ~ **de fondo** (*Teat*, *fig*) backdrop.

telonero/a NM/F (*Teat*) first turn, curtain-raiser; (*Mús*) support band *o* act.

telúrico ADJ terrestrial; (*fig*: *de la tierra*) earthy.

tema NM [a] (*gen*) theme; (*materia*) subject; (*Mús*) theme; (*motivo*) motif; (*Arte*) subject; ~ **de actualidad** current issue; ~**s de actualidad** current affairs; ~ **de conversación** talking point; **cada loco con su** ~ everyone's got their own axe *o* (*US*) ax to grind. [b] (*Ling*) stem.

temario NM (*Univ*) set of themes; (*oposiciones*) (set of) topics; (*de una conferencia*) agenda.

temática¹ NF (*conjunto de temas*) theme, subject; (*de obra, película*) subject matter.

temático/a² ADJ [a] thematic. [b] (*Ling*) stem *atr*.

tembladera NF (*fam*) violent shaking.

temblar<1j> VI [a] (*persona*: *de miedo*) to tremble, shake; (: *de frío*) to shiver; (*edificio*) to shake, shudder; (*tierra*) to shake; ~ **ante la escena** to shudder at the sight; **dejar una botella temblando** to use most of a bottle, make a bottle look pretty silly. [b] (*fig*) **tiemblo de pensar en lo**

que pueda ocurrir I shudder to think what may happen; **~ por su vida** to fear for one's life.

tembleque NM (*fam*) violent shaking, shaking fit; **le entró un ~** he got the shakes.

temblón ADJ (*persona*) trembling, shaking.

temblor NM trembling, shaking; (*esp LAm*) earth tremor; (*tb* **~ de tierra**) earthquake.

tembloroso ADJ (*persona*) trembling, tremulous; **con voz ~a** in a shaky voice, in a tremulous tone.

temer <2a> **1** VT **a** to fear, be afraid of; **~ hacer algo** to fear to do sth; **~ a Dios** to fear God.
b (*fig*) **teme que no vaya a volver** she's afraid he won't come back.
2 VI to be afraid; **no temas** don't be afraid; (*fig*) don't worry; **~ por la seguridad de algn** to fear for sb's safety.
3 **temerse** VR: **~ algo** to be afraid of sth, fear sth; **me lo temía** I feared as much; **mucho me temo que ya no lo encontrarás** I very much doubt you'll find it now.

temerario ADJ (*persona, acto*) rash; (: *audaz*) bold; (*juicio: apresurado*) hasty.

temeridad NF **a** (*imprudencia*) rashness; (*audacia*) boldness; (*prisa*) hastiness. **b** (*acto*) rash act.

temeroso ADJ **a** (*tímido*) timid; (*miedoso*) fearful. **b** **~ de Dios** God-fearing.

temible ADJ fearsome, frightful.

temor NM fear; (*sospecha*) suspicion; (*recelo*) mistrust; **~ a** fear of; **por ~** from fear; **por ~ a** for fear of; **sin ~ a** fearless of.

témpano NM (*tb* **~ de hielo**) ice floe; **como un ~** as cold as ice, ice-cold; **quedarse como un ~** (*fam*) to be chilled to the bone.

temperamental ADJ temperamental.

temperamento NM (*manera de ser*) temperament, nature; **tener ~** to be temperamental.

temperancia NF temperance; (*moderación*) moderation.

temperar <1a> **1** VT (*moderar*) to temper, moderate; (*calmar*) to calm. **2** VI (*LAm: veranear*) to spend the summer, have a change of climate.

temperatura NF temperature; **a ~ (de) ambiente** at room temperature.

tempestad NF (*Met*) storm; **~ de arena** sandstorm; **~ de nieve** snowstorm; **~ en un vaso de agua** storm in a teacup, tempest in a teapot (*US*); **levantar una ~ de protestas** to raise a storm of protest.

tempestuoso ADJ stormy.

templado ADJ **a** (*moderado*) moderate, restrained; **nervios ~s** steady nerves. **b** (*agua*) lukewarm; (*clima*) mild, temperate; (*Geog: zona*) temperate. **c** (*Mús*) in tune, well-tuned. **d** (*valiente*) brave, courageous.

templanza NF **a** (*moderación*) moderation, restraint. **b** (*Met*) mildness.

templar <1a> **1** VT **a** (*gen*) to temper; (*moderar*) to moderate; (*cólera*) to restrain, control; (*clima*) to make mild; (*calor*) to reduce; (*algo caliente*) to cool down; (*Quím: solución*) to dilute.
b (*calentar: cuarto, agua*) to warm up.
c (*Mús*) to tune (up).
d (*acero*) to temper.
e (*Arte: colores*) to blend.
2 **templarse** VR **a** (*persona*) to be moderate; (*contenerse*) to be restrained.
b (*agua, ambiente*) to warm up, get warm.

templario NM Templar.

temple NM **a** (*Téc: metal, vidrio*) temper. **b** (*Mús*) tuning.
c (*humor*) mood; **estar de mal ~** to be in a bad mood.
d (*coraje*) courage. **e** (*pintura*) distemper; (*Arte*) tempera; **pintar al ~** to distemper.

templete NM **a** pavilion. **b** (*Rel: en iglesia*) shrine.

templo NM temple; (*iglesia*) church; (*capilla*) chapel; **~ metodista** Methodist chapel; **~ protestante** Protestant church; **como un ~** (*fam*) huge, tremendous; **una verdad como un ~** a glaring truth.

tempo NM tempo.

temporada NF time; (*Met*) period; (*período*) spell; (*del año, social, Dep*) season; **~ alta/baja** high/low season; **~ de fútbol/de ópera** football/opera season; **~ de**

exámenes examination period; **~ de lluvias** rainy spell; **en plena ~** at the height of the season; **de fuera de ~** off-season; **por ~s** on and off.

temporal **1** ADJ **a** (*provisional*) temporary; (*trabajo*) temporary, casual. **b** (*Rel*) temporal; **poder ~** temporal power. **2** NM (*tormenta*) storm; **capear el ~** (*fig*) to weather the storm, ride out the storm.

temporalmente ADV temporarily.

temporario ADJ (*LAm: provisional*) temporary.

temporero/a **1** ADJ (*obrero*) temporary, casual; (*por estaciones*) seasonal. **2** NM/F casual worker; (*por estaciones*) seasonal worker.

temporizar <1f> VI to temporize.

tempranear <1a> VI (*LAm*) to get up early.

tempranero ADJ **a** (*fruta*) early. **b** (*persona*) early-rising.

temprano **1** ADJ **a** (*fruta*) early. **b** (*años*) youthful; (*obra, período*) early. **2** ADV early; (*demasiado ~*) too early, too soon.

tenacidad NF **a** tenacity. **b** (*empeño*) persistence; (*terquedad*) stubbornness.

tenacillas NFPL (*para azúcar*) sugar tongs; (*para cabello*) curling tongs, curling iron *sg* (*US*); (*Med*) tweezers, forceps.

tenaz ADJ (*persona*) tenacious; (*mancha*) stubborn, hard to remove; (*dolor*) persistent; (*creencia, resistencia*) stubborn.

tenazas NFPL (*Téc*) pliers, pincers; (*para el fuego*) (fire) tongs; **unas ~s** a pair of pliers.

tenca NF (*pez*) tench.

tendal NM (*LAm fam: un montón de cosas*) heap, lot; (: *cosas desparramadas*) lot of scattered objects; (: *confusión*) confusion; **un ~ de** a lot of, a whole heap of.

tendalada NF (*LAm fam*) a lot of (scattered) objects *o* people; **una ~ de** (*fam*) a lot of, loads of (*fam*).

tendedero NM (*para tender ropa: lugar*) drying place; (: *cuerda*) clothesline.

tendencia NF (*curso, dirección*) tendency, trend; (*propensión*) inclination; **~ imperante** dominant trend, prevailing tendency; **~s del mercado** (*Fin*) run *sg* of the market; **tener ~ a hacer algo** to have a tendency *o* tend *o* be inclined to do sth.

tendenciosidad NF tendentiousness.

tendencioso ADJ tendentious.

tendente ADJ: **una medida ~ a hacer algo** a measure designed to do sth.

tender <2g> **1** VT **a** (*estirar*) to stretch; (*desplegar*) to spread (out); (*mantel*) to spread; **tendieron el cadáver sobre el suelo** they laid the corpse out on the floor.
b (*ropa*) to hang out; (*cuerda*) to hang (*de* from); (*mano*) to stretch out, reach out; (*puente, ferrocarril*) to build; (*cable, vía*) to lay.
c (*trampa*) to set (*a* for).
d (*LAm*) **~ la cama** to make the bed; **~ la mesa** to lay the table.
2 VI: **~ a** to tend to, have a tendency towards; **~ a hacer algo** to tend to do sth; **el color tiende a verde** the colour *o* (*US*) color tends towards green; **ella tiende al pesimismo** she has a tendency to be pessimistic.
3 **tenderse** VR **a** (*acostarse*) to lie down; (*estirarse*) to stretch (o.s.) out.
b (*caballo*) to run at full gallop.

tenderete NM (*puesto de mercado*) market stall.

tendero/a NM/F shopkeeper.

tendido **1** ADJ **a** (*persona*) lying down; (*plano*) flat.
b (*galope*) fast, flat out.
2 NM **a** (*ropa lavada*) washing.
b (*Taur*) front rows of seats.
c (*de cable, vía*) laying; **~ eléctrico** overhead cables *pl o* lines *pl*.

tendón NM tendon, sinew.

tenebrosidad NF **a** (*poet: oscuridad*) darkness, gloom(iness). **b** (*fig: lo sombrío*) gloominess, blackness.
c (*fig: lo siniestro*) sinister nature, shadiness.

tenebroso ADJ **a** (*oscuro*) dark; (*sombrío*) gloomy, dismal. **b** (*fig: perspectiva*) gloomy, dim, black. **c** (*pey: complot*) sinister; (*pasado*) shady.

tenedor(a) **1** NM/F (*Com, Fin*) holder, bearer; **~ de**

acciones shareholder; **~ de libros** book-keeper; **~ de póliza** policyholder. ⊡ NM (*de mesa*) fork.

teneduría NF: **~ de libros** book-keeping.

tenencia NF ⓐ tenancy, occupancy; (*de oficina*) tenure; (*de propiedad*) possession; **~ asegurada** security of tenure; **~ ilícita de armas** illegal possession of weapons. ⓑ (*cargo político*) mayorship; (*período*) period of office as mayor. ⓒ (*Mil*) lieutenancy.

▼**tener** <2k> ① VT ⓐ (*gen*) to have (got); (*poseer*) to own; **~ dinero** to have money; **hemos tenido muchas dificultades** we have had a lot of difficulties; **¿tienes un boli?** have you got a pen?; **va a ~ un niño** she's going to have a baby; **de bueno no tiene nada** there's nothing good about it; V **particular**; **suerte (c)**.
ⓑ (*edad*) **~ 7 años** to be 7 (years old).
ⓒ (*medida*) **~ 5 cm de ancho** to be 5 cm wide; V **largo 2 (a)**.
ⓓ (*sostener*) to hold (on to); **ten esto** hold on to this; **¡ten!, ¡tenga!, ¡aquí tiene!** here you are!; **lo tenía en la mano** he was holding it in his hand.
ⓔ (*contener*) to hold, contain; **una caja para ~ el dinero** a box to keep *o* put the money in.
ⓕ (*sentimientos*) to have; **le tengo mucho cariño** I'm very fond of him.
ⓖ (*sensación*) **~ hambre/sed/calor/frío** to be hungry/thirsty/hot/cold; **¿qué tienes?** what's the matter with you?
ⓗ (*pensar, considerar*) to think, consider; **~ a bien hacer algo** to see fit to do sth; **~ a algn en más/menos** to think all the more/less of sb; **~ a algn por** + *adj* to consider sb to be + *adj*; **le tengo por poco honrado** I consider him to be rather dishonest; **ten por seguro que ...** rest assured that ....
ⓘ (+ *adj*) **procura ~ contentos a todos** he tries to keep everybody happy; V **cuidado (b)**; **frito**.
ⓙ (*algo que* + *infin*) **tengo trabajo que hacer** I have work to do.
ⓚ (+ *que* + *infin*) **~ que hacer algo** to have to do sth; **tengo que comprarlo** I have to *o* I must buy it; **tiene que ser así** it has to be this way; **¡tú tenías que ser!** it would be you!, it had to be you!
ⓛ (+ *pp*) **tenía el sombrero puesto** he had his hat on; **nos tenían preparada una sorpresa** they had prepared a surprise for us; **tenía pensado llamarte** I had been thinking of phoning you.
ⓜ (*modismos*) **¡ahí lo tienes!** there you are!, there you have it!; **¿(conque) ésas tenemos?** so that's the game, is it!; **no ~las todas consigo** (*dudar*) to be dubious *o* unsure; (*desconfiar*) to be uneasy, be wary; **~lo fácil/difícil** to have it easy/hard.
ⓝ (*esp Méx*) **tienen 3 meses de no cobrar** they haven't been paid for 3 months.
② **tenerse** VR ⓐ (*tb ~ en pie*) to stand (up); **~ firme** to stand upright; (*fig*) to stand firm; **no (poder) ~ (en pie)** to be all in, be tired out.
ⓑ **~ sobre algo** to lean on sth.
ⓒ (*fig: controlarse*) to control o.s.
ⓓ (*considerarse*) **~ por** to consider o.s. to be, think o.s.; **se tiene por muy listo** he thinks himself very clever.

Tenerife NM Tenerife.

tenga, tengo *etc* V **tener**.

tenia NF tapeworm.

tenida NF (*CSur: traje*) suit, outfit; (*uniforme*) uniform.

teniente NMF ⓐ lieutenant; **~ coronel** lieutenant-colonel; **~ general** lieutenant-general. ⓑ **~ de alcalde** deputy mayor.

tenis ① NM tennis; **~ de mesa** table tennis. ② NMPL tennis shoes, sandshoes.

tenista NMF tennis player.

tenor¹ NM (*Mús*) tenor.

tenor² NM tenor; (*sentido*) meaning, sense; **el ~ de esta declaración** the sense of this statement; **a este ~** in this fashion; **a ~ de** in accordance with.

tenorio NM (*fam*) ladykiller, Don Juan.

tensar <1a> VT to tauten; (*arco*) to draw.

tensión NF ⓐ (*física*) tension, tautness; (*Mec*) stress; **~**

superficial surface tension. ⓑ (*de gas etc*) pressure. ⓒ (*Elec: voltaje*) voltage, tension; **alta ~** high tension; **cable de alta ~** high-tension cable. ⓓ (*Anat*) **~ arterial** blood pressure; **tener la ~ alta** to have high blood pressure; **tomarse la ~** to have one's blood pressure taken. ⓔ (*Med*) tension; (*estrés*) strain, stress; **~ nerviosa** nervous strain; **estar en ~** to be under strain; **con los músculos en ~** with one's muscles all tensed up. ⓕ (*fig*) tension, tenseness; **~ racial** racial tension.

tenso ADJ ⓐ (*tirante*) tense, taut. ⓑ (*fig: situación*) tense; (*relaciones*) strained; **es una situación muy ~a** it is a very tense situation.

tensor NM (*Téc*) guy, strut; (*Anat*) tensor.

tentación NF ⓐ (*atractivo*) temptation; **resistir (a) la ~** to resist temptation; (*fam: objetos*) tempting thing; **las gambas son mi ~** I can't resist prawns.

tentáculo NM (*Zool*) tentacle.

tentador(a) ① ADJ tempting. ② NM/F tempter/temptress.

tentar <1k> VT ⓐ (*tocar, sentir*) to touch, feel; (*Med*) to probe; **ir tentando el camino** to feel one's way. ⓑ (*probar*) to test, try (out). ⓒ (*Rel, tb seducir etc*) to tempt; (*atraer*) to attract; **me tentó con una copita de anís** she tempted me with a glass of anisette; **no me tienta nada la idea** the idea doesn't attract me at all; **~ a algn a hacer algo** to tempt sb to do sth.

tentativa NF (*intento*) attempt; (*Jur*) criminal attempt; **~ de asesinato** attempted murder.

tentempié NM (*fam*) snack, bite.

tenue ADJ ⓐ (*tela, velo*) thin, fine. ⓑ (*aire*) thin; (*línea*) faint; (*sonido*) faint.

teñido NM dying.

teñir <3h, 3k> ① VT ⓐ to dye; (*colorar*) to tinge, colour, color (*US*); **~ una prenda de azul** to dye a garment blue. ⓑ (*fig: matizar*) to tinge (*de* with); **un poema teñido de añoranza** a poem tinged with longing. ② **teñirse** VR ⓐ **~ de** (*líquido etc*) to turn. ⓑ **~ el pelo** to dye one's hair.

teocali, teocalli NM (*Méx Hist: templo antiguo*) ancient Mexican temple.

teocracia NF theocracy.

teocrático ADJ theocratic.

teología NF theology.

teológico ADJ theological.

teólogo/a NM/F theologian, theologist.

teorema NM theorem.

teoría NF theory; **~ atómica** atomic theory; **~ cuántica** quantum theory; **en ~** in theory, theoretically.

teóricamente ADV theoretically, in theory.

teórico/a ① ADJ theoretic(al). ② NM/F theoretician.

teorización NF theorizing.

teorizar <1f> VI to theorize.

teosofía NF theosophy.

tequila NF tequila.

TER NM ABR *de* **Tren Español Rápido**.

terapeuta NMF therapist.

terapéutica NF therapeutics *sg*.

terapéutico ADJ therapeutic(al).

terapia NF therapy; **~ de grupo** group therapy; **~ laboral** *u* **ocupacional** occupational therapy.

tercamente ADV stubbornly.

tercer V **tercero**.

tercera¹ NF ⓐ (*Mús*) third. ⓑ (*Aut*) third (gear). ⓒ (*clase*) third class; V *tb* **tercero**.

tercería NF (*arbitración*) mediation, arbitration; (*pey: de los alcahuetes*) pimping.

tercermundista ADJ third-world *atr*; (*pey, fig*) under-developed.

tercero/a² ① ADJ (*before nm sing* **tercer**) third; **T~ Mundo** Third World; **la ~a vez** the third time; **a la ~a va la vencida** third time lucky; V *tb* **sexto 1**. ② NM ⓐ (*árbitro*) mediator, arbitrator; (*Jur*) third party. ⓑ (*piso*) third floor.

terceto NM ⓐ (*Mús*) trio. ⓑ (*Lit*) triplet.

terciado ADJ ⓐ **azúcar ~a** brown sugar. ⓑ **llevar algo ~** to wear sth crosswise *o* across one's chest *etc*; **con el sombrero ~** with his hat at a rakish angle. ⓒ **está ~ ya**

➤ EXPRESIONES GENERATIVAS: **tener → 9, 13**

a third of it has gone o been used already.

terciar <1b> **1** VT **a** (*Mat: dividir en tres*) to divide into three.
b (*inclinar*) to slant; (*banda*) to wear (diagonally) across one's chest; (*sombrero*) to tilt.
2 VI (*mediar*) to mediate; (*participar*) ~ **en** to take part in, join in; ~ **entre dos rivales** to mediate between two rivals.
3 **terciarse** VR: **si se tercia, él también sabe hacerlo** on occasion he knows how to do it too, in the right circumstances he can manage too.

terciario ADJ tertiary.
tercio NM **a** third; **dos ~s** two thirds. **b** (*Taur: etapa*) stage, part (of the bullfight). **c** (*Mil, Hist*) regiment, corps.
terciopelo NM velvet.
terco ADJ obstinate, stubborn; ~ **como una mula** as stubborn as a mule.
tergal ® NM Terylene ®.
tergiversación NF (*falsificación*) distortion, misrepresentation.
tergiversar <1a> VT to distort; (*torcer el sentido*) twist (the sense of), misrepresent.
termal ADJ thermal.
termas NFPL hot springs/baths.
termes NM INV termite.
térmico ADJ thermic, heat *atr*; (*corriente*) thermal.
terminación NF **a** (*gen*) ending. **b** (*conclusión*) conclusion. **c** (*Ling*) ending.
terminado NM (*Téc*) finish(ing).
terminal **1** ADJ (*final*) terminal; **los enfermos ~es** the terminally ill. **2** NM (*Elec*) terminal. **3** NF (*Inform, Náut, Ferro*) terminal.
terminante ADJ final; (*definitivo*) definitive; (*decisión*) final; (*respuesta*) categorical, conclusive; (*negativa*) flat, forthright; (*prohibición*) strict.
▼**terminantemente** ADV (*V adj*) finally, decisively, definitively; categorically, conclusively; flatly; strictly; **queda ~ prohibido ... + infin** it is strictly forbidden to ... + infin.
terminar <1a> **1** VT to end; (*concluir*) to conclude; (*acabar*) to finish.
2 VI (*objeto*) to end, finish; **termina en punta** it ends in a point; **termina en vocal** it ends in o with a vowel; **esto va a ~ en tragedia** this will end in tragedy.
b to end (up), finish; **al ~ el acto** at the end of the ceremony; ~ **de hacer algo** to finish doing sth; **cuando termine de hablar** when he finishes speaking; **terminaba de salir del baño** she had just got out of the bath; ~ **por hacer algo** to end (up) by doing sth; **terminó marchándose enfadado** he ended up (by) going off in a huff; **terminó diciendo que ...** he ended by saying that ....
3 **terminarse** VR **a** (*obra, acto etc*) to end, come to an end.
b (*provisiones etc*) to run out; **se nos ha terminado el vino** we've run out of wine.
término NM **a** (*fin*) end, conclusion; **dar ~ a** to finish off, conclude; **llevar a feliz ~** to carry through to a happy conclusion; **poner ~ a** to put an end to.
b (*Ferro*) terminus.
c (*Mat, Fil*) term; ~ **medio** average; **por ~ medio** on the average; **en último ~** as a last resort, if there is no other way out.
d (*Pol*) area, district; ~ **municipal** township.
e (*plazo*) term, period; **en el ~ de 10 días** within a period of 10 days.
f (*en discusión*) point; **invertir los ~s** to stand an argument on its head; (*fig*) to switch things round completely.
g (*Ling*) term; **según los ~s del contrato** according to the terms of the contract; **en ~s generales** generally speaking.
h **estar en buenos ~s con algn** to be on good terms with sb.
terminología NF terminology.
terminológico ADJ terminological.

termita NF, NM termite.
termo NM thermos flask.
termo... PREF thermo....
termoaislante ADJ heat-insulating.
termodinámica NF thermodynamics *sg*.
termodinámico ADJ thermodynamic.
termoeléctrico ADJ thermoelectric.
termómetro NM thermometer.
termonuclear ADJ thermonuclear.
termostato NM thermostat.
terna NF list of three candidates (*among whom a final choice is made*), shortlist.
ternario ADJ ternary.
ternera[1] NF (*Culin*) veal.
ternero/a[2] NM/F (*Agr*) calf.
terneza NF **a** (*ternura*) tenderness. **b** (*fam: palabras*) ~**s** sweet nothings.
ternilla NF gristle; (*cartílago*) cartilage.
terno NM set o group of three; (*traje*) three-piece suit; (*LAm*) (any) suit.
ternura NF **a** tenderness; (*cariño*) affection. **b** (*fam: palabra*) endearment.
terquedad NF obstinacy, stubbornness.
terracota NF terracotta.
terrado NM **a** flat roof. **b** (*fam: cabeza*) nut (*fam*), bonce (*fam*).
terral NM (*LAm: polvareda*) cloud of dust.
Terranova NF Newfoundland.
terraplén NM **a** (*Ferro*) embankment; (*Agr*) terrace; (*Mil*) rampart, bank. **b** (*cuesta*) slope.
terráqueo ADJ: **globo** ~ globe.
terrateniente NMF landowner.
terraza NF **a** (*Arquit: techo*) flat roof; (*balcón*) balcony; (*azotea*) terrace. **b** (*Agr*) terrace. **c** (*jardín*) flowerbed. **d** (*café*) pavement café.
terrazo NM terrazzo.
terremoto NM earthquake.
terrenal ADJ worldly.
terreno **1** ADJ (*de la tierra*) earthly, worldly.
2 NM **a** (*gen*) terrain; (*tierra, suelo*) earth, ground; (*Agr*) land; **los accidentes del** ~ the characteristics of the terrain; ~ **abonado para el vicio** hotbed of vice, breeding ground of vice; **en todos los ~s** in any place you care to name; **sobre el** ~ on the spot; **resolveremos el problema sobre el** ~ we will solve the problem as we go along; **ceder/perder** ~ to give/lose ground (*a, ante* to); **ganar** ~ to gain ground; **medir el** ~ (*fig*) to see how the land lies; **preparar el** ~ (*fig*) to pave the way (*a* for).
b (*un* ~) piece of land/ground; (*para construcción*) plot, site; (*Agr*) plot, field; (*Dep*) field, pitch, ground; ~ **de juego** (*Dep*) field of play, pitch; ~ **de pasto** pasture; ~**s protegidos** conservation area.
c (*fig: campo de actividad*) field, sphere; **en el ~ de la química** in the field of chemistry.
terrestre ADJ (*gen*) terrestrial; (*de la tierra*) earthly; (*ruta*) land *atr*, overland; (*ejército*) ground *atr*.
terrible ADJ terrible, awful.
terriblemente ADV terribly, awfully.
terrícola NMF earthling.
territorial ADJ territorial.
territorio NM territory; ~ **bajo mandato** mandated territory.
terrón NM **a** (*Geol*) clod, lump. **b** (*de harina, azúcar*) lump; **azúcar en ~es** lump sugar. **c** (*Agr*) field, patch (of land).
terror NM terror; **película de** ~ horror film.
terrorífico ADJ terrifying, frightening.
terrorismo NM terrorism.
terrorista ADJ, NMF terrorist.
terroso ADJ earthy.
terruño NM (*parcela de tierra*) plot, piece of ground; (*fig: tierra nativa*) native soil; **apego al** ~ attachment to one's native soil.
terso ADJ **a** (*liso*) smooth; (*que brilla*) shining; **piel ~a** smooth skin. **b** (*estilo*) polished.
tersura NF (*suavidad*) smoothness; (*brillo*) shine.

➤ EXPRESIONES GENERATIVAS: **terminantemente** → 14.3

tertulia NF (*reunión*) social gathering; (*en café*) group; **~ literaria** literary circle o gathering; **~ radiofónica** (radio) talk show; **estar de ~** to talk, sit around talking; **hacer ~** to get together, meet informally and talk.

tesela NF tessera.

Teseo NM Theseus.

tesina NF (*Univ*) minor thesis, dissertation.

tesis NF INV thesis.

tesitura NF attitude, frame of mind.

tesón NM tenacity, persistence; **resistir con ~** to resist firmly, resist staunchly.

tesorería NF (*cargo*) treasurership, office of treasurer.

tesorero/a NM/F treasurer.

tesoro NM 〔a〕 treasure; **~ escondido** buried treasure; **valer un ~** to be worth a fortune. 〔b〕 (*Fin, Pol etc*) treasury; **T~ público** Exchequer, Treasury. 〔c〕 (*Lit*) thesaurus. 〔d〕 (*fig*) treasure; **¡sí, ~!** yes, my darling!; **tenemos una cocinera que es todo un ~** we have a real gem of a cook.

test [tes] NM (*pl* **~s** [tes]) test; **~ de embarazo** pregnancy test; **examen tipo ~** multiple-choice exam.

testa NF head; **~ coronada** crowned head.

testador(a) NM/F testator/testatrix.

testaferro NM front man.

testamentario/a 〔1〕 ADJ testamentary. 〔2〕 NM/F executor/executrix.

testamento NM 〔a〕 will, testament; **hacer ~** to make one's will. 〔b〕 **Antiguo T~** Old Testament; **Nuevo T~** New Testament.

testar<1a> VI to make a will.

testarada NF, **testarazo** NM (*fam*) bump on the head; **darse una ~** to bump one's head.

testarudez NF stubbornness, pigheadedness.

testarudo ADJ stubborn, pigheaded.

testes NMPL testes.

testículo NM testicle.

testificar <1g> 〔1〕 VT 〔a〕 (*atestiguar*) to attest; (*dar testimonio*) to testify to, give evidence of. 〔b〕 (*fig: atestiguar*) to attest, testify to. 〔2〕 VI (*dar testimonio*) to testify, give evidence; **~ de** (*atestiguar*) to attest; (*dar testimonio*) to testify to, give evidence of.

testigo 〔1〕 NMF (*Jur*) witness; **~ de cargo** witness for the prosecution; **~ de descargo** witness for the defence o (*US*) defense; **~ ocular** o **presencial** eyewitness; **poner a algn por ~** to cite sb as a witness. 〔2〕 NM (*Dep*) baton.

testimonial ADJ token, nominal.

testimoniar <1b> VI (*testificar*) to testify to, bear witness to; (*fig: mostrar*) to show.

testimonio NM (*Jur: deposición*) testimony, evidence; (: *afidávit*) affidavit; **falso ~** perjured evidence; **dar ~** to testify (*de* to), give evidence (*de* of); **en ~ de mi afecto** as a token o mark of my affection.

testosterona NF testosterone.

testuz NM (*frente*) forehead; (*nuca*) nape (of the neck).

teta NF (*de botella*) teat, nipple (*US*); (*fam!*) breast; (*fam!*) tit (*fam!*), boob (*fam!*); **dar (la) ~ a** to suckle, breast-feed; **quitar la ~ a** to wean; **niño de ~** baby at the breast.

tétanos NM tetanus.

tete NM (*CSur fam*: *lío*) mess, trouble.

tetera¹ NF teapot.

tetera² NF (*Méx*: *biberón*) feeding bottle.

tetilla NF 〔a〕 (*Anat*: *de hombre*) nipple. 〔b〕 (*de biberón*) rubber teat, nipple (*US*).

tetina NF teat.

tetona ADJ (*fam*) busty (*fam*).

tetra brik ®, **tetrabrik** ® NM INV Tetra-Pak ®, carton.

tetraedro NM tetrahedron.

tétrico ADJ (*pensamiento*) gloomy, dismal; (*humor*) pessimistic; (*luz*) dim.

tetuda ADJ (*fam*) busty (*fam*).

teutón/ona 〔1〕 ADJ Teutonic. 〔2〕 NM/F Teuton.

teutónico ADJ Teutonic.

textil 〔1〕 ADJ textile. 〔2〕 NM: **~es** textiles.

texto NM text; **libro de ~** textbook.

textual ADJ 〔a〕 (*Lit*) textual. 〔b〕 (*fig: exacto*) exact; (*literal*)

literal; **son sus palabras ~es** those are his exact words.

textualmente ADV 〔a〕 (*Lit*) textually. 〔b〕 (*fig: exactamente*) exactly; (*literalmente*) literally; **dice ~ que ...** he says (and I quote) that ....

textura NF texture.

tez NF complexion.

tezontle NM (*Méx*) volcanic rock (*for building*).

Tfno., tfno. ABR *de* **teléfono** tel.

TGV NM ABR *de* **tren de gran velocidad** APT.

ti PRON PERS (*después de prep*) you; (*reflexivo*) yourself; **es para ~** it's for you; **¿lo has comprado para ~?** did you buy it for yourself?

tía NF 〔a〕 aunt; **~ abuela** great-aunt; **¡no hay tu ~!** (*fam*) nothing doing! 〔b〕 (*fam: mujer*) woman; (*chica*) bird (*fam*), chick (*fam*), girl; **~ buena** cracker (*fam*), stunner (*fam*); **¡~ buena!** hi, gorgeous!; **las ~s piensan así** that's the way women think.

tianguis NM (*CAm, Méx*) (open-air) market.

TIAR NM ABR *de* **Tratado Interamericano de Asistencia Recíproca.**

tiara NF tiara.

tiarrón NM (*fam*) big guy (*fam*), huge fellow.

tiarrona NF (*fam*) big girl.

Tíber NM Tiber.

Tibet NM: **El ~** Tibet.

tibetano/a 〔1〕 ADJ, NM/F Tibetan. 〔2〕 NM (*Ling*) Tibetan.

tibia NF tibia.

tibieza NF 〔a〕 (*de líquidos*) lukewarmness, tepidness. 〔b〕 (*fig*) coolness.

tibio ADJ 〔a〕 (*agua*) lukewarm, tepid. 〔b〕 (*fig: persona, creencia*) lukewarm; (*recibimiento*) cool. 〔c〕 **poner ~ a algn** (*fam*) to hurl abuse at sb; (*indirectamente*) to say dreadful things about sb.

tiburón NM (*lit, fig*) shark.

tic NM (*pl* **~s**) 〔a〕 click; (*de reloj*) tick(tock). 〔b〕 (*Med*) tic. 〔c〕 (*fig: costumbre*) habit.

tícket ['tike] NM (*pl* **~s** ['tike]) ticket.

tico/a ADJ, NM/F (*CAm fam*) Costa Rican.

tictac NM (*de reloj*) tick, ticktock; **hacer ~** to tick, go ticktock.

tiempo NM 〔a〕 (*gen*) time; **~ libre** spare time, free time; **~ muerto** (*Dep*) time-out; (*fig*) breather, time-out; **a ~** in time; (*temprano*) early; **a un ~, al mismo ~** at the same time; **a su debido ~** in due course; **al poco ~** soon after; **al (mismo) ~ que** at the (same) time as; **a ~ completo/parcial** full-time/part-time; **cada cierto ~** every so often; **con ~** in time, in good time; **con el ~** eventually; **¡cuánto ~ sin verte!** long time no see!; **¿cuánto ~ se va a quedar?** how long is he staying for?; **de un o algún ~ a esta parte** for some time past; **andando el ~** in due course, in time; **el ~ apremia** time presses; **dale ~** give him time; **no me da ~ a terminar** I have no time to finish; **dar ~ al ~** to let matters take their course; **demasiado ~** too long; **no puede quedarse más ~** he can't stay any longer; **el ~ es oro** time is precious; **el ~ dirá** time will tell; **ganar ~** to save time; **hacer ~** to while away the time, kill time; **matar el ~** to kill time; **hace mucho ~** a long time ago; **perder el ~** to waste time; **sin perder ~** without delay; **sacar ~ para hacer algo** to take time out to do sth; **tener ~ para** to have time for; **tómate el ~ que quieras** take as long as you want.

〔b〕 (*limitado, específico*) time; (*período*) period; (*época*) age; **~s modernos** modern times; **a través de los ~s** through the ages; **en ~ de los griegos** in the time of the Greeks; **en mis ~s** in my day; **en los buenos ~s** in the good old days; **en otros ~s** formerly; **en los últimos ~s** recently, lately, in recent times; **~ de sequía** period of drought; **hay que ir con los ~s** one must keep abreast of the times.

〔c〕 (*de persona: edad*) age; **¿cuánto o qué ~ tiene el pequeño?** how old is the child?

〔d〕 (*Dep*) half; **primer ~** first half.

〔e〕 (*Mús*) tempo, time; (*de sinfonía etc*) movement.

〔f〕 (*Ling*) tense; **~ compuesto** compound tense; **en ~ presente** in the present tense.

|g| (*Met*) weather; **hace buen/mal ~** the weather is fine/bad; **a mal ~, buena cara** one must make the best of a bad job. |h| (*Inform*) time; **~ compartido** time sharing; **~ de ejecución** run time; **en ~ real** real time. |i| (*Com*) time; **~ de paro/preferencial/real** idle/prime/real time; **~ inactivo** downtime.

tienda NF |a| (*Com*) shop, store; **~ de comestibles** o **ultramarinos** grocer's (shop), grocery (*US*); **ir de ~s** to go shopping; **poner ~** to set up shop. |b| (*Náut*) awning; **~ de campaña** tent; **~ de oxígeno** oxygen tent.

tienta NF: **a ~s** gropingly, blindly; **andar a ~s** to feel one's way.

tiento NM |a| (*sentido*) feel(ing), touch; **echar un ~ a una chica** to make a pass at a girl. |b| (*fig fam: tacto*) tact; **ir con ~** to go carefully. |c| (*Arte: pulso*) steadiness of hand, steady hand. |d| (*fam: trago*) swig (*fam*); **dar un ~ to** take a swig (*a* from).

tiernamente ADV tenderly.

tierno ADJ (*gen*) tender; (*blando*) soft.

tierra NF |a| (*Astron: el mundo*) earth, world. |b| (*superficie*) land; **~ firme** dry land; **~ de nadie** no-man's-land; **~ quemada** scorched earth; **~ adentro** inland; **por ~** by land, overland; **¡~ a la vista!** land ahoy!; **echar a ~** to demolish, pull down; **echar** o **tirar algo por ~** to ruin sth, upset sth; **poner ~ por medio** to get out quick, get as far away as possible; **tocar ~** (*Aer*) to touch down; **tomar ~** (*Aer*) to land, come down; (*Náut*) to reach port. |c| (*Geol etc*) land, soil, earth, ground; **~ batida** (*Dep*) clay (court); **~ vegetal** topsoil; **un saco de ~** a bagful of soil; **echar ~ a un asunto** to hush an affair up. |d| (*Agr*) land; **~s** lands; (*finca*) estate(s); **~ baldía** wasteland. |e| (*Pol etc*) country; **su ~** (*país*) one's own country; (*región*) one's own region; **~ natal/prometida** native/promised land; **no es de estas ~s** he's not from these parts. |f| (*Elec*) earth, ground (*US*); **conectar un aparato a ~** to earth o (*US*) ground a piece of equipment. |g| (*LAm*) dust.

tierra-aire ATR: **misil ~** surface-to-air missile.

tierral NM (*LAm*) = **terral**.

Tierra Santa NF Holy Land.

tierra-tierra ATR: **misil ~** surface-to-surface missile.

tieso ADJ |a| (*rígido*) rigid; (*erguido*) erect; (*tenso*) taut; **con las orejas ~as** with its ears erect; **dejar ~ a algn** (*fam, fig*) to do sb in (*fam*); **quedarse ~** (*fig: de frío*) to be frozen stiff. |b| (*fig: sano*) fit; **le encontré muy ~ a pesar de su enfermedad** I found him very fit in spite of his illness. |c| (*fig: conducta*) stiff; (: *actitud*) rigid; **me recibió muy ~** he received me very coldly. |d| (*fam: orgulloso*) proud; (: *presumido*) conceited, stuck-up (*fam*); (: *pagado de sí mismo*) smug.

tiesto NM (*maceta*) flowerpot.

tiesura NF |a| (*rigidez*) stiffness, rigidity. |b| (*fam: presunción*) conceit.

tifoidea NF (*tb* **fiebre ~**) typhoid.

tifón NM |a| (*huracán*) typhoon. |b| (*tromba*) waterspout.

tifus NM (*Med*) typhus; **~ exantemático** spotted fever; **~ icteroides** yellow fever.

tigre NM |a| tiger; (*LAm*) jaguar. |b| (*fam: wáter*) bog (*fam*), loo (*fam*); **esto huele a ~** this pongs (*fam*), this smells awful.

tigresa NF tigress; (*fig: mujer cruel*) shrew; (: *mujer fatal*) vamp (*fam*).

Tigris NM Tigris.

tijera NF |a| (*tb* **~s**) scissors *pl*; (*para jardín*) shears *pl*; **unas ~s** a pair of shears. |b| **de ~** folding; **escalera de ~** steps, stepladder; **silla de ~** folding chair.

tijereta NF |a| (*insecto*) earwig. |b| (*Bot*) vine tendril.

tijeretada NF, **tijeretazo** NM snip, snick, small cut.

tila NF |a| (*Bot*) lime tree. |b| (*Culin*) lime flower tea. |c| **¡que te den ~!** (*fam*) give me a break! (*fam*).

tildar <1a> VT: **~ a algn de** + *adj* to brand sb as (being) + *adj*.

tilde NF (*A VECES* NM) |a| accent ('), tilde (~). |b| (*mancha*) blemish; (*defecto*) defect.

tiliches NMPL (*CAm, Méx: fam*) belongings, junk *sg*.

tilín NM |a| tinkle, ting-a-ling. |b| (*fam*) **me hace ~** I fancy him.

tilo NM |a| (*Bot*) lime tree. |b| (*LAm*) = **tila (b)**.

timador(a) NM/F (*estafador*) swindler, trickster.

timar <1a> VT |a| (*propiedad*) to steal. |b| (*persona*) to con (*fam*); **¡me han timado!** I've been conned (*fam*).

timba NF |a| (*en juego de azar*) hand. |b| (*garito*) gambling den.

timbal NM (*Mús*) small drum, kettledrum.

timbero ADJ (*CSur fam*) gambler.

timbrado ADJ: **voz bien ~a** well-toned voiced.

timbrar <1a> VT |a| to stamp; (*sellar*) to seal. |b| (*carta*) to postmark.

timbrazo NM ring; **dar un ~** to ring the bell.

timbre NM |a| (*Com, Fin*) fiscal stamp, revenue stamp; (*sello*) seal; (*Fin*) stamp duty, revenue stamp (*US*); (*Méx*) (postage) stamp. |b| (*Elec*) bell; **~ de alarma** alarm bell; **tocar el ~** to ring the bell. |c| (*Mús etc*) timbre; **~ nasal** (*Ling*) nasal timbre, twang.

tímidamente ADV timidly, shyly.

timidez NF timidity, shyness.

tímido ADJ timid, shy.

timo NM (*estafa*) swindle, con(fidence) trick; (*engaño*) hoax; **dar un ~ a algn** to swindle sb; (*engañar*) to hoax sb; **¡eso es un ~!** that's a rip-off! (*fam*).

timón NM |a| (*Aer, Náut*) rudder; (*mando, control*) helm; **~ de dirección** (*Aer*) rudder; **~ de profundidad** (*Aer*) elevator; **poner el ~ a babor** to turn to port. |b| (*fig*) helm; **coger el ~** to take the helm, take charge.

timonel NM (*Náut*) steersman, helmsman.

timorato ADJ |a| (*tímido*) timorous, small-minded. |b| (*que teme a Dios*) God-fearing; (*pey: mojigato*) sanctimonious.

tímpano NM |a| (*Anat*) tympanum, eardrum. |b| (*Arquit*) tympanum. |c| (*Mús*) small drum, kettledrum; **~s** (*en orquesta*) tympani.

tina NF (*recipiente*) tub; (*para bañarse*) bathtub; **~ de lavar** washtub.

tinaco NM (*Méx*) water tank.

tinaja NF large earthen jar.

tincar <1g> VI: **me tinca que ...** (*Chi fam*) it seems to me that ..., I think that ....

tinerfeño/a |1| ADJ of o from Tenerife. |2| NM/F native o inhabitant of Tenerife.

tinglado NM |a| (*tablado*) platform; (*cobertizo*) shed. |b| (*fig*) set-up; **conocer el ~** to know the score (*fam*). |c| (*fig: intriga*) plot, intrigue; **armar un ~** to lay a plot. |d| (*follón*) mess.

tinieblas NFPL |a| (*oscuridad*) dark(ness) *sg*; (*sombras*) shadows; (*tenebrosidad*) gloom *sg*. |b| (*fig: confusión*) confusion *sg*; (: *ignorancia*) ignorance *sg*; **estamos en ~ sobre sus proyectos** we are in the dark about his plans.

tino NM |a| (*habilidad*) skill, knack, feel; (*conjeturas*) (good) guesswork; (*Mil: puntería*) (accurate) aim; **coger el ~** to get the feel o hang of it. |b| (*fig: tacto*) tact; (*perspicacia*) insight; **sin ~** foolishly; **obrar con mucho ~** to act wisely; **perder el ~** to act foolishly. |c| (*fig: moderación*) moderation; **sin ~** immoderately.

tinta NF |a| (*Tip etc*) ink; **~ china** Indian ink; **~ de imprenta** printing ink; **~ invisible** o **simpática** invisible ink; **con ~** in ink; **sudar ~** (*fam*) to slog, slave; **saber algo de buena ~** to know sth on good authority. |b| (*Téc*) dye. |c| (*de pulpo*) ink. |d| (*Arte*) colour, color (*US*); **~s** (*fig*) shades; **media ~** half-tone; **medias ~s** (*fig*) half measures; **cargar las ~s** to exaggerate.

tintar <1a> VT to dye.

tinte NM |a| (*acto*) dyeing. |b| (*Quím*) dye. |c| (*fig*) tinge, colouring, coloring (*US*); **sin el menor ~ político** devoid of all political character. |d| (*Com*) dry cleaner's. |e| (*fig: barniz*) veneer, gloss; **tiene cierto ~ de hombre de mundo** he has a slight touch of the man of the world about him.

tintero NM inkpot, inkwell; **lo dejó en el ~, se le quedó en el ~** (*olvidar*) he clean forgot about it; (*no decir*) he left it unsaid.

tinto ⃞1 ADJ ⃞a (*teñido*) dyed; (*manchado*) stained; **~ en sangre** stained with blood. ⃞b (*vino*) red. ⃞2 NM ⃞a (*vino*) red wine. ⃞b (*Col*) black coffee.

tintorera¹ NF (*pez*) shark.

tintorería NF ⃞a (*Arte*) dyeing. ⃞b (*Com*) dry cleaner's.

tintorero/a² NM/F (*que tiñe*) dyer; (*Com*) dry cleaner.

tintorro NM (*fam*) plonk (*fam*), cheap red wine.

tintura NF ⃞a (*acto*) dyeing. ⃞b (*Quím*) dye; (*Farm*) tincture; **~ de tornasol** litmus; **~ de yodo** iodine.

tiña NF ⃞a (*Med*) ringworm. ⃞b (*fig: pobreza*) poverty. ⃞c (*fig: tacañería*) meanness.

tiñoso ADJ ⃞a (*Med*) scabby. ⃞b (*fig: pobre*) poor. ⃞c (*fig: tacaño*) mean.

tío NM ⃞a uncle; **~ abuelo** great-uncle; **T~ Sam** Uncle Sam; **mis ~s** my uncle(s) and aunt(s). ⃞b (*título*) **ha muerto el ~ Francisco** Francis has died. ⃞c (*fam*) bloke (*fam*), guy (*fam*); **¿quién es ese ~?** who's that guy?; **~ bueno** cracking guy (*fam*).

tiovivo NM roundabout, merry-go-round.

tipa NF ⃞a (*fam*) chick (*fam*), dame (*fam*). ⃞b (*esp LAm fam*) bitch (*fam*), cow (*fam!*).

tipejo/a NM/F oddball (*fam*), queer fish (*fam*).

típicamente ADV typically; (*característicamente*) characteristically.

típico ADJ ⃞a typical; (*característico*) characteristic; **es muy ~ de él** it's typical of him; **¡lo ~!** typical o! ⃞b (*costumbre*) typical; (*pintoresco*) full of local colour o (*US*) color; (*tradicional*) traditional; **es la taberna más ~a de la ciudad** it's the most picturesque pub in town; **es un peinado ~** it is a traditional hairdo; **no hay que perderse tan ~a fiesta** you shouldn't miss a festivity which is so full of local colour.

tipificar <1g> VT ⃞a to typify. ⃞b (*clasificar*) to class, consider (*como* as).

tipismo NM (*color*) local colour, local color (*US*); (*interés folklórico*) picturesqueness.

tiple ⃞1 NM ⃞a (*Mús*) treble, boy soprano. ⃞b (*voz*) soprano. ⃞2 NF (*cantante*) soprano.

tipo NM ⃞a (*gen*) type; (*norma*) norm; (*patrón*) pattern; **un sombrero ~ Bogart** a Bogart-style hat, a hat like Bogart's.
⃞b (*clase*) type, kind; **un nuevo ~ de bicicleta** a new kind of bicycle.
⃞c (*Lit: personaje*) type, character.
⃞d (*fam*) fellow, bloke (*fam*), guy (*US*); (*fam*) **dos ~s sospechosos** two suspicious characters.
⃞e (*Com, Fin*) rate; **~ bancario/de cambio** bank/exchange rate; **~ base/a término** base/forward rate; **~ de interés/de interés vigente** interest/standard rate.
⃞f (*Anat: de hombre*) build; (: *de mujer*) figure; **él tiene buen ~** he's well built; **ella tiene buen ~** she has a good figure; **aguantar o mantener el ~** to hold out; **jugarse el ~** to risk one's neck.
⃞g **~s** (*Tip*) type *sg*; **~ de datos** (*Inform*) data type; **~ de letra** (*Inform, Tip*) typeface; **~ gótico** Gothic type, black letter; **~ menudo** small print.

tipografía NF ⃞a typography; (*Arte*) printing. ⃞b (*lugar*) printing works o press.

tipográfico ADJ typographical, printing atr.

tipógrafo/a NM/F typographer, printer.

típula NF cranefly, daddy-long-legs.

tíque(t) ['tike] NM (*pl* **~s** ['tike] ticket.

tiquismiquis (*fam*) ⃞1 (*nmpl*) ⃞a (*escrúpulos*) silly scruples; (*detalles*) fussy details; (*quejas*) silly objections. ⃞b (*cortesías*) affected courtesies, bowing and scraping. ⃞c (*riñas*) bickering *sg*, squabbles. ⃞d (*molestias*) minor irritations, pinpricks. ⃞2 NMF fusspot.

tira¹ ⃞1 NF ⃞a (*de tela, papel*) strip; **~ cómica** comic strip. ⃞b **la ~ de** (*fam*) lots of, masses of; **estoy desde hace la ~ de tiempo** I've been here for absolute ages; **es fue hace la ~** that was ages ago. ⃞2 NM: **~ y afloja** (*cautela*) caution; (*fig*) tug-of-war; (*concesiones*) give and take; **3 horas de ~** 3 hours of touch and go.

tira² ⃞1 NF (*CAm, Méx: fam*) police, cops (*fam*). ⃞2 NM (*CSur fam*) (plainclothes) cop (*fam*), detective.

tirabuzón NM ⃞a (*rizo*) curl. ⃞b (*sacacorchos*) corkscrew.

tirachinas NM INV catapult.

tirada NF ⃞a (*acto*) throw. ⃞b (*distancia*) distance; (*tramo*) stretch; (*Cos*) length; (*fig*) series; (*Lit*) stanza; **de una ~** at one go, in a stretch; **lo recitó todo de una ~** he recited the whole lot straight off; **de B a C hay una ~ de 18kms** from B to C there is a stretch of 18 kms. ⃞c (*Tip: acto*) printing, edition; (*cantidad*) print run; **~ aparte** offprint.

tiradero(s) NM(PL) (*Méx: vertedero*) rubbish o (*US*) garbage tip.

tirado ADJ ⃞a **estar ~** (*persona, cosa*) to be lying about o around. ⃞b (*fam*) **estar ~** (*Com*) to be dirt-cheap; (*tarea etc*) to be very simple; **esa asignatura está ~a** that subject is dead easy (*fam*). ⃞c **dejar ~ a algn** to leave sb in the lurch.

tirador(a) ⃞1 NM/F (*persona*) marksman, shooter; **es un buen ~** he's a good shot. ⃞2 NM ⃞a (*de cajón*) handle; (*de puerta*) knob. ⃞b (*cordón*) bellrope, bell pull.

tiradores NMPL (*CSur: tirantes*) braces, suspenders (*US*).

tiraje NM (*Tip: impresión*) printing; (*cantidad*) print run.

tiralíneas NM INV drawing pen, ruling pen.

tiranía NF tyranny.

tiránicamente ADV tyrannically.

tiránico ADJ tyrannical; (*amor*) possessive; (*atracción*) irresistible.

tiranizar <1f> VT to tyrannize; (*gobernar*) to rule despotically; (*dominar*) to domineer.

tirano/a ⃞1 ADJ (*tiránico*) tyrannical, despotic; (*dominante*) domineering. ⃞2 NM/F tyrant, despot.

tirante ⃞1 ADJ ⃞a (*soga*) tight, taut.
⃞b (*relaciones, situaciones: tenso*) tense, strained; **estamos algo ~s** things are rather strained between us.
⃞2 NM ⃞a (*Arquit*) crosspiece; (*Mec*) strut.
⃞b (*de vestido*) shoulder strap; **~s** (*de pantalones*) braces, suspenders (*US*).

tirantez NF ⃞a (*Téc etc*) tightness, tension. ⃞b (*fig: tensión*) tension, strain.

tirar <1a> ⃞1 VT ⃞a (*gen*) to throw; (*lanzar*) to hurl; (*accidentalmente*) to drop; (*volcar*) to knock over; (*edificio*) to pull down; (*tiro*) to fire, shoot; (*cohete*) to launch; (*bomba*) to drop; **me tiró un beso** she blew me a kiss.
⃞b (*basura*) to throw away; (*fortuna*) to squander; **hay que ~ los podridos** the rotten ones ought to be thrown out; **has tirado el dinero comprando eso** you've wasted your money buying that.
⃞c (*Tip: imprimir*) to print, run off.
⃞d (*foto*) to take.
⃞2 VI ⃞a (*Mil etc*) to shoot (*a* at), fire (*a* at, on); **~ a matar** to shoot to kill; **~ al blanco** to aim; **¡no tires!** don't shoot!
⃞b **~ de** to pull, tug (*soga*) to pull (on), tug (at); (*sacar: espada*) to draw; **~ de la manga a algn** to tug at sb's sleeve; **tiramos de diccionario y lo traducimos en un minuto** we get hold of a dictionary and we can translate it in a minute.
⃞c (*imán*) to attract; (*fig, fam: atraer*) to draw; (*interesar*) to appeal; **no le tira el estudio** study does not attract him.
⃞d (*fam: arreglárselas*) ir tirando to get along, manage; **vamos tirando** we manage, we keep going; **podemos ~ con menos dinero** we can get by on less money.
⃞e (*motor*) to pull; **esta moto no tira** there's no life in this motorbike.
⃞f (*fam: durar*) to last; **esos zapatos tirarán todavía otro invierno** those shoes will last another winter yet.
⃞g (*fam: ir*) to go; **¡tira (adelante)!** get on with it!; **~ a la derecha** to turn right.
⃞h **~ a** (*tender a/hacia*) to tend to, tend towards; **~ a rojo** to have some red in it; **~ a viejo** to be getting old; **~ a su padre** to take after one's father; **él tira más bien a cuidadoso** he's on the careful side; **~ para médico** to be attracted towards a career in medicine.
⃞i **~ a** (*propósito*) to aim at being; **~ a hacer algo** to aim to do sth.
⃞j (*Dep: con balón etc*) to shoot; (*con fichas, cartas etc*) to

go, play; **tira tú ahora** it's your go now.
|k| **a todo ~** at the most; **llegará el martes a todo ~** he'll arrive on Tuesday at the latest.
|l| (*ropa*) to be too tight; **me tira de sisa** it's tight round my armpits.
|m| (*chimenea*) to draw, pull.
|3| **tirarse** VR |a| to throw o.s.; **~ al agua** to dive *o* plunge into the water; **~ al suelo** to throw o.s. to the ground; **~ en paracaídas** to parachute (down); (*en emergencia*) to bale out; **~ en la cama** to lie down in bed.
|b| (*fam: pasar*) to spend; **se tiró dos horas arreglándolo** he spent two hours fixing it.
|c| **~ a algn** (*fam!*) to screw sb (*fam!*), lay sb (*fam*).
tirita NF (sticking) plaster, bandaid (*US*) ®.
tiritar<1a> VI |a| (*de frío, miedo*) to shiver (*de* with). |b| (*fam*) **dejaron el pastel tiritando** they almost finished the cake off.
tiritón NM shiver.
tiritona NF shivering (fit).
tiro NM |a| (*lanzamiento*) throw.
|b| (*Mil: de pistola etc*) shot; (*ruido*) report; (*de una bala*) impact of a shot, hit; (*señal*) bullet mark; **~s** shooting, firing; **~ con arco** archery; **~ al blanco** target practice; **~ al** *o* **de pichón** clay pigeon shooting; **~ al plato** trap shooting; **~ de gracia** coup de grâce; **se oyó un ~** a shot was heard; **se pegó un ~** he shot himself; **le salió el ~ por la culata** it backfired on him; **no lo haría ni a ~s** I wouldn't do it for love nor money; **esperar a ver por dónde van los ~s** to wait and see which way the wind is blowing; **matar a algn a ~s** to shoot sb (dead); **me sienta como un ~** (*obligación*) I need it like a hole in the head (*fam*); (*ropa, peinado*) it doesn't suit me at all; (*comida*) it really doesn't agree with me; (*crítica, hecho*) it's really annoying.
|c| (*Dep*) shot; (*Tenis, Golf*) drive; **~ a gol** shot at goal; **~ de revés** backhand drive.
|d| (*Mil: alcance*) range; **a ~** within range; **a ~ de fusil** within gunshot; **a ~ de piedra** within a stone's throw; **si se pone a ~** (*fig*) if it comes my way.
|e| (*de animales*) team of horses *etc*; **caballo de ~** carthorse.
|f| (*Cos: de pantalón*) body rise; **de ~s largos** all dressed up.
|g| (*Arqui*) flight of stairs.
|h| (*de chimenea*) draught, draft (*US*); (*Min: pozo*) shaft; **~ de mina** mine shaft.
|i| (*Méx fam: éxito*) hit (*fam*), success.
|j| (*LAm: locuciones*) **al ~** (*esp Chi fam*) at once, right away; **de a ~** completely.
tiroides ADJ, NM *o* NF INV thyroid.
Tirol NM: **El ~** the Tyrol.
tirolés/esa ADJ, NM/F Tyrolean.
tirón NM |a| (*en una cuerda etc*) pull, tug; (*sacudida*) sudden jerk; (*de bolso*) bag-snatching; **dar el ~** to bag-snatch; **dar un ~ a** to pull at, tug at; **dar un ~ de orejas a algn** to pull sb's ear; **me lo arrancó de un ~** she suddenly jerked it away from me. |b| **de un ~** all at once; (*de una vez*) in one go; **leyó la novela de un ~** he read the novel straight through; **se lo bebió de un ~** he drank it down in one go; **trabajan 10 horas de un ~** they work 10 hours at a stretch.
tironear<1a> VT (*esp LAm*) = **tirar 2 (b)**.
tirotear<1a> |1| VT (*con pistola etc*) to shoot at, fire on. |2| **tirotearse** VR to exchange shots.
tiroteo NM (*acción de tirotear*) shooting, exchange of shots; (*escaramuza*) skirmish.
Tirreno ADJ: **Mar ~** Tyrrhenian Sea.
tirria NF (*fam*) dislike; **tener ~ a** to dislike, have a grudge against.
tisana NF tisane, infusion.
tísico/a |1| ADJ consumptive, tubercular. |2| NM/F consumptive.
tisis NF consumption, tuberculosis.
tisú NM lamé, tissue.
tít. ABR *de* **título**.

titán NM Titan.
titánico ADJ titanic.
titanio NM titanium.
títere NM |a| puppet; **~s** (*espectáculo*) puppet show; **no dejar ~ con cabeza** to turn everything upside down; (*criticar a todos*) to spare no one. |b| (*fig: persona etc*) puppet; **gobierno ~** puppet government.
titi NF (*fam*) bird (*fam*), chick (*fam*).
tití NM (*LAm*) capuchin (monkey).
titilar<1a> VI (*párpado etc*) to flutter, tremble; (*luz, estrella*) to twinkle.
titipuchal NM (*Méx fam*) (noisy) crowd.
titiritero NM (*que maneja los títeres*) puppeteer; (*acróbata*) acrobat; (*malabarista*) juggler.
titubeante ADJ |a| (*tambaleante*) tottery; (*inestable*) unstable, shaky. |b| (*que farfulla*) stammering. |c| (*que duda*) hesitant.
titubear<1a> VI |a| (*oscilar*) to totter; (*tambalear*) to stagger, be unsteady. |b| (*Ling: tartamudear*) to stammer. |c| (*vacilar*) to hesitate; **no ~ en hacer algo** not to hesitate to do sth.
titubeo NM |a| (*al andar: oscilar*) tottering; (: *tambalear*) staggering. |b| (*el farfullar*) stammering. |c| (*vacilación*) hesitation; **proceder sin ~s** to act without hesitation.
titulación NF (*Univ*) degrees and diplomas.
titulado/a |1| ADJ |a| (*libro etc*) entitled; **una obra ~a 'Sotileza'** a book entitled 'Sotileza'.
|b| (*persona: Univ*) with a degree, having a degree, qualified; **~ en ingeniería** with a degree in engineering. |2| NM/F (*Univ*) graduate.
titular |1| ADJ (*persona*) titular, official. |2| NM (*Tip*) headline. |3| NMF (*de puesto*) occupant; (*Rel*) incumbent; (*de pasaporte etc*) holder. |4| VT<1a> (*libro etc*) to title, entitle, call. |5| **titularse** VR |a| (*libro, película*) to be entitled, be called; **¿cómo se titula la película?** what's the film called? |b| (*Univ*) to graduate.
título NM |a| (*gen*) title; (*Jur*) heading; (*artículo*) article; (*en presupuesto*) item; (*Tip*) title; (*en periódico*) headline; **a ~ de** by way of; (*en calidad de*) in the capacity of; **a ~ de curiosidad** as a matter of interest.
|b| (*de persona*) title; **~ de nobleza** title of nobility.
|c| (*fig: nobleza etc*) titled person; **casarse con un ~** to marry into the nobility.
|d| (*calificación profesional*) professional qualification; (*diploma*) diploma, certificate; (*Univ*) degree; (*fig: calificación*) qualification; **~s** qualifications; **~ universitario** university degree.
|e| (*cualidad*) quality; **no es precisamente un ~ de gloria para él** it is not exactly a quality on which he can pride himself.
|f| (*Jur*) title; **~ de propiedad** title deed.
|g| (*Fin: bono*) bond; **~ al portador** bearer bond; **~ de renta fija** fixed interest security; **~ de renta variable** variable yield security.
|h| (*fig: derecho*) right; **con justo ~** rightly; **tener ~ de hacer algo** to be entitled to do sth.
tiza NF chalk; **una ~** a piece of chalk.
tiznado/a NM/F (*CAm, Méx: fam!*) bastard (*fam!*), son of a bitch (*US fam!*).
tiznar<1a> |1| VT (*ennegrecer*) to blacken; (*manchar*) to smudge, stain. |2| **tiznarse** VR |a| **~ la cara con hollín** to blacken one's face with soot. |b| (*mancharse*) to get smudged.
tizne NM (*hollín*) soot; (*suciedad*) smut.
tiznón NM (*de hollín*) speck of soot; (*mancha*) smudge.
tizón NM |a| (*madera*) burning piece of wood, brand. |b| (*Bot*) smut.
tlapalería NF (*Méx: ferretería*) ironmonger's shop (*Brit*), hardware store.
tlascal NM (*Méx*) tortilla.
TLC NM ABR *de* **Tratado de Libre Comercio** NAFTA.
T.m., **Tm**, **tm** ABR *de* **tonelada(s) métrica(s)**.
TNT NM ABR *de* **trinitrotolueno** TNT.
toalla NF towel; **~ de baño** bath towel; **arrojar** *o* **tirar la ~**

to throw in the towel.

toallero NM towel rail.

tobera NF nozzle.

tobillera NF ankle support.

tobillo NM ankle.

tobogán NM ⓐ (*para nieve*) toboggan. ⓑ (*para niños etc*) slide; (*en piscina*) chute, slide.

toca NF headdress.

tocadiscos NM INV record player, phonograph (*US*).

tocado¹ ADJ ⓐ (*fruta, carne etc*) bad, rotten; **estar ~ de la cabeza** to be weak in the head. ⓑ **una creencia ~a de heterodoxia** a somewhat unorthodox belief.

tocado² 1 ADJ: **~ con un sombrero** wearing a hat. 2 NM ⓐ (*prenda*) headdress. ⓑ (*peinado*) coiffure, hairdo. ⓒ (*arreglo*) toilet.

tocador NM ⓐ (*mueble*) dressing table; **jabón de ~** toilet soap. ⓑ (*cuarto*) boudoir, dressing room; **~ de señoras** ladies' room.

tocante: **~ a** PREP with regard to, about; **en lo ~ a** so far as concerns, as for.

tocar <1g> 1 VT ⓐ (*gen*) to touch; (*sentir*) to feel; **¡no me toques!** don't touch me!; **no toques la mercancía** don't handle the goods; **~ las cosas de cerca** to experience things for o.s.; **~ madera** (*fig*) to touch wood.
ⓑ (*dos objetos*) to touch, be touching; (*con la mano*) to handle; **la mesa toca la pared** the table touches the wall.
ⓒ (*Mús*) to play; (*campana*) to ring; (*tambor*) to beat; (*trompeta*) to blow; (*disco*) to play; (*hora del día*) to chime, strike; **~ la bocina** to blow the horn; **~ la retirada** to sound the retreat.
ⓓ (*Arte: modificar*) to touch up.
ⓔ (*conmover*) to touch; **~ el corazón de algn** to touch sb's heart.
ⓕ (*obstáculo*) to hit, run into; (*Náut*) to go aground on.
ⓖ (*tema*) to refer to, touch on.
ⓗ (*fam: estar emparentado*) to be related to; **X no le toca para nada a Y** X is not related at all to Y.
ⓘ (*afectar*) to concern, affect; **ello me toca de cerca** it concerns me intimately; **por lo que a mí me toca** so far as I am concerned.
2 VI ⓐ **~ a una puerta** to knock on o at a door.
ⓑ **tocan a misa** they are ringing the bell for mass; **~ a muerto** to toll for the dead.
ⓒ **~le a algn** to fall to sb's lot; **les tocó un dólar a cada algn** each one got a dollar as his share; **te toca jugar** it's your turn (to play), it's your go; **¿a quién le toca?** whose turn is it?; **nos toca pagar a nosotros** it's our turn to pay; **siempre me toca fregar a mí** I'm the one who's always to do the dishes.
ⓓ (*impersonal*) **no toca hacerlo hasta el mes que viene** it's not due to be done until next month.
ⓔ **~ con** (*chocar*) to touch; **~ en** (*Náut*) to call at; (*bordear*) to be close to, border on; **el barco no toca en Barcelona** the ship does not call at Barcelona; **esto toca en lo absurdo** this is bordering on the absurd; **~ a su fin** to be close to its o the end.
3 **tocarse** VR to touch o.s.; (*dos cosas*) to touch each other.

tocata¹ NM record player.

tocata² NF (*Mús*) toccata.

tocateja: **a ~** ADV on the nail.

tocayo/a NM/F ⓐ namesake. ⓑ (*amigo*) friend.

tocho NM (*fam*) big fat book, tome.

tocineta NF (*Col*) bacon.

tocinillo NM: **~ de cielo** pudding made with egg yolk and syrup.

tocino NM ⓐ salted fresh lard; (*tb* **~ de panceta**) bacon; **~ entreverado** streaky bacon. ⓑ **~ de cielo** = **tocinillo de cielo**.

tocología NF obstetrics.

tocón¹ NM (*Bot*) stump.

tocón²/ona NM/F (*fam*) groper (*fam*); **es un ~** he's got wandering hands (*fam*).

tocuyo NM (*And, CSur*) coarse cotton cloth.

todavía ADV still, yet; **~ no** not yet; **~ en 1970** as late as

1970; **~ no lo ha encontrado** he still has not found it; **está nevando ~** it is still snowing.

toditito, todito ADJ (*LAm fam: todo*) (absolutely) all.

todo 1 ADJ ⓐ (*gen*) all; (*cada*) every; (*entero*) whole; **lo sabe ~ Madrid** all Madrid knows it; **~ el bosque** the whole wood; **el universo ~** the whole universe; **a ~a velocidad** at full speed; **a o con ~a prisa** in all haste, with all speed; **en ~a España** all over o throughout Spain; **~s vosotros** all of you; **~as las semanas** every week; **~s los que quieran …** all (those) who want to …; **~ lo que Ud necesite** whatever you need; **de ~as ~as** (*fam*) the whole lot, all of them; **de ~as formas, inténtalo** in any case, try it; **V cuanto 1** *etc*.
ⓑ (*neg*) **en ~ el día** not once all day; **no he dormido en ~a la noche** I haven't slept all night.
ⓒ (*locuciones*) **es ~ un hombre** he's every inch a man; **es ~ un héroe** he's a real hero; **soy ~ oídos** I'm all ears; **a ~ esto** (*entretanto*) meanwhile; (*a propósito*) by the way; **¡~a la vida!** (*LAm fam*) yes, indeed!
2 ADV ⓐ (*completamente*) all, completely; **estaba ~ rendido** he was completely worn out; **lleva un vestido ~ roto** she's wearing a dress that's all torn.
ⓑ **puede ser ~ lo sencillo que Ud quiera** it can be as simple as you wish; **V más 1** (j) *etc*.
3 CONJ: **con ~ (y eso)**, (*LAm*) **con ~ y** in spite of; **el coche, con ~ y ser nuevo …** the car, in spite of being new ….
4 NM, PRON ⓐ all, everything; **~s/~as** (*personas*) everybody; (*cosas*) all (of them); **el ~** the whole; **en un ~** as a whole; **lo sabemos** we know everything; **~ o nada** all or nothing; **ser el ~** (*fam: persona*) to run the show, dominate everything; **y ~** and so on, and all, and what not; **tienen un coche nuevo y ~** they have a new car and everything; **V jugarse 3**.
ⓑ (*frases con prep*) **ante ~** first of all, in the first place; **a pesar de ~** even so, in spite of everything; **con ~** (*sin embargo*) still, however; **le llamaron de ~** they called him for everything; **nos pasó de ~** everything possible happened to us; **del ~** wholly, completely; **no es del ~ verdad** it is not entirely true; **no es del ~ malo** it is not wholly bad; **después de ~** after all; **estar en ~** to be on the ball (*fam*); **sobre ~** (*especialmente*) especially; (*en primer lugar*) above all.

todopoderoso ADJ almighty; (*Rel*) **el T~** the Almighty.

todoterreno NM (*tb* **coche ~, vehículo ~**) four-wheel drive vehicle, all-terrain vehicle.

toga NF (*Hist*) toga; (*Jur, Univ*) robe.

Togo NM Togo.

Tokio NM Tokyo.

tolda NF ⓐ (*LAm*) canvas. ⓑ (*LAm: tienda de campaña*) tent.

toldo NM (*en la playa*) sunshade; (*entoldado*) marquee.

tole NM (*fam*) ⓐ (*disturbio*) commotion; (*protesta*) outcry; **levantar el ~** to kick up a fuss. ⓑ **coger o tomar el ~** to get out.

toledano/a 1 ADJ Toledan, of o from Toledo. 2 NM/F Toledan, native o inhabitant of Toledo.

tolerable ADJ tolerable.

tolerado ADJ: **película ~a** ≈ PG.

tolerancia NF tolerance; (*de ideas etc*) toleration.

tolerante ADJ tolerant.

tolerar <1a> VT to tolerate; (*aguantar*) to bear; **no se puede ~ esto** this cannot be tolerated; **no tolera que digan eso** he won't allow them to say that; **su madre le tolera demasiado** his mother lets him get away with too much; **su estómago no tolera los huevos** eggs don't agree with him; **película tolerada para menores** a film suitable for children.

toletole NM (*And, CSur: alboroto*) row, uproar.

tolondro NM (*Med: chichón*) bump.

tolvanera NF dust cloud.

toma NF ⓐ (*gen*) taking; **~ de conciencia** realization, awareness; (*el darse cuenta*) realization; **~ de declaración** taking of evidence; **~ de posesión** (*por presidente*) taking up office; **~ de tierra** (*Aer*) landing.
ⓑ (*Mil: captura*) capture. ⓒ (*cantidad*) amount; (*Med*)

dose; (*de bebé*) feed. $\boxed{\text{d}}$ (*Téc: de agua etc*) inlet, outlet; (*Elec: enchufe*) plug, socket; **~ de corriente** socket, power point; **~ de tierra** earth wire, ground wire (*US*). $\boxed{\text{e}}$ (*Cine, TV*) shot; **~ directa** live shot.

tomacorriente(s) NM (*Elec*) socket, power point.

tomado ADJ $\boxed{\text{a}}$ (*voz*) hoarse. $\boxed{\text{b}}$ **estar ~** (*LAm fam: borracho*) to be drunk.

tomador $\boxed{1}$ ADJ (*LAm fam: borracho*) drunken. $\boxed{2}$ NM $\boxed{\text{a}}$ (*Com*) drawee. $\boxed{\text{b}}$ (*LAm fam: borracho*) drunkard.

tomadura NF $\boxed{\text{a}}$ = **toma (a)**. $\boxed{\text{b}}$ **~ de pelo** (*burla*) hoax.

tomar <1a> $\boxed{1}$ VT $\boxed{\text{a}}$ (*gen*) to take; (*armas, pluma etc*) to take up; (*actitud*) to adopt; (*aspecto, costumbre*) to take on, adopt; (*nombre*) to take, adopt; **¡toma!** here (you are)!; **~ a algn por loco** to think sb mad; **¿por quién me toma Ud?** who do you think I am?; **~ algo sobre sí** to take something upon o.s.; *V* **mal 4 (b)**; **serio**.

$\boxed{\text{b}}$ (*Mil: capturar*) to take, capture.

$\boxed{\text{c}}$ (*Culin*) to eat, drink; **~ el pecho** to feed at the breast; **tomamos unas cervezas** we had a few beers; **¿qué quieres ~?** what will you have?, what would you like?

$\boxed{\text{d}}$ (*tren etc*) to take.

$\boxed{\text{e}}$ (*Cine, Fot, TV*) to take; **~ una foto de** to take a photo of.

$\boxed{\text{f}}$ (*notas*) to take; (*discurso etc*) to take down; **~ por escrito** to write down.

$\boxed{\text{g}}$ (*cariño, aversión etc*) to acquire; *V* **cariño (a)**.

$\boxed{\text{h}}$ **~la con algn** to have it in for sb (*fam*).

$\boxed{\text{i}}$ **~ asiento** to sit down, be seated; **~ el aire** to get some fresh air; **~ el sol** to sunbathe; **~ tierra** to land; **~ las de Villadiego** to shift it (*fam*).

$\boxed{2}$ VI $\boxed{\text{a}}$ (*Bot: planta*) to take (root); (: *injerto*) to take.

$\boxed{\text{b}}$ **~ a la derecha** to turn right.

$\boxed{\text{c}}$ (*LAm: beber*) to drink; **estaba tomando en varios bares** he was drinking in a number of bars.

$\boxed{\text{d}}$ (*fam*) **tomó y se fue** (*esp LAm*) off he went, he upped and went.

$\boxed{\text{e}}$ **toma y daca** give and take; **más vale un ~ que dos te daré** a bird in the hand is worth two in the bush.

$\boxed{\text{f}}$ **¡toma!** (*sorpresa*) well!

$\boxed{3}$ **tomarse** VR $\boxed{\text{a}}$ to take; **~ la venganza por su mano** to take vengeance with one's own hands; **no te lo tomes así** don't take it that way; **se tomó 13 cervezas** he drank 13 beers.

$\boxed{\text{b}}$ (*creerse*) **~ por** to think o.s.; **¿por quién se toma aquel ministro?** who does that minister think he is?

$\boxed{\text{c}}$ **~ (de orín)** to get rusty.

tomatal NM (*lugar de cultivo*) tomato bed *o* field.

tomate NM $\boxed{\text{a}}$ tomato; (*fig*) **ponerse como un ~** to turn as red as a beetroot. $\boxed{\text{b}}$ (*fam: jaleo*) fuss, row; (: *pega*) snag, difficulty; **al final de la noche hubo ~** there was a fight at the end of the night. $\boxed{\text{c}}$ (*fam: agujero, esp en medias*) hole, tear.

tomatera NF tomato plant.

tomatero/a² NM/F (*cultivador*) tomato grower; (*comerciante*) tomato dealer.

tomavistas NM INV movie camera.

tómbola NF tombola.

tomillo NM thyme; **~ salsero** savory.

tomo¹ NM volume; **en 3 ~s** in 3 volumes.

tomo² NM: **de ~ y lomo** utter, out-and-out.

ton NM: **sin ~ ni son** for no particular reason; (*fig*) without rhyme or reason.

tonada NF $\boxed{\text{a}}$ tune; (*canción*) song. $\boxed{\text{b}}$ (*LAm: acento*) accent.

tonadilla NF little tune, ditty.

tonal ADJ tonal.

tonalidad NF $\boxed{\text{a}}$ (*Mús*) tonality; (*Rad*) tone; **~ menor** minor key. $\boxed{\text{b}}$ (*Arte*) shade; **una bella ~ de verde** a beautiful shade of green.

tonel NM $\boxed{\text{a}}$ barrel. $\boxed{\text{b}}$ (*fam: persona*) fat lump.

tonelada NF ton; **~ métrica** metric ton.

tonelaje NM tonnage.

tonelero NM cooper.

tongo¹ NM (*Dep: trampa*) fixing; **¡hay ~!** it's been fixed!

tongo² NM (*And, Chi: bombín*) Indian woman's hat.

tónica NF $\boxed{\text{a}}$ (*Mús: nota*) tonic; (*fig*) **es una de las ~s del**

estilo moderno it is one of the keynotes of the modern style. $\boxed{\text{b}}$ (*bebida*) tonic (water).

tónico $\boxed{1}$ ADJ $\boxed{\text{a}}$ (*Mús: nota*) tonic; (*Ling: sílaba*) tonic *atr*, stressed. $\boxed{\text{b}}$ (*Med: estimulante*) tonic, stimulating. $\boxed{2}$ NM (*Med*) tonic.

tonificador, tonificante ADJ invigorating, stimulating.

tonillo NM (*mofador*) sarcastic tone, mocking undertone.

tono NM $\boxed{\text{a}}$ (*Mús*) tone, key; (: *altura*) pitch; **~ mayor** major key; **~ menor** minor key; **estar a ~** to be in key; **estar a ~ con** to be in tune with.

$\boxed{\text{b}}$ (*de voz etc*) tone; (*Telec*) **~ de marcar** dialling *o* (*US*) dial tone; **~ de voz** tone of voice; **bajar el ~** to lower one's voice; **cambiar el *o* de ~** to change one's tune; **la discusión tomó un ~ áspero** the discussion took on a harsh tone.

$\boxed{\text{c}}$ (*social etc*) tone; **buen ~** good tone; **una familia de ~** a good family; **de buen ~** elegant; **de mal ~** common; **fuera de ~** inappropriate; **darse ~** to put on airs; **ponerse a ~** (*fam: en la onda*) to get with it (*fam*).

$\boxed{\text{d}}$ (*Mús*) tuning fork.

$\boxed{\text{e}}$ (*Anat, Med*) tone.

$\boxed{\text{f}}$ (*color*) shade, hue; **~ pastel** pastel shade.

tonsura NF tonsure.

tonsurar <1a> VT (*lana*) to clip, shear; (*Rel*) to tonsure.

tontada NF = **tontería (b)**.

tontamente ADV foolishly, stupidly.

tontear <1a> VI (*fam*) $\boxed{\text{a}}$ to fool about, act the fool. $\boxed{\text{b}}$ (*enamorados*) to flirt.

tontería NF $\boxed{\text{a}}$ (*cualidad*) silliness, foolishness. $\boxed{\text{b}}$ (*una ~: cosa*) silly thing; (: *acto*) foolish act; **~s** nonsense *sg*; **¡déjate de ~s!** stop that nonsense!; **dejémonos de ~s** let's be serious; **hacer una ~** to do something silly. $\boxed{\text{c}}$ (*fig: bagatela*) triviality.

tonto/a $\boxed{1}$ ADJ $\boxed{\text{a}}$ silly, foolish; (*Med*) imbecile; **¡qué ~ soy!** how silly of me!; **¡no seas ~!** don't be silly!; **es lo bastante ~ como para hacerlo** he's fool enough to do it; **dejar a algn ~** to dumbfound sb.

$\boxed{\text{b}}$ **a ~as y a locas** anyhow; **lo hace a ~as y a locas** he does it just anyhow.

$\boxed{2}$ NM/F fool, idiot; (*Med*) imbecile; **¡~!** you idiot!; **~ del bote *o* de capirote** utter fool; **hacer(se) el ~** to act the fool.

topacio NM topaz.

topadora NF (*CSur, Méx: buldózer*) bulldozer.

topar <1a> $\boxed{1}$ VI $\boxed{\text{a}}$ **~ con** (*persona: encontrarse con*) to run into, bump into; (*objeto: encontrar*) to find, come across; **topé con él hoy en el bar** I bumped into him in the bar today.

$\boxed{\text{b}}$ (*chocar*) **~ contra** to run into, hit; **~ con un obstáculo** to run into an obstacle.

$\boxed{2}$ **toparse** VR = **1 (b)**.

tope¹ $\boxed{1}$ ADJ $\boxed{\text{a}}$ (*máximo*) top, maximum; **fecha ~** closing date; **precio ~** top price; **sueldo ~** maximum salary.

$\boxed{\text{b}}$ (*fam*) great, super (*fam*).

$\boxed{2}$ NM $\boxed{\text{a}}$ end; (*límite*) limit; (*Náut*) masthead; **~ salarial** wage ceiling; **al ~** end to end; **hasta el ~** to the limit; **voy a estar a ~** I'm going to be up to my eyes in it; **estar hasta los ~s** (*Náut*) to be overloaded; **estoy hasta los ~s** I'm utterly fed up; **trabajar a ~** to work flat out; **vivir a ~** to live life to the full.

$\boxed{\text{b}}$ (*Náut: persona*) lookout.

tope² NM $\boxed{\text{a}}$ (*golpe*) bump, knock. $\boxed{\text{b}}$ (*fig: riña*) quarrel; (: *pelea*) scuffle. $\boxed{\text{c}}$ (*Mec etc*) stop, check; (*Ferro*) buffer; (*Aut*) bumper; (*de puerta*) doorstop, wedge; (*de vehículo*) catch; (*Méx: en calle*) speed bump *o* hump. $\boxed{\text{d}}$ (*fig: dificultad*) snag; **ahí está el ~** that's just the trouble.

topera NF molehill.

topetada NF butt, bump, bang, collision.

topetazo NM = **topetada**.

tópico $\boxed{1}$ ADJ $\boxed{\text{a}}$ (*Med*) local; **de uso ~** for external application. $\boxed{\text{b}}$ (*trillado*) commonplace, trite. $\boxed{2}$ NM $\boxed{\text{a}}$ (*lugar común*) commonplace, cliché. $\boxed{\text{b}}$ (*LAm: tema*) topic, subject.

topo NM $\boxed{\text{a}}$ (*Zool*) mole. $\boxed{\text{b}}$ (*fig: torpe*) blunderer.

topografía NF topography.

topográfico ADJ topographic(al).

topógrafo/a NM/F topographer; (*agrimensor*) surveyor.
toponimia NF ⓐ place names *pl*. ⓑ (*estudio*) study of place names.
topónimo NM place name.
toque NM ⓐ (*acto*) touch; **dar los primeros ~s a** to make a start on; **dar el último ~ a** to put the finishing touch to. ⓑ (*Arte: de color etc*) touch. ⓒ (*de campana*) chime, ring; (*de tambor*) beat; (*de sirena*) hoot; (*Mil*) bugle call; **~ de diana** reveille; **~ de difuntos** knell; **~ de oración** call to prayer; **~ de queda** curfew. ⓓ (*quid*) crux, essence; **ahí está el ~** that's the crux of the matter. ⓔ **dar un ~ a algn** (*fam: llamar*) to give sb a ring; (*llamar la atención*) to pull sb up; (*consultar*) to sound sb out.
toquetear <1a> VT ⓐ (*manosear*) to touch repeatedly, handle. ⓑ (*Mús*) to play idly. ⓒ (*acariciar*) to fondle (*fam*), touch up (*fam*).
toqueteo NM fondling (*fam*), touching up (*fam*).
toquilla NF headscarf; (*chal*) knitted shawl.
torácico ADJ thoracic.
tórax NM thorax.
torbellino NM ⓐ (*viento*) whirlwind; (*polvo*) dust cloud. ⓑ (*cosas*) whirl. ⓒ (*persona*) whirlwind.
torcedor NM ⓐ (*Téc*) spindle. ⓑ (*fig: angustia*) torment.
torcedura NF twist(ing); (*Med*) sprain.
torcer <2b, 2h> ① VT ⓐ (*gen*) to twist; (*doblar*) to bend; (*madera*) to warp; (*miembro*) to twist; (*músculo*) to strain; (*tobillo*) to sprain; **~ el gesto** to scowl.
ⓑ (*ropa, manos, cuello*) to wring; (*soga etc*) to plait.
ⓒ (*fig: eventos*) to influence; (: *voluntad*) to bend; (: *pensamientos*) to turn (*de* from); (: *persona*) to dissuade.
ⓓ (*pey: justicia*) to pervert; (: *persona*) to corrupt.
ⓔ (*sentido*) to distort. ② VI (*camino*) to turn; **el coche torció a la izquierda** the car turned left.
③ **torcerse** VR ⓐ (*gen*) to twist; (*doblar*) to bend.
ⓑ **~ un pie** to twist one's foot; (*ir por mal camino*) to go astray, be perverted; (*proyecto etc*) to go all wrong.
torcido ADJ ⓐ (*gen*) twisted; (*camino etc*) crooked; **el cuadro está ~** the picture is not straight. ⓑ (*fig: taimado*) devious.
torcijón NM ⓐ sudden twist. ⓑ = **retortijón**.
torcimiento NM = **torcedura**.
tordo NM (*Orn*) thrush.
torear <1a> ① VT ⓐ (*toro*) to fight.
ⓑ (*fig: evadir*) to dodge.
ⓒ (*burlarse*) to tease; (*confundir*) to confuse; **¡a mí no me torea nadie!** you don't mess around with me!
② VI (*Taur*) to fight (bulls); **el muchacho quiere ~** the boy wants to be a bullfighter.
toreo NM (art of) bullfighting.
torera¹ NF (*chaqueta*) short tight jacket; **saltarse una ley a la ~** to flout a law.
torería NF (class of) bullfighters *pl*; (*mundo del toreo*) bullfighting world.
torero/a² NM/F bullfighter.
torete NM ⓐ (*toro pequeño*) small bull. ⓑ (*niño*) strong child.
toril NM bullpen.
tormenta NF ⓐ (*Met*) storm; **~ de arena** sandstorm. ⓑ (*fig: discusión etc*) storm; (: *trastorno*) upheaval; **~ en un vaso de agua** storm in a teacup.
tormento NM (*tortura*) torture; (*angustia*) anguish; **dar ~ a** to torment.
tormentoso ADJ stormy.
torna NF ⓐ (*vuelta*) return. ⓑ **se han vuelto las ~s** now the boot's on the other foot.
tornada NF (*vuelta*) return.
tornadizo/a ADJ (*cambiadizo*) changeable; (*caprichoso*) fickle.
tornado NM tornado.
tornar <1a> ① VT ⓐ (*devolver*) to give back.
ⓑ (*cambiar*) to change, alter.
② VI ⓐ (*volver*) to return.
ⓑ **~ a hacer algo** to do sth again.
ⓒ **~ en sí** to regain consciousness, come to.
③ **tornarse** VR ⓐ (*regresar*) to return.

ⓑ (*volverse*) to become.
tornasol NM ⓐ (*Bot*) sunflower. ⓑ (*Quím: materia colorante*) litmus; **papel de ~** litmus paper.
tornasolado ADJ iridescent, sheeny; (*tela*) shot.
tornasolar <1a> ① VT (*volver iridescente*) to make iridescent. ② **tornasolarse** VR to be o become iridescent.
tornavía NF (*Ferro*) turntable.
torneado ① ADJ ⓐ (*Téc*) turned (on a lathe). ⓑ (*brazo etc*) shapely, delicately curved. ② NM turning.
tornear <1a> VT to turn (on a lathe).
torneo NM tournament, competition; (*justa*) joust; **~ de tenis** tennis tournament.
tornero/a NM/F (*Mec: persona*) machinist, turner.
tornillo NM (*Téc*) screw; **~ de banco** vice, vise (*US*), clamp; **apretar los ~s a algn** to apply pressure on sb; **le falta un ~** (*fam*) he has a screw loose (*fam*).
torniquete NM ⓐ (*barra giratoria*) turnstile. ⓑ (*Med*) tourniquet.
torno NM ⓐ (*Téc: para levantar pesos*) winch. ⓑ (*Téc*) lathe; **~ de banco** vice, vise (*US*), clamp; **labrar a ~** to turn on the lathe; **~ de alfarero** potter's wheel. ⓒ (*de río*) bend. ⓓ **en ~ a** round, about; **se reunieron en ~ suyo** they gathered round him; **en ~ a este tema** about this subject.
toro NM ⓐ (*Zool*) bull; **~ bravo** o **de lidia** fighting bull; **coger el ~ por los cuernos** to take the bull by the horns; **pillar el ~ a algn** to get sb into a corner. ⓑ (*fig: hombre*) strong man, he-man (*fam*), tough guy (*fam*). ⓒ (*corrida*) **los ~s** bullfight *sg*; (*toreo*) bullfighting; **ir a los ~s** to go to the bullfight; **ver los ~s desde la barrera** to stand in the sidelines.
toronja NF grapefruit.
toronjo NM grapefruit tree.
torpe ADJ ⓐ (*persona: poco ágil*) clumsy, awkward, ungainly; (*movimiento*) sluggish. ⓑ (*persona: lerdo*) dense, dim.
torpedear <1a> VT to torpedo.
torpedo NM torpedo.
torpemente ADV ⓐ (*sin destreza*) clumsily, awkwardly. ⓑ (*lentamente*) slowly.
torpeza NF ⓐ (*falta de destreza*) clumsiness, awkwardness. ⓑ (*necedad*) denseness, dimness. ⓒ (*error*) mistake; (*falta de tacto*) lack of tact; **fue una ~ de parte mía decírselo** it was tactless of me to tell him.
torpor NM torpor.
torrar <1a> VT (*Culin*) to toast, roast.
torre NF ⓐ (*Arquit etc*) tower; (*Rad etc*) mast, tower; (*de electricidad*) pylon; **~ de alta tensión** o **de conducción eléctrica** electricity pylon; **~ de marfil** ivory tower. ⓑ (*Ajedrez*) rook, castle. ⓒ (*Aer, Mil, Náut*) turret; (*Mil*) watchtower; **~ de mando** (*de submarino*) conning tower.
torrefacción NF toasting, roasting.
torrefacto ADJ high roast.
torrencial ADJ torrential.
torrente NM ⓐ (*río*) rushing stream, torrent; **llover a ~s** to rain cats and dogs. ⓑ (*Anat: tb* **~ de sangre**) bloodstream. ⓒ (*de palabras etc*) flood.
torrentoso ADJ (*LAm*) torrential, rushing.
torreón NM tower; (*Arquit*) turret.
torrero NM lighthouse keeper.
torreta NF (*Aer, Mil, Náut*) turret; (*de submarino*) conning-tower.
tórrido ADJ torrid.
torrija NF *slice of fried bread covered with sugar*.
torsión NF (*Mec*) torsion.
torso NM (*Anat*) torso; (*Arte*) head and shoulders.
torta NF ⓐ (*pastel*) cake, tart; **eso es ~s y pan pintado** it's child's play; **no entendió ni ~** he didn't understand a word of it; **nos queda la ~** (*fig*) there's a lot left over. ⓑ (*fam: bofetada*) thump; (: *caída*) fall; **liarse a ~s** to get involved in a punch-up. ⓒ (*CAm, Méx*) **~ de huevos** omelet(te).
tortazo NM (*fam: bofetada*) slap; (: *golpe*) thump; **pegarse un ~** to get hurt, come a cropper (*fam*).
torticolis, tortícolis NF O NM INV stiff neck, wry neck; **me levanté con ~** I got up with a crick in my neck.

tortilla NF [a] omelet(te); **~ española** Spanish omelette; **se ha cambiado** o **vuelto la ~** now it's a totally different story; **hacer algo una ~** to smash sth up. [b] (*CAm, Méx*) flat maize pancake, tortilla.

tortillera NF [a] (*CAm, Méx: vendedora*) seller of maize pancakes. [b] (*fam!*) lesbian.

tórtola NF turtledove.

tortuga NF tortoise; **~ marina** turtle.

tortuoso ADJ (*camino*) winding, full of bends.

tortura NF (*lit, fig*) torture.

torturar<1a> VT to torture.

torvo ADJ grim, fierce; **una mirada ~a** a fierce look.

torzal NM (*hilo de seda etc*) cord, twist; (*CSur: lazo*) plaited rope, lasso.

tos NF cough; (*acción*) coughing; **~ convulsa** (*CSur, Méx*) o **ferina** whooping cough.

toscamente ADV coarsely, roughly.

Toscana NF: **La ~** Tuscany.

toscano/a [1] ADJ, NM/F Tuscan. [2] NM (*Ling*) Tuscan, Italian.

tosco ADJ coarse, rough.

toser <2a> [1] VT (*fig*) **no hay quien le tosa** he's in a class by himself. [2] VI to cough.

tosquedad NF coarseness, roughness.

tostada NF piece of toast; **~s** toast *sg.*

tostado ADJ [a] (*Culin*) toasted. [b] (*color*) dark brown, ochre; (*persona*) tanned, sunburnt.

tostador NM (*de café*) roaster; **~ de pan** electric toaster.

tostadora NF (*Culin*) toaster.

tostar<1l> [1] VT [a] (*pan etc*) to toast; (*café*) to roast; (*Culin*) to brown. [b] (*persona*) to tan. [2] **tostarse** VR (*tb* **~ al sol**) to tan, get brown.

tostón NM [a] (*Culin*) crouton. [b] (*fam: lata*) bore; **dar el ~** to be a bore.

total [1] ADJ [a] (*gen*) total; (*completo*) complete; (*anestésico*) general; **una revisión ~ de su teoría** a complete revision of his theory; **una calamidad ~** a total disaster. [b] (*fam: excelente*) smashing, brilliant; **es un libro ~** it's a super book. [2] ADV in short; (*entonces*) so; **~ que** to cut a long story short; **~ que no fuimos** so we didn't go after all; **~, que vas a hacer lo que quieras** basically then you're going to do as you please; **~, ¿qué más te da?** at the end of the day, what do you care? [3] NM (*Mat: suma*) total, sum; (*totalidad*) whole; **el ~ de la población** the whole (of the) population; **en ~** in all.

totalidad NF totality, whole; **en su ~** in its entirety; **la ~ de los obreros** all the workers; **la ~ de la población** the whole (of the) population.

totalitario ADJ totalitarian.

totalitarismo NM totalitarianism.

totalizar <1f> [1] VT (*sumar*) to totalize, add up. [2] VI (*ascender a*) to add up to.

▼**totalmente** ADV totally, completely.

tótem NM (*pl* **~s**) totem.

totopo, totoposte NM (*CAm, Méx*) crisp tortilla.

totora NF (*And Bot*) large reed.

totumo NM (*LAm*) calabash tree.

touroperador(a) NM/F tour operator.

toxicidad NF toxicity, poisonous nature.

tóxico [1] ADJ toxic. [2] NM poison.

toxicología NF toxicology.

toxicómano/a [1] ADJ addicted to drugs. [2] NM/F drug addict.

toxina NF toxin.

tozudez NF obstinacy.

tozudo ADJ obstinate, stubborn.

traba NF [a] (*gen: unión*) bond, tie; (*Mec*) lock; (*grillo*) fetter, shackle. [b] (*fig: vínculo*) bond, tie; (*pey: estorbo*) obstacle; **~s** shackles; **desembarazado de ~s** unrestrained; **poner ~s a** to restrain, obstruct; **ponerse ~s** to place restrictions on o.s.

trabacuenta NM mistake.

trabado ADJ [a] (*discurso*) coherent. [b] (*fig: fuerte*) tough. [c] (*LAm: al hablar*) stammering.

trabajado ADJ [a] (*persona: cansado*) worn out. [b] (*ela-*

borado) carefully worked; **bien ~** well made, elaborately fashioned.

trabajador(a) [1] ADJ hard-working. [2] NM/F worker, labourer, laborer (*US*); (*Pol*) worker; **~ autónomo** o **por cuenta propia** self-employed person, freelance; **~ portuario** docker.

trabajar<1a> [1] VT [a] (*gen*) to work; (*tierra*) to till; (*masa*) to knead. [b] (*estudiar*) to work on; (*un detalle*) to give special attention to; (*un proyecto*) to pursue; **es mi colega quien trabaja ese género** it is my colleague who handles that line; **el pintor ha trabajado muy bien los árboles** the painter has taken special care over the trees. [c] (*caballo*) to train. [d] (*persona: convencer*) to work on, persuade; **trabaja a su tía para sacarle los ahorros** he's working on his aunt in order to get hold of her savings. [2] VI [a] to work (*de* as; *en* in, at); **~ mucho** to work hard; **~ más** to work harder; **~ como un esclavo** to work like a slave; **~ a ritmo lento** to go slow; **~ por hacer algo** to strive to do sth; **~ por horas** to work by the hour; **hacer ~** (*dinero*) to put to good use. [b] (*fig*) **~ con algn para que haga algo** to work on sb to do sth, persuade sb to do sth. [c] (*fig: proceso, tiempo etc*) to work; **el tiempo trabaja a nuestro favor** time is working for us. [d] (*fig: tierra, árbol etc*) to bear, yield.

trabajo NM [a] (*gen*) work; (*Mec*) work; (*un ~*) job, task; (*Arte, Lit*) work; **~ de campo** fieldwork; **~ de chinos** hard slog; **~ a destajo** piecework; **~ a domicilio** work at home, outwork; **~ eventual** casual work; **~ fijo** permanent job; **~s forzados** hard labour o (*US*) labor *sg*; **~ intelectual** brainwork; **~ manual** manual labour o (*US*) labor; **~s manuales** (*Escol etc*) handicraft; **~ de media jornada** part-time job; **~ por turno** shift work; **los sin ~** the unemployed; **estar sin ~** to be unemployed; **hacer ~ lento** to go slow. [b] (*fig: esfuerzo*) effort, labour, labor (*US*); (*dificultad*) trouble; **~s** troubles, difficulties; **ahorrarse el ~** to save o.s. the trouble; **tomarse el ~ de hacer algo** to take the trouble to do sth; **le cuesta ~ hacerlo** he finds it hard to do; **dar ~** to cause trouble.

trabajosamente ADV laboriously; (*dolorosamente*) painfully.

trabajoso ADJ (*difícil*) hard, laborious; (*doloroso*) painful.

trabalenguas NM INV tongue twister.

trabar <1a> [1] VT [a] (*juntar*) to join; (*unir*) to unite; (*enlazar*) to link. [b] (*agarrar*) to seize; (*encadenar*) to fetter; (*Mec*) to jam; (*caballo*) to hobble. [c] (*Culin etc*) to thicken. [d] (*fig: conversación, debate*) to start (up); (*batalla*) to join, engage in; (*amistad*) to strike up. [e] (*fig: impedir*) to impede; (: *obstruir*) to obstruct. [2] VI (*planta*) to take; (*ancla etc*) to grip. [3] **trabarse** VR [a] (*con soga etc*) to get tangled up; (*un mecanismo*) to jam; **se le traba la lengua** he gets tongue-tied, he stammers. [b] (*tartamudear*) to get tongue-tied, stammer.

trabazón NF [a] (*Téc*) joining; (*ensambladura*) assembly; (*fig: enlace*) bond, connection. [b] (*coherencia*) coherence.

trabilla NF (*tira*) small strap; (*broche*) clasp; (*de cinturón*) belt loop.

trabucar<1g> [1] VT (*confundir*) to confuse; (*desordenar*) to mix up. [2] **trabucarse** VR (*confundirse*) to get all mixed up.

trabuco NM blunderbuss.

tracalada NF (*LAm*) crowd; (*muchedumbre*) mass; **una ~ de** a lot of.

tracción NF traction; (*Mec*) drive; **~ integral** o **total** four-wheel drive; **~ trasera** rear-wheel drive.

tracoma NM trachoma.

tractor NM tractor; **~ de oruga** caterpillar tractor.

trad. ABR *de* **traducido** trans.

tradición NF tradition.

tradicional ADJ traditional.

➤ EXPRESIONES GENERATIVAS: **totalmente** → 3, 5, 15.1

tradicionalista ADJ, NMF traditionalist.
tradicionalmente ADV traditionally.
traducción NF translation (*a* into; *de* from).
traducible ADJ translatable.
traducir <3f> **1** VT to translate (*a* into; *de* from). **2 traducirse** VR: ~ **en** (*fig*) to entail, result in.
traductor(a) NM/F translator; ~ **jurado** official translator.
traer <2o> **1** VT **a** to bring; **¡trae!, ¡traiga!** hand it over!, give it here!; **¿has traído el dinero?** have you brought the money?
  b (*ropa etc*) to wear; (*objeto: llevar encima*) to carry.
  c (*fig: causar*) to bring (about), cause; (*consecuencias*) to bring, have; ~ **consigo** to involve, entail.
  d (*suj: periódico etc*) to carry, have, print; **este periódico no trae nada sobre el asunto** this newspaper doesn't carry anything about the matter.
  e (+ *adj*) **la ausencia de noticias me trae muy inquieto** the lack of news is making me very anxious; ~ **de cabeza a algn** to upset sb, bother sb; V **loco 1 (a).**
  f (*modismos*) ~ **a mal a algn** (*maltratar*) to maltreat sb; (*molestar*) to pester sb; ~ **y llevar a algn** (*chismear*) to gossip about sb; (*molestar*) to pester sb.
  2 traerse VR **a** ~ **algo entre manos** to be up to sth; **estoy seguro de que los dos se traen algún manejo sucio** I'm sure the two of them are up to something shady.
  b ~**las** to be annoying; **es un problema que se las trae** it's a difficult problem; **tiene un padre que se las trae** she has an excessively strict father.
trafagar <1h> VI (*trajinar*) to bustle about.
tráfago NM (*vaivén*) bustle, hustle.
traficante NMF trader, dealer (*en* in); ~ **de armas** arms dealer; ~ **de drogas** (drug) pusher.
traficar <1g> VI **a** to trade, deal (*con* with; *en* in); (*pey*) to traffic (*en* in). **b** (*pey*) ~ **con** to deal illegally in. **c** (*fig: viajar*) to keep on the go.
tráfico NM **a** (*Com*) trade, business; (*pey: ilegal*) traffic (*en* in); ~ **de influencias** peddling of political favours *o* (*US*) favors; ~ **en narcóticos** drug traffic. **b** (*Aut, Ferro etc*) traffic; ~ **por ferrocarril** rail traffic; ~ **rodado** road *o* vehicular traffic.
tragaderas NFPL **a** (*garganta*) throat *sg*, gullet *sg*. **b** (*fig: credulidad*) gullibility *sg*; (: *tolerancia*) tolerance *sg*; **tener buenas** ~ (*crédulo*) to be gullible.
tragador(a) NM/F (*glotón*) glutton.
tragaldabas NMF INV (*fam*) glutton, pig.
tragaluz NM skylight.
traganíqueles NM INV (*CAm fam*) = **tragaperras.**
tragantón ADJ (*fam*) greedy, gluttonous.
tragantona NF (*fam*) **a** (*fam: comilona*) slap-up meal. **b** (*trago*) gulp.
tragaperras NF INV slot machine.
tragar <1h> **1** VT **a** (*gen: comer o beber*) to swallow; (: *rápidamente*) to gulp down.
  b (*suj: tierra etc*) to absorb, soak up.
  c (*insultos, reprimenda*) to have to listen to *o* put up with; (*creer*) to swallow, fall for.
  d (*persona*) **no le puedo** ~ I can't stand him.
  e (*disimular*) to hide, cover up.
  f (*consumir*) to eat up, go through.
  2 tragarse VR **a** (*comer o beber*) to swallow; **se lo tragó entero** he swallowed it whole.
  b (*tierra*) to absorb, soak up; (*mar, abismo*) to swallow up, engulf; (*obj: ahorros*) to use up.
  c (*obj: un cuento*) to swallow; **se tragará todo lo que se le diga** he'll swallow whatever he's told.
  d (*fingir*) **se tragó el orgullo** he swallowed his pride.
tragedia NF tragedy.
trágicamente ADV tragically.
trágico **1** ADJ tragic(al); **lo** ~ **es que** the tragedy of it is that. **2** NM tragedian.
tragicomedia NF tragicomedy.
tragicómico ADJ tragicomic.
trago NM **a** (*bebida*) drink; (*bocado*) mouthful; (*fam*) swig; **beber algo de un** ~ to drink sth at a gulp; **echar**

un ~ to have a drink; **b** (*acción*) drink, drinking; (*LAm: licor*) hard liquor; **¡dame un** ~**!** give me a drink! **c** (*fig*) **mal** ~, ~ **amargo** hard time; **fue un** ~ **amargo** it was a cruel blow.
tragón ADJ greedy, gluttonous.
traición NF (*perfidia*) treachery; (*Jur*) treason; (*una* ~) betrayal, (act of) treason; **alta** ~ high treason; **hacer** ~ **a algn** to betray sb; **matar a algn a** ~ to kill sb treacherously.
traicionar <1a> VT (*lit, fig*) to betray.
traicionero ADJ treacherous.
traída NF carrying, bringing; ~ **de aguas** water supply.
traído ADJ **a** (*desgastado*) worn, threadbare. **b** (*fig*) ~ **y llevado** well-worn.
traidor(a) **1** ADJ (*persona*) treacherous; (*acto*) treasonable. **2** NM/F traitor/traitress.
traidoramente ADV treacherously, traitorously.
traiga *etc* V **traer.**
trailer, tráiler NM **a** (*Cine*) trailer. **b** (*Aut: caravana*) caravan, trailer (*US*); (*de camión*) trailer (unit).
trainera NF small fishing boat.
traje¹ V **traer.**
traje² NM (~ *típico*) dress, costume; (*de hombre*) suit; (*de mujer*) dress; ~ **de baño** bathing costume, swimming costume; **un policía en** ~ **de calle** a policeman in plain clothes; ~ **de campaña** battledress; ~ **de chaqueta** (*de mujer*) suit; ~ **de etiqueta** dress suit; ~ **hecho a la medida** made-to-measure suit; ~ **de luces** bullfighter's costume; ~ **de noche** evening dress; ~ **de paisano** (*Esp*) civilian clothes.
trajeado ADJ: **ir bien** ~ to be well dressed, be well turned out.
trajear <1a> VT (*vestir*) to clothe, dress (*de* in).
traje-pantalón NM (*pl* **trajes-pantalón**) trouser suit.
trajín NM **a** (*transporte*) haulage, transport. **b** (*fam: ajetreo*) coming and going.
trajinar <1a> **1** VT (*transportar*) to carry, transport. **2** VI (*ajetrearse*) to bustle about.
trajinería NF (*transporte*) carriage, haulage.
trama NF **a** (*Téc: de un tejido*) weft, woof. **b** (*fig: enlace*) connection, link. **c** (*fig: conjura*) plot; (*Lit*) plot.
tramar <1a> **1** VT **a** (*tejer*) to weave. **b** (*fig: enredo*) to plan, plot; **¿qué estarán tramando?** I wonder what they're up to? **2 tramarse** VR (*fig*) **algo se está tramando** there's something going on.
tramitación NF (*transacción*) transaction; (*negociación*) negotiation; (*procedimiento*) procedure.
tramitar <1a> VT (*despachar*) to transact; (*negociar*) to negotiate, deal with.
trámite NM (*fase de negociación etc*) step, stage; (*transacción*) transaction; (*procedimientos*) ~**s** procedure *sg*; (*Jur*) proceedings; ~**s de costumbre** usual channels; ~**s oficiales** official channels; **para acortar los** ~**s lo hacemos así** so as to get it quickly through the procedure we do it this way; **en** ~ in hand.
tramo NM **a** (*de carretera*) section, stretch; (*de puente*) span; (*de escalera*) flight. **b** (*terreno*) plot.
tramontana NF **a** (*viento del norte*) north wind. **b** (*soberbia*) pride.
tramoya NF **a** (*Teat*) piece of stage machinery. **b** (*enredo*) plot, scheme.
tramoyista NMF **a** (*Teat*) stagehand. **b** (*fig: estafador*) swindler, trickster.
trampa NF **a** (*puerta en suelo*) trapdoor; (*de mostrador*) hatch. **b** trap; (*Caza etc*) snare; (*Golf*) bunker; ~ **explosiva** (*Mil*) booby trap; **caer en la** ~ to fall into the trap; **hay** ~ there's a catch in it; **esto es sin** ~ **ni cartón** this is the real thing. **c** (*juego de manos*) conjuring trick. **d** (*fig: estafa*) swindle, fraud; (*fam*) fiddle, hoax; **hacer** ~**s** to cheat; **tener** ~**s** to have all the dodges (*fam*).
trampear <1a> **1** VT (*en el juego*) to cheat, swindle. **2** VI (*hacer trampa*) to cheat.
trampilla NF (*escotilla*) trap, hatchway.
trampolín NM (*en piscina*) springboard, diving board; (*Dep*) trampoline; (*fig*) springboard.
tramposo/a **1** ADJ (*petardista*) crooked, tricky. **2** NM/F

(*en el juego*) cheat.

tranca NF [a] (*garrote*) cudgel, club. [b] (*de puerta, ventana*) bar. [c] (*fam: borrachera*) binge; **tener una ~** (*esp LAm*) to be drunk. [d] **a ~s y barrancas** with great difficulty.

trancada NF (*paso*) stride; **en dos ~s** (*fig*) in a couple of ticks.

trancar <1g> [1] VT (*puerta, ventana*) to bar. [2] VI (*al caminar*) to stride along. [3] **trancarse** VR (*LAm: estar estreñido*) to be constipated.

trancazo NM (*golpe*) blow.

trance NM [a] (*momento difícil*) (difficult) moment *o* juncture; **~ mortal, último ~** last moments, dying moments; **a todo ~** at all costs; **estar en ~ de muerte** to be at death's door; **estar en ~ de hacer algo** to be on the point of doing sth. [b] (*de hipnotizado*) hypnotic state; (*del médium etc*) trance.

tranco NM [a] (*paso*) stride, big step; **a ~s** (*fam: rápidamente*) hastily; **andar a ~s** to walk with long strides; **en dos ~s** in a couple of ticks. [b] (*Arquit*) threshold.

trancón NM (*Col Aut*) traffic jam.

tranquilamente ADV (*con calma*) calmly; (*pacíficamente*) peacefully.

tranquilidad NF calmness, tranquillity; **dijo con toda ~** he said calmly; **perder la ~** to lose patience.

tranquilizador ADJ (*música*) soothing; (*hecho*) reassuring.

tranquilizante [1] ADJ = **tranquilizador**. [2] NM (*Med*) tranquillizer.

tranquilizar <1f> [1] VT to calm; (*mente*) to reassure; (*persona*) to calm down. [2] **tranquilizarse** VR (*calmarse*) to calm down; **¡tranquilícese!** calm yourself!

tranquilla NF [a] (*pasador*) latch, pin. [b] (*en conversación*) trap, catch.

tranquillo NM (*fam*) knack; **coger el ~ a algo** to get the hang *o* knack of sth.

tranquilo ADJ (*mar, carácter*) calm; (*sitio*) quiet, peaceful; **una tarde ~a** a quiet afternoon; **¡~!** easy does it!; **¡tú, ~!** calm down!, take it easy!; **dejar a algn ~** to leave sb alone; **ir con la conciencia ~a** to go with a clear conscience; **se quedó tan ~** he didn't bat an eyelid.

Trans. ABR (*Com*) *de* **transferencia**.

transacción NF [a] (*Com*) transaction; (*negocio*) deal; **~ comercial** business deal. [b] (*acuerdo*) compromise.

transar <1a> VI (*LAm*) = **transigir**.

transatlántico [1] ADJ transatlantic. [2] NM (*Náut*) (ocean) liner.

transbordador NM (*Náut*) ferry.

transbordar <1a> [1] VT to transfer; (*Náut*) to transship. [2] VI, **transbordarse** VR (*Ferro*) to change.

transbordo NM [a] (*Náut*) ferrying. [b] (*Ferro etc*) change; **hacer ~** to change (*en at*).

transcender <2g> VT = **trascender**.

transcribir <3a> (*pp* **transcrito**) VT to transcribe.

transcripción NF transcription.

transcrito PP *de* **transcribir**.

transcurrir <3a> VT [a] (*tiempo*) to pass, elapse; **han transcurrido 7 años** 7 years have passed. [b] (*evento*) to be, turn out; **la tarde transcurrió aburrida** the evening was boring.

transcurso NM passing, lapse, course; **~ del tiempo** course *o* passing of time; **en el ~ de 8 días** in the course of a week, in the space of a week.

transeúnte [1] ADJ (*que reside transitoriamente*) transient, transitory. [2] NMF (*en la calle*) passer-by; (*euf: mendigo*) vagrant.

transexual ADJ, NMF transsexual.

transferencia NF transference; (*Jur, Dep*) transfer; **bancaria** banker's order; **~ de crédito** credit transfer.

transferible ADJ transferable.

transferir <3i> VT [a] (*gen*) to transfer. [b] (*aplazar*) to postpone.

transfiguración NF transfiguration.

transfigurar <1a> VT to transfigure (*en into*).

transformable ADJ transformable; (*Aut*) convertible.

transformación NF transformation (*en into*); (*cambio*) change; (*Rugby*) conversion.

transformador NM (*Elec*) transformer.

transformar <1a> VT to transform (*en into*); (*cambiar*) to change.

transformismo NM (*Bio*) evolution, transmutation.

transformista NMF quick-change artist(e).

transfundir <3a> VT [a] (*líquidos*) to transfuse. [b] (*noticias*) to tell, spread.

transfusión NF transfusion; **~ sanguínea** *o* **de sangre** blood transfusion.

transgénico ADJ genetically engineered.

transgredir <3a> VT, VI to transgress.

transgresión NF transgression.

transgresor(a) NM/F transgressor.

transición NF transition (*a* to; *de* from); **período de ~** transitional period; **la ~** (*Esp Pol*) the transition (*to democracy after Franco's death (1975)*).

transicional ADJ transitional.

transido ADJ overcome; **~ de angustia** beset with anxiety; **~ de dolor** racked with pain; **~ de frío** frozen to the marrow.

transigencia NF [a] (*compromiso*) compromise. [b] (*actitud*) spirit of compromise.

transigente ADJ compromising; (*tolerante*) tolerant.

transigir <3c> VI (*llegar a un acuerdo*) to compromise (*con* with; *en cuanto a* on, about); (*ceder*) to give way, make concessions; **~ en hacer algo** to agree to do sth; **yo no transijo con tales abusos** I cannot tolerate such abuses.

Transilvania NF Transylvania.

transistor NM transistor.

transistorizado ADJ transistorized.

transitable ADJ (*camino*) passable.

transitar <1a> VI to go, travel; **calle transitada** busy street; **~ por** to go along, pass along.

transitivo ADJ transitive.

tránsito NM [a] (*acto*) transit, passage, movement; **'se prohíbe el ~'** 'no thoroughfare'; **estar de ~** to be in transit, be passing through. [b] (*Aut etc*) movement, traffic; **calle de mucho ~** busy street; **horas de máximo ~** rush hours. [c] (*de puesto*) transfer. [d] (*Rel*) passing, death.

transitorio ADJ (*pasajero*) transitory; (*provisional*) provisional, temporary; (*período*) transitional.

translúcido ADJ translucent.

transmigración NF migration, transmigration.

transmigrar <1a> VI to migrate, transmigrate.

transmisible ADJ transmissible.

transmisión NF [a] (*acto*) transmission; (*Jur etc*) transfer; **~ de dominio** transfer of ownership. [b] (*Mec*) transmission. [c] (*Elec*) transmission; (*Rad, TV*) transmission, broadcast(ing); **~ en circuito** hookup; **~ en diferido** recorded programme *o* (*US*) program; **~ exterior** outside broadcast. [d] **~es** (*Mil*) signals (corps). [e] (*Inform*) **~ de datos** data transmission.

transmisor [1] ADJ transmitting; **aparato ~, estación ~a** transmitter. [2] NM transmitter.

transmisora NF (*estación*) transmitter.

transmitir <3a> VT, VI to transmit (*a* to); (*Rad, TV*) to transmit, broadcast; (*bienes, saludos, recados*) to pass on; (*Jur*) to transfer (*a* to); (*enfermedad*) to give, pass on.

transmutación NF transmutation.

transmutar <1a> VT to transmute (*en into*).

transparencia NF [a] transparency; (*claridad*) clarity, clearness. [b] (*Fot*) slide, transparency.

transparentar <1a> [1] VT (*dejar ver*) to reveal, allow to be seen; (*emoción*) to reveal, betray. [2] VI (*ser transparente*) to be transparent; (*dejarse ver*) to show through. [3] **transparentarse** VR [a] (*vidrio, agua etc*) to be transparent, be clear; (*objeto etc*) to show through. [b] (*fig*) to show clearly; **se transparentaba su verdadera intención** his real intention became plain.

transparente [1] ADJ transparent; (*aire*) clear; (*fig*) transparent, clear. [2] NM (*pantalla*) blind, shade.

transpiración NF (*sudor*) perspiration; (*Bot*) transpiration.

transpirar <1a> VI (*sudar*) to perspire; (*Bot*) to transpire.

b (*fig: revelarse*) to transpire, become known.
transpirenaico ADJ (*ruta etc*) trans-Pyrenean.
transponer <2q> (*pp* **transpuesto**) 1 VT **a** to transpose; (*mudar de sitio*) to switch over, move about. **b** (*trasplantar*) to transplant. 2 VI (*desaparecer*) to disappear from view; (*ir más allá*) to go beyond; (*el sol*) to go down. 3 **transponerse** VR **a** (*de lugar*) to change places. **b** (*el sol*) to go down. **c** (*dormirse*) to doze (off).
transportable ADJ transportable; **fácilmente ~** easily carried.
transportador NM **a** (*Mec*) conveyor, transporter; **~ de correa** belt conveyor. **b** (*Mat*) protractor.
transportar <1a> 1 VT **a** to transport; (*llevar*) to carry; (*Náut*) to ship; (*Elec: corriente*) to transmit; **el avión podrá ~ 100 pasajeros** the plane will be able to carry 100 passengers. **b** (*Mús*) to transpose. 2 **transportarse** VR (*fig: de alegría etc*) to get carried away, be enraptured.
transporte NM **a** (*acto*) transport; (*Com*) haulage, carriage; **~ por carretera** road transport; **~ escolar** school buses; **Ministerio de T~s** Ministry of Transport, Department of Transportation (*US*). **b** (*Náut*) transport, troopship.
transportista NM (*Aer etc*) carrier; (*Aut*) haulier, haulage contractor.
transposición NF (*tb Mús*) transposition.
transpuesto PP *de* **transponer**.
transversal 1 ADJ transverse, cross; **calle ~** cross street. 2 NF cross street.
transversalmente ADV obliquely.
transverso ADJ = **transversal 1**.
transvestido/a ADJ, NM/F transvestite.
tranvía NM (tram)car, streetcar (*US*); (*sistema*) tramway.
trapacear <1a> VI (*fam*) to cheat, be on the fiddle.
trapacería NF (*fam: trampa*) racket, fiddle.
trapacero 1 ADJ (*tramposo*) dishonest, swindling. 2 NM (*pillo*) cheat, swindler.
trapajoso ADJ (*andrajoso*) shabby, ragged.
trápala 1 NF **a** (*de caballo*) clatter, clip-clop. **b** (*fam: jaleo*) row, uproar; (: *embuste*) swindle, trick. 2 NMF **a** (*fam: hablador*) chatterbox. **b** (*fam: embustero*) swindler, cheat.
trapatiesta NF (*fam: jaleo*) commotion, uproar; (: *pelea*) fight, brawl.
trapeador NM (*LAm*) floor mop.
trapear <1a> VT (*LAm: el suelo*) to mop.
trapecio NM trapeze; (*Mat*) trapezium.
trapecista NMF trapeze artist(e).
trapería NF **a** (*trapos*) rags. **b** (*tienda*) old clothes shop.
trapero NM ragman.
trapezoide NM trapezoid.
trapiche NM (*para aceite de olivo*) olive-oil press; (*para azúcar*) sugar mill.
trapichear <1a> VI (*fam: hacer trampa*) to be on the fiddle; (*tramar*) to plot, scheme.
trapicheos NMPL (*fam: trampas*) fiddles, shady dealing *sg*; (*conjuras*) plots, schemes.
trapichero NM (*trabajador*) sugar-mill worker.
trapío NM (*fig, fam*) charm; (*garbo*) elegance.
trapisonda NF **a** (*pelea*) row, brawl. **b** (*fam: trampa*) swindle, fiddle.
trapisondear <1a> VI (*enredar*) to scheme, plot, intrigue (*fam*); (*hacer trampa*) to fiddle, wangle.
trapito NM rag; **~s** (*fam: ropa*) clothes.
trapo NM **a** rag; **dejar a algn hecho un ~, poner a algn como un ~** to give sb a dressing-down; (*en discusión*) to flatten sb. **b** (*tb ~ del polvo*) duster; (*de limpiar*) rag, cleaning cloth; **pasar un ~ por algo** to give sth a wipe over *o* down. **c** (*Taur fam*) cape. **d** (*fam: de mujer*) **~s** clothes, dresses; **gasta una barbaridad en ~s** she spends an awful lot on clothes;

sacar los ~s (a relucir) to bring the skeletons out of the cupboard. **e** (*Náut: vela*) canvas, sails *pl*; **a todo ~** under full sail; (*muy rápido*) at full speed, flat out; **llorar** *etc* **a todo ~** to cry *etc* uncontrollably. **f** **soltar el ~** (*llorar*) to burst into tears; (*reír*) to burst out laughing.
tráquea NF trachea, windpipe.
tras 1 PREP **a** (*espacio*) behind; (*después de*) after; **día ~ día** day after day; **uno ~ otro** one after the other; (*en pos de*) **andar** *o* **estar ~ algo** to be looking for sth. **b** **~ de hacer algo** besides doing sth, in addition to doing sth. 2 NM (*fam: trasero*) bottom, backside.
tras... PREF *V* **trans...**.
trasbocar <1g> VT, VI (*And, CSur: fam: vomitar*) to vomit.
trascendencia NF **a** (*importancia*) importance, significance; (*consecuencias*) implications, consequences; **discusión sin ~** discussion of no particular significance. **b** (*Fil*) transcendence.
trascendental ADJ **a** (*importante*) important, significant; (*efecto*) far-reaching. **b** (*Fil*) transcendental.
trascendente ADJ = **trascendental**.
trascender <2g> VI **a** (*oler*) to smell (*a* of); (*heder*) to reek (*a* of); **el olor de la cocina trascendía hasta nosotros** the kitchen smell reached as far as us. **b** (*fig: sugerir*) **en su novela todo trasciende a romanticismo** everything in his novel smacks of romanticism. **c** (*noticias*) to come out, leak out; **~ a** to become known to, spread to; **por fin ha trascendido la noticia** the news has come out at last. **d** (*eventos, sentimientos*) to spread, have a wide effect; **~ a** to reach, have an effect on; **su influencia trasciende a los países más remotos** his influence extends to the most remote countries; **~ de** to go beyond (the limits of).
trasegar <1h, 1j> VT **a** (*cambiar de sitio*) to move about, switch round; (*vino*) to decant. **b** (*trastornar*) to mix up.
trasero 1 ADJ (*gen*) back, rear; **rueda ~a** back wheel, rear wheel. 2 NM (*Anat*) bottom, buttocks *pl*; (*Zool*) hindquarters *pl*, rump.
trasfondo NM background; (*de crítica etc*) undertone.
trasgo NM (*duende*) goblin, imp.
trasgredir <3a> VT = **transgredir**.
trashumación NF (*migración*) seasonal migration.
trashumante ADJ (*animales*) migrating; (*tribu etc*) nomadic.
trashumar <1a> VI (*emigrar*) to make the seasonal migration; (*fig*) to move to new pastures.
trasiego NM **a** (*cambiar de sitio*) move, switch; (*de vino*) decanting. **b** (*trastorno*) upset.
traslación NF **a** (*Astron*) movement, passage. **b** (*copiar*) copy(ing). **c** (*metáfora*) metaphor.
trasladar <1a> 1 VT **a** (*mudar*) to move; (*quitar*) to remove; (*persona*) to move, transfer (*a* to). **b** (*evento*) to postpone (*a* until); (*reunión*) to adjourn (*a* to). **c** (*documento*) to copy. **d** (*sentimientos*) to express; **~ su pensamiento al papel** to put one's thoughts on paper. **e** (*idioma*) to translate (*a* into). 2 **trasladarse** VR (*irse*) to go; (*mudarse*) to move (*a* to); **~ a otro puesto** to move to a new job.
traslado NM **a** (*mudanza*) move; (*cambio de residencia*) removal; (*de persona*) transfer; **~ de bloque** (*Inform*) block move, cut-and-paste. **b** (*copia*) copy; (*Jur*) notification; **dar ~ a algn de una orden** to give sb a copy of an order.
traslapar <1a> 1 VT to overlap. 2 **traslaparse** VR to overlap.
traslucir <3f> 1 VT (*mostrar*) to show; (*revelar*) to reveal, betray; (*sugerir*) **dejar ~ algo** to suggest sth. 2 **traslucirse** VR **a** to be transparent. **b** (*fig: inferirse*) to reveal itself, be revealed; (*ser obvio*) to be plain to see; **en su cara se traslucía cierto pesimismo** a certain pessimism was revealed in his ex-

pression.

traslumbrar<1a> VT to dazzle.

trasluz NF [a] (*luz difusa*) diffused light; (*luz reflejada*) reflected light, gleam. [b] **mirar algo al ~** to look at sth against the light.

trasmano [a] **~** ADV (*fuera de alcance*) out of reach; (*fig: apartado*) out of the way. [b] (*And*): **por ~** ADV (*secretamente*) secretly.

trasminarse <1a> VR (*pasar a través*) to filter o pass through.

trasnochada NF [a] (*vigilia*) vigil, watch; (*sin dormir*) sleepless night. [b] (*Mil*) night attack. [c] (*noche anterior*) last night, the night before.

trasnochado ADJ [a] (*comida*) stale, old; (*fig: obsoleto*) obsolete, ancient. [b] (*persona: ojeroso*) haggard, run-down.

trasnochador [1] ADJ given to staying up late. [2] NM [a] night bird.

trasnochar [1] VT (*un problema*) to sleep on. [2] VI (*acostarse tarde*) to stay up late; (*fig*) to have a night on the tiles. [3] **trasnocharse** VR (*Méx fam*) = 2.

traspapelar <1a> [1] VT (*papeles*) to lose, mislay. [2] **traspapelarse** VR to get mislaid.

traspasar<1a> VT [a] (*penetrar*) to pierce, go through; **la bala le traspasó el pulmón** the bullet pierced his lung; **~ a algn con una espada** to run sb through with a sword.
[b] (*fig: suj: dolor etc*) to pierce, to pain; **un ruido que traspasa el oído** a noise which pierces your ear; **el grito me traspasó** the yell went right through me; **la escena me traspasó el corazón** the scene pierced me to the core.
[c] (*calle etc*) to cross over.
[d] (*límites*) to go beyond, overstep; **esto traspasa los límites de lo tolerable** this goes beyond the limits of what is tolerable.
[e] (*Jur*) to break, infringe.
[f] (*propiedad etc: transferir*) to transfer; (: *vender*) to sell, make over; (*Jur*) to convey; **'traspaso negocio'** 'business for sale'.

traspaso NM [a] (*venta*) transfer, sale; (*Jur*) conveyance. [b] (*propiedad, bienes*) property transferred, goods *etc* sold.

traspatio NM (*LAm*) backyard.

traspié NM [a] (*tropezón*) trip, stumble; **dar un ~** to trip, stumble. [b] (*fig: patochada*) blunder.

trasplantar<1a> [1] VT (*Bot, Med*) to transplant. [2] **trasplantarse** VR (*emigrar*) to emigrate.

trasplante NM [a] (*Bot*) transplanting. [b] (*Med*) transplant.

trasponer<2q> VT = **transponer**.

traspuesto ADJ, PTP de **trasponer**; **quedarse ~** to doze off.

trasquilar<1a> VT (*oveja*) to shear, clip; (*pelo, persona*) to crop.

trasquilón NM: **¡menudo ~ que le han dado!** what a mess they've made of his hair!

trastabillar <1a> VI (*esp LAm: dar tropezones*) to stagger, stumble.

trastada NF (*fam*) dirty trick; (*travesura*) prank; (*broma pesada*) practical joke; **hacer una ~ a algn** to play a dirty trick on sb.

trastazo NM bump, bang, thump; **darse** o **pegarse un ~** to come a cropper (*fam*).

traste NM [a] (*Mús: de guitarra*) fret. [b] **dar al ~ con algo** to spoil sth, mess sth up; **dar al ~ con una fortuna** to squander a fortune; **dar al ~ con los planes** to ruin one's plans; **ir al ~** to fall through, be ruined. [c] (*Arg fam*) bottom, bum (*fam*), ass (*US fam*).

trastear<1a> [1] VT [a] (*Mús: tocar*) to play (well). [b] (*objetos*) to move around; (: *revolver*) to disarrange. [c] (*Taur*) to play with the cape. [d] (*fig: persona*) to twist around one's little finger. [2] VI (*hurgar*) **~ con** o **en** to rummage among.

trastero NM lumber room, storage room (*US*).

trastienda NF [a] (*de tienda*) back room; **obtener algo por la ~** to get sth under the counter. [b] (*fam: astucia*)

cunning; **tiene mucha ~** he's a sharp one.

trasto NM [a] (*mueble*) piece of furniture; (*utensilio*) utensil; (*pey: cosa inútil*) piece of junk; **tirarse los ~s a la cabeza** to have a blazing row. [b] (*Teat*) **~s** scenery *sg*. [c] (*fam: equipo*) **~s** gear *sg*, tackle *sg*; **~s de matar** weapons; **~s de pescar** fishing tackle *sg*; **liar los ~s** to pack up and go. [d] (*fam: niño*) little rascal.

trastocar<1g, 1l> VT (*fam*) = **trastrocar**.

trastornado ADJ (*persona*) mad, crazy.

trastornar <1a> [1] VT [a] (*volcar*) to overturn, upset; (*objetos*) to mix up, turn upside down; (*orden*) to disturb. [b] (*fig: ideas etc*) to confuse; (*inquietar*) to upset, trouble. [c] (*fig: la mente*) to unhinge; (: *persona*) to drive crazy; **esa chica le ha trastornado** that girl is driving him crazy.
[2] **trastornarse** VR [a] (*proyectos*) to fall through, be ruined.
[b] (*persona*) to go crazy, go out of one's mind.

trastorno NM [a] (*acto de volcar*) overturning, upsetting; (*confusión*) mixing up. [b] (*fig: mental*) confusion; (*Pol*) disturbance, upheaval; **los ~s políticos** the political disturbances. [c] (*Med*) upset; **~ estomacal** stomach upset. [d] **~ mental** mental disorder, breakdown.

trastrocar<1g, 1l> VT [a] (*objetos*) to switch over, change round; (*orden*) to reverse. [b] (*palabras*) to change, transform.

trastrueque NM [a] (*cambio de orden*) switch, reversal. [b] (*transformación*) change.

trasudar<1a> VI (*atleta*) to sweat lightly; (*cosa*) to seep.

trasuntar<1a> VT [a] (*copiar*) to copy. [b] (*resumir*) to summarize.

trasunto NM [a] (*copia*) copy, transcription. [b] (*fig: semejanza*) image, likeness; **fiel ~** exact likeness; **esto es un ~ en menor escala de lo que ocurrió** this is a repetition on a smaller scale of what happened.

trasvasar<1a> VT (*vino etc*) to pour into another container, transfer; (*río*) to divert.

trasvase NM pouring; (*de río*) diversion.

trata NF (*tb* **~ de esclavos** o **de negros**) slave trade; **~ de blancas** white slave trade.

tratable ADJ (*amable*) friendly, sociable.

tratadista NMF writer (of a treatise); (*de ensayos*) essayist.

tratado NM [a] (*Com*) agreement; (*Pol*) treaty, pact; **~ de paz** peace treaty. [b] (*Lit*) treatise; **un ~ de física** a treatise on physics.

tratamiento NM [a] (*gen*) treatment; (*Téc*) processing; (*de problema*) handling; **~ de datos / de gráficos / por lotes** (*Inform*) data/graphics/batch processing; **~ médico** medical treatment; **~ con rayos X** X-ray treatment. [b] (*título*) title, style (of address); **~ de tú** familiar address.

tratante NMF (*negociante*) dealer, trader (*en in*).

tratar <1a> [1] VT [a] (*gen*) to treat, handle; **la tratan muy bien** they treat her well; **~ a algn a patadas** to kick sb around; **hay que ~ el asunto con cuidado** the matter should be handled carefully; **~ a algn con un nuevo fármaco** (*Quím, Med*) to treat sb with a new drug; **~ a algn de loco** to treat sb like a madman.
[b] (*personas*) **~ a algn** to have dealings with sb.
[c] **~ a algn de tú** to address sb as 'tú'; **¿cómo le hemos de ~?** how should we address him?
[d] (*Inform, Téc*) to process.
[e] (*acuerdo, paz etc*) to negotiate.
[2] VI [a] **~ de** (*un libro*) to deal with, be about; (*personas*) to talk about, discuss; **este libro trata de las leyendas épicas** this book is about the epic legends.
[b] **~ con** (*tema*) to have to do with, deal with; (*persona*) to know, have contacts with; (*enemigo*) to negotiate with; **el geólogo trata con rocas** the geologist deals with rocks; **no tratamos con traidores** we don't deal with traitors.
[c] **~ de hacer algo** to try to do sth, endeavour o (*US*) endeavor to do sth.
[d] (*Com*) **~ en** to deal in.
[3] **tratarse** VR [a] (*cuidarse*) **~ bien** to look after o.s.; **ahora se trata con mucho cuidado** he looks after him-

self very carefully now.
b (*dos personas*) to treat each other.
c **se tratan de usted** they address each other as 'usted'; **¿cómo nos hemos de tratar?** how should we address each other?
d ~ **con algn** to have to do with sb.
e (*acerca de*) **se trata de la nueva piscina** it's about the new pool; **se trata de aplazarlo un mes** it's a question of putting it off for a month; **¿de qué se trata?** what's it about?; (*¿cuál es el problema?*) what's up?, what's the trouble?

tratativas NFPL (*CSur: trámites*) negotiations, steps.
trato NM **a** (*entre personas*) intercourse, dealings; (*relación*) relationship; ~ **sexual** sexual intercourse; **entrar en ~s con algn** to enter into relations *o* negotiations with sb; **romper el ~ con algn** to break off relations with sb.
b ~**s** (*de personas*) treatment; **malos ~s** ill treatment, rough treatment.
c (*conducta*) manner, behaviour, behavior (*US*); **de fácil** ~ easy to get on with; **de ~ agradable** pleasant.
d (*Com, Jur*) contract; (*fig*) deal; ~**s** dealings; ~ **equitativo** fair deal; **¡~ hecho!** it's a deal!; **cerrar un ~** to do a deal.
e (*Ling*) title, style of address; **dar a algn el ~ debido** to give sb his proper title.
trauma NM trauma.
traumático ADJ traumatic.
traumatismo NM traumatism.
traumatizante ADJ traumatic.
traumatizar <1f> VT (*Med, Psic*) to traumatize; (*fig*) to shock, affect profoundly.
traumatólogo/a NM/F traumatologist.
través **1** NM **a** (*Arquit: viga*) crossbeam.
b (*inclinación*) slant.
c (*fig: contratiempo*) reverse.
2 ADV: **al ~** across, crossways; **de ~** across; (*de lado*) sideways; **hubo que introducirlo de ~** it had to be squeezed in sideways; **mirar de ~** to squint; **mirar a algn de ~** to look sideways at sb; (*fig*) to look askance at sb.
3 PREP: **a ~ de, al ~ de** across; (*por medio de*) through; **un árbol caído a ~ de los carriles** a tree fallen across the lines; **lo sé a ~ de un amigo** I know about it through a friend.
travesaño NM (*Arquit*) crossbeam; (*Dep*) crossbar.
travesía NF **a** (*vía*) crossroad, crossway. **b** (*viaje*) journey; (*Náut, Aer*) crossing. **c** (*Náut: viento*) crosswind.
travesura NF prank, lark; **son ~s de niños** they're just childish pranks.
traviesa NF **a** (*Arquit: viga*) crossbeam. **b** (*Ferro*) sleeper. **c** (*Min*) cross gallery. **d** **a campo ~** cross-country.
travieso ADJ (*niño*) naughty, mischievous.
trayecto NM **a** (*camino*) road, way; (*etapa*) stretch; **destrozó un ~ de varios kilómetros** it destroyed a stretch several km long; **final del ~** end of the line; **recorrer un ~** to cover a distance. **b** (*viaje*) journey; (*de bala*) trajectory; **comeremos durante el ~** we'll eat on the journey.
trayectoria NF **a** (*camino*) trajectory, path. **b** (*fig: desarrollo*) development, path; **la ~ actual del partido** the party's present line; ~ **profesional** career.
traza NF **a** (*Arquit, Téc*) plan, design. **b** (*de persona*) appearance; **por** *o* **según las ~s** judging by appearances; **llevar buena ~** to look well. **c** (*medio*) means *pl*; (*pey: engaño*) trick; **darse ~** to find a way. **d** (*habilidad*) skill, ability; **tener (buena) ~ para hacer algo** to be skilful *o* (*US*) skillful at doing sth. **e** (*Inform*) trace.
trazado NM **a** (*Arquit, Téc*) plan, design; (*disposición*) layout; (*esbozo*) sketch; (*de carretera etc*) line, route. **b** (*fig: apariencia*) appearance.
trazador(a) **1** ADJ (*Mil, Fís*) tracer *atr*; **bala ~a** tracer bullet. **2** NM/F (*persona*) planner, designer.
trazar <1f> VT **a** (*Arquit, Téc*) to plan, design; (*disponer*) to lay out; (*dibujar*) to draw; (*Arte: esbozar*) to sketch; (*fronteras*) to mark out; (*itinerario: hacer*) to plot; (: *seguir*) to follow. **b** (*fig: desarrollo, política etc*) to lay down, mark out. **c** (*explicar*) to outline.

trazo NM **a** (*línea*) line, stroke; ~ **de lápiz** pencil mark. **b** (*esbozo*) sketch, outline; ~**s** (*de cara*) lines, features; **de ~s enérgicos** vigorous-looking.
TRB NFPL ABR **de toneladas de registro bruto** GRT.
TRC NM ABR **de tubo de rayos catódicos** CRT.
trebejos NMPL **a** (*utensilios*) equipment *sg*, things; ~ **de cocina** kitchen utensils. **b** (*Ajedrez*) chessmen.
trébol NM **a** (*Bot*) clover. **b** (*Arquit*) trefoil. **c** (*Naipes*) ~**es** clubs.
trece ADJ thirteen; (*fecha*) thirteenth; **estar en sus ~** to stand firm; *V tb* **seis**.
treceavo NM thirteenth part.
trecho NM **a** (*tramo*) stretch; (*distancia*) way, distance; (*tiempo*) while; **andar un buen ~** to walk a good way; **a ~s** (*en parte*) in parts; (*cada tanto*) intermittently; **de ~ en ~** every so often. **b** (*Agr: parcela*) plot, patch. **c** (*fam: pedazo*) bit, part; **queda un buen ~ que hacer** there's still quite a bit to do.
tregua NF **a** (*Mil*) truce. **b** (*fig: descanso*) lull, respite; **sin ~** without respite; **no dar ~** to give no respite.
treinta ADJ thirty; (*fecha*) thirtieth; *V tb* **seis**.
treintena NF (about) thirty.
tremebundo ADJ (*terrible*) terrible; (*amenazador*) threatening.
tremendamente ADV (*fam*) tremendously.
tremendo ADJ **a** (*terrible*) terrible, frightful. **b** (*imponente*) imposing, awesome. **c** (*fam: grandísimo etc*) tremendous; (: *imponente*) awful; **le dio una ~a paliza** he gave him a tremendous beating. **d** (*fam: persona*) entertaining; **es ~, ¿eh?** isn't he a scream? (*fam*), isn't he great? **e** **tomarse algo a la ~a** to make a great fuss about sth.
trementina NF turpentine.
tremolar <1a> **1** VT (*bandera*) to wave. **2** VI to wave, flutter.
trémulamente ADV tremulously; (*decir*) quaveringly; (*tímidamente*) timidly.
trémulo ADJ tremulous; (*voz*) quavering; (*luz*) flickering.
tren NM **a** (*Ferro*) train; ~ **directo/expreso/(de) mercancías/de pasajeros/suplementario** through/night/goods *o* freight/passenger/relief train; ~ **de largo recorrido** long-distance train; **cambiar de ~** to change trains; **coger el ~ en marcha** (*fig*) to climb *o* jump on the bandwagon; **está como para parar un ~** (*Esp fam*) (s)he's hot stuff (*fam*), (s)he's a bit of alright (*fam*); **tenemos libros para parar un ~** (*fam*) we have stacks of books (*fam*); **perder el ~** (*fig*) to miss the boat; **tomar un ~** to catch a train; **ir en ~** to go by train. **b** (*bagaje*) luggage; (*equipo*) equipment. **c** (*Mec*) set (*of gears, wheel etc*); ~ **de aterrizaje** (*Aer*) undercarriage, landing gear. **d** (*Mil*) convoy. **e** ~ **de vida** way of life; **vivir a todo** ~ to live in style. **f** (*velocidad*) speed; **a fuerte** ~ fast.
trena NF (*fam: cárcel*) clink.
trenca NF duffle-coat.
trencilla NF, **trencillo** NM braid.
Trento NM Trent; **Concilio de** ~ Council of Trent.
trenza NF **a** (*de cabello*) plait, braid (*US*), pigtail; (*Cos*) braid; ~ **postiza** hairpiece. **b** (*LAm: de cebollas*) string.
trenzado **1** ADJ (*cabello*) plaited; (*Cos*) braided; (*entrelazado*) intertwined. **2** NM plait.
trenzar <1f> **1** VT (*cabello*) to plait, braid (*US*); (*Cos*) to braid; (*hilo*) to weave. **2** **trenzarse** VR (*LAm fam*) to come to blows; ~ **en una discusión** to get involved in an argument.
trepa¹ **1** NF **a** (*subida*) climb, climbing. **b** (*voltereta*) somersault. **c** (*ardid*) trick, ruse. **2** NMF (*fam: arribista*) social climber.
trepa² NF **a** (*Téc: taladrar*) drilling. **b** (*Cos: guarnición*) trimming. **c** (*de madera*) grain.
trepador(a) **1** ADJ (*planta*) climbing, rambling. **2** NM (*Bot*) climber, rambler.
trepar¹ <1a> VT, VI to climb (*a* up); (*roca, montaña*) to scale; (*Bot*) to climb (*por* up); ~ **un árbol** to climb (up) a tree.
trepar² <1a> VT **a** (*Téc: taladrar*) to drill, bore. **b** (*Cos*) to

trim.
trepidación NF vibration.
trepidante ADJ shaking, vibrating; (*fig*) shattering; (*ritmo*) frantic.
trepidar <1a> VI [a] (*temblar*) to shake, vibrate. [b] (*LAm: vacilar*) to hesitate, waver.
tres [1] ADJ three; (*fecha*) third; **las ~** three o'clock; **de ~ al cuarto** cheap, poor quality; **ni a la de ~** on no account, not by a long shot. [2] NM three; *V tb* **seis**.
trescientos/as ADJ, NMPL/NFPL three hundred; *V tb* **seiscientos**.
tresillo NM [a] (*de muebles*) three-piece suite. [b] (*Mús*) triplet.
treta NF [a] (*Esgrima*) feint. [b] (*fig: ardid*) trick, ruse.
tri... PREF tri..., three-.
tríada NF triad.
trial NM (*Dep*) trial.
triangular [1] ADJ triangular. [2] <1a> VT to triangulate.
triángulo NM (*Mat, Mús*) triangle.
triates NMPL (*Méx: trillizos*) triplets.
tribal ADJ tribal.
tribu NF tribe; **~ urbana** youth culture.
tribulación NF tribulation.
tribuna NF [a] (*de orador*) platform, rostrum. [b] (*Dep etc*) stand, grandstand; **~ de la prensa** press box. [c] (*Rel*) gallery; **~ del órgano** organ loft. [d] (*Jur*) **~ del acusado** dock; **~ del jurado** jury box.
tribunal NM [a] (*Jur*) court; (: *personas*) court, bench; **T~ de Justicia de las Comunidades Europeas** European Court of Justice; **~ juvenil, ~ (tutelar) de menores** juvenile court; **T~ Supremo** High Court, Supreme Court (*US*); **en pleno ~** in open court; **llevar a algn ante los ~es** to take sb to court. [b] (*Pol, comisión investigadora*) tribunal. [c] (*Univ: examinadores*) board of examiners. [d] (*fig*) tribunal; (*foro*) forum; **el ~ de la opinión pública** the forum of public opinion.
tribuno NM tribune.
tributación NF [a] (*pago*) payment. [b] (*impuesto*) taxation.
tributar <1a> VT (*lit, fig*) to pay.
tributario [1] ADJ [a] (*Geog, Pol*) tributary *atr*. [b] (*Fin*) tax, taxation *atr*; **sistema ~** tax system. [2] NM tributary.
tributo NM [a] tribute. [b] (*Fin: impuesto*) tax.
tricentésimo ADJ three hundredth.
triciclo NM tricycle.
tricolor [1] ADJ tricolour, tricolor (*US*), three-coloured, three-colored (*US*); **bandera ~** tricolour. [2] NM tricolour.
tricornio NM three-cornered hat.
tricota NF (*LAm*) heavy knitted sweater.
tricotar <1a> VTI to knit.
tricotosa NF knitting machine.
tridente NM trident.
tridimensional ADJ three-dimensional.
trienio NM [a] period of three years. [b] (*pago*) *monthly bonus for each three-year period worked with the same employer.*
trifulca NF (*fam*) row.
trigal NM wheat field.
trigésimo ADJ thirtieth; *V tb* **sexto 1**.
trigo NM [a] (*Bot*) wheat; **~ sarraceno** buckwheat; **de ~ entero** wholemeal; **no es ~ limpio** (*fig*) he's dishonest. [b] **~s** wheat *sg*, wheat field(s); **meterse en ~s ajenos** to meddle in somebody else's affairs.
trigonometría NF trigonometry.
trigonométrico ADJ trigonometric(al).
trigueño ADJ (*cabello*) dark blond; (*rostro*) olive-skinned; (*LAm: euf*) dark-skinned, coloured, colored (*US*).
triguero [1] ADJ wheat *atr*. [2] NM (*comerciante*) corn merchant.
trilátero ADJ trilateral, three-sided.
trilla NF (*Agr*) threshing.
trillado ADJ [a] (*Agr*) threshed. [b] (*fig: camino*) beaten, well-trodden. [c] (*fig: tema*) well-worn.
trilladora NF threshing machine.
trillar <1a> VT (*Agr*) to thresh.
trillizos/as NMPL/NFPL triplets.

trillo NM threshing machine.
trilogía NF trilogy.
trimestral ADJ quarterly, three-monthly; (*Univ*) term *atr*.
trimestre NM [a] (*período*) quarter, period of three months; (*Univ*) term. [b] (*Fin*) quarterly payment.
trinar <1a> VI (*Mús*) to trill; (*Orn*) to sing, warble; **está que trina** (*fam*) he's hopping mad.
trincar¹ <1g> VT [a] (*atar*) to tie up, bind; (*Náut*) to lash. [b] (*inmovilizar*) to pinion, hold by the arms. [c] (*fam: detener*) to nick (*fam*), lift (*fam*).
trincar² <1g> VI (*romper*) to break up; (*tajar*) to chop up.
trincar³ <1g> VTI (*beber*) to drink.
trinchador NM carving knife.
trinchante NM (*para cortar carne*) carving knife; (*tenedor*) meat fork.
trinchar <1a> VT (*cortar*) to carve, cut up.
trinche NM (*LAm: tenedor*) fork.
trinchera NF [a] (*zanja*) ditch; (*Mil*) trench; (*Ferro*) cutting; **guerra de ~s** trench warfare. [b] (*abrigo*) trench coat.
trineo NM (*pequeño*) sledge, sled (*US*); (*grande*) sleigh; **~ de perros** dog sleigh.
Trinidad NF [a] (*Rel*) Trinity; **t~** (*fig*) trio. [b] (*Geog*) Trinidad.
trino NM (*Orn*) warble, trill; (*Mús*) trill.
trinquete¹ NM (*Mec*) pawl; (*de rueda dentada*) ratchet.
trinquete² NM [a] (*Náut: palo*) foremast; (: *vela*) foresail. [b] (*Dep*) pelota court.
trío NM trio.
tripa NF [a] (*Anat*) intestine, gut; **~s** (*Anat*) guts, insides, innards (*fam*); (*Culin*) tripe *sg*; **me duelen las ~s** I have a stomach ache; **echar las ~s** to retch, vomit violently; **hacer de ~s corazón** to pluck up courage; **quitar las ~s a un pez** to gut a fish; **revolver las ~s algn** (*fig*) to turn sb's stomach; **¡te sacaré las ~s!** I'll rip you apart! [b] (*fig, fam*) belly, tummy; **tener mucha ~** to be fat, be paunchy. [c] (*de fruta*) core. [d] (*Mec fam*) **~s** innards (*fam*), works; (*piezas*) parts; **sacar las ~s de un reloj** to take out the works of a watch. [e] (*de vasija*) belly, bulge.
tripartito ADJ tripartite.
triple [1] ADJ triple; (*tres veces*) threefold. [2] NM triple; **es el ~ de lo que era** it is three times what *o* as big as it was.
triplicado ADJ triplicate; **por ~** in triplicate.
triplicar <1g> VT, **triplicarse** VR to treble, triple.
trípode NM tripod.
Trípoli NM Tripoli.
tríptico NM (*Arte*) triptych; (*documento*) three-part document.
tripulación NF crew.
tripulado ADJ; **vuelo ~** manned flight.
tripulante NM (*de barco, avión*) crew member.
tripular <1a> VT [a] (*barco, avión*) to man. [b] (*Aut etc*) to drive.
triquiñuela NF (*truco*) trick, dodge; **saber las ~s del oficio** to know the tricks of the trade.
triquitraque NM string of firecrackers.
tris NM [a] (*estallido*) crack; (*al rasgarse*) rip. [b] **en un ~** in a trice; **estar en un ~ de hacer algo** to be within an inch of doing sth.
trisca NF [a] (*crujido*) crunch. [b] (*bulla*) uproar; (*fam*) rumpus, row.
triscar <1g> VT [a] (*enredar*) to mix, mingle. [b] (*una sierra*) to set.
trisemanal ADJ triweekly.
triste [1] ADJ [a] (*persona*) sad; (*desgraciado*) miserable; (*carácter*) gloomy, melancholy; (*apariencia*) sad-looking; **poner ~ a algn** to make sb sad *o* unhappy; **ponerse ~** to become sad.
[b] (*noticias, canción etc*) sad; (*paisaje*) dismal, desolate; (*cuarto*) gloomy.
[c] (*fig: situación, persona*) sorry, sad; **hizo un ~ papel** he cut a sorry figure; **la ~ verdad es que ...** the sorry truth is that ...; **es ~ verle así** it is sad to see him like that.
[d] (*fam: flor*) withered.
[e] (*fam: desgraciado*) miserable; (*desdichado*) wretched; (*único*) single; **no queda sino un ~ penique** there's just

one miserable penny left; **su padre es un ~ vigilante** his father is just a poor old watchman. ∎ **f** (*LAm: pobre*) poor, wretched. ∎ **2** NM (*LAm: canción*) sad love song.

tristemente ADV sadly; (*con pena*) miserably; **el ~ famoso lugar** the place which enjoys a sorry fame.

tristeza NF ∎ **a** (*de persona etc*) sadness; (*pena*) misery; (*melancolía*) melancholy. ∎ **b** (*de lugar*) desolation, dreariness. ∎ **c** **~s** (*fam*) sad news, unhappy events.

tristón ADJ sad, downhearted.

tritón NM (*Zool*) newt.

trituradora NF (*Mec*) grinder, crushing machine.

triturar <1a> VI to grind.

triunfador(a) ∎ **1** ADJ triumphant; (*ganador*) winning. ∎ **2** NM/F winner.

triunfal ADJ ∎ **a** (*arco*) triumphal. ∎ **b** (*grito etc*) triumphant.

triunfalismo NM (*de país*) jingoism; (*de persona*) smugness.

triunfalista ADJ (*país*) jingoistic; (*persona*) smug.

triunfante ADJ ∎ **a** triumphant; (*ganador*) winning; **salir ~** to come out the winner. ∎ **b** (*jubiloso*) jubilant.

triunfar <1a> VI ∎ **a** to triumph (*de, sobre* over); (*ganar*) to win; **~ en la vida** to succeed in life; **~ en un concurso** to win a competition. ∎ **b** (*Naipes: jugador*) to trump (in), play a trump. ∎ **c** (*Naipes*) to be trumps; **triunfan corazones** hearts are trumps.

triunfo NM ∎ **a** triumph; (*victoria*) win, victory; **ha sido un verdadero ~** it has been a real triumph. ∎ **b** (*éxito*) hit, success. ∎ **c** (*Naipes*) trump; **6 sin ~s** 6 no-trumps; **palo del ~** trump suit.

triunvirato NM triumvirate.

trivial ADJ trivial, trite.

trivialidad NF ∎ **a** (*cualidad*) triviality. ∎ **b** (*una ~*) trivial matter; (*dicho*) trite remark; **~es** trivia.

trivializar <1f> VT to minimize (the importance of), play down.

trivialmente ADV trivially.

triza NF bit, shred; **hacer algo ~s** to tear sth to shreds; **los críticos hicieron ~s la obra** the critics pulled the play to pieces; **estar hecho ~s** to be shattered (*fam*).

trizar <1f> VT (*hacer pedazos*) to smash to bits; (*romper*) to tear to shreds.

trocar <1g, 1l> ∎ **1** VT ∎ **a** (*canjear*) to exchange, barter (*por* for). ∎ **b** (*cambiar*) to change (*con, por* for); (*palabra*) to exchange (*con* with); (*mezclar: confundir*) to mix up, confuse. ∎ **2 trocarse** VR (*transformarse*) to change (*en* into); (*confundirse*) to get mixed up.

trocear <1a> VT to cut up, cut into pieces.

trocha NF (*LAm Ferro*) gauge.

troche: **a ~ y moche, a trochemoche** ADV (*correr etc*) helter-skelter, pell-mell; (*desparramar*) all over the place; (*distribuir*) haphazardly.

trofeo NM trophy.

troglodita NMF ∎ **a** (*que vive en cuevas*) cave dweller, troglodyte. ∎ **b** (*fig: bruto*) brute, coarse person.

trola NF (*fam*) fib, lie.

trolebús NM trolley bus.

trolero NM (*fam: mentiroso*) fibber, liar.

tromba NF whirlwind; **~ marina** waterspout; **~ terrestre** whirlwind; **~ de agua** violent downpour.

trombón NM (*Mús*) ∎ **a** (*instrumento*) trombone. ∎ **b** (*músico*) trombonist.

trombosis NF thrombosis.

trompa ∎ **1** NF ∎ **a** (*Mús*) horn; **~ de caza** hunting horn. ∎ **b** (*juguete*) spinning top. ∎ **c** (*de insecto*) proboscis; (*Zool*) trunk; (*fam: hocico*) snout. ∎ **d** (*Anat*) tube, duct; **~ de Falopio** Fallopian tube. ∎ **e** (*Met*) = **tromba**. ∎ **2** NM (*Mús*) horn player.

trompada NF, **trompazo** NM ∎ **a** (*choque*) bump, bang. ∎ **b** (*puñetazo*) punch.

trompear <1a> ∎ **1** VT (*LAm: pegar*) to punch, thump. ∎ **2** VI ∎ **a** (*un trompo*) to spin a top. ∎ **b** = **3**. ∎ **3 trompearse** VR to fight.

trompeta ∎ **1** NF (*Mús*) trumpet; (*corneta*) bugle. ∎ **2** NM (*Mús*) trumpeter, bugler.

trompetazo NM (*Mús*) trumpet blast.

trompetilla NF (*tb* **~ acústica**) ear trumpet.

trompetista NM trumpet player.

trompicar <1g> ∎ **1** VT (*tropezar*) to trip up. ∎ **2** VI (*tropezarse*) to trip up a lot.

trompicón NM (*tropiezo*) stumble, trip; **a ~es** in fits and starts.

trompo NM spinning top; **~ de música** humming top; **ponerse como un ~** (*fam*) to stuff o.s.

tronado ADJ ∎ **a** (*viejo*) old, useless. ∎ **b** (*fam*) **estar ~** to be ruined.

tronadura NF (*Chi Min*) blasting.

tronar <1l> ∎ **1** VT (*CAm, Méx: fam: fusilar*) to shoot, execute. ∎ **2** VI ∎ **a** (*Met*) to thunder; (*cañones etc*) to boom; **por lo que pueda ~** just in case, to be on the safe side. ∎ **b** (*fig: enfurecerse*) to rave, rage; **~ contra** to spout forth against, thunder against.

troncal ADJ: **línea ~** main (trunk) line.

troncar <1g> VT = **truncar**.

troncha NF (*LAm fam: tajada*) slice; (: *pedazo*) piece.

tronchante ADJ (*fam*) hilarious.

tronchar <1a> ∎ **1** VT ∎ **a** (*talar*) to fell, chop down. ∎ **b** (*fig: vida*) to cut short; (: *esperanzas*) to shatter. ∎ **2 troncharse** VR: **~ de risa** to split one's sides with laughter.

troncho NM (*Bot*) stem, stalk (of cabbage etc).

tronco NM ∎ **a** (*Bot: de árbol*) trunk; (*tallo*) stem; **estar hecho un ~** to be sound asleep. ∎ **b** (*Anat*) trunk. ∎ **c** (*fam: hombre*) bloke (*fam*), guy (*fam*); (*en oración directa*) mate (*fam*), pal (*fam*); **'oye, ~'** 'hey, man' (*fam*). ∎ **d** (*Ferro*) main (trunk) line. ∎ **e** (*estirpe*) stock.

tronera NF ∎ **a** (*Mil: aspillera*) loophole; (*Arquit*) small window. ∎ **b** (*Billar*) pocket.

trono NM throne; (*fig: corona*) crown; **heredar el ~** to inherit the throne; **subir al ~** to ascend the throne.

tropa NF ∎ **a** troop; (*multitud*) crowd; (*pey*) mob. ∎ **b** (*Mil*) **~s** troops; **~s de asalto** storm troops. ∎ **c** (*Mil*) men; (*soldados rasos*) ranks.

tropear <1a> VT (*Arg Agr*) to herd.

tropecientos ADJ PL (*fam*) umpteen (*fam*).

tropel NM (*gentío*) mob. ∎ **b** (*revoltijo*) mess. ∎ **c** (*prisa*) rush, haste; **acudir** etc **en ~** to come etc in a mad rush.

tropero NM (*Arg Agr*) cowboy, cattle drover.

tropezar <1f, 1j> ∎ **1** VT (*persona*) to bump into; (*objeto*) to run across. ∎ **2** VI ∎ **a** to trip, stumble (*con, contra, en* on, over); **~ con** to run into, run up against. ∎ **b** (*fig*) **~ con algn** to bump into sb; **~ con algo** to run across sth. ∎ **c** (*fig*) **~ con una dificultad** to run into a difficulty. ∎ **d** (*cometer un error*) to slip up. ∎ **3 tropezarse** VR (*dos personas*) to run into each other.

tropezón NM ∎ **a** (*traspié*) trip, stumble; **dar un ~** to trip; **proceder a ~es** to proceed by fits and starts. ∎ **b** (*equivocación*) slip. ∎ **c** (*Culin: tb* **~es**) small piece of food (*added to soup*).

tropical ADJ tropical.

trópico NM tropic; **~s** tropics; **~ de Cáncer/de Capricornio** Tropic of Cancer/Capricorn.

tropiezo NM ∎ **a** (*desliz*) slip; (*falta*) moral lapse. ∎ **b** (*revés*) setback. ∎ **c** (*obstáculo*) obstacle. ∎ **d** (*disputa*) argument.

tropo NM (*Lit*) trope; (*figura*) figure of speech.

troquel NM (*Téc*) die.

trotamundos NM INV globetrotter.

trotar <1a> VI ∎ **a** to trot. ∎ **b** (*fam: viajar*) to travel about.

trote NM ∎ **a** trot; **ir al ~** to (go at a) trot; **irse al ~** to go off in a hurry. ∎ **b** (*fam: viajar*) travelling, traveling (*US*); (*ir y venir*) bustle; **yo ya no estoy para estos ~s** I can't go chasing around like I used to any more. ∎ **c** **de mucho ~** hard-wearing.

trova NF ballad.

trovador NM troubadour.

Troya NF Troy; **¡aquí fue ~!** you should have heard the fuss!

trozo NM ∎ **a** (*pedazo*) piece; **a ~s** in bits. ∎ **b** (*Lit, Mús*) pas-

sage; **~s escogidos** selected passages.
trucaje NM (*Cine*) trick photography.
trucar<1g> VT (*fam: resultado*) to fix, rig.
trucha NF trout; **~ arco iris** rainbow trout.
truco NM a (*engaño*) trick; (*habilidad*) knack; (*Cine*) trick effect o photography; **~ de naipes** card trick; **~ publicitario** advertising gimmick; **coger el ~** to get the knack, get the hang of it, catch on. b (*Billar*) **~s** billiards *sg*, pool *sg*.
truculencia NF gruesomeness.
truculento ADJ gruesome.
trueco NM = **trueque**.
trueno NM (*gen*) thunder; (*un ~*) thunderclap; (*de pistola*) bang.
trueque NM (*cambio*) exchange; (*Com*) barter; **a ~ de in** exchange for; **aun a ~ de perderlo** even at the cost of losing it.
trufa NF a (*Bot*) truffle. b (*fam: mentira*) fib.
trufado ADJ stuffed with truffles.
truhán NM (*pillo*) rogue; (*estafador*) swindler.
truhanería NF (*picardía*) roguery, swindling.
truhanesco ADJ dishonest.
truísmo NM truism.
trulla NF a (*disturbio*) commotion; (*ruido*) noise. b (*multitud*) crowd.
truncado ADJ (*reducido*) truncated; (*incompleto*) incomplete.
truncar<1g> VT a (*acortar*) to truncate; (*texto: suprimir*) to cut off; (*sentido: cambiar*) to affect. b (*fig: carrera, vida*) to cut short; (: *proyectos*) to ruin; (: *desarrollo*) to stunt.
trusa(s) NF(PL) (*And, Méx*) underpants, shorts (*US*); (: *bragas*) panties.
trust [trus] NM (*pl* **~s** [trus]) (*Fin*) trust, cartel.
Tte. ABR *de* **teniente** Lieut, Lt.
TU NM ABR *de* **tiempo universal** U.T.
tu ADJ POS your.
tú PRON PERS you; **tratar a algn de ~** to treat sb on equal terms.
tuareg ADJ, NMF (*pl* **~(s)**) Tuareg.
tubérculo NM a (*Bot*) tuber; (*patata*) potato. b (*Anat, Med etc*) tubercle.
tuberculosis NF tuberculosis.
tubería NF (*conjunto de tubos*) pipes *pl*, piping; (*conducto*) pipeline.
tubo NM a pipe; (*Anat, TV etc*) tube; **~ capilar** capillary; **~ de desagüe** drainpipe, waste pipe; **~ digestivo** alimentary canal; **~ de ensayo** test tube; **~ de escape** exhaust (pipe); **~ fluorescente** fluorescent tube; **~ de radio** wireless valve, tube (*US*). b (*fam*) **por un ~** loads (*fam*); **gastó por un ~** he spent a packet (*fam*).
tubular ADJ tubular.
tucán, tucano NM (*LAm*) toucan.
tuco¹ ADJ (*LAm: manco*) lacking a finger o hand.
tuco² NM (*CSur*) pasta sauce.
tuerca NF (*Téc*) nut; **~ mariposa** wingnut.
tuerto/a 1 ADJ (*con un ojo*) blind in one eye; (*ciego en un ojo*) one-eyed. 2 NM/F (*persona*) one-eyed man o woman, person who is blind in one eye.
tuétano NM a (*Anat: médula*) marrow; (*Bot*) pith; **hasta los ~s** through and through, utterly; **enamorado hasta los ~s** head over heels in love. b (*fig: sustancia*) core, essence.
tufarada NF (*olor*) bad smell; (*racha de aire*) gust.
tufo¹ NM a (*emanación*) vapour, vapor (*US*), gas. b (*pey: hedor*) bad smell, stink; **se le subió el ~ a las narices** (*fig*) he got very cross.
tufo² NM (*rizo*) curl.
tugurio NM slum.
tulipa NF lampshade.
tulipán NM tulip.
tullido/a 1 ADJ (*lisiado*) crippled; (*paralizado*) paralysed. 2 NM/F cripple.
tullir<3h> VT a (*lisiar*) to cripple, maim; (*paralizar*) to paralyse. b (*fig: desgastar*) to wear out.
tumba¹ NF (*sepultura*) tomb, grave; **ser (como) una ~** (*fam*) to keep one's mouth shut, not breathe a word to

anyone.
tumba² NF (*LAm: de árboles*) felling of timber.
tumbar <1a> 1 VT a (*derribar*) to knock down, knock over; **lo tumbaron a golpes** they punched him to the ground; **un olor que tumba** (*fam*) an overpowering smell.
b (*impresionar*) to amaze, overwhelm; **su presunción tumbó a todos** his conceit amazed everybody.
c (*fam: Univ*) to fail, flunk (*US*).
d (*LAm: árboles*) to fell; (: *tierra*) to clear.
2 VI a (*caerse*) to fall down.
b (*Náut*) to capsize.
c (*fam*) **el espectáculo me dejó tumbado** the sight overwhelmed me.
3 **tumbarse** VR (*acostarse*) to lie down; (*estirarse*) to stretch out.
tumbo NM (*caída*) fall, tumble; (*sacudida*) shake; **dar un ~** to fall, shake; **dando ~s** (*fig*) with all sorts of difficulties, despite the upsets.
tumbón ADJ (*fam: perezoso*) lazy, bone idle.
tumbona NF (*butaca*) easy chair; (*de playa*) deckchair, beach chair (*US*).
tumefacción NF swelling.
tumefacto ADJ swollen.
tumido ADJ swollen.
tumor NM tumour, tumor (*US*), growth; **~ maligno** malignant growth.
túmulo NM tumulus, burial mound.
tumulto NM turmoil, tumult; (*Pol: motín*) riot; **~ popular** popular rising.
tumultuosamente ADV tumultuously; (*pey*) riotously.
tumultuoso ADJ tumultuous; (*pey*) riotous, disorderly.
tuna¹ NF (*Bot*) prickly pear.
tuna² NF (*estudiantina*) student music group.

┌──── TUNA ────────────────────────────────────┐
i **Tunas**, *also known as* **estudiantinas**, *are groups of students dressed in 17th century costumes who play guitars, lutes and tambourines and go serenading through the streets. They also make impromptu appearances at weddings and parties singing traditional Spanish songs, often of a bawdy nature, in exchange for drinks or a few pesetas.*
└──┘

tunantada NF (*engaño*) dirty trick.
tunante NM (*pillo*) rogue; (*de villain*) ¡**~!** you villain!
tunantería NF a (*vileza*) villainy. b (*una ~*) dirty trick.
tunda¹ NF (*esquileo*) shearing.
tunda² NF a (*golpeo*) beating, thrashing. b **darse una ~** to wear o.s. out.
tundir <3a> VT a (*golpear*) to beat, thrash. b (*fig*) to tire out.
tundra NF tundra.
tunecino/a ADJ, NM/F Tunisian.
túnel NM tunnel.
Túnez NM (*ciudad*) Tunis; (*país*) Tunisia.
tungsteno NM tungsten.
túnica NF a tunic; (*vestido largo*) long dress. b (*Anat, Bot*) tunic.
Tunicia NF Tunisia.
tuno/a³ 1 NM/F (*pícaro*) rogue; **el muy ~** the old rogue. 2 NM (*Mús*) member of a student music group; *V* **tuna²**.
tuntún: al (buen) ~ ADV thoughtlessly, any old how.
tupamaro/a (*CSur: Hist, Pol*) 1 ADJ urban guerrilla *atr*. 2 NM/F urban guerrilla.
tupé NM toupée.
tupí (*esp Par*) = **tupí-guaraní**.
tupición NF (*LAm: obstrucción*) blockage, obstruction; (: *multitud*) dense crowd.
tupido ADJ a (*denso*) thick; (*impenetrable*) impenetrable. b (*esp LAm: obstruido*) blocked up, obstructed. c (*fig: torpe*) dim.
tupí-guaraní (*esp Par*) 1 ADJ Tupi-Guarani. 2 NMF Tupi-Guarani (Indian). 3 NM (*Ling*) Tupi-Guarani.
turba¹ NF (*combustible*) turf.
turba² NF (*muchedumbre*) crowd; (*pey: gentío*) mob; (: *chusma*) rabble.

turbación NF [a] (*trastorno*) disturbance. [b] (*inquietud*) alarm; (*vergüenza*) embarrassment; (*perplejidad*) bewilderment, confusion.

turbado ADJ (*preocupado*) worried, upset; (*avergonzado*) embarrassed; (*perplejo*) bewildered.

turbante NM turban.

turbar<1a> [1] VT [a] (*gen*) to disturb.
[b] (*persona: inquietar*) to worry, alarm; (: *alterar*) to upset; (: *azorar*) to embarrass; (*aturdir*) to bewilder.
[c] (*agua etc*) to stir up.
[2] **turbarse** VR (*preocuparse*) to be disturbed, get worried; (*azorarse*) to get embarrassed; (*confundirse*) to be bewildered, get confused.

turbiedad NF [a] (*de líquidos*) cloudiness. [b] (*opacidad*) opacity; (*confusión*) confusion. [c] (*turbulencia*) turbulence.

turbina NF turbine; **~ de gas** gas turbine.

turbio [1] ADJ [a] (*agua etc*) cloudy. [b] (*vista*) dim, blurred; (*tema etc*) unclear, confused. [c] (*fig: período*) turbulent; (: *negocio*) shady. [2] ADV: **ver ~** not to see clearly.

turbión NM [a] (*Met: aguacero*) heavy shower, downpour. [b] (*fig: de balas*) hail.

turbodiesel ADJ INV, NM turbo diesel.

turbulencia NF [a] (*desorden*) turbulence. [b] (*inquietud*) restlessness; (*rebeldía*) rebelliousness. [c] (*Met*) turbulence.

turbulento ADJ [a] (*río etc*) turbulent; (*período*) troubled, turbulent; (*reunión*) stormy. [b] (*carácter*) restless, rebellious; (: *de niño*) unruly; (*ejército*) mutinous.

turco/a [1] ADJ Turkish. [2] NM/F [a] Turk. [b] (*And, CSur: pey*) immigrant from the Middle East. [3] NM (*Ling*) Turkish.

turgencia NF turgidity.

turgente ADJ, **túrgido** ADJ (*hinchado*) turgid, swollen.

Turín NM Turin.

turismo NM tourism; (*en excursión*) sightseeing; (*industria*) tourist trade; **casas de ~ rural** ≈ holiday cottages; **hacer ~** to go travelling *o* (*US*) traveling (abroad); **el ~ constituye su mayor industria** the tourist trade is their biggest industry.

turista NMF tourist; (*vacacionista*) holidaymaker, vacationer (*US*).

turístico ADJ tourist *atr*.

turistizado ADJ touristy.

Turkmenistán NM Turkmenistan.

turma NF [a] (*Anat*) testicle. [b] (*Bot*) truffle.

turnar<1a> VI, **turnarse** VR to take (it in) turns; **ellos se turnan para usarlo** they take it in turns to use it.

turné NM tour, trip.

turno NM [a] (*lista*) rota; (*de prioridad*) order. [b] turn; (*trabajo*) shift; (*juegos etc*) turn, go; **~ de día/de noche** day/night shift; **por ~(s)** in/by turn(s); **trabajar por ~s** to work shifts; **es su ~** it's his turn (next); **esperar su ~**

to take one's turn; **estar de ~** to be on duty; **estuvo con su querida de ~** he was with his lover of the moment.

turolense [1] ADJ of *o* from Teruel. [2] NMF native *o* inhabitant of Teruel.

turón NM polecat.

turquesa ADJ INV, NF turquoise.

turquesco ADJ Turkish.

turquí ADJ: **color ~** indigo, deep blue.

Turquía NF Turkey.

turrón NM [a] (*dulce*) nougat. [b] (*fam: cargo fácil en gobierno*) cushy job.

```
┌─────── TURRÓN ───────┐
```

i **Turrón** *is a type of Spanish sweet rather like nougat which is eaten particularly around Christmas. It has Arabic origins and is made of honey, egg whites, almonds and hazelnuts. There are two traditional varieties:* **Alicante**, *which is hard and contains whole almonds, and* **Jijona**, *which is soft and made from crushed almonds.*

turulato ADJ (*fam*) stunned, flabbergasted.

tus NM: **sin decir ~ ni mus** without saying a word.

tusa NF [a] (*And, CAm, Carib: mazorca de maíz*) corn husk. [b] (*CSur: crin*) horse's mane.

tute NM *card game similar to bezique*; **darse un ~** to work extra hard, make a special effort.

tutear<1a> [1] VT: **~ a algn** to address sb as 'tú'. [2] **tutearse** VR: **se tutean desde siempre** they have always addressed each other as 'tú' *or* been on familiar terms.

tutela NF (*Jur*) guardianship; (*fig: protección*) tutelage; **bajo ~** in ward; **estar bajo la ~ de** (*fig*) to be under the protection of.

tutelaje NM (*LAm*) = **tutela**.

tutelar [1] ADJ tutelary; **ángel ~** guardian angel. [2]<1a> VT (*proteger*) to protect.

tuteo NM use of (the familiar) 'tú'.

tutiplé(n): **a ~** ADV (*dar etc*) freely; (*comer etc*) hugely, to excess.

tutor(a) NM/F (*Jur*) guardian; (*Univ*) tutor; **~ de curso** form master/mistress.

tutoría NF guardianship.

tutú NM (*de bailarina*) tutu.

tuve *etc* V **tener**.

tuyo ADJ, PRON yours, of yours; (*Rel*) thy, of thine; **es ~, es el ~** it is yours; **lo ~** (what is) yours; **cualquier amigo ~** any friend of yours; **los ~s** your people/relations/family.

TV NF ABR *de* **televisión** TV.

TVE NF ABR *de* **Televisión Española**.

tweed [twi] NM tweed.

txistu NM (Basque) flute.

txistulari NM (Basque) flute player.

U¹, u¹ [u] NF (*letra*) U, u; **doble ~** (*Méx*) W; **curva en ~** hairpin bend.

U² ABR *de* **Universidad** Univ., U.

u² CONJ (*used instead of o before o-, ho-*) or; **siete ~ ocho** seven or eight.

UAM NF ABR (*Esp*) *de* **Universidad Autónoma de Madrid**.

ubérrimo ADJ (*tierra etc*) exceptionally fertile.

ubicación NF (*esp LAm*) situation, location; (: *empleo*) job, position.

ubicado ADJ (*esp LAm*) situated, located; (: *empleado*) working.

ubicar <1g> (*esp LAm*) [1] VT to place, locate; **me puedes ~ por la tarde** you'll be able to get hold of me in the afternoon.
[2] VI to be situated o located.
[3] **ubicarse** VR [a] = 2.
[b] (*LAm fam: colocarse*) to get a job.

ubicuidad NF ubiquity; **el don de la ~** the gift for being everywhere at once.

ubicuo ADJ ubiquitous.

ubre NF udder.

ubrera NF (*Med*) thrush.

UBS ABR (*Esp*) *de* **Unidades Básicas de Salud**.

UCD NF ABR (*Pol*) *de* **Unión de Centro Democrático**.

UCE NF ABR [a] (*Fin*) *de* **Unidad de Cuenta Europea** ECU.
[b] *de* **Unión de Consumidores de España**.

ucedista [1] ADJ: **política ~** policy of UCD, UCD policy.
[2] NMF member of UCD.

UCI NF ABR *de* **Unidad de Cuidados Intensivos** ICU.

UCM NF ABR *de* **Universidad Complutense de Madrid**.

UCP NF ABR *de* **unidad central de proceso** CPU.

Ucrania NF Ukraine.

ucraniano/a ADJ, NM/F Ukrainian.

Ud, Uds PRON PERS V **usted**.

UDV NF ABR *de* **unidad de despliegue visual** VDU.

UE NF ABR *de* **Unión Europea** EU.

UEFA NF *de* **Unión Europea de Asociaciones de Fútbol** UEFA.

UEI NF ABR *de* **Unidad Especial de Intervención**.

UEM NF ABR *de* **unión económica y monetaria** EMU.

UEP NF ABR *de* **Unión Europea de Pagos** EPU.

UEPS ABR *de* **último en entrar, primero en salir** LIFO.

UER NF ABR *de* **Unión Europea de Radiodifusión** EBU.

uf INTERJ (*cansancio*) phew!; (*repugnancia*) ugh!

ufanarse <1a> VR (*gen*) to boast; (*engreírse*) to be vain, be conceited; **~ con o de** to boast of, pride o.s. on.

ufanía NF [a] pride. [b] (*Bot*) = **lozanía (a)**.

ufano ADJ [a] (*gen*) proud; (*alegre*) cheerful; (*autosatisfecho*) smug; **iba muy ~ en el nuevo coche** he was going along so proudly in his new car. [b] (*Bot*) = **lozano (a)**.

ufología NF study of unidentified flying objects, ufology.

Uganda NF Uganda.

ugetista [1] ADJ: **política ~** policy of the UGT, UGT policy. [2] NMF member of the UGT.

UGT NF ABR *de* **Unión General de Trabajadores**.

UIT NF ABR *de* **Unión Internacional para las Telecomunicaciones** ITU.

ujier NM usher.

újule INTERJ (*Méx*) huh!, phew!, wow!

úlcera NF [a] (*Med*) ulcer, sore; **~ de decúbito** bedsore.
[b] (*Bot*) rot.

ulceración NF ulceration.

ulcerar <1a> [1] VT to make sore, ulcerate. [2] **ulcerarse** VR to ulcerate.

ulceroso ADJ (*gen*) ulcerous; (*fig*) festering.

ulpo NM (*Chi, Per*) maize gruel.

ulterior ADJ [a] (*sitio*) farther, further. [b] (*tiempo*) later, subsequent.

ulteriormente ADV later, subsequently.

ultimación NF completion, conclusion.

últimamente ADV (*recientemente*) recently, lately; **no lo he visto ~** I haven't seen him lately.

ultimar <1a> VT [a] (*gen*) to finish, conclude; (*detalles etc*) to finalize. [b] (*LAm: matar*) to kill, murder.

ultimátum NM (*pl ~s*) ultimatum.

último ADJ [a] (*final*) last; (*más reciente*) latest, most recent; (*de dos*) latter; **éste ~, éstos ~s** the latter; **el ~ día del mes** the last day of the month; **a ~s del mes** towards the end of the month; **las ~as noticias** the latest news; **en estos ~s años** in recent years, in the last few years; **estar a lo ~ de** to be nearly at the end of, have nearly finished; **estar en las ~as** (*fam*) to be about to kick the bucket (*fam*); (*sin dinero*) to be down and out, be on one's last legs; **llegó el ~** he arrived last; **ser el ~ en hacer algo** to be the last to do sth; **ahora ~** (*Chi*) lately; **por ~** lastly, finally; **por ~a vez** for the last time.
[b] (*sitio: gen*) furthest, most remote; (*fila*) back; (*piso*) top; **en el ~ rincón del país** in the furthest corner of the country; **el equipo en ~a posición** the team in the lowest position, the bottom team.
[c] (*fig*) final, extreme; **la ~a solución** the final solution; **el ~ remedio** the ultimate remedy; **en ~ caso** as a last resort.
[d] (*Com: precio*) lowest, bottom.
[e] (*fam*) **vestido a la ~a** dressed in the latest style; **tienen un coche que es lo ~** they have the very latest thing in cars; **¡es lo ~!** it's the greatest! (*fam*); (*de fastidio*) this is the end!

ultra [1] PREF ultra..., extra.... [2] ADJ INV extreme right-wing. [3] NMF neo-fascist.

ultracongelado ADJ (*Esp*) (deep-)frozen.

ultracorto ADJ ultra-short.

ultraderecha NF (*Pol*) extreme right(-wing).

ultraizquierda NF extreme left (wing).

ultrajador, ultrajante ADJ (*gen*) outrageous; (*ofensivo*) offensive.

ultrajar <1a> VT (*gen*) to outrage; (*ofender*) to offend; (*injuriar*) to insult, abuse.

ultraje NM (*gen*) outrage; (*injuria*) insult.

ultramar NM abroad, overseas (countries), foreign parts; **de o en ~** overseas; **los países de ~** the overseas countries; **productos venidos de ~** goods from abroad.

ultramarino [1] ADJ overseas, foreign. [2] NM [a] **~s** (*comestibles*) groceries, foodstuffs. [b] **tienda de ~s, un ~s** (*fam*) a grocer's (shop), a grocery (*US*).

ultramoderno ADJ ultramodern.

ultranza ADV [a] **luchar a ~** to fight to the death; **lo quiere hacer a ~** he wants to do it at all costs; **paz a ~** peace at any price. [b] **a ~** (*Pol etc*) out-and-out, extreme; **un nacionalista a ~** a rabid nationalist.

ultrarrojo ADJ = **infrarrojo**.

ultrasónico ADJ ultrasonic.

ultratumba NF: **la vida de ~** the next life; **una voz de ~** a ghostly voice.

ultravioleta ADJ INV ultraviolet; **rayos ~** ultraviolet rays.

ulular <1a> VI (*gen*) to howl, shriek; (*búho*) to hoot, screech.

ululato NM (*gen*) howl, shriek; (*de búho*) hoot, screech.

umbilical ADJ: **cordón ~** umbilical cord.

umbral NM [a] (*gen*) threshold; **en los ~es de la muerte** at death's door; **pasar el ~ de algn** to set foot in sb's house. [b] (*fig*) first step, beginning; **~ de rentabilidad** (*Com*) break-even point; **estar en los ~es de** to be on the threshold o verge of; **eso está en los ~es de lo imposible** that borders on the impossible.

umbrío, umbroso ADJ shady.

509 UME → uñilargo

UME NF ABR *de* **Unión Monetaria Europea** EMU.

UMI NF ABR *de* **unidad de medicina intensiva** ICU.

un(a) [1] ART INDEF [a] a; (*antes de vocales y h muda*) an. [b] **~os/as** (*adj pl: algunos*) some; (*pocos*) a few; (*más o menos*) about, around. [2] ADJ one; **la ~a** one o'clock.

U.N.A.M. NF ABR *de* **Universidad Nacional Autónoma de México**.

unánime ADJ unanimous.

unanimidad NF unanimity; **por ~** unanimously.

unción NF [a] (*Med*) anointing. [b] (*Ecl y fig*) unction.

uncir <3b> VT to yoke.

undécimo ADJ, NM eleventh; *V tb* **sexto 1**.

UNED NF ABR (*Esp Escol*) *de* **Universidad Nacional de Educación a Distancia** ≈ OU.

ungir <3c> VT [a] (*Med*) to put ointment on, rub with ointment. [b] (*Rel*) to anoint.

ungüento NM ointment, unguent; (*fig*) salve, balm.

uni... PREF uni..., one-..., single-....

únicamente ADV only, solely.

unicelular ADJ unicellular, single-cell.

unicidad NF uniqueness.

único ADJ [a] (*gen*) only, sole; (*fig*) unique; **hijo ~** only child; **sistema de partido ~** one-party *o* single-party system; **la ~a dificultad es que ...** the only difficulty is that ...; **fue el ~ sobreviviente** he was the sole survivor; **es el ~ ejemplar que existe** it is the only copy in existence; **este ejemplar es ~** this specimen is unique. [b] (*fig*) unique; (*poco común*) unusual, extraordinary.

unicornio NM unicorn.

unidad NF [a] (*gen*) unit. [b] (*Com etc*) unit; **~ de cola** (*Aer*) tail unit; **~ militar** military unit; **~ móvil** (*TV*) mobile unit; **~ de vigilancia intensiva** intensive care unit. [c] (*Inform*) **~ central** mainframe computer; **~ periférica** peripheral device; **~ de control** control unit.

unidireccional ADJ: **calle ~** one-way street.

unido ADJ [a] joined (*por* by), linked (*por* by). [b] (*fig*) united; **mantenerse ~s** to remain united, keep *o* stick together.

unifamiliar ADJ single-family *atr*.

unificación NF unification.

unificador ADJ unifying.

unificar <1g> VT to unite, unify.

uniformado [1] ADJ uniformed. [2] NM man in uniform; (*esp*) policeman.

uniformar <1a> VT (*gen*) to make uniform; (*Téc etc*) to standardize.

uniforme [1] ADJ (*gen*) uniform; (*superficie etc*) level, even, smooth; (*velocidad*) steady. [2] NM uniform.

uniformidad NF (*gen*) uniformity; (*de acabado*) evenness, smoothness; (*de velocidad*) steadiness.

unilateral ADJ unilateral, one-sided.

unión NF [a] (*acto*) union, uniting; **la ~ hace la fuerza** united we stand. [b] (*cualidad*) unity; (*solidaridad*) closeness, togetherness. [c] (*Com, Pol etc*) union; (*Jur*) union, marriage; **en ~ con** (together) with; **~ aduanera** customs union; **U~ General de Trabajadores** (*Esp*) Socialist Union Confederation. [d] (*Mec*) joint, union; **punto de ~** junction (*entre* between).

unir <3a> [1] VT [a] (*gen*) to join, unite; (*atar*) to tie together; (*Com*) to merge, join; (*esfuerzos*) to pool; (*cualidades*) to combine (*a* with); **les une una fuerte simpatía** they are bound by a strong affection; **está muy unida a su madre** she's very close to her mother; **la autopista une las dos poblaciones** the motorway links the two towns. [b] (*líquidos*) to mix; (*masa etc*) to mix thoroughly, beat (up). [2] VI (*ingredientes*) to mix well. [3] **unirse** VR [a] (*dos individuos etc*) to join together, unite; (*Com: empresas*) to merge, combine; **~ en matrimonio** to marry. [b] **~ a** to join; **~ con** to unite with, merge with. [c] (*ingredientes*) to mix well.

unisex ADJ INV unisex.

unísono ADJ: **al ~** on the same tone; (*fig*) in unison, with one voice; **al ~ con** (*fig*) in tune *o* harmony with.

unitario/a [1] ADJ unitary; (*Rel*) Unitarian. [2] NM/F [a] (*Arg: Hist Pol*) centralist. [b] (*Rel*) Unitarian.

universal ADJ (*gen*) universal; (*mundial*) world(-wide); **historia ~** world history; **de fama ~** internationally famous.

universalidad NF universality.

universalizar <1f> VT to universalize.

universidad NF university; **U~ a Distancia** ≈ Open University (*Brit*); **~ laboral** polytechnic, poly (*fam*).

universitario/a [1] ADJ (*gen*) university *atr*. [2] NM/F (*profesor*) lecturer; (*estudiante*) (university) student.

universo NM (*gen*) universe; (*mundo*) world.

uno/a [1] ADJ [a] (*gen*) one; (*idéntico*) one and the same, identical; **es todo ~, es ~ y lo mismo** it's all one, it's all the same; **la verdad es ~a** truth is one and indivisible. [b] (*primero*) first; **planta ~** first floor; **el ~ de mayo** the first of May; **¡a la ~a, a las dos, a las tres!** (*en subasta*) going, going, gone!; (*Dep*) ready, steady, go! [c] **~s (cuantos)** some, a few; (*más o menos*) about; **~s 80 dólares** about 80 dollars. [d] **¡se dió ~ golpe!** (*enfático*) what a bang he gave himself!; **¡había ~a gente!** (*pey*) what a shower! (*fam*). [2] PRON [a] one; (*alguien*) somebody; **~ mismo** oneself; **~s que estaban allí protestaron** some (people) who were there protested; **es mejor hacerlo ~ mismo** it's better to do it oneself. [b] **cada ~** each one, every one; **cada ~ a lo suyo** everyone should mind his own business; **había 3 manzanas para cada ~** there were 3 apples each. [c] (*suj indef*) one, you; **~ nunca sabe qué hacer** one never knows what to do. [d] **~(s) a otro(s)** each other, one another; **se detestan ~s a otros** they hate each other; **se miraban fijamente el ~ al otro** they stared at each other. [e] (*locuciones*) **~ a ~, ~ por ~, de ~ en ~** one by one; **a ~a** all together; **juntarlo todo en ~** to put it all together; **más de ~** quite a few, a good few; **~a de dos** either one thing or the other; **~ con otro salen a 3 dólares** on an average they work out at 3 dollars each; **~ tras otro** one after the other; **~ y otro** both; **~ y otros** all of them; **es ~ de tantos** he's *etc* nothing special; **lo ~ por lo otro** it comes to the same thing; **no dar ~a** not to give a damn (*fam*); **¡había ~a de gente!** what a crowd there was!; **hacerle ~a a algn** to play a stinker on sb (*fam*).

untadura NF [a] (*acto: engrase*) smearing, rubbing; (*: engrase*) greasing. [b] (*Med*) ointment; (*Mec etc*) grease, oil. [c] (*mancha*) mark, smear.

untar <1a> [1] VT [a] to smear, rub (*con, de* with); (*Med*) to anoint, rub (*con, de* with); (*Mec etc*) to grease, oil; **~ su pan en la salsa** to dip *o* soak one's bread in the gravy; **~ el pan con mantequilla** to spread butter on one's bread. [b] (*fam: sobornar*) to bribe, grease the palm of. [2] **untarse** VR [a] **~ con *o* de** to smear o.s. with. [b] (*fam*) to have sticky fingers (*fam*).

unto NM (*Med*) ointment; (*grasa*) grease, animal fat.

untuosidad NF greasiness, oiliness.

untuoso ADJ greasy, oily.

uña NF [a] (*Anat*) nail, fingernail; (*del pie*) toenail; (*Zool etc*) claw; **ser ~ y carne** to be inseparable; **largo de ~s** light-fingered (*fam*); **estar de ~s con algn** to be at daggers drawn with sb; **caer en las ~s de algn** to fall into sb's clutches; **defender algo con ~s y dientes** to defend sth tooth and nail; **se dejó las ~s en ese trabajo** he wore his fingers to the bone at that job; **enseñar *o* mostrar *o* sacar las ~s** to show one's claws; **hacerse las ~s** to have one's nails done, do one's nails. [b] (*pezuña*) hoof; **escapar a ~ de caballo** to ride off at full speed. [c] (*del alacrán*) sting. [d] (*Téc*) claw, nail puller (*US*).

uñada NF scratch.

uñarada NF = **uñada**.

uñero NM ingrowing toenail.

uñeta NF (*Chi Mús*) plectrum.

uñetas NMF INV (*LAm fam*) thief.

uñilargo NM, **uñón** NM (*Per*) thief.

UOE NF ABR (*Esp Mil*) *de* **Unidad de Operaciones Especiales**.

UPA NF ABR *de* **Unión Panamericana** PAU.

upa INTERJ up, up!

UPAE NF ABR *de* **Unión Postal de las Américas y España**.

upar<1a> VT = **aupar**.

UPC NF ABR *de* **Unidad de Procesamiento Central** CPU.

uperización NF UHT treatment.

uperizado ADJ: **leche ~a** UHT milk.

UPU NF ABR *de* **Unión Postal Universal** UPU.

Urales NMPL (*tb* **Montes ~**) Urals.

Uralita ® NF asbestos cement.

uranio NM uranium.

Urano NM Uranus.

urbanidad NF courtesy, politeness.

urbanismo NM town planning.

urbanista NMF town planner.

urbanístico ADJ (*problemas*) town-planning *atr*; (*plan, entorno*) urban, city *atr*.

urbanización NF (*gen*) urbanization; (*colonia, barrio*) estate, housing scheme, housing development (*US*).

urbanizado ADJ built-up.

urbanizar <1f> VT a (*terreno*) to develop, build on, urbanize. b (*individuo*) to civilize.

urbano ADJ a (*de la ciudad*) urban, town *atr*, city *atr*. b courteous, polite.

urbe NF large city, metropolis.

urdimbre NF a (*de tela*) warp. b (*fig*) scheme, intrigue.

urdir<3a> VT a (*tela*) to warp. b (*fig*) to plot.

urdu NM (*Ling*) Urdu.

urea NF urea.

urente ADJ (*Med etc*) burning, stinging.

uréter NM ureter.

uretra NF urethra.

urgencia NF a (*gen*) urgency; **con toda ~** with the utmost urgency, posthaste; **de ~** urgent, pressing; **pedir algo con ~** to press for sth. b (*emergencia*) emergency; **medida de ~** emergency measure; **salida de ~** emergency exit.

urgente ADJ (*gen*) urgent; **carta ~** special delivery letter; **pedido ~** rush order.

urgentemente ADV urgently.

urgir<3c> VI to be urgent *o* pressing; **urge el dinero** the money is urgently needed; **el tiempo urge** time presses *o* is short; **me urge terminarlo** I must finish it as soon as I can; **me urge partir** I have to leave at once.

úrico ADJ uric.

urinario NM urinal, public lavatory, comfort station (*US*).

urna NF (*gen*) urn; (*de cristal*) glass case; (*Pol etc: tb* **electoral**) ballot box; **acudir a las ~s** (*fig*) to vote.

urogallo NM capercaillie.

urología NF urology.

urólogo/a NM/F urologist.

urraca NF magpie.

URSS NF ABR (*Hist*) *de* **Unión de Repúblicas Socialistas Soviéticas** USSR.

ursulina NF a (*Rel*) Ursuline nun. b (*Esp fam*) goody-goody (*fam*).

urticaria NF urticaria, nettle rash.

urubú NM (*CSur*) vulture, buzzard (*US*).

Uruguay NM Uruguay.

uruguayo/a ADJ, NM/F Uruguayan.

USA ATR United States *atr*, American; **dos aviones ~** two US planes.

usado ADJ (*sello etc*) used; (*ropa*) worn; **muy ~** worn out, shabby.

usanza NF usage, custom; **a ~ india, a ~ de los indios** according to the custom of the Indians.

usar <1a> 1 VT a (*gen*) to use, make use of; (*ropa*) to wear; **sin ~** unused; **de ~ y tirar** disposable. b **~ hacer algo** to be in the habit of doing sth. 2 VI: **~ de** to use, make use of. 3 **usarse** VR to be used, be in use; (*ropa*) to be worn, be in fashion.

Usbekia NF, **Usbiekistán** NM Uzbekistan.

usina NF (*LAm*) factory, plant; (*CSur: de electricidad*) power plant.

uslero NM (*Chi*) rolling pin.

USO NF ABR (*Esp*) *de* **Unión Sindical Obrera**.

uso NM a use; **objeto de ~ personal** article for personal use; **desde que tuvo ~ de razón** since he reached the age of reason; **de ~ externo** (*Med*) for external application; **estar en buen ~** to be in good condition; **estar en el ~ de la palabra** to be speaking, have the floor; **hacer ~ de** to make use of.

b (*Mec etc*) wear; **~ y desgaste** wear and tear; **deteriorado por el ~** worn.

c (*usanza*) custom, usage; **es un ~ muy antiguo** it is a very ancient custom; **al ~** as is customary, in keeping with custom; **un hombre al ~** an ordinary man; **al ~ de** in the style of, in the fashion of.

usted PRON PERS (*sg: abr Ud o Vd: frm*) you *sg*; **~es** (*pl: abr Uds o Vds: frm*) you *pl*; (*LAm: frm y fam*) you *pl*; **el coche de ~** your car; **mi coche y el de ~** my car and yours; **para ~** for you; **sin ~** without you; **¡a ~!** (*dando gracias*) thank you!

usual ADJ usual, customary.

usuario/a NM/F user; **~ de la vía pública** road use; **~ final** (*Inform*) end-user.

usufructo NM use; **~ vitalicio** life interest (*de* in).

usura NF (*gen*) usury, loan-sharking (*fam*).

usurario ADJ usurious, extortionate.

usurero NM usurer, loan shark (*fam*).

usurpación NF usurpation, illegal taking; (*fig*) encroachment (*de* upon).

usurpador(a) NM/F usurper.

usurpar<1a> VT to usurp.

usuta NF (*Arg, Per*) = **ojota (a)**.

utensilio NM (*gen*) tool, implement; (*Culin*) utensil; **~s de cirujano** surgeon's instruments.

uterino ADJ uterine.

útero NM womb, uterus.

útil 1 ADJ a (*gen*) useful; (*servible*) usable, serviceable; **el coche es viejo pero todavía está ~** the car is old but it is still serviceable; **es muy ~ tenerlo aquí cerca** it's very handy having it here close by; **¿en qué puedo serle ~?** can I help you?

b **día ~** working day, weekday.

c (*Mil*) **~ para el servicio** fit for military service; (*Mec*) operational.

2 NM: **~es** tools, equipment *sg*; **~es de labranza** agricultural implements.

utilería NF (*esp LAm: Teat*) props.

utilidad NF a (*gen*) usefulness, utility; (*provecho*) benefit; **sacarle la máxima ~ de algo** to use sth to the full. b (*Com, Fin etc*) profit; **~es** profits, earning; **~es líquidas** net profits.

utilitario 1 ADJ a utilitarian. b (*vehículo etc*) utility *atr*. 2 (*Inform*) utility.

utilizable ADJ (*gen*) usable; (*disponible*) fit for use, ready to use; (*Téc: desperdicios*) reclaimable.

utilización NF use, utilization; (*Téc*) reclamation.

utilizar <1f> VT to use, make use of, utilize; (*explotar: recursos*) to harness; (*Téc: desperdicios*) to reclaim.

utillaje NM (set of) tools, equipment.

utopía, utopia NF Utopia.

utópico ADJ Utopian.

utopista ADJ, NMF Utopian.

UV, UVA[1] ABR *de* **ultravioleta** UV.

UVA[2] NF ABR *de* **unidad vecinal de absorción**.

uva NF grape; **~ blanca/negra** green/black grape; **~ de Corinto** currant; **~ pasa** raisin; **de ~s a peras** once in a blue moon; **estar de mala ~** (*Esp fam*) to be in a bad mood; **estar hecho una ~** to be drunk as a lord; **tiene muy mala ~ ése** he's a right bad one, him.

uve NF a (name of the letter) V; **en forma de ~** V-shaped; **escote en ~** V-neck. b **~ doble, doble ~** *name of the letter* W.

UVI NF ABR *de* **unidad de vigilancia intensiva** ICU.

uxoricida NM wife-killer.

uxoricidio NM wife-murder.

V¹, v ['uβe, (*LAm*) be'korta] NF (*letra*) V, v; **ve corta** (*LAm fam*) (the letter) v; **~ doble** (*Esp*), **doble ~** (*LAm*) (the letter) w; **en (forma de) V** V-shaped.

V² ABR *de* **Véase** V.

V. ABR a *de* **Usted**. b *de* **Visto** OK.

v. ABR a (*Elec*) *de* **voltio(s)** v. b (*Elec*) *de* **vatio** w. c *de* **ver**, **véase** v. d (*Lit*) *de* **verso** v.

va *etc* V **ir**.

V.A. ABR *de* **Vuestra Alteza**.

vaca NF a cow; **~ lechera** dairy cow; **~ marina** sea cow; **~ de San Antón** ladybird; **~s flacas/gordas** (*fig*) bad/ good times. b (*Culin*) beef; (*cuero*) cowhide.

vacaciones NFPL holiday(s), vacation *sg* (*US*); **~ escolares** school holidays; **~ pagadas** *o* **retribuidas** holidays with pay; **estar/irse** *o* **marcharse de ~** to be/ go (away) on holiday.

vacante [1] ADJ (*gen*) vacant; (*silla etc*) empty, unoccupied; (*puesto*) unfilled. [2] NF vacancy, place; **hay una ~ en la oficina** there is a vacancy in the office.

vacar <1g> VI to fall *o* become vacant; (*puesto*) to remain unfilled.

vaciadero NM a (*conducto*) drain. b (*tiradero*) rubbish tip.

vaciado [1] ADJ (*estatua etc*) cast in a mould *o* (*US*) mold; (*útiles*) hollow-ground.
[2] NM a cast, mould(ing), mold(ing) (*US*); **~ de yeso** plaster cast.
b (*acto de vaciar*) hollowing out.
c (*de cuchillo*) sharpening.
d (*Aer*) **~ rápido** jettisoning.

vaciar <1c> [1] VT a (*recipiente, contenido*) to empty (out); (*vaso etc*) to drain; (*líquido*) to pour (away); (*beber*) to drink up; (*Aer etc*) to jettison; (*Inform*) to dump.
b (*madera, piedra*) to hollow out; (*estatua etc*) to cast.
c (*cuchillo*) to sharpen.
[2] VI (*río*) to flow (*en into*).
[3] **vaciarse** VR to empty.

vaciedad NF a emptiness. b (*fig*) silliness, (piece of) nonsense.

vacilación NF hesitation.

vacilada NF a (*esp CAm, Méx: fam: broma*) mickey-taking (*fam*); **de ~** as a joke. b (*Méx fam: borrachera*) binge (*fam*).

vacilante ADJ a (*mano, paso*) unsteady; (*voz*) faltering; (*memoria*) uncertain. b (*luz*) flickering. c (*fig: inseguro*) hesitant; (: *indeciso*) indecisive.

vacilar <1a> [1] VT a (*burlarse de*) to take the mickey out of (*fam*).
b to mess about; **¡no me vaciles!** stop messing me about!
[2] VI a (*mueble etc*) to be unsteady; (*persona*) to totter; (: *al hablar*) to falter; (*memoria*) to fail.
b (*luz*) to flicker.
c (*fig: hesitar*) to hesitate; (: *ser indeciso*) to vacillate; **sin ~** unhesitatingly; **~ en hacer algo** to hesitate to do sth; (*esperar*) to hold back from doing sth.
d (*fig*) **~ entre** to vary between.
e **~ con algn** (*fam: guasearse*) to tease sb, take the mickey out of sb (*fam*).
f (*Méx fam*) to have fun.

vacile NM (*fam: guasa*) teasing, amusing talk; **estar de ~** to chat, indulge in teasing talk.

vacilón/ona [1] NM/F a tease, joker. b (*CAm, Méx: juerguista*) party-goer, reveller. [2] NM (*juerga*) party.

vacío [1] ADJ a (*gen*) empty; (*puesto, casa etc*) vacant, unoccupied; **irse con las manos ~as** to leave empty-handed.
b (*fig: esfuerzo*) vain; (: *charla etc*) light, superficial;
(: *promesa*) hollow.
c (*fig: vanidoso*) vain.
[2] NM (*gen*) emptiness, void; (*Fís*) vacuum; (*un ~*) (empty) space, gap; (*Anat*) side, flank, ribs; **~ político** political vacuum; **en ~** in a vacuum, in vacuo; **envasado al ~** vacuum-packed; **el libro llenará un ~** the book will fill a gap; **el camión volvió de ~** the lorry came back empty; **caer en el ~** (*fig*) to fall on deaf ears; **dar un golpe en ~** to miss, fail to connect; **hacer el ~ a algn** to send sb to Coventry; **marchar en ~** (*Mec*) to tick over; **sentir un ~** to feel a hollow; **tener el estómago ~** to have an empty stomach.

vacuidad NF a emptiness. b (*fig*) superficiality.

vacuna NF a (*sustancia*) vaccine. b (*esp LAm*) vaccination; **ponerle una ~ a algn** to vaccinate sb.

vacunación NF vaccination.

vacunar <1a> [1] VT to vaccinate (*contra* against).
[2] **vacunarse** VR to get vaccinated.

vacuno ADJ bovine, cow *atr*; **ganado ~** cattle.

vacuo ADJ a empty. b (*fig*) vacuous.

vadeable ADJ a (*lit*) fordable, which can be forded. b (*fig*) not impossible, not insuperable.

vadear <1a> [1] VT a (*río: atravesar*) to ford; (: *a pie*) to wade across; (*agua*) to wade through. b (*fig: dificultad*) to surmount, get round; (: *persona*) to sound out. [2] VI to wade.

vado NM a (*de río etc*) ford. b (*Aut: Esp*) garage entrance; **'~ permanente'** 'Garage Entrance', 'Keep Clear'. c (*fig: salida*) way out, solution; **no hallar ~** to see no way out, find no solution. d (*fig: descanso*) respite.

vagabundear <1a> VI (*andar sin rumbo*) to wander, roam; (*pey: ser vago*) to be a tramp *o* (*US*) bum; (: *gandulear*) to loaf.

vagabundeo NM (*V vi*) wandering; vagrancy; loafing.

vagabundo/a [1] ADJ wandering; (*perro*) stray. [2] NM/F (*errante*) wanderer, rover; (*pey*) vagrant; (*pordiosero*) tramp, bum (*US*).

vagancia NF (*pereza*) idleness, laziness; (*ser vago*) vagrancy.

vagante ADJ a (*sin rumbo*) wandering; (*vago*) vagrant. b (*Mec: suelto*) free, loose.

vagar <1h> VI (*gen*) to wander (about), roam; (*rondar*) to prowl about; (*pasear*) to saunter up and down, wander about the streets; (*flojear, gandulear*) to idle, loaf.

vagido NM (baby's) cry, wail.

vagina NF vagina.

vaginal ADJ vaginal.

vago ADJ a (*gen*) vague; (*Arte, Fot*) blurred, ill-defined. b (*errante*) roving, wandering. c (*persona*) lazy. [2] NM a (*vagabundo*) tramp, vagrant, bum (*US*). b (*holgazán*) lazybones (*fam*), idler.

vagón NM (*Ferro: de pasajeros*) coach, carriage, passenger car (*US*); (: *de mercancías*) (goods *o* freight) van *o* wagon; **~ cama** sleeping-car; **~ cisterna** tanker; **~ de ganado** cattle truck; **~ de primera/segunda** first-/second-class carriage; **~ restaurante** dining car.

vagonada NF truckload, wagonload.

vagoneta NF light truck.

vaguada NF watercourse, stream bed.

vaguear <1a> VI to laze around.

vaguedad NF a (*lo vago*) vagueness. b (*una ~*) vague remark; **hablar sin ~es** to get straight to the point.

vaguería NF (*pereza*) laziness, slackness.

vaharada NF (*soplo*) puff; (*olor*) smell.

vahído NM dizzy spell.

vaho NM a (*vapor*) vapour, vapor (*US*), steam; (*en cristal etc*) mist, condensation; (*Quím*) fumes; (*aliento*) breath;

(olor) smell. **b** **~s** (Med) inhalation sg.

vaina **1** NF **a** (Mil etc) sheath, scabbard; (de útil) sheath, case.
b (Bot: de garbanzo) pod; (: de nuez etc) husk, shell.
c (LAm fam: molestia) nuisance, bore; (: cosa) thing; **¡qué ~!** what a nuisance!
2 NMF (fam) twit (fam), nitwit (fam).

vainica NF (Cos) hemstitch.

vainilla NF vanilla.

vainita NF (LAm) green bean.

vais V ir.

vaivén NM **a** (balanceo) swaying; (acción de mecerse) rocking; (ir y venir) to-ing and fro-ing; (de pistón etc) backwards and forwards motion. **b** (tráfico, circulación) comings and goings. **c** (fig: de la suerte) change of fortune; **~es** ups and downs. **d** (fig: Pol etc) swing (of opinion).

vajilla NF (gen) crockery, dishes; (una ~) service, set of dishes; **~ de oro** gold plate; **~ de porcelana** chinaware; **lavar la ~** to wash up.

valdré etc V valer.

vale[1] NM (gen) IOU; (recibo) receipt; (cuenta) bill, check (US); (cupón) voucher, chit; **~ de correo** o **postal** money order; **~ de regalo** gift voucher, gift certificate (US); **dar el ~** (fig) to give the go-ahead.

vale[2] INTERJ (Esp fam) OK, sure; V tb **valer 3**.

vale[3] NM (LAm: amigo) pal (fam), chum, buddy (US).

valedero ADJ valid; (Jur) binding; **~ para 6 meses** valid for 6 months.

valedor(a) NM/F **a** protector. **b** (LAm) = **vale³**.

valemadrista (Méx fam) **1** ADJ (apático) indifferent; (cínico) cynical. **2** NMF (apático) indifferent person; (cínico) cynic.

valencia NF (Quím) valency.

valenciana[1] NF (Méx) trouser turn-up o (US) cuff.

valenciano/a[2] ADJ, NM/F Valencian.

valentía NF **a** (valor) bravery, courage. **b** (jactancia) boastfulness. **c** (acto de valor: una ~) brave deed, heroic exploit. **d** (pretensión: una ~) boast.

valentón/ona **1** ADJ (gen) boastful; (jactancioso) blustering; (arrogante) arrogant. **2** NM/F braggart.

valentonada NF boast, brag.

▼**valer** <2p> **1** VT **a** (proteger) to protect, assist; (servir) to serve (a purpose); (ayudar) to help, avail; **¡válgame (Dios)!** God help me!; **no le vale ser hijo del ministro** it's of no help to him being the minister's son.
b (Mat: ser igual a) to equal; (: sumar) to amount o come to.
c (fig: gen) to cause; (: ganar) to earn, gain; (: costar) to cost; **el asunto le valió muchos disgustos** the affair caused him lots of trouble.
2 VT, VI **a** (Com, Fin) to be worth; (costar) to cost, be priced o valued at; (ser valioso) to be valuable; (representar) to be equivalent to, represent; **este libro vale 5 dólares** this book costs 5 dollars; **ésas valen 200 pesetas el kilo** those are 200 pesetas a kilo; **¿cuánto vale?** how much is it?; **¿vale mucho?** is it valuable?, is it worth a lot?; **4 fichas azules valen por una negra** 4 blue counters are worth one black one.
b (fig: tener valor) to be worth; **no vale nada** (gen) it's no good (para for); (mercancía) it's worthless; (argumento) it's no use; **no vale gran cosa** it's not up to much, it's not much good; **vale la pena** it's worth it, it's worth the trouble; **no vale la pena hacerlo** it's not worth doing it.
c (ser preferible) **más vale así** it's better this way; **más vale tarde que nunca** better late than never; **más vale no hacerlo** it's better not to do it; **más vale que me vaya** I had better go; **me vale madre** o **sombrilla** (Méx fam) I couldn't care less (fam).
3 VI **a** (servir) to be of use, be useful; (bastar) to do, be enough; **es viejo, pero vale para la lluvia** it's old, but it's good for the rain; **me vale la ropa de mi hermana** my sister's clothes do me.
b (ser válido) to be valid; (Fin) to be legal tender; (Dep etc) to count, be permitted; **¿vale?** (fam) all right?, OK? (fam); **¡vale!** (Esp fam: de acuerdo) right!, OK! (fam); (¡basta!) that'll do!; **¡eso no vale!** that doesn't count!;

(no se permite) that's not allowed!, you can't do that!; **no vale empujar** pushing's not allowed; **¡no hay 'querido' que valga!** it's no good saying 'darling' to me!, you can cut out the 'darling'; **no valen las excusas** excuses are to no avail.
c (fig: persona) to be good; **el chico no vale para el cargo** the boy is not suitable o right for the job; **no vale para nada** he's no good, he's a dead loss.
d **hacer ~ su derecho** to assert one's right(s); **hacer ~ sus argumentos** to make one's arguments felt.
e **hacerse ~** to make o.s. count, gain recognition; **tienes que hacerte ~** you must get recognition.
f **es un hombre hombre, valga la redundancia** he's what you call a real man, if you excuse the repetition.
4 **valerse** VR **a** **~ de** (utilizar) to use, make use of; (aprovecharse de) to take advantage of; (derecho) to exercise.
b **~ por sí mismo** to help o manage by o.s.

valeroso ADJ brave, valiant.

valga etc V valer.

valía NF **a** (gen) worth, value; **de gran ~** (objeto) very valuable; (persona) worthy. **b** (fig) influence.

validación NF validation.

validar <1a> VT to validate, give effect to; (Pol etc) to ratify.

validez NF validity; **dar ~ a** to validate; (Pol etc) to ratify.

valido NM (Hist) (royal) favourite o (US) favorite.

válido ADJ **a** valid (hasta until; para for). **b** (Med: fuerte) strong, robust; (: sano) fit.

valiente **1** ADJ **a** (corajudo) brave, valiant; (audaz) bold.
b (pretencioso) boastful.
c (fig) fine, excellent; (con ironía) fine, wonderful; **¡~ amigo!** a fine friend you are!
2 NM/F brave man/woman.

valija NF **a** (esp LAm: maleta) (suit)case. **b** (Correos) mailbag; (fig) mail, post; **~ diplomática** diplomatic bag o (US) pouch.

valioso ADJ **a** (de valor) valuable; (útil) useful, beneficial. **b** (rico) wealthy.

valium ® NM valium ® m.

valla NF **a** fence; (Mil) barricade; (Dep) hurdle; **~ publicitaria** hoarding, billboard (US); **las 100 ~s** the 100 metre hurdles. **b** (fig) barrier; (: límite) limit; (: estorbo) obstacle; **romper las ~s** to disregard the social conventions.

valladar NM **a** = **valla (a)**. **b** (fig) defence, defense (US), barrier.

vallado NM **a** = **valla (a)**. **b** rampart.

vallar <1a> VT to fence in, enclose.

valle NM valley, vale; **~ de lágrimas** vale of tears.

vallisoletano **1** ADJ of o from Valladolid. **2** NM/F native o inhabitant of Valladolid.

valor NM **a** (gen) value, worth; (precio) price; (moneda etc) value, denomination; **objetos de ~** valuables; **sin ~** worthless; **~ adquisitivo** o **de compra** purchasing power; **~ alimenticio/nominal/sentimental** food/nominal/sentimental value; **~ comercial** o **de mercado** commercial o market value; **~ según balance/desglosado/intrínseco/a la par** book/break-up/intrinsic/par value; **~ de escasez/de rescate/de sustitución** scarcity/surrender/replacement value; **dar ~ a** to attach importance to; **quitar ~ a** to minimise the importance of.
b (fig) great name o figure.
c **~es** (Com, Fin) securities, bonds; (acciones) stocks; (morales, sociales) values; **escala de ~es** scale of values; **~es en cartera, ~es habidos** investments.
d (coraje) bravery, courage, valour, valor (US); **armarse de ~** to gather up one's courage.
e (fam: cara) nerve, cheek (fam); **¡qué ~!** of all the cheek! (fam).

valoración NF valuation; (estimación) assessment, appraisal.

valorar <1a> VT, **valorizar** <1f> VT to value (en at); (tasar) to price; (esp fig) to assess, appraise.

vals NM INV waltz.

valuar <1e> VT = valorar.

valva NF (*Bot, Zool*) valve.

válvula NF (*Mec etc*) valve; **~ de admisión/de escape/de seguridad** inlet/exhaust/safety valve.

vamos V ir.

vampiresa NF (*Cine*) vamp, femme fatale.

vampiro NM a (*Zool*) vampire. b (*fig*) vampire, bloodsucker.

van V ir.

vanagloriarse <1b> VR to boast (*de* of); **~ de hacer algo** to boast of doing sth, boast of being able to do sth.

vandálico ADJ (*fig*) loutish, destructive.

vandalismo NM vandalism.

vándalo/a NM/F vandal.

vanguardia NF (*Mil, fig*) vanguard, van; **de ~** (*Arte*) avant-garde; (*Pol*) vanguard; (*fig*) **estar** en o **ir a la ~ de** to be in the forefront of.

vanguardismo NM (*Arte, Lit etc*) avant-garde movement; (*estilo*) ultramodern manner, revolutionary style.

vanguardista ADJ (*moda etc*) avant-garde.

vanidad NF a (*irrealidad*) unreality; (*sin base*) groundlessness; (*inutilidad*) uselessness, futility. b (*presunción*) vanity; **por pura ~** out of sheer vanity. c **~es** vanities.

vanidoso ADJ vain, conceited.

vano 1 ADJ a (*irreal*) unreal, imaginary, vain; (*temor*) idle; (*sospecha*) groundless. b (*inútil*) vain, useless; (*ocioso*) idle; **en ~** in vain. c (*poco profundo*) shallow; (*frívolo*) frivolous; (*vacío*) empty, pointless; (*adorno*) silly. 2 NM (*Arquit*) space, opening.

vapor NM a vapour, vapor (*US*); (*Téc: de agua*) steam; (: *de gas*) fumes; (*Met*) mist; **~ de agua** water vapour; **al ~** (*lit*) by steam; (*fig*) very fast; **cocer un plato al ~** to steam a dish; **a todo ~** (*Náut, fig*) at full steam; **de ~** steam *atr*; **acumular ~** to get steam up; **echar ~** to (give off) steam. b (*Náut*) steamship; **~ correo** mail-boat; **~ de ruedas/volandero** paddle/tramp steamer. c (*Med*) vertigo; **~es** vapours, vapors (*US*), hysteria *sg*.

vaporizador NM (*perfume etc*) spray; (*para agua*) vaporizer.

vaporizar <1f> 1 VT (*gen: agua*) to vaporize; (*perfume etc*) to spray. 2 **vaporizarse** VR to vaporize.

vaporoso ADJ a (*nublado etc*) misty; (*lleno de vapor*) steamy, steaming. b (*tela*) light, airy, diaphanous.

vapulear <1a> VT a (*alfombra*) to beat; (*persona*) to beat; (*azotar*) to whip, thrash. b (*fig: regañar*) to slate.

vapuleo NM (*V vt*) a beating, thrashing. b slating.

vaquería NF a (*lechería*) dairy. b (*LAm: arte del vaquero*) craft of the cowboy.

vaqueriza NF (*establo*) cow shed; (*corral*) cattle yard.

vaquerizo 1 ADJ cattle *atr*. 2 NM cowman.

vaquero 1 ADJ cattle *atr*. 2 NM a cowman; (*US, LAm*) cowboy. b **~s** (*pantalones*) jeans.

vaqueta NF a (*cuero*) cowhide, leather. b (*para afilar*) razor strop.

vaquilla NF (*ternera*) heifer; **~s** (*reses*) young calves; (*fiesta: tb* **corrida de ~s**) bullfight with young bulls.

vara NF a (*palo*) stick, pole; (*Mec*) rod, bar; (*de carroza*) shaft; (*Bot*) branch; (: *de flor*) central stem; **~ mágica** magic wand; **~ de pescar** fishing rod. b (*Pol etc: insignia*) wand o staff of office; **~ alta** authority; (*peso*) influence; **doblar la ~ de la justicia** to pervert justice; **empuñar la ~** to take (up) office. c (*esp LAm Mat*) ≈ yard (= .836 m, = 2.8 feet). d (*Taur: lanza*) lance, pike; **poner ~s al toro** to wound the bull with a lance. e **dar la ~** (*fam*) to annoy, bother.

varada NF (*Náut*) beaching.

varadero NM (*astillero*) dry dock.

varado ADJ a (*Náut*) stranded; **estar ~** to be aground. b (*LAm*) **estar ~** to be broke (*fam*).

varal NM (*palo*) long pole; (*de carroza*) shaft; (*Teat*) batten.

varapalo NM a (*palo*) long pole. b (*golpe*) blow with a stick; (*paliza*) beating. c (*fig: regañada*) dressing-down. d (*fig: disgusto*) disappointment, blow.

varar <1a> 1 VT to beach, run aground. 2 VI, **vararse** VR a (*Náut*) to be beached, run aground. b (*fig*) to get stuck o bogged down.

varear <1a> VT (*persona*) to beat, hit; (*frutas*) to knock down (with poles); (*alfombra etc*) to beat; (*Taur*) to prick with a lance, goad.

variable 1 ADJ variable, changeable; (*Mat, Inform*) variable. 2 NF (*Mat, Inform*) variable.

variación NF (*gen*) variation; (*Met*) change; **sin ~** unchanged.

variado ADJ (*gen*) varied; (*diverso*) mixed; (*surtido*) assorted; (*superficie, color*) variegated.

variante 1 ADJ variant. 2 NF (*alternativa*) alternative.

variar <1c> 1 VT (*cambiar*) to change, alter; (*poner variedad*) to vary; (*modificar*) to modify; (*de posición*) to change round.
2 VI (*ser diferente*) to vary; (*cambiar*) to change; **~ de** to differ from; **~ de opinión** to change one's mind; **varía de 3 a 8** it ranges from 3 to 8.

varicela NF chickenpox.

varices NFPL varicose veins.

varicoso ADJ (*pierna etc*) varicose.

variedad NF a (*gen*) variety; (*modificación*) variation. b (*Teat*) **(teatro de) ~es** variety, music hall, vaudeville (*US*).

varilla NF (*palito*) (thin) stick; (*Bot*) twig, wand; (*Mec*) rod, bar; (*eslabón*) link; (*de faja, abanico, paraguas*) rib; (*Anat*) jawbone; (*Aut*) dipstick; **~ mágica** o **de las virtudes** magic wand; **~ de zahorí** divining rod.

varillaje NM (*de abanico, paraguas*) ribs.

vario ADJ a varied; (*color*) variegated, motley. b (*cambiable*) varying, changeable; (*persona: inconstante*) fickle. c **~s** (*muchos*) several, a number of; (*unos*) some; **hay ~as posibilidades** there are several o various possibilities; **~s piensan que** some (people) think that; **asuntos ~s** (any) other business.

variopinto ADJ many-coloured, many-colored (*US*), colourful, colorful (*US*); (*fig*) diverse, miscellaneous.

varita NF wand; **~ mágica** o **de las virtudes** magic wand.

varón 1 ADJ male; **hijo ~** son. 2 NM (*sexo*) man, male; (*hombre*) adult male; (*fig*) great man; **tuvo 4 hijos, todos ~es** she had 4 children, all boys.

varonil ADJ a (*viril*) manly, virile. b (*Bio*) male. c (*pey: mujer*) mannish.

Varsovia NF Warsaw.

vas etc V ir.

vasallaje NM (*Hist*) vassalage; (*fig*) subjection, serfdom.

vasallo NM vassal.

vasco/a 1 ADJ, NM/F Basque. 2 NM (*Ling*) Basque.

vascofrancés/esa 1 ADJ: **País V~** French Basque Country. 2 NM/F French Basque.

Vascongadas NFPL: **las ~** the Basque Provinces.

vascuence NM (*Ling*) Basque.

vasectomía NF vasectomy.

vaselina NF Vaseline ®, petroleum jelly.

vasija NF (*Culin*) pot, dish.

vaso NM a (*gen*) glass; (*para flores*) vase; **~ de vino** glass of wine; **~ para vino** wineglass; **ahogarse en un ~ de agua** (*fig*) to make a mountain out of a molehill. b (*cantidad*) glass(ful). c (*Anat*) vessel; (: *canal*) duct; **~ sanguíneo** blood vessel. d (*Náut: barco*) boat, ship; (: *casco*) hull.

vástago NM a (*Bot*) shoot, sprout. b (*Mec*) rod; **~ de émbolo** piston rod. c (*fig*) offspring, descendant.

vastedad NF vastness, immensity.

vasto ADJ vast, huge.

vataje NM wattage.

vate NM a (*Hist*) seer, prophet. b (*Lit*) poet, bard.

váter NM lavatory, W.C., restroom (*US*).

Vaticano NM Vatican; **la Ciudad del ~** Vatican City.

vaticano ADJ Vatican; (*papal*) papal.

vaticinar <1a> VT to prophesy, predict.

vaticinio NM prophecy, prediction.

vatio NM watt.

vaya etc V ir.

VCL NM ABR de **visualizador cristal líquido** LCD.

Vda. de ABR de **viuda de**.

Vd(s) ABR de **usted(es)**.

ve etc V ir; **ver**.

V.E. ABR de **Vuestra Excelencia**.
vea etc V **ver**.
vecinal ADJ (camino etc) local; (impuesto) local, municipal.
vecindad NF a (barrio) neighbourhood, neighborhood (US); (cercanía) vicinity. b (los vecinos) neighbours, neighbors (US), neighbourhood; (habitantes) residents. c (Jur etc) residence, abode.
vecindario NM (barrio) neighbourhood, neighborhood (US); (población) population, residents.
vecino/a 1 ADJ a (gen) neighbouring, neighboring (US), adjacent; (cerca) near, nearby; **vive en el edificio ~** he lives in the next house; **somos ~s** we live next door to one another. b (fig: parecido) alike, similar; **~ a** like, similar to. 2 NM/F a (gen) neighbour, neighbor (US). b (habitante) resident; **asociación de ~s** residents' association; **una ~a de la calle X** a resident in X street.
veda NF a (prohibición) prohibition. b (temporada) close o (US) closed season.
vedado NM private preserve; **~ de caza** game preserve; **cazar/pescar en ~** to poach.
vedar <1a> VT (prohibir) to prohibit, ban; (impedir) to stop, prevent; (idea, plan etc) to veto; **~ a algn hacer algo** to forbid sb to do sth, to stop sb doing sth.
vedette [be'et] NF (Teat, Cine) star(let).
vega NF fertile plain o valley.
vegetación NF a vegetation. b (Med) **~es adenoideas** adenoids.
vegetal 1 ADJ (gen) vegetable, plant atr. 2 NM (gen) plant, vegetable; **~es** (legumbres) vegetables.
vegetar <1a> VI a (Bot) to grow. b (fig: persona) to vegetate; (: negocio) to stagnate.
vegetarianismo NM vegetarianism.
vegetariano/a ADJ, NM/F vegetarian.
vegetativo ADJ vegetative.
vehemencia NF (insistencia) vehemence; (pasión, fervor) passion; (violencia) violence.
vehemente ADJ (insistente) vehement; (apasionado) passionate; (fuerte) strong; (violento) violent.
vehículo NM (gen) vehicle; **~ carretero** road vehicle; **~ automóvil** o **de motor** motor vehicle; **~ espacial** spacecraft; **~ utilitario** commercial vehicle.
veinte ADJ, NM twenty; (orden, fecha) twentieth; **el siglo ~** the twentieth century; V tb **seis**.
veintena NF: **una ~** twenty, about twenty, a score.
veintitantos ADJ twenty-odd; **tiene ~ años** he's in his twenties, he's twenty-something, he's twenty-odd.
vejación NF, **vejamen** NM (preocupación) vexation; (humillación) humiliation; (maltrato) ill-treatment.
vejar <1a> VT (molestar) to vex, annoy; (humillar) to humiliate; (atormentar) to harass.
vejatorio ADJ (molesto) annoying; (humillante) humiliating; (comentarios) hurtful, offensive.
vejestorio NM (pey) old dodderer o crock (fam).
vejete NM (fam) old boy (fam).
vejez NF old age; **¡a la ~, viruelas!** fancy that happening at his etc age!
vejiga NF a (Anat) bladder; **~ de la bilis** gallbladder. b (Med, en pintura etc) blister.
vela¹ NF a (estar despierto) wakefulness; (no poder dormir) sleeplessness; **estar en ~** to be unable to get to sleep; **pasar la noche en ~** to have a sleepless night. b (vigilia) vigil; (trabajo nocturno) night work; (Mil) (period of) sentry duty. c (de cera) candle; **~ de sebo** tallow candle; (fig) **¿quién te dio ~ en este entierro?** who asked you to butt in?; **quedarse a dos ~s** (fig) to be in the dark. d (Taur: fam) horn. e (fam: moco) snot (fam). f (LAm: entierro) funeral wake o vigil.
vela² NF (Náut) sail; **~ mayor** mainsail; **a toda ~** (lit) under full sail; (fig) vigorously; **barco de ~** sailing ship; **darse o hacerse a la ~** to set sail; **estar a dos ~s** (fam) to be broke o (fam) skint; **arriar** o **recoger ~s** (fig) to back down.
velación NF wake, vigil.
velada NF (evening) party, soirée; **~ musical** musical evening.

velado ADJ (gen, tb fig) veiled; (Fot) fogged, blurred; (sonido) muffled.
velador NM a (vigilante) watchman, caretaker. b (para velas) candlestick. c (mesa) pedestal table; (LAm) night table.
veladora NF (Méx) table o bedside lamp; (: vela) candle.
velamen NM sails, canvas.
velar¹ <1a> 1 VT (vigilar) to watch, keep watch over; (acompañar) to sit up with. 2 VI a (no dormir) to stay awake, go without sleep; (trabajar de noche) to work late, do night duty; (vigilar) to keep watch. b **~ por** (cuidar) to watch over, look after; (proteger) to guard, protect; **~ por que se haga algo** to see to it that sth is done.
velar² <1a> 1 VT a (cubrir) to veil. b (fig: ocultar) to shroud, hide. c (Fot) to fog, blur. 2 **velarse** VR a to hide itself. b (Fot) to fog, blur.
velatorio NM (funeral) wake.
veleidad NF a (característica) fickleness. b (una ~) whim.
veleidoso ADJ fickle, capricious.
velero 1 ADJ (barco) manoeuvrable, maneuverable (US). 2 NM a (Náut: grande) sailing ship; (: pequeño) sailboat. b (Aer) glider.
veleta 1 NF a (de edificio) weather vane o cock. b (Pesca) float. 2 NMF fickle person.
velís, veliz NM (Méx) valise, suitcase; **velises, velices** cases, luggage sg.
vello NM (Anat) fuzz, soft hair; (Bot) down; (en frutas) bloom.
vellón NM (lana) fleece; (piel) sheepskin.
velloso ADJ downy, fuzzy.
velludo 1 ADJ hairy, shaggy. 2 NM plush, velvet.
velo NM a (gen) veil; **tomar el ~** to take the veil; **corramos un tupido ~ sobre esto** let us draw a discreet veil over this. b (fig: cobertura) veil, light covering; (Fot) fog. c (fig: pretexto) pretext. d (fig: confusión) confusion. e (Anat) **~ de paladar** soft palate, velum.
velocidad NF a (gen) speed; (Téc) rate, pace, velocity; (fig) swiftness; **de alta ~** high-speed; **~ de crucero/máxima** cruising/maximum o top speed; **~ adquirida** momentum; **~ máxima de impresión** (Inform) maximum print speed; **a gran/toda ~** at high/full speed; **¿a qué ~?** how fast?; **¿a qué ~ ibas?** what speed were you doing?; **cobrar ~** to pick up o gather speed; **moderar la ~** to slow down; **exceder la ~ permitida** to speed, exceed the speed limit. b (Mec) gear, speed; **primera/segunda/cuarta ~** bottom o first/second/top gear; **meter la segunda ~** to change into second gear.
velocímetro NM speedometer.
velocípedo NM velocipede.
velódromo NM cycle track.
velomotor NM moped.
velorio NM a (fiesta) party, celebration; (LAm) dull party, flat affair. b (esp LAm: velatorio) funeral wake, vigil for dead person.
veloz ADJ fast, swift.
ven V **venir**.
vena NF a (Anat) vein; **~ yugular** jugular vein. b (Min) vein, seam, lode. c (en piedra, madera) grain. d (Bot) vein, rib. e (fig) vein, disposition; **~ de locura** streak of madness; (manía) oddity, mania; **le dio en la ~ por (hacer) eso** he took a notion to do that, the mood took him to do that; **estar de** o **en ~** (tener ganas) to be in the vein o mood (para for); (en forma) to be in good form. f (fig: talento) talent, promise; **tiene ~ de pintor** he has the makings of a painter.
venablo NM javelin, dart; **echar ~s** (fig) to burst out angrily.
venado NM a (ciervo) deer, stag. b (Culin) venison.
venal¹ ADJ (Anat) venous.
venal² ADJ a (Com) commercial. b (pey) venal, corrupt.
venalidad NF venality, corruptness.

vencedor(a) [1] ADJ (*ganador*) winning; (*triunfante*) victorious; (*conquistador*) conquering. [2] NM/F winner, victor; (*conquistador*) conqueror.
vencejo NM (*Orn*) swift.
vencer <2b> [1] VT [a] (*gen: derrotar*) to defeat, beat; (*conquistar*) to conquer; (*rival*) to outdo; (*dominar*) to master, control; (*resistir*) to overcome; **por fin le venció el sueño** finally sleep overcame him; **dejarse ~** to yield, give in.
[b] (*sobreponerse a: dificultad*) to overcome, get round.
[c] (*romper: soporte etc*) to break (down), snap.
[d] (*cuesta etc*) to get to the top of.
[2] VI [a] (*gen*) to win (through), succeed; **¡venceremos!** we shall win o overcome!
[b] (*Com etc: plazo*) to expire; (*pago etc*) to fall due; (*bono*) to mature; (*póliza etc*) to become invalid; **tiempo vencido** time up; **esta póliza está vencida** this policy has expired.
[3] **vencerse** VR [a] (*dominarse*) to control o.s.
[b] (*soporte etc*) to break, snap, collapse (under the weight); (*CSur*) to break down, get worn out.
vencido/a [1] ADJ [a] beaten, defeated; (*Dep*) losing; **darse por ~** to give up; **ir de ~** to be all in, be on one's last legs; **la enfermedad va de ~a** the illness is past its worst.
[b] (*Com etc*) mature, due, payable.
[2] NM/F (*Dep etc*) loser.
[3] ADV: **pagar ~** to pay in arrears; **le pagan por meses ~s** he is paid at the end of the month.
vencimiento NM [a] (*bajo peso*) breaking, snapping.
[b] (*Com: plazo*) expiration; (*: de deuda*) maturity; **al o a su ~** when it matures o falls due.
venda NF bandage; **~ elástica** elastic bandage.
vendaje NM (*Med*) dressing, bandage; **~ provisional** first-aid bandage.
vendar <1a> VT [a] (*herida*) to bandage, dress; (*ojos etc*) to cover, blindfold. [b] (*fig: enceguecer*) to blind; **~ los ojos a algn** to hoodwink sb.
vendaval NM gale, hurricane; (*fig*) storm.
vendedor(a) NM/F (*gen*) seller, vendor; (*en tienda*) shop o sales assistant; (*minorista*) retailer; **~ ambulante** hawker, pedlar, peddler (*US*); **~ a domicilio** door-to-door salesman.
vender <2a> [1] VT [a] (*gen*) to sell; (*comerciar*) to market; (*pey*) to sell (improperly); **~ al contado/al por mayor/al por menor** to sell for cash/wholesale/retail; **~ a plazos** to sell on credit; **estar sin ~** to remain unsold.
[b] (*fig: traicionar*) to sell out, betray.
[2] **venderse** VR [a] to be sold, be on sale; **~ a o por** to sell at o for; **este artículo se vende muy bien** this article is selling very well; **'se vende'** 'for sale'; **'se vende coche'** 'car for sale'; **'no se vende'** 'not for sale'.
[b] (*fig*) **~ caro** to play hard to get.
[c] (*fig*) to give o.s. away.
vendetta [ben'deta] NF vendetta.
vendible ADJ saleable; (*Com*) marketable.
vendido ADJ: **ir o estar ~ a algo/algn** (*fam*) to be at the mercy of sth/sb.
vendimia NF [a] grape o wine harvest; **la ~ de 1973** the 1973 vintage. [b] (*fig*) big profit, killing.
vendimiador(a) NM/F vintager.
vendimiar <1b> VT [a] (*uvas*) to harvest, pick, gather.
[b] (*fig*) to take a profit from.
vendré etc V **venir**.
Venecia NF Venice.
veneciano/a ADJ, NM/F Venetian.
veneno NM (*gen*) poison; (*de serpiente*) venom.
venenoso ADJ poisonous, venomous.
venera NF scallop.
venerable ADJ venerable.
veneración NF veneration.
venerar <1a> VT to venerate, revere.
venéreo ADJ: **enfermedad ~a** venereal disease.
venero NM [a] (*Min*) lode, seam. [b] (*fuente*) spring. [c] (*fig*) source, origin; **~ de datos** mine of information.
venezolano/a ADJ, NM/F Venezuelan.

Venezuela NF Venezuela.
venga etc V **venir**.
vengador(a) [1] ADJ avenging. [2] NM/F avenger.
venganza NF vengeance, revenge; (*desquite*) retaliation; **tomar ~ en algn** to take revenge on sb.
vengar <1h> [1] VT to avenge. [2] **vengarse** VR to take revenge (*de una ofensa* for an offence; *de algn, en algn* on sb).
vengativo ADJ (*persona*) vengeful, vindictive; (*acto*) retaliatory.
vengo etc V **venir**.
venia NF [a] (*perdón*) pardon. [b] (*permiso*) permission, consent; **con su ~** by your leave, with your permission.
venial ADJ venial.
venialidad NF veniality, minor nature.
venida NF (*gen*) coming; (*llegada*) arrival; (*vuelta*) return.
venidero ADJ coming, future; **los ~s** posterity; **en lo ~** in (the) future.
venir <3r> [1] VI [a] (*gen*) to come (*a* to; *de* from); (*llegar*) to arrive; **¡ven!, ¡venga!** come along!; **¡ven acá!** come (over) here!; **¡ahora vengo!** I'll be right back!; **el texto viene en castellano** the text is (written) in Spanish; **~ por** to come for; **no me vengas con historias** don't come telling tales to me; **hacer ~ a algn** to summon o call for sb; **hicieron ~ al médico** they called (out) o sent for the doctor.
[b] (*acontecimiento*) to come, happen; **le vinieron muchos problemas** she got a lot of problems; **las desgracias nunca vienen solas** it never rains but it pours; **venga lo que venga** come what may; **lo veía ~** (*fig*) I could see it coming; **(estar a) verlas ~** to wait and see what happens, sit on the fence; **~ rodado** to go smoothly.
[c] (*tiempo*) **que viene** next; **el mes que viene** next month; **las generaciones por ~** future generations, generations to come.
[d] (*provenir*) to come; **~ de** to come o proceed from; **de ahí viene que ...** and so it is o follows that ...; **la fortuna le viene de su padre** his fortune comes from his father.
[e] (*fig: sentimientos etc*) to come; **le vino la idea de salir** he had the idea of going out; **como le venga en gana** just as you wish; **me vinieron ganas de llorar** I felt like crying.
[f] (*estar*) to be (on); **viene en la página 47** it's on page 47.
[g] **~ a hacer algo** to serve to do sth; **viene a cumplir lo que habíamos empezado** it helps to finish off what we had begun; **~ a menos** (*persona*) to lose status, come down in the world; (*empresa*) to go downhill; **~ a dar o parar (en)** to end up (in).
[h] **viene a ser 84 en total** it comes o amounts to 84 in all; **viene a ser más difícil que nunca** it's turning out to be more difficult than ever; **viene a ser lo mismo** it amounts to the same thing.
[i] **~ bien** to come just right; (*ropa, gusto*) to suit, be suitable; (*talla*) to fit; **eso vendrá bien para el invierno** that will come in handy for the winter; **me vendría bien una copita** I could do with a drink; **hoy no me viene bien quedar** it's not convenient for me to meet up today; **el abrigo te viene algo pequeño** the coat is rather small on you; **te viene estrecho en la espalda** it's too tight round your shoulders; **~ mal** to come awkwardly, be inconvenient (*a* for); **~ ancho a algn** (*vestido*) to be too wide for sb; (*fig*) to be too much for sb; **~ al pelo** (*oportuno*) to suit just fine; **~ de perlas o perillas** to suit down to the ground.
[j] (*locuciones*) **¿a qué viene esto?** what's the point of that?; **eso no viene a cuenta** that's irrelevant; **¡venga!** (*fam*) come on!; **¡venga ya!** (*fam*) come off it! (*fam*); **¡venga la pluma esa!** let's have (a look at) that pen!; **¡venga una canción!** let's have a song!; **y ella venga a mirarme** she kept on staring at me.
[k] (*en tiempos continuos*) **venían andando desde mediodía** they had been walking since midday; **viene gastando mucho** she has been spending a lot; **eso vengo diciendo** that's what I've been saying all along.

[I] (+ *pp*) **vengo cansado** I'm tired; **venía hecho polvo** he was worn out.

[2] venirse VR **[a]** (*gen*) to come *o* go back; (*vino*) to ferment; (*Culin: masa*) to prove.

[b] ~ **abajo** *o* **al suelo** (*caer*) to fall down, collapse; (*fig*) to fail.

[c] parece que todo se nos viene encima a la vez everything seems to be happening to us all at once; **cualquier cosita se le viene encima** any little thing gets him down.

[d] lo que se ha venido en llamar ... what we have come to call ....

venoso ADJ **[a]** (*sangre*) venous. **[b]** (*hoja etc*) veined.

venta NF **[a]** (*Com*) sale; (*comercio*) selling; (*oferta*) marketing; ~ **por balance/de liquidación** stocktaking/clearance sale; ~ **por correo** mail-order selling; ~ **a domicilio** door-to-door selling; ~ **al contado/al por mayor/al por menor** *o* **al detalle** cash sale/wholesale/retail; ~ **a plazos** hire purchase, purchase on the installment plan (*US*); ~**s por teléfono/a término** telephone/forward sales; **precio de** ~ sale price; **poner algo a la** ~ to put sth on *o* up for sale, market sth; **estar de** *o* **en** ~ to be (up) for sale *o* on the market.

[b] (*posada*) country inn.

ventada NF gust of wind.

ventaja NF **[a]** (*gen*) advantage; (*en las apuestas*) odds; **me dio una** ~ **de 4 metros** he gave me 4 m start; **llevar la** ~ (*en carrera*) to be leading *o* ahead; **llevar (la)** ~ **a** to have the advantage over; **sacar** ~ **de** (*aprovechar*) to derive profit from; (*pey*) to use to one's own advantage. **[b]** (*Fin*) profit, gain. **[c]** ~**s** (*empleo*) extras, perks (*fam*); ~**s supletorias** fringe benefits.

ventajista [1] ADJ unscrupulous. **[2]** NM/F (*pey*) opportunist.

ventajoso ADJ advantageous; (*Fin*) profitable.

ventana NF window; ~ **aislante, doble** ~ double-glazed window; ~ **de guillotina/vidriera** sash/picture window; ~ **de la nariz** nostril; **tirar algo por la** ~ (*lit*) to throw sth out of the window; (*fig*) to throw sth away.

ventanal NM large window.

ventanilla NF **[a]** small window; (*Teat, Aut, Inform*) window. **[b]** (*Anat: tb* ~ **de la nariz**) nostril.

ventanillo NM small window.

ventarrón NM (*viento*) gale, violent wind; (*ráfaga*) blast.

ventear<1a> **[1]** VT **[a]** (*perro*) to sniff.

[b] (*ropa*) to air, put out to dry.

[c] (*LAm: animal*) to brand.

[d] (*LAm: airear*) to fan.

[2] VI (*curiosear*) to snoop, pry.

[3] ventearse VR **[a]** (*henderse*) to split.

[b] (*Anat*) to break wind.

ventero/a NM/F innkeeper.

ventilación NF **[a]** (*gen*) ventilation; **sin** ~ unventilated.

[b] (*corriente*) draught, draft (*US*), air. **[c]** (*abertura*) opening for ventilation. **[d]** (*fig*) airing.

ventilado ADJ draughty, drafty (*US*), breezy.

ventilador NM ventilator; (*Mec: eléctrico*) fan.

ventilar<1a> **[1]** VT **[a]** (*cuarto etc*) to ventilate.

[b] (*ropa*) to air, put out to dry.

[c] (*fig: asunto*) to air, discuss.

[d] (*fig: secreto*) to make public, reveal.

[2] ventilarse VR **[a]** (*V vt*) to ventilate; to air; to discuss; to be revealed.

[b] (*persona*) to get some air.

[c] (*fam: matar*) ~ **a algn** to do sb in (*fam*).

ventisca NF blizzard, snowstorm.

ventiscar<1g> VI, **ventisquear**<1a> VI (*nevar*) to blow a blizzard; (*nieve*) to drift.

ventisquero NM **[a]** (*tormenta*) blizzard. **[b]** (*montículo*) snowdrift.

ventolada NF (*LAm*) strong wind, gale.

ventolera NF **[a]** (*ráfaga*) gust of wind, blast. **[b]** (*juguete*) windmill. **[c]** (*fig: idea*) whim, wild idea; **le dio la** ~ **de comprarlo** he had a sudden notion to buy it.

ventolina NF (*LAm*) sudden gust of wind.

ventosa NF **[a]** (*agujero*) vent, air hole. **[b]** (*Zool*) sucker.

[c] (*Med*) cupping glass. **[d]** (*Téc*) suction pad.

ventosear<1a> VI to break wind.

ventosidad NF wind, flatulence.

ventoso ADJ **[a]** windy. **[b]** (*Anat*) flatulent.

ventrículo NM ventricle.

ventrílocuo/a NM/F ventriloquist.

ventrudo ADJ fat, potbellied.

ventura NF luck, (good) fortune; **mala** ~ ill luck; **por su mala** ~ as ill luck would have it; **a la** ~ at random; **por** ~ (*suerte*) fortunately; (*casualidad*) by (any) chance; **echar la buena** ~ **a algn** to tell sb's fortune; ~ **te dé Dios** I wish you luck; **probar** ~ to try one's luck.

venturero ADJ (*Méx: cosecha*) out of season; (*trabajo etc*) temporary, casual.

venturoso ADJ (*afortunado*) lucky; (*exitoso*) successful.

Venus [1] NF Venus. **[2]** NM (*Astron*) Venus.

venus NF (*mujer*) goddess.

ver <2u> (*pp* **visto**) **[1]** VT, VI **[a]** (*gen*) to see; ~ **la televisión/un programa** to watch television/a programme; **la vi bajar la escalera** I saw her come downstairs; **lo he visto hacer muchas veces** I have often seen it done; **no lo veo** I can't see it; **te veo muy triste** you look really sad; ~ **es creer** seeing is believing; ~ **y callar** it's best to keep one's mouth shut about this; **ir a** ~ **a algn** to go to *o* go and see sb; **voy a** ~ I'll go and see; **¡a** ~! let's see!, show me!; **¿a** ~? what's all this?; **a** ~ **qué está pasando** let's see what's happening; **es de** ~ it's worth seeing; **eso está por** ~ that remains to be seen; **ya verás como ...** I bet ...; **¡verás!** you'll see!; **ya ves** well, you see; **ya veremos** we'll see (about that).

[b] (*entender*) to see, understand; **¿ves?** do you see?, (do you) get it?; **ya veo** I can see that; **¿no ves que ...?** don't you see that ...?; **según voy viendo** as I am now beginning to see; **no veo muy claro para qué lo quiere** I don't really see what he wants it for; **a mi modo de ver** in my view; **por lo que veo** apparently.

[c] (*examinar*) to look into, examine; **lo veremos** we'll look into it.

[d] (*Jur*) to try, hear.

[e] ~ **de hacer algo** to see about doing sth.

[f] (*locuciones*) **hasta más** ~ au revoir; **¡a** ~! (*claro*) naturally!, of course!; (*tono imperativo*) right!, now then!; **¡a** ~ **qué pasa!** (*fam*) just you dare!; **a** ~ **si** I wonder if; **a** ~ **si acabas pronto** I hope you can finish this off quickly; **¡a** ~ **si te crees que no lo sé!** surely you don't think I don't know about it!; **¡para que veas!** so there!; **si te he visto no me acuerdo** they *etc* just don't want to know; **(me) lo estoy viendo de almirante** I can just imagine him as an admiral; **lo estaba viendo, lo veía venir** it's just what I expected, I could see this coming; **parece que lo estoy viendo** I can picture it quite clearly; **dejarse** ~ (*efecto etc*) to show; (*persona*) to show up; **no dejarse** ~ (*lit*) to keep away; (*fig*) to lie low; **echar de** ~ **algo** to notice sth; **¡hay que** ~! it just goes to show!; **¡hay que** ~ **lo que ha cambiado!** you wouldn't believe how much she's changed!; **hacer** ~ **que** to point out *o* prove that; **no le puedo** ~ I hate the sight of him; **tener que** ~ **con** to concern, have to do with; **A no tiene nada que** ~ **con B** A has nothing to do with B; **tener que** ~ **en** to have a hand in; **vamos a** ~ let's see, let me see; **¿por qué no lo compraste, vamos a** ~? why didn't you buy it, I'd like to know?; **tengo un hambre que no veo** (*fam*) I'm SO hungry!; **hay un ruido que no veas** (*fam*) there's a hell of a racket! (*fam*).

[g] (*LAm: locuciones*) **¡nos estamos viendo!, ¡nos vemos!** see you (later)!, ciao (*fam*); **eso está** *o* **queda en veremos** (*fam*) that's still to be decided; **¡nada que** ~! (*fam*) that's got nothing to do with it!; **¡viera(n)** *o* **hubieran visto qué casa!** (*Méx fam*) if only you'd seen the house!, what a house!

[2] verse VR **[a]** (*dos personas*) to see each other, to meet; ~ **con algn** to see sb, have a talk *o* an interview with sb; **vérselas con algn** to confront *o* have it out with sb.

[b] (*una persona etc*) to see *o* imagine o.s.; (*ser visto*) to be seen; (*LAm fam: parecer*) to look; **te ves divina** (*LAm fam*) you look wonderful; **véase la página 9** see page 9; **se le**

veía mucho en el parque he used to be seen a lot in the park; **es digno de** o **merece ~** it's worth seeing; **se ve que sí** so it seems, apparently; **ya se ve** naturally; **ya se ve que ...** it is obvious that ...; **¿cuándo se vio nada igual?** when did you hear of anything like this?; **eso ya se verá** that remains to be seen; **¡habráse visto!** did you ever! (*fam*), of all the cheek!; **me las vi y me las deseé para hacerlo** (*fam*) it was a real sweat, but I did it (*fam*). [c] (*estar*) to find o.s., be; **~ en un apuro** to be in a jam. [3] NM [a] looks; (*pl*) appearance; **de buen ~** good-looking; **no tiene mal ~** he's not bad-looking. [b] **a mi ~** in my view, as I see it.

vera NF (*gen*) edge, verge; (*de río*) bank; **a la ~ de** near, next to; **se sentó a mi ~** he sat down beside me.

veracidad NF truthfulness, veracity.

veranda NF veranda(h).

veraneante NMF holidaymaker, (summer) vacationer (*US*).

veranear <1a> VI to spend the summer (holiday), holiday.

veraneo NM summer holiday; **lugar de ~** summer o holiday resort; **estar de ~** to be away on (one's summer) holiday.

veraniego ADJ [a] summer; (*atr*) [b] (*fig*) trivial.

veranillo NM: **~ de San Martín** Indian summer.

verano NM summer.

veras NFPL [a] (*verdad*) truth, reality; (*lo serio*) serious things; (*datos*) hard facts. [b] **de ~** (*de verdad*) really, truly; (*sinceramente*) sincerely; **¿de ~?** really?, indeed?, is that so?; **lo siento de ~** I am truly sorry; **esto va de ~** this is serious.

veraz ADJ truthful.

verbal ADJ (*gen*) verbal; (*mensaje etc*) oral.

verbalizar <1f> VT to verbalize, express.

verbena NF [a] (*fiesta*) fair; (*de santo*) open-air celebration on the eve of a saint's day; (*baile*) open-air dance. [b] (*Bot*) verbena.

verbenero ADJ of o relating to a *verbena*; **persona ~a** party animal (*fam*); **alegría ~a** fun of the fair.

verbigracia ADV for example.

verbo NM [a] (*Ling*) verb. [b] (*Lit*) language, diction, style. [c] **el V~** (*Rel*) the Word.

verborrea NF verbosity, verbal diarrhoea o (*US*) diarrhea (*fam*).

verbosidad NF verbosity, wordiness.

verboso ADJ verbose, wordy.

▼**verdad** NF [a] (*gen*) truth; (*veracidad*) truthfulness, reliability; **la pura ~, la ~ lisa y llana** the plain truth; **de ~** (*adj*) real, proper; (*adv*) really, properly; **son balas de ~** they're real bullets; **la quiero de ~** I really love her; **a decir ~** to tell the truth; **¿de ~?** really?; **¿de ~ crees que ...?** do you really o honestly think ...?; **de ~ que no me importa ir** I don't mind going, honestly; **en ~** really, truly; **pues, la ~, no sé** well, the truth is I don't know; **decir la ~** to tell the truth; **la ~ sea dicha** truth to tell, in all truth; **a decir ~ ...** to tell the truth ...; **la ~ es que no me gusta mucho** to tell the truth I don't really like it; **faltar a la ~** to lie, be untruthful; **hay una parte de ~ en esto** there is some truth in this. [b] **es ~** (*es cierto*) it is true, it is so; (*de confesión*) yes; (*temo que sí*) I'm afraid so; **eso no es ~** that is not true; **es ~ que ...** it is true that ...; **¿es ~ que ...?** is it true that ...?; **bien es ~ que ...** it is of course true that ..., it is certainly true that ...; **si bien es ~ que** even though; **¿~ que si fuimos?** we went, didn't we?, we did go, didn't we?; **¿~?, ¿no es ~?** isn't it?, aren't you?, don't you? *etc*, isn't that so?; **hace frío ¿~?** it's cold, isn't it?; **no nos gustó ¿~?** we didn't like it, did we? [c] **una ~ de Pero Grullo** a platitude, a truism; **una ~ a medias** a half-truth; **es una ~ como un puño** it's as plain as can be; **decir cuatro ~es a algn** to tell sb a few home truths.

verdaderamente ADV really, indeed, truly; **~, no sé** I really don't know.

verdadero ADJ [a] (*gen*) true, truthful; (*versión etc*) reliable, trustworthy. [b] (*persona*) truthful. [c] (*fig*) true,

real; **es un ~ héroe** he's a real hero; **fue un ~ desastre** it was a veritable disaster; **es un ~ amigo** he's a true friend.

verde [1] ADJ [a] (*tb fig*) green. [b] (*fruta etc*) green, unripe; (*planta*) green; (*legumbres*) green, fresh; (*madera*) unseasoned; (*fig: plan etc*) premature; **¡están ~s!** sour grapes! [c] (*fig: persona*) **viejo ~** randy o dirty old man. [d] (*fig: chiste etc*) blue, smutty, dirty. [e] (*fig*) **poner ~ a algn** (*fam*) to give sb a dressing down. [2] NM [a] (*color*) green, green colour, green color (*US*). [b] (*Bot*) greenery; (*de árboles etc*) foliage. [c] (*CSur: té*) maté. [3] NMF (*Pol*) Green; **los V~s** the Greens, the Green Party.

verdear <1a> VI [a] (*tener color*) to look green, be greenish. [b] (*volverse*) to turn o grow green.

verdecer <2d> VI (*objeto*) to turn o grow green; (*persona*) to go green.

verde-oliva ADJ INV olive green.

verderón NM (*Orn*) greenfinch.

verdín NM [a] (*color*) bright green. [b] (*Bot*) verdigris.

verdinegro ADJ dark green.

verdino ADJ bright green.

verdor NM [a] (*color*) greenness; (*Bot*) verdure. [b] (*fig*) **~(es)** youthful vigour o (*US*) vigor.

verdoso ADJ greenish.

verdugo NM [a] (*ejecutor*) executioner. [b] (*fig: tirano*) cruel master, tyrant. [c] (*látigo*) lash. [d] (*moretón*) welt. [e] (*Bot*) shoot.

verdulera[1] NF (*pey*) fishwife.

verdulería NF greengrocer's (shop).

verdulero/a[2] NM/F greengrocer, vegetable merchant (*US*).

verdura NF [a] greenness; (*Bot*) greenery. [b] **~s** (*Culin*) greens, green vegetables.

vereda NF [a] path, lane; **entrar en ~** (*persona*) to toe the line; **meter en ~ a algn** to bring sb into line. [b] (*LAm*) pavement, sidewalk (*US*).

veredicto NM verdict; **~ de culpabilidad** verdict of guilty.

verga NF [a] (*vara*) rod, stick; (*Náut*) yard(arm). [b] (*Anat, Zool*) penis.

vergel NM (*Lit: jardín*) garden; (*huerto*) orchard.

vergonzante ADJ [a] (*que tiene vergüenza*) shamefaced. [b] (*que produce vergüenza*) shameful.

vergonzoso ADJ [a] (*persona*) bashful, shy. [b] (*acto etc*) shameful, shocking; **es ~ que ...** it is disgraceful that ....

vergüenza NF [a] (*sentimiento*) shame, sense o feelings of shame; **perder la ~** to lose all sense of shame; **sacar a algn a la ~** to hold sb up to shame; **tener ~** to be ashamed; **tener ~ de hacer algo** to be ashamed to do sth; **¡qué poca ~ tienes!** you've got no shame!, you should be ashamed! [b] (*timidez*) bashfulness, shyness; **me da ~ decírselo** I feel too shy o it embarrasses me to tell him; **sentir ~ ajena** to feel embarrassed on somebody else's account. [c] (*escándalo*) disgrace; **¡qué ~!** (*de situación*) what a disgrace! o scandal!; (*a persona*) shame on you! [d] **~s** (*fam*) naughty bits; **con las ~s al aire** (*fig*) fully exposed.

vericueto NM rough track; **sin ~s** straight to the point.

verídico ADJ truthful.

verificable ADJ verifiable.

verificación NF [a] (*inspección*) inspection; (*Mec*) testing; (*de resultados etc*) verification; **~ médica** checkup. [b] (*realización*) fulfilment, fulfillment (*US*).

verificar <1a> [1] VT [a] (*Mec*) to inspect, test; (*resultados etc*) to check (up on); (*hechos*) to verify, establish; (*testamento*) to prove. [b] (*realizar: inspección*) to carry out; (: *ceremonia*) to perform; (: *elección*) to hold. [2] **verificarse** VR [a] (*acontecimiento*) to occur, happen; (*mitin etc*) to be held, take place. [b] (*profecía etc*) to come o prove true, be realized.

verismo NM realism, truthfulness.

➤ EXPRESIONES GENERATIVAS: **verdad → 3**

verja NF iron gate; (_cerca_) railing(s); (_rejado_) grating, grille.

vermicida NM vermicide.

vermut [ber'mʊ] NM (_pl_ ~**s** [ber'mʊs]) **a** vermouth. **b** (_And, CSur: Cine_) (early evening) cinema matinee.

vernáculo ADJ vernacular; **lengua ~a** vernacular.

verosímil ADJ (_probable_) likely, probable; (_creíble_) credible.

verosimilitud NF likeliness, probability.

verraco NM boar, male pig.

verruga NF (_Anat, Bot_) wart.

versado ADJ: ~ **en** versed _o_ expert in.

versalitas NFPL (_Tip_) small capitals.

Versalles NM Versailles.

versar<1a> VI **a** (_girar_) to go round, turn. **b** ~ **sobre** to deal with, be about.

versátil ADJ **a** (_Anat etc_) mobile, loose. **b** (_fig_) versatile. **c** (_fig pey_) fickle.

versatilidad NF **a** (_Anat etc_) mobility. **b** (_fig_) versatility. **c** (_fig pey_) fickleness.

versículo NM (_Rel_) verse.

versificación NF versification.

versificar<1g> VT to versify, put into verse.

versión NF (_gen_) version; (_traducción_) translation; **película en ~ original** original version; **película en ~ española** Spanish-language version.

versionar<1a> VT (_adaptar_) to adapt, make a new version of; (_Mús_) to adapt, record a version of.

verso NM **a** (_gen_) verse; ~ **libre / suelto** free/blank verse; **hacer ~s** to write poetry. **b** (_un_ ~) line of poetry.

vers.º ABR (_Rel_) _de_ **versículo** v.

vértebra NF vertebra.

vertebrado ADJ, NM vertebrate.

vertebral ADJ vertebral; **columna ~** spine.

vertedero NM **a** (_de basura_) rubbish dump, tip. **b** = **vertedor**.

vertedor NM (_salida_) overflow, drain, outlet.

verter<2g> **1** VT **a** (_contenido_) to pour _o_ empty (out); (_sin querer_) to spill; (_luz, sangre_) to shed; (_basura_) to dump, tip. **b** (_recipiente_) to empty (out); (: _sin querer_) to upset. **c** (_Ling_) to translate (_a_ into). **2** VI (_río_) to flow, run (_a_ into); (_declive etc_) to fall (_a_ towards).

vertical 1 ADJ (_gen_) vertical; (_postura, piano etc_) upright. **2** NF vertical.

vértice NM **a** apex. **b** (_Anat_) crown of the head.

vertiente NF **a** slope. **b** (_LAm_) spring, fountain.

vertiginoso ADJ **a** giddy, dizzy. **b** (_fig: velocidad_) dizzy; (: _alza etc_) very rapid.

vértigo NM **a** (_Med_) giddiness, dizziness, vertigo; (: _ataque_) dizzy spell; **bajar así me da ~** going down like that makes me dizzy. **b** (_fig: locura_) fit of madness, aberration; (: _actividad_) intense activity. **c** **de ~** (_fam: velocidad_) giddy; (: _talento_) fantastic.

vesícula NF vesicle; ~ **biliar** gall-bladder.

vespa NF Vespa, motor scooter.

vespertino ADJ evening _atr_; (**periódico**) ~ evening newspaper.

vespino NM small motorcycle.

vesr(r)e NM (_Arg fam_) back slang.

vestíbulo NM (_de casa, hotel etc_) vestibule, lobby, hall; (_Teat_) foyer.

vestido NM **a** (_gen_) dress, costume, clothes, clothing. **b** (_un_ ~) dress, frock; (: _traje_) costume, suit.

vestidor NM dressing room.

vestigio NM vestige, trace; **~s** remains, relics.

vestimenta NF **a** (_ropas_) clothing, (_pey_) gear. **b** (_Rel_) **~s** vestments.

vestir<3k> **1** VT **a** (_gen_) to dress (_de_ in), clothe (_de_ in, with); (_cubrir_) to clothe, cover (_de_ in, with); **estar vestido de** (_gen_) to be dressed _o_ clad in; (_como disfraz_) to be dressed as. **b** (_llevar_) to wear; **vestía traje azul** he was wearing a blue suit. **c** (_pagar la ropa de_) to clothe, pay for the clothing of. **d** (_suj: sastre etc_) to dress, make clothes for.

e (_idea etc_) to express (_de_ in); (_defecto etc_) to conceal. **2** VI **a** to dress; ~ **bien** to dress well; ~ **de negro** to dress in _o_ wear black. **b** (_sentar bien_) to look well, be right (for an occasion); **traje de (mucho)** ~ (_formal_) formal suit; (_demasiado formal_) suit that is too dressy. **3 vestirse** VR **a** (_ponerse ropa_) to dress o.s., get dressed, put on one's clothes; (_cubrirse_) to be covered (_de_ in); ~ **de azul** to wear blue, dress in blue; **ella se viste en París** she buys her clothes in Paris. **b** (_fig_) ~ **de cierta actitud** to adopt a certain attitude; ~ **de severidad** to adopt a severe tone.

vestón NM (_Chi_) jacket, coat.

vestuario NM **a** clothes, wardrobe; (_Teat_) wardrobe, costumes; (_Mil_) uniform. **b** (_Teat: cuarto: para actores_) dressing room; (: _para público_) cloakroom; (_Dep: cuarto_) changing room; (: _edificio_) pavilion.

Vesubio NM Vesuvius.

veta NF (_Min_) seam, vein; (_de madera_) grain; (_en piedra, carne_) streak.

vetar<1a> VT to veto.

veterano ADJ, NM veteran.

veterinaria NF veterinary medicine _o_ science.

veterinario NM veterinary surgeon, vet (_fam_), veterinarian (_US_).

veto NM veto; **poner (su)** ~ **a** to veto.

vetusto ADJ very old, ancient.

vez NF **a** time, occasion; **aquella** ~ that time; **a veces** at times; **a la ~ (que)** at the same time (as); **alguna ~, algunas veces** sometimes; **¿has estado alguna ~ en ...?** have you ever been to ...?; **alguna que otra ~** occasionally, now and again; **cada ~** every time, each time that; **cada ~ que** whenever; **cada ~ más** increasingly, more and more; **cada ~ más lento** slower and slower; **cada ~ menos** less and less; **cada ~ peor** worse and worse; **contadas veces** seldom; **¿cuántas veces?** how often?, how many times?; **de ~ en cuando** now and again, from time to time, occasionally; **las más de las veces** mostly, in most cases; **muchas veces** often; **otra** ~ again; **pocas veces** seldom, rarely; **por esta** ~ this time, this once; **rara** ~ seldom, rarely; **repetidas veces** repeatedly, over and over again; **tal** ~ perhaps; **toda que** since; **varias veces** several times. **b** (_con número_) **una** ~ once; **una** ~ **que** once; **una y otra** ~ repeatedly; **érase una** ~ once upon a time (there was); **había una** ~ **una princesa** there was once a princess; **de una** ~ in one go, all at once; **¡acabemos de una ~!** let's get it over (with)!; **¡dilo de una ~!** just say it!; **de una** ~ **para siempre** once and for all, for good; **una y otra** ~ time and (time) again; **dos veces** twice; **con una velocidad dos veces superior a la del sonido** at twice the speed of sound; **tres veces** three times; **cien veces** (_fig_) hundreds _o_ lots of times; **por enésima / primera / última** ~ for the umpteenth (_fam_)/first/last time. **c** (_Mat_) **7 veces 9** 7 times 9. **d** (_turno_) turn, go; **a su** ~ in his turn; **en** ~ **de** instead of; **ceder la** ~ to give up one's turn; (_en cola etc_) to give up one's place; **hacer las veces de** (_sustituir a_) to take the place of, stand in for; (_oficiar_) to serve _o_ do duty as.

v.g., v.gr. ABR _de_ **verbigracia** viz.

vía 1 NF **a** (_calle_) road; (_Náut etc_) route; (_en autopista_) lane; (_Quím_) process; (_Rel etc_) way; **por ~ aérea** (_viaje_) by air; (_correos_) (by) airmail; **abrirse una ~ de agua** to spring a leak; ~ **de circunvalación** bypass, ring road; ~ **de escape** escape route, way out; ~ **férrea** railway; ~ **fluvial** waterway; **V~ Láctea** Milky Way; **¡~ libre!** make way!; **dar ~ libre a** to give the go-ahead to; **por ~ marítima** by sea; ~ **pública** public highway _o_ thoroughfare; **por ~ terrestre** (_viaje_) overland, by land; (_correos_) by surface mail; ~ **única** one-way street; **por** ~ (_lit_) via, by way of, through; (_fig_) by way of, as. **b** (_Ferro: rieles_) track, line; (: _ancho_) gauge; ~ **ancha / estrecha / normal** broad/narrow/standard gauge; ~ **muerta** siding; ~ **única / doble** single/double track; **el tren está en la** ~ **8** the train is (standing) at platform 8. **c** (_Anat_) passage, tube; **~s digestivas** digestive tract _sg_;

por ~ bucal through the o by mouth, orally; **por ~ interna** (*Med*) internally.
d (*Jur, Pol etc*) way, means; **~ judicial** process of law, legal means; **por ~ oficial** through official channels.
e **en ~s de** in (the) process of, on the way to; **un país en ~s de desarrollo** a developing country; **una especie en ~s de extinción** an endangered species, a species on the verge of extinction.
2 PREP (*Ferro etc*) via, by way of, through.
viabilidad NF (*V adj*) viability; feasibility.
viable ADJ (*Com etc*) viable; (*plan etc*) feasible.
viacrucis NF Way of the Cross; (*fig*) load of disasters, heap of troubles.
viaducto NM viaduct.
viajado ADJ: **ser muy ~** to be well-travelled.
viajante NMF: **~ (de comercio)** commercial traveller, traveling salesman (*US*).
viajar<1a> VI to travel, journey; **~ en coche/autobús** to go by car/bus; **~ por** to travel around, tour.
viaje NM **a** journey; (*excursión*) trip; (*gira*) tour; (*Náut*) voyage; **el ~, los ~s** (*gen*) travel; **~ en barco** boat trip; **~ en coche** ride, trip by car; **~ de fin de curso** end-of-year trip; **~ de ida** outward journey; **~ de ida y vuelta,** (*LAm*) **~ redondo** round o return trip; **~ de negocios** business trip; **~ de novios** honeymoon; **~ organizado** package tour; **~ de recreo** pleasure trip; **¡buen** o **feliz ~!** bon voyage!; **estar de ~** to be travelling o (*US*) traveling o on a trip. **b** (*Com etc: carga*) load; **un ~ de leña** a load of wood. **c** (*fam: droga*) trip (*fam*).
viajero/a **1** ADJ travelling, traveling (*US*); (*Zool*) migratory. **2** NM/F (*gen*) traveller, traveler (*US*); (*Ferro etc*) passenger; **¡señores ~s, al tren!** will passengers kindly board the train!
vial ADJ road *atr*; (*de la circulación*) traffic *atr*.
vianda NF (*tb* **~s**) food.
viandante NMF (*peatón*) pedestrian; (*paseante*) passer-by; (*viajero*) traveller, traveler (*US*), wayfarer.
viaraza NF (*LAm*) fit of anger; (: *idea*) bright idea; **estar con la ~** to be in a bad mood.
viáticos NMPL travelling o (*US*) traveling expenses.
víbora NF viper.
vibración NF **a** vibration. **b** (*Ling*) roll, trill.
vibrador NM vibrator.
vibrante ADJ **a** vibrant, vibrating. **b** (*Ling*) rolled, trilled. **c** (*voz etc*) ringing.
vibrar<1a> **1** VT **a** to vibrate. **b** (*Ling*) to roll, trill. **2** VI (*gen*) to vibrate; (*pulsar*) to throb, beat, pulsate.
vicaría NF vicarage; **pasar por la ~** (*fam*) to tie the knot (*fam*).
vicario NM (*Rel*) curate; **~ general** vicar general.
vice... PREF vice....
vicealmirante NM vice-admiral.
vicecónsul NM vice-consul.
vicegerente NM assistant manager.
vicepresidente/a NM/F (*Pol*) vice-president; (*de comité etc*) vice-chairman.
viceversa ADV vice versa.
viciado ADJ **a** (*aire*) foul. **b** (*corrompido*) corrupt. **c** (*comida*) contaminated.
viciar<1b> **1** VT **a** (*corromper*) to corrupt, pervert. **b** (*Jur*) to nullify. **c** (*texto*) to corrupt. **d** (*comida, drogas*) to adulterate; (*aire*) to pollute. **e** (*objeto*) to bend, twist; (*madera*) to warp. **2** **viciarse** VR **a** (*corromperse*) to take to vice, become corrupted. **b** (*objeto*) to warp. **c** (*comida etc*) to be(come) contaminated. **d** (*aire, agua*) to be(come) polluted.
vicio NM **a** (*gen*) vice. **b** (*mala costumbre*) bad habit, vice; **no le podemos quitar el ~** we can't get him out of the habit; **de** o **por ~** out of sheer habit; **quejarse de ~** to complain for no reason at all. **c** (*defecto*) defect, blemish; (*Jur*) error; (*Ling*) mistake. **d** (*de superficie etc*) warp. **e** **de ~** (*fam*) great, super (*fam*).
viciosidad NF viciousness.

vicioso/a **1** ADJ **a** (*cruel*) vicious; (*depravado*) depraved; (*mimado*) spoiled. **b** (*Mec etc*) faulty, defective. **c** (*Bot*) rank. **2** NM/F **a** vicious o depraved person. **b** (*adicto*) addict.
vicisitud NF vicissitude.
víctima NF victim; (*Zool etc*) prey; (*de accidente etc*) casualty; **hay pocas ~s mortales** there are not many dead.
victimar<1a> VT (*LAm*) to kill.
victimario NM (*LAm*) killer, murderer.
victoria NF (*gen*) victory; (*triunfo*) triumph; (*Dep*) win.
victorioso ADJ victorious.
victrola NF (*LAm*) gramophone, phonograph (*US*).
vicuña NF vicuna.
vid NF vine.
vid. ABR *de* **vide, ver** v.
vida NF **a** (*gen*) life; (*modo de vivir*) way of life; (*años de vida*) life span, lifetime; (*profesión etc*) livelihood; **coste de la ~** cost of living; **nivel de ~** standard of living; **así es la ~** that's life; **¿qué es de tu ~?** what's new?; **¡esto es ~!** this is the life o living!
b (*locuciones con prep*) **operación a ~ o muerte** life or death operation; **¡hermana de mi ~!** my dear sister!; **de por ~** for life; **un amigo de toda la ~** a lifelong friend; **en ~** during his *etc* lifetime; **en la/mi ~** (*neg*) never (in my life); **entre ~ y muerte** at death's door.
c (*locuciones con adj etc*) **~ airada** criminal life; **de ~ airada** loose-living, immoral; **la ~ cotidiana** everyday life; **doble/mala ~** double/dissolute life; **~ eterna/íntima** o **privada/sentimental** eternal/private/love life; **mujer de ~ alegre, mujer de mala ~** loose woman; **~ y milagros de algn** full details about sb; **la otra ~** the next life; **~ perra** dog's life, wretched life.
d (*locuciones con vb*) **estar con ~** to be still alive; **amargar la ~ a algn** to make sb's life a misery; **complicarse la ~** to make life difficult for o.s.; **le costó la ~** he paid with his life; **¡no me cuentes tu ~!** I don't want your life story!; **darse buena ~** to live well o in style, do o.s. proud (*fam*); **dar la ~** to sacrifice one's life; **escapar con ~** to escape alive; **ganarse la ~** to make o earn one's living; **hacer ~ marital** to live together (as man and wife); **le va la ~ en esto** his life depends on it; **meterse en ~s ajenas** to pry; **pasar a mejor ~** (*euf*) to pass away; **se pasa la ~ quejándose** he's forever whining; **pegarse la gran ~, pegarse la ~ padre** to live it up (*fam*), live the life of Riley (*fam*); **perder la ~** to lose one's life; **quitar la ~ a algn** to take sb's life; **quitarse la ~** to take one's own life; **tener siete ~s como los gatos** (*hum*) to have nine lives; **vender cara la ~** to sell one's life dearly.
e (*de ojos etc*) liveliness; **lleno de ~** full of life, lively.
f (*saludo cariñoso*) **¡~!, ¡~ mía!** my love!
g (*euf*) prostitution; **una mujer de la ~** a prostitute, a woman on the game.
vidente **1** ADJ sighted, able to see. **2** NMF **a** (*no ciego*) sighted person, person who can see. **b** (*profeta*) seer, prophet; (*clarividente*) clairvoyant(e).
video, vídeo NM video; (*aparato*) video (recorder); **~ compuesto/inverso** (*Inform*) composite/reverse video; **~ doméstico** home video; **cinta de ~** videotape; **película de ~** video film; **registrar** o **grabar en ~** to record, (video)tape.
video- PREF video-.
videoaficionado/a NM/F video fan.
videocámara NF video camera.
videocassette NF video cassette.
videocinta NF videotape.
videoclip NM (*pl* **~s**) videoclip, video.
videoclub NM (*pl* **~(e)s**) video club.
videoconsola NF (*video*) games console.
videodisco NM video disc o (*US*) disk.
videograbación NF (*acto*) (video)taping; (*programa registrado*) recording.
videograbadora NF video cassette recorder.
videograbar<1a> VT to video(tape).

videojuego NM video game.
videoteca NF video(tape) library.
vidorra NF (*fam*) good life, easy life; **pegarse la ~** to live it up (*fam*).
vidorria NF a (*Arg fam*) easy life. b (*And, Carib*) miserable life.
vidriado 1 ADJ glazed. 2 NM a (*barniz*) glaze. b (*loza*) glazed earthenware.
vidriar <1b> 1 VT to glaze. 2 **vidriarse** VR (*objeto*) to become glazed; (*ojos*) to glaze over.
vidriera NF a ~ **(de colores)** stained glass window; **(puerta)** ~ glass door o partition. b (*LAm*) shop window.
vidriería NF a (*fábrica*) glassworks. b (*objetos*) glassware.
vidriero NM glazier.
vidrio NM glass; (*esp LAm: ventana etc*) window; ~ **cilindrado/de colores/deslustrado/inastillable/tallado** plate/stained/frosted o ground/splinter-proof/cut glass; **bajo** ~ under glass; **pagar los ~s rotos** (*fam*) to carry the can (*fam*).
vidrioso ADJ a (*gen*) glassy; (*frágil*) brittle, fragile. b (*ojo*) glassy; (*expresión*) glazed; (*superficie*) slippery. c (*persona*) touchy. d (*asunto*) delicate.
vieira NF scallop.
viejito/a NM/F (*fam*) old person; (*LAm: amigo*) friend.
viejo/a 1 ADJ (*gen*) old; **hacerse** o **ponerse** ~ to grow o get old; **ropa** ~**a** old o second-hand clothes. 2 NM/F a old man/woman; **los** ~**s** the old; V **verde 1 (c)**.
b (*LAm fam*) **mi** ~/~**a** (*en oración indirecta: pareja*) my old man/woman (*fam*); (: *padres*) my old man/dear (*fam*); (*en oración directa: pareja*) darling; (*como interj*) mate (*fam*), pal (*fam*); **mis** ~**s** (*esp LAm: padres*) my parents, my old folk (*fam*); **las** ~**as** (*chicas*) birds (*fam*), dames o chicks (*US*).
Viena NF Vienna.
vienes etc V **venir**.
vienés/esa ADJ, NM/F Viennese.
viento NM a (*gen*) wind; (*ligero*) breeze; **corre** o **hay** o **hace** o **sopla (mucho)** ~ it is (very) windy; ~ **ascendente** (*Aer*) upcurrent; ~ **de cola/de costado/contrario** tailwind/crosswind/headwind; ~ **de la hélice** slipstream; ~ **en popa** following wind; **ir** ~ **en popa** to go splendidly, go great guns (*fam*); (*negocio*) to prosper; **estar lleno de** ~ to be empty; **beber los** ~**s por algn** to be crazy about sb; **correr malos** ~**s para algo** to be the wrong moment for sth; **echar a algn con** ~ **fresco** (*fam*) to chuck sb out; **gritar algo a los cuatro** ~**s** to shout sth from the rooftops; **contra** ~ **y marea** at all costs, come what may. b (*Anat*) wind, flatulence. c (*Mús*) wind (instruments). d (*Caza*) scent. e (*de perro*) sense of smell. f (*fig*) conceit. g (*Camping*) guy-rope.
vientre NM a (*Anat: estómago*) belly; (*matriz*) womb; **bajo** ~ lower abdomen. b (*intestino*) bowels pl; **hacer de** ~ to have a movement of the bowels. c (*de animal muerto*) guts. d (*Zool*) foetus. e (*de recipiente*) belly.
vier. ABR de **viernes** Fri.
viernes NM INV Friday; **V~ Santo** Good Friday; V tb **sábado**.
Vietnam NM Vietnam.
vietnamita ADJ, NMF Vietnamese.
viga NF (*madera*) balk, timber; (*Arquit: de madera*) beam, rafter; (: *de metal*) girder.
vigencia NF validity, applicability; (*de contrato etc*) term, life; **entrar en** ~ to come into force o effect; **estar en** ~ to be in force; **tener** ~ to be valid, apply.
vigente ADJ valid, applicable, in force.
vigésimo ADJ, NM twentieth; V tb **sexto 1**.
vigía 1 NM look-out, watchman; **los** ~**s** (*Náut*) the watch. 2 NF a (*Mil etc*) watchtower. b (*Geog*) reef.
vigilancia NF vigilance, watchfulness; **burlar la** ~ **de algn** to escape sb's vigilance; **sometido a** ~ under surveillance.
vigilante 1 ADJ vigilant.
2 NM a watchman, caretaker; (*en cárcel*) warder, guard (*US*); (*en tienda*) store detective; (*de museo*) keeper; ~

jurado security guard; ~ **de noche** o **nocturno** night watchman.
b (*CSur*) policeman.
vigilar <1a> 1 VT to watch (over); (*cuidar*) to look after, keep an eye on; (*presos etc*) to guard; (*máquinas*) to tend; (*frontera etc*) to guard, police, patrol; (*trabajo*) to supervise; **vigila el arroz para que no se pegue** keep your eye on the rice to make sure it doesn't stick.
2 VI to be vigilant o watchful; (*Náut*) to keep watch; ~ **por** o **sobre** to watch over.
vigilia NF a wakefulness; (*vigilancia*) watchfulness; **pasar la noche de** ~ to stay awake all night. b (*trabajo*) night o late work; (*estudio*) nighttime study. c (*Rel*) vigil; (*comida*) fast; (*víspera*) eve; **día de** ~ day of abstinence.
vigor NM a (*fuerza*) vigour, vigor (*US*); **con** ~ vigorously. b = **vigencia**.
vigorizador, vigorizante ADJ (*gen*) invigorating; (*medicina*) tonic.
vigorizar <1f> VT to invigorate; (*animar, alentar*) to encourage, stimulate; (*revitalizar*) to revitalize.
vigoroso ADJ (*gen*) vigorous; (*fuerte*) strong; (*esfuerzo*) strenuous; (*niño*) sturdy.
vigueta NF joist, small beam.
VIH NM ABR de **virus de la inmunodeficiencia humana** HIV; ~ **positivo/negativo** HIV-positive/-negative.
vikingo/a NM/F Viking.
vil ADJ (*persona*) low, villainous; (*acto*) vile, rotten; (*conducta*) despicable, mean.
vileza NF a vileness, foulness; (*carácter*) meanness. b (*una* ~) vile act, base deed.
vilipendiar <1a> VT a (*denunciar*) to vilify, revile. b (*despreciar*) to despise, scorn.
vilipendio NM a (*denuncia*) vilification, abuse. b (*desprecio*) contempt, scorn; (*humillación*) humiliation.
villa NF a (*casa*) villa. b (*pueblo*) small town; (*Pol*) borough, municipality; **la V~** (*esp*) Madrid; ~ **miseria** (*Arg*) shantytown.
Villadiego NM: **tomar las de** ~ (*fam*) to beat it quick (*fam*).
villancico NM (Christmas) carol.
villano/a 1 ADJ (*Hist*) peasant atr; (*rústico*) rustic. 2 NM/F (*Hist*) serf; (*esp fig*) peasant.
villorrio NM one-horse town, dump (*fam*); (*LAm*) shantytown.
vilo ADV a **en** ~ (up) in the air; (*suspenso*) suspended. b **en** ~ (*fig*) on tenterhooks; **estar** o **quedar en** ~ to be left in suspense; **tener a algn en** ~ to keep sb in suspense, keep sb waiting.
vilote NM (*LAm*) coward.
vinagre NM vinegar.
vinagrera NF a vinegar bottle; ~**s** cruet stand. b (*LAm*) heartburn.
vinagreta NF French dressing, oil and vinegar dressing.
vinagroso ADJ a vinegary. b (*fig*) bad-tempered.
vinatería NF a (*tienda*) wine shop. b (*comercio*) wine trade.
vinatero NM wine merchant, vintner.
vincha NF (*And, CSur*) hairband, headband.
vinculación NF a linking; (*fig*) bond, link, connection. b (*Jur*) entail.
vinculante ADJ (*fallo*) binding (*para* on).
vincular <1a> 1 VT a to link, bind (*a* to); ~ **sus esperanzas a** to base one's hopes on; **están estrechamente vinculados entre sí** they are closely bound together. b (*Jur*) to entail.
2 **vincularse** VR to be linked o tied (*a* to).
vínculo NM a link, bond; ~ **de parentesco** family ties. b (*Jur*) entail.
vindicación NF (*gen*) vindication; (*venganza*) revenge.
vindicar <1g> 1 VT a (*vengar*) to avenge. b (*reivindicar*) to vindicate. 2 **vindicarse** VR a to avenge o.s. b to vindicate o.s.
vine etc V **venir**.
vinería NF (*LAm*) wineshop.

vinícola ADJ (*industria*) wine *atr*; (*región*) wine-growing *atr*.
vinicultor NM wine grower.
vinicultura NF wine growing *o* production.
vinilo NM vinyl.
vino NM wine; **~ añejo** *o* **de solera/generoso/de pasto/seco/tinto** vintage/full-bodied/ordinary/dry/red wine; **~ del año** new wine; **~ de la casa** house wine; **~ espumoso** *o* **de aguja** sparkling wine; **~ de Jerez** sherry; **~ de Oporto** port (wine); **~ peleón** cheap wine, plonk (*fam*); **~ de reserva** reserve; **~ de solera** vintage wine; **dormir el ~** to sleep off a hangover.
viña NF (*planta*) vine; (*lugar*) vineyard.
viñatero NM vine *o* wine grower.
viñedo NM vineyard.
viola NF [a] (*Bot*) viola. [b] (*Mús*) viola.
violáceo ADJ violet.
violación NF [a] violation. [b] (*sexual*) rape. [c] (*Jur*) offence, offense (*US*), infringement; **~ de domicilio** forced entry.
violado ADJ, NM violet.
violador(a) [1] NM rapist. [2] NM/F violator, offender (*de* against).
violar <1a> VT [a] (*territorio etc*) to violate. [b] (*persona*) to rape. [c] (*Jur etc*) to break, offend against.
violencia NF [a] (*gen*) violence; (*fuerza*) force; (*Jur*) assault; (*Pol*) rule by force; **no ~** non-violence; **hacer algo con ~** to do sth violently; **hacer ~ a = violentar** (**b**). [b] (*fig*) **si eso te causa ~** if that makes you feel awkward; **estar con ~** to be *o* feel awkward. [c] (*Col: Hist Pol*) **la V~** long period of civil disturbance 1948-.
violentar [1] VT [a] (*puerta etc*) to force; (*rama etc*) to bend; (*casa*) to break into.
[b] (*persona*) to force, persuade forcibly; (*Jur*) to assault.
[c] (*fig: principio*) to violate; (*: sentido*) to distort.
[2] **violentarse** VR to force o.s.
violentismo NM (*Chi*) social agitation.
violentista (*Chi Pol*) [1] ADJ subversive. [2] NMF subversive, supporter of social unrest.
violento ADJ [a] (*gen*) violent; (*esfuerzo*) furious; (*Dep*) tough; (*pey*) rough; **mostrarse ~** to turn violent. [b] (*postura*) awkward; (*acto*) unnatural; **me es muy ~** it goes against the grain with me. [c] (*situación*) embarrassing, awkward. [d] (*estado*) embarrassed, awkward.
violeta ADJ INV, NF violet.
violín NF [a] (*instrumento*) violin. [b] (*músico*) violinist. [c] (*Méx fam*) **de ~** gratis, free. [d] (*LAm*) **embolsar el ~** to get egg on one's face (*fam*).
violinista NMF violinist, fiddler (*fam*).
violón NM double bass; **tocar el ~** (*fam*) to talk rot.
violoncelista NMF cellist.
violoncelo NM cello.
vira NF (*Mil etc*) dart; (*de zapato*) welt.
Viracocha NM [a] (*And, CSur: Hist*) Inca god. [b] (*And fam: Hist: título*) white person.
virago NF mannish woman.
viraje NM [a] (*Náut*) tack; (*de coche etc*) turn; (*en carretera etc*) bend, curve; **~ en horquilla** hairpin bend. [b] (*Pol*) abrupt switch, volte-face; (*de votos*) swing.
virar <1a> [1] VT [a] (*Náut*) to put about, turn.
[b] (*Fot etc*) to tone.
[c] (*LAm: dar vuelta*) to turn (round).
[2] VI [a] to change direction, turn; (*Náut*) to tack; (*vehículo*) to turn; (*: con violencia*) to swerve; **~ en redondo** to turn completely round.
[b] (*cambiar de parecer*) to change one's views; (*el voto*) to swing; **el país ha virado a la derecha** the country has swung (to the) right.
virgen [1] ADJ virgin; (*cinta*) blank; (*película*) unexposed.
[2] NMF virgin; (*Rel*) **la Santísima V~** the Blessed Virgin; **es un viva la V~** (*fam*) he doesn't give a damn, he doesn't care one bit.
Vírgenes NFPL: **Islas ~** Virgin Isles *o* Islands.
virginal ADJ virginal.
virginidad NF virginity.
Virgo NM Virgo.
virguería NF [a] (*adorno*) silly adornment, frill. [b] (*fig*)

wonder, marvel; **hacer ~s** (*fig*) to work wonders.
virguero ADJ (*fam*) [a] (*bueno*) super (*fam*), smashing (*fam*). [b] (*elegante*) smart, nattily dressed. [c] (*hábil*) clever, smart.
vírico ADJ viral, virus *atr*.
viril ADJ virile; **la edad ~** the prime of life.
virilidad NF virility, manhood.
virola NF [a] metal tip, ferrule; (*de herramienta*) collar. [b] (*CSur, Méx*) silver ring.
virolento ADJ pockmarked.
virología NF virology.
virote NM [a] (*flecha*) arrow. [b] (*Méx fam*) bread roll. [c] (*fam*) hooray Henry (*fam*); (*: serio*) stuffed shirt (*fam*).
virreinato NM viceroyalty.
virrey NM viceroy.
virtual ADJ [a] (*real*) virtual. [b] (*en potencia*) potential. [c] (*Fís*) apparent.
virtud NF [a] (*calidad*) virtue. [b] (*capacidad*) ability, power; **en ~ de** by virtue of, by reason of; **tener la ~ de ... +** *infin* to have the virtue of ... + *ger*, have the power to ... + *infin*.
virtuosismo NM virtuosity.
virtuoso/a [1] ADJ virtuous. [2] NM/F virtuoso.
viruela NF [a] smallpox. [b] **~s** pockmarks; **~s locas** chickenpox; **picado de ~s** pockmarked.
virulé: a la ~ ADJ (*estropeado*) damaged; (*torcido*) bent, twisted.
virulencia NF virulence.
virulento ADJ virulent.
virus NM INV virus; **enfermedad por ~** virus disease.
viruta NF wood *o* metal shaving.
vis NF: **~ cómica** sense of humour *o* (*US*) humor; **tener ~ cómica** to be witty.
visa NF (*LAm*), **visado** NM visa; **~ de permanencia** residence permit; **~ de tránsito** transit visa.
visaje NM (wry) face, grimace; **hacer ~s** to pull *o* make faces.
visar <1a> VT [a] (*pasaporte*) to visa. [b] (*documento*) to endorse.
vis a vis [1] ADV face to face. [2] NM face-to-face meeting; (*en la cárcel*) private visit.
visceral ADJ (*odio*) intense, deep-rooted; **aversión/reacción ~** gut aversion/reaction.
vísceras NFPL viscera, entrails; (*fig*) guts.
viscosa NF viscose.
viscosidad NF [a] (*cualidad*) viscosity. [b] (*Bot, Zool*) slime.
viscoso ADJ viscous, sticky; (*líquido*) thick, stiff; (*secreción*) slimy.
visera NF (*Mil*) visor; (*de gorra*) peak; (*de jockey, jugador etc*) eyeshade.
visibilidad NF visibility; **~ cero** zero visibility.
visible ADJ [a] visible. [b] (*fig: claro*) clear, plain; (*: obvio*) evident, obvious. [c] (*persona vestida*) decent, presentable.
visiblemente ADV [a] (*lit*) visibly. [b] (*fig*) clearly, evidently.
visillo NM lace curtain.
visión NF [a] (*Anat*) vision, (eye)sight; **perder la ~ de un ojo** to lose the sight in *o* of one eye. [b] (*Rel etc*) vision; (*fantasía*) fantasy; (*ilusión*) illusion; **ver ~es** to see *o* be seeing things, suffer delusions. [c] (*vista*) view; **~ de conjunto** complete picture. [d] (*punto de vista*) (point of) view; **su ~ del problema** his view of the problem. [e] (*pey*) scarecrow, fright (*fam*); **ella iba hecha una ~** she looked a real sight (*fam*).
visionadora NF (*Fot*) viewer.
visionar <1a> VT (*TV*) to view, see; (*: por adelantado*) to preview.
visionario/a [1] ADJ [a] visionary. [b] (*pey*) deluded. [2] NM/F [a] visionary. [b] (*pey*) deluded person; (*loco*) lunatic.
visita NF [a] visit; (*breve*) call; (*en la Aduana*) search; (*Jur*) **derecho de ~** right of search; **horas/tarjeta de ~** visiting hours/card; **~ de cortesía/de cumplido/de despedida** courtesy/formal/farewell visit; **~ relámpago** fly-

ing visit; **~ de médico** (*fam*) brief call; **estar de ~ en** to be on a visit to; **hacer/devolver una ~** to pay/return a visit; **ir de ~** to go visiting. **b** (*persona*) visitor, caller; **'no se admiten ~s'** 'no visitors allowed'.

visitador(a) NM/F **a** (*visitante*) frequent visitor. **b** (*inspector*) inspector.

visitante **1** ADJ visiting. **2** NMF visitor.

visitar <1a> **1** VT to visit; (*a algn*) to call on, go and see; (*investigar*) to inspect. **2 visitarse** VR **a** (*pareja*) to visit each other. **b** (*Med*) to ask the doctor to call.

vislumbrar <1a> VT to glimpse, catch a glimpse of; (*solución etc*) to begin to see.

vislumbre NF **a** glimpse. **b** (*brillo*) gleam. **c** (*fig: posibilidad*) glimmer, slight possibility; (: *conjetura*) conjecture; **tener ~s de** to get an inkling of.

viso NM **a** (*de metal*) gleam, glint. **b** (*de tela*) **~s** sheen, gloss; **a o de dos ~s** (*fig*) with a double purpose, two-edged; **hacer ~s** to shimmer. **c** (*fig: aspecto*) appearance; **hay un ~ de verdad en esto** there is an element of truth in this; **tenía ~s de nunca acabar** it seemed that it was never going to finish. **d** (*ropa*) slip. **e** **ser persona de ~** to be a somebody, be important.

visón NM mink.

visor NM **a** (*Aer*) bombsight. **b** (*Fot*) viewfinder.

víspera NF eve, day o evening before; **~ de Navidad** Christmas Eve; **la ~ de, en ~s de** on the eve of; **estar en ~s de hacer algo** to be on the point o verge of doing sth.

▼**vista** **1** NF **a** (*Anat*) sight, eyesight, vision; (*mirada*) look, gaze, glance; **~ de águila o de lince** very keen sight, eagle eye; **~ cansada** eyestrain; **observar algo a ~ de pájaro** to get a bird's-eye view of sth; **tener buena/ mala ~** to have good/bad eyesight.

b (*gen: locuciones con prep*) **a primera ~** at first sight, on the face of it; **a simple ~** with o to the naked eye; **a la ~** in sight o view; **la parte que quedaba a la ~** the part that was visible o uncovered; **no tengo ningún proyecto a la ~** I have no plans in sight; **no es muy agradable a la ~** it's not a pretty sight; **estar a la ~ de** to be within sight of; **a la ~ de todos** openly, for all to see; **a la ~ de tal espectáculo** at the sight of such a scene; **a la ~ de sus informes** in the light of his reports; **con la ~ puesta en** with one's eyes fixed on; **conocer a algn de ~** to know sb by sight; **en ~ de** (*fig*) in view of; **en ~ de que ...** in view of the fact that ...; **¡hasta la ~!** see you!, so long!; **hasta donde alcanza la ~** as far as the eye can see.

c (*locuciones con vb*) **aguzar la ~** to look sharp; **alzar la ~** to look up; **apartar la ~** (*lit*) to look away; (*fig*) to turn a blind eye (*de* to); **no apartar la ~ de** to keep one's eyes glued to; **bajar la ~** to look down; **fijar o clavar la ~ en** to stare at; **dirigir la ~ a** to look at o towards; **hacer la ~ gorda** to turn a blind eye; **se me nubló la ~** my eyes clouded over; **pasar la ~ por** to look over; **perder algo de ~** to lose sight of sth; **no perder a algn de ~** to keep sb in sight; **poner algo a la ~** to put sth on view; **¡quítate de mi ~!** get out of my sight!; **salta a la ~** it hits you in the eye; **salta a la ~ que ...** it's so obvious that ...; **torcer la ~** to squint; **volver la ~** to look away; **volver la ~ atrás** to look back.

d (*Com*) **a la ~** at o on sight; **a 30 días ~** (*Com*) thirty days after sight; **a 5 años ~** 5 years from then.

e (*de objeto etc*) appearance, looks; **a la ~, no son pobres** from what one can see, they're not poor.

f (*fig: perspicacia*) foresight; (: *intención*) intention; **con ~s a** with a view to; **ha tenido mucha ~** he was very far-sighted.

g (*Geog etc*) view, vista, panorama; **la ~ desde el castillo** the view from the castle; **con ~s a la montaña** with views across to the mountains; **con ~s al mar** overlooking the sea; **con ~s al oeste** facing west.

h (*Fot etc*) view.

i (*Jur*) hearing; **~ oral** first hearing.

2 NM customs inspector.

vistazo NM look, glance; **de un ~** at a glance; **echar o pegar un ~ a** (*fam*) to glance at, have a (quick) look at.

visto[1] V vestir.

visto[2] **1** PP de ver.

2 ADJ **a** **~ todo esto** in view of all this; **por lo ~** apparently; **ni ~ ni oído** like lightning; **cosa nunca ~a** something unheard-of; **fue ~ y no ~** it was a case of now you see it *etc* now you don't.

b **está muy ~** it is very common; (*pey*) it's ancient (*fam*).

c **está ~ que** it is clear that; **estaba ~** it had to be.

d **lo que está bien ~** what is socially acceptable; **eso está muy mal ~** that's not done.

3: **~ que ...** CONJ seeing that ....

4: **~ bueno** NM O.K. (*fam*), go-ahead (*fam*); **dar el ~ bueno a algo** to give sth the O.K. (*fam*) o go-ahead.

vistosidad NF showiness, colourfulness, colorfulness (*US*); (*pey*) gaudiness.

vistoso ADJ (*ROPA*) bright, colourful, colorful (*US*); (*pey*) gaudy.

visual **1** ADJ visual; **campo ~** field of vision. **2** NF **a** line of sight. **b** (*fam: vistazo*) look, glance.

visualización NF (*Inform*) display.

visualizador NM (*Inform*) display screen, VDU.

visualizar <1f> VT **a** (*imaginarse*) to visualize. **b** (*Inform*) to display.

vital ADJ **a** life (*atr*); **espacio ~** living space; **fuerza ~** life force. **b** (*Anat etc*) vital; (*fig*) essential, fundamental.

vitalicio ADJ life *atr*; **cargo ~** post held for life; **pension ~a** life pension.

vitalidad NF vitality.

vitalizador ADJ: **acción ~a, efecto ~** revitalizing effect.

vitalizante ADJ revitalizing.

vitamina NF vitamin.

vitaminado ADJ with added vitamins.

vitamínico ADJ vitamin *atr*.

vitela NF vellum.

vitícola ADJ (*industria*) grape *atr*, vine *atr*; (*región*) grape- o vine-producing.

viticultor NM vine grower.

viticultura NF vine growing.

vitola NF **a** cigar band. **b** (*fig*) appearance; (*Mec*) calibrator.

vítor **1** INTERJ hurrah! **2** NM cheer; **dar ~es a** to cheer (on).

vitorear <1a> VT to cheer, acclaim.

vitoriano/a **1** ADJ of o from Vitoria. **2** NM/F native o inhabitant of Vitoria.

vítreo ADJ glassy, vitreous.

vitrificar <1g> **1** VT to vitrify. **2 vitrificarse** VR to vitrify.

vitrina NF **a** (*de tienda*) glass case, showcase; (*en casa*) display cabinet. **b** (*LAm*) shop window.

vitro ADJ, ADV V in vitro.

vitrocerámico ADJ: **placa ~a** glass-ceramic hob.

vitrola NF (*LAm*) gramophone, phonograph (*US*).

vitualla(s) NF(PL) provisions *pl*, victuals *pl*.

vituperación NF condemnation.

vituperar <1a> VT to condemn, censure.

vituperio NM **a** (*condena*) condemnation; (*reproche*) censure; (*injuria*) insult; **~s** abuse *sg*, insults. **b** (*deshonra*) shame, disgrace.

viudedad NF **a** widow(er)hood. **b** (*Fin*) widow's pension.

viudez NF widow(er)hood.

viudo/a **1** ADJ widowed; **estar ~a** (*fam*) to be a grass widow. **2** NM/F (*hombre*) widower; (*mujer*) widow.

viva NM cheer; **prorrumpir en ~s** to burst out cheering.

vivacidad NF vigour, vigor (*US*); (*personalidad*) liveliness, vivacity; (*inteligencia*) sharpness.

vivalavirgen (*fam*) **1** ADJ INV happy-go-lucky (*fam*). **2** NMF INV happy-go-lucky person (*fam*).

vivales NM INV (*fam*) wide boy (*fam*), smooth operator.

vivamente ADV in lively fashion; (*descripción etc*) vividly; (*protesta*) sharply, strongly; (*emoción*) acutely, intensely; **lo siento ~** I am deeply sorry.

vivaquear <1a> VI to bivouac.

vivar[1] NM **a** (*Zool*) warren. **b** (*para peces*) fishpond; (*industrial*) fish farm.

➤ EXPRESIONES GENERATIVAS: **vista** → 7.1

vivar² <1a> VT (*LAm: vitorear*) to cheer.
vivaracho ADJ (*vivo*) jaunty, lively; (*vivaz*) vivacious; (*ojos*) bright.
vivaz ADJ [a] (*duradero*) enduring, lasting; (*Bot*) perennial. [b] (*vigoroso*) vigorous. [c] (*vivo*) lively.
vivencia NF (*tb* ~s) experience, knowledge gained from experience.
vivencial ADJ existential.
víveres NMPL provisions; (*esp Mil*) stores, supplies.
vivero NM [a] (*de plantas etc*) nursery. [b] (*para peces*) fishpond; (: *Com*) fish farm; (*Zool*) vivarium; ~ **de ostras** oyster bed. [c] (*fig*) hotbed, breeding ground.
viveza NF (*de ritmo etc*) liveliness; (*de imagen*) vividness; (*de luz*) brightness; (*de mente*) sharpness; (*de sensación*) intensity, acuteness; **contestar con** ~ to answer sharply.
vívido ADJ true (life).
vívido ADJ vivid, graphic.
vividor(a) [1] ADJ (*pey*) opportunistic. [2] NM (*aprovechado*) hustler. [3] NM/F opportunist.
vivienda NF [a] housing; **escasez de** ~**s** housing shortage. [b] (*una* ~) house, dwelling; (*piso*) flat, apartment (*US*); ~ **de protección oficial** ≈ council house o flat; ~ **de renta limitada** ≈ council housing, ≈ public housing (*US*).
viviente ADJ living; **los** ~**s** the living.
vivificador, **vivificante** ADJ life-giving; (*fig*) revitalizing.
vivificar <1g> VT [a] to give life to. [b] (*fig*) to revitalize, bring new life to.
vivíparo ADJ viviparous.
vivir <3a> [1] VT (*experimentar*) to live o go through; **los que hemos vivido la guerra** those of us who lived through the war.
[2] VI [a] (*gen*) to live (*en* at, in); (*ser vivo*) to be alive; ~ **bien/mal** to live well/badly; ~ **para ver** to live and learn; **¡viva!** hurray!; **¡viva el rey!** long live the king!; **¿quién vive?** (*Mil*) who goes there?; **viven juntos** they live together; **dar el quién vive a algn** to challenge sb; **saber** ~ to enjoy life to the full; **no dejar** a algn to harass sb; **no le dejan** ~ **los celos** she is eaten up with jealousy.
[b] (*Fin*) to live (*de* by, off, on); **no tienen con que** ~ they haven't enough to live on; **ganar lo justo para** ~ to earn a bare living; ~ **al día** to live from day to day.
[c] (*fig: durar*) to last (out).
[3] NM (way of) life; **de mal** ~ loose-living; (*delincuente*) criminal.
vivisección NF vivisection.
vivito ADJ: **estar** ~ **y coleando** to be alive and kicking.
vivo [1] ADJ [a] living, alive; (*piel etc*) raw; (*lengua*) modern, living; **los venden** ~**s** they sell them alive; **tenía la piel en carne** ~**a** his skin was pure raw; **me dio en lo más** ~ it cut me to the quick.
[b] (*fig: gen*) lively; (: *descripción etc*) vivid, graphic; (: *movimiento*) quick; (: *color*) bright; (: *protesta etc*) strong; (: *sensación*) acute; (: *genio*) sharp, keen; (*inteligencia*) sharp, keen, acute; (*ingenio*) ready; (*imaginación*) lively; **¡**~**!** hurry up!; **a** ~**a voz** out loud; **describir algo al** o **a lo** ~ to describe sth very realistically; **le quitó la muela a lo** ~ he just pulled the tooth clean out; **ser la** ~**a imagen** o **el** ~ **retrato de algn** to be the spitting image of sb.
[c] (*persona*) clever; (*pey*) sharp; **es un** ~ he's a sharp o sly customer.
[d] (*TV etc*) **en** ~ live; **una transmisión en** ~ **desde** a broadcast live from.
[2] NM (*Cos*) edging, border.
vizacha NF (*LAm Zool*) viscacha.
vizcaíno/a [1] ADJ of o from Biscay. [2] NM/F native o inhabitant of Biscay.
Vizcaya NF Biscay; **el Golfo de** ~ the Bay of Biscay.
V.M. ABR *de* **Vuestra Majestad**.
V.O. NF ABR (*Cine*) *de* **versión original**.
Vº.Bº ABR *de* **visto bueno** O.K.
vocablo NM word; **jugar del** ~ to make a pun.
vocabulario NM vocabulary, word list.

vocación NF vocation, calling; **errar la** ~ to miss one's vocation; **tener** ~ **por** to have a vocation for.
vocacional ADJ vocational.
vocal [1] ADJ vocal. [2] NM/F member (of a committee *etc*); (*director*) director, member of the board of directors. [3] NF (*Ling*) vowel.
vocalista NMF vocalist, singer.
vocalizar <1f> VT to vocalize.
voceador [1] ADJ loud, loud-mouthed, vociferous. [2] NM [a] town crier. [b] (*LAm*) news vendor, newspaper seller.
vocear <1a> [1] VT [a] (*mercancías*) to cry. [b] to call loudly to, shout to; (*dar vivas*) to cheer. [c] (*secreto etc*) to shout to all and sundry; (*fig*) to proclaim. [d] (*fam: jactarse*) to boast about. [2] VI to yell, bawl.
vocería NF, **vocerío** NM (*griterío*) shouting, yelling; (*escándalo*) hullabaloo (*fam*).
vocero/a NM/F (*esp LAm*) spokesman/-woman, spokesperson.
vociferación NF shouting.
vociferar <1a> [1] VT [a] (*gritar*) to shout, vociferate. [b] (*jactarse*) to proclaim boastfully. [2] VI to yell.
vocinglería NF (*gritería*) shouting; (*escándalo*) hubbub, uproar.
vocinglero ADJ loud-mouthed.
vodevil NM music hall, variety, vaudeville (*US*).
vodka NM vodka.
vodú NM (*LAm*) voodoo.
volada NF (*vuelo*) short o single flight.
voladizo ADJ (*Arquit*) projecting.
volado [1] ADJ [a] (*Tip*) superior, raised. [b] (*fam*) **estar** ~ (*loco*) to be crazy (*fam*); (*intranquilo*) to be worried. [c] (*Arg, Méx*) projecting. [d] (*LAm*) ~ **de genio** quick-tempered. [2] NM [a] (*Méx: juego*) game of heads or tails. [b] (*Méx: incidente*) incident.
volador [1] ADJ [a] flying. [b] (*fig*) fleeting. [2] NM [a] (*pez*) flying fish. [b] (*cohete*) rocket.
voladura NF blowing up, demolition; (*Min etc*) blasting.
volandas ADV [a] **en** ~ in o through the air. [b] **en** ~ (*fig*) swiftly, as if on wings.
volandera NF [a] (*piedra*) millstone, grindstone. [b] (*Mec*) washer. [c] (*mentira*) fib.
volandero ADJ [a] loose, shifting. [b] (*al azar*) random. [c] (*Orn*) fledged, ready to fly; (*persona*) restless.
volantazo NM (*Aut*) sharp turn.
volante [1] ADJ [a] flying; **escuadrón** ~ flying squad; **platillo** ~ flying saucer; **hoja** ~ leaflet, (hand)bill (*US*). [b] (*fig: inquieto*) unsettled. [2] NM [a] (*Téc*) flywheel; (: *de reloj*) balance. [b] (*Aut*) steering wheel; **ir al** ~ to be at the wheel, be driving. [c] (*nota*) note; **un** ~ **para el especialista** (*Med*) a referral to a specialist. [d] (*Dep*) shuttlecock; **(juego del)** ~ badminton. [e] (*Cos*) flounce.
volantín [1] ADJ loose. [2] NM [a] fishing line. [b] (*LAm*) kite.
volantista NM (racing) driver.
volantón NM fledgling.
volapié NM (*Taur*) wounding thrust; **a** ~ (*ave*) half walking and half flying.
volar <1l> [1] VT [a] (*edificio etc*) to blow up, demolish (with explosive); (*Min*) to blast; (*caja fuerte*) to blow open. [b] (*caza*) to flush (out). [c] (*fam: irritar*) to irritate; (: *hurtar*) to pinch (*fam*). [d] (*Chi, Méx: fam: robar*) to pinch (*fam*), nick (*fam*). [2] VI [a] (*gen*) to fly; (*irse a vuelo*) to fly away o off; ~ **a solas** to fly solo; **echar a** ~ **una noticia** to spread a piece of news; **echarse a** ~ (*fig*) to leave the parental home; **¡cómo vuela el tiempo!** how time flies! [b] (*fig: correr*) to rush, hurry; (*coche etc*) to hurtle (along/past *etc*); **¡volando!** get a move on!; **voy volando** I must dash; **prepárame volando la cena** get my supper

ready double quick, please; **~ a hacer algo** to fly to do sth.
c (*fam*) to disappear, vanish; **ha volado mi tabaco** my cigarettes have walked (*fam*).
3 volarse VR **a** to fly away.
b (*LAm*) to lose one's temper, blow up (*fam*).
volátil ADJ **a** volatile. **b** (*fig*) changeable.
volatilidad NF volatility.
volatilizar<1f> **1** VT **a** to volatilize, vaporize. **b** (*fig*) to spirit away. **2 volatilizarse** VR **a** to volatilize, vaporize. **b** (*fig*) to vanish into thin air.
volatín NM **a** acrobatics, tightrope walking. **b** = **volatinero**.
volatinero/a NM/F acrobat, tightrope walker.
volcán NM volcano; **estar sobre un ~** to be sitting on top of a powder keg.
volcánico ADJ volcanic; (*fig*) violent.
volcar<1g, 1l> **1** VT (*tirar: vaso etc*) to upset, overturn, tip o knock over; (*: contenido*) to empty o tip out.
2 VI (*coche etc*) to overturn.
3 volcarse VR **a** (*recipiente*) to be upset, get overturned; (*coche etc*) to overturn; (*barco*) to capsize.
b (*fig*) to bend over backwards (*fam*); **~ para** o **por conseguir algo** to do one's utmost to get sth.
volea NF volley; **media ~** half-volley.
volear<1a> VT, VI to volley.
voleibol NM volleyball.
voleo NM **a** volley; **de un ~, del primer ~** quickly; **a(l) ~** haphazardly; (*Dep*) on the volley. **b** (*fam: golpe*) punch.
volframio NM wolfram.
Volga NM Volga.
volición NF volition.
volquete NM dumper, dump truck (*US*).
voltaje NM voltage.
volteada NF (*CSur*) roundup.
volteador(a) NM/F acrobat.
voltear<1a> **1** VT **a** to turn over, turn upside down; (*en el aire*) to toss up; (*dar la vuelta*) to turn round; (*esp CSur, Méx: volcar*) to knock o over; **~ la espalda** *etc* (*LAm*) to turn one's back *etc*; (*golpear*) to knock down.
b (*campanas*) to peal.
c (*Culin etc*) to toss.
2 VI to roll over; (*Teat etc*) to somersault; **~ a la derecha** *etc* (*LAm*) to turn right *etc*; **~ a hacer algo** (*LAm*) to do sth again; **volteó a decirlo** he said it again.
3 voltearse VR (*LAm*) **a** (*dar la vuelta*) to turn round; (*: Pol: cambiar de lado*) to change one's allegiance.
b (*volcarse*) to overturn, tip over.
voltereta NF somersault; **~ sobre las manos** handspring; **~ lateral** cartwheel.
voltímetro NM voltmeter.
voltio NM volt.
volubilidad NF fickleness, changeableness.
voluble ADJ (*persona*) fickle, changeable.
volumen NM **a** volume; (*tamaño*) size; (*gran tamaño*) bulk(iness); **en ~** (in) bulk; **~ de negocios** turnover; **bajar el ~** to turn down the volume; **poner la radio a todo ~** to turn the radio up full. **b** (*Tip*) volume.
voluminoso ADJ voluminous; (*paquete etc*) bulky.
voluntad NF **a** (*gen*) will; (*resolución*) willpower; (*volición*) volition; (*deseo*) wish, desire; **buena ~** goodwill; (*intención*) good o honest intention; **mala ~** ill will, malice; (*intención*) evil intent; **última ~** last wish; (*Jur*) last will and testament; **~ débil/divina/férrea** weak/divine/iron will; **~ popular** will of the people; **a ~** at will; (*cantidad*) as much as one likes; **se abre a ~** it opens at will; **es una chica con mucha ~** she's a very strong-minded girl; **por causas ajenas a mi ~** for reasons beyond my control; **por ~ propia** of one's own volition o free will; **cada uno da la ~ para contribuir al regalo** everyone is free to contribute what they want towards the present; **no lo dije con ~ de ofenderle** I did not say so with any wish to offend you; **hacer su santa ~** to do exactly as one pleases, have one's own way at all costs; **hágase Tu ~** (*Rel*) Thy will be done; **ganar(se) la ~ de algn** (*convencer*) to win sb over; (*someter*) to

dominate sb's will; **no tener ~ propia** to have no will of one's own; **no tiene ~ para dejar de beber** he hasn't the willpower to give up drinking.
b (*fam*) fondness, affection.
voluntariado NM (*trabajo*) voluntary work; (*trabajadores*) voluntary workers *pl*.
voluntario/a **1** ADJ **a** voluntary. **b** (*Mil*) volunteer.
2 NM/F volunteer.
voluntarioso ADJ **a** (*terco*) headstrong, wilful, willful (*US*). **b** (*dedicado*) dedicated.
voluptuosidad NF voluptuousness, sensuality.
voluptuoso/a **1** ADJ voluptuous, sensual. **2** NM/F voluptuary, sensualist.
voluta NF **a** (*Arquit*) scroll, volute. **b** (*de humo*) spiral, column.
volver<2h> (*pp* **vuelto**) **1** VT **a** (*gen*) to turn; (*boca abajo*) to turn over; (*voltear*) to turn upside down; (*de atrás a delante*) to turn back to front; (*de dentro a fuera*) to turn inside out; (*ojos*) to turn (*a* on, towards), cast (*a* on); (*arma*) to aim (*a* at), turn (*a* on); **~ la esquina** to go round o turn the corner; **~ la espalda** to turn away; **~ la espalda a algn** to cold-shoulder sb; **me volvió la espalda** he turned his back on me; **~ la vista atrás** to look back.
b (*página*) to turn (over); (*puerta etc: abrir*) to push o swing open; (*: cerrar*) to close, pull o swing to.
c (*manga*) to roll up.
d (*fam*) to return, give o send back; (*visita*) to repay, return; **~ algo a su lugar** to put sth back (in its place); **~ bien por mal** to return good for evil.
e (*cambiar*) to change; (*transformar*) to transform; (+ *adj*) to turn, make; **~ la casa a su estado original** to restore the house to its original state; **esto le vuelve furioso** this makes him mad; **~ loco a algn** to drive sb mad; **el sol lo vuelve rojo** the sun turns it red.
2 VI **a** (*camino etc*) to turn (*a* to).
b (*regresar*) to return, come o go back (*a* to; *de* from); **~ atrás** to go o turn back; **volvió muy cansado** he got back tired out; **~ a una costumbre** to revert to a habit; **~ a empezar** to start (over) again; **~ a hacer algo** to do sth again; **he vuelto a salir con ella** I've started going out with her again.
c **~ en sí** to come to o round, regain consciousness.
3 volverse VR **a** (*persona*) to turn round; (*página*) to turn over; (*boca abajo*) to turn upside down; (*de dentro a fuera*) to turn inside out; **se le volvió el paraguas** his umbrella turned inside out; **se volvió a mí** he turned to me; **se volvió para mirarlo** he turned (round) to look at it; **~ atrás** (*fig: memoria etc*) to look back; (*: desdecirse*) to back down; **~ contra algn** to turn on sb.
b to return, go back; **vuélvete a buscarlo** go back and look for it.
c (+ *adj*) to turn, become; **en el ácido se vuelve más oscuro** it turns darker in the acid; **~ loco** to go mad.
d (*leche etc*) to go off, turn sour.
vomitar<1a> **1** VT **a** to vomit, bring o throw up; **~ sangre** to spit blood.
b (*fig: humo etc*) to belch (forth); (*lava, injurias*) to hurl out (*contra* at).
c (*secreto*) to tell reluctantly.
2 VI **a** to vomit, be sick.
b (*fig*) **eso me da ganas de ~** that makes me sick, that makes me want to puke (*fam*).
vomitivo NM (*Med*) emetic; (*fig*) disgusting.
vómito NM **a** (*acto*) vomiting, being sick; **~ de sangre** spitting of blood. **b** (*resultado*) vomit. **c** (*LAm*) **~ negro** yellow fever.
vomitona NF (*fam*) bad (sick) turn.
VOR NM ABR *de* **valor objetivo de referencia**.
voracidad NF voracity.
vorágine NF whirlpool, vortex; (*fig*) maelstrom.
voraz ADJ **a** voracious, ravenous; (*pey*) greedy. **b** (*fuego*) raging, fierce.
vórtice NM **a** whirlpool, vortex. **b** (*Met*) cyclone, hurricane.
vos PRON PERS PL (*esp CSur fam*) you *sg*.

vosear <1a> VT (*esp CSur fam*) to address as 'vos'.

voseo NM (*esp CSur fam*) addressing a person as 'vos', familiar usage.

Vosgos NMPL Vosges.

vosotros/as PRON PERS PL [a] (*suj*) you. [b] (*siguiendo prep*) you; (*reflexivo*) yourselves; **¿es de ~?** is it yours?; **entre ~** among yourselves; **¿no pedís nada para ~?** are you not asking anything for yourselves?

votación NF (*acto*) voting; (*votos*) ballot, vote; **~ a mano alzada** show of hands; **por ~ popular** by popular vote; **por ~ secreta** by secret ballot; **someter algo a ~** to put sth to the vote; **~ por poder** voting by proxy.

votante NMF voter.

votar <1a> [1] VT [a] (*Pol: partido etc*) to vote for; (*proyecto: aprobar*) to pass.
[b] (*Rel*) to vow, promise (*a* to).
[2] VI [a] (*Pol etc*) to vote (*por* for).
[b] (*Rel*) to (take a) vow.

voto NM [a] (*Pol etc*) vote; **~ en blanco** blank vote; **~ bloque/grupo** block/card vote; **~ decisivo/secreto** casting/secret vote; **~ de gracias/de censura/de (des)confianza** vote of thanks/censure/(no) confidence; **~ nulo** spoiled ballot-paper; **dar su ~** to cast one's vote (*a* for); **emitir su ~** (*votar*) to cast one's vote; (*fig*) to give one's opinion; **hubo 13 ~s a favor y 11 en contra** there were 13 votes for and 11 against.
[b] (*Rel: promesa*) vow; (*: ofrenda*) ex voto; **~ de castidad/obediencia/pobreza/silencio** vow of chastity/obedience/poverty/silence.
[c] (*juramento*) oath, curse.
[d] **~s** (*good*) wishes; **hacer ~s por el restablecimiento de algn** to wish sb a quick recovery.

vox NF: **ser ~ populi** to become common knowledge.

voy *etc* V **ir**.

vóytelas INTERJ (*Méx*) wow! (*fam*).

voz NF [a] voice; **~ en off** voice-over; **la ~ de la conciencia** the voice *o* promptings of conscience; **la ~ del pueblo** the voice of the people; **a una ~** unanimously; **a media ~** (*en ~ baja*) in a low voice; (*pey*) under one's breath; **a ~ en cuello** *o* **en grito** at the top of one's voice; **de viva ~** orally; **en ~ alta** loud(ly), in a loud voice; **en ~ baja** in a low voice *o* whisper; **aclararse la ~** to clear one's throat; **alzar** *o* **levantar la ~** to raise one's voice; **tener la ~ tomada** to be hoarse.
[b] (*de trueno etc*) noise.
[c] (*Mús: tono*) sound; (*: de cantante*) voice, part; **canción a cuatro voces** song for four voices, four-part song; **cantar a dos voces** to sing a duet; **~ cantante** leading part; **llevar la ~ cantante** (*fig*) to be the boss.
[d] (*grito*) shout, yell; **voces** shouts, shouting, yelling; **~ de mando** (*Mil*) command; **dar** *o* **pegar voces** to shout *o* call out, yell; **dale una ~** give him a shout; **dar la ~ de alarma** to sound the alarm; **dar cuatro voces** to make a great fuss; **discutir a voces** to argue noisily; **llamar a algn a voces** to shout to sb; **está pidiendo a voces que se remedie** it's crying out to heaven to be put right.
[e] (*en el juego*) call.
[f] (*fig*) rumour, rumor (*US*); **~ común** hearsay, gossip; **corre la ~ de que ...** the word is that ....
[g] (*Pol etc*) voice, say, vote; **asistir con ~ y voto** to be present as a full member; **tener ~ y voto** to be a full member; (*fig*) to have a say.
[h] (*Ling: vocablo*) word.
[i] (*Ling: forma*) voice; **~ activa/pasiva** active/passive voice.

vozarrón NM booming voice.

VP NMF ABR de **Vice-Presidente** V.P.

VPO NFPL ABR de **viviendas de protección oficial**.

vro./a PRON POS ABR de **vuestro/a**.

vs ABR de **versus** vs.

vto. ABR (*Com*) de **vencimiento**.

vudú NM voodoo.

vuelapluma: a ~ ADV quickly, without much thought.

vuelco NM [a] upset, spill; **dar un ~** to overturn; (*barco*) to capsize. [b] **mi corazón dio un ~** my heart missed a beat. [c] (*fig*) collapse, catastrophe.

vuelillo NM lace, frill.

vuelo¹ V **volar**.

vuelo² NM [a] flight; **~ a ciegas** blind flying; **~ de ensayo/espacial/a solas/sin etapas** *o* **escalas** test/space/solo/non-stop flight; **~ nacional/regular** domestic/scheduled flight; **~ en picado** dive; **~ libre** hang-gliding; **alzar** *o* **levantar el ~** to take flight; (*fig*) to dash off; (*adolescente*) to spread one's wings; **remontar el ~** to soar (up); **tomar ~** to grow, develop; **de** *o* **en un ~** (*fig*) rapidly.
[b] **cazar** *o* **coger algo al ~** to catch sth in flight; (*fig*) to overhear sth in passing; **tirar al ~** to shoot at a bird on the wing; **pescarlas** *o* **pillarlas al ~** (*fig*) to catch on immediately.
[c] **~s** (*Orn*) flight feathers; (*: ala*) wing, wings; **de altos ~s** (*fig: plan*) grandiose; (*: persona*) ambitious; **cortar los ~s a algn** to clip sb's wings.
[d] (*Cos: puño*) lace, frill; (*de falda etc*) loose part; **el ~ de la falda** the spread *o* swirl of the skirt; **falda de mucho ~** full *o* wide skirt.

vuelta NF [a] (*giro*) turn; (*Mec etc*) revolution; **~ atrás** backward step; **¡media ~!** (*Mil*) about turn!; **~ en redondo** complete turn; **andar a ~s con** to be engaged in; **dar la ~** (*coche*) to turn over; **dar la ~ a** (*página*) to turn; (*disco etc*) to turn *o* (*fam*) flip over; **date la ~** turn round; (*estando tumbado*) turn over; **dar una ~ de campana** to overturn, somersault; **dar media ~** (*Mil*) to face about; (*Aut*) to do a U-turn (*fam*), to about turn, walk out; **dar ~ a** (*llave*) to turn; **dar la ~ a la tortilla** (*fig*) to change things completely; **dar ~s** to turn, revolve, go round; (*cabeza*) to spin, swim; (*en cama*) to toss and turn; **dar ~s alrededor de un eje** to spin round an axis; **dar ~s a** (*manivela*) to wind, crank; (*llave*) to turn; (*idea etc*) to think over; **dar ~s a un asunto** to think a matter over, turn a matter over in one's mind; **le estás dando demasiadas ~s** you're worrying too much about it; **no hay que darle ~s** that's the way it is; **te da cien ~s** (*fam*) he's different class to you; **poner a algn de ~ y media** (*fam*) to give sb a dressing-down.
[b] (*rodeo: en carrera*) lap, circuit; **~ ciclista** cycle tour; **la ~ ciclista a España** the tour of Spain; **la ~ al mundo** round-the-world trip; **dar la ~ al mundo** to go round the world; **dar la ~ al ruedo** (*Taur*) to go round the ring; **he tenido que dar muchas ~s para encontrarlo** I had to hunt high and low to find it.
[c] (*fig: cambio*) turn, change; (*pey*) volte-face, reversal; **las ~s de la vida** the ups and downs of life; **dar la** *o* **una ~** to change right round.
[d] (*de río, camino etc*) bend, curve; (*Aut*) **a la ~ de la esquina** round the corner; **dar ~s** to twist and turn.
[e] (*de cuerda*) loop; **~ de cabo** (*Náut*) hitch.
[f] (*de elección, torneo etc*) round; **la segunda ~ de la liga** the second half of the league programme.
[g] (*al hacer punto*) row.
[h] (*de papel, tela*) back, reverse; (*de disco etc*) flip *o* B side; **a la ~** on the next page, overleaf; **lo escribió a la ~ del sobre** he wrote it on the back of the envelope; **buscar las ~s a algn** to try to catch sb out; **no tiene ~ de hoja** there are no two ways about it.
[i] (*Cos: de pantalón*) turn-up, cuff (*US*).
[j] (*regreso*) return; (*Ferro etc*) return *o* homeward journey; **a ~ de correo** by return (of post); **a la ~** on one's return; **lo haré a la ~** I'll do it when I get back; **de ~ al trabajo** back to work; **estar de ~** to be back, be home (again); (*fig*) to have no illusions, know from experience; **el público está de ~ de todo** the public has seen it all before; **¡hasta la ~!** au revoir!, goodbye for now!; **envase sin ~** non-returnable bottle *etc*.
[k] (*Fin: tb* **~s**) change; **quédese con la ~** keep the change.
[l] (*paseo*) stroll, walk; **dar una ~** (*a pie*) to take a stroll, go for a walk; **dar una ~ en coche** to go for a ride *o* (*fam*) spin; **me voy a dar una ~** I'm going out; **date una ~ por la zona** go for a walk around.

vueltita NF (*LAm fam*) (little) walk *o* drive.

vuelto [1] PP de **volver**. [2] NM (*LAm*) = **vuelta (k)**.

vuelva *etc V* **volver.**

vuestro [1] ADJ POS your; (*después de n*) of yours; **una idea ~a** an idea of yours, one of your ideas; **lo ~** (what is) yours, what belongs to you.
  [2] PRON POS yours, of yours; **es el ~** it is yours; **un amigo ~** a friend of yours; **ahora es la ~a** your time o chance has come.

vulcanizar<1f> VT to vulcanize.

vulgar ADJ [a] (*común*) common, ordinary; (*pey: gusto etc*) vulgar. [b] (*persona*) ordinary, common; (: *ordinario*) coarse. [c] (*común y corriente*) ordinary, everyday; (*tranquilo*) humdrum; (*trillado*) banal, trivial.

vulgaridad NF [a] (*cualidad: gen*) ordinariness, commonness; (*rudeza*) coarseness; (*estupidez*) banality. [b] (*de acto*) vulgarity; (*frase*) coarse expression. [c] **~es** banalities, platitudes.

vulgarismo NM popular form of a word, vulgarism.

vulgarización NF popularization; **obra de ~** popular work.

vulgarizar<1f> VT to popularize.

vulgarmente ADV commonly; (*pey*) vulgarly; **A, llamado ~ B** A, popularly known as B.

Vulgata NF Vulgate.

vulgo [1] NM common people; (*pey*) mob, lower orders. [2] ADV: **el mingitorio, ~ 'meadero'** the urinal, commonly o popularly known as the 'bog'.

vulnerabilidad NF vulnerability.

vulnerable ADJ vulnerable (*de* to).

vulnerar<1a> VT [a] (*fama*) to damage; (*derechos*) to interfere with. [b] (*Jur, Com*) to violate, break.

vulva NF vulva.

W, w [ˈuβe ˈdoβle, (*LAm*) ˈdoβle be] NF (*letra*) W, w.
wachimán NM (*LAm*) = **guachimán**.
walki-talki NM walkie-talkie.
Walkman ® NM Walkman ®.
wáter [ˈbater] NM lavatory.
wélter [ˈbelter] NM welterweight.
western NM western.

whiskería NF, **wisquería** NF whisky bar.
whisk(e)y [ˈwiski, ˈgwiski] NM whisk(e)y.
Winchester NM (*Inform*): **disco** ~ Winchester disk.
windsurf [ˈwinsurf] NM windsurfing.
windsurfista [winsurˈfista] NMF windsurfer.
wolfram [ˈbolfram], **wolframio** [bolˈframjo] NM wolfram.

X, **x** ['ekis] NF (*letra*) X, x.
XDG NF ABR (*Esp Pol*) *de* **Xunta Democrática de Galicia**.
xenofobia NF xenophobia.
xenón NM xenon.
xerocopia NF photocopy.
xerocopiar<1b> VT to photocopy.

xerografía NF xerography.
xerografiar<1b> VT to xerograph.
xilófono NM xylophone.
xilografía NF wood engraving.
Xunta NF *Galician autonomous government*.

Y, y¹ [iˈxɾjeɣa] NF (*letra*) Y, y.

y² CONJ [a] and; **¿~ eso?** why?, how so?; **¿~ los demás?** what about the others? [b] (*esp Arg fam: como muletilla, no traduce*) **~ bueno** good; **estuvo llora ~ llora** (*LAm*) he went on crying and crying.

▼**ya** [1] ADV [a] (*con acción terminada*) already; **lo hemos visto ~** we've seen it already; **~ han dado las 10** it's past 10 already; **~ en el siglo X** as early as the 10th century; **~ hay demasiados coches** there are too many cars now; **~ está aquí** he's here already; **~ me lo suponía** I thought as much.

[b] (*con verbo en futuro*) **~ veremos** we'll see about that; **~ iré cuando pueda** I'll try and make it when I can; **~ lo arreglarán** it'll get fixed sometime; **~ te llegará el turno** your time will come.

[c] (*con verbo en presente*) **~ es la hora** time's up; **~ es hora de irnos** it's time for us to go now; **~ viene el autobús** here's the bus (now); **~ puedes irte** you can go now.

[d] (*sorpresa*) **¿~ te vas?** are you leaving already?

[e] (*ahora: fam*) **lo quiero ~** I want it (right) now; **~ mismo** (*esp CSur fam: en seguida*) at once; (: *claro*) of course, naturally; **desde ~** (*Esp*) from now.

[f] (*enfático*) **~ entiendo** I see, I get it; **¡~ era hora!** about time too!; **¡~ está!** done!; **¡~ está bien!** that's (quite) enough!; **¡~ lo sé!** I know!; **¡~ puede ir preparando el dinero!** you'd better get the money ready!; **¡cállate ~!** oh, shut up!; **¡que ~ es decir!** and that's saying something!

[g] (*como interj: lo sé*) I know; (*comprendo*) I understand; (*recuerdo*) of course!, that's it!, now I remember!; (*por fin*) at last!; **~, pero ...** yes, but ...; **¡~, ~ ...!** (*iró*) yes, yes ...!, oh, yes ...!

[h] **~ no** not any more, no longer; **~ no quiero más** I don't want any more; **~ no vive aquí** he doesn't live here any more; **~ no lo volverás a ver** you won't see it any more; *V tb* **estar 1 (o)**.

[2] CONJ [a] **~ por una cosa, ~ por otra** now for one thing, now for another; **~ dice que sí, ~ dice que no** first he says yes, then he says no; **~ te vayas, ~ te quedes, me es igual** whether you go or stay is all the same to me.

[b] **no ~** not only; **no ~ aquí, sino en todas partes** not only here, but everywhere.

[c] **~ que** as, since; **~ que no viene** since she's not coming.

yacaré NM (*LAm*) alligator.

yacer ‹2x› VI to lie; **aquí yace X** here lies X; **~ con** to sleep with.

yacija NF (*cama*) bed; (*mala ~*) rough bed.

yacimiento NM bed, deposit; **~ petrolífero** oilfield.

yacuzzi ® NM (*pl* **~s**) Jacuzzi ®.

yagua NF (*Ven*) royal palm.

yaguré NM (*LAm*) skunk.

Yakarta NF Jakarta.

yámbico ADJ iambic.

yanacona NM (*And, CSur: Hist*) personal Indian servant.

yanqui (*fam*) [1] ADJ Yankee. [2] NMF Yank (*fam*), Yankee (*fam*).

yanquilandia NF (*LAm pey*) USA.

yantar (*Lit, hum*) ‹1a› [1] VT to eat. [2] VI to have lunch. [3] NM food.

yapa NF (*LAm fam: plus*) extra (bit), bonus; (*propina*) tip; **dar algo de ~** to add a bit, give sth as a bonus.

yapar ‹1a› VT (*LAm: dar*) to add a bit, give as a bonus.

yarará NF (*And, CSur*) rattlesnake.

yaraví NM (*And, Arg*) plaintive Indian song.

yarda NF yard.

yate NM yacht.

yaya¹ NF (*fam*) nan, nana.

yaya² NM (*LAm*) (slight) wound; (*cicatriz*) scar.

yedra NF ivy.

yegua NF [a] (*animal*) mare. [b] (*And, CSur: fam pey*) old bag (*fam*); (: *puta*) whore (*fam!*).

yeguada NF [a] herd of horses. [b] (*CAm, Carib: burrada*) piece of stupidity, foolish act.

yelmo NM helmet.

yema NF [a] (*del huevo*) yolk. [b] (*Bot*) leaf bud. [c] (*Anat*) **~ del dedo** fingertip. [d] (*Culin*) egg yolk and sugar dessert. [e] (*lo mejor*) best part; (*dificultad*) snag; (*medio*) middle; **dar en la ~** to hit the nail on the head; **en la ~ del invierno** in the middle of winter.

Yemen NM: **el ~** the Yemen.

yemení ADJ, NMF Yemeni.

yen NM (*pl* **~s** o **~es**) yen.

yerba NF [a] = **hierba**. [b] (*tb* **~ (de) mate**) maté.

yerbatero/a (*LAm*) [1] ADJ of o pertaining to maté. [2] NM/F (*curandero*) maté dealer.

yerbera NF (*CSur: vasija*) maté (leaves) container.

yermo [1] ADJ (*inhabitado*) uninhabited; (*estéril*) waste, uncultivated. [2] NM waste land.

yerna NF (*And, Carib: fam*) daughter-in-law.

yerno NM son-in-law.

yerro NM error, mistake.

yerto ADJ stiff, rigid; **~ de frío** stiff with cold.

yesca NF tinder.

yesería NF plastering, plasterwork.

yesero NM plasterer.

yeso NM [a] (*Geol*) gypsum. [b] (*Arquit*) plaster; **~ mate** plaster of Paris; **dar de ~ a una pared** to plaster a wall. [c] (*Arte*) plaster cast. [d] (*Escol*) chalk.

yesquero NM (*esp LAm*) cigarette lighter.

yeta NF (*LAm fam*) bad luck.

yeti NM yeti.

ye-yé ADJ (*Hist*) groovy (*fam*), trendy.

yíd(d)ish NM Yiddish.

yihad NM jehad.

yip NM (*esp LAm*) jeep.

yo PRON PERS [a] I; **soy ~** it's me, it is I; **~ de ti/Ud** if I were you; **¿quién lo dijo? - ~ no** who said that? - not me; **~ no soy de los que exageran** I'm not one to exaggerate. [b] (*Psic*) **el ~** the self, the ego.

yodado ADJ iodized, with added iodine; **sal yodada** iodized salt.

yodo NM iodine.

yoga NM yoga.

yogui NM yogi.

yogur NM yogurt.

yogurtera NF [a] yoghurt-maker. [b] (*Esp fam*) police-car, squad-car.

yoyo, yoyó NM yo-yo.

yuca NF yucca; (*LAm*) manioc root, cassava.

yugo NM (*lit, fig*) yoke; **~ del matrimonio** marriage tie; **sacudir el ~** (*fig*) to throw off the yoke.

Yugo(e)slavia NF Yugoslavia, Jugoslavia.

yugo(e)slavo/a [1] ADJ Yugoslavian, Jugoslavian. [2] NM/F Yugoslav, Jugoslav.

yugular ADJ jugular.

yungas NFPL (*And, CSur: Geog*) hot tropical valleys.

yungla NF jungle.

yunque NM [a] anvil. [b] (*persona: paciente*) stoical person; (: *trabajador*) tireless worker; **hacer o servir de ~** to have to put up with hardships o abuse *etc*.

yunta NF [a] (*de bueyes*) yoke, team (of oxen). [b] (*esp LAm*) **~s** couple, pair; (*botones*) cufflinks.

yuntero NM ploughman, plowman (*US*).

yupi[1] EXCL yippee!
yupi[2], **yuppie**, **yuppy** (*pl* **yuppies**) NMF yuppie, yuppy.
yute NM jute.
yuxtaponer<2q> VT to juxtapose.

yuxtaposición NF juxtaposition.
yuyo (*LAm*) NM (*planta silvestre*) weed; (*planta medicinal*) medicinal plant, herb; (*condimento*) herb flavouring o (*US*) flavoring.

Zz

Z, z ['θeta, (*LAm*) 'seta] NF (*letra*) Z, z.
ZAC NF ABR *de* **zona de atmósfera contaminada**.
zacate NM (*CAm, Méx*) straw, thatch.
zafacoca NF (*LAm fam*) row, quarrel.
zafacón NM (*Ant, Carib*) waste paper basket, waste basket (*US*).
zafado ADJ (*LAm fam*) [a] (*loco*) mad, crazy. [b] (*despejado*) cute (*fam*), alert, bright.
zafadura NF (*LAm*) dislocation, sprain.
zafar<1a> [1] VT [a] (*soltar*) to loosen, untie.
  [b] (*barco*) to lighten; (*superficie*) to clear, free.
  [2] **zafarse** VR [a] (*escaparse*) to escape, run away; (*soltarse*) to break loose; (*ocultarse*) to hide o.s. away.
  [b] (*Téc*) to slip off, come off.
  [c] ~ **de** (*persona*) to get away from; (*trabajo*) to get out of, dodge; (*dificultad*) to get round.
  [d] (*LAm*) ~ **un brazo** *etc* to dislocate one's arm *etc*.
zafarrancho NM [a] (*Náut*) clearing for action; ~ **de combate** call to action stations. [b] (*fig*) havoc, destruction; **hacer un** ~ to cause havoc. [c] (*fam: riña*) quarrel, row.
zafio ADJ coarse, uncouth.
zafiro NM sapphire.
zafra[1] NF oil jar, oil container.
zafra[2] NF (*esp LAm: cosecha*) sugar harvest; (*LAm: fabricación*) sugar making.
zaga NF rear; **a la ~, en ~** behind, in the rear; **dejar en ~** to leave behind, outstrip; **no le va a la ~ a nadie** he is second to none.
zagal(a) NM/F boy, lad/girl, lass; (*Agr*) shepherd/shepherdess.
zagual NM paddle.
zaguán NM hallway, entry.
zaguero ADJ [a] rear; (*atr*) back *atr*; **equipo ~** bottom team. [b] (*fig*) slow, laggard.
zahareño ADJ (*salvaje*) wild; (*arisco*) unsociable.
zaherir<3i> VT (*criticar*) to criticize sharply o sarcastically, attack; (*herir*) to wound, mortify; ~ **a algn con algo** to cast sth up at sb.
zahiriente ADJ wounding, mortifying.
zahorí NM clairvoyant.
zahurda NF pigsty.
zaino[1] ADJ (*color: de caballo*) chestnut; (: *de vaca*) black.
zaino[2] ADJ (*pérfido*) treacherous; (*animal*) vicious; **mirar a lo** o **de ~** to look sideways, look shiftily.
Zaire NM Zaire.
zalagarda NF [a] (*Mil*) ambush, trap; (*Caza*) trap. [b] (*alboroto*) row, din.
zalamería NF flattery.
zalamero [1] ADJ flattering; (*relamido*) suave; (*pey*) slimy. [2] NM flatterer; (*pey*) slimeball (*fam*).
zalea NF sheepskin.
zalema NF salaam, deep bow; ~**s** bowing and scraping, flattering courtesies.
zamacuco/a NM/F crafty person.
zamarra NF (*piel*) sheepskin; (*chaqueta*) sheepskin jacket, fur jacket.
zamarrear<1a> VT [a] (*sacudir*) to shake. [b] (*fam*) to shove around.
zamba[1] NF Argentinian handkerchief dance.
Zambeze NM Zambezi.
Zambia NF Zambia.
zambo/a[2] [1] ADJ (*fam*) knock-kneed. [2] NM/F [a] (*LAm*) half-breed (*of Negro and Indian parentage*). [b] (*And, Chi*) mulatto.
zambomba NF [a] (*tambor*) kind of rustic drum. [b] (*fam*) ¡~! phew!
zambombazo NM [a] (*estallido*) bang, explosion.

[b] (*golpe*) blow, punch.
zambra NF [a] (*baile*) gipsy o (*US*) gypsy dance. [b] (*fam: alboroto*) uproar.
zambullida NF dive, plunge.
zambullir<3h> [1] VT (*en el agua*) to dip, plunge (*en* into); (*debajo del agua*) to duck (*en* under).
  [2] **zambullirse** VR [a] (*en el agua*) to dive, plunge (*en* into); (*debajo del agua*) to duck (*en* under).
  [b] (*ocultarse*) to hide, cover o.s. up.
Zamora NF Zamora.
zamorano/a [1] ADJ of o from Zamora. [2] NM/F native o inhabitant of Zamora.
zampabollos NMF INV (*glotón*) greedy pig, glutton.
zampar<1a> [1] VT [a] (*esconder*) to put away hurriedly (*en* in).
  [b] (*arrojar*) to hurl, dash (*en* against, to); **lo zampó en el suelo** he dashed it to the floor.
  [c] (*comer*) to gobble.
  [2] VI to gobble, eat voraciously.
  [3] **zamparse** VR [a] (*caerse*) to bump, crash.
  [b] (*en fiesta, reunión*) to gatecrash, go along uninvited.
  [c] ~ **en** to dart o shoot into; **pero se zampó en el cine** but he shot into the cinema.
  [d] ~ **algo** to tuck sth away (*fam*); **se zampó 4 porciones enteras** he wolfed down 4 whole helpings.
zampón ADJ (*fam*) greedy.
zampoña NF shepherd's pipes, rustic flute.
zamuro NM (*Ven*) vulture, buzzard (*US*).
zanahoria NF carrot.
zanca NF [a] (*Orn*) shank. [b] (*Anat hum*) shank.
zancada NF stride; **alejarse a grandes ~s** to stride away; **en dos ~s** (*fig*) very easily.
zancadilla NF (*para derribar a algn*) trip; (*trampa*) stratagem, trick; **echar la ~ a algn** to trip sb up; (*fig*) to put the skids under sb (*fam*), scheme to get sb out.
zancadillear<1a> VT to trip (up); (*fig*) to undermine, put the skids under (*fam*).
zancajear<1a> VI to rush around.
zancajo NM [a] (*Anat, Cos*) heel. [b] (*fam*) dwarf, runt.
zancarrón NM [a] (*de la pierna*) leg bone. [b] (*fam: viejo*) old bag of bones; (: *profesor*) poor teacher.
zanco NM stilt; **estar en ~s** (*fig*) to be high up.
zancudo [1] ADJ long-legged. [2] NM (*LAm*) mosquito.
zanganear<1a> VI (*gandulear*) to idle, loaf about.
zángano NM (*insecto*) drone; (*holgazán*) idler, slacker; (*pícaro*) rogue.
zangolotear <1a> [1] VT (*manosear*) to fiddle with; (*sacudir*) to shake. [2] VI, **zangolotearse** VR [a] (*ventana*) to rattle, shake. [b] (*persona*) to fidget.
zangolotino ADJ: **niño ~** big kid (*fam*); (*tonto*) silly child.
zanja NF (*fosa*) ditch; (*hoyo*) pit; (*tumba*) grave; **abrir las ~s** (*Arquit*) to lay the foundations (*de* for).
zanjar <1a> VT [a] (*abrir una zanja*) to dig a trench in.
  [b] (*dificultad*) to get around, surmount; (*conflicto*) to resolve, clear up; (*discusión*) to settle.
Zanzíbar NM Zanzibar.
zapa NF [a] (*pala*) spade. [b] (*Mil*) sap, trench.
zapador NM sapper.
zapallo NM (*LAm: calabaza*) gourd, pumpkin.
zapallón ADJ (*And, CSur: fam*) chubby, fat.
zapapico NM pick, pickaxe, pickax (*US*).
zapata NF [a] (*calzado*) half-boot. [b] (*Mec*) shoe; ~ **de freno** brake shoe.
zapatazo NM (*golpe dado con zapato*) blow with a shoe; (*caída, ruido*) thud; **tratar a algn a ~s** (*fam*) to ride roughshod over sb.
zapateado NM tap dance.
zapatear<1a> [1] VT (*dar golpes en el suelo*) to tap with

one's foot; (*patear*) to kick (*fam*); (*maltratar*) to ill-treat, treat roughly. ⬚2 vɪ to tap with one's feet; (*bailar*) to tap-dance.

zapatería NF (*oficio*) shoemaking; (*tienda*) shoe shop; (*fábrica*) shoe o footwear factory.

zapatero/a ⬚1 ADJ (*legumbres*) hard, undercooked. ⬚2 NM/F shoemaker; **~ remendón** o **de viejo** cobbler; **~, a tus zapatos** the cobbler should stick to his last.

zapatiesta NF (*fam*) set-to (*fam*), shindy (*fam*).

zapatilla NF ⬚a (*para casa*) slipper; (*Dep*) training shoe. ⬚b (*Mec*) washer, gasket.

zapato NM shoe; **~s de color** brown shoes; **~s de tacón** high-heeled shoes; **saber dónde aprieta el ~** to know the score (*fam*).

zapatón NM (*LAm*) overshoe, galosh.

zape INTERJ shoo!, scat!

zapear vɪ to channel-hop.

zapeo NM channel-hopping.

zapote NM (*CAm, Méx*) sapote (tree o fruit).

zapping ['θapin] NM INV channel-hopping; **hacer ~** to channel-hop.

zar NM tsar, czar.

zarabanda NF ⬚a (*Hist*) sarabande. ⬚b (*fig*) rush, whirl.

zaragate NM (*LAm fam*) rogue, rascal.

zaragatero (*fam*) ⬚1 ADJ (*bullicioso*) rowdy, noisy; (*peleador*) quarrelsome. ⬚2 NM rowdy, hooligan.

Zaragoza NF Saragossa.

zaragozano/a ⬚1 ADJ of o from Saragossa. ⬚2 NM/F native o inhabitant of Saragossa.

zaranda NF sieve.

zarandear ⟨1a⟩ VT (*cribar*) to sieve, sift; (*fam: sacudir*) to shake vigorously.

zarandeo NM (*V vt*) ⬚a sieving. ⬚b shaking.

zarandillo NM (*persona: enérgica*) active person; (*pey: inquieto*) restless individual; (*niño*) fidget.

zarcillo NM earring.

zarco ADJ light blue.

zarigüeya NF opossum, possum.

zarina NF tsarina.

zarpa NF ⬚a (*garra*) claw, paw; **echar la ~ a** to claw at, paw (*fam*), to grab. ⬚b (*de barro*) splash of mud.

zarpar ⟨1a⟩ vɪ to weigh anchor, set sail.

zarpazo NM claw blow; (*golpazo*) thud; **dar un ~** to lash out.

zarrapastrón, **zarrapastroso** ADJ shabby, dirty.

zarza NF bramble, blackberry (bush).

zarzal NM bramble patch.

zarzamora NF blackberry.

zarzuela NF Spanish light opera.

zas INTERJ bang!, crash!

zascandil NM ⬚a (*casquivano*) featherbrain; (*poco fiable*) unreliable person. ⬚b (*entrometido*) busybody.

zascandilear ⟨1a⟩ vɪ (*V nm*) ⬚a (*obrar sin dar resultado*) to buzz about uselessly, fuss a lot; to be scatty (*fam*). ⬚b (*entrometerse*) to pry, meddle.

zenzontle NM (*CAm, Méx*) mockingbird.

zepelín NM zeppelin.

zeta ⬚1 NF the (name of the) letter z. ⬚2 NM (*Aut*) police-car, Z-car.

Zetlandia NF: **Islas de ~** Shetland Isles o Islands, Shetland.

ZID NF ABR de **zona industrializada en declive**.

zigzag NM zigzag (line *etc*); **relámpago en ~** forked lightning.

zigzaguear ⟨1a⟩ vɪ to zigzag.

Zimbabue, Zimbabwe NM Zimbabwe.

zinc NM zinc.

zíper NM (*Méx*) zip, zipper (*US*).

zipizape NM (*fam*) set-to (*fam*), rumpus (*fam*); **armar un ~** to start a rumpus.

zócalo NM ⬚a (*Arquit: pedestal*) pedestal, base; (*de pared*) skirting board. ⬚b (*Méx: plaza*) main square.

zoco ADJ left-handed.

zodiaco, zodíaco NM zodiac.

zombi NMF zombie.

zona NF area; **~ catastrófica** disaster area; **~ comercial**

shopping centre o (*US*) center, shopping area; **~ desnuclearizada** nuclear-free zone; **~ del dólar** dollar area; **~ edificada** built-up area; **~ de exclusión aérea** air exclusion zone; **~ fronteriza** border area; **~ de guerra** war zone; **~ peatonal** pedestrian precinct; **~ verde** park, green area.

zonal ADJ zonal.

zoncear ⟨1a⟩ vɪ (*LAm*) to behave stupidly.

zonchiche NM (*CAm, Méx*) buzzard.

zonda NF (*Arg*) hot northerly wind.

zonzo ADJ (*LAm*) silly, stupid.

zoo NM zoo.

zoo... PREF zoo....

zoología NF zoology.

zoológico ⬚1 ADJ zoological. ⬚2 NM zoo.

zoólogo/a NM/F zoologist.

zoom [θum] NM (*objetivo*) zoom-lens; (*toma*) zoom shot.

zopenco/a (*fam*) ⬚1 ADJ dull, stupid. ⬚2 NM/F clot, nitwit.

zopilote NM (*CAm, Méx*) buzzard.

zopo ADJ crippled, maimed.

ZOPRE NF ABR de **zona de promoción económica**.

zoquete NM ⬚a (*de madera*) block, piece. ⬚b (*de pan*) crust. ⬚c (*fam*) blockhead.

zorongo NM (*Mús*) popular song and dance of Andalusia.

zorra NF ⬚a (*animal*) fox; (: *hembra*) vixen. ⬚b (*fam*) whore, tart (*fam*), hooker (*US*); V tb **zorro**.

zorrera NF ⬚a (*madriguera*) foxhole; (*fig*) smoky room. ⬚b (*turbación*) worry, anxiety.

zorrería NF ⬚a (*astucia*) foxiness, craftiness. ⬚b (*una ~*) sly trick.

zorro ⬚1 ADJ ⬚a foxy, crafty. ⬚b (*fam: puñetero*) **no tengo ni ~a idea** I haven't a bloody clue (*fam*). ⬚2 NM ⬚a (*Zool*) fox, dog fox. ⬚b (*piel*) fox fur, fox skin. ⬚c (*persona*) old fox, rascal; **estar hechos unos ~s** (*fam*) to be all in, be in an awful state.

zorzal NM ⬚a (*Orn*) thrush. ⬚b (*fig*) shrewd person.

zote (*fam*) ⬚1 ADJ dim, stupid. ⬚2 NM/F dimwit (*fam*).

zozobra NF (*fig*) worry, anxiety.

zozobrar ⟨1a⟩ vɪ ⬚a (*Náut*) to be in danger; (*volcar*) to capsize, overturn; (*fundir*) to founder, sink. ⬚b (*fig: plan*) to fail, collapse; (: *negocio*) to be ruined. ⬚c (*fig: persona*) to be anxious, worry.

zueco NM clog, wooden shoe.

zulo NM (*de armas*) cache.

Zululandia NF Zululand.

zumba NF ⬚a teasing; **dar o hacer ~ a** to tease. ⬚b (*LAm fam*) beating.

zumbado ADJ: **estar ~** (*fam*) to be crazy, be off one's head.

zumbador NM buzzer.

zumbar ⟨1a⟩ ⬚1 VT ⬚a (*burlar*) to tease. ⬚b (*golpear*) to hit. ⬚c (*LAm fam*) to throw, chuck; (: *golpear*) to beat, hit. ⬚2 vɪ ⬚a (*insecto*) to buzz; (*máquina*) to hum, whirr; **me zumban los oídos** I have a buzzing in my ears. ⬚b (*fam*) to be very close; **no está en peligro ahora, pero le zumba** he's not actually in danger now, but it's not far away. ⬚3 **zumbarse** VR: **~ de** to tease, poke fun at.

zumbido NM (*de insecto*) buzz(ing), hum(ming), drone; (*máquina etc*) whirr(ing); **~ de oídos** buzzing o ringing in the ears.

zumbón ⬚1 ADJ (*persona*) waggish, funny; (*tono etc*) teasing, bantering; (*pey*) sarcastic. ⬚2 NM/F joker, wag.

zumo NM ⬚a juice; (*bebida*) juice, squash; **~ de naranja** orange squash. ⬚b (*ganancia*) profit.

ZUR NF ABR de **zona de urgente reindustrialización**.

zurcido NM ⬚a (*acto*) darning, mending. ⬚b (*remiendo*) darn, mend, patch.

zurcir ⟨3b⟩ VT ⬚a (*coser*) to darn, sew up. ⬚b (*juntar*) to join, put together; (*mentiras*) to concoct, think up. ⬚c (*fam*) **¡que las zurzan!** to blazes with them!

zurdo/a ⬚1 ADJ (*mano*) left; (*persona*) left-handed; **a ~as** with the left hand; (*fig*) the wrong way, clumsily; **no es**

~ (*fig*) he's no fool. [2] NM/F left-handed person.

zuro NM cob, corncob.

zurra NF (*V vt*) dressing; tanning; walloping.

zurraposo ADJ full of dregs, muddy.

zurrar <1a> VT [a] (*Téc*) to dress, tan. [b] (*fam: pegar*) to wallop, tan; (: *aplastar*) to flatten. [c] (*fam: criticar*) to lash into.

zurriaga NF whip, lash.

zurriagazo NM [a] lash, stroke, cut. [b] (*fig: desgracia*) stroke of bad luck; (: *mal trato*) piece of unjust o harsh treatment.

zurriago NM whip, lash.

zurriburri NM (*fam*) [a] (*confusión*) turmoil, confusion. [b] (*persona despreciable*) worthless individual.

zurrón NM pouch, bag.

zutano/a NM/F (Mr *etc*) So-and-so; **si se casa fulano con** ~**a** if Mr X marries Miss Y.

LANGUAGE BUILDING SUPPLEMENTS

SUPLEMENTOS:
RECURSOS COMUNICATIVOS

Contributors/Colaboradores
Alicia de Benito de Harland
Claire Calder
Maree Airlie
Joyce Littlejohn

Editor/Redacción
Val McNulty

CONTENTS

ÍNDICE DE MATERIAS

Corpus Acknowledgements

We would like to acknowledge the assistance of the many hundreds of individuals and companies who have kindly given permission for copyright material to be used in The Bank of English. The written sources include many national and regional newspapers in Britain and overseas; magazine and periodical publishers in Britain, the United States and Australia. Extensive spoken data has been provided by radio and television broadcasting companies; research workers at many universities and other institutions; and numerous individual contributors. We are grateful to them all.

Agradecimientos

Agradecemos especialmente la valiosa colaboración de los periódicos EL MUNDO y ABC así como del Laboratorio de Lingüística Informática de la Universidad Autónoma de Madrid, en el que se realizó el 'Corpus de Referencia de la Lengua Española Contemporánea: corpus oral centro-peninsular' dirigido por el Prof. Dr. Francisco A. Marcos Marín.

INTRODUCTION

INTRODUCCIÓN

These supplements will provide you with all you need to build a solid foundation for your knowledge of Spanish.

The aim of the Sentence Builder is to help you communicate in fluent, natural Spanish, by giving you hundreds of phrases in which the key elements are translated. Clear headings allow you to find easily the topic you are looking for, and you can select the phrase you need either by using your knowledge of Spanish or by looking at the translation provided in English.

The section on correspondence provides examples of personal and business letters, covering everything from a wedding invitation to applying for a job. You should note that the Spanish and English letters are not exact translations of each other - instead we have highlighted the typical words and phrases you would need to write or understand letters and announcements. The shaded areas in the English letters correspond to the shaded areas in Spanish and vice versa. There are also helpful notes to point out where there is a cultural difference between the usage of Spanish and English.

A separate section covers all the expressions you might need to make different types of phone calls.

The translation tips highlight those areas which most frequently cause students problems when translating into Spanish. They give examples of specific difficulties encountered when translating key English constructions along with invaluable warnings and usage notes to ensure that you always know how to find the most accurate translation.

In the section on the Spanish verb, you will find the conjugations of all the irregular Spanish verbs as well as the three main regular conjugations shown in full.

The final sections give usage examples of time, dates, numbers and weights and measures.

In addition, the main dictionary text is linked to the Language Building Supplements by marking certain words, **look** for example, in the main dictionary to show that additional material is given in the Language Building Supplements. For these words, an arrow symbol appears in the margin beside it, and a footnote (**look** → 9.2, 17.2) tells you which section(s) in the Language Building Supplements to go to - in this case, sections 9.2 and 17.2. As all cross-referred words are underlined in the relevant section(s) in the Language Building Supplements, you will quickly be able to locate them there.

The Collins Spanish Concise Dictionary is more than just a dictionary - it is an essential reference work for any student of Spanish. We hope that you will enjoy using it.

Estos suplementos proporcionan todo lo necesario para desarrollar unos fundamentos sólidos de inglés. Su objetivo es ayudar a que la comunicación se haga con soltura y naturalidad, para lo que se dan cientos de frases en las que va traducido el elemento clave.

En la sección de correspondencia se encontrarán ejemplos de cartas personales y comerciales en las que se incluyen desde invitaciones de boda a solicitudes de trabajo. Se debe tener en cuenta que las cartas no son traducciones exactas de la correspondiente carta en el otro idioma, sino que se han subrayado las palabras y frases típicas que se necesitan para leer o escribir cartas o avisos. Las zonas de trama oscura en las cartas en español corresponden a las mismas en las cartas en inglés. También se verán notas que aclaran las posibles diferencias culturales en el uso de ambas lenguas.

Una sección independiente incluye expresiones de utilidad a la hora de hacer llamadas telefónicas.

Las notas de traducción llaman la atención sobre aquellos aspectos que suelen crear problemas a la hora de traducir al inglés. Se dan ejemplos de dificultades concretas que suelen tenerse a la hora de traducir construcciones básicas en español, así como llamadas de atención y notas de uso para que siempre se pueda encontrar la traducción más precisa.

En la sección del verbo inglés se encontrarán los principales verbos irregulares ingleses con sus respectivas tres formas básicas.

La secciones finales dan ejemplos de uso de la hora, la fecha y los números, pesos y medidas.

Otra novedad es la conexión del texto del diccionario con el suplemento de Expresiones generativas. En algunas entradas (como es el caso de **como**), hay una llamada que indica que podrán verse más ejemplos relacionados con ellas en la sección correspondiente de dicho suplemento. En estos casos hay una flecha junto al lema de la entrada, además de una nota a pie de página (**como** → 7.1, 8.1), que indica en qué sección pueden encontrarse dichos ejemplos. En este caso en las secciones 7.1 y 8.1. Como todas las palabras a las se remite están subrayadas en la sección correspondiente del suplemento, resulta fácil encontrarlas.

El diccionario Collins Concise de inglés es más que un diccionario: es un libro de consulta esencial para todo estudiante de inglés. Esperamos que disfruten usándolo.

1 LIKES, DISLIKES AND PREFERENCES

1.1 Asking people what they like

¿**Te gusta** el yogur de fresa?	do you _like_ ...?
¿**Os* gusta** jugar a las cartas?	do you _like_ ...?
¿**Cuál de** las tres camisas **te gusta más**?	which of ... do you _like_ best?
¿**Te gustaría** viajar a otra época?	would you _like_ to
De las dos posibilidades, ¿**cuál prefiere**?	which do you _prefer_?
¿**Prefieres** salir ahora **o** después de comer?	would you _prefer_ ... or ...?

1.2 Saying what you like

A todos nos gusta que nos reconozcan un trabajo bien hecho	we all _like_ it when
Me ha gustado mucho el regalo que me has enviado	I was _delighted_ with
A mí los turistas que vienen por aquí **me caen (muy) bien**	I (really) _like_
La verdad es que el chocolate **me vuelve loca**	I'm _mad_ about
A mi hermana **le chiflan** las novelas románticas	is _nuts_ about
Me encanta el mar y navegar a vela	I _love_
Soy muy aficionado a la danza contemporánea	I'm very _keen_ on
Me fascina observar a la gente	I _love_ watching

1.3 Saying what you dislike

No me gusta comer fuera de casa	I don't _like_
Me cuesta tener que criticarle en público	I _find it hard_ to have to
No me gusta nada que me mientan	I really _dislike_
Me molesta que me miren	it _annoys_ me that ...
Mis nuevos vecinos **me caen muy mal** _or_ **no me caen nada bien**	I don't _like_ ... at all
Le tengo manía a ese chico	I can't _stand_
No soporto que me hagan esperar	I can't _stand_
No aguanto los programas de ese tipo	I can't _bear_
Lo que más me fastidia es que suban tanto el volumen	what really _annoys_ me is when
Detesto cualquier tipo de violencia	I _hate_
Me horrorizan las corridas de toros	I really _hate_
No me seduce nada la idea	... really doesn't _grab_ me

1.4 Saying what you prefer

Prefiero la lectura **a** la televisión	I _prefer_ ... to
Prefiero que llegues tarde **a que** no vengas	I'd _rather_ you ... than
Es mejor _or_ **preferible** hablar en el idioma del cliente	it's _better_ to
Preferiría que nadie me acompañara	I would _rather_
Nos vendría mejor _or_ **Nos convendría más** salir antes para evitar la hora de más tráfico	we would do _better_ to

1.5 Expressing indifference

Me da igual _or_ **Me da lo mismo** vivir aquí **que** allí	it's all the _same_ to me whether ... or
Me es (completamente) indiferente que salga de presidente uno **u** otro	it makes (absolutely) no _difference_ to me whether ... or
¿Vendrás también mañana? – **Como quieras**	if you _like_
Si no le veo hoy **no importa**	it doesn't _matter_ if
No pasa nada porque no duermas una noche	it doesn't _matter_ if
No tiene importancia que se demoren unos minutos	it doesn't _matter_ (in the slightest) if

2 OPINIONS

2.1 Asking for someone's opinion

¿**Qué piensas de** su actitud?
¿**Qué te parece** mi trabajo?
¿**Crees que** le gustará el regalo?
¿**Piensas que** se puede estudiar en estas condiciones?
¿**Qué opinas de** la exportación de animales vivos?
¿**Qué opinión tienes de** tus compatriotas?
En tu opinión, ¿cuáles son los derechos de los animales?

what do you _think_ of
what do you _think_ of
do you _think_ that
do you _think_ that
what do you _think_ of
what is your _opinion_ of
in your _opinion_

2.2 Expressing your opinion

Creo que le va a encantar tu visita
Pienso que esa decisión ha sido un error
Me parece que les has caído muy bien a todos
En mi opinión, fue un error no haberle contratado antes
A mi juicio, están actuando mal
Los padres, **imagino que** or **supongo que** también tendrán que contribuir a ello
Yo considero que eso no es perjudicial para el sistema democrático
Debo reconocer or **admitir que** nos hemos equivocado
Lo que es yo, no lo veo necesario
Estoy totalmente seguro de que nos lo van a devolver
Estoy convencida de que no cuentan con fondos suficientes
Si quieres que te diga la verdad, no me gusta nada en absoluto
Tengo la impresión de que algo marcha mal
Me da que no va a venir
Me da la sensación de que no va a dar resultado

I _think_ that
I _think_ that
I _think_ that
in my _opinion_
to my _mind_
I _suppose_ that

it is my _belief_ that

I must _admit_ that
personally
I'm quite _sure_ that
I'm _convinced_ that

to tell you the _truth_

I have the _impression_ that
I _suspect_ that
I have a (funny) _feeling_ that

2.3 Replying without giving an opinion

No sé que decirte
No sabría decir
Depende
Es difícil dar una opinión sin conocer las circunstancias
No puedo opinar sobre ese tema

I don't know what to say
I couldn't say
it depends
it's difficult to give an _opinion_
I can't express an _opinion_ on

3 AGREEMENT

3.1 Agreeing with a statement

¡Claro que sí! ¡Ya lo creo que iré!	of _course_
¡Exacto! Ahí está la raíz del problema	_exactly_
Naturalmente. Ésa es la única forma de acabar con la corrupción política	of _course_
Tienes (toda la) razón	You're (quite) _right_
Yo también pienso lo mismo. Nuestro equipo no tiene posibilidades en el campeonato	I _agree_
Estoy de acuerdo contigo en lo que dices del machismo	I _agree_ with
Por supuesto que no hay derecho a que nos traten así	of _course_
En eso tienes or **te doy toda la razón**, el emigrante trabaja mucho y nunca se queja	you are quite _right_ there
Es cierto que es un tema que nunca se ha tratado en serio	it is _true_ that
Admito que estaba equivocado	I _admit_ that
Tú siempre **das en el clavo**	hit the _nail_ on the head
Los dos **somos del mismo parecer** or **de la misma opinión**	are of the same _opinion_
En eso coincido totalmente contigo	I entirely _agree_ with you there

3.2 Agreeing to a proposal

¡Me apunto!	count me in!
¡Vale! Nos vemos a las cuatro	_fine_
De acuerdo: publicaremos el artículo en el próximo número de la revista	_agreed_
Perfecto. Allí estaremos	_fine_
Me parece bien que le invites a cenar	I _think_ it's a good idea (for you) to
Me parece una idea estupenda	I _think_ it's a great idea
Estamos conformes con el precio que piden	we _agree_ to
Estamos dispuestos a aceptar sus condiciones	we are _willing_ to

3.3 Agreeing to a request

¿Que si puedo echar una mano mañana? **¡Por supuesto que sí!**	of _course_ I will
¡No faltaría más!, por supuesto que lo haré	of _course_
Bueno. Mañana estaré libre si me necesitas	_fine_
¡Claro! Puedes venir cuando quieras	of _course_
Estaré encantado de participar en ese intercambio	I'll be _delighted_ to
No tengo ningún inconveniente en que vengan también tus amigos	I have no _objection_ to

4 DISAGREEMENT

.1 Disagreeing with what someone has said

5.000? No, **¡qué va!**, 10.000 por lo menos	no <u>way!</u>
Madridista yo? **¡Pero que dices,** hombre! Yo del Real Betis y nadie más	you must be <u>joking!</u>
No digas tonterías!	don't talk rubbish!
Que si estoy de acuerdo? – **¡Ni mucho menos**!	hardly!
Que esta semana me va a tocar la lotería? – **¡Vamos, anda!**	oh, come on!
• **no lo veo así**	that's not how I see it
en eso te equivocas or **estás equivocado**	you're <u>wrong</u> there
no estoy de acuerdo contigo en ese punto	I <u>disagree</u> with you on
no estamos de acuerdo con lo que dices	we don't <u>agree</u> with ...
estamos en contra de toda clase de extremismos	we are <u>against</u>
• **opino de manera distinta**	I see it differently
no comparto tu opinión al respecto	I do not <u>share</u> your view

.2 Disagreeing with what someone proposes

vaya ocurrencia!	what a <u>ridiculous</u> idea!
de ninguna manera!	no <u>way!</u>
me parece una idea descabellada el cambiar ahora de táctica	I think it would be <u>madness</u> to
me niego a votar sin estar debidamente informado	I <u>refuse</u> to
no me convence esa teoría	doesn't <u>convince</u> me
no lo veo muy claro	I'm not <u>sure</u>
no me hace mucha gracia levantarme tan temprano	I'm not <u>keen</u> on (the idea of)
me temo que no me será posible aceptar tu oferta	I'm afraid I shall not be able to

.3 Refusing a request

Ni hablar!	no chance!
Ni pensarlo!	it's out of the <u>question</u>
Ni lo sueñes!	not on your <u>life!</u>
no puede ser. Ya no hay tiempo para cambiar el procedimiento	it's <u>impossible</u>
me gustaría, pero no voy a poder	I'd like to, but I <u>can't</u>

5 APPROVAL

Y si se quieren casar, **pues muy bien, que se casen**	_fine_
¡Así se hace!	_well done!_
¡Estupendo!, por mí ahora mismo	_great_!
Me parece perfecto. Podemos empezar cuando queráis*	_that seems <u>fine</u> to me_
¡Buena idea! Yo también me voy a bañar	_<u>good</u> idea!_
Conforme: No tomaremos ninguna medida al respecto	_<u>agreed</u>_
Trato hecho	_it's a <u>deal</u>_
Has hecho bien en decírmelo	_you were <u>right</u> to_
Me parece bien tu postura al respecto	_I <u>like</u> ..._
Me parece muy bien que te estés tomando las cosas con tranquilidad	_I think it's <u>great</u> that_
Me alegro mucho de que tomes un paso tan importante	_I'm so <u>pleased</u> that_
Estoy muy contento con el rendimiento de los jugadores	_I'm very <u>pleased</u> with_
Me parece una idea excelente que hayáis* decidido buscar otro piso	_I think it is <u>excellent</u> that_
Será un placer colaborar con ustedes	_I shall be <u>delighted</u> to_

6 DISAPPROVAL

Pero **¿qué dices**, Pedro Morán el mejor corredor del mundo?	_what are you on about?_
Sólo a tí se te ocurre una cosa así	_trust you to come up with something like that!_
¡Menuda ocurrencia!	_what a <u>ridiculous</u> idea!_
Es una lástima que ese niño sea tan maleducado	_it's a <u>shame</u> that_
Me parece fatal que la gente fume en los vagones de no fumadores	_I think it's <u>awful</u> that_
Lo que me parece mal es que hables sin conocimiento de causa	_what I think is <u>wrong</u> is that_
No deberías haber hablado así	_you <u>should</u> not have_
Estoy muy descontenta con su actitud	_I'm very <u>unhappy</u> with_
Me ha decepcionado lo que ha dicho	_... has <u>disappointed</u> me_
¡Eso no se puede tolerar!	_this cannot be <u>tolerated</u>_
No estoy dispuesto a tolerar tales afirmaciones	_I am not prepared to <u>put up with</u>_
Es intolerable que no se haya llegado a un acuerdo definitivo todavía	_it is <u>intolerable</u> that_
Nos disgusta que se hable siempre en ese tono	_we are <u>unhappy</u> about_
No estamos conformes con vuestra* versión de los hechos	_we are not <u>happy</u> about_
Los profesores universitarios **están poco satisfechos con** las instituciones para las que trabajan	_are <u>unhappy</u> with_

7 APOLOGIES

7.1 Apologizing

Perdón!	*sorry!*
Perdona por lo que dije	*I'm sorry about*
Perdona, me había olvidado de tí	*I'm sorry*
Perdona que no avisara con tiempo suficiente	*I'm sorry*
Pido perdón a la familia **por** lo que hicimos	*I ask ... to forgive*
Pues te diré **con perdón**, que es un perfecto imbécil	*if you'll forgive me for saying so*
Lo lamento. A veces me cuesta reprimirme	*I am very sorry*
Lamento mucho lo ocurrido	*I'm very sorry*
Lamentamos profundamente que haya ocurrido este incidente	*we are very sorry that*
Perdonen las molestias	*sorry for any inconvenience*
Disculpen si les he causado alguna molestia	*I apologize if*

7.2 Apologizing for being unable to do something

Lo siento, pero no consigo acordarme	*I'm sorry*
Siento mucho no haber podido conseguir la información	*I'm so sorry that I wasn't able to*
Siento comunicarle que me es totalmente imposible	*I regret to have to tell you that*
Desgraciadamente *or* **Lamentablemente, nos es imposible** aceptar su propuesta	*unfortunately, we are unable to*

7.3 Admitting responsibility

Es culpa mía. Me lo he buscado	*it's my fault*
Hemos tenido la culpa nosotros	*it was our fault*
Reconozco que estaba equivocado	*I admit I was wrong*
Me responsabilizo plenamente de lo ocurrido	*I take full responsibility for*
Admitimos que existen defectos en la organización	*we admit that*

7.4 Disclaiming responsibility

Le verdad que **no lo hice a posta**	*I didn't do it on purpose*
Ha sido sin querer	*it was an accident*
Lo dijeron **sin mala intención**	*they didn't mean any harm*
Lo hice **sin darme cuenta**	*I did it without thinking*
No era mi intención ofenderte: hablaba en broma	*I didn't mean to offend you*
Espero que comprendas lo difícil de nuestra situación	*I hope you will understand*

7.5 Replying to an apology

No pasa nada, hombre: si se ha roto me compro otro y ya está	*don't worry about it*
No te preocupes. ¿Qué culpa tienes tú?	*don't worry*
No importa, ya lo sabíamos	*it doesn't matter*
No es ninguna molestia	*it's no trouble*
El retraso **no tiene (ninguna) importancia**	*is of no importance*

Tuvimos que marcharnos **porque** se puso a llover	*because*
Como tardabas en llegar, decidimos irnos	*as*
Las plantas se han marchitado **por** exceso de riego	*due* to
Tiene 10.000 acciones **gracias a** los ahorros de toda la vida	*thanks* to
Con la nevada que ha caído no hay correo	*what with*
Es que no consigo acordarme	*it's just that*
Ha tenido muy mala suerte. **Por eso** le tengo tanta lástima	*that's why*
No toleraba flores junto a ella **por miedo a que** la intoxicaran	*for fear that*
En vista de que no llegaban, decidimos entrar	*seeing that*
Debido al mal tiempo, decidieron cancelar la regata	*owing* to
El problema es grave, **ya que** el consumo anual es mayor que la producción	*for*
Se recomienda ir pronto, **puesto que** se forman colas importantes	*since*
Tuve que volver, **pues** estaba muy preocupada	*since*
Se cansa mucho, **a causa de** su enfermedad	*because* of
Todos los hoteles estaban llenos. **Por ese motivo** hubo que cambiar las fechas	for this *reason*
Dimitió **por razones de** salud	*for ... reasons*
Dado que no quieres salir, nos quedaremos aquí	*given that*
La capital se hallaba ayer prácticamente paralizada **a consecuencia de** la huelga general	as a *result* of
Como consecuencia de la crisis económica, las ventas se redujeron en un porcentaje considerable	as a *result* of
Los problemas de suciedad en la zona **se deben a** una mala gestión municipal	are *due* to
La fuerza de esta poesía **radica en** su brillante capacidad verbal	*lies in*
La película me aburrió **tanto, que** me dormí	*so much that*
Le gustan **de tal manera** los caramelos, **que** siempre lleva un paquete en el bolsillo	*so much that*
No quería ir con el estómago vacío, **así que** me preparé un sandwich previo	*so*
Salieron temprano, **de modo que** cuando él llegó se encontró la casa vacía	*so that*

9 COMPARISONS

9.1 Contrasting facts

Las carreteras están **relativamente** tranquilas para esta
época del año
comparatively

Las calles son muy ruidosas, **comparadas con** las de
nuestro país
compared with

En comparación con el interior del país, el clima en la
costa **no es tan** extremo
in comparison with ... is not so

A los jóvenes les gusta salir, **mientras que** las personas
mayores **prefieren** quedarse en casa
while ... prefer

9.2 Comparing similar things or facts

Estos dos cuadros **son igualitos**
are just the same

Su programa político **es igual que** el de la oposición
is the same as

En nuestras carreteras se producen **casi tantos**
accidentes **como** en las de Grecia y Portugal
almost as many ... as

El paisaje es **tan** bello **como** lo describió el poeta
as ... as

Ambos coches valen **exactamente lo mismo**
exactly the same

Ha vuelto a suceder **lo mismo que** hace unos años
the same thing as

Los dos hermanos **se parecen mucho** físicamente
are very alike

Tu hijo **se parece mucho a** tí
really looks like

Las temperaturas aquí **son muy parecidas a** or **similares
a** las de mi tierra
are very similar to

9.3 Comparing dissimilar things or facts

Los pros **son (muchos) más que** los contras
there are (far) more ... than

En su tierra se le aprecia **(muchísimo) menos que** en el
extranjero
far less than

Es aun **(mucho) más** nacionalista **que** su hermano
far more ... than

Es **más** inteligente **de lo que** parece
more ... than

Este vino **es muy superior** al otro
is vastly superior to

Un coche nuevo contamina **bastante menos que** uno viejo
considerably less than

No es lo mismo ponerse a dieta **que** volverse anoréxia
is not the same as

Esa canción ya **no** suena **tanto como** el año pasado
not ... as much as

Este premio **no es tan** importante **como** el que consiguió
hace unos años
is not as ... as

No se parece en nada a su padre
he is not at all like

Un modelo **se diferencia** or **se distingue del** otro en el
número de extras que lleva incorporados
*the difference between ... and ...
lies in*

La realidad **es muy diferente** or **distinta de** lo que
teníamos creído
is very different from

Me encuentro **muchísimo mejor** que antes
much better

Este hotel es **mucho peor que** el del año pasado
much worse than

9.4 Increasing and decreasing

Estos juegos **tienen cada vez más aceptación entre**
los estudiantes
*are becoming more and more
popular with*

Las desigualdades **son cada vez mayores**
*are becoming greater and
greater*

A decir verdad, yo escribo **cada vez menos**
less and less

Cuanto más madura un vino, **más** añejo es su sabor
the more ..., the more

10 OFFERS

¿**Te ayudo**?	*can I <u>help</u> (you)?*
¿**Cierro** la ventana?	*<u>shall</u> I close*
¿**Quieres que** vaya a recoger al niño al colegio?	*would you <u>like</u> me to*
¿**Necesitas ayuda**?	*do you need any <u>help</u>?*
¿**Me dejas que te eche una mano con** los preparativos?	*can I lend (you) a hand with*
Déjame que te ayude	*<u>let</u> me <u>help</u> you*
¿**Puedo ayudarte en algo**?	*can I do anything to <u>help</u>?*
Si quieres, te acompaño	*if you <u>like</u>*
Estoy dispuesto a hacer todo lo que sea necesario	*I'm <u>ready</u> to*
Sería un placer poder servirle en todo lo que haga falta	*it would be a <u>pleasure</u> to*

11 REQUESTS

¿**Me traes** un vaso de agua?	*would you fetch me*
¿**Me dejas** tu chaqueta?	*<u>can</u> I borrow*
¿**Quieres** cambiarme el turno?	*would you <u>mind</u>*
¿**Te importa** echar esta carta al correo?	*would you <u>mind</u>*
¿**Te puedo pedir un favor**?	*can I ask you a <u>favour</u>?*
¿**Puedes hacerme el favor de** decírselo tú?	*would you please*
¿**Te importaría** cerrar un poco la ventana?	*would you <u>mind</u>*
Déjame el coche, anda, sólo por una noche	*lend me the car, <u>go on</u>*
Por favor, házmelo cuanto antes	*<u>please can</u> you do it for me*
¿**Podrías decirme** qué pone en ese cartel, **por favor**?	*<u>could</u> you tell me ..., please?*
Alcánzame las gafas, **si me haces el favor**	*pass me ..., <u>will</u> you?*
Haz el favor de no poner los pies en el asiento	*<u>please</u> don't*
A ser posible *or* **si es posible, quiero** que la habitación sea con baño	*if it's <u>possible</u>, I'd like*
Nos vendría bien saberlo mañana, antes de la reunión	*it would be <u>good</u> if we could*
Preferiría que no lo utilizaras a partir de las ocho	*I would <u>rather</u> you didn't*
Si no es demasiada molestia, ¿podrías encargarte tú de los preparativos?	*if it isn't too much <u>trouble</u>, <u>could</u> you*
Vuelva a llamar en cinco minutos, **si es tan amable**	*if you don't <u>mind</u>*
Le agradecería que me ayudara a resolver el problema	*I'd be <u>grateful</u> if you <u>would</u>*

In writing

Agradeceríamos su colaboración en cualquier aspecto de nuestra investigación	*we should be <u>grateful</u> if you <u>would</u> help us in*
Tenga la amabilidad de presentarse en nuestras oficinas en horario laboral	*<u>please</u>*
Le quedaría muy agradecido si pudiera enviarme un ejemplar de su libro	*I would be <u>obliged</u> if*

12 SUGGESTIONS

12.1 Making suggestions

¿Te apetece que vayamos a verle esta tarde?	*do you <u>fancy</u> going*
¿Y si organizáramos una fiesta para darle una sorpresa?	*what if we*
¿Te parece bien que la invitemos a la fiesta?	*do you think we <u>should</u>*
¿Qué te parece decírselo por carta?	*what do you <u>think</u> about*
¿No crees que sería mejor hacerlo ahora?	*mightn't it be <u>better</u> to*
Lo que deberíamos hacer es no preocuparnos demasiado de los demás	*what we <u>should</u> not do is*
Lo que podríamos hacer es hablar con él antes de que se marche a Italia	*what we <u>could</u> do is*
Sería cuestión de hacer una prueba para ver si funciona	*we/you would have to*
Si te parece bien, podemos enviártelo por correo urgente	*if you agree, we <u>could</u>*
Propongo que busquemos ayuda profesional	*I <u>suggest</u> that*
Lo mejor sería no hacer ningún caso de los rumores	*it would be <u>best</u> not to*
Quizás habría que ser un poco más firmes con ellos	*perhaps you/we <u>should</u>*
Sería preferible tener mejor calidad de vida para nuestra población	*it would be <u>preferable</u> to*
Convendría encontrar una alternativa más sencilla	*it would be <u>advisable</u> to*
Convendría que recurriera a los servicios de un especialista	*you would do well to*
Os* sugeriría que llamárais* antes por teléfono	*I would <u>advise</u> you to*
Sería conveniente que acudieran a un abogado con la documentación	*it would be <u>advisable</u> for ... to*
En estas circunstancias **sería muy poco aconsejable** enviar más tropas a la zona	*it would be very <u>inadvisable</u> to*
Si se me permite una sugerencia, yo creo que debemos dejarlo para mañana	*if I may make a <u>suggestion</u>*

12.2 Asking for suggestions

¿Alguna idea?	*any <u>ideas</u>?*
¿Tú qué dices?	*what do you <u>think</u>?*
¿Cómo lo ves?	*what do you <u>think</u>?*
¿Tú qué harías?	*what would you do?*
¿Qué hacemos ahora?	*what shall we do now?*
¿A tí qué te parece que podemos hacer ahora?	*what do you <u>think</u> we can*
Si se te ocurre algo ...	*if you have any <u>ideas</u>*

12 SUGGESTIONS

Advice

12.3 Asking for advice

¿**Tú qué me aconsejas**?	what would you _advise_ me to do?
¿**Tú qué harías (si estuvieras) en mi lugar**?	what would you do if you were me?
¿**Te puedo pedir un consejo**?	can I ask your _advice_ about something?
Necesito que alguien me aconseje	I need some _advice_
Quería pedirte un consejo	I'd like to ask your _advice_ about something
¿**Qué me aconsejarías que** hiciera?	what would you _advise_ me to
¿**Qué** restaurante **me recomiendas**?	_what_ ... would you _recommend_?

12.4 Giving advice

Yo que tú no haría nada por ahora	if I were you
Yo en tu lugar no lo dudaría	if I were you
Hay que tomarse las cosas con más calma	you _must_
Deberías mostrarte más abierto y sincero en tu relación	you _should_
¿**Por qué no** le llamas por teléfono?	why not
¿**Y si** fueras a verle y le pidieras perdón?	what if you
Yo te aconsejaría un cambio de aires	I'd _recommend_
Harías bien en visitar a un especialista	you would do well to
Más vale no decir nada por el momento	it would be better/best not to
Mi consejo es que te sinceres con ellos y les digas la verdad	my _advice_ would be to
Yo te diría que fueras prudente a la hora de tomar una decisión	I would _advise_ you to
No sería mala idea enviarlo todo exprés	it wouldn't be a bad idea to
Lo que habría que hacer es consultarlo con quien sepa sobre el tema	what we/you _ought_ to do is
Lo mejor que puedes hacer es dirigirte a la oficina central	the best thing you can do is
Sería mejor que lo hicieras tú vayas a ver esa película	it would be better if
Te recomiendo que	I would _advise_ you to

12.5 Warnings

Os* advierto que no vamos a dar ninguna información	I should _warn_ you that
Te lo advierto: no te va a gustar nada	a word of warning:
No te fíes de lo que te digan	don't _trust_
No os* **olvidéis* de** cerrar la puerta al salir	don't _forget_
Si no pides disculpas ahora, **deberás atenerte a las consecuencias**	if you don't ... you must accept the _consequences_
Corremos el riesgo de perder toda credibilidad	we run the _risk_ of
Sería cosa de locos or **una locura** proseguir en estas pésimas condiciones	it would be _madness_ to

13 INTENTIONS AND DESIRES

13.1 Asking what someone intends to do

¿**Qué piensas hacer**?   *what do you <u>intend</u> to do?*
¿**Qué vas a hacer** con las plantas estas vacaciones?   *what are you going to do*
¿**Qué planes tienes** para la familia?   *what <u>plans</u> have you got*
¿**Qué intentas hacer**?   *what are you trying to do?*

13.2 Saying what you intend to do

Voy a tomar el tren de las siete   *I'm going to*
Pienso marcharme cuando me haya recuperado por completo   *I <u>intend</u> to*

Haremos los preparativos para la fiesta la noche antes   *we shall*
Tengo la intención de empezar una serie de conciertos para niños   *I <u>plan</u> to*

Me propongo alcanzar la cima en un tiempo récord   *my <u>aim</u> is to*
Tenemos previsto casarnos durante las vacaciones   *we are <u>planning</u> to*
Tenía pensado irme a las ocho   *I was <u>planning</u> to*
Estoy decidida a conseguir ese trabajo como sea   *I'm <u>determined</u> to*
Estoy resuelta a no dejarlo hasta que acabe   *I'm <u>determined</u> not to*

13.3 Saying what you would like

Me gustaría saber qué se propone hacer como nuevo director   *I'd <u>like</u> to*

Me gustaría que el partido tuviera una actitud más realista   *I'd <u>like</u> ... to*
Como actriz, **me encantaría poder** trabajar con un director como él   *I'd <u>love</u> to be able to*

Ojalá no lloviera tanto para poder salir más a menudo   *if only it didn't rain*
Esperemos que todo salga bien   *let's <u>hope</u> that*
Es de esperar que la propuesta sea aceptada por todos   *<u>hopefully</u>*
Quisiera dedicar una canción a mi hija Gemma, que cumple mañana 12 años   *I should <u>like</u> to*
Querría que mis cuadros estuviesen colgados junto a los de los grandes maestros   *I'd <u>like</u> ... to*
Desearía que se le prestara mayor atención a los desamparados   *I should <u>like</u> ... to*
Sueña con llegar a ser modelo   *her <u>dream</u> is to*

13.4 Saying what you don't intend or don't want to do

No quiero que vayas a pensar otra cosa   *I don't <u>want</u> you to*
No pienso hacerle caso   *I do not <u>intend</u> to*
Jamás haría una cosa así   *I would <u>never</u> do*
Me niego (rotundamente) a entrar en la polémica   *I (categorically) <u>refuse</u> to*
No desearíamos causarles molestias   *we would not <u>wish</u> to*

14 OBLIGATIONS

14.1 Saying what someone must do

Tenemos que levantarnos a primera hora de la mañana	*we __have__ to*
No me queda más remedio que *or* **No tengo más remedio que** decírselo	*I have no __option__ but to*
En nombre del gobierno **debo** hacer la siguiente declaración: ...	*I __must__*
Las circunstancias políticas **me obligaron a** salir de mi país	*__forced__ me to*
Todos **estamos obligados a** *or* **tenemos la obligación de** acatar las leyes	*have a __duty__ to*
En verano **hay que** proteger la piel contra las radiaciones solares	*you __must__*
Para viajar a Copiapó **es preciso** atravesar desiertos de arena	*you __have__ to*
Es obligatorio que figure en el envase la fecha de elaboración	*it is __compulsory__ for ... to*
Es esencial *or* **imprescindible** *or* **indispensable** leer el documento antes de firmarlo	*it is __essential__ to*
Es un país donde **se exige que** todos los ciudadanos lleven encima el carnet de identidad	*are __required__ to*

14.2 Asking if you are obliged to do something

¿**De verdad tengo que** pagar para entrar?	*do I really __have__ to*
¿**Qué debo hacer para** hacerme socio?	*what __must__ I do to*
¿**Se necesita** carnet de conducir?	*do I __need__*
¿**Es obligatorio** el uso del cinturón de suguridad?	*do I __have__ to*

14.3 Saying what someone is not obliged to do

Los ciudadanos europeos **no necesitan** pedir un permiso de trabajo	*do not __need__ to*
No hace falta que tomen las comidas en el hotel **si no quieren**	*you __needn't__ ... if you don't want to*
No estás obligada a contestar si no quieres	*you're not __obliged__ to*
No tienes por qué aceptar una oferta que no te interesa	*there is no reason for you to*
No es obligatorio llevar el pasaporte	*it is not __compulsory__ to*
No es necesario hacer trasbordo para ir a Barcelona	*you don't __need__ to*
No es indispensable que lleguemos antes de las ocho	*we don't absolutely __have__ to*

14.4 Saying what someone must not do

No puedes presentarte a votar en nombre de otra persona	*you __cannot__*
No se puede solicitar permiso de residencia **hasta que** no se tenga un contrato de trabajo	*you __cannot__ ... until you have*
No me hables más del tema	*would you mind not saying*
No te permito que me hables de ese modo	*I __won't__ __have__ you*
Te prohíbo que se lo digas a nadie	*I __forbid__ you to*
Está prohibido pisar el césped en los parques	*you are not __allowed__ to*

15 PERMISSIONS

15.1 Asking for permission

¿**Puedo** pasar?	*may* I
¿**Me dejas que** lo use yo antes?	*will you* <u>let</u> *me*
¿**Se puede** aparcar aquí?	*can* I
¿**Te importa si** subo la tele un poco?	*do you* <u>mind</u> *if* I
¿**Podría** hacerte unas preguntas?	*could* I
¿**Te molesta que** abra la ventana?	*do you* <u>mind</u> *if* I
¿**Tendrían inconveniente en que** tomáramos unas fotografías?	*would you* <u>mind</u> *if*

15.2 Giving permission

Naturalmente *or* **Claro que** puedes ir!	*of course*
Puedes llamar por teléfono, si te conviene más	*you* <u>can</u> *(always)*
Haz lo que quieras	*do what you want*
autorizamos a que actúen como estimen más conveniente	*you have our* <u>permission</u> *to*
No tengo ningún inconveniente en responder a tus preguntas	*I don't have any* <u>objection</u> *to*

15.3 Refusing permission

¿Es que piensas que te voy a dejar el coche? ¡**Ni pensarlo**!	*no way!*
No puedo dejarte ir de excursión con el tiempo tan malo que hace	*I* <u>can't let</u> *you*
No consiento ese tipo de lenguage en esta casa!	*I will not* <u>tolerate</u>
No se puede fumar aquí	*you* <u>can't</u>
Lo siento, pero no está permitido entrar si no se pertenece a la organización	*I'm sorry, but you aren't* <u>allowed</u> *to*
Te prohíbo (terminantemente) que hables así delante de mí	*I absolutely* <u>forbid</u> *you to*

15.4 Saying that permission is granted

Le dejan acostarse a la hora que quiera	*he's* <u>allowed</u> *to*
Me dijo que podía venir cuando quisiera	*she said I* <u>could</u>
Nuestros padres **nos dieron permiso para** organizar una fiesta	*gave us* <u>permission</u> *to*
El alcohol es la única droga cuyo consumo público **está permitido**	*is* <u>allowed</u>

15.5 Saying that permission is refused

No me dejan participar en la carrera por problemas de salud	*I'm not* <u>allowed</u> *to*
Me han denegado la beca de estudios que necesitaba	*I've been* <u>refused</u>
No nos está permitido hablar del tema con la prensa	*we aren't* <u>allowed</u> *to*
No estoy autorizado para *or* **a** hacer declaraciones de ningún tipo	*I'm not* <u>authorized</u> *to*
El médico **me ha prohibido** fumar	*has* <u>forbidden</u> *me to*
Tengo totalmente prohibido el alcohol, a causa de problemas hepáticos	*I'm not* <u>allowed</u>

16 CERTAINTY, PROBABILITY, POSSIBILITY AND CAPABILITY

16.1 Certainty

Seguro que no está en casa	*I'm <u>sure</u>*
Está claro que no tienen intención de votar	*it is <u>obvious</u> that*
Estoy segura de que ésa es la fecha exacta de su nacimiento	*I'm <u>sure</u> that*
Estamos convencidos de que los coches se roban para enderlos	*we are <u>convinced</u> that*
Es obvio que *or* **Es evidente que** se va a convertir en el principal tema de conversación en los próximos dias	*it is <u>clear</u> that*
Por supuesto que siempre va a haber alguien que se crea eso	*<u>of course</u>*
La fecha de inicio **será, casi con toda** *or* **total seguridad**, el primer domingo de septiembre	*will almost <u>certainly</u> be*
Sin lugar a dudas *or* **Sin duda alguna**, esta nueva victoria es un gran aliciente para el equipo	*without a <u>doubt</u>*
No cabe la menor duda de que sus condiciones de vida eran infrahumanas	*there can't be the slightest <u>doubt</u> that*

16.2 Probability

Aquí en este barrio **es fácil que** te atraquen	*you are quite <u>likely</u> to be*
Seguramente se ha retrasado por el camino	*... <u>probably</u> ...*
Debe (de) haberse olvidado de su compromiso	*he <u>must</u> have*
Lo más seguro *or* **probable es que** ésa no fuera su verdadera intención	*... <u>probably</u> ...*
Es muy posible *or* **probable que** lleguemos a nuestro destino dentro del horario previsto	*it seems very <u>likely</u> that*
(Muy) posiblemente *or* **probablemente** se trate de una falsa alarma	*... (very) <u>probably</u> ...*
Parece ser que han decidido no publicar la noticia	*it <u>seems</u> that*
No me sorprendería que el ciclista francés ganara la etapa de hoy	*I shouldn't be <u>surprised</u> if*
Hay muchas posibilidades de que ganemos la Copa	*it is very <u>likely</u> that*
Todavía tiene mucha *or* **una buena chance de** ganar la carrera (*LAm*)	*he still has a good <u>chance</u> of*

16.3 Possibility

Igual no tengo suerte y apruebo	*I <u>may</u>*
A lo mejor hago escala en Tenerife de camino a Montevideo	*<u>maybe</u>*
Quizá(s) tengamos que volver antes de lo previsto	*<u>perhaps</u>*
Tal vez nuestras sospechas sean infundadas	*<u>perhaps</u>*
Puede que la situación se convierta en irreversible ...	*<u>may</u>*
Dicho comando **podría ser** el autor de todos los atentados terroristas	*<u>could</u> be*

16.4 Capability

¿**Sabes** escribir a máquina?	*<u>can</u> you*
¿**Sabes** usar el nuevo procesador de textos?	*do you <u>know</u> how to*
Hablo francés y **entiendo** el italiano	*I <u>can</u> speak ... I <u>can</u> understand*
Puedo invertir hasta trece millones en las obras	*I <u>can</u>*
Tengo sólo **conocimientos básicos de** mecánica	*a basic <u>knowledge</u> of*

17 DOUBT, IMPROBABILITY, IMPOSSIBILITY AND INCAPABILITY

17.1 Doubt

No sé si debemos discutir ese tema ahora
No estoy seguro de que ésa sea la mejor solución
No es seguro que el viaje de vuelta sea en el mismo tren
No está claro quién va a salir más perjudicado de la situación
No tengo muy claro que sirva de algo el que vayamos a la huelga
Me pregunto si realmente merece la pena trabajar fuera
Dudo que vuelva a haber otra oferta similar
Ya veremos si lo hace o no

No se sabe con certeza si es una enfermedad hereditaria

I don't <u>know</u> if
I'm not <u>sure</u> if ...
... won't necessarily be
it isn't <u>clear</u> who

I'm not very <u>sure</u> that

I <u>wonder</u> if
I <u>doubt</u> if
we shall see in due course whether
no one knows for <u>certain</u> whether

17.2 Improbability

Es difícil que el número uno español participe en el campeonato el próximo año
Dudo mucho que el cambio se traduzca en una mejora de la calidad
Es bastante dudoso que se convoque el referéndum
No parece que vaya a hacer buen tiempo
Me extrañaría or **Me sorprendería (mucho) que** la fruta madurara en esas condiciones
Es (muy) poco probable que aumente mucho el número de visitantes
Tiene muy pocas posibilidades de ganar la carrera

... is <u>unlikely</u> to

I very much <u>doubt</u> whether

it is rather <u>doubtful</u> whether
it doesn't <u>look</u> as if
I should be (very) <u>surprised</u> if

... is (very) <u>unlikely</u> to

he doesn't have much chance of

17.3 Impossibility

No, no estuve en París. **¡Qué más quisiera yo**!
A estas horas **no puede ser** el cartero
No es posible que se trate de la misma persona
Es totalmente or **completamente imposible que** pueda existir vida en Marte
No hay or **No existe ninguna posibilidad de que** terminen el edificio
Me es imposible llamarle hasta mañana

<u>chance</u> would be a fine thing!
it <u>can't</u> be
it <u>can't</u> be
<u>can't</u> <u>possibly</u>

there isn't the slightest <u>chance</u> of
I <u>can't</u>

17.4 Incapability

No veo nada desde aquí
No sé cómo explicar lo que vi
Apenas se podía uno mover de la cantidad de gente que había
No me siento capaz de conseguirlo a tiempo
Yo soy (totalmente) incapaz de montar escenas en público porque soy muy pudorosa
No sirvo para este trabajo

I <u>can't</u> see anything
I <u>can't</u> explain
you <u>could</u> hardly

I don't feel <u>capable</u> of
I am (quite) <u>incapable</u> of

I'm not cut out for

1 GUSTOS Y PREFERENCIAS

1.1 Para preguntarle alguien sus preferencias

Do you like chips?	¿te _gustan_ ...?
Do you like swimming?	¿te _gusta_ ...?
Would you like to come with us?	¿te _gustaría_...?
What's your favourite film?	¿cuál es tu ... _preferida_?
Which of the two colours **do you prefer**?	¿cuál de los dos ... _prefieres_?
What would you rather do?	¿qué _preferirías_ ...?
Do you have a preference?	¿qué _prefieres_?

1.2 Para expresar gustos

I like cooking	me _gusta_
I love travelling	me _encanta_
I'm very keen on gardening	me _gusta_ mucho
I'm very fond of my grandmother	_quiero_ mucho a
I'm very fond of cycling	me _gusta_ mucho
I really enjoyed the film	me _gusté_ mucho
I don't mind being on my own	no me _importa_
There's nothing better than a nice cup of tea!	no hay nada _mejor_ que

1.3 Para decir lo que a uno no le gusta

I don't like football	no me _gusta_
I don't like his attitude **at all**	no me _gusta_ nada
I hate shopping	_odio_
What I hate most is waiting for a bus	lo _qué_ más _odio_
I can't stand o **can't bear** the thought of seeing him	no _soporto_
I'm not keen on seafood	no me _entusiasma_
Rock-climbing **doesn't appeal to me**	no me _atrae_
I've **gone off** chocolate	ya no me _gusta_
I've completely **gone off the idea** of going	ya no tengo ganas de

1.4 Para decir lo que uno prefiere

I like the blue tee shirt **better than** the white one	me _gusta_ ... más que ...
What I like best about Barcelona **is** the atmosphere	lo que más me gusta de ... es
Sailing **is one of my favourite pastimes**	es uno de mis pasatiempos preferidos
My favourite city **is** Paris	mi ... _preferida_ es
I prefer red wine **to** white	prefiero ... a
I'd prefer to o **I'd rather** wait	_prefiero_
I'd prefer not to o **I'd rather not** talk about it	prefiero no

1.5 Para expresar indiferencia

I don't care	me da igual
It's all the same to me	me _da exactamente_ igual
I don't mind at all	me da exactamente lo _mismo_
It doesn't matter	no _importa_
I have no particular preference	no tengo _preferencias_

2 OPINIONES

2.1 Para pedir la opinión de alguien

What do you think of the new Managing Director?	¿qué te _parece_ ... ?
What is your opinion on the subject?	¿qué _opinas_ sobre ...?
What do you think about the monarchy?	¿qué _piensas_ de ...?
What should he do, **in your opinion**?	en tu _opinión_
Do you have any thoughts on the matter?	¿tienes alguna _opinión_ sobre ...?
What are your views on this issue?	¿cuál es tu _opinión_ sobre ...?

2.2 Para expresar la opinión propia

You are right	tienes razón
He was right/wrong to resign	hizo bien/mal en
Personally, I believe that education is a right	yo personalmente creo
It's my impression that people actually like her	a mí me _parece_ que
I'm sure he doesn't mean it	estoy _seguro_ de que
I feel that people do not understand the issues	_creo_ que
I think you should be more responsible	_creo_ que
I think you are mistaken	_creo_ que
I'm convinced that he did it	estoy _convencido_ de que
In my opinion, eight years as President is quite enough	en mi _opinión_
I dare say she will be there already	me _figuro_ que
To my mind, it should not be legalized	en mi _opinión_
In my view, he should not have done it	en mi _opinión_
As far as I'm concerned, Barnes had it coming to him	en lo que a mí _respecta_
If you ask me, there's something a bit strange going on	para mí que

2.3 Para responder sin expresar una opinión

It depends	_depende_
It all depends on what you mean	todo _depende_ de
It depends on your point of view	depende de tu punto de vista
I'm not in a position to comment	no estoy en situación de comentar nada
I'd rather not comment on it	preferería no _pronunciarme_ sobre
I know nothing about it	no sé nada sobre
I have never thought about it	nunca lo he pensado

3 ACUERDO

Para expresar acuerdo con lo que se dice

I agree	estoy de acuerdo
I quite agree	estoy totalmente de acuerdo
I totally agree with you	estoy totalmente de acuerdo contigo
I agree up to a point	estoy de acuerdo hasta cierto punto
I couldn't agree with you more	estoy totalmente de acuerdo contigo
We are in complete agreement on this	estamos _totalmente_ de _acuerdo_
I share that view	comparto esa opinión
I share your doubts about the proposal	yo también tengo mis dudas sobre
I am in favour of keep**ing** him on	estoy a favor de que
I am in favour of a united Europe	estoy a favor de
You were right to leave	hiciste bien en
You were quite right in point**ing** out the error	hiciste muy bien en
I have no objection to this being done	_no tengo inconveniente_ en que
It's true that you had the original idea	es _verdad_ que
What a good idea!	¡qué buena idea!
It's a great idea	es una idea _estupenda_
I'll be happy to organize it for you	estaré _encantado_ de
We should be delighted to accept your offer	... con mucho _gusto_

4 DESACUERDO

Para mostrarse en desacuerdo con lo que se ha dicho

I disagree	no estoy de _acuerdo_
I cannot agree with you on this point	no estoy de _acuerdo_ contigo
It's not true to say that people care less about poverty	no es _cierto_ que
We must agree to differ on this point	habrá que _aceptar_ que nunca nos pondremos de _acuerdo_ en este punto
You are wrong to criticize	te _equivocas_ al
I entirely reject his claims	_rechazo_ totalmente
I totally disagree with the previous two callers	no estoy en absoluto de _acuerdo_ con
I don't share that point of view	no comparto ese punto de vista
I won't hear of it	no quiero ni oír hablar de ello
I don't think much of this idea	no me _convence_ mucho
I wouldn't dream of do**ing** a thing like that	no se me ocurriría hacer
I just couldn't do something like that	es que no podría
It's quite out of the question	no _puede_ ser
I won't agree to any such plan	no voy a apoyar
I'm afraid you are mistaken	(pués,) está usted _equivocado_
I am afraid I must refuse	lo _siento_ pero he de _negarme_

5 APROBACIÓN Y DESAPROBACIÓN

Aprobación

I agree	estoy de acuerdo
I entirely agree (with you)	estoy totalmente de acuerdo (contigo)
I couldn't agree with you more	estoy <u>totalmente</u> de <u>acuerdo</u> (contigo)
I couldn't have put it better myself	tal y como lo hubiera dicho yo mismo
It's just the job!	¡<u>perfecto</u>!
This is exactly what I had in mind	es <u>justo</u> lo que yo tenía pensado
You were right to consult me first	hiciste bien en
I'm in favour of higher taxation	estoy a favor de
I'd certainly go along with that!	estoy totalmente de <u>acuerdo</u>
I share that view	comparto ese opinión
What an excellent idea!	¡Qué idea tan <u>estupenda</u>!
I think it's a great idea	creo que es una idea <u>estupenda</u>
I have a very high opinion of their new teaching methods	tengo muy buena opinión de
I think very highly of the people who have been leading thus far	... me merecen muy buena opinión
People rightly believe that it's time for a change (of government)	cree, y con razón,

Desaprobación

I don't think much of what this government has done so far	no tengo muy buena opinión de
I've had enough of this	... (ya) me tiene <u>harto</u>
I can't bear o stand people who smoke in restaurants	no <u>soporto</u>
I think he was quite wrong to repeat what I said	creo que hizo muy mal en
We are opposed to nuclear testing	nos <u>oponemos</u> a
I am against animal experiments	estoy <u>en contra de</u>
You shouldn't have spoken to him like that	no deberías haber hablado
I strongly disapprove of such behaviour	<u>desapruebo</u> totalmente
I'm disappointed by his attitude	me <u>decepciona</u>
I'm disappointed in him	me <u>decepciona</u>
It's a pity that you don't like her	es una <u>pena</u> que
It's a most regrettable situation	es ... muy de lamentar

6 DISCULPAS

6.1 Para disculparse

Sorry
I'm really sorry but we won't be able to come on
  Saturday
Sorry to disturb you
I do apologize (for what happened)
I'm afraid I may be late
Please forgive me for behav**ing** so badly

Please accept our apologies

lo siento
de verdad lo siento pero

siento
pido disculpas (por)
quizá llegue tarde
*perdóname por haberme
  comportado*
*les rogamos acepten nuestras
  disculpas*

6.2 Para aceptar responsabilidad de algo

It's my fault
I shouldn't have lost my temper
If only I hadn't lost the keys
It was a mistake to come here
I take full responsibility for what happened

es culpa mía
no debería haber
ojalá no hubiera
fue un error
*me hago plenamente
  responsable de*

6.3 Para expresar lo que se lamenta

It's a shame that you should feel like that
I'm sorry, but that's the way it is
I'm afraid I can't help you very much
I have no other option but to resign
David and I **very much regret that** we have been unable
  to reach an agreement
We regret to inform you that the post of Editor has now
  been filled

es una pena que
lo siento
(me temo que) no puedo
no tengo más remedio que
lamentamos mucho

*lamentamos tener que informarle
  que*

6.4 Para rechazar toda responsabilidad

It wasn't my fault (we were late)
I didn't do it on purpose
I didn't mean to upset you
I had no choice *o* **option**
I had nothing to do with it
We are unhappy with 1.5%, but under the circumstances
  we have no alternative but to accept

no fue culpa mía
no lo hice a propósito
no era mi intención
no me quedaba otro remedio
no tuve nada que ver con ello
*no nos queda otra alternativa
  que*

7 EXPLICACIONES

7.1 Para dar las razones de algo

I didn't eat lunch **because** I wasn't hungry	*porque*
I was held up **because of** the traffic	*por*
The government has modified the bill **as a result of** public pressure	*como consecuencia de*
We were not allowed out **for** security **reasons**	*por <u>razones</u> de*
They are facing higher costs **owing to** rising inflation	*<u>debido</u> a*
The match was called off **due to** bad weather	*<u>debido</u> a*
Thanks to their efforts, productivity has increased significantly	*<u>gracias</u> a*
People have died for lack of proper medical attention	*<u>falta</u> de por*
I refused to leave **out of** stubbornness	*por*
The court had ordered his release, **on the grounds that** he had already been acquitted of most of the charges against him	*<u>basándose</u> en que*
It was a cigarette end that **caused** the fire	*<u>provocó</u>*
He was very tired **as** he had been up since 4 a.m.	*<u>como</u>*
Since you've been so kind, I really can't refuse	*<u>ya que</u>*
I couldn't find you, **so** I left	*<u>así que</u>*
What the Party said was taken to be right, **therefore** anyone who disagreed must be wrong	*<u>por lo tanto</u>*
Seeing that you're here, you might as well stay	*<u>en vista de que</u>*
Given the scale of the problem, any help is welcome	*<u>dada</u>*
Given that she's only young, she's done very well	*<u>dado que</u>*

7.2 Consecuencias

I've got to be at the office in half an hour, **so** we'll have to hurry	*<u>así que</u>*
I put the oven on too hot, **with the result that** everything was burned to a frazzle	*y el <u>resultado</u> fue que*
I need to find a babysitter **so that** we can go bowling on Saturday	*<u>para que</u>*
We didn't send out the invitations in time, **consequently** nobody turned up	*y por <u>consiguiente</u>*
Voting in the elections **has resulted in** an overall win for the Democrats	*ha tenido como resultado*
He's always messing around. **That's why** people think he's stupid	*por eso*

8 COMPARACIONES

8.1 Para destacar el parecido

This dessert **is like** a soufflé — *es como*

Her work **is comparable to** anything by the other students — *es comparable a*

People **compare him to** Robert Redford — *le compara a*

The immune system **can be compared to** a complicated electronic network — *se le puede comparar con*

The impact was **equivalent to** 250 hydrogen bombs exploding — *equivalente a*

Pay **corresponds to** levels of productivity — *corresponde a*

The landscape **reminds me of** Cornwall — *me recuerda a*

She **reminds me of** my old headmistress — *me recuerda a*

The smell **was reminiscent of** my aunt's kitchen — *me recordaba a*

There was a close resemblance between her **and** her son — *había un gran parecido entre ... y*

The new computerized system costs **much the same as** a more conventional one — *prácticamente lo mismo que*

A nectarine? **It's the same thing as** a peach without the furry skin — *es lo mismo que*

It comes down to the same thing in terms of price — *viene a ser lo mismo*

8.2 Para destacar el contraste

How do the new candidates rate **as compared to** previous ones? — *comparados con*

If you **compare** today's team **to** that of the 1980s, you will find few similarities — *si comparas ... con*

Compared to previous years, investment in industry has fallen sharply — *comparado a*

The streets are narrow **compared with** British ones — *comparadas con*

You can't compare a small local library **with** a large city one — *no se puede comparar con*

The bomb was small **in** o **by comparison with** those often used nowadays — *en comparación con*

No catastrophe **can compare to** Chernobyl — *no hay ... que se puede comparar a*

There's no comparison between the photos I take **and** those of a professional — *no hay comparación entre ... y*

In contrast to the rest of the world, Asia is not experiencing a recession — *en contraste con*

Only 30% of the females died **as opposed to** 57% of the males — *frente a*

Whereas burglars used to make off only with video recorders, they now also empty the fridge — *mientras que*

The two leaders **differ in** their approach — *difieren en*

Real ale is **better than** lager — *mejor que*

While some people like to go out on Saturday night, others prefer to stay in and watch TV — *mientras que*

My old chair **was nowhere near as** comfortable **as** my new one — *no era ni mucho menos tan ... como*

We might be twins, but **we have nothing in common** — *no tenemos nada en común*

9 PETICIONES

I'd like two lagers and a packet of crisps, please	¿me da ...?
I'd like to know how much it will cost to fly to Barcelona	quería
Could you drop by on your way home and pick up the papers?	¿puedes ...?
Could you give me a hand with this?	¿puedes ...?
Can you pass on the message to Eddie?	¿le pasas ...?
Would you mind looking after Hannah for a couple of hours tomorrow?	¿te importaría ...?
If you wouldn't mind just waiting here a moment	si hace el favor de
Would you be so kind as to show me the way out?	¿podría hacer el favor de ...?
Can you spare me a couple of minutes?	¿tienes ...?
Do you mind if I open the window?	¿te importa que ...?
Do you mind if I smoke?	¿te importa que ...?
Do you mind if I borrow the car on Sunday?	¿me dejas ...?
Let me know if you need any help	si ... dímelo
I'd be most grateful if you could give me a few minutes of your time	le agradecería que
I should be grateful if you could increase my credit limit to £5000	le agredecería que

10 PROPUESTAS

I could pick you up on my way home, **if you like**	si quieres
Can I give you a hand (with that)?	¿te echo una mano ...?
How would you like to go and live in California?	¿qué te parecería ...?
How about a nice hot bath/a gin and tonic?	¿qué tal ...?
What would you say to a trip up to town next week?	¿qué te parece si ...?
It would be nice if you could come too	estaría bien que
Do you want me to come and pick you up?	¿quieres que ...?
Would you like to watch a video?	¿te gustaría ...?
Would you like me to babysit for you?	¿quieres que ...?
Would you like to stay in Paris for a couple of nights?	¿te gustaría ...?
How about next Friday lunchtime?	¿qué tal ...?

11.1   Para pedir consejo

What would you do **if you were me?**

I don't know any of these wines – **what would you recommend?**

Do you think I ought to tell the truth?

What do you think?

What would you advise me to do?

What would you advise under the circumstances?

Have you any idea of how I should go about this?

I don't know what to do for the best. **What do you suggest?**

en mi *lugar*

¿cuál me *recomiendas?*

¿crees que *debería* ...?

¿tú qué *crees?*

¿qué me *aconsejas* que haga?

¿qué me *aconsejas* ...?

¿se te *ocurre* cómo ...?

¿qué *sugieres* tú?

11.2   Para aconsejar

A word of advice: always read the instructions first

A useful tip: always mow your lawn after the sun has gone down

It might be better to to think it over before taking any decisions

You'd be as well to tell him now

What if you try ignoring her?

Why don't you come with us?

You could try again next year

What you need is a change of scene

Suppose o **Supposing you** left the kids with your mother for a few days?

How would you feel about going back to work?

You'd better take some extra cash

If I were you, I'd be moving on

If I were you and I couldn't find a job, I'd consider re-training

Take my advice and don't rush into anything

I think you ought to o **should** seek professional advice

Perhaps you should speak to your boss about it

It would be better to wait and see what happens

Perhaps it would be as well to change the locks

It might be a good idea to tell her about this

I suggest that you go to bed and try to sleep

un *consejo*

un *consejo*

quizá sería *mejor*

más te *valdría*

¿y si ...?

¿por qué no ...?

puedes

lo que *necesitas* es

¿y si ...?

¿qué te *parecería* ...?

es *mejor* que

yo que tú, me pondría a

yo que tú

hazme *caso*

creo que *deberías*

a lo mejor ... deberías

sería mejor

quizá lo mejor sería

podíamos

te *aconsejo* que

11.3   Para hacer una advertencia

I don't think you should get involved

I should warn you that he's not an easy customer to deal with

Watch you don't trip over your shoelaces

Make sure that o **See that yo don't** miss your bus

You risk a long delay in Amsterdam **if** you come back by that route

Whatever you do, don't drink the local schnapps

creo que no *deberías*

te *advierto* que

cuidado no

ten *cuidado* no vayas a

corre el riesgo de ... si

no se te ocurra

12   INTENCIONES Y DESEOS

12.1   Para preguntar a alguien lo que piensa hacer

Will you take the job?	¿_vas_ a ...?
What are you going to do when you leave school?	¿qué vas a hacer ...?
What are you going to do? It's too late to say sorry	¿qué vas a hacer?
What will you do when she finds out?	¿qué vas a hacer ...?
What will you do if you can't find a job?	¿qué vas a hacer si ...?
Are you planning on staying long?	¿tienes pensado ...?
Are you planning to come back?	¿tienes pensado ...?
What do you intend to do _o_ **doing**?	¿qué _piensas_ hacer?
Did you mean to tell him about it?	¿tenías _intención_ de ...?
Are you thinking of going on holiday this year?	¿tienes pensado ...?

12.2   Para expresar las proprias intenciones

I'm thinking of retiring next year	estoy _pensando_ en
I'm hoping to go and see her when I'm in Paris	_espero_
We plan to move _o_ **We are planning on** moving next year	tenemos pensado
I was planning to visit her later this month	había pensado
I aim to reach Africa in three months	_pretendo_
I am going to sell the car as soon as possible	_voy_ a
I intend to put the house on the market	tengo la _intención_ de
The council **intends to** build a new shopping centre here	tiene _intención_ de
I have made up my mind to _o_ **I have decided to** go to Japan	he _decidido_
I have no intention of accepting the post	no tengo _intención_ de

12.3   Para expresar lo que se desea hacer

I'd like to see the Sistine Chapel some day	me _gustaría_
I'd like to work in publishing	me _gustaría_
I want to work abroad when I leave college	_quiero_
We want her to be an architect when she grows up	_queremos_ que
I would have liked to be an actress	me habría gustado
I hope to find a job in advertising	_espero_
It's my dream to travel round the world	mi _sueño_ es
I'm dying to see him	me muero de _ganas_ de

You've got to *o* You have to be back before midnight — *tienes que*

You must have a permanent address before you can apply for a loan — *tienes que*

You really should talk to him about it — *tendrías que*

You ought to phone him — *tienes que*

You need to have a valid passport if you want to leave the country — *hay que*

I have no choice: this is how I must live and I cannot do otherwise — *debo*

He was forced to ask his family for a loan — *se vio obligado a*

Men are forced to hide their emotions — *se sienten obligados a*

We were obliged to take off our shoes before entering the temple — *nos obligaron a*

It is essential to know what the career options are — *es esencial*

School is compulsory up to the age of 16 — *es obligatorio*

We have no alternative *o* option but to fight — *no nos queda otro remedio más que*

I had no choice but to refuse — *no tuve más remedio que*

Many women have to work, they have no (other) option — *tienen que ... no les queda otro remedio*

Three passport photos are required — *se necesitan*

I don't have to *o* I haven't got to be home so early now the nights are lighter — *no tengo que*

You don't have to *o* You needn't go there if you don't want to — *no hace falta que*

You are not allowed to sit the exam more than three times — *no puedes*

You mustn't show this document to any unauthorized person — *no debes*

You're not supposed to *o* meant to use this room unless you are a club member — *no puedes*

Smoking is prohibited *o* is not permitted in the dining room — *está prohibido*

14.1 Para pedir permiso

Can I o **Could I borrow** your car this afternoon?	¿me _dejas_ ...?
Can I use the telephone, please?	¿_puedo_ ...?
Are we allowed to smoke in here?	¿_podemos_ ...?
Would it be all right if I arrived on Monday instead of Tuesday?	¿te _importaría_ que ...?
We leave tomorrow. **Is that all right by you?**	¿te _parece_ bien?
Do you mind if I come to the meeting next week?	¿te _importa_ que ...?

14.2 Para dar permiso

You can have anything you want	_puedes_
You are allowed to visit the palace on certain days	_se puede_
They allowed everyone to leave	_dejaron_ salir
I've nothing against her go**ing** there with us	no me _opongo_ a que
I don't mind if you read my letter	no me _importa_ que
I don't mind	me da _igual_
That's fine by me	me parece bien
Yes, by all means	sí, por _supuesto_

14.3 Para denegar permiso

No, you can't	no _puedes_
You mustn't go anywhere near the research lab	no _puedes_
You're not allowed to go swimming on your own	no _puedes_
I'm afraid **it's not allowed**	no está _permitido_
I've been forbidden alcohol **by** my doctor	me ha _prohibido_
You must not enter the premises without the owners' authority	no _puede_
We cannot allow the marriage **to** take place	no podemos _permitir_ que
I absolutely forbid you to go	te _prohíbo terminantemente_ que
You are forbidden to contact my children	tienes _prohibido_
Smoking **is strictly forbidden** at all times	está _terminantemente prohibido_

15 CERTEZA, PROBABILIDAD Y POSIBILIDAD

15.1 Certeza

Undoubtedly, there will be problems	*sin <u>duda</u>*
He is, **without doubt**, the worst referee I've ever seen	*sin <u>duda</u>*
It's quite true that I was in the building at the time	*es <u>totalmente cierto</u> que*
She has **obviously** changed her mind	*obviamente*
She was bound to find out	*era de <u>esperar</u> que*
I'm sure o **certain (that)** he'll keep his word	*estoy <u>seguro</u> de que*
I'm positive o **convinced (that)** it was your mother I saw	*estoy <u>convencido</u> de que*
We now know for certain o **for sure that** the exam papers were seen by several students before the day of the exam	*sabemos ya con <u>seguridad</u>*
There is no doubt that the talks will be long and difficult	*no hay ninguna <u>duda</u> de que*

15.2 Probabilidad

I'll **probably** go next week	*seguramente*
You will **very probably** be met at the airport by one of our men	*es <u>muy probable</u> que*
It is highly probable that American companies will face retaliation abroad	*es muy <u>probable</u> que*
It seems highly likely that it was Bert who told Peter what had happened	*parece muy <u>probable</u> que*
It is very likely that you will get withdrawal symptoms at first	*lo más <u>seguro</u> es que*
He must have forgotten to turn off the lights	*debe de haber*
The cheque **should** reach you by Saturday	*debería*
It's quite possible that we could adapt our equipment	*es bastante <u>posible</u> que*
It looks as though o **as if** it might rain	*<u>parece</u> que*
It sounds like o **as though** the deal is off	*<u>parece que</u>*

15.3 Posibilidad

It's possible	*es posible*
Possibly	*posiblemente*
The situation **could** change	*<u>podría</u>*
In a few months everything **may** have changed	*puede que*
Perhaps I am mistaken	*quizá*
Britain **could perhaps** play a more positive role in developing policy	*<u>podría</u> quizá*
It is possible that psychological factors play some unknown role in the healing process	*es <u>posible</u> que*
It should be possible to repair it	*seguramente se <u>puede</u>*
It is not inconceivable that the economy is already in recession	*cabe la <u>posibilidad</u> de que*
It may be that the whole battle will have to be fought over again	*<u>puede</u> ser que*

16 INCERTIDUMBRE, IMPROBABILIDAD E IMPOSIBILIDAD

16.1 Incertidumbre

I'm not sure it's useful	no estoy _seguro_ de que
I'm not sure she ever loved him	no estoy _seguro_ de que
I'm not sure o **certain that** I really know the answer	no estoy _seguro_ de
We can't say for sure what time we'll arrive	no podemos decir con _seguridad_
Will he come? **I doubt it**	lo _dudo_
I have my doubts about his guilt	tengo mis _dudas_ sobre
I doubt he'll have any problems getting here	_dudo_ que
It's doubtful whether the match will take place	no es seguro que
I doubt if he knows where it came from	_dudo_ que
I'm wondering if I should offer to help?	no sé si

16.2 Improbabilidad

He **probably** won't come	seguramente
You have **probably not** yet seen the document I am referring to	seguramente no
I'd be surprised if she knew anything about it	me _sorprendería_ que
It's unlikely that we'll stay in touch	es bastante _improbable_ que
It is very doubtful whether the expedition will reach the summit	es bastante _dudoso_ que
In the unlikely event that the room was bugged, the music would drown out their conversation	si se diera el caso poco _probable_ de que

16.3 Imposibilidad

It's impossible	es _imposible_
There can be no changes in the schedule	no puede haber
I couldn't possibly invite George and not his wife	¿cómo voy a ...?
There is **no possibility of** a ceasefire	no hay ... _posibilidades_ de
There's no chance of him buying a round of drinks	no ... ni por _casualidad_
There is no question of us getting this finished on time	es _imposible_ que
The idea of trying to govern twelve nations from one centre **is unthinkable**	es _impensable_

CORRESPONDENCIA

Cómo escribir un sobre en el Reino Unido

Mrs. Elizabeth McDonald,
130, Irvin Avenue,
Saltburn-by-Sea,
CLEVELAND,
TS12 3AP

Mr. R.W. White,
14, Park Rd.,
Wanstead,
LONDON,
E12 8QT

Puntos que recordar:

En inglés, muchas veces se escribe solamente la inicial o iniciales en lugar del nombre de pila.

En general, los componentes de las señas suelen ir separados por comas, aunque esta costumbre ya está cambiando.

El número de la calle se escribe siempre antes del nombre de ésta.

El código postal, siempre formado por dos grupos de letras y números, se escribe siempre al final. No se suele escribir remite en el sobre.

Abreviaturas de uso frecuente:

St.	= street	*calle*	**Dr.**	= drive	*callejón*
Rd.	= road	*carretera*	**Pl.**	= place	*plaza*
Sq.	= square	*plaza*	**Cres.**	= crescent	*calle (en forma de media luna)*
Ave.	= avenue	*avenida*	**Gdns.**	= gardens	*bulevar*

Cómo encabezar una carta en inglés

Tanto en las cartas informales como formales se incluye, en la parte de la derecha, las señas del remitente, y en las cartas formales éstas van precedidas por el nombre del remitente. En la parte de la izquierda, y sólo en las cartas de carácter formal, se escribe, un poco más abajo, el nombre y la dirección de la persona, empresa, organización etc a que se escribe. La fecha, como en España, se escribe a la derecha, debajo de la dirección del remitente, y debe recordarse que se utilizan los números ordinales para los días del mes y que los nombres de los meses se escriben con mayúscula. Ej: 22nd April 1997.

How to address an envelope in Spain

At the front:

Sr. D. Ignacio Torres de la Fuente
C/ Colón 59, 3° Dcha.
37002 SALAMANCA

At the back:

Rte.: Cristina López Vela
Pza. Isabel la Católica 5, 4ª Izq.
18001 Granada

At the front:

Sra. Dña. Mª de los Angeles Revilla García
Avda. de la Libertad 75, 1° B
LINARES (Jaén)

At the back:

Rte.: Maribel Moreno Cabrera.
P° de la Castellana 410, 6° D. 28020
MADRID.

Points to remember

In Spain, the number always comes after the name of the street, and the postcode before the name of the town. The name in brackets stands for the name of the province where the town is, but you don't need to include this when you are writing to someone who lives in the capital of the province. It is also customary to write the sender's name and address on the back of the envelope.

Common abbreviations:

C/	= calle	*street*
Pza.	= plaza	*square*
Avda.	= avenida	*avenue*
Ctra.	= carretera	*road*
Izq.	= izquierda	*left*
Dcha.	= derecha	*right*
Rte.	= remite	*sender*
1°, 2° ...	= primero, segundo...	*first, second*

CORRESPONDENCE

Para comenzar una carta
A un conocido o un(a) amigo(a)
As it's been such a long time since I heard from you I decided to write to you

It was lovely to hear from you after such a long time

Sorry I haven't written sooner but …

En correspondencia formal
In reply to your letter of …

With reference to …

We received your letter of …

Thank you for your letter of …

I should be grateful if you would tell me about/send me …

I am writing to you for more information about …

Please send me …

We are pleased to inform you …

We regret to inform you …

We have great pleasure in informing you …

I have taken the liberty of sending you …

We are writing to you to …

… y respuestas
In reply to your letter of 8th March, I am writing to inform you that …

Thank you for your letter inquiring about …

Para terminar una carta
amigos y parientes
I hope you write soon this time

Don't forget to give my love to …

Give my love to …

Hopefully we can get together soon

. sends his/her best wishes

Write soon

En correspondencia formal
I look forward to hearing from you, Yours sincerely

I look forward to hearing from you

Thanking you in advance for your help

Thanking you in advance for your cooperation

Yours sincerely

Starting a letter
To a friend or acquaintance
Como hace tanto tiempo que no sé de tí me he decidido a escribirte

Me alegré mucho recibir noticias tuyas, después de tanto tiempo

Perdona que no te haya escrito antes, pero …

In formal correspondence
En respuesta a su (atenta) carta de fecha …

En relación/referencia a …

Hemos recibido su carta de fecha …

Agradecemos su (atenta) carta de …

Le agradecería (que) me informara sobre/enviara …

Me dirijo a ustedes para solicitar más información sobre …

Les ruego (que) me envíen …

Nos complace comunicarle/anunciarle que …

Lamentamos tener que comunicarles/anunciarles que …

Nos es grato/Tenemos el gusto de comunicarle que …

Me permito enviarle …

El objeto de nuestra carta es …

… and replies
En contestación a su carta del 8 de marzo, he de informarle que …

Acusamos recibo de su carta, en la que pregunta …

Ending a letter
To friends and family
Espero que tardes menos en escribirme esta vez

No te olvides de darle mis recuerdos a …

Da recuerdos de mi parte a …

A ver si podemos vernos pronto

Recuerdos de parte de …

Escríbeme pronto

In formal correspondence
En espera de sus (prontas/gratas) noticias, le saluda atentamente…

Quedo a la espera de sus noticias/de su respuesta

Muchas gracias de antemano por su colaboración

Le agradezco la atención prestada y quedo a la espera de su respuesta

Sin otro particular, …

INVITACIONES/INVITATIONS

José María Rodríguez Blasco
Esperanza Rubio Suárez

Manuel López Tercedor
Rosario Méndez Burgos

Se complacen en participarles el próximo enlace de sus hijos

Eduardo y Marta

y en invitarles a la ceremonia que tendrá lugar (D.m.) el sábado
15 de agosto, a las 7 de la tarde, en la Iglesia Parroquial de
Santa Ana, así como a la cena que, a continuación, se servirá en
el Hotel Carmen.

Granada, junio de 1998

Avda. Constitución, 203 - 7° B
Granada
Tfno: 23 40 58

Calle Pablo Picasso, 98
Granada
Tfno: 13 21 09

Se ruega respuesta

Note that in Spain a wedding invitation is usually sent jointly by the parents of both the bride and the groom. If the parents of one of the couple are dead or, more and more nowadays, just out of preference, the bride and groom themselves will send an invitation jointly. If you are a member of the bride's family or one of their friends, you will send your reply, or telephone, the bride's parents, and if you are related to the groom you will reply to his parents. Friends of the future married couple normally reply to them directly.

Mr and Mrs James Cleland
request the pleasure of the company of

Miss Claire Stewart and partner

at the marriage of their daughter, Helen
to Mr Philip Bishop
at St Andrew's Parish Church, Thornton
on Saturday, 6th June 1998 at 2pm
and afterwards at Heatherfield Hotel, Thornton

RSVP   29 Milton Street
        Thornton EH65 4EA

RESPUESTAS Y AGRADECIMIENTOS/REPLIES AND THANKS

Sevilla, 28 de junio de 1998

Queridos José Luis y Lola:

Os agradecemos mucho la invitación a la fiesta de celebración de vuestras Bodas de Oro. Ni que decir tiene que tanto Rafael como yo tendremos muchísimo gusto en asistir y acompañaros en un día tan importante para vosotros.

Esperando poder abrazaros pronto, recibid nuestro sincero afecto,

Pilar y Rafael.

---

66 Buckingham Terrace,
London N10 3AG

12th August 1998

Dear Alastair and Margaret,

Thank you very much for the invitation to your Golden Wedding Anniversary party. Frank and I will be delighted to join you and we're very much looking forward to seeing you then.

With best wishes,

Alison

Valladolid, 4 de enero de 1998

Queridos Pepe y Ana:

Queremos daros las gracias, una vez más, por la maravillosa noche que pasamos en vuestra casa con motivo de la fiesta de Fin de Año que celebrásteis. La verdad es que a los dos nos encantó volver a veros y reunirnos con tantos amigos a quienes no habíamos visto desde hacía tanto tiempo.

Como bien recordaréis, Pablo hizo muchas fotos durante la velada, y nos gustaría mucho verlas en compañía vuestra. ¿Qué os parece venir a tomar un aperitivo y así verlas juntos? Os llamaremos la semana que viene para quedar en una fecha.

Muchos abrazos a todos de,

Beatriz.

In Spain, people would be more likely to telephone rather than write, both when replying to a party invitation and when expressing their thanks for a party.

---

346 London Road,
Birmingham
B21 6TY

Dear Jackie and Phil,

Thank you once again for the wonderful New Year party. James and I both really enjoyed seeing so many old friends again and catching up on what everyone has been up to over the past few years. I only hope that you were not left with too much mess to clean up the next day.

We are sorry you missed the Christening, but David took his camcorder along so you will be able to watch the recording. How would you like to come round for drinks and do just that? We'll phone you next week to arrange a date.

Many thanks again for such an enjoyable evening.

Love to all,

NOTAS DE AGRADECIMIENTO POR REGALOS/ THANK YOU NOTES FOR GIFTS

Segovia, 10 de octubre de 1998

Queridos tíos:

Muchísimas gracias por vuestro precioso regalo de boda. Nos ha hecho una ilusión tremenda y, como de costumbre, habéis acertado totalmente, ya que siempre había querido tener un juego de té inglés auténtico.

Como todavía no lo hemos estrenado, queremos invitaros un día de éstos a merendar en nuestra casa, porque nos gustaría mucho que fuérais los primeros en usarlo.

Ahí os mandamos una foto de recuerdo, que espero que os gustará.

Muchos abrazos para los dos con todo el cariño de,

Ana y Javier

Dr and Mrs Lynn Preston
The Rushes
Bidewell Park Estate
Newton Milnes
Darlington DD7 2SY

Dear Uncle Andrew and Aunt Jayne,

Thank you so very much for your beautiful wedding gift. I have always admired your own Irish linen tablecloth so you can imagine how delighted I was to have one of my own. It will be the finishing touch to our dinner parties.

We will be sure to have you round as soon as you are on your feet again. Hope you enjoyed your piece of wedding cake!

All our love to you both,

Lynn.

Valencia, 5 de junio de 1998

Queridos abuelos:

Muchas gracias a los dos por la preciosa pulsera que me mandásteis por mi cumpleaños, que me ha gustado muchísimo: voy a disfrutar de verdad poniéndomela para mi fiesta del sábado, y estoy segura de que a Cristina le va a dar una envidia tremenda.

En realidad no hay demasiadas cosas nuevas que contaros, ya que últimamente parece que no hago otra cosa que estudiar para los exámenes, que ya están a la vuelta de la esquina. No sabéis las ganas que tengo de terminarlos todos y poder empezar a pensar en las vacaciones.

Paloma me encarga que os dé recuerdos de su parte.

Muchos besos de,

Isabel.

---

18 Slateford Avenue
Leeds LS24 3PR
25th May 1998

Dear Gran and Grandpa,

Thank you both very much for the CDs which you sent me for my birthday. They are two of my favourite groups and I'll really enjoy listening to them.

There's not really much news here. I seem to be spending most of my time studying for my exams which start in 2 weeks. I'm hoping to pass most of them but I'm not looking forward to the Maths exam as that's my worst subject.

Mum says that you're off to Crete on holiday next week, so I hope that you have a great time and come back with a good tan.

Tony sends his love.

Lots of love from

OCASIONES ESPECIALES/ SPECIAL OCCASIONS

Querida tía Inma:

No quiero dejar pasar estos días sin escribirte para desearte que lo pases muy bien estas Navidades y que tengas un próspero y muy feliz Año Nuevo.

Con suerte, Miguel y yo esperamos ir a veros este verano a Ronda durante las vacaciones, ya que hemos alquilado un apartamento en Estepona para la segunda quincena de julio.

Entretanto, recibe un abrazo de

Elena

Feliz Cumpleaños

Dear Auntie Martha,

Just a short note to wish you a very happy new year.

We'll see you at the graduation.

Claire

In Spain, people tend to send Christmas cards only to relatives and close friends whom they won't see for a while. otherwise the normal practice is to telephone on Christmas Eve, which, in Spain, is more important than Christmas Day. On this date people normally have the afternoon off work, and families celebrate together with a big meal in the evening. If you meet somebody that day, it is customary to say "Feliz Nochebuena". Xmas cards are sometimes sent after Christmas Day, and it is not unusual for some to arrive well into the New Year. People do not usually send cards or telephone just to wish a Happy New Year, but it is customary to say "Feliz Año" or "Feliz Año Nuevo" to people you meet or talk to on the phone on 31 December or during the first few days of January. It is also customary to send a visiting card with a short message to more distant friends and acquaintances.

Madrid, 3 de marzo de 1998

Queridos Carmen y Luis:

Nos ha dado muchísima alegría la noticia del nacimiento de vuestro hijo David. Nos ha dicho Marta que el niño es una verdadera preciosidad, y que además se porta estupendamente. ¡Ya me figuro lo orgullosos que estaréis de él!

Vamos a pasar por Zaragoza, de camino a Huesca, a finales de mes, y nos encantaría aprovechar la ocasión para visitaros y conocer a vuestro nuevo vástago. Os llamaremos la semana que viene para concretar fecha y hora.

Un abrazo muy fuerte,

Sofía y Andrés

Bromley 25.11.98

Dear Jackie and Andrew

Congratulations! We were delighted to hear about the birth of your son, Peter. Alice must be thrilled to have a baby brother. Send lots of photos soon!

Love,

Grace & Bob.

**Gregorio Varela Gómez
María del Pilar Fuentes Maldonado**

Martínez de la Rosa 45, 5º D

18011 Granada

Tfno: 23 49 31

Que paséis unos días muy felices en compañía de los vuestros y que se cumplan todos vuestros deseos para 1998.

Un fuerte abrazo,   *Gregorio y Mª Pilar*

Felices Pascuas y Próspero Año Nuevo

Felicidades

RESERVAS DE HOTEL Y CONFIRMACIÓN/
HOTEL BOOKINGS AND CONFIRMATION

Ciudad Real, 16 de mayo de 1998

Hostal "Los Podencos"
Calle Arabial, 76
18006 Granada

Muy señores míos:

Tengo que desplazarme a Granada por razones de trabajo el mes que viene, y es por eso por lo que quisiera reservar una habitación para tres noches en su establecimiento, del miércoles 17 al viernes 19 de junio.

Les agradecería me hicieran saber cuáles son sus tarifas y me confirmaran que disponen de una habitación libre para esas fechas.

En espera de sus noticias, les saluda atentamente,

C. Villanueva.

---

109 Bellview Road
Cumbernauld
CA7 4TX

14th June, 1998

Mrs Elaine Crawford
Manager
Poppywell Cottage
Devon DV3 8SP

Dear Mrs Crawford,

My sister stayed with you last year and has highly recommended your guest house.

I would like to reserve a room for one week from 18th-24th August of this year. I would be obliged if you would let me know how much this would be for two adults and two children, and whether you have a room free on those dates.

I hope to hear from you soon,

Yours sincerely

Andrew Naismith

CARTAS DE RECLAMACIÓN/LETTERS OF COMPLAINT

Alicante, 2 de setiembre de 1998

Hotel "La Alameda"
Reyes Católicos 22
Badajoz

Muy señores míos:

Mi marido y yo pasamos la noche del pasado 30 de agosto en su hotel, habiendo reservado previamente en él una habitación, pero tenemos que comunicarle que quedamos muy poco satisfechos de sus servicios. Nosotros habíamos reservado una habitación interior con objeto de poder descansar bien después de un día entero de viaje, pero cuando llegamos al hotel encontramos que nos habían dado una habitación en el primer piso y con ventana a la calle, con lo que el ruido del tráfico no nos dejó dormir en toda la noche. Por si esto fuera poco, al día siguiente tuvimos que salir sin desayunar porque no hubo modo de conseguir que nos sirvieran el desayuno antes de nuestra salida a las 7 de la mañana.

De este modo, esta parada en su hotel que habíamos pensado que nos seviría para descansar a mitad de nuestro viaje, no sirvió más que para que nos encontráramos aún más cansados después. Sepan ustedes, pues, que no dejaremos de aconsejar a nuestros amigos que bajo ninguna circunstancia se dirijan nunca a su establecimiento.

Sin otro particular, le saluda atentamente,

R. Casado

Rosa Casado

Mr T. Greengage
85, Rush Lane
Triptown
Lancs LC4 2DT

WOODPECKER RESTAURANT
145 Main Street
Fallingwood FT1 6LB

20th February 1998

Dear Sir/Madam,

I was to dine in your restaurant last Thursday (14th) by way of celebrating my wedding anniversary with my wife and young son and am writing to let you know of our great dissatisfaction.

I had reserved a corner table for two with a view on the lake. However, when we arrived we had to wait for more than 20 minutes for a table and even then, not in the area which I had chosen. There was no high-chair for my son as was promised and your staff made no effort whatsoever to accommodate our needs. In fact, they were downright discourteous. Naturally we went elsewhere, and not only have you lost any future custom from me, but I will be sure to advise my friends and colleagues against your establishment.

Yours faithfully,

T. Greengage

Anne Middleton
23, Station Road
Guildford, Surrey

18 de abril de 1998

Doña Angeles de la Torre
Seguros Tranquilidad
Calle Andrés Segovia, 85
Motril (Granada)

Estimada señora:

Tengo 19 años y soy estudiante de español en la universidad de Sheffield. Me dirijo a Vd. porque desearía trabajar en España durante las vacaciones de verano con objeto de perfeccionar mis conocimientos de español y adquirir experiencia en el sector de Seguros.

Le agradecería mucho que me hiciera saber si su agencia podría ofrecerme un puesto de trabajo por un período de cuatro meses, a partir del próximo día 1 de junio.

En espera de su respuesta, reciba un atento saludo,

Anne Middleton

Anne Middleton

★ ★ ★ ★ ★

TEMPS! TEMPS! TEMPS!

RAPIDO RECRUITMENT

We urgently require the following skilled personnel to fill long and short term temporary vacancies.

VDU OPERATORS,
ACCOUNTS CLERKS
TELEPHONIST/RECEPTIONISTS
WORD PROCESSOR OPERATORS
CREDIT CONTROLLERS
Glasgow based £4 per hour
TELESALES CLERKS

Telephone (01598) 892142
Now at 14 Cadzow Place, Newbridge

★ ★ ★ ★ ★

CLERK/ESS

For stores cost office. Preferably with computer word processing experience.

Telephone:
Mr H. Albern
(0141) 332 2648
for interview
Ross and Wynham
Glasgow

COZIGLOW

Coziglow Ltd, a leading manufacturer of domestic central heating appliances, requires a

BUYER

Reporting to the purchasing Manager, you will be responsible for the purchase and expedition of a range of components, including mouldings, pressed parts etc, for our mechanical and electrical products.

A minimun of three year's purchasing experience and the ability to interpret drawings are essential. An HNC in Business Studies or Engineering with a working knowledge of MRPII would be a distinct advantage.

For recruitment pack and application form please write to:

Personnel Manager
Coziglow Limited
Craigievar House
Clermont Brae
Edinburgh
EH4 6YL

SALES PERSON
(Tele Sales)

Clearview Double Glazing Ltd are currently looking for a bright, articulate, persuasive person to join our telesales team in Bridgetown.

The successful applicant will play an important role in the growth of a long established and fast moving, industrious department. A sound command of the English language and a good telephone manner are essential. Keyboard skills and a sales background are preferable, but not essential.

In return we offer an exciting and challenging job, a first class salary plus bonus scheme. Full training in all aspects of selling. If you feel you have the attributes to fill this rewarding position, please write enclosing details of your current salary and C.V. to:

Mrs Doreen Taylor
Assistant Manager
Clearview Windows
Coldstream CS4 2DG

CLEARVIEW DOUBLE GLAZING

People Placement

WANTED

Nannies, Mother's helps, au pairs for short/long term temporary contracts in UK, USA, Europe

Call: Maggie on

0141 327 1890 *(agency)*

Mrs Aileen Fielding
"People Placement"
14, Bracken Lane
Windermere

Ana Cristina López
Avenida Constitución 246
Granada

9th May 1998

Dear Mrs Fielding,

I am anxious to find a job in Britain during my summer holiday from University, and wish to gain experience in the insurance industry.

I would be obliged if you could offer me work in any capacity. I can supply references from former employers, if you would like them.

Yours sincerely,

Ana Cristina López

enc:

CURRICULUM VITAE

Nombre y apellidos:	Asunción Hernández Gil
Domicilio:	Avenida de Cervantes 98, 3° B, 07052 Alicante
Teléfono:	(965) 94 82 45
Fecha de nacimiento:	2 de setiembre de 1966
Estado civil:	casada
Nacionalidad:	española

Estudios

1984-89:	Licenciatura en Filología Inglesa, Universidad de Valencia
1988 marzo-junio:	Universidad de Dublín, intercambio Erasmus
1983-84:	COU, Instituto Salzillo, Murcia

Experiencia profesional

Desde mayo 1995:	Secretaria Bilingüe, ELECTRONICA COSTA BLANCA, Alicante
Febrero 1990 - marzo 1995:	Secretaria de Dirección, MESSRS. J.M.BROWN, Birmingham, Reino Unido
Veranos 1988 y 1989:	Profesora de inglés, Academia PROGRESA, Alcoy
Idiomas:	dominio total del inglés, tanto hablado como escrito; buen conocimiento del francés
Aficiones:	leer, natación, vela, viajes

Información complementaria: en posesión del carnet de conducir y vehículo propio; destreza en el manejo de recursos informáticos

---

Asunción Hernández Gil
Avenida de Cervantes 98, 3° B
07052 Alicante

Alicante, 20 de octubre de 1998

INFOCOMP Sistemas Informáticos
Princesa 8, 6° C
Madrid

Muy señores míos:

En relación a su anuncio aparecido en "El País" de hoy, quisiera solicitar el puesto de Secretaria Bilingüe.

Como podrán ver en la copia del curriculum vitae que les adjunto, tengo amplia experiencia en este campo, así como un perfecto dominio del inglés, debido, en parte, a mi estancia de 5 años en el Reino Unido.

Quedo a su disposición para cualquier aclaración que necesiten, y les agradezco la atención prestada.

Atentamente,

A. Hernández

JOB APPLICATIONS

11 North Street
Barnton
BN7 2BT

18th August 1998

The Personnel Director
Messrs. J. M. Kenyon Ltd.,
Firebrick House,
Clifton,
MC45 6RB

Dear Sir or Madam,

With reference to your advertisement in today's Guardian,
I wish to apply for the post of Personnel Manager.

I enclose my curriculum vitae. Please do not hesitate to
contact me if you require any further details.

Yours faithfully,

Rosalind Williamson

CURRICULUM VITAE

Name:	Rosalind Anna WILLIAMSON
Address:	11 North Street, Barnton, BN7 2BT, England
Telephone:	Barnton (01294) 476230
Date of Birth:	6.5.1968
Marital Status:	Single
Nationality:	British
Qualifications:	A-levels (1986): Italian (A), French (B), English (D) O-levels (1984): 9 subjects
	B.A. 2nd class Honours degree in Italian with French, University of Newby, England (June 1990)
Present Post:	Assistant Personnel Officer, Metal Company plc. Barnton (since February 1992)

Previous Employment:

Nov. 1990 - Jan. 1991:	Personnel trainee Metal Company plc.
Oct. 1986 - June 1990:	Student, University of Newby

Skills, Interests and Experience: fluent Italian & French; good working knowledge of German; some Russian; car owner and driver (clean licence); riding & sailing.

The following have agreed to provide references:

Ms Alice Bluegown, Personnel Manager, Metal Company plc, Barnton, NB4 3KL
Dr I.O. Sono, Department of Italian, University of Newby, Newby, SR13 2RR

Seguros La Estrella
Plaza de Isabel la Católica 1
18001 Granada

16 de febrero de 1998

Srta. Rosa Cordón Montalvo
Carretera de Salobreña 193, 4° A
Motril (Granada)

Estimada señorita:

En respuesta a su reciente solicitud del puesto de agente comercial dentro de nuestra compañía, me complace invitarla a asistir a una entrevista con nuestro director regional, Carlos Salgado, que tendrá lugar el próximo lunes, día 23 del mes en curso, a las 10 de la mañana, en nuestras oficinas de Granada.

Si por algún motivo no le resultara conveniente esta fecha, sírvase comunicárselo a nuestra secretaria, Srta. Marta Alvarez (Tfno: 23 18 95), con objeto de concertar otra cita.

Entretanto, reciba un cordial saludo

Juan José Delgado
Director de Recursos Humanos

Scottish Life Insurance Ltd
44 Clyde Street Glasgow G2 3GH
(0141) 345 1900

Ref: EA/LK

Ms Eleanor Aitken
210 Belmont Park
Glasgow
G11 9TJ

18 February 1998

Dear Ms Aitken

Following your recent application for the position of Sales Adminstrator, I would like to invite you to attend an interview at the above office on Monday 26 February at 11am.

The interview will be conducted by Alan Murray and the District Sales Manager and should last approximately one hour.

If this date does not suit; please notify Mrs Simpson on extension 3200 to arrange an alternative date.

We look forward to meeting you,

Yours sincerely

Lynn Kerr (Mrs)
Personnel Manager

OFERTA DEFINITIVA DE TRABAJO/OFFERING A JOB

TODOLIBRO S.A.
EDITORES - DISTRIBUIDORES

Av. del Guadalquivir, 144 - 410005 Sevilla
Tfno (954) 34 00 24

18 de octubre de 1998

Sr. Emilio Lopera Fuentes
Avda. Constitución 21
Carmona (Sevilla)

Estimado Sr. Lopera:

Con referencia a la entrevista que mantuvo con nosotros el pasado día 3, nos complace ofrecerle el puesto de ayudante de administración en el seno de nuestra compañía.

Su trabajo con nosotros comenzará, con un contrato de un año, a partir del próximo día 1 de noviembre, siendo éste renovable al cumplirse un año de dicha fecha.

Le rogamos llame por teléfono a nuestra secretaria, Srta. Ramos, a fin de fijar una fecha para la firma del contrato.

Atentos saludos,

C. Sotomayor

Carmen Sotomayor
Directora de Sucursal

---

date 27 February 1998

EXPRESS Art

**Headquarters
42 West Port
EDINBURGH
EH3 1HS**

your ref

our ref

Mr T Cairns
14, Greenknowe Lane
Bishopton, Glasgow G60 4BQ
Telephone 0141 226 7318

Dear Mr Cairns

Following your interview on February 3rd with Mr Davidson I am pleased to offer you the post of administrative assistant to the customer relations manager within our company.

Your employment will begin on a one-year fixed term contract, subject to review in six months. Mrs Boyle will meet you in her office at 8.45 on Monday 15th March for your induction.

If you require any further information please do not hesitate to call.

Yours faithfully,

Helen Bird

Helen Bird
Management Resources
Tel: 0131 226 7318   Personal line: 5408 7318

Para aceptar un trabajo/Accepting a Job

Ernesto Martínez Campos
Paseo Marítimo 28, 1ª C
Alcoy (Alicante)

Alcoy, 22 de febrero de 1998

Sr. Antonio Ferrer
Calzados Aguirre
C/ Reyes Católicos 58
Valencia

Estimado señor:

En respuesta a su carta de fecha 20 de febrero, me complace aceptar su oferta de un puesto de trabajo como encargado de sucursal, con un contrato fijo.

Tal como me indica en su carta, me personaré en la sucursal de la calle Reyes Católicos el martes, día 5 de marzo, a las 9.15 de la mañana, para comenzar mi trabajo.

A la espera de empezar a trabajar muy pronto con Vds., le envío un atento saludo

E. Martínez

Ernesto Martínez

Mr P Burns
Personnel Manager
Stocks and Chairs
Newholme 7YZ 2DD

15, Orchard Street
Greenmarket
Newholme 7YZ 3PB

22nd February 1998

Dear Mr Burns,

Thank you for your letter of 20th February. I am pleased to accept your offer of the post of stock control officer, on a full-time permanent contract.

I understand that I will begin work at 9.15 am on Tuesday 5th March and will contact you when I arrive.

I look forward to working with you.

Yours faithfully,

E. Marriott.

SALUDOS/GREETINGS

Hello!   ¡Hola!
How are you?   (¡Hola!,) ¿Cómo estás? *or* ¿Qué tal (estás)?
How is it going?   ¿Qué hay?
How's things?   ¿Cómo va eso? *or* ¿Qué te cuentas?
How's life?   ¿Qué es de tu vida?
Hi!   ¡Buenas!
Good morning. How are you?   Buenos días. ¿Cómo está usted?
Good afternoon/evening   Buenas tardes/noches

Y para responder / What you say in reply

Very well, and you?   Muy bien, ¿y tú *or* usted?
Great   Estupendamente
So-so/Not so good   Regular
Could be worse   Vamos *or* voy tirando
Not so bad   Pues, no me va mal del todo
Can't complain   No me quejo

Presentaciones / Introductions

This is Charles   Te presento a Carlos
Let me introduce you to my girlfriend   Voy a presentarte a mi novia
I'd like you to meet my husband   Quiero que conozcas a mi marido

Y para responder / Replies to an introduction

Pleased to meet you   Encantado/encantada ‘or Mucho gusto
Hello, how do you do?   ¡Hola!, ¿qué tal?

Despedidas / Leave taking

Goodbye!   ¡Adiós!
Good night!   ¡Adiós, buenas noches!
See you later!/Bye!   ¡Hasta luego!
See you soon!   ¡Hasta pronto!
See you tomorrow/next week!   ¡Hasta mañana/la semana que viene!
See you Thursday!   ¡Hasta el jueves!
See you!   ¡Hasta la vista!

Deseos y felicitaciones / Best wishes

Happy Birthday!   ¡Feliz cumpleaños!
Happy Birthday/Saint's Day/Anniversary!   ¡(Muchas) felicidades!
Happy Christmas!   ¡Feliz Navidad *or* Felices Navidades *or* Pascuas *or* Fiestas!

Happy New Year!   ¡Feliz Año (Nuevo)!
Happy Anniversary!   ¡Feliz aniversario!
Congratulations!   ¡Enhorabuena!
Safe journey!   ¡Buen viaje!
Good luck!   ¡Suerte! *or* ¡Que te/os vaya bien!
I wish you the best of luck!   ¡Ojalá tengas suerte!
Have fun!   ¡Que (te) lo pases bien!
Cheers!   ¡Salud! *or* ¡A tu salud!
Sleep well!   ¡Que descanses! *or* ¡Que duermas bien!
Welcome!   ¡Bienvenidos!
Get well soon!   ¡Que te mejores!
Take care!   ¡Cuídate!

Weekend News, Monday, January 5, 1998

Family Announcements

BIRTHS

RATTRAY

Tom and Karen (Melville) are delighted to announce the birth of their baby son (Aiden Thomas), born on 28th December, 1997 at Monkwell Maternity. Thanks to all staff.

JOHNSTONE

Iain and Alison (Lee) are pleased to announce the safe arrival of their daughter (Cheryl), on 29th December, 1997 at Dumfries Maternity Hospital. A sister for Claire.

MARRIAGES

GREY – WALKER

Heather and Angus Grey are delighted to announce the marriage of their only daughter Helena to Johnny, youngest son of William and Sarah Walker, Barnsley, Yorkshire.

ROBERTS – FERRIER

Both families are pleased to announce the marriage of Josie, younger daughter of Janet and Ian Roberts, to Hugh Dean, younger son of Faith and Hugh Ferrier.

GREENHOLME – WILSON

At Portland Free Church on 30th December, 1997. Steven, younger son of Christine and the late John Greenholme (14, Elder Rd, Newtown) to Hannah, older daughter of Helen and Bob Wilson (189, Ralston Drive, Shieldhill). Congratulations from both families.

DEATHS

ADAM - Suddenly, at home, on 2nd January, 1998, GRAHAM HOPE, aged 55 years, husband of Rita, father of John, Susan and Elsie. Grandfather of Graham and Scott. Funeral service at Holmsfield Crematorium on Saturday 3rd January at 12.15 pm. No flowers please.

CHRISTIE - Peacefully at Harestone Nursing Home, on 29th December, 1997, CATHERINE, (Cathy McNee), aged 83 years, beloved mother and grandmother. Funeral service at St. Cuthbert's Church Tidewell at 12 noon on 4th January.

DAVIDSON - Quietly at Stonecross Hospital on Friday 2nd January, 1998, SANDY (Alexander), beloved husband of the late Sarah Murray. Fortified by the rites of the Holy Church. The family would like to thank relatives, friends and neighbours for their support.

DOUGLAS - Suddenly, at Grangetown Infirmary on 29th December, 1997, Jim, aged 31 years, beloved son of Betty and Joe. Family only.

EL TELÉFONO/THE TELEPHONE

Para obtener un número

Could you get me 043 65 27 82, please?
  (o-four-three six-five two-seven eight-two)

Could you give me directory enquiries *(Brit)*
  o directory assistance *(US)* please?
Can you give me the number of Europost of
  54 Broad Street, Newham?

It's not in the book.
What is the code for Exeter?
How do I make an outside call?
What do I dial to get the speaking clock?
You omit the '0' when dialling England
  from Spain.

Diferentes tipos de llamadas

It's a local call.
It's a long-distance call.
I want to make an international call.
I want to make a reverse charge call to a
  London number *(Brit) o* I want to call a
  London number collect *(US)*.
I'd like an alarm call for 7:30 tomorrow
  morning.

Habla el telefonista

Number, please.
What town?
What number do you want? *o* What number
  are you calling?
Where are you calling from?
You can dial the number direct.
Replace the receiver and dial again.
There's a Mr Campbell calling you from
  Canberra and wishes you to pay for the call.
  Will you accept it?

Go ahead, caller.

(Información) There's nothing listed under
  that name.
There's no reply from 45 77 57 84.
Hold the line, please.
All lines to Bristol are engaged - please
  try later.
I'm trying it for you now.

It's ringing for you now.
The line is engaged *(Brit) o* busy *(US)*.

Getting a number

¿Por favor me puede poner con el 043 65 27
  82? *(cero cuarenta y tres, sesenta y cinco,
  veintisiete, ochenta y dos)*

¿Me pone con Información
  (Urbana/Interurbana), por favor?
¿Me puede decir el número de Europost? La
  dirección es Plaza Mayor, 34, Carmona,
  provincia de Sevilla.
No está en la guía.
¿Cuál es el prefijo de León?
¿Qué hay que hacer para obtener línea?
¿Cuál es el número de Información Horaria?
No marque el cero del prefijo cuando llame a
  Londres desde España.

Different types of call

Es una llamada local *or* urbana.
Es una llamada interurbana.
Deseo llamar al extranjero.
Quisiera hacer una llamada a cobro revertido
  a Londres.

Por favor, ¿me podrían avisar por teléfono
  mañana por la mañana a las siete y media?

The operator speaks

¿Dígame? ¿Qué número desea?
¿De qué ciudad?
¿Con qué número desea comunicar?

¿Desde dónde llama usted?
Puede marcar el número directamente.
Cuelgue y vuelva a marcar.
Hay una llamada para usted del Sr. Lopez,
  que telefonea desde Bilbao y desea hacerl
  a cobro revertido. ¿Acepta usted la
  llamada?

Ya puede hablar, señor/señora/señorita
  or ¡Hable(, por favor)!
(Directory Enquiries) Ese nombre no figura
  en la guía.
El 45 77 57 84 no contesta.
No se retire(, señor/señora/señorita).
Las líneas están saturadas: llame más tarde
  por favor.
Le pongo *(Sp) or* Le estoy conectando
  (LAm).
Está sonando *(or)* llamando.
Está comunicando.

EL TELÉFONO/THE TELEPHONE

Cuando contestan

Could I have extensión 516? o Can you give me extension 516?

Is that Mr Lambert's phone?

Could I speak to Mr Swinton, please? o Is Mr Swinton there?

Who's speaking?

I'll call back in half an hour.

I'm ringing from a callbox (Brit) o I'm calling from a pay station (US).

Could you ask him to ring me when he gets back?

When your number answers

¿Me da la extensión or el interno (SC) 615?

¿Es éste el número del señor Lambert?

Por favor, ¿podría hablar con Carlos García? or Quisiera hablar con Carlos García, por favor or ¿Está Carlos García?

¿De parte de quien? or ¿Quién le/la llama?

Llamaré otra vez dentro de media hora.

Llamo desde una cabina (telefónica).

¿Puede decirle que me llame cuando vuelva?

Contesta la centralita/el conmutador

Queen's Hotel, can I help you?

Who is calling, please?

Do you know his extension number?

I am connecting you now o I'm putting you through now.

I have a call from Tokyo for Mrs Thomas.

Sorry to keep you waiting.

There's no reply.

You're through.

The switchboard operator speaks

Hotel Castellana, ¿dígame?

¿Me puede decir quién llama?

¿Sabe usted que extensión or interno (SC) es?

Le ponga (Sp) or Le conecto or Le paso.

Hay una llamada de Tokio para la Sra. Martínez.

Perdone la demora, pero no se retire.

No contesta.

Ya tiene línea.

Para contestar

Hello?

Hello, this is Anne speaking.

(Is that Anne?) Speaking.

Would you like to leave a message?

Put the phone down and I'll call you back.

This is a recorded message.

Please speak after the tone.

Answering the telephone

¿Diga? or ¿Dígame?

Sí, soy Ana, ¿dígame?

(¿Es Ana?) Sí, soy yo or Sí, aquí Ana or Al aparato.

¿Quiere dejar (algún) recado?

Cuelgue y le llamaré yo.

Este es el contestador automático de …

Deje su mensaje después de la señal.

In caso de dificultad

I can't get through.

The number is not ringing.

I'm getting number unobtainable.

Their phone is out of order.

We were cut off.

I must have dialled the wrong number.

We've got a crossed line.

I got the wrong extension.

This is a very bad line.

In case of difficulty

No consigo comunicar.

El teléfono no suena.

Me sale la señal de línea desconectada.

Ese teléfono está estropeado.

Nos han cortado (la comunicación).

Debo de haberme equivocado de número.

Hay un cruce de líneas.

Me han dado una extensión que no era la que yo quería.

Se oye muy mal or La línea está muy mal.

TRANSLATION TIPS

We have outlined here those areas and words which most frequently cause students problems when working with Spanish.

Translation

Beware of translating word for word. While this may well be possible in some circumstances, quite often it is not and would lead to stilted, unnatural language. The following illustrate the need for care:

- English phrasal verbs, i.e. verbs followed by a <u>preposition</u> (e.g. *to run away, to fall down*) are often translated by one word inSpanish

huir	**caerse**	**ceder**
to run <u>away</u>	to fall <u>down</u>	to give <u>in</u>

- English verbal constructions often contain a <u>preposition</u> where none exists in Spanish, or vice versa

pagar	**mirar**	**escuchar**
to pay <u>for</u>	to look <u>at</u>	to listen <u>to</u>
encontrarse <u>con</u>	**fijarse <u>en</u>**	**servirse <u>de</u>**
to meet	to notice	to use

- Two or more <u>prepositions</u> in English may only have one rendering in Spanish

extrañarse <u>de</u>	**harto <u>de</u>**
to be surprised <u>at</u>	fed up <u>with</u>
soñar <u>con</u>	**contar <u>con</u>**
to dream <u>of</u>	to count <u>on</u>

- A word which is singular in English may be plural in Spanish, or vice versa

unas vacaciones	**sus cabellos**
a holiday	his/her hair
la gente	**mi pantalón**
people	my trousers

- Spanish has no equivalent of the possessive construction ... 's/ ...s' which is used to show possession

el cuarto de los niños	**los coches de mis hermanos**
the children<u>'s</u> bedroom	my brothers<u>'</u> cars
(literally: the bedroom of the children)	*(literally: the cars of my brothers)*

Specific problems in translating key English words and constructions

-ing

This is translated in a variety of ways in Spanish:

- *to be ...ing* is translated by a <u>simple verb</u>

Se <u>va</u> mañana	**¿Qué <u>haces</u>?**
He is leaving tomorrow	What are you doing?

BUT: you use the <u>past participle</u> when you are talking about the physical position of someone or something:

Está <u>sentada</u> ahí	**Estaba <u>tendido</u> en el suelo**
She is sitting over there	He was lying on the ground

- In the construction to *see/hear sb ...ing*, use an <u>infinitive</u> (i.e. the basic form of the verb: **ir, venir, ver** etc)

Les veo <u>venir</u>	**La he oído <u>cantar</u>**
I can see them coming	I've heard her singing

-ing can also be translated by:

1 <u>an infinitive</u>

Me gusta <u>ir</u> al cine	**¡Deja de <u>hablar</u>!**
I like going to the cinema	Stop talking!

En vez de <u>contestar</u>
Instead of answering

Antes de <u>salir</u>
Before going out

2   a <u>perfect infinitive</u>

Después de <u>haber abierto</u> la caja, María ...
After opening the box, Maria ...

3   <u>a present participle</u>

<u>Siendo</u> más tímido que yo, Antonio ...
Being shyer than me, Antonio ...

4   <u>a noun</u>

El <u>esquí</u> me mantiene en forma
Skiing keeps me fit

to be

ser and estar

<u>To be</u> is generally translated by either **ser** or **estar**. They are not interchangeable and each one is used in defined contexts.

ser is used:

- With an adjective when you want to express a permanent or inherent quality

Mi hermano es alto
My brother is tall

María es inteligente
Maria is intelligent

- When you want to express someone's occupation or nationality

Javier es policía
Javier is a policeman

Sus padres son italianos
His parents are Italian

- When you want to say that something belongs to someone

La casa es de Miguel
It's Miguel's house

- When you want to express the origins of someone or something, or the materials from which something is made

Mi madre es de Granada
My mother is from Granada

Las paredes son de ladrillo
The walls are made of brick

- With a noun, pronoun or infinitive following the verb

Andrés es un niño travieso
Andrés is a naughty boy

Soy yo, Enrique
It's me, Enrique

Todo es proponérselo
It's a all a matter of putting your mind to it

- When you want to express the time or date

Son las tres y media
It's half past three

Mañana es sábado
Tomorrow is Saturday

- To form the passive with the past participle. NB This use emphasizes the action of the verb. However, if you want to emphasize the resulting state or condition, use **estar**. The past participle then functions as an adjective and has to agree with the noun

Las puertas eran cerradas sigilosamente
The doors were being silently closed (_action_)

Las puertas estaban cerradas
The doors were closed (_result_)

estar is used:

- When you want to indicate a place or location

La comida está en la mesa
The meal is on the table

Estamos en Madrid
We are in Madrid

- With an adjective or adjectival phrase, when you want to say that a quality or state as seen by the speaker could change or is different than expected

Su amigo está enfermo
His friend is ill

El lavabo está ocupado
The toilet is engaged

Hoy estoy de mal humor
I'm in a bad mood today

Las tiendas están cerradas
The shops are shut

- When speaking of someone's state of health

¿Cómo está Vd?
How are you?

Estoy muy bien
I'm very well

- To form continuous tenses with the present participle

Estamos aprendiendo mucho
We are learning a great deal

- With **de** + _noun_ to indicate a temporary occupation

Mi primo está de camarero en Mallorca
My cousin is working as a waiter in Mallorca

Using ser and estar with adjectives

Ser and **estar** can both be used with certain adjectives, but to give very different meanings. They are not interchangeable when used in this way:

ser + _adjective_ expresses a permanent or inherent quality
estar + _adjective_ expresses a temporary state or quality

Note the difference in meaning of the following expressions depending on whether ser or estar is used

Ser + adjective
Su hermana es muy joven
His sister is very young

Estar + adjective
Está muy joven con ese vestido
She looks very young in that dress

Son muy ricos
They are very rich

Ahora están muy ricos
They are very rich now

Su amigo era un enfermo
His friend was an invalid

Estaba enfermo
He was ill

Es un borracho
He is a drunk

Está borracho
He is drunk

Mi hijo es bueno
My son is good

Está bueno
He is well

Viajar es cansado
Travelling is tiring

Estoy cansado
I'm tired

Other translations of to be

- In set expressions, in which physical and emotional conditions are described, use **tener**

tener frío/calor
to be cold/hot

tener hambre/sed
to be hungry/thirsty

tener miedo
to be frightened

tener razón
to be right

- To describe the weather, e.g. _what's the weather like?, it's windy/sunny_, use **hacer**

¿Qué tiempo hace? - Hace bueno/malo/viento
What's the weather like? - It's lovely/miserable/windy

- To describe someone's age, e.g. _he is 6_, use **tener**

¿Cuántos años tienes? - Tengo quince (años)
How old are you? - I'm fifteen

there is/there are

- Both of these constructions are translated by **hay**

Hay una señora en la puerta
There's a lady at the door

Hay cinco libros en la mesa
There are five books on the table

can/be able

- The physical ability to do something is expressed by **poder**

No puedo salir contigo
I can't go out with you

- If you mean _to know how to_, use **saber**

¿Sabes nadar?
Can you swim?

- **Can** + a verb of seeing or hearing etc is not translated in Spanish

No veo nada
I can't see anything

¿Es que no me oyes?
Can't you hear me?

to

- Generally translated by **a**

Dale el libro a Isabel
Give the book to Isabel

- When telling the time, e.g. _10 to 6_, use **menos**

las diez menos cinco
five to ten

a las siete menos cuarto
at a quarter to seven

- When you mean _in order to_, use **para**

Lo hice para ayudaros
I did it to help you

Se inclinó para quitarse los zapatos
He bent down to take off his shoes

- _easy/difficult/impossible etc to do_ are translated by **fácil/difícil/imposible** etc **de hacer**

Este libro es fácil/difícil de leer
This book is easy/difficult to read

must

- If you are expressing an assumption, **deber de** is often used

Ha debido de mentir
He must have lied

Debe de gustarle
She must like it

Note, however, that this meaning is also often expressed by deber directly followed by the infinitive

Debe estar por aquí cerca
It must be near here

Debo haberlo dejado en el tren
I must have left it on the train

- When it expresses obligation, there are three possible translations:

  - **tener que**
  - **deber**
  - **hay que** (_impersonal_)

Tenemos que salir temprano mañana
We must leave early tomorrow

Debo visitarles
I must visit them

Debéis escuchar lo que te dicen
You must listen to what they tell you

Hay que trabajar más
We (One _etc_) must work harder

may

- If you are expressing possibility, use either **poder** or **puede (ser)** + _subjunctive_

Todavía puede cambiar de opinión
He may still change his mind

Creo que puede llover esta tarde
I think it may rain this afternoon

Puede (ser) que no lo sepa
She may not know

Puede (ser) que se haya olvidado
He may have forgotten

- To express permission, use **poder**

¿Puedo irme?
May I go?

Puede sentarse
You máy sit down

will

- If you want to express willingness or desire rather than the future, use the present tense of **querer**

¿Quiere Usted esperar un momento, por favor?	**No quiere ayudarme**	
Will you wait a moment, please?	He won't help me	

would

- If you want to express willingness, use the preterite or imperfect of **querer**

  No quisieron venir
  They wouldn't come

- When you want to refer to a repeated or habitual action in the past, use either the imperfect tense of the verb, or the imperfect of **soler** + _infinitive_

Las miraba hora tras hora	**Ultimamente solía comer muy poco**
She would watch them for hours on end	Latterly he would eat very little

Spanish Prepositions

In the list below, the broad meaning of the preposition is given on the left, with examples of usage following. Prepositions are dealt with in alphabetical order, except **a, de, en** and **por** which are shown first.

a

_at_	**echar algo a algn**	to throw sth at sb
	a 50 pesetas el kilo	(at) 50 pesetas a kilo
	a 100 km por hora	at 100 km per hour
	sentarse a la mesa	to sit down at the table
_in_	**al sol**	in the sun
	a la sombra	in the shade
onto	**cayeron al suelo**	they fell onto the floor
	pegar una foto al álbum	to stick a photo into the album
_to_	**ir al cine**	to go to the cinema
	dar algo a algn	to give sth to sb
	venir a hacer	to come to do
from	**quitarle algo a algn**	to take sth from sb
	robarle algo a algn	to steal sth from sb
	arrebatarle algo a algn	to snatch sth from sb
	comprarle algo a algn	to buy something from/for sb* *The translation here depends on the context
means	**a mano**	by hand
	a caballo	on horseback BUT NOTE other forms of transport used with **en** and **por**
	a pie	on foot
manner, means	**a la inglesa**	in the English manner
	a pasos lentos	with slow steps
	poco a poco	little by little
	a ciegas	blindly
time, date:	**a medianoche**	at midnight
_at, on_	**a las dos y cuarto**	at quarter past two
	a tiempo	on time
	a final/fines de mes	at the end of the month
	a veces	at times
distance	**a 8 km de aquí**	(at a distance of)8 kms from here
	a dos pasos de mi casa	just a step from my house

	a lo lejos	in the distance
with **el** + infin	**al levantarse**	on getting up
	al abrir la puerta	on opening the door
after certain adjectives	**dispuesto a todo**	ready for anything
	parecido a esto	similar to this
	obligado a ello	obliged to (do) that
after certain verbs see p60		

Personal a

When the direct object of a verb is a person or pet animal, **a** must always be placed immediately before it:

	querían mucho a sus hijos	they loved their children dearly
	el niño miraba a su perro con asombro	the boy kept looking at his dog in astonishment

BUT: *the verb* **tener** *does not take the personal* **a**:

	tienen dos hijos	they have two children

de

from	**venir de Londres**	to come from London
	un médico de Valencia	a doctor from Valencia
	de 10 a 15	from 10 to 15
belonging to, *of*	**el sombrero de mi padre**	father's hat
	las lluvias de abril	April showers
contents, compostion, material	**una caja de cerillas**	a box of matches
	una taza de té	a cup of tea; a teacup
	un vestido de seda	a silk dress
descriptive	**una silla de cocina**	a kitchen chair
	un traje de noche	an evening dress
	la mujer del sombrero verde	the woman with the green hat
	el vecino de al lado	the next door neighbour
manner	**de manera irregular**	in an irregular way
	de una puñalada	by stabbing
quality	**una mujer de edad**	an aged woman
	objetos de valor	valuable items
comparative + a number	**había más/menos de 100 personas**	there were more/fewer than 100 people
after superlatives: *in*	**la ciudad más/menos bonita del mundo**	the most/least beautiful city in the world
after certain adjectives	**contento de ver**	pleased to see
	fácil/difícil de entender	easy/difficult to understand
	capaz de hacer	capable of doing
after certain verbs see p60		

en

in, at	**en el campo**	in the country
	en Londres	in London
	en la cama	in bed
	con un libro en la mano	with a book in his/her hand
	en voz baja	in a low voice
	en la escuela	in/at school

into	**entra en la casa**	go into the house
	metió la mano en su bolso	she put her hand into her handbag
on	**un cuadro en la pared**	a picture on the wall
	sentado en una silla	sitting on a chair
	en la planta baja	on the ground floor
time, dates, months *at, in*	**en este momento** **en 1998**	at this moment in 1998
	en enero	in January
transport: *by*	**en coche**	by car
	en avión	by plane
	en tren	by train
		BUT see also **por**
language	**en español**	in Spanish
duration	**lo haré en una semana**	I'll do it in one week
after certain adjectives	**es muy buena/mala en geografía**	she is very good/bad at geography
	fueron los primeros/últimos/ únicos en + *infinitivo*	they were the first/last/only ones + *infinitive*

after certain verbs see p60

por

motion: *along, through*	**vaya por ese camino**	go along that road
	por el túnel	through the tunnel
vague location	**tiene que estar por aquí**	it's got to be somewhere around here
	le busqué por todas partes	I looked for him everywhere
vague time	**por la tarde**	in the afternoon
	por aquellos días	in those days
rate	**90 km por hora**	90 km per hour
	un cinco por ciento	five per cent
	ganaron por 3 a 0	they won 3-nil
agent of passive: *by*	**descubierto por unos niños**	discovered by some children
	odiado por sus enemigos	hated by his enemies
by (means of)	**por barco**	by boat
	por tren	by train (freight)
	por correo aéreo	by airmail
	llamar por teléfono	to telephone
cause, reason: *for, because*	**¿por qué?**	why?, for what reason?
	por todo eso	because of all that
	por lo que he oído	from what I've heard
+ infinitive: *to*	**libros por leer**	books to be read
	cuentas por pagar	bills to be paid
equivalence	**¿me tienes por tonto?**	do you think I'm stupid?
+ adjective/adverb + **que**: *however*	**por buenos que sean**	however good they are
	por mucho que lo quieras	however much you want it

for		¿cuanto me darán por este libro?	how much will they give me for this book?
		te lo cambio por éste	I'll swap you this one for it
		no siento nada por ti	I feel nothing for you
		si no fuera por ti	if it weren't for you
		¡Por Dios!	for God's sake!
for the benefit of		lo hago por ellos	I do it for their benefit
on behalf of		firma por mí	sign on my behalf
			see also **para**

por also combines with other prepositions to form double prepositions conveying the idea of movement. The commonest of these are:

over		saltó por encima de la mesa	she jumped over the table
under		nadamos por debajo del puente	we swam under the bridge
past		pasaron por delante de Correos	they went past the Post Office
behind		por detrás de la puerta	behind the door
through		la luz entraba por entre las cortinas	light was coming in through the curtains
+ donde		¿por dónde has venido?	which way did you come?

desde

from		desde aquí se puede ver	you can see it from here
		llamaban desde España	they were phoning from Spain
		desde otro punto de vista	from a different point of view
		desde la 1 hasta las 6	from 1 till 6
		desde entonces	from then onwards
since		desde que volvieron	since they returned
for		viven en esa casa desde hace 3 años	they've been living in that house for 3 years
			BUT note difference in tense between English and Spanish

hasta

until		hasta la tarde	until the afternoon
as far as		viajaron hasta Sevilla	they travelled as far as Seville
up to		conté hasta 300 ovejas	I counted up to 300 sheep
		hasta ahora no las había visto	up to now I hadn't seen them
even		hasta un tonto lo entendería	even an idiot would understand it

para

for		es para ti	it's for you
		es para mañana	it's for tomorrow
		una habitación para dos noches	a room for two nights
		para ser un niño, lo hace muy bien	for a child he is very good at it
		salen para Cádiz	they are leaving for Cádiz
		se conserva muy bien para sus años	he looks good for his age
+ infin: (in order) to		es demasiado torpe para comprenderlo	he's too stupid to understand it
+ sí:		hablar para sí	to talk to oneself
to oneself		reír para sí	to laugh to oneself

with time	**todavía tengo para 1 hora**	I'll be another hour yet
		see also **por**

sobre

on	**sobre la cama**	on the bed
	sobre el armario	on (top of) the wardrobe
on (to)	**póngalo sobre la mesa**	put it on the table
about, on	**un libro sobre Eva Perón**	a book about Eva Perón
above, over	**volábamos sobre el mar**	we were flying over the sea
	la nube sobre aquella montaña	the cloud above that mountain
approximately, about	**vendré sobre las 4**	I'll come about 4 o'clock
	Glasgow tiene sobre un millón de habitantes	Glasgow has about a million inhabitants

Verbs governing a, de, con, en, por and para

The following lists contain common verbal constructions using the prepositions **a, de, con, en, por** and **para**.

aburrirse de (+ infin)	to get bored with doing
acabar con algo/algn	to put an end to sth/finish with sb
acabar de (+ infin)	to have just done
acabar por (+ infin)	to end up doing
acercarse a algo/algn	to approach sth/sb
acordarse de algo/algn/de (+ infin)	to remember sth/sb/doing
acostumbrarse a algo/algn/a (+ infin)	to get used to sth/sb/to doing
acusar a algn de algo/de (+ perfect infin)	to accuse sb of sth/of doing, having done
advertir a algn de algo	to notify, warn sb about sth
aficionarse a algo/a (+ infin)	to grow fond of sth/of doing
alegrarse de algo/de (+ perfect infin)	to be glad about sth/of doing, having done
alejarse de algn/algo	to move away from sb/sth
amenazar a algn con algo/con (+ infin)	to threaten sb with sth/to do
animar a algn a (+ infin)	to encourage sb to do
apresurarse a (+ infin)	to hurry to do
aprender a (+ infin)	to learn to do
aprovecharse de algo/algn	to take advantage of sth/sb
aproximarse a algn/algo	to approach sb/sth
asistir a algo	to attend sth, be at sth
asomarse a/por	to lean out of
asombrarse de (+ infin)	to be surprised at doing
atreverse a (+ infin)	to dare to do
avergonzarse de algo/algn/de (+ perfect infin)	to be ashamed of sth/sb/of doing, having done
ayudar a algn a (+ infin)	to help sb to do
bajarse de (+ place/vehicle)	to get off/out of
burlarse de algn	to make fun of sb
cansarse de algo/algn/de (+ infin)	to tire of sth/sb/of doing
carecer de algo	to lack sth
cargar de algo	to load with sth
casarse con algn	to get married to sb
cesar de (+ infin)	to stop doing
chocar con algo	to crash/bump into sth
comenzar a (+ infin)	to begin to do
comparar con algn/algo	to compare with sb/sth
consentir en (+ infin)	to agree to do
consistir en (+ infin)	to consist of doing
constar de algo	to consist of sth
contar con algn/algo	to rely on sb/sth
convenir en (+ infin)	to agree to do
darse cuenta de algo	to realize sth
dejar de (+ infin)	to stop doing
depender de algo/algn	to depend on sth/sb
despedirse de algn	to say goodbye to sb
dirigirse a (+ place a algn)	to head for/address (sb)

disponerse a *(+ infin)*	*to get ready to do*
empezar a *(+ infin)*	*to begin to do*
empezar por *(+ infin)*	*to begin by doing*
encontrarse con algn	*to meet sb (by chance)*
enfadarse con algn	*to get annoyed with sb*
enseñar a algn a *(+ infin)*	*to teach sb to*
enterarse de algo	*to find out about sth*
entrar en *(+ place)*	*to enter, to go into*
esperar a *(+ infin)*	*to wait until*
estar de acuerdo con algn/algo	*to agree with sb/sth*
fiarse de algn/algo	*to trust sb/sth*
fijarse en algo/algn	*to notice sth/sb*
hablar con algn	*to talk to sb*
hacer caso a algn	*to pay attention to somebody*
hartarse de algo/algn/de *(+ infin)*	*to get fed up with sth/sb/with doing*
interesarse por algo/algn	*to be interested in sth/sb*
invitar a algn a *(+ infin)*	*to invite sb to do*
jugar a *(+ sports, games)*	*to play*
luchar por algo/por *(+ infin)*	*to fight, strive for sth / to do*
llegar a *(+ place)* **/ a** *(+ infin)*	*to reach, to manage to do*
llenar de algo	*to fill with sth*
negarse a *(+ infin)*	*to refuse to do*
obligar a algn a *(+ infin)*	*to make sb do*
ocuparse de algn/algo	*to take care of sb/attend to sth*
oler a algo	*to smell of sth*
olvidarse de algo/algn/de *(+ infin)*	*to forget sth/sb/to do*
oponerse a algo/a *(+ infin)*	*to be opposed to sth/to doing*
parecerse a algn/algo	*to resemble sb/sth*
pensar en algo/algn/en *(+ infin)*	*to think about sth/sb/about doing*
preguntar por algn	*to ask for/about sb*
preocuparse de or por algo/algn	*to worry about sth/sb*
prepararse a *(+ infin)*	*to prepare to do*
quedar en *(+ infin)*	*to agree to do*
quedar por *(+ infin)*	*to remain to be done*
quejarse de algo	*to complain about sth*
referirse a algo	*to refer to sth*
reírse de algo/algn	*to laugh at sth/sb*
rodear de	*to surround with*
romper a *(+ infin)*	*to (suddenly) start to do*
salir de *(+ place)*	*to leave*
sentarse a *(+ infin)*	*to sit down to do*
subir(se) a *(+ vehicle/place)*	*to get on, into/to climb*
servir de algo a algn	*to be useful to/serve sb as sth*
servir para algo/para *(+ infin)*	*to be good as sth/for doing*
servirse de algo	*to use sth*
soñar con algn/algo/con *(+ infin)*	*to dream about/of sb/sth/of doing*
sorprenderse de algo	*to be surprised at sth*
tardar en *(+ infin)*	*to take time to do*
tener ganas de *(+ infin)*	*to feel like doing*
tener miedo de algo	*to be afraid of sth*
tener miedo a algn	*to be afraid of sb*
terminar por *(+ infin)*	*to end by doing*
tirar de algo	*to pull sth*
trabajar de *(+ occupation)*	*to work as*
trabajar en *(+ place of work)*	*to work at/in*
traducir a *(+ language)*	*to translate into*
tratar de *(+ infin)*	*to try to do*
tratarse de algo/algn/de *(+ infin)*	*to be a question of sth/about sb/about doing*
vacilar en *(+ infin)*	*to hesitate to do*
volver a *(+ infin)*	*to do again*

THE SPANISH VERB

INFINITIVE	PRESENT INDICATIVE	PRESENT SUBJUNCTIVE	PRETERITE
<1a> **cantar** (regular: see table at end of list) Gerund: *cantando*			
<1b> **cambiar** **i** of the stem is not stressed and the verb is regular Gerund: *cambiando*	cambio cambias cambia cambiamos cambiáis cambian	cambie cambies cambie cambiemos cambiéis cambien	cambié cambiaste cambió cambiaron cambiasteis cambiaron
<1c> **enviar** **i** of the stem stressed in parts of the present tenses Gerund: *enviando*	envío envías envía enviamos enviáis envían	envíe envíes envíe enviemos enviéis envíen	envié enviaste envió enviamos enviasteis enviaron
<1d> **evacuar** **u** of the stem is not stressed and the verb is regular Gerund: *evacuando*	evacuo evacuas evacua evacuamos evacuáis evacuan	evacue evacues evacue evacuemos evacuéis evacuen	evacué evacuaste evacuó evacuamos evacuasteis evacuaron
<1e> **situar** **u** of the stem stressed in parts of the present tenses Gerund: *situando*	sitúo sitúas sitúa situamos situáis sitúan	sitúe sitúes sitúe situemos situéis sitúen	situé situaste situó situamos situasteis situaron
<1f> **cruzar** Stem consonant **z** written **c** before **e** Gerund: *cruzando*	cruzo cruzas cruza cruzamos cruzáis cruzan	cruce cruces cruce crucemos crucéis crucen	crucé cruzaste cruzó cruzamos cruzasteis cruzaron
<1g> **picar** Stem consonant **c** written **qu** before **e** Gerund: *picando*	pico picas pica picamos picáis pican	pique piques pique piquemos piquéis piquen	piqué picaste picó picamos picasteis picaron
<1h> **pagar** Stem consonant **g** written **gu** (with **u** silent) before **e** Gerund: *pagando*	pago pagas paga pagamos pagáis pagan	pague pagues pague paguemos paguéis paguen	pagué pagaste pagó pagamos pagasteis pagaron
<1i> **averiguar** **u** of the stem written **ü** (so that it is pronounced) before **e** Gerund: *averiguando*	averiguo averiguas averigua averiguamos averiguáis averiguan	averigüe averigües averigüe averigüemos averigüéis averigüen	averigüé averiguaste averiguó averiguamos averiguasteis averiguaron
<1j> **cerrar** Stem vowel **e** becomes **ie** when stressed Gerund: *cerrando*	cierro cierras cierra cerramos cerráis cierran	cierre cierres cierre cerremos cerréis cierren	cerré cerraste cerró cerramos cerrasteis cerraron
<1k> **errar** As <1j>, but diphthong written **ye-** at the start of the word Gerund: *errando*	yerro yerras yerra erramos erráis yerran	yerre yerres yerre erremos erréis yerren	erré erraste erró erramos errasteis erraron

INFINITIVE	PRESENT INDICATIVE	PRESENT SUBJUNCTIVE	PRETERITE
<1l> contar Stem vowel **o** becomes **ue** when stressed Gerund: *contando*	cuento cuentas cuenta contamos contáis cuentan	cuente cuentes cuente contemos contéis cuenten	conté contaste contó contamos contasteis contaron
<1m> agorar As <1l>, but diphthong written **üe** (so that the **u** is pronounced) Gerund: *agorando*	agüero agüeras agüera agoramos agoráis agüeran	agüere agüeres agüere agoremos agoréis agüeren	agoré agoraste agoró agoramos agorasteis agoraron
<1n> jugar Stem vowel **u** becomes **ue** when stressed; stem consonant **g** written **gu** (with **u** silent) before **e** Gerund: *jugando*	juego juegas juega jugamos jugáis juegan	juegue juegues juegue juguemos juguéis jueguen	jugué jugaste jugó jugamos jugasteis jugaron
<1o> estar Irregular. Imperative: *está (tú)* Gerund: *estando*	estoy estás está estamos estáis están	esté estés esté estemos estéis estén	estuve estuviste estuvo estuvimos estuvisteis estuvieron
<1p> andar Irregular. Gerund: *andando*	ando andas anda andamos andáis andan	ande andes ande andemos andéis anden	anduve anduviste anduvo anduvimos anduvisteis anduvieron
<1q> dar Irregular. Gerund: *dando*	doy das da damos dais dan	dé des dé demos deis den	di diste dio dimos disteis dieron
<2a> temer (regular: see table at end of list)			
<2b> vencer Stem consonant **c** written **z** before **a** and **o** Gerund: *venciendo*	venzo vences vence vencemos vencéis vencen	venza venzas venza venzamos venzáis venzan	vencí venciste venció vencimos vencisteis vencieron
<2c> coger Stem consonant **g** written **j** before **a** and **o** Gerund: *cogiendo*	cojo coges coge cogemos cogéis cogen	coja cojas coja cojamos cojáis cojan	cogí cogiste cogió cogimos cogisteis cogieron
<2d> conocer Stem consonant **c** becomes **zc** before **a** and **o** Gerund: *conociendo*	conozco conoces conoce conocemos conocéis conocen	conozca conozcas conozca conozcamos conozcáis conozcan	conocí conociste conoció conocimos conocisteis conocieron
<2e> leer Unstressed **i** between vowels is written **y**. Past Participle: *leído* Gerund: *leyendo*	leo lees lee leemos leéis leen	lea leas lea leamos leáis lean	leí leíste leyó leímos leísteis leyeron

INFINITIVE	PRESENT INDICATIVE	PRESENT SUBJUNCTIVE	PRETERITE
<2f> tañer Unstressed **i** after **ñ** (and also after **ll**) is omitted Gerund: *tañendo*	taño tañes tañe tañemos tañéis tañen	taña tañas taña tañamos tañáis tañan	tañí tañiste tañó tañimos tañisteis tañeron
<2g> perder Stem vowel **e** becomes **ie** when stressed Gerund: *perdiendo*	pierdo pierdes pierde perdemos perdéis pierden	pierda pierdas pierda perdamos perdáis pierdan	perdí perdiste perdió perdimos perdisteis perdieron
<2h> mover Stem vowel **o** becomes **ue** when stressed Gerund: *moviendo*	muevo mueves mueve movemos movéis mueven	mueva muevas mueva movamos mováis muevan	moví moviste movió movimos movisteis movieron
<2i> oler As <2h>, but diphthong is written **hue-** at the start of the word Gerund: *oliendo*	huelo hueles huele olemos oléis huelen	huela huelas huela olamos oláis huelan	olí oliste olió olimos olisteis olieron
<2j> haber (see table at end of list)			
<2k> tener Irregular. Future: *tendré* Imperative: *ten (tú)* Gerund: *teniendo*	tengo tienes tiene tenemos tenéis tienen	tenga tengas tenga tengamos tengáis tengan	tuve tuviste tuvo tuvimos tuvisteis tuvieron
<2l> caber Irregular. Future: *cabré* Gerund: *cabiendo*	quepo cabes cabe cabemos cabéis caben	quepa quepas quepa quepamos quepáis quepan	cupe cupiste cupo cupimos cupisteis cupieron
<2m> saber Irregular. Future: *sabré* Gerund: *sabiendo*	sé sabes sabe sabemos sabéis saben	sepa sepas sepa sepamos sepáis sepan	supe supiste supo supimos supisteis supieron
<2n> caer Unstressed **i** between vowels written **y**, as <2e>. Past Participle: *caído* Gerund: *cayendo*	caigo caes cae caemos caéis caen	caiga caigas caiga caigamos caigáis caigan	caí caíste cayó caímos caísteis cayeron
<2o> traer Irregular. Past Participle: *traído* Gerund: *trayendo*	traigo traes trae traemos traéis traen	traiga traigas traiga traigamos traigáis traigan	traje trajiste trajo trajimos trajisteis trajeron
<2p> valer Irregular. Future: *valdré* Gerund: *valiendo*	valgo vales vale valemos valéis valen	valga valgas valga valgamos valgáis valgan	valí valiste valió valimos valisteis valieron

INFINITIVE	PRESENT INDICATIVE	PRESENT SUBJUNCTIVE	PRETERITE
<2q> poner	pongo	ponga	puse
Irregular.	pones	pongas	pusiste
Future: *pondré*	pone	ponga	puso
Past Participle: *puesto*	ponemos	pongamos	pusimos
Imperative: *pon (tú)*	ponéis	pongáis	pusisteis
Gerund: *poniendo*	ponen	pongan	pusieron
<2r> hacer	hago	haga	hice
Irregular.	haces	hagas	hiciste
Future: *haré*	hace	haga	hizo
Past Participle: *hecho*	hacemos	hagamos	hicimos
Imperative: *haz (tú)*	hacéis	hagáis	hicisteis
Gerund: *haciendo*	hacen	hagan	hicieron
<2s> poder	puedo	pueda	pude
Irregular.	puedes	puedas	pudiste
In present tenses like <2h>.	puede	pueda	pudo
Future: *podré*	podemos	podamos	pudimos
Gerund: *pudiendo*	podéis	podáis	pudisteis
	pueden	puedan	pudieron
<2t> querer	quiero	quiera	quise
Irregular.	quieres	quieras	quisiste
In present tenses like <2g>.	quiere	quiera	quiso
Future: *querré*	queremos	queramos	quisimos
Gerund: *queriendo*	queréis	queráis	quisisteis
	quieren	quieran	quisieron
<2u> ver	veo	vea	vi
Irregular.	ves	veas	viste
Imperfect: *veía*	ve	vea	vio
Past Participle: *visto*	vemos	veamos	vimos
Gerund: *viendo*	veis	veáis	visteis
	ven	vean	vieron

<2v> **ser** (see table at end of list)

<2w> **placer.** Exclusively 3rd person singular. Irregular forms: Present subj. *plazca* (less commonly *plega* or *plegue*); Preterite *plació* (less commonly *plugo*); Imperfect subj. I *placiera*, II *placiese* (less commonly *plugiera*, *plugiese*).

<2x> **yacer.** Archaic. Irregular forms: Present indic. *yazco* (less commonly *yazgo* or *yago*), *yaces* etc; Present subj. *yazca* (less commonly *yazga* or *yaga*), *yazcas* etc; Imperative *yace (tú)* (less commonly *yaz*).

<2y> **raer.** Present indic. usually *raigo*, *raes* etc (like *caer* <2n>), but *rayo* occasionally found; Present subj. usually *raiga*, *raigas* etc (also like *caer*), but *raya*, *rayas* etc occasionally found.

<2z> **roer.** Alternative forms in present tenses: Indicative, *roo*, *roigo* or *royo*; *roes*, *roe* etc. Subjunctive, *roa*, *roiga* or *roya*. First persons usually avoided because of the uncertainty. The gerund is *royendo*.

<3a> **partir** (regular: see tables at end of list)

INFINITIVE	PRESENT INDICATIVE	PRESENT SUBJUNCTIVE	PRETERITE
<3b> esparcir	esparzo	esparza	esparcí
Stem consonant **c** written **z** before **a** and **o**	esparces	esparzas	esparciste
Gerund: *esparciendo*	esparce	esparza	esparció
	esparcimos	esparzamos	esparcimos
	esparcís	esparzáis	esparcisteis
	esparcen	esparzan	esparcieron
<3c> dirigir	dirijo	dirija	dirigí
Stem consonant **g** written **j** before **a** and **o**	diriges	dirijas	dirigiste
Gerund: *dirigiendo*	dirige	dirija	dirigió
	dirigimos	dirijamos	dirigimos
	dirigís	dirijáis	dirigisteis
	dirigen	dirijan	dirigieron
<3d> distinguir	distingo	distinga	distinguí
u after the stem consonant **g** omitted before **a** and **o**	distingues	distingas	distinguiste
	distingue	distinga	distinguió
Gerund: *distinguendo*	distinguimos	distingamos	distinguimos
	distinguís	distingáis	distinguisteis
	distinguen	distingan	distinguieron
<3e> delinquir	delinco	delinca	delinquí
Stem consonant **qu** written **c** before **a** and **o**	delinques	delincas	delinquiste
Gerund: *delinquiendo*	delinque	delinca	delinquió
	delinquimos	delincamos	delinquimos
	delinquís	delincáis	delinquisteis
	delinquen	delincan	delinquieron

INFINITIVE	PRESENT INDICATIVE	PRESENT SUBJUNCTIVE	PRETERITE
<3f> lucir Stem consonant **c** becomes **zc** before **a** and **o** Gerund: *luciendo*	luzco luces luce lucimos lucís lucen	luzca luzcas luzca luzcamos luzcáis luzcan	lucí luciste lució lucimos lucisteis lucieron
<3g> huir A **y** is inserted before endings not beginning with **i**. Gerund: *huyendo*	huyo huyes huye huimos huís huyen	huya huyas huya huyamos huyáis huyan	huí huiste huyó huimos huisteis huyeron
<3h> gruñir Unstressed **i** after **ñ** (and also after **ch** and **ll**) omitted Gerund: *gruñendo*	gruño gruñes gruñe gruñimos gruñís gruñen	gruña gruñas gruña gruñamos gruñáis gruñan	gruñí gruñiste gruñó gruñimos gruñisteis gruñeron
<3i> sentir The stem vowel **e** becomes **ie** when stressed; **e** becomes **i** in 3rd persons of Preterite, 1st and 2nd persons pl. of Present Subjunctive. Gerund: *sintiendo* In *adquirir* the stem vowel **i** becomes **ie** when stressed	siento sientes siente sentimos sentís sienten	sienta sientas sienta sintamos sintáis sientan	sentí sentiste sintió sentimos sentisteis sintieron
<3j> dormir The stem vowel **o** becomes **ue** when stressed; **o** becomes **u** in 3rd persons of Preterite, 1st and 2nd persons pl. of Present Subjunctive. Gerund: *durmiendo*	duermo duermes duerme dormimos dormís duermen	duerma duermas duerma durmamos durmáis duerman	dormí dormiste durmió dormimos dormisteis durmieron
<3k> pedir The stem vowel **e** becomes **i** when stressed, and in 3rd persons of Preterite, 1st and 2nd persons pl. of Present Subjunctive. Gerund: *pidiendo*	pido pides pide pedimos pedís piden	pida pidas pida pidamos pidáis pidan	pedí pediste pidió pedimos pedisteis pidieron
<3l> reír Irregular. Past Participle: *reído* Gerund: *riendo* Imperative: *ríe (tú)*	río ríes ríe reímos reís ríen	ría rías ría riamos riáis rían	reí reíste rió reímos reísteis rieron
<3m> erguir Irregular. Gerund: *irguiendo* Imperative: *yergue (tú)* and less commonly *irgue (tú)*	yergo yergues yergue erguimos erguís yerguen	yerga yergas yerga yergamos yergáis yergan	erguí erguiste irguió erguimos erguisteis irguieron
<3n> reducir The stem consonant **c** becomes **zc** before **a** and **o** as <3f>; irregular preterite in **-uj-** Gerund: *reduciendo*	reduzco reduces reduce reducimos reducís reducen	reduzca reduzcas reduzca reduzcamos reduzcáis reduzcan	reduje redujiste redujo redujimos redujisteis redujeron
<3o> decir Irregular. Future: *diré* Past Participle: *dicho* Gerund: *diciendo* Imperative: *di (tú)*	digo dices dice decimos decís dicen	diga digas diga digamos digáis digan	dije dijiste dijo dijimos dijisteis dijeron

INFINITIVE	PRESENT INDICATIVE	PRESENT SUBJUNCTIVE	PRETERITE
\<3p\> oír	oigo	oiga	oí
Irregular.	oyes	oigas	oíste
Unstressed **i** between vowels becomes **y**	oye	oiga	oyó
Past Participle: *oído*	oímos	oigamos	oímos
Gerund: *oyendo*	oís	oigáis	oísteis
	oyen	oigan	oyeron
\<3q\> salir	salgo	salga	salí
Irregular.	sales	salgas	saliste
Future: *saldré*	sale	salga	salió
Imperative: *sal (tú)*	salimos	salgamos	salimos
Gerund: *saliendo*	salís	salgáis	salisteis
	salen	salgan	salieron
\<3r\> venir	vengo	venga	vine
Irregular.	vienes	vengas	viniste
Future: *vendré*	viene	venga	vino
Gerund: *viniendo*	venimos	vengamos	vinimos
Imperative: *ven (tú)*	venís	vengáis	vinisteis
	vienen	vengan	vinieron
\<3s\> ir	voy	vaya	fui
Irregular.	vas	vayas	fuiste
Imperfect: *iba*	va	vaya	fue
Gerund: *yendo*	vamos	vayamos	fuimos
Imperative: *ve (tú), id (vosotros)*	vais	vayáis	fuisteis
	van	vayan	fueron

\<1a\> cantar (regular verb)

INDICATIVE

Present
canto
cantas
canta
cantamos
cantáis
cantan

Imperfect
cantaba
cantabas
cantaba
cantábamos
cantabais
cantaban

Preterite
canté
cantaste
cantó
cantamos
cantasteis
cantaron

Future
cantaré
cantarás
cantará
cantaremos
cantaréis
cantarán

Gerund
cantando

CONDITIONAL
cantaría
cantarías
cantaría
cantaríamos
cantaríais
cantarían

Imperative
canta (tú)
cantad (vosotros)

Past Participle
cantado

SUBJUNCTIVE
Present
cante
cantes
cante
cantemos
cantéis
canten

Imperfect
cantara/-ase
cantaras/-ases
cantara/-ase
cantáramos/-ásemos
cantarais/-aseis
cantaran/-asen

\<2a\> temer (regular verb)

INDICATIVE

Present
temo
temes
teme
tememos
teméis
temen

Imperfect
temía
temías
temía
temíamos
temíais
temían

Future
temeré
temerás
temerá
temeremos
temeréis
temerán

Preterite
temí
temiste
temió
temimos
temisteis
temieron

Gerund
temiendo

CONDITIONAL
temería
temerías
temería
temeríamos
temeríais
temerían

Imperative
teme (tú)
temed (vosotros)

Past Participle
temido

SUBJUNCTIVE
Present
tema
temas
tema
temamos
temáis
teman

Imperfect
temiera/-iese
temieras/-ieses
temiera/-iese
temiéramos/-iésemos
temierais/-ieseis
temieran/-iesen

<3a> partir (regular verb)

INDICATIVE

Present
parto
partes
parte
partimos
partís
parten

Imperfect
partía
partías
partía
partíamos
partíais
partían

Preterite
partí
partiste
partió
partimos
partisteis
partieron

Future
partiré
partirás
partirá
partiremos
partiréis
partirán

Gerund
partiendo

CONDITIONAL

partiría
partirías
partiría
partiríamos
partiríais
partirían

Imperative
parte (tú)
partid (vosotros)

Past Participle
partido

SUBJUNCTIVE

Present
parta
partas
parta
partamos
partáis
partan

Imperfect
partiera/-iese
partieras/-ieses
partiera/-iese
partiéramos/-iésemos
partierais/-ieseis
partieran/-iesen

<2j> haber

INDICATIVE

Present
he
has
ha
hemos
habéis
han

Imperfect
había
habías
había
habíamos
habíais
habían

Preterite
hube
hubiste
hubo
hubimos
hubisteis
hubieron

Future
habré
habrás
habrá
habremos
habréis
habrán

Gerund
habiendo

Past Participle
habido

CONDITIONAL

habría
habrías
habría
habríamos
habríais
habrían

SUBJUNCTIVE

Present
haya
hayas
haya
hayamos
hayáis
hayan

Imperfect
hubiera/-iese
hubieras/-ieses
hubiera/-iese
hubiéramos/-iésemos
hubierais/-ieseis
hubieran/-iesen

<2v> ser

INDICATIVE

Present
soy
eres
es
somos
sois
son

Imperfect
era
eras
era
éramos
erais
eran

Preterite
fui
fuiste
fue
fuimos
fuisteis
fueron

Future
seré
serás
será
seremos
seréis
serán

Gerund
siendo

Past Participle
sido

CONDITIONAL

sería
serías
sería
seríamos
seríais
serían

Imperative
sé (tú)
sed (vosotros)

SUBJUNCTIVE

Present
sea
seas
sea
seamos
seáis
sean

Imperfect
fuera/-ese
fueras/-eses
fuera/-ese
fuéramos/-ésemos
fuerais/-eseis
fueran/-esen

CONSEJOS PRÁCTICOS PARA LA TRADUCCIÓN

Nos vamos a referir aquí a las construcciones y palabras inglesas que con más frecuencia causan problemas a los hablantes de español.

Traducción

No debe traducirse palabra por palabra ya que, aunque algunas veces es posible hacer una traducción literal, en muchos casos ello daría lugar a un lenguaje, no sólo poco natural, sino hasta a veces incorrecto. Vamos a dar algunos ejemplos a título ilustrativo:

- Muchos verbos españoles se traducen al inglés por un verbo seguido de preposición

to run away
huir

to fall down
caer

to give in
ceder

to look at
mirar

- En cambio, algunos verbos españoles que necesitan ir seguidos de preposición, a menudo se traducen al inglés por verbos sin preposición

to enter
entrar en

to forget
olvidarse de

to climb
subirse a

- Aquí se puede incluir también el caso de los verbos transitivos cuyo objeto directo es una persona, en que la a no se traduce

to obey sb
obedecer a algn

to see sb
ver a algn

to annoy sb
molestar a algn

- A menudo, dos o más preposiciones distintas se traducen al inglés por una misma preposición, y viceversa

I'll have it ready by tomorrow
Lo tendré para mañana

The building was surrounded by the police
El edificio fue rodeado por la policía

by car
en coche

a box of chocolates
una caja de bombones

she's from Palencia
es de Palencia

the boy in the red jumper
el chico del jersey rojo

- Muchas palabras que en español se usan en singular, en inglés lo hacen en plural, y viceversa

her looks
su aspecto

her pyjamas are pink
su pijama es rosa

the site of the works
el emplazamiento de la fábrica

he caught a lot of fish
pescó muchos peces

I like hot toast
me gustan las tostadas calientes

- En el siguiente tipo de construcciones, el inglés usa la construcción ...'s / ...s'

the children's room
la habitación de los niños

my brothers' friends
los amigos de mis hermanos

Problemas específicos para la traducción de palabras y construcciones clave españolas

Pronombres sujeto

- A diferencia del español, éstos se utilizan siempre en inglés

Where is the book? - It is on the table
¿Dónde está el libro? - Está encima de la mesa

Juan is my brother and he lives in Madrid
Juan es mi hermano y vive en Madrid

I am reading
Estoy leyendo

It is difficult
Es difícil

Artículos

- Cuando el sustantivo se utiliza en sentido general, o bien cuando se trata de sustantivos abstractos que expresan un concepto general como el amor, la vida, la muerte, etc, en inglés no se usa el artículo

Skirts are shorter this year
Las faldas son más cortas este año

I like cakes
Me gustan los pasteles

Gold is more expensive than silver
El oro es más caro que la plata

Students get in free
Los estudiantes entran gratis

Life there is very pleasant
La vida es muy agradable allí

The horrors of war
Los horrores de la guerra

Concordancia

- Al traducir algunas palabras tales como familia, tripulación, gobierno, grupo, equipo, policía, etc, hay que tener en cuenta que el verbo también puede ir en plural

All my family live/lives in Granada
Toda mi familia vive en Granada

The Government have/has decided ...
El Gobierno ha decidido

- Sin embargo, en el caso de la palabra people (gente), el verbo siempre tiene que ir en plural

People here are very friendly
La gente de aquí es muy simpática

Construcciones con verbos del tipo gustar, encantar, apetecer, interesar, etc

- Hay que tener en cuenta al traducir este tipo de verbos al inglés que la construcción de la frase es distinta en este idioma: el objeto indirecto del español se convierte en sujeto en inglés, y el sujeto del español se convierte en objeto directo en inglés

Me *(O.I.)* **gusta** *(V.)* **el chocolate** *(S.)*
I *(S.)* like *(V.)* chocolate *(O.D.)*

No le *(O.I.)* **apetece** *(V.)* **ir al cine** *(S.)*
She *(S.)* doesn't fancy *(V.)* going to the cinema *(O.D.)*

Verbos reflexivos

- En construcciones del tipo "lavarse las manos", "cortarse el pelo", etc, en inglés es necesario usar los posesivos

She's going to wash her hands
Va a lavarse las manos

I had my hair cut yesterday
Ayer me corté el pelo

Formas impersonales

- Muchas veces la forma impersonal se expresa en inglés mediante la voz pasiva

It was announced yesterday
Lo anunciaron ayer

It is often said that ...
A menudo se dice que...

Infinitivos

- En los siguientes casos, el infinitivo se traduce al inglés por la forma -ing:

1 Detrás de preposiciones

before seeing her
antes de verla

without forgetting anything
sin olvidar nada

2 En construcciones del tipo ver/oír a algn hacer

I can see them coming
Les veo venir

I've heard her singing
La he oído cantar

3 Detrás de otros muchos verbos

I like going to the cinema
Me gusta ir al cine

Stop talking!
Deja de hablar!

4 Cuando el infinitivo se refiere a algún deporte o actividad

Skiing, swimming and reading are her favourite pastimes
Esquiar, nadar y leer son sus actividades favoritas

Construcciones especiales con el verbo tener, utilizadas para

- Describir estados físicos y psíquicos - En inglés se utiliza el verbo to be

to be cold/warm
tener frío/calor

to be hungry/thirsty
tener hambre/sed

to be afraid/right
tener miedo/razón

- Expresar la edad - Lo mismo que en el caso anterior, se usa <u>to be</u>

How old are you?	**I am sixteen**
¿Cuántos años tienes?	Tengo dieciséis años

Construcciones con el verbo haber

Para describir el tiempo que hace, el inglés utiliza también el verbo <u>to be</u>

What is the weather like?	**It is cold/sunny/windy**
¿Qué tiempo hace?	Hace frío/sol/viento

Hay

La forma impersonal hay se traduce al inglés por <u>there is</u> o <u>there are</u>, según nos estemos refiriendo a una o más personas o cosas

<u>There is</u> a chemist's on the corner	**<u>There are</u> lots of places to visit in Toledo**
<u>Hay</u> una farmacia en la esquina	En Toledo <u>hay</u> muchos lugares que visitar

El pretérito imperfecto

Puesto que el inglés no tiene más que un tiempo simple de pasado, que en general corresponde al pretérito indefinido, el imperfecto español se puede traducir por la forma continua del pasado cuando se describen acciones o situaciones en el pasado, o bien por medio de la construcción **used to** + infinitivo cuando se hace referencia a acciones habituales en el pasado

People <u>were running</u> in all directions	**I <u>used to get up</u> early every day**
La gente corría de un lado para otro	Todos los días me levantaba temprano

Saber

Las construcciones con el verbo **saber** <u>+ infinitivo</u> se traducen generalmente al inglés con el auxiliar **can**

He <u>can't</u> swim	**I <u>can't</u> speak Swedish**	**I <u>couldn't</u> tell**
No <u>sabe</u> nadar	No <u>se</u> hablar sueco	No <u>sabría</u> decirte

Oír, ver, entender, etc

Este tipo de verbos se suelen traducir al inglés precedidos del auxiliar **can**

I <u>can't</u> see anything	**I <u>can</u> hear them talking**	**I <u>could</u> understand everything**
No <u>veo</u> nada	Les <u>oigo</u> hablar	Lo <u>entendí</u> todo

Pronombres precedidos de preposición

- Hay que recordar que, cuando van precedidos de preposición, en inglés hay que utilizar los pronombres objeto, a diferencia del español

  with or without him/her/us/them
  con o sin él/ella/nosotros/ellos

Números

- A diferencia de lo que ocurre en español, en inglés no hay que poner **and** después de las decenas, pero en cambio es necesario añadir esta palabra después de las centenas y los millares

seventy-five	**two hundred <u>and</u> forty**	**one thousand <u>and</u> eighty**
setenta y cinco	doscientas cuarenta	mil ochenta

No

- Cuando esta palabra se encuentra en el interior de la frase, se traduce al inglés por **not**. Sin embargo, como respuesta se traduce por **no**

Do <u>not</u> lean out	**Do you like fish? - <u>No</u>**	**He's <u>not</u> Spanish**
No asomarse a la ventana	¿Te gusta el pescado? - No	No es español

Las preposiciones inglesas

La siguiente lista contiene las preposiciones más frecuentes en inglés junto con su significado en español o alguna indicación sobre su uso, seguido de uno o varios ejemplos:

about

alrededor de	**he looked about him**	miró a su alrededor
	with a pearl necklace about her neck	con un collar de perlas alrededor de su cuello

con	to dream about sb/sth	soñar con algn/algo
en	to think about sth	pensar en algo
por	to wander about the town	deambular por la ciudad
	somewhere about here	por aquí cerca
en relación con	a book on Eva Perón	un libro sobre Eva Perón
aproximadamente	I'll come about 4 o'clock	vendré sobre las 4
	Madrid has about 4 million inhabitants	Madrid tiene unos 4 millones de habitantes

above

por encima de	2000 metres above sea level	2000 metros sobre el nivel del mar
en sentido figurado	he's above that sort of things	está muy por encima de esas cosas
	health above all things	la salud ante todo

after

tras	one after another	uno tras otro
	day after day	día tras día
	they ran after the thief	corrieron tras el ladrón

around

por	to walk around the countryside	pasear por el campo
sobre	at around 3 (o'clock)	sobre las tres
	around the end of January	sobre finales de enero

at

con expresiones temporales	at eight o'clock	a las ocho
	at midday/noon	al mediodía
	at midnight	a medianoche
	at night	por la noche
	at the weekend	(en) el fin de semana
	at the end of the month	a finales de mes
	at Christmas	en Navidad
	at times	a veces
	at this moment	en este momento
	at breakfast/dinner	en el desayuno/la cena
con expresiones de lugar	at school/home	en la escuela/en casa
	they weren't at the cinema	no estaban en el cine
	I live at 59 Fairley St	vivo en el número 59 de Fairley Street
	the train stops at Newcastle	el tren para en Newcastle
con velocidades o distancias	at 100 km per hour	a 100 km por hora
	at full speed	a toda velocidad
	at (a distance of) 8 kms from here	a 8 km de aquí
con alguna actividad	I'll be another hour (at it) yet	todavía tengo para una hora
	I was at work	estaba trabajando
tras algunos adjetivos	amazed/shocked at sth	asombrado por algo
	surprised at sth	sorprendido por algo
	she is very good/bad at geography	se le da bien/mal la geografía

tras algunos verbos	**to throw sth at sb**	tirarle algo a algn
	to work at sth	trabajar en algo
	to laugh at sb	reírse de algn
	to sit at a table	sentarse a la mesa
	the boy kept looking at his dog in astonishment	el niño miraba a su perro con asombro

before

ante	**they did it before my very eyes**	lo hicieron ante mis propios ojos
	a new life lay before him	una vida nueva se abría ante él
antes de	**before 5 o'clock**	antes de las 5

beside

| *al lado de* | **she walked beside me all the way home** | caminó a mi lado hasta que llegamos a casa |
| comparando algo | **beside her, anybody looks ugly** | a su lado cualquiera parece feo |

by

a	**made by hand**	hecho a mano
	little by little	poco a poco
al lado de	**I live by the stadium**	vivo al lado del estadio
de	**by day/by night**	de día/de noche
	by heart	de memoria
por	**they won by 3 to 0**	ganaron por 3 a 0
	to multiply by ...	multiplicar por ...
	by airmail	por correo aéreo
	judging by what I've heard	por lo que he oído
	I swear by Almighty God	juro por Dios Todopoderoso
según	**by my watch it's five o'clock**	según mi reloj, son las cinco
con medios de transporte	**by car/plane/train**	en coche/avión/tren
con una hora aproximada	**we must be there by 4 o'clock**	tenemos que estar allí para las 4
	by that time I knew	para entonces ya lo sabía
con una cantidad	**we sell by the pound**	vendemos por libras
	we pay by the hour	pagamos por horas
como agente en la voz pasiva	**discovered by some children**	descubierto por unos niños
	hated by his enemies	odiado por sus enemigos

down

| *abajo* | **as he was walking down the street** | mientras iba calle abajo |

except

| *menos* | **everybody except (for) you** | todos menos tú |
| | **except when it's raining** | menos cuando llueve |

for

de	**it's time for lunch**	es hora de comer
	a gift for languages	don de lenguas
para	**it's for you**	es para ti
	it's for tomorrow	es para mañana

		what's this button for?	¿para qué sirve este botón?
		a room for two nights	una habitación para dos noches
		for a child he is very good at it	para ser un niño, lo hace muy bien
		they are leaving for Cádiz	salen para Cádiz
por		how much will they give me for this book?	¿cuánto me darán por este libro?
		I feel nothing for you	no siento nada por ti
		For God's sake!	¡Por Dios!
		I'm doing it for them	lo hago por ellos
		word for word	palabra por palabra
		oh for a cup of tea!	¡lo que daría por una taza de té!
tras algunos adjetivos y verbos		ready for anything	dispuesto a todo
		I took him for his brother	lo tomé por su hermano
		I'll swap you this one for it	te lo cambio por éste

NOTA: *A veces cuando en español se utiliza* **por** *en inglés no se emplea ninguna preposición, o viceversa:*

	why?	¿por qué?
	books to be read	libros por leer
	however good they are	por buenos que sean
	I looked for him everywhere	lo busqué por todas partes
	what's the German for "hill"?	¿cómo se dice "colina" en alemán?
con expresiones temporales	he was away for two years	estuvo fuera dos años
	I'm going for three weeks	me voy (para) tres semanas
	they've been living in that house for 3 years	viven en esa casa desde hace 3 años
	they walked for 2 days	anduvieron durante 2 días
a favor de	are you for or against us?	¿estás a favor nuestro o en contra?
for + *pronombre* + *infinitivo*	it's not for me to decide	no me corresponde a mí decidir
	it's best for you to go	más vale que te vayas
	there is still time for you to do it	todavía te queda tiempo para hacerlo
	he brought it for us to see	lo trajo para que lo viéramos

from

de	where are you from?	¿de dónde eres?
	I've just come from London	acabo de llegar de Londres
	a doctor from Valencia	un médico de Valencia
	a letter from my sister	una carta de mi hermana
	a quotation from Shakespeare	una cita de Shakespeare
	from morning till night	de la mañana a la noche
	from 9 to 5	de 9 a 5
	from time to time	de vez en cuando
	painted from life	pintado del natural
	to die from exposure	morir de frío
desde	they were phoning from Spain	llamaban desde España
	from a different point of view	desde otro punto de vista
	from then onwards	desde entonces
	from above	desde arriba

	we have shirts from £8 upwards	tenemos camisas desde 8 libras
por	**to act from conviction**	obrar por convicción
	weak from hunger	debilitado por el hambre
	from experience	por experiencia
tras algunos verbos	**to take sth from sb**	quitarle algo a algn
	to steal sth from sb	robarle algo a algn
	to snatch sth from sb	arrebatarle algo a algn
	to hide from sb	esconderse de algn
	to buy sth from sb	comprarle algo a algn

in

a	**in the sun/in the shade**	al sol/a la sombra
	in the distance	a lo lejos
	he'll be there in time	llegará a tiempo
	in the daylight	a la luz del día
	to be in teaching	dedicarse a la enseñanza
	in saying this	al decir esto
con	**I really like you in that shirt**	me gustas mucho con esa camisa
de	**in an irregular way**	de manera irregular
	the most beautiful city in the world	la ciudad más bonita del mundo
	the chestnut trees in the back yard	los castaños del patio de atrás de la casa
en	**in the country**	en el campo
	in London	en Londres
	in bed	en la cama
	with a book in his hand	con un libro en la mano
	in a low voice	en voz baja
	in 1997/in August	en 1997/en agosto
	in Spanish	en español
	I have a lighter in my bag	tengo un encendedor en el bolso
	do you live in Buchanan Street?	¿vives en Buchanan Street?
por	**in the morning/in the afternoon**	por la mañana/por la tarde
	in those days	por aquellos días
con un estado físico o emocional	**in good condition**	en buen estado
	in tears	llorando
	to be in pain	tener dolores

of

de	**a box of matches**	una caja de cerillas
	a cup of tea	una taza de té
	the love of God	el amor de Dios
con algunos adjetivos	**to be afraid of sb/sth**	tener miedo de algn/algo
	to be ashamed of sb/sth/ of doing sth	avergonzarse de algn/algo/hacer algo
	to be capable of doing sth	ser capaz de hacer algo
	to grow fond of sth/doing sth	aficionarse a algo/hacer algo
	to be glad of sth/doing sth	alegrarse de algo/hacer algo

	to be proud of sb	estar orgulloso de algn
con algunos verbos	**what do you think of him?**	¿qué piensas de él?
	to dream of sth	soñar con algo
	to smell of sth	oler a algo

NOTA: *con los comparativos se emplea* **than** *en lugar de* **of**:

	there were more than 100 people	había más de 100 personas

NOTA: *a veces, cuando en español se utiliza* **de** *en inglés no se emplea ninguna preposición:*

con posesivos	**my father's hat**	el sombrero de mi padre
aunque no con los pronombres	**a friend of mine**	un amigo mío
en la construcción *sustantivo* + *sustantivo*	**April showers**	las lluvias de abril
	a teacup	una taza de té (*una taza de las de té*)
	a silk dress	un vestido de seda
	a kitchen chair	una silla de cocina
	an evening dress	un traje de noche
	the next-door neighbour	el vecino de al lado
	an aged lady	una mujer de edad
	valuable items	objetos de valor

off

indicando separación de algo	**to fall off a cliff**	caerse por un precipicio
	she took the picture off the wall	descolgó el cuadro (de la pared)
	a street off the square	una bocacalle de la plaza
	it's just off the M1	está justo a la salida de la M1
tras algunos verbos	**to turn off the light**	apagar la luz
	he took off his jacket	se quitó la chaqueta
	he took the handle off the door	arrancó el pomo de la puerta

on

a	**on horseback/on foot**	a caballo/ a pie
	on time	a tiempo
	on the phone	al teléfono
on + -ing	**on getting up**	al levantarse
	on opening the door	al abrir la puerta
en	**they have hung a picture on the wall**	han colgado un cuadro en la pared
	there is a fly on your shoulder	tienes una mosca en el hombro
	sitting on a chair	sentado en una silla
	on the ground floor	en la planta baja
	leave it on the bed	déjalo en la cama
	that shop on Sauchiehall Street	esa tienda de Sauchiehall Street
encima de	**on (top of) the wardrobe**	encima del armario
	put it on the table	ponlo encima de la mesa
sobre	**a book on Eva Perón**	un libro sobre Eva Perón
con días y fechas	**on Friday**	el viernes
	on May 3rd	el 3 de mayo

over

durante	**over the weekend**	durante el fin de semana
	over the last few years	durante los últimos años
por encima de	**she jumped over the table**	saltó por encima de la mesa
	over our heads	por encima de nuestras cabezas
en sentido figurado	**to have an advantage over sb**	llevarle ventaja a algn
	over 200 delegates	más de 200 delegados
sobre	**we were flying over the sea**	volábamos sobre el mar
al otro lado de algo	**the shop over the road**	la tienda de enfrente
	over the page	en la página siguiente
en todas partes	**all over the world**	en todo el mundo
	you've got mud all over your shoes	tienes los zapatos cubiertos de barro
en relación con	**they fell out over money**	se pelearon por una cuestión de dinero
con algunos verbos	**she's over it now**	ya se ha repuesto de eso
	a change came over him	se operó en él un cambio
	to trip over sth	tropezar con algo

through

a	**to post a letter through the letterbox**	echar una carta al buzón
por	**through the tunnel**	por el túnel
	to walk through the woods	pasear por el bosque
a través de	**light was coming in through the curtains**	la luz entraba por las cortinas
	the road through the canyon	la carretera que atraviesa el cañón
durante	**all through the night**	durante toda la noche
por	**through lack of resources**	por falta de recursos
	it was through you that we were late	llegamos tarde por tu culpa

to

a	**to go to the cinema**	ir al cine
	the road from Paris to Marseilles	la carretera de París a Marsella
	to give sth to sb	dar algo a algn
	they won by 3 to 0	ganaron por 3 a 0
	to come to do sth	venir a hacer algo
para	**I work to pay for my education**	trabajo para pagarme los estudios
	to my surprise	para mi sorpresa

Precedida de algunos adjetivos **to** *puede funcionar como preposición normal o como partícula de infinitivo:*

	to be similar to sth	ser parecido a algo
	to be useful to sb	servir de algo a algn
	to be opposed to sth/doing sth	oponerse a algo/hacer algo
	to get used to sb/sth/doing sth	acostumbrarse a algn/algo/hacer algo
	to be easy/difficult to understand	ser fácil/difícil de entender
	to be pleased to see	estar contento de ver
	to be obliged to do it	estar obligado a hacerlo

Como partícula de infinitivo también se emplea a continuación de construcciones nominales y verbales:

they were the first/last/only ones to arrive	fueron los primeros/últimos/únicos en llegar
to begin to do sth	empezar a hacer algo
to agree to do sth	acordar hacer algo
to help sb to do sth	ayudar a algn a hacer algo

under

bajo/debajo de	**under the bed**	bajo/debajo de la cama
por debajo de	**we swam under the bridge**	nadamos por debajo del puente

with

con	**to walk with a walking stick**	andar con bastón
	she came with her friend	vino con su amigo
	I love strawberries with cream	me encantan las fresas con nata
con descripciones	**the woman with the green hat**	la mujer del sombrero verde
	the man with the beard	el hombre de la barba
	the trouble with Harry is ...	lo malo de Harry es ...
con algunos adjetivos	**to be angry with sb**	estar enfadado con algn
	to get bored with doing sth	aburrirse de hacer algo
	to get fed up with sb/sth/ doing sth	hartarse de algn/algo/hacer algo
	he is magnanimous with his subjects	es magnánimo con sus súbditos
	to be good with children	saber (cómo) tratar a los niños
con algunos verbos	**we agree with you**	estamos de acuerdo contigo
	she stayed with friends	se quedó en casa de unos amigos
	she mixed the sugar with the eggs	mezcló el azúcar con los huevos
	to fill sth with sth	llenar algo de algo

Construcciones verbales con preposición

En los siguientes apartados se incluyen una serie de construcciones verbales que van seguidas de preposición en inglés y en español. La primera sección contiene aquéllas que rigen preposición en ambas lenguas, y las secciones 2 y 3 muestran los verbos que necesitan preposición sólo en uno de los dos idiomas:

Verbos que llevan preposición en inglés y en español

to accuse sb of sth/of doing sth	*acusar a algn de algo/de haber hecho algo*
to account for sth	*responder por algo*
to agree with sb/sth	*estar de acuerdo con algn/algo*
to apologise for sth/doing sth/having done sth	*disculparse por algo/hacer algo/haber hecho algo*
to ask for sb	*preguntar por algn*
to attend to sth	*ocuparse de algo*
to be about sb/sth	*tratarse de algn/algo*
to begin by doing sth	*empezar por hacer algo*
to bump into sth	*chocar con o contra algo*
to buy sth from sb	*comprar algo a o de algn*
to buy sth for sb	*comprar algo a o para algn*
to compare sth to sth	*comparar algo con algo*
to complain about sth	*quejarse de algo*
to congratulate sb on sth	*felicitar a algn por algo*
to consist of sth	*consistir en algo*
to convince sb of sth	*convencer a algn de algo*
to depend on sb/sth	*depender de algn/algo*
to dissuade sb from doing sth	*disuadir a algn de que haga algo*
to dream about sb/sth/doing sth	*soñar con algn/algo/hacer algo*

to dream of sb/sth/doing sth	*soñar con algn/algo/hacer algo*
to excel at/in sth	*distinguirse en algo*
to fill sth with sth	*llenar algo de algo*
to find out about sth	*enterarse de algo*
to finish with sb	*acabar con algn*
to forgive sb for sth	*perdonar a algn por algo*
to get into a vehicle	*subirse a un vehículo*
to get off a bus	*bajarse de un autobús*
to get on a bus	*subirse a un autobús*
to get to London	*llegar a Londres*
to head for a place	*dirigirse a un lugar*
to hide sth from sb	*esconder algo a/de algn*
to laugh at sb/sth	*reírse de algn/algo*
to lean out of the window	*asomarse a/por la ventana*
to live on sth	*vivir de algo*
to load sth with sth	*cargar algo de algo*
to look like sb	*parecerse a algn*
to move away from sb/sth	*alejarse de algn/algo*
to pay attention to sb	*hacer caso a algn*
to persist in sth	*persistir en algo*
to refer to sth	*referirse a algo*
to rely on sb/sth	*contar con algn/algo*
to serve sb as sth	*servir de algo a algn*
to sit down at the table	*sentarse a la mesa*
to smell of sth	*oler a algo*
to snatch sth from sb	*arrebatarle algo a algn*
to surround with sth	*rodear con algo*
to take sth from sb	*cogerle algo a algn*
to take advantage of sb/sth	*aprovecharse de algn/algo*
to take care of sb	*ocuparse de algn*
to talk to sb	*hablar con algn*
to taste of sth	*saber a algo*
to tire of sb/sth/doing sth	*cansarse de algn/algo/hacer algo*
to think about sb/sth/doing sth	*pensar en algn/algo/hacer algo*
to translate sth into Spanish	*traducir algo al español*
to warn sb about sth	*advertir a algn de algo*
to work as sth	*trabajar de algo*
to worry about sb/sth	*preocuparse de o por algn/algo*

Verbos que en inglés no llevan preposición y en español sí

to address sb	*dirigirse a algn*
to approach sb/sth	*acercarse a algn/algo*
to arrange to do sth	*quedar en hacer algo*
to attend sth	*asistir a algo*
to climb a mountain	*subir a una montaña*
to consent to do sth	*consentir en hacer algo*
to consider doing sth	*pensar en hacer algo*
to dare to do sth	*atreverse a hacer algo*
to end up (by) doing sth	*acabar por hacer algo*
to enter a place	*entrar en un lugar*
to finish doing sth	*terminar de hacer algo*
to forget sb/sth	*olvidarse de algn/algo*
to hesitate to do sth	*vacilar en hacer algo*
to hurry to do sth	*apresurarse a hacer algo*
to lack sth	*carecer de algo*
to leave a place	*salir de un lugar*
to learn to do sth	*aprender a hacer algo*
to marry sb	*casarse con algn*
to meet sb (by chance)	*encontrarse con algn*
to notice sb/sth	*fijarse en algn/algo*
to offer to do sth	*ofrecerse a hacer algo*
to play sth	*jugar a algo*
to persuade sb to do sth	*convencer a algn para que haga algo*
to pull sb/sth	*tirar de algn/algo*

to reach a place	*llegar a un lugar*
to realise sth	*darse cuenta de algo*
to refuse to do sth	*negarse a hacer algo*
it remains to be seen whether ...	*queda por ver si ...*
to remember sb/sth	*acordarse de algn/algo*
to resemble sb/sth	*parecerse a algn/algo*
to risk doing sth	*arriesgarse a hacer algo*
to strive to do sth	*esforzarse por hacer algo*
to take time to do sth	*tardar (tiempo) en hacer algo*
to tend to happen	*tender a ocurrir*
to threaten sb to do sth	*amenazar a algn con hacer algo*
to trust sb/sth	*fiarse de algn/algo*

Verbos que en inglés llevan preposición y en español no

to approve of sth	*aprobar algo*
to ask for sth	*pedir algo*
to listen to sth	*escuchar algo*
to long for sth	*desear algo*
to look at sth	*mirar algo*
to look for sb/sth	*buscar a algn/algo*
to pay for sth	*pagar algo*
to preside over sth	*presidir algo*
to prevent sb from doing sth	*impedir que algn haga algo*
to reproach sb for sth	*reprocharle algo a algn*
to wait for sth/sb	*esperar algo/a algn*

En los siguientes apartados se incluyen los verbos que van seguidos directamente de un infinitivo o un gerundio en inglés, ya sea con cambio de significado o sin él:

Verbos seguidos de infinitivo

to afford to do sth	*permitirse hacer algo*
to agree to do sth	*acordar hacer algo*
to aim to do sth	*proponerse hacer algo*
to appear to be sth	*parecer ser algo*
to ask sb to do sth	*pedirle a algn que haga algo*
to attempt to do sth	*intentar hacer algo*
to dare to do sth	*atreverse a hacer algo*
to decide to do sth	*decidir hacer algo*
to deserve to do sth	*merecer hacer algo*
to determine to do sth	*decidir hacer algo*
to expect to do sth	*esperar hacer algo*
to fail to do sth	*no hacer algo*
to hope to do sth	*esperar (poder) hacer algo*
to manage to do sth	*conseguir hacer algo*
to mean to do sth	*tener la intención de hacer algo*
to need to do sth	*tener que hacer algo*
to pretend to do sth	*pretender hacer algo*
to promise to do sth	*prometer hacer algo*
to seem to be sth	*parecer ser algo*
to want to do sth	*querer hacer algo*
to wish to do sth	*desear hacer algo*

Verbos seguidos de la forma -ing

to admit having done sth	*admitir haber hecho algo*
to avoid doing sth	*evitar hacer algo*
to deny doing/having done sth	*negar haber hecho algo*
to enjoy doing sth	*gustarle a algn hacer algo*
to fancy doing sth	*apetecer hacer algo*
he can't help doing ...	*no puede evitar hacer ...*
to imagine doing sth	*imaginarse que se hace algo*
to keep doing sth	*seguir haciendo algo*
not to mind doing sth	*no importarle a algn hacer algo*
to miss doing sth	*echar de menos hacer algo*
to put off doing sth	*aplazar hacer algo*

he can't resist doing ...	*no puede resistirse a hacer ...*
he can't stand doing ...	*no puede soportar hacer ...*
to suggest doing sth	*sugerir hacer algo*

o con algunas expresiones

there's no point in doing that	*no sirve de nada hacer eso*
to be used/accustomed to doing sth	*estar acostumbrado a hacer algo*
to look forward to doing sth	*estar deseando hacer algo*

Verbos seguidos de infinitivo/-ing sin apenas cambio de significado

to begin to do/doing sth	*empezar a hacer algo*
not to bother to do/doing sth	*no molestarse en hacer algo*
to continue to do/doing sth	*continuar haciendo algo*
to hate to do/doing sth	*detestar hacer algo*
to like to do/doing sth	*gustarle a algn hacer algo*
to love to do/doing sth	*encantarle a algn hacer algo*
to prefer to do/doing sth	*preferir hacer algo*
to start to do/doing sth	*empezar a hacer algo*

Verbos seguidos de infinitivo/-ing con cambio de significado

to forget to do sth	*olvidarse de hacer algo*
to forget doing sth	*olvidarse de haber hecho algo*
to go on to do sth	*pasar a hacer algo*
to go on doing sth	*seguir haciendo algo*
to regret to do sth	*lamentar hacer algo*
to regret doing sth	*lamentar haber hecho algo*
to remember to do sth	*acordarse de hacer algo*
to remember doing sth	*recordar haber hecho algo*
to stop to do sth	*parar para hacer algo*
to stop doing sth	*parar de hacer algo*
to try to do sth	*intentar hacer algo*
to try doing sth	*probar haciendo algo*

EL VERBO INGLÉS

INFINITIVO	PRETÉRITO	PARTICIPIO DE PASADO	INFINITIVO	PRETÉRITO	PARTICIPIO DE PASADO
abide	abode or abided	abode or abided	gild	gilded	gilded or gilt
arise	arose	arisen	gird	girded or girt	girded or girt
awake	awoke	awaked	give	gave	given
be	was, were	been	go	went	gone
bear	bore	(llevado) borne, (nacido) born	grind	ground	ground
			grow	grew	grown
beat	beat	beaten	hang	hung, (Law) hanged	hung, (Law) hanged
become	became	become			
beget	begot, (old) begat	begotten	have	had	had
			hear	heard	heard
begin	began	begun	heave	heaved, (Naut) hove	heaved, (Naut) hove
bend	bent	bent			
beseech	besought	besought	hew	hewed	hewed or hewn
bet	bet or betted	bet or betted	hide	hid	hidden
bid (ordenar)	bade	bidden	hit	hit	hit
(licitar etc)	bid	bid	hold	held	held
bind	bound	bound	hurt	hurt	hurt
bite	bit	bitten	keep	kept	kept
bleed	bled	bled	kneel	knelt	knelt
blow	blew	blown	know	knew	known
break	broke	broken	lade	laded	laden
breed	bred	bred	lay	laid	laid
bring	brought	brought	lead	led	led
build	built	built	lean	leaned or leant	leaned or leant
burn	burned or burnt	burned or burnt			
burst	burst	burst	leap	leaped or leapt	leaped or leapt
buy	bought	bought			
can	could	–	learn	learned or learnt	learned or learnt
cast	cast	cast			
catch	caught	caught	leave	left	left
choose	chose	chosen	lend	lent	lent
cleave¹ (vt)	clove or cleft	cloven or cleft	let	let	let
cleave² (vi)	cleaved, (old) clave	cleaved	lie	lay	lain
			light	lit or lighted	lit or lighted
cling	clung	clung	lose	lost	lost
come	came	come	make	made	made
cost (vt)	costed	costed	may	might	–
(vi)	cost	cost	mean	meant	meant
creep	crept	crept	meet	met	met
cut	cut	cut	mow	mowed	mown or mowed
deal	dealt	dealt	pay	paid	paid
dig	dug	dug	put	put	put
do	did	done	quit	quit or quitted	quit or quitted
draw	drew	drawn	read [ri:d]	read [red]	read [red]
dream	dreamed or dreamt	dreamed or dreamt	rend	rent	rent
			rid	rid	rid
drink	drank	drunk	ride	rode	ridden
drive	drove	driven	ring	rang	rung
dwell	dwelt	dwelt	rise	rose	risen
eat	ate	eaten	run	ran	run
fall	fell	fallen	saw	sawed	sawed or sawn
feed	fed	fed	say	said	said
feel	felt	felt	see	saw	seen
fight	fought	fought	seek	sought	sought
find	found	found	sell	sold	sold
flee	fled	fled	send	sent	sent
fling	flung	flung	set	set	set
fly	flew	flown	sew	sewed	sewn
forbid	forbad(e)	forbidden	shake	shook	shaken
forget	forgot	forgotten	shave	shaved	shaved or shaven
forsake	forsook	forsaken	shear	sheared	sheared or shorn
freeze	froze	frozen	shed	shed	shed
get	got	got, (US) gotten	shine	shone	shone

INFINITIVO	PRETÉRITO	PARTICIPIO DE PASADO	INFINITIVO	PRETÉRITO	PARTICIPIO DE PASADO
shoe	shod	shod	**steal**	stole	stolen
shoot	shot	shot	**stick**	stuck	stuck
show	showed	shown *or* showed	**sting**	stung	stung
			stink	stank	stunk
shrink	shrank	shrunk	**strew**	strewed	strewed *or* strewn
shut	shut	shut			
sing	sang	sung	**stride**	strode	stridden
sink	sank	sunk	**strike**	struck	struck
sit	sat	sat	**string**	strung	strung
slay	slew	slain	**strive**	strove	striven
sleep	slept	slept	**swear**	swore	sworn
slide	slid	slid	**sweep**	swept	swept
sling	slung	slung	**swell**	swelled	swollen
slink	slunk	slunk	**swim**	swam	swum
slit	slit	slit	**swing**	swung	swung
smell	smelled *or* smelt	smelled *or* smelt	**take**	took	taken
			teach	taught	taught
smite	smote	smitten	**tear**	tore	torn
sow	sowed	sowed *or* sown	**tell**	told	told
speak	spoke	spoken	**think**	thought	thought
speed (*vt*)	speeded	speeded	**thrive**	throve *or* thrived	thriven *or* thrived
(*vi*)	sped	sped			
spell	spelled *or* spelt	spelled *or* spelt	**throw**	threw	thrown
spend	spent	spent	**thrust**	thrust	thrust
spill	spilled *or* spilt	spilled *or* spilt	**tread**	trod	trodden
spin	spun, (*old*) span	spun	**wake**	woke *or* waked	woken *or* waked
spit	spat	spat	**wear**	wore	worn
split	split	split	**weave**	wove	woven
spoil	spoiled *or* spoilt	spoiled *or* spoilt	**weep**	wept	wept
spread	spread	spread	**win**	won	won
spring	sprang	sprung	**wind**	wound	wound
stand	stood	stood	**wring**	wrung	wrung
stave	stove *or* staved	stove *or* staved	**write**	wrote	written

N.B.- No constan en esta lista los verbos compuestos con prefijo etc; para ellos véase el verbo básico, p.ej. para **forbear** véase **bear**, para **understand** véase **stand**.

LOS NÚMEROS

Los números cardinales		Cardinal Numbers
uno (un, una)*	1	one
dos	2	two
tres	3	three
cuatro	4	four
cinco	5	five
seis	6	six
siete	7	seven
ocho	8	eight
nueve	9	nine
diez	10	ten
once	11	eleven
doce	12	twelve
trece	13	thirteen
catorce	14	fourteen
quince	15	fifteen
dieciséis	16	sixteen
diecisiete	17	seventeen
dieciocho	18	eighteen
diecinueve	19	nineteen
veinte	20	twenty
veintiuno (-un, -una)*	21	twenty-one
veintidós	22	twenty-two
treinta	30	thirty
trienta y uno (un, una)*	31	thirty-one
treinta y dos	32	thirty-two
cuarenta	40	forty
cincuenta	50	fifty
sesenta	60	sixty
setenta	70	seventy
ochenta	80	eighty
noventa	90	ninety
cien (ciento)**	100	a hundred, one hundred
ciento uno (un, una)*	101	a hundred and one
ciento dos	102	a hundred and two
ciento cincuenta y seis	156	a hundred and fifty-six
doscientos(as)	200	two hundred
trescientos(as)	300	three hundred
quinientos(as)	500	five hundred
setecientos(as)	700	seven hundred
novecientos(as)	900	nine hundred
mil	1,000	a thousand
mil tres	1,003	a thousand and three
dos mil	2,000	two thousand
un millón	1,000,000	a million

* 'uno' (+ 'veintiuno' etc) agrees in gender (but not number) with its noun: treinta y una persona the masculine form is shortened to 'un' unless it stands alone: veintiún caballos, veintiuno.

** 'ciento' is used in compound numbers, except when it multiplies: ciento diez, but cien mi 'Cien' is used before nouns: cien hombres, cien casas.

NUMBERS

Los números ordinales / Ordinal Numbers

primero(primer, primera)*, 1º, 1er/1ª, 1era	first, 1st
segundo(a), 2°/2ª	second, 2nd
tercero(tercer, tercera)*, 3º, 3er/3ª, 3era	third, 3rd
cuarto(a), 4º/4ª	fourth, 4th
quinto(a)	fifth, 5th
sexto(a)	sixth, 6th
séptimo(a)	seventh
octavo(a)	eighth
noveno(a); nono(a)	ninth
décimo(a)	tenth
undécimo(a)	eleventh
duodécimo(a)	twelfth
decimotercio(a)	thirteenth
decimocuarto(a)	fourteenth
decimoquinto(a)	fifteenth
decimoseto(a)	sixteenth
decimoséptimo(a)	seventeenth
decimoctavo(a)	eighteenth
decimonono(a)	nineteenth
vigésimo(a)	twentieth
vigésimo primero(a)	twenty-first
vigésimo segundo(a)	twenty-second
trigésimo(a)	thirtieth
trigésimo primero(a)	thirty-first
trigésimo segundo(a)	thirty-second
cuadragésimo(a)	fortieth
quincuagésimo(a)	fiftieth
sexagésimo(a)	sixtieth
septuagésimo(a)	seventieth
octogésimo(a)	eightieth
nonagésimo(a)	ninetieth
centésimo(a)	hundredth
centésimo primero(a)	hundred-and-first
milésimo(a)	thousandth

* 'primero' and 'tercero' are shortened to 'primer' and 'tercer' when they directly precede a masculine singular noun: *en el primer capítulo*, but *los primeros coches en llegar*.

In Spanish the ordinal numbers from 1 to 10 are commonly used; from 11 to 20 rather less; and above 21 they are rarely written and almost never heard (except for milésimo, which is frequent). The forms for 21 and above are usually replaced by the cardinal number.

Los números quebrados / Fractions

medio *m*, media *f*	one half, a half
(una) porción y media	one and a half helpings
dos kilos y medio	two and a half kilos
un tercio, la tercera parte	one third, a third
dos tercios, las dos terceras partes	two thirds
un cuarto, la cuarta parte	one quarter, a quarter
tres cuartos, las tres cuartes partes	three quarters
un sexto, la sexta parte	one sixth, a sixth
cinco y cinco sextos	five and five sixths
un centésimo, la centésima parte	one hundredth, a hundredth
un milésimo	one thousandth

LA HORA

las seis (de la mañana)
las seis y cinco
las sies y diez
las seis y cuarto
las seis y veinticinco
las seis y media
las siete menos veinticinco
las siete menos veinte
las siete menos cuarto
las siete menos diez
las siete (de la tarde)

Cómo preguntar la hora

¿qué hora es?
¿qué hora tienes?
¿me das la hora?
¿tienes hora?

Cómo contestar

es la una
son las tres
yo tengo las 2 y 20
son las doce
serán las once
son las tres en punto
son las tres y pico
falta un poco para las tres

¿A qué hora?

¿a qué hora empieza?
a las siete
a la una
a medianoche
dentro de veinte minutos
a eso de las ocho
sale a las 19.30

Día y noche

las doce de la noche
las tres de la madrugada
las seis de la mañana
las diez de la mañana
las doce del mediodía
las cuatro de la tarde
las siete de la tarde
las once de la noche

THE TIME

six o'clock (in the morning), six (a.m.)
five past six
ten past six
a quarter past six, six fifteen
twenty-five past six, six twenty-five
half past six, six thirty
twenty-five to seven, six thirty-five
twenty to seven, six forty
a quarter to seven, six forty-five
ten to seven, six fifty
seven o'clock (in the evening), seven (p.m.)

Asking the time

what time is it?
what time do you make it?
can you tell me the time?
do you have the time (on you)?

Telling the time

it's one o'clock
it's three o'clock
I make it 2.20. I make it twenty past two
it's twelve o'clock
it must be about 11
it's 3 o'clock exactly
it's just gone 3 o'clock
it's nearly 3 o'clock

At what time?

what time does it start?
at seven o'clock
at one o'clock
at midnight
in twenty minutes
at around eight o'clock
it leaves at 7.30 p.m., it leaves at 19.30 hours

Night and day

midnight
3 a.m., three in the morning
6 a.m., six in the morning
10 a.m.
12 noon, midday
4 p.m.
7 p.m.
11 p.m.

LA FECHA

THE DATE

Los días de la semana

lunes
martes
miércoles
jueves
viernes
sábado
domingo

The days of the week

Monday
Tuesday
Wednesday
Thursday
Friday
Saturday
Sunday

Los meses

enero
febrero
marzo
abril
mayo
junio
julio
agosto
septiembre, setiembre
octubre
noviembre
diciembre

Months

January
February
March
April
May
June
July
August
September
October
November
December

En inglés, los días de la semana y los meses del año siempre se escriben con mayúscula.
In Spanish, the days of the week and months of the year always begin with a small letter.

Cómo preguntar la fecha

¿a cuánto estamos?
¿qué día es hoy?
estamos a 14
hoy es 14
estamos a sábado
hoy es sábado
el 1º/24 de octubre 1998
mil novecientos noventa y ocho

Asking the date

what's the date today?
what's the day today?
it's the fourteenth
today is the fourteenth
it's Saturday
today is Saturday
1st/24th of October 1998
nineteen ninety-eight

¿Cuándo?

hoy/ayer/mañana
pasado mañana
antes ayer
el día siguiente
la mañana/la tarde/la tarde, el atardecer
ayer por la tarde
mañana por la mañana
viene el sábado
los sábados
el sábado pasado
el sábado que viene
el sábado en ocho días
el sábado en quince días
una vez por semana/mes
hace una semana
el año pasado
dentro de dos días
next month/year

en 1966
44 a. de J. C.
14 d. de J. C.
en el siglo diecinueve
en los años ochenta
en el año dos mil

When?

today/yesterday/tomorrow
the day after tomorrow
the day before yesterday
the next or following day
morning/afternoon/evening
yesterday afternoon/evening
tomorrow morning
he's coming on Saturday
on Saturdays
last Saturday
next Saturday
a week on Saturday
a fortnight or two weeks on Saturday
once a week/month
a week ago
last year
in two days
el mes/año que viene

in 1966
44 BC
14 AD
in the nineteenth century
in the (nineteen) eighties
in the year two thousand

PESOS Y MEDIDAS

1 Metric system – Sistema métrico

(Se omiten la mayor parte de las medidas formadas con los siguientes prefijos:

deca-	10 times	10 veces
hecto-	100 times	100 veces
kilo-	1000 times	1000 veces
deci-	one tenth	una décima
centi-	one hundredth	una centésima
mil(l)i-	one thousandth	una milésima)

Linear measures – medidas de longitud

1 millimetre (milímetro)	=	0·03937 inch (pulgada)
1 centimetre (centímetro)	=	0·3937 inch (pulgada)
1 metre (metro)	=	39·37 inches (pulgadas)
	=	1·094 yards (yardas)
1 kilometre (kilómetro)	=	0·6214 mile (milla) *or* almost exactly five-eights of a mile

Square measures – medidas cuadradas o de superficie

1 square centimetre (centímetro cuadrado)	=	0·155 square inch (pulgada cuadrada)
1 square metre (metro cuadrado)	=	10·764 square feet (pies cuadrados)
	=	1·196 square yards (yardas cuadradas)
1 square kilometre (kilómetro cuadrado)	=	0·3861 square mile (milla cuadrada)
	=	247·1 acres (acres)
1 are = 100 square metres (área)	=	119·6 square yards (yardas cuadradas)
1 hectare = 100 ares (hectáres)	=	2·471 acres (acres)

Cubic measures – medidas cúbicas

1 cubic centimetre (centímetro cúbico)	=	0·061 cubic inch (pulgada cúbica)
1 cubic metre (metro cúbico)	=	35·315 cubic feet (pies cúbicos)
	=	1·308 cubic yards (yardas cúbicas)

Measures of capacity – medida de capacidad

1 litre (litro) = 1000 cubic centimetres	=	1·76 pints (pintas)
	=	0·22 gallon (galón)

Weights – pesos

1 gramme (gramo)	=	15·4 grains (granos)
1 kilogramme (kilogramo)	=	2·2046 pounds (libras)
1 quintal (quintal métrico) = 100 kilogrammes	=	220·46 pounds (libras)
1 metric ton (tonelada métrica) = 1000 kilogrammes	=	0·9842 ton (tonelada)

2 British system – Sistema británico

Linear measures – medidas de longitud

1 inch (pulgada)	=	2,54 centímetros
1 foot (pie) = 12 inches	=	30,48 centímetros
1 yard (yarda) = 3 feet	=	91,44 centímetros
1 furlong (estadio) = 220 yards	=	201,17 metros
1 mile (milla) = 1760 yards	=	1609,33 metros
	=	1,609 kilómetros

Surveyors' measures – medidas de agrimensura

1 link = 7·92 inches	=	20,12 centímetros
1 rod (*or* pole, perch) = 25 links	=	5,029 metros
1 chain = 22 yards = 4 rods	=	20,12 metros

WEIGHTS AND MEASURES

Square measures – medidas cuadradas o de superficie

1 square inch (pulgada cuadrada)	=	6,45 cm²
1 square foot (pie cuadrado) = 144 square inches	=	929, 03 cm²
1 square yard (yarda cuadrada) = 9 square feet	=	0,836 m²
1 square rod = 30·25 square yards	=	25,29 m²
1 acre = 4840 square yards	=	40,47 áreas
1 square mile (milla cuadrada) = 640 acres	=	2,59 km²

Cubic measures – medidas cúbicas

1 cubic inch (pulgada cúbica)	=	16,387 cm³
1 cubic foot (pie cúbico) = 1728 cubic inches	=	0,028 m³
1 cubic yard (yarda cúbica) = 27 cubic feet	=	0,765 m³
1 register ton (tonelada de registro) = 100 cubic feet	=	2,832 m³

Measures of capacity – medidas de capacidad

(a) Liquid – para líquidos

1 gill	=	0,142 litro
1 pint (pinta) = 4 gills	=	0,57 litro
1 quart = 2 pints	=	1,136 litros
1 gallon (galón) = 4 quarts	=	4,546 litros

(b) Dry – para áridos

1 peck = 2 gallons	=	9,087 litros
1 bushel = 4 pecks	=	36,36 litros
1 quarter = 8 bushels	=	290,94 litros

Weights – pesos

1 hundredweight (*or* short hundredweight) = 100 pounds	=	45,36 kilogramos
1 ton (*or* short ton) = 2000 pounds = 20 short hundredweights	=	907,18 kilogramos

3 Traditional Spanish weights and measures – Pesos y medidas españoles tradicionales

(These are the measures which were standard until the introduction of the metric system in Spain in 1871, and they are still in use in some provinces and in agriculture/*Son éstas las medidas que se emplearon hasta la introducción del sistema métrico en España en 1871. Se emplean todavía en algunas provincias y en la agricultura*).

Linear measures – medidas de longitud

1 vara	=	0·836 metre
1 braza	=	1·67 metres
1 milla	=	1·852 kilometres
1 legua	=	5·5727 kilometres

Square measure – medida cuadrada o de superficie

1 fanega	=	6460 square metres = 1·59 acres

Measures of capacity – medidas de capacidad

a) Liquid – para líquidos

1 cuartillo	=	0·504 litre
1 azumbre = 4 cuartillos	=	2·016 litres
1 cántara = 8 azumbres	=	16·128 litres

b) Dry – para áridos

1 celemín	=	4·625 litres
1 fanega = 12 celemines	=	55·5 litres = 1.58 bushels

Weights – pesos

1 onza	=	28·7 grammes
1 libra = 16 onzas	=	460 grammes
1 arroba = 25 libras	=	11.502 kilogrammes = 25 pounds
1 quintal = 4 arrobas	=	46 kilogrammes

ENGLISH-SPANISH DICTIONARY

DICCIONARIO INGLÉS-ESPAÑOL

Aa

A, a¹ [eɪ] [1] N [a] (letter) A, a f; **to know sth from A to Z** conocer algo de pe a pa; **to get from A to B** ir de A a B. [b] (Mus) A la m; **A major/minor** la mayor/menor; **A sharp/flat** la sostenido/bemol. [2] CPD: **A road** N ≈ carretera f nacional; **A shares** NPL acciones fpl de clase A; **A-side** N cara f A.

a² [eɪ, ə] INDEF ART (before vowel or silent h **an** [æn, ən, n]) [a] un(a) m/f; **half an hour** media hora; **I haven't got a car** no tengo coche; **without saying a word** sin decir palabra; **a drink would be nice** me gustaría algo de beber; **he's a teacher** es maestro or profesor; **Glasgow, a Scottish city** Glasgow, una ciudad escocesa; **a woman hates violence** las mujeres odian la violencia. [b] (a certain) un(a) tal; **a Mr Smith called to see you** vino a verte un tal señor Smith. [c] (each) **2 apples a head** 2 manzanas por persona; **50 kilometres an hour** 50 kilómetros por hora; **3 times a month** 3 veces al mes.

A. ABBR of **answer** R.

a. ABBR of **acre**.

A1 [ˈeɪˈwʌn] ADJ de primera clase, de primera categoría; **to be ~ at Lloyd's** estar en excelentes condiciones; **to feel ~** estar muy bien.

A3 [ˈeɪˈθriː] ADJ: **~ size** (paper) papel m tamaño A3, doble folio m.

A4 [ˈeɪˈfɔːr] ADJ: **~ size** (paper) papel m tamaño A4, folio m.

AA N ABBR [a] of **Automobile Association** ≈ RACE m. [b] of **Alcoholics Anonymous** A.A. [c] of **Associate in Arts** = Profesor m numerario de letras. [d] of **anti-aircraft**.

AAA N ABBR [a] of **Amateur Athletics Association** Asociación f de Atletismo Amateur. [b] (US Aut) of **American Automobile Association** ≈ RACE m.

AAF N ABBR of **American Air Force**.

AAIB N ABBR (Brit) of **Air Accident Investigation Branch**.

AAM N ABBR of **air-to-air missile**.

AAUP N ABBR (US Univ) of **American Association of University Professors**.

AB ABBR [a] (Naut) of **able-bodied seaman**. [b] (US Univ) of **Bachelor of Arts** ≈ Lic. en Fil. y Let. [c] (Canada) of **Alberta**.

ABA N ABBR [a] of **Amateur Boxing Association** Asociación f de Boxeo Amateur. [b] of **American Bankers Association**. [c] of **American Bar Association**.

aback [əˈbæk] ADV: **to be taken ~** sorprenderse, quedarse desconcertado/a.

abacus [ˈæbəkəs] N (pl **~es** or **abaci** [ˈæbəsaɪ]) ábaco m.

abandon [əˈbændən] [1] VT [a] (desert: car, ship, family) abandonar, dejar. [b] (give up: plan, attempt, hope) renunciar a; (game) anular, cancelar; **to ~ o.s. to sth** entregarse or abandonarse a algo. [2] N: **with ~, in gay ~** en forma desenfrenada, sin inhibiciones.

abandoned [əˈbændənd] ADJ [a] (house etc) abandonado/a, desierto/a; (child) abandonado/a, desamparado/a. [b] (unrestrained: manner) desinhibido/a, desenfrenado/a.

abase [əˈbeɪs] VT (person) humillar, rebajar; **to ~ o.s. (so far as to do ...)** rebajarse (hasta el punto de hacer ...).

abashed [əˈbæʃt] ADJ (shy) tímido/a, retraído/a; (ashamed) avergonzado/a, apenado/a (LAm).

abate [əˈbeɪt] VI (anger, enthusiasm, pain) disminuir; (wind) amainar; (storm) calmarse; (fever) bajar; (flood) retirarse, bajar; (noise) disminuir.

abatement [əˈbeɪtmənt] N (of pollution, noise) disminución f, moderación f.

abattoir [ˈæbətwɑːr] N matadero m.

abbey [ˈæbɪ] N abadía f, monasterio m.

abbot [ˈæbət] N abad m.

abbreviate [əˈbriːvɪeɪt] VT abreviar.

abbreviation [əˌbriːvɪˈeɪʃən] N (short form) abreviatura f.

ABC [ˈeɪbiːˈsiː] [1] N abecé m, abecedario m; (fig) abecé m; **~ of Politics** (as title) Introducción f a la política. [2] N ABBR [a] of **Australian Broadcasting Commission**. [b] of **American Broadcasting Company**.

abdicate [ˈæbdɪkeɪt] [1] VT (throne) abdicar; (responsibility) renunciar a. [2] VI abdicar.

abdication [ˌæbdɪˈkeɪʃən] N abdicación f.

abdomen [ˈæbdəmen, (Med) æbˈdəʊmen] N (Anat) vientre m; (of insect) abdomen m.

abdominal [æbˈdɒmɪnl] ADJ abdominal.

abduct [æbˈdʌkt] VT raptar, secuestrar.

abduction [æbˈdʌkʃən] N rapto m, secuestro m.

abductor [æbˈdʌktər] N secuestrador(a) m/f.

Aberdonian [ˌæbəˈdəʊnɪən] [1] ADJ de Aberdeen. [2] N nativo/a m/f or habitante mf de Aberdeen.

aberrant [əˈberənt] ADJ (Bio) aberrante; (behaviour) anormal.

aberration [ˌæbeˈreɪʃən] N (gen) aberración f; (fig) defecto m, error m; **mental ~** enajenación f mental.

abet [əˈbet] VT see **aid 2**.

abeyance [əˈbeɪəns] N: **to be in/fall into ~** estar/caer en desuso.

abhor [əbˈhɔːr] VT aborrecer, abominar.

abhorrence [əbˈhɒrəns] N aborrecimiento m, repugnancia f.

abhorrent [əbˈhɒrənt] ADJ aborrecible, detestable; **it's totally ~ to me** lo detesto totalmente.

abide [əˈbaɪd] (pt, pp **abode** or **~d**) VT (esp neg) aguantar, soportar; **I can't ~ him** no le puedo ver, no lo soporto.

◆ **abide by** VI + PREP (rules) atenerse a; (promise) cumplir con.

ability [əˈbɪlɪtɪ] N aptitud f, capacidad f; **abilities** talento m, dotes fpl; **to the best of my ~** lo mejor que pueda or sepa.

abject [ˈæbdʒekt] ADJ (poverty) miserable; (contemptible) vil, despreciable; (apology) rastrero/a.

abjure [əbˈdʒʊər] VT renunciar (a), abjurar.

ablaze [əˈbleɪz] ADV en llamas, ardiendo; **the house was ~ with light** (fig) la casa resplandecía de luz.

able [ˈeɪbl] ADJ (person) capaz; (piece of work) sólido/a; **to be ~ (to do sth)** poder or saber (hacer algo); **the child isn't ~ to walk (yet)** el niño no sabe andar (todavía); **he's not ~ to walk** no puede andar.

able-bodied [ˈeɪblˈbɒdɪd] ADJ sano/a; **~ seaman** marinero m de primera.

ABM N ABBR of **anti-ballistic missile**.

abnormal [æbˈnɔːməl] ADJ anormal; (shape) irregular.

abnormality [ˌæbnɔːˈmælɪtɪ] N (condition) anormalidad f; (instance) desviación f.

abnormally [æbˈnɔːməlɪ] ADV irregularmente; (exceptionally) de modo anormal, anormalmente.

aboard [əˈbɔːd] [1] ADV (Naut) a bordo; **to go ~** embarcar, subir a bordo; **all ~!** (Rail etc) ¡viajeros, al tren! etc. [2] PREP: **~ the ship** a bordo del barco; **~ the train** en el tren.

abode [əˈbəʊd] [1] PT, PP of **abide**. [2] N (old) morada f, domicilio m; **of no fixed ~** (Jur) sin domicilio fijo.

abolish [əˈbɒlɪʃ] VT suprimir, abolir.

abolition [ˌæbəʊˈlɪʃən] N supresión f, abolición f.

A-bomb [ˈeɪbɒm] N ABBR of **atom(ic) bomb**.

abominable [əˈbɒmɪnəbl] ADJ [a] (detestable) abominable, detestable. [b] (unpleasant) pésimo/a.

abominably [əˈbɒmɪnəblɪ] ADV abominablemente, pésimamente; **to be ~ rude to sb** faltarle al respeto a algn descaradamente, ser terriblemente grosero con algn.

abomination [əˌbɒmɪˈneɪʃən] N (feeling) aversión f; (detestable act, thing) escándalo m.

aboriginal [ˌæbəˈrɪdʒɪnl] ADJ aborigen, indígena.

aborigine [ˌæbəˈrɪdʒɪnɪ] N aborigen mf australiano/a.

abort [əˈbɔːt] **1** VI (Med) abortar; (Comput) abandonar; (fig) fracasar, frustrarse. **2** VT (see vi) abortar, hacer abortar; abandonar; cancelar.

abortion [əˈbɔːʃən] N (Med) aborto m; **illegal ~** aborto ilegal; **to have an ~** abortar.

abortionist [əˈbɔːʃənɪst] N abortista mf, abortero/a m/f.

abortive [əˈbɔːtɪv] ADJ (fig: attempt, plan) fracasado/a, frustrado/a.

abound [əˈbaʊnd] VI (exist in great quantity) abundar; (have in great quantity) **to ~ in** or **with** estar lleno/a de, abundar en.

about [əˈbaʊt] **1** ADV **a** (place) por todas partes; **to run ~** correr por todas partes; **to walk ~** andar de aquí para allá; **to look ~** mirar por todas partes; **to be ~ again** (after illness) estar recuperado, estar levantado; **we were ~ early** nos levantamos temprano; **is Mr Brown ~?** ¿está por aquí el Sr. Brown?; **there's a lot of measles ~** hay mucho sarampión; **it's the other way ~** (lit) está al revés; (fig) todo lo contrario.
b (approximately) más o menos, casi; **~ £20** unas 20 libras, 20 libras más o menos; **there were ~ 25 guests** había como 25 invitados (esp LAm); **at ~ 2 o'clock** a eso de las dos, sobre las dos; **it's ~ 2 o'clock** son las dos, más o menos; **it's just ~ finished** está casi terminado; **that's ~ right** está bien, más o menos.
c **to be ~ to do sth** estar a punto de hacer algo; **I'm not ~ to do all that for nothing** no pienso hacer todo eso gratis.
2 PREP **a** (place) alrededor de; **the fields ~ the house** los campos alrededor de la casa; **somewhere ~ here** por aquí cerca; **to wander ~ the town** deambular por la ciudad; **to do jobs ~ the house** (housework) hacer los quehaceres domésticos; **he looked ~ him** miró a su alrededor; **there's something ~ a soldier** los soldados tienen un no sé qué; **while you're ~ it ...** de paso ..., mientras lo haces ....
b (relating to) de, acerca de; **a book ~ travel** un libro de viajes; **do something ~ it!** ¡haz algo!; **how ~ me?** y yo, ¿qué?; **how ~ coming with us?** ¿por qué no vienes con nosotros?; **how ~ a drink?** ¿vamos a tomar una copa?; **what ~ it?** (what do you say?) ¿qué te parece?; (what of it?) ¿y qué?

about-turn [əˌbaʊtˈtɜːn] N (Mil) media vuelta f; (fig) cambio m radical de postura, giro m (brusco).

above [əˈbʌv] **1** ADV (overhead) encima, arriba; (higher) arriba; (higher status) de más categoría; (heaven) del cielo, de lo alto; (in text) arriba, más arriba; **as I said ~** como ya he dicho, según dije ya; **seen from ~** visto desde encima or arriba; **orders from ~** órdenes de fuente superior or arriba; **the flat ~** el piso de arriba.
2 PREP **a** (por) encima de, arriba de (LAm); **~ the clouds** encima de las nubes; **the Thames ~ London** el Támesis más arriba de Londres; **2000 metres ~ sea level** 2000 metros sobre el nivel del mar.
b (fig) **he is ~ me in rank** tiene una categoría or un rango superior a la mía or al mío; **I couldn't hear ~ the din** no podía oír con tanto ruido; **he's ~ that sort of thing** está muy por encima de esas cosas; **he's not ~ a bit of blackmail** es capaz hasta del chantaje; **it's ~ me** es demasiado complicado para mí; **to get ~ o.s.** pasarse (de listo).
c (numbers) más de, superior a; **she can't count ~ 10** no sabe contar más allá de 10.

aboveboard [əˈbʌvˈbɔːd] ADJ legítimo/a.

above-mentioned [əˈbʌvˈmenʃənd] ADJ sobredicho/a, susodicho/a.

above-named [əˈbʌvˈneɪmd] ADJ arriba mencionado/a.

Abp ABBR of **Archbishop** Arz.

abrasion [əˈbreɪʒən] N (injury) abrasión f.

abrasive [əˈbreɪzɪv] **1** ADJ abrasivo/a. **2** N abrasivo m.

abreast [əˈbrest] ADV: **to march 4 ~** marchar 4 de frente; **to come ~ of** llegar a la altura de; **to keep ~ of the news** mantenerse al día, estar al corriente.

abridge [əˈbrɪdʒ] VT (book) compendiar, resumir.

abridged [əˈbrɪdʒd] ADJ (book) compendiado/a, resumido/a.

abroad [əˈbrɔːd] ADV (in foreign parts) en el extranjero; **to go ~** ir al extranjero; **there is a rumour ~ that ...** corre el rumor de que ...; **how did the news get ~?** ¿cómo se divulgó la noticia?

abrupt [əˈbrʌpt] ADJ (sudden) repentino/a, brusco/a; (style) cortado/a, lacónico/a; (manner) áspero/a, brusco/a.

abruptly [əˈbrʌptlɪ] ADV (suddenly) repentinamente; (steeply) en fuerte pendiente; (brusquely) bruscamente.

ABS N ABBR of **antilock braking system** sistema m de frenos ABS, ABS m.

abscess [ˈæbsɪs] N absceso m.

abscond [əbˈskɒnd] VI fugarse; (with funds) huir.

abseil [ˈæbseɪl] VI (also **to ~ down**) hacer rappel, bajar en la cuerda.

abseiling [ˈæbseɪlɪŋ] N rappel m.

absence [ˈæbsəns] N (of person) ausencia f; (of thing) falta f; **in the ~ of** (person) en ausencia de; (thing) a falta de; **~ of mind** distracción f, despiste m.

absent [ˈæbsənt] **1** ADJ (person, thing) ausente; (fig) distraído/a, despistado/a; **~ without leave** ausente sin permiso; **to be ~** faltar (from a).
2 [æbˈsent] VT: **to ~ o.s.** ausentarse (from de).

absentee [ˌæbsənˈtiː] **1** N (from school, work) ausente mf.
2 CPD: **~ ballot** N (US) voto m por correo; **~ landlord** N absentista mf; **~ rate** N nivel m de ausencias.

absenteeism [ˌæbsənˈtiːɪzəm] N absentismo m.

absently [ˈæbsəntlɪ] ADV distraídamente.

absent-minded [ˈæbsəntˈmaɪndɪd] ADJ distraído/a, despistado/a.

absolute [ˈæbsəluːt] ADJ (power, monarch) absoluto/a; (certainty, confidence etc) completo/a; (support) incondicional, total; (prohibition) terminante; (truth, proof) incontrovertible; (denial) rotundo/a, categórico/a; **the man's an ~ idiot** es un puro imbécil, es completamente idiota; **~ monopoly** monopolio m total.

absolutely [ˈæbsəluːtlɪ] ADV **a** (wholly) completamente, totalmente; **that is ~ untrue** eso es completamente falso. **b** (fam: certainly) desde luego, claro.

absolution [ˌæbsəˈluːʃən] N (Rel) absolución f.

absolve [əbˈzɒlv] VT (free) absolver (from de).

absorb [əbˈzɔːb] VT (liquid, costs) absorber; (heat, sound, vibrations, radiation) amortiguar; (information) asimilar; (fig) retener, asimilar; (time, energy) ocupar, absorber; **the business ~s most of his time** el negocio le lleva la mayor parte de su tiempo; **she was ~ed in a book** estaba absorta en un libro.

absorbent [əbˈzɔːbənt] ADJ absorbente; **~ cotton** (US) algodón m hidrófilo.

absorbing [əbˈzɔːbɪŋ] ADJ (study etc) absorbente.

absorption [əbˈzɔːpʃən] N (fig, Comm) absorción f.

abstain [əbˈsteɪn] VI (not vote) abstenerse; (not drink) abstenerse de beber alcohol.

abstainer [əbˈsteɪnər] N abstemio/a m/f.

abstemious [əbˈstiːmɪəs] ADJ (person) abstemio/a; (meal) sin alcohol.

abstention [əbˈstenʃən] N (act) abstención f; **there were 20 ~s** hubo 20 abstenciones.

abstinence [ˈæbstɪnəns] N abstinencia f.

abstract [ˈæbstrækt] **1** ADJ abstracto/a.
2 (summary) resumen m, sumario m; (work of art) pintura f abstracta; **in the ~** en abstracto.
3 [æbˈstrækt] VT (remove) quitar; (summarize) resumir.

abstruse [æbˈstruːs] ADJ (person) recóndito/a, abstruso/a.

absurd [əbˈsɜːd] ADJ absurdo/a; (foolish) ridículo/a; **don't be ~!** ¡no digas tonterías!

absurdity [əbˈsɜːdɪtɪ] N **a** (no pl) absurdo m. **b** (thing etc) locura f, disparate m.

ABTA [ˈæbtə] N ABBR of **Association of British Travel Agents** ≈ AEDAVE f.

abundance [əˈbʌndəns] N abundancia f; **in ~** cantidad, en grandes cantidades.

abundant [əˈbʌndənt] ADJ abundante, abundoso/a (LAm); **a country ~ in minerals** un país rico en minerales.

abundantly [ə'bʌndəntlɪ] ADV: **he made it ~ clear to me that ...** me hizo constar con toda claridad que ....

abuse [ə'bjuːs] **1** N **a** (*insults*) insultos *mpl*, improperios *mpl*; **to heap ~ on sb** llenar de injurias. **b** (*misuse, instance*) abuso *m*; **~ of trust/power** abuso de confianza/poder; **open to ~** abierto al abuso; **child ~** maltrato *m* de los hijos; **sexual ~** abuso *m* sexual. **2** [ə'bjuːz] VT **a** (*revile*) insultar, injuriar. **b** (*misuse*) abusar de.

abusive [ə'bjuːsɪv] ADJ (*insulting*) ofensivo/a, insultante; (: *language*) lleno/a de insultos, injurioso/a; **to become ~** empezar a soltar injurias.

abysmal [ə'bɪzməl] ADJ **a** (*very great: ignorance*) abismal, profundo/a; (: *poverty*) extremo/a. **b** (*very bad: result*) pésimo/a.

abyss [ə'bɪs] N abismo *m*, sima *f*; (*fig*) extremo *m*.

AC N ABBR **a** (*Elec*) of **alternating current** C.A. **b** (*Brit Aer*) of **aircraftman**. **c** (*US Sport*) of **Athletic Club** C.A.

a/c ABBR **a** of **account** c/, cta, c.^ta. **b** of **account current** c/c.

academic [,ækə'demɪk] **1** ADJ (*Scol, Univ etc*) académico/a, universitario/a; (*intellectual*) intelectual; (*theoretical*) teórico/a; **~ advisor** (*US*) jefe *mf* de estudios; **~ freedom** libertad *f* de cátedra; **~ journal** revista *f* erudita; **~ year** (*Univ*) año académico or escolar; **it's of ~ interest only** sólo tiene interés académico. **2** N académico/a *m/f*, profesor(a) *m/f* universitario/a.

academy [ə'kædəmɪ] N (*of music etc*) conservatorio *m*; (*learned society*) academia *f*; **military ~** academia *f* militar.

ACAS ['eɪkæs] N ABBR (*Brit*) of **Advisory, Conciliation and Arbitration Service** ≈ IMAC *m*.

acc. ABBR **a** (*Fin*) of **account** c/, cta, c.^ta. **b** (*Ling*) of **accusative**.

accede [æk'siːd] VI: **to ~ to** (*throne etc*) acceder a, subir a; (*request*) consentir en, acceder a.

accelerate [æk'seləreɪt] **1** VT acelerar, apresurar; **~d program** (*US Univ*) curso *m* intensivo. **2** VI (*Aut*) acelerar.

acceleration [æk,selə'reɪʃən] N (*Aut*) aceleración *f*.

accelerator [æk'seləreɪtər] N (*Aut*) acelerador *m*.

accent ['æksənt] N (*gen*) acento *m*; **to put the ~ on** (*fig*) subrayar (la importancia de), recalcar; **the minister put the ~ on exports** el ministro recalcó la importancia de la exportación.

accentuate [æk'sentjʊeɪt] VT (*syllable*) acentuar; (*need, difference etc*) recalcar, subrayar.

accept [ək'sept] VT **a** (*gen*) aceptar; (*offer, suggestion*) admitir, aceptar; (*theory, report*) aprobar; (*acknowledge*) admitir; (*person*) recibir, acoger, dar acogida a; **it is ~ed that ...** se reconoce que ...; **it's the ~ed thing** es lo establecido, es la norma. **b** (*Comm: cheque, orders*) aceptar.

acceptable [ək'septəbl] ADJ (*behaviour, plan, offer*) aceptable, admisible; (*gift*) grato/a; **tea is always ~** el té siempre agrada.

acceptance [ək'septəns] N (*act*) aceptación *f*; (*welcome*) aprobación *f*, acogida *f*; **to meet with general ~** tener una buena acogida general.

access ['ækses] **1** N acceso *m*, entrada *f*; (*Comput*) acceso; **the house has ~ onto the park** la casa tiene salida al parque; **to have/gain ~ to sb** tener/conseguir libre acceso a algn; **to gain ~ (to)** lograr entrar (en). **2** VT (*Comput: retrieve*) obtener información de; (: *store*) dar información a. **3** CPD: **~ code** N código *m* de acceso; **~ road** N vía *f* de acceso; **~ time** N tiempo *m* de acceso.

accessible [æk'sesəbl] ADJ (*place*) accesible; (*person, information*) asequible.

accession [æk'seʃən] N (*addition*) adquisición *f*; (*of king*) subida *f*, ascenso *m*.

accessory [æk'sesərɪ] N **a** **accessories** (*Aut etc*) accesorios *mpl*; (*outfit*) complementos *mpl*; **toilet accessories** artículos *mpl* de tocador. **b** (*Jur*) cómplice *mf* (to de).

▼**accident** ['æksɪdənt] **1** N (*harmful*) accidente *m*; (*unexpected*) casualidad *f*; **road ~** accidente de tránsito; **by ~** (*by chance*) por or de casualidad; (*unintentionally*) sin querer, involuntariamente; **~s will happen** son cosas que pasan; **to meet with** or **have an ~** tener or sufrir un accidente. **2** CPD: **(road) ~ figures** or **statistics** NPL cifras *fpl* or estadísticas *fpl* de accidentes (en carretera); **~ insurance** N seguro *m* contra accidentes; **~ prevention** N prevención *f* de accidentes.

accidental [,æksɪ'dentl] ADJ (*by chance*) casual, fortuito/a; (*unintentional*) imprevisto/a; **~ death** muerte *f* por accidente.

accidentally [,æksɪ'dentəlɪ] ADV (*by chance*) por casualidad; (*unintentionally*) sin querer, involuntariamente.

accident-prone ['æksɪdənt,prəʊn] ADJ susceptible a los accidentes.

acclaim [ə'kleɪm] **1** VT (*praise*) aclamar, alabar; (*applaud*) aplaudir, vitorear; (*proclaim*) aclamar. **2** N (*approval*) alabanza *f*, aclamación *f*; (*applause*) ovación *f*, aplausos *mpl*.

acclamation [,æklə'meɪʃən] N (*approval*) aclamación *f*; (*applause*) aplausos *mpl*, vítores *mpl*; **by ~** por aclamación.

acclimatize [ə'klaɪmətaɪz], (*US*) **acclimate** [ə'klaɪmət] VT aclimatar; **to ~ o.s.** aclimatarse.

accommodate [ə'kɒmədeɪt] VT **a** (*person*) alojar, hospedar; (*have room for*) tener cabida para. **b** (*wishes etc*) complacer. **c** (*differences*) acomodar, reconciliar.

accommodating [ə'kɒmədeɪtɪŋ] ADJ servicial, complaciente.

accommodation [ə,kɒmə'deɪʃən] **1** N (*US: also* **~s**: *place to live*) alojamiento *m*; (*space*) lugar *m*, cabida *f*; (*agreement*) acuerdo *m*; **'~ to let'** 'se alquilan habitaciones'; **have you any ~ available?** ¿tiene Ud habitaciones disponibles?; **seating ~** plazas *fpl*, asientos *mpl*; **there is ~ for 20 passengers** hay lugar para 20 pasajeros. **2** CPD: **~ address** N dirección *f* por donde algn pasa a recoger cartas; **~ bureau** N oficina *f* de hospedaje.

accompaniment [ə'kʌmpənɪmənt] N (*also Mus*) acompañamiento *m*.

accompanist [ə'kʌmpənɪst] N (*Mus*) acompañante/a *m/f*.

accompany [ə'kʌmpənɪ] VT (*gen*) acompañar; (*Mus*) acompañar (a con, a); **to ~ o.s. on the piano** acompañarse al piano.

accomplice [ə'kʌmplɪs] N cómplice *mf*.

accomplish [ə'kʌmplɪʃ] VT (*task, mission*) llevar a cabo; (*purpose, one's design*) realizar.

accomplished [ə'kʌmplɪʃt] ADJ (*pianist etc*) experto/a, consumado/a.

accomplishment [ə'kʌmplɪʃmənt] N (*fulfilment*) realización *f*; (*thing achieved*) logro *m*; **~s** (*skills*) talento *m*, dotes *fpl*.

accord [ə'kɔːd] **1** N (*harmony*) acuerdo *m*; **of his/her own ~** espontáneamente, de motu propio; **with one ~** de or por común acuerdo; **to be in ~** estar de acuerdo (with con). **2** VT (*welcome, praise*) dar; (*honour*) conceder. **3** VI concordar (with con).

accordance [ə'kɔːdəns] N: **in ~ with** conforme a, de acuerdo con.

according [ə'kɔːdɪŋ] PREP: **~ to** según; **~ to him ...** según él ...; **it went ~ to plan** salió conforme a nuestros *etc* planes.

accordingly [ə'kɔːdɪŋlɪ] ADV **a** (*correspondingly*) en forma correspondiente, de acuerdo con esto; **to act ~** actuar en la forma que corresponde. **b** (*therefore*) así pues, por consiguiente.

accordion [ə'kɔːdɪən] N acordeón *m*.

accost [ə'kɒst] VT abordar, dirigirse a.

account [ə'kaʊnt] **1** N **a** (*report*) informe *m*; **to keep an ~ of** (*events*) guardar relación de; (*amounts*) llevar cuentas de; **to bring sb to ~** pedirle cuentas a algn; **by all ~s** a decir de todos, según se dice; **to give a good ~ of oneself** causar buena impresión, cosechar éxitos; **to give an ~ of** dar cuenta de, informar sobre. **b** (*consideration*) consideración *f*; (*importance*)

> SENTENCE BUILDER: **accident** → 7.4

importancia *f*; **on no ~** de ninguna manera, bajo ningún concepto; **on his ~** por él, en su nombre; **on ~ of** a causa de; **on that ~** por eso; **to take ~ of sth, take sth into ~** tener algo en cuenta; **to leave sth out of ~** no tomar algo en consideración; **to take no ~ of** no tomar en cuenta, desestimar, desatender.

$\boxed{c}$ (*at shop*) cuenta *f*; (*invoice*) factura *f*; (*bank ~*) cuenta (bancaria); **~s** (*of company*) cuentas *fpl*; **to settle an ~** liquidar una cuenta; **to settle ~s (with)** (*fig*) ajustar cuentas (con); **to get £50 on ~** recibir £50 anticipadas; **to put £50 down on ~** cargar £50 a la cuenta; **to buy sth on ~** comprar algo a cuenta; **(is it) cash or ~?** ¿en metálico o a cuenta?; **~ payable** cuenta por pagar; **~ receivable** cuenta por cobrar; *see* **current**; **deposit**; **joint 1**.

$\boxed{2}$ CPD: **~ book** N libro *m* de cuentas; **~s department** N sección *f* de contabilidad; **'~ payee only'** 'únicamente en cuenta del beneficiario'.

◆ **account for** VI + PREP (*explain*) explicar, justificar; (*give reckoning of*: *actions, expenditure*) dar cuenta de, responder de; (*destroy, kill*) acabar con; **that ~s for it** esa es la razón *or* la explicación; **there's no ~ing for tastes** sobre gustos no hay nada escrito; **everything is now ~ed for** todo está completo ya; **many are still not ~ed for** todavía no sabemos qué suerte han tenido muchos, seguimos ignorando lo que ha pasado a muchos.

accountable [ə'kaʊntəbl] ADJ: **to be ~ (for sth/to sb)** ser responsable (de algo/ante algn).

accountancy [ə'kaʊntənsɪ] N contabilidad *f*.

accountant [ə'kaʊntənt] N contable *mf*, contador(a) *m/f* (*LAm*); *see* **chartered accountant**.

accounting [ə'kaʊntɪŋ] $\boxed{1}$ N contabilidad *f*. $\boxed{2}$ CPD: **~ period** N período *m* contable, ejercicio *m* financiero.

accoutrements [ə'ku:trəmənts], (*US*) **accouterments** [ə'ku:tərmənts] NPL equipo *msg*, avíos *mpl*.

accreditation [ə,kredɪ'teɪʃən] $\boxed{1}$ N reconocimiento *m* (oficial). $\boxed{2}$ CPD: **~ officer** N (*US Scol*) inspector(a) *m/f* de enseñanza.

accredited [ə'kredɪtɪd] ADJ (*source, supplier, agent*) autorizado/a.

accrue [ə'kru:] VI (*mount up*) aumentarse; (*interest*) acumularse; **to ~ to** corresponder a; **~d charges** gastos *mpl* vencidos; **~d interest** interés *m* acumulado.

acct ABBR *of* **account** cta.

accumulate [ə'kju:mjʊleɪt] $\boxed{1}$ VT acumular, amontonar. $\boxed{2}$ VI acumularse, amontonarse.

accumulation [ə,kju:mjʊ'leɪʃən] N (*amassing*) acumulación *f*, acopio *m*; (*mass*) montón *m*.

accuracy ['ækjʊrəsɪ] N precisión *f*, exactitud *f*.

accurate ['ækjʊrɪt] ADJ (*number, observation etc*) preciso/a, exacto/a; (*copy*) fiel; (*answer*) correcto/a, acertado/a; (*shot*) certero/a; (*instrument, worker*) de precisión; **is that clock ~?** ¿marcha bien ese reloj?

accurately ['ækjʊrɪtlɪ] ADV (*correctly*) exactamente; (*faithfully*) fielmente.

accusation [,ækjʊ'zeɪʃən] N (*charge*) acusación *f*, cargo *m*.

accusative [ə'kju:zətɪv] N (*Ling*) acusativo *m*.

accuse [ə'kju:z] VT: **to ~ sb (of)** acusar a algn (de).

accused [ə'kju:zd] N: **the ~** (*Jur*) el/la acusado/a.

accusingly [ə'kju:zɪŋlɪ] ADV acusadoramente.

accustom [ə'kʌstəm] VT: **to ~ sb to sth/to doing sth** acostumbrar a algo/a hacer algo; **to be ~ed to sth** estar acostumbrado a algo; **to get ~ed to sth/to doing sth** acostumbrarse a algo/a hacer algo.

AC/DC [,eɪsi:'di:si:] $\boxed{1}$ N ABBR *of* **alternating current/ direct current** corriente *f* alterna/corriente continua. $\boxed{2}$ ADJ: **he's ~** (*fam*) es bisexual.

ACE N ABBR *of* **American Council on Education**.

ace [eɪs] N (*Cards*) as *m*; (*fig*: *of sportsman etc*) as; **to be within an ~ of** estar a punto *or* a dos dedos de; **to keep an ~ up one's sleeve, to have an ~ in the hole** (*US fam*) guardar un triunfo en la mano, guardarse un as en la manga.

acetate ['æsɪteɪt] N acetato *m*.

acetone ['æsɪtəʊn] N acetona *f*.

ache [eɪk] $\boxed{1}$ N (*pain*) dolor *m*; **full of ~s and pains** lleno de achaques *or* goteras.

$\boxed{2}$ VI (*hurt*) doler; (*yearn*) desear, suspirar (*for* por); **it makes my head ~** me da dolor de cabeza; **I'm aching all over** me duele todo; **I ~d to help** me moría por ayudar.

achieve [ə'tʃi:v] VT (*reach*) conseguir, alcanzar; (*complete*) llevar a cabo; (*accomplish*) realizar.

achievement [ə'tʃi:vmənt] N (*act*) realización *f*; (*thing achieved*) éxito *m*; **that's quite an ~** es todo un éxito, es toda una hazaña.

achiever [ə'tʃi:vəʳ] N (*also* **high ~**) persona *que realiza su potencial or que llega muy alto*.

Achilles [ə'kɪli:z] N: **~ heel** talón *m* de Aquiles; **~ tendon** tendón *m* de Aquiles.

acid ['æsɪd] $\boxed{1}$ N ácido *m*; (*fam*: *drug*) ácido *m* (*fam*). $\boxed{2}$ ADJ (*Chem*) ácido/a; (*sour*) agrio/a; (*fig*: *wit, remark*) mordaz; **~ (house) music** música *f* acid; **~ rain** lluvia *f* ácida; **~ test** (*fig*) prueba *f* de fuego, prueba *f* decisiva.

acidity [ə'sɪdɪtɪ] N acidez *f*.

acknowledge [ək'nɒlɪdʒ] VT reconocer; (*claim*) admitir; (*favour, gift*) agradecer, dar las gracias (por); (*letter*) acusar recibo de; (*greeting*) contestar a; **to ~ receipt of** acusar recibo de; **to ~ sb as leader** reconocer a algn como jefe; **to ~ defeat** darse por vencido.

acknowledgement [ək'nɒlɪdʒmənt] N (*admission*) admisión *f*; (*recognition*) reconocimiento *m*; (*of letter etc*) acuse *m* de recibo; **in ~ of** en reconocimiento de, en agradecimiento a; **~s** (*in book*) menciones *fpl*.

ACLU N ABBR *of* **American Civil Liberties Union**.

acme ['ækmɪ] N colmo *m*, cima *f*.

acne ['æknɪ] N acné *f*.

acolyte ['ækəʊlaɪt] N (*Rel*) acólito *m*; (*fig*) seguidor(a) *m/f*.

acorn ['eɪkɔ:n] N bellota *f*.

acoustic [ə'ku:stɪk] ADJ acústico/a; **~ coupler** acoplador *m* acústico; **~ screen** panel *m* acústico.

acoustics [ə'ku:stɪks] $\boxed{1}$ N (*Phys*) acústica *f*. $\boxed{2}$ NPL (*of hall etc*) condiciones *fpl* acústicas.

acquaint [ə'kweɪnt] VT $\boxed{a}$ (*inform*) **to ~ sb with sth** informar a algn de *or* sobre algo; **to ~ o.s. with sth** informarse sobre algo. $\boxed{b}$ (*know*) **to be ~ed with** (*person*) (llegar a) conocer; (*fact*) saber; (*situation*) ponerse al tanto de.

acquaintance [ə'kweɪntəns] N $\boxed{a}$ (*with person*) relación *f*; (*with subject etc*) conocimiento *m*; **to make sb's ~** conocer a algn; **it improves on ~** mejora a medida que lo vas conociendo; **on closer** *or* **further ~ it seems less attractive** al conocerlo mejor tiene menos atracción. $\boxed{b}$ (*person*) conocido/a *m/f*; **we're just ~s** nos conocemos ligeramente nada más; **an ~ of mine** un conocido mío.

acquiesce [,ækwɪ'es] VI (*agree*) consentir (*in* en), conformarse (*in* con).

acquiescence [,ækwɪ'esns] N consentimiento *m*, conformidad *f*.

acquiescent [,ækwɪ'esnt] ADJ condescendiente, conforme.

acquire [ə'kwaɪəʳ] VT (*possessions*: *get*) adquirir, obtener; (: *manage to get*) conseguir; (*language etc*) aprender; (*territory*) tomar posesión de; (*habit, reputation*) adquirir; **to ~ a name for honesty** crearse una reputación de honrado, ganarse una buena reputación; **to ~ a taste for** tomar gusto a, cobrar afición a.

acquired [ə'kwaɪəd] ADJ adquirido/a; **an ~ taste** un gusto adquirido.

acquisition [,ækwɪ'zɪʃən] N adquisición *f*.

acquisitive [ə'kwɪzɪtɪv] ADJ codicioso/a; **the ~ society** la sociedad de consumo.

acquit [ə'kwɪt] VT $\boxed{a}$ (*Jur*) **to ~ sb (of)** absolver *or* exculpar a algn (de). $\boxed{b}$ **to ~ o.s. well** salir con éxito, defenderse bien.

acquittal [ə'kwɪtl] N absolución *f*, exculpación *f*.

acre ['eɪkəʳ] N acre *m* (4047 *metros cuadrados*); **there are ~s of space for you to play in** (*fam*) hay la mar de espacio para que juguéis; **I've got ~s of weeds** (*fam*) tengo un montón de malas hierbas (*fam*).

acrid ['ækrɪd] ADJ (*smell, taste*) acre, punzante; (*fig*) áspero/a, mordaz.

Acrilan ® [ˈækrɪlæn] N acrilán *m* ®.

acrimonious [ˌækrɪˈməʊnɪəs] ADJ (*remark*) mordaz; (*argument*) reñido/a, amargo/a.

acrobat [ˈækrəbæt] N acróbata *mf*.

acrobatic [ˌækrəʊˈbætɪk] ① ADJ acrobático/a. ② NPL: **~s** acrobacia *fsg*.

acronym [ˈækrənɪm] N sigla(s) *f(pl)*, acrónimo *m*.

across [əˈkrɒs] ① ADV ⓐ (*direction*) a través, al través; **to run/swim ~** atravesar corriendo/a nado.
   ⓑ (*from one side to the other*) de una parte a otra, de un lado a otro; **to cut sth ~** cortar algo por (el) medio.
   ⓒ (*measurement*) **the lake is 12 km ~** el lago tiene 12 km de ancho.
   ② PREP ⓐ (*from one side to other of*) a través de; **to go ~ a bridge** atravesar *or* cruzar un puente.
   ⓑ (*on the other side of*) al otro lado de; **~ the street from our house** al otro lado de la calle enfrente de nuestra casa; **the lands ~ the sea** las tierras más allá del mar.
   ⓒ (*crosswise over*) a través de.

across-the-board [əˈkrɒsðəˈbɔːd] ① ADJ (*increase etc*) general, global. ② ADV: **across the board** en general, globalmente.

acrylic [əˈkrɪlɪk] ADJ acrílico/a; **~ fibre** fibra *f* acrílica.

ACT N ABBR *of* **American College Test** *examen que se hace al término de los estudios secundarios.*

act [ækt] ① N ⓐ (*deed*) acto *m*, acción *f*; **~ of God** fuerza *f* mayor; **an ~ of folly** una locura; **I was in the ~ of writing to him** precisamente le estaba escribiendo; **to catch sb in the ~** sorprender a algn en el acto; **A~s of the Apostles** Hechos *mpl* de los Apóstoles.
   ⓑ (*Parl*) ley *f*, decreto *m*.
   ⓒ (*Theat: division*) acto *m*; (*performance*) número *m*; (*fig: pretence*) cuento *m*, teatro *m*; **it's a hard ~ to follow** este número es tan bueno que será difícil repetirlo; **to get into** *or* **in on the ~** (*fam*) introducirse en el asunto, lograr tomar parte; **to get one's ~ together** (*fam*) organizarse, arreglárselas; **to put on an ~** (*fig*) fingir (el asco, el enojo etc).
   ② VT (*play*) representar; (*part*) hacer el papel de; **to ~ the fool** (*fig*) hacer el tonto.
   ③ VI ⓐ (*perform: Theat*) hacer teatro; (: *Cine*) hacer cine; (*fig: pretend*) fingirse, fingir ser/estar; **he's only ~ing** lo está fingiendo (nada más); **to ~ ill** fingirse enfermo.
   ⓑ (*function: thing*) funcionar, hacer (de), fungir (de) (*LAm*); (: *drug*) actuar; (: *person*) trabajar; **~ing in my capacity as chairman** en mi calidad de presidente; **it ~s as a deterrent** sirve para disuadir *or* de disuasión; **to ~ for sb** representar a algn.
   ⓒ (*behave*) obrar, comportarse; **he is ~ing strangely** está comportando de una manera rara.
   ⓓ (*take action*) obrar, tomar medidas; (*take effect*) surtir efecto, dar resultados; **now is the time to ~** hay que ponerse en acción ahora mismo; **he ~ed to stop it** tomó medidas para impedirlo; **he ~ed for the best** hizo lo que mejor le parecía; **to ~ on a suggestion** seguir una indicación.

◆ **act out** VT + ADV realizar.

◆ **act up** VI + ADV (*fam: person*) comportarse mal; (: *injury*) molestar, doler; (: *machine*) fallar, estropearse.

◆ **act (up)on** VI + PREP (*advice*) seguir; (*order*) obedecer; (*affect*) afectar (a), obrar sobre, tener resultados en.

acting [ˈæktɪŋ] ① ADJ interino/a, suplente.
   ② N (*Theat: playing*) interpretación *f*, actuación *f*; (: *profession*) profesión *f* de actor, teatro *m*; **what was his ~ like?** ¿qué tal hizo el papel?; **she has done some ~** tiene alguna experiencia como actriz; **to go in for ~** hacerse actor.

action [ˈækʃən] ① N ⓐ (*doing*) acción *f*; (*deed*) hecho *m*, obra *f*; (*movement*) marcha *f*; (*effect: of acid, drug etc*) efecto *m*; (*Mil*) acción; **to take ~** tomar medidas; **to put a plan into ~** poner un plan en acción *or* en marcha; **to be out of ~** (*Tech*) no funcionar, estar estropeado; (*person*) estar inactivo, quedar fuera del juego; **where's the ~ in this town?** ¿dónde hay vida en este lugar?; **a piece of the ~** (*fam: Comm*) una tajada (*fam*); **killed in ~** (*Mil*) muerto en batalla; **~s speak louder than words** dicho

sin hecho no trae provecho; **to go into ~** entrar en acción, empezar a funcionar; **to put out of ~** inutilizar, parar, destrozar; **the illness put him out of ~** la enfermedad le dejó fuera de combate; **to see ~** servir.
   ⓑ (*Jur*) demanda *f*, proceso *m*; **to bring an ~ against sb** entablar demanda contra algn.
   ② CPD: **~ replay** N (*TV*) repetición *f*.

activate [ˈæktɪveɪt] VT activar.

active [ˈæktɪv] ADJ (*gen*) activo/a; (*lively*) enérgico/a; (*life*) ajetreado/a; (*interest*) vivo/a; **to be ~ in politics** estar metido/a en política; **we are giving it ~ consideration** lo estamos estudiando en serio; **to take an ~ interest in** interesarse vivamente por; **to play an ~ part in** colaborar activamente en; **to be on ~ service** (*Mil*) estar en activo; **~ duty** (*US Mil*) servicio *m* activo; **~ file** (*Comput*) fichero *m* activo; **~ partner** (*Comm*) socio *m* activo; **~ (voice)** (*Ling*) (voz *f*) activa *f*.

actively [ˈæktɪvlɪ] ADV activamente; **to be ~ involved in** estar implicado activamente en.

activist [ˈæktɪvɪst] N activista *mf*.

activity [ækˈtɪvɪtɪ] ① N (*of person*) actividad *f*; (*of scene*) movimiento *m*, bullicio *m*; **social activities** vida *f* social, actividades *fpl* sociales. ② CPD: **~ holiday** N vacaciones *fpl* activas.

actor [ˈæktər] N actor *m*.

actress [ˈæktrɪs] N actriz *f*.

actual [ˈæktjʊəl] ADJ verdadero/a, real; **in ~ fact** en realidad; **what were his ~ words?** ¿qué es lo que dijo, concretamente?; **let's take an ~ case** tomemos un caso concreto; **there is no ~ contract** no hay contrato propiamente dicho.

actuality [ˌæktjʊˈælɪtɪ] N realidad *f*; **in ~** en realidad.

actually [ˈæktjʊəlɪ] ADV (*really*) realmente, en realidad; (*even*) incluso, aún; **that's not true, ~** eso no es verdad, que digamos; **I wasn't ~ there** en realidad yo no estuve allí; **we ~ caught a fish!** ¡e incluso pescamos un pez!

actuary [ˈæktjʊərɪ] N actuario/a *m/f* de seguros.

actuate [ˈæktjʊeɪt] VT mover, impulsar; **~d by** movido por.

acumen [ˈækjʊmen] N perspicacia *f*.

acupuncture [ˈækjʊpʌŋktʃər] N acupuntura *f*.

acute [əˈkjuːt] ADJ (*gen*) agudo/a; (*hearing etc*) fino/a; (*pain, anxiety, joy*) profundo/a, intenso/a; (*crisis, shortage*) grave; (*person, mind, comment*) perspicaz; **that was very ~ of you!** ¡has demostrado ser muy perspicaz!, ¡eres un lince!

acutely [əˈkjuːtlɪ] ADV (*intensely*) intensamente; (*aware*) perfectamente; (*shrewdly*) perspicazmente; **I am ~ aware that ...** me doy cuenta cabal de que ....

AD ① ADV ABBR *of* **Anno Domini** año *m* de Cristo, A. de C., después de Jesucristo, d. de J.C. ② N ABBR (*US Mil*) *of* **active duty.**

ad [æd] N ABBR (*fam*) *of* **advertisement.**

a.d. ABBR *of* **after date** a partir de la fecha.

Adam [ˈædəm] N: **~'s apple** N nuez *f* de la garganta; **I don't know him from ~** no le conozco en absoluto.

adamant [ˈædəmənt] ADJ (*fig*) firme, inflexible.

adapt [əˈdæpt] ① VT (*machine*) ajustar, adaptar; (*building*) remodelar; (*text*) adaptar; **to ~ o.s. to sth** adaptarse *or* ajustarse a algo; **~ed for the screen** en versión para el cine. ② VI adaptarse.

adaptability [əˌdæptəˈbɪlɪtɪ] N adaptabilidad *f*, capacidad *f* para acomodarse *or* ajustarse.

adaptable [əˈdæptəbl] ADJ (*vehicle etc*) ajustable, adaptable; (*person*) capaz de acomodarse, adaptable; **he's very ~** se adapta *or* se acomoda con facilidad a las circunstancias.

adaptation [ˌædæpˈteɪʃən] N (*Bio etc*) adaptación *f*; (*text*) versión *f*.

adapter, adaptor [əˈdæptər] N (*gen*) adaptador *m*; (*Elec*) enchufe *m* múltiple.

ADC N ABBR ⓐ *of* **aide-de-camp** edecán *m*. ⓑ (*US*) *of* **Aid to Dependent Children.**

add [æd] ① VT (*Math*) sumar; (*gen*) añadir, agregar (*esp LAm*); **he ~ed that ...** añadió que ..., agregó que ...; **~ed to which ...** además ..., por si fuera poco ...; **to ~ insult**

to injury para colmo de males.
2 VI (count) sumar.
◆ **add in** VT + ADV añadir, incluir.
◆ **add on** VT + ADV añadir, poner además; **we ~ed two rooms on** hicimos construir dos habitaciones más.
◆ **add to** VI + PREP aumentar, acrecentar.
◆ **add together** VT + ADV sumar.
◆ **add up** **1** VT + ADV (figures) sumar; (advantages etc) calcular.
2 VI + ADV (figures) sumar; (fig) tener sentido; **to ~ up to 25** sumar 25, ascender a 25; **it all ~s up** es lógico, tiene sentido; **it's all beginning to ~ up** (fig) la cosa empieza a aclararse; **it doesn't ~ up to much** (fig) es poca cosa, no tiene gran importancia.
adder ['ædər] N víbora f.
addict ['ædɪkt] N (drugs etc) adicto/a m/f; (enthusiast) entusiasta mf; **drug ~** drogadicto/a m/f; **a telly ~** (fam) un(a) teleadicto/a.
addicted [ə'dɪktɪd] ADJ (lit) adicto/a; (fig) aficionado/a; **to be ~ to sth** ser adicto a algo; **to become ~ to sth** (drugs etc) enviciarse con algo; (pursuits etc) aficionarse a algo.
addiction [ə'dɪkʃən] N afición f; (negative) vicio m; (to drugs) adicción f.
addictive [ə'dɪktɪv] ADJ que causa adicción.
Addis Ababa ['ædɪs'æbəbə] N Addis Abeba m.
addition [ə'dɪʃən] N (act) añadidura f; (Math) adición f, suma f; (thing added) adición, añadidura; **if my ~ is correct** si no me sale mal el cálculo; **an ~ to the family** un nuevo miembro de la familia; **in ~ (to)** además (de).
additional [ə'dɪʃənl] ADJ adicional, supletorio/a.
additive ['ædɪtɪv] N aditivo m.
additive-free ['ædɪtɪv'friː] ADJ sin aditivos.
address [ə'dres] **1** N **a** (of house etc) dirección f, señas fpl; (on envelope) sobrescrito m.
b (speech) discurso m; **election ~** discurso electoral; (leaflet) carta f de propaganda electoral.
c **form of ~** tratamiento m.
d (Comput) dirección f; **absolute ~** dirección absoluta; **relative ~** dirección relativa.
2 VT **a** (letter) dirigir, poner la dirección en; (direct: remarks etc) dirigir; **this letter is wrongly ~ed** esta carta lleva la dirección equivocada; **please ~ your complaints to the manager** por favor or (LAm) se ruega, dirijan sus reclamaciones al director.
b (person) tratar (de); (meeting) pronunciar un discurso ante; **the judge ~ed the jury** el juez se dirigió al jurado; **to ~ sb as 'tú'** tratar a algn de 'tú', tutear a algn.
3 CPD: **~ book** N librito m de direcciones, agenda f.
Addressograph ® [ə'dresəʊɡrɑːf] N máquina f de direcciones or para dirigir sobres.
Aden ['eɪdn] N Adén m; **Gulf of ~** Golfo m de Adén.
adenoids ['ædɪnɔɪdz] NPL vegetaciones fpl adenoideas.
adept ['ædept] **1** ADJ: **~ in** or **at sth/at doing sth** experto/a en algo/en hacer algo. **2** N experto/a m/f, perito/a m/f; **to be an ~ at** ser maestro en.
adequate ['ædɪkwɪt] ADJ (sufficient) suficiente; (apt) apropiado/a, to **feel ~ to a task** sentirse con fuerzas para una tarea.
adequately ['ædɪkwɪtlɪ] ADV (see adj) suficientemente; apropiadamente.
adhere [əd'hɪər] VI (stick) pegarse.
◆ **adhere to** VI + PREP (party, policy) adherirse a; (belief) aferrarse a; (promise) cumplir con; (rule) observar.
adherence [əd'hɪərəns] N adherencia f, adhesión f (to a); (to a rule) observancia f.
adherent [əd'hɪərənt] N (person) partidario/a m/f.
adhesive [əd'hiːzɪv] **1** ADJ adhesivo/a; **~ tape** cinta f adhesiva, celo m. **2** N adhesivo m, pegamento m.
ad hoc [,æd'hɒk] ADJ (decision) para el caso; (committee etc) formado/a con fines específicos.
ad infinitum [,ædɪnfɪ'naɪtəm] ADV a lo infinito, hasta el infinito; **it just carries on ~** es inacabable, es cosa de nunca acabar.
adjacent [ə'dʒeɪsənt] ADJ contiguo/a; **~ to** contiguo a, pegado a.
adjective ['ædʒektɪv] N adjetivo m.

adjoin [ə'dʒɔɪn] **1** VT estar contiguo a, lindar con. **2** VI estar contiguo, colindar.
adjoining [ə'dʒɔɪnɪŋ] ADJ contiguo/a, colindante.
adjourn [ə'dʒɜːn] **1** VT (suspend) suspender; (postpone) aplazar; (court) levantar; (US: end) terminar.
2 VI (meeting) aplazarse; (Parl) disolverse; **the court then ~ed** entonces el tribunal levantó la sesión; **they ~ed to the pub** (fam) se trasladaron al bar.
adjournment [ə'dʒɜːnmənt] N (period) suspensión f; (postponement) aplazamiento m.
Adjt. ABBR of **adjutant**.
adjudicate [ə'dʒuːdɪkeɪt] VT (contest) juzgar, hacer de árbitro; (claim) decidir.
adjudication [ə,dʒuːdɪ'keɪʃən] N adjudicación f.
adjudicator [ə'dʒuːdɪkeɪtər] N juez mf, árbitro mf.
adjunct ['ædʒʌŋkt] N adjunto/a m/f, accesorio/a m/f.
adjust [ə'dʒʌst] **1** VT (gen) ajustar; (engine etc) arreglar; (height, speed etc) cambiar, regular; **to ~ o.s. to** adaptarse a; **this chair can be ~ed** esta silla puede ser ajustada.
2 VI: **to ~ to** adaptarse a.
adjustable [ə'dʒʌstəbl] ADJ ajustable, regulable.
adjuster [ə'dʒʌstər] N see **loss 2**.
adjustment [ə'dʒʌstmənt] N (act) regulación f, ajuste m; (alteration) modificación f, cambio m; (Comm) ajuste, reajuste m; **to make an ~ to one's plans** modificar sus proyectos.
adjutant ['ædʒətənt] N ayudante m.
ad lib [æd'lɪb] **1** ADV (continue, eat) a voluntad, a discreción. **2** ADJ (production, performance, speech) improvisado/a. **3** VT (music, words etc) improvisar. **4** VI (actor, speaker etc) improvisar.
adman ['ædmæn] N (pl **-men**) profesional m de la publicidad, publicista m.
admin ['ædmɪn] N ABBR (Brit) of **administration** admón.
administer [əd'mɪnɪstər] VT **a** (manage: company) dirigir, administrar; (: country) gobernar. **b** (dispense: medicine) suministrar, dispensar; (: justice, laws) administrar, aplicar; **to ~ an oath to sb** tomar juramento a algn.
administration [əd,mɪnɪs'treɪʃən] N **a** (see vb) administración f; gobierno m. **b** (governing body) gobierno m, dirección f.
administrative [əd'mɪnɪstrətɪv] ADJ administrativo/a.
administrator [əd'mɪnɪstreɪtər] N administrador(a) m/f.
admirable ['ædmərəbl] ADJ admirable, digno/a de admiración.
admiral ['ædmərəl] N almirante m.
Admiralty ['ædmərəltɪ] **1** N (Brit) Ministerio m de Marina, Almirantazgo m; **First Lord of the ~** Ministro m de Marina. **2** CPD: **a~ court** N (US) tribunal m marítimo.
admiration [,ædmə'reɪʃən] N admiración f.
admire [əd'maɪər] VT (gen) admirar; (express admiration for) elogiar; **she was admiring herself in the mirror** se estaba admirando en el espejo.
admirer [əd'maɪərər] N admirador(a) m/f; (suitor) enamorado m, pretendiente m.
admiring [əd'maɪərɪŋ] ADJ (look etc) admirativo/a, de admiración.
admissible [əd'mɪsəbl] ADJ admisible.
admission [əd'mɪʃən] N **a** (entry) ingreso m; (price) entrada f; **'~ free'** 'entrada gratis'; **'no ~'** 'se prohíbe la entrada'; **~s form** (US Univ) impreso m de matrícula; **~s office** (US Univ) secretaría f. **b** (acknowledgement) confesión f, reconocimiento m; **it would be an ~ of defeat** sería reconocer la derrota; **by his own ~** él mismo lo reconoce.
▼ **admit** [əd'mɪt] VT **a** (allow to enter: person) dejar entrar, hacer pasar (LAm); (: air, light) dejar pasar, dejar entrar; (hospital) admitir; **children not ~ted** se prohíbe la entrada a los menores de edad; **this ticket ~s two** entrada para dos personas; **~ting office** (US Med) oficina f de ingresos. **b** (acknowledge) reconocer; (: crime, error) confesar; **it is hard, I ~** es difícil, lo reconozco.
◆ **admit of** VI + PREP admitir, dar lugar a, permitir.
◆ **admit to** VI + PREP (crime) confesarse culpable de; **she ~s to doing it** confiesa haberlo hecho.
admittance [əd'mɪtəns] N entrada f; **to gain ~** conseguir

➤ SENTENCE BUILDER: **admit** → 2.2, 3.1, 7.3

entrar; **'no ~'** 'se prohibe la entrada', 'prohibida la entrada'.

admittedly [əd'mɪtɪdlɪ] ADV la verdad es que, lo cierto es que.

admonish [əd'mɒnɪʃ] VT (*reprimand*) **to ~ sb (for)** reprender a algn (por), amonestar a algn (por).

ad nauseam [ˌæd'nɔːsɪæm] ADV hasta el aburrimiento; **you've told me that ~** ya me lo has dicho mil veces.

ado [ə'duː] N: **without further ~** sin más (ni más); **much ~ about nothing** mucho ruido y pocas nueces.

adolescence [ˌædəʊ'lesns] N adolescencia *f*.

adolescent [ˌædəʊ'lesnt] ADJ, N adolescente *mf*.

adopt [ə'dɒpt] VT (*child*) adoptar; (*report*) aprobar; (*suggestion*) seguir, aceptar; (*candidate: for Parliament*) adoptar como candidato.

adoption [ə'dɒpʃən] N adopción *f*; **country of ~** patria *f* adoptiva.

adoptive [ə'dɒptɪv] ADJ adoptivo/a.

adorable [ə'dɔːrəbl] ADJ (*fam*) encantador(a), adorable.

adoration [ˌædɔː'reɪʃən] N adoración *f*.

adore [ə'dɔːʳ] VT (*love*) adorar; **I ~ your new flat** (*fam*) me encanta tu nuevo piso.

adorn [ə'dɔːn] VT adornar, embellecer.

ADP N ABBR *of* **Automatic Data Processing**.

adrenalin(e) [ə'drenəlɪn] N adrenalina *f*.

Adriatic (Sea) [ˌeɪdrɪ'ætɪk (siː)] N (Mar *m*) Adriático *m*.

adrift [ə'drɪft] ADV (*esp Naut*) al garete, a la deriva; **to come ~** (*boat*) soltarse, irse a la deriva; (*wire, rope etc*) soltarse, desprenderse; **something has gone ~** algo ha fallado.

adroit [ə'drɔɪt] ADJ diestro/a, hábil.

ADT N ABBR (*US*) *of* **Atlantic Daylight Time**.

adulation [ˌædjʊ'leɪʃən] N adulación *f*.

adult ['ædʌlt] [1] ADJ (*person, animal*) adulto/a, mayor; **~ education** educación *f* para adultos. [2] N adulto/a *m/f*; **'~s only'** (*Cine*) 'autorizado para mayores de 18 años'.

adulterate [ə'dʌltəreɪt] VT adulterar.

adulterous [ə'dʌltərəs] ADJ adúltero/a.

adultery [ə'dʌltərɪ] N adulterio *m*.

ad val. ABBR *of* **ad valorem** conforme a su valor.

advance [əd'vɑːns] [1] N [a] (*gen*) avance *m*; (*fig: progress*) progreso *m*, adelanto *m*; **to make ~s to sb** (*gen*) entrar en contacto con algn; (*amorously*) insinuarse con algn; **in ~** por adelantado, de antemano; **to arrive in ~ of sb** llegar antes que algn; **to book in ~** reservar con anticipación; **to let sb know a week in ~** avisar a algn con ocho días de anticipación; **to pay in ~** pagar por adelantado.
[b] (*loan*) anticipo *m*.
[2] VT [a] (*move forward: time, date*) adelantar; (*Mil*) avanzar; (*further: plan, knowledge*) hacer avanzar; (*promote: interests*) promover, fomentar; (*person: in career*) ascender.
[b] (*put forward: idea*) proponer para la discusión; (*: suggestion*) hacer; (*: claim*) presentar.
[c] (*money*) pagar por anticipado; (*loan*) prestar.
[3] VI (*move forward*) avanzar, adelantarse; (*Mil*) avanzar; (*science, technology*) progresar, adelantarse; (*person, pupil etc*) hacer progresos; (*in rank*) ascender; **to ~ on sb** (*threateningly*) acercarse a algn (en forma amenazante).
[4] CPD (*copy of book etc*) pre-publicación; **~ booking** N reserva *f* anticipada; **~ freight** N (*Comm*) flete *m* pagado; **~ notice** N previo aviso *m*; **~ party** N avanzada *f*, brigada *f* móvil; **~ post** N puesto *m* de vanguardia; **~ warning** N = **~ notice**.

advanced [əd'vɑːnst] ADJ (*gen: ideas, civilization etc*) avanzado/a; (*student*) adelantado/a; (*study*) superior; **~ in years** entrado/a en años; **summer was well ~** el verano estaba llegando a su fin; **A~ Level** (*Brit Scol*) ≈ Curso *m* de Orientación Universitaria; **~ maths** matemáticas *fpl* avanzadas.

advantage [əd'vɑːntɪdʒ] N ventaja *f*; (*Tennis*) **~ González** ventaja González; **he has the ~ of youth** tiene la ventaja de ser joven; **the plan has many ~s** el proyecto tiene muchas ventajas; **it's to our ~** es ventajoso para nosotros; **to have an ~ over sb** llevar ventaja a algn; **to show sth off to best ~** hacer que algo se vea bajo la luz más

favorable; **to take ~ of an opportunity** aprovechar una oportunidad; **to take ~ of sb** (*unfairly*) aprovecharse de algn, sacar partido de algn; (*sexually*) abusar de algn.

advantageous [ˌædvən'teɪdʒəs] ADJ (*offer, position*) ventajoso/a, provechoso/a.

advent ['ædvənt] N (*arrival*) advenimiento *m*; (*Rel*) **A~** Adviento *m*.

adventure [əd'ventʃəʳ] [1] N aventura *f*; **the spirit of ~** el espíritu aventurero. [2] CPD: **~ story** N novela *f* de aventuras.

adventurous [əd'ventʃərəs] ADJ (*person, journey, style*) aventurero/a, emprendedor(a).

adverb ['ædvɜːb] N adverbio *m*.

adversary ['ædvəsərɪ] N adversario/a *m/f*, contrario/a *m/f*.

adverse ['ædvɜːs] ADJ (*criticism, decision, effect, wind*) adverso/a, contrario/a; (*conditions*) desfavorable; **to be ~ to** ser contrario a, estar en contra de.

adversely ['ædvɜːslɪ] ADV desfavorablemente, negativamente; **to affect ~** perjudicar.

advert ['ædvɜːt] N ABBR *of* **advertisement**.

advertise ['ædvətaɪz] [1] VT (*Comm etc*) anunciar. [2] VI hacer publicidad, hacer propaganda; (*in a paper*) poner un anuncio; (*on TV*) hacer publicidad; **to ~ for** buscar por medio de anuncios.

advertisement [əd'vɜːtɪsmənt] [1] N anuncio *m*; **it's not much of an ~ for the place** (*fam*) no dice mucho en favor de la ciudad *etc*.
[2] CPD: **~ column** N columna *f* de anuncios, sección *f* de anuncios; **~ rates** NPL tarifas *fpl* de anuncios.

advertiser ['ædvətaɪzəʳ] N anunciante *mf*.

advertising ['ædvətaɪzɪŋ] [1] N publicidad *f*; (*advertisements collectively*) anuncios *mpl*; **my brother's in ~** mi hermano se dedica a la publicidad.
[2] CPD: **~ agency** N agencia *f* de publicidad; **~ campaign** N campaña *f* publicitaria; **~ rates** NPL tarifa *fsg* de anuncios.

▼**advice** [əd'vaɪs] [1] N consejo *m*; **a piece of ~** un consejo; **to ask for ~** pedir consejos, consultar; **to take sb's ~** seguir los consejos de algn; **to take legal/medical ~** consultar a un abogado/médico.
[2] CPD: **~ note** N (*Brit*) nota *f* de aviso.

▼**advisable** [əd'vaɪzəbl] ADJ aconsejable, conveniente; **if you think it ~** si le parece bien.

▼**advise** [əd'vaɪz] VT (*counsel*) aconsejar; (*as paid adviser*) asesorar; **to ~ sb to do sth** aconsejar a algn que haga algo; **he ~s them on investment** les asesora en sus inversiones; **you would be well/ill ~d to go** deberías/no deberías ir, sería prudente/imprudente que fueras.

advisement [əd'vaɪzmənt] N (*US*) consulta *f*, deliberación *f*; **~ counseling** guía *f* vocacional.

adviser [əd'vaɪzəʳ] N (*in business, politics etc*) asesor(a) *m/f*, consejero/a *m/f*.

advisory [əd'vaɪzərɪ] ADJ (*body*) consultivo/a; **in an ~ capacity** como asesor.

advocate ['ædvəkət] [1] VT abogar por, ser partidario de. [2] ['ædvəkɪt] N defensor(a) *m/f*, partidario/a *m/f*; (*Scot Jur*) abogado/a *m/f*.

advt. ABBR *of* **advertisement**.

AEA N ABBR [a] (*Brit*) *of* **Atomic Energy Authority**. [b] *of* **Association of European Airlines** AAE *f*.

AEC N ABBR (*US*) *of* **Atomic Energy Commission**.

Aegean Sea [iː'dʒiːən siː] N Mar *m* Egeo.

aeon, **(*US*) **eon ['iːən] N eón *m*; (*fig*) eternidad *f*.

aerate ['ɛəreɪt] VT (*liquid*) gasificar; (*blood*) oxigenar; **~d water** gaseosa *f*.

aerial ['ɛərɪəl] [1] ADJ aéreo/a; **~ ladder** (*US*) escalera *f* de bomberos; **~ photograph** aerofoto *f*, fotografía *f* aérea; **~ railway** funicular *m*.
[2] N (*Brit Rad, TV*) antena *f*; **indoor ~** antena interior.

aerie ['ɛərɪ] N (*US*) = **eyrie**....

aero... ['ɛərəʊ] PREF aero....

aerobatics [ˌɛərəʊ'bætɪks] NPL acrobacia *fsg* aérea.

aerobics [ɛə'rəʊbɪks] NPL aerobic *msg*.

aerodrome ['ɛərədrəʊm] N (*esp Brit*) aeródromo *m*.

aerodynamics ['ɛərəʊdaɪ'næmɪks] NPL aerodinámica *fsg*.

aerofoil ['ɛərəʊfɔɪl] N plano *m* aerodinámico.

➤ SENTENCE BUILDER: **advice** → 12.3, 12.4 **advisable** → 12.1 **advise** → 12.1, 12.3, 12.4

aerogramme ['ɛərəʊgræm] N aerograma *m*.
aeronautics [ˌɛərə'nɔːtɪks] NPL aeronáutica *fsg*.
aeroplane ['ɛərəpleɪn] N (*esp Brit*) avión *m*.
aerosol ['ɛərəsɒl] N (*can*) aerosol *m*, atomizador *m*.
aerospace ['ɛərəʊspeɪs] ADJ: **~ industry** industria *f* aeroespacial.
aesthetic(al), (*US*) **esthetic(al)** [iːs'θetɪk(əl)] ADJ estético/a.
aesthetics, (*US*) **esthetics** [iːs'θetɪks] NPL estética *fsg*.
AEU N ABBR (*Brit*) of **Amalgamated Engineering and Electrical Union**.
a.f. N ABBR a of **audio frequency**. b (*Comm*) of **advance freight**.
AFA N ABBR (*Brit*) of **Amateur Football Association** Asociación *f* de Fútbol Amateur.
afar [ə'fɑːʳ] ADV (*distance*) lejos; (*in the distance*) a lo lejos; **from ~** desde lejos.
AFB N ABBR (*US Mil*) of **Air Force Base**.
AFC N ABBR a (*Brit*) of **Amateur Football Club**. b (*Brit*) of **Association Football Club**. c of **automatic frequency control** control *m* automático de frecuencia.
AFDC N ABBR (*US Admin*) of **Aid to Families with Dependent Children**.
affable ['æfəbl] ADJ (*person, mood*) afable.
affair [ə'fɛəʳ] N (*gen*) asunto *m*; (*event*) acontecimiento *m*; (*love*) aventura *f* amorosa, lío *m*; **~s** (*business*) negocios *mpl*; **current ~s** actualidades *fpl*; **foreign ~s** asuntos exteriores; **~s of state** asuntos de estado; **it was an odd ~** fue una cosa rara; **it will be a big ~** será todo un acontecimiento; **the Watergate ~** el asunto (de) Watergate; **that's my ~** eso es asunto mío *or* cosa mía; **to put one's ~s in order** arreglar sus asuntos personales; **it's a bad state of ~s** hasta dónde hemos llegado; **to have an ~ with sb** andar en relaciones con algn.
affect [ə'fekt] VT a (*have an effect on*) afectar, influir en; (*concern*) afectar, tener que ver con; (*harm*) perjudicar; (*health*) afectar; **it did not ~ my decision** no influyó en mi decisión. b (*move emotionally*) conmover, afectar; **he seemed much ~ed** parecía emocionado.
affectation [ˌæfek'teɪʃən] N afectación *f*, falta *f* de naturalidad; **~s** afectación.
affected [ə'fektɪd] ADJ (*not natural*) afectado/a; (*pretentious*) cursi, pituco/a (*CSur*), siútico/a (*Chi*), huachafo/a (*Per*).
affection [ə'fekʃən] N afecto *m*, cariño *m*.
affectionate [ə'fekʃənɪt] ADJ cariñoso/a, afectuoso/a; **your ~ nephew** (*formula in letter*) con abrazos de tu sobrino.
affectionately [ə'fekʃənɪtlɪ] ADV afectuosamente, cariñosamente; **~ yours, yours ~** (*in letter*) un abrazo cariñoso.
affidavit [ˌæfɪ'deɪvɪt] N (*Jur*) declaración *f* jurada, afidávit *m*.
affiliated [ə'fɪlɪeɪtɪd] ADJ afiliado/a (*to, with* a); **~ company** empresa *f* filial *or* subsidiaria.
affiliation [əˌfɪlɪ'eɪʃən] N afiliación *f*.
affinity [ə'fɪnɪtɪ] N (*relationship*) afinidad *f*; (*liking*) simpatía *f*.
affirm [ə'fɜːm] VT (*state*) afirmar; (*confirm*) confirmar.
affirmation [ˌæfə'meɪʃən] N afirmación *f*, aseveración *f*.
affirmative [ə'fɜːmətɪv] ADJ afirmativo/a; **~ action** (*US Pol*) medidas *fpl* a favor de las minorías; **to answer in the ~** dar una respuesta afirmativa.
affix [ə'fɪks] VT (*signature etc*) poner, añadir; (*stamp*) poner, pegar.
afflict [ə'flɪkt] VT afligir.
affliction [ə'flɪkʃən] N (*suffering*) aflicción *f*, congoja *f*; (*bodily*) mal *m*; **it's a terrible ~** es una desgracia.
affluence ['æfluəns] N (*wealth*) riqueza *f*, opulencia *f*.
affluent ['æfluənt] ADJ acaudalado/a; **the ~ society** la sociedad opulenta.
afford [ə'fɔːd] VT a (*pay for*) **we can ~ it** tenemos con que comprarlo, podemos permitírnoslo; **can we ~ it?** ¿podemos hacer este gasto?, ¿tenemos bastante dinero (para comprarlo *etc*)? b (*spare, risk*) **I can't ~ the time** no tengo tiempo; **I can't ~ not to do it** no puedo permitirme el lujo de no hacerlo; **we can ~ to wait** nos

podemos permitir esperar; **an opportunity you cannot ~ to miss** una ocasión que no es para desperdiciar; **can we ~ the risk?** ¿podemos arriesgarlo? c (*frm: provide*: *opportunity*) proporcionar, dar.
affordable [ə'fɔːdəbl] ADJ (*price*) razonable; (*purchase*) posible.
affray [ə'freɪ] N refriega *f*, reyerta *f*.
affront [ə'frʌnt] 1 N afrenta *f*, ofensa *f*. 2 VT ofender, afrentar; **to be ~ed** ofenderse.
Afghan ['æfgæn] ADJ, N afgano/a *m/f*.
Afghanistan [æf'gænɪstæn] N Afganistán *m*.
afield [ə'fiːld] ADV: **far ~** muy lejos; **further ~** más lejos.
AFL-CIO N ABBR of **American Federation of Labor and Congress of Industrial Organizations** confederación sindicalista.
afloat [ə'fləʊt] ADV a flote; **to keep ~** (*also fig*) mantener(se) a flote.
afoot [ə'fʊt] ADV: **there is something ~** algo se está tramando.
aforementioned [əˌfɔː'menʃənd], **aforesaid** [ə'fɔːsed] ADJ susodicho/a, mencionado/a.
afraid [ə'freɪd] ADJ a (*frightened*) **to be ~** tener miedo; **to be ~ for sb** temer por algn; **to be ~ of** (*person*) temer a, tener miedo a; (*thing*) tener miedo de, temer; **to be ~ to do sth** tener miedo de hacer algo, temer hacer algo; **I was ~ to ask** me daba miedo preguntar. b (*sorry*) **I'm ~ he's out** lo siento, pero no está; **I'm ~ I have to go now** siento tener que irme ya; **I'm ~ so!** ¡lo siento, pero es así!, ¡me temo que sí!; **I'm ~ not** me temo que no.
afresh [ə'freʃ] ADV de nuevo, otra vez; **to start ~** volver a empezar.
Africa ['æfrɪkə] N África *f*.
African ['æfrɪkən] ADJ, N africano/a *m/f*.
African-American [ˌæfrɪkənə'merɪkən] ADJ, N afroamericano/a *m/f*.
Afrikaans [ˌæfrɪ'kɑːns] N africaans *m*.
Afrikaner [ˌæfrɪ'kɑːnəʳ] ADJ, N africánder *mf*.
Afro ['æfrəʊ] ADJ: **~ hairstyle** peinado *m* afro.
Afro- ['æfrəʊ] PREF afro....
Afro-American [ˌæfrəʊə'merɪkən] ADJ, N afroamericano/a *m/f*.
Afro-Caribbean ['æfrəʊkærɪ'biːən] ADJ, N afrocaribeño/a *m/f*.
AFT N ABBR of **American Federation of Teachers** sindicato de profesores.
aft [ɑːft] ADV (*Naut*) en popa; **to go ~** ir a popa.
after ['ɑːftəʳ] 1 ADV (*~wards*) después. 2 PREP a (*time, order*) después de; **soon ~ eating it** poco después de comerlo; **~ all** después de todo; **half ~ two** (*US*) las dos y media. b (*place, order*) detrás de, tras; **day ~ day** día tras día; **one ~ the other** uno tras otro; **~ you!** ¡pase Ud!, ¡Ud primero!; **~ you with the salt** ¿me pasas la sal, por favor? c (*in pursuit*) detrás de, tras de; **he ran ~ me** corrió tras de mí; **the police are ~ him** la policía le está buscando; **what is he ~?** (*fam*) ¿qué pretende? 3 CONJ después de que, después que (*fam*); **we'll eat ~ you've gone** comeremos cuando te hayas ido; **we ate ~ they'd gone** comimos después de que ellos se marcharon; **I went out ~ I'd eaten** salí después de comer. 4 NPL: **~s** (*Brit fam*) postre *m*.
afterbirth ['ɑːftəbɜːθ] N secundinas *fpl*.
aftercare ['ɑːftəkɛəʳ] N (*Med*) asistencia *f* postoperatoria; (*of prisoners*) asistencia *f* (a ex-prisioneros).
after-effect ['ɑːftərɪfekt] N consecuencia *f*; **~s** efectos *mpl* secundarios.
afterlife ['ɑːftəlaɪf] N vida *f* de ultratumba.
aftermath ['ɑːftəmæθ] N consecuencias *fpl*, resultados *mpl*.
afternoon ['ɑːftə'nuːn] N tarde *f*; **in the ~** por la tarde; **good ~!** ¡buenas tardes!
after-sales service ['ɑːftəseɪlz'sɜːvɪs] N servicio *m* de asistencia post-venta.
aftershave (lotion) ['ɑːftəʃeɪv('ləʊʃən)] N aftershave *m*, loción *f* para después del afeitado.

aftersun (lotion/cream) ['ɑːftəsʌn(,ləʊʃən/kriːm)] N loción f/crema f para después del sol, aftersun m.

aftertaste ['ɑːftəteɪst] N dejo m, resabio m.

afterthought ['ɑːftəθɔːt] N ocurrencia f tardía, idea f adicional; **as an ~** por si acaso.

afterwards ['ɑːftəwədz] ADV después, más tarde; **soon ~** poco después, al poco rato (LAm).

afterword ['ɑːftə,wɜːd] N epílogo m.

A.G. ABBR of **Attorney General**.

again [ə'gen] ADV otra vez, de nuevo; (often translated by) volver a + infin; **try ~** vuelve a intentarlo; **he climbed up ~** volvió a subir; **would you do it all ~?** ¿lo volverías a hacer?; **come ~ soon** vuelve or (LAm) regresa pronto; **~ and ~** una y otra vez, vez tras vez; **never ~!** ¡nunca más!; **now and ~** de vez en cuando; **as much ~** otro tanto; **and ~, then ~ ...** (on the other hand) por otra parte ...; (moreover) además ....

▼**against** [ə'genst] PREP [a] (in contact with) contra; **to lean ~ sth** apoyarse contra algo. [b] (in opposition to) contra, en contra de; **he was ~ going** estaba en contra de ir; **what have you got ~ me?** ¿qué tiene Ud contra mí?; **it's ~ the law** la ley lo prohíbe, es ilegal; **to stand** or **run ~ sb** (Pol) presentarse en contra de algn. [c] (in comparisons) **(as) ~** contra, en contraste con. [d] **refund available ~ this voucher** se devuelve el precio al presentar este comprobante.

age [eɪdʒ] [1] N [a] (gen) edad f; (old ~) vejez f; **he is five years of ~** tiene cinco años; **when I was your ~** cuando tenía su edad; **she doesn't look her ~** no representa la edad que tiene; **at the ~ of** a la edad de; **to come of ~** llegar a la mayoría (de edad); **under ~** menor de edad; **~ of consent** edad núbil; see **middle**. [b] (period) época f; **the Golden A~** el Siglo de Oro; **the Iron A~** la Edad de Hierro; see **middle**. [c] (fam: long time) eternidad f; **we waited (for) ~s** esperamos una eternidad; **it's an ~ since I saw him** hace siglos que no le veo. [2] VT envejecer. [3] VI envejecer. [4] CPD: **~ bracket, ~ group** N grupo m de edad or por edades; **the 40 to 50 ~ group** el grupo de edad de 40 a 50; **~ limit** N edad f mínima or máxima.

aged ['eɪdʒɪd] [1] ADJ [a] (old) viejo/a, anciano/a. [b] [eɪdʒd] **~ 15** de 15 años (de edad). [2] ['eɪdʒɪd] NPL: **the ~** los ancianos mpl.

ageism ['eɪdʒɪzəm] N discriminación f por razón de edad.

ageless ['eɪdʒlɪs] ADJ (eternal) eterno/a; (always young) siempre joven.

agency ['eɪdʒənsɪ] N [a] (office) agencia f; (of representative) delegación f; (Comm) comisión f; **travel ~** agencia de viajes. [b] (instrumentality) **through the ~ of** por medio de.

agenda [ə'dʒendə] N orden m del día.

agent ['eɪdʒənt] N (gen) agente mf; (representative) representante mf, delegado/a m/f; (Pol) delegado m; (Comm) agente comisionado/a; **to be sole ~ for** tener la representación exclusiva de; **as a free ~** por libre, por cuenta propia; **he is not a free ~** no puede actuar por cuenta propia.

age-old ['eɪdʒəʊld] ADJ multisecular, antiquísimo/a.

agglomeration [ə,glɒmə'reɪʃən] N aglomeración f.

aggravate ['ægrəveɪt] VT agravar; (annoy) irritar, sacar de quicio.

aggravating ['ægrəveɪtɪŋ] ADJ (annoying) molesto/a.

aggregate ['ægrɪgɪt] N (total) conjunto m; **on ~** en conjunto.

aggression [ə'greʃən] N agresión f.

aggressive [ə'gresɪv] ADJ (attacking) agresivo/a; (energetic) enérgico/a.

aggressor [ə'gresər] N agresor(a) m/f.

aggrieved [ə'griːvd] ADJ ofendido/a.

aggro ['ægrəʊ] (fam) N (physical violence) bronca f; (bad feeling) mal rollo m; (hassle) rollo m, movida f.

aghast [ə'gɑːst] ADJ horrorizado/a (at ante); **to be ~ at** quedarse pasmado ante.

agile ['ædʒaɪl] ADJ ágil.

agility [ə'dʒɪlɪtɪ] N agilidad f.

agitate ['ædʒɪteɪt] [1] VT (perturb) perturbar; (shake) agitar. [2] VI (Pol) **to ~ for/against** hacer campaña en pro/en contra de.

agitated ['ædʒɪteɪtɪd] ADJ inquieto/a.

agitation [,ædʒɪ'teɪʃən] N (Pol etc) agitación f; (mental) inquietud f, perturbación f.

agitator ['ædʒɪteɪtər] N (Pol) agitador(a) m/f.

AGM N ABBR of **annual general meeting**.

agnostic [æg'nɒstɪk] N agnóstico/a m/f.

ago [ə'gəʊ] ADV: **a week ~** hace una semana; **long ~** hace mucho tiempo; **how long ~ was it?** ¿hace cuánto tiempo?, ¿cuánto tiempo hace?; **as long ~ as 1978** ya en 1978.

agog [ə'gɒg] ADJ emocionado/a, ansioso/a; **to be all ~ about** estar ansioso acerca de.

agonize ['ægənaɪz] VI atormentarse; **to ~ over a decision** vacilar antes de tomar una decisión.

agony ['ægənɪ] [1] N (pain) dolor m agudo; (: mental) angustia f; **I was in ~** sufría dolores horrorosos; **to suffer agonies of doubt** estar atormentado por las dudas. [2] CPD: **~ aunt** N (Brit) columnista f del consultorio; **~ column** N consultorio m sentimental.

agoraphobia [,ægərə'fəʊbɪə] N agorafobia f.

agoraphobic [,ægərə'fəʊbɪk] ADJ, N agorafóbico/a m/f.

AGR N ABBR of **Advanced Gas-Cooled Reactor** reactor m refrigerado por gas de tipo avanzado.

▼**agree** [ə'griː] [1] VI [a] (be in agreement) estar de acuerdo; **to ~ with sb** estar de acuerdo con algn, coincidir con algn; **to ~ on a plan** aprobar un proyecto; **don't you ~?** ¿no le parece?; **to ~ to differ** estar en desacuerdo amistoso. [b] (consent) ponerse de acuerdo; **to ~ to sth** consentir en algo; **to ~ to do sth** consentir en hacer algo. [c] (be in harmony: things) concordar; (: persons: get on together) congeniar; (Ling) concordar. [d] (food, climate) sentar bien; **garlic doesn't ~ with me** el ajo no me sienta bien. [2] VT [a] **to ~ (that)** estar de acuerdo (en que); **it was ~d that ...** se acordó que ...; **are we all ~d?** ¿estamos todos de acuerdo?; **as ~d** según lo convenido; **~d!** ¡de acuerdo!, ¡conforme(s)! [b] (plan, statement etc) aceptar, llegar a un acuerdo sobre; (price etc) convenir; **'salary to be ~d'** 'sueldo a convenir'.

agreeable [ə'griːəbl] ADJ (pleasing) agradable; (person) simpático/a; (in agreement) de acuerdo, conforme; **is that ~ to everybody?** ¿estamos todos de acuerdo?, ¿conformes todos?

agreement [ə'griːmənt] N [a] (understanding) acuerdo m, arreglo m; (consent) acuerdo; (treaty etc) acuerdo, pacto m; (Comm) contrato m; **by mutual ~** por acuerdo mutuo, de común acuerdo; **to come to an ~** llegar a un acuerdo. [b] (shared opinion) conformidad f; (harmony) concordancia f; **to be in ~ with** estar de acuerdo or conforme con; see **gentleman**.

agribusiness ['ægrɪ,bɪznɪs] N industria f agropecuaria.

agricultural [,ægrɪ'kʌltʃərəl] ADJ agrícola; **~ college** escuela f de agricultura.

agriculture ['ægrɪkʌltʃər] N agricultura f.

aground [ə'graʊnd] ADV: **to run ~** (Naut) encallar.

AH ABBR of **anno Hegirae, from the year of the Hegira** a.h.

ahead [ə'hed] ADV [a] (in space) delante; **to be ~** llevar la ventaja; **to get ~** (fig) adelantar, hacer progresos; **to go ~** ir adelante; **go ~!** (fig) ¡adelante!; **to get ~ of sb** adelantarse a algn. [b] (in time) antes; (to book, plan) con anticipación; **to look ~** (fig) anticipar; **to plan ~** planificar por adelantado or con antelación; **to think ~** pensar en el futuro; **to be ~ of one's time** anticiparse a su época; see **straight 2(a)**.

ahoy [ə'hɔɪ] INTERJ: **ship ~!** ¡barco a la vista!; **~ there!** ¡ah del barco!

AHQ N ABBR of **Army Headquarters**.

AI N ABBR [a] of **Amnesty International** AI f. [b] of **artificial insemination**. [c] (Comput) of **artificial intelligence** IA f.

➤ SENTENCE BUILDER: **against** → 4.1   **agree** → 3.1, 3.2, 4.1, 5

AID N ABBR $\boxed{a}$ of **artificial insemination by donor.** $\boxed{b}$ (US) of **Agency for International Development** AID f.

aid [eɪd] $\boxed{1}$ N (gen) ayuda f; (rescue) socorro m; (person) asistente mf; **with the ~ of** con la ayuda de; **in ~ of** a beneficio de; **what's all this in ~ of?** (fam) ¿a qué viene todo esto?; **to come to the ~ of** acudir en ayuda or auxilio de; see **hearing; visual.** $\boxed{2}$ VT (gen) ayudar; **to ~ and abet sb** (Jur) ser cómplice de algn. $\boxed{3}$ CPD: **~ station** N (US) puesto m de socorro.

aide [eɪd] N (Mil) edecán m; (Pol) ayudante mf.

AIDS [eɪdz] $\boxed{1}$ N ABBR of **Acquired Immune Deficiency Syndrome** SIDA m, sida. $\boxed{2}$ CPD: **~ clinic** N sidatorio m; **~ sufferer** N enfermo/a m/f del sida; **~ test** N prueba f del sida.

AIDS-related ['eɪdzrɪ,leɪtɪd] ADJ relacionado/a con el SIDA.

AIH N ABBR of **artificial insemination by husband.**

ailing ['eɪlɪŋ] ADJ enfermo/a, achacoso/a; (industry etc) debilitado/a.

ailment ['eɪlmənt] N enfermedad f, achaque m.

▼**aim** [eɪm] $\boxed{1}$ N (of weapon) puntería f; (fig: purpose, object) intención f, propósito m; **to have a good ~** tener buena puntería; **to miss one's ~** errar el tiro; **to take ~** apuntar (at a); **with the ~ of doing sth** con miras a hacer algo, con la intención de hacer algo; **his one ~ is to +** infin su único propósito es de + infin. $\boxed{2}$ VT (gun, camera) apuntar (at a); (blow) asestar; (fig: remark, criticism) dirigir. $\boxed{3}$ VI: **to ~ at** tirar a; (objective) aspirar a, pretender; **I ~ to finish it today** tengo la intención de or (esp LAm) pretendo terminarlo hoy.

aimless ['eɪmlɪs] ADJ sin objeto, sin propósito.

ain't [eɪnt] (incorrect) = **am not; is not; are not; has not; have not.**

air [ɛəʳ] $\boxed{1}$ N $\boxed{a}$ aire m; **in the open ~** al aire libre; **by ~** (travel) en avión; (post) por avión or vía aérea; **to get some fresh ~** tomar el fresco; **to clear the ~** (fig) aclarar las cosas; **hot ~** (fig) palabrería f; **there's something in the ~** (fig) se está tramando algo; **our plans are up in the ~** nuestros planes están en el aire; **to vanish into thin ~** (fam) desaparecer por completo. $\boxed{b}$ (Rad, TV) **to be on the ~** (programme, station, person) estar en el aire; **you're on the ~ now** estás en el aire; **to go on/off the ~** (broadcaster, station) comenzar/cerrar la emisión. $\boxed{c}$ (appearance) aspecto m, aire m; **with a guilty ~** de porte de culpabilidad; **he has an ~ of importance** tiene un aire de importancia; **to give o.s. ~s** darse tono or aires. $\boxed{2}$ VT (room, clothes, bed) ventilar, airear; (idea, grievance) airear; (views) lucir, hacer alarde de. $\boxed{3}$ CPD: **~ base** N base f aérea; **~ brake** N freno m neumático or de aire; **~ cargo** N carga f aérea; **~ express** N (US) avión m de carga; **~ force** N fuerzas fpl aéreas; **~ freight** N flete m aéreo or por avión; **~ gun** N pistola f de aire (comprimido); **~ hostess** N azafata f, aeromoza f (LAm), cabinera f (Col); **~ lane** N ruta f aérea; **~ letter** N carta f aérea; **~ miles** NPL puntos acumulados que dan derecho a vuelos gratis; **~ miss** N air-miss m, aproximación f peligrosa entre dos aviones; **~ pocket** N bache m aéreo; **~ pressure** N presión f atmosférica; **~ raid** N ataque m aéreo; **~ rifle** N escopeta f de aire comprimido; **~ terminal** N terminal f; **~ traffic control** N control m de tránsito aéreo; **~ traffic controller** N controlador(a) m/f aéreo(a); **~ waybill** N hoja f de ruta aérea.

airbag ['ɛəbæg] N airbag m.

airborne ['ɛəbɔːn] ADJ (Mil) aerotransportado/a; (aircraft) volando, en el aire; **suddenly we were ~** de repente nos vimos en el aire.

air-conditioned ['ɛəkən,dɪʃənd] ADJ (room, hotel) climatizado/a, con aire acondicionado.

air-conditioning ['ɛəkən,dɪʃənɪŋ] N climatización f, acondicionamiento m de aire; **cinema with ~** cine m climatizado.

air-cooled ['ɛəkuːld] ADJ refrigerado/a por aire.

aircraft ['ɛəkrɑːft] $\boxed{1}$ N (pl inv) avión m. $\boxed{2}$ CPD: **~ carrier**

N portaviones m inv.

aircraftman ['ɛəkrɑːftmən] N (pl **-men**) (Brit) cabo m segundo (de las fuerzas aéreas).

aircrew ['ɛəkruː] N tripulación f de avión.

airdrome ['ɛə,drəʊm] N (US) = **aerodrome.**

airdrop ['ɛədrɒp] N entrega f (de víveres etc) por paracaídas.

Airedale ['ɛədeɪl] N (also **~ dog**) perro m Airedale.

airfield ['ɛəfiːld] N campo m de aviación.

airfoil ['ɛə,fɔɪl] N (US) = **aerofoil.**

airing ['ɛərɪŋ] $\boxed{1}$ N: **to give sth an ~** (linen, room etc) ventilar algo; (fig: ideas etc) airear algo, someter algo a la discusión. $\boxed{2}$ CPD: **~ cupboard** N armario m para oreo.

airless ['ɛəlɪs] ADJ (room) mal ventilado/a; (day) sin viento.

airlift ['ɛəlɪft] N puente m aéreo.

airline ['ɛəlaɪn] N línea f aérea.

airliner ['ɛəlaɪnəʳ] N avión m de pasajeros.

airlock ['ɛəlɒk] N (in pipe) esclusa f de aire.

airmail ['ɛəmeɪl] N correo m aéreo; **by ~** por vía aérea.

airplane ['ɛəpleɪn] N (US) = **aeroplane.**

airplay ['ɛəpleɪ] N cobertura f radiofónica.

airport ['ɛəpɔːt] N aeropuerto m.

air-sea ['ɛə'siː] ADJ: **~ rescue** rescate m aeronaval.

airship ['ɛəʃɪp] N aeronave f.

airsick ['ɛəsɪk] ADJ mareado/a (en avión).

airspace ['ɛəspeɪs] N espacio m aéreo.

airspeed ['ɛəspiːd] N velocidad f aérea.

airstrip ['ɛəstrɪp] N pista f de aterrizaje.

airtight ['ɛətaɪt] ADJ hermético/a.

airtime ['ɛə,taɪm] N (Rad, TV) tiempo m en antena.

air-to-air ['ɛətə,ɛəʳ] ADJ: **~ missile** misil m aire-aire.

air-to-surface ['ɛətə,sɜːfɪs] ADJ: **~ missile** misil m aire-tierra.

airworthy ['ɛəwɜːðɪ] ADJ en condición de vuelo.

airy ['ɛərɪ] ADJ (comp **-ier;** superl **-iest**) (open) bien ventilado/a; (remark: offhand) dicho/a a la ligera; (careless, light) despreocupado/a.

aisle [aɪl] N (Rel) nave f (lateral); (Theat) pasillo m; **it had them rolling in the ~s** los tuvo muertos de (la) risa; **~ seat** (on plane) asiento m de pasillo.

ajar [ə'dʒɑːʳ] ADV entreabierto/a.

AK ABBR (US Post) of **Alaska.**

aka ABBR of **also known as** alias.

akimbo [ə'kɪmbəʊ] ADV: **with arms ~** en jarras.

akin [ə'kɪn] ADJ parecido/a (to con), semejante (to a).

AL ABBR (US Post) of **Alabama.**

ALA N ABBR of **American Library Association.**

Ala. ABBR (US) of **Alabama.**

alabaster ['æləbɑːstəʳ] N alabastro m.

à la carte [ælæ'kɑːt] ADV a la carta.

alacrity [ə'lækrɪtɪ] N: **with ~** con presteza.

alarm [ə'lɑːm] $\boxed{1}$ N (warning, bell, fear) alarma f; (signal) señal f de alarma; (also **~ clock**) despertador m; **to raise the ~** dar la alarma; **to cause ~** causar alarma; see **false.** $\boxed{2}$ VT alarmar; **to be ~ed at** asustarse de. $\boxed{3}$ CPD (bell, system) de alarma; **~ call** N voz f de alarma; **~ clock** N despertador m.

alarming [ə'lɑːmɪŋ] ADJ alarmante.

alarmist [ə'lɑːmɪst] ADJ, N alarmista mf.

alas [ə'læs] INTERJ ¡ay (de mí)!

Alas. ABBR (US) of **Alaska.**

Alaska [ə'læskə] N Alaska f.

Alaskan [ə'læskən] $\boxed{1}$ ADJ de Alaska. $\boxed{2}$ N nativo/a m/f or habitante mf de Alaska.

Albania [æl'beɪnɪə] N Albania f.

Albanian [æl'beɪnɪən] $\boxed{1}$ ADJ albanés/esa. $\boxed{2}$ N albanés/esa m/f; (Ling) albanés m.

albatross ['ælbətrɒs] N albatros m.

albeit [ɔːl'biːɪt] CONJ aunque.

albino [æl'biːnəʊ] N albino/a m/f.

Albion ['ælbɪən] N Albión f.

album ['ælbəm] N (book) álbum m; (record) elepé m; **auto-graph ~** álbum de autógrafos.

albumen ['ælbjʊmɪn] N (Bot) albumen m.

alchemy ['ælkɪmɪ] N alquimia f.

➤ SENTENCE BUILDER: **aim** → 13.2

alcohol ['ælkəhɒl] N (*Chem, drink*) alcohol *m*; **I never touch ~** soy abstemio.

alcohol-free ['ælkəhɒl,fri:] ADJ sin alcohol.

alcoholic [,ælkə'hɒlɪk] ADJ, N alcohólico/a *m/f*.

alcoholism ['ælkəhɒlɪzəm] N alcoholismo *m*.

alcopop ['ælkəʊpɒp] N (*Brit*) combinado de refresco y alcohol que se vende ya embotellado.

alcove ['ælkəʊv] N nicho *m*, hueco *m*.

Ald. ABBR *of* **alderman.**

alderman ['ɔ:ldəmən] N (*pl* **-men**) concejal(a) *m/f* (de categoría superior).

ale [eɪl] N cerveza *f*; *see* **brown**; **pale**[1].

alert [ə'lɜ:t] [1] ADJ (*acute*) alerta *inv*; (*wide-awake*) despierto/a, despabilado/a; (*expression*) vivo/a; (*guard*) vigilante, alerta; **they were ~** estaban alerta. [2] N alerta *f*; **to be on the ~** estar alerta. [3] VT: **to ~ sb to sth** poner a algn sobre aviso de algo, alertar a algn de algo.

Aleutian [ə'lu:ʃən] ADJ: **~ Islands** Islas *fpl* Aleutianas.

A-level ['eɪ,levl] (*Brit Scol*) N ABBR *of* **Advanced level** ≈ COU *m*.

Alexandria [,ælɪg'zɑ:ndrɪə] N Alejandría *f*.

alfalfa [æl'fælfə] N alfalfa *f*.

alfresco [æl'freskəʊ] ADJ, ADV al aire libre.

algae ['ældʒi:] NPL (*Bot*) alga *fsg*.

algebra ['ældʒɪbrə] N álgebra *f*.

Algeria [æl'dʒɪərɪə] N Argelia *f*.

Algerian [æl'dʒɪərɪən] ADJ, N argelino/a *m/f*.

Algiers [æl'dʒɪəz] N Argel *m*.

algorithm ['ælgə,rɪðəm] N algoritmo *m*.

alias ['eɪlɪæs] [1] N alias *m*. [2] ADV: **Smith ~ Stevens** Smith alias Stevens.

alibi ['ælɪbaɪ] N coartada *f*.

alien ['eɪlɪən] [1] ADJ (*of foreign country*) extranjero/a; (*very different*) **~ to** ajeno/a a. [2] N (*foreigner*) extranjero/a *m/f*; (*extraterrestrial*) ser *m* extraterrestre.

alienate ['eɪlɪəneɪt] VT (*offend*) ofender; (*Jur*) enajenar; **to ~ o.s. from sb** alejarse o apartarse de algn.

alienation [,eɪlɪə'neɪʃən] N (*estrangement, Phil*) enajenación *f*; (*of friend*) alejamiento *m*.

alight[1] [ə'laɪt] ADJ: **to be ~** (*fire*) estar ardiendo; (*light*) estar encendido/a *or* (*LAm*) prendido/a.

alight[2] [ə'laɪt] VI (*from vehicle*) bajar, apearse; (*bird*) posarse.

align [ə'laɪn] VT alinear; **to ~ o.s. with** ponerse del lado de.

alignment [ə'laɪnmənt] N (*Pol, Tech*) alineación *f*; **out of ~ (with)** fuera de alineación (con).

▼**alike** [ə'laɪk] [1] PRED ADJ parecidos/as; **to be/look ~** parecerse; **you're all ~!** ¡sois todos iguales!, ¡todos son iguales! (*esp LAm*). [2] ADV del mismo modo, igualmente; **men and women ~** tanto los hombres como las mujeres.

alimentary [,ælɪ'mentərɪ] ADJ alimenticio/a; **~ canal** tubo *m* digestivo.

alimony ['ælɪmənɪ] N (*Jur*) alimentos *mpl*.

alive [ə'laɪv] ADJ (*living*) vivo/a; (*fig*) actual; (: *lively*) activo/a; (: *aware*) consciente; **to be ~** estar vivo; **it's good to be ~** ¡qué bueno es vivir!; **~ and kicking** vivito y coleando; **dead or ~** vivo o muerto; **he's the best footballer ~** es el mejor futbolista del mundo; **to bring a story ~** animar una narración; **to come ~** (*fig*) animarse; **to keep a memory ~** guardar fresco un recuerdo; **to keep a tradition ~** mantener una tradición; **look ~!** (*hurry*) ¡date prisa!, ¡apúrate! (*LAm*); **~ to** consciente de; **he's ~ to the danger** está consciente del peligro; **~ with** apestado/a de; (*insects etc*) lleno/a de.

alkali ['ælkəlaɪ] N álcali *m*.

alkaline ['ælkəlaɪn] ADJ alcalino/a.

all [ɔ:l] [1] ADJ todo/a, todos/as; **~ day** todo el día; **~ men** todos los hombres; **~ three** todos los tres; **~ the books on the shelf** todos los libros en el estante; **they ~ ...** todos ...; **for ~ their efforts** a pesar de sus esfuerzos; **and ~ that** cosas así, y otras cosas por el estilo; **A~ Saints' Day** Día *m* de Todos los Santos (*1 noviembre*); **A~ Souls' Day** Día de (los) Difuntos (*2 noviembre*).
[2] PRON (*sg*) todo; (*pl*) todos *mpl*, todas *fpl*; **~ of it** todo; **~**

of us todos nosotros; **above ~** sobre todo; **after ~** con todo; **~ is lost** se acabó; **he ate it ~** lo comió todo; **is that ~?** ¿nada más?, ¿es todo?; **that's ~** eso es todo, nada más; **if it's at ~ possible** si hay la menor posibilidad; **not at ~** de ninguna manera; **not at ~!** (*answer to thanks*) de nada, no hay de qué; **I'm not at ~ tired** no estoy cansado en lo más mínimo *or* en absoluto; **~ in ~** con todo, total; **for ~ I know** que yo sepa; **for ~ his boasting** a pesar de toda su jactancia; **50 men in ~** 50 hombres en total; **most of ~** más que nada; **when ~ is said and done** en fin de cuentas.
[3] ADV completamente; **dressed ~ in black** vestido todo de negro; **it's ~ dirty** está todo sucio; **it's not as bad as ~ that** no está tan mal; **it's ~ too bad** por desgracia es la misma verdad; **~ but** casi; **~ the better** tanto mejor; **the score is two ~** empatan a dos; **to be** *or* **feel ~ in** (*fam*) estar *or* quedar rendido; *see* **alone**; **over** *etc*.

Allah ['ælə] N Alá *m*.

all-around ['ɔ:lə'raʊnd] ADJ (*US*) **= all-round.**

allay [ə'leɪ] VT (*fears*) aquietar, calmar; (*pain*) aliviar.

all clear [ə'l'klɪə] N (*also* **~ signal**) cese *m or* fin *m* de alarma; (*fig*) visto *m* bueno, luz *f* verde.

allegation [,ælɪ'geɪʃən] N alegato *m*.

allege [ə'ledʒ] VT declarar, afirmar; **he is ~d to be wealthy** se pretende *or* se dice que es rico.

alleged [ə'ledʒd] ADJ (*fact, claim*) supuesto/a; (*criminal*) presunto/a.

allegedly [ə'ledʒɪdlɪ] ADV supuestamente, según se afirma.

allegiance [ə'li:dʒəns] N lealtad *f*; **to swear ~ to** rendir homenaje a.

allegory ['ælɪgərɪ] N alegoría *f*.

allergen ['ælədʒən] N alérgeno *m*.

allergic [ə'lɜ:dʒɪk] ADJ: **~ to** alérgico/a a.

allergy ['ælədʒɪ] N alergia *f*.

alleviate [ə'li:vɪeɪt] VT aliviar.

alley ['ælɪ] N (*between buildings*) callejón *m*, callejuela *f*; (*in garden*) paseo *m*; **blind ~** callejón sin salida.

all-fired ['ɔ:lfaɪəd] (*US fam*) [1] ADJ excesivo/a; **in an ~ hurry** con muchísima prisa. [2] ADV a más no poder.

alliance [ə'laɪəns] N alianza *f*.

alligator [ə'lɪgeɪtə] N caimán *m*.

all-important ['ɔ:lɪm'pɔ:tənt] ADJ de primera *or* de suma importancia.

all-in ['ɔ:lɪn] ADJ (*price*) global; (*charge*) todo incluido; **~ wrestling** lucha *f* libre.

alliteration [ə,lɪtə'reɪʃən] N aliteración *f*.

all-night [,ɔ:l'naɪt] ADJ (*café, garage*) abierto/a toda la noche; (*vigil, party*) que dura toda la noche.

all-nighter [,ɔ:l'naɪtə'] N (*fam*) espectáculo o fiesta etc que dura hasta la madrugada.

allocate ['æləʊkeɪt] VT (*allot*) asignar (*to* a); (*distribute*) repartir (*among* entre).

allocation [,æləʊ'keɪʃən] N (*allotting: also Comput*) asignación *f*; (*apportioning*) reparto *m*; (*share, amount*) ración *f*, cuota *f*.

allot [ə'lɒt] VT (*task, share, time*) asignar (*to* a).

allotment [ə'lɒtmənt] N (*Brit: land*) parcela *f*.

all-out ['ɔ:l'aʊt] [1] ADJ (*effort*) supremo/a; (*attack*) con máxima fuerza; (*strike*) general. [2] ADV con todas las fuerzas.

▼**allow** [ə'laʊ] VT (*permit*) permitir; (*make provision for*) dejar; (*grant: money*) conceder; (: *rations*) poner; (*admit: claim, appeal: Jur*) admitir; (*Sport: goal*) conceder; **to ~ sb to do sth** permitir *or* dejar a algn hacer algo, permitir *or* dejar que algn haga algo; **smoking is not ~ed** prohibido *or* se prohíbe fumar; **we must ~ 3 days for the journey** debemos dejar 3 días para el viaje; **~ me!** ¡permítame!, ¡pase Ud! (*LAm*).

◆**allow for** VI + PREP tener en cuenta, tomar en consideración.

allowable [ə'laʊəbl] ADJ (*expense*) deducible; **~ against tax** desgravable.

allowance [ə'laʊəns] N (*payment*) pensión *f*, subvención *f*; (*ration*) ración *f*; (*Tax*) desgravación *f*; (*discount*) descuento *m*, rebaja *f*; (*subsistence*) **family ~** subsidio *m*

➤ SENTENCE BUILDER: **alike → 9.2**   **allow → 14.4, 15.3, 15.4, 15.5**

familiar; **to make ~(s) for sb** ser comprensivo/a con algn, disculpar a algn.

alloy ['ælɔɪ] N aleación *f*.

all right [,ɔːl'raɪt] **[1]** ADJ **[a]** *(satisfactory)* **it's ~** todo está bien, todo va bien; **yes, that's ~** sí, de acuerdo *or* vale; **it's ~ with me** yo, de acuerdo, lo que es por mí, no hay problema; **it's ~** *(don't worry)* no te preocupes; **it's ~ for you!** a ti ¡qué te puede importar?; **is it ~ for me to go at 4?** ¿me da permiso para *or* puedo marcharme a las 4?; **are you ~ for Tuesday?** ¿estás libre *or* puedes jugar/ venir *etc* el martes?; **she's a bit of ~** *(fam)* ¡está buenísima! *(fam)*.

[b] *(safe, well)* **I'm/I feel ~ now** ya estoy bien; **she's ~ again now** está mejor, se ha repuesto ya; **it's ~, you can come out again now** está bien, puedes salir ya.

[c] *(prosperous)* **we're ~ for the rest of our lives** no tendremos problemas económicos en el resto de la vida.

[2] ADV: **I can see ~, thanks** veo bien, gracias; **you'll get your money back ~** se te devolverá tu dinero, eso es seguro; **You say I was wrong. A~, but ...** Dices que me equivoqué. Bien, pero ....

[3] INTERJ *(approval)* ¡bueno!, ¡muy bien!; *(agreement)* ¡de acuerdo!, ¡vale!, ¡okey!; *(that's enough)* ¡basta ya!, ¡ya está bien!, ¡ya estuvo bueno! *(LAm)*; *(exasperation)* ¡se acabó!

all-round ['ɔːl'raʊnd] ADJ *(gen)* completo/a; *(view)* amplio/a.

all-rounder ['ɔːl'raʊndəʳ] N persona *f* que hace de todo.

allspice ['ɔːlspaɪs] N pimienta *f* inglesa, pimienta *f* de Jamaica.

allude [ə'luːd] VI: **to ~ to** aludir a, referirse a.

allure [ə'ljʊəʳ] N atractivo *m*, encanto *m*.

alluring [ə'ljʊərɪŋ] ADJ atractivo/a, seductor(a).

allusion [ə'luːʒən] N referencia *f*, alusión *f*.

alluvial [ə'luːvɪəl] ADJ aluvial.

ally ['ælaɪ] **[1]** N *(Pol, gen)* aliado/a *m/f*. **[2]** [ə'laɪ] VT: **to ~ o.s. with** aliarse con, hacer alianza con.

almanac ['ɔːlmənæk] N almanaque *m*.

almighty [ɔːl'maɪtɪ] **[1]** ADJ todopoderoso/a *(fam)*; **he's an ~ fool if he believes that** ¡vaya tonto si cree eso!; **an ~ din** un ruido de los mil demonios. **[2]** N: **the A~** el Todopoderoso.

almond ['ɑːmənd] N *(nut)* almendra *f*; *(tree)* almendro *m*.

almost ['ɔːlməʊst] ADV casi; **he ~ fell** por poco se cayó.

alms [ɑːmz] NPL limosna *fsg*.

aloe ['æləʊ] N agave *f*.

aloft [ə'lɒft] ADV *(above)* arriba; *(upwards)* hacia arriba; *(Naut)* en *or* a la arboladura.

alone [ə'ləʊn] **[1]** ADJ solo/a; **to be ~** estar solo *or* a solas; **all ~** *(completamente)* solo; **am I ~ in thinking so?** ¿soy yo el único que piensa así?; **to go it ~** hacerlo solo; **leave me ~!** ¡déjame en paz!, ¡déjame estar! *(LAm)*; **to leave** *or* **let sth ~** no tocar algo; **leave it ~!** ¡déjalo!, ¡no toques!; **leave well ~** no te metas con eso; **let ~** sin hablar de; **he can't read, let ~ write** nada de escribir, ni siquiera sabe leer. **[2]** ADV solamente, sólo, únicamente; **the travel ~ cost £600** sólo el viaje costó 600 libras; **you ~ can do it** sólo tú puedes hacerlo.

along [ə'lɒŋ] **[1]** ADV: **she walked ~** siguió andando; **move ~ there!** ¡circulen, por favor!; **are you coming ~?** ¿tú vienes también?; **all ~** desde el principio; **bring him ~ if you like** tráelo, si quieres; **he came, ~ with his friend** él vino, junto con su amigo. **[2]** PREP por, a lo largo de; **to walk ~ the street** andar por la calle; **the trees ~ the path** los árboles a lo largo del camino; **the shop is ~ here** la tienda está por aquí.

alongside [ə'lɒŋ'saɪd] **[1]** ADV *(Naut)* de costado; **to come ~** atracar. **[2]** PREP al lado de; *(Naut)* al costado de; **they have to work ~ each other** tienen que trabajar juntos; **how can these systems work ~ each other?** ¿cómo pueden funcionar estos sistemas en colaboración?

aloof [ə'luːf] ADJ *(character, voice)* reservado/a; **to stand ~ (from)** mantenerse apartado (de).

aloofness [ə'luːfnɪs] N reserva *f*, frialdad *f*.

aloud [ə'laʊd] ADV en voz alta.

alphabet ['ælfəbet] N alfabeto *m*.

alphabetical [,ælfə'betɪkəl] ADJ alfabético/a; **in ~ order** por orden alfabético.

alphabetically [,ælfə'betɪkəlɪ] ADV alfabéticamente, en *or* por orden alfabético.

alphanumeric [,ælfənjuː'merɪk] ADJ alfanumérico/a.

alpine ['ælpaɪn] ADJ alpino/a.

Alps [ælps] NPL: **the ~** los Alpes *mpl*.

already [ɔːl'redɪ] ADV ya; **is it finished ~?** ¿ya está terminado?; **that's enough ~!** *(US)* ¡basta!, ¡ya está bien!

alright [,ɔːl'raɪt] = **all right**.

Alsace ['ælsæs] N Alsacia *f*.

Alsatian [æl'seɪʃən] **[1]** ADJ alsaciano/a. **[2]** N alsaciano/a *m/f*; *(dog)* perro *m* lobo, (perro *m*) pastor *m* alemán.

also ['ɔːlsəʊ] ADV también.

also-ran ['ɔːlsəʊræn] N *(Sport)* caballo *m* perdedor; *(fam: person)* nulidad *f*.

alt. ABBR *of* **altitude** alt.

Alta. ABBR *(Canada) of* **Alberta**.

altar ['ɒltəʳ] N altar *m*; **high ~** altar mayor.

alter ['ɒltəʳ] **[1]** VT *(change)* modificar, cambiar; *(opinion)* cambiar de; *(Sew)* retocar. **[2]** VI *(person, place)* cambiar.

alteration [,ɒltə'reɪʃən] N *(change)* modificación *f*, cambio *m*; **~s** *(Archit)* reformas *fpl*; *(Sew)* retoque *msg*; **to make ~s in sth** hacer modificaciones en algo.

altercation [,ɒltə'keɪʃən] N altercado *m*.

alternate [ɒl'tɜːnɪt] **[1]** ADJ *(alternating: layers)* alterno/a; **on ~ days** cada dos días, un día sí y otro no; *(US)* = **alternative 1**.

[2] N *(US: Sport, at conference etc)* suplente *mf*.

[3] ['ɒltəneɪt] VI alternar; **A ~s with B** A alterna con B; **to ~ between A and B** alternar entre A y B. **[4]** ['ɒltəneɪt] VT *(crops)* alternar.

alternately [ɒl'tɜːnɪtlɪ] ADV alternativamente, por turno.

alternating ['ɒltɜːneɪtɪŋ] ADJ alterno/a; **~ current** corriente *f* alterna.

alternative [ɒl'tɜːnətɪv] **[1]** ADJ *(plan, route, medicine)* alternativo/a. **[2]** N alternativa *f*; **you have no ~ but to go** no tienes más remedio que ir; **there are several ~s** hay varias alternativas; **there is no ~** no hay otro remedio, no queda otra *(LAm)*.

alternatively [ɒl'tɜːnətɪvlɪ] ADV por otra parte, en cambio.

alternator ['ɒltɜːneɪtəʳ] N *(Aut, Elec)* alternador *m*.

although [ɔːl'ðəʊ] CONJ aunque.

altitude ['æltɪtjuːd] **[1]** N altitud *f*, altura *f*; **at these ~s** a estas alturas *(lit)*. **[2]** CPD: **~ sickness** N mal *m* de altura, soroche *m* *(LAm)*.

alto ['æltəʊ] N *(instrument, male singer)* alto *m*; *(female singer)* contralto *f*.

altogether [,ɔːltə'geðəʳ] **[1]** ADV **[a]** *(in all)* en total, en conjunto; **~ it was rather unpleasant** en suma *or* total fue muy desagradable; **how much is that ~?** ¿cuánto en total?

[b] *(entirely)* completamente, del todo; **I'm not ~ sure** no estoy del todo seguro. **[2]** N: **in the ~** *(fam: naked)* en cueros.

altruism ['æltruɪzəm] N altruismo *m*.

altruistic [,æltruː'ɪstɪk] ADJ altruista.

aluminium [,æljʊ'mɪnɪəm], *(US)* **aluminum** [ə'luːmɪnəm] N aluminio *m*.

always ['ɔːlweɪz] ADV *(at all times, repeatedly)* siempre; **as ~** como siempre; **nearly ~** casi siempre; **he's ~ late** siempre llega tarde; **you can ~ go by train** también puedes ir en tren.

Alzheimer's disease ['ælts,haɪməzdɪziːz] N enfermedad *f* de Alzheimer.

AM N ABBR **[a]** *of* **amplitude modulation** A.M. *f*. **[b]** *(US) of* **Artium Magister, Master of Arts**.

am [æm] 1ST PERS SG PRESENT *of* **be**.

Am. ABBR **[a]** *of* **America**. **[b]** *of* **American**.

a.m. ABBR *of* **ante meridiem** a.m.

AMA N ABBR *of* **American Medical Association**.

amalgam [ə'mælgəm] N amalgama *f*.

amalgamate [ə'mælgəmeɪt] **[1]** VT *(companies etc)* amalgamar. **[2]** VI amalgamarse.

amalgamation [ə,mælgə'meɪʃən] N amalgamación *f*;

(*Comm*) fusión *f*.

amass [ə'mæs] VT (*wealth, information*) acumular, amontonar.

amateur ['æmətə'] **1** N amateur *mf*, aficionado/a *m/f*; (*pej*) chapucero/a *m/f*. **2** ADJ de aficionado; **~ dramatics** teatro *m* no profesional.

amateurish ['æmətərɪʃ] ADJ (*pej*) torpe, inexperto/a.

amaze [ə'meɪz] VT pasmar, asombrar; **to be ~d (at)** quedar pasmado (de).

amazement [ə'meɪzmənt] N sorpresa *f*, asombro *m*; **they looked on in ~** miraron asombrados.

amazing [ə'meɪzɪŋ] ADJ extraordinario/a, pasmoso/a.

amazingly [ə'meɪzɪŋlɪ] ADV extraordinariamente; **~ enough** aunque parece mentira.

Amazon ['æməzən] **1** N (*Geog*) Amazonas *m*. **2** CPD: **~ basin** N cuenca *f* del Amazonas; **~ jungle** N selva *f* de Amazonas.

Amazonian [ˌæmə'zəʊnɪən] ADJ amazónico/a.

ambassador [æm'bæsədə'] N embajador(a) *m/f*.

amber ['æmbə'] **1** N ámbar *m*. **2** ADJ (*colour*) ambarino/a; (*traffic light*) amarillo/a.

ambidextrous [ˌæmbɪ'dekstrəs] ADJ ambidextro/a.

ambiguity [æmbɪ'gjʊɪtɪ] N (*quality*) ambigüedad *f*; (*of meaning*) doble sentido *m*.

ambiguous [æm'bɪgjʊəs] ADJ (*remark, meaning*) ambiguo/a.

ambition [æm'bɪʃən] N ambición *f*; (*objective*) meta *f*; **he has no ~** no tiene ambición; **his ~ is to ...** ambiciona ...; **to achieve one's ~** realizar su ambición.

ambitious [æm'bɪʃəs] ADJ (*person*) ambicioso/a; (*plan etc*) grandioso/a; **to be ~ for one's children** poner esperanzas en los hijos; **he was ~ to be the boss** ambicionaba llegar a ser el jefe.

ambivalent [æm'bɪvələnt] ADJ ambivalente; (*pej*) equívoco/a.

amble ['æmbl] VI (*person*) deambular, andar sin prisa; **he ~d up to me** se me acercó a paso lento.

ambulance ['æmbjʊləns] **1** N ambulancia *f*. **2** CPD: **~ driver, ~ man** N ambulanciero *m*.

ambush ['æmbʊʃ] **1** N emboscada *f*; **to set an ~ for** tender una emboscada a; **to lie in ~** estar emboscado (*for* para coger). **2** VT coger (*Sp*) or (*LAm*) agarrar por sorpresa.

ameba [ə'miːbə] N (*US*) = **amoeba**.

amen ['ɑː'men] INTERJ amén.

amenable [ə'miːnəbl] ADJ (*responsive*) susceptible, sensible (*to* a); **~ to reason** que se deja convencer; **~ to treatment** susceptible de ser curado, curable.

amend [ə'mend] VT (*law etc*) enmendar; (*correct*) corregir.

amendment [ə'mendmənt] N (*change in law etc*) enmienda *f*.

amends [ə'mendz] NPL: **to make ~ (to sb) for sth** (*apologize*) dar satisfacción (a algn) por algo; (*compensate*) compensar (a algn) por algo.

amenity [ə'miːnɪtɪ] N (*pleasantness of district etc*) amenidad *f*; (*pleasant thing: gen pl*) **amenities** comodidades *fpl*; **a house with all amenities** una casa con todo confort.

America [ə'merɪkə] N América *f*; (*USA*) Estados *mpl* Unidos.

American [ə'merɪkən] **1** ADJ (*of USA*) norteamericano/a, estadounidense; (*continent*) americano/a; **~ Indian** amerindio/a *m/f*. **2** N norteamericano/a *m/f*, americano/a *m/f*.

Americanism [ə'merɪkənɪzəm] N americanismo *m*.

americanize [ə'merɪkənaɪz] VT americanizar.

Amerindian [ˌæmə'rɪndɪən] ADJ, N amerindio/a *m/f*.

amethyst ['æmɪθɪst] N amatista *f*.

Amex ['æmeks] N ABBR of **American Stock Exchange**.

amiable ['eɪmɪəbl] ADJ amable, simpático/a.

amicable ['æmɪkəbl] ADJ amistoso/a, amigable.

amid(st) [ə'mɪd(st)] PREP (*frm*) entre.

amiss [ə'mɪs] ADJ, ADV: **there's something ~** pasa algo; **don't take it ~, will you?** no lo tomes a mal.

AMM N ABBR of **antimissile missile**.

Amman [ə'mɑːn] N Ammán *m*.

ammo ['æməʊ] N ABBR (*fam*) of **ammunition**.

ammonia [ə'məʊnɪə] N amonio *m*.

ammunition [ˌæmjʊ'nɪʃən] **1** N municiones *fpl*; (*fig*) argumentos *mpl*. **2** CPD: **~ dump** N depósito *m* de municiones.

amnesia [æm'niːzɪə] N amnesia *f*.

amnesty ['æmnɪstɪ] N amnistía *f*; **to grant an ~ to** amnistiar (a), conceder la amnistía a.

amoeba, (*US*) ameba [ə'miːbə] N (*pl* **~s** or **amoebae**) amiba *f*.

amok [ə'mɒk] ADV: **to run ~** enloquecerse, desbocarse.

among(st) [ə'mʌŋ(st)] PREP entre, en medio de; **he is ~ those who ...** es de los que ...; **share it ~ yourselves** repartíoslo entre vosotros.

amoral [eɪ'mɒrəl] ADJ amoral.

amorous ['æmərəs] ADJ (*person*) cariñoso/a; (*relationship*) amoroso/a.

amorphous [ə'mɔːfəs] ADJ amorfo/a.

amortization [əˌmɔːtɪ'zeɪʃən] N amortización *f*.

amount [ə'maʊnt] N (*gen: quantity*) cantidad *f*; (*of bill etc*) importe *m*, suma *f*; **in small ~s** en pequeñas cantidades; **the total ~** la totalidad, la cantidad total; (*of money*) suma total; **a bill for the ~ of** una cuenta por (el) valor de; **any ~ of** cualquier cantidad de.

◆ **amount to** VI + PREP sumar, ascender a; (*fig*) equivaler a, significar; **this ~s to a refusal** esto equivale a una negativa; **he'll never ~ to much** nunca dejará de ser una nulidad.

amp [æmp], **ampère** ['æmpeə'] **1** N amperio *m*. **2** CPD: **a 13 ~ plug** un enchufe de 13 amperios.

ampersand ['æmpəsænd] N el signo & (= *and*).

amphetamine [æm'fetəmiːn] N anfetamina *f*.

amphibian [æm'fɪbɪən] N anfibio *m*.

amphibious [æm'fɪbɪəs] ADJ (*animal, vehicle*) anfibio/a.

amphitheatre, (*US*) amphitheater ['æmfɪˌθɪətə'] N (*outdoors*) anfiteatro *m*.

ample ['æmpl] ADJ (*comp* **~r**; *superl* **~st**) (*spacious*) amplio/a; (*abundant*) abundante; (*enough*) bastante.

amplifier ['æmplɪfaɪə'] N amplificador *m*.

amplify ['æmplɪfaɪ] VT (*sound*) amplificar; (: *also Rad*) aumentar; (*statement etc*) desarrollar.

amply ['æmplɪ] ADV (*abundantly*) abundantemente; (*sufficiently*) bastante, suficientemente; **we were ~ justified** tuvimos plena razón.

ampoule, (*US*) ampule ['æmpuːl] N ampolla *f*.

amputate ['æmpjʊteɪt] VT amputar.

amputation [ˌæmpjʊ'teɪʃən] N amputación *f*.

Amsterdam [ˌæmstə'dæm] N Amsterdam *m*.

amt ABBR of **amount** Impte.

amuck [ə'mʌk] ADV = **amok**.

amuse [ə'mjuːz] VT (*cause mirth*) divertir; (*entertain*) distraer, entretener; **to be ~d at** divertirse con; **to keep sb ~d** entretener a algn; **to ~ o.s.** distraerse; **run along and ~ yourselves** marchaos y a pasarlo bien.

amusement [ə'mjuːzmənt] **1** N **a** (*laughter*) risa *f*; **much to my ~** con gran regocijo mío. **b** (*entertainment*) distracción *f*, diversión *f*; **~s** diversiones; **they do it for ~ only** para ellos es un pasatiempo nada más. **2** CPD: **~ arcade** N galería *f* de atracciones; **~ park** N parque *m* de atracciones.

amusing [ə'mjuːzɪŋ] ADJ (*funny*) gracioso/a, divertido/a; (*entertaining*) entretenido/a.

an [æn, ən] INDEF ART *see* **a**.

ANA N ABBR **a** of **American Newspaper Association**. **b** of **American Nurses' Association**.

anabolic [ænə'bɒlɪk] ADJ: **~ steroid** esteroide *m* anabolizante.

anachronism [ə'nækrənɪzəm] N (*instance*) anacronismo *m*.

anaemia, (*US*) anemia [ə'niːmɪə] N anemia *f*.

anaemic, (*US*) anemic [ə'niːmɪk] ADJ anémico/a; (*fig: weak*) débil.

anaerobic [ˌæneə'rəʊbɪk] ADJ anaerobio/a.

anaesthetic, (*US*) anesthetic [ˌænɪs'θetɪk] N anestésico *m*; **local/general ~** anestesia *f* local/total.

anaesthetist, (US) **anesthetist** [æ'niːsθɪtɪst] N anestesista mf.

anaesthetize, (US) **anesthetize** [æ'niːsθɪtaɪz] VT anestesiar.

anagram ['ænəgræm] N anagrama m.

anal ['eɪnəl] ADJ anal.

analgesic [,ænæl'dʒiːsɪk] ADJ analgésico/a.

analogous [ə'næləgəs] ADJ análogo/a (to, with a).

analogue, (US) **analog** ['ænəlɒg] [1] N análogo m. [2] CPD: **~ computer** N calculador m analógico.

analogy [ə'nælədʒɪ] N analogía f; (similarity) semejanza f; **to draw an ~ between** señalar una semejanza entre.

analyse, (US) **analyze** ['ænəlaɪz] VT analizar.

analysis [ə'næləsɪs] N (pl **analyses** [ə'næləsiːz]) análisis m inv; **in the last ~** a fin de cuentas.

analyst ['ænəlɪst] N analista mf.

analytic(al) [,ænə'lɪtɪk(əl)] ADJ analítico/a.

analyze ['ænəlaɪz] VT (US) = **analyse**.

anarchist ['ænəkɪst] N anarquista mf.

anarchy ['ænəkɪ] N (Pol) anarquía f; (fam) desorden m.

anathema [ə'næθɪmə] N (Rel) anatema m; **he is ~ to me** no le puedo ver, para mí es inaguantable.

anatomical [,ænə'tɒmɪkəl] ADJ anatómico/a.

anatomy [ə'nætəmɪ] N anatomía f.

ANC N ABBR of **African National Congress** CNA m.

ancestor ['ænsɪstə'] N antepasado/a m/f.

ancestral [æn'sestrəl] ADJ ancestral; **~ home** casa f solariega.

ancestry ['ænsɪstrɪ] N (lineage) ascendencia f, linaje m; (noble birth) abolengo m.

anchor ['æŋkə'] [1] N ancla f, áncora f (Lit); (fig) seguridad f; (: person) pilar m; **to drop/weigh ~** echar/levar anclas. [2] VT anclar; (fig) sujetar, afianzar. [3] VI anclar.

anchorman ['æŋkəmæn] N (pl **-men**) (TV) hombre m ancla; (fig) hombre m clave.

anchovy ['æntʃəvɪ] N anchoa f.

ancient ['eɪnʃənt] ADJ (old, classical) antiguo/a; (fam) viejísimo/a; **~ monument** monumento m histórico; **~ Rome** la Roma antigua.

ancillary [æn'sɪlərɪ] ADJ (staff, workers) auxiliar.

and [ænd, ənd, nd, ən] CONJ y; (before i-, hi- but not hie-) e; **you ~ me** tú y yo; **French ~ English** franceses e ingleses; **one ~ a half** uno y medio; **better ~ better** cada vez mejor; **without shoes ~ socks** sin zapatos ni calcetines; **there are lawyers ~ lawyers** hay abogados y abogados; **he talked ~ talked** habló sin parar or (LAm) cesar; **try ~ do it** trata de hacerlo; **wait ~ see** espera y verás; **come ~ see me** ven a verme.

Andalusia [,ændə'luːzɪə] N Andalucía f.

Andalusian [,ændə'luːzɪən] [1] ADJ andaluz(a). [2] N andaluz(a) m/f; (Ling) andaluz m.

Andean ['ændɪən] ADJ andino/a; **~ high plateau** altiplanicie f, altiplano m (LAm).

Andes ['ændiːz] NPL: **the ~** los Andes.

Andorra [,æn'dɔːrə] N Andorra f.

androgynous [æn'drɒdʒɪnəs] ADJ andrógino/a.

android ['ændrɔɪd] N androide m.

anecdote ['ænɪkdəʊt] N anécdota f.

anemia etc [ə'niːmɪə] (US) = **anaemia** etc.

anemone [ə'nemənɪ] N (Bot) anemone f; (sea ~) anémona f.

anerobic [,ænɛə'rəʊbɪk] ADJ (US) = **anaerobic**.

anesthesiologist [,ænɪs,θiːzɪ'ɒlədʒɪst] N (US) anestesista mf.

anesthetic etc [,ænɪs'θetɪk] (US) = **anaesthetic** etc.

anew [ə'njuː] ADV (poet) de nuevo, otra vez.

angel ['eɪndʒəl] N ángel m; **he's an ~** (fam) es un ángel; see **guardian**.

angelic(al) [æn'dʒelɪk(əl)] ADJ angélico/a.

anger ['æŋgə'] [1] N cólera f, enojo m (LAm); **red with ~** furioso/a, enfurecido/a; **to speak in ~** hablar indignado. [2] VT enojar, enfurecer.

angina [æn'dʒaɪnə] N (Med: also **~ pectoris**) angina f (de pecho).

angiogram ['ændʒɪəgræm] N angiograma m.

angle¹ ['æŋgl] N (Math) ángulo m; (fig) punto m de vista; **right ~** ángulo recto; **at an ~ of 80°** en un ángulo de 80 grados; **to look at sth from a different ~** (fig) enfocar algo desde otro punto de vista; **what's your ~ on this?** ¿tú qué opinas de esto?

angle² ['æŋgl] VI (for fish) pescar con caña; **to ~ for** (fig) ir a la caza de.

Anglepoise ® ['æŋglpɔɪz] N (also **~ lamp**) lámpara f de estudio.

angler ['æŋglə'] N pescador(a) m/f (de caña).

Anglican ['æŋglɪkən] ADJ, N anglicano/a m/f.

anglicize ['æŋglɪsaɪz] VT dar forma inglesa a, anglificar.

angling ['æŋglɪŋ] N pesca f con caña.

Anglo- ['æŋgləʊ] PREF anglo...; **~Saxon** anglosajón/ona; **~Spanish** angloespañol(a).

┌─── ANGLO-SAXON ───┐

i *La lengua anglosajona,* **Anglo-Saxon,** *también llamada* **Old English,** *se extendió en Inglaterra tras las invasiones de pueblos germánicos en el siglo V y continuó usándose hasta la conquista normanda de la isla. Hoy en día sigue siendo una parte importante del idioma inglés. Como ejemplos de palabras de origen anglosajón que aún se usan tenemos* **man, child, eat, love** *o* **harvest.** *Muchas de las palabras obscenas corrientes también son de origen anglosajón. El término se usa también para describir el mundo angloparlante, sobre todo si tiene su origen o está muy influido por costumbres inglesas, si bien hay personas de origen escocés, irlandés, galés o minorías étnicas que prefieren no usarlo.*

Angola [æn'gəʊlə] N Angola f.

Angolan [æn'gəʊlən] ADJ, N angoleño/a m/f.

angora [æn'gɔːrə] N angora mf.

angry ['æŋgrɪ] ADJ (comp **-ier**; superl **-iest**) (person, voice) enfadado/a, enojado/a (LAm); (letter) airado/a; (Med) inflamado/a; (sky) tormentoso/a; **to be ~** estar enfadado or enojado; **to get ~** enfadarse, enojarse (LAm); **~ about** or **at sth** enfadado or enojado por algo; **~ with sb** enfadado or enojado con algn; **you won't be ~, will you?** no te vayas a ofender; **this sort of thing makes me ~** estas cosas me enfurecen.

angst [æŋst] N angustia f, congoja f.

anguish ['æŋgwɪʃ] N (bodily) tormentos mpl; (mental) angustia f.

anguished ['æŋgwɪʃt] ADJ angustiado/a, acongojado/a.

angular ['æŋgjʊlə'] ADJ angular; (face etc) anguloso/a.

animal ['ænɪməl] [1] ADJ animal. [2] N (not plant) animal m; (quadruped) bestia f. [3] CPD: **~ rights movement** N movimiento m pro derechos de los animales.

animate ['ænɪmɪt] [1] ADJ vivo/a. [2] ['ænɪmeɪt] VT animar, estimular.

animated ['ænɪmeɪtɪd] ADJ vivo/a, vivaz; **~ cartoon** dibujos mpl animados, caricaturas fpl (LAm); **to become ~** animarse.

animation [,ænɪ'meɪʃən] N (liveliness) vivacidad f, animación f.

animator ['ænɪmeɪtə'] N (Cine) animador(a) m/f.

animosity [,ænɪ'mɒsɪtɪ] N animosidad f, rencor m.

aniseed ['ænɪsiːd] N anís m.

Ankara ['æŋkərə] N Ankara f.

ankle ['æŋkl] [1] N tobillo m. [2] CPD: **~ socks** NPL calcetines mpl.

annals ['ænəlz] NPL anales mpl.

annex [ə'neks] VT (territory) anexionar (to a).

annex(e) ['æneks] N (building) edificio m anexo; (document) anexo m.

annihilate [ə'naɪəleɪt] VT aniquilar.

annihilation [ə,naɪə'leɪʃən] N aniquilación f, aniquilamiento m.

anniversary [,ænɪ'vɜːsərɪ] N aniversario m; **wedding ~** aniversario de bodas; **golden/silver wedding ~** bodas fpl de oro/plata.

annotate ['ænəʊteɪt] VT comentar.

announce [ə'naʊns] VT (gen) anunciar; (inform) comunicar, hacer saber; (declare) declarar; (in newspaper) anunciar; **he ~d that he wasn't going** declaró que no iba; **we regret to ~ the death of** lamentamos tener que anunciar la muerte de.

announcement [ə'naʊnsmənt] N (gen) anuncio m; (declaration) declaración f; **~s** (in newspaper) anuncios; **I'd like to make an ~** tengo algo que anunciar.

announcer [ə'naʊnsəʳ] N (Rad) locutor(a) m/f.

▼**annoy** [ə'nɔɪ] VT fastidiar, molestar, fregar (LAm fam), embromar (LAm fam); **to be ~ed about** or **at sth** estar enfadado or molesto por algo; **to be ~ed with sb** estar enfadado or molesto con algn; **to get ~ed** enfadarse; **he's just trying to ~ you** quiere fastidiarte nada más.

annoyance [ə'nɔɪəns] N (state) irritación f, enojo m (LAm); (thing) molestia f.

annoying [ə'nɔɪɪŋ] ADJ (person, habit, noise) molesto/a, fregado/a (LAm fam), embromado/a (LAm fam); **it's ~ to have to wait** es un fastidio tener que esperar.

annual ['ænjʊəl] **1** ADJ anual; **~ general meeting** (Brit) junta f general (anual); **~ income** ingresos mpl anuales; **~ report** informe m anual. **2** N (book) anuario m; (Bot) (planta f) anual m.

annually ['ænjʊəlɪ] ADV anualmente, cada año; **£500 ~** 500 libras al año.

annuity [ə'nju:ɪtɪ] N renta f vitalicia.

annul [ə'nʌl] VT (judgment, contract, marriage) anular.

annulment [ə'nʌlmənt] N (of marriage) anulación f.

Annunciation [ə,nʌnsɪ'eɪʃən] N Anunciación f.

anode ['ænəʊd] N ánodo m.

anodyne ['ænəʊdaɪn] ADJ anodino/a.

anoint [ə'nɔɪnt] VT ungir (with de).

anomalous [ə'nɒmələs] ADJ anómalo/a.

anomaly [ə'nɒmǝlɪ] N anomalía f.

anon[1] [ə'nɒn] ADV: **I'll see you ~** nos veremos luego.

anon[2] [ə'nɒn] ABBR of **anonymous**.

anonymity [,ænə'nɪmɪtɪ] N anonimato m; **to preserve one's ~** conservar el anónimo.

anonymous [ə'nɒnɪməs] ADJ anónimo/a; **he wishes to remain ~** quiere conservar el anonimato.

anonymously [ə'nɒnɪməslɪ] ADV anónimamente; **the book came out ~** salió el libro sin nombre de autor; **he gave £100 ~** dio 100 libras sin revelar su nombre.

anorak ['ænəræk] N anorak m.

anorexia [,ænə'reksɪə] N (Med) anorexia f; **~ nervosa** anorexia nerviosa.

anorexic [,ænə'reksɪk] ADJ, N anoréxico/a m/f.

another [ə'nʌðəʳ] **1** ADJ (additional) otro/a; (different) distinto/a; **~ one** otro; **would you like ~ beer?** ¿quieres otra cerveza?; **in ~ five years** en cinco años más; **without ~ word** sin decir otra palabra, sin más; **that's quite ~ matter** eso es otra cosa, eso es distinto; **he's ~ Shakespeare** es otro Shakespeare. **2** PRON otro/a; **they love one ~** (2 persons) se quieren uno a otro; (more than 2) se quieren unos a otros.

Ansaphone ® ['ɑːnsəfəʊn] N teléfono m con contestador (automático).

ANSI N ABBR of **American National Standards Institute** instituto de normas.

answer ['ɑːnsəʳ] **1** N **a** (reply) respuesta f, contestación f; **in ~ to your question** en respuesta a su pregunta; **to know all the ~s** saberlo todo.
b (solution) solución f; (Math etc) resultado m; **there is no easy ~** esto no se resuelve fácilmente.
c (defence, reason) **there must be an ~** debe de haber una razón, debe de haber una explicación; **he has an ~ to everything** lo justifica todo. **2** VT **a** contestar a, responder a; **our prayers have been ~ed** nuestras súplicas han sido oídas; **to ~ the door** abrir la puerta, atender la puerta (LAm); **to ~ the telephone** contestar el teléfono.
b (fulfil: needs) satisfacer; (expectations) corresponder a; (purpose) convenir para. **3** VI contestar, responder.

◆**answer back** VI + ADV replicar, ser respondón/ona.

◆**answer for** VI + PREP (thing) ser responsable de; (person) pagar por; (truth of sth) garantizar; **he's got a lot to ~ for** nos debe muchas explicaciones.

◆**answer to** VI + PREP (name) atender por; (description) co-

rresponder a; **he ~s to the name of Smith** se llama Smith.

answerable ['ɑːnsərəbl] ADJ **a** (responsible) responsable; **to be ~ to sb for sth** ser responsable ante algn de algo. **b** (question) que tiene solución.

answer-back ['ɑːnsə,bæk] N: **~ (code)** código m de respuesta.

answering ['ɑːnsərɪŋ] CPD: **~ machine** N contestador m automático; **~ service** N servicio m de contestación.

answerphone ['ɑːnsə,fəʊn] N teléfono m con contestador (automático).

ant [ænt] N hormiga f.

ANTA N ABBR of **American National Theater and Academy**.

antacid ['ænt'æsɪd] N antiácido m.

antagonism [æn'tægənɪzəm] N (towards sb) hostilidad f; (between people) rivalidad f, antagonismo m.

antagonist [æn'tægənɪst] N antagonista mf, adversario/a m/f.

antagonize [æn'tægənaɪz] VT provocar.

Antarctic [ænt'ɑːktɪk] **1** ADJ antártico/a; **~ Circle / Ocean** círculo m Polar Antártico/Océano m Antártico. **2** N: **the ~** el Antártico.

Antarctica [ænt'ɑːktɪkə] N Antártida f.

ante ['æntɪ] (esp US) N: **to raise** or **up the ~** aumentar las apuestas.

ante... ['æntɪ] PREF ante....

anteater ['ænt,iːtəʳ] N (Zool) oso m hormiguero.

antecedent [,æntɪ'siːdənt] N: **~s** (past history) antecedentes mpl; (ancestors) antepasados mpl.

antedate ['æntɪ'deɪt] VT **a** (precede) preceder, ser anterior a. **b** (cheque etc) antedatar.

antelope ['æntɪləʊp] N antílope m.

antenatal ['æntɪ'neɪtl] ADJ antenatal; **~ clinic** clínica f prenatal.

antenna [æn'tenə] N (pl **antennae** [æn'teni:]) **a** (of insect, animal) antena f. **b** (TV: pl: also **~s**) antena f.

anteroom ['æntɪrʊm] N antesala f.

anthem ['ænθəm] N (Rel) antífona f; see **national**.

anthill ['ænthɪl] N hormiguero m.

anthology [æn'θɒlədʒɪ] N antología f.

anthropoid ['ænθrəʊpɔɪd] ADJ antropoide.

anthropologist [,ænθrə'pɒlədʒɪst] N antropólogo/a m/f.

anthropology [,ænθrə'pɒlədʒɪ] N antropología f.

anti... ['æntɪ] **1** PREF anti.... **2** PREP (fam) en contra de.

anti-aircraft ['æntɪ'eəkrɑːft] ADJ (gun) antiaéreo/a.

anti-ballistic ['æntɪbə'lɪstɪk] ADJ: **~ missile** misil m anti-balístico.

antibiotic ['æntɪbaɪ'ɒtɪk] N antibiótico m.

antibody ['æntɪ,bɒdɪ] N anticuerpo m.

Antichrist ['æntɪkraɪst] N Anticristo m.

anticipate [æn'tɪsɪpeɪt] VT **a** (expect: trouble, pleasure) esperar, contar con; **this is worse than I ~d** esto es peor de lo que esperaba; **I ~ seeing him tomorrow** espero or cuento con verlo mañana; **as ~d** según se esperaba, como esperábamos. **b** (forestall: person) anticiparse a, adelantarse a; (foresee: event) prever; (: question, objection, wishes) anticipar.

anticipation [æn,tɪsɪ'peɪʃən] N (expectation) esperanza f; (excitement) ilusión f; **in ~** (ahead of time) de antemano; **in ~ of a fine week** esperando una semana de buen tiempo; **thanking you in ~** en espera de sus noticias, le saluda atentamente; **we waited in great ~** esperábamos con gran ilusión.

anticlimax ['æntɪ'klaɪmæks] N decepción f; **the game came as an ~** el partido no correspondió a las esperanzas.

anticlockwise ['æntɪ'klɒkwaɪz] ADV en sentido contrario al de las agujas del reloj.

antics ['æntɪks] NPL (of clown etc) payasadas fpl; (of child, animal etc) gracias fpl; (pranks) travesuras fpl; **he's up to his old ~ again** (pej) ha vuelto a hacer de las suyas.

anticyclone ['æntɪ'saɪkləʊn] N anticiclón m.

anti-dandruff [,æntɪ'dændrəf] ADJ anticaspa inv.

antidazzle ['æntɪ'dæzl] ADJ antideslumbrante.

antidepressant [,æntɪdɪ'presnt] N antidepresivo m.

➤ SENTENCE BUILDER: **annoy** → 1.3

antidote ['æntɪdəʊt] N (Med) antídoto m; (fig) remedio m.

antifreeze ['æntɪ'friːz] N anticongelante m.

anti-hero ['æntɪ,hɪərəʊ] N antihéroe m.

antihistamine [,æntɪ'hɪstəmɪn] N antihistamínico m.

anti-inflammatory [,æntɪɪn'flæmətərɪ] **1** ADJ antiinflamatorio/a. **2** N antiinflamatorio m.

anti-inflationary [,æntɪɪn'fleɪʃnərɪ] ADJ antiinflacionista.

Antilles [æn'tɪliːz] NPL Antillas fpl.

antimatter ['æntɪ,mætə^r] N antimateria f.

antinuclear ['æntɪ'njuːklɪə^r] ADJ antinuclear.

antipathy [æn'tɪpəθɪ] N (between people) antipatía f; (to person, thing) aversión f.

antiperspirant [,æntɪ'pɜːspərənt] N antiperspirante m.

Antipodean [æn,tɪpə'diːən] ADJ antípoda.

Antipodes [æn'tɪpədiːz] NPL: **the** ~ las Antípodas.

antiquarian [,æntɪ'kwɛərɪən] **1** ADJ anticuario/a; ~ **bookseller** librero m especializado en libros antiguos; ~ **bookshop** librería f anticuaria. **2** N coleccionista mf de antigüedades; (dealer) anticuario/a m/f.

antiquated ['æntɪkweɪtɪd] ADJ (pej) anticuado/a.

antique [æn'tiːk] **1** ADJ (furniture etc) clásico/a, de época. **2** N antigüedad f. **3** CPD: ~ **dealer** N anticuario/a m/f; ~ **shop** N tienda f de antigüedades.

antiquity [æn'tɪkwɪtɪ] N (age, ancient times) antigüedad f; **antiquities** antigüedades fpl; **of great** ~ muy antiguo/a.

antiracist ['æntɪ'reɪsɪst] ADJ, N antirracista mf.

antiroll bar ['æntɪ'rəʊlbɑː^r] N barra f estabilizadora o antivuelco.

antirust ['æntɪ'rʌst] ADJ antioxidante.

anti-semitic ['æntɪsɪ'mɪtɪk] ADJ antisemita.

anti-semitism ['æntɪ'semɪtɪzəm] N antisemitismo m.

antiseptic [,æntɪ'septɪk] **1** ADJ antiséptico/a. **2** N antiséptico m.

anti-smoking [,æntɪ'sməʊkɪŋ] ADJ antitabaco inv.

antisocial ['æntɪ'səʊʃəl] ADJ (behaviour, tendency) antisocial; (unsociable) insociable.

antistatic [,æntɪ'stætɪk] ADJ antiestático/a.

antiterrorist ['æntɪ'terərɪst] ADJ antiterrorista.

anti-theft [,æntɪ'θeft] ADJ: ~ **device** sistema m anti-robo.

antithesis [æn'tɪθɪsɪs] N (pl **antitheses** [æn'tɪθɪsiːz]) antítesis f.

anti-trust ['æntɪ'trʌst] ADJ antimonopolista; ~ **legislation** legislación f antimonopolios.

antivivisectionist ['æntɪ,vɪvɪ'sekʃənɪst] N antiviviseccionista mf.

antler ['æntlə^r] N cuerna f; ~**s** cornamenta fsg.

antonym ['æntənɪm] N antónimo m.

Antwerp ['æntwɜːp] N Amberes m.

anus ['eɪnəs] N ano m.

anvil ['ænvɪl] N yunque m.

anxiety [æŋ'zaɪətɪ] N **a** (concern) inquietud f, preocupación f; (fear etc) ansia f, ansias, angustia f; **it is a great** ~ **to me** me preocupa mucho. **b** (eagerness) ansia f, anhelo m; ~ **to do sth** anhelo de hacer algo; **in his** ~ **to be gone he forgot his case** tanto ansiaba partir que olvidó su maleta.

anxious ['æŋkʃəs] ADJ **a** (worried) preocupado/a; (distressed) angustiado/a; **I'm very** ~ **about you** me tienes muy preocupado; **with an** ~ **glance** con una mirada llena de inquietud. **b** (causing worry) **it was an** ~ **moment** fue un momento de ansiedad. **c** (eager) deseoso/a; ~ **for sth/to do sth** deseoso de algo/de hacer algo; **he is** ~ **for success** ansía or ambiciona el éxito; **I'm not very** ~ **to go** tengo pocas ganas de ir; **she is** ~ **to see you before you go** se empeña en verte antes de que te vayas.

anxiously ['æŋkʃəslɪ] ADV (see adj) con inquietud; con ansia.

any ['enɪ] **1** ADJ **a** (in questions etc: before nmsg) algún; (: elsewhere) alguno/a; **are there** ~ **tickets left?** ¿quedan entradas?; **have you** ~ **money?** ¿tienes dinero? **b** (with negative: before nmsg) ningún; (: elsewhere) ninguno/a; **I haven't** ~ **money** no tengo dinero; **I don't see** ~ **cows** no veo ninguna vaca; **without** ~ **regret** sin ningún sentimiento. **c** (no matter which) cualquier, cualquiera; **at** ~ **moment**

en cualquier momento; **wear** ~ **hat (you like)** ponte cualquier sombrero; **bring me** ~ **(old) book** tráeme un libro cualquiera. **d** (every) cualquier; **in** ~ **case** de todos modos; ~ **farmer will tell you** te lo dirá cualquier agricultor. **2** PRON (in questions etc) alguno/a; (with negative) ninguno/a; (no matter which) cualquiera; **have you got** ~**?** ¿tienes alguno?; **have** ~ **of them arrived?** ¿ha llegado alguno?; **I haven't got** ~ no tengo ninguno; **take** ~ **one you like** tome cualquiera; **few, if** ~ pocos, si es que alguno; **I haven't** ~ **(of them)** no tengo ninguno. **3** ADV (in questions etc) algo; (with negative) nada; ~ **more** más; **would you like** ~ **more soup?** ¿quieres más sopa?; **don't wait** ~ **longer** no esperes más tiempo; (esp US: fam) **it doesn't help us** ~ eso no nos ayuda para nada.

anybody ['enɪbɒdɪ] PRON **a** (in questions etc) alguien, alguno/a; **did you see** ~**?** ¿vio a alguien? **b** (negative) nadie, ninguno/a; **I can't see** ~ no veo a nadie. **c** (no matter who) cualquiera, cualquier persona; ~ **will tell you the same** cualquiera te dirá lo mismo; **bring** ~ **you like** trae a quien quieras; ~ **else would have laughed** cualquier otro se hubiera reído; **I'm not going to marry just** ~ yo no me caso con cualquiera; **that's** ~**'s guess** (fam) ¡quién sabe!

anyhow ['enɪhaʊ] ADV **a** (at any rate) de todas formas, de todos modos; ~**, you're here** de todos modos, estás aquí; **I shall go** ~ iré de todas maneras. **b** (haphazard) de cualquier modo; **he leaves things just** ~ él deja las cosas de cualquier forma. **c** (by the way) **why are you going** ~**?** por cierto, ¿por qué te vas?

anyone ['enɪwʌn] PRON = **anybody**.

anyplace ['enɪpleɪs] PRON (US fam) = **anywhere**.

anything ['enɪθɪŋ] PRON **a** (in questions etc) algo, alguna cosa; **are you doing** ~ **tonight?** ¿haces algo esta noche?; ~ **else?** ¿algo más?; **if** ~ **it's much better** es mucho mejor si cabe; **it was** ~ **but pleasant** fue cualquier cosa menos agradable; **I'd give** ~ **to know** daría cualquier cosa por saberlo. **b** (negative) nada; **can't** ~ **be done?** ¿no se puede hacer nada?; **we can't do** ~ **else** no podemos hacer otra cosa; **hardly** ~ casi nada. **c** (no matter what) cualquier cosa; ~ **but that** todo menos eso; **they'll eat** ~ comen de todo.

anyway ['enɪweɪ] ADV = **anyhow (a), (c)**.

anywhere ['enɪwɛə^r] ADV **a** (in questions etc: location) (en) algún sitio; (: direction) a algún sitio; **do you see it** ~**?** ¿lo ve en algún sitio?; ~ **else** algún otro sitio. **b** (negative) en ninguna parte, a ninguna parte; **I'm not going** ~ no voy a ninguna parte; ~ **else** ninguna otra parte. **c** (no matter where) dondequiera, en cualquier parte, donde sea, a cualquier parte; ~ **in the world** en cualquier parte del mundo; **put the books down** ~ pon los libros en cualquier parte or dondequiera or donde sea; **it's miles from** ~ está en el quinto infierno or pino; ~ **from 200 to 300** entre 200 y 300.

Anzac ['ænzæk] N ABBR of **Australia-New Zealand Army Corps**.

A.O.(C.)B. ABBR of **any other (competent) business** ruegos mpl y preguntas.

AONB ABBR (Brit) of **Area of Outstanding Natural Beauty** ≈ paraje m natural.

aorta [eɪ'ɔːtə] N aorta f.

AP N ABBR of **Associated Press** agencia de prensa.

apart [ə'pɑːt] ADV **a** (in pieces) **to fall** ~ deshacerse, hacerse pedazos; **to take sth** ~ desmontar algo. **b** (at a distance) alejado/a; (separate) aparte, separado/a; **their birthdays are two days** ~ sus cumpleaños se separan por dos días; **he stood** ~ **from the others** se mantuvo apartado de los otros; **they have lived** ~ **for 6 months** viven separados desde hace 6 meses; **to keep** ~ separar, mantener aislado (from de); **I can't tell them** ~ no puedo distinguir el uno del otro; **joking** ~ **...** en serio ...; **these problems** ~ **...** aparte de estos problemas ..., estos problemas aparte ...; ~ **from** aparte (de); ~ **from the fact that ...** aparte del hecho de que ....

apartheid [ə'pɑːteɪt] N apartheid m.

aparthotel [ə'pɑːθəʊ,tel] N apart(a)hotel m.

apartment [ə'pɑ:tmənt] **1** N (*US: flat*) piso *m*, departamento *m* (*LAm*). **2** CPD: **~ house** N (*US*) casa *f* de apartamentos.

apathetic [ˌæpə'θetɪk] ADJ apático/a, indiferente.

apathy ['æpəθɪ] N apatía *f*, indiferencia *f*.

APB N ABBR (*US*) of **all points bulletin** *frase usada por la policía por 'descubrir y aprehender'*.

APC N ABBR of **armo(u)red personnel carrier**.

ape [eɪp] **1** N (*esp anthropoid*) mono *m*; **to go ~** (*US fam*) volverse loco/a, enloquecer. **2** VT imitar, remedar.

Apennines ['æpɪnaɪnz] NPL Apeninos *mpl*.

aperitif [əperɪ'ti:f] N aperitivo *m*.

aperture ['æpətʃʊəʳ] N (*crack*) rendija *f*, resquicio *m*; (*Phot*) abertura *f*.

apeshit ['eɪpʃɪt] ADJ (*fam!*): **to go ~** (*esp US: lose one's temper*) ponerse como un energúmeno (*fam*), ponerse hecho una fiera (*fam*); (*go wild*) dislocarse (*fam*), ponerse como una moto (*fam*).

APEX, apex[1] ['eɪpeks] **1** N ABBR of **Advance Purchase Excursion**. **2** CPD: **~ fare/ticket** N precio *m*/billete *m* APEX.

apex[2] ['eɪpeks] N (*Math*) vértice *m*; (*fig*) cumbre *f*, cima *f*.

aphid ['eɪfɪd] N áfido *m*.

aphorism ['æfərɪzəm] N aforismo *m*.

aphrodisiac [ˌæfrəʊ'dɪzɪæk] **1** ADJ afrodisíaco/a. **2** N afrodisíaco *m*.

API N ABBR (*US*) of **American Press Institute**.

apiece [ə'pi:s] ADV cada uno/a.

aplenty [ə'plentɪ] ADV: **there was food ~** había comida abundante, había abundancia de comida.

aplomb [ə'plɒm] N aplomo *m*, confianza *f*; **with great ~** con gran serenidad.

APO N ABBR (*US*) of **Army Post Office**.

Apocalypse [ə'pɒkəlɪps] N Apocalipsis *m*.

apocalyptic [əˌpɒkə'lɪptɪk] ADJ apocalíptico/a.

Apocrypha [ə'pɒkrɪfə] NPL libros *mpl* apócrifos de la Biblia.

apocryphal [ə'pɒkrɪfəl] ADJ apócrifo/a.

apolitical [ˌeɪpə'lɪtɪkəl] ADJ apolítico/a.

apologetic [əˌpɒlə'dʒetɪk] ADJ (*look, remark*) de disculpa; **he was very ~ about it** estaba lleno de disculpas.

apologetically [əˌpɒlə'dʒetɪkəlɪ] ADV con aire de disculpa.

▼**apologize** [ə'pɒlədʒaɪz] VI disculparse (*to sb for sth* con algn por algo); (*for absence etc*) presentar las excusas; **to ~ for sb** pedir perdón por algn; **there's no need to ~** no hay de qué disculparse.

apology [ə'pɒlədʒɪ] N disculpa *f*, excusa *f*; **an ~ for a stew** (*pej*) una birria de guisado; **I demand an ~** exijo que se disculpe; **to make** *or* **offer an ~** disculparse, presentar sus excusas (*for* por); **please accept my apologies** le ruego me disculpe; **there are apologies from Gerry and Jane** se han excusado Gerry and Jane.

apoplectic [ˌæpə'plektɪk] ADJ (*Med*) apoplético/a; (*fam: very angry*) furioso/a.

apoplexy ['æpəpleksɪ] N apoplejía *f*; **to have ~** (*fig*) reventar (de rabia).

apostle [ə'pɒsl] N (*Rel*) apóstol *m*.

apostolic [ˌæpəs'tɒlɪk] ADJ apostólico/a.

apostrophe [ə'pɒstrəfɪ] N (*Ling*) apóstrofo *m*.

apotheosis [əˌpɒθɪ'əʊsɪs] N (*pl* **apotheoses** [əˌpɒθɪ'əʊsi:z]) apoteosis *f*.

appal, (*US*) **appall** [ə'pɔːl] VT horrorizar, espantar; **I was ~led by the news** me horrorizó la noticia.

Appalachians [ˌæpə'leɪʃənz] NPL Montes *mpl* Apalaches.

appalling [ə'pɔːlɪŋ] ADJ (*ignorance, conditions, destruction*) espantoso/a, horroroso/a; (*fam*) fatal; (: *taste etc*) pésimo/a.

apparatus [ˌæpə'reɪtəs] N (*Anat, Mech*) aparato *m*; (*set of instruments*) equipo *m*; (*system*) sistema *m*, aparato.

apparel [ə'pærəl] N atuendo *m*.

apparent [ə'pærənt] ADJ (*seeming*) aparente; (*clear*) claro/a, manifiesto/a; **to become ~** quedar claro; **more ~ than real** más aparente que real; **it is ~ that** está claro que.

apparently [ə'pærəntlɪ] ADV por lo visto, según parece,

dizque (*LAm fam*).

apparition [ˌæpə'rɪʃən] N (*ghost*) aparecido *m*, fantasma *m*.

appeal [ə'pi:l] **1** N **a** (*call*) llamamiento *m*, llamado *m* (*LAm*); (*plea*) súplica *f*; **an ~ for funds** una solicitud de fondos; **an ~ for help** una petición de socorro; **he made an ~ for calm** rogó la calma.
b (*Jur*) apelación *f*; **to lodge an ~** presentar una apelación, apelar; **right of ~** derecho *m* de apelación.
c (*attraction*) atractivo *m*, encanto *m*; **a book of general ~** un libro de interés general; *see* **sex**.
2 VI **a** (*call, beg*) **to ~ (to sb) for sth** suplicar *or* rogar algo (a algn); **to ~ for funds** solicitar fondos.
b (*Jur*) apelar; **to ~ against/to** apelar contra *or* de/a.
c (*attract*) atraer, llamar la atención a; **jazz does not ~ to me** el jazz no me gusta; **it ~s to the imagination** despierta la imaginación.
3 CPD: **~ court** N tribunal *m* de apelación; **~s procedure** N procedimiento *m* de apelación.

appealing [ə'pi:lɪŋ] ADJ (*moving*) conmovedor(a), emocionante; (*attractive*) atractivo/a.

appear [ə'pɪəʳ] VI **a** (*come into sight*) aparecer; **he ~ed from nowhere** apareció de la nada. **b** (*in public*) presentarse; (*Theat*) actuar; (*book etc*) publicarse, salir; **to ~ on TV** salir en TV; **she ~ed in 'Fuenteovejuna'** hizo un papel en 'Fuenteovejuna'. **c** (*Jur*) comparecer; **to ~ on a charge of murder** comparecer acusado de homicidio; **to ~ for** representar a. **d** (*seem*) parecer; **he ~s tired** parece cansado; **it ~s that** parece que; **so it would ~** según parece.

appearance [ə'pɪərəns] N **a** (*act*) aparición *f*; (*Jur*) comparencia *f*; (*Theat*) presentación *f*; (*of book etc*) publicación *f*; **to make one's first ~** hacer la primera aparición, debutar; **to put in an ~** hacer acto de presencia. **b** (*look*) apariencia *f*, aspecto *m*; **in ~** de aspecto; **~s can be deceptive** las apariencias engañan; **to all ~s** al parecer; **to keep up ~s** salvar las apariencias; **at first ~** a primera vista.

appease [ə'pi:z] VT (*pacify*) apaciguar, calmar; (: *anger*) aplacar; (*satisfy*) satisfacer; (: *hunger*) saciar; (: *curiosity*) satisfacer, saciar.

appeasement [ə'pi:zmənt] N (*Pol*) entreguismo *m*.

appellate [ə'pelɪt] ADJ: **~ court** (*US*) tribunal *m* de apelación.

append [ə'pend] (*frm*) VT (*add: signature*) añadir; (*attach*) adjuntar; (*Comput*) anexionar (al final).

appendage [ə'pendɪdʒ] N apéndice *m*, añadidura *f*.

appendicitis [əˌpendɪ'saɪtɪs] N apendicitis *f*; **acute ~** apendicitis aguda.

appendix [ə'pendɪks] N (*pl* **appendices** [ə'pendɪsi:z]) (*Anat, of book etc*) apéndice *m*; **to have one's ~ out** hacerse extirpar el apéndice.

appetite ['æpɪtaɪt] N apetito *m* (*for* para); (*fig*) deseo *m*, anhelo *m*; **to have a good ~** tener buen apetito.

appetizer ['æpɪtaɪzəʳ] N (*drink*) aperitivo *m*; (*food*) tapas *fpl* (*Sp*), botanas *fpl* (*Mex*), bocaditos *mpl* (*Per*).

appetizing ['æpɪtaɪzɪŋ] ADJ apetitoso/a, apetecedor(a).

applaud [ə'plɔːd] **1** VT aplaudir; (*fig*) celebrar. **2** VI aplaudir.

applause [ə'plɔːz] N aplausos *mpl*; (*fig: approval*) aprobación *f*; (: *praise*) alabanza *f*.

apple ['æpl] **1** N (*fruit*) manzana *f*; **the ~ of one's eye** (*fam*) la niña de los ojos (de algn); **the Big A~** (*US*) Nueva York *f*.
2 CPD: **~ pie** N pastel *m* de manzana, pay *m* de manzana (*LAm*); **~-pie** ADJ: **in ~-pie order** en perfecto orden; **~ tree** N manzano *m*.

applecart ['æplkɑːt] N: **to upset the ~** echarlo todo a rodar, desbaratar los planes.

appliance [ə'plaɪəns] N aparato *m*; **electrical ~** (aparato) electrodoméstico *m*.

applicable [ə'plɪkəbl] ADJ aplicable, pertinente; **this law is also ~ to foreigners** esta ley se refiere también a los extranjeros; **a rule ~ to all** una regla que se extiende a todos.

applicant ['æplɪkənt] N (*for a post etc*) aspirante *mf*,

➤ SENTENCE BUILDER: **apologize** → 7.1

candidato/a *m/f*; (*who makes a request*) solicitante *mf*; (:
Law) suplicante *mf*.

application [ˌæplɪˈkeɪʃən] **1** N **a** (*of ointment etc*)
aplicación *f*; **for external ~ only** (*Med*) para uso externo.
b (*request*) solicitud *f*, petición *f*; **details may be had on
~ to X** los detalles pueden obtenerse por solicitud a X.
c (*diligence*) aplicación *f*; **he lacks ~** le falta aplicación.
2 CPD: **~ form** N solicitud *f*; **~s package** N (*Comput*)
paquete *m* de programas de aplicación; **~(s) program** N
programa *m* de aplicaciones; **~(s) software** N paquete *m*
de aplicación *or* aplicaciones.

applied [əˈplaɪd] ADJ aplicado/a; **~ linguistics** lingüística *f*
aplicada; **~ mathematics** matemáticas *fpl* aplicadas.

apply [əˈplaɪ] **1** VT (*ointment, paint, knowledge etc*) aplicar
(*to* a); (*impose*: *rule, law*) emplear, recurrir a; (*brake*)
aplicar; (*funds*) destinar; **to ~ pressure** ejercer presión,
presionar; **to ~ one's mind to a problem** dedicarse a
resolver un problema; **to ~ oneself to a task** dedicarse
or aplicarse a una tarea; **to ~ a match to sth** prender
fuego a algo con una cerilla.
2 VI **a** **to ~ (to)** (*be applicable*) aplicar (a), referirse (a);
(*be relevant*) tener que ver (con); **the law applies to
everybody** la ley es para todos.
b (*request*) solicitar; **to ~ for** pedir, solicitar; (*post*)
solicitar, presentarse a; **to ~ to sb for sth** dirigirse a algn
por algo.

appoint [əˈpɔɪnt] VT **a** (*nominate*) nombrar; **they ~ed him
chairman** le nombraron presidente. **b** (*frm: time, place*)
señalar, fijar; **at the ~ed time** a la hora señalada. **c** **a
well-~ed house** una casa bien equipada.

appointment [əˈpɔɪntmənt] N **a** (*to a job*) nombramiento *m*; (*job*) puesto *m*, empleo *m*; '**~s (vacant)'**
(*Press*) '(puestos) vacantes'. **b** (*engagement*) cita *f*, compromiso *m*; **I have an ~ at 10** tengo cita/compromiso a
las 10; **by ~** por cita; **have you an ~?** (*to caller*) ¿tiene Ud
cita?; **to keep an ~** acudir a una cita; **to make an ~ with
sb** citarse con algn.

apportion [əˈpɔːʃən] VT (*food etc*) repartir, distribuir;
(*blame*) asignar; **the blame is to be ~ed equally** todos
tienen la culpa por partes iguales.

appraisal [əˈpreɪzəl] N valoración *f*; (*fig*) estimación *f*,
apreciación *f*.

appraise [əˈpreɪz] VT (*value*) tasar, valorar; (*fig*) apreciar;
(: *situation etc*) evaluar.

appreciable [əˈpriːʃəbl] ADJ sensible; **an ~ difference**
una diferencia apreciable; **an ~ sum** una cantidad
importante.

appreciably [əˈpriːʃəblɪ] ADV sensiblemente, perceptiblemente.

appreciate [əˈpriːʃɪeɪt] **1** VT **a** (*be grateful for*) apreciar,
agradecer; **I ~d your help** agradecí tu ayuda.
b (*value*) valorar, apreciar; **he does not ~ music** no
aprecia la música; **I am not ~d here** no me aprecian
aquí.
c (*understand*: *problem, difference*) comprender; **yes, I ~
that** sí, lo comprendo.
2 VI (*property etc*) aumentar(se) en valor.

appreciation [əˌpriːʃɪˈeɪʃən] N **a** (*understanding*) comprensión *f*; (*of art etc*) aprecio *m*; (*praise*) apreciación *f*,
reconocimiento *m*; (*gratitude*) apreciación *m*; (*report*)
aprecio *m*, informe *m*; (*obituary*) (nota *f*) necrológica *f*;
(*Lit*) crítica *f*, comentario *m*; **he showed no ~ of my difficulties** no reconoció mis dificultades; **as a token of my
~** en señal de mi gratitud. **b** (*rise in value*) aumento *m*
en valor.

appreciative [əˈpriːʃɪətɪv] ADJ (*look, comment*)
agradecido/a, apreciativo/a; (*audience*) atento/a; **he was
very ~ of what I had done** mostró un profundo
agradecimiento por lo que había hecho.

apprehend [ˌæprɪˈhend] VT (*frm*) VT (*arrest*) detener;
(*understand*) comprender.

apprehension [ˌæprɪˈhenʃən] N (*arrest*) detención *f*; (*fear*)
aprensión *f*, temor *m*; **my chief ~ is that** mi temor
principal es que.

apprehensive [ˌæprɪˈhensɪv] ADJ aprensivo/a, receloso/a.

apprentice [əˈprentɪs] **1** N (*learner*) aprendiz(a) *m/f*;

(*beginner*) principiante *mf*.
2 VT: **to ~** colocar de aprendiz con; **to be ~d to** estar
de aprendiz con.
3 CPD: **~ electrician** N aprendiz *m* de electricista.

apprenticeship [əˈprentɪʃɪp] N aprendizaje *m*; **to serve
one's ~** hacer el aprendizaje.

apprise [əˈpraɪz] VT (*frm*) **to ~ sb of sth** participar algo a
algn; **I was never ~d of your decision** no se me comunicó nunca su decisión.

appro [ˈæprəʊ] ABBR (*Comm*) *of* **approval**; **on ~** a prueba.

approach [əˈprəʊtʃ] **1** VT **a** (*come near*) acercarse a; (*fig:
subject, problem, job*) abordar, considerar; (*in quality*)
aproximarse a; (*in appearance*) parecerse a; **I ~ it with an
open mind** lo considero imparcialmente; **he's ~ing 50**
se acerca a los 50; **no other painter ~es him** (*fig*) no hay
otro pintor que se le pueda comparar; **to ~ sb about sth**
hablar con algn sobre algo.
b (*with request etc*) abordar, dirigirse a; **have you ~ed
your bank manager?** ¿has hablado con tu gerente de
banco?
2 VI acercarse; **the ~ing elections** las elecciones que se
aproximan.
3 N **a** (*act*) acercamiento *m*; **at the ~ of night** a la entrada de la noche.
b (*to problem, subject*) enfoque *m*, planteamiento *m*; **a
new ~ to maths** un nuevo enfoque sobre las
matemáticas; **I don't like your ~ to this matter** no me
gusta su modo de enfocar esta cuestión.
c (*access*) acceso *m*; (*road*) vía *f or* camino *m* de acceso;
~es accesos; **the northern ~es of the city** las rutas norte
de acceso a la ciudad.
d (*offer*) oferta *f*, propuesta *f*; (*proposal*) proposición *f*,
propuesta; **to make ~es to sb** dirigirse a algn.
4 CPD: **~ road** N vía *f* de acceso, entrada *f*.

approachable [əˈprəʊtʃəbl] ADJ (*person*) accesible, abordable.

approaching [əˈprəʊtʃɪŋ] ADJ próximo/a, venidero/a; (*car
etc*) que se acerca *or* viene en dirección opuesta.

approbation [ˌæprəˈbeɪʃən] N (*approval*) aprobación *f*.

appropriate [əˈprəʊprɪɪt] **1** ADJ (*convenient*) oportuno/a,
conveniente; (*apt*) apropiado/a, adecuado/a; (*authority*)
competente; **~ for, ~ to** apropiado para; **whichever
seems more ~** el que sea más apropiado; **A, and where
~, B** A, y en su caso, B.
2 [əˈprəʊprɪeɪt] VT (*steal*) apropiarse de; (*set aside: funds*)
asignar, destinar (*for* a).

appropriately [əˈprəʊprɪɪtlɪ] ADV (*see adj*) convenientemente; en forma apropiada; **~ dressed for the occasion** vestido como conviene para la ocasión.

appropriation [əˌprəʊprɪˈeɪʃən] **1** N (*allocation*)
asignación *f*; (*Comm, Fin*) apropiación *f*. **2** CPD: **~ account** N cuenta *f* de asignación.

approval [əˈpruːvəl] N (*consent*) consentimiento *m*; (*commendation*) aprobación *f*, visto bueno *m*; **on ~** a prueba;
to meet with sb's ~ obtener la aprobación de algn.

approve [əˈpruːv] VT (*plan etc*) aprobar, dar el visto bueno
a; **~d school** (*Brit*) correccional *m*, reformatorio *m*.

♦ approve of VI + PREP consentir en, aprobar; (*person*)
tener un buen concepto de; **they don't ~ of me** no les
caigo en gracia; **he doesn't ~ of smoking or drinking**
está en contra del tabaco y del alcohol.

approving [əˈpruːvɪŋ] ADJ de aprobación, aprobatorio/a.

approvingly [əˈpruːvɪŋlɪ] ADV con aprobación.

approx ABBR *of* **approximately**.

approximate [əˈprɒksɪmɪt] **1** ADJ aproximado/a.
2 [əˈprɒksɪmeɪt] VI: **to ~ to** aproximarse a, acercarse a.

approximately [əˈprɒksɪmɪtlɪ] ADV aproximadamente,
más o menos, como (*esp LAm*); **the film lasts 3 hours ~**
la película dura 3 horas poco más o menos, la película
dura como 3 horas.

approximation [əˌprɒksɪˈmeɪʃən] N aproximación *f*.

APR, apr N ABBR *of* **annual(ized) percentage rate** TAE *f*.

Apr. ABBR *of* **April** ab(r).

apricot [ˈeɪprɪkɒt] N (*fruit*) albaricoque *m*, damasco *m*
(*LAm*).

April [ˈeɪprəl] **1** N abril *m*; *see* **July** *for usage*.

2 CPD: **~ Fool!** ¡inocente!; **~ Fools' Day** N día *m* de los inocentes.

┌─ **APRIL FOOLS' DAY** ─┐

ℹ️ *El 1 de abril es* **April Fools' Day** *en la tradición anglosajona. En ese día se les gastan bromas a los desprevenidos, quienes reciben la denominación de* **April Fool** *(inocente), y tanto la prensa escrita como la televisión difunden alguna historia falsa con la que sumarse al espíritu del día.*

apron ['eɪprən] 1 N delantal *m*; *(workman's)* mandil *m*; *(Aer)* pista *f*. 2 CPD: **he's tied to his mother's/wife's ~ strings** está pegado a las faldas de su madre/esposa.

apropos [ˌæprə'pəʊ] 1 ADV a propósito. 2 PREP: **~ of** a propósito de. 3 ADJ oportuno/a.

apse [æps] N ábside *m*.

APT N ABBR *(Brit) of* **Advanced Passenger Train** ≈ TGV *m*.

apt [æpt] ADJ *(comp* **~er;** *superl* **~est)** **a** *(to the point: remark)* acertado/a, oportuno/a; *(suitable)* apropiado/a; *(: description)* exacto/a, atinado/a. **b** *(liable)* **to be ~ to do sth** ser propenso/a a hacer algo; **he's ~ to be late** tiende a *or* suele llegar tarde; **I am ~ to be out on Mondays** los lunes suelo salir, por costumbre salgo los lunes; **we are ~ to forget that ...** nos olvidamos fácilmente de que .... **c** *(quick)* listo/a.

Apt. ABBR *of* **apartment** Apto.

aptitude ['æptɪtjuːd] 1 N *(ability)* capacidad *f*; *(tendency)* inclinación *f*. 2 CPD: **~ test** N prueba *f* de aptitud.

aptly ['æptlɪ] ADV *(see adj)* acertadamente; apropiadamente; exactamente.

aqualung ['ækwəlʌŋ] N escafandra *f* autónoma.

aquamarine [ˌækwəmə'riːn] ADJ *(de color)* verde mar.

aquarium [ə'kwɛərɪəm] N *(tank, building)* acuario *m*.

Aquarius [ə'kwɛərɪəs] N Acuario *m*.

aquatic [ə'kwætɪk] ADJ acuático/a.

aqueduct ['ækwɪdʌkt] N acueducto *m*.

aquiline ['ækwɪlaɪn] ADJ: **an ~ nose** una nariz aguileña *or* aquilina.

AR ABBR **a** *(Comm) of* **account rendered** cuenta *f* girada. **b** *(for tax) of* **annual return** declaración *f* anual. **c** *(report) of* **annual return** informe *m* anual. **d** *(US Post) of* **Arkansas**.

ARA N ABBR *(Brit) of* **Associate of the Royal Academy**.

Arab ['ærəb] 1 ADJ árabe. 2 N *(person)* árabe *mf*; *(horse)* caballo *m* árabe.

arabesque [ˌærə'besk] N *(Ballet etc)* arabesco *m*.

Arabia [ə'reɪbɪə] N Arabia *f*.

Arabian [ə'reɪbɪən] ADJ árabe, arábigo/a; **the ~ Desert/ Gulf** el desierto/golfo Arábigo; **~ Sea** Mar *m* de Omán.

Arabic ['ærəbɪk] 1 ADJ árabe; **~ numerals** numeración *f* arábiga. 2 N *(Ling)* árabe *m*.

arable ['ærəbl] ADJ: **~ farming** agricultura *f*; **~ land** tierra *f* de cultivo *or* cultivable.

Aragon ['ærəgən] N Aragón *m*.

Aragonese [ˌærəgə'niːz] 1 ADJ aragonés/esa. 2 N aragonés/esa *m/f*; *(Ling)* aragonés *m*.

ARAM N ABBR *(Brit) of* **Associate of the Royal Academy of Music**.

Aramaic [ˌærə'meɪɪk] N arameo *m*.

arbiter ['ɑːbɪtəʳ] N árbitro *m*.

arbitrary ['ɑːbɪtrərɪ] ADJ *(not reasoned)* arbitrario/a; *(impulsive)* caprichoso/a.

arbitrate ['ɑːbɪtreɪt] VI arbitrar *(between* entre).

arbitration [ˌɑːbɪ'treɪʃən] N arbitraje *m*; **they went to ~** recurrieron al arbitraje.

arbitrator ['ɑːbɪtreɪtəʳ] N árbitro *mf*.

arbour, *(US)* **arbor** ['ɑːbəʳ] N cenador *m*, pérgola *f*.

ARC N ABBR **a** *of* **American Red Cross**. **b** *(Med) of* **AIDS-related complex**.

arc [ɑːk] 1 N arco *m*. 2 CPD: **~ lamp** N lámpara *f* de arco; *(in welding)* arco *m* voltaico; **~ welding** N soldadura *f* por arco.

arcade [ɑː'keɪd] N *(shopping ~)* pasaje *m*; *(round public square)* portales *mpl*; *(in building, church)* claustro *m*; *(Archit: arch)* bóveda *f*; *(passage)* arcada *f*.

arcane [ɑː'keɪn] ADJ arcano/a.

arch¹ [ɑːtʃ] 1 N **a** *(Archit)* arco *m*. **b** *(of foot)* arco *m* del pie; **fallen ~es** pies *mpl* planos. 2 VT *(back, body etc)* arquear; **to ~ one's eyebrows** arquear las cejas.

arch² [ɑːtʃ] ADJ *(great)* gran, grande; *(malicious: remark)* malicioso/a; **an ~ criminal** un super criminal.

archaeological, *(US)* **archeological** [ˌɑːkɪə'lɒdʒɪkəl] ADJ arqueológico/a.

archaeologist, *(US)* **archeologist** [ˌɑːkɪ'ɒlədʒɪst] N arqueólogo/a *m/f*.

archaeology, *(US)* **archeology** [ˌɑːkɪ'ɒlədʒɪ] N arqueología *f*.

archaic [ɑː'keɪɪk] ADJ arcaico/a.

archangel ['ɑːkˌeɪndʒəl] N arcángel *m*.

archbishop ['ɑːtʃ'bɪʃəp] N arzobispo *m*; **the A~ of Canterbury** el Arzobispo de Canterbury.

archdiocese ['ɑːtʃ'daɪəsɪs] N archidiócesis *f*.

arched [ɑːtʃt] ADJ abovedado/a.

arch-enemy ['ɑːtʃ'enɪmɪ] N archienemigo/a *m/f*.

archeology *etc* [ˌɑːkɪ'ɒlədʒɪ] *(US)* = **archaeology** *etc*.

archer ['ɑːtʃəʳ] N arquero *m*.

archery ['ɑːtʃərɪ] N tiro *m* al arco.

archetypal [ɑːkɪ'taɪpl] ADJ arquetípico/a.

archetype ['ɑːkɪtaɪp] N *(original)* arquetipo *m*; *(epitome)* modelo *m*, ejemplo *m*.

archipelago [ˌɑːkɪ'pelɪgəʊ] N archipiélago *m*.

architect ['ɑːkɪtekt] N arquitecto/a *m/f*; *(fig)* artífice *m*.

architectural [ˌɑːkɪ'tektʃərəl] ADJ arquitectónico/a.

architecture ['ɑːkɪtektʃəʳ] N arquitectura *f*.

archive ['ɑːkaɪv] 1 N *(gen, Comput)* archivo *m*. 2 CPD: **~ file** N fichero *m* archivado.

archway ['ɑːtʃweɪ] N *(passage)* pasaje *m* abovedado; *(arch)* arco *m*, bóveda *f*.

ARCM N ABBR *(Brit) of* **Associate of the Royal College of Music**.

arctic ['ɑːktɪk] 1 ADJ ártico/a; *(fig)* glacial, helado/a; **A~ Circle/Ocean** Círculo *m* Polar/Océano *m* Ártico. 2 N: **the A~** el Ártico.

ARD N ABBR *(US) of* **acute respiratory disease**.

ardent ['ɑːdənt] ADJ *(supporter, lover)* apasionado/a; *(desire)* ardiente, vivo/a.

ardour, *(US)* **ardor** ['ɑːdəʳ] N *(passion)* ardor *m*, pasión *f*; *(fervour)* fervor *m*.

arduous ['ɑːdjʊəs] ADJ arduo/a; *(climb, journey)* penoso/a; *(task)* difícil.

are [ɑːʳ] 2ND PERS SG, 1ST, 2ND AND 3RD PERS PL *of* **be**.

area ['ɛərɪə] 1 N **a** *(extent)* área *f*, extensión *f*; *(surface)* superficie *f*. **b** *(region)* región *f*, zona *f*; **the London ~** la zona de Londres; **in the ~ of £5000** sobre las 5000 libras. **c** *(fig: of knowledge)* campo *m*, terreno *m*; *(: of responsibility etc)* área *f*, ámbito *m*. 2 CPD: **~ code** N *(US Telec)* prefijo *m*; **~ manager** N gerente *mf* de zona; **~ office** N oficina *f* regional.

arena [ə'riːnə] N *(stadium)* estadio *m*; *(Bullfighting: building)* plaza *f*; *(: pit)* ruedo *m*; *(circus)* pista *f*; *(fig: stage)* palestra *f*; **the political ~** el ruedo político.

aren't [ɑːnt] = **are not**.

Argentina [ˌɑːdʒən'tiːnə] N Argentina *f*.

Argentine ['ɑːdʒəntaɪn] 1 ADJ argentino/a. 2 N argentino/a *m/f*; **the ~** la Argentina.

Argentinian [ˌɑːdʒən'tɪnɪən] ADJ, N argentino/a *m/f*.

Argie ['ɑːdʒɪ] N *(fam pej) see* **Argentine; Argentinian**.

arguable ['ɑːgjʊəbl] ADJ discutible; **it is ~ whether ...** no está probado que ...; **it is ~ that ...** se puede decir que ....

arguably ['ɑːgjʊəblɪ] ADV: **he is ~ the best player in the world** se podría mantener que es el mejor jugador del mundo.

argue ['ɑːgjuː] 1 VI **a** *(dispute)* discutir, pelear(se) *(LAm)*; **to ~ about sth (with sb)** pelearse (con algn) por algo; **don't ~!** ¡no discutas!, ¡no alegues! *(LAm)*. **b** *(reason)* razonar, argumentar; **to ~ against** oponerse a; **to ~ for** abogar por. 2 VT *(debate: case, matter)* debatir, discutir; *(persuade)* persuadir; *(maintain)* mantener, sostener; **he ~d me into**

doing it me convenció de que lo hiciera; **he ~d against doing it** se manifestó en contra de hacerlo; **he ~d that it couldn't be done** argumentó que no se podía hacer.

argument ['ɑːgjʊmənt] N **a** (reason) argumento m (for en pro de; against en contra de); **I don't follow your ~** no le sigo su argumento; **to be open to ~** estar dispuesto a dejarse convencer. **b** (quarrel) discusión f, disputa f; see **sake**.

argumentative [,ɑːgjʊ'mentətɪv] ADJ (person) discutidor(a).

argy-bargy ['ɑːdʒɪ'bɑːdʒɪ] N (Brit fam) pelotera f (fam), altercado m.

aria ['ɑːrɪə] N aria f.

ARIBA [ə'riːbə] N ABBR (Brit) of **Associate of the Royal Institute of British Architects**.

arid ['ærɪd] ADJ árido/a.

Aries ['ɛəriːz] N Aries m.

arise [ə'raɪz] (pt **arose**, pp **arisen** [ə'rɪzn]) VI **a** (occur) presentarse; (result from) surgir; **difficulties have ~n** han surgido dificultades; **should the need ~** de ser necesario; **a storm arose** se levantó una tormenta; **the question does not ~** no hay tal problema, la cuestión no viene al caso; **there are problems arising from his attitude** surgen problemas a raíz de su actitud; **matters arising (from the last meeting)** asuntos pendientes (de la última reunión). **b** (old: get up) levantarse, alzarse.

aristocracy [,ærɪs'tɒkrəsɪ] N (nobility) aristocracia f.

aristocrat ['ærɪstəkræt] N aristócrata mf.

aristocratic [,ærɪstə'krætɪk] ADJ aristocrático/a.

arithmetic [ə'rɪθmətɪk] N aritmética f; **mental ~** cálculo m mental.

arithmetical [,ærɪθ'metɪkəl] ADJ aritmético/a.

Ariz. ABBR (US) of **Arizona**.

ark [ɑːk] N: **Noah's A~** el Arca f de Noé; **it's out of the A~** viene del año de la nana.

Ark. ABBR (US) of **Arkansas**.

arm [ɑːm] **1** N **a** (Anat, of chair) brazo m; **~ in** tomados del brazo; **with folded ~s** con los brazos cruzados; **with open ~s** (fig) con los brazos abiertos; **within ~'s reach** al alcance de la mano; **to chance one's ~** arriesgarse, aventurarse; **I'd give my right ~ to own it** lo daría todo por poseerlo; **to keep sb at ~'s length** (fig) mantener a algn a distancia; **to pay an ~ and a leg for sth** (fam) dar un ojo de la cara por algo; **to put one's ~ round sb** abrazar a algn; **to take sb in one's ~s** abrazar a algn; **to twist sb's ~** convencer a algn a la fuerza, presionar a algn.
b ~s (Mil) armas fpl; (coat of ~s) escudo m; **to be up in ~s about** (fig) poner el grito en el cielo contra, protestar por.
2 VT (person, ship) armar; **to ~ o.s. with arguments** armarse de argumentos.
3 CPD: **~s dealer** N traficante mf de armas; **the ~s race** N la carrera armamentística.

Armageddon [,ɑːmə'gedn] N Armagedón m, lucha f suprema.

armaments ['ɑːməmənts] NPL (weapons) armamento msg; **the ~ industry** la industria de armamentos.

armband ['ɑːmbænd] N brazalete m.

armchair ['ɑːmtʃɛəʳ] N sillón m.

armed [ɑːmd] ADJ armado/a; **the ~ forces** las fuerzas armadas; **~ robbery** robo m a mano armada.

Armenia [ɑː'miːnɪə] N Armenia f.

Armenian [ɑː'miːnɪən] **1** ADJ armenio/a. **2** N armenio/a m/f; (Ling) armenio m.

armful ['ɑːmfʊl] N brazada f.

armhole ['ɑːmhəʊl] N sobaquera f, sisa f.

armistice ['ɑːmɪstɪs] N armisticio m.

armour, (US) **armor** ['ɑːməʳ] N (Mil) armadura f; (steel plates) blindaje m.

armoured, (US) **armored** ['ɑːməd], **armour-plated**, (US) **armor-plated** ['ɑːmə'pleɪtɪd] ADJ acorazado/a, blindado/a; **~ car** (carro m) blindado m.

armour-plating, (US) **armor-plating** ['ɑːmə'pleɪtɪŋ] N blindaje m.

armoury, (US) **armory** ['ɑːmərɪ] N armería f, arsenal m.

armpit ['ɑːmpɪt] N sobaco m, axila f; (fig fam: unpleasant place) cloaca f.

armrest ['ɑːmrest] N apoyo m para el brazo, apoyabrazos m inv; (of chair) brazo m.

arm-wrestling ['ɑːm,reslɪŋ] N lucha f a pulso.

army ['ɑːmɪ] N (Mil, fig) ejército m; **to join the ~** alistarse, engancharse.

aroma [ə'rəʊmə] N aroma m, olor m.

aromatherapist [ə,rəʊmə'θerəpɪst] N aromaterapeuta mf.

aromatherapy [ə,rəʊmə'θerəpɪ] N aromaterapia f.

aromatic [,ærəʊ'mætɪk] ADJ aromático/a.

arose [ə'rəʊz] PT of **arise**.

around [ə'raʊnd] **1** ADV **a** (place) alrededor, en los alrededores; **for miles ~** por millas a la redonda; **all ~** por todos lados; **he must be somewhere ~** debe estar por aquí; **she's been ~** (fam) ha viajado mucho, ha visto mucho mundo; (pej) sabe de la vida.
b (approximately) aproximadamente, alrededor de; **~ 50** 50 más o menos; **~ 2 o'clock** a eso de las 2; **he must be ~ 50** debe estar cerca de los 50.
2 PREP alrededor de; **we're looking ~ for a house** estamos buscando casa; **it's just ~ the corner** está a la vuelta de la esquina; see also **about**; **round**.

arouse [ə'raʊz] VT (awaken) despertar; (fig) estimular, despertar.

ARP NPL ABBR of **air-raid precautions**.

arr. ABBR of **arrives**.

arrange [ə'reɪndʒ] **1** VT **a** (put into order: books, thoughts, furniture) ordenar; (: hair, flowers etc) arreglar.
b (Mus) adaptar, hacer los arreglos de.
c (decide on) decidir; (plan) planear, fijar; **to ~ a time for** fijar una hora para; **everything is ~d** todo está arreglado; **it was ~d that ...** se quedó en que ...; **what did you ~ with him?** ¿qué organizaron con él?, ¿en qué quedaron con él?; **'to be ~d'** 'por determinar'.
2 VI (agree, decide) ponerse de acuerdo; **to ~ to do sth** quedar en hacer algo; **I ~d to meet him at the cafe** quedé en verlo en el café; **to ~ for sth/for sb to do sth** acordar algo/acordar que algn haga algo; **I have ~d for you to go** lo he arreglado para que vayas.

arrangement [ə'reɪndʒmənt] N **a** (order) orden m, arreglo m; (act, Mus) arreglo m. **b** (agreement) acuerdo m; **to come to an ~ (with sb)** llegar a un acuerdo (con algn); **prices by ~** precios mpl a convenir. **c** (plan) plan m; **~s** (plans) planes; (preparations) preparativos mpl; **we must make ~s to help** debemos ver cómo podemos ayudar; **to make one's own ~s** obrar por cuenta propia; **if this ~ doesn't suit you** si no le conviene el arreglo.

array [ə'reɪ] N (Mil) formación f, orden m; (collection) serie f; (Comput) matriz f, tabla f; **in battle ~** en orden de batalla; **a fine ~ of hats** una buena colección de sombreros.

arrears [ə'rɪəz] NPL (of money) atrasos mpl; (of work) trabajo msg atrasado; **to be in ~** estar atrasado/a; **to get into ~** atrasarse en los pagos; **to pay one month in ~** pagar con un mes de retraso.

arrest [ə'rest] **1** N detención f; **to be under ~** quedar detenido/a. **2** VT (criminal) detener; (fig: attention) atraer; (halt: progress, decay etc) detener, parar.

arresting [ə'restɪŋ] ADJ llamativo/a, que llama la atención.

arrival [ə'raɪvəl] N llegada f, arribo m (esp LAm); **'A~s'** (Aer) 'Llegadas'; **Jim was the first ~ at the party** Jim fue el primero en llegar a la fiesta; **a new ~** un(a) recién llegado/a; (baby) un(a) recién nacido/a; **on ~** al llegar.

arrive [ə'raɪv] VI llegar, arribar (esp LAm); (succeed) tener éxito, triunfar.

♦ **arrive at** VI + PREP llegar a; **to ~ at a decision** llegar a una decisión.

arrogance ['ærəgəns] N arrogancia f, prepotencia f (esp LAm).

arrogant ['ærəgənt] ADJ arrogante, altanero/a, prepotente (esp LAm fam).

arrow ['ærəʊ] N (weapon, sign) flecha f.

arse [ɑːs] N (fam!) culo m (fam); **he can't tell his ~ from his elbow** confunde el culo con las témporas (fam); **get**

off your ~ ¡menearse!

arsehole [ˈɑːshəʊl] N (fam!) gilipollas mf (fam), pendejo m (LAm fam), huevón m (CSur fam).

arsenal [ˈɑːsɪnl] N arsenal m.

arsenic [ˈɑːsnɪk] N arsénico m.

arson [ˈɑːsn] N incendio m premeditado.

art [ɑːt] **1** N **a** (painting etc) arte m; **the ~s** las bellas artes; **work of ~** obra f de arte.
  b (skill) habilidad f, destreza f; (technique) técnica f; (knack) maña f; (gift) don m, facilidad f.
  c **Faculty of A~s** Facultad f de Filosofía y Letras; see bachelor; fine¹ 1 (c).
  2 CPD: **~s and crafts** NPL artes fpl y oficios mpl; **~ college** N escuela f de Bellas Artes; **~ gallery** N museo m (de arte); **~ school** N escuela f de arte; **A~s Council** N (Brit) ≈ Consejería f de Cultura (Sp).

artefact [ˈɑːtɪfækt] N artefacto m.

arterial [ɑːˈtɪərɪəl] ADJ (blood) arterial; (road etc) principal.

arteriosclerosis [ɑːˈtɪərɪəʊsklɪəˈrəʊsɪs] N arteriosclerosis f.

artery [ˈɑːtərɪ] N (Anat, road etc) arteria f.

artesian [ɑːˈtiːzɪən] ADJ: **~ well** pozo m artesiano.

artful [ˈɑːtfʊl] ADJ (cunning: person, trick) mañoso/a, hábil, ladino/a (esp LAm).

arthritic [ɑːˈθrɪtɪk] ADJ artrítico/a.

arthritis [ɑːˈθraɪtɪs] N artritis f.

artichoke [ˈɑːtɪtʃəʊk] N (globe ~) alcachofa f, alcaucil m; (Jerusalem ~) aguaturma f, cotufa f (LAm).

article [ˈɑːtɪkl] **1** N **a** (gen) artículo m; (physical thing) objeto m, cosa f; **~s of clothing** prendas fpl de vestir.
  b (in newspaper etc) artículo m; **leading ~** editorial m.
  c (Ling) **definite/indefinite ~** artículo m definido/indefinido.
  d **~s** (Admin, Jur) artículo msg, cláusula fsg; **~s of association** (Comm) estatutos mpl sociales, escritura fsg social.
  2 VT: **to be ~d to** estar de aprendiz con, servir bajo contrato a; **~d clerk** pasante m.

articulate [ɑːˈtɪkjʊlɪt] **1** ADJ (speech, account) claro/a; **he's not very ~** no se expresa con facilidad. **2** [ɑːˈtɪkjʊleɪt] VT **a** (pronounce) articular, pronunciar; **b** **~d lorry** camión m articulado.

articulation [ɑːˌtɪkjʊˈleɪʃən] N (act) expresión f; (manner) articulación f.

artifact [ˈɑːtɪfækt] N (esp US) = **artefact**.

artifice [ˈɑːtɪfɪs] N (cunning) habilidad f, ingenio m; (trick) artificio m, ardid m.

artificial [ˌɑːtɪˈfɪʃl] ADJ (synthetic: light) artificial; (: hair, limb) postizo/a; (fig, pej: smile etc) afectado/a; **~ insemination** inseminación f artificial; **~ intelligence** inteligencia f artificial; **~ respiration** respiración f artificial.

artificially [ˌɑːtɪˈfɪʃəlɪ] ADV (see adj) artificialmente; afectadamente, con afectación.

artillery [ɑːˈtɪlərɪ] N (guns, troops etc) artillería f.

artisan [ˈɑːtɪzæn] N artesano/a m/f.

artist [ˈɑːtɪst] N artista mf.

artiste [ɑːˈtiːst] N (Theat etc) artista mf (de teatro etc); (Mus) intérprete mf.

artistic [ɑːˈtɪstɪk] ADJ (ability, design, temperament) artístico/a; **to be ~** tener talento para el arte.

artistically [ɑːˈtɪstɪkəlɪ] ADV artísticamente; **to be ~ inclined** tener talento para el arte.

artistry [ˈɑːtɪstrɪ] N (skill) arte m, habilidad f.

artless [ˈɑːtlɪs] ADJ (simple) natural, sencillo/a; (foolish) ingenuo/a; (clumsy) torpe, patoso/a.

arty [ˈɑːtɪ] (fam) ADJ cultureta; **she looks ~, she is ~-looking** tiene pinta de cultureta.

ARV N ABBR of **American Revised Version** versión norteamericana de la Biblia.

AS ABBR (US) **a** of **Associate in** or of **Science**. **b** (Post) of **American Samoa**.

▼**as** [æz, əz] CONJ **a** (while) mientras (que); (when) cuando; **~ yet** hasta ahora; **we talked ~ we walked** hablábamos mientras andábamos; **he came in ~ I was leaving** entró cuando yo salía; **~ from tomorrow/~ of yesterday** a partir de mañana/de ayer; **~ a child, I often sang** de niño, cantaba a menudo.
  b (because) como; **~ he can't come ...** como él no puede venir ...; **~ far ~ I know** que yo sepa.
  c (although) aunque; **tired ~ he was, he went to the party** aunque estaba cansado, asistió a la fiesta.
  d (in comparisons: also adv) **~ ... ~** tan ... como, tanto/a ... como; **~ long ~** mientras; **~ soon ~** tan pronto como; **~ well ~** tanto como; **twice ~ old** el doble de viejo; **~ tall ~ him** tan alto como él; **~ quickly ~ possible** lo más rápido posible; **~ big ~ a house** grande como una casa; **you've got ~ much ~ she has** tienes tanto como ella.
  e (way, manner) como; **do ~ you wish** haga lo que quiera, haga como quiera; **leave things ~ they are** deje las cosas como están; **~ it is** tal como están las cosas; **you've got plenty ~ it is** tienes bastante ya; **~ I've said before ...** como he dicho antes ...; **disguised ~ a nun** disfrazado de monja; **he succeeded ~ a politician** tuvo éxito como político.
  f (concerning) en cuanto a, en lo que se refiere a, en lo tocante a; **~ to that I can't say** en lo que a eso se refiere, no le sé decir; **~ for the children, they were exhausted** en cuanto a los niños, estaban rendidos; **~ far ~ I'm concerned** en lo que a mí se refiere; **~ well** también.
  g **~ if, ~ though** como si; **he looked ~ if he was ill** parecía como si estuviera enfermo; see **be 1(a)**; **same**; **so**; **soon (c)**; **such 1**.

ASA N ABBR **a** (Brit) of **Advertising Standards Authority** organismo que fija las normas publicitarias. **b** (Brit) of **Amateur Swimming Association**. **c** of **American Standards Association** organismo que fija los niveles de calidad de los productos.

a.s.a.p. ADV ABBR of **as soon as possible** cuanto antes, lo más pronto posible.

asbestos [æzˈbestəs] N amianto m, asbesto m.

asbestosis [ˌæzbesˈtəʊsɪs] N asbestosis f.

ascend [əˈsend] **1** (frm) VT (stairs) subir; (mountain) subir a; (throne) ascender a, subir a. **2** VI (rise) subir, ascender; (: in flight) remontar; (slope up) elevarse.

ascendancy [əˈsendənsɪ] N ascendiente m, dominio m.

ascendant [əˈsendənt] N: **to be in the ~** estar en auge, ir ganando predominio.

Ascension [əˈsenʃən] CPD: **~ Day** N día m de la Ascención; **~ Island** Isla f Ascención.

ascent [əˈsent] N (act, way up) subida f; (in plane) ascenso m; (slope) pendiente f, cuesta f.

ascertain [ˌæsəˈteɪn] VT averiguar.

ascetic [əˈsetɪk] **1** ADJ ascético/a. **2** N asceta mf.

asceticism [əˈsetɪsɪzəm] N ascetismo m.

ASCII [ˈæskiː] N ABBR (Comput) of **American Standard Code for Information Interchange** código estándar norteamericano para el intercambio de información.

ascribe [əˈskraɪb] VT: **to ~ sth to sb/sth** atribuir algo a algn/algo.

ASCU N ABBR (US) of **Association of State Colleges and Universities**.

ASE N ABBR of **American Stock Exchange**.

ASEAN N ABBR of **Association of South-East Asian Nations**.

aseptic [eɪˈseptɪk] ADJ aséptico/a.

asexual [eɪˈseksjʊəl] ADJ asexual.

ash¹ [æʃ] N (Bot) fresno m.

ash² [æʃ] **1** N ceniza f. **2** CPD: **A~ Wednesday** N miércoles m de Ceniza.

ASH [æʃ] N ABBR (Brit) of **Action on Smoking and Health** organización anti-tabaco.

ashamed [əˈʃeɪmd] ADJ avergonzado/a, apenado/a (LAm); **to feel ~** tener or sentir vergüenza, apenarse (LAm); **I am ~ of you** me avergüenzo de ti; **I was ~ to ask for money** me daba vergüenza pedir dinero; **you ought to be ~ of yourself!** ¡debería darte vergüenza!, ¡no te da vergüenza!; **it's nothing to be ~ of** no hay por qué avergonzarse or apenarse.

ash-can [ˈæʃkæn] N (US) cubo m or (LAm) bote m or (LAm) tarro m de la basura.

➤ SENTENCE BUILDER: **as** → 8, 9.2, 9.3

ashen ['æʃn] ADJ ceniciento/a; (*pale*) pálido/a.

ashore [ə'ʃɔːr] ADV en tierra; **to go / come ~** desembarcar; **to run ~** encallar.

ashtray ['æʃtreɪ] N cenicero *m*.

Asia ['eɪʃə] N Asia *f*; **~ Minor** Asia Menor.

Asian ['eɪʃn] ADJ, N asiático/a *m/f*.

Asiatic [ˌeɪsɪ'ætɪk] ADJ, N asiático/a *m/f*.

aside [ə'saɪd] **1** ADV a un lado; **to set** *or* **put sth ~** apartar algo; **to cast ~** desechar, echar a un lado; **to step ~** hacerse a un lado. **2** PREP: **~ from** (*as well as*) aparte de, además de; (*except for*) aparte de. **3** N (*Theat*) aparte *m*.

ask [ɑːsk] **1** VT **a** (*inquire*) preguntar; **to ~ about sth** preguntar acerca de algo; **to ~ sb a question** hacer una pregunta a algn; **don't ~ me!** (*fam*) ¡yo qué sé!, ¡qué sé yo! (*esp LAm*); **if you ~ me ...** para mí que ..., en mi opinión .... **b** (*request*) pedir; **I ~ed him to come** le pedí que viniera; **to ~ sb a favour** pedir un favor a algn; **how much are they ~ing for the coat?** ¿cuánto piden por el abrigo?; **the ~ing price** el precio inicial; **that's ~ing a lot** eso es pedir demasiado *or* mucho pedir. **c** (*invite*) invitar, convidar (*esp LAm*); **to ~ sb out** invitar a algn a salir. **2** VI (*inquire*) preguntar; (*request*) pedir; **it's yours for the ~ing** basta con pedir.

◆ **ask after** VI + PREP preguntar por.

◆ **ask back** VT + ADV (*for second visit*) volver a invitar; **to ~ sb back** (*on reciprocal visit*) invitar a algn a que devuelva la visita.

◆ **ask for** VI + PREP (*person*) preguntar por, buscar; (*help, information, money*) solicitar, pedir; **it's just ~ing for trouble** es buscarse problemas; **he ~ed for it!** (*fig*) ¡él se lo ha buscado!

◆ **ask in** VT + ADV invitar a entrar, invitar a pasar.

◆ **ask out** VT + ADV: **they never ~ her out** no le invitan nunca a salir (con ellos).

askance [ə'skɑːns] ADV: **to look ~ at sth / sb** mirar *or* ver algo/algn con recelo *or* desconfianza.

askew [ə'skjuː] **1** ADJ ladeado/a. **2** ADV de lado.

asleep [ə'sliːp] ADJ (*not awake*) dormido/a; (*numb*) adormecido/a; **to be fast ~** estar profundamente dormido/a; **to fall ~** dormirse, quedarse dormido/a; **my foot's ~** se me ha quedado dormido el pie.

ASLEF ['æzlef] N ABBR (*Brit*) of **Associated Society of Locomotive Engineers and Firemen** *sindicato*.

ASM N ABBR of **air-to-surface missile**.

ASP ABBR of **American Selling Price**.

asp [æsp] N áspid(e) *m*.

asparagus [əs'pærəgəs] N (*plant*) espárrago *m*; (*food*) espárragos *mpl*.

ASPCA N ABBR of **American Society for the Prevention of Cruelty to Animals**.

aspect ['æspekt] N **a** (*of situation etc*) aspecto *m*; **to study all ~s of a question** estudiar un asunto bajo todos los aspectos. **b** (*of building etc*) **a house with a northerly ~** una casa orientada hacia el norte.

aspersions [əs'pɜːʃənz] NPL: **to cast ~ on sb** difamar *or* calumniar a algn.

asphalt ['æsfælt] N asfalto *m*.

asphyxia [æs'fɪksɪə] N asfixia *f*.

asphyxiate [æs'fɪksɪeɪt] **1** VT asfixiar. **2** VI asfixiarse, morir asfixiado/a.

asphyxiation [æsˌfɪksɪ'eɪʃən] N asfixia *f*.

aspic ['æspɪk] N gelatina *f* de carne *etc*.

aspirant ['æspɪrənt] N aspirante *mf*, candidato/a *m/f* (to a).

aspiration [ˌæspə'reɪʃən] N (*ambition*) aspiración *f*, ambición *f*; (*desire*) deseo *m*, anhelo *m*.

aspire [əs'paɪər] VI: **to ~ to** aspirar a, anhelar.

aspirin ['æsprɪn] N (*substance, tablet*) aspirina *f*.

aspiring [əs'paɪərɪŋ] ADJ ambicioso/a.

ass¹ [æs] N (*Zool*) asno *m*, burro *m*; (*fig fam: fool*) burro/a *m/f*; **to make an ~ of o.s.** quedar en ridículo.

ass² [æs] (*US fam!*) N culo *m*; **kiss my ~!** ¡vete a la mierda!

(*fam!*), ¡vete al carajo! (*esp LAm fam!*).

assail [ə'seɪl] VT (*frm: attack*) acometer, atacar; (*fig: with questions etc*) asaltar, abrumar; **doubts began to ~ him** le asaltaban las dudas.

assailant [ə'seɪlənt] N asaltador(a) *m/f*, agresor(a) *m/f*.

assassin [ə'sæsɪn] N asesino/a *m/f*.

assassinate [ə'sæsɪneɪt] VT asesinar.

assassination [əˌsæsɪ'neɪʃən] N asesinato *m*.

assault [ə'sɔːlt] **1** N (*Mil, fig*) asalto *m* (*on* sobre); (*Jur*) violencia *f*; **~ and battery** (*Jur*) lesiones *fpl*; **indecent ~** atentado *m* contra el pudor, estupro *m* (*LAm*). **2** VT asaltar, atacar; (*Jur*) asaltar, agredir; (*sexually*) violar. **3** CPD: **~ course** N pista *f* americana.

assemble [ə'sembl] **1** VT reunir, juntar; (*put together*) armar, montar. **2** VI reunirse, juntarse.

assembly [ə'semblɪ] **1** N (*meeting*) reunión *f*, asamblea *f*; (*Pol: parliament*) parlamento *m*; (*Tech*) montaje *m*, ensamblaje *m*; **the right of ~** el derecho de reunión. **2** CPD: **~ language** N (*Comput*) lenguaje *m* ensamblador; **~ line production** N producción *f* en cadena; **~ plant** N planta *f* de montaje, maquiladora *f* (*Mex*).

assent [ə'sent] **1** N (*agreement*) asentimiento *m*, consentimiento *m*; (*approval*) aprobación *f*; **by common ~** por acuerdo común. **2** VI asentir (*to* a), consentir (*to* en).

assert [ə'sɜːt] VT (*declare*) afirmar, aseverar; (*insist on: rights*) hacer valer; **to ~ o.s.** imponerse.

assertion [ə'sɜːʃən] N afirmación *f*, aseveración *f*.

assertive [ə'sɜːtɪv] ADJ (*energetic*) enérgico/a; (*forceful*) agresivo/a; (*dogmatic*) perentorio/a.

assertiveness [ə'sɜːtɪvnɪs] N asertividad *f*.

assess [ə'ses] VT (*price*) valorar, tasar; (*calculate*) calcular; (*tax*) gravar; (*damages*) fijar; (*fig: situation etc*) enjuiciar, valorar.

assessment [ə'sesmənt] N (*of worth, value*) valoración *f*, tasación *f*; (*tax*) gravamen *m*; (*judgment*) juicio *m*; **continuous ~** evaluación *f* continua.

assessor [ə'sesər] N asesor(a) *m/f*; (*US: of taxes etc*) tasador(a) *m/f*; **~'s office** oficina *f* municipal.

asset ['æset] N (*useful quality*) ventaja *f*; **personal / real ~s** bienes *mpl* muebles/raíces; **~s** (*Comm: on accounts*) haberes *mpl*, activo *msg*; **~s and liabilities** activo *m* y pasivo *m*.

asset-stripping ['æsetˌstrɪpɪŋ] N (*Fin*) acaparamiento *m* de activos.

asshole ['æʃəʊl] (*esp US fam!*) N culo *m* (*fam!*); (*person*) gilipollas *mf inv* (*fam!*).

assiduous [ə'sɪdjʊəs] ADJ asiduo/a.

assiduously [ə'sɪdjʊəslɪ] ADV asiduamente.

assign [ə'saɪn] VT (*allot: task etc*) asignar; (*attribute*) atribuir; (*Jur: property*) ceder; (*appoint*) **to ~ sb to** designar a algn para.

assignation [ˌæsɪg'neɪʃən] N (*meeting: of lovers*) cita *f* secreta.

assignment [ə'saɪnmənt] N (*mission*) misión *f*; (*task*) tarea *f*; (*Scol*) trabajo *m*.

assimilate [ə'sɪmɪleɪt] VT asimilar.

assimilation [əˌsɪmɪ'leɪʃən] N asimilación *f*.

assist [ə'sɪst] **1** VT (*help: person*) ayudar; **to ~ sb to do sth** ayudar a algn a hacer algo; **we ~ed him to his car** le ayudamos a llegar a su coche. **2** VI (*help*) **to ~ in sth / in doing sth** ayudar en algo/a hacer algo.

assistance [ə'sɪstəns] N ayuda *f*, auxilio *m*; **can I be of any ~?** ¿puedo ayudarle?, ¿le puedo servir en algo?; **to come to sb's ~** acudir en ayuda *or* auxilio de algn.

assistant [ə'sɪstənt] **1** N ayudante *mf*; (*language ~*) lector(a) *m/f*. **2** CPD: **~ director** N (*Theat*) subdirector(a) *m/f* de escena; *see* **shop**; **~ manager** N subdirector(a) *m/f*; **~ professor** N (*US*) profesor(a) *m/f* agregado/a; **~ secretary** N subsecretario/a *m/f*.

assistantship [ə'sɪstəntʃɪp] N (*Brit: at school*) lectorado *m*; (*US: at college*) ayudantía *f*, puesto *m* de profesor ayudante.

assizes [ə'saɪzɪz] NPL (*Brit*) sesiones *fpl* jurídicas (regionales).

assn ABBR *of* **association**.

associate [ə'səʊʃɪt] **1** ADJ (*company, member etc*) asociado/a; **~ director** subdirector(a); **~ professor** (*US*) profesor(a) *m/f* adjunto/a. **2** N (*colleague*) colega *mf*; (*member*) socio/a *m/f*. **3** [ə'səʊʃɪeɪt] VT (*connect*) conectar, asociar; (*ideas*) relacionar; **to ~ o.s. with sth** (*identify, be connected*) relacionarse con algo; **I don't wish to be ~d with it** no quiero tener nada que ver con ello; **~d company** compañía *f* asociada. **4** [ə'səʊʃɪeɪt] VI: **to ~ with** tratar con, frecuentar.

association [ə,səʊsɪ'eɪʃən] N **a** (*act, partnership*) asociación *f*; (*organization*) sociedad *f*, asociación; **in ~ with** conjuntamente con. **b** (*connection*) conexión *f*; **~ of ideas** asociación *f* de ideas; **the name has unpleasant ~s** el nombre trae recuerdos desagradables.

assorted [ə'sɔːtɪd] ADJ surtido/a.

assortment [ə'sɔːtmənt] N (*mixture: Comm*) surtido *m*; **there was a strange ~ of guests** había una extraña mezcla de invitados.

asst ABBR *of* **assistant**.

assuage [ə'sweɪdʒ] VT (*feelings, anger*) aliviar; (*pain*) calmar, aliviar; (*appetite*) satisfacer, saciar.

assume [ə'sjuːm] VT **a** (*suppose*) suponer; **we may therefore ~ that** así, es de suponer que; **assuming that ...** suponiendo que ..., en el supuesto de que .... **b** (*take on or over: power, control*) asumir; (*adopt: name*) adoptar; (*look of surprise*) afectar, adoptar; **(under) an ~d name** (bajo) (un) nombre falso.

assumption [ə'sʌmpʃən] N **a** (*supposition*) suposición *f*, supuesto *m*; **on the ~ that** suponiendo que, poniendo por caso que; **that's only an ~** es una susposición. **b** **the A~** (*Rel*) la Asunción.

assurance [ə'ʃʊərəns] N **a** (*guarantee*) garantía *f*, promesa *f*; **I give you my ~ that** le puedo asegurar que. **b** (*confidence*) confianza *f*; (*self-confidence*) seguridad *f*, aplomo *m*; **he spoke with ~** habló con seguridad. **c** (*Brit: insurance*) seguro *m*.

assure [ə'ʃʊəʳ] VT (*make certain: person*) asegurar; **I ~d him of my support** le aseguré mi apoyo; **success was ~d** el éxito estaba asegurado; **you may rest ~d that ..., let me ~ you that ...** tenga la seguridad de que ....

asswipe ['æswaɪp] N (*US fam!*) mamón *m* (*fam!*).

AST N ABBR (*Canada*) of **Atlantic Standard Time**.

asterisk ['æstərɪsk] N asterisco *m*.

astern [ə'stɜːn] ADV a popa.

asteroid ['æstərɔɪd] N asteroide *m*.

asthma ['æsmə] N asma *f*.

asthmatic [æs'mætɪk] ADJ asmático/a.

astigmatism [æs'tɪgmətɪzəm] N astigmatismo *m*.

ASTM N ABBR *of* **American Society for Testing Materials**.

astonish [ə'stɒnɪʃ] VT asombrar, pasmar; **you ~ me!** (*iro*) ¡no me digas!, ¡vaya sorpresa!; **to be ~ed** asombrarse (*at* de).

astonishing [ə'stɒnɪʃɪŋ] ADJ (*achievement etc*) asombroso/a, pasmoso/a; **I find it ~ that ...** me asombra or pasma que ....

astonishingly [ə'stɒnɪʃɪŋlɪ] ADV increíblemente, asombrosamente; **it was ~ easy** asombraba lo fácil que era, era asombrosamente fácil.

astonishment [ə'stɒnɪʃmənt] N asombro *m*; **to my ~** para mi gran sorpresa.

astound [ə'staʊnd] VT asombrar, pasmar.

astounding [ə'staʊndɪŋ] ADJ asombroso/a, pasmoso/a.

astral ['æstrəl] ADJ astral.

astray [ə'streɪ] ADV: **to go ~** extraviarse; (*fig: make a mistake*) equivocarse; (*morally*) ir por mal camino; **to lead sb ~** (*fig*) llevar a algn por mal camino.

astride [ə'straɪd] PREP (*horse, fence*) a horcajadas sobre.

astringent [əs'trɪndʒənt] **1** ADJ astringente. **2** N astringente *m*.

astro... ['æstrəʊ] PREF astro....

astrologer [əs'trɒlədʒəʳ] N astrólogo/a *m/f*.

astrology [əs'trɒlədʒɪ] N astrología *f*.

astronaut ['æstrənɔːt] N astronauta *mf*.

astronomer [əs'trɒnəməʳ] N astrónomo/a *m/f*.

astronomical [,æstrə'nɒmɪkəl] ADJ astronómico/a.

astronomy [əs'trɒnəmɪ] N astronomía *f*.

astrophysics ['æstrəʊ'fɪzɪks] NSG astrofísica *f*.

Astroturf ® ['æstrəʊtɜːf] N césped *m* artificial.

Asturian [æ'stʊərɪən] **1** ADJ asturiano/a. **2** N asturiano/a *m/f*; (*Ling*) asturiano *m*.

Asturias [æ'stʊərɪæs] N Asturias *f*.

astute [əs'tjuːt] ADJ (*person*) astuto/a, listo/a; (*mind, decision*) astuto/a.

asunder [ə'sʌndəʳ] ADV: **to tear ~** hacer pedazos, romper en dos.

ASV N ABBR (*US*) *of* **American Standard Version** traducción americana de la Biblia.

asylum [ə'saɪləm] N **a** (*refuge*) asilo *m*; **to seek political ~** pedir asilo político. **b** (*lunatic ~*) manicomio *m*.

asymmetric(al) [,eɪsɪ'metrɪk(əl)] ADJ asimétrico/a.

AT N ABBR *of* **Automatic Translation** TA *f*.

at [æt] PREP **a** (*position*) en; (*direction*) a; **~ the top** en lo alto; (*of mountain*) en la cumbre; **~ school** en la escuela, en el colegio; **~ John's** en casa de Juan; **~ table** en la mesa; **to stand ~ the door** estar de pie or (*LAm*) parado en la puerta; **to look ~ sth** mirar algo. **b** (*time*) **~ 4 o'clock** a las cuatro; **~ night** de noche; **~ Christmas** por or en Navidades. **c** (*rate*) a; **~ 50p a kilo** a 50p el kilo; **~ 50p each** (a) 50p cada uno; **two ~ a time** de dos en dos. **d** (*activity*) **to be ~ work** estar trabajando; (*in the office*) estar en la oficina; **he's good ~ games** es fuerte en deportes; **while you're ~ it** (*fam: doing it*) de paso; (*by the way*) a propósito; **she's ~ it again** (*fam*) otra vez con las mismas. **e** (*manner*) **~ full speed** a toda velocidad; **~ peace** en paz; **acting ~ its best** una actuación de antología; **~ a run** corriendo, a la carrera. **f** (*cause*) **~ his suggestion** a sugerencia suya; **I was shocked/surprised ~ the news** me escandalizó/ sorprendió la noticia.

ATC N ABBR (*Brit*) *of* **Air Training Corps** cuerpo militar para la formación de aviadores.

ate [eɪt] PT *of* **eat**.

atheism ['eɪθɪɪzəm] N ateísmo *m*.

atheist ['eɪθɪɪst] N ateo/a *m/f*.

Athens ['æθɪnz] N Atenas *f*.

athlete ['æθliːt] N atleta *mf*; **~'s foot** (*Med*) pie *m* de atleta.

athletic [æθ'letɪk] **1** ADJ atlético/a; (*sporty*) deportista. **2** NSG: **~s** atletismo *m*.

Atlantic [ət'læntɪk] **1** ADJ atlántico/a. **2** N: **the ~ (Ocean)** el Océano Atlántico.

atlas ['ætləs] **1** N atlas *m*; (*road ~*) guía *f* de carreteras. **2** CPD: **the A~ Mountains** el Atlas.

ATM N ABBR *of* **automated teller machine**.

atmosphere ['ætməsfɪəʳ] N (*air*) atmósfera *f*; (*fig*) ambiente *m*.

atmospheric [,ætməs'ferɪk] **1** ADJ atmosférico/a; (*fig*) evocador(a). **2** NPL: **~s** (*Rad*) perturbaciones *fpl* atmosféricas.

atoll ['ætɒl] N atolón *m*.

atom ['ætəm] **1** N átomo *m*; (*fig*) pizca *f*. **2** CPD: **~ bomb** N bomba *f* atómica.

atomic [ə'tɒmɪk] ADJ atómico/a; **~ bomb** bomba *f* atómica; **~ energy** energía *f* nuclear.

atomizer ['ætəmaɪzəʳ] N atomizador *m*, pulverizador *m*.

atone [ə'təʊn] VI: **to ~ for** expiar.

atonement [ə'təʊnmənt] N expiación *f*.

ATP N ABBR *of* **Association of Tennis Professionals**.

atrocious [ə'trəʊʃəs] ADJ atroz; (*fam*) fatal.

atrocity [ə'trɒsɪtɪ] N atrocidad *f*.

atrophy ['ætrəfɪ] **1** N (*Med*) atrofia *f*. **2** VI atrofiarse.

attach [ə'tætʃ] VT **a** (*fasten*) sujetar; (*stick*) pegar; (*tie*) atar, amarrar (*LAm*); (*with pin etc*) prender; (*join*) juntar; (*trailer etc*) acoplar; **the ~ed letter** la carta adjunta; **to become ~ed to sb** (*fig*) encariñarse con algn; **he's ~ed** (*fam: married etc*) no está libre; **to be ~ed to an embassy** estar agregado a una embajada; **he ~ed himself to us** se pegó a nosotros; *see* **string 1 (a)**. **b** (*attribute: importance,* *value*) dar, atribuir.

attaché [ə'tæʃeɪ] [1] N agregado/a *m/f*; **cultural ~** agregado cultural. [2] CPD: **~ case** N maletín *m*.

attachment [ə'tætʃmənt] N [a] (*device*) accesorio *m*, dispositivo *m*; (*fastener*) atadura *f*; (*assembly*) acoplamiento *m*. [b] (*affection*) cariño *m* (*to* por).

attack [ə'tæk] [1] N [a] (*Mil etc*) ataque *m*, asalto *m*; **surprise ~** ataque por sorpresa; **~ on sb's life** atentado *m* contra la vida de algn; **to be under ~** ser atacado; **to launch an ~** (*Mil, fig*) lanzar un ataque; **to leave o.s. open to ~** dejarse expuesto/a un ataque.
[b] (*Med: gen*) ataque *m*; (*: fit*) acceso *m*, crisis *f*; *see* **heart 2**.
[2] VT (*Med, Mil etc*) atacar; (*assault*) asaltar; (*tackle: job, problem*) enfrentarse con; (*criticize: opinion, theory*) criticar.

attacker [ə'tækər] N asaltante *mf*; atracador(a) *m/f*.

attain [ə'teɪn] VT (*achieve*) lograr; (*reach*) alcanzar; (*get hold of*) conseguir; (*age, rank*) llegar a.

attainable [ə'teɪnəbl] ADJ alcanzable, realizable.

attainment [ə'teɪnmənt] N (*skill*) talento *m*.

attempt [ə'tempt] [1] N (*try*) intento *m*, tentativa *f*; **he made two ~s at it** lo intentó dos veces; **he made no ~ to help** ni siquiera intentó ayudar; **to make an ~ on sb's life** atentar contra la vida de algn.
[2] VT: **to ~ to do sth** tratar de *or* intentar *or* (*esp LAm*) procurar hacer algo; **~ed murder** tentativa *f or* intento *m* de asesinato; **the pilot ~ed to land** el piloto trató de aterrizar.

attend [ə'tend] [1] VT [a] (*be present at: meeting, school etc*) asistir a; (*regularly: school, church*) ir a.
[b] (*serve*) atender; (*wait upon*) servir; **~ed by 6 bridesmaids** acompañada por 6 damas de honor.
[2] VI (*be present*) asistir; (*pay attention to*) prestar atención a, poner atención en (*LAm*).
◆ **attend to** VI + PREP [a] prestar atención a, poner atención en (*LAm*); **to ~ to one's work** ocuparse de su trabajo. [b] (*give help to*) servir a; **to ~ to a customer** atender a un(a) cliente; **are you being ~ed to?** (*in shop*) ¿le atienden?

attendance [ə'tendəns] [1] N (*act*) asistencia *f* (*at* a); (*those present*) concurrencia *f*; **what was the ~ at the meeting?** ¿cuántos asistieron a la reunión?; **to be in ~** asistir.
[2] CPD: **~ centre** N (*Brit*) centro *m or* prisión *f* de régimen abierto; **~ officer** N (*Scol*) encargado/a *m/f* del control de asistencia; **~ sheet** N lista *f* de clase.

attendant [ə'tendənt] [1] ADJ relacionado/a, concomitante; **the ~ difficulties** las dificultades intrínsecas.
[2] N (*in car park, museum etc*) guarda *mf*, celador(a) *m/f*; (*Theat*) acomodador(a) *m/f*; (*at wedding etc*) acompañante *mf*.

attention [ə'tenʃən] [1] N [a] atención *f*; **to attract sb's ~** llamar la atención de algn; **to call sb's ~ to sth** hacerle notar algo a algn; **it has come to my ~ that ...** me he enterado de que ...; **to pay ~ (to)** prestar atención a; **he paid no ~** no hizo caso; **for the ~ of Mr. Jones** a la atención del Sr. Jones.
[b] (*Mil*) **~!** ¡firme(s)!; **to come to ~** ponerse firme(s); **to stand at ~** estar firme(s).
[c] **~s** cortesías *fpl*.
[2] CPD: **~ span** N capacidad *f* de concentración.

attentive [ə'tentɪv] ADJ (*heedful*) atento/a; (*polite*) cortés.

attentively [ə'tentɪvlɪ] ADV (*see adj*) atentamente; cortésmente.

attest [ə'test] [1] VT atestiguar; (*signature*) legalizar; **to ~ that ...** atestiguar que .... [2] VI: **to ~ to** dar fe de, dar testimonio de.

attic ['ætɪk] N desván *m*, altillo *m* (*LAm*), entretecho *m* (*LAm*).

attire [ə'taɪər] [1] (*frm*) N atavío *m*. [2] VT ataviar.

attitude ['ætɪtjuːd] N (*gen*) actitud *f*; (*posture*) postura *f*; **what's your ~ to this?** ¿qué postura *or* actitud tomas ante esto?; **~ of mind** disposición *f* de ánimo; **if that's your ~** si te pones en ese plan.

attorney [ə'tɜːnɪ] N (*US: lawyer*) abogado/a *m/f*; (*representative*) apoderado/a *m/f*; **power of ~** procuración *f*, poderes *mpl*; **A~ General** Ministro/a *m/f* de Justicia; *see* **district**.

attract [ə'trækt] VT (*gen*) atraer; (*attention*) llamar; **to be ~ed to sb** sentirse atraído/a por algn.

attraction [ə'trækʃən] N (*power of ~*) atracción *f*; (*attractive feature*) atractivo *m*, encanto *m*; (*inducement*) aliciente *m*; **city life has no ~ for me** para mí la vida en la ciudad no tiene ningún encanto; **one of the ~s was a free car** uno de los alicientes fue un coche regalado.

attractive [ə'træktɪv] ADJ (*good-looking, pretty*) atractivo/a; (*interesting*) atrayente, interesante.

attractively [ə'træktɪvlɪ] ADV atractivamente; **~ dressed** vestido/a de modo atractivo.

attributable [ə'trɪbjʊtəbl] ADJ: **~ to** atribuible a, imputable a.

attribute ['ætrɪbjuːt] [1] N atributo *m*. [2] [ə'trɪbjuːt] VT (*gen, Lit*) atribuir; (*accuse*) achacar.

attributive [ə'trɪbjʊtɪv] ADJ (*Ling*) atributivo/a.

attrition [ə'trɪʃən] N (*wearing away*) desgaste *m*; **war of ~** guerra *f* de desgaste.

attune [ə'tjuːn] VT: **to be ~d to** (*fig*) estar en armonía con.

Atty Gen. ABBR *of* **Attorney General**.

ATV N ABBR *of* **all-terrain vehicle** vehículo *m* todo terreno.

atypical [ˌeɪ'tɪpɪkəl] ADJ atípico/a.

aubergine ['əʊbəʒiːn] N (*esp Brit*) berenjena *f*.

auburn ['ɔːbən] ADJ (*hair*) color castaño rojizo.

auction ['ɔːkʃən] [1] N subasta *f*, remate *m* (*LAm*).
[2] VT subastar, rematar (*LAm*).
[3] CPD: **~ room** N sala *f* de subastas; **~ sale** N subasta *f*, remate *m* (*LAm*).

auctioneer [ˌɔːkʃə'nɪər] N subastador(a) *m/f*, rematador(a) *m/f*.

audacious [ɔː'deɪʃəs] ADJ (*bold*) audaz, osado/a; (*impudent*) atrevido/a, descarado/a.

audacity [ɔː'dæsɪtɪ] N (*boldness*) audacia *f*, osadía *f*; (*impudence*) atrevimiento *m*, descaro *m*.

audible ['ɔːdɪbl] ADJ audible; **his voice was scarcely ~** apenas se podía oír su voz, su voz era apenas perceptible.

audibly ['ɔːdɪblɪ] ADV audiblemente.

audience ['ɔːdɪəns] N [a] (*gathering*) público *m*; (*in theatre etc*) auditorio *m*; **there was a big ~** asistió un gran público; **TV ~s** telespectadores *mpl*. [b] (*interview*) audiencia *f*; **to grant sb an ~** recibir a algn en audiencia.

audio ['ɔːdɪəʊ] ADJ de audio; **~ book** libro *m* sonoro, libro *m* de audio; **~ frequency** audiofrecuencia *f*; **~ system** sistema *m* audio, audiosistema *m*.

audio-visual [ˌɔːdɪəʊ'vɪzjʊəl] ADJ audiovisual; **~ aids** medios *mpl* audiovisuales.

audit ['ɔːdɪt] [1] N intervención *f*, revisión *f* (de cuentas), auditoría *f*. [2] VT intervenir, revisar.

audition [ɔː'dɪʃən] [1] N audición *f*. [2] VI: **he ~ed for the part** hizo una audición para el papel.

auditor ['ɔːdɪtər] N [a] (*Comm*) interventor(a) *m/f*, revisor(a) *m/f* (de cuentas). [b] (*US Univ*) estudiante *mf* libre.

auditorium [ˌɔːdɪ'tɔːrɪəm] N auditorio *m*, sala *f*.

Aug. ABBR *of* **August** ag.

augment [ɔːg'ment] VT aumentar.

au gratin [əʊ'grætɛ̃] ADJ (*Culin*) gratinado/a.

augur ['ɔːgər] [1] VT augurar, pronosticar; **it ~s no good** esto no nos promete nada bueno. [2] VI: **it ~s well/ill** es de buen/mal agüero.

August ['ɔːgəst] N agosto *m*; *see* **July** for usage.

august [ɔː'gʌst] ADJ (*frm*) augusto/a.

aunt [ɑːnt] N (*also* **~ie**, **~y**: *fam*) tía *f*; **my ~ and uncle** mis tíos *mpl*.

au pair ['əʊ'pɛə] N au pair *mf*.

aura ['ɔːrə] N (*gen*) aura *f*; (*Rel*) aureola *f*.

aural ['ɔːrəl] ADJ del oído; **~ exam** examen *m* de comprensión oral.

auspices ['ɔːspɪsɪz] NPL: **under the ~ of** bajo los auspicios de.

auspicious [ɔːs'pɪʃəs] ADJ propicio/a, de buen augurio; **to**

make an ~ **start** comenzar felizmente.
Aussie ['ɒzɪ] *(fam)* = **Australian.**
austere [ɒs'tɪəʳ] ADJ *(person, manner, life)* austero/a, severo/a.
austerity [ɒs'terɪtɪ] N austeridad *f.*
Australasia [ˌɔ:strə'leɪzɪə] N Australasia *f.*
Australia [ɒs'treɪlɪə] N Australia *f.*
Australian [ɒs'treɪlɪən] ADJ, N australiano/a *m/f.*
Austria ['ɒstrɪə] N Austria *f.*
Austrian ['ɒstrɪən] ADJ, N austríaco/a *m/f.*
AUT N ABBR *(Brit)* of **Association of University Teachers.**
authentic [ɔ:'θentɪk] ADJ auténtico/a.
authenticate [ɔ:'θentɪkeɪt] VT autenticar.
authenticity [ˌɔ:θen'tɪsɪtɪ] N autenticidad *f.*
author ['ɔ:θəʳ] N autor(a) *m/f.*
authoritarian [ˌɔ:θɒrɪ'teərɪən] ADJ autoritario/a.
authoritative [ɔ:'θɒrɪtətɪv] ADJ *(account)* muy completo/a; *(influential)* autorizado/a; *(person)* autoritario/a.
authority [ɔ:'θɒrɪtɪ] N **a** *(power)* autoridad *f;* **to be in ~ over** tener autoridad sobre; **to have ~ to do sth** tener autoridad *or* estar autorizado para hacer algo; **to give sb the ~ to do sth** autorizar a algn para que haga algo. **b** *(body)* autoridad *f;* **the authorities** las autoridades; *see* **local.** **c** *(expert)* autoridad *f;* **he's an ~ (on)** es una autoridad (en); **I have it on good ~ that ...** me ha dicho una fuente fidedigna *or* de máxima confianza que ....
authorization [ˌɔ:θəraɪ'zeɪʃən] N autorización *f.*
▼**authorize** ['ɔ:θəraɪz] VT *(empower)* autorizar; *(approve)* aprobar; **to ~ sb to do sth** autorizar a algn a que haga algo; **~d capital** *(Comm)* capital *m.*
autistic [ɔ:'tɪstɪk] ADJ autista.
auto ['ɔ:təʊ] N = **automobile.**
auto... ['ɔ:təʊ] PREF auto....
autobank ['ɔ:təʊbæŋk] N cajero *m* automático.
autobiographical ['ɔ:təʊˌbaɪəʊ'ɡræfɪkəl] ADJ autobiográfico/a.
autobiography [ˌɔ:təʊbaɪ'ɒɡrəfɪ] N autobiografía *f.*
autocratic [ˌɔ:təʊ'krætɪk] ADJ autocrático/a.
autocue ['ɔ:təʊkju:] N *(Brit TV)* autocue *m,* chuleta *f (fam).*
autograph ['ɔ:təɡrɑ:f] **1** N *(signature)* autógrafo *m.* **2** VT *(book, photo)* dedicar; *(sign)* firmar.
autoimmune [ˌɔ:təʊɪ'mju:n] ADJ autoinmune.
automat ['ɔ:təmæt] N **a** *(Brit)* máquina *f* expendedora. **b** *(US)* restaurán *m or* restaurante *m* de autoservicio.
automata [ɔ:'tɒmətə] NPL *of* **automaton.**
automated ['ɔ:tə,meɪtɪd] ADJ automatizado/a; **~ teller, ~ telling machine** cajero *m* automático.
automatic [ˌɔ:tə'mætɪk] **1** ADJ *(Tech, gen)* automático/a; **disqualification is ~** la descalificación es automática; **~ data processing** proceso *m* automático de datos; **~ pilot** piloto *m* automático; **~ transmission** transmisión *f* automática. **2** N *(pistol)* pistola *f* automática; *(car)* coche *m* automático; *(washing machine)* lavadora *f.*
automatically [ˌɔ:tə'mætɪkəlɪ] ADV automáticamente.
automation [ˌɔ:tə'meɪʃən] N automatización *f.*
automaton [ɔ:'tɒmətən] N *(pl* **automata** [ɔ:'tɒmətə]*)* autómata *m.*
automobile ['ɔ:təməbi:l] N *(US)* coche *m,* auto *m (esp LAm),* carro *m (LAm).*
autonomous [ɔ:'tɒnəməs] ADJ autónomo/a.
autonomy [ɔ:'tɒnəmɪ] N autonomía *f.*
autopilot ['ɔ:təʊpaɪlət] N *(also fig)* piloto *m* automático.
autopsy ['ɔ:tɒpsɪ] N autopsia *f.*
autoreverse ['ɔ:təʊrɪ'vɜ:s] N auto-reverse *m.*
auto-teller ['ɔ:təʊ,teləʳ] N cajero *m* automático.
autotimer ['ɔ:təʊ,taɪməʳ] N programador *m* automático.
autumn ['ɔ:təm] N *(Brit)* otoño *m.*
autumnal [ɔ:'tʌmnəl] ADJ otoñal, de(l) otoño.
auxiliary [ɔ:ɡ'zɪlɪərɪ] **1** ADJ auxiliar. **2** N **a** *(assistant)* ayudante *mf;* *(Mil)* **auxiliaries** tropas auxiliares. **b** *(verb)* auxiliar.
AV **1** N ABBR *of* **Authorized Version** *traducción inglesa de la Biblia.* **2** ABBR *of* **audio-visual.**
Av. ABBR *of* **Avenue** Av., Avda.
av. ABBR *of* **average** prom.

a.v., **a/v** ABBR *of* **ad valorem** conforme a su valor.
avail [ə'veɪl] **1** N: **of no ~** inútil; **to no ~** en vano. **2** VT: **to ~ o.s. of** aprovechar(se de), valerse de.
availability [əˌveɪlə'bɪlɪtɪ] N disponibilidad *f.*
available [ə'veɪləbl] ADJ disponible; **to make sth ~ to sb** poner algo a la disposición de algn; **is the manager ~?** ¿está libre el gerente?; **are you ~ next Thursday?** ¿estás libre el jueves que viene?; **I'd like a seat on the first ~ flight** quiero una plaza en el primer vuelo que haya.
avalanche ['ævəlɑ:nʃ] N avalancha *f.*
avant-garde ['ævɑ:ŋ'ɡɑ:d] ADJ de vanguardia, de la nueva ola.
avarice ['ævərɪs] N avaricia *f.*
avaricious [ˌævə'rɪʃəs] ADJ avaro/a.
avdp. ABBR *of* **avoirdupois.**
Ave. ABBR *of* **avenue** Av., Avda.
avenge [ə'vendʒ] VT vengar; **to ~ o.s.** vengarse *(on* sb en algn).
avenue ['ævənju:] N *(road)* avenida *f,* paseo *m;* *(fig)* vía *f,* camino *m.*
average ['ævərɪdʒ] **1** ADJ *(medio)* mediano/a; *(pej)* regular, corriente; **the ~ man** el hombre común; **of ~ height** de estatura mediana. **2** N promedio *m;* **on ~** *(usually)* por regla general; *(as a mean)* como promedio; **above ~** superior al promedio. **3** VT **a** *(find the ~ of: also ~ out)* calcular el término medio de; *(reach an ~ of)* alcanzar un promedio de. **b** *(also ~ out at)* salir en un promedio de.
averse [ə'vɜ:s] ADJ opuesto/a; **I'm not ~ to an occasional drink** no me opongo a tomar una copa de vez en cuando; **to be ~ to doing sth** tener pocas ganas de hacer algo, no estar dispuesto a hacer algo.
aversion [ə'vɜ:ʃən] N *(dislike)* aversión *f (for* hacia); *(hated thing)* cosa *f* aborrecida.
avert [ə'vɜ:t] VT *(turn away: eyes, thoughts)* apartar *(from* de); *(prevent: accident, danger etc)* prevenir; *(parry: blows)* desviar, bloquear.
aviary ['eɪvɪərɪ] N pajarera *f.*
aviation [ˌeɪvɪ'eɪʃən] N aviación *f.*
avid ['ævɪd] ADJ ávido/a *(for* de); **an ~ reader** un lector voraz.
avocado [ˌævə'kɑ:dəʊ] N *(pl* **~s**) *(Brit: also ~ pear)* aguacate *m,* palta *f (And, CSur).*
avoid [ə'vɔɪd] VT *(obstacle)* evitar; *(person)* esquivar; *(argument etc)* evitar, eludir; *(danger)* salvarse de; **to ~ doing sth** evitar hacer algo; **to ~ sb's eye** evitar cambiar miradas con algn; **are you trying to ~ me?** ¿me estás esquivando?
avoidable [ə'vɔɪdəbl] ADJ evitable.
avoirdupois [ˌævədə'pɔɪz] N *sistema de pesos usado en países de habla inglesa (1 libra = 16 onzas = 453,50 gramos).*
avow [ə'vaʊ] VT *(frm)* confesar, reconocer.
avowed [ə'vaʊd] ADJ declarado/a.
AVP N ABBR *(US)* of **assistant vice-president.**
AWACS [eɪ'wæks] N ABBR *of* **airborne warning and control system** AWACS *m.*
await [ə'weɪt] VT esperar, aguardar; **a long ~ed event** un acontecimiento largamente esperado; **a surprise ~s him** le espera una sorpresa; **we ~ your reply with interest** nos interesa mucho conocer su respuesta.
awake [ə'weɪk] *(vb: pt* **awoke** *or* **~d;** *pp* **awoken** *or* **~d)* **1** ADJ despierto/a; **to lie ~** quedarse despierto; *(unable to sleep)* estar desvelado; **coffee keeps me ~** el café me desvela; **to be ~ to** *(fig)* ser consciente de. **2** VT despertar; *(fig)* despertar, provocar; *(: memories)* despertar. **3** VI *(fig)* **to ~ (to sth)** darse cuenta (de algo).
awaken [ə'weɪkən] VT, VI = **awake 2, 3.**
awakening [ə'weɪkɪŋ] N despertar *m;* **he got a rude ~** tuvo una sorpresa desagradable.
award [ə'wɔ:d] **1** N *(prize)* premio *m;* *(medal)* condecoración *f;* *(Jur)* fallo *m,* sentencia *f;* *(act of awarding)* adjudicación *f,* concesión *f;* **pay ~** adjudicación *f* de aumento de salarios. **2** VT *(prize, medal)* conceder, otorgar; *(damages)* adjudicar.

➤ SENTENCE BUILDER: **authorize** → 15.5

aware [ə'wɛəʳ] ADJ: **to be ~ (of)** ser consciente (de); **to become ~ of** enterarse de; **not that I am ~ of** que yo sepa, no; **I am fully ~ that** tengo plena conciencia de que; **politically ~** (políticamente) consciente.

awareness [ə'wɛənɪs] N conciencia *f*, conocimiento *m*.

awash [ə'wɒʃ] ADJ inundado/a (*with* de).

away [ə'weɪ] ADV: **far ~, a long way ~** lejos; **~ in the distance** a lo lejos; **go ~!** (*with 'Ud'*) ¡váyase!; (*with 'tú'*) ¡vete!, ¡lárgate!; **to be ~** estar fuera, estar ausente; **I'm going ~** me marcho (fuera); **it's 10 miles ~ (from here)** está a 10 millas (de aquí); **to turn ~** volver la cara; **the snow melted ~** la nieve se derritió; **to play ~** (*Sport*) jugar fuera; **to talk ~** seguir hablando.

awe [ɔ:] **1** N (*fear*) pavor *m*; (*wonder*) asombro *m*; (*reverence*) temor *m* reverencial. **2** VT (*impress*) impresionar; (*frighten*) atemorizar.

awe-inspiring ['ɔ:ɪn,spaɪərɪŋ], **awesome** ['ɔ:səm] ADJ impresionante.

▼**awful** ['ɔ:fəl] ADJ (*dreadful*) espantoso/a, terrible; **it's an ~ nuisance!** ¡qué molestia!; **how ~!** ¡qué horror!; **there were an ~ lot of people** había la mar de gente; **to feel ~** sentirse molesto/a, estar sobrecogido/a.

awfully ['ɔ:flɪ] ADV (*fam*) terriblemente; **I'm ~ sorry** lo siento muchísimo.

awkward ['ɔ:kwəd] ADJ (*difficult: problem, question*) difícil; (*situation, silence*) embarazoso/a, delicado/a; (*time*) inoportuno/a; (*shape*) incómodo/a; (*corner*) peligroso/a; (*clumsy: person, gesture*) torpe; (*phrasing*) poco elegante, torpe; **to make things ~ for sb** ponerle las cosas difíciles a algn; **it's ~ for me** no me conviene, no me viene bien; **he's being ~ about it** está poniendo inconvenientes;

he's an **~ customer** (*fam*) es un tipo difícil, es un sujeto de cuidado.

awl [ɔ:l] N lezna *f*.

awning ['ɔ:nɪŋ] N (*Naut*) toldo *m*; (*over window, door*) marquesina *f*.

awoke [ə'wəʊk] PT *of* **awake**.

awoken [ə'wəʊkən] PP *of* **awake**.

AWOL ['eɪwɒl] ABBR (*Mil*) *of* **absent without leave**.

axe, (*US*) **ax** [æks] **1** N hacha *f*; **to have an ~ to grind** (*fig*) tener un interés creado. **2** VT (*fig: prices, jobs*) reducir; (: *budget*) recortar; (: *person*) despedir.

axiom ['æksɪəm] N axioma *m*.

axiomatic [,æksɪəʊ'mætɪk] ADJ axiomático/a.

axis ['æksɪs] N (*pl* **axes** ['æksi:z]) (*Geom etc*) eje *m*.

axle ['æksl] N eje *m*, árbol *m*, flecha *f* (*Mex*); **~ shaft** palier *m*.

ayatollah [aɪə'tɒlə] N ayatolá *m*, ayatollah *m*.

ay(e) [aɪ] **1** ADV sí. **2** N sí *m*; **there were 50 ~s and 3 noes** votaron 50 a favor y 3 en contra.

AYH N ABBR (*US*) *of* **American Youth Hostels**.

Aymara [,aɪmə'rɑ:] **1** ADJ aimará. **2** N aimará *mf*; (*Ling*) aimará *m*.

AZ ABBR (*US Post*) *of* **Arizona**.

azalea [ə'zeɪlɪə] N (*Bot*) azalea *f*.

Azerbaijan [,æzəbaɪ'dʒɑ:n] N Azerbaiyán *m*.

Azerbaijani [,æzəbaɪ'dʒɑ:nɪ] ADJ, N azerbaiyaní *mf*.

Azeri [ə'zɛərɪ] **1** ADJ azerí. **2** N azerí *mf*; (*Ling*) azerí *m*.

Azores [ə'zɔ:z] NPL Azores *fpl*.

AZT N ABBR *of* **azidothymidine** AZT.

Aztec ['æztek] ADJ, N azteca *mf*.

azure ['eɪʒəʳ] ADJ, N celeste *m*.

B, b [biː] **1** N **a** (*letter*) B, b *f*, B *or* (*LAm*) b larga; **number 7b** (*in house numbers*) séptimo segunda.
b (*Mus*) **B** si *m*; *see* **A** *for usage*.
c (*Scol*) notable *m*.
2 CPD: **B road** N ≈ carretera *f* secundaria.
b. ABBR *of* **born** n.
BA N ABBR (*Univ*) *of* **Bachelor of Arts** ≈ Lic. en Fil. y Let.
BAA N ABBR *of* **British Airports Authority**.
baa [baː] **1** N balido *m*. **2** INTERJ ¡be! **3** VI balar.
babble ['bæbl] **1** N (*of voices*) parloteo *m*; (*of baby*) balbuceo *m*; (*of stream*) murmullo *m*; (*fam: small talk*) cháchara *f*.
2 VI (*person*) parlotear; (: *gossip*) cotillear; (*baby*) balbucear; (*stream*) murmurar.
babe [beɪb] N (*Lit, hum*) criatura *f*; (*US fam*) chica *f*; (*in direct address*) nena *f*.
baboon [bə'buːn] N babuino *m*.
baby ['beɪbɪ] **1** N (*infant*) bebé *mf*, bebe/a *m/f* (*Arg*), guagua *mf* (*And, Chi*); (*small child*) nene/a *m/f*, niño/a *m/f*; (*fam: term of affection*) el benjamín; **don't be such a ~!** ¡no seas niño!; **the new system was his ~** (*fam*) el nuevo sistema fue obra *or* cosa suya; **I was left holding the ~** (*fam*) me tocó cargar con el muerto.
2 CPD (*for a ~*) de niño; (*young*) de crío; (*small: car, piano*) pequeño/a; **~ boom** N boom *m* de natalidad, boom *m* de nacimientos; **~ boy/girl** N nene/a *m/f*; **~ carriage** N (*US*) cochecito *m* (de niño); **~ grand** N piano *m* de media cola; **~ seat** N (*Aut*) sillita *f* or asiento *m* de seguridad para niños; **~ talk** N habla *f* infantil; **~ tender** N (*US*) canguro *mf*; **~ tooth** N diente *m* de leche; **~ wipe** N toallita *f* húmeda (*para bebés*).
baby-battering ['beɪbɪ,bætərɪŋ] N maltrato *m* de los hijos.
Babybouncer ® ['beɪbɪ,baʊnsər] N columpio *m* para bebés.
Babygro ® ['beɪbɪ,grəʊ] N pijama *m* de una pieza.
babyhood ['beɪbɪhʊd] N primera infancia *f*.
babyish ['beɪbɪʃ] ADJ infantil.
Babylon ['bæbɪlən], **Babylonia** [,bæbɪ'ləʊnɪə] N Babilonia *f*.
baby-minder ['beɪbɪ,maɪndər] N niñera *f*.
baby-sit ['beɪbɪsɪt] VI hacer de canguro.
baby-sitter ['beɪbɪ,sɪtər] N canguro *mf*.
baby-walker ['beɪbɪ,wɔːkər] N tacataca *m* (*fam*), tacatá *m* (*fam*), andador *m*.
baccalaureate [,bækə'lɔːrɪɪt] N bachillerato *m*.
bachelor ['bætʃələr] **1** N soltero *m*; **B~ of Arts/Science (B.A./B.Sc.)** (*Univ: degree*) licenciatura *f* en Filosofía y Letras/Ciencias; (: *person*) licenciado/a *m/f*.
2 CPD: **~ flat** N piso *m* or (*LAm*) departamento *m* de soltero; **~ girl** N (*US*) soltera *f*.
bacillus [bə'sɪləs] N (*pl* **bacilli** [bə'sɪlaɪ]) bacilo *m*.
back [bæk] **1** N **a** (*part of body*) espalda *f*; (*of animal*) lomo *m*; (*Sport*) defensa *m/f*; **sitting ~ to ~** sentados espalda con espalda; **behind sb's ~** a espaldas de algn; **to break one's ~** deslomarse; **to break the ~ of a job** hacer lo más difícil de un trabajo; **to put one's ~ into doing sth** (*fam*) esforzarse a tope por hacer algo; **to have one's ~ to the wall** (*fig*) estar entre la espada y la pared; **to put** *or* **get sb's ~ up** (*fam*) poner negro a *or* mosquear a algn; **to get off sb's ~** (*fam*) dejar a algn en paz; **I was glad to see the ~ of him** (*fam*) me alegró deshacerme de él.
b (*as opposed to front*) la parte de atrás; (*of cheque, envelope, hand*) dorso *m*; (*of head, hand*) revés *m*; (*of dress*) espalda *f*; (*of hall, room*) fondo *m*; (*of medal*) reverso *m*; (*of chair*) respaldo *m*; **~ to front** al revés; **to have an idea at**

the **~ of one's mind** tener una ligera idea; **I know Naples like the ~ of my hand** conozco Nápoles como la palma de la mano; **at the ~ of beyond** (*fam*) en el quinto pino *or* infierno; **he's at the ~ of all this trouble** él es quien está detrás de todo este lío; **in ~ of the house** (*US*) detrás de la casa; **they keep the car round the ~** dejan el coche por detrás de la casa.
2 CPD **a** (*rear*) de atrás, posterior; (: *wheel, seat, door*) trasero/a; **~ boiler** N caldera *f* pequeña (*detrás de una chimenea*); **~ burner** N hornillo *m* trasero; **to put sth on the ~ burner** (*fig*) dejar algo para después; **~ cover** N contraportada *f*; **~ door** N puerta *f* trasera; **by the ~ door** (*fig*) por enchufe; **~ page** N contraportada *f*; **~ pay** N atrasos *mpl*; **to take a ~ seat** (*fig*) pasar a segundo plano; **~ seat driver** N pasajero/a *m/f* que siempre está dando consejos al conductor; **~ tooth** N muela *f*.
b (*rent, issue, number: of magazine etc*) atrasado/a.
3 ADV **a** (*again, returning*) **to go ~** volver, regresar; **when/at what time will you be ~?** ¿cuándo/a qué hora vuelves?; **30 km there and ~** 30 kilómetros ida y vuelta; **put it ~ on the shelf** vuelve a ponerlo en el estante.
b (*in distance*) atrás; **stand ~!** ¡atrás!; **~ and forth** de acá para allá; **~ from the road** apartado/a de la carretera.
c (*in time*) atrás; **some months ~** hace unos meses; **~ in the 12th century** allá en el siglo XII.
4 VT **a** (*car*) dar marcha atrás a; **to ~ into** entrar (en) marcha atrás en.
b (*support: plan, person*) apoyar; (: *financially*) financiar.
c (*bet on: horse*) apostar por.
5 VI (*move: person*) retroceder; (*in car*) dar marcha atrás; **she ~ed into me** retrocedió y chocó conmigo; (*in car*) dió marcha atrás y chocó conmigo.
◆ **back away** VI + ADV retroceder (*from* ante); (*fig*) dar marcha atrás (*from* a).
◆ **back down** VI + ADV (*fig*) volverse atrás, ceder.
◆ **back off** VI + ADV (*stop exerting pressure*) dar marcha atrás; (*withdraw*) retirarse; **~ off!** ¡déjame en paz!
◆ **back on to** VI + PREP: **the house ~s on to the golf course** por atrás la casa da al campo de golf.
◆ **back out** VI + ADV: **to ~ out (of)** (*fig: of team*) retirarse (de); (: *of deal, duty*) volverse atrás (en).
◆ **back up 1** VT + ADV **a** (*support: person*) apoyar, respaldar; (*confirm: claim, theory*) defender, secundar.
b (*car*) dar marcha atrás a, hacer retroceder.
c (*Comput*) hacer una copia de apoyo de.
2 VI + ADV **a** (*in car*) dar marcha atrás.
b (*US: be congested: gen*) taparse; (: *traffic*) embotellarse.
c (*Comput*) hacer una copia de apoyo.
backache ['bækeɪk] N dolor *m* de espalda.
backbencher ['bæk'bentʃər] N (*Brit*) diputado/a *m/f* (*sin cartera en el gobierno o en la oposición*).

┌─ *BACKBENCHER* ─┐

🛈 *Se conoce como* **backbencher** *al parlamentario británico que no se sienta en los escaños* (**benches**) *de las primeras filas de la Cámara de los Comunes* (**House of Commons**) *junto al líder de su partido, por no pertenecer al gobierno o a su equivalente en la oposición. Al no ser titulares de ningún cargo, les resulta más fácil hablar o votar en contra de la política oficial del partido. Se les conoce también colectivamente como los* **backbenches**.

backbiting ['bækbaɪtɪŋ] N murmuración *f*, chismes *mpl*.
backbone ['bækbəʊn] N espinazo *m*, columna *f* vertebral; (*fig: courage*) agallas *fpl*; (: *strength*) resistencia *f*; **the ~ of the organization** el pilar de la organización.
back-breaking ['bækbreɪkɪŋ] ADJ deslomador(a), matador(a).

backchat ['bæktʃæt] N réplicas *fpl* (insolentes).
backcloth ['bækklɒθ] N (*Theat, fig*) telón *m* de fondo.
backcomb ['bækkəʊm] VT (*hair*) cardar.
backdate ['bæk'deɪt] VT (*cheque*) poner fecha anterior a, antedatar; (*pay rise*) dar efecto retroactivo a; **a pay rise ~d to April** un aumento salarial con efecto desde abril, un aumento retroactivo desde abril.
backdrop ['bækdrɒp] N = **backcloth**.
backer ['bækə^r] N (*Comm: guarantor*) fiador(a) *m/f*; (: *financier*) promotor(a) *m/f*, patrocinador(a) *m/f*; (*Pol: supporter*) partidario/a *m/f*; (*one who bets*) apostante *mf*.
backfire ['bæk'faɪə^r] VI (*Aut*) petardear; **their plan ~d** (*fig*) les salió el tiro por la culata.
backgammon ['bæk,gæmən] N backgammon *m*.
background ['bækgraʊnd] [1] N [a] (*of picture etc*) fondo *m*; (*fig*) ambiente *m*; **in the ~** al or en el fondo; (*fig*) en la sombra, en segundo plano; **on a red ~** sobre un fondo rojo.
[b] (*of person: knowledge*) educación *f*, formación *f*; (*of problem, event*) antecedentes *mpl*; **she comes from a wealthy ~** ella es de familia rica.
[2] CPD: **~ music** N música *f* de fondo; **~ noise** N ruido *m* de fondo; **~ reading** N lectura *f* de fondo, preparación *f*; **~ task** N (*Comput*) tarea *f* secundaria.
backhand ['bæk'hænd] [1] ADJ (*also* **~ed**) dado/a con la vuelta de la mano; (*fig*) irónico/a, equívoco/a; **~ drive, ~ shot, ~ stroke** revés *m*. [2] N (*Sport*) revés *m*.
backhander ['bæk'hændə^r] N (*bribe*) soborno *m*, mordida *f* (*CAm, Mex*), coima *f* (*And, CSur*).
backing ['bækɪŋ] [1] N [a] (*support*) apoyo *m*; (*Comm*) respaldo *m* (financiero).
[b] (*Mus*) acompañamiento *m*.
[c] (*paper etc protecting the back*) soporte *m*.
[2] CPD: **~ store** N (*Comput*) memoria *f* auxiliar.
backlash ['bæklæʃ] N (*fig*) reacción *f* en contra.
backlog ['bæklɒg] N (*of work*) trabajo *m* acumulado or atrasado; (*Comm: of orders*) reserva *f* de pedidos pendientes; **a ~ of cases** un montón de casos atrasados.
backpack ['bækpæk] N mochila *f*.
backpacker ['bæk,pækə^r] N mochilero/a *m/f*.
back-packing ['bæk,pækɪŋ] N: **to go ~** viajar de mochila.
back-pedal ['bæk'pedl] VI (*fig*) dar marcha atrás.
back-rest ['bækrest] N respaldo *m*.
backshift ['bækʃɪft] N (*Brit*) turno *m* de tarde.
backside ['bæk'saɪd] N (*fam*) trasero *m*.
backslash ['bækslæʃ] N barra *f* inversa.
backslide ['bæk'slaɪd] VI reincidir, recaer.
backspace [,bæk'speɪs] VI (*in typing*) retroceder.
backspin ['bækspɪn] N efecto *m* de retroceso.
backstage ['bæk'steɪdʒ] ADV entre bastidores; **to go ~** ir a los camerinos.
back-street ['bækstriːt] CPD de barrio; **~ abortion** N aborto *m* clandestino; **~ abortionist** N abortista clandestino/a *m/f*.
backstroke ['bækstrəʊk] N espalda *f*.
backtalk ['bæktɔːk] N (*US*) = **backchat**.
back-to-back ['bæktə'bæk] [1] ADJ: **~ credit** créditos *mpl* contiguos. [2] ADV: **to sit ~** sentarse or estar sentados espalda con espalda.
backtrack ['bæktræk] VI volver pies atrás; (*fig*) volverse atrás, echarse atrás.
backup ['bækʌp] [1] ADJ (*train, plane*) suplementario/a; (*Comput: disk, file*) de reserva; **~ document** (*Comput*) copia *f* de seguridad; **~ lights** (*US*) luces *fpl* de marcha atrás.
[2] N (*US: of traffic*) embotellamiento *m*; (*Comput: also* **~ file**) copia *f* preventiva or de reserva.
backward ['bækwəd] ADJ [a] (*motion, glance*) hacia atrás.
[b] (*pupil, country*) atrasado/a. [c] (*reluctant: in doing sth*) tímido/a.
backward(s) ['bækwəd(z)] ADV atrás, hacia atrás; **to walk/fall ~** andar/caer de espaldas; **to go ~ and forwards** ir y venir; **to bend over ~ to** (*fam*) hacer lo imposible por; **to know sth ~** (*fam*) conocer algo de pe a pa.
backwater ['bækwɔːtə^r] N remanso *m*; (*fig*) lugar *m*

atrasado.
backyard ['bæk'jɑːd] N patio *m* trasero, traspatio *m* (*LAm*); **in your own ~** al lado de casa.
bacon ['beɪkən] N beicon *m*, panceta *f*; **to bring home the ~** (*fam: earn one's living*) ganarse el pan; **to save sb's ~** (*fam*) salvarle la vida a algn (*fig*).
bacteria [bæk'tɪərɪə] NPL bacterias *fpl*.
bacterial [bæk'tɪərɪəl] ADJ bacteriano/a.
bacteriology [bæk,tɪərɪ'ɒlədʒɪ] N bacteriología *f*.
bad [bæd] [1] ADJ (*comp* **worse**; *superl* **worst**) [a] (*naughty, wicked*) malo/a; **you ~ boy!** ¡qué niño más malo eres!
[b] (*substandard: unfavourable: time, news, weather*) malo/a; (*serious: mistake, illness, cut*) grave; **he's ~ at tennis** juega mal al tenis; **smoking is ~ for you** fumar es malo or nocivo para tu salud; **I feel ~** me siento mal; **I feel ~ about it** (*regret*) lo lamento; (*guilty*) me sabe mal; **she's got a ~ cold** tiene un resfriado or (*LAm*) resfrío muy fuerte; **this is beginning to look ~** esto se está poniendo feo; **not ~** (*quite good*) bastante bueno, bastante bien; (*less enthusiastic*) regular; **that wouldn't be a ~ thing** eso no vendría mal; **that's too ~** (*sympathetic*) ¡qué lástima!, ¡qué pena!; (*indignant*) ¡peor para ti!; **it's too ~ of you** no te da vergüenza; **business is ~** el negocio va mal; **from ~ to worse** de mal en peor; **to have a ~ time of it** pasarlo mal; **to be in a ~ way** (*ill*) estar grave, estar mal; (*business etc*) ir mal.
[c] (*rotten: food*) podrido/a; (: *tooth*) picado/a; **a ~ smell** un olor a podrido, un mal olor; **to go ~** pasarse, estropearse; **~ blood** rencor *m*, hostilidad *f*.
[d] (*hurting: arm, back*) que duele; (*from injury*) malo/a.
[2] N lo malo; **to be in ~ with sb** (*US*) estar de malas con algn.
baddie, baddy ['bædɪ] N (*fam: Cine: often hum*) malo *m*.
bad(e) [bæd] PT *of* **bid**.
badge [bædʒ] N divisa *f*, insignia *f*; (*metal ~*) placa *f*, chapa *f*.
badger ['bædʒə^r] [1] N tejón *m*. [2] VT acosar, atormentar.
badly ['bædlɪ] ADV mal; (*seriously*) gravemente; (*very much*) mucho, muchísimo; **~ made** mal hecho; **to treat sb ~** maltratar a algn; **to be ~ off** andar or estar mal de dinero; **he was ~ hurt** estaba gravemente herido; **he ~ needs help** le urge la ayuda, necesita ayuda urgentemente.
bad-mannered ['bæd'mænəd] ADJ sin educación, maleducado/a.
badminton ['bædmɪntən] N (*juego m del*) volante *m*, bádminton *m*.
badmouth ['bæd,maʊθ] VT (*US fam*) criticar, insultar.
badness ['bædnɪs] N (*wickedness*) maldad *f*.
bad-tempered ['bæd'tempəd] ADJ (*temporarily*) de mal humor; (*permanently*) de mal genio, de mal carácter.
BAe ABBR *of* **British Aerospace** ≈ CASA *f*.
baffle ['bæfl] VT desconcertar, confundir.
baffling ['bæflɪŋ] ADJ (*gen*) incomprensible; (*crime*) de difícil solución.
BAFTA ['bæftə] N ABBR (*Brit*) *of* **British Academy of Film and Television Arts** *academia británica para la promoción del cine y la televisión*.
bag [bæg] [1] N [a] saco *m*, bolsa *f*; (*hand~*) bolso *m*, cartera *f* (*LAm*); (*suitcase*) maleta *f*, valija *f* (*LAm*), veliz *m* (*Mex*); **to pack one's ~s** hacer las maletas or valijas; **the whole ~ of tricks** (*fam*) todo el rollo (*fam*); **it's in the ~** (*fam*) está en el bote, es cosa segura; **old ~** (*fam*) bruja *f* (*fam*), arpía *f*; **they threw him out ~ and baggage** le pusieron de patitas en la calle con todo lo suyo; **~s under the eyes** ojeras *fpl*.
[b] **~s of** (*fam: lots*) un montón de; **we've ~s of time** tenemos tiempo de sobra.
[2] VT (*also* **to ~ up**) ensacar; (*Hunting*) cazar; (*fam*) birlar; **I ~s that** eso pa' mí.
[3] CPD: **~ snatcher** N ladrón *m* de bolsos.
bagatelle [,bægə'tel] N bagatela *f*.
baggage ['bægɪdʒ] [1] N equipaje *m*.
[2] CPD: **~ allowance** N límite *m* de equipaje; **~ (check)room** N (*US*) consigna *f*; **~ handler** N despachador *m* de equipaje; **~ reclaim** N recogida *f* de

equipajes.

baggy ['bægɪ] ADJ (comp -ier; superl -iest) ancho/a.

Baghdad [,bæg'dæd] N Bagdad m.

bagpipes ['bægpaɪps] NPL gaita fsg.

Bahamas [bə'hɑːməz] NPL: **the ~** las (Islas) Bahamas.

Bahrain [bɑːˈreɪn] N Bahrein m.

bail[1] [beɪl] N (Jur) fianza f; **to stand ~ for sb** dar fianza por algn; **to be released on ~** ser puesto en libertad bajo fianza.
◆**bail out** VT + ADV (Jur) obtener la libertad de algn bajo fianza; (fig) echar un cable a algn.

bail[2] [beɪl] see **bale out**.

bailiff ['beɪlɪf] N [a] (Jur) alguacil m. [b] (on estate) administrador(a) m/f.

bait [beɪt] [1] N cebo m; (fig) anzuelo m, cebo, señuelo m; **he didn't rise to the ~** (fig) no picó. [2] VT (hook, trap) cebar; (torment: person, animal) atormentar.

baize [beɪz] N bayeta f; **green ~** tapete m verde.

bake [beɪk] VT cocer (al horno); **~d beans** judías fpl en salsa de tomate; **~d potatoes** patatas fpl or (LAm) papas fpl al horno.

baker ['beɪkəʳ] [1] N panadero/a m/f; (of cakes) pastelero/a m/f. [2] CPD: **~'s (shop)** N panadería f; (for cakes) pastelería f; **~'s dozen** N docena f del fraile.

bakery ['beɪkərɪ] N panadería f; (for cakes) pastelería f.

Bakewell tart [,beɪkwəl'tɑːt] N tarta hecha a base de almendras, mermelada y azúcar en polvo.

baking ['beɪkɪŋ] [1] N: **she does the ~ on Monday** los lunes hace el pan.
[2] ADJ (fam: hot) **it's ~ (hot) in here** esto es un horno.
[3] CPD: **~ chocolate** N (US) chocolate m amargo; **~ dish** N fuente f para horno; **~ powder** N levadura f en polvo; **~ soda** N bicarbonato m de sosa; **~ tin** N molde m (para horno).

balaclava [,bælə'klɑːvə] N (also **~ helmet**) pasamontañas m inv.

balance ['bæləns] [1] N [a] (equilibrium) equilibrio m; **to lose one's ~** perder el equilibrio; **to throw sb off ~** (fig) desconcertar a algn, confundir a algn; **~ of power** equilibrio m de fuerzas; **to strike the right ~** establecer el equilibrio justo; **on ~** (fig) teniendo or tomando todo en cuenta.
[b] (scales) balanza f; **to hang in the ~** (fig) estar en juego.
[c] (Comm) balance m; (remainder) resto m; **~ carried forward** balance pasado a cuenta nueva; **~ due** saldo m deudor; **~ of payments/trade** balanza de pagos/comercio.
[2] VT [a] equilibrar; (Aut: wheel) nivelar; (fig: compare) comparar, sopesar; (make up for) compensar; **the two things ~ each other out** las dos cosas se compensan la una con la otra; **this must be ~d against that** hay que sopesar esto contra aquello.
[b] (Comm: account) saldar; (: budget) nivelar; **to ~ the books** cerrar los libros, hacer balance.
[3] VI [a] mantener el equilibrio, mantenerse en equilibrio.
[b] (accounts) cuadrar.
[4] CPD: **~ sheet** N balance m.

balanced ['bælənst] ADJ equilibrado/a.

balancing ['bælənsɪŋ] N: **to do a ~ act** (fig) hacer malabarismos (between con).

balcony ['bælkənɪ] N balcón m; (covered, Theat) galería f.

bald [bɔːld] ADJ (comp **~er**; superl **~est**) (person, head) calvo/a; (: shaven) pelado/a; (tyre) desgastado/a; (fig: statement) franco/a; (style) escueto/a; **~ patch** claro m; **to go ~** quedarse calvo.

balderdash ['bɔːldədæʃ] N tonterías fpl.

baldly ['bɔːldlɪ] ADV (fig: state) francamente.

baldness ['bɔːldnɪs] N (see adj) calvicie f; desgaste m; franqueza f; lo escueto m.

baldy ['bɔːldɪ] N (fam) calvo m.

bale[1] [beɪl] N (of cloth) bala f; (of hay) paca f, fardo m.

bale[2] [beɪl] see **bale out**.
◆**bale out** [1] VT + ADV (Naut: water) sacar (el agua); (: ship) sacar or achicar el agua de. [2] VI + ADV (Aer) lanzarse or tirarse en paracaídas.

Balearic [,bælɪ'ærɪk] ADJ: **the ~s, the ~ Islands** los Baleares, las Islas Baleares.

baleful ['beɪlfʊl] ADJ (sinister) funesto/a, siniestro/a; (Lit: sad) triste.

balk [bɔːk] VI: **to ~ (at)** (person) resistirse a, rehusar; (horse) plantarse (ante).

Balkan ['bɔːlkən] [1] ADJ balcánico/a. [2] N: **the ~s** los Balcanes.

ball[1] [bɔːl] [1] N (in game) pelota f; (sphere) bola f; (football) balón m; (wool) ovillo m; (of foot) pulpejo m; (Anat fam!) cojón m (fam!), huevo m (fam!); **~s!** (rubbish) chorradas fpl (fam), tonterías fpl; **behind the eight ~** (US fig) en apuros; **to be on the ~** (fig) estar al tanto, ser despabilado; **to play ~ (with sb)** (lit) jugar a la pelota (con algn); (fig) cooperar (con algn); **to roll o.s. up into a ~** hacerse un ovillo; **to start/keep the ~ rolling** (fig) empezar/mantener (una conversación/un asunto); **the ~ is in your court** (fig) te toca a ti.
[2] CPD: **~ bearing** N cojinete m de bolas; **~ game** N (US) partido m de béisbol; **this is a different ~ game** (fig) esto es otro cantar, esto es algo muy distinto; **it's a whole new ~ game** (fig) todo ha cambiado.
◆**ball up** VT + ADV (fam!) = **balls up**.

ball[2] [bɔːl] N (dance) baile m de etiqueta; **we had a ~** (fam) lo pasamos en grande (fam).

ballad ['bæləd] N balada f; (Spanish) romance m, corrido m (Mex).

ballast ['bæləst] N lastre m.

ballboy ['bɔːlbɔɪ] N recogedor m de pelotas.

ballcock ['bɔːlkɒk] N llave f de bola or de flotador.

ballerina [,bælə'riːnə] N bailarina f (de ballet).

ballet ['bæleɪ] [1] N ballet m. [2] CPD: **~ dancer** N bailarín/ina m/f (de ballet).

ballgirl ['bɔːlgɜːl] N recogedora f de pelotas.

ballistic [bə'lɪstɪk] ADJ balístico/a; **~ missile** misil m balístico; **to go ~** (fam) subirse por las paredes (fam).

ballistics [bə'lɪstɪks] NSG balística f.

balloon [bə'luːn] [1] N globo m; (in cartoons) bocadillo m; **then the ~ went up** (fam) luego se armó la gorda (fam); **that went down like a lead ~** (fam) eso cayó como un jarro de agua fría (fam).
[2] VI (injury) hincharse (como un tomate); (also **to ~ out**: sail) hincharse como un globo; (skirt) inflarse.

balloonist [bə'luːnɪst] N ascensionista mf, aeronauta mf.

ballot ['bælət] [1] N votación f; **on the first ~** a la primera votación.
[2] VT: **to ~ the members on a strike** invitar a los miembros a votar sobre la huelga, someter la huelga a votación entre los miembros.
[3] CPD: **~ box** N urna f; **~ paper** N papeleta f (de voto).

ballpark ['bɔːlpɑːk] [1] N (US) estadio m de béisbol; **it's in the same ~** está en la misma categoría. [2] CPD: **~ figure, ~ number** N cifra f aproximada.

ballpoint (pen) ['bɔːlpɔɪnt(pen)] N bolígrafo m, birome m or f (CSur).

ballroom ['bɔːlrʊm] [1] N salón m or sala f de baile.
[2] CPD: **~ dancing** N baile m de salón.

balls up, (US) **ball up** VT + ADV (Brit fam!) estropear, joder (fam!).

balls-up ['bɔːlzʌp] (Brit fam!), **ball-up** ['bɔːlʌp] (US fam!) N lío m; **he made a ~ of the job** lo escoñó todo.

balm [bɑːm] N (also fig) bálsamo m.

balmy ['bɑːmɪ] ADJ (comp -ier; superl -iest) [a] (breeze, air) suave, cálido/a. [b] (fam) = **barmy**.

baloney [bə'ləʊnɪ] N (fam) chorradas fpl (fam).

BALPA ['bælpə] N ABBR of **British Airline Pilots' Association** ≈ SEPLA m.

balsa ['bɔːlsə] N (also **~ wood**) (madera f de) balsa f.

Baltic ['bɔːltɪk] [1] ADJ báltico/a. [2] N: **the ~ (Sea)** el Mar Báltico.

balustrade [,bæləs'treɪd] N balaustrada f, barandilla f.

bamboo [bæm'buː] [1] N (cane, plant) bambú m. [2] CPD: **~ shoots** NPL brotes mpl de bambú.

bamboozle [bæm'buːzl] VT (fam) engatusar, embaucar.

ban [bæn] [1] N prohibición f; **to put a ~ on sth** proscribir or prohibir algo. [2] VT prohibir; **he was ~ned from the**

club le echaron del club, le prohibieron la entrada en el club; **he was ~ned from driving** le retiraron el carnet de conducir.

banal [bə'nɑːl] ADJ banal, trillado/a.

banality [bə'nælɪtɪ] N banalidad f, trivialidad f.

banana [bə'nɑːnə] ① N (fruit) plátano m, banana f (LAm); (tree) plátano m, banano m; **to be ~s** (fam) estar chalado/a (fam); **to go ~s** (fam) perder la chaveta (over por). ② CPD: **~ republic** N república f bananera; **~ skin** N piel f de plátano; (fig) problema m no previsto.

band [bænd] N ⓐ (strip of material) faja f, tira f; (ribbon) cinta f; (edging) franja f; (ring) anillo m, sortija f (LAm); (stripe) raya f; see **rubber²**. ⓑ (Mus) orquesta f, conjunto m; (pop ~) grupo m; (brass ~ etc) banda f. ⓒ (group of people) cuadrilla f, grupo; (pej) pandilla f. ⓓ (Rad: wave~) banda f.

◆**band together** VI + ADV juntarse, agruparse; (pej) apandillarse.

bandage ['bændɪdʒ] ① N venda f. ② VT (also **to ~ up**) vendar.

Band-Aid ® ['bændeɪd] N (esp US) tirita f, curita f (LAm).

bandan(n)a [bæn'dænə] N pañuelo m.

B & B N ABBR of **bed and breakfast**.

bandit ['bændɪt] N bandido m; see **one-armed**.

bandsman ['bændzmən] N músico m (de banda).

bandstand ['bændstænd] N quiosco m de música.

bandwagon [bænd,wægən] N: **to jump** or **climb on the ~** subirse al carro or al tren.

bandy¹ ['bændɪ] VT (jokes, insults) cambiar, intercambiar; **to ~ sb's name about** circular el nombre de algn.

bandy² ['bændɪ] ADJ (also **~-legged**) estevado/a.

bane [beɪn] N: **it's the ~ of my life** me amarga la vida.

bang¹ [bæŋ] ① N (noise: explosion) estallido m; (: door) portazo m; (: blow) porrazo m, golpe m; **it went with a ~** (fam) fue todo un éxito. ② ADV: **to go ~** hacer ¡pum!, estallar; **~ in the middle** justo en (el) medio; **~ on!** ¡acertado!; **the answer was ~ on** (Brit) la respuesta era muy acertada; **~ on time** (fam) en punto; **~ went £10** adiós 10 libras. ③ VT (strike) golpear; (slam: door) dar un portazo; (fam!: have sex with) joder (fam!), coger (LAm fam!); **to ~ one's head (on sth)** dar con la cabeza (en algo); **to ~ the receiver down** colgar el teléfono con un golpe. ④ VI (explode) explotar, estallar; (slam: door) cerrarse de golpe; **to ~ at** or **on sth** dar golpes en algo; **to ~ into sth** chocar con algo, golpearse contra algo.

◆**bang about, bang around** VI + ADV moverse ruidosamente.

◆**bang away** VI + ADV (guns) disparar estrepitosamente; (workman) martillear; **she was ~ing away on the piano** aporreaba el piano.

◆**bang out** VT + ADV (tune) tocar ruidosamente.

◆**bang together** VT + ADV (heads) hacer chocar.

◆**bang up** VT + ADV (fam: ruin) estropear; (: prisoner) encerrar (en la celda).

bang² [bæŋ] N (fringe: also **~s**) flequillo m.

banger ['bæŋəʳ] (Brit fam) N ⓐ (sausage) salchicha f. ⓑ (firework) petardo m. ⓒ (old car) armatoste m, cacharro m.

Bangkok [bæŋ'kɒk] N Bangkok m.

Bangladesh [,bæŋglə'deʃ] N Bangladesh m.

Bangladeshi [,bæŋglə'deʃi] ADJ, N bangladesí mf.

bangle ['bæŋgl] N brazalete m, ajorca f.

banish ['bænɪʃ] VT expulsar, desterrar; (fig: thought, fear) desterrar, apartar (from de).

banishment ['bænɪʃmənt] N destierro m.

banisters ['bænɪstəz] NPL barandilla f, pasamanos m inv.

banjo ['bændʒəʊ] N (pl **~es** or US **~s**) banjo m.

bank [bæŋk] ① N ⓐ (of river etc) orilla f; (of earth) terraplén m; (of clouds) grupo m; (of snow) montón m; (of phones) equipo m, batería f. ⓑ (Fin) banco m; (games) banca f; (also **savings ~**) caja f de ahorros; **to break the ~** hacer saltar or quebrar la banca. ⓒ (Aer) inclinación f lateral.

② CPD: **~ account** N cuenta f de banco; **~ balance** N saldo m; **~ card** N tarjeta f bancaria; **~ charges** NPL comisión f; (Brit); **~ clerk** N empleado/a m/f de banco; **~ holiday** N fiesta f, día m festivo; **~ rate** N tipo m de interés bancario; **~ statement** N estado m de cuenta. ③ VT (money) depositar en un banco, ingresar; (Aer) ladear. ④ VI tener cuenta; (Aer) ladear.

◆**bank on** VI + PREP (fam) contar con.

bankbook ['bæŋkbʊk] N libreta f (de depósitos); (in savings bank) cartilla f.

banker ['bæŋkəʳ] N banquero/a m/f; **~'s card** tarjeta f bancaria; **~'s draft** letra f bancaria.

banking ['bæŋkɪŋ] ① N banca f. ② CPD: **~ hours** NPL horas fpl bancarias.

banknote ['bæŋknəʊt] N billete m de banco.

bankroll ['bæŋkrəʊl] (US) ① N fortuna f. ② VT financiar.

bankrupt ['bæŋkrʌpt] ① ADJ quebrado/a, en quiebra, insolvente; (fam: broke) sin un duro (Sp), sin un peso (LAm); **to go ~** hacer bancarrota. ② N quebrado/a m/f. ③ VT quebrar; (fam) arruinar.

bankruptcy ['bæŋkrəptsɪ] ① N quiebra f, bancarrota f. ② CPD: **~ proceedings** NPL juicio m de insolvencia.

banner ['bænəʳ] ① N (flag) bandera f; (placard) pancarta f. ② CPD: **~ headlines** NPL titulares mpl sensacionales.

bannisters ['bænɪstəz] N = **banisters**.

banns [bænz] NPL amonestaciones fpl; **to put up the ~** correr las amonestaciones.

banquet ['bæŋkwɪt] N banquete m.

bantam ['bæntəm] N gallina f bántam.

bantamweight ['bæntəmweɪt] N (Sport) peso m gallo.

banter ['bæntəʳ] ① N guasa f, bromas fpl. ② VI bromear.

Bantu [,bæn'tuː] ADJ, N bantú mf.

BAOR N ABBR of **British Army of the Rhine**.

baptism ['bæptɪzəm] N (in general) bautismo m; (ceremony) bautizo m; **~ of fire** bautismo de fuego.

baptismal [bæp'tɪzməl] ADJ bautismal.

Baptist ['bæptɪst] N bautista mf, bautista mf; **~ church** Iglesia f Bautista; **St John the ~** San Juan Bautista.

baptize [bæp'taɪz] VT bautizar.

bar¹ [bɑːʳ] ① N ⓐ (piece: of wood, metal etc) barra f; (of soap) pastilla f; (of chocolate) tableta f; (of electric fire) resistencia f. ⓑ (of window, cage etc) reja f; (on door) tranca f; **behind ~s** entre rejas; **to put sb behind ~s** encarcelar a algn. ⓒ (hindrance) obstáculo m (to para); (ban) prohibición f (on de). ⓓ (pub) bar m, cantina f (esp LAm); (counter) barra f, mostrador m. ⓔ (Jur: in court) **the prisoner at the ~** el acusado/la acusada; **to be called to the B, be admitted to the B~** (US) recibirse de abogado/a, ingresar en la abogacía. ⓕ (Mus: measure, rhythm) compás m. ② VT (obstruct: way) obstruir; (prevent) impedir; (exclude) excluir; (fasten: door, window) atrancar; (ban) prohibir. ③ CPD: **~ billiards** N (Brit) billar m americano; **~ chart** N cuadro m de barras; **~ code** N código m de barras.

bar² [bɑːʳ] PREP salvo, con excepción de; **~ none** sin excepción.

barb [bɑːb] N (of arrow etc) lengüeta f; (fig) dardo m.

Barbados [bɑː'beɪdɒs] N Barbados m.

barbarian [bɑː'bɛərɪən] N bárbaro/a m/f.

barbaric [bɑː'bærɪk], **barbarous** ['bɑːbərəs] ADJ bárbaro/a.

barbarity [bɑː'bærɪtɪ] N barbaridad f.

Barbary ['bɑːbərɪ] N Berbería f; **~ ape** macaco m.

barbecue ['bɑːbɪkjuː] ① N (grill) parrillada f, asado m (LAm); (party) barbacoa f; **~ sauce** salsa f picante. ② VT asar a la parrilla.

barbed wire ['bɑːbd'waɪəʳ] N alambre m de púas.

barber ['bɑːbəʳ] N peluquero m, barbero m; **at/to the ~'s (shop)** en/a la peluquería.

barbershop ['bɑːbəʃɒp] N (US) barbería f.

barbiturate [bɑː'bɪtjʊrɪt] N barbitúrico m.

Barcelona [,bɑːsə'ləʊnə] N Barcelona f.

bard [bɑːd] N (old) bardo m.
bare [bɛəʳ] **1** ADJ (comp **~r**; superl **~st**) **a** desnudo/a; (head) descubierto/a; (landscape) pelado/a; (tree) sin hojas; (ground) raso/a; (room) sin muebles; (Elec: wire) descubierto/a, sin protección; **with his ~ hands** sólo con las manos; **to lay ~** poner al descubierto.
b (meagre: majority etc) escaso/a; **the ~ minimum** lo justo, lo indispensable; **the ~ bones (of a matter)** los puntos esenciales, lo esencial; **the ~ essentials** las necesidades fpl básicas.
2 VT descubrir; (teeth) enseñar; **to ~ one's head** descubrirse.
bareback ['bɛəbæk] ADV a pelo, sin silla.
barefaced ['bɛəfeɪst] ADJ descarado/a.
barefoot(ed) ['bɛə'fʊt(ɪd)] ADJ, ADV descalzo/a.
bareheaded ['bɛə'hedɪd] ADJ descubierto/a.
barelegged ['bɛə'legɪd] ADJ con las piernas al aire.
barely ['bɛəlɪ] ADV **a** (scarcely) apenas; **it was ~ enough** casi no bastaba. **b a ~ furnished room** un cuarto escasamente amueblado.
barf [bɑːf] VI (US fam) arrojar (fam).
bargain ['bɑːgɪn] **1** N **a** (agreement) pacto m; (transaction) negocio m, contrato m; **it's a ~!** ¡trato hecho!, ¡de acuerdo!; **into the ~** (fig) para colmo; **you drive a hard ~** sabes regatear; **to make** or **strike a ~** cerrar un trato.
b (cheap thing) ganga f; **it's a real ~** es una verdadera ganga.
2 CPD de ocasión; **~ basement, ~ counter** N sección f de rebajas; **~ offer** N oferta f especial; **~ price** N precio m de ganga; **~ sale** N saldo m.
3 VI (haggle) regatear; (deal) negociar.
◆**bargain for** VI + PREP (fam): **I wasn't ~ing for that** yo no contaba con eso; **he got more than he ~ed for** resultó peor de lo que esperaba.
◆**bargain on** VI + PREP: **I wouldn't ~ on it** (fam) sería mejor no contar con eso.
bargain-hunter ['bɑːgɪn,hʌntəʳ] N cazador(a) m/f de rebajas.
bargain-hunting ['bɑːgɪn,hʌntɪŋ] N: **to go ~** ir de rebajas.
bargaining ['bɑːgɪnɪŋ] **1** N negociación f; (haggling) regateo m. **2** CPD: **~ power** N fuerza f en el negocio; **~ table** N mesa f de negociaciones.
barge [bɑːdʒ] **1** N barcaza f; (ceremonial) falúa f; (charge) carga f.
2 CPD: **~ pole** N: **I wouldn't touch it with a ~ pole** (fam) no quiero saber nada de eso.
◆**barge in** VI + ADV (enter) irrumpir; (interrupt) meterse.
◆**barge into** VI + PREP (knock) chocar contra; (enter) irrumpir; (interrupt) interrumpir.
baritone ['bærɪtəʊn] N barítono m.
barium ['bɛərɪəm] **1** N bario m. **2** CPD: **~ meal** N sulfato m de bario.
bark¹ [bɑːk] N (of tree) corteza f.
bark² [bɑːk] **1** N (of dog) ladrido m; **his ~ is worse than his bite** perro ladrador, poco mordedor.
2 VI ladrar (at a); **to be ~ing up the wrong tree** ir muy descaminado/a.
◆**bark out** VT + ADV (order) escupir, gritar.
barley ['bɑːlɪ] **1** N cebada f. **2** CPD: **~ sugar** N azúcar m or f cande; **~ water** N (esp Brit) hordiate m.
barmaid ['bɑːmeɪd] N camarera f, moza f (LAm).
barman ['bɑːmən] N (pl **-men**) bármán m, camarero m.
barmy ['bɑːmɪ] ADJ (comp **-ier**; superl **-iest**) (fam) chalado/a, chiflado/a.
barn [bɑːn] **1** N granero m; (raised ~) troje f; (US) cuadra f. **2** CPD: **~ dance** N baile m campesino; **~ owl** N lechuza f.
barnacle ['bɑːnəkl] N percebe m.
barnstorm ['bɑːnstɔːm] VI (US) hacer una campaña electoral por el campo.
barnyard ['bɑːnjɑːd] **1** N corral m. **2** CPD: **~ fowls** NPL aves fpl de corral.
barometer [bə'rɒmɪtəʳ] N barómetro m.
baron ['bærən] N barón m; (fig) magnate m.
baroness ['bærənɪs] N baronesa f.

baronet ['bærənɪt] N baronet m.
baroque [bə'rɒk] ADJ barroco/a.
barrack ['bærək] VT (fam) abuchear.
barracks ['bærəks] NPL cuartel msg; **confined to ~** arrestado en cuartel.
barracuda [,bærə'kjuːdə] N barracuda f.
barrage ['bærɑːʒ] N (dam) presa f; (Mil) cortina f de fuego; **a ~ of questions** una lluvia de preguntas.
barrel ['bærəl] **1** N (gen) barril m, tonel m; (for rain) tina f; (of gun) cañón m; (Tech) tambor m; **to have sb over a ~** (fam) tener a algn con el agua al cuello; **to scrape the (bottom of the) ~** rebañar las últimas migas.
2 CPD: **~ organ** N organillo m.
barren ['bærən] ADJ (soil) árido/a; (plant, woman) estéril.
barrette [bə'ret] N (US) pasador m (para el pelo).
barricade [,bærɪ'keɪd] **1** N barricada f. **2** VT cerrar con barricadas.
barrier ['bærɪəʳ] **1** N barrera f, valla f; (Rail: in station) barrera; (crash ~) tope m; (fig) barrera, obstáculo m. **2** CPD: **~ cream** N crema f protectora.
barring ['bɑːrɪŋ] PREP see **bar²**.
barrister ['bærɪstəʳ] N (Brit) abogado/a m/f.

─────────**BARRISTER**─────────

ⓘ En el sistema legal inglés se llama **barrister** *al abogado que se ocupa de defender los casos de sus clientes en los tribunales superiores. El equivalente escocés es* **advocate**. *Normalmente actúan según instrucciones de un* **solicitor**, *abogado de despacho que no toma parte activa en los juicios de dichos tribunales. El título de* **barrister** *lo otorga el órgano colegiado correspondiente* **the Inns of Court**.
─────────────────────────────

barroom ['bɑːrʊm] **1** N (US) bar m, taberna f. **2** CPD: **~ brawl** N pendencia f de taberna.
barrow ['bærəʊ] N (wheel~) carretilla f; (market stall) carreta f.
barstool ['bɑːstuːl] N taburete m (de bar).
Bart [bɑːt] ABBR (Brit) of **Baronet**.
bartender ['bɑːtendəʳ] N bárman m, camarero m.
barter ['bɑːtəʳ] **1** N trueque m. **2** VT: **to ~ sth (for sth)** trocar algo (por algo). **3** VI: **to ~ with sb (for sth)** negociar con algn (por algo).
base¹ [beɪs] **1** N (gen) base f; (foot) pie m; **to get to first ~** alcanzar la primera meta; **he's way off ~** (US fam) está totalmente equivocado.
2 VT (troops) **to ~ at** estacionar en; (opinion, relationship) **to ~ on** basar en, fundar en; **to be ~d on** basarse en, fundarse en; **the job is ~d in London** el trabajo tiene su base en Londres.
3 CPD: **~ camp** N campo m base; **~ coat** N (of paint) primera capa f; **~ (lending) rate** N tipo m de interés base; **~ line** N línea f de saque.
base² [beɪs] (comp **~r**; superl **~st**) ADJ (action, motive) vil, bajo/a; (metal) bajo/a de ley.
baseball ['beɪsbɔːl] N béisbol m.
baseboard ['beɪsbɔːd] N (US) rodapié m.
-based [beɪst] ADJ SUF: **coffee-~** basado/a en el café.
Basel ['bɑːzəl] N Basilea f.
baseless ['beɪslɪs] ADJ infundado/a.
basement ['beɪsmənt] N sótano m.
bases¹ ['beɪsiːz] NPL of **basis**.
bases² ['beɪsɪz] NPL of **base¹**.
bash [bæʃ] (fam) **1** N golpe m, porrazo m; **I'll have a ~ (at it)** lo intentaré.
2 VT golpear.
◆**bash in** VT + ADV (fam) abollar; **to ~ sb's head in** romperle la crisma a algn.
◆**bash on** VI + ADV (fam) continuar (a pesar de todo); **~ on!** ¡adelante!
◆**bash up** VT + ADV (fam: car) estrellar.
bashful ['bæʃfʊl] ADJ tímido/a, vergonzoso/a, apenado/a (LAm).
BASIC ['beɪsɪk] N ABBR (Comput) of **Beginner's All-purpose Symbolic Instruction Code** BASIC m.
basic ['beɪsɪk] **1** ADJ (fundamental: reason, problem) básico/a, fundamental; (rudimentary: knowledge)

elemental; (*salary*) base. [2] NPL: **the ~s** los fundamentos.

basically ['beɪsɪklɪ] ADV fundamentalmente.

basil ['bæzl] N albahaca *f*.

basilica [bə'zɪlɪkə] N basílica *f*.

basin ['beɪsn] N palangana *f*; (*in bathroom*) lavabo *m*; (*Geog*) cuenca *f*.

basis ['beɪsɪs] N (*pl* **bases**) (*foundation*) base *f*; **on the ~ of what you've said** en base a lo que ha dicho.

bask [bɑːsk] VI: **to ~ in the sun** tomar el sol; **to ~ in sb's favour** disfrutar del favor de algn.

basket ['bɑːskɪt] [1] N cesta *f*, canasta *f*; **~ of currencies** canasta *f* de divisas. [2] CPD: **~ case** N (*esp US*) caso *m* desahuciado; **~ chair** N silla *f* de mimbre.

basketball ['bɑːskɪtbɔːl] [1] N baloncesto *m*, básquet *m*; (*ball*) balón *m* de baloncesto *etc*, baloncestista *mf*. [2] CPD: **~ player** N jugador(a) *m/f* de baloncesto *etc*.

Basle [bɑːl] N Basilea *f*.

Basque [bæsk] [1] ADJ vasco; **~ Country** País *m* Vasco, Euskadi *m*; **~ Provinces** las Vascongadas *fpl*. [2] N [a] vasco/a *m/f*. [b] (*Ling*) vasco *m*, vascuence *m*, euskera *m*.

bass¹ [beɪs] (*Mus*) [1] ADJ bajo/a; **~ baritone** barítono *m* bajo; **~ drum** bombo *m*; **~ guitar** guitarra *f* baja. [2] N (*voice, singer*) bajo *m*.

bass² [bæs] N (*fish*) róbalo *m*.

basset ['bæsɪt] N perro *m* basset.

bassoon [bə'suːn] N bajón *m*, fagot *m*.

bastard ['bɑːstəd] N (*old, lit*) bastardo/a *m/f*; (*fam pej*) cabrón/ona *m/f* (*fam!*), hijo/a *m/f* de puta (*fam!*), hijo *m* de la chingada (*Mex fam!*); **you old ~!** (*fam*) ¡eh, hijoputa! (*fam!*); **this job is a real ~** (*fam!*) esta faena es la monda (*fam*).

baste [beɪst] VT (*Culin*) pringar; (*Sew*) hilvanar.

bastion ['bæstɪən] N (*also fig*) baluarte *m*.

bat¹ [bæt] N (*Zool*) murciélago *m*; **old ~** (*fam*: *old woman*) bruja *f* (*fam*); **to have ~s in the belfry** (*fam*) estar chiflado/a; **to go like a ~ out of hell** (*fam*) ir a toda hostia (*fam*).

bat² [bæt] [1] N (*ball games*) paleta *f*, pala *f*; (*cricket, baseball*) bate *m*; **off one's own ~** (*fam*) por cuenta propia; **right off the ~** (*US fam*) de repente. [2] VI (*Sport*) batear. [3] VT: **he didn't ~ an eyelid** (*fam*) ni pestañeó.

batch [bætʃ] [1] N (*of goods etc*) lote *m*, remesa *f*; (*of people*) grupo *m*; (*of bread*) hornada *f*; (*Comput*) lote *m*. [2] CPD: **~ file** N (*Comput*) fichero *m* BAT; **~ processing** N tratamiento *m* por lotes.

bated ['beɪtɪd] ADJ: **with ~ breath** sin respirar.

bath [bɑːθ] [1] N (*pl* **~s** [bɑːðz]) [a] (*esp Brit*: *also* **~tub**) bañera *f*, tina *f* (*LAm*), bañadera *f* (*CSur*); **to have a ~** darse un baño, bañarse. [b] (*Brit*) **~s** (*swimming* **~s**) piscina *f*, alberca *f* pública (*Mex*), pileta *f* (*pública*) (*CSur*). [2] CPD: **~ cube** N cubo *m* de sales para el baño; **~ chair** N silla *f* de ruedas; **~ salts** NPL sales *fpl* de baño; **~ sheet, ~ towel** N toalla *f* de baño.

[3] VT bañar, dar un baño a. [4] VI bañarse.

bathe [beɪð] [1] N baño *m*; **to go for a ~** ir a bañarse. [2] VT [a] (*wound etc*) lavar. [b] (*US*) *see* **bath 2**. [3] VI [a] (*swim*) bañarse; **to go bathing** ir a bañarse. [b] (*US*) *see* **bath 3**.

bather ['beɪðər] N bañista *mf*.

bathing ['beɪðɪŋ] [1] N el bañarse; **'no ~'** 'prohibido bañarse'. [2] CPD: **~ costume, ~ suit** N traje *m* de baño, bañador *m* (*Sp*); **~ trunks** NPL bañador *m* (de hombre).

bathmat ['bɑːθmæt] N alfombra *f* de baño.

bathrobe ['bɑːθrəʊb] N albornoz *m*.

bathroom ['bɑːθrʊm] [1] N cuarto *m* de baño; (*euph*) baño *m*. [2] CPD: **~ fittings** NPL aparatos *mpl* sanitarios; **~ scales** NPL báscula *f* de baño.

bathtub ['bɑːθtʌb] N bañera *f*, tina *f* (*LAm*).

baton ['bætən] N (*Mus*) batuta *f*; (*Mil*) bastón *m*; (*of policeman*) porra *f*; (*in race*) testigo *m*.

battalion [bə'tælɪən] N batallón *m*.

batten ['bætn] VT: **to ~ down the hatches** (*also fig*) atrancar las escotillas.

batter¹ ['bætər] N mezcla *f* para rebozar; **in ~** rebozado/a.

batter² ['bætər] VT (*person*) apalear; (*wife, baby*) maltratar; (*subj*: *wind, waves*) azotar.

◆ **batter down** VT + ADV derribar a golpes.

battered ['bætəd] ADJ (*hat*) estropeado/a; (*car*) abollado/a.

battering ['bætərɪŋ] N (*blows*) paliza *f*; (*Mil*) bombardeo *m*; **the ~ of the waves** el golpear de las olas; **he got a ~ from the critics** los críticos le pusieron como un trapo.

battering ram ['bætərɪŋræm] N ariete *m*.

battery ['bætərɪ] [1] N (*gen*) batería *f*; (*Elec*: *small*: *radio etc*) pila *f*; (*series*) serie *f*; (*of questions*) descarga *f*. [2] CPD: **~ charger** N cargador *m* de baterías; **~ farming** N cría *f* intensiva; **~ hen** N gallina *f* de criadero.

battle ['bætl] [1] N (*Mil*) batalla *f*; (*fig*) lucha *f*; **a ~ of wits** duelo *m* de inteligencias; **a ~ royal** una batalla campal; **a ~ of wills** una lucha de voluntades; **that's half the ~** (*fam*) ya hay medio camino andado; **to do ~** librar batalla (*with* con); **to fight a losing ~** (*fig*) luchar por una causa perdida. [2] VI (*fig*) **to ~ (for)** luchar (por), pelear (por) (*LAm*); **to ~ against the wind** luchar contra el viento.

◆ **battle on** VI + ADV seguir luchando.

battle-axe, (*US*) **battle-ax** ['bætlæks] N hacha *f* de combate; **old ~** (*fam*) arpía *f*.

battlefield ['bætlfiːld], **battleground** ['bætlgraʊnd] N campo *m* de batalla.

battlements ['bætlmənts] NPL almenas *fpl*.

battleship ['bætlʃɪp] N acorazado *m*.

Battn ABBR *of* **battalion** Bón.

batty ['bætɪ] ADJ (*comp* **-ier**; *superl* **-iest**) (*fam*) lelo/a.

bauble ['bɔːbl] N chuchería *f*.

baud [bɔːd] [1] N (*Comput*) baudio *m*. [2] CPD: **~ rate** N velocidad *f* (de transmisión) en baudios.

baulk [bɔːlk] VI *see* **balk**.

bauxite ['bɔːksaɪt] N bauxita *f*.

Bavaria [bə'veərɪə] N Baviera *f*.

Bavarian [bə'veərɪən] ADJ, N bávaro/a *m/f*.

bawdy ['bɔːdɪ] ADJ (*comp* **-ier**; *superl* **-iest**) verde, colorado/a (*LAm*).

bawl [bɔːl] VI (*cry*) llorar a gritos; (*shout*) chillar.

◆ **bawl out** VT + ADV [a] vocear, vociferar. [b] (*fam*) **to ~ sb out** echar una bronca a algn.

bay¹ [beɪ] N (*Geog*) bahía *f*; **the B~ of Biscay** el Golfo de Vizcaya.

bay² [beɪ] [1] N (*for parking*) área *f* de aparcamiento, parking *m*, estacionamiento *m* (*LAm*); (*for loading*) área de carga. [2] CPD: **~ window** N ventana *f* salediza.

bay³ [beɪ] [1] VI (*hound*) aullar. [2] N (*bark*) aullido *m*; **at ~** acorralado/a; **to keep sb/sth at ~** (*fig*) mantener a raya a algn/algo.

bay⁴ [beɪ] ADJ (*horse*) bayo/a.

bay leaf ['beɪliːf] N (*pl* **-leaves**) (hoja *f* de) laurel *m*.

bayonet ['beɪənɪt] [1] N bayoneta *f*; **fixed ~** bayoneta calada. [2] VT herir or matar con la bayoneta.

bayou ['baɪjuː] N (*US*) pantanos *mpl*.

bazaar [bə'zɑːr] N bazar *m*.

bazooka [bə'zuːkə] N bazuca *f*.

B.B. [1] N ABBR *of* **Boys' Brigade** organización parecida a los Boy Scouts. [2] CPD: **~ gun** N (*US*) carabina de aire comprimido.

B.B.A. N ABBR (*US Univ*) *of* **Bachelor of Business Administration**.

BBB N ABBR (*US*) *of* **Better Business Bureau**.

BBC N ABBR *of* **British Broadcasting Corporation** la BBC.

BC [1] ADV ABBR *of* **Before Christ** a. de J.C. [2] ABBR (*Canada*) *of* **British Columbia**. [3] N ABBR [a] (*Brit*) *of* **British Coal**. [b] (*Univ*) *of* **Bachelor of Commerce**.

BCG N ABBR *of* **Bacillus Calmette-Guérin** BCG *m*.

BC-NET [ˌbiːsiːˈnet] N ABBR *of* **Business Cooperation Network** Red *f* de Cooperación de Empresas.

B.Com. N ABBR (*Univ*) *of* **Bachelor of Commerce**.

BD N ABBR [a] (*Univ*) *of* **Bachelor of Divinity**. [b] (*Fin*) *of* **bills discounted** efectos *mpl* descontados.

B/D ABBR *of* **bank draft**.

BDS N ABBR (*Univ*) of **Bachelor of Dental Surgery**.

be [biː] (*pres* **am, is, are**; *pt* **was, were**; *pp* **been**) ⟦1⟧ VI ⟦a⟧ (*exist*) ser; **there is** hay; **is there anyone at home?** ¿hay alguien en casa?; **there was** había; **there were 3 of them** eran *or* (*LAm*) habían tres; **~ that as it may** sea como fuere; **so ~ it** así sea; **let me ~!** ¡déjame en paz!; **how much was it?** ¿cuánto costó *or* valió *or* fue? ⟦b⟧ (*place*) estar, quedar (*esp LAm*); **there's the church** allí está la iglesia; **here you are(, take it)** aquí tienes; **he won't ~ here tomorrow** no estará mañana; **Edinburgh is in Scotland** Edimburgo está en Escocia; **I've been to China** he estado en China; **it's on the table** está sobre *or* en la mesa; **there's a holiday on Monday** el lunes es fiesta; **we've been here for ages** estamos aquí desde hace mucho tiempo, llevamos siglos aquí; **don't ~ long!** ¡no tardes!; **my wife to ~** mi futura esposa. ⟦c⟧ (*state*) **she is bored** está aburrida; **she is boring** es aburrida; **he's happy** está alegre; **he's the cheerful sort** es un tipo alegre. ⟦2⟧ COPULATIVE VB ⟦a⟧ **he's a pianist** es pianista; **2 and 2 are 4** 2 y 2 son 4; **the book is in French** el libro está en francés; **I'm not Sue, I'm Mary** no soy Sue, soy Mary; **he's tall** es alto; **they're English** son ingleses; **~ good!** ¡pórtate bien! ⟦b⟧ (*health*) **how are you?** ¿cómo estás?; **I'm better now** ya estoy mejor. ⟦c⟧ (*age*) **how old is she? - she's 9** ¿cuántos años tiene? - tiene 9 años. ⟦d⟧ (*possession*) **she's his sister** es su hermana; **it's mine** es mío. ⟦3⟧ IMPERS VB ⟦a⟧ **it is said that ...** dicen que ...; **it is possible that ...** es posible que ..., puede que .... ⟦b⟧ (*time*) **it's 8 o'clock** son las 8; **it's the 3rd of May** es el 3 de mayo; **what's the date?** ¿qué fecha es?, ¿a qué día estamos? ⟦c⟧ (*measurement*) **it's 5 km to the village** el pueblo está a 5 kilómetros. ⟦d⟧ (*weather*) **it's hot/cold** hace calor/frío; **it's too hot** hace demasiado calor. ⟦e⟧ (*emphatic*) **it's me** soy yo. ⟦4⟧ AUX VB ⟦a⟧ (*with prp: forming continuous tense*) estar; **what are you doing?** ¿qué estás haciendo?; **he's always grumbling** siempre está quejándose; **they're coming tomorrow** vienen mañana; **I'll ~ seeing you** hasta luego, nos vemos (*esp LAm*); **I've been waiting for her** le he estado esperando. ⟦b⟧ (*with pp: forming passives*) **he was killed in action** fue muerto en acción; **he was killed by robbers** le mataron los ladrones; **she was killed in a car crash** murió en un accidente de coche, resultó muerta en un accidente de coche (*frm*); **the box had been opened** la caja había sido abierta; **he was nowhere to ~ seen** no se le veía en ninguna parte; **what's to ~ done?** ¿qué podemos hacer? ⟦c⟧ (*in tag questions*) **he's handsome, isn't he?** es guapo, ¿no es verdad? *or* ¿no? *or* ¿no es cierto?; **it was fun, wasn't it?** fue divertido, ¿verdad?; **he's back again, is he?** ha vuelto, ¿no? ⟦d⟧ (*modal: command*) deber; (: *intention*) tener que; **you're to put on your shoes** tienes que ponerte los zapatos; **he's not to open it** que no lo abra; **the car is to ~ sold** el coche está de venta; **he was to have come yesterday** debía de haber venido ayer, tenía que venir ayer; (*obligation*) **he's to ~ congratulated on his work** debemos felicitarle por su obra; **am I to understand that ...?** ¿debo entender que ...?; (*condition*) **if it was** *or* **were to snow ...** si nevase ...; **if I were you ...** yo que tú ....

B/E ABBR ⟦a⟧ of **bill of exchange**. ⟦b⟧ of **Bank of England**.

beach [biːtʃ] ⟦1⟧ N playa *f*. ⟦2⟧ CPD: **~ ball** N balón *m* de playa; **~ buggy** N buggy *m*; **~ volleyball** N voley-playa *m*, voleibol-playa *m*.

beach-chair ['biːtʃtʃeəʳ] N (*US*) tumbona *f*.

beachcomber ['biːtʃkəʊməʳ] N raquero/a *m/f*.

beachhead ['biːtʃhed] N cabeza *f* de playa.

beachwear ['biːtʃweəʳ] N ropa *f* de playa.

beacon ['biːkən] N faro *m*.

bead [biːd] N cuenta *f*; (*of glass*) abalorio *m*; (*of dew, sweat*) gota *f*; **~s** (*necklace*) collar *m*.

beady ['biːdɪ] ADJ: **~ eyes** ojos *mpl* pequeños y brillantes.

beak [biːk] N (*of bird*) pico *m*; (*fam: nose*) nariz *f* (corva).

beaker ['biːkəʳ] N jarra *f*, vaso *m*; (*Chem*) vaso de precipitación.

be-all ['biːɔːl] N (*also* **~ and end-all**) único objeto *m*, única cosa *f* que importa; **he is the ~ of her life** él es lo único que le importa en la vida; **money is not the ~** el dinero no es lo único que vale.

beam [biːm] ⟦1⟧ N ⟦a⟧ (*Archit*) viga *f*, travesaño *m*; **broad in the ~** (*fam*) ancho/a de caderas; **to be off ~** (*fam*) estar despistado/a. ⟦b⟧ (*of light, laser*) rayo *m*; **to drive on full** *or* **main ~** conducir con luz de carretera *or* con luces largas. ⟦c⟧ (*smile*) sonrisa *f* radiante. ⟦d⟧ (*Tech*) balancín *m*. ⟦e⟧ (*Sport*) barra *f* fija. ⟦2⟧ VT (*signal*) emitir. ⟦3⟧ VI (*smile*) sonreír satisfecho/a.

bean [biːn] N (*gen*) judía *f*, alubia *f*; (*kidney*) frijol *m*, poroto *m* (*CSur*); (*broad, haricot*) haba *f*; (*green*) judía verde, ejote *m* (*Mex*), poroto verde (*CSur*); (*coffee*) grano *m*; **~ curd** tofu *m*; **to be full of ~s** (*fam*) rebosar de vitalidad; **I haven't a ~** (*fam*) no tengo un céntimo.

beanbag ['biːnbæg] N (*for throwing*) saquito *que se usa para realizar ejercicios gimnásticos*; (*chair*) almohadón *m*, cojín *m*.

beanpole ['biːnpəʊl] N emparrado *m*; **he's a real ~** (*fig fam*) está como un espárrago.

beanshoots ['biːnʃuːts], **beansprouts** ['biːnsprəʊts] NPL (*Culin*) brotes *mpl* de soja.

bear¹ [bɛəʳ] ⟦1⟧ N oso/a *m/f*; (*Fin*) bajista *mf*; **to be like a ~ with a sore head** (*fam*) estar de malas. ⟦2⟧ N **~ cub** N osezno *m*; **~ market** N (*Fin*) mercado *m* bajista.

▼**bear²** [bɛəʳ] (*pt* **bore**; *pp* **borne**) ⟦1⟧ VT ⟦a⟧ (*support: burden*) sostener; (: *cost*) pagar; (*news, message: bring*) traer; (: *take away*) llevar; (*signature, date*) llevar; (*resemblance, comparison*) tener; (*ill-will etc*) guardar; *see* **mind**. ⟦b⟧ (*endure: pain*) soportar, aguantar; (*stand up to: inspection, examination*) resistir; **I can't ~ him** no le puedo ver, no lo soporto; **I can't ~ to look** no puedo mirar; **it doesn't ~ thinking about** da horror sólo pensarlo. ⟦c⟧ (*produce: fruit*) dar; (: *young, child*) dar a luz a, parir; (*Fin: interest*) devengar; *see also* **born**. ⟦d⟧ **~ o.s.** (*in posture, behaviour*) portarse. ⟦2⟧ VI ⟦a⟧ (*move*) **to ~ right/left** torcer *or* girar a la derecha/izquierda. ⟦b⟧ **to bring pressure to ~ (on)** ejercer presión (sobre).

♦**bear down** VI + ADV (*come closer*) **to ~ down (on)** avanzar (hacia), acercarse (a).

♦**bear out** VT + ADV corroborar, confirmar.

♦**bear up** VI + ADV (*withstand*) resistir; (*cheer up*) animarse.

♦**bear with** VI + PREP tener paciencia con.

bearable ['bɛərəbl] ADJ soportable.

beard [bɪəd] N barba *f*; **to have** *or* **wear a ~** llevar barba.

bearded ['bɪədɪd] ADJ (*gen*) de barba; (*hairy*) barbudo/a.

bearer ['bɛərəʳ] N portador(a) *m/f*.

bearing ['bɛərɪŋ] N ⟦a⟧ (*of person*) porte *m*. ⟦b⟧ (*relevance*) relación *f*; **this has no ~ on the matter** esto no tiene nada que ver con el asunto. ⟦c⟧ (*Mech*) cojinete *m*. ⟦d⟧ (*Navigation*) **to take a ~** marcarse; **to find/lose one's ~s** orientarse/desorientarse.

bearish ['bɛərɪʃ] ADJ pesimista; (*Fin*) (de tendencia) bajista.

beast [biːst] N bestia *f*; (*fam: person*) bestia *mf*, bruto *m*; **~ of burden** bestia de carga; **the king of the ~s** el rey de los animales; **it's a ~ of a job** (*fam*) es un trabajo de chinos.

beastly ['biːstlɪ] (*fam*) ADJ espantoso/a, maldito/a.

beat [biːt] (*vb: pt* **~**; *pp* **~en**) ⟦1⟧ N ⟦a⟧ golpe *m*; (*of drum*) redoble *m*; (*of heart*) latido *m*; (*Mus: rhythm*) ritmo *m*, compás *m*. ⟦b⟧ (*of policeman*) ronda *f*. ⟦2⟧ VT ⟦a⟧ (*hit*) golpear; (*table, door*) dar golpes en; (*person: as punishment*) pegar; (*carpet*) sacudir; (*drum*) tocar; **to ~ sb to death** matar a algn a golpes; **the bird ~ its wings**

➤ SENTENCE BUILDER: **bear²** → 1.3

el pájaro batió las alas; **to ~ time** (*Mus*) marcar el compás; **~ it!** (*fam*) ¡lárgate!

b (*defeat: team, army*) derrotar, vencer; (: *record*) batir; **he ~ Smith by 5 seconds** le ganó a Smith por 5 segundos; **to ~ sb hands down** (*Brit*) cascar a algn; **I ~ him to it** (*fam*) le gané; **coffee ~s tea any day** (*fam*) el café da mil vueltas al té; **that ~s everything!** (*fam*) ¡eso es el colmo!; **can you ~ that?** ¿has visto cosa igual?; **the problem has me ~(en)** (*fam*) el problema me tiene hecho un lío.

c (*Culin*) batir.

3 vi (*heart*) latir; (*drums*) redoblar; **to ~ on a door** dar golpes en una puerta; **the rain was ~ing against the windows** la lluvia azotaba las ventanas; **don't ~ about the bush** no andes por las ramas.

4 PRED ADJ (*fam: tired*) rendido/a, molido/a.

5 CPD: **~ music** N (*Mus*) música *f* beat.

◆ **beat back** VT + ADV rechazar.

◆ **beat down** **1** VT + ADV (*door*) derribar a golpes; (*price, seller*) hacer rebajar (el precio).

2 VI + ADV (*rain*) llover a cántaros; (*sun*) caer de plomo.

◆ **beat off** VT + ADV = **beat back**.

◆ **beat out** VT + ADV (*flames*) apagar a palos or golpes; (*dent*) martillear; (*rhythm*) marcar.

◆ **beat up** VT + ADV (*fam: person*) dar una paliza a.

beaten ['biːtn̩] **1** PP *of* **beat**. **2** ADJ (*metal*) martillado/a; **off the ~ track** retirado, apartado.

beater ['biːtər] N (*Culin*) batidora *f*; (*carpet ~*) sacudidor *m*.

beatify [biːˈætɪfaɪ] VT beatificar.

beating ['biːtɪŋ] N **a** (*punishment*) paliza *f*, golpiza *f* (*LAm*); (*blows*) golpes *mpl*. **b** (*defeat*) derrota *f*; **to take a ~** salir derrotado; **our team took a ~** a nuestro equipo le dieron una paliza; **that score will take some ~** será difícil superar ese total de puntos.

beatitude [biːˈætɪtjuːd] N beatitud *f*; **the B~s** las Bienaventuranzas.

beat-up ['biːtʌp] ADJ (*fam*) estropeado/a, hecho a polvo.

beaut [bjuːt] N: **it's a ~** (*fam*) es pistonudo, es de primera.

beautician [bjuːˈtɪʃən] N esteticista *mf*.

beautiful ['bjuːtɪfʊl] ADJ hermoso/a, bello/a, lindo/a (*esp LAm*); **what a ~ house!** ¡qué casa más preciosa!

beautifully ['bjuːtɪflɪ] ADV (*wonderfully*) maravillosamente; (*precisely*) perfectamente.

beautify ['bjuːtɪfaɪ] VT embellecer.

beauty ['bjuːtɪ] **1** N (*quality*) belleza *f*, hermosura *f*; (*person, thing*) belleza, preciosidad *f*; **~ is in the eye of the beholder** la belleza está en el ojo; **the ~ of it is that ...** lo mejor de esto es que ....

2 CPD: **~ competition, ~ contest** N concurso *m* de belleza; **~ parlor** (*US*) salón *m* de belleza; **~ queen** N reina *f* de la belleza; **~ salon** N salón *m* de belleza; **~ sleep** N (*hum*) primer sueño *m*; **~ spot** N (*on face*) lunar *m* postizo; (*in country*) sitio *m* pintoresco.

beaver ['biːvər] N castor *m*.

◆ **beaver away** VI + ADV trabajar con empeño.

becalmed [bɪˈkɑːmd] ADJ encalmado/a.

became [bɪˈkeɪm] PT *of* **become**.

▼**because** [bɪˈkɒz] CONJ porque; **I came ~ you asked me to** vine porque me lo pediste; **~ of** por, a causa de, debido a; **I did it ~ of you** lo hice por ti.

beck¹ [bek] N: **to be at the ~ and call of** estar a disposición de, estar sometido/a a la voluntad de.

beck² [bek] N (*Brit*) arroyo *m*, riachuelo *m*.

beckon ['bekən] VT, VI: **to ~ to sb** llamar con señas; **he ~ed me in/over** me hizo señas para que entrara/me acercara.

become [bɪˈkʌm] (*pt* **became**; *pp* **~**) **1** VI (*make oneself*) hacerse; (*turn into*) volverse, ponerse; **to ~ famous/a doctor** hacerse famoso/médico; **to ~ accustomed to sth** acostumbrarse a algo; **to ~ sad** ponerse triste; **to ~ old** hacerse or volverse viejo; **when he ~s 21** cuando cumpla los 21 años; **the building has ~ a cinema** el edificio se ha transformado en cine.

2 VT IMPERS: **what has ~ of him?** ¿qué es de él?; **whatever can have ~ of that book?** ¿adónde se habrá metido aquel libro?

3 VT (*look nice on*) favorecer, sentar bien; (*befit*) convenir a; **that thought does not ~ you** ese pensamiento es indigno de ti.

becoming [bɪˈkʌmɪŋ] ADJ (*clothes*) favorecedor(a); (*conduct*) conveniente.

BECTU ['bektuː] N ABBR (*Brit*) *of* **Broadcasting Entertainment Cinematographic and Theatre Union**.

bed [bed] **1** N **a** cama *f*; **~ and breakfast (B. & B.)** (*pensión con*) cama y desayuno; **to go to ~** acostarse; **to go to ~ with sb** acostarse con algn; **to make the ~** hacer la cama; **I was in ~** estaba acostado; **could you give me a ~ for the night?** ¿me puede hospedar or alojar esta noche?; **to get out of ~ on the wrong side** levantarse con el pie izquierdo; **to put a child to ~** acostar a un niño; **to put a paper to ~** terminar la redacción de un número; **to stay in ~** (*ill*) guardar cama; (*lazy*) seguir en la cama; **to take to one's ~** irse a la cama, encamarse.

b (*of river*) cauce *m*, lecho *m*; (*of sea*) fondo *m*.

c (*flower ~*) macizo *m*, arriate *m*, cuadro *m*; (*vegetable ~*) arriate; (*oyster ~*) banco *m*, vivero *m*; **his life's not a ~ of roses** su vida no es un lecho de rosas.

d (*layer: of coal, ore*) estrato *m*, capa *f*; (: *in road-building*) capa.

2 CPD: **~ bath** N: **they gave him a ~ bath** le lavaron en la cama; **~ settee** N sofá-cama *m*.

◆ **bed down** **1** VI + ADV hacerse una cama.

2 VT + PREP (*children*) acostar; (*animals*) hacer un lecho para.

◆ **bed out** VT + ADV (*plants*) plantar en un macizo.

B.Ed. N ABBR (*Univ*) *of* **Bachelor of Education**.

bedbug ['bedbʌg] N chinche *gen f*.

bedclothes ['bedkləʊðz] NPL ropa *f* de cama.

bedding ['bedɪŋ] N ropa *f* de cama; (*for animal*) lecho *m*.

bedevil [bɪˈdevəl] VT (*spoil*) estropear; (*aggravate*) agravar; (*bewitch*) endemoniar, endiablar.

bedfellow ['bedfeləʊ] N: **they are strange ~s** (*fig*) forman una extraña pareja.

bedlam ['bedləm] N alboroto *m*.

bedpan ['bedpæn] N bacinilla *f* (de cama), cuña *f*.

bedraggled [bɪˈdrægld] ADJ (*dirty*) sucio/a; (*very dirty*) mugriento/a; (*wet*) mojado/a.

bedridden ['bedrɪdn̩] ADJ postrado/a en cama.

bedrock ['bedrɒk] N lecho *m* de roca; (*fig*) fondo *m* de la cuestión.

bedroom ['bedrʊm] **1** N dormitorio *m*, recámara *f* (*CAm, Mex*).

2 CPD: **~ farce** N (*Theat*) farsa *f*, comedia *f* de alcoba; **~ slippers** N zapatillas *fpl*, pantuflas *fpl*; **~ suburb** N (*US*) ciudad *f* dormitorio.

Beds [bedz] N ABBR (*Brit*) *of* **Bedfordshire**.

bedside ['bedsaɪd] **1** N cabecera *f*. **2** CPD: **~ lamp** N lámpara *f* de noche; **~ manner** N: **to have a good ~ manner** tener mucho tacto con los enfermos; **~ table** N mesilla *f* de noche.

bedsit(ter) ['bed.sɪt(ər)], **bedsitting room** [.bedˈsɪtɪŋrʊm] N habitación *f* con cama y cocina, estudio *m*.

bedsore ['bedsɔːr] N úlcera *f* de decúbito.

bedspread ['bedspred] N colcha *f*, cubrecama *m*.

bedtime ['bedtaɪm] **1** N hora *f* de acostarse; **it's past your ~** ya debías estar acostado. **2** CPD: **~ story** N cuento *m* (para dormir a un niño).

bed-wetting ['bedwetɪŋ] N enuresis *f*, incontinencia *f* nocturna.

bee [biː] N abeja *f*; **to have a ~ in one's bonnet (about sth)** tener una idea fija (de algo), darle a algn la vena (por algo); **he thinks he's the ~'s knees** (*fam*) se cree la mar de listo or de elegante *etc*.

Beeb [biːb] N: **the ~** (*Brit fam*) la BBC.

beech [biːtʃ] N (*tree*) haya *f*; (*wood*) hayedo *m*.

beef [biːf] **1** N **a** carne *f* de vaca or (*LAm*) de res; **roast ~** rosbif *m*, carne asada (*LAm*).

b (*US fam*) queja *f*.

2 CPD: **~ cattle** N ganado *m* vacuno; **~ tea** N caldo *m* de carne (para enfermos).

beefburger ['biːf.bɜːgər] N hamburguesa *f*.

beefeater ['biːfˌiːtə^r] N alabardero *m* de la Torre de Londres.

beefy ['biːfɪ] ADJ (*comp* **-ier**; *superl* **-iest**) (*fam*) fornido/a, corpulento/a.

beehive ['biːhaɪv] N colmena *f*.

beeline ['biːlaɪn] N: **to make a ~ for sb/sth** ir directo *or* derecho a algn/algo.

been [biːn] PP *of* **be**.

beeper ['biːpə^r] N (*US*) localizador *m*, busca *m* (*fam*).

beer [bɪə^r] ① N cerveza *f*; **draught ~** cerveza de barril; **light/dark ~** cerveza clara *or* rubia/negra. ② CPD: **~ can** N bote *m or* lata *f* (de cerveza).

beeswax ['biːzwæks] N cera *f* de abejas.

beet [biːt] N *see* **beetroot**.

beetle ['biːtl] N escarabajo *m*.

beetroot ['biːtruːt] N remolacha *f*, betabel *m* (*Mex*), betarraga/beterraga *f* (*Chi*).

befall [bɪˈfɔːl] (*pt* **befell**; *pp* **~en**) VT acontecer.

befitting [bɪˈfɪtɪŋ] ADJ propio/a, apropiado/a.

before [bɪˈfɔː^r] ① PREP (*in time, order, rank*) antes de; (*in place*) delante de; (*in the presence of*) ante; **~ Christ** antes de Cristo; **the week ~ last** hace dos semanas; **~ long** (*in future*) antes de poco; (*in past*) poco después; **~ going, would you ...** antes de marcharte, quieres ...; **the question ~ us** el asunto que tenemos que discutir; **a new life lay ~ him** una vida nueva se abría ante él; **they were married ~ a judge** se casaron en presencia de un juez. ② ADV [a] (*time*) antes; **~, it used to be different** antes, todo era distinto. [b] (*place, order*) delante, adelante; **the day ~** el día anterior. ③ CONJ (*time*) antes de que; (*rather than*) antes que.

beforehand [bɪˈfɔːhænd] ADV de antemano, con anticipación.

befriend [bɪˈfrend] VT hacerse amigo a *or* de, ofrecer amistad a.

befuddled [bɪˈfʌdld] ADJ (*confused*) aturdido/a; (*stupefied, drunk*) atontado/a.

beg [beg] ① VT (*entreat*) rogar, suplicar; (*subj: beggar: food, money*) pedir; **to ~ sb for sth** pedir algo a algn; **he ~ged me to help him** me suplicó que le ayudara; **I ~ to inform you** tengo el honor de informarle; **to ~ forgiveness** pedir perdón; **to ~ the question** ser una petición de principio. ② VI (*beggar*) mendigar, pedir limosna; **to ~ (for)** pedir limosna, solicitar; **I ~ to differ** siento disentir; **it's going ~ging** (*fam*) nadie lo quiere.

◆ **beg off** VI + ADV (*US*) pedir dispensa, escabullirse (*fam*).

began [bɪˈgæn] PT *of* **begin**.

beggar ['begə^r] ① N mendigo/a *m/f*, pordiosero/a *m/f*; **lucky ~!** (*fam*) ¡qué suerte tiene el tío/la tía!; **poor little ~!** (*fam*) ¡pobrecito!; **~s can't be choosers** a buen hambre no hay pan duro. ② VT (*ruin*) arruinar; **it ~s description** es imposible describirlo.

begin [bɪˈgɪn] (*pt* **began**; *pp* **begun**) ① VT empezar, comenzar; (*undertake*) emprender; (*discussion*) entablar; (*set in motion*) iniciar; **to ~ doing sth, to ~ to do sth** empezar a hacer algo; **it's ~ning to rain** está empezando a llover; **he ~s the day with a glass of orange juice** empieza el día con un zumo de naranja; **this skirt began life as an evening dress** esta falda empezó siendo un traje de noche; **it doesn't ~ to compare with ...** no puede ni compararse con ...; **I can't ~ to thank you** no encuentro palabras para agradecerle. ② VI empezar, comenzar (*with sth* con algo); (*river, rumour, custom*) nacer; **the teacher began by writing on the board** el profesor empezó escribiendo en la pizarra; **let me ~ by saying ...** quiero comenzar diciendo ...; **to ~ with, I'd like to know ...** en primer lugar, quisiera saber ...; **to ~ with there were only two of us** al principio sólo éramos dos; **to ~ on sth** emprender algo; **~ning from Monday** a partir del lunes.

beginner [bɪˈgɪnə^r] N principiante *mf*.

beginning [bɪˈgɪnɪŋ] N principio *m*, comienzo *m*; **at the ~ of the century** a principios de siglo; **right from the ~**

desde el principio; **from ~ to end** de principio a fin, desde el principio hasta el final; **the ~ of the end** el principio del fin; **to make a ~** empezar; **Buddhism had its ~s ...** el budismo tuvo sus orígenes ....

begonia [bɪˈgəʊnɪə] N begonia *f*.

begrudge [bɪˈgrʌdʒ] VT: **to ~ sb sth** (*envy*) envidiarle algo a algn; (*give reluctantly*) dar algo de mala gana a algn.

beguile [bɪˈgaɪl] VT (*enchant*) seducir.

beguiling [bɪˈgaɪlɪŋ] ADJ seductor(a), persuasivo/a.

begun [bɪˈgʌn] PP *of* **begin**.

behalf [bɪˈhɑːf] N: **on ~ of, in ~ of** (*US*) en nombre de, de parte de; **I interceded on his ~** intercedí por él; **don't worry on my ~** no te preocupes por mí.

behave [bɪˈheɪv] ① VI portarse, comportarse. ② VR portarse bien; **~ yourself!** ¡compórtate!, ¡pórtate bien!

behaviour, (*US*) **behavior** [bɪˈheɪvjə^r] N conducta *f*, comportamiento *m*; **to be on one's best ~** comportarse lo mejor posible.

behead [bɪˈhed] VT decapitar, descabezar.

beheld [bɪˈheld] PT, PP *of* **behold**.

behest [bɪˈhest] N: **at his ~** por orden de él, a petición suya.

behind [bɪˈhaɪnd] ① PREP (*to the rear of*) detrás de; **look ~ you!** ¡cuidado atrás!; **what's ~ all this?** (*fig*) ¿qué hay detrás de todo esto?; **we're ~ them in technology** (*fig*) nos dejan atrás en tecnología; **his family is ~ him** (*fig*) tiene el apoyo de su familia. ② ADV detrás, atrás; **to leave sth ~** olvidar algo; **to be ~ with the rent** tener atrasos de alquiler; **to be ~ with one's work** estar atrasado en el trabajo. ③ N (*fam*) trasero *m*.

behindhand [bɪˈhaɪndhænd] ADV atrasado, con retraso.

behold [bɪˈhəʊld] (*pt, pp* **beheld**) VT (*old, poet*) contemplar.

beholden [bɪˈhəʊldən] ADJ: **to be ~ to sb** tener obligaciones con algn.

behove [bɪˈhəʊv], (*US*) **behoove** [bɪˈhuːv] VT IMPERS (*old, poet*) incumbir.

beige [beɪʒ] ① ADJ (color de) beige. ② N beige *m*.

Beijing [ˌbeɪˈdʒɪŋ] N Pekín *m*.

being ['biːɪŋ] N (*existence*) existencia; (*creature*) ser *m*; **human ~** ser humano; **to come** *or* **be called** *or* **be brought into ~** nacer, empezar a existir.

Beirut [beɪˈruːt] N Beirut *m*.

bejewelled, (*US*) **bejeweled** [bɪˈdʒuːəld] ADJ enjoyado/a.

belabour, (*US*) **belabor** [bɪˈleɪbə^r] VT (*beat*) apalear; (*fig: with questions, insults*) atacar.

Belarus [beləˈrʊs] N Bielorrusia *f*.

Belarussian [beləˈrʌʃən] ① ADJ bielorruso/a. ② N bielorruso/a *m/f*; (*Ling*) bielorruso *m*.

belated [bɪˈleɪtɪd] ADJ tardío/a, atrasado/a.

belatedly [bɪˈleɪtɪdlɪ] ADV con retraso.

belch [beltʃ] ① N eructo *m*. ② VI eructar. ③ VT (*also ~ out: smoke, flames*) arrojar, vomitar.

beleaguered [bɪˈliːgəd] ADJ (*city*) asediado/a; (*fig: harassed*) atormentado/a, acosado/a.

belfry ['belfrɪ] N campanario *m*.

Belgian ['beldʒən] ADJ, N belga *mf*.

Belgium ['beldʒəm] N Bélgica *f*.

Belgrade [belˈgreɪd] N Belgrado *m*.

belie [bɪˈlaɪ] VT contradecir, desmentir.

▼**belief** [bɪˈliːf] N (*no pl: faith*) fe *f*; (*trust*) confianza *f*; (*tenet, doctrine*) creencia *f*; (*opinion*) opinión *f*; **~ in God** fe en Dios; **it's beyond ~** es increíble; **a man of strong ~s** un hombre de firmes convicciones; **it is my ~ that ...** estoy convencido/a de que ...; **I did it in the ~ that ...** lo hice creyendo que ....

believable [bɪˈliːvəbl] ADJ creíble, verosímil.

believe [bɪˈliːv] ① VT (*gen*) creer; **I ~ so/not** creo que sí/no; **don't you ~ it!** ¡no te lo creas!; **~ it or not, she bought it** parece mentira, lo compró; **it was hot, ~ (you) me** hacía calor, ¡y cómo!; **he is ~d to be abroad** se cree que está en el extranjero; **I couldn't ~ my eyes** no pude dar crédito a mis ojos. ② VI creer; **to ~ in God** creer en Dios; **I don't ~ in corpo-**

➤ SENTENCE BUILDER: **belief** → 2.2

ral **punishment** no soy partidario/a del castigo corporal; **I ~ so/not** creo que sí/no.

believer [bɪ'liːvəʳ] N (Rel) creyente mf, fiel mf; **to be a great ~ in ...** ser (muy) partidario/a de ....

belittle [bɪ'lɪtl] VT (despise) despreciar; (minimize) restar importancia a, minimizar.

Belize [be'liːz] N Belice m.

bell [bel] [1] N campana f; (hand~) campanilla f; (door~, electric ~) timbre m; (of flower) campanilla; **that rings a ~** (fig) eso me suena; **I'll give you a ~** (Telec: fam) te llamaré; **he was saved by the ~** (fig) se salvó por los pelos. [2] CPD: **~ jar** N fanal m, campana f de cristal; **~ pull** N campanilla f; **~ push** N pulsador m de timbre; **~ tower** N campanario m.

bell-bottomed ['bel'bɒtəmd] ADJ (trousers) acampanado/a.

bellboy ['belbɔɪ], (US) **bellhop** ['belhɒp] N botones m inv.

belle [bel] N: **the ~ of the ball** la reina del baile.

bellicose ['belɪkəʊs] ADJ (person, disposition) belicoso/a.

belligerent [bɪ'lɪdʒərənt] ADJ (person, tone) agresivo/a.

bellow ['beləʊ] [1] N (of bull etc) bramido m; (of person) rugido m. [2] VI (animal) bramar; (person) rugir. [3] VT (also **~ out**: order, song) gritar.

bellows ['beləʊz] NPL fuelle msg; **a pair of ~** un fuelle.

bell-ringer ['bel,rɪŋəʳ] N campanero/a m/f.

bell-shaped ['belʃeɪpt] ADJ acampanado/a.

belly ['belɪ] [1] N vientre m, barriga f, guata f (Chi fam); **to go ~ up** (fam) quebrar. [2] CPD: **~ button** N ombligo m; **~ dancer** N danzarina f del vientre; **~ flop** N panzazo m; **to do a ~ flop** dar or darse un panzazo; **~ landing** N aterrizaje m de panza; **~ laugh** N carcajada f (grosera).

◆ **belly out** VI +ADV hacer bolso, llenarse de viento.

bellyache ['belɪeɪk] [1] N dolor m de barriga. [2] VI (fam: complain) renegar, echar pestes (at de).

bellyful ['belɪfʊl] N: **I've had a ~ (of)** estoy harto/a ya (de).

belong [bɪ'lɒŋ] VI [a] **to ~ to sb/sth** (be the property of) pertenecer a algn/algo; **who does this ~ to?** ¿a quién pertenece esto?, ¿de quién es esto?; **to ~ to a club** ser socio de un club. [b] (have rightful place) pertenecer; **it ~s on the shelf** su sitio es en el estante; **I feel I ~ here** aquí me siento en casa.

belongings [bɪ'lɒŋɪŋz] NPL pertenencias fpl.

Belorussia [beləʊ'rʌʃə] N Bielorrusia f.

Belorussian [belə'rʌʃən] ADJ, N = **Belarussian**.

beloved [bɪ'lʌvɪd] [1] ADJ querido/a. [2] N querido/a m/f, amado/a m/f.

below [bɪ'ləʊ] [1] PREP debajo de, bajo; **temperatures ~ normal** temperaturas inferiores a las normales; **5 degrees ~ (zero)** 5 grados bajo cero. [2] ADV abajo; (in house) **the floor ~** el piso de abajo; **see ~** véase abajo.

belt [belt] [1] N cinturón m; (seat ~) cinturón de seguridad; (Tech: conveyor ~ etc) correa f, cinta f; (Geog: zone) zona f; **industrial ~** cinturón industrial; **to tighten one's ~** (fig) apretarse el cinturón; **that was below the ~** (fig) esto fue un golpe bajo; **he has 3 novels under his ~** tiene 3 novelas en su haber. [2] VT (thrash) zurrar (con correa); **he ~ed me one** (fam: slap/punch) me dio una torta/un mamporro. [3] VI: **to ~ along** (rush) ir embalado/a; **to ~ off** salir pitando.

◆ **belt out** [1] VT + ADV cantar/emitir etc a voz en grito. [2] VI + ADV (also **to come ~ing out**) salir disparado.

◆ **belt up** VI + ADV [a] (Aut) abrocharse el cinturón. [b] (fam: be quiet) cerrar la boca or el pico.

beltway ['beltweɪ] N (US) carretera f de circunvalación.

bemoan [bɪ'məʊn] VT lamentar.

bemused [bɪ'mjuːzd] ADJ aturdido/a, confuso/a.

bench [bentʃ] N (seat, work~) banco m; (Sport) banquillo m; (court) tribunal m; (Parl): **on the Tory/Labour ~es** en los escaños conservadores/laboristas; **the B~** (Jur) la magistratura.

benchmark ['bentʃmɑːk] [1] N cota f. [2] CPD: **~ price** N

precio m de referencia.

bend [bend] (vb: pt, pp bent) [1] N (gen) curva f; (in pipe etc) ángulo m; (corner) recodo m; **~s** (Med) apoplejía f por cambios bruscos de presión; **'dangerous ~'** 'curva peligrosa'; **he's round the ~!** (fam) ¡está chiflado!; **to go round the ~** (fam) volverse loco/a. [2] VT (make curved: wire) curvar, doblar; (arm, knee) doblar; (incline: head) inclinar; see also **bent**. [3] VI (arm, knee) doblarse; (road, river) torcerse; (person) inclinarse.

◆ **bend down** [1] VT + ADV doblar hacia abajo; (head) inclinar. [2] VI + ADV doblarse, inclinarse.

◆ **bend over** VI + ADV inclinarse, agacharse, doblarse (LAm); see also **backward(s)**.

bender ['bendəʳ] N: **to go on a ~** (fam) ir de juerga, ir de borrachera.

beneath [bɪ'niːθ] [1] PREP debajo de, bajo; (fig) inferior a, por debajo de; **it is ~ him to do such a thing** hacer tal cosa sería indigno de él; **she married ~ her** se casó con un hombre de clase inferior; **~ contempt** despreciable. [2] ADV abajo, debajo.

benediction [,benɪ'dɪkʃən] N bendición f.

benefactor ['benɪfæktəʳ] N bienhechor(a) m/f, benefactor(a) mf.

benefactress ['benɪfæktrɪs] N bienhechora f, benefactora f.

beneficial [,benɪ'fɪʃəl] ADJ beneficioso/a.

beneficiary [,benɪ'fɪʃərɪ] N (Jur) beneficiario/a m/f.

benefit ['benɪfɪt] [1] N [a] beneficio m, provecho m; **for the ~ of one's health** en beneficio de la salud; **I'll try it on for your ~** lo probaré en tu honor; **without ~ of** sin la ayuda de; **to give sb the ~ of the doubt** dar a algn el beneficio de la duda; **to have the ~ of** tener la ventaja de. [b] (allowance) subsidio m; (also **unemployment ~**) subsidio de paro. [2] VI beneficiar(se), sacar provecho. [3] VT beneficiar. [4] CPD: **~ association** N (esp US) sociedad f de beneficiencia; **~ match** N partido m homenaje; **~ performance** N función f benéfica; **~ society** N = **~ association**.

Benelux ['benɪlʌks] N Benelux m.

benevolence [bɪ'nevələns] N benevolencia f.

benevolent [bɪ'nevələnt] ADJ benévolo/a; (society) de socorro mutuo; **~ fund** fondos mpl benéficos.

B.Eng. N ABBR of **Bachelor of Engineering**.

Bengal [beŋ'gɔːl] [1] N Bengala f. [2] CPD: **~ tiger** N tigre m de Bengala.

Bengali [beŋ'gɔːlɪ] N (Ling) bengalí m.

benign [bɪ'naɪn] ADJ benigno/a.

bent [bent] [1] PT, PP of **bend**. [2] ADJ [a] (wire, pipe) doblado/a, torcido/a; (pej fam: dishonest) corrompido/a; (fam!: homosexual) invertido. [b] **to be ~ on sth** (fig: determined) estar resuelto a or empeñado en hacer algo. [3] N (aptitude) inclinación f, facilidad f; **of an artistic ~** con una inclinación artística; **he has a ~ for annoying people** tiene una facilidad para molestar.

Benzedrine ® ['benzɪdriːn] N benzedrina ® f.

bequeath [bɪ'kwiːð] VT legar.

bequest [bɪ'kwest] N legado m.

berate [bɪ'reɪt] VT regañar.

Berber ['bɜːbəʳ] ADJ, N bereber mf.

bereaved [bɪ'riːvd] ADJ afligido/a.

bereavement [bɪ'riːvmənt] N (loss) pérdida f; (mourning) duelo m; (sorrow) aflicción f.

bereft [bɪ'reft] ADJ: **to be ~ of** (not have to hand) estar desprovisto/a de; (not possess) ser privado/a de; (be robbed) ser despojado/a de.

beret ['bereɪ] N boina f.

Bering Sea ['beɪrɪŋ'siː] N Mar m de Bering.

berk [bɜːk] N (fam) memo m (fam).

Berks [bɑːks] N ABBR (Brit) of **Berkshire**.

Berlin [bɜː'lɪn] [1] N Berlín; **East/West ~** Berlín Este/

Oeste. [2] CPD berlinés/esa; **the ~ Wall** el Muro *m* de Berlín.

Berliner [bɜː'lɪnəʳ] N berlinés/esa *m/f*.

berm [bɜːm] N (*US*) arcén *m*.

Bermuda [bɜː'mjuːdə] [1] N Islas *fpl* Bermudas, las Bermudas. [2] CPD: **~ shorts** NPL bermudas *mpl*; **~ Triangle** N Triángulo *m* de las Bermudas.

Bern [bɜːn] N Berna *f*.

berry ['berɪ] N baya *f*; **brown as a ~** morenísimo/a.

berserk [bə'sɜːk] ADJ: **to go ~** perder los estribos, ponerse hecho una furia.

berth [bɜːθ] [1] N (*on ship, train: cabin*) camarote *m*; (: *bunk*) litera *f*; (*Naut: place at wharf*) amarradero *m*; **to give sb a wide ~** (*fig*) evitar el encuentro con algn. [2] VI (*in harbour*) atracar.

beseech [bɪ'siːtʃ] (*pt, pp* **besought**) VT suplicar.

beseeching [bɪ'siːtʃɪŋ] ADJ suplicante.

beset [bɪ'set] (*pt, pp* **~**) VT (*person*) acosar; **he was ~ with fears** le acosaron temores; **a policy ~ with dangers** una política plagada de peligros.

beside [bɪ'saɪd] PREP (*at the side of*) al lado de, junto a; (*near*) cerca de; (*compared with*) comparado con; **to be ~ o.s.** (*with anger*) estar fuera de sí; (*with joy*) estar loco de alegría; **that's ~ the point** no tiene nada que ver con el asunto, no viene al caso.

besides [bɪ'saɪdz] [1] PREP (*in addition to*) además de; (*apart from*) menos. [2] ADV (*in addition*) además; (*anyway*) de todos modos, además.

besiege [bɪ'siːdʒ] VT (*Mil, fig*) asediar; **we were ~d with inquiries** nos asediaron a preguntas.

besotted [bɪ'sɒtɪd] ADJ atontado/a; **he is ~ with her** anda loco por ella.

besought [bɪ'sɔːt] PT, PP *of* **beseech**.

bespattered [bɪ'spætəd] ADJ salpicado/a.

bespectacled [bɪ'spektɪkld] ADJ con gafas.

bespoke [bɪ'spəʊk] ADJ (*garment*) hecho/a a la medida; (*tailor*) que confecciona a la medida.

best [best] [1] ADJ SUPERL *of* **good** mejor; **to be ~** ser el/la mejor; **the ~ pupil in the class** el mejor alumno de la clase; **she wore her ~ dress** llevaba su mejor vestido; **my ~ friend** mi mejor amigo; **the ~ thing to do is ...** lo mejor que se puede hacer es ...; **for the ~ part of the year** durante la mayor parte del año; **to know what is ~ for sb** saber lo que más le conviene a algn; **'~ before 20 June'** 'consumir preferentemente antes del 20 de junio'; **~ before date** fecha *f* de consumo preferente; **~ man** padrino *m* de boda. [2] ADV SUPERL *of* **well** mejor; **as ~ I could** lo mejor que pude; **you know ~** tú sabes mejor; **John came off ~** Juan salió ganando; **you had ~ leave now** lo mejor es que te vayas ahora. [3] N lo mejor; **the ~ of it is that** lo mejor del caso es que; **he deserves the ~** se merece lo mejor; **all the ~!** ¡que tengas suerte!; **at ~** en el mejor de los casos; **he wasn't at his ~** no estaba en plena forma; **at the ~ of times** en las mejores circunstancias; **I acted for the ~** lo hice con la mejor intención; **I try to think the ~ of him** procuro conservar mi buena opinión de él; **let's hope for the ~** esperemos lo mejor; **to the ~ of my knowledge** que yo sepa; **to the ~ of my ability** lo mejor que pueda; **to do one's ~** hacer todo lo posible; **to get the ~ of it** salir ganando; **to have the ~ of both worlds** tenerlo todo; **to look one's ~** tener un aspecto inmejorable; **to make the ~ of a bad job** sacar el mejor partido posible; **she can dance with the ~ of them** baila como el que más.

bestial ['bestɪəl] ADJ bestial.

bestow [bɪ'stəʊ] VT (*title, honour*) conferir (*on* a); (*affections*) ofrecer (*on* a).

bestseller ['best'seləʳ] N bestseller *m*, éxito *m* de ventas, éxito editorial.

best-selling ['best'selɪŋ] ADJ: **our ~ line** nuestro producto de mayor venta; **~ record** (*disco*) superventas *msg*; **for years it was our ~ car** durante años fue el coche que más se vendió.

bet [bet] (*pt, pp* **~**) [1] VI apostar (*on* a); **are you going? - you ~!** (*fam*) ¿vas a ir? - ¡hombre, claro! *or* (*LAm*) ¡cómo

no!; **I'm not a ~ting man** no soy amante del juego; **don't ~ on it!, I wouldn't ~ on it!** eso no es tan seguro. [2] VT apostar; **I ~ you a fiver that ...** te apuesto 5 libras a que ...; **I ~ he doesn't come** (*fam*) ¡a que no viene!; **you can ~ your life that ...** (*fam*) ten por seguro que .... [3] N apuesta *f*; **a £5 ~** una apuesta de 5 libras; **it's a good ~ that he'll come** es casi seguro que vendrá; **it's a safe ~** (*fig*) es cosa segura.

betel ['biːtəl] N betel *m*.

Bethlehem ['beθlɪhem] N Belén *m*.

betray [bɪ'treɪ] VT [a] (*person, country, friend*) traicionar; (*inform on*) delatar; **to ~ sb to the enemy** entregar a algn al enemigo; **his accent ~s him** su acento le traiciona. [b] (*reveal: secret*) revelar; (: *ignorance, fear*) demostrar, revelar.

betrayal [bɪ'treɪəl] N traición *f*; **a ~ of trust** un abuso de confianza.

betrothal [bɪ'trəʊðəl] N desposorios *mpl*.

betrothed [bɪ'trəʊðd] ADJ, N (*liter, hum*) prometido/a *m/f*.

▼**better** ['betəʳ] [1] ADJ COMP *of* **good** mejor; **he is ~ than you** él es mejor que tú; (*Med*) **he's much ~** está mucho mejor; **that's ~!** ¡eso sí!; **it couldn't be ~** no podría ser mejor; **it would be ~ to go now** será mejor irse ya; **he's no ~ than a thief** no es más que un ladrón; **to get ~** mejorar; **the sooner the ~** cuanto antes mejor; **it lasted the ~ part of a year** duró la mayor parte del año. [2] ADV COMP *of* **well** mejor; **~ and ~** cada vez mejor; **so much the ~, all the ~** tanto mejor; **he was all the ~ for it** le hizo mucho bien; **they are ~ off than we are** están mejor de dinero que nosotros; **you'd be ~ off staying where you are** te convendría más quedarte; **I had ~ go** tengo que marcharme, más vale que me vaya, mejor me vaya (*esp LAm*); **but he knew ~ than to ...** pero sabía que no se debía ...; **at his age he ought to know ~** a la edad que tiene debiera saberlo; **to think ~ of it** cambiar de parecer. [3] N el/la mejor; **it's a change for the ~** es una mejora; **for ~ or worse** para bien o mal; **to get the ~ of** (*beat*) vencer a, quedar por encima de; **my ~s** mis superiores. [4] VT mejorar; (*record, score*) superar; **to ~ o.s.** mejorar su posición.

betterment ['betəmənt] N mejora *f*, mejoramiento *m*.

betting ['betɪŋ] [1] ADJ aficionado al juego; **I'm not a ~ man** yo no juego. [2] N juego *m*. [3] CPD: **~ shop** N (*Brit*) casa *f* de apuestas; **~ slip** (*Brit*) boleto *m* de apuestas.

between [bɪ'twiːn] [1] PREP [a] entre; **the shops are shut ~ 2 and 4 o'clock** las tiendas están cerradas de 2 a 4; **I sat (in) ~ John and Sue** me senté entre John y Sue; **it's ~ 5 and 6 metres long** mide entre 5 y 6 metros de largo. [b] (*amongst*) entre; **we shared it ~ us** lo repartimos entre nosotros; **just ~ you and me, just ~ ourselves** entre nosotros; **we only had £5 ~ us** teníamos sólo 5 libras entre todos; **we did it ~ the 2 of us** lo hicimos entre los dos. [2] ADV (*also* **in ~**: *time*) mientras tanto; (: *place*) en medio, entre medio.

betwixt [bɪ'twɪkst] ADV: **~ and between** entre lo uno y lo otro, entre las dos cosas.

bevel ['bevəl] [1] ADJ biselado/a. [2] N (*tool: also* **~ edge**) cartabón *m*, escuadra *f* falsa; (*surface*) bisel *m*. [3] VT biselar.

beverage ['bevərɪdʒ] N bebida *f*.

bevvy ['bevɪ] N (*fam*) trago *m* (*fam*).

bevy ['bevɪ] N (*of girls, women*) grupo *m*.

bewail [bɪ'weɪl] VT lamentar.

beware [bɪ'weəʳ] VI: **to ~ of sb/sth** tener cuidado con algn/algo; **~ of the dog!** ¡cuidado con el perro!; **~ of pickpockets!** ¡ojo con los carteristas!; **~ of imitations!** desconfíe de las imitaciones; **'~!'** '¡cuidado!'

bewilder [bɪ'wɪldəʳ] VT desconcertar, dejar perplejo/a.

bewildering [bɪ'wɪldərɪŋ] ADJ desconcertante.

bewilderment [bɪ'wɪldəmənt] N perplejidad *f*, desconcierto *m*.

bewitch [bɪ'wɪtʃ] VT (*gen*) hechizar; (*seduce*) seducir; (*enchant*) encantar.

bewitching [bɪ'wɪtʃɪŋ] ADJ hechicero/a, encantador(a).

➤ SENTENCE BUILDER: **better** → 1.4, 9.3, 12.1

beyond [bɪ'jɒnd] [1] PREP (further than) más allá de; (on the other side of) del otro lado de; (exceeding) superior a; (outside) fuera de; (apart from) además de; (in time) ~ 12 o'clock pasadas las 12; **that job was ~ him** el trabajo fue demasiado para él or fue superior a sus fuerzas; **it's ~ me why ...** (fam) no alcanzo a ver por qué ...; **this is getting ~ me** se me está haciendo imposible esto; **it's ~ doubt that ...** no cabe duda de que ...; **it's ~ belief** es increíble; **that's ~ a joke** eso es el colmo.
[2] ADV más allá; see also **back**.
[3] N: **the (great) ~** el más allá.
b/f ABBR of **brought forward** suma f del anterior.
BFPO N ABBR (Brit Mil) of **British Forces Post Office**.
b.h.p. N ABBR of **brake horsepower**.
bi... [baɪ] PREF bi....
biannual [baɪ'ænjʊəl] ADJ semestral.
bias ['baɪəs] [1] N [a] (inclination) ~ **(towards)** (person: favour) predisposición f (hacia); (newspaper: position) tendencia f (hacia); (prejudice) ~ **(against)** prejuicio m (en contra de); **a course with a practical ~** un curso orientado a la práctica; **a right-wing ~** una tendencia derechista.
[b] (of material) sesgo m, bies m; **to cut sth on the ~** cortar algo al sesgo or al bies.
[2] VT: **to ~ for/against** influir or predisponer en pro/en contra de; **to be ~(s)ed in favour of** ser partidario/a de; **to be ~(s)ed against** tener prejuicio contra.
[3] CPD: ~ **binding** N (Sew) bies m, ribete m al bies.
biathlon [baɪ'æθlən] N biatlón m.
bib [bɪb] N (for child) babero m; (on dungarees) peto m; **in one's best ~ and tucker** acicalado/a.
Bible ['baɪbl] N Biblia f.
[2] CPD: **B~ Belt** N (US) Estados del Sur ultraprotestantes; ~ **study** N estudio m de la Biblia; ~ **thumper** N (fam) fanático/a m/f religioso/a, fundamentalista mf.
biblical ['bɪblɪkəl] ADJ bíblico/a.
bibliographic(al) [ˌbɪblɪəʊ'græfɪk(əl)] ADJ bibliográfico/a.
bibliography [ˌbɪblɪ'ɒgrəfɪ] N bibliografía f.
bicarbonate of soda [baɪ'kɑːbənɪtəv'səʊdə] N bicarbonato m de soda.
bicentenary [ˌbaɪsen'tiːnərɪ], (US) **bicentennial** [ˌbaɪsen'tenɪəl] N bicentenario m.
biceps ['baɪseps] N bíceps m.
bicker ['bɪkəʳ] VI discutir, reñir.
bickering ['bɪkərɪŋ] N riñas fpl, altercados mpl.
bicycle ['baɪsɪkl] [1] N bicicleta f; **to ride a ~** ir en or montar bicicleta. [2] CPD: ~ **clip** N pinza f para ir en bicicleta; ~ **lane** N carril m para ciclistas; ~ **pump** N bomba f de bicicleta.
bid [bɪd] [1] N (gen) oferta f; (attempt) tentativa f, intento m; (Cards) marca f; **to make a ~ for freedom/power** hacer un intento de conseguir la libertad/el poder.
[2] VT [a] (pt, pp ~) (at auction etc) pujar; **to ~ £10 for** ofrecer 10 libras por.
[b] (pt bad(e); pp ~den) (old, poet: order) mandar; **to ~ sb to do sth** mandar a algn hacer algo.
[c] (pt bad(e); pp ~den): **to ~ sb good morning** dar a algn los buenos días.
[3] VI (pt, pp ~) (Cards) marcar, declarar; **to ~ (for)** ofrecer (por), hacer una oferta (por); **to ~ against sb** pujar contra algn.
bidder ['bɪdəʳ] N (at auction, Comm) postor m; (Cards) declarante mf; **highest ~** (at auction, Comm) mejor postor; (Cards) mejor declarante.
bidding ['bɪdɪŋ] N [a] (at auction) ofertas fpl, puja f; (Cards) declaración f; **the ~ opened at £5** la primera puja fue de 5 libras. [b] **to do sb's ~** cumplir el mandato de algn.
bide [baɪd] VT: **to ~ one's time** esperar la hora propicia.
bidet ['biːdeɪ] N bidet m.
bidirectional [baɪdɪ'rekʃənl] ADJ bidireccional.
biennial [baɪ'enɪəl] [1] ADJ (every 2 years) bienal. [2] N (plant) planta f bienal.
bier [bɪəʳ] N andas fpl (para féretro).
biff [bɪf] (fam) [1] N bofetada f. [2] VT dar una bofetada a.
bifocal ['baɪ'fəʊkəl] [1] ADJ bifocal. [2] NPL: ~**s** lentes fpl bifocales.

big [bɪg] [1] ADJ (comp ~ger; superl ~gest) [a] (in size, amount) grande; (important) grande, importante; **to get ~** or ~**ger** crecer; **my ~ brother** mi hermano mayor; ~ **dipper** (at fair) montaña f rusa; ~ **end** (Aut) cabeza f de biela; ~ **toe** dedo m gordo del pie; ~ **top** (circus) circo m; (main tent) tienda f principal; ~ **wheel** (at fair) noria f.
[b] (idioms) **to make the ~ time** alcanzar el éxito; **to earn ~ money** ganar buen dinero; ~ **business** gran negocio; **to have ~ ideas** hacerse ilusiones; **what's the ~ idea?** (fam) ¿a qué viene eso?; **to do things in a ~ way** (fam) hacer las cosas a lo grande; **he's too ~ for his boots** (fam) es muy creído, se las da de listo; **why don't you keep your ~ mouth shut!** (fam) ¡no seas bocazas!; **that's very ~ of you!** (iro) ¡qué amable!; ~ **deal!** (fam) ¿y qué?; ~ **game** caza f mayor; ~ **noise, ~ shot** (fam) pez m gordo.
[2] (fam) ADV: **to talk ~** darse mucha importancia, fanfarronear; **to think ~** planear a lo grande.
bigamist ['bɪgəmɪst] N bígamo/a m/f.
bigamous ['bɪgəməs] ADJ bígamo/a.
bigamy ['bɪgəmɪ] N bigamia f.
big-boned [ˌbɪg'bəʊnd] ADJ de huesos grandes, huesudo/a.
biggish ['bɪgɪʃ] ADJ bastante grande.
bighead ['bɪghed] N creído/a m/f, engreído/a m/f.
big-headed ['bɪg'hedɪd] ADJ (fam) creído/a, engreído/a.
big-hearted ['bɪg'hɑːtɪd] ADJ generoso/a.
bigot ['bɪgət] N fanático/a m/f.
bigoted ['bɪgətɪd] ADJ fanático/a.
bigotry ['bɪgətrɪ] N fanatismo m.
bigwig ['bɪgwɪg] N (fam) pez m gordo.
bike [baɪk] (fam) [1] N bici f; (motorcycle) moto f; **to ride a ~** (cycle) ir en bici; (motor~) ir en moto; **on your ~!** ¡largo de aquí! (fam), ¡andando! (fam).
[2] CPD: ~ **rack** N (US) soporte m para bicicletas.
biker ['baɪkəʳ] N (fam) motorista mf.
bikini [bɪ'kiːnɪ] N bikini m (f en Arg).
bilateral [baɪ'lætərəl] ADJ bilateral.
bilberry ['bɪlbərɪ] N arándano m.
bile [baɪl] N (Med) bilis f.
bilge [bɪldʒ] N [a] (Naut) pantoque m; (water) aguas fpl de pantoque. [b] (fam) tonterías fpl.
bilingual [baɪ'lɪŋgwəl] ADJ bilingüe.
bilious ['bɪlɪəs] ADJ bilioso/a; ~ **attack** trastorno m cólico.
bill[1] [bɪl] [1] N (of bird) pico m. [2] VI: **to ~ and coo** (birds) arrullar; (fig: lovers) arrullarse, hacerse arrumacos.
bill[2] [bɪl] [1] N [a] (account) cuenta f; **to pay the ~** pagar la cuenta.
[b] (Pol) proyecto m de ley; ~ **of rights** declaración f de derechos.
[c] (US: banknote) billete m.
[d] (notice) cartel m; **stick no ~s** prohibido fijar carteles; **that fits the ~** (fig) eso cumple los requisitos; ~ **of fare** carta f, menú m.
[e] (Theat) programa m; **to top the ~** ser la estrella, encabezar el reparto.
[f] (esp Comm, Fin: certificate) factura f; ~ **of exchange** letra f de cambio; ~ **of lading** conocimiento m de embarque; ~ **of sale** escritura f de venta.
[2] VT [a] (Theat) figurar en el programa.
[b] (customer) pasar la cuenta or la factura a.
Bill [bɪl] N: **the Old ~** (fam) la pasma (fam), la bofia (fam).
billboard ['bɪlbɔːd] N cartelera f.
billet ['bɪlɪt] [1] N (Mil) alojamiento m. [2] VT: **to ~ sb (on sb)** alojar a algn (en casa de algn).
billfold ['bɪlfəʊld] N (US) billetero m, cartera f.
billhook ['bɪlhʊk] N podadera f, podón m.
billiard ball ['bɪlɪəd,bɔːl] N bola f de billar.
billiard cue ['bɪlɪəd,kjuː] N taco m.
billiards ['bɪlɪədz] NSG billar m.
billiard table ['bɪlɪəd,teɪbl] N mesa f de billar.
billing ['bɪlɪŋ] N (Theat): **to get top ~** ser la atracción principal, encabezar el reparto.
billion ['bɪlɪən] N (Brit) billón m; (US) mil millones mpl.
billionaire [ˌbɪlɪə'nɛəʳ] N billonario/a m/f.
billow ['bɪləʊ] VI (smoke) salir en nubes; (sail) ondear,

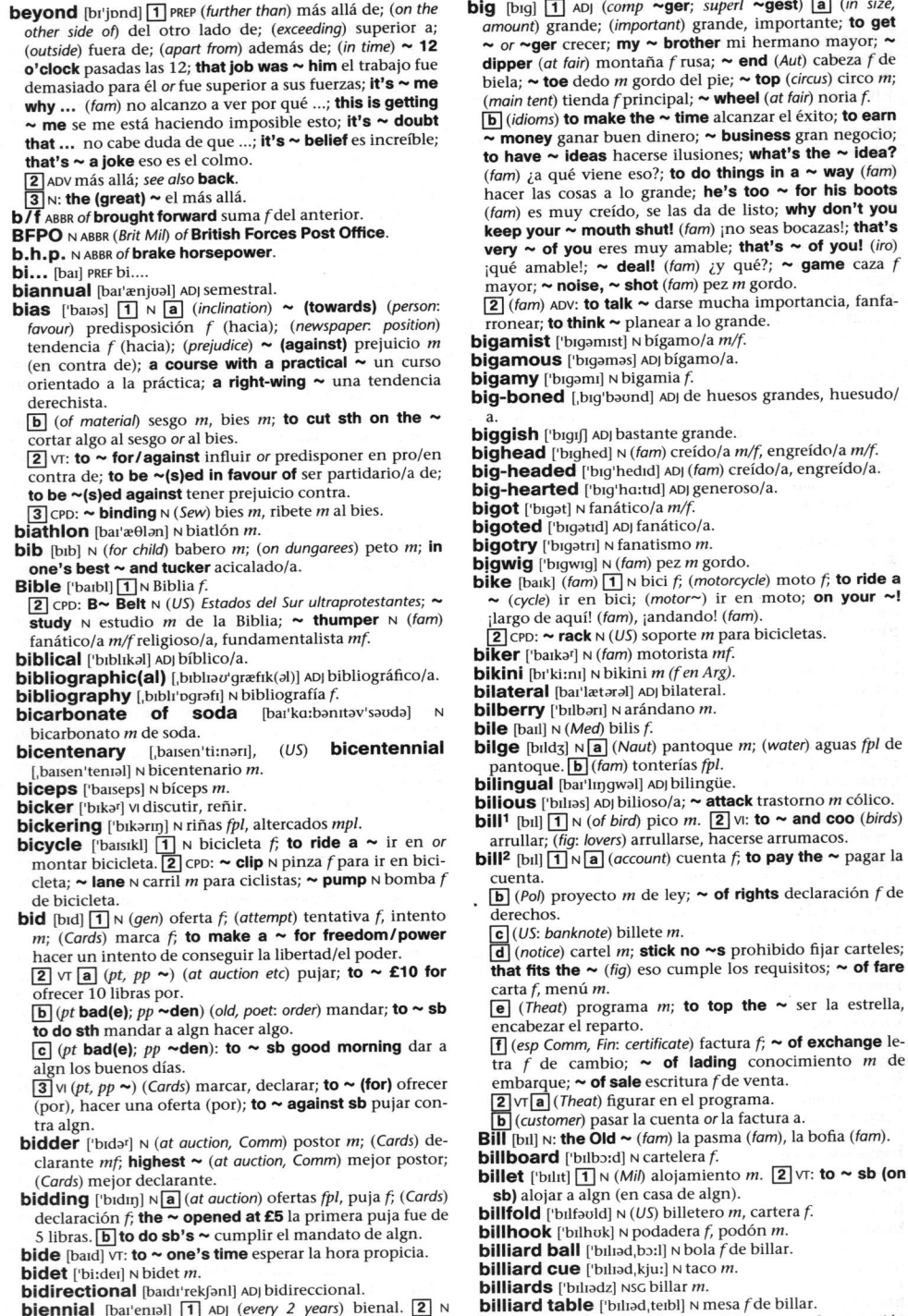

ondular.

billposter [ˈbɪlˌpəʊstəʳ], **billsticker** [ˈbɪlˌstɪkəʳ] N cartelero *m*, pegador *m* de carteles.

billy [ˈbɪlɪ] N (*US: also* ~ **club**) porra *f*.

billycan [ˈbɪlɪˌkæn] N cazo *m*.

billy-goat [ˈbɪlɪɡəʊt] N macho *m* cabrío.

BIM N ABBR *of* **British Institute of Management**.

bimbo [ˈbɪmbəʊ] N (*fam*) tía *f* buena sin coco (*fam*); (*pej*) putilla *f* (*fam*).

bin [bɪn] ① N (*for bread*) panera *f*; (*for coal*) carbonera *f*; (*rubbish* ~, *dust*~) cubo *m* de la basura, balde *m* or bote *m* or (*LAm*) tarro *m* de la basura; (*litter* ~) papelera *f*. ② CPD: ~ **liner** N bolsa *f* de la basura.

binary [ˈbaɪnərɪ] ADJ binario/a; ~ **code** código *m* binario; ~ **notation** notación *f* binaria; ~ **number** número *m* binario.

bind [baɪnd] (*pt, pp* **bound**) ① VT ⓐ (*tie together*) atar; (*tie down, make fast*) sujetar; (*fig*) unir; **bound hand and foot** atado de pies y manos.
ⓑ (*wound, arm etc*) vendar; (*bandage*) enrollar.
ⓒ (*Sew: material, hem*) ribetear.
ⓓ (*book*) encuadernar.
ⓔ (*oblige*) **to** ~ **sb to sth** obligar a algn a cumplir con algo; **to** ~ **sb to do sth** obligar a algn a hacer algo.
ⓕ (*Culin*) unir, trabar.
② N (*fam: nuisance*) lata *f*.
◆**bind over** VT + ADV (*Jur*): **to** ~ **sb over to keep the peace** hacer que alguien se comprometa legalmente a no reincidir.
◆**bind together** VT + ADV (*lit*) atar; (*fig*) unir.
◆**bind up** VT + ADV (*wound*) vendar; **to be bound up in** (*work, research etc*) estar absorto/a en; **to be bound up with** (*person*) estar estrechamente ligado/a or vinculado/a a a.

binder [ˈbaɪndəʳ] N ⓐ (*Agr*) agavilladora *f*. ⓑ (*file*) carpeta *f*.

binding [ˈbaɪndɪŋ] ① N ⓐ (*of book*) encuadernación *f*. ⓑ (*Sew*) ribete *m*. ⓒ (*on skis*) ataduras *fpl*. ② ADJ (*agreement, contract*) obligatorio/a, vinculante; **to be** ~ **on sb** ser obligatorio para algn.

bindweed [ˈbaɪndwiːd] N convólvulo *m*, enredadera *f*.

binge [bɪndʒ] N juerga *f* (*Sp*), parranda *f*.

bingo [ˈbɪŋɡəʊ] ① N bingo *m*. ② INTERJ ¡premio!

binoculars [bɪˈnɒkjʊləz] NPL gemelos *mpl*, prismáticos *mpl*.

bio... [ˈbaɪəʊ] PREF bio....

biochemist [ˈbaɪəʊˈkemɪst] N bioquímico/a *m/f*.

biochemistry [ˈbaɪəʊˈkemɪstrɪ] N bioquímica *f*.

biodegradable [ˌbaɪədɪˈɡreɪdəbl] ADJ biodegradable.

biodiversity [ˌbaɪədaɪˈvɜːsɪtɪ] N biodiversidad *f*.

biofuel [ˈbaɪəʊfjʊəl] N biocarburante *m*.

biographer [baɪˈɒɡrəfəʳ] N biógrafo/a *m/f*.

biographical [ˌbaɪəʊˈɡræfɪkəl] ADJ biográfico/a.

biography [baɪˈɒɡrəfɪ] N biografía *f*.

biological [ˌbaɪəˈlɒdʒɪkəl] ADJ biológico/a; ~ **clock** reloj *m* biológico; ~ **warfare** la guerra biológica.

biologist [baɪˈɒlədʒɪst] N biólogo/a *m/f*.

biology [baɪˈɒlədʒɪ] N biología *f*.

bionic [baɪˈɒnɪk] ADJ biónico/a.

biophysics [ˌbaɪəʊˈfɪzɪks] NSG biofísica *f*.

biopic [ˈbaɪəʊˌpɪk] N (*fam*) biografía *f* cinematográfica.

biopsy [ˈbaɪɒpsɪ] N biopsia *f*.

biorhythm [ˈbaɪəʊˌrɪðəm] N biorritmo *m*.

biosphere [ˈbaɪəʊsfɪəʳ] N biosfera *f*.

biotechnology [ˌbaɪəʊtekˈnɒlədʒɪ] N biotecnología *f*.

bipartisan [baɪˈpɑːtɪzæn] ADJ bipartidario/a.

bipartite [baɪˈpɑːtaɪt] ADJ bipartido/a; (*treaty etc*) bipartito/a.

biped [ˈbaɪped] N bípedo *m*.

biplane [ˈbaɪpleɪn] N biplano *m*.

birch [bɜːtʃ] ① N (*tree, wood*) abedul *m*; (*for whipping*) vara *f*. ② VT (*punish*) castigar con la vara.

bird [bɜːd] ① N pájaro *m*; (*Zool*) ave *f*; (*Culin*) ave; (*Brit fam: girl*) chica *f*, pollita *f*, niña *f* (*LAm*); (: *girlfriend*) chica, amiguita *f*; ~ **of paradise** ave del paraíso; ~ **of prey** ave

de rapiña; **early** ~ (*fig*) madrugador(a) *m/f*; **a little** ~ **told me** (*hum*) me lo dijo un pajarito; **the early** ~ **catches the worm** al que madruga, Dios le ayuda; **a** ~ **in the hand is worth two in the bush** más vale pájaro en mano que ciento volando; ~**s of a feather flock together** Dios los cría y ellos se juntan; **to kill two** ~**s with one stone** matar dos pájaros de un tiro.
② CPD: ~ **sanctuary** N reserva *f* de pájaros; ~**'s-eye view** N vista *f* de pájaro.

birdbath [ˈbɜːdbɑːθ] N pila *f* para pájaros.

birdcage [ˈbɜːdkeɪdʒ] N jaula *f*; (*large: outdoor*) pajarera *f*.

birdseed [ˈbɜːdsiːd] N alpiste *m*.

bird-watcher [ˈbɜːdwɒtʃəʳ] N ornitólogo/a *m/f*.

bird-watching [ˈbɜːdˌwɒtʃɪŋ] N ornitología *f*, observación *f* de aves.

biretta [bɪˈretə] N birrete *m*.

Biro ® [ˈbaɪrəʊ] N bolígrafo *m*, birome *f* (*or m*) (*CSur*).

birth [bɜːθ] ① N (*gen*) nacimiento *m*; (*Med*) parto *m*; (*fig*) nacimiento, surgimiento *m*; **at** ~ al nacer; **French by** ~ francés/esa de nacimiento; **place of** ~ lugar *m* de nacimiento; **to give** ~ **to** (*lit*) dar a luz a; (*fig*) dar origen a.
② CPD: ~ **certificate** N partida *f* de nacimiento; ~ **control** N control *m* de la natalidad; ~ **mother** N madre *f* biológica; ~ **rate** N tasa *f* or índice *m* de natalidad.

birthdate [ˈbɜːθdeɪt] N fecha *f* de nacimiento.

birthday [ˈbɜːθdeɪ] ① N cumpleaños *m inv*. ② CPD (*present, party, cake*) de cumpleaños.

birthing [ˈbɜːθɪŋ] ADJ (*pool, centre etc*) de partos, para el parto.

birthmark [ˈbɜːθmɑːk] N marca *f* de nacimiento.

birthplace [ˈbɜːθpleɪs] N lugar *m* de nacimiento.

birthright [ˈbɜːθraɪt] N (*fig*) patrimonio *m*.

BIS N ABBR (*US*) *of* **Bank of International Settlements** BIP *m*.

Biscay [ˈbɪskeɪ] N Vizcaya *f*.

biscuit [ˈbɪskɪt] N (*Brit*) galleta *f*, bizcocho *m* (*LAm*); (*US*) magdalena *f*; **that takes the** ~! (*fam*) ¡eso es el colmo!

bisect [baɪˈsekt] VT bisecar.

bisexual [ˈbaɪˈseksjʊəl] ADJ, N bisexual *mf*.

bishop [ˈbɪʃəp] N obispo *m*; (*Chess*) alfil *m*.

bison [ˈbaɪsən] N (*pl* ~ *or* ~**s**) bisonte *m*.

bistable [baɪˈsteɪbl] ADJ (*Comput*) biestable.

bistro [ˈbiːstrəʊ] N bistró(t) *m*.

bit¹ [bɪt] N (*tool*) barrena *f*, taladro *m*; (*of drill*) broca *f*; (*horse's*) freno *m*, bocado *m*; **to get the** ~ **between one's teeth** desbocarse, rebelarse.

bit² [bɪt] N ⓐ (*gen: piece*) trozo *m*, pedazo *m*; **a** ~ (*small amount*) un poquito; **a** ~ **of** (*paper, wood*) un trozo de; (*wine, sunshine, peace*) un poco de; **a** ~ **too much** un poco de más; **a** ~ **too little** un poco de menos; **a** ~ **bigger/smaller** un poco más grande/pequeño; **a little** ~ **dearer** un poco más caro; **a good** ~ **cheaper** mucho más barato; **a** ~ **of news** una noticia; **a** ~ **of advice** un consejo; **they have a** ~ **of money** tienen dinero *or* (*LAm*) plata; **it was a** ~ **of a shock** fue un golpe bastante duro; **that's not a** ~ **of help** eso no ayuda en lo más mínimo; **are you tired? - not a** ~! ¿estás cansado? - ¡en absoluto!; **every** ~ **as good as** de ningún modo inferior a; ~ **by** ~ poco a poco; **it's a** ~ **much when ...** es intolerable cuando ...; **that's a** ~ **much!** ¡eso pasa de castaño oscuro!; **to come to** ~**s** (*break*) hacerse pedazos; (*be dismantled*) desmontarse; **in** ~**s (and pieces)** (*broken*) hecho/a pedazos; (*dismantled*) desmontado/a; **bring all your** ~**s and pieces** trae todas tus cosas *or* todos tus trastos; **to do one's** ~ aportar su granito de arena; **when it comes to the** ~ cuando llega la hora.
ⓑ (*short time*) **a** ~ un rato; **wait a** ~! ¡espere un momento!, ¡un momento por favor!
ⓒ (*considerable sum*) **a** ~ bastante.
ⓓ (*US: 12½ cents*) doce centavos y medio.

bit³ [bɪt] N (*Comput*) bit *m*, bitio *m*, unidad *f* de información.

bit⁴ [bɪt] PT *of* **bite**.

bitch [bɪtʃ] ① N ⓐ (*of canines*) hembra *f*; (*of dog*) perra *f*. ⓑ (*fam: woman*) bruja *f*. ② VI (*fam: complain*) gruñir, echar pestes (*at* de).

bitchy ['bɪtʃɪ] ADJ (*comp* **-ier;** *superl* **-iest**) (*fam*) maldiciente, malicioso/a; (*remark*) malintencionado/a, horrible.

bite [baɪt] (*vb: pt* **bit;** *pp* **bitten**) [1] [a] (*act*) mordisco *m*; (*wound: of dog, snake etc*) mordedura *f*; (*of insect*) picadura *f*; **to take a ~ at** morder; **the dog took a ~ at him** el perro intentó morderle.

[b] (*of food*) bocado *m*; **do you fancy a ~ (to eat)?** ¿te apetece algo (de comer)?

[c] (*Fishing*) **are you getting any ~s?** ¿están picando?

[d] (*fig*) mordacidad *f*, penetración *f*; **a speech with ~** un discurso tajante.

[2] VT morder; (*subj: insect*) picar; **to ~ one's nails** comerse *or* morderse las uñas; **once bitten twice shy** (*fig*) el gato escaldado del agua fría huye; **it's the old story of biting the hand that feeds you** (*fig*) ya sabes 'cría cuervos (y te sacarán los ojos)'; **to ~ the dust** (*die*) morder el polvo; (*fail*) venirse abajo.

[3] VI [a] (*dog etc*) morder; (*insect, fish*) picar.

[b] (*fig: cuts, inflation etc*) sentirse; **the strike is beginning to ~** la huelga empieza a hacer mella.

◆ **bite back** [1] VT + ADV (*words*) tragar, dejar sin decir.

[2] VI + ADV *of* **the dog bit back** el perro mordió a su vez.

◆ **bite into** VI + PREP (*subj: person*) meter los dientes en; (*subj: acid*) corroer.

◆ **bite off** VT + ADV arrancar con los dientes; **to ~ off more than one can chew** (*fig*) abarcar demasiado; **to ~ sb's head off** (*fig*) echarle una bronca a algn.

◆ **bite through** VT + ADV romper con los dientes.

biting ['baɪtɪŋ] ADJ (*cold, wind*) cortante; (*criticism etc*) mordaz.

bitten ['bɪtn] PP *of* **bite**.

bitter ['bɪtəʳ] [1] ADJ [a] (*taste*) amargo/a; **a ~ pill to swallow** (*fig*) una píldora amarga; **~ lemon** (*drink*) bíter lemon *m*.

[b] (*icy: weather*) glacial.

[c] (*hostile: enemy, hatred*) implacable; **~ struggle** lucha *f* enconada.

[d] (*painful: disappointment*) amargo/a; **to the ~ end** hasta el final.

[e] (*embittered: person*) amargado/a, resentido/a; **to feel ~ about sth** resentirse por algo.

[2] N (*Brit: beer*) cerveza *f* amarga.

bitterly ['bɪtəlɪ] ADV (*see adj c, d*) implacablemente; amargamente; (*weather*) **it's ~ cold** hace un frío glacial; **I was ~ disappointed** sufrí una terrible decepción.

bitterness ['bɪtənɪs] N (*gen*) amargura *f*, rencor *m*; (*of fruit etc*) acidez *f*.

bittersweet ['bɪtəswiːt] ADJ (*lit, fig*) agridulce.

bitty ['bɪtɪ] ADJ [a] (*comp* **-ier;** *superl* **-iest**) (*fam: disconnected*) deshilvanado/a. [b] (*US*) pequeñito/a.

bitumen ['bɪtjʊmɪn] N betún *m*.

bivouac ['bɪvʊæk] (*vb: pt, pp* **-ked**) [1] N vivaque *m*. [2] VI vivaquear.

bi-weekly ['baɪ'wiːklɪ] [1] ADJ (*every 2 weeks*) quincenal; (*twice weekly*) bisemanal. [2] ADV quincenalmente; bisemanalmente.

biz [bɪz] N ABBR (*fam*) *of* **business**.

bizarre [bɪ'zɑːʳ] ADJ (*strange*) extraño/a, raro/a; (*dress*) estrafalario/a.

bk ABBR [a] *of* **book** l., lib. [b] *of* **bank** Banco *m*, Bco.

BL N ABBR [a] *of* **British Library**. [b] (*Univ*) *of* **Bachelor of Law(s)**.

B/L ABBR *of* **bill of lading**.

blab [blæb] [1] VT (*also* **~ out:** *secret*) soltar. [2] VI (*chatter*) cotillear; (*to police etc*) soplar, cantar.

black [blæk] [1] ADJ (*comp* **~er;** *superl* **~est**) [a] negro/a; (*in darkness*) oscuro/a; (*with dirt*) sucio/a, negro; (*fig: gloomy: event, state of affairs*) negro, funesto/a; (*wicked: thought, deed*) ruin; **things look pretty ~** la perspectiva es bastante negra; **to give a ~ look** poner mala cara; **~ and blue** amoratado/a; **~ and white** blanco y negro; **in ~ and white** (*in writing*) por escrito; **to see everything in ~ and white** ver las cosas en blanco y negro; **as ~ as pitch** negro como la boca del lobo; **in the ~** (*Fin*) en el haber;

~ belt (*Sport*) cinturón *m* negro; (*US: area*) zona *f* negra; **~ box (flight recorder)** (*Aer*) caja *f* negra; **~ coffee** café *m* solo; **~ comedy** comedia *f* negra; **B~ Death** peste *f* negra; **~ economy** economía *f* sumergida *or* negra; **~ eye** ojo *m* morado; **~ hole** (*Astron*) agujero *m* negro; **~ magic** magia *f* negra; **~ mark** (*fig*) mala nota *f*; **~ market** mercado *m* negro; **~ marketeer** estraperlista *mf*; **~ pepper** pimienta *f* negra; **~ pudding** morcilla *f*; **B~ Sea** Mar *m* Negro; **~ sheep** oveja *f* negra; **~ spot** (*on road*) punto *m* negro; (*blemish*) mancha *f*.

[b] (*person*) negro/a.

[2] N [a] (*colour*) negro *m*, color *m* negro.

[b] (*person*) negro/a *m/f*.

[3] VT (*Industry: goods, firm*) boicotear.

◆ **black out** [1] VT + ADV (*obliterate with ink etc*) suprimir; (*house*) apagar todas las luces (de).

[2] VI + ADV (*faint*) desmayarse.

blackball ['blækbɔːl] VT dar bola negra a.

blackberry ['blækbərɪ] N zarzamora *f*, mora *f*.

blackbird ['blækbɜːd] N mirlo *m*.

blackboard ['blækbɔːd] N pizarra *f*.

blackcurrant [blæk'kʌrənt] N grosella *f* negra.

blacken ['blækən] [1] VI ennegrecerse. [2] VT [a] ennegrecer. [b] (*fig: reputation*) manchar.

blackguard ['blægɑːd] N pillo *m*, canalla *m*.

blackhead ['blækhed] N espinilla *f*.

blackish ['blækɪʃ] ADJ negruzco/a.

blackjack ['blækdʒæk] N (*esp US*) [a] (*truncheon*) cachiporra *f* con puño flexible. [b] (*flag*) bandera *f* pirata. [c] (*Cards*) veintiuna *f*.

blackleg ['blækleg] N (*Brit*) esquirol *mf*.

blacklist ['blæklɪst] [1] N lista *f* negra. [2] VT poner en la lista negra.

blackmail ['blækmeɪl] [1] N chantaje *m*. [2] VT chantajear.

blackmailer ['blækmeɪləʳ] N chantajista *mf*.

blackness ['blæknɪs] N (*gen*) negrura *f*; (*darkness*) oscuridad *f*, tinieblas *fpl*.

blackout ['blækaʊt] N [a] (*gen*) apagón *m*. [b] (*Med*) desmayo *m*.

blackshirt ['blækʃɜːt] N camisa negra *mf*.

blacksmith ['blæksmɪθ] N herrero/a *m/f*.

blackthorn ['blækθɔːn] N endrino *m*.

bladder ['blædəʳ] N (*Anat*) vejiga *f*; (*of football etc*) cámara *f* de aire.

blade [bleɪd] N (*cutting edge: of knife, tool*) filo *m*; (: *of weapon, razor etc*) hoja *f*; (: *of skate*) cuchilla *f*; (*of propeller*) paleta *f*; (*of oar*) pala *f*; (*of grass etc*) brizna *f*; (*Aut: of wiper*) rasqueta *f*.

blame [bleɪm] [1] N culpa *f*; **to lay the ~ on sb** echar la culpa a algn.

[2] VT [a] (*hold responsible*) culpar, echar la culpa a; **to ~ sb for sth** echar la culpa de algo a algn, culpar a algn de algo; **to be to ~ for** tener la culpa de; **you have only yourself to ~** la culpa la tienes tú.

[b] (*reproach*) censurar; **and I don't ~ him** y lo comprendo perfectamente.

blameless ['bleɪmlɪs] ADJ (*innocent*) inocente; (*irreproachable*) intachable.

blameworthy ['bleɪmwɜːðɪ] ADJ censurable, culpable.

blanch [blɑːntʃ] [1] VI (*person*) palidecer. [2] VT (*Culin*) blanquear; (*boil*) escaldar; **~ed almonds** almendras *fpl* peladas.

blancmange [blə'mɒnʒ] N crema *f* (de vainilla *etc*).

bland [blænd] ADJ (*comp* **~er;** *superl* **~est**) (*people, actions: mild*) suave, afable; (*pej food*) soso/a.

blank [blæŋk] [1] ADJ (*paper, space etc*) en blanco; (*empty: expression etc*) inexpresivo/a; **a ~ look** una mirada vacía; **a look of ~ amazement** una mirada de profundo asombro; **my mind went ~** se me quedó la mente en blanco; **to give sb a ~ cheque** dar a algn un cheque en blanco; (*fig*) dar carta blanca a algn (*to para*); **~ cartridge** cartucho *m* de fogueo; **~ verse** verso *m* blanco *or* suelto.

[2] N (*void*) vacío *m*; (*in form*) espacio *m* en blanco; **to draw a ~** (*fig*) no llegar a ninguna parte; **my mind was a complete ~** no pude recordar nada.

blanket ['blæŋkɪt] [1] N manta *f*, frazada *f* (*LAm*), cobija *f*

(*LAm*); (*fig: of snow*) manto *m*; (*of smoke, fog*) capa *f*; **electric** ~ manta eléctrica; **wet** ~ (*fig*) aguafiestas *mf inv*. [2] CPD (*statement, agreement*) comprensivo/a, general; **to give ~ cover** asegurar a todo riesgo.

blankly ['blæŋklɪ] ADV: **he looked at me** ~ me miró sin comprender.

blare [blɛə^r] [1] N estruendo *m*; (*of trumpet*) trompetazo *m*. [2] VT (*also* ~ **out**) vociferar. [3] VI resonar.

blarney ['blɑːnɪ] N coba *f*, labia *f*.

blasé ['blɑːzeɪ] ADJ indiferente, hastiado/a; **he's totally ~ about everything** está de vuelta de todo.

blaspheme [blæs'fiːm] VI (*swear*) blasfemar.

blasphemer [blæs'fiːmə^r] N (*frm, Rel*) blasfemador(a) *m/f*, blasfemo/a *m/f*.

blasphemous ['blæsfɪməs] ADJ blasfemo/a.

blasphemy ['blæsfɪmɪ] N blasfemia *f*.

blast [blɑːst] [1] N [a] (*of air, steam, wind*) ráfaga *f*; **(at) full ~** (*fig*) a toda marcha.
[b] (*sound: of trumpet etc*) trompetazo *m*.
[c] (*shock wave: of explosion etc*) sacudida *f*, onda *f* expansiva; (*noise: of bomb*) explosión *f*; (: *gen*) estallido *m*.
[d] (*US fam*) fiesta *f*; **to have a ~** (*fam*) organizar una fiesta; **to get a ~ out of sth** (*fam*) pasárselo chachi (*fam*) or (*Lam fam*) chévere con algo.
[2] VT (*tear apart: with explosives*) volar; (*by lightning*) derribar; (*fig: hopes, future*) arruinar.
[3] VI (*also* ~ **out**) sonar a todo volumen, resonar.
[4] INTERJ (*fam*) ¡maldito sea!; **~ it!** ¡maldición!
[5] CPD: **~ furnace** N alto horno *m*.
◆ **blast off** VI + ADV (*spacecraft etc*) despegar.
◆ **blast out** VT + ADV (*radio message*) emitir a toda potencia; (*tune*) tocar *etc* a máximo volumen.

blasted ['blɑːstɪd] ADJ (*fam*) maldito/a.

blasting ['blɑːstɪŋ] N (*Tech*) voladura *f*.

blast-off ['blɑːstɒf] N (*of rockets*) despegue *m*.

blatant ['bleɪtənt] ADJ patente.

blatantly ['bleɪtəntlɪ] ADV descaradamente.

blaze¹ [bleɪz] [1] N [a] (*fire: of buildings etc*) incendio *m*; (*glow: of fire, sun etc*) resplandor *m*; (*display*) derroche *m*; (*outburst*) arranque *m*; **a ~ of colour** un derroche de color; **in a ~ of publicity** bajo los focos de la publicidad.
[b] (*fam*) **like ~s** hasta más no poder; **what the ~s ...?** qué diablos ...?; **go to ~s!** ¡vete a la porra! (*fam*).
[2] VI (*fire*) arder; (*sun*) brillar implacablemente, pegar; (*light*) resplandecer; (*eyes*) relucir; **to ~ with anger** echar chispas.
◆ **blaze away** VI + ADV disparar continuamente.
◆ **blaze down** VI + ADV: **the sun was blazing down** brillaba implacablemente el sol, el sol picaba muy fuerte.
◆ **blaze up** VI + ADV encenderse; (*fig: of feelings*) estallar.

blaze² [bleɪz] [1] N (*on animal*) mancha *f* blanca; (*on tree*) señal *f*. [2] VT (*tree*) marcar; **to ~ a trail** (*also fig*) abrir camino.

blazer ['bleɪzə^r] N (*jacket*) chaqueta *f* de sport, americana *f*, blazer *m*.

blazing ['bleɪzɪŋ] ADJ (*building etc*) ardiendo; (*fire*) llameante; (*sun*) abrasador(a), ardiente; (*light*) brillante; (*eyes*) chispeante; (*row, anger*) violento/a.

bleach [bliːtʃ] [1] N (*agent*) lejía *f*. [2] VT (*clothes*) blanquear; (*hair*) aclarar, decolorar.

bleachers ['bliːtʃəz] NPL (*US*) gradas *fpl*.

bleak [bliːk] ADJ (*comp* **-er**; *superl* **-est**) (*landscape*) desolado/a, desierto/a; (*weather*) desapacible; (*smile*) triste; (*prospect, future*) poco prometedor(a).

bleary ['blɪərɪ] ADJ (*comp* **-ier**; *superl* **-iest**) (*with tears, sleep*) legañoso/a, lloroso/a; (*tired*) agotado/a.

bleary-eyed ['blɪəraɪd] ADJ con ojos legañosos or llorosos.

bleat [bliːt] [1] N balido *m*. [2] VI balar; (*fig, fam*) gimotear.

bleed [bliːd] (*pt, pp* **bled** [bled]) [1] VI (*from cut, wound*) sangrar; **his nose is ~ing** le sangra la nariz; **to ~ to death** morir desangrado/a; **my heart ~s for him** (*iro*) ¡qué pena me da!
[2] VT [a] (*let blood*) sangrar.
[b] (*brakes, radiator*) desaguar.

[c] (*fig*) desangrar.

bleeder ['bliːdə^r] N (*Med fam*) hemofílico/a *m/f*; (*Brit fam*) cabrón *m*.

bleeding ['bliːdɪŋ] [1] ADJ [a] sangrante. [b] (*Brit fam*) condenado/a, puñetero/a. [2] N (*Med*) sangría *f*; (*blood loss*) desangramiento *m*, hemorragia *f*.

bleep [bliːp] [1] N (*Rad, TV*) pitido *m*. [2] VI (*transmitter*) emitir pitidos.

bleeper ['bliːpə^r] N (*of doctor etc*) mensáfono *m*, busca *m*.

blemish ['blemɪʃ] [1] N (*on fruit*) mancha *f*; (*on complexion*) defecto *m*; (*fig: on reputation*) tacha *f*. [2] VT (*spoil*) estropear.

blench [blentʃ] VI (*flinch*) acobardarse; (*pale*) palidecer.

blend [blend] [1] N (*gen*) mezcla *f*. [2] VT (*teas, food etc*) mezclar; (*colours*) casar, combinar. [3] VI (*harmonize*) armonizar (*with* con); **to ~ in with** armonizarse con.

blender ['blendə^r] N (*Culin*) licuadora *f*.

bless [bles] VT (*subj: God, priest*) bendecir; **God ~ you** ¡Dios te bendiga!; **God ~ the Pope!** ¡Dios guarde al Papa!; **~ you!** ¡qué cielo eres!; (*after sneezing*) ¡Jesús!; **I'm ~ed if I know** (*fam euph*) no tengo ni idea; **to ~ o.s.** santiguarse.

blessed ['blesɪd] ADJ [a] (*Rel: holy*) bendito/a, santo/a; **the B~ Virgin** la Santísima Virgen. [b] (*fam euph*) santo/a, dichoso/a; **where's that ~ book?** ¿dónde está ese dichoso libro?

blessing ['blesɪŋ] N [a] (*Rel*) bendición *f*. [b] (*advantage*) beneficio *m*; **to count one's ~s** agradecer lo que se tiene; **you can count your ~s that ...** debes alegrarte de que ...; **it's a ~ in disguise** no hay mal que por bien no venga; **it's a mixed ~** tiene su pro y su contra.

blew [bluː] PT *of* **blow²**.

blight [blaɪt] [1] N (*Bot: plants, cereals, fruit, trees*) roya *f*; (*fig*) plaga *f*. [2] VT (*Bot: wither*) marchitar; (*fig: spoil*) arruinar; (: *frustrate*) frustrar.

blighter ['blaɪtə^r] N (*Brit fam*) tío *m*, sujeto *m*; **you ~!** (*hum*) ¡cacho cabrón!; **what a lucky ~!** ¡es un chorrón!

Blighty ['blaɪtɪ] N (*Brit Mil: fam*) Inglaterra *f*.

blimey ['blaɪmɪ] INTERJ (*Brit fam*) ¡caray!

blind [blaɪnd] [1] ADJ [a] ciego/a; **~ in one eye** tuerto/a; **~ as a bat** (*fam*) más ciego que un topo; **to go ~** quedarse ciego; **~ alley** callejón *m* sin salida; **~ corner** curva *f* sin visibilidad; **~ date** cita *f* a ciegas; **~ man's buff** gallina *f* ciega; **~ spot** (*Aut*) ángulo *m* muerto; (*fig*) punto *m* flaco.
[b] (*fig: unnoticing*) **to be ~ to** ser inconsciente de, no ver; **to turn a ~ eye (to)** hacer la vista gorda (a); **he took not a ~ bit of notice** (*fam*) no hizo caso alguno.
[c] (*unthinking: guess, rage, panic*) ciego/a.
[2] N [a] **the ~** los ciegos; **it's a case of the ~ leading the ~** es como un ciego guiando a otro ciego.
[b] (*shade*) persiana *f*; **Venetian ~** persiana.
[3] ADV (*fly, land*) a ciegas; **~ drunk** (*fam*) más borracho que una cuba.
[4] VT dejar ciego, cegar; (*dazzle*) deslumbrar; (*fig: with hate, love*) cegar.

blinder ['blaɪndə^r] N [a] **to play a ~** (*of a match*) (*fam*) jugar maravillosamente. [b] **~s** (*US: blinkers*) anteojeras *fpl*.

blindfold ['blaɪndfəʊld] [1] ADJ con los ojos vendados; **I could do it ~** podría hacerlo con los ojos vendados. [2] N venda *f*. [3] VT vendar los ojos de.

blinding ['blaɪndɪŋ] ADJ (*light*) intenso/a, deslumbrante.

blindly ['blaɪndlɪ] ADV (*also fig*) a ciegas.

blindness ['blaɪndnɪs] N ceguera *f*; (*also fig*) ceguera *f*.

blink [blɪŋk] [1] N parpadeo *m*; **to be on the ~** (*fam*) estar averiado/a.
[2] VT (*eyes*) cerrar.
[3] VI (*eyes*) parpadear, pestañear; (*light*) parpadear.
◆ **blink at** VI + PREP (*ignore*) pasar por alto.

blinkered ['blɪŋkəd] ADJ (*fig*) de miras estrechas.

blinkers ['blɪŋkəz] NPL anteojeras *fpl*; (*Aut*) intermitentes *mpl*, direccionales *mpl* (*Mex*).

blinking ['blɪŋkɪŋ] ADJ (*fam*) maldito/a.

blip [blɪp] N [a] = **bleep**. [b] (*fig*) irregularidad *f* momentánea.

bliss [blɪs] N (*Rel, happy state*) dicha *f*; **ignorance is ~**

(Prov) ojos que no ven, corazón que no siente.

blissful ['blɪsfəl] ADJ *(happy)* dichoso/a; **in ~ ignorance** feliz en la ignorancia.

blissfully ['blɪsfəlɪ] ADV *(sigh, lounge)* con felicidad; **~ happy** sumamente feliz; **~ ignorant** feliz en la ignorancia.

blister ['blɪstəʳ] **1** N ampolla *f.* **2** VT ampollar. **3** VI ampollarse.

blistering ['blɪstərɪŋ] ADJ *(heat etc)* abrasador(a).

blithe [blaɪð] ADJ alegre.

blithely ['blaɪðlɪ] ADV *(continue, ignore)* alegremente.

blithering ['blɪðərɪŋ] ADJ: **~ idiot** *(fam)* imbécil *mf.*

B.Lit(t) [,biː'lɪt] N ABBR *(Univ)* of **Bachelor of Letters**.

blitz [blɪts] **1** N bombardeo *m*; *(fig fam)* **I'm going to have a ~ on ironing tomorrow** mañana voy a atacar la plancha; **the B~** *el bombardeo alemán de Gran Bretaña en 1940 y 1941.* **2** VT bombardear.

blitzkrieg ['blɪtskriːg] N guerra *f* relámpago.

blizzard ['blɪzəd] N ventisca *f.*

BLM N ABBR *(US)* of **Bureau of Land Management**.

bloated ['bləʊtɪd] ADJ *(stomach, face, also fig)* hinchado/a.

blob [blɒb] N *(drop: of ink etc)* gota *f*; *(stain)* mancha *f*; *(lump: of mud etc)* grumo *m.*

bloc [blɒk] N *(Pol)* bloque *m.*

block [blɒk] **1** N **a** *(lump, Comput)* bloque *m*; *(toy: also building ~)* cubo *m*; *(executioner's)* tajo *m*; *(of brake)* zapata *f*; **to knock sb's ~ off** *(fam)* romper la crisma a algn; **a chip off the old ~** *(fam)* de tal palo tal astilla. **b** *(building)* bloque *m*; *(esp US: group of buildings)* manzana *f*, cuadra *f (LAm)*; **~ of flats** bloque de pisos, edificio *m* de departamentos *(LAm)*; **to walk around the ~** dar la vuelta a la manzana *or (LAm)* cuadra; **3 ~s from here** a 3 manzanas *or (LAm)* cuadras de aquí. **c** *(section: of tickets, shares, stamps)* serie *f.* **d** *(blockage: in pipe, Med)* bloqueo *m*; **mental ~** bloqueo mental. **2** VT *(obstruct: road, gangway)* obstruir, cerrar, cortar; *(: procedure)* bloquear; *(: pipe)* obstruir; *(Sport)* parar, bloquear; *(Comput)* agrupar; **to ~ sb's way/view** cerrar el paso/poner en medio. **3** CPD: **~ and tackle** N *(Tech)* aparejo *m* de poleas; **~ booking** N reserva *f* en bloque; **~ capitals, ~ letters** NPL mayúsculas *fpl*; **~ release** N *(Brit Scol)* exención *f* por estudios; **~ vote** N voto *m* por representación.

♦**block out** VT + ADV *(obscure: light)* tapar; *(obliterate: picture)* borrar.

♦**block up** VT + ADV *(obstruct: passage)* obstruir; *(pipe)* atascar; *(fill in: gap)* cerrar; **my nose is all ~ed up** tengo la nariz taponada.

blockade [blɒ'keɪd] **1** N *(Mil)* bloqueo *m.* **2** VT bloquear.

blockage ['blɒkɪdʒ] N *(obstruction: Med)* obstrucción *f*; *(in pipe)* atasco *m.*

blockbuster ['blɒk,bʌstəʳ] N *(Mil)* bomba *f* revientamanzanas; *(fig)* suceso *m etc* fulminante, bomba.

blockhead ['blɒkhed] N zopenco/a *m/f*; **you ~!** ¡imbécil!

bloke [bləʊk] N *(Brit fam)* tipo *m*, tío *m*, sujeto *m (LAm).*

blond(e) [blɒnd] ADJ, N rubio/a *m/f*, güero/a *m/f (CAm, Mex)*, catire/a *m/f (And, Carib).*

blood [blʌd] **1** N sangre *f*; **to give ~** dar sangre; **of royal ~** de sangre real; **bad ~** *(fig)* mala leche, mala sangre; **new ~** gente *f* nueva; **in cold ~** a sangre fría; **~ is thicker than water** la sangre tira; **it's in his ~** lo lleva en la sangre; **he's after my ~** *(hum)* me tiene rabia; **my ~ ran cold** se me heló la sangre; **it makes my ~ boil** me saca de quicio; **it's like trying to get ~ out of a stone** es como sacar agua de las piedras. **2** CPD: **~ bank** N banco *m* de sangre; **~ bath** N carnicería *f*, baño *m* de sangre; **~ brother** N hermano *m* de sangre; **~ cell** N célula *f* sanguínea; **~ clot** N coágulo *m* sanguíneo; **~ donor** N donante *mf* de sangre; **~ group** N grupo *m* sanguíneo; **~ heat** N temperatura *f* del cuerpo; **~ money** N dinero *m* manchado de sangre; **~ orange** N naranja *f* sanguina; **~ poisoning** N envenenamiento *m* de la sangre; **~ pressure** N tensión *f* arterial; **high ~ pressure** hipertensión *f*; **low ~ pressure** tensión *f* baja;

~ pudding N morcilla *f*; **~ red** ADJ de color rojo sangre, sanguíneo/a, sanguinolento/a; **~ relation, ~ relative** N pariente/a *m/f* sanguíneo/a; **~ sausage** N *(US)* = **~ pudding**; **~ sports** NPL caza *fsg*; **~ sugar** N azúcar *m* en sangre; **~ sugar level** N nivel *m* de azúcar en sangre; **~ test** N análisis *m* de sangre; **~ transfusion** N transfusión *f* de sangre; **~ type** N grupo *m* sanguíneo; **~ vessel** N vaso *m* sanguíneo.

bloodcurdling ['blʌd,kɜːdlɪŋ] ADJ espeluznante.

bloodhound ['blʌdhaʊnd] N sabueso *m.*

bloodless ['blʌdlɪs] ADJ *(pale)* exangüe; *(characterless)* soso/a; *(coup)* incruento/a.

bloodshed ['blʌdʃed] N efusión *f* de sangre.

bloodshot ['blʌdʃɒt] ADJ *(inflamed: eye)* inyectado/a de sangre.

bloodstain ['blʌdsteɪn] N mancha *f* de sangre.

bloodstained ['blʌdsteɪnd] ADJ manchado/a de sangre.

bloodstream ['blʌdstriːm] N corriente *f* sanguínea, sangre *f.*

bloodsucker ['blʌdsʌkəʳ] N *(fig)* sanguijuela *f.*

bloodthirsty ['blʌdθɜːstɪ] ADJ *(comp* **-ier**; *superl* **-iest)** sanguinario/a.

bloody ['blʌdɪ] **1** ADJ *(comp* **-ier**; *superl* **-iest)** **a** *(lit: bleeding)* sangrante; *(bloodstained: hands, dress)* manchado/a de sangre; *(cruel: battle etc)* sangriento/a. **b** *(Brit fam)* maldito/a, puñetero/a, fregado/a *(LAm fam)*; **I'm a ~ genius** ¡joder, qué genio soy! **2** ADV *(Brit fam)* **that's no ~ good!** ¡eso no vale para nada, joder!; *(positive)* **he runs ~ fast** ¡corre la hostia!; **that's ~ awful!** ¡qué putada!

bloody-minded ['blʌdɪ'maɪndɪd] *(Brit fam)* ADJ *(stubborn)* terco/a, tozudo/a; *(: nasty)* con malas pulgas.

bloody-mindedness ['blʌdɪ'maɪndɪdnɪs] *(Brit fam)* N *(see adj)* terquedad *f*, tozudez *f*; malas *fpl* pulgas.

bloom [bluːm] **1** N *(flower)* flor *f*; *(on fruit)* vello *m*, pelusa *f*; *(fig: on complexion)* rubor *m*; **in ~** en flor; **in full ~** en plena floración; **in the full ~ of youth** en la flor de la juventud. **2** VI florecer.

bloomer ['bluːməʳ] N *(fam)* plancha *f.*

bloomers ['bluːməz] NPL bombachos *mpl*, pantaletas *fpl (LAm).*

blooming ['bluːmɪŋ] **a** ADJ floreciente, lleno de salud. **b** *(euph fam)* = **bloody (b)**.

blooper ['bluːpəʳ] N *(US fam)* metedura *f* de pata.

blossom ['blɒsəm] **1** N *(collective)* flores *fpl*; *(single)* flor *f*; **in ~** en flor. **2** VI florecer; *(fig)* florecer, llegar a su apogeo; **it ~ed into love** se transformó en amor.

blot [blɒt] **1** N *(of ink)* borrón *m*, mancha *f*; *(fig: on reputation etc)* tacha *f*, mancha; **the chimney is a ~ on the landscape** la chimenea afea el paisaje. **2** VT **a** *(spot: with ink)* manchar; **to ~ one's copybook** manchar su reputación. **b** *(dry: with blotter: ink, writing)* secar.

♦**blot out** VT + ADV *(lit)* borrar; *(fig: mist, fog)* ocultar; *(: memories)* borrar.

blotch [blɒtʃ] N *(of ink, colour)* mancha *f*; *(on skin)* erupción *f.*

blotchy ['blɒtʃɪ] ADJ *(comp* **-ier**; *superl* **-iest)** manchado/a, lleno/a de manchas.

blotter ['blɒtəʳ] N secante *m.*

blotting paper ['blɒtɪŋ,peɪpəʳ] N papel *m* secante.

blotto ['blɒtəʊ] ADJ: **to be ~** *(fam)* estar mamado *(fam).*

blouse [blaʊz] N blusa *f.*

blouson ['bluːzɒn] N cazadora *f.*

blow¹ [bləʊ] N **a** *(hit)* golpe *m*; *(slap)* bofetada *f*; **a ~ with a hammer/fist/elbow** un martillazo/un puñetazo/un codazo; **at one ~** de un solo golpe; **a ~ by ~ account** una narración pormenorizada; **to strike a ~ for freedom** *(fig)* dar un paso más en favor de la libertad; **to come to ~s** *(lit, fig)* llegar a manos. **b** *(fig: misfortune)* golpe *m*; **the news came as a great ~** la noticia fue un duro golpe; **to cushion or soften the ~** amortiguar el golpe; *(fig)* disminuir los efectos de un desastre *etc.*

blow² [bləʊ] *(pt* **blew**; *pp* **~n)** **1** VT **a** *(move by ~ing: of wind etc)* llevar; **to ~ sb a kiss** enviar *or* tirar un beso a algn.

b (*trumpet, whistle*) tocar, sonar; (*nose*) sonarse (la nariz); (*glass*) soplar; **to ~ one's own trumpet** darse bombo; **to ~ bubbles** (*soap*) hacer pompas; (*gum*) hacer globos.

c (*burn out, explode: fuse*) fundir, quemar; (: *safe etc*) volar; **to ~ money on sth** (*fam*) malgastar dinero en algo; **to ~ a secret** soltar un secreto; **to ~ one's top** reventar; **to ~ sb's mind** (*fam*) dejar alucinado/a a algn (*fam*); **to ~ it** (*fam*) cagarla (*fam!*); **~ this rain!** (*fam*) ¡dichosa sea esta lluvia!; **~ the expense!** ¡al cuerno el gasto!

2 VI **a** (*wind*) soplar; (*person*) jadear.

b (*move: with wind: leaves etc*) mover con el viento; **the door blew open/shut** se abrió/cerró la puerta con el viento.

c (*make sound: trumpet*) sonar.

d (*fuse etc*) fundirse, quemarse.

3 N (*of breath*) soplo *m*; (*of sound*) trompetazo *m*.

◆ **blow away** **1** VI + ADV llevarse.

2 VT + ADV llevar; (*fam: kill*) cargarse a tiros a (*fam*); (: *defeat*) cargarse a (*fam*), hacer picadillo (*fam*).

◆ **blow down** VI + ADV derribarse.

◆ **blow in** VI + ADV (*collapse*) derribarse; (*enter*) entrar de sopetón; **look who's ~n in!** (*fam*) ¡mira quién ha caído del cielo!

◆ **blow off** VT + ADV (*gas*) dejar escapar; **to ~ off steam** desfogarse.

◆ **blow out** **1** VT + ADV **a** (*extinguish: candle*) apagar (con un soplo).

b (*swell out: cheeks*) hinchar.

2 VR: **the next day the storm had ~n itself out** al día siguiente la tormenta se había calmado.

◆ **blow over** **1** VT + ADV derribar, tumbar.

2 VI + ADV (*tree etc*) derribarse, tumbarse; (*storm*) calmarse; (*fig: dispute*) olvidarse.

◆ **blow up** **1** VT + ADV (*explode: bridge etc*) volar; (*burst: balloon*) reventar; (*inflate: tyre etc*) inflar, hinchar; (*enlarge: photo*) ampliar; (: *fig: an event etc*) exagerar.

2 VI + ADV (*be exploded*) explotar; (*fig: row etc*) estallar; (*fig fam: in anger*) salir de sus casillas.

blow-dry ['bləʊ,draɪ] **1** N (*hairstyle*) **I'd like a cut and ~** quisiera un corte y secado a mano. **2** VT (*style*) secar a mano.

blower ['bləʊəʳ] N (*fam*) teléfono *m*.

blowhole ['bləʊhəʊl] N (*of whale*) orificio *m* nasal.

blow job ['bləʊdʒɒb] N (*fam!*) mamada *f* (*fam!*), francés *m* (*fam!*).

blowlamp ['bləʊlæmp] N soplete *m*.

blown [bləʊn] PP of **blow²**.

blowout ['bləʊaʊt] N **a** (*Aut: burst tyre*) reventón *m*, pinchazo *m*, ponchada *f* (*Mex*), pinchadura *f* (*Mex*). **b** (*Elec: of fuse*) quemadura *f*. **c** (*fam: big meal*) comilona *f*.

blowpipe ['bləʊpaɪp] N (*weapon*) cerbatana *f*.

blowsy ['blaʊzɪ] ADJ = **blowzy**.

blowtorch ['bləʊtɔ:tʃ] N soplete *m*.

blowy ['bləʊɪ] ADJ (*day*) ventoso/a.

blowzy ['blaʊzɪ] ADJ (*comp* **-ier**; *superl* **-iest**) (*woman*) desaliñado/a; (*red in face*) coloradote.

BLS N ABBR (*US*) of **Bureau of Labor Statistics**.

blubber ['blʌbəʳ] **1** N (*of whales*) grasa *f* de ballena. **2** VI (*weep*) lloriquear.

blue [blu:] **1** ADJ **a** azul; **~ with cold** amoratado/a de frío; **once in a ~ moon** de Pascuas a Ramos; **~ beret** casco *m* azul; **~ blood** sangre *f* azul; **~ cheese** queso *m* de pasta verde.

b (*fam: obscene*) verde, colorado (*LAm*).

c (*fam: sad*) triste, deprimido/a; **to feel ~** estar tristón/ona, tener pena (*LAm*).

2 N **a** (*colour*) azul *m*.

b (*sky*) cielo *m*; **out of the ~** (*fig*) como cosa llovida del cielo.

c **~s** (*Mus*) blues *m*; (*feeling*) melancolía *f*, tristeza *f*, pena *f* (*LAm*); **he's got the ~s** está triste, tiene pena (*LAm*).

bluebell ['blu:bel] N campánula *f* azul.

blueberry ['blu:berɪ] N (*US*) arándano *m*.

blue-blooded ['blu:'blʌdɪd] ADJ de sangre azul.

bluebottle ['blu:,bɒtl] N moscarda *f*.

blue-collar ['blu:,kɒləʳ] ADJ: **~ workers** obreros *mpl*, trabajadores *mpl* manuales.

blue-eyed ['blu:,aɪd] ADJ de ojos azules; **~ boy** (*fig*) ojo *m* derecho, consentido/a *m/f*.

blueprint ['blu:prɪnt] N (*plan*) proyecto *m*, anteproyecto *m*; (*drawing*) cianotipo *m*.

bluff¹ [blʌf] ADJ (*person*) franco/a, directo/a.

bluff² [blʌf] N (*cliff*) risco *m*, peñasco *m*.

bluff³ [blʌf] **1** N (*act of ~ing*) farol *m*, bluff *m*; **to call sb's ~** coger a algn en un renuncio.

2 VT (*deceive by pretending*) engañar, embaucar; **to ~ it out by ...** salvar la situación haciendo creer que ....

3 VI farolear, tirarse un farol.

blunder ['blʌndəʳ] **1** N metedura *f* de pata, patinazo *m*, plancha *f*; **to make a ~** meter la pata, tirarse una plancha.

2 VI **a** (*err*) cometer un grave error.

b (*move clumsily*) **to ~ about** andar a ciegas, andar a tontas y a locas; **to ~ into sb/sth** tropezar con algn/ algo; **to ~ into sth** (*fig*) caer o meterse en algo; (*trap*) caer en algo.

blunderbuss ['blʌndəbʌs] N trabuco *m*.

blunt [blʌnt] **1** ADJ **a** (*not sharp: edge*) embotado/a, desafilado/a; (: *point*) despuntado/a.

b (*outspoken*) directo/a, franco/a.

2 VT embotar, despuntar; (*fig*) debilitar, mitigar.

bluntly ['blʌntlɪ] ADV (*speak*) francamente, directamente.

bluntness ['blʌntnɪs] N **a** (*of blade etc*) embotadura *f*.

b (*outspokenness*) franqueza *f*.

blur [blɜ:ʳ] **1** N (*shape*) contorno *m* borroso; **everything is a ~ when I take off my glasses** todo se vuelve borroso cuando me quito los lentes; (*fig*) **the memory is just a ~** el recuerdo está impreciso; **my mind was a ~** todo se volvió borroso en mi mente.

2 VT **a** (*obscure: writing*) borrar, enturbiar; (: *outline*) desdibujar; (: *sight*) oscurecer, empañar.

b (*fig: memory*) enturbiar; (: *judgment*) ofuscar.

3 VI (*be obscured*) desdibujarse, volverse borroso/a; **her eyes ~red with tears** las lágrimas le enturbiaban la vista.

blurb [blɜ:b] N propaganda *f*.

blurred [blɜ:d] ADJ borroso/a; **to be/become ~** estar/ volverse borroso/a.

blurt [blɜ:t] VT: **to ~ out** (*secret*) dejar escapar; (*recount: whole story*) contar de buenas a primeras.

blush [blʌʃ] **1** N **a** rubor *m*, sonrojo *m*.

b (*US: make-up*) colorete *m*.

2 VI ruborizarse (*with* de), sonrojarse (*with* de); **to make sb ~** hacer que algn se ponga rojo; **I ~ for you** siento vergüenza o pena por ti.

blusher ['blʌʃəʳ] N colorete *m*.

bluster ['blʌstəʳ] **1** N (*empty threats*) fanfarronadas *fpl*, bravatas *fpl*. **2** VI (*wind*) soplar con fuerza, bramar; (*fig: person*) echar bravatas, fanfarronear.

blustery ['blʌstərɪ] ADJ (*wind*) tempestuoso/a.

Blvd ABBR of **boulevard** Blvr.

BM N ABBR **a** of **British Museum**. **b** (*Univ*) of **Bachelor of Medicine**.

BMA N ABBR of **British Medical Association**.

BMC N ABBR of **British Medical Council**.

BMJ N ABBR of **British Medical Journal**.

B-movie ['bi:,mu:vɪ] N (*Cine*) película *f* de la serie B.

B.Mus. N ABBR (*Univ*) of **Bachelor of Music**.

BNFL N ABBR of **British Nuclear Fuels Limited**.

BNP N ABBR (*Pol*) of **British National Party** partido político de la extrema derecha.

BO N ABBR **a** (*euph*) of **body odour**. **b** (*US*) of **box office**.

B/O ABBR (*Fin*) of **brought over** suma *f* anterior.

boa ['bəʊə] N **a** (*snake: also* **~ constrictor**) boa *f*. **b** (*of feathers*) boa (de plumas).

boar [bɔ:ʳ] N (*male pig*) verraco *m*, cerdo *m*; **wild ~** jabalí *m*.

board [bɔ:d] **1** N **a** (*of wood*) tabla *f*, tablón *m*; (*for chess* *etc*) tablero *m*; (*ironing ~*) mesa *f*; (*notice ~*) tablón; (*Comput*) placa *f*, tarjeta *f*; **to go by the ~** (*fig: go wrong*) ir al traste; (: *be abandoned*) abandonarse; **above ~** (*fig: just*) legítimo/a; (: *in order*) en regla, legal; **to sweep the ~** ganárselas todas.

b (*provision of meals*) pensión *f*; **half ~** media pensión; **full ~** pensión completa; **~ and lodging** casa y comida.

c (*Naut, Aer*) **on ~** a bordo.

d (*group of officials*) junta *f*, consejo *m*; **the ~ of governors** (*Brit Scol*) el consejo (de un colegio, instituto etc); **a ~ of inquiry** una comisión investigadora.

e (*gas, water etc*) comisión *f*.

2 VT **a** (*ship, plane*) subir a bordo de, embarcarse en; (*enemy ship*) abordar; (*bus, train*) subir a.

b (*also* **~ up**: *cover with ~s*) entablar.

3 VI: **to ~ with** hospedarse en casa de.

4 CPD: **~ of directors** N consejo *m* de administración, junta *f* directiva; **~ game** N juego *m* de tablero; **~ meeting** N reunión *f* de la junta directiva.

◆ **board up** VT + ADV (*door, window*) entablar.

boarder ['bɔ:dər] N huésped(a) *m/f*; (*Scol*) interno/a *m/f*.

boarding card ['bɔ:dɪŋ,ka:d], **boarding pass** ['bɔ:dɪŋ,pa:s] N (*Aer*) tarjeta *f* de embarque.

boarding house ['bɔ:dɪŋhaʊs] N pensión *f*, casa *f* de huéspedes, residencial *f* (*CSur*).

boarding school ['bɔ:dɪŋsku:l] N internado *m*.

boardroom ['bɔ:drʊm] N sala *f* de juntas.

boardwalk ['bɔ:dwɔ:k] N (*US*) paseo *m* marítimo entablado.

boast [bəʊst] **1** N: **it is his ~ that** se jacta de que; **to be the ~ of** ser el orgullo de. **2** VT (*frm: pride o.s. on*) ostentar, jactarse de. **3** VI jactarse, presumir; **he ~s about his strength** presume de fuerte.

boaster ['bəʊstər] N jactancioso/a *m/f*, fanfarrón/ona *m/f*.

boastful ['bəʊstfʊl] ADJ jactancioso/a, fanfarrón/ona.

boasting ['bəʊstɪŋ] N jactancia *f*, presunción *f*.

boat [bəʊt] **1** N (*gen*) barco *m*; (*small*) barca *f*; (*rowing ~*) barca, bote *m* (de remo); (*large ship*) buque *m*, navío *m*; **to go by ~** ir en barco; **we're all in the same ~** (*fig fam*) estamos todos en la misma situación; **to burn one's ~s** (*fig*) quemar las naves; **to miss the ~** (*fig*) perder el tren; **to push the ~ out** (*fig*) tirar la casa por la ventana; **to rock the ~** (*fig*) hacer olas. **2** CPD: **~ race** N regata *f*; **~ train** N tren *m* que enlaza con un barco.

boatbuilder ['bəʊt,bɪldər] N constructor *m* de barcos; **~'s (yard)** astillero *m*.

boater ['bəʊtər] N (*hat*) canotié *m*.

boathouse ['bəʊthaʊs] N cobertizo *m* para botes.

boatload ['bəʊtləʊd] N barcada *f*.

boatswain ['bəʊsn] N contramaestre *mf*.

boatyard ['bəʊtjɑ:d] N astillero *m*.

bob¹ [bɒb] **1** N (*jerk: of head etc*) sacudida *f*, meneo *m*; (*curtsy*) reverencia *f*. **2** VI (*jerk: person*) menearse; (: *animal*) moverse, menearse; **to ~ about** (*in wind etc*) bailar; (*on water*) balancearse, mecerse; **to ~ (up and down)** subir y bajar.

◆ **bob up** VI + ADV (*appear*) surgir, presentarse.

bob² [bɒb] N pelo *m* a lo garçon.

bob³ [bɒb] N (*old Brit fam: shilling*) chelín *m*.

Bob [bɒb] N: **~'s your uncle!** (*Brit fam*) ¡ya está!, ¡y se acabó!

bobbin ['bɒbɪn] N carrete *m*, bobina *f*; (*Sew: of cotton*) canilla *f*.

bobble ['bɒbl] N (*ball: on hat*) borla *f*.

bobby ['bɒbɪ] N (*Brit fam*) poli *m*.

bobby pin ['bɒbɪ,pɪn] N (*US*) horquilla *f*, prendedor *m*.

bobcat ['bɒbkæt] N (*US*) lince *m*.

bobsleigh ['bɒbsleɪ] N bob *m*, trineo *m* de balancín.

bod [bɒd] N (*Brit fam*) tío *m*, individuo *m*.

bode [bəʊd] VI: **it ~s well/ill** es de buen/mal agüero.

bodice ['bɒdɪs] N (*of dress*) corpiño *m*, almilla *f*.

bodily ['bɒdɪlɪ] **1** ADJ corpóreo/a, corporal; **~ needs** necesidades *fpl* corporales; **actual/grievous ~ harm** (*Jur*) daños *mpl* personales/graves. **2** ADV en conjunto; **to lift sb ~** levantar a algn en peso.

body ['bɒdɪ] **1** N **a** (*of person, animal*) cuerpo *m*, tronco *m*; (*dead ~*) cadáver *m*; **to keep ~ and soul together** tirando; **over my dead ~!** ¡ni soñando!, ¡ni pensarlo!

b (*Aut: also* **~work**) carrocería *f*; (*gen: external structure*) armazón *m or f*, casco *m*; (*core: of argument*) peso *m*, meollo *m*.

c (*mass, collection*) conjunto *m*; (*of people*) grupo *m*; (*organization*) organismo *m*, órgano *m*; (*of water*) masa *f*; **a large ~ of evidence** una recopilación importante de datos; **the student ~** la masa estudiantil; **in a ~** todos juntos, en masa.

d (*substance: of wine*) cuerpo *m*; (: *of hair*) volumen *m*, cuerpo.

e (*article of clothing*) = **~ stocking**.

2 CPD: **~ bag** N bolsa *f* para restos humanos; **~ blow** N golpe *m* duro; **~ building** N culturismo *m*; **~ clock** N reloj *m* biológico; **~ count** N (*US*) número *m* or balance *m* de muertos; **~ double** N (*Cine, TV*) doble *m*; **~ language** N lenguaje *m* gestual, gestualidad *f*; **~ lotion** N loción *f* corporal; **~ mike** N (*fam*) micro *m* de solapa (*fam*); **~ odour, ~ odor** (*US*) N olor *m* a sudor; **~ stocking, ~ suit** N body *m*, bodi *m*.

bodybuilder ['bɒdɪ,bɪldər] N culturista *mf*.

bodyguard ['bɒdɪgɑ:d] N (*man*) guardaespaldas *m inv*, guarura *m* (*Mex*); (*men*) guardia *f* personal.

bodywork ['bɒdɪwɜ:k] N (*Aut*) carrocería *f*.

Boer War ['bəʊə,wɔ:r] N Guerra *f* Bóer, Guerra *f* del Transvaal.

B. of E. N ABBR *of* **Bank of England**.

boffin ['bɒfɪn] N (*Brit*) científico/a *m/f*, inventor(a) *m/f*.

bog [bɒg] N pantano *m*, ciénaga *f*; (*Brit fam: toilet*) wáter *m*, baño *m* (*LAm*).

◆ **bog down** VT + ADV: **to get ~ged down (in)** quedar atascado/a (en), hundirse (en); (*fig*) empantanarse or atrancarse (en).

bogey ['bəʊgɪ] N (*goblin*) duende *m*, trasgo *m*; (*bugbear*) pesadilla *f*; **that is our ~ team** ése es un equipo gafe para nosotros.

bogeyman ['bəʊgɪ,mæn] N (*pl* **-men**) coco *m*.

boggle ['bɒgl] (*fam*) VI: **to ~ (at)** (*hesitate*) vacilar (ante); (*be afraid*) pasmarse (ante); **the mind ~s!** ¡alucino!

Bogotá [,bɒgəʊ'tɑ:] N Bogotá *m*.

bog-standard ['bɒg'stændəd] ADJ (*Brit fam*) normalito/a.

bogus ['bəʊgəs] ADJ (*fake*) falso/a, fraudulento/a; (*person*) fingido/a; (*of person's character*) artificial, afectado/a.

Bohemian [bəʊ'hi:mɪən] ADJ, N bohemio/a *m/f*; (*fig*) bohemio/a *m/f*.

boil¹ [bɔɪl] N (*Med*) divieso *m*, furúnculo *m*.

boil² [bɔɪl] **1** N: **to bring to the ~, bring to a ~** (*US*) calentar hasta que hierva; **to come to the ~, come to a ~** (*US*) comenzar a hervir, entrar en ebullición; **on the ~** hirviendo. **2** VT **a** (*liquid*) hervir.

b (*Culin: vegetables etc*) cocer; **(soft) ~ed egg** huevo *m* pasado por agua, huevo tibio (*LAm*), huevo a la copa (*And, CSur*); **hard ~ed egg** huevo duro or cocido. **3** VI (*water*) hervir; **the kettle is ~ing** el hervidor está hirviendo; **to ~ dry** dejar cocer hasta que se evapore toda el agua; **to ~ with rage** (*fig*) rabiar, estar a punto de reventar.

◆ **boil down** VI + ADV (*fig*) **to ~ down to** reducirse a.

◆ **boil over** VI + ADV irse, rebosar.

boiler ['bɔɪlər] **1** N (*central heating*) caldera *f*; (*in ship, engine*) calderas *fpl*. **2** CPD: **~ house** N edificio *m* de calderas; **~ room** N sala *f* de calderas; **~ suit** N mono *m*, overol *m* (*LAm*), mameluco *m* (*CSur*).

boilermaker ['bɔɪlə,meɪkər] N calderero/a *m/f*.

boiling ['bɔɪlɪŋ] ADJ (*gen*) hirviendo; (*fig*) quemando; **a ~ hot day** un día de mucho calor; **~ point** punto *m* de ebullición.

boisterous ['bɔɪstərəs] ADJ (*person: unrestrained*) bullicioso/a; (: *exuberant*) exuberante; (*crowd, meeting etc*) alborotado/a, tumultuoso/a; (*in high spirits: party etc*) muy alegre, animadísimo/a.

bold [bəʊld] ADJ (*comp* **~er**; *superl* **~est**) **a** (*brave: person,* *attempt*) valiente, audaz. **b** (*child, remark: forward*) atrevido/a; (: *shameless*) descarado/a. **c** (*striking: colour, pattern*) llamativo/a; (*line, shape*) marcado/a; **~ type** (*Typ*) negrita *f*.

boldly ['bəʊldlı] ADV (*speak, behave*) audazmente; (*pej*) atrevidamente, descaradamente.

boldness ['bəʊldnɪs] N (*daring*) audacia *f*; (*courage*) valor *m*; (*pej*) atrevimiento *m*, descaro *m*.

bolero [bə'lɛərəʊ] N bolero *m*.

Bolivia [bə'lɪvɪə] N Bolivia *f*.

Bolivian [bə'lɪvɪən] ADJ, N boliviano/a *m/f*.

bollard ['bɒləd] N (*at roadside*) baliza *f*; (*Naut*) noray *m*, bolardo *m*.

bollocking ['bɒləkɪŋ] N: **to give sb a ~** (*fam*) poner a algn como un trapo (*fam*).

bollocks ['bɒləks] (*Brit fam!*) N cojones *mpl* (*fam!*); (*nonsense*) tonterías *fpl*, pavadas *fpl*.

Bolshevik ['bɒlʃəvɪk] ADJ, N bolchevique *mf*.

Bolshevism ['bɒlʃəvɪzəm] N bolchevismo *m*.

Bolshevist ['bɒlʃəvɪst] ADJ, N bolchevista *mf*.

bolshie, bolshy ['bɒlʃı] **1** N bolchevique *mf*. **2** ADJ (*Pol*) bolchevique; (*fig*) revoltoso/a, protestón/ona.

bolster ['bəʊlstər] **1** N travesaño *m*, cabezal *m*. **2** VT (*fig: also ~ up*) reforzar; (*morale etc*) levantar.

bolt [bəʊlt] **1** N **a** (*on door, gun*) cerrojo *m*; (*of lock*) pestillo *m*; (*Tech*) perno *m*, tornillo *m*; **he's shot his ~** (*fig*) ha quemado su último cartucho.
b (*dash*) salida *f* repentina; (*flight*) fuga *f*; **to make a ~ for it** (*dash out*) salir corriendo; (*flee*) fugarse.
c (*of lightning*) rayo *m*; **it came like a ~ from the blue** (*fig*) cayó como una bomba.
2 ADV: **~ upright** rígido/a, erguido/a; **to sit ~ upright** incorporarse de golpe.
3 VT **a** (*door etc*) echar el cerrojo a; (*Tech*) sujetar con tornillos, empernar; **to ~ two things together** unir dos cosas con pernos.
b (*food: also ~ down*) engullir, tragar (*LAm*).
4 VI (*escape*) escaparse, huir; (*horse*) desbocarse; (*rush*) precipitarse fuera.

bomb [bɒm] **1** N bomba *f*; **it went like a ~** (*Brit fam*) resultó fenomenal, fue un éxito; **this car goes like a ~** (*Brit fam*) este coche corre a toda pastilla *or* hostia (*fam*); **it costs a ~** (*Brit fam*) cuesta un ojo de la cara (*fam*).
2 VT (*target*) bombardear.
3 VI (*US fam: fail*) **the show ~ed** el espectáculo fracasó.
4 CPD: **~ disposal expert** N experto *m* en desactivar bombas; **~ scare** N amenaza *f* de bomba; **~ site** N lugar *m* donde estalló una bomba.
◆**bomb along** VI + ADV ir como el demonio, ir a toda hostia (*fam*).

bombard [bɒm'bɑːd] VT (*Mil*) bombardear (*with* con); (*fig*) **I was ~ed with questions** me acosaron *or* bombardearon a preguntas.

bombardment [bɒm'bɑːdmənt] N (*Mil*) bombardeo *m*.

bombastic [bɒm'bæstɪk] ADJ (*pompous: language, manner*) altisonante, rimbombante.

Bombay [bɒm'beɪ] **1** N Bombay *m*. **2** CPD: **~ duck** N (*Culin*) *pescado seco utilizado en la elaboración del curry*.

bomber ['bɒmər] **1** N **a** (*aircraft*) bombardero *m*.
b (*person*) alguien que pone bombas. **2** CPD: **~ jacket** N cazadora *f*, americana *f*.

bombing ['bɒmɪŋ] N bombardeo *m*.

bombshell ['bɒmʃel] N (*fig: of news etc*) bomba *f*.

bona fide ['bəʊnə'faɪdı] ADJ (*genuine*) auténtico/a; (*legal*) legal.

bonanza [bə'nænzə] N (*fig: in profits*) bonanza *f*.

bonce [bɒns] N (*fam*) coco *m* (*fam*).

bond [bɒnd] **1** N **a** (*link*) lazo *m*, vínculo *m*; **his word is as good as his ~** es un hombre de palabra, es de fiar; **a ~ of friendship** un vínculo de amistad; *see* **marriage**.
b **~s** (*chains etc*) cuerdas *fpl*, cadenas *fpl*.
c (*Fin*) bono *m*; *see* **premium**.
d (*Jur: bail*) fianza *f*.
e (*Comm*) **in ~** en depósito bajo fianza.
f (*adhesion*) unión *f*.
2 VT unir, pegar.

bonded ['bɒndɪd] ADJ unido/a, vinculado/a; (*Comm*) en aduana; **~ goods** mercancías *fpl* en depósito de aduanas; **~ warehouse** almacén *m* de aduanas, almacén de depósito.

bone [bəʊn] **1** N (*of human, animal etc*) hueso *m*; (*of fish*) espina *f*; **a ~ ring** un anillo de hueso; **~ of contention** manzana *f* de la discordia; **I feel it in my ~s** tengo una corazonada, me da en la nariz; **I have a ~ to pick with you** (*fam*) tenemos una cuenta que ajustar; **he made no ~s about it** no tuvo pelos en la lengua, no se anduvo con rodeos; **to work one's fingers to the ~** trabajar como un esclavo.
2 VT (*meat*) deshuesar; (*fish*) quitar las espinas a.
3 CPD: **~ china** N porcelana *f* fina; **~ meal** N harina *f* de huesos.
4 ADJ: **~ idle** (*fam*) gandul(a), holgazán/ana, flojo/a (*LAm*).

bone-dry ['bəʊn'draɪ] ADJ (*fam*) completamente seco/a.

boner ['bəʊnər] N (*US fam*) plancha *f*, patochada *f*; **to pull a ~** meter el cuezo.

bonfire ['bɒnfaɪər] N (*for celebration*) hoguera *f*; (*for rubbish*) fogata *f*.

bonk ['bɒŋk] VT, VI (*fam*) follar (*fam!*).

bonkers ['bɒŋkəz] ADJ L (*Brit fam*): **to be ~** estar chalado/a (*fam*); **to go ~** chalarse (*fam*).

Bonn [bɒn] N Bona *m*, Bonn *m*.

bonnet ['bɒnɪt] N **a** (*woman's*) gorra *f*; (*esp Scot: man's*) gorra escocesa; (*baby's*) gorro *m*. **b** (*Brit Aut*) capó *m*, cofre *m* (*Mex*).

bonny ['bɒnı] ADJ (*comp* **-ier**; *superl* **-iest**) (*esp Scot: pretty*) bonito/a, hermoso/a, lindo/a (*esp LAm*).

bonus ['bəʊnəs] **1** N (*on wages*) paga *f* extraordinaria, prima *f*, plus *m*; (*insurance etc*) prima, gratificación *f*; (*fig*) regalo *m*, bendición *f*.
2 CPD: **~ scheme** N plan *m* de incentivos; **~ shares, ~ stock** N (*US*) acciones *fpl* gratuitas.

bony ['bəʊnı] ADJ (*comp* **-ier**; *superl* **-iest**) (*having bones*) huesudo/a; (*like bone*) óseo/a; (*thin: person*) flaco/a, delgado/a; (*fish*) espinoso/a, lleno/a de espinas.

boo [buː] **1** N rechifla *f*, abucheo *m*. **2** INTERJ ¡uh! **3** VT (*actor, referee*) abuchear, silbar; **he was ~ed off the stage** la rechifla le obligó a abandonar el escenario.

boob [buːb] N (*fam: mistake*) disparate *m*, sandez *f*; (: *breast*) teta *f*.

booboo ['buːbuː] N (*US fam*) patochada *f*.

boobtube ['buːbtjuːb] N (*US: TV set*) televisor *m*; (*sun top*) camiseta-tubo *f*.

booby prize ['buːbɪpraɪz] N premio *m* al último.

booby trap ['buːbɪtræp] N trampa *f*; (*Mil etc*) trampa explosiva, bomba *f* cazabobos.

book [bʊk] **1** N (*gen*) libro *m*; (*note~*) libreta *f*, cuaderno *m*; (*of tickets, cheques*) talonario *m*; (*volume*) tomo *m*; **the ~s** (*Comm*) las cuentas, la contabilidad; **~ of matches** cerillas *fpl or* fósforos *mpl* de solapa; **to be in sb's bad ~s** quedar mal con algn; **to bring sb to ~** pedirle cuentas a algn; **to throw the ~ at sb** echar un rapapolvo a algn; **by the ~** según las reglas; **in my ~** para mí, en mi opinión.
2 VT **a** (*reserve: ticket, seat, room*) reservar; (*artist etc*) contratar.
b (*fam: record name of: driver, player*) amonestar.
3 VI reservar.
4 CPD: **~ token** N vale *m* para libros.
◆**book in** **1** VI + ADV registrarse.
2 VT + ADV (*person*) registrar (a).
◆**book up** VT + ADV (*for holiday etc*) hacer reserva de; **we're ~ed up for tonight** estamos completos para esta noche; **I'm fully ~ed up** (*fam*) ya tengo compromiso.

bookable ['bʊkəbl] ADJ (*seat etc*) que se puede reservar (*de antemano*); (*Sport: offence*) sujeto a tarjeta amarilla.

bookbinder ['bʊk,baɪndər] N encuadernador(a) *m/f*.

bookbinding ['bʊk,baɪndɪŋ] N encuadernación *f*.

bookcase ['bʊkkeɪs] N librería *f*, estantería *f*.

bookie ['bʊkı] N (*fam*) = **bookmaker**.

booking ['bʊkɪŋ] **1** N (*in hotel etc*) registro *m*; (*of artists*) contratación *f*.

2 CPD: **~ clerk** N taquillero/a *m/f*; **~ office** N (*Rail*) despacho *m* de billetes *or* (*LAm*) boletos; (*Theat*) taquilla *f*.

book-keeper ['bʊk,kiːpər] N contable *mf*, contador(a) *m/f* (*LAm*).

book-keeping ['bʊk,kiːpɪŋ] N contabilidad *f*.

booklet ['bʊklɪt] N folleto *m*.

bookmaker ['bʊkmeɪkər] N corredor *m* de apuestas.

bookmark ['bʊkmaːk] N registro *m*, marcador *m* (de libros).

bookplate ['bʊkpleɪt] N ex libris *m*.

bookseller ['bʊkˌselər] N librero/a *m/f*; **~'s** librería *f*.

bookshelf ['bʊkʃelf] N (*pl* **-shelves**) anaquel *m* para libros, estantería *f*.

bookshop ['bʊkʃɒp] N librería *f*.

bookstall ['bʊkstɔːl] N quiosco *m* de libros.

bookstore ['bʊkstɔːr] N (*US*) librería *f*.

bookworm ['bʊkwɜːm] N (*fig*) ratón/ona *m/f* de biblioteca, empollón/ona *m/f*.

boom¹ [buːm] N (*Naut*) botalón *m*, botavara *f*; (*of crane*) aguilón *m*; (*across harbour*) barrera *f*; (*of microphone*) jirafa *f*.

boom² [buːm] 1 N (*of guns*) estruendo *m*, estampido *m*; (*of thunder*) retumbo *m*, trueno *m*. 2 VI (*voice, radio, sea: also* **~ out**) resonar, retumbar; (*gun*) hacer gran estruendo, retumbar. 3 VT (*also* **~ out**) tronar.

boom³ [buːm] 1 N (*in an industry*) auge *m*, boom *m*; (*period of growth*) explosión *f*, expansión *f*; **~ town** ciudad *f* beneficiaria del auge. 2 VI (*trade, town etc*) estar en auge.

boomerang ['buːməræŋ] 1 N bumerang *m*. 2 VI (*fig: backfire*) ser contraproducente (*on para*).

boon [buːn] N (*blessing*) beneficio *m*, adelanto *m*.

boor [bʊər] N patán *m*, palurdo/a *m/f*.

boorish ['bʊərɪʃ] ADJ (*manners*) grosero/a.

boost [buːst] 1 N a (*encouragement*) estímulo *m*, aliento *m*; **to give a ~ to** estimular, alentar. b (*upward thrust: to person*) empuje *m*, empujón *m*; (: *to rocket*) impulso *m*, propulsión *f*. 2 VT (*increase: sales, production*) aumentar, fomentar; (: *fig: confidence, hopes*) estimular; (*promote: product*) promover, hacer publicidad por; (*Elec: voltage*) elevar; (*radio signal*) potenciar; (*Space*) impulsar, lanzar.

booster ['buːstər] N (*encouragement*) apoyo *m*, refuerzo *m*; (*TV*) repetidor *m*; (*Elec*) elevador *m* de tensión; (*also* **~ rocket**) cohete *m* secundario; (*Med*) dosis *f* de refuerzo.

boot [buːt] 1 N a bota *f*; (*ankle* **~**) borceguí *m*; **to give sb the ~** (*fam*) despedir a algn, poner a algn en la calle; **~ camp** (*in army*) campamento *m* militar; (*prison*) prisión *f* civil con régimen militar. b (*Brit Aut*) maletero *m*, baúl *m* (*LAm*), maletera *f* (*CSur*), cajuela *f* (*Mex*). c (*US Aut: also* **Denver ~**) cepo *m*. 2 VT a (*fam: kick*) dar un puntapié a; **to ~ out** (*fam*) poner de patitas en la calle. b (*Comput*) cebar, inicializar. 3 VI cebar, inicializar.

bootblack ['buːtblæk] N limpiabotas *m*, bolero *m* (*Mex*), embolador *m* (*Col*).

bootee [buːˈtiː] N (*baby's*) bota *f* de lana; (*woman's*) borceguí *m*.

booth [buːð] N (*at fair*) barraca *f*; (*Telec, voting* **~**) cabina *f*.

booting up [ˌbuːtɪŋˈʌp] N (*Comput*) operación *f* de cargo, iniciación *f*.

bootlace ['buːtleɪs] N cordón *m*.

bootleg ['buːtleg] ADJ (*illicit*) de contrabando.

bootlegger ['buːtˌlegər] N contrabandista *mf*.

boot-polish ['buːtˌpɒlɪʃ] N betún *m*.

booty ['buːtɪ] N botín *m*.

booze [buːz] (*fam*) 1 N bebida *f*. 2 VI (*get drunk*) emborracharse; (*go out drinking*) beber *or* (*LAm*) tomar mucho.

boozer ['buːzər] N (*fam: person*) bebedor(a) *m/f*, tomador(a) *m/f* (*LAm*); (*Brit fam: pub*) bar *m*.

booze-up ['buːzˌʌp] N (*Brit fam*) bebezona *f*.

bop¹ [bɒp] (*Mus fam*) 1 N bop *m*. 2 VI bailar.

bop² [bɒp] VT (*esp US fam: hit*) cascar.

boracic [bəˈræsɪk] ADJ bórico/a.

bordello [bɔːˈdeləʊ] N (*US*) casa *f* de putas.

border ['bɔːdər] 1 N a (*edge: as decoration*) borde *m*, margen *m*; (: *as boundary*) límite *m*. b (*frontier*) frontera *f*. c (*in garden*) arriate *m*. 2 VT (*line, adjoin*) bordear, lindar con. 3 CPD: **~ town** N pueblo *m* fronterizo.

◆ **border (up)on** VI + PREP lindar con, limitar con; (*fig*) rayar en, aproximarse a.

borderland ['bɔːdələnd] N zona *f* fronteriza.

borderline ['bɔːdəlaɪn] 1 N (*between districts*) límite *m*, línea *f* divisoria; **on the ~** (*between classes*) a medio camino; (*exams etc*) en el límite. 2 CPD: **~ case** N (*situation, thing, person*) caso *m* dudoso.

bore¹ [bɔːr] 1 N taladro *m*, barrena *f*; (*also* **~ hole**) perforación *f*; (*diameter*) agujero *m*, barreno *m*; (*of gun*) calibre *m*; **a 12 ~ shotgun** una escopeta del calibre 12. 2 VT (*hole, tunnel*) taladrar, perforar. 3 VI: **to ~ for** hacer perforaciones en busca de.

bore² [bɔːr] 1 N (*person*) pesado/a *m/f*, pelmazo/a *m/f*; (*event*) lata *f*, bodrio *m*; **what a ~ he is!** ¡qué hombre más pesado!, ¡es más pesado que el plomo!; **it's such a ~** es una lata, es un rollo. 2 VT aburrir, dar la lata a; **he's ~d to tears, he's ~d stiff** está aburrido como una ostra, está muerto de aburrimiento.

bore³ [bɔːr] PT *of* **bear²**.

boredom ['bɔːdəm] N aburrimiento *m*.

boric ['bɔːrɪk] ADJ: **~ acid** ácido *m* bórico.

boring ['bɔːrɪŋ] ADJ (*tedious*) aburrido/a, pesado/a; **she's so ~** es tan pesada *or* aburrida.

born [bɔːn] ADJ a nacido/a; **to be ~** nacer; (*fig: idea*) surgir, originarse; **I was ~ in 1955** nací en 1955; **to be ~ again** renacer, volver a nacer; **he wasn't ~ yesterday!** (*fam*) ¡no es nada tonto! b (*actor, leader*) nato/a; **he is a ~ liar** es mentiroso por naturaleza.

born-again ['bɔːnəˌgen] ADJ renacido/a, vuelto/a a nacer.

borne [bɔːn] PP *of* **bear²**.

Borneo ['bɔːnɪəʊ] N Borneo *m*.

borough ['bʌrə] N municipio *m*; (*in London, New York*) distrito *m*.

borrow ['bɒrəʊ] VT: **to ~ (from)** pedir (prestado) (a); (*idea etc*) adoptar (de), apropiarse (a); (*word*) tomar (de).

borrower ['bɒrəʊər] N (*of money*) prestatario/a *m/f*; (*in brary*) usuario/a *m/f*.

borrowing ['bɒrəʊɪŋ] 1 N préstamo(s) *m(pl)*. 2 CPD: **~ power(s)** N(PL) capacidad *f* de endeudamiento.

borstal ['bɔːstl] N reformatorio *m* de menores.

Bosnia ['bɒznɪə] N Bosnia *f*.

Bosnia Herzegovina ['bɒznɪə,hɜːtsəgəʊˈviːnə] N Bosnia Herzegovina *f*.

Bosnian ['bɒznɪən] ADJ, N bosnio/a *m/f*.

bosom ['bʊzəm] N (*of woman*) seno *m*, pecho *m*; **in the ~ of the family** (*fig*) en el seno de la familia; **~ friend** amigo íntimo *or* entrañable.

boss [bɒs] 1 N (*gen*) jefe/a *m/f*; (*owner, employer*) patrón/ona *m/f*; (*manager*) gerente *mf*; (*of gang*) cerebro *m*. 2 VT (*also* **~ about** *or* **around**) mangonear, dar órdenes a.

boss-eyed [ˌbɒsˈaɪd] ADJ bizco/a.

bossy ['bɒsɪ] ADJ (*comp* **-ier**; *superl* **-iest**) (*person*) mandón/ona.

botanic(al) [bəˈtænɪk(əl)] ADJ (*gardens*) botánico/a.

botanist ['bɒtənɪst] N botánico/a *m/f*, botanista *mf*.

botany ['bɒtənɪ] N botánica *f*.

botch [bɒtʃ] 1 N (*of job*) chapuza *f*. 2 VT (*fam: also* **~ up**) chafullar, arruinar.

both [bəʊθ] 1 ADJ ambos/as, los/las dos; **~ (the) boys** los dos *or* ambos chicos. 2 PRON ambos/as *m/f*, los/las dos *m/f*; **they were ~ there, ~ of them were there** estaban allí los dos. 3 ADV a la vez; **~ you and I saw it** lo vimos tanto tú como yo, lo vimos los dos; **she was ~ laughing and crying** reía y lloraba a la vez.

bother ['bɒðər] 1 N (*nuisance*) molestia *f*, lata *f*; (*trouble*) dificultad *f*, aprieto *m*; **it isn't any ~** no es ninguna molestia; **he had a spot of ~ with the police** tuvo problemas con la policía.

$\boxed{2}$ VT (*worry*) preocupar; (*annoy*) molestar, fastidiar; **I'm sorry to ~ you** perdona la molestia; **don't ~ me!** ¡no me molestes!, ¡no fastidies!, ¡no me friegues or (*LAm fam*) embromes!; **I can't be ~ed** (*fam*) me da pereza, no tengo ganas, me da flojera (*LAm*); **to get ~ed** desconcertarse, ponerse nervioso/a; **his leg ~s him** le duele or le molesta la pierna.

$\boxed{3}$ VI (*take trouble*) tomarse la molestia (*to do* de hacer); **to ~ about** molestarse por, preocuparse por; **don't ~** no te molestes, no te preocupes; **he didn't even ~ to write** ni siquiera se dignó escribir.

$\boxed{4}$ INTERJ ¡porras!

bothersome ['bɒðəsəm] ADJ molesto/a.

Botswana [bɒ'tswɑ:nə] N Botsuana *f*.

bottle ['bɒtl] $\boxed{1}$ N $\boxed{a}$ (*gen*) botella *f*; (*empty*) envase *m*; (*baby's*) biberón *m*; **to hit the ~** (*fam*) darse a la bebida.

$\boxed{b}$ (*fam: courage*): **it takes a lot of ~ to ...** hay que tener mucho valor para ...; **to lose one's ~** (*fam*) rajarse (*fam*).

$\boxed{2}$ CPD: **~ bank** N banco *m* de botellas; **~ party** N fiesta *f* al que cada invitado lleva su botella.

$\boxed{3}$ VT (*wine*) embotellar; (*fruit*) envasar, enfrascar.

♦**bottle out** VI + ADV (*fam*) rajarse (*fam*); **they ~d out of doing it** se rajaron y no lo hicieron.

♦**bottle up** VT + ADV (*emotion*) reprimir, contener.

bottle-feed ['bɒtl,fi:d] VT criar con biberón.

bottle-green ['bɒtl'gri:n] ADJ verde botella.

bottleneck ['bɒtlnek] N (*on road*) embotellamiento *m*, atasco *m*; (*fig*) obstáculo *m*.

bottle-opener ['bɒtl,əʊpnəʳ] N abrebotellas *m inv*, destapador *m* (*LAm*).

bottom ['bɒtəm] $\boxed{1}$ N (*gen: of box, cup, sea, river*) fondo *m*; (*of stairs, page, mountain, tree*) pie *m*; (*of list, class*) último/a *m/f*; (*of foot*) planta *f*; (*of shoe*) suela *f*; (*of chair*) asiento *m*; (*of ship*) quilla *f*, casco *m*; (*of person*) culo *m*, trasero *m*; **at the ~ (of)** (*page, hill, ladder*) al pie (de); (*road*) al fondo (de); **on the ~ (of)** (*shoe, case etc: underside*) en la parte inferior (de), en el fondo (de); (*sea, lake etc*) en el fondo (de); **at ~** en el fondo; **from the ~ of my heart** de todo corazón; **the ~ has fallen out of the market** se han derrumbado los precios; **to get to the ~ of sth** (*fig*) llegar al fondo de algo; **he's at the ~ of it** (*fig*) él está detrás de esto; **~s up!** (*fam*) ¡salud!; *see* **false**.

$\boxed{2}$ ADJ (*lowest*) más bajo/a; (*last*) último/a; **~ drawer** ajuar *m*; **~ gear** primera *f* (marcha); **~ half** parte *f* de abajo, mitad *f* inferior; **~ line** (*minimum*) mínimo *m* aceptable; (*essential point*) punto *m* fundamental.

♦**bottom out** VI + ADV (*figures etc*) tocar fondo.

bottomless ['bɒtəmlɪs] ADJ (*fig: pit*) sin fondo, insondable; (: *supply*) interminable.

bottommost ['bɒtəmməʊst] ADJ último/a del fondo.

botulism ['bɒtjʊlɪzəm] N botulismo *m*.

boudoir ['bu:dwɑ:ʳ] N tocador *m*.

bouffant ['bu:fɔ:ŋ] ADJ (*hairdo*) crepado/a.

bough [baʊ] N rama *f*.

bought [bɔ:t] PT, PP *of* **buy**.

boulder ['bəʊldəʳ] N canto *m* rodado.

boulevard ['bu:ləvɑ:ʳ] N bulevar *m*, zócalo *m* (*Mex*).

bounce [baʊns] $\boxed{1}$ N (*of ball*) (re)bote *m*; (*springiness: of hair, mattress*) elasticidad *f*; (*fig*) **he's got plenty of ~** tiene mucha energía.

$\boxed{2}$ VT (*ball*) hacer (re)botar; (*fam: cheque*) rechazar.

$\boxed{3}$ VI (*ball*) (re)botar; (*fam: cheque*) ser rechazado; (*person*) dar saltos; **to ~ back, come bouncing back** recuperarse (de repente); **he ~d in** (*fig*) irrumpió alegremente; **he ~d up out of his chair** se levantó de la silla de un salto.

♦**bounce back** VI + ADV (*fig: person*) recuperarse.

bouncer ['baʊnsəʳ] N (*fam*) gorila *m*, matón *m* (*LAm*).

bouncing ['baʊnsɪŋ] ADJ: **~ baby** niño/a *m/f* lustroso/a or sanote.

bouncy ['baʊnsɪ] ADJ (*comp* **-ier**; *superl* **-iest**) (*ball*) de mucho rebote; (*hair*) con mucho cuerpo; (*mattress*) mullido/a; (*person*) enérgico/a, dinámico/a; **~ castle** ® castillo *m* inflable.

bound¹ [baʊnd] $\boxed{1}$ N: **~s** (*limits*) límite *m*; **out of ~s** zona *f* prohibida; **it is within the ~s of possibility** cabe dentro

de lo posible; **his ambition knows no ~s** su ambición no tiene límite. $\boxed{2}$ VT (*gen passive*) limitar, rodear.

bound² [baʊnd] $\boxed{1}$ N (*jump*) salto *m*, brinco *m*; **in one ~** de un salto.

$\boxed{2}$ VI (*person, animal*) saltar, brincar (*esp LAm*); (*ball*) (re)botar; **he ~ed out of bed** salió de la cama de un salto; **his heart ~ed with joy** (*fig*) su corazón daba brincos de alegría.

bound³ [baʊnd] $\boxed{1}$ PT, PP *of* **bind**.

$\boxed{2}$ ADJ $\boxed{a}$ (*prisoner*) atado; **~ hand and foot** atado de pies y manos; (*fig*) **he's ~ up in his work** está muy entregado a su trabajo; **to be ~ up with sth** estar estrechamente ligado a algo.

$\boxed{b}$ **to be ~ to** (*sure*) estar seguro de, ser seguro que; **it's ~ to happen** tiene forzosamente que ocurrir.

$\boxed{c}$ (*obliged*) obligado/a; **he's ~ to do it** tiene que hacerlo; **I'm ~ to say that ...** me siento obligado a decir que ..., siento el deber de decir que ...; *see* **honour**.

bound⁴ [baʊnd] ADJ: **~ for** (*train, person*) con destino a; (*ship, plane*) con rumbo a; **he's ~ for London** se dirige a Londres; **California ~** con destino a California, hacia California; *see* **homeward**.

-bound [-baʊnd] ADJ: **to be London~** ir rumbo a Londres; **the south~ carriageway** la autopista dirección sur.

boundary ['baʊndərɪ] N límite *m*.

bounder ['baʊndəʳ] N (*esp Brit fam*) sinvergüenza *m*, granuja *m*.

boundless ['baʊndlɪs] ADJ (*fig*) ilimitado/a, sin límite.

bountiful ['baʊntɪfʊl] ADJ (*person*) liberal, generoso/a; (*supply*) abundante.

bounty ['baʊntɪ] $\boxed{1}$ N (*generosity*) generosidad *f*, liberalidad *f*; (*reward*) prima *f*. $\boxed{2}$ CPD: **~ hunter** N cazarrecompensas *m inv*.

bouquet ['bʊkeɪ] N (*of flowers*) ramo *m*, ramillete *m*.

bourbon ['bʊəbən] $\boxed{1}$ N Borbón *m*; (*US: also* **~ whiskey**) whisky *m* americano, bourbon *m*. $\boxed{2}$ ADJ borbónico/a.

bourgeois ['bʊəʒwɑ:] ADJ, N (*gen pej*) burgués/esa *m/f*.

bourgeoisie [,bʊəʒwɑ:'zi:] N burguesía *f*.

bout [baʊt] N $\boxed{a}$ (*of illness*) ataque *m*; (*period: of work*) turno *m*, tanda *f*. $\boxed{b}$ (*boxing match*) combate *m*, encuentro *m*.

boutique [bu:'ti:k] N boutique *f*, tienda *f* de ropa.

bow¹ [bəʊ] $\boxed{1}$ N $\boxed{a}$ (*of illness*) (*weapon, Mus*) arco *m*. $\boxed{b}$ (*knot*) lazo *m*. $\boxed{2}$ CPD: **~ tie** N pajarita *f*.

bow² [baʊ] $\boxed{1}$ N reverencia *f*; **to take a ~** salir a recibir aplausos, salir a saludar.

$\boxed{2}$ VT $\boxed{a}$ (*lower: head*) inclinar, bajar.

$\boxed{b}$ (*bend: back*) encorvar, doblar; (: *branches*) inclinar, doblar.

$\boxed{3}$ VI: **to ~ (to)** hacer una reverencia (a); (*fig: yield*) inclinarse or ceder (ante); **to ~ to the inevitable** resignarse a lo inevitable.

♦**bow out** VI + ADV (*fig*) retirarse, despedirse.

bow³ [baʊ] N (*Naut: also* **~s**) proa *f*; **on the port/starboard ~** a babor *m*/estribor *m*.

bowdlerize ['baʊdləraɪz] VT (*book*) expurgar.

bowel ['baʊəl] N intestino *m*; **~s** intestinos, vientre *msg*; **the ~s of the earth/ship** (*fig*) las entrañas de la tierra/del barco.

bower ['baʊəʳ] N emparrado *m*, enramada *f*.

bowl¹ [bəʊl] N $\boxed{a}$ (*large cup*) tazón *m*, taza *f*; (*dish: for soup*) plato *m* sopero; (: *for washing up*) palangana *f*, barreño *m*; (: *for salad*) fuente *f*, ensaladera *f*; (*amount*) plato; (*hollow: of lavatory*) taza; (: *of spoon*) cuenco *m*; (: *of pipe*) cazoleta *f*. $\boxed{b}$ (*US: stadium*) estadio *m*.

bowl² [bəʊl] $\boxed{1}$ N (*ball*) bola *f*, bocha *f*; **~s** (*game: Brit*) bolos *mpl*, bochas *fpl*; (: *US*) boliche *m*.

$\boxed{2}$ VT (*ball: esp in cricket*) tirar, lanzar.

$\boxed{3}$ VI: **to go ~ing** jugar a las bochas or al boliche.

♦**bowl over** VT + ADV tumbar, derribar; (*fig*) **the news ~ed him over** la noticia le desconcertó.

bow-legged ['bəʊ,legɪd] ADJ (*person*) estevado/a, que tiene las piernas en arco.

bowler ['bəʊləʳ] N $\boxed{a}$ (*in cricket*) lanzador *m*; (*US Sport*) jugador(a) *m/f* de bolos. $\boxed{b}$ (*Brit: also* **~ hat**) bombín *m*, sombrero hongo *m*.

bowling ['bəʊlɪŋ] $\boxed{1}$ N $\boxed{a}$ (*also* **tenpin ~**) bolos *mpl*, boliche m. **b** (*in cricket*) lanzamiento m. **2** CPD: ~ **alley** N bolera f; ~ **green** N campo m de bochas.

box¹ [bɒks] **1** N **a** (*gen*) caja f; (*large*) cajón m; (*chest etc*) arca f, cofre m; (*for money etc*) hucha f; (*for jewels etc*) estuche m; **cardboard** ~ caja de cartón; ~ **of matches** caja de cerillas.
b (*in theatre, stadium*) palco m.
2 CPD: ~ **number** N apartado m, casilla f (de correo) (*LAm*); ~ **office** N taquilla f, boletería f (*LAm*).
◆ **box in** VT + ADV (*car*) encajonar; (*bath*) tapar or cerrar con madera; **to feel ~ed in** sentirse encerrado.
box² [bɒks] **1** N: **a** ~ **on the ear** un cachete m. **2** VT: **to** ~ **sb's ears** dar un cachete or bofetear a algn. **3** VI boxear.
boxcar ['bɒks,kɑːʳ] N (*US*) furgón m.
boxer ['bɒksəʳ] N boxeador m; (*dog*) bóxer mf. **2** CPD: ~ **shorts** NPL calzones mpl.
boxing ['bɒksɪŋ] **1** N boxeo m, box m (*LAm*).
2 CPD: **B~ Day** N (*Brit*) día festivo (26 de diciembre), en que tradicionalmente se entregaba el aguinaldo; ~ **gloves** NPL guantes mpl de boxeo; ~ **match** N encuentro m de boxeo or (*LAm*) box; ~ **ring** N cuadrilátero m, ring m.

┌─────────────┐
│ **BOXING DAY** │
└─────────────┘

(i) El día después de Navidad es **Boxing Day**, *fiesta en todo el Reino Unido, aunque si el 26 de diciembre cae en domingo el día de descanso se traslada al lunes. El nombre proviene de una costumbre del siglo XIX, cuando en dicho día se daba un aguinaldo o pequeño regalo* (**Christmas box**) *a los comerciantes, carteros etc. En la actualidad es una fecha en la que se celebran importantes encuentros deportivos.*

boxroom ['bɒksrʊm] N (*Brit*) trastero m.
boxy ['bɒksɪ] ADJ (*pej: building*) amazacotado/a; (: *car*) cuadrado/a.
boy [bɔɪ] N (*small*) niño m; (*young man*) muchacho m, chico m, joven m (*LAm*), lolo m (*Chi fam*); (*son*) hijo m; (*fam: fellow*) chico, hijo; **~s will be ~s** ¡los hombres ya se sabe!, ¡son como niños!; **he's out with the ~s** salió con los amigos; **oh ~!** ¡vaya!, ¡caray!; *see* **old 3**.
boycott ['bɔɪkɒt] **1** N boicoteo m, boicot m. **2** VT (*firm, country*) boicotear.
boyfriend ['bɔɪfrend] N amigo m; (*fiancé etc*) novio m, pololo m (*Chi*).
boyhood ['bɔɪhʊd] N juventud f; (*as teenager*) adolescencia f.
boyish ['bɔɪɪʃ] ADJ (*appearance, manner*) juvenil.
BP N ABBR **of British Petroleum**.
Bp ABBR **of Bishop** ob.ᴾᴼ.
B/P, b/p ABBR (*Comm*) **of bills payable**.
bpi N ABBR (*Comput*) **of bits per inch**.
BPS N ABBR (*Comput*) **of bits per second**.
BR N ABBR **of British Rail** ferrocarriles británicos.
Br ABBR **a** **of Brother** H., Hno. **b** **of British**.
B/R ABBR **of bills receivable**.
bra [brɑː] N sostén m, sujetador m, corpiño m (*LAm*).
brace [breɪs] **1** N **a** (*Constr: strengthening piece*) abrazadera f, refuerzo m; (*dental*) corrector m, corrector m; (*tool*) berbiquí m; **~s** (*Brit*) tirantes mpl, suspensores mpl (*LAm*); (*US: for teeth*) corrector msg; ~ **and bit** berbiquí y barrena.
b (*pl inv: pair*) par m.
2 VT (*strengthen: building*) asegurar, reforzar; **to ~ o.s. for** prepararse para; **to ~ o.s. against** agarrarse a.
bracelet ['breɪslɪt] N pulsera f, brazalete m, pulso m (*LAm*).
bracing ['breɪsɪŋ] ADJ (*air*) tónico/a.
bracken ['brækən] N helecho m.
bracket ['brækɪt] **1** N **a** (*gen*) soporte m; (*support*) escuadra f.
b (*in typing etc: usu pl: round*) paréntesis mpl; (*square*) corchetes mpl; **in ~s** entre paréntesis.
c (*group*) clase f, categoría f; **income** ~ nivel m económico.
2 VT (*Typing*) poner entre paréntesis or corchetes; (*fig: also* ~ **together**) agrupar, poner juntos.
brackish ['brækɪʃ] ADJ (*water*) salobre.
brag [bræg] **1** VI fanfarronear, jactarse. **2** N fanfarronada

f, bravata f.
braid [breɪd] **1** N (*on dress, uniform*) galón m; (*of hair*) trenza f. **2** VT (*hair*) trenzar, hacer trenzas en; (*material*) galonear.
Braille [breɪl] **1** N Braille m. **2** CPD: ~ **library** N biblioteca f Braille.
brain [breɪn] **1** N **a** (*Anat*) cerebro m; (*Culin*) **~s** sesos mpl; **to blow one's ~s out** volarse la tapa de los sesos; **he's got that on the** ~ lo tiene metido en la cabeza.
b (*fig fam: intelligence*) **~s** inteligencia f, cabeza f; **he's got ~s** es muy listo; **he's the ~s of the family** es el listo de la familia; *see* **pick 2(c)**; **rack¹**.
2 VT (*fam*) romper la crisma a.
3 CPD: ~ **tumour**, ~ **tumor** (*US*) N tumor m cerebral.
brainchild ['breɪntʃaɪld] N parto m del ingenio.
brain-dead ['breɪn,ded] ADJ (*Med*) clínicamente muerto/a; (*fam*) subnormal (*fam*), tarado/a (*fam*).
brainless ['breɪnlɪs] ADJ estúpido/a, tonto/a.
brainstorm ['breɪnstɔːm] N **a** (*fig*) ataque m de locura, frenesí m. **b** (*US*) = **brainwave**.
brainstorming ['breɪnstɔːmɪŋ] N puesta f en común, brainstorming m; **a ~ session** una reunión para hacer una puesta en común.
brainwash ['breɪnwɒʃ] VT lavar el cerebro a; **to ~ sb into doing sth** (*fig*) convencer a algn de hacer algo.
brainwashing ['breɪn,wɒʃɪŋ] N lavado m de cerebro.
brainwave ['breɪnweɪv] N (*fam*) idea f luminosa, gran idea.
brainy ['breɪnɪ] ADJ (*comp* **-ier**; *superl* **-iest**) (*fam*) inteligente, listo/a.
braise [breɪz] VT (*Culin*) cocer a fuego lento.
brake [breɪk] **1** N freno m; **to put the ~s on** (*Aut*) frenar; (*fig*) poner freno a.
2 VI frenar.
3 CPD: ~ **fluid** N líquido m de frenos; ~ **horsepower** N potencia f al freno; ~ **light** N luz f de freno; ~ **pedal** N pedal m de freno.
braking ['breɪkɪŋ] **1** N frenar m. **2** CPD: ~ **distance** N distancia f de parada; ~ **power** N potencia f de freno.
bramble ['bræmbl] N zarza f.
bran [bræn] N salvado m.
branch [brɑːntʃ] **1** N (*gen*) rama f; (*Comm: of company, bank*) sucursal f, ramo m; (*in road, railway, pipe*) ramal m; (*of river*) brazo m.
2 VI (*road etc: also* ~ **off**) bifurcarse; **we ~ed off before reaching Madrid** salimos de la carretera antes de llegar a Madrid.
3 CPD: ~ **line** N ramal m, línea f secundaria; ~ **manager** N director/a m/f de sucursal; ~ **office** N sucursal f.
◆ **branch out** VI + ADV extenderse.
brand [brænd] **1** N **a** (*Comm*) marca f (de fábrica).
b (*Agr*) marca f; (: *iron*) hierro m de marcar.
2 VT (*cattle*) marcar (con hierro candente); (*fig*) marcar; (*memory*) grabar; **to be ~ed as a liar** ser tildado de mentiroso.
3 CPD: ~ **name** N nombre m de marca.
brandish ['brændɪʃ] VT (*weapon*) blandir.
brand-new ['brænd'njuː] ADJ salido/a de fábrica.
brandy ['brændɪ] N coñac m, brandy m.
brash [bræʃ] ADJ (*comp* **~er**; *superl* **~est**) **a** (*impudent*) descarado/a, indiscreto/a. **b** (*crude: colour*) chillón/ona; (: *taste*) vulgar.
Brasilia [brəˈzɪljə] N Brasilia f.
brass [brɑːs] **1** N latón m; **the** ~ (*Mus*) los cobres; (*Mil*) los jefazos; **to clean the ~es** pulir los bronces; **to be as bold as** ~ tener mucha cara.
2 ADJ (*made of* ~) (hecho/a) de latón; **to get down to ~ tacks** (*fam*) ir al grano.
3 CPD: ~ **band** N banda f de metal; ~ **knuckles** NPL (*US*) nudilleras fpl.
brassiere ['bræsɪəʳ] N sujetador m, sostén m.
brassy ['brɑːsɪ] ADJ (*comp* **-ier**; *superl* **-iest**) (*harsh*) estridente; (*metallic*) metálico/a.
brat [bræt] N (*fam, pej*) mocoso/a m/f.
bravado [brəˈvɑːdəʊ] N envalentonamiento m, machada

brave [breɪv] **1** ADJ (*comp* ~**r**; *superl* ~**st**) (*person, deed*) valiente, valeroso/a. **2** N (*Indian*) guerrero *m* indio. **3** VT (*weather*) afrontar, hacer frente a; (*death etc*) desafiar.

◆**brave out** VT + ADV: **to ~ it out** afrontar *or* aguantar la situación.

bravery ['breɪvərɪ] N valentía *f*, valor *m*.

bravo ['brɑː'vəu] INTERJ ¡bravo!, ¡olé!

brawl [brɔːl] **1** N pelea *f*, reyerta *f*. **2** VI pelear, pegarse.

brawn [brɔːn] N (*strength*) fuerza *f* muscular.

brawny ['brɔːnɪ] ADJ fornido/a.

bray [breɪ] **1** N (*of ass*) rebuzno *m*. **2** VI rebuznar.

brazen ['breɪzn] **1** ADJ descarado/a. **2** VT: **to ~ it out** echarle cara (a la situación).

brazier ['breɪzɪəʳ] N brasero *m*.

Brazil [brə'zɪl] **1** N (el) Brasil. **2** CPD: ~ **nut** N nuez *f* del Brasil.

Brazilian [brə'zɪlɪən] ADJ, N brasileño/a *m/f*.

breach [briːtʃ] **1** N **a** (*violation: of law etc*) violación *f*, infracción *f*; ~ **of confidence** *or* **faith** abuso *m* de confianza; ~ **of contract** incumplimiento *m* de contrato; ~ **of the peace** perturbación *f* del orden público. **b** (*gap: in wall, Mil*) brecha *f*. **c** (*estrangement*) ruptura *f*. **2** VT (*defences*) abrir brecha en.

bread [bred] N **a** pan *m*; **white/brown/rye/wholemeal** ~ pan blanco/integral *or* moreno/de centeno/integral; **to earn one's daily** ~ ganarse el pan; **the** ~ **and wine** (*Rel*) el pan y el vino; **to know which side one's** ~ **is buttered on** saber dónde aprieta el zapato; **to take the** ~ **out of sb's mouth** quitar el pan de la boca de algn; ~ **and butter** (*fam: living*) pan de cada día. **b** (*fam: money*) pasta *f* (*fam*), lana *f* (*LAm fam!*).

breadbasket ['bred,bɑːskɪt] N cesto *m* para el pan.

breadbin ['bredbɪn] N panera *f*.

breadboard ['bredbɔːd] N tabla *f* para cortar el pan; (*Comput*) circuito *m* experimental.

breadbox ['bredbɒks] N (*US*) = **breadbin**.

breadcrumb ['bredkrʌm] N miga *f*, migaja *f*; ~**s** (*Culin*) pan *m* rallado; **fish in** ~**s** pescado *m* empanado.

breaded ['bredɪd] ADJ empanado/a.

breadfruit ['bredfruːt] N fruto *m* del pan; ~ **tree** árbol *m* del pan.

breadknife ['brednaɪf] N (*pl* -**knives**) cuchillo *m* para cortar el pan.

breadline ['bredlaɪn] N: **on the** ~ en la miseria.

breadth [bretθ] N (*width*) anchura *f*; (*fig*) amplitud *f*, alcance *m*; **to be 2 metres in** ~ tener 2 metros de ancho.

breadwinner ['bred,wɪnəʳ] N sostén *mf* de la familia.

break [breɪk] (*vb: pt* **broke**; *pp* **broken**) **1** N **a** (*gen*) ruptura *f*, rotura *f*; (*in bone*) fractura *f*; (*gap: in wall etc*) abertura *f*; (*Elec: in circuit*) corte *m*; (*fig: in relationship*) ruptura; **with a** ~ **in her voice** con la voz entrecortada; **a** ~ **in the clouds** un claro entre las nubes; **at** ~ **of day** al amanecer; **to make a** ~ **for it** (*fam*) tratar de evadirse; **a** ~ **in the weather** un cambio del tiempo. **b** (*pause: in conversation*) interrupción *f*; (*: in journey*) descanso *m*; (*: stop*) parada *f*; (*holiday*) vacaciones *fpl*; (*rest*) descanso; (*tea* ~) descanso para tomar el té, once(s) *f(pl)* (*LAm*); (*Scol*) recreo *m*; **without a** ~ sin descanso *or* descansar; **to give sb a** ~ (*chance*) dar una oportunidad a algn; **to have** *or* **take a** ~ descansar. **c** (*fam: chance*) oportunidad *f*, chance *m* (*LAm*); **lucky** ~ golpe *m* de suerte, racha *f* de buena suerte; **give me a** ~**!** ¡dame un respiro!, ¡déme chance! (*LAm*); (*impatient*) ¡déjame, anda! **2** VT **a** (*smash: glass etc*) romper, quebrar (*LAm*); (*surpass: record*) batir, superar; **to** ~ **one's back** quebrarse *or* romperse la espalda; **to** ~ **ranks** romper filas; **to** ~ **surface** (*submarine, diver*) emerger, salir a la superficie; **to** ~ **sb's heart** (*fig*) romperle *or* partirle el corazón a algn; **to** ~ **the ice** (*fig*) romper el hielo. **b** (*fail to observe: law, rule*) violar, quebrantar; **he broke his word/promise** faltó a su palabra/promesa; **to** ~ **a date** faltar a una cita.

c (*weaken, destroy: resistance, spirits*) quebrantar, quebrar (*LAm*); (*: health*) quebrantar; (*: strike*) romper, quebrar (*LAm*); (*: habit*) perder, deshabituarse (de); **to** ~ **sb of a habit** quitarle una costumbre a algn; **to** ~ **sb** (*financially*) arruinar a algn. **d** (*interrupt: silence, spell*) romper; (*: journey*) interrumpir; (*: electrical circuit*) cortar; (*soften: force*) mitigar, contener; (*: fall*) amortiguar. **e** (*disclose: news*) comunicar. **3** VI **a** (*smash: window, glass*) romperse, quebrarse; (*: into pieces*) hacerse pedazos; (*be fractured: twig, chair*) romperse, partirse; (*: limb*) fracturarse; (*wave*) romper; (*fig: heart*) romperse, partirse; **to** ~ **even** salir sin ganar ni perder, cubrir los gastos; **let's** ~ **for lunch** vamos a hacer un descanso para ir a comer; **to** ~ **with sb** (*fig fam*) romper con algn. **b** (*arrive: dawn, day*) apuntar, rayar, romper; (*: news*) darse a conocer; (*: storm*) estallar. **c** (*give way: health, spirits*) quebrantarse; (*weather*) cambiar; (*boy's voice*) mudarse.

◆**break away** VI + ADV desprenderse, separarse; (*Ftbl etc*) escapar, despegarse.

◆**break down 1** VT + ADV **a** (*destroy: door etc*) echar abajo, derribar; (*: resistance*) vencer, acabar con; (*: suspicion*) disipar. **b** (*analyse: figures*) analizar, desglosar; (*: substance*) descomponer, separar. **2** VI + ADV (*machine*) estropearse, malograrse (*Per*), descomponerse (*LAm*); (*Aut*) averiarse, descomponerse (*LAm*); (*person: under pressure*) derrumbarse; (*: from emotion*) romper *or* echarse a llorar; (*health*) quebrantarse; (*talks etc*) fracasar.

◆**break in 1** VT + ADV **a** (*door*) forzar, echar abajo. **b** (*train: horse*) domar, amansar; (*: recruit*) acostumbrar (a), habituar (a). **c** (*shoes*) domar, acostumbrarse a. **2** VI + ADV **a** (*burglar*) forzar la entrada, irrumpir. **b** (*interrupt: on conversation*) interrumpir, cortar.

◆**break into** VI + PREP **a** (*house*) entrar a robar en, allanar; (*safe*) forzar. **b** (*begin suddenly*) echar a, romper a.

◆**break off 1** VT + ADV (*piece etc*) partir; (*engagement, talks*) romper. **2** VI + ADV **a** (*twig etc*) desprenderse. **b** (*stop*) interrumpirse, pararse.

◆**break out** VI + ADV **a** (*prisoners*) evadirse. **b** (*war, epidemic*) estallar; (*fighting, discussion*) desencadenarse; (*argument*) producirse; **he broke out in spots** le salieron granos.

◆**break through 1** VI + ADV (*sun*) salir. **2** VI + PREP (*defences, barrier, crowd*) abrirse paso por, atravesar.

◆**break up 1** VT + ADV (*rocks etc*) hacer pedazos, deshacer; (*crowd*) dispersar, disolver; (*fight*) intervenir en. **2** VI + ADV **a** (*ship*) hacerse pedazos; (*ice*) disolverse. **b** (*partnership*) deshacerse, disolverse; (*crowd, clouds*) dispersarse; **they broke up after 10 years of marriage** se separaron después de 10 años de matrimonio; **the school** ~**s up tomorrow** el curso termina mañana.

◆**break with** VI + PREP romper con.

breakable ['breɪkəbl] **1** ADJ (*brittle*) quebradizo/a; (*fragile*) frágil. **2** N: ~**s** cosas *fpl* frágiles.

breakage ['breɪkɪdʒ] N (*act of breaking*) rotura *f*; (*thing broken*) destrozo *m*.

breakaway ['breɪkəweɪ] **1** ADJ (*group etc*) disidente. **2** N (*Sport*) escapada *f*.

break-dancing ['breɪk,dɑːnsɪŋ] N break *m*.

breakdown ['breɪkdaun] **1** N **a** (*failure*) fallo *m*, fracaso *m*; (*of talks*) ruptura *f*; (*Med*) colapso *m*, crisis *f* nerviosa; (*Aut, machines*) avería *f*. **b** (*of numbers etc*) análisis *m*, desglose *m*; (*Chem*) descomposición *f*. **2** CPD: ~ **service** N asistencia *f* en la carretera; ~ **truck,** ~ **van** N (*Brit Aut*) camión *m* grúa *f*.

breaker ['breɪkəʳ] N (*wave*) ola *f* grande.

breakeven [,breɪk'iːvən] ADJ: ~ **point** punto *m* de indiferencia.

breakfast ['brekfəst] **1** N desayuno m. **2** VI desayunar. **3** CPD: ~ **cereal** N cereales mpl para el desayuno; ~ **time** N hora f del desayuno; ~ **TV** N tele(visión) f matinal.

break-in ['breɪk,ɪn] N robo m con allanamiento de morada.

breaking ['breɪkɪŋ] **1** N: ~ **and entering** (Jur) violación f de domicilio, allanamiento m de morada. **2** ADJ: ~ **point** punto m de máxima tensión tolerable; (fig: of person) límite m.

breakneck ['breɪknek] ADJ: **at ~ speed** a mata caballo, a una velocidad vertiginosa.

break-out ['breɪkaʊt] N evasión f, fuga f.

breakthrough ['breɪkθruː] N (in research etc) adelanto m, progreso m; (Mil) avance m.

break-up ['breɪkʌp] N (of partnership) disolución f; (of partners etc) separación f.

breakwater ['breɪk,wɔːtər] N rompeolas m inv.

breast [brest] **1** N (chest) pecho m; (of woman) pecho, seno m; (Culin) pechuga f; **to make a clean ~ of it** (fig) confesarlo todo, descargar la conciencia. **2** VT (waves) hacer cara a, arrostrar; (finishing tape) romper la cinta de meta con el pecho. **3** CPD: ~ **milk** N leche f materna; ~ **pocket** N bolsillo m de pecho.

breastbone ['brestbəʊn] N esternón m.

breast-fed ['brestfed] ADJ criado/a a pecho.

breast-feed ['brestfiːd] (pt, pp **breast-fed**) VT amamantar, criar a los pechos.

breaststroke ['breststrəʊk] N braza f de pecho; **to swim** or **do the ~** nadar a la braza.

breath [breθ] N aliento m; (act of breathing) respiración f; (fig: of wind etc) soplo m; **bad ~** mal aliento; **a ~ of scandal** (fig) un rumor de escándalo; **in the same ~** al mismo tiempo; **out of ~** sin aliento, jadeante; **to get one's ~ back** recobrar el aliento; **under one's ~** en voz baja; **to go out for a ~ of air** salir a tomar el fresco; **to hold one's ~** contener la respiración; **to take a deep ~** respirar a fondo or profundamente; **it took my ~ away** me dejó pasmado.

breathalyse, (US) **breathalyze** ['breθəlaɪz] VT someter a la prueba del alcoholímetro or del alcohol.

Breathalyser, (US) **Breathalyzer** ® ['breθəlaɪzər] N ~ **test** prueba f de alcoholemia.

breathe [briːð] **1** VT (air) respirar; **to ~ a sigh** suspirar, dar un suspiro; **he ~d alcohol all over me** cuando respiró, apestaba su aliento a alcohol; **I won't ~ a word** no diré nada or palabra; **to ~ new life into sth** (fig) dar nuevos ánimos a algo. **2** VI respirar; **now we can ~ again** (fig) ahora sí podemos respirar tranquilos.

♦ **breathe in** VT + ADV, VI + ADV aspirar.

♦ **breathe out** VT + ADV, VI + ADV espirar.

breather ['briːðər] N (fam: short rest) respiro m; **take a ~** toma descanso.

breathing ['briːðɪŋ] N respiración f; ~ **space** (fig) respiro m, pausa f.

breathless ['breθlɪs] ADJ (exhausted) jadeante; (with excitement) pasmado/a; **a ~ silence** un silencio intenso.

breathlessness ['breθlɪsnɪs] N falta f de aliento, dificultad f respiratoria.

breath-taking ['breθ,teɪkɪŋ] ADJ (sight) imponente, pasmoso/a.

bred [bred] PT, PP of **breed**.

-bred ADJ SUF criado/a, educado/a; **well~** bien educado, formal.

breech [briːtʃ] N (of gun) recámara f.

breeches ['briːtʃɪz] NPL calzones mpl; **riding ~** pantalones mpl de montar.

breed [briːd] (vb: pt, pp **bred**) **1** N (lit, fig) raza f, estirpe f. **2** VT criar; (fig: hate, suspicion) crear, engendrar. **3** VI (animals) reproducirse, procrear.

breeder ['briːdər] N **a** (person) criador(a) m/f. **b** (Phys: also ~ **reactor**) reactor m.

breeding ['briːdɪŋ] **1** N (of stock) cría f; (of person: also good ~) educación f, crianza f. **2** CPD: ~**-ground** N tierra f de cría; (fig) caldo m de cultivo.

breeze [briːz] **1** N brisa f. **2** VI: **to ~ in** entrar como si nada.

breeze-block ['briːzblɒk] N (Brit) bovedilla f.

breezily ['briːzɪlɪ] ADV jovialmente, despreocupadamente.

breezy ['briːzɪ] ADJ (comp **-ier**; superl **-iest**) (day, weather) ventoso/a; (spot) desprotegido/a del viento; (person's manner) animado/a, jovial.

Bren [bren] N: ~ **gun** fusil m ametrallador.

Breton ['bretən] **1** ADJ bretón/ona. **2** N bretón/ona m/f; (Ling) bretón m.

breve [briːv] N (Mus, Typ) breve f.

breviary ['briːvɪərɪ] N (Rel) breviario m.

brevity ['brevɪtɪ] N (shortness) brevedad f; (conciseness) concisión f.

brew [bruː] **1** N (of beer) elaboración f; (of tea, herbs) infusión f. **2** VT (beer) elaborar; (tea) hacer, preparar; (fig: scheme, mischief) tramar. **3** VI (beer) elaborarse; (tea) hacerse; (fig: storm) amenazar; (: plot) tramarse; **there's trouble ~ing** algo se está tramando.

brewer ['bruːər] N cervecero m.

brewery ['bruːərɪ] N fábrica f de cerveza, cervecería f.

briar ['braɪər] N **a** (thorny bush) zarza f. **b** (wild rose) escaramujo m, rosa f silvestre.

bribe [braɪb] **1** N soborno m, mordida f (CAm, Mex), coima f (And, CSur). **2** VT sobornar.

bribery ['braɪbərɪ] N soborno m, mordida f (CAm, Mex), coima f (And, CSur).

bric-à-brac ['brɪkəbræk] N (no pl) baratijas fpl.

brick [brɪk] N ladrillo m, tabique m (Mex); (toy) ~**s** cubos mpl; **he came down on me like a ton of ~s** (fig) me echó una bronca fenomenal; (fam) **to drop a ~** meter la pata (fam), tirarse una plancha (Sp fam); **to beat one's head against a ~ wall** esforzarse en balde.

♦ **brick in, brick up** VT + ADV (window etc) tapar con ladrillos or (Mex) tabiques.

brickie ['brɪkɪ] N (fam) albañil mf.

bricklayer ['brɪkleɪər] N albañil mf.

brickwork ['brɪkwɜːk] N enladrillado m, ladrillos mpl.

bridal ['braɪdl] ADJ nupcial.

bride [braɪd] N novia f; **the ~ and groom** los novios.

bridegroom ['braɪdgrʊm] N novio m.

bridesmaid ['braɪdzmeɪd] N dama f de honor.

bridge¹ [brɪdʒ] **1** N (gen) puente m; (Naut) puente de mando; (of nose) caballete m; **to burn one's ~s** quemar las naves; **we'll cross that ~ when we come to it** nos enfrentaremos con ese problema en su momento. **2** VT tender un puente sobre; **to ~ a gap** (fig) llenar un vacío.

bridge² [brɪdʒ] N (Cards) bridge m.

bridgehead ['brɪdʒhed] N (Mil) cabeza f de puente.

bridging loan ['brɪdʒɪŋ,ləʊn] N crédito m puente.

bridle ['braɪdl] **1** N brida f, freno m. **2** VT frenar, detener. **3** VI picarse, ofenderse (at por). **4** CPD: ~ **path** N camino m de herradura.

brief [briːf] **1** ADJ (comp ~**er**; superl ~**est**) (short: visit, period) breve, corto/a; (fleeting: glimpse, moment) breve, fugaz; (concise: speech etc) conciso/a; **please be ~** sea breve, por favor; **in ~** en resumen. **2** N **a** (Jur) escrito m. **b** ~**s** (man's) calzoncillos mpl, slip m; (woman's) bragas fpl. **3** VT (Jur, Mil) dar instrucciones a.

briefcase ['briːfkeɪs] N cartera f, portafolio(s) m inv.

briefing ['briːfɪŋ] N (meeting) sesión f informativa; (written) informe m.

briefly ['briːflɪ] ADV (speak, reply) brevemente, en pocas palabras.

brier ['braɪər] N = **briar**.

Brig. ABBR of **Brigadier**.

brigade [brɪ'geɪd] N brigada f.

brigadier [,brɪgə'dɪər] N general m de brigada.

bright [braɪt] ADJ (comp ~**er**; superl ~**est**) **a** (gen) claro/a; (sunny: day) de sol; (light, sun, reflection) brillante, luminoso/a; (surface) resplandeciente; (colour) fuerte, vivo/a; ~ **intervals** (*Met*) claros *mpl*; ~ **red** rojo fuerte. b (*cheerful: person*) alegre, animado/a; (: *expression*) radiante, feliz; (: *future*) prometedor(a); ~ **and early** tempranito; **as ~ as a button** más listo/a que el hambre. c (*clever: person*) listo/a, inteligente; (: *idea*) luminoso/a.

brighten ['braɪtn] 1 VT (*also* ~ **up**) a aclarar; (*TV*) dar brillo. b (*house*) alegrar, llenar de color; (*situation*) mejorar. 2 VI (*also* ~ **up**: *person*) animarse, alegrarse; (*eyes*) iluminarse, brillar; (*weather*) despejarse.

brightly ['braɪtlɪ] ADV (*smile*) alegremente, con ánimo; (*shine*) brillantemente.

brightness ['braɪtnɪs] 1 N (*see adj*) a claridad *f*; luminosidad *f*; resplandor *m*. b alegría *f*, ánimo *m*; felicidad *f*; promesa *f*. c inteligencia *f*. 2 CPD: ~ **control** N botón *m* de ajuste del brillo.

brill[1] [brɪl] N rodaballo *m* menor.

brill[2] [brɪl] ADJ (*fam*) guay (*fam*).

brilliance ['brɪljəns] N (*of light, colour*) brillo *m*, brillantez *f*; (*fig: of person*) inteligencia *f*.

brilliant ['brɪljənt] ADJ a (*sunshine*) brillante, resplandeciente. b (*fig: idea*) brillante; (: *person*) brillante, sobresaliente; **the party was a ~ success** la fiesta fue un gran éxito.

brilliantine [,brɪljən'ti:n] N brillantina *f*.

Brillo pad ® ['brɪləʊ,pæd] N estropajo *m* de aluminio.

brim [brɪm] 1 N (*of cup*) borde *m*; (*of hat*) ala *f*. 2 VI (*also* ~ **over**) rebosar, desbordarse.

brimful ['brɪm'fʊl] ADJ lleno/a hasta el borde; ~ **of confidence** (*fig*) lleno o rebosante de confianza.

brimstone ['brɪmstəʊn] N azufre *m*.

brine [braɪn] N salmuera *f*; (*fig*) mar *m* or *f*.

bring [brɪŋ] (*pt, pp* **brought**) VT a (*gen*) traer; **to ~ influence/pressure to bear (on)** ejercer influencia/presión (sobre); **to ~ the negotiations to an end** llevar las negociaciones a su fin; **to ~ to light** sacar a luz; **to ~ sth to an end** terminar con algo; **to ~ problems on o.s.** buscarse uno mismo los problemas; **to ~ a good price** alcanzar un precio alto, ser muy cotizado/a; **to ~ o.s. to do sth** obligarse *o* forzarse a hacer algo; **you ~ nothing but trouble** no haces más que causar molestias; **it brought tears to her eyes** con esto se le llenaron los ojos de lágrimas; *see* **action**.

◆ **bring about** VT + ADV a (*change*) dar lugar a; (*crisis, death, war*) ocasionar, producir. b (*boat*) virar, dar la vuelta a.

◆ **bring back** VT + ADV a (*lit: person, object*) traer de vuelta; (*thing borrowed*) devolver; **it ~s back memories** trae recuerdos; **she brought a friend back for coffee** trajo una amiga a casa a tomar café.

◆ **bring down** VT + ADV a (*lower: prices*) bajar. b (*cause to fall: opponent, plane, government*) derribar.

◆ **bring forward** VT + ADV a (*gen: offer*) presentar. b (*advance time of: meeting*) adelantar. c (*Book-keeping*) pasar a otra cuenta; **brought forward** suma del anterior.

◆ **bring in** VT + ADV a (*person*) hacer entrar, hacer pasar; (*object*) traer; (*Pol: bill*) presentar, introducir; **to ~ in a verdict** pronunciar un veredicto; **to ~ in the police** pedir la intervención de la policía. b (*produce: income*) producir, proporcionar; (*wages*) sacar.

◆ **bring off** VT + ADV a (*plan*) lograr, conseguir; **he didn't ~ it off** (*fam*) no le salió. b (*people from wreck*) rescatar.

◆ **bring on** VT + ADV a (*illness, quarrel*) producir, causar; (*crops*) hacer crecer *or* madurar; (*flowers*) hacer florecer. b (*performer*) presentar; (*player*) poner, sacar (de la reserva).

◆ **bring out** VT + ADV (*reveal: meaning*) hacer resaltar; (*develop: quality*) sacar a luz, despertar; (*introduce: product, book*) sacar.

◆ **bring round** VT + ADV a (*persuade*) convencer. b (*steer: conversation*) llevar, dirigir. c (*unconscious person*) hacer volver en sí.

◆ **bring to** VT + ADV (*unconscious person*) hacer volver en sí, reanimar.

◆ **bring together** VT + ADV reunir; (*enemies*) reconciliar.

◆ **bring up** VT + ADV a (*rear: child*) criar, educar; **a well brought up child** un niño bien educado; **he was brought up to believe that ...** le educaron en la creencia de que .... b (*subject*) sacar a colación, sacar a relucir; (: *in meeting*) plantar. c (*vomit*) devolver.

bring-and-buy sale [,brɪŋənd'baɪseɪl] N (*Brit*) tómbola *f* de beneficencia.

brink [brɪŋk] N (*lit, fig*) borde *m*; **to be on the ~ of doing sth** estar a punto de hacer algo.

brinkmanship ['brɪŋkmənʃɪp] N política *f* de la cuerda floja, política del borde del abismo.

brisk [brɪsk] ADJ (*comp* ~**er**; *superl* ~**est**) (*person, voice, walk*) enérgico/a; (*wind*) fresco/a; (*trade etc*) activo/a; **at a ~ pace** con paso rápido, rápidamente; **business is ~** el negocio va bien.

brisket ['brɪskɪt] N carne *f* de pecho (para asar).

briskly ['brɪsklɪ] ADV (*see adj*) enérgicamente; rápidamente; activamente.

bristle ['brɪsl] 1 N (*of beard*) barba *f* (incipiente); (*on animal, of brush*) cerda *f*. 2 VI (*also* ~ **up**) erizarse, ponerse de punta; **to ~ with** (*fig*) estar erizado de; **he ~d with anger** temblaba de rabia *or* cólera.

bristly ['brɪslɪ] ADJ (*comp* -**ier**; *superl* -**iest**) (*beard, hair*) erizado/a; **to have a ~ chin** tener la barba crecida.

Brit [brɪt] (*fam*) N británico/a (*fam*); (*loosely*) inglés/esa *m/f*.

Britain ['brɪtən] N (*also* **Great ~**) Gran Bretaña *f*.

┌─── BRITAIN ───┐

ℹ️ *Mucha gente confunde los términos* **Britain, Great Britain, United Kingdom** *y* **British Isles.** *Se denomina* **Great Britain** *a la isla que comprende Inglaterra, Escocia y Gales. Desde el punto de vista administrativo, también incluye las islas menores cercanas, a excepción de la Isla de Man (***Isle of Man***) y las Islas Anglonormandas o Islas del Canal de la Mancha (***Channel Islands***).* **United Kingdom (of Great Britain and Northern Ireland),** *o* **UK,** *es la unidad política que comprende Gran Bretaña e Irlanda del Norte.* **British Isles** *es el término geográfico que abarca Gran Bretaña, Irlanda, la Isla de Man y las Islas Anglonormandas. En lo político, el término comprende dos estados soberanos: el Reino Unido y la República de Irlanda. El término* **Britain** *se utiliza fundamentalmente para referirse al Reino Unido, y en algunas ocasiones también a la isla, a Gran Bretaña.*

Britannic [brɪ'tænɪk] ADJ: **His** *or* **Her ~ Majesty** su Majestad *f* Británica.

briticism ['brɪtɪsɪzəm] N (*US*) modismo *m* or vocablo *m* etc del inglés de Inglaterra.

British ['brɪtɪʃ] 1 ADJ (*gen*) británico/a; (*loosely*) inglés/esa; **the best of ~ (luck)!** (*fam*) ¡y un cuerno!; ~ **Council** (*in Spain etc*) Instituto *m* Británico; ~ **English** inglés *m* británico; **the ~ Isles** las Islas Británicas; ~ **Thermal Unit** unidad *f* térmica británica. 2 NPL: **the ~** los británicos; (*loosely*) los ingleses.

Britisher ['brɪtɪʃər] N (*US*) británico/a *m/f*, natural *mf* de Gran Bretaña.

Briton ['brɪtən] N británico/a *m/f*; (*loosely*) inglés/esa *m/f*.

Brittany ['brɪtənɪ] N Bretaña *f*.

brittle ['brɪtl] ADJ (*comp* ~**r**; *superl* ~**st**) quebradizo/a.

Bro. N ABBR *of* **Brother** H., Hno.

broach [brəʊtʃ] VT (*subject*) abordar, sacar a colación.

broad [brɔːd] 1 ADJ (*comp* ~**er**; *superl* ~**est**) (*gen*) ancho/a, amplio/a; (*smile*) abierto/a; (*fig: theory*) comprensivo/a; (*mind*) tolerante, liberal; (*outline*) general; (*hint*) claro/a; (*accent*) cerrado/a; **it is 3 metres ~** tiene 3 metros de ancho; **in ~ daylight** en pleno día; ~ **bean** haba *f* gruesa. 2 N (*US fam*) tía *f* (*Sp fam*), tipa *f* (*LAm fam*).

broadcast ['brɔːdkɑːst] (*vb: pt, pp* ~) 1 N (*Rad, TV*) emisión *f*. 2 VT (*TV: match, event*) transmitir; (*Rad*) emitir, radiar; (*fig: news, rumour*) divulgar, difundir. 3 VI (*station*) transmitir, emitir; (*person*) hablar por la radio/televisión.

broadcaster ['brɔːdkɑːstər] N (*Rad, TV*) locutor(a) *m/f*.

broadcasting ['brɔːdkɑːstɪŋ] 1 N (*TV*) transmisión *f*; (*Rad*) radiodifusión *f*. 2 CPD: ~ **station** N emisora *f*.

broaden ['brɔːdn] [1] VT (*road*) ensanchar; (*mind*) ampliar; **travel ~s the mind** los viajes edifican el entendimiento. [2] VI (*also* **~ out**) ensancharse.

broadly ['brɔːdlɪ] ADV: **~ speaking** en general, hablando en términos generales.

broadly-based ['brɔːdlɪ,beɪst] ADJ que cuenta con una base amplia; **a ~ coalition** una coalición que representa gran diversidad de intereses.

broad-minded ['brɔːd'maɪndɪd] ADJ tolerante, de miras amplias.

broad-mindedness ['brɔːd'maɪndɪdnɪs] N amplitud *f* de criterio, tolerancia *f*.

broadsheet ['brɔːdʃiːt] N periódico *m* de gran formato.

BROADSHEETS AND TABLOIDS

En el Reino Unido hay dos tipos de periódicos, llamados, según su tamaño, **broadsheets** *o* **tabloids**. *Los primeros son más grandes y suelen centrarse en noticias serias, artículos de contenido cultural y un análisis en profundidad de la actualidad, por lo que también se les denomina* **quality press**. *Algunos nombres muy conocidos son* **The Daily Telegraph, The Times, The Guardian** *y* **The Independent**. *Los llamados* **tabloids** *suelen tener grandes titulares, artículos cortos, muchas fotografías, opiniones espontáneas y muestran una clara preferencia por las historias escandalosas o sentimentales. Por sus contenidos sensacionalistas también reciben el nombre de* **gutter press**. *Los más conocidos de éstos son* **The Sun, The Daily Mirror, The Daily Express, The Daily Mail** *y* **The Daily Star**. *En los Estados Unidos, el término* **standard-sized newspapers** *es el equivalente de* **broadsheet**. *El principal periódico de este tipo es la edición nacional del* **New York Times**. *Entre los* **tabloids** *más conocidos están el* **New York Daily News** *y el* **Chicago Sun-Times**.

---

broad-shouldered ['brɔːd'ʃəʊldəd] ADJ ancho/a de espaldas.

broadside ['brɔːdsaɪd] N (*Naut, fig*) andanada *f*.

brocade [brəʊ'keɪd] N brocado *m*.

broccoli ['brɒkəlɪ] N brécol *m*.

brochure ['brəʊʃʊəʳ] N folleto *m*.

brogue[1] [brəʊg] N (*shoe*) zapato *m* grueso de cuero y picado.

brogue[2] [brəʊg] N (*accent*) acento *m* regional (sobre todo irlandés).

broil [brɔɪl] VT (*US Culin: grill*) asar a la parrilla.

broiler ['brɔɪləʳ] N [a] (*chicken*) pollo *m* para asar. [b] (*US: grill*) parrilla *f*, grill *m*.

broke [brəʊk] [1] PT of **break**. [2] ADJ (*fam*) pelado/a; **I'm ~** estoy sin un duro or pelado; **to go ~** quebrar; **to go for ~** echar el resto, ir al límite (*fam*).

broken ['brəʊkən] [1] PP of **break**.
[2] ADJ [a] (*object, bone etc*) roto/a, quebrado/a; (*fig: marriage*) roto, quebrantado/a; (*heart*) roto, destrozado/a; (*: promise*) roto, quebrantado/a; (*heart*) roto, destrozado/a; (*: health, spirit*) quebrantado/a; **a ~ home** una familia dividida.
[b] (*uneven: road surface*) quebrado/a, accidentado/a; (*interrupted: line*) quebrado; (*: voice*) entrecortado/a; (*: sleep, night*) interrumpido/a; **he speaks ~ English** chapurrea el inglés.

broken-down ['brəʊkən'daʊn] ADJ (*machine, car*) averiado/a, descompuesto/a (*Mex*); (*house*) destartalado/a, desvencijado/a.

broken-hearted ['brəʊkən'hɑːtɪd] ADJ con el corazón destrozado or partido.

broker ['brəʊkəʳ] N (*Comm*) agente *mf*; (*stockbroker*) corredor(a) *m/f* de bolsa.

brokerage ['brəʊkərɪdʒ], **broking** ['brəʊkɪŋ] N corretaje *m*.

brolly ['brɒlɪ] N (*Brit fam*) paraguas *m inv*.

bromide ['brəʊmaɪd] N (*Chem*) bromuro *m*.

bronchial ['brɒŋkɪəl] ADJ bronquial.

bronchitis [brɒŋ'kaɪtɪs] N bronquitis *f*.

bronco ['brɒŋkəʊ] N (*US*) potro *m* cerril.

bronze [brɒnz] [1] N bronce *m*; (*of skin*) bronceado/a.
[2] VI (*person*) broncearse.

[3] VT (*skin*) broncear.
[4] ADJ (*made of ~*) de bronce; (*colour*) color de bronce; **the B~ Age** la Edad de Bronce.

bronzed [brɒnzd] ADJ (*person*) bronceado/a.

bronzing ['brɒnzɪŋ] ADJ (*powder, gel*) bronceador(a).

brooch [brəʊtʃ] N prendedor *m*, broche *m*.

brood [bruːd] [1] N (*gen*) cría *f*; (*of chicks*) nidada *f*; (*hum: of children*) prole *f*.
[2] VI (*bird*) empollar; (*fig: person*) ponerse melancólico/a.
◆ **brood on** VI + PREP obsesionarse con, dar vueltas a.

broody ['bruːdɪ] ADJ (*hen*) clueca; (*fam: female*) con ganas de tener hijos.

brook[1] [brʊk] N arroyo *m*.

brook[2] [brʊk] VT (*frm: tolerate*) tolerar; **he ~s no opposition** no permite or (*LAm*) admite oposición.

broom [bruːm, brʊm] N (*brush*) escoba *f*; (*Bot*) retama *f*.

broomstick ['brʊmstɪk] N palo *m* de escoba.

Bros ABBR of **brothers** Hnos.

broth [brɒθ] N caldo *m*.

brothel ['brɒθl] N burdel *m*, prostíbulo *m*.

brother ['brʌðəʳ] [1] N (*gen, Rel*) hermano *m*; (*Trade Union etc*) compañero *m*. [2] CPD: **~ workers** NPL colegas *mpl*.

brotherhood ['brʌðəhʊd] N fraternidad *f*; (*group*) hermandad *f*, gremio *m*.

brother-in-law ['brʌðərɪnlɔː] N (*pl* **brothers-in-law**) cuñado *m*, hermano *m* político.

brotherly ['brʌðəlɪ] ADJ fraterno/a, fraternal.

brought [brɔːt] PT, PP of **bring**.

brow [braʊ] N (*forehead*) frente *f*; (*of hill*) cumbre *f*; **eye~** ceja *f*; **to knit one's ~s** fruncir el ceño.

browbeat ['braʊbiːt] (*pt* **~;** *pp* **~en**) VT intimidar, convencer con amenazas; **to ~ sb into doing sth** obligar a algn a hacer algo.

brown [braʊn] [1] ADJ (*comp* **~er;** *superl* **~est**) (*gen*) marrón, color café; (*hair*) castaño/a; (*leather*) marrón; (*bronzed: skin*) moreno/a; **to go ~** ponerse moreno; **~ ale** cerveza *f* oscura or negra; **~ bread** pan *m* moreno; **~ paper** papel *m* de estraza; **~ rice** arroz *m* integral; **~ sugar** azúcar *m* moreno.
[2] N marrón *m*, color *m* café (*LAm*); (*eyes, hair*) castaño *m*.
[3] VT (*person*) broncear, poner moreno; (*Culin*) dorar.
[4] VI (*Culin*) dorarse.
◆ **brown off** VT + ADV (*Brit fam*): **to ~ sb off** fastidiar a algn; **I'm ~ed off** estoy hasta las narices (*fam*).

brownie ['braʊnɪ] N [a] (*fairy*) duende *m*; (*also* **~ guide**) niña *f* exploradora; **to earn** or **get/win ~ points** apuntarse un tanto a favor, merecerse una notita favorable. [b] (*US: cookie*) pastelito *m* de chocolate y nueces.

brownish ['braʊnɪʃ] ADJ pardusco/a.

brownnose ['braʊn,nəʊz] (*US fam*) [1] N lameculos *mf inv* (*fam!*). [2] VT lamer el culo a (*fam!*).

browse [braʊz] [1] VI (*also* **~ through**: *book*) hojear; (*in shop*) echar una ojeada, curiosear; (*animal*) pacer. [2] N: **to have a ~ (around)** echar una ojeada or un vistazo.

Bruges [bruːʒ] N Brujas *f*.

bruise [bruːz] [1] N (*on person*) cardenal *m*, moretón *m* (*esp LAm*); (*on fruit*) maca *f*, magulladura *f*.
[2] VT (*leg etc*) magullar, amoratar (*esp LAm*); (*fruit*) magullar, dañar; (*fig: feelings*) herir.
[3] VI: **I ~ easily** (*lit*) me salen cardenales or moretones con facilidad; (*fig*) me siento herido por cualquier cosa.

bruiser ['bruːzəʳ] N (*fam*) boxeador *m*.

Brum [brʌm] N ABBR (*Brit fam*) of **Birmingham**.

Brummie ['brʌmɪ] N (*fam*) nativo/a *m/f* or habitante *mf* de Birmingham.

brunch [brʌntʃ] N (*fam*) desayuno-almuerzo *m*.

brunette [bruː'net] N morena *f*, morocha *f* (*LAm*), prieta *f* (*Mex*).

brunt [brʌnt] N: **to bear the ~ of sth** aguantar lo más recio or duro de algo.

brush [brʌʃ] [1] N [a] (*gen*) cepillo *m*; (*sweeping ~*) escoba *f*, cepillo, escobilla *f* (*LAm*); (*scrubbing ~*) bruza *f*, cepillo de cerda; (*paint ~: artist's*) pincel *m*; (*: decorator's*) brocha *f*; (*shaving ~*) brocha; **hair/shoe ~** cepillo para el pelo/los zapatos.

b (act of ~ing) cepillado m; **give your coat a ~** cepíllate el abrigo.
c (argument) roce m; **to have a ~ with the police** tener un roce con la policía.
d (light touch) toque m.
e (undergrowth) maleza f.
2 VT **a** (clean: floor) cepillar; (clothes, hair) cepillar; **to ~ one's shoes** limpiarse los zapatos; **to ~ one's teeth** lavarse los dientes.
b (touch lightly) rozar.
◆ **brush against** VI + PREP rozar (al pasar).
◆ **brush aside** VT + ADV (fig) no hacer caso de, dejar a un lado.
◆ **brush away** VT + ADV (gen) quitar (con cepillo or la mano etc).
◆ **brush down** VT + ADV cepillar, limpiar.
◆ **brush off** VT + ADV (mud) quitar (con cepillo or la mano etc); (fig: dismiss) no hacer caso de; **to give sb the ~-off** (fam) mandar a algn a paseo (fam), zafarse de algn.
◆ **brush past** VI + PREP rozar al pasar.
◆ **brush up** VT + ADV **a** (crumbs) recoger. **b** (also ~ up on) repasar, refrescar; **to have a wash and ~-up** lavarse y arreglarse.
brushed [brʌʃt] ADJ (nylon, denim etc) afelpado/a.
brushwood ['brʌʃwʊd] N maleza f, monte m bajo; (faggots) broza f, leña f menuda.
brushwork ['brʌʃwɜːk] N pincelada f, técnica f del pincel.
brusque [bruːsk] ADJ brusco/a, abrupto/a.
brusqueness ['bruːsknɪs] N brusquedad f.
Brussels ['brʌslz] **1** N Bruselas. **2** CPD: **~ sprouts** NPL coles fpl de Bruselas.
brutal ['bruːtl] ADJ brutal.
brutality [bruːˈtælɪtɪ] N brutalidad f.
brutalize ['bruːtəlaɪz] VT brutalizar.
brutally ['bruːtəlɪ] ADV de manera brutal.
brute [bruːt] **1** N (animal) bruto m, bestia f; (person) bruto a m/f, bestia. **2** ADJ (force, strength) bruto/a.
brutish ['bruːtɪʃ] ADJ bruto/a.
BS N ABBR **a** (Brit) of **British Standard(s)** norma(s) de calidad. **b** (US Univ) of **Bachelor of Science**.
bs ABBR **a** (Comm) of **bill of sale**. **b** (Comm, Fin) of **balance sheet**.
BSA N ABBR (US) of **Boy Scouts of America**.
BSB N ABBR of **British Sky Broadcasting** emisora de televisión por satélite.
BSC N ABBR of **Broadcasting Standards Council**.
B.Sc. N ABBR (Univ) of **Bachelor of Science**.
BSE N ABBR of **bovine spongiform encephalopathy** encefalopatía f espongiforme bovina.
BSI N ABBR of **British Standards Institution** organismo que fija niveles de calidad de los productos.
BST N ABBR of **British Summer Time**.
BT N ABBR of **British Telecom** ≈ CTNE f.
Bt ABBR of **Baronet**.
BTA N ABBR of **British Tourist Authority**.
bt fwd ABBR of **brought forward** suma f del anterior.
BTU N ABBR of **British Thermal Unit**.
bubble ['bʌbl] **1** N (in liquid) burbuja f; (in paint) ampolla f; (soap ~) pompa f de jabón.
2 VI burbujear.
3 CPD: **~ and squeak** N carne picada frita con patatas y col; **~ bath** N gel m de baño; **~ gum** N chicle m (de globo).
◆ **bubble over** VI + ADV (lit) desbordarse; (fig: with happiness etc) rebosar.
◆ **bubble up** VI + ADV (liquid) burbujear, borbotear; (excitement) rebosar.
bubbly ['bʌblɪ] **1** ADJ (comp -ier; superl -iest) (lit) burbujeante, con burbujas; (fig fam) salado/a, dicharachero/a. **2** N (fam) champaña m or f.
bubonic [bjuːˈbɒnɪk] ADJ: **~ plague** peste f bubónica.
buccaneer [ˌbʌkəˈnɪər] **1** N bucanero m; (fig) emprendedor(a) m/f. **2** VI piratear.
Bucharest [ˌbuːkəˈrest] N Bucarest m.
buck [bʌk] **1** N **a** (male: of deer, rabbit) macho m.
b (US fam: dollar) dólar m; **to make a fast** or **quick ~** hacer pasta rápidamente (fam).

c (in gym) potro m.
d **to pass the ~** (fam) escurrir el bulto; **to pass the ~ to sb** echarle el muerto a algn.
2 VI (horse) corcovear.
3 VT: **to ~ the market** (Fin) ir en contra del mercado; **to ~ the system** (US) oponerse al sistema.
◆ **buck up** (fam) VI + ADV (cheer up) animarse; (hurry up) espabilarse, apurarse (LAm).
bucket ['bʌkɪt] **1** N cubo m, balde m (LAm); **to weep ~s** (fam) llorar a mares; **a ~ of water** un cubo or balde de agua; see **kick**.
2 VI (fam) **the rain is** or **it's ~ing (down)** está lloviendo a cántaros.
3 CPD: **~ shop** N agencia f de viajes que vende barato.
buckle ['bʌkl] **1** N hebilla f.
2 VT **a** (shoe, belt) abrochar con hebilla.
b (wheel, girder) combar.
c (knees) doblar.
3 VI (see vt) combarse; doblarse.
◆ **buckle down** VI + ADV ponerse en serio (to a); **to ~ down to a job** dedicarse en serio a una tarea.
◆ **buckle up** VI + ADV (US) ponerse el cinturón de seguridad.
Bucks [bʌks] N ABBR (Brit) of **Buckinghamshire**.
buckshot ['bʌkʃɒt] N perdigón m.
buckskin ['bʌkskɪn] N (cuero m de) ante m.
buckteeth ['bʌktiːθ] NPL dientes mpl salientes.
buckwheat ['bʌkwiːt] N alforfón m, trigo m sarraceno.
bud¹ [bʌd] **1** N (of flower) capullo m; (on tree, plant) brote m, yema f; **in ~** (tree) en brote; see **nip¹ 2**. **2** VI (flower, tree) brotar, echar brotes.
bud² [bʌd] N (US fam) = **buddy**.
Budapest [ˌbjuːdəˈpest] N Budapest m.
Buddha ['bʊdə] N Buda m.
Buddhism ['bʊdɪzəm] N budismo m.
Buddhist ['bʊdɪst] ADJ, N budista mf.
budding ['bʌdɪŋ] ADJ (fig: talent) en ciernes.
buddy ['bʌdɪ] N (esp US) compinche m, compadre m (LAm), cuate m (Mex fam), pata m (Per fam).
budge [bʌdʒ] **1** VT (move) mover; **I couldn't ~ him an inch** (fig) no le pude convencer. **2** VI moverse; (fig) ceder, rendirse.
◆ **budge up** VI + ADV correrse un poco al lado.
budgerigar ['bʌdʒərɪgɑːr] N periquito m.
budget ['bʌdʒɪt] **1** N presupuesto m; **the B~** (Brit) el presupuesto (del Estado).
2 VI planear el presupuesto.
3 CPD presupuestario/a; **~ account** N cuenta f presupuestaria.
◆ **budget for** VI + PREP hacer un presupuesto para.
budgetary ['bʌdʒɪtrɪ] ADJ: **~ control** control m presupuestario; **~ deficit** déficit m presupuestario.
budgie ['bʌdʒɪ] N ABBR (fam) of **budgerigar**.
Buenos Aires [ˌbweɪnɒsˈaɪərɪz] **1** N Buenos Aires msg. **2** ADJ bonaerense, porteño/a (Arg fam).
buff [bʌf] **1** ADJ (colour) de color de ante. **2** VT (also ~ up) lustrar. **3** N (fam) aficionado/a m/f; (also film ~) cinéfilo/a m/f.
buffalo ['bʌfələʊ] N (pl ~es) **a** búfalo m. **b** (esp US: bison) bisonte m.
buffer ['bʌfər] **1** N (for railway engine) tope m, parachoques m inv; (US Aut) parachoques; (Comput) memoria f intermedia. **2** CPD: **~ state** N estado m tapón; **~ zone** N espacio m amortiguador.
buffering ['bʌfərɪŋ] N (Comput) almacenamiento m en memoria intermedia.
buffet¹ ['bʌfɪt] **1** N (blow) golpe m. **2** VT (by sea, wind etc) zarandear.
buffet² ['bʊfeɪ] **1** N (for refreshments) cantina f, cafetería f; (meal) buffet m (libre).
2 CPD: **~ car** N (Brit) coche-restaurante m; **~ lunch** N almuerzo m buffet or frío; **~ supper** N cena f buffet or fría.
buffoon [bəˈfuːn] N bufón m, payaso m.
bug [bʌg] **1** N **a** (Zool) chinche mf; (fam: insect) bicho m; (: germ) microbio m; (fig: obsession) entusiasmo m (por

algo); **there's a ~ going around** hay un virus suelto por ahí; **I've got the travel ~** me ha dado por viajar. **b** (*fam: bugging device*) micrófono *m* oculto. **c** (*Comput*) fallo *m*, error *m*. **2** (*fam*) VT **a** (*telephone*) intervenir, pinchar; **my phone is ~ged** mi teléfono está pinchado. **b** (*annoy*) fastidiar; **don't ~ me!** (*fam*) ¡deja de molestar(me) *or* fastidiar!

bugbear ['bʌgbeəʳ] N pesadilla *f*.

bugger ['bʌgəʳ] **1** N (*fam!*) gilipollas *m/f*, capullo *m/f*; **don't play silly ~s!** ¡no des el coñazo! **2** VT **a** (*Jur*) cometer sodomía con. **b** (*fam!*) (**well**) **I'll be ~ed!** ¡coño! (*fam!*); **lawyers be ~ed!** ¡que se jodan los abogados! (*fam!*); **I'll be ~ed if I will** que me cuelgen si lo hago.
◆ **bugger about** (*Brit fam!*) **1** VT + ADV: **to ~ sb about** fastidiar a algn, cargar a algn (*fam*). **2** VI + ADV hacer chorradas (*fam*), hacer el gilipollas (*fam*).
◆ **bugger off** (*Brit fam!*) VI + ADV largarse (*fam*); **~ off!** ¡vete a hacer puñetas *or* a cagar *or* (a) tomar por culo! (*fam!*), ¡chinga tu madre! (*Mex fam!*).
◆ **bugger up** (*Brit fam!*) VT + ADV: **to ~ sth up** joder algo (*fam!*), jorobar algo.

bugger-all ['bʌgər,ɔːl] N (*fam!*) ni pizca.

buggery ['bʌgərɪ] N sodomía *f*.

buggy ['bʌgɪ] N (*baby's*) cochecito *m*; (*horse and ~*) calesa *f*.

bugle ['bjuːgl] N corneta *f*, clarín *m*.

build [bɪld] (*vb: pt, pp* **built**) **1** N figura *f*, tipo *m*. **2** VT (*house*) construir, edificar; (*ship*) construir; (*nest*) hacer.
◆ **build in** VT + ADV (*cupboard*) empotrar; (*Mech*) incorporar.
◆ **build on** VT + ADV (*also* ~ **on to**) añadir *or* anexar a; (*fig*) basar en.
◆ **build up 1** VT + ADV (*business*) fomentar, desarrollar; (*reputation*) labrarse; (*area, town etc*) urbanizar; (*stocks etc*) acumular; **to ~ up one's strength** fortalecerse; **to ~ up one's hopes** hacerse ilusiones; **to ~ up a lead** tomar la delantera. **2** VI + ADV (*pressure*) aumentar; (*Fin: interest*) acumularse; (*fig*) crecer.

builder ['bɪldəʳ] N (*gen*) constructor(a) *m/f*; (*contractor*) contratista *m*; (*workman*) albañil *m*; (*fig*) fundador *m*.

building ['bɪldɪŋ] **1** N (*gen*) edificio *m*; (*activity*) construcción *f*. **2** CPD: ~ **contractor** N contratista *m* de construcciones; ~ **site** N solar *m*; (*under construction*) obra *f*; ~ **society** N sociedad *f* de crédito hipotecario; ~ **trade** N construcción *f*.

┌─ *BUILDING SOCIETY* ─┐

ℹ️ *Las* **Building societies** (*sociedades de crédito hipotecario*) *se fundaron en el Reino Unido con el objeto de atraer inversiones, normalmente mediante préstamos hipotecarios para adquirir una vivienda. Aunque éste sigue siendo su objetivo principal, desde 1986 se les ha permitido extender sus servicios financieros, compitiendo así con las entidades bancarias. En contrapartida, estas sociedades ya no tienen el monopolio de las cuentas de ahorros e hipotecas y los bancos acaparan buena parte de este sector. Algunas de las sociedades principales se han convertido en bancos.*

build-up ['bɪldʌp] N **a** (*of pressure, tension, traffic*) aumento *m*; (*of forces*) concentración *f*. **b** (*publicity*) propaganda *f*; **to give sb/sth a good ~** hacer mucha propaganda a favor de algn/algo.

built [bɪlt] PT, PP OF **build**.

built-in ['bɪlt'ɪn] ADJ (*furniture*) empotrado/a; (*part of*) incorporado/a; ~ **obsolescence** caducidad *f* programada *or* controlada.

built-up ['bɪlt'ʌp] ADJ: ~ **area** zona *f* urbanizada.

bulb [bʌlb] N (*Bot*) bulbo *m*; (*of garlic*) cabeza *f*; (*Elec*) bombilla *f*, bombillo *m* (*LAm*), foco *m* (*LAm*); (*of thermometer*) cubeta *f*, ampolleta *f*.

bulbous ['bʌlbəs] ADJ (*shape*) bulboso/a.

Bulgaria [bʌl'gɛərɪə] N Bulgaria *f*.

Bulgarian [bʌl'gɛərɪən] **1** ADJ búlgaro/a. **2** N búlgaro/a *m/f*; (*Ling*) búlgaro *m*.

bulge [bʌldʒ] **1** N **a** (*in surface, of curve*) abombamiento *m*, protuberancia *f*; (*in pocket*) bulto *m*. **b** (*in birth rate, sales*) alza *f*, aumento *m*; **the postwar ~ in the birth rate** la explosión demográfica de la posguerra. **2** VI (*pocket etc*) hincharse, estar abultado; (*eyes*) saltarse.

bulimia [bjuːˈlɪmɪə] N bulimia *f*.

bulimic [bjuːˈlɪmɪk] ADJ, N bulímico/a *m/f*.

bulk [bʌlk] **1** N (*of thing*) bulto *m*; (*of person*) corpulencia *f*, masa *f*; **the ~ of** la mayoría de; **the ~ of the work** la mayor parte del trabajo; **to buy in ~** (*in large quantities*) comprar al por mayor; (*not pre-packed*) **in ~** suelto/a, a granel. **2** CPD: ~ **buying** N compra *f* en grandes cantidades; ~ **carrier** N (*buque m*) granelero *m*; ~ **goods** NPL mercancías *fpl* a granel; ~ **purchase** N compra *f* de cantidad grande.

bulkhead ['bʌlkhed] N mamparo *m*.

bulky ['bʌlkɪ] ADJ (*comp* **-ier**; *superl* **-iest**) (*parcel*) abultado/a; (*person*) corpulento/a.

bull¹ [bʊl] **1** N (*of elephant, seal*) macho *m*; (*Fin*) alcista *mf*; **like a ~ in a china shop** como un elefante en una cristalería; **to talk a lot of ~** (*fam: nonsense*) decir chorradas; **to take the ~ by the horns** coger (*Sp*) *or* (*LAm*) agarrar el toro por los cuernos; **a ~ market** (*Fin*) un mercado en alza *or* alcista; *see* **red 1**.

bull² [bʊl] N (*Rel*) bula *f*.

bulldog ['bʊldɒg] N dogo *m*, bulldog *m*, buldog *m*.

bulldoze ['bʊldəʊz] VT mover *or* allanar con motoniveladora; **I was ~d into doing it** (*fig fam*) me obligaron a hacerlo.

bulldozer ['bʊldəʊzəʳ] N motoniveladora *f*, bulldozer *m*.

bullet ['bʊlɪt] **1** N bala *f*. **2** CPD: ~ **hole** N agujero *m* de bala; ~ **wound** N balazo *m*.

bulletin ['bʊlɪtɪn] **1** N (*statement*) comunicado *m*, parte *m*; (*journal*) boletín *m*. **2** CPD: ~ **board** N (*US*) tablón *m* de anuncios; (*Comput*) tablero *m* de noticias.

bulletproof ['bʊlɪtpruːf] ADJ a prueba de balas.

bullfight ['bʊlfaɪt] N corrida *f* (de toros).

bullfighter ['bʊlfaɪtəʳ] N torero *m*.

bullfighting ['bʊlfaɪtɪŋ] N toreo *m*, tauromaquia *f*; **I like ~** me gustan los toros.

bullhorn ['bʊlhɔːn] N (*US*) megáfono *m*.

bullion ['bʊljən] N oro *m* *or* plata *f* en barras *or* en lingotes.

.bullock ['bʊlək] N buey *m*.

bullring ['bʊlrɪŋ] N plaza *f* de toros.

bull's-eye ['bʊlzaɪ] N (*of target*) blanco *m*; **to hit the ~** (*fig*) dar en el blanco.

bullshit ['bʊlʃɪt] N (*fam!: nonsense*) tonterías *fpl*, chorradas *fpl*.

bully ['bʊlɪ] **1** N matón/ona *m/f*. **2** VT (*also* ~ **around**) intimidar; **to ~ sb into doing sth** forzar a algn que haga algo.

bullyboy ['bʊlɪ,bɔɪ] **1** N matón *m*, esbirro *m*. **2** CPD: ~ **tactics** N táctica *f* de matón.

bulrush ['bʊlrʌʃ] N espadaña *f*.

bulwark ['bʊlwək] N (*Mil, fig*) baluarte *m*; (*Naut*) borda *f*.

bum¹ [bʌm] (*fam*) **1** N (*Anat: Brit*) culo *m*; **to give sb the ~'s rush** expulsar violentamente a algn. **2** CPD: ~ **bag** N riñonera *f*.

bum² [bʌm] (*fam*) **1** N (*esp US: idler*) holgazán/ana *m/f*, vago/a *m/f*, flojo/a *m/f* (*LAm*); (*tramp*) vagabundo/a *m/f*. **2** ADJ (*worthless*) inútil, de mala calidad; ~ **rap** (*esp US fam*) acusación *f* falsa; ~ **steer** (*esp US fam*) bulo *m*. **3** VT (*money, food*) gorronear.
◆ **bum around** VI + ADV vagabundear, holgazanear.

bumblebee ['bʌmblbiː] N abejorro *m*.

bumbling ['bʌmblɪŋ] ADJ (*inept*) inepto/a, inútil; (*muttering*) que habla a tropezones.

bumf [bʌmf] N (*Admin fam*) papeleo *m*.

bummer ['bʌməʳ] (*fam!*) N (*esp US: nuisance*) lata *f*; (*bore*) rollo *m*; (*disaster*) desastre *m*; **what a ~!** ¡qué horror!

bump [bʌmp] **1** N **a** (*blow, noise*) choque *m*, topetazo *m*; (*jolt of vehicle*) sacudida *f*.
b (*swelling*) bollo *m*, abolladura *f*; (*on skin*) chichón *m*, hinchazón *f*; (*on road etc*) bache *m*.
2 VT (*car*) chocar contra; **to ~ one's head** darse un golpe en la cabeza.
3 VI (*also* **~ along**: *move joltingly*) avanzar dando tumbos.
◆**bump into** VI + PREP **a** (*vehicle*) chocar *or* dar contra.
b (*fam: meet*) tropezar con, toparse con; **fancy ~ing into you!** ¡qué casualidad encontrarte aquí!
◆**bump off** VT + ADV (*fam*) cargarse a.
◆**bump up** VT + ADV (*price*) subir, aumentar.
bumper¹ ['bʌmpə'] **1** N (*Brit Aut*) parachoques *m inv*.
2 CPD: **~ car** N auto *m* de choque.
bumper² ['bʌmpə'] ADJ (*crop, harvest*) abundante; **~ issue** edición *f* especial.
bumph [bʌmf] N (*fam*) = **bumf**.
bumpkin ['bʌmpkɪn] N (*also* **country ~**) patán *m*.
bump-start ['bʌmpstɑ:t] N, VT: **to give a car a ~, to ~ a car** empujar un coche para que arranque.
bumptious ['bʌmpʃəs] ADJ engreído/a, presuntuoso/a.
bumpy ['bʌmpɪ] ADJ (*comp* **-ier**; *superl* **-iest**) (*surface*) desigual; (*road*) lleno/a de baches; (*journey, flight*) agitado/a.
bun [bʌn] N (*Culin*) bollo *m*, magdalena *f*; (*hair*) moño *m*.
bunch [bʌntʃ] N (*of flowers*) ramo *m*; (*of bananas, grapes*) racimo *m*; (*of keys*) manojo *m*; (*set of people*) grupo *m*, pandilla *f*; **to wear one's hair in ~es** llevar coletas; **the best of a bad ~** entre malos, los mejores; **they're an odd ~** son gente rara; **they're a ~ of traitors** son unos traidores; **a ~ of times** (*US*) varias veces, muchas veces.
◆**bunch together 1** VT + ADV (*objects*) juntar.
2 VI + ADV (*people*) agruparse, apiñarse.
bundle ['bʌndl] **1** N (*of clothes, rags*) bulto *m*; (*of sticks*) haz *m*; (*of papers*) legajo *m*.
2 VT **a** (*also* **~ up**: *clothes*) atar en un bulto.
b (*put hastily*) guardar sin orden; **the body was ~d into the car** metieron el cadáver en el coche a la carrera.
◆**bundle off** VT + ADV: **they ~d him off to Australia** le despacharon a Australia.
◆**bundle out** VT + ADV: **to ~ sb out** botar a algn; **they ~d him out into the street** le pusieron de patitas en la calle.
bung [bʌŋ] **1** N tapón *m*. **2** VT (*also* **~ up**: *pipe, hole*) tapar, taponar; (*fam: throw*) echar; **my nose is ~ed up** (*fam*) tengo la nariz atascada or tapada.
bungalow ['bʌŋgələʊ] N chalé *m*, bungalow *m*.
bungee jumping ['bʌndʒɪ,dʒʌmpɪŋ] N banyi *m*.
bungle ['bʌŋgl] (*fam*) VT (*work*) chapucear; **to ~ it** hacer una chapuza, amolarlo (*Mex fam*); **to ~ an opportunity** desperdiciar una oportunidad.
bungler ['bʌŋglə'] N chapucero *m*.
bungling ['bʌŋglɪŋ] ADJ torpe, desmañado/a.
bunion ['bʌnjən] N (*Med*) juanete *m*.
bunk¹ [bʌŋk] N (*also* **~-bed**: *Naut*) litera *f*; (*fam*) cama *f*.
bunk² [bʌŋk] **1** N: **to do a ~** (*Brit fam*) = **2**. **2** VI huir, poner pies en polvorosa.
bunk³ [bʌŋk] (*fam*) tonterías *fpl*, música *f* celestial.
bunker ['bʌŋkə'] N (*coal ~*) carbonera *f*; (*Mil*) refugio *m* antiaéreo/antinuclear, búnker *m*; (*Golf*) búnker *m*.
bunkum ['bʌŋkəm] N (*fam*) tonterías *fpl*.
bunk-up [,bʌŋk'ʌp] N: **to give sb a ~** (*fam*) ayudar a algn a subir.
bunny ['bʌnɪ] N **a** conejito *m*. **b** (*girl*) tía *f* buena; **~ girl** conejita *f*.
Bunsen ['bʌnsn] N: **~ burner** mechero *m* Bunsen.
bunting ['bʌntɪŋ] N (*flags*) banderitas *fpl*.
buoy [bɔɪ, (*US*) 'bu:ɪ] N boya *f*.
◆**buoy up** VT + ADV (*person, boat*) mantener a flote; (*fig: spirits etc*) animar, alentar.
buoyancy ['bɔɪənsɪ] N lo boyante, capacidad *f* para flotar; (*Aer*) fuerza *f* ascensional; (*fig*) confianza *f*, optimismo *m*.
buoyant ['bɔɪənt] ADJ que flota, boyante; (*fig: mood*) optimista; (*Fin: market, prices*) con tendencia al alza.
BUPA ['bu:pə] N ABBR *of* **British United Provident Association** *seguro médico privado*.
burble ['bɜ:bl] VI (*baby*) hacer gorgoritos; (*bubble*)

burbujear; (*fig: talk*) farfullar.
burden ['bɜ:dn] **1** N (*load*) carga *f*; (*fig: of taxes, years*) peso *m*, carga; **the ~ of proof lies with him** él lleva la carga de la prueba; **to be a ~ to sb** ser una carga para algn.
2 VT cargar (*with* con); **don't ~ me with your troubles** no me vengas con tus problemas.
burdensome ['bɜ:dnsəm] ADJ gravoso/a, oneroso/a.
bureau [bjʊə'rəʊ] N (*agency: travel/employment ~*) agencia *f*, oficina *f*; (*government department*) departamento *m*; (*Brit: desk*) buró *m*, escritorio *m*; (*US: chest of drawers*) cómoda *f*; **~ de change** caja *f* de cambio.
bureaucracy [bjʊə'rɒkrəsɪ] N burocracia *f*; (*pej*) papeleo *m*, trámites *mpl*.
bureaucrat ['bjʊərəʊkræt] N burócrata *mf*.
bureaucratic [,bjʊərəʊ'krætɪk] ADJ burocrático/a.
burgeon ['bɜ:dʒən] VI (*Bot*) retoñar; (*fig*) empezar a prosperar (*rápidamente*); (*trade etc*) florecer.
burger ['bɜ:gə'] N hamburguesa *f*.
burglar ['bɜ:glə'] **1** N ladrón/ona *m/f*. **2** CPD: **~ alarm** N alarma *f* antirrobo.
burglarize ['bɜ:gləraɪz] VT (*US*) robar (de una casa *etc*).
burglar-proof ['bɜ:gləpru:f] ADJ a prueba de ladrones.
burglary ['bɜ:glərɪ] N robo *m* en una casa.
burgle ['bɜ:gl] VT robar (de una casa *etc*).
burial ['berɪəl] **1** N entierro *m*. **2** CPD: **~ ground** N cementerio *m*, camposanto *m*, panteón *m* (*LAm*).
Burkina-Faso [bɜ:'ki:nə'fæsəʊ] N Burkina-Faso *m*.
burlesque [bɜ:'lesk] N (*parody*) parodia *f*.
burly ['bɜ:lɪ] ADJ (*comp* **-ier**; *superl* **-iest**) fornido/a, fuerte.
Burma ['bɜ:mə] N Birmania *f*.
Burmese [bɜ:'mi:z] ADJ, N birmano/a *m/f*.
burn [bɜ:n] (*vb: pt, pp* **~ed** *or* **~t**) **1** N (*gen*) quemadura *f*; (*of rocket*) fuego *m*.
2 VT (*gen*) quemar; (*house, building*) incendiar; (*of sun: person, skin*) tostar; **to ~ a hole in sth** hacer un agujero en algo con una llama *etc*; **to ~ sth to ashes** reducir algo a cenizas; **to be ~t to death** morir abrasado/a; **to ~ one's finger/hand** quemarse el dedo/la mano; **I've ~t myself!** ¡me he quemado!, ¡me quemé! (*LAm*); **it has a ~t taste** sabe a quemado; (*fig*) **to ~ one's boats** *or* **bridges** quemar las naves; (*fig*) **to ~ the candle at both ends** hacer de la noche día.
3 VI (*fire, building etc*) arder, quemarse; (*skin: to smart*) escocer; (*meat, pastry etc*) quemarse; (*light, gas*) estar encendido/a; (*fig*) **to ~ with anger/passion** *etc* arder de rabia/pasión *etc*.
◆**burn down 1** VT + ADV (*building*) incendiar.
2 VI + ADV (*house*) incendiarse; (*candle, fire*) apagarse.
◆**burn off** VT + ADV (*paint etc*) quitar con soplete.
◆**burn out 1** VT + ADV (*fig: be exhausted*) agotarse, quemarse; **he's ~t himself out** se ha agotado.
2 VI + ADV (*fuse*) fundirse; (*candle, lamp*) apagarse.
◆**burn up 1** VI + ADV (*fire*) echar llamas, arder más.
2 VT + ADV (*rubbish etc*) quemar.
burner ['bɜ:nə'] N (*on cooker etc*) quemador *m*.
burning ['bɜ:nɪŋ] **1** N: **there's a smell of ~** huele a quemado. **2** ADJ (*building, forest*) en llamas; (*coals, flame, also fig*) ardiente; (*question, topic*) candente.
burnish ['bɜ:nɪʃ] VT (*metal*) bruñir.

BURNS NIGHT

En la noche del 25 de enero, **Burns Night,** *se celebra el aniversario del nacimiento del poeta escocés Robert Burns (1759-1796). Los escoceses de todo el mundo se reúnen para celebrar su vida y obra haciendo una cena en su honor (***Burns Supper***), en la que, al son de la gaita, se sirve* **haggis** *(asaduras de cordero, avena y especias cocidas en las tripas del animal) con patatas y puré de nabos. Después de la cena se cantan canciones de Burns, se leen sus poemas y se hacen discursos de carácter festivo relacionados con ellos.*

---
burnt [bɜ:nt] PT, PP *of* **burn**; **~ offering** holocausto *m*.
burnt-out [,bɜ:nt'aʊt] ADJ (*person*) quemado/a.
burp [bɜ:p] (*fam*) **1** N eructo *m*. **2** VI eructar. **3** VT (*baby*) hacer eructar.

burr [bɜːʳ] N (Bot) erizo m.
burrow ['bʌrəʊ] **1** N (of animal) madriguera f; (of rabbit) conejera f. **2** VT (hole) cavar; **to ~ one's way** abrirse camino cavando (into en). **3** VI (animals etc) hacer una madriguera; **he ~ed under the bedclothes** se escondió bajo las sábanas.
bursar ['bɜːsəʳ] N (Univ etc) tesorero/a m/f.
bursary ['bɜːsərɪ] N (Scot Scol) beca f.
burst [bɜːst] (vb: pt, pp ~) **1** N (of shell etc) estallido m, explosión f; (in pipe) reventón m; (of shots) ráfaga f; **a ~** (tyre) un neumático reventado or (LAm) una llanta pinchada; **a ~ of applause** una salva de aplausos; **a ~ of laughter** una carcajada; **a ~ of speed** una escapada. **2** VT (pipe, balloon, bag, tyre) reventar; **the river has ~ its banks** el río se ha desbordado. **3** VI **a** (gen) reventarse; (shell, firework) explotar, estallar; (dam) romperse; **the door ~ open** la puerta se abrió de golpe; **filled to ~ing point**, **~ing at the seams** lleno a reventar; **to be ~ing with pride** desbordarse de orgullo; (fam) **I was ~ing to tell you** reventaba por decírtelo. **b** (start, go suddenly) **to ~ into the room** irrumpir (en el cuarto); **to ~ into flames** estallar en llamas; **to ~ into tears** echarse a llorar; **the sun ~ through the clouds** el sol apareció de repente entre las nubes; **to ~ out laughing** echarse a reír; **to ~ out singing** ponerse a cantar.
burton ['bɜːtn] (fam) N: **it's gone for a ~** (broken etc) se ha fastidiado; (lost) se ha perdido.
Burundi [bə'rʊndɪ] N Burundi m.
bury ['berɪ] VT (body, treasure) enterrar; (plunge: claws, knife) clavar (in en); **he buried his face in his hands** escondió la cara entre las manos; **buried by an avalanche** sepultado por una avalancha; **buried in thought** ensimismado; **to ~ the hatchet** (fig) echar pelillos a la mar, enterrar el hacha de guerra.
bus [bʌs] **1** N autobús m, colectivo m (LAm), camión m (Mex); (small ~) microbús m, colectivo, góndola f (And), micro m (Arg, Uru); **to come/go by ~** venir/ir en autobús or camión etc. **2** CPD: **~ conductor/conductress** N cobrador(a) m/f; **~ driver** N conductor m de autobús etc; **~ lane** N (Brit) carril m de autobús, carril-bus m; **~ route** N recorrido m del autobús etc; **~ service** N servicio m de autobús etc; **~ shelter** N marquesina f; **~ station** N estación f de autobuses etc; **~ stop** N parada f, paradero m (LAm).
busboy ['bʌsbɔɪ] N (US) ayudante m de camarero.
bush [bʊʃ] **1** N **a** (shrub) arbusto m, mata f; (thicket: also ~es) matorral m. **b** (in Africa, Australia) **the ~** el monte; **to beat about the ~** andarse con rodeos or por las ramas. **2** CPD: **~-fire** N incendio m de monte; **~ telegraph** N (fam) teléfono m árabe (fam).
bushed [bʊʃt] ADJ **a** (fam: puzzled) perplejo/a, pasmado/a; (exhausted) agotado/a, hecho polvo. **b** (Australia) perdido/a en la maleza.
bushwhacker ['bʊʃ,wækəʳ] N (US) pionero/a m/f, explorador(a) m/f.
bushy ['bʊʃɪ] ADJ (comp **-ier**; superl **-iest**) (plant) parecido/a a un arbusto; (hair) espeso/a, tupido/a; (beard, eyebrows) poblado/a.
busily ['bɪzɪlɪ] ADV afanosamente.
business ['bɪznɪs] **1** N **a** (gen: commerce) negocios mpl, comercio m; **he's in the selling ~** se dedica al comercio; **I'm here on ~** estoy (en viaje) de negocios; **to do ~ with** negociar con; (fam) **to get down to ~** ir al grano; **now we're in ~** ya caminamos; **he means ~** habla en serio. **b** (firm) negocio m, empresa f; **it's a family ~** es una empresa familiar. **c** (task, duty, concern) asunto m, responsabilidad f, misión f (LAm); **that's my ~** eso es cosa mía, eso me corresponde (a mí); **you had no ~ to do that** no tenías derecho a hacerlo, no tenías que haberlo hecho; **I will make it my ~ to tell him** me encargo de decírselo; **mind your own ~!, none of your ~!** (fam) ¡qué te importa!, ¡no te metas! (Sp fam); **it's none of his ~** no es asunto suyo.

d (fam: affair, matter) asunto m, cuestión f; **it's a nasty ~** es asunto feo. **2** CPD (deal, quarter) comercial; (studies, college) de comercio; **~ address** N dirección f comercial or profesional; **~ card** N tarjeta f de visita; **~ class** N clase f preferente; **~ expenses** NPL gastos mpl (comerciales); **~ hours** NPL horas fpl de oficina; **~ park** N parque m industrial; **~ sense** N olfato m para los negocios; **~ Spanish** N español m comercial, español para el comercio.
businesslike ['bɪznɪslaɪk] ADJ (approach, transaction, firm) formal, serio/a; (person, manner) serio, eficiente.
businessman ['bɪznɪsmæn] N (pl **-men**) (gen) hombre m de negocios; (trader) empresario m.
businesswoman ['bɪznɪs,wʊmən] N (pl **-women**) mujer f de negocios; (trader) empresaria f.
busk [bʌsk] VI (Brit) tocar música (en la calle).
busker ['bʌskəʳ] N músico/a m/f callejero/a.
busload ['bʌsləʊd] N autobús m (lleno); **they came by the ~** (fig) vinieron en masa, vinieron en tropel.
busman ['bʌsmən] N (pl **-men**) conductor m or cobrador m de autobús; **~'s holiday** ocupación f del ocio parecida a la del trabajo diario.
bust¹ [bʌst] **1** N (Art) busto m; (bosom) pecho m. **2** CPD: **~ measurement** N talla f de pecho.
bust² [bʌst] (fam) **1** ADJ (broken) escacharrado/a, estropeado/a; **to go ~** (business) quebrar; (person) arruinarse. **2** VT **a** = **burst 2**. **b** (Police fam: arrest) pescar, trincar; (: raid) hacer una redada en. **c** (break) destrozar, escacharrar.
bustard ['bʌstəd] N avutarda f.
bustle ['bʌsl] **1** N animación f, bullicio m. **2** VI (also ~ about) ir y venir.
bustling ['bʌslɪŋ] ADJ activo/a, hacendoso/a; (crowd) apresurado/a, animado/a.
bust-up ['bʌstʌp] N (fam) riña f.
busway ['bʌsweɪ] N (US) carril m de autobús, carril-bus m.
busy ['bɪzɪ] **1** ADJ (comp **-ier**; superl **-iest**) (occupied: person) ocupado/a; **he's a ~ man** es un hombre muy ocupado; **she's ~ studying/cooking** está ocupada estudiando/cocinando; **he's ~ at his work** está ocupado en su trabajo; (fam) **let's get ~** a trabajar. **b** (active: day, time) activo/a, ajetreado/a; (: place, town) concurrido/a. **c** (esp US: telephone, line) comunicando/a, ocupado/a; **~ signal** señal f de comunicando, tono m (de) ocupado. **2** VT: **to ~ o.s. with/doing sth** ocuparse con/en hacer algo.
busybody ['bɪzɪbɒdɪ] N entrometido/a m/f.
but [bʌt] **1** CONJ **a** pero; **she was poor ~ she was honest** era pobre pero honrada; **I want to go ~ I can't afford it** quiero ir, pero no tengo el dinero. **b** (in direct contradiction) sino; **he's not Spanish ~ Italian** no es español sino italiano. **c** (subordinating) **we never go out ~ it rains** nunca salimos sin que llueva. **d** **~ then he couldn't have known** por otro lado, no podía saber or haberlo sabido; **~ then you must be my cousin!** ¡entonces tú debes ser mi primo! **2** ADV sólo, solamente, no más que; **she's ~ a child** no es más que una niña; **had I ~ known** de haberlo sabido (yo); **you can ~ try** al menos inténtalo. **3** PREP menos, excepto, salvo; **everyone ~ him** todos menos él; **the last ~ one** el penúltimo/la penúltima; **~ for you** si no fuera por ti; **anything ~ that** cualquier cosa menos eso. **4** N: **no ~s about it!** ¡no hay pero que valga!
butane ['bjuːteɪn] N (also **~ gas**) butano m.
butch [bʊtʃ] (fam) ADJ (woman) marimacho; (man) macho.
butcher ['bʊtʃəʳ] **1** N (gen, also fig) carnicero/a m/f; **~'s (shop)** carnicería f; **at the ~'s** en la carnicería; **let's have a ~'s** (Brit) déjame verlo. **2** VT matar; (fig) hacer una carnicería con.
butchery ['bʊtʃərɪ] N matanza f, carnicería f.
butler ['bʌtləʳ] N mayordomo m.

butt¹ [bʌt] N (*barrel*) tonel *m*; (*for rainwater*) tina *f*, aljibe *m*.

butt² [bʌt] N (*end: esp of gun*) culata *f*; (*of cigar*) colilla; (*US: cigarette*) colilla *f*; (*US fam: Anat*) culo *m*.

butt³ [bʌt] N (*Archery, Shooting*) **the ~s** campo *m* de tiro al blanco; (*fig*) blanco *m*; **she's the ~ of his jokes** ella es el blanco de sus bromas.

butt⁴ [bʌt] ‖1‖ N (*push with head*) cabezazo *m*; (*of goat*) topetazo *m*.
‖2‖ VT (*subj: goat*) topetar; (*subj: person*) dar un cabezazo.
◆ **butt in** VI + ADV (*interrupt*) interrumpir; (*meddle*) meterse (*to en*).
◆ **butt into** VI + PREP (*conversation*) meterse en; (*meeting*) interrumpir.

butter [ˈbʌtəʳ] ‖1‖ N mantequilla *f*, manteca *f* (*LAm*); **~ wouldn't melt in his mouth** es una mosquita muerta.
‖2‖ VT (*bread*) untar con mantequilla.
‖3‖ CPD: **~ bean** N judía *f* blanca; **~ dish** N mantequera *f*.
◆ **butter up** VT + ADV (*Brit fam*) dar coba a (*fam*).
buttercup [ˈbʌtəkʌp] N ranúnculo *m*.
butterfingers [ˈbʌtəˌfɪŋgəz] N (*fam*) manazas *mf*.
butterfly [ˈbʌtəflaɪ] N ‖a‖ mariposa *f*; **I've got butterflies (in my stomach)** tengo los nervios en el estómago, estoy nerviosísimo/a. ‖b‖ (*Swimming: also* **~ stroke**) mariposa *f*.
buttermilk [ˈbʌtəmɪlk] N suero *m* de leche, suero *m* de manteca.
butterscotch [ˈbʌtəskɒtʃ] N *dulce de azúcar terciado con mantequilla*.
buttocks [ˈbʌtəks] NPL nalgas *fpl*, cachas *fpl*.
button [ˈbʌtn] ‖1‖ N botón *m*. ‖2‖ VT (*also* **~ up**) abrochar. ‖3‖ VI abrocharse.
buttonhole [ˈbʌtnhəʊl] ‖1‖ N ojal *m*; (*Brit: flower*) flor *f* que se lleva en el ojal. ‖2‖ VT (*fig*) enganchar.
buttress [ˈbʌtrɪs] ‖1‖ N contrafuerte *m*; (*fig*) apoyo *m*. ‖2‖ VT apuntalar; (*fig*) reforzar, apoyar.
buxom [ˈbʌksəm] ADJ rollizo/a, con mucho pecho.
buy [baɪ] (*vb: pt, pp* **bought**) ‖1‖ N: **a good ~** una ganga; **a bad ~** una mala compra.
‖2‖ VT (*also fig*) comprar; **he won't ~ that explanation** (*fam*) no se va a tragar esa explicación.
◆ **buy back** VT + ADV volver a comprar.
◆ **buy in** VT + ADV proveerse *or* abastecerse de.
◆ **buy into** VT + ADV (*company*) comprar acciones de.
◆ **buy off** VT + ADV (*fam: bribe*) sobornar, comprar.
◆ **buy out** VT + ADV (*business*) comprar la parte de.
◆ **buy up** VT + ADV (*property etc*) acaparar.
buy-back [ˈbaɪˌbæk] ADJ: **~ option** opción *f* de recompra.
buyer [ˈbaɪəʳ] N (*in store*) comprador(a) *m/f*; **~'s market** mercado *m* favorable al comprador.
buying [ˈbaɪɪŋ] N compra *f*; **~ power** poder *m* adquisitivo.
buy-out [ˈbaɪaʊt] N compra *f* (de la totalidad de las acciones); **management ~** compra (de acciones) por los gerentes; **workers' ~** compra de una empresa por sus trabajadores.
buzz [bʌz] ‖1‖ N (*of insect, device*) zumbido *m*; (*of conversation*) rumor *m*; (*fam: telephone call*) **to give sb a ~** dar un telefonazo *or* toque a algn.
‖2‖ CPD: **~ word** N palabra *f* que está de moda, cliché *m*.
‖3‖ VT (*call*) llamar; (*Aer: plane, building, ship*) pasar rozando.
‖4‖ VI (*insect*) zumbar.
‖b‖ (*ears, crowd*) zumbar; **my head is ~ing** me zumba la cabeza.
◆ **buzz about** VI + ADV (*fam: person*) trajinar.
◆ **buzz off** VI + ADV (*Brit fam*) largarse.
buzzard [ˈbʌzəd] N (*Brit*) águila *f* ratonera; (*US*) buitre *m*, gallinazo *m* (*LAm*), zopilote *m* (*CAm, Mex*).
buzzer [ˈbʌzəʳ] N timbre *m*.
buzzing [ˈbʌzɪŋ] N zumbido *m*.
B.V.M. N ABBR of **Blessed Virgin Mary**.
b/w ABBR of **black and white** b/n.
by [baɪ] ‖1‖ ADV ‖a‖ (*near*) cerca, al lado; **close** *or* **hard ~** muy cerca.
‖b‖ (*past*) **to pass/rush ~** pasar/pasar de prisa.
‖c‖ (*aside*) **to put sth ~** poner algo a un lado.
‖d‖ (*phrases*) **~ and ~** poco después, con el tiempo; **~ and large** en general, en términos generales.

‖2‖ PREP ‖a‖ (*close to*) cerca de, al lado de, junto a; **the house ~ the river** una casa a orillas del río; **a holiday ~ the sea** vacaciones en la costa; **I've got it ~ me** lo tengo a mi lado.
‖b‖ (*via*) por; **he came in ~ the back door** entró por la puerta de atrás.
‖c‖ (*past*) por (delante); **she walked ~ me** pasó por delante de mí.
‖d‖ (*during*) **~ day/night** de noche/día.
‖e‖ (*not later than*) para; **we must be there ~ 4 o'clock** tenemos que estar para las 4; **~ the time I got there, …** (para) cuando llegué, ya …; **~ that time** *or* **~ then I knew** para entonces ya lo sabía.
‖f‖ (*indicating amount*) **we sell ~ the pound** vendemos por libras; **we charge ~ the kilometre** cobramos por kilómetro; **~ the hour** por hora; **~ degrees, little ~ little** poco a poco; **one ~ one** uno tras otro, uno a uno.
‖g‖ (*indicating agent, cause*) por; **killed ~ lightning** fulminado por un rayo; **a painting ~ Picasso** un cuadro de Picasso; **surrounded ~ enemies** rodeado de enemigos.
‖h‖ (*indicating method, manner, means: with gerund*) **~ working hard** trabajando mucho; **~ bus/car** en autobús/coche; **~ rail** *or* **train** en tren; **~ land and ~ sea** por tierra y por mar; **to pay ~ cheque** pagar con cheque; **made ~ hand** hecho a mano; **to lead ~ the hand** llevar de la mano; **~ moonlight** a la luz de la luna; **he had a daughter ~ his first wife** tuvo una hija con su primera mujer.
‖i‖ (*according to*) según, de acuerdo con; **~ my watch it's five o'clock** según mi reloj, son las cinco; **to judge ~ appearances, he is poor** a juzgar por las apariencias, es pobre; **to call sth ~ its proper name** llamar algo por su nombre correcto; **it's all right ~ me** por mí *or* por mi parte, está bien.
‖j‖ (*measuring difference*) por; **broader ~ a metre** un metro más ancho; **it missed me ~ inches** por un pelo, no me tocó.
‖k‖ (*Math, measure*) **to divide/multiply ~** dividir/multiplicar por; **a room 3 metres ~ 4** una habitación de 3 metros por 4.
‖l‖ (*points of compass*) **north ~ north east** norte por noreste.
‖m‖ (*in oaths*) **I swear ~ Almighty God** juro por Dios Todopoderoso; **~ heaven** (*fam*) por Dios.
‖n‖ **~ the way, ~ the by(e)** a propósito.
‖o‖ (*in expressions*) **~ heart** de memoria; **~ chance** de *or* por casualidad; **~ far** con mucho.
bye [baɪ] INTERJ (*fam: also* **~-~**) adiós, hasta luego, chao/chau (*esp LAm*).
bye-law [ˈbaɪlɔː] N = **by-law**.
by-election, bye-election [ˈbaɪɪˌlekʃən] N elección *f* parcial.

```
BY-ELECTION
```

ⓘ Se denomina **by-election** *en el Reino Unido y otros países de la* **Commonwealth** *a las elecciones convocadas con carácter excepcional cuando un escaño queda desierto por fallecimiento o dimisión de un parlamentario (***Member of Parliament***). Dichas elecciones tienen lugar únicamente en el área electoral representada por el citado parlamentario, su* **constituency**.

Byelorussia [ˌbjeləʊˈrʌʃə] N Bielorrusia *f*.
Byelorussian [ˌbjeləʊˈrʌʃən] ‖1‖ ADJ bielorruso/a. ‖2‖ N bielorruso/a *m/f*; (*Ling*) bielorruso *m*.
bygone [ˈbaɪgɒn] ‖1‖ ADJ (*days, times*) pasado/a. ‖2‖ N: **let ~s be ~s** lo pasado, pasado está.
by-law [ˈbaɪlɔː] N ordenanza *f* municipal.
bypass [ˈbaɪpɑːs] ‖1‖ N (*road*) carretera *f* de circunvalación. ‖2‖ VT (*town*) evitar entrar en; (*fig: person, difficulty*) evitar.
by-product [ˈbaɪˌprɒdəkt] N (*Chem etc*) subproducto *m*, derivado *m*; (*fig*) consecuencia *f*, resultado *m*.
byre [ˈbaɪəʳ] N establo *m*.
bystander [ˈbaɪˌstændəʳ] N (*spectator*) espectador(a) *m/f*;

(*witness*) testigo *mf*.
byte [baɪt] N byte *m*, octeto *m*.
byway ['baɪweɪ] N camino *m* poco frecuentado.
byword ['baɪwɜːd] N sinónimo *m*; **his name is a ~ for success** su nombre es sinónimo del éxito.
by-your-leave [ˌbaɪˌjɔː'liːv] N: **without so much as a ~** sin pedir permiso, sin más ni más.
Byzantine [baɪ'zæntaɪn] ADJ, N bizantino/a *m/f*.

Cc

C¹, c¹ [siː] N [a] (*letter*) C, c *f.* [b] (*Mus*) C do *m; see* A *for usage.*

C² ABBR [a] *of* **Celsius, centigrade** C. [b] (*Pol*) *of* **Conservative.**

c² ABBR [a] (*US Fin*) *of* **cent.** [b] *of* **century** s. [c] *of* **circa** h. [d] (*Math*) *of* **cubic.** [e] *of* **carat** qts, quil.

c. ABBR *of* **chapter** cap.

C.14 [1] N ABBR *of* **carbon 14** C-14. [2] CPD: **~ dating** N datación *f* por C-14.

C4 N ABBR (*Brit TV*) *of* **Channel Four** cadena de TV.

C5 N ABBR (*Brit TV*) *of* **Channel Five** cadena de TV.

CA ABBR [a] *of* **Central America.** [b] *of* **chartered accountant.** [c] (*US Post*) *of* **California.**

ca. ABBR *of* **circa** h.

C/A ABBR [a] *of* **capital account.** [b] *of* **credit account.** [c] *of* **current account** c/c, cta. cte.

CAA N ABBR (*Brit*) *of* **Civil Aviation Authority.**

CAB N ABBR (*Brit*) *of* **Citizens' Advice Bureau** oficina estatal que facilita información gratuita sobre materias legales.

cab [kæb] [1] N [a] (*taxi*) taxi *m*, colectivo *m* (*LAm*). [b] (*of lorry etc*) cabina *f.* [2] CPD: **~ driver** N taxista *mf.*

cabaret [ˈkæbəreɪ] N cabaret *m.*

cabbage [ˈkæbɪdʒ] N col *f*, berza *f*, repollo *m.*

cabbie, cabby [ˈkæbɪ] N (*fam*) taxista *mf.*

cabin [ˈkæbɪn] [1] N (*hut*) cabaña *f*; (*Naut*) camarote *m*; (*Aer*) cabina *f.*
[2] CPD: **~ crew** N tripulación *f* de pilotaje; **~ cruiser** N yate *m* de motor; **~ trunk** N baúl *m.*

cabinet [ˈkæbɪnɪt] [1] N [a] (*cupboard*) armario *m*; (*for display*) vitrina *f*; (*for medicine*) botiquín *m.*
[b] (*Pol: also* **C~**) consejo *m* de ministros, gabinete *m* ministerial.
[2] CPD: **~ meeting** N consejo *m* de ministros; **C~ Minister** N ministro/a *m/f* (del Gabinete).

cable [ˈkeɪbl] [1] N (*rope, Elec, cablegram*) cable *m.*
[2] VT cablegrafiar.
[3] CPD: **~ railway** N teleférico *m*; **~ television** N televisión *f* por cable; **~ transfer** N (*Fin*) transferencia *f* por cable.

cablecar [ˈkeɪblkɑːʳ] N teleférico *m*, funicular *m.*

cablegram [ˈkeɪblgræm] N cablegrama *m.*

caboodle [kəˈbuːdl] N: **the whole ~** (*fam*) todo el rollo (*fam*).

caboose [kəˈbuːs] N (*US*) furgón *m* de cola.

cache [kæʃ] N (*of contraband, arms*) alijo *m*; (*hiding place*) zulo *m.*

cackle [ˈkækl] [1] N (*of hen*) cacareo *m*; (*laugh*) risa *f* aguda; (*chatter*) parloteo *m*; **cut the ~!** (*fam*) ¡corta el rollo! (*fam*). [2] VI (*hen*) cacarear; (*person: laugh*) reírse agudamente.

CACM N ABBR *of* **Central American Common Market** MCCA *m.*

cacophony [kæˈkɒfənɪ] N cacofonía *f.*

cactus [ˈkæktəs] (*pl* **~es** *or* **cacti** [ˈkæktaɪ]) N cacto *m*, cactus *m.*

CAD [kæd] N ABBR *of* **computer-aided design** DAO *m*, DAC *m* (*LAm*).

cad [kæd] N (*Brit: old*) canalla *m.*

cadaver [kəˈdeɪvəʳ] N (*esp US*) cadáver *m.*

cadaverous [kəˈdævərəs] ADJ cadavérico/a.

CADCAM [ˈkædˌkæm] N ABBR *of* **computer-aided design and manufacture.**

caddie, caddy¹ [ˈkædɪ] N (*Golf*) cadi *m.*

caddy² [ˈkædɪ] N (*also* **tea ~**) cajita *f* para el té.

cadence [ˈkeɪdəns] N (*Mus, of voice*) cadencia *f*; (*rhythm*) ritmo *m*, cadencia.

cadet [kəˈdet] N cadete *mf.*

cadge [kædʒ] VT (*fam: money, cigarette etc*) gorronear, sa-

---

blear; **could I ~ a lift from you?** ¿me puedes llevar?, ¿me das un aventón? (*Mex*).

cadger [ˈkædʒəʳ] N (*fam*) gorrón/ona *m/f*, sablista *mf.*

Cadiz [kəˈdɪz] N Cádiz *m.*

cadmium [ˈkædmɪəm] N cadmio *m.*

CAE N ABBR *of* **computer-assisted engineering** IAC *f.*

Caesarean, (*US*) **Cesarean** [siːˈzɛərɪən] N (*also* **~ section**) (operación *f*) cesárea *f.*

CAF, c.a.f. ABBR *of* **cost and freight** C y F.

café [ˈkæfeɪ] N café *m.*

cafeteria [ˌkæfɪˈtɪərɪə] N (restaurante *m* de) autoservicio *m*; (*in factory etc*) cafetería *f*, comedor *m*, casino *m* (*LAm*).

caffein(e) [ˈkæfiːn] N cafeína *f.*

cage [keɪdʒ] [1] N jaula *f*; (*in mine*) jaula de ascensor. [2] VT enjaular.

cagey [ˈkeɪdʒɪ] ADJ (*comp* **-ier**; *superl* **-iest**) (*reserved*) reservado/a; (*cautious*) cauteloso/a.

cagoule [kəˈguːl] N chubasquero *m*; (*without zip*) canguro *m.*

cahoots [kəˈhuːts] NPL (*fam*) **to be in ~ with sb** estar conchabado/a con algn.

CAI N ABBR *of* **computer-aided instruction** IAO *f.*

cairn [kɛən] N montón *m* de piedras como señal.

Cairo [ˈkaɪərəʊ] N El Cairo.

cajole [kəˈdʒəʊl] VT (*coax*) **to ~ sb into doing sth** engatusar a algn para que haga algo.

cake [keɪk] [1] N [a] (*large*) tarta *f*, torta *f*; (*small*) pastel *m*, queque *m* (*LAm*); (*sponge, plain*) bizcocho *m*, pan *m* dulce; **it's a piece of ~** (*fam*) es pan comido; **to sell like hot ~s** (*fam*) venderse como rosquillas; **he wants to have his ~ and eat it** (*fig*) quiere nadar y guardar la ropa.
[b] (*of chocolate*) barra *f*; (*of soap*) pastilla *f.*
[2] VT: **~d with mud** cubierto de lodo.
[3] VI (*blood*) coagularse; (*mud*) endurecerse.
[4] CPD: **~ mix** N polvos *mpl* para hacer pasteles; **~ shop** N pastelería *f*; **~ tin** N (*Culin*) molde *m* para pastel.

Cal. ABBR (*US*) *of* **California.**

cal. ABBR *of* **calorie.**

calamine [ˈkæləmaɪn] N (*also* **~ lotion**) calamina *f.*

calamity [kəˈlæmɪtɪ] N calamidad *f.*

calcify [ˈkælsɪfaɪ] [1] VT calcificar. [2] VI calcificarse.

calcium [ˈkælsɪəm] N calcio *m.*

calculate [ˈkælkjʊleɪt] [1] VT calcular; **his words were ~d to cause pain** sus palabras estaban planeadas expresamente para hacer daño. [2] VI (*Math*) calcular, hacer cálculos.

◆ **calculate on** VI + PREP contar con.

calculated [ˈkælkjʊleɪtɪd] ADJ (*deliberate: insult, action*) deliberado/a, intencionado/a; **a ~ risk** un riesgo calculado.

calculating [ˈkælkjʊleɪtɪŋ] [1] ADJ (*scheming: person*) calculador(a), astuto/a. [2] CPD: **~ machine** N calculadora *f.*

calculation [ˌkælkjʊˈleɪʃən] N (*Math, estimation*) cálculo *m.*

calculator [ˈkælkjʊleɪtəʳ] N calculadora *f.*

calculus [ˈkælkjʊləs] N (*Math*) **integral / differential ~** cálculo *m* integral/diferencial.

calendar [ˈkælɪndəʳ] [1] N [a] calendario *m.*
[b] **the most important event in the sporting ~** el acontecimiento más importante del año deportivo; **the Church ~** el calendario eclesiástico.
[2] CPD: **~ month** N mes *m* civil; **~ year** N año *m* civil.

calf¹ [kɑːf] N (*pl* **calves**) [a] (*young cow*) becerro/a *m/f*, ternero/a *m/f*; (*young seal, elephant etc*) cría *f*; **the cow is in** *or* **with ~** la vaca está preñada. [b] **= calfskin.**

calf² [kɑːf] N (*pl* **calves**) (*Anat*) pantorrilla *f*, canilla *f* (*LAm*).

calfskin ['kɑːfskɪn] N piel *f* de becerro.
calibrate ['kælɪbreɪt] VT (*gun etc*) calibrar; (*scale of measuring instrument*) graduar.
calibrated ['kælɪbreɪtɪd] ADJ calibrado/a.
calibration [,kælɪ'breɪʃən] N (*see vb*) calibración *f*; graduación *f*.
calibre, (*US*) **caliber** ['kælɪbəʳ] N (*of rifle*) calibre *m*; (*fig*) capacidad *f*, calibre; **a man of his ~** (*fig*) un hombre de su calibre.
calico ['kælɪkəʊ] **1** N calicó *m*, percal *m*. **2** CPD (*jacket, shirt etc*) de percal.
Calif. ABBR (*US*) *of* **California**.
calipers ['kælɪpəz] NPL (*US*) = **callipers**.
calisthenics [,kælɪs'θenɪks] NSG (*US*) = **callisthenics**.
call [kɔːl] **1** N **a** (*gen*) llamada *f*, llamado *m* (*LAm*); (*shout*) grito *m*; (*of bird*) canto *m*; **within ~** al alcance de la voz; **please give me a ~ at 7** despiértame *or* llámeme a las 7, por favor; **whose ~ is it?** (*Cards*) ¿a quién le toca declarar?
b (*Telec*) llamada *f*; **long distance ~** conferencia *f* de larga distancia; **to make a ~** llamar (por teléfono), hacer una llamada, telefonear (*esp LAm*).
c (*summons: for flight*) anuncio *m*; (*fig: lure*) llamada *f*; **to be on ~** (*duty*) estar de guardia; (*available*) estar disponible; **the ~ of duty** el cumplimiento del deber; **the ~ of the sea** la llamada del mar; **~ of nature** (*euph*) necesidad *f* fisiológica; **money on ~** dinero a la vista.
d (*visit: also Med*) visita *f*; **port of ~** puerto *m* de escala; **to pay a ~ on sb** ir a ver a algn, hacer una visita a algn.
e (*need: motive*) motivo *m*; (*use*) necesidad *f*; **you had no ~ to say that** no tuviste motivo alguno para decir eso; **there isn't much ~ for alarm** no tiene por qué asustarse; **there isn't much ~ for these now** éstos tienen poca demanda ahora.
f (*claim*) **there are many ~s on my time** hay muchos asuntos que requieren mi atención.
2 VT **a** (*shout out: name, person*) llamar, gritar; (*announce: flight*) anunciar; (*summon: doctor, taxi*) llamar; (*: meeting*) convocar; (*waken*) despertar; **please ~ me at 8** me llama *or* despierta a las 8, por favor; **to ~ a strike** declarar *or* convocar una huelga; **to ~ sb as a witness** citar a algn como testigo.
b (*Telec*) llamar (por teléfono); **I'll ~ you tomorrow** llamo mañana; **don't ~ us, we'll ~ you** no se moleste en llamar, nosotros le llamaremos.
c (*name, describe*) llamar; **to be ~ed** llamarse; **what are you ~ed?** ¿cómo te llamas?; **I ~ it an insult** yo digo que es un insulto; **are you ~ing me a liar?** ¿me está llamando *or* diciendo mentiroso?; **let's ~ it £50** quedamos en 50 libras; **let's ~ it a day** (*fam*) ya basta por hoy.
3 VI **a** (*shout: person*) llamar; (*cry, sing: birds*) cantar; **to ~ to sb** llamar a algn.
b (*Telec*) **who is ~ing?** ¿de parte de quién?, ¿quién (le) llama?; **London ~ing** (*Rad*) aquí Londres.
c (*visit*) pasar (a ver).
4 CPD: **~ girl** N prostituta *f*; **~ loan** N préstamo *m* cobrable a la vista; **~ option** N opción *f* de compra a precio fijado; **~ sign** N (*Rad*) (señal *f* de) llamada *f*.
◆ **call aside** VT + ADV (*person*) llamar aparte.
◆ **call away** VT + ADV: **to be ~ed away on business** tener que ausentarse por razones profesionales.
◆ **call back** **1** VT + ADV (*Telec*) volver a llamar a.
2 VI + ADV (*Telec*) volver a llamar; (*return*) volver, regresar (*LAm*).
◆ **call for** VI + PREP (*summon: wine, bill*) pedir; (*demand: courage, action etc*) exigir, requerir (*LAm*); (*collect: person*) pasar a buscar; (*: goods*) recoger; **to ~ for help** pedir auxilio; **this ~s for a drink!** eso, ¡hay que celebrarlo!
◆ **call in** VT + ADV **a** (*summon: doctor, expert, police*) llamar a. **b** (*Comm etc: withdraw: faulty goods, currency*) retirar.
◆ **call off** VT + ADV **a** (*cancel: meeting, race*) cancelar, suspender; (*: deal*) anular; **the strike was ~ed off** se desconvocó la huelga. **b** (*dog*) llamar (*para que no ataque*).
◆ **call on** VI + PREP **a** (*visit*) pasar a ver. **b** (*also ~ upon: invite to speak*) ceder *or* pasar la palabra a; **to ~ (up)on sb**

to do sth (*appeal*) apelar a algn a que haga algo; (*demand*) exigir a algn que haga algo; **I now ~ (up)on Mr Brown to speak** cedo la palabra al Sr Brown.
◆ **call out** **1** VT + ADV **a** (*shout out: name*) gritar.
b (*summon: doctor*) hacer salir; (*: troops*) hacer intervenir; **to ~ workers out on strike** llamar a los obreros a la huelga.
2 VI + ADV (*in pain, for help etc*) gritar.
◆ **call over** VT + ADV llamar.
◆ **call round** VI + ADV pasar por casa; **to ~ round to see sb** ir de visita a casa de algn.
◆ **call up** VT + ADV **a** (*Mil*) llamar al servicio militar.
b (*Telec*) llamar (por teléfono). **c** (*fig: memories*) traer a la memoria.
◆ **call upon** VI + PREP *see* **call on**.
callbox ['kɔːlbɒks] N cabina *f* (telefónica).
caller ['kɔːləʳ] N (*visitor*) visita *mf*; (*Telec*) persona *f* que llama.
calligraphy [kə'lɪgrəfɪ] N caligrafía *f*.
calling ['kɔːlɪŋ] **1** N (*vocation*) vocación *f*, profesión *f*. **2** CPD: **~ card** N (*US*) tarjeta *f* de visita comercial.
callipers, (*US*) **calipers** ['kælɪpəz] NPL (*Med*) soporte *msg* ortopédico; (*Math*) calibrador *msg*.
callisthenics, (*US*) **calisthenics** [,kælɪs'θenɪks] NSG calistenia *f*.
callous ['kæləs] **1** ADJ (*person, remark*) insensible, cruel.
2 N (*Med*) callo *m*.
callow ['kæləʊ] ADJ (*immature: youth, fellow*) imberbe, inmaduro/a.
call-up ['kɔːlʌp] N (*Mil*) llamada *f* al servicio militar.
calm [kɑːm] **1** ADJ (*comp* **~er**; *superl* **~est**) tranquilo/a; **keep ~!** ¡tranquilo(s)!
2 N calma *f*, tranquilidad *f*; **the ~ before the storm** (*lit, fig*) la calma antes de la tormenta.
3 VT (*also* **~ down**: *person*) calmar, tranquilizar; **~ yourself!** ¡cálmate!
◆ **calm down** **1** VT + ADV = **calm 3**.
2 VI + ADV (*person, wind*) calmarse.
calmly ['kɑːmlɪ] ADV tranquilamente.
Calor gas ® ['kælə,gæs] N (*Brit*) butano *m*.
calorie ['kælərɪ] N caloría *f*.
calorific [,kælə'rɪfɪk] ADJ: **~ value** (*Phys*) valor *m* calorífico.
calumny ['kæləmnɪ] N calumnia *f*.
calve [kɑːv] VI parir.
calves [kɑːvz] NPL *of* **calf**[1]; **calf**[2].
CAM [kæm] N ABBR *of* **computer-aided manufacture** FAO *f*.
camaraderie [,kæmə'rɑːdərɪ] N compañerismo *m*.
camber ['kæmbəʳ] N (*Aut: in road*) combadura *f*.
Cambodia [kæm'bəʊdɪə] N Camboya *f*.
Cambodian [kæm'bəʊdɪən] ADJ, N camboyano/a *m/f*.
Cambs ABBR (*Brit*) *of* **Cambridgeshire**.
camcorder ['kæmkɔːdəʳ] N cámara *f* de vídeo, videocámara *f*.
came [keɪm] PT *of* **come**.
camel ['kæml] **1** N **a** (*animal*) camello *m*. **b** (*colour*) color *m* de camello. **2** CPD: **~ coat** N (*also* **~hair coat**) abrigo *m* de pelo de camello; **~ hair** N pelo *m* de camello.
camellia [kə'miːlɪə] N camelia *f*.
cameo ['kæmɪəʊ] **1** N (*jewellery*) camafeo *m*. **2** CPD de camafeo.
camera ['kæmərə] **1** N **a** cámara *f*, máquina *f* fotográfica; (*Cine, TV*) cámara *f*; **on ~** delante de la cámara, en cámara; **to be on ~** estar enfocado.
b (*Jur*) **in ~** a puerta cerrada.
2 CPD: **~ crew** N equipo *m* de cámara.
cameraman ['kæmərəmæn] N (*pl* **-men**) cámara *mf*, operador(a) *m/f*.
camera-shy ['kæmərəˌʃaɪ] ADJ: **to be ~** cohibirse en presencia de la cámara.
camerawork ['kæmərəˌwɜːk] N (*Cine*) uso *m* de la cámara.
Cameroon, **Cameroun** [,kæmə'ruːn] N Camerún *m*.
camisole ['kæmɪsəʊl] N camisola *f*.
camomile tea [,kæməʊmaɪl'tiː] N (infusión *f* de) manzanilla *f*.

camouflage ['kæməflɑːʒ] **1** N camuflaje *m*. **2** VT camuflar.

camp¹ [kæmp] **1** N (*collection of tents*) campamento *m*; (*organized site*) camping *m*; (*Pol etc*) bando *m*, facción *f*; **to break** *or* **strike ~** levantar el campamento. **2** CPD: **~ bed** N cama *f* de campaña, cama plegable; **~ follower** N (*fig*) simpatizante *mf*; **~ site** N camping *m*. **3** VI acampar; **to go ~ing** ir de camping.
◆ **camp out** VI + ADV pasar la noche al aire libre.

camp² [kæmp] (*fam*) **1** ADJ (*theatrical*) amanerado/a; (*effeminate*) afeminado/a. **2** VT: **to ~ it up** parodiarse a sí mismo.

campaign [kæm'peɪn] **1** N (*Mil, fig*) campaña *f*; (*election ~*) campaña electoral. **2** VI (*Mil, fig*) hacer campaña; **to ~ for/against** hacer campaña a favor de/en contra de.

campaigner [kæm'peɪnəʳ] N (*Mil*) **old ~** veterano/a *m/f*; **a ~ for sth** un(a) partidario/a *m/f or* defensor(a) *m/f* de algo; **a ~ against sth** un(a) luchador(a) *m/f* contra algo.

camper ['kæmpəʳ] N (*person*) campista *mf*; (: *in holiday camp*) veraneante *mf*; (*vehicle*) caravana *f*, remolque *m*.

camphor ['kæmfəʳ] N alcanfor *m*.

Camping gas ® ['kæmpɪŋˌgæs] N (*Brit: gas*) gas *m* butano; (*US: stove*) cámping gas ® *m*.

campus ['kæmpəs] N (*Univ: district*) ciudad *f* universitaria; (: *internal area*) recinto *m* universitario, campus *m*.

camshaft ['kæmʃɑːft] N árbol *m* de levas.

▼**can¹** [kæn] MODAL AUX VB (*neg* **~not** *or* **can't**; *cond and pt* **could**) **a** (*be able to*) poder; **he ~ do it if he tries hard** puede hacerlo si se esfuerza; **I ~'t** *or* **~not go any further** no puedo seguir; **I'll tell you all I ~** te diré todo lo que pueda; **they couldn't help it** ellos no tienen la culpa; **she ~ be very annoying** a veces te pone negro; **she was as happy as could be** estaba de lo más feliz.
b (*know how to*) saber; **he ~'t swim** no sabe nadar; **~ you speak Italian?** ¿sabes (hablar) italiano?
c (*may*) poder; **~ I have your name?** me dice su nombre?; **~ I use your telephone?** ¿puedo usar su teléfono?; **could I have a word with you?** ¿podría hablar contigo un momento?; **~'t I come too?** ¿puedo ir también?
d (*expressing disbelief, puzzlement etc*) **this ~'t be true!** ¡esto no puede ser!; **how could you lie to me!** ¿cómo pudiste mentirme?; **they ~'t have left already!** ¡no es posible que ya se han ido!; **what ~ he want?** ¿qué querrá?
e (*expressing possibility, suggestion etc*) **they could have forgotten** puede (ser) que se hayan olvidado; **you could have told me!** ¡podías habérmelo dicho!; **he could be in the library** puede que esté en la biblioteca; **I could cry/scream!** ¡es para llorar/gritar!; **you could try telephoning his office** ¿por qué no le llamas a su despacho?
f **I could do with a drink** ¡qué bien me vendría una copa!; **we could do with a bigger house** nos convendría una casa más grande.

can² [kæn] **1** N (*container: for foodstuffs*) bote *m*, lata *f*; (: *for oil, water etc*) bidón *m*; (*esp US: garbage ~*) cubo *m or* (*LAm*) bote *m or* tarro *m* de la basura; (*US fam: prison*) chirona *f* (*fam*); **a ~ of beer** una lata de cerveza; **~ of worms** (*fam*) problema *m* peliagudo; **to open a ~ of worms** (*fam*) abrir la caja de Pandora; **to carry the ~** (*fam*) pagar el pato. **2** VT (*food*) enlatar, envasar.

Canada ['kænədə] N Canadá *m*.

Canadian [kə'neɪdɪən] ADJ, N canadiense *mf*.

canal [kə'næl] **1** N (*for barge*) canal *m*; (*Anat*) tubo *m*. **2** CPD: **C~ Zone** N (*US*) zona del canal de Panamá.

Canaries [kə'nɛərɪz] NPL: **the ~** las Canarias.

canary [kə'nɛərɪ] **1** N canario *m*. **2** CPD: **~ yellow** ADJ (de color) amarillo canario *inv*.

Canary Islands [kə'nɛərɪˌaɪləndz] NPL Islas *fpl* Canarias.

Canberra ['kænbərə] N Canberra *f*.

cancel ['kænsəl] (*pt, pp* **~led** *or US* **~ed**) VT **a** cancelar; (*train*) cancelar, suspender; (*order, contract*) anular. **b** (*obliterate: name*) borrar, suprimir; (: *stamp*) matar; (: *cheque*) anular. **c** (*Math*) anular.
◆ **cancel out** **1** VT + ADV (*Math*) anular; (*fig*) contrarrestar; **they ~ each other out** se anulan mutuamente.

2 VI + ADV (*Math*) anularse.

cancellation [ˌkænsə'leɪʃən] N cancelación *f*.

cancer ['kænsəʳ] **1** N **a** (*Med*) cáncer *m*. **b** **C~** (*Astron, Geog etc*) Cáncer *m*; *see* **tropic**. **2** CPD: **~ patient** N enfermo/a *m/f* de cáncer; **~ research** N investigación *f* del cáncer.

cancerous ['kænsərəs] ADJ canceroso/a.

candelabra [ˌkændɪ'lɑːbrə] N candelabro *m*.

C and F ABBR (*Comm*) *of* **Cost and Freight** C y F.

candid ['kændɪd] ADJ franco/a, sincero/a.

candida ['kændɪdə] N (*Med*) afta *f*.

candidacy ['kændɪdəsɪ] N candidatura *f*.

candidate ['kændɪdeɪt] N (*for job*) aspirante *mf*, solicitante *mf*; (*for election, examination*) candidato/a *m/f*; (*for competitive examination*) opositor(a) *m/f*.

candidature ['kændɪdətʃəʳ] N = **candidacy**.

candidly ['kændɪdlɪ] ADV francamente.

candied ['kændɪd] ADJ: **~ peel** piel *f* almibarada.

candle ['kændl] N vela *f*; (*in church*) cirio *m*; **you can't hold a ~ to him** no llegas a la suela de su zapato; *see* **burn 2**.

candlelight ['kændllaɪt] N: **by ~** a la luz de una vela.

candlelit ['kændllɪt] ADJ: **a ~ supper for two** una cena para dos con velas.

candlestick ['kændlstɪk] N (*gen*) candelero *m*; (*Rel*) cirial *m*.

candlewick ['kændlwɪk] N tela *f* de algodón afelpada, chenille *f*.

can-do [ˌkæn'duː] ADJ (*US fam*) dinámico/a.

candour, (*US*) **candor** ['kændəʳ] N franqueza *f*, sinceridad *f*.

C & W N ABBR *of* **Country and Western (music)**.

candy ['kændɪ] **1** N (*sugar* ~) azúcar *m* cande; (*US: sweets*) caramelos *mpl*, golosinas *fpl*, dulces *mpl*. **2** VT (*fruit*) escarchar. **3** CPD: **~ store** N (*US*) confitería *f*, bombonería *f*.

candyfloss ['kændɪflɒs] N algodón *m*.

candy-striped ['kændɪˌstraɪpt] ADJ a rayas multicolores.

cane [keɪn] **1** N (*Bot*) caña *f*; (*for baskets, chairs etc*) mimbre *m*; (*stick: for walking*) bastón *m*; (: *for punishment*) vara *f*; **to get the ~** (*Scol*) ser castigado con la vara. **2** VT (*pupil*) castigar con la vara. **3** CPD: **~ chair** N silla *f* de mimbre; **~ liquor** N caña *f*; **~ sugar** N azúcar *m or f* de caña.

canine ['keɪnaɪn] **1** ADJ canino/a. **2** N (*dog*) perro *m*; (*~ tooth*) colmillo *m*, diente *m* canino.

canister ['kænɪstəʳ] N (*for tea, coffee*) lata *f*, bote *m*, cajita *f*.

canker ['kæŋkəʳ] N (*Med*) úlcera *f* en la boca; (*Bot*) cancro *m*; (*fig*) cáncer *m*.

cannabis ['kænəbɪs] N canabis *m*.

canned [kænd] **1** PT, PP *of* **can²**. **2** ADJ (*food*) enlatado/a, en lata; (*fam: recorded: music*) grabado/a, enlatado/a; (*fam: drunk*) mamado/a, tomado/a (*LAm*).

cannelloni [ˌkænɪ'ləʊnɪ] NPL canelones *mpl*.

cannibal ['kænɪbəl] N caníbal *mf*, antropófago/a *m/f*.

cannibalize ['kænɪbəlaɪz] VT (*car etc*) desmontar (*para usar las piezas aprovechables*).

canning ['kænɪŋ] **1** N enlatado *m*. **2** CPD: **~ factory** N fábrica *f* de conservas; **~ industry** N industria *f* conservera.

cannon ['kænən] **1** N (*pl* **~** *or Mil* **~s**) cañón *m*; (*in billiards*) carambola *f*. **2** VI: **to ~ into** chocar con *or* contra. **3** CPD: **~ fodder** N carne *f* de cañón.

cannonball ['kænənbɔːl] N bala *f* de cañón.

cannot ['kænɒt] NEG *of* **can¹**.

canoe [kə'nuː] **1** N canoa *f*; (*for sport*) piragua *f*. **2** VI ir en canoa.

canoeing [kə'nuːɪŋ] N piragüismo *m*.

canoeist [kə'nuːɪst] N piragüista *mf*.

canon ['kænən] **1** N **a** (*Rel etc: decree*) canon *m*; (*fig*) canon, norma *f*; (*Mus*) canon. **b** (*priest*) canónigo *m*. **2** CPD: **~ law** N (*Rel*) derecho *m* canónico.

canonize ['kænənaɪz] VT canonizar.

canoodle [kə'nuːdl] VI (*fam*) besuquearse (*fam*).

can-opener ['kænəʊpnəʳ] N abrelatas *m inv*.

canopy ['kænəpɪ] N (*above bed, throne*) dosel *m*; (*outside shop*) toldo *m*.

➤ SENTENCE BUILDER: **can¹** → 4.3, 11, 12.1, 14.4, 15.1, 15.2, 15.3, 15.4, 16.3

cant [kænt] N (*jargon*) jerga *f*; (*hypocritical talk*) hipocresías *fpl*.

can't [kɑːnt] NEG = **can**[1].

Cantab [kæn'tæb] ADJ ABBR (*Brit*) of **Cantabrigiensis, of Cambridge**.

Cantabrian [kæn'tæbrɪən] ADJ cantábrico/a.

cantankerous [kæn'tæŋkərəs] ADJ (*quarrelsome*) pendenciero/a; (*moody*) malhumorado/a, irritable.

canteen [kæn'tiːn] N [a] (*restaurant*) cantina *f*, comedor *m*, casino *m* (*LAm*). [b] **a ~ of cutlery** un juego de cubiertos.

canter ['kæntə*ʳ*] [1] N medio galope *m*. [2] VI ir a medio galope.

cantilever ['kæntɪliːvə*ʳ*] [1] N viga *f* voladiza. [2] CPD: **~ bridge** N puente *m* voladizo.

canton ['kæntɒn] N (*Admin, Pol*) cantón *m*.

canvas ['kænvəs] [1] N (*cloth*) lona *f*; (*Art*) lienzo *m*; (*Naut*) velas *fpl*; **under ~** en tienda de campaña *or* (*LAm*) en carpa; (*Naut*) con velamen desplegado. [2] CPD de lona; **~ shoes** NPL calzados *mpl* de lona; (*rope-soled*) alpargatas *fpl*.

canvass ['kænvəs] [1] VT (*Pol: district*) hacer campaña en; (*: voters*) solicitar el voto de; (*Comm: district, opinions*) sondear. [2] VI (*Pol*) solicitar votos, hacer campaña (*for a* favor de); (*Comm*) buscar clientes.

canvasser ['kænvəsə*ʳ*] N (*Pol*) persona *f* que hace campaña electoral; (*Comm*) promotor(a) *m/f*.

canvassing ['kænvəsɪŋ] N solicitación *f* (de votos).

canyon ['kænjən] N cañón *m*.

CAP N ABBR of **Common Agricultural Policy** PAC *f*.

cap [kæp] [1] N [a] (*hat*) gorra *f*; (*soldier's ~*) gorra militar; (*for swimming*) gorro *m* de baño; **to go ~ in hand** ir con el sombrero en la mano; **if the ~ fits, wear it** si se pica, ajos come; **he's got his ~ for England** le incluyeron en la selección nacional inglesa; **to put on one's thinking ~** ponerse a pensar detenidamente; **I must put on my thinking ~** tengo que meditarlo. [b] (*lid, cover: of bottle*) tapa *f*, chapa *f*, tapón *m*; (*of pen*) capuchón *m*; (*Aut: radiator/petrol ~*) tapón; (*contraceptive*) diafragma *m*. [2] VT [a] (*bottle etc*) tapar; (*tooth*) enfundar, poner una corona a. [b] (*surpass: story, joke*) superar; **and to ~ it all, he ...** y para colmo, él .... [c] (*expenditure*) restringir; (*council etc*) imponer un límite presupuestario a. [d] (*Ftbl etc: player*) seleccionar.

cap. ABBR (*Typ*) of **capital (letter)** may.

capability [ˌkeɪpə'bɪlɪtɪ] N (*no pl: competence*) competencia *f*; (*potential ability*) capacidad *f*.

▼**capable** ['keɪpəbl] ADJ [a] (*competent*) competente. [b] (*able to*) capaz; (*predisposed towards*) susceptible.

capacitance [kə'pæsɪtəns] N (*Elec*) capacitancia *f*.

capacitor [kə'pæsɪtə*ʳ*] N capacitor *m*.

capacity [kə'pæsɪtɪ] [1] N [a] (*of container etc*) capacidad *f*; (*position*) calidad *f*; (*also* **seating ~**) cabida *f*, aforo *m*; **filled to ~** al completo; **in my ~ as Chairman** en mi calidad de presidente. [b] (*ability*) capacidad *f*. [2] CPD: **~ audience** N lleno *m*; **there was a ~ audience in the theatre** hubo un lleno en el teatro; **~ booking** N reserva *f* total; **~ crowd** N = **~ audience**.

cape[1] [keɪp] N (*Geog*) cabo *m*; **C~ of Good Hope** cabo de Buena Esperanza; **C~ Horn** cabo de Horno; **C~ Town** El Cabo.

cape[2] [keɪp] N (*garment*) capa *f*; (*of policeman, cyclist*) chubasquero *m*.

caper[1] ['keɪpə*ʳ*] N (*Culin*) alcaparra *f*.

caper[2] ['keɪpə*ʳ*] [1] N (*escapade*) travesura *f*. [2] VI (*child*) juguetear, jugar y brincar.

capillary [kə'pɪlərɪ] [1] ADJ capilar. [2] N capilar *m*.

capital ['kæpɪtl] [1] N [a] (*letter*) mayúsculo/a *m*; **he's Conservative with a ~ C** es conservador con mayúscula. [b] (*Jur*) **~ offence** delito *m* capital; **~ punishment** pena *f* de muerte. [c] (*old: idea*) primordial.

[2] N [a] (*also* **~ letter**) mayúscula *f*. [b] (*also* **~ city**) capital *f*. [c] (*Fin*) capital *m*; **to make ~ out of sth** (*fig*) sacar provecho de algo. [3] CPD: **~ account** N cuenta *f* de capital; **~ allowance** N desgravación *f* sobre bienes de capital; **~ assets** NPL activo *m* fijo; **~ expenditure** N inversión *f* de capital; **~ gains tax** N impuesto *m* sobre las plusvalías; **~ goods** NPL bienes *mpl* de equipo; **~ investment** N inversión *f* de capital; **~ outlay** N desembolso *m* de capital; **~ spending** N capital *m* adquisitivo; **~ transfer tax** N impuesto *m* sobre plusvalía de cesión.

capital-intensive [ˌkæpɪtlɪn'tensɪv] ADJ de utilización intensiva de capital.

capitalism ['kæpɪtəlɪzəm] N capitalismo *m*.

capitalist ['kæpɪtəlɪst] ADJ, N capitalista *mf*.

capitalize [kə'pɪtəlaɪz] [1] VT [a] (*Fin: provide with capital*) capitalizar. [b] (*letter*) escribir con mayúscula. [2] VI: **to ~ on** sacar provecho de, aprovechar.

Capitol ['kæpɪtɒl] N: **the ~** el Capitolio.

┌─── CAPITOL ───┐

ⓘ El Capitolio (**Capitol**) es el edificio en el que se reúne el Congreso de los Estados Unidos (**Congress**), situado en la ciudad de Washington. Al estar situado en la colina llamada **Capitol Hill**, también se suele hacer referencia a él con ese nombre en los medios de comunicación. Por otra parte a menudo se llama **Capitol**, por extensión, al edificio en el que tienen lugar las sesiones parlamentarias de la cámara de representantes de muchos estados.

capitulate [kə'pɪtjʊleɪt] VI (*Mil, fig: surrender*) rendirse, capitular.

capon ['keɪpən] N capón *m*.

cappuccino [ˌkæpə'tʃiːnəʊ] N capuchino *m*.

caprice [kə'priːs] N capricho *m*, antojo *m*.

capricious [kə'prɪʃəs] ADJ caprichoso/a, antojadizo/a.

Capricorn ['kæprɪkɔːn] N (*Astron, Geog*) Capricornio *m*; *see* **tropic**.

caps [kæps] NPL ABBR (*Typ*) of **capitals, capital letters** may.

capsicum ['kæpsɪkəm] N pimiento *m*.

capsize [kæp'saɪz] [1] VT volcar, hacer volcar. [2] VI volcar(se).

capstan ['kæpstən] N cabrestante *m*.

capsule ['kæpsjuːl] N (*all senses*) cápsula *f*.

Capt. ABBR of **Captain**.

captain ['kæptɪn] [1] N capitán/ana *m/f*; **~ of industry** magnate *mf*. [2] VT (*team*) capitanear.

captaincy ['kæptənsɪ] N capitanía *f*.

caption ['kæpʃən] N (*heading*) título *m*, titular *m*; (*on photo, cartoon*) leyenda *f*, pie *m*; (*film*) subtítulo *m*.

captivate ['kæptɪveɪt] VT encantar, cautivar.

captive ['kæptɪv] [1] ADJ cautivo/a; **he had a ~ audience** la gente estuvo obligado a escucharle; **~ market** mercado *m* cautivo. [2] N cautivo/a *m/f*, preso/a *m/f*; **to hold sb ~** (man)tener preso *or* cautivo a algn.

captivity [kæp'tɪvɪtɪ] N cautiverio *m*.

captor ['kæptə*ʳ*] N apresador(a) *m/f*.

capture ['kæptʃə*ʳ*] [1] N (*of animal, soldier, escapee*) captura *f*, apresamiento *m*; (*of city etc*) toma *f*, conquista *f*; (*thing caught*) presa *f*. [2] VT (*animal*) apresar; (*soldier, escapee*) apresar, capturar; (*city etc*) tomar, conquistar; (*fig: attention*) captar; (*: leadership etc*) apoderarse de; (*painter: atmosphere*) captar.

car [kɑː*ʳ*] [1] N [a] (*Aut*) coche *m*, auto(móvil) *m*, carro *m* (*LAm*); **by ~** en coche *or* carro. [b] (*esp US: in train, tram*) vagón *m*, coche *m*. [2] CPD: **~ bomb** N coche-bomba *m*; **~ boot sale** N (*Brit*) mercadillo *m* (*en el que se exponen las mercancías en el maletero del coche*); **~ chase** N persecución *f* de un coche; **~ ferry** N transbordador *m* para coches; **~ hire** N alquiler *m* de coches; **~ industry** N industria *f* del automóvil; **~ insurance** N seguro *m* del automóvil; **~ park** N aparcamiento *m*, parking *m*, (playa *f* de) estacionamiento *m* (*LAm*); **~ phone** N teléfono *m* móvil (de coche); **~ rental** N = **~ hire**; **~ wash** N tren *m or* túnel

┌──────────────────────────────┐
│ ➤ SENTENCE BUILDER: **capable → 17.4** │
└──────────────────────────────┘

m de lavado (de coches).

CAR BOOT SALE

ⓘ *En los mercadillos británicos llamados* **car boot sales** *la gente vende todo tipo de objetos usados de los que quiere deshacerse, como ropa, muebles, libros etc, que exhiben en los maleteros de sus coches. Normalmente tienen lugar en aparcamientos u otros espacios abiertos y los propietarios de los vehículos han de pagar una pequeña tarifa por aparcar. Los mercadillos más importantes atraen también a comerciantes y en ellos se venden tanto artículos usados como nuevos. En otras ocasiones se organizan para recaudar dinero con fines benéficos.*

Caracas [kə'rækəs] N Caracas *m*.

carafe [kə'ræf] N garrafa *f*.

caramel ['kærəməl] **1** N caramelo *m*; (*sweet*) caramelo. **2** CPD: **~ custard** N flan *m*.

carat ['kærət] CPD: **24 ~ gold** oro *m* de 24 quilates.

caravan ['kærəvæn] **1** N **a** (*gipsies'*) carromato *m*; (*Brit Aut*) remolque *m*, caravana *f*, tráiler *m* (*LAm*). **b** (*in desert*) caravana *f*. **2** VI viajar con caravana. **3** CPD: **~ site** camping *m* para caravanas.

caravanette [,kærəvə'net] N (*Brit*) caravana *f* pequeña.

caravanning ['kærəvænɪŋ] N: **to go ~** ir de vacaciones en caravana, viajar en caravana.

caravel [kærə'vel] N carabela *f*.

caraway ['kærəweɪ] **1** N alcaravea *f*. **2** CPD: **~ seeds** NPL carvis *mpl*.

carbohydrate ['kɑ:bəʊ'haɪdreɪt] N (*Chem*) hidrato *m* de carbono; (*starch in food*) fécula *f*.

carbolic [kɑ:'bɒlɪk] ADJ: **~ acid** ácido *m* carbólico, fenol *m*.

carbon ['kɑ:bən] **1** N (*Chem*) carbono *m*; (*Elec*) carbón *m*. **2** CPD: **~ copy** N (*typing*) copia *f* al carbón; (*fig*) vivo retrato *m*; **~ dating** N datación *f* por C-14; **~ dioxide/monoxide** N bióxido *m*/monóxido *m* de carbono; **~ paper** N papel *m* carbón; **~ ribbon** N cinta *f* mecanográfica de carbón.

carbonated ['kɑ:bəneɪtɪd] ADJ: **~ drink** gaseosa *f*; **~ water** agua *f* con gas.

carbonize ['kɑ:bənaɪz] VT carbonizar.

carbuncle ['kɑ:bʌŋkl] N (*Med*) carbunc(l)o *m*.

carburettor, (*US*) **carburetor** [,kɑ:bjʊ'retər] N carburador *m*.

carcass, **carcase** ['kɑ:kəs] N (*animal*) res *f* muerta; (*body*) cuerpo *m*; (: *dead*) cadáver *m*; **to save one's ~** salvar el pellejo.

carcinogenic [,kɑ:sɪnə'dʒenɪk] ADJ cancerígeno/a, carcinógeno/a.

carcinoma [,kɑ:sɪ'nəʊmə] N (*pl* **~s** *or* **~ta** [,kɑ:sɪ'nəʊmətə]) carcinoma *m*.

card [kɑ:d] **1** N (*greetings ~*, *visiting ~ etc*) tarjeta *f*; (*membership ~*) carnet *m*; (*index ~*) ficha *f*; (*playing ~*) carta *f*, naipe *m*; (*thin cardboard*) cartulina *f*; **Christmas ~** tarjeta de Navidad; **a pack of ~s** una baraja; **to play ~s** jugar a las cartas *or* los naipes; **it's on the ~s** (*fig*) es probable; **to get one's ~s** (*Brit*) ser despedido; **to have a ~ up one's sleeve** (*fig*) guardar una carta en la manga; **to lay one's ~s on the table** (*fig*) poner las cartas sobre la mesa *or* boca arriba; **to play one's ~s right** (*fig*) jugar bien sus cartas. **2** CPD: **~ game** N juego *m* de naipes; **~ index** N fichero *m*; **~ sharp(er)** N fullero *m*, tahúr *m*; **~ table** N mesa *f* de baraja; **~ trick** N truco *m* de naipes; **~ vote** N voto *m* por delegación.

cardamom ['kɑ:dəməm] N cardamomo *m*.

cardboard ['kɑ:dbɔ:d] **1** N cartón *m*; (*thin ~*) cartulina *f*. **2** CPD: **~ city** N (*fam*) área en la que los vagabundos duermen a la intemperie, ≈ zona *f* de chabolas.

card-carrying member [,kɑ:d,kærɪŋ'membər] N miembro *mf* de *or* con carnet.

cardholder ['kɑ:d,həʊldər] N (*of political party*, *organization*) miembro *mf* de carnet; (*of credit card*) titular *mf* (de tarjeta de crédito).

cardiac ['kɑ:dɪæk] ADJ cardíaco/a; **~ arrest** colapso *m* cardíaco.

cardigan ['kɑ:dɪgən] N chaqueta *f* de punto, rebeca *f*.

cardinal ['kɑ:dɪnl] **1** ADJ (*Math*) **~ number** número *m* cardinal; (*Rel*) **~ sins** pecados *mpl* capitales. **2** N (*Rel*) cardenal *m*.

cardio... ['kɑ:dɪəʊ] PREF cardio....

cardiogram ['kɑ:dɪəʊ,græm] N cardiograma *m*.

cardiology [,kɑ:dɪ'ɒlədʒɪ] N cardiología *f*.

cardphone ['kɑ:dfəʊn] N cabina que funciona con tarjetas telefónicas.

CARE [keər] N ABBR (*US*) of **Cooperative for American Relief Everywhere** sociedad benéfica.

care [keər] **1** N **a** (*anxiety*) preocupación *f*, inquietud *f*; **he hasn't a ~ in the world** no le preocupa nada; **the ~s of State** las responsabilidades del gobierno. **b** (*carefulness*) cuidado *m*, atención *f*; **'with ~'** ¡atención!', ¡con cuidado!'; **to take ~** tener cuidado; **take ~!** (*as warning*) ¡cuidado!, ¡ten cuidado!, ¡cuídate!; (*as good wishes*) ¡cuídate!; **take ~ not to drop it!** cuidado no te lo dejas caer, procura no soltarlo. **c** (*charge*) cargo *m*, cuidado *m*; (*Med*) asistencia *f*, atención *f* médica; (*on letter*) **Mr Lopez ~ of** (*abbr* **c/o**) **Mr. Jones** Sr. Jones, para (entregar a) Sr. Lopez; **to take ~ of** (*take charge of*) encargarse de, ocuparse de; (*look after*) cuidar a; **I'll take ~ of him!** (*fam*) ¡yo me encargo de él!; **she can take ~ of herself** sabe cuidar de sí misma; **the parcel was left in my ~** dejaron el paquete a mi cargo *or* cuidado; **the child has been taken into ~** pusieron al niño en un centro de protección de menores. **2** VI (*be concerned*) preocuparse (*about* por); **I don't ~** no me importa, me da igual *or* lo mismo; **to ~ deeply about** (*person*) querer mucho a; (*thing*) interesarse por; **for all I ~, you can go** por mí, te puedes ir; **who ~s?** ¿qué me importa?, ¿y qué? **3** VT **a** (*be concerned*) **I don't ~ what you think** no me importa tu opinión; **I couldn't ~ less what people say** me importa un bledo lo que diga la gente. **b** (*frm: like*) **would you ~ to come this way?** si no tiene inconveniente en pasar por aquí, por aquí si es tan amable *or* (*LAm*) si gusta; **I shouldn't ~ to meet him** no me gustaría conocerle. **4** CPD: **~ label** N (*on garment*) etiqueta *f* de instrucciones de lavado.

◆ **care for** VI + PREP **a** (*look after: people*) cuidar a; (: *things*) cuidar de; **well ~d for** (bien) cuidado. **b** (*like*) **I don't ~ for coffee** no me gusta el café; **would you ~ for a drink?** ¿te apetece una copa?; **she no longer ~s for him** ya no le quiere.

career [kə'rɪər] **1** N (*occupation*) profesión *f*; (*working life*) carrera *f* profesional. **2** VI correr a toda velocidad. **3** CPD (*diplomat, soldier etc*) de carrera; **~ girl** N chica *f* de carrera; **~ prospects** NPL perspectivas *fpl* de futuro; **~s office** N oficina *f* de guía vocacional; **~s officer** N consejero/a *m/f* de orientación profesional.

careerist [kə'rɪərɪst] N ambicioso/a *m/f*.

carefree ['keəfri:] ADJ despreocupado/a, alegre.

careful ['keəfʊl] ADJ **a** (*taking care, cautious*) cuidadoso/a, cauteloso/a; (*attentive*) atento/a; **(be) ~!** ¡(ten) cuidado!; **to be ~ with sth** tener cuidado *or* ojo con algo; **he's very ~ with his money** es muy ahorrador; (*pej*) es muy tacaño; **you can't be too ~** todos los cuidados son pocos; **be ~ what you say to him** cuidado con lo que le dices; **he was ~ not to offend her** tuvo cuidado de no ofenderle. **b** (*painstaking: work*) cuidadoso/a, esmerado/a; (: *writer etc*) cuidadoso/a.

carefully ['keəfʊlɪ] ADV (*see adj*) con cuidado, cuidadosamente, cautelosamente.

carefulness ['keəfʊlnɪs] N (*see adj*) cuidado *m*, cautela *f*; esmero *m*.

careless ['keəlɪs] ADJ (*gen*) descuidado/a; (*inattentive*) poco atento/a; (*dress etc*) desaliñado/a, dejado/a; (*thoughtless: remark*) imprudente; (*carefree: existence*) despreocupado/a; **~ driving** conducción *f* negligente; **~**

mistake descuido *m*.
carelessly ['kɛəlɪslɪ] ADV sin cuidado, descuidadamente.
carelessness ['kɛəlɪsnɪs] N (*see adj*) descuido *m*; falta *f* de atención; despreocupación *f*.
carer ['kɛərər] N (*professional*) asistente *mf* social, cuidador(a) *m/f*; (*relative, friend*) persona que cuida de un incapacitado.
caress [kə'res] 1 N caricia *f*. 2 VT acariciar.
caretaker ['kɛə,teɪkər] 1 N (*of school, flats etc*) portero/a *m/f*, conserje *mf*; (*watchman*) vigilante *m*. 2 CPD: ~ **government** N gobierno *m* de transición.
careworn ['kɛəwɔːn] ADJ agobiado/a por las inquietudes.
cargo ['kɑːgəʊ] 1 N (*pl* ~**es** *or esp US* ~**s**) cargamento *m*, carga *f*. 2 CPD: ~ **boat** N buque *m* de carga; ~ **plane** N avión *m* de carga.
Caribbean [,kærɪ'biːən] ADJ caribe; **the** ~ (**Sea**) el (Mar) Caribe.
caribou ['kærɪbuː] N caribú *m*.
caricature ['kærɪkətjʊər] 1 N caricatura *f*. 2 VT caricaturizar.
caricaturist [,kærɪkə'tjʊərɪst] N caricaturista *mf*.
CARICOM ['kærɪ,kɒm] N ABBR *of* **Caribbean Community and Common Market** CMCC *f*.
caries ['kɛəriːz] NSG caries *f*.
caring ['kɛərɪŋ] ADJ afectuoso/a; **the** ~ **professions** las profesiones de dedicación humanitaria.
Carlist ['kɑːlɪst] ADJ, N carlista *mf*.
carnage ['kɑːnɪdʒ] N matanza *f*, carnicería *f*.
carnal ['kɑːnl] ADJ carnal.
carnation [kɑː'neɪʃən] N clavel *m*.
carnival ['kɑːnɪvəl] N carnaval *m*, fiesta *f*.
carnivore ['kɑːnɪvɔːr] N carnívoro/a *m/f*.
carnivorous [kɑː'nɪvərəs] ADJ carnívoro/a.
carob ['kærəb] N (*bean*) algarroba *f*.
carol ['kærəl] N: **Christmas** ~ villancico *m*.
carotene ['kærətiːn] N caroteno *m*.
carouse [kə'raʊz] VI ir de juerga, ir de parranda.
carousel [,kæru:'sel] N (*US: merry-go-round*) caballitos *mpl*, tiovivo *m*.
carp¹ [kɑːp] N (*fish*) carpa *f*.
carp² [kɑːp] VI (*complain*) quejarse, poner pegas; **to** ~ **at** criticar.
carpenter ['kɑːpɪntər] N carpintero/a *m/f*.
carpentry ['kɑːpɪntrɪ] N carpintería *f*.
carpet ['kɑːpɪt] 1 N alfombra *f*; (*small*) tapete *m*; (*fitted* ~) moqueta *f*; **to be on the** ~ (*fam*) tener que aguantar un rapapolvo (*fam*); **to roll out the red** ~ **for sb** recibir a algn con todos los honores.
2 VT alfombrar, enmoquetar (*with* de); **to** ~ **sb** (*fam*) echar un rapapolvo a algn (*fam*).
3 CPD: ~ **bombing** N bombardeo *m* de arrasamiento; ~ **slippers** NPL zapatillas *fpl*; ~ **square,** ~ **tile** N loseta *f*.
carpetbagger ['kɑːpɪt,bægər] N (*US*) aventurero *m* político.
carpeted ['kɑːpɪtɪd] ADJ (*floor*) alfombrado/a; ~ **with** (*fig*) cubierto de.
carpet-sweeper ['kɑːpɪtswiː,pər] N escoba *f* mecánica.
carpool ['kɑːpuːl] N (*US*) coches *mpl* de uso compartido, uso *m* compartido de coches.
carport ['kɑːpɔːt] N cochera *f*.
carriage ['kærɪdʒ] 1 N a (*Brit Rail*) vagón *m*, coche *m*; (*horse-drawn*) coche, carro *m*; (*of typewriter*) carro.
b (*of person: bearing*) porte *m*.
c (*Comm: transporting*) transporte *m*, flete *m*; (*cost of* ~) porte *m*, flete; ~ **forward** porte debido; ~ **free** franco de porte; ~ **inwards/outwards** gastos *mpl* de transporte a cargo del comprador/vendedor; ~ **paid** porte pagado.
2 CPD: ~ **return** N (*on typewriter etc*) tecla *f* de regreso.
carriageway ['kærɪdʒweɪ] N (*Brit Aut*) calzada *f*; *see* **dual**.
carrier ['kærɪər] 1 N a (*of goods: person*) transportista *mf*; (: *company*) empresa *f* de transportes; (*Aer*) aerotransportista *m*, aerolínea *f*.
b (*Med: of disease*) portador(a) *m/f*.
c (*aircraft* ~) portaaviones *m inv*; **troop** ~ (*Aer*) avión *m* de transporte de tropas; (*Naut*) transporte *m*.
d (*Brit: also* ~ **bag**) bolsa *f* (de papel *or* plástico).

2 CPD: ~ **pigeon** N paloma *f* mensajera.
carrion ['kærɪən] N carroña *f*.
carrot ['kærət] N zanahoria *f*.
carrousel [,kæru:'sel] N (*US*) = **carousel**.
carry ['kærɪ] 1 VT a (*gen: convey*) llevar; (: *bring*) traer, andar (*CAm*); (*have on one's person: money, documents*) llevar (encima); (*transport: goods*) transportar; (: *passengers, message, news*) llevar; **he always carries a gun** siempre lleva pistola (encima); **are you ~ing any money?** ¿traes dinero?; **the train does not** ~ **passengers** el tren no lleva pasajeros; **to** ~ **sth about with one** llevar algo consigo; **the wind carried the sound to him** el viento le trajo el sonido; **the offence carries a £50 fine** la infracción será penalizada con una multa de 50 libras; **both papers carried the story** ambos periódicos traían la noticia; **he carries his drink well** aguanta mucho bebiendo; **to** ~ **sth too far** (*fig*) llevar algo demasiado lejos.
b (*Comm: goods*) tener en existencia.
c (*Math: figure*) llevarse; (*Fin: interest*) llevar.
d (*approve: motion*) aprobar; (*win: election, point*) ganar; **the motion was carried** la moción fue aprobada; **to** ~ **the day** triunfar.
e **he carries himself like a soldier** se comporta como soldado; **she carries herself well** se mueve con garbo.
2 VI (*sound*) oírse.
◆ **carry away** VT + ADV (*lit*) llevarse; **to get carried away by sth** (*fig*) exaltarse por algo, entusiasmarse con algo.
◆ **carry forward** VT + ADV (*Math, Fin*) pasar a la página/columna siguiente; **carried forward** suma y sigue.
◆ **carry off** VT + ADV (*seize, win*) llevarse; **he carried it off very well** salió muy airoso de la situación.
◆ **carry on** 1 VT + ADV (*continue: tradition etc*) seguir, continuar; (*conduct: conversation*) mantener; (: *business, trade*) llevar (adelante).
2 VI + ADV a (*continue*) continuar, seguir; ~ **on!** ¡siga!
b (*fam: make a fuss*) montar un número (*fam*), armarla (*fam*); **to** ~ **on about sth** machacar sobre algo; **how he carries on!** ¡no para nunca!, ¡está dale que dale!
c (*fam: have an affair*) tener un lío (*fam*) (*with sb* con algn).
◆ **carry out** VT + ADV (*accomplish etc: plan*) llevar a cabo; (*threat, promise, order*) cumplir; (*perform, implement: idea, search etc*) realizar; (*experiment*) verificar; **to** ~ **out repairs** hacer reparaciones.
◆ **carry through** VT + ADV (*accomplish: task*) llevar a término; (*sustain: person*) sostener.
carryall ['kærɪɔːl] N (*US*) = **holdall**.
carry-back ['kærɪbæk] N (*Fin*) traspaso *m* al período anterior.
carrycot ['kærɪkɒt] N (*Brit*) cuna *f* portátil, capazo *m*.
carry-on [,kærɪ'ɒn] N (*fam: fuss*) jaleo *m*, lío *m*, follón *m*, bronca *f*, escándalo *m*; **what a** ~**!** ¡qué follón!
carry-out ['kærɪ,aʊt] ADJ (*meal etc*) para llevar.
cart [kɑːt] 1 N (*horse-drawn*) carro *m*; (*hand* ~) carretilla *f*; (*US: for shopping*) carrito *m* de la compra; **to put the** ~ **before the horse** (*fig*) empezar la casa por el tejado.
2 VT (*fam*) **I had to** ~ **his books about all day** tuve que cargar con sus libros todo el día.
◆ **cart off** VT + ADV llevarse.
carte blanche [kɑːt'blɑːʃ] N: **to give sb** ~ dar carta blanca a algn.
cartel [kɑː'tel] N (*Comm*) cartel *m*.
carthorse ['kɑːθɔːs] N caballo *m* de tiro.
cartilage ['kɑːtɪlɪdʒ] N cartílago *m*.
cartography [kɑː'tɒgrəfɪ] N cartografía *f*.
carton ['kɑːtən] N (*milk* ~) envase *m* de cartón, caja *f*; (*ice-cream* ~, *yogurt* ~) vasito *m*; (*of cigarettes*) cartón *m*.
cartoon [kɑː'tuːn] N (*in newspaper etc*) viñeta *f*, chiste *m*; (*strip*) historieta *f*; (*sketch for fresco etc*) cartón *m*; ~**s** (*Cine, TV*) dibujos *mpl* animados, caricaturas *fpl* (*LAm*).
cartoonist [,kɑː'tuːnɪst] N dibujante *mf*.
cartridge ['kɑːtrɪdʒ] 1 N (*gen*) cartucho *m*. 2 CPD: ~ **belt** N cartuchera *f*, canana *f*; ~ **case** N cartucho *m*; ~ **paper** N papel *m* guarro.
cartwheel ['kɑːtwiːl] N rueda *f* de carro; **to turn a** ~

(*Sport*) dar una voltereta lateral.
carve [kɑːv] [1] VT (*Culin: meat*) trinchar; (*stone, wood*) esculpir, cincelar, tallar; (*name on tree etc*) grabar; **to ~ out a career for o.s.** abrirse camino.
[2] VI (*Culin*) trinchar carne.
◆**carve up** VT + ADV (*meat*) trinchar; (*fig: country*) repartirse.
carver ['kɑːvəʳ] N (*knife*) cuchillo *m* de trinchar.
carvery ['kɑːvərɪ] N restaurante *m* que se especializa en asados.
carve-up ['kɑːvˌʌp] (*fam*) N división *f*, repartimiento *m*.
carving ['kɑːvɪŋ] [1] N (*wooden ornament*) escultura *f*, talla *f*. [2] CPD: **~ knife** N trinchante *m*.
Casablanca [ˌkæsəˈblæŋkə] N Casablanca *f*.
cascade [kæsˈkeɪd] [1] N cascada *f*, salto *m* de agua. [2] VI caer en cascada.
case¹ [keɪs] N [a] (*suit~*) maleta *f*, valija *f* (*LAm*), veliz *m* (*Mex*); (*packing ~*) cajón *m*; (*of drink*) caja *f*; (*for camera*) funda *f*; (*brief~*) cartera *f*, portafolio(s) *m* (*LAm*); (*for jewellery*) joyero *m*, estuche *m*; (*for spectacles, guitar, gun etc*) funda; (*display ~*) vitrina *f*; (*of watch*) caja. [b] (*Typing*) **lower/upper ~** caja *f* baja/alta, minúscula *f*/mayúscula *f*.
case² [keɪs] [1] N [a] (*gen, Med, instance*) caso *m*; **in any ~** de todas formas, en cualquier caso, en todo caso; **in that ~** en ese caso; **(just) in ~** por si acaso, por si las moscas; **in ~ of emergency** en caso de emergencia; **a ~ in point** un ejemplo al respecto, un ejemplo que hace al caso; **it's a clear ~ of murder** es un claro caso de homicidio; **in most ~s** en la mayoría de los casos; **if that is the ~** en ese caso; **as the ~ may be** según el caso; **in no ~** en ningún caso, de ninguna manera; **a hospital ~** un caso para el hospital; **he's a ~** (*fam*) es un tipo raro (*fam*).
[b] (*Jur: gen*) caso *m*, proceso *m*; (*: particular dispute*) causa *f*, pleito *m*; (*: argument*) argumento *m*, razón *f*; **the ~ for the defence/prosecution** la defensa/la acusación; **to make out a ~** exponer un argumento; **to make out a ~ for sth** dar buenas razones para algo, presentar argumentos en favor de algo; **to state one's ~** presentar sus argumentos, exponer su caso; **to rest one's ~** terminar la presentación de su alegato; **to have a good ~** tener argumentos o razones fuertes; **there's a strong ~ for reform** hay buenos fundamentos para exigir una reforma.
[c] (*Ling*) caso *m*.
[2] CPD: **~ file** N historial *m*; **~ history** N (*Med*) historial *m* médico o clínico; **~ law** N jurisprudencia *f*; **~ load** N número de encargos asignados a un(a) profesional; **~ study** N estudio *m* de casos.
casement ['keɪsmənt] N (*also* **~ window**) ventana *f* de bisagras.
casework ['keɪswɜːk] N (*Sociol*) asistencia *f* o trabajo *m* social individualizado.
caseworker ['keɪsˌwɜːkəʳ] N asistente *mf* social.
cash [kæʃ] [1] N [a] (*coins, notes*) (dinero *m*) efectivo *m*, metálico *m*; **to pay (in) ~** pagar al contado, pagar en efectivo; **hard ~** (*fam*) dinero contante y sonante; **~ in hand** efectivo en caja.
[b] (*immediate payment*) **~ down** al contado; **to pay ~ (down) for sth** pagar algo al contado; **~ on delivery** envío *m* o entrega *f* contra reembolso; **~ with order** pedido *m* con pago inmediato.
[c] (*fam: money*) pasta *f* (*Sp fam*), plata *f* (*LAm*); **to be short of ~** estar sin blanca, estar pelado; **I haven't any ~ on me** no llevo dinero conmigo.
[2] VT (*cheque*) cobrar, hacer efectivo; **to ~ sb a cheque** cambiarle a algn un cheque.
[3] CPD: **~ account** N cuenta *f* de caja; **~ advance** N adelanto *m*; **~ box** N alcancía *f*; **~ card** N tarjeta *f* de dinero; **~ cow** N producto *m* muy rentable; **~ crop** N cultivo *m* comercial; **~ desk** N caja *f*; **~ discount** N descuento *m* por pronto pago; **~ dispenser** N cajero *m* automático; **~ flow** N flujo *m* de caja, movimiento *m* de efectivo; (*Fin*) cash-flow *m*; **~-flow problems** problemas *mpl* de cash-flow; **~ order** N orden *f* de pago al contado; **~ payment** N pago *m* al contado; **~ price** N precio *m* al contado; **~**

register N caja *f* registradora; **~ reserves** NPL reserva *fsg* en efectivo.
◆**cash in** [1] VT + ADV (*insurance policy etc*) cobrar.
[2] VI + ADV: **to ~ in on sth** sacar partido o provecho de algo.
◆**cash up** VI + ADV contar el dinero recaudado.
cash-and-carry ['kæʃənˈkærɪ] N (*shop*) autoservicio *m* mayorista.
cash-book ['kæʃbʊk] N libro *m* de caja.
cashew [kæˈʃuː] N (*also* **~ nut**) anacardo *m*.
cashier [kæˈʃɪəʳ] N cajero/a *m/f*.
cashmere [kæʃˈmɪəʳ] [1] N cachemir *m*, cachemira *f*. [2] CPD de cachemir o cachemira.
cashpoint ['kæʃˌpɔɪnt] N cajero *m* automático.
casing ['keɪsɪŋ] N (*Tech: gen*) cubierta *f*; (*: of boiler*) revestimiento *m*; (*: of cylinder*) camisa *f*; (*of tyre*) llanta *f*; (*of window*) marco *m*.
casino [kəˈsiːnəʊ] N casino *m*.
cask [kɑːsk] N (*for wine*) cuba *f*; (*large*) tonel *m*.
casket ['kɑːskɪt] N (*for jewels*) estuche *m*, cofrecito *m*; (*US: coffin*) ataúd *m*.
Caspian Sea ['kæspɪənˌsiː] N Mar *m* Caspio.
cassava [kəˈsɑːvə] N mandioca *f*.
casserole ['kæsərəʊl] N (*utensil*) cacerola *f*, cazuela *f*; (*food*) cazuela.
cassette [kæˈset] [1] N caset(t)e *m*. [2] CPD: **~ deck** N pletina *f*; **~ player** N caset(t)e *m*; **~ recorder** N caset(t)e *m*.
cassock ['kæsək] N sotana *f*.
cast [kɑːst] (*vb: pt, pp* **~**) [1] N [a] (*of net, line*) lanzamiento *m*.
[b] (*mould*) molde *m*; (*Med: plaster ~*) escayola *f*; (*of worm*) forma *f*; **~ of mind** temperamento *m*.
[c] (*of play etc*) reparto *m*.
[d] (*Med: squint*) estrabismo *m*; **to have a ~ in one's eye** tener estrabismo en un ojo.
[2] VT [a] (*also fig: throw*) echar, lanzar; (*: net, anchor etc*) echar; (*: shadow*) proyectar; (*: light*) arrojar; **to ~ doubt upon sth** poner algo en duda; **to ~ one's vote** votar, dar su voto; **to ~ one's eyes over sth** echar una mirada a algo; **to ~ lots** echar suertes.
[b] (*shed: horseshoe*) mudar; **the snake ~ its skin** la culebra mudó su piel.
[c] (*metal*) fundir; (*statue, clay*) moldear, vaciar.
[d] (*part, play*) hacer el reparto de; **he was ~ as Macbeth** le dieron el papel de Macbeth.
◆**cast about for** VI + PREP (*job, answer*) buscar, andar buscando.
◆**cast aside** VT + ADV (*reject*) descartar, desechar.
◆**cast away** VT + ADV: **to be ~ away** naufragar.
◆**cast back** VT + ADV: **to ~ one's thoughts back to** rememorar.
◆**cast down** VT + ADV: **to be ~ down** estar deprimido/a.
◆**cast off** [1] VT + ADV (*Naut*) desamarrar, soltar las amarras; **the slaves ~ off their chains** los esclavos se deshicieron de sus cadenas.
[2] VI + ADV (*Naut*) soltar amarras; (*Knitting*) cerrar.
◆**cast on** VT + ADV, VI + ADV (*Knitting*) montar.
◆**cast up** VT + ADV (*refer to*) **to ~ sth up at sb** echar en cara algo a algn.
castanets [ˌkæstəˈnets] NPL castañuelas *fpl*.
castaway ['kɑːstəweɪ] N náufrago/a *m/f*.
caste [kɑːst] [1] N casta *f*. [2] CPD de casta.
caster [kɑːstəʳ] [1] N (*on furniture*) ruedecilla *f*. [2] CPD: **~ sugar** N azúcar *m* extrafino.
castigate ['kæstɪgeɪt] VT (*frm*) castigar.
Castile [kæsˈtiːl] N Castilla *f*.
Castilian [kæsˈtɪlɪən] [1] ADJ castellano/a. [2] N castellano/a *m/f*; (*Ling*) castellano *m*.
casting ['kɑːstɪŋ] [1] ADJ: **~ vote** voto *m* decisivo o de calidad. [2] CPD: **~ couch** N (*Cine hum*) diván *m* del director (del reparto).
cast-iron ['kɑːstˌaɪən] [1] ADJ (hecho/a) de hierro fundido; (*fig: will*) inquebrantable, férreo/a; (*: case*) irrebatible. [2] [ˌkɑːstˈaɪən] N: **cast iron** hierro *m* fundido o colado.
castle ['kɑːsl] N castillo *m*; (*Chess*) torre *f*; **~s in the air**

(fig) castillos en el aire.

cast-off [ˈkɑːstɒf] **1** ADJ *(clothing etc)* de desecho, en desuso. **2** N *(garment)* ropa *f* de desecho.

castor¹ [ˈkɑːstəʳ] N = **caster 1**.

castor² [ˈkɑːstəʳ] CPD: ~ **oil** N aceite *m* de ricino.

castrate [kæsˈtreɪt] VT castrar.

castration [kæsˈtreɪʃən] N castración *f*.

casual [ˈkæʒjʊəl] **1** ADJ **a** *(not planned: walk, stroll)* sin rumbo fijo, al azar; *(: meeting)* fortuito/a; **he's just a ~ acquaintance** es un conocido nada más.

b *(offhand: attitude)* despreocupado/a; **a ~ glance** una ojeada; **a ~ remark** un comentario hecho a la ligera; **he was very ~ about it** no le dio mucha importancia.

c *(informal: discussion, tone etc)* informal, poco serio/a; *(: clothing)* de sport.

d *(irregular: labour)* eventual, temporero/a; **~ worker** trabajador(a) temporero/a *or* eventual.

2 N: **~s** *(shoes)* zapatos *mpl* de sport.

casually [ˈkæʒjʊəlɪ] ADV *see* **casual 1 (a), (b), (c)**.

casualty [ˈkæʒjʊəltɪ] **1** N *(Mil: dead)* baja *f*; *(: wounded)* herido/a *m/f*; *(in accident)* víctima *f*; **C~** *(hospital department)* Urgencias; **a ~ of modern society** una víctima de la sociedad moderna.

2 CPD: **~ department** N departamento *m* de traumatología; **~ list** N lista *f* de bajas.

casuistry [ˈkæzjʊɪstrɪ] N casuística *f*.

CAT [kæt] N ABBR **a** *of* **computer-assisted translation** TAO *f*. **b** *of* **College of Advanced Technology**. **c** *of* **computerized tomography scanner** TAC *m o f*; **~ scan** escáner *m* TAC; **I'm going to have a ~ scan** me van a hacer un (escáner) TAC.

cat [kæt] **1** N *(domestic)* gato/a *m/f*; *(lion etc)* felino/a *m/f*; **that's put the ~ among the pigeons!** ¡eso ha metido los perros en danza!, ¡ya se armó la gorda!; **to let the ~ out of the bag** irse de la lengua; **to be like a ~ on hot bricks** estar sobre ascuas; **to fight like ~ and dog** pelearse como gato y perro; **he hasn't a ~ in hell's chance** no tiene la más mínima posibilidad; **there isn't room to swing a ~** aquí no cabe un alfiler; **when the ~'s away, the mice will play** cuando el gato no está, bailan los ratones.

2 CPD: **~ burglar** N (ladrón/ona *m/f*) balconero/a *m/f*; **~ flap** N gatera *f*.

cataclysm [ˈkætəklɪzəm] N cataclismo *m*.

catacombs [ˈkætəkuːmz] NPL catacumbas *fpl*.

Catalan [ˈkætəlæn] **1** ADJ catalán/ana. **2** N catalán/ana *m/f*; *(Ling)* catalán *m*.

catalogue, *(US)* **catalog** [ˈkætəlɒg] **1** N catálogo *m*. **2** VT catalogar, poner en un catálogo.

Catalonia [ˌkætəˈləʊnɪə] N Cataluña *f*.

Catalonian [ˌkætəˈləʊnɪən] = **Catalan**.

catalyst [ˈkætəlɪst] N *(Chem, fig)* catalizador *m*.

catalytic [ˌkætəˈlɪtɪk] ADJ catalítico/a; **~ converter** catalizador *m*.

catamaran [ˌkætəməˈræn] N catamarán *m*.

cat-and-mouse [ˈkætnˈmaʊs] CPD: **to play a ~ game with sb** jugar al gato y ratón con algn.

catapult [ˈkætəpʌlt] **1** N *(slingshot)* tirador *m*, tirachinas *m inv*; *(Aer, Mil)* catapulta *f*. **2** VI: **his record ~ed to number 1** su disco subió catapultado al número uno.

cataract [ˈkætərækt] N *(waterfall, Med)* catarata *f*.

catarrh [kəˈtɑːʳ] N catarro *m*.

catastrophe [kəˈtæstrəfɪ] N catástrofe *f*.

catastrophic [ˌkætəˈstrɒfɪk] ADJ catastrófico/a.

catatonic [ˌkætəˈtɒnɪk] ADJ catatónico/a.

catcall [ˈkætkɔːl] **1** N *(at meeting etc)* **~s** silbido *msg*. **2** VI silbar.

catch [kætʃ] *(vb: pt, pp* **caught)** **1** N **a** *(of ball etc)* cogida *f*, parada *f*; *(of trawler)* pesca *f*; *(of single fish)* presa *f*, pesca, captura *f*; **he's a good ~** *(fig)* es un buen partido.

b *(fastener)* cierre *m*; *(: on door)* pestillo *m*.

c *(trick)* trampa *f*; *(snag)* pega *f*; **where's the ~?** ¿dónde está la trampa?

d **with a ~ in one's voice** con la voz entrecortada.

2 VT **a** *(ball)* coger *(Sp)*, agarrar *(LAm)*; *(fish)* pescar; *(thief)* coger, atrapar; *(bus, train etc)* coger *(Sp)*, tomar *(LAm)*; **I caught my fingers in the door** me pillé los dedos en la puerta; **I caught my coat on that nail** mi chaqueta se enganchó en ese clavo; **to ~ sb's attention** *or* **eye** llamar la atención de algn; **this room ~es the morning sun** este cuarto recibe el sol de la mañana; **the punch caught him on the arm** el golpe le dio en el brazo.

b *(take by surprise)* pillar *or (Sp)* coger *or (LAm)* tomar de sorpresa; **to ~ sb doing sth** sorprender *or* pillar a algn haciendo algo; **you won't ~ me doing that** yo sería incapaz de hacer eso, nunca me verás haciendo eso; **they caught him in the act** le cogieron *or* pillaron en el acto; **he got caught in the rain** la lluvia le pilló *or* cogió *or* agarró desprevenido.

c *(hear)* oír; *(understand)* comprender, entender; *(portray: atmosphere, likeness)* saber captar, plasmar; **the painter has caught her expression** el pintor ha sabido captar su gesto.

d *(Med: disease)* coger *(Sp)*, pillar, contagiarse de; **to ~ a cold** resfriarse; **to ~ one's breath** contener la respiración; **you'll ~ it!** *(fam)* ¡las vas a pagar!, ¡te va a costar!

e *(be in time for)* **to ~ the post** llegar antes de la recogida del correo; **we only just caught the train** por poco perdimos el tren.

3 VI **a** *(hook)* engancharse; *(tangle)* enredarse.

b *(fire, wood)* prender, encenderse.

4 CPD: **~ phrase** N muletilla *f*, frase *f* de moda; **~ question** N pregunta capciosa *f or* de pega.

◆ **catch at** VI + PREP *(object)* tratar de coger *(Sp)* or *(LAm)* agarrar; *(opportunity)* aprovechar.

◆ **catch on** VI + ADV **a** *(become popular)* cuajar, tener éxito. **b** *(understand)* caer en la cuenta.

◆ **catch out** VT + ADV *(fig: with trick question)* hundir; **to ~ sb out** sorprender *or* pillar a algn; **we were caught out by the rise in the dollar** nos cogió desprevenidos la subida del dólar.

◆ **catch up** **1** VT + ADV **a** **to ~ sb up** *(walking, working etc)* alcanzar a algn.

b **we were caught up in the traffic** nos vimos bloqueados por el tráfico.

2 VI + ADV: **to ~ up (on one's work)** ponerse al día; **to ~ up with the news** ponerse al corriente.

catch-22 [ˌkætʃˌtwentɪˈtuː] CPD: **~ situation** N callejón *m* sin salida, círculo *m* vicioso.

catch-all [ˈkætʃˌɔːl] **1** ADJ *(regulation)* general; *(phrase)* para todo. **2** N *algo que sirve para todo*.

catching [ˈkætʃɪŋ] ADJ *(Med, fig)* contagioso/a.

catchment area [ˈkætʃmənt‚ɛərɪə] N *(Scol)* zona *f* de captación.

catchword [ˈkætʃwɜːd] N *(catch phrase)* tópico *m*; *(Typ)* reclamo *m*.

catchy [ˈkætʃɪ] ADJ *(comp* **-ier**; *superl* **-iest)** *(tune)* pegadizo/a.

catechism [ˈkætɪkɪzəm] N catequismo *m*; *(book)* catecismo *m*.

categorical [ˌkætɪˈgɒrɪkəl] ADJ categórico/a, rotundo/a.

categorize [ˈkætɪgəraɪz] VT clasificar.

category [ˈkætɪgərɪ] N categoría *f*.

cater [ˈkeɪtəʳ] VI **a** *(provide food)* proveer comida (for a).

b *(fig)* **to ~ for** *or* **to** atender a, ofrecer *(sus)* servicios a; **to ~ for sb's needs** atender las necesidades de algn; **to ~ for all tastes** atender a todos los gustos; **this magazine ~s for young people** esta revista se dirige a los jóvenes.

caterer [ˈkeɪtərəʳ] N proveedor(a) *m/f*.

catering [ˈkeɪtərɪŋ] **1** N servicio *m* de comidas. **2** CPD: **~ company** N empresa *f* de hostelería; **~ industry**, **~ trade** N restaurantería *f*, hostelería *f*.

caterpillar [ˈkætəpɪləʳ] **1** N *(Zool)* oruga *f*; *(vehicle)* tractor *m* de oruga. **2** CPD: **~ track** N rodado *m* de oruga.

catfish [ˈkætfɪʃ] N, PL INV siluro *m*, bagre *m*, perro *m* del norte.

catgut [ˈkætgʌt] N cuerda *f* de tripa; *(Med)* catgut *m*.

catharsis [kəˈθɑːsɪs] N catarsis *f*.

cathedral [kəˈθiːdrəl] N catedral *f*.

Catherine [ˈkæθərɪn] CPD: **~ wheel** N *(firework)* girándula

f.
catheter [ˈkæθɪtəʳ] N catéter *m*.
cathode [ˈkæθəʊd] N cátodo *m*.
cathode-ray tube [ˈkæθəʊd,reɪˈtjuːb] N tubo *m* de rayos catódicos.
catholic [ˈkæθəlɪk] [1] ADJ [a] (Roman) C~ católico/a; **the C~ Church** la Iglesia Católica. [b] (wide-ranging: tastes, interests) católico/a. [2] N: C~ católico/a *m/f*.
Catholicism [kəˈθɒlɪsɪzəm] N catolicismo *m*.
catkin [ˈkætkɪn] N amento *m*, candelilla *f*.
catnap [ˈkætnæp] N: **to have** or **take a** ~ echar una siestecita or cabezadita.
cat's-eye [ˈkæts,aɪ] N (Brit Aut) catafaro *m*.
catsuit [ˈkætsuːt] N traje *m* de gato.
catsup [ˈkætsəp] N (US) catsup *m*, salsa *f* de tomate.
cattle [ˈkætl] [1] NPL ganado *msg*.
[2] CPD: ~ **breeder** N criador(a) *m/f* de ganado; ~ **drive** N (US) recogida *f* de ganado; ~ **grid** N (Brit) rejilla *f* de retención (de ganado); ~ **market** N mercado *m* ganadero; ~ **raising** N ganadería *f*; ~ **ranch** N finca *f* ganadera, estancia *f* (LAm); ~ **shed** N establo *m*; ~ **show** N feria *f* de ganado.
catty [ˈkætɪ] ADJ (comp **-ier**; superl **-iest**) (fam: person, remark) malicioso/a.
catwalk [ˈkætwɔːk] N pasarela *f*.
Caucasian [kɔːˈkeɪzɪən] ADJ, N caucásico/a *m/f*, caucasiano/a *m/f*.
Caucasus [ˈkɔːkəsəs] N Cáucaso *m*.
caucus [ˈkɔːkəs] (US) [1] N (Pol: meeting) comisión *f* ejecutiva. [2] VI reunirse (para tomar decisiones).
caught [kɔːt] PT, PP of **catch**.
cauldron [ˈkɔːldrən] N caldera *f*, calderón *m*.
cauliflower [ˈkɒlɪflaʊəʳ] [1] N coliflor *f*. [2] CPD: ~ **ear** N oreja *f* deformada por los golpes.
causality [kɔːˈzælɪtɪ] N causalidad *f*.
cause [kɔːz] [1] N [a] (origin) causa *f*; (reason) motivo *m*, razón *f*; ~ **and effect** (relación de) causa y efecto; **with good** ~ con razón; **to be the** ~ **of** ser causa de; **there's no** ~ **for alarm** no hay por qué inquietarse; **to give** ~ **for complaint** dar motivo de queja.
[b] (purpose) propósito *m*, causa *f*; **in the** ~ **of justice** por la justicia; **to make common** ~ **with** hacer causa común con; **it's all in a good** ~ (fam) es para bien de todos; **to take up sb's** ~ apoyar la campaña de algn.
[2] VT (accident, trouble) causar; **to** ~ **sb to do sth** hacer que algn haga algo.
causeway [ˈkɔːzweɪ] N calzada *f* or carretera *f* elevada.
caustic [ˈkɔːstɪk] [1] ADJ (Chem) cáustico/a; (fig: sarcastic) mordaz, sarcástico/a. [2] CPD: ~ **soda** N sosa *f* cáustica.
cauterize [ˈkɔːtəraɪz] VT cauterizar.
caution [ˈkɔːʃən] [1] N (care) cautela *f*, cuidado *m*, prudencia *f*; (warning) advertencia *f*, aviso *m*; (Jur) amonestación *f*; **to throw** ~ **to the winds** abandonar la prudencia.
[2] VT: **to** ~ **sb** (subj: official) amonestar a algn; **to** ~ **sb against doing sth** advertir a algn que no haga algo.
cautious [ˈkɔːʃəs] ADJ (careful) cuidadoso/a; (wary) cauteloso/a, prudente.
cavalier [,kævəˈlɪəʳ] [1] N caballero *m*. [2] ADJ (pej: offhand) desdeñoso/a.
cavalry [ˈkævəlrɪ] N caballería *f*.
cave [keɪv] [1] N cueva *f*, caverna *f*.
[2] VI: **to go caving** ir en una expedición espeleológica.
[3] CPD: ~ **dweller** N cavernícola *mf*, troglodita *mf*; ~ **painting** N pintura *f* rupestre.
◆ **cave in** VI + ADV (ceiling) derrumbarse, desplomarse; (ground) hundirse.
caveman [ˈkeɪvmæn] N (pl **-men**) hombre *m* de las cavernas.
cavern [ˈkævən] N caverna *f*.
cavernous [ˈkævənəs] ADJ (eyes, cheeks) hundido/a; (pit, darkness) cavernoso/a.
caviar(e) [ˈkævɪɑːʳ] N caviar *m*.
cavil [ˈkævɪl] (pt, pp **-led** or US **~ed**) VI poner peros or reparos (at a).
cavity [ˈkævɪtɪ] [1] N cavidad *f*. [2] CPD: ~ **wall insulation** N

aislamiento *m* térmico.
cavort [kəˈvɔːt] VI dar or hacer cabriolas, dar brincos.
caw [kɔː] [1] N graznido *m*. [2] VI graznar.
cayenne [ˈkeɪen] N (also ~ **pepper**) pimentón *m* picante.
CB [1] N ABBR (Brit) of **Companion (of the Order) of the Bath** título honorífico. [2] CPD ABBR of **Citizens' Band**; ~ **Radio** conjunto de frecuencias de radio usadas para la comunicación privada.
CBC N ABBR of **Canadian Broadcasting Corporation**.
CBE N ABBR of **Commander of the Order of the British Empire** título honorífico.
CBI N ABBR of **Confederation of British Industries** ≈ CEOE *f*.
CBS N ABBR (US) of **Columbia Broadcasting System** cadena de televisión.
CC N ABBR of **County Council** ≈ Dip.
cc ABBR [a] of **cubic centimetres** cc, cm³. [b] of **carbon copy**.
CCA N ABBR (US) of **Circuit Court of Appeals**.
CCTV N ABBR (US) of **closed-circuit television**.
CCU N ABBR (Med) of **coronary care unit**.
CD N ABBR [a] of **Corps Diplomatique** CD. [b] of **Civil Defence (Corps)** (Brit), **Civil Defense** (US). [c] of **compact disc** CD *m*; ~ **player** lector *m* de compact disc, reproductor *m* de compact disc.
CDC N ABBR (US) of **center for disease control**.
Cdr ABBR (Brit Naut, Mil) of **commander** Cdte.
CD-ROM [,siːdiːˈrɒm] N ABBR of **compact disk read-only memory**; ~ **drive** N unidad *f* de CD-ROM.
CDT N ABBR (US) of **Central Daylight Time**.
CDV N ABBR of **compact disk video**.
CE N ABBR of **Church of England**.
cease [siːs] [1] VT (stop) cesar, parar; (suspend) suspender; (end) terminar; ~ **fire!** ¡cesen or alto el fuego! [2] VI cesar (to do, doing de hacer).
cease-fire [,siːsˈfaɪəʳ] N (Mil) alto *m* el fuego.
ceaseless [ˈsiːslɪs] ADJ incesante.
CED N ABBR (US) of **Committee for Economic Development**.
cedar [ˈsiːdəʳ] [1] N cedro *m*. [2] CPD (wood, table etc) de cedro.
cede [siːd] VT (territory) ceder; (argument) reconocer, admitir.
cedilla [sɪˈdɪlə] N cedilla *f*.
CEEB N ABBR (US) of **College Entry Examination Board**.
ceilidh [ˈkeɪlɪ] N baile con música y danzas tradicionales escocesas o irlandesas.
ceiling [ˈsiːlɪŋ] [1] N (of room, Aer) techo *m*; (fig: upper limit) límite *m*, tope *m*; **to fix a** ~ **for, to put a** ~ **on** fijar el límite de; see **hit 2 (c)**. [2] CPD: ~ **price** N precio *m* tope.
celebrate [ˈselɪbreɪt] [1] VT celebrar; (have a party for) festejar; (mass) celebrar, decir. [2] VI divertirse, festejar.
celebrated [ˈselɪbreɪtɪd] ADJ célebre, famoso/a.
celebration [,selɪˈbreɪʃən] N (act) celebración *f*, festejo *m*; (festivity) festividad *f*; **in** ~ **of** para celebrar; **the jubilee** ~**s** las conmemoraciones or los festejos del aniversario.
celebrity [sɪˈlebrɪtɪ] N celebridad *f*.
celeriac [səˈlerɪæk] N apio-nabo *m*.
celery [ˈselərɪ] N apio *m*; **head** or **stick of** ~ tallo *m* de apio.
celestial [sɪˈlestɪəl] ADJ (lit, fig) celestial.
celibacy [ˈselɪbəsɪ] N celibato *m*.
celibate [ˈselɪbɪt] ADJ, N célibe *mf*.
cell [sel] [1] N (in prison, monastery etc) celda *f*; (Bio, Pol) célula *f*; (Elec) pila *f*. [2] CPD: ~ **biology** N biología *f* celular.
cellar [ˈseləʳ] N sótano *m*; (for wine) bodega *f*.
cellist [ˈtʃelɪst] N violoncelista *mf*.
cello [ˈtʃeləʊ] N violoncelo *m*.
Cellophane ® [ˈseləfeɪn] N celofán *m*.
cellphone [ˈsel,fəʊn] N = **cellular telephone**.
cellular [ˈseljʊləʳ] ADJ (Bio) celular; ~ **blanket** manta *f* con tejido muy suelto; ~ **telephone** teléfono *m* celular.
cellulite [ˈseljʊlaɪt] N celulitis *f*.
celluloid [ˈseljʊlɔɪd] N celuloide *m*.
cellulose [ˈseljʊləʊs] N celulosa *f*.

Celsius ['selsɪəs] ADJ celsius, centígrado/a; **20 degrees ~** veinte grados centígrados.

Celt [kelt, selt] N celta *mf*.

Celtic ['keltɪk, 'seltɪk] ADJ celta.

cement [sə'ment] **1** N cemento *m*; (*glue*) cola *f*, cemento (*LAm*). **2** VT cementar, cubrir de cemento; (*fig*) cimentar. **3** CPD: **~ mixer** N hormigonera *f*.

cemetery ['semɪtrɪ] N cementerio *m*, panteón *m* (*LAm*).

cenotaph ['senətɑ:f] N cenotafio *m*.

censor ['sensəʳ] **1** N censor(a) *m/f*. **2** VT censurar.

censorious [sen'sɔ:rɪəs] ADJ (*frm*) hipercrítico/a.

censorship ['sensəʃɪp] N censura *f*.

censure ['senʃəʳ] **1** N censura *f*; **vote of ~** voto de censura. **2** VT censurar.

census ['sensəs] N censo *m*.

cent [sent] N céntimo *m*, centavo *m* (*LAm*); **I haven't a ~** (*US*) no tengo ni un peso.

cent. ABBR **a** *of* **centigrade** C. **b** *of* **central**. **c** *of* **century** s.

centenary [sen'ti:nərɪ] N centenario *m*.

centennial [sen'tenɪəl] **1** ADJ centenario/a. **2** N (*US*) = **centenary**.

center ['sentəʳ] (*US*) = **centre**.

centigrade ['sentɪɡreɪd] ADJ centígrado/a; **30 degrees ~** treinta grados centígrados.

centilitre, (*US*) **centiliter** ['sentɪ,li:təʳ] N centilitro *m*.

centimetre, (*US*) **centimeter** ['sentɪ,mi:təʳ] N centímetro *m*.

centipede ['sentɪpi:d] N ciempiés *m inv*.

central ['sentrəl] ADJ central; (*principal: importance, figure*) central, clave; **his flat is very ~** su piso está muy céntrico; **it is ~ to our policy** es un punto clave de nuestra política; **C~ African Republic** República *f* Centroafricana; **C~ America** Centroamérica *f*; **C~ American** (*adj, n*) centroamericano/a *m/f*; **C~ Europe** Europa *f* Central; **~ government** gobierno *m* central; **~ heating** calefacción *f* central; **~ locking** cierre *m* centralizado; **~ nervous system** sistema *m* nervioso central; **~ processing unit** unidad *f* procesadora central; **~ reservation** (*Brit Aut*) mediana *f*.

centralism ['sentrəlɪzəm] N (*Pol*) centralismo *m*.

centralize ['sentrəlaɪz] VT centralizar.

centrally ['sentrəlɪ] ADV: **~-heated** con calefacción central; **~ planned economy** economía *f* de planificación central.

centre, (*US*) **center** ['sentəʳ] **1** N (*gen*) centro *m*; (*axis*) eje *m*; **the ~ of attention** el centro de atención; **~ of gravity** centro de gravedad. **2** VT **a** centrar; (*ball*) pasar al centro, centrar. **b** (*concentrate*) concentrar (*on* en). **3** VI concentrarse (*in, on* en). **4** CPD: **~ court** N pista *f* central; **~ forward** N (*Sport*) (delantero/a) centro *m/f*; **~ parties** NPL partidos *mpl* centristas; **~ spread** N (*Brit*) páginas *fpl* centrales.

centreboard, (*US*) **centerboard** ['sentəbɔ:d] N orza *f* de deriva.

centrefold, (*US*) **centerfold** ['sentə,fəʊld] N entrepágina *f*.

centrepiece, (*US*) **centerpiece** ['sentəpi:s] N (*fig*) atracción *f* principal.

centrifugal [sen'trɪfjʊɡəl] ADJ centrífugo/a.

centrifuge ['sentrɪfju:ʒ] N centrifugadora *f*.

centurion [sen'tjʊərɪən] N centurión *m*.

century ['sentjʊrɪ] N siglo *m*; (*Cricket*) cien puntos *mpl* or carreras *fpl*; **in the 20th ~** en el siglo veinte.

CEO N ABBR (*US*) *of* **Chief Executive Officer**.

ceramic [sɪ'ræmɪk] **1** ADJ cerámico/a, de cerámica. **2** N: **~s** cerámica *fsg*.

cereal ['sɪərɪəl] N (*crop*) cereal *m*; (*breakfast ~*) cereales *mpl*.

cerebral ['serɪbrəl] ADJ (*Med*) cerebral; (*intellectual*) cerebral, intelectual.

ceremonial [,serɪ'məʊnɪəl] **1** ADJ (*rite*) ceremonial; (*dress*) de ceremonia, de gala. **2** N ceremonial *m*.

ceremonious [,serɪ'məʊnɪəs] ADJ ceremonioso/a.

ceremony ['serɪmənɪ] N ceremonia *f*; **to stand on ~** andarse con ceremonias or cumplidos.

cert [sɜ:t] N (*Brit fam*): **it's a (dead) ~** es cosa segura; **he's a (dead) ~ for the job** sin duda le darán el puesto.

cert. ABBR *of* **certified**.

▼**certain** ['sɜ:tən] ADJ **a** (*sure: fact, opinion*) cierto/a, seguro/a; (*: person*) seguro/a; (*inevitable: death, success*) seguro/a; (*cure*) definitivo/a; **it is ~ that ...** es seguro que ...; **I am ~ of it** estoy seguro de ello; **he is ~ to be there** es seguro que él estará allí; **I can't say for ~ that ...** no puedo decir a ciencia cierta que ...; **be ~ to tell her** no dejes or no te olvides de decírselo; **to make ~ of sth** asegurarse de algo; **I'll make ~ of it** (*check*) lo averiguaré, lo comprobaré. **b** (*before n: unspecified, particular*) cierto/a; **a ~ gentleman called** le llamó un (cierto) señor; **a ~ Mr/Mrs Smith** un tal Señor/una tal Señora Smith; **on a ~ day in May** cierto día de mayo; **~ of our leaders** algunos de nuestros líderes.

▼**certainly** ['sɜ:tənlɪ] ADV desde luego, por supuesto; **~!** ¡desde luego!, ¡cómo no! (*LAm*); **~ not!** ¡de ninguna manera!, ¡ni hablar!; **it is ~ true that ...** desde luego es verdad or (*LAm*) cierto que ...; **I shall ~ be there** no faltaré, yo estaré sin falta.

certainty ['sɜ:təntɪ] N (*no pl: conviction*) certeza *f*, certidumbre *f*; (*sure fact*) **faced with the ~ of disaster** ante la seguridad del desastre; **we know for a ~ that ...** sabemos a ciencia cierta que ...; **it's a ~** es cosa segura.

Cert. Ed. N ABBR *of* **Certificate of Education**.

certifiable [,sɜ:tɪ'faɪəbl] ADJ (*fact, claim*) certificable; (*Med*) declarado/a demente; (*fam: mad*) loco/a, demente.

certificate [sə'tɪfɪkɪt] N certificado *m*; (*Univ etc*) diploma *m*, título *m*; (*birth/death*) partida *f* de nacimiento/defunción; **~ 18** (*Cine*) (para) mayores de 18 años; **~ of incorporation** escritura *f* de constitución (*de una sociedad anónima*); **~ of origin** certificado de origen.

certified ['sɜ:tɪfaɪd] ADJ (*cheque*) certificado/a; (*translation*) confirmado/a, jurado/a; (*person: declared insane*) demente; **~ copy** copia *f* certificada; **~ mail** (*US*) correo *m* certificado; **~ public accountant** (*US*) contable *mf* diplomado/a.

certify ['sɜ:tɪfaɪ] **1** VT **a** certificar; **to ~ that** declarar que. **b** (*Med*) **to ~ sb** certificar que algn no está en posesión de sus facultades mentales. **2** VI: **to ~ that ...** certificar que ....

cervical ['sɜ:vɪkəl] ADJ: **~ cancer** cáncer *m* cervical or del cuello del útero; **~ smear** frotis *m* cervical, citología *f*.

cervix ['sɜ:vɪks] N (*pl* **cervices** ['sɜ:vɪsi:z]) cuello *m* del útero.

Cesarean [si:'zeərɪən] N (*US*) = **Caesarean**.

cessation [se'seɪʃən] N (*frm*) cese *m*, suspensión *f*.

cesspit ['sespɪt], **cesspool** ['sespu:l] N pozo *m* negro; (*fig*) sentina *f*.

CET N ABBR *of* **Central European Time**.

Ceylon [sɪ'lɒn] N (*Hist*) Ceilán *m*.

CF, cf ABBR *of* **cost and freight** C y F.

cf. ABBR *of* **compare** cfr.

C/F, c/f, c/fwd ABBR *of* **carried forward**.

CFC N ABBR *of* **chlorofluorocarbon** CFC *m*.

CFO N ABBR *of* **chief financial officer**.

CG N ABBR (*US*) *of* **coastguard**.

cg ABBR *of* **centigram(s)**; **centigramme(s)** cg.

CH N ABBR (*Brit*) *of* **Companion of Honour** título honorífico.

ch ABBR *of* **central heating** cal. cen.

ch. ABBR **a** *of* **chapter** cap. **b** *of* **cheque** ch. **c** *of* **church**.

Chad [tʃæd] N Chad *m*.

chafe [tʃeɪf] **1** VT (*rub against: skin etc*) rozar, raspar. **2** VI **a** (*become sore*) irritar; **to ~ against sth** rozar or raspar algo. **b** (*fig*) impacientarse or irritarse (*at* por).

chaff [tʃɑ:f] N (*husks*) cascarilla *f*, ahechaduras *fpl*; (*animal food*) pienso *m*, forraje *m*; (*fig*) paja *f*.

chaffinch ['tʃæfɪntʃ] N pinzón *m* (vulgar).

chagrin ['ʃæɡrɪn] N (*anger*) disgusto *m*; (*disappointment*) desilusión *f*, desazón *f*.

chain [tʃeɪn] **1** N cadena *f*; **~s** (*fetters*) cadenas, grillos *mpl*; (*Aut*) cadenas; **~ of mountains** cordillera *f*; **~ of shops** cadena de tiendas.

➤ SENTENCE BUILDER: **certain** → 17.1 **certainly** → 16.1

2 VT encadenar.

3 CPD: **~ gang** N (US) cadena *f* de presidiarios; **~ letter** N carta *f* que circula en cadena (con promesa de una ganancia cuantiosa para los que lo hacen según las indicaciones); **~ mail** N cota *f* de malla; **~ reaction** N reacción *f* en cadena; **~ smoker** N fumador(a) *m/f* empedernido/a; **~ store** N grandes almacenes *mpl*.

◆ **chain up** VT + ADV encadenar.

chainsaw ['tʃeɪn,sɔː] N sierra *f* de cadena.

chair [tʃeəʳ] **1** N silla *f*; (arm~) sillón *m*, butaca *f*; (seat) lugar *m*, asiento *m*; (Univ) cátedra *f*; (~man) presidente *m*; (US: electric ~) **the ~** la silla eléctrica; **please take a ~** siéntese or tome asiento por favor; **to address the ~** dirigirse al presidente; **to take the ~** presidir.

2 VT (meeting) presidir.

3 CPD: **~ lift** N telesilla *f*, teleférico *m*.

chairman ['tʃeəmən] N (pl **-men**) presidente/a *m/f*.

chairmanship ['tʃeəmənʃɪp] N presidencia *f*.

chairoplane ['tʃeərəʊ,pleɪn] N silla *f* colgante.

chairperson ['tʃeə,pɜːsn] N presidente/a *m/f*.

chairwarmer ['tʃeə,wɔːməʳ] N (US fam) calientasillas *mf inv*.

chairwoman ['tʃeə,wʊmən] N (pl **-women**) presidenta *f*.

chalet ['ʃæleɪ] N chalet *m*, chalé *m*.

chalice ['tʃælɪs] N (Rel) cáliz *m*.

chalk [tʃɔːk] **1** N (Geol) creta *f*; (for writing) tiza *f*, gis *m* (Mex); **a (piece of) ~** una tiza, un gis (Mex); **not by a long ~** (fam) ni con mucho, ni mucho menos; **they're as different as ~ and cheese** son or se parecen como del día a la noche.

2 VT (message) escribir con tiza; (luggage) marcar con tiza.

◆ **chalk up** VT + ADV (lit) apuntar; (fig: success, victory) apuntarse.

chalkboard ['tʃɔːkbɔːd] N (US) pizarra *f*.

chalky ['tʃɔːkɪ] ADJ (comp **-ier**; superl **-iest**) cretáceo/a.

challenge ['tʃælɪndʒ] **1** N (to game, fight etc) desafío *m*, reto *m*; (of sentry) quién vive *m*; (bid: for leadership etc) intento *m* (for por); (fig) desafío; **this task is a great ~** esta tarea representa un gran desafío; **the ~ of the 21st century** el reto del siglo XXI; **to take up a ~** aceptar un desafío.

2 VT (see n) desafiar, retar; dar el quién vive a; (dispute: fact, point) poner en duda; **to ~ sb to do sth** desafiar or retar a algn a que haga algo.

challenger ['tʃælɪndʒəʳ] N contrincante *mf*.

challenging ['tʃælɪndʒɪŋ] ADJ (provocative: remark, look) desafiante; (stimulating: book) estimulante; (demanding: situation, work) que supone un reto.

chamber ['tʃeɪmbəʳ] **1** N (of parliament) cámara *f*; (old: esp bedroom) aposento *m*; **~s** (of judge) despacho *m*; **the Upper/Lower C~** (Pol) la Cámara Alta/Baja; **~ of commerce** cámara de comercio.

2 CPD: **~ music** N música *f* de cámara; **~ pot** N vaso *m* de noche.

chambermaid ['tʃeɪmbəmeɪd] N (in hotel) camarera *f*.

chameleon [kə'miːlɪən] N camaleón *m*.

chammy ['ʃæmɪ] N gamuza *f*.

chamois ['ʃæmwɑː] N **a** (Zool) gamuza *f*. **b** ['ʃæmɪ] (also **~ leather**) gamuza *f*.

chamomile tea ['kæməʊmaɪl'tiː] N = **camomile tea**.

champ¹ [tʃæmp] VI: **to be ~ing at the bit (to do sth)** (fig) estar impaciente (por hacer algo).

champ² [tʃæmp] N (fam) = **champion**.

champagne [ʃæm'peɪn] **1** N champán *m*, champaña *m*.

2 CPD: **~ breakfast** N desayuno *m* con champán.

champers ['ʃæmpəz] N (fam) champán *m*.

champion ['tʃæmpɪən] **1** N campeón/ona *m/f*; (of cause) defensor(a) *m/f*, paladín *mf*; **boxing ~** campeón de boxeo; **world ~** campeón mundial. **2** VT (person, cause) defender, apoyar.

championship ['tʃæmpɪənʃɪp] N (contest) campeonato *m*.

▼ **chance** [tʃɑːns] **1** N **a** (luck, fortune, fate) suerte *f*, azar *m*; (coincidence) casualidad *f*; **game of ~** juego de azar; **we met by ~ in Paris** nos encontramos por casualidad en París; **do you by any ~ know each other?** ¿se conocen

por casualidad or (LAm) acaso?; **to leave nothing to ~** no dejar (ningún) cabo suelto.

b (opportunity) oportunidad *f*, chance *m* (LAm); **the ~ of a lifetime** la oportunidad de su vida; **you'll never get another ~ like this** la suerte nunca se te deparará otra ocasión como ésta; **he never had a ~ in life** no ha tenido nunca suerte, la suerte nunca le ha favorecido; **to give sb a ~** dar una oportunidad a algn, dar chance a algn (LAm); **~ would be a fine thing!** ¡ojalá tuviera la oportunidad!; **to have an eye to the main ~** (pej) estar a la que salta.

c (possibility) posibilidad *f*; **to have a fair ~ of doing sth** tener buenas probabilidades de hacer algo; **the ~s are that ...** lo más probable es que ...; **he doesn't stand or he hasn't a ~ of winning** no tiene ninguna posibilidad or posibilidad alguna de ganar.

d (risk) riesgo *m*; **to take a ~** correr un riesgo, arriesgarse; **I'm taking no ~s** no me arriesgo, no quiero correr riesgo alguno.

2 VT: **to ~ to do sth** (frm) hacer algo por casualidad; **I'll ~ it** lo voy a intentar, me arriesgaré.

3 CPD (meeting) fortuito/a, casual; (error) imprevisto/a; (remark) hecho/a a la ligera.

◆ **chance (up)on** VI + PREP encontrar por casualidad, tropezar(se) con.

chancel ['tʃɑːnsəl] N coro *m* y presbiterio.

chancellor ['tʃɑːnsələʳ] N (Pol) canciller *mf*; (Univ) rector(a) *m/f* honorario/a; **C~ of the Exchequer** Ministro/a *m/f* or (LAm) Secretario/a *m/f* de Economía y Hacienda; **Lord C~** jefe de la administración de la justicia en Inglaterra y Gales, y presidente de la Cámara de los Lores.

chancer ['tʃɑːnsəʳ] N (Brit fam) trepa *mf* (fam).

chancy ['tʃɑːnsɪ] ADJ (comp **-ier**; superl **-iest**) (fam) arriesgado/a.

chandelier [,ʃændə'lɪəʳ] N araña *f* (de luces).

change [tʃeɪndʒ] **1** N **a** (gen) cambio *m*; (alteration) modificación *f*; (variation) variación *f*; **a ~ for the better/worse** un cambio para bien/para mal; **~ of address** cambio de domicilio; **a ~ of clothes** una muda; **~ of heart** cambio de opinión; **just for a ~** para variar; **the ~ of life** (Med) la menopausia; **~ of ownership** cambio de dueño; **~ of scene** cambio de aires.

b (small coins) cambio *m*, suelto *m*, sencillo *m*, feria *f* (Mex fam); (money returned) vuelta *f*, vuelto *m* (LAm); **can you give me ~ for £1?** ¿tiene cambio de una libra?, ¿puede cambiarme un billete de una libra?; **keep the ~** quédese con la vuelta or (LAm) el vuelto; **you won't get much ~ out of a pound if you buy bread** con una libra no te va a quedar mucho si compras pan.

2 VT **a** (by substitution: address, name etc) cambiar; **to ~ colour** cambiar or mudar de color; **to ~ gear** (Aut) cambiar de marcha; **to ~ hands** cambiar de mano or de dueño/a; **to ~ one's mind** cambiar de opinión or idea; **to ~ places** cambiar de sitio; **to ~ trains/buses/planes (at)** hacer transbordo (en), cambiar de tren/autobús/avión (en); **let's ~ the subject** cambiemos de tema.

b (exchange: in shop) cambiar; **can I ~ this dress for a larger size?** ¿puedo cambiar este vestido por otro de una talla mayor?

c (alter: person) cambiar; (fig) evolucionar; (transform) transformar(se); **the prince was ~d into a frog** el príncipe se transformó en rana.

d (money) cambiar; **to ~ pounds into dollars** cambiar libras en dólares.

e (baby) **to ~ a baby** or **a baby's nappy** cambiar el pañal de un bebé.

3 VI **a** (alter) cambiar; **you've ~d!** ¡cómo has cambiado!, ¡pareces otro!; **you haven't ~d a bit!** ¡no has cambiado ni lo más mínimo!

b (clothes) cambiarse, mudarse.

c (trains etc) hacer transbordo, cambiar de tren; **all ~!** ¡cambio de tren!

4 CPD: **~ machine** N máquina *f* de cambio; **~ purse** N (US) monedero *m*.

◆ **change down** VI + ADV (Aut) reducir la velocidad, cambiar a una marcha inferior.

> SENTENCE BUILDER: **chance** → 16.2, 17.3

◆ **change over** VI + ADV (*from sth to sth*) cambiar; (*players etc*) cambiar(se).

◆ **change up** VI + ADV (*Aut*) cambiar a una marcha superior.

changeable ['tʃeɪndʒəbl] ADJ (*gen*) variable; (*inconsistent*) inconstante, voluble.

changing ['tʃeɪndʒɪŋ] [1] ADJ cambiante. [2] N: **the ~ of the Guard** el cambio de la Guardia. [3] CPD: **~ room** N (*Brit*) vestuario *m*.

channel ['tʃænl] [1] N (*watercourse, TV*) canal *m*; (*strait*) estrecho *m*; (*deepest part of river*) cauce *m*; (*fig: communication etc*) conducto *m*, medio *m*; **to go through the usual ~s** seguir las vías normales; **the (English) C~** el Canal (de la Mancha); **~ of distribution** vía *f* de distribución. [2] VT (*hollow out: course*) acanalar; (*direct: river etc*) encauzar; (*fig: interest, energies*) **to ~ into** encauzar a, dirigir a. [3] CPD: **the C~ Islands** NPL las Islas *fpl* Anglonormandas or del Canal; **the C~ Tunnel** N el túnel del Canal de la Mancha.

channel-hop ['tʃænl,hɒp], **channel-surf** ['tʃænl,sɜːf] (*US*) VI (*Brit*) hacer zapping.

channel-hopping ['tʃænl,hɒpɪŋ], **channel-surfing** ['tʃænl,sɜːfɪŋ] (*US*) N (*Brit*) zapping *m*.

chant [tʃɑːnt] [1] N (*Mus*) canto *m*; (*Rel*) canto, cántico *m*; (*of crowd*) gritos *mpl*, consignas *fpl*; (*fig*) sonsonete *m*. [2] VT, VI (*sing*) cantar; (*crowd*) cantar, gritar, corear.

chaos ['keɪɒs] N caos *m*, desorden *m*; **to be in ~** estar en completo desorden; (*country*) estar en el caos.

chaotic [keɪ'ɒtɪk] ADJ caótico/a.

chap¹ [tʃæp] N (*on lip etc*) grieta *f*.

chap² [tʃæp] N (*fam: man*) tío *m*, tipo *m*; **old ~** amigo (mío), mi viejo (*CSur*); **poor little ~** pobrecito *m*.

chap. ABBR *of* **chapter** cap.

chapel ['tʃæpəl] N (*part of church*) capilla *f*; (*nonconformist church*) templo *m*; (*of union*) gremio *m*.

chaperone ['ʃæpərəʊn] [1] N acompañanta *f* (de señoritas), carabina *mf* (*fam*). [2] VT acompañar a, hacer de carabina a (*fam*).

chaplain ['tʃæplɪn] N capellán *m*.

chaplaincy ['tʃæplənsɪ] N capellanía *f*.

chapped [tʃæpt] ADJ agrietado/a.

chapter ['tʃæptəʳ] N (*of book*) capítulo *m*; (*Rel*) cabildo *m*; **a ~ of accidents** una serie de desgracias; **with ~ and verse** con pelos y señales; **he can quote you ~ and verse** él lo sabe citar con todos sus pelos y señales.

char¹ [tʃɑːʳ] VT (*burn black*) carbonizar.

char² [tʃɑːʳ] [1] N (*charwoman*) asistenta *f*, mujer *f* de la limpieza. [2] VI hacer la limpieza.

character ['kærɪktəʳ] [1] N [a] (*nature: of thing, person*) carácter *m*, naturaleza *f*, índole *f*; (*individuality: of place, person*) carácter, personalidad *f*; **a man of ~** un hombre de carácter; **a man of good ~** un hombre de buena reputación; **in ~** característico/a; **out of ~** nada característico/a. [b] (*in novel, play: person*) personaje *m*; (: *role*) papel *m*; **chief ~** protagonista *mf*. [c] (*fam: person*) tipo *m*, sujeto/a *m/f*; **he's quite a ~** es un tipo muy especial. [d] (*in writing, typing*) carácter *m*. [2] CPD: **~ actor** N actor *m* especializado en personajes específicos; **~ assassination** N defamación *f*; **~ code** N (*Comput*) código *m* de caracteres; **~ reference** N informe *m*, referencia *f*; **~ set** N (*Typ*) juego *m* de caracteres; **~ sketch** N esbozo *m* de carácter; **~ space** N espacio *m* (de carácter).

characteristic [,kærɪktə'rɪstɪk] [1] ADJ característico/a (*of* de). [2] N característica *f*.

characterization [,kærɪktəraɪ'zeɪʃən] N (*in novel*) caracterización *f*.

characterize ['kærɪktəraɪz] VT (*be characteristic of*) caracterizar; (*describe*) calificar (*as* de).

charade [ʃə'rɑːd] N (*frm pej*) farsa *f*, comedia *f*; **~s** (*game*) charadas *fpl*.

charcoal ['tʃɑːkəʊl] [1] N carbón *m* vegetal; (*Art*) carbonci-

llo *m*. [2] CPD: **~ drawing** N dibujo *m* al carbón.

charcoal-grey [,tʃɑːkəʊl'greɪ] ADJ gris marengo *inv*.

charge [tʃɑːdʒ] [1] N [a] (*explosive ~, electrical ~*) carga *f*. [b] (*Mil etc: attack*) carga *f*, ataque *m*; (*of bull*) embestida *f*. [c] (*legal accusation*) cargo *m*, acusación *f*; **to appear on a ~ of** comparecer acusado de; **to bring a ~ against sb** hacer una acusación contra algn, levantar expediente contra algn; **he was arrested on a ~ of murder** le detuvieron bajo acusación de asesinato. [d] (*fee*) precio *m*, coste *m*, costo *m*; (*Telec*) **~s** tarifa *fsg*; **free of ~** gratis; **extra ~** recargo *m*, suplemento *m*; **professional ~s** honorarios *mpl*; **there's no ~** esto no se cobra; **to reverse the ~s** (*Telec*) llamar a cobro revertido. [e] (*control, responsibility*) cargo *m*; **the person in ~** el/la encargado/a; **who is in ~ here?** ¿quién es la persona responsable?; **to be in ~ of** estar a(l) cargo de; **to take ~ (of)** hacerse cargo (de), encargarse (de); **these children are my ~s** estos niños están a mi cargo or bajo mi responsabilidad. [2] VT [a] (*price*) pedir, cobrar; (*customer*) cobrar; **what did they ~ you for it?** ¿cuánto te cobraron?; **~ it to my account** póngalo or cárguelo a mi cuenta; **to ~ 3% commission** cobrar 3 por cien de comisión. [b] (*accuse*) acusar (*with* de). [c] (*Mil etc: attack*) atacar, cargar. [d] (*battery*) cargar. [3] VI (*Mil etc*) atacar, cargar; (*bull*) embestir; (*fam: rush*) precipitarse; **he ~d into the room** entró precipitado al cuarto. [4] CPD: **~ account** N (*US*) cuenta *f* abierta o a crédito; **~ card** N tarjeta *f* de cuenta.

chargeable ['tʃɑːdʒəbl] ADJ [a] **~ with** (*Jur: person*) acusable de. [b] **~ to** a cargo de.

chargé d'affaires ['ʃɑːʒeɪdæ'feəʳ] N encargado *m* de negocios.

chargehand ['tʃɑːdʒhænd] N (*Brit*) capataz *m*.

charger ['tʃɑːdʒəʳ] N (*Elec*) cargador *m*; (*old: warhorse*) corcel *m*.

chariot ['tʃærɪət] N carro *m* (*romano, de guerra etc*).

charisma [kæ'rɪzmə] N carisma *m*.

charismatic [,kærɪz'mætɪk] ADJ carismático/a.

charitable ['tʃærɪtəbl] ADJ (*organisation, society*) benéfico/a; (*person, deed*) caritativo/a; (*remark, view*) comprensivo/a, compasivo/a; **~ institution** institución *f* benéfica.

charity ['tʃærɪtɪ] N [a] caridad *f*; (*alms*) limosnas *fpl*; **out of ~** por caridad; **~ begins at home** (*Prov*) la caridad empieza por uno mismo. [b] (*organization*) sociedad *f* or institución *f* benéfica; **all proceeds go to ~** todo el importe se destina a obras benéficas.

charlady ['tʃɑːleɪdɪ] N (*Brit*) mujer *f* de la limpieza.

charlatan ['ʃɑːlətən] N charlatán *m*.

Charlie ['tʃɑːlɪ] N: **I felt a right ~!** (*Brit fam*) me sentí como un gilipollas (*fam*).

charm [tʃɑːm] [1] N (*attractiveness*) encanto *m*, atractivo *m*; (*pleasantness*) simpatía *f*; (*also fig: magic spell*) hechizo *m*; **it worked like a ~** (*fig*) salió a las mil maravillas; **to turn on the ~** ponerse fino. [2] VI (*attract, enchant*) encantar; (*please*) agradar; **to lead a ~ed life** tener suerte en todo. [3] CPD: **~ bracelet** N pulsera *f* amuleto.

charmer ['tʃɑːməʳ] N hombre *m* etc encantador.

charming ['tʃɑːmɪŋ] ADJ encantador(a); (*person*) encantador/a, simpático/a.

chart [tʃɑːt] [1] N (*table*) tabla *f*, cuadro *m*; (*graph*) gráfico *m* or *m*; (*Met: weather ~*) mapa *m* meteorológico; (*Naut: map*) carta *f* (de navegación); **the ~s** (*fam*) los cuarenta (principales); **to be in the ~s** (*record, pop group*) estar en la lista de éxitos. [2] VT (*plot: course*) trazar; (: *sales, progress*) hacer una gráfica de. [3] CPD: **~ topper** N (*fam*) éxito *m* discográfico.

charter ['tʃɑːtəʳ] [1] N [a] (*authorization*) carta *f*, cédula *f*; (*of city*) fuero *m*; (*of organization*) estatutos *mpl*. [b] (*hire: Naut*) alquiler *m*; (: *Aer*) fletamento *m*; **this boat is available for ~** este barco se alquila.

2 VT (*bus*) alquilar; (*ship, plane*) fletar.
3 CPD: ~ **flight** N vuelo *m* chárter.
chartered accountant ['tʃɑːtədə'kaʊntənt] N (*Brit*) contable *mf* diplomado/a, contador(a) *m/f* público/a (*LAm*).
charwoman ['tʃɑː,wʊmən] N (*pl* -**women**) mujer *f* de la limpieza.
chary ['tʃɛərɪ] ADJ (*comp* -**ier**; *superl* -**iest**) cauteloso/a; **he's ~ of getting involved** evita inmiscuirse; **she's ~ in her praise** es parca en sus alabanzas.
chase [tʃeɪs] **1** N persecución *f*; **the ~** (*Hunting*) la caza; **to give ~ to** dar caza a, perseguir.
2 VT (*pursue*) perseguir; **he's started chasing girls** (*fam*) ya anda detrás de las chicas.
3 VI: **to ~ after sb** (*pursue*) correr detrás de algn; (*seek out*) ir *or* andar a la caza de algn.
◆ **chase away, chase off** VT + ADV ahuyentar.
◆ **chase up** VT + ADV (*information*) recabar, tratar de localizar; (*person*) buscar en todas partes (a); **to ~ up debts** buscar a los endeudados.
chasm ['kæzəm] N (*Geol*) sima *f*; (*fig*) abismo *m*.
chassis ['ʃæsɪ] N (*Aut*) chasis *m*.
chaste [tʃeɪst] ADJ casto/a.
chasten ['tʃeɪsn] VT castigar.
chastise [tʃæs'taɪz] VT (*scold*) regañar; (*punish*) castigar.
chastisement ['tʃæstɪzmənt] N castigo *m*.
chastity ['tʃæstɪtɪ] N castidad *f*.
chat [tʃæt] **1** N charla *f*, plática *f* (*LAm*); **to have a ~ with** (*gen*) charlar con, platicar con (*LAm*); (*discuss*) hablar con.
2 VI charlar (*with, to* con).
3 CPD: ~ **show** N programa *m* de entrevistas.
◆ **chat up** VT + ADV: **to ~ up a girl** (*fam*) ligar *or* ligarse una chica.
chatline ['tʃætlaɪn] N teléfono *m* del placer.
chattels ['tʃætlz] NPL *see* goods.
chatter ['tʃætər] **1** N charla *f*, cháchara *f*, cotorreo *m*.
2 VI (*person*) charlar, estar de cháchara, cotorrear; (*birds*) parlotear; **her teeth were ~ing** le castañeteaban los dientes.
chatterbox ['tʃætəbɒks] N (*fam*) charlatán/ana *m/f* (*fam*), parlanchín/ina *m/f*, cotorra *f*, platicón/ona *m/f* (*Mex fam*).
chattering ['tʃætərɪŋ] **1** N charloteo *m*, parloteo *m*.
2 CPD (*Brit pej*): **the ~ classes** (*fam*) los intelectualoides (*fam*).
chatty ['tʃætɪ] ADJ (*comp* -**ier**; *superl* -**iest**) (*person*) hablador(a), charlatán/ana (*fam*), parlanchín/ina, platicón/ona (*Mex fam*); (*letter*) informal, con cotilleos.
chat-up line ['tʃætʌp,laɪn] N: **a good ~** una buena frase para ligar (*fam*).
chauffeur ['ʃəʊfər] N chófer *m*, chofer *m* (*LAm*).
chauffeur-driven ['ʃəʊfə,drɪvən] ADJ: ~ **car** coche *m* con chófer.
chauvinism ['ʃəʊvɪnɪzəm] N (*male* ~) machismo *m*; (*nationalism*) chovinismo *m*, chauvinismo *m*, patriotería *f*.
chauvinist ['ʃəʊvɪnɪst] N (*male* ~) machista *m*; (*nationalist*) chovinista *mf*, chauvinista *mf*, patriotero/a *m/f*; (**male**) ~ **pig** (*fam pej*) machista asqueroso.
ChE ABBR *of* **Chemical Engineer**.
cheap [tʃiːp] **1** ADJ (*comp* ~**er**; *superl* ~**est**) (*low cost*: *goods, shop*) barato/a; (*reduced*: *ticket*) económico/a; (*poor quality*) barato/a, cutre (*fam*); (*vulgar, mean*: *joke, behaviour*) de mal gusto, chabacano/a; ~ **day return** billete de ida y vuelta el mismo día; ~ **labour** mano *f* de obra barata; ~ **money** dinero *m* barato; **it's ~ at the price** (*fam*) está regalado/a; ~ **shot** golpe *m* bajo; **a ~ trick** un juego sucio; **to feel ~** sentirse humillado.
2 ADV barato.
3 N: **on the ~** (*fam*) barato; **to do sth on the ~** hacer algo con el mínimo de gastos.
cheapen ['tʃiːpən] VT: **to ~ o.s.** rebajarse.
cheapie ['tʃiːpɪ] ADJ (*fam*) de barato (*fam*).
cheaply ['tʃiːplɪ] ADV (*sell etc*) barato, a precio económico.
cheapo ['tʃiːpəʊ] ADJ (*fam*) baratejo/a.

cheapskate ['tʃiːpskeɪt] N (*fam*) tacaño/a *m/f*, roñoso/a *m/f*.
cheat [tʃiːt] **1** N (*person*) tramposo/a *m/f*; (*at cards*) fullero/a *m/f*; (*fraud*) fraude *m*, estafa *f*; (*trick*) trampa *f*.
2 VT (*swindle*) estafar, timar; (*trick*) burlar, engañar; **to ~ sb out of sth** estafar algo a algn; **to feel ~ed** sentirse defraudado.
3 VI hacer trampa.
◆ **cheat on** VI + PREP (*esp US*) engañar.
cheating ['tʃiːtɪŋ] N trampa *f*; **that's ~** eso es trampa.
check [tʃek] **1** N **a** (*control, restraint*) freno *m*, control *m*; **to hold** *or* **keep sb in ~** mantener a raya *or* controlar a algn; **to hold o.s. in ~** contenerse; **to act as a ~ on sth** refrenar algo.
b (*Chess*) jaque *m*; **in ~** en jaque; ~! ¡jaque!
c (*inspection*) control *m*, inspección *f*, chequeo *m* (*esp LAm*); **to keep a ~ on sth/sb** controlar algo/a algn.
d (*US*: *bill*) cuenta *f*.
e (*US*: *cheque*) = **cheque**.
f (*pattern, square*) cuadro *m*.
g (*US*: *tick*) señal *f*, marca *f*; (: *agreed*) ~! ¡de acuerdo!
2 VT **a** (*halt*: *spread etc*) parar, detener; (*control*) contener, refrenar; (*hold back*: *attack*) rechazar; **to ~ o.s.** contenerse, refrenarse.
b (*examine*: *facts, figures*) comprobar; (: *ticket, passport*) controlar; (: *tyres, oil*) revisar.
c (*US*: *tick*) señalar, marcar; (*fig*) aprobar.
3 VI (*make sure*) asegurarse, comprobar, chequear (*esp LAm*); **to ~ with sb** consultar con algn.
4 CPD: ~ **suit** N traje *m* a cuadros.
◆ **check in** **1** VI + ADV (*at airport*) facturar; (*at hotel*) inscribirse, registrarse.
2 VT + ADV (*luggage*) facturar.
◆ **check out** **1** VI + ADV (*leave hotel*) pagar y marcharse; (*from work etc*) salir, marcharse.
2 VT + ADV (*investigate*) investigar, informarse sobre, chequear (*LAm*); (*verify*) comprobar; (*fam*: *person*) controlar (*fam*).
◆ **check up** VI + ADV (*make sure*) asegurarse, comprobar.
◆ **check up on** VI + PREP (*story*) comprobar, verificar; (*person*) hacer indagaciones sobre *or* (*LAm*) chequear.
checkbook ['tʃekbʊk] N (*US*) = **chequebook**.
checker ['tʃekər] N verificador *m*; (*US*: *in supermarket*) cajero/a *m/f*.
checkerboard ['tʃekəbɔːd] N (*US*) tablero *m* de damas.
checkered ['tʃekəd] ADJ (*US*) = **chequered**.
checkers ['tʃekəz] NPL (*US*) damas *fpl*.
check-in ['tʃekɪn] N (*also* ~ **desk**: *at airport*) mostrador *m* de facturación; **your ~ time is an hour before departure** su hora de facturación es una hora antes de la salida.
checking account ['tʃekɪŋə,kaʊnt] N (*US*) cuenta *f* corriente.
checkmate ['tʃek'meɪt] **1** N (*in chess*) jaque *m* mate; (*fig*) callejón *m* sin salida; ~! ¡jaque mate! **2** VT dar mate a; (*fig*) poner en un callejón sin salida a.
checkout ['tʃekaʊt] **1** N (*in supermarket*) caja *f*; (*in hotel*) = ~ **time**. **2** CPD: ~ **girl** N cajera *f* (de supermercado); ~ **time** N hora *f* de dejar libre la habitación.
checkpoint ['tʃekpɔɪnt] N (punto *m* de) control *m*, retén *m* (*LAm*).
checkroom ['tʃekrʊm] N (*US*: *Rail*) consigna *f*.
checkup ['tʃekʌp] N (*Med*) reconocimiento *m* general, chequeo *m*.
cheddar ['tʃedər] N (*also* ~ **cheese**) queso *m* cheddar.
cheek [tʃiːk] **1** N **a** (*Anat*) mejilla *f*, carrillo *m*; (*buttock*) nalga *f*; **to turn the other ~** poner la otra mejilla.
b (*fam*: *impudence*) cara *f*, frescura *f*; **what a ~!** ¡qué cara tienes!; **to have the ~ to do sth** tener la cara de hacer algo.
2 VT (*fam*) ser descarado con.
cheekbone ['tʃiːkbəʊn] N pómulo *m*.
cheeky ['tʃiːkɪ] ADJ (*comp* -**ier**; *superl* -**iest**) descarado/a, fresco/a.
cheep [tʃiːp] **1** N (*of bird*) pío *m*, gorjeo *m*. **2** VI piar, gorjear.

cheer [tʃɪəʳ] **1** N viva *m*; *(comfort)* consuelo *m*; **to be of good ~** estar animado; **~s** *(applause)* ovaciones *fpl*, vítores *mpl*; **three ~s for the president!** ¡viva el presidente!; **~s!** *(toast)* ¡salud!; *(Brit fam: thank you)* gracias *fpl*; *(: goodbye)* hasta luego. **2** VT **a** *(applaud: winner etc)* ovacionar, vitorear. **b** *(also ~ up: gladden)* animar, dar ánimos (a). **3** VI *(shout)* dar vivas; *(applaud)* aplaudir.
◆ **cheer on** VT + ADV animar con aplausos *or* gritos.
◆ **cheer up** **1** VI + ADV animarse, alegrarse; **~ up!** ¡anímate!, ¡ánimo! **2** VT + ADV = **cheer 2 (b)**.
cheerful ['tʃɪəfʊl] ADJ *(happy, bright)* alegre; *(in a good mood)* de buen humor; *(fire)* acogedor(a); *(news)* alentador(a).
cheerio ['tʃɪərɪ'əʊ] INTERJ *(Brit fam)* ¡hasta luego!
cheerleader ['tʃɪə,liːdəʳ] N *(esp US)* animador(a) *m/f*.
cheerless ['tʃɪəlɪs] ADJ triste, sombrío/a.
cheery ['tʃɪərɪ] ADJ *(comp* **-ier***; superl* **-iest***)* alegre, jovial.
cheese [tʃiːz] N queso *m*; **say ~!** *(Phot)* ¡a ver, una sonrisa!; **hard ~!** *(old fam)* ¡mala pata!; **I'm ~ed off (with this)** *(Brit fam)* estoy hasta las narices (con esto) *(fam)*.
cheeseboard ['tʃiːzbɔːd] N tabla *f* de quesos.
cheeseburger ['tʃiːz,bɜːgəʳ] N hamburguesa *f* con queso.
cheesecake ['tʃiːzkeɪk] N quesadilla *f*, tarta *f* *or* *(LAm)* pay *m* de queso.
cheesecloth ['tʃiːzklɒθ] N estopilla *f*.
cheetah ['tʃiːtə] N guepardo *m*.
chef [ʃef] N cocinero *m* jefe, chef *m*.
chemical ['kemɪkəl] **1** ADJ químico/a; **~ warfare** guerra *f* química; **~ weapon** arma *f* química. **2** N sustancia *f* química, producto *m* químico.
chemist ['kemɪst] N *(scientist)* químico/a *m/f*; *(Brit: pharmacist)* farmacéutico/a *m/f*; **~'s (shop)** farmacia *f*; **all-night ~'s** farmacia de guardia.
chemistry ['kemɪstrɪ] N química *f*; **the ~ between them is right** *(fig)* tienen buena química.
chemotherapy ['kiːməʊ'θerəpɪ] N quimioterapia *f*.
cheque, *(US)* **check** [tʃek] **1** N *(Brit)* cheque *m*; **a ~ for £20** un cheque por *or* de 20 libras; **to make out a ~, to write a ~** extender un cheque *(for £100* de 100 libras; *to Rodriguez* a favor de Rodriguez); **to pay by ~** pagar con cheque. **2** CPD: **~ card** N tarjeta *f* de identificación bancaria.
chequebook, *(US)* **checkbook** ['tʃekbʊk] N talonario *m*, chequera *f* *(LAm)*.
chequered ['tʃekəd] ADJ *(cloth etc)* a *or* de cuadros; *(fig)* **a ~ career** una carrera accidentada *or* llena de altibajos.
cherish ['tʃerɪʃ] VT *(person)* querer, apreciar; *(hope etc)* abrigar, acariciar.
cherry ['tʃerɪ] **1** N *(fruit)* cereza *f*. **2** CPD *(pie, jam)* de cereza; **~ brandy** N aguardiente *m* de cerezas; **~ orchard** N cerezal *m*; **~ red** ADJ *(de color)* rojo cereza *inv*; **~ tree** N cerezo *m*.
cherub ['tʃerəb] N querubín *m*.
Ches ABBR *(Brit)* = **Cheshire**.
chess [tʃes] **1** N ajedrez *m*. **2** CPD: **~ player** N ajedrecista *m/f*; **~ set** N *(juego* *m* de) ajedrez *m*.
chessboard ['tʃesbɔːd] N tablero *m* de ajedrez.
chessman ['tʃesmæn] N *(pl* **-men***)* pieza *f* de ajedrez.
chest [tʃest] **1** N *(Anat)* pecho *m*; **to get sth off one's ~** *(fam)* desahogarse. **b** *(box)* cofre *m*, arca *f*; **~ of drawers** cómoda *f*. **2** CPD *(cold, specialist)* de pecho; **~ freezer** N congelador *m* de arcón.
chestnut ['tʃesnʌt] **1** N *(fruit)* castaña *f*; *(tree, colour)* castaño *m*. **2** ADJ *(hair)* *(de color)* castaño *inv*.
chesty ['tʃestɪ] ADJ *(comp* **-ier***; superl* **-iest***)* *(Brit fam: cough)* de pecho.
chew [tʃuː] VT *(food etc)* mascar, masticar.
◆ **chew over** VT + ADV *(consider)* rumiar; *(reflect on)* dar vueltas a.
◆ **chew up** VT + ADV masticar bien.
chewing gum ['tʃuːɪŋgʌm] N chicle *m*.
chewy ['tʃuːɪ] ADJ *(comp* **-ier***; superl* **-iest***)* difícil de masticar; *(meat)* fibroso/a; *(sweet)* masticable.

chic [ʃiːk] ADJ elegante, chic.
Chicano [tʃɪ'kɑːnəʊ] ADJ, N *(US)* chicano/a *m/f*.
chick [tʃɪk] N *(baby bird)* pajarito *m*; *(baby hen)* pollito *m*, polluelo *m*.
chicken ['tʃɪkɪn] **1** N *(hen)* gallina *f*; *(cock)* pollo *m*; *(as food)* pollo; *(fam: coward)* gallina *mf*; **roast ~** pollo asado; **to be ~** *(fam)* dejarse intimidar; **she's no ~** ya no es pollita; **don't count your ~s before they're hatched** *(Prov)* no hagas las cuentas de la lechera; **it's a ~ and egg situation** es aquello de la gallina y el huevo. **2** CPD: **~ farming** N avicultura *f*; **~ feed** N *(lit)* pienso *m* para gallinas; **it's ~ feed to him** para él es una bagatela; **~ wire** N alambrada *f*.
◆ **chicken out** VI + ADV *(fam)* rajarse.
chicken-hearted ['tʃɪkɪn,hɑːtɪd] ADJ cobarde.
chickenpox ['tʃɪkɪnpɒks] N varicela *f*.
chickpea ['tʃɪkpiː] N garbanzo *m*.
chicory ['tʃɪkərɪ] N *(in coffee)* achicoria *f*; *(as salad)* escarola *f*.
chide [tʃaɪd] *(pt* **chid***; pp* **chidden** *or* **chid***)* VT *(Lit)* reprender.
chief [tʃiːf] **1** ADJ *(principal: reason etc)* principal, mayor, máximo/a *(esp LAm)*; *(in rank)* jefe, de más categoría; **~ executive,** *(US)* **~ executive officer** director *m* general. **2** N *(of organization)* jefe/a *m/f*; *(of tribe)* jefe/a, cacique *mf*; *(fam: boss)* jefe/a, patrón/ona *m/f*; **C~ of Staff** *(Mil)* Jefe del Estado Mayor.
chiefly ['tʃiːflɪ] ADV principalmente, sobre todo.
chieftain ['tʃiːftən] N jefe/a *m/f*, cacique *mf* *(LAm)*.
chiffon ['ʃɪfɒn] **1** N gasa *f*. **2** CPD de gasa.
chilblain ['tʃɪlbleɪn] N sabañón *m*.
child [tʃaɪld] **1** N *(pl* **children***)* niño/a *m/f*; *(son/daughter)* hijo/a *m/f*; *(Jur: non-adult)* menor *mf*; **it's ~'s play** es un juego de niños; **~ proof** a prueba de niños. **2** CPD: **~ abuse** N *(with violence)* maltrato *m* de niños; *(sexual)* abuso *m* sexual de niños; **~ benefit** N subsidio *m* familiar *(por hijos)*; **~ labour** N explotación *f* de menores; **~ minder** N *(Brit)* niñera *f*; **~ prodigy** N *(Brit)* niño/a *m/f* prodigio.
child-bearing ['tʃaɪld,beərɪŋ] **1** ADJ: **of ~ age** en edad de tener hijos. **2** N embarazo *m* y parto.
childbirth ['tʃaɪldbɜːθ] N parto *m*; **to die in ~** morir de sobreparto.
childcare ['tʃaɪldkeəʳ] N cuidado *m* de los niños.
childhood ['tʃaɪldhʊd] N niñez *f*, infancia *f*; **from ~** desde niño/a.
childish ['tʃaɪldɪʃ] ADJ *(pej)* infantil; **don't be ~!** ¡no seas niño!
childless ['tʃaɪldlɪs] ADJ sin hijos.
childlike ['tʃaɪldlaɪk] ADJ de niño/a; **with a ~ faith** con una confianza ingenua.
children ['tʃɪldrən] NPL *of* **child**.
Chile ['tʃɪlɪ] N Chile *m*.
Chilean ['tʃɪlɪən] ADJ, N chileno/a *m/f*.
chill [tʃɪl] **1** ADJ *(wind)* frío/a. **2** N frío *m*; *(Med)* resfriado *m*; *(: mild fever)* escalofrío *m*; **there's a ~ in the air** hace fresco; **to catch a ~** *(Med)* resfriarse; **to cast a ~ over** enfriar el ambiente de; **to take the ~ off** *(room, wine)* templar. **3** VT *(wine)* enfriar; *(meat)* refrigerar; **to ~ sb's blood** *(fig)* helarle la sangre en las venas a algn; **to be ~ed to the bone** estar helado hasta los huesos.
◆ **chill out** VI + ADV *(esp US fam)* tomárselo tranqui *(fam)*; **~ out, man!** ¡tranqui, tío! *(fam)*.
chilli ['tʃɪlɪ] **1** N *(also ~ pepper)* chile *m*, ají *m*, guindilla *f* *(Sp)*. **2** CPD: **~ powder** N polvos *mpl* de chile.
chilly ['tʃɪlɪ] ADJ *(comp* **-ier***; superl* **-iest***)* *(weather, room)* frío/a; *(fig: unfriendly: person)* frío/a, antipático/a; *(: look, reception)* frío/a, poco amistoso/a; **I feel ~** tengo frío.
chime [tʃaɪm] **1** N *(sound of bells)* repique *m*; *(peal)* campanada *f*; **~s** *(bells)* campanas *fpl*; *(doorbell)* timbre *m*. **2** VT *(bell)* tocar. **3** VI repicar, sonar; **the clock ~d six** el reloj dio las seis.
◆ **chime in** VI + ADV *(fam)* intervenir en la conversación, meter baza.

chimney ['tʃɪmnɪ] **1** N chimenea f. **2** CPD: ~ **pot** N cañón m de chimenea; ~ **stack** N fuste m de chimenea; ~ **sweep** N deshollinador(a) m/f.

chimpanzee [,tʃɪmpæn'ziː] N chimpancé mf.

chin [tʃɪn] N barbilla f, mentón m; **(keep your) ~ up!** (fam) ¡no te desanimes!

China ['tʃaɪnə] N China f.

china ['tʃaɪnə] **1** N (crockery) loza f, vajilla f; (porcelain) porcelana f, china f. **2** CPD de porcelana; ~ **clay** N caolín m.

chin-chin [,tʃɪn'tʃɪn] INTERJ (old fam) ¡chin-chin!

Chinese [,tʃaɪ'niːz] **1** ADJ chino/a; ~ **leaves** col fsg china. **2** N (Ling) chino m; **the ~** (people) los chinos.

chink¹ [tʃɪŋk] N (slit: in wall) grieta f, hendedura f; (: in door) resquicio m; **a ~ of light** un hilo de luz.

chink² [tʃɪŋk] **1** N (sound) sonido m metálico, tintineo m. **2** VT hacer sonar. **3** VI sonar (a metal), tintinear.

Chink [tʃɪŋk] N (fam!) chino m/a m/f.

chintz [tʃɪnts] N cretona f.

chinwag ['tʃɪnwæg] N: **to have a ~** (fam) charlar, echar un párrafo.

chip [tʃɪp] **1** N **a** (piece) pedacito m; (splinter: glass, wood) astilla f; (: stone) lasca f; **he's a ~ off the old block** (fig) de tal palo tal astilla; **to have a ~ on one's shoulder** ser un/a resentido/a.
b (Culin) ~**s** (Brit: French fries) patatas fpl fritas, papas fpl fritas (LAm); (US: crisps) patatas (fritas) a la inglesa, chips mpl.
c (in crockery) desconchado m; (in furniture) desportilladura f.
d (Gambling) ficha f; **he's had his ~s** (fam) se le acabó la suerte; **when the ~s are down** en el momento de la verdad.
e (Comput) chip m.
2 VT (cup, plate) desconchar; (furniture) desportillar; (paint, varnish) desconchar, desprender.
3 VI (pottery etc) desconcharse.
4 CPD: ~ **shop** (fam) tienda de comida rápida, sobre todo de pescado rebozado y patatas fritas.

◆ **chip in** (fam) VI + ADV (contribute) contribuir; (share costs) compartir los gastos; (interrupt) meterse, interrumpir.

◆ **chip off** **1** VI + ADV (paint etc) desconcharse, desprenderse (en escamas).
2 VT + ADV (paint etc) desconchar, desprender.

chip-based ['tʃɪp,beɪst] ADJ: ~ **technology** tecnología f de los microchips.

chipboard ['tʃɪpbɔːd] N madera f aglomerada, aglomerado m.

chipmunk ['tʃɪpmʌŋk] N ardilla f listada.

chippy ['tʃɪpɪ] N (fam) **a** (US) tía f (fam). **b** (Brit) tienda de comida rápida, sobre todo de pescado rebozado y patatas fritas.

chiropodist [kɪ'rɒpədɪst] N (Brit) podólogo/a m/f, pedicuro/a m/f.

chiropody [kɪ'rɒpədɪ] N (Brit) podología f, pedicura f.

chirp [tʃɜːp] **1** N (of birds) pío m, gorjeo m; (of crickets) chirrido m. **2** VI (see n) piar, gorjear; chirriar.

chirpy ['tʃɜːpɪ] ADJ (comp -ier; superl -iest) (fam) alegre.

chirrup ['tʃɪrəp] N, VI see **chirp**.

chisel ['tʃɪzl] (vb: pt, pp ~**led** or ~**ed**) **1** N (for wood) formón m, escoplo m; (for stone) cincel m. **2** VT (also ~ **out**) escoplear; (stone) cincelar; (carve) tallar, labrar.

chit [tʃɪt] N (note) vale m.

chitchat ['tʃɪttʃæt] N chismes mpl.

chivalrous ['ʃɪvəlrəs] ADJ caballeroso/a.

chivalry ['ʃɪvlrɪ] N (courteousness) caballerosidad f; (medieval concept) caballería f.

chives [tʃaɪvz] NPL cebollinos mpl.

chivvy ['tʃɪvɪ] VT: **to ~ sb into doing sth** (Brit fam) no dejar en paz a algn hasta que haga algo.

chloride ['klɔːraɪd] N cloruro m.

chlorinate ['klɒrɪneɪt] VT clorar, tratar con cloro.

chlorine ['klɔːriːn] N cloro m.

chlorofluorocarbon [,klɔːrə,fluərəʊ'kɑːbən] N clorofluorocarbono m.

chloroform ['klɒrəfɔːm] N cloroformo m.

chlorophyll ['klɒrəfɪl] N clorofila f.

choc-ice ['tʃɒkaɪs] N (Brit) helado m cubierto de chocolate.

chock [tʃɒk] N (wedge) calzo m, cuña f.

chock-a-block ['tʃɒkə'blɒk] ADJ (fam) de bote en bote, hasta los topes.

chock-full ['tʃɒk'fʊl] ADJ (fam) atestado/a, lleno/a a rebosar.

chocolate ['tʃɒklɪt] **1** N chocolate m; (individual sweet) bombón m; **hot** or **drinking ~** chocolate caliente; **a box of ~s** una caja de bombones or chocolatinas. **2** ADJ (biscuit, cake, egg) de chocolate; (colour) (de color) chocolate.

choice [tʃɔɪs] **1** ADJ (selected) selecto/a, escogido/a; (high quality) de primera calidad; (hum: example, remark) apropiado/a, oportuno/a; (: language) fino/a.
2 N (act of choosing) elección f, selección f; (right to choose) opción f; (thing chosen) preferencia f, elección f; (variety) surtido m; (options) opciones fpl; **I did it from ~** lo hice de buena gana; **a wide ~** un gran surtido; **he had no ~ but to go** no tuvo más remedio que ir; **he gave me 2 ~s** me dio a elegir entre dos opciones; **take your ~!** ¡elija Ud!, ¡escoja Ud!; **the house of my ~** mi casa predilecta.

choir ['kwaɪəʳ] N coro m, coral f; (Archit) coro.

choirboy ['kwaɪəbɔɪ] N niño m de coro.

choke [tʃəʊk] **1** N (Aut) (e)stárter m, chok(e) m (LAm).
2 VT (person) ahogar, asfixiar; (to death) estrangular; (also ~ **up**: pipe etc) atascar, obstruir; **in a voice ~d with emotion** con una voz ahogada or sofocada por la emoción.
3 VI (person) ahogarse, asfixiarse; **to ~ on a fishbone** atragantarse con una espina.

◆ **choke back** VT + ADV (tears) tragarse; (feelings) ahogar.

choker ['tʃəʊkəʳ] N gargantilla f.

cholera ['kɒlərə] N cólera m.

cholesterol [kə'lestərɒl] N colesterol m.

choose [tʃuːz] (pt **chose**; pp **chosen**) **1** VT (gen) elegir, escoger; (select: team) seleccionar; **to ~ to do sth** optar por hacer algo.
2 VI elegir, escoger (between entre); **there is nothing to ~ between them** vale tanto el uno como el otro, no les veo la diferencia; **there are several to ~ from** hay varios a elegir; **as/when I ~** como/cuando me parezca or (Sp fam) me dé la gana.

choosy ['tʃuːzɪ] (fam) ADJ (comp -ier; superl -iest) (gen) exigente; (about food) delicado/a; (touchy) quisquilloso/a; **in his position he can't be ~** su posición no le permite darse el lujo de escoger.

chop¹ [tʃɒp] **1** N **a** (blow) golpe m cortante; (cut) tajo m; **to get the ~** (fam: project) ser rechazado or desechado; (: person: be sacked) ser despedido; **he's for the ~** (fam) le van a despedir; **this programme is for the ~** (fam) este programa se va a suprimir.
b (Culin) chuleta f.
2 VT (wood) cortar, talar; (meat, vegetables) picar.

◆ **chop down** VT + ADV (tree) talar.

◆ **chop off** VT + ADV cortar de un tajo; **they ~ed off his head** le cortaron la cabeza.

chop² [tʃɒp] VI: **to ~ and change** cambiar constantemente de opinión.

chopper ['tʃɒpəʳ] N (of butcher) tajadera f, cuchilla f; (axe) hacha f; (Aer fam: helicopter) helicóptero m.

chopping ['tʃɒpɪŋ] CPD: ~ **block**, ~ **board** N tajo m, tabla f de cortar; ~ **knife** N tajadera f, cuchilla f.

choppy ['tʃɒpɪ] ADJ (comp -ier; superl -iest) (sea, weather) picado/a, agitado/a.

chops [tʃɒps] NPL (Anat) boca fsg; **to lick one's ~** relamerse.

chopsticks ['tʃɒpstɪks] NPL palillos mpl.

choral ['kɔːrəl] ADJ coral; ~ **society** orfeón m.

chord [kɔːd] N **a** (Mus) acorde m; **to strike a ~** (fig) tocarle a algn algún punto sensible; **to touch the right ~** (fig) despertar emociones. **b** (Math) cuerda f.

chore [tʃɔːʳ] N faena f, tarea f; (pej) tarea rutinaria; **to do the ~s** hacer los quehaceres domésticos.

choreographer [,kɒrɪ'ɒgrəfəʳ] N coreógrafo/a m/f.

choreography [,kɒrɪ'ɒgrəfɪ] N coreografía f.

chorister ['kɒrɪstə'] N corista *mf*; (*US*) director(a) *m/f* de un coro.
chortle ['tʃɔːtl] VI reírse alegremente; **to ~ over sth** reírse satisfecho por algo.
chorus ['kɔːrəs] **1** N **a** (*of singers*) coro *m*; (*in musical*) conjunto *m*; (*of play*) coro; **in ~** a coro.
b (*refrain*) estribillo *m*; **to join in the ~** cantar el estribillo.
2 VT (*speak in unison*) decir a coro.
3 CPD: **~ girl** N corista *f*; **~ line** N línea *f* de coro.
chose [tʃəʊz] PT of **choose**.
chosen ['tʃəʊzn] **1** PP of **choose**. **2** ADJ: **the C~ (People)** el pueblo elegido.
chowder ['tʃaʊdə'] N (*US*) sopa *f* de pescado.
Christ [kraɪst] N Cristo *m*; **~!** (*fam!*) ¡hostia(s)! (*fam*), ¡carajo! (*LAm*).
christen ['krɪsn] VT (*Rel*) bautizar; (*name*) bautizar con el nombre de; **they ~ed him Jack after his uncle** le pusieron Jack como su tío.
Christendom ['krɪsndəm] N cristiandad *f*.
christening ['krɪsnɪŋ] **1** N bautizo *m*. **2** CPD: **~ gown, ~ robe** N faldón *m* bautismal.
Christian ['krɪstɪən] **1** ADJ cristiano/a; **~ name** nombre *m* de pila. **2** N cristiano/a *m/f*.
Christianity [ˌkrɪstɪ'ænɪtɪ] N cristianismo *m*.
Christmas ['krɪsməs] **1** N Navidad *f*; (*season*) Navidades *fpl*; **at ~** en Navidad, por Navidades; **happy** or **merry ~!** ¡Felices Pascuas!, ¡Feliz Navidad!; **Father ~** Papá Noel.
2 CPD de Navidad, navideño/a; **~ card** N crismas *m inv*, tarjeta *f* de Navidad; **~ carol** N villancico *m*; **~ Day** N día *m* de Navidad; **~ Eve** N Nochebuena *f*; **~ Island** N Isla *f* Christmas; **~ pudding** N pudín *m* de Navidad; **~ time** N Navidades *fpl*; **~ tree** N árbol *m* de Navidad.
chromatic [krə'mætɪk] ADJ (*Mus, Tech*) cromático/a.
chrome [krəʊm] N cromo *m*.
chromium ['krəʊmɪəm] N cromo *m*.
chromosome ['krəʊməsəʊm] N cromosoma *m*.
chronic ['krɒnɪk] ADJ (*invalid, disease*) crónico/a; (*fig: smoker*) empedernido/a; (: *liar*) incorregible; (*fam: weather, person*) horrible, malísimo/a.
chronicle ['krɒnɪkl] N crónica *f*.
chronological [ˌkrɒnə'lɒdʒɪkəl] ADJ cronológico/a; **in ~ order** por orden cronológico.
chronology [krə'nɒlədʒɪ] N cronología *f*.
chrysalis ['krɪsəlɪs] N (*Bio*) crisálida *f*.
chrysanthemum [krɪ'sænθəməm] N crisantemo *m*.
chubby ['tʃʌbɪ] ADJ (*comp* **-ier**; *superl* **-iest**) (*baby, hands*) rechoncho/a, regordete/a; (*face, cheeks*) mofletudo/a.
chuck¹ [tʃʌk] VT (*fam*) **a** (*also ~ away*) tirar, botar (*LAm*); (*money*) tirar; (*chance*) desperdiciar. **b** (*throw*) tirar, echar. **c** (*also ~ up, ~ in*) dejar; **I'm thinking of ~ing it up** (*fam*) estoy pensando en mandarlo a paseo.
◆ **chuck out** VT + ADV (*person*) echar (fuera); (*thing*) tirar, botar (*LAm*).
chuck² [tʃʌk] **1** N **a** (*also ~ steak*) bistec *m* de pobre. **b** (*US fam*) manduca *f* (*fam*). **2** CPD: **~ wagon** N carromato *m* de provisiones.
chuckle ['tʃʌkl] **1** N risita *f*, risa *f* sofocada. **2** VI reírse entre dientes, soltar una risita; **to ~ at** or **over** reírse con.
chuffed [tʃʌft] ADJ (*Brit fam: proud*) satisfecho/a, contento/a; **he was pretty ~ about it** estaba la mar de contento por eso.
chug [tʃʌg] VI **a** (*steam engine*) resoplar; (*motor*) traquetear. **b** (*move: also ~ along*) ir despacio; (: *fig*) ir tirando.
chum [tʃʌm] N (*fam*) amiguete *mf* (*fam*), colega *mf*, cuate *mf* (*Mex fam*), pata *mf* (*Per fam*); **to be ~s with sb** ser amigo de algn.
chummy ['tʃʌmɪ] ADJ (*fam*) familiar; **he's very ~ with the boss** es muy amigo del jefe.
chump [tʃʌmp] N **a** (*fam: idiot*) tonto/a *m/f*. **b** (*head*) cabeza *f*; **to be off one's ~** estar chiflado.
chunk [tʃʌŋk] N pedazo *m*, trozo *m*.
chunky ['tʃʌŋkɪ] ADJ (*comp* **-ier**; *superl* **-iest**) (*furniture, mug*) achaparrado/a; (*knitwear*) grueso/a, de lana gorda; (*person*) fornido/a.

Chunnel ['tʃʌnl] N (*hum*) túnel *m* bajo el Canal de la Mancha.
church [tʃɜːtʃ] **1** N (*gen*) iglesia *f*; (*Protestant*) templo *m*; (*service*: *Catholic*) misa *f*; (: *Protestant*) oficio *m*; **the C~** (*institution*) la Iglesia; **the C~ of England** la Iglesia Anglicana; **to go to ~** (*Catholic*) ir a misa; (*Protestant*) ir al oficio; **after ~** después de la misa or del oficio; **to enter the C~** hacerse cura or (*Protestant*) pastor.
2 CPD (*doctrine*) de la Iglesia; **~ music** N música *f* sacra or religiosa.
churchgoer ['tʃɜːtʃˌɡəʊə'] N fiel *mf*.
churchyard ['tʃɜːtʃjɑːd] N cementerio *m*, campo *m* santo.
churlish ['tʃɜːlɪʃ] ADJ (*rude*) grosero/a; (*mean*) arisco/a.
churn [tʃɜːn] **1** N (*for butter*) mantequera *f*; (*Brit: for milk*) lechera *f*.
2 VT (*butter*) batir or hacer en una mantequera; (*fig: also ~ up*: *sea, mud*) revolver, agitar.
3 VI (*sea*) revolverse, agitarse; **her stomach was ~ing** se le revolvía el estómago.
◆ **churn out** VT + ADV (*pej: poetry, books*) producir en serie.
chute [ʃuːt] N (*for rubbish*) vertedero *m*; (*in playground, swimming pool*) tobogán *m*; (*Aer fam*) paracaídas *m inv*.
chutney ['tʃʌtnɪ] N salsa *f* picante (de frutas y especias).
CI ABBR of **Channel Islands**.
CIA N ABBR (*US*) of **Central Intelligence Agency** CIA *f*.
ciao [tʃaʊ] INTERJ (*fam*) ¡chao!
cicada [sɪ'kɑːdə] N cigarra *f*.
CID N ABBR (*Brit*) of **Criminal Investigation Department** ≈ BIC *f*.
cider ['saɪdə'] **1** N sidra *f*. **2** CPD: **~ vinegar** N vinagre *m* de sidra.
CIF, c.i.f. N ABBR of **cost, insurance and freight** c.s.f.
cigar [sɪ'ɡɑː'] N puro *m*, cigarro *m*.
cigarette [ˌsɪɡə'ret] **1** N cigarrillo *m*, cigarro *m* (*esp LAm*). **2** CPD: **~ case** N pitillera *f*, cigarrera *f* (*esp LAm*); **~ end** N colilla *f*; **~ holder** N boquilla *f*; **~ lighter** N encendedor *m*, mechero *m*; **~ paper** N papel *m* de fumar.
C.-in-C. ABBR of **Commander-in-Chief**.
cinch [sɪntʃ] N (*fam*) **it's a ~** (*easy thing*) está tirado, es pan comido; (*sure thing*) es cosa segura.
cinder ['sɪndə'] **1** N carbonilla *f*; **~s** cenizas *fpl*; **to be burned to a ~** (*fig: food etc*) quedar carbonizado. **2** CPD: **~ block** N (*US*) ladrillo *m* de cenizas; **~ track** N (*Sport*) pista *f* de ceniza.
Cinderella [ˌsɪndə'relə] N Cenicienta *f*; **it's the ~ of the arts** es la hermana pobre de las artes.
cine-camera ['sɪnɪˌkæmərə] N (*Brit*) cámara *f* cinematográfica.
cine-film ['sɪnɪˌfɪlm] N (*Brit*) película *f* de cine.
cinema ['sɪnəmə] **1** N cine *m*; **the silent/talking ~** el cine mudo/sonoro. **2** CPD: **~ complex** N cine *m* multisalas.
cinematography [ˌsɪnəmə'tɒɡrəfɪ] N cinematografía *f*.
cine-projector [ˌsɪnɪprə'dʒektə'] N (*Brit*) proyector *m* de películas.
cinnamon ['sɪnəmən] N canela *f*.
cipher ['saɪfə'] N (*code*) clave *f*; (*Math*) cero *m*; **in ~** en clave; (*written in ~*) cifrado/a.
circa ['sɜːkə] PREP hacia; **~ 1500** hacia (el año) 1500.
circle ['sɜːkl] **1** N (*gen, friends etc*) círculo *m*; (*in theatre*) anfiteatro *m*; **to stand in a ~** formar un círculo; **she moves in wealthy ~s** frecuenta la buena sociedad; **in certain ~s** en ciertos medios; **in business ~s** en círculos comerciales; **the family ~** el círculo familiar; **to come full ~** (*fig*) volver al punto de partida; **to go round in ~s** (*fam*) dar vueltas sobre lo mismo, repetirse; *see* **vicious**.
2 VT (*surround*) cercar, rodear; (*move round*) girar alrededor de, dar la vuelta a; (*draw round*) poner un círculo alrededor de, rodear con un círculo.
circuit ['sɜːkɪt] **1** N (*route*) circuito *m*; (*course*) recorrido *m*; (*long way round*) rodeo *m*; (*Jur*) distrito *m*; (*Cine*) cadena *f*; (*sports track*) pista *f*; (*Aut, Elec*) circuito *m*; **short ~** cortocircuito.
2 CPD: **~ board** N tarjeta *f* de circuitos; **~ breaker** N cortacircuitos *m inv*; **~ court** N (*US*) tribunal *m* superior.

circuitous [sɜː'kjʊɪtəs] ADJ (*route*) tortuoso/a, sinuoso/a; (*method*) tortuoso/a, solapado/a.

circuit-training ['sɜːkɪt,treɪnɪŋ] N circuito *m* de entrenamiento.

circular ['sɜːkjʊləʳ] **1** ADJ circular, redondo/a; **~ motion** movimiento *m* circular; **~ tour** viaje *m* en redondo; **~ saw** sierra *f* circular. **2** N (*in firm*) circular *f*; (*advertisement*) panfleto *m*.

circularize ['sɜːkjʊlərɪaz] VT enviar circulares a.

circulate ['sɜːkjʊleɪt] **1** VI (*gen*) circular. **2** VT (*news etc*) hacer circular.

circulating ['sɜːkjʊleɪtɪŋ] ADJ circulante; **~ assets** activo *msg* circulante; **~ capital** capital *m* circulante; **~ library** (*US*) biblioteca *f* circulante.

circulation [,sɜːkjʊ'leɪʃən] N (*gen*) circulación *f*; **she has poor ~** (*Med*) tiene mala circulación; **to withdraw sth from ~** retirar algo de la circulación; **he's back in ~** (*fam*) se está dejando ver otra vez.

circumcise ['sɜːkəmsaɪz] VT circuncidar.

circumcision [,sɜːkəm'sɪʒən] N circuncisión *f*.

circumference [sə'kʌmfərəns] N circunferencia *f*.

circumflex ['sɜːkəmfleks] N circunflejo *m*.

circumnavigate [,sɜːkəm'nævɪgeɪt] VT circunnavegar.

circumscribe ['sɜːkəmskraɪb] VT (*lit*) circunscribir; (*fig: limit*) limitar, restringir.

circumspect ['sɜːkəmspekt] ADJ circunspecto/a, prudente.

circumstance ['sɜːkəmstəns] N (*usu pl*) circunstancia *f*; **in the ~s** en *or* dadas las circunstancias; **under no ~s** de ninguna manera, bajo ningún concepto; **owing to ~s beyond our control** debido a circunstancias ajenas a nuestra voluntad; **to be in easy/poor ~s** estar en buena/mala situación económica; **what are your ~s?** ¿cuál es su situación económica?

circumstantial [,sɜːkəm'stænʃəl] ADJ (*report, statement*) detallado/a, circunstanciado/a; **~ evidence** pruebas *fpl* indiciarias.

circumvent [,sɜːkəm'vent] VT (*law, rule*) burlar.

circus ['sɜːkəs] N (*entertainment*) circo *m*; (*in place names*) plaza *f*, glorieta *f*.

cirrhosis [sɪ'rəʊsɪs] N cirrosis *f*.

CIS N ABBR *of* **Commonwealth of Independent States** CEI *f*.

cissy ['sɪsɪ] N mariquita *m*.

cistern ['sɪstən] N (*of WC*) cisterna *f*; (*tank*) depósito *m*.

citadel ['sɪtədl] N ciudadela *f*.

citation [saɪ'teɪʃən] N cita *f*; (*Jur*) citación *f*; (*Mil*) mención *f*.

cite [saɪt] VT (*quote*) citar; **he was ~d to appear in court** (*Jur*) lo citaron para que se presentara en el tribunal de justicia.

citizen ['sɪtɪzn] N (*of state*) ciudadano/a *m/f*, súbdito/a *m/f*; (*of city*) habitante *mf*, vecino/a *m/f*; **C~'s Advice Bureau** (*Brit*) organización voluntaria británica que asesora legal *o* financieramente; **~'s arrest** arresto realizado por un ciudadano ordinario.

citizenship ['sɪtɪznʃɪp] N ciudadanía *f*.

citric ['sɪtrɪk] ADJ; **~ acid** ácido *m* cítrico.

citrus ['sɪtrəs] **1** N cidro *m*. **2** CPD: **~ fruits** NPL cítricos *mpl*, agrios *mpl*.

city ['sɪtɪ] **1** N ciudad *f*; **the C~** (*Fin*) el centro financiero de Londres. **2** CPD: **~ centre** N centro *m* de la ciudad; **~ dweller** N habitante *mf* de una ciudad; **~ hall** N (*US*) ayuntamiento *m*; **~ limits** NPL perímetro *msg* urbano; **~ news** N (*Brit*) noticias *fpl* financieras; (*US*) noticias de la ciudad; **~ page** N (*Fin*) sección *f* de información financiera; **~ plan** N (*US*) plano *m* de la ciudad; **~ planner** N (*US*) urbanista *mf*; **~ slicker** N (*pej fam*) capitalino/a *m/f*; **C~ Technology College** N (*Brit*) ≈ Centro *m* de formación profesional.

civic ['sɪvɪk] ADJ (*rights, duty*) cívico/a; (*authorities*) municipal; **~ centre** (*Brit*) conjunto *m* de edificios municipales.

civies ['sɪvɪz] NPL (*US fam*) = **civvies**.

civil ['sɪvl] ADJ **a** (*of society*) civil; **~ defence** defensa *f*

civil; **~ disobedience** resistencia *f* pasiva; **~ engineering** ingeniería *f* civil; **~ liberties** libertades *fpl* civiles; **~ list** (*Brit*) presupuesto de la casa real aprobado por el parlamento; **~ rights** derechos *mpl* civiles; **~ rights movement** movimiento *m* pro derechos civiles; **~ servant** funcionario/a *m/f* (del Estado); **~ service** administración *f* pública; **~ war** guerra *f* civil. **b** (*polite*) cortés, atento/a.

civilian [sɪ'vɪlɪən] **1** ADJ civil; (*clothes*) de paisano. **2** N civil *mf*, paisano/a *m/f*.

civility [sɪ'vɪlɪtɪ] N (*politeness*) cortesía *f*, amabilidad *f*; (*usu pl: polite remark*) cortesía *f*, cumplido *m*.

civilization [,sɪvɪlaɪ'zeɪʃən] N civilización *f*.

civilize ['sɪvɪlaɪz] VT civilizar.

civilized ['sɪvɪlaɪzd] ADJ civilizado/a.

civvies ['sɪvɪz] NPL (*fam*) traje *msg* civil; **in ~** vestido/a de civil.

civvy ['sɪvɪ] ADJ: **~ street** (*Brit fam*) la vida civil.

CJD N ABBR *of* **Creutzfeldt-Jakob disease**.

cl ABBR *of* **centilitre(s)** cl.

clad [klæd] ADJ vestido/a (*in* de).

claim [kleɪm] **1** N **a** (*to title, for expenses, damages*) reclamación *f*; (*for rights, wages*) reivindicación *f*; (*demand*) exigencia *f*; (*Jur*) demanda *f*; **there are many ~s on my time** muchas ocupaciones reclaman mi tiempo disponible; **to lay ~ to sth** reclamar algo; **to put in a ~ for sth** entablar demanda de algo.
b (*assertion*) afirmación *f*, declaración *f*; **I make no ~ to be infallible** no pretendo ser infalible.
2 VT **a** (*rights, territory*) reivindicar; (*expenses, damages*) reclamar, exigir; (*lost property*) reclamar; **to ~ damages from sb** reclamar a algn por daños y perjuicios; **something else ~ed her attention** otra cosa reclamó su atención.
b (*assert*) pretender ser *or* tener; **he ~s to have seen her** afirma haberla visto; **to ~ that ...** sostener que ..., afirmar que ....
3 CPD: **~ form** N (*for benefit*) solicitud *f*; (*for expenses*) impreso *m* reclamación.

claimant ['kleɪmənt] N (*in court*) demandante *mf*; (*to social benefit*) solicitante *mf*; (*to throne etc*) pretendiente *mf*.

clairvoyant [kleə'vɔɪənt] ADJ, N clarividente *mf*, vidente *mf*.

clam [klæm] N almeja *f*.

◆ **clam up** VI + ADV (*fam*) cerrar el pico, no decir ni pío.

clamber ['klæmbəʳ] VI trepar, subir gateando (*over* sobre; *up* a).

clammy ['klæmɪ] ADJ (*comp* **-ier**; *superl* **-iest**) (*damp*) frío/a y húmedo/a; (*sticky*) pegajoso/a.

clamour, (*US*) **clamor** ['klæməʳ] **1** N clamor *m*. **2** VI: **to ~ for sth** clamar por algo, pedir algo a voces.

clamp [klæmp] **1** N (*brace*) abrazadera *f*; (*laboratory ~*) grapa *f*; (*on bench*) cárcel *f*; (*AUT*) cepo *m*. **2** VT sujetar con abrazadera/grapa/cárcel; (*AUT: wheel*) poner el cepo a.

◆ **clamp down** VI + ADV: **to ~ down (on)** (*tax evasion, crime etc*) poner frenos (a), tomar fuertes medidas (contra).

clampdown ['klæmpdaʊn] N restricción *f* (*on* de).

clan [klæn] N clan *m*.

clandestine [klæn'destɪn] ADJ clandestino/a.

clang [klæŋ] **1** N ruido *m* metálico fuerte, estruendo *m*. **2** VI sonar, hacer estruendo; **the gate ~ed shut** la puerta se cerró ruidosamente.

clanger ['klæŋəʳ] N (*fam*) plancha *f* (*Sp fam*), metedura *f or* (*LAm fam*) metida *f* de pata; **to drop a ~** meter la pata (*fam*), tirarse una plancha (*Sp fam*).

clank [klæŋk] **1** N sonido *m* metálico seco. **2** VI sonar, rechinar metálico.

clansman ['klænzmən] N (*pl* **-men**) miembro *m* del clan.

clap [klæp] **1** N (*on shoulder, of the hands*) palmada *f*; (*usu pl: applause*) aplauso *m*; **a ~ of thunder** un trueno; **the ~** (*fam*) gonorrea *f*.
2 VT **a** (*applaud*) aplaudir; **to ~ one's hands** dar palmadas, batir las palmas; **to ~ sb on the back** dar a algn una palmada en la espalda.
b (*place*) **to ~ a hand over sb's mouth** tapar a algn la

boca con la mano; **to ~ eyes on** clavar la vista en; **they ~ped him in prison** (fam) lo metieron en la cárcel.

3 VI aplaudir.

clapped-out [ˌklæpt'aʊt] (fam) ADJ (car etc) anticuado/a.

clapper ['klæpəʳ] N (of bell) badajo m; (Cine) claqueta f; **to run like the ~s** (Brit fam) correr como loco.

clapping ['klæpɪŋ] N (applause) aplausos mpl; (sound of hands) palmoteo m.

claptrap ['klæptræp] N (pej fam) burradas fpl, disparates mpl.

claret ['klærət] N vino m de Burdeos.

clarification [ˌklærɪfɪ'keɪʃən] N aclaración f.

clarify ['klærɪfaɪ] VT (statement etc) aclarar, clarificar.

clarinet [ˌklærɪ'net] N clarinete m.

clarity ['klærɪtɪ] N claridad f.

clash [klæʃ] **1** N **a** (noise) estruendo m; (of cymbals) ruido m metálico.
b (Mil, conflict, of personalities) choque m; (confrontation) enfrentamiento m; (of interests) conflicto m; (of dates, programmes) coincidencia f; (of colours) desentono m; **a ~ with the police** un choque or un enfrentamiento con la policía; **a ~ of wills** un conflicto or una lucha de voluntades.
2 VT (cymbals, swords) golpear.
3 VI (personalities, interests) oponerse, chocar; (colours) desentonar; (dates, events) coincidir; (disagree) estar en desacuerdo; (argue) pelear; (Mil) encontrarse or enfrentarse (with con).

clasp [klɑːsp] **1** N (on brooch, necklace) cierre m; (of belt etc) broche m.
2 VT (take hold of) agarrar; (embrace) abrazar; (hold hands) apretar; **to ~ one's hands (together)** juntar las manos; **to ~ sb's hands** apretar or estrechar las manos a algn.

clasp-knife ['klɑːspnaɪf] N (pl -knives) navaja f.

class [klɑːs] **1** N (gen, Bio) clase f; (category) categoría f; **first ~** primera clase; **upper ~** clase alta; **ruling/middle/working ~** clase dirigente/media/obrera; **to have ~** (fam) tener clase; **in a ~ of one's own** sin par or igual; **the ~ of 82** la promoción del 82.
2 VT: **to ~ sb as sth** clasificar a algn de algo.
3 CPD: **~ distinction** N (Sociol) distinción f or diferencia f de clase; **~ struggle, ~ war(fare)** N (Sociol) lucha f de clases.

class-conscious [klɑːs'kɒnʃəs] ADJ clasista, con conciencia de clase.

classic ['klæsɪk] **1** ADJ clásico/a. **2** N (book, play) clásico m; **~s** (Univ) clásicas fpl.

classical ['klæsɪkəl] ADJ clásico/a; **~ music** música f clásica; **~ scholar** erudito/a m/f en clásicas.

classification [ˌklæsɪfɪ'keɪʃən] N clasificación f.

classified ['klæsɪfaɪd] ADJ: **~ advertisement** anuncio m por palabras; **~ information** información f reservada; **late night ~** últimas noticias con los resultados del fútbol.

classify ['klæsɪfaɪ] VT clasificar.

classmate ['klɑːsmeɪt] N (Brit) compañero/a m/f de clase.

classroom ['klɑːsrʊm] N aula f, clase f.

classy ['klɑːsɪ] ADJ (comp -ier; superl -iest) (fam) elegante, de buen tono.

clatter ['klætəʳ] **1** N (of plates) estrépito m; (loud noise) estruendo m; (of hooves) trápala f.
2 VI (metal object etc) hacer estrépito or estruendo; (hooves) trapalear; **to ~ in/out** entrar/salir estrepitosamente; **to come ~ing down** caer ruidosamente.

clause [klɔːz] N (Ling) oración f; (in contract, law) cláusula f; (in will) disposición f.

claustrophobia [ˌklɔːstrə'fəʊbɪə] N claustrofobia f.

claustrophobic [ˌklɔːstrə'fəʊbɪk] ADJ (room, atmosphere) claustrofóbico/a.

clavicle ['klævɪkl] N clavícula f.

claw [klɔː] **1** N (Zool: of cat, bird etc) garra f; (of lobster) pinza f; **to get one's ~s into sb** (attack) atacar con rencor a algn; (dominate) dominar a algn.
2 VT arañar; **to ~ sth to shreds** desgarrar algo completamente, hacer algo trizas.
3 VI: **to ~ at** arañar.

4 CPD: **~ hammer** N martillo m de orejas.

♦ **claw back** VT + ADV volver a tomar, tomar otra vez para sí.

clawback ['klɔːbæk] N (Econ) desgravación fiscal obtenida por devolución de impuestos.

clay [kleɪ] **1** N arcilla f, barro m. **2** CPD: **~ pigeon shooting** N tiro m al pichón; **~ pipe** pipa f de cerámica.

clean [kliːn] **1** ADJ (comp ~er; superl ~est) (not dirty) limpio/a; (new, fresh: sheets, page) en blanco; (not indecent: joke, film) decente; (smooth, even: outline, movement) bien proporcionado/a; (: break, cut) limpio/a; (fair: fight) limpio/a; **to come ~** (fam) confesarlo todo; **to make a ~ sweep** (complete change) hacer tabla rasa, hacer punto y aparte; (win everything) ganárselas todas; **to make a ~ sweep of the votes** acaparar todos los votos, barrer; **they gave him a ~ bill of health** le declararon en perfecto estado de salud; **to have a ~ record** no tener nota adversa (en su historia); **to make a ~ breast of sth** confesarlo todo; **to do a ~ copy** hacer una copia en limpio; **a ~ driving licence** un carnet de conducir sin sanciones.
2 ADV: **he ~ forgot** lo olvidó por completo; **he got ~ away** se escapó sin dejar rastro; **it went ~ through the window** entró por la ventana de un golpe; **to come ~** (fam) confesarlo todo, desembuchar; **I'm ~ out of them** no me queda ni uno.
3 N limpieza f, aseo m (esp LAm); (wash) lavado m.
4 VT (room, clothes, carpet) limpiar, asear; (vegetables, clothes) lavar; (blackboard) borrar; (shoes) limpiar; (brush) cepillar; (fish, poultry) vaciar; (wound, cut) desinfectar; **to ~ one's teeth** lavarse los dientes; **to ~ the windows** limpiar las ventanas.

♦ **clean off** VT + ADV (dirt, rust) limpiar.

♦ **clean out** VT + ADV (room, cupboard) vaciar; (fig: leave penniless) dejar limpio/a or pelado/a; **we were ~ed out** nos dejaron sin blanca.

♦ **clean up 1** VT + ADV (room, mess) limpiar, asear; (fig: city, television etc) limpiar, quitar lo indecente de; **to ~ o.s. up** lavarse, ponerse decente.
2 VI + ADV **a** limpiar; **to ~ up after sb** limpiar lo que ha dejado or ensuciado otro.
b (fig: make profit) sacar un buen provecho (on de).

clean-cut ['kliːn'kʌt] ADJ **a** claro/a, bien definido/a, preciso/a; (outline) nítido/a. **b** (person) de buen parecer; (smart) de tipo elegante.

cleaner ['kliːnəʳ] N (person) encargado/a m/f de la limpieza, asistenta f; (substance) limpiador m para la limpieza; **~'s (shop)** tintorería f; **we'll take them to the ~'s** (fam) les dejaremos sin blanca; **vacuum ~** aspiradora f.

cleaning ['kliːnɪŋ] **1** N limpieza f, limpia f (esp LAm); **to do the ~** hacer la limpieza or el aseo. **2** CPD: **~ lady** N señora f de la limpieza or del aseo.

cleanliness ['klenlɪnɪs] N limpieza f.

cleanly ['kliːnlɪ] ADV limpiamente, finamente.

cleanness ['kliːnnɪs] N limpieza f.

cleanse [klenz] VT (skin) limpiar; (fig: soul etc) purificar.

cleanser ['klenzəʳ] N (detergent) detergente m; (disinfectant) desinfectante m; (cosmetic) leche f or crema f limpiadora.

clean-shaven ['kliːn'ʃeɪvn] ADJ (beardless) sin barba ni bigote, totalmente afeitado/a; (smooth-faced) lampiño/a.

cleansing ['klenzɪŋ] **1** N (for complexion) limpiador(a); (fig) purificador(a); **~ cream** crema f desmaquilladora; **~ department** departamento m de la limpieza; **~ lotion** loción f limpiadora.
2 N limpieza f.

▼**clear** [klɪəʳ] **1** ADJ (comp ~er; superl ~est) **a** (water, glass) claro/a, transparente; (sky, weather) despejado/a; (air) puro/a; (complexion) terso/a; (photograph, outline) claro/a, preciso/a; (conscience) limpio/a, tranquilo/a; **on a ~ day** en un día despejado.
b (distinct: sound, impression) claro/a; (easily understood: meaning, explanation) claro/a; (obvious: motive, consequence) claro/a, evidente; (certain: understanding, proof) seguro/a, cierto/a; **a ~ thinker** una mente lúcida or

> SENTENCE BUILDER: **clear → 16.1, 17.1**

despejada; **a ~ case of murder** un caso evidente de homicidio; **to make o.s. ~** explicarse claramente; **do I make myself ~?** ¿entiende?; **to make it ~ that ...** dejar claro *or* bien sentado que ...; **it is (absolutely) ~ to me that ...** no me cabe (la menor) duda de que ...; **as ~ as day** más claro que el agua.

c **a ~ profit** una ganancia neta; **a ~ majority** una mayoría absoluta; **three ~ days** tres días enteros; **a ~ winner** un ganador absoluto; **to win by a ~ head** ganar por una cabeza larga.

d *(free: road, space)* libre; **we had a ~ view** teníamos una buena vista, se veía bien; **to be ~ of sth/sb** estar libre de algo/algn; **all ~!** ¡vía libre!, ¡adelante!

2 ADV **a** *see* **loud 2**.

b *(completely)* **he jumped ~ across the river** atravesó el río por completo de un salto; **you could hear it ~ across the valley** se oía desde el otro lado del valle.

c **to keep ~ of sb/sth** evitar a algn/algo, mantenerse alejado de algn/algo; **to stand ~ of sth** mantenerse a distancia de algo; **stand ~ of the doors!** ¡aléjense de las puertas!

3 N: **to be in the ~** *(out of debt)* estar libre de deudas; *(free of suspicion)* quedar fuera de toda sospecha; *(free of danger)* estar fuera de peligro.

4 VT **a** *(place, surface)* despejar; *(road, railway track)* dejar libre; *(site, woodland)* desmontar; *(pipe)* desatascar; *(Med: blood)* purificar; **to ~ a space for sth/sb** hacer sitio para algo/algn; **to ~ the table** recoger *or* quitar la mesa; **to ~ one's throat** carraspear, aclararse la voz; **to ~ the air** *(fig)* aclarar las cosas; **to ~ one's conscience** descargar la conciencia; **to ~ sth of sth** despejar algo de algo.

b *(get over: fence etc)* salvar, saltar por encima de; *(get past: rocks etc)* pasar sin tocar, esquivar; **to ~ 2 metres** saltar dos metros.

c *(declare innocent etc: person)* absolver, probar la inocencia de; *(get permission for)* **to ~ sth (with sb)** solicitar la aprobación de algo (con algn); **he was ~ed of murder** fue absuelto de asesinato; **to ~ o.s.** probar su (propia) inocencia; **to ~ a cheque** *(accept)* aceptar *or* dar el visto bueno a un cheque; *(double check)* comprobar *or* compensar un cheque; **the plan will have to be ~ed with the director** el plan tendrá que ser aprobado por el director.

d *(Comm etc: debt)* liquidar, saldar; *(: profit)* sacar (una ganancia de); *(: goods etc)* liquidar; **he ~ed £50 on the deal** ganó 50 libras en el negocio; **he ~s £250 a week** se saca 250 libras a la semana.

5 VI *(weather: also ~ up)* despejarse.

◆**clear away** VT + ADV quitar (de en medio); *(dishes)* retirar.

◆**clear off** **1** VT + ADV *(debt)* liquidar, saldar.
2 VI + ADV *(fam: leave)* largarse, mandarse mudar *(LAm)*.

◆**clear out** **1** VT + ADV *(room)* limpiar; *(cupboard)* vaciar.
2 VI + ADV = **clear off 2**.

◆**clear up** **1** VT + ADV **a** *(matter, mystery)* resolver, aclarar.
b *(tidy: room etc)* ordenar.
2 VI + ADV **a** *(weather)* despejarse.
b *(tidy up)* ponerlo todo en orden, ordenar.

clearance ['klɪərəns] **1** N **a** *(act of clearing, Sport etc)* despeje *m*; *(space: height, width etc)* margen *m* (de altura, anchura etc).
b *(by customs)* despacho *m* de aduana; *(by security)* acreditación *f*; **~ for take-off** *(Aer)* pista libre para despegar.
2 CPD: **~ sale** N liquidación *f*, realización *f*.

clear-cut ['klɪə'kʌt] ADJ *(decision)* claro/a; *(statement)* sin ambages.

clear-headed ['klɪə'hedɪd] ADJ de mentalidad lógica.

clearing ['klɪərɪŋ] **1** N *(in wood)* claro *m*. **2** CPD: **~ account** N cuenta *f* de compensación; **~ bank** N *(Fin)* banco *m* central; **~ house** N *(Fin)* cámara *f* de compensación.

clearly ['klɪəlɪ] ADV *(distinctly)* claramente; *(obviously)* obviamente.

clear-out ['klɪəraʊt] N: **to have a good ~** limpiarlo todo.

cleavage ['kliːvɪdʒ] N *(of woman)* escote *m*.

cleave¹ [kliːv] *(pt* **clove** *or* **cleft**; *pp* **cloven** *or* **cleft)** VT partir; *(water)* surcar.

cleave² [kliːv] VI: **to ~ to** adherirse a; **to ~ together** ser inseparables.

cleaver ['kliːvəʳ] N cuchilla *f* de carnicero.

clef [klef] N *(Mus)* clave *f*.

cleft [kleft] **1** PT, PP of **cleave¹**. **2** ADJ: **~ palate** *(Med)* fisura *f* del paladar. **3** N *(in rock)* grieta *f*, hendedura *f*.

clemency ['klemənsɪ] N clemencia *f*.

clementine ['klemʌntaɪn] N clementina *f*.

clench [klentʃ] VT *(teeth)* apretar; *(fist)* cerrar; **to ~ sth in one's hands** apretar algo en las manos.

clergy ['klɜːdʒɪ] N clero *m*.

clergyman ['klɜːdʒɪmən] N *(pl* **-men)** clérigo *m*, sacerdote *m*.

clerical ['klerɪkəl] ADJ **a** *(Comm: job)* de oficina; **~ error** error *m* de pluma *or* de copia; **~ staff** personal *m* de oficina; **~ worker** oficinista *mf*. **b** *(Rel)* clerical; **~ collar** alzacuello(s) *m*.

clerk [klɑːk, *(US)* klɜːrk] N *(Comm)* oficinista *mf*, empleado/a *m/f*; *(in civil service)* funcionario *mf*; *(US: shop assistant)* dependiente/a *m/f*, vendedor/a *m/f*; *(: in hotel)* recepcionista *mf*; **~ of works** maestro/a *m/f* de obras; *see* **town 2**.

clever ['klevəʳ] ADJ *(comp* **~er**; *superl* **~est)** *(mentally bright: person)* inteligente, listo/a; *(smart)* astuto/a; *(skilful)* hábil; *(book, idea, invention etc)* ingenioso/a; **to be ~ at sth** tener aptitud para algo; **he is very ~ with his hands** es muy hábil con las manos; **to be too ~ by half** pasarse de listo; **he was too ~ for us** fue más listo que nosotros; **~ Dick** *(fam)* sabelotodo *m*.

cleverly ['klevəlɪ] ADV *(smartly)* hábilmente, con mucha vista.

cleverness ['klevənɪs] N *(see adj)* inteligencia *f*; astucia *f*; habilidad *f*; ingenio *m*.

clew [kluː] N *(US)* = **clue**.

cliché ['kliːʃeɪ] N cliché *m*, tópico *m*, lugar *m* común.

click [klɪk] **1** N *(of camera etc)* golpecito *m* seco, clic *m*; *(of heels)* taconeo *m*; *(of tongue)* chasquido *m*.
2 VT *(tongue)* chasquear; **to ~ one's heels** taconear.
3 VI **a** *(camera etc)* hacer clic; *(heels)* taconear; **the door ~ed shut** la puerta se cerró con un golpecito seco.
b *(fam: be understood)* quedar claro/a; *(: be a success)* ser un éxito; **it didn't ~ with me until ...** no caí en la cuenta hasta (que) ...; **suddenly it all ~ed (into place)** de pronto, todo encajaba.

client ['klaɪənt] N cliente/a *m/f*.

clientele [ˌkliːɑːnˈtel] N clientela *f*.

cliff [klɪf] N *(sea ~)* acantilado *m*; *(of mountain etc)* risco *m*, precipicio *m*.

cliffhanger ['klɪfˌhæŋəʳ] N: **the match was a real ~** *(fig)* el partido estaba en duda hasta el último momento.

climate ['klaɪmɪt] N clima *m*; *(fig)* ambiente *m*; **the ~ of opinion** *(fig)* la opinión general.

climatic [klaɪˈmætɪk] ADJ climático/a.

climax ['klaɪmæks] N punto *m* culminante, apogeo *m*; *(of play etc)* clímax *m*; *(sexual ~)* orgasmo *m*.

climb [klaɪm] **1** N *(gen)* subida *m*, ascenso *m*; *(of mountain)* escalada *f*; *(fig)* ascenso.
2 VT *(also ~ up: tree, ladder etc)* trepar, subir a; *(: staircase)* subir *(por)*; *(: mountain)* escalar; *(: cliff, wall)* trepar (a); **to ~ a rope** trepar por una cuerda.
3 VI *(road)* ascender; *(plane)* elevarse, remontar el vuelo; *(person, plant)* trepar, subir; **to ~ along a ledge** subir por un saliente; **to ~ over a wall** franquear *or* salvar una tapia.

◆**climb down** **1** VI + PREP *(tree etc)* bajar.
2 VI + ADV *(person: from tree etc)* bajar; *(fig)* rendirse; *(take back)* desdecirse.

◆**climb into** VI + PREP: **to ~ into an aircraft** subir a un avión.

◆**climb out** VI + ADV salir trepando.

climber ['klaɪməʳ] N *(rock ~)* montañista *mf*, alpinista *mf*, andinista *mf* *(LAm)*; *(Bot)* trepadora *f*, enredadera *f*; **a social ~** un(a) arribista.

climbing ['klaɪmɪŋ] **1** N *(rock ~)* montañismo *m*,

alpinismo *m*, andinismo *m* (*LAm*); **to go ~** hacer montañismo, ir de escalada. [2] CPD: **~ frame** N estructura metálica en la cual los niños juegan trepando.

clinch [klɪntʃ] [1] N (*of boxers*) abrazo *m*, clincha *f*; **in a ~** (*fam: embrace*) abrazados, agarrados (*LAm*).
[2] VT (*settle: deal*) cerrar, firmar; (*argument*) remachar, terminar; **that ~es it** está decidido, no una palabra más.

cling [klɪŋ] (*pt, pp* **clung**) VI (*to rope etc*) agarrarse (*to a, de*); (*to belief, opinion*) aferrarse (*to a*); (*clothes: to skin etc*) pegarse (*to a*); (*stay close to*) no separarse (*to de*); (*hold on to*) apegarse (*to a*), abrazar (*to a*); **to ~ together** (*fig*) no separarse (ni un momento); **the smell clung to her clothes** el olor se le quedó pegado a la ropa.

Clingfilm ® [ˈklɪŋfɪlm] N plástico *m* para envolver.

clinging [ˈklɪŋɪŋ] ADJ (*dress*) ceñido/a, muy ajustado/a; (*person*) pegajoso/a; (*odour*) tenaz; **~ vine** (*US fig*) lapa *mf* (*fam*).

clinic [ˈklɪnɪk] N (*hospital, dental ~ etc*) clínica *f*; (*for guidance etc*) consultorio *m*.

clinical [ˈklɪnɪkəl] ADJ clínico/a; (*fig: unemotional, cool: attitude etc*) frío/a, impasible.

clink¹ [klɪŋk] [1] N (*of coins etc*) tintín *m*, tintineo *m*; (*of glasses*) choque *m*, chinchín *m*. [2] VT: **to ~ glasses with sb** chocar copas con algn. [3] VI (*coins etc*) tintinear.

clink² [klɪŋk] N (*fam: jail*) trena *f* (*fam*).

clinker [ˈklɪŋkər] N escoria *f* de hulla.

clip¹ [klɪp] [1] N (*cut*) tijeretada *f*; (*Cine*) selección *f*, escenas *fpl*.
[2] VT (*cut*) cortar; (*hedge*) podar; (*ticket*) picar; (*also ~ off: wool*) trasquilar, esquilar; (*hair*) recortar; (*also ~ out: article from newspaper*) recortar; **to ~ sb's wings** (*fig*) cortar las alas a algn.

clip² [klɪp] N (*paper ~*) sujetapapeles *m inv*, clip *m*, grampa *f* (*CSur*); (*hair ~*) horquilla *f*; (*brooch*) alfiler *m*, clip *m*, abrochador *m* (*LAm*).

◆ **clip on** VT + ADV (*brooch*) prender, sujetar; (*document: with paperclip etc*) sujetar.

◆ **clip together** VT + ADV unir.

clipboard [ˈklɪp.bɔ:d] N carpeta *f* sujetapapeles.

clip-clop [ˈklɪpˈklɒp] N ruido de los cascos del caballo.

clip-on [ˈklɪpɒn] ADJ (*badge etc*) para prender, con prendedor; (*earrings*) de clip.

clipped [klɪpt] ADJ (*accent*) entrecortado/a.

clipper [ˈklɪpər] N (*Naut*) clíper *m*.

clippers [ˈklɪpəz] NPL (*for hair*) maquinilla *fsg* (para el pelo); (*for nails*) cortaúñas *msg inv*; (*for hedge*) tijeras *fpl* podadoras.

clipping [ˈklɪpɪŋ] N (*from newspaper*) recorte *m*.

clique [kli:k] N camarilla *f*.

clitoris [ˈklɪtərɪs] N clítoris *m*.

Cllr ABBR *of* **Councillor**.

cloak [kləʊk] N capa *f*, manto *m*; **under the ~ of darkness** (*fig*) al amparo de la oscuridad.

cloak-and-dagger [ˈkləʊkənˈdægər] ADJ clandestino/a; (*play*) de capa y espada; (*story*) de agentes secretos.

cloakroom [ˈkləʊkrʊm] N (*for coats*) guardarropa *m*, ropero *m*; (*Brit euph: toilet*) aseos *mpl*, lavabo *m*, servicios *mpl*, baño *m* (*LAm*).

clobber [ˈklɒbər] (*fam*) [1] N (*dress*) ropa *f*, traje *m*; (*Brit: gear*) bártulos *mpl*. [2] VT (*defeat*) cascar (*fam*); (*beat up*) dar una paliza a.

clock [klɒk] [1] N reloj *m*; (*of taxi*) taxímetro *m*; (*speedometer*) velocímetro *m*; **alarm ~** despertador *m*; **grandfather ~** reloj de pie de caja; **you can't put the ~ back** no puedes volver al pasado; (*stop progress*) no se puede detener el progreso; **to work against the ~** trabajar contra reloj; **around the ~** las veinticuatro horas; **to sleep round the ~** dormir un día entero; **30,000 miles on the ~** (*Aut*) treinta mil millas en el cuentakilómetros.
[2] VT (*runner, time*) cronometrar; **we ~ed 80 mph** alcanzamos una velocidad de 80 millas por hora.
[3] CPD: **~ radio** N radio-despertador *m*; **~ tower** N torre *f* de reloj.

◆ **clock in** VI + ADV (*mark card*) fichar, picar; (*start work*) entrar al trabajo.

◆ **clock off** VI + ADV (*mark card*) fichar *or* picar la salida; (*leave work*) salir del trabajo.

◆ **clock on** VI + ADV = **clock in**.

◆ **clock out** VI + ADV = **clock off**.

◆ **clock up** VT + ADV (*Aut*) hacer.

clockwise [ˈklɒkwaɪz] ADV en el sentido de las agujas del reloj.

clockwork [ˈklɒkwɜ:k] [1] N: **to go like ~** ir como un reloj. [2] CPD de cuerda.

clod [klɒd] N (*of earth*) terrón *m*.

clog [klɒg] [1] N zueco *m*, chanclo *m*. [2] VT (*also ~ up: pipe, drain*) atascar; (*: machine, mechanism*) atrancar. [3] VI (*also ~ up*) atascarse.

cloister [ˈklɔɪstər] N claustro *m*; **~s** soportales *mpl*.

cloistered [ˈklɔɪstəd] ADJ: **to lead a ~ life** llevar una vida de ermitaño.

clone [kləʊn] [1] N clon *m*; (*Comput*) clónico *m*. [2] VT clonar.

close¹ [kləʊs] [1] ADV (*comp* **~r**; *superl* **~st**) cerca; **~ by** muy cerca; **to hold sb ~** abrazar fuertemente a algn; **~ together** juntos, cerca uno del otro; **to come ~ to** acercarse a; **he must be ~ on 50** estará frisando en los 50; **stay ~ to me** no te alejes *or* separes de mí; **to follow ~ behind** seguir muy de cerca.
[2] ADJ [a] (*near: place*) cercano/a, próximo/a; (*: relative*) cercano/a; (*: friend*) íntimo/a; (*: contact*) directo/a; (*: connection*) estrecho/a, íntimo/a; (*almost equal: result, election, fight*) muy reñido/a; **to bear a ~ resemblance to** tener mucho parecido con; **at ~ quarters** de cerca; **~ combat** lucha *f* cuerpo a cuerpo; **they're very ~ (to each other)** están muy unidos; **it was a ~ shave** (*fig fam*) se salvaron por un pelo *or* de milagro; **he was the ~st thing to a real worker among us** entre nosotros él tenía más visos de ser un obrero auténtico.
[b] (*exact, detailed: examination, study*) detallado/a; (*: investigation, questioning*) minucioso/a; (*: surveillance, control*) estricto/a; **to pay ~ attention to sb/sth** prestar mucha atención a algn/algo; **to keep a ~ watch on sb** mantener a algn bajo vigilancia.
[c] (*not spread out: handwriting, print*) compacto/a; (*: texture, weave*) compacto/a, tupido/a.
[d] (*stuffy: atmosphere, room*) sofocante, cargado/a; (*weather*) pesado/a, bochornoso/a.
[e] (*Fin*) **~ company** (*Brit*), **~ corporation** (*US*) sociedad *f* exclusiva, compañía *f* propietaria.

close² [kləʊz] [1] N (*end*) final *m*, conclusión *f*, fin *m*; **to bring sth to a ~** terminar algo, concluir algo; **to draw to a ~** tocar a su fin, estar terminando.
[2] VT (*shut*) cerrar(se); (*end*) terminar(se), concluir.
· [3] VT [a] (*gen, ranks*) cerrar; (*hole*) tapar; **to ~ the gap between 2 things** llenar el hueco entre dos cosas; **to ~ one's eyes to sth** (*ignore*) hacer la vista gorda a algo; **~ road** ~d cerrado el paso.
[b] (*end: discussion, meeting*) clausurar, dar término a; (*bank account*) liquidar; (*bargain, deal*) cerrar.

◆ **close down** [1] VI + ADV (*business*) cerrarse definitivamente; (*: by order*) clausurarse; (*TV, Rad*) cerrar (la emisión).
[2] VT + ADV cerrar definitivamente; (*by legal order*) clausurar.

◆ **close in** [1] VI + ADV (*hunters*) acercarse rodeando, rodear; (*night*) caer; (*darkness, fog*) cerrarse; **the days are closing in** los días son cada vez más cortos; **to ~ in on sb** rodear *or* cercar a algn.
[2] VT + ADV (*area*) cercar, rodear.

◆ **close off** VT + ADV cerrar al tráfico *or* al público.

◆ **close out** VT + ADV (*US Fin*) liquidar.

◆ **close round** VI + PREP rodear; (*crowd*) agolparse en torno a.

◆ **close up** [1] VI + ADV (*people in queue*) arrimarse; (*ranks*) apretarse; (*wound*) cicatrizarse; **~ up, please** arrímense, por favor.
[2] VT + ADV (*building*) cerrar (del todo); (*pipe, opening*) tapar, obstruir; (*wound*) cerrar.

◆ **close with** VI + PREP (*begin to fight*) enzarzarse con.

closed [kləʊzd] ADJ cerrado/a; (*case*) concluido/a; (*gap,* *pipe*) tapado/a, obstruido/a; (*mind*) de miras estrechas, cerrado/a; **sociology is a ~ book to me** no sé absolutamente nada de sociología; **~ season** veda *f*; **~ shop** (*Industry*) empresa con todo el personal afiliado a un solo sindicato.

closed-circuit television ['kləʊzd,sɜ:kɪt'telɪ,vɪʒən] N televisión *f* por circuito cerrado.

close-down ['kləʊzdaʊn] N cierre *m*.

close-fitting ['kləʊs'fɪtɪŋ] ADJ ceñido/a, ajustado/a.

close-knit ['kləʊsnɪt] ADJ (*family*) muy unido/a.

closely ['kləʊslɪ] ADV a (*carefully*) atentamente; **to watch ~** fijarse, prestar mucha atención; **to listen ~** escuchar con atención; **a ~ guarded secret** un secreto celosamente guardado. b (*nearly*) **to resemble sth/sb ~** parecerse mucho a algo/algn; **~ related/connected** estrechamente relacionado/unido; **~ contested** muy reñido; **~ packed** (*shelves*) atestado/a.

closeness ['kləʊsnɪs] N (*nearness*) proximidad *f*; (*of resemblance*) parecido *m*; (*of friendship*) intimidad *f*; (*of weather, atmosphere*) pesadez *f*, bochorno *m*; (*of room*) mala ventilación *f*.

close-run [,kləʊs'rʌn] ADJ: **~ race** carrera *f* muy reñida.

close-set ['kləʊs,set] ADJ (*eyes*) muy juntos.

closet ['klɒzɪt] 1 N (*US: cupboard*) armario *m*, placar(d) *m* (*LAm*); **to come out of the ~** (*US*) anunciarse públicamente. 2 VT: **to be ~ed with sb** estar encerrado con algn. 3 CPD (*esp US*) secreto/a, tapado/a; **~ gay** gay *m* de tapada.

close-up ['kləʊsʌp] N primer plano *m*; **in ~** en primer plano.

closing ['kləʊzɪŋ] ADJ último/a, final; **~ date** fecha *f* tope; **~ price** (*Stock Exchange*) cotización *f* de cierre; **~ speech** discurso *m* de clausura; **in the ~ stages** en las últimas etapas; **when is ~ time?** ¿a qué hora cierran?

closure ['kləʊʒər] N cierre *m*.

clot [klɒt] 1 N (*Med*) embolia *f*; (*of blood*) coágulo *m*; (*fam: fool*) papanatas *m inv*, tonto/a *m/f* del bote. 2 VI coagularse; **~ted cream** nata *f* cuajada.

cloth [klɒθ] N (*material*) paño *m*, tela *f*; (*for cleaning*) trapo *m*; (*table~*) mantel *m*; **a man of the ~** (*Rel*) un clérigo.

clothe [kləʊð] VT vestir.

clothes [kləʊðz] 1 NPL ropa *fsg*, vestidos *mpl*; **to put one's ~ on** vestirse, ponerse la ropa; **to take one's ~ off** desvestirse, desnudarse. 2 CPD: **~ brush** N cepillo *m* de la ropa; **~ hanger** N percha *f*; **~ horse** N tendedero *m* plegable; **~ line** N cuerda *f* para (tender) la ropa; **~ peg**, (*US*) **~ pin** N pinza *f*; **~ shop** N tienda *f* (de ropa).

clothespole ['kləʊðzpəʊl], **clothesprop** ['kləʊðzprɒp] N palo *m* de tendedero.

clothing ['kləʊðɪŋ] 1 N ropa *f*, vestimenta *f*; **article of ~** prenda *f* de vestir. 2 CPD: **~ allowance** N subsidio *m* para ropa de trabajo; **~ industry** N industria *f* textil.

cloud [klaʊd] 1 N nube *f*; (*also fig*) **a ~ of dust/smoke/gas/insects** una nube de polvo/humo/gases/insectos; **to be under a ~** (*under suspicion*) estar bajo sospecha; (*resented*) estar desacreditado; **he has his head in the ~s** está en las nubes; **to be on ~ nine** estar en el séptimo cielo; **every ~ has a silver lining** no hay mal que por bien no venga. 2 VT nublar; (*liquid*) enturbiar; (*mirror*) empañar; (*fig: confuse*) aturdir; **to ~ the issue** complicar el asunto.
◆ **cloud over** VI + ADV nublarse.

cloudburst ['klaʊdbɜ:st] N chaparrón *m*.

cloud-cuckoo-land [,klaʊd'kʊku:,lænd], **cloudland** ['klaʊdlænd] (*US*) N: **to be in ~** estar en babia, estar con la cabeza en el aire (*LAm*), estar volado.

cloudless ['klaʊdlɪs] ADJ sin nubes, despejado/a.

cloudy ['klaʊdɪ] ADJ (*comp* **-ier**; *superl* **-iest**) (*sky*) nublado/a; (*liquid*) turbio/a.

clout [klaʊt] 1 N (*blow*) tortazo *m*; (*fig: influence, power*) influencia *f*, peso *m*, palanca *f* (*LAm*). 2 VT dar un tortazo a.

clove[1] [kləʊv] N clavo *m*; **~ of garlic** diente *m* de ajo.

clove[2] [kləʊv] PT of **cleave**[1].

cloven[2] ['kləʊvn] PP of **cleave**[1].

clover ['kləʊvər] N trébol *m*; **to be in ~** (*fam*) vivir a cuerpo de rey.

cloverleaf ['kləʊvəli:f] N (*pl* **-leaves**) (*Bot*) hoja *f* de trébol; (*Aut*) cruce *m* en trébol.

clown [klaʊn] 1 N (*in circus*) payaso *m*, clown *m*; (*fam*) patán *m*. 2 VI (*also ~ about or around*) hacer el payaso.

cloy [klɔɪ] VI empalagar.

cloze test ['kləʊz,test] N examen consistente en rellenar los espacios en blanco de un texto.

club [klʌb] 1 N a (*stick*) porra *f*, cachiporra *f*; (*golf ~*) palo *m*; **~s** (*Cards: Sp*) bastos *mpl*; (: *Brit*) tréboles *mpl*. b (*association*) club *m*; (*gaming ~*) casino *m*; (*building*) centro *m*, círculo *m*, club; **join the ~!** (*fig*) ¡ya somos dos! 2 VT (*person*) aporrear, dar porrazos a. 3 VI: **to ~ together** (*join forces*) unir fuerzas; **we all ~bed together to buy him a present** le compramos un regalo entre todos. 4 CPD: **~ class** N clase *f* club; **~ foot** N pie *m* zopo; **~ sandwich** N bocadillo vegetal con pollo y beicon.

clubhouse ['klʌbhaʊs] N (*pl* **-houses** [-haʊzɪz]) sede *f* de un club.

cluck [klʌk] VI cloquear.

clue [klu:] 1 N pista *f*; (*in a crime etc*) pista, indicio *m*; (*of crossword*) indicación *f*; **I haven't a ~** (*fam*) no tengo ni idea; **he hasn't a ~** (*fam*) no tiene ni idea; **can you give me a ~?** ¿me das una pista? 2 VT: **to ~ sb up** (*fam*) informar a algn.

clued up [,klu:d'ʌp] ADJ: **~ (on)** (*fam*) al tanto (de), al corriente (de).

clueless ['klu:lɪs] ADJ (*fam*) despistado/a, que no se entera.

clump[1] [klʌmp] N (*of trees, shrubs*) grupo *m*; (*of flowers, grass*) mata *f*; (*of earth*) terrón *m*.

clump[2] [klʌmp] 1 N (*of feet*) pisada *f* fuerte. 2 VI: **to ~ about** pisar fuerte.

clumsiness ['klʌmzɪnɪs] N torpeza *f*; (*fig*) falta *f* de tacto.

clumsy ['klʌmzɪ] ADJ (*comp* **-ier**; *superl* **-iest**) (*person, action: awkward*) torpe, desmañado/a, patoso/a; (*painting, forgery*) tosco/a, chapucero/a; (*tool*) pesado/a, difícil de manejar; (*remark, apology*) torpe, poco delicado/a.

clung [klʌŋ] PT, PP of **cling**.

clunker ['klʌŋkər] N (*US fam*) cacharro *m* (*fam*).

cluster ['klʌstər] 1 N grupo *m*; (*of fruit*) racimo *m*. 2 VI (*people, things*) agruparse, apiñarse; (*plants*) arracimarse; **to ~ round sb/sth** apiñarse en torno a algn/algo. 3 CPD: **~ bomb** N bomba *f* de dispersión.

clutch[1] [klʌtʃ] 1 N a (*Aut*) embrague *m*, cloche *m* (*LAm*); (*pedal*) (pedal *m* del) embrague or cloche; **to let the ~ in/out** embragar/desembragar. b **to fall into sb's ~es** caer en las garras de algn. 2 VT (*catch hold of*) asir, agarrar (*esp LAm*); (*hold tightly*) apretar, agarrar. 3 VI: **to ~ at** tratar de agarrar; (*fig*) aferrarse a; **to ~ at straws** aferrarse a cualquier esperanza.

clutch[2] [klʌtʃ] N (*of eggs*) nidada *f*.

clutter ['klʌtər] 1 N desorden *m*, confusión *f*; **in a ~** en desorden, en un montón. 2 VT atestar; **to ~ up a room** amontonar cosas en un cuarto; **to be ~ed up with sth** estar atestado de algo.

CM ABBR (*US Post*) of **North Mariana Islands**.

cm ABBR of **centimetre(s)** cm.

Cmdr ABBR of **Commander** Cte.

CNAA N ABBR (*Brit*) of **Council for National Academic Awards** organismo no universitario que otorga diplomas.

CND N ABBR of **Campaign for Nuclear Disarmament**.

CNN N ABBR (*US*) of **Cable News Network** agencia de noticias.

CO 1 N ABBR a (*Brit*) of **Commonwealth Office**. b (*Mil*) of **Commanding Officer**. 2 ABBR (*US Post*) of **Colorado**.

co- [kəʊ] PREF CO-.

Co. ABBR a of **company** Cía; **Mrs Thatcher and ~** (*pej*) La Thatcher y compañía. b of **county**.

c/o ABBR a of **care of** c/d, a/c. b (*Comm*) of **cash order**.

coach [kəʊtʃ] 1 N a (*bus*) autobús *m*, autocar *m* (*Sp*), co-

che *m* de línea, pullman *m* (*LAm*), camión *m* (*Mex*), micro *m* (*Arg*); (*Brit Rail*) coche, vagón *m*, pullman (*Mex*); (*horse-drawn*) diligencia *f*; (*ceremonial*) carroza *f*.
b (*Sport*) entrenador(a) *m/f*; (*tutor*) profesor(a) *m/f* particular.
2 VT (*team*) entrenar, preparar; (*student*) enseñar, preparar.
3 CPD: **~ trip** N excursión *f* en autocar.
coach-builder [ˈkəʊtʃˌbɪldəʳ] N (*Brit Aut*) carrocero *m*.
coachload [ˈkəʊtʃləʊd] N autocar *m* (lleno); **they came by the ~** vinieron en masa.
coachwork [ˈkəʊtʃwɜːk] N (*Brit*) carrocería *f*.
coagulate [kəʊˈægjʊleɪt] **1** VT coagular. **2** VI coagularse.
coal [kəʊl] **1** N carbón *m*; (*soft*) hulla *f*; **to carry ~s to Newcastle** (*fig*) llevar leña al monte *or* agua al mar; **to haul sb over the ~s** (*fig*) echarle una bronca a algn.
2 CPD: **~ bunker** N carbonera *f*; **~ cellar** N carbonera *f*; **~ dust** N polvillo *m* de carbón; **~ fire** N chimenea *f* de carbón; **~ industry** N industria *f* del carbón; **~ mine** N mina *f* de carbón; **~ miner** N minero/a *m/f* de carbón; **~ mining** N minería *f* de carbón; **~ scuttle** N cubo *m* para carbón; **~ shed** N cobertizo *m* para carbón; **~ tar** N alquitrán *m* mineral.
coal-black [ˈkəʊlˈblæk] ADJ negro/a como el carbón.
coalface [ˈkəʊlfeɪs] N frente *m* de carbón.
coalfield [ˈkəʊlfiːld] N yacimiento *m* de carbón, cuenca *f* minera.
coalition [ˌkəʊəˈlɪʃən] **1** N (*Pol*) coalición *f*. **2** CPD: **a ~ government** un gobierno de coalición.
coalman [ˈkəʊlmən] N (*pl* **-men**) carbonero *m*.
coarse [kɔːs] ADJ (*comp* **~r**; *superl* **~st**) (*of texture*) basto/a; (*badly made*) burdo/a, tosco/a; (*sand etc*) grueso/a; (*skin*) áspero/a; (*vulgar: character, laugh, remark*) grosero/a; **~ fishing** pesca *f* de agua dulce (*excluyendo salmón y trucha*).
coarse-grained [ˈkɔːsgreɪnd] ADJ de grano grueso; (*fig*) tosco/a, basto/a.
coarsely [ˈkɔːslɪ] ADV (*made*) toscamente; (*laugh, say*) groseramente.
coarsen [ˈkɔːsn] **1** VT embrutecer; (*skin*) curtir. **2** VI (*see vt*) embrutecerse; curtirse.
coast [kəʊst] **1** N (*shore*) costa *f*; (*coastline*) litoral *m*; **the ~ is clear** (*fig: there is no one about*) no hay moros en la costa; (: *the danger is over*) pasó el peligro.
2 VI (*Aut etc*) ir en punto muerto; (*on sledge, cycle etc*) deslizarse cuesta abajo; (*fig*) avanzar sin esfuerzo.
coastal [ˈkəʊstəl] ADJ costero/a; **~ defences** defensas *fpl* costeras; **~ traffic** (*Naut*) cabotaje *m*.
coaster [ˈkəʊstəʳ] N **a** (*Naut*) buque *m* costero, barco *m* de cabotaje. **b** (*small mat for drinks*) posavasos *m inv*.
coastguard [ˈkəʊstɡɑːd] **1** N (*person*) guardacostas *mf inv*; (*organization*) servicio *m* de guardacostas. **2** CPD: **~ station** N puesto *m* de guardacostas.
coastline [ˈkəʊstlaɪn] N litoral *m*.
coat [kəʊt] **1** N **a** (*winter/long ~*) abrigo *m*; (*jacket*) chaqueta *f* (*Sp*), americana *f*, saco *m* (*LAm*); **to cut one's ~ according to one's cloth** adaptarse a las circunstancias.
b (*animal's*) pelo *m*; (*wool*) lana *f*.
c (*layer*) capa *f*; **a ~ of paint** una mano de pintura.
d **~ of arms** escudo *m* (de armas).
2 VT cubrir, revestir (*with* de); (*with a liquid*) bañar (*with* en).
3 CPD: **~ hanger** N percha *f*, gancho *m* (*LAm*); **~ tails** NPL faldón *msg*.
coating [ˈkəʊtɪŋ] N capa *f*, baño *m*; (*of paint etc*) mano *f*.
co-author [ˈkəʊˌɔːθəʳ] N coautor(a) *m/f*.
coax [kəʊks] VT: **to ~ sth out of sb** sonsacar algo a algn (*engatusándolo*); **to ~ sb out of doing sth** convencer a algn para que deje de hacer algo; **to ~ sb into doing sth** engatusar a algn para que haga algo.
coaxial [ˌkəʊˈæksɪəl] ADJ coaxial; **~ cable** cable *m* coaxial.
cob [kɒb] N **a** (*swan*) cisne *m* macho. **b** (*horse*) jaca *f* fuerte. **c** (*loaf*) pan *m* redondo. **d** (*nut*) avellana *f*. **e** (*maize*) mazorca *f*.
cobalt [ˈkəʊbɒlt] **1** N cobalto *m*. **2** CPD: **~ blue** N azul *m* cobalto.

cobble [ˈkɒbl] **1** N (*also* **~stone**) adoquín *m*. **2** VT: **to ~ together** hacer apresuradamente.
cobbled [ˈkɒbld] ADJ: **~ street** empedrado *m*, adoquinado *m*.
cobbler [ˈkɒbləʳ] N zapatero/a *m/f* (remendón/ona).
cobblers [ˈkɒbləz] INTERJ (*Brit: fig fam*) chorradas *fpl* (*fam!*).
COBOL [ˈkəʊbɒl] N (*Comput*) COBOL *m*.
cobra [ˈkəʊbrə] N cobra *f*.
cobweb [ˈkɒbweb] N telaraña *f*; **to blow away the ~s** (*fig*) despejar la mente.
cocaine [kəˈkeɪn] **1** N cocaína *f*. **2** CPD: **~ addiction** N cocainomanía *f*.
coccyx [ˈkɒksɪks] N cóccix *m*.
cock [kɒk] **1** N **a** (*rooster*) gallo *m*; (*other male bird*) macho *m*.
b (*tap: stop~*) llave *f* de paso.
c (*fam!: penis*) polla *f* (*fam!*).
2 VT (*gun*) amartillar; (*head*) ladear; (*also* **~ up: ears**) aguzar; **to ~ a snook at sb/sth** (*fig*) burlarse de algn/algo.
3 CPD: **~ teaser** N (*fam!*) calientapollas *f inv* (*fam!*).
cock-a-doodle-doo [ˈkɒkəduːdlˈduː] INTERJ ¡quiquiriquí!
cock-a-hoop [ˈkɒkəˈhuːp] ADJ contentísimo/a.
cockamamie [ˌkɒkəˈmeɪmɪ] ADJ (*US fam*) pijotero/a (*fam*).
cock-and-bull [ˈkɒkənˈbʊl] ADJ: **~ story** cuento *m* chino.
cockatoo [ˌkɒkəˈtuː] N cacatúa *f*.
cockcrow [ˈkɒkkrəʊ] N: **at ~** al amanecer.
cocked [kɒkt] ADJ: **~ hat** sombrero *m* de tres picos; **to knock sth into a ~ hat** ser netamente superior a algo.
cockerel [ˈkɒkrəl] N gallito *m*, gallo *m* joven.
cockeyed [ˈkɒkaɪd] ADJ (*crooked*) torcido/a, chueco/a (*LAm*); (*absurd*) disparatado/a.
cockle [ˈkɒkl] N (*Zool*) berberecho *m*.
cockney [ˈkɒknɪ] N (*person*) habitante de Londres, especialmente de la zona este; (*dialect*) dialecto *m* de esa zona.
cockpit [ˈkɒkpɪt] N (*Aer*) cabina *f*; (*for cockfight*) reñidero *m*.
cockroach [ˈkɒkrəʊtʃ] N cucaracha *f*.
cocksure [ˈkɒkˈʃʊəʳ] ADJ creído/a, engreído/a.
cocktail [ˈkɒkteɪl] **1** N (*drink*) combinado *m*, cóctel *m*; **fruit ~** macedonia *f* de frutas; **prawn ~** cóctel de gambas.
2 CPD: **~ bar** N (*in hotel*) bar *m*; **~ cabinet** N mueble-bar *m*; **~ dress** N vestido *m* de cóctel; **~ party** N cóctel *m*; **~ shaker** N coctelera *f*.
cockup [ˈkɒkʌp] N (*fam*) **what a ~!** ¡qué lío!, ¡qué desmadre!; **to make a ~ of sth** joder algo (*fam*).
cocky [ˈkɒkɪ] ADJ (*comp* **-ier**; *superl* **-iest**) (*fam pej*) creído/a.
cocoa [ˈkəʊkəʊ] N cacao *m*; (*drink*) chocolate *m*.
coconut [ˈkəʊkənʌt] **1** N coco *m*; (*tree*) **~ (palm)** cocotero *m*. **2** CPD: **~ matting** N estera *f* de fibra de coco; **~ oil** N aceite *m* de coco; **~ shy** N tiro *m* al coco.
cocoon [kəˈkuːn] N capullo *m*.
COD ABBR *of* **cash on delivery** (*Brit*)**, collect on delivery** (*US*) C.A.E.
cod [kɒd] N bacalao *m*.
coddle [ˈkɒdl] VT (*also* **mollycoddle**) consentir, mimar; (*Culin*) **~d eggs** huevos cocidos a fuego lento.
code [kəʊd] **1** N **a** (*cipher*) clave *f*, cifra *f*; **in ~** en clave, cifrado/a.
b (*of laws etc*) código *m*; **~ of behaviour** código de conducta; **~ of practice** código profesional; *see* **highway 2**.
2 VT (*message etc*) poner en clave, cifrar.
3 CPD: **~ book** N libro *m* de códigos; **~ name** N alias *m*, nombre *m* en clave; (*Pol*) nombre de guerra; **~ number** N (*Tax etc*) ≈ número *m* de identificación fiscal.
codeine [ˈkəʊdiːn] N (*Pharm*) codeína *f*.
codeword [ˈkəʊdwɜːd] N palabra *f* en clave.
codicil [ˈkɒdɪsɪl] N codicilo *m*.
codify [ˈkəʊdɪfaɪ] VT codificar.
cod-liver oil [ˈkɒdlɪvəʳˈɔɪl] N aceite *m* de hígado de bacalao.
co-driver [ˈkəʊdraɪvəʳ] N (*Aut*) copiloto *mf*.
codswallop [ˈkɒdzwɒləp] N (*Brit fam*) chorradas *fpl* (*fam!*).

co-ed ['kəʊ'ed] [1] ADJ ABBR (fam) of **coeducational** mixto/a. [2] N (US: female student) alumna f de un colegio mixto; (Brit: school) colegio m mixto.

coeducation ['kəʊˌedjʊ'keɪʃən] N coeducación f, enseñanza f mixta.

coefficient [ˌkəʊɪ'fɪʃənt] N coeficiente m.

coerce [kəʊ'ɜːs] VT forzar, obligar, coaccionar; **to ~ sb into doing sth** obligar a algn a hacer algo.

coercion [kəʊ'ɜːʃən] N coacción f, compulsión f.

coexist ['kəʊɪg'zɪst] VI coexistir (with con).

coexistence ['kəʊɪg'zɪstəns] N coexistencia f.

C of C N ABBR of **Chamber of Commerce**.

C of E N ABBR of **Church of England**.

coffee ['kɒfɪ] [1] N café m; **a cup of ~** una taza de café, un café; **white ~** café con leche, café cortado; **black ~** café solo, café americano (LAm), tinto m (Col); **two white ~s, please** dos cafés con leche, por favor. [2] CPD: **~ bar** N café m, cafetería f; **~ bean** N grano m de café; **~ break** N descanso m (para tomar café); **~ cup** N taza f para café, tacita f, pocillo m (LAm); **~ maker** N máquina f de café, cafetera f; **~ mill** N molinillo m de café; **~ morning** N tertulia f formada para tomar el café por la mañana; **~ percolator** N = **~ maker; ~ plantation** N cafetal m; **~ shop** N café m; **~ table** N mesita f para servir el café; **~-table book** libro m de gran formato (bello e impresionante).

coffeepot ['kɒfɪpɒt] N cafetera f.

coffer ['kɒfər] N cofre m, arca f; **~s** (fig) tesoro msg, fondos mpl.

coffin ['kɒfɪn] N ataúd m.

C of I N ABBR of **Church of Ireland**.

C of S N ABBR of **Church of Scotland**.

cog [kɒg] N diente m (de rueda dentada); **just a ~ in the wheel** (fig) una pieza del mecanismo, nada más.

cogent ['kəʊdʒənt] ADJ lógico/a, convincente.

cogitate ['kɒdʒɪteɪt] VI meditar.

cognac ['kɒnjæk] N coñac m.

cohabit [kəʊ'hæbɪt] VI cohabitar (with sb con algn).

coherence [kəʊ'hɪərəns] N (see adj) lógica f; coherencia f; racionalidad f.

coherent [kəʊ'hɪərənt] ADJ (argument) lógico/a; (account, speech, person) coherente; (behaviour) comprensible, racional.

cohesive [kəʊ'hiːsɪv] ADJ (fig) cohesivo/a, unido/a.

COI N ABBR (Brit) of **Central Office of Information**.

coiffure [kwɒ'fjʊər] N peinado m.

coil [kɔɪl] [1] N [a] (roll) rollo m; (single loop) vuelta f; (of hair) rizo m; (of snake) anillo m; (of smoke) espiral f. [b] (Aut, Elec) bobina f, carrete m. [c] (contraceptive) espiral f, DIU m. [2] VT arrollar, enrollar; **to ~ sth up** enrollar algo; **to ~ sth round sth** enrollar algo alrededor de algo. [3] VI [a] (snake) enroscarse; **to ~ up (into a ball)** hacerse un ovillo; **to ~ round sth** enroscarse alrededor de algo. [b] (smoke) subir en espiral.

coin [kɔɪn] [1] N moneda f; **to toss a ~** echar a cara o cruz. [2] VT (money) acuñar; (fig: word etc) inventar, idear, acuñar; **he must be ~ing money** (fam) debe de estar haciéndose de oro; **to ~ a phrase** (hum) como quien dice.

coinbox ['kɔɪnbɒks] N (Telec) depósito m de monedas.

coincide [ˌkəʊɪn'saɪd] VI [a] (happen at same time) coincidir; **to ~ with** coincidir con. [b] (agree) estar de acuerdo; **to ~ with** estar de acuerdo con.

coincidence [kəʊ'ɪnsɪdəns] N coincidencia f, casualidad f; **what a ~!** ¡qué coincidencia!, ¡qué casualidad!

coin-operated ['kɔɪn'ɒpəreɪtɪd] ADJ (machine) que funciona con moneda.

coitus ['kɔɪtəs] N coito m.

Coke ® [kəʊk] N Coca-Cola ® f.

coke [kəʊk] N [a] (fuel) coque m. [b] (fam: cocaine) coca f.

Col. ABBR [a] of **Colonel**. [b] (US) of **Colorado**.

col. ABBR of **column** col, col.ª.

COLA N ABBR (US) of **cost-of-living adjustment** reajuste salarial de acuerdo con el coste de la vida.

colander ['kʌləndər] N colador m.

cold [kəʊld] [1] ADJ (comp **~er**; superl **~est**) frío/a; (fig) **a ~ gaze/welcome** una mirada/recepción fría; (fam: unconscious) **to be out ~** quedarse sin sentido or sin conocimiento; **to be ~** (person) tener frío; (thing) estar frío; (weather) hacer frío; **to get ~** (person) enfriarse, entrarle frío a algn; (thing) enfriarse; (weather) empezar a hacer frío; **in ~ blood** a sangre fría; **to knock sb (out) ~** (fam) dejar a algn sin conocimiento; **it leaves me ~** (fam) me deja frío; **it's ~ comfort** ¡menudo consuelo!; **~ cream** crema f hidratante; **to have/get ~ feet** (fig) arrepentirse, empezar a tener dudas; **~ front** frente m frío; **~ selling** venta f en frío; **~ sore** herpes m labial, pupa f (fam); **~ start, (US) ~ starting** arranque m en frío; **to put sth into ~ storage** (food) conservar algo en cámaras frigoríficas; (fig: project) congelar algo, dar el carpetazo a algo; **he broke into a ~ sweat** le entró un sudor frío; **~ war** guerra f fría. [2] N [a] frío m; **he doesn't like the ~** no le gusta el frío; **to feel the ~** sentir frío; **to leave sb out in the ~** (fig) dejar a algn al margen. [b] (Med: also **common ~**) resfriado m, catarro m, resfrío m (LAm); **to catch a ~** resfriarse, acatarrarse. [3] ADV: **to do sth ~** hacer algo en frío.

cold-blooded ['kəʊld'blʌdɪd] ADJ (Zool) de sangre fría; (fig) desalmado/a, despiadado/a.

cold-hearted ['kəʊld'hɑːtɪd] ADJ insensible, cruel.

coldly ['kəʊldlɪ] ADV (fig) fríamente, con frialdad.

cold-shoulder ['kəʊld'ʃəʊldər] VT (rebuff) volver la espalda a.

coleslaw ['kəʊlslɔː] N INV ensalada f de col con zanahoria.

colic ['kɒlɪk] N (esp of horses, children) cólico m.

collaborate [kə'læbəreɪt] VI (also Pol) colaborar; **to ~ on sth/in doing sth** colaborar en algo; **to ~ with sb** colaborar con algn.

collaboration [kəˌlæbə'reɪʃən] N colaboración f; (Pol) colaboracionismo m; **in ~** en colaboración (with con).

collaborator [kə'læbəreɪtər] N colaborador(a) m/f; (Pol) colaboracionista m.

collagen ['kɒlædʒən] N colágeno m.

collapse [kə'læps] [1] N (Med) colapso m; (of building, roof, floor) hundimiento m, desplome m; (of government) caída f; (of plans, scheme) fracaso m; (financial) ruina f; (of civilization, society) ocaso m; (Comm: of business) quiebra f; (: of prices) hundimiento m, caída. [2] VI (person: Med) sufrir un colapso; (with laughter) morirse (de risa); (building, roof, floor) hundirse, desplomarse; (civilization, society) desaparecer, extinguirse; (government) caer(se); (scheme) fracasar; (business) quebrar; (prices) hundirse, bajar repentinamente; (fold down) plegarse, doblarse.

collapsible [kə'læpsəbl] ADJ plegable.

collar ['kɒlər] [1] N cuello m; (necklace) collar m; (for dog, Tech) collar; **to get hot under the ~** sulfurarse. [2] VT (fam: person) abordar, acorralar; (: object: get for o.s.) apropiarse.

collarbone ['kɒləbəʊn] N clavícula f.

collate [kɒ'leɪt] VT cotejar.

collateral [kɒ'lætərəl] [1] N (Fin) garantía f subsidiaria. [2] CPD: **~ loan** N préstamo m colateral; **~ security** N garantía f colateral.

colleague ['kɒliːg] N colega mf.

collect [kə'lekt] [1] VT [a] (assemble) reunir, juntar; (as hobby: stamps, valuables) coleccionar; (facts, documents) recopilar, reunir; **to ~ o.s.** or **one's thoughts** (fig) reponerse, recobrar el dominio sobre uno mismo; **the ~ed works of Shakespeare** las obras completas de Shakespeare. [b] (call for, pick up: person) recoger, pasar por (LAm); (: post, rubbish) recoger; (: books) (re)coger; (: subscriptions, rent) cobrar; (: taxes) recaudar; (: ticket) recoger; (: dust) retener, acumular; **I'll ~ you at 8** vengo a recogerte a las 8. [2] VI (people) reunirse, congregarse; (water) estancarse; (dust) acumularse; **to ~ for charity** recaudar or recolectar fondos con fines benéficos; **~ on delivery** (US) contra reembolso.

[3] ADV: **to call ~** (US Telec) llamar a cobro revertido.
[4] CPD: **~ call** N (US) llamada f a cobro revertido.
collection [kə'lekʃən] [1] N [a] (act) recogida f; (taxes) recaudación f; **to await ~** estar listo para ser recogido.
[b] (group of people) grupo m; (of pictures, stamps etc) colección f; (pej) montón m; (Rel) colecta f; (for charity) colecta f; (of letters, rubbish) recogida f; **to make a ~ for** hacer una colecta a beneficio de.
[2] CPD: **~ charges** NPL (Fin, Comm) gastos mpl de cobro; **~ plate** N platillo m.
collective [kə'lektɪv] [1] N (gen, Ling) colectivo m. [2] ADJ colectivo/a; **~ bargaining** negociación f del convenio colectivo; **~ farm** granja f colectiva.
collectively [kə'lektɪvlɪ] ADV colectivamente.
collector [kə'lektər] N (of taxes) recaudador(a) m/f; (of stamps etc) coleccionista mf; **~'s item** or **piece** pieza f de coleccionista; see **ticket**.
college ['kɒlɪdʒ] N (part of university) colegio m universitario, escuela f universitaria; (of agriculture, technology etc) escuela; (of music) conservatorio m; (body) colegio; **C~ of Advanced Technology** (Brit) politécnico m; **C~ of Further Education** Escuela de Formación Profesional.
collide [kə'laɪd] VI: **to ~ (with)** (also fig) chocar (con).
collie ['kɒlɪ] N perro m pastor escocés, collie m.
colliery ['kɒlɪərɪ] N mina f de carbón.
collision [kə'lɪʒən] [1] N choque m, colisión f. [2] CPD: **to be on a ~ course** (fig) ir camino del enfrentamiento.
collocation [,kɒlə'keɪʃən] N colocación f.
colloquial [kə'ləʊkwɪəl] ADJ coloquial, de uso corriente.
collusion [kə'luːʒən] N (no pl) confabulación f, connivencia f; **to be in ~ with** confabular or conspirar con.
collywobbles ['kɒlɪ,wɒblz] N (fam: fig) nerviosismo m, ataque m de nervios.
Colo. ABBR (US) of **Colorado**.
cologne [kə'ləʊn] N (also **eau de ~**) (agua f de) colonia f.
Colombia [kə'lɒmbɪə] N Colombia f.
Colombian [kə'lɒmbɪən] ADJ, N colombiano/a m/f.
colon ['kəʊlən] N [a] (Anat) colon m. [b] (Typ) dos puntos mpl.
colonel ['kɜːnl] N coronel m.
colonial [kə'ləʊnɪəl] ADJ colonial; **the ~ power** el poder colonizador.
colonist ['kɒlənɪst] N (pioneer) colonizador(a) m/f; (inhabitant) colono mf.
colonize ['kɒlənaɪz] VT colonizar.
colony ['kɒlənɪ] N colonia f.
color etc ['kʌlər] (US) = **colour** etc.
Colorado beetle [,kɒlə,rɑːdəʊ'biːtl] N escarabajo m de la patata, dorífora f.
colorant ['kʌlərənt] N colorante m.
colossal [kə'lɒsl] ADJ colosal, gigantesco/a.
colour, (US) **color** [kʌlər] [1] N [a] color m; **what ~ is it?** ¿de qué color es?; **a dark/light ~** un color oscuro/claro; **fast ~s** colores sólidos; **let's see the ~ of your money** ¡a ver la pasta or (LAm) la plata!; **to change ~** cambiar or mudar de color.
[b] (complexion) color m; **to be off ~** estar indispuesto/a.
[c] (race) color m, raza f; **people of ~** (US) personas de color.
[d] (flag) bandera f; **to salute the ~s** saludar la bandera; **to see sth/sb in its/his true ~s** (fig) ver algo/a algn a la luz de la verdad; **to show o.s. in one's true ~s** (fig) quitarse la máscara; **to come through with flying ~s** (fig) salir airoso de una prueba; **to nail one's ~s to the mast** (fig) proclamar su lealtad.
[2] VT (picture) colorear; (: with paint) pintar; (: with crayon) colorear; (hair, fabric: dye) teñir; (: tint) teñir, matizar; **to ~ sth green** teñir algo de verde.
[3] VI (blush) ponerse colorado/a, sonrojarse.
[4] CPD (film, slide) en color; **~ bar** N prohibición f racial; **~ code** N código m de colores; **~ photographs** NPL fotos fpl en or (LAm) a color; **~ scheme** N combinación f de colores; **~ supplement** N (Press) suplemento m semanal or dominical; **~ television (set)** N televisión f en color.

♦ **colour in** VT + ADV colorear, pintar.
colourant, (US) **colorant** ['kʌlərənt] N colorante m.
colour-blind, (US) **color-blind** ['kʌləblaɪnd] ADJ daltónico/a.
colour-coded, (US) **color-coded** ['kʌlə'kəʊdɪd] ADJ con código de colores.
coloured, (US) **colored** ['kʌləd] ADJ [a] de color; (fig) de gran colorido; **a straw-~ hat** un sombrero color paja; **~ pencils** lápices de color. [b] (of race) de color, negro/a.
colourfast, (US) **colorfast** ['kʌləfɑːst] ADJ no desteñible.
colourful, (US) **colorful** ['kʌləfəl] ADJ lleno/a de color; (person etc) pintoresco/a, llamativo/a; (story) fantástico/a, apasionante.
colouring, (US) **coloring** ['kʌlərɪŋ] [1] N colorido m; (substance) colorante m; (complexion) tez f; **'no artificial ~'** 'sin colores artificiales'. [2] CPD: **~ book** N libro m (con dibujos) para colorear.
colourless, (US) **colorless** ['kʌlələs] ADJ sin color, incoloro/a; (fig: dull: person) soso/a; **a ~ liquid** un líquido transparente.
colt [kəʊlt] N potro m.
column ['kɒləm] N (gen) columna f; (in newspaper) columna, sección f; **fifth ~** quinta columna; **spinal ~** (Anat) columna vertebral.
columnist ['kɒləmnɪst] N columnista mf, articulista mf.
coma ['kəʊmə] N coma m; **to be in a ~** estar en estado de coma.
comatose ['kəʊmətəʊs] ADJ comatoso/a.
comb [kəʊm] [1] N [a] peine m; (ornamental) peineta f; **to run a ~ through one's hair** peinarse, pasarse un peine.
[b] (of fowl) cresta f.
[c] (honey~) panal m.
[2] VT [a] (hair) peinar; **to ~ one's hair** peinarse.
[b] (search: countryside etc) registrar a fondo, peinar; **we've been ~ing the town for you** te hemos buscado por toda la ciudad.
combat ['kɒmbæt] [1] N combate m. [2] VT (fig) combatir, luchar contra. [3] CPD: **~ duty** N servicio m de frente; **~ jacket** N guerrera f; **~ zone** N zona f de combate.
combatant ['kɒmbətənt] N combatiente mf.
combination [,kɒmbɪ'neɪʃən] [1] N [a] (gen) combinación f; (mixture) mezcla f; **a ~ of circumstances** un conjunto or una combinación de circunstancias.
[b] (of safe etc) combinación f.
[2] CPD: **~ lock** N cerradura f de combinación.
combine [kəm'baɪn] [1] VT: **to ~ (with)** (join) combinar (con); (fuse) unir (con); **he ~s all the qualities of a leader** reúne todas las cualidades de un líder; **to ~ business with pleasure** combinar los negocios con la diversión; **a ~d effort** un esfuerzo conjunto; **a ~d operation** (Mil) una operación conjunta.
[2] VI [a] (join together) combinarse, unirse; **to ~ with** aunarse con; **to ~ against sth/sb** unirse en contra de algo/algn.
[b] (Chem) **to ~ (with)** combinarse (con), mezclarse (con).
[3] ['kɒmbaɪn] N [a] (Comm) asociación f.
[b] (also **~ harvester**) cosechadora f.
combustible [kəm'bʌstɪbl] ADJ combustible.
combustion [kəm'bʌstʃən] [1] N combustión f; see **internal**. [2] CPD: **~ chamber** N cámara f de combustión.
come [kʌm] (pt **came**; pp **come**) VI [a] (gen) venir; (arrive) llegar; **~ with me** ven conmigo; **~ home** ven a casa; **and see us soon** ven a vernos pronto; **we have ~ to help you** hemos venido a ayudarte; **she has just ~ from London** acaba de venir or (LAm) regresar de Londres; **this necklace ~s from Spain** este collar es de España; **they have ~ a long way** (lit) han venido desde muy lejos; (fig) han llegado muy lejos; **people were coming and going all day** la gente iba y venía todo el día; **the pain ~s and goes** el dolor va y viene; **he came running/dashing etc in** entró corriendo/volando etc; **to ~ for sth/sb** venir por or (LAm) pasar por algo/algn; **we'll ~ after you** te seguiremos; **coming!** ¡voy!; **we came to a village** llegamos a un pueblo; **to ~ to a decision** llegar a una decisión; **the water only came to her waist** el agua le

llegaba sólo hasta la cintura; **it came to me that ...** (*idea: occur*) se me ocurrió que ...; **it may ~ as a surprise to you ...** puede que te asombre *or* (*LAm*) extrañe ...; **it came as a shock to her** le afectó mucho; **when it ~s to choosing, I prefer wine** si tengo que elegir, prefiero vino; **when it ~s to mathematics ...** en cuanto a *or* en lo que se refiere a las matemáticas ...; **the day/time will ~ when ...** ya llegará el día/la hora (en) que ...; **the new ruling ~s into force next year** la nueva ley entra en vigor el año que viene.

b (*have its place*) venir, llegar; **work ~s before pleasure** primero el trabajo, luego la diversión; **the adjective ~s before the noun** el adjetivo precede al sustantivo; **he came 3rd** llegó en tercer lugar.

c (*happen*) suceder, pasar; **~ what may** pase lo que pase; **no good will ~ of it** de eso no saldrá nada bueno; **nothing came of it** todo quedó en nada; **that's what ~s of being careless** eso es lo que pasa por la falta de cuidado; **how does this chair ~ to be broken?** ¿cómo es que esta silla está rota?; **how ~?** (*fam*) ¿cómo es eso?, ¿cómo así?, ¿por qué?

d (*be, become*) llegar a; **my dreams came true** mis sueños se hicieron realidad; **the button has ~ loose** el botón se ha soltado; **it ~s naturally to him** lo hace sin esfuerzo, no le cuesta nada hacerlo; **it'll all ~ right in the end** al final, todo se arreglará; **those shoes ~ in 2 colours** esos zapatos vienen en dos colores; **I have ~ to like her** ha llegado a caerme bien; **I came to think it was all my fault** llegué a la conclusión de que era culpa mía; **now I ~ to think of it** ahora que lo pienso, pensándolo bien.

e (*fam: orgasm*) correrse (*Sp fam!*), acabar (*LAm fam!*).

f (*phrases*) **in (the) years to ~** en los años venideros; **if it ~s to it** llegado el caso; **~ to that ...** si vamos a eso ...; **~ again?** (*fam*) ¿cómo (dice)?; **I don't know whether I'm coming or going** no sé lo que me hago; **he had it coming to him** (*fam*) se lo tenía bien merecido; **I could see it coming** lo veía venir; **he's as good as they ~** es bueno como él solo; **he's as stupid as they ~** es tonto de remate; **cars like that don't ~ cheap** los coches así no son baratos; **to ~ between 2 people** (*interfere*) meterse *or* entrometerse entre dos personas; (*separate*) separar a dos personas.

◆**come about** VI + ADV suceder, ocurrir; **how did this ~ about?** ¿cómo ha sido esto?

◆**come across** 1 VI + ADV: **to ~ across well/badly** (*make an impression*) causar buena/mala impresión.
2 VI + PREP (*find*) dar *or* topar con, encontrarse con.

◆**come along** 1 VI + ADV a **~ along!** (*friendly tone*) ¡vamos!, ¡venga!, ¡ándale! *or* (*Mex fam*) ¡ándele!; (*impatiently*) ¡date prisa!, ¡apúrate! (*LAm*). b (*accompany*) acompañar. c (*progress*) ir, progresar; **how is the book coming along?** ¿qué tal va el libro?; **it's coming along nicely** va bien.

◆**come apart** VI + ADV deshacerse, caer en pedazos.

◆**come away** VI + ADV (*leave*) marcharse, salir; (*become detached*) separarse, desprenderse; **~ away from there!** ¡sal *or* quítate de ahí!

◆**come back** VI + ADV a (*return*) volver, regresar (*LAm*); **would you like to ~ back for a cup of tea?** ¿quieres volver a casa a tomar un té?; **to ~ back to what we were discussing** volviendo a lo anterior. b (*reply: fam*) **can I ~ back to you on that one?** ¡volvamos sobre ese punto! c (*return to mind*) **it's all coming back to me** ahora sí me acuerdo.

◆**come between** VI + PREP interponerse entre; (*separate*) dividir, separar; **nothing can ~ between us** no hay nada que sea capaz de separarnos.

◆**come by** 1 VI + PREP (*obtain*) conseguir, adquirir; **how did she ~ by that name?** ¿cómo adquirió ese nombre? 2 VI + ADV a (*pass*) pasar; **could I ~ by please?** ¿me permite? b (*visit*) visitar, entrar a ver; **next time you ~ by la** próxima vez que vengas por aquí.

◆**come down** 1 VI + PREP bajar; **to ~ down the stairs** bajar las escaleras.

2 VI + ADV (*person*) bajar (*from* de; *to* a); (*buildings: be demolished*) ser derribado/a; (*: fall down*) derrumbarse; (*prices, temperature*) bajar; **to ~ down in the world** venir a menos; **to ~ down hard on sb** ser duro con algn; **she came down on them like a ton of bricks** se les echó encima; **to ~ down with flu** caer enfermo *or* enfermar de gripe.

◆**come forward** VI + ADV (*advance*) avanzar; (*volunteer*) ofrecerse, presentarse; (*respond*) responder.

◆**come from** VI + PREP a (*stem from*) venir de, proceder de. b (*person*) ser de; **I ~ from Wigan** soy de Wigan. c (*US fam*) **I don't know where you're coming from** no alcanzo a comprender la base de tu argumento.

◆**come in** VI + ADV (*person*) entrar; (*train, person in race*) llegar; (*tide*) crecer; **~ in!** ¡pase!, ¡siga! (*LAm*); **the Tories came in at the last election** en las últimas elecciones, ganaron los conservadores; **it will ~ in handy** vendrá bien; **where do I ~ in?** y yo ¿qué hago?, y yo ¿qué pinto?; **to ~ in for criticism/praise** ser objeto de críticas/elogios; **they have no money coming in** no tienen ingresos *or* (*LAm*) entradas.

◆**come into** VI + PREP a (*inherit: legacy*) heredar. b (*be involved*) tener que ver con, ser parte de.

◆**come of** VI + PREP: **to ~ of a good family** ser de buena familia.

◆**come off** 1 VI + ADV a (*button etc*) desprenderse, soltarse; (*stain*) quitarse. b (*take place, come to pass*) tener lugar, realizarse; (*turn out*) **to ~ off well/badly** salir bien/mal. c (*acquit o.s.*) portarse; **to ~ off best** salir mejor parado, salir ganando. 2 VI + PREP a (*separate from*) **she came off her bike** se cayó de la bicicleta; **the label came off the bottle** la etiqueta se desprendió de la botella; **~ off it!** (*fam*) ¡vamos, anda!, ¡venga ya! b (*give up*) dejar.

◆**come on** VI + ADV a = **come along (a), (c).** b (*start*) empezar; **I feel a cold coming on** me está entrando un catarro; **winter is coming on now** ya está empezando el invierno; **I'm coming on to that next** de eso hablo en seguida. c (*Theat*) salir a escena.

◆**come on to** VT (*esp US fam*) tirar los tejos a (*fam*), insinuarse a.

◆**come out** VI + ADV (*person, object*) salir (*of* de); (*flower*) abrirse, florecer; (*sun, stars*) salir; (*news*) divulgarse, difundirse; (*scandal*) descubrirse, salir a la luz; (*book, magazine*) salir; (*film*) estrenarse; (*qualities: show*) mostrarse; (*into the open: as gay etc*) declararse; (*stain*) quitarse; (*dye: run*) desteñirse; (*be covered with*) **he came out in a rash** le salieron granos en la piel; **to ~ out on strike** declararse en huelga; (*fig*) **to ~ out for/against sth** declararse en pro/en contra de algo; **the idea came out of an experiment** la idea se originó en un experimento; **to ~ out with a remark** salir con un comentario; **you never know what he's going to ~ out with next!** (*fam*) ¡nunca se sabe por dónde va a salir!

◆**come over** 1 VI + ADV venir, venirse; **they came over to England for a holiday** se vinieron a Inglaterra de vacaciones; **you'll soon ~ over to my way of thinking** ya me darás la razón, ya te dejarás convencer; **I came over all dizzy** me mareé; **her speech came over very well** su discurso causó buena impresión. 2 VI + PREP: **I don't know what's ~ over him!** ¡no sé lo que le pasa!; **a feeling of weariness came over her** le invadió el cansancio.

◆**come round** VI + ADV a **~ round whenever you like** pasa por la casa cuando quieras; **he is coming round to see us tonight** viene a vernos *or* pasará a vernos esta noche. b (*occur regularly*) llegar; **I shall be glad when payday ~s round** ya estoy esperando el día de pago. c (*make detour*) dar un rodeo, desviarse; **I had to ~ round by the Post Office to post a letter** tuve que dar un rodeo hasta Correos para echar una carta. d (*change one's mind*) dejarse convencer; **she'll soon ~ round to my way of thinking** no tardará en darme la razón.

[e] (*throw off bad mood*) tranquilizarse, calmarse; **leave him alone, he'll soon ~ round** déjalo en paz, ya se calmará.

[f] (*regain consciousness, esp after anaesthetic*) volver en sí.

◆**come through** [1] VI + ADV [a] (*survive*) sobrevivir; **he's badly injured, but he'll ~ through all right** está malherido, pero se recuperará.

[b] (*telephone call*) llegar; **the call came through from France at 10 p.m.** a las 10 de la noche lograron comunicar desde Francia.

[2] VI + PREP (*survive: war, danger*) sobrevivir; (: *uninjured*) salir ileso/a de.

◆**come to** VI + ADV [a] (*amount*) ascender a, sumar; **how much does it ~ to?** ¿a cuánto asciende?, ¿cuánto es en total?; **so it ~s to this** así que viene a ser esto. [b] (*regain consciousness, esp after accidental knock-out*) recobrar el conocimiento; **he came to in hospital** recobró el conocimiento en el hospital.

◆**come together** VI + ADV (*assemble*) reunirse, juntarse.

◆**come under** VI + PREP (*heading*) **it ~s under the heading of vandalism** se puede clasificar de vandalismo; (*influence*) **he came under the teacher's influence** cayó bajo la influencia del profesor; **to ~ under attack** sufrir un ataque, verse atacado.

◆**come up** [1] VI + ADV [a] (*ascend*) subir; **he has ~ up in the world** ha subido mucho en la escala social.

[b] (*accused: appear in court*) comparecer; (*lawsuit: be heard*) oírse, presentarse; (*matters for discussion*) plantearse, mencionarse; **his case ~s up tomorrow** su proceso se verá mañana; **she came up against complete opposition to her proposals** tropezó con una oposición total ante sus propuestas.

[2] VI + PREP subir.

◆**come upon** VI + PREP (*object, person*) topar(se) con, encontrar.

◆**come up to** VI + PREP (*reach*) llegar hasta; (*approach*) acercarse a; (*fig*) estar a la altura de, satisfacer.

◆**come up with** VI + PREP (*suggest: idea, plan*) proponer, sugerir; (*find: money*) encontrar; (*propose: suggestion*) hacer; **eventually he came up with the money** por fin encontró el dinero.

comeback ['kʌmbæk] N (*reaction: usu adverse*) reacción *f*; (*response*) réplica *f*; **to make a ~** (*Theat*) volver a las tablas; (*Cine*) volver al plató.

Comecon ['kɒmɪkɒn] N ABBR of **Council for Mutual Economic Aid** COMECON *m*.

comedian [kə'miːdɪən] N cómico *m*, humorista *m*.

comedienne [kə,miːdɪ'ɛn] N cómica *f*, humorista *f*.

comedown ['kʌmdaʊn] N (*no pl: setback*) revés *m*; (: *humiliation*) humillación *f*.

comedy ['kɒmɪdɪ] N (*gen*) comedia *f*; (*humour*) comicidad *f*.

come-on ['kʌm,ɒn] (*fam*) N [a] (*enticement*) insinuación *f*; **to give sb the ~** poner ojos tiernos a algn. [b] (*Comm*) truco *m*.

comer ['kʌmə^r] N: **all ~s** todos los contendientes; **the first ~** el primero/la primera en llegar.

comet ['kɒmɪt] N cometa *m*.

comeuppance [,kʌm'ʌpəns] N: **to get one's ~** llevar su merecido.

COMEX ['kɒmeks] N ABBR (*US*) of **Commodities Exchange.**

comfort ['kʌmfət] [1] N [a] (*solace*) consuelo *m*; **you're a great ~ to me** eres un gran consuelo para mí; **that's cold** or **small ~** eso no me consuela nada; **the exam is too close for ~** el examen está demasiado cerca para que me sienta tranquilo.

[b] (*well-being*) confort *m*, bienestar *m*; (*facility*) comodidad *f*; **to live in ~** vivir cómodamente; **home ~s** las comodidades del hogar.

[2] VT (*give solace*) consolar; (*give relief*) aliviar, dar alivio a.

[3] CPD: **~ station** N (*US*) servicios *mpl*, aseos *mpl*.

comfortable ['kʌmfətəbl] ADJ [a] (*house, chair, shoes etc*) cómodo/a; (*life*) holgado/a; **to make o.s. ~** ponerse

cómodo; **are you ~, sitting there?** ¿estás cómodo, sentado ahí? [b] (*adequate: income*) suficiente, bueno/a; (*temperature*) agradable; **he was elected with a ~ majority** fue elegido por una amplia mayoría. [c] (*fig: relaxed, easy in one's mind*) a gusto, tranquilo/a; **to be ~ about sth** estar tranquilo con respecto a algo.

comfortably ['kʌmfətəblɪ] ADV (*sit etc*) cómodamente; (*live*) holgadamente; **to be ~ off** vivir con desahogo, estar acomodado.

comforter ['kʌmfətə^r] N (*baby's*) chupete *m*, chupón *m* (*LAm*); (*US: blanket*) cobertor *m* acolchado, edredón *m*.

comfy ['kʌmfɪ] ADJ (*fam*) = **comfortable.**

comic ['kɒmɪk] [1] ADJ cómico/a; (*amusing*) gracioso/a; **~ opera** ópera *f* bufa, zarzuela *f* (*Sp*); **~ relief** descanso *m* cómico (del drama).

[2] N (*person*) cómico/a *m/f*; (*paper*) cómic *m*; (*children's*) tebeo *m*.

[3] CPD: **~ book** N libro *m* de cómics; **~ strip** N historieta *f*, tira *f* cómica.

comical ['kɒmɪkəl] ADJ cómico/a, gracioso/a.

coming ['kʌmɪŋ] [1] ADJ (*year etc*) que viene; **in the ~ weeks** en las semanas venideras; **the ~ election** las próximas elecciones; **~ of age** (llegada *f* a la) mayoría *f* de edad.

[2] N venida *f*, llegada *f*; **the ~ of Christ** el advenimiento de Cristo; **~ and going** ir y venir.

coming-out ['kʌmɪŋ'aʊt] N presentación *f* en sociedad.

Comintern ['kɒmɪntɜːn] N ABBR (*Pol*) of **Communist International** Comintern *f*.

comma ['kɒmə] N coma *f*; *see* **inverted.**

command [kə'mɑːnd] [1] N [a] (*order: esp Mil*) orden *f*; (*Comput*) orden, comando *m*; **he gave his ~ in a loud voice** dio la orden en voz alta; **his ~s were obeyed at once** sus órdenes se cumplieron de inmediato; **by** or **at the ~ of sb** por orden de algn; **by royal ~** por real orden.

[b] (*control*) dominio *m*; (*Mil: of army, ship*) mando *m*; **under the ~ of** bajo el mando de; **to be in ~ (of)** estar al mando (de); (*fig*) dominar; **to have/take ~ of** estar al mando/asumir el mando de; **to have at one's ~** tener disponible or a disposición de uno; (*resources*) disponer de; **to have a good ~ of English** dominar el inglés.

[2] VT (*lead: soldiers etc*) mandar; (: *ship*) comandar; (*have at one's disposal: resources*) disponer de; (*attention*) ganarse; (*price*) venderse a or por; (*respect*) imponer; (*order*) **to ~ sb to do sth** mandar/ordenar a algn que haga algo.

[3] CPD: **~ language** N (*Comput*) lenguaje *m* de órdenes; **~ line** N (*Comput*) orden *f*; **~ module** N (*on a space rocket*) módulo *m* de mando; **~ performance** N (*Brit*) estreno *m* (en presencia de la reina); **~ post** N puesto *m* de mando.

commandant [,kɒmən'dænt] N comandante *m*.

commandeer [,kɒmən'dɪə^r] VT (*requisition: building, stores, ship etc*) requisar, expropiar.

commander [kə'mɑːndə^r] N (*Mil*) comandante *mf*; **the ~ of the expedition** el comandante de la expedición; **~-in-chief** *mf* supremo, Comandante en jefe.

commanding [kə'mɑːndɪŋ] ADJ (*appearance*) imponente; (*tone of voice*) imperativo/a; (*lead*) abrumador(a); (*position*) dominante; **~ officer** (*Mil*) comandante *mf*.

commandment [kə'mɑːndmənt] N (*Bible*) mandamiento *m*.

commando [kə'mɑːndəʊ] N (*man, group*) comando *m*.

commemorate [kə'memərert] VT conmemorar.

commemoration [kə,memə'reɪʃən] N: **in ~ of** en conmemoración *f* de.

commemorative [kə'memərətɪv] ADJ conmemorativo/a.

commence [kə'mens] [1] VT comenzar; **to ~ doing sth** comenzar a hacer algo. [2] VI comenzar.

commencement [kə'mensmənt] N comienzo *m*, principio *m*; (*US Univ*) (ceremonia *f* de) graduación *f*.

commend [kə'mend] VT [a] (*praise*) alabar, elogiar; **to ~ sb for** or **on sth** elogiar a algn por algo. [b] (*recommend*) recomendar; **it has little to ~ it** poco se puede decir en su favor. [c] (*entrust*) encomendar (*to* a).

commendable [kə'mendəbl] ADJ encomiable.

commendation [ˌkɒmen'deɪʃən] N elogio *m*, encomio *m*.
commensurate [kə'menʃərɪt] ADJ: ~ **with** en proporción a, que corresponde a.
comment ['kɒment] **1** N (*remark: written or spoken*) comentario *m*, observación *f*; (*no pl: gossip*) comentarios *mpl*, murmuración *f*; **no** ~ no tengo nada que decir, sin comentarios; **to make a** ~ hacer un comentario; **to cause** ~ (*gossip*) provocar comentarios.
2 VI comentar, hacer observaciones; **to** ~ **on** (*text*) comentar, hacer un comentario de; (*subject etc*) hacer observaciones acerca de; (*to the press*) hacer declaraciones sobre.
commentary ['kɒmentərɪ] N (*gen*) comentario *m*; (*on text*) crítica *f* (literaria).
commentate ['kɒmenteɪt] VI comentar.
commentator ['kɒmenteɪtəʳ] N (*Rad, TV*) comentarista *mf*.
commerce ['kɒmɜːs] N (*no pl*) comercio *m*; **Chamber of C~** Cámara *f* de Comercio.
commercial [kə'mɜːʃəl] **1** ADJ comercial; ~ **art** arte *m* comercial; ~ **bank** banco *m* comercial; ~ **centre** centro *m* comercial; ~ **college** escuela *f* para secretarias; ~ **law** derecho *m* mercantil; ~ **property** propiedad *f* comercial; ~ **radio/television** radio *f*/televisión *f* comercial; ~ **traveller** viajante *mf* (de comercio); ~ **value** valor *m* comercial; ~ **vehicle** vehículo *m* comercial.
2 N (*TV: advert*) anuncio *m*.
commercialism [kə'mɜːʃəlɪzəm] N (*often pej*) mercantilismo *m*.
commercialize [kə'mɜːʃəlaɪz] VT comercializar.
commie ['kɒmɪ] ADJ, N (*fam*) = **communist**.
commiserate [kə'mɪzəreɪt] VI: **to** ~ **with** compadecerse *or* condolerse de.
commission [kə'mɪʃən] **1** N **a** (*committee*) comisión *f*; ~ **of inquiry** comisión investigadora.
b (*order for work, esp of artist*) comisión *f*.
c (*for salesman*) comisión *f*; **to sell things on** ~ vender cosas a comisión; **I get 10%** ~ me dan el diez por ciento de comisión.
d (*Mil: position*) graduación *f* de oficial, despacho *m* de oficial.
e **to be out of** ~ estar fuera de servicio.
2 VT **a** (*artist etc*) hacer un encargo a; (*picture*) encargar.
b (*Mil*) nombrar; **~ed officer** oficial *mf*.
commissionaire [kəˌmɪʃə'neəʳ] N portero *m*, conserje *m*.
commissioner [kə'mɪʃənəʳ] N (*official*) comisario *m*; (*member of commission*) comisionado/a *m/f*; ~ **for oaths** notario *m* público; ~ **of police** comisario jefe de policía.
commit [kə'mɪt] VT **a** (*crime*) cometer; (*error*) cometer, incurrir en; **to** ~ **suicide** suicidarse.
b **to** ~ **to writing** poner por escrito; **to** ~ **sth to memory** aprender algo de memoria; **to** ~ **sb for trial** remitir a algn al tribunal; **to** ~ **sb** (*to mental hospital*) internar a algn; **to** ~ **sb to prison** encarcelar a algn.
c (*pledge*) comprometerse; **he is ~ted to change** está dedicado a buscar el cambio; **we are deeply ~ted to this policy** nos hemos declarado firmemente a favor de esta política; **to** ~ **o.s. to** comprometerse a; **I can't** ~ **myself** no puedo comprometerme; **a ~ted writer** un escritor comprometido.
commitment [kə'mɪtmənt] N (*promise*) compromiso *m*; (*devotion*) entrega *f*; **she would give no** ~ no quiso comprometerse; **~s** compromisos, obligaciones *fpl*.
committee [kə'mɪtɪ] **1** N comité *m*, comisión *f*; **to be on a** ~ ser miembro de un comité. **2** CPD: ~ **meeting** N reunión *f* del comité; ~ **member** N miembro *mf* del comité.
commode [kə'məʊd] N (*with chamber pot*) sillico *m*; (*chest of drawers*) cómoda *f*.
commodity ['kɒmɒdɪtɪ] **1** N mercancía *f*, producto *m*. **2** CPD: ~ **exchange** N bolsa *f* de artículos de consumo; ~ **market** N mercado *m* de mercancías; ~ **trade** N comercio *m* de mercancías.
common ['kɒmən] **1** ADJ **a** (*affecting many, mutual*) común; ~ **cause/aim** causa *f*/meta *f* común; ~ **core** (*Scol: also* ~**-core syllabus**) asignaturas *fpl* comunes, tronco *m*

común; ~ **denominator** (*Math*) común denominador *m*; ~ **ground** (*fig*) puntos *mpl* comunes; ~ **interest** interés *m* común; **it is** ~ **knowledge that ...** es del dominio público que ...; ~ **language** lengua *f* común; **the C~ Market** el Mercado Común; ~ **room** sala *f* común, salón *m*.
b (*usual*) común; (*frequent*) frecuente; (*ordinary*) corriente; **this butterfly is** ~ **in Spain** esta mariposa es común en España; ~ **or garden** común y corriente; ~ **belief** opinión *f* general; **it's** ~ **courtesy** es una simple cortesía; **the** ~ **man** el hombre de la calle, el hombre medio; ~ **noun** nombre *m* común; **in** ~ **parlance** en lenguaje corriente; **the** ~ **people** la gente corriente; ~ **sense** sentido *m* común; **in** ~ **use** de uso corriente.
c (*pej: vulgar*) ordinario/a; **as** ~ **as muck** de lo más ordinario.
2 N (*land*) campo *m* comunal, ejido *m*; (*Brit Pol*) **the C~s** los Comunes; **we have a lot in** ~ (*with other people*) tenemos mucho en común (con otra gente).
commoner ['kɒmənəʳ] N plebeyo/a *m/f*.
common-law ['kɒmən,lɔː] ADJ (*marriage*) consensual; (*spouse*) en unión consensual.
commonly ['kɒmənlɪ] ADV **a** (*usually*) normalmente, por lo común; (*frequently*) frecuentemente. **b** (*vulgarly*) ordinariamente, vulgarmente.
commonplace ['kɒmənpleɪs] **1** ADJ (*normal*) normal, corriente; (*pej*) vulgar, ordinario/a. **2** N (*event*) cosa *f* común y corriente; (*statement*) tópico *m*, lugar *m* común.
common-sense ['kɒmən,sens] ADJ racional, lógico/a.
Commonwealth ['kɒmənwelθ] N: **the** ~ la Commonwealth, la Comunidad Británica de Naciones; ~ **of Independent States** Comunidad *f* de Estados Independientes.

┌─────────── COMMONWEALTH ───────────┐

i La **Commonwealth** (*Comunidad Británica de Naciones*) es una asociación de estados soberanos - la mayoría de los cuales eran colonias británicas en el pasado - establecida para fomentar el comercio y los lazos de amistad entre ellos. Actualmente se compone de 51 estados miembros, entre los cuales se encuentran el Reino Unido, Australia, Canadá, India, Jamaica, Kenia, Nueva Zelanda, Nigeria, Pakistán y Sudáfrica. Los países miembros reconocen al soberano británico como **Head of the Commonwealth** y se reúnen anualmente para debatir asuntos políticos y económicos. Además, cada cuatro años uno de los países miembros es el anfitrión de la competición deportiva conocida como **Commonwealth Games**.

└────────────────────────────────────┘

commotion [kə'məʊʃən] N (*noise*) alboroto *m*; (*activity*) jaleo *m*; (*civil*) disturbio *m*.
communal ['kɒmjuːnl] ADJ comunal, comunitario/a.
commune ['kɒmjuːn] **1** N (*group*) comuna *f*. **2** [kə'mjuːn] VI: **to** ~ **with nature** estar en contacto con la naturaleza.
communicable [kə'mjuːnɪkəbl] ADJ (*gen*) comunicable; (*disease*) transmisible.
communicant [kə'mjuːnɪkənt] N (*Rel*) comulgante *mf*.
communicate [kə'mjuːnɪkeɪt] **1** VT: **to** ~ **sth (to sb)** (*thoughts, information*) comunicar algo (a algn); (*frm: disease*) transmitir algo (a algn).
2 VI (*speak etc*) comunicarse; **they just can't** ~ no se entienden en absoluto; **communicating rooms** habitaciones *fpl* que se comunican.
communication [kə,mjuːnɪ'keɪʃən] **1** N **a** (*no pl: verbal or written contact*) contacto *m*; (: *exchange of information etc*) comunicación *f*; **to be in** ~ **with** (*frm*) estar en contacto con.
b (*message*) mensaje *m*, comunicación *f*.
c **~s** comunicaciones *fpl*; **good/poor ~s** buenas/malas comunicaciones.
2 CPD: ~ **cord** N (*Rail*) timbre *m* or palanca *f* de alarma; **~s network** N red *f* de comunicaciones; ~ **problem** N problema *m* de expresión; **~s satellite** N satélite *m* de comunicaciones; ~ **skills** NPL destrezas *fpl* comunicativas; **~s software** N paquete *m* de comunicaciones.

communicative [kə'mju:nɪkətɪv] ADJ comunicativo/a.
communion [kə'mju:nɪən] N (*Rel*) comunión *f*; **to take** or **receive ~** comulgar.
communiqué [kə'mju:nɪkeɪ] N comunicado *m*, parte *m*.
communism ['kɒmjʊnɪzəm] N comunismo *m*.
communist ['kɒmjʊnɪst] [1] ADJ comunista; **C~ party** partido *m* comunista. [2] N comunista *mf*.
community [kə'mju:nɪtɪ] [1] N (*gen*) comunidad *f*; (*local*) barrio *m*, vecindad *f*, vecindario *m*; (*cultural etc*) comunidad; **the C~** (*EEC*) la Comunidad; **the black ~** la población negra.
[2] CPD: **~ centre** N centro *m* social; **~ charge** N (*Brit Admin*) (contribución *f* de) capitación *f*; **~ chest** N (*US*) fondo *m* social; **~ health centre** N centro *m* médico, dispensario *m* público; **C~ law** N derecho *m* comunitario; **C~ politics** NPL política *fsg* local; **C~ regulations** NPL normas *fpl* comunitarias; **~ service** N servicio *m* comunitario; **~ worker** N asistente *mf* social.
commutation ticket [ˌkɒmjʊ'teɪʃən'tɪkɪt] N (*US*) billete *m* de abono.
commute [kə'mju:t] [1] VI viajar a diario (de la casa al trabajo); **I work in London but I ~** (*Brit*) trabajo en Londres pero tengo que viajar cada día. [2] VT (*payment*) **to ~ for/into** conmutar por/en; (*sentence*) **to ~ (to)** conmutar (por).
commuter [kə'mju:tə'] [1] N *persona que viaja cada día de su casa a su trabajo*. [2] CPD: **the ~ belt** N los barrios residenciales; **~ train** N tren *m* de cercanías.
compact¹ [kəm'pækt] ADJ (*small*) compacto/a; (*dense*) apretado/a, sólido/a; (*style*) breve, conciso/a; **~ disc** disco *m* compacto.
compact² ['kɒmpækt] N [a] (*agreement*) pacto *m*, convenio *m*. [b] (*also* **powder ~**) polvera *f*.
companion [kəm'pænɪən] N compañero/a *m/f*; (*travelling ~*) compañero/a (de viaje); (*lady's*) señora *f* de compañía; (*book*) guía *f*; (*one of pair of objects*) compañero, pareja *f*.
companionable [kəm'pænɪənəbl] ADJ (*person*) sociable.
companionship [kəm'pænɪənʃɪp] N (*company*) compañía *f*; (*friendship, friendliness*) compañerismo *m*.
companionway [kəm'pænɪənweɪ] N (*Naut*) escalerilla *f*.
company ['kʌmpənɪ] [1] N [a] (*no pl: companionship*) compañía *f*; **he's good/poor ~** es/no es muy agradable estar con él; **to be in good ~** (*fig*) estar bien acompañado; **to keep sb ~** hacer compañía a algn, acompañar a algn; **it's ~ for her** le hace compañía; **to keep/get into bad ~** andar en malas compañías/hacer malas amistades; **to part ~ with sb** separarse de algn; **two's ~(, three's a crowd)** dos es compañía, tres es una multitud.
[b] (*no pl: guests*) visitas *fpl*, invitados *mpl*; **we have ~** tenemos visita *f* or invitados.
[c] (*Comm: firm etc*) compañía *f*, empresa *f*; (: *association*) sociedad *f*; **Smith and C~** Smith y Compañía; *see* **limited**.
[d] (*Mil*) compañía *f*, unidad *f*.
[e] (*Theat*) compañía *f* (de teatro).
[2] CPD: **~ car** N coche *m* de la empresa; **~ director** N director(a) *m/f* de empresa; **~ law** N derecho *m* de compañías; **~ policy** N normas *fpl* de la empresa; **~ secretary** N administrador(a) *m/f* de empresa; **~ time** N horario *m* del trabajo.
comparable ['kɒmpərəbl] ADJ comparable; **a ~ case** un caso análogo; **~ to** or **with** comparable a or con.
comparative [kəm'pærətɪv] [1] ADJ relativo/a; (*Ling*) comparativo/a; (*study*) comparado/a. [2] N (*Ling*) comparativo *m*.
▼**comparatively** [kəm'pærətɪvlɪ] ADV (*relatively*) relativamente; **the books can be studied ~** se puede hacer un estudio comparado de los libros.
▼**compare** [kəm'peə'] [1] VT comparar; **~d with** or **to** comparado con or a; **to ~ notes with sb** (*fig*) cambiar impresiones con algn.
[2] VI: **how do they ~ for speed?** ¿cuál tiene mayor velocidad?; **how do the prices ~?** ¿qué tal son los precios en comparación?; **it doesn't ~ with yours** no se puede ni comparar al tuyo, no tiene comparación con el

tuyo; **he can't ~ with you** no se le puede comparar con Vd.
[3] N: **beyond ~** (*poet*) incomparable, sin par.
▼**comparison** [kəm'pærɪsn] N (*act*) comparación *f*; (*likeness*) parecido *m*; **to draw a ~** establecer una comparación; **there is no ~ (between them)** no hay comparación (entre ellos); **in** or **by ~ (with)** en comparación (con).
compartment [kəm'pɑ:tmənt] N compartimiento *m*; (*Brit Rail*) departamento *m*.
compartmentalize [ˌkɒmpɑ:t'mentəlaɪz] VT dividir en categorías; (*pej*) aislar en compartimentos estancos.
compass ['kʌmpəs] N [a] (*Naut etc*) brújula *f*. [b] (*Math*) **(pair of) ~es** compás *m*. [c] (*fig: range*) alcance *m*, extensión *f*; (: *area*) ámbito *m*; **within the ~ of** al alcance de.
compassion [kəm'pæʃən] N compasión *f*; **to have/feel ~ for** or **on sb/for sth** tener/sentir compasión por or de algn/algo, compadecerse de algn/algo.
compassionate [kəm'pæʃənɪt] ADJ (*person*) compasivo/a; (*reasons, grounds*) por compasión; **~ leave** permiso *m* por motivos familiares.
compatibility [kəm,pætə'bɪlɪtɪ] N compatibilidad *f*.
compatible [kəm'pætɪbl] ADJ compatible, conciliable; **to be ~ with sth** ser compatible con algo.
compatriot [kəm'pætrɪət] N compatriota *mf*.
compel [kəm'pel] VT obligar; (*respect, obedience, etc*) imponer; (*admiration*) ganar; **to ~ sb to do sth** obligar a algn a hacer algo; **I feel ~led to say** me veo obligado a decir; **~ling reasons** razones apremiantes.
compendium [kəm'pendɪəm] N compendio *m*.
compensate ['kɒmpənseɪt] [1] VT compensar, indemnizar; **to ~ sb for sth** compensar a algn por algo. [2] VI: **to ~ for sth** compensar algo.
compensation [ˌkɒmpən'seɪʃən] [1] N (*award etc*) compensación *f*; (*damages*) indemnización *f*; (*reward*) recompensa *f*; **in ~ (for)** en compensación (por). [2] CPD: **~ fund** N fondo *m* de compensación.
compere ['kɒmpeə'] [1] N presentador(a) *m/f*. [2] VT (*show*) presentar.
compete [kəm'pi:t] VI (*as rivals*) competir; (*take part*) tomar parte (*in* en), presentarse (*in* a); (*Comm*) competir, hacer la competencia; **to ~ in a market** concurrir a un mercado.
competence ['kɒmpɪtəns], **competency** ['kɒmpɪtənsɪ] N capacidad *f*, competencia *f*; (*of court*) competencia, incumbencia *f*.
competent ['kɒmpɪtənt] ADJ [a] competente, capaz; **to be ~ to do sth** ser competente para hacer algo; **a ~ knowledge of the language** un conocimiento suficiente del idioma. [b] (*Jur*) competente.
competition [ˌkɒmpɪ'tɪʃən] N [a] (*gen, Comm*) competencia *f*; (*no pl: competing*) competencia, rivalidad *f*; **in ~ with** en competencia con; **there was keen ~ in the race** la carrera fue muy reñida. [b] (*contest*) concurso *m*; (: *academic*) oposición *f*; (*Sport*) competición *f*; **to go in for** or **enter a ~** inscribirse en or presentarse a un concurso.
competitive [kəm'petɪtɪv] ADJ (*spirit, person*) competitivo/a, de competencia; (*exam, selection*) por concurso; (*Comm*) competitivo; **we must make ourselves more ~** tenemos que hacernos más competitivos.
competitively [kəm'petɪtɪvlɪ] ADV (*do etc*) con espíritu competidor; **a ~ priced product** un producto de precio competitivo.
competitor [kəm'petɪtə'] N (*in contest*) concursante *mf*; (*Comm*) competidor(a) *m/f*; **~s** la competencia.
compile [kəm'paɪl] VT compilar, recopilar.
complacency [kəm'pleɪsnsɪ] N (*often pej*) excesiva satisfacción *f* de sí mismo, suficiencia *f*.
complacent [kəm'pleɪsnt] ADJ (*often pej: person*) (demasiado) satisfecho/a de sí mismo, suficiente; **a ~ look** una cara complacida or de complacencia.
complain [kəm'pleɪn] VI quejarse (*about, of* de; *to* a); (*make a formal complaint*) reclamar; **to ~ of** (*Med*) quejarse de;

| ➤ SENTENCE BUILDER: | **comparatively** → 9.1 | **compare** → 9.1 | **comparison** → 9.1 |

they ~ed to the neighbours se quejaron a los vecinos; **you should ~ to the police** tendrías que denunciarlo a la policía; **I can't ~** yo no me quejo.

complaint [kəm'pleɪnt] **1** N (*statement of dissatisfaction*) queja *f*; (*to manager of shop etc*) reclamación *f*; (*cause of dissatisfaction*) motivo *m* de queja; (*Med: illness*) enfermedad *f*, mal *m*; **to make a ~** hacer una reclamación, formular una queja; **reason for ~** motivo de queja o protesta; **to lodge a ~ against sb** (*Jur*) presentar una demanda contra algn.
2 CPD: **~s book** N libro *m* de reclamaciones; **~s department** N sección *f* de reclamaciones; **~s procedure** N procedimiento *m* para presentar reclamaciones.

complement ['kɒmplɪmənt] **1** N **a** (*gen*) complemento *m*; **to be a ~ to** complementar a. **b** (*of staff: esp on ship*) dotación *f*, personal *m*. **2** ['kɒmplɪment] VT complementar.

complementary [ˌkɒmplɪ'mentərɪ] ADJ complementario/a; **dress and coat are ~** el vestido y el abrigo se complementan.

complete [kəm'pliːt] **1** ADJ (*whole*) entero/a, completo/a; (*finished*) acabado/a; (*utter*) completo/a, total; **it's a ~ disaster** es un desastre total; **it is a ~ mistake to think that** es totalmente erróneo pensar que; **my report is still not ~** mi informe todavía no está terminado; **he arrived ~ with equipment** llegó con su equipo y todo.
2 VT (*make up: set*) completar; (*misfortune, happiness*) colmar; (*finish: work*) terminar, acabar; (: *contract*) realizar; (*fill in: form*) (re)llenar; **~ the application form** rellene la solicitud.

completely [kəm'pliːtlɪ] ADV completamente, por completo.

completion [kəm'pliːʃən] **1** N terminación *f*, conclusión *f*; **to be nearing ~** estar a punto de terminarse; **on ~ of contract** cuando se realice el contrato.
2 CPD: **~ date** N (*Jur: for work*) fecha *f* de cumplimiento; (*in house-buying*) fecha de firma del contrato.

complex ['kɒmpleks] **1** ADJ (*difficult*) complicado/a; (*consisting of different parts*) complejo/a; (*Ling*) compuesto/a.
2 N **a** (*Psych*) complejo *m*; **inferiority/Oedipus ~** complejo de inferioridad/Edipo; **he's got a ~** está acomplejado.
b (*of buildings*) complejo *m*; **sports ~** complejo deportivo; **housing ~** colonia *f* de viviendas, urbanización *f*; **shopping ~** complejo comercial.

complexion [kəm'plekʃən] N tez *f*, cutis *m*; (*fig*) **that puts a different ~ on it** eso le da otro aspecto.

complexity [kəm'pleksɪtɪ] N complejidad *f*, complicación *f*.

compliance [kəm'plaɪəns] N (*with rules etc*) conformidad *f*; (*submissiveness*) sumisión *f*; **in ~ with** de acuerdo con, obedeciendo a.

complicate ['kɒmplɪkeɪt] VT complicar.

complicated ['kɒmplɪkeɪtɪd] ADJ complicado/a; **to become ~** complicarse.

complication [ˌkɒmplɪ'keɪʃən] N complicación *f*; **~s** dificultades *fpl*; **it seems there are ~s** parece que han surgido dificultades.

compliment ['kɒmplɪmənt] **1** N **a** (*respect*) cumplido *m*; (*flirtation*) piropo *m*; (*flattery*) halago *m*; **to pay sb a ~** (*respectful*) hacer cumplidos a algn; (*amorous*) echar piropos a algn; (*flatter*) halagar a algn; **to return the ~** devolver el cumplido; **I take it as a ~ that** me halaga (el) que.
b **~s** (*greetings*) saludos *mpl*; **'with ~s'** 'con un atento saludo'; **the ~s of the season** felicidades *fpl*; **with the ~s of the management** obsequio de la casa; **my ~s to the chef** mi enhorabuena al cocinero.
2 ['kɒmplɪment] VT: **~ sb on sth/on doing sth** felicitar a algn por algo/por conseguir algo.
3 ['kɒmplɪmənt] CPD: **~ slip** N hoja *f* de cumplido.

complimentary [ˌkɒmplɪ'mentərɪ] ADJ **a** (*remark etc*) elogioso/a. **b** (*free: copy of book etc*) de obsequio; **~ ticket** N invitación *f*.

comply [kəm'plaɪ] VI: **to ~ with** (*rules*) cumplir; (*laws*) acatar; (*obey*) obedecer; (*wishes, request*) acceder a.

component [kəm'pəʊnənt] **1** ADJ (*part*) componente. **2** N (*part*) componente *m*; (*Tech*) pieza *f*. **3** CPD: **~s factory** N fábrica *f* de componentes, maquiladora *f* (*LAm*).

compose [kəm'pəʊz] VT **a** (*music*) componer; (*poetry, letter*) escribir; **to be ~d of** constar de, componerse de. **b** **to ~ o.s.** calmarse, serenarse.

composed [kəm'pəʊzd] ADJ tranquilo/a, sereno/a.

composer [kəm'pəʊzəʳ] N compositor(a) *m/f*.

composite ['kɒmpəzɪt] ADJ compuesto/a; **~ motion** (*Comm*) moción *f* compuesta.

composition [ˌkɒmpə'zɪʃən] N **a** (*no pl: act of composing*: *Mus*) composición *f*; (: *Lit*) redacción *f*. **b** (*thing composed*: *Mus*) composición *f*; (: *Lit*) redacción *f*. **c** (*no pl: make-up, Art*) composición *f*.

compositor [kəm'pɒzɪtəʳ] N cajista *mf*.

compost ['kɒmpɒst] **1** N abono *m*. **2** CPD: **~ heap** N montón *m* de abono (vegetal).

composure [kəm'pəʊʒəʳ] N calma *f*, serenidad *f*; **to recover one's ~** recobrar la calma.

compote ['kɒmpəʊt] N compota *f*.

compound [kəm'paʊnd] **1** N **a** (*Chem*) compuesto *m*; (*word*) palabra *f* compuesta.
b (*enclosed area*) recinto *m* (cercado).
2 (*Chem, number, sentence, tense*) compuesto/a; (*fracture*) complicado/a; **~ interest** interés *m* compuesto.
3 [kəm'paʊnd] VT (*fig: problem, difficulty*) agravar.

comprehend [ˌkɒmprɪ'hend] VT (*understand*) comprender, entender.

comprehensible [ˌkɒmprɪ'hensəbl] ADJ comprensible.

comprehension [ˌkɒmprɪ'henʃən] **1** N (*understanding*) comprensión *f*; (*Scol: exercise*) prueba *f* de comprensión; **it is beyond ~** es incomprensible. **2** CPD: **~ test** N test *m* de comprensión.

comprehensive [ˌkɒmprɪ'hensɪv] **1** ADJ (*knowledge, study, measures*) amplio/a, extenso/a; (*report, review, description*) global, de conjunto; (*insurance*) a todo riesgo; (*price, charge*) todo incluido.
2 N (*also ~ school*) instituto *m* de segunda enseñanza.

───── COMPREHENSIVE SCHOOLS ─────

La mayoría de las escuelas de educación secundaria en el Reino Unido se conocen como **comprehensive schools** *y ofrecen una gran variedad de asignaturas para cubrir las necesidades educativas de alumnos con diferentes aptitudes. Fueron creadas en los años sesenta en un intento de fomentar la igualdad de oportunidades y acabar con la división tradicional entre los centros selectivos de enseñanzas teóricas (*grammar schools*) y otros de enseñanza básicamente profesional (*secondary modern schools*).*

compress [kəm'pres] **1** VT (*gen*) comprimir; (*text etc*) condensar; **~ed air** aire *m* comprimido. **2** ['kɒmpres] N (*Med*) compresa *f*.

compression [kəm'preʃən] N compresión *f*.

compressor [kəm'presəʳ] **1** N compresor *m*. **2** CPD: **~ unit** N unidad *f* de compresor.

comprise [kəm'praɪz] VT (*include*) comprender; (*be made up of*) constar de, consistir en.

compromise ['kɒmprəmaɪz] **1** N (*agreement*) arreglo *m*, solución *f* intermedia; **to reach a ~ (over sth)** llegar a un arreglo (sobre algo).
2 VI llegar a un arreglo; (*give in*) transigir, transar (*LAm*); **to ~ with sb over sth** transigir con algn sobre algo; **I agreed to ~** convine en transigir.
3 VT (*endanger safety of*) poner en peligro; (*reputation, person: bring under suspicion*) comprometer.
4 CPD (*decision, solution*) de término medio.

compulsion [kəm'pʌlʃən] N (*urge*) compulsión *f*; (*force*) **under ~** a la fuerza, bajo coacción; **you are under no ~** no tienes ninguna obligación.

compulsive [kəm'pʌlsɪv] ADJ compulsivo/a.

▼**compulsory** [kəm'pʌlsərɪ] ADJ obligatorio/a; **~ liquidation** liquidación *f* obligatoria; **~ purchase** expropiación *f*; **~ redundancy** despido *m* forzoso.

compunction [kəm'pʌŋkʃən] N (*no pl*) escrúpulo *m*.

computation [ˌkɒmpjʊ'teɪʃən] N (*often pl*) cómputo *m*,

cálculo *m*.
compute [kəm'pju:t] VT computar, calcular.
computer [kəm'pju:təʳ] **1** N ordenador *m* (*Sp*), computadora *f*, computador *m*; **she is in ~s** trabaja con ordenadores.
2 CPD: **~ crime** N delitos *mpl* informáticos; **~ dating service** N agencia *f* matrimonial por ordenador; **~ game** N videojuego *m*; **~ literate** ADJ competente en la informática; **~ model** N modelo *m* informático; **~ peripheral** N periférico *m*; **~ printout** N impresión *f* (de ordenador); **~ program** N programa *m* de ordenador; **~ programmer** N programador(a) *m/f* de ordenadores; **~ programming** N programación *f* de ordenadores; **~ science** N informática *f*; **~ skills** NPL conocimientos *mpl* de informática.
computer-aided [kəm,pju:tə'reɪdɪd], **computer-assisted** [kəm,pju:tərə'sɪstɪd] ADJ asistido/a por ordenador.
computer-generated [kəm,pju:tə'dʒenəreɪtɪd] ADJ (*graphics, images*) realizado/a por ordenador, creado/a por ordenador.
computerization [kəm,pju:tərə'zeɪʃən] N (*no pl*) computerización *f*.
computerize [kəm'pju:təraɪz] VT computerizar; **we're ~d now** ahora tenemos ordenador.
computer-operated [kəm,pju:tə'ɒpəreɪtɪd] ADJ operado/a por ordenador, computerizado/a.
computing [kəm'pju:tɪŋ] N informática *f*.
comrade ['kɒmrɪd] N compañero/a *m/f*, camarada *mf*; (*Pol*) camarada.
comsat ['kɒmsæt] N ABBR of **communications satellite** COMSAT *m*.
con¹ [kɒn] (*fam*) **1** VT timar, estafar; **to ~ sb into doing sth** engañar a algn para que haga algo; **I've been ~ned!** ¡me han estafado!
2 N estafa *f*, timo *m*; **it was all a big ~** no fue más que una estafa.
3 CPD: **~ man** N estafador *m*.
con² [kɒn] N (*disadvantage*) contra *m*; **the pros and ~s** los pros y los contras.
Con. ABBR (*Brit*) of **constable**.
concave ['kɒn'keɪv] ADJ cóncavo/a.
conceal [kən'si:l] VT (*from sb: object, news*) ocultar; (: *emotions, thoughts*) disimular; **~ed lighting** luces *fpl* indirectas; **~ed turning** (*Aut*) cruce *m* escondido.
concede [kən'si:d] **1** VT (*point, argument, defeat*) reconocer, conceder; (*game, victory, territory*) ceder; **to ~ that** admitir que. **2** VI ceder, darse por vencido.
conceit [kən'si:t] N (*no pl*) vanidad *f*, presunción *f*, engreimiento *m*.
conceited [kən'si:tɪd] ADJ vanidoso/a, engreído/a; **to be ~ about** envanecerse con *or* de *or* por.
conceivable [kən'si:vəbl] ADJ concebible.
conceivably [kən'si:vəblɪ] ADV posiblemente; **you may ~ be right** es posible que tenga razón.
conceive [kən'si:v] **1** VT **a** (*child*) concebir.
b (*imagine*); **to ~ a dislike for sth/sb** cobrar antipatía a algo/algn.
2 VI **a** (*become pregnant*) concebir.
b (*think*) **to ~ of sth/of doing sth** imaginar algo/ imaginarse haciendo algo; **I cannot ~ why** no entiendo porqué.
concentrate ['kɒnsəntreɪt] **1** VT **a** (*efforts, thoughts*) concentrar; **to ~ one's efforts on sth/on doing sth** concentrar los esfuerzos en algo/en hacer algo.
b (*group closely*) concentrar, reunir.
2 VI **a** (*pay attention*) concentrarse; **to ~ on** concentrarse en.
b (*group closely*) concentrarse, reunirse.
3 N (*Chem*) concentrado *m*.
concentrated ['kɒnsən,treɪtd] ADJ concentrado/a.
concentration [,kɒnsən'treɪʃən] **1** N concentración *f*.
2 CPD: **~ camp** N campo *m* de concentración.
concept ['kɒnsept] N concepto *m*; **have you any ~ of how hard it is?** ¿tienes alguna idea de lo difícil que es?
conception [kən'sepʃən] N **a** (*of child, idea*) concepción

f; *see* **immaculate**. **b** (*idea*) concepto *m*; **he has not the remotest ~ of** no tiene la menor idea de.
concern [kən'sɜ:n] **1** N **a** (*interest*) interés *m*; **it's no ~ of yours** no es asunto tuyo; **what ~ is it of yours?** ¿qué tiene que ver contigo?; **it's of no ~ to me** a mí no me importa, me tiene sin cuidado; **he has a ~ in the business** tiene intereses en la empresa.
b (*anxiety*) preocupación *f*, inquietud *f*; **it is a matter for ~ that** es motivo de preocupación el (hecho de) que; **with growing ~** con una creciente preocupación; **a look of ~** una cara de preocupación.
c (*firm*) empresa *f*; **going ~** empresa próspera; **the whole ~** (*fam*) el asunto entero.
2 VT **a** (*affect*) afectar, atañer, concernir; (*interest*) interesar, tener que ver con; (*be about*) tratar de; (*be relevant to*) referirse a, relacionarse con; **to whom it may ~** a quien corresponda; **it ~s me closely** me atañe directamente; **my question ~s money** mi pregunta se refiere al dinero; **those ~ed** los interesados; **where** *or* **as far as women are ~ed** por lo que se refiere a las mujeres; **as far as I am ~ed** por *or* en lo que a mí se refiere, en cuanto a mí; **please contact the department ~ed** sírvase contactar con la sección correspondiente; **to be ~ed with** tratar de; **he was ~ed in peace talks** participó en las conversaciones de paz; **we are ~ed with facts** (a nosotros) nos interesan los hechos; **to ~ o.s. with** preocuparse por.
b (*worry*) preocupar; **to be ~ed at** *or* **by sth** preocuparse por algo; **to be ~ed for sb** estar preocupado por algn; **to be ~ed about sth/sb** estar preocupado por algo/algn.
concerning [kən'sɜ:nɪŋ] PREP con respecto a, en lo que se refiere a; (*about*) acerca de.
concert ['kɒnsət] **1** N (*Mus*) concierto *m*; **'The Lionhearts' are in ~ at the Pavilion** el grupo 'The Lionhearts' aparece en persona en el Teatro Pavilion; **in ~ (with)** (*fig: agreement*) de común acuerdo (con).
2 [kən'sɜ:t] VT concertar; (*policy*) coordinar.
3 ['kɒnsət] CPD: **~ hall** N sala *f* de conciertos; **~ party** N (*Theat*) grupo *m* de artistas de revista; (*Fin*) *confabulación para adquirir acciones individualmente con intención de reunirla en bloque*; **~ pianist** N pianista *mf* de concierto; **~ ticket** N entrada *f* de conciertos; **~ tour** N gira *f* de conciertos.
concerted [kən'sɜ:tɪd] ADJ concertado/a; **we made a ~ effort** coordinamos los esfuerzos (**to do sth** por hacer algo).
concertina [,kɒnsə'ti:nə] **1** N concertina *f*. **2** VI: **the vehicles ~ed into each other** los vehículos colisionaron en acordeón.
concertmaster ['kɒnsət,mɑ:stəʳ] N (*US*) primer violín *m*.
concerto [kən'tʃeətəʊ] N concierto *m*.
concession [kən'seʃən] N **a** concesión *f*; **price ~** reducción *f*. **b** (*franchise*) concesión *f*; (*exploration rights: oil*) derechos *mpl* de exploración.
concessionaire [kən,seʃə'neəʳ] N concesionario/a *m/f*.
concessionary [kən'seʃənərɪ] ADJ (*ticket, fare*) reducido/a.
conciliate [kən'sɪlɪeɪt] VT conciliar.
conciliatory [kən'sɪlɪətərɪ] ADJ conciliador(a).
concise [kən'saɪs] ADJ conciso/a.
conclude [kən'klu:d] **1** VT **a** (*end*) acabar, concluir.
b (*finalize: treaty*) concertar, pactar; (: *agreement*) llegar a, concertar.
c (*infer*) concluir; **from your expression I ~ that you are angry** por tu expresión deduzco que estás enfadado. **2** VI (*end*) terminarse, concluirse; **he ~d by saying** terminó diciendo.
conclusion [kən'klu:ʒən] N **a** (*end*) conclusión *f*, término *m*; **to reach a happy ~** llegar a feliz término; **in ~** para terminar, en conclusión. **b** (*opinion*) conclusión *f*; **to come to the ~ that** llegar a la conclusión de que; **draw your own ~s** extraiga Vd las conclusiones oportunas; **to jump to ~s** sacar conclusiones precipitadas; *see* **foregone**.
conclusive [kən'klu:sɪv] ADJ concluyente, decisivo/a.
concoct [kən'kɒkt] VT (*food, drink*) confeccionar; (*story*) inventar; (*plot*) tramar, fraguar.

concoction [kən'kɒkʃən] N *(food)* mezcla *f*; *(drink)* brebaje *m*.

concord ['kɒŋkɔːd] N *(no pl: harmony)* concordia *f*; *(treaty)* acuerdo *m*.

concourse ['kɒŋkɔːs] N *(of people)* concurrencia *f*; *(place)* explanada *f*.

concrete ['kɒŋkriːt] [1] ADJ *(not abstract)* concreto/a; *(Constr)* de hormigón *or* *(LAm)* concreto.
[2] N hormigón *m*.
[3] VT: **to ~ a path** cubrir un sendero de hormigón.
[4] CPD: **~ jungle** N jungla *f* de asfalto; **~ mixer** N hormigonera *f*; **~ noun** N nombre *m* concreto.

concubine ['kɒŋkjʊbaɪn] N concubina *f*.

concur [kən'kɜːr] VI [a] *(agree)* estar de acuerdo *(with* con).
[b] *(happen at the same time)* concurrir.

concurrent [kən'kʌrənt] ADJ: **~ with** concurrente *(con)*; **~ processing** procesamiento *m* concurrente.

concussed [kən'kʌst] ADJ: **to be ~** sufrir una conmoción cerebral.

concussion [kən'kʌʃən] N *(Med: no pl)* conmoción *f* cerebral.

condemn [kən'dem] VT *(Jur, censure)* condenar; *(building)* declarar en ruina; *(food)* declarar insalubre; **to ~ sb to death** condenar a algn a muerte; **the ~ed cell** la celda de los condenados a muerte; **the ~ed man** el reo de muerte; **such conduct is to be ~ed** tal conducta es censurable.

condemnation [ˌkɒndem'neɪʃən] N condena *f*; *(blame)* censura *f*.

condensation [ˌkɒnden'seɪʃən] N *(vapour etc)* vaho *m*; *(summary)* resumen *m*.

condense [kən'dens] [1] VT *(vapour)* condensar; *(text)* abreviar, resumir; **~d milk** leche *f* condensada. [2] VI condensarse.

condenser [kən'densər] N condensador *m*.

condescend [ˌkɒndɪ'send] VI tratar con condescendencia *(to* a); **to ~ to do sth** dignarse hacer algo.

condescending [ˌkɒndɪ'sendɪŋ] ADJ condescendiente; **he's very ~** se cree muy superior.

condiment ['kɒndɪmənt] N condimento *m*.

condition [kən'dɪʃən] [1] N [a] *(stipulation)* condición *f*; **on ~ that** a condición de que; **on no ~** bajo ningún concepto; **I'll do it on one ~** lo haré, con una condición; **~s of sale** condiciones de venta.
[b] *(state)* condición *f*, estado *m*; *(circumstance)* circunstancia *f*; **under** *or* **in the present ~s** en las circunstancias actuales; **in good ~** en buenas condiciones, en buen estado; **in poor ~** en malas condiciones; **living/working ~s** condiciones de vida/ trabajo; **to be in no ~ to do sth** no estar en condiciones de hacer algo; **to be out of ~** no estar en forma; **to keep o.s. in ~** mantenerse en forma; **physical ~** estado físico; **physical ~s** condiciones físicas; **weather ~s** estado del tiempo.
[c] *(disease)* enfermedad *f*; **he has a heart ~** tiene una afección cardíaca.
[2] VT *(hair)* condicionar; *(determine)* determinar; *(Psych: train)* condicionar; **to be ~ed by** depender de; **~ed reflex** reflejo *m* condicionado.

conditional [kən'dɪʃənl] ADJ condicional; **to be ~ upon** depender de; **~ offer** oferta *f* condicional; **~ tense/ clause** tiempo *m*/oración *f* condicional.

conditioner [kən'dɪʃənər] N *(for hair)* suavizante *m*.

conditioning [kən'dɪʃənɪŋ] [1] ADJ: **~ shampoo** champú *m* acondicionador. [2] N *(social)* condicionamiento *m*; *see* **air-conditioning.**

condo ['kɒndəʊ] N ABBR *(US fam)* of **condominium.**

condolence [kən'dəʊləns] N *(usu pl)* pésame *m*; **please accept my ~s** le acompaño en el sentimiento; **to send one's ~** dar el pésame.

condom ['kɒndəm] N condón *m*, preservativo *m*.

condominium ['kɒndə'mɪnɪəm] N *(Pol)* condominio *m*; *(US: building)* bloque *m* de pisos, condominio *(en copropiedad de los que lo habitan)*; *(apartment)* piso *m or* apartamento *m* (en propiedad), condominio *(LAm)*.

condone [kən'dəʊn] VT consentir, tolerar.

conducive [kən'djuːsɪv] ADJ: **~ to** conducente a.

conduct ['kɒndʌkt] [1] N *(behaviour)* comportamiento *m*, conducta *f*; *(of business etc)* dirección *f*, manejo *m*.
[2] [kən'dʌkt] VT [a] *(guide)* llevar, conducir.
[b] *(heat, electricity)* conducir.
[c] *(business, campaign)* dirigir, llevar; *(legal case)* presentar; *(Mus)* dirigir; **~ed tour** visita *f* con guía.
[d] *(behave)* **to ~ o.s.** comportarse.
[3] [kən'dʌkt] VI *(Mus)* dirigir.

conduction [kən'dʌkʃən] N *(no pl: Elec)* conducción *f*.

conductivity [ˌkɒndʌk'tɪvɪtɪ] N *(no pl)* conductividad *f*.

conductor [kən'dʌktər] N *(Mus)* director(a) *m/f*; *(of bus)* cobrador(a) *m/f*; *(US Rail)* revisor(a) *m/f*; *(of heat, electricity)* conductor *m*; *(also* **lightning ~)** pararrayos *m inv*.

conduit ['kɒndɪt] N conducto *m*.

cone [kəʊn] N *(Math)* cono *m*; *(Bot)* piña *f*; *(ice cream)* cucurucho *m*.

◆**cone off** VT + ADV *(road)* cerrar con conos, cortar con conos.

confab ['kɒnfæb] N *(fam)* = **confabulation.**

confabulation [kənˌfæbjʊ'leɪʃən] N conferencia *f*.

confectioner [kən'fekʃənər] N confitero/a *m/f*; **~'s (shop)** confitería *f*, dulcería *f (LAm)*; **~'s sugar** *(US)* azúcar *m* glas(eado).

confectionery [kən'fekʃənərɪ] N *(no pl: sweets)* dulces *mpl*, golosinas *fpl (LAm)*.

confederate [kən'fedərɪt] [1] ADJ confederado/a. [2] N *(pej)* cómplice *mf*; *(US Hist)* confederado/a *m/f*.

confederation [kənˌfedə'reɪʃən] N confederación *f*.

confer [kən'fɜːr] [1] VT: **to ~ sth on sb** *(gift, honour)* otorgar algo a algn; *(title)* conferir algo a algn. [2] VI conferenciar, estar en consultas; **to ~ with sb** consultar con algn.

conference ['kɒnfərəns] [1] N *(discussion, meeting)* reunión *f*, conferencia *f*; *(conference)* asamblea *f*, congreso *m*; **to be in ~** estar en una reunión; *see* **press 4.**
[2] CPD: **~ centre** N *(town)* ciudad *f* de congresos; *(building)* palacio *m* de congresos; **~ room** N sala *f* de conferencias; **~ system** N sistema *m* de conferencias; **~ table** N mesa *f* negociadora.

confess [kən'fes] [1] VT *(crime, sin)* confesar; *(guilt, error)* confesar, reconocer; **to ~ that ...** confesar que ...; **to ~ sb** *(Rel)* confesar a algn; **to ~ one's guilt** reconocer su culpabilidad; **to ~ o.s. guilty of** *(sin, crime)* confesarse culpable de.
[2] VI *(admit)* confesar; *(Rel)* confesarse; **to ~ (to sth/to doing sth)** confesarse culpable de algo/de haber hecho algo); **I must ~, I like your car** debo reconocer que me gusta tu coche; **to ~ to a liking for sth** reconocerse aficionado a algo.

confession [kən'feʃən] N *(act, document)* confesión *f*; **to go to** *or* **make one's ~** confesarse.

confessional [kən'feʃnl] N confesionario *m*.

confessor [kən'fesər] N *(Rel: priest)* confesor *m*; *(: adviser)* director *m* espiritual.

confetti [kən'fetɪ] N confeti *m*.

confidant [ˌkɒnfɪ'dænt] N confidente *m*.

confidante [ˌkɒnfɪ'dænt] N confidenta *f*.

confide [kən'faɪd] [1] VT *(secret)* confiar; **he ~d to me that** me dijo en confianza que. [2] VI *(trust)* confiar en, fiarse de; *(tell secrets)* **to ~ in sb (about sth)** confiarse a algn (sobre algo).

confidence ['kɒnfɪdəns] [1] N [a] *(trust)* confianza *f*; **to have (every) ~ in sb** tener (entera) confianza en algn; **to have (every) ~ that ...** estar seguro *o* confiado de que ...; **a motion of no ~** moción *f* de censura.
[b] *(also* **self-~)** confianza *f or* seguridad *f* (en sí mismo); **to gain ~** adquirir confianza.
[c] *(secret)* confidencia *f*; **in ~** en confianza; **to tell sb (about) sth in (strict) ~** decir algo a algn en absoluta confianza; **to take sb into one's ~** confiarse a algn; **'write in ~ to X'** 'escriba a X: discreción garantizada'.
[2] CPD: **~ trick**, *(US)* **~ game** N estafa *f*, timo *m*.

confident ['kɒnfɪdənt] ADJ *(assured)* lleno/a de confianza; *(sure)* seguro/a; **~ that** seguro de que; **to be ~ of doing sth** estar seguro de poder hacer algo.

confidential [ˌkɒnfɪ'denʃəl] ADJ *(information, remark)* confidencial, secreto/a; (*secretary, tone of voice*) de confianza; '**~**' (*on letter etc*) 'confidencial'.

confidentially [ˌkɒnfɪ'dənʃəlɪ] ADV confidencialmente, en confianza.

configuration [kən.fɪgjʊ'reɪʃən] N (*gen, Comput*) configuración f.

confine [kən'faɪn] VT a (*imprison*) encerrar (*in, to* en); **to be ~d to bed** tener que guardar cama. b (*limit*) limitar; **to ~ o.s. to doing sth** limitarse a hacer algo; **the damage is ~d to this part** el daño afecta sólo esta parte; **please ~ yourself to the facts** por favor, limítese a los hechos; **a ~d space** un espacio reducido.

confinement [kən'faɪnmənt] N a (*imprisonment*) prisión f, reclusión f; **to be in solitary ~** estar incomunicado. b (*Med*) parto m.

confines ['kɒnfaɪnz] NPL confines *mpl*, límites *mpl*.

confirm [kən'fɜːm] VT (*gen, Rel*) confirmar.

confirmation [ˌkɒnfə'meɪʃən] N confirmación f.

confirmed [kən'fɜːmd] ADJ empedernido/a.

confiscate ['kɒnfɪskeɪt] VT: **to ~ sth** confiscar algo, incautarse de algo.

conflate [kən'fleɪt] VT combinar.

conflict ['kɒnflɪkt] 1 N conflicto m; **in ~ with sth/sb** en conflicto con algo/algn; **~ of evidence** contradicción f de testimonios; **~ of interests** conflicto de intereses, incompatibilidad f (de intereses). 2 [kən'flɪkt] VI (*ideas, evidence, statements etc*) chocar (*with* con); **that ~s with what he told me** eso contradice lo que me dijo.

conflicting [kən'flɪktɪŋ] ADJ (*reports, evidence*) contradictorio/a; (*interests*) opuesto/a.

confluence ['kɒnfluəns] N confluencia f.

conform [kən'fɔːm] VI (*comply: to laws*) someterse (*to* a); (: *to standards*) ajustarse (*to* a); (*people: socially*) adaptarse, amoldarse; **he will ~ to the agreement** se ajustará al acuerdo.

conformity [kən'fɔːmɪtɪ] N conformidad f; **in ~ with** conforme a *or* con.

confound [kən'faʊnd] VT (*confuse*) confundir; (*amaze*) pasmar, desconcertar; **~ it!** ¡demonio!; **~ him!** ¡maldito sea!

confront [kən'frʌnt] VT hacer frente a; (*defiantly*) enfrentarse con; **to ~ sb with sth** confrontar a algn con algo; **to ~ sb with the facts** exponer delante de algn los hechos; **the problems which ~ us** los problemas con los que nos enfrentamos.

confrontation [ˌkɒnfrən'teɪʃən] N enfrentamiento m, confrontación f.

confuse [kən'fjuːz] VT a (*perplex*) desconcertar; (*mix up*) confundir. b (*not distinguish between*) confundir.

confused [kən'fjuːzd] ADJ confuso/a; (*embarrassed*) confuso/a, desconcertado/a; **to be** *or* **get ~** confundirse; **to get ~** (*muddled up*) hacerse un lío; (*embarrassed*) desconcertarse.

confusing [kən'fjuːzɪŋ] ADJ confuso/a; **it's all very ~** muy difícil de entender.

confusion [kən'fjuːʒən] N confusión f; **to be in ~** (*disorder*) estar en desorden; (*perplexity*) estar desorientado/a.

congeal [kən'dʒiːl] VI coagularse, cuajarse.

congenial [kən'dʒiːnɪəl] ADJ (*agreeable*) agradable; (*compatible*) compatible.

congenital [kən'dʒenɪtl] ADJ congénito/a.

congested [kən'dʒestɪd] ADJ (*street, building etc*) atestado/a (de gente); (*Med*) congestionado/a.

congestion [kən'dʒestʃən] N (*traffic*) aglomeración f; (*Med*) congestión f.

conglomerate [kən'glɒmərɪt] N (*Comm*) conglomerado m.

Congo ['kɒŋgəʊ] N: **the ~** el Congo; **Republic of the ~** República f del Congo.

congratulate [kən'grætjʊleɪt] VT: **to ~ sb (on sth/on doing sth)** felicitar a algn (por algo/por haber hecho algo).

congratulations [kən.grætjʊ'leɪʃənz] NPL felicitaciones *fpl* (*on* por); **~!** ¡enhorabuena!, ¡felicidades!

congregate ['kɒŋgrɪgeɪt] VI reunirse, congregarse.

congregation [ˌkɒŋgrɪ'geɪʃən] N (*Rel*) fieles *mpl*, feligreses

mpl.

congress ['kɒŋgres] N (*meeting*) congreso m; **C~** (*Pol*) el Congreso.

┌─ CONGRESS ─────────────────────────────┐

ⓘ *En el Congreso de Estados Unidos* (**Congress**) *se elaboran y aprueban las leyes federales. Consta de dos cámaras: la Cámara de Representantes* (**House of Representatives**), *cuyos 435 miembros son elegidos cada dos años por voto popular directo y en número proporcional a los habitantes de cada estado, y el Senado* (**Senate**), *con 100 senadores* (**senators**), *2 por estado, de los que un tercio se elige cada dos años y el resto cada seis.*

└──┘

congressman ['kɒŋgresmən] N (*pl* **-men**) (*US*) diputado m, miembro m del Congreso.

congresswoman ['kɒŋgres.wʊmən] N (*pl* **-women**) (*US*) diputada f, miembro f del Congreso.

congruence ['kɒŋgruəns] N congruencia f.

conical ['kɒnɪkəl] ADJ cónico/a.

conifer ['kɒnɪfər] N conífera f.

coniferous [kə'nɪfərəs] ADJ conífero/a.

conjecture [kən'dʒektʃər] 1 N: **it's only ~** son conjeturas, nada más. 2 VT, VI conjeturar.

conjugal ['kɒndʒʊgəl] ADJ conyugal.

conjugate ['kɒndʒʊgeɪt] 1 VT (*Ling*) conjugar. 2 VI (*Ling*) conjugarse.

conjugation [ˌkɒndʒʊ'geɪʃən] N (*Ling*) conjugación f.

conjunction [kən'dʒʌŋkʃən] N a (*Ling*) conjunción f. b **in ~ with** junto con, juntamente con.

conjunctivitis [kən.dʒʌŋktɪ'vaɪtɪs] N conjuntivitis f.

conjuncture [kən'dʒʌŋktʃər] N coyuntura f.

conjure ['kʌndʒər] VI hacer juegos de manos; **his is a name to ~ with** es todo un personaje.

◆ **conjure up** VT + ADV (*memories, visions*) evocar; (*meal*) preparar rápidamente.

conjurer, **conjuror** ['kʌndʒərər] N ilusionista *mf*, prestidigitador(a) *m/f*.

conjuring ['kʌndʒərɪŋ] 1 N ilusionismo m, juegos *mpl* de manos. 2 CPD: **~ trick** N juego m de manos.

conk¹ [kɒŋk] N (*fam*) a (*Brit: nose*) narigón m. b (*blow*) golpe m. c (*US: head*) cholla f.

conk² [kɒŋk] VI + ADV: **to ~ out** (*fam: break down*) averiarse, fastidiarse (*fam*), descomponerse (*LAm*).

conker ['kɒŋkər] N (*Brit fam*) castaña f de Indias; **~s** (*game*) juego m de las castañas.

Conn ABBR (*US*) of **Connecticut**.

connect [kə'nekt] 1 VT a (*join*) conectar; (*subj: road, railway, airline*) unir; (*Telec: caller*) poner en comunicación (*with* con); (*pipes, drains*) empalmar (*to* a); (*install: cooker, telephone*) enchufar, conectar; **I am trying to ~ you** (*Telec*) estoy intentando ponerle al habla; **to ~ sth (up) to the mains** (*Elec*) conectar algo a la red eléctrica; **please ~ me with Mr X** póngame con el Sr X, por favor. b (*associate*) **to ~ sth/sb (with)** vincular algo/a algn (con); **to be ~ed (to** *or* **with)** estar relacionado (con); **are these matters ~ed?** ¿tienen alguna relación entre sí estas cuestiones? 2 VI (*trains, planes*) enlazar (*with* con); (*road, pipes, electricity*) empalmar (*with* con).

connecting [kə'nektɪŋ] ADJ (*rooms etc*) comunicado/a; **~ flight** vuelo m de enlace; **bedroom with ~ bathroom** habitación comunicada con el baño.

connection, connexion [kə'nekʃən] N a (*no pl: act; Elec, Tech*) conexión f, empalme m; (*Telec*) línea f, comunicación f; (*Rail etc*) empalme, enlace m; **to miss/make a ~** perder/hacer la correspondencia; '**we've got a bad ~**' (*Telec*) 'no se oye bien la línea'. b (*relationship*) relación f (*between* entre; *with* con); (*relative: usu pl*) pariente m; (*business ~: usu pl*) relaciones *fpl*, contactos *mpl*; **in ~ with** con respecto a, en relación a; **in this ~** a este respecto.

conning tower ['kɒnɪŋ.taʊər] N (*of submarine*) torre f de mando.

connivance [kə'naɪvəns] N a (*tacit consent*) consentimiento m (*at* en); **with the ~ of** con la connivencia de. **b** (*conspiracy*) participación *f* en un complot.

connive [kə'naɪv] VI (*condone*) hacer la vista gorda (*at* a); (*conspire*) confabularse; **to ~ with sb to do sth** confabularse con algn para hacer algo.

connoisseur [ˌkɒnə'sɜːʳ] N conocedor(a) *m/f*, entendido/a *m/f*.

connotation [ˌkɒnəʊ'teɪʃən] N connotación *f*.

connote [kɒ'nəʊt] VT connotar.

conquer ['kɒŋkəʳ] VT (*territory, nation etc*) conquistar; (*feelings, enemy etc*) vencer.

conquering ['kɒŋkərɪŋ] ADJ vencedor(a), victorioso/a.

conqueror ['kɒŋkərəʳ] N (*see vt*) conquistador(a) *m/f*; vencedor(a) *m/f*.

conquest ['kɒŋkwest] N conquista *f*.

Cons. ABBR *of* **Conservative**.

conscience ['kɒnʃəns] N conciencia *f*; **to have a clear ~** tener la conciencia tranquila *or* limpia; **I have a guilty ~** me remuerde la conciencia; **to have sth on one's ~** tener un peso en la conciencia; **in all ~** en conciencia.

conscience-stricken ['kɒnʃəns,strɪkən] ADJ lleno/a de remordimientos.

conscientious [ˌkɒnʃɪ'enʃəs] ADJ concienzudo/a; **~ objector** objetor(a) *m/f* de conciencia.

conscious ['kɒnʃəs] **1** ADJ **a** (*Med*) consciente; **to be ~ of sth/of doing** ser consciente de algo/de hacer; **to become ~ of sth/that** darse cuenta de algo/de que; **to be ~ that** tener (plena) conciencia de que. **b** (*deliberate: insult*) premeditado/a; (: *error*) intencionado/a. **2** N: **the ~** el consciente.

consciousness ['kɒnʃəsnɪs] **1** N **a** (*Med*) conocimiento *m*; **to lose/regain ~** perder/recobrar el conocimiento; **b** (*awareness*) con(s)ciencia *f* (*of* de). **2** CPD: **~ raising** N concienciación *f*.

conscript ['kɒnskrɪpt] **1** N recluta *mf*, conscripto/a *m/f* (*LAm*). **2** [kən'skrɪpt] VT reclutar, llamar a filas.

conscription [kən'skrɪpʃən] N servicio *m* militar obligatorio, conscripción *f* (*LAm*).

consecrate ['kɒnsɪkreɪt] VT consagrar.

consecration [ˌkɒnsɪ'kreɪʃən] N consagración *f*.

consecutive [kən'sekjʊtɪv] ADJ consecutivo/a; **on 3 ~ days** 3 días seguidos.

consensus [kən'sensəs] N consenso *m*; **the ~ of opinion** el consenso general.

consent [kən'sent] **1** N consentimiento *m*; **with the ~ of** con el consentimiento de; **by mutual ~** de *or* por mutuo acuerdo; **by common ~** de *or* por común acuerdo; **without his ~** sin su consentimiento; **the age of ~** la edad núbil. **2** VI: **to ~ (to sth/to do sth)** consentir (en algo/en hacer algo).

▼**consequence** ['kɒnsɪkwəns] N **a** (*result*) consecuencia *f*; **in ~** por consiguiente, por lo tanto; **in ~ of (which)** como consecuencia de (lo cual); **to take the ~s** aceptar las consecuencias. **b** (*importance*) importancia *f*, trascendencia *f*; **it is of no ~** no tiene importancia, es de poca trascendencia.

consequent ['kɒnsɪkwənt] ADJ consiguiente.

consequential [ˌkɒnsɪ'kwenʃəl] ADJ **a** (*resulting*) consiguiente. **b** (*important*) importante.

consequently ['kɒnsɪkwəntlɪ] ADV por consiguiente, por lo tanto.

conservation [ˌkɒnsə'veɪʃən] **1** N conservación *f*, protección *f*. **2** CPD: **~ area** N zona *f* de interés patrimonio histórico-artístico; (*nature reserve*) zona protegida.

conservationist [ˌkɒnsə'veɪʃənɪst] N conservacionista *mf*, ecologista *mf*.

conservative [kən'sɜːvətɪv] **1** ADJ (*gen, Pol*) conservador(a); **a ~ estimate** un cálculo moderado; **C~ Party** (*Brit*) Partido *m* Conservador. **2** N (*Pol etc*) conservador(a) *m/f*.

conservatoire [kən'sɜːvətwɑːʳ] N conservatorio *m*.

conservatory [kən'sɜːvətrɪ] N invernadero *m*.

conserve [kən'sɜːv] VT conservar, preservar; **to ~ one's**

---

strength reservar sus fuerzas.

consider [kən'sɪdəʳ] VT **a** (*think about: problem, possibility*) considerar, pensar (en); **to ~ doing sth** pensar en la posibilidad de hacer algo; **would you ~ buying it?** ¿te interesa comprarlo?; **I wouldn't ~ it for a moment** no quiero pensarlo siquiera; **all things ~ed** pensándolo bien; **it is my ~ed opinion that ...** después de haberlo considerado detenidamente, creo que ...; **he is being ~ed for the post** le están considerando para el puesto. **b** (*take into account*) tomar *or* tener en cuenta. **c** (*be of the opinion*) considerar; **to ~ sb to be intelligent** considerar a algn por inteligente; **~ yourself lucky!** ¡date por satisfecho!; **I ~ the matter closed** para mí el asunto está concluido.

considerable [kən'sɪdərəbl] ADJ bastante; (*sum etc*) considerable; (*loss*) sensible, importante; **to a ~ extent** en gran parte.

considerably [kən'sɪdərəblɪ] ADV bastante, mucho, considerablemente.

considerate [kən'sɪdərɪt] ADJ (*person, action*) atento/a, considerado/a; **to be ~ towards** ser atento con.

consideration [kən,sɪdə'reɪʃən] N **a** (*no pl: thought, reflection*) consideración *f*; **the issue is under ~** la cuestión se está estudiando; **after due ~** después de un detenido examen de la cuestión; **without due ~** sin reflexión; **to take sth into ~** tener *or* tomar en cuenta *or* consideración; **taking everything into ~** teniendo en cuenta todo. **b** (*no pl: thoughtfulness*) consideración *f*; **out of ~ for sb/sb's feelings** por consideración a algn/los sentimientos de algn; **to show ~ for sb/sb's feelings** respetar a algn/los sentimientos de algn. **c** (*factor*) **his age is an important ~** su edad es un factor importante; **that is a ~** eso debe tomarse en cuenta; **money is the main ~** el dinero es la consideración principal; **it's of no ~** no tiene importancia. **d** (*payment*) retribución *f*; **for a ~** por una gratificación.

considering [kən'sɪdərɪŋ] **1** PREP teniendo en cuenta, en vista de. **2** CONJ (*also ~ that*) en vista de que, teniendo en cuenta que; **~ (that) it was my fault** teniendo en cuenta que la culpa fue mía. **3** ADV después de todo, a fin de cuentas.

consign [kən'saɪn] VT (*Comm: send*) enviar, consignar; (*frm: commit, entrust*) confiar.

consignee [ˌkɒnsaɪ'niː] N consignatario/a *m/f*.

consignment [kən'saɪnmənt] **1** N (*goods*) envío *m*, remesa *f*; **goods on ~** mercancías *fpl* en consignación. **2** CPD: **~ note** N talón *m* de expedición.

consignor [kən'saɪnəʳ] N remitente *mf*.

consist [kən'sɪst] VI: **to ~ of** constar de, consistir en; **to ~ in sth/in doing sth** consistir en algo/en hacer algo.

consistency [kən'sɪstənsɪ] N **a** (*no pl: of person, action*) consecuencia *f*, coherencia *f*; (: *of argument*) lógica *f*; **their statements lack ~** sus declaraciones no se concuerdan. **b** (*density*) consistencia *f*.

consistent [kən'sɪstənt] ADJ (*person, action*) consecuente; (*argument*) lógico/a; (*results*) constante; **to be ~ with** ser consecuente con, estar de acuerdo con; **your actions are not ~ with your beliefs** tus actos no son consecuentes con tus ideas.

consistently [kən'sɪstəntlɪ] ADV (*argue, behave*) consecuentemente; (*fail, succeed, happen*) constantemente; **to act ~** obrar con consecuencia.

consolation [ˌkɒnsə'leɪʃən] **1** N consuelo *m*; **that's one ~** esto es un consuelo, por lo menos; **if it's any ~ to you** si te consuela de algún modo. **2** CPD: **~ prize** N premio *m* de consolación.

console[1] [kən'səʊl] VT consolar; **to ~ sb for sth** consolar a algn por algo.

console[2] ['kɒnsəʊl] N (*control panel*) consola *f*.

consolidate [kən'sɒlɪdeɪt] **1** VT **a** (*position, influence*) consolidar. **b** (*combine*) concentrar, fusionar. **2** VI (*see vt*) **a** consolidarse. **b** concentrarse, fusionarse.

consolidated [kən'sɒlɪdeɪtɪd] ADJ consolidado/a; **~ accounts** cuentas *fpl* consolidadas; **~ balance sheet** hoja *f* de balance consolidado; **~ fund** fondo *m* consolidado.

➤ SENTENCE BUILDER: **consequence** → 12.5

consolidation [kən‚sɒlɪ'deɪʃən] N (*see vt*) consolidación *f*; concentración *f*, fusión *f*.
consols ['kɒnsɒlz] NPL (*Brit Fin*) fondos *mpl* consolidados.
consommé [kən'sɒmeɪ] N consomé *m*, caldo *m*.
consonant ['kɒnsənənt] [1] N consonante *m*. [2] ADJ: **~ with** de acuerdo *or* en consonancia con.
consort ['kɒnsɔːt] [1] N consorte *mf*; (*prince* ~) príncipe *m* consorte. [2] [kən'sɔːt] VI: **to ~ with sb** (*often pej*) asociarse con algn.
consortium [kən'sɔːtɪəm] N consorcio *m*.
conspicuous [kən'spɪkjʊəs] ADJ (*behaviour*, *clothes*) llamativo/a; (*notice*, *attempt*) visible; (*bravery*) notable, insigne; (*difference*) notorio/a; **a ~ lack of sth** una carencia manifiesta de algo; **to be ~** destacar(se); **to be ~ by one's absence** brillar por su ausencia; **to make o.s. ~** llamar la atención.
conspiracy [kən'spɪrəsɪ] N (*no pl: plotting*) conspiración *f*, conjuración *f*; (*plot*) complot *m*, conjura *f*.
conspirator [kən'spɪrətəʳ] N conspirador(a) *m/f*.
conspire [kən'spaɪəʳ] VI [a] (*people*) conspirar; **to ~ with sb against sb/sth** conspirar con algn contra algn/algo; **to ~ to do sth** conspirar para hacer algo. [b] (*events*) **to ~ against/to do sth** conjurarse *or* conspirar contra/para hacer algo.
constable ['kʌnstəbl] N (*Brit: also* **police ~**) (agente *mf* de) policía *mf*.
constabulary [kən'stæbjʊlərɪ] N policía *f*.
constant ['kɒnstənt] ADJ (*unchanging*) constante; (*continuous*) continuo/a; (*faithful*) leal, fiel.
constantly ['kɒnstəntlɪ] ADV (*see adj*) constantemente; continuamente.
constellation [‚kɒnstə'leɪʃən] N constelación *f*.
consternation [‚kɒnstə'neɪʃən] N consternación *f*; **in ~** consternado; **there was general ~** se consternaron todos.
constipated ['kɒnstɪpeɪtɪd] ADJ estreñido/a.
constipation [‚kɒnstɪ'peɪʃən] N (*no pl*) estreñimiento *m*.
constituency [kən'stɪtjʊənsɪ] [1] N (*district*) distrito *m or* circunscripción *f* electoral; (*people*) electorado *m*. [2] CPD: **~ party** N partido *m* local.

┌─ CONSTITUENCY ─┐

i **Constituency** *es la denominación que recibe un distrito o circunscripción electoral y el grupo de electores registrados en ella, en el sistema electoral británico. Cada circunscripción elige a un diputado (***Member of Parliament***), que se halla disponible para las consultas y peticiones de sus electores durante ciertas horas a la semana, tiempo que se llama* **surgery***.*

constituent [kən'stɪtjʊənt] [1] N (*component*) constitutivo *m*, componente *m*; (*Pol: voter*) elector(a) *m/f*. [2] ADJ (*part*) constitutivo/a, integrante.
constitute ['kɒnstɪtjuːt] VT (*amount to*) significar, constituir; (*make up*) constituir, componer; (*frm: appoint*, *set up*) constituir.
constitution [‚kɒnstɪ'tjuːʃən] N (*Pol, health*) constitución *f*.
constitutional [‚kɒnstɪ'tjuːʃənl] ADJ (*all senses*) constitucional; **~ law** derecho *m* político; **~ monarchy** monarquía *f* constitucional; **~ reform** reforma *f* constitucional.
constrain [kən'streɪn] VT (*oblige*) obligar; **to ~ sb to do sth** obligar a algn a hacer algo; **to feel/be ~ed to do sth** sentirse/verse obligado a hacer algo.
constraint [kən'streɪnt] N (*no pl: compulsion*) coacción *f*, fuerza *f*; (*limit*) restricción *f*; (*restraint*) reserva *f*, cohibición *f*; **under ~** obligado (a ello); **budgetary ~s** restricciones presupuestarias.
constrict [kən'strɪkt] VT (*muscle*) oprimir; (*vein*) estrangular; (*movements*) restringir.
constriction [kən'strɪkʃən] N (*no pl: of vein*) estrangulamiento *m*.
construct [kən'strʌkt] VT construir.
construction [kən'strʌkʃən] [1] N (*no pl: act, structure*, *building*) construcción *f*; (*fig: interpretation*) inter-

pretación *f*; (*Ling*) construcción; **under ~** en construcción; **to put a wrong ~ on sth** interpretar algo mal. [2] CPD: **~ company** N compañía *f* constructora; **~ engineer** N ingeniero *m* de construcción; **~ industry** N industria *f* de la construcción.
constructive [kən'strʌktɪv] ADJ constructivo/a.
construe [kən'struː] VT interpretar.
consul ['kɒnsəl] N cónsul *m*; **~ general** cónsul *mf* general.
consular ['kɒnsjʊləʳ] ADJ consular.
consulate ['kɒnsjʊlɪt] N consulado *m*.
consult [kən'sʌlt] [1] VT (*all senses*) consultar. [2] VI consultar; **to ~ together** reunirse en consultas; **people should ~ more** la gente debería consultar más entre sí.
consultancy [kən'sʌltənsɪ] [1] N (*Comm*) consultoría *f*; (*Med*) puesto *m* de especialista. [2] CPD: **~ fees** NPL (*Comm*) derechos *mpl* de asesoría; (*Med*) derechos de consulta.
consultant [kən'sʌltənt] [1] N consultor(a) *m/f*, asesor(a) *m/f*; (*Brit Med*) especialista *mf*. [2] CPD: **~ engineer** N ingeniero *m* consejero; **~ paediatrician** N especialista *mf* en pediatría; **~ psychiatrist** N psiquiatra *mf* especialista.
consultation [‚kɒnsəl'teɪʃən] N (*act*) consulta *f*; (*meeting*) negociaciones *fpl*; **in ~ with** tras consultar a.
consultative [kən'sʌltətɪv] ADJ consultivo/a; **~ document** documento *m* consultivo; **I was there in a ~ capacity** yo estuve en calidad de asesor.
consulting room [kən'sʌltɪŋrʊm] N (*Brit*) consultorio *m*, consulta *f*.
consumables [kən'sjuːməblz] N artículos *mpl* de consumo.
consume [kən'sjuːm] VT (*eat*) comerse; (*drink*) beber; (*use*: *resources, fuel*) consumir; (*by fire*) consumir; (*fig: space*, *time etc*) ocupar; **to be ~d with** (*envy, grief*) estar muerto de.
consumer [kən'sjuːməʳ] [1] N consumidor(a) *m/f*; **the ~** el consumidor. [2] CPD: **~ behaviour**, (*US*) **~ behavior** N comportamiento *m* del consumidor; **~ credit** N crédito *m* al consumidor; **~ demand** N demanda *f* de consumo; **~ durables** NPL bienes *mpl* de consumo duraderos; **~ goods** NPL bienes *mpl* de consumo; **~ price index** N índice *m* de precios al consumo; **~ protection** N protección *f* del consumidor; **~ research** N estudios *mpl* de mercado; **~ rights** NPL derechos *mpl* del consumidor; **~ society** N sociedad *f* de consumo; **~ survey** N encuesta *f* sobre consumidores.
consumerism [kən'sjuːmərɪzəm] N consumismo *m*.
consummate [kən'sʌmɪt] [1] ADJ consumado/a; (*skill*) sumo/a. [2] ['kɒnsʌmeɪt] VT consumar.
consumption [kən'sʌmpʃən] N (*no pl: of food, fuel etc: act*, *amount*) consumo *m*; (*old: tuberculosis*) tisis *f*; **not fit for human ~** (*food*) no apto para el consumo humano.
cont. ABBR *of* **continued**.
contact ['kɒntækt] [1] N [a] (*gen*) contacto *m*; (*communication*) comunicación *f*; **to be in ~ with sb/sth** estar en contacto con algn/algo; **to make ~ with sb** ponerse en contacto con algn; **to lose ~ (with sb)** perder el contacto (con algn). [b] (*Elec*) contacto *m*; **to make/break a ~** (*in circuit*) hacer/interrumpir el contacto. [c] (*personal*) relación *f*; (: *pej*) enchufe *m*, cuña *f* (*LAm*), hueso *m* (*Mex fam*), muñeca *f* (*CSur fam*); (*intermediary*) contacto *m*; **he's got good ~s** tiene buenas relaciones; **business ~s** relaciones comerciales. [2] VT (*gen*) contactar con, ponerse en contacto con; (*by telephone etc*) comunicar con. [3] CPD: **~ adhesive** N adhesivo *m* de contacto; **~ breaker** N interruptor *m*; **~ lenses** NPL lentes *mpl* de contacto, lentillas *fpl*; **~ print** N contact *m*.
contagious [kən'teɪdʒəs] ADJ contagioso/a.
contain [kən'teɪn] VT (*all senses*) contener; **to ~ o.s.** contenerse.
container [kən'teɪnəʳ] [1] N [a] (*box, jug etc*) recipiente *m*; (*package, bottle*) envase *m*.

b (*Comm: for transport*) contenedor *m*.
2 CPD (*port, depot*) para contenedores; (*transport*) por contenedor; **~ train/lorry/ship** N portacontenedores *m inv*.
containerization [kən,teɪnəraɪˈzeɪʃən] N contenerización *f*.
containerize [kənˈteɪnəraɪz] VT (*Comm: goods*) transportar en contenedores.
contaminate [kənˈtæmɪneɪt] VT contaminar; (*fig*) corromper, contaminar.
contamination [kən,tæmɪˈneɪʃən] N contaminación *f*.
contd, cont'd ABBR *of* **continued**.
contemplate [ˈkɒntempleɪt] VT (*gaze at, consider*) contemplar; (*reflect upon*) considerar; **we ~d a holiday in Spain** nos planteamos unas vacaciones en España; **to ~ doing sth** pensar en hacer algo; **when do you ~ doing it?** ¿cuándo se propone hacerlo?
contemplation [,kɒntemˈpleɪʃən] N meditación *f*, contemplación *f*.
contemplative [kənˈtemplətɪv] ADJ contemplativo/a.
contemporary [kənˈtempərərɪ] **1** ADJ contemporáneo/a; **~ with** contemporáneo de. **2** N contemporáneo/a *m/f*.
contempt [kənˈtempt] N desprecio *m*, desdén *m*; **to hold sth/sb in ~** despreciar algo/a algn; **it's beneath ~** es más que despreciable; **~ of court** (*Jur*) desacato *m* (a los tribunales).
contemptible [kənˈtemptəbl] ADJ despreciable, desdeñable.
contemptuous [kənˈtemptjʊəs] ADJ (*person*) desdeñoso/a (*of* con); (*manner*) despreciativo/a, desdeñoso/a; (*gesture*) despectivo/a; **to be ~ of** desdeñar, menospreciar.
contend [kənˈtend] **1** VT: **to ~ that** afirmar que, sostener que.
2 VI (*fig*) **to ~ (with sb) for sth** competir (con algn) por algo; **we have many problems to ~ with** se nos plantean muchos problemas; **you'll have me to ~ with** tendrás que vértelas conmigo; **he has a lot to ~ with** tiene que enfrentarse a muchos problemas.
contender [kənˈtendər] N (*rival*) competidor(a) *m/f*; (*Sport etc*) contendiente *mf*.
content¹ [kənˈtent] **1** ADJ contento/a (*with* con); (*satisfied*) satisfecho/a (*with* con); **he is ~ to watch** se conforma *or* se contenta con mirar.
2 N contento *m*; (*satisfaction*) satisfacción *f*; **to one's heart's ~** hasta hartarse, a más no poder; **you can complain to your heart's ~** protesta cuanto quieras.
3 VT contentar; (*satisfy*) satisfacer; **to ~ o.s. with sth/with doing sth** contentarse *or* darse por contento con algo/con hacer algo.
content² [ˈkɒntent] N **a** **~s** contenido *msg*; (*of book*) índice *msg* de materias. **b** (*subject matter, amount*) contenido *m*.
contented [kənˈtentɪd] ADJ satisfecho/a, contento/a.
contention [kənˈtenʃən] N **a** (*strife*) discusión *f*; (*dissent*) disensión *f*; **teams in ~** equipos rivales. **b** (*point*) opinión *f*, argumento *m*; **it is our ~ that ...** pretendemos que ..., sostenemos que ....
contentment [kənˈtentmənt] N contento *m*, satisfacción *f*; (*joy*) alegría *f*.
contest [ˈkɒntest] N (*struggle*) contienda *f*, lucha *f*; (*Boxing, Wrestling*) combate *m*; (*competition*) concurso *m*; **beauty ~** concurso de belleza.
2 [kənˈtest] VT (*dispute: argument, will etc*) impugnar, rebatir; (*right*) negar; (*election, seat*) presentarse como candidato/a a; **I ~ your right to do that** niego que Vd tenga el derecho de hacer eso.
contestant [kənˈtestənt] N (*in competition*) concursante *mf*; (*Sport etc*) contrincante *mf*, contendiente *mf*.
context [ˈkɒntekst] N contexto *m*; **in/out of ~** en/fuera de contexto; **to put sth in ~** explicar el contexto de algo; **it was taken out of ~** fue arrancado de su contexto.
continent [ˈkɒntɪnənt] N **a** continente *m*. **b** (*Brit*) **the C~** el continente europeo, Europa *f* (continental); **on the C~** en Europa (continental).
continental [,kɒntɪˈnentl] ADJ (*Geog*) continental; (*Brit: European*) continental, europeo/a; **~ breakfast** desayuno

m estilo europeo; **~ drift** deriva *f* continental; **~ quilt** edredón *m*.
contingency [kənˈtɪndʒənsɪ] **1** N contingencia *f*, eventualidad *f*. **2** CPD: **~ funds** NPL fondos *mpl* para imprevistos; **~ plans** NPL medidas *fpl* para casos de emergencia.
contingent [kənˈtɪndʒənt] **1** ADJ: **to be ~ upon** depender de. **2** N (*Mil*) contingente *m*; (*group*) representación *f*.
continual [kənˈtɪnjʊəl] ADJ continuo/a; (*persistent*) constante.
continually [kənˈtɪnjʊəlɪ] ADV constantemente.
continuance [kənˈtɪnjʊəns] N (*no pl*) continuación *f*.
continuation [kən,tɪnjʊˈeɪʃən] N (*no pl: maintenance*) prosecución *f*; (: *resumption*) reanudación *f*; (*sth continued*) prolongación *f*; (: *story, episode*) continuación *f*.
continue [kənˈtɪnjuː] **1** VT (*carry on: policy, tradition*) seguir; (*resume: story etc*) reanudar, continuar; **~d on page 10** sigue en la página diez.
2 VI continuar; (*remain*) seguir; (*extend*) prolongarse; **'and so,' he ~d** 'y de este modo,' continuó; **to be ~d** continuará; **to ~ doing** *or* **to do sth** seguir haciendo algo; **to ~ on one's way** seguir su camino; **to ~ with sth** seguir con algo.
continuity [,kɒntɪˈnjuːɪtɪ] **1** N continuidad *f*. **2** CPD: **~ man/girl** N (*Cine*) secretario/a *m/f* de continuidad.
continuous [kənˈtɪnjʊəs] ADJ continuo/a; **~ assessment** evaluación *f* continua; **~ (feed) paper, ~ stationery** papel *m* continuo; **~ performance** (*in cinema*) sesión *f* continua.
continuously [kənˈtɪnjʊəslɪ] ADV continuamente.
contort [kənˈtɔːt] VT retorcer.
contortion [kənˈtɔːʃən] N (*no pl: act*) retorcimiento *m*; (*movement*) contorsión *f*.
contour [ˈkɒntʊər] **1** N contorno *m*. **2** CPD: **~ line** N curva *f* de nivel; **~ map** N plano *m* acotado.
contraband [ˈkɒntrəbænd] **1** N contrabando *m*. **2** CPD de contrabando.
contraception [,kɒntrəˈsepʃən] N contracepción *f*, anticoncepción *f*.
contraceptive [,kɒntrəˈseptɪv] **1** ADJ anticonceptivo/a; **~ pill** píldora *f* anticonceptiva. **2** N anticonceptivo *m*, contraceptivo *m*.
contract [ˈkɒntrækt] **1** N contrato *m*; **to sign a ~** firmar un contrato; **to enter into a ~ with sb to do sth/for sth** hacer un contrato con algn para hacer algo/de algo; **to be under ~ to do sth** estar bajo contrato para hacer algo; **to put work out to ~** sacar una obra a contrata; **breach of ~** incumplimiento de contrato; **by ~** por contrato; **there's a ~ out for him** (*fig*) le han puesto precio; **~ of employment** *or* **service** contrato de trabajo.
2 [kənˈtrækt] VT **a** (*acquire*) contraer; (*habit*) coger (*Sp*), agarrar (*LAm*); (*enter into: alliance*) entablar, establecer; (: *marriage*) contraer.
b (*Ling: shorten*) contraer.
3 [kənˈtrækt] VI **a** (*Comm*) **to ~ (with sb) to do sth** comprometerse por contrato (con algn) a hacer algo.
b (*become smaller: metal*) contraerse, encogerse.
c (*muscles, face*) contraerse.
d (*Ling: word, phrase*) contraerse.
4 [ˈkɒntrækt] CPD (*price, date*) contratado/a, de contrato; (*killing*) por dinero, a sueldo; **~ bridge** N bridge *m* de contrato; **~ work** N trabajo *m* bajo contrato.
◆ **contract in** VI + ADV tomar parte en.
◆ **contract out** **1** VT + ADV: **this work is ~ed out** este trabajo se hace fuera de la empresa bajo contrato.
2 VI + ADV optar por no tomar parte en.
contraction [kənˈtrækʃən] N contracción *f*.
contractor [kənˈtræktər] N contratista *mf*.
contractual [kənˈtræktʃʊəl] ADJ (*duty, obligation*) contractual.
contractually [kənˈtræktʃʊəlɪ] ADV contractualmente; **a ~ binding agreement** un acuerdo vinculante según contrato; **we are ~ bound to finish it** estamos obligados por contrato a terminarlo.
contradict [,kɒntrəˈdɪkt] VT (*be contrary to*) contradecir;

contradiction [ˌkɒntrə'dɪkʃən] N contradicción f; **to be a ~ in terms** ser contradictorio.

contradictory [ˌkɒntrə'dɪktərɪ] ADJ contradictorio/a.

contraflow ['kɒntrəfləʊ] CPD: **~ system** N sistema m de contracorriente.

contraindication [ˌkɒntrə,ɪndɪ'keɪʃən] N contraindicación f.

contralto [kən'træltəʊ] N (person) contralto f; (voice) contralto m.

contraption [kən'træpʃən] N (fam) artilugio m, aparato m.

contrary ['kɒntrərɪ] **1** ADJ **a** (direction) contrario/a; (opinions) opuesto/a; **~ to** en contra de, contrario a; **~ to what we thought** en contra de lo que pensábamos.

b [kən'trɛərɪ] (perverse) terco/a.

2 N contrario m; **on the ~** al contrario, todo lo contrario; **I know nothing to the ~** yo no sé nada en contrario; **the ~ seems to be true** parece que es al revés; **unless we hear to the ~** a no ser que nos digan lo contrario.

contrast ['kɒntrɑːst] **1** N (gen) contraste m; **in ~ to** or **with** a diferencia de, en contraste con.

2 [kən'trɑːst] VT: **to ~ with** poner en contraste con, comparar con.

3 [kən'trɑːst] VI: **to ~ with** contrastar con, hacer contraste con.

contrasting [kən'trɑːstɪŋ] ADJ (opinion) opuesto/a; (colour) que hace contraste.

contravene [ˌkɒntrə'viːn] VT (infringe) contravenir; (go against) ir en contra de; (dispute) oponerse a.

contravention [ˌkɒntrə'venʃən] N (no pl) contravención f.

contretemps ['kɔ̃ːntrətɑ̃ː] N (pl **~**) contratiempo m, revés m.

contribute [kən'trɪbjuːt] **1** VT (sum of money, ideas etc) contribuir, aportar (esp LAm); (help) prestar; (article to a newspaper) escribir.

2 VI (to charity, collection) contribuir (to a); (to newspaper) colaborar (to en); (to discussion) intervenir (to en); (help in bringing sth about) contribuir.

contribution [ˌkɒntrɪ'bjuːʃən] N (money) contribución f, aporte m (esp LAm); (to journal) artículo m, colaboración f; (to discussion) intervención f, aportación f; (to pension fund: often pl) cuota f, cotización f.

contributor [kən'trɪbjʊtəʳ] N persona f que contribuye, contribuyente mf; (to journal) colaborador(a) m/f.

contributory [kən'trɪbjʊtərɪ] ADJ (cause, factor) que contribuye, contribuyente; **~ pension scheme** plan m cotizable de jubilación.

contrite ['kɒntraɪt] ADJ arrepentido/a; (Rel) contrito/a.

contrition [kən'trɪʃən] N arrepentimiento m; (Rel) contrición f.

contrivance [kən'traɪvəns] N (machine, device) aparato m, dispositivo m; (invention) invención f, invento m; (stratagem) estratagema f.

contrive [kən'traɪv] **1** VT (plan, scheme) inventar, idear; **to ~ a means of doing sth** inventar una manera de hacer algo. **2** VI: **to ~ to do** (manage, arrange) lograr hacer; (try) procurar hacer.

control [kən'trəʊl] **1** N **a** (gen) control m; (leadership) mando m, dirección f; (traffic) dirección; **self-~** dominio m de sí mismo; **to keep sth/sb under ~** mantener algo/a algn bajo control; **to lose ~ of sth** perder el control de algo; **to be in ~ of** tener el mando de, estar al mando de; **to get** or **bring a fire under ~** conseguir dominar un incendio; **the car went out of ~** se perdió el control del coche; **the class was quite out of ~** la clase estaba descontrolada; **everything is under ~** todo está bajo control; **under British ~** bajo dominio británico; **to be under private ~** estar en manos de particulares; **circumstances beyond our ~** causas ajenas a nuestra voluntad; **who is in ~?** ¿quién manda?; **his ~ of the ball is very good** (Sport) domina bien el balón.

b (check, measure) control m, freno m; **wage/price ~** reglamentación f or control m de salarios/precios.

c (Tech) mando(s) m(pl); (Rad, TV) mandos m; **to be at/**

take over the ~s llevar/tomar los mandos.

d (in experiment) testigo m, control m.

2 VT **a** (vehicle, machine) manejar, controlar (LAm); (child, animal) dominar, poder con.

b (traffic, business) dirigir; (crowd) controlar.

c (prices, wages, immigration, expenditure) controlar, regular; (fire) dominar; (disease) contener; (emotions) dominar, refrenar; **to ~ o.s.** dominarse, sobreponerse; **~ yourself!** ¡domínate!, ¡cálmate!

3 CPD: **~ column** N palanca f de mando; **~ freak** N (fam) controlador(a) m/f; **he's a total ~ freak** tiene la manía de controlarlo todo; **~ group** N (Med, Psych etc) grupo m de control; **~ key** N (Comput) tecla f de control; **~ knob** N (Rad, TV) botón m de mando; **~ panel** N tablero m de instrumentos; **~ point** N punto m de control; **~ room** N (Mil, Naut) sala f de mandos; (Rad, TV) sala de control; **~ tower** N (Aer) torre f de control; **~ unit** N unidad f de control.

controlled [kən'trəʊld] ADJ (emotion) contenido/a, controlado/a; **she was very ~** tenía gran dominio de sí misma; **she spoke in a ~ voice** su voz no reveló lo que sentía; **~ drugs** medicamentos que se expiden únicamente con receta médica; **~ economy** economía f dirigida; **~ explosion** explosión f controlada; **~ substances** sustancias que se expiden únicamente con receta médica.

-controlled [kən'trəʊld] ADJ SUF: **a Labour~ council** un ayuntamiento laborista; **a government~ organization** una organización bajo control gubernamental; **computer~ equipment** equipamiento computerizado.

controller [kən'trəʊləʳ] N: **air-traffic ~** controlador(a) m/f aéreo/a.

controlling [kən'trəʊlɪŋ] ADJ (factor) determinante; (Fin) **a ~ interest** una participación mayoritaria.

controversial [ˌkɒntrə'vɜːʃəl] ADJ controvertido/a, polémico/a.

controversy [kɒn'trɒvəsɪ] N controversia f; (debate) polémica f.

contusion [kən'tjuːʒən] N (Med) contusión f.

conundrum [kə'nʌndrəm] N (riddle) acertijo m, adivinanza f; (problem) enigma m.

conurbation [ˌkɒnɜː'beɪʃən] N conurbación f.

convalesce [ˌkɒnvə'les] VI convalecer.

convalescence [ˌkɒnvə'lesəns] N (no pl) convalecencia f.

convalescent [ˌkɒnvə'lesənt] **1** ADJ convaleciente; **~ home/hospital** clínica f/hospital m de reposo. **2** N convaleciente mf.

convection [kən'vekʃən] N (no pl) convección f.

convector [kən'vektəʳ] N (also **~ heater, convection heater**) calentador m de convección.

convene [kən'viːn] **1** VT convocar. **2** VI reunirse.

convener, convenor [kən'viːnəʳ] N (esp Brit) coordinador(a) m/f sindical.

convenience [kən'viːnɪəns] **1** N **a** (comfort) comodidad f; (advantage) ventaja f, provecho m; **at your earliest ~** tan pronto como le sea posible; **you can do it at your own ~** puede hacerlo cuando le venga mejor or (LAm) le convenga.

b (amenity) comodidad f, confort m; see **public 3; modern.**

2 CPD: **~ foods** NPL comidas fpl fáciles de preparar; (ready-cooked meals) platos mpl preparados.

convenient [kən'viːnɪənt] ADJ (suitable) conveniente; (time) oportuno/a; (tool, device) práctico/a, útil; (size) idóneo/a, cómodo/a; (near. place) bien situado/a, accesible; **the house is ~ for the shops** la casa está muy cerca de las tiendas; **we looked for a ~ place to stop** buscamos un sitio apropiado para parar; **at a ~ moment** en un momento oportuno; **if it is ~ to you** si le viene bien; **would tomorrow be ~?** ¿le viene bien mañana?; **is it ~ to call tomorrow?** ¿le viene bien llamar mañana?

conveniently [kən'viːnɪəntlɪ] ADV (handily) convenientemente; (suitably: time) oportunamente; **the house is ~ situated** la casa está en un sitio muy práctico.

convent ['kɒnvənt] **1** N convento m. **2** CPD: **~ school** N colegio m de monjas.

convention [kən'venʃən] N **a** (custom) convención f;

you must follow ~ hay que seguir las conveniencias. **b** (*meeting*) asamblea *f*, congreso *m*. **c** (*agreement*) convenio *m*, convención *f*.

conventional [kən'venʃənl] ADJ (*person, method*) tradicional; (*style*) clásico/a; (*behaviour, weapons*) convencional.

converge [kən'vɜːdʒ] VI converger, convergir; **the crowd ~d on the square** la muchedumbre se dirigió a la plaza.

conversant [kən'vɜːsənt] ADJ: **~ with** versado/a en, familiarizado/a con; **to become ~ with** familiarizarse con.

conversation [,kɒnvə'seɪʃən] **1** N conversación *f*, plática *f* (*LAm*); **to have a ~ with sb** conversar *or* (*LAm*) platicar con algn; **what was your ~ about?** ¿de qué hablabas?
2 CPD de conversación; **~ mode** N (*Comput*) modo *m* de conversación; **it was a ~ piece** fue tema de conversación; **that was a ~ stopper** (*fam*) eso nos *etc* dejó a todos sin saber qué decir.

conversational [,kɒnvə'seɪʃənl] ADJ (*style, tone*) familiar; (*person*) locuaz, hablador(a); **~ mode** (*Comput*) modo *m* de conversación.

conversationalist [,kɒnvə'seɪʃnəlɪst] N conversador(a) *m/f*; **to be a good ~** brillar en la conversación; **he's not much of a ~** tiene poco que decir.

converse¹ [kən'vɜːs] VI: **to ~ (with sb about sth)** conversar *or* (*LAm*) platicar (con algn sobre algo).

converse² ['kɒnvɜːs] **1** N (*Math, Logic*) proposición *f* recíproca; (*gen*) inversa *f*. **2** ADJ contrario/a, opuesto/a.

conversely [kən'vɜːslɪ] ADV a la inversa.

conversion [kən'vɜːʃən] **1** N (*gen, Rel*) conversión *f*; (*house ~*) reforma *f*, remodelación *f*; (*Rugby, US Football*) transformación *f*.
2 CPD: **~ kit** N equipo *m* de conversión; **~ (loan) stock** N obligaciones *fpl* convertibles; **~ table** N tabla *f* de equivalencias.

convert ['kɒnvɜːt] **1** N converso/a *m/f*.
2 [kən'vɜːt] VT (*Rugby, US Football*) transformar; **to ~ to/ into** convertir a/en, transformar en; (*appliance*) adaptar a; (*house*) reformar, convertir en; (*Fin: currency*) convertir en; (*Rel*) convertir a; (*fig*) convencer a.
3 [kən'vɜːt] VI convertirse (*to* a).

converter [kən'vɜːtəʳ] N (*Elec*) convertidor *m*.

convertible [kən'vɜːtəbl] **1** ADJ (*currency*) convertible; (*car*) descapotable; (*settee*) transformable; **~ debenture** obligación *f* convertible; **~ loan stock** obligaciones *fpl* convertibles. **2** N (*car*) descapotable *m*.

convex ['kɒnveks] ADJ convexo/a.

convey [kən'veɪ] VT (*goods, oil*) transportar, llevar; (*person: slightly frm*) conducir, acompañar (*LAm*); (*thanks, congratulations*) comunicar; (*meaning, ideas*) expresar; **to ~ to sb/sth that ...** comunicar a algn/algo que ...; **the name ~s nothing to me** el nombre no me dice nada; **what does this music ~ to you?** ¿qué es lo que esta música evoca para ti?

conveyance [kən'veɪəns] N (*act: no pl*) transporte *m*; (*vehicle*) vehículo *m*, medio *m* de transporte; **public ~** vehículo de servicio público.

conveyancing [kən'veɪənsɪŋ] N (*Jur*) preparación *f* de escrituras de traspaso.

conveyor belt [kən'veɪəbelt] N cinta *f* transportadora.

convict ['kɒnvɪkt] **1** N (*prisoner*) presidiario/a *m/f*; (*guilty party*) convicto/a *m/f*.
2 [kən'vɪkt] VT declarar culpable (*of* de), condenar; **a ~ed murderer** un asesino convicto y confeso; **he was ~ed of drunken driving** fue condenado por conducir en estado de embriaguez.
3 [kən'vɪkt] VI declarar culpable a algn.

conviction [kən'vɪkʃən] N **a** (*Jur*) condena *f*; **there were 12 ~s for theft** hubo 12 condenas por robo; **to have no previous ~s** no tener antecedentes penales. **b** (*belief*) convicción *f*, creencia *f*; **it is my ~ that ...** creo firmemente que ...; **without much ~** no muy convencido/a; **to carry ~** ser convincente; **open to ~** dispuesto a dejarse convencer.

▼**convince** [kən'vɪns] VT convencer; **to ~ sb (of sth/that)**

convencer a algn (de algo/de que).

convincing [kən'vɪnsɪŋ] ADJ convincente.

convincingly [kən'vɪnsɪŋlɪ] ADV de forma convincente; **to prove sth ~** probar algo de modo concluyente.

convivial [kən'vɪvɪəl] ADJ (*person, company*) sociable, agradable; (*evening, atmosphere*) alegre, agradable.

convoke [kən'vəʊk] VT convocar.

convoluted ['kɒnvə,luːtɪd] ADJ (*shape: rolled*) enrollado/a, enroscado/a; **a ~ argument** un razonamiento enrevesado.

convolvulus [kən'vɒlvjʊləs] N enredadera *f*.

convoy ['kɒnvɔɪ] N (*procession*) convoy *m*; (*escort*) escolta *f*; **in/under ~** en convoy.

convulse [kən'vʌls] VT (*often pass: by earthquake etc*) sacudir; (*fig: by war, riot*) convulsionar, conmocionar; (*fig*) **to be ~d with** (*laughter*) dislocarse; (*anger*) estar ciego de; (*pain*) retorcerse de.

convulsion [kən'vʌlʃən] N (*fit, seizure*) convulsión *f*; (*fig*) conmoción *f*; **in ~s** (*fam: of laughter*) con un ataque de risa.

convulsive [kən'vʌlsɪv] ADJ (*movement*) convulsivo/a; (*laughter*) incontenible.

coo [kuː] VI (*dove*) arrullar; (*baby*) hacer gorgoritos.

cooing ['kuːɪŋ] N arrullos *mpl*.

cook [kʊk] **1** N cocinero/a *m/f*; **too many ~s spoil the broth** demasiadas cocineras estropean el caldo.
2 VT (*gen*) cocinar, guisar; (*boil*) cocer; (*grill*) asar (a la parrilla); (*fry*) freír; (*fam: falsify: accounts*) falsificar; **to ~ a meal** preparar *or* hacer una comida; **to ~ sb's goose** (*fig fam*) hacerle la pascua a algn.
3 VI (*food*) cocinarse, cocer; (*person*) cocinar, guisar (*esp LAm*); **can you ~?** ¿sabes cocinar?; **what's ~ing?** (*fig fam*) ¿qué se guisa?, ¿qué pasa?

♦**cook up** VT + ADV (*fam: excuse, story*) inventar; (: *plan*) tramar.

cookbook ['kʊkbʊk] N (*US*) = **cookery book**.

cooker ['kʊkəʳ] N **a** (*stove*) cocina *f*, horno *m* (*esp LAm*); **gas/electric ~** cocina de gas/eléctrica. **b** (*cooking apple*) manzana *f* para cocinar.

cookery ['kʊkərɪ] **1** N cocina *f*, arte *m* culinario. **2** CPD: **~ book** N libro *m* de cocina.

cookhouse ['kʊkhaʊs] N (*pl* -**houses** [-haʊzɪz]) (*esp US*) cocina *f* móvil de campaña.

cookie ['kʊkɪ] N **a** (*US: biscuit*) galleta *f*, bizcocho *m* (*LAm*); **that's the way the ~ crumbles** (*fam*) así es la vida. **b** (*fam*) tipo *m* (*fam*), tío/a *m/f* (*fam*); **she's a smart ~** es una chica lista; **a tough ~** un tío duro (*fam*).

cooking ['kʊkɪŋ] **1** N cocina *f*. **2** CPD (*utensils, foil, salt*) de cocina; (*chocolate*) de hacer.

cookout ['kʊkaʊt] N (*US*) barbacoa *f*, comida *f* hecha al aire libre.

cool [kuːl] **1** ADJ (*comp* ~**er**; *superl* ~**est**) **a** (*not hot: person, weather, drink*) fresco/a; (*dress*) fresco/a, ligero/a; (*object*) fresco; **to keep sth ~** conservar algo fresco.
b (*calm*) sereno/a; **to keep ~** no perder la calma; **to play it ~** (*fam*) tomárselo con calma, hacer como si nada; **to be as ~ as a cucumber** estar más fresco que una lechuga; **he's a ~ customer** (*fam*) es un fresco, es un caradura; **that was very ~ of you** (*fam*) ¡y te quedaste tan fresco!; **we paid a ~ £100,000 for that house** (*fam*) pagamos la friolera de 100 mil libras por esa casa.
c (*unenthusiastic*) frío/a; **a ~ welcome** *or* **reception** un recibimiento frío; **to be ~ towards sb** mostrarse frío con algn, tratar a algn con frialdad.
2 N: **in the ~ of the evening** en el frescor de la tarde; **to keep sth in the ~** guardar algo en un lugar fresco; **to keep/lose one's ~** (*fam*) no perder/perder la calma.
3 VT dejar enfriar; **~ it!** (*fam*) ¡tranquilo!; **to ~ one's heels** (*fam*) hacer antesala, tener que esperar.
4 VI (*air, liquid*) enfriarse; **the air ~s in the evenings here** aquí refresca mucho al atardecer.
5 CPD: **~ box** N nevera *f* portátil.

♦**cool down** **1** VT + ADV enfriar; **to ~ sb down** (*fig*) calmar a algn.
2 VI + ADV enfriarse; (*fig: person, situation*) calmarse.

♦**cool off** VI + ADV (*become less angry*) calmarse; (*lose*

➤ SENTENCE BUILDER: **convince** → 2.2, 4.2, 16.1

enthusiasm) perder (el) interés, enfriarse; (*become less affectionate*) distanciarse, enfriarse.

coolant ['ku:lənt] N (*Tech*) (líquido *m*) refrigerante *m*.

cooler ['ku:lə^r] N (*cool box*) nevera *f* portátil; (*fam: prison*) chirona *f*, trena *f*.

cool-headed ['ku:l,hedɪd] ADJ sereno/a, imperturbable.

cooling ['ku:lɪŋ] ADJ refrescante; **~ tower** (*at power station*) torre *f* de refrigeración.

cooling-off period [,ku:lɪŋ'ɒf,pɪərɪəd] N (*Industry*) período *m* de negociación.

coolly ['ku:lɪ] ADV (*calmly*) con tranquilidad; (*audaciously*) descaradamente; (*unenthusiastically*) fríamente, con frialdad.

coolness ['ku:lnɪs] N (*no pl: coldness*) frescor *m*, fresco *m*; (*calmness*) tranquilidad *f*, serenidad *f*; (*lack of enthusiasm*) desinterés *m*, falta *f* de entusiasmo; (*of welcome, between persons*) frialdad *f*.

coon [ku:n] N (*esp US fam!*) negro/a *m/f*.

coop [ku:p] N gallinero *m*.

◆ **coop up** VT + ADV encerrar.

co-op ['kəʊ'ɒp] N ABBR of **cooperative**.

cooper ['ku:pə^r] N tonelero *m*.

cooperate [kəʊ'ɒpəreɪt] VI cooperar, colaborar; **to ~ with sb in sth/to do sth** cooperar con algn en algo/para hacer algo.

cooperation [kəʊ,ɒpə'reɪʃən] N cooperación *f*, colaboración *f*.

cooperative [kəʊ'ɒpərətɪv] **1** ADJ **a** (*attitude*) cooperador(a); (*person*) servicial, dispuesto/a a ayudar. **b** (*farm etc*) cooperativo/a. **2** N cooperativa *f*.

coopt [kəʊ'ɒpt] VT: **to ~ sb onto sth** nombrar (como miembro) a algn para algo.

coordinate [kəʊ'ɔ:dɪnɪt] **1** N **a** (*usu pl: on map*) coordenada *f*. **b** (*clothes: usu pl*) **~s** coordinados *mpl*. **2** [kəʊ'ɔ:dɪneɪt] VT **a** (*movements, work*) coordinar. **b** (*efforts*) aunar.

coordination [kəʊ,ɔ:dɪ'neɪʃən] N coordinación *f*.

coordinator [kəʊ'ɔ:dɪneɪtə^r] N coordinador(a) *m/f*.

co-owner [,kəʊ'əʊnə^r] N copropietario/a *m/f*.

co-ownership [,kəʊ'əʊnəʃɪp] N copropiedad *f*.

cop [kɒp] (*fam*) **1** N **a** (*policeman*) poli *m* (*Sp fam*), cana *m* (*CSur fam*); **the ~s** la pasma (*Sp fam!*), la cana (*LAm fam!*). **b** **it's not much ~** no es gran cosa. **2** VT (*catch: person*) pescar (*Sp*), pillar; (*hiding, fine*) ganarse; **you'll ~ it!** ¡te la vas a ganar!; **I ~ped it from the head** el director me puso como un trapo; **~ this!** ¡hay que ver esto!; **~ hold of this** coge (*Sp*) *or* toma esto. **3** CPD: **~ shop** N (*Brit fam*) comisaría *f*.

◆ **cop out** VI + ADV escabullirse, rajarse.

copartner ['kəʊ'pɑ:tnə^r] N consocio *mf*, copartícipe *mf*.

cope [kəʊp] VI arreglárselas; **he's coping pretty well** se las está arreglando bastante bien; **can you ~?** ¿tú puedes con esto?; **to ~ with** (*task, person*) poder con; (*situation*) enfrentarse con; (*difficulties, problems: tackle*) hacer frente a, abordar; (: *solve*) solucionar.

Copenhagen [,kəʊpn'heɪgən] N Copenhague *m*.

copier ['kɒpɪə^r] N (*photo~*) fotocopiadora *f*.

copilot ['kəʊ'paɪlət] N copiloto *mf*.

copious ['kəʊpɪəs] ADJ copioso/a, abundante.

cop-out ['kɒpaʊt] N (*fam*) evasión *f* de responsabilidad.

copper ['kɒpə^r] **1** N **a** (*material*) cobre *m*. **b** (*coin*) perra *f* (chica), centavo *m* (*LAm*); (*penny*) penique *m*. **c** see **cop 1 (a)**. **2** ADJ de cobre; (*colour*) cobrizo/a.

copperplate ['kɒpəpleɪt] CPD: **~ writing** N letra *f* caligrafiada, caligrafía *f*.

coppersmith ['kɒpəsmɪθ] N cobrero *m*.

coppice ['kɒpɪs], **copse** [kɒps] N soto *m*, bosquecillo *m*.

coprocessor ['kəʊ'prəʊsesə^r] N coprocesador *m*.

copulate ['kɒpjʊleɪt] VI copular.

copulation [,kɒpjʊ'leɪʃən] N cópula *f*.

copy ['kɒpɪ] **1** N **a** (*gen: duplicate*) copia *f*; (*carbon ~*) copia (en papel carbón); (*of photograph*) copia; (*of painting*) copia, imitación *f*; **rough ~** borrador *m*; **fair ~** copia en limpio; **to make a ~ of** hacer *or* sacar una copia

de. **b** (*of book, newspaper*) ejemplar *m*; (*magazine*) número *m*. **c** (*no pl: Typ: material*) original *m*, manuscrito *m*; **to make good ~** ser una noticia de interés. **2** VT **a** (*imitate*) copiar, imitar. **b** (*make ~ of: gen*) sacar una copia de; (: *in writing, Comput*) copiar; (: *with carbon*) sacar copias al carbón; (: *photo~*) fotocopiar; **to ~ from** copiar de. **c** (*cheat*) copiar. **3** CPD: **~ typist** N mecanógrafo/a *m/f*.

◆ **copy down** VT + ADV anotar, tomar nota de.

◆ **copy out** VT + ADV copiar.

copybook ['kɒpɪbʊk] **1** N cuaderno *m* de escritura; **to blot one's ~** tirarse una plancha (*fam*). **2** CPD perfecto/a; **the pilot made a ~ landing** el piloto aterrizó perfectamente.

copycat ['kɒpɪkæt] (*fam*) **1** N imitador(a) *m/f*. **2** CPD: **~ crime** N crimen *m* de imitación.

copying ['kɒpɪɪŋ] CPD: **~ ink** N (*for machine use*) tinta *f* de copiar; **~ machine** N copiadora *f*.

copyright ['kɒpɪraɪt] N derechos *mpl* de autor, propiedad *f* literaria; **'~ reserved'** 'es propiedad', 'copyright'.

copywriter ['kɒpɪ,raɪtə^r] N escritor(a) *m/f* de material publicitario.

coquette [kə'ket] N coqueta *f*.

cor [kɔ:^r] INTERJ (*Brit fam*) ¡caramba!; **~ blimey!** ¡coño! (*fam*).

coral ['kɒrəl] **1** N coral *m*. **2** CPD: **~ island** N isla *f* coralina; **~ necklace** N collar *m* de coral; **~ reef** N arrecife *m* de coral; **C~ Sea** N Mar *m* del Coral.

cord [kɔ:d] N **a** (*thick string*) cuerda *f*; (*for pyjamas, curtains, of window*) cordón *m*; (*Elec*) cable *m*; (*Anat*) **vocal ~s** cuerdas vocales; **spinal ~** médula *f* espinal; **umbilical ~** cordón umbilical. **b** (*material*) pana *f*; **~s** (*trousers*) pantalones *mpl* de pana.

cordial ['kɔ:dɪəl] **1** ADJ cordial, afectuoso/a. **2** N (*drink*) cordial *m*; (*liqueur*) licor *m*.

cordially ['kɔ:dɪəlɪ] ADV cordialmente, afectuosamente.

cordite ['kɔ:daɪt] N cordita *f*.

cordless ['kɔ:dlɪs] ADJ (*iron, kettle, tools*) sin cable; **~ telephone** teléfono *m* inalámbrico, teléfono sin hilos.

cordon ['kɔ:dn] N cordón *m*.

◆ **cordon off** VT + ADV acordonar.

Cordova ['kɔ:dəvə] N Córdoba *f*.

corduroy ['kɔ:dərɔɪ] N = **cord (b)**.

CORE [kɔ:^r] N ABBR (*US*) of **Congress of Racial Equality**.

core [kɔ:^r] **1** N (*of fruit*) corazón *m*; (*of earth*) centro *m*, núcleo *m*; (*of cable, nuclear reactor*) núcleo; (*fig: of problem etc*) esencia *f*, meollo *m*; **a hard ~ of resistance** un núcleo *or* foco arraigado de resistencia; **English to the ~** inglés hasta los tuétanos; **rotten to the ~** corrompido hasta la médula; **shocked to the ~** profundamente afectado. **2** VT (*fruit*) deshuesar. **3** CPD: **~ curriculum** N asignaturas *fpl* comunes; **~ memory** N memoria *f* de núcleos; **~ subject** N asignatura *f* común.

corer ['kɔ:rə^r] N (*Culin*) despepitadora *f*.

co-respondent ['kəʊrɪs'pɒndənt] N (*Jur*) codemandado/a *m/f*.

Corfu [kɔ:'fu:] N Corfú *m*.

corgi ['kɔ:gɪ] N perro/a *m/f* galés/esa.

coriander [,kɒrɪ'ændə^r] N culantro *m*, cilantro *m*.

cork [kɔ:k] **1** N (*substance*) corcho *m*; (*stopper*) corcho *m*, tapón *m*. **2** VT (*bottle: also* **~ up**) taponar con corcho, taponar. **3** CPD de corcho; **~ oak** N alcornoque *m*.

corkage ['kɔ:kɪdʒ] N precio *que se cobra en un restaurante por una botella que se trae de fuera*.

corked [kɔ:kt] ADJ (*wine*) con sabor a corcho.

corker ['kɔ:kə^r] (*fam*) N (*lie*) bola *f* (*fam*); (*story*) historia *f* absurda; (*Sport: shot, stroke*) golpe *m* de primera; (*player*) crac *m* (*fam*); (*girl*) tía *f* buena (*fam*); **that's a ~!** ¡es cutre! (*fam*).

corkscrew ['kɔ:kskru:] N sacacorchos *m inv*.

cormorant ['kɔ:mərənt] N cormorán *m* (grande).

corn¹ [kɔːn] **1** N (*Brit: wheat*) trigo *m*; (*gen term*) cereales *mpl*; (*US: maize*) maíz *m*; (*individual grains*) granos *mpl*; ~ **on the cob** mazorca *f* de maíz, choclo *m* (*And, CSur*), elote *m* (*Mex*). **2** CPD: ~ **bread** N (*US*) pan *m* de maíz; ~ **oil** N aceite *m* de maíz.

corn² [kɔːn] **1** N (*Med*) callo *m*. **2** CPD: ~ **plaster** N emplasto *m or* parche *m* para callos.

Corn ABBR (*Brit*) of **Cornwall**.

cornea [ˈkɔːnɪə] N córnea *f*.

corned beef [ˌkɔːndˈbiːf] N carne de vaca acecinada.

corner [ˈkɔːnəʳ] **1** N **a** (*gen: angle: of object, outside*) ángulo *m*, esquina *f*; (: *inside*) rincón *m*; (*of mouth*) comisura *f*; (*of eye*) rabillo *m*; (*bend in road*) curva *f*, recodo *m*; (*where 2 roads meet*) esquina *f*; **a ~ of Spain** (*fig*) un rincón de España; **in the ~ of the room** en el rincón; **the ~ of a table/page** la esquina de una mesa/página; **it's just around the ~** (*also fig*) está a la vuelta de la esquina; **to go round the ~** doblar la esquina; **to turn the ~** (*fig*) salir del apuro; **in odd ~s** en cualquier rincón; **in every ~** por todos los rincones; **every ~ of Europe** todos los rincones de Europa; **the four ~s of the world** las cinco partes del mundo; **out of the ~ of one's eye** con el rabillo del ojo; **to drive sb into a ~** (*fig*) poner a algn entre la espada y la pared, acorralar a algn; **to be in a (tight) ~** (*fig*) estar en un aprieto; **a two-~ed fight** una pelea entre dos; **to cut a ~** (*Aut*) tomar una curva muy cerrada; **to cut ~s** (*fig*) atajar; (*save money, effort etc*) ahorrar dinero/ trabajo *etc*. **b** (*Ftbl: also* ~ **kick**) córner *m*, saque *m* de esquina. **c** (*Comm*) monopolio *m*. **2** VT **a** (*animal, fugitive*) acorralar, arrinconar; (*fig: person: catch to speak to*) abordar, detener. **b** (*Comm: market*) acaparar. **3** VI (*Aut*) tomar las curvas. **4** CPD: ~ **cupboard** N rinconera *f*, esquinera *f*; ~ **house** N casa *f* que hace esquina; ~ **seat** N asiento *m* del rincón; ~ **shop** N tienda *f* de la esquina, tienda pequeña del barrio; ~ **table** N mesa *f* rinconera.

cornerstone [ˈkɔːnəstəun] N (*fig: basic/most important feature*) piedra *f* angular.

cornet [ˈkɔːnɪt] N **a** (*Mus*) corneta *f*. **b** (*Brit: ice cream*) cucurucho *m*.

cornfield [ˈkɔːnfiːld] N trigal *m*, campo *m* de trigo; (*US*) maizal *m*.

cornflakes [ˈkɔːnfleɪks] NPL copos *mpl* de maíz, cornflakes *mpl*.

cornflour [ˈkɔːnflauəʳ] N (*Brit*) harina *f* de maíz, maicena *f*.

cornflower [ˈkɔːnflauəʳ] **1** N aciano *m*. **2** CPD: ~ **blue** ADJ azul aciano *inv*.

cornice [ˈkɔːnɪs] N (*Archit*) cornisa *f*.

Cornish [ˈkɔːnɪʃ] **1** ADJ de Cornualles; ~ **pasty** empanada *f* de Cornualles. **2** N (*Ling*) córnico *m*.

cornstarch [ˈkɔːnstɑːtʃ] N (*US*) = **cornflour**.

Cornwall [ˈkɔːnwəl] N Cornualles *m*.

corny [ˈkɔːnɪ] (*fam*) ADJ (*comp* -**ier**; *superl* -**iest**) (*joke, story*) trillado/a, gastado/a; (*film, play*) sensiblero/a, sentimental.

corollary [kəˈrɒlərɪ] N corolario *m*.

coronary [ˈkɒrənərɪ] **1** ADJ coronario/a. **2** N (*also* ~ **thrombosis**) infarto *m*, trombosis *f* coronaria.

coronation [ˌkɒrəˈneɪʃən] N coronación *f*.

coroner [ˈkɒrənəʳ] N juez *mf* de instrucción.

coronet [ˈkɒrənɪt] N corona *f* (de marqués *etc*); (*diadem*) diadema *f*.

Corp ABBR **a** (*Comm, Fin*) of **Corporation** S.A. **b** (*Pol*) of **Corporation**. **c** (*Mil*) of **Corporal**.

corporal [ˈkɔːpərəl] **1** ADJ: ~ **punishment** castigo *m* corporal. **2** N (*Mil*) cabo *m*.

corporate [ˈkɔːpərɪt] ADJ (*joint: ownership, responsibility*) corporativo/a, colectivo/a; (: *action, effort*) combinado/a; ~ **body** corporación *f*; ~ **car** (*US*) coche *m* de la compañía; ~ **growth** crecimiento *m* corporativo; ~ **identity** identidad *f* corporativa; ~ **image** imagen *f* corporativa; ~ **planning** planificación *f* corporativa, ~ **strategy** es-

trategia *f* de la compañía.

corporation [ˌkɔːpəˈreɪʃən] **1** N (*Comm*) corporación *f*; (*US: limited company*) sociedad *f* anónima; (*of city*) ayuntamiento *m*. **2** CPD corporativo/a; ~ **tax** N (*Brit*) impuesto *m* sobre sociedades.

corps [kɔːʳ] N (*pl* ~ [kɔːz]) (*Mil*) cuerpo *m* (de ejército); **diplomatic** ~ cuerpo diplomático; **press** ~ gabinete *m* de prensa.

corpse [kɔːps] N cadáver *m*.

corpulence [ˈkɔːpjuləns] N corpulencia *f*.

corpulent [ˈkɔːpjulənt] ADJ corpulento/a.

corpuscle [ˈkɔːpʌsl] N (*of blood*) glóbulo *m*, corpúsculo *m*.

correct [kəˈrekt] **1** ADJ **a** (*precise*) exacto/a, justo/a; (*right*) correcto/a, cierto/a; **that's** ~! ¡correcto!; **is this spelling** ~? ¿está bien escrito esto?; **you are** ~ tiene razón, Ud está en lo cierto. **b** (*appropriate: person, behaviour*) correcto/a; (: *dress*) apropiado/a. **2** VT (*put right: mistake*) corregir; (: *person*) rectificar, corregir; (: *child*) reprender; (: *sth faulty, habit, exam, work, proofs*) corregir; (: *watch*) poner en hora; (*punish*) castigar; ~ **me if I'm wrong** me dirás si tengo razón o no; **I stand** ~**ed** reconozco el error.

correction [kəˈrekʃən] N (*gen*) corrección *f*, rectificación *f*; (*on page*) tachadura *f*.

correctly [kəˈrektlɪ] ADV correctamente.

correlate [ˈkɒrɪleɪt] **1** VT correlacionar; **to** ~ **with** poner en correlación con. **2** VI tener correlación; **to** ~ **with** estar en correlación con.

correlation [ˌkɒrɪˈleɪʃən] N correlación *f*.

correspond [ˌkɒrɪsˈpɒnd] VI **a** (*be in accordance*) corresponder (*with* con); (*be equivalent*) equivaler (*to* a). **b** (*by letter*) escribirse (*with* con).

correspondence [ˌkɒrɪsˈpɒndəns] **1** N **a** (*agreement*) correspondencia *f*, conexión *f* (*between* entre). **b** (*letters*) correspondencia *f*; **to be in** ~ **with sb** mantener correspondencia con algn. **2** CPD: ~ **column** N (sección *f* de) cartas *fpl* al director; ~ **course** N curso *m* por correspondencia.

correspondent [ˌkɒrɪsˈpɒndənt] N (*gen*) corresponsal *mf*.

corresponding [ˌkɒrɪsˈpɒndɪŋ] ADJ correspondiente.

correspondingly [ˌkɒrɪsˈpɒndɪŋlɪ] ADV por consecuencia.

corridor [ˈkɒrɪdɔːʳ] N pasillo *m*, corredor *m*.

corroborate [kəˈrɒbəreɪt] VT corroborar, confirmar.

corroboration [kəˌrɒbəˈreɪʃən] N corroboración *f*, confirmación *f*.

corrode [kəˈrəud] **1** VT corroer. **2** VI corroerse.

corrosion [kəˈrəuʒən] N corrosión *f*.

corrosive [kəˈrəuzɪv] ADJ corrosivo/a; (*fig*) destructivo/a.

corrugated [ˈkɒrəgeɪtɪd] ADJ ondulado/a; ~ **cardboard** cartón *m* ondulado; ~ **iron** hierro *m* ondulado, calamina *f* (*LAm*); ~ **paper** papel *m* ondulado.

corrupt [kəˈrʌpt] **1** ADJ (*depraved*) pervertido/a, depravado/a; (*dishonest*) corrompido/a, venal; (*text, language*) falseado/a, adulterado/a; ~ **practices** (*dishonesty, bribery*) corrupción *fsg*. **2** VT corromper; (*bribe*) sobornar; (*data*) degradar.

corruption [kəˈrʌpʃən] N (*see adj*) perversión *f*; venalidad *f*; adulteración *f*; corrupción *f*; (*of data*) alteración *f*.

corsage [kɔːˈsɑːʒ] N ramillete *m*.

corset [ˈkɔːsɪt] N faja *f*; (*old style*) corsé *m*.

Corsica [ˈkɔːsɪkə] N Córcega *f*.

Corsican [ˈkɔːsɪkən] ADJ, N corso/a.

cortège [kɔːˈteɪʒ] N cortejo *m*, comitiva *f*.

cortex [ˈkɔːteks] N (*pl* **cortices** [ˈkɔːtɪsiːz]) (*Anat, Bot*) córtex *m*, corteza *f*.

cortisone [ˈkɔːtɪzəun] N cortisona *f*.

Corunna [kəˈrʌnə] N La Coruña *f*.

c.o.s. ABBR (*Comm*) of **cash on shipment** pago *m* al embarcar.

cosh [kɒʃ] (*Brit*) **1** N porra *f*, cachiporra *f*. **2** VT (*fam*) aporrear.

cosignatory [ˈkəuˈsɪgnətərɪ] N cosignatario/a *m/f*.

cos lettuce [ˈkɒsˈletɪs] N lechuga *f* romana.

cosmetic [kɒz'metɪk] [1] ADJ cosmético/a; **the changes are merely ~** los cambios son puramente cosméticos; **~ preparation** cosmético *m*; **~ surgery** cirugía *f* estética. [2] N (*often pl*) cosmético *m*.

cosmic ['kɒzmɪk] ADJ cósmico/a.

cosmology [kɒz'mɒlədʒɪ] N cosmología *f*.

cosmonaut ['kɒzmənɔːt] N cosmonauta *mf*.

cosmopolitan [ˌkɒzmə'pɒlɪtən] ADJ cosmopolita.

cosmos ['kɒzmɒs] N cosmos *m*.

Cossack ['kɒsæk] ADJ, N cosaco/a *m/f*.

cosset ['kɒsɪt] VT mimar, consentir.

cost [kɒst] [1] N (*expense: often pl*) coste *m*, costo *m*; (*amount paid, price*) precio *m*; (*Jur*) **~s** costas *fpl*; (*expenses*) gastos *mpl*; **to bear the ~ of** (*lit*) pagar o correr con los gastos de; (*fig*) sufrir las consecuencias de; **at great ~** (*lit*) a alto precio; (*fig*) tras grandes esfuerzos; **at all ~s, at any ~, whatever the ~** (*fig*) cueste lo que cueste, a toda costa; **to count the ~ of sth/of doing sth** pensar en los riesgos de algo/de hacer algo; **to my ~** a mis expensas; **at the ~ of his life/health** a costa de su vida/salud.
[2] VT [a] (*pt, pp ~*) costar, valer; **how much does it ~?** ¿cuánto cuesta?, ¿cuánto vale?, ¿a cuánto está?; **what will it ~ to have it repaired?** ¿cuánto va a costar repararlo?; **it'll ~ you** (*fam*) te costará algo caro; **it ~ him a lot of money** le costó mucho dinero; **it ~s the earth** (*fam*) cuesta un riñón, cuesta un ojo de la cara; **it ~ him his life/job** le costó la vida/el trabajo; **it ~ me a great deal of time/effort/a lot of trouble** me robó mucho tiempo/me costó mucho esfuerzo/me causó muchos problemas; **it ~s nothing to be polite** no cuesta nada ser educado; **whatever it ~s** (*also fig*) cueste lo que cueste.
[b] (*pt, pp ~ed*) (*Comm: articles for sale*) calcular el coste de; (*job*) preparar el presupuesto de; **it has not been properly ~ed** no se ha calculado detalladamente el coste de esto; **the job was ~ed at £5000** se calculó el coste del trabajo en 5000 libras.
[3] CPD: **~ accountant** N contable *mf* de costos; **~ analysis** N análisis *m* de costos; **~ centre** N centro *m* de determinación) de costos; **~ control** N control *m* de costos; **~ of living** N coste *m* de la vida; **~-of-living allowance** subsidio *m* por coste; **~-of-living index** índice *m* del coste de vida; **~ price** N precio *m* de coste; **at ~ price** a precio de coste.

◆**cost out** VT + ADV presupuestar.

co-star ['kəʊstɑːr] [1] N coprotagonista *mf*, coestrella *mf*. [2] VI actuar en los papeles principales de una película; **to ~ with sb** figurar con algn como protagonista.

Costa Rica ['kɒstə'riːkə] N Costa *f* Rica.

Costa Rican ['kɒstə'riːkən] ADJ, N costarricense *mf*.

cost-benefit analysis [ˌkɒst,benəfitə'næləsɪs] N análisis *m* costes-ventajas.

cost-conscious ['kɒst,kɒnʃəs] ADJ consciente de (los) costos.

cost-effective [ˌkɒstɪ'fektɪv] ADJ rentable.

cost-effectiveness [ˌkɒstɪ'fektɪvnɪs] N relación *f* costo-eficacia *or* costo-rendimiento.

costing ['kɒstɪŋ] N cálculo *m* del coste.

costly ['kɒstlɪ] ADJ costoso/a.

costume ['kɒstjuːm] [1] N (*of country*) traje *m*; (*fancy dress*) disfraz *m*; (*lady's suit*) traje sastre; (*bathing ~*) bañador *m*, traje de baño; (*Theat*) **~s** vestuario *msg*.
[2] CPD: **~ ball** N baile *m* de disfraces; **~ designer** N (*Cine,TV*) diseñador(a) *m/f* de vestuario; **~ drama** N obra *f* dramática de época; **~ jewellery** N bisutería *f*, joyas *fpl* de fantasía.

cosy, (*US*) **cozy** ['kəʊzɪ] [1] ADJ (*comp* **-ier**; *superl* **-iest**) (*room, atmosphere*) acogedor(a); (*clothes*) de abrigo, caliente; (*person*) cómodo/a; (*fig: chat*) íntimo/a, personal. [2] N (*for teapot, egg*) cubierta *f*.

cot [kɒt] [1] N (*Brit: for baby*) cuna *f*; (*US: folding bed*) cama *f* plegable, catre *m*. [2] CPD: **~ death** N muerte *f* en la cuna.

Cotswolds ['kɒtswəʊldz] NPL región de colinas del suroeste inglés.

cottage ['kɒtɪdʒ] [1] N (*country house*) casita *f* de campo,

quinta *f* (*LAm*); (*humble dwelling*) choza *f*, barraca *f*.
[2] CPD: **~ cheese** N requesón *m*; **~ hospital** N (*Brit*) hospital *m* rural; **~ loaf** N pan *m* casero; **~ pie** N pastel de carne cubierta de puré de patatas.

cotton ['kɒtn] [1] N (*cloth*) algodón *m*; (*plant, industry etc*) algodonero *m*; (*thread*) hilo *m* (de algodón).
[2] CPD (*shirt, dress*) de algodón; **~ bud** N bastoncillo *m* de algodón; **~ candy** N (*US*) algodón *m* (azucarado); **~ industry** N industria *f* algodonera; **~ mill** N fábrica *f* de algodón; **~ swab** N (*US*) = **~ bud**; **~ wool** N (*Brit*) algodón hidrófilo.

◆**cotton on** VI + ADV: **to ~ on (to sth)** (*fam*) caer en la cuenta (de algo).

couch [kaʊtʃ] [1] N sofá *m*; (*Med: in doctor's surgery*) camilla *f*; (*also* **psychiatrist's ~**) diván *m*.
[2] VT expresar; **~ed in jargon** redactado en jerigonza.
[3] CPD: **~ grass** N hierba *f* rastrera; **~ potato** N (*fam*) él/la que se apalanca en el sofá; **to be a ~ potato** pasarse el día tirado en el sofá.

couchette [kuːˈʃet] N (*on train, ferry*) litera *f*.

cougar ['kuːgər] N puma *m*.

cough [kɒf] [1] N tos *f*; **to have a bad ~** tener mucha tos.
[2] VI toser.
[3] CPD: **~ drops** NPL pastillas *fpl* para la tos; **~ mixture** N jarabe *m* para la tos; **~ sweets** NPL = **~ drops**.

◆**cough up** [1] VT + ADV (*blood, phlegm*) escupir, arrojar; (*Med*) expectorar; (*fig fam: part with: money*) soltar.
[2] VI + ADV (*fig fam*) soltar la pasta.

could [kʊd] PT, COND *of* **can¹**.

couldn't ['kʊdnt] = **could not**.

council ['kaʊnsl] [1] N (*committee*) consejo *m*, junta *f*; (*in local government*) concejo *m* municipal; (*meeting*) reunión *f*, sesión *f*; **city/town ~** ayuntamiento *m*; **the Security C~ of the United Nations** el Consejo de Seguridad de las Naciones Unidas; **you should write to the ~ about it** deberías escribir al Ayuntamiento acerca de eso; **C~ of Europe** Consejo de Europa; **~ of war** consejo de guerra.
[2] CPD: **~ flat** N (*Brit*) piso *m* protegido; **~ house** N (*Brit*) casa *f* protegida; **~ housing** N (*Brit*) viviendas *fpl* protegidas; **~ (housing) estate** N (*Brit*) urbanización *f* or barrio *m* de viviendas protegidas; **~ meeting** N pleno *m* municipal; **~ tax** N (*Brit*) contribución *f* municipal (*dependiente del valor de la vivienda*).

councillor, (*US*) **councilor** ['kaʊnsɪlər] N concejal(a) *m/f*.

counsel ['kaʊnsəl] [1] N [a] (*advice*) consejo *m*; **to hold/take ~ (with sb) about sth** consultar o pedir consejo (a algn) sobre algo; **to keep one's own ~** guardar silencio (a algn).
[b] (*Jur: pl inv*) abogado *mf*; **~ for the defence** abogado defensor; **~ for the prosecution** fiscal *mf*; **Queen's or King's C~** abogado del Estado.
[2] VT: **to ~ sth/sb to do sth** aconsejar algo/a algn que haga algo.

counselling, (*US*) **counseling** ['kaʊnsəlɪŋ] [1] N (*gen: advice*) asesoramiento *m*; (*Psych*) asistencia *f* sociopsicológica; (*Brit Scol*) ayuda *f* psicopedagógica.
[2] CPD: **~ service** N servicio *m* de orientación.

counsellor, (*US*) **counselor** ['kaʊnsələr] N consejero/a *m/f*; (*adviser*) asesor(a) *m/f*; (*US: lawyer*) abogado *mf*.

▼**count¹** [kaʊnt] [1] N [a] (*gen: usu no pl*) cuenta *f*, cálculo *m*; (*of votes at election*) escrutinio *m*; (*Boxing*) cuenta *f*; **at the last ~** en el último recuento; **to be out for the ~** (*Boxing*) ser declarado fuera de combate; (*fam*) estar fuera de combate; **to keep ~ of sth** llevar la cuenta de algo; **you made me lose ~** me hiciste perder la cuenta.
[b] (*Jur*) **he was found guilty on all ~s** fue declarado culpable de todos los cargos.
[2] VT [a] contar, calcular; **to ~ (to) twenty** contar hasta veinte; **to ~ one's change** contar la vuelta; **don't ~ your chickens before they're hatched** no hagas las cuentas de la lechera; **to ~ sheep** (*fig*) contar ovejas; **to ~ the cost of** (*lit*) calcular el coste de; (*fig*) considerar las consecuencias de; **without ~ing the cost** (*lit, fig*) sin reparar en el coste *or* el precio; **~ your blessings** piensa en lo afortunado que eres.

▶ SENTENCE BUILDER: **count¹** → 3.2

b (*include*) incluir, contar; (*consider*) considerar; **not ~ing the children** sin contar a los niños; **10 ~ing him** diez contándolo a él, diez con él; **he was ~ed among the greatest musicians of his era** se le contaba entre *or* se le consideraba uno de los mejores músicos de su época; **~ yourself lucky** date por satisfecho; **will you ~ it against me?** ¿lo guardarás en mi contra?; **I ~ it an honour (to do that)** tengo a mucha honra *or* lo considero un honor (hacerlo). **3** VI **a** contar; **to ~ (up) to 10** contar hasta diez; **~ing from today** a partir de hoy; **~ing from the left** contando de izquierda a derecha.

b (*be considered, be valid*) valer, contar; **two children ~ as one adult** dos niños valen por un adulto; **that doesn't ~** eso no vale, eso no cuenta; **every second ~s** cada segundo es importante; **it will ~ against him** irá en su contra; **it ~s for very little** apenas cuenta.

◆ **count down** VI + ADV contar atrás.

◆ **count in** VT + ADV incluir; **~ me in!** (*fam*) ¡cuenta conmigo!

◆ **count on** VI + PREP contar con; **we're ~ing on him** contamos con él; **to ~ on doing sth** contar con hacer algo.

◆ **count out** VT + ADV **a** (*Boxing*) **to be ~ed out** ser declarado fuera de combate. **b** (*money*) ir contando; (*small objects*) apartar, separar. **c** (*fam*) **~ me out!** ¡no cuentes conmigo!

◆ **count towards** VI + PREP contar para.

◆ **count up** VT + ADV hacer la cuenta de, contar.

◆ **count upon** VI + PREP = **count on**.

count² [kaʊnt] N (*nobleman*) conde *m*.

countable ['kaʊntəbl] ADJ contable; **a ~ noun** (*Ling*) un nombre contable.

countdown ['kaʊntdaʊn] N cuenta *f* atrás.

countenance ['kaʊntɪnəns] (*frm*) **1** N **a** (*face*) semblante *m*, rostro *m*; **to keep one's ~** contener la risa, no perder la seriedad; **to lose ~** desconcertarse. **b** (*no pl: approval*) consentimiento *m*. **2** VT (*permit*) **to ~ sth/sb doing sth** consentir *or* permitir algo/a algn que haga algo.

counter¹ ['kaʊntər] **1** N **a** (*of shop*) mostrador *m*; (*of canteen*) barra *f*; (*position in post office, bank*) ventanilla *f*; **to buy under the ~** (*fig*) comprar de estraperlo *or* bajo mano; **to buy over the ~** (*fig*) comprar sin receta; **you can buy it over the ~** (*Med*) esto se compra sin receta obligatoria.

b (*in game*) ficha *f*.

c (*Tech*) contador *m*.

2 CPD: **~ staff** N personal *m* de ventas; *see also* **over-the-counter**.

counter² ['kaʊntər] **1** ADV: **~ to** contrario a, en contra de; **to run ~ to** ir en sentido contrario a, ser contrario a.

2 VT (*blow*) responder a, parar; (*attack*) contestar a, hacer frente a; **to ~ sth with sth/by doing sth** contestar a algo con algo/haciendo algo. **3** VI: **to ~ with** contestar *or* responder con.

counter... ['kaʊntər] PREF contra....

counteract [,kaʊntər'rækt] VT contrarrestar.

counter-argument ['kaʊntər,ɑːgjʊmənt] N contraargumento *m*.

counterattack ['kaʊntərə,tæk] **1** N contraataque *m*. **2** VT, VI contraatacar.

counterattraction ['kaʊntərə,trækʃən] N atracción *f* rival.

counterbalance ['kaʊntə,bæləns] **1** N contrapeso *m*; (*fig*) compensación *f*. **2** VT contrapesar; (*fig*) compensar.

counterblow ['kaʊntəbləʊ] N contragolpe *m*.

counterclaim ['kaʊntəkleɪm] N (*Jur*) contradenuncia *f*.

counterclockwise ['kaʊntə'klɒkwaɪz] ADV en sentido contrario a las agujas del reloj.

counterespionage ['kaʊntə'respɪənɑːʒ] N contraespionaje *m*.

counterfeit ['kaʊntəfiːt] **1** ADJ (*false*) falsificado/a. **2** N falsificación *f*; (*coin*) moneda *f* falsa. **3** VT falsificar.

counterfoil ['kaʊntəfɔɪl] N matriz *f*.

counterintelligence ['kaʊntərɪn,telɪdʒəns] N =

counterespionage.

countermand ['kaʊntəmɑːnd] VT revocar, cancelar.

countermeasure ['kaʊntəmeʒər] N contramedida *f*.

countermove ['kaʊntəmuːv] N contrajugada *f*; (*fig*) contraataque *m*; (: *manoeuvre*) contramaniobra *f*.

counteroffensive ['kaʊntərə'fensɪv] N contraofensiva *f*.

counterpane ['kaʊntəpeɪn] N colcha *f*, cubrecama *m*.

counterpart ['kaʊntəpɑːt] N (*equivalent of sth*) equivalente *mf*; (*person*) homólogo/a *m/f*.

counterpoint ['kaʊntəpɔɪnt] N contrapunto *m*.

counterproductive [,kaʊntəprə'dʌktɪv] ADJ contraproducente.

counterproposal ['kaʊntəprə,pəʊzəl] N contrapropuesta *f*.

counterpunch ['kaʊntəpʌntʃ] N contragolpe *m*.

counter-revolution ['kaʊntərevə'luːʃən] N contrarrevolución *f*.

counter-revolutionary ['kaʊntərevə'luːʃənrɪ] ADJ, N contrarrevolucionario/a *m/f*.

countersign ['kaʊntəsaɪn] VT refrendar.

countersink ['kaʊntəsɪŋk] (*pt, pp* **countersunk** ['kaʊntəsʌŋk]) VT avellanar.

countervailing ['kaʊntə,veɪlɪŋ] ADJ compensatorio/a; **~ duties** aranceles *mpl* compensatorios.

counterweight ['kaʊntəweɪt] N contrapeso *m*.

countess ['kaʊntɪs] N condesa *f*.

countless ['kaʊntlɪs] ADJ incontable, innumerable; **on ~ occasions** infinidad *f* de veces.

country ['kʌntrɪ] **1** N **a** (*nation*) país *m*; (*fatherland*) patria *f*; (*people*) pueblo *m*; **to go to the ~** (*Pol*) convocar *or* llamar a elecciones generales; **to live off the ~** vivir del campo; **to die for one's ~** morir por la patria; **love of ~** amor a la patria.

b (*no pl: ~side*) campo *m*; (*terrain, land*) terreno *m*, tierra *f*; **in the ~** en el campo; **there is some lovely ~ further south** más al sur el paisaje es muy bonito; **mountainous ~** región montañosa; **unknown ~** (*also fig*) terreno desconocido; **we had to leave the road and go across ~** tuvimos que dejar la carretera e ir a través del campo.

2 CPD (*life, people*) del campo; **C~ and Western (music)** N música *f* country, música ranchera (*Mex*); **~ bumpkin** N (*pej*) patán *m*, paleto/a *m/f*; **~ club** N club *m* campestre; **~ cousin** N (*pej*) pueblerino/a *m/f*; **~ dancing** N baile *m* folklórico; **~ dweller** N persona *f* que vive en el campo; **~ house** N casa *f* de campo, quinta *f*; (*also* **~ seat**) casa solariega, hacienda *f* (*LAm*); (*farm*) finca *f* (*esp LAm*), rancho *m* (*Mex*); **~ park** N parque *m*; **~ road** N camino *m* vecinal; **~ seat** N *see* **~ house**.

country-born [,kʌntrɪ'bɔːn] ADJ nacido/a en el campo.

country-bred [,kʌntrɪ'bred] ADJ criado/a en el campo.

countryman ['kʌntrɪmən] N (*pl* **-men**) (*countrydweller*) hombre *m* del campo; (*compatriot*) compatriota *mf*.

countryside ['kʌntrɪsaɪd] N campo *m*.

country-wide [,kʌntrɪ'waɪd] ADJ nacional.

county ['kaʊntɪ] **1** N (*Brit*) condado *m*; (*US: subdivision of state*) municipio *m*.

2 CPD: **~ boundary** N límite *m* municipal; **~ council** N ayuntamiento *m*; **~ court** N juzgado *m* de primera instancia; **~ road** N (*US*) ≈ carretera *f* secundaria; **~ seat** N (*US*) cabeza *f* de partido; **~ town** N cabeza *f* de partido, capital *m* de provincia.

coup [kuː] N (*Pol: also* **~ d'état**) golpe *m* (de estado); (*triumph*) éxito *m*; **~ de grace** golpe de gracia; **~ de théâtre** golpe de teatro; **to bring off a ~** obtener un éxito inesperado.

coupé ['kuːpeɪ] N (*Aut*) cupé *m*.

couple ['kʌpl] **1** N (*pair*) par *m*; (*partners*) pareja *f*; (*fam: two or three*) **a ~ of** un par de; **we had a ~ in a bar** (*fam*) tomamos un par de copas en un bar.

2 VT **a to ~ with** unir a, juntar con.

b (*Tech*) **to ~ (on or up)** acoplar (a), enganchar (a).

coupling ['kʌplɪŋ] N (*Tech*) acoplamiento *m*; (*Aut, Rail*) enganche *m*; (*sexual*) cópula *f*.

coupon ['kuːpɒn] N (*voucher in newspaper, advertisement*) cupón *m*; (*for price reduction or gifts*) vale *m*; (*football pools ~*) boleto *m* (de quiniela).

courage [ˈkʌrɪdʒ] N valor m, valentía f; **~!** ¡ánimo!; **I haven't the ~ to refuse** no tengo valor para negarme; **to have the ~ of one's convictions** obrar de acuerdo con su conciencia; **to pluck up one's ~, to take one's ~ in both hands** armarse de valor; **to take ~ from** cobrar ánimos or sacar fuerzas de.

courageous [kəˈreɪdʒəs] ADJ valiente.

courgette [kʊəˈʒet] N (Brit) calabacín m, calabacita f.

courier [ˈkʊrɪəʳ] N (messenger) mensajero/a m/f; (travel) guía mf de turismo.

▼**course** [kɔːs] **1** N **a** (route) dirección f, ruta f; (of river) curso m; (of planet) órbita f; (of ship) rumbo m; **to set ~ for** (Naut: place) poner rumbo a; **to change ~** (Naut, fig) cambiar de rumbo; **to go off ~** salirse de rumbo, desviarse; **to stay on ~/hold one's ~** mantener el rumbo; **we are on ~** vamos por buen camino; **we are on ~ for victory** nos encaminamos al triunfo; **to take/follow a ~ of action** (fig) tomar/seguir una línea de conducta or acción; **we have no other ~ but to ...** no tenemos más remedio que ...; **there are several ~s open to us** se nos ofrecen varias posibilidades; **the best ~ would be to ...** lo mejor sería ...; **to let things take or run their ~** dejar que las cosas sigan su curso; **to change the ~ of history** cambiar el curso de la historia; **as a matter of ~** como algo natural; **in the ~ of** (life, disease) en el transcurso de, durante; (events, time) en el curso or transcurso de; **in due ~** a su debido tiempo; **in the normal or ordinary ~ of events** normalmente; **in the ~ of conversation** durante or en el transcurso de una conversación; **in the ~ of construction** en vías de construcción; **in the ~ of the next few days** durante los próximos días, en estos días; **in the ~ of my work** en el cumplimiento de mi trabajo; **in the ~ of the journey** durante el viaje.

b **(yes,) of ~** claro, desde luego, por supuesto, cómo no (esp LAm), sí pues (CSur); **(no,) of ~ not!** (answering) ¡claro que no!, ¡por supuesto que no!; **of ~ I won't do it** ni hablar, no lo voy a hacer, no pienso hacerlo.

c (Scol, Univ) curso m; **to take a ~ in French, to go on a French ~** hacer un curso de/ir a clase de francés; **to follow/give a ~ of lectures** asistir a/dar un ciclo de conferencias; **~ of study** estudios mpl; (Med) **a ~ of treatment/drugs** un tratamiento.

d (Sport: golf ~) campo m or (LAm) cancha f (de golf); (: race ~) hipódromo m; **to stay the ~** no cejar, continuar hasta el fin.

e (Culin) plato m.

2 VI (water etc) correr; (tears) caer; **it sent the blood coursing through his veins** le hacía hervir la sangre.

3 CPD: **a three-~ meal** una comida de tres platos.

court [kɔːt] **1** N **a** (Jur) tribunal m, juzgado m, corte f (esp LAm); (officers and/or public) tribunal; **~ of appeal** tribunal de apelación; **~ of inquiry** comisión f de investigación; **~ of justice** tribunal de justicia; **C~ of Session** (Scot) Tribunal Supremo de Escocia; **to take sb to ~ (over sth)** llevar a algn a los tribunales (por algo), llevar a algn ante el tribunal (por algo); **to settle (a case) out of ~** llegar a un acuerdo las partes (sin ir a juicio); **to rule sth/sb out of ~** no admitir algo/a algn; **he was brought before the ~ on a charge of theft** fue procesado por robo; see **crown 3**; **high 1(b)**; **magistrate**; **supreme**.

b (Tennis) pista f, cancha f; **hard/grass ~** pista or cancha dura/de hierba.

c (royal: palace) palacio m; (: people) corte f.

2 VT **a** (woman) pretender or cortejar a.

b (fig: seek: favour) intentar conseguir; (: death, disaster) buscar, exponerse a; **to ~ favour with sb** intentar congraciarse con algn.

3 VI ser novios; **a ~ing couple** una pareja de novios; **they've been ~ing for 3 years** llevan 3 años de relaciones.

4 CPD: **~ card** N figura f; **~ order** N (Jur) mandato m judicial; **~ shoe** N (Brit) escarpín m.

Courtelle ® [kɔːˈtel] N Courtelle ® f.

courteous [ˈkɜːtɪəs] ADJ cortés, atento/a.

courtesy [ˈkɜːtɪsɪ] **1** N (politeness) cortesía f; (polite act)

atención f, gentileza f; **by ~ of** (por) cortesía de; **you might have had the ~ to tell me** podrías haber tenido el detalle de decírmelo; **to exchange courtesies** intercambiar cumplidos de etiqueta; **will you do me the ~ of ...?** si fuera tan amable de ..., haga el favor de ....

2 CPD: **~ car** N coche m de cortesía; **~ card** N (US) tarjeta f (de visita); **~ coach** N autobús m gratuito; **~ light** N (Aut) luz f interna; **~ visit** N visita f de cumplido.

courthouse [ˈkɔːthaʊs] N (pl **-houses** [-haʊzɪz]) (Jur) palacio m de justicia.

courtier [ˈkɔːtɪəʳ] N cortesano m.

court-martial [ˈkɔːtˈmɑːʃəl] **1** N (pl **courts-martial**) consejo m de guerra. **2** VT juzgar en consejo de guerra.

courtship [ˈkɔːtʃɪp] N (act) cortejo m; (period) noviazgo m.

courtyard [ˈkɔːtjɑːd] N patio m.

cousin [ˈkʌzn] N primo/a m/f; **first ~** primo carnal; **second ~** primo segundo.

cove [kəʊv] N (Geog) cala f, ensenada f.

coven [ˈkʌvən] N aquelarre m.

covenant [ˈkʌvɪnənt] **1** N **a** (legal) pacto m, convenio m; **a deed of ~** contrato m, convenio.

b (Bible) alianza f.

2 VT pactar, concertar; **to ~ £20 per year to a charity** concertar el pago de veinte libras anuales a una sociedad benéfica.

Coventry [ˈkɒvəntrɪ] N: **to send sb to ~** (fig) hacer el vacío a algn.

cover [ˈkʌvəʳ] **1** N **a** (gen) cubierta f, tapa f; (of dish, saucepan) tapa, tapadera f; (of furniture, typewriter) funda f; (for merchandise, on vehicle) cubierta; (bedspread) cobertor m, colcha f; (often pl: blanket) manta f, frazada f (LAm), cobija f (LAm).

b (of magazine) portada f; (book) cubierta f; **to read a book from ~ to ~** leer un libro de cabo a rabo.

c (Comm: envelope) sobre m; **under separate ~** por separado.

d (no pl: shelter) abrigo m, refugio m; (for hiding) escondite m; (from gunfire) refugio; (covering fire) protección f; **to take ~ (from)** (hide) esconderse or ocultarse (de); (Mil) ponerse a cubierto (de); (shelter) protegerse (de), resguardarse (de); **to break ~** salir al descubierto; **under ~** al abrigo; (indoors) bajo techo; **under ~ of darkness** al amparo de la oscuridad.

e (no pl: Fin, Insurance) cobertura f; **without ~** (Fin) sin cobertura; **full/fire ~** (Insurance) cobertura total/contra incendios.

f (in espionage etc) tapadera f.

g (frm: at table) cubierto m.

2 VT **a** (gen) **to ~ (with)** cubrir (con or de), tapar (con); (fig) **~ed with confusion/shame** lleno de confusión/ muerto de vergüenza; **to ~ o.s. with glory/disgrace** cubrirse de gloria/hundirse en la miseria.

b (hide) esconder; (feelings, facts, mistakes) ocultar; (noise) ahogar.

c (protect: Mil, Sport) cubrir; (: a book) forrar; (: Insurance) cubrir; (insure) asegurar; **he only said that to ~ himself** lo dijo sólo para cubrirse; **I've got you ~ed!** ¡te tengo a tiro!, ¡te estoy apuntando!

d (be sufficient for: cost, expenses) cubrir, sufragar; (include) incluir, abarcar; **£10 will ~ everything** con diez libras será suficiente; **we must ~ all possibilities** debemos tener en cuenta todas las posibilidades.

e (distance) cubrir, recorrer; **we ~ed 8 miles in one hour** recorrimos ocho millas en una hora; **to ~ a lot of ground** recorrer mucho trecho.

f (Press: report on) cubrir, hacer un reportaje sobre.

3 VI: **to ~ for sb** (at work etc) reemplazar a algn; (protect) encubrir a algn.

4 CPD: **~ charge** N (in restaurant) (precio m del) cubierto m; **~ girl** N modelo f de portada; **~ note** N (Brit Insurance) ≈ seguro m provisional; **~ price** N precio m de cubierta; **~ story** N (Press) noticia f de primera página.

◆**cover over** VT +ADV cubrir, revestir.

◆**cover up** **1** VT + ADV **a** (child, object) cubrir completamente, tapar.

b (fig: hide: facts) ocultar; (: emotions) disimular; **to ~ up**

one's tracks (*lit, fig*) borrar sus huellas. [2] VI + ADV [a] (*warmly*) abrigarse, taparse. [b] (*fig*) **to ~ up for sb** encubrir a algn.

coverage ['kʌvərɪdʒ] N (*Press*) reportaje *m*; (*diffusion*) difusión *f*; **to give full ~ to an event** (*report widely*) dar amplia difusión a un suceso; (*report in depth*) informar a fondo sobre un suceso.

coveralls ['kʌvərɔːlz] NPL (*US: overalls*) mono *msg*.

covering ['kʌvərɪŋ] [1] N cubierta *f*, envoltura *f*; **a ~ of snow/dust/icing** una capa de nieve/polvo/azúcar glaseado. [2] CPD: **~ letter** N (*explanatory*) carta *f* de explicación.

covert ['kʌvət] ADJ (*gen*) secreto/a, encubierto/a; (*glance*) furtivo/a, disimulado/a; **~ attack** ataque *m* por sorpresa.

cover-up ['kʌvərʌp] N encubrimiento *m*.

covet ['kʌvɪt] VT codiciar.

covetous ['kʌvɪtəs] ADJ (*person*) codicioso/a; (*glance*) ansioso/a, ávido/a.

cow¹ [kau] N (*Zool*) vaca *f*; (: *female of other species*) hembra *f*; (*fam pej: woman*) estúpida *f*, bruja *f*; **till the ~s come home** hasta que la rana críe pelo.

cow² [kau] VT (*person*) intimidar, acobardar; **a ~ed look** una mirada temerosa.

coward ['kauəd] N cobarde *mf*.

cowardice ['kauədɪs], **cowardliness** ['kauədlɪnɪs] N cobardía *f*.

cowardly ['kauədlɪ] ADJ cobarde.

cowboy ['kaubɔɪ] [1] N vaquero *m*, gaucho *m* (*Arg*); (*fam*) **the ~s of the building trade** los piratas de la construcción; **~s and Indians** (*game*) indios y vaqueros. [2] CPD: **~ boots** NPL botas *fpl* camperas.

cower ['kauər] VI encogerse (de miedo).

cowhide ['kauhaɪd] N cuero *m*.

cowl [kaul] N capucha *f*.

cowman ['kaumən] N (*pl* **-men**) vaquero *m*; (*owner*) ganadero *m*.

co-worker ['kəu'wɜːkər] N colaborador(a) *m/f*.

cowpat ['kaupæt] N cagada *f* de vaca, boñiga *f*.

cowshed ['kaufed] N establo *m*.

cowslip ['kauslɪp] N (*Bot*) primavera *f*, prímula *f*.

cox [kɒks] [1] N ABBR *of* **coxswain**. [2] VT gobernar. [3] VI hacer de timonel.

coxswain ['kɒksn] N timonel *mf*.

Coy ABBR (*Mil*) *of* **company**.

coy [kɔɪ] ADJ (*comp* **~er**; *superl* **~est**) (*person, smile*) tímido/a, apenado/a (*LAm*); (*pej: coquettish*) coqueta, coquetón/ona.

cozy ['kəuzɪ] ADJ (*US*) = **cosy**.

CP [1] N ABBR (*Pol*) *of* **Communist Party** PC *m*. [2] ABBR (*Comm*) *of* **carriage paid** P.P.

cp. ABBR *of* **compare** comp.

C/P, c/p ABBR *of* **carriage paid** P.P.

CPA N ABBR [a] (*US*) *of* **Certified Public Accountant**. [b] *of* **critical path analysis**.

CPI N ABBR (*US*) *of* **Consumer Price Index** IPC *m*.

Cpl ABBR *of* **Corporal**.

CP/M N ABBR *of* **Central Program for Microprocessors** CP/M *m*.

CPO N ABBR [a] *of* **Chief Petty Officer**. [b] *of* **Crime Prevention Officer**.

CPR N ABBR *of* **cardiopulmonary resuscitation** reanimación *f* cardiopulmonar.

cps N ABBR *of* **characters per second** cps *mpl*.

CPSA N ABBR (*Brit*) *of* **Civil and Public Services Association** *sindicato*.

CPU N ABBR *of* **central processing unit** UPC *f*.

Cr ABBR [a] (*Fin*) *of* **credit** H. [b] (*Fin*) *of* **creditor**. [c] (*Pol*) *of* **councillor**.

crab [kræb] [1] N (*Zool*) cangrejo *m*, jaiba *f* (*LAm*). [2] CPD: **~ apple** N manzana *f* silvestre.

crabby ['kræbɪ], **crabbed** [kræbd] ADJ (*fam*) malhumorado/a.

crack [kræk] [1] N [a] (*gen*) raja *f*; **at the ~ of dawn** al romper el alba; **through the ~ in the door** (*slight opening*) por la rendija de la puerta; **to paper over the ~s** (*also fig*) disimular las grietas.

[b] (*noise: of twigs*) crujido *m*; (: *of whip*) chasquido *m*; (: *of rifle, thunder*) estampido *m*, estruendo *m*; **he got a fair ~ of the whip** tuvo la oportunidad de demostrar lo que valía.

[c] (*blow*) golpe *m*.

[d] (*fam: attempt*) **to have a ~ at sth** intentar algo.

[e] (*fam: joke, insult*) chiste *m*, broma *f*; **he made a silly ~ about our new car** nos tomó el pelo por lo del coche nuevo.

[f] (*fam: drug*) cocaína *f* dura.

[2] ADJ (*team etc*) de primera; **a ~ gymnast** un(a) gimnasta de primera; **a ~ shot** un as disparando.

[3] VT [a] (*break: glass, pottery*) rajar; (: *wood*) astillar; (: *nut*) cascar; (: *egg*) romper, partir; (*fig fam: safe*) forzar; (: *bottle*) abrir; **to ~ one's skull** romperse la cabeza; **to ~ sb over the head** pegarle a algn en la cabeza.

[b] (*cause to sound: whip*) chasquear, restallar; (*finger joints*) crujir; **to ~ jokes** (*fam*) bromear, contar chistes.

[c] (*case: solve*) resolver; (*code*) descifrar; **I think we've ~ed the problem** creo que hemos resuelto el problema.

[4] VI [a] (*break: pottery, glass*) rajarse; (*skin, ground*) agrietarse; (: *wall, dry wood*) agrietarse, resquebrajarse; (*voice: with emotion*) quebrarse; **to ~ under the strain** (*person*) quebrantarse bajo el esfuerzo.

[b] (*make noise: whip*) chasquear; (*dry wood*) crujir; **to get ~ing** (*fam: hurry up*) darse prisa, apurarse (*LAm*).

◆ **crack down** VI + ADV: **to ~ down (on sth)** reprimir (algo) fuertemente.

◆ **crack up** (*fam*) [1] VI + ADV quebrantarse, sufrir una crisis nerviosa.

[2] VT + ADV: **he's not all he's ~ed up to be** no es para tanto.

crackdown ['krækdaun] N campaña *f* (*on* contra).

cracked [krækt] ADJ (*fam: mad*) chiflado/a (*fam*), tarado/a (*CSur fam*).

cracker ['krækər] N [a] (*firework*) buscapiés *m inv*; (*also* **Christmas ~**) sorpresa *f* (navideña). [b] (*biscuit*) galleta *f* salada, cráker *m*. [c] (*fam*) **a ~ of a game** un partido fenomenal (*fam*).

crackers ['krækəz] ADJ (*Brit fam*) lelo/a, chiflado/a.

crackle ['krækl] [1] N (*usu no pl: noise: of twigs burning*) crepitación *f*, chisporroteo *m*; (: *of frying*) chisporroteo; (: *on telephone*) interferencia *f*. [2] VI (*see n*) crepitar, chisporrotear.

crackling ['kræklɪŋ] N [a] (*no pl: Culin*) chicharrones *mpl*. [b] (*sound*) chisporroteo *m*; (*on radio, telephone*) interferencia *f*.

crackpot ['krækpɒt] [1] ADJ tonto/a. [2] N chiflado/a *m/f*.

cradle ['kreɪdl] [1] N [a] (*cot, birthplace etc*) cuna *f*; **from the ~ to the grave** de la cuna a la tumba. [b] (*of telephone*) soporte *m*, horquilla *f*. [c] (*Constr*) andamio *m* volante. [2] VT (*child*) mecer, acunar; (*object*) abrazar. [3] CPD: **she's a ~ snatcher** (*fam*) siempre va detrás de jovencitos.

craft [krɑːft] N [a] (*trade*) oficio *m*; (*no pl: skill*) destreza *f*, habilidad *f*; (*handicraft*) artesanía *f*; **arts and ~s** artesanías *fpl*. [b] (*cunning*): *pej* astucia *f*, maña *f*. [c] (*boat: pl inv*) barco *m*, embarcación *f*.

craftsman ['krɑːftsmən] N (*pl* **-men**) artesano *m*.

craftsmanship ['krɑːftsmənʃɪp] N (*no pl: skill*) destreza *f*, habilidad *f*; (*skilled work*) artesanía *f*.

crafty ['krɑːftɪ] ADJ (*comp* **-ier**; *superl* **-iest**) (*person*) astuto/a, vivo/a; (*action*) hábil.

crag [kræg] N peñasco *m*, risco *m*.

craggy ['krægɪ] ADJ (*comp* **-ier**; *superl* **-iest**) (*rock*) rocoso/a, escarpado/a; (*features*) hosco/a, arrugado/a.

cram [kræm] [1] VT (*stuff*) meter a la carrera (*into* en); (*fill*) llenar a reventar (*with* de); **to ~ in** meter, hacer un hueco para; **his head is ~med with strange ideas** tiene ideas raras metidas en la cabeza; **the room was ~med with furniture** la habitación estaba atestada de muebles; **she ~med her hat down over her eyes** se enfundó el sombrero hasta los ojos; **to ~ o.s. with food** atiborrarse de comida, darse un atracón.

[2] VI [a] (*people*) apelotonarse (*into* en); **7 of us ~med**

into the Mini los 7 logramos encajarnos en el Mini. **b** (*pupil: for exam*) empollar.

cram-full [ˈkræmˈfʊl] ADJ atestado/a (*of* de).

cramp [kræmp] **1** N (*Med*) calambre *m*; **writer's ~** calambre de los escritores. **2** VT (*restrict: development*) poner obstáculos a, poner trabas a; **to ~ sb's style** (*fig fam*) cortar las alas a algn.

cramped [kræmpt] ADJ (*writing*) menudo/a, apretado/a; (*position*) encogido/a, incómodo/a; **to live in ~ conditions** vivir en la estrechez; **they were all ~ together** estaban apiñados; **we are very ~ for space** apenas hay lugar para moverse.

cranberry [ˈkrænbərɪ] N arándano *m*.

crane [kreɪn] **1** N **a** (*Zool*) grulla *f*. **b** (*Tech*) grúa *f*. **2** VT: **to ~ one's neck** estirar el cuello. **3** VI (*also ~ forward*) inclinarse estirando el cuello; **to ~ to see sth** estirar el cuello para ver algo. **4** CPD: **~ driver** N conductor(a) *m/f* de grúa.

cranefly [ˈkreɪnflaɪ] N típula *f*.

crank [kræŋk] **1** N **a** (*Tech*) manivela *f*, manubrio *m*. **b** (*person: eccentric*) excéntrico/a *m/f*; (*US: cross*) ogro *m*. **2** VT (*engine: also ~ up*) hacer arrancar con la manivela.

crankcase [ˈkræŋkkeɪs] N cárter *m*.

crankshaft [ˈkræŋkʃɑːft] N cigüeñal *m*.

cranky [ˈkræŋkɪ] ADJ (*comp* **-ier**; *superl* **-iest**) (*strange: ideas, people*) excéntrico/a; (*US: bad-tempered*) de mal carácter, enojón/ona (*LAm*).

crap [kræp] **1** N (*fam!*) **a** (*faeces*) mierda *f* (*fam!*). **b** (*nonsense*) tontería *f*, estupidez *f*, macanas *fpl* (*fam*), boludeces *fpl* (*fam*). **c** (*unwanted items*) porquería *f*. **2** CPD (*joke, job etc*) pésimo.

◆ **crap out** VI + ADV (*US fam*) **a** (*back down*) rajarse (*fam*). **b** (*fail*) fracasar.

crape [kreɪp] N = **crêpe**.

crappy [ˈkræpɪ] ADJ (*esp US fam!*) chungo/a (*fam*).

craps [kræps] NSG (*game*) dados *mpl*.

crash [kræʃ] **1** N **a** (*noise*) estrépito *m*; (*thunder*) estruendo *m*. **b** (*accident: Aut*) choque *m*; (*: Aer*) accidente *m* de aviación. **c** (*Fin: of stock exchange*) crac *m*; (*: of business: failure*) quiebra *f*. **2** VT (*smash: car, aircraft etc*) estrellar, chocar; **he ~ed his head against the wall** se chocó con la cabeza contra la pared; **to ~ a party** (*fam*) colarse. **3** VI **a** (*fall noisily*) caer con estrépito; (*move noisily*) moverse de manera ruidosa; **to come ~ing down** caer con gran estrépito. **b** (*have accident*) tener un accidente; (*Aer*) estrellarse, caer a tierra; (*collide: two vehicles*) chocar; **to ~ into/ through** chocar contra, estrellarse contra. **c** (*Fin: business*) quebrar; (*stock exchange*) sufrir una crisis; **when the stock market ~ed** cuando la bolsa se derrumbó. **4** CPD (*diet, course*) intensivo/a, acelerado/a; **~ barrier** N (*Aut*) barrera *f* de protección; **~ helmet** N casco *m* protector; **~ landing** N aterrizaje *m* forzado.

◆ **crash out** (*fam*) **1** VT + ADV: **to be ~ed out** estar hecho a polvo. **2** VI + ADV caer redondo, dormirse.

crass [kræs] ADJ (*pej: extreme*) enorme, grande; (*mistake*) craso/a; (*coarse: person, behaviour*) grosero/a, maleducado/a; (*performance*) malo/a, desastroso/a.

crate [kreɪt] N cajón *m* de embalaje, jaula *f*.

crater [ˈkreɪtər] N cráter *m*.

cravat [krəˈvæt] N pañuelo *m*.

crave [kreɪv] VT **a** (*also ~ for: food, drink*) anhelar, ansiar; (*: affection, attention*) reclamar. **b** (*beg: pardon*) suplicar; (*: permission*) implorar, rogar.

craving [ˈkreɪvɪŋ] N (*for food etc*) antojo *m*; (*for affection, attention*) anhelo *m*, ansias *fpl*; **to get a ~ for sth** encapricharse por algo.

crawfish [ˈkrɔːfɪʃ] N (*US*) = **crayfish**.

crawl [krɔːl] **1** N **a** (*slow pace: of traffic*) caravana *f*,

circulación *f* lenta; **the traffic went at a ~** la circulación avanzaba a paso de tortuga. **b** (*Swimming*) crol *m*; **to do the ~** nadar al crol. **2** VI **a** (*drag o.s.*) arrastrarse; (*child*) andar a gatas, gatear; (*move slowly: traffic*) avanzar lentamente, formar caravana; (*: time*) alargarse interminablemente; **to ~ in/ out** *etc* meterse/salirse *etc* a gatas; **to be ~ing with vermin** estar plagado *or* cuajado de bichos. **b** (*fam: suck up*) **to ~ to sb** dar coba a algn, hacerle la pelota a algn.

crawler [ˈkrɔːlər] **1** N (*Mech*) tractor *m* de oruga. **2** CPD: **~ lane** N (*Brit Aut*) carril *m* (de autopista) para vehículos lentos.

crayfish [ˈkreɪfɪʃ] N (*pl ~*) (*freshwater ~*) cangrejo *m* *or* (*LAm*) jaiba *f* de río; (*sea ~*) cigala *f*.

crayon [ˈkreɪən] N (*Art*) pastel *m*, lápiz *m* de tiza; (*child's*) lápiz de color.

craze [kreɪz] N (*fashion*) moda *f*; (*fad*) manía *f*; **it's the latest ~** es la última moda, es el último grito.

crazed [kreɪzd] ADJ (*look, person*) loco/a, demente; (*pottery, glaze*) agrietado/a, cuarteado/a.

crazy [ˈkreɪzɪ] ADJ (*comp* **-ier**; *superl* **-iest**) **a** (*mad*) loco/a; **to go ~** volverse loco; **to drive sb ~** volver loco a algn; **~ with grief/anxiety** loco de pena/inquietud; **it was a ~ idea** fue una locura *or* un disparate; **you were ~ to do it** fue una locura hacerlo. **b** (*fam: keen*) **to be ~ about sb/sth** estar loco por algn/algo; **I'm not ~ about it** no es que me vuelva loco, no me entusiasma. **c** (*angle, slope*) peligroso/a; **~ paving** pavimento *m* de baldosas irregulares.

CRC N ABBR (*US*) of **Civil Rights Commission**.

CRE N ABBR (*Brit*) of **Commission for Racial Equality**.

creak [kriːk] **1** N (*of wood, shoe etc*) crujido *m*; (*of hinge etc*) chirrido *m*, rechinamiento *m*. **2** VI crujir; (*squeak*) chirriar, rechinar.

creaky [ˈkriːkɪ] ADJ rechinador(a); (*fig*) poco sólido/a.

cream [kriːm] **1** N **a** (*on milk*) nata *f*; **double ~** (*Brit*) nata; **single ~** crema de leche; **whipped ~** nata batida; **chocolate ~** (*sweet*) caramelo *m* de crema y chocolate; **~ of tomato soup** sopa *f* de crema de tomate; **the ~ of society** (*fig*) la flor y nata de la sociedad. **b** (*lotion: for face, shoes etc*) crema *f*, pomada *f*; **shoe ~** betún *m*; **face ~** crema de belleza. **2** ADJ (*~-coloured*) color crema *inv*. **3** VT (*mix: also ~ together*) batir; **~ed potatoes** puré *msg* de patatas *or* (*LAm*) papas. **4** CPD (*made with ~*) de nata; **~ cake** N pastel *m* de nata; **~ cheese** N queso *m* crema; **~ cracker** N galleta *f* de soda.

◆ **cream off** VI + PREP (*best talents, part of profits*) separar lo mejor de.

creamy [ˈkriːmɪ] ADJ (*comp* **-ier**; *superl* **-iest**) (*taste, texture*) cremoso/a; (*colour*) color crema *inv*.

crease [kriːs] **1** N (*fold*) raya *f*; (*wrinkle*) arruga *f*. **2** VT arrugar; **he was ~d up with laughter** (*fig*) estaba doblado de la risa. **3** VI arrugarse.

crease-resistant [ˈkriːsrɪˌzɪstənt] ADJ inarrugable.

create [kriːˈeɪt] VT (*gen, Comput*) crear; (*character*) inventar; (*fashion*) desarrollar; (*fuss, noise*) armar; (*problem*) plantear; **to ~ an impression** impresionar, causar buena impresión; **he was ~d a peer by the Queen** fue nombrado par por la reina.

creation [kriːˈeɪʃən] N creación *f*; **the C~** la Creación.

creative [kriːˈeɪtɪv] ADJ creativo/a, creador(a); **~ writing** creación *f* literaria.

creativity [ˌkriːeɪˈtɪvɪtɪ] N (*no pl*) creatividad *f*.

creator [kriːˈeɪtər] N creador(a) *m/f*; (*Rel*) **the C~** el Creador.

creature [ˈkriːtʃər] **1** N (*gen*) criatura *f*; (*animal*) animal *m*; (*insect etc*) bicho *m*; (*dependent person*) títere *m*; **poor ~!** ¡pobrecito/a!; **~ of habit** esclavo/a *m/f* de la costumbre. **2** CPD: **~ comforts** NPL comodidades *fpl* (materiales).

crèche [kreɪʃ] N guardería *f*.

cred [kred] N (*fam*) = **credibility**.

credence [ˈkriːdəns] N: **to give ~ to** creer en, dar crédito

a.

credentials [krɪ'denʃəlz] NPL (*identifying papers*) credenciales *fpl*; (*letters of reference*) referencias *fpl*; **what are his ~ for the post?** ¿qué méritos alega para el puesto?

credibility [ˌkredə'bɪlətɪ] **1** N (*no pl*) credibilidad *f*. **2** CPD: **~ gap** N falta *f* de credibilidad; **~ rating** N índice *m* de credibilidad.

credible ['kredɪbl] ADJ (*gen*) creíble, digno/a de creerse; (*person*) plausible; (*witness*) de integridad.

credit ['kredɪt] **1** N **a** (*Fin*) crédito *m*; **to give sb ~** dar crédito *or* creditar a algn; **you have £10 to your ~** Ud tiene 10 libras en el haber; **his account is in ~** su cuenta tiene saldo a favor; **on ~** a crédito; **to buy/obtain on ~** comprar/conseguir al fiado; **on the ~ side** (*fig*) en el haber; **is his ~ good?** ¿está solvente?; **'~ terms available'** 'ventas a plazos'; **'no ~ given'** 'no se fía'. **b** (*honour*) honor *m*; **to his ~, I must point out that ...** hay que señalar, a su favor, que ...; **he's a ~ to his family** hace honor a su familia; **to give sb ~ for (doing) sth** reconocer a algn el mérito de (haber hecho) algo; **I gave you ~ for more sense** te creía más inteligente; **it does you ~** te honra, dice mucho a tu favor; **to take ~ for (doing) sth** darse méritos por (haber hecho) algo; **~ where ~'s due** a cada uno según sus méritos. **c** (*Cine*) ~s fichas *fpl* técnicas. **d** (*Univ: esp US*) asignatura *f*. **2** VT **a** (*believe*) creer, dar crédito a; **you wouldn't ~ it!** ¡parece mentira! **b** (*attribute*) atribuir; **I ~ed him with more sense** le creía más inteligente; **he ~ed them with the victory** se les acreditó *or* reconoció el triunfo. **c** (*Comm*) acreditar; **the money was ~ed to his account** el dinero se le abonó en la cuenta; **to ~ £5 to sb** acreditar 5 libras a algn. **3** CPD: **~ account** N cuenta *f* de crédito; **~ agency** N agencia *f* de crédito; **~ arrangements** NPL facilidades *fpl* de pago; **~ balance** N saldo *m* acreedor; **~ card** N tarjeta *f* de crédito; **~ charges** NPL interés *msg* de crédito; **~ control** N control *m* de créditos; **~ facilities** NPL facilidades *fpl* de crédito; **~ limit** N límite *m* de crédito; **~ note** N nota *f* de crédito; **~ rating** N solvabilidad *f*; **~ squeeze** N restricciones *fpl* de crédito; **~ transfer** N transferencia *f* de crédito.

creditable ['kredɪtəbl] ADJ loable, encomiable.

creditor ['kredɪtər] N acreedor(a) *m/f*.

creditworthy ['kredɪt,wɜːðɪ] ADJ solvente.

credulity [krɪ'djuːlɪtɪ] N credulidad *f*.

credulous ['kredjʊləs] ADJ crédulo/a.

creed [kriːd] N (*prayer*) credo *m*; (*religion*) credo, religión *f*.

creek [kriːk] N (*inlet*) cala *f*, ensenada *f*; (*US: stream*) riachuelo *m*; **up the ~** (*fig: in difficulties*) en un lío *or* (*LAm*) aprieto.

creep [kriːp] (*pt, pp* **crept**) **1** VI (*animal*) deslizarse, arrastrarse; (*plant*) trepar; (*person: stealthily*) ir cautelosamente; (: *slowly*) ir muy despacio; **to ~ in/out/up/down** *etc* entrar/salir/subir/bajar *etc* sigilosamente; **it made my flesh ~** me puso la carne de gallina; **an error crept in** se deslizó un error. **2** N (*fam*) **a** (*feeling*) **it gives me the ~s** me da escalofríos. **b** (*person*) **he's a ~** ¡qué lameculos es! (*fam*); **what a ~!** ¡qué tipo más raro!, ¡qué bicho!

creeper ['kriːpər] N (*Bot*) enredadera *f*; **~s** (*US: rompers: for baby*) pelele *m*.

creeping ['kriːpɪŋ] ADJ progresivo/a.

creepy ['kriːpɪ] ADJ (*comp* **-ier;** *superl* **-iest**) horripilante.

creepy-crawly ['kriːpɪ'krɔːlɪ] N (*fam*) bicho *m*.

cremate [krɪ'meɪt] VT incinerar.

cremation [krɪ'meɪʃən] N cremación *f*, incineración *f*.

crematorium [ˌkremə'tɔːrɪəm] N (*pl* **~s** *or* **crematoria** [ˌkremə'tɔːrɪə]) crematorio *m*.

crème caramel [kremkærə'mel] N flan *m*.

crème de la crème [ˌkremdələ'krem] N flor *f* y nata.

Creole ['kriːəʊl] ADJ criollo/a (*LAm*).

creosote ['krɪəsəʊt] **1** N creosota *f*. **2** VT echar creosota

a.

crêpe [kreɪp] **1** N **a** (*fabric*) crespón *m*. **b** (*also* **~ rubber**) crepé *m*. **c** (*pancake*) crêpe *f*. **2** CPD: **~ bandage** N venda *f* de crespón; **~ paper** N papel *m* crepé; **~ sole** N (*on shoes*) suela *f* de crespón.

crept [krept] PT, PP *of* **creep.**

crescendo [krɪ'ʃendəʊ] N (*Mus, fig*) crescendo *m*.

crescent ['kresnt] **1** ADJ creciente. **2** N (*shape*) medialuna *f*; (*street*) calle *f* en forma de semicírculo.

cress [kres] N berro *m*.

crest [krest] **1** N (*gen*) cresta *f*; (*of hill*) cima *f*, cumbre *f*; (*on helmet*) penacho *m*; (*Heraldry*) blasón *m*; **to be on the ~ of the wave** (*fig*) estar en la cumbre. **2** VI (*US*) llegar al máximo.

crestfallen ['krest,fɔːlən] ADJ (*sad*) cariacontecido/a; (*depressed*) deprimido/a; **to look ~** tener cara de deprimido.

Crete [kriːt] N Creta *f*.

cretin ['kretɪn] N (*fam pej*) cretino/a *m/f*.

crevasse [krɪ'væs] N grieta *f*.

crevice ['krevɪs] N grieta *f*, hendedura *f*.

crew[1] [kruː] **1** N (*Aer, Naut*) tripulación *f*; (*Mil*) dotación *f*; (*excluding officers*) marineros *mpl* rasos; (*Cine, Rowing, gen: team*) equipo *m*; (*gang*) pandilla *f*, banda *f*. **2** VI: **to ~ for sb** hacer de tripulación para algn. **3** CPD: **~ cut** N corte *m* al rape.

crew[2] [kruː] PT *of* **crow.**

crib [krɪb] **1** N **a** (*small cot*) cuna *f*; (*Rel*) Belén *m*; (*manger*) cuadra *f*. **b** (*Scol fam: translation*) traducción *f*; (: *illicit copy*) plagio *m*; (: *in exam*) chuleta *f*. **2** VT (*Scol*) plagiar. **3** CPD: **~ death** N (*US*) muerte *f* en la cuna.

crick [krɪk] **1** N (*in neck*) tortícolis *m or f*; (*in back*) lumbago *m*. **2** VT (*see n*) dar tortícolis a; dar lumbago a.

cricket[1] ['krɪkɪt] N (*Zool*) grillo *m*.

cricket[2] ['krɪkɪt] **1** N (*sport*) cricket *m*, criquet *m*; **that's just not ~** (*fig*) es una jugada sucia. **2** CPD: **~ ball** N pelota *f* de cricket; **~ bat** N bate *m* de cricket; **~ match** N partido *m* de cricket.

crikey ['kraɪkɪ] INTERJ (*Brit fam*) ¡caramba!

crime [kraɪm] **1** N crimen *m*, delito *m* (*LAm*); **to commit a ~** cometer un crimen *or* delito; **it's not a ~!** (*fig*) ¡no es para tanto!; **it's a ~ ...** (*fig*) es una vergüenza .... **2** CPD: **~ prevention** N prevención *f* del crimen; **C~ Squad** N ≈ Brigada *f* de Investigación Criminal; **~ wave** N ola *f* de crímenes *or* delitos.

criminal ['krɪmɪnl] **1** N criminal *mf*. **2** ADJ (*act, intent*) criminal; (*code, law*) penal; (*fig*) vergonzoso/a; **it would be ~ to let her go out** sería un crimen dejarla salir; **~ damage** (*Jur*) delito *m* de daños; **C~ Investigation Department** ≈ Brigada *f* de Investigación Criminal (*Sp*); **~ lawyer** penalista *mf*, criminalista *mf*; **to take ~ proceedings against sb** entablar un proceso penal contra algn; **~ record** antecedentes *mpl* penales.

criminology [ˌkrɪmɪ'nɒlədʒɪ] N criminología *f*.

crimp [krɪmp] VT (*hair*) rizar.

crimson ['krɪmzn] ADJ, N carmesí *m*.

cringe [krɪndʒ] VI (*shrink back*) encogerse (*before* ante); (*fawn*) acobardarse, agacharse (*before* ante); **it makes me ~** me da horror.

cringing ['krɪndʒɪŋ] ADJ servil, rastrero/a.

crinkle ['krɪŋkl] VT arrugar.

crinkly ['krɪŋklɪ] ADJ (*comp* **-ier;** *superl* **-iest**) (*hair: very curly*) rizado/a, crespo/a; (*paper etc: having wrinkles, creases*) arrugado/a; (*leaves etc: texture*) crespado/a.

cripple ['krɪpl] **1** N (*lame*) cojo/a *m/f*, lisiado/a *m/f*; (*disabled*) minusválido/a *m/f*; (*maimed*) mutilado/a *m/f*. **2** VT **a** lisiar, mutilar; **he is ~d with arthritis** está paralizado por la artritis. **b** (*ship, plane*) inutilizar; (*production, exports*) paralizar; **crippling taxes** impuestos *mpl* pesados.

crisis ['kraɪsɪs] **1** N (*pl* **crises** ['kraɪsiːz]) crisis *f*; (*Med*) punto *m* crítico; **to come to a ~** entrar en crisis; **we've got a ~ on our hands** estamos enfrentando una crisis.

2 CPD: ~ **management** N manejo *m* de crisis.
crisp [krɪsp] 1 ADJ (*comp* ~**er**; *superl* ~**est**) (*vegetables*) fresco/a; (*snow*) crujiente; (*paper*) limpio/a; (*linen*) almidonado/a; (*air*) vivificante; (*tone, reply*) seco/a, tajante; (*style*) directo/a. 2 N (*Brit: potato* ~) ~**s** patatas *fpl* fritas, papas *fpl* (fritas) (*LAm*).
criss-cross ['krɪskrɒs] 1 ADJ entrecruzado/a. 2 VI entrecruzarse.
criterion [kraɪ'tɪərɪən] N (*pl* **criteria** [kraɪ'tɪərɪə]) criterio *m*.
critic ['krɪtɪk] N (*reviewer*) crítico/a *m/f*; (*faultfinder*) criticón/ona *m/f*.
critical ['krɪtɪkəl] ADJ a (*important*) crítico/a; (*dangerous*) peligroso/a; (*Med*) grave; ~ **juncture**, ~ **moment** coyuntura *f* crítica; ~ **path analysis** análisis *m* del camino crítico. b (*Lit etc*) crítico/a; (*fault-finding*) criticón/ona; **to be** ~ **of sb/sth** criticar a algn/algo; **to be a** ~ **success** (*book, play etc*) ser un éxito con los críticos.
critically ['krɪtɪkəlɪ] ADV (*seriously*) gravemente; (*with criticism*) críticamente.
criticism ['krɪtɪsɪzəm] N crítica *f*.
criticize ['krɪtɪsaɪz] VT (*review, find fault*) criticar.
critique [krɪ'tiːk] N crítica *f*.
croak [krəʊk] 1 N (*of raven*) graznido *m*; (*of frog*) croar *m*, canto *m*; (*of person*) gruñido *m*. 2 VI (*raven*) graznar; (*frog*) croar, cantar; (*person*) gruñir; (*fam: die*) estirar la pata.
Croat ['krəʊæt] N croata *mf*.
Croatia [krəʊ'eɪʃə] N Croacia *f*.
Croatian [krəʊ'eɪʃən] ADJ, N croata *mf*.
crochet ['krəʊʃeɪ] 1 N ganchillo *m*, croché *m*. 2 VT hacer en croché, hacer de ganchillo. 3 VI hacer ganchillo, hacer croché. 4 CPD: ~ **hook** N ganchillo *m*.
crock [krɒk] N (*earthenware pot*) cántaro *m*, tarro *m* (*LAm*); (*fam: person: also* **old** ~) carcamal *m*, vejete/a *m/f*; (*car etc*) cacharro *m*.
crockery ['krɒkərɪ] N loza *f*, vajilla *f*.
crocodile ['krɒkədaɪl] 1 N cocodrilo *m*; **to walk in a** ~ andar en doble fila. 2 CPD: ~ **tears** NPL (*fig*) lágrimas *fpl* de cocodrilo.
crocus ['krəʊkəs] N azafrán *m*.
croft [krɒft] N (*Scot: small farm*) minifundio *m*, parcela *f*, chacra *f* (*CSur*), ranchito *m* (*Mex*).
crofter ['krɒftər] N minifundista *mf*, chacarero/a *m/f* (*CSur*), ranchero/a *m/f* (*Mex*).
croissant [krwʌsãːŋ] N croissant *m*, cruasán *m*, medialuna *f* (*esp LAm*).
crone [krəʊn] N arpía *f*, bruja *f*.
crony ['krəʊnɪ] N (*fam pej: friend*) compinche *mf*.
crook [krʊk] 1 N a (*shepherd's*) cayado *m*; (*bishop's*) báculo *m*; (*hook*) gancho *m*. b **the** ~ **of one's arm** el pliegue del codo; *see* **hook 1**. c (*fam: thief*) ladrón/ona *m/f*. d (*curve*) codo *m*, recodo *m*. 2 VT (*fig: finger*) doblar; **to** ~ **one's arm** empinar el codo.
crooked ['krʊkɪd] ADJ a (*not straight*) torcido/a, chueco/a (*LAm*); (*bent over*) encorvado/a, doblado/a; (*path*) sinuoso/a, tortuoso/a; (*smile*) forzado/a. b (*fam: dishonest: deal, means*) poco limpio/a, sucio/a; (: *person*) criminal.
croon [kruːn] VT, VI canturrear.
crooner ['kruːnər] N cantante *mf* de boleros.
crop [krɒp] 1 N a (*species grown*) cultivo *m*; (*produce: of fruit, vegetables*) cosecha *f*; (*of cereals*) cereal *m*; (*fig*) montón *m*. b (*Orn*) buche *m*. c (*of whip*) mango *m*; (*riding* ~) látigo *m* de montar. 2 VT (*cut: hair*) cortar al rape; (*subj: animals: grass*) pacer. 3 CPD: ~ **rotation** N rotación *f* de cultivos; ~ **sprayer** N (*machine, plane*) máquina *f* fumigadora de cultivos; ~ **spraying** N fumigación *f* de los cultivos.
◆ **crop up** VI + ADV (*fig: arise*) surgir, presentarse; **something must have** ~**ped up** habrá sucedido algo, algo debe de haberse presentado.

cropper ['krɒpər] (*fam*) N: **to come a** ~ coger una liebre (*fam*); (*fig*) tirarse una plancha (*fam*).
croquet ['krəʊkeɪ] N (*game*) croquet *m*.
croquette [krəʊ'ket] N (*Culin*) croqueta *f*.
cross [krɒs] 1 N a (*sign, decoration*) cruz *f*; **to sign with a** ~ marcar con una cruz; **to make the sign of the** ~ hacer la señal de la cruz, santiguarse; **the C~** (*Rel*) la Cruz; **we each have our** ~ **to bear** (*fig*) cada quien carga su cruz. b (*Bio, Zool*) cruzamiento *m*, mezcla *f*; **it's a** ~ **between a horse and a donkey** es un cruzamiento de caballo y burro. c (*bias*) bies *m*; **cut on the** ~ cortado al bies *or* al sesgo. 2 ADJ (*angry*) enfadado/a, enojado/a (*LAm*); (*vexed*) molesto/a; **to be/get** ~ **with sb (about sth)** enfadarse *or* (*LAm*) enojarse con algn (por algo); **it makes me** ~ **when ...** me enfada *or* (*LAm*) enoja que ...; **don't be/get** ~ **with me** no te enfades *or* enojes conmigo. 3 VT a (*gen*) cruzar, atravesar; (*obstacle*) salvar; **this road** ~**es the motorway** esta carretera atraviesa la autopista; **it** ~**ed my mind that ...** se me ocurrió que ...; **we'll** ~ **that bridge when we come to it** (*fig*) no anticipemos problemas. b (*cheque*) cruzar; **to** ~ **o.s.** santiguarse; ~ **my heart!** (*in promise*) ¡te lo juro! c (*arms, legs*) cruzar; **keep your fingers** ~**ed for me** ¡deséame suerte!; **to** ~ **swords with sb** (*fig*) cruzar la espada con algn; **I got a** ~**ed line** (*Telec*) había (un) cruce de líneas; **they've got their lines** ~**ed** (*fig*) hay un malentendido entre ellos. d (*thwart: person, plan*) contrariar, ir contra. e (*animals, plants*) cruzar. 4 VI a (*roads etc*) atravesar, cruzar. b (*boat: Channel etc*) atravesar, hacer la travesía. c (*letters, people*) cruzarse.
◆ **cross off** VT + ADV tachar.
◆ **cross out** VT + ADV borrar; '~ **out what does not apply**' 'táchese lo que no proceda'.
◆ **cross over** 1 VI + ADV (*cross the road*) cruzar, atravesar; (*fig: change sides*) cambiarse de chaqueta. 2 VI + PREP (*road, bridge*) cruzar, pasar.
crossbar ['krɒsbɑːr] N (*of bicycle*) barra *f*; (*of goalpost*) travesaño *m*.
cross-border ['krɒs'bɔːdər] ADJ transfronterizo; ~ **security** seguridad *f* a través de la frontera.
crossbow ['krɒsbəʊ] N ballesta *f*.
crossbreed ['krɒsbriːd] N híbrido *m*.
cross-Channel ['krɒs'tʃænl] ADJ: ~ **ferry** transbordador *m* que cruza el Canal de la Mancha.
cross-check ['krɒstʃek] 1 N verificación *f*. 2 VT verificar.
cross-country ['krɒs'kʌntrɪ] ADJ (*race, skiing*) a campo traviesa; ~ **race** cross *m*.
cross-cultural ['krɒs'kʌltʃərəl] ADJ transcultural.
cross-dresser ['krɒsdresər] N travesti *mf*, travestido/a *m/f*.
cross-dressing ['krɒs'dresɪŋ] N travestismo *m*.
cross-examination ['krɒsɪg,zæmɪ'neɪʃən] N interrogatorio *m*.
cross-examine ['krɒsɪg'zæmɪn] VT (*Jur, gen*) interrogar.
cross-eyed ['krɒsaɪd] ADJ bizco/a.
crossfire ['krɒsfaɪər] N fuego *m* cruzado; **we were caught in the** ~ nos encontramos en medio del tiroteo; (*fig*) nos vimos atacados por ambos lados.
crossing ['krɒsɪŋ] 1 N a (*esp by sea*) travesía *f*. b (*road junction*) cruce *m*; (*pedestrian* ~) paso *m* de peatones; (*level* ~) paso *m* a nivel; **cross at the** ~ crucen en el paso de peatones. 2 CPD: ~ **guard** (*US*), **school** ~ **patrol** N persona encargada de ayudar a los niños a cruzar la calle.
cross-legged ['krɒs'legd] ADV: **to sit** ~ **on the floor** sentarse en el suelo con las piernas cruzadas.
crossly ['krɒslɪ] ADV con enfado *or* (*LAm*) enojo.
crosspatch ['krɒspætʃ] N (*fam*) gruñón/ona *m/f*, enojón/ona *m/f* (*LAm*).
cross-purposes ['krɒs'pɜːpəsɪz] NPL: **to be at** ~ **with sb** malentenderse (con algn).

cross-question [ˈkrɒsˈkwestʃən] VT interrogar.
cross-reference [ˈkrɒsˈrefərəns] [1] N contrarreferencia f, remisión f. [2] VT poner referencia cruzada a.
crossroads [ˈkrɒsrəʊdz] NSG cruce m, encrucijada f; **to be at a ~** (fig) estar en una encrucijada.
cross-section [ˈkrɒsˈsekʃən] N (Bio etc) corte m transversal; (of population) muestra f (representativa).
crosswalk [ˈkrɒsˌwɔːk] N (US) paso m de peatones.
crosswind [ˈkrɒswɪnd] N viento m de costado.
crossword [ˈkrɒswɜːd] N: **~ (puzzle)** crucigrama m.
crotch [krɒtʃ] N [a] (of tree) horquilla f. [b] (also **crotch**: Anat, of garment) entrepierna f.
crotchet [ˈkrɒtʃɪt] N (Brit Mus) negra f.
crouch [kraʊtʃ] VI (also **~ down**: person, animal) agacharse.
croup¹ [kruːp] N (Med) crup m.
croup² [kruːp] N (of horse) grupa f.
croupier [ˈkruːpɪeɪ] N croupier m.
crouton [ˈkruːtɔ̃] N cuscurro m.
crow [krəʊ] [1] N [a] (bird) cuervo m; **as the ~ flies** a vuelo de pájaro.
[b] (noise: of cock) cacareo m; (: of baby, person) grito m; **a ~ of delight** un balbuceo de placer.
[2] VI [a] (pt **~ed** or **crew**) cacarear, cantar.
[b] (pt **~ed**) (fig) **to ~ over** or **about sth** jactarse de algo; **it's nothing to ~ about** no hay motivo para sentirse satisfecho.
crowbar [ˈkrəʊbɑːʳ] N palanca f.
crowd [kraʊd] [1] N (of people: esp disorderly) muchedumbre f, multitud f; (Sport etc: spectators) público m, espectadores mpl; **~s of people** una gran cantidad de gente; **in a ~** en tropel; **the ~** (common herd) el vulgo, la turba; **there was quite a ~** había bastante gente; **I don't like that ~ at all** esa pandilla no me gusta nada; **to follow the ~** (fig) dejarse llevar por los demás.
[2] VT (place) llenar, atestar; (things into a place) meter apretadamente; **to ~ the streets** llenar las calles; **to ~ a place with** llenar un sitio de.
[3] VI (meet) reunirse; (pile up) apiñarse; **to ~ in** entrar en tropel; **to ~ round sb/sth** apiñarse en torno a algn/algo.
[4] CPD: **~ control** N control m de muchedumbres; **~ scene** N (Cine, Theat) escena f con muchos comparsas.
◆ **crowd out** VT + ADV (not let in) excluir; **the bar was ~ed out** el bar estaba de bote en bote.
crowded [ˈkraʊdɪd] ADJ lleno/a, atestado/a; (meeting, event etc) muy concurrido; **it's very ~ here** aquí hay muchísima gente; **a ~ day** un día lleno de actividad; **~ together** apretados unos contra otros; **a ~ profession** una profesión en la que sobra gente.
crowd-puller [ˈkraʊdˌpʊləʳ] N (show) gran atracción f; (speaker) orador(a) m/f muy popular.
crowing [ˈkrəʊɪŋ] N (of cock) canto m (del gallo); (of child) gorjeo m; (fig) cacareo m.
crown [kraʊn] [1] N [a] (of monarch, monarchy) corona f.
[b] (Sport: championship title) campeonato m, título m.
[c] (top: of hat) copa f; (: of head) coronilla f; (: of hill) cumbre f, cima f; (: of road: raised centre) el centro de la calzada; (: of tooth) corona f.
[2] VT [a] (king etc) coronar.
[b] (usu pass: top) coronar; **and to ~ it all** (fig) y para colmo or para remate; **to ~ sth with success** coronar algo con éxito.
[c] (tooth) coronar.
[d] (fam: hit) **I'll ~ you if you do that again!** ¡te mato si lo vuelves a hacer!
[3] CPD: **~ court** N (Brit Jur) tribunal m superior; **~ jewels** NPL joyas fpl reales; **~ prince/princess** N príncipe m heredero/princesa f heredera.
crowning [ˈkraʊnɪŋ] ADJ (achievement) máximo/a.
crow's-feet [ˈkrəʊzˈfiːt] NPL (wrinkles) patas fpl de gallo.
crow's-nest [ˈkrəʊznest] N (Naut) atalaya f.
CRT N ABBR of **cathode ray tube** TRC m.
crucial [ˈkruːʃəl] ADJ decisivo/a, crucial.
crucible [ˈkruːsɪbl] N crisol m.
crucifix [ˈkruːsɪfɪks] N crucifijo m.
crucifixion [ˌkruːsɪˈfɪkʃən] N crucifixión f.

crucify [ˈkruːsɪfaɪ] VT (lit) crucificar; (fig) martirizar.
crude [kruːd] [1] ADJ (comp **~r**; superl **~st**) [a] (unprocessed) crudo/a.
[b] (basic, unrefined) tosco/a, rudo/a; (unsophisticated) basto/a; **to make a ~ attempt at doing sth** hacer un intento crudo de hacer algo.
[c] (vulgar) ordinario/a, grosero/a.
[2] N (also **~ oil**) petróleo m crudo.
crudely [ˈkruːdlɪ] ADV (see adj (b), (c)) toscamente; groseramente; **to put it ~** para ser franco.
crudeness [ˈkruːdnɪs], **crudity** [ˈkruːdɪtɪ] N (see adj (b), (c)) tosquedad f, rudeza f; carácter m poco sofisticado.
cruel [ˈkruːəl] ADJ (comp **~ler**; superl **~lest**) cruel; **it's a ~ fact** es un hecho brutal.
cruelty [ˈkruːəltɪ] N crueldad f; **society for the prevention of ~ to animals** sociedad protectora de los animales.
cruet [ˈkruːɪt] N (oil and vinegar) vinagrera f; (stand) angarillas fpl, alcuza f; (salt cellar) salero m.
cruise [kruːz] [1] N crucero m; **to go on a ~** hacer un crucero.
[2] VI (ship, fleet) navegar; (holidaymakers) hacer un crucero; (Aer, Aut) mantener la velocidad (a); **cruising speed** velocidad f económica.
[3] CPD: **~ control** N control m de crucero; **~ missile** N misil m de crucero.
◆ **cruise around** VI + ADV (US) pasear en coche.
cruiser [ˈkruːzəʳ] N (Naut) crucero m.
cruiserweight [ˈkruːzəweɪt] ADJ (Boxing) semipesado/a.
crumb [krʌm] N (of bread, cake etc) miga f; (small piece: fig) **a ~ of comfort** una migaja de consuelo; **~s of knowledge/information** fragmentos de conocimiento/información.
crumble [ˈkrʌmbl] [1] VT (bread) desmigar, desmigajar; (earth) desmenuzar. [2] VI (bread) desmigarse, desmigajarse; (building, plaster etc) desmoronarse; (fig: hopes, power) deshacerse.
crummy [ˈkrʌmɪ] ADJ (fam: bad) ínfimo/a, de mala muerte.
crumpet [ˈkrʌmpɪt] N [a] ≈ bollo m or hojuela f para tostar. [b] (fam pej: woman) gachí f (fam); (: women) las gachís (fam); **a bit of ~** (Brit fam) una gachí (fam).
crumple [ˈkrʌmpl] [1] VT (also **~ up**: paper) estrujar; (: clothes) arrugar. [2] VI arrugarse; (fig: also **~ up**) desplomarse, deshacerse.
crunch [krʌntʃ] [1] N crujido m; **if it comes to the ~** (fig) cuando llega el momento de la verdad. [2] VT (with teeth) ronzar; **to ~ sth up** pulverizar algo con los dientes. [3] VI (ground) crujir.
crunchy [ˈkrʌntʃɪ] ADJ (comp **-ier**; superl **-iest**) crujiente.
crusade [kruːˈseɪd] [1] N cruzada f; (fig) campaña f, cruzada. [2] VI (fig) **to ~ for/against sth** hacer una campaña en pro de/en contra de algo.
crusader [kruːˈseɪdəʳ] N cruzado m; (fig) paladín m, campeón/ona m/f.
crush [krʌʃ] [1] N [a] (crowd) aglomeración f, multitud f; **they died in the ~** murieron aplastados.
[b] (fam: infatuation) enamoramiento m; **to have a ~ on sb** estar enamorado de algn.
[c] (Brit) **orange ~** naranjada f.
[2] VT [a] (squash) aplastar, apachurrar; (crumple: clothes, paper) estrujar; (grind, break up: garlic, grapes) exprimir, prensar; (: ice) picar; (: scrap metal) comprimir; **to ~ sth to a pulp** hacer papilla algo.
[b] (fig: enemy, opposition) aniquilar, eliminar; (: argument) aplastar, abrumar; (: hopes) defraudar.
[3] VI (clothes) arrugarse.
[4] CPD: **~ barrier** N barrera f antimotín.
crushing [ˈkrʌʃɪŋ] ADJ (defeat, blow, reply) aplastante; (grief, etc) abrumador(a).
crust [krʌst] N (of bread etc) corteza f; (dry bread) mendrugo m; (of pie) pasta f; (layer) capa f; (: Geol) corteza f.
crustacean [krʌsˈteɪʃən] N crustáceo m.
crusty [ˈkrʌstɪ] ADJ (comp **-ier**; superl **-iest**) (loaf) de corteza dura; (fam: person) hosco/a, de mal carácter.
crutch [krʌtʃ] N [a] (Med) muleta f; (fig: support) apoyo m.
[b] = **crotch (b)**.

crux [krʌks] N: **the ~ of the matter** lo esencial del caso.
cry [kraɪ] **1** N **a** (call, shout) grito m; (of animal: howl) aullido m; (of street vendor) pregón m; **to give a ~ of surprise** dar un grito de sorpresa; **a ~ for help** un grito de socorro; **it's a far ~ from that** (fig) dista mucho de eso; **'jobs, not bombs' was their ~** su grito fue 'trabajo sí, bombas no'.
  b (weep) llanto m; **she had a good ~** lloró largamente.
  2 VI **a** (call out, shout) gritar, llamar (en voz alta); **he cried (out) with pain** dio un grito de dolor; **to ~ for help/mercy** pedir socorro/clemencia a voces.
  b (weep) llorar; **I laughed till I cried** me reía a carcajadas; **I'll give him something to ~ about!** (fam) le voy a dar de qué llorar; **it's no good ~ing over spilt milk** a lo hecho, pecho.
  3 VT **a** (call) gritar; (: warning) llamar.
  b **to ~ o.s. to sleep** llorar hasta dormirse.
◆ **cry down** VT + ADV despreciar, desacreditar.
◆ **cry off** VI + ADV (withdraw) retirarse; (fam: back out) rajarse.
◆ **cry out** **1** VI + ADV (call out, shout) lanzar or echar un grito; **this car is ~ing out to be resprayed** (fam) es hora de que se vuelva a pintar el coche; **for ~ing out loud!** (fam) ¡por Dios!; **to ~ out against** protestar contra.
  2 VT + ADV **a** (call) gritar; (: warning) llamar.
  b **to ~ one's eyes** or **heart out** llorar a lágrima viva.
crybaby ['kraɪˌbeɪbɪ] N llorón/ona m/f.
crying ['kraɪɪŋ] **1** ADJ (child) que llora; (whining) llorón/ona; (fam: need) urgente; **it's a ~ shame** (fam) es una auténtica vergüenza. **2** N (weeping) llanto m; (sobbing) lloriqueo m.
crypt [krɪpt] N cripta f.
cryptic ['krɪptɪk] ADJ (message, clue) oculto/a, secreto/a; (comment) enigmático/a; (coded) en clave.
crystal ['krɪstl] **1** N cristal m; **quartz/rock ~** cristal de roca. **2** ADJ (clear: water, lake) cristalino/a. **3** CPD (glass, vase) de cristal; **~ ball** N bola f de cristal.
crystal-clear ['krɪstl'klɪər] ADJ cristalino/a.
crystal-gazing ['krɪstl,geɪzɪŋ] N adivinación f.
crystallize ['krɪstəlaɪz] **1** VT (Chem) cristalizar; (fruit) escarchar; (fig) cristalizar, resolver; **~d fruits** frutas fpl escarchadas. **2** VI (Chem) cristalizarse; (fig) concretarse, cristalizarse.
CSA N ABBR (US) of **Confederate States of America**.
CSC N ABBR (Brit) of **Civil Service Commission** comisión de reclutamiento de funcionarios.
CSE N ABBR (Brit Scol: old) of **Certificate of Secondary Education** ≈ BUP m.
CS gas [ˌsiːˌɛsˈɡæs] N (Brit) gas m lacrimógeno.
CST N ABBR (US) of **Central Standard Time**.
CT ABBR **a** (Fin) of **cable transfer**. **b** (US Post) of **Connecticut**.
ct ABBR of **carat** qts, quil.
Ct. ABBR (US) of **Connecticut**.
CTC N ABBR of **City Technology College**.
CTT N ABBR of **Capital Transfer Tax**.
cu. ABBR of **cubic**.
cub [kʌb] N **a** (animal) cachorro m; **wolf/lion ~** cachorro de lobo/león. **b** (also **~ scout**) niño m explorador.
Cuba ['kjuːbə] N Cuba f.
Cuban ['kjuːbən] ADJ, N cubano/a m/f.
cubbyhole ['kʌbɪhəʊl] N (small room) chiribitil m; (cupboard) armario m pequeño; (pigeon hole) casilla f.
cube [kjuːb] **1** N (solid) cubo m; (of sugar) terrón m; (of ice) cubito m; (number) **the ~ of 4 is 64** 4 (elevado) al cubo son 64.
  2 VT (Math) cubicar.
  3 CPD: **~ root** N raíz f cúbica.
cubic ['kjuːbɪk] ADJ cúbico/a; **~ capacity** capacidad f cúbica; **~ metre/foot** metro m/pie m cúbico.
cubicle ['kjuːbɪkəl] N (in hospital, dormitory) cubículo m; (in swimming baths) caseta f.
cubism ['kjuːbɪzəm] N cubismo m.
cuckold ['kʌkəld] **1** N cornudo m. **2** VT poner los cuernos a.
cuckoo ['kʊkuː] **1** N cuco m, cuclillo m. **2** ADJ (fam)

loco/a, lelo/a. **3** CPD: **~ clock** N cucú m.
cucumber ['kjuːkʌmbər] N pepino m.
cud [kʌd] N: **to chew the ~** (animals) rumiar; (fig: chat) charlar.
cuddle ['kʌdl] **1** N abrazo m. **2** VT abrazar, apapachar (Mex fam). **3** VI: **to ~ down** enrollarse; **to ~ up to sb** arrimarse a algn.
cuddly ['kʌdlɪ] ADJ (comp **-ier**; superl **-iest**) (child) regalón/ona; (animal) cariñoso/a; (toy) de peluche.
cudgel ['kʌdʒəl] N porra f; **to take up the ~s for sb/sth** (fig) salir a la defensa de algn/algo.
cue [kjuː] N **a** (Billiards) taco m. **b** (Theat: verbal, by signal) entrada f; (Mus: by signal) señal f; **to give sb his ~** dar a algn su señal; **to take one's ~ from sb** (fig) seguir el ejemplo de algn.
◆ **cue in** VT + ADV (Rad, TV) dar la entrada a; **to ~ sb in on sth** (US fam) poner a algn al tanto (or al corriente) de algo.
cuff¹ [kʌf] **1** N bofetada f. **2** VT abofetear.
cuff² [kʌf] **1** N (of sleeve) puño m; (US: of trousers) vuelta f; **~s** (fam: handcuffs) esposas fpl; **off the ~** (fig) improvisado/a.
  2 CPD: **~ links** NPL gemelos mpl, mancuernas fpl (CAm, Mex).
cu.ft. ABBR of **cubic foot**; **cubic feet**.
cu.in. ABBR of **cubic inch(es)**.
cuisine [kwɪˈziːn] N cocina f.
cul-de-sac ['kʌldəˈsæk] N callejón m sin salida.
culinary ['kʌlɪnərɪ] ADJ culinario/a.
cull [kʌl] **1** VT (select: fruit) entresacar; (kill selectively: animals) matar selectivamente. **2** N matanza f selectiva; **seal ~** matanza selectiva de focas.
culminate ['kʌlmɪneɪt] VI: **to ~ in** culminar en.
culmination [ˌkʌlmɪˈneɪʃən] N colmo m, culminación f; **it is the ~ of a great deal of effort** es la culminación de grandes esfuerzos.
culottes [kjuːˈlɒts] NPL falda fsg pantalón.
culpable ['kʌlpəbl] ADJ culpable; **~ homicide** homicidio m sin premeditación.
culprit ['kʌlprɪt] N culpable mf; (Jur) acusado/a m/f.
cult [kʌlt] **1** N culto m; **to make a ~ of sth** rendir culto a algo. **2** CPD: **~ figure** N ídolo m.
cultivate ['kʌltɪveɪt] VT **a** (crop, land, friendships) cultivar.
  b (fig: habits) estimular.
cultivation [ˌkʌltɪˈveɪʃən] N cultivo m.
cultivator ['kʌltɪveɪtər] N cultivador m.
cultural ['kʌltʃərəl] ADJ cultural; **~ attaché** agregado/a m/f cultural.
culture ['kʌltʃər] **1** N **a** (the arts) cultura f; (civilization) civilización f, cultura.
  b (Agr: breeding) cría f; (: of plants, etc) cultivo m.
  2 VT (tissue etc) cultivar.
  3 CPD: **~ clash** N choque m de culturas; **~ gap** N vacío m cultural; **~ medium** N caldo m de cultivo; **~ shock** N choque m cultural; **~ vulture** N (fam hum) persona excesivamente ávida de cultura.
cultured ['kʌltʃəd] ADJ (person, voice) culto/a, ilustrado/a; (pearl) cultivado/a.
cum [kʌm] PREP con; **it's a sort of kitchen-~-library** es algo así como cocina y biblioteca combinadas.
cumbersome ['kʌmbəsəm] ADJ de mucho bulto, voluminoso/a.
cumin ['kʌmɪn] N comino m.
cummerbund ['kʌməbʌnd] N faja f, fajín m.
cumulative ['kjuːmjʊlətɪv] ADJ cumulativo/a.
cumulus ['kjuːmələs] N (pl **cumuli** ['kjuːmjʊlaɪ]) cúmulo m.
cunning ['kʌnɪŋ] **1** ADJ (pej: crafty) astuto/a, vivo/a (LAm); (clever) ingenioso/a, listo/a; (US fam: cute) mono/a, precioso/a.
  2 N (craftiness) astucia f, ingenio m.
cunt [kʌnt] N (fam!) coño m (fam!), concha f (And, CSur fam!).
cup [kʌp] **1** N (for tea, etc) taza f; (amount: also **~ful**) taza; (Sport etc: prize) copa f; (Rel: chalice) cáliz m; (of brassiere) copa; **a ~ of tea** una taza de té; **coffee ~** tacita, pocillo

(*LAm*); **it's not everyone's ~ of tea** (*fam*) no es del gusto de todos.
2 VT ahuecar; **to ~ one's hands (round sth)** rodear algo con las manos.
3 CPD: **~ final** N (*Ftbl*) final *m* de copa; **~ tie** N (*Ftbl*) partido *m* de copa.
cupboard ['kʌbəd] **1** N armario *m*; (*built-in*) alacena *f*, closet/clóset *m* (*LAm*), placar(d) *m* (*CSur*). **2** CPD: **~ love** N (*Brit*) amor *m* interesado.
Cupid ['kju:pɪd] N Cupido *m*.
cuppa ['kʌpə] N (*Brit fam*) taza *f* de té.
curable ['kjʊərəbl] ADJ curable.
curate ['kjʊərɪt] N cura *m*.
curative ['kjʊərətɪv] ADJ curativo/a.
curator [kjʊə'reɪtər] N conservador(a) *m/f*.
curb [kɜːb] **1** N **a** (*fig*) freno *m*. **b** (*US*) = **kerb**. **2** VT (*fig: temper, impatience etc*) dominar, refrenar.
curd [kɜːd] **1** N (*usu pl*) cuajada *f*. **2** CPD: **~ cheese** N requesón *m*; *see* **lemon**.
curdle ['kɜːdl] **1** VT cuajar; **to ~ one's blood** helarle la sangre a uno. **2** VI cuajarse.
cure [kjʊər] **1** N (*remedy*) remedio *m*; (*course of treatment*) cura *f*; (*recovery*) curación *f*; **there is no known ~** no existe remedio; **beyond ~** (*person*) incurable; (*condition, injustice*) irremediable; **to take a ~ (for illness)** tomar un remedio.
2 VT **a** (*Med: disease, patient*) curar; (*fig: poverty, injustice, evil*) remediar; **to ~ sb of a habit** quitarle a algn un vicio. **b** (*preserve: in salt*) salar; (: *by smoking*) curar; (: *by drying*) secar; (: *animal hide*) curtir.
cure-all ['kjʊərɔ:l] N panacea *f*.
curfew ['kɜːfju:] N toque *m* de queda.
curio ['kjʊərɪəʊ] N curiosidad *f*.
curiosity [,kjʊərɪ'ɒsɪtɪ] N (*gen*) curiosidad *f*; **~ killed the cat** por la boca muere el pez.
curious ['kjʊərɪəs] ADJ **a** (*inquisitive*) curioso/a; **I'd be ~ to know** tengo ganas de saber. **b** (*strange*) extraño/a, raro/a.
curiously ['kjʊərɪəslɪ] ADV curiosamente; **~ enough, ...** aunque parezca extraño, ...
curl [kɜːl] **1** N (*of hair*) rizo *m*, sortija *f*; (*of smoke etc*) espiral *m*, voluta *f*.
2 VT (*hair*) rizar; (*paper, tendrils*) arrollar; **she ~ed her lip in scorn** hizo una mueca de desprecio.
3 VI (*hair*) rizarse.
◆ **curl up** VI + ADV (*leaves, paper, stale bread*) arrollarse; (*cat, dog*) apelotonarse; (*person*) hacerse un ovillo; **to ~ up with a book** acurrucarse con un libro; **to ~ up from shame/with laughter** (*fam*) morirse de vergüenza/de risa.
curler ['kɜːlər] N (*for hair*) bigudí *m*.
curlew ['kɜːlu:] N zarapito *m*.
curling ['kɜːlɪŋ] **1** N (*Sport*) curling *m*. **2** CPD: **~ tongs** NPL (*for hair*) tenacillas *fpl*.
curly ['kɜːlɪ] ADJ (*comp* **-ier**; *superl* **-iest**) (*hair*) rizado/a; (*eyelashes*) curvado/a.
currant ['kʌrənt] **1** N (*dried grape*) pasa *f*; (*bush*) grosellero *m*; (*fruit*) grosella *f*. **2** CPD: **~ bun** N bollo *m* con pasas, pan *m* de pasas (*LAm*).
currency ['kʌrənsɪ] **1** N **a** (*monetary system, money*) moneda *f*; **foreign ~** moneda extranjera, divisas *fpl*. **b** (*fig*) **to gain ~** difundirse.
2 CPD: **~ market** N mercado *m* monetario; **~ restrictions** NPL restricciones *fpl* monetarias; **~ unit** N unidad *f* monetaria.
current ['kʌrənt] **1** ADJ (*fashion, tendency*) actual; (*price, word*) corriente; (*year, month, week*) en curso; **in ~ use** de uso corriente; **~ affairs** actualidades *fpl*; **~ events** las últimas noticias; **the ~ issue of the magazine** el número corriente de la revista; **her ~ boyfriend** su novio actual; **~ account** (*Brit*) cuenta *f* corriente; **~ assets** activo *msg* corriente; **~ liabilities** pasivo *msg* corriente.
2 N corriente *f*; **direct/alternating ~** corriente directa/alterna; **to go against the ~** (*fig*) ir contra la corriente.
currently ['kʌrəntlɪ] ADV actualmente, en la actualidad.

curriculum [kə'rɪkjʊləm] **1** N (*pl* **curricula** [kə'rɪkjʊlə]) plan *m* de estudios. **2** CPD: **~ vitae** N currículum *m*.
curried ['kʌrɪd] ADJ (*preparado/a*) con curry.
curry¹ ['kʌrɪ] **1** N curry *m*. **2** VT guisar con curry. **3** CPD: **~ powder** N curry *m* en polvo.
curry² ['kʌrɪ] VT: **to ~ favour with sb** congraciarse con algn, buscar favores de algn.
curse [kɜːs] **1** N **a** (*evil, harm*) maldición *f*; **to put a ~ on sb** maldecir a algn.
b (*bane*) maldición *f*, desastre *m*; **it's been the ~ of my life** me ha amargado la vida; **the ~ of it is that ...** lo peor (del caso) es que ....
c (*swearword*) palabrota *f*; **to utter a ~** blasfemar; **~s!** (*fam*) ¡maldito sea!, ¡maldición!
d (*fam: menstruation*) **the ~** la regla.
2 VT maldecir; (*swear at*) soltar palabrotas; **to be ~d with** estar castigado con; (*fig*) estar condenado a tener; **to ~ o.s.** maldecirse (*for being a fool* por tonto).
3 VI blasfemar.
cursor ['kɜːsər] N (*Comput*) cursor *m*.
cursory ['kɜːsərɪ] ADJ superficial, rápido/a; **at a ~ glance** a primera vista.
curt [kɜːt] ADJ (*person, tone*) seco/a, corto/a; (*nod*) brusco/a.
curtail [kɜː'teɪl] VT (*restrict*) restringir; (*cut short*) acortar.
curtailment [kɜː'teɪlmənt] N (*see vt*) restricción *f*; acortamiento *m*.
curtain ['kɜːtn] **1** N (*gen*) cortina *f*; (*lace etc*) visillo *m*; (*Theat*) telón *m*; **when the final ~ came down** cuando el telón bajó por última vez; **to draw the ~s** (*together*) correr las cortinas; (*apart*) abrir las cortinas; **it'll be ~s for you!** (*fam*) será el acabóse para ti.
2 CPD: **~ call** N (*Theat*) llamada *f* a escena; **~ hook** N colgadero *m* de cortina; **~ ring** N anilla *f*; **~ rod** N barra *f* de cortina.
◆ **curtain off** VT + ADV (*separate room*) separar con cortina; (*bed, area*) encerrar con cortina.
curtly ['kɜːtlɪ] ADV bruscamente.
curts(e)y ['kɜːtsɪ] **1** N reverencia *f*; **to drop a ~** hacer una reverencia. **2** VI hacer una reverencia.
curvaceous [kɜː'veɪʃəs] ADJ (*fam: woman*) de buen cuerpo.
curvature ['kɜːvətʃər] N (*Math*) curvatura *f*; (*Med*) **~ of the spine** encorvamiento *m* de la columna vertebral.
curve [kɜːv] **1** N (*gen*) curva *f*. **2** VT encorvar. **3** VI (*road, line, etc*) torcerse, hacer curva; (*surface, arch*) encorvarse.
curved [kɜːvd] ADJ curvo/a, encorvado/a.
cushion ['kʊʃən] **1** N (*gen*) cojín *m*; (*of chair, for knees etc*) almohadilla *f*; (*of air, moss*) colchón *m*; (*edge of billiard table*) banda *f*. **2** VT (*blow, fall*) amortiguar; **to ~ sb against sth** proteger a algn de algo.
cushy ['kʊʃɪ] ADJ (*fam*) **a ~ job** un chollo *m*, un hueso *m* (*Mex*); **to have a ~ life** *or* **time** tener la vida arreglada.
cuspidor ['kʌspɪdɔ:r] N (*US*) escupidera *f*, salivadera *f* (*CSur*).
cuss [kʌs] (*fam*) **1** N (*US*) tipo *m* (*fam*), tío *m* (*fam*). **2** VT, VI *see* **curse 2, 3**.
custard ['kʌstəd] **1** N natillas *fpl*; **egg ~** flan *m*.
2 CPD: **~ cream** N (*biscuit*) galleta *f* de crema; **~ pie** N pastel *m* de natillas; **~ powder** N polvo *m* para natillas; **~ tart** N flan *m*.
custodian [kʌs'təʊdɪən] N (*gen*) custodio/a *m/f*, guardián/ana *m/f*; (*of museum etc*) conservador(a) *m/f*.
custody ['kʌstədɪ] N (*Jur: of children*) custodia *f*; (*police ~*) detención *f*; **to take sb into ~** detener a algn; **in safe ~** bajo segura custodia; **in the ~ of** al cargo de, al cuidado de.
custom ['kʌstəm] N **a** (*habit, usual behaviour*) costumbre *f*; **social ~s** costumbres sociales; **it is her ~ to go for a walk each evening** tiene la costumbre de dar un paseo cada tarde. **b** (*Comm*) clientela *f*; (*total sales*) volumen *m* de ventas; **to get sb's ~** ganar la clientela de algn; **the shop has lost a lot of ~** la tienda ha perdido muchos clientes. **c** **~s** *see* **customs**.
customary ['kʌstəmərɪ] ADJ: **it's ~** es la costumbre.
custom-built ['kʌstəm,bɪlt] ADJ hecho/a a encargo.
customer ['kʌstəmər] **1** N cliente *mf*; **he's an awkward**

~ (*fam*) es un tipo difícil; **ugly ~** (*fam*) antipático/a.

2 CPD: **~ profile** N perfil *m* de la clientela; **~ service** N servicio *m* post-venta; **~ services** NPL departamento *m* de atención al cliente.

customize ['kʌstəmaɪz] VT (*car etc*) adaptar al encargo del cliente.

custom-made ['kʌstəm'meɪd] ADJ (*suit*) hecho/a a la medida; (*car*) hecho/a a encargo.

customs ['kʌstəmz] **1** NPL aduana *fsg*; (*also* **~ duty**) derechos *mpl* de aduana; **to go through (the) ~** pasar la aduana.

2 CPD: **~ inspection** N inspección *f* de aduanas; **~ invoice** N factura *f* de aduana; **~ officer** N aduanero/a *m/f*; **~ post** N puesto *m* aduanero.

cut [kʌt] (*vb: pt, pp* **~**) **1** ADJ (*flowers*) cortado/a; (*glass*) tallado/a; **~ price** a precio reducido, rebajado/a, de rebaja.

2 N **a** (*in skin*) cortadura *f*, corte *m*; (*wound*) herida *f*; (*Med: incision*) corte, incisión *f*; (*slash*) tajo *m*; (*with knife*) cuchillada *f*; (*with whip*) latigazo *m*; (*Cards*) corte; **the ~ and thrust of politics** la esgrima política; **he's a ~ above the others** está por encima de los demás.

b (*reduction*) rebaja *f*; (*deletion*) corte *m*; (*Elec*) apagón *m*, corte; **public spending ~s** cortes presupuestarios; **wage ~s** rebajas de sueldo; **to take a ~ in salary** sufrir una reducción de sueldo.

c (*of clothes etc*) corte *m*; (*of hair*) corte, peinado *m*.

d (*piece of meat*) trozo *m* or corte *m* (de carne); (*slice*) tajada *f*; (*fam: share*) corte, parte *f*; **the manager gets a ~ of 5%** el gerente recibe su parte de 5 por ciento.

e **short ~** atajo *m*; **to take a short ~** atajar; (*fig*) echar por el atajo.

3 VT **a** (*meat, bread, cards*) cortar; **to ~ one's finger** cortarse el dedo; **he is ~ting his own throat** (*fig*) labra su propia ruina; **to ~ sth in half/in two** *etc* partir or dividir algo en dos *etc*; **to ~ to pieces** (*army*) aniquilar; **to ~ sth to size** cortar algo a la medida; **to ~ open** abrir con un corte; **I ~ my hand open on a tin** me corté la mano en una lata; **to ~ sb free** liberar a algn; **it ~ me to the quick** (*fig*) me tocó en lo vivo.

b (*shape*) cortar; (*steps, key, glass, jewel*) tallar; (*channel*) abrir, excavar; (*figure, statue*) esculpir; (*engraving, record*) grabar; **to ~ one's way through** abrirse camino por; **to ~ one's coat according to one's cloth** (*fig*) gobernar su boca según su bolsa.

c (*clip, trim*) cortar; (: *corn, hay*) segar; **to get one's hair ~** cortarse el pelo.

d (*wages, prices, production etc*) reducir, rebajar; (*speech, text, play*) acortar, abreviar; (*remove: passage*) suprimir; (*film*) cortar, hacer cortes en; (*interrupt*) interrumpir, cortar; **to ~ sb/sth short** interrumpir a algn/algo; **to ~ 30 seconds off a record** (*Sport*) batir un récord por 30 segundos.

e (*intersect*) cruzar, atravesar.

f (*fam: avoid*) fumarse (*fam*); **to ~ classes** hacer novillos (*fam*), ausentarse de clase; **to ~s dead** negar el saludo or (*LAm*) cortarle a algn; *see* **tooth**; **loss**; **fine 1, 2**; **ice** *etc*.

4 VI **a** (*person, knife*) cortar; **she ~ into the melon** cortó el melón; **will that cake ~ into 6?** ¿se puede dividir el pastel en 6?; **it ~s both ways** (*fig*) tiene doble filo; **to ~ and run** (*fam*) escaparse, salir corriendo; **to ~ loose (from sth)** (*fig*) deshacerse (de algo).

b (*hurry*) **to ~ across country** cortar por el campo; **to ~ through the lane** cortar por la callejuela; **I must ~ along now** tengo que marcharme ya.

c (*Cine, TV: change scene*) cortar y pasar; **~!** ¡corte!

d (*Cards*) cortar.

◆ **cut away** VT + ADV (*unwanted part*) cortar, recortar.

◆ **cut back 1** VT + ADV **a** (*plants*) podar.

b (*production, expenditure*) reducir; **to ~ back by 50%** reducir en un 50 por ciento.

2 VI + ADV (*Cine: flash back*) retroceder.

◆ **cut down 1** VT + ADV **a** (*tree*) cortar, derribar; (*enemy*) derribar; (*clothes*) acortar.

b (*reduce: consumption*) comer, beber *etc* menos; (: *expenses*) reducir; (: *text*) abreviar; **to ~ sb**

down to size (*fig*) bajarle los humos a algn.

2 VI + ADV (*food, cigarettes*) reducir el consumo (*on* de); (*expenditure*) economizar (*on* en).

◆ **cut in 1** VI + ADV: **to ~ in (on)** (*interrupt: conversation*) interrumpir, intervenir (en); (*Aut*) cerrar el paso (a).

2 VT + ADV (*fam*) **to ~ sb in (on sth)** incluir a algn (en algo).

◆ **cut into** VI + PREP: **to ~ into one's holidays** interrumpir sus vacaciones.

◆ **cut off** VT + ADV **a** (*with scissors, knife*) cortar; (*amputate*) quitar, amputar; **they ~ off his head** le cortaron la cabeza; **to ~ off one's nose to spite one's face** (*fam*) tirar piedras contra su propio tejado.

b (*disconnect: telephone, gas, car engine*) cortar; **we've been ~ off** (*Telec*) nos han cortado la comunicación.

c (*interrupt*) cortar el hilo, cortar la hebra.

d (*isolate*) aislar, dejar incomunicado/a; **~ off by floods** aislado por inundaciones; **to ~ o.s. off from sth/sb** aislarse de algo/algn; **to ~ off the enemy's retreat** cortarle la retirada al enemigo; **to ~ sb off without a penny** desheredar completamente a algn.

◆ **cut out 1** VI + ADV (*car engine*) pararse el motor.

2 VT + ADV **a** (*article, picture*) recortar; (*statue, figure*) esculpir; (*dress etc*) cortar; **to be ~ out for sth/to do sth** estar hecho para ser algo/hacer algo; **you'll have your work ~ out for you** te va a costar trabajo.

b (*delete*) suprimir.

c (*exclude*) excluir; (*stop, give up*) dejar de; **he ~ his nephew out of his will** borró de su testamento la mención del sobrino; **to ~ out cigarettes** dejar de fumar; **~ out the talking!** (*fam*) ¡callaos!; **~ it out!** (*fam*) ¡basta ya!

◆ **cut through** VI + ADV abrirse camino (a la fuerza).

◆ **cut up 1** VT + ADV **a** (*food, paper, wood*) cortar en pedazos; (*meat: carve*) trinchar, cortar.

b (*fam*) **to be ~ up about sth** (*hurt*) sentir algo a fondo; (*annoyed*) estar furioso/a por algo.

2 VI + ADV: **to ~ up rough** (*fam*) ponerse agresivo/a or (*LAm*) pesado/a.

cut-and-dried [ˌkʌtən'draɪd], **cut-and-dry** [ˌkʌtən'draɪ] ADJ arreglado/a de antemano.

cutback ['kʌtbæk] N **a** (*in expenditure, staff, production*) corte *m*, reducción *f*. **b** (*Cine: flashback*) flashback *m*.

cute [kjuːt] ADJ (*sweet*) lindo/a, precioso/a; (*esp US: clever*) listo/a.

cuticle ['kjuːtɪkl] N cutícula *f*.

cutie ['kjuːtɪ] N (*US fam*) chica *f*.

cutlery ['kʌtlərɪ] N cubiertos *mpl*.

cutlet ['kʌtlɪt] N chuleta *f*; **a veal ~** una chuleta de ternera.

cutoff ['kʌtɒf] N (*fixed limit: also* **~ point**) límite *m*.

cutoffs ['kʌtɒfs] NPL (*fam*) tejanos *mpl* cortados.

cut-out ['kʌtaʊt] N (*paper, cardboard figure*) recorte *m*, figura *f* recortada; (*switch*) interruptor *m*.

cut-price ['kʌtpraɪs] ADJ (*goods*) a precio reducido, rebajado/a, de rebaja; (*shop*) de rebaja.

cut-rate [ˌkʌt'reɪt] ADJ barato/a.

cutter ['kʌtəʳ] N **a** (*tool*) cortadora *f*; **wire ~s** cizalla *f*. **b** (*person*) cortador(a) *m/f*. **c** (*boat*) cúter *m*.

cut-throat ['kʌtθrəʊt] **1** N (*murderer*) asesino/a *m/f*. **2** ADJ (*fierce: competition*) feroz; **~ competition** competencia *f* encarnizada or despiadada; **~ razor** navaja *f*.

cutting ['kʌtɪŋ] **1** N **a** (*of plant*) esqueje *m*.

b (*from newspaper*) recorte *m*; (*Cine: section of film discarded*) desglose *m*; (: *action of discarding*) montaje *m*.

c (*for road, railway*) desmonte *m*.

2 ADJ (*sharp: edge, wind etc*) cortante; (*fig: remark*) mordaz; **~ edge** filo *m*; (*fig*) vanguardia *f*.

3 CPD: **~ room** N (*Cine*) sala *f* de montaje.

cuttlefish ['kʌtlfɪʃ] N (*pl* **~** or **~es**) jibia *f*, sepia *f*.

cut-up [ˌkʌt'ʌp] ADJ (*fam*) (*Brit*) *see* **cut up 1 (b)**. **b** (*US*) gracioso/a.

CV N ABBR *of* **curriculum vitae** C.V. *m*.

cwo ABBR (*Comm*) *of* **cash with order**.

cwt ABBR *of* **hundredweight**.

cyanide ['saɪənaɪd] N cianuro *m*.

cybernetics [,saɪbə'netɪks] NSG cibernética f.
cyberspace ['saɪbəspeɪs] N ciberespacio m.
cyclamen ['sɪkləmən] N ciclamen m.
cycle ['saɪkl] 1 N a (bicycle) bicicleta f; **racing ~** bicicleta de carrera.
 b (of seasons, poems etc) ciclo m; **life ~** ciclo vital; **menstrual ~** ciclo menstrual; **a 10-second ~** un ciclo de 10 segundos.
 2 VI (to travel) ir en bicicleta; **can you ~?** ¿sabes montar en bicicleta?
 3 CPD: **~ clip** N pinza f para ir en bicicleta; **~ lane** N carril-bici m; **~ path** N carril-bici m; **~ race** N carrera f ciclista; **~ rack** N soporte m para bicicletas; **~ shed** N refugio m para bicicletas; **~ track** N pista f de ciclismo, velódromo m.
cycleway ['saɪklweɪ] N carril m bici.
cycling ['saɪklɪŋ] 1 N ciclismo m. 2 CPD: **~ clothes** NPL ropa fsg de ciclista; **~ holiday** N vacaciones fpl en bicicleta; **~ track** N pista f de ciclismo, velódromo m.
cyclist ['saɪklɪst] N ciclista mf.
cyclone ['saɪkləʊn] N ciclón m.
cyclostyle ['saɪkləʊstaɪl] 1 N ciclostilo m. 2 VT escribir con ciclostilo.
cygnet ['sɪgnɪt] N pollo m de cisne.
cylinder ['sɪlɪndəʳ] 1 N a (shape) cilindro m.
 b (Tech) cilindro m; **a 6-~ engine** un motor de 6 cilin-

dros.
 2 CPD: **~ block** N bloque m de cilindros; **~ head** N culata f de cilindro; **~ head gasket** N junta f de culata.
cylindrical [sɪ'lɪndrɪkəl] ADJ cilíndrico/a.
cymbal ['sɪmbəl] N címbalo m, platillo m.
cynic ['sɪnɪk] N cínico/a m/f.
cynical ['sɪnɪkəl] ADJ cínico/a.
cynicism ['sɪnɪsɪzəm] N cinismo m.
CYO N ABBR (US) of **Catholic Youth Organization**.
cypress ['saɪprɪs] N ciprés m.
Cypriot ['sɪprɪət] ADJ, N chipriota mf.
Cyprus ['saɪprəs] N Chipre f.
cyst [sɪst] N quiste m.
cystitis [sɪs'taɪtɪs] N cistitis f.
CZ ABBR (US) of **Canal Zone**.
czar [zɑːʳ] N zar m.
czarina [zɑː'riːnə] N zarina f.
Czech [tʃek] 1 ADJ checo/a; **the ~ Republic** la República checa. 2 N (person) checo/a m/f; (Ling) checo m.
Czechoslovak ['tʃekəʊ'sləʊvæk] ADJ, N (formerly) checoslovaco/a m/f.
Czechoslovakia ['tʃekəʊslə'vækɪə] N (formerly) Checoslovaquia f.
Czechoslovakian ['tʃekəʊslə'vækɪən] ADJ, N = **Czechoslovak**.

D¹, d¹ [di:] N **a** (*letter*) D, d f. **b** (*Mus*) D re m; *see* **A** *for usage*.

D² ABBR (*US Pol*) *of* **Democrat(ic)**.

d² ABBR (*Brit old*) *of* **penny**.

d. ABBR **a** *of* **date**. **b** *of* **daughter**. **c** *of* **died** m. **d** (*Rail etc*) *of* **depart(s)**.

DA N ABBR (*US*) *of* **District Attorney**.

D/A ABBR *of* **deposit account**.

dab [dæb] **1** N **a** (*light stroke*) toque m; (*blow*) golpecito m. **b** (*small amount*) pizca f. **c** ~s (*fam*) huellas *fpl* digitales. **2** ADJ: **to be a ~ hand at (doing) sth** (*fam*) ser un hacha para (hacer) algo. **3** VT (*touch lightly: also* ~ **at**) tocar ligeramente; (*with cream, butter*) untar ligeramente; (*with paint, water*) dar unos toques a; **to ~ on** untar ligeramente; **to ~ a stain off** quitar una mancha mojándola ligeramente.

dabble ['dæbl] **1** VT: **to ~ one's hands/feet in water** chapotear las manos/los pies en el agua. **2** VI (*fig*) **to ~ in sth** hacer algo *or* interesarse por algo superficialmente; **to ~ in politics** ser politiquero, politiquear.

dabbler ['dæblə^r] N (*pej*) aficionado/a m/f (*in a*).

Dacca ['dækə] N Dacca f.

dachshund ['dækshʊnd] N perro m tejonero.

dad [dæd], **daddy** ['dædɪ] N (*fam*) papá m; (*Bol, Per*) taita m.

daddy-longlegs ['dædɪ'lɒŋlegz] N típula f.

daffodil ['dæfədɪl] N narciso m.

daft [dɑːft] ADJ (*comp* ~**er**; *superl* ~**est**) (*fam: person*) tonto/a, chiflado/a, tarado/a (*CSur fam*); (*idea, action*) tonto; **to be ~ about sb/sth** estar loco por algn/algo.

dagger ['dægə^r] N (*knife*) daga f, puñal m; (*Typ*) cruz f, obelisco m; **to be at ~s drawn (with sb)** estar a matar (con algn); **to look ~s at sb** fulminar a algn con la mirada.

dago ['deɪgəʊ] N *término ofensivo aplicado a españoles, portugueses e italianos*.

dahlia ['deɪlɪə] N dalia f.

daily ['deɪlɪ] **1** ADJ (*each day*) diario/a; (*normal, everyday*) cotidiano/a; **our ~ bread** el pan nuestro de cada día; **the ~ grind** la rutina diaria. **2** ADV (*each day*) a diario, diariamente; (*every day*) todos los días, cada día; **twice ~** dos veces al día. **3** N (*paper*) diario m; (*esp Brit: servant*) asistenta f.

dainty ['deɪntɪ] ADJ (*comp* -**ier**; *superl* -**iest**) (*delicate: person, crockery etc*) fino/a, delicado/a; (*food, clothes etc*) exquisito/a, elegante.

daiquiri ['daɪkɪrɪ] N daiquiri m, daiquirí m.

dairy ['dɛərɪ] **1** N (*shop*) lechería f, granja f; (*on farm*) vaquería f. **2** CPD (*products etc*) lácteo/a; ~ **butter** N mantequilla f casera; ~ **cows** *or* **cattle** NPL vacas *fpl* lecheras; ~ **farm** N granja f especializada en producción de leche; ~ **farming** N producción f lechera; ~ **ice cream** N helado m de nata; ~ **produce** N productos *mpl* lácteos.

dais ['deɪɪs] N estrado m.

daisy ['deɪzɪ] N margarita f; **to be pushing up the daisies** (*fam*) criar malvas (*fam*).

daisywheel ['deɪzɪˌwiːl] **1** N margarita f. **2** CPD: ~ **printer** N impresora f de margarita.

Dakar ['dækə^r] N Dakar m.

dale [deɪl] N valle m.

dalliance ['dælɪəns] N (*amorous*) coquetería f, flirteo m.

dally ['dælɪ] VI (*delay*) tardar; **to ~ over sth** perder el tiempo haciendo *or* con algo.

Dalmatian [dæl'meɪʃən] N perro m dálmata.

dam [dæm] **1** N (*wall*) dique m; (*reservoir*) presa f, embalse m. **2** VT (*also* ~ **up**) poner (un) dique a, contener; (*fig*) reprimir, contener.

damage ['dæmɪdʒ] **1** N **a** (*gen*) daño m; (*to machine*) avería f, rotura f; (*fig*) perjuicio m; **what's the ~?** (*fam: cost*) ¿cuánto va a ser?, ¿por cuánto salió? **b** ~**s** (*Jur*) daños y perjuicios. **2** VT (*harm*) dañar; (*machine*) averiar; (*spoil, ruin*) estropear, malograr (*LAm*); (*fig*) perjudicar.

damaging ['dæmɪdʒɪŋ] ADJ (*gen*) dañino/a; (*fig*) perjudicial.

Damascus [də'mɑːskəs] N Damasco m.

damask ['dæməsk] N **a** (*cloth*) damasco m.

dame [deɪm] N **a** (*title*) título aristocrático, equivalente femenino de 'sir'. **b** (*Theat*) vieja dama f. **c** (*US fam*) vieja f, niña f.

dammit ['dæmɪt] INTERJ: **as near as ~** (*Brit fam*) casi, por un pelo.

damn [dæm] **1** VT (*Rel, condemn*) condenar; (*swear at*) maldecir; ~**!** (*fam*) ¡vaya! (*fam*), ¡porras!, ¡carajo! (*LAm fam!*); ~ **it/him/you!** (*fam*) ¡maldito sea/seas! *etc*, ¡maldición!; **well I'll be ~ed!** (*fam*) ¡mecachis!, ¡vaya! (*fam*); **I'll be ~ed if I will!** (*fam*) ¡ni de chiste!, ¡ni pensarlo! **2** N: **I don't give a ~** (*fam*) (no) me importa un pito *or* bledo; **it's not worth a ~** no vale un pito. **3** ADJ (*fam: also* ~**ed**) maldito/a, condenado/a, fregado/a (*LAm fam*). **4** ADV (*fam: also* ~**ed**) **it's ~ hot/cold** ¡vaya calor/frío que hace!; ~ **all** ni pizca.

damnable ['dæmnəbl] ADJ (*fam*) detestable.

damnation [dæm'neɪʃən] **1** N (*Rel*) perdición f. **2** INTERJ (*fam*) ¡maldición!

damnedest ['dæmdɪst] N: **to do one's ~ to succeed** hacer lo imposible para tener éxito.

damn-fool ['dæmfuːl] ADJ (*fam*) tonto/a.

damning ['dæmɪŋ] ADJ irrecusable.

damp [dæmp] **1** ADJ (*comp* ~**er**; *superl* ~**est**) húmedo/a; **that was a ~ squib** (*fam*) ¡qué decepción! **2** N (*also* ~**ness**) humedad f. **3** VT (*also* ~**en**: *gen*) humedecer; (: *wet*) mojar; (: *fig: hopes*) frustrar; (: *enthusiasm etc*) enfriar; **to ~ sb's spirits** desanimar *or* desalentar a algn; **to ~ down a fire** sofocar un fuego.

dampcourse ['dæmpkɔːs] N aislante m hidrófugo.

dampen ['dæmpən] VT = **damp 3**.

damper ['dæmpə^r] N (*Mus*) sordina f, apagador m; (*of fire*) regulador m de tiro; (*Tech*) amortiguador m; **to put a ~ on sth** (*fig*) aguar la fiesta.

damp-proof ['dæmpruːf] ADJ a prueba de humedad.

damsel ['dæmzəl] N damisela f, doncella f.

damson ['dæmzən] N (*fruit*) ciruela f damascena; (*tree*) ciruelo m damasceno.

dance [dɑːns] **1** N (*gen*) baile m, danza f; (*event*) baile m; **to lead sb a ~** traer loco a algn. **2** VT bailar; **to ~ attendance on sb** desvivirse por algn. **3** VI bailar; **will you ~ with me?** ¿quieres bailar conmigo?; **to ~ about** (*with pain, joy etc*) saltar; **to ~ for joy** brincar de alegría. **4** CPD (*band, music, hall*) de baile.

dancer ['dɑːnsə^r] N bailador(a) m/f; (*professional*) bailarín/ina m/f; (*flamenco*) bailaor(a) m/f.

dancing ['dɑːnsɪŋ] N baile m.

D and C N ABBR *of* **dilation and curettage**.

dandelion ['dændɪlaɪən] N diente m de león.

dandruff ['dændrəf] **1** N caspa f. **2** CPD: ~ **shampoo** N champú m anticaspa.

dandy ['dændɪ] **1** N (*pej: man*) dandi m, petimetre m. **2** ADJ (*US fam*) excelente, macanudo/a (*LAm*); **fine and ~**

perfecto.

Dane [deɪn] N danés/esa *m/f*.

danger ['deɪndʒəʳ] **1** N peligro *m*; **to be in ~** estar en peligro, correr peligro; **to be in ~ of falling** correr el riesgo de caer; **there was no ~ that he would be discovered** no corría riesgo alguno de ser descubierto; **(to be) out of ~** (*gen, Med*) (estar) fuera de peligro; (*sign*) '¡atención *or* ¡peligro obras!'; '**~ keep out'** (*sign*) '¡peligro de muerte! prohibido el acceso'. **2** CPD: **to be on the ~ list** (*Med*) estar grave; **~ money** N plus *m* por peligrosidad; **~ signal** N señal *f* de peligro; **~ zone** N área *f or* zona *f* de peligro.

dangerous ['deɪndʒrəs] ADJ (*gen*) peligroso/a; (*risky*) arriesgado/a; (*substance, drug*) nocivo/a, perjudicial.

dangerously ['deɪndʒrəslɪ] ADV (*see adj*) peligrosamente; arriesgadamente; **to come ~ close (to)** llegar al punto (de), estar tentado (de); **he likes to live ~** le gusta arriesgar la vida.

dangle ['dæŋgl] **1** VT (*arm, leg*) colgar; (*object on string etc*) dejar colgado/a; (*fig: tempting offer*) **to ~ sth in front of** *or* **before sb** tentar a algn con algo. **2** VI estar colgado/a, pender; **to keep sb dangling** tener a algn pendiente.

Danish ['deɪnɪʃ] **1** N (*Ling*) danés *m*. **2** ADJ danés/esa; **~ blue cheese** queso *m* mohoso danés; **~ pastry** bollo *m* de masa de hojaldre (con pasas y crema).

dank [dæŋk] ADJ (*comp* **~er**; *superl* **~est**) húmedo/a y oscuro/a.

Danube ['dænjuːb] N Danubio *m*.

dapper ['dæpəʳ] ADJ (*smart: man, appearance*) pulcro/a, apuesto/a.

dappled ['dæpld] ADJ moteado/a; (*horse*) rodado/a.

Dardanelles [ˌdɑːdə'nelz] NPL Dardanelos *mpl*.

dare [dɛəʳ] **1** N (*challenge*) reto *m*, desafío *m*; **I did it for a ~** me retaron, por eso lo hice. **2** VT (*challenge*) desafiar, retar; **to ~ sb to do sth** desafiar a algn a hacer algo; **I ~ you!** ¡a que no te atreves! **3** VI atreverse; **to ~ (to) do sth** atreverse a hacer algo; **I ~n't tell him** no me atrevo a decírselo; **how ~ you!** ¡cómo te atreves!, ¡qué cara!; **don't you ~!** (*fam*) ¡no se te ocurra!; **I ~ say** (*in my opinion*) en mi opinión; (*possibly*) puede ser, tal vez.

daredevil ['dɛəˌdevl] **1** ADJ temerario/a. **2** N temerario/a *m/f*, atrevido/a *m/f*.

daren't ['dɛənt] = **dare not**.

daring ['dɛərɪŋ] **1** ADJ (*plan, escape*) arriesgado/a; (*person*) atrevido/a, osado/a, audaz; (*shocking: film, clothes*) atrevido/a. **2** N osadía *f*, atrevimiento *m*.

dark [dɑːk] **1** ADJ (*comp* **~er**; *superl* **~est**) **a** (*unilluminated*) oscuro/a; **it is getting ~** (*gen*) se está poniendo oscuro; (*night*) anochece. **b** (*in colour*) oscuro/a; (*complexion, hair*) moreno/a, prieto/a (*Mex*); **~ blue/red** *etc* azul/rojo *etc* oscuro; **~ glasses** gafas *fpl* oscuras; **~ chocolate** chocolate *m* amargo. **c** (*fig: sad, gloomy: day*) triste; (*: mood, thoughts*) sombrío/a; (*: sinister: secret, plan, threat etc*) siniestro/a; **to keep sth ~** guardarse (el secreto de) algo; **he's a ~ horse** (*fig: mystery*) es una incógnita *or* un enigma; **the D~ Ages** la Alta Edad Media. **2** N: **the ~** la oscuridad; **after ~** después del anochecer; **until ~** hasta el anochecer; **to be in the ~ about sth** (*fig*) estar a oscuras sobre algo; **to keep/leave sb in the ~ about sth** (*fig*) mantener/dejar a algn en ignorancia de algo; *see* **shot**.

darken ['dɑːkən] **1** VT (*sky*) oscurecer; (*colour*) hacer más oscuro; **a ~ed room** un cuarto oscuro. **2** VI (*room, landscape, sky*) oscurecerse; (*sky: cloud over*) nublarse; (*colour*) ponerse más oscuro/a; (*fig: face, future*) ensombrecerse.

darkly ['dɑːklɪ] ADV (*mysteriously*) enigmáticamente; (*threateningly*) de manera amenazante.

darkness ['dɑːknɪs] N oscuridad *f*; **the house was in ~** la casa estaba a oscuras.

darkroom ['dɑːkrʊm] N cuarto *m* oscuro.

dark-skinned [ˌdɑːk'skɪnd] ADJ moreno/a, morocho/a (*LAm*).

darling ['dɑːlɪŋ] **1** N (*gen*) cariño *m/f*, querido/a *m/f*, amor *mf*; (*favourite*) consentido/a *m/f*; **be a ~ ...** (*fam*) sé bueno/a ...; **come here ~** ven aquí cielo *or* mi negro/a (*LAm*). **2** ADJ querido/a; (*house, dress etc*) mono/a; **what a ~ dress** *etc* ¡qué ricura!

darn [dɑːn] **1** N zurcido *m*. **2** VT (*socks, cloth*) zurcir. **3** INTERJ (*fam: euph for damn*) ¡córcholis!, ¡caray!

darning ['dɑːnɪŋ] **1** N (*action*) zurcidura *f*; (*items to be darned*) cosas *f* por zurcir. **2** CPD (*needle, wool*) de zurcir.

dart [dɑːt] **1** **a** (*Sport*) dardo *m*, rehilete *m*; (*weapon*) flecha *f*; **~s** (*game*) dardos *mpl*. **b** (*Sew*) pinza *f*. **2** VT (*look*) lanzar. **3** VI: **to ~ in/out** *etc* entrar/salir *etc* a la carrera; **to ~ at** *or* **for sth** lanzarse *or* precipitarse hacia algo.

◆ **dart away, dart off** VI + ADV salir disparado.

dartboard ['dɑːtbɔːd] N diana *f*.

dash [dæʃ] **1** N **a** (*small quantity: of liquid*) gota *f*, chorrito *m*; (*: solid*) pizca *f*; (*: of colour*) nota *f*. **b** (*punctuation mark*) guión *m*; (*Morse*) raya *f*. **c** (*rush*) **to make a ~ (at** *or* **towards)** precipitarse (hacia); **we had to make a ~ for it** tuvimos que salir corriendo; **the 100-metre ~** (*US*) la carrera de 100 metros. **d** (*Aut*) = **dashboard**. **2** VT **a** (*throw*) tirar, aventar (*LAm*); **to ~ sth to the ground** tirar *or* arrojar algo al suelo; **to ~ sth to pieces** hacer algo añicos, estrellar algo; **to ~ one's head against sth** dar con la cabeza contra algo. **b** (*fig: spirits, hopes*) frustrar, hacer trizas. **3** VI **a** (*smash: object*) estrellarse; (*waves*) **to ~ against** romperse contra. **b** (*rush*) **to ~ away/back** *etc* salir/volver *etc* corriendo; **to ~ in/out** entrar/salir disparado; **I must ~** (*fam*) me voy corriendo. **4** INTERJ: **~ it (all)!** ¡porras!

◆ **dash off** VT + ADV (*letter, drawing*) hacer a la carrera.

dashboard ['dæʃbɔːd] N (*Aut*) salpicadero *m*.

dashing ['dæʃɪŋ] ADJ (*man*) gallardo/a, apuesto/a.

data ['deɪtə] **1** NPL (*with sg or pl vb*) datos *mpl*. **2** CPD: **~ bank** N banco *m* de datos; **~ capture** N formulación *f* de datos; **~ collection** N recolección *f* de datos; **~ dictionary, ~ directory** N guía *f* de datos; **~ entry** N entrada *f* de datos; **~ file** N archivo *m* de datos; **~ link** N medio *m* de transmisión de datos; **~ management** N gestión *f* de datos; **~ processing** N (*action*) procesamiento *m* *or* proceso *m* de datos; (*science*) informática *f*; **~ protection** N protección *f* de datos; **~ transmission** N transmisión *f* de datos, telemática *f*.

database ['deɪtəbeɪs] N base *f* de datos.

Datapost ® ['deɪtəpəʊst] N (*Brit*) correo *m* urgente.

date¹ [deɪt] **1** **a** fecha *f*; **what's the ~ today?** ¿qué fecha es hoy?; **~ of birth** fecha de nacimiento; **~ of issue** fecha de emisión; **closing/opening ~** fecha tope/fecha de apertura; **to ~** hasta la fecha; *see* **out-of-date**; **up-to-date**. **b** (*fam: appointment*) compromiso *m*; (*: with girlfriend, boyfriend*) cita *f*; **to make a ~ with sb** citarse con algn. **c** (*esp US*) pareja *f*, acompañante *mf*, novio/a *m/f*. **2** VT **a** (*letter*) fechar, poner fecha a; (*person*) envejecer. **b** (*fam: girl*) salir con, noviar (*CSur*), pololear con (*Chi*). **3** VI (*show age*) pasar de moda; **to ~ back (to)** (*time*) remontarse a; **to ~ from** datar de. **4** CPD: **~ rape** N violación *f* durante una cita; **~ stamp** N (*on library book, fresh food*) sello *m* de fecha; (*postmark*) matasellos *m inv*.

date² [deɪt] N (*Bot: fruit*) dátil *m*; (*also* **~ palm**) palmera *f*, datilera *f*.

dated ['deɪtɪd] ADJ (*clothes, ideas*) pasado/a de moda, anticuado/a.

dateline ['deɪtlaɪn] N (*Geog*) meridiano *m*; (*in newspaper*) **~ Beirut** fechado en Beirut.

dating agency ['deɪtɪŋˌeɪdʒənsɪ] N agencia *f* de contactos.

dative ['deɪtɪv] **1** ADJ: **~ case** = **2**. **2** N dativo *m*.

daub [dɔːb] **1** N (smear) mancha f. **2** VT (smear) embadurnar.

daughter ['dɔːtəʳ] N hija f.

daughter-in-law ['dɔːtərɪnlɔː] N nuera f, hija f política.

daunt [dɔːnt] VT (inhibit) amedrentar; (dishearten) desmoralizar, desalentar; **nothing ~ed** sin dejarse atemorizar.

daunting ['dɔːntɪŋ] ADJ (inhibiting) amedrentador(a); (disheartening) desalentador(a), desmoralizante.

dauntless ['dɔːntlɪs] ADJ impávido/a, intrépido/a.

davenport ['dævnpɔːt] N (US) sofá m, sofá-cama m.

dawdle ['dɔːdl] VI (in walking) andar muy despacio; (over food, work) demorar, dilatar.

dawn [dɔːn] **1** N (daybreak) amanecer m; (fig: also ~ing) albores mpl; **at ~** al amanecer; **from ~ to dusk** de sol a sol.
2 VI (day) amanecer.
3 CPD: **~ chorus** N canto m de los pájaros al amanecer; **~ raid** N (Police) ataque militar realizado en la madrugada; (Fin) compra inesperada de acciones de una empresa como paso previo a una OPA.

◆ **dawn (up)on** VI + PREP (idea, truth) darse cuenta poco a poco de que; **the idea ~ed upon me that ...** caí en la cuenta de que ...; **it suddenly ~ed on him that ...** se dio cuenta de repente de que ....

day [deɪ] **1** N **a** (24 hours) día m; **what ~ is it today?** ¿qué día es hoy?; **2 ~s ago** hace 2 días; **one ~, some ~** un día; **that ~ when we ...** aquel día en que nosotros ...; **(on) that ~** aquel día; **the ~ before yesterday** anteayer; **the ~ before his birthday** la víspera de su cumpleaños; **2 ~s before Christmas** 2 días antes de Navidad; **the ~ after** el día siguiente; **on the following ~** al día siguiente; **the ~ after tomorrow** pasado mañana; **this ~ next week** (de) hoy en ocho días; **50 years ago to the ~** (hoy) hace exactamente cincuenta años; **he works 8 hours a ~** trabaja 8 horas al día; **any ~** un día cualquiera; **any ~ now** cualquier día de éstos; **every ~** cada día, todos los días; **every other ~** un día sí y otro no; **twice a ~** dos veces al día; **one of these ~s** un día de éstos; **the other ~** el otro día; **from one ~ to the next** de un día a otro; **~ after ~** día tras día; **~ in ~ out** un día sí y otro también; **for ~s on end** durante días; **~ by ~** de un día para otro, de día a día (LAm); **to live from ~ to ~** or **from one ~ to the next** vivir al día; **it made my ~ to see him smile** (fam) me hizo feliz verle sonreír; **he's fifty if he's a ~** (fam) debe tener cincuenta años mínimo; **that'll be the ~, when he offers to pay!** (fam) ¡él nos invitará cuando las ranas críen pelo!
b (daylight hours, working hours) jornada f; **to travel by ~** or **during the ~** viajar de día; **to work all ~** trabajar todo el día; **to work ~ and night** trabajar día y noche; **it's a fine ~** hace buen tiempo hoy; **on a fine/wet ~** un día bonito/lluvioso; **one summer's ~** un día de verano; **a ~ at the seaside** un día de playa; **a ~ off** un día libre; **to work an 8-hour ~** trabajar una jornada de 8 horas; **it's all in a ~'s work** son gajes del oficio; **paid by the ~** pagado por día; **to call it a ~** (fam: for good) darse por vencido, abandonar; (: for today) dejarlo por hoy; **to work ~s** trabajar de día.
c (period) in this **~ and age, these ~s, in the present ~** hoy en día; **to this ~** hasta el día de hoy; **in ~s to come** en días venideros; **in those ~s** en aquellos tiempos; **in Queen Victoria's ~** en la época de la reina Victoria; **he was famous in his ~** fue famoso en sus tiempos; **in his younger ~s** en su juventud; **in the good old ~s** en los viejos tiempos; **those were the ~s, when ...** esa fue la buena época, cuando ...; **the happiest ~s of your life** los mejores días de su vida; **during the early/final ~s of the strike** durante los primeros/últimos días de la huelga; **he's had his ~** pasó de moda, está acabado; **it has seen better ~s** ya no vale lo que antes; see **dog; judg(e)ment; reckoning; time 1 (d).**
2 CPD: **~ bed** N (US) meridiana f; **~ boy/girl** N (Scol) externo/a m/f; **~ centre** N (Brit) centro m de día; **~ labourer, (US) ~ laborer** N jornalero m; **~ nursery** N guardería f; **~ release course** N curso m de un día a la

semana (para trabajadores); **~ return (ticket)** N billete m de ida y vuelta en el día; **~ school** N colegio m sin internado; **~ shift** N (in factory etc) turno m de día; **~ trip** N excursión f (de un día); **to go on a ~ trip to London** ir un día de excursión or (LAm) de paseo a Londres; **~ tripper** N excursionista mf.

daybook ['deɪbʊk] N (Brit) diario m or libro m de entradas y salidas.

daybreak ['deɪbreɪk] N amanecer m; **at ~** al amanecer.

daycare ['deɪkeəʳ] CPD: **~ centre** N guardería f; **~ services** NPL (Brit) servicios mpl de guardería.

daydream ['deɪdriːm] **1** N ensueño m. **2** VI soñar despierto/a.

daylight ['deɪlaɪt] **1** N luz f (del día); **at ~** (dawn) al amanecer; **in the ~, by ~** de día; **in broad ~** en pleno día; **I am beginning to see ~** (fig: understand) empiezo a ver or entender las cosas claras; (: near the end of a job) vislumbro el final.
2 CPD: **~ attack** N ataque m de día; **~ hours** NPL las horas de luz; **it's ~ robbery!** ¡es una estafa!

daylight-saving time [,deɪlaɪt'seɪvɪŋ,taɪm] N (US) hora f de verano.

daytime ['deɪtaɪm] **1** N día m; **in the ~** de día. **2** CPD de día.

day-to-day ['deɪtə'deɪ] ADJ cotidiano/a; **on a ~ basis** día por día, de día a día (LAm).

daze [deɪz] **1** N aturdimiento m; **to be in a ~** estar aturdido. **2** VT (subj: drug, blow) atontar; (confuse) aturdir; (fig: news) aturdir, atolondrar.

dazed [deɪzd] ADJ aturdido/a.

dazzle ['dæzl] **1** N deslumbramiento m. **2** VT deslumbrar; **to be ~d by sth** (fig) quedar deslumbrado por algo.

dazzling ['dæzlɪŋ] ADJ (lit, fig) deslumbrante.

dB ABBR of **decibel** dB.

DC N ABBR **a** (Elec) of **direct current** C.C. **b** (US Post) of **District of Columbia.**

DCC ® N ABBR of **digital compact cassette** caset(t)e m digital compacto.

DD N ABBR **a** (Univ) of **Doctor of Divinity. b** (US Mil) of **dishonorable discharge.**

dd. ABBR (Comm) of **delivered.**

D/D ABBR of **direct debit.**

D-day ['diːdeɪ] N día m D.

DDS N ABBR (US) **a** (Univ) of **Doctor of Dental Science. b** (Univ) of **Doctor of Dental Surgery.**

DDT N ABBR of **dichlorodiphenyltrichloroethane** DDT m.

DE ABBR **a** (US Post) of **Delaware. b** (Brit) of **Department of Employment.**

DEA N ABBR (US) of **Drug Enforcement Administration** departamento para la lucha contra la droga.

deacon ['diːkən] N diácono m.

deaconess ['diːkənes] N diaconisa f.

deactivate [diː'æktɪveɪt] VT desactivar.

dead [ded] **1** ADJ **a** (person, animal, plant) muerto/a; (frm) difunto/a; (matter) inerte; (fingers) adormecido/a, entumecido/a; **to be ~ on arrival** (in hospital) ingresar cadáver; **he's been ~ for 2 years** hace 2 años que murió; **to fall** or **drop (down) ~** caer muerto; **to flog** (Brit) or (US) **beat a ~ horse** machacar en hierro frío; **as ~ as a dodo** or **a doornail** más muerto que mi abuela; **~ and buried** (lit, fig) muerto y bien muerto; **~ or alive** vivo o muerto; **over my ~ body!** (fam) ¡ni muerto!, ¡ni de chiste!; **I wouldn't be seen ~ there** ni muerto ni vivo me verán allí; **I feel absolutely ~!** (fig fam) ¡estoy hecho polvo!, ¡estoy muerto!; **~ from the neck up** (fam) bruto, imbécil, zoquete; **D~ Sea** Mar m Muerto; **~ weight** peso m muerto.
b (inactive: volcano, fire) apagado/a; (cigarette, match) gastado/a; (battery) agotado/a; (telephone line) cortado/a, desconectado/a; (language) muerto/a; (custom) anticuado/a; (love, town, party) muerto/a; **the ~ season** (Tourism) la temporada baja; **the line has gone ~** (Telec) la línea está cortada or muerta; **he was ~ to the world** estaba dormido como un tronco; **he is ~ to all pity** es incapaz de sentir compasión.
c (complete: silence, calm) total, completo/a; (exact: cen-

tre) justo/a; **a ~ cert** (*fam*) una cosa segura; **~ end** (*also fig*) callejón *m* sin salida; **to come to a ~ end** llegar a un punto muerto; **to land** un trabajo sin porvenir; **to fall into a ~ faint** desmayarse totalmente; **~ heat** empate *m*; **a ~ loss** (*fam: person*) un inútil; (: *thing*) una birria; **to come to a ~ stop** pararse en seco.
d **to cut sb ~** hacer el vacío a algn.
2 ADV (*completely*) **~ certain** completamente seguro; **he stopped ~** se paró en seco; **~ ahead** or **straight** todo seguido, todo derecho; **~ on target** justo en el blanco; **~ on time** a la hora exacta; **'~ slow'** (*Aut*) 'reducir la marcha'; (*Naut*) 'muy despacio'; **to be ~ set against sth** (*fam*) estar totalmente opuesto a algo; **~ beat** (*fam*) hecho polvo; **~ broke** (*fam*) sin un duro; **~ drunk** (*fam*) borracho perdido; **~ tired** (*fam*) muerto de cansancio.
3 N **a** **the ~** los muertos *mpl*.
b **at ~ of night** a altas horas de la noche; **in the ~ of winter** en pleno invierno.
deadbeat ['dedbiːt] N (*US fam*) gorrón *m*, vagabundo *m*.
deadbolt ['dedbəʊlt] N (*US*) cerrojo *m* de seguridad.
deaden ['dedn] VT (*noise, shock*) amortiguar; (*feeling*) embotar; (*pain*) aliviar, calmar.
deadline ['dedlaɪn] N (*Press etc*) fecha *f* tope; **to meet a ~** respetar un plazo.
deadlock ['dedlɒk] N: **to reach ~** quedar estancado, llegar a un punto muerto.
deadly ['dedlɪ] **1** ADJ (*comp* **-ier**; *superl* **-iest**) (*gen*) mortal; (*weapon etc*) mortífero/a; (*aim*) certero/a; (*pallor*) cadavérico/a; **they are ~ enemies** son enemigos mortales; **the seven ~ sins** los siete pecados mortales; **with ~ accuracy** con exactitud absoluta; **in ~ earnest** muy en serio; **this play is ~** (*fam: very boring*) esta obra es aburridísima.
2 ADV: **~ dull** aburridísimo.
deadpan ['dedˌpæn] ADJ (*face, humour*) sin expresión.
deadwood ['dedwʊd] N (*fig*) carga *f*, lastre *m*.
deaf [def] **1** ADJ (*comp* **~er**; *superl* **~est**) sordo/a; **to be ~ to sth** (*fig*) hacer oídos sordos a algo; **as ~ as a (door)post** sordo como una tapia; **the plea fell on ~ ears** escucharon el ruego como quien oye llover; **~-aid** audífono *m*.
2 NPL: **the ~** los sordos *mpl*.
deaf-and-dumb ['defən'dʌm] ADJ (*person, alphabet*) sordomudo/a.
deafen ['defn] VT ensordecer.
deafening ['defnɪŋ] ADJ ensordecedor(a).
deaf-mute ['def'mjuːt] N sordomudo/a *m/f*.
deafness ['defnɪs] N sordera *f*.
deal¹ [diːl] N (*wood*) pino *m*, abeto *m*.
▼deal² [diːl] (*vb: pt, pp* **dealt**) **1** N **a** (*agreement*) convenio *m*, pacto *m*; **business ~** negocio *m*, transacción *f*; **to do a ~ with sb** hacer un trato con algn, transar con algn (*LAm*); **it's a ~!** (*fam*) ¡trato hecho!, ¡de acuerdo!; **a new ~ for the miners** (*Pol*) un convenio nuevo para los mineros; **he got a bad/fair ~ from them** le trataron mal/bien; **big ~!** (*iro*) ¡gran cosa!; *see* **raw**; **square 2 (e)**.
b (*Cards*) reparto *m*.
c (*in expressions of quantity*) **a good** or **great ~** mucho; **not a great ~** no mucho; **a great** or **good ~ of** bastante, mucho; **he's a great ~ better/cleverer** es mucho mejor/más inteligente; **to make a great ~ of sth** dar mucha importancia a algo; **he thinks a great ~ of his father** respeta mucho a su padre; **it means a great ~ to me** me importa mucho; **there's a good ~ of truth in it** tiene mucho de verdad.
2 VT **a** (*blow*) asestar, dar; **to ~ a blow to** (*fig*) ser un golpe para.
b (*Cards: also* **~ out**) dar, repartir.
3 VI: **it's your turn to ~** (*Cards*) le toca dar a Ud.
◆ **deal in** VI + PREP (*goods*) comerciar en, tratar en.
◆ **deal out** VT + ADV repartir.
◆ **deal with** VI + PREP **a** (*Comm*) tratar or tener tratos con.
b (*handle: person, problem, task*) encargarse de, ocuparse de; (: *Comm: order, application*) despachar; **I'll ~ with you later!** ¡luego me encargaré de ti!; **to know how to ~ with sb** saber tratar a algn; **he's not easy to ~ with** es intrata-

ble, tiene un carácter difícil; **to ~ severely/leniently with sb** tratar a algn con mucha/poca severidad.
c (*book, film etc: be about*) tratar de.
dealer ['diːlər] N **a** (*Comm*) comerciante *mf* (*in* en).
b (*Cards*) mano *f*.
dealership ['diːləʃɪp] N (*US*) representación *f*, concesión *f*.
dealings ['diːlɪŋz] NPL **a** (*relationship*) trato *msg*, relaciones *fpl*. **b** (*in goods, shares*) transacciones *fpl*; **to have ~ with** tratar con.
dealt [delt] PT, PP *of* **deal²**.
dean [diːn] N (*Rel*) deán *m*; (*Univ*) decano *m*.
dear [dɪər] **1** ADJ (*comp* **~er**; *superl* **~est**) **a** (*loved*) querido/a; (*lovable*) encantador/a; **to hold sb/sth (very) ~** tener mucho cariño a algn/apreciar mucho algo; **it's my ~est wish** es mi mayor deseo; **what a ~ little boy!** este niño ¡es un encanto!
b (*in letter writing*) querido/a; **D~ Daddy/Peter** querido Papá/Pedro; **D~ Sir** muy señor mío, estimado señor, de mi/nuestra consideración (*esp LAm*); **D~ Madam** estimada Señora; **D~ Sir or Madam** estimado Señor, estimada Señora, de mi/nuestra consideración (*esp LAm*); **D~ Mr/Mrs Smith** estimado/a señor(a) Smith; **D~ Mr and Mrs Smith** estimados señores Smith.
c (*expensive*) caro/a; **~ money** dinero *m* caro.
2 INTERJ: **oh ~!, ~ me!** (*surprise*) ¡Dios mío!, ¡vaya!; (*dismay*) ¡qué horror!, ¡ay Dios!; (*pity*) ¡qué lástima!, ¡qué pena!
3 N: **(my) ~** (*to adult, child*) (mi) querido/a; **my ~est** amor mío; **(you) poor ~** (*to adult, child*) pobrecito/a; **he's (such) a ~** (*fam*) es un cielo.
4 ADV (*sell, buy, pay*) caro; **it cost me ~** (*fig*) me costó caro.
dearie ['dɪərɪ] N (*fam*) queridito/a *m/f*; **yes, ~** sí, cariño.
dearly ['dɪəlɪ] ADV mucho; **I should ~ love to go me** encantaría ir; **to pay ~ for sth** (*esp fig*) pagar algo caro.
dearth [dɜːθ] N (*of food, resources, money*) escasez *f*; (*of ideas*) falta *f*.
death [deθ] **1** N muerte *f*; (*frm*) fallecimiento *m*; **to sentence sb to ~** condenar a algn a muerte; **to put sb to ~** dar muerte a algn; **a fight to the ~** una lucha a muerte; **to be at ~'s door** estar al borde de la muerte; **it will be the ~ of him** (*lit*) será su perdición; **you'll be the ~ of me** (*fig*) acabarás matándome; **to be bored to ~** (*fam*) estar muerto de aburrimiento; **it frightens me to ~** me da un miedo espantoso; **I'm sick to ~ of it** (*fam*) estoy hasta la coronilla; **he's working himself to ~** trabaja tanto que se está estropeando la salud.
2 CPD: **~ certificate** N partida *f* de defunción; **~ duties** NPL (*Brit*) derechos *mpl* de herencia, derechos reales; **~ march** N marcha *f* fúnebre; **~ penalty** N pena *f* de muerte; **~ rate** N (tasa *f* de) mortalidad *f*; **~ row** N (*US*) celdas *fpl* de los condenados a muerte, corredor *m* de la muerte; **~ sentence** N pena *f* de muerte; **~ squad** N escuadrón *m* de la muerte; **~ throes** NPL agonía *fsg*; **~ toll** N número *m* de víctimas; **~ warrant** N orden *f* de ejecución; **~ wish** N ganas *fpl* de morir.
deathbed ['deθbed] **1** N lecho *m* de muerte. **2** CPD de última hora.
deathblow ['deθbləʊ] N golpe *m* mortal.
deathly ['deθlɪ] **1** ADJ (*comp* **-ier**; *superl* **-iest**) (*appearance*) cadavérico/a; (*silence*) sepulcral. **2** ADV: **~ pale** pálido como un muerto.
deathtrap ['deθtræp] N (*place*) lugar *m* peligroso; (*car*) vehículo *m* peligroso.
deathwatch beetle [ˌdeθwɒtʃˈbiːtl] N reloj *m* de la muerte.
deb [deb] N ABBR (*fam*) *of* **debutante**.
debacle [deɪˈbɑːkl] N desastre *m*.
debar [dɪˈbɑːr] VT: **to ~ sb from sth/from doing sth** excluir a algn de algo/prohibir a algn hacer algo.
debase [dɪˈbeɪs] VT (*coinage*) alterar; (*object, relationship, word*) desvalorizar; (*person*) degradar; **to ~ o.s. by doing sth** degradarse haciendo algo.
debasement [dɪˈbeɪsmənt] N (*see vt*) alteración *f*; degradación *f*.

➤ SENTENCE BUILDER: **deal²** → 5

debatable [dɪ'beɪtəbl] ADJ discutible.
debate [dɪ'beɪt] **1** VT (*topic, question, idea*) debatir, discutir.
2 VI hacer debate; **to ~ with sb (about** or **(up)on sth)** discutir con algn (sobre algo); **to ~ with o.s. (about** or **(up)on sth)** vacilar (sobre algo); **we ~d whether to go or not** dudamos si ir o no.
3 N debate *m*, discusión *f*; **after much ~** después de una gran discusión.
debating society [dɪ'beɪtɪŋsə,saɪətɪ] N círculo *m* de debates.
debauch [dɪ'bɔːtʃ] VT (*person, morals, taste*) corromper.
debauched [dɪ'bɔːtʃt] ADJ vicioso/a.
debauchery [dɪ'bɔːtʃərɪ] N libertinaje *m*, corrupción *f*.
debenture [dɪ'bentʃəʳ] **1** N (*Fin*) vale *m*, bono *m*, obligación *f*. **2** CPD: **~ capital** N capital *m* hipotecario.
debilitate [dɪ'bɪlɪteɪt] VT debilitar.
debilitating [dɪ'bɪlɪteɪtɪŋ] ADJ debilitante, que debilita.
debit ['debɪt] **1** N pasivo *m*, debe *m*.
2 VT (*money*) **to ~ an account/sb with a sum** cargar una suma en cuenta/a algn.
3 CPD: **~ balance** N saldo *m* deudor; **~ card** N tarjeta *f* de cobro automático; **~ entry** N débito *m*; **~ note** N nota *f* de cargo; **~ side** N debe *m*; (*fig*) desventaja *f*.
debonair [,debə'neəʳ] ADJ (*elegant*) gallardo/a; (*courteous*) cortés; (*cheerful*) alegre.
debrief [,diː'briːf] VT hacer dar parte.
debriefing [,diː'briːfɪŋ] N informe *m* sobre una operación *etc*.
debris ['debriː] N escombros *mpl*.
debt [det] **1** N deuda *f*; **bad ~** deuda incobrable; **foreign ~** (*Pol*) deuda exterior; **a ~ of honour/gratitude** una deuda de honor/agradecimiento; **to be in ~ (to sb)** tener deudas or estar endeudado (con algn), estar endrogado (con algn) (*LAm fam*); **I am £5 in ~** debo 5 libras; **to be in sb's ~** (*fig*) estar en deuda con algn; **to get into ~** contraer deudas, endrogarse (*LAm fam*); **to be out of ~** tener las deudas saldadas.
2 CPD: **~ collector** N cobrador(a) *m/f* de deudas; **~ service,** (*US*) **~ servicing** N servicio *m* de la deuda.
debtor ['detəʳ] N deudor(a) *m/f*.
debt-ridden ['det,rɪdn] ADJ agobiado/a por las deudas.
debug [,diː'bʌg] VT (*Tech*) resolver los problemas de, superar or suprimir las pegas de; (*remove mikes from*) quitar los micrófonos escondidos de; (*Comput*) depurar, quitar el duende de.
debugging [,diː'bʌgɪŋ] N (*Comput*) depuración *f*.
debunk ['diː'bʌŋk] VT (*fam: theory, claim, person, institution*) desprestigiar, desacreditar.
debut ['deɪbuː] N (*Theat: first appearance*) presentación *f*, debut *m*; (*fig*) primer acto *m*; **to make one's ~** hacer su presentación.
debutante ['debjuːtɑ̃ːnt] N debutante *f*.
Dec. ABBR of **December** dic, dic.ᵉ
dec. ABBR of **deceased.**
decade ['dekeɪd] N década *f*, decenio *m*.
decadence ['dekədəns] N decadencia *f*.
decadent ['dekədənt] ADJ (*habits, person*) decadente.
decaff ['diːkæf] N ABBR (*fam*) of **decaffeinated** descafeinado *m*.
decaffeinated [,diː'kæfɪneɪtɪd] ADJ: **~ coffee** (café *m*) descafeinado *m*.
decal [dɪ'kæl] N (*US*) pegatina *f*.
decamp [dɪ'kæmp] VI (*fam*) escaparse, rajarse (*LAm*).
decant [dɪ'kænt] VT (*wine etc*) decantar.
decanter [dɪ'kæntəʳ] N jarra *f* de vino).
decapitate [dɪ'kæpɪteɪt] VT decapitar.
decarbonize [diː'kɑːbənaɪz] VT (*Aut*) descarburar.
decathlete [dɪ'kæθliːt] N decatlonista *m*, decatleta *m*.
decathlon [dɪ'kæθlən] N decatlón *m*.
decay [dɪ'keɪ] **1** N (*of vegetation, food*) pudrición *f*; (*of teeth*) caries *f*; (*of building*) desmoronamiento *m*, ruina *f*; (*fig: of civilization*) decadencia *f*; (*: of faculties*) deterioro *m*.
2 VI (*rot*) pudrirse; (*teeth*) cariarse; (*building*) desmoronarse; (*fig: civilization, faculties*) decaer.
decease [dɪ'siːs] N (*frm*) fallecimiento *m*.

deceased [dɪ'siːst] **1** ADJ (*Jur etc*) difunto/a. **2** N: **the ~** (*person*) el/la difunto/a.
deceit [dɪ'siːt] N (*misleading*) engaño *m*; (*fraud*) fraude *m*; (*trick*) trampa *f*; (*lie*) mentira *f*.
deceitful [dɪ'siːtful] ADJ (*see n*) engañoso/a; falso/a; tramposo/a; mentiroso/a.
deceive [dɪ'siːv] VT (*deliberately*) engañar; (*defraud*) defraudar; (*lie*) mentir; **she ~d me into thinking that ...** me engañó, haciéndome pensar que ...; **he thought his eyes were deceiving him** creía que le engañaban los ojos; **don't be ~d by appearances** no se deje engañar por las apariencias; **to ~ o.s.** engañarse.
decelerate [diː'seləreɪt] VI disminuir la velocidad.
December [dɪ'sembəʳ] N diciembre *m*; *see* **July** *for usage.*
decency ['diːsənsɪ] N (*propriety*) decencia *f*, decoro *m*; (*politeness*) educación *f*; **to have a sense of ~** tener sentido del decoro; **he had the ~ to phone me** tuvo la amabilidad de llamarme; **common ~** simple cortesía *f*.
decent ['diːsənt] ADJ **a** (*respectable: person, house*) decente; (*proper: clothes, behaviour, language*) decoroso/a; **are you ~?** (*hum*) ¿estás visible? **b** (*kind*) amable; **he was very ~ to me** fue muy amable conmigo. **c** (*salary, meal*) adecuado/a, decente. **d** (*US fam: great*) cutre (*fam*).
decently ['diːsəntlɪ] ADV (*respectably*) decentemente; (*kindly*) amablemente.
decentralization [diː,sentrəlaɪ'zeɪʃən] N descentralización *f*.
decentralize [diː'sentrəlaɪz] VT descentralizar.
deception [dɪ'sepʃən] N (*deceiving*) engaño *m*; (*trick*) trampa *f*; (*lie*) mentira *f*; (*fraude*) fraude *m*.
deceptive [dɪ'septɪv] ADJ engañoso/a.
decibel ['desɪbel] N decibelio *m*.
decide [dɪ'saɪd] **1** VT (*gen*) decidir; **that ~d me** eso me convenció; **it was ~d that ...** se decidió or determinó que ...; **to ~ where to go/what to do** decidir or determinar adónde ir/qué hacer; **to ~ to do sth** decidir or determinar hacer algo.
2 VI decidir, determinar; **to ~ for** or **in favour of sb** decidir a favor de algn; **to ~ in favour of sth/doing sth** decidir por or determinar algo/hacer algo; **the judge ~d in his favour** el juez decidió a su favor; **to ~ against sth/doing sth** decidir or determinar en contra de algo/de hacer algo.
◆ **decide on** VI + PREP: **to ~ on sth/on doing sth** decidir por algo/hacer algo.
decided [dɪ'saɪdɪd] ADJ (*person, tone, manner*) resuelto/a, decidido/a; (*opinion*) firme, categórico/a; (*difference, improvement*) indudable, marcado/a.
decidedly [dɪ'saɪdɪdlɪ] ADV (*without doubt*) indudablemente, sin duda; (*very, markedly*) decididamente; (*resolutely*) con resolución.
decider [dɪ'saɪdəʳ] N (*Sport: game*) partido *m* decisivo; (*: replay*) (partido *m* de) desempate *m*; (*: point, goal*) gol *m* *etc* decisivo.
deciding [dɪ'saɪdɪŋ] ADJ decisivo/a, concluyente; **the ~ factor** el factor determinante; **the ~ goal/point** el gol/punto decisivo; **the ~ vote** el voto decisivo.
deciduous [dɪ'sɪdjʊəs] ADJ (*tree*) de hoja caduca.
decilitre, (*US*) **deciliter** [desɪ,liːtəʳ] N decilitro *m*.
decimal ['desɪməl] **1** ADJ (*point, system*) decimal; **~ currency** moneda *f* decimal; **to 3 ~ places** con 3 cifras; **~ system** sistema *m* métrico. **2** N decimal *m*.
decimalization [,desɪməlaɪ'zeɪʃən] N decimalización *f*.
decimalize ['desɪməlaɪz] VT convertir al sistema decimal.
decimate ['desɪmeɪt] VT (*lit, fig*) diezmar.
decimetre, (*US*) **decimeter** ['desɪ,miːtəʳ] N decímetro *m*.
decipher [dɪ'saɪfəʳ] VT (*lit, fig*) descifrar.
decision [dɪ'sɪʒən] **1** N decisión *f*, determinación *f*; **to come to** or **reach a ~** llegar a decidirse; **to make a ~** tomar or adoptar una decisión. **2** CPD: **~ table** N (*Comput*) tabla *f* de decisiones.
decision-making [dɪ'sɪʒən,meɪkɪŋ] CPD: **~ process** N proceso *m* decisorio; **~ unit** N unidad *f* de adopción de decisiones.
decisive [dɪ'saɪsɪv] ADJ (*victory, factor, influence*) decisivo/a,

concluyente; (*manner, reply*) decidido/a, tajante, terminante; (*person*) decidido/a, resuelto/a.

deck [dek] **1** N **a** (*Naut*) cubierta *f*; **to go up on ~** subir a la cubierta; **below ~** en la bodega.

  b (*of bus*) top *or* upper/bottom *or* lower ~ piso *m* de arriba/abajo.

  c (*of cards*) baraja *f*.

  d (*record player*) tocadiscos *m inv*; **cassette ~** pletina *f*.

  2 VT **a** (*also ~ out*) adornar, engalanar (*with* con).

  b (*US fam*) derribar de un golpe.

deckchair ['dek.tʃɛəʳ] N tumbona *f*.

deckhand ['dekhænd] N marinero *m* de cubierta.

declaim [dɪ'kleɪm] VI (*gen*) declamar.

declamatory [dɪ'klæmətərɪ] ADJ declamatorio/a.

declaration [‚deklə'reɪʃən] N declaración *f*.

declare [dɪ'klɛəʳ] VT (*gen, Bridge*) declarar; (*result*) proclamar; **have you anything to ~?** ¿tiene usted algo que declarar?; **to ~ that ...** anunciar que ... ; **to ~ war (on** *or* **against sb)** declarar la guerra a (algn); **to ~ o.s. against/in favour of sth** pronunciarse en contra de/a favor de algo.

declassify [diː'klæsɪfaɪ] VT: **to ~ information** quitar algo de la lista de información secreta.

declension [dɪ'klenʃən] N (*Ling*) declinación *f*.

decline [dɪ'klaɪn] **1** N **a** (*decrease*) disminución *f* (*in* de); **to be on the ~** ir disminuyendo.

  b (*deterioration*) decaimiento *m*, deterioro *m*; **the ~ of the Roman Empire** la decadencia del Imperio Romano; **to fall into a ~** (*Med*) decaer, debilitarse; **to go into a ~** ir debilitándose.

  2 VT **a** (*refuse*) rehusar, rechazar; **to ~ to do sth** rehusar *or* negarse a hacer algo.

  b (*Ling*) declinar.

  3 VI **a** (*decrease: power, influence*) disminuir; (*deteriorate*) decaer; (: *in health*) debilitarse, decaer; **to ~ in importance** ir perdiendo importancia.

  b (*Ling*) declinarse.

  c (*refuse*) negarse, rehusar.

declining [dɪ'klaɪnɪŋ] ADJ: **~ interest** pérdida *f* de interés; **in my ~ years** en mis últimos años.

declutch ['diː'klʌtʃ] VI desembragar; **to double ~** hacer un doble desembrague.

decode ['diː'kəʊd] VT descifrar.

decoder [diː'kəʊdəʳ] N (*Comput, TV*) de(s)codificador *m*.

decoke [diː'kəʊk] VT (*Brit Aut*) descarburar.

decolonize [diː'kɒlənaɪz] VT descolonizar.

decommission [‚diːkə'mɪʃən] VT **a** (*nuclear power station*) cerrar, desmantelar. **b** (*warship, aircraft*) desmantelar. **c** (*weapons*) retirar de la circulación.

decompose [‚diːkəm'pəʊz] **1** VT (*rot*) descomponer, pudrir. **2** VI descomponerse, pudrirse.

decomposition [‚diːkɒmpə'zɪʃən] N descomposición *f*, putrefacción *f*.

decompression [‚diːkəm'preʃən] **1** N descompresión *f*. **2** CPD: **~ chamber** N descompresor *m*.

decongestant [‚diːkən'dʒestənt] N descongestionante *m*.

decontaminate [‚diːkən'tæmɪneɪt] VT descontaminar.

decontrol [‚diːkən'trəʊl] VT (*prices, trade*) quitar controles a.

décor ['deɪkɔːʳ] N decoración *f*; (*Theat*) decorado *m*.

decorate ['dekəreɪt] VT **a** (*adorn*) decorar, adornar (*with* de); (*paint: room, house*) pintar; (*paper*) empapelar. **b** (*honour*) condecorar.

decorating ['dekəreɪtɪŋ] N decoración *f*.

decoration [‚dekə'reɪʃən] N **a** (*act*) decoración *f*. **b** (*ornament*) adorno *m*; (*medal*) condecoración *f*.

decorative ['dekərətɪv] ADJ decorativo/a.

decorator ['dekəreɪtəʳ] N: **painter and ~** pintor *m* decorador; **interior ~** interiorista *mf*.

decorous ['dekərəs] ADJ (*behaviour, appearance*) decoroso/a.

decorum [dɪ'kɔːrəm] N decoro *m*.

decoy ['diːkɔɪ] **1** N (*bird: artificial*) señuelo *m*; (: *live*) cimbel *m*; (*fig: bait*) cebo *m*; (: *person*) señuelo. **2** [dɪ'kɔɪ] VT atraer (con señuelo).

decrease ['diːkriːs] **1** N (*gen*) disminución *f*, reducción

f; (*in wages etc*) rebaja *f*; **a ~ in speed/strength** una reducción de velocidad/fuerza; **a ~ of 50%** una reducción *or* rebaja del 50 por ciento; **to be on the ~** ir disminuyéndose.

  2 [diː'kriːs] VT disminuir, reducir; (*wages etc*) reducir.

  3 [diː'kriːs] VI reducirse; (*power, strength, enthusiasm*) disminuir; (*Knitting*) menguar; **to ~ by 10%** reducirse en un 10 por ciento.

decreasing [diː'kriːsɪŋ] ADJ decreciente.

decree [dɪ'kriː] **1** N decreto *m*; **to issue a ~** promulgar un decreto; **~ absolute/nisi** (*divorce*) sentencia *f* absoluta/provisional de divorcio. **2** VT (*gen*) decretar.

decrepit [dɪ'krepɪt] ADJ (*building*) ruinoso/a; (*person*) decrépito/a.

decrepitude [dɪ'krepɪtjuːd] N (*of building*) decrepitud *f*.

decriminalize [diː'krɪmɪnəlaɪz] VT despenalizar.

decry [dɪ'kraɪ] VT criticar, censurar.

dedicate ['dedɪkeɪt] VT (*book*) dedicar; **to ~ sth to sb/sth** (*church etc*) consagrar *or* dedicar algo a algn/algo; **to ~ one's life** *or* **o.s. to sth/to doing sth** consagrar su vida *or* consagrarse a algo/hacer algo.

dedicated ['dedɪkeɪtɪd] ADJ dedicado/a; (*Comput*) especializado/a; **~ word processor** procesador *m* de textos especializado *or* dedicado.

dedication [‚dedɪ'keɪʃən] N (*gen*) dedicación *f*, consagración *f*; (*in book*) dedicatoria *f*.

deduce [dɪ'djuːs] VT deducir, sacar en limpio; **to ~ sth from sth** deducir algo de algo; **to ~ (from sth) that ...** colegir (de algo) que ...; **as can be ~d from** según se colige de, según se desprende de.

deduct [dɪ'dʌkt] VT: **to ~ sth (from)** restar *or* descontar algo (de).

deductible [dɪ'dʌktəbl] ADJ deducible.

deduction [dɪ'dʌkʃən] N **a** (*act of deducing*) deducción *f*; **what are your ~s?** ¿cuáles son sus conclusiones? **b** (*act of deducting*) deducción *f*; (*amount deducted*) descuento *m*, rebaja *f*; **tax ~s** deducciones *fpl* para personas físicas.

deed [diːd] **1** N **a** (*act*) acto *m*, acción *f*; (*result*) hecho *m*; **brave ~** hazaña; **good ~** buena acción.

  b (*Jur*) escritura *f*, acta *f*; **~ of covenant** escritura de contrato.

  2 CPD: **~ poll** N: **to change one's name by ~ poll** cambiar su apellido por escritura legal.

deejay ['diːdʒeɪ] N (*fam*) pinchadiscos *mf inv* (*fam*).

deem [diːm] VT (*frm*) juzgar, considerar; **she ~s it wise to ...** lo considera prudente ....

deep [diːp] **1** ADJ (*comp* **~er**; *superl* **~est**) **a** (*water, hole etc*) profundo/a, hondo/a; **the water was 6 inches ~** el agua tenía una profundidad de 6 pulgadas; **we were ankle-~/knee-~ in mud** estábamos hasta los tobillos/ las rodillas de lodo; **the ~ end** (*of swimming pool*) la parte honda; **to be thrown in (at) the ~ end** (*fig fam*) recibir un bautismo de fuego; **to go off (at) the ~ end** (*fig fam:* *excited*) enloquecer; (: *angry*) perder los estribos.

  b (*shelf, cupboard*) hondo/a, con fondo; (*border, hem*) ancho/a; **a cupboard a metre ~** un armario de un metro de fondo; **D~ South** (*US*) Estados *mpl* del Sur de EEUU; **~ space** espacio *m* lejano.

  c (*voice, note, sound*) bajo/a, profundo/a; **a ~ sigh** un suspiro profundo; **to take a ~ breath** respirar hondo *or* a pleno pulmón.

  d (*colour*) intenso/a; (*feelings, sleep, mystery, thinker*) profundo/a; (*mourning*) riguroso/a; **to be ~ in thought/ in a book** estar absorto en la meditación/en un libro; **he's a ~ one** (*fam*) es muy callado.

  2 ADV profundamente, hondo; **~ underground** muy dentro de la tierra; **~ in her heart** en lo más profundo de su corazón; **the spectators were standing 6 ~** los espectadores estaban de 6 en fondo; **don't go in too ~ if you can't swim** si no sabes nadar no te metas en la parte profunda *or* en lo hondo; **to cut ~ (into sth)** penetrar hondo (en algo); **to dig ~** cavar hondo; **to drink ~** beber mucho (de un trago); **~ in the forest** en lo más profundo del bosque; **he thrust his hand ~ into his pocket** metió la mano hasta el fondo del bolsillo; **they worked ~ into the night** trabajaron hasta muy entrada la noche; **~ in debt** cargado de deudas.

3 N: **the ~** (*poet: sea*) el piélago *m*.

deepen ['di:pən] **1** VT (*hole etc*) profundizar, ahondar; (*sound*) hacer más grave; (*colour*) intensificar; (*understanding, interest, sorrow*) intensificar, aumentar; (*friendship, love*) hacer más profundo or intenso, ahondar.

2 VI (*water etc*) hacerse más profundo or hondo; (*voice*) hacerse más grave; (*colour, emotion*) intensificarse; (*night*) avanzar; (*mystery*) aumentar; (*understanding, love*) hacerse más profundo or intenso; (*crisis*) agudizarse.

deepfreeze ['di:p'fri:z] **1** N congelador *m*, congeladora *f* (*LAm*). **2** VT congelar.

deep-frozen [,di:p'frəʊzn] ADJ ultracongelado/a.

deep-fry ['di:p'fraɪ] VT freír en aceite abundante.

deeply ['di:plɪ] ADV (*gen*) profundamente, hondamente; **to regret sth ~** lamentar algo sinceramente; **to be ~ in debt** estar muy cargado de deudas, estar seriamente endeudado; **to go ~ into sth** involucrarse mucho en algo.

deep-rooted ['di:p'ru:tɪd] ADJ (*plant, fig*) profundamente arraigado/a.

deep-sea ['di:p'si:] ADJ (*creatures, plants*) de alta mar; (*fisherman, fishing*) de altura; **~ diver** buzo *m*; **~ diving** buceo *m* de altura; **~ fishing** pesca *f* de gran altura.

deep-seated ['di:p'si:tɪd] ADJ profundamente arraigado/a.

deep-set ['di:p'set] ADJ: **~ eyes** ojos *mpl* hundidos.

deer [dɪəʳ] N INV ciervo *m*, venado *m* (*esp LAm*); (*red ~*) ciervo *m* común; (*roe ~*) corzo *m*; (*fallow ~*) gamo *m*.

deerstalker ['dɪə,stɔ:kəʳ] N (*hat*) gorro *m* de cazador.

de-escalate [,di:'eskəleɪt] VT (*Mil, Pol*) disminuir, reducir.

de-escalation [di:,eskə'leɪʃən] N (*Mil, Pol*) disminución *f*, reducción *f*.

deface [dɪ'feɪs] VT (*wall, monument*) llenar de pintadas; (*work of art*) desfigurar; (*poster, writing, magazine*) desgarrar.

de facto [deɪ'fæktəʊ] ADJ, ADV de hecho, de facto.

defamation [,defə'meɪʃən] N difamación *f*.

defamatory [dɪ'fæmətərɪ] ADJ (*article, statement*) difamatorio/a.

defame [dɪ'feɪm] VT difamar, calumniar.

default [dɪ'fɔ:lt] **1** N (*Comput*) defecto *m*; **by ~** por incumplimiento; (*Jur*) en rebeldía or contumacia; (*Sport*) por incomparecencia; **in ~ of** a falta de, falto de.

2 VI (*Jur, Sport: not appear*) no presentarse; (*not pay*) faltar al pago.

3 CPD: **~ option** N (*Comput*) opción *f* por defecto.

defaulter [dɪ'fɔ:ltəʳ] N moroso/a *m/f*.

defeat [dɪ'fi:t] **1** N (*of army, team*) derrota *f*; (*of ambition, plan*) fracaso *m*; **eventually he admitted ~** por fin reconoció que había sido vencido.

2 VT (*army, team, opponent*) vencer, derrotar; (*plan, ambition, efforts*) hacer fracasar, frustrar; (*Pol: party*) derrotar; (: *bill, amendment*) rechazar; (*fig*) vencer; **this will ~ its own ends** esto será contraproducente; **the problem ~s me** el problema me trae perplejo.

defeatism [dɪ'fi:tɪzəm] N derrotismo *m*.

defeatist [dɪ'fi:tɪst] N, ADJ derrotista *mf*.

defecate ['defəkeɪt] VI defecar.

defect ['di:fekt] **1** N (*gen*) defecto *m*; (*in person: mental*) deficiencia *f*; **moral ~** defecto moral. **2** [dɪ'fekt] VI (*Pol*) desertar; **to ~ (from a country)** huir (de un país).

defection [dɪ'fekʃən] N (*Pol*) deserción *f*, defección *f*.

defective [dɪ'fektɪv] ADJ defectuoso/a; **~ verb** (*Ling*) verbo *m* defectivo; **to be ~ in sth** (*person*) ser deficiente en algo.

defector [dɪ'fektəʳ] N tránsfuga *mf*.

defence, (*US*) **defense** [dɪ'fens] **1** N defensa *f*; **in ~ of sth** en defensa de algo; **Secretary (of State) for** or **Minister of D~** (*Brit*), **Secretary of Defense** (*US*) Ministro *m* de Defensa; **Ministry of D~** (*Brit*), **Department of Defense** (*US*) Ministerio *m* de Defensa; **in his ~** en su defensa; **the case for the ~** el argumento de la defensa; **counsel for the ~** abogado/a *m/f* defensor(a); **witness for the ~** testigo *mf* de cargo; **the body's ~s against disease** la defensa del organismo contra la enfermedad; **as** a **~ against** como defensa contra.

2 CPD (*policy, strategy, costs*) de defensa; **~ mechanism** N mecanismo *m* de defensa; **~ spending** N gasto *m* militar.

defenceless, (*US*) **defenseless** [dɪ'fenslɪs] ADJ indefenso/a, inerme.

defend [dɪ'fend] **1** VT (*gen*) defender; **to ~ o.s.** defenderse. **2** VI (*Sport*) defenderse.

defendant [dɪ'fendənt] N (*Jur: civil*) demandado/a *m/f*; (: *criminal*) acusado/a *m/f*.

defender [dɪ'fendəʳ] N defensor(a) *m/f*; (*Sport*) defensa *mf*.

defending [dɪ'fendɪŋ] ADJ: **~ champion** (*Sport*) campeón *m* titular; **~ counsel** (*Jur*) abogado *m* defensor.

defense etc [dɪ'fens] (*US*) = **defence** *etc*.

defensible [dɪ'fensɪbl] ADJ defendible; (*action etc*) justificable.

defensive [dɪ'fensɪv] ADJ (*attitude, measures, play*) defensivo/a; **to be/go on the ~** estar/ponerse a la defensiva.

defensively [dɪ'fensɪvlɪ] ADV (*say etc*) en tono defensivo.

defer [dɪ'fɜ:ʳ] VT (*meeting, business*) posponer, diferir; (*payment*) aplazar, postergar (*esp LAm*); **his military service was ~red** le concedieron una prórroga militar; **to ~ to sb/sth** deferir a algn/algo; **to ~ to sb's (greater) knowledge** aceptar la superioridad or los conocimientos de algn.

deference ['defərəns] N (*submission*) deferencia *f*; (*respect*) respeto *m*; **out of** or **in ~ to sb/sb's age** por respeto a algn/la edad de algn.

deferential [,defə'renʃəl] ADJ (*gen*) respetuoso/a.

deferment [dɪ'fɜ:mənt], **deferral** [dɪ'fɜ:rəl] N (*postponement*) aplazamiento *m*; (*Mil*) prórroga *f*.

deferred [dɪ'fɜ:d] ADJ: **~ credit** crédito *m* diferido; **~ payment** pago *m* a plazos.

defiance [dɪ'faɪəns] N (*attitude*) desafío *m*; (*resistance*) resistencia *f* terca; **in ~ of the law** desafiando or en desafío a la ley.

defiant [dɪ'faɪənt] ADJ (*insolent*) insolente; (*challenging*) retador(a).

defibrillator [dɪ'faɪbrɪ,leɪtəʳ] N desfibrilador *m*.

deficiency [dɪ'fɪʃənsɪ] N **a** (*gen*) deficiencia *f*; (*lack*) falta *f*; (*Med: weakness*) debilidad *f*, defecto *m*. **b** (*in system, plan, character etc*) defecto *m*. **c** (*Fin*) déficit *m*.

deficient [dɪ'fɪʃənt] ADJ: **to be ~ in sth** ser deficiente en algo.

deficit ['defɪsɪt] **1** N (*esp Fin*) déficit *m*. **2** CPD: **~ financing** N financiamiento *m* deficitario; **~ spending** N gasto *m* deficitario.

defile [dɪ'faɪl] VT (*honour*) manchar; (*flag*) ultrajar; (*sacred thing, memory*) profanar; (*woman*) deshonrar.

definable [dɪ'faɪnəbl] ADJ definible.

define [dɪ'faɪn] VT (*gen, Comput*) definir; (*characterize*) caracterizar; (*delimit*) determinar, delimitar; (*outline*) destacar.

definite ['defɪnɪt] ADJ **a** (*fixed, agreed, explicit*) determinado/a; (*final*) seguro/a; (*certain*) seguro/a; (*clear*) claro/a; **he had a ~ advantage** tuvo una ventaja indudable. **b** (*clearly noticeable*) notable, notorio/a. **c** (*Ling*) **~ article** artículo *m* definido; **past ~ tense** (*tiempo m*) pretérito *m*.

definitely ['defɪnɪtlɪ] ADV (*see adj (a)*) definitivamente; seguramente; **~!** ¡claro!, ¡desde luego!; **it's ~ better** es (con) mucho mejor; **I'll ~ go** seguro que iré.

definition [,defɪ'nɪʃən] N **a** definición *f*; **by ~** por definición. **b** (*Phot*) nitidez *f*, claridad *f*.

definitive [dɪ'fɪnɪtɪv] ADJ definitivo/a.

definitively [dɪ'fɪnɪtɪvlɪ] ADV en definitiva, definitivamente.

deflate [di:'fleɪt] VT (*tyre etc*) desinflar, deshinchar; (*pompous person*) desinflar; (*Econ: also vi*) deflacionar.

deflation [di:'fleɪʃən] N (*Econ*) deflación *f*.

deflationary [di:'fleɪʃənərɪ] ADJ (*Econ*) deflacionario/a.

deflect [dɪ'flekt] **1** VT (*ball, bullet*) desviar; (*fig: person*) desviar (*from* de). **2** VI (*ball, bullet*) desviarse.

deflection [dɪ'flekʃən] N desviación *f*.

deflower [di:'flaʊəʳ] VT desflorar.

defog [diːˈfɒg] VT desempañar.
defogger [diːˈfɒgər] N (US) dispositivo *m* antivaho.
defoliant [diːˈfəʊliənt] N defoliante *m*.
defoliation [ˌdiːfəʊliˈeɪʃən] N defoliación *f*.
deforestation [diːˌfɒrəˈsteɪʃən] N deforestación *f*, despoblación *f* forestal.
deform [dɪˈfɔːm] VT deformar.
deformation [ˌdiːfɔːˈmeɪʃən] N deformación *f*.
deformed [dɪˈfɔːmd] ADJ (*person, limb, body*) deforme; (*structure*) deformado/a.
deformity [dɪˈfɔːmɪti] N deformidad *f*.
defraud [dɪˈfrɔːd] VT (*frm: person, authorities*) estafar, defraudar; **he ~ed the firm of £100** estafó 100 libras de la compañía.
defray [dɪˈfreɪ] VT (*frm: expenses*) sufragar.
defrock [diːˈfrɒk] VT apartar del sacerdocio.
defrost [diːˈfrɒst] VT (*refrigerator*) descongelar; (*frozen food*) deshelar.
defroster [diːˈfrɒstər] N (US) descongelador *m*; (Aut) spray *m* antihielo.
deft [deft] ADJ (*comp* **~er**; *superl* **~est**) hábil, diestro/a.
deftly [ˈdeftli] ADV con destreza, con habilidad.
defunct [dɪˈfʌŋkt] ADJ (*frm: company etc*) que ya no existe; (: *idea etc*) abandonado/a, olvidado/a; (: *scheme*) paralizado/a, suspendido/a.
defuse [diːˈfjuːz] VT (*bomb*) desarmar; (*fig: situation*) calmar.
defy [dɪˈfaɪ] VT [a] (*challenge: person*) desafiar, retar; **I ~ you to do it** te desafío a hacerlo. [b] (*refuse to obey: person*) resistir *or* oponerse a; (: *order*) contravenir; (*resist*) resistir; **it defies description** va más allá de toda posible descripción.
degenerate [dɪˈdʒenərɪt] [1] ADJ degenerado/a. [2] N degenerado/a *m/f*. [3] [dɪˈdʒenəreɪt] VI degenerar (*into* en).
degeneration [dɪˌdʒenəˈreɪʃən] N degeneración *f*.
degradation [ˌdegrəˈdeɪʃən] N degradación *f*.
degrade [dɪˈgreɪd] VT (*gen*) degradar; (*debase*) degradar, humillar.
degrading [dɪˈgreɪdɪŋ] ADJ degradante.
degree [dɪˈgriː] [1] N [a] (*gen, Geog, Math*) grado *m*; **10 ~s below freezing** 10 grados bajo cero. [b] (*extent*) punto *m*, grado *m*; (*stage in scale*) grado, etapa *f*; **a high ~ of uncertainty** un alto grado de incertidumbre; **by ~s** poco a poco, por etapas; **to some** *or* **a certain ~** hasta cierto punto; **to the highest ~** en sumo grado; **to give sb the third ~** interrogar a algn brutalmente, sacudir a algn (*fam*). [c] (*social standing*) categoría *f*. [d] (*Univ*) título *m*; **first/higher ~** licenciatura *f*/ doctorado *m*; **honorary ~** doctorado *m* 'honoris causa'; **to get a ~** sacar un título; **to take a ~ in** licenciarse en. [2] CPD: **to do a ~ course** (*Brit Univ*) hacer una licenciatura.
dehumanize [diːˈhjuːmənaɪz] VT deshumanizar.
dehumidifier [ˌdiːhjuːˈmɪdɪfaɪər] N deshumedecedor *m*.
dehydrate [diːˈhaɪdreɪt] VT (*Tech*) deshidratar.
dehydrated [ˌdiːhaɪˈdreɪtɪd] ADJ (*vegetables*) seco/a; (*milk, eggs*) en polvo; (*Med, Tech*) deshidratado/a.
dehydration [ˌdiːhaɪˈdreɪʃən] N deshidratación *f*.
de-ice [diːˈaɪs] VT deshelar, descongelar.
de-icer [ˈdiːˈaɪsər] N (Aer, Aut) descongelador *m*.
deify [ˈdiːɪfaɪ] VT deificar.
deign [deɪn] VT: **to ~ to do sth** dignarse hacer algo.
deity [ˈdiːɪti] N deidad *f*, divinidad *f*.
dejected [dɪˈdʒektɪd] ADJ (*person, look*) desanimado/a, abatido/a, apenado/a (*LAm*).
dejection [dɪˈdʒekʃən] N (*emotion*) desaliento *m*, abatimiento *m*.
dekko [ˈdekəʊ] N: **let's have a ~** (*Brit fam*) déjame verlo.
Del. ABBR (US) of **Delaware**.
del. ABBR of **delete**.
delay [dɪˈleɪ] [1] N (*hold-up*) demora *f*, dilación *f*; (*to traffic*) retención *f*, atasco *m*, embotellamiento *m*; (*to train*) retraso *m*; **without ~** sin retraso *or* demora; **without further ~** sin tardar más. [2] VT (*postpone*) aplazar, demorar (*LAm*); (*hold up: person*)

entretener; (: *train, event*) retrasar; **the train was ~ed for 2 hours** el tren se retrasó dos horas. [3] VI tardar, demorarse (*LAm*), dilatar; **to ~ in doing sth** tardar *or* (*LAm*) dilatar en hacer algo; **don't ~!** ¡no te entretengas!, ¡no dilates! (*LAm*), ¡no te demores!, ¡no tardes!
delayed-action [dɪˈleɪdˈækʃən] ADJ de acción retardada; **~ bomb** bomba *f* de efecto retardado.
delaying [dɪˈleɪɪŋ] ADJ: **~ tactics** tácticas *fpl* retardatorias.
delectable [dɪˈlektəbl] ADJ delicioso/a.
delectation [ˌdiːlekˈteɪʃən] N deleite *m*, deleitación *f*.
delegate [ˈdelɪgɪt] [1] N delegado/a *m/f* (*to* a). [2] [ˈdelɪgeɪt] VT (*person, task, power*) delegar *or* designar (*to* a, en).
delegation [ˌdelɪˈgeɪʃən] N delegación *f*.
delete [dɪˈliːt] [1] VT tachar, suprimir (*from* de); (*Comput*) cancelar; **'~ where inapplicable'** 'tache lo que no sea relevante'. [2] CPD: **~ key** N tecla *f* de borrado.
deleterious [ˌdelɪˈtɪəriəs] ADJ nocivo/a, perjudicial.
deletion [dɪˈliːʃən] N supresión *f*, tachadura *f*; (*Comput*) cancelación *f*.
Delhi [ˈdeli] N Delhi *m*.
deli [ˈdeli] N (*fam*) = **delicatessen**.
deliberate [dɪˈlɪbərɪt] [1] ADJ (*intentional*) deliberado/a, premeditado/a; (*cautious*) prudente; (*unhurried*) pausado/a, lento/a. [2] [dɪˈlɪbəreɪt] VT (*think about*) meditar; (*discuss*) discutir. [3] [dɪˈlɪbəreɪt] VI (*think*) reflexionar *or* meditar (*on* sobre); (*discuss*) deliberar (*on* sobre).
deliberately [dɪˈlɪbərɪtli] ADV (*intentionally*) a propósito, aposta, adrede; (*cautiously, slowly*) lentamente, pausadamente.
deliberation [dɪˌlɪbəˈreɪʃən] N [a] (*consideration*) reflexión *f*, meditación *f*; (*discussion*) deliberación *f*, discusión *f*; **after due ~** después de pensarlo bien. [b] (*slowness*) lentitud *f*.
delicacy [ˈdelɪkəsi] N [a] (*see adj*) delicadeza *f*; fragilidad *f*; debilidad *f*; sensibilidad *f*. [b] (*special food*) exquisitez *f*, golosina *f*.
delicate [ˈdelɪkɪt] ADJ [a] (*fine, dainty*) delicado/a, fino/a; (*fragile: bones, china*) frágil; (*flavour, food*) exquisito/a. [b] (*Med: health*) delicado/a, débil. [c] (*sensitive: instrument, touch*) sensible; (: *situation, problem*) delicado/a.
delicately [ˈdelɪkɪtli] ADV (*see adj (a), (c)*) delicadamente; frágilmente; con delicadeza.
delicatessen [ˌdelɪkəˈtesn] N (*shop*) charcutería *f*, rotisería *f* (*CSur*).
delicious [dɪˈlɪʃəs] ADJ delicioso/a, rico/a.
delight [dɪˈlaɪt] [1] N (*feeling of joy*) alegría *f*, deleite *m*, goce *m*; (*jubilation*) regocijo *m*; (*pleasurable thing*) encanto *m*; **to my ~** para mi gusto y placer; **to take ~ in sth** deleitarse con algo; **to take ~ in doing sth** deleitarse haciendo algo; (*pej*) gozar haciendo algo. [2] VT (*person*) encantar.
◆**delight in** VI + PREP: **to ~ in sth/in doing sth** deleitarse con algo/con hacer algo, disfrutar con algo/haciendo algo.
▼**delighted** [dɪˈlaɪtɪd] ADJ: **~!** ¡encantado/a!; **to be ~ at** *or* **with sth** estar encantado/a con algo; **I was ~ to hear the news** me alegró mucho recibir la noticia; **we shall be ~ to come** estaremos encantados de ir; **~ to meet you** encantado (de conocerle), mucho gusto (de conocerle); **I'd be ~** con (mucho) gusto.
delightful [dɪˈlaɪtfʊl] ADJ (*charming*) encantador(a); (*delicious*) delicioso/a.
delightfully [dɪˈlaɪtfəli] ADV en forma encantadora.
delimit [diːˈlɪmɪt] VT delimitar.
delineate [dɪˈlɪnɪeɪt] VT (*draw: outline*) delinear, trazar; (*describe: character, plans*) describir, pintar.
delinquency [dɪˈlɪŋkwənsi] N delincuencia *f*.
delinquent [dɪˈlɪŋkwənt] [1] ADJ delincuente. [2] N (*also* **juvenile ~**) delincuente *mf* (juvenil).
delirious [dɪˈlɪriəs] ADJ (*Med*) delirante; (*fig: with happiness etc*) loco/a; **to be ~** delirar.
deliriously [dɪˈlɪriəsli] ADV: **to be ~ happy** estar loco de alegría.
delirium [dɪˈlɪriəm] N (*Med, fig*) delirio *m*; **~ tremens**

> ➤ SENTENCE BUILDER: **delighted** → 1.2, 3.3, 5

delírium *m* tremens.

deliver [dɪˈlɪvəʳ] **1** VT a (*goods*) entregar; (*letters*) repartir; (*message*) llevar; **he ~ed me home safely** me acompañó hasta casa, me dejó en casa; **he ~ed the goods** (*fam*) cumplió *or* hizo lo que se esperaba de él; **'we ~'** 'entrega *f* a domicilio'. b (*old: rescue*) librar (*from* de). c (*speech, verdict etc*) pronunciar; (*blow, punch*) lanzar. d (*Med: baby*) asistir al parto de. **2** VI (*fam*) cumplir lo prometido, hacer lo pactado.

deliverance [dɪˈlɪvərəns] N (*poet*) liberación *f*.

delivery [dɪˈlɪvərɪ] **1** N a (*of goods*) entrega *f*; (*of mail*) reparto *m*; **to take ~ of** recibir; **General D~** (*US*) Lista *f* de Correos. b (*of speaker*) forma *f* de hablar en público. c (*Med*) parto *m*, alumbramiento *m*. **2** CPD: **~ boy** N recadero *m*, mensajero *m*; **~ charge** N gastos *mpl* de entrega; **~ date** N fecha *f* de entrega; **~ man** N repartidor *m*; **~ note** N nota *f* de entrega; **~ room** N sala *f* de partos; **~ service** N servicio *m* de entrega; (*to home*) servicio a domicilio; **~ truck** (*US*), **~ van** (*Brit*) N furgoneta *f* or camioneta *f* de reparto.

delouse [ˈdiːˈlaʊs] VT espulgar.

delta [ˈdeltə] N (*Geog*) delta *m*.

delude [dɪˈluːd] VT engañar; **to ~ sb into thinking (that) ...** hacer creer a algn (que) ...; **to ~ o.s.** engañarse.

deluge [ˈdeljuːdʒ] **1** N (*of rain, fig*) diluvio *m*; (*Rel*) **the D~** el Diluvio; **a ~ of protests** una avalancha de protestas. **2** VT (*fig*) inundar (*with* de); **he was ~d with questions** le llovieron *or* abrumaron las preguntas.

delusion [dɪˈluːʒən] N ilusión *f*; (*Psych*) alucinación *f*.

de luxe [dɪˈlʌks] ADJ de lujo.

delve [delv] VI: **to ~ (into)** (*pocket, cupboard*) hurgar (en), rebuscar (en); (*past, subject*) investigar.

Dem. ABBR (*US Pol*) *of* **Democrat(ic)**.

demagogic [ˌdeməˈɡɒɡɪk] ADJ demagógico/a.

demagogue, (*US sometimes*) **demagog** [ˈdeməɡɒɡ] N demagogo *m*.

demand [dɪˈmɑːnd] **1** N a (*request: for money*) reclamación *f*; (: *for help etc*) petición *f*; (: *for better pay etc*) reivindicación *f*; (*insistence*) exigencia *f*; **by popular ~** a petición del público; **on ~** a solicitud, a petición; **I have many ~s on my time** tengo muchas ocupaciones. b (*Comm*) demanda *f* (*for* de); **to be in ~** tener mucha demanda; (*fig: person*) estar muy solicitado. **2** VT (*ask for: explanation, fact*) **to ~ sth (from** *or* **of sb)** exigir algo (a algn); (*need*) requerir algo (de algn); **to ~ that ...** insistir en que ...; **he ~ed to see my passport** insistió en *or* exigió ver mi pasaporte; **the job ~s care** el trabajo exige cuidado. **3** CPD: **~ curve** N curva *f* de la demanda; **~ management** N control *m* de la demanda; **~ note** N solicitud *f* de pago.

demanding [dɪˈmɑːndɪŋ] ADJ (*person*) exigente; (*work: tiring*) agotador(a); (: *absorbing*) absorbente.

de-manning [ˌdiːˈmænɪŋ] N (*Brit Industry*) reducción *f* de personal, despidos *mpl*.

demarcation [ˌdiːmɑːˈkeɪʃən] **1** N demarcación *f*. **2** CPD: **~ dispute** N conflicto *m* por definición del trabajo; **~ line** N línea *f* de demarcación.

demean [dɪˈmiːn] VT: **to ~ o.s.** rebajarse.

demeaning [dɪˈmiːnɪŋ] ADJ degradante.

demeanour, (*US*) **demeanor** [dɪˈmiːnəʳ] N conducta *f*, comportamiento *m*, porte *m*.

demented [dɪˈmentɪd] ADJ demente, alocado/a.

dementia [dɪˈmenʃɪə] N demencia *f*; (*also* **senile ~**) demencia senil.

demerara [ˌdeməˈrɛərə] N (*also* **~ sugar**) azúcar *m* terciado.

demerit [diːˈmerɪt] N (*usu pl*) demérito *m*, desmerecimiento *m*.

demi... [ˈdemɪ] PREF semi..., medio...; **~god** semidiós *m*.

demilitarize [ˈdiːˈmɪlɪtəraɪz] VT desmilitarizar; **~d zone** zona *f* desmilitarizada.

demise [dɪˈmaɪz] N (*frm: death*) fallecimiento *m*; (*fig: of institution etc*) desaparición *f*.

demist [diːˈmɪst] VT (*Aut*) eliminar el vaho de.

demister [diːˈmɪstəʳ] N (*Aut*) eliminador *m* de vaho.

demitasse [ˈdemɪtæs] N (*of coffee*) tacita *f* (de café).

demo [ˈdeməʊ] (*fam*) N ABBR *of* **demonstration** mani *f*; (*of machine, product*) demostración *f*; (*also* **~ tape**) maqueta *f*.

demob [ˈdiːˈmɒb] (*Brit fam*) **1** N ABBR *of* **demobilization**. **2** VT ABBR *of* **demobilize**.

demobilization [ˈdiːˌməʊbɪlaɪˈzeɪʃən] N desmovilización *f*.

demobilize [diːˈməʊbɪlaɪz] VT desmovilizar.

democracy [dɪˈmɒkrəsɪ] N democracia *f*.

democrat [ˈdeməkræt] N demócrata *mf*; **Christian / Social D~** democristiano/a *m/f*/socialdemócrata *mf*.

democratic [ˌdeməˈkrætɪk] ADJ (*gen*) democrático/a; **the D~ Party** (*US Pol*) el Partido Demócrata.

democratically [ˌdeməˈkrætɪklɪ] ADV democráticamente.

democratization [dɪˌmɒkrətɪˈzeɪʃən] N democratización *f*.

democratize [dɪˈmɒkrətaɪz] VT democratizar.

demographer [dɪˈmɒɡrəfəʳ] N demógrafo/a *m/f*.

demographic [ˌdeməˈɡræfɪk] ADJ demográfico/a.

demography [dɪˈmɒɡrəfɪ] N demografía *f*.

demolish [dɪˈmɒlɪʃ] VT derribar, echar abajo, demoler; (*fig: argument*) destruir; (*hum: cake*) zampar.

demolition [ˌdeməˈlɪʃən] **1** N demolición *f*, derribo *m*. **2** CPD: **~ squad** N equipo *m* de demolición; **~ zone** N zona *f* de demolición.

demon [ˈdiːmən] N demonio *m*; **he's a ~ for work** (*fam*) es una fiera para el trabajo.

demonstrably [ˈdemənstrəblɪ] ADV: **a ~ false statement** una afirmación manifiestamente falsa.

demonstrate [ˈdemənstreɪt] **1** VT a (*theory*) demostrar, probar. b (*method, use*) mostrar, hacer una demostración de. c (*display: emotions*) manifestar, expresar. **2** VI (*Pol etc*) manifestarse (*against* en contra de).

demonstration [ˌdemənˈstreɪʃən] **1** N demostración *f*; (*Pol*) manifestación *f*; **to hold a ~** hacer una manifestación. **2** CPD: **~ model** N modelo *m* de demostración.

demonstrative [dɪˈmɒnstrətɪv] ADJ (*person*) expresivo/a; (*Ling*) demostrativo/a.

demonstrator [ˈdemənstreɪtəʳ] N (*Pol*) manifestante *mf*; (*Univ etc*) auxiliar *mf*; (*in shop*) demostrador(a) *m/f*.

demoralize [dɪˈmɒrəlaɪz] VT desmoralizar.

demote [dɪˈməʊt] VT degradar.

demotion [dɪˈməʊʃən] N degradación *f*.

demur [dɪˈmɜːʳ] **1** VI (*frm*) mostrarse recio/a (*at* a). **2** N: **without ~** sin objeción.

demure [dɪˈmjʊəʳ] ADJ (*modest*) recatado/a; (*affected*) remilgado/a.

demurely [dɪˈmjʊəlɪ] ADV recatadamente, con remilgo.

demurrage [dɪˈmʌrɪdʒ] N (*Naut*) estadía *f*; (*Comm*) sobrestadía *f*.

demystify [diːˈmɪstɪfaɪ] VT desmistificar.

den [den] N a (*wild animal's*) guarida *f*, madriguera *f*; **a ~ of thieves** (*fig*) una cueva de ladrones. b (*private room*) estudio *m*.

denationalization [ˈdiːˌnæʃnəlaɪˈzeɪʃən] N desnacionalización *f*.

denationalize [diːˈnæʃnəlaɪz] VT desnacionalizar.

denatured [diːˈneɪtʃəd] ADJ: **~ alcohol** (*US*) alcohol *m* desnaturalizado.

denial [dɪˈnaɪəl] N a (*of accusation, guilt*) negación *f*; **the government issued an official ~** el gobierno desmintió oficialmente (la acusación). b (*refusal: of request*) negativa *f*; (*rejection*) rechazo *m*; (: *of statement*) mentís *m*. c (*self-~*) abnegación *f*.

denier [ˈdenɪəʳ] N denier *m*.

denigrate [ˈdenɪɡreɪt] VT denigrar.

denim [ˈdenɪm] **1** N mezclilla *f*; **~s** pantalones *mpl* vaqueros, vaqueros *mpl*, bluyín *msg* (*esp LAm*). **2** CPD: **~ jacket** N chaqueta *f* or (*LAm*) saco *m* de vaquero.

denizen [ˈdenɪzn] N habitante *m*.

Denmark [ˈdenmɑːk] N Dinamarca *f*.

denomination [dɪ,nɒmɪ'neɪʃən] N (Rel) confesión f, secta f; (of coin etc) valor m.

denominational [dɪ,nɒmɪ'neɪʃənl] ADJ (Eccl) sectario; (US: school) confesional.

denominator [dɪ'nɒmɪneɪtəʳ] N (Math) denominador m; see **common**.

denote [dɪ'nəʊt] VT indicar; (subj: word) significar.

denouement [deɪ'nuːmɒn] N desenlace m.

denounce [dɪ'naʊns] VT (accuse publicly) censurar; (to police etc) denunciar.

dense [dens] ADJ (comp ~r; superl ~st) (thick: forest etc) tupido/a; (: crowd) nutrido/a; (fam: person) torpe, bruto/a (LAm).

densely ['denslɪ] ADV densamente; ~ **populated** con una alta densidad de población.

density ['densɪtɪ] 1 N densidad f. 2 CPD: **single/double** ~ **disk** N disco m de densidad sencilla/de doble densidad.

dent [dent] 1 N (in metal) abolladura f; (in wood) mella f; (fam: in savings) agujero m, hueco m (LAm). 2 VT (car, hat etc) abollar; **his reputation was somewhat ~ed** su reputación quedaba algo deslustrada.

dental ['dentl] ADJ dental; ~ **floss** seda f or hilo m dental; ~ **nurse** enfermero/a dental m/f; ~ **surgeon** odontólogo/a m/f, dentista mf.

dentifrice ['dentɪfrɪs] N dentífrico m.

dentist ['dentɪst] N dentista mf; ~'s **chair** silla f del dentista; ~'s **surgery** or (US) **office** consultorio m dental.

dentistry ['dentɪstrɪ] N odontología f.

dentures ['dentʃəz] NPL dentadura fsg (postiza).

denuclearize [diː'njuːklɪəraɪz] VT: **a ~d zone** una zona desnuclearizada.

denude [dɪ'njuːd] VT (fig: strip) despojar (of de).

denunciation [dɪ,nʌnsɪ'eɪʃən] N (gen) denuncia f.

Denver ['denvəʳ] CPD: ~ **boot**, ~ **clamp** N (US) cepo m.

deny [dɪ'naɪ] VT a (charge) rechazar; (report) desmentir; (possibility, truth of statement etc) **to ~ having done/that** ... negar haber hecho/que ...; **there's no ~ing it** no se puede negar; **he denies having said it** niega haberlo dicho. b (refuse) **to ~ sb sth** negarle algo a algn; **to ~ o.s. sth** privarse de algo.

deodorant [diː'əʊdərənt] N desodorante m.

deodorize [diː'əʊdəraɪz] VT desodorizar.

dep. ABBR (Rail etc) of **departs**.

depart [dɪ'pɑːt] VI: **to ~ (from)** (train, person) partir or salir (de); (from custom, truth etc) apartarse or desviarse (de).

departed [dɪ'pɑːtɪd] 1 ADJ (bygone: days etc) pasado/a; (poet: euph) difunto/a. 2 NPL: **the ~** los difuntos mpl.

department [dɪ'pɑːtmənt] 1 N (gen) departamento m; (in shop) sección f; (Admin) sección, oficina f; **D~ of Employment** (Brit)/**State** (US) Ministerio m or Secretaría f (Mex) de Trabajo/Asuntos Exteriores. 2 CPD: ~ **store** N gran almacén m.

departmental [,diːpɑːt'mentl] ADJ departamental, de departamento.

departure [dɪ'pɑːtʃəʳ] 1 N: ~ **(from)** (of train, person etc) salida f (de), partida f (de); (fig: from custom, principle) desviación f (de); **'D~s'** (Aer) 'Salidas'; **a new ~** un rumbo nuevo; **this is a ~ from the norm** esto se aparta de lo normal. 2 CPD: ~ **board** N (Aer, Rail) tablón m de salidas; ~ **gate** N (Aer) puerta f de embarque; ~ **lounge** N sala f de embarque; ~ **time** N hora f de salida.

depend [dɪ'pend] VI a **to ~ (up)on** (rely) contar (con); (be dependent on) depender (de); **you can ~ on it/me!** ¡tenlo por seguro!/¡cuenta conmigo! b **to ~ (on)** (be influenced by) depender (de); **it (all) ~s on the weather** todo depende del tiempo; **it (all) ~s what you mean** depende de lo que quieres decir; **that ~s** eso depende, es según (LAm).

dependable [dɪ'pendəbl] ADJ (gen) fiable; (person) formal, cumplidor(a).

dependant [dɪ'pendənt] N persona f a cargo de algn.

dependence [dɪ'pendəns] N: ~ **(on)** (reliance) confianza f (en); (for support) dependencia f (de); (on drugs) drogodependencia f.

dependency [dɪ'pendənsɪ] N (Pol) posesión f.

dependent [dɪ'pendənt] 1 ADJ a ~ **(on)** (child, relative) dependiente (de), a cargo (de); (Ling) subordinado/a (a). b (pred: conditional) **to be ~ on** depender de. 2 N = **dependant**.

depersonalize [diː'pɜːsənəlaɪz] VT despersonalizar.

depict [dɪ'pɪkt] VT (in picture) representar; (in words) describir.

depiction [dɪ'pɪkʃən] N representación f.

depilatory [dɪ'pɪlətərɪ] N (also ~ **cream**) depilatorio m.

deplane [diː'pleɪn] VI (US) salir del avión, desembarcar.

deplete [dɪ'pliːt] VT (reduce) reducir; (exhaust) agotar.

depletion [dɪ'pliːʃən] N (see vt) merma f, reducción f; agotamiento m.

deplorable [dɪ'plɔːrəbl] ADJ (sad) lamentable; (disgraceful) deplorable.

deplore [dɪ'plɔːʳ] VT lamentar, deplorar.

deploy [dɪ'plɔɪ] VT (Mil) desplegar; (fig: resources etc) distribuir.

deployment [dɪ'plɔɪmənt] N despliegue m.

depopulate [diː'pɒpjʊleɪt] VT despoblar.

depopulation ['diː,pɒpjʊ'leɪʃən] N (of region) despoblación f.

deport [dɪ'pɔːt] VT (expel: from country) deportar, expulsar del país, desterrar.

deportation [,diːpɔː'teɪʃən] 1 N (see vt) expulsión f, destierro m. 2 CPD: ~ **order** N orden f de expulsión.

deportee [,diːpɔː'tiː] N deportado/a m/f.

deportment [dɪ'pɔːtmənt] N (behaviour) conducta f, comportamiento m; (carriage) porte m.

depose [dɪ'pəʊz] VT (ruler) deponer.

deposit [dɪ'pɒzɪt] 1 N a (in bank) depósito m; (Comm: part payment) depósito m, enganche m (Mex), abono m (LAm); (: returnable security) señal f, fianza f; **to put down a ~ of £50** dejar un depósito de 50 libras, dejar 50 libras en abono (Mex). b (Chem, gen) poso m, sedimento m; (Geol) depósito m, yacimiento m. 2 VT a (put down) depositar; (leave: luggage) consignar, dejar (en consigna); (eggs) poner; (object) depositar (with en), dejar (with con). b (money: in bank) depositar, ingresar (in en); **I want to ~ £10 in my account** quiero abonar 10 libras a mi cuenta. 3 CPD: ~ **account** N cuenta f de ahorros; ~ **slip** N hoja f de ingreso.

deposition [,diːpə'zɪʃən] N a deposición f. b (Jur) declaración f, deposición.

depositor [dɪ'pɒzɪtəʳ] N (Fin) impositor(a) m/f.

depository [dɪ'pɒzɪtərɪ] 1 N almacén m. 2 CPD: ~ **library** (US) biblioteca f de depósito.

depot ['depəʊ] N (storehouse) almacén m, depósito m; (bus garage etc) cochera f; (Mil) depósito.

depraved [dɪ'preɪvd] ADJ depravado/a, perverso/a.

depravity [dɪ'prævɪtɪ] N depravación f.

deprecate ['deprɪkeɪt] VT (frm) desaprobar.

deprecating ['deprɪkeɪtɪŋ] ADJ (tone etc) de desaprobación.

deprecatory ['deprɪkətərɪ] ADJ (attitude, gesture) de desaprobación; (smile) de disculpa.

depreciate [dɪ'priːʃɪeɪt] 1 VI (currency, shares) despreciarse. 2 VT (value) despreciar, desdeñar.

depreciation [dɪ,priːʃɪ'eɪʃən] N despreciación f.

depress [dɪ'pres] VT a (person: make miserable) deprimir; (: discourage) desalentar. b (trade, price) reducir. c (frm: press down) apretar.

depressant [dɪ'presnt] N (Med) calmante m, sedante m.

depressed [dɪ'prest] ADJ a (area) deprimido/a, pobre; (Fin: market, trade) deprimido/a. b (person) deprimido; **to feel ~ (about sth)** estar deprimido (por algo); **to get ~ (about sth)** deprimirse (por algo).

depressing [dɪ'presɪŋ] ADJ (gen) deprimente; (sad) triste; (fam: bad) penoso/a, malísimo/a.

depressingly [dɪ'presɪŋlɪ] ADV tristemente, en tono pesimista; **it was a ~ familiar story** era la triste historia de siempre.

depression [dɪ'preʃən] N (gen) depresión f; (hollow) hoyo m; **the D~** la Depresión.

depressurize [di:'preʃə,raɪz] VT despresurizar.

deprivation [,deprɪ'veɪʃən] N (act, Psych) privación f; (state) pobreza f, necesidad f.

deprive [dɪ'praɪv] VT: **to ~ sb of sth** privar a algn de algo; **to ~ o.s. of sth** privarse de algo.

deprived [dɪ'praɪvd] ADJ (child, family) necesitado/a.

deprogramme, (US, often Comput) **deprogram** [di:'prəʊgræm] VT desprogramar.

Dept., dept. ABBR of **department** Dep., Dpto.

depth [depθ] 1 N (gen) profundidad f; (width) ancho m; (of colour, feelings) intensidad f; (of voice, sound) gravedad f; **~ of knowledge** profundo conocimiento; **at a ~ of 3 metres** a 3 metros de profundidad; **the ~s of the sea** el fondo del mar; **to be out of one's ~** (lit) perder pie; (fig) perderse; **to get out of one's ~** (lit) meterse donde le cubre a uno, perder pie; (fig) meterse en honduras, salirse de su terreno; **in the ~s of despair** (fig) en la más completa desesperación; **in the ~s of winter** en pleno invierno; **to study in ~** estudiar a fondo.
2 CPD: **~ charge** N carga f de profundidad.

deputation [,depjʊ'teɪʃən] N (group) delegación f.

depute [dɪ'pju:t] VT (job, authority) **to ~ sth to sb** delegar algo en algn; (person) **to ~ sb to do sth** delegar a algn a que haga algo.

deputize ['depjʊtaɪz] VI quedar de reemplazo (for sb para algn), suplir (for sb a algn).

deputy ['depjʊtɪ] 1 N suplente m, sustituto m. 2 CPD adjunto/a; **~ chairman** N vicepresidente/a m/f; **~ head, ~ manager** N subdirector(a) m/f.

derail [dɪ'reɪl] VT hacer descarrilar.

derailment [dɪ'reɪlmənt] N descarrilamiento m.

deranged [dɪ'reɪndʒd] ADJ loco/a, alocado/a; **to be (mentally) ~** estar perturbado/a (mentalmente).

Derby, derby[1] ['dɑ:bɪ] N: **local ~** (Brit Sport) encuentro m entre dos equipos locales.

derby[2] ['dɑ:bɪ] N (US: also **~ hat**) hongo m (sombrero).

Derbys ABBR (Brit) of **Derbyshire**.

deregulate [di:'regjʊleɪt] VT desregular.

deregulation [di:,regjʊ'leɪʃən] N desregulación f.

derelict ['derɪlɪkt] ADJ (abandoned) abandonado/a; (ruined) en ruinas.

dereliction [,derɪ'lɪkʃən] N: **~ of duty** negligencia f.

deride [dɪ'raɪd] VT ridiculizar; **to ~ sth** burlarse de algo.

de rigueur [dərɪ'gɜ:ʳ] ADV de rigor.

derision [dɪ'rɪʒən] N burla f, mofa f; (laughing stock) irrisión f.

derisive [dɪ'raɪsɪv] ADJ (laughter) burlón/ona, irónico/a.

derisory [dɪ'raɪsərɪ] ADJ a (amount) irrisorio/a. b = **derisive.**

derivation [,derɪ'veɪʃən] N (of word etc) derivación f.

derivative [dɪ'rɪvətɪv] 1 ADJ (Chem) derivado/a; (literary work, style) poco original. 2 N (Chem, Ling) derivado m.

derive [dɪ'raɪv] 1 VT: **to ~ (from)** (name, origins) derivar (de); (comfort, pleasure) encontrar (en); (profit) sacar (de), obtener (de). 2 VI: **to ~ from** (word, name) proceder de, venir de; (power, fortune) provenir de.

dermatitis [,dɜ:mə'taɪtɪs] N dermatitis f.

dermatologist [,dɜ:mə'tɒlədʒɪst] N dermatólogo/a m/f.

dermatology [,dɜ:mə'tɒlədʒɪ] N dermatología f.

derogatory [dɪ'rɒgətərɪ] ADJ despectivo/a.

derrick ['derɪk] N (in port) grúa f; (above oil well) torre f de perforación.

derv [dɜ:v] N (Brit) gasoil m.

DES N ABBR (Brit) of **Department of Education and Science.**

descale [di:'skeɪl] VT desincrustar.

descant ['deskænt] N (Mus) contrapunto m.

descend [dɪ'send] 1 VT a (frm: stairs) descender, bajar.
b **to be ~ed from sb** descender de algn.
2 VI a (go down) bajar (from de); **in ~ing order of importance** por orden decreciente en importancia.
b (property, customs) pasar.

◆**descend to** VI + PREP rebajarse a; **to ~ to doing sth**

rebajarse a hacer algo.

◆**descend (up)on** VI + ADV caer sobre; (fig) invadir; **visitors ~ed (up)on us** las visitas nos invadieron.

descendant [dɪ'sendənt] N descendiente mf.

descent [dɪ'sent] N (going down) bajada f; (slope) cuesta f, pendiente f; (ancestry) descendencia f (from de).

descramble ['di:'skræmbl] VT (TV) descodificar.

descrambler ['di:'skræmbləʳ] N (TV) descodificador m.

describe [dɪs'kraɪb] VT (scene, person) describir; **~ him for us** descríbenoslo; **she ~s herself as an executive** se define como una ejecutiva.

description [dɪs'krɪpʃən] N descripción f; **beyond ~** indescriptible; **he carried a gun of some ~** llevaba un arma de algún tipo; **of every ~** de toda clase.

descriptive [dɪs'krɪptɪv] ADJ descriptivo/a.

desecrate ['desɪkreɪt] VT profanar.

desecration [,desɪ'kreɪʃən] N profanación f.

deselect [,di:sɪ'lekt] VT no renovar la candidatura de, revocar el nombramiento de.

deselection [di:sɪ'lekʃən] N no renovación f de la candidatura, revocación f del nombramiento.

desensitize [di:'sensɪtaɪz] VT desensibilizar, insensibilizar.

desert ['dezət] 1 N desierto m.
2 [dɪ'zɜ:t] VT (gen) abandonar; **his courage ~ed him** (fig) su valor le abandonó or se esfumó.
3 [dɪ'zɜ:t] VI (Mil) desertar (from de; to a).
4 ['dezət] CPD (climate, region) desiértico/a; **~ island** N isla f desierta.

deserted [dɪ'zɜ:tɪd] ADJ (place) desierto/a.

deserter [dɪ'zɜ:təʳ] N (Mil) desertor(a) m/f.

desertification [,dezɜ:tɪfɪ'keɪʃən] N desertización f.

desertion [dɪ'zɜ:ʃən] N (Mil) deserción f; (of spouse) abandono m.

deserts [dɪ'zɜ:ts] NPL: **to give sb his just ~** darle a algn lo que se merece.

deserve [dɪ'zɜ:v] VT merecer, ameritar (LAm); **he ~s to win** tiene merecido or se merece el triunfo; **he got what he ~d** se llevó su merecido.

deservedly [dɪ'zɜ:vɪdlɪ] ADV con razón, merecidamente; **and ~ so** y con razón.

deserving [dɪ'zɜ:vɪŋ] ADJ merecedor(a), digno/a.

desiccated ['desɪkeɪtɪd] ADJ desecado/a.

design [dɪ'zaɪn] 1 N a (plan, drawing: of building) proyecto m, diseño m; (preliminary sketch) boceto m; (pattern, style) estilo m, diseño m; (art of ~) diseño m; **industrial ~** diseño industrial.
b (intention) plan m, propósito m; **by ~** a propósito, adrede; **to have ~s on sb/sth** tener sus miras puestas en algn/algo.
2 VT a (building etc) diseñar; (fig: plan, scheme) trazar.
b (intend) **to be ~ed for sb/sth** estar hecho para algn/algo; **to be ~ed to do sth** estar diseñado para hacer algo, estar proyectado para hacer algo; (fig) tener la intención de hacer algo, ir encaminado a hacer algo; **a well ~ed house** una casa bien concebida.

designate ['dezɪgneɪt] 1 VT (name) **to ~ (as)** designar; (appoint) nombrar; (indicate) señalar, indicar.
2 ['dezɪgnɪt] ADJ designado/a, nombrado/a.

designation [,dezɪg'neɪʃən] N (title) denominación f; (appointment) nombramiento m.

designer [dɪ'zaɪnəʳ] 1 N (of machines etc) diseñador(a) m/f; (fashion ~) diseñador, modisto/a m/f; (in theatre) escenógrafo/a m/f.
2 CPD: **~ clothes** NPL ropa fsg de diseño; **~ drug** N droga f de laboratorio; **~ jeans** NPL vaqueros mpl de marca; **~ stubble** N barba f de tres días.

desirability [dɪ,zaɪərə'bɪlɪtɪ] N deseabilidad f, conveniencia f; **the ~ of the plan is not in question** que el proyecto en sí es deseable nadie lo duda.

desirable [dɪ'zaɪərəbl] ADJ (woman) deseable; (offer) atrayente; (house) envidiable; (action, progress) conveniente, deseable.

desire [dɪ'zaɪəʳ] 1 N deseo m (for de; to do sth de hacer algo); **I have no ~ to see him** no tengo el más mínimo interés en verlo.

2 VT (*want*) **to ~ sth/to do sth** desear algo/hacer algo; **to ~ that ...** rogar que ...; **it leaves much to be ~d** deja mucho que desear.

desirous [dɪˈzaɪərəs] ADJ (*frm*) deseoso/a (*of* de); **to be ~ of** desear.

desist [dɪˈzɪst] VI desistir (*from* de).

desk [desk] **1** N (*in office, study etc*) escritorio *m*; (*US: also* news *~*) redacción *f*; (*in hotel*) recepción *f*. **2** CPD: **~ clerk** N (*US*) recepcionista *mf*; **~ diary** N agenda *f* de mesa, diario *m* de escritorio; **~ job** N empleo *m* (de oficina); **~ lamp** N lámpara *f* de escritorio.

desk-bound [ˈdeskbaʊnd] ADJ sedentario/a.

desktop [ˈdesktɒp] CPD de sobremesa, de oficina, de escritorio; **~ publishing** N autoedición *f*.

desolate [ˈdesəlɪt] ADJ (*place*) desolado/a, deshabitado/a; (*outlook, future*) desolador(a); (*person: griefstricken*) desolado/a; (*: friendless*) solitario/a.

desolation [ˌdesəˈleɪʃən] N (*of battlefield*) asolamiento *m*; (*of landscape*) desolación *f*; (*of person*) desolación *f*, desconsuelo *m*.

despair [dɪsˈpɛər] **1** N desesperación *f*; **in ~** desesperado. **2** VI perder la esperanza, desesperarse (*of* de); **don't ~!** ¡ánimo!, ¡anímate!

despairing [dɪsˈpɛərɪŋ] ADJ de desesperación.

despatch [dɪsˈpætʃ] = **dispatch**.

desperado [ˌdespəˈrɑːdəʊ] N bandido *m*.

desperate [ˈdespərɪt] ADJ (*gen*) desesperado/a; (*criminal*) peligroso/a, capaz de cualquier cosa; (*need*) apremiante; **we are getting ~** estamos al borde de la desesperación; **I'm ~ for money** (*fam*) necesito or me hace mucha falta el dinero; **I was ~ to see her** quería a toda costa verla, moría por verla.

desperately [ˈdespərɪtlɪ] ADV (*say, look*) desesperadamente, en forma desesperada; (*fight etc*) encarnizadamente; (*extremely*) sumamente; **~ ill** muy grave; **~ in love** locamente enamorado; **not ~** (*fam*) no me urge.

desperation [ˌdespəˈreɪʃən] N desesperación *f*; **she drove him to ~** le llevó al borde de la locura; **in (sheer) ~** a la desesperada, de pura desesperación (*LAm*).

despicable [dɪsˈpɪkəbl] ADJ despreciable, desdeñable.

despise [dɪsˈpaɪz] VT despreciar, desdeñar.

despite [dɪsˈpaɪt] PREP a pesar de, pese a.

despondent [dɪsˈpɒndənt] ADJ (*dejected*) desanimado/a, desalentado/a; (*disheartened*) descorazonado/a; **he was too ~ to smile** le faltaron ánimos para sonreír.

despondently [dɪsˈpɒndəntlɪ] ADV: **he sighed ~** suspiró desanimado.

despot [ˈdespɒt] N déspota *mf*.

despotic [desˈpɒtɪk] ADJ déspota.

despotism [ˈdespətɪzəm] N despotismo *m*.

des. res. [ˈdezˈrez] N = **desirable residence**.

dessert [dɪˈzɜːt] **1** N postre *m*. **2** CPD: **~ wine** N vino *m* de sobremesa.

dessertspoon [dɪˈzɜːtspuːn] N cuchara *f* de mesa.

destabilization [diːˌsteɪbɪlaɪˈzeɪʃən] N desestabilización *f*.

destabilize [diːˈsteɪbɪlaɪz] VT desestabilizar.

destination [ˌdestɪˈneɪʃən] N destino *m*.

destined [ˈdestɪnd] ADJ PRED **a** (*intended*) **~ for** destinado/a a. **b** (*fated*) **we were ~ never to meet again** el destino no quiso que nos volviéramos a encontrar. **c** (*travelling*) **~ for London** con destino a Londres.

destiny [ˈdestɪnɪ] N (*fate*) destino *m*.

destitute [ˈdestɪtjuːt] ADJ indigente, desamparado/a; **utterly ~** completamente desamparado.

destroy [dɪsˈtrɔɪ] VT (*gen*) destruir, destrozar; (*kill: pet*) matar, sacrificar; (*: vermin*) exterminar; (*fig: relationship, hopes etc*) destrozar, arrasar con; **the factory was ~ed by a fire** la fábrica quedó destrozada por un incendio.

destroyer [dɪsˈtrɔɪər] N (*Naut*) destructor *m*.

destruct [dɪsˈtrʌkt] CPD: **~ button** N botón *m* de destrucción.

destruction [dɪsˈtrʌkʃən] N (*gen*) destrucción *f*; (*ruins etc*) destrozos *mpl*; (*fig: of reputation etc*) destrozo *m*, destrucción.

destructive [dɪsˈtrʌktɪv] ADJ (*gen*) destructivo/a; (*child*)

destrozón/ona; **~ to** perjudicial para.

desultory [ˈdesəltərɪ] ADJ (*way of working etc*) poco metódico/a; (*disconnected*) inconexo/a.

det. ABBR **a** *of* **detached**. **b** *of* **detective**.

detach [dɪˈtætʃ] VT (*separate*) separar.

detachable [dɪˈtætʃəbl] ADJ (*collar, lining*) postizo/a, separable; (*parts*) desmontable.

detached [dɪˈtætʃt] ADJ **a** separado/a, suelto/a; (*from friends, family*) distanciado/a; **~ house** hotelito *m*, chalet *m*; **~ retina** desprendimiento *m* de la retina. **b** (*impartial: opinion*) objetivo/a; (*unemotional: manner*) indiferente; **to take a ~ view of** considerar objetivamente.

detachment [dɪˈtætʃmənt] N **a** objetividad *f*; **an air of ~** un aire de indiferencia. **b** (*Mil*) destacamento *m*.

detail [ˈdiːteɪl] **1** N **a** (*gen*) detalle *m*; (*trivial item*) pormenor *m*; (*no pl: taken collectively*) detalles *mpl*; **attention to ~** minuciosidad *f*; **in ~** detalladamente; **to go into ~(s)** entrar en detalles; **down to the last ~** hasta en los menores detalles. **b** (*Mil*) destacamento *m*. **2** VT **a** (*facts, story*) detallar. **b** (*Mil*) destacar (*to do sth* para hacer algo).

detailed [ˈdiːteɪld] ADJ detallado/a.

detain [dɪˈteɪn] VT (*keep back*) entretener, retener; (*suspect, criminal*) detener.

detainee [ˌdiːteɪˈniː] N detenido/a *m/f*.

detect [dɪˈtekt] VT (*discover*) descubrir; (*notice*) percibir; (*solve crime*) resolver; (*perceive*) averiguar; (*Tech*) detectar.

detection [dɪˈtekʃən] N **a** (*discovery*) descubrimiento *m*; (*perception*) averiguación *f*. **b** (*crime*) investigación *f*.

detective [dɪˈtektɪv] **1** N detective *mf*; (*private ~*) detective privado. **2** CPD: **~ constable** N (*Brit*) ≈ agente *m*; **~ inspector** N (*Brit*) ≈ inspector *m*; **~ sergeant** N (*Brit*) ≈ cabo *m*; **~ story** N novela *f* policíaca; **~ superintendent** N (*Brit*) ≈ comisario *m* jefe; **~ work** N (*fig*) trabajo *m* detectivesco, trabajo *m* de investigación.

detector [dɪˈtektər] N (*gadget*) detector *m*.

détente [deɪˈtɑːnt] N detente *f*.

detention [dɪˈtenʃən] **1** N (*of criminal, spy*) detención *f*, arresto *m*; (*of schoolchild*) castigo *m*. **2** CPD: **~ centre** N (*Brit*) centro *m* de detención; **~ home** N (*US*) centro *m* de rehabilitación.

deter [dɪˈtɜː] VT (*discourage*) desalentar; (*dissuade*) disuadir; (*prevent*) impedir.

detergent [dɪˈtɜːdʒənt] N detergente *m*.

deteriorate [dɪˈtɪərɪəreɪt] VI (*condition, work*) empeorar; (*materials etc*) deteriorarse.

deterioration [dɪˌtɪərɪəˈreɪʃən] N (*see vi*) empeoramiento *m*; deterioro *m*.

determination [dɪˌtɜːmɪˈneɪʃən] N **a** (*of person*) resolución *f*, decisión *f*. **b** (*of cause, position*) determinación *f*.

determine [dɪˈtɜːmɪn] VT **a** (*decide*) determinar; (*: price, date etc*) fijar, determinar; (*: fate, character*) decidir; (*resolve*) resolver; **to ~ sb to do sth** hacer resolver a algn hacer algo. **b** (*ascertain: cause, meaning*) determinar.

◆ **determine on** VI + PREP (*course of action*) optar por, decidirse por.

▼ **determined** [dɪˈtɜːmɪnd] ADJ (*person*) decidido/a, resuelto/a; (*effort*) resuelto/a, enérgico/a; **to be ~ to do sth** estar resuelto a hacer algo.

determining [dɪˈtɜːmɪnɪŋ] ADJ: **~ factor** factor *m* determinante.

determinism [dɪˈtɜːmɪnɪzəm] N determinismo *m*.

deterrent [dɪˈterənt] N (*also Mil*) disuasivo *m*; **nuclear ~** fuerza disuasiva nuclear; **to act as a ~** servir de disuasivo.

detest [dɪˈtest] VT detestar, odiar.

detestable [dɪˈtestəbl] ADJ detestable, odioso/a.

dethrone [diːˈθrəʊn] VT destronar.

detonate [ˈdetəneɪt] **1** VT hacer detonar. **2** VI detonar, estallar.

detonator [ˈdetəneɪtər] N detonador *m*.

detour [ˈdiːtʊər] **1** N desviación *f*, desvío *m*; **to make a ~**

> SENTENCE BUILDER: **determined → 13.2**

desviarse. 2 VT (US) desviar.

detox ['diː'tɒks] 1 N ABBR of **detoxification**. 2 VT ABBR of **detoxify**.

detoxification [diːˌtɒksɪfɪ'keɪʃən] 1 N desintoxicación f. 2 CPD: **~ centre**, (US) **~ center** centro m de desintoxicación.

detoxify [diː'tɒksɪfaɪ] VT desintoxicar.

detract [dɪ'trækt] VI: **to ~ from** (value) quitarle mérito or valor a; (reputation) deslucir.

detractor [dɪ'træktəʳ] N detractor(a) m/f.

detriment ['detrɪmənt] N detrimento m, perjuicio m; **to the ~ of** en detrimento de; **without ~ to** sin (causar) detrimento or perjuicio a.

detrimental [ˌdetrɪ'mentl] ADJ perjudicial (to a, para).

deuce [djuːs] N (Tennis) cuarenta iguales mpl, deuce m.

devaluation [ˌdiːvæljʊ'eɪʃən] N (Fin) devaluación f.

devalue ['diː'væljuː] VT (Fin) devaluar.

devastate ['devəsteɪt] VT (destroy: place) devastar, asolar; (: fig: opponent, opposition) aplastar, arrollar; (overwhelm: person) dejar desolado/a or destrozado/a; **we were simply ~d** nos quedamos anonadados.

devastating ['devəsteɪtɪŋ] ADJ (flood, storm) devastador(a); (news, effect) abrumador(a); (argument, opposition) aplastante; (beauty) irresistible.

devastatingly ['devəsteɪtɪŋlɪ] ADV (beautiful, funny) extraordinariamente.

devastation [ˌdevə'steɪʃən] N destrozos mpl.

develop [dɪ'veləp] 1 VT a (make bigger, stronger etc: mind, body) desarrollar; (fig: argument, idea) ampliar; (plan) elaborar.
b (acquire: interest, taste, habit) adquirir.
c (resources, region) fomentar, desarrollar; **this land is to be ~ed** se va a construir en este terreno.
d (Phot) revelar.
2 VI a (change, mature) **to ~ (into)** transformarse (en).
b (come into being) aparecer; (come about: situation, event) suceder, ocurrir; (idea, plan) surgir; **it later ~ed that ...** más tarde quedó claro que ....

developer [dɪ'veləpəʳ] N (Phot) revelador m; (property ~) especulador(a) m/f en construcción.

developing [dɪ'veləpɪŋ] 1 ADJ (country) en (vías de) desarrollo; (crisis, storm) que se avecina. 2 N (Phot) revelado m.

development [dɪ'veləpmənt] 1 N a (gen) desarrollo m; (unfolding) evolución f, desenvolvimiento m.
b (change in situation) novedad f, cambio m; (event) acontecimiento m; **awaiting ~s** en espera de novedades.
c (building ~) urbanización f.
2 CPD: **~ agency** N agencia f de promoción; **~ area** N zona f de desarrollo; **~ bank** N banco m de desarrollo; **~ company** N compañía f de explotación; **~ corporation** N (of new town) corporación f de desarrollo, corporación de promoción; **~ officer** N director(a) m/f de promoción.

developmental [dɪ,veləp'mentl] ADJ de desarrollo.

deviance ['diːvɪəns], **deviancy** ['diːvɪənsɪ] N desviación f; (sexual) perversión f.

deviant ['diːvɪənt] ADJ (see n) desviado/a; pervertido/a.

deviate ['diːvɪeɪt] VI desviarse (from de).

deviation [ˌdiːvɪ'eɪʃən] N desviación f (from de).

device [dɪ'vaɪs] N (gadget etc) aparato m, mecanismo m; (scheme) ardid m, estratagema f; **to leave sb to his own ~s** dejar que se las arregle or apañe solo.

devil ['devl] N a (evil spirit) demonio m, diablo m; **the D~** el Diablo.
b (fam: person) demonio m; **poor ~** pobre diablo, pobrecito m/f; **be a ~!** ¡atrévete!, ¡lánzate!; **you little ~!** ¡qué diablillo or malo eres!
c (fam: as intensifier) **it was the ~ of a job to do** ¡vaya trabajo que (me) costó!; **we had the ~ of a job to find it** nos costó horrores encontrarlo; **I'm in the ~ of a mess** estoy en un lío tremendo; **to work/run like the ~** trabajar/correr como un descosido; **how/what/why/who the ~ ...?** ¿cómo/qué/por qué/quién demonios ...?; **there will be the ~ to pay** esto va a costar caro.
d (phrases) **between the ~ and the deep blue sea** entre la espada y la pared; **go to the ~!** (fam!) ¡vete a la po-

rra! (Sp fam!), ¡vete al carajo! (LAm fam!); **better the ~ you know** vale más lo malo conocido que lo bueno por conocer; **the ~ finds work for idle hands** cuando el diablo no tiene que hacer con el rabo mata moscas; **speak or talk of the ~!** (fam) hablando del rey de Roma (por la puerta asoma); **to play (the) ~'s advocate** hacer el abogado del diablo; **(to) give the ~ his due** ser justo, hasta con el diablo; see **luck**.

devilish ['devlɪʃ] 1 ADJ (wicked) diabólico/a; (mischievous) travieso/a. 2 ADV (also **~ly**) la mar de, sumamente.

devil-may-care ['devlmeɪ'kɛəʳ] ADJ despreocupado/a; (rash) temerario/a, arriesgado/a.

devious ['diːvɪəs] ADJ (path, argument) tortuoso/a; (means) intrincado/a, enrevesado/a; (person) taimado/a.

deviousness ['diːvɪəsnɪs] N tortuosidad f.

devise [dɪ'vaɪz] VT (conceive) concebir, inventar; (plan) elaborar; (plot) tramar, maquinar.

devitalize [diː'vaɪtəlaɪz] VT privar de vitalidad, desvitalizar.

devoid [dɪ'vɔɪd] ADJ: **~ of** desprovisto/a de.

devolution [ˌdiːvə'luːʃən] N (Pol) descentralización f; **most Welsh people want ~** la mayoría de los galeses quieren la autonomía.

devolve [dɪ'vɒlv] 1 VT (power, government) descentralizar. 2 VI recaer ((up)on sobre); **it ~d on me to tell him** me tocó a mí decírselo.

devote [dɪ'vəʊt] VT (life, time, book) **to ~ sth to sth** dedicar algo a algo; **to ~ o.s. to sth** dedicarse a algo.

devoted [dɪ'vəʊtɪd] ADJ (friend etc) leal, fiel; **to be ~ to sb** tenerle mucho cariño a algn; **this chapter is ~ to politics** este capítulo trata de la política.

devotee [ˌdevəʊ'tiː] N devoto/a m/f.

devotion [dɪ'vəʊʃən] N: **~ (to)** (to studies etc) dedicación f (a); (Rel) devoción f (a); (to friend etc) lealtad f (a); **~s** (Rel) oraciones fpl.

devotional [dɪ'vəʊʃənl] ADJ piadoso/a, devoto/a.

devour [dɪ'vaʊəʳ] VT (food) devorar; **to be ~ed by jealousy** morirse de envidia.

devout [dɪ'vaʊt] ADJ (person) devoto/a; (thanks, prayer) sincero/a.

devoutly [dɪ'vaʊtlɪ] ADV (pray) con devoción.

dew [djuː] N rocío m.

dewdrop ['djuːdrɒp] N gota f de rocío.

dewy ['djuːɪ] ADJ (comp **-ier**; superl **-iest**) rociado/a, cubierto/a de rocío.

dewy-eyed ['djuːɪ'aɪd] ADJ (innocent) ingenuo/a.

dexterity [deks'terɪtɪ] N (of hands, mind) destreza f, habilidad f.

dext(e)rous ['dekstrəs] ADJ (skilful) diestro/a, hábil.

dext(e)rously ['dekstrəslɪ] ADV con destreza.

dextrose ['dekstrəʊs] N dextrosa f.

DG ABBR of **Director General** D.G. m.

dg ABBR of **decigram(s)** dg.

DH N ABBR (Brit) of **Department of Health**.

DHSS N ABBR (Brit old) of **Department of Health and Social Security**.

DI N ABBR of **Donor Insemination**.

diabetes [ˌdaɪə'biːtiːz] NSG diabetes f.

diabetic [ˌdaɪə'betɪk] 1 ADJ (patient etc) diabético/a; (chocolate etc) para diabéticos. 2 N diabético/a m/f.

diabolical [ˌdaɪə'bɒlɪkəl] ADJ diabólico/a; (fam) horrendo/a.

diadem ['daɪədem] N diadema f.

diaeresis, (US) dieresis [daɪ'erɪsɪs] N diéresis f.

diagnose ['daɪəgnəʊz] VT (Med, fig) diagnosticar.

diagnosis [ˌdaɪəg'nəʊsɪs] N (pl **diagnoses** [ˌdaɪəg'nəʊsiːz]) diagnóstico m.

diagnostic [ˌdaɪəg'nɒstɪk] ADJ diagnóstico/a.

diagonal [daɪ'ægənl] ADJ, N diagonal f.

diagonally [daɪ'ægənəlɪ] ADV (cut, fold) en la diagonal; **to go ~ across** cruzar diagonalmente; **~ opposite** diagonalmente opuesto.

diagram ['daɪəgræm] N (plan) esquema m; (chart) gráfica f; (Math) diagrama m.

diagrammatic [ˌdaɪəgrə'mætɪk] ADJ esquemático/a.

dial ['daɪəl] 1 N (of clock) esfera f, carátula f (LAm); (of in-

strument, radio) esfera *f*, dial *m*; (: *tuner*) selector *m*; (*of telephone*) dial *m*.
[2] VT (*Telec*) marcar, discar (*LAm*); **to ~ a wrong number** equivocarse de número (a marcar); **can I ~ London direct?** ¿puedo llamar a Londres directamente?; **to ~ 999** llamar a emergencia.
[3] CPD: **~ code** N (*US*) prefijo *m*; **~ tone** N (*US*) señal *f or* tono *m* de marcar.

dial. ABBR *of* **dialect**.

dialect ['daɪəlekt] [1] N dialecto *m*. [2] CPD: **~ word** N palabra *f* regional.

dialectic [ˌdaɪə'lektɪk] N dialéctica *f*.

dialectics [ˌdaɪə'lektɪks] NSG dialéctica *f*.

dialling, (*US*) **dialing** ['daɪəlɪŋ] [1] N marcación *f*, discado *m*. [2] CPD: **~ code** N (*Brit*) prefijo *m*; **~ tone** N (*Brit*) señal *f or* tono *m* de marcar.

dialogue, (*US*) **dialog** ['daɪəlɒg] N diálogo *m*.

dialysis [daɪ'ælɪsɪs] N (*Med*) diálisis *f*.

diameter [daɪ'æmɪtər] N diámetro *m*; **it is one metre in ~** tiene un diámetro de un metro.

diametrically [ˌdaɪə'metrɪkəlɪ] ADV: **~ opposed (to)** diametralmente opuesto (a).

diamond ['daɪəmənd] [1] N brillante *m*, diamante *m*; (*shape*) rombo *m*; (*Cards: standard pack*) diamante *m*; (: *Spanish cards*) oro *m*; (*Baseball*) campo *m* de béisbol; **the Queen of ~s** la dama de diamantes.
[2] CPD: **~ jubilee** N sexagésimo aniversario *m*; **~ necklace** N collar *m* de diamantes; **~ ring** N anillo *m or* sortija *f* de diamantes; **~ wedding** N bodas *fpl* de diamante.

diamorphine [ˌdaɪə'mɔːfiːn] N diamorfina *f*.

diaper ['daɪəpər] (*US*) [1] N pañal *m*. [2] CPD: **~ pin** N imperdible *m*, seguro *m* (*LAm*).

diaphanous [daɪ'æfənəs] ADJ diáfano/a.

diaphragm ['daɪəfræm] N (*Anat, contraceptive*) diafragma *m*.

diarrhoea, (*US*) **diarrhea** [ˌdaɪə'riːə] N diarrea *f*.

diary ['daɪərɪ] N diario *m*; (*for engagements*) agenda *f*.

diatribe ['daɪətraɪb] N diatriba *f* (*against* contra).

dice [daɪs] [1] N, PL INV dados *mpl*; **no ~!** (*US fam*) ¡ni hablar!, ¡nada de eso! [2] VT (*vegetables*) cortar en cuadritos.
[3] VI: **to ~ with death** jugar con la muerte.

dicey ['daɪsɪ] ADJ (*comp* **-ier**; *superl* **-iest**) (*Brit fam*) incierto/a, dudoso/a.

dichotomy [dɪ'kɒtəmɪ] N dicotomía *f*.

dick [dɪk] N [a] (*US fam*) detective *m*. [b] (*fam!*) polla *f* (*fam!*).

dickhead ['dɪkhed] N (*fam*) gilipollas *m* (*fam*).

dicky ['dɪkɪ] ADJ (*comp* **-ier**; *superl* **-iest**): **to have a ~ heart** (*Brit fam*) tener una debilidad cardíaca.

Dictaphone ® ['dɪktəfəʊn] N dictáfono ® *m*.

dictate [dɪk'teɪt] [1] VT, VI [a] (*letter*) dictar.
[b] (*order*) mandar; **he decided to act as circumstances ~d** decidió actuar según (mandasen) las circunstancias.
[2] [dɪk'teɪt] N: **~s** dictados *mpl*.
◆ **dictate to** VI + PREP (*person*) dar órdenes a; **I won't be ~d to** a mi no me manda nadie.

dictation [dɪk'teɪʃən] [1] N (*to secretary, schoolchild etc*) dictado *m*; **to take a ~** escribir al dictado; [2] CPD: **at ~ speed** a velocidad de dictado.

dictator [dɪk'teɪtər] N dictador(a) *m/f*.

dictatorial [ˌdɪktə'tɔːrɪəl] ADJ (*manner etc*) dictatorial.

dictatorship [dɪk'teɪtəʃɪp] N dictadura *f*.

diction ['dɪkʃən] N (*pronunciation*) dicción *f*.

dictionary ['dɪkʃənrɪ] N diccionario *m*.

did [dɪd] PT *of* **do**.

didactic [daɪ'dæktɪk] ADJ didáctico/a.

diddle ['dɪdl] VT (*fam*) estafar, timar; **to ~ sb out of sth** estafar algo a algn.

didn't ['dɪdənt] = **did not**.

die¹ [daɪ] (*prp* **dying**) VI [a] (*person, animal, plant*) morir (*of, from* de); (*engine*) pararse, calarse; (*fig: friendship, interest*) morir, desaparecer; **her father was dying** su padre se moría or estaba moribundo; **to ~ a natural/violent death** morir de muerte natural/violenta; **he ~d a hero** murió convertido en un héroe; **the daylight was dying fast** (*fig*) la luz del día iba apagándose rápidamente;

never say ~ (*fig fam*) no hay que darse por vencido; **I nearly ~d!** (*laughing*) ¡me moría de la risa!; (*with embarrassment*) ¡me moría de vergüenza or (*LAm*) pena!; **old habits ~ hard** genio y figura hasta la sepultura.
[b] **to be dying to do sth** morirse de ganas de hacer algo; **I'm dying for a cigarette** me muero de ganas de fumar.
◆ **die away** VI + ADV (*sound, voice*) desvanecerse.
◆ **die down** VI + ADV (*fire*) apagarse; (*storm, wind, emotion*) disminuir, desvanecerse.
◆ **die off** VI + ADV (*plants, animals*) morirse, desaparecer.
◆ **die out** VI + ADV (*custom, species etc*) desaparecer completamente; (*fire*) apagarse, acabarse.

die² [daɪ] N (*pl* **dice**): **the ~ is cast** la suerte está echada.

diehard ['daɪhɑːd] [1] ADJ intransigente, empedernido/a, acérrimo/a. [2] N intransigente *mf*.

dieresis [daɪ'erɪsɪs] N (*US*) = **diaeresis**.

diesel ['diːzəl] [1] N Diesel *m*; (*model of car*) coche *m* Diesel. [2] CPD: **~ engine** N motor *m* Diesel; **~ fuel, ~ oil** N gasoil *m*; **~ train** N tren *m* Diesel.

diet ['daɪət] [1] N [a] (*customary food*) alimentación *f*.
[b] (*slimming ~*) régimen *m*, dieta *f*; **to be on a ~** estar a régimen. [2] VI ponerse a régimen.

dietetics [ˌdaɪə'tetɪks] NSG dietética *f*.

dietician [ˌdaɪə'tɪʃən] N médico/a *m/f* dietético/a, dietista *mf* (*LAm*).

differ ['dɪfər] VI [a] (*be unlike*) ser distinto/a (*from* de).
[b] (*disagree*) **to ~ (with sb on** or **over** or **about sth)** no estar de acuerdo (con algn en algo); **I beg to ~** siento tener que disentir; **their ideas ~ed** sus ideas diferían; *see* **agree 1 (a)**.

▼**difference** ['dɪfrəns] N [a] diferencia *f* (*between* entre); **that makes all the ~** allí está la diferencia; **it makes no ~ to me** me da igual or lo mismo; **a car with a ~** un coche único; **the ~ in her is amazing** ¡cuánto ha cambiado! [b] (*between numbers, amounts*) diferencia *f*; **I'll pay the ~** yo pagaré la diferencia. [c] (*quarrel*) **a ~ of opinion** un desacuerdo, una discusión; **to settle one's ~s** resolver sus diferencias.

▼**different** ['dɪfrənt] ADJ (*not alike*) distinto/a or diferente (*from, to* de); (*changed*) distinto/a, cambiado/a; (*various*) varios/as; **I feel a ~ person** me siento otro; **that's quite a ~ matter** eso es harina de otro costal; **~ people noticed it** varias personas lo vieron.

differential [ˌdɪfə'renʃəl] [1] ADJ (*different*) diferencial. [2] N (*Econ*) diferencia *f*; (*Math*) diferencial *f*.

differentiate [ˌdɪfə'renʃɪeɪt] [1] VT: **to ~ (from)** (*tell the difference*) distinguir (de); (*make the difference*) diferenciar (de). [2] VI distinguir (*between* entre).

differently ['dɪfrəntlɪ] ADV distintamente.

difficult ['dɪfɪkəlt] ADJ (*book, task etc*) difícil, duro/a (*LAm*); (*child, character*) difícil; **he's ~ to get on with** no es fácil llevarse bien con él; **I find it ~ to believe (that ...)** me cuesta creer (que ...); **to make life ~ for sb** hacer la vida imposible a algn.

difficulty ['dɪfɪkəltɪ] N (*hardness*) dificultad *f*; (*problem*) problema *m*; **to have ~ in breathing** tener la respiración penosa; **he has ~ in walking** tiene problemas para andar; **to get into difficulties** meterse en problemas con; **to make difficulties for sb** poner estorbos a algn.

diffidence ['dɪfɪdəns] N inseguridad *f*.

diffident ['dɪfɪdənt] ADJ inseguro/a.

diffuse [dɪ'fjuːs] [1] ADJ difuso/a; (*long-winded*) prolijo/a.
[2] [dɪ'fjuːz] VT difundir. [3] [dɪ'fjuːz] VI difundirse.

diffusion [dɪ'fjuːʒən] N (*of light, heat etc*) difusión *f*.

dig [dɪg] (*vb: pt, pp* **dug**) [1] N [a] (*with elbow*) codazo *m*.
[b] (*fam: taunt*) indirecta *f*; **to have a ~ at sb** tomarle el pelo a algn.
[c] (*Archeol*) excavación *f*.
[2] VT [a] (*hole etc*) cavar, excavar; (*ground*) remover.
[b] (*poke, thrust*) **to ~ sth into sth** clavar or hundir algo en algo.
[c] (*fam: esp US: enjoy*) gustarle a algn.
[3] VI (*person*) cavar; (*dog, pig*) escarbar; (*Archeol, Tech*) excavar; **to ~ for minerals** buscar minerales; **to ~ into one's pockets for sth** hurgar en el bolsillo para encontrar algo.

➤ SENTENCE BUILDER: **difference** → 1.5, 9.3   **different** → 9.3

◆ **dig in** 1 VI + ADV a (*fam: eat*) atacar; **~ in!** ¡a comer! b (*also* **~ o.s. in**: *Mil*) atrincherarse; **to ~ o.s. in** (*fig*) arraigarse. 2 VT + ADV (*compost*) añadir al suelo; (*knife, claw*) clavar, hundir; **to ~ in one's heels** (*fig*) mantenerse en sus trece, empecinarse.

◆ **dig out** VT + ADV (*lit*) sacar; (*fig*) buscar.

◆ **dig up** VT + ADV (*vegetables, weeds*) arrancar; (*treasure, body, fig: information etc*) desenterrar.

digest [daɪˈdʒest] 1 VT, VI (*food*) digerir; (*information, news*) asimilar. 2 [ˈdaɪdʒest] N (*summary*) resumen *m*.

digestible [dɪˈdʒestəbl] ADJ digerible, digestible; **easily ~** fácil de digerir.

digestion [dɪˈdʒestʃən] N digestión *f*.

digestive [dɪˈdʒestɪv] ADJ digestivo/a; **~ (biscuit)** galleta *f* dulce, bizcocho *m* (*LAm*); **~ system** aparato *m* digestivo.

digger [ˈdɪɡəʳ] N (*mechanical*) excavadora *f*.

digit [ˈdɪdʒɪt] N (*Math*) dígito *m*; (*finger, toe*) dedo *m*.

digital [ˈdɪdʒɪtəl] ADJ (*clock, computer*) digital.

digitally [ˈdɪdʒɪtlɪ] ADV (*scan, record, store*) digitalmente; **~ remastered** reprocesado/a digitalmente.

dignified [ˈdɪɡnɪfaɪd] ADJ (*solemn*) solemne; (*decorous*) digno/a, decoroso/a.

dignify [ˈdɪɡnɪfaɪ] VT dignificar; (*with title*) dar un título altisonante a.

dignitary [ˈdɪɡnɪtərɪ] N dignatario/a *m/f*.

dignity [ˈdɪɡnɪtɪ] N dignidad *f*; **that would be beneath my ~** no me rebajaría a eso; **to stand on one's ~** ponerse en su lugar, ponerse tan alto.

digress [daɪˈɡres] VI: **to ~ (from the subject)** apartarse del tema.

digression [daɪˈɡreʃən] N digresión *f*.

digs [dɪɡz] NPL (*Brit fam*) alojamiento *msg*, pensión *fsg*; **to be in ~** estar alojado.

dike [daɪk] N = **dyke.**

dilapidated [dɪˈlæpɪdeɪtɪd] ADJ (*building etc*) ruinoso/a; (*vehicle etc*) desvencijado/a.

dilapidation [dɪ͵læpɪˈdeɪʃən] N estado *m* ruinoso.

dilate [daɪˈleɪt] 1 VI (*veins, pupils*) dilatarse. 2 VT dilatar.

dilation [daɪˈleɪʃən] N dilatación *f*; **~ and curettage** (*Med*) raspado *m*.

dilatory [ˈdɪlətərɪ] ADJ (*person*) lento/a; (*action*) dilatorio/a.

dilemma [daɪˈlemə] N dilema *m*; **to be in a ~** estar en un dilema.

dilettante [͵dɪlɪˈtæntɪ] N (*pl* **dilettanti** [͵dɪlɪˈtæntɪ]) diletante *mf*.

diligence [ˈdɪlɪdʒəns] N diligencia *f*.

diligent [ˈdɪlɪdʒənt] ADJ (*person*) diligente; (*work, search*) minucioso/a.

dill [dɪl] N eneldo *m*.

dilly-dally [ˈdɪlɪdælɪ] (*fam*) VI (*hesitate*) vacilar; (*loiter*) entretenerse, demorarse.

dilute [daɪˈluːt] VT (*fruit juice, taste etc*) diluir; (*colour*) suavizar; (*fig*) atenuar, suavizar; **'~ to taste'** 'diluya a su gusto'.

dim [dɪm] 1 ADJ (*comp* **~mer**; *superl* **~mest**) (*light, lamp*) débil; (*sight*) turbio/a, apagado/a; (*forest, room etc*) oscuro/a; (*shape, outline*) borroso/a; (*memory*) lejano/a; (*sound*) sordo/a, apagado/a; (*fam: person*) torpe, bruto/a; **to grow ~** oscurecerse; **to take a ~ view of sth** (*fam*) ver algo con malos ojos. 2 VT (*light*) bajar; (*headlamps*) poner a media luz; (*room etc*) oscurecer; (*outline*) borrar; (*sight*) nublar; (*sb's beauty*) marchitar. 3 VI (*sight*) oscurecerse; (*light*) bajarse; (*outline, memory*) borrarse.

dime [daɪm] (*US*) 1 N *moneda de 10 centavos*. 2 CPD: **~ novel** N novela *f* de cinco duros, novelucha *f*; **~ store** N tienda *f* que vende mercadería barata.

dimension [dɪˈmenʃən] N dimensión *f*.

-dimensional [daɪˈmenʃənl] ADJ SUF: **two/three~** de dos/tres dimensiones.

diminish [dɪˈmɪnɪʃ] 1 VT disminuir. 2 VI disminuirse.

diminished [dɪˈmɪnɪʃt] ADJ (*value, staff*) reducido/a; **~ responsibility** (*Jur*) responsabilidad *f* disminuida.

diminishing [dɪˈmɪnɪʃɪŋ] ADJ: **law of ~ returns** ley *f* de rendimiento decreciente.

diminutive [dɪˈmɪnjʊtɪv] 1 ADJ diminuto/a. 2 N (*Ling*) diminutivo *m*.

dimly [ˈdɪmlɪ] ADV débilmente; **you could ~ make out the shape** se entreveía apenas la forma.

dimmer [ˈdɪməʳ] 1 N regulador *m* de intensidad; (*US Aut*) interruptor *m*. 2 CPD: **~ switch** N botón *m* de regulación de la intensidad.

dimple [ˈdɪmpl] N (*on chin etc*) hoyuelo *m*.

dimwit [ˈdɪmwɪt] N (*fam*) imbécil *mf*.

dim-witted [ˈdɪmˈwɪtɪd] ADJ (*fam*) lerdo/a, imbécil.

din [dɪn] 1 N jaleo *m*, estrépito *m*, bronca *f* (*LAm*). 2 VT: **to ~ sth into sb** (*fam*) grabar algo en el cerebro de algn.

dine [daɪn] VI (*frm*) **to ~ (on)** cenar.

◆ **dine out** VI + ADV cenar fuera.

diner [ˈdaɪnəʳ] N (*person*) comensal *mf*; (*Rail*) coche-comedor *m*, coche-restaurante *m*, buffet *m* (*Per*); (*US: eating place*) restaurante *m* barato, lonchería *f* (*LAm*), cocina *f* económica.

ding-dong [ˈdɪŋˈdɒŋ] ADJ (*fam*) **a ~ battle** una batalla campal.

dinghy [ˈdɪŋɡɪ] N (*rubber ~*) lancha *f* neumática; (*sailing ~*) bote *m*.

dingo [ˈdɪŋɡəʊ] N (*pl* **~es**) dingo *m*.

dingy [ˈdɪndʒɪ] ADJ (*comp* **-ier**; *superl* **-iest**) (*dirty*) sucio/a; (*dull*) sombrío/a.

dining [ˈdaɪnɪŋ] CPD: **~ car** N coche-comedor *m*, coche-restaurante *m*; **~ hall** N comedor *m*, refectorio *m*; **~ room** N comedor *m*; **~ table** N mesa *f* de comedor.

dinner [ˈdɪnəʳ] 1 N (*evening meal*) cena *f*; (*lunch*) almuerzo *m*, comida *f* (*LAm*), lonche *m* (*Mex*); (*banquet*) banquete *m*; **we're having people to ~** tenemos invitados para cenar; **to go out to ~** (*in restaurant*) cenar en un restaurante; (*at friends' house*) cenar en casa de amigos. 2 CPD: **~ jacket** N esmoquin *m*; **~ lady** N ayudanta *f* (*en el servicio de comidas en las escuelas*); **~ party** N cena *f* de invitados; **~ plate** N plato *m* grande; **~ service** N vajilla *f*; **~ time** N hora *f* de cenar *or* comer.

dinner-dance [ˈdɪnə͵dɑːns] N *cena seguida de baile*.

dinosaur [ˈdaɪnəsɔːʳ] N dinosaurio *m*.

dint [dɪnt] N: **by ~ of (doing) sth** a fuerza de (hacer) algo.

diocese [ˈdaɪəsɪs] N diócesis *f*.

diode [ˈdaɪəʊd] N diodo *m*.

dioxide [daɪˈɒksaɪd] N dióxido *m*.

dioxin [daɪˈɒksɪn] N dioxina *f*.

dip [dɪp] 1 N a (*swim*) baño *m*, chapuzón *m*, zambullida *f* (*LAm*); **to go for a ~** darse un chapuzón *or* una zambullida. b (*slope*) cuesta *f*, declive *m*; (*hollow*) depresión *f*. c (*Culin*) salsa *f*. 2 VT (*into liquid*) mojar; (*hand: into bag*) meter; (*sheep*) bañar con desinfectante; **to ~ one's headlights** (*Brit*) bajar los faros, poner luces de cruce. 3 VI (*slope down: road*) bajar; (*move down: bird, plane*) descender, bajar en picado; (*temperature, sun*) bajarse; **to ~ into one's pocket/savings** (*fig*) echar mano a su dinero; **to ~ into a book** hojear un libro.

Dip. ABBR (*Brit*) of **Diploma**.

diphtheria [dɪfˈθɪərɪə] N difteria *f*.

diphthong [ˈdɪfθɒŋ] N diptongo *m*.

diploma [dɪˈpləʊmə] N diploma *m*.

diplomacy [dɪˈpləʊməsɪ] N (*Pol*) diplomacia *f*; (*tact*) tacto *m*, discreción *f*.

diplomat [ˈdɪpləmæt] N diplomático/a *m/f*.

diplomatic [͵dɪpləˈmætɪk] ADJ (*gen*) diplomático/a; **~ bag**, (*US*) **~ pouch** valija *f* diplomática; **~ corps, ~ service** cuerpo *m* diplomático; **~ immunity** inmunidad *f* diplomática; **to break off ~ relations** romper las relaciones diplomáticas.

dipped [dɪpt] ADJ: **~ headlights** luces *fpl* cortas, luces de cruce.

dipper [ˈdɪpəʳ] N: **big ~** montaña *f* rusa.

dipsomaniac [͵dɪpsəʊˈmeɪnɪæk] N dipsómano/a *m/f*.

dipstick [ˈdɪpstɪk] N a (*Aut*) varilla *f* (del aceite), cala *f*. b (*fam!: fool*) capullo/a *m/f* (*fam!*).

dipswitch [ˈdɪpswɪtʃ] N (*Aut*) interruptor *m* basculante de cruce.

dir. ABBR *of* **director** Dir., Dtor(a).

dire [daɪəʳ] ADJ (*event, consequences*) terrible, espantoso/a; (*poverty*) extremo/a; (*fam: film, book etc*) horrible, fatal (*fam*); **in ~ straits** en aprietos, en un apuro (*Sp*).

direct [daɪ'rekt] **1** ADJ (*gen*) directo/a; (*refusal*) claro/a, inequívoco/a; (*manner, character*) franco/a; **~ access** (*Comput*) acceso *m* directo; **~ action** acción *f* directa; **~ advertising** publicidad *f* directa; **~ cost** costo *m* directo; **~ current** (*Elec*) corriente *f* continua; **~ debit** pago *m* a la orden; **~ debiting** domiciliación *f*; **~ dialling** servicio *m* (telefónico) automático; **to make a ~ hit** dar en el blanco; **~ labour** mano *f* de obra directa; **~ mail** correspondencia *f* directa; **~ mailshot** (*Brit*) promoción *f* por correspondencia directa; **~ object** complemento *m* directo; **he's the ~ opposite** es exactamente el contrario; **~ rule** gobierno *m* directo; **~ selling** ventas *fpl* directas; **~ tax** impuesto *m* directo; **~ taxation** tributación *f* directa.

2 ADV (*go etc*) directamente.

3 VT **a** (*aim: remark, gaze, attention*) dirigir (*at, to* a); **can you ~ me to the station?** ¿me puede indicar como llegar a la estación?

b (*control: traffic, play etc*) dirigir.

c (*instruct*) **to ~ sb to do sth** mandar a algn hacer algo.

direction [dɪ'rekʃən] **1** N **a** (*way*) dirección *f*, sentido *m*; (*fig: of purpose*) orientación *f*; **in the ~ of** hacia, en dirección a; **sense of ~** sentido de la dirección.

b (*control*) mando *m*; (*administration*) administración *f*; (*of play etc*) dirección *f*.

c **~s** (*instructions: to a place*) señas *fpl*; (: *for use*) instrucciones *fpl* para el uso.

2 CPD: **~ finder** N radiogoniómetro *m*; **~ indicator** N (*Aut*) intermitente *m*.

directive [dɪ'rektɪv] N orden *f*, instrucción *f*.

directly [dɪ'rektlɪ] **1** ADV (*immediately*) en seguida, de inmediato; (*in a direct manner*) directamente; (*descended*) directamente; (*frankly: speak*) francamente; (*completely: opposite*) exactamente.

2 CONJ: **~ you hear it** (*esp Brit*) en cuanto lo oigas.

directness [daɪ'rektnɪs] N (*of person, speech*) franqueza *f*.

director [dɪ'rektəʳ] N (*gen*) director(a) *m/f*; **managing ~** gerente *mf*; **D~ of Public Prosecutions** (*Brit*) ≈ Fiscal *mf* General del Estado; **~'s cut** (*Cine*) versión *f* íntegra.

directorate [daɪ'rektərɪt] N (*post*) dirección *f*, cargo *m* de director; (*body*) junta *f* directiva, consejo *mf* de administración.

directorial [daɪrek'tɔ:rɪəl] ADJ directivo/a, directorial.

directorship [dɪ'rektəʃɪp] N gerencia *f*.

directory [dɪ'rektərɪ] **1** N (*telephone ~*) guía *f* telefónica; (*street ~*) callejero *m*; (*trade ~*) directorio *m* de comercio; (*Comput*) directorio.

2 CPD: **~ assistance** (*US*), **~ enquiries** (*Brit*) N información *f* (telefónica).

dirge [dɜ:dʒ] N canto *m* fúnebre.

dirt [dɜ:t] **1** N (*dirtiness*) suciedad *f*; (*piece of ~*) suciedad, mugre *f*; (*earth*) tierra *f*; (*mud*) barro *m*, lodo *m*; (*dog ~*) excremento *m*; (*fam: obscenity*) porquerías *fpl*, cochinadas *fpl*; **to treat sb like ~** (*fam*) tratar a algn como si fuese basura, tratar a patadas a algn.

2 CPD: **~ farmer** N (*US fam*) pequeño granjero *m* (sin obreros); **~ road** N (*US*) camino *m* sin firme, camino de tierra; **~ track** N (*Sport*) pista *f* de ceniza; (*road*) camino *m* de tierra.

dirt-cheap ['dɜ:t'tʃi:p] ADJ (*fam*) baratísimo/a, regalado/a.

dirtiness ['dɜ:tɪnɪs] N suciedad *f*, mugre *f*.

dirty ['dɜ:tɪ] **1** ADJ (*comp* **-ier**; *superl* **-iest**) (*unclean: hands, clothes etc*) sucio/a, mugriento/a, mugroso/a (*LAm*); (: *cut, wound*) infectado/a; (*weather*) horrible, feo; (*indecent: novel, story, joke*) verde, colorado/a; **~ business** negocio *m* sucio; **to give sb a ~ look** (*fam*) echarle una mirada fea a algn; **to have a ~ mind** tener la mente sucia; **~ old man** viejo *m* verde; **~ play** (*Sport*) juego *m* sucio; **a ~ trick** una mala pasada; **~ tricks department** sección *f* de trampas; **~ war** guerra *f* sucia; **~ weekend** (*Brit fam*) fin de semana de lujuria; **~ word** palabrota *f*, grosería *f*, lisura

f (*And, CSur*); **do your own ~ work!** ¡sácate tú las castañas del fuego!

2 VT ensuciar.

3 N: **to do the ~ on sb** hacerle una mala jugada a algn.

dirty-minded [,dɜ:tɪ'maɪndɪd] ADJ de mente sucia, de imaginación malsana.

disability [,dɪsə'bɪlɪtɪ] **1** N (*injury etc*) incapacidad *f*; (*fig*) desventaja *f*. **2** CPD: **~ allowance** N pensión *f* de inválido.

disable [dɪs'eɪbl] VT (*person*) dejar incapacitado/a; (*tank, gun*) inutilizar.

disabled [dɪs'eɪbld] **1** ADJ PERSON minusválido/a. **2** NPL: **the ~** los minusválidos *mpl*.

disablement [dɪs'eɪblmənt] N inhabilitación *f*; (*Med*) minusvalidez *f*.

disabuse [,dɪsə'bju:z] VT desengañar (*of* de).

disadvantage [,dɪsəd'va:ntɪdʒ] N desventaja *f*; **to sb's ~** perjudicial para algn; **to be at a ~** estar en una situación desventajosa; **this put him at a ~** esto le dejó en situación desventajosa.

disadvantaged [,dɪsəd'va:ntɪdʒd] ADJ (*person*) perjudicado/a.

disadvantageous [,dɪsædva:n'teɪdʒəs] ADJ (*unfavourable: circumstances*) desventajoso/a.

▼**disagree** ['dɪsə'gri:] VI **a** (*quarrel*) reñir, discutir; (*view etc: conflict*) discrepar; **to ~ (with sb on** *or* **about sth)** (*in opinion*) no estar de acuerdo *or* estar en desacuerdo (con algn sobre algo); **I ~ with you** no comparto tu opinión.

b (*climate, food*) **to ~ with sb** sentarle mal a algn; **onions ~ with me** las cebollas no me sientan bien.

disagreeable [,dɪsə'gri:əbl] ADJ (*gen*) desagradable; (*bad-tempered: person, voice etc*) antipático/a, borde (*fam*).

disagreement [,dɪsə'gri:mənt] N (*with opinion*) desacuerdo *m*; (*quarrel*) riña *f*, discusión *f*; (*between accounts etc*) discrepancia *f*.

disallow ['dɪsə'laʊ] VT (*claim*) rechazar; (*Ftbl: goal*) anular.

disappear [,dɪsə'pɪəʳ] VI desaparecer; **he ~ed from sight** desapareció de la vista; **to make sth ~** hacer que algo desaparezca.

disappearance [,dɪsə'pɪərəns] N desaparición *f*.

▼**disappoint** [,dɪsə'pɔɪnt] VT (*person*) decepcionar; (*hopes*) defraudar.

disappointed [,dɪsə'pɔɪntɪd] ADJ (*person*) decepcionado/a; (*hopes etc*) defraudado/a.

disappointing [,dɪsə'pɔɪntɪŋ] ADJ decepcionante; **it is ~ that ...** es triste que + *subjun*.

disappointment [,dɪsə'pɔɪntmənt] N decepción *f*; **to our ~** a nuestro pesar; **he is a big ~ to us** nos ha decepcionado muchísimo.

disapproval [,dɪsə'pru:vəl] N desaprobación *f*.

disapprove [,dɪsə'pru:v] VI desaprobar (*of sth* algo); **her father ~d of me** su padre me miraba mal; **your mother would ~** tu madre estaría en contra.

disapproving [,dɪsə'pru:vɪŋ] ADJ de desaprobación.

disarm [dɪs'a:m] **1** VT (*Mil*) desarmar; (*fig*) bajarle los humos a algn. **2** VI (*Mil*) desarmarse, deponer las armas.

disarmament [dɪs'a:məmənt] N desarme *m*; **nuclear ~** el desarme nuclear.

disarming [dɪs'a:mɪŋ] ADJ (*smile*) que desarma.

disarray [,dɪsə'reɪ] N: **in ~** (*thoughts*) en desorden; (*clothes*) desarreglado *or* desaliñado; **the troops fled in ~** las tropas huyeron a la desbandada; **the plan was thrown into ~ by the storm** la tormenta dio al traste con el proyecto.

disassociate [,dɪsə'səʊʃɪ,eɪt] VT separar, desligar (*from* de).

disaster [dɪ'za:stəʳ] **1** N (*lit, fig*) desastre *m*. **2** CPD: **~ area** N zona *f* de desastre; **~ fund** N fondo *m* de ayuda para casos de desastres.

disastrous [dɪ'za:strəs] ADJ desastroso/a.

disband [dɪs'bænd] **1** VT (*army*) licenciar; (*organization*) disolver. **2** VI disolverse; (*Mil*) desbandarse.

disbelief ['dɪsbə'li:f] N incredulidad *f*; **in ~** con incredulidad.

disbelieve ['dɪsbə'li:v] VT (*person, story*) poner en duda.

disburse [dɪs'bɜ:s] VT desembolsar.

➤ SENTENCE BUILDER: **disagree** → 4.1   **disappoint** → 6

disc [dɪsk] [1] N (gen) disco m; (identity ~) chapa f; (Comput) = **disk** see **slip 3 (a)**.
[2] CPD: **~ brakes** NPL (Aut) frenos mpl de disco; **~ jockey** N discjockey mf, pinchadiscos mf (fam).

disc. ABBR (Comm) of **discount**.

discard [dɪs'kɑːd] VT (gen) desechar, deshacerse de; (idea, plan) rechazar, descartar.

discern [dɪ'sɜːn] VT distinguir.

discernible [dɪ'sɜːnəbl] ADJ perceptible, apreciable.

discerning [dɪ'sɜːnɪŋ] ADJ (person) perspicaz; **~ taste** muy buen gusto.

discernment [dɪ'sɜːnmənt] N perspicacia f.

discharge ['dɪstʃɑːdʒ] [1] N [a] (of cargo) descarga f, descargue m; (of gun) descarga, disparo m.
[b] (of worker, patient) alta f; (of duty) ejercicio m, cumplimiento m; **he got his ~** (Mil) le dieron de alta.
[c] (Elec) descarga f; (of gas, chemicals) escape m, emisión f; (Med: from wound) supuración f; (: vaginal ~) emisión vaginal.
[2] [dɪs'tʃɑːdʒ] VT [a] (unload: ship, cargo) descargar; (set off: gun) descargar, disparar; (emit: liquid etc) verter; (Med: pus etc) segregar, rezumar.
[b] (dismiss: employee) despedir; (: soldier, patient) dar de alta (a); (: prisoner) liberar, poner en libertad; (settle: debt) saldar; (complete: task, duty) cumplir; **~d bankrupt** quebrado/a m/f rehabilitado/a.
[3] [dɪs'tʃɑːdʒ] VI (wound, sore) supurar.

disciple [dɪ'saɪpl] N (lit, fig) discípulo/a m/f.

disciplinary ['dɪsɪplɪnərɪ] ADJ disciplinario/a; **~ action** or **measure** medida f de disciplina.

discipline ['dɪsɪplɪn] [1] N (obedience) disciplina f; (punishment) castigo m; (self-control) autodisciplina f; **to keep** or **maintain ~** mantener el orden. [2] VT (punish) castigar; **to ~ o.s. (to do sth)** disciplinarse (a hacer algo).

disclaim [dɪs'kleɪm] VT (knowledge, responsibility) negar.

disclaimer [dɪs'kleɪməʳ] N (of a right) renuncia f; (denial: to newspaper etc) rectificación f; **to put in a ~** negarlo, rechazarlo.

disclose [dɪs'kləʊz] VT revelar.

disclosure [dɪs'kləʊʒəʳ] N revelación f.

disco ['dɪskəʊ] N ABBR of **discotheque** disco f.

discolour, (US) discolor [dɪs'kʌləʳ] [1] VT de(s)colorar. [2] VI (lose colour) de(s)colorarse; (run etc) desteñir.

discolouration, (US) discoloration [dɪs,kʌlə'reɪʃən] N de(s)coloramiento m.

discomfiture [dɪs'kʌmfɪtʃəʳ] N desconcierto m.

discomfort [dɪs'kʌmfət] N (lack of comfort) incomodidạd f; (uneasiness) inquietud f; **the injury gave him some ~** la herida le causaba molestia.

disconcert [,dɪskən'sɜːt] VT desconcertar.

disconcerting [,dɪskən'sɜːtɪŋ] ADJ desconcertante.

disconnect ['dɪskə'nekt] VT (gen) desconectar; (Telec) **I've been ~ed** (for non-payment) me han desconectado (el teléfono); (in mid-conversation) me han cortado.

disconsolate [dɪs'kɒnsəlɪt] ADJ desconsolado/a.

discontent ['dɪskən'tent] N (Pol) descontento m; (personal) malestar m.

discontented ['dɪskən'tentɪd] ADJ descontento/a (with, about con).

discontentment ['dɪskən'tentmənt] N descontento m.

discontinue ['dɪskən'tɪnjuː] VT interrumpir, suspender; **'D~d'** (Comm) 'Fin de serie'.

discord ['dɪskɔːd] N (frm: quarrelling) discordia f; (Mus) disonancia f.

discordant [dɪs'kɔːdənt] ADJ (relationship) mal avenido/a; (opinions) discorde, opuesto/a; (sound) disonante.

discotheque ['dɪskəʊtek] N discoteca f.

discount ['dɪskaʊnt] [1] N (gen) descuento m, rebaja f; **to give a ~ of 10%** dar un descuento del 10 por cien; **to sell at a ~** vender con descuento, vender a precio reducido.
[2] [dɪs'kaʊnt] VT (report etc) descartar.
[3] ['dɪskaʊnt] CPD: **~ house** N (US) tienda f de rebajas; **~ rate** N tasa f de descuento; **~ store** N (US) economato m.

discourage [dɪs'kʌrɪdʒ] VT [a] (dishearten) desanimar, desalentar. [b] (dissuade, deter) resistir; (relationship) oponerse a; **to ~ sb from doing sth** oponerse a que algn haga algo.

discouragement [dɪs'kʌrɪdʒmənt] N (dissuasion) desaprobación f; (depression) desánimo m, desaliento m; (obstacle) estorbo m.

discouraging [dɪs'kʌrɪdʒɪŋ] ADJ desalentador(a).

discourse ['dɪskɔːs] [1] N discurso m. [2] [dɪs'kɔːs] VI: **to ~ upon** disertar sobre.

discourteous [dɪs'kɜːtɪəs] ADJ descortés/esa, poco formal.

discourtesy [dɪs'kɜːtɪsɪ] N falta f de formalidad; (act) descortesía f.

discover [dɪs'kʌvəʳ] VT (gen) descubrir; (after search) encontrar, hallar; (information) enterarse de; (notice: loss, mistake) darse cuenta de.

discovery [dɪs'kʌvərɪ] N (finding) descubrimiento m; (thing found) hallazgo m.

discredit [dɪs'kredɪt] [1] N (dishonour) descrédito m, deshonor m; **to bring ~ on sb** deshonrar a algn. [2] VT (theory) poner en duda; (family) deshonrar.

discreet [dɪs'kriːt] ADJ discreto/a.

discrepancy [dɪs'krepənsɪ] N discrepancia f (between entre).

discrete [dɪs'kriːt] ADJ específico/a.

discretion [dɪs'kreʃən] N (being discreet) discreción f; (judgment) juicio m; **he may at his ~ allow it** puede discrecionalmente permitirlo; **it is within his ~ to** + infin es de su competencia + infin; **at one's ~** a discreción; **use your own ~** juzga por ti mismo; **~ is the better part of valour** una retirada a tiempo es una victoria.

discretionary [dɪs'kreʃənərɪ] ADJ discrecional.

discriminate [dɪs'krɪmɪneɪt] VI distinguir (between entre); **to ~ against/in favour of** discriminar en contra/a favor de.

discriminating [dɪs'krɪmɪneɪtɪŋ] ADJ perspicaz, discernidor(a); (taste etc) fino/a.

discrimination [dɪs,krɪmɪ'neɪʃən] N [a] (prejudice) discriminación f (against en contra de; in favour of a favor de); **racial/sexual ~** discriminación racial/sexual. [b] (good judgment) juicio m.

discus ['dɪskəs] N disco m.

discuss [dɪs'kʌs] VT (talk about: topic etc) hablar de, discutir; (problem, essay) cambiar opiniones sobre.

discussion [dɪs'kʌʃən] N discusión f; (meeting) intercambio m de opiniones; **under ~** en discusión.

disdain [dɪs'deɪn] [1] N desdén m, desprecio m. [2] VT: **to ~ sth** desdeñar algo; **to ~ to do sth** no dignarse a hacer algo.

disdainful [dɪs'deɪnfʊl] ADJ desdeñoso/a.

disease [dɪ'ziːz] N enfermedad f, mal m.

diseased [dɪ'ziːzd] ADJ (person) enfermo/a; (tissue) contagiado/a; (mind) enfermo/a, morboso/a.

disembark [,dɪsɪm'bɑːk] VT, VI desembarcar.

disembarkation [,dɪsemba:'keɪʃən] N (of goods) desembarque m; (of persons) desembarco m.

disembodied ['dɪsɪm'bɒdɪd] ADJ incorpóreo/a.

disembowel [,dɪsɪm'baʊəl] VT desentrañar, destripar.

disenchanted ['dɪsɪn'tʃɑːntɪd] ADJ desencantado/a (with con).

disenfranchise ['dɪsɪn'fræntʃaɪz] VT privar del derecho de votar.

disengage [,dɪsɪn'geɪdʒ] [1] VT (free) soltar, desasir; (Mech) desacoplar, desenganchar; (clutch) desembragar. [2] VI (Mil) retirarse, romper el contacto.

disengagement [,dɪsɪn'geɪdʒmənt] N retirada f, rompimiento m de contacto.

disentangle ['dɪsɪn'tæŋgl] VT (string etc) desenredar; **to ~ o.s. from** (fig) desenredarse de.

disfavour, (US) disfavor [dɪs'feɪvəʳ] N (disapproval) desaprobación f; **to fall into ~** caer en desgracia; **to look with ~ on** desaprobar.

disfigure [dɪs'fɪgəʳ] VT (face) desfigurar; (area) afear.

disfigurement [dɪs'fɪgəmənt] N (see vt) desfiguración f; afeamiento m.

disgrace [dɪs'greɪs] [1] N (state of shame) deshonra f,

ignominia *f*; (*shameful thing*) vergüenza *f*; **to be a ~ to the school/family** deshonrar *or* ser una deshonra para la escuela/la familia; **to be in ~** haber caído en desgracia; **it's a ~** es una vergüenza; **to bring ~ on** deshonrar.
[2] VT (*family, country*) deshonrar; **he ~d himself** se deshonró.

disgraceful [dɪsˈɡreɪsfʊl] ADJ vergonzoso/a.

disgruntled [dɪsˈɡrʌntld] ADJ (*bad-tempered*) malhumorado/a; (*unhappy*) descontento/a.

disguise [dɪsˈɡaɪz] [1] N disfraz *m*; **in ~** disfrazado/a. [2] VT disfrazar; (*feelings etc*) ocultar, disimular; **to ~ o.s. as** disfrazarse de.

disgust [dɪsˈɡʌst] [1] N repugnancia *f*, asco *m*; **she left in ~** se marchó indignada. [2] VT dar asco a, repugnar.

disgusted [dɪsˈɡʌstɪd] ADJ asqueado/a, lleno/a de asco.

disgusting [dɪsˈɡʌstɪŋ] ADJ [a] (*revolting*) asqueroso/a, repugnante. [b] (*fam: awful*) horrible; (: *shameless*) vergonzoso/a, lamentable; **how ~!** (*revolting*) ¡qué asco!; (*awful*) ¡qué horrible *or* feo!

dish [dɪʃ] [1] N (*gen*) plato *m*; (*serving ~*) fuente *f*, platón *m* (*LAm*); (*TV*) antena *f* parabólica; **to wash** *or* **do the ~es** fregar los platos.
[2] CPD: **~ aerial,** (*US*) **~ antenna** N antena *f* parabólica; **~ soap** N (*US*) lavavajillas *m*.
♦ **dish out** VT + ADV (*food*) servir; (*money, advice*) repartir.
♦ **dish up** VT + ADV (*food*) servir.

dishcloth [ˈdɪʃklɒθ] N (*pl* **~s** [ˈdɪʃklɒðz]) (*for washing*) bayeta *f*; (*for drying*) trapo *m*.

dishearten [dɪsˈhɑːtn] VT desalentar, desanimar.

disheartening [dɪsˈhɑːtnɪŋ] ADJ desalentador(a).

dishevelled, (*US*) **disheveled** [dɪˈʃevəld] ADJ (*hair*) despeinado/a; (*clothes*) desarreglado/a, desaliñado/a.

dishonest [dɪsˈɒnɪst] ADJ (*person*) poco honrado/a; (*means, plan etc*) fraudulento/a.

dishonesty [dɪsˈɒnɪstɪ] N falta *f* de honradez.

dishonour, (*US*) **dishonor** [dɪsˈɒnəʳ] N deshonra *f*.

dishonourable, (*US*) **dishonorable** [dɪsˈɒnərəbl] ADJ deshonroso/a; **~ discharge** (*US Mil*) licencia *f* deshonrosa.

dish-rack [ˈdɪʃræk] N escurridor *f* de platos, escurreplatos *m inv*.

dishrag [ˈdɪʃræɡ] N trapo *m* para fregar los platos.

dishtowel [ˈdɪʃtaʊəl] N trapo *m* de secar.

dishware [ˈdɪʃweəʳ] N (*US*) loza *f*, vajilla *f*.

dishwasher [ˈdɪʃˌwɒʃəʳ] N (*machine*) (máquina *f*) lavaplatos *m inv* or lavavajillas *m inv*; (*person: in restaurant*) lavaplatos *mf inv*.

dishwashing liquid [ˈdɪʃˌwɒʃɪŋˌlɪkwɪd] N (*US*) lavavajillas *m*.

dishwater [ˈdɪʃwɔːtəʳ] N agua *f* de lavar platos; (*fig*) agua sucia.

disillusion [ˌdɪsɪˈluːʒən] [1] N desilusión *f*. [2] VT desilusionar; **to become ~ed with sb/sth** quedar desilusionado/a con algn/algo.

disillusionment [ˌdɪsɪˈluːʒənmənt] N desilusión *f*.

disincentive [ˌdɪsɪnˈsentɪv] N punto *m* en contra, desincentivo *m* (*to a*).

disinclination [ˌdɪsɪnklɪˈneɪʃən] N aversión *f* (*for a*; *to do* hacer).

disinclined [ˈdɪsɪnˈklaɪnd] ADJ: **to be ~ to do sth** estar poco dispuesto/a a hacer algo.

disinfect [ˌdɪsɪnˈfekt] VT desinfectar.

disinfectant [ˌdɪsɪnˈfektənt] N desinfectante *m*.

disinflation [ˌdɪsɪnˈfleɪʃən] N desinflación *f*.

disinformation [ˌdɪsɪnfəˈmeɪʃən] N desinformación *f*.

disinherit [ˈdɪsɪnˈherɪt] VT desheredar.

disintegrate [dɪsˈɪntɪɡreɪt] VI desintegrarse.

disintegration [dɪsˌɪntɪˈɡreɪʃən] N desintegración *f*.

disinter [ˈdɪsɪnˈtɜːʳ] VT desenterrar.

disinterested [dɪsˈɪntrɪstɪd] ADJ (*impartial*) desinteresado/a, imparcial; (*strictly incorrect: uninterested*) indiferente.

disinvest [ˌdɪsɪnˈvest] VT desinvertir.

disinvestment [ˌdɪsɪnˈvestmənt] N desinversión *f*.

disjointed [dɪsˈdʒɔɪntɪd] ADJ (*remark*) inconexo/a.

disk [dɪsk] [1] N (*esp US*) = **disc**; (*Comput*) disco *m*; **single-/double-sided ~** disco de una cara/dos caras.
[2] CPD: **~ drive** N unidad *f* de disco, disk drive *m*; **~ operating system** N sistema *m* operativo de discos; **~ pack** N paquete *m* de discos; **~ unit** N unidad de disco.

diskette [dɪsˈket] N disquete *m*, diskette *m*, disco *m* flexible.

▼ **dislike** [dɪsˈlaɪk] [1] N aversión *f*, antipatía *f* (*of* a); **to take a ~ to sb/sth** cogerle *or* (*LAm*) agarrarle antipatía a algn. [2] VT (*thing, person*) tener antipatía a, no gustarle a algn; **I ~ her intensely** le tengo mucha antipatía.

dislocate [ˈdɪsləʊkeɪt] VT (*Med*) dislocar; (*plans*) desarreglar; **he ~d his shoulder** se dislocó el hombro.

dislodge [dɪsˈlɒdʒ] VT (*stone, obstruction*) sacar; (*cap, screw*) desbloquear; (*enemy etc*) desalojar (*from* de).

disloyal [ˈdɪsˈlɔɪəl] ADJ desleal (*to* con).

disloyalty [ˈdɪsˈlɔɪəltɪ] N deslealtad *f*.

dismal [ˈdɪzməl] ADJ (*gloomy: place, weather*) deprimente, triste; (: *future*) desalentador(a), poco prometedor(a); (: *mood*) abatido/a; **a ~ failure** un fracaso total.

dismantle [dɪsˈmæntl] VT (*machine etc*) desmontar, desarmar.

dismay [dɪsˈmeɪ] [1] N consternación *f*; **in ~** consternado/a; **(much) to my ~** para gran consternación mía; **to fill sb with ~** consternar a algn. [2] VT consternar.

dismember [dɪsˈmembəʳ] VT desmembrar.

dismiss [dɪsˈmɪs] VT [a] (*from job: worker*) despedir; (: *official*) destituir, remover (*LAm*). [b] (*send away: gen*) despachar; (*troops*) dar permiso (para irse); (*discount: problem, possibility*) descartar; **~!** (*Mil*) ¡rompan filas!; **class ~ed!** (*Scol*) es todo por hoy. [c] (*thought*) rechazar, apartar de sí; (*request*) rechazar; (*possibility*) descartar, desechar; **with that he ~ed the matter** con eso dio por concluido el asunto. [d] (*Jur: court case*) anular; (: *appeal*) rechazar.

dismissal [dɪsˈmɪsəl] N (*from job*) despido *m*; (*of officials*) destitución *f*; (*Jur*) desestimación *f*.

dismissive [dɪsˈmɪsɪv] ADJ: **he said in a ~ tone** dijo como quien no quería tomar la cosa en serio.

dismount [dɪsˈmaʊnt] [1] VI desmontarse, apearse (*from* de). [2] VT (*rider*) desmontar.

disobedience [ˌdɪsəˈbiːdɪəns] N desobediencia *f*.

disobedient [ˌdɪsəˈbiːdɪənt] ADJ desobediente.

disobey [ˈdɪsəˈbeɪ] VT (*person*) desobedecer; (*rule*) infringir.

disorder [dɪsˈɔːdəʳ] N [a] (*confusion, untidiness*) desorden *m*; (*Pol: rioting*) disturbios *mpl*; **in ~** desordenado/a. [b] (*Med: ailment*) trastorno *m*.

disordered [dɪsˈɔːdəd] ADJ (*room, thoughts*) desordenado/a; (*Med: mind*) trastornado/a.

disorderly [dɪsˈɔːdəlɪ] ADJ (*untidy: room*) desordenado/a, desarreglado/a; (*unruly: behaviour, crowd*) indisciplinado/a, turbulento/a; (: *meeting*) alborotado/a; **~ conduct** (*Jur*) conducta *f* escandalosa; **~ house** (*euph*) burdel *m*.

disorganized [dɪsˈɔːɡənaɪzd] ADJ desorganizado/a; (*person*) poco metódico/a.

disorient [dɪsˈɔːrɪənt], **disorientate** [dɪsˈɔːrɪənteɪt] VT desorientar.

disown [dɪsˈəʊn] VT (*person*) no reconocer como suyo; (*belief etc*) renegar de; (*representative etc*) desautorizar.

disparage [dɪsˈpærɪdʒ] VT (*person, achievements*) menospreciar, despreciar.

disparaging [dɪsˈpærɪdʒɪŋ] ADJ (*comment etc*) despectivo/a; **to be ~ about sb/sth** menospreciar a algn/algo.

disparate [ˈdɪspərɪt] ADJ dispar.

disparity [dɪsˈpærɪtɪ] N disparidad *f*.

dispassionate [dɪsˈpæʃnɪt] ADJ (*unbiased*) imparcial; (*unemotional*) desapasionado/a.

dispatch [dɪsˈpætʃ] [1] N [a] (*sending: of person*) envío *m*; (: *of goods*) consignación *f*, envío.
[b] (*report: in press*) reportaje *m*, informe *m*; (: *Mil*) parte *m*, comunicado *m*; **mentioned in ~es** (*Mil*) citado en el orden del día.
[c] (*promptness*) prontitud *f*.

> SENTENCE BUILDER: **dislike** → 1.3

2 VT (send: letter, goods) enviar, remitir; (: messenger, troops) enviar; (deal with: business) despachar; (old: kill) despachar.

3 CPD: **~ case** N portafolios m; **~ department** N departamento m de envíos; **~ note** N aviso m de envío; **~ rider** N correo m; (Mil) correo militar.

dispel [dɪsˈpel] VT (fog, smell) disipar; (fig: fear etc) desvanecer; (: doubts) disipar, barrer.

dispensable [dɪsˈpensəbl] ADJ prescindible, innecesario/a.

dispensary [dɪsˈpensərɪ] N (gen) dispensario m; (in hospital) farmacia f.

dispensation [ˌdɪspenˈseɪʃən] N (Jur, Rel) dispensa f.

dispense [dɪsˈpens] VT (distribute: food, money) repartir; (justice) aplicar; (medicine, prescription) preparar; **this machine ~s coffee** esta máquina da café.

◆ **dispense with** VI + PREP prescindir de.

dispenser [dɪsˈpensəʳ] N (person) farmacéutico/a m/f; (container) distribuidor m automático.

dispensing chemist [dɪsˈpensɪŋˈkemɪst] N (shop) farmacia f.

dispersal [dɪsˈpɜːsəl] N (scattering) dispersión f.

disperse [dɪsˈpɜːs] 1 VT (scatter) dispersar; (news etc) diseminar. 2 VI (crowd) dispersarse; (mist) esfumarse.

dispersion [dɪsˈpɜːʃən] N = **dispersal**.

dispirited [dɪsˈpɪrɪtɪd] ADJ desanimado/a, desalentado/a, deprimido/a.

displace [dɪsˈpleɪs] VT (gen) desplazar; (move) cambiar de lugar; (replace) reemplazar; (remove from office) destituir; **~d person** desplazado/a m/f.

displacement [dɪsˈpleɪsmənt] N (see vt) desplazamiento m; cambio m de lugar; reemplazo m; destitución f.

display [dɪsˈpleɪ] 1 N (showing: of goods for sale) exposición f; (: ostentatiously) ostentación f; (: of emotion, interest) manifestación f; (: of force) despliegue m; (exhibition: of paintings etc) exposición f; (: of goods etc) muestrario m, surtido m; (Comput) visualización f, despliegue; (military ~) desfile m. 2 VT (put on view: goods) exhibir, exponer; (show: emotion, ignorance) mostrar, manifestar; (: clothes) lucir; (notice, results) exponer; (Comput) desplegar. 3 CPD: **~ advertising** N (Press) pancartas fpl publicitarias, publicidad f gráfica; **~ unit** N (Comput) monitor m; **~ window** N escaparate m.

displease [dɪsˈpliːz] VT (offend) ofender; (annoy) disgustar, enfadar (Sp), enojar (LAm).

displeasure [dɪsˈpleʒəʳ] N disgusto m, desagrado m; **to incur sb's ~** ofender a algn.

disposable [dɪsˈpəʊzəbl] ADJ (not reusable: napkin etc) desechable; (available: money) disponible; **~ assets** activos mpl disponibles; **~ income** renta f disponible.

disposal [dɪsˈpəʊzəl] N (distribution) disposición f; (sale) venta f; (of property) traspaso m; **to put sth at sb's ~** poner a la disposición de algn; **to have at one's ~** tener a su disposición; **it's at your ~** está a tu disposición; **refuse ~** recolección f de basuras.

dispose [dɪsˈpəʊz] VT a (arrange: furniture) disponer, colocar; (troops) desplegar. b **to be ~d to do sth** estar dispuesto a hacer algo; **to be well ~d towards sb/sth** estar bien dispuesto a algn/algo.

◆ **dispose of** VI + PREP (get rid of: evidence etc) deshacerse de; (: rubbish) tirar, botar (LAm); (by selling: goods, property) traspasar, vender; (matter, problem) resolver.

disposition [ˌdɪspəˈzɪʃən] N (temperament) carácter m, temperamento m.

dispossess [ˈdɪspəˈzes] VT (tenant) desahuciar; **to ~ sb of** desposeer a algn de, privar a algn de.

disproportionate [ˌdɪsprəˈpɔːʃnɪt] ADJ desproporcionado/a.

disprove [dɪsˈpruːv] VT refutar.

disputable [dɪsˈpjuːtəbl] ADJ discutible.

dispute [dɪsˈpjuːt] 1 N (quarrel) disputa f, discusión f; (debate) discusión f; (controversy) controversia f; (industrial ~) conflicto m laboral; **beyond ~** indudable, incuestionable; **in** or **under ~** (matter) en litigio; (territory) disputado.

2 VT (statement, claim) dudar, rechazar.
3 VI (argue) discutir (about, over sobre).

disputed [dɪsˈpjuːtɪd] ADJ discutible; (territory etc) en litigio.

disqualification [dɪsˌkwɒlɪfɪˈkeɪʃən] N (from membership, competition) descalificación f.

disqualify [dɪsˈkwɒlɪfaɪ] VT: **to ~ sb (from)** (disable) incapacitar a algn (para); (from sport) desclasificar a algn (para); **to ~ sb from driving** quitar el carnet de conducir a algn.

disquiet [dɪsˈkwaɪət] N preocupación f, inquietud f.

disquieting [dɪsˈkwaɪətɪŋ] ADJ inquietante.

disregard [ˈdɪsrɪˈɡɑːd] 1 N (indifference: for feelings, money, danger) indiferencia f (for a); (nonobservance: of law, rules) desacato m, violación f (of de); **with complete ~ for** sin atender en lo más mínimo a. 2 VT (remark, feelings) hacer caso omiso de; (authority, duty) desatender.

disrepair [ˈdɪsrɪˈpeəʳ] N: **in a state of ~** en mal estado; **to fall into ~** (house) desmoronarse; (machinery etc) deteriorarse, descomponerse.

disreputable [dɪsˈrepjʊtəbl] ADJ (person, place) de mala fama; (clothing) desaliñado/a.

disrepute [ˈdɪsrɪˈpjuːt] N: **to fall/bring into ~** desprestigiarse/desprestigiar.

disrespect [ˈdɪsrɪsˈpekt] N falta f de respeto.

disrespectful [ˌdɪsrɪsˈpektfʊl] ADJ: **to be ~ (to** or **towards)** faltarle el respeto (a).

disrupt [dɪsˈrʌpt] VT (meeting, communications etc) interrumpir; (plans) trastornar, alterar.

disruption [dɪsˈrʌpʃən] N (see vb) interrupción f; trastorno m, alteración f.

disruptive [dɪsˈrʌptɪv] ADJ perjudicial.

dissatisfaction [ˈdɪsˌsætɪsˈfækʃən] N insatisfacción f (with con).

dissatisfied [ˈdɪsˈsætɪsfaɪd] ADJ descontento/a, insatisfecho/a (with con).

dissect [dɪˈsekt] VT (animal) disecar; (fig) analizar minuciosamente.

dissemble [dɪˈsembl] 1 VT ocultar, disimular. 2 VI disimular.

disseminate [dɪˈsemɪneɪt] VT (information etc) divulgar, difundir.

dissension [dɪˈsenʃən] N disensión f, desacuerdo m, discordia f.

dissent [dɪˈsent] 1 N disenso m, inconformidad f. 2 VI (gen) disentir (from de), estar inconforme (from con).

dissenter [dɪˈsentəʳ] N (Pol, Rel etc) disidente mf.

dissenting [dɪˈsentɪŋ] ADJ disidente.

dissertation [ˌdɪsəˈteɪʃən] N (Univ) tesina f.

disservice [ˈdɪsˈsɜːvɪs] N: **to do sb a ~** perjudicar a algn.

dissident [ˈdɪsɪdənt] ADJ, N (Pol) disidente mf.

dissimilar [dɪˈsɪmɪləʳ] ADJ distinto/a (to de).

dissimilarity [ˌdɪsɪmɪˈlærɪtɪ] N desemejanza f (between entre).

dissimulate [dɪˈsɪmjʊleɪt] VT disimular.

dissipate [ˈdɪsɪpeɪt] VT (dispel: fear, doubt etc) disipar; (waste: efforts, fortune) derrochar.

dissipated [ˈdɪsɪpeɪtɪd] ADJ (person) disipado/a, licencioso/a; (behaviour, life) disoluto/a.

dissipation [ˌdɪsɪˈpeɪʃən] N (debauchery) disolución f, libertinaje m.

dissociate [dɪˈsəʊʃɪeɪt] VT disociar (from de); **to ~ o.s. from sb/sth** disociarse de algn/algo.

dissolute [ˈdɪsəluːt] ADJ disoluto/a.

dissolution [ˌdɪsəˈluːʃən] N (gen, Pol) disolución f.

dissolve [dɪˈzɒlv] 1 VT (gen, Comm) disolver. 2 VI (gen) disolverse; **the crowd ~d** la muchedumbre se disipó; **it ~s in water** se disuelve en agua; **she ~d into tears** se deshizo en lágrimas.

dissuade [dɪˈsweɪd] VT disuadir (from doing de hacer).

distaff [ˈdɪstɑːf] 1 N rueca f. 2 CPD: **the ~ side** la rama femenina; **on the ~ side** por parte de la madre.

distance [ˈdɪstəns] 1 N distancia f; (far-off point) lejanía f; **the ~ between the houses** la distancia entre las casas; **what ~ is it to London?** ¿qué distancia hay de aquí a

Londres?; **it's a good ~** está muy *or* bastante lejos; **it is within walking ~** se puede ir andando; **at a ~ of 2 metres** a dos metros de distancia; **in the ~** a lo lejos; **from a ~** desde lejos; **at a ~ of 400 years** después de 400 años; **at this ~ in time** después de tanto tiempo; **to keep sb at a ~** *(fig)* guardar las distancias con algn; **to keep one's ~** *(lit)* mantenerse a distancia; *(fig)* guardar las distancias.
⟨2⟩ VT: **to ~ o.s. (from)** alejarse (de).
⟨3⟩ CPD: **~ learning** N enseñanza *f* a distancia, enseñanza por correspondencia; **~ race** N carrera *f* de larga distancia.

distant ['dɪstənt] ADJ *(far away: country etc)* distante, lejano/a; *(relation, past)* lejano; *(fig: aloof: manner, person)* reservado/a, frío/a; **the school is 2 km ~ from the church** la escuela está a 2 km de la iglesia; **in the ~ past/future** en el pasado/futuro remoto.

distantly ['dɪstəntlɪ] ADV *(smile, say)* con frialdad; *(resemble)* ligeramente; **we are ~ related** somos parientes lejanos.

distaste ['dɪs'teɪst] N aversión *f* (*for* por, a).

distasteful [dɪs'teɪstʊl] ADJ desagradable.

Dist. Atty. ABBR *(US) of* **District Attorney**.

distemper¹ [dɪs'tempəʳ] N *(paint)* temple *m*.

distemper² [dɪs'tempəʳ] N *(Vet)* moquillo *m*.

distend [dɪs'tend] ⟨1⟩ VT dilatar, hinchar. ⟨2⟩ VI dilatarse, hincharse.

distil, *(US)* **distill** [dɪs'tɪl] VT destilar.

distillery [dɪs'tɪlərɪ] N destilería *f*.

distinct [dɪs'tɪŋkt] ADJ *(different: species etc)* distinto/a *(from* de); *(clear: sound, shape)* claro/a; *(unmistakable: feeling etc)* inconfundible, marcado/a; **as ~ from** a diferencia de; **there is a ~ chance that ...** existe una clara posibilidad de que + *subjun*.

distinction [dɪs'tɪŋkʃən] N *(difference)* distinción *f*; **a writer of ~** un escritor destacado; **to draw a ~ between** hacer una distinción entre; **he got a ~ in English** *(Scol)* le dieron un sobresaliente en inglés.

distinctive [dɪs'tɪŋktɪv] ADJ distintivo/a, característico/a.

distinctly [dɪs'tɪŋktlɪ] ADV *(see, hear)* claramente; *(promise, prefer)* definitivamente; *(better)* marcadamente; **it is ~ possible (that)** bien podría ser (que + *subjun*).

distinguish [dɪs'tɪŋgwɪʃ] ⟨1⟩ VT ⟨a⟩ *(make different)* distinguir; *(differentiate)* distinguir entre; *(characterize)* caracterizar; **to ~ o.s. (as)** destacarse (como); **to ~ X from** *or* **and Y** distinguir X de Y.
⟨b⟩ *(discern: landmark, voice)* distinguir, vislumbrar.
⟨2⟩ VI distinguir *(between* entre).

distinguishable [dɪs'tɪŋgwɪʃəbl] ADJ distinguible.

distinguished [dɪs'tɪŋgwɪʃt] ADJ *(gen)* distinguido/a.

distinguishing [dɪs'tɪŋgwɪʃɪŋ] ADJ *(feature)* distintivo/a.

distort [dɪs'tɔːt] VT *(shape etc)* retorcer, deformar; *(fig: judgment, truth)* torcer, desvirtuar; **a ~ed impression** una impresión falsa.

distortion [dɪs'tɔːʃən] N deformación *f*; *(Phot)* distorsión *f*.

distr. ABBR ⟨a⟩ *of* **distribution**. ⟨b⟩ *of* **distributor**.

distract [dɪs'trækt] VT *(person)* **to ~ sb (from sth)** distraer a algn (de algo); **to ~ sb's attention (from sth)** desviar la atención de algn (de algo).

distracted [dɪs'træktɪd] ADJ distraído/a.

distraction [dɪs'trækʃən] N ⟨a⟩ *(interruption)* distracción *f*; *(entertainment)* diversión *f*. ⟨b⟩ *(distress, anxiety)* aturdimiento *m*; **to drive sb to ~** volver loco a algn.

distraught [dɪs'trɔːt] ADJ afligido/a, alterado/a *(LAm)*.

distress [dɪs'tres] ⟨1⟩ N ⟨a⟩ *(pain)* dolor *m*; *(mental anguish)* preocupación *f*, angustia *f*, aflicción *f*; **to be in great ~** estar sufriendo mucho.
⟨b⟩ *(poverty)* miseria *f*.
⟨c⟩ *(danger)* peligro *m*; **to be in ~** *(ship etc)* estar en peligro.
⟨2⟩ VT *(worry)* afligir; **I am ~ed to hear that ...** me da pena saber que ....
⟨3⟩ CPD: **~ rocket** N cohete *m* de señales; **~ signal** N señal *f* de socorro.

distressing [dɪs'tresɪŋ] ADJ *(see n (a))* doloroso/a; pre-

ocupante, angustiante.

distribute [dɪs'trɪbjuːt] VT *(deal out, spread out)* repartir; *(Comm: goods)* distribuir.

distribution [,dɪstrɪ'bjuːʃən] ⟨1⟩ N distribución *f*. ⟨2⟩ CPD: **~ cost** N gastos *mpl* de distribución; **~ network** N red *f* de distribución; **~ rights** NPL derechos *mpl* de distribución.

distributor [dɪs'trɪbjʊtəʳ] N *(Aut)* distribuidor *m*; *(Cine, Comm)* distribuidora *f*.

district ['dɪstrɪkt] ⟨1⟩ N *(of country)* región *f*, comarca *f*; *(of town)* distrito *m*, barrio *m*; *(administrative area)* distrito *m*. ⟨2⟩ CPD: **~ attorney** N *(US)* fiscal *m* (de un distrito judicial); **~ commissioner** N *(Brit)* jefe *m* de policía de distrito; **~ council** N municipio *m*; **~ manager** N representante *mf* regional; **~ nurse** N enfermera de la Seguridad Social encargada de una zona determinada.

distrust [dɪs'trʌst] ⟨1⟩ N desconfianza *f* (*of* en), recelo *m* (*of* de). ⟨2⟩ VT desconfiar de.

distrustful [dɪs'trʌstʊl] ADJ desconfiado/a.

disturb [dɪs'tɜːb] VT *(person: bother, interrupt)* molestar, estorbar; *(: worry)* preocupar; *(peace, order)* alterar; *(meeting etc)* interrumpir; *(papers etc)* desordenar; **sorry to ~ you** perdona la molestia; **'please do not ~'** 'se ruega no molestar'.

disturbance [dɪs'tɜːbəns] N *(social, political)* disturbio *m*; *(nuisance)* molestia *f*; *(in house, street)* alboroto *m*; *(fight)* altercado *m*, bronca *f* *(LAm)*; *(interruption)* interrupción *f*; **to cause a ~** causar alboroto; **~ of the peace** alteración *f* del orden público.

disturbed [dɪs'tɜːbd] ADJ *(worried)* preocupado/a, angustiado/a; *(Psych)* trastornado/a; **to have a ~ night** dormir mal.

disturbing [dɪs'tɜːbɪŋ] ADJ *(influence, thought)* perturbador(a); *(event)* inquietante, preocupante.

disuse ['dɪs'juːs] N: **to fall into ~** caer en desuso, caducar *(LAm)*.

disused ['dɪs'juːzd] ADJ abandonado/a.

ditch [dɪtʃ] ⟨1⟩ N *(gen)* zanja *f*; *(at roadside)* cuneta *f*; *(irrigation channel)* acequia *f*; *(as defence)* foso *m*.
⟨2⟩ VT *(fam: get rid of: car)* deshacerse de; *(: person)* dejar plantado/a *(fam)*; **to ~ a plane** hacer un amaraje forzoso.

dither ['dɪðəʳ] ⟨1⟩ N: **to be in a ~** *(be nervous)* estar muy nervioso; *(hesitate)* vacilar. ⟨2⟩ VI estar nervioso; **to ~ over a decision** vacilar en una resolución.

dithery ['dɪðərɪ] ADJ *(see n)* nervioso/a; indeciso/a, vacilante; *(from old age)* chocho/a.

ditto ['dɪtəʊ] N ídem, lo mismo; **I'd like coffee - ~ (for me)** yo quiero café - yo ídem de lo mismo.

ditty ['dɪtɪ] N cancioncilla *f*.

diuretic [,daɪjʊə'retɪk] ⟨1⟩ ADJ diurético. ⟨2⟩ N diurético *m*.

diva ['diːvə] N *(pl* **~s** *or* **dive** ['diːve]) diva *f*.

divan [dɪ'væn] ⟨1⟩ N diván *m*. ⟨2⟩ CPD: **~ bed** N cama *f* turca.

dive [daɪv] *(vb: pt, pp* **~d** *or (US)* **dove)* ⟨1⟩ N ⟨a⟩ *(into water)* salto *m* (de cabeza) (al agua), zambullida *f*, clavado *m* *(CAm, Mex)*, inmersión *f*; *(of submarine)* inmersion; *(Aer)* picado *m*, picada *f* *(LAm)*; *(Ftbl)* estirada *f*; **his reputation has taken a ~** *(fam)* su reputación ha caído en picado.
⟨b⟩ *(pej fam: club etc)* tasca *f*, leonera *f*.
⟨2⟩ VI ⟨a⟩ *(swimmer)* tirarse, zambullirse, dar un clavado *or* clavarse *(CAm, Mex)*; *(underwater)* bucear; *(submarine)* sumergirse; *(Aer)* bajar en picado; *(Ftbl)* tirarse, hacer una estirada.
⟨b⟩ *(fam: move quickly)* **to ~ in/out** lanzarse en/de; **he ~d for cover** se cobijó corriendo; **he ~d into the crowd** se metió entre la muchedumbre; **he ~d for the exit** se precipitó hacia la salida.

dive-bomb ['daɪvbɒm] VT *(town etc)* bombardear en picado.

diver ['daɪvəʳ] N *(swimmer)* saltador(a) *m/f*, clavadista *mf* *(LAm)*; *(deep-sea ~)* buzo *m*; *(sub-aqua)* escafandrista *mf*.

diverge [daɪ'vɜːdʒ] VI *(roads etc)* bifurcarse; *(fig: opinions etc)* divergir *(from* de).

divergence [daɪ'vɜːdʒəns] N divergencia *f*.

divergent [daɪ'vɜːdʒənt] ADJ divergente.

divers ['daɪvɜːz] ADJ diversos/as, varios/as.

diverse [daɪ'vɜːs] ADJ (*varied*) diverso/a, variado/a.
diversification [daɪ,vɜːsɪfɪ'keɪʃən] N diversificación f.
diversify [daɪ'vɜːsɪfaɪ] [1] VT diversificar; (*Comm*) variar.
  [2] VI (*Comm*) ampliar el campo de acción.
diversion [daɪ'vɜːʃən] N (*of traffic*) desviación f; (*pastime*) diversión f; **'D~'** (*road sign*) 'Desvío'; **to create a ~** (*gen*) distraer; (*Mil*) producir una diversión.
diversity [daɪ'vɜːsɪtɪ] N (*of opinions etc*) diversidad f.
divert [daɪ'vɜːt] VT [a] (*traffic, train etc*) desviar; (*conversation*) cambiar. [b] (*amuse*) divertir, entretener.
divest[1] [daɪ'vest] VT: **to ~ of** (*honour etc*) despojar de.
divest[2] [daɪ'vest] VT, VI (*US Fin*) disinvertir.
divestment [daɪ'vestmənt] N (*US Fin*) desinversión f.
divide [dɪ'vaɪd] [1] VT (*separate*) separar (*from* de); (*friends etc*) desunir; (*also ~ up*: *money, work, kingdom*) **to ~ into/between/among** repartir *or* dividir en/entre/entre; (*Math*) **to ~ 6 into 36** *or* **36 by 6** dividir 36 por 6.
  [2] VI (*road, river*) bifurcarse; (*Brit Pol*) votar; (*Math*) dividir.
◆ **divide off** VT + ADV (*land*) dividir, separar.
◆ **divide out** VT + ADV (*sweets etc*) repartir (*between, among* entre).
◆ **divide up** VT + ADV partir (*into* en; *among* entre).
divided [dɪ'vaɪdɪd] ADJ separado/a; (*country*) dividido/a; (*opinions*) en desacuerdo; **~ highway** (*US*) carretera f de doble calzada.
dividend ['dɪvɪdend] [1] N (*Fin*) dividendo m. [2] CPD: **~ cover** N cobertura f de dividendo.
dividers [dɪ'vaɪdəz] NPL compás msg de puntas.
dividing line [dɪ'vaɪdɪŋlaɪn] N línea f divisoria.
divine [dɪ'vaɪn] [1] ADJ divino/a; (*fig*) sublime; (*fam*) estupendo/a, maravilloso/a. [2] VT (*all senses*) adivinar.
diving ['daɪvɪŋ] [1] N (*professional*) el bucear, buceo m; (*sporting*) salto m de trampolín, clavado m (*CAm, Mex*); (: *from side of pool*) salto.
  [2] CPD: **~ bell** N campana f de buzo; **~ board** N trampolín m; **~ suit** N escafandra f, traje m de buceo.
divinity [dɪ'vɪnɪtɪ] N (*gen*) divinidad f; (*as study*) teología f.
divisible [dɪ'vɪzəbl] ADJ divisible.
division [dɪ'vɪʒən] N (*gen*) división f; (*sharing*) reparto m, distribución f; (*partition*) separación f, división f; (*line*) línea f divisoria; **to call a ~** (*Brit Pol*) exigir una votación; **~ of labour** división f del trabajo.
divisional [dɪ'vɪʒənl] ADJ de división, divisional.
divisive [dɪ'vaɪsɪv] ADJ divisivo/a.
divorce [dɪ'vɔːs] [1] N divorcio m.
  [2] VT divorciarse de; (*fig*) separar; **to ~ sth from sth** separar algo de algo; **to get ~d** divorciarse.
  [3] CPD: **~ court** N tribunal m de pleitos matrimoniales; **~ proceedings** NPL pleito msg de divorcio.
divorcee [dɪ,vɔː'siː] N divorciado/a m/f.
divulge [daɪ'vʌldʒ] VT divulgar, revelar.
DIY N ABBR, CPD ABBR of **do-it-yourself**.
dizziness ['dɪzɪnɪs] N (*nausea*) mareo m; (*at heights*) vértigo m.
dizzy ['dɪzɪ] ADJ (*person*) mareado/a; (*height*) vertiginoso/a; **I feel ~** estoy mareado.
DJ N ABBR of **disc jockey**.
Djakarta [dʒə'kɑːtə] N Yakarta f.
DJIA N ABBR (*US St Ex*) of **Dow-Jones Industrial Average**.
dl ABBR of **decilitre(s)** dl.
D Lit(t) N ABBR [a] (*Univ*) of **Doctor of Letters**. [b] (*Univ*) of **Doctor of Literature**.
DLO N ABBR of **dead-letter office** oficina de Correos que se encarga de las cartas que no llegan a su destino.
DM ABBR of **Deutschmark** DM.
dm ABBR of **decimetre(s)** dm.
D Mus N ABBR (*Univ*) of **Doctor of Music**.
DMZ N ABBR of **demilitarized zone**.
DNA N ABBR of **deoxyribonucleic acid** ADN m.
do[1] [duː] (*3rd pers sg present* **does**; *pt* **did**; *pp* **done**) [1] AUX VB [a] **~ you understand?** ¿comprendes?, ¿entiendes? (*LAm*); **I don't understand** no entiendo; **didn't you see him?** ¿no lo viste?
  [b] (*for emphasis*) **DO tell me!** dímelo, por favor; **but I DO like it!** ¡sí que me gusta!, ¡por supuesto que me gusta!; **so you DO know him!** así que sí lo conoces; **DO sit down**

(*polite*) siéntese, por favor, tome asiento, por favor (*LAm*); (*annoyed*) ¡siéntate, por favor!
  [c] (*used to avoid repeating vb*) **you speak better than I ~** tú hablas mejor que yo; **~ as I ~** haz tú como yo; **so ~ I** yo también, yo hago lo mismo; **neither ~ we** nosotros tampoco; **you didn't see him but I did** tú no le viste pero yo sí.
  [d] (*in question tags*) **he lives here, doesn't he?** vive aquí, ¿verdad? *or* ¿no es cierto? *or* ¿no?; **I don't know him, ~ I?** no lo conozco, ¿verdad?
  [e] (*in answers: replacing vb*) **do you speak English? - yes, I ~/no I don't** ¿habla Ud inglés? - sí, hablo inglés/no, no hablo inglés; **may I come in? - ~!** ¿se puede pasar? - ¡pasa!; **who made this mess? - I did** ¿quién lo ha desordenado todo? - fui yo.
  [2] VT [a] (*gen*) hacer; (*carry out*) realizar; **what are you ~ing tonight?** ¿qué haces esta noche?; **I've got nothing to ~** no tengo nada que hacer; **there's nothing to be done about it** no hay nada que hacer; **I shall ~ nothing of the sort** yo no lo haré bajo ningún concepto, ni pensarlo; **what does he ~ for a living?** ¿a qué se dedica?; **what am I to ~ with you?** ¿qué voy a hacer contigo?; **I'm going to ~ the washing** voy a hacer la colada; **what's to be done?** ¿que se puede hacer?; **I'll ~ all I can** haré lo que pueda; **what can I ~ for you?** ¿en qué puedo servirle?, ¿qué se le ofrece? (*LAm*); **it has to be done again** habrá que hacerlo de nuevo; **what's done cannot be undone** a lo hecho, pecho; **well done!** ¡muy bien!, ¡bravo!; **that's done it!** (*fam*) ¡eso es el colmo!; **that's just not done!** ¡eso no se hace!; **to ~ again** rehacer, repetir, volver a hacer; **what have you done with my slippers?** ¿donde has puesto mis zapatillas?; **what's he done with his hair?** ¿qué se ha hecho al pelo?
  [b] **to ~ Shakespeare/Italian** (*Scol*) estudiar Shakespeare/italiano; **to ~ the flowers** arreglar las flores; **who does your hair?** ¿a qué peluquería vas?, ¿quién te arregla el pelo?; **to ~ one's nails** arreglarse las uñas; **this room needs ~ing** este cuarto necesita arreglo; **she does her guests proud** trata bien a sus huéspedes.
  [c] (*only as pt, pp: finish*) **the job's done** el trabajo está terminado; **I haven't done telling you** (*fam*) ¡no he terminado de hablar!
  [d] (*visit: city, museum*) visitar, recorrer; (*country*) visitar, recorrer, viajar por.
  [e] (*Aut etc*) hacer, correr a; **the car can ~ 100 mph** el coche hace 100 millas por hora; **we've done 200 km already** llevamos 200 km de viaje ya.
  [f] (*fam: be suitable, sufficient*) venir bien, convenir; **that won't ~ him** eso no le convendrá; **that'll ~ me nicely** (*be suitable*) eso me vendrá muy bien; (*be enough*) con esto me arreglo.
  [g] (*play rôle of*) representar; (*mimic*) imitar.
  [h] (*fam: cheat*) estafar; (: *rob*) robar; **I've been done!** ¡me estafaron *or* robaron!; *see* **do out 2**.
  [i] (*Culin: vegetables etc*) preparar; **to ~ the cooking** cocinar; **how do you like your steak done?** ¿cómo te gusta el filete?; **well done** muy hecho.
  [j] (*fam: convict*) **he was done for speeding** le multaron por exceso de velocidad; **she was done for pilfering** la procesaron por ladrona.
  [3] VI [a] (*act etc*) hacer; **he did well to take your advice** hizo bien en seguir tus consejos; **you can ~ better than that** eres capaz de hacerlo mejor; **~ as you think best** haga lo que mejor le parezca; **~ as you would be done by** trata como quieres ser tratado.
  [b] (*fare*) **how is your father ~ing?** ¿como está *or* (*LAm*) cómo le va a tu padre?; **how do you ~?** (*greeting*) ¿cómo está Ud?, gusto en conocerle (*LAm*); (*as answer*) mucho gusto, encantado/a; **how are you ~ing?** (*fam*) ¿qué tal?, ¿cómo le va? (*LAm*); **to ~ badly** sufrir reveses, ir perdiendo, fracasar; (*in exam*) salir mal; **to ~ well** tener éxito, prosperar; (*in exam*) salir bien; **his business is ~ing well** sus negocios van bien.
  [c] (*finish: in past tenses only*) terminar; (*Culin*) hacer; **have**

you done? ¿ya has terminado?; **I've ~ with travelling** he terminado de viajar, he renunciado a los viajes. ⓓ *(be suitable)* convenir; **will this ~?** ¿qué te parece éste?; **that won't ~** eso no vale; **that will never ~!** ¡eso no se puede permitir!; **this room will ~** esta habitación vale *or* sirve; **will it ~ if I come back at 8?** ¿le conviene si vuelvo a las 8?; **it doesn't ~ to upset her** cuidado con ofenderla; **it would never ~ to** + *infin* sería inconcebible que + *subjun*, sería intolerable que + *subjun*; **this coat will ~ as a blanket** este abrigo servirá de manta; **to make ~** arreglárselas por su cuenta; **you'll have to make ~ with £15** tendrás que contentarte *or* apañarte con 15 libras. ⓔ *(be sufficient)* bastar, valer; **will £20 ~?** ¿tendrás bastante con *or* bastarán 20 libras?; **that'll ~** con eso basta; **that'll ~!** ¡basta ya!

④ N *(fam)* ⓐ *(party)* fiesta *f*, guateque *m*; *(formal gathering)* reunión *f*, ceremonia *f*. ⓑ *(trouble)* **that was quite a ~** eso sí que fue un lío. ⓒ *(in phrases)* **it's a poor ~** es una vergüenza; **the ~'s and don'ts** las reglas del juego; **fair ~s!** *(be fair)* ¡hay que ser justo!; *(fair shares)* ¡partes iguales!

◆**do away with** VI + PREP *(kill)* asesinar; *(get rid of: body, building)* deshacerse de.

◆**do by** VI + PREP: **to ~ well/badly by sb** tratar bien/mal a algn; **to be hard done by** ser tratado injustamente.

◆**do for** VI + PREP *(fam)* ⓐ *(clean for)* llevar la casa a. ⓑ *(finish off)* terminar; *(be tired)* **I'm ~ for** estoy rendido *(fam)*; **he's done for!** ¡está perdido!

◆**do in** VT + ADV *(fam: kill)* matar.

◆**do out** ① VT + ADV *(room)* limpiar, arreglar. ② VT + PREP *(cheat)* estafar; **he did her out of a job** le quitó el empleo.

◆**do up** VT + ADV ⓐ *(fasten: dress, shoes)* atar; (: *zip)* cerrar; (: *buttons)* abrochar; **books done up in paper** libros envueltos en papel. ⓑ *(renovate: house, room)* renovar; **to ~ o.s. up** maquillarse.

◆**do with** VI + PREP ⓐ *(with can, could: need)* no venirle mal; **I could ~ with some help** no me vendría mal un poco de ayuda; **we could have done with you there** nos hacías gran falta. ⓑ **what has that got to ~ with it?** ¿eso qué tiene que ver?; **it has to ~ with ...** se trata de ...; **money has a lot to ~ with it** se trata de dinero; **that has nothing to ~ with you!** ¡eso no tiene nada que ver contigo!; **I won't have anything to ~ with it** no quiero tener nada que ver con *or* saber nada de este asunto.

◆**do without** VI + PREP pasarse sin, prescindir de.

do² [dəʊ] N *(Mus)* do *m*.

do. ABBR *of* **ditto** ídem, íd.

DOA ABBR *of* **dead on arrival** ingresó cadáver.

d.o.b. N ABBR *of* **date of birth**.

doc [dɒk] N ABBR *(US fam)* = **doctor**.

docile ['dəʊsaɪl] ADJ dócil, sumiso/a.

dock¹ [dɒk] N *(Bot)* acedera *f*, ramaza *f*.

dock² [dɒk] VT ⓐ *(animal's tail)* descolar. ⓑ *(pay etc)* descontar.

dock³ [dɒk] ① N *(Naut)* dársena *f*, muelle *m*; **~s** muelles *mpl*, puerto *m*. ② VT poner en dique. ③ VI *(Naut)* atracar al muelle; *(spacecraft)* atracar *(with* con*)*, acoplarse *(with* a*)*; **the ship has ~ed** el barco ha atracado. ④ CPD: **~ dues** NPL derechos *mpl* de muelle.

dock⁴ [dɒk] N *(in court)* banquillo *m* de los acusados.

docker ['dɒkəʳ] N estibador *m*.

docket ['dɒkɪt] N *(label)* etiqueta *f*; *(certificate)* certificado *m*; *(bill)* factura *f*.

dockland(s) ['dɒklænd(z)] N(PL) zona *f* del puerto, zona portuaria.

dockyard ['dɒkjɑːd] N astillero *m*.

doctor ['dɒktəʳ] ① N ⓐ *(Med)* médico/a *m/f*; **D~ Brown** el doctor Brown; **to be under the ~** estar bajo tratamiento médico; **it was just what the ~ ordered** *(fam)* fue mano de santo; **~'s line, ~'s note** *(Brit)*, **~'s excuse** *(US)* baja *f*. ⓑ *(Univ)* doctor(a) *m/f*. ② VT ⓐ *(interfere with: food, drink, document)* adulterar.

ⓑ *(treat: cold)* tratar, curar. ⓒ *(fam: castrate: cat etc)* castrar.

doctorate ['dɒktərɪt] N doctorado *m*.

doctrinaire [ˌdɒktrɪˈnɛəʳ] ADJ doctrinario/a.

doctrinal [dɒkˈtraɪnl] ADJ doctrinal.

doctrine ['dɒktrɪn] N doctrina *f*.

docudrama ['dɒkjʊˌdrɑːmə] N docudrama *m*.

document ['dɒkjʊmənt] ① N documento *m*. ② ['dɒkjʊment] VT documentar. ③ ['dɒkjʊmənt] CPD: **~ case** N portadocumentos *m inv*; **~ reader** N *(Comput)* lector *m* de documentos.

documentary [ˌdɒkjʊˈmentərɪ] ① ADJ documental. ② N *(Cine, TV)* documental *m*.

documentation [ˌdɒkjʊmenˈteɪʃən] N documentación *f*.

DOD N ABBR *(US) of* **Department of Defense**.

dodder ['dɒdəʳ] VI *(walking)* andar con paso inseguro; *(hand)* temblequear.

doddering ['dɒdərɪŋ], **doddery** ['dɒdərɪ] ADJ temblón/ona, tambaleante.

doddle ['dɒdl] N: **it's a ~** *(Brit fam)* es un chollo *(fam)*.

dodge [dɒdʒ] ① N *(of body)* regate *m*; *(fam: trick)* truco *m*; *(Boxing etc)* finta *f*. ② VT *(elude: blow, ball)* esquivar; (: *pursuer)* dar esquinazo a; (: *acquaintance, problem, tax)* evadir; *(work, duty)* zafarse de, fumarse, rajarse *(LAm fam!)*; **to ~ the issue** evadir el tema. ③ VI esquivarse, escabullirse; *(Boxing)* hacer una finta; **to ~ out of the way** echarse a un lado; **to ~ behind a tree** ocultarse tras un árbol.

dodgem ['dɒdʒəm] N *(also ~ car)* coche *m* de choque; **the ~s** los coches de choque.

dodgy ['dɒdʒɪ] *(fam)* ADJ *(comp* **-ier***; superl* **-iest***)* *(uncertain)* arriesgado/a, difícil; *(business, person)* de poco fiar, poco fiable.

dodo ['dəʊdəʊ] N *see* **dead**.

DOE N ABBR ⓐ *(Brit) of* **Department of the Environment**. ⓑ *(US) of* **Department of Energy**.

doe [dəʊ] N *(deer)* cierva *f*, gama *f*; *(rabbit)* coneja *f*.

does [dʌz] 3RD PERS SG *of* **do**.

doesn't ['dʌznt] = **does not**.

doff [dɒf] VT *(Lit)* quitarse.

dog [dɒg] ① N ⓐ perro/a *m/f*; *(male: fox etc)* macho *m*; **it's ~ eat ~ in this place** aquí los perros se comen unos a otros; **every ~ has its day** a cada cerdo le llega su San Martín; **he's a ~ in the manger** es el perro del hortelano; **to go to the ~s** *(person)* echarse a perder; *(nation etc)* ir a la ruina; **she was dressed up like a ~'s dinner** *(fam)* estaba hecha un adefesio; **it's a ~'s life** es una vida de perros; **he hasn't a ~'s chance** no tiene la más remota posibilidad; **let sleeping ~s lie** *(proverb)* más vale no menearlo. ⓑ *(term of abuse)* tunante *m*, bribón *m*; *(fam: unattractive girl)* callo *m* *(fam)*. ② VT *(follow closely)* seguir (de cerca); **he was ~ged by ill luck** le persiguió la mala suerte; **he ~s my footsteps** me sigue los pasos. ③ CPD *(breed, show)* de perro, canino/a; *(fox, wolf)* macho; **~ biscuit** N galleta *f* de perro; **~ collar** N collar *m* de perro; **~ food** N comida *f* de perro; **~ guard** N *(Aut)* reja *f* separadora; **~ handler** N *(Police etc)* entrenador(a) *m/f* de perros; **~ tag** N *(US)* placa *f* de identidad *or* de identificación.

dog-eared ['dɒgɪəd] ADJ sobado/a.

dog-end ['dɒgend] N *(fam)* colilla *f*, toba *f* *(fam)*.

dogfight ['dɒgfaɪt] N *(Aer)* combate *m* aéreo (reñido y confuso); *(fam: squabble)* trifulca *f*, refriega *f* *(LAm)*.

dogged ['dɒgɪd] ADJ *(obstinate)* porfiado/a, terco/a; *(tenacious)* tenaz.

doggerel ['dɒgərəl] N coplas *fpl* de ciego, malos versos *mpl*.

doggie ['dɒgɪ] N = **doggy**.

doggo ['dɒgəʊ] ADV: **to lie ~** *(fam)* quedarse escondido/a.

doggone [ˌdɒg'gɒn] *(US fam)* ① INTERJ ¡maldición! ② ADJ condenado/a, maldito/a.

doggy ['dɒgɪ] ① N perrito *m*. ② CPD: **~ bag** N bolsita *f* para el perro.

doghouse ['dɒghaʊs] N (pl **-houses** [haʊzɪz]): **he's in the ~** (fam) está castigado.

dogma ['dɒgmə] N dogma m.

dogmatic [dɒg'mætɪk] ADJ dogmático/a.

do-gooder ['duː'gʊdəʳ] N (fam: gen) persona f bien intencionada; (pej) altruista, persona que va de bueno.

dogsbody ['dɒgzbɒdɪ] N burro m de carga.

dog-tired ['dɒg'taɪəd] ADJ (fam) rendido/a (fam), hecho/a polvo (fam), agotado/a.

doily ['dɔɪlɪ] N pañito m de adorno.

doing ['duːɪŋ] N: **this is your ~** esto es obra tuya; **it was none of my ~** no he tenido que ver; **nothing ~!** ¡de ninguna manera!, ¡ni hablar!; **that takes some ~!** ¡eso es obra de un genio!; **it will take a lot of** or **some ~** costará mucho hacerlo; **~s** hechos mpl, conducta fsg.

do-it-yourself ['duːɪtjə'self] [1] N bricolaje m. [2] CPD para hacerlo uno mismo; **~ enthusiast, ~ expert** N bricolador(a) m/f, bricolero/a m/f, aficionado/a m/f al bricolaje; **~ kit** N piezas fpl para montar uno mismo.

doldrums ['dɒldrəmz] NPL (fig) **to be in the ~** (person) estar abatido/a; (business) estar estancado.

dole [dəʊl] (Brit fam) [1] N (subsidio m de) paro; **to be on the ~** estar parado, cobrar el paro. [2] CPD: **~ queue** N cola f de los parados.

◆ **dole out** VT + ADV repartir.

doleful ['dəʊlfʊl] ADJ triste.

doll [dɒl] N [a] muñeca f. [b] (esp US fam: girl) muñeca f, preciosidad f.

◆ **doll up** VT + ADV: **to ~ o.s. up** (fam) ataviarse, emperijilarse.

dollar ['dɒləʳ] [1] N dólar m; **you can bet your bottom ~ that ...** es completamente seguro que .... [2] CPD: **~ area** N zona f del dólar; **~ bill** N billete m de un dólar.

dollop ['dɒləp] N (of jam etc) pegote m.

dolphin ['dɒlfɪn] N delfín m.

dolt [dəʊlt] N (fam) imbécil mf, pendejo/a m/f (LAm fam), huevón/ona m/f (And, CSur fam!).

domain [də'meɪn] N (lands etc) dominio m, propiedad f; (fig) campo m, competencia f.

dome [dəʊm] N (on building etc) cúpula f.

domed [dəʊmd] ADJ (roof) en forma de or con cúpula; (forehead) en forma de huevo.

domestic [də'mestɪk] ADJ (duty, bliss, animal) doméstico/a; (industry, policy, flight) nacional; **~ science** economía f doméstica; **~ servant** doméstico/a m/f.

domesticate [də'mestɪkeɪt] VT (wild animal) domesticar.

domesticated [də'mestɪkeɪtɪd] ADJ (animal) domesticado/a; (person) casero/a.

domesticity [ˌdəʊmes'tɪsɪtɪ] N vida f casera.

domicile ['dɒmɪsaɪl] N (frm: also **place of ~**) domicilio m.

dominant ['dɒmɪnənt] ADJ dominante.

dominate ['dɒmɪneɪt] VT, VI dominar.

domination [ˌdɒmɪ'neɪʃən] N (act of dominating) dominación f; (control) dominio m.

domineer [ˌdɒmɪ'nɪəʳ] VI dominar, tiranizar (over a).

domineering [ˌdɒmɪ'nɪərɪŋ] ADJ dominante, autoritario/a.

Dominican Republic [də'mɪnɪkənrɪ'pʌblɪk] N República f Dominicana.

dominion [də'mɪnɪən] N dominio m.

domino ['dɒmɪnəʊ] [1] N (pl **~es**) dominó m; **~es** dominó. [2] CPD: **~ effect** N (Pol) reacción f en cadena; **~ theory** N (Pol) teoría f de la reacción en cadena.

don[1] [dɒn] N (Brit Univ) catedrático/a m/f.

don[2] [dɒn] VT (garment) ponerse, ataviarse con.

donate [dəʊ'neɪt] VT donar, dar.

donation [dəʊ'neɪʃən] N (gift) donativo m.

done [dʌn] PP of **do.**

donkey ['dɒŋkɪ] [1] N burro m; **for ~'s years** (fam) durante un porrón de or muchísimos años. [2] CPD: **~ jacket** N chaqueta f de lanilla de trabajo.

donkey-work ['dɒŋkɪˌwɜːk] N (fam) trabajo m pesado.

donor ['dəʊnəʳ] [1] N donante mf. [2] CPD: **~ card** N carnet m de donante de órganos.

don't [dəʊnt] = **do not.**

donut ['dəʊnʌt] N (US) = **doughnut.**

doodle ['duːdl] [1] N dibujito m, garabato m. [2] VI hacer dibujitos or garabatos.

doom [duːm] [1] N (terrible fate) destino m funesto; (death) muerte f. [2] VT (destine) condenar (to a); **~ed to failure** condenado al fracaso.

doomsday ['duːmzdeɪ] N día m del juicio final; **till ~** (fig) hasta el juicio final.

door [dɔːʳ] N puerta f; (~way) entrada f, portal m; (of vehicle) puerta; **back/front ~** puerta principal/de atrás; **at the ~** a la puerta; **to pay at the ~** (Cine, Theat etc) pagar a la entrada; **behind closed ~s** a puerta cerrada; **3 ~s down the street** 3 puertas más abajo; **from ~ to ~** de puerta en puerta; **to lay the blame** or **sth at sb's ~** echar a algn la culpa; **to open the ~ to/close** or **shut the ~ on sth** (fig) abrir/cerrar la puerta a algo; **to show sb to the ~** acompañar a algn a la puerta; **to show sb the ~** enseñar la puerta a algn.

doorbell ['dɔːbel] N timbre m.

doorkeeper ['dɔːˌkiːpəʳ] N portero/a m/f, conserje mf.

doorknob ['dɔːnɒb] N mango m (de la puerta), manilla f (LAm), manija f.

doorman ['dɔːmən] N (pl **-men**) (of hotel, block of flats) portero/a m/f, conserje mf.

doormat ['dɔːmæt] N felpudo m, estera f; **he treats her like a ~** (fig) le trata como a un esclavo or le pisotea.

doornail ['dɔːneɪl] N see **dead 1 (a).**

doorstep ['dɔːstep] N (threshold) umbral m; (step) peldaño m; **on our ~** en la puerta misma; **we don't want an airport on our ~** no queremos un aeropuerto aquí tan cerca.

doorstop ['dɔːstɒp] N tope m.

door-to-door ['dɔːtəˌdɔːʳ] ADJ: **~ salesman** vendedor m de puerta en puerta, vendedor m a domicilio; **~ selling** ventas fpl a domicilio.

doorway ['dɔːweɪ] N (gen) entrada f, puerta f; (fig) portal m.

dope [dəʊp] [1] N (fam) [a] (drugs) drogas fpl; (cannabis) chocolate m (fam), mota f (LAm); (Sport) estimulante m; **to do ~** (US) doparse, drogarse. [b] (information) información f, informes mpl; **to give sb the ~** informar a algn. [c] (stupid person) idiota mf, imbécil mf. [2] VT (horse, person) drogar; (food, drink) adulterar con drogas. [3] (fam) CPD: **~ fiend** N drogata mf (fam); **~ test** N prueba f contra drogas.

dopey ['dəʊpɪ] (fam) ADJ (comp **-ier**; superl **-iest**) (drugged) drogado/a; (fuddled) atontado/a.

doping ['dəʊpɪŋ] N drogado m, doping m.

dorm [dɔːm] N (fam) = **dormitory.**

dormant ['dɔːmənt] ADJ (Bio, Bot) durmiente; (volcano) inactivo/a; (energy) latente; **to lie ~** (lit) estar inactivo; (fig) quedar por realizarse.

dormer ['dɔːməʳ] N (also **~ window**) buhardilla f.

dormitory ['dɔːmɪtrɪ] [1] N dormitorio m; (US: hall of residence) residencia f. [2] CPD: **~ suburb** N barrio m dormitorio; **~ town** N ciudad f satélite or dormitorio.

Dormobile ® ['dɔːməbiːl] N (Brit) combi m.

dormouse ['dɔːmaʊs] N (pl **dormice**) lirón m.

Dors ABBR (Brit) of **Dorset.**

dorsal ['dɔːsl] ADJ dorsal; **~ fin** aleta f dorsal.

DOS [dɒs] N ABBR of **disk operating system** sistema m operativo de discos.

dosage ['dəʊsɪdʒ] N (of medicine) dosificación f; (amount) dosis f.

dose [dəʊs] [1] N (of medicine) dosis f; (fam: of flu) ataque m; **in small ~s** (fig) en pequeñas cantidades. [2] VT medicinar (with de).

dosh [dɒʃ] N (fam) guita f (fam), dinero m.

doss [dɒs] VI (fam) **to ~ (down)** echarse a dormir.

dosser ['dɒsəʳ] N (Brit fam) pobre mf, vagabundo/a m/f.

dosshouse ['dɒshaʊs] N (pl **-houses** [haʊzɪz]) (Brit fam) pensión f de mala muerte.

dossier ['dɒsɪeɪ] N expediente m, sumario m (on sobre).

DOT N ABBR (US) of **Department of Transportation.**

dot [dɒt] [1] N punto m; **~s and dashes** (Morse) puntos y

rayas; **at 7 o'clock on the ~** a las 7 en punto.
2 VT salpicar; (*letter*) poner el punto sobre; **~ted with flowers** salpicado de flores; **they are ~ted about the country** están esparcidos por todo el país; **'tear along the ~ted line'** 'cortar por la línea de puntos'; **to sign on the ~ted line** (*fig*) firmar.
3 CPD: **~ command** N (*Comput*) instrucción *f* (precedida) de punto.
dotage ['dəʊtɪdʒ] N: **to be in one's ~** estar chocho.
dote [dəʊt] VI: **to ~ on** adorar (a), chochear (por).
doting ['dəʊtɪŋ] ADJ (*senile*) chocho/a; (*loving*) chocho/a, cariñoso/a.
dot-matrix printer [,dɒt,meɪtrɪks'prɪntəʳ] N impresora *f* matricial or de matriz de puntos.
dotty ['dɒtɪ] (*Brit fam*) ADJ (*comp* **-ier**; *superl* **-iest**) chiflado/a (*fam*), disparatado/a; (*idea, scheme*) estrafalario/a, tonto/a.
double ['dʌbl] 1 ADJ doble; **to lead a ~ life** llevar una doble vida; **~ the age** dos veces más grande; **to be ~ the age of** doblar en edad a; **~ the amount of money** el doble de dinero; **~ five two six (5526)** (*Telec*) cinco cinco dos seis; **spelt with a ~ 'm'** escrito con dos emes; **~ bass** contrabajo *m*; **~ bed** cama *f* de matrimonio; **~ bend** (*Aut*) dos curvas *fpl*; **~ bill** (*Cine*) programa *m* doble; **~ booking** doble reserva *f*; **~ chin** papada *f*; **~ cream** (*Brit*) nata *f* (para montar); **~ density disk** (*Comput*) disco *m* de doble densidad; **~ Dutch** (*Brit fam*) galimatías *m inv*; **to talk ~ Dutch** (*Brit fam*) hablar chino; **~ entry** partida *f* doble; **~ exposure** doble exposición *f*; **~ glazing** doble acristalamiento *m*, ventanas *fpl* dobles; **~ room** habitación *f* doble; **in ~ spacing** a doble espacio; **~ time** tarifa *f* doble; **~ vision** doble visión *f*, diplopía *f*.
2 ADV (*gen*) doble; **to be bent ~** estar doblado/a; **~ the amount** el doble; **to see ~** ver doble.
3 N (*amount*) doble *m*; (*person*) doble *mf*, viva imagen *f*; (*Cine*) doble *mf*; (*Tennis*) **a game of mixed/ladies' ~s** un partido de dobles mixtos/femeninos; **at the ~** a la carrera, corriendo.
4 VT a (*increase twofold: money, quantity etc*) duplicar, doblar; (*: efforts*) redoblar.
b (*fold: also* **~ over**) doblar.
5 VI a (*quantity etc*) doblarse, duplicarse.
b (*have two uses etc*) **to ~ as** hacer las veces de; **he ~d as Hamlet's father** también hizo el papel del padre de Hamlet.
◆**double back** 1 VI + ADV (*person*) volver sobre sus pasos.
2 VT + ADV (*blanket*) doblar.
◆**double up** VI + ADV a (*bend over*) doblarse; **he ~d up with laughter** se partió de la risa. b (*share bedroom*) compartir (una habitación).
double-barrelled ['dʌbl,bærəld] ADJ (*gun*) de dos cañones; (*name*) compuesto/a.
double-book [,dʌbl'bʊk] VT: **we were ~ed** habíamos hecho dos citas distintas; (*in hotel*) **we found we were ~ed** encontramos que habían reservado la habitación para dos parejas distintas.
double-breasted ['dʌbl'brestɪd] ADJ cruzado/a.
double-check ['dʌbl'tʃek] VT, VI revisar de nuevo.
double-click ['dʌbl,klɪk] (*Comput*) 1 VI hacer doble click. 2 VT hacer doble click en.
double-cross ['dʌbl'krɒs] VT (*fam*) traicionar, engañar.
double-date [,dʌbl'deɪt] 1 VT engañar con otro/otra. 2 VI (*US*) salir dos parejas.
double-decker ['dʌbl'dekəʳ] 1 N (*also* **~ bus**) autobús *m* de dos pisos. 2 CPD: **~ sandwich** N club sandwich *m*.
double-edged ['dʌbl'edʒd] ADJ (*remark*) de dos filos.
double entendre ['du:blɑ̃:n'tɑ:ndr] N equívoco *m*, frase *f* ambigua.
double-entry ['dʌbl'entrɪ] CPD: **~ book-keeping** N contabilidad *f* por partida doble.
double-glaze [,dʌbl'gleɪz] VT: **to ~ a window** termoaislar una ventana.
double-header [,dʌbl'hedəʳ] N (*US Sport*) dos encuentros consecutivos entre los mismos o diferentes equipos.
double-jointed ['dʌbl'dʒɔɪntɪd] ADJ con articulaciones

muy flexibles.
double-page ['dʌblpeɪdʒ] ADJ: **~ spread** doble página *f*.
double-park [,dʌbl'pɑ:k] VI estacionarse en doble fila.
double-quick ['dʌbl'kwɪk] ADV rapidísimamente, con toda prontitud; (*Mil*) a paso ligero.
double-sided disk [,dʌbl,saɪdɪd'dɪsk] N disco *m* de dos caras.
double-talk ['dʌbl,tɔːk] N lenguaje *m* con doble sentido.
doublethink ['dʌblθɪŋk] N razonamiento *m* contradictorio.
doubly ['dʌblɪ] ADV doblemente.
▼**doubt** [daʊt] 1 N (*uncertainty, qualm*) duda *f*; **to be in ~** (*person*) dudar; (*sb's honesty etc*) ser dudoso; **without (a) ~** sin duda (alguna); **beyond ~** fuera de duda; **if in ~** en caso de duda; **no ~ he will come** seguro que viene; **there is no ~ of that** de eso no cabe duda; **to cast ~ on** poner en duda; **to have one's ~s about sth** tener sus dudas acerca de algo.
2 VT a (*truth of statement etc*) dudar; **I ~ it very much** lo dudo mucho.
b (*be uncertain*) **to ~ whether** or **if** dudar si; **I don't ~ that he will come** no dudo de que venga.
doubter ['daʊtəʳ] N escéptico/a *m/f*.
▼**doubtful** ['daʊtfʊl] ADJ (*feeling, expression*) de duda; (*uncertain: result, success*) incierto/a; (*questionable: taste, reputation*) dudoso/a; **to be ~ about sth** tener dudas sobre algo; **I'm a bit ~** no estoy convencido/a.
doubtfully ['daʊtfəlɪ] ADV sin estar convencido.
doubtless ['daʊtlɪs] ADV sin duda, seguramente.
douche [du:ʃ] N ducha *f*; (*Med*) jeringa *f*.
dough [dəʊ] N a masa *f*. b (*fam: money*) pasta *f* (*Sp fam*), lana *f* (*LAm fam!*).
doughnut ['dəʊnʌt] N dónut *m*, dona *f* (*LAm*).
dour ['dʊəʳ] ADJ hosco/a.
douse [daʊs] VT (*with water*) mojar; (*flames*) apagar.
dove¹ [dʌv] N (*also Pol*) paloma *f*.
dove² [dəʊv] (*US*) PT of **dive**.
dovetail ['dʌvteɪl] 1 N (*also* **~ joint**) cola *f* de milano. 2 VT (*fig: fit*) encajar; (*: link*) enlazar. 3 VI (*fig*) encajarse, enlazarse.
dowager ['daʊədʒəʳ] CPD: **~ queen** reina *f* viuda.
dowdy ['daʊdɪ] ADJ (*comp* **-ier**; *superl* **-iest**) (*person, clothes*) pobre y pasado/a de moda.
dowel ['daʊəl] N clavija *f*.
Dow-Jones average [,daʊ,dʒəʊnz'ævərɪdʒ], **Dow-Jones index** [,daʊ,dʒəʊnz'ɪndeks] N (*US Fin*) índice *m* Dow-Jones.
down¹ [daʊn] N (*on bird*) plumón *m*; (*on person*) vello *m*; (*on fruit*) pelusa *f*.
down² [daʊn] N (*Geog*) colina *f*; **the D~s** (*Brit*) las Downs (*colinas del sur de Inglaterra*).
down³ [daʊn] 1 ADV a (*physical movement*) abajo, hacia abajo; (*to the ground*) a tierra; (*on the ground*) por or en tierra; **~!** (*to dog*) ¡quieto!; **to fall ~** caerse; **to run ~** bajar corriendo; **he came ~ from Glasgow to London** ha bajado or venido de Glasgow a Londres; **from the year 1600 ~ to the present day** desde el año 1600 hasta el presente; **from the biggest ~ to the smallest** desde el más grande hasta el más pequeño; **~ with traitors!** ¡abajo los traidores!
b (*static position*) abajo; **~ here** aquí (abajo); **~ there** allí (abajo); **he lives ~ South** vive en el sur; **~ under** en Australia o en Nueva Zelanda; **the blinds are ~** están bajadas las persianas; **the sun is ~** el sol se ha puesto; **I'll be ~ in a minute** ahora bajo; **I've been ~ with flu** he estado con gripe; **the computer is ~** el ordenador no funciona; **don't kick a man when he's ~** (*fig*) no des la puntilla; **to be ~ and out** no tener donde caerse muerto, estar sin un cuarto; **one ~, five to go** uno en el bote y quedan cinco.
c (*in writing*) **write this ~** apunta esto; **you're ~ for the next race** estás inscrito para la próxima carrera.
d (*in volume, degree, status*) **the tyres are ~** los neumáticos están desinflados; **his temperature is ~** le ha bajado la temperatura; **England are two goals ~** Inglaterra está perdiendo por 2 tantos; **I'm £20 ~** he per-

➤ SENTENCE BUILDER: **doubt** → 16.1, 17.1, 17.2   **doubtful** → 17.2

dido 20 libras, me faltan 20 libras; **I'm ~ to my last cigarette** me queda un cigarrillo nada más; **the price of meat is ~** ha bajado el precio de la carne.

[e] **it's all ~ to us now** ahora nosotros somos los únicos responsables; *(as deposit)* **to pay £50 ~** pagar un depósito de 50 libras, hacer un desembolso inicial de 50 libras.

[f] *(esp US)* **to be ~ on sb** tener inquina a algn.

[2] PREP *(indicating movement)* abajo, hacia abajo; *(at a lower point on)* abajo; **he ran his finger ~ the list** pasó el dedo por la lista; **he went ~ the hill** fue cuesta abajo; **face ~** boca abajo; **he lives ~ the street (from us)** vive en esta calle, más abajo de nosotros; **to go ~ the road** calle abajo; **looking ~ this road, you can see ...** mirando carretera abajo, se ve ...; **~ the ages** a través de los siglos; **he's gone ~ the pub** *(fam)* se ha ido al bar.

[3] ADJ [a] *(train, line)* de bajada; **~ payment** entrada *f*, pago *m* al contado; *(Fin)* desembolso *m* inicial; **~ side** pega *f*, desventaja *f*, lo malo *(of* de*)*.

[b] *(fam: depressed)* deprimido/a.

[4] VT *(opponent)* tirar *or* echar al suelo; **to ~ tools** *(fig)* declararse en huelga; **he ~ed a pint of beer** tragó una pinta de cerveza.

[5] N: **to have a ~ on sb** *(fam)* tenerle manía a algn.

down-and-out ['daʊnən,aʊt] [1] ADJ *(destitute)* pelado/a. [2] N *(tramp)* vagabundo/a *m/f*.

down-at-heel ['daʊnət'hiːl] ADJ decaído/a, venido/a a menos; *(appearance)* desastrado/a.

downcast ['daʊnkɑːst] ADJ *(sad)* abatido/a; *(eyes)* bajo/a.

downer ['daʊnəʳ] *(fam)* N *(tranquilizer)* tranquilizante *m*; *(depressing experience)* experiencia *f* deprimente.

downfall ['daʊnfɔːl] N *(collapse)* caída *f*; *(ruin)* ruina *f*.

downgrade [daʊn'greɪd] VT *(job, hotel)* degradar.

downhearted ['daʊn'hɑːtɪd] ADJ descorazonado/a.

downhill ['daʊn'hɪl] [1] ADV: **to go ~** *(road)* bajar; *(car)* ir cuesta abajo; *(fig: person)* ir cuesta abajo, estar en decadencia; *(: business)* estar en declive.

[2] ADJ en pendiente; *(skiing)* de descenso.

┌─ DOWNING STREET ─┐

ℹ️ **Downing Street** *es la calle de Londres, cerrada al público, donde se encuentran las residencias oficiales del primer ministro (**Prime Minister**) y del ministro de Economía y Hacienda (**Chancellor of the Exchequer**) en los Nᵒˢ 10 y 11. Los términos **Downing Street**, **Number Ten**, o **Ten Downing Street** se usan a menudo en los medios de comunicación para referirse al primer ministro o al gobierno.*

download [,daʊn'ləʊd] VT *(Comput)* descargar.

downloading [,daʊn'ləʊdɪŋ] N descarga *f*.

down-market [,daʊn'mɑːkɪt] [1] ADJ *(product)* inferior, para la sección popular del mercado *or* de la clientela. [2] ADV: **to go ~** buscar clientela en la sección popular.

downplay ['daʊnpleɪ] VT *(esp US fam)* minimizar la importancia de, quitar importancia a.

downpour ['daʊnpɔːʳ] N aguacero *m*, chubasco *m* *(LAm)*.

downright ['daʊnraɪt] [1] ADJ *(nonsense, lie)* patente, manifiesto/a; *(refusal)* categórico/a. [2] ADV *(rude, angry)* realmente.

downsize [,daʊn'saɪz] VT *(euph)* reducir la plantilla de.

Down's syndrome ['daʊnz,sɪndrəʊm] [1] N mongolismo *m*. [2] CPD: **a ~ baby** un niño mongólico.

downstairs ['daʊn'stɛəz] [1] ADJ *(on the ground floor)* de la planta baja; *(on the floor underneath)* del piso de abajo. [2] ADV escaleras abajo; **to come/go ~** bajar la escalera.

downstream ['daʊn'striːm] ADV río abajo *(from* de*)*.

downtime ['daʊn,taɪm] N tiempo *m* de inactividad, tiempo muerto.

down-to-earth ['daʊntʊ'ɜːθ] ADJ *(person)* natural, llano/a; *(: practical)* con sentido práctico; *(policy, outlook)* práctico/a, realista.

downtown ['daʊn'taʊn] *(US)* [1] ADV al centro. [2] ADJ: **~ San Francisco** el centro de San Francisco.

downtrend ['daʊn,trend] N *(Econ)* tendencia *f* a la baja; **in** *or* **on a ~** en baja.

downtrodden ['daʊn,trɒdn] ADJ *(person)* oprimido/a,

aplastado/a, pisoteado/a.

downturn ['daʊntɜːn] N descenso *m*, bajada *f*.

downward ['daʊnwəd] ADJ *(curve, movement etc)* descendente; *(slope)* en declive.

downward(s) ['daʊnwəd(z)] ADV *(go, look)* hacia abajo; **from the President ~s** todos, incluso el Presidente.

dowry ['daʊrɪ] N dote *f*.

doz. ABBR of **dozen** doc.

doze [dəʊz] [1] N sueño *m* ligero, siestecita *f*. [2] VI dormitar.

♦ **doze off** VI + ADV dormirse.

dozen ['dʌzn] N docena *f*; **80p a ~** 80 peniques la docena; **a ~ eggs** una docena de huevos; **~s of times/people** cantidad *f* de veces/gente.

dozy ['dəʊzɪ] ADJ *(comp* **-ier**; *superl* **-iest)** *(fam)* amodorrado/a, soñoliento/a.

D.Ph., D. Phil. N ABBR *(Univ)* of **Doctor of Philosophy**.

DPP N ABBR *(Brit)* of **Director of Public Prosecutions**.

DPT N ABBR of **diphtheria, pertussis, tetanus** vacuna *f* trivalente.

dpt ABBR of **department** dto.

DPW N ABBR *(US)* of **Department of Public Works** ≈ Ministerio *m* de Obras Públicas y Urbanismo.

dr ABBR *(Comm)* of **debtor**.

Dr(.) ABBR [a] of **doctor** Dr(a). [b] of **drive**.

drab [dræb] ADJ *(comp* **-ber**; *superl* **-best)** *(colour etc)* apagado/a, pardusco/a; *(life)* monótono/a, gris.

draft [drɑːft] [1] N [a] *(outline: in writing)* borrador *m*, versión *f*; *(: drawing)* boceto *m*.

[b] *(Mil: detachment)* destacamento *m*; **the ~** *(US Mil: conscription)* quinta *f*, leva *f* *(LAm)*, servicio *m* militar.

[c] *(Comm: also* **banker's ~**) letra *f* de cambio, giro *m*.

[d] *(Comput)* borrador *m*, impresión *f* tenue de puntos.

[e] *(US)* = **draught**.

[2] VT [a] *(also* **~ out**: *document: write)* redactar; *(: first attempt)* hacer un borrador de.

[b] *(Mil: for specific duty)* destacar; *(US Mil: conscript)* reclutar, llamar al servicio militar.

draftee [drɑːf'tiː] N *(US)* recluta *mf*.

draftsman ['drɑːftsmən] N *(US)* = **draughtsman**.

drag [dræg] [1] N [a] *(Aer: resistance)* resistencia *f* aerodinámica; *(fam: boring thing)* lata *f*, rollo *m* *(Sp fam)*; **what a ~!** *(fam)* ¡qué lata *or* rollo!

[b] *(fam: on cigarette)* chupada *f*, calada *f*.

[c] **in ~** *(fam)* vestido de travestí.

[d] **the main ~** *(US fam)* la calle mayor.

[2] VT *(object, person)* arrastrar; **~ and drop** *(Comput)* arrastrar y soltar.

[b] *(sea bed, river etc)* dragar, rastrear.

[3] VI *(go very slowly: time etc)* hacerse interminable.

[4] CPD: **~ artist** N *(fam)* travestista *m*; **~ lift** N *(Ski)* arrastre *m*; **~ queen** N *(fam)* travestí *m*; **~ race** N carrera de coches trucados de salida parada.

♦ **drag along** VT + ADV *(person)* arrastrar.

♦ **drag away** VT + ADV **to ~ away (from)** quitar arrastrando.

♦ **drag down** VT + ADV arrastrar hacia abajo; **to ~ sb down to one's own level** *(fig)* rebajarse al nivel de algn.

♦ **drag in** VT + ADV *(subject)* meter a la fuerza.

♦ **drag on** VI + ADV *(meeting, conversation)* hacerse interminable; *(fig)* ser cuento de nunca acabar.

dragnet ['drægnet] N rastra *f*, red *f* barredera; *(fig)* emboscada *f*.

dragon ['drægən] N dragón *m*.

dragonfly ['drægənflaɪ] N libélula *f*.

dragoon [drə'guːn] VT: **to ~ sb into sth** obligar *or* forzar a algn a hacer algo.

drain [dreɪn] [1] N [a] *(outlet: in house)* desagüe *m*; *(in street)* boca *f* de alcantarilla, sumidero *m*; **the ~s** *(sewage system)* el alcantarillado *msg*; **to throw one's money down the ~** *(fig)* tirar el dinero por la ventana.

[b] *(fig: source of loss)* **to be a ~ on** consumir, agotar; **it has been a great ~ on her** la ha agotado.

[2] VT *(Agr: land, marshes, lake)* drenar, desecar; *(vegetables, last drops)* escurrir; *(glass, radiator etc)* vaciar; *(Med: wound etc)* drenar; **to feel ~ed (of energy)** *(fig)* sentirse

agotado.
3 VI (*washed dishes, vegetables*) escurrir; (*liquid, stream*) desaguar, desembocar (*into* en).

◆**drain away** 1 VT + ADV (*liquid*) drenar.
2 VI + ADV (*liquid*) irse; (*strength*) agotarse.

◆**drain off** VT + ADV (*liquid*) drenar, desangrar.

drainage ['dreɪnɪdʒ] N (*of land: naturally*) desagüe *m*; (: *artificially*) drenaje *m*; (*of lake*) desecación *f*; (*sewage system*) alcantarillado *m*.

draining board ['dreɪnɪŋˌbɔːd], (US) **drainboard** ['dreɪnbɔːd] N escurridero *m*.

drainpipe ['dreɪnpaɪp] 1 N tubo *m* de desagüe, cañería *f*. 2 CPD: ~ **trousers** NPL pantalones *mpl* de pata estrecha.

drake [dreɪk] N pato *m* (macho).

dram [dræm] N (*Brit: of drink*) trago *m*.

drama ['drɑːmə] N (*dramatic art*) teatro *m*; (*play*) obra *f* de teatro, drama *m*; (*fig: event*) drama.

dramatic [drə'mætɪk] 1 ADJ (*art, criticism, event, entrance*) dramático/a; (*change*) marcado/a. 2 NSG OR NPL: ~**s** see **amateur**.

dramatist ['dræmətɪst] N dramaturgo/a *m/f*.

dramatize ['dræmətaɪz] VT a (*events etc*) dramatizar; (*Cine, TV: adapt: novel*) adaptar a la televisión/al cine. b (*exaggerate*) exagerar.

drank [dræŋk] PT of **drink**.

drape [dreɪp] 1 NPL: ~**s** (US) cortinas *fpl*. 2 VT (*object*) adornar (*with* de), tapizar (*with* con).

draper ['dreɪpəʳ] N pañero/a *m/f*, lencero/a *m/f*.

drapery ['dreɪpərɪ] N (*draper's shop*) pañería *f*, mercería *f* (LAm); (*cloth for hanging*) colgaduras *fpl*.

drastic ['dræstɪk] ADJ (*measures*) drástico/a; (*change, effect*) notorio/a; (*reduction etc*) severo/a.

drastically ['dræstɪkəlɪ] ADV drásticamente; (*cut*) severamente; **to be ~ reduced** sufrir una reducción importante; **he ~ revised his ideas** cambió radicalmente de ideas.

drat [dræt] VT: ~ **it!** (*fam*) ¡maldición!

draught, (US) **draft** [drɑːft] 1 N a (*of air*) corriente *f* (de aire); (*for fire*) tiro *m*. b (*drink*) **he took a long ~ of cider** se echó un trago largo de sidra; **on ~** de barril. c ~**s** (*Brit: game*) juego *m* de damas. 2 CPD: ~ **beer** N cerveza *f* de barril; ~ **excluder** N burlete *m*.

draught-proof, (US) **draft-proof** ['drɑːftpruːf] ADJ a prueba de corrientes de aire.

draught-proofing, (US) **draft-proofing** ['drɑːft,pruːfɪŋ] N burlete *m*.

draughtsman, (US) **draftsman** ['drɑːftsmən] N (*pl* **-men**) (*in drawing office*) dibujante *mf*.

draughty, (US) **drafty** ['drɑːftɪ] ADJ (*comp* **-ier**; *superl* **-iest**) (*room*) lleno/a de corrientes; (*street corner*) de mucho viento.

draw [drɔː] (*vb: pt* **drew**; *pp* ~**n**) 1 N a (*lottery*) lotería *f*; (*picking of ticket etc*) sorteo *m*; **it's the luck of the ~** es la suerte. b (*equal score*) empate *m*; **the match ended in a ~** el partido terminó con empate. c (*attraction*) atracción *f*. d **to be quick on the ~** (*lit*) ser rápido en sacar la pistola; (*fig*) ser muy avispado. 2 VT a (*pull: bolt, curtains:* to close) correr; (: *to open*) descorrer; (: *caravan, trailer*) tirar, jalar (LAm); **to ~ a bow** tensar un arco; **he drew his finger along the table** pasó el dedo por la superficie de la mesa; **he drew his hat over his eyes** cubrió los ojos con el sombrero; **she drew him to one side** lo llevó a un lado; **she drew him towards her** lo abrazó. b (*extract: gen*) sacar; (: *cheque*) girar; (: *salary*) cobrar; (*Culin: fowl*) destripar; **to ~ a bath** preparar el baño; **to ~ blood** sacar sangre; **to ~ a card** robar una carta; **to ~ (a) breath** respirar; **to ~ comfort from sth** hallar consuelo en algo; **to ~ a smile from sb** arrancar una sonrisa a algn. c (*attract: attention, crowd, customer*) atraer; **to feel ~n to sb** simpatizar con algn.

d (*sketch etc: picture, portrait*) dibujar; (: *plan, line, circle, map*) trazar; (*fig: situation*) explicar; (: *character*) trazar; **I ~ the line at (doing) that** a (hacer) eso no llego. e (*formulate: conclusion*) sacar (*from* de); **to ~ a comparison between** comparar; **to ~ a distinction** distinguir (*between* entre). f (*Ftbl etc*) **to ~ a match / game** empatar un partido. 3 VI a (*move*) **to ~ (towards)** acercarse (a); **he drew to one side** se apartó; **the train drew into the station** el tren entró en la estación; **the car drew over to the kerb** el coche se acercó a la acera; **he drew ahead of the other runners** se adelantó a los demás corredores; **the two horses drew level** los dos caballos se igualaron; **to ~ near** acercarse; **to ~ to an end** llegar a su fin. b (*in cards*) **to ~ for trumps** echar triunfos. c (*chimney etc*) tirar. d (*infuse: tea*) reposar, dejar en infusión. e (*be equal: two teams*) empatar; **the teams drew for second place** los equipos empataron en segundo lugar. f (*sketch*) dibujar.

◆**draw back** 1 VT + ADV (*object, hand*) retirar; (*curtains*) descorrer.
2 VI + ADV (*move back*) echarse atrás (*from* de).

◆**draw in** 1 VI + ADV a (*car. park*) aparcar, estacionar (LAm); (: *stop*) detenerse, pararse (LAm); (*train*) entrar en la estación. b **the days are ~ing in** los días se acortan ya. 2 VT + ADV (*breath, air*) aspirar; (*pull back in: claws*) retraer; (*attract: crowds*) atraer.

◆**draw on** 1 VI + ADV (*night*) acercarse.
2 VI + PREP = **draw upon**.

◆**draw out** VT + ADV a (*take out: handkerchief, money from bank*) sacar; **to ~ sb out (of his shell)** (*fig*) hacer que algn salga de sí mismo. b (*prolong: meeting etc*) alargar.

◆**draw up** 1 VT + ADV a (*formulate: will, contract*) redactar; (: *plans*) trazar. b (*chair*) acercar; (*troops*) ordenar, disponer; **to ~ o.s. up (to one's full height)** enderezarse. 2 VI + ADV (*car etc*) detenerse, pararse (LAm).

◆**draw upon** VI + PREP (*source*) inspirarse en; (*text*) poner a contribución; (*resources*) usar, hacer uso de, explotar; (*experience*) beneficiarse de, aprovechar; (*bank account*) retirar dinero de.

drawback ['drɔːbæk] N inconveniente *m*, desventaja *f*.

drawbridge ['drɔːbrɪdʒ] N puente *m* levadizo.

drawee [drɔː'iː] N girado *m*, librado *m*.

drawer[1] [drɔːʳ] N (*in desk etc*) cajón *m*.

drawer[2] ['drɔːəʳ] N (*Comm*) girador *m*.

drawers [drɔːz] NPL (*man's*) calzoncillos *mpl*; (*woman's*) bragas *fpl*.

drawing ['drɔːɪŋ] 1 N (*picture*) dibujo *m*; (*activity*) **I'm no good at ~** no sirvo para el dibujo. 2 CPD: ~ **board** N tablero *m* de dibujo; **back to the ~ board!** (*fig*) ¡a comenzar de nuevo!; ~ **pin** N chincheta *f*, chinche *f* or *m*; ~ **room** N salón *m*, sala *f*.

drawl [drɔːl] 1 N voz *f* cansina; **a Southern ~** un acento del sur. 2 VT decir alargando las palabras. 3 VI hablar alargando las palabras.

drawn [drɔːn] 1 PP of **draw**. 2 ADJ (*haggard: with tiredness*) ojeroso/a; (: *with pain*) macilento/a.

drawstring ['drɔːstrɪŋ] N cordón *m*.

dray [dreɪ] N carro *m* pesado.

dread [dred] 1 N terror *m*, pavor *m*; **he lives in ~ of being caught** vive aterrorizado por la idea de que le cojan or (LAm) agarren. 2 VT tener pavor a; **I ~ going to the dentist** me da pavor ir al dentista; **I ~ to think of it** (*fam*) ¡sólo pensarlo me da horror!

dreadful ['dredful] ADJ (*crime, sight, suffering*) espantoso/a, pavoroso/a; (*book, film*) pésimo/a; (*weather*) fatal; **how ~!** ¡qué barbaridad!, ¡qué horror!; **I feel ~!** (*ill*) ¡me siento fatal or malísimo/a!; (*ashamed*) ¡qué vergüenza!, ¡qué pena! (LAm), me da mucha vergüenza or pena.

dreadfully ['dredfəlɪ] ADV (*fam*) terriblemente; **he's ~ nice/young!** ¡qué simpático/joven es!; **I'm ~ sorry** lo siento muchísimo.

▼**dream** [driːm] (*vb: pt, pp* ~**ed** *or* ~**t**) [1] N (*gen*) sueño *m*; (*daydream*) ensueño *m*; (*vision*) sueño; (*fantasy*) ilusión *f*; **to have a ~ about sb/sth** soñar con algn/algo; **I had a bad ~** tuve una pesadilla; **sweet ~s!** ¡que sueñes con los angelitos!; **the museum was an archaeologist's ~** para un arqueólogo, el museo era un sueño; **it worked like a ~** funcionó a la maravilla; **she goes about in a ~** vive soñando, anda con la cabeza en las nubes; **my ~ is to +** *infin* el sueño de mi vida es + *infin*; **the house of her ~s** la casa de sus sueños; **rich beyond his wildest ~s** más rico de lo que jamás había soñado; **isn't he a ~?** (*of baby*) ¡qué preciosidad!; (*of man*) ¡que locura de hombre! [2] VT soñar; **I didn't ~ that ...** jamás me imaginaba que ....
[3] VI soñar (*of, about* con); **I wouldn't ~ of doing such a thing** no se me ocurriría hacer tal cosa; **I'm sorry, I was ~ing** disculpa, estaba pensando de otra cosa; **I wouldn't ~ of going!** ir, ¡ni hablar! *or* ¡ni soñando!; **there were more than I'd ever ~ed of** había más de lo que jamás me había imaginado.
[4] CPD: ~ **house** N casa *f* ideal; ~ **ticket** N (*Pol*) lista *f* de candidatos ideal.
◆**dream up** VT + ADV (*idea, plan*) idear, inventar.
dreamer ['driːmər] N (*impractical person*) soñador(a) *m/f*; **he's a bit of a ~** (*absent-minded*) es un despistado; (*idealistic*) es un soñador.
dreamless ['driːmlɪs] ADJ sin sueño.
dreamt [dremt] PT, PP of **dream**.
dreamy ['driːmɪ] ADJ (*comp* -**ier**; *superl* -**iest**) (*character, smile, tone*) soñador(a), distraído/a; (*music*) de sueño, suave.
dreary ['drɪərɪ] ADJ (*comp* -**ier**; *superl* -**iest**) (*landscape, weather*) monótono/a; (*life, work*) aburrido/a; (*book, speech*) pesado/a.
dredge [dredʒ] [1] N (*Mech*) draga *f*. [2] VT (*river, canal*) dragar.
◆**dredge up** VT + ADV sacar con draga; (*fig: unpleasant facts*) pescar, sacar a luz.
dredger[1] ['dredʒər] N (*ship*) draga *f*.
dredger[2] ['dredʒər] N (*Culin*) espolvoreador *m*.
dregs [dregz] NPL heces *fpl*; **the ~ of society** (*fig*) las heces de la sociedad.
drench [drentʃ] VT empapar (*with* de); ~**ed to the skin** empapado/a *or* calado/a hasta los huesos.
dress [dres] [1] N (*frock*) vestido *m*; (*no pl: clothing*) ropa *f*, vestimenta *f*; **evening ~** traje *m* de noche; **in summer ~** con ropa de verano.
[2] N [a] (*dress*) vestir; **to ~ o.s., to get ~ed** vestirse; ~**ed in green** vestido de verde; ~**ed up to the nines** de punta en blanco.
[b] (*Culin: salad*) aliñar; (: *chicken, crab*) aderezar; (*hair*) peinar, arreglar; (*wound*) vendar; (*shop window*) arreglar, decorar.
[3] VI vestirse; **she ~es very well** se viste muy bien; **to ~ for dinner** (*man*) ponerse smoking; (*woman*) ponerse traje de noche.
[4] CPD: ~ **circle** N principal *m*, anfiteatro *m*; ~ **designer** N modisto/a *m/f*; ~ **length** N (*material*) largo *m* de vestido; ~ **rehearsal** N ensayo *m* general; ~ **shirt** N camisa *f* de frac; ~ **suit** N traje *m* de etiqueta.
◆**dress up** [1] VI + ADV (*in smart clothes*) vestirse de etiqueta; (*in fancy dress*) disfrazarse.
[2] VT + ADV (*improve appearance of: facts etc*) ataviar.
dresser ['dresər] N (*in kitchen*) aparador *m*, rinconera *f*; (*dressing table*) tocador *m*; (*Theat*) camarero/a *m/f*.
dressing ['dresɪŋ] [1] N (*act*) vestirse *m*; (*Med: bandage*) vendaje *m*; (*Culin: salad ~*) aliño *m*; (*Agr*) abono *m*, fertilizante *m*.
[2] CPD: ~ **case** N neceser *m*; ~ **gown** N bata *f*; ~ **room** N (*in theatre*) camarino *m*; (*in sport*) vestuario *m*; ~ **station** N (*Mil*) puesto *m* de socorro; ~ **table** N tocador *m*.
dressing-down ['dresɪŋ'daʊn] N: **to give sb a ~** (*fam*) echar un rapapolvo a algn (*fam*).
dressmaker ['dresmeɪkər] N modista *f*, costurera *f*.
dressmaking ['dresmeɪkɪŋ] N costura *f*, corte *m* y confección *f*.

dressy ['dresɪ] ADJ (*comp* -**ier**; *superl* -**iest**) (*fam: person*) de mucho vestir; (: *clothing*) elegante.
drew [druː] PT of **draw**.
dribble ['drɪbl] [1] N (*of saliva*) babeo *m*; (*Ftbl*) drible *m*. [2] VT (*liquid*) hacer gotear; (*Ftbl*) driblar. [3] VI (*baby*) babear; (*liquid*) gotear; (*Ftbl*) driblar.
dribs [drɪbz] N: **in ~ and drabs** gota a gota.
dried [draɪd] [1] PT, PP of **dry**. [2] ADJ (*gen*) seco/a; (*milk*) en polvo.
drier ['draɪər] N = **dryer**.
drift [drɪft] [1] N [a] (*deviation from course*) deriva *f*; (*movement: of events*) movimiento *m*; (*change of direction*) cambio *m* (de dirección); (*meaning: of questions*) significado *m*; **to catch sb's ~** seguirle la corriente a algn; **I don't get your ~** no te entiendo.
[b] (*mass of snow*) ventisquero *m*; (: *of sand*) montón *m*; (*Geol*) **continental ~** deriva *f* continental.
[2] VI (*in wind, current*) dejarse llevar, ir a la deriva; (*snow, sand*) amontonarse; (*person*) vagar, ir a la deriva; (*events*) acercarse a, tender hacia; **to ~ downstream** dejarse llevar río abajo; **he ~ed into marriage** se casó sin pensárselo; **to let things ~** dejar las cosas como están.
◆**drift apart** VI + ADV irse separando poco a poco, irse separando sin quererlo.
◆**drift away** VI + ADV dejarse llevar por la corriente.
◆**drift off** VI + ADV (*doze off*) dormirse, quedarse medio dormido.
drifter ['drɪftər] N (*Naut*) trainera *f*; (*person*) vago/a *m/f*, vagabundo/a *m/f*.
driftwood ['drɪftwʊd] N madera *f* de deriva.
drill[1] [drɪl] [1] N [a] (*for wood, metal*) taladro *m*; (: *bit*) broca *f*; (*Min: for oil etc*) barrena *f*, perforadora *f*; (*dentist's ~*) fresa *f*; (*pneumatic ~*) taladradora *f*.
[b] (*Agr: furrow*) surco *m*.
[2] VT (*wood etc*) taladrar; (*tooth*) agujerear; (*oil well*) perforar.
[3] VI perforar (*for* en busca de).
drill[2] [drɪl] [1] N (*Mil, Scol etc: exercises*) ejercicios *mpl*; (*for fire*) simulacro *m* de incendio; **you all know the ~** (*fam*) todos sabéis lo que habéis de hacer; **what's the ~?** (*fam*) ¿qué es lo que tenemos que hacer?
[2] VT (*soldiers*) ejercitar; **to ~ pupils in grammar** hacer ejercicios de gramática con los alumnos; **to ~ good manners into a child** enseñar buenos modales a un niño.
[3] VI (*Mil*) hacer instrucciones.
drill[3] [drɪl] N (*fabric*) dril *m*.
drilling ['drɪlɪŋ] [1] N (*gen*) perforación *f*. [2] CPD: ~ **platform** N plataforma *f* de perforación; ~ **rig** N torre *f* de perforación.
drily ['draɪlɪ] ADV secamente.
drink [drɪŋk] (*vb: pt* **drank**; *pp* **drunk**) [1] N [a] (*liquid to ~*) bebida *f*; **there's food and ~ in the kitchen** hay de comer y de beber en la cocina; **may I have a ~?** ¿me podría dar algo de beber?; **to give sb a ~** dar de beber a algn.
[b] (*glass of alcohol*) copa *f*, trago *m* (*LAm*); **let's have a ~** vamos a tomar una copa *or* un trago; **I need a ~** me hace falta una copa *or* un trago.
[c] (*alcoholic liquor*) alcohol *m*, bebidas *fpl* alcohólicas; **he has a ~ problem** su problema es la bebida; **to take to ~** darse a la bebida; **to smell of ~** oler a alcohol; **his worries drove him to ~** sus problemas le llevaron al alcohol.
[d] (*Naut fam: sea*) **they fell into the ~** se cayeron al mar.
[2] VT (*gen*) beber, tomar (*esp LAm*); (*soup*) tomar; **would you like something to ~?** ¿quieres tomar algo?; **to ~ sb under the table** aguantar bebiendo más que otro.
[3] VI (*gen*) beber; (*alcohol*) tomar; **he doesn't ~** no es bebedor, no toma (*esp LAm*); **don't ~ and drive** si conduce, no beba; **he ~s like a fish** bebe como una esponja; **to ~ to sb/sth** brindar por algn/algo.
◆**drink in** VT + ADV (*subj: person: fresh air*) respirar; (*fig: story, sight*) beberse.
◆**drink up** [1] VT + ADV beberlo todo.
[2] VI + ADV bebérselo todo; ~ **up!** ¡su bebida!
drinkable ['drɪŋkəbl] ADJ (*not poisonous*) potable; (*palat-*

➤ SENTENCE BUILDER: **dream → 13.3**

able) aguantable; **quite ~** nada malo.

drink-driving ['drɪŋk'draɪvɪŋ] CPD: **~ campaign** N campaña *f* contra el alcohol en carretera; **~ offence** N delito *m* de conducir en estado de embriaguez.

drinker ['drɪŋkəʳ] N bebedor(a) *m/f*; **a heavy ~** un(a) bebedor(a) empedernido/a.

drinking ['drɪŋkɪŋ] **1** N (*drunkenness*) beber *m*. **2** CPD: **~ chocolate** N chocolate *m* (*bebida*); **~ fountain** N fuente *f*; **~ water** N agua *f* potable.

drinking-up ['drɪŋkɪŋʌp] CPD: **~ time** N tiempo permitido *para terminar de beber (en el pub).*

drip [drɪp] **1** N **a** (*droplet*) gota *f*; (*sound: of water etc*) goteo *m*; (*fam: spineless person*) soso/a.
b (*Med*) gota a gota *m inv.*
2 VT dejar caer gotas de.
3 VI (*liquid, tap etc*) gotear; **to be ~ping with sweat** estar sudando a chorros.

drip-dry ['drɪp'draɪ] ADJ inarrugable.

dripping ['drɪpɪŋ] **1** N (*Culin*) pringue *m or f.* **2** ADJ (*tap*) que gotea; (*washing, coat*) que chorrea or gotea; (: *wet*) mojado/a; **to be ~ wet** (*fam*) estar empapado/a.

drivability [,draɪvə'bɪlɪtɪ] N = **driveability**.

drive [draɪv] (*vb: pt* **drove**; *pp* **driven**) **1** N **a** (*outing*) vuelta *f or* paseo *m* en coche *or* (*LAm*) en carro; (*journey*) viaje *m* (en coche); **to go for a ~** ir de paseo en coche; **it's a long ~** está lejos.
b (*private road*) entrada *f.*
c (*in tennis, golf*) golpe *m.*
d (*energy, motivation*) empuje *m*, energía *f*; (*Psych*) impulso *m*, instinto *m*; **sex ~** instinto sexual.
e (*Comm, Pol*) campaña *f*; **sales ~** promoción *f* de ventas.
f (*Tech*) transmisión *f*, propulsión *f*; (*Comput*) unidad *f* de disco; (*Aut*) **front/rear-wheel ~** tracción *f* delantera/trasera; **left-hand ~** conducción *f* a la izquierda.
2 VT **a** (*cause to move: people, animals*) llevar, conducir; (: *clouds, leaves*) llevar; **the gale drove the ship off course** el ventarrón hizo derivar el barco; **to ~ sb hard** (*fig*) hacer trabajar mucho a algn; **to ~ sb to (do) sth** empujar a algn a (hacer) algo; **I was ~n to it** no me quedaba otra or alternativa; **~n by greed/ambition** empujado por la avaricia/la ambición; **to ~ sb mad** volver loco a algn; **to ~ sb to despair** llevar a algn a la desesperación.
b (*cart, car, train*) conducir, manejar (*LAm*); (*passenger*) llevar en coche; **he ~s a taxi** es taxista; **he ~s a Mercedes** tiene un Mercedes; **I'll ~ you home** te llevo (a tu casa), te dejo en tu casa.
c (*power: machine*) impulsar; (: *Comput*) controlar, accionar; **steam-~n train** tren de vapor; **machine ~n by electricity** máquina impulsada por electricidad.
d (*nail, stake*) clavar (*into* en); **to ~ a point home** (*fig*) remachar el clavo; **to ~ sth into sb's head** (*fig*) meterle a algn algo en la cabeza.
3 VI **a** (*steer*) conducir, manejar (*LAm*); **can you ~?** ¿sabes conducir or manejar?; **to ~ at 50 km an hour** ir a 50 km por hora; **to ~ on the left** circular por la izquierda; **'~ slowly'** 'marcha moderada'.
b (*go etc*) pasearse en coche, dar un paseo en coche; **to ~ to London** ir en coche a Londres; **he had been driving all day** había pasado todo el día al volante.

◆**drive at** VI + PREP (*fig: intend, mean*) querer decir, insinuar.

◆**drive away 1** VT + ADV (*chase away*) ahuyentar; (*person, cares*) alejar.
2 VI + ADV = **drive off 2**.

◆**drive back 1** VT + ADV (*person, army*) hacer retroceder.
2 VI + ADV volver (en coche).

◆**drive off 1** VT + ADV = **drive away 1**.
2 VI + ADV irse, marcharse (en coche); (*subj: car*) arrancar y partir.

◆**drive on 1** VI + ADV (*person, car*) no parar; (*after stopping*) seguir adelante.
2 VT + ADV (*incite, encourage*) empujar.

◆**drive out** VT + ADV (*force to leave*) echar, hacer salir; (*force to disappear*) hacer desaparecer.

◆**drive up 1** VT + ADV (*price etc*) hacer subir.
2 VI + ADV (*person, car*) acercarse en coche.

driveability [,draɪvə'bɪlɪtɪ] N manejabilidad *f*, capacidad *f* de maniobras.

drive-in ['draɪv,ɪn] (*esp US*) ADJ (*bank etc*) dispuesto/a para el uso del automovilista en su coche; **~ cinema** autocinema *m.*

drivel ['drɪvl] N (*fam: nonsense*) tonterías *fpl*, chorradas *fpl*, babosadas *fpl* (*LAm*).

driven ['drɪvn] PT of **drive**.

driver ['draɪvəʳ] N (*of car, bus*) conductor(a) *m/f*, chofer *m* (*LAm*); (*of taxi*) taxista *mf*; (*of lorry*) camionero/a *m/f*; **~'s license** (*US*) carnet *m* de conducir; **to be in the ~'s** or **driving seat** (*fig*) tener el mando.

driveway ['draɪvweɪ] N entrada *f.*

driving ['draɪvɪŋ] **1** N (*Aut*) el conducir, el manejar (*LAm*). **2** ADJ (*force*) impulsor(a); (*rain*) torrencial.
3 CPD: **~ instructor** N instructor(a) *m/f* de conducción; **~ lesson** N clase *f* de conducir or (*LAm*) manejo; **~ licence** N (*Brit*) carnet *m* or permiso *m* de conducir; **~ mirror** N retrovisor *m*; **~ school** N autoescuela *f*; **to be in the ~ seat** (*fig*) tener el mando; **~ test** N examen *m* de conducción or (*LAm*) manejo.

drizzle ['drɪzl] **1** N llovizna *f*, garúa *f* (*LAm*). **2** VI lloviznar.

droll [drəʊl] ADJ gracioso/a, divertido/a.

dromedary ['drɒmɪdərɪ] N dromedario *m.*

drone [drəʊn] **1** N **a** (*male bee*) zángano *m.*
b (*noise: of bees, engine etc*) zumbido *m*; (: *of voice*) tono *m* monótono.
c (*sponger*) parásito/a *m/f.*
2 VI (*bee, engine, aircraft*) zumbar; (*voice, person: also ~ on*) hablar monótonamente.

drool [druːl] VI (*slobber*) babear; **to ~ over sb/sth** (*fig*) caérsele la baba por algn/algo.

droop [druːp] VI (*head*) inclinarse; (*shoulders*) encorvarse; (*flower*) marchitarse; (*person*) estar encorvado; (: *fig*) decaer; **his spirits ~ed** quedó abatido or desanimado.

drop [drɒp] **1** N **a** (*gen*) gota *f*; **just a ~** dos gotitas nada más; **a ~ in the ocean** (*fig*) una gota de agua en el mar; **he's had a ~ too much** (*fam*) ha bebido más de la cuenta; **~s** (*Med*) gotas *fpl*; (*sweets*) pastillas *fpl.*
b (*fall: in price, temperature etc*) bajada *f*, caída *f*; **a ~ of 10%** una bajada del 10 por ciento; **at the ~ of a hat** con cualquier pretexto.
c (*steep incline*) pendiente *f*; (*fall*) caída *f*; **a ~ of 10 metres** una caída de 10 metros.
d (*by parachute: of supplies, arms etc*) lanzamiento *m.*
2 VT **a** (*let fall*) dejar caer; (: *bomb*) lanzar; (: *liquid*) echar gota a gota; (*release, let go of*) soltar; (*stitch*) dejar escapar; (*lower: eyes, voice, price, hem etc*) bajar; (*set down from car: object, person*) dejar; (*from boat: cargo, passengers*) descargar.
b (*utter casually: remark, name, clue*) soltar; **to ~ a word in sb's ear** hacer uso de sus influencias; **to ~ (sb) a hint about sth** echar (a algn) una indirecta sobre algo.
c (*send casually: postcard, note*) echar; **to ~ sb a line** mandar unas líneas a algn.
d (*omit: letter*) echar; (*not say*) no pronunciar; (*intentionally: person*) eliminar; (: *thing*) omitir; **I've been ~ped from the team** ya no formo parte del equipo.
e (*abandon*) dejar; (: *candidate*) rechazar; (: *boyfriend*) dejar, plantar; **let's ~ the subject** cambiemos de tema; **~ it!** (*fam: subject*) ¡ya está bien or (*LAm*) bueno!; (: *gun*) ¡suéltalo!
f (*lose: money, game*) perder.
3 VI **a** (*fall: object*) caer; **I'm ready to ~** (*fam*) estoy que no me tengo; **~ dead!** (*fam*) ¡vete al cuerno!, ¡vete al carajo! (*LAm*); **he let it ~ that ...** reveló que ...; **so we let the matter ~** así que dejamos el asunto.
b (*decrease: wind*) calmarse, amainar; (: *temperature, price, voice*) bajar; (: *numbers, crowd*) disminuir.
c (*end: conversation, correspondence*) dejar.

◆**drop back** VI + ADV quedarse atrás.

◆**drop behind** VI + ADV quedarse atrás; (*in work etc*) rezagarse.

◆**drop by** VI + ADV = **drop in.**
◆**drop down** VI + ADV caerse.
◆**drop in** VI + ADV (*fam: visit*) pasar *or* dejarse caer por casa *etc*; **to ~ in on** visitar inesperadamente.
◆**drop off** [1] VI + ADV [a] (*fall asleep*) dormirse. [b] (*decline: sales, interest*) disminuir. [2] VT + ADV (*person, thing, from car*) dejar.
◆**drop out** VI + ADV (*contents etc*) derramarse, salirse; (*fig: from competition etc*) retirarse; **to ~ out of society/ university** abandonar la sociedad/la universidad.
◆**drop round** [1] VT + ADV: **I'll ~ it round to you** pasaré por casa para dártelo. [2] VI + ADV = **drop in.**
droplet ['drɒplɪt] N gotita *f*.
dropout ['drɒpaʊt] N (*from society*) marginado/a *m/f*; (*from university*) estudiante que abandona la universidad antes de graduarse.
dropper ['drɒpər] N (*Med etc*) cuentagotas *m inv*.
droppings ['drɒpɪŋz] NPL (*of bird*) cagadas *fpl*; (*of animal*) excrementos *mpl*.
dross [drɒs] N (*fig*) escoria *f*.
drought [draʊt] N sequía *f*.
drove [drəʊv] [1] PT of **drive.** [2] N (*of cattle*) manada *f*; **~s of people** una multitud de gente; **they came in ~s** acudieron en tropel.
drown [draʊn] [1] VT (*people, animals*) ahogar; (*land*) inundar; (*also ~ out: sound*) ahogar; **like a ~ed rat** mojado/a hasta los huesos. [2] VI (*also be ~ed*) ahogarse, perecer ahogado.
drowse [draʊz] VI estar medio dormido.
drowsy ['draʊzɪ] ADJ (*comp* **-ier***; superl* **-iest**) (*sleepy: person, smile, look*) soñoliento/a; (*soporific: afternoon, atmosphere*) soporífero/a.
drudge [drʌdʒ] N (*person*) esclavo/a *m/f* del trabajo; (*job*) trabajo *m* pesado.
drudgery ['drʌdʒərɪ] N trabajo *m* pesado.
drug [drʌɡ] [1] N (*Med*) medicamento *m*; (*addictive substance*) droga *f*; (*: illegal*) droga, narcótico *m*; **he's on ~s** se droga. [2] VT (*person*) drogar; (*wine etc*) echar una droga en; **to be in a ~ged sleep** dormir bajo los efectos de una droga. [3] CPD: **~ abuse** N toxicomanía *f*; **~ abuser** N toxicómano/a *m/f*; **~ addict** N drogadicto/a *m/f*; **~ baron** N capo *m*; **~ dealer** N vendedor(a) *m/f* de drogas; **~ dependency** N drogodependencia *f*; **~ peddler, ~ pusher** N traficante *mf* de drogas, camello *mf* (*fam*); **~ runner** N narcotraficante *mf*; **~ squad** N brigada *f* antidrogas, grupo *m* de estupefacientes; **~ trafficker** N traficante *mf* de drogas, narcotraficante *mf*; **~ trafficking** N tráfico *m* de drogas, narcotráfico *m*.
druggist ['drʌɡɪst] N (*US*) farmacéutico/a *m/f*.
drug-related ['drʌɡrɪˌleɪtɪd] ADJ relacionado/a con la droga; **~ crime** drogodelincuencia *f*.
drugstore ['drʌɡstɔːr] N (*US*) tienda *f* de comestibles, periódicos y medicamentos.
drum [drʌm] [1] N [a] (*Mus*) tambor *m*, bombo *m*; **the ~s** la batería *f*. [b] (*container: for oil*) bidón *m*; (*Tech: cylinder, machine part*) tambor *m*. [c] (*Anat: also* **ear~**) tímpano *m*. [2] VT: **to ~ one's fingers on the table** tamborilear con los dedos sobre la mesa; **to ~ sth into sb** (*fig*) meterle algo a algn en la cabeza por la fuerza. [3] VI (*Mus*) tocar el tambor *etc*; (*tap: with fingers*) tamborilear; **the noise was ~ming in my ears** el ruido me estaba taladrando los oídos. [4] CPD: **~ brake** N (*Aut*) freno *m* de tambor; **~ machine** N caja *f* de ritmos.
◆**drum up** VT + ADV (*enthusiasm, support*) movilizar, fomentar.
drumkit ['drʌmkɪt] N batería *f*.
drummer ['drʌmər] N (*in military band etc*) tambor *m*; (*in jazz/pop group*) batería *mf*.
drumstick ['drʌmstɪk] N [a] (*Mus*) baqueta *f*, palillo *m* de tambor. [b] (*chicken leg*) muslo *m* de ave.
drunk [drʌŋk] [1] PP of **drink.**

[2] ADJ borracho/a, tomado/a (*esp LAm*); (*fig*) ebrio/a; **to get ~** emborracharse; **~ and disorderly behaviour** embriaguez *f* y alteración del orden público. [3] N (*fam*) borracho/a *m/f*.
drunkard ['drʌŋkəd] N borracho/a *m/f*.
drunken ['drʌŋkən] ADJ (*intoxicated*) borracho/a; (*: habitually*) alcohólico/a; (*brawl, orgy*) de borrachos; (*voice*) de borracho/a, de cazallero/a; **~ driving** conducir en estado de embriaguez.
drunkenness ['drʌŋkənnɪs] N (*state*) embriaguez *f*; (*habit, problem*) alcoholismo *m*.
dry [draɪ] [1] ADJ (*comp* **-ier***; superl* **-iest**) [a] (*gen*) seco/a; **~ as a bone** más seco que una pasa; **to feel/be ~** tener sed; **the river ran ~** el río se secó; **~ bread** pan *m* sin mantequilla; **~ cleaner's** tintorería *f*; **~ cleaning** limpieza *f* en seco; **~ dock** dique *m* seco; **~ goods, goods store** (*US*) mercería *f*; **~ ice** nieve *f* carbónica; **on ~ land** en tierra firme; **~ rot** putrefacción *f* fungoide de la madera; **~ run** (*fig*) ensayo *m*; **~ shampoo** champú *m* en polvo; **~ ski slope** pista *f* artificial de esquí. [b] (*humour*) agudo/a; (*uninteresting: lecture, subject*) aburrido/a, pesado/a. [2] VT (*gen*) secar; **to ~ one's hands/eyes** secarse las manos/las lágrimas; **to ~ the dishes** secar los platos; **to ~ o.s.** secarse. [3] VI secarse.
◆**dry off** [1] VI + ADV (*clothes etc*) secarse. [2] VT + ADV secar.
◆**dry out** [1] VI + ADV secarse; (*alcoholic*) curarse del alcoholismo. [2] VT + ADV (*see 1*) secar; curar del alcoholismo.
◆**dry up** VI + ADV [a] (*river, well*) agotarse, desecarse; (*moisture*) secarse; (*source of supply*) agotarse. [b] (*dry the dishes*) secar los platos. [c] (*fall silent: speaker*) callarse; **~ up!** (*fam*) ¡cállate!
dry-clean ['draɪ'kliːn] VT limpiar *or* lavar en seco; **'~ only'** (*on label*) 'limpiar *or* lavar en seco sólo'.
dryer ['draɪər] N (*for hair*) secador *m*; (*for clothes: machine*) secadora *f*; (*: rack*) tendedero *m*.
drying ['draɪɪŋ] [1] ADJ (*wind*) secante. [2] CPD: **~ cupboard** N armario *m* de tender; **~ room** N habitación *f* de tender.
dryly ['draɪlɪ] ADV = **drily.**
dryness ['draɪnɪs] N sequedad *f*.
DSc N ABBR (*Univ*) *of* **Doctor of Science.**
DSS N ABBR (*Brit*) *of* **Department of Social Security.**
DST N ABBR (*US*) *of* **Daylight-Saving Time.**
DT N ABBR (*Comput*) *of* **data transmission** transmisión *f* de datos.
DTI N ABBR (*Brit*) *of* **Department of Trade and Industry.**
DTP N ABBR *of* **desktop publishing.**
DTs N ABBR (*fam*) *of* **delirium tremens.**
dual ['djʊəl] ADJ doble; **~ carriageway** (*Brit*) carretera *f* de doble calzada; **~ nationality** nacionalidad *f*.
dual-purpose ['djʊəl'pɜːpəs] ADJ que sirve para dos cosas, de doble finalidad *or* uso.
dub [dʌb] VT [a] (*Cine*) doblar. [b] **they ~bed him 'Shorty'** le apodaron 'Shorty'.
Dubai [duː'baɪ] N Dubai *m*.
dubbing ['dʌbɪŋ] [1] N (*Cine*) doblaje *m*. [2] CPD: **~ mixer** N mezclador(a) *m/f* de sonido.
dubious ['djuːbɪəs] ADJ (*gen*) dudoso/a; (*look, smile*) indeciso/a; (*character, manner*) sospechoso/a; **I'm very ~ about it** tengo mis *or* grandes dudas sobre ello.
dubiously ['djuːbɪəslɪ] ADV en forma sospechosa *or* dudosa.
Dublin ['dʌblɪn] [1] N Dublín *m*. [2] CPD: **~ Bay prawn** N langostina *f*.
Dubliner ['dʌblɪnər] N dublinés/esa *m/f*.
duchess ['dʌtʃɪs] N duquesa *f*.
duchy ['dʌtʃɪ] N ducado *m* (*territorio*).
duck [dʌk] [1] N [a] pato *m*; (*female*) pata *f*; **wild ~** pato salvaje; **to take to sth like a ~ to water** adaptarse fácilmente a algo, sentirse (al poco tiempo) como pez en el agua; **like water off a ~'s back** sin producir efecto alguno; *see* **lame 1 (b).** [2] VT [a] (*plunge in water: person, head*) zambullir.

b to ~ **one's head** agachar la cabeza. **3** VI (also ~ **down**) agacharse; (in fight) esquivar; (under water) sumergirse.

◆ **duck out of** VI + PREP (fam) eludir, escabullir.

duckbill ['dʌkbɪl], **duck-billed platypus** ['dʌkbɪld-'plætɪpəs] N ornitorrinco m.

duckling ['dʌklɪŋ] N patito m.

duct [dʌkt] N (for ventilation, liquid etc) conducto m; (Anat) conducto, canal m.

ductile ['dʌktaɪl] ADJ (Tech: metal) dúctil.

dud [dʌd] (fam) **1** ADJ (shell, bomb) que no estalla; (false: coin, note) falso/a; (: cheque) sin fondos; (not working: machine etc) estropeado/a. **2** N (thing) filfa f; (person) desastre m, inútil mf.

dude [dju:d] (US fam) N tío m, tipo m; (dandy) petimetre m.

dudgeon ['dʌdʒən] N: **in high** ~ muy enojado, enfurecido.

▼**due** [dju:] **1** ADJ (owing: sum, money) pagadero/a, pendiente; (appropriate: care, respect) debido/a; **it's** ~ **on the 30th** el plazo vence el día 30; **I have £50** ~ **to me** me deben 50 libras; **to fall** ~ (Fin) vencer; **he's** ~ **a salary raise** (US) le corresponde un aumento de sueldo; **our thanks are** ~ **to him** le estamos muy agradecidos; **I am** ~ **6 days' leave** se me debe 6 días de vacaciones; **the train is** ~ **at 8** el tren tiene la llegada a las 8; **when is the plane** ~ **(in)?** ¿cuándo debe aterrizar el avión?; **I'm** ~ **in Chicago tomorrow** mañana me esperan en Chicago; **when is it** ~ **to happen?** ¿para cuándo se prevé?; **it is** ~ **to be demolished** tienen que demolerlo; **with all** ~ **respect** con el respeto debido; **after** ~ **consideration** después de largas consideraciones; **we'll let you know in** ~ **course** te avisaremos a su debido tiempo; ~ **to** (caused by) debido a; (because of) por, a causa de; (thanks to) gracias a; **what's it** ~ **to?** ¿a qué se debe?; ~ **date** fecha f de vencimiento. **2** ADV: ~ **west of** justo hacia el oeste de; **to go** ~ **north** ir derecho hacia el norte. **3** N **a** ~**s** (club, union fees) cuota fsg; (taxes) derechos mpl. **b** to give him his ~, he did try hard para ser justo, se esforzó mucho.

duel ['djʊəl] **1** N duelo m. **2** VI batirse en duelo.

duet [dju:'et] N dúo m; **to sing/play a** ~ cantar/tocar a dúo.

duff¹ [dʌf] (Brit fam) ADJ (poor quality) soso/a, insípido/a, sin valor; (useless) inútil.

duff² [dʌf] VT: **to** ~ **sb up** dar una paliza a algn.

duffel-bag, duffle-bag ['dʌfəlbæg] N bolsa f de lona; (Mil) talego m para efectos de uso personal.

duffel-coat, duffle-coat ['dʌfəlkəʊt] N comando m, abrigo m tres cuartos.

dug [dʌg] PT, PP of **dig**.

dugout ['dʌgaʊt] N (Mil) refugio m subterráneo.

duke [dju:k] N duque m.

dull [dʌl] **1** ADJ (comp ~**er**; superl ~**est**) **a** (slow-witted: person, mind) torpe; (: pupil) lento/a; (boring: book, evening) pesado/a; (: person, style) soso/a; **as** ~ **as ditchwater** de lo más aburrido; **to be** ~ **of hearing** ser duro de oído. **b** (dim: colour, eyes, metal) apagado/a; (overcast: weather, sky) gris; (muffled: sound, thud) sordo/a; (blunt: blade) romo/a; (Comm: trade, business) flojo/a; (lacking spirit: person, mood, humour) deprimido/a, desanimado/a. **2** VT (senses, pleasure, blade) embotar; (emotions) enfriar; (pain) amortiguar, aliviar; (mind, memory) entorpecer; (sound) amortiguar; (colour) apagar; (mirror, metal) deslustrar.

duly ['dju:lɪ] ADV (properly) debidamente; (as expected) a su debido tiempo; **he** ~ **arrived at 3** llegó a las 3, se había acordado; **everybody was** ~ **shocked** se escandalizaron todos, como era de esperar.

dumb [dʌm] ADJ (comp ~**er**; superl ~**est**) **a** (Med) mudo/a; (with surprise etc) sin habla; **a** ~ **person** un mudo; ~ **animals** animales mpl indefensos; **to be struck** ~ (fig) quedarse sin habla. **b** (fam: stupid) estúpido/a; **to act** ~

hacerse el estúpido.

dumbbell ['dʌmbel] N (in gymnastics) pesa f; (fam: fool) bobo/a m/f.

dumbfound [dʌm'faʊnd] VT pasmar; **we were** ~**ed** quedamos mudos de asombro.

dumbness ['dʌmnɪs] N **a** (Med) mudez f. **b** (fam: stupidity) estupidez f.

dumbstruck ['dʌmstrʌk] ADJ: **we were** ~ quedamos mudos de asombro.

dumbwaiter ['dʌm'weɪtəʳ] N (Brit) estante m giratorio; (US) montaplatos m inv.

dummy ['dʌmɪ] **1** ADJ (not real) falso/a, postizo/a; **a** ~ **gun** una pistola de juguete; ~ **run** ensayo m. **2** N (Comm: sham object) envase m vacío; (for clothes) maniquí m; (baby's teat) chupete m; (Ftbl) finta f; (Bridge) muerto m; (fam: idiot) tonto/a m/f.

dump [dʌmp] **1** N (pile of rubbish) montón m de basura; (place for refuse) basurero m, vertedero m, tiradero(s) m(pl) (Mex) (Mil) depósito m; (pej fam: town) poblacho m; (: hotel etc) cuchitril m; (Comput) vuelco m de memoria; **to be (down) in the** ~**s** (fam) tener murria, estar deprimido. **2** VT (rubbish etc) verter, descargar; (fam: put down: parcel) dejar, saltar; (: passenger) dejar, plantar; (: sand, load) descargar, verter; (fam: get rid of: boyfriend, girlfriend) deshacerse de; (: reject) rechazar; (: thing) tirar; (Comm: goods) inundar el mercado de; (Comput) volcar.

dumper ['dʌmpəʳ] N (also ~ **truck**) dúmper m.

dumping ['dʌmpɪŋ] **1** N (Comm) dúmping m. **2** CPD: ~ **ground** N vertedero m.

dumpling ['dʌmplɪŋ] N masa f hervida rellena de frutas or carne.

dumptruck ['dʌmptrʌk] N (US) dúmper m.

dumpy ['dʌmpɪ] ADJ regordete.

dun [dʌn] ADJ pardo/a.

dunce [dʌns] N (Scol) zopenco/a m/f.

dune [dju:n] N duna f.

dung [dʌŋ] N (of horse etc) excrementos mpl; (as manure) estiércol m.

dungarees [ˌdʌŋgə'ri:z] NPL mono msg, pantalón m de peto.

dungeon ['dʌndʒən] N calabozo m, mazmorra f.

dunk [dʌŋk] VT mojar; (Basketball) machacar.

duodenal [ˌdju:əʊ'di:nl] ADJ: ~ **ulcer** úlcera f del duodeno.

duodenum [ˌdju:əʊ'di:nəm] N duodeno m.

dupe [dju:p] **1** N inocentón/ona m/f. **2** VT engañar; **to** ~ **sb (into doing sth)** embaucar a algn (para que haga algo).

duplex ['dju:pleks] (US) N (also ~ **apartment**) dúplex m; (also ~ **house**) casa con una vivienda arriba y una abajo.

duplicate ['dju:plɪkeɪt] **1** VT (document etc) duplicar; (on machine) copiar; (repeat: action) repetir. **2** ['dju:plɪkɪt] N (copy of letter etc) copia f; **in** ~ por duplicado. **3** ['dju:plɪkɪt] ADJ (copy) copiado/a, duplicado/a; ~ **key** duplicado m de una llave.

duplicating machine ['dju:plɪkeɪtɪŋmə'ʃi:n], **duplicator** ['dju:plɪkeɪtəʳ] N multicopista f.

duplication [ˌdju:plɪ'keɪʃən] N duplicación f; (of action) repetición f (incómoda); (unnecessary) pluralidad f (innecesaria).

duplicity [dju:'plɪsɪtɪ] N doblez f, duplicidad f.

Dur ABBR (Brit) of **Durham**.

durability [ˌdjʊərə'bɪlɪtɪ] N durabilidad f.

durable ['djʊərəbl] **1** ADJ duradero/a; ~ **goods** (US) bienes mpl de consumo duraderos. **2** NPL: ~**s** bienes mpl duraderos; **consumer** ~**s** artículos mpl de equipo.

duration [djʊə'reɪʃən] N duración f; **for the** ~ **of the war** mientras dure la guerra.

duress [djʊə'res] N: **under** ~ bajo presión.

Durex ® ['djʊəreks] N preservativo m.

during ['djʊərɪŋ] PREP (throughout) durante (todo); (in the course of) durante.

dusk [dʌsk] N (twilight) crepúsculo m; (gloom) oscuridad f; **at** ~ al atardecer.

➤ SENTENCE BUILDER: **due** → 8

dust [dʌst] ⊡ N polvo *m*; **when the ~ has settled** (*fig*) cuando se aclare la atmósfera; **to throw ~ in sb's eyes** engañar a algn.
⊡ VT ⓐ (*furniture*) quitar el polvo a; (*room*) limpiar.
ⓑ (*Culin: with flour etc*) espolvorear.
⊡ VI (*clean up*) hacer la limpieza.
⊡ CPD: **~ bowl** N (*Geog*) terreno *m* pelado por la erosión; **~ cover, ~ jacket** N (*of book*) sobrecubierta *f*.
♦ **dust down** VT + ADV quitar el polvo a, desempolvar.
dustbag ['dʌstbæg] N bolsa *f* de aspiradora.
dustbin ['dʌstbɪn] (*Brit*) ⊡ N cubo *m* de la basura, balde *m* (*LAm*). ⊡ CPD: **~ liner** N bolsa *f* de basura.
dustcart ['dʌstkɑːt] N camión *m* de la basura.
duster ['dʌstəʳ] N (*cloth: for dusting*) trapo *m*; (*for blackboard*) borrador *m*; **feather ~** plumero *m*.
dustman ['dʌstmən] N (*pl* **-men**) (*Brit*) basurero *m*.
dustpan ['dʌstpæn] N cogedor *m*.
dustsheet ['dʌstʃiːt] N (*Brit*) guardapolvo *m*.
dust-up ['dʌstʌp] N (*Brit fam*) pelea *f*, bronca *f*; **to have a ~ with** pelearse con.
dusty ['dʌstɪ] ADJ (*comp* **-ier**; *superl* **-iest**) polvoriento/a; **to get ~** (*cover*) cubrirse de polvo; (*fill*) llenarse de polvo.
Dutch [dʌtʃ] ⊡ ADJ holandés/esa; **~ auction** subasta *f* a la baja; **~ cap** diafragma *m*; **~ courage** envalentonamiento *m* del que ha bebido; **~ elm disease** enfermedad *f* holandesa del olmo, grafiosis *f*.
⊡ N (*Ling*) holandés *m*; **the ~** (*people*) los holandeses.
⊡ ADV: **to go ~** (*fam: two people*) pagar a medias; (: *more than two*) pagar a escote.
Dutchman ['dʌtʃmən] N (*pl* **-men**) holandés *m*.
Dutchwoman ['dʌtʃˌwomən] N (*pl* **-women**) holandesa *f*.
dutiable ['djuːtɪəbl] ADJ sujeto/a a derechos de aduana.
dutiful ['djuːtɪfʊl] ADJ (*child*) obediente; (*husband*) sumiso/a; (*employee*) cumplido/a.
▼ **duty** ['djuːtɪ] ⊡ N ⓐ (*moral, legal*) deber *m*, obligación *f*; **to do one's ~ (by sb)** cumplir con su deber (con algn); **to fail in one's ~** faltar a su deber; **to make it one's ~ to do sth** encargarse de hacer algo; **I am ~ bound to say that ...** es mi deber decir que ....
ⓑ (*often pl: task, responsibility*) función *f*, deber *m*; **to be on ~** (*Med*) estar de servicio; (*Mil*) estar de guardia; (*Admin, Scol*) estar de turno; **to be off ~** (*gen*) estar libre; **to do ~ as** servir de; **to do ~ for** servir en lugar de; **to go on ~** entrar en servicio; **to neglect one's duties** no cumplir sus funciones.
ⓒ (*Fin: tax*) derechos *mpl*; **to pay ~ on sth** pagar los derechos sobre algo.
⊡ CPD: **~ call** N visita *f* de cumplido; **~ officer** N (*Mil etc*) oficial *m* de servicio; **~ roster, ~ rota** N lista *f* de guardias.
duty-free ['djuːtɪˈfriː] ADJ (*goods etc*) libre *or* exento de derechos de aduana; **~ shop** tienda *f* 'duty free'.
duvet ['duːveɪ] N edredón *m*.

DV ABBR of **Deo volente** (= *God willing*) D. m.
DVLA N ABBR (*Brit*) of **Driver and Vehicle Licensing Agency** organismo encargado de la expedición de permisos de conducir y matriculación de vehículos.
DVLC N ABBR (*Brit*) of **Driver and Vehicle Licensing Centre** centro encargado de la expedición de permisos de conducir y matriculación de vehículos.
DVM N ABBR (*US Univ*) of **Doctor of Veterinary Medicine**.
dwarf [dwɔːf] ⊡ ADJ (*gen*) enano/a. ⊡ (*pl* **~s** *or* **dwarves** [dwɔːvz]) enano/a *m/f*. ⊡ VT (*dominate: skyscraper, person*) dominar; (*achievement*) achicar.
dweeb [dwiːb] N (*esp US fam*) memo/a (*fam*) *m/f*.
dwell [dwel] (*pt, pp* **dwelt**) VI (*poet*) morar, vivir.
♦ **dwell (up)on** VI + PREP (*think about*) pensar obsesivamente en; (*talk about*) insistir en (hablar de); (*emphasize*) hacer hincapié en; **don't let's ~ upon it** no hay que insistir.
dweller ['dwelə³] N habitante *mf*.
dwelling ['dwelɪŋ] ⊡ N (*frm, poet*) morada *f*, vivienda *f*.
⊡ CPD: **~ house** N (*frm*) casa *f* particular.
dwelt [dwelt] PT, PP *of* **dwell**.
dwindle ['dwɪndl] VI quedar reducido (*to* a), reducirse, menguar.
dwindling ['dwɪndlɪŋ] ADJ (*gen*) menguante.
dye [daɪ] ⊡ N tinte *m*; **hair ~** tinte para el pelo. ⊡ VT (*fabric*) teñir; **to ~ sth red/one's hair blond** teñir algo de rojo/el pelo de color rubio.
dyed-in-the-wool ['daɪdɪnðəˈwʊl] ADJ (*fig*) testarudo/a.
dying ['daɪɪŋ] ⊡ ADJ (*about to die*) moribundo/a; (*custom, race*) en vías de extinción; **his ~ words were ...** sus últimas palabras fueron .... ⊡ NPL: **the ~** los moribundos.
dyke [daɪk] N ⓐ (*barrier*) dique *m*; (*channel*) canal *m*, acequia *f*; (*causeway*) calzada *f*; (*embankment*) terraplén *m*. ⓑ (*fam!: offensive: lesbian*) tortillera *f* (*fam!*).
dynamic [daɪˈnæmɪk] ADJ (*Phys, fig*) dinámico/a.
dynamics [daɪˈnæmɪks] NSG dinámica *f*.
dynamite ['daɪnəmaɪt] ⊡ N dinamita *f*; (*fig fam*) **he's ~!** ¡es estupendo!; **the story is ~** la historia es explosiva. ⊡ VT (*bridge etc*) volar con dinamita.
dynamo ['daɪnəməʊ] N dínamo/dinamo *f*, dínamo/dinamo *m* (*LAm*).
dynasty ['dɪnəstɪ] N dinastía *f*.
d'you [dju:] = **do you**.
dysentery ['dɪsntrɪ] N disentería *f*.
dysfunctional [dɪsˈfʌŋkʃənəl] ADJ disfuncional.
dyslexia [dɪsˈleksɪə] N dislexia *f*.
dyslexic [dɪsˈleksɪk] ADJ, N disléxico/a.
dysmenorrhoea, (*US*) **dysmenorrhea** [ˌdɪsmenəˈrɪə] N dismenorrea *f*.
dyspepsia [dɪsˈpepsɪə] N dispepsia *f*.
dystrophy ['dɪstrəfɪ] N distrofia *f*; **muscular ~** distrofia muscular.

Ee

E¹, e [iː] N [a] (letter) E, e f. [b] (Mus) **E** mi m; see **A** for usage.

E² ABBR of **east** E.

E111 N ABBR (also form **~**) impreso m E111.

EA ABBR (US) of **educational age**.

ea ABBR of **each** c/u.

each [iːtʃ] [1] ADJ cada; **~ day** cada día; **~ one of them** cada uno (de ellos).
[2] PRON [a] cada uno/a; **~ of us** cada uno de nosotros, cada quien (LAm); **a little of ~** un poco de cada.
[b] **~ other** uno a or al otro; **they looked at ~ other** se miraron (uno a otro); **they help ~ other** se ayudan mutuamente or entre ellos; **they love ~ other** se quieren; **people must help ~ other** hay que ayudarse (uno a otro); **they were sorry for ~ other** se compadecían entre ellos; **their houses are next to ~ other** sus casas están una al lado de la otra or (LAm) juntas.
[3] ADV: **we gave them one apple ~** les dimos una manzana por persona; **they cost £5 ~** costaron 5 libras cada uno.

eager [ˈiːgər] ADJ [a] (keen) entusiasta, entusiasmado/a; (impatient) impaciente, ansioso/a; (hopeful) ilusionado/a; **to be ~ for** (gen) ansiar, desear; (knowledge, affection) anhelar; (power, vengeance) ser ávido de; **to be ~ to help** entusiasmarse por ayudar; **to be an ~ beaver** (fam) ser incansable. [b] (desire etc) vivo/a, ardiente.

eagerly [ˈiːgəlɪ] ADV (see adj 1(a)) con entusiasmo; con impaciencia; con ilusión.

eagerness [ˈiːgənɪs] N (see adj 1(a)) entusiasmo m; impaciencia f; ilusión f.

EAGGF N ABBR of **European Agricultural Guidance and Guarantee Fund** FEOGA m.

eagle [ˈiːgl] N águila f.

eagle-eyed [ˈiːglˈaɪd] ADJ (person) **to be ~** tener ojos de lince.

E&OE ABBR of **errors and omissions excepted** s.e.u.o.

ear¹ [ɪər] N (Anat) oreja f, oído m; (sense of hearing) oído; **to be all ~s** ser todo oídos; **he could not believe his ~s** no daba crédito a sus oídos; **to bend sb's ~** (fam) hinchar la cabeza a algn; **your ~s must have been burning** le debían silbar los oídos; **it goes in one ~ and out the other** por un oído le entra y por otro le sale; **to be up to the ~s in debt** estar abrumado de deudas; **to have a good ~ for music** tener buen oído; **to have one's ~ to the ground** (fig) mantenerse al corriente; **to play sth by ~** (lit) tocar algo de oído; **I'll play it by ~** (fig) lo haré sobre la marcha; **to prick up one's ~s** aguzar el oído.

ear² [ɪər] N (of corn etc) espiga f.

earache [ˈɪəreɪk] N dolor m de oídos.

eardrum [ˈɪədrʌm] N tímpano m.

earful [ˈɪəfʊl] N (fam) [a] **I got an ~ of Wagner** me llenaron los oídos de Wagner; **get an ~ of this** (Brit) escucha esto. [b] **to give sb an ~** regañar a algn.

earl [ɜːl] N conde m.

early [ˈɜːlɪ] (comp **-ier**; superl **-iest**) [1] ADJ (man, Church) primitivo/a; (fruit, vegetable) temprano/a; (death) prematuro/a; **it's still ~** es temprano or (esp LAm) pronto todavía; **you're ~!** ¡llegaste temprano or (esp LAm) pronto!; **to be an ~ riser** ser madrugador; **at an ~ hour** (in the morning) a primera hora; (gen) a temprana hora; **it was ~ in the morning** era muy de mañana or de madrugada; **in the ~ spring** a principios de la primavera; **she's in her ~ forties** tiene poco más de 40 años; **from an ~ age** desde una edad temprana; **~ retirement** jubilación f anticipada; **his ~ youth** su primera juventud; **the ~ Victorians** los primeros victorianos; **~ warning system** sistema m de alarma anticipada; **it will happen in March at the earliest** ocurrirá no antes de marzo; **at your earliest convenience** (Comm) con la mayor brevedad posible; **Shakespeare's ~ work** las obras juveniles de Shakespeare.
[2] ADV temprano, pronto (LAm); **you get up too ~** te levantas demasiado temprano; **I don't want to get there too ~** no quiero llegar antes de la hora; **~ in the morning** muy de mañana, de madrugada; **as ~ as possible** lo más pronto posible, cuanto antes; **he was 10 minutes ~** llegó 10 minutos antes de la hora; **to book ~** reservar con mucha anticipación; **earlier on** anteriormente, antes; **the earliest I can do it is Tuesday** lo más pronto (que) lo podré hacer será el martes que viene.

earmark [ˈɪəmɑːk] VT destinar (for a).

earn [ɜːn] [1] VT (money, wages etc) ganar; (: frm) percibir; (Comm: interest) devengar; (praise) merecerse, ganarse; **to ~ one's living** ganarse la vida; **~ed income** ingresos mpl devengados, renta f devengada.
[2] VI: **to be ~ing** estar ganando or trabajando.

earner [ˈɜːnər] N asalariado/a m/f; **there are 3 ~s in the family** en la familia hay 3 que ganan un sueldo; **the shop is a nice little ~** (fam) la tienda es rentable or una buena fuente de ingresos.

earnest¹ [ˈɜːnɪst] [1] ADJ (serious: person, character etc) serio/a, formal; (sincere) sincero/a; (eager: wish, request) vivo/a, ardiente. [2] N: **in ~** en serio.

earnest² [ˈɜːnɪst] N prenda f, señal f; **~ money** fianza f.

earnestly [ˈɜːnɪstlɪ] ADV (speak) en serio; (work) con aplicación o empeño; (pray) de todo corazón.

earning [ˈɜːnɪŋ] [1] NPL: **~s** (wages) sueldo msg, salario msg; (income) ingreso msg; (profits) ganancias fpl, utilidades fpl.
[2] CPD: **~ potential** N potencial m ganador; **~ power** N poder m adquisitivo; **~s related benefit** N beneficios mpl relacionados con los ingresos.

earphones [ˈɪəfəʊnz] NPL (Telec etc) auriculares mpl.

earpiece [ˈɪəpiːs] N (Telec) auricular m.

earplugs [ˈɪəplʌgz] NPL tapones mpl para los oídos.

earring [ˈɪərɪŋ] N pendiente m, arete m (LAm); (stud) zarcillo m.

earshot [ˈɪəʃɒt] N: **out of ~/within ~** fuera del/al alcance del oído.

earth [ɜːθ] [1] N [a] (the world) **(the) E~** la Tierra; **on ~** en este mundo; **she looks like nothing on ~** (fam) está hecha un desastre; **nothing on ~ would make me do it** no lo haría por nada del mundo; **it must have cost the ~!** (fam) ¡te habrá costado un ojo de la cara!; **where/who/what on ~ ...?** (fam) ¿dónde/quién/qué demonios ...?; **to come down to ~** volver a la realidad.
[b] (ground) tierra f, suelo m; (soil) tierra f; **to fall to ~** caer al suelo.
[c] (of fox, badger) guarida f, madriguera f; **to go to ~** (fox) meterse en su madriguera; (person) esconderse, refugiarse; **to run to ~** (animal) cazar or atrapar en su guarida; (person) perseguir y encontrar.
[d] (Elec) tierra f.
[2] VT (Elec: apparatus) conectar a tierra.
[3] CPD: **~ cable, ~ lead** N cable m de toma de tierra; **~ mother** N (Mythology) la madre tierra; (fam: woman) venus f.

earthenware [ˈɜːθənweər] N loza f (de barro).

earthly [ˈɜːθlɪ] ADJ [a] (terrestrial) terrenal; (worldly) mundano/a. [b] (fam: possible) **there is no ~ reason to think ...** no existe razón para pensar ...; **it's of no ~ use** no sirve para nada; **he hasn't an ~** (Brit) no tiene posibilidad alguna, no tiene ni esperanza.

earthquake [ˈɜːθkweɪk] N terremoto m, temblor m (LAm).

earthward(s) [ˈɜːθwəd(z)] ADV hacia la tierra.

earthwork [ˈɜːθwɜːk] N terraplén m.

earthworm ['ɜ:θwɜ:m] N lombriz f.
earthy ['ɜ:θɪ] ADJ **a** (like earth) terroso/a; **an ~ taste** un sabor a tierra. **b** (uncomplicated: character) sencillo/a; (vulgar: humour) grosero/a.
earwig ['ɪəwɪg] N tijereta f.
ease [i:z] **1** N **a** (no difficulty) facilidad f; **with ~** con facilidad.
b (freedom from worry) tranquilidad f; (relaxed state) soltura f, desahogo m; **a life of ~** una vida desahogada; **to feel at ~** sentirse cómodo or a sus anchas, estar a gusto; **to be ill at ~** sentirse incómodo or a disgusto; **to put sb at his ~** (pacify) tranquilizar a algn; (make comfortable) poner cómodo a algn; **to set sb's mind at ~** tranquilizar el ánimo a algn; **stand at ~!** (Mil) ¡descansen!
2 VT (task) facilitar; (pain) aliviar; (mind) tranquilizar; (loosen) aflojar; **to ~ something into ...** meter algo con cuidado en ...; **to ~ in the clutch** (Aut) meter el embrague con cuidado.
3 VI (situation) relajarse; (pain) aliviarse.
◆**ease off, ease up** VI + ADV (slow down) bajar la velocidad or el paso; (relax) relajarse; (work, business) bajarse; (pressure, tension) aflojarse; (pain) aliviarse; **~ up a bit!** ¡afloja el paso un poco!; **to ~ up on sb** tratar a algn con menos rigor.
easel ['i:zl] N caballete m.
easily ['i:zɪlɪ] ADV (without effort: win, climb) fácilmente; **he may ~ change his mind** es muy posible que cambie de opinión, fácilmente cambia de opinión (LAm); **it holds 4 litres ~** caben 4 litros largos; **it's ~ the best** es con mucho el mejor; **there were ~ 500 at the meeting** había fácilmente 500 en la reunión.
easiness ['i:zɪnɪs] N (gen) facilidad f; (calm) tranquilidad f; (relaxation) soltura f; (relief) desahogo m.
east [i:st] **1** N este m, oriente m; **the E~** (Orient) el Oriente; (Pol) el Este; **the wind is in the/from the ~** el viento viene del este; **to the ~ of** al este de.
2 ADJ (side) este, del este, oriental; **E~ Africa** Africa Oriental; **the E~ End** (of London) la zona del Este de Londres; **the E~ Side** (of New York) la zona del Este de Nueva York.
3 ADV (towards) hacia el or al este; **~ of the border** al este de la frontera; **to go ~** ir hacia el este or oriente.
eastbound ['i:stbaʊnd] ADJ (traffic) que va hacia el este; (carriageway) dirección este.
Easter ['i:stər] **1** N Pascua f (de Resurrección); **at ~** por Pascua.
2 CPD: **~ egg** N huevo m de Pascua; **~ holidays** NPL vacaciones fpl de Semana Santa; **~ Island** N Isla f de Pascua; **~ Sunday** N Domingo m de Resurrección; **~ week** N Semana f Santa.
easterly ['i:stəlɪ] ADJ del este; **in an ~ direction** hacia el este.
eastern ['i:stən] ADJ (region) del este, oriental; **E~ Europe** Europa del Este or Oriental; **the E~ bloc** (Pol) el bloque del Este.
easterner ['i:stənər] N (esp US) habitante mf del este.
Eastertide ['i:stətaɪd] N = **Easter**.
eastward ['i:stwəd] **1** ADJ (direction) hacia el este. **2** ADV (also **~s**) hacia el este.
easy ['i:zɪ] **1** ADJ (comp **-ier**; superl **-iest**) **a** (not difficult) fácil; **it is ~ to see that ...** es fácil ver que ...; **he's ~ to work with** es fácil trabajar con él; **he's ~ to get on with** es muy simpático; **he came in an ~ first** llegó el primero sin problemas; **easier said than done** del dicho al hecho, hay mucho trecho; **it's as ~ as pie** or **ABC** es facilísimo; **they made it very ~ for us** nos lo pusieron muy fácil; **~ money** dinero m ganado sin esfuerzo.
b (carefree: life) holgado/a, cómodo/a; (: relationship) cómodo/a; (relaxed: manners) relajado/a, holgado/a; (style) natural; (pace) lento/a, pausado/a; (pey: woman) fácil; **to feel ~ in one's mind** estar tranquilo; **to buy sth on ~ terms** (Comm) comprar algo a plazos; **I'm ~** (fam: not particular) me es igual, no me importa, me tiene sin cuidado; **~ chair** sillón m (Sp), butaca f (esp LAm).
2 ADV: **~ come, ~ go** así se viene, así se va; **~ does it!,**

~ there! ¡despacio!, ¡cuidado!, ¡con calma!; **to take things** or **it ~** (rest) descansar; (go slowly) tomárselo con calma; **take it ~!** (fam: don't worry) ¡cálmese!, ¡no se ponga nervioso!; (don't rush) ¡despacio!, ¡no corra!; **go ~ with the sugar** cuidado con el azúcar; **go ~ on him** no le maltrate.
easy-going ['i:zɪ'gəʊɪŋ] ADJ (person) acomodadizo/a; (attitude) tolerante, descuidado/a.
eat [i:t] (pt **ate**; pp **~en**) **1** VT comer; **to ~ one's lunch** comer, almorzar; **there's nothing to ~** no hay nada que comer; **he's ~ing us out of house and home** (fam) come por ocho; **to ~ one's fill** hartarse; **he won't ~ you** (fam) no te va a morder; **what's ~ing you?** (fam) ¿qué mosca te ha picado?; **to ~ one's words** (fig) tragarse las palabras.
2 VI comer; **he ~s like a horse** come más que una lima nueva; **I've got him ~ing out of my hand** lo tengo dominado.
3 NPL: **~s** (fam) comida fsg, comestibles mpl.
◆**eat away** VT + ADV (wear away) desgastar; (corrode) corroer; (mice etc) roer.
◆**eat into** VT + PREP (acid: metal) corroer; (wear away) desgastar; (savings) mermar.
◆**eat out** **1** VI + ADV comer fuera.
2 VT + ADV: **to ~ one's heart out** consumirse.
◆**eat up** **1** VI + ADV (meal etc) comerse; **it ~s up electricity** devora la electricidad.
2 VI + ADV: **~ up!** ¡apúrate!
eatable ['i:təbl] **1** ADJ (fit to eat) aceptable; (edible) comestible. **2** NPL: **~s** comestibles mpl.
eaten ['i:tn] PT of **eat**.
eater ['i:tər] N comedor(a) m/f; **to be a big ~** tener siempre buen apetito, ser comilón/ona.
eatery ['i:tərɪ] N (US) restaurante m.
eating-house ['i:tɪŋhaʊs] N (pl **-houses** [haʊzɪz]) restaurante m.
eau de Cologne ['əʊdəkə'ləʊn] N colonia f.
eaves ['i:vz] NPL alero msg.
eavesdrop ['i:vzdrɒp] VI escuchar a escondidas; **to ~ on a conversation** escuchar una conversación a escondidas.
eavesdropper ['i:vz,drɒpər] N escuchador(a) m/f oculto/a.
ebb [eb] **1** N (of tide) reflujo m; **the ~ and flow** (of tide) el flujo y reflujo; (fig) los altibajos; **to be at a low ~** (fig: person, spirits) estar decaído; (: business) disminuirse.
2 VI bajar, menguar; (fig) decaer; **to ~ and flow** (tide) fluir y refluir.
3 CPD: **~ tide** N marea f menguante.
◆**ebb away** VI + ADV (fig) menguar, disminuir.
ebony ['ebənɪ] N ébano m.
EBU N ABBR of **European Broadcasting Union** UER f.
ebullience [ɪ'bʌlɪəns] N entusiasmo m, animación f.
ebullient [ɪ'bʌlɪənt] ADJ entusiasta, animado/a.
EC N ABBR of **European Community** CE f.
eccentric [ɪk'sentrɪk] **1** ADJ (person, behaviour) excéntrico/a. **2** N excéntrico/a m/f.
eccentricity [,eksən'trɪsɪtɪ] N excentricidad f.
ecclesiastical [ɪ,kli:zɪ'æstɪkəl] ADJ eclesiástico/a.
ECG N ABBR of **electrocardiogram** ECG m.
ECGD N ABBR of **Export Credits Guarantee Department** servicio de garantía financiera a la exportación.
echelon ['eʃəlɒn] N (level) nivel m; (degree) grado m; (Mil) escalón m.
echo ['ekəʊ] **1** N (pl **~es**) (gen, fig) eco m.
2 VT (sound) repetir; (opinion etc) hacerse eco de.
3 VI (sound) resonar, hacer eco; (place) resonar; **his footsteps ~ed in the street** sus pasos hicieron eco en la calle.
4 CPD: **~ sounder** N sonda f acústica.
ECLA ['eklə] N ABBR of **Economic Commission for Latin America** CEPAL f.
éclair [eɪ'kleər] N relámpago m.
eclampsia [ɪ'klæmpsɪə] N eclampsia f.
eclectic [ɪ'klektɪk] ADJ ecléctico/a.
eclipse [ɪ'klɪps] **1** N eclipse m. **2** VT (lit, fig) eclipsar.

ECM N ABBR (*US*) *of* **European Common Market** MCE *m*.
eco... ['iːkəʊ] PREF eco....
ecobalance ['iːkəʊ,bæləns] N ecoequilibrio *m*.
eco-friendly [,iːkəʊ'frendlɪ] ADJ ecológico/a.
eco-labelling, (*US*) **eco-labeling** [,iːkəʊ'leɪbəlɪŋ] N
etiquetado *m* ecologista.
E-coli [,iː'kəʊlaɪ] N (*Med*) E. coli *m*.
ecological [,iːkəʊ'lɒdʒɪkəl] ADJ ecológico/a.
ecologically [,iːkəʊ'lɒdʒɪkəlɪ] ADV ecológicamente; **an ~
sound scheme** un plan ecológicamente razonable.
ecologist [ɪ'kɒlədʒɪst] N ecólogo/a *m/f*.
ecology [ɪ'kɒlədʒɪ] N ecología *f*.
economic [,iːkə'nɒmɪk] ADJ [a] (*problems, development,
geography*) económico/a; **~ aid** ayuda *f* económica; **~
forecast** previsiones *fpl* económicas; **~ growth**
crecimiento *m* económico; **~ sanctions** sanciones *fpl*
económicas; **~ warfare** guerra *f* económica. [b] (*profitable: business, price*) rentable.
economical [,iːkə'nɒmɪkəl] ADJ (*gen*) económico/a.
economically [,iːkə'nɒmɪkəlɪ] ADV [a] (*gen*) económicamente. [b] (*regarding economics*) respeto a la economía.
economics [,iːkə'nɒmɪks] [1] NSG (*science*) economía *f*.
[2] NPL (*financial aspects*) rentabilidad *fsg*; **the ~ of the
situation** la rentabilidad de la situación.
economist [ɪ'kɒnəmɪst] N economista *mf*.
economize [ɪ'kɒnəmaɪz] VI economizar (*on* en).
economy [ɪ'kɒnəmɪ] [1] N [a] (*thrift*) economía *f*; (*a saving*)
ahorro *m*; **~ of scale** economía de escala; **to make
economies** economizar. [b] (*system*) economía *f*.
[2] CPD: **~ class** N clase *f* económica *or* turista; **~ drive** N:
to have an ~ drive economizar, ahorrar gastos; **~ size** N
tamaño *m* familiar.
ecosensitive ['iːkəʊ'sensɪtɪv] ADJ ecosensible.
ecosphere ['iːkəʊ,sfɪəʳ] N ecosfera *f*.
ecosystem ['iːkəʊ,sɪstɪm] N ecosistema *m*, sistema *m*
ecológico.
eco-tourism [,iːkəʊ'tʊərɪzəm] N ecoturismo *m*, turismo
m verde *or* ecológico.
ecotype ['iːkə,taɪp] N ecotipo *m*.
ECS N ABBR *of* **extended character set** conjunto *m* de
caracteres extendido.
ECSC N ABBR *of* **European Coal and Steel Community**
CECA *f*.
ecstasy ['ekstəsɪ] N (*Rel, fig, drug*) éxtasis *m*; **to go into ecstasies over** extasiarse ante.
ecstatic [eks'tætɪk] ADJ extático/a.
ecstatically [eks'tætɪkəlɪ] ADV con éxtasis.
ECT ABBR *of* **electroconvulsive therapy**.
ectopic [ek'tɒpɪk] ADJ: **~ pregnancy** embarazo *m*
ectópico.
ECU ['eɪkjuː] N ABBR *of* **European Currency Unit** ECU *m*.
Ecuador [,ekwə'dɔːʳ] N Ecuador *m*.
Ecuador(i)an [,ekwə'dɔːr(ɪ)ən] ADJ, N ecuatoriano/a *m/f*.
ecumenical [,iːkjʊ'menɪkəl] ADJ ecuménico/a.
eczema ['eksɪmə] N eczema *m*.
ed [ed] ABBR [a] *of* **edition** ed. [b] *of* **editor**. [c] *of* **edited by**.
eddy ['edɪ] [1] N remolino *m*. [2] VI (*water*) arremolinarse.
edema [ɪ'diːmə] N (*esp US*) = **oedema**.
EDF N ABBR *of* **European Development Fund** FED *m*.
edge [edʒ] [1] N (*of cliff, wood*) borde *m*; (*of town*) afueras
fpl; (*of lake, river*) orilla *f*; (*of cube, brick*) arista *f*; (*of paper*)
margen *m*; (*of blade*) filo *m*; **the trees at the ~ of the
road** los árboles que bordean la carretera; **a book with
gilt ~s** un libro con cantos dorados; **to be on ~** (*fig*)
tener los nervios de punta; **to be on the ~ of disaster**
estar al borde del desastre; **that took the ~ off my appetite** eso me engañó el hambre; **to have the ~ on sb/sth**
llevar ventaja a algn/algo.
[2] VT [a] (*garment*) ribetear; (*path etc*) bordear.
[b] (*move carefully*) mover poco a poco; **he ~d it into the
conversation** lo introdujo desapercibido en la
conversación; **she ~d her way through the crowd** se abrió
paso poco a poco por la multitud.
[3] VI: **to ~ past** pasar con dificultad; **to ~ forward**
avanzar poco a poco; **to ~ away from sb** alejarse poco a

poco de algn.
♦**edge out** [1] VT + ADV (*defeat*) derrotar por muy poco;
(*ostracize*) apartar.
[2] VI + ADV asomarse con precaución.
♦**edge up** VI [a] (*price etc*) subir poco a poco, aumentar
lentamente. [b] **to ~ up to sb** acercarse con cautela a
algn.
edgeways ['edʒweɪz], **edgewise** ['edʒwaɪz] ADV de lado,
de canto; **I couldn't get a word in ~** (*fam*) no pude
meter ni baza.
edging ['edʒɪŋ] N borde *m*; (*of ribbon, silk*) ribete *m*.
edgy ['edʒɪ] ADJ nervioso/a.
edible ['edɪbl] ADJ comestible.
edict ['iːdɪkt] N (*Hist*) edicto *m*; (*Jur, Pol*) decreto *m*.
edification [,edɪfɪ'keɪʃən] N enseñanza *f*.
edifice ['edɪfɪs] N edificio *m* (imponente).
edifying ['edɪfaɪɪŋ] ADJ edificante.
Edinburgh ['edɪnbərə] N Edimburgo *m*.
edit ['edɪt] [1] VT (*newspaper, magazine, etc*) dirigir;
((*re*)*write*) redactar; (*prepare for printing*) preparar para la
imprenta; (*Cine, Rad, TV*) montar; (*cut*) cortar, reducir;
(*Comput*) editar.
[2] N corrección *f*.
[3] CPD: **~ key** N tecla *f* de edición.
♦**edit out** VT + ADV: **to ~ words out** eliminar *or* suprimir
unas palabras.
edition [ɪ'dɪʃən] N (*gen*) edición *f*; (*number printed*) tirada *f*,
tiraje *m*; **first ~** edición príncipe.
editor ['edɪtəʳ] N (*of newspaper etc*) director(a) *m/f*; (*publisher's* ~) redactor(a) *m/f*; (*Cine, Rad, TV*) montador(a) *m/f*;
~'s note nota *f* de la redacción.
editorial [,edɪ'tɔːrɪəl] [1] ADJ editorial; **~ staff** redacción *f*.
[2] N (*in newspaper*) editorial *m*, artículo *m* de fondo.
editorship ['edɪtəʃɪp] N dirección *f*.
EDP N ABBR *of* **electronic data processing** PED *m*.
EDT N ABBR (*US*) *of* **Eastern Daylight Time**.
educate ['edjʊkeɪt] VT (*teach*) enseñar; (*train*) educar,
formar; (*provide instruction in*) instruir.
educated ['edjʊkeɪtɪd] ADJ (*person, voice*) culto/a; **an ~
guess** una suposición bien fundamentada.
education [,edjʊ'keɪʃən] [1] N educación *f*, formación *f*;
(*teaching*) enseñanza *f*; (*knowledge, culture*) cultura *f*;
(*studies*) estudios *mpl*; (*training*) instrucción *f*; (*Univ: subject*) pedagogía *f*; **Ministry of E~** Ministerio *or* (*LAm*) Secretaría de Educación; **primary/secondary ~** primera/
segunda enseñanza; **higher ~** estudios superiores;
physical/political ~ educación física/política; **literary/
professional ~** formación *f* literaria/profesional.
[2] CPD: **~ authority** N (*Brit*) ≈ delegación *f* de educación.
educational [,edjʊ'keɪʃənl] ADJ (*policy, methods*)
educacional; (*establishment, institution, system*) de
enseñanza; (*instructive: film, visit*) educativo/a; (*role,
function*) docente; (*experience, event*) informativo/a; **~
technology** tecnología *f* educacional; **~ television**
televisión *f* escolar.
education(al)ist [,edjʊ'keɪʃən(ə)lɪst] N educacionista *mf*.
educationally [,edjʊ'keɪʃnəlɪ] ADV (*as regards teaching
methods*) pedagógicamente; (*as regards education,
schooling*) educativamente; **~ subnormal** de inteligencia
inferior a la normal.
educator ['edjʊkeɪtəʳ] N educador(a) *m/f*.
edutainment [,edjʊ'teɪnmənt] N (*esp US*) *programa
informático ameno y educativo*.
Edwardian [ed'wɔːdɪən] ADJ eduardiano/a.
EE ABBR *of* **electrical engineer**.
EEC N ABBR *of* **European Economic Community** CEE *f*.
EEG N ABBR *of* **electroencephalogram**.
eel [iːl] N anguila *f*.
e'en [iːn] (*Lit*) = **even**.
EENT N ABBR (*US Med*) *of* **eye, ear, nose and throat**.
EEOC N ABBR (*US*) *of* **Equal Employment Opportunities
Commission**.
e'er [eəʳ] (*poet*) = **ever**.
eerie ['ɪərɪ] ADJ espeluznante.
EET N ABBR *of* **Eastern European Time**.
efface [ɪ'feɪs] VT borrar.

effect [ɪ'fekt] [1] N [a] (gen) efecto m; (result) resultado m, consecuencia f; (sense: of words etc) sentido m; **to have an ~ on sb** hacerle efecto a algn; **to have an ~ on sth** afectar algo; **it will have the ~ of preventing ...** tendrá como consecuencia impedir ...; **to no ~** inútilmente, sin resultado; **to such good ~ that ...** con tan buenos resultados que ...; **to put into ~** (rule, plan) poner en vigor; **to take ~** (drug) surtir efecto; **to be in ~** (Jur) estar vigente, tener vigencia; **to come into ~** (Jur) entrar en vigor or vigencia; **in ~** (fact) en realidad; (practically) de hecho; **his letter is to the ~ that ...** su carta especifica que ...; **an announcement to the ~ that ...** un aviso en el sentido de que ...; **an increase with immediate ~** un aumento a partir de hoy; **with ~ from April** a partir de abril; **or words to that ~** o algo por el estilo.
[b] (impression) efecto m, impresión f; (impact) trascendencia f; **to create an ~** impresionar; **he said it for ~** lo dijo sólo para impresionar.
[c] (property) **~s** efectos mpl.
[2] VT (bring about: sale, reduction) realizar, llevar a cabo; **to ~ savings** hacer ahorros.

effective [ɪ'fektɪv] ADJ [a] (efficient: cure, method, system) eficaz; (remark, argument) efectivo/a; **to become ~** (Jur) entrar en vigor or vigencia; **~ capacity** (Tech) capacidad f útil; **~ date** fecha f de vigencia. [b] (striking: display, outfit) impresionante. [c] (actual: aid, contribution) real.

effectively [ɪ'fektɪvlɪ] ADV [a] (efficiently) eficazmente. [b] (strikingly) de manera impresionante. [c] (more or less) efectivamente.

effectiveness [ɪ'fektɪvnɪs] N [a] (efficiency) eficacia f. [b] (striking quality) impresión f.

effectual [ɪ'fektjʊəl] ADJ eficaz.

effeminate [ɪ'femɪnɪt] ADJ afeminado/a.

effervesce [ˌefə'ves] VI (liquid) estar or entrar en efervescencia; (person) rebosar.

effervescent [ˌefə'vesnt] ADJ (gen) efervescente; (person) rebosante.

effete [ɪ'fiːt] ADJ agotado/a, cansado/a.

efficacious [ˌefɪ'keɪʃəs] ADJ eficaz.

efficacy [ˈefɪkəsɪ] N eficacia f.

efficiency [ɪ'fɪʃənsɪ] N eficacia f, eficiencia f; (of machine) rendimiento m.

efficient [ɪ'fɪʃənt] ADJ (person) eficaz, eficiente; (product, system) eficaz; (machine) de buen rendimiento.

efficiently [ɪ'fɪʃəntlɪ] ADV eficazmente, eficientemente; **the new machine works ~** la máquina nueva da un buen rendimiento.

effigy [ˈefɪdʒɪ] N efigie f.

effluent [ˈefluənt] N chorro m.

effort [ˈefət] N (hard work) esfuerzo m; (attempt) tentativa f, intento m; **it's not worth the ~** no vale la pena; **a good ~** un feliz intento; **his latest ~** (fam) su último intento; **to make an ~ to do sth** esforzarse por hacer algo, hacer un esfuerzo por hacer algo; **he made no ~ to be polite** no hizo ningún esfuerzo; **put a bit of ~ into it!** ¡pon un poco más esfuerzo!; **please make every ~ to come** haz un esfuerzo por venir.

effortless [ˈefətlɪs] ADJ (success) fácil; (movement) sin ningún esfuerzo.

effortlessly [ˈefətlɪslɪ] ADV (see adj) fácilmente; sin ningún esfuerzo.

effrontery [ɪ'frʌntərɪ] N descaro m.

effusive [ɪ'fjuːsɪv] ADJ (person, welcome, letter) efusivo/a; (thanks, apologies) expansivo/a.

EFL N ABBR of **English as a Foreign Language**.

EFT N ABBR of **electronic funds transfer**.

EFTA [ˈeftə] N ABBR of **European Free Trade Association** AELC f.

e.g. ABBR of **for example** p.ej.

egalitarian [ɪˌgælɪ'tɛərɪən] ADJ igualitario/a.

egg [eg] [1] N huevo m, blanquillo m (Mex); (cell) óvulo m; **fried/scrambled/soft-boiled/hardboiled ~** huevo frito/revuelto/pasado (por agua)/duro; **boiled ~** huevo pasado por agua or (LAm) tibio or (And, CSur) a la copa; **to have ~ on one's face** (fam) quedarse en ridículo; **don't put all your ~s in one basket** (proverb) no te lo juegues todo a una carta.
[2] CPD: **~ cup** N huevera f; **~ custard** N natillas fpl de huevo; **~ timer** N cronómetro m para huevos; **~ white** N clara f de huevo, albumen m; **~ yolk** N yema f de huevo.

◆ **egg on** VT + ADV (urge) incitar.

egghead [ˈeghed] N (pej fam: intellectual) intelectualoide mf.

eggplant [ˈegplɑːnt] N (esp US) berenjena f.

eggshell [ˈegʃel] N cáscara f (de huevo).

EGM N ABBR of **extraordinary general meeting**.

ego [ˈiːgəʊ] [1] N (Psych) ego m, el yo; (pride) orgullo m. [2] CPD: **~ trip** N (fam) aventura f egoísta.

egocentric(al) [ˌegəʊ'sentrɪk(əl)] ADJ egocéntrico/a.

egoism [ˈegəʊɪzəm] N egoísmo m.

egoist [ˈegəʊɪst] N egoísta mf.

egomania [ˌiːgəʊ'meɪnɪə] N egolatría f.

egotism [ˈegəʊtɪzəm] N egotismo m.

egotist [ˈegəʊtɪst] N egotista mf.

egotistic [ˌegəʊ'tɪstɪk] ADJ egotista.

Egypt [ˈiːdʒɪpt] N Egipto m.

Egyptian [ɪ'dʒɪpʃən] ADJ, N egipcio/a mf.

EIB N ABBR of **European Investment Bank** BEI m.

eider [ˈaɪdəʳ], **eider duck** [ˈaɪdə'dʌk] N eider m, pato m de flojel.

eiderdown [ˈaɪdədaʊn] N edredón m.

eight [eɪt] [1] ADJ ocho. [2] N ocho m; **he's had one over the ~** (fam) lleva una copa de más; see **five** for usage.

eighteen [ˈeɪ'tiːn] [1] ADJ dieciocho, diez y ocho. [2] N dieciocho, diez y ocho; see **five** for usage.

eighteenth [ˈeɪ'tiːnθ] [1] ADJ decimoctavo/a. [2] N decimoctavo/a m/f; (fraction) decimoctava parte f, decimoctavo m; see **fifth** for usage.

eighth [eɪtθ] [1] ADJ octavo/a; **~ note** (US Mus) corchea f. [2] N octavo/a m/f; (fraction) octava parte f, octavo m; see **fifth** for usage.

eightieth [ˈeɪtɪɪθ] [1] ADJ octogésimo/a. [2] N octogésimo/a m/f; (fraction) octogésima parte f, octogésimo m; see **fifth** for usage.

eighty [ˈeɪtɪ] [1] ADJ ochenta. [2] N ochenta m; see **five** for usage.

Eire [ˈɛərə] N Eire m, República f de Irlanda.

EIS N ABBR of **Educational Institute of Scotland** sindicato de profesores.

Eisteddfod [aɪs'teðvɒd] N festival galés en el que se celebran concursos de música y poesía.

either [ˈaɪðəʳ] [1] ADJ [a] (one or other: positive) cualquiera de los dos; (: neg) ninguno de los dos; **~ day would suit me** cualquiera de los dos días me conviene.
[b] (each) cada; **on ~ side** en los dos lados; **in ~ hand** en cada mano.
[2] PRON (positive) cualquiera de los dos; (neg) ninguno de los dos; **which bus will you take? - ~** ¿que autobús vas a coger? - cualquiera de los dos; **I don't want ~ of them** no quiero ninguno de los dos; **give it to ~ of them** dáselo a cualquiera de los dos.
[3] CONJ: **~ ... or ~** o ... o; **~ come in or stay out** o entra o quédate fuera; **I have never been to ~ Paris or Rome** no he visitado ni París ni Roma.
[4] ADV tampoco; **he can't sing ~** tampoco sabe cantar; **no, I haven't ~** no, yo tampoco.

ejaculate [ɪ'dʒækjʊleɪt] VT, VI [a] (cry out) exclamar. [b] (semen) eyacular.

eject [ɪ'dʒekt] [1] VT (Aer, Tech: bomb, flames) expulsar; (cartridge, troublemaker) echar; (tenant) desahuciar. [2] VI (pilot) eyectarse.

ejection [ɪ'dʒekʃən] N expulsión f; (of tenant) desahucio m.

ejector seat [ɪ'dʒektə,siːt] N (in plane) asiento m eyectable.

eke [iːk] VT: **to ~ out** (food, supplies) escatimar; (money, income) hacer que alcance; **to ~ out a living** ganarse la vida a duras penas.

EKG N ABBR of (US) of **electrocardiogram** ECG m.

el [el] N ABBR of (US fam) of **elevated railroad**.

elaborate [ɪ'læbərɪt] [1] ADJ (design, pattern, hairstyle) trabajado/a, esmerado/a; (meal) de muchos platos; (plan) detallado/a.

2 [ɪ'læbəreɪt] VT (*work out*) elaborar, desarrollar; (*describe*) explicar.

3 [ɪ'læbəreɪt] VI: **he ~d on it** lo explicó con más detalles; **he refused to ~** se negó a dar más detalles.

elapse [ɪ'læps] VI pasar, transcurrir.

elastic [ɪ'læstɪk] **1** ADJ elástico/a; (*fig*) flexible. **2** N (*in garment*) elástico *m*, jebe *m* (CSur). **3** CPD: **~ band** N gomita *f*.

elasticity [,i:læs'tɪsɪtɪ] N elasticidad *f*.

elated [ɪ'leɪtɪd] ADJ (*excited*) excitado/a; (*happy*) alegre.

elation [ɪ'leɪʃən] N (*state*) regocijo *m*, júbilo *m*.

elbow ['elbəʊ] **1** N (*Anat*) codo *m*; (*in road*) recodo *m*; **at his ~** al alcance de la mano; **out at the ~(s)** raído/a, descosido/a.

2 VT: **to ~ sb aside** apartar a algn a codazos; **to ~ one's way through the crowd** abrirse paso a codazos por la muchedumbre.

3 CPD: **~ grease** N (*fam*) codo *m*.

elbowroom ['elbəʊrʊm] N espacio *m* para moverse.

elder[1] ['eldə'] **1** ADJ (*brother etc*) mayor; **~ statesman** viejo estadista *m*; (*fig*) persona *f* respetada. **2** N (*senior*) mayor *m*; (*of tribe*) anciano *m*.

elder[2] ['eldə'] N (*Bot*) saúco *m*.

elderberry ['eldə,berɪ] N baya *f* del saúco.

elderly ['eldəlɪ] **1** ADJ mayor, de edad. **2** NPL: **the ~** los mayores, las personas de edad.

eldest ['eldɪst] ADJ (*child*) mayor; **my ~ brother** mi hermano mayor.

elec ABBR **a** *of* **electric**. **b** *of* **electricity**.

elect [ɪ'lekt] **1** VT **a** (*Pol etc*) elegir (*to* a); **he was ~ed chairman** fue elegido presidente.

b (*choose*) elegir; **he ~ed to remain** eligió quedarse.

2 ADJ SUF electo/a; **the president ~** el presidente electo.

election [ɪ'lekʃən] **1** N (*gen*) elección *f*; **general ~** elecciones *or* comicios *mpl* generales; **to hold an ~** convocar elecciones.

2 CPD: **~ agent** N secretario/a *m/f* electoral; **~ campaign** N campaña *f* electoral; **~ day** N día *m* de las elecciones.

electioneer [ɪ,lekʃə'nɪə'] VI hacer campaña (electoral).

electioneering [ɪ,lekʃə'nɪərɪŋ] N campaña *f* electoral; (*pej*) maniobras *fpl* electorales.

elective [ɪ'lektɪv] **1** ADJ (*Univ etc: course*) facultativo/a; (*assembly*) electivo/a. **2** N (*also* **~ subject**) asignatura *f* facultativa.

elector [ɪ'lektə'] N elector(a) *m/f*.

electoral [ɪ'lektərəl] ADJ electoral; **~ college** colegio *m* electoral; **~ roll** censo *m* electoral.

electorate [ɪ'lektərɪt] N electorado *m*.

electric [ɪ'lektrɪk] ADJ (*appliance, current*) eléctrico/a; **the atmosphere was ~** (*fig*) había un ambiente muy tenso; **~ blanket** manta *f or* (LAm) frazada *f* eléctrica; **~ chair** silla *f* eléctrica; **~ cooker** cocina *f* eléctrica; **~ current** corriente *f* eléctrica; **~ field** campo *m* eléctrico; **~ fire**, **heater** estufa *f* eléctrica, calentador *m* eléctrico; **~ light** luz *f* eléctrica; **~ shock** electrochoque *m*; **~ storm** = **electrical storm**.

electrical [ɪ'lektrɪkəl] ADJ (*equipment etc*) eléctrico/a; **~ engineer** ingeniero/a *m/f* electrotécnico/a; **~ engineering** electrotecnia *f*; **~ failure** fallo *m* eléctrico; **~ storm** tormenta *f* eléctrica.

electrician [ɪlek'trɪʃən] N electricista *mf*.

electricity [ɪlek'trɪsɪtɪ] **1** N electricidad *f*; **to switch on/off the ~** poner/apagar la electricidad. **2** CPD: **~ board** N (*Brit*) compañía *f* eléctrica *or* (LAm) de luz.

electrification [ɪ'lektrɪfɪ'keɪʃən] N electrificación *f*.

electrify [ɪ'lektrɪfaɪ] VT (*railway system*) electrificar; (*charge with electricity, fig*) electrizar; **electrified fence** cercado *m* eléctrico.

electrifying [ɪ'lektrɪfaɪɪŋ] ADJ (*performance etc*) electrizante.

electro... [ɪ'lektrəʊ] PREF electro....

electrocardiogram [ɪ'lektrəʊ'kɑ:dɪəgræm] N electrocardiograma *m*.

electrocardiograph [ɪ,lektrəʊ'kɑ:dɪəgræf] N electrocardiógrafo *m*.

electroconvulsive [ɪ,lektrəkən'vʌlsɪv] ADJ: **~ therapy** electroterapia *f*.

electrocute [ɪ'lektrəʊkju:t] VT electrocutar.

electrode [ɪ'lektrəʊd] N electrodo *m*.

electroencephalogram [ɪ,lektrəʊen'sefələ,græm] N electroencefalograma *m*.

electrolysis [ɪlek'trɒlɪsɪs] N electrólisis *f*.

electrolyte [ɪ'lektrəʊ,laɪt] N electrolito *m*.

electromagnet [ɪ'lektrəʊ'mægnɪt] N electroimán *m*.

electromagnetic [ɪ'lektrəʊmæg'netɪk] ADJ electromagnético/a.

electron [ɪ'lektrɒn] **1** N electrón *m*. **2** CPD: **~ camera** N cámara *f* electrónica; **~ gun** N pistola *f* de electrones; **~ microscope** N microscopio *m* electrónico.

electronic [ɪlek'trɒnɪk] ADJ electrónico/a; **~ banking** banco *m* informatizado; **~ data processing** proceso *m* electrónico de datos; **~ funds transfer** transferencia *f* electrónica de fondos; **~ mail** correo *m* electrónico; **~ mailbox** buzón *m* electrónico; **~ music** música *f* electrónica; **~ shopping** compra *f* por ordenador; **~ surveillance** vigilancia *f* electrónica; **~ tag** pulsera *electrónica de control*; **~ tagging** *sistema electrónico de vigilancia*.

electronics [ɪlek'trɒnɪks] **1** NSG (*science*) electrónica *f*. **2** NPL (*of machine etc*) componentes *mpl* electrónicos.

electroplated [ɪ'lektrəʊpleɪtɪd] ADJ galvanizado/a.

electroshock [ɪ'lektrəʊ,ʃɒk] CPD: **~ therapy** N electroterapia *f*; **~ treatment** N electrochoque *m*.

elegance ['elɪgəns] N elegancia *f*.

elegant ['elɪgənt] ADJ elegante.

elegy ['elɪdʒɪ] N elegía *f*.

element ['elɪmənt] N (*gen*) elemento *m*; (*factor*) factor *m*; **an ~ of truth** una parte de verdad; **an ~ of surprise** un elemento de sorpresa; **open to the ~s** (*weather*) a la intemperie; **the ~s of mathematics** los elementos de las matemáticas; **to be in one's ~** estar en su elemento; **to be out of one's ~** estar fuera de su elemento *or* como pez fuera de agua.

elemental [,elɪ'mentl] ADJ elemental.

elementary [,elɪ'mentərɪ] ADJ elemental; (*basic, primitive*) rudimentario/a, básico/a; (*education, school*) primario/a, de primera enseñanza; (*easy*) muy sencillo/a; **~ science** ciencia *f* básica.

elephant ['elɪfənt] N elefante *m*; *see* **white 3**.

elephantiasis [,elɪfən'taɪəsɪs] N elefantiasis *f*.

elephantine [,elɪ'fæntaɪn] ADJ (*fig*) elefantino/a, mastodóntico/a.

elevate ['elɪveɪt] VT (*raise in rank*) ascender; (*fig: mind, tone of conversation*) elevar.

elevated ['elɪveɪtɪd] ADJ elevado/a, sublime; **~ railway**, (*US*) **~ railroad** ferrocarril *m* urbano elevado.

elevation [,elɪ'veɪʃən] N (*hill*) elevación *f*; (*height: esp above sea level*) altitud *f*; (*Archit*) alzado *m*; (*of person*) ascenso *m*.

elevator ['elɪveɪtə'] N **a** (*US: lift*) ascensor *m*, elevador *m* (LAm). **b** (*hoist for goods*) montacargas *m inv*. **c** (*Aer*) timón *m* de profundidad.

eleven [ɪ'levn] **1** ADJ once. **2** N once *m*; (*Sport*) once, equipo *m*; *see* **five** *for usage*.

elevenses [ɪ'levnzɪz] NPL (*Brit fam*) onces *fpl*.

eleventh [ɪ'levnθ] **1** ADJ undécimo/a, onceno/a; **at the ~ hour** (*fig*) a última hora. **2** N undécimo *m/f*, onceno/a *m/f*; (*fraction*) undécima parte *f*, undécimo *m*; *see* **fifth** *for usage*.

elf [elf] N (*pl* **elves**) duende *m*, elfo *m*.

elicit [ɪ'lɪsɪt] VT: **to ~ sth (from sb)** sacarle algo a algn).

elide [ɪ'laɪd] VT, VI (*vowel, syllable*) elidir.

eligibility [,elɪdʒə'bɪlɪtɪ] N elegibilidad *f*.

eligible ['elɪdʒəbl] ADJ: **to be ~ for** (*suitable*) reunir los requisitos para; **an ~ young man** un buen partido.

eliminate [ɪ'lɪmɪneɪt] VT (*gen*) eliminar; (*suspect, possibility*) descartar; (*bad language, mistakes, details*) suprimir.

elimination [ɪ,lɪmɪ'neɪʃən] **1** N (*suppression*) supresión *f*; (*being eliminated*) eliminación *f*; **by process of ~** por proceso de eliminación. **2** CPD: **~ round** N eliminatoria *f*.

elision [ɪ'lɪʒən] N elisión *f*.

elite, élite [eɪ'li:t] N élite *f*.

elitism [ɪ'liːtɪzəm] N elitismo *m*.
elitist [ɪ'liːtɪst] ADJ elitista.
elixir [ɪ'lɪksəʳ] N elixir *m*.
Elizabethan [ɪ,lɪzə'biːθən] ADJ isabelino/a.
elk [elk] N (*Zool*) alce *m*.
ellipse [ɪ'lɪps] N elipse *f*.
ellipsis [ɪ'lɪpsɪs] N (*pl* **ellipses** [ɪ'lɪpsiːz]) (*omission*) elipsis *f inv*; (*dots*) puntos *mpl* suspensivos.
elm [elm] N olmo *m*.
elocution [,elə'kjuːʃən] N elocución *f*.
elongate ['iːlɒŋgeɪt] VT (*material, thing*) alargar, extender.
elongation [,iːlɒŋ'geɪʃən] N (*act*) alargamiento *m*; (*part elongated*) extensión *f*.
elope [ɪ'ləʊp] VI (*2 persons*) fugarse para casarse; (*one person*) **to ~ with sb** fugarse con algn.
elopement [ɪ'ləʊpmənt] N fuga *f*.
eloquence ['eləkwəns] N elocuencia *f*.
eloquent ['eləkwənt] ADJ elocuente.
El Salvador [el'sælvədɔːʳ] N El Salvador.
else [els] ADV a otro/a; **anybody ~** cualquier otro; **anything ~** cualquier otra cosa; **anything ~, sir?** (*shop assistant*) ¿algo más, señor?; **anywhere ~** en cualquier otro sitio; **everyone ~** todos los demás; **everything ~** todo lo demás; **how ~ ...?** ¿de qué otra manera ...?; **nobody ~** ningún otro; **nothing ~** nada más; **there was nothing ~ I could do** no había otro remedio; **nothing ~, thank you** (*in shop*) nada más *or* es todo, gracias; **nowhere ~** en ningún otro sitio; **somebody ~** otra persona; **somebody ~'s coat** el abrigo de otro; **something ~** otra cosa; (*fam*) estupendo/a; **somewhere ~** en otro sitio *or* otra parte; **what ~ ...?** ¿qué más ...?; **where ~ ...?** ¿en qué otro sitio ...?, ¿dónde más ...? (*LAm*); **who ~ ...?** ¿quién más...?; **there is little ~ to be done** fuera de eso queda muy poco que hacer; **he said that, and much ~** dijo eso y mucho más.
  b (*otherwise*) **or ~** si no; **keep quiet or ~ go away** cállate *o* vete; **do as I say, or ~!** (*fam: expressing threat*) ¡haz lo que te digo o me las pagarás!
elsewhere ['els'weəʳ] ADV (*in another place*) en otro sitio, en otra parte; (*to another place*) a otro sitio, a otra parte.
ELT N ABBR of **English Language Teaching**.
elucidate [ɪ'luːsɪdeɪt] VT aclarar.
elude [ɪ'luːd] VT (*pursuit*) burlar; (*capture, arrest*) eludir, escapar; (*grasp, blow*) esquivar, zafarse de; (*question*) eludir; **the answer has so far ~d us** hasta ahora no hemos dado con la solución; **his name ~s me** su nombre se me escapa; **success has ~d him** el éxito le ha eludido.
elusive [ɪ'luːsɪv] ADJ (*prey, enemy*) esquivo/a; (*thoughts, word, success etc*) difícil de conseguir; (*slippery*) escurridizo/a; **he is very ~** no es fácil encontrarlo.
elver ['elvəʳ] N angula *f*.
elves [elvz] NPL of **elf**.
emaciated [ɪ'meɪsɪeɪtɪd] ADJ demacrado/a.
e-mail ['iːmeɪl] N correo *m* electrónico.
emanate ['eməneɪt] VI: **to ~ from** (*idea, proposal*) surgir de; (*light, smell*) proceder de.
emancipate [ɪ'mænsɪpeɪt] VT (*women, slaves*) emancipar; (*fig*) liberar.
emancipation [ɪ,mænsɪ'peɪʃən] N (*of women, slaves*) emancipación *f*; (*fig*) liberación *f*.
emasculate [ɪ'mæskjʊleɪt] VT castrar, emascular; (*fig*) mutilar, estropear.
embalm [ɪm'baːm] VT (*dead body*) embalsamar.
embankment [ɪm'bæŋkmənt] N (*of path, railway*) terraplén *m*; (*of canal, river*) dique *m*.
embargo [ɪm'baːgəʊ] N (*pl* **~es**) (*Comm, Naut*) embargo *m*; **to lift an ~** levantar una prohibición; **to put an ~ on sth** embargar algo; (*fig: prohibit*) prohibir algo; **to be under (an) ~** estar embargado.
embark [ɪm'baːk] 1 VT embarcar. 2 VI (*Naut, Aer*) embarcarse; **to ~ on (a journey)** emprender (un viaje); (*business venture, explanation, discussion*) lanzarse a.
embarkation [,embaː'keɪʃən] 1 N (*of goods*) embarque *m*; (*of people*) embarco *m*. 2 CPD: **~ card** N tarjeta *f* de embarque.

embarrass [ɪm'bærəs] VT avergonzar, apenar (*LAm*); (*deliberately*) poner en un aprieto; **I was ~ed by the question** la pregunta me avergonzó; (*perplexed etc*) la pregunta me dejó confuso; **I feel ~ed about it** me siento algo avergonzado por eso; **to be financially ~ed** estar en un aprieto (económico), estar *or* andar mal de dinero.
embarrassing [ɪm'bærəsɪŋ] ADJ (*experience, situation*) violento/a; (*question*) embarazoso/a, desconcertante.
embarrassingly [ɪm'bærəsɪŋlɪ] ADV de manera desconcertante, violentamente; **there were ~ few people** había tan pocas personas que resultaba desconcertante.
embarrassment [ɪm'bærəsmənt] N (*state*) vergüenza *f*, pena *f* (*LAm*); (*cause*) molestia *f*, vergüenza; **you are an ~ to us** eres un estorbo para nosotros; **financial ~s** dificultades *fpl* económicas.
embassy ['embəsɪ] N (*gen*) embajada *f*; **the British E~ in Rome** la embajada británica en Roma.
embed [ɪm'bed] VT (*weapon, teeth*) clavar, hincar; (*jewel*) empotrar; **it is ~ded in my memory** está fijado en mi memoria.
embellish [ɪm'belɪʃ] VT a (*decorate*) embellecer (*with* de). b (*fig: story, truth*) adornar (*with* de).
embers ['embəz] NPL ascua *fsg*, rescoldo *msg*.
embezzle [ɪm'bezl] VT (*funds, money*) malversar, desfalcar.
embezzlement [ɪm'bezlmənt] N malversación *f* (de fondos), desfalco *m*.
embezzler [ɪm'bezləʳ] N malversador(a) *m/f*, desfalcador(a) *m/f*.
embitter [ɪm'bɪtəʳ] VT (*person*) amargar; (*relationship, dispute*) envenenar.
embittered [ɪm'bɪtəd] ADJ resentido/a, rencoroso/a; **to be very ~** estar muy amargado, estar muy resentido (*about* por; *against* contra).
emblazon [ɪm'bleɪzən] VT engalanar *or* esmaltar con colores brillantes; (*fig*) escribir *or* adornar de modo llamativo.
emblem ['embləm] N emblema *m*.
embodiment [ɪm'bɒdɪmənt] N encarnación *f*; **to be the very ~ of virtue** ser la misma virtud.
embody [ɪm'bɒdɪ] VT a (*spirit, quality*) encarnar; (*thought, theory*) abarcar (*in* en). b (*include*) incorporar (*in* en).
embolism ['embəlɪzəm] N (*Med*) embolia *f*.
emboss [ɪm'bɒs] VT (*metal, leather*) repujar; (*paper*) gofrar.
embrace [ɪm'breɪs] 1 N abrazo *m*. 2 VT a (*person*) abrazar. b (*accept: offer*) aceptar; (: *religion*) abrazar, incorporarse a; (: *cause*) dedicarse a. c (*include*) abarcar. 3 VI abrazarse.
embrocation [,embrəʊ'keɪʃən] N embrocación *f*.
embroider [ɪm'brɔɪdəʳ] VT bordar; (*fig: truth, facts, story*) embellecer, adornar.
embroidery [ɪm'brɔɪdərɪ] 1 N (*gen*) bordado *m*. 2 CPD: **~ silk** *or* **thread** N seda *f or* hilo *m* de bordar.
embroil [ɪm'brɔɪl] VT: **to ~ sb in sth** enredar a algn en algo; **to ~ o.s.** *or* **get ~ed in sth** enredarse en algo.
embryo ['embrɪəʊ] 1 N embrión *m*; (*fig*) germen *m*, embrión; **in ~** en embrión. 2 CPD (*research etc*) embrionario/a.
embryonic [,embrɪ'ɒnɪk] ADJ (*lit, fig*) embrionario/a.
emcee ['em'siː] N (*US*) presentador/a *m/f*.
EMCF N ABBR of **European Monetary Cooperation Fund** FECOM *m*.
emend [ɪ'mend] VT (*text*) enmendar.
emendation [,iːmen'deɪʃən] N enmienda *f*.
emerald ['emərəld] 1 N (*stone, colour*) esmeralda *f*. 2 ADJ (*necklace, bracelet etc*) de esmeraldas; (*also* **~ green**) esmeralda.
emerge [ɪ'mɜːdʒ] VI salir (*from* de); (*fig: truth, facts, problems*) surgir, presentarse; (: *theory, new nation*) surgir; **it ~s that ...** resulta que ....
emergence [ɪ'mɜːdʒəns] N aparición *f*.
emergency [ɪ'mɜːdʒənsɪ] 1 N emergencia *f*, crisis *f inv*; **in an ~, in case of ~** en caso de emergencia *or* urgencia; **prepared for any ~** prevenido contra toda eventualidad; **to declare a state of ~** declarar un estado

de emergencia.

2 CPD (measures, repair, Med) de urgencia; (airstrip) improvisado/a; (powers, meeting) extraordinario/a; (rations, fund) de emergencia; **~ exit** N salida f de emergencia; **~ flasher** N (US Aut) señales fpl de emergencia; **~ landing** N (Aer) aterrizaje m forzoso; **~ lane** N (US) andén m, arcén m; **~ service** N servicio m de urgencia; **~ stop** N (Aut) parada f en seco.

emergent [ɪ'mɜːdʒənt] ADJ (countries) recién desarrollado/a.

emeritus [iː'merɪtəs] ADJ emeritus, jubilado/a.

emery ['emərɪ] **1** N esmeril m. **2** CPD: **~ board** N lima f de uñas; **~ paper** N papel m de esmeril.

emetic [ɪ'metɪk] N emético m.

emigrant ['emɪgrənt] N emigrante mf.

emigrate ['emɪgreɪt] VI emigrar.

emigration [,emɪ'greɪʃən] N emigración f.

émigré(e) ['emɪgreɪ] N emigrado/a m/f.

eminence ['emɪnəns] N **a** (fame) eminencia f, fama f; **to gain** or **win ~** ganarse fama (as de). **b** (frm: hill) eminencia f. **c** (Rel: title of cardinal) eminencia f.

eminent ['emɪnənt] ADJ (person: distinguished) eminente; (: outstanding) destacado/a; (suitability, charm, fairness) sumo/a.

eminently ['emɪnəntlɪ] ADV eminentemente.

emir [e'mɪəʳ] N emir m.

emirate [e'mɪərɪt] N emirato m.

emissary ['emɪsərɪ] N emisario/a m/f.

emission [ɪ'mɪʃən] N (of light, smell, cry etc) emisión f; (Anat: of semen) expulsión f; **~s** (exhaust fumes etc) emisiones.

emit [ɪ'mɪt] VT (sparks, light, signals) emitir; (smoke, heat) arrojar; (smell) despedir; (cry) dar; (sound) producir.

Emmy ['emɪ] N (US TV) Emmy m.

emollient [ɪ'mɒlɪənt] ADJ, N emoliente m.

emolument [ɪ'mɒljʊmənt] N (often pl: frm) honorario m.

emotion [ɪ'məʊʃən] N emoción f.

emotional [ɪ'məʊʃənl] ADJ (concerning the emotions) emocional; (moving) conmovedor(a), emocionante; (excited, worked up) emocionado/a; (sentimental) sentimental; (provoking emotion) emotivo/a; **to get ~** emocionarse.

emotionalism [ɪ'məʊʃnəlɪzəm] N (pej) sentimentalismo m.

emotionally [ɪ'məʊʃnəlɪ] ADV (with emotion) con emoción; **~ deprived** privado de amor; **~ involved** envuelto sentimentalmente.

emotionless [ɪ'məʊʃənlɪs] ADJ sin emoción.

emotive [ɪ'məʊtɪv] ADJ emotivo/a.

empathize ['empəθaɪz] VI sentir empatía or empatizar(se) (with con).

empathy ['empəθɪ] N empatía f; **to feel ~ with sb** sentir empatía por algn.

emperor ['empərəʳ] N emperador m.

emphasis ['emfəsɪs] N (pl **emphases** ['emfəsiːz]) (in word, phrase) acento m; **to speak with ~** hablar con énfasis; **to lay** or **place ~ on sth** (fig) hacer hincapié en algo; **the ~ is on sport** se da mayor importancia al deporte.

emphasize ['emfəsaɪz] VT (fact, point) subrayar, enfatizar (LAm); (Ling) acentuar; (fig: of garment: accentuate) hacer resaltar; **I must ~ that ...** debo insistir en que ....

emphatic [ɪm'fætɪk] ADJ (forceful) enérgico/a, categórico/a; (determined) decidido/a; **it was an ~ success** fue un éxito arrollador; **he was most ~ that ...** dijo categóricamente que ....

emphatically [ɪm'fætɪkəlɪ] ADV (resolutely) categóricamente; (forcefully) enérgicamente; **the answer is ~ no** bajo ningún concepto.

emphysema [emfɪ'siːmə] N enfisema m.

empire ['empaɪəʳ] N (group of countries) imperio m.

empirical [em'pɪrɪkəl] ADJ (methods) empírico/a.

empiricism [em'pɪrɪsɪzəm] N empirismo m.

emplane [ɪm'pleɪn] VI (US) subir al avión, embarcar (en avión).

employ [ɪm'plɔɪ] **1** VT (person) emplear; (thing, method) emplear, usar; (time) ocupar. **2** N: **to be in the ~ of sb**

(frm) ser empleado de algn.

employable [ɪm'plɔɪəbl] ADJ (person) que se puede emplear; (skill) útil, utilizable.

employee [,emplɔɪ'iː] N empleado/a m/f.

employer [ɪm'plɔɪəʳ] N (business person) empresario/a m/f; (boss) patrón/ona m/f; **the ~s' federation** la federación patronal; **the ~'s interests** los intereses empresariales.

employment [ɪm'plɔɪmənt] **1** N empleo m; **to find/be in ~** encontrar/tener trabajo; **conditions of ~** condiciones fpl de empleo; **full ~** pleno empleo. **2** CPD: **~ agency** N agencia f de colocaciones; **~ exchange** N bolsa f de trabajo.

emporium [em'pɔːrɪəm] N (pl **~s** or **emporia**) emporio m.

empower [ɪm'paʊəʳ] VT: **to ~ sb to do sth** autorizar a algn para hacer algo.

empress ['emprɪs] N emperatriz f.

emptiness ['emptɪnɪs] N vacío m; (fig) vaciedad f.

empty ['emptɪ] **1** ADJ (comp **-ier**; superl **-iest**) (gen) vacío/a; (house, room) desocupado/a; (place) desierto/a; (post, job) vacante; (fig: threat, words, promise) vano/a; **an ~ space** un vacío; **on an ~ stomach** en ayunas; **~ of** desprovisto/a de.
2 N: **empties** envases mpl (vacíos).
3 VT (contents, container) vaciar; (pour out) verter; **to ~ (out) one's pockets** vaciar los bolsillos; **he emptied the apples out of a barrel into a bag** vació las manzanas del barril en una bolsa.
4 VI (room etc) quedar desocupado/a; (place) quedar desierto/a; (water etc: flow) desembocar (into en); (container) desaguar.

empty-handed ['emptɪ'hændɪd] ADJ: **to arrive/leave ~** llegar/salir con las manos vacías.

empty-headed ['emptɪ'hedɪd] ADJ casquivano/a.

EMS N ABBR of **European Monetary System** SME m.

EMT N ABBR of **emergency medical technician**.

EMU N ABBR of **European Monetary Union** UME f.

emu ['iːmjuː] N emú m.

emulate ['emjʊleɪt] VT emular.

emulator ['emjʊ,leɪtəʳ] N (Comput) emulador m.

emulsifier [ɪ'mʌlsɪ,faɪəʳ] N (agente m) emulsionante m.

emulsify [ɪ'mʌlsɪfaɪ] VT emulsionar.

emulsion [ɪ'mʌlʃən] N (liquid) emulsión f; (also **~ paint**) pintura f emulsión.

EN N ABBR (Brit) of **Enrolled Nurse** ≈ ATS mf.

enable [ɪ'neɪbl] VT: **to ~ sb to do sth** permitir a algn hacer algo.

enact [ɪ'nækt] VT (law) promulgar; (play, scene, part) representar.

enamel [ɪ'næməl] **1** N (gen, of teeth) esmalte m. **2** VT esmaltar. **3** CPD: **~ jewellery** N alhajas fpl de esmalte; **~ paint** N esmalte m; **~ saucepan** N cacerola f esmaltada.

enamelware [ɪ'næməlweəʳ] N utensilios mpl de hierro esmaltado.

enamour, (US) **enamor** [ɪ'næməʳ] VT: **to be ~ed of** (person) estar enamorado/a de; (thing) estar entusiasmado/a con.

enc ABBR = **enc(l)**.

encampment [ɪn'kæmpmənt] N campamento m.

encase [ɪn'keɪs] VT encerrar; **to be ~d in** estar revestido/a de.

encash [ɪn'kæʃ] VT cobrar, hacer efectivo.

enchant [ɪn'tʃɑːnt] VT (often passive) encantar; (use magic on) encantar, hechizar.

enchanter [ɪn'tʃɑːntəʳ] N hechicero m.

enchanting [ɪn'tʃɑːntɪŋ] ADJ encantador(a).

enchantment [ɪn'tʃɑːntmənt] N (delight) encanto m; (charm, spell) encantamiento m, hechizo m.

enchantress [ɪn'tʃɑːntrɪs] N hechicera f.

encircle [ɪn'sɜːkl] VT rodear; (Mil) sitiar; (waist, shoulders) ceñir; **it is ~d by a wall** está rodeado de una tapia.

enc(l). ABBR **a** of **enclosure(s)** adj. **b** of **enclosed** adj.

enclave ['enkleɪv] N enclave m.

enclose [ɪn'kləʊz] VT **a** (land, garden) cercar, encerrar; **to ~ with** cercar de. **b** (with letter etc) remitir adjunto, adjuntar; **please find ~d** le enviamos adjunto or anexo; **I ~ a cheque** remito adjunto un cheque.

enclosed [ɪnˈkləʊzd] ADJ *(with letter etc)* adjunto/a; *(garden, land)* cercado/a, encerrado/a.

enclosure [ɪnˈkləʊʒəʳ] N *(act)* cercamiento *m*, encierro *m*; *(place)* cercado *m*, recinto *m*; *(at racecourse)* reservado *m*; *(in letter)* anexo *m*.

encode [ɪnˈkəʊd] VT codificar; *(Ling)* cifrar.

encoder [ɪnˈkəʊdəʳ] N *(Comput)* codificador *m*.

encompass [ɪnˈkʌmpəs] VT abarcar.

encore [ɒŋˈkɔːʳ] **1** INTERJ ¡otra!, ¡bis! **2** N repetición *f*; **to give an ~** repetir a petición del público.

encounter [ɪnˈkaʊntəʳ] **1** N *(meeting, fight)* encuentro *m*. **2** VT *(person)* encontrar, encontrarse con; *(difficulty, danger, enemy etc)* tropezar con. **3** CPD: **~ group** N grupo *m* de encuentro.

encourage [ɪnˈkʌrɪdʒ] VT *(person)* animar, alentar; *(industry, growth etc)* estimular, fomentar; **to ~ sb to do sth** animar a algn a hacer algo.

encouragement [ɪnˈkʌrɪdʒmənt] N ánimo *m*, aliento *m*; **to give ~ to** dar ánimo a, animar.

encouraging [ɪnˈkʌrɪdʒɪŋ] ADJ *(person)* que da ánimos; *(smile)* alentador(a); *(news)* prometedor(a), halagüeño/a; **that's very ~!** *(iro)* ¡qué ánimos me das!

encroach [ɪnˈkrəʊtʃ] VI: **to ~ (up)on** *(gen)* invadir; *(time)* quitar tiempo a; *(rights)* abusar.

encroachment [ɪnˈkrəʊtʃmənt] N usurpación *f* (*on* de).

encumber [ɪnˈkʌmbəʳ] VT *(person, movement, room)* estorbar; *(with debts)* gravar; **to be ~ed with** tener que cargar con.

encumbrance [ɪnˈkʌmbrəns] N estorbo *m*; *(Fin, Jur)* gravamen *m*.

encyclical [enˈsɪklɪkəl] N encíclica *f*.

encyclop(a)edia [en,saɪkləʊˈpiːdɪə] N enciclopedia *f*.

encyclop(a)edic [en,saɪkləʊˈpiːdɪk] ADJ enciclopédico/a.

end [end] **1** N **a** *(of street etc)* final *m*; *(of line, table etc)* extremo *m*; *(of stick etc)* punta *f*; **to place ~ to ~** poner uno tras otro; **from ~ to ~** de punta a punta; **to stand sth on ~** poner algo de punta; **his hair stood on ~** se le puso el pelo de punta; **to change ~s** *(Sport)* cambiar de lado; **the ~ of the road** *or* **line** *(fig)* el término, el acabóse; **the ~s of the earth** *(fig)* el último rincón del mundo; **to get hold of the wrong ~ of the stick** *(fig)* tomar el rábano por las hojas; **to keep one's ~ up** *(fam: in undertaking)* hacer su parte; *(: in argument)* defenderse bien; **to make ~s meet** *(fig)* hacer llegar *or* alcanzar el dinero; **to tie up the loose ~s** *(fig)* atar cabos; *see* **deep; shallow.**
b *(of time, process, journey etc)* fin *m*, final *m*; *(of story etc)* fin, conclusión *f*; *(death)* muerte *f*; **at the ~ of the day** *(fig)* al fin y al cabo, a fin de cuentas; **the ~ of the world** el fin del mundo; **it's not the ~ of the world** *(fam)* el mundo no se va a acabar por eso; **we'll never hear the ~ of it** *(fam)* esto va a ser cuento de nunca acabar; **there's no ~ to it** *(fam)* esto no se acaba nunca; **that's the ~ of the matter** asunto concluido; **that was the ~ of that!** ¡y se acabó!; **to come to a bad ~** acabar mal; **to the bitter ~** hasta el último suspiro; **towards the ~** hacia el fin; **that was the ~ of our car** eso se acabó el coche; **in the ~** al fin; **to be at an ~** llegar al final; **to be at/get to the ~ of** *(strength, patience)* agotarse/estar por agotarse; *(book, supplies)* llegar/estar por llegar al fin; *(work, holidays)* acabarse/estar a punto de acabarse; **to bring to an ~** *(work, speech, relationship)* dar por terminado; **to come** *or* **draw to an ~** llegar a su fin, terminarse; **to meet one's ~** encontrar la muerte; **to put an ~ to** *(argument, relationship, sb's tricks)* poner fin a, acabar con; **for hours on ~** hora tras hora; **no ~ of** *(fam)* la mar de; **no ~** *(fam)* muchísimo; **without ~** interminable; **that's the ~!** *(fam)* ¡eso es el colmo!; **he's the ~!** *(fam)* ¡es el colmo!; **that movie is the ~!** *(US fam)* esa película es el no va más.
c *(remnant: of loaf, candle, meat)* resto *m*, cabo *m*; **the ~ of a roll** *(of cloth, carpet)* el retal de un rollo; **cigarette ~** colilla *f*.
d *(aim)* fin *m*, propósito *m*; **to achieve one's ~** alcanzar su objetivo; **an ~ in itself** un fin en sí; **to no ~** en vano; **to this ~, with this ~ in view** con este propósito; **the ~**

justifies the means el fin justifica los medios.
2 VT *(work, service)* terminar, poner fin a; **to ~ (with)** *(broadcast, speech, writing)* concluir (con), terminar (con); *(speculation, relationship)* acabar (con); **to ~ one's life** *or* **(fam) it all** suicidarse; **to ~ one's days** vivir sus últimos días; **that was the meal to ~ all meals!** *(fam)* ¡eso fue el no va más en comidas!
3 VI *(lesson, work, war, meeting etc)* terminar, acabarse; *(road etc)* terminar(se); *(period of time)* terminar; *(programme, film, story)* terminarse; **to ~ by saying** terminar diciendo; **to ~ in** terminar *or* desembocar en.
4 CPD: **~ product** N *(Industry)* producto *m* final; *(fig)* consecuencia *f*; **~ result** N resultado *m*; **~ user** N usuario/a *m/f* final.

◆ **end off** VT + ADV poner fin a.

◆ **end up** VI + ADV terminar *(in* en); *(road, path)* llevar *or* conducir *(in* a).

endanger [ɪnˈdeɪndʒəʳ] VT *(life, health, position)* poner en peligro; **an ~ed species** *(of animal)* una especie en peligro de extinción.

endear [ɪnˈdɪəʳ] VT: **to ~ sb to** *(others)* ganar la simpatía de; **to ~ o.s. to** *(others)* ganarse la simpatía de.

endearing [ɪnˈdɪərɪŋ] ADJ *(smile)* encantador(a); *(characteristic)* atractivo/a; *(personality)* simpático/a.

endearment [ɪnˈdɪəmənt] N cariño *m*; **term of ~** nombre *m* cariñoso.

endeavour, *(US)* **endeavor** [ɪnˈdevəʳ] **1** N *(attempt)* intento *m*, tentativa *f*; *(effort)* esfuerzo *m*; **to make every ~ to do sth** no regatear medio para hacer algo. **2** VI: **to ~ to do** esforzarse por hacer.

endemic [enˈdemɪk] ADJ endémico/a.

ending [ˈendɪŋ] N *(end)* fin *m*, final *m*; *(: of book etc)* desenlace *m*; *(Ling)* terminación *f*.

endive [ˈendaɪv] N endibia *f*.

endless [ˈendlɪs] ADJ interminable, sin fin.

endocrine [ˈendəʊkraɪn] ADJ: **~ gland** glándula *f* endocrina.

endorse [ɪnˈdɔːs] VT **a** *(sign: cheque, document)* endosar. **b** *(approve: opinion, claim, plan)* aprobar; *(support: decision etc)* respaldar. **c** *(Aut)* **to ~ a licence** anotar los detalles de una sanción en el permiso de conducir.

endorsee [ɪn,dɔːˈsiː] N endosatario/a *m/f*.

endorsement [ɪnˈdɔːsmənt] N *(signature)* endoso *m*; *(approval)* aprobación *f*; *(support)* respaldo *m*; *(Brit Aut: on licence)* nota *f* de sanción.

endorser [ɪnˈdɔːsəʳ] N endosante *mf*.

endoscope [ˈendə,skəʊp] N endoscopio *m*.

endoscopy [,enˈdɒskəpɪ] N endoscopia *f*.

endow [ɪnˈdaʊ] VT **a** *(found: prize, professorship etc)* fundar, crear; *(donate)* dotar, hacer una donación a. **b** *(fig)* **to be ~ed with** estar dotado de.

endowment [ɪnˈdaʊmənt] **1** N *(act)* dotación *f*; *(amount)* donación *f*; *(fig)* dote *f*.
2 CPD: **~ assurance, ~ insurance** N seguro *m* dotal; **~ mortgage** N hipoteca *f* dotal; **~ policy** N póliza *f* dotal.

endurance [ɪnˈdjʊərəns] **1** N *(also* **powers of ~)** resistencia *f*; **to come to the end of one's ~** llegar a sus límites; **past** *or* **beyond ~** inaguantable, insoportable; **to be tried beyond ~** llegar hasta más no poder.
2 CPD: **~ test** N prueba *f* de resistencia.

endure [ɪnˈdjʊəʳ] **1** VT *(suffer: pain etc)* resistir; *(tolerate)* aguantar, soportar; **she can't ~ being laughed at** no soporta que se rían de ella; **to ~ doing sth** aguantar hacer algo; **I can't ~ him** no lo puedo ver, no lo soporto.
2 VI *(last)* durar; **an enduring friendship** una amistad duradera; **an enduring affection/memory** un cariño/un recuerdo duradero.

ENE ABBR of **east-north-east** ENE.

enema [ˈenɪmə] N enema *f*.

enemy [ˈenɪmɪ] **1** N *(person)* enemigo/a *m/f*; *(Mil)* enemigo *m*; **to go over to the ~** pasarse al enemigo; **to make an ~ of sb** enemistarse con algn; **he is his own worst ~** su peor enemigo es él mismo.
2 CPD *(territory, forces, aircraft etc)* del enemigo; **~ alien** N extranjero *m* enemigo; **~-occupied** ADJ ocupado/a por el enemigo.

energetic [ˌenəˈdʒetɪk] ADJ (gen) enérgico/a; (active) activo/a; (protest, walk) vigoroso/a.

energize [ˈenədʒaɪz] VT activar, energizar, dar energía a.

energy [ˈenədʒɪ] **1** N (gen) energía f; (strength) vigor m; **electrical/atomic/solar ~** energía eléctrica/atómica/solar.

2 CPD: **~ conservation** N conservación f de la energía; **~ crisis** N crisis f energética; **~ food** N comida f que da energías; **~ resources** NPL recursos mpl energéticos; **~ saving** N ahorro m de energía.

energy-saving [ˈenədʒɪˌseɪvɪŋ] ADJ que ahorra energía.

enfold [ɪnˈfəʊld] VT (esp in one's arms) envolver, abrazar.

enforce [ɪnˈfɔːs] VT **a** (make effective: law, argument) hacer cumplir; (: rights) hacer respetar. **b** (compel: obedience, attendance) imponer.

enforcement [ɪnˈfɔːsmənt] CPD: **law ~ agency** N agencia f jurídica.

enfranchise [ɪnˈfræntʃaɪz] VT (Pol) conceder el derecho de voto a; (slave) liberar.

Eng ABBR **a** of **England**. **b** of **English**.

engage [ɪnˈɡeɪdʒ] **1** VT (hire: servant, lawyer, worker) contratar; (reserve: room) reservar; (attract: attention) llamar; (occupy: attention, interest) ocupar; (Aut) **to ~ gear** meter la velocidad; **to ~ the clutch** embragar; **to ~ sb in conversation** entablar conversación con algn; **to ~ the enemy in battle** librar batalla con el enemigo.

2 VI (Tech) engranar; (person) comprometerse; **to ~ in** (discussion) ocuparse en; (politics) meterse en.

engaged [ɪnˈɡeɪdʒd] ADJ **a** (to be married) prometido/a; **to get ~** prometerse. **b** (occupied) **to be ~ in** or **on (doing) sth** estar ocupado en (hacer) algo. **c** (taxi, lavatory) ocupado/a; **the number is ~** (Brit Telec) están comunicando, está ocupado (LAm).

engagement [ɪnˈɡeɪdʒmənt] **1** N **a** (to marry) compromiso m; (period of ~) noviazgo m. **b** (appointment) compromiso m, cita f; **I have a previous ~** tengo previo compromiso. **c** (actor) **a long ~ at a theatre** un contrato largo en un teatro. **d** (undertaking) compromiso m. **e** (Mil: battle) combate m. **2** CPD: **~ ring** N alianza f, anillo m de prometida.

engaging [ɪnˈɡeɪdʒɪŋ] ADJ atractivo/a.

engine [ˈendʒɪn] **1** N **a** (motor: in car, ship, plane) motor m. **b** (Rail) locomotora f, máquina f; **facing/with your back to the ~** de frente/de espaldas a la máquina. **2** CPD: **~ driver** N (of train) maquinista mf; **~ failure** N avería f del motor; **~ room** N (Naut) sala f de máquinas.

-engined [ˈendʒɪnd] ADJ SUF: **four~** de cuatro motores, cuatrimotor, tetramotor; **petrol~** propulsado/a por gasolina.

engineer [ˌendʒɪˈnɪər] **1** N ingeniero/a m/f; (US Rail) maquinista mf; **ship's ~** ingeniero naval; **electrical/TV ~** ingeniero electricista/de televisión; **the Royal E~s** (Mil) el Cuerpo de Ingenieros. **2** VT (contrive) maquinar.

engineering [ˌendʒɪˈnɪərɪŋ] **1** N ingeniería f. **2** CPD (works, factory, worker etc) de ingeniería.

England [ˈɪŋɡlənd] N Inglaterra f.

English [ˈɪŋɡlɪʃ] **1** ADJ inglés/esa; **~ breakfast** desayuno m inglés or a la inglesa; **the ~ Channel** (el Canal de) la Mancha; **~ Heritage** (England) ≈ Patrimonio m Histórico-Artístico. **2** N (Ling) inglés m; **the ~** (people) los ingleses; **King's ~, Queen's ~** inglés correcto; **in plain ~** ≈ en cristiano; **~-speaker/~-speaking countries** persona f/países mpl de habla inglesa.

Englishman [ˈɪŋɡlɪʃmən] N (pl **-men**) inglés m.

Englishwoman [ˈɪŋɡlɪʃˌwʊmən] N (pl **-women**) inglesa f.

engrave [ɪnˈɡreɪv] VT (Art, Typ etc) grabar; (also fig) imprimir.

engraver [ɪnˈɡreɪvər] N (person) grabador(a) m/f.

engraving [ɪnˈɡreɪvɪŋ] N (picture) grabado m, estampa f.

engrossed [ɪnˈɡrəʊst] ADJ absorto/a; **~ in work/reading/one's thoughts** absorto en el trabajo/la lectura/sus pensamientos.

engrossing [ɪnˈɡrəʊsɪŋ] ADJ absorbente.

engulf [ɪnˈɡʌlf] VT (immerse) sumergir, hundir.

enhance [ɪnˈhɑːns] VT (beauty, attraction) realzar, dar realce a; (position, chances) mejorar; (value, reputation, powers) aumentar.

enigma [ɪˈnɪɡmə] N enigma m.

enigmatic [ˌenɪɡˈmætɪk] ADJ enigmático/a.

enjoin [ɪnˈdʒɔɪn] VT (frm: obedience, silence, discretion) insistir en; **to ~ sb to sth/to do sth** exigir a algn algo/hacer algo.

enjoy [ɪnˈdʒɔɪ] VT **a** (take delight in: meal, book, wine) disfrutar, gozar de; (: occasion) pasarlo bien; (like) apreciar; **to ~ doing sth** gustarle a algn hacer algo; **he ~s French cooking** le gusta la cocina francesa; **I ~ reading** me gusta leer; **to ~ o.s.** pasarlo bien, divertirse; **he ~ed himself in London/on holiday** disfrutó Londres/las vacaciones; **~ yourself!** ¡que lo pases bien!, ¡que te diviertas! **b** (have benefit of: health, income, respect) disfrutar de, gozar de; (: advantage) poseer.

enjoyable [ɪnˈdʒɔɪəbl] ADJ (pleasant) agradable; (amusing) divertido/a.

enjoyment [ɪnˈdʒɔɪmənt] N (delight) placer m; (of good health etc) posesión f, disfrute m; **to find ~ in sth/in doing sth** gozar de algo/de hacer algo.

enlarge [ɪnˈlɑːdʒ] **1** VT (Phot) ampliar; (house, circle of friends) extender. **2** VI: **to ~ upon** entrar en detalles sobre.

enlarged [ɪnˈlɑːdʒd] ADJ (edition) aumentado/a; (Med: organ, gland) dilatado/a.

enlargement [ɪnˈlɑːdʒmənt] N (act) aumento m; (Phot) ampliación f.

enlarger [ɪnˈlɑːdʒər] N (Phot) ampliadora f.

enlighten [ɪnˈlaɪtn] VT: **to ~ sb about** or **on sth** (inform) poner a algn al corriente sobre algo; (clarify) aclarar algo para algn.

enlightened [ɪnˈlaɪtnd] ADJ (attitude etc) liberal; **in this ~ age** en esta época ilustrada.

enlightening [ɪnˈlaɪtnɪŋ] ADJ informativo/a.

enlightenment [ɪnˈlaɪtnmənt] N **a** (explanation) aclaración f. **b** (state of being enlightened) instrucción f; **the (Age of) E~** el Siglo de las Luces.

enlist [ɪnˈlɪst] **1** VT (gen) reclutar, alistar. **2** VI alistarse (in en); **~ed man** (US Mil) soldado m raso.

enliven [ɪnˈlaɪvn] VT (stimulate) animar; (make lively) avivar, animar.

en masse [ɑ̃ːŋˈmæs] ADV en masa, masivamente.

enmesh [ɪnˈmeʃ] VT coger en una red; **to get ~ed in** enredarse en.

enmity [ˈenmɪtɪ] N (hatred) enemistad f.

ennui [ɑ̃ːˈnwiː] N aburrimiento m, hastío m.

enormity [ɪˈnɔːmɪtɪ] N (of task) enormidad f; (of crime, action) gravedad f.

enormous [ɪˈnɔːməs] ADJ (building etc) enorme, manso/a (Chi); (strength, patience) inmenso/a; (risk) muy grave; **an ~ amount/number of** una enorme cantidad de.

enormously [ɪˈnɔːməslɪ] ADV (greatly) enormemente; (very) sumamente.

enough [ɪˈnʌf] **1** ADJ bastante, suficiente; **~ people/money** bastante gente/dinero; **have you had ~ to eat?** ¿has comido bastante?; **we earn ~ to live on** ganamos lo bastante para vivir; **will £10 be ~?** ¿bastarán 10 libras?; **more than ~ money** más que bastante dinero; **he has had more than ~ to drink** ha bebido más de la cuenta; **more than ~ for everyone** más que bastante para todos; **that's ~!, ~'s ~!** (fam) ¡basta ya!, ¡ya está bien!; **I've had ~ of his silly behaviour** estoy harto de sus tonterías; **I've had ~ of watching this programme** estoy harto de ver este programa; **I have ~ to do without taking on more work** tengo bastante trabajo como para encargarme de más; **it's ~ to drive you mad** (fam) es para volverse loco; **he never has ~ of work** nunca se cansa de trabajar; **you can never have ~ of this scenery** nunca se cansa algn de este paisaje; **it was ~ to prove his innocence** era suficiente para probar su inocencia.

2 ADV bastante, suficientemente; **this meat is not cooked ~** esta carne no está lo bastante cocida; **it's warm ~ to swim** hace bastante calor para nadar; **he's old ~ to go alone** es lo bastante grande (como) para ir solo; **she was fool ~ or ~ of a fool to listen to him** fue lo suficientemente estúpida como para escucharlo; **he was kind ~ to lend me the money** tuvo la bondad *or* (*LAm*) amabilidad de prestarme el dinero; **you know well ~ (that) ...** sabes muy bien que ...; **this puzzle is easy ~ for a child, but ...** este rompecabezas es fácil para un niño, pero ...; **oddly** *or* **curiously** *or* **strangely ~ ...** por extraño que parezca ...; **sure ~** efectivamente; **fair ~!** (*fam*) ¡vale!, ¡de acuerdo!, ¡está bien! (*LAm*).

enquire *etc* [ɪn'kwaɪəʳ] *see* **inquire** *etc*.

enrage [ɪn'reɪdʒ] VT enfurecer.

enrich [ɪn'rɪtʃ] VT (*gen*) enriquecer; (*improve: food*) aumentar el valor alimenticio de; (*soil*) fertilizar, abonar.

enrichment [ɪn'rɪtʃmənt] N (*see vb*) enriquecimiento *m*; aumento *m* del valor alimenticio; fertilización *f*.

enrol, (US**) enroll** [ɪn'rəʊl] **1** VT (*member*) inscribir; (*student*) matricular. **2** VI (*in/for a course*) matricularse, anotarse (*CSur*); (*in a club*) inscribirse, hacerse socio.

enrolment, (US**) enrollment** [ɪn'rəʊlmənt] N (*of member*) inscripción *f*; (*of student*) matrícula *f*; (*numbers*) matrícula.

en route [ã:n'ru:t] ADV: **to be ~ for** ir camino de *or* a; **to be ~ from/to** estar en camino de *or* a; **it was stolen ~** se lo robaron durante el viaje.

ensconce [ɪn'skɒns] VT: **to ~ o.s.** instalarse cómodamente, acomodarse; **to be ~d in** estar cómodamente instalado en.

ensemble [ã:n'sã:mbl] N (*gen*) conjunto *m*.

ensign [ɪn'saɪn] **a** (*flag*) enseña *f*, pabellón *m*. **b** (*US Naut*) alférez *m*.

enslave [ɪn'sleɪv] VT esclavizar.

ensnare [ɪn'snɛəʳ] VT (*lit, fig*) entrampar, coger en una trampa.

ensue [ɪn'sju:] VI (*follow*) seguir(se); (*result*) resultar (*from* de).

ensuing [ɪn'sju:ɪŋ] ADJ (*subsequent*) siguiente; (*resulting*) consiguiente.

en suite [ã:n'swi:t] ADJ: **with bathroom ~, with an ~ bathroom** con baño adjunto.

ensure [ɪn'ʃʊəʳ] VT asegurar (*that* que).

ENT N ABBR (*Med*) *of* **ear, nose and throat.**

entail [ɪn'teɪl] VT (*necessitate*) suponer; (: *hardship, suffering*) acarrear, traer consigo; **it ~ed buying a new car** *etc* obligó a comprar coche nuevo; **what does the job ~?** ¿cuáles son las funciones del puesto?

entangle [ɪn'tæŋgl] VT (*thread etc*) enredar, enmarañar; **to become ~d in sth** (*fig*) enmarañarse en algo.

entanglement [ɪn'tæŋglmənt] N (*being entangled*) enredo *m*; (*fig*) lío *m*; (*love affair*) compromiso *m* amoroso.

entente [ã:n'tã:nt] N (*Pol*) entente *f*, trato *m* secreto.

enter ['entəʳ] **1** VT **a** (*go into*) entrar en; (*penetrate*) penetrar en; (*vehicle*) subir a; (*road*) empalmar con; (*join: navy, army, profession*) alistarse en; (*college, school*) ingresar en; (*discussion, contest, race*) participar en; **the thought never ~ed my head** la idea nunca se me pasó por la cabeza; **it never ~ed my head** ni se me ocurrió; **he ~ed the church** (*as a priest*) se hizo cura. **b** (*write down: name, amount, order etc*) anotar, apuntar; (*enrol: pupil etc*) inscribir; (: *candidate, racehorse etc*) presentar; (*Comput*) entrar, introducir; (*claim, request*) presentar, formular; (*Comm: order*) asentar; **to ~ a protest** formular una protesta.
2 VI entrar; (*Theat*) entrar en escena; **to ~ for** (*competition, race*) inscribirse en; **'Do not ~'** (*US*) 'se prohibe la entrada'; (*Aut*) 'dirección prohibida'.

◆ **enter into** VI + PREP **a** (*agreement*) firmar; (*explanation, details*) entrar en; (*argument, conversation, correspondence, negotiations*) entablar. **b** (*plans, calculations*) entrar en, afectar; **that doesn't ~ into it** eso no tiene nada que ver. **c** **to ~ into the spirit of it** ponerse a tono.

◆ **enter up** VT + ADV (*entry*) asentar; (*ledger*) hacer, llevar; (*diary*) poner al día.

◆ **enter (up)on** VI + PREP (*career*) emprender; (*office*) tomar posesión de; (*term of office, one's 20th year*) empezar.

enteritis [ˌentə'raɪtɪs] N enteritis *f*.

enterprise ['entəpraɪz] **1** N **a** (*firm, undertaking*) empresa *f*. **b** (*initiative*) iniciativa *f*; **free ~** la libre empresa; **private ~** la empresa privada. **2** CPD: **the ~ culture** N la cultura empresarial.

enterprising ['entəpraɪzɪŋ] ADJ (*person, spirit*) emprendedor(a).

entertain [ˌentə'teɪn] **1** VT **a** (*amuse: audience*) divertir, entretener; (*guest*) entretener; **to ~ sb to dinner** invitar a algn a cenar. **b** (*consider: idea, hope*) abrigar; (*proposal*) tomar en consideración; (*doubts*) guardar. **2** VI (*have visitors*) recibir invitado, tener visita.

entertainer [ˌentə'teɪnəʳ] N artista *mf*.

entertaining [ˌentə'teɪnɪŋ] **1** ADJ divertido/a, entretenido/a. **2** N: **I like ~** me gusta tener invitados.

entertainment [ˌentə'teɪnmənt] **1** N **a** (*amusement: of guests*) entretenimiento *m*; (*of audience*) diversión *f*. **b** (*show*) espectáculo *m*, fiesta *f*. **2** CPD: **~ allowance** N gastos *mpl* de representación; **~ guide** N guía *f* del ocio; **~ world** N mundo *m* del espectáculo.

enthral, (US**) enthrall** [ɪn'θrɔ:l] VT (*fig: gen passive*) cautivar.

enthralling [ɪn'θrɔ:lɪŋ] ADJ cautivador(a).

enthuse [ɪn'θju:z] VI: **to ~ (over** *or* **about sth/sb)** entusiasmarse (por algo/algn).

enthusiasm [ɪn'θju:zɪæzəm] N entusiasmo *m*; **to show ~ for sth** entusiasmarse *or* mostrarse entusiasmado por algo; **to arouse ~ in sb (for sth)** despertar el entusiasmo de algn (por algo); **it failed to arouse my ~** no me llamó la atención.

enthusiast [ɪn'θju:zɪæst] N (*devotee*) entusiasta *mf*; (*fan*) aficionado/a *m/f*; (*addict*) adicto/a *m/f*.

enthusiastic [ɪnˌθju:zɪ'æstɪk] ADJ (*see n*) entusiasta; aficionado/a; adicto/a; **to be ~ about sth** tener afición por *or* ser aficionado/a de algo; **to become ~ about sth** entusiasmarse por algo.

entice [ɪn'taɪs] VT (*tempt*) atraer, tentar; (*seduce*) seducir; **to ~ sb away from sb** convencer a algn de que deje a algn; **to ~ sb into doing sth** tentar a algn a hacer algo; **to ~ sb with food/an offer** *etc* tentar a algn con comida/oferta *etc*.

enticement [ɪn'taɪsmənt] N (*attraction*) tentación *f*, atracción *f*; (*seduction*) seducción *f*; (*bait*) atractivo *m*.

enticing [ɪn'taɪsɪŋ] ADJ atractivo/a, tentador(a).

entire [ɪn'taɪəʳ] ADJ (*whole, complete*) entero/a, completo/a; (*unreserved*) total.

entirely [ɪn'taɪəlɪ] ADV (*see adj*) completamente; totalmente.

entirety [ɪn'taɪərətɪ] N: **in its ~** en su totalidad *or* (*LAm*) integridad.

entitle [ɪn'taɪtl] VT **a** (*book etc*) titular. **b** (*give right*) dar derecho a; **to ~ sb to sth/to do sth** dar derecho a algn a algo/a hacer algo; **to be ~d to sth/to do sth** tener derecho a algo/a hacer algo; **you are quite ~d to do as you wish** tiene todo el derecho de hacer lo que quiera.

entitlement [ɪn'taɪtlmənt] N derecho *m*; **holiday ~** derecho a vacaciones.

entity ['entɪtɪ] N entidad *f*; **legal ~** persona *f* jurídica.

entomologist [ˌentə'mɒlədʒɪst] N entomólogo/a *m/f*.

entomology [ˌentə'mɒlədʒɪ] N entomología *f*.

entourage [ˌɒntʊ'rɑ:ʒ] N séquito *m*.

entrails ['entreɪlz] NPL entrañas *fpl*.

entrance¹ ['entrəns] **1** N **a** (*way in*) entrada *f*; **front/back ~** entrada principal/trasera. **b** (*act*) entrada *f*; (*right to enter*) (derecho *m* de) entrada; (*into profession etc*) ingreso *m*; (*Theat*) entrada (en escena); **to make one's ~** (*Theat*) hacer su entrada; **to gain ~** to conseguir entrada en. **2** CPD: **~ examination** N (*to school*) examen *m* de ingreso; **~ fee** N entrada *f*, cuota *f*; **~ hall** N hall *m* de entrada; **~ qualifications** NPL requisitos *mpl* de entrada; **~ ramp** N (*US Aut*) rampa *f* de acceso; **~ requirements** NPL =

~ qualifications.

entrance² [ɪn'trɑːns] VT (*gen passive*) encantar.

entrancing [ɪn'trɑːnsɪŋ] ADJ encantador(a).

entrant ['entrənt] N (*in race, competition*) participante *mf*; concurrente *mf*; (*in exam*) candidato/a *m/f*; (*to profession*) principiante *mf*.

entreat [ɪn'triːt] VT: **to ~ sb to do sth** suplicar a algn hacer algo.

entreaty [ɪn'triːtɪ] N ruego *m*, súplica *f*; **a look of ~** una mirada de súplica.

entrenched [ɪn'trentʃt] ADJ (*Mil*) atrincherado/a; **~ inter-ests** intereses *mpl* creados.

entrepreneur [,ɒntrəprə'nɜːʳ] N (*Comm*) empresario/a *m/f*; (*Fin*) capitalista *mf*.

entrepreneurial [,ɒntrəprə'nɜːrɪəl] ADJ empresarial.

entrust [ɪn'trʌst] VT: **to ~ sth to sb** confiar algo a algn.

entry ['entrɪ] **1** N **a** (*place, hall*) entrada *f*; **'no ~'** 'prohibida la entrada'; (*Aut*) 'acceso *m* prohibido'. **b** (*act*) entrada *f*, ingreso *m*; (*into profession etc*) ingreso. **c** (*Sport etc: total*) concurrencia *f*, participantes *mpl*; (*thing, person entered in competition*) participante *mf*. **d** (*in reference book*) artículo *m*; (*in diary*) apunte *m*; (*in account*) partida *f*; (*in record, ship's log*) entrada *f*, apunte. **2** CPD: **~ fee** N inscripción *f*; **~ form** N boleta *f* de inscripción; **~ permit** N visa *f* de entrada; **~ phone** N portero *m* automático; **~ qualifications**, **~ requirements** NPL requisitos *mpl* de entrada.

entwine [ɪn'twaɪn] VT (*plait*) entrelazar; (*twist around*) enroscarse.

E-number ['iː,nʌmbəʳ] N número *m* E.

enumerate [ɪ'njuːməreɪt] VT (*list*) enumerar.

enunciate [ɪ'nʌnsɪeɪt] VT (*words, sounds*) pronunciar, articular; (*theory, idea*) enunciar.

enunciation [ɪ,nʌnsɪ'eɪʃən] N (*pronunciation*) pronunciación *f*, articulación *f*.

envelop [ɪn'veləp] VT (*lit, fig*) envolver (*in* en).

envelope ['envələʊp] N (*post*) sobre *m*; (*wrapping*) funda *f*.

enviable ['envɪəbl] ADJ envidiable.

envious ['envɪəs] ADJ (*look etc*) envidioso/a; **to be ~ of sb/sth** tener envidia a algn/de algo.

environment [ɪn'vaɪərənmənt] N (*physical, social*) medio ambiente *m*; (*Comput*) entorno *m*; **Department of the E~** Ministerio del Medio Ambiente.

environmental [ɪn,vaɪərən'mentl] ADJ ambiental; **~ stud-ies** (*in school etc*) ecología *fsg*.

environmentalist [ɪn,vaɪərən'mentəlɪst] N ecologista *mf*.

environmentally [ɪn,vaɪərən'mentəlɪ] ADV: **an ~ accept-able product** un producto aceptable en lo que concierne al medio ambiente; **it is not ~ safe** ofrece un peligro ambiental.

environment-friendly [ɪn'vaɪərənmənt'frendlɪ] ADJ que no daña al medio ambiente, ecológico/a.

environs [ɪn'vaɪərənz] N alrededores *mpl*, inmediaciones *fpl*.

envisage [ɪn'vɪzɪdʒ] VT (*expect*) prever; (*imagine*) imaginarse.

envision [ɪn'vɪʒən] VT (*US*) imaginar.

envoy ['envɔɪ] N (*messenger*) mensajero/a *m/f*; (*diplomat*) enviado/a *m/f*.

envy ['envɪ] **1** N envidia *f*; **it was the ~ of all the neigh-bours** nos *etc* lo envidiaban todos los vecinos; **a look of ~** una mirada de envidia; **to be green with ~** estar verde de envidia. **2** VT envidiar.

enzyme ['enzaɪm] N enzima *f*.

EOC N ABBR (*Brit*) of **Equal Opportunities Commission.**

eon ['iːən, 'iːɒn] N = **aeon.**

EP N ABBR of **extended play.**

EPA N ABBR (*US*) of **Environmental Protection Agency.**

epaulette ['epɔːlet] N charretera *f*.

ephemeral [ɪ'femərəl] ADJ efímero/a.

epic ['epɪk] **1** ADJ épico/a; (*fig fam*) excepcional, épico. **2** N épica *f*; (*film*) película *f* épica.

epicentre, (*US*) **epicenter** ['epɪsentəʳ] N epicentro *m*.

epicure ['epɪkjʊəʳ] N gastrónomo/a *m/f*.

epidemic [,epɪ'demɪk] **1** ADJ epidémico/a. **2** N epidemia *f*; (*fig*) ola *f*.

epidural [,epɪ'djʊərəl] ADJ, N: **~ (anaesthetic)** raquianestesis *f*.

epiglottis [,epɪ'glɒtɪs] N epiglotis *f*.

epigram ['epɪgræm] N epigrama *m*.

epilepsy ['epɪlepsɪ] N epilepsia *f*.

epileptic [,epɪ'leptɪk] **1** ADJ epiléptico/a; **~ fit** acceso *m* epiléptico. **2** N epiléptico/a *m/f*.

epilogue ['epɪlɒg] N epílogo *m*.

Epiphany [ɪ'pɪfənɪ] N Epifanía *f*.

episcopal [ɪ'pɪskəpəl] ADJ episcopal.

episcopalian [ɪ,pɪskə'peɪlɪən] **1** ADJ episcopalista. **2** N: **E~** episcopalista *mf*.

episode ['epɪsəʊd] N (*Lit, TV etc*) episodio *m*, entrega *f*; (*event*) acontecimiento *m*.

epistle [ɪ'pɪsl] N (*old, hum: letter*) carta *f*; **E~** (*Rel*) Epístola *f*.

epitaph ['epɪtɑːf] N epitafio *m*.

epithet ['epɪθet] N epíteto *m*.

epitome [ɪ'pɪtəmɪ] N (*fig*) representación *f*, resumen *m*; **to be the ~ of virtue** ser la misma virtud.

epitomize [ɪ'pɪtəmaɪz] VT (*fig*) personificar, resumir; (: *person*) reunir todas las cualidades de.

epoch ['iːpɒk] N (*period*) época *f*.

epoch-making ['iːpɒk,meɪkɪŋ] ADJ que hace época.

eponymous [ɪ'pɒnɪməs] ADJ epónimo/a.

EPOS ['iːpɒs] N ABBR of **electronic point of sale** *sistema computerizado en tiendas para registrar el precio de las com-pras.*

Epsom salts ['epsɒm,sɔːlts] NPL epsomita *fsg*, sal *fsg* de La Higuera.

EPW N ABBR (*US*) of **enemy prisoner of war.**

equable ['ekwəbl] ADJ (*climate etc*) estable; (*person*) ecuánime.

equal ['iːkwəl] **1** ADJ igual, parejo/a; **to be ~ to sth** equivaler a algo; **they are ~ in strength** son iguales de fuertes; **all things being ~** si todo sigue igual; **with ~ ease/indifference** *etc* con la misma facilidad/ indiferencia *etc*; **on ~ terms** de igual a igual; **to be/feel ~ to** (*task*) estar/sentirse a la altura de; **to be ~ to doing sth** tener fuerzas para hacer algo; **the ~(s) sign** (*Math*) el signo de igualdad; **the E~ Opportunities Commission** (*Brit*) comisión pro la igualdad de la mujer en el trabajo; **~ op-portunities** or **opportunity employer** empresario *m* no discriminatorio; **~ time** (*US: Rad, TV*) derecho *m* de respuesta. **2** N (*person, thing*) igual *mf*; **without ~** sin igual, sin par; **to treat sb as an ~** tratar a algn de igual a igual. **3** VT (*numbers*) ser (igual a); (*record, rival, quality*) igualar.

equality [ɪ'kwɒlɪtɪ] N igualdad *f*; **~ of opportunity** igualdad de oportunidades.

equalize ['iːkwəlaɪz] **1** VT igualar. **2** VI (*Sport*) empatar.

equalizer ['iːkwəlaɪzəʳ] N tanto *m* del empate.

equally ['iːkwəlɪ] ADV igualmente; **~ clever/guilty** igual de inteligente/culpable; **to share work ~** compartir equitativamente el trabajo; **~, you must remember ...** hay que recordar por otro lado ....

equanimity [,ekwə'nɪmɪtɪ] N ecuanimidad *f*.

equate [ɪ'kweɪt] VT **a** equiparar (*with* con). **b** (*Math*) poner en ecuación.

equation [ɪ'kweɪʒən] N (*Math*) ecuación *f*.

equator [ɪ'kweɪtəʳ] N ecuador *m*.

equatorial [,ekwə'tɔːrɪəl] ADJ ecuatorial; **E~ Guinea** Guinea *f* Ecuatorial.

equestrian [ɪ'kwestrɪən] **1** ADJ ecuestre. **2** N caballista *mf*, jinete(a) *m/f*.

equidistant ['iːkwɪ'dɪstənt] ADJ equidistante.

equilibrium [,iːkwɪ'lɪbrɪəm] N equilibrio *m*; **to maintain/ lose one's ~** (*also fig*) mantener/perder el equilibrio.

equine ['ekwaɪn] ADJ equino/a.

equinox ['iːkwɪnɒks] N equinoccio *m*.

equip [ɪ'kwɪp] VT (*room etc*) equipar (*with* de); (*person*) proveer (*with* de); **he is well ~ped for the job** está bien preparado para el trabajo.

equipment [ɪ'kwɪpmənt] N (*gen*) equipo *m*; (*tools, utensils etc*) herramientas *fpl*; (*machinery*) aparato *m*.

equitable ['ekwɪtəbl] ADJ equitativo/a, justo/a.

equity ['ekwɪtɪ] N a (*fairness*) equidad *f*; (*Jur*) justicia *f* natural. b (*Fin: of debtor*) valor *m* líquido; (: *also* ~ **capital**) capital *m* propio, patrimonio *m* neto; **equities** (*Stock Exchange*) derechos *mpl* sobre or en el activo. c E~ (*Brit*) sindicato de actores.

equivalent [ɪ'kwɪvələnt] 1 ADJ equivalente (*to* a; *in* en). 2 N equivalente *m*.

equivocal [ɪ'kwɪvəkəl] ADJ (*statement, behaviour*) equívoco/a.

equivocate [ɪ'kwɪvəkeɪt] VI ser evasivo/a, vacilar (*LAm*).

equivocation [ɪ,kwɪvə'keɪʃən] N evasión *f*, vacilación *f* (*LAm*).

ER ABBR of **Elizabeth Regina** *la reina Isabel*.

er [ɜː] INTERJ (*fam: in hesitation*) esto (*Sp*), este (*LAm*).

ERA N ABBR (*US Pol*) of **Equal Rights Amendment**.

era ['ɪərə] N era *f*.

eradicate [ɪ'rædɪkeɪt] VT (*disease, crime, superstition*) erradicar; (*weeds*) desarraigar.

erase [ɪ'reɪz] 1 VT (*gen, Comput*) borrar. 2 CPD: ~ **head** N cabezal *m* borrador.

eraser [ɪ'reɪzər] N (*duster*) borrador *m*; (*rubber*) goma *f* de borrar.

ERDF N ABBR of **European Regional Development Fund** FEDER *m*.

ere [ɛər] (*poet*) 1 PREP antes de; ~ **long** dentro de poco. 2 CONJ antes de que.

erect [ɪ'rekt] 1 ADJ erguido/a, recto/a. 2 VT (*construct*) levantar, construir; (*assemble*) montar.

erection [ɪ'rekʃən] N (*building*) construcción *f*; (*assembly*) montaje *m*; (*Anat: of penis*) erección *f*.

ergonomics [,ɜːgəʊ'nɒmɪks] NSG ergonomía *f*.

ERISA [ə'rɪsə] N ABBR (*US*) of **Employee Retirement Income Security Act** *ley que regula pensiones de jubilación*.

Eritrea [,erə'treɪə] N Eritrea *f*.

ERM N ABBR of **Exchange Rate Mechanism** SME *m*.

ERNIE ['ɜːnɪ] N ABBR (*Brit*) of **Electronic Random Number Indicator Equipment** *ordenador utilizado para sortear los bonos premiados*.

erode [ɪ'rəʊd] 1 VT (*Geol*) erosionar; (*metal*) corroer; (*fig*) desgastar. 2 VI (*see vt*) erosionarse; corroerse; desgastarse.

erogenous [ɪ'rɒdʒənəs] ADJ: ~ **zone** zona *f* erógena.

erosion [ɪ'rəʊʒən] N (*Geol*) erosión *f*; (*of metal*) corrosión *f*; (*fig*) desgaste *m*.

erotic [ɪ'rɒtɪk] ADJ erótico/a.

erotica [ɪ'rɒtɪkə] N literatura *f* erótica.

eroticism [ɪ'rɒtɪsɪzəm] N erotismo *m*.

err [ɜːr] VI (*be mistaken*) equivocarse; (*sin*) pecar; **to** ~ **on the side of mercy/caution** *etc* pecar por exceso de piedad/cuidado *etc*.

errand ['erənd] 1 N recado *m*, mandado *m* (*esp LAm*); **to run** ~s hacer recados; ~ **of mercy** tentativa *f* de salvamento. 2 CPD: ~ **boy** N recadero *m*.

erratic [ɪ'rætɪk] ADJ (*person*) voluble; (*mood, conduct*) variable; (*record, results etc*) desigual, poco uniforme.

erroneous [ɪ'rəʊnɪəs] ADJ erróneo/a.

erroneously [ɪ'rəʊnɪəslɪ] ADV equivocadamente.

error ['erər] 1 N error *m*, equivocación *f*; ~s **and omissions excepted** salvo error u omisión; **to be in** ~ estar equivocado; **human** ~ error humano; **typing/spelling** ~ error de mecanografía/ortografía; **to see the** ~ **of one's ways** reconocer su error. 2 CPD: ~ **message** N (*Comput*) mensaje *m* de error.

ersatz ['eəzæts] ADJ sucedáneo/a, sustituto/a.

erudite ['erʊdaɪt] ADJ erudito/a.

erupt [ɪ'rʌpt] VI (*volcano*) entrar en erupción; (*spots*) hacer erupción; (*war, fighting, quarrel, anger*) estallar; **he ~ed into the room** irrumpió en el cuarto.

eruption [ɪ'rʌpʃən] N (*gen*) erupción *f*; (*explosion*) estallido *m*.

ESA N ABBR of **European Space Agency** AEE *f*.

escalate ['eskəleɪt] 1 VI a (*costs*) aumentar vertiginosamente. b (*violence, fighting, bombing*) intensificarse. 2 VT intensificar.

escalation [,eskə'leɪʃən] 1 N (*see vi*) aumento *m*, escalada *f*; intensificación *f*. 2 CPD: ~ **clause** N cláusula

f de precio escalonado.

escalator ['eskəleɪtər] N escalera *f* mecánica.

escapade [,eskə'peɪd] N (*adventure*) aventura *f*; (*misdeed*) travesura *f*.

escape [ɪs'keɪp] 1 N (*gen*) fuga *f*; (*flight*) huida *f*, evasión *f*; (*from duties etc*) escapatoria *f*; **there's been an** ~ alguien se ha fugado; **to have a narrow** ~ escapar por los pelos; **to make one's** ~ escaparse, lograr huir.

2 VT (*capture, pursuers, punishment*) evadir; (*consequences*) evitar; (*death*) burlar; (*danger*) salvarse de; **he narrowly ~d being killed** por poco se muere; **I narrowly ~d having to talk to that awful man** por poco tuve que hablar con ese hombre horrible; **his name ~s me** no me sale or (*LAm*) se me escapa su nombre; **it had ~d his notice that ...** se le había escapado que ...; **nothing ~s her (attention)** nada se le escapa.

3 VI (*prisoner etc*) escaparse, fugarse, huirse; (*liquid, gas: leak*) fugarse; **to ~ from** (*person, place*) huirse de, evadir; **to ~ to** (*another place, freedom, safety*) huirse a; **he ~d with a few bruises** (*fig*) salió sin daños mayores; **an ~d prisoner** un(a) fugitivo/a.

4 CPD: ~ **chute** N rampa *f* de emergencia; ~ **clause** N (*fig: in agreement*) cláusula *f* de excepción; ~ **hatch** N (*in plane, space rocket*) escotilla *f* de salvamento; ~ **key** N (*Comput*) tecla *f* de escape; ~ **plan** N plan *m* de escape; ~ **route** N ruta *f* de escape.

escapee [ɪskeɪ'piː] N (*from prison*) fugado/a *m/f*.

escapism [ɪs'keɪpɪzəm] N evasión *f*.

escapist [ɪs'keɪpɪst] ADJ, N escapista *mf*.

escapologist [,eskəʊ'pɒlədʒɪst] N escapólogo/a *m/f*.

escarpment [ɪs'kɑːpmənt] N escarpa *f*.

eschew [ɪs'tʃuː] VT evitar, renunciar a, abstenerse de.

escort ['eskɔːt] 1 N (*group*) séquito *m*, acompañamiento *m*; (*lady's*) acompañante *m*; (*girl from an agency*) azafata *f*, señorita *f* de compañía; (*Mil, Naut*) escolta *f*; **to travel under** ~ viajar bajo escolta.

2 [ɪs'kɔːt] VT acompañar; (*Mil*) escoltar; (*Naut*) convoyar; **to ~ sb in** acompañar a algn al entrar.

3 ['eskɔːt] CPD: ~ **agency** N servicio *m* de azafatas; ~ **duty** N servicio *m* de escolta; ~ **vessel** N buque *m* escolta.

ESE ABBR of **east-south-east** ESE.

ESF N ABBR of **European Social Fund** FSE *m*.

Eskimo ['eskɪməʊ] 1 ADJ esquimal. 2 N (*pl* ~s *or* ~) esquimal *mf*; (*Ling*) esquimal *m*.

ESL N ABBR of **English as a Second Language**.

ESN ABBR of **educationally subnormal**.

esophagus [ɪ'sɒfəgəs] N (*US*) = **oesophagus**.

esoteric [,esəʊ'terɪk] ADJ esotérico/a.

ESP N ABBR of **extrasensory perception**.

esp. ABBR of **especially**.

espadrille [,espə'drɪl] N alpargata *f*.

especial [ɪs'peʃəl] ADJ especial, particular.

especially [ɪs'peʃəlɪ] ADV (*particularly*) especialmente, en particular; (*expressly*) precisamente; **it is** ~ **awkward** es particularmente difícil; ~ **when it rains** sobretodo cuando llueve; **why me,** ~? ¿por qué yo y no otro?

Esperanto [,espə'ræntəʊ] N esperanto *m*.

espionage [,espɪə'nɑːʒ] N espionaje *m*; **industrial** ~ espionaje industrial.

esplanade [,esplə'neɪd] N paseo *m* (marítimo).

espouse [ɪs'paʊz] VT: **to ~ a cause** (*fig frm*) adherirse a una causa.

espresso [es'presəʊ] N café *m* exprés.

Esq. ABBR of **Esquire** D.

esquire [ɪs'kwaɪər] N (*Brit: on envelope*) Señor don; **Colin Smith E~** Sr. D. Colin Smith.

essay ['eseɪ] N (*Lit*) ensayo *m*; (*Scol, Univ*) trabajo *m*.

essayist ['eseɪɪst] N (*Lit*) ensayista *mf*.

essence ['esəns] N a esencia *f*; **in** ~ en lo esencial; **time is of the** ~ los minutos cuentan. b (*extract*) esencia *f*, extracto *m*.

▼**essential** [ɪ'senʃəl] 1 ADJ (*quality*) esencial; (*important*) fundamental; **it is** ~ **that ...** es imprescindible que .... 2 N (*often pl*) lo esencial, elementos *mpl* esenciales.

essentially [ɪ'senʃəlɪ] ADV en lo esencial.

➤ SENTENCE BUILDER: **essential** → 14.1

EST N ABBR [a] (US) of **Eastern Standard Time.** [b] of **electric shock treatment.**

est. ABBR [a] of **estimated.** [b] of **established;** ~ **1888** se fundó en 1888.

establish [ɪsˈtæblɪʃ] VT [a] (set up: business, state, committee) establecer, fundar; (: custom, rule, peace, order) establecer; (precedent) sentar; (: relations) entablar; (: power, authority) afirmar; (: reputation) ganarse; **to ~ sb in a business** ponerle un negocio a algn; **to ~ o.s.** crearse una reputación, hacerse un negocio sólido.
[b] (prove: fact, rights) comprobar, demostrar; (: identity) verificar; (: sb's innocence) probar, demostrar; **we have ~ed that ...** hemos comprobado que ....
[c] (find out, discover) averiguar.

established [ɪsˈtæblɪʃt] ADJ (person, business) establecido/a; (custom) arraigado/a; (fact) conocido/a; (church) oficial, del Estado; **a well-~ business** un negocio establecido.

establishment [ɪsˈtæblɪʃmənt] N [a] (gen) establecimiento m; (creation) creación f; (proof) comprobación f. [b] (business, house) establecimiento m, institución f; (Admin, Mil, Naut: personnel) personal m; **a teaching/nursing ~** (large building) un centro de enseñanza/de reposo; **the E~** la clase dirigente; **the literary/musical E~** los dirigentes del mundo literario/musical.

estate [ɪsˈteɪt] [1] N [a] (land) finca f, hacienda f; (country ~) finca, hacienda (LAm), estancia f (CSur); (housing ~) urbanización f, residencial f (LAm); (industrial ~) polígono m or zona f industrial; **real ~** bienes mpl raíces or inmuebles.
[b] (property) propiedad f; (assets) patrimonio m; (of deceased) herencia f; **she left a large ~** dejó una gran herencia; **personal ~** propiedad personal.
[2] CPD: **~ agency** N (esp Brit) agencia f inmobiliaria; **~ agent** N (esp Brit) agente mf inmobiliario/a; **~ car** N (Brit) furgoneta f, camioneta f (LAm).

esteem [ɪsˈtiːm] [1] (frm) VT (person) estimar, apreciar; (consider) considerar; **I would ~ it an honour** lo consideraría un honor.
[2] N estima f, aprecio m; **to hold sb in high ~** tenerle a algn en gran estima; **he lowered himself in my ~** bajó en mi estima; **he went up in my ~** ganó valor a mis ojos.

esthetic etc [iːsˈθetɪk] (US) = **aesthetic** etc.

estimate [ˈestɪmɪt] [1] N (judgment) estimación f, cálculo m; (approximate assessment: for work etc) presupuesto m; **to form an ~ of sth/sb** formarse una opinión de algo/algn; **to give sb an ~ of** (cost etc) presentar a algn un presupuesto; **rough ~** cálculo m aproximativo.
[2] [ˈestɪmeɪt] VT (judge) calcular aproximadamente; (assess) juzgar, estimar; **to ~ the cost at ...** calcular el precio en ...; **to ~ that ...** calcular que ....
[3] [ˈestɪmeɪt] VI: **to ~ for** hacer un presupuesto de.

estimation [ˌestɪˈmeɪʃən] N [a] (judgment) juicio m, opinión f; **according to** or **in my ~** según mis cálculos.
[b] (esteem) estima f, aprecio m.

estimator [ˈestɪmeɪtəʳ] N asesor(a) m/f.

Estonia [eˈstəʊniə] N Estonia f.

Estonian [eˈstəʊniən] [1] ADJ estonio/a. [2] N estonio/a m/f; (Ling) estonio m.

estranged [ɪsˈtreɪndʒd] ADJ separado/a; **his ~ wife** su mujer que vive separada de él; **to become ~** separarse.

estrangement [ɪsˈtreɪndʒmənt] N separación f.

estrogen [ˈiːstrəʊdʒən] N (US) = **oestrogen.**

estuary [ˈestjʊərɪ] N estuario m.

ET N ABBR [a] (Brit) of **Employment Training** cursos de reciclaje profesional para desempleados. [b] (US) of **Eastern Time.**

ETA N ABBR of **estimated time of arrival.**

et al [etˈæl] ABBR of **et alii, and others** et al.

etc. ABBR of **etcetera** etc.

etch [etʃ] VT grabar al aguafuerte; (fig) grabar.

etching [ˈetʃɪŋ] N (process) grabación f al aguafuerte; (print made from plate) aguafuerte f.

ETD N ABBR of **estimated time of departure.**

eternal [ɪˈtɜːnl] ADJ eterno/a; (pej) incesante; **the ~ triangle** el triángulo amoroso.

eternity [ɪˈtɜːnɪtɪ] N eternidad f; **it seemed like an ~** (fig) parecía un siglo.

ethanol [ˈeθənɒl] N etanol m.

ether [ˈiːθəʳ] N (Chem) éter m.

ethereal [ɪˈθɪərɪəl] ADJ (fig) etéreo/a.

ethic [ˈeθɪk] N ética f.

ethical [ˈeθɪkəl] ADJ ético/a; (honourable) honrado/a.

ethics [ˈeθɪks] NSG, NPL ética fsg.

Ethiopia [ˌiːθɪˈəʊpɪə] N Etiopía f.

Ethiopian [ˌiːθɪˈəʊpɪən] ADJ, N etíope mf.

ethnic [ˈeθnɪk] ADJ étnico/a; **~ cleansing** limpieza f étnica; **~ minority** minoría f étnica.

ethnocentric [ˌeθnəʊˈsentrɪk] ADJ etnocéntrico/a.

ethnography [eθˈnɒɡrəfɪ] N etnografía f.

ethnology [eθˈnɒlədʒɪ] N etnología f.

ethos [ˈiːθɒs] N (of culture, group) genio m.

etiquette [ˈetɪket] N etiqueta f, protocolo m; **court ~** (royal) ceremonial m de la corte; (Jur) protocolo de la corte; **legal ~** ética f legal; **professional ~** honor m profesional; **~ demands that ...** la etiqueta exige que ...; **it is not good ~** no está bien visto.

et seq. ABBR of **et sequentia** y sigs.

ETV N ABBR (US) of **Educational Television.**

etymological [ˌetɪməˈlɒdʒɪkəl] ADJ etimológico/a.

etymology [ˌetɪˈmɒlədʒɪ] N etimología f.

EU N ABBR of **European Union** UE f.

eucalyptus [ˌjuːkəˈlɪptəs] N (tree) eucalipto m; (oil) esencia f de eucalipto.

Eucharist [ˈjuːkərɪst] N Eucaristía f.

eugenics [juːˈdʒenɪks] NSG eugenesia f.

eulogize [ˈjuːlədʒaɪz] VT elogiar, encomiar.

eulogy [ˈjuːlədʒɪ] N elogio m, encomio m.

eunuch [ˈjuːnək] N eunuco m.

euphemism [ˈjuːfɪmɪzəm] N eufemismo m.

euphemistic [ˌjuːfɪˈmɪstɪk] ADJ eufemístico/a.

euphoria [juːˈfɔːrɪə] N euforia f.

euphoric [juːˈfɒrɪk] ADJ (atmosphere, laughter etc) eufórico/a.

Eurasia [jʊəˈreɪʃə] N Eurasia f.

Eurasian [jʊəˈreɪʃn] ADJ, N eurasiático/a m/f.

Euratom [jʊərˈætəm] N ABBR of **European Atomic Energy Commission.**

euro [ˈjʊərəʊ] N (currency) euro m.

Euro..., euro... [ˈjʊərəʊ] PREF euro....

Eurobonds [ˈjʊərəʊbɒndz] N eurobonos mpl.

Eurocheque [ˈjʊərəʊtʃek] [1] N eurocheque m. [2] CPD: **~ card** N tarjeta f de eurocheque.

Eurocommunism [ˈjʊərəʊˌkɒmjʊnɪzəm] N eurocomunismo m.

Eurocommunist [ˈjʊərəʊˌkɒmjʊnɪst] ADJ, N eurocomunista mf.

Eurocrat [ˈjʊərəʊkræt] N (hum, pej) eurócrata mf.

Eurocurrency [ˈjʊərəʊˌkʌrənsɪ] N eurodivisa f.

Eurodollar [ˈjʊərəʊˌdɒləʳ] N eurodólar m.

Euro-MP [ˈjʊərəʊˌemˌpiː] N ABBR of **Member of the European Parliament** eurodiputado/a m/f.

Europe [ˈjʊərəp] N Europa f; **to go into** or **join ~** (Pol) entrar en el Mercado Común.

European [ˌjʊərəˈpiːən] [1] ADJ europeo/a; **~ Commission** Comisión f Europea; **~ Community** Comunidad f Europea; **~ Court of Justice** Tribunal m de Justicia Europeo; **~ Currency Unit** Unidad f de Cuenta Europea, ECU m; **~ Monetary System** Sistema m Monetario Europeo; **~ Parliament** Parlamento m Europeo; **E~ Union** Unión f Europea.
[2] N europeo/a m/f.

Euro-sceptic, Eurosceptic [ˈjʊərəʊˌskeptɪk] N euroescéptico/a m/f.

Eurospeak [ˈjʊərəʊspiːk] N (hum) jerga f burocrática de la CE.

Eurotunnel [ˈjʊərəʊˌtʌnl] N Eurotúnel m.

Eurovision [ˈjʊərəʊˌvɪʒən] N Eurovisión f.

euthanasia [ˌjuːθəˈneɪzɪə] N eutanasia f.

evacuate [ɪˈvækjʊeɪt] VT [a] (people) evacuar. [b] (building, area) desocupar.

evacuation [ɪˌvækjʊˈeɪʃən] N (see vt) evacuación f; desocupación f.

evacuee [ɪˌvækjʊˈiː] N evacuado/a m/f.

evade [ɪˈveɪd] VT (capture, pursuers) evadir; (punishment, blow) evitar; (question, issue, Jur) evadir; (responsibility, obligation, military service) zafarse de; (taxation, customs duty) sustraerse a; (sb's gaze) esquivar.

evaluate [ɪˈvæljʊeɪt] VT (assess value) valorar, calcular el valor de; (judge) evaluar; **to ~ evidence** evaluar las evidencias.

evaluation [ɪˌvæljʊˈeɪʃən] N valoración f, cálculo m; (evidence) interpretación f.

evanescent [ˌiːvəˈnesnt] ADJ efímero/a, evanescente, fugaz.

evangelical [ˌiːvænˈdʒelɪkəl] ADJ evangélico/a.

evangelism [ɪˈvændʒəˌlɪzəm] N evangelismo m.

evangelist [ɪˈvændʒəlɪst] N **a** (writer: also **E~**) Evangelista m. **b** (preacher) misionero/a m/f, evangelizador(a) m/f.

evaporate [ɪˈvæpəreɪt] **1** VT (liquid) evaporar; **~d milk** leche f evaporada. **2** VI (liquid) evaporarse; (fig: hopes, fears, anger) desvanecerse.

evaporation [ɪˌvæpəˈreɪʃən] N evaporación f.

evasion [ɪˈveɪʒən] N evasión f; (evasive answer etc) evasiva f; see **tax 3**.

evasive [ɪˈveɪzɪv] ADJ (answer, person) evasivo/a; **to take ~ action** (Mil) optar por tácticas evasivas.

eve [iːv] N víspera f; **on the ~ of** (lit) en la víspera de; (fig) en vísperas de.

even [ˈiːvən] **1** ADJ **a** (at same level) a nivel, al mismo nivel; (flat) llano/a, parejo/a; (smooth) liso/a. **b** (uniform: speed, temperature etc) constante; (breathing) regular; (temper) ecuánime, apacible; (tone, voice) imperturbable; **on an ~ keel** (fig) equilibrado/a. **c** (equal) igual, parejo/a; **to have an ~ chance** tener igualdad de posibilidades; **to get ~ with sb** ajustar cuentas con algn; **to break ~** cubrir los gastos; **that makes us ~** (in game) eso nos deja empatados; **they are an ~ match** están tal para cual. **d** (numbers) par. **2** ADV incluso, hasta, aun; **~ on Sundays** hasta los domingos; **~ I know that!** eso lo sé hasta yo; **and he ~ sings** y canta inclusive; **~ if, ~ though** aunque + subjun, aun cuando + subjun, si bien + indic; **~ if you tried** incluso si lo intentaras, así lo procuraras (LAm); **if you ~ tried a bit harder** si te esforzaras un poco siquiera; **~ so** sin embargo; **~ then** aun así; **~ now** todavía; **~ as** en cuanto; **~ faster** aun más rápidamente; **without ~ reading it** sin leerlo siquiera; **he can't ~ read** ni siquiera sabe leer; **not ~ if/when** etc ni siquiera si/cuando etc; **not ~ ...** ni siquiera ....

♦ **even out 1** VT + ADV (smooth: lit, fig) allanar; (number, score) igualar. **2** VI + ADV igualarse.

♦ **even up** VT + ADV (lit, fig) igualar, ponerse parejos.

even-handed [ˈiːvənˈhændɪd] ADJ (person) imparcial; (distribution) equitativo/a.

evening [ˈiːvnɪŋ] **1** N tarde f; (nightfall) anochecer m; **in the ~** por la tarde; **this ~** esta tarde; **tomorrow/yesterday ~** mañana/ayer por la tarde; **on Sunday ~** el domingo por la tarde; **she spends her ~s knitting** pasa las tardes haciendo punto; **good ~!** (early) ¡buenas tardes!; (after sunset) ¡buenas noches! **2** CPD (paper) de la tarde, vespertino/a, de noche; (performance) nocturno/a, de noche; **~ class** N clase f nocturna; **~ dress** N (woman's) traje m de noche; **in ~ dress** (man, woman) vestido/a de etiqueta; **~ prayers** NPL, **~ service** N vísperas fpl, misa fsg vespertina.

evenly [ˈiːvənlɪ] ADV (distribute, space, spread) con igualdad, igualmente, parejo (LAm); (breathe) con regularidad.

evensong [ˈiːvənsɒŋ] N vísperas fpl, misa f vespertina.

even-stevens [ˌiːvənˈstiːvənz] (fam) ADV: **to be ~ with sb** estar en paz con algn, ir parejo con algn; **they're pretty well ~** están más o menos igualados.

event [ɪˈvent] N acontecimiento m, suceso m; (Sport) prueba f; (in a programme) número m; **at all ~s, in any ~** pase lo que pase, en todo caso; **in either ~** en cualquiera de los dos casos; **in the ~ of ...** en caso de ...; **in the ~ that ...** en caso de que ... + subjun; **in the ~** resultó que; **in that ~** en ese caso; **in the normal course of ~s** normalmente, por lo común; **in** or **during the course of ~s** en el curso de (los acontecimientos).

even-tempered [ˈiːvənˈtempəd] ADJ ecuánime, apacible.

eventful [ɪˈventfʊl] ADJ (life, journey etc) azaroso/a; (match etc) lleno/a de incidentes.

eventing [ɪˈventɪŋ] N concurso m hípico (de tres días).

eventual [ɪˈventʃʊəl] ADJ final.

eventuality [ɪˌventʃʊˈælɪtɪ] N eventualidad f; **in that ~** en esa eventualidad; **to be ready for any ~** estar dispuesto para cualquier posibilidad.

eventually [ɪˈventʃʊəlɪ] ADV (at last) por fin, al final; (given time) con el tiempo, a la larga.

ever [ˈevəʳ] ADV **a** (always) siempre; **~ ready** siempre dispuesto; **~ since** desde entonces; (conj) después de que; **~ increasing anxiety** inquietud creciente; **they lived happily ~ after** vivieron felices; **as ~** como siempre; **for ~** (always) siempre; (until end of time) para siempre; **yours ~** un abrazo de. **b** (at any time) nunca, jamás; **hardly ~** casi nunca; **seldom, if ~** rara vez o nunca; **more beautiful than ~** más hermosa que nunca; **more than ~** más que nunca; **now, if ~, is the time** or **moment to ...** ahora, o nunca, es la hora de ...; **nothing ~ happens** nunca pasa nada; **it's the best ~** jamás ha habido mejor; **he's a liar if ~ there was one** él sí es un mentiroso; **if you ~ go there** si vas allí alguna vez; **did you ~ meet him?** ¿llegaste a conocerlo jamás?; **have you ~ been there?** ¿has estado allí alguna vez?; **we haven't ~ tried it** nunca lo hemos probado. **c** (emphasizing) **as soon as ~ you can** lo más pronto posible; **why ~ did you do it?** ¿por qué demonios lo hiciste?; **why ~ not?** ¿y por qué no?; **never ~** (nunca) jamás; **~ so** (fam) muy; **~ so much** mucho, muchísimo; **we're ~ so grateful** estamos muy agradecidos; **is it ~ big!** (US fam) ¡qué grande es!, ¡(si) vieras lo grande que es!; **as if I ~ would!** ¡¿me crees capaz de hacer algo semejante?!

Everest [ˈevərɪst] N (also Mount ~) (monte m) Everest m.

everglade [ˈevəgleɪd] N (US) tierra baja pantanosa cubierta de altas hierbas.

evergreen [ˈevəgriːn] **1** ADJ de hoja perenne. **2** N (tree) árbol m de hoja perenne; (plant) planta f de hoja perenne.

everlasting [ˌevəˈlɑːstɪŋ] ADJ eterno/a, perpetuo/a; (pej) interminable.

evermore [ˈevəˈmɔːʳ] ADV eternamente; **for ~** por or para siempre jamás.

every [ˈevrɪ] ADJ (each) cada; (all) todo/a; **~ one of them** todos ellos; **I gave you ~ assistance** te ayudé en lo que podía; **~ day** cada día; **~ three days, ~ third day** cada tres días; **~ other** or **second month** cada dos meses; **~ few days** cada dos o tres días; **~ so often, ~ now and then, ~ now and again** de vez en cuando; **his ~ wish** todos sus deseos; **his ~ word/action** cada palabra/obra suya; **I enjoyed ~ minute of the party** disfruté cada minuto de la fiesta; **~ bit of the carpet** la alfombra entera; **~ bit as clever as ...** tan or (LAm) igual de listo como ...; **~ time (that) ...** cada vez (que) ...; **~ single time** cada vez sin excepción; **we wish you ~ success** te deseamos todo el éxito posible; **in ~ way** en todos los aspectos.

everybody [ˈevrɪbɒdɪ] PRON todos/as, todo el mundo; **~ else** todos los demás.

everyday [ˈevrɪdeɪ] ADJ (expression, occurrence, experience) corriente, de cada día; (use) diario/a; (shoes, clothes) de uso diario.

everyone [ˈevrɪwʌn] PRON = **everybody**.

everyplace [ˈevrɪpleɪs] ADV (US) = **everywhere**.

everything [ˈevrɪθɪŋ] PRON todo; **~ is ready** todo está dispuesto; **~ you say is true** es verdad todo lo que dices; **money isn't ~** el dinero no es todo; **he did ~ possible** hizo todo lo posible.

everywhere [ˈevrɪweəʳ] ADV (go) a todas partes; (be) en

todas partes; **I looked ~** busqué en todas partes; **~ in Italy** en todas partes de Italia.
evict [ɪ'vɪkt] VT (tenant) desahuciar, desalojar.
eviction [ɪ'vɪkʃən] **1** N desahucio m, desalojo m. **2** CPD: **~ notice** N aviso m de desalojo; **~ order** N orden f de desalojo.
evidence ['evɪdəns] N (facts) hechos mpl, datos mpl; (proof) pruebas fpl; (Jur) testimonio m de un testigo; (sign) indicio m, señal f; **~ of/that ...** indicios de/de que ...; **circumstantial ~** pruebas circunstanciales; **there is no ~ against him** no hay evidencia en contra suya; **to be in ~** estar bien visible; **to give ~** prestar declaración; **to hold sth in ~** citar algo como prueba; **to show ~ of** dar muestras de; **to turn King's** or **Queen's** or (US) **State's ~** delatar a un cómplice.
evident ['evɪdənt] ADJ evidente, manifiesto/a; **it is ~ from the way he talks ...** lo muestra la manera en que habla ...; **it is ~ from his speech that ...** su discurso deja patente que ...; **it is ~ that ...** queda patente or manifiesto que ....
evidently ['evɪdəntlɪ] ADV (clearly) patentemente, claramente; (apparently) por lo visto; **~ he cannot come** por lo visto no puede venir.
evil ['iːvl] **1** ADJ (person, deed, reputation) malo/a, malvado/a; (smell) horrible; (spirit, spell, influence etc) perverso/a, malvado; (unhappy: hour, times) funesto/a; (harmful: effect) nocivo/a; **to put the ~ eye on sb** echar el mal de ojo a algn.
2 N mal m, maldad f; **the lesser of two ~s** el menor de dos males.
evildoer ['iːvlduːəʳ] N malhechor(a) m/f.
evil-minded ['iːvl'maɪndɪd] ADJ (suspicious etc) malpensado/a; (nasty) malintencionado/a.
evil-tempered ['iːvl'tempəd] ADJ de muy mal genio or carácter.
evince [ɪ'vɪns] VT mostrar, dar señales de.
evocation [ˌevə'keɪʃən] N evocación f.
evocative [ɪ'vɒkətɪv] ADJ evocador(a) (of de).
evoke [ɪ'vəʊk] VT (memories) evocar; (admiration) provocar.
evolution [ˌiːvə'luːʃən] N (development) desarrollo m; (Bio) evolución f.
evolutionary [ˌiːvə'luːʃnərɪ] ADJ evolutivo/a.
evolve [ɪ'vɒlv] **1** VT (system, theory, plan) desarrollar. **2** VI (species) evolucionar; (system, plan, science) desarrollarse.
ewe [juː] N oveja f.
ex [eks] PREF **a** (former) ex; **~-husband/wife** ex-marido m/-esposa f; **~-minister** ex-ministro m; **~-president** expresidente m; **~-serviceman** excombatiente m. **b** (out of) **the price ~ works** el precio de or en fábrica.
exacerbate [eks'æsəbeɪt] VT (pain, disease) exacerbar; (fig: relations, situation) empeorar.
exact [ɪg'zækt] **1** ADJ (gen) exacto/a; (meaning, instructions, time) preciso/a, exacto/a; **his ~ words were ...** lo que dijo, textualmente, era ...; **to be ~,** there were 3 of us en concreto, éramos 3; **can you be more ~?** precise, por favor; **to be the ~ opposite (of)** ser exactamente el contrario (de).
2 VT (payment, obedience) exigir (from de).
exacting [ɪg'zæktɪŋ] ADJ (task, profession, work) duro/a; (: exhausting) agotador(a); (boss, person) exigente.
exactitude [ɪg'zæktɪtjuːd] N exactitud f.
▼**exactly** [ɪg'zæktlɪ] ADV (describe, know, resemble) exactamente; (of time) en punto; **he's ~ like his father** es igual or está clavado a su padre; **he wasn't ~ pleased** no estaba precisamente contento; **not ~** no precisamente.
exactness [ɪg'zæktnɪs] N exactitud f.
exaggerate [ɪg'zædʒəreɪt] VT, VI exagerar.
exaggerated [ɪg'zædʒəreɪtɪd] ADJ exagerado/a.
exaggeration [ɪgˌzædʒə'reɪʃən] N exageración f.
exalt [ɪg'zɔːlt] VT (elevate) exaltar, elevar; (praise) ensalzar.
exalted [ɪg'zɔːltɪd] ADJ (high: position, person) eminente, exaltado/a; (elated) excitado/a.
exam [ɪg'zæm] N ABBR of **examination (a)**.
examination [ɪgˌzæmɪ'neɪʃən] N **a** (Scol: test) examen m, prueba f; **to take** or **sit an ~** pasar un examen; **oral ~**

examen oral. **b** (inspection) inspección f, registro m; (of witness, suspect) interrogatorio m; (Med) reconocimiento m; **on ~** al examinarlo; **the matter is under ~** el asunto está examinándose.
examine [ɪg'zæmɪn] VT (test: in subject) examinar; (: on knowledge) examinar, comprobar; (inspect) registrar; (witness, suspect, accused) interrogar; (Med) hacer un reconocimiento médico de.
examinee [ɪgˌzæmɪ'niː] N examinando/a m/f.
examiner [ɪg'zæmɪnəʳ] N examinador(a) m/f.
example [ɪg'zɑːmpl] N (all senses) ejemplo m; **for ~** por ejemplo; **to quote sth/sb as an ~** citar algo/algn como ejemplo; **to follow sb's ~** seguirle a algn el ejemplo; **to set a good/bad ~** dar buen/mal ejemplo; **to make an ~ of sb/to punish sb as an ~** dar a algn un castigo ejemplar.
exasperate [ɪg'zɑːspəreɪt] VT exasperar; **to get ~d** irritarse.
exasperating [ɪg'zɑːspəreɪtɪŋ] ADJ (person) exasperante; (situation) irritante.
exasperation [ɪgˌzɑːspə'reɪʃən] N (see adj) exasperación f; irritación f.
excavate ['ekskəveɪt] VT excavar.
excavation [ˌekskə'veɪʃən] N excavación f.
excavator ['ekskəveɪtəʳ] N (machine) excavadora f.
exceed [ɪk'siːd] VT (estimate etc) exceder (by en); (number) pasar de, exceder de; (limit, bounds) sobrepasar, rebasar; (powers, instructions) excederse en; (expectations, fears) superar.
exceedingly [ɪk'siːdɪŋlɪ] ADV sumamente, extremadamente.
excel [ɪk'sel] **1** VT superar; **to ~ o.s.** (freq iro) lucirse, pasarse (LAm). **2** VI: **to ~ at** or **in** sobresalir or lucir en; **to ~ as** destacarse como.
excellence ['eksələns] N excelencia f.
Excellency ['eksələnsɪ] N: **His ~** su Excelencia f.
▼**excellent** ['eksələnt] ADJ excelente.
excelsior [ek'selsɪɔːʳ] N (US) virutas fpl de embalaje.
except [ɪk'sept] **1** PREP: **~ (for)** menos, excepto, salvo; **~ that/if/when/where** etc salvo que/si/cuando/donde etc; **there is nothing we can do ~ wait** no nos queda otra que esperar.
2 VT excluir, exceptuar (from de); **present company ~ed** con excepción de los presentes; **always ~ing the possibility that ...** excluyendo la posibilidad de que ...; **not ~ing ...** incluso ..., inclusive ....
exception [ɪk'sepʃən] N excepción f; **with the ~ of** a excepción de; **without ~** sin excepción; **the ~ proves the rule** la excepción confirma la regla; **to make an ~** hacer una excepción; **to take ~ to sth** ofenderse por algo.
exceptional [ɪk'sepʃənl] ADJ excepcional.
exceptionally [ɪk'sepʃənəlɪ] ADV excepcionalmente.
excerpt ['eksɜːpt] N extracto m.
excess [ɪk'ses] **1** N exceso m; **an ~ of sth** un exceso de algo; **the ~ of losses over profits** el exceso de pérdidas sobre ganancias; **in ~ of** superior a; **to do/be sth to ~** hacer/ser algo en or con exceso; **to carry sth to ~** llevar algo al exceso; **the ~es of the regime** (outrages) las atrocidades del régimen.
2 CPD (profit, charge) excedente, sobrante; **~ baggage** N = **~ luggage; ~ fare** N suplemento m; **~ luggage** N exceso m de equipaje; **~ supply** N exceso m de oferta; **~ weight** N exceso m de peso.
excessive [ɪk'sesɪv] ADJ (gen) excesivo/a; **an ~ interest in women** un interés exagerado por las mujeres.
excessively [ɪk'sesɪvlɪ] ADV (to excess) con exceso; **he drinks ~** bebe más de la cuenta; **prices are ~ high** los precios son demasiado or (LAm) se pasan de altos.
exchange [ɪks'tʃeɪndʒ] **1** N **a** (act) cambio m; (of prisoners, publications, stamps etc) canje m; (of ideas, information, contracts) intercambio m; (barter) trueque m; **in ~ for** a cambio de; **~ of gunfire** tiroteo m.
b (Comm) **foreign ~** (money) divisas fpl, moneda f extranjera.
c (telephone) **~** central f telefónica; (private) centralita

f, conmutador *m* (*LAm*).
[2] VT (*gen*) cambiar; (*prisoners, publications, stamps etc*) canjear; (*barter*) trocar.
[3] CPD: **~ control** N control *m* de cambios; **~ rate** N tipo *m* de cambio; **E~ Rate Mechanism** N mecanismo *m* de paridades *or* de cambio del SME; **~ restrictions** NPL restricciones *fpl* monetarias; **~ visit** N visita *f* de intercambio.

exchequer [ɪksˈtʃekəʳ] N (*treasury funds*) fisco *m*, fondos *mpl*; **the Chancellor of the E~** (*Brit Pol*) el/la Ministro *or* Secretario/a de Hacienda.

excise[1] [ˈeksaɪz] N (*also* **~ duty**) impuestos *mpl* indirectos; (*Brit: department*) **the Customs and E~** la Aduana.

excise[2] [ekˈsaɪz] VT cortar, quitar.

excitable [ɪkˈsaɪtəbl] ADJ (*person, creature*) exaltado/a; (*mood, temperament*) nervioso/a.

excite [ɪkˈsaɪt] VT [a] (*person: move to emotion*) provocar, emocionar; (*stimulate*) estimular; (: *sexually*) excitar. [b] (*anger, interest, enthusiasm etc*) provocar.

excited [ɪkˈsaɪtɪd] ADJ (*voice etc*) lleno/a de emoción; (*person*) emocionado/a, excitado/a, exaltado/a (*LAm*); (*crowd*) alborotado/a; **to be** *or* **get ~** emocionarse, entusiasmarse (*about sth* por algo); **don't get ~!** ¡no te emociones!, ¡no te pongas nervioso!

excitedly [ɪkˈsaɪtɪdlɪ] ADV con entusiasmo.

excitement [ɪkˈsaɪtmənt] N entusiasmo *m*, emoción *f*, exaltación *f* (*LAm*); **in the ~ of the departure/ preparations** con la emoción de la salida/las preparaciones; **it caused great** *or* **considerable ~** produjo gran conmoción; **she enjoys ~** le gusta la aventura.

exciting [ɪkˈsaɪtɪŋ] ADJ (*gen*) emocionante, apasionante; (*experience*) lleno/a de emoción; (*sexually*) excitante.

excl. ABBR of **excluding, exclusive (of)**.

exclaim [ɪksˈkleɪm] [1] VT exclamar. [2] VI: **to ~ at sth** exclamar al ver algo.

exclamation [ˌekskləˈmeɪʃən] [1] N exclamación *f*. [2] CPD: **~ mark,** (*US*) **~ point** N (*Ling*) signo *m* de admiración.

exclamatory [eksˈklæmətərɪ] ADJ exclamatorio/a.

exclude [ɪksˈkluːd] VT (*keep out*) no admitir; (*discount*) excluir, exceptuar; (*possibility of error etc*) evitar.

excluding [ɪksˈkluːdɪŋ] PREP excepto, menos.

exclusion [ɪksˈkluːʒən] [1] N exclusión *f*; **to the ~ of** con exclusión de. [2] CPD: **~ clause** N cláusula *f* de exclusión; **(total) ~ zone** N zona *f* de exclusión (total).

exclusive [ɪksˈkluːsɪv] [1] ADJ [a] (*rights, information, report etc*) exclusivo/a; **~ policy** política *f* exclusivista; **~ rights** exclusiva *fsg*, derechos *mpl* exclusivos; **an ~ story** un reportaje en exclusiva. [b] (*shop, area, club*) selecto/a; (*interest, friendship, attention*) exclusivo/a; (*offer*) de privilegio. [c] (*not including*) **~ of** sin contar; **from 1st to 15th ~** del 1 al 15 exclusive. [2] N (*story*) reportaje *m* exclusivo, exclusiva *f*.

exclusively [ɪksˈkluːsɪvlɪ] ADV exclusivamente.

excommunicate [ˌekskəˈmjuːnɪkeɪt] VT excomulgar.

excommunication [ˈekskəˌmjuːnɪˈkeɪʃən] N excomunión *f*.

ex-con [ˌeksˈkɒn] N (*fam*) ex convicto *m*.

excrement [ˈekskrɪmənt] N excremento *m*.

excreta [eksˈkriːtə] NPL excremento *msg*.

excrete [eksˈkriːt] VT (*frm*) excretar.

excretion [eksˈkriːʃən] N (*act*) excreción *f*; (*substance*) excremento *m*.

excruciating [ɪksˈkruːʃɪeɪtɪŋ] ADJ (*pain, suffering, noise*) atroz, insoportable; (*fam: very bad: film, speech, party*) espeluznante.

excruciatingly [ɪksˈkruːʃɪeɪtɪŋlɪ] ADV atrozmente; (*very badly*) horriblemente, fatal; **it was ~ funny** era para morirse de risa.

exculpate [ˈekskʌlpeɪt] VT exculpar.

excursion [ɪksˈkɜːʃən] [1] N (*journey*) excursión *f*, paseo *m*; (*fig*) digresión *f*. [2] CPD: **~ ticket** N billete *m* de excursión; **~ train** N tren *m* de recreo.

excuse [ɪksˈkjuːs] [1] N (*justification*) excusa *f*, disculpa *f*; (*pretext*) pretexto *m*; **there's no ~ for this** esto no ad-

mite disculpa; **on the ~ that ...** con el pretexto de que ...; **to make ~s for sb** presentar disculpas por algn.
[2] [ɪksˈkjuːz] VT [a] (*forgive*) disculpar, perdonar; **~ me!** (*asking a favour*) por favor, perdón; (*interrupting sb*) perdóneme; (*when passing*) perdón, con permiso; (*sorry*) ¡perdón!; **~ me?** (*US*) ¿perdone?, ¿mande? (*Mex*); **now, if you will ~ me ...** con permiso .... [b] (*justify*) justificar; **that does not ~ his conduct** eso no justifica su conducta; **to ~ o.s. (for sth/for doing sth)** pedir disculpas (por algo/por hacer algo). [c] (*exempt*) **to ~ sb (from sth/from doing sth)** dispensar a algn (de algo/de hacer algo); **to ~ o.s. (from sth/from doing sth)** dispensarse (de algo/de hacer algo); **to ask to be ~d** pedir permiso.

ex-directory [ˌeksdɪˈrektərɪ] (*Brit*) ADJ: **the number is ~** el número no figura en la guía; **he had to go ~** tuvo que pedir que su número no figurara en la guía.

execrable [ˈeksɪkrəbl] ADJ (*very bad*) execrable, abominable.

executable [ˈeksɪkjuːtəbl] ADJ ejecutable; **~ file** (*Comput*) fichero *m* ejecutable.

execute [ˈeksɪkjuːt] VT [a] (*put to death*) ejecutar; (*by firing squad*) fusilar. [b] (*carry out, perform*) realizar, ejecutar; (*work of art*) realizar; (*order*) cumplir; (*scheme, task, duty*) desempeñar; (*will*) ejecutar.

execution [ˌeksɪˈkjuːʃən] N (*putting to death*) ejecución *f*; (*by firing squad*) fusilamiento *m*; (*carrying out*) realización *f*, cumplimiento *m*; **in the ~ of one's duty** en el cumplimiento de sus deberes.

executioner [ˌeksɪˈkjuːʃnəʳ] N verdugo *m*.

executive [ɪgˈzekjʊtɪv] [1] ADJ (*powers*) ejecutivo/a; (*position, duties*) de ejecutivo; (*offices, suite*) de los ejecutivos; (*car, plane*) ejecutivo/a; **~ committee** junta *f* directiva; **~ director** (*Brit*) director(a) *m/f* ejecutivo/a; **~ producer** (*TV*) productor(a) *m/f* ejecutivo/a. [2] N (*person*) ejecutivo/a *m/f*; (*group*) ejecutivo *m*; (*Pol*) poder *m* ejecutivo.

executor [ɪgˈzekjʊtəʳ] N (*of will*) albacea *m*, testamentario *m*.

executrix [ɪgˈzekjʊtrɪks] N albacea *f*, ejecutora *f* testamentaria.

exemplary [ɪgˈzemplərɪ] ADJ ejemplar.

exemplify [ɪgˈzemplɪfaɪ] VT (*illustrate*) ilustrar con ejemplos; (*be an example of*) demostrar.

exempt [ɪgˈzempt] [1] ADJ exento/a (*from* de); **~ from tax** libre de impuestos. [2] VT: **to ~ sb/sth (from sth/from doing sth)** dispensar a algn/algo (de algo/de hacer algo).

exemption [ɪgˈzempʃən] [1] N exención *f*; **tax ~** exención de impuestos. [2] CPD: **~ certificate** N certificado *m* que exime.

exercise [ˈeksəsaɪz] [1] N (*gen*) ejercicio *m*; (*Mil: manoeuvres*) maniobras *fpl*; **~s** (*Sport*) ejercicios *mpl*; (*US: ceremony*) ceremonia *fsg*; **to take ~** hacer ejercicio. [2] VT [a] (*use: authority, right, influence*) ejercer; (: *patience, restraint, tact*) emplear, hacer uso de. [b] (*mind*) preocupar; (*dog*) sacar a pasear; (*muscle, limb*) ejercitar. [3] VI hacer ejercicio. [4] CPD: **~ bicycle** *or* **bike** N bicicleta *f* de ejercicio; **~ book** N cuaderno *m*.

exert [ɪgˈzɜːt] VT (*strength, force*) emplear; (*influence, authority*) ejercer; **to ~ o.s. (physically)** esforzarse; **don't ~ yourself!** (*hum*) ¡no te hagas ningún daño!

exertion [ɪgˈzɜːʃən] N esfuerzo *m*.

exeunt [ˈeksɪʌnt] VI (*Theat*) salen, se van.

ex gratia [ˌeksˈɡreɪʃə] ADJ (*payment*) ex-gratia, a título gracioso.

exhale [eksˈheɪl] [1] VT (*air, fumes etc*) despedir. [2] VI exhalar.

exhaust [ɪgˈzɔːst] [1] N (*also* **~ pipe**) (tubo *m* de) escape *m*. [2] VT (*all senses*) agotar; **to ~ o.s.** agotarse. [3] CPD: **~ fumes** NPL vapores *mpl* de escape; **~ gases** NPL gases *mpl* de escape; **~ system** N sistema *m* de escape.

exhaustible [ɪgˈzɔːstəbl] ADJ (*resource*) que se puede agotar, limitado/a.

exhausting [ɪgˈzɔːstɪŋ] ADJ agotador(a).

exhaustion [ɪɡ'zɔːstʃən] N (*fatigue*) agotamiento *m*.
exhaustive [ɪɡ'zɔːstɪv] ADJ (*research, inquiry, inspection*) exhaustivo/a; (*account, description, list*) completo/a.
exhibit [ɪɡ'zɪbɪt] [1] N (*object: painting etc*) objeto *m* expuesto; (*Jur*) documento *m*.
 [2] VT (*painting etc*) exponer; (*signs of emotion*) mostrar, manifestar; (*courage, skill, ingenuity*) demostrar.
 [3] VI (*painter etc*) exponer (sus obras).
exhibition [ˌeksɪ'bɪʃən] N (*act, instance*) manifestación *f*; (*public show*) exposición *f*; **to be on** ~ estar en exposición; **to make an** ~ **of o.s.** quedar en ridículo.
exhibitionism [ˌeksɪ'bɪʃənɪzəm] N exhibicionismo *m*.
exhibitionist [ˌeksɪ'bɪʃənɪst] ADJ, N exhibicionista *mf*.
exhibitor [ɪɡ'zɪbɪtəʳ] N expositor(a) *m/f*.
exhilarate [ɪɡ'zɪləreɪt] VT alegrar, levantar el ánimo de; **to feel ~d** sentirse muy estimulado, estar alegre.
exhilarating [ɪɡ'zɪləreɪtɪŋ] ADJ tónico/a, vigorizador(a).
exhilaration [ɪɡˌzɪlə'reɪʃən] N alegría *f*, regocijo *m*.
exhort [ɪɡ'zɔːt] VT: **to ~ sb (to sth/to do sth)** exhortar a algn (a algo/a hacer algo).
exhortation [ˌeɡzɔː'teɪʃən] N exhortación *f*.
exhume [eks'hjuːm] VT exhumar, desenterrar.
ex-husband [ˌeks'hʌzbənd] N ex marido *m*.
exigency [ɪɡ'zɪdʒənsɪ] N exigencia *f*.
exigent ['eksɪdʒənt] ADJ exigente.
exile ['eksaɪl] [1] N (*state*) exilio *m*, destierro *m*; (*person*) exiliado/a *m/f*, desterrado/a *m/f*; **to send sb into ~** desterrar a algn, mandar a algn al exilio. [2] VT desterrar, exiliar.
exist [ɪɡ'zɪst] VI [a] (*live*) vivir; (*survive*) subsistir; **to ~ on very little money** arreglarse con muy poco dinero. [b] (*occur, be in existence*) existir.
existence [ɪɡ'zɪstəns] N existencia *f*; (*way of life*) vida *f*; **to be in ~** existir; **to come into ~** nacer, formarse; **the only one in ~** el único en existencia.
existential [ˌeɡzɪs'tenʃəl] ADJ existencial.
existentialism [ˌeɡzɪs'tenʃəlɪzəm] N existencialismo *m*.
existentialist [ˌeɡzɪs'tenʃəlɪst] ADJ, N existencialista *mf*.
existing [ɪɡ'zɪstɪŋ] ADJ existente, actual.
exit ['eksɪt] [1] N (*place, act*) salida *f*; (*esp Theat*) mutis *m*; **'no ~'** 'prohibida la salida'; **to make one's ~** salir, marcharse.
 [2] VI (*Theat*) hacer mutis; (*Comput*) salir.
 [3] VT (*Comput*) salir de.
 [4] CPD: ~ **permit** N permiso *m* de salida; ~ **poll** N (*Pol*) sondeo *m* a la salida de las urnas; ~ **ramp** N (*US*) vía *f* de acceso; ~ **visa** N visa *f* or visado *m* de salida.
exodus ['eksədəs] N (*gen, Rel*) éxodo *m*; **there was a general ~** hubo un éxodo general.
ex officio [ˌeksə'fɪʃɪəʊ] [1] ADV (*act*) ex officio, oficialmente. [2] ADJ (*member*) nato/a, ex oficio.
exonerate [ɪɡ'zɒnəreɪt] VT: **to ~ sb (from obligations)** exonerar a algn; (*from blame*) disculpar a algn.
exorbitant [ɪɡ'zɔːbɪtənt] ADJ (*price, demands*) exorbitante, excesivo/a.
exorcise ['eksɔːsaɪz] VT (*person, evil spirit*) exorcizar.
exorcism ['eksɔːsɪzəm] N exorcismo *m*.
exorcist ['eksɔːsɪst] N exorcista *mf*.
exotic [ɪɡ'zɒtɪk] ADJ exótico/a.
exp. ABBR [a] of **expenses**. [b] of **expired**. [c] of **export**. [d] of **express**.
expand [ɪks'pænd] [1] VT (*make larger*) ensanchar, ampliar; (: *market, operations, business*) ampliar, aumentar; (: *metal etc*) dilatar; (*develop: statement, notes*) ampliar; (*broaden: experience, mind, horizons*) ampliar, extender; (: *influence, knowledge*) aumentar.
 [2] VI (*gas, metal, lungs*) dilatarse; (*market etc*) ampliarse; **to ~ on** (*notes, story etc*) ampliar, desarrollar.
expanding [ɪks'pændɪŋ] ADJ (*metal etc*) dilatable; (*bracelet*) expandible; (*market, industry, profession*) en expansión; ~ **file** carpeta *f* de acordeón; **a job with ~ opportunities** un empleo con perspectivas de futuro.
expanse [ɪks'pæns] N extensión *f*.
expansion [ɪks'pænʃən] [1] N (*of metal etc*) dilatación *f*; (*of town, economy, territory*) desarrollo *m*; (*of subject, idea, trade, market*) ampliación *f*, desarrollo; (*of production,*

knowledge etc) aumento *m*, extensión *f*.
 [2] CPD: ~ **bus** N (*Comput*) bus *m* de expansión; ~ **slot** N (*Comput*) ranura *f* para tarjetas de expansión.
expansionism [ɪks'pænʃənɪzəm] N expansionismo *m*.
expansionist [ɪks'pænʃənɪst] ADJ expansionista.
expansive [ɪks'pænsɪv] ADJ extenso/a; (*fig: mood, gesture*) expansivo/a.
expat (*fam*) = **expatriate**.
expatriate [eks'pætrɪɪt] ADJ, N expatriado/a *m/f*.
expect [ɪks'pekt] [1] VT [a] (*anticipate, hope for, wait for*) esperar; **it's easier than I ~ed** es más fácil de lo que esperaba; **to ~ to do sth** esperar hacer algo; **I ~ed as much** ya me lo imaginaba or figuraba; **they ~ to arrive tomorrow** esperan llegar mañana; **we'll ~ you for supper** te esperamos a cenar; **I ~ him to come soon** creo que llegará pronto; **that was (only) to be ~ed** eso era de esperarse; **I did not know what to ~** yo no sabía qué esperar; **as ~ed** como era de esperar; ~ **me when you see me** (*fam*) no cuentes conmigo.
 [b] (*suppose*) imaginar, suponer; **I ~ so** supongo que sí, a lo mejor; **yes, I ~ it is** así tenía que ser; **I ~ it was John** me imagino que fue Juan; **I ~ he'll be late** seguro que llega tarde.
 [c] (*require*) **to ~ sth (from sb)** contar con algo (de algn); **to ~ sb to do sth** esperar que algn haga algo; **I ~ you to be punctual** cuento con que seas puntual; **how can you ~ me to sympathize?** ¿y me pides compasión?; **you can't ~ too much from him** no debes esperar demasiado de él; **what do you ~ me to do about it?** ¿qué pretendes que haga yo?; **it is ~ed that ...** se espera que + *subjun*, se prevé que + *indic*; **it is hardly to be ~ed that ...** apenas cabe esperar que + *subjun*.
 [2] VI: **she's ~ing** está encinta.
expectancy [ɪks'pektənsɪ] N esperanza *f*; **life ~** esperanza de vida.
expectant [ɪks'pektənt] ADJ (*person, crowd*) expectante; (*look*) de esperanza; ~ **mother** mujer *f* encinta.
expectantly [ɪks'pektəntlɪ] ADV con expectación.
expectation [ˌekspek'teɪʃən] N esperanza *f*; **in ~ of** en espera de; **against** or **contrary to all ~(s)** en contra de todas las previsiones; **it didn't live up to my ~s** fue una desilusión para mí; **to be beyond (all) ~** superar todas las esperanzas; **to come up to one's ~s** resultar tan bueno como se esperaba; **to exceed one's ~s** sobrepasar lo que se esperaba; **to fall below one's ~s** no llegar a lo que se esperaba.
expectorant [eks'pektərənt] N expectorante *m*.
expectorate [eks'pektəreɪt] VT expectorar.
expedience [ɪks'piːdɪəns], **expediency** [ɪks'piːdɪənsɪ] N conveniencia *f*; (*pej*) oportunismo *m*.
expedient [ɪks'piːdɪənt] [1] ADJ (*convenient, politic*) oportuno/a, conveniente. [2] N recurso *m*.
expedite ['ekspɪdaɪt] VT (*speed up: business, deal*) acelerar; (*official matter, legal matter*) dar curso a; (*process, preparations*) facilitar; (*task*) despachar.
expedition [ˌekspɪ'dɪʃən] N (*gen*) expedición *f*.
expeditionary [ˌekspɪ'dɪʃənrɪ] ADJ expedicionario/a.
expeditious [ˌekspɪ'dɪʃəs] ADJ rápido/a, pronto/a.
expel [ɪks'pel] VT (*air etc: from container*) arrojar, expeler; (*person*) expulsar.
expend [ɪks'pend] VT (*money*) gastar, desembolsar; (*time*) gastar; (*effort, energy*) dedicar.
expendable [ɪks'pendəbl] [1] ADJ (*equipment*) gastable; (*person*) prescindible. [2] NPL: ~**s** géneros *mpl* or elementos *mpl* reemplazables.
expenditure [ɪks'pendɪtʃəʳ] N (*of money etc*) gasto *m*, desembolso *m*; (*money spent*) gastos *mpl*; (*of time, effort*) gasto, empleo *m*.
expense [ɪks'pens] [1] N (*cost*) gasto *m*, costa *f*, costo *m*; ~**s** gastos; **at the ~ of** (*fig*) a costa de; **travelling/repair ~s** gastos de viaje/reparación; **at great ~** a gran costo; **at my ~** a cuenta mía; (*fig*) para mi costa; **to go to the ~ of** incurrir en gastos para; **to go to great ~** incurrir grandes gastos; **regardless of ~** sin escatimar gastos; **to put sb to the ~ of** hacerle a algn gastar dinero para; **to meet the ~ of** hacer frente a los gastos de.

[2] CPD: ~ **account** N cuenta *f* de gastos de representación.

expensive [ɪks'pensɪv] ADJ caro/a, costoso/a; (*shop etc*) carero/a; **he has ~ tastes** tiene un gusto de lujo; **it was an ~ victory** la victoria se ganó a gran costa.

experience [ɪks'pɪərɪəns] [1] N [a] (*knowledge*) experiencia *f*; **to learn by ~** aprender por la experiencia; **I know from (bitter/personal) ~** lo sé por experiencia (amarga/personal); **he has no ~ of grief/being out of work** no conoce la tristeza/el desempleo.
[b] (*skill, practice*) práctica *f*, experiencia *f*; **he has plenty of ~** tiene mucha práctica; **have you any previous ~?** ¿tiene Ud experiencia previa?; **practical ~** experiencia práctica; **teaching ~** experiencia de maestro *or* profesor; **a driver with 10 years' ~** un conductor con 10 años de experiencia.
[c] (*event*) experiencia *f*, aventura *f*; **to have a pleasant/frightening ~** tener una experiencia agradable/aterradora; **it was quite an ~** fue toda una experiencia.
[2] VT (*feel: emotions, sensations*) experimentar; (*suffer: defeat, losses, hardship etc*) sufrir, padecer; **he ~s some difficulty/pain in walking** tiene dificultades para/dolor al andar; **he ~d a severe loss of hearing after the accident** después del accidente, sufrió una pérdida severa del oído.

experienced [ɪks'pɪərɪənst] ADJ (*with experience*) experimentado/a; (*expert*) experto/a, perito/a; **to be ~ (in sth)** tener experiencia (en algo); **an ~ eye/ear** un ojo/oído experto.

experiment [ɪks'perɪmənt] [1] N (*gen*) experimento *m*, prueba *f*; **to perform** *or* **carry out an ~** realizar un experimento; **as an ~** como experimento. [2] VI hacer experimentos, experimentar, probar.

experimental [eks,perɪ'mentl] ADJ (*scientist, method*) experimental; (*theatre, novel*) vanguardista; (*cinema*) de arte y ensayo; **the process is still at the ~ stage** el proceso está todavía en prueba.

experimentation [eks,perɪmen'teɪʃən] N experimentación *f*.

expert ['ekspɜːt] [1] ADJ experto/a; (*touch, eye*) hábil, diestro/a; (*advice, opinion*) de experto/a, de especialista; (*Jur: witness, evidence*) pericial; (*person*) ~ **in** *or* **at (doing) sth** experto *or* perito en (hacer) algo.
[2] N experto/a *m/f*, perito/a *m/f*; **an ~ in** *or* **at (doing) sth** un experto en (hacer) algo.

expertise [,ekspɜː'tiːz] N pericia *f*; (*skill*) habilidad *f*, destreza *f*.

expertly ['ekspɜːtlɪ] ADV expertamente.

expiate ['ekspɪeɪt] VT expiar.

expiration [,ekspaɪə'reɪʃən] N (*ending*) terminación *f*; (*Comm*) vencimiento *m*, caducidad *f*.

expire [ɪks'paɪər] VI (*end: time etc*) terminar, vencerse; (*ticket, passport*) caducar, vencerse; (*frm: die*) expirar.

expiry [ɪks'paɪərɪ] [1] N (*Comm etc*) vencimiento *m*; (*end*) final *m*, término *m*. [2] CPD: ~ **date** N fecha *f* de vencimiento.

explain [ɪks'pleɪn] VT (*make clear: meaning, problem etc*) explicar; (: *plan*) exponer; (: *mystery*) aclarar; (*account for: conduct*) justificar; **to ~ o.s.** (*clearly*) explicarse; (*morally*) justificarse, defenderse.
◆**explain away** VT + ADV dar explicaciones (de), justificar; (*excuse*) disculparse (por).

explanation [,eksplə'neɪʃən] N (*act*) explicación *f*; (*excuse*) disculpa *f*; (*statement*) explicación; (*of plan*) exposición *f*; (*of problem*) aclaración *f*; **to offer** *or* **give an ~** dar explicaciones.

explanatory [ɪks'plænətərɪ] ADJ explicativo/a; (*note*) aclaratorio/a.

expletive [eks'pliːtɪv] N (*oath*) palabrota *f*, taco *m*, grosería *f* (*LAm*).

explicit [ɪks'plɪsɪt] ADJ (*instructions, detail*) explícito/a, preciso/a; (*intention*) expreso/a, claro/a; (*denial*) tajante, rotundo/a.

explicitly [ɪks'plɪsɪtlɪ] ADV explícitamente.

explode [ɪks'pləʊd] [1] VI estallar, explotar; (*fig*) reventar, estallar; **to ~ with laughter/anger/jealousy** estallar en

carcajadas/darle a algn un arrebato de furia/darle a algn un ataque de celos.
[2] VT (*refute*) desmentir, refutar; **to ~ a rumour/theory/belief** (*fig*) desmentir un rumor/refutar una teoría/impugnar una creencia.

exploit ['eksplɔɪt] [1] N hazaña *f*, proeza *f*. [2] [ɪks'plɔɪt] VT (*resources*) aprovechar; (*pej: person*) explotar, hambrear (*LAm*).

exploitation [,eksplɔɪ'teɪʃən] N explotación *f*.

exploitative [eks'plɔɪtətɪv] ADJ explotador(a).

exploiter [eks'plɔɪtər] N explotador(a) *m/f*.

exploration [,eksplɔː'reɪʃən] N exploración *f*.

exploratory [eks'plɔrətərɪ] ADJ exploratorio/a, preliminar.

explore [ɪks'plɔːr] VT [a] (*country*) explorar; (*Med*) examinar. [b] (*fig: problems, subject*) ahondar en; (: *opinion*) sondear; **to ~ every possibility/avenue** considerar todas las posibilidades/estudiar todas las vías posibles.

explorer [ɪks'plɔːrər] N explorador(a) *m/f*.

explosion [ɪks'pləʊʒən] N (*gen*) explosión *f*; (*noise*) explosión, estallido *m*; (*fig: outburst*) arranque *m*, arrebato *m*; **population ~** explosión demográfica; **price ~** aumento *m* general de precios.

explosive [ɪks'pləʊzɪv] [1] ADJ (*gas, substance*) explosivo/a; (*fig: situation*) candente; (: *temper*) excitable. [2] N explosivo *m*.

exponent [eks'pəʊnənt] N (*of idea*) exponente *mf*; (*of cause*) partidario/a *m/f*; (*interpreter*) intérprete *mf*.

export ['ekspɔːt] [1] N (*act*) exportación *f*; (*commodity*) artículo *m* de exportación.
[2] [eks'pɔːt] VT exportar.
[3] ['ekspɔːt] CPD (*market, goods, permit*) de exportación; ~ **credit** N crédito *m* a la exportación; ~ **drive** N campaña *f* de exportación; ~ **duty** N derechos *mpl* de exportación; ~ **licence** *or* (*US*) **license** N licencia *f* de exportación; ~ **trade** N comercio *m* exterior.

exportation [,ekspɔː'teɪʃən] N exportación *f*.

exporter [eks'pɔːtər] N exportador(a) *m/f*.

expose [ɪks'pəʊz] VT (*uncover*) dejar al descubierto; (*leave unprotected*) exponer; (*display*) exponer, presentar; (*sexual parts*) exhibir; (*Phot*) exponer; (*fig: reveal: plot, criminal*) denunciar; (: *one's ignorance*) revelar, descubrir; **to be ~d to view** estar a la vista de todos; **to ~ sb/o.s. to ridicule** poner a algn/ponerse en ridículo; **to ~ one's head to the sun** exponer la cabeza al sol.

exposé [ek'spəʊzeɪ] N exposición *f*, revelación *f*.

exposed [ɪks'pəʊzd] ADJ (*land, house, town*) desabrigado/a, desprotegido/a; (*Mil, fig*) expuesto/a; (*uncovered*) al descubierto; (*wine*) al aire.

exposition [,ekspə'zɪʃən] N (*of facts, theories*) exposición *f*.

expostulate [ɪks'pɒstjʊleɪt] VI: **to ~ with sb about sth** discutir con algn sobre algo, protestar por algo que hace algn.

expostulation [ɪks,pɒstjʊ'leɪʃən] N protesta *f*.

exposure [ɪks'pəʊʒər] [1] N (*to weather etc*) exposición *f*; (*of plot etc*) denuncia *f*; (*outlook*) orientación *f*; (*Phot: gen*) exposición; (: *aperture*) abertura *f* de diafragma; (: *speed*) velocidad *f* de obturación; (: *photo*) foto *f*, fotografía *f*; (*public ~*) exposición al público; **to die of ~** morir de frío por estar a la intemperie.
[2] CPD: ~ **meter** N (*Phot*) fotómetro *m*, exposímetro *m*.

expound [ɪks'paʊnd] VT (*theory, one's views*) exponer, explicar.

express [ɪks'pres] [1] ADJ [a] (*clear: instructions, intention*) expreso/a, manifiesto/a; ~ **warranty** garantía *f* escrita.
[b] (*fast: letter, delivery*) urgente, express; (*coach, train*) rápido/a, expreso/a; (*through*) directo/a.
[2] ADV: **to send** *or* **post sth ~** enviar algo por correo urgente; **to travel ~** viajar en un tren rápido.
[3] N (*train*) expreso *m*, rápido *m*.
[4] VT [a] (*ideas, feelings, thanks*) expresar; (*wish*) expresar, manifestar; **to ~ o.s.** expresarse.
[b] (*send: letter, parcel*) enviar por correo urgente.

expression [ɪks'preʃən] N (*gen*) expresión *f*; (*feeling*) sentimiento *m*; (*token*) señal *f*; (*Ling*) frase *f*, modismo *m*;

as an ~ of gratitude en señal de gratitud.

expressionism [eks'preʃənɪzəm] N expresionismo m.

expressionist [eks'preʃənɪst] ADJ, N expresionista mf.

expressive [ɪks'presɪv] ADJ (look, smile, gesture) expresivo/a; (language) elocuente; **his gesture was ~ of anger** su gesto expresaba rabia.

expressly [ɪks'preslɪ] ADV expresamente.

expresso [ɪk'spresəʊ] N = **espresso**.

expressway [ɪks'presweɪ] N (US) autopista f.

expropriate [eks'prəʊprɪeɪt] VT expropiar.

expropriation [eks,prəʊprɪ'eɪʃən] N expropiación f.

expulsion [ɪks'pʌlʃən] N expulsión f.

expunge [ɪks'pʌndʒ] VT borrar, tachar.

expurgate ['ekspɜːgeɪt] VT expurgar.

exquisite [eks'kwɪzɪt] ADJ (beautiful) precioso/a, primoroso/a; (keen: sensibility) exquisito/a, delicado/a; (: sense of humour) fino/a; (: joy, pleasure, pain) intenso/a.

exquisitely [eks'kwɪzɪtlɪ] ADV [a] (paint, embroider) primorosamente, con primor; (dress) elegantemente; (express o.s.) con elegancia. [b] (extremely) sumamente.

ex-serviceman ['eks'sɜːvɪsmən] N (pl **-men**) excombatiente m.

ext. ABBR (Telec) of **extension** Ext.

extant [eks'tænt] ADJ existente.

extempore [eks'tempərɪ] [1] ADV de improviso. [2] ADJ improvisado/a.

extemporize [ɪks'tempəraɪz] VI improvisar.

extend [ɪks'tend] [1] VT [a] (stretch out: hand, arm) extender; (: to sb) tender, alargar; (offer: one's friendship, help, hospitality) ofrecer; (: one's thanks, congratulations, condolences, welcome) dar; (: invitation) enviar; (credit) prorrogar, aplazar.
[b] (prolong: road, line, visit) prolongar; (enlarge: building) ampliar, ensanchar; (knowledge, research) ampliar, profundizar en; (powers, business) aumentar; (frontiers) extender; (vocabulary) enriquecer, aumentar.
[c] (athlete) pedir el máximo esfuerzo a; **that child is not sufficiently ~ed** a ese niño no se le exige bastante esfuerzo.
[2] VI (land, wall) **to ~ to** or **as far as** extenderse hasta; (term, contract, meeting) **to ~ to** or **into** prolongarse hasta; **to ~ for** prolongarse por.

extended [ɪk'stendɪd] ADJ extendido/a; **~ family** familia f extendida; **~ forecast** (US) pronóstico m a largo plazo; **~ play** (record) duración f ampliada; **to grant sb ~ credit** conceder a algn un crédito ilimitado.

extension [ɪks'tenʃən] [1] N (act, part added) extensión f; (of power) aumento m; (of credit etc) prórroga f; (of building etc) ampliación f; (of road, term etc) prolongación f; (Telec) extensión, interno m, anexo m (CSur).
[2] CPD: **~ cable** N (Elec) extensión f; **~ courses** NPL cursos externos organizados por una universidad; **~ ladder** N escalera f extensible.

extensive [ɪks'tensɪv] ADJ (grounds, forest) extenso/a, enorme; (damage, investments) cuantioso/a, importante; (knowledge, influence) amplio/a; (research) a fondo; (inquiries, reforms, interests) amplio; (frequent) frecuente; (alterations) general.

extensively [ɪks'tensɪvlɪ] ADV extensamente; (study, research) a fondo; **~ used** de uso común; **he travelled ~ in Mexico** viajó ampliamente por México.

extent [ɪks'tent] N (space: of land, road) extensión f; (scope: of knowledge, damage, activities) alcance m; (: of power) límite m; (degree: of commitment, loss) grado m; **to what ~?** ¿hasta qué punto?; **to a certain** or **to some ~** hasta cierto punto; **to a large / small / major ~** en gran parte or medida/en menor grado/en su mayor parte; **to such an ~ that** hasta tal punto que; **to the ~ of** (as far as) hasta el punto de; (money) por la cantidad de.

extenuating [ɪks'tenjʊeɪtɪŋ] ADJ: **~ circumstances** circunstancias fpl atenuantes.

exterior [eks'tɪərɪəʳ] [1] ADJ exterior, externo/a. [2] N exterior m; **on the ~** (lit, fig) por fuera.

exterminate [eks'tɜːmɪneɪt] VT exterminar.

extern ['ekstɜːn] N (US Med) externo/a m/f.

external [eks'tɜːnl] [1] ADJ (walls etc) externo/a, exterior;

(influences, factor) externo, ajeno/a; (affairs, appearance) exterior; **for ~ use only** (Med) para uso tópico o externo; **~ account** cuenta f con el exterior; **~ examination** examen m externo; **~ examiner** examinador(a) m/f externo/a; **~ trade** comercio m exterior.
[2] N: **~s** las apariencias fpl.

extinct [ɪks'tɪŋkt] ADJ (volcano) extinguido/a, apagado/a; (animal, race) extinto/a, desaparecido/a.

extinguish [ɪks'tɪŋgwɪʃ] VT (fire) extinguir, apagar; (light, cigarette) apagar; (fig: hope, faith) destruir; (suppress) suprimir.

extinguisher [ɪks'tɪŋgwɪʃəʳ] N (for fire) extintor m (de incendios).

extn ABBR (Telec) of **extension** Ext.

extol, (US) **extoll** [ɪks'təʊl] VT (merits, virtues) ensalzar, alabar; (person) alabar, elogiar.

extort [ɪks'tɔːt] VT (money) sacar por amenazas; (promise, confession) obtener por la fuerza.

extortion [ɪks'tɔːʃən] N extorsión f, exacción f.

extortionate [ɪks'tɔːʃənɪt] ADJ (price, demand) excesivo/a, exorbitante.

extra ['ekstrə] [1] ADJ (more: food, money, people etc) adicional, suplementario/a; (spare) de más, de sobra; (more than usual) de más; **wine is** or **will cost ~** el vino es aparte or no está incluido; **take ~ care!** ¡ten mucho cuidado!; **for ~ safety** para mayor seguridad; **~ charge** recargo m, suplemento m; **~ time** (Ftbl) prórroga f; **~ transport** transporte m adicional.
[2] ADV (more than normally) extra, encima, de suplemento; **he worked ~ hard** trabajó más de la cuenta; **~ large / kind** etc super or (esp LAm fam) re(te) grande/ amable etc; **~ special** muy or super especial; **~ strong** extremadamente fuerte; (coffee) super cargado/a; (nylon) reforzado/a.
[3] N (luxury, addition) extra m; (Cine) extra mf, comparsa mf; (charge) suplemento m (adicional).

extra... ['ekstrə] PREF extra....

extract ['ekstrækt] [1] N (from book, film) extracto m, trozo m; (Culin, Chem) extracto, concentrado m.
[2] [ɪks'trækt] VT [a] (take out: cork, tooth) sacar; (: bullet: from wound) extraer; (: mineral) extraer, obtener; (: juice) exprimir.
[b] (obtain: information, confession, money) obtener, sacar.
[c] (select: from book etc) seleccionar.

extraction [ɪks'trækʃən] N (gen) extracción f; **of Spanish ~** de extracción española or origen español.

extractor [ɪks'træktəʳ] [1] N extractor m. [2] CPD: **~ fan** N (Brit) extractor m de olores.

extracurricular [,ekstrəkə'rɪkjʊləʳ] ADJ (Scol: activities) extraescolar, extra-académico/a.

extradite ['ekstrədaɪt] VT: **to ~ sb (from / to)** conseguir la extradición de algn (de/a).

extradition [,ekstrə'dɪʃən] N extradición f.

extramarital [,ekstrə'mærɪtəl] ADJ (affair, sex) fuera del matrimonio.

extramural ['ekstrə'mjʊərəl] ADJ (studies, course, department) de extensión.

extraneous [eks'treɪnɪəs] ADJ extraño/a, ajeno/a.

extraordinarily [ɪks'trɔːdnrɪlɪ] ADV extraordinariamente.

extraordinary [ɪks'trɔːdnrɪ] ADJ (more than ordinary) extraordinario/a; (very strange) raro/a; (additional, special) extraordinario, especial; **~ general meeting** junta f general extraordinaria.

extrapolate [ɪks'træpəleɪt] VT extrapolar.

extrapolation [ɪks,træpə'leɪʃən] N extrapolación f.

extrasensory ['ekstrə'sensərɪ] ADJ: **~ perception** percepción f extrasensorial.

extravagance [ɪks'trævəgəns] N (excessive spending) prodigalidad f, derroche m; (wastefulness) despilfarro m; (thing bought) extravagancia f; (whim) capricho m.

extravagant [ɪks'trævəgənt] ADJ (lavish: spending, ways, taste) pródigo/a; (: person) derrochador(a), despilfarrador(a); (wasteful) despilfarrador(a); (exaggerated: praise) excesivo/a; (: claim, opinion) exagerado/a; (: prices) astronómico/a, desorbitado/a.

extravaganza [eks,trævə'gænzə] N obra f extravagante y

fantástica.

extreme [ɪks'triːm] **1** ADJ (*furthest: point, north*) extremo/a; (*greatest possible: heat, danger, poverty*) extremo, extremado/a; (: *care*) máximo/a; (: *sorrow, anger*) profundo/a, extremo; (*exceptional: views*) extremista; (: *case, circumstances, measures, action*) excepcional; **the ~ left/right** (*Pol*) la extrema izquierda/derecha; **in ~ old age** en *or* a una edad muy avanzada; **there's no need to be so ~** no es necesario llegar a esos extremos.

2 N extremo *m*; **from one ~ to the other** de un extremo al otro; **~s of temperature** las temperaturas extremas; **in the ~** en un extremo, en sumo grado; **to go/be driven to ~s** tomar medidas extremas/verse obligado a tomar medidas extremas; **to go to any ~** llegar a cualquier extremo.

extremely [ɪks'triːmlɪ] ADV sumamente, extremadamente; **it is ~ difficult** es dificilísimo.

extremist [ɪks'triːmɪst] **1** ADJ extremista. **2** N extremista *mf*, ultra *mf*.

extremity [ɪks'tremɪtɪ] N (*end: usu pl*) extremidad *f*, punta *f*; (*fig: of despair etc*) extremo *m*; (*need*) apuro *m*, necesidad *f*; **extremities** (*Anat*) extremidades *fpl*.

extricate ['ekstrɪkeɪt] VT (*disentangle*) desenredar; (*free*) soltar; (*fig*) librar, sacar; **to ~ o.s. from** (*fig*) librarse de; (*difficulty*) lograr salir de.

extrovert ['ekstrəʊvɜːt] ADJ, N extrovertido/a *m/f*.

extrude [eks'truːd] VT sacar; (*force out*) expulsar; (*Tech*) estirar.

exuberance [ɪg'zuːbərəns] N exuberancia *f*; (*euphoria*) euforia *f*.

exuberant [ɪg'zuːbərənt] ADJ (*person, spirit, etc*) eufórico/a; (*growth*) exuberante.

exude [ɪg'zjuːd] VT rezumar, exudar; (*fig*) rebosar.

exult [ɪg'zʌlt] VI: **to ~ in** *or* **at** *or* **over** regocijarse por.

exultant [ɪg'zʌltənt] ADJ (*person*) regocijado/a; (*shout, expression*) jubiloso/a.

exultation [ˌegzʌl'teɪʃən] N regocijo *m*, júbilo *m*.

ex-wife [ˌeks'waɪf] N ex mujer *f*.

eye [aɪ] **1** N (*gen*) ojo *m*; (*of potato*) yema *f*; (*of storm, wind*) ojo, núcleo *m*; (*fastener: metal ring*) hembra *f* de corchete; **black ~** ojo morado *or* amoratado; **~s right/left/front!** ¡vista a la derecha/izquierda/al frente!; **an ~ for an ~ (and a tooth for a tooth)** ojo por ojo (y diente por diente); **as far as the ~ can see** hasta donde alcanza la vista; **it happened before my very ~s** ocurrió delante de mis propios ojos; **I saw it with my own ~s** lo vi con mis propios ojos; **I couldn't believe my (own) ~s** no daba crédito a los ojos; **to be in the public ~** estar a la luz pública; **in the ~s of the law** a los ojos de la ley; **in the ~s of sb** a los ojos de algn; **under the (watchful) ~ of** bajo la vigilia de; **to keep an ~ on sth/sb** (*watch*) vigilar algo/a algn, echar una mirada a algo/algn; (*look after*) cuidar algo/a algn; **to keep an ~ on things** (*fam*) estar al tanto de todo, estar pendiente de todo; **keep your ~s on the road ahead!** ¡no quites los ojos de la carretera!; **to keep an ~ out** *or* **one's ~s open for sth/sb** estar pendiente de algo/algn; **I could hardly keep my ~s open** se me cerraban los ojos; **to keep one's ~s peeled** estar alerta; **he didn't take his ~s off her** no le quitó los ojos de encima; **to look at sth with** *or* **through the ~s of an expert** ver algo con ojos de experto; **with an ~ to**

sth/to doing sth con vistas *or* miras a algo/a hacer algo; **with the naked ~** a simple vista; **to do sth with one's ~s (wide) open** (*fig*) hacer algo con los ojos abiertos; **to shut one's ~s to sth** (*fig: to the truth, evidence, dangers*) cerrar los ojos a algo; (: *to sb's shortcomings*) hacer la vista gorda a algo; **to be up to one's ~s** (*in work etc*) estar hasta aquí *or* agobiado de trabajo; **to catch sb's ~** llamar la atención de algn; **to cry one's ~s out** llorar a moco tendido, llorar a lágrima viva; **to have an ~** *or* a **keen ~ for a bargain** tener mucha vista *or* buen ojo para los negocios; **there's more to this than meets the ~** esto tiene su miga; **to look sb (straight) in the ~** mirar a algn (directamente) a los ojos; **I don't see ~ to ~ with him** no estoy de acuerdo con él; **it's 5 years since I last set** *or* **laid ~s on him** hace cinco años que no lo veo; **in the twinkling of an ~** en un abrir y cerrar de ojos; **use your ~s!** (*fam*) ¡abre los ojos!; **that's one in the ~ for him** (*fig fam*) ¡para que vea!; **to make (sheep's) ~s at sb** (*fam*) hacer ojos de cordero a algn; **he was all ~s** era todo *or* (*LAm*) puros ojos; *see* **sight**.

2 VT ojear.

3 VT CPD: **~ contact** N contacto *m* ocular; **~ doctor** N (*US*) oculista *mf*; **~ socket** N cuenca *f* del ojo; **~ test** N test *m* visual *or* de visión.

♦ **eye up** VT: **he was ~ing the girl up** se comía a la joven con los ojos.

eyeball ['aɪbɔːl] N globo *m* del ojo.

eyebath ['aɪbɑːθ] N ojera *f*.

eyebrow ['aɪbraʊ] **1** N ceja *f*; **to raise one's ~s** levantar las cejas; **with raised ~s** (*fig*) con una actitud crítica. **2** CPD: **~ pencil** N lápiz *m* de cejas.

eye-catching ['aɪˌkætʃɪŋ] ADJ llamativo/a, vistoso/a.

eyecup ['aɪˌkʌp] N = **eyebath**.

-eyed [aɪd] ADJ SUF de ojos; **green~** de ojos verdes; **one~** tuerto/a.

eyedrops ['aɪdrɒps] NPL (*for bathing eyes*) gotas *fpl* para los ojos.

eyeful ['aɪfʊl] N: **to get an ~ (of sth)** (*fam*) llenarse la cara (de algo); (*fig*) echarle un vistazo (a algo).

eyeglass ['aɪglɑːs] N lente *m or f*; (*worn in the eye*) monóculo *m*; **~es** (*esp US*) gafas *fpl*.

eyelash ['aɪlæʃ] N pestaña *f*.

eyelet ['aɪlɪt] N ojete *m*.

eyelevel ['aɪˌlevl] ADJ a la altura de los ojos.

eyelid ['aɪlɪd] N párpado *m*.

eyeliner ['aɪˌlaɪnər] N lápiz *m* de ojos.

eye-opener ['aɪˌəʊpnər] N (*fam*) revelación *f*, sorpresa *f*.

eye-patch ['aɪˌpætʃ] N parche *m*.

eyeshade ['aɪʃeɪd] N visera *f*.

eyeshadow ['aɪˌʃædəʊ] N sombreador *m*, sombra *f* de ojos.

eyesight ['aɪsaɪt] N vista *f*; **to have poor ~** estar mal de la vista; **failing ~** visión *f* defectuosa.

eyesore ['aɪsɔːr] N monstruosidad *f*.

eyestrain ['aɪstreɪn] N vista *f* cansada.

eyetooth ['aɪtuːθ] N (*pl* **-teeth**) colmillo *m*; **to give one's eyeteeth for sth/to do sth** (*fam fig*) dar un ojo de la cara por algo/por hacer algo.

eyewitness ['aɪˌwɪtnɪs] N testigo *mf* presencial *or* ocular.

eyrie ['aɪərɪ] N aguilera *f*.

Ff

F, f [ef] N **a** (*letter*) F, f *f.* **b** (*Mus*) F fa *m; see* A *for usage.*
F. ABBR **a** *of* **Fahrenheit.** **b** (*Rel*) *of* **Father** P., P.ᵉ.
f. ABBR **a** (*Math*) *of* **foot; feet.** **b** *of* **following** sig. **c** (*Bio*) *of* **female.**
FA N ABBR (*Brit*) *of* **Football Association** ≈ AFE *f.*
fa [faː] N (*Mus*) fa *m.*
FAA N (*US*) ABBR *of* **Federal Aviation Administration.**
fable ['feɪbl] N fábula *f.*
fabric ['fæbrɪk] **1** N (*cloth*) tejido *m*, tela *f*; (*gen: textiles*) géneros *mpl*; (*Archit*) cuerpo *m*, estructura *f*; **the ~ of society** (*fig*) el tejido social.
2 CPD: **~ ribbon** N (*for typewriter*) cinta *f* de tela.
fabricate ['fæbrɪkeɪt] VT (*fig*) inventar; (*document, evidence*) falsificar.
fabrication [ˌfæbrɪ'keɪʃən] N (*fig*) invención *f*; (*of document, evidence*) fabricación *f.*
fabulous ['fæbjuləs] ADJ fabuloso/a, de fábula; (*fam: incredible*) increíble/a; (: *wonderful*) fabuloso/a, estupendo/a, macanudo/a (*LAm*), bárbaro/a, chévere.
façade [fə'saːd] N (*Archit*) fachada *f*; (*fig*) apariencia *f.*
face [feɪs] **1** N **a** (*Anat etc*) cara *f*, rostro *m*; (*of dial, watch*) esfera *f*; (*surface*) superficie *f*; (*of the earth*) faz *f*, superficie; (*of coin*) cara; (*of building*) frente *m*, fachada *f*; (*of mountain, cliff*) cara, fachada; (*coal ~*) cara de trabajo; **down(wards)/up(wards)** (*person, card*) boca abajo/ arriba; **in the ~ of** (*enemy*) frente a; (*threats, danger*) ante; (*difficulty*) en vista de, ante; **to laugh in sb's ~** reírse en la cara de algn; **he'll laugh on the other side of his ~** pasará de la risa al llanto; **to look sb in the ~** mirar a la cara a algn; **to say sth to sb's ~** decirle algo a algn a la cara; **I told him to his ~** se lo dije a la cara; **you can shout till you're blue in the ~** puedes gritar hasta hartarte; **to show one's ~** asomar la cara, dejarse ver; **shut your ~!** (*fam*) ¡cállate la boca!, ¡calla la boca!; **it's vanished off the ~ of the earth** ha desaparecido de la faz de la tierra; **the whole ~ of the town has changed** el aspecto de la ciudad ha cambiado por completo; **to have a good memory for ~s** tener buena memoria para las caras.
b (*expression*) cara *f*, expresión *f*; **a long ~** una cara larga or de viernes; **a happy ~** una cara alegre or de Pascua; **to keep a straight ~** contener la risa; **to make** or **pull ~s (at sb)** hacer muecas (a algn); **his ~ fell** (*fig*) puso cara larga.
c (*outward show*) **on the ~ of it** a primera vista, a juzgar por las apariencias; **to put a brave ~ on sth** poner al mal tiempo buena cara.
d (*dignity*) **to lose ~** desprestigiarse, perder prestigio; **to save ~** salvar las apariencias.
e (*effrontery*) descaro *m*, cara *f*, caradura *f.*
2 VT **a** (*also* **be facing**: *person, object*) estar de cara a, estar enfrente de; (*building: be opposite*) estar enfrente de; (: *overlook*) dar a, tener vista a; **~ the wall!** ¡póngase de cara a la pared!; **my room ~s the sea** mi cuarto da al mar; **to sit facing the engine** estar sentado de frente a la máquina; **they sat facing each other** estaban sentados uno frente al otro.
b (*fig: confront: enemy, danger*) enfrentarse con; (: *consequences*) afrontar; (: *problem, situation*) hacer frente a; **I can't ~ him** (*ashamed*) no me atrevo a mirarle a los ojos; **to ~ the music** (*fig*) afrontar las consecuencias; **to ~ facts** aceptar los hechos or la realidad; **to ~ the fact that ...** reconocer que ...; **we are ~d with serious problems** se nos plantean graves problemas; **he ~s a fine of £200** se arriesga una multa de 200 libras; **let's ~ it!** (*fam*) ¡seamos realistas!, ¡reconozcámoslo!
c (*fig: bear, stand*) soportar; **I can't ~ it/doing it** no lo soporto/no soporto hacerlo.
d (*Tech*) revestir, forrar; **a wall ~d with concrete** una pared revestida de hormigón.
3 VI mirar hacia; (*turn*) volverse hacia; **which way does it ~?** ¿en qué dirección está orientado?; **it ~s east/ towards the east** da al este/mira hacia el este.
4 CPD: **~ cloth** N toallita *f*; (*glove*) manopla *f* (para lavarse la cara); **~ cream** N crema *f* de belleza; **~ lift** N estiramiento *m* de la piel de la cara mediante la cirugía estética; **to have a ~ lift** (*person*) estirarse la piel de la cara; (*building*) ser restaurado; **~ pack** N mascarilla *f*; **~ powder** N polvos *mpl* para la cara; **~ value** N (*of coin*) valor *m* nominal; (*of stamp*) valor facial; **to take sth at ~ value** (*fig*) creerse algo a pie juntillas, aceptar las apariencias.
◆**face down** VT + ADV (*US*) intimidar con la mirada.
◆**face on to** VI + PREP mirar hacia, dar a.
◆**face out** VT + ADV: **to ~ it out** insistir descaradamente en ello.
◆**face up to** VI + PREP (*difficulty etc*) afrontar, hacer frente a; **to ~ up to the fact that ...** afrontar el hecho de que ..., hacerse a la idea de que ...; **she ~d up to it bravely** lo aguantó con mucha resolución.
faceless ['feɪslɪs] ADJ sin rostro; (*anonymous*) anónimo/a.
face-saving ['feɪsˌseɪvɪŋ] ADJ para salvar las apariencias.
facet ['fæsɪt] N (*feature*) faceta *f*, aspecto *m*; (*of gem, fig*) lado *m*, cara *f.*
facetious [fə'siːʃəs] ADJ (*person*) ocurrente, ingenioso/a; (*remark*) gracioso/a.
face-to-face [ˌfeɪstə'feɪs] **1** ADJ: **a ~ argument** un enfrentamiento or una discusión cara a cara. **2** ADV: **face to face** cara a cara.
facial ['feɪʃəl] **1** ADJ de la cara, facial. **2** N tratamiento *m* facial.
facile ['fæsaɪl] (*pej*) ADJ (*writer*) vulgar; (*remark, expression*) superficial, ligero/a; (*victory*) fácil.
facilitate [fə'sɪlɪteɪt] VT (*make easier*) facilitar; (*assist progress*) favorecer.
facilitator [fə'sɪlɪteɪtəʳ] N facilitador(a) *m/f.*
facility [fə'sɪlɪtɪ] N (*easiness*) facilidad *f*; (*skill*) habilidad *f*, destreza *f*; (*with languages*) facilidad (*in* para); **facilities** comodidades *fpl*, servicios *mpl*; **credit facilities** facilidades (de pago); **public transport facilities** servicios *mpl* de transporte público; **recreational facilities** instalaciones *fpl* recreativas; **shopping facilities** (*shops*) tiendas *fpl*; (*services*) servicios de compra; **sports facilities** instalaciones deportivas; **toilet facilities** servicios, aseos *mpl.*
facing ['feɪsɪŋ] **1** PREP de cara a, frente a. **2** ADJ opuesto/a, de enfrente. **3** N (*Archit*) paramento *m*, revestimiento *m*; (*Sew*) guarnición *f.*
facsimile [fæk'sɪmɪlɪ] **1** N facsímile *m*, facsímil *m.* **2** CPD: **~ machine** N máquina *f* de facsímile or reproducción.
fact [fækt] N (*gen*) hecho *m*; (*information*) dato *m*; (*not fiction*) realidad *f*; **it's a ~ that ...** es un hecho que ...; **to know for a ~ that ...** saber a ciencia cierta que ...; **the ~s of life** (*sex etc*) los detalles de la reproducción humana; (*fig*) las cosas de la vida; **~s and figures** datos; **~ and fiction** la realidad y la ficción; **hard ~s** hechos innegables; **story founded on ~** historia basada en hechos verídicos; **to stick to the ~s** atenerse a los hechos; **it has no basis in ~** carece de base (real); **in ~, as a matter of ~, in point of ~** en realidad, de hecho; **the ~ (of the matter) is that ...** la verdad es que ...; **by the very ~ that ...** por el propio hecho de que ....
fact-finding ['fæktˌfaɪndɪŋ] ADJ: **on a ~ tour/mission** en viaje/misión de reconocimiento; **a ~ committee** una

comisión de investigación.
faction ['fækʃən] N facción f.
factor ['fæktər] **1** N **a** (fact) factor m; **human ~** factor humano; **safety ~** factor de seguridad.
b (Math) factor m; **highest common ~** máximo común divisor m.
c (Comm) agente mf comisionado/a.
2 vi (Comm) comprar deudas.
factoring ['fæktərɪŋ] N factorización f.
factory ['fæktərɪ] **1** N fábrica f; (small) taller m.
2 CPD: **~ farming** N cría f industrial; **~ inspector** N inspector(a) m/f de trabajo; **~ ship** N buque m factoría; **~ worker** N obrero/a m/f industrial.
factual ['fæktjʊəl] ADJ (report, description) objetivo/a, basado/a en datos objetivos; (error) de hecho.
faculty ['fækəltɪ] N (power of body, mind, also Univ) facultad f; (ability) habilidad f, facilidad f; (US Univ: teaching staff) profesorado m, claustro m (de facultad or universidad).
fad [fæd] N (fashion) novedad f, moda f; **a passing ~** una moda pasajera; **the ~ for Italian clothes** la manía de los trajes italianos.
fade [feɪd] vi **a** (flower) marchitarse; (colour, fabric) decolorarse, desteñir. **b** (also **~ away**: light) apagarse (gradualmente); (: eyesight, hearing, memory, hopes) perder; (: smile) desaparecer; (: sounds) desvanecerse; (: person) consumirse; **the daylight was fading** el día se apagaba; **to ~ from sight** perderse de vista; **he saw his chances fading** veía como estaban acabando sus posibilidades.
◆**fade in 1** VT + ADV (TV, Cine) fundir en; (Rad: sound) mezclar en.
2 VI + ADV (TV, Cine) fundirse (to en), sobreponerse (to a); (Rad) oírse por encima (over de).
◆**fade out 1** VT + ADV (TV, Cine) desdibujar, difuminar; (Rad) apagar, disminuir el volumen de.
2 VI + ADV (TV, Cine) desdibujarse, difuminarse; (Rad) apagarse, dejar de oírse.
◆**fade to** VI + PREP (Cine) fundir a.
◆**fade up** VT + ADV = **fade in 1**.
fade-in ['feɪdɪn] N (Cine, TV) fundido m.
fade-out ['feɪdaʊt] N (Cine, TV) fundido m (de cierre).
faeces, (US) **feces** ['fi:si:z] NPL excrementos mpl, heces fpl.
faff [fæf] VI: **to ~ about** (fam) perder el tiempo, ocuparse en bagatelas; **stop ~ing about!** ¡déjate de tonterías!
fag [fæg] (fam) **1** N (effort, job) faena f, lata f; (Brit: cigarette) pitillo m, cigarro m; (Brit Scol) alumno joven que trabaja para otro mayor; (US) marica m (fam).
2 VT (also **~ out**) fatigar, cansar.
3 CPD: **~ end** N final m; (of cigarette) colilla f.
faggot ['fægət] N (for fire) haz m de leña; (Brit fam) bruja f; (US fam) marica m.
Fahrenheit ['færənhaɪt] N Fahrenheit m (termómetro, grados etc).
fail [feɪl] **1** VI **a** (in exam: candidate) suspender; (show, play) fracasar; (business) quebrar; (plan) fracasar, no dar resultado; (remedy) no surtir efecto; **to ~ by 5 votes** perder por cinco votos; **to ~ in one's duty** faltar a su deber, no cumplir con su obligación.
b (light) irse, apagarse; (crops) perderse; (health, sight) debilitarse; (engine, brakes) fallar; (water supply) acabarse; (power) cortarse, fallar; **his strength ~ed him** le fallaron las fuerzas.
2 VT **a** (exam, subject) suspender; (candidate) suspender (a).
b (let down: person) fallar (a); (subj: memory, strength) fallar; **don't ~ me!** ¡no me falles!, ¡no faltes!; **his heart/ courage ~ed him** se encontró sin ánimo/le faltó valor; **words ~ me!** ¡no encuentro palabras!
c (omit) **to ~ to do sth** dejar de hacer algo; **don't ~ to visit her** no deje de visitarla; **I ~ to see why/what** etc no veo or alcanzo a ver por qué/qué etc.
3 N **a** **without ~** sin falta.
b (Univ) suspenso m (in en).
failing ['feɪlɪŋ] **1** PREP a falta de, falto de; **~ that, ...** de no ser posible, ...
2 N (gen) falta f, defecto m; **it's his only ~** es su único punto débil.
3 ADJ: **he was in ~ health** su salud era cada vez más débil; **a ~ marriage** un matrimonio que anda mal.
failsafe ['feɪlseɪf] ADJ: **~ device** mecanismo m de seguridad.
failure ['feɪljər] **1** N (gen: lack of success) fracaso m; (in exam) suspenso m; (of crops) pérdida f, suspenso f; (of supplies) corte m, interrupción f; (Tech) fallo m, avería f; (Med) crisis f, ataque m; (person) fracasado/a m/f; (neglect) falta f; **power ~** corte de electricidad, apagón m; **his ~ to come** su ausencia, el que no viniera; **~ to pay** incumplimiento m en el pago; **to end in ~** acabar mal, malograrse (LAm); **it was a complete ~** fue un fracaso total; **heart ~** paro m cardíaco, infarto m.
2 CPD: **~ rate** N (in exams) porcentaje m de suspensos; (of machine) porcentaje de averías.
faint [feɪnt] **1** ADJ (comp **~er**; superl **~est**) (breeze) débil, ligero/a; (outline) borroso/a, indistinto/a; (trace, mark) apenas perceptible; (sound) apagado/a, débil; (voice, breathing) débil; (smell) tenue, casi imperceptible; (taste, resemblance) ligero/a; (hope) remoto/a; (smile) leve; (idea, memory) vago/a; **to feel ~** marearse, sufrir un vahído; **I haven't the ~est idea** (fam) no tengo ni la más remota idea; **~ with hunger** muerto de hambre.
2 N desmayo m, desvanecimiento m.
3 VI desmayarse, perder el conocimiento (from de).
faint-hearted ['feɪnt'hɑːtɪd] ADJ cobarde, pusilánime, apocado/a, medroso/a.
faintly ['feɪntlɪ] ADV débilmente; (disappointed) ligeramente; (reminiscent) vagamente.
fair¹ [feər] **1** ADJ (comp **~er**; superl **~est**) **a** (just: person) justo/a (to con); (even-handed) equitativo/a; (decision, report, hearing) imparcial; (comment) acertado/a, atinado/a; (sample) representativo/a; (deal, exchange, price) justo; (fight, competition, match) igualado/a; (chance) razonable; **it's not ~!** ¡no es justo!, ¡no hay derecho!; **to be ~ ...** en honor a la verdad ...; **it's only ~ that ...** lo más justo sería que ...; **it's ~ to say that ...** hay que reconocer que ...; **~ enough!** ¡vale!; **by ~ means or foul** por las buenas o por las malas; **~ game** presa f fácil; **~ play** juego m limpio; **his ~ share of** su parte de, lo que le corresponde de; **~ trade** comercio m legítimo.
b (reasonable, average: work, result) regular; **he has a ~ chance/hope** tiene bastantes posibilidades/esperanzas; **~ wear and tear** desgaste m natural.
c (quite large: sum) bastante (grande); (: number) bastante elevado/a; (: speed) considerable; **a ~ amount of** bastante.
d (light-coloured: hair, person) rubio/a, güero/a (Mex); (: complexion, skin) blanco/a, güero.
e (fine, good: weather) bueno/a; (copy) en limpio; **the ~ sex** (female) el bello sexo; **through ~ and foul** haga bueno o malo.
2 ADV **a** **to play ~** jugar limpio; **to act/win ~ and square** obrar/ganar honradamente; **the ball hit me ~ and square in the stomach** la pelota me dio de lleno en el estómago.
b **we were ~ terrified** (fam) nos asustamos bastante.
fair² [feər] N (market) feria f; (trade **~**) feria de muestras; (fun **~**) parque m de atracciones.
fairground ['feəɡraʊnd] N (parque m de) atracciones fpl, ferias fpl.
fair-haired ['feə'heəd] ADJ (person) rubio/a, güero/a (Mex).
fairly ['feəlɪ] ADV **a** (justly) justamente; (equally) equitativamente; (according to the rules) limpiamente.
b (quite) bastante; **I'm ~ sure** creo que sí; **~ good** bastante bueno. **c** (fam: utterly) completamente.
fair-minded ['feə'maɪndɪd] ADJ imparcial.
fairness ['feənɪs] N (justice) justicia f; (objectivity) imparcialidad f; **in all ~** (to be honest) a decir verdad; **in (all) ~ to him** para serle justo.
fair-sized ['feəsaɪzd] ADJ bastante grande.
fairway ['feəweɪ] N (Golf) calle f.
fair-weather ['feə,weðər] ADJ: **~ friend** amigo/a m/f en la prosperidad or del buen viento.

fairy ['fɛərɪ] **1** N hada f; (fam pej: homosexual) maricón m.
 2 CPD: **~ godmother** N hada f madrina; **~ lights** NPL bombillas fpl de colorines; **~ queen** N reina f de las hadas; **~ tale** N cuento m de hadas; (lie) cuento, patraña f.
fairyland ['fɛərɪlænd] N tierra f de las hadas.
fait accompli [,feɪtæ'kɒmplɪ] N hecho m consumado.
faith [feɪθ] **1** N (Rel) fe f; (doctrine) creencia f, doctrina f; (trust) confianza f; **to have ~ in sb/sth** fiarse de algn/algo; **to put one's ~ in sb/sth** confiar en algn/algo; **to keep/break ~ with sb** cumplir (con)/faltar a su palabra para con algn; **in (all) good ~** de buena fe; **in bad ~** de mala fe.
 2 CPD: **~ healer** N curandero/a m/f.
faithful ['feɪθful] **1** ADJ (also Rel) fiel (to a); (friend, servant, spouse) leal; (translation) fiel; (trustworthy) digno/a de confianza; (account) detallado/a. **2** NPL: **the ~** (Rel) los fieles mpl.
faithfully ['feɪθfəlɪ] ADV fielmente; **yours ~** (in letter) le saluda atentamente.
faithless ['feɪθlɪs] ADJ desleal.
fake [feɪk] **1** N (thing, picture) falsificación f; (person) impostor(a) m/f.
 2 ADJ falso/a, fingido/a.
 3 VT (accounts) contrahacer, falsificar; (illness) fingir.
 4 VI fingir, simular.
falcon ['fɔːlkən] N halcón m.
Falkland Islands ['fɔːlkländ,aɪləndz], **Falklands** ['fɔːlkländz] N (Islas fpl) Malvinas fpl.
fall [fɔːl] (vb: pt **fell**; pp **~en**) **1** N **a** (gen) caída f; (of rocks) desprendimiento m; (of earth) corrimiento m; (of building, bridge etc) derrumbamiento m; (of rain) aguacero m; (of snow) nevada f; (amount) disminución f; (in prices, temperature, demand) descenso m, baja f; **he had a bad ~** sufrió una mala caída.
 b (downfall) caída f, ocaso m; (defeat) derrota f; (of city) rendición f, caída; (from favour, power etc) alejamiento m.
 c **~s** (waterfall) salto msg de agua, cascada fsg, catarata fsg; **the Niagara F~s** las cataratas del Niágara.
 d (US: autumn) otoño m.
 2 VI **a** (gen) caer; (ground) descender, estar en declive; (rocks) desprenderse; (decrease) disminuir; (price, level, temperature etc) bajar, descender; (wind) amainar; **to ~** or **on one's knees** arrodillarse, caer de rodillas; **to ~ on one's feet** caer de pie; (fig) salir bien parado; **to let sth ~** dejar caer algo; **to let ~ that ...** soltar que ...; **to ~ from grace** (Rel) perder la gracia; (fig) caer en desgracia; **he fell in my estimation** perdió mucho a mis ojos; **it all began to ~ into place** (fig) todo empezó a encajar; **to ~ short of sb's expectations** defraudar las esperanzas de algn; **to ~ short of perfection** no llegar a la perfección; **the arrow fell short of the target** la flecha no alcanzó la diana; **to ~ flat** (joke) no hacer gracia; (party) fracasar.
 b (become) **to ~ asleep** quedarse dormido, dormirse; **to ~ due** vencer; **to ~ heir to sth** heredar algo; **to ~ ill** caer enfermo, enfermarse; **to ~ in love (with sb/sth)** enamorarse de algn/algo); **to ~ silent** callarse.
 c (be defeated: subj: government) caer, ser derrotado; (: city) rendirse, ser tomado; (: soldiers: die) caer, morir.
 3 CPD: **~ guy** N (esp US fam) víctima f (de un truco); (scapegoat) cabeza f de turco.
◆ **fall about** VI + ADV (fig fam) morirse or partirse de la risa.
◆ **fall apart** VI + ADV caerse a pedazos, deshacerse.
◆ **fall away** VI + ADV (slope steeply: ground) descender abruptamente (to hacia); (crumble: plaster) desconcharse.
◆ **fall back** VI + ADV (retreat) retroceder; (Mil) replegarse; **to ~ back on sth** (fig) recurrir a algo; **something to ~ back on** algo a lo que recurrir.
◆ **fall behind** VI + ADV (in race etc) quedarse atrás, rezagarse; (fig: with work, payments) retrasarse.
◆ **fall down** VI + ADV (person) caerse (al suelo); (building) hundirse, derrumbarse; (fig: go wrong) fracasar, fallar; **to ~ down on the job** hacerlo mal.
◆ **fall for** (fam) VI + PREP (feel attracted to: person) enamorarse de; (: object) coger or tomar afición a, aficionarse a; (: idea) interesarse por; (be deceived by: trick)

dejarse engañar por, tragarse.
◆ **fall in 1** VI + ADV **a** (person) caerse (dentro); (roof, walls) desplomarse; **to ~ in with** (meet: person) encontrarse or juntarse con; (agree to: plan, proposal etc) aceptar, quedar de acuerdo con.
 b (Mil) formar filas.
 2 VI + PREP: **to ~ in(to)** (person) caerse dentro de; (in river) caerse a; **to ~ into error/bad habits/bad ways** incurrir en error/adquirir malos hábitos/coger or tomar un mal camino; **to ~ into conversation with sb** entablar conversación con algn; **it ~s into 4 parts** se divide en 4 partes; **it ~s into this category** está incluido en esta categoría; **his poems ~ into 3 categories** sus poemas se dividen en tres categorías.
◆ **fall off 1** VI + ADV (gen) caerse; (part) desprenderse; (diminish: in amount, numbers) disminuir; (: interest) enfriarse, decaer; (: quality) empeorar.
 2 VI + PREP (gen) caerse de; (part) desprenderse de.
◆ **fall on 1** VI + PREP (also **~ upon**) **a** (tax etc) incidir en. **b** (accent, stress) cargar sobre, caer sobre. **c** (Mil) caer sobre. **d** (food) lanzarse sobre. **e** (birthday) caer en. **f** (find) tropezar con, dar con. **g** (duty) = **fall to 1(c)**. **h** (look) **my gaze fell on certain details** quedé mirando ciertos detalles.
◆ **fall out** VI + ADV **a** (person, object) caerse (of de). **b** (Mil) romper filas. **c** (fig: quarrel) **to ~ out (with sb over sth)** enfadarse or (LAm) enojarse (con algn por algo). **d** (happen) **it fell out that ...** resultó que ...; **events fell out (just) as we had hoped** todo salió como habíamos deseado.
◆ **fall over 1** VI + ADV caer, caerse.
 2 VI + PREP tropezar con; **he was ~ing over himself** or **over backwards to be polite** (fam) se desvivía en atenciones; **they were ~ing over each other to get it** (fam) se pegaban por conseguirlo.
◆ **fall through** VI + ADV (plans etc) fracasar.
◆ **fall to 1** VI + PREP **a** **to ~ to doing sth** empezar a hacer algo, ponerse a hacer algo; **he fell to wondering if/to thinking (about) ...** empezó a preguntarse si/a pensar (en) ....
 b **to ~ to temptation** sucumbir a la tentación.
 c (duty) corresponder a, incumbir a, tocar a; **the responsibility ~s to you** la responsabilidad es tuya or recae en ti; **it ~s to me to say ...** me corresponde a mí decir ....
 2 VI + ADV ponerse a trabajar etc; (eat) empezar a comer; **~ to!** ¡a ello!, ¡vamos!
◆ **fall upon** VI + PREP see **fall on**.
fallacious [fə'leɪʃəs] ADJ erróneo/a, engañoso/a.
fallacy ['fæləsɪ] N (false belief) falacia f; (false reasoning) sofisma m, argucia f.
fall-back ['fɔːlbæk] ADJ: **~ position** segunda línea f de defensa; (fig) posición f de repliegue.
fallen ['fɔːlən] **1** PP of **fall**. **2** ADJ (lit) caído/a; (morally: woman) perdido/a; (: angel) caído/a. **3** NPL: **the ~** (Mil) los caídos mpl.
fallible ['fæləbl] ADJ falible.
falling ['fɔːlɪŋ] ADJ que cae; (star) fugaz; (Comm) en baja.
falling-off ['fɔːlɪŋ'ɒf] N (in numbers etc) disminución f; (in standards) empeoramiento m.
Fallopian [fə'ləʊpɪən] ADJ: **~ tube** (Anat) trompa f de Falopio.
fallout ['fɔːlaʊt] **1** N lluvia f radiactiva. **2** CPD: **~ shelter** N refugio m antinuclear.
fallow ['fæləʊ] ADJ en barbecho; **to lie ~** estar en barbecho.
false [fɔːls] ADJ **a** (not correct: statement, idea) falso/a; **~ alarm** falsa alarma f; **~ modesty** falsa modestia f; **~ move** paso m en falso; **~ pride** orgullo m fingido; **~ start** (Sport) salida f nula; (fig) comienzo m fallido.
 b (deceitful) desleal, falso/a; **~ friend** (lit) amigo m desleal; (Ling) falso amigo m; (fig) falso parecido m; **under ~ pretences** mediante fraude or engaño; **to give a ~ impression** dar una impresión falsa; **~ smile/laughter** sonrisa f/risa f forzada; **~ witness** falso testimonio m; **to bear ~ witness** jurar en falso.
 c (artificial) postizo/a; **~ teeth** dentadura fsg postiza,

dientes *mpl* postizos; **~ hairpiece** peluca *f*; **with a ~ bottom** con doble fondo; **~ coin** moneda *f* falsa.

falsehood ['fɔːlshʊd] N (*frm*) falsedad *f*; (*lie*) mentira *f*.

falsely ['fɔːlslɪ] ADV falsamente, con falsedad.

falsetto [fɔːl'setəʊ] **1** N falsete *m*. **2** ADJ de falsete.

falsify ['fɔːlsɪfaɪ] VT (*documents*) falsificar; (*evidence*) desvirtuar, falsear; (*accounts, figures*) falsear.

falter ['fɔːltəʳ] VI (*voice, speaker*) quebrarse; (*waver*) vacilar, titubear; (*steps*) vacilar; (*courage*) fallar, faltar; **without ~ing** sin vacilar.

fame [feɪm] N fama *f*.

famed [feɪmd] ADJ famoso/a, afamado/a.

familiar [fə'mɪlɪəʳ] ADJ **a** (*well-known: face, person, place*) conocido/a, familiar; (*common: experience, complaint, event*) corriente, común; **it's a ~ feeling** es un sentimiento común. **b** (*intimate: tone of voice etc*) íntimo/a, de confianza; (*well-acquainted*) **to be ~ with** estar familiarizado con, conocer; **to be on ~ terms with** tener confianza con; **to be on ~ ground** (*fig*) estar en su elemento, dominar la materia.

familiarity [fə,mɪlɪ'ærɪtɪ] N (*knowledge*) conocimiento *m* (*with* de); (*of tone etc*) familiaridad *f*, confianza *f*; **~ breeds contempt** lo conocido no se estima.

familiarize [fə'mɪlɪəraɪz] VT: **to ~ o.s. with** familiarizarse con.

family ['fæmɪlɪ] **1** N (*close relatives, group of animals*) familia *f*; **to run in the ~** ser cosa de familia; **she's one of the ~** es como de la familia.

2 CPD (*jewels, name*) de la familia; (*friend*) de la familia; **~ allowance** N ≈ subsidio *m* de la familia; **~ business** N negocio *m* familiar; **~ credit** N ≈ suplemento *m* familiar; **~ doctor** N médico/a *m/f* de cabecera; **~ life** N vida *f* doméstica; **~ man** N hombre *m* casero or de su casa; **~ planning clinic** N clínica *f* de planificación familiar; **~ therapy** N terapia *f* familiar; **~ tree** N árbol *m* genealógico.

famine ['fæmɪn] N (*hunger*) hambre *f*, hambruna *f* (*LAm*); (*shortage*) escasez *f*.

famished ['fæmɪʃt] (*fam*) ADJ famélico/a; (*fig*) muerto/a de hambre.

famous ['feɪməs] ADJ famoso/a, célebre (*for* por); (*hum*) dichoso/a; **~ last words!** (*fam hum*) ¡para qué habré dicho nada!, ¡me hubiera callado mejor! (*LAm*).

famously ['feɪməslɪ] ADV: **to get on ~** llevarse de la maravilla.

fan¹ [fæn] **1** N abanico *m*; (*machine*) ventilador *m*; **electric ~** ventilador eléctrico; **when the shit hits the ~** (*fam*) cuando se arma la gorda (*fam*).

2 VT (*face, person*) abanicar; (*flames*) atizar, avivar; (*fig*) avivar, excitar.

3 CPD: **~ belt** N (*in motor*) correa *f* del ventilador; **~ heater** N estufa *f* eléctrica (de aire caliente).

◆ fan out 1 VT + ADV (*cards etc*) exponer or ordenar en abanico.

2 VI + ADV (*Mil etc*) desparramarse (en abanico), avanzar en abanico.

fan² [fæn] **1** N (*gen*) aficionado/a *m/f*; (*Sport*) hincha *mf*, forofo/a *m/f* (*Esp*), adicto/a *m/f* (*LAm*); (*of pop star, etc*) admirador(a) *m/f*; **the ~s** la afición *fsg*.

2 CPD: **~ club** N club *m* de admiradores; **~ mail** N correspondencia *f* de los admiradores.

fanatic [fə'nætɪk] ADJ, N fanático/a *m/f*.

fanatical [fə'nætɪkəl] ADJ fanático/a.

fanaticism [fə'nætɪsɪzəm] N fanatismo *m*.

fanciable ['fænsɪəbl] ADJ (*Brit fam*) guapo/a, bueno/a (*fam*).

fancied ['fænsɪd] ADJ (*imaginary*) imaginario/a; (*preferred*) favorito/a; **a much ~ possibility** una posibilidad en que muchos creen.

fanciful ['fænsɪfʊl] ADJ (*temperament*) caprichoso/a; (*ideas, drawings*) fantástico/a; (*story, account*) imaginario/a, irreal; (*person*) imaginativo/a, fantasioso/a; (*imagination*) vivo/a, rico/a.

▼ fancy ['fænsɪ] **1** N **a** (*whim, liking*) capricho *m*, antojo *m*; **when the ~ takes him** cuando se le antoja; **to take a ~ to** (*sb*) tomar cariño a; (*sth*) encapricharse con; **to catch**

or **take sb's ~** atraer a algn, cautivar a algn.

b (*imagination*) fantasía *f*, imaginación *f*; (*vague idea*) **I have a ~ that he'll be late** tengo la sensación de que llegará tarde; **in the realm of ~** en el mundo de la fantasía; **is it just my ~, or did I hear a knock at the door?** han llamado a la puerta ¿o me lo estoy imaginando?

2 ADJ (*comp* **-ier**; *superl* **-iest**) (*ornamental*) de adorno; (*restaurant*) de lujo; (*goods*) de fantasía; (*price*) excesivo/a, desorbitado/a; (*idea*) exagerado/a, desmesurado/a; **nothing ~** nada extraordinario; **his ~ woman** (*fam*) su querida; **~ dress** disfraz *m*; **~ dress ball/party** baile *m/* fiesta *f* de disfraces.

3 VT **a** (*imagine*) imaginarse, figurarse; **he fancied himself to be in Spain** soñó or se imaginó que estaba en España; **I rather ~ he's gone out** me da la impresión or se me antoja or (*LAm*) se me hace que ha salido; **~ that!** (*fam*) ¡fíjate!, ¡imagínate!; **~ meeting you here!** (*fam*) ¡qué casualidad encontrarte aquí!

b (*like, want*) apetecer, gustar; **do you ~ (going for) a stroll?** ¿te apetece or (*LAm*) se te antoja dar un paseo?; **I don't ~ the idea** no me gusta la idea; **I don't ~ his chances of winning** no creo que tenga muchas posibilidades de ganar; **he fancies himself** (*fam*) es un creído or un presumido; **he fancies himself as a footballer** (*fam*) se las da or echa de futbolista; **she fancies him** (*fam*) él le gusta mucho a ella.

fancy-free ['fænsɪ'friː] ADJ sin compromiso.

fanfare ['fænfeəʳ] N fanfarria *f* (de trompeta).

fanfold paper ['fænfəʊld,peɪpəʳ] N papel *m* plegado en abanico or acordeón.

fang [fæŋ] N colmillo *m*.

fanlight ['fænlaɪt] N montante *m* de abanico.

Fanny ['fænɪ] N: **sweet ~ Adams** (*Brit fam*) nada de nada, na' de na' (*fam*).

fanny ['fænɪ] N **a** (*Brit fam!*) coño *m* (*fam!*), concha *f* (*LAm fam!*). **b** (*US fam: buttocks*) culo *m* (*fam!*).

fantasize ['fæntəsaɪz] VI fantasear, hacerse ilusiones.

fantastic [fæn'tæstɪk] ADJ (*story, idea*) fantástico/a; (*shapes, images*) extraño/a; (*fam: excellent*) estupendo/a, bárbaro/a, regio/a (*LAm*), macanudo/a (*CSur*), chévere (*Ven*).

fantasy ['fæntəzɪ] N (*imagination*) fantasía *f*; (*fanciful idea, wish*) sueño *m*, fantasía *f*; **in a world of ~** en un mundo de ensueño.

fanzine ['fænziːn] N fanzine *m*.

FAO N ABBR *of* **Food and Agriculture Organization** OAA *f*.

faq ABBR *of* **of fair average quality** de calidad estándar.

far [fɑːʳ] (*comp* **~ther** *or* **further**; *superl* **~thest** *or* **furthest**) **1** ADV **a** (*distance: lit, fig*) lejos, a lo lejos; **is it ~ (away)?** ¿está lejos?; **is it ~ to London?** ¿hay mucho hasta Londres?; **how ~ is it to the river?** ¿qué distancia or cuánto hay de aquí al río?; **it's not ~ (from here)** no está lejos (de aquí); **as ~ as** hasta; **as ~ as the eye can see** hasta donde alcanza la vista; **to go as ~ as Milan** ir hasta Milán; **to come from as ~ away as Milan** venir de sitios tan lejanos como Milán; **she climbed as ~ as the rest of the team** escaló tanto como el resto del grupo; **as ~ back as I can remember** hasta donde me alcanza la memoria; **as ~ back as 1945** ya en 1945; **as** *or* **so ~ as I know** que yo sepa; **as** *or* **so ~ as I am concerned** por lo que a mí se refiere or respecta; **as ~ as possible** en lo posible; **the theory is good as ~ as it goes** la teoría es buena dentro de sus límites; **I would go as** *or* **so ~ as to say that ...** me atrevería a decir que ...; **~ from** *and* **near** de todas partes; **~ and wide** por todas partes; **~ away** *or* **off** lejos; **~ away** *or* **off in the distance** a lo lejos; **not ~ away** *or* **off** no muy lejos; **~ away from one's family** lejos de la familia; **Christmas is not ~ off** la Navidad no está lejos; **~ beyond** mucho más allá de; **~ from** (*place*) lejos de; **~ from (doing sth)** lejos de (hacer algo); **~ from it!** ¡todo lo contrario!, ¡ni mucho menos!; **he is ~ from well** no está nada bien; **~ be it from me to interfere, but ...** no quiero entrometerme, pero ...; **~ from easy** nada fácil; **~ into the night** hasta altas horas de la noche; **~ out at sea** en alta mar; **our calculations are ~ out** nuestras cuentas fallan por mucho; **to go ~** (*person: lit*) ir lejos; **he'll go ~** (*fig*) llegará lejos; **it won't go ~** (*money, food*) no alcanzará mucho; **how ~ are you going?** ¿hasta dónde vas?; **how ~ have you got with your work/ plans?** ¿hasta dónde has llegado en tu trabajo/tus planes?; **he's gone too ~ this time** esta vez se ha pasado; **he's gone too ~ to back out now** ha ido demasiado lejos para echarse atrás *or* retirarse ahora; **the plans are too ~ advanced** los proyectos están demasiado adelantados; **he was ~ gone** (*fam: ill*) estaba muy acabado; (: *drunk*) estaba muy borracho; **so ~** (*in distance*) tan lejos; (*in time*) hasta ahora; **so ~ so good** por *or* hasta ahora, bien; **so** *or* **thus ~ and no further** hasta aquí, pero ni un paso más.

  b (*with comp: very much*) mucho; **this car is ~ faster (than)** este coche es mucho más rápido (que); **it's ~ and away the best, it's by ~ the best** es con mucho el mejor; **she's the prettiest by ~** es con mucho la más guapa; **it is ~ better not to go** más vale no ir.

  2 ADJ: **the F~ East** el Extremo *or* Lejano Oriente; **the F~ North** el Polo Norte; **the ~ east** *etc* **of the country** el extremo este *etc* del país; **it's a ~ cry from** tiene poco que ver con; **on the ~ side of** en el lado opuesto de; **at the ~ end of** en el otro extremo de, al fondo de; **the ~ left/ right** (*Pol*) la extrema izquierda/derecha.

faraway ['fɑːrəweɪ] ADJ (*place*) remoto/a, lejano/a; (*voice*) distraído/a; (*look*) ausente, perdido/a.

farce [fɑːs] N (*Theat*) farsa *f*; (*fig*) absurdo *m*, comedia *f*; **the trial was a ~** el proceso fue una farsa.

farcical ['fɑːsɪkəl] ADJ absurdo/a, ridículo/a.

fare [feəʳ] **1** N **a** (*cost*) precio *m*, tarifa *f*; (*ticket*) billete *m*, boleto *m* (*LAm*); **'~s please!'** (*conductor on bus*) '¡billetes *or* (*LAm*) boletos por favor!'

  b (*passenger in taxi*) pasajero/a *m/f*.

  c (*frm: food*) comida *f*; **bill of ~** (*menu*) menú *m*, carta *f*.

  2 VI irle a algn; **how did you ~?** ¿qué tal te fue?

  3 CPD: **~ stage**, (*US*) **~ zone** N (*on bus*) zona *f* de tarifa fija.

farewell [feə'wel] **1** N (*interj*) ¡adiós!, ¡hasta luego!; **to bid ~ (to sb)** despedirse (de algn). **2** CPD: **~ dinner** N cena *f* de despedida; **~ party** N fiesta *f* de despedida.

far-fetched ['fɑː'fetʃt] ADJ (*story, explanation*) inverosímil, poco probable; (*idea, scheme*) estrafalario/a, excéntrico/a.

far-flung ['fɑːflʌŋ] ADJ extenso/a.

farm [fɑːm] **1** N granja *f*, estancia *f*, quinta *f* (*LAm*); (*large*) hacienda *f*, rancho *m* (*Mex*); (*buildings*) alquería *f*, casa *f* de labranza, quinta, ranchería *f*, casa de campo; **dairy ~** granja lechera.

  2 VT cultivar, labrar; **he ~s 300 acres** cultiva 300 acres.

  3 VI (*as profession*) ser agricultor(a).

  4 CPD: **~ labourer**, (*US*) **~ laborer** N jornalero/a *m/f*, peón *m*, obrero/a *m/f* agrícola; **~ produce** N productos *mpl* agrícolas; **~ worker** N = **~ labourer**.

♦**farm out** VT + ADV (*work*) mandar hacer fuera (*to sb* a algn); (*hum: children*) dejar (*on a* or con).

farmer ['fɑːməʳ] N agricultor(a), labrador(a), granjero *m*, estanciero/a *m/f* (*LAm*), hacendado/a *m/f* (*LAm*), ranchero/a *m/f* (*LAm*).

farmhand ['fɑːmhænd] N peón *m*, obrero/a *m/f* agrícola, jornalero/a *m/f*.

farmhouse [,fɑːmhaʊs] N (*pl* **-houses** [haʊzɪz]) granja *f*, alquería *f* (*LAm*), casa *f* de hacienda (*LAm*).

farming ['fɑːmɪŋ] **1** N (*gen*) agricultura *f*; (*of land*) cultivo *m*; (*of animals*) cría *f*. **2** CPD: **~ community** N agricultores *mpl*; **~ methods** NPL métodos *mpl* de cultivo.

farmland ['fɑːmlænd] N tierras *fpl* de labrantío *or* cultivo.

farmyard ['fɑːmjɑːd] N corral *m*.

Faroe Islands ['feərəʊ,aɪləndz], **Faroes** ['feərəʊz] NPL Islas *fpl* Feroe.

far-off ['fɑːr'ɒf] ADJ lejano/a, remoto/a.

far-out [,fɑːr'aʊt] ADJ **a** (*odd*) raro/a, extraño/a; (*zany*) estrafalario/a. **b** (*modern*) muy moderno/a, de vanguardia. **c** (*superb*) guay (*fam*), fenomenal (*fam*).

far-reaching ['fɑː'riːtʃɪŋ] ADJ (*effect*) transcendental, de gran alcance.

far-sighted ['fɑː'saɪtɪd] ADJ (*person*) previsor(a),

precavido/a; (*plan, decision, measure*) clarividente, perspicaz.

fart [fɑːt] (*fam!*) **1** N pedo *m* (*fam!*). **2** VI tirarse *or* echarse un pedo (*fam!*).

♦**fart about, fart around** VI + ADV (*fam!*) *see* **mess about**.

farther ['fɑːðəʳ] **1** COMP *of* **far**. **2** ADV *see* **further**. **3** ADJ más lejano/a.

farthest ['fɑːðɪst] SUPERL *of* **far** *see* **furthest**.

FAS ABBR *of* **free alongside ship** libre al costado del barco.

fascinate ['fæsɪneɪt] VT fascinar, encantar; **it ~s me how/why ...** me maravilla cómo/por qué ....

fascinating ['fæsɪneɪtɪŋ] ADJ fascinante.

fascination [,fæsɪ'neɪʃən] N fascinación *f*.

fascism ['fæʃɪzəm] N fascismo *m*.

fascist ['fæʃɪst] ADJ, N fascista *mf*.

fashion ['fæʃən] **1** N **a** (*manner*) manera *f*, modo *m*; **after a ~** en cierto modo; **in his usual ~** a su manera *or* modo; **in the Greek ~** a la griega, al estilo griego.

  b (*vogue: in clothing, speech etc*) moda *f*; **to set a ~ for sth** imponer la moda de algo; **to be in/out of ~** estar de moda/pasado de moda; **to come into/go out of ~** ponerse de/pasar de moda; **the latest ~** la última moda; **the new Spring ~s** la nueva moda de primavera; **it's no longer the ~** ya no está de moda; **what ~ demands** lo que impone el buen gusto; **women's/men's ~s** moda para la mujer/el hombre.

  2 VT (*shape*) formar; (*make*) fabricar; (*mould*) moldear; (*design*) diseñar.

  3 CPD (*editor, house etc*) de modas; **~ designer** N modisto/a *m/f*; **~ model** N (*person*) modelo *mf*; **~ parade, ~ show** N desfile *m* *or* pase *m* de modelos; **~ victim** N (*fam*) esclavo/a *m/f* de la moda.

fashionable ['fæʃnəbl] ADJ (*gen*) de moda; (*elegant*) elegante; (*writer, subject for discussion*) de moda, popular; **in ~ society** en la buena sociedad; **it is ~ to do ...** está de moda hacer ....

fashionably ['fæʃnəblɪ] ADV: **to be ~ dressed** ir vestido/a a la moda.

fast¹ [fɑːst] **1** ADJ (*comp* **~er**; *superl* **~est**) **a** (*speedy*) rápido/a; (*Phot: film*) rápido/a; **~ food** (*snack*) comida *f* rápida, platos *mpl* preparados; **~ food restaurant** hamburguesería *f*; **in the ~ lane** (*Aut*) en el carril de aceleración; **he lives life in the ~ lane** (*fig*) vive de prisa; **he's a ~ talker** (*fam*) es un pretencioso; **~ train** ≈ Intercity *m*, ≈ Talgo *m*; **he's a ~ worker** es un trabajador (muy) rápido; **to pull a ~ one on sb** (*fam*) jugar una mala pasada a algn.

  b (*clock*) adelantado/a; **my watch is 5 minutes ~** mi reloj está *or* va cinco minutos adelantado.

  c (*dissipated: person*) lanzado/a, fresco/a; (: *life*) disoluto/a, disipado/a.

  d (*colour, dye*) que no destiñe; **~ friends** íntimos amigos; **to make a boat ~** amarrar una barca.

  2 ADV **a** (*quickly*) rápidamente, de prisa; **as ~ as I can** lo más rápido posible; **he ran off as ~ as his legs would carry him** se fue corriendo a toda velocidad; **how ~ can you type?** ¿a qué velocidad escribes a máquina?; **not so ~!** ¡un momento!; **he'll do it ~ enough if ...** ya se apresurará *or* (*LAm*) apurará cuando ...; **the rain was falling ~** llovía a cántaros.

  b (*firmly*) firmemente; **tie it ~** átalo bien; **it's stuck ~** está bien pegado; (*door*) está atrancado *or* atascado; **~ asleep** profundamente dormido; **to hold ~** agarrarse bien; (*fig*) mantenerse firme.

fast² [fɑːst] **1** N ayuno *m*. **2** VI ayunar.

fasten ['fɑːsn] **1** VT (*secure: belt, dress, seat belt*) abrochar; (*door, box, window*) cerrar; (*attach*) sujetar; **to ~ two things together** pegar *or* atar dos cosas; **to ~ the blame/responsibility (for sth) on sb** (*fig*) echar la culpa (de algo) a algn, achacar algo a algn.

  2 VI (*door, box*) cerrarse; (*dress*) abrocharse; **it ~s up in front** se abrocha por delante.

♦**fasten down** VT + ADV (*envelope*) cerrar; (*blind etc*) cerrar.

♦**fasten on** **1** VT + ADV (*tie*) atar.

②VI + PREP *see* **fasten (up)on**.
◆ **fasten on to** VI + PREP: **to ~ on to sb** pegarse a algn.
◆ **fasten up** VT + ADV *(clothing)* abrochar.
◆ **fasten (up)on** VI + PREP *(excuse)* valerse de; *(idea)* aferrarse a.

fastener ['fɑːsnər] N *(of door etc)* cerrojo *m*; *(of necklace, bag, box)* cierre *m*; *(on dress)* corchete *m*; *(zip ~)* cremallera *f*.

fast forward ['fɑːst'fɔːwəd] ①N *(also ~ button)* botón *m* de avance rápido. ②VT hacer avanzar rápidamente. ③VI avanzar rápidamente.

fastidious [fæs'tɪdɪəs] ADJ *(person: about cleanliness etc)* escrupuloso/a, especial; *(: touchy)* quisquilloso/a; *(taste)* fino/a.

fat [fæt] ①ADJ *(comp ~ter; superl ~test) (person)* gordo/a, grueso/a *(esp LAm)*; *(limbs, face, cheeks)* gordo, relleno/a; *(meat)* que tiene mucha grasa; *(volume)* grueso; *(profit)* grande, pingüe; **a ~ cheque** un cheque muy cuantioso; **to get ~** engordar; **he grew ~ on the proceeds or profits** *(fig)* se enriqueció con los beneficios; **~ chance!** *(fig fam)* ¡ni soñarlo!; **a ~ lot he knows about it!** *(fam hum)* ¡maldito lo que él sabe!; **a ~ lot of good that is!** ¡eso no sirve de nada!
②N *(on person)* carnes *fpl*, grasa *f*; *(on meat, also vegetable ~)* grasa; *(for cooking)* manteca *f*; *(of diet)* **~s** grasas; **to fry in deep ~** freír con bastante aceite; **to live off the ~ of the land** vivir a cuerpo de rey; **the ~'s in the fire** *(fig)* se va a armar la gorda.

fatal [ˈfeɪtl] ADJ **a** *(causing death)* mortal. **b** *(disastrous: mistake)* fatal; *(: consequences)* funesto/a; *(: influence)* nocivo/a. **c** *(fateful)* fatídico/a; **it is ~ to mention that es** peligrosísimo mencionar eso.

fatalism [ˈfeɪtəlɪzəm] N fatalismo *m*.
fatalist [ˈfeɪtəlɪst] N fatalista *mf*.
fatalistic [ˌfeɪtəˈlɪstɪk] ADJ fatalista.
fatality [fəˈtælɪtɪ] N *(death)* muerte *f*; *(victim)* muerto/a *m/f*, víctima *mf*.
fatally [ˈfeɪtəlɪ] ADV mortalmente; **~ wounded** herido mortalmente or de muerte.

fate [feɪt] N **a** *(force)* destino *m*, suerte *f*; **what ~ has in store for us** lo que nos guarda el destino; **~ decided otherwise** el destino no lo quiso. **b** *(person's lot)* suerte *f*; **to meet one's ~** *(death)* encontrar la muerte; **to leave sb to his ~** abandonar a algn a su suerte; **this sealed his ~** esto acabó de perderle.

fated [ˈfeɪtɪd] ADJ *(governed by fate)* predestinado/a; *(doomed)* condenado/a; *(person, project, friendship etc)* predestinado; **to be ~ to do sth** estar predestinado a hacer algo; **it was ~ that ...** era inevitable que ....

fateful [ˈfeɪtfʊl] ADJ *(day, event)* fatídico/a; *(words)* profético/a.
fat-free [ˈfætfriː] ADJ *(diet)* sin grasa.
fathead [ˈfæthed] N *(fam)* imbécil *mf*.
father [ˈfɑːðər] ①N *(gen)* padre *m*; **F~ Christmas** *(Brit)* Papá *m* Noel; **F~'s Day** Día *m* del Padre; **the F~s of the Church** los Santos Padres de la Iglesia; **Old F~ Time** el Tiempo; **Our F~** *(Rel)* Padre Nuestro; **the city ~s** *(chief men)* los concejales; **like ~ like son** de tal palo, tal astilla. ②VT *(child)* engendrar; *(fig)* inventar. ③CPD: **~ figure** N figura *f* paterna.

fatherhood [ˈfɑːðəhʊd] N paternidad *f*.
father-in-law [ˈfɑːðərɪnlɔː] N *(pl* **fathers-in-law**) suegro *m*.
fatherland [ˈfɑːðəlænd] N patria *f*.
fatherless [ˈfɑːðəlɪs] ADJ huérfano/a de padre.
fatherly [ˈfɑːðəlɪ] ADJ *(person)* paternal; *(advice, behaviour)* paterno/a.
fathom [ˈfæðəm] ①N braza *f*. ②VT *(fig: also ~ out)* descifrar, llegar a entender; *(mystery)* desentrañar; **I can't ~ why** no me explico por qué; **I can't ~ him/it out at all** no le/lo entiendo en absoluto.
fatigue [fəˈtiːg] ①N cansancio *m*, fatiga *f*; *(Mil)* faena *f*, fajina *f*; **~s** traje *msg* de faena; **metal ~** fatiga del metal. ②VT *(frm)* fatigar, cansar.
fatness [ˈfætnɪs] N gordura *f*.

fatso [ˈfætsəʊ] N *(fam pej)* gordo/a *m/f*.
fatten [ˈfætn] VT *(animal: also ~ up)* cebar, engordar; **chocolate is ~ing** el chocolate engorda.
fatty [ˈfætɪ] ①ADJ *(foods)* graso/a; *(Anat: tissue)* adiposo/a; **~ acid** ácido *m* graso. ②N *(fam pej)* gordo/a *m/f*.
fatuous [ˈfætjʊəs] ADJ fatuo/a, necio/a.
faucet [ˈfɔːsɪt] N *(US: tap)* grifo *m*, llave *f*, canilla *f* *(LAm)*.

▼**fault** [fɔːlt] ①N *(defect: in character, book etc)* defecto *m*, falla *f* *(LAm)*; *(: in manufacture)* defecto, tara *f*; *(: in supply, machine)* avería *f*; *(Tennis)* falta *f*; *(Geol)* falla; **with all his ~s** con todos sus defectos; **generous to a ~** excesivamente generoso; **to find ~** poner reparos; **to find ~ with sth/sb** criticar algo/a algn; **you were at ~ in not telling us** hiciste mal en no decirnos; **your memory is at ~** recuerdas mal; **it's all your ~** tú tienes toda la culpa; **it's not my ~** no es culpa mía; **through no ~ of his own** sin falta alguna de su parte; **whose ~ is it (if ...)?** ¿quién tiene la culpa (si ...)?
②VT criticar; **it cannot be ~ed** es intachable; **you cannot ~ him on spelling** no le encontrarás falta alguna en la escritura.

faultless [ˈfɔːltlɪs] ADJ *(person, behaviour)* impecable, intachable; *(work, command of language)* perfecto/a.
faulty [ˈfɔːltɪ] ADJ *(comp* **-ier**; *superl* **-iest**) *(machine etc)* defectuoso/a; *(imperfect)* imperfecto/a.
faun [fɔːn] N fauno *m*.
fauna [ˈfɔːnə] N fauna *f*.
faux pas [ˈfəʊˈpɑː] N metedura *f* or *(LAm)* metida *f* de pata.

▼**favour**, *(US)* **favor** [ˈfeɪvər] ①N **a** *(kindness)* favor *m*; **to do sb a ~** hacerle un favor a algn; **to ask a ~ of sb** pedir un favor a algn; **as a ~ to me** como favor; **do me a ~ and ...** hazme el favor de ...; **do me a ~!** *(fam, iro)* ¿crees que soy tonto?, ¡nada de eso!
b *(approval)* favor *m*, aprobación *f*; **to be in ~** *(person)* gozar del favor *(with sb* de algn); *(style)* estar de moda; **to be out of ~** *(person)* estar en desgracia; *(style)* estar fuera de moda; **to curry ~** buscar favores; **to find ~ with sb** *(subj: suggestion)* caerle bien a algn; *(: suggestion)* gustarle a algn; **to gain sb's ~, to gain ~ with sb** congraciarse con algn.
c *(support, advantage)* favor *m*; **to be in ~ of sth/doing sth** ser partidario de or estar en pro de or estar a favor de algo/hacer algo; **to vote in ~ (of)** votar a favor (de); **that's a point in his ~** es un punto a su favor; **to decide in ~ of sb/sth/doing sth** decidir a favor de algn/algo/hacer algo; **to show ~ to sb** favorecer a algn.
②VT *(approve: idea, scheme, view)* aprobar, ser partidario de; *(prefer: idea, person etc)* preferir; *(: political party)* apoyar; **he eventually ~ed us with a visit** por fin se dignó visitarnos; **most ~ed nation treatment** trato *m* de nación más favorecida.

favourable, *(US)* **favorable** [ˈfeɪvərəbl] ADJ *(report)* favorable *(to sb/sth* para algo/algn); *(conditions, weather)* propicio/a, favorable.
favoured, *(US)* **favored** [ˈfeɪvəd] ADJ favorecido/a; **the ~ few** los más favorecidos.
favourite, *(US)* **favorite** [ˈfeɪvərɪt] ①ADJ favorito/a, preferido/a; **~ son** *(US Pol)* hijo *m* predilecto. ②N *(object)* favorito/a *m/f*; *(person)* preferido/a *m/f*, favorito; *(: spoilt)* consentido/a *m/f*; *(Horse-racing)* favorito *m*; **he sang some old ~s** cantó algunas de las viejas y conocidas canciones.
favouritism, *(US)* **favoritism** [ˈfeɪvərɪtɪzəm] N favoritismo *m*.
fawn[1] [fɔːn] ①N **a** *(Zool)* cervato *m*. **b** *(colour)* pardo *m* claro. ②ADJ de color pardo claro.
fawn[2] [fɔːn] VI: **to ~ (up)on sb** *(animal)* hacer carantoñas a algn; *(fig: person)* adular or lisonjear a algn.
fax [fæks] ①N fax *m*; *(machine)* telefax *m*. ②VT mandar por fax, faxear. ③CPD: **~ message** N fax *m*; **~ number** N número *m* de (tele)fax.
faze [feɪz] VT *(esp US)* perturbar, molestar.
fazed [feɪzd] ADJ *(US fam)* pasmado/a.
FBA N ABBR of **Fellow of the British Academy**.
FBI N ABBR *(US)* of **Federal Bureau of Investigation** ≈ BIC

➤ SENTENCE BUILDER: **fault** → 7.3 **favour** → 11

f.

FC N ABBR *of* **football club** club *m* de fútbol, C.F.

FCA N ABBR **a** (*Brit*) *of* **Fellow of the Institute of Chartered Accountants**. **b** (*US*) *of* **Farm Credit Administration**.

FCC N ABBR (*US*) *of* **Federal Communications Commission**.

FCO N ABBR (*Brit*) *of* **Foreign and Commonwealth Office** ≈ Min. de AA EE, ≈ Cancillería (*LAm*).

F.D. N ABBR (*US*) *of* **Fire Department**.

FDA N ABBR (*US*) *of* **Food and Drug Administration** *organismo que vigila la calidad de los productos alimentarios y farmacéuticos*.

FDIC N ABBR (*US*) *of* **Federal Deposit Insurance Corporation**.

FDR ABBR *of* **Franklin Delano Roosevelt**.

FE N ABBR = **further education**.

▼**fear** [fɪəʳ] **1** N miedo *m*, temor *m*; (*great* ~) pavor *m*; **there are ~s that ...** se teme que + *indic or subjun*; **grave ~s have arisen for ...** existe gran preocupación por ...; **for ~ of/of doing sth** por temor a algn/de hacer algo; **for ~ that ...** por temor de que + *subjun*; **to live in ~ of sb/sth/doing sth** vivir atemorizado por algn/por algo/de hacer algo; **to go in ~ of one's life** temer por la propia vida; **~ of heights/of enclosed spaces** vértigo *m*/claustrofobia *f*; **there's no ~ of that!** ¡no hay peligro de eso!; **there's not much ~ of his coming** no hay mucha posibilidad de que venga; **to have no ~** no tener miedo alguno; **have no ~!** ¡no se preocupe!; **in ~ and trembling** todo tembloroso; **to put the ~ of God into sb** (*fam*) dar un susto mortal a algn; **without ~ nor favour** imparcialmente; **no ~!** (*fam*) ¡ni hablar!, ¡ni lo sueñas!, ¡no faltaba más!

2 VT temer, tener miedo de; **to ~ the worst** temer lo peor; **to ~ discovery** temer ser descubierto; **to ~ that ...** temer que + *subjun*; **I ~ so/not** me temo que sí/no.

3 VI: **to ~ for** temer por.

fearful [ˈfɪəfʊl] ADJ **a** (*frightened*) temeroso/a (*of* de); **to be ~ that ...** tener miedo de que + *subjun*. **b** (*frightening*) espantoso/a; (*fam: very bad*) horrible.

fearfully [ˈfɪəfəlɪ] ADV (*timidly*) con miedo; (*fam: very*) terriblemente.

fearless [ˈfɪəlɪs] ADJ sin temor (*of* a).

fearsome [ˈfɪəsəm] ADJ (*opponent*) temible; (*sight*) espantoso/a.

feasibility [ˌfiːzəˈbɪlɪtɪ] **1** N factibilidad *f*. **2** CPD: ~ **analysis** N análisis *m* de viabilidad; ~ **study** N estudio *m* de factibilidad.

feasible [ˈfiːzəbl] ADJ (*practicable: plan, suggestion*) factible; (*likely: story, theory*) posible, plausible.

feast [fiːst] **1** N (*meal*) banquete *m*; (*fam: big meal*) comilona *f*, tragadera *f* (*Mex*); (*Rel*) fiesta *f*; (*fig: pleasure etc*) regalo *m*, deleite *m*.

2 VT: **to ~ one's eyes on sth/sb** regalarse la vista con algo/algn.

3 VI banquetear; **to ~ on sth** regalarse con algo.

4 CPD: ~ **day** N (*Rel*) fiesta *f*, día *m* festivo.

feat [fiːt] N hazaña *f*, proeza *f*.

feather [ˈfeðəʳ] **1** N pluma *f*; **as light as a ~** (tan) ligero como una pluma; **that is a ~ in his cap** es un tanto que se apunta; **you could have knocked me down with a ~** (*fam*) me dejó patidifuso, me quedé de piedra; **to show the white ~** mostrarse cobarde.

2 VT: **to ~ one's nest** (*fig*) hacer su agosto.

3 CPD (*mattress, bed, pillow*) de plumas; ~ **duster** N plumero *m*.

featherbrained [ˈfeðəbreɪnd] ADJ (*forgetful*) olvidadizo/a; (*silly*) tonto/a.

featherweight [ˈfeðəweɪt] ADJ, N (*Boxing*) peso *m* pluma.

feature [ˈfiːtʃəʳ] **1** N **a** (*of face*) rasgo *m*.
b (*of countryside, building*) característica *f*.
c (*Comm, Tech*) elemento *m*, rasgo *m*.
d (*also* ~ **film**) largometraje *m*.
e (*Press*) crónica *f*, artículo *m* de fondo; **a regular ~** una crónica regular; **a (special) ~ article on sth/sb** un artículo de fondo sobre algo/algn.

2 VT (*person, name, news*) presentar; (*event*) ocuparse de, enfocar.

3 VI (*Cine*) figurar; (*gen*) **it ~d prominently in ...** tuvo un papel destacado en ....

4 CPD: ~ **writer** N articulista *mf*, cronista *mf*.

featureless [ˈfiːtʃəlɪs] ADJ monótono/a.

Feb. ABBR *of* **February** feb, feb.º.

February [ˈfebrʊərɪ] N febrero *m*; *see* **July** *for usage*.

feces [ˈfiːsiːz] NPL (*US*) = **faeces**.

feckless [ˈfeklɪs] ADJ (*weak*) débil, incapaz; (*irresponsible*) irresponsable.

fecund [ˈfiːkənd] ADJ fecundo/a.

Fed [fed] N ABBR **a** (*US*) *of* **federal officer**. **b** (*US Banking*) *of* **Federal Reserve Board**. **c** (*esp US*) *of* **federal; federated; federation**.

fed [fed] PT, PP *of* **feed**.

federal [ˈfedərəl] **1** ADJ federal; ~ **officer** (*US*) federal *mf*; **the F~ Republic of Germany** la República Federal de Alemania; **F~ Reserve Bank** (*US*) Banco *m* de Reserva Federal; **F~ Reserve Board** (*US*) *dirección del Federal Reserve System*; **F~ Reserve System** (*US*) *banco central de los EE. UU.*; ~ **tax** impuesto *m* federal.

2 N (*US Hist*) federal *m*.

federation [ˌfedəˈreɪʃən] N (*group, system*) federación *f*.

fedora [fəˈdɔːrə] N (*US*) sombrero *m* flexible, sombrero tirolés.

fed up [ˈfedʌp] ADJ (*fam*) harto/a; **to be ~ (with sb/sth)** estar harto (de algn/algo); **to be ~ with doing sth** estar harto de hacer algo.

fee [fiː] N (*professional*) honorarios *mpl*, emolumentos *mpl*; (*Comm*) pago *m*; (*for admission*) precio *m* (de entrada); **entrance/membership ~** cuota *f*; **course/tuition/ school ~s** matrícula *fsg*; **what's your ~?** ¿cuánto cobra Ud?; **for a small ~** por un pequeño reconocimiento; *see* **transfer 4**.

feeble [ˈfiːbl] ADJ (*comp* ~**r**; *superl* ~**st**) (*weak: person*) débil; (*light, sound*) tenue; (*effort, attempt*) irresoluto/a, débil; (*excuse, argument*) poco convincente; (*joke*) soso/a; (*fam: person*) debilucho/a.

feeble-minded [ˈfiːblˈmaɪndɪd] ADJ (*person*) bobo/a, zonzo/a (*LAm*).

feed [fiːd] (*vb: pt, pp* **fed**) **1** N (*baby's meal*) comida *f*; (*fodder*) forraje *m*, pienso *m*; (*fam: big meal*) comilona *f*, tragadera *f* (*Mex*); (*Tech*) tubo *m* de alimentación.

2 VT **a** (*supply with food*) dar de comer a, alimentar; (*baby: bottle*) dar el biberón a; (: *breast*) dar de mamar a; **to ~ sth to sb, to ~ sb sth** dar algo de comer a algn.
b (*fire*) alimentar, cebar; (*machine*) alimentar; (*information etc*) pasar; **to ~ sth into a machine** introducir algo en una máquina; **to ~ information into a computer** alimentar un ordenador con datos.

3 VI (*baby*) comer; (*animal*) pacer; **to ~ on sth** comer algo, alimentarse de algo.

4 CPD: ~ **bag** N morral *m*; ~ **pipe** N tubo *m* de alimentación.

◆ **feed back** VT + ADV (*results*) proporcionar.

◆ **feed in** VT + ADV (*wire, tape*) meter.

◆ **feed up** VT + ADV (*person, animal*) engordar.

feedback [ˈfiːdbæk] N (*from person*) reacción *f*, feedback *m*; (*from phone, radio etc*) acople *m*.

feeder [ˈfiːdəʳ] **1** N **a** (*Mech*) alimentador *m*; (*Aut, Rail*) ramal *m*, tributario *m*.
b (*bib*) babero *m*.

2 CPD: ~ (**primary**) **school** N (*Brit*) *escuela primaria que provee alumnos a una secundaria*; ~ **service** N (*US*) servicio *m* secundario (de transportes).

feeding [ˈfiːdɪŋ] **1** N comida *f*. **2** CPD: ~ **bottle** N biberón *m*; ~ **ground** N terreno *m* de pasto.

feel [fiːl] (*vb: pt, pp* **felt**) **1** N (*sense of touch*) tacto *m*; (*sensation*) sensación *f*; **to be rough to the ~** ser áspero al tacto; **to know sth by the ~ of it** reconocer algo al tacto; **let me have a ~!** ¡déjame tocarlo!; **to get the ~ of sth** (*fig*) acostumbrarse a algo.

2 VT **a** (*touch*) tocar; (: *pulse*) tomar; **to ~ one's way (towards)** ir a tientas (hacia); **I'm still ~ing my way** (*fig*) todavía estoy tratando de acostumbrarme.

▶ SENTENCE BUILDER: **fear → 8**

$\boxed{b}$ (be aware of: blow, pain, heat) sentir; (: responsibility) darse cuenta de; (experience: pity, anger, grief) sentir; **he doesn't ~ the cold** no es sensible al frío; **she felt a hand on her shoulder** sintió una mano en el hombro; **I felt something move** sentí que algo se movía; **we are beginning to ~ the effects** empezamos a sentir los efectos; **I felt a great sense of relief** sentí un gran alivio; **he ~s the loss of his father very deeply** está muy afectado por la muerte de su padre.

$\boxed{c}$ (think, believe) creer; **I ~ that you ought to do it** creo que deberías hacerlo; **he felt it necessary to point out that ...** creyó or le pareció necesario señalar que ...; **since you ~ so strongly about it ...** ya que te importa tanto ...; **I ~ it in my bones that ...** tengo el presentimiento de que ...; **what do you ~ about it?** ¿qué opinas de eso?

$\boxed{3}$ VI $\boxed{a}$ (physically) sentirse, encontrarse; **to ~ cold/hungry/sleepy** tener frío/hambre/sueño; **to ~ ill** sentirse mal; **do you ~ sick?** ¿estás mareado?; **I ~ much better** me encuentro mucho mejor; **I ~ quite tired** me siento bastante cansado; **she's not ~ing quite herself** no se encuentra del todo bien; **I felt (as if I was going to) faint** estuve a punto de desmayarme; **how do you ~ now?** ¿qué tal or cómo te encuentras ahora?; **I don't ~ up to a walk just now** (fam) de momento no tengo fuerzas para dar un paseo.

$\boxed{b}$ (mentally) sentirse; **I ~ sure that ...** estoy seguro de que ...; **I ~ very cross** estoy muy enfadado or (LAm) enojado; **he ~s bad about leaving his wife alone** siente haber dejado sola a su mujer; **I ~ as if there is nothing we can do** tengo la sensación de que no hay nada que hacer; **how do you ~ about him/about the idea?** ¿qué te parece él/parece la idea?; **how do you ~ about going for a walk?** ¿te apetece or (LAm) se te antoja dar un paseo?; **what does it ~ like to do that?** ¿qué se siente al hacer eso?; **to ~ like doing sth** tener ganas de hacer algo; **I go out whenever I ~ like it** salgo cuando me dé la gana or cuando quiero; **I don't ~ like it** no me apetece, no me provoca (LAm), no me llama la atención; **I felt (like) a fool** me sentía (un) estúpido; **I ~ for you!** (sympathize) ¡lo siento por ti!, ¡te compadezco!

$\boxed{c}$ (objects) ser or estar (al tacto); **to ~ hard/cold/damp etc** (to the touch) ser duro/frío/húmedo etc al tacto; **the house ~s damp** la casa parece húmeda; **it ~s like silk** es como la seda al tacto; **it ~s colder out here** se siente más frío aquí fuera; **it ~s like (it might) rain** parece que va a llover; **it felt like being drunk, it felt as if I was drunk** daba la sensación de estar borracho.

$\boxed{d}$ (grope: also **~ around**) buscar a tientas; **to ~ around in the dark** buscar a tientas or tantear en la oscuridad; **to ~ in one's pocket for sth** buscar algo en el bolsillo; **I can't see but I'll ~ for it** no veo nada pero buscaré tanteando.

◆**feel out** (US fam) $\boxed{1}$ VT + ADV (person) sondear la opinión de.

$\boxed{2}$ VI + PREP: **to ~ out the ground** tantear el terreno.

◆**feel up** VT + ADV: **to ~ sb up** (fam) meter mano a algn (fam).

feeler ['fi:lə^r] N (Zool: of insect, snail) antena f, tentáculo m; **to put out ~s** (fig) hacer un sondeo.

▼**feeling** ['fi:lɪŋ] N $\boxed{a}$ (physical) sensación f; **a cold ~** una sensación de frío; **to have no ~ in one's arm, to have lost all ~ in one's arm** no sentir un brazo.

$\boxed{b}$ (emotion) sentimiento m, emoción f; (sensitivity) sensibilidad f; **~s** sentimientos mpl; **bad** or **ill ~** rencor m, hostilidad f; **to speak/sing with ~** hablar/cantar con sentimiento; **to show ~ for sb** mostrar interés por algn; **what are your ~s about the matter?** ¿qué opinas tú del asunto?; **you can imagine my ~s** ¡ya te puedes imaginar lo que sentí yo!; **to hurt sb's ~s** ofenderle a algn; **to spare sb's ~s** no herir los sentimientos de algn; **~s ran high about it** causó mucha controversia; **no hard ~s!** ¡no guardemos rencores!

$\boxed{c}$ (impression) impresión f; (opinion) opinión f, parecer m; **a ~ of security/isolation** una sensación de seguridad/aislamiento; **I have a (funny) ~ that ...** tengo

➤ SENTENCE BUILDER: **feeling → 2.2**

la (extraña) sensación de que ...; **I get the ~ that ...** me da la impresión de que ...; **there was a general ~ that ...** la opinión general era que ....

$\boxed{d}$ (pity) compasión f.

$\boxed{e}$ (talent) **to have a ~ for music** tener talento para la música.

$\boxed{f}$ (foreboding) presentimiento m.

fee-paying ['fi:ˌpeɪɪŋ] ADJ: **~ school** colegio m de pago.

feet [fi:t] NPL of **foot**.

feign [feɪn] VT (surprise, madness, indifference) fingir; **to ~ not to know** fingir no saber.

feint [feɪnt] $\boxed{1}$ N (Boxing, Fencing) finta f. $\boxed{2}$ VI fintar.

felicitate [fɪ'lɪsɪteɪt] VT felicitar, congratular.

felicity [fɪ'lɪsɪtɪ] N (frm) felicidad f; (aptness of words) ocurrencia f oportuna.

feline ['fi:laɪn] ADJ felino/a.

fell¹ [fel] PT of **fall**.

fell² [fel] VT (with a blow) derribar; (tree) talar, cortar.

fell³ [fel] ADJ: **with one ~ blow** con un golpe feroz; **at one ~ swoop** de un solo golpe.

fell⁴ [fel] N (Brit Geog: moorland) páramo m, brezal m; (: hill) colina f rocosa.

fellow ['felaʊ] $\boxed{1}$ N $\boxed{a}$ (man) hombre m, tipo m, tío m; (boy) chico m; **my dear ~** ¡hombre!; **poor ~!** ¡pobrecito!

$\boxed{b}$ (comrade, equal) compañero m.

$\boxed{c}$ (of association, society etc) socio m.

$\boxed{2}$ CPD: **~ citizen** N conciudadano/a m/f; **~ countryman/-woman** N compatriota m/f; **~ creature** N prójimo m; **~ feeling** N compañerismo m; **~ men** NPL prójimos mpl, semejantes mpl; **~ student** N compañero/a m/f de clase or curso; **~ sufferer** N persona que tiene la misma enfermedad que algn; (fig) compañero/a m/f en la desgracia; **~ traveller,** (US) **~ traveler** N (lit) compañero/a m/f de viaje; (Pol: with communists) simpatizante m/f; **~ worker** N colega m/f.

fellowship ['felaʊʃɪp] N (companionship) compañerismo m; (club, society) asociación f; (Univ: paid research post) puesto m de becario (de investigación); (: grant) beca f de investigación.

felon ['felən] N (frm: Jur) criminal m.

felony ['felənɪ] N (frm: serious crime) crimen m.

felt¹ [felt] PT, PP of **feel**.

felt² [felt] $\boxed{1}$ N fieltro m. $\boxed{2}$ CPD: **~ hat** N sombrero m de fieltro.

felt-tip ['felttɪp] N: **~ pen** rotulador m.

female ['fi:meɪl] $\boxed{1}$ ADJ femenino/a; (animal, plant) hembra; (vote) de las mujeres; **~ impersonator** (Theat) travesti m; **a ~ student** una estudiante; **~ suffrage** derecho m de las mujeres a votar; **a ~ voice** una voz de mujer.

$\boxed{2}$ N (animal) hembra f; (person): pej chica f.

feminine ['femɪnɪn] $\boxed{1}$ ADJ femenino/a; **~ form** (Ling) forma f femenina. $\boxed{2}$ N (Ling) femenino m; **in the ~** en el femenino.

femininity [ˌfemɪ'nɪnɪtɪ] N feminidad f.

feminism ['femɪnɪzəm] N feminismo m.

feminist ['femɪnɪst] ADJ, N feminista m/f.

femme fatale ['femfə'tæl] N mujer f fatal.

femur ['fi:mə^r] N fémur m.

fen [fen] N (often pl) pantano m; **the F~s** (Brit) las tierras bajas de Norfolk.

fence [fens] $\boxed{1}$ N $\boxed{a}$ (gen) valla f, cerca f; (wire ~) alambrado m; (Racing) valla; **to mend one's ~s** (fig) restablecer la reputación; **to sit on the ~** (fig) no comprometerse, mirar los toros desde la barrera.

$\boxed{b}$ (fam: receiver of stolen goods) perista m/f.

$\boxed{2}$ VI (Sport) practicar la esgrima.

◆**fence in** VT + ADV (animals, fig) encerrar; (land) cercar.

◆**fence off** VT + ADV separar con una cerca.

fencer ['fensə^r] N (sportsman) esgrimidor(a) m/f.

fencing ['fensɪŋ] $\boxed{1}$ N $\boxed{a}$ (sport) esgrima f. $\boxed{b}$ (material) vallado m, cercado m. $\boxed{2}$ CPD: **~ match** N encuentro m de esgrima.

fend [fend] VI: **to ~ for o.s.** defenderse solo, arreglárselas por cuenta propia.

◆**fend off** VT + ADV (attack) repeler, rechazar; (blow) desviar; (*awkward question*) soslayar, evadir; (*attacker*) repeler.

fender ['fendər] N (*round fire*) guardafuego *m*; (*US Aut*) parachoques *m inv*, salpicadera *f* (*Mex*), tababarro *m* (*Per*); (*US Rail*) trompa *f*.

fennel ['fenl] N hinojo *m*.

FEPC N ABBR (*US*) of **Fair Employment Practices Committee**.

FERC N ABBR (*US*) of **Federal Energy Regulatory Commission**.

ferment ['fɜ:ment] [1] N (*excitement*) agitación *f*, conmoción *f*; **in a (state of) ~** en conmoción. [2] [fə'ment] VT hacer fermentar; (*fig*) provocar. [3] [fə'ment] VI fermentar.

fermentation [,fɜ:men'teɪʃən] N fermentación *f*.

fern [fɜ:n] N helecho *m*.

ferocious [fə'rəʊʃəs] ADJ fiero/a, feroz; (*fig*) feroz.

ferocity [fə'rɒsɪtɪ] N ferocidad *f*.

ferret ['ferɪt] [1] N hurón *m*. [2] VI cazar con hurones.

◆**ferret about, ferret around** VI + ADV hurgar (*in* en).

◆**ferret out** VT + ADV (*person*) dar con; (*secret, truth*) desentrañar.

Ferris wheel ['ferɪswi:l] N (*US*) noria *f*.

ferrous ['ferəs] ADJ ferroso/a.

ferry ['ferɪ] [1] N (*~ boat*) barca *f* (de pasaje); (*large: for cars etc*) transbordador *m*. [2] VT: **to ~ sth/sb across** *or* **over** llevar algo/a algn a la otra orilla; **to ~ people to and fro** transportar a la gente de un lado para otro.

ferryman ['ferɪmən] N (*pl* **-men**) barquero *m*.

fertile ['fɜ:taɪl] ADJ (*land*) fértil; (*Bio, fig*) fecundo/a.

fertility [fə'tɪlɪtɪ] [1] N fertilidad *f*. [2] CPD: **~ drug** N medicamento *m* contra la esterilidad.

fertilize ['fɜ:tɪlaɪz] VT (*egg*) fecundar; (*Agr: land, soil*) abonar, fertilizar.

fertilizer ['fɜ:tɪlaɪzər] N (*for soil, land*) abono *m* (artificial), fertilizante *m*.

fervent ['fɜ:vənt], **fervid** ['fɜ:vɪd] ADJ ferviente.

fervour, (*US*) **fervor** ['fɜ:vər] N fervor *m*, ardor *m*.

fester ['festər] VI (*Med: wound, sore*) supurar; (*fig: anger, resentment*) enconarse.

festival ['festɪvəl] N (*Rel etc*) fiesta *f*; (*Mus etc*) festival *m*.

festive ['festɪv] ADJ (*gen*) festivo/a; (*happy*) alegre; **in a ~ mood** en un humor festivo; **the ~ season** las Navidades.

festivity [fes'tɪvɪtɪ] N (*celebration*) fiesta *f*, festividad *f*.

festoon [fes'tu:n] VT: **to ~ with** engalanar de.

FET N ABBR (*US*) of **Federal Excise Tax**.

fetal ['fi:tl] ADJ (*US*) = **foetal**.

fetch [fetʃ] VT [a] (*go and get, bring: object*) traer; (*: person*) ir a buscar, pasar por; **they're ~ing the doctor** han ido por el médico; **I'll go and ~ it for you** te lo voy a buscar; **~ (it)!** (*to dog*) ¡busca! [b] (*sell for*) venderse por; **how much did it ~?** ¿por cuánto se vendió?

◆**fetch in** VT + ADV (*object*) entrar; (*person*) hacer entrar.

◆**fetch out** VT + ADV sacar.

◆**fetch up** VI + ADV (*fam: reappear, end up: person, object*) ir a parar.

fetching ['fetʃɪŋ] ADJ (*attractive*) atractivo/a.

fête [feɪt] [1] N fiesta *f*. [2] VT (*have a celebration for*) festejar.

fetid ['fetɪd] ADJ fétido/a.

fetish ['fetɪʃ] N (*object of cult*) fetiche *m*; (*fig: obsession*) obsesión *f*.

fetishist ['fetɪʃɪst] N fetichista *mf*.

fetter ['fetər] VT (*person*) encadenar, poner en grillos; (*horse*) trabar; (*fig*) poner trabas a.

fetters ['fetəz] NPL grilletes *mpl*; (*fig*) trabas *fpl*.

fettle ['fetl] N: **in fine ~** (*condition*) en buenas condiciones; (*mood*) de muy buen humor.

fetus ['fi:təs] N (*US*) = **foetus**.

feud [fju:d] [1] N enemistad *f* heredada; **a family ~** una disputa familiar. [2] VI pelearse; **to ~ with sb** pelearse con algn.

feudal ['fju:dl] ADJ feudal; **~ system** = **feudalism**.

feudalism ['fju:dəlɪzəm] N feudalismo *m*.

fever ['fi:vər] [1] N (*disease, high temperature*) fiebre *f*, calentura *f* (*LAm*); **he has a ~** tiene fiebre; **a bout of ~** un

ataque de fiebre; **a slight/high~** un poco de/mucha fiebre; **the gambling ~** (*fig*) la fiebre del juego; **a ~ of excitement/impatience** una emoción/impaciencia febril. [2] CPD: **it reached ~ pitch** estuvo al rojo vivo.

feverish ['fi:vərɪʃ] ADJ (*gen*) febril; **to be ~** tener fiebre.

few [fju:] ADJ, PRON (*comp* **~er**; *superl* **~est**) [a] (*not many*) pocos/as; **only a ~** unos pocos; **~ books** pocos libros; **~ of them** pocos (de ellos); **only a ~ of them came** sólo vinieron unos pocos; **~ (people) managed to do it** muy pocos consiguieron hacerlo; **she is one of the ~ (people) who ...** ella es una de los pocos que ...; **the ~ who ...** los pocos que ...; **in** *or* **over the past ~ days** durante los últimos días; **in** *or* **over the next ~ days** en los próximos días, en estos días (*LAm*); **with ~ exceptions** con pocas excepciones; **every ~ weeks** cada dos o tres semanas; **they are ~ and far between** son contados; **there are very ~ of us, we are very ~** somos muy pocos; **the last** *or* **remaining ~ minutes** en el poco tiempo que queda; **as ~ as 3 of them** nada más que tres; **too ~** demasiado pocos; **there were 3 too ~** faltaron 3. [b] (*some, several*) **a ~** algunos/as; **a good ~, quite a ~** bastantes; **a good ~** *or* **quite a ~ (people) came** vinieron bastantes *or* vino bastante gente; **a ~ of them** algunos de ellos; **a ~ more** algunos más; **(in) a ~ days** dentro de unos pocos días; **he had a ~** (*fam*) llevaba ya una copa de más.

fewer ['fju:ər] ADJ, PRON, COMP of **few** menos; **~ than 10** menos de 10; **no ~ than ...** no menos de....

fewest ['fju:ɪst] ADJ, PRON, SUPERL of **few** los/las menos.

ff ABBR of **following** sigs.

FFA N ABBR (*US*) of **Future Farmers of America**.

FH ABBR of **fire hydrant**.

FHA N ABBR (*US*) of **Federal Housing Association**.

fiancé [fɪ'ɑ:nseɪ] N novio *m*, prometido *m*.

fiancée [fɪ'ɑ:nseɪ] N novia *f*, prometida *f*.

fiasco [fɪ'æskəʊ] N (*pl* **~s** *or* **~es**) desastre *m*.

fib [fɪb] [1] N (*fam*) mentirijilla *f*; **to tell a ~** decir una mentirijilla. [2] VI decir mentirijillas.

fibber ['fɪbər] N (*fam*) mentirosillo/a *m/f*.

fibre, (*US*) **fiber** ['faɪbər] [1] N (*thread*) hilo *m*, fibra *f*; (*substance*) fibra *f*. [2] CPD: **~ optics** NSG transmisión *f* por fibra óptica.

fibreboard, (*US*) **fiberboard** ['faɪbəbɔ:d] N fibra *f* vulcanizada.

fibreglass, (*US*) **fiberglass** ['faɪbəglɑ:s] [1] N fibra *f* de vidrio. [2] CPD de fibra de vidrio.

fibrositis [,faɪbrə'saɪtɪs] N fibrositis *f*.

fibrous ['faɪbrəs] ADJ fibroso/a.

FIC N ABBR (*US*) of **Federal Information Center**.

FICA N ABBR (*US*) of **Federal Insurance Contributions Act**.

fickle ['fɪkl] ADJ inconstante.

fiction ['fɪkʃən] N [a] (*novels*) novelas *fpl*, narrativa *f*; **a work of ~** una obra de ficción. [b] (*sth made up*) ficción *f*.

fictional ['fɪkʃənl] ADJ ficticio/a.

fictitious [fɪk'tɪʃəs] ADJ [a] = **fictional**. [b] (*false*) falso/a.

fiddle ['fɪdl] [1] N [a] (*violin*) violín *m*; **to play second ~ to sb** (*fig*) ser el/la segundón/ona de algn, hacer de segundón/ona a algn. [b] (*fam: cheat*) trampa *f*, superchería *f*; **it's a ~** aquí hay trampa; **tax ~** evasión *f* fiscal; **to work a ~** hacer trampa; **to be on the ~** andar de chanchullo. [2] VI (*fidget*) juguetear; **do stop fiddling!** ¡deja de juguetear!; **to ~ (about) with sth** juguetear con algo. [3] VT (*fam: accounts, results, expenses claim etc*) manipular; **to ~ one's income tax** defraudar impuestos.

◆**fiddle about, fiddle around** VI + ADV (*fam*) perder el tiempo.

fiddler ['fɪdlər] N [a] (*Mus*) violinista *mf*. [b] (*fam: cheat*) tramposo/a *m/f*.

fiddlesticks ['fɪdlstɪks] INTERJ ¡tonterías!

fiddling ['fɪdlɪŋ] [1] ADJ trivial, insignificante. [2] N (*fam: cheating*) chanchullos *mpl*.

fiddly ['fɪdlɪ] ADJ (*comp* **-ier**; *superl* **-iest**) (*job*) complicado/a, difícil.

fidelity [fɪ'delɪtɪ] N (*faithfulness*) fidelidad *f*; (*closeness to original*) exactitud *f*, fidelidad.

fidget ['fɪdʒɪt] **1** N (*person*) persona *f* inquieta, azogado/a *m/f*; **to have the ~s** tener azogue. **2** VI (*also* ~ **about,** ~ **around**) moverse; **to ~ with sth** juguetear con algo; **stop ~ing!** ¡estáte quieto!

fidgety ['fɪdʒɪtɪ] ADJ nervioso/a, inquieto/a.

fiduciary [fɪ'djuːʃɪərɪ] N fiduciario/a *m/f*.

field [fiːld] **1** N (*gen, Comput*) campo *m*; (*Sport*) campo, cancha *f* (*LAm*); (: *participants*) participantes *mpl*; (*Geol*) yacimiento *m*; (*sphere of activity*) campo, esfera *f*; **a year's trial in the ~** (*fig*) un año a prueba en el mercado; **to die in the ~** (*Mil*) morir en campaña; **to lead the ~** (*Comm, Sport*) llevar la delantera; **to play the ~** (*fam*) alternar con cualquiera; **to study sth in the ~** estudiar algo en el terreno; **to take the ~** (*Sport*) salir al campo *or* (*LAm*) a la cancha; **my particular ~** mi competencia; **in the ~ of painting** en la esfera de la pintura; **~ of vision** campo visual.

2 VI (*Baseball, Cricket*) fieldear.

3 VT (*team*) presentar; (*Baseball, Cricket*) recoger, fieldear.

4 CPD: **~ day** N (*Mil*) día *m* de maniobras; **to have a ~ day** (*fig*) sacar el máximo provecho; **~ events** NPL (*Athletics*) pruebas *fpl* atléticas de salto y lanzamiento; **~ glasses** NPL (*binoculars*) gemelos *mpl*; **~ hospital** N hospital *m* de campaña; **~ marshal** N (*Brit*) mariscal *m* de campo; **~ sports** NPL *la caza y la pesca*; **~ study** N estudio *m* de campo; **~ test** N prueba *f* de mercado; *see also* **field-test**; **~ trip** N salida *f* or excursión *f* de estudios; **~ work** N (*Sociol etc*) trabajo *m* de campo.

fieldmouse ['fiːldmaʊs] N (*pl* **-mice**) ratón *m* de campo.

field-test ['fiːld͵test] VT probar en el mercado.

fiend [fiːnd] N **a** (*devil*) demonio *m*, diablo *m*. **b** (*fam: person*) malvado/a *m/f*. **c** (*fam: addict*) adicto/a *m/f*.

fiendish ['fiːndɪʃ] ADJ (*fierce*) feroz; (*mildly wicked*) muy travieso/a; (*clever and wicked*) diabólico/a; (*fam: difficult and unpleasant*) dificilísimo/a, violento/a (*LAm*).

fiendishly ['fiːndɪʃlɪ] ADV terriblemente; **~ expensive** carísimo/a.

fierce [fɪəs] ADJ (*comp* **~r**; *superl* **~st**) (*animal*) feroz, fiero/a; (*opponent*) empedernido/a; (*look*) feroz; (*hatred*) violento/a; (*attack*) furioso/a; (*speech*) furibundo/a; (*wind, storm*) fuerte; (*heat, competition, fighting*) encarnizado/a.

fiercely ['fɪəslɪ] ADV (*look*) con ferocidad; (*attack*) con furia; (*wind, storm: rage*) con mucha fuerza; (*fight, compete*) encarnizadamente.

fiery ['faɪərɪ] ADJ (*comp* **-ier**; *superl* **-iest**) (*heat, sun*) ardiente, abrasador(a); (*fig: sky, sunset, red*) encendido/a; (: *taste*) picante; (: *temperament, speech*) acalorado/a; (: *liquor*) fuerte.

FIFA ['fiːfə] N ABBR *of* **Fédération Internationale de Football Association** FIFA *f*.

FIFO ['faɪfəʊ] ABBR *of* **first in first out** primero en entrar, primero en salir.

fifteen [fɪf'tiːn] **1** ADJ quince; **about ~ people** unas quince personas. **2** N quince *m*; (*Rugby*) quince, equipo *m*; *see* **five** *for usage*.

fifteenth [fɪf'tiːnθ] **1** ADJ decimoquinto/a. **2** N (*in series*) decimoquinto/a *m/f*; (*fraction*) quinzavo *m*, quinzava parte *f*; *see* **fifth** *for usage*.

fifth [fɪfθ] **1** ADJ quinto/a; **he came ~ in the competition** ocupó el quinto lugar en la competición; **in the ~ century** en el siglo cinco; **Henry the F~** Enrique Quinto; **the ~ of July, July the ~** el cinco de Julio; **~ column** (*Pol*) quinta columna *f*; **~ form** (*Brit Scol*) quinto *m*.

2 N (*in series*) quinto/a *m/f*; (*fraction*) quinto *m*, quinta parte *f*; (*Mus*) quinta *f*; **I was the ~ to arrive** yo fui el quinto en llegar; **I wrote to him on the ~** le escribí el día cinco.

fiftieth ['fɪftɪɪθ] **1** ADJ quincuagésimo/a; **the ~ anniversary** el cincuenta aniversario. **2** N (*in series*) quincuagésimo/a *m/f*; (*fraction*) quincuagésimo *m*, quincuagésima parte *f*.

fifty ['fɪftɪ] **1** ADJ cincuenta; **about ~ people/cars** alrededor de cincuenta personas/coches; **he'll be ~**

(years old) this year cumple *or* va a cumplir cincuenta este año.

2 N cincuenta *m*; **the fifties** (*1950's*) los años cincuenta; **to be in one's fifties** andar por los cincuenta; **the temperature was in the fifties** hacía más de cincuenta grados; **to do ~ (miles per hour)** (*Aut*) ir a cincuenta (millas por hora).

fifty-fifty ['fɪftɪ'fɪftɪ] ADJ, ADV: **to go ~ with sb** ir a medias con algn; **we have a ~ chance of success** tenemos un cincuenta por ciento de posibilidades de éxito; **we'll do it on a ~ basis** lo haremos a base de mitad y mitad.

fig [fɪg] N higo *m*; (*also* **~ tree**) higuera *f*; **I don't give a ~ for JB!** ¡me importa un comino JB!

fight [faɪt] (*vb: pt, pp* **fought**) **1** N (*Mil*) batalla *f*, combate *m*; (*Boxing*) combate, pelea *f*; (*between 2 persons*) pelea *m*; (*struggle, campaign*) lucha *f* (*for* por; *against* contra); (*argument*) disputa *f* or disgusto *m* (*over* por); (*fighting spirit*) combatividad *f*, ánimo *m*; **to have a ~ with sb** (*quarrel, struggle*) pelearse con algn; **to put up a good ~** defenderse bien; **there was no ~ left in him** ya no tenía ánimo para luchar.

2 VT (*Mil: enemy*) luchar *or* combatir contra; (*fire*) combatir; (*proposals, tendency, legislation*) resistir, combatir; **to ~ a battle** librar combate; **to ~ a duel** batirse en duelo; (*Jur*) **to ~ a case** negar una acusación; **to ~ one's way through a crowd/across a room** abrirse paso a golpes entre una multitud/en un cuarto; **to ~ a losing battle** luchar en vano.

3 VI (*person, animal*) pelear, luchar (*with* con); (*troops, countries*) luchar (*against* contra); (*quarrel*) discutir, pelear (*with sb* con algn); (*fig*) luchar (*for* por; *against* contra); **he fought for his life, (fig)** luchó por su vida; **did you ~ in the war?** ¿fue Ud soldado en *or* cuando la guerra?; *see* **shy**.

◆ **fight back 1** VI + ADV (*in fight*) defenderse, resistir; (*in argument*) defenderse; (*Sport*) contraatacar; (*after illness*) reponerse.

2 VT + ADV (*tears*) contener, retener; (*anger, despair, doubts*) reprimir.

◆ **fight down** VT + ADV (*anger, anxiety, urge*) reprimir.

◆ **fight off** VT + ADV (*attack, attacker*) repeler, rechazar; (*sleep*) sacudirse; (*urge*) reprimir; (*disease*) sacudirse, liberarse de.

◆ **fight on** VI + ADV seguir luchando.

◆ **fight out** VT + ADV (*lit, fig: differences, dispute*) resolver a golpes; **to ~ it out** resolverlo a golpes; **leave them to ~ it out** deja que se arreglen entre ellos.

fighter ['faɪtəʳ] **1** N combatiente *mf*; (*Boxing*) púgil *m*, boxeador *m*; (*fig*) luchador(a) *m/f*; (*plane*) avión *m* de caza. **2** CPD: **~ pilot** N piloto *m* de caza.

fighter-bomber ['faɪtə'bɒməʳ] N cazabombardero *m*.

fighting ['faɪtɪŋ] **1** N (*in general*) el luchar, el pelear; (*battle*) combate *m*, batalla *f*; (*in street*) disturbio *m*; **he hates ~** odia las peleas; **the street ~ lasted all day** se luchó todo el día en las calles.

2 ADJ (*forces, troops*) de combate; **a ~ chance** una posibilidad de éxito; **~ spirit** combatividad *f*; **~ strength** número *m* de soldados (listos para el combate); **~ talk** palabras *fpl* que provocan a pelea.

figment ['fɪgmənt] N: **a ~ of the imagination** un producto de la imaginación.

figurative ['fɪgərətɪv] ADJ (*meaning*) figurado/a; (*expression*) metafórico/a.

figuratively ['fɪgərətɪvlɪ] ADV figuradamente, en sentido figurado; **he was speaking ~** hablaba en metáfora.

figure ['fɪgəʳ] **1** N **a** (*shape*) figura *f*, forma *f*; **she's got a nice ~** tiene buen tipo *or* (*LAm*) buen físico; **he's a fine ~ of a man** es un hombre de físico imponente; **to keep/lose one's ~** guardar/perder la línea.

b (*person*) figura *f*; **public ~** personaje *m*.

c (*representation*) figura *f*, silueta *f*; (*diagram*) gráfica *f* (*Geom*) figura, cifra; **a ~ of eight , a ~ eight** (*US*) un ocho.

d (*Math: numeral*) cifra *f*; (*price*) precio *m*; (*amount*) suma *f*; **to be good at ~s** ser fuerte en aritmética; **a mistake in the ~s** un error en los cálculos; **to reach double/three ~s** ascender a 10/100.

e (*Ling*) ~ **of speech** tropo *m*, giro *m*.
2 VI **a** (*appear*) figurar (*as* como).
b (*esp US: make sense*) ser lógico; **that ~s!** (*fam*) ¡lógico!, ¡obvio!
3 VT (*esp US: think, calculate*) calcular, imaginarse.
4 CPD: ~ **skating** N patinaje *m* de figuras.
◆ **figure on** VT + PREP (*US*) contar con.
◆ **figure out** VT + ADV (*fam: understand: problem*) explicarse; (: *person*) entender; (: *writing*) descifrar; (*calculate: sum*) calcular; **I just can't ~ it out!** ¡no me lo explico!
◆ **figure up** VT + ADV (*US*) calcular.
-figure ['fɪɡəʳ] ADJ SUF: **a four~ sum** una suma superior a mil (libras *etc*); **a seven~ sum** un número de siete cifras.
figurehead ['fɪɡəhed] N mascarón *m* de proa; (*fig*) testaferro *m*.
Fiji ['fiːdʒiː] N (*also* **the ~ Islands**) las (Islas *fpl*) Fiji; **in ~** en las Fiji.
filament ['fɪləmənt] N (*Elec*) filamento *m*.
filch [fɪltʃ] VT (*fam: steal*) hurtar, robar.
file¹ [faɪl] **1** N (*tool*) lima *f*; (*for nails*) lima (de uñas). **2** VT (*gen*) limar; (*also* ~ **down**, ~ **away**) limar algo.
file² [faɪl] **1** N (*folder*) carpeta *f*; (*filing system*) fichero *m*; (*dossier*) archivo *m*, carpeta, expediente *m*; (*Comput*) fichero; **to open/close a ~** (*Comput*) abrir/cerrar un fichero; **to close the ~s** cerrar la carpeta; **to have sth on ~** tener algo archivado; **to have a ~ on sb** tener fichado a algn.
2 VT **a** (*also* ~ **away**: *notes, information, work*) archivar; (: *under heading*) clasificar.
b (*submit: claim, application, complaint*) presentar; (*Jur*) **to ~ a suit against sb** entablar pleito contra algn.
3 CPD: ~ **clerk** N (*US*) archivero/a *m/f*; ~ **name** N (*Comput*) nombre *m* de fichero.
◆ **file for** VT + PREP (*Jur*) **to ~ for divorce** presentar una demanda de divorcio; **to ~ for bankruptcy** presentar una declaración de quiebra; **to ~ for custody (of children)** reclamar la custodia (de los hijos).
file³ [faɪl] **1** N (*row*) fila *f*; **in single ~** en fila india. **2** VI: **to ~ in/out** entrar/salir en fila; **to ~ past (sth/sb)** desfilar ante (algo/algn).
filial ['fɪlɪəl] ADJ filial.
filibuster ['fɪlɪbʌstəʳ] (*esp US*) **1** N (*Pol*) filibustero/a *m/f*. **2** VI (*Pol*) practicar el filibusterismo.
filigree ['fɪlɪɡriː] **1** N (*in metal*) filigrana *f*. **2** ADJ de filigrana.
filing ['faɪlɪŋ] **1** N (*of documents*) clasificación *f*; (*of claim etc*) formulación *f*, presentación *f*; **to do the ~** archivar documentos.
2 CPD: ~ **cabinet** N fichero *m*, archivador *m*; ~ **clerk** N archivero/a *m/f*.
filings ['faɪlɪŋz] NPL limaduras *fpl*.
Filipino [fɪlɪ'piːnəʊ] **1** ADJ filipino/a. **2** N (*person*) filipino/a *m/f*; (*Ling*) tagalo *m*.
fill [fɪl] **1** VT (*box, hole etc*) llenar (*with* de); (*tooth*) empastar (*with* con), emplomar (*CSur*) (*with* de); (*of wind, sails*) hinchar; (*space, room*) llenar (*with* de); (*time*) ocupar; (*supply: order*) despachar; (*gap, vacuum*) llenar; (*need, requirements*) satisfacer; (*vacancy*) cubrir; **to ~ a post well** desempeñar bien un papel; **the position is already ~ed** ya hemos provisto la vacante; **~ed with admiration (for)** lleno de admiración (por); **~ed with remorse/despair** lleno de remordimiento/desesperación; **the shouts ~ed the air** los gritos hirieron el aire; **that ~s the bill** viene perfectamente al caso.
2 VI llenarse (*with* de).
3 N: **to eat/drink one's ~** comer/beber lo suficiente; **to have one's ~ of sth** (*fig*) estar harto/a de algo.
◆ **fill in** **1** VT + ADV **a** (*hole, gap, outline*) rellenar.
b (*form*) rellenar; (*one's name*) escribir; (*details, report*) completar; **to ~ sb in on sth** (*fam*) poner a algn al corriente o al día sobre algo; **~ me in on what happened** dime lo que pasó.
2 VI + ADV: **to ~ in for sb** suplir a algn.
◆ **fill out** **1** VT + ADV (*form, receipt*) (re)llenar.
2 VI + ADV (*person, face*) engordar; (*sail*) hincharse.
◆ **fill up** **1** VI + ADV (*Aut*) llenar; (*room etc*) llenarse.

2 VT + ADV (*container*) llenar; **to ~ o.s. up** darse un atracón, llenarse el estómago (*with* de); **~ it** *or* **her up!** (*Aut fam*) ¡lleno!
filler ['fɪləʳ] N (*for cracks: in wood, plaster*) masilla *f*.
fillet ['fɪlɪt] **1** N (*of meat, fish*) filete *m*. **2** VT (*fish*) quitar la raspa de; (*meat*) cortar en filetes.
filling ['fɪlɪŋ] **1** N (*of tooth*) empaste *m*, emplomadura *f* (*CSur*); (*Culin*) relleno *m*.
2 ADJ (*food*) que llena mucho.
3 CPD: ~ **station** N gasolinera *f*, estación *f* de servicio, bencinera *f* (*Chi*), grifo *m* (*Per*).
filly ['fɪlɪ] N potra *f*.
film [fɪlm] **1** N (*thin skin*) película *f*; (*of dust*) capa *f*; (*of smoke etc*) velo *m*; (*Cine, Phot: negatives*) película *f*; (*roll of* ~) carrete *m*, rollo *m*; (*at cinema*) película, film *m*, filme *m*; (: *full-length*) largometraje *m*; (: *short*) corto(metraje) *m*; **silent ~** película muda.
2 VT (*book*) llevar al cine; (*event*) filmar; (*roll cameras*) rodar.
3 CPD (*library, rights etc*) cinematográfico/a, de cine; (*camera*) de cine; ~ **buff** N cineasta *mf*; ~ **crew** N equipo *m* cinematográfico; ~ **fan** N aficionado/a *m/f* al cine; ~ **première** N estreno *m* oficial; ~ **script** N guión *m*; ~ **set** N plató *m*; ~ **star** N estrella *f*; ~ **strip** N película *f* (de diapositivas); ~ **studio** N estudio *m* de cine.
filming ['fɪlmɪŋ] N rodaje *m*.
Filofax ® ['faɪləʊˌfæks] N filofax ® *m*.
filter ['fɪltəʳ] **1** N (*gen, Phot*) filtro *m*.
2 VT (*liquids, gas*) filtrar.
3 VI: **to ~ to the left** (*Aut*) tomar el carril izquierdo.
4 CPD: ~ **coffee** N café *m* filtro; ~ **lane** N (*Aut*) carril *m* de selección; ~ **light** N semáforo *m* de flecha de desvío; ~ **paper** N papel *m* de filtro.
◆ **filter back** VI + ADV (*people*) volver poco a poco.
◆ **filter in** VI + ADV (*news*) filtrarse.
◆ **filter out** **1** VT + ADV (*impurities*) quitar filtrando.
2 VI + ADV (*news*) trascender, llegar a saberse.
◆ **filter through** VI + ADV = **filter in**.
filter-tipped ['fɪltəˌtɪpt] ADJ (*cigarettes*) con filtro *or* boquilla.
filth [fɪlθ] N (*lit*) suciedad *f*, porquería(s) *f(pl)*, mugre *f*; (*fig*) obscenidades *fpl*, porquería(s).
filthy ['fɪlθɪ] **1** ADJ (*comp* **-ier**; *superl* **-iest**) (*gen*) sucio/a, inmundo/a, asqueroso/a, mugroso/a (*LAm*). **2** ADV: **they're ~ rich** (*fam*) son tan ricos que da asco, son unos ricachos (*fam*).
fin [fɪn] N (*of fish*) aleta *f*; (*of plane, bomb*) plano *m* de deriva.
fin. ABBR *of* **finance**.
final ['faɪnl] **1** ADJ (*last*) final, último/a; (*conclusive*) decisivo/a, terminante; **the judge's decision is ~** la decisión del juez es definitiva; **and that's ~!** ¡y se acabó!, ¡ya ya está!; ~ **demand** demanda *f* final; ~ **dividend** dividendo *m* final.
2 N (*Sport*) final *m*; **~s** (*Univ*) examen *m* de fin de carrera.
finale [fɪ'nɑːlɪ] N (*Mus*) final *m*; (*Theat*) escena *f* final; **the grand ~** el gran final, el gran escena final; (*fig*) final apoteósico *or* triunfal.
finalist ['faɪnəlɪst] N (*Sport*) finalista *mf*.
finality [faɪ'nælɪtɪ] N (*end*) finalidad *f*; (*decision*) resolución *f*.
finalize ['faɪnəlaɪz] VT (*preparations, arrangements*) concluir; (*agreement, plans, contract*) ultimar; (*report, text*) completar; (*date*) aprobar de modo definitivo; **to ~ a decision** tomar una decisión final.
finally ['faɪnəlɪ] ADV (*lastly*) finalmente, por último; (*eventually, at last*) por fin, al final; (*once and for all*) definitivamente.
finance [faɪ'næns] **1** N (*gen*) finanzas *fpl*; (*funds: also* **~s**) fondos *mpl*, financiamiento *msg*; **Minister of F~** Ministro *m* de Hacienda.
2 VT financiar.
3 CPD (*company*) financiero/a; (*page, section*) de finanzas; ~ **company** N sociedad *f* financiera, financiera *f*; ~ **director** N director(a) *m/f* de finanzas.

financial [faɪˈnænʃəl] ADJ financiero/a; ~ **analysis** análisis *m* financiero; ~ **backing** respaldo *m* financiero; ~ **management** gestión *f* financiera; ~ **statement** estado *m* financiero; **F~ Times Index** índice *m* bursátil del Financial Times; ~ **year** ejercicio *m* (financiero).

financially [faɪˈnænʃəlɪ] ADV: ~ **independent** independiente en el aspecto económico; ~ **sound** económicamente sólido/a.

financier [faɪˈnænsɪəʳ] N financiero/a *m/f*, financista *m/f* (*LAm*).

finch [fɪntʃ] N pinzón *m*.

▼**find** [faɪnd] (*vb: pt, pp* found) **1** VT **a** (*gen*) encontrar, hallar; (*by chance*) dar con; (*Jur*) declarar; (*realize*) darse cuenta de; (*prove*) comprobar; (*locate*) localizar; **the book is nowhere to be found** el libro no se encuentra en ninguna parte; **the plant is found all over Europe** la planta existe en toda Europa; **it has been found that ...** se ha comprobado que ...; **if you can ~ the time** si tienes tiempo; **no cure has been found** no se ha descubierto un remedio; **did you ~ the man?** ¿localizaste al hombre?; **I found it impossible to tell the difference** me fue imposible distinguir; **he ~s it easy/difficult to ...** le resulta fácil/difícil ...; **to ~ (some) difficulty in doing sth** tener dificultad en hacer algo; **I ~ him very pleasant** lo encuentro muy simpático; **we found him in bed/doing sth** lo *o* le encontramos en cama/haciendo algo; **I found myself at a loss** me quedé perplejo; **he found himself in a dark wood** se encontró en un bosque oscuro; **to ~ one's way about** encontrar el camino; (*fig*) ambientarse; **can you ~ your (own) way to the station?** ¿llegarás a la estación sin ayuda?; **this found its way into my drawer** esto vino a parar a mi cajón; **leave everything as you ~ it** deja todo como lo has encontrado; **to ~ fault with sb/sth** criticar algo/a algn; **to ~ favour with sb** caerle en gracia a algn; **he was found guilty/innocent** (*Jur*) fue declarado culpable/inocente; **to ~ one's feet** (*fig*) acostumbrarse.

b (*obtain*) encontrar, conseguir; (*provide*) facilitar, proporcionar; **go and ~ me a pencil** búscame un lapicero; **there are no more to be found** no quedan más; **wages are £60 per week all found** el salario es de 60 libras a la semana con comida y alojamiento.

2 VI: **to ~ for/against sb** (*Jur*) fallar a favor de/contra algn.

3 N hallazgo *m*.

◆**find out 1** VT + ADV (*check out*) averiguar, determinar; (*discover*) enterarse de, informarse de; (*realize*) darse cuenta de; **to ~ sb out** calar a algn, pillar a algn (*fam*); **what did you ~ out about him?** ¿que averiguaste acerca de él?

2 VI + ADV: **to ~ out about** informarse *o* enterarse de; ~ **out about that** entérate de eso, infórmate sobre eso.

finding [ˈfaɪndɪŋ] N descubrimiento *m*; **~s** (*of inquiry: information*) averiguaciones *fpl*; (*conclusions*) conclusiones *fpl*; (*of research*) resultados *mpl*; (*Jur*) fallo *msg*.

▼**fine¹** [faɪn] **1** ADJ (*comp* **~r**; *superl* **~st**) **a** (*delicate, thin etc*) fino/a; (*small: particle, print*) minúsculo/a; (*: nib, rain*) fino; (*narrow: point, line*) delgado/a; **not to put too ~ a point on it** sin más rodeos; **he's got it down to a ~ art** lo hace a la perfección; **~-nibbed pen** bolígrafo de punta fina.

b (*not coarse: metal*) puro/a, fino/a; (*: sense, taste*) refinado/a.

c (*good*) excelente; (*imposing*) magnífico/a; (*beautiful*) hermoso/a; **if the weather is ~** si hace buen tiempo; **it's a ~ day today** hoy hace buen tiempo; **~ art, the ~ arts** las Bellas Artes; **that's ~** ¡de acuerdo!, ¡vale!, ¡cómo no! (*esp LAm*); **that's ~ by me** por mí bien, de acuerdo; **he's ~, thanks** está muy bien, gracias.

d (*iro*) menudo/a; **a ~ friend you are!** ¡menudo amigo eres tú!, ¡vaya amigo que me tocó! (*LAm*); **you're a ~ one to talk!** ¡mira quién habla!; **a ~ thing!** ¡hasta dónde hemos llegado!; **one ~ day** un día de éstos.

2 ADV bien; **to feel ~** encontrarse bien; **you're doing ~** lo estás haciendo la mar de bien; **to cut it ~** (*of time, money*) calcular muy justo.

fine² [faɪn] **1** N multa *f*; **to get a ~ for sth/doing sth** ser multado por algo/por hacer algo; **I got a ~ for ...** me pusieron una multa por .... **2** VT: **to ~ sb (for sth/for doing sth)** multar a algn (por algo/por hacer algo).

finely [ˈfaɪnlɪ] ADV **a** (*splendidly: dressed*) con elegancia; (*: written*) con arte. **b** (*tune: engine etc*) con precisión; (*chop*) en trozos pequeños, fino.

finery [ˈfaɪnərɪ] N galas *fpl*, adornos *mpl*; **spring in all its ~** la primavera con todo su esplendor.

finesse [fɪˈnes] N delicadeza *f*.

fine-tooth comb [ˌfaɪnˌtuːθˈkəʊm] N peine *m* espeso; **to go over** *or* **through sth with a ~** revisar *or* examinar algo a fondo.

finger [ˈfɪŋgəʳ] **1** N dedo *m*; **index/little/ring ~** (dedo) índice *m*/meñique *m*/anular *m*; **middle ~** dedo corazón; **his ~s are all thumbs, he is all ~s and thumbs** es muy desmañado; **~s crossed** (*for someone*) deséame suerte; (*for yourself*) ¡(que tengas) suerte!; **they never laid a ~ on her** no le alzaron la mano; **he didn't lift a ~ to help us** no movió un dedo para ayudarnos; **to burn one's ~s, to get one's ~s burnt** (*fig*) cogerse los dedos; **to have a ~ in every pie** estar metido en todos los ajos; **to pull one's ~ out** (*fig fam*) despabilarse; **to put one's ~ on sth** (*fig*) dar en el meollo de algo, poner el dedo en la llaga; **to put two ~s up at sb, to give sb the two ~s** ≈ hacer un corte de mangas a algn; **to twist sb round one's little ~** hacer con algn lo que le da la gana.

2 VT (*also pej*) manosear; (*Mus: piano*) teclear; (*: guitar*) rasquear.

3 CPD: **~ board** N (*on piano*) teclado *m*; (*on stringed instrument*) diapasón *m*; **~ bowl** N lavafrutas *m*.

fingermark [ˈfɪŋgəmɑːk] N huella *f*.

fingernail [ˈfɪŋgəneɪl] N uña *f*.

fingerprint [ˈfɪŋgəprɪnt] **1** N huella *f* digital *or* dactilar. **2** VT (*person*) tomar las huellas digitales *or* dactilares a algn.

fingertip [ˈfɪŋgətɪp] N punta *f* del dedo; **to have sth at one's ~s** tener algo a mano; (*know sth*) saber algo al dedillo.

finicky [ˈfɪnɪkɪ] ADJ **a** (*person*) melindroso/a, delicado/a (*about* en cuestiones de). **b** (*job*) complicado/a.

finish [ˈfɪnɪʃ] **1** N **a** (*end: esp Sport*) final *m*; (*Sport: place*) meta *f*; **to be in at the ~** presenciar el final; **a fight to the ~** una lucha a muerte.

b (*appearance*) acabado *m*; **glossy ~** acabado brillo; **to have a rough ~** estar sin pulir.

2 VT (*work*) terminar; (*food etc*) acabar; **to ~ doing sth** acabar de hacer algo; **that last mile nearly ~ed me** (*fam*) aquella última milla me hizo polvo.

3 VI (*gen*) terminar; **the party was ~ing** la fiesta se estaba terminando; **she ~ed by saying that ...** terminó *or* acabó diciendo que ...; **to ~ first** (*Sport*) llegar el primero/la primera; **I've ~ed with the paper** he terminado con el periódico; **he's ~ed with politics** renunció a la política; **she's ~ed with him** ha roto *o* terminado con él.

◆**finish off** VT + ADV terminar, acabar; (*kill*) rematar.

◆**finish up 1** VI + ADV: **he ~ed up in Paris** fue a parar en París; **he ~ed up as a postman** acabó siendo cartero. **2** VT + ADV (*food etc*) acabar, terminar.

finished [ˈfɪnɪʃt] ADJ (*product*) acabado/a; (*performance*) pulido/a; (*fam: tired*) rendido/a, hecho/a polvo; (*: done for*) acabado/a, quemado/a.

finishing [ˈfɪnɪʃɪŋ] CPD: **~ line** N (*Sport*) meta *f*; **~ school** N escuela privada de formación social para señoritas; **~ touches** NPL toque *msg* final; **to put the ~ touches to sth** dar el toque final a algo.

finite [ˈfaɪnaɪt] ADJ **a** (*limited*) finito/a. **b** (*Ling*) conjugado/a.

Finland [ˈfɪnlənd] N Finlandia *f*.

Finn [fɪn] N finlandés/esa *m/f*.

Finnish [ˈfɪnɪʃ] **1** ADJ finlandés/esa. **2** N (*Ling*) finlandés *m*.

fiord [fjɔːd] N = **fjord**.

fir [fɜːʳ] **1** N (*also* **~ tree**) abeto *m*. **2** CPD: **~ cone** N piña *f*.

➤ SENTENCE BUILDER: **find** → 1.3 **fine¹** → 3.2, 3.3, 5

fire [faɪə^r] **1** N **a** (gen) fuego m; (in grate) lumbre f, fuego; (~place) chimenea f; (accidental) incendio m; **electric/gas ~** estufa f eléctrica/de gas; **to set ~ to sth, set sth on ~** (usually accidentally) prender fuego a; **to catch ~** prenderse; **to be on ~** estar ardiendo, arder; **to hang ~** demorarse; **insured against ~** asegurado contra incendio; **to play with ~** (fig) jugar con fuego.
b (Mil) fuego m; **to open ~ (on sb)** abrir fuego (contra algn); **hold your ~!** ¡alto al fuego!; **to be/come under ~** estar/caer bajo fuego enemigo; (fig: be criticized) ser blanco de críticas.
c (fig) ardor m; **the ~ of youth** el ardor de la juventud.
2 VT **a** (gun, shot) disparar; (questions) soltar; **to ~ a salute** tirar una salva; **to ~ a gun at sb** disparar contra algn; **to ~ questions at sb** acosar a algn con preguntas.
b (pottery etc: in kiln) cocer; (fig: imagination) enardecer; (: person with enthusiasm) entusiasmar a algn.
c (fam: dismiss) despedir, echar (LAm); **you're ~d!** ¡Ud está or queda despedido!
3 VI (Mil etc) tirar (at a); (Aut: engine) encender, prender (LAm); **~ away or ahead!** (fig fam) ¡adelante!, ¡siga no más! (LAm).
4 CPD: **~ alarm** N alarma f de incendios; **~ brigade, (US) ~ department** N cuerpo m de bomberos; **~ door** N puerta f contra incendios; **~ drill** N simulacro m de incendio; **~ engine** N coche m de bomberos; **~ escape** N escalera f de emergencia; **~ exit** N salida f de emergencia; **~ extinguisher** N extintor m; **~ hazard** N objeto m inflamable; **~ hydrant** N boca f de incendios; **~ insurance** N seguro m contra incendios; **~ practice** N = **~ drill**; **~ prevention** N prevención f de incendios; **~ regulations** NPL reglamentos mpl contra incendios; **~ risk** N peligro m de incendio; **~ service** N = **~ brigade**; **~ station** N parque m de bomberos.

firearm [ˈfaɪərɑːm] N arma f de fuego.

firebomb [ˈfaɪəbɒm] **1** N bomba f incendiaria. **2** VT colocar una bomba incendiaria en.

firebrand [ˈfaɪəbrænd] N **a** tea f. **b** (fig) partidario/a m/f violento/a.

firebreak [ˈfaɪəbreɪk] N (línea f) cortafuegos m inv.

firecracker [ˈfaɪəˌkrækə^r] N petardo m.

firefighter [ˈfaɪəˌfaɪtə^r] N bombero m.

firefly [ˈfaɪəflaɪ] N luciérnaga f.

fireguard [ˈfaɪəɡɑːd] N pantalla f.

firelight [ˈfaɪəlaɪt] N lumbre f; **by ~** a la luz del hogar.

firelighter [ˈfaɪəˌlaɪtə^r] N astillas fpl (para encender el fuego), tea f.

fireman [ˈfaɪəmən] N (pl **-men**) bombero m.

fireplace [ˈfaɪəpleɪs] N chimenea f, hogar m.

fireplug [ˈfaɪəplʌɡ] N (US) boca f de incendios.

fireproof [ˈfaɪəpruːf] ADJ (material) incombustible; (dish) refractario/a.

fire-resistant [ˈfaɪərɪˌzɪstənt] ADJ ignífugo/a.

fireside [ˈfaɪəsaɪd] N hogar m; **by the ~** al lado de la chimenea.

firewood [ˈfaɪəwʊd] N leña f.

firework [ˈfaɪəwɜːk] **1** N **~s** fuegos mpl artificiales; **there'll be ~s at the meeting** (fig) en la reunión se va a armar la gorda. **2** CPD: **~ display** N fuegos mpl artificiales.

firing [ˈfaɪərɪŋ] **1** N (bullets) disparos mpl; (exchange of fire) tiroteo m. **2** CPD: **~ line** N línea f de fuego; **to be in the ~ line** (fig: liable to be criticized) estar en la línea de fuego; **~ squad** N pelotón m (de ejecución).

firm¹ [fɜːm] ADJ (comp **~er**; superl **~est**) (set) cuajado/a; (steady) estable; (solid: base etc) sólido/a; (hold) seguro/a; (belief, friendship) firme; (friends) íntimo/a; (character, decision) firme; (price) estable; (steps, measures) decidido/a, resuelto/a; (look, voice) grave; (offer) en firme; **as ~ as a rock** (tan) firme como una roca; **a ~ believer in sth** un partidario convencido de algo; **to be ~ with sb** mantenerse firme con algn; **to be on ~ ground** (fig) hablar con conocimiento de causa; **to stand ~, to take a ~ stand over sth** (fig) mantener/adoptar una postura firme ante algo.

◆ **firm up** **1** VT + ADV fortalecer, reforzar; (proposal etc) redondear.
2 VI + ADV fortalecerse, reforzarse.

firm² [fɜːm] N empresa f, compañía f, firma f; **the old ~** (hum) la vieja firma.

firmly [ˈfɜːmlɪ] ADV (fixed) firmemente; (speak) con firmeza; (believe) firmemente.

firmness [ˈfɜːmnɪs] N firmeza f.

firmware [ˈfɜːmwɛə^r] N (Comput) soporte m lógico inalterable o fijo.

first [fɜːst] **1** ADJ primer m, primero/a; **the ~ book** el primer libro; **the ~ of January** el primero de enero, uno de enero; **the ~ time** la primera vez; **to win ~ place** (competition) conseguir el primer puesto, ganar; (race) llegar en primer lugar, llegar el/la primero/a; **in the ~ place/instance** en primer lugar, al pronto (LAm); **~ thing in the morning** a primera hora de la mañana; **~ thing tomorrow** mañana a primera hora; **~ things ~!** lo primero es lo primero; **I don't know the ~ thing about it** (fam) no tengo la menor idea de eso; **~ cousin** primo/a m/f hermano/a or carnal; **~ edition** primera edición f; **on the ~ floor** en el primer piso, en el segundo piso (LAm); (US) en la planta baja, en el primer piso (LAm); **~ form or year** (Scol) primero (de secundaria); **~ gear** (Aut) primera f; **~ lady** (US) primera dama f; **~ language** (mother tongue) lengua f materna; (in state etc) lengua principal; **~ name** nombre m (de pila); **~ night** (Theat) estreno m; **~ offender** (Jur) delincuente mf sin antecedentes penales; **~ performance** (Theat, Mus) estreno.
2 ADV **a** (firstly) primero, primeramente; **~ one, then another** primero uno, después otro; **~ of all, ~ and foremost** ante todo, antes que nada; **~ and last** (above all) por encima de todo; **~ come, ~ served** el que se adelanta nunca pierde; **ladies ~** las señoras primero; **we arrived ~** fuimos los primeros en llegar; **she came ~ in the race** llegó la primera en la carrera; **finish this work ~** primero termine este trabajo; **head ~** de cabeza.
b (for the ~ time) por primera vez; **I ~ met him in Paris** lo conocí en París.
c (rather) primero, antes; **I'd die ~!** ¡antes morir!
3 N: **the ~ to arrive** el primero/la primera en llegar; **Charles the F~** Carlos Primero; **at ~** al principio, en un principio; **from the (very) ~** desde el principio; **from ~ to last** de principio a fin; **in ~ (gear)** (Aut) en primera; **he gained a ~ in French** (Univ: class of degree) ≈ se graduó en francés con sobresaliente.

first aid [ˈfɜːstˈeɪd] **1** N primeros auxilios mpl.
2 CPD: **~ box** N botiquín m de urgencia; **~ classes** NPL clases fpl de primeros auxilios; **~ kit** N = **~ box**; **~ post** N puesto m de socorro.

first-class [ˈfɜːstklɑːs] **1** ADJ **a** **~ compartment** (Rail) compartimiento m de primera; **~ honours degree** (Univ) licenciatura f con sobresaliente; **~ mail** correo m urgente; **~ ticket** (Rail) billete m or boleto m de primera clase (LAm).
b (very good) de primera (categoría).
2 ADV: **to travel ~** viajar en primera; **to send a letter ~** mandar una carta por correo urgente.

first-degree [ˈfɜːstdɪˈɡriː] ADJ: **~ murder** asesinato m premeditado; **~ burns** quemaduras fpl de primer grado.

first-footing [ˌfɜːstˈfʊtɪŋ] N: **to go ~** (Scot) ser la primera visita durante la noche de Año Nuevo.

first-generation [ˈfɜːstˌdʒenəˈreɪʃən] ADJ: **he's a ~ American** es americano de primera generación.

first-hand [ˈfɜːstˈhænd] **1** ADJ (experience) personal; (knowledge) directo/a. **2** ADV directamente; (fam) de la boca del lobo.

firstly [ˈfɜːstlɪ] ADV primero, en primer lugar.

first-rate [ˈfɜːstˈreɪt] ADJ (gen) de primera categoría or clase; (fam) estupendo/a.

first-time [ˈfɜːstˈtaɪm] ADJ: **~ buyer** persona que compra su primera vivienda.

FIS N ABBR (Brit) of **Family Income Supplement** ayuda estatal familiar.

fiscal [ˈfɪskəl] ADJ (policy) monetario/a; **~ year** año m fiscal, ejercicio *m*.

fish [fɪʃ] **1** N (*pl* ~ *or alive* ~**es**) pez *m*; (*as food*) pescado *m*; ~ **and chips** pescado frito con patatas fritas; **to be like a** ~ **out of water** estar como pez fuera del agua; **there are other** ~ **in the sea** hay otros peces en el mar; **I've got other** ~ **to fry** (*fam*) tengo otras cosas que hacer; **neither** ~ **nor fowl** (*fam*) ni chicha ni limonada; **he's a (bit of a) cold** ~ (*fam*) es un tipo frío (*fam*).

2 VI pescar; **he goes** ~**ing every weekend** sale a pescar los fines de semana; **I'm going** ~**ing** voy de pesca; **to go salmon** ~**ing** ir a pescar salmón; **to** ~ **for sth** buscar algo, andar a la busca de algo; **to** ~ **for compliments** (*fig*) buscar elogios; **to** ~ **for information** (*fig*) andar a la busca de información, hacer pesquisas; **to** ~ **(around) in one's pocket for sth** buscarse algo en el bolsillo.

3 VT (*river, pond*) pescar en; (*trout, salmon etc*) pescar.

4 CPD: ~ **and chip shop** N *tienda de comida rápida, sobre todo de pescado rebozado y patatas fritas*; ~ **cake** N croqueta *f* de pescado; ~ **farm** N piscifactoría *f*; ~ **finger** N palito *m* de pescado empanado; ~ **knife** N cuchillo *m* de pescado; ~ **shop** N pescadería *f*; ~ **slice** N pala *f* para el pescado; ~ **stick** N (*US*) croqueta *f* de pescado; ~ **store** N (*US*) pescadería *f*; ~ **tank** N acuario *m*.

◆**fish out** VT + ADV (*from water, from box etc*) sacar; **they** ~**ed him out of the water** lo sacaron del agua; **she** ~**ed a handkerchief out of her handbag** sacó un pañuelo del bolso.

fishbone ['fɪʃbəʊn] N espina *f*.

fisherman ['fɪʃəmən] N (*pl* -**men**) pescador *m*.

fishery ['fɪʃəri] N (*area*) pesquería *f*; (*industry*) pesca *f*.

fish-eye ['fɪʃaɪ] **1** N (*in door*) mirilla *f*. **2** CPD: ~ **lens** N (*Phot*) objetivo *m* de ojo de pez.

fish-hook ['fɪʃhʊk] N anzuelo *m*.

fishing ['fɪʃɪŋ] **1** N pesca *f*.

2 CPD: ~ **boat** N barco *m* de pesca; ~ **grounds** NPL zona *fsg* de pesca; ~ **industry** N industria *f* pesquera; ~ **licence** N licencia *f* para pescar; ~ **line** N sedal *m*; ~ **net** N red *f* de pesca; ~ **port** N puerto *m* pesquero; ~ **rod** N caña *f* de pescar; ~ **tackle** N aparejo *m* de pescar.

fishmonger ['fɪʃmʌŋɡər] N (*Brit*) pescadero/a *m/f*; ~**'s (shop)** pescadería *f*.

fishnet ['fɪʃnet] CPD: ~ **stockings** NPL medias *fpl* de red *or* rejilla; ~ **tights** NPL leotardo *m* de red.

fishy ['fɪʃi] ADJ (*comp* -**ier**; *superl* -**iest**) (*smell*) que huele a pescado; (*taste*) que sabe a pescado; (*fam: suspect*) sospechoso/a; **there's sth** ~ **going on here** aquí hay gato encerrado.

fission ['fɪʃən] N fisión *f*; **atomic/nuclear** ~ fisión atómica/nuclear.

fissure ['fɪʃər] N hendidura *f*, grieta *f*; (*Anat, Geol, Metal*) fisura *f*.

fist [fɪst] N puño *m*; **to hit sb with one's** ~**s** dar de puñetazos a algn; **to shake one's** ~ **(at sb)** amenazar con el puño (a algn).

fistful ['fɪstfʊl] N puñado *m*.

fisticuffs ['fɪstɪkʌfs] NPL puñetazos *mpl*.

fit¹ [fɪt] **1** ADJ (*comp* ~**ter**; *superl* ~**test**) **a** (*suitable*) conveniente, adecuado/a, apto/a; **to be** ~ **for sth** servir para algo; **to be** ~ **to do sth** ser capaz de *or* apto para hacer algo; **a meal** ~ **for a king** una comida digna de un rey; **he's not** ~ **for the job** no es apto para el puesto; **whatever time you think** ~ a la hora que le parezca conveniente; ~ **for habitation** habitable; ~ **for human consumption** comestible; **he is not** ~ **company for my daughter** no es un compañero apto para mi hija; **he's not** ~ **to teach** (*of right temperament*) no sirve como profesor; (*in physical condition*) no está en condiciones para dar clase; **you're not** ~ **to be seen** no estás para que te vea la gente; **it's not** ~ **to eat** *or* **to be eaten** no se puede comer, no es comestible; **I'm** ~ **to drop** (*fam*) estoy a punto de caerme; **to see** ~ **to** juzgar conveniente; **do as you think** *or* **see** ~ haz lo que te parezca *or* como te parezca mejor.

b (*Med*) sano/a; (*Sport*) en forma; **to be** ~ **for work** (*after illness*) estar en condiciones para trabajar; **to be (as)** ~ **as a fiddle** estar en plena forma; **to get** ~ (*Sport*) en-

trenarse; (*Med*) reponerse; **to keep** ~ mantenerse en forma.

2 N: **this suit is a very good** ~ este traje le *etc* sienta muy bien; **it's a rather tight** ~ me está un poco justo *or* apretado.

3 VT **a** (*subj: clothes*) sentar; (: *key etc*) entrar *or* encajar en; **it** ~**s you well** le sienta bien; **it** ~**s me like a glove** me sienta como anillo al dedo.

b (*match: facts etc*) corresponder, coincidir; (: *description*) estar de acuerdo con; **the punishment should** ~ **the crime** el castigo debe corresponder al delito.

c (*put in place*) ajustar; **to** ~ **a key in the lock** meter una llave en la cerradura; **to have a carpet** ~**ted** ponerse una moqueta; **to** ~ **sth into place** hacer encajar algo; **to** ~ **sth on the wall** colocar algo en la pared.

d (*supply*) equipar de; **a car** ~**ted with a radio** un coche equipado con radio; **he has been** ~**ted with a new hearing aid** le han puesto un audífono nuevo; **to** ~ **a ship/sb for an expedition** equipar un barco/a algn para una expedición.

e (*make* ~) hacer a la medida; **to** ~ **a dress** probar un vestido (a una); **to** ~ **sb for a job/to do sth** preparar a algn para un trabajo/para hacer algo; **her experience** ~**s her for the job** su experiencia la cualifica para el trabajo.

4 VI **a** (*subj: clothes*) sentar; (: *key, part, object*) entrar; **will the cupboard** ~ **into the corner?** ¿entrará el armario en el rincón?

b (*match: facts, description*) coincidir, corresponder; **it all** ~**s now!** ¡todo encaja ahora!

◆**fit in 1** VI + ADV (*fact, statement*) corresponder (*with* a); **he left because he didn't** ~ **in** se marchó porque no congeniaba con los demás; **to** ~ **in with sb's plans** adaptarse a los planes de algn.

2 VT + ADV (*object*) encajar; (*fig: appointment, visitor*) incluir; (*plan, activity*) acomodar (*with* a), compaginar (*with* con); **I'll see if the director can** ~ **you in** voy a ver si el director tiene tiempo para verle.

◆**fit out** VT + ADV (*ship, person*) equipar.

◆**fit up** VT + ADV **a** equipar, montar; **to** ~ **sb up with** proveer a algn de, equipar a algn con. **b** (*fam: frame*) incriminar dolosamente.

fit² [fɪt] N **a** (*Med*) ataque *m*, acceso *m*; **to have** *or* **suffer a** ~ darle a algn un ataque; **a** ~ **of coughing** un acceso de tos. **b** (*outburst*) arranque *m*; ~ **of anger** arranque de cólera; ~ **of crying** *or* **tears** llorera *f*; **to have** *or* **throw a** ~ (*fam*) volverse loco; **to have a** ~ **of crying** *or* **tears** entrarle a algn la llorera; **to be in** ~**s (of laughter)** morirse de risa; ~ **of enthusiasm** arranque de entusiasmo; **by** *or* **in** ~**s and starts** a rachas.

fitful ['fɪtfʊl] ADJ (*breeze, showers*) esporádico/a; (*sleep*) interrumpido/a.

fitment ['fɪtmənt] N **a** (*accessory: of machine*) aparejo *m*. **b** = **fitting 2(b)**.

fitness ['fɪtnɪs] **1** N **a** (*suitability: for post etc*) capacidad *f* (*for* para).

b (*state of health*) estado *m* físico; (*good health*) buena forma.

2 CPD: ~ **classes** NPL clases *fpl* de gimnasia; ~ **fanatic** N fanático/a *m/f* de la salud.

fitted ['fɪtɪd] ADJ (*garment: made to measure*) hecho/a a medida; ~ **carpet** moqueta *f*; ~ **cupboards** armarios *mpl* empotrados; ~ **kitchen** cocina *f* amueblada.

fitter ['fɪtər] N (*Tech*) ajustador *m*; (*of garment*) probador(a) *m/f*.

fitting ['fɪtɪŋ] **1** ADJ (*suitable*) propio/a, apto/a; **it is** ~ **that** (*frm*) es apropiado *or* oportuno que.

2 N **a** (*of dress*) prueba *f*; (*size: of shoe*) medida *f*, número *m*, tamaño *m*.

b ~**s** (*of house*) accesorios *mpl*; (*shop furnishings etc, gen*) mobiliario *msg*; **bathroom** ~**s** artículos *mpl* para el baño.

3 CPD: ~ **room** N (*in shop*) probador *m*, vestidor *m*.

five [faɪv] **1** ADJ cinco; **she is** ~ **(years old)** ella tiene cinco años (de edad); **they live at number** ~ viven en el número cinco; **there are** ~ **of us** somos cinco; **all** ~ **of them came** vinieron los cinco; **it costs** ~ **pounds** cuesta *or* vale cinco libras; **~ and a quarter/half** cinco y cuarto/medio; **~-day week** semana *f* inglesa; **~ spot** (*US fam*) billete *m* de cinco dólares; **it's ~ (o'clock)** son las cinco.

2 N cinco *m*; **to divide sth into ~** dividir algo en cinco; **they are sold in ~s** se venden de cinco en cinco.

five-a-side ['faɪvə,saɪd] ADJ (*football, team: outdoors*) de futbito; (: *indoors*) de fútbol-sala.

five-fold ['faɪv,fəʊld] **1** ADJ quíntuplo/a. **2** ADV cinco veces.

fiver ['faɪvəʳ] (*fam*) N (*Brit*) billete *m* de cinco libras; (*US*) billete de cinco dólares.

five-star ['faɪvstɑːʳ] ADJ: **~ hotel/restaurant** hotel *m*/ restaurante *m* de cinco estrellas.

five-year ['faɪvˈjɪəʳ] ADJ: **~ plan** plan *m* quinquenal.

fix [fɪks] **1** N **a** (*Aer, Naut*) localización *f*, posición *f*. **b** (*fam: of drug*) dosis *f*; **to give o.s.** *or* **have a ~** pincharse (*fam*). **c** (*fam: predicament*) apuro *m*, aprieto *m*; **to be in a ~** estar en un apuro. **d** **the fight/result was a ~** (*fam*) hubo tongo en la lucha/el resultado.

2 VT **a** (*make firm*) sujetar; (*attach: with nails*) clavar; (: *with string etc*) atar, amarrar (*LAm*); (*fig: eyes, attention*) fijar, clavar; (*make permanent: colour, Phot*) fijar; **to ~ the blame on sb/sth** echar la culpa a algn/algo; **to ~ sth in one's mind** fijar algo en la memoria. **b** (*arrange: date, meeting*) acordar, convenir; (*determine: time, price*) fijar, acordar; (*arrange dishonestly: fight, race*) arreglar, amañar (*pej*); **I'll ~ everything** se lo arreglaré todo; **I'll ~ him!** (*fam*) ya le ajustaré las cuentas. **c** (*repair*) reparar, arreglar. **d** (*make ready, meal, drink*) preparar; **can I ~ you a drink?** ¿te preparo algo de beber?; **to ~ one's hair** arreglarse el pelo.

◆**fix on** **1** VT + ADV (*badge, lid*) fijar.
2 VI + PREP (*decide on*) fijar.

◆**fix up** VT + ADV (*arrange: date*) concertar; (: *meeting*) fijar; **they ~ed up a meeting for six o'clock** fijaron una reunión para las seis; **to ~ sth up with sb** quedar con algn en algo, convenir algo con algn.

fixation [fɪkˈseɪʃən] N (*Psych, fig*) obsesión *f*, fijación *f*.

fixative ['fɪksətɪv] N fijador *m*.

fixed [fɪkst] ADJ **a** (*gen*) fijo/a; **at a ~ time** a una hora fija; **~ assets** capital *msg* fijo; **~ charge** gasto *m* fijo; **~ price** precio *m* fijo. **b** (*fam*) **how are you ~ for money?** ¿qué tal andas de dinero?; **how are you ~ for this evening?** ¿tienes alguna cita esta tarde?; **how are we ~ed for time?** ¿cómo vamos de tiempo?

fixedly ['fɪksɪdlɪ] ADV fijamente.

fixed-price ['fɪkstpraɪs] ADJ: **~ contract** contrato *m* a precio fijo.

fixed-rate ['fɪkst,reɪt] ADJ a tipo fijo.

fixings ['fɪksɪŋz] NPL (*US Culin*) guarniciones *fpl*.

fixture ['fɪkstʃəʳ] N **a** (*of house etc*) **~s** instalaciones *fpl* fijas; **the house was sold with ~s and fittings** la casa se vendió acondicionada. **b** (*Sport*) encuentro *m*. **c** (*permanent feature*) elemento *m* fijo; (*date*) fecha *f* fija.

fizz [fɪz] **1** N (*fizziness*) efervescencia *f*, gas *m*; (*fizzy drink*) gaseosa *f*. **2** VI burbujear.

fizzle ['fɪzl] VI (*also ~ out: fire, firework*) apagarse; (: *enthusiasm, interest*) morirse; (: *plan*) echarse a perder.

fizzy ['fɪzɪ] ADJ (*comp* **-ier**; *superl* **-iest**) (*drink*) gaseoso/a.

fjord [fjɔːd] N fiordo *m*.

FL ABBR (*US Post*) *of* **Florida.**

Fla. ABBR (*US*) *of* **Florida.**

flab [flæb] N (*fam*) grasa *f*, michelín *m* (*fam*).

flabbergasted ['flæbəgɑːstɪd] ADJ pasmado/a.

flabby ['flæbɪ] ADJ (*comp* **-ier**; *superl* **-iest**) (*soft*) blanducho/a, fofo/a; (*fat*) gordo/a.

flaccid ['flæksɪd] ADJ fláccido/a.

flag¹ [flæg] N (*also* **~stone**) losa *f*.

flag² [flæg] **1** N (*gen*) bandera *f*, pabellón *m*; (*for charity etc*) banderita *f*; **~ of convenience** pabellón de conveniencia; **to raise/lower the ~** izar/arriar la bandera; **to keep the ~ flying** seguir defendiéndose.

2 VT (*also* **~ down**: *taxi*) (hacer) parar.
3 CPD: **~ day** N día *m* de la colecta; **~ stop** N (*US*) parada *f* a petición.

flag³ [flæg] VI (*strength*) flaquear; (*person*) cansarse; (*enthusiasm etc*) disminuir, decaer; (*conversation*) languidecer.

flagellate ['flædʒəleɪt] VT flagelar, azotar.

flagpole ['flægpəʊl] N asta *f* de bandera.

flagrant ['fleɪɡrənt] ADJ flagrante.

flagship ['flægʃɪp] N buque *m* insignia *or* almirante.

flail [fleɪl] VI: **to ~ about** (*arms, legs*) agitarse.

flair [fleəʳ] N (*gift*) don *m*; (*instinct*) instinto *m*; (*style*) elegancia *f*; **a ~ for languages** un don de lenguas.

flak [flæk] N **a** fuego *m* antiaéreo. **b** (*fam*) críticas *fpl*; **to get a lot of ~** ser muy criticado.

flake [fleɪk] **1** N (*of paint, skin etc*) escama *f*; (*of soap*) hojuela *f*; (*of snow*) copo *m*. **2** VI (*also ~ off: paint*) desconcharse; (: *skin*) pelarse; **to ~ out** (*fam*) quedar agotado.

flaky ['fleɪkɪ] ADJ (*comp* **-ier**; *superl* **-iest**) (*paintwork*) desconchado/a; (*skin*) escamoso/a; **~ pastry** (*Culin*) hojaldre *m*.

flambé [flɑːmbeɪ] ADJ flameado/a.

flamboyant [flæmˈbɔɪənt] ADJ (*character, speech, dress*) extravagante; (*style*) rimbombante.

flame [fleɪm] **1** N llama *f*; **to burst into ~s** incendiarse; **he watched the house go up in ~s** miraba cómo la casa ardía en llamas; **old ~** (*fam*) antiguo amor *m*. **2** VI (*also ~ up: fire*) inflamarse, llamear; (: *passion etc*) enardecerse; **her cheeks ~d with embarrassment** se puso colorada de vergüenza.

flameproof ['fleɪmpruːf] ADJ a prueba de fuego.

flaming ['fleɪmɪŋ] ADJ **a** (*red, orange*) llameante. **b** (*Brit fam: furious*) enardecido/a; (: *bloody*) maldito/a.

flamingo [fləˈmɪŋɡəʊ] N (*pl* **~s** *or* **~es**) flamenco *m*.

flammable ['flæməbl] ADJ inflamable.

flan [flæn] N tarta *f*.

Flanders ['flɑːndəz] N Flandes *m*.

flange [flændʒ] N (*Tech: on wheel*) ceja *f*; (: *on pipe*) collarín *m*.

flank [flæŋk] **1** N (*of animal*) ijar *m*, ijada *f*; (*Mil*) flanco *m*; (*of hill*) ladera *f*, falda *f*. **2** VT (*Mil etc*) flanquear; (*adjoin*) lindar con; **it is ~ed by hills** tiene unas colinas al lado; **he was ~ed by two policemen** iba escoltado por dos guardias.

flannel ['flænl] N (*face ~*) manopla *f*; (*fabric*) franela *f*; **~s** (*trousers*) pantalones *mpl* de franela.

flannelette [,flænə'let] N franela *f* de algodón.

flap [flæp] **1** N **a** (*of pocket*) cartera *f*; (*of envelope*) solapa *f*; (*of table*) hoja *f* (plegadiza); (*Aer*) flap *m*. **b** (*of wing*) aletazo *m*; (*sound*) (ruido del) aleteo *m*; **to get into a ~** (*fam*) ponerse nervioso, azorarse. **2** VT (*subj: bird: wings*) batir (las alas); (*shake: sheets, newspaper*) sacudir. **3** VI **a** (*wings*) aletear; (*sails*) gualdrapear; (*flag etc*) chasquear. **b** (*fam: panic*) ponerse nervioso/a, aturdirse.

flapjack ['flæpdʒæk] N (*US: pancake*) torta *f*, panqueque *m* (*LAm*); (*Brit*) torta de avena.

flare [fleəʳ] **1** N **a** (*blaze*) llamarada *f*; (*signal*) cohete *m* de señales; (*Mil: for target*) bengala *f*. **b** (*Sew*) vuelo *m*. **2** VI (*match, torch*) llamear.

◆**flare up** VI + ADV (*fire*) llamear; (*fig: person*) estallar, ponerse furioso/a; (: *revolt, situation etc*) estallar.

flared [fleəd] ADJ (*skirt, trousers etc*) acampanado/a.

flare-up ['fleərʌp] N (*fig*) explosión *f*; (*of anger*) arranque *m* de cólera; (*quarrel*) riña *f*; (*of trouble*) manifestación *f* súbita.

flash [flæʃ] **1** N **a** (*of light: burst*) destello *m*; (: *sparkle*) centelleo *m*; (*US: torch*) linterna *f*; **~ of lightning** relámpago *m*, rayo *m*, refucilo *m* (*LAm*), refusilo *m* (*LAm*); **~ of inspiration** (*fig*) ráfaga *f* de inspiración; **a ~ in the pan** un caso fuera de serie; **in a ~** en un abrir y cerrar de ojos, en un tris. **b** (*news ~*) noticia *f* de última hora. **c** (*Phot*) flash *m*.

[2] ADJ: **a really ~ car** (fam) un coche realmente fabuloso (fam).

[3] VT (light) despedir, lanzar; (torch) encender; (look) lanzar; (signal: message) transmitir; **to ~ one's headlights** (Aut) dar ráfagas de luces; **to ~ sth about** (fig fam) ostentar, presumir con.

[4] VI [a] (light) brillar; (lightning) relampaguear; (jewels) centellear.
[b] (move quickly: person, vehicle) **to ~ by** or **past** pasar como un rayo.
[c] (Cine) **to ~ back to** volver atrás a.
[5] CPD: **~ card** N tarjeta f, carta f; **~ flood** N riada f; **~ gun** N (Phot) disparador m de flash.

flashback ['flæʃbæk] N (Cine) escena f retrospectiva.

flashcube ['flæʃkjuːb] N (Phot) cubo m de flash.

flasher ['flæʃəʳ] N (Brit fam) exhibicionista m.

flashlight ['flæʃlaɪt] N (US: torch) linterna f.

flashy ['flæʃɪ] ADJ (comp **-ier**; superl **-iest**) (colour) chillón/ona; (object) llamativo/a; (person) ostentoso/a.

flask [flɑːsk] N (for brandy etc) frasco m; (vacuum ~) termo(s) m; (Chem) matraz m.

flat¹ [flæt] [1] ADJ (comp **~ter**; superl **~test**) [a] (surface: horizontal) plano/a; (: level) llano/a, parejo/a; (: smooth) liso/a; (foot) plano/a; (nose) chato/a; **~ as a pancake** (fam) liso como la palma de la mano; **to fall ~ on one's face** caer(se) de bruces; **~ racing** carreras fpl lisas; **~ tyre** (Aut) pinchazo m, llanta f pinchada (LAm), ponchada f (Mex).
[b] (final: refusal, denial) rotundo/a, terminante; **and that's ~!** (fam) ¡y se acabó!, ¡así no más! (LAm).
[c] (Mus: voice, instrument) desafinado/a; (key) bemol; **E ~ major** mi bemol mayor.
[d] (dull, lifeless: style) insípido/a; (: taste: joke) soso/a; (drink) muerto/a; (battery) descargado/a; (colour) apagado/a; **to be feeling rather ~** estar deprimido; **I've got a ~ battery** se me ha descargado la batería.
[e] (basic) **~ rate of pay** sueldo m básico; **at a ~ rate** a una tarifa fija.
[2] ADV [a] (absolutely: refuse) rotundamente; (: tell) terminantemente; **to be ~ broke** (fam) estar sin un duro; **in ten minutes ~** dentro de diez minutos justos; **to turn sth down ~** rechazar algo de plano; **to work ~ out** trabajar a toda mecha.
[b] **to be out ~** (lying) estar acostado or (LAm) tumbado; (asleep) quedarse (profundamente) dormido/a.
[c] (Mus) desafinado/a; **to play/sing ~** desafinar.
[3] N (of hand) palma f; (of sword) plano m; (Mus) bemol m; (Aut) pinchazo m, ponchadura f (LAm); **mud ~s** (Geog) marisma fsg.

flat² [flæt] N (Brit) apartamento m, piso m, departamento m (LAm).

flat-chested ['flæt'tʃestɪd] ADJ de pecho plano.

flatfish ['flætfɪʃ] N (pl **~** or **~es**) platija f.

flat-footed ['flæt'fʊtɪd] ADJ de pies planos; (fig: clumsy) patoso/a.

flatlet ['flætlɪt] N (Brit) apartamento m.

flatly ['flætlɪ] ADV (refuse etc) categóricamente, tajantemente; **we are ~ opposed to it** quedamos totalmente opuestos a ello.

flatmate ['flætmeɪt] N compañero/a m/f (de piso).

flatten ['flætn] VT (road, field) allanar, aplanar; (: level out) nivelar; (house, city) arrasar; (map etc) alisar; (fig: defeat) aplastar; **to ~ o.s. against sth** pegarse a algo.
◆**flatten out** [1] VI + ADV (road, countryside) nivelarse, allanarse.
[2] VT + ADV (path) allanar, aplanar; (paper) extender, alisar.

flatter ['flætəʳ] VT (praise) adular, halagar, lisonjear; (show to advantage) favorecer; **to ~ o.s. (on/that)** (pride o.s.) jactarse (de/de que); (boast, show off) presumir (de/de que).

flattering ['flætərɪŋ] ADJ (remark) halagüeño/a, lisonjero/a; (: fawning) adulador(a); (photo, clothes etc) que favorece, favorecedor(a).

flattery ['flætərɪ] N halagos mpl, lisonjas fpl, piropos mpl.

flatulence ['flætjʊləns] N flatulencia f.

flaunt [flɔːnt] [1] VT (pej) ostentar, hacer alarde de. [2] VR:

to ~ o.s. pavonearse.

flautist ['flɔːtɪst] N flautista mf.

flavour, (US) **flavor** ['fleɪvəʳ] [1] N (gen) sabor m; (flavouring) condimento m, sazonamiento m; (fig) sabor, tono m. [2] VT (Culin) sazonar (with de).

flavouring, (US) **flavoring** ['fleɪvərɪŋ] N sazón f, condimento m; **vanilla ~** esencia f de vainilla.

flaw [flɔː] N (gen: defect) defecto m; (: in material, beauty, diamond) desperfecto m, tara f; (crack) grieta f.

flawless ['flɔːlɪs] ADJ (beauty etc) impecable, sin defecto; (plan) perfecto/a, sin defecto alguno.

flax [flæks] [1] N (Bot) lino m. [2] CPD: **~ seed** N linaza f.

flaxen ['flæksən] ADJ (poet: hair) muy rubio/a.

flay [fleɪ] VT (skin) desollar; (criticize) despellejar.

flea [fliː] [1] N pulga f; **to send sb away with a ~ in his ear** (fam) echar a algn la pulga detrás de la oreja. [2] CPD: **~ collar** N collar m antipulgas; **~ market** N rastro m.

fleabag ['fliːbæg] N (fam: Brit: person) guarro/a m/f; (US: hotel) hotelucho m de mala muerte (fam).

flea-bitten ['fliːbɪtn] ADJ (fig fam) miserable.

fleapit ['fliːpɪt] N (fam) cine m de baja categoría.

fleck [flek] [1] N (of mud, paint, dust) mota f; (of colour) punto m. [2] VT (blood, mud etc) salpicar (with de); **black ~ed with white** negro con motas blancas.

fled [fled] PT, PP of **flee**.

fledg(e)ling ['fledʒlɪŋ] [1] N (young bird) pajarito m. [2] CPD: **a ~ writer** (fig) un escritor en ciernes.

flee [fliː] (pt, pp **fled**) [1] VT huir de. [2] VI huir (from de; to a).

fleece [fliːs] [1] N vellón m. [2] VT (fig fam: rob) dejar pelado/a.

fleecy ['fliːsɪ] ADJ (comp **-ier**; superl **-iest**) (woolly) lanoso/a, lanudo/a; (clouds) aborregado/a.

fleet¹ [fliːt] N (Aer, Naut) flota f; (of cars, coaches etc) escuadra f.

fleet² [fliːt] ADJ (poet: also **~-footed**) veloz.

fleeting ['fliːtɪŋ] ADJ (glimpse) fugaz; (brief) breve; (moment, beauty etc) pasajero/a.

Flemish ['flemɪʃ] [1] ADJ flamenco/a. [2] N (Ling) flamenco m.

flesh [fleʃ] [1] N (gen) carne f; (of fruit) pulpa f; **in the ~** en carne y hueso, en persona; **my own ~ and blood** mi propia sangre; **it's more than ~ and blood can stand** no hay quien lo aguante.
[2] CPD: **~ wound** N herida f superficial.

flesh-coloured, (US) **flesh-colored** ['fleʃ,kʌləd] ADJ de color del cutis.

fleshy ['fleʃɪ] ADJ (comp **-ier**; superl **-iest**) (fat) gordo/a; (Bot: fruit) carnoso/a.

flew [fluː] PT of **fly²**.

flex [fleks] [1] N (Brit: of lamp, telephone) cable m (flexible), cordón m, cable m. [2] VT (arms, knees) flexionar, doblar; (muscles) tensar.

flexible ['fleksəbl] ADJ (gen, fig, disk) flexible; **~ working hours** horario msg flexible.

flexitime ['fleksɪ,taɪm] N horario m flexible.

flick [flɪk] [1] N [a] (with tail) coletazo m; (with finger) capirotazo m; (with duster) pasada f; (with whip) latigazo m, golpe m (de látigo); **with a ~ of the wrist** con un movimiento rápido de la muñeca.
[b] (Brit fam) película f, peli f (fam); **the ~s** el cine.
[2] VT (with finger) dar un capirotazo a; **she ~ed her hair out of her eyes** se apartó el pelo de los ojos; **to ~ sth away** quitar algo con un movimiento rápido.
[3] VI: **the snake's tongue ~ed in and out** la víbora metía y sacaba la lengua constantemente/hacía vibrar su lengua.
[4] CPD: **~ knife** N navaja f, chaveta f (LAm).
◆**flick off** VT + ADV (dust, ash) quitar algo con un capirotazo.
◆**flick on** VT + ADV (light etc) encender.
◆**flick through** VI + PREP (book etc) hojear.

flicker ['flɪkəʳ] [1] N (of light, eyelid) parpadeo m; (of flame) destello m; **without a ~ of** sin la menor señal de. [2] VI (light) parpadear; (flame) vacilar.

flight¹ [flaɪt] [1] N [a] (Aer, of bird etc) vuelo m; (of bullet)

trayectoria f; **in ~** en vuelo; **how long does the ~ take?** ¿cuánto dura el vuelo?; **~s of fancy** (fig) ilusiones fpl.
b (group: of birds) bandada f; (: of aircraft) escuadrilla f; **in the top ~** (fig) de primera categoría.
c **~ (of stairs)** tramo m; **he lives two ~s up** vive en el segundo piso.
2 CPD: **~ attendant** N (US) auxiliar mf de vuelo or de cabina, aeromoza f (LAm), sobrecargo mf (Mex), cabinera f (Col); **~ bag** N bolso m de bandolera; **~ crew** N tripulación f; **~ deck** N (on aircraft carrier) cubierta f de aterrizaje or despegue; (of aeroplane) cubierta de vuelo; **~ lieutenant** N teniente m de aviación; **~ path** N trayectoria f de vuelo; **~ recorder** N registrador m de vuelo.
flight² [flaɪt] N (act of fleeing) fuga f, huida f; **to put to ~** poner en fuga; **to take ~** fugarse, huir.
flighty ['flaɪtɪ] ADJ (comp -ier; superl -iest) caprichoso/a.
flimsy ['flɪmzɪ] ADJ (comp -ier; superl -iest) (thin: dress, material) ligero/a; (weak: building etc) endeble; (: excuse, argument) flojo/a.
flinch [flɪntʃ] VI encogerse (from ante); **without ~ing** sin inmutarse.
fling [flɪŋ] (vb: pt, pp flung) **1** N: **to have his last ~** correrla por última vez; **to have a ~** (fam) echar una cana al aire; **to have a ~ at doing sth** intentar hacer algo.
2 VT (stone etc) arrojar; **to ~ one's arms round sb** abrazar a algn fuertemente; **the door was flung open** la puerta se abrió de golpe; **to ~ o.s. into a chair** dejarse caer de golpe en una silla; **to ~ o.s. into a job** lanzarse a un trabajo; **to ~ on one's coat** echarse par los hombros el abrigo.
◆**fling away** VT + ADV (fig: waste: money, chance) desperdiciar.
◆**fling off** VT + ADV (clothes) quitarse (de prisa).
◆**fling out** VT + ADV (gen) echar, botar (LAm).
flint [flɪnt] N (Geol) pedernal m; (of lighter) piedra f.
flip¹ [flɪp] **1** N capirotazo m. **2** VT (gen) echar al aire; **to ~ a coin** echar cara o cruz; **he ~ped the book open** abrió el libro de golpe. **3** CPD: **~ side** N cara f B.
◆**flip out** VI + ADV (fam) enloquecer.
◆**flip through** VI + PREP (book) hojear; (records etc) repasar.
flip² [flɪp] N (fam) ¡porras!
flip-flop ['flɪpflɒp] N **a** **~s** (sandals) chancletas fpl.
b (Comput) circuito m basculante or biestable, flip-flop m.
flippancy ['flɪpənsɪ] N ligereza f, falta f de seriedad.
flippant ['flɪpənt] ADJ ligero/a, frívolo/a.
flipper ['flɪpəʳ] N aleta f.
flirt [flɜːt] **1** N coqueta mf. **2** VI coquetear (with con); **to ~ with death** jugar con la muerte; **to ~ with an idea** acariciar una idea.
flirtation [flɜːˈteɪʃən] N flirteo m, coqueteo m.
flit [flɪt] **1** VI (bats, butterflies) revolotear; **to ~ in/out** (person) entrar/salir precipitadamente. **2** N: **to do a (moonlight) ~** (Brit) despedirse a la francesa.
float [fləʊt] **1** N (gen: for raft etc) flotador m; (for fishing line) corcho m; (swimming aid) flotador; (in procession) carroza f; (sum of money) reserva f.
2 VT (boat, logs) poner a flote; (render seaworthy) hacer flotar; (launch: company) lanzar; (Fin: currency) flotar; (: shares) lanzar al mercado; **to ~ an idea** sugerir una idea.
3 VI (gen) flotar; (move in wind) flotar, ondear; **to ~ downriver** ir río abajo; **we shall let the pound ~** dejaremos flotar la libra esterlina.
◆**float away, float off** VI + ADV (in water) ir(se) a la deriva; (in air) ir(se) volando.
floating ['fləʊtɪŋ] ADJ (object, assets etc) flotante; (vote, voter) indeciso/a.
flock [flɒk] **1** N (of sheep, goats) rebaño m; (of birds) bandada f; (of people) tropel m, muchedumbre f; (Rel) grey f, rebaño.
2 VI (move in numbers) moverse en tropel; **they ~ed to the station** se fueron en tropel hacia la estación; **to ~ around sb** apiñarse en torno a algn.
floe [fləʊ] N (ice ~) témpano m de hielo.

flog [flɒg] VT (whip) azotar; (beat) dar una paliza a; (fam: sell) vender; **to ~ a dead horse** (fig fam) machacar en hierro frío.
flogging ['flɒgɪŋ] N paliza f.
flood [flʌd] **1** N (of water) inundación f; (of words, tears) torrente m; (~ tide) pleamar f; **the F~** (Rel) el Diluvio; **the river is in ~** el río está crecido; **a ~ of letters** una avalancha de cartas; **she was in ~s of tears** lloraba a lágrima viva.
2 VT (Aut, gen) inundar; **to ~ the market** (Comm) inundar el mercado; **the room was ~ed with light** el cuarto se inundó de luz.
3 VI (river) desbordarse; **the people ~ed into the streets** la gente inundó la calle.
4 CPD: **~ tide** N pleamar f, marea f creciente.
◆**flood in** VI + ADV (people) entrar a raudales.
◆**flood out** VT + ADV (house) inundar completamente; **they were ~ed out** tuvieron que abandonar su casa debida a la inundación.
floodgate ['flʌdgeɪt] N compuerta f, esclusa f.
floodlight ['flʌdlaɪt] (vb: pt, pp **~ed** or **floodlit**) **1** N foco m. **2** VT iluminar con focos.
floor [flɔːʳ] **1** N **a** (gen) suelo m; (of room) piso m; (of sea) fondo m; (earth) tierra f; (dance ~) pista f; **the F~** (Stock Exchange) el parqué; **to take the ~** (dancer) salir a bailar; **to have the ~** (speaker) tener la palabra; **to hold the ~** tener a los asistentes etc pendientes de su palabra; **to wipe the ~ with sb** (fam) cascar a algn (fam).
b (storey) piso m; **ground ~** (Brit) planta baja, primer piso (LAm); **on the first ~** (Brit) en el primer or (LAm) segundo piso; (US) en la planta baja; **top ~** último piso.
2 VT **a** (room) solar (with de).
b (fam: knock down: opponent) derribar; (: baffle, silence) dejar sin respuesta.
3 CPD: **~ cloth** N bayeta f; **~ covering** N tapiz m para el suelo; **~ manager** N jefe mf de plató; **~ show** N cabaret m.
floorboard ['flɔːbɔːd] N tabla f (del suelo).
floorwalker ['flɔːˌwɔːkəʳ] N (US) vigilante mf.
floosie, floozie ['fluːzɪ] N (fam) putilla f (fam).
flop [flɒp] **1** N (fam: failure) fracaso m. **2** VI **a** (person) dejarse caer (into, on en). **b** (fam: play etc) fracasar.
flophouse ['flɒphaʊs] N (pl **-houses** [haʊzɪz]) (US) pensión f de mala muerte, fonducha f.
floppy ['flɒpɪ] **1** ADJ (comp -ier; superl -iest) flojo/a; **~ disc** or **disk** (Comput) disco m flexible, disquete m. **2** N = **~ disc**.
flora ['flɔːrə] NPL flora f sg.
floral ['flɔːrəl] ADJ (arrangement etc) de flores; (fabric, dress) floral.
Florence ['flɒrəns] N Florencia f.
florid ['flɒrɪd] ADJ (complexion) colorado/a, rubicundo/a; (style) florido/a.
florist ['flɒrɪst] N florista mf, florero/a m/f.
flotation [fləʊˈteɪʃən] N (lit: of boat etc) flotación f; (Fin: of shares, loan etc) emisión f; (of company) lanzamiento m.
flotilla [fləˈtɪlə] N flotilla f.
flotsam ['flɒtsəm] N: **~ and jetsam** pecios mpl.
flounce¹ [flaʊns] N (frill) volante m.
flounce² [flaʊns] VI: **to ~ in/out** entrar/salir haciendo aspavientos.
flounder¹ ['flaʊndəʳ] N (fish) platija f.
flounder² ['flaʊndəʳ] VI (also **~ about**: in water, mud etc: flap arms etc) patalear; (: splash etc) revolcarse; (in speech etc) perder el hilo.
flour ['flaʊəʳ] N harina f.
flourish ['flʌrɪʃ] **1** N (movement) ademán m, movimiento m ostentoso; (under signature) plumada f; (Mus) floreo m; (fanfare) toque m de trompeta; **to do sth with a ~** hacer algo con ademán triunfal.
2 VT (weapon, stick etc) blandir.
3 VI (plant etc) crecer; (person, business, civilization etc) florecer, prosperar.
flourishing ['flʌrɪʃɪŋ] ADJ (plant) lozano/a; (person, business) floreciente, próspero/a.
flout [flaʊt] VT (ignore) no prestar atención, ignorar; (mock)

burlarse de.

flow [fləʊ] **1** N (*of river, tide, Elec*) corriente *f*, flujo *m*; (: *direction*) curso *m*; (*of blood: from wound*) flujo; (*of words etc*) torrente *m*; **the ~ of traffic** la circulación (del tráfico); **to have a steady ~ of words** hablar con soltura.
2 VI (*gen*) correr; (*river*) fluir; (*tide*) subir, crecer; (*blood: from wound*) manar; (*hair*) caer suavemente *or* con soltura; **money ~ed in** (*fig*) el dinero entró a raudales; **tears ~ed down her cheeks** le corrían las lágrimas por las mejillas; **the river ~ed over its banks** el río se desbordó; **the river ~s into the sea** el río desemboca en el mar; **to keep the conversation ~ing** mantener la conversación; **the town ~ed with wine and food** el pueblo abundaba en vino y comida; *see* **ebb**.
3 CPD: **~ chart**, **~ diagram** N organigrama *m*; **~ sheet** N (*Comput*) diagrama *m* de flujo, organigrama *m*, ordinograma *m*; (*Admin*) organigrama.

flower ['flaʊə'] **1** N flor *f*; (*fig: best*) flor y nata; **in ~** en flor.
2 VI florecer.
3 CPD: **~ arrangement** N ramo *m*; (*in park*) adorno *m* floral; **~ power** N filosofía *f* de la flor; **~ shop** N floristería *f*, tienda *f* de flores; **~ show** N exposición *f* de flores; **~ stall** N floristería *f*.

flowerbed ['flaʊəbed] N arriate *m*, cuadro *m*, cantero *m* (*CSur*).

flowerpot ['flaʊəpɒt] N maceta *f*, tiesto *m*.

flowery ['flaʊərɪ] ADJ florido/a.

flowing ['fləʊɪŋ] ADJ (*movement, stream*) corriente; (*hair, clothing*) suelto/a; (*style*) fluido/a, corriente.

flown [fləʊn] PT *of* **fly²**.

fl. oz. ABBR *of* **fluid ounce**.

F / Lt ABBR *of* **Flight Lieutenant**.

flu [fluː] N (*fam*) gripe *f*, gripa *f* (*LAm*); **to get** *or* **catch ~** acatarrarse, agriparse (*LAm*).

fluctuate ['flʌktjʊeɪt] VI (*cost*) fluctuar; (*person*) **to ~ between** vacilar entre.

fluctuation [ˌflʌktjʊˈeɪʃən] N (*of prices etc*) fluctuación *f*.

flue [fluː] N humero *m*.

fluency ['fluːənsɪ] N fluidez *f*; **his ~ in English** su dominio del inglés.

fluent ['fluːənt] ADJ (*style*) fluido/a; (*speaker*) elocuente; (*language*) suelto/a; (*opinions*) variable; **~ ounce** onza *f* líquida. **2** N flúido *m*, líquido *m*.

fluke [fluːk] N chiripa *f*, racha *f* de suerte; **to win by a ~** ganar por chiripa.

flummox ['flʌməks] VT (*disconcert*) desconcertar, confundir; (*startle*) asombrar; **I was completely ~ed** quedé totalmente despistado.

flung [flʌŋ] PT, PP *of* **fling**.

flunk [flʌŋk] VT (*esp US fam: course, exam*) catear, caerle a algn, reprobar (*esp LAm*); **I ~ed Maths** me ha caído matemáticas.
♦ **flunk out** VI + ADV (*fam*) salir del colegio *etc* sin recibir un título.

fluorescent [flʊəˈresnt] ADJ (*lighting, tube*) fluorescente.

fluoride ['flʊəraɪd] **1** N fluoruro *m*. **2** CPD: **~ toothpaste** N pasta *f* de dientes con fluoruro.

flurry ['flʌrɪ] N (*of snow*) nevisca *f*; (*gust of wind*) ráfaga *f*; (*of rain*) chaparrón *m*; (*fig: of excitement*) azoramiento *m*; **to be in a ~** estar nervioso.

flush¹ [flʌʃ] **1** N **a** (*blush*) rubor *m*; (*Med*) **hot ~es** sofocos *mpl*.
b (*of beauty, health, youth*) resplandor *m*; **in the first ~ of victory** en la euforia del triunfo; **in a ~ of excitement** llevado por la emoción.
c (*of lavatory*) descarga *f* de agua.
2 VI (*person, face*) ponerse colorado/a (*with* de).
3 VT (*also ~ out: sink, yard*) limpiar con agua, baldear; **to ~ the lavatory** tirar de la cadena del váter.
♦ **flush away** VT + ADV (*down sink*) echar al fregadero; (*down lavatory*) echar al váter.

flush² [flʌʃ] ADJ **a** (*gen*) a ras (*with* de), al mismo nivel (*with* que); (*DIY*) empotrado/a (*with* con); **a door ~ with the wall** una puerta al mismo nivel que la pared.
b (*fam*) **to be ~ (with money)** nadar en la abundancia.

flush³ [flʌʃ] VT (*also ~ out: game, birds*) levantar; (*fig: criminal*) desalojar.

flush⁴ [flʌʃ] N (*Cards*) flux *m*.

fluster ['flʌstə'] **1** N estado *m* de confusión; **to be in a ~** estar aturdido/a *or* confuso/a. **2** VT (*confuse, upset*) aturdir, poner nervioso/a; **to get ~ed** ponerse nervioso, aturdirse.

flute [fluːt] N flauta *f*; (*And, CSur: bamboo*) quena *f*.

flutter ['flʌtə'] **1** N (*of wings*) aleteo *m*; (*of eyelashes*) pestañeo *m*; **to be in a ~** (*fig*) estar nervioso/a; **to have a ~** (*fam*) echarse una apuesta.
2 VT (*wings*) batir; **to ~ one's eyelashes at sb** hacer ojitos a algn.
3 VI (*bird etc*) revolotear; (*wings*) aletear; (*flag*) ondear; (*heart*) palpitar.

flux [flʌks] N: **to be in a state of ~** estar inestable, estar en un momento de cambio continuo.

fly¹ [flaɪ] N mosca *f*; **the ~ in the ointment** (*fig*) el único inconveniente; **there are no flies on him** no tiene un pelo de tonto; **people were dropping like flies** las personas caían como moscas.

fly² [flaɪ] (*pt* **flew**; *pp* **flown**) **1** VI **a** (*plane, bird*) volar; (*air passengers*) viajar en avión; (*flag*) flotar; **the plane flew over London** el avión sobrevoló Londres.
b (*move quickly*: *time*) pasar *or* irse volando; **to ~ past** (*car, person*) pasar volando; **the door flew open** la puerta se abrió de golpe; **to knock** *or* **send sth/sb ~ing** tirar algo/a algn al suelo de un golpe; **I must ~!** me voy corriendo; **to let ~** (*emotionally*) desahogarse; (*physically*) empezar a repartir golpes *or* tortazos; **to let ~ at sb** (*emotionally*) llenar a algn de injurias; (*physically*) arremeter contra algn, empezar a darle tortazos a algn; **to ~ into a rage** salirse de sus casillas, ponerse una fiera.
c (*flee*) huir, escaparse; (*rush*) precipitarse, lanzarse; **to ~ for one's life** huir para salvar la vida.
2 VT (*aircraft*) pilotar, pilotear (*esp LAm*); (*passenger*) ir en avión; (*goods*) transportar en avión; (*flag*) izar; **to ~ the Atlantic** atravesar el Atlántico en avión; **to ~ a kite** echar a volar una cometa.
3 N (*on trousers: also* **flies**) bragueta *f*.
♦ **fly away** VI + ADV (*bird, plane*) emprender el vuelo.
♦ **fly in 1** VI + ADV (*plane*) llegar; (*land*) aterrizar; (*president*) llegar en avión; **he flew in from Rome** llegó en avión desde Roma.
2 VT + ADV (*take, bring: supplies, troops*) llevar *or* traer en avión.
♦ **fly off** VI + ADV **a** (*plane, bird*) emprender el vuelo.
b (*come off: hat*) irse volando; (*lid etc*) desprenderse de golpe.
♦ **fly out 1** VT + ADV: **we shall ~ supplies out to them** les enviaremos provisiones por avión.
2 VI + ADV irse en avión.

fly³ [flaɪ] ADJ (*esp Brit*) avispado/a, espabilado/a.

flyby ['flaɪbaɪ] N (*esp US*) desfile *m* aéreo.

fly-by-night ['flaɪbaɪnaɪt] **1** ADJ informal, de poca confianza, nada confiable. **2** N persona *f* informal, casquivano/a *m/f*.

fly-drive ['flaɪdraɪv] N: **~ holiday** vacaciones *que incluyen vuelo y alquiler de coche*.

fly-fishing ['flaɪˌfɪʃɪŋ] N pesca *f* a *or* con mosca.

flying ['flaɪɪŋ] **1** ADJ (*fish, machine*) volador(a); (*swift: visit*) rápido/a; **to pass with ~ colours** salir airoso; **~ doctor** médico *m* rural aerotransportado; **~ officer** subteniente *m* de aviación; **~ saucer** platillo *m* volante; **~ squad** brigada *f* móvil; **~ start** salida *f* prometedora; **to get off**

---

fluff [flʌf] **1** N (*from blankets etc*) pelusa *f*, lanilla *f*; (*of chicks, kittens*) plumón *m*.
2 VT (*also ~ out: feathers*) erizar las plumas; **to ~ up the pillows** mullir las almohadas.
b (*Theat fam: lines*) hacerse un lío en.

fluffy ['flʌfɪ] ADJ (*comp* **-ier**; *superl* **-iest**) (*toy, material*) velloso/a; (*bird*) plumoso/a; (*surface*) lleno/a de pelusa.

fluid ['fluːɪd] **1** ADJ (*substance, movement*) fluido/a; (*plan, arrangements*) flexible; (*opinions*) variable; **~ ounce** onza *f* líquida. **2** N flúido *m*, líquido *m*.

to a ~ start (*fig*) empezar con buen pie; **~ time** horas *fpl* de vuelo.

2 N vuelo *m*; **I don't like ~** no me gusta volar.

flyleaf ['flaɪliːf] N (*pl* **-leaves**) guarda *f*.

flyover ['flaɪ,əʊvər] N (*Aut*) paso *m* superior, paso elevado; (*US: flypast*) desfile *m* aéreo.

flypast ['flaɪpɑːst] N desfile *m* aéreo.

flysheet ['flaɪʃiːt] N (*for tent*) doble techo *m*.

flyspray ['flaɪspreɪ] N rociador *m* de moscas.

flyweight ['flaɪweɪt] **1** N peso *m* mosca. **2** CPD (*contest*) de peso mosca.

flywheel ['flaɪwiːl] N (*Tech*) volante *m*.

FM N ABBR **a** (*Brit Mil*) of **Field Marshal**. **b** (*Rad*) of **frequency modulation** FM *f*.

FMB N ABBR (*US*) of **Federal Maritime Board**.

FMCS N ABBR (*US*) of **Federal Mediation and Conciliation Services** ≈ IMAC *m*.

FO N ABBR **a** (*Brit Pol*) of **Foreign Office** ≈ Min. de AA.EE, ≈ Cancillería (*LAm*). **b** (*Aer*) of **Flying Officer**.

fo. ABBR of **folio** f.⁰, fol.

foal [fəʊl] **1** N potro *m*. **2** VI (*mare*) parir.

foam [fəʊm] **1** N (*gen*) espuma *f*.

2 VI (*sea*) hacer espuma; **to ~ at the mouth** echar espumarajos; (*fig*) subirse por las paredes.

3 CPD: **~ bath** N baño *m* de espuma; **~ rubber** N goma *f* espuma.

FOB ABBR of **free on board** f.a.b.

fob [fɒb] VT: **to ~ sb off (with sth)** colocarle/colarle (algo) a algn, encular (algo) a algn (*fam*).

f.o.b. ABBR = **FOB**.

FOC ABBR of **free of charge** libre de cargos.

focal ['fəʊkəl] ADJ (*Tech*) focal; **~ point** punto *m* focal; (*fig*) centro *m* de atención.

focus ['fəʊkəs] **1** N (*pl* **-es** *or gen* **foci** ['fəʊsaɪ]) foco *m*; (*of attention etc*) foco, centro *m*; **to be out of ~** (*Phot*) estar desenfocado.

2 VT (*camera, instrument*) enfocar (*on* a); (*attention etc*) centrar, concentrar (*on* en); **to ~ one's eyes on sth/sb** fijar la mirada en algo/algn.

3 VI: **to ~ (on)** (*light*) converger (en); (*heat rays*) concentrarse (en); (*eyes*) fijar(se) (en); **to ~ on sth** (*Phot*) enfocar a algo.

fodder ['fɒdər] N pienso *m*, forraje *m*.

FOE N ABBR **a** (*Brit: also* **FoE**) of **Friends of the Earth** *organización ecologista*. **b** (*US*) of **Fraternal Order of Eagles** *sociedad benéfica*.

foe [fəʊ] N (*poet*) enemigo *m*.

foetal, (*US*) **fetal** ['fiːtl] ADJ fetal.

foetus, (*US*) **fetus** ['fiːtəs] N feto *m*.

fog [fɒg] **1** N niebla *f*. **2** CPD: **~ lamp** N (*Aut*) faro *m* de niebla.

fogbound ['fɒgbaʊnd] ADJ inmovilizado/a por la niebla.

fogey ['fəʊgɪ] N: **old ~** (*fam*) carroza *mf* (*fam*), persona *f* chapada a la antigua.

foggy ['fɒgɪ] ADJ (*comp* **-ier**; *superl* **-iest**) (*weather*) nebuloso/a, brumoso/a; (*day*) de niebla, brumoso; **it's ~** hay niebla; **I haven't the foggiest (idea)** (*fam*) no tengo la más mínima idea.

foghorn ['fɒghɔːn] N sirena *f* de niebla.

foible ['fɔɪbl] N manía *f*.

foil¹ [fɔɪl] N **a** (*also* **tin~**) papel *m* or hoja *f* de aluminio. **b** (*fig*) **to act as a ~ to sb/sth** servir de contraste a algn/algo.

foil² [fɔɪl] N (*Fencing*) florete *m*.

foil³ [fɔɪl] VT (*thief*) desbaratar los planes de; (*attempt*) frustrar.

foist [fɔɪst] VT: **to ~ sth on sb** colarle *or* colocarle algo a algn; **the job was ~ed on me** lograron mañosamente que yo me encargara de ello; **to ~ o.s. on sb** pegarse a algn, insistir en acompañar a *or* ir con algn.

fol. ABBR of **folio** f.⁰, fol.

fold¹ [fəʊld] N (*Agr*) redil *m*.

fold² [fəʊld] **1** N pliegue *m*, dobladura *f*; (*Geol*) pliegue.

2 VT (*gen*) doblar, plegar; (*wings*) recoger; **she ~ed the paper in two** dobló en dos el periódico; **to ~ one's arms** cruzar los brazos.

3 VI (*chair, table*) plegarse; (*fam: fail: business venture*) fracasar, quebrar; (: *play*) fracasar.

◆**fold away 1** VI + ADV (*table, bed*) doblarse, plegarse. **2** VT + ADV (*clothes*) doblar, plegar; (*bed*) plegar.

◆**fold up 1** VI + ADV (*fam: fail: business venture*) quebrar. **2** VT + ADV (*paper etc*) doblar.

foldaway ['fəʊldəweɪ] ADJ plegable, plegadizo/a.

folder ['fəʊldər] N (*file*) carpeta *f*; (*binder*) carpeta de anillas.

folding ['fəʊldɪŋ] ADJ: **~ chair** silla *f* plegable *or* de tijera; **~ doors** puertas *fpl* de fuelle *or* plegadizas.

foliage ['fəʊlɪɪdʒ] N follaje *m*.

folio ['fəʊlɪəʊ] N folio *m*.

folk [fəʊk] **1** N **a** (*people*) gente *f*; (*ordinary ~*) pueblo *m*, la gente llana; **the common ~** el pueblo; **country/city ~** la gente de campo/ciudad; **my ~s** (*fam: parents*) mis viejos *mpl*.

b = **~ music** *see* **2**.

2 CPD (*traditional*) folklórico/a; (*of ordinary people*) popular; **~ dance** N baile *m* popular; **~ music** N música *f* folk(lórica); **~ singer** N cantante *mf* de música folk(lórica); **~ song** N canción *f* folk(lórica); **~ tale** N cuento *m* popular.

folklore ['fəʊklɔːr] N folklore *m*.

foll ABBR of **following** sig., sigs.

follow ['fɒləʊ] **1** VT **a** (*gen*) seguir; (*suspect*) seguir; (*pursue: career*) dedicarse a; **the road ~s the coast** la carretera sigue la costa; **we're being ~ed** nos están siguiendo.

b (*comply with: advice, example, fashion, instructions*) seguir; (: *rules*) obedecer, cumplir.

c (*be interested in: news*) seguir, interesarse por; (: *Sport*) ser aficionado/a; **have you been ~ing the news?** ¿has estado al tanto de las noticias?; **do you ~ football?** ¿te interesa el fútbol?

d (*understand: person, argument*) seguir; **I don't quite ~ you** no acabo de entender lo que quiere decir.

2 VI **a** (*gen*) seguir; **as ~s** como sigue; **he answered as ~s** contestó lo siguiente; **to ~ in sb's footsteps** seguirle los pasos a algn.

b (*deduction etc: also ~ on*) seguirse; **that doesn't ~** de ahí no se sigue; **it doesn't ~ that ...** no se puede concluir que ....

c (*understand*) seguir.

◆**follow on** VI + ADV **a** *see* **follow 2(b)**. **b** (*continue*) continuar; (*sequence*) ser continuación (*from* de).

◆**follow out** VT + ADV (*implement: idea, plan*) realizar, llevar a cabo.

◆**follow through 1** VT + ADV = **follow out**. **2** VI + ADV (*Ftbl*) rematar.

◆**follow up 1** VT + ADV **a** (*investigate: clue*) seguir la huella de; (: *case*) investigar. **b** (*take further action on: suggestion*) seguir; (: *offer*) aceptar. **c** (*reinforce: victory*) consolidar, coronar; (*profit from*) sacar provecho de. **2** VI + ADV (*Ftbl*) rematar.

follower ['fɒləʊər] N (*disciple*) discípulo/a *m/f*; (*of team*) aficionado/a *m/f*; **the ~s of fashion** los que siguen la moda.

following ['fɒləʊɪŋ] **1** ADJ siguiente; **a ~ wind** un viento en popa; **the ~ day** el día siguiente.

2 N **a** (*Pol etc*) partidarios *mpl*; (*Sport*) afición *f*, hinchada *f*.

b he said the **~** dijo lo siguiente; **see the ~** (*in document etc*) véase abajo.

follow-up ['fɒləʊˈʌp] **1** N seguimiento *m*; (*Comm etc*) continuación *f*, reiteración *f*. **2** ADJ: **~ call** (*Telec*) llamada *f* de reiteración; **~ interview** entrevista *f* complementaria; **~ letter** carta *f* recordatoria.

folly ['fɒlɪ] N (*foolishness*) locura *f*; (*act of ~*) disparate *m*; **it would be ~ to do** sería una locura hacerlo.

foment [fəʊˈment] VT (*also Med*) fomentar; (*revolt etc*) provocar, instigar.

fond [fɒnd] ADJ (*comp* **~er**; *superl* **~est**) (*loving*) cariñoso/a, afectuoso/a; (*doting*) indulgente; (*unrealistic*) ilusorio/a;

(*fervent: hope, desire*) ferviente, ardiente; **to be ~ of sb/ sth** tenerle cariño a algn/algo; **to become** or **grow ~ of** (*thing*) aficionarse a; (*person*) tomar cariño a.

fondant ['fɒndənt] N pasta f de azúcar.

fondle ['fɒndl] VT acariciar.

fondly ['fɒndlɪ] ADV (*lovingly*) con cariño, afectuosamente.

fondness ['fɒndnɪs] N cariño m (*for* por), afición f (*for* a).

fondue ['fɒn'duː] N fondue f; **~ set** fondue f.

font [fɒnt] N **a** (*in church*) pila f. **b** (*US Typ*) fundición f.

food [fuːd] **1** N (*things to eat*) comida f, alimento m; (*feeding*) alimentación f; (*for plants*) abono m; **she gave him ~** le dio de comer; **I've no ~ left in the house** no me queda comida en casa; **the ~ at the hotel was terrible** la comida en el hotel era fatal; **to be off one's ~** (*fam*) estar sin apetito; **to give ~ for thought** (*fig*) dar de qué pensar.

  2 CPD: **~ additive** N aditivo m alimenticio; **~ chain** N cadena f de alimentación; **~ mixer** N mezcladora f; **~ poisoning** N intoxicación f alimenticia; **~ processor** N robot m de cocina; **~ shop**, **~ store** N tienda f de comestibles; **~ stamp** N (*US*) vale m de comida, cupón m alimenticio; **~ supply** N suministro m de alimentos; **~ value** N valor m nutritivo.

foodstuffs ['fuːdstʌfs] NPL comestibles mpl, artículos mpl alimenticios.

fool¹ [fuːl] **1** N tonto/a m/f, necio/a m/f, bestia mf, zonzo/a m/f (*LAm*); (*jester*) bufón m; **you ~!** ¡imbécil or (*LAm*) pendejo!; **don't be a ~!** ¡no seas tonto!; **to be ~ enough to do sth** ser bastante tonto como para hacer algo; **I was a ~ not to go** ¡qué tonto fui en no ir!; **some ~ of a civil servant** algún funcionario imbécil; **to play the ~** hacer el tonto; **to live in a ~'s paradise** (*fig*) vivir de ilusiones; **I'm nobody's ~** a mí no me tratan de bruto; **to make a ~ of sb** poner or dejar a algn en ridículo; **to make a ~ of o.s.** quedar en ridículo.

  2 ADJ (*US*) tonto/a, zonzo/a (*LAm*).

  3 VT (*deceive*) engañar; **you can't ~ me** a mí no me engañas; **you could have ~ed me!** casi lo creí, por poco me lo trago.

  4 VI hacer el tonto; **I was only ~ing** sólo era una broma; **quit ~ing!** ¡déjate de tonterías!

◆ **fool about**, **fool around** VI + ADV **a** (*waste time*) perder el tiempo. **b** (*act the fool*) hacer el tonto.

fool² [fuːl] N (*Brit Culin: also* **fruit ~**) puré de frutas con nata o natillas.

foolhardy ['fuːl,hɑːdɪ] ADJ (*rash*) temerario/a.

foolish ['fuːlɪʃ] ADJ (*senseless*) necio/a, estúpido/a; (*ridiculous*) ridículo/a; **~ thing** tontería f, bobada f; **it was very ~ of you (to)** fue una estupidez por tu parte; **to make sb look ~** poner a algn en ridículo.

foolishness ['fuːlɪʃnɪs] N necedad f, estupidez f.

foolproof ['fuːlpruːf] ADJ (*mechanism, scheme etc*) infalible.

foolscap ['fuːlskæp] N papel m de tamaño folio.

foot [fut] **1** N (*pl* **feet**) **a** (*gen*) pie m; (*of animal, chair*) pata f; **... my ~!** (*fam*) ¡... y un cuerno! (*fam*); **on ~** a pie, andando, caminando (*LAm*); **he's on his feet all day long** está trajinando todo el santo día; **to be on/get to one's feet** estar/ponerse de pie, estar parado/a/pararse (*LAm*); **on one's feet** (*fig*) repuesto/a; **it's wet under ~** el suelo está mojado.

  b (*fig phrases*) **to find one's feet** ponerse al corriente; **to fall on one's feet** tener suerte, caer de pie; **to get cold feet** entrarle miedo a algn; **to get one's ~ in the door** meter el pie en la puerta; **to have one ~ in the grave** estar con un pie en la sepultura; **to have one's feet on the ground** ser realista; **to put one's ~ down** (*say no*) plantarse; (*Aut*) acelerar; **to put one's ~ in it** meter la pata; **to put one's best ~ forward** animarse a continuar; **to put one's feet up** (*fam*) descansar; **I've never set ~ there** nunca he estado allí; **to shoot o.s. in the ~** pegarse un tiro en el pie; **to start off on the right ~** entrar con buen pie.

  c (*measure*) pie m; **he's six** or **feet tall** mide seis pies.

  2 VT (*fam*) **a** **to ~ the bill** pagar el pato.

  b **to ~ it** (*walk*) ir andando; (*dance*) bailar.

  3 CPD: **~ passengers** NPL pasajeros mpl de a pie.

▶ SENTENCE BUILDER: **for → 8**

footage ['futɪdʒ] N (*Cine*) metraje m; (*pictures*) imágenes fpl, secuencias fpl filmadas.

foot-and-mouth (disease) ['futən'maʊθ(dɪ'ziːz)] N fiebre f aftosa, glosopeda f.

football ['futbɔːl] **1** N (*Sport*) fútbol m; (*ball*) balón m de fútbol.

  2 CPD (*ground, team, supporters*) de fútbol; **~ coupon** N boleto m de quinielas; **~ league** N liga f de fútbol; **~ match** N partido m de fútbol; **~ pools** NPL quinielas fpl; **~ season** N temporada f de fútbol.

footballer ['futbɔːləʳ] N futbolista mf.

footbridge ['futbrɪdʒ] N puente m de peatones.

-footed ['futɪd] ADJ SUF: **four~** cuadrúpedo/a; **light~** rápido/a, veloz.

-footer ['futəʳ] ADJ SUF: **he's a six~** mide 6 pies.

foothills ['futhɪlz] NPL estribaciones fpl.

foothold ['futhəʊld] N asidero m; **to gain a ~** (*fig*) ganar pie, establecerse.

footing ['futɪŋ] N (*foothold*) asidero m; (*fig: basis*) base f; **to lose one's ~** perder pie; **on an equal ~** (*fig*) en pie de igualdad; **to be on a friendly ~ with sb** tener amistad con algn.

footlights ['futlaɪts] NPL (*in theatre*) candilejas fpl.

footloose ['futluːs] ADJ (*also* **~ and fancy free**) libre (como el aire).

footman ['futmən] N (*pl* **-men**) lacayo m.

footmark ['futmɑːk] N huella f, pisada f.

footnote ['futnəʊt] N nota f a pie de página.

footpath ['futpɑːθ] N (*track*) sendero m, vereda f; (*pavement*) acera f, vereda f, andén m (*CAm, Col*), banqueta f (*Mex*).

footprint ['futprɪnt] N huella f, pisada f.

footrest ['futrest] N estribo m.

footsie ['futsɪ] N: **to play ~ with** (*fam*) hacer del pie con, acariciar con el pie a.

footstep ['futstep] N pisada f.

footstool ['futstuːl] N taburete m.

footwear ['futwɛəʳ] N calzado m.

footwork ['futwɜːk] N (*Sport*) juego m de piernas.

FOR ABBR of **free on rail** franco en ferrocarril.

▼**for** [fɔːʳ] **1** PREP **a** (*destination*) para; **the train ~ London** el tren de Londres; **he left ~ Rome** salió para Roma; **he swam ~ the shore** fue nadando hacia la playa.

  b (*purpose, intention*) para; **there's a letter ~ you** hay una carta para ti; **what did you do that ~?** ¿para qué hiciste or has hecho eso?; **what ~?** ¿para qué?; **what's this button ~?** ¿para qué sirve este botón?; **is this ~ me?** ¿es para mí esto?; **it's time ~ lunch** es la hora de comer; **clothes ~ children** ropa infantil; **hats ~ women** sombreros para mujeres; **a cupboard ~ toys** un armario para juguetes; **to pray ~ peace** rezar por la paz; **fit ~ nothing** inútil.

  c (*representing*) **member ~ Hove** diputado m por Hove; **G ~ George** G de Gerona; **I'll ask him ~ you** se lo preguntaré de tu parte; **I took him ~ his brother** lo tomé por su hermano; **a cheque ~ £500** un cheque or talón por valor de 500 libras.

  d (*in exchange for*) por; **to pay 50 pence ~ a ticket** pagar 50 peniques por una entrada; **I sold it ~ £5** lo vendí por or en £5; **pound ~ pound, it's cheaper** es más económico de libra en libra; **word ~ word** palabra por palabra; **what's the German ~ 'hill'?** ¿cómo se dice 'colina' en alemán?

  e (*with regard to*) en cuanto a; **as ~ him/that** en cuanto a él/aquello or eso; **a gift ~ languages** un don de lenguas; **anxious ~ success** deseoso/a de éxito; **it's cold ~ July** para ser julio, hace frío; **he's mature ~ his age** es maduro para la edad que tiene; **he's nice ~ a policeman** para policía es muy simpático; **~ every one who voted yes, 50 voted no** por cada votante en pro, había 50 en contra.

  f (*in favour of*) en pro de; **are you ~ or against us?** ¿estás con nosotros o en contra?; **the campaign ~ human rights** la campaña pro derechos humanos; **I'm all ~ it** estoy completamente a favor; **vote ~ me!** vote por mí.

g (*because of*) por; **if (it were) not ~ you** si no fuera por ti; **~ this reason** por esta razón; **do it ~ my sake** hazlo por mí; **famous ~ its cathedral** famoso por su catedral; **to shout ~ joy** gritar de alegría; **~ fear of being criticised** por miedo a la crítica.

h (*distance*) **there were roadworks ~ 5 miles** había obras durante 5 millas; **we ran ~ miles** corrimos varias millas.

i (*time: past*) **he was away ~ 2 years** estuvo fuera 2 años; (*future*) **I'm going ~ 3 weeks** me voy para 3 semanas; **it has not rained ~ 3 weeks** hace 3 semanas que no llueve; **I have known her ~ years** la conozco desde hace años; **can you do it ~ tomorrow?** ¿lo puedes hacer para mañana?; **he won't be back ~ a while** tardará en volver.

j (*with infin clauses*) **~ this to be possible ...** para que esto sea posible ...; **it's not ~ me to decide** no me toca a mí decidir; **it's best ~ you to go** más vale que te vayas; **it's bad ~ you to smoke so much** te hace daño fumar tanto; **there is still time ~ you to do it** todavía te queda tiempo para hacerlo; **he brought it ~ us to see** lo trajo para que lo viéramos.

k (*other phrases*) **oh ~ a cup of tea!** ¡quién tuviera una taza de té!; **you're ~ it!** (*fam*) ¡las vas a pagar!; **there's nothing ~ it but to jump** no hay más remedio que tirarse; *see* **example**.

2 CONJ visto que, puesto que, ya que.

forage ['fɒrɪdʒ] **1** N (*for cattle*) forraje *m*. **2** VI: **they ~d for food in the jungle** hurgaron en la selva en busca de alimento.

foray ['fɒreɪ] N (*esp Mil*) incursión *f* (*into* en).

forbad(e) [fə'bæd] PT *of* **forbid**.

forbear [fɔː'beəʳ] (*pt* **forbore**; *pp* **forborne**) VI contenerse; **to ~ to do sth** abstenerse de hacer algo.

forbearance [fɔː'beərəns] N paciencia *f*.

▼**forbid** [fə'bɪd] (*pt* **forbad(e)**; *pp* **~den** [fə'bɪdn]) VT prohibir; **to ~ sb sth** prohibir a algn algo; **to ~ sb to do sth** prohibir a algn hacer algo; **'smoking ~den'** 'no fumar'; *see* **god**.

forbidding [fə'bɪdɪŋ] ADJ (*cliff, castle etc*) imponente, impresionante; (*landscape etc*) inhóspito/a; (*person, manner*) severo/a.

▼**force** [fɔːs] **1** N **a** (*gen*) fuerza *f*; **to resort to ~** recurrir a la fuerza; **~ of gravity** la gravedad; **a ~ 5 wind** un viento grado 5; **the ~s of evil** (*fig*) las fuerzas del mal; **by ~** por la fuerza; **by ~ of habit** por la fuerza de costumbre; **by sheer ~ of character** a pura fuerza de carácter; **to be in ~** (*Jur*) estar en vigor *or* vigente.

b (*body of men*) cuerpo *m*; (*Mil*) fuerza *f*; **the ~** (*police ~*) la Policía; **the ~s** (*Mil*) las Fuerzas Armadas; **sales ~** (*Comm*) personal *m* de ventas; **to join ~s** aunar fuerzas; **to turn out in ~** acudir en grandes cantidades.

2 VT **a** (*compel: person*) **to ~ sb to do sth** obligar a algn a hacer algo; **to ~ sb into a corner** arrinconar a algn.

b (*impose*) **to ~ sth on sb** obligar a algn a aceptar algo; **to ~ o.s. on sb** imponérsele a algn.

c (*push, squeeze*) meter *etc* a la fuerza; **he ~d the clothes into the suitcase** metió la ropa en la maleta a la fuerza; **to ~ one's way into sth** meterse en un sitio a la fuerza; **to ~ one's way through sth** abrirse paso entre algo a la fuerza.

d (*break open: lock*) forzar; **to ~ an entry** allanar una morada; **to ~ sb's hand** (*fig*) forzarle la mano a algn.

e (*produce with effort: smile, answer*) forzar; **don't ~ the situation** no fuerces la situación.

f (*obtain by ~*) conseguir a la fuerza.

◆**force back** VT + ADV (*crowd, enemy*) hacer retroceder; (*tears*) reprimir.

◆**force down** VT + ADV (*food*) obligar a tragar.

◆**force in** VT + ADV introducir *or* meter a la fuerza.

◆**force out** VT + ADV (*person*) obligar a salir; (*cork*) sacar; **he was ~ed out of office** le obligaron a dimitir el cargo.

◆**force (up)on** VT + PREP obligar a aceptar.

forced [fɔːst] ADJ (*smile, march*) forzado/a; (*landing*) forzoso/a; **~ labour** trabajos *mpl* forzados.

force-feed ['fɔːsfiːd] (*pt, pp* **force-fed**) VT alimentar a la

fuerza.

forceful ['fɔːsfʊl] ADJ (*personality*) enérgico/a, fuerte; (*argument*) convincente, contundente.

forcemeat ['fɔːsmiːt] N (*Culin*) relleno *m* (de carne picada).

forceps ['fɔːseps] NPL fórceps *mpl*.

forcible ['fɔːsəbl] ADJ (*done by force*) a la fuerza, por la fuerza; (*effective: argument, style*) contundente.

ford [fɔːd] **1** N vado *m*. **2** VT vadear.

fore [fɔːʳ] **1** ADV (*Naut*) **~ and aft** de popa a proa. **2** N: **to come to the ~** empezar a destacar.

forearm ['fɔːrɑːm] N (*Anat*) antebrazo *m*.

forebears ['fɔːbeəz] NPL antepasados *mpl*.

forebode [fɔː'bəʊd] VT presagiar, anunciar.

foreboding [fɔː'bəʊdɪŋ] N presentimiento *m*.

forecast ['fɔːkɑːst] (*vb: pt, pp ~*) **1** N pronóstico *m*; (*also* **weather ~**) pronóstico meteorológico. **2** VT (*gen*) pronosticar.

foreclose [fɔː'kləʊz] VT (*Jur: also ~ on*) extinguir el derecho de redimir (una hipoteca).

foreclosure [fɔː'kləʊʒəʳ] N apertura *f* de un juicio hipotecario.

forecourt ['fɔːkɔːt] N (*gen*) entrada *f*; (*of hotel*) terraza *f*.

forefathers ['fɔːˌfɑːðəz] NPL antepasados *mpl*.

forefinger ['fɔːˌfɪŋgəʳ] N (dedo *m*) índice *m*.

forefront ['fɔːfrʌnt] N: **to be in the ~ of** estar en la vanguardia de.

forego [fɔː'gəʊ] (*pt* **forewent**; *pp* **foregone**) VT pasarse sin, privarse de.

foregoing ['fɔːgəʊɪŋ] ADJ anterior, precedente.

foregone ['fɔːgɒn] **1** PP *of* **forego**. **2** ADJ: **it was a ~ conclusion** fue un resultado inevitable.

foreground ['fɔːgraʊnd] N primer plano *m or* término *m*; **in the ~** (*fig*) en primer plano *or* término.

forehand ['fɔːhænd] N (*Tennis*) directo *m*.

forehead ['fɒrɪd] N frente *f*.

foreign ['fɒrɪn] ADJ **a** (*language, tourist*) extranjero/a, extraño/a, gringo/a (*LAm pej*); (*policy, trade etc*) exterior; **~ aid** ayuda *f* exterior *or* externa; **~ debt** deuda *f* externa; **~ exchange** (*system*) cambio *m* de divisas; (*money*) divisas *fpl*, moneda *f* extranjera; **~ investment** inversión *f* en el extranjero; (*money, stock*) inversiones extranjeras; ≈ **F~ Minister** ≈ Ministro *m* de Asuntos Exteriores, ≈ Canciller *m* (*LAm*), ≈ Secretario *m* de Relaciones Externas (*Mex*); **F~ Ministry**, (*Brit*) **F~ Office** ≈ Ministerio *m* de Asuntos Exteriores, ≈ Secretaría *f* de Relaciones Externas (*Mex*).

b (*not natural*) ajeno/a; **~ body** cuerpo *m* ajeno; **deceit is ~ to his nature** el engaño le es ajeno.

foreigner ['fɒrɪnəʳ] N extranjero/a *m/f*.

foreleg ['fɔːleg] N pata *f* delantera; (*of horse*) brazo *m*.

foreman ['fɔːmən] N (*pl* **-men**) (*of workers*) capataz *m*; (*Constr*) maestro *m* de obras; (*Jur: of jury*) presidente *m* del jurado.

foremost ['fɔːməʊst] ADJ (*outstanding*) más destacado/a; (*main, first*) primero/a, principal; *see* **first 2 (a)**.

forename ['fɔːneɪm] N nombre *m* (de pila).

forenoon ['fɔːnuːn] N (*esp Scot*) mañana *f*.

forensic [fə'rensɪk] ADJ forense; (*medicine*) legal, forense.

foreplay ['fɔːpleɪ] N caricias *fpl* estimulantes.

forerunner ['fɔːˌrʌnəʳ] N precursor/a *m/f*.

foresee [fɔː'siː] (*pt* **foresaw**; *pp ~n*) VT prever.

foreseeable [fɔː'siːəbl] ADJ (*opportunity*) previsible; **in the ~ future** en un futuro previsible.

foreshadow [fɔː'ʃædəʊ] VT anunciar, presagiar.

foreshore ['fɔːʃɔːʳ] N playa *f* (entre pleamar y bajamar).

foresight ['fɔːsaɪt] N previsión *f*; **to have** *or* **show ~** ser precavido/a.

foreskin ['fɔːskɪn] N (*Anat*) prepucio *m*.

forest ['fɒrɪst] **1** N (*temperate*) bosque *m*; (*tropical*) selva *f*. **2** CPD: **~ fire** N incendio *m* forestal; **~ track, ~ trail** N camino *m* forestal.

forestall [fɔː'stɔːl] VT (*anticipate: event, accident*) prevenir; (*rival, competitor*) adelantarse a; (*Comm*) acaparar.

forester ['fɒrɪstəʳ] N (*expert*) ingeniero *m* de montes; (*keeper*) guardabosques *m inv*.

forestry ['fɒrɪstrɪ] **1** N silvicultura f; (Univ) ciencias fpl forestales. **2** CPD: **F~ Commission** N (Brit) ≈ Comisión f del Patrimonio Forestal.

foretell [fɔ:'tel] (pt, pp **foretold**) VT (predict) predecir, pronosticar; (forebode) presagiar.

forethought ['fɔ:θɔ:t] N previsión f.

forever [fər'evər] ADV (eternally) (para) siempre; (fam: incessantly, repeatedly) constantemente; see **ever (a)**.

forewarn [fɔ:'wɔ:n] VT avisar, advertir; **~ed is forearmed** hombre prevenido vale por dos.

forewoman ['fɔ:ˌwʊmɪn] N (pl **-women**) (Jur) presidenta f del jurado; (industry) capataz f.

foreword ['fɔ:wɜ:d] N prefacio m, prólogo m.

forfeit ['fɔ:fɪt] **1** N (in game) prenda f. **2** VT (one's rights etc) perder; (Jur) decomisar.

forgave [fə'geɪv] PT of **forgive**.

forge [fɔ:dʒ] **1** N (furnace) fragua f; (of blacksmith) herrería f; (factory) fundición f.
2 VT **a** (lit, fig) fraguar, forjar.
b (falsify: document, painting etc) falsificar; **~d money** moneda f falsa.
3 VI: **to ~ ahead** avanzar a grandes pasos; **to ~ ahead of sb** adelantarse a algn.

forger ['fɔ:dʒər] N falsificador(a) m/f.

forgery ['fɔ:dʒərɪ] N (act, thing) falsificación f; **it's a ~** es falso.

▼**forget** [fə'get] (pt **forgot**; pp **forgotten**) **1** VT olvidar, olvidarse de; **to ~ to do sth** olvidarse de hacer algo; **never to be forgotten** inolvidable; **~ it!** (fam) ¡no te preocupes!, ¡no importa!; (you're welcome) de nada, no hay de qué.
2 VI (gen) olvidar; (to have a bad memory) tener mala memoria; **I've forgotten all about it** se me ha olvidado todo; **if there's no money, you can ~ (all about) the new car** si no hay dinero, puedes olvidarte del nuevo coche; **let's ~ about it!** (in annoyance) ¡olvidémoslo!, ¡basta!; (in forgiveness) más vale olvidarlo; **we shouldn't ~ that ...** no debemos olvidar que ...; **to ~ o.s.** (lose self-control) pasarse, propasarse.

forgetful [fə'getfʊl] ADJ (lacking memory) olvidadizo/a; (absent-minded) despistado/a; (neglectful: of one's duties etc) descuidado/a.

forget-me-not [fə'getmɪnɒt] N nomeolvides f inv.

▼**forgive** [fə'gɪv] (pt **forgave**; pp **~n** [fə'gɪvn]) VT (person, fault) perdonar, disculpar (esp LAm); **to ~ sb for sth** perdonarse or (esp LAm) disculparse algo a algn; **~ me** (excuse me) perdone, con permiso (LAm).

forgiveness [fə'gɪvnɪs] N (pardon) perdón m; (willingness to forgive) compasión f.

forgiving [fə'gɪvɪŋ] ADJ (person, smile) compasivo/a.

forgo [fɔ:'gəʊ] (pt **forwent**; pp **forgone** ['fɔ:gɒn]) VT (give up) renunciar a; (do without) pasarse sin.

forgot [fə'gɒt] PT of **forget**.

forgotten [fə'gɒtn] PP of **forget**.

fork [fɔ:k] **1** N (at table) tenedor m; (Agr) horca f, horquilla f; (in road) bifurcación f; (of tree) horcadura f.
2 VT (Agr: also **~ over**) cargar con la horca.
3 VI (road) bifurcarse; **~ right for Oxford** tuerza a la derecha para ir a Oxford.

◆**fork out 1** VT + ADV (money, cash) soltar.
2 VI + ADV pagar.

forked [fɔ:kt] ADJ (tail) hendido/a; (branch) bifurcado/a; (lightning) ahorquillado/a.

fork-lift truck ['fɔ:klɪft ˌtrʌk] N grúa f de horquilla.

forlorn [fə'lɔ:n] ADJ (person) triste, melancólico/a; (deserted: cottage) abandonado/a; (desperate: attempt) desesperado/a; **to look ~** tener aspecto triste; **a ~ hope** una esperanza desesperada.

form [fɔ:m] **1** N **a** (gen) forma f; (kind, type) clase f, tipo m; (way, means) manera f, forma; (figure, shadow) bulto m, silueta f; **in the ~ of** en forma de; **a new ~ of government** un nuevo sistema de gobierno; **as a ~ of apology** como disculpa; **~ and content** forma y contenido; **to take ~** concretarse, tomar or cobrar forma; **it took the ~ of a cash prize** consistió en un premio metálico.
b (Sport, fig) **to be in good ~** estar en plena forma; **true**

to ~ en forma consecuente; **he was in great ~ last night** estaba en plena forma anoche.
c (document: gen) formulario m; **application ~** solicitud f; **to fill out** or **up a ~** llenar una hoja.
d (frm: etiquette) apariencias fpl; **it's a matter of ~** es una formalidad; **it's bad ~** está mal visto.
e (bench) banco m.
f (Brit Scol) clase f, curso m; **in the first ~** en primer curso or primero.
2 VT (shape, make) formar, hacer; (: clay etc) moldear; (: company) fundar; (: plan) elaborar, formular; (: sentence) construir; (: queue) hacer; (: idea) concebir, formular; (: opinion) hacerse, formarse; (: habit) crear; **he ~ed it out of clay** lo moldeó en arcilla; **to ~ a government** formar gobierno; **to ~ a group** formar un grupo; **to ~ part of sth** formar parte de algo.
3 VI tomar forma, formarse.
4 CPD: **~ feed** N (Comput) salto m de página.

formal ['fɔ:məl] ADJ (person: correct) correcto/a; (: reliable, stiff) formal; (greeting, language: solemn) solemne; (dress) de etiqueta; (visit) de cumplido; (Pol visit) oficial; (occasion, announcement) solemne; (function) protocolario/a; (garden) simétrico/a; (official: evidence) documental; (acceptance) por escrito; **there was no ~ agreement** no había un acuerdo en firme; **~ training** formación f profesional.

formality [fɔ:'mælɪtɪ] N (of occasion) lo ceremonioso; (of person: stiffness) rigidez f; (: correctness) rectitud f; **formalities** (bureaucratic) trámites mpl, gestiones fpl; **with all due ~** en la debida forma; **it's a mere ~** no es más que un requisito formal.

formalize ['fɔ:məlaɪz] VT (plan, agreement) formalizar.

formally ['fɔ:məlɪ] ADV (gen) formalmente; (officially) oficialmente; (ceremoniously) con mucha ceremonia; (dress etc) de etiqueta; (stiffly) con frialdad.

format ['fɔ:mæt] **1** N formato m. **2** VT (Comput) formatear. **3** CPD: **~ line** N (Comput) línea f de formato.

formation [fɔ:'meɪʃən] N (gen) formación f.

formative ['fɔ:mətɪv] ADJ (influence etc) formativo/a; (years) de formación.

former ['fɔ:mər] **1** ADJ **a** (earlier, previous) antiguo/a; (: chairman, wife etc) ex; **in ~ days** anteriormente; **the ~ president** el expresidente; **your ~ idea was better** tu primera idea fue mejor.
b (of two) primero/a.
2 PRON: **night and day, the ~ dark, the latter light** la noche y el día, aquélla oscura y éste lleno de luz.

formerly ['fɔ:məlɪ] ADV antiguamente, hace años.

Formica ® [fɔ:'maɪkə] N formica f ®.

formidable ['fɔ:mɪdəbl] ADJ formidable.

formula ['fɔ:mjʊlə] N (pl **~s** or Math, Chem etc **formulae** ['fɔ:mjʊli:]) fórmula f; **F~ One** (Aut) fórmula uno.

formulate ['fɔ:mjʊleɪt] VT (theory) formular.

fornicate ['fɔ:nɪkeɪt] VI fornicar.

forsake [fə'seɪk] (pt **forsook** [fə'sʊk]; pp **~n** [fə'seɪkən]) VT (abandon) abandonar; (give up) renunciar a.

fort [fɔ:t] N (Mil) fortaleza f, fuerte m, fortín m; **to hold the ~** (fig) quedarse a cargo.

forte ['fɔ:tɪ] N (strong point) fuerte m.

forth [fɔ:θ] ADV **a** (old: onward) adelante; **to go ~** salir adelante; **from this day ~** de hoy en adelante. **b** **and so ~** etcétera, y así sucesivamente.

forthcoming [fɔ:θ'kʌmɪŋ] ADJ (event) próximo/a, venidero/a; (election) próximo; (film) de próximo estreno; (book) de próxima aparición; (person) abierto/a; **if help is ~** si llega la ayuda esperada; **he wasn't very ~ about it** dijo poco sobre el asunto.

forthright ['fɔ:θraɪt] ADJ (person, answer etc) franco/a, directo/a.

forthwith ['fɔ:θ'wɪθ] ADV (frm) en el acto, acto seguido.

fortieth ['fɔ:tɪθ] **1** ADJ cuadragésimo/a, cuarentavo/a. **2** N (in series) cuarenta/a m/f; (fraction) cuadragésima parte f; see **fifth** for usage.

fortification [ˌfɔ:tɪfɪ'keɪʃən] N (means of defence) fortificación f.

fortify ['fɔ:tɪfaɪ] VT (Mil) fortificar; (fig: person) fortalecer;

(*enrich*: *food*) enriquecer; **fortified wine** vino *m* encabezado.

fortitude ['fɔːtɪtjuːd] N fortaleza *f*, valor *m*.

fortnight ['fɔːtnaɪt] N (*Brit*) quince días *mpl*, quincena *f*; **a ~ (from) today** de hoy en quince días.

fortnightly ['fɔːtnaɪtlɪ] (*esp Brit*) [1] ADJ quincenal. [2] ADV cada quince días.

FORTRAN ['fɔːtræn] N ABBR (*Comput*) of **formula translator** FORTRAN *m*.

fortress ['fɔːtrɪs] N fortaleza *f*, plaza *f* fuerte.

fortuitous [fɔː'tjuːɪtəs] ADJ fortuito/a, casual.

fortunate ['fɔːtʃənɪt] ADJ (*gen*) afortunado/a; (*opportune*) oportuno/a; **to be ~** (*person*) tener suerte, ser afortunado/a.

fortunately ['fɔːtʃənɪtlɪ] ADV afortunadamente, por suerte.

fortune ['fɔːtʃən] N [a] (*luck*) fortuna *f*, suerte *f*; (*fate*) suerte, destino *m*; **by good ~** por fortuna; **to tell sb's ~** decir a algn la buenaventura; **to try one's ~** probar fortuna. [b] (*money*) fortuna *f*, dineral *m*, platal *m* (*LAm*); **to cost a ~** costar un ojo de la cara (*fam*), valer un dineral; **to make a ~** hacer un dineral *etc*; **a small ~** un montón de dinero, un dineral.

fortune-hunter ['fɔːtʃən,hʌntəʳ] N aventurero/a *m/f*.

fortune-teller ['fɔːtʃən,teləʳ] N adivino/a *m/f*.

forty ['fɔːtɪ] [1] ADJ cuarenta; **to have ~ winks** (*fam*) echar un sueñecito. [2] N cuarenta *m*; see **fifty** for usage.

forum ['fɔːrəm] N foro *m*.

forward ['fɔːwəd] [1] ADJ [a] (*in position*) delantero/a; (*in movement*) hacia adelante; (*in time*) adelantado/a, avanzado/a; **~ line** (*Sport*) delantera *f*; (*Mil*) primera línea *f* de fuego; **~ planning** planificación *f* por anticipado. [b] (*precocious*: *child*) precoz; (*presumptuous*: *person, remark*) atrevido/a. [c] (*Comm*) **~ buying** compra *f* a término; **~ contract** contrato *m* a término; **~ exchange** cambio *m* a término; **~ market** mercado *m* de futuros; **~ rate** tipo *m* a término; **~ sales** ventas *fpl* a término. [2] ADV (*gen*: *also* **~s**) adelante, hacia adelante; **to come ~** hacerse conocer; **to look ~ to** esperar con impaciencia; **from this time ~** de aquí en adelante. [3] N (*Sport*) delantero/a *m/f*. [4] VT (*dispatch*: *goods*) expedir, enviar; (*send on*: *letter*) remitir; **'please ~'** 'remítase al destinatario'; **~ing address** destinatario *m*; **~ing agent** agente *mf* de tránsito.

forward-looking ['fɔːwəd,lʊkɪŋ] ADJ (*plan etc*) con miras al futuro; (*person*) previsor/a; (*Pol*) progresista.

forward-thinking ['fɔːwəd,θɪŋkɪŋ] ADJ de criterio avanzado; (*Pol*) progresista.

forwent [fɔː'went] PT of **forgo**.

fossil ['fɒsl] [1] N fósil *m*. [2] CPD fósil; **~ fuel** N hidrocarburo *m*.

fossilized ['fɒsɪlaɪzd] ADJ fosilizado/a.

foster ['fɒstəʳ] [1] VT (*child*) criar; (*hope, ambition*) fomentar, alentar, promover. [2] ADJ (*parent, child*) adoptivo/a; **~ home** casa *f* cuna.

fought [fɔːt] PT, PP of **fight**.

foul [faʊl] [1] ADJ (*comp* **~er**; *superl* **~est**) (*putrid, disgusting*) asqueroso/a; (*dirty*) sucio/a, cochino/a; (*fam*: *smell*) fétido/a, hediondo/a; (: *water*) sucio/a, viciado/a; (*nasty*: *weather*) horrible; (*mood*) de perros; (*obscene*: *language*) grosero/a; **~ play** (*Sport*) jugada *f* antirreglamentaria; **the police suspect ~ play** la policía sospecha una muerte violenta; **to fall ~ of** (*person*) ponerse a malas con; (*law*) infringir. [2] N (*Sport*) falta *f* (en contra). [3] VT [a] (*pollute*: *air*) viciar; **the dog ~ed the pavement** el perro ensució la acera. [b] (*Sport*: *opponent*) hacer falta a. [c] (*entangle*: *anchor, propeller*) atascarse, enredarse en.

◆ **foul up** (*fam*) VT + ADV armar un lío con (*fam*), liar (*fam*); (*relationship*) estropear.

foulmouthed ['faʊl'maʊðd] ADJ malhablado/a.

foul-tempered ['faʊl'tempəd] ADJ: **to be ~** (*habitually*) ser un cascarrabias; (*on one occasion*) estar malhumorado/a.

found¹ [faʊnd] PT, PP of **find**.

found² [faʊnd] VT (*town, school etc*) fundar; (*opinion, belief*) fundamentar, basar; **a statement ~ed on fact** una declaración basada en los hechos.

foundation [faʊn'deɪʃən] [1] N [a] (*act*) fundación *f*. [b] **~s** (*Archit*) cimientos *mpl*. [c] (*fig*: *basis*) base *f*, fundamento *m*. [d] (*organization*) fundación *f*; **the story is without ~** la historia carece de base. [2] CPD: **~ course** N curso *m* de base; **~ cream** N crema *f* de base; **~ stone** N piedra *f* base.

founder¹ ['faʊndəʳ] N (*originator*) fundador(a) *m/f*.

founder² ['faʊndəʳ] VI (*Naut*) hundirse, irse a pique.

founding ['faʊndɪŋ] ADJ: **~ fathers** (*esp US*) fundadores *mpl*, próceres *mpl* (*LAm*).

foundry ['faʊndrɪ] N fundición *f*, fundidora *f* (*LAm*).

fount [faʊnt] N [a] (*poet*: *source*) fuente *f*. [b] (*Brit Typ*) fundición *f*.

fountain ['faʊntɪn] [1] N (*also fig*) fuente *f*; (*drinking ~*) fuente de agua potable. [2] CPD: **~ pen** N estilográfica *f*, plumafuente *f* (*LAm*).

four [fɔːʳ] [1] ADJ cuatro. [2] N cuatro *m*; **on all ~s** a gatas; *see* **five** for usage.

four-colour, (*US*) **four-color** ['fɔː,kʌləʳ] ADJ: **~ (printing) process** cuatricromía *f*.

four-door ['fɔː'dɔːʳ] ADJ (*car*) de cuatro puertas.

four-eyes ['fɔːraɪz] N (*fam*) cuatrojos *mf inv* (*fam*).

four-letter ['fɔː,letəʳ] ADJ: **~ word** palabrota *f*, taco *m*, grosería *f*.

four-poster bed ['fɔː,pəʊstə'bed], **four-poster** ['fɔː,pəʊstəʳ] N cama *f* con dosel.

fourscore ['fɔː'skɔːʳ] ADJ (*old*) ochenta.

foursome ['fɔːsəm] N grupo *m* de cuatro.

foursquare ['fɔː'skwɛəʳ] ADV: **to stand ~ behind sb** respaldar completamente a algn.

four-star ['fɔː'stɑːʳ] ADJ: **~ hotel** hotel *m* de cuatro estrellas; **~ petrol** (*Brit*) ≈ gasolina *f* súper.

fourteen ['fɔː'tiːn] [1] ADJ catorce. [2] N catorce *m*; *see* **five** for usage.

fourteenth ['fɔː'tiːnθ] [1] ADJ decimocuarto/a. [2] N (*in series*) decimocuarto/a *m/f*; (*fraction*) catorceava parte *f*; *see* **fifth** for usage.

fourth [fɔːθ] [1] ADJ cuarto/a. [2] N (*in series*) cuarto/a *m/f*; (*fraction*) cuarto *m*, cuarta parte *f*; (*Aut*: *also* **~ gear**) cuarta (velocidad) *f*; **~ note** (*US Mus*) cuarta *f*; *see* **fifth** for usage.

four-wheel ['fɔːwiːl] ADJ: **~ drive** (*system*) tracción *f* de 4 por 4, tracción a las cuatro ruedas; (*car*) todoterreno *m*.

fowl [faʊl] N (*poultry*) ave *f* de corral.

fox [fɒks] [1] N zorra *f*; (*dog ~*) zorro *m*; **he's an old ~** es un viejo zorro. [2] VT (*deceive*) engañar; (*puzzle*) dejar perplejo/a a; **this will ~ them** esto les ha de despistar. [3] CPD: **~ cub** N cachorro *m* (de zorro); **~ fur** N piel *f* de zorro; **~ terrier** N foxterrier *m*, perro *m* raposero *or* zorrero.

foxglove ['fɒksglʌv] N dedalera *f*.

foxhound ['fɒkshaʊnd] N perro *m* raposero.

fox-hunting ['fɒks,hʌntɪŋ] N caza *f* del zorro.

foxtrot ['fɒkstrɒt] N fox *m*.

foxy ['fɒksɪ] ADJ astuto/a.

foyer ['fɔɪeɪ] N vestíbulo *m*, hall *m*.

FP N ABBR [a] (*US*) of **fireplug** boca *f* de incendio. [b] (*Brit*) of **former pupil**.

FPA N ABBR (*Brit*) of **Family Planning Association**.

Fr ABBR [a] (*Rel*) of **Father** P., Pᵉ. [b] of **Friar** Fr.

fr. ABBR of **franc(s)** fr(s).

fracas ['fræka:] N gresca *f*, reyerta *f*.

fraction ['frækʃən] N (*Math*) fracción *f*, quebrado *m*; **move it just a ~** (*fig*) muévelo un poquito; **for a ~ of a second** por un instante.

fractionally ['frækʃnəlɪ] ADV mínimamente.

fractious ['frækʃəs] ADJ (*irritable*) irritable; (*unruly*) díscolo/a.

fracture ['fræktʃəʳ] [1] N (*Med, gen*) fractura *f*. [2] VT fracturar; **to ~ one's arm** fracturarse el brazo. [3] VI fracturarse.

fragile ['frædʒaɪl] ADJ (*lit, fig*) frágil, quebradizo/a; **I'm feeling rather ~ this morning** me siento un poco delicado esta mañana.
fragment ['frægmənt] [1] N fragmento *m*. [2] [fræg'ment] VI fragmentarse, hacerse añicos.
fragmentary [fræg'mentərɪ] ADJ (*evidence, account*) fragmentario/a.
fragrance ['freɪgrəns] N (*of flowers*) fragancia *f*; (*perfume*) perfume *m*.
fragrant ['freɪgrənt] ADJ fragante.
frail [freɪl] ADJ (*comp* **~er**; *superl* **~est**) (*chair etc*) quebradizo/a, frágil; (*person*) débil, endeble; (*health*) delicado/a; (*fig: hope, relationship*) frágil.
frailty ['freɪltɪ] N (*of person, health*) debilidad *f*; (*of happiness*) lo efímero; (*of character*) flaqueza *f*.
frame [freɪm] [1] [a] (*~work: of ship, building etc*) armazón *m or f*, estructura *f*; (*: of furniture etc*) armadura *f*; (*of spectacles*) montura *f*; (*of bicycle*) cuadro *m*; (*of picture, window, door*) marco *m*; **~ of reference** marco de referencia.
[b] (*line*) imagen *f*.
[c] (*body*) cuerpo *m*; **~ of mind** estado *m* de ánimo.
[2] VT [a] (*picture*) poner un marco a.
[b] (*enclose*) enmarcar.
[c] (*formulate: question, plan etc*) formular, elaborar; (*: sentence*) construir.
[d] (*fam*) **to ~ sb** meter a chirona a algn por algo que no ha hecho.
frame-up ['freɪmʌp] N (*fam*) estratagema *f* para incriminar a algn; **it's a ~** aquí hay trampa.
framework ['freɪmwɜːk] N (*lit*) armazón *m or f*; (*fig: of essay, society*) marco *m*.
franc [fræŋk] N franco *m*.
France [frɑːns] N Francia *f*.
franchise ['fræntʃaɪz] N (*Pol*) sufragio *m*; (*Comm*) licencia *f*, concesión *f*.
franchisee [ˌfræntʃaɪ'ziː] N franquiciado/a *m/f*, concesionario/a *m/f*.
franchisor [ˌfræntʃaɪ'zɔːr] N franquiciador(a) *m/f*, (compañía *f*) concesionaria *f*.
Franciscan [fræn'sɪskən] ADJ, N franciscano/a *m/f*.
Franco- ['fræŋkəʊ] PREF franco-.
francophile ['fræŋkəʊfaɪl] N francófilo/a *m/f*.
franglais [frɑ̃'glɛ] N (*hum*) franglés *m*.
frank¹ [fræŋk] ADJ (*comp* **~er**; *superl* **~est**) franco/a.
frank² [fræŋk] VT (*letter*) franquear.
frankfurter ['fræŋk,fɜːtər] N (salchicha *f* de) frankfurt *m*.
frankincense ['fræŋkɪnsens] N incienso *m*.
franking machine ['fræŋkɪŋmə'ʃiːn] N (máquina *f*) franqueadora *f*.
frankly ['fræŋklɪ] ADV francamente.
frankness ['fræŋknɪs] N franqueza *f*, sinceridad *f*.
frantic ['fræntɪk] ADJ (*activity, pace*) frenético/a; (*desperate: need, desire, person*) desesperado/a; **she was ~ with worry** estaba loca de inquietud; **to drive sb ~** sacar a algn de quicio.
frat [fræt] N ABBR (*US fam*) of **fraternity**.
fraternal [frə'tɜːnl] ADJ fraterno/a.
fraternity [frə'tɜːnɪtɪ] N fraternidad *f*; (*US Univ*) círculo *m* estudiantil; (*organization*) hermandad *f*.
fraternize ['frætənaɪz] VI (*esp Mil*) confraternizar (*with* con).
fraud [frɔːd] [1] N (*Jur*) fraude *m*, desfalco *m*; (*trickery*) estafa *f*; (*trick, con*) engaño *m*, timo *m*; (*person*) impostor(a) *m/f*. [2] CPD: **~ squad** N grupo *m* de estafas.
fraudulent ['frɔːdjʊlənt] ADJ fraudulento/a.
fraught [frɔːt] ADJ (*tense*) tenso/a; **~ with danger** de gran peligro; **things got a bit ~** la situación se puso difícil.
fray¹ [freɪ] N (*old: fight*) combate *m*, lucha *f*; **to be ready for the ~** (*lit, fig*) estar dispuesto a pelear.
fray² [freɪ] [1] VT (*cloth, garment*) desgastar; **tempers were getting ~ed** el ambiente se estaba poniendo tenso. [2] VI (*see vt*) raerse; desgastarse.
frazzle ['fræzl] (*fam*) [1] N: **to beat sb to a ~** (*Sport*) cascar a algn (*fam*); **it was burned to a ~** quedó carbonizado; **to be worn to a ~** estar hecho un trapo (*fam*). [2] VT (*US*)

agotar, rendir.
FRB N ABBR (*US*) of **Federal Reserve Bank**.
FRCM N ABBR (*Brit*) of **Fellow of the Royal College of Music**.
FRCO N ABBR (*Brit*) of **Fellow of the Royal College of Organists**.
FRCP N ABBR (*Brit*) of **Fellow of the Royal College of Physicians**.
FRCS N ABBR (*Brit*) of **Fellow of the Royal College of Surgeons**.
freak [friːk] [1] N (*abnormal: person*) fenómeno *m*; (*: plant, animal*) monstruo *m*; (*: event*) cosa *f* imprevista; (*fam: enthusiast*) adicto/a *m/f*; **a ~ of nature** un fenómeno de la naturaleza; **the result was a ~** el resultado fue totalmente fuera de serie; **health ~** (*fam*) maniático/a *m/f* en cuestión de salud. [2] ADJ (*storm, conditions*) anormal; (*victory*) inesperado/a.
♦**freak out** VI + ADV (*fam: get excited*) irse del bolo.
freakish ['friːkɪʃ] ADJ [a] (*appearance*) extravagante; (*result*) inesperado/a. [b] (*changeable: moods, weather*) variable, caprichoso/a.
freckle ['frekl] N peca *f*.
freckled ['frekld] ADJ pecoso/a, lleno/a de pecas.
free [friː] [1] ADJ (*comp* **~r**; *superl* **~st**) [a] (*at liberty*) libre; (*unre- stricted*) libre, suelto/a; **~ from** *or* **of sth/sb** libre de algo/algn; **feel ~ (to help yourself)** ¡adelante!, ¡está en su casa!; **to break ~** escaparse; **to set ~** (*person*) liberar, soltar; **~ and easy** (*carefree*) despreocupado/a; (*unrestricted*) a sus anchas; **to be ~ to do sth** poder libremente hacer algo, ser libre de + *infin*; **he is not ~ to choose** no tiene libertad de elección; **to give ~ rein to** (*fig*) dar rienda suelta a; **to give sb a ~ hand** darle campo libre a algn.
[b] (*not occupied: seat, room, person, moment*) libre; **is this seat ~?** ¿está libre este asiento?, ¿está ocupado? (*LAm*); **are you ~ tomorrow?** ¿estás libre mañana?; **to have one's hands ~** (*lit*) tener las manos libres.
[c] (*generous, open*) liberal (*with* con); (*improper: behaviour, language*) desvergonzado/a; **to be ~ with one's money** ser manirroto/a; **he's too ~ with his remarks** tiene una lengua muy suelta.
[d] (*costing nothing: ticket, delivery*) gratuito/a, gratis; **tax ~** libre *or* exento/a de impuestos; **~ on board** (*Comm*) franco a bordo; **admission ~** entrada libre; **~ of charge** gratis; **to get sth for ~** (*fam*) obtener algo gratis; **~ agent** persona *f* independiente; **~ enterprise** libre empresa *f*; **~ gift** regalo *m*, obsequio *m*; **~ kick** (*Ftbl*) golpe *m* franco; **~ love** amor *m* libre; **~ market** mercado *m* libre (*in de*); **~ pass** permiso *m* para entrada gratuita; **~ period** hora *f* libre; **~ port** puerto *m* franco; **~ speech** libertad *f* de expresión; **~ trade** libre cambio *m*; **~ verse** verso *m* libre; **~ will** libre albedrío *m*.
[2] ADV (*without charge*) **I got in (for) ~** (*fam*) entré gratis *or* sin pagar.
[3] VT (*release: prisoner, people*) liberar, poner en libertad; (*untie: person, animal*) desatar, soltar; (*unblock: pipe*) desatascar; (*rid: of disease*) curar; (*relieve: from burden, tax etc*) eximir; **to ~ o.s. from** *or* **of sth** librarse de algo.
♦**free up** VT + ADV (*funds, resources*) hacer disponible.
-free [friː] ADJ SUF: **additive~** sin aditivos; **duty~** libre de impuestos; **lead~** sin plomo.
freebie ['friːbɪ] (*fam*) [1] ADJ gratuito/a. [2] N comida *f* or bebida *f* etc gratuita, ganga *f*; **it's a ~** es gratis.
freedom ['friːdəm] [1] N (*gen*) libertad *f*; (*liberation*) liberación *f*; **~ of association/worship/speech/the press** libertad de asociación/de cultos/de expresión/de prensa; **to give sb the ~ of a city** otorgar a algn la ciudadanía de honor.
[2] CPD: **~ fighter** N guerrillero/a *m/f*.
Freefone ® ['friːfəʊn] N = **Freephone**.
free-for-all ['friːfə'rɔːl] N (*fam: brawl*) pelea *f*, bronca *f*; (*argument*) discusión *f* general.
freehold ['friːhəʊld] ADJ (*property, land*) de feudo franco.
freelance ['friːlɑːns] [1] ADJ independiente. [2] VI trabajar como periodista *or* independiente.
freeloader ['friːləʊdər] N (*US fam*) gorrón/ona *m/f*.

freely ['fri:lɪ] ADV (*gen*) libremente; (*speak*) francamente; (*generously*) liberalmente; **you may come and go ~** puedes ir y venir como quieras.

freemason ['fri:,meɪsn] N (franc)masón *m*.

Freephone ® ['fri:fəʊn] N (*Brit Telec*) ≈ llamada *f* telefónica sin cargo al usuario.

Freepost ® ['fri:,pəʊst] N franqueo *m* pagado.

free-range ['fri:reɪndʒ] ADJ (*hen, eggs*) de granja.

freesia ['fri:zɪə] N fresia *f*.

freestyle ['fri:staɪl] N: **100 metres ~** (*Swimming*) 100 metros libres.

freethinker ['fri:'θɪŋkər] N librepensador(a) *m/f*.

freeway ['fri:weɪ] N (*US*) autopista *f* sin peaje.

freewheel ['fri:'wi:l] VI (*coast: on bicycle*) ir (en bicicleta) sin pedalear; (: *in car*) ir en punto muerto.

freeze [fri:z] (*pt* **froze**; *pp* **frozen**) **1** VT (*water*) helar; (*food, prices, wages, assets etc*) congelar.
  2 VI (*gen*) helarse, congelarse; (*keep still*) quedarse inmóvil; **I'm freezing** estoy helado; **freezing fog** niebla *f* helada; **to ~ to death** morirse de frío; **~!** ¡no te muevas!
  3 N (*Met*) helada *f*; (*of prices, wages etc*) congelación *f*.

◆ **freeze out** VT (*competitor*) dejar fuera.

◆ **freeze over** VI + ADV (*lake, river*) helarse, congelarse; (*windows, windscreen*) cubrirse de escarcha.

◆ **freeze up** VI + ADV (*handle, pipes*) helarse, congelarse; (*windows*) cubrirse de escarcha.

freeze-dry [,fri:z'draɪ] VT liofilizar, deshidratar por congelación.

freezer ['fri:zər] N congelador *m*, congeladora *f*.

freezing ['fri:zɪŋ] **1** ADJ glacial, helado/a. **2** ADV: **it's ~ cold** hace un frío glacial. **3** N (*also* **~ point**) punto *m* de congelación; **5 degrees below ~** 5 grados bajo cero.

freight [freɪt] **1** N (*goods transported*) flete *m*; (*load*) carga *f*; (*goods*) mercancías *fpl*; (*charge*) flete, gastos *mpl* or costos *mpl* de transporte; **to send sth (by) ~** enviar algo por flete; **~ collect** (*US*), **~ forward** flete or porte *m* por cobrar; **~ free** franco de porte; **~ inward** flete sobre compras.
  2 VT (*transport: goods*) fletar, transportar.
  3 CPD: **~ car** N (*US*) vagón *m* de mercancías; **~ forwarder** N agente *mf* expedidor; **~ terminal** N terminal *f* de mercancías; **~ train** N (*US*) (tren) mercancías *m*; **~ yard** N área *f* de carga.

French [frentʃ] **1** ADJ francés/esa; (*ambassador*) de Francia; **~ bean** judía *f* verde, ejote *m* (*Mex*), poroto *m* (*CSur*), poroto verde (*Chi*); **~ bread** pan *m* francés; **~ Canadian** (*adj, n*) francocanadiense *mf*; **~ dressing** (*Culin*) vinagreta *f*; **~ fries** (*esp US*) patatas *fpl* fritas, papas *fpl* fritas (*LAm*); **~ Guiana** la Guayana Francesa; **~ kiss** beso *m* de tornillo; **~ letter** condón *m*; **~ polish** laca *f*; **~ Riviera** la Riviera; **~ toast** (*Brit: toast*) tostada *f*; (*in egg*) torrija *f*; **~ windows** puertaventana *fsg*.
  2 N (*Ling*) el francés; **the ~** (*people*) los franceses.

Frenchified ['frentʃɪfaɪd] ADJ afrancesado/a.

Frenchman ['frentʃmən] N (*pl* **-men**) francés *m*.

French-polish [,frentʃ'pɒlɪʃ] VT (*Brit*) laquear.

French-speaking ['frentʃ,spi:kɪŋ] ADJ francófono/a, de habla francesa.

Frenchwoman ['frentʃ,wʊmən] N (*pl* **-women**) francesa *f*.

Frenchy ['frentʃɪ] N (*fam*) gabacho/a *m/f*, francés/esa *m/f*.

frenetic [frɪ'netɪk] ADJ frenético/a.

frenzy ['frenzɪ] N frenesí *m*; **in a ~ of anxiety** enloquecido por la preocupación.

frequency ['fri:kwənsɪ] **1** N (*gen*) frecuencia *f*; **high/low ~** alta/baja frecuencia. **2** CPD: **~ band** N banda *f* de frecuencia; **~ modulation** N frecuencia *f* modulada.

frequent ['fri:kwənt] **1** ADJ frecuente; (*visitor*) habitual, frecuente. **2** [frɪ'kwent] VT frecuentar.

frequently ['fri:kwəntlɪ] ADV frecuentemente, a menudo, seguido (*LAm*).

fresco ['freskəʊ] N (*pl* **~s** or **~es**) fresco *m*.

fresh [freʃ] **1** ADJ (*comp* **~er**; *superl* **~est**) **a** (*new*) nuevo/a; (*recent*) reciente; (*bread*) tierno/a; **'~ paint'** (*esp US*) 'recién pintado'; **to put ~ courage into sb** dar nuevos ánimos a algn; **to make a ~ start** empezar de nuevo.

b (*not stale: food, smell, butter*) fresco/a; (*not tinned etc: fruit, milk*) natural; **I need some ~ air** necesito tomar el fresco; **in the ~ air** al aire libre; **as ~ as a daisy** fresco como una rosa.

c (*not salt: water*) dulce.

d (*fam: cheeky*) fresco/a; **to get ~ with sb** ponerse fresco con algn.

e (*invigorating: breeze*) fresco/a; **it's a bit ~** (*Met*) hace un poco de fresco.

f (*face, complexion*) de buen color, fresco/a.

2 ADV (*baked, picked*) recientemente; **~ from the oven** recién sacado del horno; **he's come ~ from New York** (*fam*) acaba de llegar de Nueva York.

freshen ['freʃn] VI (*wind*) arreciar.

◆ **freshen up** VT + ADV lavar; **to ~ (o.s.) up** refrescarse, lavarse.

freshener ['freʃnər] N: **air ~** ambientador *m*; **skin ~** tónico *m* para la piel.

fresher ['freʃər] N (*Brit Univ: fam*) see **freshman**.

freshly ['freʃlɪ] ADV: **~ painted/arrived** recién pintado/llegado.

freshman ['freʃmən] N (*pl* **-men**) (*Univ*) estudiante *mf* de primer año.

freshness ['freʃnɪs] N frescura *f*; (*newness*) novedad *f*.

freshwater ['freʃ,wɔ:tər] ADJ: **~ fish** pez *m* de agua dulce.

fret¹ [fret] VI (*worry*) preocuparse, apurarse; **don't ~** no te preocupes; **the baby is ~ting for its mother** el niño echa de menos a su madre; **to ~ the hours away** pasar las horas consumiéndose de inquietud.

fret² [fret] N (*Mus*) traste *m*.

fretful ['fretfʊl] ADJ (*child*) inquieto/a.

fretsaw ['fretsɔ:] N sierra *f* de calar or de marquetería.

fretwork ['fretwɜ:k] N calado *m*.

Freudian ['frɔɪdɪən] ADJ: **~ slip** lapsus *m* (lingüe or linguae), desliz *m* freudiano.

FRG N ABBR (*Hist*) of **Federal Republic of Germany** RFA *f*.

Fri. ABBR of **Friday** vier.

friar ['fraɪər] N fraile *m*.

fricassee ['frɪkəsi:] N (*Culin*) estofado *m*.

fricative ['frɪkətɪv] N fricativa *f*.

friction ['frɪkʃən] **1** N (*Tech*) fricción *f*; (*fig*) tirantez *f*. **2** CPD: **~ feed** N (*on printer*) avance *m* por fricción.

Friday ['fraɪdɪ] N viernes *m*; **Good ~** Viernes Santo; *see* **Tuesday** *for usage*.

fridge [frɪdʒ] (*Brit*) **1** N frigo(rífico) *m*, nevera *f*, refrigeradora *f* (*LAm*), heladera *f* (*CSur*). **2** CPD: **~ freezer** N frigorífico-congelador *m*.

fried [fraɪd] ADJ (*Culin*) frito/a; **~ egg** huevo *m* frito or estrellado.

friend [frend] N amigo/a *m/f*, cuate *mf* (*Mex fam*); (*at school, work etc*) compañero/a *m/f*; **Society of F~s** (*Rel*) los cuáqueros; **a ~ of mine** un amigo mío; **to make ~s with sb** hacerse amigo de algn, trabar amistad con algn; **let's be ~s** hagamos las paces.

friendliness ['frendlɪnɪs] N amabilidad *f*, simpatía *f*.

friendly ['frendlɪ] **1** ADJ (*comp* **-ier**; *superl* **-iest**) (*person, greeting, tone*) simpático/a, amable; (*atmosphere, place*) acogedor(a); **~ fire** (*Mil*) fuego *m* amigo; **~ society** ≈ mutualidad *f*, ≈ Mutual *f* (*LAm*); **to be ~ to sb** ser amable con algn; **to be ~ with sb** ser amigo de algn. **2** N (*also* **~ match**: *Ftbl*) partido *m* amistoso.

-friendly ['frendlɪ] ADJ SUF que no daña or perjudica or afecta; **environment~** que no daña el medio ambiente, ecológico/a.

friendship ['frendʃɪp] N amistad *f*; (*at school, work etc*) compañerismo *m*.

frieze [fri:z] N (*Archit*) friso *m*; (*painting*) fresco *m*.

frigate ['frɪgɪt] N (*Naut*) fragata *f*.

fright [fraɪt] N (*sudden fear*) susto *m*; **to get a ~** asustarse; **what a ~ you gave me!** ¡qué susto me diste or has dado!; **to take ~ (at)** asustarse (de); **she looked a ~** (*fam*) estaba hecha un espantajo.

frighten ['fraɪtn] VT asustar; **to ~ sb into doing sth** convencer a algn con amenazas de que haga algo; **to be ~ed of sth** tener miedo de algo; **I was ~ed out of my wits** or **to death** estaba aterrorizado.

◆**frighten away, frighten off** VT + ADV espantar, ahuyentar.

frighteners ['fraɪtnəz] NPL: **to put the ~ on sb** (fam) meterle a algn el ombligo para dentro (fam).

frightening ['fraɪtnɪŋ] ADJ espantoso/a, aterrador(a).

frightful ['fraɪtfʊl] ADJ (terrible: tragedy, experience, shame) horroroso/a; (awful: noise, weather) espantoso/a.

frightfully ['fraɪtfəlɪ] ADV (fam) terriblemente; **I'm ~ sorry** lo siento muchísimo, lo lamento mucho.

frigid ['frɪdʒɪd] ADJ (atmosphere, look etc) frío/a, glacial; (Med) frígido/a.

frill [frɪl] N (on dress etc) volante m, lechuga f; **without ~s** (fig) sin adornos.

fringe [frɪndʒ] 1 N (on shawl, rug) orla f con flecos; (Brit: of hair) flequillo m; (also **~s**: of forest) linde m or f, lindero m; (: of city) periferia f; **on the ~ of society** al margen de la sociedad. 2 CPD: **~ benefits** NPL ventajas fpl supletorias; **~ group** N grupo m marginal; **~ theatre** N teatro m experimental.

Frisbee ® ['frɪzbɪ] N disco m volador.

Frisian ['frɪʒən] 1 ADJ frisio/a; **~ Islands** Islas fpl Frisias. 2 N frisio/a m/f; (Ling) frisio m.

frisk [frɪsk] 1 VT (fam: suspect) cachear, registrar. 2 VI (frolic) brincar; (people) juguetear; (animals) retozar.

frisky ['frɪskɪ] ADJ (comp **-ier**; superl **-iest**) (person, horse) juguetón/ona.

fritter¹ ['frɪtə'] N (Culin) buñuelo m; **corn ~** arepa f (Col, Ven).

fritter² ['frɪtə'] VT (also **~ away**) malgastar, desperdiciar.

frivolity [frɪ'vɒlɪtɪ] N (gen) frivolidad f.

frivolous ['frɪvələs] ADJ frívolo/a.

frizz(l)y ['frɪz(l)ɪ] ADJ (comp **-ier**; superl **-iest**) (hair) crespo/a; **to go ~** encresparse.

fro [frəʊ] ADV: **to and ~** de un lado para otro, de aquí para allá.

frock [frɒk] N (woman's) vestido m; (of monk) hábito m.

Frog [frɒg], **Froggy** ['frɒgɪ] N (fam pej) gabacho/a m/f.

frog [frɒg] N rana f; **to have a ~ in one's throat** tener carraspera.

frogman ['frɒgmən] N (pl **-men**) hombre m rana inv.

frogmarch ['frɒgmɑːtʃ] VT: **to ~ sb in/out** hacer entrar/salir a algn por la fuerza.

frolic ['frɒlɪk] (pt, pp **~ked**) VI juguetear, brincar.

from [frɒm] PREP a (indicating starting place) de, desde; **where are you ~?** ¿de dónde eres?; **where has he come ~?** ¿de dónde ha venido?; **~ London to Glasgow** de Londres a Glasgow; **~ house to house** de casa en casa; **to escape ~ sth/sb** escapar de algo/algn.

b (indicating time) de, desde; **~ now on** de aquí en adelante; **~ one o'clock to** or **until** or **till two** ahora or desde la una hasta las dos; **(as) ~ Friday** a partir del viernes; **~ time to time** de vez en cuando.

c (indicating distance) de, desde; **the hotel is 1 km ~ the beach** el hotel está a 1 km de la playa; **a long way ~ home** muy lejos de casa.

d (indicating sender etc) de; **a letter ~ my sister** una carta de mi hermana; **a telephone call ~ Mr Smith** una llamada de parte del Sr. Smith; **a message ~ him** un mensaje de parte de él; **tell him ~ me** dile de mi parte.

e (indicating source) de; **to drink ~ a stream/the bottle** beber de un arroyo/de la botella; **we learned it ~ a book** lo aprendimos en un libro; **a quotation ~ Shakespeare** una cita de Shakespeare; **to steal sth ~ sb** robar algo a algn; **where did you get that ~?** ¿de dónde has sacado or sacaste eso?; **take the gun ~ him!** ¡quítale el revólver!; **painted ~ life** pintado del natural.

f (indicating price, number etc) desde, a partir de; **we have shirts ~ £8 (upwards)** tenemos camisas desde or a partir de 8 libras; **prices range ~ £10 to £50** los precios varían entre 10 y 50 libras; **there were ~ 10 to 15 people there** había allí entre 10 y 15 personas.

g (indicating change) **things went ~ bad to worse** las cosas fueron de mal en peor; **the interest rate increased ~ 6% to 10%** la tasa de interés ha subido del 6 al 10 por ciento.

h (indicating difference) **to be different ~ sb** ser distinto de algn; **he can't tell red ~ green** no distingue entre rojo y verde.

i (because of, on the basis of) por; **to act ~ conviction** obrar por convicción; **to die ~ exposure** morir de frío; **~ sheer necessity** por pura necesidad; **weak ~ hunger** debilitado por el hambre; **~ what I can see** por lo que veo; **~ experience** por experiencia.

j (in phrases) **to prevent sb ~ doing sth** impedir a algn hacer algo; **to be far ~ the truth** estar lejos de la verdad; **to shelter ~ the rain** protegerse de la lluvia.

k (with prep) **~ above** desde arriba; **~ beneath** or **underneath** desde abajo; **~ inside/outside the house** desde dentro/fuera de la casa; **~ among the crowd** de entre la multitud.

fromage frais ['frɒmɑːʒ'freɪ] N queso fresco descremado.

frond [frɒnd] N fronda f.

front [frʌnt] 1 ADJ (garden) de delante; (door) principal, de la calle; (wheel, legs) delantero/a; (row, page, line) primero/a; (view) de frente; **~ bench** (Brit Pol) filas ocupadas por los ministros del Gobierno y sus equivalentes en la oposición, en la Cámara de Diputados británica; **~ desk** (US) recepción f de un hotel; **~ line** (Mil) primera línea f; **~ man** (fam: puppet) títere m, hombre m de paja; **~ organization** organización f fachada; **~ page** (Press) primera plana f; **~ runner** corredor(a) m/f que va en cabeza; (candidate) favorito/a m/f; **~ seat** asiento m delantero.

2 N a (gen: not back) parte f delantera; (of house etc) fachada f; (of train, boat) parte f delantera; (of shirt, dress) pechera f; **in ~** delante; **in ~ of** (gen) delante de; (opposite) enfrente de, frente a; **back to ~** al revés; **at the ~ of the line** or **queue** al principio de la cola; **to be in ~** (Sport: race) ir ganando; (score) llevar la ventaja; **he sat at the ~ of the class/train** se sentó en la primera fila de la clase/ en la parte delantera del tren; **to come to the ~** empezar a destacar; **to put on a bold ~** (fig) hacer de tripas corazón; **to be a ~ for sth** (fam) servir de fachada a algo; **it's all just (a) ~ with him** con él no son más que apariencias.

b (Met, Mil, Pol) frente m; **on all ~s** en todos los frentes; **cold/warm ~** (Met) frente frío/cálido; **a united ~** un frente unido; **popular ~** frente popular.

c (sea ~) paseo m marítimo; **on Brighton ~** en la playa de Brighton.

3 VI: **to ~ onto sth** dar a algo.

⎯ FRONT BENCH ⎯

🛈 El término genérico **front bench** se usa para referirse a los escaños situados en primera fila a ambos lados del Presidente (**Speaker**) de la Cámara de los Comunes del Parlamento británico. Dichos escaños son ocupados por los parlamentarios que son miembros del gobierno a un lado y por los del gobierno en la sombra (**shadow cabinet**) al otro y, por esta razón, se les conoce como **frontbenchers**.

frontage ['frʌntɪdʒ] N (of building) fachada f.

frontal ['frʌntl] ADJ (Anat) frontal; (attack) de frente, frontal.

frontier ['frʌntɪə'] N (border, fig) frontera f; (dividing line) línea f divisoria.

frontispiece ['frʌntɪspiːs] N (of book) frontispicio m.

front-loader [ˌfrʌnt'ləʊdə'] N (also **front-loading washing machine**) lavadora f de carga frontal.

front-wheel ['frʌntwiːl] ADJ: **~ drive** tracción f delantera.

frost [frɒst] 1 N (substance) escarcha f; (weather) helada f; **4 degrees of ~** 4 grados bajo cero. 2 VT (Culin: esp US) escarchar. 3 VI: **to ~ over** or **up** cubrirse de escarcha.

frostbite ['frɒstbaɪt] N congelación f.

frostbitten ['frɒstˌbɪtn] ADJ congelado/a.

frosted ['frɒstɪd] ADJ (esp US: cake) escarchado/a; **~ glass** vidrio m deslustrado.

frosting ['frɒstɪŋ] N (esp US: icing) escarcha f.

frosty ['frɒstɪ] ADJ (comp **-ier**; superl **-iest**) (weather) de helada, de hielo; (surface) escarchado/a; (fig: smile) glacial; **it was ~ last night** anoche heló.

froth [frɒθ] 1 N espuma f. 2 VI espumar, hacer espumas;

(*at the mouth*) echar espumarajos.

frothy ['frɒθɪ] ADJ (*comp* -ier; *superl* -iest) [a] espumoso/a. [b] (*fig*) frivolón/ona, superficial, de poca sustancia.

frown [fraʊn] [1] N ceño *m*. [2] VI fruncir el ceño; **to ~ at** mirar con ceño.

◆**frown on** VI + PREP (*fig*) desaprobar.

froze [frəʊz] PT of **freeze**.

frozen ['frəʊzn] [1] PP of **freeze**. [2] ADJ (*food*) congelado/a; **I'm ~ stiff** estoy helado; **~ assets** activo *msg* congelado.

FRS N ABBR [a] (*Brit*) of **Fellow of the Royal Society**. [b] (*US*) of **Federal Reserve System**.

frugal ['fruːgəl] ADJ frugal.

fruit [fruːt] [1] N (*gen, Bot*) fruto *m*; (: *piece of ~*) fruta *f*; **would you like some ~?** ¿quieres fruta?; **to bear ~** (*lit, fig*) dar fruto; **the ~s of one's labour** (*fig*) los frutos del trabajo.

[2] CPD: **~ cocktail** N cóctel *m* de frutas; **~ dish** N frutero *m*; **~ farming** N fruticultura *f*; **~ juice** N zumo *m* or jugo *m* de frutas; **~ machine** N (*Brit*) máquina *f* tragaperras; **~ salad** N macedonia *f* de frutas; **~ tree** N árbol *m* frutal.

fruiterer ['fruːtərəʳ] N (*esp Brit*) frutero/a *m/f*; **~'s (shop)** frutería *f*.

fruitful ['fruːtfʊl] ADJ (*gen*) fructífero/a; (*land*) fértil; (*fig*) productivo/a.

fruition [fruː'ɪʃən] N (*of plan etc*) cumplimiento *m*; **to come to ~** (*hope*) cumplirse; (*plan*) realizarse, dar resultado.

fruitless ['fruːtlɪs] ADJ (*fig*) infructuoso/a, inútil.

fruity ['fruːtɪ] ADJ (*comp* -ier; *superl* -iest) (*taste*) que sabe a fruta, con sabor a fruta.

frump [frʌmp] N espantajo *m*, birria *f*.

frustrate [frʌs'treɪt] VT (*plan, effort, person*) frustrar; (*hope*) defraudar; **he's a ~d artist** es un artista frustrado.

frustrating [frʌs'treɪtɪŋ] ADJ frustrante; **how ~!** ¡qué frustrante!

frustration [frʌs'treɪʃən] N (*gen*) frustración *f*; (*disappointment*) decepción *f*; (*annoyance*) molestia *f*.

fry[1] [fraɪ] [1] VT (*Culin*) freír. [2] VI freírse.

fry[2] [fraɪ] N: **small ~** gente *f* menuda, pequeños seres *mpl*.

frying pan ['fraɪɪŋˌpæn] N sartén *f* (*m in LAm*); **to jump out of the ~ into the fire** salir de Guatepeor para entrar en Guatapeor.

fry-up ['fraɪʌp] N (*Brit*) fritura *f*.

FSLIC N ABBR (*US*) of **Federal Savings and Loan Insurance Corporation**.

FT N ABBR (*Brit*) of **Financial Times**.

ft ABBR of **foot**; **feet**.

F/T (*US*) of **full-time**.

FTC N ABBR (*US*) of **Federal Trade Commission**.

FTP, ftp N ABBR (*Comput*) of **file transfer protocol; anonymous ~** ftp *m* anónimo.

FTSE 100 Index N ABBR of **Financial Times Stock Exchange 100 Index**.

fuchsia ['fjuːʃə] N fucsia *f*.

fuck [fʌk] (*fam!*) [1] N: **to have a ~** echar un polvo (*fam!*), joder (*fam!*), coger (*LAm fam!*).

[2] VT [a] (*lit*) joder (*fam!*), coger (*LAm fam!*).

[b] **~!** ¡joder! (*fam!*), ¡carajo! (*LAm fam!*), ¡chinga tu madre! (*Mex fam!*); **~ you!** ¡jódete! (*fam!*), ¡tu madre! (*LAm fam!*); **~ this car!** ¡este jodido coche!, ¡este coche del carajo! (*LAm fam!*), ¡fregado coche! (*LAm fam!*), ¡chingado coche! (*Mex fam!*).

◆**fuck about, fuck around** VI (*fam!*) joder (*fam!*); **to ~ about** or **around with** manosear, estropear.

◆**fuck off** VI + ADV (*fam!*) ir a la mierda (*fam!*); **~ off!** ¡vete a tomar por el culo! (*fam!*), ¡vete al carajo! (*LAm fam!*) or a la chingada (*Mex fam!*).

◆**fuck up** VT + ADV (*fam!*) joder (*fam!*).

fuck-all [ˌfʌk'ɔːl] (*Brit fam!*) [1] ADJ: **it's ~ use** no sirve para maldita la cosa (*fam*). [2] N: **I know ~ about it** no tengo ni puta idea (*fam*).

fucking ['fʌkɪŋ] (*fam!*) [1] ADJ de los cojones (*fam!*), fregado/a (*LAm fam!*), chingado/a (*Mex fam!*). [2] ADV: **it was ~ awful** fue de puta pena (*fam!*); **that's no ~ good** no vale una puta mierda (*fam!*).

fuddled ['fʌdld] ADJ (*muddled*) confuso/a, aturdido/a;

(*fam: tipsy*) borracho/a.

fuddy-duddy ['fʌdɪˌdʌdɪ] (*fam*) [1] ADJ (*old*) viejo/a; (*old-fashioned*) chapado/a a la antigua. [2] N carroza *mf* (*fam*).

fudge [fʌdʒ] N (*Culin*) dulce *m* de azúcar, cajeta *f* (*LAm*).

fuel [fjʊəl] [1] N (*gen*) combustible *m*; (*for engine*) carburante *m*; **to add ~ to the flames** (*fig*) echar leña al fuego.

[2] VT (*furnace etc*) alimentar; (*aircraft, ship etc*) repostar.

[3] VI (*aircraft, ship*) repostar.

[4] CPD: **~ crisis** N crisis *f* energética; **~ injection (engine)** N motor *m* de inyección; **~ oil** N fuel oil *m*, mazut *m*; **~ pump** N (*Aut*) surtidor *m* de gasolina; **~ tank** N depósito *m* (de combustible).

fug [fʌg] N aire *m* viciado.

fugitive ['fjuːdʒɪtɪv] [1] ADJ fugitivo/a; (*fleeting*) efímero/a, pasajero/a. [2] N fugitivo/a *m/f*.

fulcrum ['fʌlkrəm] N fulcro *m*.

fulfil, (*US*) **fulfill** [fʊl'fɪl] VT (*duty, promise*) cumplir con; (*ambition*) realizar; (*order*) ejecutar; (*person*) satisfacer; **to ~ o.s.** realizarse (plenamente).

fulfilment, (*US*) **fulfillment** [fʊl'fɪlmənt] N (*see vt*) cumplimiento *m*; realización *f*; ejecución *f*; satisfacción *f*; (*satisfied feeling*) realización, satisfacción.

full [fʊl] [1] ADJ (*comp* ~er; *superl* ~est) [a] (*filled*) lleno/a; (*vehicle etc*) completo/a; (*day, timetable*) muy ocupado/a; **to be ~ of ...** estar lleno de ...; **to be ~ of life** estar lleno de vida; **to be ~ of o.s.** ser muy creído or presumido/a; **~ to the brim** hasta el tope; **~ to bursting** lleno de bote en bote; **we are ~ up for July** estamos completos para julio; **'house ~'** 'no hay localidades', 'completo'; **he's had a ~ life** ha llevado una vida muy completa; **I'm ~ (up)** (*fam*) no puedo más, estoy hinchado.

[b] (*complete*) completo/a, entero/a; (*with complete detail*) detallado/a; (*employment, power*) pleno/a; (*measure*) colmado/a; (*price, pay*) íntegro/a, sin descuento; **to pay ~ fare** pagar la tarifa íntegra; **to fall ~ length** caer cuan largo es algn; **in ~ bloom** en plena flor; **in ~ colour** a todo color; **in ~ daylight** en pleno día; **in ~ dress** vestido de etiqueta or de gala; **~ house** full *m*; **~ marks** puntuación *fsg* máxima; **~ moon** luna *f* llena; **~ name** nombre y apellidos; **~ stop** punto *m* (y seguido); **in ~ swing** en pleno apogeo; **~ time** (*Ftbl*) final *m* del partido; **to take ~ advantage of the situation** aprovechar al máximo de la situación; **in the ~est sense of the word** en el sentido más amplio de la palabra; **at ~ speed** a toda velocidad; **the ~ particulars** todos los detalles; **I waited a ~ hour** esperé una hora entera.

[c] (*rounded: face*) redondo/a; (: *figure*) llenito/a; (: *lips*) grueso/a; (: *skirt, sleeves*) amplio/a.

[2] ADV: **~ well** muy bien, perfectamente; **it hit him ~ in the face** le pegó en plena cara.

[3] N: **to write sth in ~** escribir algo por extenso; **to pay in ~** pagar la deuda entera; **to the ~** al máximo.

fullback ['fʊlbæk] N (*Ftbl*) defensa *mf*.

full-blast ['fʊl'blɑːst] ADV (*work*) a máxima capacidad; (*travel*) a toda velocidad; (*play etc*) al máximo volumen, a toda potencia.

full-blooded ['fʊl'blʌdɪd] ADJ (*vigorous: attack*) vigoroso/a; (*thoroughbred*) (de) pura sangre.

full-blown ['fʊl'bləʊn] ADJ (*doctor etc*) hecho/a y derecho/a; (*attack, invasion etc*) a gran escala; (*disease*) declarado/a.

full-bodied ['fʊl'bɒdɪd] ADJ (*cry*) fuerte; (*wine*) de mucho cuerpo.

full-cream ['fʊl'kriːm] ADJ: **~ milk** leche *f* (con toda la nata).

full-fledged ['fʊl'fledʒd] ADJ (*US*) = **fully-fledged**.

full-grown ['fʊl'grəʊn] ADJ maduro/a.

full-length ['fʊl'leŋθ] ADJ (*portrait, dress*) de cuerpo entero; **a ~ film** un largometraje.

fullness ['fʊlnɪs] N (*of detail*) abundancia *f*; (*of figure*) plenitud *f*; (*of dress*) amplitud *f*; **in the ~ of time** (*poet: eventually*) con el correr del tiempo; (: *at predestined time*) a su debido tiempo.

full-page [ˌfʊl'peɪdʒ] ADJ (*advert etc*) de plana entera, de página entera.

full-scale ['fʊl'skeɪl] ADJ (*plan, model*) de tamaño natural; (*search, retreat*) en gran escala.

full-time ['fʊl'taɪm] **1** ADJ (*employment*) a tiempo completo; **he's a ~ musician** (*professional*) es músico profesional; **a ~ job** un puesto de plena dedicación. **2** ADV: **to work ~** trabajar (a) tiempo completo.

fully ['fʊlɪ] ADV (*completely*) completamente; (*at least*) al menos; **I don't ~ understand** no lo acabo de comprender; **it is ~ 3 miles** son lo menos 3 millas; **~ dressed** completamente vestido.

fully-fledged ['fʊlɪ'fledʒd], (*US*) **full-fledged** ['fʊl-'fledʒd] ADJ (*Brit: bird*) adulto/a, en edad *or* capaz de volar; (*fig*) hecho y derecho, con pleno derecho.

fully-paid ['fʊlɪ'peɪd] ADJ: **~ share** acción *f* liberada.

fulsome ['fʊlsəm] ADJ (*pej: praise*) excesivo/a, exagerado/a; (*: manner*) obsequioso/a.

fumble ['fʌmbl] **1** VT (*drop*) dejar caer; (*handle badly*) manosear, coger (*Esp*) *or* (*LAm*) agarrar con torpeza. **2** VI (*also* **~ about**) hurgar; **to ~ in one's pockets** hurgar en los bolsillos; **to ~ for sth** buscar algo con las manos; **to ~ with sth** manejar algo torpemente; **to ~ one's way along** ir a tientas.

fume [fju:m] **1** VI (*chemicals etc*) humear, echar humo; **to be fuming at** *or* **with sb** (*fig*) echar pestes de algn. **2** NPL: **~s** (*gen*) humo *msg*, vapores *mpl*; (*gas*) gases *mpl*.

fumigate ['fju:mɪgeɪt] VT fumigar.

fun [fʌn] **1** N (*enjoyment*) diversión *f*; (*merriment*) alegría *f*; **for/in ~** en broma; **it's great ~** es muy divertido; **he's great ~** es una persona muy divertida; **~ and games** (*lively behaviour*) travesuras *fpl*; (*fig: trouble*) jaleo *m*, bronca *f*; **she's been having ~ and games with the washing machine** ha tenido muchos líos con la lavadora; **to do sth for the ~ of it** hacer algo en broma; **to have ~** divertirse; **to make ~ of sb** burlarse *or* mofarse de algn, tomarle el pelo a algn (*fam*); **to poke ~ at** burlarse de. **2** CPD: **~ run** N maratón *m* corto (*para no atletas*).

function ['fʌŋkʃən] **1** N **a** (*purpose: of machine, person*) función *f*; **it's no part of my ~ to** + *infin* no corresponde a mi carga + *infin*. **b** (*reception*) recepción *f*; (*official ceremony*) acto *m*. **c** (*Math*) función *f*. **2** VI (*operate*) funcionar, marchar, fungir (*LAm*) (*as* de); **to ~ as** hacer (las veces) de. **3** CPD: **~ key** N tecla *f* de función.

functional ['fʌŋkʃnəl] ADJ (*design, clothes*) funcional.

fund [fʌnd] **1** N (*gen*) fondo *m*; (*reserve*) reserva *f*; **~s** fondos *mpl*, recursos *mpl*; **to be a ~ of information** ser buena fuente de información; *see* **international**. **2** VT (*project*) proveer fondos para, patrocinar. **3** CPD: **~ raising** N recolección *f* *or* recaudación *f* de fondos.

fundamental [ˌfʌndə'mentl] **1** ADJ (*gen*) fundamental; **his ~ honesty/good sense** su honradez intrínseca/su buen juicio intrínseco. **2** NPL: **~s** fundamentos *mpl*.

fundamentalism [ˌfʌndə'mentəlɪzəm] N fundamentalismo *m*.

fundamentalist [ˌfʌndə'mentəlɪst] ADJ, N fundamentalista *mf*.

fundamentally [ˌfʌndə'mentəlɪ] ADV en lo fundamental.

funding ['fʌndɪŋ] N **a** (*funds*) fondos *mpl*, finanzas *fpl*; (*act of ~*) financiación *f*. **b** (*of debt*) consolidación *f*.

funeral ['fju:nərəl] **1** N (*burial*) funeral *m*, entierro *m*; (*wake*) velatorio *m*; (*service*) exequias *fpl*; (*~ procession*) cortejo *m* fúnebre; (*state ~*) exequias nacionales; **that's your ~!** (*fam*) ¡con tu pan te lo comas! **2** CPD: **~ cortège** N cortejo *m* fúnebre; **~ director** N director *m* de funeraria; **~ parlour** N funeraria *f*.

funfair ['fʌnfeəʳ] N (*Brit*) parque *m* de atracciones.

fungal ['fʌŋgl] ADJ (*infection, disease*) micótico/a, de hongos.

fungi ['fʌŋgaɪ] NPL *of* **fungus**.

fungicide ['fʌŋgɪsaɪd] N fungicida *m*.

fungus ['fʌŋgəs] N (*pl* **fungi**) hongo *m*.

funicular [fju:'nɪkjʊləʳ] N (*also* **~ railway**) funicular *m*.

funk [fʌŋk] N **a** (*fam: fear*) **to be in a (blue) ~** estar muerto/a de miedo. **b** (*Mus*) funk *m*.

funky ['fʌŋkɪ] ADJ (*comp* **-ier**; *superl* **-iest**) (*fam: music*) vibrante, marchoso/a.

fun-loving ['fʌn,lʌvɪŋ] ADJ amigo de diversiones.

funnel ['fʌnl] N (*for pouring*) embudo *m*; (*Naut, of steam engine etc*) chimenea *f*.

funnily ['fʌnɪlɪ] ADV **a** (*see adj (a)*) con gracia. **b** (*oddly*) de una manera rara; **~ enough** aunque parezca extraño, curiosamente.

funny ['fʌnɪ] ADJ (*comp* **-ier**; *superl* **-iest**) **a** (*amusing: joke, film, story*) gracioso/a, divertido/a; **that's not ~** eso no tiene gracia. **b** (*odd*) raro/a; **this tastes ~** esto sabe raro; **a ~ feeling** una sensación rara; **the ~ thing about it is that ...** lo curioso del caso es que ...; **~ bone** hueso *m* de la alegría.

fur [fɜ:ʳ] **1** N (*of animal*) pelo *m*, pelaje *m*; (*single skin*) piel *f*; (*as clothing*) abrigo *m* de pieles; (*in kettle*) sarro *m*. **2** CPD: **~ coat** N abrigo *m* de pieles.

furbish ['fɜ:bɪʃ] VT: **to ~ up** renovar, restaurar.

furious ['fjʊərɪəs] ADJ (*person*) furioso/a; (*argument*) violento/a; (*effort etc*) frenético/a; (*pace*) vertiginoso/a; **to be ~ with sb** estar furioso con algn.

furlong ['fɜ:lɒŋ] N estadio *m* (*octava parte de una milla*).

furlough ['fɜ:ləʊ] N (*US*) permiso *m*.

furnace ['fɜ:nɪs] N horno *m*.

furnish ['fɜ:nɪʃ] VT **a** (*room, house*) amueblar (*with* de); **~ing fabric** tela *f* para revestir muebles; **~ed flat** piso *m* amueblado. **b** (*provide: excuse, information*) facilitar; **to ~ sb with sth** equipar a algn con algo.

furnishings ['fɜ:nɪʃɪŋz] NPL muebles *mpl*, mobiliario *msg*.

furniture ['fɜ:nɪtʃəʳ] **1** N muebles *mpl*, mobiliario *m*; **a piece of ~** un mueble; **part of the ~** (*fig fam*) parte *f* de la casa. **2** CPD: **~ mover** N (*US*) compañía *f* de mudanzas; **~ polish** N cera *f* para muebles; **~ remover** N = **~ mover**; **~ van** N camión *m* de mudanzas.

furore [fjʊə'rɔ:rɪ] N (*protests*) ola *f* de protestas, escándalo *m*; (*excitement*) estallido *m* de entusiasmo.

furrier ['fʌrɪəʳ] N peletero/a *m/f*; **~'s (shop)** peletería *f*.

furrow ['fʌrəʊ] **1** N (*Agr*) surco *m*; (*on forehead*) arruga *f*. **2** VT (*forehead*) arrugar.

furry ['fɜ:rɪ] ADJ (*animal, toy*) peludo/a.

further ['fɜ:ðəʳ] **1** COMP *of* **far**. **2** ADV **a** (*in place, time*) más lejos, más allá; **~ back** más atrás; **~ on** (*lit*) más adelante; (*fig*) más avanzado; **how much ~ is it?** ¿cuánto camino nos queda?; **I got no ~ with him** (*fig*) (él) no dio más de sí; **nothing is ~ from my thoughts** nada más lejos de mi intención. **b** (*more*) más; **and I ~ believe that** y además, creo que; **~ to your letter of ...** (*Comm*) con referencia a su carta de ...; **he heard nothing ~ from them** no supo más de ellos; **to go ~ into a matter** estudiar una cosa más a fondo. **3** ADJ **a** = **farther 3**. **b** (*additional*) nuevo/a, adicional; **until ~ notice** hasta nuevo aviso; **after ~ consideration** después de nuevas consideraciones; **~ education** enseñanza *f* terciaria. **4** VT (*a cause, one's interests*) adelantar, fomentar.

furthermore ['fɜ:ðə'mɔ:ʳ] ADV además.

furthermost ['fɜ:ðəməʊst] ADJ más lejano/a.

furthest ['fɜ:ðɪst] **1** SUPERL *of* **far**. **2** ADV más lejos; **that's the ~ that anyone has gone** es el punto extremo a que han llegado. **3** ADJ más lejano/a; **the ~ point** el punto más lejano.

furtive ['fɜ:tɪv] ADJ (*glance, action*) furtivo/a; (*person*) sospechoso/a.

fury ['fjʊərɪ] N (*of storm etc*) furia *f*; (*of person*) furia, furor *m*; **she flew into a ~** se puso furiosa; **she worked herself up into a ~** se montó en cólera; **like ~** (*fam*) con encono.

fuse, (*US*) **fuze** [fju:z] **1** N (*Elec*) plomo *m*, fusible *m*; (*bomb: cord*) mecha *f*; (*: detonating device*) espoleta *f*; **to blow a ~** (*person*) salirse de sus casillas; (*equipment*) fundirse un fusible; **he's on a very short ~** tiene un genio muy vivo; **there's been a ~ somewhere** un fusible se ha fundido en algún sitio.

[2] VT [a] (*lights, television etc*) fundir.
[b] (*metals*) fusionar.
[3] VI [a] (*Elec*) **the lights have ~d** se han fundido los plomos.
[b] (*metals*) fundirse.
[4] CPD: **~ box** N caja *f* de fusibles; **~ wire** N hilo *m* fusible.
fuselage ['fjuːzəlɑːʒ] N fuselaje *m*.
fusillade [ˌfjuːzɪ'leɪd] N (*lit*) descarga *f* cerrada; (*fig*) lluvia *f*.
fusion ['fjuːʒən] N (*of metals, fig*) fusión *f*.
fuss [fʌs] [1] N (*complaints, arguments*) escándalo *m*, alboroto *m*; (*anxious preparations etc*) conmoción *f*, bulla *f*; **to make** *or* **kick up a ~ about sth** armar un escándalo *or* (*fam*) un follón sobre algo; **to make a ~ of sb** mimar *or* consentir a algn; **there's no need to make such a ~** no es para tanto; **a lot of ~ about nothing** mucho ruido y pocas nueces; **such a ~ to get a passport!** ¡tanta lata para conseguir un pasaporte!
[2] VI preocuparse (por pequeñeces).
[3] VT (*person*) molestar.
♦ **fuss over** VI + PREP (*person*) consentir (a).
fusspot ['fʌspɒt] N (*fam*) quisquilloso/a *m/f*.
fussy ['fʌsɪ] ADJ (*comp* **-ier**; *superl* **-iest**) (*person*) exigente, especial, delicado/a; (*clothes etc*) rebuscado/a; **I'm not ~** (*fam*) me da igual *or* lo mismo.

fusty ['fʌstɪ] ADJ (*comp* **-ier**; *superl* **-iest**) rancio/a; (*air, room*) que huele a cerrado.
futile ['fjuːtaɪl] ADJ (*attempt*) vano/a; (*suggestion*) fútil.
futility [fjuː'tɪlɪtɪ] N inutilidad *f*.
futon ['fuːtɒn] N futón *m*.
future ['fjuːtʃəʳ] [1] ADJ (*gen*) futuro/a; (*coming*) venidero/a; **at some ~ date** en alguna ocasión futura.
[2] N [a] futuro *m*, porvenir *m*; (*Ling*) futuro; **in the near ~** en fecha próxima; **there's no ~ in it** esto no tiene porvenir; **in ~** de ahora en adelante.
[b] **~s** (*Comm*) operaciones *fpl* a término.
futuristic [ˌfjuːtʃə'rɪstɪk] ADJ (*painting, design*) futurista.
fuze [fjuːz] N (*US*) = **fuse**.
fuzz [fʌz] N (*on chin*) vello *m*; (*fluff*) pelusa *f*; **the ~** (*fam*) la poli (*fam*), la pasma (*Sp fam!*), la tira (*LAm fam!*), la cana (*CSur fam!*).
fuzzy [fʌzɪ] ADJ (*comp* **-ier**; *superl* **-iest**) (*hair*) rizado/a; (*teddy bear*) velloso/a; (*blurred: photo*) borroso/a; (: *memory*) confuso/a.
fwd ABBR (*esp Comm*) *of* **forward(s)**.
f-word ['ef‚wɜːd] N: **to say the ~** (*euph of 'fuck'*) decir jolines *u otras cosas peores*.
fwy ABBR (*US*) *of* **freeway**.
FY ABBR *of* **fiscal year**.
FYI ABBR *of* **for your information**.

Gg

G¹, g [dʒiː] **1** N **a** (letter) G, g f. **b** (Mus) **G** sol m; see **A** for usage. **2** CPD: **G-string** N tanga m.

G² [dʒiː] ABBR (US Cine) of **general audience** todos los públicos.

g. ABBR **a** of **gram(s), gramme(s)** g, gr. **b** of **gravity** g; **G-force** fuerza f de la gravedad.

GA ABBR (US Post) of **Georgia**.

gab [gæb] **1** N: **to have the gift of the ~** (fam) tener mucha labia. **2** VI (fam: chatter) parlotear, cotorrear.

gabardine [ˌgæbəˈdiːn] N = **gaberdine**.

gabble [ˈgæbl] **1** VT farfullar. **2** VI hablar atropelladamente; **they were gabbling away in French** cotorreaban en francés.

gaberdine [ˌgæbəˈdiːn] N (cloth, raincoat) gabardina f.

gable [ˈgeɪbl] **1** N aguilón m, gablete m. **2** CPD: **~ end** N hastial m; **~ roof** N tejado m de dos aguas.

Gabon [gəˈbɒn] N Gabón m.

◆ **gad about** [ˌgædəˈbaʊt] VI + ADV (fam) salir de picos pardos.

gadget [ˈgædʒɪt] N (little thing) artilugio m, chisme m; (device) aparato m.

gadgetry [ˈgædʒɪtrɪ] N chismes mpl, aparatos mpl.

Gaelic [ˈgeɪlɪk] **1** ADJ gaélico/a. **2** N (Ling) gaélico m.

gaff [gæf] N (harpoon) garfio m; **to blow the ~** (fam) soltar la lengua.

gaffe [gæf] N plancha f (Sp), metedura f or (LAm) metida f de pata; **to make a ~** meter la pata.

gaffer [ˈgæfəʳ] N **a** (old man) vejete m. **b** (Brit: foreman) capataz m; (boss) jefe m.

gag [gæg] **1** N **a** (over mouth) mordaza f. **b** (joke) chiste m. **2** VT (prisoner) amordazar. **3** VI (retch) tener arcadas.

gaga [ˈgɑːgɑː] ADJ (fam) gagá, lelo/a, chocho/a; **to go ~, to be going ~** (senile) chochear.

gage [geɪdʒ] N, VT (US) = **gauge**.

gaggle [ˈgægl] N (of geese) manada f; (hum: of women) corro m.

gaiety [ˈgeɪtɪ] N (gen) alegría f; (of gathering etc) animación f.

gaily [ˈgeɪlɪ] ADV (sing etc) alegremente; (brightly) vivamente.

gain [geɪn] **1** N (increase) aumento m (in de); (advantage) ventaja f; (profit) ganancia f, beneficio m; **his loss is our ~** su derrota supone nuestra victoria.
2 VT (win, earn) ganar; (obtain, acquire) obtener, conseguir; (reach) alcanzar, llegar a; (increase: strength) aumentar de; **to ~ weight** engordar, aumentar de peso; **what do I have to ~ by staying here?** ¿qué ganaría con quedarme aquí?; **to ~ ground** ganar terreno; **my watch has ~ed 5 minutes** mi reloj se ha adelantado 5 minutos; **to ~ an advantage over sb** sacar ventaja a algn.
3 VI (person) ganar; (watch) adelantarse; **to ~ in** (increase) aumentar de.

◆ **gain (up)on** VI + PREP ganar terreno a.

gainful [ˈgeɪnfʊl] ADJ (employment) remunerado/a.

gainfully [ˈgeɪnfʊlɪ] ADV: **to be ~ employed** tener un trabajo retribuido or remunerado.

gainsay [ˌgeɪnˈseɪ] (pt, pp **gainsaid**) VT (Lit) contradecir, negar.

gait [geɪt] N paso m, andar m.

gaiter [ˈgeɪtəʳ] N polaina f.

gal [gæl] N (fam) = **girl**.

gala [ˈgɑːlə] **1** N (festive occasion) fiesta f; **swimming ~** gala f de natación. **2** CPD: **~ performance** N función f de gala.

Galapagos Islands [gəˈlæpəgəsˌaɪləndz] NPL Islas fpl (de los) Galápagos.

galaxy [ˈgæləksɪ] N (Astron, fig) galaxia f.

gale [geɪl] **1** N vendaval m, ventarrón m; **~ force 10 (wind)** (vendaval) de fuerza 10. **2** CPD: **~ warning** N aviso m de tormenta.

Galicia [gəˈlɪʃə] N Galicia f.

Galician [gəˈlɪʃən] **1** ADJ gallego/a. **2** N gallego/a m/f; (Ling) gallego m.

gall [gɔːl] **1** N (Anat) bilis f, hiel f; (fig: impudence) descaro m, caradura f. **2** VT (irritate) molestar. **3** CPD: **~ bladder** N vesícula f biliar.

gal(l). ABBR of **gallon(s)**.

gallant [ˈgælənt] ADJ (brave) valiente, valeroso/a; (courteous) galante, atento/a.

gallantry [ˈgæləntrɪ] N (bravery) valor m, valentía f; (courtesy) galantería f, cortesía f.

galleon [ˈgælɪən] N galeón m.

gallery [ˈgælərɪ] N (gen) galería f; (for spectators) tribuna f; (art ~: state owned) museo m de arte; (: private) galería de arte; **to play to the ~** actuar para la galería.

galley [ˈgælɪ] **1** N (ship) galera f; (ship's kitchen) cocina f. **2** CPD: **~ proof** N (Typ) prueba f de galera; **~ slave** N galeote m.

Gallic [ˈgælɪk] ADJ gálico/a.

gallicism [ˈgælɪsɪzəm] N galicismo m.

galling [ˈgɔːlɪŋ] ADJ mortificante.

gallivant [ˌgælɪˈvænt] VI = **gad about**.

gallon [ˈgælən] N galón m (Brit = 4,546 litros; US = 3,785 litros).

gallop [ˈgæləp] **1** N (pace) galope m; **at a ~** a galope; **at full ~** a galope tendido. **2** VI (horse) galopar; **he ~ed through his homework** (fig) terminó sus deberes a la carrera.

galloping [ˈgæləpɪŋ] ADJ: **~ inflation** inflación f galopante.

gallows [ˈgæləʊz] NSG horca f.

gallstone [ˈgɔːlstəʊn] N cálculo m biliario.

Gallup poll [ˈgæləpˌpəʊl] N sondeo m de la opinión pública.

galore [gəˈlɔːʳ] ADV a porrillo, en abundancia, a granel.

galoshes [gəˈlɒʃɪz] NPL chanclos mpl (de goma).

galvanize [ˈgælvənaɪz] VT (metal) galvanizar; (fig) **to ~ sb into action** animar a algn para que haga algo.

galvanized [ˈgælvənaɪzd] ADJ galvanizado/a.

Gambia [ˈgæmbɪə] N: **(The) ~** Gambia f.

gambit [ˈgæmbɪt] N (Chess) gambito m; (fig) táctica f; **opening ~** (fig) estrategia f inicial.

gamble [ˈgæmbl] **1** N (risk) riesgo m; **to have a ~ on** (horse) jugar dinero a, apostar a; (company shares) especular en; **to take a ~** arriesgarse; **the ~ came off** la jugada salió bien.
2 VT (money) jugar, apostar; (one's life) arriesgar; **to ~ everything** jugarse el todo por el todo.
3 VI (bet money) jugar, apostar; (take a chance) jugárselas; **to ~ on sth** confiar en or contar con algo; **to ~ on the Stock Exchange** jugar a la bolsa.

◆ **gamble away** VT + ADV derrochar en el juego.

gambler [ˈgæmbləʳ] N jugador(a) m/f.

gambling [ˈgæmblɪŋ] **1** N juego m. **2** CPD: **~ debts** NPL deudas fpl contraídas en el juego; **~ den** N garito m, casa f de juego.

gambol [ˈgæmbəl] VI (lamb, child) brincar, juguetear.

game¹ [geɪm] **1** N **a** (gen) juego m; (match) partido m; (single ~: scoring unit) juego m, partida f; **~s** (Scol) el deporte; **the Panamerican G~s** los juegos panamericanos; **the Olympic G~s** las Olimpiadas; **~ of chance** juego de azar; **~, set and match** (Tennis) set y partido; **to have a ~ of ...** jugar un partido de ...; **to be off one's ~** no estar en forma; **to play the ~** (fig) jugar limpio; **to beat sb at his own ~** ganarle a algn en su propio campo.

b (fig: scheme) **the ~ is up** todo se acabó; **to give the ~ away** tirar de la manta; **I wonder what his ~ is?** ¿qué estará tramando?, me pregunto; **what's your ~?** ¿qué pretendes?; **two can play at that ~** donde las dan las toman.

c (fam: business) negocio m; **how long have you been in this ~?** ¿hace cuánto tiempo que trabaja en esto?

d (Hunting: large animals) caza f mayor; (: birds, small animals etc) caza menor; **fair ~** (fig) blanco m legítimo.

e (fam: prostitution) **to be on the ~** hacer la calle (fam).

2 ADJ (willing) **are you ~?** ¿te animas?; **I'm ~** me apunto; **to be ~ for anything** atreverse a todo.

3 CPD: **~ bird** N ave f de caza; **~ park** N parque m natural, reserva f natural; **~ plan** (US fig) estrategia f; **~ reserve** N coto m de caza; **~ show** N programa m concurso; **~ warden** N guarda m de coto or de caza.

game² [geɪm] ADJ: **a ~ leg** (lame) una pierna coja.

gamekeeper ['geɪm,kiːpəʳ] N guardabosques m inv.

gamely ['geɪmlɪ] ADV bravamente.

gamesmanship ['geɪmzmənʃɪp] N habilidad f en el juego.

gaming ['geɪmɪŋ] **1** N juego m. **2** CPD: **~ house** N casa f de juego; **~ laws** NPL leyes fpl reguladoras del juego.

gamma ['gæmə] **1** N gama f. **2** CPD: **~ rays** NPL rayos mpl gama.

gammon ['gæmən] N jamón m or tocino m ahumado.

gammy ['gæmɪ] ADJ (Brit fam) tullido/a, lisiado/a.

gamut ['gæmət] N (Mus) gama f; **to run the (whole) ~ of emotions** (fig) pasar por toda la gama de emociones.

gander ['gændəʳ] N **a** (Zool) ganso m. **b** (fam) **to take a ~** echar un vistazo (at a).

gang [gæŋ] N (of thieves) banda f, pandilla f; (of friends, youths) cuadrilla f; (: pej) pandilla f; (of workmen) cuadrilla, brigada f.

◆ **gang together** VI + ADV formar un grupo or una pandilla.

◆ **gang up** VI + ADV (fam) agruparse (with con), unirse (with a); **to ~ up on** or **against sb** conspirar or unirse contra algn.

gangbang ['gæŋbæŋ] **1** N (fam) violación f múltiple, violación colectiva. **2** VT violar colectivamente.

Ganges ['gændʒiːz] N Ganges m.

gangland ['gæŋlænd] N mundillo m del crimen.

gangling ['gæŋglɪŋ] ADJ larguirucho/a.

ganglion ['gæŋglɪən] N (pl **ganglia** ['gæŋglɪə]) ganglio m.

gangplank ['gæŋplæŋk] N (Naut) pasarela f.

gangrene ['gæŋgriːn] N gangrena f.

gangrenous ['gæŋgrɪnəs] ADJ gangrenoso/a.

gangster ['gæŋstəʳ] N gángster m, pistolero m.

gangway ['gæŋweɪ] N **a** = **gangplank**. **b** (in theatre) pasillo m.

gannet ['gænɪt] N alcatraz m; (fig) comilón/ona m/f.

gantry ['gæntrɪ] N (gen) caballete m; (for crane) pórtico m; (for rocket) torre f de lanzamiento.

GAO N ABBR (US) of **General Accounting Office** oficina general de contabilidad gubernamental.

gaol [dʒeɪl] N (Brit) = **jail**.

gap [gæp] N (gen) hueco m, vacío m, claro m; (in wall etc) boquete m, brecha f; (mountain pass) quebrada f, desfiladero m; (between teeth, floorboards) hueco m; (in text) espacio m en blanco; (fig: in knowledge etc) laguna f; (: in conversation) silencio m; (: of time) intervalo m; **to close the ~** cerrar la brecha; **we discerned a ~ in the market** vimos una abertura en el mercado; **to fill** or **stop up a ~** (lit) tapar or taponar un hueco; **to fill a ~** (fig) llenar un vacío or un hueco; (in knowledge) llenar una laguna; **he left a ~ that will be hard to fill** dejó un hueco difícil de llenar.

gape [geɪp] VI **a** (mouth, hole) abrirse (mucho), estar muy abierto/a. **b** (person) **to ~ (at)** mirar boquiabierto/a (a).

gaping ['geɪpɪŋ] ADJ **a** (wound) abierto/a; (hole) muy abierto/a, grande. **b** (person) boquiabierto/a, embobado/a.

garage ['gærɑːʒ] **1** N (of private house) garaje m, cochera f (LAm); (for car repairs) taller m; (petrol station) garaje,

gasolinera f, grifo m (Per), bencinera f (Chi).

2 CPD: **~ mechanic** N mecánico m; **~ proprietor** N propietario/a m/f de un taller de reparaciones; **~ sale** N venta f de objetos usados (en una casa particular).

3 VT dejar en garaje.

garaging ['gærɑːʒɪŋ] N plazas fpl de garaje; **there was ~ for 15 cars** había 15 plazas de garaje.

garb [gɑːb] N (old: clothes) atuendo m.

garbage ['gɑːbɪdʒ] (esp US) **1** N basura f; (waste) desperdicios mpl; (fig) mierda f, basura; (Comput) **~ in, ~ out** basura entra, basura sale.

2 CPD: **~ bag** N bolsa f de la basura; **~ can** N cubo m or (LAm) balde m de basura, bote m or tarro m de la basura; **~ collector** N basurero m; **~ disposal unit** N triturador m; **~ dump** N vertedero m; **~ man** N = **collector**; **~ truck** N camión m de la basura.

garbled ['gɑːbld] ADJ (distorted) tergiversado/a; (incoherent) incomprensible, incoherente.

garden ['gɑːdn] **1** N jardín m; (vegetable ~) huerto m; **the G~ of Eden** Edén m; (public) **~s** parque msg, jardines mpl; **everything in the ~ is lovely** todo está a las mil maravillas.

2 VI trabajar en el jardín or el huerto.

3 CPD: **~ centre** N tienda donde se venden semillas, abono, herramientas para el jardín, etc; (nursery) vivero m; **~ city** N (Brit) ciudad f jardín; **~ flat** N piso m con jardín en planta baja; **~ furniture** N muebles mpl de jardín; **~ hose** N manguera f de jardín; **~ party** N recepción f al aire libre; **~ path** N: **to lead sb up the ~ path** (fig) embaucar a algn; **~ seat** N banco m de jardín; **~ shears** NPL tijeras fpl de jardín; **~ tools** NPL útiles mpl de jardinería.

gardener ['gɑːdnəʳ] N (gen) jardinero/a m/f; (market ~) hortelano/a m/f.

gardenia [gɑːˈdiːnɪə] N gardenia f.

gardening ['gɑːdnɪŋ] N (gen) jardinería f; (market ~) horticultura f.

gargantuan [gɑːˈgæntjʊən] ADJ gargantuesco/a, colosal, gigantesco/a.

gargle ['gɑːgl] **1** N (act) gárgaras fpl; (liquid) gargarismo m. **2** VI hacer gárgaras, gargarear (LAm).

gargoyle ['gɑːgɔɪl] N gárgola f.

garish ['geərɪʃ] ADJ chillón/ona, llamativo/a.

garland ['gɑːlənd] N guirnalda f.

garlic ['gɑːlɪk] **1** N ajo m. **2** CPD: **~ salt** N sal f de ajo; **~ sausage** N salchichón m.

garment ['gɑːmənt] N prenda f (de vestir); **~s** ropa fsg, indumentaria fsg.

garnet ['gɑːnɪt] N granate m.

garnish ['gɑːnɪʃ] **1** N (Culin) aderezo m. **2** VT aderezar (with de).

garret ['gærɪt] N (attic room) desván m, altillo m (LAm).

garrison ['gærɪsən] **1** N guarnición f. **2** CPD: **~ town** N ciudad f con guarnición. **3** VT guarnecer.

garrotte [gəˈrɒt] **1** N garrote m. **2** VT agarrotar.

garrulous ['gærʊləs] ADJ (person, manner) gárrulo/a.

garter ['gɑːtəʳ] **1** N (for stocking, sock) liga f; (US: suspender) liguero m, portaligas m inv; **Order of the G~** Orden f de la Jarretera. **2** CPD: **~ belt** N (US) liguero m.

gas [gæs] **1** N **a** (gen) gas m; (as anaesthetic) gas anestésico; (in mine) grisú m; (US: petrol) gasolina f, nafta f (CSur), bencina f (Chi); **to step on the ~** (fam) acelerar la marcha.

b (fam: fun) **what a ~!** ¡qué estupendo! (fam).

2 VT (person) asfixiar con gas; (Mil) gasear; **to ~ o.s.** suicidarse con gas.

3 VI (fam: gab) charlar, parlotear (fam).

4 CPD (industry, pipe etc) de gas; **~ burner** N mechero m de gas; **~ can** N (US) bidón m de gasolina; **~ canister** N bombona f; **~ chamber** N cámara f de gas; **~ cooker** N cocina f de gas; **~ cylinder** N bombona f de gas; **~ fire** N estufa f de gas; **~ fitter** N gasista m, empleado m del gas; **~ heater** N estufa f de gas; **~ lighter** N encendedor m de gas; **~ main** N cañería f maestra de gas; **~ mask** N careta f antigás; **~ meter** N contador m de gas, medidor m de gas (LAm); **~ oven** N cocina f de or a gas; **~ pedal** N (esp US) acelerador m; **~ pump** N (US: in car) bomba f de gasolina;

(: *in gas station*) surtidor *m* de gasolina; **~ station** N (*US*) gasolinera *f*, estación *f* de servicio, bencinera *f* (*Chi*), grifo *m* (*Per*); **~ tank** N (*US Aut*) tanque *m*, depósito *m*.

gaseous ['gæsɪəs] ADJ gaseoso/a.

gas-guzzler ['gæs,gʌzlər] N (*fam*) chupagasolina *m* (*fam*).

gash [gæʃ] **1** N (*in flesh*) cuchillada *f*, tajo *m*; (*in material*) raja *f*, hendedura *f*. **2** VT (*arm, head*) acuchillar; (*seat etc*) rajar.

gasholder ['gæs,həʊldər] N = **gasometer**.

gasket ['gæskɪt] N (*Tech*) junta *f* de culata.

gasman ['gæsmæn] N (*pl* **-men**) (*gen*) empleado *m* del gas; (*gas fitter*) gasista *m*, gasfitero *m*.

gasohol ['gæsəʊhɒl] N (*US*) gasohol *m*.

gasoline ['gæsəliːn] N (*US*) gasolina *f*, nafta *f* (*CSur*), bencina *f* (*Chi*).

gasometer [gæ'sɒmɪtər] N gasómetro *m*.

gasp [gɑːsp] **1** N (*for breath*) boqueada *f*; (*panting*) jadeo *m*; (*in surprise*) grito *m* sofocado; **she gave a ~ of surprise** ella dio un grito sofocado de asombro; **to be at one's last ~** estar agonizando.
2 VI jadear; (*in surprise*) gritar (de asombro); **to ~ for breath** luchar por respirar, faltarle a algn el aliento; **I was ~ing for a smoke** tenía unas tremendas ganas de fumar.

◆ **gasp out** VT + ADV decir con voz entrecortada.

gassed [gæst] ADJ (*US fam*) bebido/a.

gassy ['gæsɪ] ADJ (*comp* **-ier**; *superl* **-iest**) gaseoso/a.

gastric ['gæstrɪk] ADJ gástrico/a; **~ flu** gastroenteritis *f*.

gastritis [gæs'traɪtɪs] N gastritis *f*.

gastro-enteritis [,gæstrəʊ,entə'raɪtɪs] N gastroenteritis *f*.

gastronome ['gæstrənəʊm], **gastronomist** [gæs'trɒnəmɪst] N gastrónomo/a *m/f*.

gastronomic [,gæstrə'nɒmɪk] ADJ gastronómico/a.

gastronomy [gæs'trɒnəmɪ] N gastronomía *f*.

gasworks ['gæswɜːks] NSG OR NPL fábrica *f* de gas.

gate [geɪt] N **a** (*in garden*) verja *f*; (*door etc*) puerta *f*; (*of castle*) reja *f*; (*sluice*) compuerta *f*; (*of field, in station*) barrera *f*; (*Sport*) entrada *f*. **b** (*Sport: attendance*) asistencia *f*; (: *entrance money*) taquilla *f*.

gâteau ['gætəʊ] N (*pl* **~x** ['gætəʊz]) torta *f*, pastel *m*.

gatecrash ['geɪtkræʃ] **1** VT (*fam: party*) colarse en. **2** VI (*fam*) colarse (de gorra), asistir sin ser invitado.

gatecrasher ['geɪt,kræʃər] N persona *f* que se cuela.

gatehouse ['geɪthaʊs] N (*pl* **-houses** [haʊzɪz]) casa *f* del guarda *or* del portero *etc*.

gatepost ['geɪtpəʊst] N poste *m* (de una puerta); **between you, me, and the ~** en confianza, entre nosotros.

gateway ['geɪtweɪ] N (*gen*) puerta *f* (de acceso); **~ to success** vía *f* del éxito.

gather ['gæðər] **1** VT **a** (*also* **~ together**: *people, objects*) juntar, reunir; (*also* **~ up**: *pins, sticks etc*) recoger; (: *harvest, crops*) cosechar; (: *flowers*) coger (*Sp*), recoger (*LAm*); (: *information*) recoger; (: *hair*) recoger; (*also* **~ in**: *material*) fruncir; (: *taxes etc*) recaudar; **to ~ dust** recoger polvo; **to ~ one's thoughts** reponerse; **she ~ed her mink around her** se envolvió en su abrigo de visón.
b (*gain*) **to ~ speed** ganar velocidad; **to ~ strength** cobrar fuerzas.
c **to ~ (that)** (*understand*) tener entendido (que); (*discover*) enterarse (de que); **as you will have ~ed ...** se habrá dado cuenta Ud de que ...; **as far as I can ~** hasta donde pude enterarme.
2 VI (*people: also* **~ together**) reunirse, juntarse; (: *crowd together*) amontonarse; (*dust*) acumularse; (*clouds*) cerrarse; **they ~ed in the doorway** se apiñaron en la entrada.

◆ **gather round** VI + ADV: **to ~ round (sb)** agruparse alrededor (de algn).

◆ **gather together** VT + ADV reunir, juntar.

◆ **gather up** VT + ADV recoger.

gathered ['gæðəd] ADJ (*Sew*) fruncido/a.

gathering ['gæðərɪŋ] **1** N (*assembly*) reunión *f*; (*crowd*) concurrencia *f*. **2** ADJ (*force, speed*) creciente, en aumento.

GATT [gæt] N ABBR *of* **General Agreement on Tariffs and Trade** GATT *m*.

gauche [gəʊʃ] ADJ (*clumsy: person, behaviour*) desmañado/a, torpe, patoso/a.

gaudy ['gɔːdɪ] ADJ (*comp* **-ier**; *superl* **-iest**) chillón/ona, llamativo/a.

gauge, (*US*) **gage** [geɪdʒ] **1** N (*standard measure: of wire, bullet etc*) calibre *m*; (: *of railway track*) entrevía *f*; (*instrument*) indicador *m*; (*for pressure*) manómetro *m*; (*fig*) indicación *f*, muestra *f*; **petrol** *or* (*US*) **gas/oil ~** (*Aut*) indicador *m* del nivel de gasolina/aceite; **pressure ~** manómetro *m*.
2 VT (*temperature, pressure*) medir; (*fig: sb's capabilities, character*) estimar, juzgar; **to ~ the right moment** elegir el momento.

Gaul [gɔːl] N **a** Galia *f*. **b** (*person*) galo/a *m/f*.

gaunt [gɔːnt] ADJ demacrado/a.

gauntlet ['gɔːntlɪt] N (*of knight*) guantelete *m*; (*of motorcyclist etc*) manopla *f*; (*fig*) **to run the ~ (of)** exponerse (al peligro de); **to throw down/take up the ~** arrojar/recoger el guante.

gauze [gɔːz] N (*gen*) gasa *f*.

gave [geɪv] PT *of* **give**.

gavel ['gævl] N martillo *m* (*de presidente o subastador*).

Gawd [gɔːd] INTERJ (*Brit fam*) = **God** ¡Dios mío!

gawk [gɔːk] **1** N papamoscas *mf*. **2** VI papar moscas.

gawky ['gɔːkɪ] ADJ (*comp* **-ier**; *superl* **-iest**) desgarbado/a.

gawp [gɔːp] VI mirar boquiabierto/a; **he stood there ~ing at her** quedó boquiabierto mirándola.

gay [geɪ] ADJ **a** (*homosexual*) gay, homosexual; **~ rights** derechos *mpl* de los homosexuales. **b** (*comp* **~er**; *superl* **~est**) (*slightly old-fashioned: happy, bright*) alegre.

Gaza Strip ['gɑːzə'strɪp] N Franja *f* de Gaza.

gaze [geɪz] **1** N mirada *f* fija. **2** VI: **to ~ at** mirar fijamente, fijar *or* clavar la vista en.

gazelle [gə'zel] N gacela *f*.

gazette [gə'zet] N (*newspaper*) gaceta *f*; (*official publication*) boletín *m* oficial.

gazetteer [,gæzɪ'tɪər] N diccionario *m* geográfico.

gazump [gə'zʌmp] (*Brit fam*) **1** VT (*person*) rehusar la venta de una propiedad a la persona con quien se había acordado ésta al aceptar una oferta más alta. **2** VI faltar al compromiso de vender una casa aceptando una oferta más alta.

gazumping [gə'zʌmpɪŋ] N (*Brit fam*) la subida del precio de una casa una vez que ya se había apalabrado.

gazunder [gə'zʌndər] (*Brit fam*) **1** VT (*person*) ofrecer un precio más bajo de lo antes convenido a; **we were ~ed** nos ofrecieron menos de lo antes convenido. **2** VI ofrecer un precio más bajo de lo antes convenido. **3** N la baja en la oferta para comprar una casa una vez que ya ha sido apalabrada.

GB N ABBR *of* **Great Britain**.

GBH N ABBR (*Brit Jur*) *of* **grievous bodily harm** graves daños *mpl* corporales.

GC N ABBR (*Brit*) *of* **George Cross** medalla del valor civil.

GCE N ABBR (*Brit Scol*) *of* **General Certificate of Education** (*Advanced Level*) ≈ COU *m*; (*Hist: Ordinary Level*) ≈ BUP *m*.

GCHQ N ABBR (*Brit*) *of* **Government Communications Headquarters** entidad gubernamental que recoge datos mediante escuchas electrónicas.

GCSE N ABBR (*Brit*) *of* **General Certificate of Secondary Education** ≈ BUP *m*.

Gdns. ABBR *of* **gardens**.

GDP N ABBR *of* **gross domestic product** PIB *m*.

GDR N ABBR (*Hist*) *of* **German Democratic Republic** RDA *f*.

gear [gɪər] **1** N **a** (*Aut*) **~s** marchas *fpl*, velocidades *fpl*; **first/second ~** primera *f*/segunda *f* (velocidad); **top ~** *or* (*US*) **high ~** (*fifth*) quinta velocidad *f*; (*fourth*) cuarta velocidad, directa *f*; **in/out of ~** embragado/desembragado; **to change ~** (*Brit*), **to shift ~** (*US*) cambiar de marcha; **to put in ~** meter la marcha.
b (*fam: equipment*) equipo *m*; (: *belongings*) bártulos *mpl*, trastos *mpl*; (: *clothing*) ropa *f*.
c (*Tech: cogs etc*) engranaje *m*; (*machinery*) mecanismo *m*.
2 VT (*fig: adapt*) adaptar, ajustar; **the book is ~ed to adult students** el libro está dirigido a los estudiantes

adultos; **the service is ~ed to meet the needs of the disabled** el servicio está destinado a responder a las necesidades de los minusválidos.
   3 CPD: **~ lever,** (US) **~ shift, ~ stick** N palanca f (del cambio or de marchas).

♦**gear up** **1** VT +ADV (fig): **to ~ o.s. up to do sth** prepararse (psicológicamente) para hacer algo; **we're ~ed up to do it** estamos preparados para hacerlo; **they are ~ing up to fight** se están disponiendo para luchar.
   2 VI +ADV hacer preparativos, prepararse.

gearbox ['gɪəbɒks] N (Aut) caja f de cambios or velocidades.

gearshift ['gɪəˌʃɪft] N (US) = gear lever.

gearwheel ['gɪəwiːl] N rueda f dentada.

GED N ABBR (US) of **general educational development**.

gee¹ [dʒiː] INTERJ (esp US fam) ¡caramba!, ¡pucha(s)! (And, CSur fam); **~ whiz!** ¡córcholis!; **~ up!** ¡arre!

gee² [dʒiː] N (fam: also **~-~**: baby talk) caballito m, tatán m.

geek [giːk] N (fam) primo/a m/f (fam).

geese [giːs] NPL of **goose**.

geezer ['giːzə'] N (Brit fam) vejancón m (fam), tío m (fam).

Geiger counter ['gaɪgə,kaʊntə'] N contador m Geiger.

gel [dʒel] **1** N gel m. **2** VI aglutinarse; (fig) cuajar.

gelatin(e) ['dʒeləti:n] N gelatina f.

geld [geld] VT castrar, capar.

gelding ['geldɪŋ] N caballo m castrado.

gelignite ['dʒelɪgnaɪt] N gelignita f.

gem [dʒem] N joya f, alhaja f; **I must read you this ~** (fam) tengo que leerte esta perla; **my cleaner is a ~** la señora que me hace la limpieza es una joya.

Gemini ['dʒemɪniː] N (Astron etc) Géminis m.

gemstone ['dʒem,stəʊn] N piedra f (preciosa).

gen¹ ABBR of **general, generally**.

gen² [dʒen] N: **to give sb the ~ on sth** (fam) poner a algn al corriente de algo.

Gen (Mil) ABBR of **General** Gen., Gral.

♦**gen up** **1** VT + ADV (Brit fam): **to ~ sb up** informar a algn. **2** VI + ADV: **to ~ up on sth** informarse acerca de algo.

gender ['dʒendə'] N (Ling) género m.

gene [dʒiːn] N (Bio) gene m, gen m.

genealogical [,dʒiːnɪə'lɒdʒɪkəl] ADJ genealógico/a.

genealogy [,dʒiːnɪ'ælədʒɪ] N genealogía f.

genera ['dʒenərə] PL of **genus**.

general ['dʒenərəl] **1** ADJ (gen) general; (common, shared) común; (ordinary) corriente; **in ~** por lo general; **as a ~ rule** por regla general; **in ~ terms** en términos generales; **the ~ idea is to ...** el propósito general es de ...; **~ anaesthetic,** (US) **~ anesthetic** anestesia f total; **~ assembly** asamblea f general; **~ audit** auditoría f general; **~ cargo** cargamento m mixto; **~ delivery** (US, Canada) lista f de correos; **~ election** elecciones fpl or comicios mpl generales; **~ headquarters** (Mil) cuartel m general; **~ hospital** hospital m general; **~ knowledge** cultura f general; **~ manager** director(a) m/f general; **~ meeting** asamblea f general; **G~ Post Office** (in town) Oficina f Central de Correos, Correos m; **~ practice** (Med) medicina f general; **~ practitioner** (abbr GP) médico/a mf de cabecera; **the ~ public** el gran público; **~ staff** estado m mayor; **~ strike** huelga f general.
   2 N (Mil) general m.

generality [,dʒenə'rælɪtɪ] N (of rule, belief) generalidad f; **to talk in generalities** hablar en términos mpl generales.

generalization [,dʒenərəlaɪ'zeɪʃən] N generalización f.

generalize ['dʒenərəlaɪz] VI generalizar; **to ~ about** hablar en términos mpl generales de; **to ~ from** sacar conclusiones fpl generales de.

generally ['dʒenərəlɪ] ADV (usually) por lo general, generalmente; (for the most part) en general; **it is ~ believed that ...** la mayoría cree que ...; **~ speaking** hablando en términos generales.

general-purpose [,dʒenərəl'pɜːpəs] ADJ (tool, dictionary) de uso general.

generate ['dʒenəreɪt] VT (Elec etc) generar; (fig) producir.

generating ['dʒenəreɪtɪŋ] CPD: **~ station** N central f

generadora.

generation [,dʒenə'reɪʃən] **1** N **a** (of electricity etc) generación f.
   b (group of people) generación f; **the younger/older ~** los jóvenes/los mayores.
   2 CPD: **first/second/third/fourth ~** ADJ (Comput) de primera/segunda/tercera/cuarta generación; **the ~ gap** N la brecha entre las generaciones.

generative ['dʒenərətɪv] ADJ: **~ grammar** gramática f generativa.

generator ['dʒenəreɪtə'] N generador m.

generic [dʒɪ'nerɪk] ADJ genérico/a.

generosity [,dʒenə'rɒsɪtɪ] N generosidad f.

generous ['dʒenərəs] ADJ (person, gift) generoso/a; (helping, spoonful) liberal; (plentiful: supply, quantity) abundante; **to be ~ with sth** ser generoso con algo.

genesis ['dʒenɪsɪs] N génesis f; **G~** (Rel) Génesis m.

genetic [dʒɪ'netɪk] ADJ genético/a; **~ engineering** selección f genética; **~ fingerprint(ing)** huella f genética.

genetically [dʒɪ'netɪkəlɪ] ADV genéticamente; **~ engineered** transgénico/a.

geneticist [dʒɪ'netɪsɪst] N (Med) genetista mf.

genetics [dʒɪ'netɪks] NSG genética f.

Geneva [dʒɪ'niːvə] N Ginebra f; **the ~ Convention** la convención de Ginebra.

genial ['dʒiːnɪəl] ADJ (manner, welcome) cordial; (person) simpático/a.

genie ['dʒiːnɪ] N genio m.

genital ['dʒenɪtl] **1** ADJ genital. **2** NPL: **~s** (órganos mpl) genitales mpl.

genitive ['dʒenɪtɪv] (Ling) **1** N genitivo m. **2** CPD: **~ case** N caso m genitivo.

genius ['dʒiːnɪəs] N (person) genio m; (ability) don m; **to have a ~ for (doing) sth** tener un don especial para (hacer) algo; **he's a mathematical ~** es un genio para las matemáticas.

Genoa ['dʒenəʊə] N Génova f.

genocidal [,dʒenəʊ'saɪdl] ADJ genocida.

genocide ['dʒenəʊsaɪd] N genocidio m.

genome ['dʒiːnəʊm] N genoma m.

genre [ʒɑ̃ːŋr] N género m.

gent [dʒent] N ABBR of **gentleman** caballero m; **the ~s** (fam: public toilet) servicios mpl de caballeros, el baño (de señores) (LAm).

genteel [dʒen'tiːl] ADJ (polite) cortés, gentil; (refined) fino/a, refinado/a.

Gentile ['dʒentaɪl] N gentil mf, no judío/a m/f.

gentle ['dʒentl] ADJ (comp **~r**; superl **~st**) (soft) tierno/a, suave; (kind) amable; (animal) manso/a, apacible; (breeze, heat) suave; (speed) lento/a; (sound, voice) dulce, suave; (push, touch) ligero/a; (slope) gradual, suave; (hint, reminder) discreto/a; **to be ~ with sb** ser tierno or suave con algn.

gentleman ['dʒentlmən] **1** N (pl **-men**) (man) señor m; (well-mannered, well-bred man) caballero m; **to be a perfect ~** ser un cumplido caballero; **~'s agreement** acuerdo m entre caballeros.
   2 CPD: **~ farmer** N terrateniente m.

gentlemanly ['dʒentlmənlɪ] ADJ caballeroso/a.

gentleness ['dʒentlnɪs] N (see adj) ternura f; amabilidad f; mansedumbre f, docilidad f; suavidad f; dulzura f.

gently ['dʒentlɪ] ADV (see adj) tiernamente; suavemente; mansamente; lentamente; dulcemente; **~ does it!** ¡con cuidado!

gentry ['dʒentrɪ] NPL aristocracia fsg.

genuflect ['dʒenjʊflekt] VI doblar la rodilla.

genuflection, (esp Brit) **genuflexion** [dʒenjʊ'flekʃən] N genuflexión f.

genuine ['dʒenjʊɪn] ADJ **a** (person, belief) sincero/a. **b** (authentic) auténtico/a, genuino/a; **this dancer is the ~ article** esta bailarina es un ejemplar auténtico.

genuinely ['dʒenjʊɪnlɪ] ADV (prove, originate) auténticamente; (feel, think) sinceramente; (sorry, surprised, unable) verdaderamente.

genus ['dʒiːnəs] N (pl **genera**) (Bio) género m.

geographer [dʒɪ'ɒgrəfə'] N geógrafo/a m/f.

geographic(al) [dʒɪə'græfɪk(əl)] ADJ geográfico/a.
geography [dʒɪ'ɒgrəfɪ] N geografía f.
geological [dʒɪəʊ'lɒdʒɪkəl] ADJ geológico/a.
geologist [dʒɪ'ɒlədʒɪst] N geólogo/a m/f.
geology [dʒɪ'ɒlədʒɪ] N geología f.
geometric(al) [dʒɪə'metrɪk(əl)] ADJ geométrico/a.
geometry [dʒɪ'ɒmɪtrɪ] N geometría f.
geophysical [ˌdʒɪ:əʊ'fɪzɪkəl] ADJ geofísico/a.
geophysicist [ˌdʒɪ:əʊ'fɪzɪsɪst] N geofísico/a m/f.
geophysics [dʒɪəʊ'fɪzɪks] NSG geofísica f.
geopolitical [ˌdʒɪ:əʊpə'lɪtɪkəl] ADJ geopolítico/a.
geopolitics ['dʒɪ:əʊ'pɒlɪtɪks] NSG geopolítica f.
Geordie ['dʒɔ:dɪ] N (Brit fam) nativo/a m/f or habitante mf de Tyneside en el NE de Inglaterra.
Georgia ['dʒɔ:dʒə] N (US and USSR) Georgia f.
Georgian ['dʒɔ:dʒɪən] ADJ (Brit) georgiano/a.
geostationary [ˌdʒɪ:əʊ'steɪʃənərɪ] ADJ geostacionario/a.
geostrategy [ˌdʒɪ:əʊstrə'ti:dʒɪ] N geoestrategia f.
geothermal [ˌdʒɪ:əʊ'θɜ:məl] ADJ geotérmico/a.
geranium [dʒɪ'reɪnɪəm] N geranio m.
gerbil ['dʒɜ:bɪl] N gerbo m, jerbo m.
geriatric [ˌdʒerɪ'ætrɪk] **1** ADJ geriátrico/a. **2** N geriátrico/a m/f.
geriatrician [ˌdʒerɪə'trɪʃən] N geriatra mf.
geriatrics [ˌdʒerɪ'ætrɪks] NSG geriatría f.
germ [dʒɜ:m] **1** N (Bio, fig) germen m; (Med) bacteria f, bacilo m. **2** CPD: **~ warfare** N guerra f bacteriológica.
German ['dʒɜ:mən] **1** ADJ alemán/ana; **~ Democratic Republic** (Hist) República f Democrática Alemana; **~ measles** rubéola f; **~ shepherd (dog)** pastor m alemán, perro m lobo. **2** N alemán/ana m/f; (Ling) alemán m.
germane [dʒɜ:'meɪn] ADJ (frm: relevant) **that's not ~ to the discussion** eso no atañe a la discusión; **the remark is not ~** el comentario no viene al caso.
Germanic [dʒɜ:'mænɪk] ADJ germánico/a.
Germany ['dʒɜ:mənɪ] N Alemania f; **East/West ~** Alemania Oriental or Democrática/Occidental or Federal.
germ-free [ˌdʒɜ:m'fri:] ADJ estéril; (sterilized) esterilizado/a.
germicidal [ˌdʒɜ:mɪ'saɪdl] ADJ germicida, microbicida, bactericida.
germicide ['dʒɜ:mɪsaɪd] N germicida m, bactericida m.
germinate ['dʒɜ:mɪneɪt] VI (seed, idea) germinar.
germination [ˌdʒɜ:mɪ'neɪʃən] N germinación f.
gerontologist [ˌdʒerɒn'tɒlədʒɪst] N gerontólogo/a m/f.
gerontology [ˌdʒerɒn'tɒlədʒɪ] N gerontología f.
gerrymandering ['dʒerɪmændərɪŋ] N fraude m electoral, pucherazo m (fam).
gerund ['dʒerənd] N (Ling) gerundio m.
gerundive [dʒə'rʌndɪv] **1** ADJ gerundivo/a. **2** N gerundio m.
gestalt [gə'ʃta:lt] **1** N gestalt m. **2** CPD: **~ psychology** N psicología f gestalt.
gestate [dʒes'teɪt] VT (Bio) llevar en el útero.
gestation [dʒes'teɪʃən] N (Bio) gestación f.
gesticulate [dʒes'tɪkjʊleɪt] VI gesticular, hacer ademanes.
gesture ['dʒestʃəʳ] **1** N (gen) gesto m; (fig) **what a nice ~!** ¡qué detalle más amable!; **as a ~ of friendship** en señal de amistad.
2 VI: **he ~d towards the door** señaló or apuntó hacia la puerta; **to ~ to sb to do sth** mandar con gestos a algn a que haga algo.
get [get] (pt, pp **got**) (pp **gotten**) (US) **1** VT **a** (come into possession of) conseguir, obtener; (obtain by effort: money, visa, results) conseguir, lograr; (find: job, flat) encontrar; (buy) comprar; (fetch: person, doctor) buscar, llamar; (: object) ir a buscar, traer; (Telec: number, person) comunicarse con; (TV etc: station) coger (Sp), agarrar (LAm); **to ~ sth for sb** (buy) comprar algo para algn; (fetch) traerle algo a algn; (obtain) conseguir algo para algn; **~ me Mr Jones, please** (Telec) póngame or (esp LAm) comuníqueme con el Sr. Jones, por favor; **I've still one to ~** me falta una todavía; **to ~ breakfast** preparar el desayuno; **to ~ sth to eat** comer algo; **can I ~ you a drink?** ¿te apetece beber algo?

b (receive) recibir; (acquire: wealth, glory, prize) ganar, cobrar; (: reputation) ganarse; **how much did you ~ for it?** ¿cuánto te dieron por él?; **he ~s it from his father** lo hereda de su padre; **he got 15 years for murder** le condenaron a 15 años por asesinato; **I didn't ~ much from the film** la película no me dijo gran cosa; **where did you ~ that idea from?** ¿de dónde sacaste esa idea?; **he's in it for what he can ~** lo único que quiere es sacarle provecho; **I got a shock/surprise** me llevé un susto/una sorpresa.

c (catch: ball, cold, person) coger (Sp), agarrar (LAm); (: fish) pescar; (hit: target etc) dar en; **to ~ sb by the throat/arm** coger or agarrar a algn de la garganta/del brazo; **got you!** (fam) ¡te agarré!; **I'll ~ you for that!** (fam) ¡ya me las pagarás!; **you've got me there!** (fam) ¡me doy por vencido!; **the bullet got him in the leg** la bala le dio en la pierna.

d (take) llevar; (manage to move) conseguir mover; **to ~ sth to sb** hacer llegar algo a algn; **we'll ~ you there somehow** le haremos llegar de una u otra manera; **to ~ sth past customs** conseguir pasar algo por la aduana; **where will that ~ us?** (fam) ¿de qué nos sirve eso?

e (understand) caer en la cuenta; (hear) captar; **sorry, I didn't ~ your name** perdone, ¿cómo dice que se llama?, perdone, no me he enterado de su nombre; **I've got it!** (joke etc) ¡ya caigo!; (answer to problem) ¡ya tengo or he dado con la solución!; **~ it?** (fam) ¿comprendes?, ¿entiendes?, ¿te das cuenta?; **I don't ~ it** (fam) no entiendo.

f (fam: annoy) molestar, fregar (LAm).

g (fam: thrill) chiflar.

h **to have got sth** (Brit: have) tener algo; **I've got toothache** tengo dolor de muelas.

i (+ pp: cause to be done) **to ~ sth done** mandar hacer algo; **to ~ the washing/dishes done** lavar la ropa/fregar los platos; **to ~ one's hair cut** cortarse el pelo.

j (+ infin or prp: cause to do or be) hacer, lograr; **to ~ sth going** or **to go** poner algo en marcha; **I can't ~ the door to open** no logro que se abra la puerta; **to ~ sb to do sth** mandar a algn hacer algo.

k (+ adj or adv phrase: cause to be) **to ~ sth/sb ready** preparar or disponer algo/a algn; **to ~ one's hands dirty** ensuciarse las manos; **he got his leg broken** se rompió la pierna; **to ~ sb drunk** emborrachar a algn.

2 VI **a** (go) **to ~ to/from** ir a/de; (reach) **to ~ to** llegar a; **to ~ home** llegar a casa; **he won't ~ far** no llegará lejos; **how did you ~ here?** ¿cómo viniste or llegaste?; **I've got as far as page 10** he llegado hasta la página 10; **to ~ nowhere/somewhere** (fig fam: in job etc) no conseguir nada/ir or llegar lejos; (: in discussion etc) avanzar poco/avanzar; **you won't ~ anywhere with him** no conseguirás nada con él.

b (become, be) ponerse, volverse, hacerse; **to ~ angry** enfadarse, enojarse; **to ~ busy** ponerse a trabajar; **to ~ old/tired** envejecer/cansarse; **to ~ (o.s.) dirty** ensuciarse; **to ~ killed** matarse; **to ~ married** casarse; **to ~ ready** (prepare o.s.) prepararse, disponerse; (dress) vestirse; **to ~ used to sth** acostumbrarse a algo; **it's ~ting late** se está haciendo tarde; **how did it ~ like that?** (fam) ¿cómo llegó a esto?; **to ~ to know sb** llegar a conocer a algn; **he got to like her despite all her faults** le llegó a gustar a pesar de todos sus defectos; **to ~ to see sb/sth** lograr ver a algn/algo; **to ~ to be ...** (achieve) llegar a ser ...; (: by manipulation) arreglárselas para ser ....

c (begin) empezar a; **let's ~ going** or **started** vámonos; **to ~ talking to sb** ponerse a conversar con algn.

d **to have got to do sth** tener que hacer algo; **you've got to tell the police** tienes que denunciarlo a la policía; **why have I got to?** ¿por qué tengo que hacerlo?

◆ **get about** VI + ADV (go out: socially) movilizarse; (after illness) levantarse; (fig: news, rumour) divulgarse, difundirse.
◆ **get above** VI + PREP: **to ~ above o.s.** engreírse.
◆ **get across** **1** VT + ADV (communicate: meaning, message)

lograr comunicar.

2 VI + ADV **a** (*cross road etc*) cruzar, atravesar. **b** (*message, meaning*) comunicar; (*person*) hacerse entender.

◆**get after** VI + PREP perseguir, dar caza a.

◆**get ahead** VI + ADV (*with work etc*) adelantarse (*of* a); (*be successful*) progresar, avanzar.

◆**get along** VI + ADV **a** (*leave*) marcharse, irse; ~ **along with you!** (*go*) ¡vete ya!, ¡lárgate!; (*fam: affectionate*) ¡no me digas! **b** (*progress*) progresar, avanzar; (*manage*) defenderse; **how is he ~ting along?** ¿qué tal (está)?; (*LAm*) ¿cómo le va?; **c** (*be on good terms*) llevarse bien, simpatizar; **to ~ along well with sb** simpatizar con algn.

◆**get around** VI + ADV **a** = **get about**. **b** = **get round 2**.

◆**get at** VI + PREP **a** (*gain access to: object*) alcanzar; (: *place*) llegar a *or* hasta; (*ascertain: facts, truth*) averiguar; **just let me ~ at him!** (*fam*) ¡me las pagará! **b** (*fam: criticize*) regañar. **c** (*fam: imply*) insinuar, pretender (*LAm*); **what are you ~ting at?** ¿qué insinúas?, ¿qué pretendes con eso?

◆**get away** VI +ADV (*depart*) salir (*from* de); (*escape*) escaparse; (*go on holiday*) ir de vacaciones; **to ~ away from it all** evadirse del bullicio, arrancar; **there's no ~ting away from it** (*fam*) no se lo puede negar.

◆**get away with** VI + PREP **a** (*steal*) llevarse. **b** (*fam: go unpunished*) escaparse sin castigo; **he'll never ~ away with it!** ¡lo va a pagar!; **he got away with murder** (*fig fam*) hizo lo que le dio la (real) gana; ~ **away with you!** (*fam*) ¡vete ya!, ¡lárgate!; (*joking*) ¡no me digas!

◆**get back** **1** VT + ADV **a** (*recover: possessions*) recuperar; (: *strength*) recobrar. **b** (*return: object, person*) devolver, regresar (*LAm*). **2** VI + ADV (*return*) volver, regresar; **to ~ back to bed** volver a la cama; **to ~ back (home)** volver a casa; **I'll ~ back to you** volveré a llamarte pronto; ~ **back!** ¡atrás!; *see* **own 2**.

◆**get back at** VI + PREP (*fam*): **to ~ back at sb (for sth)** vengarse de algn (por algo).

◆**get behind** VI + ADV (*with work etc*) atrasarse, retrasarse.

◆**get by** VI + ADV **a** lograr pasar. **b** (*fam: manage*) arreglárselas; (*be acceptable*) aceptarse, admitirse; **I can ~ by in Dutch** me defiendo en holandés; **don't worry, he'll ~ by** no te preocupes, se las arreglará.

◆**get down** **1** VT + ADV **a** (*take down*) bajar (*from* de). **b** (*swallow*) tragarse. **c** (*note down*) apuntar. **d** (*fam: depress*) deprimir; **don't let it ~ you down** no dejes que te deprima. **2** VI + ADV (*descend*) bajarse (*from, off* de); **quick, ~ down!** ¡bájate, ya!

◆**get down to** VI + PREP: **to ~ down to (doing) sth** ponerse a (hacer) algo; **to ~ down to brass tacks** concretar; **to ~ down to business** ponerse a trabajar en serio.

◆**get in** **1** VT + ADV **a** (*bring in: harvest*) recoger; (: *shopping*) comprar; (: *supplies*) traer. **b** (*plant: bulbs etc*) plantar. **c** (*summon: expert etc*) llamar a. **d** (*insert: object*) lograr meter en; (: *comment, word*) meter, entrometer. **2** VI + ADV **a** (*enter*) entrar. **b** (*arrive: train, bus, plane*) llegar; (*reach home: person*) llegar a casa. **c** (*be admitted: to club*) ser admitido; (*Pol: be elected*) ser elegido; **he got in with a bad crowd** empezó a andar con malas compañías. **d** **to ~ in on** lograr introducirse en, lograr tomar parte en.

◆**get into** VI + PREP (*house*) entrar en; (*vehicle*) subir a; (*clothes*) ponerse; (*club*) ingresar en, hacerse socio de; (*difficulties, trouble*) meterse en; **to ~ into the habit of doing sth** coger (*Sp*) *or* agarrar la costumbre de hacer algo (*LAm*); **what's got into him?** ¿qué mosca le ha picado?, ¿qué le pasa?

◆**get off** **1** VT + ADV **a** (*remove: clothes*) quitarse; (: *stain*) quitar.

b (*send off: letter, telegram*) mandar; **to ~ sb off to school** despachar a algn al colegio; **she got the baby off to sleep** logró dormir al niño. **c** (*save from punishment*) salvar. **d** (*have as leave: day, time*) tener libre. **2** VI + PREP (*vehicle etc*) apearse *or* (*LAm*) bajarse de; (*fam: escape: chore etc*) librarse *or* escaparse de; **let's ~ off this subject** cambiemos de tema; **we've rather got off the subject** nos hemos alejado bastante del tema. **3** VI + ADV **a** (*from vehicle*) apearse, bajarse; **to tell sb where to ~ off** (*fam*) cantar a algn las cuarenta. **b** (*depart: person*) marcharse, partir. **c** (*escape injury, punishment*) escapar; **he got off with a fine** se escapó con una multa; ~ **off!** ¡suelta! **d** (*from work*) conseguir marcharse.

◆**get off with** VI + PREP (*fam: start relationship with*) ligar(se) con.

◆**get on** **1** VI + PREP (*vehicle*) subir a; (*horse*) montar a. **2** VT + ADV (*put on: clothes*) ponerse; (: *lid, cover*) poner. **3** VI + ADV **a** (*mount*) subir. **b** (*proceed*) seguir (*with* sth con algo); ~ **on with it!** ¡anda!, ¡apúrese! (*LAm*). **c** **to be ~ting on** (*time*) hacerse tarde; (*person*) envejecer; **it's ~ting on for 9** son casi las 9; **he's ~ting on for 70** está rondando los 70; **there were ~ting on for 50 people** se acercaba a las 50 personas. **d** (*progress*) progresar; (*succeed*) tener éxito, avanzar; **how did you ~ on?** (*in exam etc*) ¿qué tal?, ¿cómo te fue? (*LAm*); **how are you ~ting on?** ¿qué tal (estás)? (*Sp*), ¿cómo te va? (*LAm*), ¿cómo sigues? (*LAm*). **e** (*be on good terms*) llevarse bien *or* entenderse (*with* sb con algn).

◆**get on to** VI + PREP (*fam*) **a** (*contact*) hablar con; (*phone*) llamar. **b** (*deal with*) ocuparse de. **c** (*nag*) andar detrás de. **d** (*facts, truth*) descubrir; (*identify*) identificar.

◆**get out** **1** VT + ADV (*gen*) sacar (*of* de); (*stain*) quitar; ~ **that man out of here!** ¡sáquenme a ese hombre!; ~ **out of the way!** ¡apártate!, ¡ponte de un lado! **2** VI + ADV (*go out*) salir (*of* de); (*leave*) marcharse (*of* de), partir (*CSur*) (*of* de); (*from vehicle*) apearse *or* bajarse (*of* de); (*escape*) escaparse *or* fugarse (*of* de); (*news*) difundirse; (*secret*) hacerse saber.

◆**get out of** **1** VT + PREP **a** *see also* **get out 1**; (*gen*) sacar de; (*bed*) levantar de; **I must ~ him out of the habit of ...** debo quitarle la costumbre de .... **b** (*extract: confession, words*) sacar de. **c** (*gain from: pleasure, benefit*) ganar de. **2** VI + PREP **a** (*escape: duty, punishment*) librarse de; *see also* **get out 2**. **b** **to ~ out of the habit of doing sth** perder la costumbre de hacer algo. **c** (*rise from: bed, chair*) levantarse de.

◆**get over** **1** VI + ADV (*cross: stream, road*) cruzar, atravesar. **2** VI + PREP **a** (*cross*) cruzar, atravesar. **b** (*recover from: illness, disappointment*) reponerse de; (: *surprise, shock*) sobreponerse a; **I can't ~ over it!** ¡no me cabe en la cabeza! **c** (*overcome: problem*) vencer, superar; (: *shyness*) dominar. **3** VT + ADV **a** (*transport across*) trasladar. **b** (*have done with*) acabar de una vez; **let's ~ it over (with)** acabemos de una vez. **c** (*communicate: idea etc*) comunicar.

◆**get round** **1** VI + PREP (*avoid: problem, regulation*) soslayar, evitar; (*overcome*) superar, vencer; **to ~ round sb** convencer a algn. **2** VI + ADV: **to ~ round to doing sth** alcanzar *or* llegar a hacer algo; **I'll ~ round to it** llegaré a hacerlo.

◆**get through** **1** VI + PREP **a** (*pass through: window etc*) pasar por; (: *crowd*) abrirse paso entre. **b** (*finish: work*) acabar con; (: *book*) terminar; (*use up: food, money*) agotar. **c** (*pass: exam*) aprobar; (*Pol: bill*) ser aprobado. **2** VT + PREP (*cause to succeed: student*) conseguir que apruebe; (: *proposal, bill*) conseguir que sea aprobado.

[3] VT + ADV (*succeed in sending*: *message, supplies*) conseguir entregar; (*Pol*: *bill*) conseguir que sea aprobado.
[4] VI + ADV [a] (*pass through*) abrirse paso; (*news, supplies etc*: *arrive*) llegar.
[b] (*pass, succeed*: *student*) aprobar; (: *football team*) pasar; (*be accepted*: *bill*) ser aprobado.
[c] (*finish*) acabar.
[d] **to ~ through to sb** (*Telec*) lograr comunicarse con algn; (*fig*: *communicate with*) hacerse entender por algn.

◆ **get together** [1] VT + ADV (*people, objects*) reunir; (*fig*: *thoughts, ideas*) organizar.
[2] VI + ADV (*group, club*) reunirse; **to ~ together about sth** reunirse para discutir algo.

◆ **get under** [1] VI + ADV (*pass underneath*) pasar por debajo.
[2] VI + PREP: **to ~ under a fence / rope** *etc* pasar por debajo de una cerca/cuerda *etc*.

◆ **get up** [1] VI + ADV [a] (*gen*: *rise*) levantarse.
[b] (*climb up*) subir.
[2] VT + ADV [a] (*person*: *from chair, floor*) levantar; (: *wake*) despertar, levantar.
[b] (*gather*: *strength, enthusiasm*) cobrar; **to ~ up speed** cobrar velocidad.
[c] (*fam*: *organize*: *celebrations etc*) organizar.
[d] (*fam*: *dress up*: *person*) **to ~ o.s. up as** disfrazarse de; **beautifully got up** muy bien vestido.

◆ **get up to** VI + PREP [a] (*lit, fig*: *reach*) llegar a; **I've got up to chapter 4** estoy en el capítulo 4. [b] **to ~ up to mischief** hacer alguna travesura; **what have you been ~ting up to?** ¿en qué te has metido últimamente?
get-at-able [get'ætəbl] ADJ accesible.
getaway ['getəweɪ] [1] N: **to make one's ~** escaparse, arrancar (*LAm*). [2] CPD: **~ car** N coche *m* de fuga.

◆ **get off on** VT + PREP (*fam*) pirrarse por (*fam*).
get-together ['getə‚geðər] N (*fam*: *meeting*) reunión *f*; (*regular social gathering*) tertulia *f*, peña *f* (*LAm*); (*party*) fiesta *f*.
get-up ['getʌp] N (*fam*: *outfit*) atavío *m*, atuendo *m*.
get-well card [‚get'wel‚kɑːd] N tarjeta que se envía a un enfermo deseándole una pronta mejoría.
geyser ['giːzər] N (*Geog*) géiser *m*; (*water heater*) calentador *m* de agua.
Ghana ['gɑːnə] N Ghana *f*.
Ghanaian [gɑːˈneɪən] ADJ, N ghanés/esa *m/f*.
ghastly ['gɑːstlɪ] ADJ (*horrible*) horroroso/a; (*pale*) pálido/a, cadavérico/a; (*fam*: *very bad*: *mistake etc*) espantoso/a, funesto/a.
gherkin ['gɜːkɪn] N pepinillo *m*.
ghetto ['getəʊ] N ghetto *m*; (*Hist*) judería *f*.
ghetto-blaster ['getəʊ‚blɑːstər] N cassette *m* portátil con altavoz incorporado.
ghost [gəʊst] [1] N fantasma *m*, espectro *m*; (*TV*) imagen *f* fantasma; **Holy G~** (*Rel*) Espíritu *m* Santo; **without the ~ of a smile** sin la más leve sonrisa; **he hasn't the ~ of a chance** (*fig*) no tiene la más remota posibilidad; **to give up the ~** (*die*) entregar el alma; (*hum*: *car, washing machine, etc*) pasar a mejor vida.
[2] VT (*book*) escribir por otro.
[3] CPD: **~ story** N cuento *m* de fantasmas; **~ town** N pueblo *m* fantasma.
ghostly ['gəʊstlɪ] ADJ fantasmal, espectral.
ghostwriter ['gəʊst‚raɪtər] N negro/a *m/f*.
ghoul [guːl] N demonio *m* necrófago; (*fig*) morboso/a *m/f*.
ghoulish ['guːlɪʃ] ADJ (*see n*) espantosamente cruel; (*fig*) morboso/a.
GHQ N ABBR of **General Headquarters** cuartel *m* general.
GI N ABBR (*US*) [a] of **Government Issue** propiedad *f* del Estado. [b] (*fam*) soldado *m* (raso) americano.
giant ['dʒaɪənt] [1] N (*gen*) gigante *mf*. [2] ADJ gigantesco/a.
[3] CPD (*fern, panda*) gigante; **~ (size) packet** N paquete *m* (de tamaño) gigante or familiar.
giant-killer ['dʒaɪənt‚kɪlər] N matagigantes *m*.
Gib [dʒɪb] N (*fam*) = **Gibraltar**.
gibber ['dʒɪbər] VI (*monkey, idiot*) farfullar.
gibbering ['dʒɪbərɪŋ] ADJ farfullador(a); **I sounded like a**

~ idiot no hice más que farfullar; **I was so nervous that I must have sounded like a ~ idiot** estaba tan nervioso que debí de sonar como un tonto.
gibberish ['dʒɪbərɪʃ] N galimatías *m*, jerigonza *f*.
gibbet ['dʒɪbɪt] N horca *f*.
gibbon ['gɪbən] N gibón *m*.
gibe [dʒaɪb] [1] N mofa *f*, burla *f*. [2] VI mofarse or burlarse (*at* de).
giblets ['dʒɪblɪts] NPL menudillos *mpl*.
Gibraltar [dʒɪˈbrɔːltər] N Gibraltar *m*.
Gibraltarian [‚dʒɪbrɔːˈlteərɪən] ADJ, N gibraltareño/a *m/f*.
giddiness ['gɪdɪnɪs] N vértigo *m*.
giddy ['gɪdɪ] ADJ (*comp* **-ier**; *superl* **-iest**) (*dizzy*) mareado/a; (*causing dizziness*: *height, speed*) vertiginoso/a; **to feel ~** sentirse mareado; **it makes me ~** me marea.
GIFT [gɪft] N ABBR of **Gamete In** or **Intra Fallopian Transfer**.
gift [gɪft] [1] N [a] (*present*) regalo *m*; (*Comm*: *also* **free ~**) obsequio *m*; **it's a ~!** (*fam*: *dirt cheap*) ¡es muy barato!; (*very easy*) es pan comido, ¡está tirado! (*fam*).
[b] (*talent*) **to have a ~ for languages** tener don *m* de lenguas; *see* **gab**.
[2] CPD: **~ certificate** N (*US*) vale-regalo *m*; **~ coupon** N cupón *m* de regalo; **~ shop**, (*US*) **~ store** N tienda *f* de regalos; (*in signs*) 'artículos *mpl* de regalo'; **~ tax** N impuesto *m* sobre donaciones; **~ token, ~ voucher** N vale-regalo *m*.
gifted ['gɪftɪd] ADJ dotado/a (*in* en).
giftwrap ['gɪft‚ræp] VT envolver en papel de regalo.
giftwrapping ['gɪft‚ræpɪŋ] N envoltorio *m* de regalo, papel *m* de colores para regalo.
gig [gɪg] N [a] (*carriage*) calesa *f*. [b] (*Mus*) actuación *f*.
[c] (*fam*: *job*) función *f*.
gigabyte ['dʒɪgə‚baɪt] N gigabyte *m*.
gigantic [dʒaɪˈgæntɪk] ADJ gigantesco/a.
giggle ['gɪgl] [1] N risilla *f*; **she got the ~s** le dio la risa tonta; **they did it for a ~** (*Brit*) lo hicieron para reírse.
[2] VI reírse tontamente.
GIGO ['gaɪgəʊ] ABBR (*Comput*) of **garbage in, garbage out** BEBS.
gigolo ['ʒɪgələʊ] N gigoló *m*.
gild [gɪld] (*pt* **~ed**; *pp* **~ed** or **gilt**) VT (*metal, frame*) dorar; **to ~ the lily** (*fig*) embellecer lo perfecto.
gill¹ [gɪl] N (*of fish*) branquia *f*, agalla *f*.
gill² [dʒɪl] N (*measure*) cuarta parte de una pinta.
gilt [gɪlt] [1] PP of **gild**. [2] N dorado *m*. [3] ADJ dorado/a.
gilt-edged ['gɪlt‚edʒd] ADJ [a] (*Fin*: *stocks, securities*) de máxima garantía. [b] (*book*) con cantos dorados.
gimlet ['gɪmlɪt] N (*for wood*) barrena *f* de mano.
gimmick ['gɪmɪk] N truco *m* publicitario; (*gadget*) artilugio *m*; **sales ~** (*Comm*) truco de promoción.
gimmickry ['gɪmɪkrɪ] N trucos *mpl* publicitarios.
gimmicky ['gɪmɪkɪ] ADJ truquero/a.
gimp [gɪmp] N (*US fam*) cojo/a *m/f*.
gin [dʒɪn] N (*drink*) ginebra *f*; **~ and tonic** gintónic *m*.
ginger ['dʒɪndʒər] [1] N (*spice*) jengibre *m*. [2] ADJ (*hair*) pelirrojo/a; (*cat*) de color melado; **~ ale** or **beer** gaseosa *f* de jengibre.
gingerbread ['dʒɪndʒə‚bred] N pan *m* de jengibre.
gingerly ['dʒɪndʒəlɪ] ADV con cautela.
gingham ['gɪŋəm] N (*material*) guingán *m*.
ginormous [dʒaɪˈnɔːməs] ADJ (*fam, hum*) enorme de grande.
ginseng ['dʒɪnseŋ] [1] N ginseng *m*. [2] CPD (*tea, tablets*) de ginseng.
gipsy ['dʒɪpsɪ] ADJ, N = **gypsy**.
giraffe [dʒɪˈrɑːf] N jirafa *f*.
gird [gɜːd] (*pt, pp* **~ed** or **girt**) VT ceñir.
girder ['gɜːdər] N viga *f*.
girdle ['gɜːdl] N (*corset*) faja *f*.
girl [gɜːl] [1] N (*small*) niña *f*, chiquilla *f*; (*young woman*) chica *f*, muchacha *f*, chavala *f*; (*fam*: *girlfriend*) novia *f*, polola *f* (*Chi*); **factory / shop ~** obrera *f*/dependienta *f*; **old ~** (*Brit*: *of school*) antigua alumna *f*; (*fam*) vieja *f*.
[2] CPD: **~ Friday** N empleada *f* de confianza; **~ guide**, (*US*) **~ scout** N exploradora *f*.

girlfriend ['gɜːlfrend] N (of girl) amiga f; (of boy) novia f, polola f (Chi).

girlhood ['gɜːlhʊd] N juventud f, mocedad f.

girlie ['gɜːlɪ] CPD: **~ magazine** N revista f de desnudos, revista f de destape.

girlish ['gɜːlɪʃ] ADJ de niña, juvenil; (pej: man, boy) afeminado/a.

giro ['dʒaɪrəʊ] (Brit) **1** N: **bank/post-office ~** giro m bancario/postal; **National G~** Giro m postal. **2** CPD: **~ cheque** N cheque m de giro; **by ~ transfer** mediante giro.

girt [gɜːt] PT, PP of **gird**.

girth [gɜːθ] N (for saddle) cincha f; (measure: of tree) circunferencia f; (: of person's waist) gordura f.

gist [dʒɪst] N (of speech, conversation etc) esencia f, lo esencial; **to get the ~ of sth** entender lo esencial de algo.

git [gɪt] N (Brit fam) bobo/a m/f.

give [gɪv] (pt **gave**; pp **~n**) **1** VT **a** (gen) dar; (provide) proporcionar; (deliver) entregar; (as gift) regalar, dar; (bestow: title, honour) otorgar; (: name) dar, poner; (grant: permission) conceder; (make: promise) hacer; (sacrifice: life) entregar, sacrificar; (dedicate: life, time) dedicar; (pay) pagar, dar; **how much did you ~ for it?** ¿cuánto pagaste por él?; **to ~ sb sth** or **sth to sb** dar algo a algn; **to ~ sb sth to eat** dar de comer a algn; **12 o'clock, ~ or take a few minutes** más o menos las doce; **to ~ as good as one gets** pagar con la misma moneda; **he gave it everything he'd got** (fig) se entregó por completo; **I'd ~ a lot** or **the world** or **anything to know ...** (fam) daría un dineral por saber .... **b** (impart: shock, surprise, pleasure) dar; (: pain) causar, provocar; (message) entregar; **to ~ a decision** (Jur) fallar; **to ~ sb a kick/push** dar una patada/un empujón a algn; **to ~ sb a cold** contagiar el resfriado a algn; **to ~ sb news of sth** dar noticias de algo a algn; **them my regards** mándales saludos de mi parte; **that ~s me an idea** eso me da una idea. **c** (produce: milk, fruit) dar, producir; (: light, heat) dar; (: result) arrojar; (supply: help, advice) facilitar, proporcionar; (deliver: speech, lecture) pronunciar; (: song) presentar; **it ~s a total of 80** arroja un total de 80; **to ~ a party** dar una fiesta; **to ~ the right/wrong answer** dar la respuesta correcta/equivocada. **d** (perform etc: jump) dar; (emit: cry, sigh) dar, lanzar; **to ~ sb a smile** sonreír a algn. **e** (allow: chance) dar, facilitar; (time) dar, dejar; **to ~ sb a choice** darle a elegir a algn; **I can ~ you 10 minutes** le puedo conceder 10 minutos; **~ yourself an hour to get there** deja una hora para llegar; **how long would you ~ that marriage?** ¿cuánto tiempo crees que durará ese matrimonio?; **he's honest, I ~ you that** es honrado, te lo reconozco; **to ~ way** (be replaced) ser reemplazado (to por); **to ~ way to despair** (fig) entregarse a la desesperación; **'~ way'** (Brit Aut: to oncoming traffic) 'ceda el paso'; see also **2(b)**.

2 VI **a** (give presents) hacer regalos; **to ~ to charity** hacer una donación; **to ~ and take** hacer concesiones mutuas. **b** (stretch) dar (de sí), ceder; (also **~ way**: lit, fig: collapse etc: roof, ground) hundirse; (: knees) flaquear; (yield: door etc) ceder; **something's got to ~!** (fam) ¡por algún lado tiene que ceder!

3 N (of material, elastic) elasticidad f; (of chair, bed) blandura f.

◆**give away** VT + ADV **a** (money, goods) regalar, obsequiar; (bride) llevar al altar; (present: prizes) entregar; (sell cheaply) vender regalado/a. **b** (reveal: secret) divulgar; (betray: person) traicionar, denunciar; **to ~ o.s. away** venderse, traicionarse.

◆**give back** VT + ADV (return: sb's property) devolver (to a).

◆**give in 1** VT + ADV (hand in: form, essay) entregar; **to ~ in one's name** dar su nombre.

2 VI + ADV (yield) ceder or rendirse (to sb ante algn); (in guessing game etc) **I ~ in!** ¡me rindo!, ¡me doy por vencido!

◆**give off** VT + ADV (smell, smoke, heat) despedir.

◆**give out 1** VT + ADV **a** (distribute) repartir. **b** (make known: news etc) divulgar.

2 VI + ADV (be exhausted: supplies) agotarse; (fail: engine, legs, patience) acabarse.

◆**give over 1** VT + ADV **a** entregar; (transfer) traspasar; (devote) dedicar. **b** (fam: stop) dejar; **~ over arguing!** ¡deja de discutir! **2** VI + ADV (fam) cesar; **~ over!** ¡basta ya!

◆**give up 1** VT + ADV **a** (surrender: place) ceder; (hand over: ticket) entregar; **to ~ o.s. up to the police** entregarse a la policía. **b** (renounce: friend, boyfriend, job) dejar; (abandon: problem) abandonar; **I gave it up as a bad job** (fam) ¡me di por vencido!; **they gave him up for dead** le dieron por muerto. **c** (devote: one's life, time) dedicar (to a); (sacrifice: one's life) entregar (for por); (: career) renunciar (for por). **2** VI + ADV (stop trying) rendirse; **I ~ up!** (trying to guess) ¡me rindo!

give-and-take ['gɪvən'teɪk] N (fam) toma y daca m.

giveaway ['gɪvəweɪ] **1** N **a** (revelation) revelación f involuntaria; **the exam was a ~!** ¡el examen fue pan comido!; **it's a dead ~** (obvious) (eso) lo dice todo. **b** (gift) regalo m. **2** CPD: **~ prices** NPL precios mpl regalados.

given ['gɪvn] **1** PP of **give**.

2 ADJ **a** (fixed: time, amount) determinado/a, fijo/a; **on a ~ day** en un día determinado; **~ name** (esp US) nombre m de pila. **b** **to be ~ to doing sth** ser dado a hacer algo. **3** CONJ: **~ (that) ...** dado que ...; **~ the circumstances ...** dadas las circunstancias ...; **~ time, it would be possible** con el tiempo, sería posible.

giver ['gɪvəʳ] N donante mf, donador(a) m/f.

gizmo ['gɪzməʊ] N (US fam) artilugio m, chisme m, coso m (LAm).

glacé ['glæseɪ] ADJ escarchado/a.

glacial ['gleɪsɪəl] ADJ (Geol) glaciar; (cold: weather, wind, also fig) glacial.

glacier ['glæsɪəʳ] N glaciar m.

glad [glæd] ADJ (comp **~der**; superl **~dest**) (pleased) contento/a; (happy) feliz; (news) bueno/a; (occasion) alegre; **~ rags** (fam) ropa f dominguera; **to be ~ about sth** alegrarse de algo; **to be ~ that** alegrarse de que; **I am ~ to hear it** me alegra saberlo; **I was ~ of his help** le agradecí su ayuda.

gladden ['glædn] VT alegrar, poner contento/a.

glade [gleɪd] N claro m.

gladiator ['glædɪeɪtəʳ] N gladiador m.

gladiolus [glædɪ'əʊləs] N (pl **gladioli** [glædɪ'əʊlaɪ]) estoque m, gladíolo m.

gladly ['glædlɪ] ADV (joyfully) alegremente; (willingly) de buena gana, con gusto.

glamorous ['glæmərəs] ADJ (person) encantador(a), atractivo/a; (dress) de gala; (occasion) fastuoso/a.

glamour, (US) **glamor** ['glæməʳ] **1** N (see adj) encanto m, atractivo m; gala f; pompa f. **2** CPD: **~ girl** N belleza f, guapa f.

glance [glɑːns] **1** N mirada f, vistazo m (at a); **at a ~** de un vistazo; **at first ~** a primera vista.

2 VI **a** (look) lanzar or echar una mirada (at a); **to ~ away** apartar los ojos; **to ~ through a report** hojear un informe. **b** **to ~ off sth** rebotar de algo.

glancing ['glɑːnsɪŋ] ADJ (blow) oblicuo/a.

gland [glænd] N (Anat) glándula f.

glandular ['glændjʊləʳ] ADJ glandular; **~ fever** mononucleosis f infecciosa.

glare [gleəʳ] **1** N **a** (of light, sun) deslumbramiento m; **the ~ of publicity** (fig) la atención pública. **b** (look) mirada f feroz. **2** VI **a** (light) brillar, deslumbrar. **b** (look) mirar ferozmente (at a).

glaring ['gleərɪŋ] ADJ (dazzling: sun, light) deslumbrante, brillante; (: colour) chillón/ona, llamativo/a; (obvious: mistake, evidence) evidente, manifiesto/a.

glaringly ['glɛərɪŋlɪ] ADV: ~ **obvious** totalmente obvio.

glasnost ['glæznɒst] N glasnost f.

glass [glɑːs] **1** N **a** (material) vidrio m, cristal m; (~ware) cristalería f; (drinking vessel for water) vaso m; (: for wine, spirits) copa f; (~ful) vaso, copa; (barometer) barómetro m; (mirror) espejo m.
b ~es (spectacles) gafas fpl, anteojos mpl (esp LAm); (binoculars) gemelos mpl.
2 CPD (bottle, ornament, eye) de vidrio or cristal; ~ **ceiling** N techo m or barrera f invisible (que impide ascender profesionalmente a las mujeres o a los miembros de minorías étnicas); ~ **fibre**, (US) ~ **fiber** N fibra f de vidrio CPD de fibra de vidrio; ~ **paper** N papel m de lija; ~ **wool** N lana f de vidrio.

glass-blowing ['glɑːs,bləʊɪŋ] N soplado m de vidrio.

glasscutter ['glɑːs,kʌtəʳ] N (tool) cortador m de cristal, cortavidrios m inv.

glassful ['glɑːsfʊl] N vaso m.

glasshouse ['glɑːshaʊs] N (pl -houses [haʊzɪz]) (for plants) invernadero m.

glassware ['glɑːswɛəʳ] N cristalería f, artículos mpl de cristal.

glassworks ['glɑːswɜːks] N fábrica f de vidrio.

glassy ['glɑːsɪ] ADJ (comp -ier; superl -iest) (surface) liso/a; (water) espejado/a; (eye, look) vidrioso/a.

Glaswegian [glæz'wiːdʒən] **1** ADJ de Glasgow. **2** N nativo/a m/f or habitante mf de Glasgow.

glaucoma [glɔː'kəʊmə] N glaucoma m.

glaze [gleɪz] **1** N (on pottery, Culin) vidriado m. **2** VT **a** (window) poner cristales a. **b** (pottery) vidriar; (Culin) glasear. **3** VI: **to ~ over** (eyes) velarse.

glazed [gleɪzd] ADJ **a** (surface) vidriado/a; (paper) satinado/a; (eye) vidrioso/a. **b** (Brit: door, window etc) con cristal; (picture) barnizado/a. **c** (US fam: tipsy) achispado/a (fam).

glazier ['gleɪzɪəʳ] N vidriero/a m/f.

gleam [gliːm] **1** N **a** (of light) rayo m, destello m; (of metal, water) espejeo m; **with a ~ in one's eye** con ojos chispeantes.
b (fig) **a ~ of hope** un rayo de esperanza.
2 VI (light) brillar, destellar; (metal, water) espejear, relucir; (eyes) chispear (with de).

gleaming ['gliːmɪŋ] ADJ reluciente.

glean [gliːn] VT (gather: information) recoger, espigar; **from what I have been able to ~** de lo que yo he podido saber.

glee [gliː] N (joy) regocijo m, alegría f.

gleeful ['gliːfəl] ADJ (smile, laugh) regocijado/a, alegre; (: malicious) malicioso/a.

gleefully ['gliːfəlɪ] ADV con júbilo, con regocijo.

glen [glen] N cañada f.

glib [glɪb] ADJ (person) de mucha labia, poco sincero; (explanation, excuse) fácil; **the salesman was very ~** el vendedor tenía mucha labia.

glibly ['glɪblɪ] ADV (speak) (elocuentemente pero) con poca sinceridad; (explain) con una facilidad sospechosa.

glide [glaɪd] **1** N (of dancer etc) deslizamiento m; (Aer) planeo m, vuelo m sin motor. **2** VI (move smoothly) deslizarse; (Aer) planear.

glider ['glaɪdəʳ] N (Aer) planeador m.

gliding ['glaɪdɪŋ] N (Aer) vuelo m sin motor.

glimmer ['glɪməʳ] **1** N **a** (of light) luz f tenue; (of water) espejeo m. **b** (fig) = **gleam 1(b)**. **2** VI (light) rielar; (water) espejear.

glimpse [glɪmps] **1** N vislumbre f; **to catch a ~ of** vislumbrar, divisar. **2** VT vislumbrar.

glint [glɪnt] N (of metal etc) destello m, centelleo m; **he had a ~ in his eye** le chispeaban los ojos.

glisten ['glɪsn] VI (wet surface) relucir; (water) espejear; (eyes) chispear (with de).

glitch [glɪtʃ] N (US fam) fallo m técnico, fallo m en un sistema electrónico.

glitter ['glɪtəʳ] **1** N (of gold etc) brillo m. **2** VI (gold etc) relucir, brillar; **all that ~s is not gold** no es oro todo lo que reluce.

glitterati [,glɪtə'rɑːtiː] N (fam, hum) celebridades fpl del mundillo literario y artístico.

glittering ['glɪtərɪŋ] ADJ (also fig) reluciente, brillante; ~ **prize** premio m de oro.

glitz [glɪts] N (fam) ostentación f, relumbrón m.

glitzy ['glɪtsɪ] ADJ (comp -ier; superl -iest) (fam) ostentoso/a, de relumbrón.

gloat [gləʊt] VI relamerse; **to ~ over** (money etc) recrearse contemplando; (victory, good news) recrearse en; (enemy's misfortune etc) saborear.

global ['gləʊbl] ADJ **a** (world-wide) mundial; ~ **village** pueblo m global; ~ **warming** recalentamiento m global. **b** (comprehensive) global.

globe [gləʊb] N (sphere) globo m, esfera f; (the world) mundo m; (spherical map) globo f terrestre.

globe-trotter ['gləʊb,trɒtəʳ] N trotamundos mf inv.

globe-trotting ['gləʊb,trɒtɪŋ] N viajar m por todo el mundo.

globule ['glɒbjuːl] N (of oil, water) glóbulo m.

gloom [gluːm] N **a** (darkness) semioscuridad f. **b** (sadness) tristeza f, melancolía f; **it's not all ~ and doom here** aquí no todo son pronósticos de desastre.

gloomy ['gluːmɪ] ADJ (comp -ier; superl -iest) (place) oscuro/a, tenebroso/a; (atmosphere, character) triste, lóbrego/a; (outlook) poco prometedor(a); (day, weather) encapotado/a; **to feel ~** sentirse pesimista.

glorify ['glɔːrɪfaɪ] VT (exalt: God) alabar; (: person) glorificar; (pej: war, deeds) embellecer; **it's just a glorified boarding-house** es una simple pensión, aunque presuma de otra cosa.

glorious ['glɔːrɪəs] ADJ (career, victory) glorioso/a; (weather, view) magnífico/a.

gloriously ['glɔːrɪəslɪ] ADV gloriosamente; magníficamente; **it was ~ sunny** hacía un sol magnífico; **we were ~ happy** estábamos contentísimos.

glory ['glɔːrɪ] **1** N (honour, fame, Rel) gloria f; (splendour) gloria f, esplendor m; **she was in her ~** estaba toda ufana; **Rome at the height of its ~** Roma en la cima de su gloria.
2 VI: **to ~ in sth** (one's success etc) enorgullecerse or jactarse de algo; (another's misfortune) disfrutar maliciosamente de algo.

glory-hole ['glɔːrɪhəʊl] N (fam) cuarto m or cajón m etc en desorden, leonera f (fam); **his room is something of a ~** su habitación parece un rastro.

Glos ABBR (Brit) of **Gloucestershire**.

gloss¹ [glɒs] **1** N glosa f. **2** VT glosar, comentar.

◆ **gloss over** VT + ADV (mistake etc) encubrir.

gloss² [glɒs] **1** N (shine) brillo m, lustre m; (also ~ **paint**) pintura f esmalte. **2** CPD: ~ **finish** N (of paint) acabado m brillo; (on photo) brillo m satinado.

glossary ['glɒsərɪ] N glosario m.

glossy ['glɒsɪ] ADJ (comp -ier; superl -iest) (surface) brillante, lustroso/a; (hair) liso/a; (cloth, paper) satinado/a; ~ **magazine** revista f elegante.

glottal ['glɒtl] ADJ: ~ **stop** oclusión f glotal.

glove [glʌv] **1** N guante m. **2** CPD: ~ **compartment** N (Aut) guantera f; ~ **puppet** N títere m de guante.

glow [gləʊ] **1** N (of lamp, sunset, fire etc) brillo m; (of bright colour) luminosidad f, brillo; (of cheeks) rubor m; (in sky) luz f difusa; (warm feeling) sensación f de bienestar; **a ~ of satisfaction** una gran satisfacción.
2 VI (lamp) brillar; (colour, sunset, fire) resplandecer; **to ~ with health** rebosar de salud.

glower ['glaʊəʳ] VI mirar con ceño (at sb a algn).

glowering ['glaʊərɪŋ] ADJ (person) ceñudo/a; (sky) encapotado/a.

glowing ['gləʊɪŋ] ADJ (light etc) brillante; (fire, colour) vivo/a; (complexion, cheeks etc) encendido/a; (person: with health, pleasure) rebosante; (fig: report, description etc) entusiasta.

glow-worm ['gləʊwɜːm] N luciérnaga f.

glucose ['gluːkəʊs] N glucosa f.

glue [gluː] **1** N cola f, goma f; (as drug) pegamento m.
2 VT pegar (to a); **to ~ 2 things together** pegar dos cosas (con goma etc); **she was ~d to the television** (fig) tenía los ojos clavados en la televisión; **to be ~d to the spot**

quedarse pegado/a.

glue-sniffing ['glu:,snɪfɪŋ] N inhalación f de pegamento.

glum [glʌm] ADJ (comp **~mer**; superl **~mest**) (person) melancólico/a; (mood, expression) triste; (tone) melancólico/a, sombrío/a.

glut [glʌt] [1] N superabundancia f, exceso m. [2] VT (market) inundar.

glutinous ['glu:tɪnəs] ADJ glutinoso/a.

glutton ['glʌtn] N glotón/ona m/f; (fam) comilón/ona m/f; **~ for work** trabajador(a) m/f incansable; **~ for punishment** masoquista mf.

gluttony ['glʌtənɪ] N glotonería f, gula f.

glycerin(e) [,glɪsə'ri:n] N glicerina f.

GM N ABBR [a] of **general manager**. [b] (Brit) of **George Medal** medalla del valor civil. [c] (US) of **General Motors**.

GMAT N ABBR (US) of **Graduate Management Admissions Test**.

GMB N ABBR (Brit) of **General, Municipal and Boilermakers** sindicato.

gm(s) ABBR of **gram(s), gramme(s)** g, gr.

GMT N ABBR (Brit) of **Greenwich Mean Time**.

gnarled [nɑ:ld] ADJ (wood) nudoso/a; (hands) torcido/a.

gnash [næʃ] VT: **to ~ one's teeth** rechinar los dientes.

gnat [næt] N mosquito m, jején m (LAm).

gnaw [nɔ:] [1] VT (chew, also fig) roer, carcomer. [2] VI: **to ~ through** roer or carcomer por; **to ~ at** roer.

gnawing ['nɔ:ɪŋ] ADJ (remorse, anxiety etc) corrosivo; (hunger) con retortijones.

gnome [nəʊm] N gnomo m.

GNP N ABBR of **gross national product** PNB m.

gnu [nu:] N ñu m.

▼**go** [gəʊ] (vb: pt **went**; pp **gone**) [1] VI [a] (gen) ir; **to ~ to London** ir a Londres; **to ~ by car** ir en coche; **to ~ at 30 m.p.h.** hacer 30 millas por hora; **to ~ looking for sth/ sb** ir a buscar algo/a algn; **to ~ for a walk/swim** dar un paseo/bañarse; **to ~ to a party** ir a una fiesta; **to ~ and see sb, to ~ to see sb** ir a ver a algn; **I'll ~ and see** voy a ver; **he went and shut the door** cerró la puerta, fue a cerrar la puerta; **now you've gone and done it!** ¡ahora sí la has hecho buena!; **halt, who ~es there?** alto, ¿quién va o vive?; **you ~ first** tú primero; **there he ~es!** ¡ahí va!; **there you ~ again!** (fam) ¡otra vez con lo mismo!
[b] (depart) irse, marcharse, partir; (train etc) salir; (disappear: person) marcharse; (: object) desaparecer; (: money) gastarse; (: time) pasar; (be sold) **to ~** venderse (for por or en); **my hat has gone (missing)** ha desaparecido mi sombrero; **the cake is all gone** se acabó la torta; **~!** (Sport) ¡ya!; **here ~es!** (fam) ¡vamos a ver!; **gone are the days when ...** ya pasaron los días cuando ...; **the day went slowly** el día pasó lentamente; **it's just gone 7** acaban de dar las 7; **only 2 days to ~** sólo faltan dos días; **8 down and 2 to ~** ocho hechos y dos por hacer; **~ing, ~ing, gone!** ¡a la una, a las dos, a las tres!; **it went for £10** se vendió por or en 10 libras; **it's ~ing cheap** (fam) está regalado, se vende barato.
[c] (extend) extenderse, llegar; **the garden ~es down to the lake** el jardín se extiende hasta el lago; **money doesn't ~ far nowadays** hoy día el dinero apenas alcanza; **it's good as far as it ~es** dentro de sus límites está bien.
[d] (function: machine, car etc) funcionar, marchar, caminar; **I couldn't get the car to ~ at all** no pude hacer marchar el coche; **to keep ~ing** (person: moving) seguir; (: enduring) resistir, aguantar; (machine) seguir funcionando; **it ~es on petrol** (Aut) funciona con gasolina; **to make sth ~, to get sth ~ing** poner algo en marcha; **let's get ~ing** vamos, vámonos, ándale (Mex).
[e] (progress) ir, seguir, andar (LAm); (turn out) salir; **the meeting went well** la reunión salió bien; **how did the exam ~?** ¿cómo te fue en el examen?; **how's it ~ing?** (fam) ¿qué tal? (Sp fam), ¿qué tal te va? (fam), ¿cómo te va? (LAm fam), ¡qué hubo! (Mex, Chi fam); **we'll see how things ~** (fam) veremos cómo sale todo; **he has a lot ~ing for him** tiene muchas ventajas; **how does that song ~?** (tune) ¿cómo va esa canción?; (words) ¿cómo es la letra de esa canción?

[f] **to ~ (with)** (match) hacer juego (con), encajar (con); (coincide, co-occur) acompañar; **the curtains don't ~ with the carpet** las cortinas no pegan con la alfombra.
[g] (esp + adj: become) volverse, quedarse; **to ~ hungry/ thirsty** pasar hambre/sed; **to ~ without sth** prescindir de algo; **to ~ bad** (food) echarse a perder; **to ~ mad** (lit, fig) volverse loco; **to ~ to sleep** dormirse.
[h] (fit, be contained) caber; **where does this book ~?** ¿dónde pongo este libro?; **it won't ~ in the case** no cabe en la maleta; **4 into 3 won't ~** 4 entre 3 no va.
[i] (be acceptable) valer; **anything ~es** (fam) todo vale; **that ~es for me too** (that applies to me) yo también; (I agree with that) de acuerdo, yo estoy de acuerdo con eso; **what he says ~es** aquí manda él.
[j] (wear out: material) gastarse; (break) romperse; (fail) fallar; (Tech) dejar de funcionar, malograrse (Per); (give way) ceder; (fuse) fundirse; **this jumper has gone at the elbows** este jersey se ha deshecho por los codos.
[k] (be dismissed, got rid of: person) ser despedido; **that sideboard will have to ~** tenemos que desechar ese aparador; **apartheid must ~!** ¡fuera el apartheid!
[l] (be available) **there are several jobs ~ing** se ofrecen varios puestos; **there's a flat ~ing here** aquí hay un piso libre; **is there any tea ~ing?** ¿me ofreces una taza de té?; **I'll take whatever is ~ing** acepto lo que haya.
[m] (contribute, be used for) **the money ~es to charity** el dinero se destina a la caridad; **the money will ~ towards a holiday** el dinero será un aporte para las vacaciones; **all his money ~es on drink** se le va el dinero en alcohol; **the qualities which ~ to make him a great writer** las cualidades que le hacen un gran escritor.
[n] (be given: prize) ser ganado (to por); (inheritance) pasar (to a).
[o] (make a sound or movement) hacer; (doorbell, phone) sonar; **~ like that (with your right hand)** haz así (con la mano derecha).
[p] (US) **food to ~** comida f para llevar.
[2] AUX VB: **I'm/I was ~ing to do it** voy/iba a hacerlo; **it's ~ing to rain** va a llover; **there's ~ing to be trouble** se va a armar un lío.
[3] VT [a] (way, route) ir.
[b] (fam) **to ~ it alone** obrar por su cuenta; **to ~ one better** ganar el remate.
[4] N (pl **~es**) [a] (fam: energy) energía f, empuje m; **he's always on the ~** no descansa; **I've got two projects on the ~** tengo dos proyectos entre manos; **it's all ~** aquí no hay descanso.
[b] (success) **to make a ~ of sth** tener éxito en algo; **it's no ~** (fam) es inútil.
[c] (attempt) intento m; **to have a ~ (at doing sth)** intentar (hacer algo); **at or in one ~** de un (solo) golpe; **it's your ~** te toca a ti.
[d] **from the word ~** (fam) desde el principio; **all systems (are) ~** (Space, also fig) todo listo.
[e] (attack etc) **to have a ~ at sb** atacar a algn, tomarla con algn.

◆**go about** [1] VI + PREP [a] (set to work on: task) emprender; (problem) abordar; **how does one ~ about joining?** ¿qué hay que hacer para hacerse socio?; **he knows how to ~ about it** sabe lo que hay que hacer, sabe cómo hacerlo.
[b] (busy o.s. with: one's business etc) ocuparse de.
[2] VI + ADV (also ~ **around**) wander about) andar (de un sitio para otro); (circulate: flu etc) circular.

◆**go across** VI + PREP cruzar, atravesar.

◆**go after** VI + PREP (follow) seguir; (criminal etc) perseguir; (job, record, girl) andar tras.

◆**go against** VI + PREP (be unfavourable to: result, events, evidence) ir en contra de; (be contrary to: principles, conscience) ser contrario/a a; (act against: sb's wishes) actuar en contra de.

◆**go ahead** VI + ADV (carry on) seguir adelante (with con); **~ (right) ahead!** ¡adelante!

◆**go along** VI + ADV (proceed) seguir; **I'll tell you as we ~ along** te lo diré de camino; **check as you ~ along** corrija sobre la marcha; **to ~ along with** (accompany) acompañar; (agree with: person, idea) estar de acuerdo con.

◆ **go around** VI + ADV *see* **go about 2; go round (a)**.

◆ **go at** VI + PREP (*fam: attack, tackle*) atacar, arremeterse contra; (*tackle: job etc*) empecinarse en (hacer).

◆ **go away** VI + ADV (*depart*) marcharse, irse.

◆ **go back** VI + ADV [a] (*gen*) volver (*to* a), regresar (*to* a); (*retreat*) volverse atrás; **there's no ~ing back now** ya no podemos volver atrás. [b] (*date back*) remontarse; **the controversy ~es back to 1929** la controversia se remonta a 1929. [c] (*extend: garden, cave*) extenderse.

◆ **go back on** VI + PREP (*decision, promise*) faltar a.

◆ **go before** [1] VI + ADV (*precede*) preceder.
[2] VI + PREP: **the matter has gone before a grand jury** (*US*) el asunto se ha sometido a un gran jurado.

◆ **go below** VI + ADV (*Naut*) bajar.

◆ **go by** [1] VI + PREP [a] (*be guided by: watch, compass*) guiarse por; **to ~ by appearances** juzgar por las apariencias.
[b] **to ~ by the name of X** llamarse X.
[2] VI + ADV (*pass by: person, car etc*) pasar (cerca);: *overtake*) rebasar; (*opportunity*) pasar; (*time*) pasar, transcurrir; **in days gone by** en tiempos pasados, antaño; **as time ~es by** con el tiempo, con el transcurrir del tiempo.

◆ **go down** VI + ADV [a] (*sun*) ponerse; (*person: downstairs*) bajar; (*sink: ship, person*) hundirse; (*be defeated*) ser vencido; **that should ~ down well (with him)** eso le va a gustar; **that omelette went down a treat** (*fam*) esa tortilla estaba sabrosísima. [b] (*be written down*) apuntarse; **to ~ down in history/to posterity** pasar a la historia/la posteridad. [c] (*decrease: prices, temperature etc*) bajar; **he has gone down in my estimation** ha bajado en mi estima. [d] (*with an illness*) caer enfermo.

◆ **go down as** VT + ADV (*be regarded as*) pasar por; (*be remembered as*) pasar a la historia como.

◆ **go for** VI + PREP [a] (*attack, also fig*) atacar. [b] (*fam: apply to*) valer para. [c] (*fam: like, fancy*) **I don't ~ for his films very much** no me gustan mucho sus películas; **~ for it!** ¡a ello! [d] (*strive for*) dedicarse a obtener; (*choose*) escoger, optar por.

◆ **go forward** VI + ADV [a] (*proceed: with plan etc*) seguir adelante (*with* con). [b] (*be put forward: suggestion*) presentarse.

◆ **go in** VI + ADV [a] (*enter*) entrar. [b] **the sun went in** el sol se ocultó. [c] (*fit*) caber.

◆ **go in for** VI + PREP [a] (*enter for: race, competition*) presentarse a. [b] (*be interested in: hobby, sport*) interesarse por; (*use a lot of*) utilizar; (*take as career*) dedicarse a; **we don't ~ in for such things here** aquí esas cosas no se hacen.

◆ **go into** VI + PREP [a] (*investigate, examine*) examinar a fondo; (*explanation, details*) meterse en; **let's not ~ into all that now** dejamos todo eso por ahora. [b] (*embark on: career*) dedicarse a. [c] (*trance, coma*) entrar en; **to ~ into fits of laughter** morirse de risa.

◆ **go in with** VI + PREP asociarse con, unirse con; **she went in with her sister to buy the present** entre ella y su hermana compraron el regalo.

◆ **go off** [1] VI + ADV [a] (*leave*) marcharse, irse.
[b] (*cease to operate: lights, telephone*) apagarse.
[c] (*bomb*) estallar; (*gun*) disparar; (*alarm clock*) sonar.
[d] (*go bad: food*) echarse a perder; (: *milk*) pasarse.
[e] (*take place*) salir; **the party went off well** la fiesta salió bien.
[2] VI + PREP (*no longer like: thing*) perder el gusto por; (: *person*) dejar de querer a.

◆ **go on** [1] VI + PREP (*be guided by: evidence etc*) partir de; **there's nothing to ~ on** no hay pista que seguir.
[2] VI + ADV [a] (*fit*) **the lid won't ~ on** la tapa no se puede poner; **these shoes won't ~ on** mis pies no caben en estos zapatos.
[b] (*continue: war, talks*) seguir, continuar; (: *person, on journey*) seguir el camino; (*last*) durar; **to ~ on doing sth** seguir haciendo algo; **he went on to say that ...** añadió que ...; **to ~ on about sth** (*fam*) insistir en algo; **what a way to ~ on!** (*pej*) ¡qué manera de comportarse!; **that'll do to be ~ing on with** eso basta por ahora; **she's al-**

ways **~ing on about it** siempre está con la misma cantilena; **to ~ on at sb** reñir a algn.
[c] (*begin to operate: lights, machine*) encenderse, prenderse (*LAm*).
[d] (*happen*) pasar, ocurrir; **what's ~ing on here?** ¿qué pasa *or* ocurre aquí?
[e] (*pass: time, years*) pasar, transcurrir.

◆ **go on for** VI + PREP: **he's ~ing on for 60** anda por los 60; **it's ~ing on for 2 o'clock** son casi las 2, van a ser las 2.

◆ **go out** VI + ADV [a] (*be extinguished: fire, light*) apagarse.
[b] (*exit, in cards*) salir; (*ebb: tide*) bajar, menguar; **to ~ out shopping/for a meal** salir de compras *or* de tiendas/a comer; **to ~ out (of fashion)** pasar (de moda); **to ~ out with sb** salir con algn; **the mail has gone out** ha salido el correo.

◆ **go over** [1] VI + PREP [a] (*examine: report etc*) examinar.
[b] (*rehearse, review: speech, lesson etc*) repasar, revisar; **to ~ over sth in one's mind** repasar algo mentalmente.
[c] (*pass over: wall etc*) pasar por encima de.
[2] VI + ADV [a] **to ~ over to** (*cross over*) cruzar a; (*approach*) acercarse *or* dirigirse a; (*fig: change habit, sides etc*) pasarse a; **to ~ over to America** ir a América.
[b] (*be received*) recibirse; **his speech went over well** su discurso tuvo buena acogida.

◆ **go round** VI + ADV [a] (*revolve*) girar, dar vueltas a. (*circulate: news, rumour*) correr, circular. [b] (*suffice*) alcanzar, bastar. [c] (*visit*) **to ~ round (to)** pasar a (a ver a); **let's ~ round to John's place** vamos a casa de Juan. [d] (*make a detour*) dar la vuelta.

◆ **go through** [1] VI + PREP [a] (*suffer*) pasar por, sufrir; (*bear*) aguantar.
[b] (*examine: list, book*) repasar; (*search through: pile, one's pockets*) registrar.
[c] (*use up: money*) gastar; (*consume: food*) comerse; (: *drink*) beberse; (*wear out: garment*) gastar; **the book went through 8 editions** el libro tuvo 8 ediciones.
[d] (*perform: formalities etc*) cumplimentar; (: *ceremony etc*) realizar.
[2] VI + ADV (*lit*) pasar; (*fig*) ser aprobado.

◆ **go through with** VI + PREP (*plan, crime*) llevar a cabo; **I can't ~ through with it!** ¡no puedo seguir con esto!

◆ **go together** VI + ADV (*harmonize: colours*) hacer juego; (: *people etc*) entenderse; (*coincide: events, conditions*) juntarse.

◆ **go under** VI + ADV (*sink: ship, person*) hundirse; (*fig: business, firm*) quebrar.

◆ **go up** VI + ADV [a] (*rise: temperature, prices etc*) subir.
[b] (*be built: tower block etc*) levantarse. [c] (*explode*) estallar; **to ~ up in flames** estallar en llamas.

◆ **go with** VI + PREP [a] (*accompany*) ir con, acompañar a; (*lovers*) salir con. [b] (*match*) armonizar con, hacer juego con.

◆ **go without** [1] VI + PREP pasarse sin, prescindir de.
[2] VI + ADV arreglárselas, pasarse; **you'll have to ~ without** tendrás que pasarte sin ello.

goad [gəʊd] [1] VT: **to ~ sb into doing sth** (*fig*) incitar a algn a hacer algo. [2] N (*Agr*) aguijón *m*, puya *f*.

◆ **goad on** VT + ADV pinchar, provocar; **to ~ sb on to doing sth** provocar a algn para que haga algo.

go-ahead [ˈgəʊəhed] [1] ADJ emprendedor(a). [2] N: **to give sth/sb the ~** autorizar algo/a algn.

goal [gəʊl] [1] N [a] (*Sport: score*) gol *m*; (: *net etc*) portería *f*, meta *f*, arco *m* (*LAm*); **to play in ~** ser portero *or* (*LAm*) arquero; **they won by 2 ~s to one** ganaron por dos goles *or* tantos a uno.
[b] (*aim: in life*) meta *f*, objetivo *m*; (: *in journey*) fin *m*.
[2] CPD: **~ area** N área *f* de meta; **~ average** N promedio *m* de goles, golaverage *m*; **~ kick** N saque *m* de puerta; **~ line** N línea *f* de portería.

goalie [ˈgəʊlɪ] N (*fam*) = **goalkeeper**.

goalkeeper [ˈgəʊlˌkiːpər] N portero *m*, guardameta *mf*, arquero *m* (*LAm*).

goalmouth [ˈgəʊlmaʊθ] N portería *f*.

goalpost [ˈgəʊlpəʊst] N poste *m* (de la portería); **to move the ~s** (*fig*) cambiar las reglas del juego.

goal-scorer [ˈgəʊlˌskɔːrər] N goleador(a) *m/f*.

goat [gəʊt] N (*female*) cabra *f*; (*male*) chivo *m*, macho cabrío *m*; **to get sb's ~** (*fam*) fastidiar *or* molestar a algn.

goatee [gəʊˈtiː] N (*short*) perilla *f*; (*long*) barbas *fpl* de chivo.

goatherd [ˈgəʊthɜːd] N cabrero *m*.

goatskin [ˈgəʊtskɪn] N piel *f* de cabra.

gob [gɒb] (*fam*) **1** N **a** (*spit*) salivazo *m*. **b** (*esp Brit: mouth*) boca *f*. **2** VT escupir. **3** VI escupir.

gobbet [ˈgɒbɪt] N (*of food etc*) trocito *m*, pequeña porción *f*; **~s of information** pequeños elementos *mpl* de información.

gobble [ˈgɒbl] VT (*also* **~ down, ~ up**) engullir, tragar.

gobbledygook [ˈgɒbldɪguːk] N (*fam*) jerga *f* burocrática, prosa *f* administrativa (enrevesada).

go-between [ˈgəʊbɪˌtwiːn] N intermediario/a *m/f*.

Gobi Desert [ˈgəʊbɪˈdezət] N desierto *m* del Gobi.

goblet [ˈgɒblɪt] N copa *f*.

goblin [ˈgɒblɪn] N duende *m*.

gobsmacked [ˈgɒbsmækt] ADJ: **I was ~** (*fam*) me quedé alucinado (*fam*).

GOC N ABBR *of* **General Officer Commanding** general *m*, jefe *m*.

go-cart [ˈgəʊkɑːt] N (*for child*) cochecito *m* de niño; (*kart*) kart *m*.

god [gɒd] N dios *m*; **G~** Dios *m*; **the ~s** (*Theat*) el gallinero, el paraíso; **(my) G~!** (*fam*) ¡Dios mío!; **for G~'s sake!** ¡por Dios!; **thank G~!** ¡gracias a Dios!; **I hope to G~ she'll be happy** Dios quiera que sea feliz; **G~ (only) knows** sólo Dios sabe, sabe Dios; **~ forbid** ¡Dios me libre!; **what in G~'s name is he doing?** ¿qué demonios está haciendo?

god-awful [ˈgɒdˈɔːfʊl] ADJ (*fam*) horrible, fatal (*fam*).

godchild [ˈgɒdtʃaɪld] N (*pl* **-children**) ahijado/a *m/f*.

goddam [ˈgɒdˈdæm] (*US fam*) **1** ADJ (*also* **goddamn(ed)**) maldito/a, puñetero/a (*fam*). **2** INTERJ (*also* **goddammit**) ¡maldición!

goddaughter [ˈgɒdˌdɔːtər] N ahijada *f*.

goddess [ˈgɒdɪs] N diosa *f*.

godfather [ˈgɒdˌfɑːðər] N padrino *m*.

god-fearing [ˈgɒdˌfɪərɪŋ] ADJ temeroso/a de Dios.

godforsaken [ˈgɒdfəˌseɪkn] ADJ (*fam: place*) olvidado/a de Dios.

godhead [ˈgɒdhed] N divinidad *f*.

godless [ˈgɒdlɪs] ADJ (*wicked: life*) pecaminoso/a; (*unbelieving*) ateo/a.

godlike [ˈgɒdlaɪk] ADJ divino/a.

godly [ˈgɒdlɪ] ADJ (*comp* **-ier;** *superl* **-iest**) devoto/a.

godmother [ˈgɒdˌmʌðər] N madrina *f*.

godparents [ˈgɒdˌpeərənts] NPL padrinos *mpl*.

godsend [ˈgɒdsend] N don *m* del cielo; **it was a ~ to us** nos llegó en buena hora.

godson [ˈgɒdsʌn] N ahijado *m*.

goes [gəʊz] 3RD PERS PRES SG *of* **go**.

gofer [ˈgəʊfər] N (*US*) recadero/a *m/f*.

go-getter [ˈgəʊgetər] N ambicioso/a *m/f*.

goggle [ˈgɒgl] VI (*look astonished*) mirar con ojos desorbitados.

goggles [ˈgɒglz] NPL (*of skin-diver*) gafas *fpl* submarinas; (*fam: glasses*) gafas *fpl*.

go-go [ˈgəʊgəʊ] ADJ (*dancer, dancing*) gogó.

going [ˈgəʊɪŋ] **1** N **a** (*pace*) paso *m*; **it was slow ~** avanzamos a paso lento.
b (*state of surface etc*) estado *m* del camino; (*in horse racing etc*) estado *m* de la pista; **let's cross while the ~ is good** aprovechemos para cruzar; **it's heavy ~ talking to her** es pesado hablar con ella. **2** ADJ **a** (*thriving: business, concern*) establecido/a.
b (*current: price, rate*) corriente; **the best one ~** (*fam: available*) el mejor que hay.

going-over [ˈgəʊɪŋˈəʊvər] N **a** (*check*) inspección *f*; **we gave the car a thorough ~** revisamos el coche de arriba a abajo; **we gave the house a thorough ~** (*search*) registramos la casa de arriba abajo. **b** (*fig: beating*) paliza *f*; **they gave him a ~** le dieron una paliza.

goings-on [ˈgəʊɪŋzˈɒn] NPL (*fam*) tejemanejes *mpl*.

goitre, (*US*) **goiter** [ˈgɔɪtər] N bocio *m*.

go-kart [ˈgəʊkɑːt] N kart *m*.

go-karting [ˈgəʊˌkɑːtɪŋ] N karting *m*.

gold [gəʊld] **1** N oro *m*; (*wealth*) riqueza *f*.
2 CPD (*gen*) de oro; (*colour*) color de oro; **~ braid** N galón *m*; **~ card** N tarjeta *f* oro; **~ dust** N oro *m* en polvo; **Biros are like ~ dust in this office** los bolígrafos parece que se los lleva el viento de esta oficina; **~ leaf** N oro *m* en hojas, pan *m* de oro; **~ medal** N (*Sport*) medalla *f* de oro; **~ mine** N mina *f* de oro; (*fig*) río *m* de oro; **~ plate** N vajilla *f* de oro; **~ rush** N rebatiña *f* del oro; **~ standard** N patrón *m* oro.

golden [ˈgəʊldən] ADJ (*colour*) dorado/a; (*made of gold*) de oro; (*opportunity*) excelente; **~ age** edad *f* de oro; **G~ Age** (*Sp*) Siglo *m* de Oro; **~ eagle** N águila *f* dorada; **~ goal** (*Ftbl*) gol *m* de oro; **~ handshake** pago *m* cuantioso por baja incentivada; **~ oldie** (*fam*) melodía *f* del ayer, vieja canción *f*; **~ rule** regla *f* de oro; **~ share** accionariado *m* mayoritario; **~ syrup** melaza *f* dorada; **~ wedding (anniversary)** bodas *fpl* de oro.

goldfinch [ˈgəʊldfɪntʃ] N jilguero *m*.

goldfish [ˈgəʊldfɪʃ] **1** N pez *m* de colores. **2** CPD: **~ bowl** N pecera *f*.

gold-plated [ˌgəʊldˈpleɪtɪd] ADJ chapado/a en oro; (*fig, fam: deal, contract*) de oro.

gold-rimmed [ˌgəʊldˈrɪmd] ADJ (*spectacles*) con montura de oro.

goldsmith [ˈgəʊldsmɪθ] N orfebre *mf*.

golf [gɒlf] **1** N golf *m*. **2** CPD: **~ club** N (*society*) club *m* de golf; (*stick*) palo *m* de golf; **~ course** N campo *m or* (*LAm*) cancha *f* de golf.

golfball [ˈgɒlfbɔːl] N **a** pelota *f* de golf. **b** (*Typ*) cabeza *f* de escritura.

golf-buggy [ˈgɒlfbʌgɪ] N cochecito *m* de golf.

golfer [ˈgɒlfər] N golfista *mf*.

golfing [ˈgɒlfɪŋ] N golf *m*, golfismo *m*.

golf-links [ˈgɒlflɪŋks] N campo *m* de golf.

golly [ˈgɒlɪ] INTERJ (*Brit old fam: also* **by ~**) ¡caramba!; **and by ~, he's done it too!** ¡vaya si lo ha hecho!, ¡anda que lo ha hecho!

gondola [ˈgɒndələ] N góndola *f*.

gondolier [ˌgɒndəˈlɪər] N gondolero *m*.

gone [gɒn] PP *of* **go**.

goner [ˈgɒnər] N: **he's a ~** (*fam*) está en las últimas, se nos va.

gong [gɒŋ] N gong *m*.

gonna [ˈgɒnə] (*esp US fam*) = **going to**.

gonorrhoea, (*US*) **gonorrhea** [ˌgɒnəˈrɪə] N gonorrea *f*.

goo [guː] N (*fam*) **a** cosa *f* muy pegajosa, sustancia *f* viscosa. **b** (*sentimentality*) lenguaje *m* sentimental, sentimentalismo *m*.

▼**good** [gʊd] **1** ADJ (*comp* **better;** *superl* **best**) **a** (*gen*) bueno/a; (*well-behaved: child, manners*) educado/a; **be ~!** ¡pórtate bien!; **~ for you!** ¡bien hecho!; **she's too ~ for him** ella es más de lo que él se merece; **it's just not ~ enough** eso no se puede admitir; **the job is as ~ as done** el trabajo puede darse por acabado; **as ~ as new** como nuevo; **as ~ as gold** bueno como un ángel; **as ~ as saying** tanto como decir; **(that's) ~!** ¡qué bien!, ¡qué bueno! (*LAm*); **~ one!** ¡muy bien!; **it's a ~ job he came!** ¡menos mal que ha venido!; **~ faith** buena fe *f*; **G~ Friday** (*Rel*) Viernes *m* Santo; *see* **make 1(e)**.
b (*pleasant: holiday, day*) agradable; (*: person*) simpático/a; (*: weather, news*) bueno/a; **to feel ~** sentirse bien; **have a ~ journey!** ¡buen viaje!; **it's ~ to see you** me alegro de verte, gusto en verte (*LAm*).
c (*handsome: looks, features*) atractivo/a; **you look ~ in that** eso te va bien; **she has a ~ figure** tiene un tipo estupendo.
d (*beneficial*) bueno/a, provechoso/a; (*advantageous: moment, chance*) oportuno/a; (*wholesome: food, air*) sano/a, saludable; **~ to eat** (*tasty*) sabroso/a; (*edible*) comestible; **it's ~ for you** te hace bien; **he eats more than is ~ for him** come más de lo que le conviene.
e (*efficient*) servible, eficaz; **he's ~ at English/sports** es fuerte en inglés/deportes; **she's ~ with children** se le dan bien los niños; **to be ~ for** servir para; **it's no ~ no**

➤ SENTENCE BUILDER: **good → 5, 11**

sirve; **a ticket ~ for 3 months** un billete valedero para 3 meses; **he's ~ for £5** seguramente tiene 5 libras que prestarnos; **I'm ~ for another mile** tengo fuerzas para ir otra milla más.

f (*kind*) amable, bueno/a; **he's a ~ sort** (*fam*) es buena persona *or* gente; **would you be so ~ as to sign here?** ¿me hace el favor de firmar aquí?; **that's very ~ of you** ¡qué amable (de su parte)!; **~ deeds** *or* **works** buenas obras *fpl*.

g (*considerable: supply, number*) bueno/a, considerable; (*at least: hour etc*) por lo menos; **a ~ many/few people** muchísima/poquísima gente; **a ~ 3 hours** 3 horas largas; **a ~ 10 km** 10 kms largos.

h (*thorough: scolding*) bueno/a; **to have a ~ cry** llorar a lágrima viva; **to have a ~ laugh** reírse mucho; **to have a ~ wash** lavarse bien; **to take a ~ look (at sth)** examinar (algo) minuciosamente.

i (*in greetings*) **~ morning/evening** buenos días/buenas tardes; **~ night** buenas noches.

2 ADV **a** **a ~ strong stick** un palo bien fuerte; **~ and strong** fuerte y sano; **to hold ~ (for)** valer (para); **to come ~** (*fam*) dar buenos resultados.

b (*esp US fam: well*) bien.

3 N **a** (*what is morally right*) el bien; **to do ~** hacer bien; **~ and evil** el bien y el mal; **to be up to no ~** estar tramando algo.

b (*pl: people of virtue*) **the ~** los buenos.

c (*advantage, benefit*) bien *m*, provecho *m*; **for your own ~** por su propio bien; **the common ~** el bien común; **to come to no ~** acabar mal; **what's the ~ of worrying?** ¿de qué sirve *or* para qué preocuparse?; **is this any ~?** ¿sirve esto?; **what's the ~ of this?** ¿de qué sirve *or* a qué viene todo esto?; **that's no ~ to me** no me sirve para nada; **that's all to the ~!** ¡menos mal!; **a rest will do you some ~** un descanso te sentará bien; **a (fat) lot of ~ that will do** (*iro fam*) ¡menudo provecho te va a traer!

d (*for ever*) **for ~ (and all)** (de una vez) para siempre; **he's gone for ~** se ha ido para no volver.

goodbye ['gʊd'baɪ] **1** INTERJ ¡adiós!, ¡hasta luego! **2** N despedida *f*; **to say ~ to** (*lit: sb*) despedirse de; (*fig: sth*) dar por perdido.

good-for-nothing ['gʊdfə'nʌθɪŋ] N inútil *m/f*, gandul(a) *m/f*, vago/a *m/f*.

good-hearted [,gʊd'hɑːtɪd] ADJ de buen corazón.

good-humoured, (*US*) **good-humored** ['gʊd'hjuː-məd] ADJ (*person*) amable, de buen humor; (*remark, joke*) jovial; (*discussion*) de tono amistoso.

good-looker [,gʊd'lʊkər] N (*fam: man*) tío *m* bueno (*fam*);: *woman*) tía *f* buena (*fam*).

good-looking ['gʊd'lʊkɪŋ] ADJ guapo/a, bien parecido/a.

goodly ['gʊdlɪ] ADJ (*Lit: fine*) agradable, excelente; (*handsome*) hermoso/a, bien parecido/a; (*sum etc*) importante; (*number*) crecido/a.

good-natured ['gʊd'neɪtʃəd] ADJ (*person*) amable, simpático/a; (*discussion*) de tono amistoso.

goodness ['gʊdnɪs] **1** N (*virtue*) bondad *f*; (*kindness*) amabilidad *f*; (*good quality*) calidad *f*. **2** INTERJ (*fam*) **(my) ~!, ~ gracious!** ¡Dios mío!; **thank ~!** ¡menos mal!; **for ~' sake!** ¡por Dios!

goods [gʊdz] **1** NPL (*Fin, possessions*) bienes *mpl*; (*products*) productos *mpl*; (*Comm etc*) géneros *mpl*, mercancías *fpl*; (*objects*) artículos *mpl*; **leather/canned ~** géneros de cuero/conservas *fpl* en lata; **consumer ~** bienes de consumo; **to deliver the ~** (*fig*) cumplir con lo prometido; **~ and chattels** bienes. **2** CPD: **~ train** N tren *m* de mercancías.

good-tempered ['gʊd'tempəd] ADJ (*person*) amable, de buen humor.

good-time ['gʊd'taɪm] ADJ: **~ girl** chica *f* alegre.

goodwill ['gʊd'wɪl] **1** N buena voluntad *f*; (*Comm*) clientela *f* y renombre *m* comercial; **as a gesture of ~** como muestra de buena voluntad. **2** CPD: **~ mission** N misión *f* de buena voluntad.

goody ['gʊdɪ] (*esp US fam*) **1** ADJ beatuco/a (*fam*), santurrón/ona. **2** INTERJ (*also ~ ~*) ¡qué bien!, ¡qué estupendo! (*fam*). **3** N (*Culin*) golosina *f*; (*Cine*) **the**

goodies los buenos.

goody-goody [,gʊdɪ'gʊdɪ] N (*pej*) santurrón/ona *m/f*.

gooey ['guːɪ] ADJ (*comp* **-ier**; *superl* **-iest**) (*fam*) pegajoso/a, viscoso/a; (*sweet*) empalagoso/a.

goof [guːf] (*fam*) **1** N bobo/a *m/f*. **2** VI **a** (*err*) tirarse una plancha. **b** (*US: also ~ **off**) gandulear.

♦ **goof around** VI + ADV (*US fam*) hacer el tonto.

goofy ['guːfɪ] ADJ (*comp* **-ier**; *superl* **-iest**) (*fam*) bobo/a.

gook [guːk] N (*US fam: pej*) asiático/a *m/f*.

goolies ['guːlɪz] N (*fam!*) cataplines *mpl* (*fam!*).

goon [guːn] N (*fool*) imbécil *mf*, bruto/a *m/f* (*LAm*); (*US: thug*) gorila *m*, matón/ona *m/f*.

goose [guːs] N (*pl* **geese**) N ganso/a *m/f*, oca *f*; **to cook sb's ~** hacer la santísima a algn; **to kill the ~ that lays the golden eggs** matar la gallina de los huevos de oro.

gooseberry ['gʊzbərɪ] N (*Bot*) grosella *f* espinosa; (*fig*) **to play ~** hacer de carabina.

goosebumps ['guːsbʌmps] NPL, **gooseflesh** ['guːsfleʃ] N, **goosepimples** ['guːs,pɪmplz] NPL carne *f* de gallina.

goose-step ['guːsstep] **1** N paso *m* de ganso. **2** VI marchar a paso de ganso.

GOP N ABBR (*US Pol*) of **Grand Old Party** Partido *m* Republicano.

gopher ['gəʊfər] N ardillón *m*.

gore¹ [gɔːr] N sangre *f* derramada.

gore² [gɔːr] VT cornear.

gorge [gɔːdʒ] **1** N (*Geog*) cañón *m*, barranco *m*. **2** VT: **to ~ o.s.** atracarse (*with or on* de).

gorgeous ['gɔːdʒəs] ADJ (*woman, dress*) hermoso/a, precioso/a; (*holiday, meal etc*) magnífico/a, espléndido/a.

gorilla [gə'rɪlə] N gorila *m*.

gormless ['gɔːmlɪs] ADJ (*fam*) torpe.

gorse [gɔːs] N aulaga *f*, tojo *m*.

gory ['gɔːrɪ] ADJ (*comp* **-ier**; *superl* **-iest**) (*battle, death*) sangriento/a; **he told me all the ~ details** (*hum*) me contó todo con pelos y señales.

gosh [gɒʃ] INTERJ (*fam*) ¡cielos!

goshawk ['gɒshɔːk] N azor *m*.

gosling ['gɒzlɪŋ] N ansarino *m*.

go-slow ['gəʊ'sləʊ] N huelga *f* de brazos caídos.

gospel ['gɒspəl] **1** N (*Rel*) evangelio *m*; **the G~ according to St John** el Evangelio según San Juan; **to take sth as ~** (*fam*) aceptar algo a pie(s) juntillas. **2** CPD: **~ music** N música *f* de espiritual negro; **~ truth** N evangelio *m*.

gossamer ['gɒsəmər] N (*web*) telaraña *f*; (*fabric*) gasa *f*.

gossip ['gɒsɪp] **1** N (*malicious stories*) chismes *mpl*, chismorreo *m*; (*scandal*) cotilleo *m*, comadreo *m*; (*chatter*) charla *f*; (*person*) cotilla *mf*, chismoso/a *m/f*; **we had a good old ~** charlamos un rato. **2** VI (*scandalmonger*) chismear, comadrear; (*chatter*) charlar. **3** CPD: **~ column** N ecos *mpl* de sociedad; **~ columnist, ~ writer** N cronista *mf* de sociedad.

gossiping ['gɒsɪpɪŋ] **1** ADJ chismoso/a. **2** N cotilleo *m*, chismorreo *m*.

gossipy ['gɒsɪpɪ] ADJ chismoso/a; (*style*) familiar, anecdótico.

got [gɒt] PT, PP of **get**.

Goth [gɒθ] N godo/a *m/f*.

Gothic ['gɒθɪk] ADJ (*Archit etc*) gótico/a.

gotta ['gɒtə] (*esp US fam*) = **got to**.

gotten ['gɒtn] (*US*) PP of **get**.

gouge [gaʊdʒ] VT (*also ~ **out**: hole etc*) excavar.

goulash ['guːlæʃ] N especie de guisado *m* húngaro.

gourd [gʊəd] N calabaza *f*.

gourmand ['gʊəmənd] N glotón *m*.

gourmet ['gʊəmeɪ] N gastrónomo/a *m/f*.

gout [gaʊt] N (*Med*) gota *f*.

gov [gʌv] N ABBR (*Brit fam*) of **governor (b)**.

govern ['gʌvən] VT (*rule: country*) gobernar; (*control: city, business*) dirigir; (*: choice, decision*) guiar; (*: emotions*) dominar; (*Ling*) regir.

governess ['gʌvənɪs] N institutriz *f*.

governing ['gʌvənɪŋ] ADJ (*Pol*) dirigente, gobernante; **~ body** consejo *m* de administración; **~ principle**

principio *m* rector.

government ['gʌvnmənt] **1** N (*gen*) gobierno *m*; **the Labour G~** la administración laborista; **local ~** la administración municipal.

2 CPD: **~ body** N ente *m* gubernamental, ente oficial; **~ department** N secretaría *f*; **~ issue** N propiedad *f* del Estado; **~ policy** N política *f* gubernamental *or* del gobierno; **~ stock** N reservas *fpl* del Estado; **~ subsidy** N subvención *f* del gobierno.

governor ['gʌvənər] N **a** (*of colony, state etc*) gobernador(a) *m/f*; (*director: of school, prison*) director(a) *m/f*. **b** (*Brit fam: boss*) jefe *m*, patrón *m*.

governor-general ['gʌvənə'dʒenərəl] N (*Brit*) gobernador(a) *m/f* general.

Govt ABBR *of* **government** gob.ᵑᵒ.

gown [gaʊn] N (*dress*) vestido *m* largo; (*Jur, Univ*) toga *f*.

GP N ABBR *of* **general practitioner**.

GPMU N ABBR (*Brit*) *of* **Graphical, Paper and Media Union** sindicato de trabajadores del sector editorial.

GPO N ABBR **a** (*US*) *of* **Government Printing Office**. **b** (*Brit formerly*) *of* **General Post Office** ≈ Administración *f* General de Correos.

gr. ABBR **a** *of* **gross** gruesa *f*. **b** (*Comm*) *of* **gross** bto.

▼**grab** [græb] **1** N **a** (*snatch*) **to make a ~ at** *or* **for sth** intentar agarrar algo; **it's all up for ~s** (*fam*) está a disposición de cualquiera.

b (*Tech*) cuchara *f*.

2 VT **a** (*seize*) coger, agarrar (*LAm*); (*greedily*) echar mano a; (*fig: chance etc*) aprovechar; **to ~ sth from sb** agarrarle algo a algn.

b (*fam*) **how does that ~ you?** ¿qué te parece?; **that really ~bed me** aquello me entusiasmó de verdad; **it doesn't ~ me** no me va (*fam*).

3 VI: **to ~ at** (*snatch*) tratar de, coger (*Sp*) *or* agarrar (*LAm*); (*in falling*) tratar de asir.

grace [greɪs] **1** N **a** (*elegance: of form, movement etc*) gracia *f*, elegancia *f*.

b (*graciousness*) cortesía *f*, gracia *f*; **by the ~ of God** (*Rel*) por la gracia de Dios; **he had the ~ to apologize** tuvo la cortesía de pedir perdón; **3 days' ~** un plazo de 3 días.

c (*prayer*) bendición *f* de la mesa; **to say ~** bendecir la mesa.

d (*in titles: dukes*) Excelencia *f*; (: *Rel*) Ilustrísima *f*; **Your G~** su Excelencia; su Ilustrísima; **His G~ Archbishop X** su Ilustrísima Monseñor X.

2 VT (*adorn*) adornar, embellecer; (*honour: occasion, event*) honrar; **he ~d the meeting with his presence** honró a los asistentes con su presencia.

graceful ['greɪsfʊl] ADJ (*gen*) elegante; (*apology*) cortés/esa.

gracefully ['greɪsfəlɪ] ADV (*see adj*) elegantemente; con cortesía.

gracious ['greɪʃəs] **1** ADJ (*charming: smile, hostess*) encantador(a); (*elegant: room, mansion*) elegante; (*kind: permission*) cortés/esa; (*God*) misericordioso/a; **~ living** vida *f* elegante.

2 INTERJ: **(good) ~!** ¡Dios mío!

graciously ['greɪʃəslɪ] ADV (*wave, smile*) graciosamente; (*agree etc*) de buena gana; (*live*) indulgentemente; (*frm: consent, allow*) graciosamente.

grade [greɪd] **1** N **a** (*level, standard: on scale*) clase *f*, categoría *f*; (: *in job*) grado *m*; (*Mil: rank*) graduación *f*, grado *m*; **high-/low-~ material** material *m* de alta/baja calidad; **to make the ~** (*fig*) llegar, alcanzar el nivel.

b (*Scol: mark*) nota *f*; (*US: school class*) **he's in fifth ~** está en quinto (curso).

c (*US: gradient*) pendiente *f*, cuesta *f*; **at ~** (*ground-level*) al nivel *m* del suelo.

2 VT **a** (*goods, eggs*) clasificar, graduar; (*colours*) degradar.

b (*Scol: mark*) calificar.

3 CPD: **~ crossing** N (*US Rail*) paso *m* a nivel; **~ school** N (*US*) escuela *f* primaria.

grader ['greɪdər] N (*US Scol*) examinador(a) *m/f*.

gradient ['greɪdɪənt] N pendiente *f*, cuesta *f*; **a ~ of 1 in 7** una pendiente del algn por siete.

gradual ['grædjʊəl] ADJ (*progressive*) gradual, paulatino/a;

(*slope*) ligero/a.

gradually ['grædjʊəlɪ] ADV poco a poco, paulatinamente, de a poco (*CSur*).

graduate ['grædjʊɪt] **1** N (*Univ*) graduado/a *m/f*, licenciado/a *m/f*, egresado/a *m/f* (*LAm*); (*US Scol*) bachiller *mf*.

2 ['grædjʊeɪt] VT (*thermometer etc*) graduar.

3 ['grædjʊeɪt] VI (*Univ*) graduarse *or* licenciarse (*from* de), recibirse (*LAm*) (*as* de); (*US Scol*) acabar el bachiller.

4 ['grædjʊɪt] CPD: **~ student** N estudiante *mf* de posgrado.

graduated ['grædjʊeɪtɪd] ADJ (*tube, flask, tax etc*) graduado/a; **~ pension** pensión *f* escalonada.

graduation [,grædjʊ'eɪʃən] N (*Univ etc: ceremony*) entrega *f* del título; (*US Scol*) entrega del bachillerato.

graffiti [grə'fi:tɪ] NPL inscripciones *fpl* o dibujos *mpl* en una pared, pintadas *fpl*.

graft¹ [grɑ:ft] (*Bot, Med*) **1** N injerto *m*. **2** VT injertar.

graft² [grɑ:ft] (*fam*) **1** N (*corruption*) soborno *m*, coima *f* (*And, CSur*), mordida *f* (*CAm, Mex*); **hard ~** trabajo *m* muy duro. **2** VI (*work*) currar (*fam*).

grafter ['grɑ:ftər] N (*fam*) **a** (*swindler etc*) timador *m*, estafador *m*. **b** (*Brit: hard worker*) fajador(a) *m/f*.

grain [greɪn] N **a** (*single particle of wheat, sand etc*) grano *m*; (*no pl: cereals*) cereales *mpl*; (*US: corn*) trigo *m*; (*fig: of sense, truth*) pizca *f*; **there's not a ~ of truth in it** eso no tiene ni pizca de verdad. **b** (*of wood*) fibra *f*; (*of stone*) veta *f*, vena *f*; (*of leather*) flor *f*; (*Phot*) grano *m*; **against the ~** a contrapelo; **it goes against the ~** (*fig*) no me pasa, no me entra.

grainy ['greɪnɪ] ADJ (*Phot*) granulado/a, con grano; (*substance*) granuloso/a.

grammar ['græmər] **1** N gramática *f*; (*book*) libro *m* de gramática; **that's bad ~** eso no es gramatical.

2 CPD: **~ school** N (*Brit*) instituto *m* de segunda enseñanza.

ⓘ *En el Reino Unido, una* **grammar school** *es un centro estatal de educación secundaria selectiva que proporciona formación especialmente dirigida a los alumnos que vayan a continuar hasta una formación universitaria. Normalmente no son centros mixtos y para entrar en ellos se exige un examen escrito. Debido a la introducción en los años sesenta y setenta de las* **comprehensive schools** *para las que no hace falta una prueba de acceso, hoy día quedan pocas* **grammar schools**, *aunque continúa el debate sobre si la calidad de la educación en estos centros es mejor o si sólo sirven para favorecer al elitismo en la enseñanza.*

grammarian [grə'meərɪən] N gramático/a *m/f*.

grammatical [grə'mætɪkəl] ADJ gramatical.

grammatically [grə'mætɪkəlɪ] ADV bien, correctamente; **~ correct** correcto gramaticalmente; **it's ~ correct to say ...** lo correcto, desde el punto de vista gramático, es decir ....

gram(me) [græm] N gramo *m*.

gramophone ['græməfəʊn] N (*Brit old*) tocadiscos *m inv*.

gran [græn] N (*Brit fam*) = **grandmother**.

granary ['grænərɪ] **1** N granero *m*. **2** CPD: **~ loaf** ® N pan *m* con granos enteros.

grand [grænd] **1** ADJ (*comp* **~er**; *superl* **~est**) (*fine, splendid*) magnífico/a, espléndido/a; (*person: in appearance*) distinguido/a; (: *important*) importante; (*style*) elevado/a; (*house*) imponente; (*fam: very pleasant*) estupendo/a, magnífico/a, macanudo/a (*CSur*); **we had a ~ time** (*fam*) lo pasamos estupendamente (*fam*); **~ finale** final *m* triunfal; **~ jury** (*US*) jurado *m* de acusación; **~ master** (*Chess, Mus etc*) gran maestro *m*; **~ opera** ópera *f*; **G~ Prix** (*Aut*) Grand Prix *m*; **~ total** suma *f* final.

2 N **a** (*also* **~ piano**) piano *m* de cola.

b (*fam: US*) mil dólares *mpl*; (: *Brit*) mil libras *fpl*.

grandchild ['græntʃaɪld] N (*pl* **-children**) nieto/a *m/f*.

grand(d)ad ['grændæd] N (*fam*) yayo *m*, abuelito *m*.

grand(d)addy ['grændædɪ] N (*US fam*) = **grandfather**.

granddaughter ['græn,dɔːtər] N nieta *f*.

grandeur ['grænd ʒəʳ] N (of occasion, scenery, house etc) lo imponente; (of style) lo elevado.

grandfather ['grænd,fɑːðəʳ] [1] N abuelo m. [2] CPD: **~ clock** N reloj m de caja.

grandiose ['grændɪəʊz] ADJ (imposing: style, building etc) imponente, grandioso/a; (pej: scheme, manner etc) ambicioso/a.

grandma ['grænmɑː], **grandmama** ['grænmə,mɑː] N yaya f, abuelita f.

grandmother ['græn,mʌðəʳ] N abuela f.

grandpa ['grænpɑː], **grandpapa** ['grænpə,pɑː] N yayo m, abuelito m.

grandparents ['græn,pɛərənts] NPL abuelos mpl.

grandson ['grænsʌn] N nieto m.

grandstand ['grændstænd] [1] N (Sport) tribuna f. [2] CPD: **to have a ~ view of** tener una vista magnífica de.

granite ['grænɪt] N granito m.

grannie, granny ['grænɪ] N (fam) yaya f, abuelita f.

grant [grɑːnt] [1] N (money, support) subvención f; (for student etc) beca f.
[2] VT (allow: request, favour) conceder; (provide, give: prize) otorgar; (admit: that) reconocer; (Jur) ceder; **~ed** or **~ing that ...** dado que ...; **I ~ him that** le concedo eso; **to take sth for ~ed** dar algo por supuesto or sentado; **he takes her for ~ed** no le hace el más mínimo caso.

grant-aided ['grɑːnt,eɪdɪd] ADJ subvencionado/a.

grantee [grɑːn'tiː] N cesionario/a m/f.

grantor [grɑːn'tɔːʳ, 'grɑːntəʳ] N cedente mf.

granular ['grænjʊləʳ] ADJ granular.

granulated ['grænjʊleɪtɪd] ADJ: **~ sugar** azúcar m granulado.

granule ['grænjuːl] N (of sugar etc) gránulo m.

grape [greɪp] [1] N uva f; **sour ~s!** ¡están verdes!, ¡pura envidia!; **it's just sour ~s with him** es un envidioso, lo que pasa es que tiene envidia.
[2] CPD: **~ harvest** N vendimia f; **~ juice** N (for making wine) mosto m; (drink) zumo m de uva, jugo m de uva (LAm).

grapefruit ['greɪpfruːt] N pomelo m, toronja f (esp LAm).

grapevine ['greɪpvaɪn] N vid f, parra f; (fam) teléfono m árabe; **I heard it on the ~** (fig) me enteré, me lo contaron.

graph [grɑːf] [1] N gráfica f, gráfico m. [2] CPD: **~ paper** N papel m cuadriculado.

graphic ['græfɪk] ADJ gráfico/a; **~ arts** artes fpl gráficas; **~ design** diseño m gráfico; **~ designer** diseñador(a) m/f gráfico/a.

graphics ['græfɪks] N [1]. [a] (art of drawing) artes fpl gráficas; (Math etc: use of graphs) gráficas fpl.
[b] (Comput) gráficos mpl.
[c] (TV) dibujos mpl.
[2] CPD: **~ environment** N (Comput) entorno m gráfico; **~ pad** N (Comput) tablero m de gráficos.

graphite ['græfaɪt] N grafito m.

grapple ['græpl] VI (wrestlers etc) luchar cuerpo a cuerpo (with con); **to ~ with a problem** (fig) enfrentar un problema.

grappling iron ['græplɪŋ,aɪən] N (Naut) rezón m.

grasp [grɑːsp] [1] N (grip) agarre m, asimiento m; **to lose one's ~ on sth** desasirse de algo; **it is within his ~** (fig) está a su alcance; **it is beyond my ~** está fuera de mi alcance; **to have a good ~ of sth** dominar algo.
[2] VT [a] (take hold of) agarrar, asir; (hold firmly) sujetar; (fig: chance, opportunity) aprovechar.
[b] (understand) comprender, entender.
♦ **grasp at** VI + PREP (rope etc) tratar de asir; (fig: opportunity) aprovechar.

grasping ['grɑːspɪŋ] ADJ (fig) avaro/a.

grass [grɑːs] [1] N [a] (Bot) hierba f, yerba f; (lawn) césped m, pasto m (LAm), grama f (LAm); (pasture) pasto; (fam: marijuana) mariguana f, mota f (LAm fam); **'keep off the ~'** 'prohibido pisar la hierba'; **not to let the ~ grow under one's feet** aprovechar las oportunidades.
[b] (Brit fam: person) soplón m.
[2] CPD: **~ roots** NPL (fig) la base f; **~ opinion** opinión f de las bases populares; **~ widow** N mujer f cuyo marido está

ausente.
[3] VI (Brit fam) soplar (fam), dar el chivatazo (fam); **to ~ on** delatar a.

grasshopper ['grɑːs,hɒpəʳ] N saltamontes m inv, chapulín m (Mex, CAm).

grassland ['grɑːslænd] N pradera f, pampa f (LAm).

grassy ['grɑːsɪ] ADJ (comp **-ier**; superl **-iest**) herboso/a, pastoso/a (LAm).

grate¹ [greɪt] N (grid) parrilla f; (fireplace) chimenea f.

grate² [greɪt] [1] VT [a] (cheese etc) rallar.
[b] (scrape: metallic object, chalk etc) hacer chirriar; **to ~ one's teeth** hacer rechinar los dientes.
[2] VI (chalk, hinge etc) chirriar (on, against contra); (fig) **it really ~s (on me)** me pone los pelos de punta.

▼**grateful** ['greɪtfʊl] ADJ agradecido/a (for por); **I am ~ to you** le estoy muy agradecido; **I am most ~ to you for your help** le agradezco mucho su ayuda; **I would be ~ if you would send me** le agradecería me enviara.

gratefully ['greɪtfəlɪ] ADV agradecidamente, con agradecimiento; **she looked at me ~** me miró agradecida.

grater ['greɪtəʳ] N (Culin) rallador m.

gratification [,grætɪfɪ'keɪʃən] N (satisfaction) satisfacción f; (reward) gratificación f.

gratified ['grætɪfaɪd] ADJ contento/a, satisfecho/a.

gratify ['grætɪfaɪ] VT (person) complacer; (desire, whim etc) satisfacer; **I am gratified to know** me complace saberlo.

gratifying ['grætɪfaɪɪŋ] ADJ grato/a.

grating¹ ['greɪtɪŋ] N (in wall, pavement) reja f, enrejado m, verja f.

grating² ['greɪtɪŋ] ADJ (tone etc) áspero/a.

gratis ['grɑːtɪs] [1] ADV gratis. [2] ADJ gratuito/a.

gratitude ['grætɪtjuːd] N agradecimiento m, reconocimiento m.

gratuitous [grə'tjuːɪtəs] ADJ (free) gratuito/a; (capricious) caprichoso/a, de capricho.

gratuitously [grə'tjuːɪtəslɪ] ADV gratuitamente, de manera gratuita.

gratuity [grə'tjuːɪtɪ] N (Mil) gratificación f; (frm: tip) propina f.

grave¹ [greɪv] ADJ (comp **~r**; superl **~st**) (expression etc) severo/a, de severidad; (situation, matter) grave; (error) serio/a; (responsibility, decision) importante.

grave² [greɪv] N sepultura f; (with monument) sepulcro m, tumba f.

gravedigger ['greɪv,dɪgəʳ] N sepulturero m.

gravel ['grævəl] [1] N grava f. [2] CPD: **~ path** N camino m de grava; **~ pit** N gravera f.

gravelly ['grævəlɪ] ADJ [a] arenisco/a, cascajoso/a.
[b] (voice) áspero/a.

gravely ['greɪvlɪ] ADV seriamente; **he is ~ ill** está grave; **he spoke ~** habló en tono preocupado, habló muy serio.

graven ['greɪvən] ADJ: **~ image** ídolo m.

gravestone ['greɪvstəʊn] N lápida f (sepulcral).

graveyard ['greɪvjɑːd] N cementerio m, camposanto m.

gravitate ['grævɪteɪt] VI: **to ~ towards** (fig: be drawn to) tender hacia; (: move) dirigirse hacia.

gravitation [,grævɪ'teɪʃən] N (Phys) gravitación f.

gravitational [,grævɪ'teɪʃənl] ADJ gravitatorio/a, gravitacional.

gravity ['grævɪtɪ] [1] N (all senses) gravedad f; **the ~ of the situation** lo grave de la situación; **he spoke with the utmost ~** habló con la mayor solemnidad. [2] CPD: **~ feed** N alimentación f por gravedad.

gravy ['greɪvɪ] [1] N (Culin) salsa f de carne, gravy m.
[2] CPD: **~ boat** N salsera f; **~ train** N (esp US fam) ganancias fpl fáciles.

gray [greɪ] ADJ = **grey**.

graze¹ [greɪz] (Agr) [1] VI pacer. [2] VT (grass, field) pacer; (cattle) apacentar.

graze² [greɪz] [1] N (injury) roce m, abrasión f. [2] VT (touch lightly) rozar; (scrape: skin) raspar; **to ~ one's knees** rasparse las rodillas.

grazing ['greɪzɪŋ] N [a] (land) pasto m. [b] (act) apacentamiento m, pastoreo m.

GRE N ABBR (US Univ) of **Graduate Record Examination**

examen de acceso a estudios de posgrado.

grease [gri:s] **1** N (*oil, fat etc*) grasa *f*; (*lubricant*) lubricante *m*; (*Aut: act: also* **greasing**) engrase *m*, lubricación *f*.
2 VT (*baking tin*) engrasar; (*Aut etc*) (en)grasar, lubricar.
3 CPD: **~ gun** N pistola *f* engrasadora, engrasadora *f* a presión; **~ monkey** N (*US*) mecánico/a *m/f*, maquinista *mf*; **~ nipple** N engrasador *m*.

greasepaint ['gri:speɪnt] N maquillaje *m*.

greaseproof ['gri:spru:f] ADJ: **~ paper** papel *m* apergaminado.

greaser ['gri:sər] N (*fam*) **a** (*mechanic*) mecánico *m*. **b** (*motorcyclist*) motociclista *m*. **c** (*pej: ingratiating person*) pelota *mf* (*fam*), cepillo *mf* (*LAm*), lameculos *mf* (*fam*). **d** (*US pej: Latin American*) sudaca *m* (*fam*).

greasiness ['gri:sɪnɪs] N (*see adj*) lo grasiento; lo resbaladizo.

greasy ['gri:sɪ] ADJ (*comp* **-ier**; *superl* **-iest**) **a** (*substance, hands, stains*) grasiento/a, grasoso/a (*esp LAm*); (*road, surface*) resbaladizo/a; (*hair*) grasoso/a. **b** (*person*) adulón/ona, cobista, zalamero/a.

▼**great** [greɪt] **1** ADJ (*comp* **~er**; *superl* **~est**) **a** (*in size, quantity, degree*) grande (*before singular nouns shortened to* gran); (*care etc*) especial; (*age*) avanzado/a; **they're ~ friends** son íntimos amigos; **it's of no ~ importance** no tiene importancia; **he's a ~ reader** es un aficionado a la lectura; **to my ~ surprise** con gran sorpresa mía; **~ big** (*fam*) muy grande; *see* **deal 1(c)**; **many**.
b (*in importance, achievement etc: writer, statesman*) gran, grande; **Alexander the G~** Alejandro Magno; **~ minds think alike** (*Prov*) los grandes piensan igual; **the ~ thing is that ...** lo importante es que ....
c (*fam: excellent*) magnífico/a, excelente, macanudo/a (*LAm fam*), regio/a (*LAm fam*), padre (*Mex fam*), padrísimo/a (*Mex fam*), chévere (*Ven fam*); **it was ~!** ¡fue estupendo! *etc*; **he's ~ at football** es un futbolista magnífico; **the G~ Barrier Reef** la Gran Barrera de Coral; **G~ Britain** Gran Bretaña *f*; **G~ Dane** perro *m* danés; **G~ Lakes** Grandes Lagos *mpl*; **G~ War** Primera Guerra *f* Mundial (*1914-18*).
2 ADV: **the lads done ~** (*fam*) los chicos han jugado fenómeno (*fam*).
3 NPL: **the ~** los grandes; **the ~ and the good** (*hum*) los grandes y los buenos.

great-aunt ['greɪt'ɑ:nt] N tía *f* abuela.

greatcoat ['greɪtkəʊt] N gabán *m*; (*Mil etc*) sobretodo *m*.

▼**greater** ['greɪtər] ADJ COMP *of* **great** mayor; **G~ London** gran Londres.

greatest ['greɪtɪst] ADJ SUPERL *of* **great** el mayor, la mayor; **with the ~ difficulty** con la mayor dificultad; **he's the ~!** (*fam*) ¡es el rey!

great-grandchild ['greɪt'græntʃaɪld] N (*pl* **-children**) bisnieto/a *m/f*.

great-granddaughter [,greɪt'grænd,dɔ:tər] N bisnieta *f*.

great-grandfather ['greɪt'grænd,fɑ:ðər] N bisabuelo *m*.

great-grandmother ['greɪt'græn,mʌðər] N bisabuela *f*.

great-grandparents ['greɪt'græn,peərənts] NPL bisabuelos *mpl*.

great-grandson [,greɪt'grændsʌn] N bisnieto *m*.

great-great-grandfather ['greɪt'greɪt'grænd,fɑ:ðər] N tatarabuelo *m*.

greatly ['greɪtlɪ] ADV mucho, sumamente, sobremanera; **~ superior** muy superior; **it is ~ to be regretted** (*frm*) es muy de lamentar.

great-nephew ['greɪt,nefju:] N sobrinonieto *m*.

greatness ['greɪtnɪs] N (*all senses*) grandeza *f*.

great-niece ['greɪt,ni:s] N sobrinanieta *f*.

great-uncle ['greɪt,ʌŋkl] N tío *m* abuelo.

Greece [gri:s] N Grecia *f*.

greed [gri:d], **greediness** ['gri:dɪnɪs] N avaricia *f*, codicia *f*; (*for food*) gula *f*, glotonería *f*.

greedily ['gri:dɪlɪ] ADV con avidez; (*eat*) vorazmente.

greedy ['gri:dɪ] ADJ (*comp* **-ier**; *superl* **-iest**) codicioso/a (*for* de); (*for food*) goloso/a (*for* por); **don't be so ~!** ¡no seas glotón!

Greek [gri:k] **1** ADJ griego/a. **2** N (*person*) griego/a *m/f*;

(*Ling*) griego *m*; **ancient ~** griego *m* antiguo; **it's ~ to me** para mí es chino, no entiendo ni palabra.

▼**green** [gri:n] **1** ADJ (*comp* **~er**; *superl* **~est**) **a** (*colour*) verde; (*unripe*) verde; (*inexperienced*) nuevo/a, novato/a; (*gullible*) crédulo/a; **to turn ~** (*lit*) verdear; (*fig: with nausea*) ponerse verde; (*: with envy*) estar verde; **she was ~ with envy** quedaba muda de envidia; **to grow ~, to look ~** verdear; **~ beans** judías *fpl* verdes, ejotes *mpl* (*Mex*), porotos *mpl* verdes (*And, CSur*), chauchas *fpl* (*Arg*); **~ belt** (*Brit*) zona *f* verde; **~ card** (*Brit Aut, US Admin*) tarjeta *f* verde; **to have ~ fingers** (*Brit fig*), **to have a ~ thumb** (*US fig*) tener habilidad para la jardinería; **to give the ~ light to** dar luz verde a; **~ pepper** pimiento *m* verde, chile *m*; **~ salad** ensalada *f* de lechuga y pepino.
b (*Pol*) verde; **~ issues** temas *mpl* verdes; **G~ Party** Partido *m* Verde; **~ politics** política *f* verde; **~ pound** libra *f* verde; **the ~ vote** el voto verde.
2 N **a** (*colour*) verde *m*; (*grassy area*) césped *m*, pasto *m* (*LAm*); (*bowling ~*) campo *m* de bolos; (*of golf course*) campo, green; **~s** (*Culin*) verduras *fpl*; **village ~** césped *or* (*LAm*) pasto de uso común.
b (*Pol*) **the G~s** los verdes.

greenback ['gri:nbæk] N (*US*) billete *m* (de banco).

greenery ['gri:nərɪ] N plantas *fpl* verdes.

greenfield ['gri:n,fi:ld] N (*also* **~ site**) solar *m* sin edificar, terreno *m* sin edificar.

greenfly ['gri:nflaɪ] N pulgón *m*.

greengage ['gri:ngeɪdʒ] N claudia *f*.

greengrocer ['gri:n,grəʊsər] N verdulero/a *m/f*; **~'s (shop)** verdulería *f*.

greenhouse ['gri:nhaʊs] **1** N (*pl* **-houses** [haʊzɪz]) invernadero *m*. **2** CPD: **~ effect** N efecto *m* invernadero; **~ gas** N gas *m* invernadero.

Greenland ['gri:nlənd] N Groenlandia *f*.

Greenlander ['gri:nlandər] N groenlandés/esa *m/f*.

Greenwich ['grɪnɪdʒ] CPD: **~ mean time** N hora *f* media de Greenwich.

greet [gri:t] VT (*gen*) saludar; (*welcome*) recibir; (*sight, smell etc: sb, sb's eyes*) presentarse a; **the statement was ~ed with laughter** la declaración se recibió entre risas.

greeting ['gri:tɪŋ] N saludo *m*; (*welcome*) bienvenida *f*, acogida *f*; **~s** saludos *mpl*, recuerdos *mpl*; **~s card** tarjeta *f* de felicitaciones.

gregarious [grɪ'geərɪəs] ADJ (*animal*) gregario/a; (*person*) sociable; (*pej*) gregario/a.

gremlin ['gremlɪn] N (*fam*) duendecillo *m*, diablillo *m*.

Grenada [gre'neɪdə] N Granada *f*.

grenade [grɪ'neɪd] N (*also* **hand ~**) granada *f*.

grenadier [,grenə'dɪər] N granadero *m*.

grenadine ['grenədi:n] N granadina *f*.

grew [gru:] PT *of* **grow**.

grey, (US) gray [greɪ] **1** ADJ (*comp* **~er**; *superl* **~est**) (*gen*) gris; (*horse*) rucio/a; (*hair*) canoso/a; (*outlook, prospect*) poco prometedor(a); **he has gone/is going ~** le salieron/le están saliendo canas; **a ~ area** (*fig*) un punto poco definido; **it's a ~ area** no está (aún) muy claro; **~ matter** materia *f* gris.
2 N (*colour*) gris *m*; (*horse*) rucio *m*.
3 VI (*hair*) encanecer.

grey-haired ['greɪ'heəd] ADJ canoso/a.

greyhound ['greɪhaʊnd] **1** N galgo *m*. **2** CPD: **~ track** N canódromo *m*.

greying ['greɪɪŋ] ADJ (*hair*) con algunas canas.

greyish ['greɪɪʃ] ADJ grisáceo/a; (*hair*) entrecano/a.

grid [grɪd] N (*grating: on house, door, window*) verja *f*; (*: on window*) reja *f*; (*lattice*) rejilla *f*; (*Elec, Gas: network*) red *f*; (*on map*) cuadrícula *f*; (*US Sport*) = **gridiron**; **the national ~** la red nacional.

griddle ['grɪdl] N plancha *f*.

gridiron ['grɪd,aɪən] N **a** (*Culin*) parrilla *f*. **b** (*US*) campo *m* de fútbol (americano).

gridlock ['grɪdlɒk] N (*US Aut*) embotellamiento *m*.

grief [gri:f] N (*sorrow*) pena *f*, dolor *m*, pesar *m*; (*cause of sorrow*) tristeza *f*; **good ~!** ¡demonio!; **to come to ~** fracasar, ir al traste.

grief-stricken ['gri:f,strɪkən] ADJ apesadumbrado/a.

▶ SENTENCE BUILDER: **great** → 5   **greater** → 9.4

grievance ['gri:vəns] **1** N (*complaint*) queja *f*; (*cause for complaint*) motivo *m* de queja; (*of workers*) reivindicación *f*. **2** CPD: **~ procedure** N sistema *m* de trámite de quejas.

grieve [gri:v] **1** VT dar pena a, causar tristeza a, afligir; **it ~s me to see ...** me da pena ver .... **2** VI afligirse; **to ~ for sb** llorar la pérdida de algn.

grievous ['gri:vəs] ADJ (*loss etc*) cruel, doloroso/a, penoso/a; (*blow*) severo/a; (*pain*) fuerte; (*crime, offence*) grave; (*error*) lamentable, craso/a; (*task*) penoso; **~ bodily harm** (*Jur*) graves daños *mpl* corporales.

grievously ['gri:vəslı] ADV (*hurt, offend*) gravemente; (*err, be mistaken*) lamentablemente; **~ wounded** gravemente herido.

griffin ['grıfın] N grifo *m*.

grill [grıl] **1** N **a** (*Brit: on cooker, also restaurant*) parrilla *f*; (*food*) **a mixed ~** una parrillada.
b (*also* grille: *grating*) reja *f*, verja *f*.
2 VT **a** (*Culin*) asar a la parrilla *or* plancha.
b (*fam: interrogate*) interrogar.

grille [grıl] N rejilla *f*; (*of window*) reja *f*; (*screen*) verja *f*.

grilling ['grılıŋ] N (*fig*) interrogatorio *m* intenso; **to give sb a ~** interrogar a algn intensamente.

grim [grım] ADJ (*comp* **~mer**; *superl* **~mest**) **a** (*look, smile*) severo/a, ceñudo/a; (*silence*) lúgubre; (*landscape*) triste; (*struggle*) porfiado/a; (*determination*) inflexible; (*humour, tale*) macabro/a; **the ~ truth** la verdad lisa y llana; **the ~ facts** los hechos inexorables; **to hold on (to sth) like ~ death** aferrarse (a algo) como un clavo ardiente.
b (*fam*) horrible, malísimo/a.

grimace [grı'meıs] **1** N mueca *f*. **2** VI hacer una mueca.

grime [graım] N mugre *f*, suciedad *f*.

grimly ['grımlı] ADV (*see adj*) severamente; inexorablemente; encarnizadamente; **he smiled ~** sonrió inexorable; **to hang on ~** resistir sin cejar.

grimy ['graımı] ADJ mugriento/a, sucio/a.

grin [grın] **1** N (*smile*) sonrisa *f* burlona. **2** VI sonreír abiertamente (*at* a); **to ~ and bear it** poner al mal tiempo buena cara.

grind [graınd] (*pt, pp* **ground**) **1** VT (*coffee, corn, flour*) moler, machacar; (*sharpen: knife*) amolar, afilar; (*polish: gem, lens*) esmerilar; (*US Culin*) picar; **to ~ one's teeth** hacer rechinar los dientes; **to ~ sth into the earth** clavar algo en el suelo.
2 VI funcionar con dificultad; **to ~ to a halt** pararse en seco; **to ~ against** ludir ruidosamente con.
3 N: **the daily ~** (*fam*) la rutina *f* diaria; **the work was such a ~** el trabajo era tan pesado.
◆ **grind down** VT + ADV pulverizar; (*wear away*) desgastar; (*oppress*) agobiar, oprimir; **to ~ down to powder** reducir a polvo; **to ~ down the opposition** destruir lentamente *or* desmoronar a la oposición.
◆ **grind on** VI + ADV: **the case went ~ing on for months** el pleito se desarrollaba penosamente durante varios meses.
◆ **grind out** VT + ADV reproducir mecánicamente.
◆ **grind up** VT + ADV pulverizar.

grinder ['graındər] N (*machine: for coffee*) molinillo *m*; (: *for sharpening*) afiladora *f*; (: US: *for meat*) picadora *f* de carne.

grinding ['graındıŋ] ADJ: **~ sound** rechinamiento *m*; **~ poverty** miseria *f* (absoluta).

grindstone ['graındstəʊn] N: **to keep one's nose to the ~** batir el yunque.

gringo ['grıŋgəʊ] N (*US*) gringo/a *m/f*.

grip [grıp] **1** N **a** (*grasp*) agarre *m*, asimiento *m*; (*handclasp*) apretón *m* (de manos); (*handle*) asidero *m*, asa *f*; **to come to ~s with** luchar a brazo partido con; **to get to ~s with sb/sth** enfrentarse con algn/algo; **he lost his ~ of the situation** se le fue de las manos; **to have a good ~ of a subject** entender algo a fondo; **get a ~ on yourself!** (*fam*) ¡cálmate!, ¡contrólate!
b (*holdall*) maletín *m*.
2 VT (*hold*) agarrar; (: *hands*) apretar, estrechar; (*fig: enthrall*) fascinar; **the wheels ~ the road** las ruedas se agarran a la carretera.

3 VI (*wheel*) agarrarse.

gripe [graıp] (*fam*) **1** N (*complaint*) queja *f*. **2** VI (*complain*) quejarse (*about* de).

gripping ['grıpıŋ] ADJ (*story, novel*) absorbente.

grisly ['grızlı] ADJ (*comp* **-ier**; *superl* **-iest**) (*horrible*) horroroso/a; (*horrifying*) horripilante.

grist [grıst] N: **it's all ~ to the mill** de todo hay que sacar provecho.

gristle ['grısl] N cartílago *m*.

gristly ['grıslı] ADJ cartilaginoso/a, ternilloso/a.

grit [grıt] **1** N (*gravel*) grava *f*; (*fig: courage*) valor *m*, ánimo *m*. **2** VT **a** (*road*) echar grava a. **b** **to ~ one's teeth** apretar los dientes.

grits [grıts] NPL (*US*) maíz *m* a medio moler.

gritty ['grıtı] ADJ (*comp* **-ier**; *superl* **-iest**) arenisco/a, arenoso/a.

grizzle ['grızl] VI (*cry*) lloriquear.

grizzled ['grızld] ADJ (*hair*) entrecano/a.

grizzly ['grızlı] N (*also* **~ bear**) oso *m* pardo.

groan [grəʊn] **1** N (*of pain etc*) gemido *m*; (*of dismay etc*) quejido *m*; (*mumble*) gruñido *m*. **2** VI gemir, quejarse; (*mumble*) gruñir, refunfuñar; (*tree, gate etc*) crujir.

grocer ['grəʊsər] N tendero/a *m/f*, almacenero/a *m/f* (*CSur*), abarrotero/a *m/f* (*Mex*), bodeguero/a *m/f* (*CAm*); **~'s (shop)** tienda *f* de ultramarinos, tienda de abarrotes (*LAm*), almacén *m* (*CSur*), bodega *f* (*And, Carib, CAm*).

groceries ['grəʊsərɪz] NPL comestibles *mpl*, abarrotes *mpl* (*LAm*).

grocery ['grəʊsərı] N (*shop*) tienda *f* de ultramarinos, tienda de abarrotes (*LAm*), almacén *m* (*CSur*), bodega *f* (*And, Carib, CAm*).

grog [grɒg] N: **rum ~** grog *m*.

groggy ['grɒgı] ADJ (*comp* **-ier**; *superl* **-iest**) (*from blow*) atontado/a; (*from alcohol*) tambaleante; (*Boxing*) groggy, grogui; **I feel a bit ~** no me siento del todo bien.

groin [grɔın] N (*Anat*) ingle *f*.

groom [gru:m] **1** N (*in stable*) mozo *m* de cuadra; (*bride~*) novio *m*.
2 VT **a** (*horse*) almohazar; **well ~ed** (*person*) bien acicalado/a.
b (*prepare: person*) **to ~ sb as/to be** preparar a algn para/para ser.

groove [gru:v] N (*in wood, metal etc*) ranura *f*; (*of record*) surco *m*; **to be in a ~** estar metido en una rutina.

groovy ['gru:vı] ADJ (*old fam: marvellous*) estupendo/a (*fam*), guay (*fam*), total (*fam*), tope (*fam*); (: *up-to-date*) moderno/a, nuevo/a.

grope [grəʊp] **1** VI (*also* **~ around, ~ about**) andar a tientas, tantear; **to ~ for sth** (*lit, fig*) buscar a tientas. **2** VT: **to ~ one's way (through/towards)** avanzar a tientas (por/hacia); **to ~ sb** (*sexually*) toquetear a algn.

gross [grəʊs] **1** ADJ (*comp* **~er**; *superl* **~est**) **a** (*fat: body*) gordo/a, grueso/a (*esp LAm*); (*vegetation*) tupido/a; (*vulgar: behaviour, language*) grosero/a; (*serious: error, negligence, impertinence*) craso/a; (*indecency*) grande.
b (*total: profit, income, sales*) bruto/a; **~ national product** producto *m* nacional bruto (*PNB*); **~ output** producción *f* bruta; **~ wage** salario *m* bruto.
2 ADV: **she earns £50,000 ~ a year** gana en total 50.000 libras al año.
3 N INV (*twelve dozen*) gruesa *f*.
4 VT (*Comm*) recaudar en bruto.
◆ **gross out** VT + ADV (*US fam*) asquear, dar asco a.
◆ **gross up** VT + ADV (*US fam: salary etc*) recaudar en bruto.

grossly ['grəʊslı] ADV groseramente; **~ exaggerated** enormemente exagerado; **~ fat** tan gordo que da asco.

grot ['grɒt] N (*fam*) mierda *f* (*fam*).

grotesque [grəʊ'tesk] ADJ grotesco/a.

grotto ['grɒtəʊ] N gruta *f*.

grotty ['grɒtı] ADJ (*comp* **-ier**; *superl* **-iest**) (*Brit fam*) de mierda (*fam*), asqueroso/a, mugroso/a (*LAm*); **I feel ~** me siento fatal (*fam*).

grouch [graʊtʃ] (*fam*) **1** VI refunfuñar. **2** N (*person*) refunfuñón/ona *m/f*; (*complaint*) queja *f*; **to have a ~ against sb** estar resentido con algn.

grouchy ['graʊtʃı] ADJ (*fam*) malhumorado/a.

ground¹ [graʊnd] **1** N **a** (*soil*) tierra *f*, suelo *m*.
b (*terrain*) terreno *m*; **high/hilly** ~ terreno alto/montañoso; **to gain/lose** ~ ganar/perder terreno; **to be on dangerous** ~ entrar en territorio peligroso; **to go to** ~ (*fox*) meterse en su madriguera; (*person*) esconderse, refugiarse; **to prepare the** ~ **for sth** preparar el terreno para algo; **it suits me down to the** ~ me conviene perfectamente; **to cut the** ~ **from under sb's feet** quitarle terreno a algn; **common** ~ terreno común.
c (*surface*) suelo *m*, tierra *f*; **on the** ~ en el suelo; **above/below** ~ sobre/debajo de la tierra; **to fall to the** ~ (*lit*) caerse al suelo; (*fig*) fracasar; **to get off the** ~ (*aircraft*) despegar; (*plans etc*) ponerse en marcha; **to hold** or **stand one's** ~ (*lit*) no ceder terreno; (*fig*) mantenerse firme; **he covered a lot of** ~ **in his lecture** abarcó mucho en la clase.
d (*pitch*) terreno *m*, campo *m*; **parade/recreation** ~ plaza *f* de armas/centro *m* deportivo; **~s** (*gardens*) jardines *mpl*.
e (*background*) fondo *m*, trasfondo *m*.
f **~s** (*of coffee*) poso *msg*, sedimento *msg*.
g (*US Elec*) tierra *f*.
h (*reason: usu pl*) razón *f*, motivo *m*; **on medical ~s** por razones de salud; **~s for complaint** motivos *mpl* de queja; **on the ~(s) that** a causa or por motivo de que.
2 VT **a** (*ship*) varar, hacer encallar; (*plane, pilot*) obligar a permanecer en tierra.
b (*US Elec*) conectar con tierra.
c (*teach*) **to be well ~ed in** tener un buen conocimiento de, estar versado/a en.
d (*student*) encerrar, no dejar salir.
3 VI (*Naut*) encallar, varar.
4 CPD: ~ **attack** N ataque *m* de tierra; (*Aer*) ataque *m* a superficie; ~ **control** N control *m* desde tierra; ~ **floor** N planta *f* baja, primer piso *m* (*LAm*); ~ **forces** NPL fuerzas *fpl* de tierra; ~ **frost** N escarcha *f*; ~ **level** N nivel *m* del suelo; ~ **plan** N plano *m*, planta *f*; ~ **rent** N (*esp Brit*) alquiler *m* del terreno; ~ **rules** NPL reglas *fpl* básicas; **we can't change the ~ rules at this stage** a estas alturas no podemos cambiar las reglas; ~ **staff** N (*Aer*) personal *m* de tierra; ~ **wire** N (*US*) cable *m* de toma de tierra.
ground² [graʊnd] **1** PT, PP of **grind**. **2** ADJ (*coffee etc*) molido/a; (*glass*) deslustrado/a; (*US: meat*) picado/a.
groundcloth ['graʊndklɒθ] N (*US*) = **groundsheet**.
grounding ['graʊndɪŋ] N conocimientos *mpl* básicos; **to give sb a** ~ **in** enseñar a algn los rudimentos de.
groundkeeper ['graʊnd,kiːpər], (*US*) **groundskeeper** N cuidador *m* del terreno de juego, encargado *m* de la pista de deportes.
groundless ['graʊndlɪs] ADJ sin fundamento.
groundnut ['graʊndnʌt] N (*peanut*) cacahuate *m*, maní *m* (*LAm*), cacahuate *m* (*Mex*).
groundsheet ['graʊndʃiːt], **groundcloth** ['graʊndklɒθ] (*US*) N (*in tent*) suelo *m* (de tienda de campaña), tela *f* impermeable; **I need to buy another** ~ **for the tent** tengo que comprar otro suelo para la tienda de campaña.
groundskeeper ['graʊndz,kiːpər] N (*US*) = **groundkeeper**.
groundsman ['graʊndzmən] N (*pl* **-men**) (*Sport*) encargado *m* de la manutención de una pista de deporte.
groundswell ['graʊndswel] N mar *m* de fondo; (*fig*) marejada *f*.
groundwork ['graʊndwɜːk] N: **to do the** ~ **for sth** echar las bases de algo.
group [gruːp] **1** N (*gen*) grupo *m*; (*gathering, Mus*) conjunto *m*; (*set, clique: of people*) agrupación *f*; (*gang*) pandilla *f*, banda *f*; (*of languages etc*) familia *f*; **blood** ~ (*Med*) grupo sanguíneo.
2 VT (*also* ~ **together**) agrupar, reunir.
3 VI (*see vt*) agruparse.
4 CPD (*discussion, photo, therapy*) en grupo; ~ **booking** N reserva *f* por grupos; ~ **captain** N (*Aer*) jefe *m* de escuadrilla; ~ **practice** N (*Med*) centro *m* médico; ~ **sex** N sexo *m* en grupo; ~ **therapy** N terapia *f* de grupo.

groupie ['gruːpɪ] N (*fam*) groupie *f* (*fam*).
grouse¹ [graʊs] N INV urogallo *m*.
grouse² [graʊs] (*fam*) **1** N (*complaint*) queja *f*. **2** VI quejarse (*about* de).
grout [graʊt] **1** N lechada *f*. **2** VT enlechar.
grove [grəʊv] N arboleda *f*.
grovel ['grɒvl] VI (*lit, fig*) arrastrarse (*to* ante).
grovelling, (*US*) **groveling** ['grɒvlɪŋ] ADJ rastrero/a, servil.
grow [grəʊ] (*pt* **grew**; *pp* **~n**) **1** VT (*Agr*) cultivar; (*beard etc*) dejar crecer.
2 VI **a** (*gen*) crecer; (*increase: in numbers etc*) aumentar; (*develop: friendship, love*) desarrollarse; (: *custom etc*) arraigar; **to** ~ **in stature/popularity** ganar prestigio/popularidad; **that painting is ~ing on me** esa pintura me gusta cada vez más.
b (*become*) ponerse, hacerse, volverse; **to** ~ **dark** oscurecer; **to** ~ **old** envejecer(se); **to** ~ **tired of waiting** cansarse de esperar; **to** ~ **to like sb** llegar a querer a algn, encariñarse con algn.
♦ **grow apart** VI + ADV (*fig*) alejarse algn del otro.
♦ **grow away from** VI + PREP (*fig*) alejarse de.
♦ **grow into** VI + PREP **a** (*clothes*) **he'll** ~ **into them** llegarán a sentarle bien. **b** (*become*) volverse, convertirse en; **she has ~n into a beautiful woman** se ha vuelto una mujer guapísima.
♦ **grow on** VI + PREP: **the book ~s on one** el libro gusta cada vez más, el libro llega a gustar con el tiempo; **the habit grew on him** la costumbre arraigó en él.
♦ **grow out of** VI + PREP **a** (*clothes*) quedársele pequeño; (*habit*) perder con la edad. **b** (*arise from*) surgir de.
♦ **grow up** VI + ADV **a** (*become adult*) hacerse hombre/mujer, crecer; **I grew up in the country** me crié en el campo; ~ **up!** (*fam*) ¡no seas niño! **b** (*develop: friendship etc*) desarrollarse.
growbag ['grəʊbæg] N bolsa *f* de cultivo.
growing ['grəʊɪŋ] ADJ **a** (*crop etc*) que crece, que se desarrolla; ~ **season** época *f* de crecimiento. **b** (*increasing*) creciente. **c** (*child*) que está creciendo; ~ **pains** (*fig*) problemas *mpl* inherentes al crecimiento.
growl [graʊl] **1** N gruñido *m*. **2** VI (*animal*) gruñir; (*person*) refunfuñar.
grown [grəʊn] **1** PP of **grow**. **2** ADJ (*also* **fully** ~) adulto/a, maduro/a.
grown-up ['grəʊn'ʌp] **1** ADJ adulto/a. **2** N adulto/a *m/f*, mayor *mf*.
growth [grəʊθ] **1** N **a** (*development, increase*) desarrollo *m*; (*Econ, of hair, beard, child*) crecimiento *m*; **with 3 days' ~ on his face** con barba de 3 días; **to reach full ~** llegar a la madurez; **malnutrition stunts ~** la malnutrición detiene el crecimiento; **spiritual ~** el desarrollo espiritual.
b (*Med*) tumor *m*.
2 CPD: ~ **area** N polo *m* de desarrollo; ~ **industry** N industria *f* en desarrollo; ~ **rate** N (*Econ etc*) tasa *f* de crecimiento or de desarrollo; ~ **shares** NPL (*US*) = ~ **stock**; ~ **stock** N acciones *fpl* con perspectivas de valorización.
groyne [grɔɪn] N espolón *m*.
GRSM N ABBR (*Brit*) of **Graduate of the Royal Schools of Music**.
GRT N ABBR of **gross register tons** TRB *fpl*.
grub [grʌb] **1** N **a** (*larva*) larva *f*, gusano *m*. **b** (*fam: food*) comida *f*; **~('s) up!** ¡la comida está servida! **2** VI: **to** ~ **about in the earth for sth** remover la tierra buscando algo.
grubby ['grʌbɪ] ADJ (*comp* **-ier**; *superl* **-iest**) (*dirty*) mugriento/a, sucio/a, mugroso/a (*LAm*).
grudge [grʌdʒ] **1** N resentimiento *m* or rencor *m* (*against* a); **to bear a** ~ guardar rencor. **2** VT: **to** ~ **sb sth** dar algo a algn a regañadientes; **I don't** ~ **you your success** no te envidio el éxito; **to** ~ **doing sth** hacer algo de mala gana.
grudging ['grʌdʒɪŋ] ADJ (*praise etc*) poco generoso/a; (*support*) de mala gana.
grudgingly ['grʌdʒɪŋlɪ] ADV de mala gana.

gruelling, (US) **grueling** ['grʊəlɪŋ] ADJ (task) penoso/a, duro/a; (match etc) agotador(a).

gruesome ['gruːsəm] ADJ espantoso/a, horrible.

gruff [grʌf] ADJ (comp **~er**; superl **~est**) (voice) ronco/a; (manner) brusco/a.

grumble ['grʌmbl] **1** N (complaint) queja f; (noise) retumbo m. **2** VI (complain) quejarse (about de); (thunder etc) retumbar (a lo lejos).

grumbling ['grʌmblɪŋ] **1** N: **I couldn't stand his constant ~** no podía soportar su constante regruñir. **2** ADJ (person, tone) gruñón/ona; **a ~ appendix** síntomas mpl de apendicitis.

grumpy ['grʌmpɪ] ADJ (comp **-ier**; superl **-iest**) (person) malhumorado/a, gruñón/ona; (voice) de gruñón.

grunt [grʌnt] **1** N (of animal, person) gruñido m. **2** VI (animal, person) gruñir.

gr. wt. ABBR of **gross weight**.

GSA N ABBR (US) of **General Services Administration**.

GSUSA N ABBR (US) of **Girl Scouts of the United States of America**.

GT N ABBR of **gran turismo** GT.

Gt ABBR of **Great**.

GU ABBR (US Post) of **Guam**.

Guadeloupe [,gwɑːdə'luːp] N Guadalupe f.

guano ['gwɑːnəʊ] N guano m.

guarantee [,gærən'tiː] **1** N (Comm) garantía f; (surety) caución f; (guarantor) fiador/a m/f; **there is no ~ that** no hay seguridad de que; **it is under ~** está bajo garantía; **I give you my ~** se lo aseguro. **2** VT (Comm: goods) garantizar, poner bajo garantía; (ensure: service, delivery) asegurar; (make o.s. responsible for: debt etc) ser fiador de; **I can't ~ good weather** no respondo del tiempo; **he can't ~ (that) he'll come** no está seguro de poder venir.

guaranteed [,gærən'tiːd] ADJ (see vt) garantizado/a; asegurado/a, seguro/a; **~ loan** préstamo m garantizado; **~ prices** precios mpl garantizados.

guarantor [,gærən'tɔːr] N (Jur) garante mf, fiador(a) m/f.

guard [gɑːd] **1** N **a** (soldier) guardia mf; (squad of soldiers) guardia f; (security ~) guardia mf de seguridad; (esp US: prison ~) carcelero/a m/f; (Brit Rail) jefe m de tren; (Sport) defensa mf; **~'s van** (Brit Rail) furgón m; **to change ~** (Mil) relevar la guardia; **advance ~** (Mil) avanzada f; **he's one of the old ~** es uno de los viejos. **b** (Mil: also ~ duty: watch) guardia f; (fig: watchfulness) vigilancia f; **to be on ~** (Mil etc) estar en guardia; **to be on one's ~ (against)** (fig) estar en guardia (contra); **to be under ~** estar bajo guardia; **to catch sb off his ~** coger o agarrar a algn desprevenido (Sp) or de improviso (LAm); **to drop** or **lower one's ~** bajar la guardia, descuidarse; **to keep ~ over sth/sb** (Mil, fig) vigilar algo/a algn; **to keep sb under ~** vigilar a algn; **to stand ~ over sth** montar la guardia sobre algo. **c** (safety device: on machine) salvaguardia f, resguardo m; (protection) protección f; (fire ~) guardafuego m. **2** VT (prisoner, treasure) vigilar, custodiar; (secret) guardar; **to ~ (against or from)** (protect) protegerse (de); (: person) proteger (de). **3** CPD: **~ dog** N perro m guardián.

◆ **guard against** VI + PREP (take care to avoid: illness) guardarse de; (: suspicion, accidents) evitar; **to ~ against doing sth** evitar hacer algo.

guarded [gɑːdɪd] ADJ (reply, tone) cauteloso/a.

guardedly ['gɑːdɪdlɪ] ADV cautelosamente.

guardhouse ['gɑːdhaʊs] N cuartel m de la guardia; (prison) cárcel f militar.

guardian ['gɑːdɪən] **1** N (Jur: of child) tutor(a) m/f. **2** CPD: **~ angel** N ángel m custodio, ángel de la guarda.

guardrail ['gɑːdreɪl] N pretil m.

guardroom ['gɑːdrʊm] N cuarto m de guardia.

guardsman ['gɑːdzmən] N (pl **-men**) (Brit) soldado m de la guardia real; (US) guardia m (nacional).

Guatemala [,gwɑːtɪ'mɑːlə] N Guatemala f.

Guatemalan [,gwɑːtɪ'mɑːlən] ADJ, N guatemalteco/a m/f.

guava ['gwɑːvə] N guayaba f.

Guayana [gaɪ'ɑːnə] N Guayana f.

gudgeon[1] ['gʌdʒən] N (fish) gobio m.

gudgeon[2] ['gʌdʒən] N (Tech) gorrón m.

Guernsey ['gɜːnzɪ] N Guernesey m.

guerrilla [gə'rɪlə] **1** N guerrillero/a m/f; **urban ~** montanero/a (CSur), tupamaro/a (CSur). **2** CPD: **~ warfare** N guerra f de guerrillas.

guess [ges] **1** N conjetura f, suposición f; **to make/have a ~** adivinar; **at a (rough) ~** a ojo; **my ~ is that ...** yo creo que ...; **it's anybody's ~** ¿quién sabe?; **your ~ is as good as mine!** ¡vete a saber! **2** VT **a** (answer, meaning) acertar; (height, weight etc) adivinar; **~ what!** ¡a que no adivinas!; **I ~ed as much** me lo suponía; **in all that time we never ~ed** en todo el tiempo no lo sospechábamos. **b** (esp US: suppose) creer, suponer; **I ~ you're right** supongo que tienes razón; **I ~ so** creo que sí. **3** VI **a** (make a guess) adivinar; (~ correctly) acertar; **he's just ~ing** no hace más que especular; **to keep sb ~ing** mantener a algn a la expectativa; **to ~ at sth** intentar adivinar algo. **b** (esp US: suppose) suponer, creer; **he's happy, I ~** supongo que está contento.

guesstimate ['gestɪmɪt] (fam) N estimación f aproximada.

guesswork ['geswɜːk] N conjeturas fpl.

guest [gest] **1** N (in house) invitado/a m/f; (: visitor) visita f; (at hotel etc) huésped(a) m/f; **~ of honour** invitado de honor; **be my ~** (fam) yo invito. **2** CPD: **~ room** N cuarto m de huéspedes; **~ speaker** N orador m invitado, oradora f invitada; **~ star** N estrella f invitada.

guesthouse [gesthaʊs] (pl **-houses** [haʊzɪz]) N pensión f, casa f de huéspedes.

guff [gʌf] N (fam) música f celestial.

guffaw [gʌ'fɔː] **1** N carcajada f. **2** VI reírse a carcajadas.

GUI [guːɪ] N ABBR (Comput) of **graphical user interface** interfaz m gráfico de usuario.

Guiana [gaɪ'ɑːnə] N Guayana f.

guidance ['gaɪdəns] N **a** (counselling) consejo m; (leadership) dirección f; **marriage/vocational ~** orientación f matrimonial/profesional. **b** (of missile) dirección f.

guide [gaɪd] **1** N (person: gen) guía mf; (~ book) guía f turística; **let conscience be your ~** que la conciencia sea tu consejera; see **girl**. **2** VT (person: round town etc) guiar; (: in choice, decision) orientar; **to be ~d by sb/sth** dejarse guiar por algn/ algo. **3** CPD: **~ dog** N perro m guía.

guidebook ['gaɪdbʊk] N guía f turística.

guided ['gaɪdɪd] ADJ (missile) teledirigido/a; (tour) con guía.

guideline ['gaɪdlaɪn] N (línea f) directriz f.

guiding ['gaɪdɪŋ] ADJ: **~ principle** principio m director; **~ star** estrella f de guía.

guild [gɪld] N (gen) gremio m.

guildhall ['gɪld,hɔːl] N (town hall) ayuntamiento m.

guile [gaɪl] N astucia f.

guillotine [,gɪlə'tiːn] **1** N guillotina f. **2** VT guillotinar.

guilt [gɪlt] **1** N (being guilty) culpa f; (feeling guilty) culpabilidad f; **to admit one's ~** confesarse culpable. **2** CPD: **~ complex** N complejo m de culpabilidad.

guiltily ['gɪltɪlɪ] ADV: **he said ~** dijo como confesándose culpable; **he looked round ~** volvió la cabeza como si fuera culpable.

guiltless ['gɪltlɪs] ADJ inocente, libre de culpa (of de).

guilty ['gɪltɪ] ADJ (comp **-ier**; superl **-iest**) (Jur, gen) culpable; (look) con expresión de culpabilidad; (conscience) lleno/a de remordimientos; **~ of sth** culpable de algo; **the ~ person** or **party** el/la culpable m/f; **to find sb ~** declarar culpable a algn; **to plead ~** confesarse culpable; **to plead not ~** negar la acusación; **'How do you plead? G~ or not ~?'** '¿Se confiesa inocente o culpable?'

Guinea ['gɪnɪ] N Guinea f.

guinea ['gɪnɪ] N (Brit) guinea f (= 21 chelines).

guinea pig ['gɪnɪpɪg] N (gen, also fig) cobayo m, cobaya f, conejillo m de Indias.

guise [gaɪz] N: **in that ~** de esa manera; **under the ~ of** so capa de.
guitar [gɪ'tɑːʳ] N guitarra f.
guitarist [gɪ'tɑːrɪst] N guitarrista mf.
gulch [gʌltʃ] N (US) barranco m.
gulf [gʌlf] ⬚1 N (bay) golfo m; (chasm: also fig) abismo m; **the (Persian) G~** el Golfo (Pérsico); **the G~ of Mexico** el Golfo de Méjico or (LAm) México; **G~ of Suez** Golfo m de Suez.
⬚2 CPD: **the G~ States** NPL los países del Golfo; **the G~ Stream** N la Corriente del Golfo.
gull [gʌl] N (bird) gaviota f.
gullet [gʌlɪt] N esófago m, garganta f.
gullibility [ˌgʌlɪ'bɪlɪtɪ] N credulidad f, simpleza f.
gullible [gʌlɪbl] ADJ crédulo/a.
gully [gʌlɪ] N (ravine) barranco m; (channel) hondonada f.
gulp [gʌlp] ⬚1 N trago m; **in** or **at one ~** de un trago. ⬚2 VT (also ~ **down**) tragarse, engullir. ⬚3 VI (while drinking) tragar; (through fear etc) tener un nudo en la garganta.
gum¹ [gʌm] N (Anat) encía f.
gum² [gʌm] ⬚1 N (glue) goma f, pegamento m; (~ tree) eucalipto m; (chewing ~) chicle m; (sweet) pastilla f de caramelo; ~ **arabic** goma f arábiga.
⬚2 VT (stick together) pegar con goma; (also ~ **down**: label, envelope) pegar.
◆ **gum up** VT + ADV: **to ~ up the works** (fam) meter un palo en la rueda.
gumboil [gʌmbɔɪl] N flemón m.
gumboots [gʌmbuːts] NPL botas fpl altas de goma.
gummed [gʌmd] ADJ engomado/a; ~ **envelope** sobre m engomado; ~ **label** etiqueta f engomada.
gumption [gʌmpʃən] N (fam: initiative) iniciativa f; (: strength) fuerza f, vigor m.
gumshield [gʌmʃiːld] N protector m de dientes.
gumshoe [gʌmʃuː] N (US) ⬛a zapato m de goma. ⬛b (fam) detective m.
gumtree [gʌmtriː] N árbol m gomero; **to be up a ~** (Brit fam) estar en un aprieto.
gun [gʌn] ⬚1 N (pistol) pistola f, revólver m; (rifle) fusil m; (cannon) cañón m; **big ~** (fam) pez m gordo, espadón m; **to draw a ~ on sb** apuntar a algn con un arma; **to be going great ~s** hacer grandes progresos, ir a las mil maravillas; **to jump the ~** salir antes de tiempo; (fig) obrar con demasiada anticipación; **to stick to one's ~s** mantenerse firme, aferrarse.
⬚2 VT (also ~ **down**) asesinar.
⬚3 CPD: ~ **barrel** N cañón m; ~ **dog** N perro m de caza; ~ **licence** N licencia f de armas.
◆ **gun for** VI + PREP (fig) perseguir; **it's really the boss they're ~ning for** en realidad esto va contra el jefe.
gunboat [gʌnbəʊt] ⬚1 N cañonero m. ⬚2 CPD: ~ **diplomacy** N diplomacia f cañonera.
gunfight [gʌnfaɪt] N tiroteo m.
gunfire [gʌnfaɪəʳ] N disparos mpl.
gunge [gʌndʒ] (fam) ⬚1 N mugre f. ⬚2 VT: **to ~ up** atascar, obstruir.
gung-ho [gʌŋ'həʊ] ADJ ⬛a (over-enthusiastic) (tontamente) optimista, (locamente) entusiasta. ⬛b (jingoistic) patriotero (con exceso), jingoísta.
gunk [gʌŋk] N (fam) = **gunge**.
gunman [gʌnmən] N (pl **-men**) pistolero m, gatillero m (LAm).
gunner [gʌnəʳ] N artillero m.
gunnery [gʌnərɪ] ⬚1 N (guns) artillería f. ⬚2 CPD: ~ **officer** N oficial m de artillería.
gunpoint [gʌnpɔɪnt] N: **at ~** a mano armada.
gunpowder [gʌnˌpaʊdəʳ] N pólvora f.
gunrunner [gʌnˌrʌnəʳ] N contrabandista m de armas, traficante m de armas.
gunrunning [gʌnˌrʌnɪŋ] N contrabando m or tráfico m de armas.
gunship [gʌnʃɪp] N helicóptero m de combate, helicóptero m artillado.
gunshot [gʌnʃɒt] N (noise) disparo m; **a ~ wound** un escopetazo.
gunsmith [gʌnsmɪθ] N escopetero/a m/f.

gurgle [gɜːgl] ⬚1 N (of liquid) borboteo m, gluglú m; (of baby) gorjeo m. ⬚2 VI (see n) borbotear; gorjear.
guru [guːruː] N (Rel) gurú m.
gush [gʌʃ] ⬚1 N (of liquid) chorro m; (of feeling) efusión f.
⬚2 VI ⬛a (also ~ **out**: water, blood) chorrear (from de).
⬛b (fam: enthuse) hablar con entusiasmo (about, over de).
gusset [gʌsɪt] N escudete m.
gust [gʌst] ⬚1 N (of wind) ráfaga f; (of rain) aguacero m, chaparrón m. ⬚2 VI soplar racheado; **the wind ~ed up to 120 km/h** hubo rachas de hasta 120 km/h.
gusto [gʌstəʊ] N: **with ~** con entusiasmo.
gusty [gʌstɪ] ADJ borrascoso/a; (wind) racheado/a.
gut [gʌt] ⬚1 N ⬛a (alimentary canal) intestino m; (for violin, racket) cuerda f de tripa; **to bust a ~** (fam) echar los bofes.
⬛b ~**s** (fam: innards) tripas fpl; (fig: courage) valor m, cojones mpl (fam!), huevos mpl (fam!); **I'll have his ~s for garters!** (fam) ¡le despachurro las narices!; **I hate his ~s** (fam) no lo puedo ver ni en pintura; **to work one's ~s out** echar los bofes.
⬚2 VT ⬛a (poultry, fish) destripar.
⬛b (building) no dejar más que las paredes de.
⬚3 CPD: ~ **feeling** N instinto m visceral; ~ **reaction** N reacción f instintiva.
gutless [gʌtlɪs] ADJ (fam) cobarde, apocado/a, sin agallas.
gutsy [gʌtsɪ] ADJ (fam) valiente, atrevido/a, con agallas.
gutted [gʌtɪd] ADJ (Brit fam: disappointed) **I was ~** me quedé hecho polvo.
gutter [gʌtəʳ] ⬚1 N (in street) arroyo m, cuneta f; (on roof) canal m, canalón m; **to be born in the ~** (fig) nacer en los barrios bajos. ⬚2 CPD: ~ **press** N prensa f amarilla.
guttering [gʌtərɪŋ] N canales mpl, canalones mpl.
guttural [gʌtərəl] ADJ (accent, sound) gutural.
guv [gʌv] N = **governor**: **thanks, ~!** ¡gracias, jefe!
guy¹ [gaɪ] N (fam: man) tío m, individuo m, tipo m, chico m, cuate m (Mex); (effigy) efigie f; **wise ~** sabelotodo mf inv; **hey, (you) ~s!** ¡eh, amigos!; **are you ~s ready to go?** ¿están todos listos para salir?
guy² [gaɪ] N (also ~**-rope**: for tent etc) viento m, cuerda f.
Guyana [gaɪ'ænə] N Guayana f.

GUY FAWKES NIGHT

ⓘ La noche del cinco de noviembre, **Guy Fawkes Night** se celebra en el Reino Unido el fracaso de la conspiración de la pólvora **Gunpowder Plot**, un intento fallido de volar el Parlamento de Jaime I en 1605. Esa noche se lanzan fuegos artificiales y se hacen hogueras en las que se queman unos muñecos de trapo que representan a **Guy Fawkes**, uno de los cabecillas de la revuelta. Días antes, los niños tienen por costumbre pedir a los transeúntes 'a penny for the guy', dinero que emplean en comprar cohetes.

---

guzzle [gʌzl] ⬚1 VT (food) engullirse, tragarse; (drink) soplarse, tragarse (LAm); (hum: petrol) tragar mucho. ⬚2 VI engullir, soplar.
gym [dʒɪm] N (fam: gymnasium) gimnasio m; (: gymnastics) gimnasia f; ~ **shoes** zapatillas fpl deportivas.
gymkhana [dʒɪm'kɑːnə] N gymkhana f.
gymnasium [dʒɪm'neɪzɪəm] N gimnasio m.
gymnast [dʒɪmnæst] N gimnasta mf.
gymnastics [dʒɪm'næstɪks] N (gen) gimnasia f.
gynaecologist, (US) **gynecologist** [ˌgaɪnɪ'kɒlədʒɪst] N ginecólogo/a m/f.
gynaecology, (US) **gynecology** [ˌgaɪnɪ'kɒlədʒɪ] N ginecología f.
gyp¹ [dʒɪp] (US fam) ⬚1 N ⬛a estafa f, timo m. ⬛b (person) estafador m, timador m. ⬚2 VT estafar, timar.
gyp² [dʒɪp] N (Brit fam): **to give sb ~** echar un rapapolvo de aúpa a algn, poner a algn como un trapo; **it's giving me ~** me duele una barbaridad.
gypsum [dʒɪpsəm] N yeso m.
gypsy [dʒɪpsɪ] ⬚1 N gitano/a m/f; (pej) vagabundo/a m/f. ⬚2 CPD (life, caravan, music) gitano/a.
gyrate [dʒaɪ'reɪt] VI (spin) girar; (dance) bailar enérgicamente.
gyroscope [dʒaɪrəskəʊp] N giróscopo m.

H, h [eɪtʃ] N (*letter*) H, h *f*.
h. ABBR *of* **hour(s)** h(s).
habeas corpus ['heɪbɪəs'kɔ:pəs] N (*Jur*) hábeas corpus *m*.
haberdasher ['hæbədæʃər] N mercero/a *m/f*; (*US*) camisero/a *m/f*.
haberdashery [,hæbə'dæʃərɪ] N (*goods, shop*) mercería *f*; (*US: shop*) camisería *f*; (: *goods*) artículos *mpl* de moda para caballeros.
habit ['hæbɪt] N [a] (*customary behaviour*) costumbre *f*; **a bad ~** un vicio, una mala costumbre; **to be in the ~ of doing sth** tener la costumbre de *or* soler hacer algo, acostumbrar a hacer algo; **to get out of/into the ~ of doing sth** perder la costumbre de/acostumbrarse a hacer algo; **to have a ~** (*fam: drugs*) drogarse habitualmente; **to make a ~ of (doing) sth** aficionarse a; (*become accustomed to*) acostumbrarse a (hacer) algo; **we mustn't make a ~ of arriving late** no debemos acostumbrarnos a llegar tarde; **out of sheer ~** por pura costumbre.
[b] (*dress: of monk*) hábito *m*; (*riding ~*) traje *m* de montar.
habitable ['hæbɪtəbl] ADJ habitable.
habitat ['hæbɪtæt] N hábitat *m*.
habitation [,hæbɪ'teɪʃən] N (*gen*) residencia *f*; (*house*) domicilio *m*; (*animal etc*) morada *f*.
habit-forming ['hæbɪt,fɔ:mɪŋ] ADJ que crea adicción.
habitual [hə'bɪtjʊəl] ADJ habitual, acostumbrado/a; (*drunkard, liar etc*) inveterado/a, empedernido/a.
habitually [hə'bɪtjʊəlɪ] ADV por costumbre; (*constantly*) constantemente.
habituate [hə'bɪtjʊeɪt] VT acostumbrar, habituar (*to* a).
habitué(e) [hə'bɪtjʊeɪ] N asiduo/a *m/f*, parroquiano/a *m/f*.
hacienda [,hæsɪ'endə] N (*US*) hacienda *f*.
hack¹ [hæk] [1] N (*cut*) corte *m*, tajo *m*; (*blow: with axe*) hachazo *m*; (: *with machete*) machetazo *m*.
[2] VT [a] (*cut*) cortar, tajar; **to ~ one's way in/out/ through** abrirse paso a machetazos *etc*; **to ~ sth to pieces** hacer algo pedazos a hachazos.
[b] **I can't ~ it** (*US fam*) no puedo hacerlo.
[3] VI [a] tirar tajos (*at* a).
[b] **to ~ into a system** (*Comput*) piratear un sistema.
hack² [hæk] [1] N [a] (*old horse*) jamelgo *m*; (*hired horse*) caballo *m* de alquiler.
[b] (*writer*) plumífero/a *m/f*, chupatintas *m inv*.
[c] (*US fam: taxi*) taxi *m*.
[2] VI: **to go ~ing** montar a caballo.
♦ **hack around** VI + ADV (*US fam*) gandulear, vaguear.
♦ **hack down** VT + ADV (*tree etc*) derribar a hachazos.
hacker ['hækər] N (*Comput*) pirata *f* informática, pirata *m* informático, intruso *m* informático, intrusa *f* informática.
hacking¹ ['hækɪŋ] ADJ (*cough*) seco/a.
hacking² ['hækɪŋ] ADJ: **~ jacket** chaqueta *f or* saco *m* de montar (*LAm*).
hacking³ ['hækɪŋ] N (*Comput*) piratería *f* informática, intrusión *f* informática.
hackles ['hæklz] NPL: **to make sb's ~ rise** (*fig*) enfurecer a algn; **with his ~ up** furioso, furibundo.
hackney cab ['hæknɪ'kæb] N, **hackney carriage** ['hæknɪ'kærɪdʒ] N (*frm*) coche *m* de alquiler; (*taxi*) taxi *m*.
hackneyed ['hæknɪd] ADJ (*saying etc*) trillado/a, gastado/a.
hacksaw ['hæksɔ:] N sierra *f* para metales.
had [hæd] PT, PP *of* **have**.
haddock ['hædək] N eglefino *m*.
hadn't ['hædnt] = **had not**.
haematological, (*US*) **hematological** [,hi:mətə'lɒdʒɪkəl] ADJ hematológico/a.
haematologist, (*US*) **hematologist** [,hi:mə'tɒlədʒɪst]

N hematólogo/a *m/f*.
haematology, (*US*) **hematology** [,hi:mə'tɒlədʒɪ] N hematología *f*.
haemoglobin, (*US*) **hemoglobin** [,hi:məʊ'gləʊbɪn] N hemoglobina *f*.
haemophilia, (*US*) **hemophilia** [,hi:məʊ'fɪlɪə] N hemofilia *f*.
haemophiliac, (*US*) **hemophiliac** [,hi:məʊ'fɪlɪæk] ADJ, N hemofílico/a *m/f*.
haemorrhage, (*US*) **hemorrhage** ['hemərɪdʒ] [1] N hemorragia *f*. [2] VI sangrar profusamente.
haemorrhoids, (*US*) **hemorrhoids** ['hemərɔɪdz] NPL hemorroides *fpl*.
hag [hæg] N (*ugly old woman*) vieja *f* fea; (*witch*) bruja *f*.
haggard ['hægəd] ADJ (*from tiredness*) ojeroso/a, flaco/a; (*from starvation*) demacrado/a, macilento/a.
haggis ['hægɪs] N (*Scot Culin*) estómago *m* de cordero relleno.
haggle ['hægl] VI (*bargain*) regatear (*over* sobre); (*argue*) discutir, disputar.
Hague [heɪg] N: **The ~** La Haya.
hail¹ [heɪl] [1] N (*Met*) granizo *m*; (*fig: of bullets, abuse*) lluvia *f*. [2] VI granizar.
hail² [heɪl] [1] N (*greeting, call*) grito *m* de saludo; **within ~** al alcance de la voz.
[2] INTERJ (*old, poet*) **~ Caesar!** César, ¡salve!; **the H~ Mary** el Ave María.
[3] VT (*acclaim*) aclamar, celebrar (*as* como); (*greet*) saludar; (*signal: taxi*) llamar.
[4] VI: **where does that ship ~ from?** ¿de dónde es ese barco?; **he ~s from Scotland** es natural de Escocia.
hailstone ['heɪlstəʊn] N piedra *f* de granizo.
hailstorm ['heɪlstɔ:m] N granizada *f*.
hair [heər] [1] N (*head of ~*) pelo *m*, cabellera *f*; (: *hum*) melena *f*; (*single ~*) pelo; (*on legs etc*) vello *m*; (*of animal*) pelo, piel *f*; (*fluff*) pelusa *f*; **white ~** canas *fpl*; **to comb one's ~** peinarse; **to get one's ~ cut** cortarse el pelo; (: *very short*) pelarse; **to have one's ~ done** arreglarse el pelo; **keep your ~ on!** (*Brit fam*) ¡cálmate!; **to put one's ~ up** recogerse el pelo; **to remove unwanted ~** depilarse; **to split ~s** buscarle tres pies al gato; **he didn't turn a ~** ni se inmutó; **to make sb's ~ stand on end** ponerle los pelos de punta a algn; **the ~ of the dog (that bit you)** (*fam*) el remedio en la enfermedad; **by a ~'s breadth** por un pelo *or* los pelos; **to let one's ~ down** (*fig*) desmelenarse, relajarse (*esp LAm*).
[2] CPD (*mattress etc*) de cerda; (*lacquer etc*) para el pelo; **~ conditioner** N suavizante *m* para el cabello; **~ remover** N depilatorio *m*.
hairbrush ['heəbrʌʃ] N cepillo *m* (para el pelo).
hair-clip ['heəklɪp] N horquilla *f*, clipe *m*.
haircut ['heəkʌt] N corte *m* (de pelo); **to have** *or* **get a ~** cortarse el pelo; (*very short*) pelarse.
hairdo ['heədu:] N (*fam*) peinado *m*.
hairdresser ['heə,dresər] N peluquero/a *m/f*; **~'s** (*salon*) peluquería *f*.
hairdrier, hairdryer ['heədraɪər] N secador *m* de pelo.
-haired [heəd] ADJ SUF: **fair~** rubio/a, güero/a (*CAm, Mex*), catire/a (*Carib, Col*); **dark~** moreno/a; **long~** de pelo largo.
hair-grip ['heəgrɪp] N (*Brit*) horquilla *f*, clipe *m*.
hairless ['heəlɪs] ADJ sin pelo, pelón/ona.
hairline ['heəlaɪn] [1] N nacimiento *m* del pelo. [2] CPD: **~ crack** N grieta *f* fina; **~ fracture** N fractura *f* fina.
hairnet ['heənet] N redecilla *f*.
hairpiece ['heəpi:s] N postizo *m*, tupé *m*; (*false plait*) trenza *f* postiza.
hairpin ['heəpɪn] [1] N horquilla *f*. [2] CPD: **~ bend** N curva

f peligrosa.

hair-raising ['hɛə,reɪzɪŋ] ADJ (*story, adventure*) espeluznante.

hair-splitting ['hɛə,splɪtɪŋ] **1** ADJ nimio/a; (*discussion*) sobre detalles nimios. **2** N sofismas *mpl*, sofistería *f*.

hairspray ['heəspreɪ] N laca *f* (para el pelo).

hairstyle ['heəstaɪl] N peinado *m*.

hairy ['heərɪ] ADJ (*comp* **-ier**; *superl* **-iest**) **a** (*gen*) peludo/a; (*long-haired*) melenudo/a, greñudo/a. **b** (*fam: frightening*) espeluznante.

Haiti ['heɪtɪ] N Haití *m*.

Haitian ['heɪʃən] ADJ, N haitiano/a *m/f*.

hake [heɪk] N merluza *f*.

hale [heɪl] ADJ: **~ and hearty** robusto/a.

half [hɑːf] N (*pl* **halves**) **1** N **a** (*gen*) mitad *f*; **~ a day** medio día; **~ an orange** media naranja; **~ a dozen** media docena; **3 and a ~ hours** tres horas y media; **~ an hour / a cup** media hora/taza; **~ of my friends** la mitad de mis amigos; **to cut sth in ~** *or* **into halves** cortar algo por la mitad; **we have a problem and a ~** tenemos un problema mayúsculo, vaya problemazo que tenemos; **one's better ~**, **one's other ~** (*fam, hum*) su media naranja; **by ~** con mucho; **he doesn't do things by halves** no hace las cosas a medias; **to go halves (with sb on sth)** ir a medias (con algn en algo); **he's too clever by ~** (*fam*) se pasa de listo.
b (*Sport: of match*) tiempo *m*; (*player*) medio *m*; **the first ~** el primer tiempo.
c (*of beer*) media pinta *f*.
d (*child's ticket*) billete *m* de niño.
2 ADJ (*bottle, quantity etc*) medio/a; **~ fare** medio pasaje *m*; **~ man ~ beast** mitad hombre mitad animal; **~ measures** medidas *fpl* ineficaces; **~ note** (*US Mus*) blanca *f*; **~ term** (*Brit Scol*) vacaciones *fpl* de mediados del trimestre; **~ truth** verdad *f* a medias.
3 ADV **a** medio, a medias; **~ asleep** medio dormido, dormido a medias; **~ as much** la mitad; **~ as big** la mitad de grande; **~ as big/much again** y otra mitad más; **I was ~ afraid that ...** medio temía que ...; **not ~!** (*fam*) ¡ya lo creo!, ¡cómo no! (*LAm*); **it isn't ~ hot** (*fam*) hace un calor de miedo.
b (*time*) **~ past 3/12** las 3/12 y media.

halfback ['hɑːfbæk] N (*Ftbl*) medio *m*.

half-baked ['hɑːf'beɪkt] ADJ (*fig*) irreflexivo/a, hecho/a a la ligera.

half-breed ['hɑːfbriːd] N mestizo/a *m/f*.

half-brother ['hɑːf,brʌðəʳ] N medio hermano *m*.

half-caste ['hɑːfkɑːst] N mestizo/a *m/f*, cholo/a (*And*).

half-closed ['hɑːf'kləʊzd] ADJ entreabierto/a.

half-cock ['hɑːf'kɒk] N: **to go off at ~** (*fig*) obrar precipitadamente, obrar antes del momento propicio; (*of plan*) ponerse en efecto sin la debida preparación, fracasar por falta de preparación, fallar por prematuro.

half-day [,hɑːf'deɪ] **1** N medio día *m*, media jornada *f*. **2** CPD: **~ holiday** fiesta *f* de media jornada; **~ closing is on Mondays** los lunes se cierra por la tarde.

half-empty ['hɑːf'emptɪ] ADJ medio vacío/a; (*hall etc*) semidesierto/a.

half-hearted ['hɑːf'hɑːtɪd] ADJ (*effort*) sin entusiasmo; (*smile*) de conejo, de dientes afuera (*LAm*).

half-heartedly ['hɑːf'hɑːtɪdlɪ] ADV con poco entusiasmo.

half-hour ['hɑːf'aʊəʳ] N media hora *f*.

half-hourly [,hɑːf'aʊəlɪ] **1** ADV cada media hora. **2** ADJ: **at ~ intervals** cada media hora.

half-life ['hɑːflaɪf] N (*pl* **-lives**) (*Phys*) media vida *f*.

half-mast ['hɑːf'mɑːst] N: **at ~** a media asta.

halfpenny ['heɪpnɪ] N (*Hist*) medio penique *m*.

half-price ['hɑːf'praɪs] ADV, ADJ a mitad de precio.

half-sister ['hɑːf,sɪstəʳ] N hermanastra *f*.

half-time ['hɑːf'taɪm] **1** N (*Sport*) descanso *m*. **2** ADV: **to work ~** trabajar media jornada.

half-volley ['hɑːf'vɒlɪ] N media volea *f*.

halfway ['hɑːf'weɪ] **1** ADV a medio camino; **~ up/down the hill** a medio subir/bajar la cuesta; **~ there** a mitad de *or* a medio camino; **to meet sb ~** (*fig*) llegar a un acuerdo, hacer concesiones mutuas; **~ through sth** a (la) mitad de algo.

2 ADJ (*mark etc*) a *or* de medio camino; (*fig: incomplete*) a medias.

halfwit ['hɑːfwɪt] N bobo/a *m/f*.

half-witted ['hɑːf'wɪtɪd] ADJ imbécil, tonto/a, bobo/a.

half-year [,hɑːf'jɪəʳ] N medio año *m*, semestre *m*.

half-yearly ['hɑːf'jɪəlɪ] **1** ADV semestralmente. **2** ADJ semestral.

halibut ['hælɪbət] N halibut *m*.

halitosis [,hælɪ'təʊsɪs] N halitosis *f*.

hall [hɔːl] **1** N **a** (*entrance ~*) entrada *f*; (*US: passage*) pasillo *m*; (*foyer*) vestíbulo *m*.
b (*large room, building: for concerts etc*) sala *f*; **dance/concert ~** salón *m* de baile/sala de conciertos; **church ~** presbiterio *f*.
c (*mansion*) casa *f* solariega; (*Brit Univ: also ~ of residence*) residencia *f*.
2 CPD: **~ stand** N perchero *m*.

hallelujah [,hælɪ'luːjə] N, INTERJ aleluya *m or f*.

hallmark ['hɔːlmɑːk] N contraste *m*; (*fig*) sello *m*.

hallo [hʌ'ləʊ] INTERJ = **hullo**.

hallowed ['hæləʊd] ADJ (*ground etc*) sagrado/a, asantificado/a.

Hallowe'en ['hæləʊ'iːn] N víspera *f* de Todos los Santos.

HALLOWE'EN

i   *La festividad de **Hallowe'en** se celebra la noche del 31 de octubre, tanto en el Reino Unido como en EE.UU. Aunque antes la fiesta se asociaba con la creencia de que las almas de los difuntos regresaban a sus hogares en esa fecha, actualmente **Hallowe'en** no es más que una celebración festiva. Los niños se disfrazan de fantasmas y brujas y hacen farolillos con calabazas vacías en cuyo interior colocan una vela. Así vestidos, van de casa en casa por todo el barrio pidiendo caramelos y dinero, una costumbre que se conoce sobre todo en Estados Unidos como **trick or treat** porque los niños amenazan con gastarle una broma al dueño de la casa si no reciben los caramelos. También suelen celebrarse en **Hallowe'en** fiestas de disfraces para niños y para adultos.*

---

hallucinate [hə'luːsɪneɪt] VI alucinar, tener alucinaciones.

hallucination [hə,luːsɪ'neɪʃən] N alucinación *f*, ilusión *f*.

hallway ['hɔːlweɪ] N vestíbulo *m*, entrada *f*.

halo ['heɪləʊ] N nimbo *m*, aureola *f*.

halogen ['heɪləʊdʒɪn] ADJ halógeno/a; **~ lamp** lámpara *f* halógena.

halt [hɔːlt] **1** N alto *m*, parada *f*; (*train stop*) apeadero *m*; **to come to a ~** (*vehicle*) pararse; (*negotiations*) interrumpirse; **to call a ~ (to sth)** (*fig*) poner fin (a algo).
2 VT (*vehicle, production etc*) parar, detener.
3 VI (*gen*) pararse, detenerse; (*train etc*) hacer alto; (*process*) interrumpirse; **~!** (*Mil*) ¡alto!
4 CPD: **~ sign** N alto *m*.

halter ['hɔːltəʳ] N (*for horse*) cabestro *m*.

halterneck ['hɔːltənek] ADJ de espalda escotada.

halting ['hɔːltɪŋ] ADJ (*hesitant: speech, movement*) titubeante, vacilante.

halve [hɑːv] VT (*divide*) partir por la mitad *or* en dos partes; (*reduce by half*) dejar en la mitad.

halves [hɑːvz] NPL of **half**.

ham [hæm] **1** N **a** (*Culin*) jamón *m*.
b (*radio ~*) radioaficionado/a *m/f*.
2 ADJ (*Theat: also ~ actor*) comicastro *m*, racionista *mf*.

♦ **ham up** VT + ADV: **to ~ it up** (*fam*) actuar de manera exagerada.

Hamburg ['hæmbɜːg] N Hamburgo *m*.

hamburger ['hæm,bɜːgəʳ] N hamburguesa *f*.

ham-fisted ['hæm'fɪstɪd], **ham-handed** ['hæm'hændɪd] ADJ torpe, desmañado/a.

hamlet ['hæmlɪt] N aldea *f*.

hammer ['hæməʳ] **1** N (*tool*) martillo *m*; **the ~ and sickle** el martillo y la hoz; **to come under the ~** ser subastado; **to go at it ~ and tongs** (*fam: work*) trabajar a lomo caliente; (: *argue*) luchar a brazo partido.
2 VT (*nail*) clavar; (*fig fam: defeat, thrash*) machacar; **to ~ sth into shape** (*metal*) forjar algo a martillazos; (*fig: team etc*) forjar algo a golpes; **to ~ a point home** remachar un

punto.

3 VI: **to ~ on** or **at a door** golpear una puerta; **to ~ away at** (subject) insistir con ahinco en, machacar en; (work) trabajar asiduamente en.

♦ **hammer down** VT + ADV (lid etc) asegurar con clavos; (nail) meter a martillazos.

♦ **hammer out** VT + ADV (nail) sacar; (dent) alisar a martillazos; (fig: solution, agreement) elaborar con trabajos.

hammering ['hæmərɪŋ] N **a** martilleo m. **b** (fam) paliza f; **to give sb a ~** dar una paliza a algn; **to get** or **take a ~** recibir una paliza.

hammock ['hæmək] N hamaca f.

hamper[1] ['hæmpəʳ] N cesto m, canasta f.

hamper[2] ['hæmpəʳ] VT (hinder) poner trabas a, obstaculizar.

hamster ['hæmstəʳ] N hámster m.

hamstring ['hæmstrɪŋ] (vb: pt, pp **hamstrung**) **1** N tendón m de la corva. **2** CPD: **~ injury** lesión f del tendón de la corva. **3** VT (fig) paralizar.

hand [hænd] **1** N **a** (of person) mano f; (of instrument, clock) aguja f, manecilla f; **he never does a ~'s turn** no da golpe; **to have sth in one's ~** (knife etc) tener algo en la mano; **to take sb by the ~** tomar a algn de la mano; **to put sth into a lawyer's ~s** poner un asunto en manos de un abogado; (on (one's) ~s and knees a gatas; ~s up! (to criminal) ¡arriba las manos!; (to pupils) ¡que levanten la mano!; ~s off (fam) ¡fuera las manos!; **to be clever** or **good with one's ~s** ser hábil con las manos, ser un manitas; **made/delivered by ~** hecho a mano/ entregado en mano; **to raise an animal by ~** criar un animal uno mismo; **to live from ~ to mouth** vivir al día; **they gave him a big ~** le aplaudieron calurosamente; see **hold 2(a); shake 2(a)**.

b (agency, influence) mano f, influencia f; **to have a ~ in** tomar parte en, intervenir en.

c (worker: in factory) obrero/a m/f; (: farm ~) peón m; (: deck ~) marinero m de cubierta; **all ~s on deck!** (Naut) ¡todos a cubierta!; **to be an old ~ (at sth)** ser perro viejo (en algo).

d (~writing) escritura f, letra f; **in one's own ~** de su (propio) puño y letra.

e (Cards: round) partida f; (: cards held) mano f; **a ~ of bridge/poker** una mano de bridge/póker.

f (measurement: of horse) palmo m.

g (phrases with verb) **to be ~ in glove with sb** ser uña y carne con algn; **to change ~s** cambiar de dueño; **to force sb's ~** forzarle la mano a algn; **to get one's ~ in** adquirir práctica, irse acostumbrando; **to give** or **lend sb a ~** echar una mano a algn; **to keep one's ~ in** mantenerse en forma; **to turn one's ~ to sth** dedicarse a algo; **he can turn his ~ to anything** vale tanto para un barrido como para un fregado; **to ask for sb's ~ (in marriage)** pedir la mano de una; **to wait on sb ~ and foot** mimar or consentir a algn; **to have one's ~s full (with sb/sth)** tener demasiado (con algn/algo); **to win ~s down** ganar en forma aplastante; **to be making/ losing money ~ over fist** ganar dinero a espuertas/ hacerle agua el dinero; **to have a free ~** tener carta blanca; **to give sb a free ~** dar carta blanca a algn; **to have the upper ~** tener or llevar la ventaja.

h (phrases with prep before n) **at ~** al alcance de la mano; **to be near** or **close at ~** estar al alcance de la mano; **at first ~** de primera mano; **~ in ~** cogidos or tomados de la mano; **to be in sb's ~s** estar en manos de algn; **it's in his ~s now** él está a cargo ahora; **to have £50 in ~** tener £50 en el haber; **to have the matter in ~** tener el asunto entre manos; **he has them well in ~** los domina perfectamente; **to take sth in ~** tomar algo a cuestas; **to take sb in ~** hacerse cargo de algn; **to play into sb's ~s** hacerle el juego a algn; **to fall into the ~s of the enemy** caer en manos del enemigo; **on ~** al alcance; **on the right/left ~** a la or mano derecha/izquierda; **to get sth off one's ~s** deshacerse de algo; **on the one ~ ... on the other ~** por una parte ... por otra parte; **on the other ~** en cambio; **on every ~, on all ~s** por todas partes; **to have sth left on one's ~s** quedarse con algo en las

manos; **to take sth off sb's ~s** desembarazar a algn de algo; **to condemn sb out of ~** condenar a algn sin ambages; **to get out of ~** desmandarse.

2 VT (pass) **to ~ sb sth** or **sth to sb** pasar or entregar algo a algn; **you've got to ~ it to him** (fam) hay que reconocérselo.

3 CPD (cream etc) para las manos; **~ grenade** N bomba f de mano; **~ luggage** N equipaje m de mano.

♦ **hand around** VT + ADV = **hand round**.

♦ **hand back** VT + ADV devolver, regresar (LAm).

♦ **hand down** VT + ADV (suitcase etc) bajar; (heirloom) pasar, dejar en herencia; (tradition) transmitir.

♦ **hand in** VT + ADV (form etc) entregar; (resignation) presentar.

♦ **hand on** VT + ADV (tradition) transmitir; (news) comunicar; (object) pasar.

♦ **hand out** VT + ADV (leaflets, advice) repartir.

♦ **hand over** **1** VT + ADV (pass over) entregar; (property, business) pasar, ceder.

2 VI + ADV (to successor) ceder; **I'm now ~ing over to the studio** (Rad, TV) ahora vuelta al estudio.

♦ **hand round** VT + ADV (information, bottle) pasar (de mano en mano); (distribute: chocolates etc) ofrecer.

handbag ['hændbæg] N bolso m or bolsa f (de mano), cartera f (LAm).

handball ['hænd,bɔːl] N balonmano m.

handbasin ['hænd,beɪsn] N lavabo m.

handbill ['hændbɪl] N octavilla f.

handbook ['hændbʊk] N (manual) manual m; (for tourists) guía f.

handbrake ['hændbreɪk] N freno m de mano, emergencia f (LAm).

h.&c. ABBR of **hot and cold water** con agua caliente y fría.

handclap ['hændklæp] N palmada f.

handcraft ['hændkrɑːft] VT (US) hacer a mano; **~ed products** productos mpl hechos a mano, productos mpl artesanales.

handcuff ['hændkʌf] VT poner las esposas a, esposar.

handcuffs ['hændkʌfs] NPL esposas fpl.

handful ['hændfʊl] N (quantity, small number) puñado m; **a ~ of people** un puñado de gente; **that child's a real ~** (fam) ese niño está dando mucha lata.

handgun ['hændgʌn] N (esp US) revólver m, pistola f.

hand-held ['hændheld] ADJ de mano; (portable) portátil.

handicap ['hændɪkæp] **1** N desventaja f; (Sport) hándicap m; (horse race) obstáculo m; (Med) minusvalía f; **the ~ped** los minusválidos mpl.

2 VT (prejudice) perjudicar; **to be mentally/physically ~ped** ser minusválido mentalmente/físicamente.

handicraft ['hændɪkrɑːft] N (art, product) artesanía f.

handiwork ['hændɪwɜːk] N (craft) trabajo m; **this looks like his ~** (pej) es obra de él, parece.

handkerchief ['hæŋkətʃɪf] N pañuelo m.

handle ['hændl] **1** N (of knife, brush etc) mango m; (of basket, jug, drawer) asa f; (of door) picaporte m, manilla f (LAm); (of pump) palanca f; **to fly off the ~** (fig) salirse de sus casillas, perder los estribos.

2 VT **a** (touch) tocar; (hold) manejar; (Ftbl: ball) tocar con la mano; **'~ with care'** (manéjese con cuidado'; **the police ~d him roughly** la policía le maltrató.

b (deal with: situation, resources etc) manejar; (manipulate) manipular; (cope with: people) poder con; (Comm: goods) tratar or comerciar con; (car) conducir, manejar (LAm); (ship) gobernar; (be able to use: gun, machine) manejar; **I'll ~ this** yo me encargo (de esto); **we ~ 2000 travellers a day** por aquí pasan 2000 viajeros cada día.

3 VI (ship, plane) gobernarse; (car) conducirse, manejarse.

handlebars ['hændlbɑːz] NPL (on bicycle) manillar msg, guía fsg.

handler ['hændləʳ] N (Comm) tratante m, comerciante m; (of dog) entrenador(a) m/f; see **baggage**.

handling ['hændlɪŋ] **1** N manejo m; (cargo) porte m; (of car) conducción f. **2** CPD: **~ charges** NPL gastos mpl de tramitación.

handmade ['hændmeɪd] ADJ hecho/a a mano.

hand-me-downs [ˈhændmɪdaʊnz] N ropa *fsg* de desecho.

handout [ˈhændaʊt] N (*leaflet*) octavilla *f*, panfleto *m*, (hoja *f*) circular *f*; (*pamphlet*) folleto *m*; (*press ~*) nota *f* de prensa; (*at lecture*) hoja *f*; (*fam: money*) limosna *f*.

hand-picked [ˈhændˈpɪkt] ADJ seleccionado/a.

handrail [ˈhændreɪl] N (*on staircase etc*) pasamanos *m inv*, barandilla *f*.

handset [ˈhændset] N (*Telec*) aparato *m*, auricular *m*.

handshake [ˈhændʃeɪk] N apretón *m* de manos; (*Comput*) coloquio *m*; (*as data signal*) 'acuse de recibo'.

hands-off [hændzˈɒf] ADJ (*policy etc*) de no intervención.

handsome [ˈhænsəm] ADJ (*comp ~r*; *superl ~st*) **a** (*attractive*) guapo/a, bien parecido/a; (*building*) bello/a, elegante; **she's a ~ woman** es una bella *or* hermosa mujer. **b** (*generous: gesture, salary, treatment etc*) generoso/a; (*considerable: fortune, profit*) considerable.

hands-on [ˌhændzˈɒn] ADJ: **~ experience** (*Comput etc*) experiencia *f* práctica.

handstand [ˈhændstænd] N: **to do a ~** hacer el pino.

hand-to-mouth [ˈhændtəˈmaʊθ] ADJ (*existence*) precario/a.

handwriting [ˈhændˌraɪtɪŋ] N escritura *f*, letra *f*.

handwritten [ˈhændˈrɪtn] ADJ escrito/a a mano.

handy [ˈhændɪ] ADJ (*comp* **-ier**; *superl* **-iest**) **a** (*close at hand*) al alcance de la mano, cercano/a; **to keep sth ~** tener algo a mano. **b** (*convenient*) conveniente; (*useful: machine etc*) práctico/a; **our house is ~ for the shops** nuestra casa está cerca de las tiendas; **to come in ~** venir bien. **c** (*skilful*) hábil, diestro/a.

handyman [ˈhændɪmən] N (*pl* **-men**) bricolador *m*, manitas *mf*.

hang [hæŋ] (*pt, pp* **hung**) **1** VT **a** (*curtains, picture*) colgar; (*wallpaper*) pegar; (*coat etc*) colgar (*on* en); **the walls were hung with tapestries** en las paredes colgaban tapicerías; **the Christmas tree was hung with lights** el árbol de Navidad estaba adornado de farolillos. **b** (*pt, pp* **~ed**) (*criminal*) ahorcar; **~ (it)!** (*fam*) ¡demonios!, ¡puñetas!, ¡carajo! (*LAm fam!*). **c** **to ~ one's head** bajar *or* inclinar la cabeza. **2** VI (*rope, garment etc*) caer (*from* de); (*criminal*) colgar; **the hawk hung motionless in the sky** el halcón se mantenía inmóvil en el cielo; **black smoke hung over the town** humos negros se cernían sobre el pueblo. **3** N (*of garment*) caída *f*; **to get the ~ of sth** (*fam*) lograr dominar algo.

◆**hang about, hang around** **1** VI + ADV (*loiter*) holgazanear, haraganear; (: *wait*) quedar en espera; **to keep sb ~ing about** hacer esperar a algn. **2** VI + PREP (*the streets etc*) rondar, ir rondando.

◆**hang back** VI + ADV (*hesitate*) vacilar; (*stay behind*) quedarse atrás.

◆**hang down** **1** VI + PREP: **her hair ~s down her back** el pelo le cae por la espalda. **2** VI + ADV colgar, pender.

◆**hang on** **1** VI + PREP **a** (*depend on: decision etc*) depender de. **b** (*listen eagerly*) quedar pendiente; **she hung on his every word** estuvo pendiente de cada palabra suya. **2** VI + ADV **a** (*keep hold*) agarrarse (*to* a, de), aferrarse (*to* a); (*keep*) **to ~ on to** guardar, quedarse con. **b** (*fam: wait*) esperar; **~ on a minute!** ¡espera un momento!

◆**hang out** **1** VT + ADV (*washing*) tender, colgar; (*flags*) izar, enarbolar. **2** VI + ADV **a** (*tongue etc*) colgar fuera (*of* de). **b** (*fam: live*) vivir; (: *often be found*) frecuentar. **c** **to ~ out for more money** (*fam*) insistir en pedir más dinero. **d** **to let it all ~ out** (*US fam*) soltarse, relajarse (*esp LAm*).

◆**hang round** = **hang about**.

◆**hang together** VI + ADV (*fam: people*) mantenerse unidos; (*cohere: argument etc*) sostenerse.

◆**hang up** **1** VT + ADV (*coat, picture*) colgar. **2** VI + ADV (*Telec*) colgar; **to ~ up on sb** colgarle a algn.

hangar [ˈhæŋəʳ] N hangar *m*.

hangdog [ˈhændɒg] ADJ (*guilty: look, expression*) avergonzado/a, apenado/a (*LAm*).

hanger [ˈhæŋəʳ] N (*for clothes*) percha *f*, gancho *m*.

hanger-on [ˈhæŋərˈɒn] N (*pl* **hangers-on**) (*fam*) parásito/a *m/f*, pegote *mf*.

hang-glider [ˈhæŋˌglaɪdəʳ] N ala *f* delta, cometa *f* delta.

hang-gliding [ˈhæŋˌglaɪdɪŋ] N vuelo *m* libre.

hanging [ˈhæŋɪŋ] **1** **a** (*Jur*) ejecución *f* (en la horca). **b** (*curtains etc*) **~s** colgaduras *fpl*. **2** ADJ (*pending*) pendiente; **~ basket** *macetero colgante*.

hangman [ˈhæŋmən] N (*pl* **-men**) verdugo *m*.

hang-out [ˈhæŋaʊt] N (*fam*) guarida *f*; (*of thieves etc*) lugar *m*, bar *m* habitual.

hangover [ˈhæŋˌəʊvəʳ] **a** (*after drinking*) resaca *f*, cruda *f* (*LAm*). **b** (*sth left over*) resto *m* (del pasado).

hang-up [ˈhæŋʌp] N (*fam: problem*) problema *m*, lío *m* (*fam*); (*complex*) complejo *m*; (*fear*) miedo *m* (*about* a).

hank [hæŋk] N (*of wool*) madeja *f*; (*of hair*) mechón *m*.

hanker [ˈhæŋkəʳ] VI: **to ~ after** *or* **for sth** añorar *or* anhelar algo.

hankering [ˈhæŋkərɪŋ] N añoranza *f* (*for* de), anhelo *m* (*for* por).

hankie, hanky [ˈhæŋkɪ] N (*fam*) pañuelo *m*.

hanky-panky [ˈhæŋkɪˈpæŋkɪ] N: **there's some ~ going on here** aquí hay trampa.

Hants [hænts] ABBR (*Brit*) *of* **Hampshire**.

haphazard [ˈhæpˈhæzəd] ADJ (*chance*) fortuito/a, al azar; (*careless*) descuidado/a.

hapless [ˈhæplɪs] ADJ desventurado/a.

happen [ˈhæpən] VI **a** (*occur*) pasar, suceder, ocurrir, acontecer; **what's ~ing?** ¿qué pasa?; **how did it ~?** ¿cómo fue?, ¿cómo ocurrió esto?; **accidents will ~** son cosas que pasan; **don't let it ~ again** que no vuelva a ocurrir; **as if nothing had ~ed** como si nada; **what has ~ed to him?** (*befall*) ¿qué le ha pasado?; (*become of*) ¿qué fue de él?; **if anything should ~ to him ...** si le pasara algo .... **b** (*chance*) resultar; **it ~ed that I was out that day** resulta que aquel día estuve fuera; **if anyone should ~ to see John** si acaso alguien viera a Juan; **I ~ to know that ...** da la casualidad de que sé que ...; **as it ~s** da la casualidad (que); **he just ~s to be here now** precisamente está aquí ahora; **it so ~ed that ...** resultó *or* dio la casualidad que ....

◆**happen upon, happen on** VI + PREP tropezar *or* dar con.

happening [ˈhæpnɪŋ] N (*event*) suceso *m*, acontecimiento *m*.

happenstance [ˈhæpənstæns] N (*US*) azar *m*, casualidad *f*; **by ~** por casualidad.

happily [ˈhæpɪlɪ] ADV (*contentedly, cheerfully*) alegremente; (*fortunately*) afortunadamente, felizmente; **they lived ~ ever after** vivieron felices.

happiness [ˈhæpɪnɪs] N (*contentment*) felicidad *f*; (*merriment*) alegría *f*.

▼**happy** [ˈhæpɪ] ADJ (*comp* **-ier**; *superl* **-iest**) **a** (*pleased, content*) feliz, contento/a; (*cheerful*) alegre; (*at ease, unworried*) tranquilo/a; **we are not entirely ~ about the plan** no estamos del todo satisfechos con el proyecto; **we're very ~ for you** nos alegramos mucho por ti; **yes, I'd be ~ to** sí, con mucho gusto; **I am ~ to tell you that ...** tengo mucho gusto en comunicarle que ...; **a ~ event** un acontecimiento feliz; **to be as ~ as a lark** estar como unas pascuas; **~ hour** *horas en las que la bebida es más barata*, happy hour *f*; **~ birthday!** ¡felicidades!, ¡feliz cumpleaños!; **~ Christmas!** ¡Feliz Navidad!, ¡Felices Navidades!; **~ New Year** ¡Feliz Año Nuevo! **b** (*well-chosen: phrase, idea*) oportuno/a, feliz; (*lucky: position, chance*) afortunado/a, feliz; **a ~ medium** un término medio.

happy-go-lucky [ˈhæpɪgəʊˈlʌkɪ] ADJ despreocupado/a.

harangue [həˈræŋ] **1** N arenga *f*. **2** VT arengar.

harass [ˈhærəs] VT acosar, hostigar.

harassed [ˈhærəst] ADJ (*exhausted*) agobiado/a; (*under pressure*) presionado/a; **to look ~** parecer agobiado/a.

harassment [ˈhærəsmənt] N acoso *m*; **sexual ~** acoso

▶ SENTENCE BUILDER: **happy** → 6

sexual.

harbinger ['hɑːbɪndʒəʳ] N (*person*) heraldo *m*, nuncio *m*; (*sign*) precursor *m*; **~ of doom** presagio *m* del desastre.

harbour, (*US*) **harbor** ['hɑːbəʳ] [1] N (*gen*) puerto *m*.
[2] VT (*retain: fear etc*) abrigar; (: *grudge*) guardar; (*shelter: criminal, spy*) dar abrigo *or* refugio a.
[3] CPD: **~ dues** NPL derechos *mpl* portuarios; **~ master** N capitán *m* de puerto.

▼**hard** [hɑːd] [1] ADJ (*comp* **~er**; *superl* **~est**) [a] (*substance*) duro/a; (*ground, snow*) endurecido/a; (*muscle*) firme; (*consonant*) oclusivo/a; **~ cash** (*fam*) (dinero *m*) contante *m* y sonante; **~ copy** copia *f* impresa; **the ~ core** (*fig: intransigents*) el núcleo duro, el núcleo de incondicionales; **~ court** (*Tennis*) cancha *f* (de tenis) de cemento; **~ currency** moneda *f* dura, divisa *f* fuerte; **~ disk** (*Comput*) disco *m* duro *or* rígido; **he's a ~ nut to crack** (*fig*) es un hueso duro de roer; **~ porn** (*fam*) pornografía *f* dura; **~ rock** rock *m* duro; **~ sell** venta *f* (con propaganda) agresiva; (*advertising campaign*) publicidad *f* agresiva; **~ shoulder** (*Brit Aut*) arcén *m*.
[b] (*harsh, severe*) duro/a; (: *weather, climate, winter*) severo/a; (: *frost*) fuerte; (: *person*) duro/a, severo/a; (: *words, tone*) severo/a, áspero/a; (*drink, liquor*) alcohólico/a; (*drugs*) duro/a; (*fact*) innegable; **to take a long ~ look at sth** examinar algo detenidamente; **a ~ blow** (*fig*) un duro golpe; **~ luck!**, **~ lines!** (*Brit fam*) ¡mala suerte!, ¡mala pata!; **a ~ luck story** un dramón; **he's as ~ as nails** (*physically*) es duro como la roca; (*in temperament*) a ése no le mueve nadie; **to take a ~ line over sth** poner se muy intransigente en algo; **the ~ left** (*Pol*) la izquierda dura; **to be ~ to deal with** ser de trato difícil; **to be ~ on sb** ser muy duro con algn *or* (*LAm*) darle duro a algn.
[c] (*strenuous, tough: fight, match*) muy reñido/a; (: *work*) arduo/a, duro/a; **to be a ~ worker** ser muy trabajador; **10 years ~ labour** 10 años de trabajos forzados.
[d] (*difficult: problem, decision, choice*) difícil; **I find it ~ to believe that ...** me cuesta trabajo creer que ...; **to be ~ to please** ser exigente *or* quisquilloso; **~ of hearing** duro de oído.
[2] ADV (*comp* **~er**; *superl* **~est**) (*hit*) fuerte, duro; (*work*) mucho; (*push*) con brusquedad; (*think*) profundamente; **to freeze ~** quedar congelado; **it's snowing/raining ~** está nevando/lloviendo fuerte; **he was breathing ~** respiraba con dificultad; **to look ~** mirar fijamente; **to hit sb ~** (*fig*) ser un golpe cruel para algn; **to be ~ at it** (*fam*) trabajar *etc* con ahinco; **to be ~ put to it (to)** tener problemas (para); **to try one's ~est to do sth** esforzarse al máximo por hacer algo; **he took it pretty ~** fue un golpe duro para él, le golpeó mucho (*LAm*); **to be ~ up** (*fam*) no tener un duro; **to be ~ up for sth** estar falto de algo.

hard-and-fast ['hɑːdən'fɑːst] ADJ (*rule*) rígido/a; (*decision*) definitivo/a, irrevocable.

hardback ['hɑːdbæk] [1] N (*book*) libro *m* encuadernado *or* de tapas duras. [2] ADJ (*edition*) de tapas duras.

hardboard ['hɑːdbɔːd] N chapa *f* de madera.

hard-boiled ['hɑːd'bɔɪld] ADJ (*egg*) duro/a; (*fig: tough, cynical*) de carácter duro, amargado/a.

hard-core ['hɑːdkɔːʳ] ADJ [a] (*pornography*) duro/a. [b] (*supporters*) intransigente.

hard-drinking ['hɑːd'drɪŋkɪŋ] ADJ bebedor(a).

harden ['hɑːdn] [1] VT (*gen*) endurecer; (*steel etc*) templar; (*fig*) fortalecer; **to ~ one's heart** ponerse intransigente. [2] VI (*substance*) endurecerse.

hardened ['hɑːdnd] ADJ (*criminal*) empedernido/a; (*soldier etc*) aguerrido/a; **to be ~ to sth** estar acostumbrado a algo.

hard-headed ['hɑːd'hedɪd] ADJ (*shrewd*) realista, astuto/a; (*stubborn*) terco/a.

hard-hearted ['hɑːd'hɑːtɪd] ADJ duro/a de corazón; **to be ~** tener un corazón de piedra.

hard-hitting ['hɑːd,hɪtɪŋ] ADJ (*speech etc*) contundente.

hard-liner [,hɑːd'laɪnəʳ] N duro/a *m/f*; (*Pol*) político/a *m/f etc* de línea dura; **the ~s of the party** el ala dura del partido.

hardly ['hɑːdlɪ] ADV (*scarcely*) apenas; (*not reasonably*) difícilmente; **that can ~ be true** eso difícilmente puede ser verdad; **I ~ know him** apenas le conozco; **~ anyone** casi nadie; **~ ever** casi nunca; **~ likely** poco probable; **~!** ¡ni hablar!

hardness ['hɑːdnɪs] N (*see adj (a), (b), (d)*) dureza *f*; severidad *f*; dificultad *f*.

hard-nosed [,hɑːd'nəʊzd] ADJ (*fig*) duro/a.

hard-on ['hɑːdɒn] N (*fam!*) empalme *m* (*fam!*), erección *f*.

hard-pressed ['hɑːdprest] ADJ: **to be ~** estar en apuros; **our ~ economy** nuestra economía erizada de problemas.

hardship ['hɑːdʃɪp] N (*deprivation*) privación *f*; (*financial*) apuro *m*; (*condition of life*) miseria *f*.

hardware ['hɑːdwɛəʳ] [1] N (*for domestic use*) ferretería *f*; (*Mil*) materiales *mpl*; (*Comput*) hardware *m*. [2] CPD: **~ shop** *or* **store** N ferretería *f*, tlapalería *f* (*Mex*).

hard-wearing ['hɑːd'wɛərɪŋ] ADJ resistente, duradero/a.

hardwood ['hɑːdwʊd] N madera *f* noble.

hard-working ['hɑːd'wɜːkɪŋ] ADJ trabajador(a).

hardy ['hɑːdɪ] ADJ (*comp* **-ier**; *superl* **-iest**) fuerte, robusto/a; (*Bot*) resistente.

hare [hɛəʳ] [1] N liebre *f*. [2] VI (*fam*) correr, ir rápidamente; **to ~ away** *or* **off** irse a todo correr; **he went haring past** pasó como un rayo.

harebrained ['hɛəbreɪnd] ADJ (*gen*) disparatado/a, descabellado/a.

harelip ['hɛə'lɪp] N labio *m* leporino.

harem [hɑː'riːm] N harén *m*.

haricot ['hærɪkəʊ] N (*also ~ bean*) alubia *f*, judía *f* blanca.

hark [hɑːk] VI: **~!** (*poet*) ¡escucha!; **~ at him!** (*fam*) ¡qué cosas dice!

◆**hark back** VI + ADV (*return to*) volver (*to* a); (*recall*) recordar.

▼**harm** [hɑːm] [1] N daño *m*, perjuicio *m*; **out of ~'s way** a salvo, fuera de peligro; **there's no ~ in trying** nada se pierde con probar; **it does more ~ than good** es peor el remedio que la enfermedad; **he means no ~** no tiene malas intenciones.
[2] VT (*person*) hacer daño *or* mal a; (*health, reputation, interests*) perjudicar; (*crops etc*) dañar, estropear.

harmful ['hɑːmfʊl] ADJ (*gen*) dañino/a; (*tobacco etc*) nocivo/a; (*reputation*) perjudicial.

harmless ['hɑːmlɪs] ADJ (*person, animal*) inofensivo/a; (*drugs etc*) inocuo/a; (*innocent*) inocente.

harmonica [hɑː'mɒnɪkə] N armónica *f*, rondín *m* (*And*).

harmonious [hɑː'məʊnɪəs] ADJ armonioso/a.

harmonium [hɑː'məʊnɪəm] N armonio *m*.

harmonize ['hɑːmənaɪz] VT, VI armonizar.

harmony ['hɑːmənɪ] N (*gen*) armonía *f*; (*agreement*) ˙ acuerdo *m*; **to sing/live in ~ with sb** cantar/vivir en armonía con algn.

harness ['hɑːnɪs] [1] N (*for horse*) arreos *mpl*, guarniciones *fpl*; (*safety ~: for child*) andadores *mpl*; (: *for mountaineer etc*) arneses *mpl*; **to die in ~** (*fig*) morir con las botas puestas.
[2] VT (*horse*) enjaezar, poner los arreos a; (: *to carriage*) enganchar; (*resources etc*) aprovechar.

harp [hɑːp] N arpa *f*.

◆**harp on** VI + ADV (*fam*): **to ~ on (about)** estar siempre con la misma historia (de), machacar (sobre); **stop ~ing on!** ¡corta el rollo!

harpist ['hɑːpɪst] N arpista *mf*.

harpoon [hɑː'puːn] [1] N arpón *m*. [2] VT arponear.

harpsichord ['hɑːpsɪkɔːd] N clavecín *m*, clavicémbalo *m*.

harpy ['hɑːpɪ] N arpía *f*.

harrier ['hærɪəʳ] N [a] (*dog*) perro *m* de caza. [b] **~s** (*cross-country runners*) corredores *mpl* de cross. [c] (*Orn*) aguilucho *m*.

harrow ['hærəʊ] (*Agr*) [1] N grada *f*. [2] VT gradar.

harrowing ['hærəʊɪŋ] ADJ (*distressing*) angustioso/a; (*awful*) espeluznante, terrible; (*moving*) conmovedor(a).

harry ['hærɪ] VT (*Mil*) hostilizar; (*person*) hostigar *or* acosar a.

harsh [hɑːʃ] ADJ (*comp* **~er**; *superl* **~est**) (*severe*) severo/a, duro/a; (*cruel*) duro/a, cruel; (*material, words, voice*)

━━━━━━━━━━━━━━━━━━━━━━━━━━━━━━━━━━━━━━━

➤ SENTENCE BUILDER: **hard** → 1.3 **harm** → 7.4

áspero/a; (colour) chillón/ona; (contrast) violento/a.

harshness ['hɑːʃnɪs] N (see adj) severidad f, dureza f, rigor m; aspereza f.

harvest ['hɑːvɪst] **1** N (gen) cosecha f; (of grapes) vendimia f. **2** VT cosechar. **3** CPD: ~ **festival** N fiesta f de la cosecha; ~ **moon** N luna f llena.

harvester ['hɑːvɪstəʳ] N (person) segador(a) m/f; (machine) cosechadora f; (combine ~) segadoratrilladora f.

has [hæz] 3RD PERS SG PRESENT of **have**.

has-been ['hæzbiːn] N (fam) persona f acabada.

hash¹ [hæʃ] N **a** (Culin) picadillo m. **b** (fam) **to make a ~ of sth** embrollar or enredar algo.

hash² [hæʃ] N (fam: hashish) chocolate m (fam), mota f (LAm fam).

hashish ['hæʃɪʃ] N hachís m.

hasn't ['hæznt] = **has not**.

hassle ['hæsl] **1** N (fam: problem, difficulty) lío m, problema m; (: argument) follón m, bronca f. **2** VT molestar.

hassock ['hæsək] N (Rel) cojín m.

haste [heɪst] N prisa f, apuro m (LAm); **in ~** a la carrera, precipitadamente; **to make ~** darse prisa, apurarse (LAm); **more ~ less speed** (Prov) sin prisa peor sin pausa.

hasten ['heɪsn] **1** VT (gen) acelerar; (rush) acelerar el paso; **to ~ sb's departure** apresurar la ida de algn. **2** VI apresurarse; **I ~ to add that ...** me apresuro a añadir que ....

◆ **hasten away** VI + ADV marcharse precipitadamente (from de).

◆ **hasten back** VI + ADV volver con toda prisa, darse prisa para volver.

hastily ['heɪstɪlɪ] ADV (hurriedly) de prisa, precipitadamente; (rashly: speak) intempestivamente, precipitadamente; (: judge) a la ligera.

hasty ['heɪstɪ] ADJ (comp **-ier**; superl **-iest**) (hurried) apresurado/a, precipitado/a; (rash) intempestivo/a.

hat [hæt] **1** N sombrero m; **to pass the ~ round** (fig) pasar el platillo; **I take my ~ off to him** (fig) me descubro ante él; **to keep sth under one's ~** no decir una palabra sobre algo; **to talk through one's ~** (fam) decir disparates. **2** CPD: ~ **stand** N perchero m; ~ **trick** N tres triunfos mpl or goles mpl etc seguidos.

hatch¹ [hætʃ] N (Naut) escotilla f; (serving ~) ventanilla f.

hatch² [hætʃ] **1** VT (chick) empollar, incubar; (fig: scheme, plot) idear, tramar. **2** VI (chick) salir del huevo; **the egg ~ed** el pollo rompió el cascarón y salió.

hatchback ['hætʃbæk] N (car) un tres or cinco puertas.

hatchery ['hætʃərɪ] N criadero m, vivero m.

hatchet ['hætʃɪt] **1** N hacha f (pequeña); see **bury**. **2** CPD: ~ **job** N (fam) crítica f vitriólica; **to do a ~ job on sb** realizar un ataque devastador contra algn; ~ **man** N (US fam) ejecutor m de faenas desagradables por cuenta de otro; (assassin) sicario m, asesino m a sueldo.

hatchway ['hætʃweɪ] N see **hatch¹**.

▼ **hate** [heɪt] **1** N odio m; **pet ~** manía f. **2** VT (gen) odiar, aborrecer; **I ~ having to do it** no soporto hacerlo; **I ~ to trouble you, but ...** siento or (LAm) lamento mucho molestarle, pero ...; **he ~s to be** or **he ~s being corrected** no tolera or soporta que se le corrija. **3** CPD: ~ **campaign** N campaña f de desprestigio; ~ **mail** N cartas en que se expresa odio al destinatario.

hateful ['heɪtful] ADJ odioso/a.

hatpin ['hætpɪn] N alfiler m de sombrero.

hatred ['heɪtrɪd] N (gen) odio m (for de), aborrecimiento m (for de).

hatter ['hætəʳ] N sombrerero m; **as mad as a ~** loco de remate, como una cabra.

haughty ['hɔːtɪ] ADJ (comp **-ier**; superl **-iest**) altanero/a, altivo/a.

haul [hɔːl] **1** N **a** (distance) trayecto m, tramo m; **it's a long ~** hay mucho trecho. **b** (amount taken: of fish) redada f; (fig: from robbery etc) botín m. **2** VT **a** (drag: heavy object) arrastrar, jalar (LAm). **b** (transport) acarrear.

◆ **haul down** VT + ADV (flag, sail) arriar.

◆ **haul in** VT + ADV (net etc) ir recogiendo.

◆ **haul up** VT + ADV: **he was ~ed up in court** fue llevado ante el tribunal.

haulage ['hɔːlɪdʒ] **1** N (road transport) acarreo m, transporte m; (cost) gastos mpl de transporte. **2** CPD: ~ **contractor** N contratista mf de transportes.

haulier ['hɔːlɪəʳ], (US) **hauler** ['hɔːləʳ] N transportista mf.

haunch [hɔːntʃ] N (of animal) anca f; (of person) cadera f; (of meat) pierna f; **to sit on one's ~es** sentarse en cuclillas.

haunt [hɔːnt] **1** N (of animal) guarida f; (of person) lugar m predilecto. **2** VT (ghost: castle etc) aparecer en; (person: frequent) frecuentar, rondar por; (fig: idea, fear) obsesionar.

haunted ['hɔːntɪd] ADJ (look) de angustia; ~ **house** casa encantada or embrujada; **the castle is ~** en el castillo hay fantasmas.

haunting ['hɔːntɪŋ] ADJ (sight, music) evocador(a).

Havana [hə'vænə] N La Habana.

▼ **have** [hæv] (3rd pers sg present **has**; pt, pp **had**) **1** AUX VB **a** haber; **he has been kind/ill** ha sido amable/ha estado enfermo; **to ~ arrived/eaten** haber llegado/comido; **I ~** or **I've just asked him** acabo de preguntarle; **has(n't) he told you?** ¿(no) te lo ha dicho?; **had(n't) they told you?** ¿(no) te lo había dicho?; **having finished** or **when he had finished, he left** cuando terminó or hubo terminado, se fue; **never having seen it before, I ...** como no lo había visto antes, yo ....

b (in tag) **you've done it, ~n't you?** lo has hecho, ¿verdad?; **he hasn't done it, has he?** no lo ha hecho, ¿verdad?; **you've made a mistake - no I ~n't/so I ~!** has cometido un error - no es verdad or cierto/es verdad or cierto; **we ~n't paid - yes we ~!** no hemos pagado - ¡qué sí!; **I've been there before - ~ you indeed?** yo ya he estado allí - ¡no me digas!

2 MODAL AUX VB (be obliged) **to ~ (got) to do sth** tener que hacer algo; **I ~ (got) to finish this work** tengo que terminar este trabajo; **you ~n't to tell her** no debes decírselo; **do we ~ to leave early?** ¿tenemos que marcharnos temprano?; **I ~n't got to** or **I don't ~ to wear glasses** no necesito (usar) gafas; **I shall ~ to go and see her** tendré que ir a verla; **it will just ~ to wait till tomorrow** tendrá que esperar hasta mañana; **this has to be a mistake** esto tiene que ser un error.

3 VT **a** (possess) tener; **he has (got) blue eyes** tiene los ojos azules; **~ you (got)** or **do you ~ a pen?** ¿tienes pluma?; **I've (got) a friend staying next week** un amigo me viene a visitar la semana que viene; **all I ~ is yours** todo lo que tengo es tuyo; **I ~ (got) no Spanish** no sé español; **I ~ (got) an idea** tengo una idea.

b (meals etc) **to ~ breakfast/lunch/dinner** desayunar/comer or almorzar/cenar; **to ~ a shower/shave** ducharse/afeitarse; **to ~ a bath** tomar un baño; **what will you ~? - I'll ~ a coffee** ¿qué quiere tomar? or ¿qué va a tomar? - un café; **he had a cigarette** (se) fumó un cigarro; **will you ~ some more?** ¿le sirvo más?; **to ~ a drink** tomar; **to ~ sth to eat** comer algo; **I must ~ a drink** necesito beber algo.

c (receive) recibir; (obtain) conseguir; (take) llevar; **I had a letter from John** tuve carta de Juan; **let me ~ your address** dame tus señas; **you can ~ it for £10** te lo dejo en £10, lléveselo por £10; **there was no bread to be had** no quedaba pan en ningún sitio; **I ~ it on good authority that ...** me consta que ..., sé a ciencia cierta or de buena tinta que ...; **to ~ a baby** parir, dar a luz.

d (hold) tener; **he had him by the throat** lo agarró por la garganta; **I ~ him in my power** lo tengo en mi poder; **you ~ me there** me doy por vencido.

e (maintain, allow) **he will ~ it that he is right** insiste en que tiene razón; **rumour has it that ...** corre la voz de que ...; **she won't ~ it said that ...** no tolera or soporta que digan ...; **I won't ~ this nonsense** no tolero estas tonterías.

f (causative) **to ~ sth done** hacer hacer algo; **to ~ a suit made** mandar hacer un traje; **to ~ one's hair cut**

➤ SENTENCE BUILDER: **hate** → 1.3 **have** → 14.1, 14.2, 14.3, 14.4

cortarse el pelo; **to ~ one's luggage brought up** hacer
subir el equipaje; **to ~ sb do sth** mandar a algn hacer
algo, hacer que algn haga algo; **he had them all dancing**
les puso a bailar a todos; **I'd ~ you know that ...** quiero
que sepas que ...; **what would you ~ me do?** ¿qué
quieres que haga?

g (*experience, suffer*) **she had her bag stolen** le robaron
el bolso; **he had his arm broken** le rompieron el brazo;
to ~ an operation operarse; **she has (got) toothache/a
cold/(the) flu** tiene dolor de muelas/está constipada *or*
resfriada/está con gripe.

h (+ *n = vb identical with n*) **to ~ a swim** nadar, bañarse;
to ~ a walk pasear, ir de paseo; **let's ~ a look** vamos a
ver; **let's ~ a try** vamos a probar *or* intentarlo.

i (*phrases*) **to ~ a good time** pasarlo bien, divertirse; **to
~ a pleasant evening** pasar una tarde agradable; **to ~ a
party** dar una fiesta; **to ~ sth against sb/sth** tener algo
en contra de algn/algo; **thank you for having me** gracias
por su invitación; **to ~ to do with** tener que ver con; **let
him ~ it!** (*fam*) ¡a por él!; **you've had it!** (*fam*) ¡estás listo!
(*fam*), ¡te la has cargado!; **you've been had!** (*fam*) ¡te
han engañado!

♦ **have in** VT + ADV **a** (*doctor*) llamar; **to ~ visitors in** tener
invitados; **let's ~ the next one in** que pase el siguiente.
b **to ~ it in for sb** (*fam*) tenerla tomada con algn.

♦ **have off** VT + ADV (*Brit fam!*): **to ~ it off** echar un polvo
(*fam!*); **to ~ it off with sb** tirarse con algn (*fam!*).

♦ **have on** VT + ADV **a** (*garment*) llevar; **she had nothing
on** estaba desnuda. **b** (*be busy with*) **I've got so much
on this week** tengo tanto que hacer esta semana; **~ you
anything on tomorrow?** ¿tienes compromiso para
mañana? **c** (*fam*) **to ~ sb on** tomar el pelo a algn.

♦ **have out** VT + ADV **a** **to ~ a tooth out** sacarse una
muela; **to ~ one's tonsils out** operarse de las amígdalas.
b **to ~ it out with sb** ajustar cuentas con algn.

♦ **have up** VT: **to be had up** (*fam: be prosecuted*) ser citado
or llevado al juicio; **he was had up for assault** le
acusaron de asalto.

haven ['heɪvn] N refugio *m*.

have-nots ['hævnɒts] NPL *see* **haves**.

haven't ['hævnt] = **have not**.

haversack ['hævəsæk] N mochila *f*, macuto *m* (*LAm*).

haves [hævz] NPL (*fam*): **the ~ and the have-nots** los ricos
y los pobres.

havoc ['hævək] N estragos *mpl*, destrucción *f*; **to play ~
with** hacer estragos en; **to wreak ~** hacer estragos.

Hawaii [hə'waɪiː] N (Islas *fpl*) Hawai *f(pl)*.

Hawaiian [hə'waɪjən] ADJ, N hawaiano/a *m/f*.

hawk[1] [hɔːk] N (*also Pol*) halcón *m*; **he was watching me
like a ~** me vigilaba estrechamente, no me quitaba ojo.

hawk[2] [hɔːk] VT (*goods for sale*) pregonar.

hawk[3] [hɔːk] VI carraspear.

hawker ['hɔːkər] N (vendedor(a) *m/f*) ambulante *mf*.

hawk-eyed [,hɔːk'aɪd] ADJ con ojos de lince.

hawkish ['hɔːkɪʃ] ADJ (*Pol etc*) duro/a.

hawser ['hɔːzər] N guindaleza *f*.

hawthorn ['hɔːθɔːn] N espino *m*.

hay [heɪ] **1** N heno *m*; **to make ~ while the sun shines**
(*Prov*) hacer su agosto. **2** CPD: **~ fever** N alergia *f* al
polen.

haycock ['heɪkɒk] N montón *m* de heno.

hayfork ['heɪfɔːk] N bieldo *m*.

haymaker ['heɪmeɪkər] N heneador(a) *m/f*, labrador(a) *que
trabaja en la siega o la recolección del heno*.

haystack ['heɪstæk] N almiar *m*; **it's like looking for a
needle in a ~** es como buscar una aguja en un pajar.

haywire ['heɪwaɪər] ADJ (*fam*): **to go ~** (*person*) volverse
loco, enloquecer; (*machine*) averiarse, malograrse (*LAm*);
(*scheme etc*) embrollarse.

hazard ['hæzəd] **1** N (*danger, risk*) peligro *m*, riesgo *m*;
(: *of less serious things*) riesgo; (*obstacle, problem*) obstáculo
m.
2 VT (*one's life, an attempt*) arriesgar; (*guess, remark*)
aventurar.
3 CPD: **~ warning lights** NPL señales *fpl* de emergencia.

hazardous ['hæzədəs] ADJ arriesgado/a, peligroso/a; **~**

pay (*US*) prima *f* por trabajos peligrosos.

haze [heɪz] N (*mist*) calina *f*, neblina *f*; (*of smoke etc*) humo
m; **to be in a ~** (*fig*) andar despistado.

hazel ['heɪzl] **1** N (*tree*) avellano *m*. **2** ADJ (*eyes*) color de
avellana.

hazelnut ['heɪzlnʌt] N avellana *f*.

hazy ['heɪzɪ] ADJ (*comp* **-ier**; *superl* **-iest**) (*day, weather,
photograph*) nublado/a; (*fig: uncertain: memory, ideas*)
poco claro/a, confuso/a; **I'm a bit ~ about it** lo tengo
poco claro.

H-bomb ['eɪtʃbɒm] N bomba *f* H.

HCF N ABBR *of* **highest common factor** MCD *m*.

HE ABBR **a** *of* **high explosive**. **b** *of* **His** *or* **Her Excellency**
S.E. **c** *of* **His Eminence** S.Ema.

he [hiː] **1** PERS PRON él; **there ~ is** allí está (él); **~ who** *or*
that el que, quien. **2** N: **it's a ~** (*animal*) es macho; (*fam:
baby etc*) es hombre.

head [hed] **1** N **a** (*Anat*) cabeza *f*; **my ~ aches, I've got
a bad ~** me duele la cabeza; **~ of hair** cabellera *f*; **~ first,
~ foremost** de cabeza; **to go ~ over heels** caer patas
arriba; **to fall ~ over heels in love with** enamorarse
perdidamente de algn; **from ~ to foot** de pies a cabeza;
to bite sb's ~ off echar un rapapolvo a algn; **his ~'s in
the clouds** está en las nubes; **to keep one's ~ above
water** (*fig*) ir tirando; **he is a ~ taller than his brother** le
saca la cabeza a su hermano; **the horse won by a ~** el
caballo ganó por una cabeza; **on your own ~ be it!** ¡allá
tú!; **he stands ~ and shoulders above the rest** los
demás no le llegan a la suela del zapato; **to stand on
one's ~** hacer el pino; **I could do it standing on my ~**
(*fam*) lo hago yo con los ojos cerrados; **to stand an argument on its ~** demostrar la falsedad de un argumento;
to give orders over sb's ~ dar órdenes sin consultar a
algn; **they went over my ~ to the manager** fueron
directamente al gerente sin hacerme caso; **wine goes to
my ~** el vino se me sube a la cabeza; **success has gone
to his ~** el éxito le ha subido a la cabeza; **to give a horse
its ~/give sb his ~** darle rienda suelta a un caballo/a
algn; **to laugh one's ~ off** (*fam*) reírse a carcajadas; **to
talk one's ~ off** hablar por los codos.

b (*intellect, mind*) cabeza *f*, mente *f*; **two ~s are better
than one** (*Prov*) cuatro ojos ven más que dos; **it never
entered my ~** ni se me pasó por la cabeza siquiera; **to
have a ~ for business** ser bueno para los negocios; **to
have no ~ for heights** no resistir las alturas; **he has a
good ~ on his shoulders** tiene la cabeza en su sitio; **to
keep one's ~** mantener la calma; **to lose one's ~** perder la cabeza *or* los estribos; **let's put our ~s together**
cambiemos impresiones; **it was above** *or* **over their ~s**
estaba fuera de su alcance, no alcanzaron a entenderlo;
to do a sum in one's ~ hacer un cálculo mental; **to be
soft** *or* **weak in the ~** ser un poco tocado, andar mal de
la cabeza; **to get sth into one's ~** meterse algo en la
cabeza; **he has got it into his ~ that ...** cree firmemente
que ...; **get it into your ~ that ...** date cuenta de que ...;
to take it into one's ~ to do sth ocurrírsele a algn hacer
algo; **to be off one's ~** (*fam*) estar loco, estar fuera de sí.

c (*leader: of business*) jefe/a *m/f*; (: *of family*) cabeza *mf*;
(: *of school*) director(a) *m/f*; **~ of department** (*Scol*) jefe de
departamento; **~ of state** (*Pol*) jefe de estado.

d (*on coin*) cara *f*; **~s or tails** cara o cruz, águila o sol
(*Mex*); **I couldn't make ~ nor tail of it** no le encuentro
pies ni cabeza.

e (*no pl: unit*) **20 ~ of cattle** 20 cabezas de res; **£10 a** *or*
per ~ £10 por cabeza *or* por barba.

f (*of hammer, nail*) cabeza *f*; (*of tape-recorder*) cabezal *m*;
(*Comput*) cabeza grabadora, cabezal; (*of arrow*) punta *f*;
(*of lettuce, flower*) flor *f*, cabezuela *f*; (*of bed, page*)
cabecera *f*; (*of river*) fuente *f*, nacimiento *m*; (*of valley*)
final *m*; (*of stairs*) lo alto; (*on beer*) espuma *f*; **at the ~ of**
(*organization, queue etc*) a la cabeza de; (*train*) en la parte
delantera; (*class*) el primero; **to be at the ~ of the list**
encabezar la lista; **to sit at the ~ of the table** sentarse a
la cabecera; **to come to a ~** (*abscess etc*) supurar; (*fig:
situation etc*) llegar a un punto crítico.

2 VT **a** (*be at front of, lead*) encabezar; (*be in charge of:*

company) dirigir.

b (*Ftbl*) **to ~ a ball** cabecear (el balón), dar cabeza al balón.

c (*steer: plane etc*) dirigir.

d (*chapter etc*) titular.

3 VI dirigirse (a *or* hacia), ir rumbo (a); **where are you ~ing** *or* **~ed?** ¿hacia dónde vas?, ¿para dónde vas? (*LAm*).

4 CPD: **~ boy** N (*Brit Scol*) alumno *m* principal; **~ cook** N primer(a) cocinero/a *m/f*, jefe/a *m/f* de cocina; **~ girl** N alumna *f* principal; **~ office** N sede *f*; **~ start** N: **to have a ~ start** (*Sport, fig*) empezar con ventaja; **~ teacher** N director(a) *m/f*; **~ waiter** N maître *m*.

◆**head for** VI + PREP (*place*) dirigirse a *or* hacia; **to ~ for home** ir rumbo a casa; **he is ~ing for trouble** (*fig*) va por mal camino.

◆**head off** VT + ADV desviar; (*fig*) distraer, apartar.

headache ['hedeɪk] N (*pain*) dolor *m* de cabeza, jaqueca *f*; (*problem*) quebradero *m* de cabeza.

headband ['hedbænd] N cinta *f* (para la cabeza), vincha *f* (*And, CSur*), huincha *f* (*And, CSur*).

headboard ['hed,bɔːd] N cabecera *f*.

headcase ['hedkeɪs] N (*Brit fam*) locatis *mf inv* (*fam*), majara *mf*.

headcheese ['hed,tʃiːz] N (*US*) carne *f* en gelatina.

headcount ['hedkaʊnt] N recuento *m* de la asistencia.

headdress ['heddres] N tocado *m*.

headed ['hedɪd] ADJ (*notepaper*) membretado/a, con membrete.

header ['hedəʳ] N (*fam: Ftbl*) cabezazo *m*; (*fall*) caída *f* de cabeza; (*Typ, Comput*) encabezamiento *m*.

head-first [,hed'fɜːst] ADV de cabeza.

headgear ['hedgɪəʳ] N (*gen*) tocado *m*; (*hat*) sombrero *m*; (*cap*) gorra *f*; (*helmet*) casco *m*.

headguard ['hedgɑːd] N casco *m* protector; (*on face*) protector *m* facial.

headhunt ['hed,hʌnt] VT cazar; **he was ~ed by a bank** fue cazado por un banco.

headhunter ['hed,hʌntəʳ] N cazador *m* de cabezas; (*fig*) cazatalentos *mf inv*.

heading ['hedɪŋ] N (*title: of book, chapter*) título *m*; (*of letter*) membrete *m*, sello *m*; (*in catalogue etc*) entrada *f*; **under various ~s** en varios apartados; **to come under the ~ of** clasificarse bajo.

headlamp ['hedlæmp] N (*Aut*) faro *m*, foco *m* (*LAm*).

headland ['hedlənd] N punta *f*, cabo *m*.

headlight ['hedlaɪt] N = **headlamp**.

headline ['hedlaɪn] N (*in newspaper*) titular *m*, cabecera *f*; **~s** (*TV, Rad*) resumen *msg* de las noticias; **to hit** *or* **make the ~s** salir en primera plana.

headlong ['hedlɒŋ] **1** ADJ (*fall, dive*) de cabeza; (*rush etc*) precipitado/a. **2** ADV (*see adj*) de cabeza; precipitadamente.

headmaster ['hed'mɑːstəʳ] N director *m* (de colegio).

headmistress ['hed'mɪstrɪs] N directora *f* (de colegio).

head-on ['hed'ɒn] **1** ADJ (*collision*) de frente, frontal; **a ~ confrontation** un enfrentamiento *m* sin compromisos. **2** ADV (*collide*) de frente; (*clash*) de lleno; (*meet*) cara a cara; **the two cars collided ~** los dos coches colisionaron frontalmente; **to tackle sth ~** (*fig*) enfrentarse de lleno con algo.

headphones ['hedfəʊnz] NPL auriculares *mpl*, audífono *msg*.

headquarters ['hed'kwɔːtəz] NPL (*Mil*) cuartel *msg* general; (*police etc*) jefatura *fsg*; (*of party, organization*) sede *fsg*.

headrest ['hedrest] N (*on chair*) cabezal *m*; (*Aut: also* **head restraint**) apoyacabezas *m inv*, reposacabezas *m inv*.

headroom ['hedrʊm] N altura *f* libre.

headscarf ['hedskɑːf] N (*pl* **~s** *or* **-scarves**) pañuelo *m*.

headset ['hedset] N = **headphones**.

headship ['hedʃɪp] N dirección *f*; (*of school*) puesto *m* de director(a).

headstone ['hedstəʊn] N (*on grave*) lápida *f* mortuoria; (*Archit*) piedra *f* angular.

headstrong ['hedstrɒŋ] ADJ (*stubborn*) terco/a,

testarudo/a; (*rash: action*) precipitado/a.

headway ['hedweɪ] N: **to make ~** (*Naut*) avanzar; (*fig*) hacer progresos.

headwind ['hedwɪnd] N viento *m* de frente.

headword ['hedwɜːd] N palabra *f* que encabeza un artículo *m*, palabra cabeza de artículo.

heady ['hedɪ] ADJ (*comp* **-ier**; *superl* **-iest**) (*wine*) fuerte, cabezón; (*scent*) oloroso/a; (*fig: atmosphere*) excitante, embriagador(a).

heal [hiːl] **1** VT (*wound*) curar; (*subj: person*) sanar; (*fig: differences*) reconciliar. **2** VI (*also* **~ up**) cicatrizar.

healer ['hiːləʳ] N curador(a) *m/f*.

healing ['hiːlɪŋ] **1** ADJ curativo/a, sanativo/a. **2** N curación *f*.

health [helθ] **1** N (*gen*) salud *f*; **Ministry of H~** Ministerio *m* *or* Secretaría *f* de Salud *or* Salubridad; **to be in good/bad ~** estar bien/mal de salud; **to drink sb's ~** brindar por algn; **your ~!** ¡(a tu) salud! **2** CPD: **~ benefit** N (*US*) subsidio *m* de enfermedad; **~ care** N asistencia *f* sanitaria; **~ centre** N centro *m* médico, ambulatorio *m*, dispensario *m*; **~ farm** N centro *m* de salud; **~ food(s)** N(PL) alimentos *mpl* orgánicos; **~ food shop** N tienda *f* naturista, tienda dietética; **~ hazard** N riesgo *m* para la salud; **~ insurance** N seguro *m* de enfermedad; **H~ Service** N (*Brit*) Servicio *m* Nacional de Salud; **~ visitor** N auxiliar *mf* sanitario/a.

healthful ['helθfʊl], **health-giving** [helθ,gɪvɪŋ] ADJ sano/a, saludable.

healthily ['helθɪlɪ] ADV (*live etc*) sanamente.

healthy ['helθɪ] ADJ (*comp* **-ier**; *superl* **-iest**) (*gen, also fig*) sano/a; (*air, place etc*) salubre, saludable.

heap [hiːp] **1** N (*pile*) montón *m*; (*fam: old car*) cacharro *m* (*fam*); (: *lots*) **~s (of)** montones (de); **we have ~s of time** tenemos tiempo de sobra; **I was struck** *or* **knocked all of a ~** (*fam*) me dejó patidifuso. **2** VT: **to ~ sth onto sth** (*bricks etc*) amontonar algo sobre algo; **to ~ a plate with food** colmar un plato de comida; **to ~ favours/praise/gifts** *etc* **on sb** colmar a algn de favores/elogios/regalos *etc*; **~ed spoonful** (*Culin*) cucharada *f* colmada.

◆**heap up** VT + ADV (*wealth, stones*) amontonar, hacer montones de.

hear [hɪəʳ] **1** VT (*pt, pp* **heard** [hɜːd]) **1** VT (*perceive: voice*) oír, escuchar, sentir; (*listen to: radio programme, story*) escuchar, oír; (*Jur: case*) ver; **I heard you're going away** me contaron que te vas; **can** *or* **do you ~ me?** ¿me oyes?; **I could hardly make myself heard** apenas pude hacerme entender; **to ~ that ...** oír decir que ...; **to ~ him speak** *or* **talk you'd think he was ...** de oírle hablar, se podría creer que era ... **2** VI oír; (*get news*) tener noticias de; **have you heard from him lately?** ¿has sabido algo de él últimamente?; **to ~ about** *or* **of** oír hablar de, saber de, oír mentar de (*LAm*); **I heard about it from Maria** me enteré por María; **I've never heard of him** no me suena su nombre; **I've never heard of such a thing** en mi vida he oído tal cosa; **I won't ~ of it!** (*allow*) ¡ni pensarlo!; **~! ~!** (*bravo*) ¡así es!

◆**hear out** VT + ADV (*person*) dejar que algn termine de hablar.

hearer ['hɪərəʳ] N oyente *mf*.

hearing ['hɪərɪŋ] **1** N **a** (*sense of* **~**) oído *m*; **within/out of ~ (distance)** al alcance/fuera del alcance del oído; **in/out of my ~** estando yo delante/ausente. **b** (*chance to speak*) oportunidad *f* de hablar; (*Jur*) vista *f*, audiencia *f*; **he never got a fair ~** no se le permitió explicar su punto de vista; (*Jur*) no se le juzgó imparcialmente. **2** CPD: **~ aid** N audífono *m*, aparato *m* de oído.

hearsay ['hɪəseɪ] N rumores *mpl*; **it's just ~** son rumores nada más.

hearse [hɜːs] N coche *m* *or* (*LAm*) carro *m* fúnebre.

heart [hɑːt] **1** N **a** (*Anat*) corazón *m*; **to have a weak ~** ser cardíaco. **b** (*seat of feeling, sympathy etc*) corazón *m*; **he's a man after my own ~** es un hombre de los que me gustan; **at ~** en el fondo; **to have sb's interests at ~** tener presente el interés de algn; **from the (bottom of one's) ~** con toda sinceridad, de corazón; **in his ~ of ~s** en lo más íntimo de su corazón; **~ and soul** en cuerpo y alma; **to wear one's ~ on one's sleeve** llevar el corazón en la mano; **my ~ sank** me descorazoné; **to learn/know/recite by ~** aprender/saber/recitar de memoria; **to one's ~'s content** a gusto; **his ~ is in the right place** tiene buen corazón; **to cry one's ~ out** llorar a mares; **have a ~!** (fam) ¡ten corazón!; **he has a ~ of gold** tiene un corazón de oro; **to take sth to ~** tomarse algo a pecho; **his ~ was not in it** lo hacía sin ganas; **to set one's ~ on sth** poner todas sus esperanzas en algo.

[c] (symbol of love) corazón m; **with all one's ~** de todo corazón, con toda su alma; **to break sb's ~** (in love) partir el corazón a algn; (by behaviour etc) matar a algn a disgustos; **to give or lose one's ~** enamorarse de.

[d] (symbol of courage) **to be in good ~** (person) estar de buen ánimo; **I did not have the ~ to tell her** no tuve valor para decírselo; **to have one's ~ in one's mouth** tener el alma en un hilo; **to lose ~** descorazonarse; **to take ~** cobrar ánimos.

[e] (of lettuce, celery) cogollo m; (of place, earth etc) corazón m, seno m; **in the ~ of the country** campo m adentro; **in the ~ of winter** en pleno invierno; **the ~ of the matter** lo esencial or el meollo del asunto.

[f] (Cards) **~s** corazones mpl.

[2] CPD: **~ attack** N (Med) ataque m cardíaco, ataque al corazón; **~ complaint** N enfermedad f cardíaca; **~ condition** N condición f cardíaca; **~ disease** N enfermedad f cardíaca; **~ failure** N fallo m del corazón, paro m cardíaco; (chronic) insuficiencia f cardíaca; **~ murmur** N soplo m del corazón; **~ surgeon** N cirujano/a m/f cardiólogo/a; **~ transplant** N trasplante m del corazón.

heartache ['hɑːteɪk] N angustia f, pena f.

heartbeat ['hɑːtbiːt] N (gen) latido m del corazón.

heartbreak ['hɑːtbreɪk] N angustia f, congoja f.

heartbreaking ['hɑːt,breɪkɪŋ] ADJ desgarrador(a), que parte el corazón.

heartbroken ['hɑːt,brəʊkən] ADJ angustiado/a, acongojado/a; **she was ~ about it** le partió el corazón.

heartburn ['hɑːtbɜːn] N (Med) acedía f, acidez f.

-hearted ['hɑːtɪd] ADJ SUF de corazón ....

hearten ['hɑːtn] VT alentar, dar ánimos a.

heartening ['hɑːtnɪŋ] ADJ alentador(a).

heartfelt ['hɑːtfelt] ADJ (sympathy) sentido/a; (thanks, apology) sincero/a; **my ~ apologies** mis sinceras disculpas.

hearth [hɑːθ] [1] N (gen, also fig) hogar m; (fireplace) chimenea f. [2] CPD: **~ rug** N alfombrilla f, tapete m.

heartily ['hɑːtɪlɪ] ADV (agree) completamente; (laugh, eat) de buena gana; (thank, welcome) cordialmente; **to be ~ sick of** estar completamente harto de.

heartland ['hɑːtlænd] N corazón m; (Geog) zona f central, zona f interior.

heartless ['hɑːtlɪs] ADJ despiadado/a, cruel.

heartlessness ['hɑːtlɪsnɪs] N crueldad f, inhumanidad f.

heartrending ['hɑːt,rendɪŋ] ADJ angustioso/a, desgarrador(a).

heart-searching ['hɑːt,sɜːtʃɪŋ] N examen m de conciencia.

heartstrings ['hɑːtstrɪŋz] NPL fibras fpl del corazón; **to pull at or touch sb's ~** tocar la fibra sensible de algn.

heartthrob ['hɑːtθrɒb] N: **he's the ~ of the teenagers** es el ídolo de las quinceañeras; **we met her latest ~** conocimos a su amiguito de turno.

heart-to-heart ['hɑːttə'hɑːt] ADJ franco/a, íntimo/a; **to have a ~ talk with sb** tener una conversación de corazón a corazón con algn.

heart-warming ['hɑːt,wɔːmɪŋ] ADJ (pleasing) grato/a, (moving) conmovedor(a), emocionante.

hearty ['hɑːtɪ] ADJ (comp **-ier**; superl **-iest**) (person: jovial) campechano/a; (feelings) activo/a; (laugh) abierto/a; (appetite, meal) fuerte; (welcome, thanks) cordial, caluroso/a.

heat [hiːt] [1] N [a] (warmth, weather etc) calor m; (temperature) lo caliente; (also **~ing**) calefacción f; (of oven) temperatura f; **at low ~** (Culin) a fuego lento; **in the**

~ of the moment/battle en el calor del momento/de la batalla; **when the ~ is on** cuando se aplican las presiones; **it'll take the ~ off us** esto nos dará un respiro.

[b] (Sport) (prueba f) eliminatoria f; **dead ~** empate m.

[c] (Zool: of dogs, cats) **in** or **on ~** en celo.

[2] VT (warm) calentar; **they ~ their house with coal** su casa tiene calefacción de carbón.

[3] VI calentarse; (fig) **the conversation became ~ed** se acaloró la conversación.

[4] CPD: **~ exhaustion** N agotamiento m por calor, debilidad f por calor; **~ haze** N neblina f de calor; **~ loss** N pérdida f de calor; **~ treatment** N tratamiento m de calor.

◆ **heat up** [1] VI + ADV calentarse; (fig) acalorarse.
[2] VT + ADV (gen) calentar; (food) calentar, recalentar.

heated ['hiːtɪd] ADJ (gen) calentado/a; (hot) caliente; (fig: discussion etc) acalorado/a; **to get** or **become ~** acalorarse; **~ pool** piscina f de agua calentada; **~ rear window** luneta f trasera térmica.

heater ['hiːtər] N calentador m, estufa f.

heath [hiːθ] N (moor etc) brezal m, páramo m (esp LAm); (also **heather**) brezo m.

heathen ['hiːðən] [1] ADJ (pagan) pagano/a; (fig: uncivilized) bárbaro/a, salvaje. [2] N pagano/a m/f; bárbaro/a m/f, salvaje mf.

heather ['heðər] N (plant) brezo m.

heating ['hiːtɪŋ] N calefacción f; **central ~** calefacción central.

heatproof ['hiːtpruːf], **heat-resistant** ['hiːtrɪˌzɪstənt] ADJ refractario/a.

heatstroke ['hiːtstrəʊk] N (Med) insolación f.

heatwave ['hiːtweɪv] N ola f de calor.

heave [hiːv] [1] N (throw, lift) gran esfuerzo m (para levantar etc); (pull) tirón m, jalón m (LAm); (of waves, sea) oleada f; (: movement) sube m y baja.
[2] VT (pull) tirar, jalar (LAm); (drag) arrastrar; (lift) levantar (con dificultad); (throw) lanzar, tirar, echar; **to ~ a sigh** dar or echar un suspiro, suspirar; **to ~ a sigh of relief** suspirar aliviado.
[3] VI [a] (water etc) subir y bajar; (surface) temblar; (chest, bosom) palpitar; (pull) tirar or jalar (LAm) (at, on de); (feel sick) basquear, revolverse.
[b] (Naut) (pt, pp **hove**) **to ~ in(to) sight** aparecer.

heaven ['hevn] N [a] (Rel, gen) cielo m; (good) **~s!** ¡cielos!; **thank ~!** ¡gracias a Dios!, ¡menos mal!; **for ~'s sake!** ¡por Dios!; **~ help them if they do** que Dios les ayude si lo hacen; **~ knows why** Dios sabe por qué; **what in ~'s name does that mean?** ¿qué demonios significa eso?; **to move ~ and earth to do sth** remover cielo y tierra para hacer algo; **to stink to high ~** heder a perro muerto; **to be in seventh ~** estar en el séptimo cielo; **the ~s opened** se abrieron los cielos. [b] (fig) paraíso m; **the trip was ~** el viaje fue una maravilla.

heavenly ['hevnlɪ] ADJ (Rel) celestial; (fam) divino/a; **~ body** (Astron) cuerpo m celeste.

heaven-sent ['hevn'sent] ADJ milagroso/a, (como) llovido del cielo.

heavily ['hevɪlɪ] ADV (move, tread) con paso pesado; (lean) con mucho peso; (rain, snow) mucho; (breathe, sigh, sleep) profundamente; (drink, smoke, gamble) en exceso; (rely) mucho; (biased, committed) muy; **to be ~ in debt** estar muy endeudado; **to lose ~** (team) sufrir una grave derrota; (gambler) tener pérdidas cuantiosas; **it weighs ~ on him** le pesa mucho.

heavily-built ['hevɪlɪ'bɪlt] ADJ corpulento/a, fornido/a.

heavily-laden [ˌhevɪlɪ'leɪdən] ADJ cargado/a.

heavy ['hevɪ] [1] ADJ (comp **-ier**; superl **-iest**) [a] pesado/a; **how ~ are you?** ¿cuánto pesas?
[b] (fig) pesado/a; (cloth, coat) grueso/a; (sea) agitado/a, movido/a; (expense, meal) fuerte; (traffic etc) denso/a; (boring) pesado/a; (atmosphere) pesado/a, opresivo/a; (sky) encapotado/a; (silence, irony) profundo/a; (blow) fuerte, duro/a; (build: of person) corpulento/a, fornido/a; (fig: burden) grave, oneroso/a; (crop) abundante, copioso/a; (fighting, fire: Mil) intenso/a; (food) pesado/a, indigesto/a; (work) duro/a, penoso/a; (casualties)

cuantioso/a; (*breathing, sigh, sleep*) profundo/a; (*soil*) arcilloso/a; (*taxation*) abusivo/a; (*user*) intensivo/a; (*eyes*) ojeroso/a; (*day*) ocupado/a; **the air was ~ with scent** el aire estaba cargado de perfumes; **to have a ~ cold** tener un catarro muy fuerte; **~ cream** (*US*) nata *f* enriquecida; **to be a ~ drinker** beber mucho *or* en exceso; **~ goods** géneros *mpl* de bulto; **~ goods vehicle** vehículo *m* pesado; **with a ~ heart** con pesar, abatido; **~ industry** industria *f* pesada.
2 N (*fam*) forzudo *m*, gorila *m* (*fam*).
heavy-duty [ˌhevɪ'djuːtɪ] ADJ fuerte, resistente.
heavy-handed [ˌhevɪ'hændɪd] ADJ (*clumsy, tactless*) torpe, patoso/a; (*harsh*) severo/a.
heavy-set ['hevɪ'set] ADJ (*US*) corpulento/a, fornido/a.
heavyweight ['hevɪweɪt] N peso *m* pesado; (*important or influential person*) pez *m* gordo.
Hebrew ['hiːbruː] **1** ADJ hebreo/a. **2** N hebreo/a *m/f*; (*Ling*) hebreo *m*.
Hebrides ['hebrɪdiːz] NPL Hébridas *fpl*.
heck [hek] INTERJ (*euph*) = **hell**.
heckle ['hekl] VT, VI interrumpir.
heckler ['heklər] N el/la que interrumpe o molesta a un orador.
heckling ['heklɪŋ] N interrupciones *fpl*.
hectare ['hektaːr] N hectárea *f*.
hectic ['hektɪk] ADJ (*fig*) agitado/a; **we had 3 ~ days** tuvimos 3 días llenos de frenética actividad; **he has a ~ life** tiene una vida muy agitada.
hectolitre, (*US*) **hectoliter** ['hektəʊˌliːtər] N hectolitro *m*.
hector ['hektər] VT intimidar con bravatas.
hectoring ['hektərɪŋ] ADJ (*person*) lleno/a de bravatas; (*tone, remark*) amedrentador(a).
he'd [hiːd] = **he would**; **he had**.
hedge [hedʒ] **1** N seto *m* (vivo); (*fig*) protección *f*.
2 VT (*Agr*) cercar con un seto; **to ~ off** separar con un seto; **to be ~d (about) with** (*fig*) estar erizado de; **to ~ one's bets** (*fig*) hacer apuestas compensatorias.
3 VI **a** contestar con evasivas; **stop ~ing!** ¡dímelo sin sofismas!
b (*Fin*) **to ~ against inflation** cubrirse contra la inflación.
4 CPD: **~ clippers** NPL tijeras *fpl* de podar.
hedgehog ['hedʒhɒg] N erizo *m*.
hedgehop ['hedʒhɒp] VI volar a ras de tierra.
hedgerow ['hedʒrəʊ] N seto *m* vivo.
hedonism ['hiːdənɪzəm] N hedonismo *m*.
heebie-jeebies [ˌhiːbɪ'dʒiːbɪz] (*fam*) N: **to have the ~** (*shaking*) tener un tembleque (*fam*); (*fright, nerves*) estar hecho un flan (*fam*); **it gives me the ~** (*revulsion*) me da asco; (*fright, apprehension*) me da escalofríos.
heed [hiːd] **1** N: **to pay (no) ~ to sb** (no) hacer caso a algn; **to take (no) ~ of sth** (no) tener en cuenta algo. **2** VT (*person*) hacer caso a; (*warning etc*) tomar en cuenta.
heedless ['hiːdlɪs] ADJ (*careless*) descuidado/a, despreocupado/a; **to be ~ of** no hacer caso a.
heedlessly ['hiːdlɪslɪ] ADV sin hacer caso.
heel¹ [hiːl] **1** N (*Anat, of sock*) talón *m*; (*of shoe*) tacón *m*; (*fam*) sinvergüenza *mf*, descarado/a *m/f*; **to be hot on sb's ~s** pisar los talones a algn; **to kick o cool one's ~s** (*fam*) quedar plantado *or* de plantón; **to take to one's ~s** (*fam*) echar a correr; **to turn on one's ~** dar media vuelta; **to dig in one's ~s** (*fam*) empecinarse.
2 VT (*shoe*) poner tapas a; (*ball*) taconear, dar de tacón a; **to be well ~ed** (*fam*) ser ricacho/a, tener plata de sobra.
heel² [hiːl] VI: **to ~ over** (*Naut*) zozobrar, escorar.
hefty ['heftɪ] ADJ (*comp* **-ier**; *superl* **-iest**) (*object, blow etc*) pesado/a; (*person*) fuerte, fornido/a; (*price*) fuerte.
heifer ['hefər] N (*Zool*) novilla *f*, vaquilla *f*.
height [haɪt] N **a** (*measurement*) altura *f*; (*of person*) estatura *f*, talla *f*; (*altitude*) altitud *f*; **~ above sea level** altura sobre el nivel del mar; **he's 2 metres in ~** tiene 2 metros de altura *or* de alto, mide 2 metros; **at a ~ of 2000 m** a una altura de 2000 m; **to be 20 m in ~** medir *or* tener 20 m de alto; **to fall from a great ~** caer desde

una gran altura; **to gain ~** ganar altura; **to lose ~** perder altura.
b (*fig: of stupidity etc*) colmo *m*; (*high place*) **the ~s** las alturas; **at the ~ of his career** en la cumbre *or* en el punto alto de su carrera; **it is the ~ of arrogance** es el colmo de la arrogancia; **to be afraid of ~s** tener miedo a las alturas; **it's the ~ of fashion** es la última moda; **at the ~ of summer** en pleno verano.
heighten ['haɪtn] **1** VT (*raise*) hacer más alto; (*increase*) aumentar, acrecentar; (*enhance*) realzar, hacer destacar. **2** VI (*fig*) aumentar.
heinous ['heɪnəs] ADJ atroz, nefasto/a.
heir [ɛər] N heredero *m*; **~ apparent** heredero/a forzoso/a; **~ to the throne** heredero al trono; **to be ~ to** (*fig*) ser heredero a.
heiress ['ɛəres] N heredera *f*.
heirloom ['ɛəluːm] N reliquia *f* de familia.
heist [haɪst] N (*fam: hold-up*) atraco *m* armado.
held [held] PT, PP of **hold**.
helicopter ['helɪkɒptər] **1** N helicóptero *m*. **2** CPD: **~ gunship** N helicóptero *m* de combate.
heliport ['helɪpɔːt] N helipuerto *m*.
helium ['hiːlɪəm] N helio *m*.
hell [hel] N **a** (*Rel, fig*) infierno *m*; **to go ~ for leather** correr a pierna suelta; **all ~ was let loose** se armó el gran follón *or* la grande. **b** (*fam phrases*) **a ~ of a noise** un ruido de todos los demonios; **a ~ of a lot** muchísimo, a mares; **we had a ~ of a time** (*good*) lo pasamos en grande *or* (*LAm*) regio; (*bad*) lo pasamos fatal; **to make sb's life ~** deshacerle la vida a algn; **to give sb ~** poner a algn como un trapo; **to run like ~** correr a toda velocidad; **what the ~ do you want?** ¿qué demonios quieres?, ¿qué carajo quieres? (*LAm*); **just for the ~ of it** por puro gusto; **go to ~!** ¡vete al diablo! (*fam!*), ¡vete al carajo! (*LAm fam!*); **to ~ with it!** ¡a hacer puñetas! (*fam!*), al carajo! (*LAm fam!*); **oh ~!** ¡demonios!, ¡caramba!
he'll [hiːl] = **he will**; **he shall**.
hellbent ['hel'bent] ADJ: **to be ~ on doing sth** estar totalmente resuelto/a a hacer algo.
hellish ['helɪʃ] ADJ (*fam*) infernal, de muerte.
hello [hʌ'ləʊ] INTERJ = **hullo**.
helm [helm] N (*Naut*) timón *m*; (*lit, fig*) **to be at the ~** estar al timón.
helmet ['helmɪt] N (*gen*) casco *m*; (*historical*) yelmo *m*.
▼**help** [help] **1** N **a** (*gen: assistance*) ayuda *f*; (: *from danger*) socorro *m*, auxilio *m*; (*remedy*) remedio *m*; **~!** ¡socorro!, ¡auxilio!; **to call for ~** pedir auxilio; **without (anyone's) ~** sin ayuda (de nadie); **with Juan's ~ we were able to get permission** por intermedio de Juan, conseguimos el permiso; **to go to sb's ~** acudir en auxilio de algn; **to be of ~ to sb** servir a algn; **he gave me no ~** no aportó nada, no echó mano; **he is beyond ~** (ya) no tiene remedio; **there's no ~ for it** no hay más remedio; **it's no ~ (to say that)** de nada sirve (decir eso).
b (*employee*) empleado/a *m/f*; **daily ~** asistenta *f*, señora *f* de la limpieza.
2 VT **a** (*aid, assist*) ayudar; (: *when in danger*) auxiliar, dar socorro; (*scheme etc*) fomentar; (*progress*) facilitar; (*pain*) aliviar; **to ~ sb (to) do sth** ayudar o echarle una mano a algn a hacer algo; **~ him with the cooking/lifting** ayúdale a cocinar/levantar; **can I ~ you?** (*in shop*) ¿qué deseaba?, ¿qué se le ofrece?, ¿en qué le puedo servir?; **to ~ sb on/off with his coat** ayudar a algn a ponerse/quitarse el abrigo; **to ~ sb across/up/down** ayudar a algn a cruzar/subir/bajar.
b (*at table*) **to ~ sb to soup** servir la sopa a algn; **to ~ o.s.** (*to food*) servirse; (*to other things: steal*) llevarse.
c (*avoid, remedy*) **he can't ~ coughing** no puede dejar de toser; **I can't ~ it** no lo puedo evitar; **I can't ~ it, I just don't like him** ¿qué quieres que haga?, me cae mal; **I couldn't ~ thinking ...** no pude menos de pensar ...; **it can't be ~ed** no hay más remedio, ¿qué se le va a hacer?; **he won't if I can ~ it** si de mí depende, no lo hará; **he can't ~ himself** no tiene remedio.
3 VI (*contribute*) **every little ~s** todo ayuda.
◆**help out** **1** VI + ADV echar una mano.

SENTENCE BUILDER: **help → 10**

2 VT + ADV echar una mano a.
helper ['helpəʳ] N (gen) ayudante mf; (co-worker) colaborador(a) m/f.
helpful ['helpfʊl] ADJ (person) atento/a; (suggestion, advice, book) útil, práctico/a; **it would be ~ if you could come** sería bueno que pudieras venir.
helpfully ['helpfəlɪ] ADV (kindly) amablemente.
helping ['helpɪŋ] **1** ADJ: **to give sb a ~ hand** echar una mano a algn. **2** N porción f, ración f.
helpless ['helplɪs] ADJ (powerless) impotente; (without ability) incapaz; (unprotected) desamparado/a; (defenceless) indefenso/a, inerme; **we were ~ to prevent it** no pudimos hacer nada para impedirlo; **to be ~ with laughter** estar muerto de (la) risa.
helplessly ['helplɪslɪ] ADV (struggle) en vano; **he said ~** dijo impotente.
helpline ['helplaɪn] N línea f de socorro.
Helsinki ['helsɪŋkɪ] N Helsinki m.
helter-skelter ['heltə'skeltəʳ] **1** ADV (in a rush) atropelladamente; (in confusion) a la desbandada. **2** N tobogán m.
hem [hem] **1** N dobladillo m, bastilla f; (hemline) bajos mpl. **2** VT (Sew) coger or coser el dobladillo.
♦ **hem in** VT + ADV (lit, fig) encerrar, apretar.
he-man ['hi:mæn] N (pl **-men**) macho m.
hematology etc [,hi:mə'tɒlədʒɪ] etc (US) = **haematology** etc.
hemisphere ['hemɪsfɪəʳ] N (Geog) hemisferio m.
hemline ['hemlaɪn] N (Sew) bajo m (del vestido).
hemlock ['hemlɒk] N (plant, poison) cicuta f.
hemp [hemp] N (plant, fibre) cáñamo m; (drug) hachís m.
hen [hen] **1** N (fowl) gallina f; (female bird) hembra f. **2** CPD: **~ night, ~ party** N (fam) reunión f de mujeres; (: before marriage) despedida f de soltera.
hence [hens] ADV **a** (therefore) por lo tanto, de ahí. **b** (old: place) de or desde aquí; (time: frm) **5 years ~** de aquí a 5 años.
henceforth ['hens'fɔ:θ] ADV (frm) de hoy en adelante, a partir de hoy.
henchman ['hentʃmən] N (pl **-men**) (esp Pol: follower) secuaz m.
hencoop ['hen,ku:p], **henhouse** ['hen,haʊs] N (pl **-houses** [haʊzɪz]) gallinero m.
henna ['henə] N (dye) alheña f.
henpecked ['henpekt] ADJ: **a ~ husband** (fam) un calzonazos.
hepatitis [,hepə'taɪtɪs] N hepatitis f.
heptathlon [hep'tæθlən] N heptatlón m.
her [hɜ:ʳ] **1** PRON **a** (direct) la; **I see ~** la veo; **I have never seen HER** a ella no la he visto nunca. **b** (indirect) le; **I gave ~ the book** le di el libro; **I'm speaking to ~** le estoy hablando (a ella). **c** (after prep) ella; **he thought of ~** pensó en ella; **without ~** sin ella; **if I were ~** yo que ella; **it's ~** es ella; **younger than ~** más joven or menor que ella. **2** POSS ADJ su, sus; **~ book/table** su libro/mesa; **~ friends** sus amigos.
herald ['herəld] **1** N (messenger) heraldo m; (fig) precursor(a) m/f. **2** VT (fig) anunciar.
heraldic [he'rældɪk] ADJ heráldico/a.
heraldry ['herəldrɪ] N heráldica f.
herb [hɜ:b, US ɜ:rb] **1** N hierba f. **2** CPD: **~ garden** N jardín m de hierbas finas; **~ tea** N infusión f de hierbas.
herbaceous [hɜ:'beɪʃəs] ADJ herbáceo/a.
herbal ['hɜ:bəl] ADJ herbario/a, de hierbas; **~ tea** infusión f de hierbas.
herbalist ['hɜ:bəlɪst] N herbolario/a m/f.
herbivorous [hɜ:'bɪvərəs] ADJ herbívoro/a.
herd [hɜ:d] **1** N (of cattle etc) rebaño m, manada f; (of people) **the (common) ~** el vulgo, las masas. **2** VT (drive, gather: animals) llevar en manada; (: people) reunir. **3** CPD: **~ instinct** N instinto m gregario.
♦ **herd together 1** VI + ADV apiñarse, agruparse. **2** VT + ADV agrupar, reunir.
herdsman ['hɜ:dzmən] N (pl **-men**) (of cattle) vaquero m; (of sheep) pastor m.

here [hɪəʳ] **1** ADV (place where) aquí; (motion to) acá; (at this time) en este momento; (on this point) en este punto; **come ~!** ¡ven aquí or (LAm) acá!; **~!** ¡presente!; **~ he comes** ya viene; **~ I am** aquí estoy, ya voy; **~ are the books** he aquí los libros; **~ you are!** ¡toma!, ¡ahí va!; **~ and now** ahora mismo; **~ and there** aquí y allá; **winter is ~** ha llegado el invierno; **~, there and everywhere** en todas partes, en todos lados; **my friend ~ will do it** este amigo mío lo hará; **that's neither ~ nor there** eso no viene al caso; **~'s to X!** ¡a la salud de X! **2** N: **the ~ and now** el presente.
hereabouts ['hɪərə,baʊts] ADV por aquí (cerca).
hereafter [hɪər'ɑ:ftəʳ] **1** ADV (frm) a continuación; (from now on) de aquí en adelante, a partir de ahora. **2** N: **the ~** el más allá.
hereby ['hɪə'baɪ] ADV (frm) por este medio; (in letter, document) por la presente.
hereditary [hɪ'redɪtərɪ] ADJ hereditario/a.
heredity [hɪ'redɪtɪ] N herencia f.
herein [,hɪər'ɪn] ADV (Lit) en esto; (in letter) en ésta.
heresy ['herəsɪ] N herejía f.
heretic ['herətɪk] N hereje mf.
heretical [hɪ'retɪkəl] ADJ herético/a.
hereupon ['hɪərə'pɒn] ADV en or con esto.
herewith ['hɪə'wɪð] ADV (frm, Comm) **I enclose ~ a letter** le adjunto (con la presente) una carta.
heritage ['herɪtɪdʒ] N herencia f; (fig) (national) **~** patrimonio m (nacional).
hermaphrodite [hɜ:'mæfrədaɪt] N hermafrodita mf.
hermetic [hɜ:'metɪk] ADJ hermético/a.
hermetically [hɜ:'metɪkəlɪ] ADV herméticamente; **~ sealed** cerrado herméticamente.
hermit ['hɜ:mɪt] N ermitaño/a m/f.
hernia ['hɜ:nɪə] N (Med) hernia f.
hero ['hɪərəʊ] **1** N (pl **~es**) héroe m; (of film, book etc) protagonista mf, personaje m principal. **2** CPD: **~ worship** N adulación f.
heroic [hɪ'rəʊɪk] ADJ heroico/a.
heroically [hɪ'rəʊɪkəlɪ] ADV heroicamente.
heroics [hɪ'rəʊɪks] N (slightly pej: language) lenguaje m altisonante; (deeds) acciones fpl heroicas, acciones fpl extravagantes; (behaviour) comportamiento m atrevido.
heroin ['herəʊɪn] **1** N heroína f. **2** CPD: **~ addict, ~ user** N heroinómano/a m/f.
heroine ['herəʊɪn] N heroína f; (Lit) protagonista f, personaje m principal.
heroism ['herəʊɪzəm] N heroísmo m.
heron ['herən] N garza f real.
herpes ['hɜ:pi:z] N herpes m or fpl.
herring ['herɪŋ] N arenque m; **red ~** (fig) pista f falsa, despiste m.
herringbone ['herɪŋbəʊn] CPD: **~ pattern** N (Sew) dibujo m de espiga; (of floor) espinapez m.
hers [hɜ:z] POSS PRON (el/la) suyo/a, (los/las) suyos/as, de ella; **this car is ~** este coche es suyo or de ella; **a friend of ~** un amigo suyo; **is this poem ~?** ¿es de ella este poema?; **the one I like best is ~** el que más me gusta es el suyo.
herself [hɜ:'self] PRON (reflexive) se; (emphatic) ella misma; (after prep) sí or ella (misma); **she washed ~** se lavó; **she said to ~** dijo entre or para sí; **she did it ~** lo hizo ella misma; **she went ~** fue ella misma or en persona; **she did it by ~** lo hizo ella sola.
Herts [hɑ:ts] ABBR (Brit) of **Hertfordshire**.
he's [hi:z] = **he is; he has**.
hesitancy ['hezɪtənsɪ] N = **hesitation**.
hesitant ['hezɪtənt] ADJ (gen) vacilante; (character) indeciso/a; **to be ~ about doing sth** no decidirse a hacer algo.
hesitantly ['hezɪtəntlɪ] ADV irresolutamente, de manera indecisa; (speak, suggest) con indecisión, de manera indecisa.
hesitate ['hezɪteɪt] VI vacilar; (in speech) vacilar, titubear; **to ~ to do sth** no decidirse a hacer algo; **to ~ before doing sth** dudar antes de hacer algo; **to ~ about or over doing sth** vacilar en hacer algo; **he ~s at nothing** no

vacila ante nada; **don't ~ to ask (me)** no vaciles en pedírmelo, no dejes de pedírmelo.

hesitation [,hezɪ'teɪʃən] N vacilación f, indecisión f; **I have no ~ in saying ...** no vacilo en decir ...; **without the slightest ~** sin vacilar siquiera, sin pensarlo dos veces.

hessian ['hesɪən] N arpillera f.

heterogeneous ['hetərəʊ'dʒi:nɪəs] ADJ heterogéneo/a.

heterosexual ['hetərəʊ'seksjʊəl] ADJ, N heterosexual mf.

het up [,het'ʌp] (fam) ADJ: **to get ~** acalorarse, emocionarse (about, over por); **don't get so ~!** ¡tranquilízate!, no merece la pena sulfurarse.

heuristic [hjʊə'rɪstɪk] ADJ heurístico/a.

HEW N ABBR (US) of **Department of Health, Education and Welfare**.

hew [hju:] (pt ~ed; pp ~ed or ~n [hju:n]) VT (cut) cortar; (: trees) talar; (shape, work) labrar, tallar.

◆ **hew out** VT + ADV excavar; **a figure ~n out of the rock** una figura tallada en la roca; **to ~ out a career** hacerse una carrera.

hex¹ [heks] (US fam) [1] N maleficio m, mal m de ojo. [2] VT embrujar.

hex² [heks] ADJ (Comput) hexadecimal; **~ code** código m hexadecimal.

hexadecimal [,heksə'desɪməl] ADJ hexadecimal; **~ notation** notación f hexadecimal.

hexagon ['heksəgən] N hexágono m.

hexagonal [hek'sægənəl] ADJ hexagonal.

hey [heɪ] INTERJ ¡oye!

heyday ['heɪdeɪ] N auge m; **in the ~ of the theatre** cuando el teatro estaba en su apogeo; **in his ~** en su época.

HF N ABBR of **high frequency**.

hg N ABBR of **hectogram(s)** hg.

HGV N ABBR of **heavy goods vehicle** vehículo m pesado.

H.H. ABBR [a] of **His** or **Her Highness** S.A. [b] (Rel) of **His Holiness** S.S.

HI ABBR (US Post) of **Hawaii**.

hi [haɪ] INTERJ ¡oye!; (greeting) ¡hola!, ¡qué hubo! (Mex, Chi).

hiatus [haɪ'eɪtəs] N hiato m.

hibernate ['haɪbəneɪt] VI hibernar, invernar.

hibernation [,haɪbə'neɪʃən] N hibernación f, invernación f.

hiccough, hiccup ['hɪkʌp] [1] N hipo m; **to have ~s** tener hipo; **a slight ~ in the proceedings** (fig) una pequeña dificultad or interrupción en los actos. [2] VI hipar, tener hipo.

hick [hɪk] N (US fam, pej) palurdo/a m/f, paleto/a m/f.

hid [hɪd] PT of **hide**.

hidden ['hɪdn] [1] PP of **hide**. [2] ADJ escondido/a; (fig: meaning, truth etc) oculto/a; **~ assets** activo m oculto; **~ reserves** reservas fpl ocultas.

hide¹ [haɪd] (pt hid; pp hidden) [1] VT (gen) esconder; (grief etc) ocultar, disimular; **to ~ sth from sb** esconder algo de algn; **to ~ one's face in one's hands** taparse la cara con las manos; **to ~ the truth** encubrir la verdad. [2] VI esconderse, ocultarse; **he's hiding behind his illness** se ampara en su enfermedad.

◆ **hide away** [1] VI + ADV esconderse. [2] VT + ADV esconder.

◆ **hide out, hide up** VI + ADV esconderse.

hide² [haɪd] N (skin) piel f; (tanned) cuero m; **to save one's ~** (fig) salvarse el pellejo; **to tan sb's ~** (fig) darle una paliza a algn.

hide³ [haɪd] N (Hunting) paranza f, trepa f; (Orn) observatorio m.

hide-and-seek ['haɪdən'si:k] N: **to play ~** jugar al escondite.

hideaway ['haɪdəweɪ] N escondite m, escondrijo m.

hideous ['hɪdɪəs] ADJ (gen) espantoso/a, horroroso/a; (repugnant) repugnante, asqueroso/a; **a ~ mistake** un error terrible.

hide-out ['haɪdaʊt] N = **hideaway**.

hiding¹ ['haɪdɪŋ] [1] N: **to be in ~** estar escondido; **to go into ~** esconderse. [2] CPD: **~ place** N escondite m, escondrijo m.

hiding² ['haɪdɪŋ] N: **to give sb a ~** dar una paliza a algn; **to be on a ~ to nothing** tener todas las de perder.

hierarchy ['haɪərɑːkɪ] N jerarquía f.

hieroglyphic [,haɪərə'glɪfɪk] [1] ADJ jeroglífico/a. [2] NPL: **~s** jeroglíficos mpl; (fig fam) garabatos mpl.

hi-fi ['haɪ'faɪ] [1] ABBR of **high fidelity**. [2] N estéreo m. [3] ADJ de alta fidelidad; **~ equipment** equipo m de alta fidelidad; **~ system** sistema m de alta fidelidad.

higgledy-piggledy ['hɪgldɪ'pɪgldɪ] ADV en desorden.

high [haɪ] [1] ADJ (comp **~er**; superl **~est**) [a] (gen) alto/a; **a building 60 metres ~** un edificio de 60 metros de alto; **it's 20 metres ~** tiene 20 metros de alto; **how ~ is Ben Nevis?** ¿qué altura tiene Ben Nevis?; **I've known her since she was so ~** (fam) la conocí desde que era así de alta; **the river is ~** el río está crecido; **to leave sb ~ and dry** (fig) dejar plantado a algn, dar plantón a algn; **~ cheekbones** pómulos mpl altos; **~ diving** salto m de palanca; **~ heels** tacones mpl altos; (shoes) zapatos mpl de tacón alto; **~ jump** (Sport) salto m de altura; **now he's for the ~ jump!** (fig fam) ¡ahora se las va a pagar!; **~ noon** mediodía m.

[b] (fig: important, superior) mayor, superior; (: ideals, character etc) alto/a; **~ and mighty** engreído; **to have ~ hopes of sth** tener muchas esperanzas de algo; **to have a ~ opinion of sb** tener a algn en alta estima; **~ command** (Mil) alto mando m; **~ commissioner** alto comisario m; **~ court** (Jur) Tribunal m Supremo; **to be on one's ~ horse** (fig) engreírse; **~ society** la alta sociedad.

[c] (considerable, great) alto/a; (: number, speed) grande; (: price, stake) elevado/a; (complexion, colour) subido/a; **the ~est common factor** (Math) el máximo común denominador; **to pay a ~ price for sth** (lit, fig) pagar algo muy caro; **to have a ~ old time** (fam) pasarlo muy bien; **it's ~ time you were in bed** (fam) ya es hora de que te acostaras; **~ altar** altar m mayor; **~ explosive** explosivo m de gran potencia; **~ fidelity** de alta fidelidad; **~ finance** altas finanzas fpl; **~ jinks** (fam) jolgorio m, jarana f; **~ life** vida f regalada; **H~ Mass** misa f mayor; **~ priest** sumo sacerdote m; **~ school** (Scot, US) instituto m; **on the ~ seas** en alta mar, mar adentro; **~ season** temporada f alta; **~ spirits** ánimos mpl, buen humor m; **~ spot** punto m culminante; **~ street** calle f mayor; **~ summer** estío m; **~ tea** (Brit: in late afternoon) merienda-cena f; **~ tide** or **water** pleamar f, marea f alta; **~ treason** alta traición f; **~-water mark** línea f de pleamar.

[d] (sound, note) alto/a; (: shrill) agudo/a; **~ frequency** de alta frecuencia.

[e] (fam: on drugs) drogado/a; (: on drink) borracho/a.

[f] (Culin: meat, game) curado/a.

[2] ADV (position) a gran altura; (motion) hacia una gran altura; **~ up** muy alto, muy arriba; **~er up** más alto, más arriba; **~ above** muy por encima de; **the bidding went as ~ as £50** las ofertas llegaron hasta 50 libras; **to hunt ~ and low** buscar por todas partes; **feelings were running ~** la gente estaba muy acalorada; **to hold one's head up ~** mantener la cabeza (bien) alta.

[3] N [a] (in heaven) en el cielo, en las alturas.

[b] **exports have reached a new ~** las exportaciones han alcanzado niveles inusitados; **to be on a ~** (fam) estar a las mil maravillas.

[c] (Met) zona f de alta presión; (: esp US) temperatura f máxima.

[d] (US Aut: also **~ gear**) cuarta (velocidad) f.

┌─ HIGH SCHOOL ─┐

ⓘ *En Estados Unidos las* **high schools** *son los institutos donde los alumnos de 15 a 18 años estudian el equivalente al bachillerato, que dura tres cursos (grades), desde el noveno hasta el duodécimo año de la enseñanza; al final del último curso se realiza un libro conmemorativo con fotos de los alumnos y profesores de ese año Yearbook y los alumnos reciben el diploma de high school en una ceremonia de graduación. Estos centros suelen ser un tema frecuente en las películas y programas de televisión estadounidenses, en los que se resalta mucho el aspecto deportivo - sobre todo el fútbol americano y el baloncesto - además de algunos* *acontecimientos sociales como el baile de fin de curso, conocido como* **Senior Prom.**

highball ['haɪbɔːl] N (*US: drink*) whisky *m* soda.

highboy ['haɪbɔɪ] N (*US*) cómoda *f* alta.

highbrow ['haɪbraʊ] [1] N persona *f* culta; (*pej*) intelectualoide *mf*. [2] ADJ (*book etc*) culto/a.

highchair ['haɪtʃɛəʳ] N silla *f* alta para niño.

high-class ['haɪ'klɑːs] ADJ (*of good quality*) de (alta) categoría.

higher ['haɪəʳ] [1] ADJ COMP of **high** más alto/a; (*form of life, court etc*) superior; **~ education** educación *f or* enseñanza *f* superior; **H~ National Certificate** (*Brit Scol*) Certificado *m* Nacional de Estudios Superiores; **H~ National Diploma** (*Brit Scol*) Diploma *m* Nacional de Estudios Superiores.

[2] ADV COMP OF of **high** más alto.

highest ['haɪɪst] ADJ SUPERL of **high** el/la más alto/a.

highfalutin(g) ['haɪfə'luːtɪn] ADJ presuntuoso/a, pomposo/a.

high-flier [ˌhaɪ'flaɪəʳ] N ambicioso/a *m/f*.

high-flown ['haɪfləʊn] ADJ exagerado/a, altisonante.

high-flying ['haɪ'flaɪɪŋ] ADJ de gran altura; (*fig: aim, ambition*) de altos vuelos; (: *person*) superdotado/a.

high-grade ['haɪ'greɪd] ADJ de calidad superior.

high-handed ['haɪ'hændɪd] ADJ arbitrario/a.

high-heeled ['haɪhiːld] ADJ (*shoes*) de tacón *m* alto.

highjack *etc* ['haɪdʒæk] = **hijack** *etc*.

highlander ['haɪləndəʳ] N montañés/esa *m/f*; **H~** (*Brit*) *habitante de las tierras altas de Escocia.*

highlands ['haɪləndz] NPL tierras *f* altas, sierra *fsg* (*LAm*); **the H~** las tierras altas de Escocia.

high-level ['haɪ'lɛvl] ADJ (*talks, Comput*) de alto nivel.

highlight ['haɪlaɪt] [1] N (*Art*) toque *m* de luz; (*in hair*) reflejo *m*; (*fig*) punto *m* culminante. [2] VT destacar, poner de relieve; (*hair*) poner reflejos en.

highlighter ['haɪlaɪtəʳ] N (*pen*) marcador *m*.

highly ['haɪlɪ] ADV muy, sumamente; **~ paid** muy bien pagado; **~ spiced dishes** platos muy picantes; **to praise sb ~** alabar or elogiar mucho a algn; **to think ~ of sb** tener en mucho a algn; **speak ~ of** hablar muy bien de; **~ strung** muy nervioso.

highly-charged [ˌhaɪlɪ'tʃɑːdʒd] ADJ (*atmosphere, debate*) muy tenso/a, muy crispado/a.

high-minded ['haɪ'maɪndɪd] ADJ (*person*) de nobles pensamientos, magnánimo/a; (*act*) noble, altruista.

highness ['haɪnɪs] N altura *f*; **H~** (*as title*) Alteza *f*; **His or Her Royal H~** Su Alteza Real.

high-pitched ['haɪ'pɪtʃt] ADJ (*sound, voice*) agudo/a.

high-powered ['haɪ'paʊəd] ADJ (*engine*) de gran potencia; (*fig: person: dynamic*) enérgico/a; (: *important*) importante.

high-pressure ['haɪ'prɛʃəʳ] ADJ de alta presión; (*fig*) enérgico/a; **~ selling** venta *f* agresiva.

high-priced [ˌhaɪ'praɪst] ADJ muy caro/a.

high-profile ['haɪ'prəʊfaɪl] ADJ: **~ activity** actividad *f* que quiere llamar la atención.

high-ranking ['haɪ'ræŋkɪŋ] ADJ de categoría; (*official*) de alto rango, de alto grado; (*Mil*) de alta graduación.

high-resolution [ˌhaɪ'rɛzə'luːʃən] ADJ (*image, screen*) de alta resolución.

high-rise ['haɪraɪz] ADJ: **~ flats** torre *fsg* or bloque *msg* de pisos.

highroad ['haɪrəʊd] N carretera *f*.

high-sounding ['haɪ'saʊndɪn] ADJ altisonante.

high-speed ['haɪ'spiːd] ADJ (*vehicle etc*) de alta velocidad; (*test etc*) rápido/a; **~ train** tren *m* de alta velocidad.

high-strung ['haɪˌstrʌn] ADJ (*US*) muy nervioso/a.

high-tech ['haɪtek] ADJ (*fam*) al-tec (*fam*), de alta tecnología.

high-up ['haɪ'ʌp] (*fam*) [1] ADJ de categoría, importante. [2] N pez *m* gordo (*fam*).

highway ['haɪweɪ] [1] N (*gen*) carretera *f*; (*motorway*) autopista *f*. [2] CPD: **H~ Code** N Código *m* de la Circulación.

highwayman ['haɪweɪmən] N (*pl* **-men**) salteador *m* de caminos.

hijack ['haɪdʒæk] [1] VT secuestrar. [2] N (*also* **~ing**) secuestro *m*.

hijacker ['haɪdʒækəʳ] N secuestrador(a) *m/f*.

hike[1] [haɪk] [1] VI ir de excursión a pie; **to go hiking** hacer excursión (a pie). [2] N excursión *f* a pie.

hike[2] [haɪk] (*US*) [1] N aumento *m*. [2] VT aumentar, subir.

hiker ['haɪkəʳ] N excursionista *mf*.

hiking ['haɪkɪn] N senderismo *m*.

hilarious [hɪ'lɛərɪəs] ADJ (*very funny*) divertidísimo/a; (*merry*) alegre.

hilarity [hɪ'lærɪtɪ] N (*cheer*) alegría *f*; (*joy*) regocijo *m*.

hill [hɪl] [1] N (*gen*) colina *f*, cerro *m*, loma *f* (*esp LAm*); (*slope*) cuesta *f*; **the ~s** la montaña *fsg*, la sierra *fsg*; **up~/down~** cuesta arriba/abajo; **to be over the ~** (*fig, fam*) haber pasado sus mejores tiempos; **as old as the ~s** más viejo que Matusalén.

[2] CPD: **~ farming** N agricultura *f* de montaña; **~ walker** N senderista *mf* (de montaña); **~ walking** N senderismo *m* (de montaña).

hillbilly ['hɪl'bɪlɪ] (*US*) [1] N rústico/a *m/f* montañés/esa; (*pej*) palurdo/a *m/f*. [2] CPD: **~ music** música *f* country.

hillock ['hɪlək] N montecillo *m*, altozano *m*.

hillside ['hɪlsaɪd] N ladera *f*, falda *f*.

hilltop ['hɪltɒp] N cumbre *f*.

hilly ['hɪlɪ] ADJ (*comp* **-ier**; *superl* **-iest**) montañoso/a, accidentado/a; (*road*) de fuertes pendientes.

hilt [hɪlt] N puño *m*, empuñadura *f*; **(up) to the ~** (*fig*) hasta las cachas; **he's in debt (right) up to the ~** está agobiado de deudas.

him [hɪm] PRON [a] (*direct*) le; (*esp LAm*) lo; **I see ~** le or lo veo; **I have never seen HIM** a él no le or lo he visto nunca. [b] (*indirect*) le; **I gave ~ the book** le di el libro; **I'm speaking to ~** le estoy hablando (a él). [c] (*after prep*) él; **she thought of ~** pensó en él; **without ~** sin él; **if I were ~** yo que él; **it's ~** es él; **younger than ~** más joven or menor que él.

Himalayas [ˌhɪmə'leɪəz] NPL: **the ~** los montes Himalaya, el Himalaya.

himself [hɪm'sɛlf] PRON (*reflexive*) se; (*emphatic*) él mismo; (*after prep*) sí or él mismo; **he washed ~** se lavó; **he said to ~** dijo entre or para sí; **he did it ~** lo hizo él mismo; **he went ~** fue él mismo or en persona; **he did it by ~** lo hizo él solo.

hind[1] [haɪnd] ADJ (*leg etc*) trasero/a.

hind[2] [haɪnd] N cierva *f*.

hinder ['hɪndəʳ] VT (*disturb, make difficult*) estorbar, dificultar; (*prevent*) impedir; (*obstruct*) obstaculizar, poner dificultades a; (*slow down*) entorpecer.

Hindi ['hɪndiː] N (*Ling*) hindi *m*.

hindrance ['hɪndrəns] N (*obstacle*) obstáculo *m*; (*disturbance*) estorbo *m*; (*problem*) impedimento *m*; **to be a ~ to sb/sth** ser un estorbo para algn/algo.

hindsight ['haɪndsaɪt] N: **with the benefit of ~** con la perspectiva del tiempo transcurrido.

Hindu ['hɪn'duː] N, ADJ hindú *mf*.

Hinduism ['hɪnduːɪzəm] N (*Rel*) hinduismo *m*.

hinge [hɪndʒ] [1] N bisagra *f*, gozne *m*. [2] VI: **to ~ on** (*fig*) depender de.

hinged [hɪndʒd] ADJ de bisagra.

hint [hɪnt] [1] N (*suggestion*) indirecta *f*; (*advice*) consejo *m*; (*trace*) indicio *m*; (*in cooking etc*) pizca *f*; **~s on maintenance** instrucciones *fpl* para la manutención; **to drop a ~** soltar or tirar una indirecta; **to take the ~** (*unspoken*) tomar algo a corazón; (*spoken*) darse por aludido; **with a ~ of irony** con un dejo de ironía; **give me a ~** dame una idea.

[2] VT dar a entender.

[3] VI soltar indirectas.

♦ **hint at** VI + PREP referirse indirectamente a.

hip[1] [hɪp] [1] N (*Anat*) cadera *f*.

[2] CPD: **~ bath** N baño *m* de asiento; **~ flask** N frasco *m*; **~ joint** N articulación *f* de la cadera; **~ pocket** N bolsillo *m* de atrás.

hip[2] [hɪp] N (*Bot*) escaramujo *m*.

hippie, hippy ['hɪpɪ] N hippie *mf*, hippy *mf*.

hippopotamus [ˌhɪpə'pɒtəməs] N (*pl* **~es** or **hippopota-**

mi [ˌhɪpəˈpɒtəmaɪ] N hipopótamo/a *m/f*.

hire [ˈhaɪəʳ] **1** VT (*car, house etc*) alquilar, arrendar (*LAm*); (*employee*) contratar; **~d hand** jornalero/a *m/f*, enganchado/a *m/f*; **~d car** coche *m* de alquiler; **~d assassin** asesino *m* a sueldo.
2 N (*gen*) alquiler *m*, arriendo *m* (*LAm*); **for ~** se alquila *or* alquila; (*on taxi*) libre; **we've got it on ~ for a week** lo tenemos alquilado para una semana.
3 CPD: **~ car** N (*Brit*) coche *m* de alquiler; **~ charges** NPL tarifa *f* de alquiler.
◆ **hire out** VT + ADV alquilar, arrendar (*LAm*).
hire-purchase [ˈhaɪəˈpɜːtʃɪs] N (*Brit*) **to buy sth on ~** comprar algo a plazos *or* en abonos.
his [hɪz] **1** POSS ADJ su, sus; **~ book/table** su libro/mesa; **~ friends** sus amigos.
2 POSS PRON (el/la) suyo/a, (los/las) suyos/as, de él; **this book is ~** este libro es suyo *or* de él; **a friend of ~** un amigo suyo; **is this painting ~?** ¿es de él este cuadro?; **the one I like best is ~** el que más me gusta es el suyo.
Hispanic [hɪsˈpænɪk] **1** ADJ hispánico/a; (*within US*) hispano/a. **2** N (*within US*) hispano/a *m/f*.
Hispanism [ˈhɪspənɪzəm] N hispanismo *m*.
hispanist [ˈhɪspənɪst], **hispanicist** [hɪsˈpænɪsɪst] N hispanista *mf*.
hiss [hɪs] **1** N siseo *m*; (*of protest etc*) silbido *m*, chiflido *m*; (*Elec*) silbido. **2** VI sisear; (*in protest etc*) silbar, chiflar. **3** VT silbar, abuchear, chiflar.
histogram [ˈhɪstəgræm] N histograma *m*.
historian [hɪsˈtɔːrɪən] N historiador(a) *m/f*.
historic [hɪsˈtɒrɪk] ADJ (*important*) histórico/a; (*memorable*) digno/a del recuerdo.
historical [hɪsˈtɒrɪkəl] ADJ (*gen*) histórico/a.
history [ˈhɪstərɪ] N historia *f*; (*record, file, also Med*) historial *m*; **to make/to go down in ~** hacer/pasar a la historia.
histrionic [ˌhɪstrɪˈɒnɪk] **1** ADJ histriónico/a. **2** NPL: **~s** histrionismo *m*; **I'm tired of his ~s** estoy harto de sus payasadas.
hit [hɪt] (*vb: pt, pp ~*) **1** N **a** (*blow*) golpe *m*; (*shot: Sport*) tiro *m*; (: *on target*) tiro certero, acierto *m*; (*of bomb*) impacto *m* directo; **that was a ~ at me** (*fig*) lo dijo por mí.
b (*Mus, Theat etc*) éxito *m*; **to be a ~** tener éxito, ser un éxito; **she's a ~ with everyone** (*fam*) a todos les cae bien; **to make a ~ with sb** caerle bien a algn.
2 VT **a** (*strike: person*) pegar, golpear; (*come into contact with*) dar con *or* contra; (: *violently*) chocar con *or* contra; (*ball*) pegar; (*target*) dar en; **to ~ the mark** (*fig*) dar en el blanco, acertar; **to ~ sb when he's down** rematar a algn; **to ~ one's head against a wall** (*fig*) dar golpes al viento; **the house was ~ by a bomb** la casa sufrió un directo; **he was ~ by a stone** le alcanzó una piedra; **then it ~ me** (*fam: realization*) entonces caí en la cuenta.
b (*affect adversely*) dañar; (*person*) afectar, golpear; **the news ~ him hard** la noticia le afectó mucho.
c (*find, reach: road*) dar con, topar; (*speed*) alcanzar; (*difficulty*) tropezar con; (*achieve, reach: note*) alcanzar; (*fig: guess*) atinar, acertar; **to ~ the bottle** (*fam*) beber mucho; **to ~ the ceiling** (*fig fam*) perder los estribos, enloquecer; **to ~ the jackpot** sacar el premio gordo; **to ~ the hay** *or* **the sack** (*fam*) tumbarse; **to ~ London** (*fam*) llegar a Londres; **to ~ the road** *or* **the trail** (*fam*) emprender viaje, partir.
d (*news, story: fam*) **to ~ the front page** *or* **the headlines** salir en primera plana; **to ~ the papers** salir en el periódico.
e **he ~ me for 10 bucks** (*US fam*) me dio un sablazo de 10 dólares (*fam*).
3 VI golpear.
4 CPD: **~ parade** N lista *f* de éxitos; **~ song** N canción *f* éxito; **~ squad** N escuadrón *m* de la muerte.
◆ **hit back 1** VI + ADV (*lit, fig*) responder.
2 VT + ADV devolver los golpes a.
◆ **hit off** VT + ADV (*imitate*) imitar; **to ~ it off with sb** llevarse bien con algn; **to ~ it off** congeniar.
◆ **hit out** VI + ADV asestar un golpe (*at* a); (*fig*) atacar.

◆ **hit (up)on** VI + PREP dar con.
hit-and-miss [ˌhɪtənˈmɪs] ADJ al azar; **it's all rather ~** todo es a la buena de Dios.
hit-and-run [ˈhɪtənˈrʌn] **1** ADJ (*driver*) que atropella y huye. **2** N accidente *m* en el que el culpable se da a la fuga.
hitch [hɪtʃ] **1** N (*impediment, obstacle*) obstáculo *m*, impedimento *m*; (*knot*) vuelta *f* de cabo; (*tug*) tirón *m*, jalón *m* (*LAm*); **without a ~** sin problemas.
2 VT (*fasten*) atar, amarrar; **to get ~ed** (*fam*) casarse; **to ~ a lift** hacer autostop, ir a dedo, hacer dedo (*CSur*), pedir aventón (*Mex*).
3 VI (*fam: also* **~hike**) hacer autostop, ir a dedo, hacer dedo (*CSur*), pedir aventón (*Mex*); **we ~ed to Paris** fuimos a París en autostop *or* a dedo.
◆ **hitch up** VT + ADV (*trousers, sleeves*) (ar)remangar.
hitchhike [ˈhɪtʃhaɪk] VI hacer autostop, ir a dedo, hacer dedo (*CSur*), pedir aventón (*Mex*).
hitch-hiker [ˈhɪtʃhaɪkəʳ] N autostopista *mf*.
hitch-hiking [ˈhɪtʃhaɪkɪŋ] N autostop *m*, autostopismo *m*.
hi-tech [ˈhaɪtek] ADJ (*fam*) al-tec (*fam*), de alta tecnología.
hither [ˈhɪðəʳ] ADV (*old*) acá; **~ and thither** acá y acullá.
hitherto [ˈhɪðəˈtuː] ADV hasta ahora.
hitman [ˈhɪtmæn] N (*pl* **-men**) sicario *m*, asesino *m* a sueldo.
hit-or-miss [ˈhɪtɔːˈmɪs] ADJ al azar; **to have a ~ way of doing things** hacer las cosas a la ligera *or* sin ton ni son.
HIV N ABBR *of* **human immunodeficiency virus** VIH *m*; **~ positive/negative** VIH positivo/a/negativo/a.
hive [haɪv] N colmena *f*; **a ~ of activity** (*fig*) un hervidero de actividad.
◆ **hive off** (*fam*) **1** VI + ADV desligarse. **2** VT + ADV delegar.
HK ABBR *of* **Hong Kong**.
hl ABBR *of* **hectolitre(s)** hl.
HM ABBR *of* **Her** *or* **His Majesty** S.M.
HMG N ABBR *of* **Her** *or* **His Majesty's Government**.
HMI N ABBR (*Brit*) *of* **Her** *or* **His Majesty's Inspector**.
HMO N ABBR (*US*) *of* **health maintenance organization** seguro médico global.
HMS N ABBR (*Brit*) *of* **Her** *or* **His Majesty's Ship** buque de guerra.
HMSO N ABBR (*Brit*) *of* **Her** *or* **His Majesty's Stationery Office** imprenta del gobierno.
HNC N ABBR (*Brit Scol*) *of* **Higher National Certificate** título académico.
HND N ABBR (*Brit Scol*) *of* **Higher National Diploma** título académico, ≈ Diploma *m* Nacional de Estudios Superiores.
HO ABBR **a** (*Comm etc*) *of* **head office**. **b** (*Brit Pol*) *of* **Home Office**.
hoard [hɔːd] **1** N (*treasure*) tesoro *m*; (*stockpile*) provisión *f*; **~s of money** (*fam*) montones *mpl* de dinero. **2** VT (*also* **~ up**: *accumulate*) amontonar; (*keep*) guardar.
hoarding [ˈhɔːdɪŋ] N (*fence*) valla *f*; (*for advertisements*) cartelera *f*.
hoarfrost [ˈhɔːfrɒst] N escarcha *f*.
hoarse [hɔːs] ADJ (*comp* **~r**; *superl* **~st**) ronco/a.
hoary [ˈhɔːrɪ] ADJ (*comp* **-ier**; *superl* **-iest**) cano/a; (*fig: old*) gastado/a.
hoax [həʊks] **1** N engaño *m*, timo *m*. **2** VT engañar.
hob [hɒb] N quemador *m*.
hobble [ˈhɒbl] VI cojear.
hobby [ˈhɒbɪ] N (*leisure activity*) hobby *m*, pasatiempo *m* favorito, afición *f*.
hobbyhorse [ˈhɒbɪhɔːs] N (*fig*) caballo *m* de batalla, tema *m* preferido.
hobnailed [ˈhɒbneɪld] ADJ (*boots*) con clavos.
hobnob [ˈhɒbnɒb] VI codearse.
hobo [ˈhəʊbəʊ] N (*US*) vagabundo/a *m/f*.
Hobson's choice [ˈhɒbsənzˈtʃɔɪs] N (*Brit*) opción *f* única; **it's ~** o lo tomas o lo dejas.
hock¹ [hɒk] N (*of animal*) corvejón *m*.
hock² [hɒk] N (*wine*) vino *m* blanco del Rin.
hock³ [hɒk] **1** VT (*fam: pawn*) empeñar. **2** N: **in ~** (*object*) empeñado/a; (*person*) endeudado/a.
hockey [ˈhɒkɪ] N hockey *m*; **roller/ice ~** hockey sobre

patines/hielo.

hocus-pocus ['həʊkəs'pəʊkəs] N (*trickery*) juego *m* de manos; (*words*) jerigonza *f*.

hodge-podge ['hɒdʒpɒdʒ] N mezcolanza *f*, birria *f*.

hoe [həʊ] **1** N azada *f*, azadón *m*. **2** VT azadonar.

hog [hɒg] **1** N cerdo *m*, puerco *m*, chancho *m* (*LAm*); **he's a greedy ~** (*fam*) es un marrano; **to go the whole ~** (*fig*) jugarse el todo por el todo. **2** VT (*fam*) acaparar.

Hogmanay ['hɒgməneɪ] N (*Scot*) Nochevieja *f*.

hogwash ['hɒgwɒʃ] N (*US*) tonterías *fpl*.

hoi polloi [ˌhɔɪpə'lɔɪ] N: **the ~** la plebe, el vulgo.

hoist [hɔɪst] **1** VT levantar, alzar; (*flag, sail*) izar; **to ~ onto** subir a. **2** N grúa *f*.

hoity-toity ['hɔɪtɪ'tɔɪtɪ] ADJ presumido/a, repipi (*fam*).

hokum ['həʊkəm] N (*US*) tonterías *fpl*.

hold [həʊld] (*vb: pt, pp* **held**) **1** N **a to get** *or* **catch ~ of** coger (*Sp*), agarrar (*LAm*); (*seize*) apoderarse de; **to keep ~** afianzarse; **to get ~ of sb** (*fig: contact*) localizar a algn; **where can I get ~ of some red paint?** (*fig*) ¿dónde puedo conseguir pintura roja?; **to get (a) ~ of o.s.** (*fig*) dominarse; **to have a ~ over sb** (*fig*) tener ascendiente sobre algn; **to put a plan on ~** suspender temporalmente la ejecución de un plan; **to put sb on ~** (*Telec*) poner al comunicante en espera; **to be on ~** (*Telec*) estar en espera.
b (*Mountaineering*) asidero *m*.
c (*Wrestling*) presa *f*, llave *f*; **no ~s barred** (*fig*) todo se permite.
d (*Aer, Naut*) bodega *f*.
2 VT **a** (*general sense*) tener; (*take ~ of*) coger (*Sp*), agarrar (*LAm*); (*contain*) tener capacidad para; (*audience: fig*) mantener el interés de; (*attention, interest: fig*) captar; (*belief, opinion*) tener, sostener; **to ~ hands** cogerse de la mano; **to ~ o.s. upright/ready** mantenerse recto/preparado; **to ~ one's head high** mantenerse firme; **to ~ sb to his promise** hacer que algn cumpla (su promesa); **to ~ one's own** defenderse; **to ~ the line** (*Telec*) no colgar; **this car ~s the road well** este coche se afianza muy bien; **what does the future ~?** (*fig*) ¿qué nos reserva el futuro?
b (*restrain: person*) detener; **to ~ sb prisoner** tener preso a algn; **the police held him for 3 days** lo detuvo la policía durante 3 días; **there's no ~ing him** no hay quien le pare.
c (*breath*) contener; **to ~ one's tongue** (*fig*) morderse la lengua, callarse la boca; **~ it!** (*fam*) ¡para!, ¡ya está bien! (*LAm*).
d (*post, position, title*) ocupar; (*passport, ticket*) tener; (*shares: Fin*) tener en reserva; (*record: Sport*) ser poseedor(a) *m/f* de; (*position: Mil*) mantenerse en; **to ~ office** (*Pol*) ocupar un cargo; **to ~ the fort** (*fig*) quedarse a cargo; **to ~ the stage** (*fig*) dominar la escena.
e (*carry on: conversation etc*) mantener; (*meeting, election, interview*) celebrar; (*event*) realizar; **the maths exam is being held today** hoy tiene lugar el examen de matemáticas; **to ~ a mass** (*Rel*) celebrar una misa.
f (*consider*) sostener; **to ~ that** creer que; **to ~ sb in high esteem** tener a algn en alta estima; **to ~ sth/sb dear** apreciar algo/querer a algn; **to ~ sb responsible for sth** culpar o echarle la culpa a algn de algo.
g (*believe, maintain*) mantener, sostener.
3 VI (*rope, nail etc*) resistir; (*continue*) seguir; (*be valid*) valer; **to ~ firm** *or* **fast** mantenerse firme.

◆ **hold against** VT + PREP tener contra.

◆ **hold back 1** VI + ADV guardarse algo; **to ~ back from** guardarse de.
2 VT + ADV **a** (*restrain: crowd*) contener; (*: river, flood*) retener; (*: emotions*) reprimir, contener; **to ~ o.s. back from doing sth** guardarse de hacer algo.
b (*keep secret, withhold*) ocultar; **he's ~ing something back from me** me está ocultando algo.

◆ **hold down** VT + ADV (*gen*) sujetar; (*prices*) mantener bajo; **he can't ~ down a job** pierde todos los trabajos.

◆ **hold forth** VI + ADV perorar.

◆ **hold in** VT + ADV (*stomach etc*) contener; **to ~ o.s. in** (*fig*) controlarse, aguantarse.

◆ **hold off 1** VT + ADV (*enemy, attack*) rechazar; (*postpone*) aplazar; (*visitor etc: fig*) hacer esperar.
2 VI + ADV (*person: wait*) esperar; **if the rain ~s off** si no llueve.

◆ **hold on 1** VI + ADV (*cling etc*) agarrarse; (*fig: persevere*) resistir, aguantar; (*fam: wait*) esperar; (*Telec*) no colgar.
2 VT + ADV sujetar.

◆ **hold on to** VI + PREP (*grasp*) agarrarse a *or* de; (*keep*) guardar; (*fig: retain*) aferrarse a.

◆ **hold out 1** VI + ADV **a** (*supplies*) durar.
b (*stand firm*) resistir (*against* a); **to ~ out for £10** insistir en 10 libras.
2 VT + ADV (*arms*) extender; (*hand*) tender; (*fig: offer*) ofrecer; **to ~ out sth to sb** ofrecerle algo a algn.

◆ **hold out on** VI + PREP: **you've been ~ing out on me!** (*fam*) ¡no me habías dicho nada!

◆ **hold over** VT + ADV (*meeting etc*) aplazar.

◆ **hold together 1** VT + ADV (*persons*) mantener unidos; (*company, group*) mantener la unidad de.
2 VI + ADV **a** (*persons*) mantenerse unidos.
b (*argument*) ser sólido, ser lógico; (*deal etc*) mantenerse.

◆ **hold up 1** VI + ADV (*survive, last*) resistir.
2 VT + ADV **a** (*raise*) levantar; **~ up your hand** levanta la mano; **to ~ up sth to the light** poner algo a contraluz; **to ~ sb up to ridicule** poner en ridículo a algn.
b (*support*) sostener, sujetar.
c (*delay: person, traffic*) retrasar, demorar; (*stop*) parar, detener.
d (*rob*) asaltar, atracar.

holdall ['həʊldɔːl] N (*Brit*) bolsa *f* de viaje.

holder ['həʊldə^r] N (*person*) poseedor(a) *m/f*; (*tenant*) inquilino/a *m/f*; (*bearer: of letter etc*) portador(a) *m/f*; (*of bonds*) tenedor(a) *m/f*; (*of title, office*) titular *mf*; **pen ~** portaplumas *m inv*; **cigarette ~** boquilla *f*.

holding ['həʊldɪŋ] **1** N (*land*) pequeña propiedad *f*, parcela *f*, chacra *f* (*CSur*); **~s** terrenos *mpl*; (*Comm*) valores *mpl* en cartera. **2** CPD: **~ company** N (*Comm*) holding *m*.

hold-up ['həʊldʌp] N (*robbery*) atraco *m* o asalto *m* a mano armada; (*stoppage, delay*) demora *f*, retraso *m*; (*of traffic*) embotellamiento *m*, atasco *m*.

hole [həʊl] **1** N **a** (*gen*) agujero *m*, hoyo *m*; (*in road*) bache *m*; (*gap, opening*) boquete *m*, hueco *m*; (: *in wall etc*) brecha *f*; (*burrow*) madriguera *f*; (*Golf*) hoyo *m*; **to wear a ~ in sth** agujerear algo; **buying the car made a ~ in his savings** la compra del coche le costó una buena parte de sus ahorros; **his argument is full of ~s** sus argumentos están llenos de fallas; **to pick ~s in** (*fig*) encontrar defectos en; **~ in the heart** soplo *m* cardíaco.
b (*fig: difficulty*) aprieto *m*, apuro *m*; **to be in a ~** (*fam*) estar en un aprieto; **he got me out of a ~** (*fam*) me sacó de un aprieto.
c (*fam: dwelling, room*) cuchitril *m*, tugurio *m* (*esp LAm*); (*town*) poblacho *m*, pueblo *m* muerto.
2 VT agujerear; (*Golf: ball*) meter en el hoyo.

◆ **hole up** VI + ADV esconderse.

holiday ['hɒlɪdɪ] **1** N (*period*) vacaciones *fpl*; (*public*) fiesta *f*; (*day*) día *m* de fiesta, día feriado, feriado *m* (*LAm*); **to be/go on ~** estar/ir de vacaciones.
2 CPD (*camp etc: at beach*) de veraneo, de vacaciones; (: *for rest*) vacacional; (*mood etc*) de fiesta; **~ home** N casa *f* o piso *m* etc para ocupar durante las vacaciones; **~ pay** N paga *f* de las vacaciones; **~ season** N época *f* de vacaciones; (*US*) Navidades *fpl*.

holiday-maker ['hɒlɪdɪˌmeɪkə^r] N (*gen*) turista *mf*; (*in summer*) veraneante *mf*.

holiness ['həʊlɪnɪs] N santidad *f*; **His H~** Su Santidad.

Holland ['hɒlənd] N Holanda *f*.

hollandaise [ˌhɒlən'deɪz] ADJ: **~ sauce** salsa *f* holandesa.

holler ['hɒlə^r] VT, VI (*fam*) gritar.

hollow ['hɒləʊ] **1** ADJ (*comp* **~er**; *superl* **~est**) hueco/a; (*eyes, cheeks*) hundido/a; (*sound, voice*) cavernoso/a; (*fig: sympathy, promises*) vacío/a; (*fig: victory*) vano/a; **to give a ~ laugh** dar una risa hueca *or* irónica.
2 ADV: **to beat sb ~** (*fam*) aplastar a algn.

3 N (*of back, hand*) hueco *m*; (*in ground*) hoyo *m*; (*small valley*) hondonada *f*; **the ~ of one's back** los riñones.
◆**hollow out** VT + ADV ahuecar.
holly ['hɒlɪ] N (*also* **~ tree**) acebo *m*.
hollyhock ['hɒlɪhɒk] N malva *f* loca.
holocaust ['hɒləkɔːst] N (*fig*) holocausto *m*.
hologram ['hɒləgræm] N holograma *m*.
holograph ['hɒləgrɑːf] **1** ADJ ológrafo/a. **2** N ológrafo *m*.
hols [hɒlz] NPL ABBR (*fam*) *of* **holidays**.
holster ['həʊlstəʳ] N funda *f* de pistola.
holy ['həʊlɪ] ADJ (*comp* **-ier**; *superl* **-iest**) santo/a; **H~ Communion** Sagrada Comunión *f*; **the H~ Father** el Santo Padre; **the H~ Ghost** *or* **Spirit** el Espíritu *m* Santo; **the H~ Land** la Tierra *f* Sagrada; **~ orders** órdenes *fpl* sagradas; **a ~ terror** (*fam*) un demonio *m*; **~ water** agua *f* bendita.
homage ['hɒmɪdʒ] N homenaje *m*; **to pay ~ to** rendir homenaje a.
home [həʊm] **1** N (*gen*) casa *f*; (*residence*) domicilio *m*; (*fig: refuge etc*) hogar *m*; (*country*) patria *f*; (**~** *town*) ciudad *f* natal; (*Bio*) hábitat *m*; (*origin*) cuna *f*; (*hospital, hostel etc*) asilo *m*; (*Sport: target area*) meta *f*; **children's/ old people's ~** asilo de niños/ancianos; **~ from ~** segunda casa; **to give sb/sth a ~** dar casa a algn/algo; (*position, niche*) encontrar sitio para algn/algo; **he made his ~ in Italy** se estableció en Italia; **Scotland is the ~ of whisky** Escocia es la patria del whisky; **at ~** en casa; **make yourself at ~** estás en tu casa; **to play at ~** (*Sport*) jugar en casa; **is Mr X at ~?** ¿está el señor X?; **he is at ~ with the topic** domina bien la materia; **to make sb feel at ~** hacer que algn se sienta en casa; **~ sweet ~** hogar, dulce hogar; **there's no place like ~** como su casa no hay dos.
2 ADV (*at* **~**) en casa; (*to* **~**) a casa; **to be ~** estar en casa; (*return*) estar de vuelta; **to be ~ and dry** respirar tranquilo/a; **to go** *or* **come ~** volver a casa; (*from abroad*) volver a la patria; **to send sb ~** mandar a algn a casa; **to stay ~** quedarse en casa; **to bring sth ~ to sb** (*fig*) hacerle ver algo a algn; **it came ~ to me** (*fig*) me di cuenta de ello; **to drive a point ~** subrayar un punto; **to strike ~** (*shell etc*) dar en el blanco; (*right in etc: hammer, nail*) remachar; **it's nothing to write ~ about** (*fam*) no tiene nada de particular.
3 VI (*pigeons*) volver a casa.
4 CPD (*domestic: cooking etc*) casero/a; (*: life etc*) de familia, doméstico/a; (*native: town*) natal; (*Comm: trade, market*) interno/a; (*: product, industries*) nacional; (*rule*) autónomo/a; (*news*) nacional; (*Sport: team*) de casa; (*: match, win*) en casa; (*Comput*) punto *m* inicial *or* de partida; **~ address** N domicilio *m*; **~ banking** N banco *m* en casa; **~ computer** N ordenador *m* doméstico; **H~ Counties** NPL condados colindantes con Londres; **~ economics** NSG (*Scol*) ciencia *f* del hogar; **~ front** N frente *m* interno; **~ help** N (*act*) atención *f* domiciliaria, ayuda *f* a domicilio; (*Brit: person*) asistenta *f*; **~ leave** N permiso *m* para irse a casa; **~ loan** N préstamo *m* para la vivienda; **H~ Office** N (*Brit*) Ministerio *m* del Interior, Gobernación *f* (*Mex*); **~ owners** NPL propietarios *mpl* de viviendas; **~ page** N (*Comput*) página *f* digital, Home Page *m*; **~ rule** N autonomía *f*; **~ run** N (*Baseball*) jonrón *m*; **H~ Secretary** N (*Brit*) Ministro *m* del Interior; **~ straight** N (*Sport*) recta *f* final; **to be in the ~ straight** (*fig*) estar en la última recta; **~ truths** NPL: **to tell sb a few ~ truths** decir cuatro verdades a algn.
◆**home in on** VI + PREP (*missiles*) dirigirse hacia; (*fig*) concentrarse en.
homeboy ['həʊmbɔɪ] N (*US fam*) chico *m* del barrio.
home-brew [ˌhəʊm'bruː] N cerveza *f* etc casera.
home-brewed ['həʊm'bruːd] ADJ hecho/a en casa.
homecoming ['həʊmkʌmɪŋ] N regreso *m* (al hogar).
homegirl ['həʊmgɜːl] N (*US fam*) chica *f* del barrio.
home-grown ['həʊm'grəʊn] ADJ de cosecha propia; (*not imported*) del país.
homeland ['həʊmlænd] N patria *f*.
homeless ['həʊmlɪs] **1** ADJ sin hogar *or* vivienda. **2** NPL:

the **~** personas *fpl* sin hogar.
home-loving ['həʊmˌlʌvɪŋ] ADJ hogareño/a, casero/a.
homely ['həʊmlɪ] ADJ (*comp* **-ier**; *superl* **-iest**) (*like home, food*) casero/a; (*atmosphere*) familiar; (*person*) sencillo/a; (*advice*) prosaico/a.
home-made ['həʊm'meɪd] ADJ hecho/a en casa.
homeopath etc ['həʊmɪəʊpæθ] (*US*) = **homoeopath** etc.
homesick ['həʊmsɪk] ADJ nostálgico/a; **to be ~** tener nostalgia, echar de menos a la familia; **I feel ~** echo de menos mi casa.
homesickness ['həʊmsɪknɪs] N nostalgia *f*.
homespun ['həʊmspʌn] ADJ tejido/a en casa, hecho/a en casa; (*fig*) llano/a.
homestead ['həʊmsted] N (*US*) casa *f*, caserío *m*; (*farm*) granja *f*.
homeward ['həʊmwəd] **1** ADJ de regreso. **2** ADV (*also* **~s**) hacia casa; **~ bound** camino a la casa.
homework ['həʊmwɜːk] N deberes *mpl*, tarea *f*.
homicidal [ˌhɒmɪ'saɪdl] ADJ homicida.
homicide ['hɒmɪsaɪd] N homicidio *m*.
homing ['həʊmɪŋ] ADJ (*missile etc*) buscador(a), cazador(a); **~ pigeon** paloma *f* mensajera.
hominy ['hɒmɪnɪ] N (*US*) maíz *m* molido.
homoeopath, (*US*) homeopath ['həʊmɪəʊpæθ] N homeópata *mf*.
homoeopathic, (*US*) homeopathic [ˌhəʊmɪəʊ'pæθ] ADJ homeopático/a.
homoeopathy, (*US*) homeopathy ['həʊmɪ'ɒpəθɪ] N homeopatía *f*.
homogeneity ['hɒməʊdʒə'niːɪtɪ] N homogeneidad *f*.
homogeneous [ˌhɒmə'dʒiːnɪəs] ADJ homogéneo/a.
homogenize [hə'mɒdʒənaɪz] VT homogeneizar.
homograph ['hɒməʊgrɑːf] N homógrafo *m*.
homonym ['hɒmənɪm] N homónimo *m*.
homophobe ['hɒmə,fəʊb] N homófobo/a *m/f*.
homophobia ['hɒməʊ'fəʊbɪə] N homofobia *f*.
homophobic ['hɒməʊ'fəʊbɪk] ADJ homofóbico/a.
homophone ['hɒməfəʊn] N homófono *m*.
homosexual ['hɒməʊ'seksjʊəl] ADJ, N homosexual *mf*.
homosexuality ['hɒməʊseksju'ælɪtɪ] N homosexualidad *f*.
Hon. ABBR (*in titles*) *of* **honourable, honorary**.
Honduras [hɒn'djʊərəs] N Honduras *f*.
hone [həʊn] VT afilar.
honest ['ɒnɪst] **1** ADJ (*person: trustworthy etc*) honrado/a, recto/a; (*face, means*) honesto/a; (*answer, opinion*) sincero/a, franco/a; (*wages, profit*) justo/a; **the ~ truth is ...** la pura verdad es ...; **to be perfectly ~ with you, ...** para decirlo con toda franqueza, ...; **to be ~, I don't like you** para decirle verdad, no me gustas; **be ~ with me** sé franco conmigo; **he made an ~ woman of her** le salvó el honor.
2 ADV: **~ (to God)!** ¡palabra!
honestly ['ɒnɪstlɪ] ADV (*uprightly*) con honradez *or* rectitud; (*truly*) sinceramente; **I don't ~ know**, **~ I don't know** francamente no lo sé; **~?** ¿de veras?; **~!** ¡hay que ver!
honesty ['ɒnɪstɪ] N (*uprightness*) honradez *f*, rectitud *f*; (*truthfulness*) sinceridad *f*; **in all ~** con toda franqueza.
honey ['hʌnɪ] N miel *f*; (*US: address*) guapa *f*, linda *f* (*esp LAm*); **yes, ~** sí, cariño; **is everything OK ~?** (*fam*) ¿todo bien, querida *or* (*LAm*) linda?, ¿todo bien, mi vida? (*fam*); **she's a ~** es un encanto.
honeybee ['hʌnɪbiː] N abeja *f* (obrera).
honeycomb ['hʌnɪkəʊm] **1** N panal *m*; (*fig*) laberinto *m*. **2** VT (*fig*) **the hill is ~ed with tunnels** el cerro está lleno de cuevas.
honeyed ['hʌnɪd] ADJ meloso/a, melifluo/a.
honeymoon ['hʌnɪmuːn] **1** N (*lit, fig*) luna *f* de miel. **2** VI pasar la luna de miel. **3** CPD: **the ~ couple** la pareja de recién casados; **~ period** N (*Pol etc*) período *m* de gracia, cien días *mpl*.
honeysuckle ['hʌnɪˌsʌkl] N madreselva *f*.
Hong Kong [ˌhɒŋ'kɒŋ] N Hong Kong *m*.
honk [hɒŋk] VI (*car*) tocar la bocina *or* (*LAm*) el claxon; (*goose*) graznar.

honky ['hɒŋkɪ] N (US fam: pej) blanco m, blancucho m (fam).

Honolulu [,hɒnə'lu:lu:] N Honolulú m.

honor etc ['ɒnəʳ] (US) = **honour** etc.

honorary ['ɒnərərɪ] ADJ (member etc) de honor, honorario/a; (title) honorífico/a; (unpaid: secretary) no remunerado/a; **an ~ degree** un doctorado 'honoris causa'.

honour, (US) **honor** ['ɒnəʳ] **1** N **a** (gen) honor m; (good name) honra f; (uprightness) honradez f; (respect, esteem) respeto m; **in ~ of** en honor de; **for the ~ of one's country** por el honor de la patria; **to be on one's ~ to do sth** haberse comprometido a hacer algo; **to do ~ to sb, to do sb ~** rendir honores a algn; **to be an ~ to one's profession** ser un orgullo para su profesión; **it's a great ~ to be invited** (frm) es un gran honor ser invitado; **I had the ~ of meeting him** (frm) tuve el honor de conocerle; **(in) ~ bound** moralmente obligado.
b **~s** (distinction, award) condecoración fsg; (Univ: also **~s degree**) título de licenciado de categoría superior; **to bury sb with full ~s** sepultar a algn con todos los honores militares; **last ~s** honras fúnebres; **to take ~s in chemistry** licenciarse en química; **to do the ~s** (fam) hacer los honores de la casa.
c (title) **Your H~** (judge) señor Juez; (US: mayor) su Señoría.
2 VT (gen) honrar; (fulfil: obligation) cumplir con; (cheque) aceptar, pagar; (do credit to) hacer honor a; (pay homage to) rendir homenaje a; (decorate) condecorar; **to ~ sb with one's confidence** honrar a algn con su confianza.

honourable, (US) **honorable** ['ɒnərəbl] ADJ (upright) honrado/a; (title, etc) honorable; **~ mention** mención f honorífica.

Hons. ABBR (Univ) of **hono(u)rs degree**.

hooch [hu:tʃ] N (fam) licor m (esp ilícito).

hood [hʊd] N (of cloak, raincoat) capucha f; (Univ) muceta f; (Aut) capota f; (US Aut) capó m; (on pram) capota; (on cooker) tapa f; (on chimney-pot) campana f; (US fam) gorila m (fam), matón/ona m/f.

hooded ['hʊdɪd] ADJ encapuchado/a.

hoodlum ['hu:dləm] N (fam) maleante m, matón/ona m/f.

hoodwink ['hʊdwɪŋk] VT engañar.

hooey ['hu:ɪ] N (fam) música f celestial (fam).

hoof [hu:f] N (pl **~s** or gen **hooves**) casco m, pezuña f; (of animal, devil) **cloven ~** pata f hendida.

hoo-ha ['hu:,ha:] N (fam: fuss) lío m (fam), follón m (fam); (noise) estrépito m; (of publicity etc) bombo m (fam); **there was a great ~ about it** se armó un tremendo follón (fam).

hook [hʊk] **1** N (gen, Boxing) gancho m; (meat ~) garfio m; (Fishing) anzuelo m; (hanger) percha f, colgadero m; (on dress) corchete m; **~s and eyes** corchetes, macho m y hembra f; **to leave the phone off the ~** dejar el teléfono descolgado; **he fell for it ~, line and sinker** (fig) se tragó el anzuelo; **by ~ or by crook** por las buenas o por las malas, a como dé lugar (LAm); **to get sb off the ~** sacar a algn de un apuro.
2 VT (fasten) enganchar; (Fishing) pescar; **to ~ one's arms/feet around sth** envolver algo con los brazos/los pies; (fam: catch) **she finally ~ed him** por fin se enganchó a él.
3 VI (fasten: dress) abrocharse; (connect) engancharse.
◆ **hook on** **1** VI + PREP engancharse (to a).
2 VT + PREP (lit) enganchar (to a); (fig) **to be ~ed on** (fam) estar adicto a; **to be ~ed on drugs** quedar enganchado a la droga (fam); **to get ~ed on** (fam) volverse adicto a.
◆ **hook up** **1** VI + ADV abrocharse; (Rad, TV etc) transmitir en cadena.
2 VT + ADV (dress) abrochar; (Rad, TV etc) conectar.

hooker ['hʊkəʳ] N (US fam) puta f.

hook(e)y ['hʊkɪ] N (esp US fam) **to play ~** hacer novillos, hacer pirola.

hook-up ['hʊkʌp] N (Rad, TV) transmisión f en cadena.

hooligan ['hu:lɪɡən] N gamberro/a m/f.

hooliganism ['hu:lɪɡənɪzəm] N gamberrismo m.

hoop [hu:p] N (gen) aro m, argolla f; (of barrel) fleje m; (cro-

quet ~) argolla f; **to put sb through the ~** (fig) hacer pasar penas a algn.

hooray [hʊ'reɪ] INTERJ = **hurrah**.

hoot [hu:t] **1** N (of owl) ululato m; (of car) bocinazo m; (of train etc) silbato m; (of siren) toque m de sirena; (of scorn etc) risotada f; **I don't care a ~** (fam) (no) me importa un comino; **it was a ~** (fam) ¡era para morirse de (la) risa!
2 VT (person) abuchear; (horn) tocar la bocina or (esp LAm) el claxon; **to ~ sb off the stage** sacar a algn de la escena a silbidos or (LAm) chiflidos.
3 VI (owl) ulular; (person: in scorn) abuchear; (Aut) dar un bocinazo; (ship, train, factory hooter) silbar; **to ~ with laughter** carcajear.

hooter ['hu:təʳ] N (Brit: of ship, factory) sirena f; (Aut) bocina f, claxon m (esp LAm); (Brit fam: nose) napia f.

hoover ® ['hu:vəʳ] **1** N aspiradora f. **2** VT pasar la aspiradora por. **3** VI pasar la aspiradora.

hooves [hu:vz] NPL of **hoof**.

hop¹ [hɒp] **1** N (jump) salto m, brinco m; (fam: dance) baile m; (Aer) vuelo m corto; **to catch sb on the ~** (fam) coger (Sp) or (LAm) agarrar a algn desprevenido; **the uncertainty should keep them on the ~** la incertidumbre debería de mantenerles en estado de alerta.
2 VI (person, bird, animal) dar saltos, brincar (LAm).
3 VT: **~ it!** (fam) ¡lárgate! (fam).
◆ **hop along** VI + ADV avanzar a saltos.
◆ **hop off** **1** VI + PREP bajar de.
2 VI + ADV **a** bajar.
b (fam) largarse (fam).
◆ **hop on** **1** VI + PREP subir a.
2 VI + ADV subir; **~ on!** ¡sube!
◆ **hop out** VI + ADV salir de un salto; **to ~ out of bed** saltar de la cama.
◆ **hop over to** VI + PREP darse una vuelta por.

hop² [hɒp] N (Bot: also **~s**) lúpulo m.

▼**hope** [həʊp] **1** N (gen) esperanza f; (remote) ilusión f; (chance) posibilidad f; **to be past** or **beyond all ~** ser un caso desesperado; **to live in ~** vivir de esperanzas; **in the ~ of (doing) sth** en la esperanza de (hacer) algo; **there is no ~ of that** no hay posibilidad de eso; **he hasn't much ~ of winning** no tiene muchas esperanzas de ganar; **you haven't got a ~ in hell of that** no tienes la más remota posibilidad de lograrlo; **he's the bright ~ of the team** es la esperanza dorada del equipo; **you are my last ~** tú eres mi única salvación; **with high ~s** con muchas esperanzas; **to raise sb's ~s** dar esperanzas a algn; **to lose ~** perder las esperanzas; **what a ~!, some ~(s)!** (fam) ¡ni en sueños!, ¡ni hablar!
2 VT: **to ~ that ...** esperar que ... + subjun; **I ~ he comes soon** ojalá venga pronto; **I ~ so/not** espero que sí/que no; **to ~ to do sth** pretender hacer algo, esperar hacer algo; **I should ~ so!** ¡ya era hora!; **hoping to hear from you** en espera de tus gratas noticias.
3 VI esperar; **to ~ for the best** esperar lo mejor; **we'll just have to ~ for the best** tendremos que mantener el optimismo a pesar de todo; **to ~ for sth** esperar algo; **to ~ against ~** esperar desesperando.

hopeful ['həʊpfʊl] **1** ADJ (person) optimista; (situation, response, future) esperanzador(a), prometedor(a). **2** N aspirante mf.

▼**hopefully** ['həʊpfəlɪ] ADV con optimismo; (fam) **~ he will recover** esperamos que se recupere.

hopeless ['həʊplɪs] ADJ (situation, outlook) desesperado/a; (drunkard etc) empedernido/a; (impossible) imposible; (useless) inútil; (fam: bad: work) malísimo/a; **I'm ~ at it** (fam) no sirvo para eso; **it's ~** no tiene remedio; **he's a ~ teacher** es un profesor desastroso; **the boss is ~** el jefe es un caso perdido; **it's ~ trying to convince her** no sirve de nada intentar convencerla.

hopelessly ['həʊplɪslɪ] ADV (live etc) sin esperanzas; (involved, complicated) imposiblemente; (in love) perdidamente; **to be ~ late** llegar con un retraso inaceptable; **I'm ~ confused** estoy totalmente despistado.

hopelessness ['həʊplɪsnɪs] N desesperanza f.

hopper ['hɒpəʳ] N (chute) tolva f.

hopscotch ['hɒpskɒtʃ] N infernáculo m, rayuela f (LAm).

➤ SENTENCE BUILDER: **hope** → 7.4, 13.3   **hopefully** → 13.3

horde [hɔːd] N (*large number, crowd*) multitud *f*; (*Hist*) horda *f*.

horizon [hə'raɪzn] N horizonte *m*; (*fig*) horizonte, perspectiva *f*.

horizontal [,hɒrɪ'zɒntl] [1] ADJ horizontal. [2] N horizontal *m*.

horizontally [,hɒrɪ'zɒntəlɪ] ADV horizontalmente.

hormone ['hɔːməʊn] [1] N (*Med*) hormona *f*. [2] CPD: ~ **treatment** N tratamiento *m* de hormonas.

horn [hɔːn] N [a] (*of animal, insect*) cuerno *m*, asta *f*, cacho *m* (*LAm*); (*material*) cuerno, carey *m*; **H~ of Africa** Cuerno de África; **~ of plenty** cuerno de la abundancia, cornucopia *f*; **to be on the ~s of a dilemma** estar entre la espada y la pared; **to draw in one's ~s** (*fig*) volverse atrás; (*with money*) hacer economías. [b] (*Mus*) trompa *f*, cuerno *m*; (*Aut*) bocina *f*, claxon *m* (*esp LAm*); (*shoe ~*) calzador *m*; (*US fam*) teléfono *m*; **to blow** *or* **sound one's ~** tocar la bocina *or* el claxon.

horned [hɔːnd] ADJ con cuernos, enastado/a; (*in compounds*) de cuernos ....

hornet ['hɔːnɪt] N avispón *m*; **to stir up a ~'s nest** meterse en un avispero.

horn-rimmed ['hɔːnrɪmd] ADJ (*spectacles*) de concha, de carey.

horny ['hɔːnɪ] ADJ (*comp* **-ier**; *superl* **-iest**) (*hands*) calloso/a; (*fam: randy*) cachondo/a.

horoscope ['hɒrəskəʊp] N horóscopo *m*.

horrendous [hɒ'rendəs] ADJ horrendo/a; (*hum*) horroroso/a.

horrible ['hɒrɪbl] ADJ (*awful*) horroroso/a; (*unpleasant*) horrible, feo/a.

horribly ['hɒrɪblɪ] ADV horriblemente; **it's ~ difficult** es terriblemente difícil; **he swore most ~** soltó unos tacos espantosos.

horrid ['hɒrɪd] ADJ (*disagreeable, unpleasant*) horrible; (*horrifying*) horroroso/a; (*unkind*) antipático/a.

horrific [hɒ'rɪfɪk] ADJ horrendo/a.

horrify ['hɒrɪfaɪ] VT horrorizar; **I was horrified to discover that ...** me horrorizó descubrir que ....

horrifying ['hɒrɪfaɪɪŋ] ADJ horroroso/a.

horror ['hɒrəʳ] [1] N (*terror, dread*) horror *m*, pavor *m*; (*loathing, hatred*) horror; (*fam*) diablo *m*; **to have a ~ of** tener horror a; **I found to my ~ that ...** me horroricé al descubrir que ...; **the ~s of war** los horrores de la guerra; **that gives me the ~s** (*fam*) me da horror. [2] CPD: ~ **film** N película *f* de terror.

horror-stricken ['hɒrə,strɪkən], **horror-struck** ['hɒrə,strʌk] ADJ horrorizado/a.

hors d'oeuvres [ɔː'dɜːvr] NPL entremeses *mpl*.

horse [hɔːs] [1] N (*Zool*) caballo *m*; (*in gymnastics*) potro *m*; (*carpenter's*) caballete *m*; **dark ~** incógnita *f*; **a ~ of a different colour** harina *f* de otro costal; **it's straight from the ~'s mouth** (*fam*) es de buena tinta; **to flog a dead ~** machacar en hierro frío; **to get on one's high ~** darse humos; **don't look a gift ~ in the mouth** a caballo regalado, no le mires el diente. [2] CPD (*race, meat*) de caballo(s); ~ **chestnut** N (*Bot*) castaño *m* de Indias; ~ **riding** N (*Brit*) equitación *f*; ~ **sense** N sentido *m* común; ~ **show** N concurso *m* hípico; ~ **trader** N (*gen*) chalán/ana *m/f*; ~ **trading** N (*fig*) chalaneo *m*; ~ **trailer** N (*US*) remolque *m* para caballerías; ~ **trials** NPL concurso *m* hípico.

◆**horse about, horse around** VI + ADV (*fam*) hacer el tonto.

horseback ['hɔːsbæk] N: **on ~** a caballo; ~ **riding** (*US*) equitación *f*.

horsebox ['hɔːsbɒks] N remolque *m* para caballerías.

horseflesh ['hɔːsfleʃ] N (*horses*) caballos *mpl*; (*Culin*) carne *f* de caballo.

horsefly ['hɔːsflaɪ] N tábano *m*.

horsehair ['hɔːsheəʳ] N crin *f*.

horseman ['hɔːsmən] N (*pl* **-men**) jinete *m*; (*skilful*) caballista *m*, charro *m* (*Mex*).

horsemanship ['hɔːsmənʃɪp] N (*activity*) equitación *f*; (*skill*) manejo *m* del caballo.

horseplay ['hɔːspleɪ] N payasadas *fpl*.

horsepower ['hɔːs,paʊəʳ] N caballo *m* de vapor; **a 20 ~ engine** un motor de 20 caballos.

horse-racing ['hɔːs,reɪsɪŋ] N (*gen*) carreras *fpl* de caballos; (*as sport*) hípica *f*.

horseradish ['hɔːs,rædɪʃ] N (*plant*) rábano *m* picante; (*sauce*) salsa *f* de rábano.

horseshoe ['hɔːsʃuː] N herradura *f*.

horsewhip ['hɔːswɪp] [1] VT azotar. [2] N fusta *f*.

horsewoman ['hɔːs,wʊmən] N (*pl* **-women**) jineta *f*, amazona *f*, caballista *f*, charra *f* (*Mex*).

horsey ['hɔːsɪ] ADJ (*comp* **-ier**; *superl* **-iest**) (*fam: person*) aficionado/a a los caballos; (*appearance*) caballuno/a.

horticultural [,hɔːtɪ'kʌltʃərəl] ADJ hortícola.

horticulture ['hɔːtɪkʌltʃəʳ] N horticultura *f*.

horticulturist [,hɔːtɪ'kʌltʃərɪst] N horticultor(a) *m/f*.

hose [həʊz] N [a] (*also* **~pipe**) manga *f*, manguera *f*. [b] (*stockings*) medias *fpl*; (*socks*) calcetines *mpl*; (*Hist*) calzas *fpl*.

◆**hose down** VT + ADV regar con manguera.

hosiery ['həʊʒɪərɪ] N calcetería *f*.

hospice ['hɒspɪs] N hospicio *m*.

hospitable [hɒs'pɪtəbl] ADJ acogedor(a), hospitalario/a.

hospitably [hɒs'pɪtəblɪ] ADV con hospitalidad.

hospital ['hɒspɪtl] [1] N hospital *m*; **maternity ~** casa *f* de maternidad; **mental ~** manicomio *m*. [2] CPD de hospital.

hospitality [,hɒspɪ'tælɪtɪ] N hospitalidad *f*.

hospitalize ['hɒspɪtəlaɪz] VT hospitalizar.

host[1] [həʊst] [1] N (*to guest*) huésped *m*, anfitrión *m*; (*TV, Rad*) presentador(a) *m/f*; (*Bio*) huésped; (*of inn*) hostelero *m*, mesonero *m*. [2] VT (*TV programme, games*) presentar. [3] CPD: ~ **country** N país *m* anfitrión.

host[2] [həʊst] N (*crowd*) multitud *f*; **for a whole ~ of reasons** por muchísimas razones.

host[3] [həʊst] N (*Rel*) hostia *f*.

hostage ['hɒstɪdʒ] N rehén *m*; **to take sb ~** coger (*Sp*) *or* (*LAm*) agarrar a algn como rehén.

hostel ['hɒstəl] N residencia *f*; (*youth ~*) albergue *m* juvenil.

hostelling, (*US*) **hosteling** ['hɒstəlɪŋ] N: **to go (youth) ~** viajar de alberguista.

hostess ['həʊstes] N huéspeda *f*, anfitriona *f*; (*in night club*) azafata *f; see* **air 3**.

hostile ['hɒstaɪl] ADJ (*enemy*) enemigo/a; (*unfriendly, showing dislike*) hostil; **to be ~ to sth** oponerse a algo.

hostility [hɒs'tɪlɪtɪ] N hostilidad *f*; **to resume** *or* **renew hostilities** reanudar las hostilidades.

hot [hɒt] [1] ADJ (*comp* **~ter**; *superl* **~test**) [a] caliente; (*climate*) cálido/a; (*day*) caluroso/a, de calor; (*sun*) abrasador(a); **to be ~** (*weather*) hacer calor; (*person*) tener calor; (*inanimate object*) estar caliente; **this room is ~** hace calor en esta habitación; **I'm too ~** tengo demasiado calor; **you're getting ~** (*fig: when guessing*) caliente, caliente; ~ **air** palabras *fpl* al aire; ~ **dog** (*Culin*) perrito *m* caliente, hot dog *m*, pancho *m* (*CSur*); ~ **flush** sofoco *m* de calor; ~ **springs** aguas *fpl* termales. [b] (*fig: taste*) picante; **this food is very ~** (*spicy*) esta comida pica mucho; ~ **favourite** gran favorito *m*; ~ **goods** artículos *mpl* robados; ~ **line** teléfono *m* rojo; ~ **news** noticias *fpl* de última hora; ~ **potato** (*fam*) cuestión *f* muy discutida; **to be in the ~ seat** estar expuesto; ~ **spot** (*fam, Pol*) lugar *m* de peligro; ~ **stuff** (*expert*) un hacha *f*; (*sexy*) cachondo/a; **he's pretty ~ stuff at maths** es un hacha *or* un as para las matemáticas; **a ~ tip** información *f* de buenas tintas *or* de fuente fidedigna; **to be in/get into ~ water** estar/meterse en problemas; **to make it ~ for sb** hacerle la vida imposible a algn; **to be/get ~ under the collar** (*fam*) estar acalorado/a/acalorarse; **to get (all) ~ and bothered** sofocarse. [2] ADV: **to be ~ on sb's trail, to be ~ on sb's heels** pisar los talones a algn. [3] N: **he's got the ~s for her** (*fam*) ella le pone cachondo.

◆**hot up** [1] VI + ADV (*fam*) ponerse caliente; (*party*)

animarse.
2 VT + ADV (*party, music*) animar; (*engine, car*) aumentar la potencia de.
hot-air balloon [ˌhɒtˈɛəbəˈluːn] N globo *m* de aire caliente.
hotbed [ˈhɒtbed] N (*fig*) semillero *m*.
hot-blooded [ˈhɒtˈblʌdɪd] ADJ apasionado/a.
hotchpotch [ˈhɒtʃpɒtʃ] N (*Brit*) mezcolanza *f*.
hotel [həʊˈtel] **1** N hotel *m*. **2** CPD de hotel,, hotelero/a.
hotelier [həʊˈteliəʳ], **hotelkeeper** [həʊˈtel,kiːpəʳ] N hotelero/a *m/f*.
hotfoot [ˈhɒtˈfʊt] **1** ADV a toda prisa. **2** VT: **to ~ it** (*fam*) ir volando.
hothead [ˈhɒthed] N exaltado/a *m/f*.
hot-headed [ˈhɒtˈhedɪd] ADJ impulsivo/a, impetuoso/a.
hothouse [ˈhɒthaʊs] N (*pl* **-houses** [haʊzɪz]) invernadero *m*.
hotly [ˈhɒtlɪ] ADV con pasión *or* vehemencia; **he was ~ pursued by the policeman** el policía le siguió muy de cerca.
hotplate [ˈhɒtpleɪt] N (*on stove*) hornillo *m*; (*for keeping food warm*) calientaplatos *m inv*.
hotpot [ˈhɒtpɒt] N (*Brit: Culin*) estofado *m*.
hotrod [ˈhɒtrɒd] N (*US Aut: fam*) bólido *m*.
hotshot [ˈhɒtʃɒt] (*US fam*) **1** ADJ de primera, de aúpa (*fam*). **2** N personaje *m*, pez *m* gordo.
hot-tempered [ˌhɒtˈtempəd] ADJ de mal genio *or* carácter.
hot-water bottle [hɒtˈwɔːtə,bɒtl] N bolsa *f* de agua caliente.
hound [haʊnd] **1** N perro *m* (de caza); **the ~s** la jauría *fsg*. **2** VT (*fig*) perseguir, acosar.
◆ **hound down** VT + ADV perseguir sin descanso.
◆ **hound out** VT + ADV sacar a la fuerza.
hour [aʊəʳ] **1** N hora *f*; **at 30 miles an ~** a 30 millas por hora; **~ by ~** hora tras hora; **on the ~** a la hora en punto; **in the early** *or* **small ~s** en la *or* de madrugada; **at all ~s (of the day and night)** a cualquier hora; **lunch ~** la hora del almuerzo *or* de comer; **visiting ~s** horas de visita; **at the eleventh ~** a última hora; **he thought his (last) ~ had come** (*fig*) pensó que su hora había llegado; **in the ~ of danger** en la hora de peligro; **to pay sb by the ~** pagar a algn por hora; **I've been waiting (for) ~s** llevo horas esperando; **~s and ~s** horas enteras; **he took ~s to do it** tardó horas en hacerlo; **to keep regular ~s** llevar una vida ordenada; **to work long ~s** trabajar muchas horas; **out of** *or* **after ~s** fuera de horario; **she's out till all ~s** se queda fuera hasta muy tarde, vuelve a casa a las tantas.
2 CPD: **~ hand** N horario *m*.
hourglass [ˈaʊəglɑːs] N reloj *m* de arena.
hourly [ˈaʊəlɪ] **1** ADJ (de) cada hora; **they come at ~ intervals** llegan cada hora; **~ rate** *or* **wage** sueldo *m* por hora. **2** ADV cada hora; **we expected him ~** le esperábamos de un momento a otro.
house [haʊs] N (*pl* **~s** [ˈhaʊzɪz]) **1** N **a** (*gen*) casa *f*; (*fig: home*) hogar *m*; (*residence*) domicilio *m*; **to keep ~** llevar la casa; **to set up ~** poner casa; **to put** *or* **set one's ~ in order** (*fig*) poner las cosas en orden; **to get on like a ~ on fire** (*fam: progress*) hacer grandes avances; (: *people*) llevarse de maravilla; **to keep open ~** tener casa abierta. **b** (*Pol*) cámara *f*; **H~ of Commons/Lords** (*Brit*) Cámara de los Comunes/de los Lores; **H~ of Representatives** (*US*) Cámara de Representantes; **H~s of Parliament** (*Brit*) Parlamento *m*. **c** full ~ (*Theat etc*) (teatro *m*) lleno *m*; **to bring the ~ down** ser todo un éxito; **'~ full'** 'no hay localidades'; **the second ~** la segunda sesión. **d** (*Comm*) casa *f*; **publishing ~** casa editorial; **it's on the ~** la casa invita. **e** (*family, line*) casa *f*, línea *f*. **f** (*Cards*) **full ~** full *m*. **2** [haʊz] VT (*person*) alojar; (*store*) guardar, almacenar. **3** [haʊs] CPD (*doctor*) de casa; **~ agent** N (*Brit*) agente *m/f* inmobiliario/a; **~ arrest** N arresto *m* domiciliario; **~ guest** N invitado/a *m/f*; **~ physician** N (*Brit*) médico/a *m/f*

interno/a; **~ plant** N planta *f* de interior; **~ prices** NPL precios *mpl* de la propiedad inmobiliaria; **~ surgeon** N (*Brit*) cirujano/a *m/f* interno/a, médico *m* interno (en el hospital); **~ wine** N vino *m* de la casa.
houseboat [ˈhaʊsbəʊt] N casa *f* flotante.
housebound [ˈhaʊsbaʊnd] ADJ confinado/a en casa.
housebreaker [ˈhaʊs,breɪkəʳ] N ladrón/ona *m/f*.
housebreaking [ˈhaʊs,breɪkɪŋ] N allanamiento *m* de morada, invasión *f* de morada *or* propiedad.
housebroken [ˈhaʊs,brəʊkən] ADJ (*US*) domesticado/a.
housecoat [ˈhaʊskəʊt] N bata *f*.
housefly [ˈhaʊsflaɪ] N mosca *f*.
household [ˈhaʊshəʊld] **1** N (*home*) casa *f*; (*family*) familia *f*. **2** CPD (*accounts, expenses, equipment*) doméstico/a, de la casa; **H~ Cavalry** N (*Mil*) Guardia *f* Real; **~ name** N: **he's a ~ name** es una persona de todos conocida; **~ word** N: **it's a ~ word** (*fig*) es el pan de cada día.
householder [ˈhaʊs,həʊldəʳ] N (*owner*) propietario/a *m/f*; (*tenant*) inquilino/a *m/f*; (*head of house*) cabeza *f* de familia.
househunting [ˈhaʊs,hʌntɪŋ] N: **to go ~** ir buscando casa.
house-husband [ˈhaʊs,hʌzbənd] N *marido que trabaja en la casa*.
housekeeper [ˈhaʊs,kiːpəʳ] N ama *f* de llaves; (*in hotel*) gobernanta *f*.
housekeeping [ˈhaʊs,kiːpɪŋ] N (*administration*) gobierno *m* de la casa; (*housework*) quehaceres *mpl* domésticos, faena *f*; (*Comput*) gestión *f* interna; (*also* **~ money**) dinero *m* para gastos domésticos.
housemaid [ˈhaʊsmeɪd] N criada *f*.
houseman [ˈhaʊsmən] N (*pl* **-men**) (*Brit: in hospital*) interno *m*.
house-proud [ˈhaʊspraʊd] ADJ: **she's very ~** le gusta tener la casa impecable.
houseroom [ˈhaʊsrʊm] N: **I wouldn't give it ~** (*fam*) no lo tendría en casa.
house-to-house [ˈhaʊstəˈhaʊs] ADJ de casa en casa; **to conduct ~ enquiries** hacer investigaciones de casa en casa.
housetop [ˈhaʊstɒp] N tejado *m*.
house-trained [ˈhaʊstreɪnd] ADJ (*Brit*) domesticado/a.
house-warming [ˈhaʊs,wɔːmɪŋ] N fiesta *f* de estreno de una casa.
housewife [ˈhaʊswaɪf] N (*pl* **-wives**) (*person*) ama *f* de casa.
housework [ˈhaʊswɜːk] N quehaceres *mpl* domésticos, faena *f*.
housing [ˈhaʊzɪŋ] **1** N (*houses*) casas *fpl*, viviendas *fpl*; (*gen*) la vivienda; **the ~ problem** el problema de la vivienda. **2** CPD: **~ association** N asociación *f* de la vivienda; **~ benefit** N (*Brit*) subsidio *m* de vivienda; **~ development** (*US*), **~ estate** (*Brit*), **~ scheme** (*Brit*) N urbanización *f*, fraccionamiento *m* (*Mex*), reparto *m* (*Mex*).
hove [həʊv] PT, PP *of* **heave 3(b)**.
hovel [ˈhɒvəl] N casucha *f*, cuchitril *m*, tugurio *m* (*esp LAm*).
hover [ˈhɒvəʳ] VI **a** (*bird etc*) planear. **b** (*fig*) quedarse colgado.
◆ **hover about, hover around** VI + ADV rondar.
hovercraft [ˈhɒvəkrɑːft] N aerodeslizador *m*.
hoverport [ˈhɒvə,pɔːt] N puerto *m* de aerodeslizadores.
how [haʊ] ADV **a** (*in what way*) cómo; **~ did you do it?** ¿cómo lo hiciste?; **~ do you like your steak?** ¿cómo le gusta el filete?; **I know ~ you did it** ya sé cómo lo hiciste; **to know ~ to do sth** saber hacer algo; **~ was the film?** ¿qué tal la película?; **~ is it that ...?** ¿cómo es que ...? **b** **~ are you?** ¿cómo estás?, ¿cómo *or* qué tal te va? (*LAm fam*); **~ is it going?** (*Sp fam*), ¿cómo sigues? (*LAm fam*), ¿qué hubo? (*Mex, Chi fam*); **~ do you do?** mucho gusto, encantado. **c** (*to what degree*) cómo; (*in exclamations*) qué; **and ~!** ¡y cómo *or* tanto!; **~ old are you?** ¿cuántos años tienes?; **~ big is it?** ¿cómo es de grande?; **~ many are there?**

¿cuántos son?; **~ long will you be?** ¿cuánto tardarás?; **~ far away is it?** ¿a qué distancia queda?, ¿qué tan lejos queda? (*LAm*); **~ much is it?** ¿cuánto vale?; **~ soon will it be?** ¿cuánto tardará?; **you don't know ~ difficult it is** no sabe lo difícil que es; **~ beautiful!** ¡qué bonito!

d (*that*) que; **she told me ~ she'd seen him last night** me dijo que lo había visto anoche.

e **~ about ...?** ¿qué te parece ...?; *see* **about 2(b)**; **else; much 1(a)** etc.

howdy ['haʊdɪ] INTERJ (*US fam*) ¡hola!

however [haʊ'evəʳ] **1** CONJ (*still, nevertheless*) sin embargo, no obstante. **2** ADV: **~ I do it** comoquiera que lo haga; **~ cold it is** por mucho frío que haga; **~ fast he runs** por muy rápido que corra; **~ did you do it?** (*fam*) ¿cómo lo hiciste?

howl [haʊl] **1** N aullido *m*; (*wind etc*) rugido *m*; (*fig: of protest*) abucheo *m*; **a ~ of pain** un alarido de dolor; **~s of laughter** (*fig*) carcajadas *fpl*. **2** VI (*person*) dar alaridos; (*animal*) aullar; (*wind*) rugir, bramar; (*weep*) berrear; **to ~ with laughter** (*fig*) reír a carcajadas. **3** VT (*shout*) gritar.

♦ **howl down** VT + ADV callar a gritos.

howler ['haʊləʳ] N falta *f* garrafal.

howling ['haʊlɪŋ] ADJ (*success*) clamoroso/a.

HP, h.p. N ABBR **a** of **hire-purchase**. **b** of **horsepower** C.V. *mpl*.

HQ ABBR of **headquarters**.

HR N ABBR (*US*) of **House of Representatives**.

H.R.H. N ABBR of **Her** or **His Royal Highness** S.A.R.

hr(s) ABBR of **hour(s)** h(s).

HRT N ABBR of **hormone replacement therapy**.

HS ABBR (*US*) of **high school**.

HST N ABBR (*US*) of **Hawaiian Standard Time**.

ht N ABBR of **height** alt.

hub [hʌb] N cubo *m*; (*fig*) eje *m*.

hubbub ['hʌbʌb] N algarabía *f*, barahúnda *f*.

hubby ['hʌbɪ] N (*fam*) marido *m*.

hubcap ['hʌbkæp] N (*Aut*) tapacubos *m inv*.

HUD N ABBR (*US*) of **Department of Housing and Urban Development**.

huddle ['hʌdl] **1** N (*of people*) tropel *m*; (*of things*) montón *m*; **to go into a ~** (*fam*) discutir en secreto. **2** VI acurrucarse; **we ~d round the fire** nos arrimamos al fuego.

♦ **huddle down** VI + ADV acurrucarse.

♦ **huddle together** VI + ADV amontonarse, apiñarse.

♦ **huddle up** VI + ADV apretarse (*against* contra).

hue¹ [hju:] N (*colour*) color *m*; (*shade*) matiz *m*.

hue² [hju:] N: **~ and cry** (*of protest*) griterío *m*, clamor *m*; **to raise a ~ and cry** levantar protestas.

huff [hʌf] N (*fam*): **in a ~** enojado/a; **to go off in a ~** irse ofendido, picarse; **to take the ~** ofenderse.

hug [hʌg] **1** N abrazo *m*; **to give sb a ~** dar un abrazo a algn. **2** VT abrazar; (*subj: bear etc*) ahogar, apretar; (*keep close to*) arrimarse a; **to ~ o.s. to keep warm** acurrucarse para mantenerse caliente; **to ~ o.s.** (*with pleasure, delight over sth*) felicitarse.

huge [hju:dʒ] ADJ enorme, gigantesco/a, manso/a (*Chi*); (*success etc*) rotundo/a.

hugely ['hju:dʒlɪ] ADV enormemente; **we enjoyed ourselves ~** nos divertimos una barbaridad.

huh [hʌ] INTERJ ¡eh!

hulk [hʌlk] N (*Naut: abandoned ship*) casco *m*; (*pej: clumsy ship*) carraca *f*; (*large, ungainly: building etc*) armatoste *m*; **a great ~ of a man** (*fam*) un hombre fornido.

hulking ['hʌlkɪŋ] ADJ (*fam*) pesado/a.

hull [hʌl] N (*Naut*) casco *m*.

hullabaloo [,hʌləbə'lu:] N (*fam: noise*) algarabía *f*; (*fuss*) jaleo *m*, bronca *f*.

hullo [hʌ'ləʊ] INTERJ (*greeting*) ¡hola!, ¿qué tal?, ¿qué hubo? (*Mex, Chi*); (*Telec*) ¡diga!, ¡hola!, ¡bueno! (*Mex*), ¡aló! (*CSur*); (*attention*) ¡oiga!, ¡escuche!; (*surprise*) ¡vaya!, ¡ándale! (*LAm*).

hum [hʌm] **1** N (*gen, Elec*) zumbido *m*; (*of voices etc*)

murmullo *m*. **2** VT (*tune*) tararear, canturrear. **3** VI zumbar; (*fig fam: be busy*) hervir, moverse; (*fam: smell*) oler mal; **to make things ~** hacer que la cosa marche; **to ~ with activity** bullir de actividad; **to ~ and haw** vacilar.

human ['hju:mən] **1** ADJ humano/a; **~ being** ser *m* humano; **~ nature** naturaleza *f* humana; **it's ~ nature to be jealous** es cosa natural tener celos; **~ race** género *m* humano; **~ relations** relaciones *fpl* humanas; **~ rights** derechos *mpl* humanos. **2** N humano/a *m/f*.

humane [hju:'meɪn] ADJ humano/a, humanitario/a.

humanism ['hju:mənɪzəm] N humanismo *m*.

humanist ['hju:mənɪst] N humanista *mf*.

humanitarian [hju:,mænɪ'tɛərɪən] ADJ, N humanitario/a *m/f*.

humanity [hju:'mænɪtɪ] N (*gen*) humanidad *f*; **the humanities** las humanidades.

humankind ['hju:mən'kaɪnd] N género *m* humano.

humanly ['hju:mənlɪ] ADV: **all that is ~ possible** todo lo humanamente posible.

humanoid ['hju:mənɔɪd] ADJ, N humanoide *mf*.

humble ['hʌmbl] **1** ADJ (*comp* **~r**; *superl* **~st**) (*gen*) humilde; **to eat ~ pie** desdecirse. **2** VT humillar.

humbly ['hʌmblɪ] ADV humildemente.

humbug ['hʌmbʌg] N (*fam: person*) charlatán/ana *m/f*; (: *nonsense*) tonterías *fpl*; (*Brit: sweet*) caramelo *m* de menta.

humdinger ['hʌmdɪŋəʳ] N: **it's a ~!** (*fam*) ¡es una auténtica maravilla!

humdrum ['hʌmdrʌm] ADJ monótono/a, rutinario/a.

humerus ['hju:mərəs] N (*pl* **humeri** ['hju:məraɪ]) húmero *m*.

humid ['hju:mɪd] ADJ húmedo/a.

humidifier [hju:'mɪdɪfaɪəʳ] N humedecedor *m*.

humidity [hju:'mɪdɪtɪ] N humedad *f*.

humiliate [hju:'mɪlɪeɪt] VT humillar.

humiliating [hju:'mɪlɪeɪtɪŋ] ADJ humillante, vergonzoso/a.

humiliation [hju:mɪlɪ'eɪʃən] N humillación *f*.

humility [hju:'mɪlɪtɪ] N humildad *f*.

hummingbird ['hʌmɪŋbɜ:d] N colibrí *m*, picaflor *m*.

humongous [hju:'mɒŋgəs], **humungous** [hju'mʌŋgəs] ADJ (*fam*) **she is such a ~ star** es una superestrella; **we had a ~ row** tuvimos una pelea de órdago (*fam*).

humor etc ['hju:məʳ] (*US*) = **humour** etc.

humorist ['hju:mərɪst] N humorista *mf*.

humorous ['hju:mərəs] ADJ (*person*) gracioso/a, divertido/a; (*book, story etc*) divertido/a, chistoso/a; (*situation, idea, tone*) cómico/a, gracioso/a.

humorously ['hju:mərəslɪ] ADV con gracia.

humour, (US) humor ['hju:məʳ] **1** N **a** (*amusingness*) humor *m*; (*of book, situation*) gracia *f*; **sense of ~** sentido *m* del humor. **b** (*mood*) humor *m*; **to be in a good/bad ~** estar de buen/mal humor. **2** VT complacer, consentir.

-humoured, (US) -humored ['hju:məd] ADJ SUF de humor ....

humourless, (US) humorless ['hju:məlɪs] ADJ (*person*) arisco/a.

hump [hʌmp] **1** N (*Anat*) joroba *f*; (*camel's*) giba *f*; **it gives me the ~** (*Brit fam*) me fastidia, me molesta; **we're over the ~** (*fig*) ya pasamos lo peor. **2** VT **a** (*arch*) encorvar. **b** (*fam: carry*) llevar.

humpbacked ['hʌmpbækt] ADJ (*person*) jorobado/a; **~ bridge** puente *m* encorvado.

humus ['hju:məs] N (*Bio*) humus *m*.

hunch [hʌntʃ] **1** N (*fam: idea*) idea *f*, sospecha *f*; **I had a ~** tuve una corazonada. **2** VT (*also* **~ up**) encorvar. **3** VI encorvarse; **to be ~ed up** ser jorobado.

hunchback ['hʌntʃbæk] N jorobado/a *m/f*.

hundred ['hʌndrɪd] **1** ADJ ciento; (*before noun*) cien; **I've got a ~ and one things to do** tengo la mar de cosas que hacer; **a ~ and ten** ciento diez; **the ~ and first** el centésimo primo; **at a ~ miles per hour** a cien por hora; **a ~ per cent** (*fig*) cien por ciento. [2] N ciento *m*; (*less exactly*) centenar *m*; **to live to be a ~** llegar a los cien años; **~s of people** centenares de personas; **in ~s, by the ~** a centenares.

hundredth ['hʌndridθ] [1] ADJ centésimo/a. [2] N centésima parte *f*.

hundredweight ['hʌndridweit] N (*Brit*) = 50.8 *kilogramos*; (*US*) = 45.4 *kilogramos*.

hung [hʌŋ] [1] PT, PP of **hang**. [2] ADJ (*Jur: jury*) dividido/a; (*verdict*) indeciso/a.

Hungarian [hʌŋ'gɛəriən] [1] ADJ húngaro/a. [2] N húngaro/a *m/f*; (*Ling*) húngaro *m*.

Hungary ['hʌŋgəri] N Hungría *f*.

hunger ['hʌŋgəʳ] [1] N hambre *f*; (*also fig*) sed *f* (*for* de). [2] CPD: **~ strike** N huelga *f* de hambre.

◆ **hunger after, hunger for** VI + PREP (*fig*) ansiar, anhelar.

hungrily ['hʌŋgrili] ADV (*eat etc*) ávidamente; (*look*) con ganas.

hungry ['hʌŋgri] ADJ hambriento/a; **to be ~** tener hambre; **to go ~** pasar hambre; **~ for** (*fig*) sediento de.

hunk [hʌŋk] N (*of bread etc*) trozo *m*, pedazo *m*; (*fam: man*) tío *m* bueno (*fam*), cachas *m inv* (*fam*).

hunky ['hʌŋki] (*fam*) ADJ (*strong*) fornido/a, fuerte, macizo/a; (*attractive*) bueno/a (*fam*).

hunt [hʌnt] [1] N caza *f*, cacería *f*; (*search*) busca *f*, búsqueda *f*; (*huntsmen*) cazadores *mpl*; **the ~ for the murderer** la persecución del asesino; **to be on the ~ for** ir a la caza de; **we joined in the ~ for the missing key** ayudamos a buscar la llave perdida. [2] VT (*animal*) cazar; (*search*) buscar; (*pursue*) perseguir. [3] VI cazar, ir de cacería; (*search*) buscar en todas partes; **to ~ for** buscar.

◆ **hunt about for, hunt around for** VI + PREP buscar en todas partes.

◆ **hunt down** VT + ADV (*corner*) acorralar; (*track*) seguir la pista a.

◆ **hunt out** VT + ADV buscar hasta encontrar.

◆ **hunt up** VT + ADV buscar.

hunter ['hʌntəʳ] N cazador(a) *m/f*; (*horse*) caballo *m* de caza.

hunting ['hʌntiŋ] [1] N (*Sport*) caza *f*, cacería *f*. [2] CPD: **a happy ~ ground** (*fig*) terreno *m* fértil; **~ lodge** N pabellón *m* de caza.

huntsman ['hʌntsmən] N (*pl* **-men**) (*hunter*) cazador *m*.

hurdle ['hɜːdl] N (*Sport, fence*) valla *f*; (*fig*) obstáculo *m*, barrera *f*; **the 100 m ~s** (*race*) los 100 metros vallas; **high ~s** las vallas altas.

hurdler ['hɜːdləʳ] N vallista *mf*.

hurl [hɜːl] VT (*throw*) arrojar; **to ~ abuse** or **insults at sb** soltar improperios a algn.

hurly-burly ['hɜːlɪ'bɜːlɪ] N tumulto *m*; **the ~ of politics** la vida alborotada de la política.

hurrah [hʊ'rɑː], **hurray** [hʊ'rei] INTERJ ¡hurra!

hurricane ['hʌrikən] [1] N (*Met*) huracán *m*. [2] CPD: **~ lamp** N lámpara *f* a prueba de viento.

hurried ['hʌrid] ADJ apresurado/a; (*reading etc*) rápido/a; **to eat a ~ meal** comer a la carrera.

hurriedly ['hʌridli] ADV a la carrera.

hurry ['hʌri] [1] N prisa *f*, apuro *m* (*LAm*); **he's in a ~ (to do sth)** tiene prisa or (*LAm*) apuro (por hacer algo), le urge (hacer algo); **done in a ~** hecho de prisa; **are you in a ~ for this?** ¿le corre prisa?, ¿le urge?; **what's the ~?** ¿qué cosa tienes?, ¿por qué te apuras tanto? (*LAm*); **there's no ~** no hay prisa; **he won't do that again in a ~** (*fam*) eso no lo vuelve a hacer. [2] VT (*person*) dar prisa, apurar (*LAm*); **troops were hurried to the spot** se mandaron tropas con urgencia al lugar. [3] VI darse prisa or (*LAm*) apurarse (*to do sth* por hacer algo); **to ~ after sb** correr detrás de algn.

◆ **hurry along** [1] VI + ADV pasar de prisa. [2] VT + ADV dar prisa a, apurar a.

◆ **hurry away, hurry off** [1] VI + ADV irse corriendo. [2] VT + ADV llevar a la carrera.

◆ **hurry on** [1] VI + ADV pasar rápidamente. [2] VT + ADV dar prisa a, apurar a.

◆ **hurry up** [1] VI + ADV darse prisa, apurarse (*LAm*); **~ up!** ¡date prisa!, ¡apúrate! (*LAm*), ¡córrete! [2] VT + ADV dar prisa a, apurar a.

hurt [hɜːt] (*pt, pp ~*) [1] VT [a] (*injure*) hacer daño a, lastimar (*LAm*); (*cause pain to*) doler; (*fam: harm*) hacer daño; **did you ~ yourself?** ¿te has hecho daño?, ¿te lastimaste? (*LAm*). [b] (*mentally etc*) ofender, dañar. [c] (*business, interests etc*) perjudicar. [2] VI (*feel pain*) doler; (*cause harm*) hacer daño; **does it ~?** ¿te duele? [3] N (*wound etc*) herida *f*, lesión *f*; (*pain*) dolor *m*; (*blow: to feelings*) golpe *m*. [4] ADJ (*foot etc*) herido/a, lastimado/a; (*feelings*) ofendido/a, dañado/a; (*look, tone*) de ofendido/a.

hurtful ['hɜːtfʊl] ADJ (*painful*) doloroso/a; (*remark etc*) doloroso/a, hiriente.

hurtle ['hɜːtl] VI precipitarse; **to ~ along** or **past** ir como un rayo; **to ~ down** bajar a toda velocidad; (*fall*) caer con violencia.

husband ['hʌzbənd] [1] N marido *m*, esposo *m*. [2] VT ahorrar, economizar.

husbandry ['hʌzbəndri] N (*Agr*) agricultura *f*; **animal ~** cría *f* de ganado.

hush [hʌʃ] [1] N silencio *m*. [2] INTERJ ¡cállate! [3] VT apaciguar. [4] CPD: **~ money** N (*fam*) cohecho *m*, soborno *m*, coima *f* (*And, CSur*), mordida *f* (*Mex*).

◆ **hush up** VT + ADV encubrir, callar.

hushed [hʌʃt] ADJ (*gen*) en tono bajo; (*silence*) profundo/a.

hush-hush ['hʌʃ'hʌʃ] ADJ (*fam*) muy secreto/a.

husk [hʌsk] [1] N cáscara *f*. [2] VT descascarar.

husky[1] ['hʌski] ADJ (*comp* **-ier**; *superl* **-iest**) (*voice, person*) ronco/a; (*tough: person*) fornido/a, fuerte.

husky[2] ['hʌski] N (*pl* **-ies**) perro *m* esquimal.

hussy ['hʌsi] N pícara *f*, desvergonzada *f*; **she's a little ~** es una fresca.

hustings ['hʌstiŋz] NPL (*Pol*) mitin *m* preelectoral.

hustle ['hʌsl] [1] N bullicio *m*; **~ and bustle** ajetreo *m*, vaivén *m*. [2] VT [a] (*hurry up: person*) dar prisa a; **they ~d him in** le hicieron entrar a empujones. [b] (*fig*) **to ~ things along** llevar las cosas a buen paso; **to ~ sb into making a decision** obligar a algn a decidirse sin reflexionar. [3] VI (*hurry*) darse prisa, apresurarse.

hustler ['hʌsləʳ] N (*swindler*) estafador(a) *m/f*, timador(a) *m/f*; (*prostitute*) puta *f*, ramera *f*.

hut [hʌt] N (*shed*) cobertizo *m*; (*small house*) choza *f*, cabaña *f*; (*Mil*) barraca *f*.

hutch [hʌtʃ] N conejera *f*.

hyacinth ['haiəsinθ] N (*Bot*) jacinto *m*.

hybrid ['haibrid] [1] N (*Bio*) híbrido *m*; (*word*) palabra *f* híbrida. [2] ADJ híbrido/a.

hydrangea [hai'dreindʒə] N (*Bot*) hortensia *f*.

hydrant ['haidrənt] N boca *f* de riego; **fire ~** boca de incendios.

hydraulic [hai'drɒlik] ADJ hidráulico/a.

hydraulics [hai'drɒliks] NSG hidráulica *f*.

hydro... ['haidrəʊ] PREF hidro....

hydrochloric ['haidrə'klɒrik] ADJ: **~ acid** ácido *m* clorhídrico.

hydroelectric ['haidrəʊ'lektrik] ADJ hidroeléctrico/a; **~ power station** central *f* hidroeléctrica.

hydrofoil ['haidrəfɔil] N aerodeslizador *m*.

hydrogen ['haidridʒən] [1] N hidrógeno *m*. [2] CPD: **~ bomb** N bomba *f* de hidrógeno; **~ chloride** N cloruro *m* de hidrógeno; **~ peroxide** N agua *f* oxigenada.

hydrophobia [,haidrə'fəʊbiə] N hidrofobia *f*.

hydroplane ['haidrəʊplein] N hidroavión *m*.

hydrotherapy [,haidrəʊ'θerəpi] N hidroterapia *f*.

hyena [hai'iːnə] N hiena *f*.

hygiene ['haidʒiːn] N higiene *f*.

hygienic [haɪˈdʒiːnɪk] ADJ higiénico/a.
hymen [ˈhaɪmen] N himen *m*.
hymn [hɪm] ① N himno *m*. ② CPD: ~ **book** N himnario *m*.
hymnal [ˈhɪmnəl] N himnario *m*.
hype [haɪp] (*fam*) ① N exageraciones *fpl*; (*Comm*) bombo *m* publicitario (*fam*).
② VT (*Comm*) dar bombo publicitario a (*fam*).
◆ **hype up** (*fam*) ① VT + ADV exagerar, dar bombo a (*fam*); (*person*) excitar; (*numbers*) aumentar.
② VI + ADV pincharse (*fam*), picarse (*fam*).
hyper [ˈhaɪpəʳ] ADJ hiperactivo/a, histérico/a.
hyper... [ˈhaɪpəʳ] PREF hiper....
hyperactive [ˌhaɪpərˈæktɪv] ADJ hiperactivo/a.
hyperbole [haɪˈpɜːbəlɪ] N hipérbole *f*.
hypercritical [ˈhaɪpəˈkrɪtɪkəl] ADJ hipercrítico/a.
hyperinflation [ˈhaɪpəɪnˈfleɪʃən] N hiperinflación *f*.
hypermarket [ˈhaɪpəˌmɑːkɪt] N hipermercado *m*.
hypersensitive [ˈhaɪpəˈsensɪtɪv] ADJ hipersensible.
hypertension [ˈhaɪpəˈtenʃən] N (*Med*) hipertensión *f*.
hypertext [ˈhaɪpəˌtekst] N (*Comput*) hipertexto *m*.
hyperventilate [ˌhaɪpəˈventɪleɪt] VI hiperventilar.
hyphen [ˈhaɪfən] N guión *m*, raya *f*.
hyphenate [ˈhaɪfəneɪt] VT escribir con guión.
hypnosis [hɪpˈnəʊsɪs] N hipnosis *f*.
hypnotherapy [ˌhɪpnəʊˈθerəpɪ] N hipnoterapia *f*.
hypnotic [hɪpˈnɒtɪk] ADJ hipnótico/a.

hypnotism [ˈhɪpnətɪzəm] N hipnotismo *m*.
hypnotist [ˈhɪpnətɪst] N hipnotista *mf*.
hypnotize [ˈhɪpnətaɪz] VT hipnotizar.
hypoallergenic [ˌhaɪpəʊˌæləˈdʒenɪk] ADJ hipoalergénico/a.
hypochondria [ˌhaɪpəʊˈkɒndrɪə] N hipocondría *f*.
hypochondriac [ˌhaɪpəʊˈkɒndrɪæk] N hipocondriaco/a *m/f*, hipocondríaco/a *m/f*.
hypocrisy [hɪˈpɒkrɪsɪ] N hipocresía *f*.
hypocrite [ˈhɪpəkrɪt] N hipócrita *mf*.
hypocritical [ˌhɪpəˈkrɪtɪkəl] ADJ hipócrita.
hypodermic [ˌhaɪpəˈdɜːmɪk] ① ADJ hipodérmico/a. ② N (*syringe*) jeringa *f* hipodérmica.
hypotenuse [haɪˈpɒtɪnjuːz] N (*Math*) hipotenusa *f*.
hypothermia [ˌhaɪpəʊˈθɜːmɪə] N hipotermia *f*.
hypothesis [haɪˈpɒθɪsɪs] N (*pl* **hypotheses** [haɪˈpɒθɪsiːz]) hipótesis *f inv*.
hypothetic(al) [ˌhaɪpəʊˈθetɪk(əl)] ADJ hipotético/a.
hypothetically [ˌhaɪpəʊˈθetɪkəlɪ] ADV hipotéticamente.
hysterectomy [ˌhɪstəˈrektəmɪ] N histerectomía *f*.
hysteria [hɪsˈtɪərɪə] N histeria *f*, histerismo *m*.
hysterical [hɪsˈterɪkəl] ADJ histérico/a; (*very funny*) muy gracioso/a; **to get** ~ ponerse histérico, excitarse locamente.
hysterics [hɪsˈterɪks] NPL histeria *f*; **to go into** ~, **to have** ~ ponerse histérico; (*fam: laugh*) morirse de (la) risa.
Hz ABBR *of* **hertz** Hz.

I[1] [aɪ] N (*letter*) I, i *f*; **to dot the i's and cross the t's** poner los puntos sobre las íes.

I[2] [aɪ] PERS PRON yo.

I. ABBR (*Geog*) *of* **Island; Isle.**

i. ABBR (*Fin*) *of* **interest.**

IA ABBR (*US Post*) *of* **Iowa.**

IAAF N ABBR *of* **International Amateur Athletic Federation.**

IAEA N ABBR *of* **International Atomic Energy Agency** OIEA *m or f*.

IATA [aɪˈɑːtə] N ABBR *of* **International Air Transport Association** AITA *f*.

IBA N ABBR (*Brit*) *of* **Independent Broadcasting Authority** entidad que controla los medios privados de televisión y radio.

Iberia [aɪˈbɪərɪə] N Iberia *f*.

Iberian [aɪˈbɪərɪən] [1] ADJ ibero/a, ibérico/a; **the ~ Peninsula** la Península Ibérica. [2] N ibero/a *m/f*.

IBEW N ABBR (*US*) *of* **International Brotherhood of Electrical Workers** sindicato.

ib(id) ADV ABBR *of* **ibidem** ibídem.

IBM N ABBR *of* **International Business Machines.**

IBRD N ABBR *of* **International Bank of Reconstruction and Development** BIRD *m*.

i/c ABBR *of* **in charge (of)** encargado/a (de).

ICA N ABBR (*Brit*) [a] *of* **Institute of Contemporary Arts.** [b] *of* **Institute of Chartered Accountants.**

ICAO N ABBR *of* **International Civil Aviation Organization** OACI *f*.

ICBM N ABBR *of* **intercontinental ballistic missile.**

ICC N ABBR [a] *of* **International Chamber of Commerce** CCI *f*. [b] (*US*) *of* **Interstate Commerce Commission.**

ice [aɪs] [1] N [a] (*frozen water*) hielo *m*; **as cold as ~** (tan) frío como el hielo; **to break the ~** (*fig*) romper el hielo; **it cuts no ~ with me** ni pincha ni corta conmigo; **to keep sth on ~** (*fig*: *keep in reserve*) tener algo en reserva; (: *postpone*) posponer algo, dejar algo de lado; **to skate on thin ~** (*fig*) pisar terreno peligroso. [b] (~ *cream*) helado *m*. [2] VT (*cake*) alcorzar, escarchar. [3] CPD: **i~ Age** N período *m* glaciar; **~ axe** N, **~ ax** N (*US*) piqueta *f* (de alpinista); **~ bucket** N cubo *m* para el hielo; **~ cream** N helado *m*; **~-cream parlour** nevería *f*, heladería *f*; **~-cream soda** soda *f* mezclada con helado; **~ cube** N cubito *m* de hielo; **~ floe** N témpano *m* de hielo; **~ hockey** N hockey *m* sobre hielo; **~ lolly** N polo *m*, paleta *f* (*LAm*); **~ rink** N pista *f* de patinaje; **~ skate** N patín *m* de hielo; **~ skating** N patinaje *m* sobre hielo.

◆ **ice over, ice up** VI + ADV helarse, congelarse.

iceberg [ˈaɪsbɜːg] N iceberg *m*, témpano *m*; **that's just the tip of the ~** (*fig*) ¡eso es lo de menos!

icebound [ˈaɪsbaʊnd] ADJ (*road*) bloqueado/a por el hielo; (*ship*) preso/a entre hielos.

icebox [ˈaɪsbɒks] N (*Brit*: *part of refrigerator*) congelador *m*; (*US*: *refrigerator*) nevera *f*, refrigeradora *f*, frigorífico *m* (*LAm*).

icebreaker [ˈaɪsˌbreɪkəʳ] N rompehielos *m inv*.

icecap [ˈaɪskæp] N casquete *m* glaciar.

ice-cold [ˈaɪsˈkəʊld] ADJ (*hands, drink*) helado/a.

iced [aɪst] ADJ (*drink*) con hielo; (*cake*) escarchado/a.

icehouse [ˈaɪshaʊs] N (*pl* **-houses** [haʊzɪz]) [a] (*US*) nevera *f*. [b] (*of Eskimo*) iglú *m*.

Iceland [ˈaɪslənd] N Islandia *f*.

Icelander [ˈaɪsləndəʳ] N islandés/esa *m/f*.

Icelandic [aɪsˈlændɪk] [1] ADJ islandés/esa. [2] N (*Ling*) islandés *m*.

icepack [ˈaɪspæk] N compresa *f* de hielo.

ice-skate [ˈaɪsskeɪt] VI patinar sobre hielo.

icicle [ˈaɪsɪkl] N carámbano *m*.

icily [ˈaɪsɪlɪ] ADV (*lit*) glacialmente; (*fig*) fríamente.

icing [ˈaɪsɪŋ] [1] N (*on plane, car, road, railway*) formación *f* de hielo; (*on cake*) alcorza *f*, escarchado *m*; **this is the ~ on the cake** (*fig*) ésta es la guinda que corona la torta. [2] CPD: **~ sugar** N azúcar *m or f* de alcorza.

ICJ N ABBR *of* **International Court of Justice** CIJ *f*.

icon [ˈaɪkɒn] N icono *m*; (*Comput*) símbolo *m* gráfico.

iconoclast [aɪˈkɒnəklæst] N iconoclasta *mf*.

iconoclastic [aɪ,kɒnəˈklæstɪk] ADJ iconoclasta.

ICR N ABBR (*US*) *of* **Institute for Cancer Research.**

ICRC N ABBR *of* **International Committee of the Red Cross** CICR *m*.

ICU N ABBR *of* **intensive care unit** UVI *f*.

icy [ˈaɪsɪ] ADJ (*comp* **-ier**; *superl* **-iest**) (*road*) cubierto/a de hielo; (*hand*) helado/a; (*weather, fig*) glacial; **it's ~ cold** hace un frío glacial.

ID [1] ABBR (*US Post*) *of* **Idaho.** [2] N ABBR [a] *of* **identification.** [b] *of* **identity ~ card** N carnet *m* de identidad, ≈ DNI *m* (*Sp*), ≈ cédula *f* (de identidad) (*LAm*), C.I. *f* (*LAm*).

I'd [aɪd] = **I would**; **I had.**

id [ɪd] N (*Psych*) id *m*.

IDA N ABBR *of* **International Development Association** AIF *f*.

Ida. ABBR (*US*) *of* **Idaho.**

IDB N ABBR *of* **International Development Bank** BID *m*.

IDD N ABBR (*Telec*) *of* **international direct dialling** servicio *m* internacional automático.

▼ **idea** [aɪˈdɪə] N (*thought*) idea *f*; (*conception*) concepto *m*; (*purpose*) intención *f*; (*opinion*) idea, opinión *f*; (*plan, project*) plan *m*, proyecto *m*; (*vague ~*) impresión *f*; (*estimate*) cálculo *m* aproximado; **good ~!** ¡buena idea!; **that was a brilliant ~** fue una idea genial; **he had no ~ (of the answer)** no tenía la más mínima idea (de la solución); **to have an ~ that ...** tener la impresión de que ...; **I haven't the least** *or* **slightest** *or* **foggiest ~** no tengo ni la más remota idea; **it was awful, you've no ~** fue horrible, te lo aseguro; **it would not be a bad ~ to paint it** no le vendría mal una mano de pintura; **to get an ~ of sth** hacerse una idea de algo; **you're getting the ~** (*plan*) estás empezando a comprender; (*knack*) estás cogiendo el tino or truco; **to get an ~ into one's head** metérsele a algn una idea en la cabeza; **to put ~s into sb's head** meter ideas en la cabeza a algn; **the very ~!** ¡qué ocurrencias!; **it wasn't my ~** no fue idea mía; **to get used to the ~ of sth** hacerse a la idea de algo; **that's the ~** así es; **what's the big ~?** (*fam*) ¿a qué viene eso?, ¿qué ocurrencias son ésas?; **the ~ is to sell it** el plan es venderlo.

ideal [aɪˈdɪəl] [1] ADJ ideal. [2] N ideal *m*.

idealism [aɪˈdɪəlɪzəm] N idealismo *m*.

idealist [aɪˈdɪəlɪst] N idealista *mf*.

ideally [aɪˈdɪəlɪ] ADV (*perfectly*) perfectamente; **they're ~ suited** hacen una pareja ideal; **~, I'd like a garden** de ser posible, me gustaría tener jardín; **~, it will last forever** en el mejor de los casos, durará siempre.

identical [aɪˈdentɪkəl] ADJ idéntico/a; **~ twins** gemelos *mpl* idénticos.

identification [aɪ,dentɪfɪˈkeɪʃən] [1] N identificación *f*. [2] CPD: **~ card** N carnet *m* de identidad, cédula *f* (de identidad) (*LAm*); **~ documents** NPL documentos *mpl* de identidad; **~ mark** N señal *f* de identificación.

identify [aɪˈdentɪfaɪ] [1] VT (*gen*) identificar; **to ~ o.s.** establecer su identidad; **to ~ o.s. with** identificarse con. [2] VI: **to ~ with** identificarse con.

Identikit ® [aɪˈdentɪkɪt] N: **~ picture** retrato-robot *m*.

identity [aɪˈdentɪtɪ] [1] N identidad *f*; **a case of mistaken ~** un caso de identificación errónea.

2 CPD: **~ card** N carnet *m* de identidad, cédula *f* (de identidad) (*LAm*); **~ crisis** N crisis *f* de identidad; **~ disc** N chapa *f* de identidad; **~ parade** N identificación *f* de acusados.

ideological [,aɪdɪə'lɒdʒɪkəl] ADJ ideológico/a.

ideology [,aɪdɪ'ɒlədʒɪ] N ideología *f*.

idiocy ['ɪdɪəsɪ] N idiotez *f*.

idiom ['ɪdɪəm] N (*phrase*) modismo *m*, locución *f*, giro *m* (*LAm*); (*style of expression*) lenguaje *m*.

idiomatic [,ɪdɪə'mætɪk] ADJ idiomático/a.

idiosyncrasy [,ɪdɪə'sɪŋkrəsɪ] N idiosincrasia *f*.

idiosyncratic [ɪdɪəsɪŋ'krætɪk] ADJ idiosincrásico/a.

idiot ['ɪdɪət] N (*fool*) tonto/a *m/f*; (*imbecile*) idiota *mf*, imbécil *mf*; **you stupid ~** ¡imbécil!; **~ board** (*TV: fam*) chuleta *f* (*fam*).

idiotic [,ɪdɪ'ɒtɪk] ADJ (*person*) idiota, imbécil; (*behaviour*) tonto/a; (*idea*) estúpido/a; (*price*) desorbitado/a.

idle ['aɪdl] **1** ADJ (*comp* **~r**; *superl* **~st**) **a** (*lazy*) perezoso/a, holgazán/ana, flojo/a (*LAm*); (*inactive: machine, factory*) parado/a; (: *moment*) de ocio, libre; **~ capacity** (*Comm*) capacidad *f* sin utilizar; **~ money** (*Comm*) capital *m* improductivo; **~ time** (*Comm*) tiempo *m* de paro; **the strike made 100 workers ~** la huelga dejó a 100 obreros sin trabajo; **to stand ~** (*factory, machine*) estar parado.
b (*fear, speculation*) infundado/a; (*gossip, talk*) frívolo/a; (*threat*) vano/a.
2 VI (*Tech: engine*) funcionar en vacío.
◆ **idle away** VT + ADV (*time*) desperdiciar, echar a perder.

idleness ['aɪdlnɪs] N (*leisure*) ociosidad *f*; (*laziness*) pereza *f*, flojera *f* (*LAm*); (*unemployment*) paro *m*, desempleo *m*; (*uselessness*) inutilidad *f*.

idling ['aɪdlɪŋ] ADJ: **~ speed** velocidad *f* de marcha en vacío.

idly ['aɪdlɪ] ADV (*in a leisurely way*) sin prisa; (*uselessly*) inútilmente; (*absentmindedly*) distraídamente.

idol ['aɪdl] N ídolo *m*.

idolatry [aɪ'dɒlətrɪ] N idolatría *f*.

idolize ['aɪdəlaɪz] VT (*fig: worship blindly*) idolatrar.

IDP N ABBR *of* **integrated data processing** PID *m*.

idyll ['ɪdɪl] N (*Lit, fig*) idilio *m*.

idyllic [ɪ'dɪlɪk] ADJ idílico/a.

i.e. ABBR *of* **id est, that is** esto es, a saber, es decir.

if [ɪf] **1** CONJ **a** si; **I'll go ~ you come with me** yo iré si tú me acompañas; **~ you had come earlier, you would have seen him** si hubieras venido antes, le habrías visto; **~ you were to say that ...** si dijeras eso ...; **~ I had known I would have told you** de haberlo sabido te lo habría dicho, si lo sé te lo digo (*fam*); **~ necessary** si es necesario; **~ I were you** yo que tú, yo en tu lugar; **~ you ask me** en lo que a mí se refiere.
b (*whenever*) cuando quiera que + *subjun*.
c (*although*) **(even) ~** aunque, si bien; **I will do it, even ~ it is difficult** lo haré, aunque me resulte difícil; **a nice film ~ rather long** una buena película aunque algo larga.
d (*whether*) si; **I don't know ~ he's here** no sé si está aquí.
e (*in phrases*) **~ so** de ser así; **~ not** si no; **~ only I had known!** ¡de haberlo sabido!; **I'll come, ~ only to see him** voy, aunque sólo sea para verlo; **~ only I could** ¡ojalá pudiera!; **as ~** como si; **as ~ by chance** como por casualidad; *see* **as (g)**; **even 2** *etc*.
2 N: **there are a lot of ~s and buts** hay muchas dudas sin resolver; **that's or it's a big ~** es un gran pero.

IFAD N ABBR *of* **International Fund for Agricultural Development** FIDA *m*.

IFC N ABBR *of* **International Finance Corporation**.

iffy ['ɪfɪ] ADJ (*fam*) dudoso/a, incierto/a.

IFTO N ABBR *of* **International Federation of Tour Operators**.

IG N ABBR *of* **Inspector General**.

igloo ['ɪgluː] N iglú *m*.

ignite [ɪg'naɪt] **1** VT encender, prender fuego a (*LAm*).
2 VI encenderse, prender (*LAm*).

ignition [ɪg'nɪʃən] **1** N (*Aut*) encendido *m*, arranque *m*; **to switch on the ~** arrancar el motor. **2** CPD: **~ key** N llave

f de contacto; **~ switch** N arranque *m*, suiche *m* (*Mex*).

ignoble [ɪg'nəʊbl] ADJ innoble, vil.

ignominious [,ɪgnə'mɪnɪəs] ADJ (*act, behaviour*) ignominioso/a; (*defeat*) vergonzoso/a.

ignoramus [,ɪgnə'reɪməs] N ignorante *mf*, inculto/a *m/f*.

ignorance ['ɪgnərəns] N ignorancia (*of* de); **to be in ~ of** ignorar, desconocer; **to keep sb in ~ of sth** ocultarle algo a algn; **to show one's ~** manifestar su falta de educación.

ignorant ['ɪgnərənt] ADJ ignorante; **to be ~ of** ignorar, desconocer.

ignore [ɪg'nɔːʳ] VT (*person*) no hacer caso a; (*remark, danger*) hacer caso omiso *or* no hacer caso de; (*behaviour, rudeness*) pasar por alto; **she completely ~d me** no me hizo el más mínimo caso; **just ~ him** haz que no existiera.

IL ABBR (*US Post*) *of* **Illinois**.

ILA N ABBR (*US*) *of* **International Longshoremen's Association** sindicato.

ILEA ['ɪlɪə] N ABBR (*old*) *of* **Inner London Education Authority** organismo que controlaba la enseñanza en la ciudad de Londres.

ilk [ɪlk] N índole *f*, clase *f*; **and others of that ~** y otros así, y otros de esa índole.

I'll [aɪl] = **I will**; **I shall**.

ill [ɪl] **1** ADJ (*comp* **worse**; *superl* **worst**) **a** (*Med*) enfermo/a; **to fall** *or* **be taken ~** caer *or* ponerse enfermo, enfermarse (*LAm*); **to feel ~ (with)** encontrarse mal (de); **to be in ~ health** estar enfermo.
b (*bad: fortune, luck, temper*) malo/a; **~ at ease** a disgusto; **to be in ~ health** no estar bien (de salud); **~ effects** efectos *mpl* adversos; **no ~ effects** sin mayores daños; **~ feeling** hostilidad *f*, rencor *m*; **there are no ~ feelings** no quedan rencores; **~ repute** mala fama *f*; **~ will** rencor *m*, mala saña *f*.
2 ADV mal; **we can ~ afford to lose him/to buy it** mal podemos permitir que se vaya/permitirnos el lujo de comprarlo; **to speak/think ~ of sb** hablar/pensar mal de algn.
3 NPL: **~s** (*fig*) desgracias *fpl*; **the ~s of the economy** la dolencia de la economía.

Ill. ABBR (*US*) *of* **Illinois**.

ill-advised ['ɪləd'vaɪzd] ADJ: **it was an ~ remark** fue un comentario inoportuno; **you would be ~ to go** harías mejor en no ir.

ill-bred ['ɪl'bred] ADJ mal educado/a, malcriado/a.

ill-considered ['ɪlkən'sɪdəd] ADJ (*plan*) poco pensado/a; (*act, remark, decision*) apresurado/a.

ill-disposed ['ɪldɪs'pəʊzd] ADJ: **to be ~ towards sb/sth** estar maldispuesto/a hacia algn/algo.

illegal [ɪ'liːgəl] ADJ ilegal.

illegality [,ɪliː'gælɪtɪ] N ilegalidad *f*.

illegible [ɪ'ledʒəbl] ADJ ilegible.

illegitimate [,ɪlɪ'dʒɪtɪmɪt] ADJ ilegítimo/a.

ill-equipped ['ɪlɪ'kwɪpt] ADJ (*expedition etc*) defectuosamente equipado/a; **he was ~ for the task** no tenía talento para el cometido, no reunía las cualidades para la tarea.

ill-fated ['ɪl'feɪtɪd] ADJ (*person*) desgraciado/a, desdichado/a; (*event, occurrence*) fatal.

ill-favoured, (*US*) **ill-favored** ['ɪl'feɪvəd] ADJ (*ugly*) feo/a.

ill-gotten ['ɪl'gɒtn] ADJ mal adquirido/a, malhabido/a.

illicit [ɪ'lɪsɪt] ADJ ilícito/a.

ill-informed ['ɪlɪn'fɔːmd] ADJ (*judgment*) inexacto/a; (*person*) mal informado/a.

illiquid [ɪ'lɪkwɪd] ADJ: **~ assets** activos *mpl* no realizables (a corto plazo).

illiterate [ɪ'lɪtərɪt] **1** ADJ (*person*) analfabeto/a; (*letter, handwriting*) inculto/a. **2** N analfabeto/a *m/f*.

ill-mannered ['ɪl'mænəd] ADJ mal educado/a.

illness ['ɪlnɪs] N enfermedad *f*.

illogical [ɪ'lɒdʒɪkəl] ADJ ilógico/a.

ill-prepared [,ɪlprɪ'pɛəd] ADJ mal preparado/a.

ill-suited ['ɪl'suːtɪd] ADJ: **as a couple they are ~** como pareja no se congenian; **he is ~ to the job** no es la persona indicada para el trabajo.

ill-timed ['ɪl'taɪmd] ADJ inoportuno/a.
ill-treat ['ɪl'triːt] VT (person, animal) maltratar.
ill-treatment ['ɪl'triːtmənt] N malos tratos mpl.
illuminate [ɪ'luːmɪneɪt] VT (light up: room, street, building) alumbrar, iluminar; (clarify: problem, question) aclarar, echar luz sobre; **~d sign** letrero m luminoso; **~d manuscript** manuscrito m iluminado.
illuminating [ɪ'luːmɪneɪtɪŋ] ADJ (remark, observation) revelador(a); (lecture) instructivo/a.
illumination [ɪ,luːmɪ'neɪʃən] N (gen) alumbrado m, iluminación f; (fig) aclaración f; **~s** (decorative lights) luces fpl, iluminaciones fpl.
illusion [ɪ'luːʒən] N (gen) ilusión f; **optical ~** ilusión óptica; **to be** or **suffer under an ~** hacerse ilusiones; **to be under the ~ that ...** vivir bajo la ilusión de que ...; **it gives an ~ of space** crea una impresión de espacio.
illusive [ɪ'luːsɪv], **illusory** [ɪ'luːsərɪ] ADJ ilusorio/a.
illustrate ['ɪləstreɪt] VT (with drawing etc) ilustrar; (with examples) ilustrar, aclarar; **I can best ~ this in the following way** esto quedará más claro si se explica del modo siguiente.
illustration [,ɪləs'treɪʃən] N (in book, paper etc) lámina f, grabado m; (example) ilustración f, ejemplo m; **by way of ~** a modo de ilustración.
illustrative ['ɪləstrətɪv] ADJ (drawing) ilustrativo/a; (example) aclaratorio/a.
illustrator ['ɪləstreɪtər] N ilustrador(a) m/f.
illustrious [ɪ'lʌstrɪəs] ADJ ilustre.
ILO N ABBR of **International Labour Organization** OIT f.
ILS N ABBR (Aer) of **Instrument Landing System**.
ILWU N ABBR (US) of **International Longshoremen's and Warehousemen's Union**.
I'm [aɪm] = **I am**.
image ['ɪmɪdʒ] **1** N (representation, symbol) imagen f; (reflection) reflejo m; (public ~) reputación f, fama f; **to be the very** or **the spitting ~ of sb** ser el retrato vivo de algn; **to have a good/bad ~** (company, person) tener buena/mala imagen; **mirror ~** reflejo exacto. **2** CPD: **~ processing** N proceso m de imágenes.
imagery ['ɪmɪdʒərɪ] N imágenes fpl.
imaginable [ɪ'mædʒɪnəbl] ADJ imaginable; **the biggest party ~** la fiesta más grande que se puede imaginar.
imaginary [ɪ'mædʒɪnərɪ] ADJ imaginario/a.
imagination [ɪ,mædʒɪ'neɪʃən] N (mental ability) imaginación f; (inventiveness) imaginación, inventiva f; **it's all ~!** ¡es pura fantasía!; **it's all in your ~** tú lo estás imaginando; **to have a vivid ~** tener una imaginación viva; **she let her ~ run away with her** se dejó llevar por la imaginación; **use your ~** usa la imaginación.
imaginative [ɪ'mædʒɪnətɪv] ADJ (person) lleno/a de imaginación; (drawing, story) imaginativo/a.
imaginatively [ɪ'mædʒɪnətɪvlɪ] ADV con imaginación.
imagine [ɪ'mædʒɪn] VT **a** (visualize) imaginar; **just ~ (my surprise)** imagínate or figúrate (mi sorpresa); **you can ~ how I felt** lo que sentía te podrás imaginar or figurar; **you are just imagining things** son ilusiones tuyas. **b** (suppose, think) suponer, creer.
imbalance [ɪm'bæləns] N desequilibrio m.
imbecile ['ɪmbəsiːl] N imbécil mf.
imbibe [ɪm'baɪb] VT (old: drink) embeber; (fig: absorb) empaparse de.
imbue [ɪm'bjuː] VT: **to ~ with** imbuir de or en.
IMF N ABBR of **International Monetary Fund** FMI m.
imitate ['ɪmɪteɪt] VT (person, action, accent) imitar; (pej) remedar; (signature, writing) reproducir, copiar.
imitation [,ɪmɪ'teɪʃən] **1** N (imitating) imitación f; (pej) remedo m; (copy) reproducción f, copia f. **2** CPD de imitación; **~ jewels** NPL joyas fpl de fantasía; **~ leather** N imitación f a piel.
imitative ['ɪmɪtətɪv] ADJ imitativo/a.
imitator ['ɪmɪteɪtər] N imitador(a) m/f.
immaculate [ɪ'mækjʊlɪt] ADJ (spotless: clothes, person) impecable; (style etc) perfecto/a; **the I~ Conception** (Rel) la Inmaculada Concepción.
immaterial [,ɪmə'tɪərɪəl] ADJ: **the difference between them is ~ to me** la diferencia entre ellos me es

indiferente; **it is ~ whether ...** no importa si ....
immature [,ɪmə'tjʊər] ADJ (person) inmaduro/a, verde; (attitude) inmaduro/a; (of youth) joven.
immaturity [,ɪmə'tjʊərɪtɪ] N inmadurez f.
immeasurable [ɪ'meʒərəbl] ADJ inconmensurable.
immediacy [ɪ'miːdɪəsɪ] N (urgency) urgencia f; (closeness) proximidad f.
immediate [ɪ'miːdɪət] ADJ (decision, answer, reaction) inmediato/a; (close at hand) cercano/a, próximo/a; **~ access** (Comput) entrada f inmediata; **to take ~ action** actuar de inmediato; **the ~ area** las inmediaciones; **for ~ delivery** para entrega inmediata; **in the ~ future** en el futuro próximo; **my ~ neighbours** mis vecinos de al lado; **the ~ need is for water** el agua es la necesidad más premiante.
immediately [ɪ'miːdɪətlɪ] **1** ADV **a** (at once: reply, come, agree) inmediatamente, en seguida, de inmediato (esp LAm), luego luego (Mex fam), desde ya (Arg fam), al tiro (Chi fam); (directly: affect, concern) directamente. **b** (of place) directamente. **2** CONJ: **~ he put the phone down, he remembered** colgar el teléfono y acordarse fue todo uno, no más or no bien colgó el teléfono se acordó (LAm); **let me know ~ he comes** avíseme en cuanto venga.
immemorial [,ɪmɪ'mɔːrɪəl] ADJ: **from time ~** desde tiempo inmemorial.
immense [ɪ'mens] ADJ (lit, fig) inmenso/a, enorme.
immensely [ɪ'menslɪ] ADV (differ) enormemente; (difficult) sumamente; (like, enjoy) muchísimo.
immensity [ɪ'mensɪtɪ] N (of size) inmensidad f; (of difference, problem etc) enormidad f, inmensidad f.
immerse [ɪ'mɜːs] VT (lit) **to ~ sth in water** sumergir algo en el agua; **to be ~d in sth** (fig) estar absorto en algo; **to ~ o.s. in sth** (fig) sumirse or sumergirse en algo.
immersion [ɪ'mɜːʃən] **1** N (lit: in water etc) inmersión f, sumersión f; (fig: in work, thoughts etc) absorción f. **2** CPD: **~ course** N curso m de inmersión; **~ heater** N calentador m de inmersión.
immigrant ['ɪmɪgrənt] N inmigrante mf.
immigration [,ɪmɪ'greɪʃən] **1** N inmigración f. **2** CPD: **~ authorities** NPL servicio m de inmigración; **~ control** N control m de inmigración; **~ laws** NPL leyes fpl inmigratorias; **~ worker** N trabajador(a) m/f inmigrante.
imminent ['ɪmɪnənt] ADJ (impending) inminente.
immobile [ɪ'məʊbaɪl] ADJ inmóvil.
immobiliser [ɪ'məʊbɪlaɪzər] N (Auto) inmovilizador m.
immobilize [ɪ'məʊbɪlaɪz] VT (person, troops, engine) inmovilizar.
immoderate [ɪ'mɒdərɪt] ADJ (person, opinion, reaction) desmesurado/a; (demand) excesivo/a.
immodest [ɪ'mɒdɪst] ADJ (indecent: behaviour, dress) desvergonzado/a, descarado/a; (boasting) poco modesto/a.
immodestly [ɪ'mɒdɪstlɪ] ADV (see adj) con descaro; sin modestia.
immodesty [ɪ'mɒdɪstɪ] N (see adj) desvergüenza f, descaro m; falta f de modestia.
immoral [ɪ'mɒrəl] ADJ (person, behaviour) inmoral; **~ earnings** ingresos mpl ilícitos.
immorality [,ɪmə'rælɪtɪ] N (of person, behaviour) inmoralidad f.
immortal [ɪ'mɔːtl] ADJ (person, god) inmortal; (memory, fame) imperecedero/a.
immortality [,ɪmɔː'tælɪtɪ] N inmortalidad f.
immovable [ɪ'muːvəbl] **1** ADJ (object) imposible de mover; (person) inconmovible; (feast, post etc) inamovible. **2** NPL: **~s** inmuebles mpl.
immune [ɪ'mjuːn] ADJ (to disease) inmune; (from tax etc) exento/a; (fig) **to be ~ to sth** quedar impasible ante algo; **~ system** sistema m inmunológico.
immunity [ɪ'mjuːnɪtɪ] N (see adj) inmunidad f; exención f; **diplomatic ~** inmunidad diplomática; **parliamentary ~** fuero m parlamentario.
immunization [,ɪmjʊnaɪ'zeɪʃən] N (Med) inmunización f.
immunize ['ɪmjʊnaɪz] VT (Med) inmunizar.
immunodeficiency [ɪ,mjuːnəʊdɪ'fɪʃənsɪ] N inmunodefi-

ciencia *f*.

immunodepressant [ɪ,mjʊnəʊdɪ'presnt] ADJ, N inmunodepresor *m*.

immunologist [ɪmjʊ'nɒlədʒɪst] N inmunólogo/a *m/f*.

immunotherapy [,ɪmjʊnəʊ'θerəpɪ] N inmunoterapia *f*.

immutable [ɪ'mjuːtəbl] ADJ inmutable.

imp [ɪmp] N diablillo *m*.

imp. ABBR of **imperial**.

impact ['ɪmpækt] N (*force, effect*) impacto *m*; (*crash*) choque *m*; **on ~** al chocar; **the book made a great ~ on me** el libro me conmovió profundamente *or* (*LAm*) me hizo gran impacto.

◆ **impact on** VT + PREP impactar en, tener un impacto sobre.

impacted [ɪm'pæktɪd] ADJ (*tooth*) incrustado/a.

impair [ɪm'peəʳ] VT (*health, relations*) perjudicar; (*sight, hearing*) dañar; (*visibility*) alterar.

impale [ɪm'peɪl] VT (*as punishment*) empalar; (*on sword etc*) espetar, atravesar; **to ~ o.s. on** atravesarse en.

impart [ɪm'pɑːt] VT **a** (*make known: information, knowledge, secret*) participar. **b** (*bestow: wisdom*) otorgar.

impartial [ɪm'pɑːʃəl] ADJ imparcial, objetivo/a.

impartiality [ɪm,pɑːʃɪ'ælɪtɪ] N imparcialidad *f*.

impassable [ɪm'pɑːsəbl] ADJ (*road, river*) intransitable; (*barrier*) infranqueable.

impasse [æm'pɑːs] N callejón *m* sin salida; (*fig*) punto *m* muerto; **the ~ is complete** la parálisis es total; **negotiations have reached an ~** las negociaciones han llegado a un punto muerto.

impassioned [ɪm'pæʃnd] ADJ (*speech, plea*) apasionado/a; (*person*) exaltado/a.

impassive [ɪm'pæsɪv] ADJ impasible.

impassively [ɪm'pæsɪvlɪ] ADV impasiblemente, sin emoción.

impatience [ɪm'peɪʃəns] N impaciencia *f*.

impatient [ɪm'peɪʃənt] ADJ (*eager*) impaciente; (*irascible*) sin paciencia; **to get ~ with sb/sth** perder la paciencia con algn/algo; **to be ~ to do sth** querer hacer algo lo más antes posible; **to make sb ~** impacientar a algn.

impatiently [ɪm'peɪʃəntlɪ] ADV con impaciencia.

impeach [ɪm'piːtʃ] VT **a** (*doubt: character, motive*) poner en tela de juicio. **b** (*try: public official etc*) procesar.

impeccable [ɪm'pekəbl] ADJ (*references, behaviour*) impecable.

impede [ɪm'piːd] VT (*hinder*) estorbar, dificultar; (*prevent*) impedir.

impediment [ɪm'pedɪmənt] N **a** (*Jur*) impedimento *m*. **b** (*Med: also* **speech ~**) defecto *m* del habla.

impel [ɪm'pel] VT (*force, compel*) obligar; (*drive*) inducir, impulsar; **I feel ~led to say ...** me veo obligado a decir ....

impending [ɪm'pendɪŋ] ADJ (*gen*) inminente; **our ~ removal** nuestra mudanza en fecha próxima.

impenetrable [ɪm'penɪtrəbl] ADJ (*jungle, fortress*) impenetrable; (*fig: incomprehensible*) insondable.

imperative [ɪm'perətɪv] **1** ADJ **a** (*essential*) imprescindible; (*authoritative: manner, command*) perentorio/a, imperioso/a; **it is ~ that he comes** es imprescindible que venga.
b (*Ling*) imperativo/a; **~ mood** modo *m* imperativo. **2** N (*Ling*) imperativo *m*.

imperceptible [,ɪmpə'septəbl] ADJ (*gen*) imperceptible, insensible.

imperfect [ɪm'pɜːfɪkt] **1** ADJ **a** (*faulty: car, machine, product*) defectuoso/a; (: *vision, hearing*) imperfecto/a.
b (*Ling: tense*) imperfecto/a. **2** N (*Ling*) imperfecto *m*.

imperfection [,ɪmpə'fekʃən] N defecto *m*.

imperial [ɪm'pɪərɪəl] ADJ **a** (*of empire, emperor etc*) imperial. **b** (*imperious*) señorial; **c** (*Brit: weights, measures*) británico/a.

┌─────────────────┐
│ *IMPERIAL SYSTEM* │
└─────────────────┘

ⓘ *Aunque el sistema métrico decimal se implantó oficialmente en 1971 en el Reino Unido y es el que se enseña en los colegios, en el lenguaje cotidiano aún se sigue usando en muchos casos el llamado **imperial system**. Por*

ejemplo, en muchas tiendas se sigue pesando en libras (**pounds**) *y la gente suele decir su peso en* **stones** *y* **pounds**. *La cerveza se mide en pintas* (**pints**), *las distancias en millas* (**miles**) *y la longitud, la altura o la profundidad en pies* (**feet**) *y pulgadas* (**inches**).*En Estados Unidos el sistema imperial también se usa para todas las medidas y pesos, aunque la capacidad de la onza* (**ounce**), *del galón* (**gallon**) *y de la pinta* (**pint**) *es ligeramente inferior a la del Reino Unido. Por otro lado, en EE.UU. la gente mide su peso sólo en libras* (**pounds**) *y no en* **stones**.

imperialism [ɪm'pɪərɪəlɪzəm] N imperialismo *m*.

imperialist [ɪm'pɪərɪəlɪst] ADJ, N imperialista *mf*.

imperil [ɪm'perɪl] VT arriesgar, poner en peligro.

imperious [ɪm'pɪərɪəs] ADJ (*tone, manner*) señorial; (*urgent*) apremiante.

imperiously [ɪm'pɪərɪəslɪ] ADV con arrogancia.

impermeable [ɪm'pɜːmɪəbl] ADJ impermeable (*to* a).

impersonal [ɪm'pɜːsnl] ADJ (*gen*) impersonal.

impersonate [ɪm'pɜːsəneɪt] VT (*mimic*) hacerse pasar por.

impersonation [ɪm,pɜːsə'neɪʃən] N (*gen*) imitación *f*; **to do ~s** representar a otros.

impersonator [ɪm'pɜːsəneɪtəʳ] N (*gen*) imitador(a) *m/f*.

impertinence [ɪm'pɜːtɪnəns] N (*cheek*) descaro *m*; **an ~** una impertinencia; **what ~!, the ~ of it!** ¡qué frescura!, ¡vaya cara! (*fam*).

impertinent [ɪm'pɜːtɪnənt] ADJ (*person, child*) fresco/a, descarado/a; (*behaviour, manner*) impertinente, insolente; **to be ~ to sb** decir impertinencias a algn.

imperturbable [,ɪmpə'tɜːbəbl] ADJ (*person*) imperturbable; (*manner*) impasible.

impervious [ɪm'pɜːvɪəs] ADJ (*lit: to water*) impermeable (*to* a); (*fig: to criticism, remark*) insensible (*to* a).

impetuosity [ɪm,petjʊ'ɒsɪtɪ] N (*of person, behaviour*) impetuosidad *f*.

impetuous [ɪm'petjʊəs] ADJ (*person*) impetuoso/a; (*behaviour*) precipitado/a.

impetuously [ɪm'petjʊəslɪ] ADV precipitadamente, con impetuosidad.

impetus ['ɪmpɪtəs] N (*lit: force*) ímpetu *m*; (*fig*) impulso *m*; **to give an ~ to sales** impulsar *or* incentivar las ventas.

impinge [ɪm'pɪndʒ] VI: **to ~ on sb/sth** afectar a algn/algo.

impish ['ɪmpɪʃ] ADJ (*expression, smile*) travieso/a.

implacable [ɪm'plækəbl] ADJ (*enemy, hatred*) implacable.

implant ['ɪmplɑːnt] **1** N implante *m*. **2** [ɪm'plɑːnt] VT (*Med: organ, tissue*) injertar, implantar; (*fig: idea, principle*) inculcar.

implausible [ɪm'plɔːzəbl] ADJ inverosímil.

implement ['ɪmplɪmənt] **1** N herramienta *f*, instrumento *m*. **2** ['ɪmplɪment] VT (*decision, plan, idea*) llevar a cabo; (*law*) aplicar.

implementation [,ɪmplɪmen'teɪʃən] N (*of plan*) ejecución *f*; (*of law*) aplicación *f*; (*of measure, idea*) puesta *f* en práctica.

implicate ['ɪmplɪkeɪt] VT: **to ~ sb in sth** comprometer a algn en algo; **are you ~d in this?** ¿andas metido en esto?; **he ~d three others** acusó a tres más.

implication [,ɪmplɪ'keɪʃən] N (*consequence*) consecuencia *f*; **the ~ of what you say is ...** por lo que dices, se deduce que ...; **by ~ then ...** de ahí (se deduce) que ...; **his policy had major ~s** su política tuvo gran trascendencia.

implicit [ɪm'plɪsɪt] ADJ **a** (*implied: threat, agreement*) implícito/a; **it is ~ in what you say** se sobreentiende por lo que dices. **b** (*unquestioning: faith, belief*) absoluto/a.

implied [ɪm'plaɪd] ADJ implícito/a, tácito/a; **it is not stated but it is ~** no se declara abiertamente pero se sobreentiende; **~ warranty** garantía *f* implícita.

implode [ɪm'pləʊd] VT, VI implosionar.

implore [ɪm'plɔːʳ] VT (*person*) suplicar, rogar; (*forgiveness*) implorar; **to ~ sb to do sth** suplicar a algn que haga algo.

imploring [ɪm'plɔːrɪŋ] ADJ (*glance, gesture*) de súplica.

imploringly [ɪm'plɔːrɪŋlɪ] ADV de modo suplicante.

imply [ɪm'plaɪ] VT (*hint, suggest*) insinuar; (*indicate*) dar a entender; (*involve*) suponer; **are you ~ing that ...?**

¿quieres decir que ...?; **what are you ~ing?** ¿qué quieres insinuar?; **it implies a lot of work** supone mucho trabajo.

impolite [ˌɪmpəˈlaɪt] ADJ (gen) mal educado/a.

impolitely [ˌɪmpəˈlaɪtlɪ] ADV sin educación.

impoliteness [ˌɪmpəˈlaɪtnɪs] N (of person) falta f de educación; (of remark) descortesía f.

imponderable [ɪmˈpɒndərəbl] ADJ imponderable.

import [ɪmˈpɔːt] **1** VT importar.
2 [ˈɪmpɔːt] N (Comm: article) artículo m importado; (: importing) importación f.
3 [ˈɪmpɔːt] CPD: **~ duty** N derechos mpl de importación; **~ licence** N permiso m de importación; **~ quota** N cupo m de importación; **~ surcharge** N sobrecarga f de importación; **~ tax** N derecho m de importación; **~ trade** N comercio m importador.

▼**importance** [ɪmˈpɔːtəns] N importancia f; **of some ~** de cierta importancia; **to attach great ~ to sth** conceder mucha importancia a algo; **to be of great/little ~** tener mucha/poca importancia; **to be full of one's own ~** darse ínfulas, ser muy creído/a.

important [ɪmˈpɔːtənt] ADJ importante; **it is ~ that ...** es importante que ...; **to try to look ~** (pej) darse tono.

importantly [ɪmˈpɔːtəntlɪ] ADV (arrogantly) dándose importancia; **but, more ~ ...** pero, lo más importante es ....

importation [ˌɪmpɔːˈteɪʃən] N importación f.

importer [ɪmˈpɔːtər] N (Comm) importador(a) m/f.

importing [ɪmˈpɔːtɪŋ] ADJ: **~ company** empresa f importadora, empresa de importación; **~ country** país m importador.

impose [ɪmˈpəʊz] VT (conditions, fine, tax) **to ~ (on sb/sth)** imponer (a algn/algo).
◆**impose (up)on** VI + PREP abusar de; **I don't wish to ~ upon you** no quiero abusar or molestarle.

imposing [ɪmˈpəʊzɪŋ] ADJ imponente, impresionante.

imposition [ˌɪmpəˈzɪʃən] N (of fine etc) imposición f; (of tax) impuesto m; **it's a bit of an ~** es un abuso.

impossibility [ɪmˌpɒsəˈbɪlɪtɪ] N imposibilidad f; **the ~ of doing sth** la imposibilidad de hacer algo.

▼**impossible** [ɪmˈpɒsəbl] ADJ (person, task, situation) imposible; **~!** ¡imposible!; **it is ~ for me to leave now** me es imposible salir ahora; **it is ~ for her to do that** le es imposible hacer eso; **you're ~!** (fam) ¡eres insufrible or insoportable!; **it's not ~ that ...** existe la posibilidad de que ...; **to do the ~** hacer lo imposible.

impossibly [ɪmˈpɒsəblɪ] ADV (badly: behave, act) en forma insoportable; (extremely: late, early) demasiado; (: difficult) imposiblemente.

impostor [ɪmˈpɒstər] N impostor(a) m/f.

impotence [ˈɪmpətəns] N (gen) impotencia f.

impotent [ˈɪmpətənt] ADJ (gen) impotente.

impound [ɪmˈpaʊnd] VT (goods) embargar.

impoverished [ɪmˈpɒvərɪʃt] ADJ (person) empobrecido/a, necesitado/a; (land) agotado/a.

impracticable [ɪmˈpræktɪkəbl] ADJ (unrealizable) irrealizable; (unrealistic) poco realista.

impractical [ɪmˈpræktɪkəl] ADJ (person) poco práctico/a; (plan) poco factible.

imprecise [ˌɪmprɪˈsaɪs] ADJ (information, definition) impreciso/a.

imprecision [ˌɪmprɪˈsɪʒən] N (of information, definition) imprecisión f.

impregnable [ɪmˈpregnəbl] ADJ (castle) inexpugnable; (lit, fig: position) invulnerable.

impregnate [ˈɪmpregneɪt] VT (fertilise: person, animal, egg) fecundar; **to become ~d** impregnarse de.

impresario [ˌɪmpreˈsɑːrɪəʊ] N empresario/a m/f.

impress [ɪmˈpres] VT **a** (make good impression on) impresionar; **how did she ~ you?** ¿qué impresión te dio?; **he ~ed me quite favourably** me hizo muy buena impresión; **I was not ~ed** no me hizo buena impresión. **b** (mark) imprimir; (stamp) estampar; **to ~ sth on sb's mind** grabar algo en la memoria de algn; **to ~ sth on sb** (fig) convencer a algn de la importancia de algo; **I must ~ upon you that ...** tengo que subrayar que ....

▼**impression** [ɪmˈpreʃən] N **a** (fig) impresión f; **to be under** or **have the ~ that** tener la impresión de que; **he gives an ~ of knowing a lot** da la impresión de saber mucho; **to make a good/bad ~ on sb** causar buena/mala impresión a algn; **to make no ~ on sth** no tener el menor efecto sobre algo. **b** (mark) marca f, huella f. **c** (imitation) imitación f; **to do ~s** imitar, ser imitador.

impressionable [ɪmˈpreʃnəbl] ADJ (person) impresionable; **to be at an ~ age** estar en una edad impresionable.

impressionism [ɪmˈpreʃənɪzəm] N (Art) impresionismo m.

impressionist [ɪmˈpreʃənɪst] ADJ, N (Art: painter) impresionista mf.

impressive [ɪmˈpresɪv] ADJ impresionante.

impressively [ɪmˈpresɪvlɪ] ADV de modo impresionante.

imprest [ɪmˈprest] CPD: **~ system** N sistema m de fondo fijo.

imprint [ɪmˈprɪnt] **1** VT (mark: paper) imprimir; (fig) grabar; **to ~ sth on sth** imprimir algo en algo. **2** [ˈɪmprɪnt] N impresión f, huella f; **under the HarperCollins ~** publicado por HarperCollins.

imprison [ɪmˈprɪzn] VT (criminal: put in gaol) encarcelar; **to be ~ed** estar encarcelado or en la cárcel.

imprisonment [ɪmˈprɪznmənt] N encarcelamiento m; (term of ~) cárcel f, prisión f; **one year's ~** un año de cárcel; **life ~** cadena f perpetua.

improbability [ɪmˌprɒbəˈbɪlɪtɪ] N improbabilidad f.

improbable [ɪmˈprɒbəbl] ADJ (event) improbable; (excuse, story) inverosímil.

impromptu [ɪmˈprɒmptjuː] **1** ADJ (performance, speech) improvisado/a. **2** ADV (ad lib) sin preparación; (unexpectedly) de improviso.

improper [ɪmˈprɒpər] ADJ (unseemly: laughter) indecoroso/a, incorrecto/a; (indecent: behaviour, story) indecente, impropio/a.

impropriety [ˌɪmprəˈpraɪətɪ] N (of person, behaviour: unseemliness) falta f de decoro; (: indecency) indecencia f.

improve [ɪmˈpruːv] **1** VT (make better) mejorar; (progress) adelantar; (favour: appearance) favorecer; (perfect: skill) perfeccionar; (mind) cultivar; (property) hacer mejoras en; (add value to) aumentar el valor de; (production, yield, salary) aumentar; **to ~ one's Spanish** perfeccionar sus conocimientos del español; **to ~ one's chances of success** aumentar las posibilidades de éxito; **to ~ one's mind** edificarse, instruirse. **2** VI (person: in skill etc) hacer progresos; (: after illness) mejorarse; (health, appearance) mejorar; (quality, work, weather) mejorarse; (production, yield) aumentarse; (business) mejorarse, prosperar; **to ~ in sth** hacer progresos en algo; **to ~ with age/use** mejorarse con el tiempo/el uso.
◆**improve (up)on** VI + PREP (gen) mejorar; **to ~ (up)on an offer** sobrepujar una oferta.

improvement [ɪmˈpruːvmənt] N: **~ (in)** (in quality etc) mejora f or mejoramiento m (de); (increase) aumento m (de); (in mind) cultivo m (de); (progress) progresos mpl (en); **it's an ~ on the old one** es mejor que el antiguo; **there is room for ~** podría mejorarse; **to make ~s to sth** perfeccionar algo; (to property) hacer reformas en algo.

improvident [ɪmˈprɒvɪdənt] ADJ imprévido/a, imprevisor(a).

improving [ɪmˈpruːvɪŋ] ADJ (book, programme) edificante, instructivo/a.

improvisation [ˌɪmprəvaɪˈzeɪʃən] N (action) improvisación f; (improvised speech, music etc) impromptu m.

improvise [ˈɪmprəvaɪz] VI, VT improvisar.

imprudent [ɪmˈpruːdənt] ADJ (gen) imprudente.

impudence [ˈɪmpjʊdəns] N (of person) descaro m, desvergüenza f; (of behaviour) insolencia f; **he had the ~ to say that ...** tuvo la cara dura de decir que ....

impudent [ˈɪmpjʊdənt] ADJ (person) desvergonzado/a, descarado/a; (behaviour) insolente.

impugn [ɪmˈpjuːn] VT (criticize) criticar.

impulse [ˈɪmpʌls] **1** N (Tech, fig) impulso m; **my first ~ was to hit him** mi primer impulso fue golpearle; **on ~**

impulsivamente; **to act on** ~ obrar sin reflexionar.
2 CPD: ~ **buying** N compra *f* impulsiva; ~ **sales** N ventas *fpl* impulsivas.

impulsive [ɪmˈpʌlsɪv] ADJ (*person, temperament*) irreflexivo/a, impulsivo/a; (*act, remark*) irreflexivo/a.

impunity [ɪmˈpjuːnɪtɪ] N: **with** ~ con impunidad, impunemente.

impure [ɪmˈpjʊəʳ] ADJ (*Chem etc*) impuro/a, adulterado/a; (*morally: person, thought*) impuro/a.

impurity [ɪmˈpjʊərɪtɪ] N (*Chem etc*) impureza *f.*

impute [ɪmˈpjuːt] VT: **to** ~ **sth to sb** achacar *or* atribuir algo a algn.

IN ABBR (*US Post*) *of* **Indiana.**

in [ɪn] PREP **a** (*place, position*) en; (*inside*) dentro de; ~ **the house/garden** en casa/el jardín; ~ **my hand** en la mano; ~ **the town/country** en la ciudad/el campo; **the chairs** ~ **the room** las sillas en el *or* del cuarto; **to be** ~ **school** estar en la escuela; ~ **the distance** a lo lejos; ~ **here/there** aquí/allí dentro; ~ **everybody's eyes** a los ojos de todos.

b (*with place names*) en; ~ **London/Scotland/Galicia** en Londres/Escocia/Galicia.

c (*time: during*) en, durante; ~ **1986** en 1986; ~ **May/spring** en mayo/primavera; ~ **the eighties/the 20th century** en los años ochenta/el siglo 20; ~ **the morning(s)/evening(s)** por la mañana/la tarde; ~ **the daytime** durante el día; **at 4 o'clock** ~ **the morning/afternoon** a las 4 de la mañana/la tarde; ~ **those days** en aquel entonces; ~ **the past/future** en el pasado/el futuro; **he'll be here** ~ **time** llegará a tiempo; **she has not been here** ~ **years** hace años que no viene.

d (*time: in the space of*) en; (: *within*) dentro de; **I did it** ~ **3 hours/days** lo hice en 3 horas/días; **it was built** ~ **a week** fue construido en una semana; **she will return the money** ~ **a month** devolverá el dinero dentro de un mes; **he'll be back** ~ **a moment/a month** volverá dentro de un momento/un mes.

e (*manner etc*) en; ~ **a loud/soft voice** en voz alta/baja; ~ **Spanish/English** en español/inglés; ~ **ink/pencil** con pluma/lápiz; ~ **writing** por escrito; ~ **oils/water colour** al óleo/a la acuarela; ~ **person** en persona; ~ **large/small quantities** en grandes/pequeñas cantidades; **to pay** ~ **dollars** pagar en dólares; ~ **cash** en metálico, en contante; ~ **alphabetical order** por orden alfabético; ~ **some measure** hasta cierto punto; ~ **part** en parte; **cut** ~ **half** cortado por el medio; **painted** ~ **red** pintado de rojo; **dressed** ~ **green** vestido de verde; **to be dressed** ~ **a skirt/trousers** llevar falda/pantalones; **the man** ~ **the hat** el hombre del sombrero; **you look nice** ~ **that hat** ese sombrero te sienta bien; **dressed** ~ **silk** vestido de seda.

f (*circumstance*) a, en, de; ~ **the sun** al sol; ~ **the rain** bajo la lluvia; ~ **the shade** a la sombra; ~ **(the) daylight** a la luz del día; ~ **(the) dark(ness)** en la oscuridad; ~ **the moonlight** a la luz de la luna; ~ **all weathers** no importa el tiempo; **10 metres** ~ **height/length/depth/width** 10 metros de alto/largo/profundo/ancho; **a change** ~ **policy** un cambio de política; **a rise** ~ **prices** un aumento de precios; **strong** ~ **maths** fuerte en matemáticas; **deaf** ~ **one ear** sordo de un oído.

g (*mood, state*) ~ **tears** llorando; ~ **anger** con enojo; **to be** ~ **a rage** estar furioso; **lame** ~ **the left leg** cojo de la pierna izquierda; ~ **despair** desesperado; ~ **good condition** *or* **repair** en buen estado; **they were 6** ~ **number** eran seis; **to live** ~ **luxury** llevar una vida de lujo; ~ **mourning** de luto; ~ **private/secret** en privado/secreto.

h (*ratio, number*) en; **one person** ~ **ten** una persona de cada diez; **20 pence** ~ **the pound** veinte peniques en cada libra; **once** ~ **a hundred years** una vez al siglo; ~ **twos** de dos en dos.

i (*people, works*) en, entre; ~ **(the works of) Shakespeare** en las obras de Shakespeare; **this is common** ~ **children/cats** es cosa común entre los niños/los gatos; **she has it** ~ **her to succeed** tiene la capacidad de triunfar; **they have a good leader** ~ **him** él es buen líder para ellos.

j (*in profession etc*) **to be** ~ **teaching/publishing** dedicarse a la enseñanza/la publicación de libros; **to be** ~ **the motor trade** ser vendedor de coches; **to be** ~ **the army** ser militar; **he's** ~ **the tyre business** se dedica al comercio de neumáticos.

k (*after superlative*) de; **the biggest/smallest** ~ **Europe** el más grande/pequeño de Europa.

l (*with verb*) ~ **saying this** al decir esto; ~ **making a fortune he lost his wife** mientras se ganaba una fortuna, perdió su mujer.

m ~ **that** ya que; ~ **fact** de hecho, en realidad; ~ **all** en total.

2 ADV: **to be** ~ (*person*) estar (en casa); (*train, ship, plane*) haber llegado; (*crops, harvest*) estar recogido; (*in season*) estar en sazón; (*in fashion*) estar de moda; (*in power*) estar en el poder; (*burning: fire*) arder; **strawberries are** ~ es la temporada de las fresas; **he's** ~ **for a surprise** le espera una sorpresa; **he's** ~ **for it** (*fam*) la va a pagar; **to have it** ~ **for sb** tenerla tomada con algn; **to be** ~ **on the plan/secret** estar al tanto del plan/del secreto; **to be well** ~ **with sb** estar muy metido con algn; **to ask sb** ~ invitar a algn a entrar; **day** ~, **day out** día tras día; **all** ~ (*bill etc*) todo incluido; **to be** ~ **and out of work** no tener trabajo fijo; **my luck is** ~ estoy de suerte; **he's** ~ **for larceny** (*fam*) está preso por ladrón; **what's he** ~ **for?** (*fam*) ¿de qué delito se le acusa?

3 N: **the** ~**s and outs of the problem** los pormenores del problema.

in... [ɪn] PREF in....

in. ABBR *of* **inch(es).**

inability [ˌɪnəˈbɪlɪtɪ] N incapacidad *f*; ~ **to do sth/to pay** incapacidad de hacer algo/de pagar.

inaccessibility [ˈɪnæk,sesəˈbɪlɪtɪ] N inaccesibilidad *f.*

inaccessible [ˌɪnækˈsesəbl] ADJ (*place*) inaccesible.

inaccuracy [ɪnˈækjʊrəsɪ] N (*gen*) inexactitud *f*; (*usu pl: mistake*) error *m.*

inaccurate [ɪnˈækjʊrɪt] ADJ (*gen*) inexacto/a.

inaction [ɪnˈækʃən] N (*lack of activity*) inacción *f*; (*laziness*) pereza *f*, flojera *f* (*LAm*).

inactive [ɪnˈæktɪv] ADJ (*person, volcano*) inactivo/a; (*life*) perezoso/a, flojo/a (*LAm*); **to be** ~ holgar.

inactivity [ˌɪnækˈtɪvɪtɪ] N (*see adj*) inactividad *f*; pereza *f*, flojera *f* (*LAm*).

inadequate [ɪnˈædɪkwɪt] ADJ (*insufficient*) insuficiente; (*unsuitable*) inadecuado/a; (*weak: person*) incapaz.

inadmissible [ˌɪnədˈmɪsəbl] ADJ (*evidence*) improcedente, inadmisible.

inadvertent [ˌɪnədˈvɜːtənt] ADJ (*inattentive*) descuidado/a; (*unintentional*) involuntario/a.

inadvertently [ˌɪnədˈvɜːtəntlɪ] ADV (*see adj*) por descuido; involuntariamente.

▼**inadvisable** [ˌɪnədˈvaɪzəbl] ADJ poco aconsejable, inconveniente.

inane [ɪˈneɪn] ADJ (*remark*) necio/a, sonso/a (*LAm*).

inanimate [ɪnˈænɪmɪt] ADJ (*object*) inanimado/a.

inanity [ɪˈnænɪtɪ] N necedad *f.*

inapplicable [ɪnˈæplɪkəbl] ADJ inaplicable.

inappropriate [ˌɪnəˈprəʊprɪɪt], **inapt** [ɪnˈæpt] ADJ (*action, punishment, treatment*) inadecuado/a; (*word, phrase*) inoportuno/a; (*behaviour*) impropio/a.

inarticulate [ˌɪnɑːˈtɪkjʊlɪt] ADJ (*person*) incapaz de expresarse; (*speech*) mal pronunciado/a.

inasmuch [ɪnəzˈmʌtʃ] ADV: ~ **as** puesto que, en vista de que.

inattention [ˌɪnəˈtenʃən] N inatención *f*, distracción *f.*

inattentive [ˌɪnəˈtentɪv] ADJ (*person*) desatento/a, distraído/a.

inaudible [ɪnˈɔːdəbl] ADJ inaudible.

inaugural [ɪˈnɔːgjʊrəl] ADJ (*lecture, debate*) inaugural; (*speech*) de apertura.

inaugurate [ɪˈnɔːgjʊreɪt] VT (*president, official*) dar posesión de un cargo a; (*start: new age etc*) inaugurar.

inauspicious [ˌɪnɔːˈspɪʃəs] ADJ (*occasion*) poco propicio/a; (*moment*) inoportuno/a.

in-between [ˈɪnbɪˈtwiːn] ADJ (*gen*) intermedio/a.

inborn [ˈɪnˈbɔːn] ADJ (*ability, talent*) innato/a.

➤ SENTENCE BUILDER: **inadvisable** → 12.1

inbred ['ɪn'bred] ADJ (*innate*) innato/a, instintivo/a; (*result of in-breeding*) engendrado/a por endogamia.

inbuilt ['ɪnbɪlt] ADJ (*feeling etc*) innato/a, inherente.

Inc. ABBR (*US Comm*) of **Incorporated** S.A.

inc. ABBR of **included; including; inclusive (of)**.

Inca ['ɪŋkə] [1] ADJ incaico/a, incásico/a. [2] N inca *mf*.

incalculable [ɪn'kælkjʊləbl] ADJ incalculable.

Incan ['ɪŋkən] ADJ inca, incaico/a, de los incas.

incandescent [ˌɪnkæn'desnt] ADJ incandescente.

incantation [ˌɪnkæn'teɪʃən] N conjuro *m*.

▼**incapable** [ɪn'keɪpəbl] ADJ (*incompetent*: *workers*) incompetente; **to be ~ of doing sth** ser incapaz de hacer algo; **to be ~ of speech** quedarse sin habla; **a question ~ of solution** un problema insoluble.

incapacitate [ˌɪnkə'pæsɪtet] VT (*person*) incapacitar; **physically ~d** físicamente incapacitado.

incapacity [ˌɪnkə'pæsɪtɪ] N incapacidad *f*.

incarcerate [ɪn'kɑːsəreɪt] VT encarcelar.

incarnate [ɪn'kɑːnɪt] ADJ (*Rel*) encarnado/a; **the word ~** la palabra encarnada; **the devil ~** el mismo diablo.

incarnation [ˌɪnkɑː'neɪʃən] N (*Rel*) encarnación *f*.

incautious [ɪn'kɔːʃəs] ADJ incauto/a, imprudente.

incendiary [ɪn'sendɪərɪ] [1] ADJ (*bomb, device*) incendiario/a. [2] N (*bomb*) bomba *f* incendiaria.

incense[1] ['ɪnsens] N incienso *m*.

incense[2] [ɪn'sens] VT encolerizar.

incensed [ɪn'senst] ADJ (*person*) furioso/a, furibundo/a.

incentive [ɪn'sentɪv] [1] N incentivo *m*, estímulo *m*; **production ~** incentivo a la producción. [2] CPD: **~ bonus** N prima *f* de incentivo; **~ scheme** N plan *m* de incentivos.

inception [ɪn'sepʃən] N comienzo *m*, principio *m*.

incessant [ɪn'sesnt] ADJ incesante, constante.

incest ['ɪnsest] N incesto *m*.

incestuous [ɪn'sestjʊəs] ADJ incestuoso/a.

inch [ɪntʃ] N pulgada *f*; **the car missed me by ~es** por poco el coche me atropelló; **to lose a few ~es** (*fam*) adelgazar un poco; **~ by ~** palmo a palmo; **not an ~ of territory** ni un palmo de territorio; **every ~ of it was used** se aprovechó hasta el último centímetro; **he's every ~ a soldier** es todo un soldado; **to be within an ~ of death/disaster** estar a dos dedos de la muerte/del desastre; **he didn't give an ~** no ofreció la menor concesión; **give him an ~ and he'll take a mile** dale un dedo y se toma hasta el codo.

◆ **inch forward** VI + ADV avanzar palmo a palmo.

◆ **inch up** VI + ADV subir poco a poco.

incidence ['ɪnsɪdəns] N (*extent*: *of crime*) incidencia *f*; (: *of disease*) extensión *f*; **the angle of ~** (*Phys*) el ángulo de incidencia.

incident ['ɪnsɪdənt] [1] N (*gen*) incidente *m*; (*in book, play etc*) episodio *m*; **to provoke a diplomatic ~** provocar un incidente diplomático; **without ~** sin incidentes. [2] CPD: **~ room** N centro *m* de coordinación.

incidental [ˌɪnsɪ'dentl] [1] ADJ (*unimportant*) irrelevante; **~ expenses** gastos *mpl* imprevistos; **~ music** música *f* de fondo. [2] NPL: **~s** (*expenses*) gastos *mpl* imprevistos.

incidentally [ˌɪnsɪ'dentəlɪ] ADV a propósito, por cierto (*LAm*).

incinerate [ɪn'sɪnəreɪt] VT (*body etc*) incinerar; (*rubbish etc*) quemar.

incinerator [ɪn'sɪnəreɪtər] N incinerador *m*.

incipient [ɪn'sɪpɪənt] ADJ incipiente.

incise [ɪn'saɪz] VT cortar; (*Art*) grabar, tallar; (*Med*) incidir, hacer una incisión en.

incision [ɪn'sɪʒən] N incisión *f*.

incisive [ɪn'saɪsɪv] ADJ (*mind*) penetrante; (*remark*) incisivo/a; (*criticism*) tajante.

incisor [ɪn'saɪzər] N incisivo *m*.

incite [ɪn'saɪt] VT provocar, incitar; **to ~ sb to do sth** incitar a algn a hacer algo.

incitement [ɪn'saɪtmənt] N incitación *f*, provocación *f*.

incivility [ˌɪnsɪ'vɪlɪtɪ] N descortesía *f*.

incl. ABBR of **included; including; inclusive (of)**.

inclement [ɪn'klemənt] ADJ (*weather*) inclemente.

inclination [ˌɪnklɪ'neɪʃən] N [a] (*leaning*) inclinación *f*, tendencia *f*; **I have no ~ to go** no tengo ganas de ir; **her**

~ was to ignore him prefería no hacerle caso; **against my ~** contra mi inclinación; **to follow one's ~** seguir su capricho. [b] (*slope, bow*) inclinación *f*.

incline ['ɪnklaɪn] [1] N pendiente *m*, cuesta *f*.
[2] [ɪn'klaɪn] VT [a] (*bend*: *head*) bajar; (*body*) doblar.
[b] (*tend to*) **to be ~d to do sth** tener tendencia a hacer algo; (*out of habit*) soler hacer algo; (*from preference*) preferir hacer algo; **it is ~d to break** tiene tendencia a romperse; **I'm ~d to believe you** estoy dispuesto a creerte; **if you feel so ~d** si te llama la atención.
[3] [ɪn'klaɪn] VI [a] (*slope*) inclinarse.
[b] (*tend to*) tirar (*to(wards)* a); **I ~ to the belief/opinion that ...** tiro a la idea/la opinión de que ....

include [ɪn'kluːd] VT incluir; **your name is not ~d in the list** tu nombre no figura en la lista; **he sold everything, books ~d** vendió todo, incluso los libros; **the tip is/is not ~d** la propina está/no está or (*LAm*) va/no va incluida; **all the team members, myself ~d** todos los miembros del equipo, yo entre ellos.

including [ɪn'kluːdɪŋ] PREP incluso, inclusive; **~ service charge/postage** servicio/porte incluido; **seven ~ this one** siete con éste; **everyone, ~ the President** todos, inclusive el Presidente; **up to and ~** hasta e incluso.

inclusive [ɪn'kluːsɪv] [1] ADJ (*sum, price*) inclusivo/a, completo/a; **~ of tax** incluidos los impuestos. [2] ADV: **from the 10th to the 15th ~** del 10 al 15 inclusive.

incognito [ɪn'kɒgnɪtəʊ] ADV (*travel*) de incógnito; **to remain ~** guardar el incógnito.

incoherent [ˌɪnkəʊ'hɪərənt] ADJ (*gen*) incoherente; (*argument*) desarticulado/a; (*conversation*) ininteligible; **to be ~ with rage** balbucear de rabia.

income ['ɪnkʌm] [1] N (*gen*) ingresos *mpl*; (*from land etc*) renta *f*; (*salary*) salario *m*, sueldo *m*; (*tckings*) entradas *fpl*; (*interest*) réditos *mpl*; (*profit*) ganancias *fpl*; **gross/net ~** ingreso bruto/neto; **private ~** rentas particulares; **national ~** renta nacional; **to live within one's ~** vivir con arreglo a los ingresos; **not to live within one's ~** no vivir con lo que se gana.
[2] CPD: **~ and expenditure account** N cuenta *f* de gastos e ingresos; **~ bracket, ~ group** N categoría *f* económica; **~s policy** N política *f* salarial or de salarios; **~ support** N (*Brit*) ≈ ayuda *f* compensatoria; **~ tax** N impuesto *m* sobre la renta; **~ tax return** N declaración *f* de impuestos.

incomer ['ɪnˌkʌmər] N recién llegado/a *m/f*; (*to society, group*) persona *f* nueva; (*immigrant*) inmigrante *mf*.

incoming ['ɪnˌkʌmɪŋ] ADJ (*passenger*) que llega; (*president etc*) entrante; (*tide*) ascendente.

incommensurate [ˌɪnkə'menʃərɪt] ADJ desproporcionado/a; **to be ~ with** no guardar relación con.

incommunicado [ˌɪnkəmjʊnɪ'kɑːdəʊ] ADJ: **to hold sb ~** mantener incomunicado a algn.

in-company ['ɪnkʌmpənɪ] ADJ: **~ training** formación *f* en la empresa.

incomparable [ɪn'kɒmpərəbl] ADJ (*beauty, skill*) incomparable; (*achievement*) inigualable.

incompatible [ˌɪnkəm'pætəbl] ADJ (*couple, temperaments*) incompatible.

incompetence [ɪn'kɒmpɪtəns] N (*gen*) incompetencia *f*; (*clumsiness*) torpeza *f*.

incompetent [ɪn'kɒmpɪtənt] ADJ (*person*) incompetente (*at* para); (*clumsy*) torpe.

incomplete [ˌɪnkəm'pliːt] ADJ (*partial*) incompleto/a; (*unfinished*) inacabado/a.

incomprehensible [ɪn,kɒmprɪ'hensəbl] ADJ (*gen*) incomprensible.

incomprehension [ˌɪnkɒmprɪ'henʃən] N incomprensión *f*.

inconceivable [ˌɪnkən'siːvəbl] ADJ inconcebible.

inconclusive [ˌɪnkən'kluːsɪv] ADJ (*not decisive*: *result*) inconcluso/a; (*not convincing*: *argument, evidence*) poco convincente.

incongruous [ɪn'kɒŋgrʊəs] ADJ (*inapt*) incongruo/a; (*incompatible*) incompatible; **it seems ~ that ...** parece extraño que ....

inconsequential [ɪn,kɒnsɪ'kwenʃəl] ADJ (*conversation*) sin trascendencia.

inconsiderable [ˌɪnkən'sɪdərəbl] ADJ: **a not ~ amount** una suma considerable.

inconsiderate [ˌɪnkən'sɪdərɪt] ADJ desconsiderado/a; **how ~ of him!** ¡qué falta de consideración de su parte!

inconsistency [ˌɪnkən'sɪstənsɪ] N (*see adj*) inconsecuencia *f*; carácter *m* desigual; **I see an ~ here** aquí veo una contradicción.

inconsistent [ˌɪnkən'sɪstənt] ADJ (*contradictory: action*) inconsecuente; (*uneven: work*) desigual; **that is ~ with what you told me** eso no encaja con lo que me dijiste.

inconsolable [ˌɪnkən'səuləbl] ADJ inconsolable.

inconspicuous [ˌɪnkən'spɪkjuəs] ADJ (*place*) que no atrae la atención; (*colour*) apagado/a; (*person*) discreto/a; **to make o.s. ~** no llamar la atención sobre sí.

inconstant [ɪn'kɒnstənt] ADJ inconstante.

incontinence [ɪn'kɒntɪnəns] N incontinencia *f*.

incontinent [ɪn'kɒntɪnənt] ADJ incontinente.

incontrovertible [ɪn,kɒntrə'vɜːtəbl] ADJ (*fact, evidence*) incontrovertible.

inconvenience [ˌɪnkən'viːnɪəns] [1] N inconvenientes *mpl*, lo inconveniente; **you caused a lot of ~** nos creaste muchas dificultades; **to put sb to great ~** causar mucha molestia a algn.
[2] VT (*put out*) incomodar; (*disturb*) causar molestia; **don't ~ yourself** no te molestes.

inconvenient [ˌɪnkən'viːnɪənt] ADJ (*time, appointment etc*) inoportuno/a; (*location*) mal situado/a; (*house, design*) poco práctico/a; **to be ~** no convenir; **that time is very ~ for me** esa hora no me conviene; **it is ~ for you to arrive early** no es conveniente que llegues temprano.

inconvertible [ˌɪnkən'vɜːtəbl] ADJ inconvertible.

incorporate [ɪn'kɔːpəreɪt] VT (*include*) incluir; (*integrate*) incorporar; **a product incorporating vitamin Q** un producto que contiene vitamina Q; **to ~ a company** constituir una compañía en sociedad (anónima).

incorporated [ɪn'kɔːpəreɪtəd] ADJ (*US Comm*) **Jones & Lloyd I~** Jones y Lloyd Sociedad Anónima.

incorrect [ˌɪnkə'rekt] ADJ (*wrong: statement, fact, conclusion*) incorrecto/a, inexacto/a; (*improper: behaviour, dress*) impropio/a; **that is ~, you are wrong** no es cierto, Ud. se equivoca.

incorrigible [ɪn'kɒrɪdʒəbl] ADJ incorregible.

increase [ɪn'kriːs] [1] N (*gen*) aumentarse; (*prices*) subir, aumentar; **to ~ in number** aumentar; **to ~ in weight/volume/size/value** subir de peso/volumen/tamaño/valor; **to ~ by 100** aumentar en 100; **to ~ from 8% to 10%** pasar de 8 a 10 por ciento.
[2] VT (*see vi*) aumentar; subir, aumentar; **to ~ one's efforts** redoblar sus esfuerzos.
[3] ['ɪnkriːs] N (*see vi*) aumento *m*; subida *f*, aumento; **an ~ in size/number/volume** un aumento de tamaño/número/volumen; **an ~ of £5/10%** un aumento de 5 libras/del 10 por ciento; **to be on the ~** estar or ir en aumento.

increasing [ɪn'kriːsɪŋ] ADJ creciente, que va en aumento.

increasingly [ɪn'kriːsɪŋlɪ] ADV cada vez más; **it's becoming ~ difficult** se hace más y más difícil.

incredible [ɪn'kredəbl] ADJ increíble.

incredibly [ɪn'kredəblɪ] ADV increíblemente; **~, they did not come** es increíble, pero no llegaron.

incredulous [ɪn'kredjuləs] ADJ (*expression*) incrédulo/a.

increment ['ɪnkrɪmənt] N aumento *m*, incremento *m* (*in* de).

incriminate [ɪn'krɪmɪneɪt] VT incriminar.

incriminating [ɪn'krɪmɪneɪtɪŋ] ADJ (*evidence*) incriminador(a).

incrust [ɪn'krʌst] VT incrustar (*with* de).

incubate ['ɪnkjubeɪt] [1] VT (*gen*) incubar; (*hen*) empollar.
[2] VI incubar.

incubation [ˌɪnkju'beɪʃən] [1] N (*gen*) incubación *f*.
[2] CPD: **~ period** N período *m* de incubación.

incubator ['ɪnkjubeɪtər] N (*for eggs, bacteria, baby*) incubadora *f*.

inculcate ['ɪnkʌlkeɪt] VT: **to ~ sth in sb** inculcar algo en algn.

incur [ɪn'kɜːr] VT (*anger*) provocar; (*debt, obligation*) incu-

rrir en, contraer.

incurable [ɪn'kjuərəbl] ADJ (*disease*) irreversible; (*fig: optimist*) irremediable.

incursion [ɪn'kɜːʃən] N incursión *f*.

Ind. ABBR (*US*) *of* **Indiana**.

indebted [ɪn'detɪd] ADJ (*fig*) **to be ~ to sb (for sth)** estar agradecido a algn (por algo).

indecency [ɪn'diːsnsɪ] N (*of dress, behaviour*) indecencia *f*.

indecent [ɪn'diːsnt] ADJ (*dress, behaviour*) indecente, indecoroso/a; **with ~ haste** con una prisa indecorosa; **~ assault** (*Jur*) atentado *m* contra el pudor; **~ exposure** (*Jur*) exhibicionismo *m*.

indecipherable [ˌɪndɪ'saɪfərəbl] ADJ indescifrable.

indecision [ˌɪndɪ'sɪʒən] N indecisión *f*.

indecisive [ˌɪndɪ'saɪsɪv] ADJ (*person*) indeciso/a; (*result*) inconcluyente.

indeed [ɪn'diːd] ADV [a] (*in fact*) efectivamente, en realidad, realmente; **I feel, ~ I know he is wrong** creo, en realidad sé, que está equivocado; **there are ~ mistakes, but ...** claro que hay errores, pero ...; **if ~ he is wrong ...** si es que realmente se equivocó ....
[b] (*as intensifier*) **very ... ~** sumamente ...; **thank you very much ~** muchísimas gracias; **that is praise ~** eso sí es una alabanza; **it is ~ difficult** es dificilísimo.
[c] (*in answer to question*) claro, por supuesto; **'isn't that right?' - '~ it is'** 'es verdad, ¿no?' - 'claro que sí'; **'are you coming?' - '~ I am'** '¿tú vienes?' - 'claro que voy'; **'may I come in?' - '~ you may not'** '¿se puede entrar?' - 'claro que no'.
[d] (*showing interest*) **~?, is it ~?, did you ~?** ¿de veras?, ¿verdad?

indefatigable [ˌɪndɪ'fætɪgəbl] ADJ incansable, infatigable.

indefensible [ˌɪndɪ'fensəbl] ADJ (*town*) indefensible; (*conduct*) injustificable.

indefinable [ˌɪndɪ'faɪnəbl] ADJ indefinible.

indefinite [ɪn'defɪnɪt] ADJ [a] (*vague: answer, plans*) indefinido/a, impreciso/a. [b] (*not fixed: time*) indeterminado/a; **to be on ~ leave** estar de permiso indefinido. [c] (*Ling*) indefinido/a; **~ pronoun** pronombre *m* indefinido; **~ article** artículo *m* indefinido.

indefinitely [ɪn'defɪnɪtlɪ] ADV (*gen*) por tiempo indefinido.

indelible [ɪn'deləbl] ADJ (*gen*) indeleble.

indelicate [ɪn'delɪkɪt] ADJ (*tactless*) indiscreto/a, inoportuno/a; (*crude*) indelicado/a.

indemnify [ɪn'demnɪfaɪ] VT (*compensate*) **to ~ sb for sth** indemnizar a algn de algo; (*safeguard*) **to ~ sb against sth** asegurar a algn contra algo.

indemnity [ɪn'demnɪtɪ] N (*compensation*) indemnización *f*, reparación *f*; (*insurance*) indemnidad *f*; **double ~** indemnización doble.

indent [ɪn'dent] [1] VT (*Typ: word, line*) sangrar. [2] VI (*Comm*) **to ~ for sth** hacer un pedido de algo.

indentation [ˌɪnden'teɪʃən] N (*dent*) abolladura *f*; (*Typ*) sangría *f*; (*notch: in cloth etc*) muesca *f*.

indented [ɪn'dentɪd] ADJ (*type*) sangrado/a; (*surface*) abollado/a.

indenture [ɪn'dentʃər] N (*Comm*) escritura *f*, instrumento *m*.

independence [ˌɪndɪ'pendəns] [1] N independencia *f*; **war of ~** guerra *f* de independencia.
[2] CPD: **I~ Day** N Día *m* de la Independencia.

INDEPENDENCE DAY

*El 4 de julio, Día de la Independencia (**Independence Day**), es la fiesta nacional más importante de Estados Unidos y se celebra para conmemorar el aniversario de la Declaración de Independencia en 1776. Como una auténtica fiesta de cumpleaños del país, las celebraciones presentan un marcado carácter patriótico y la bandera nacional ondea en las casas de muchos norteamericanos, a la vez que tienen lugar acontecimientos públicos por todo el país, con fuegos artificiales, desfiles y comidas en el campo.*

---

independent [ˌɪndɪ'pendənt] ADJ [a] independiente; **~ school** (*Brit*) escuela *f* privada; **to be ~ of** no depender de; **to become ~** (*country*) independizarse; **a person of ~ means** una persona con rentas particulares. **[b]** (*unconnected: events*) no relacionado/a; **~ suspension** (*Aut*) suspensión *f* independiente.

independently [ˌɪndɪˈpendəntlɪ] ADV (*gen*) independientemente; (*separately*) por separado; (*without interference*) por su cuenta; **~ of what he may decide** sin tomar en cuenta lo que él decida.

in-depth [ˈɪnˌdepθ] ADJ (*study etc*) a fondo, exhaustivo/a; **~ investigation** investigación *f* en profundidad.

indescribable [ˌɪndɪsˈkraɪbəbl] ADJ (*terror, horror*) indecible; (*beauty, joy*) indescriptible.

indestructible [ˌɪndɪsˈtrʌktəbl] ADJ indestructible.

indeterminable [ˌɪndɪˈtɜːmɪnəbl] ADJ indeterminable.

index [ˈɪndeks] **[1]** N **[a]** (*pl* **~es**) (*in book*) índice *m*. **[b]** (*pl* **indices**) (*pointer*) índice *m*; **cost of living ~** índice del costo de la vida; **the I~** (*Rel*) el índice expurgatorio. **[2]** CPD: **~ card** N ficha *f*; **~ finger** N dedo *m* índice.

index-linked [ˈɪndeksˈlɪŋkt] ADJ indexado/a, indiciado/a.

India [ˈɪndɪə] **[1]** N la India. **[2]** CPD: **~ rubber** N (*rubber*) caucho *m*; (*eraser*) goma *f* de borrar.

Indian [ˈɪndɪən] **[1]** ADJ (*from India: culture, languages, customs*) indio/a, hindú; (*American ~*) indio/a, indígena (*Mex*); **~ corn = maize; ~ elephant** elefante *m* asiático; **~ file** fila *f* india; **~ ink** tinta *f* china; **~ Ocean** Océano *m* Índico; **~ summer** veranillo *m* de San Martín. **[2]** N (*from India*) indio/a *m/f*, hindú *mf*; (*American ~*) indio/a *m/f*, indígena *mf* (*Mex*).

indicate [ˈɪndɪkeɪt] **[1]** VT **[a]** (*point out: place*) indicar, señalar; (*register: temperature, speed*) marcar. **[b]** (*show: feelings*) reflejar; (*suggest*) insinuar. **[2]** VI indicar; **to ~ left/right** indicar a la izquierda/ derecha.

indication [ˌɪndɪˈkeɪʃən] N **[a]** (*sign*) indicio *m*, señal *f*; **there is every ~ that ...** todo hace suponer que ...; **there is no ~ that ...** no hay señal de que ...; **this is some ~ of** esto da una idea de. **[b]** (*mark*) señal *f*; (*on gauge*) marca *f*.

indicative [ɪnˈdɪkətɪv] **[1]** ADJ **[a]** **to be ~ of sth** indicar algo. **[b]** (*Ling: mood*) indicativo/a. **[2]** N (*Ling*) indicativo *m*.

indicator [ˈɪndɪkeɪtəʳ] N (*gen, Chem*) indicador *m*; **~s** (*Aut*) intermitentes *mpl*, direccionales *mpl* (*LAm*).

indices [ˈɪndɪsiːz] NPL *of* **index**.

indict [ɪnˈdaɪt] VT (*charge*) acusar; **to ~ sb for murder** acusar a algn de homicidio.

indictable [ɪnˈdaɪtəbl] ADJ: **~ offence** delito *m* procesable.

indictment [ɪnˈdaɪtmənt] N (*charge*) acusación *f*; **to bring an ~ against sb** procesar a algn; **it's an ~ of our system** (*fig*) es una denuncia de nuestro sistema.

Indies [ˈɪndɪz] NPL las Indias.

indifference [ɪnˈdɪfrəns] N indiferencia *f*; **it is a matter of total ~ to me** no me importa en lo más mínimo, me trae totalmente sin cuidado.

indifferent [ɪnˈdɪfrənt] ADJ (*unsympathetic*) indiferente; (*mediocre*) regular.

indigenous [ɪnˈdɪdʒɪnəs] ADJ indígena, nativo/a.

indigestible [ˌɪndɪˈdʒestəbl] ADJ indigesto/a.

indigestion [ˌɪndɪˈdʒestʃən] N indigestión *f*.

indignant [ɪnˈdɪgnənt] ADJ (*person, mood, letter*) indignado/a; **to be ~ at** or **about sth** indignarse por algo; **it's no good getting ~** de nada sirve perder la paciencia.

indignation [ˌɪndɪgˈneɪʃən] N indignación *f*.

indignity [ɪnˈdɪgnɪtɪ] N indignidad *f*; **to suffer the ~ of losing** sufrir la indignidad de perder.

indigo [ˈɪndɪgəʊ] **[1]** N (*colour*) añil *m*. **[2]** ADJ de color añil.

indirect [ˌɪndɪˈrekt] ADJ (*gen*) indirecto/a; **~ speech** (*Ling*) estilo *m* indirecto; **~ tax** contribución *f* indirecta.

indiscernible [ˌɪndɪˈsɜːnəbl] ADJ imperceptible.

indiscreet [ˌɪndɪsˈkriːt] ADJ (*person, remark*) indiscreto/a, imprudente.

indiscretion [ˌɪndɪsˈkreʃən] N (*gen*) indiscreción *f*.

indiscriminate [ˌɪndɪsˈkrɪmɪnɪt] ADJ (*random*) sin distinción; (*thoughtless*) impensado/a; (*tasteless*) falto/a de discernimiento.

indispensable [ˌɪndɪsˈpensəbl] ADJ imprescindible, indispensable.

indisposed [ˌɪndɪsˈpəʊzd] ADJ (*ill*) indispuesto/a; (*disinclined*) poco dispuesto/a (*to do sth* a hacer algo).

indisputable [ˌɪndɪsˈpjuːtəbl] ADJ (*evidence*) incontrovertible; (*winner*) indiscutible.

indissoluble [ˌɪndɪˈsɒljʊbl] ADJ indisoluble; (*link*) irrompible.

indistinct [ˌɪndɪsˈtɪŋkt] ADJ (*voice, words, noise*) indistinto/a.

indistinguishable [ˌɪndɪsˈtɪŋgwɪʃəbl] ADJ indistinguible.

individual [ˌɪndɪˈvɪdjʊəl] **[1]** ADJ **[a]** (*separate*) individual. **[b]** (*personal*) personal; (*for one*) particular, propio/a; **each room has its ~ telephone** cada cuarto tiene su teléfono propio. **[2]** N individuo *m*.

individualist [ˌɪndɪˈvɪdjʊəlɪst] N individualista *mf*.

individuality [ˌɪndɪˌvɪdjʊˈælɪtɪ] N (*personality*) personalidad *f*; (*separateness*) particularidad *f*.

individually [ˌɪndɪˈvɪdjʊəlɪ] ADV individualmente; **~ they're nice, but together they're not** por separado son simpáticos, pero no cuando están juntos.

indivisible [ˌɪndɪˈvɪzəbl] ADJ (*number*) indivisible.

Indo- [ˈɪndəʊ] PREF indo-.

Indo-China [ˈɪndəʊˈtʃaɪnə] N la Indochina.

indoctrinate [ɪnˈdɒktrɪneɪt] VT adoctrinar.

indoctrination [ɪnˌdɒktrɪˈneɪʃən] N adoctrinamiento *m*.

Indo-European [ˈɪndəʊˌjʊərəˈpiːən] **[1]** ADJ indoeuropeo/a. **[2]** N **[a]** indoeuropeo/a *m/f*. **[b]** (*Ling*) indoeuropeo *m*.

indolent [ˈɪndələnt] ADJ indolente.

indomitable [ɪnˈdɒmɪtəbl] ADJ indómito/a, indomable.

Indonesia [ˌɪndəʊˈniːzɪə] N Indonesia *f*.

Indonesian [ˌɪndəʊˈniːzɪən] ADJ, N indonesio/a *m/f*.

indoor [ˈɪndɔːʳ] ADJ (*shoes*) de casa; (*plant etc*) casero/a; (*inside*) interior; (*game, sport*) de sala or salón; (*stadium, pool etc*) bajo cubierta; (*photography*) interior.

indoors [ɪnˈdɔːz] ADV (*be*) dentro; (*go*) por dentro; **to go ~** (*home*) entrar en la casa.

induce [ɪnˈdjuːs] VT (*persuade*) persuadir, inducir; (*cause: sleep etc*) producir; (: *birth*) inducir.

inducement [ɪnˈdjuːsmənt] N (*incentive*) incentivo *m*, estímulo *m*; (*bribe*) coacción *f*, coima *f* (*LAm*), mordida *f* (*Mex*).

induction [ɪnˈdʌkʃən] **[1]** N (*Med, Phil*) inducción *f*. **[2]** CPD: **~ course** N curso *m* or cursillo *m* introductorio.

inductive [ɪnˈdʌktɪv] ADJ (*reasoning*) inductivo/a.

indulge [ɪnˈdʌldʒ] VT (*give into: desire, appetite*) consentir; (: *person*) complacer; (*spoil: child*) mimar, consentir; **to ~ o.s.** darse gusto.

♦ indulge in VI + PREP (*engage in*) entregarse a; (: *a bad habit*) permitirse el lujo or darse el gusto de.

indulgence [ɪnˈdʌldʒəns] N (*spoiling*) complacencia *f*; (*tolerance*) tolerancia *f*; (*bad habit*) vicio *m*.

indulgent [ɪnˈdʌldʒənt] ADJ complaciente; **to be ~ to** or **towards sb** consentir a algn.

industrial [ɪnˈdʌstrɪəl] ADJ (*gen*) industrial; (*accident*) de trabajo; (*disease*) profesional; **~ action** huelga *f*; **~ dispute** (*Brit*) conflicto *m* laboral; **~ espionage** espionaje *m* industrial; **~ estate,** (*US*) **~ park** polígono *m* or (*LAm*) zona *f* industrial; **~ goods** bienes *mpl* de producción; **~ injury** accidente *m* laboral; **~ relations** relaciones *fpl* empresariales; **~ tribunal** magistratura *f* del trabajo, tribunal *m* laboral; **~ unrest** agitación *f* obrera, conflictividad *f* laboral; **~ waste** residuos *mpl* industriales.

industrialist [ɪnˈdʌstrɪəlɪst] N industrial *mf*.

industrialize [ɪnˈdʌstrɪəlaɪz] VT (*area, region*) industrializar.

industrious [ɪnˈdʌstrɪəs] ADJ (*hardworking*) trabajador(a); (*studious*) aplicado/a.

industry [ˈɪndəstrɪ] N **[a]** industria *f*; **the steel/coal/ textile ~** la industria siderúrgica/minera/textil; **the tourist ~** el turismo. **[b]** (*industriousness*) aplicación *f*.

inebriated [ɪˈniːbrɪeɪtɪd] ADJ ebrio/a.

inedible [ɪnˈedɪbl] ADJ (*unpleasant*) incomible; (*poisonous*) no comestible.

ineffable [ɪnˈefəbl] ADJ inefable.
ineffective [ˌɪnɪˈfektɪv], **ineffectual** [ˌɪnɪˈfektjʊəl] ADJ (*remedy*) ineficaz; (*person*) incapaz; **the plan proved wholly ~** el proyecto no surtió efecto.
inefficiency [ˌɪnɪˈfɪʃənsɪ] N (*of method etc*) ineficacia *f*; (*of person*) incompetencia *f*.
inefficient [ˌɪnɪˈfɪʃənt] ADJ (*method*) ineficaz; (*person*) incapaz.
inelastic [ˌɪnɪˈlæstɪk] ADJ inelástico/a; (*fig*) rígido/a.
inelegant [ɪnˈelɪɡənt] ADJ poco elegante.
ineligible [ɪnˈelɪdʒəbl] ADJ (*for military service*) no apto/a; **to be ~ for sth** no reunir los requisitos para algo.
inept [ɪˈnept] ADJ (*person: unskilful*) incapaz; (*unsuitable*) inadecuado/a; (*foolish*) inepto/a.
ineptitude [ɪˈneptɪtjuːd] N (*see adj*) incapacidad *f*; ineptitud *f*.
inequality [ˌɪnɪˈkwɒlɪtɪ] N desigualdad *f*.
inequitable [ɪnˈekwɪtəbl] ADJ injusto/a.
inert [ɪˈnɜːt] ADJ (*inanimate: substance, gas*) inerte; (*motionless*) inmóvil.
inertia [ɪˈnɜːʃə] N (*gen*) inercia *f*.
inescapable [ˌɪnɪsˈkeɪpəbl] ADJ ineludible.
inestimable [ɪnˈestɪməbl] ADJ inapreciable, inestimable.
inevitability [ɪnˌevɪtəˈbɪlɪtɪ] N inevitabilidad *f*.
inevitable [ɪnˈevɪtəbl] ADJ (*gen*) inevitable.
inevitably [ɪnˈevɪtəblɪ] ADV inevitablemente; **as ~ happens ...** como siempre pasa ....
inexact [ˌɪnɪɡˈzækt] ADJ (*gen*) inexacto/a.
inexcusable [ˌɪnɪksˈkjuːzəbl] ADJ (*behaviour, conduct*) imperdonable.
inexhaustible [ˌɪnɪɡˈzɔːstəbl] ADJ (*supply*) inagotable; **she has ~ energy** la energía no se le acaba nunca.
inexorable [ɪnˈeksərəbl] ADJ inexorable, implacable.
inexpensive [ˌɪnɪksˈpensɪv] ADJ económico/a.
inexperience [ˌɪnɪksˈpɪərɪəns] N falta *f* de experiencia.
inexperienced [ˌɪnɪksˈpɪərɪənst] ADJ (*person, player, team*) inexperto/a; **to be ~ in doing sth** no tener experiencia en hacer algo.
inexplicable [ˌɪnɪksˈplɪkəbl] ADJ (*behaviour, event*) inexplicable.
inexpressible [ˌɪnɪksˈpresəbl] ADJ (*feelings, thoughts*) inexpresable; (*joy, sorrow*) indecible.
inexpressive [ˌɪnɪksˈpresɪv] ADJ (*style*) inexpresivo/a; (*look, face*) reservado/a.
inextricably [ˌɪnɪksˈtrɪkəblɪ] ADV: **~ entwined** entrelazados de modo inextricable.
infallibility [ɪnˌfæləˈbɪlɪtɪ] N infalibilidad *f*; **Papal ~** la infalibilidad del Papa.
infallible [ɪnˈfæləbl] ADJ infalible.
infamous [ˈɪnfəməs] ADJ (*person*) infame, de mala fama.
infamy [ˈɪnfəmɪ] N infamia *f*.
infancy [ˈɪnfənsɪ] N (*childhood*) infancia *f*, niñez *f*; (*Jur*) minoría *f* de edad; (*fig: early stage*) infancia.
infant [ˈɪnfənt] **1** N niño/a *m/f*; (*Jur*) menor *mf* de edad. **2** CPD: **~ class** N clase *f* de párvulos; **~ school** N escuela *f* de párvulos; **~ mortality** N mortandad *f* infantil.
infantile [ˈɪnfəntaɪl] ADJ infantil.
infantry [ˈɪnfəntrɪ] N infantería *f*.
infantryman [ˈɪnfəntrɪmən] N (*pl* **-men**) soldado *m* de infantería.
infatuated [ɪnˈfætjʊeɪtɪd] ADJ: **to be ~ with sb** estar chiflado/a con algn.
infatuation [ɪnˌfætjʊˈeɪʃən] N chifladura *f*, enamoramiento *m*.
infect [ɪnˈfekt] VT infectar; (*person, fig*) contagiar; (*food*) contaminar; **to be/become ~ed with sth** contagiarse de algo; **he's ~ed everybody with his enthusiasm** su entusiasmo contagió a todos.
infected [ɪnˈfektɪd] ADJ (*wound*) infectado/a; (*person*) contagiado/a.
infection [ɪnˈfekʃən] N (*Med*) contagio *m*; (*illness*) infección *f*, contagio.
infectious [ɪnˈfekʃəs] ADJ (*disease, fig*) contagioso/a; (*person*) infeccioso/a.
infer [ɪnˈfɜː*] VT inferir, deducir (*from* de).
inference [ˈɪnfərəns] N inferencia *f*.

inferior [ɪnˈfɪərɪə*] ADJ (*in quality, rank*) inferior (*to* a); **to feel ~** sentirse inferior.
inferiority [ɪnˌfɪərɪˈɒrɪtɪ] **1** N inferioridad *f*. **2** CPD: **~ complex** N (*Psych*) complejo *m* de inferioridad.
infernal [ɪnˈfɜːnl] ADJ (*fig*) endemoniado/a, del demonio.
inferno [ɪnˈfɜːnəʊ] N (*fire*) hoguera *f*; **it's like an ~ in there** allí dentro hace un calor insufrible.
infertile [ɪnˈfɜːtaɪl] ADJ (*land*) estéril; (*person*) infecundo/a.
infertility [ˌɪnfɜːˈtɪlɪtɪ] N (*see adj*) esterilidad *f*; infecundidad *f*.
infest [ɪnˈfest] VT infestar; **to be ~ed with sth** estar plagado de algo.
infidelity [ˌɪnfɪˈdelɪtɪ] N infidelidad *f*.
infighting [ˈɪnfaɪtɪŋ] N (*fam*) lucha *f* interna.
infiltrate [ˈɪnfɪltreɪt] **1** VT infiltrar. **2** VI infiltrarse.
infiltration [ˌɪnfɪlˈtreɪʃən] N (*gen*) infiltración *f*.
infinite [ˈɪnfɪnɪt] ADJ (*gen*) infinito/a; **an ~ amount of time/money** un sinfín de dinero/tiempo; **we had ~ trouble finding it** nos costó la mar de trabajo encontrarlo.
infinitely [ˈɪnfɪnɪtlɪ] ADV infinitamente; **this is ~ harder** esto es muchísimo más difícil.
infinitesimal [ˌɪnfɪnɪˈtesɪməl] ADJ infinitésimo/a.
infinitive [ɪnˈfɪnɪtɪv] **1** ADJ (*Ling*) infinitivo/a. **2** N infinitivo *m*.
infinity [ɪnˈfɪnɪtɪ] N (*gen*) infinidad *f*; (*Math*) infinito *m*.
infirm [ɪnˈfɜːm] ADJ (*person: weak*) débil; (: *sickly*) enfermizo/a.
infirmary [ɪnˈfɜːmərɪ] N (*hospital*) hospital *m*, clínica *f*; (*in school, prison, barracks*) enfermería *f*.
inflame [ɪnˈfleɪm] VT **a** (*Med: wound etc*) inflamar; **to become ~** inflamarse. **b** (*fig: person, feelings*) avivar.
inflammable [ɪnˈflæməbl] ADJ (*substance, fabric*) inflamable; (*fig: situation etc*) explosivo/a; **'highly ~'** (*on notice*) 'peligro de incendio'.
inflammation [ˌɪnfləˈmeɪʃən] N (*Med: of wound etc*) inflamación *f*.
inflammatory [ɪnˈflæmətərɪ] ADJ (*speech*) incendiario/a.
inflatable [ɪnˈfleɪtəbl] ADJ (*boat*) inflable.
inflate [ɪnˈfleɪt] VT (*tyre, boat*) hinchar, inflar; (*fig: prices*) inflar.
inflated [ɪnˈfleɪtɪd] ADJ (*tyre, price*) hinchado/a, inflado/a; **~ with pride** (*fig*) presumido/a, engreído.
inflation [ɪnˈfleɪʃən] **1** N (*Econ*) inflación *f*. **2** CPD: **~ gap** N desequilibrio *m* de inflación.
inflationary [ɪnˈfleɪʃnərɪ] ADJ inflacionario/a.
inflect [ɪnˈflekt] VT (*voice*) modular.
inflected [ɪnˈflektɪd] ADJ (*language*) flexional.
inflexibility [ɪnˌfleksɪˈbɪlɪtɪ] N (*see adj*) rigidez *f*; inflexibilidad *f*.
inflexible [ɪnˈfleksəbl] ADJ (*substance, object*) rígido/a; (*fig: person, opinions, rules*) inflexible.
inflict [ɪnˈflɪkt] VT: **to ~ (on)** (*wound*) infligir (a); (*blow*) asestar *or* dar (a); (*penalty, tax*) imponer (a); (*suffering, damage*) causar (a); **to ~ o.s. on sb** imponerse *or* imponer su presencia a algn.
in-flight [ˈɪnflaɪt] ADJ durante el vuelo; **~ movie** película *f* proyectada durante el vuelo; **~ services** servicios *mpl* de a bordo.
influence [ˈɪnflʊəns] **1** N influencia *f*; **to have an ~ on sth** (*subj: person*) influir en *or* sobre algo; **to be a good/ bad ~ on sb** ejercer buena/mala influencia sobre algn; **to have ~ with sb** tener ascendiente sobre algn; **under the ~ of drink/drugs** ebrio *or* borracho/drogado; **under the ~** (*fam*) en estado de embriaguez; **a man of ~** un hombre influyente.
2 VT (*person*) influenciar; (*action, decision*) influir en *or* sobre; **what factors ~d your decision?** ¿qué factores influyeron en tu decisión?; **to be easily ~d** ser influenciable.
influential [ˌɪnflʊˈenʃəl] ADJ (*person, ideas*) influyente; (*organization*) prestigioso/a.
influenza [ˌɪnflʊˈenzə] N gripe *f*.
influx [ˈɪnflʌks] N (*of people*) afluencia *f*; (*of objects, ideas*) flujo *m*.
info [ˈɪnfəʊ] N (*fam*) = **information**.

infomercial [ˈɪnfəʊmɜːʃl] N publirreportaje m.

inform [ɪnˈfɔːm] **1** VT (give information) informar, avisar; (bring up to date) poner al corriente; **to ~ sb about sth** informar a algn sobre or de algo; **I am happy to ~ you that ...** me da mucho gusto comunicarle que ...; **keep me ~ed** téngame al corriente; **why was I not ~ed?** ¿por qué no me avisaron?; **a well ~ed person** una persona bien informada.
2 VI: **to ~ on** delatar, denunciar a.

informal [ɪnˈfɔːməl] ADJ (person: at ease) desenvuelto/a; (: unceremonious) de confianza, sin ceremonia; (manner, tone, style) llano/a, sencillo/a; (without ceremony: occasion) sin etiqueta; (: visit) sin ceremonia, de confianza; (unofficial: meeting, negotiations) extraoficial.

informality [ˌɪnfɔːˈmælɪtɪ] N (openness, ease etc) sencillez f, soltura f; (agreeable manner) afabilidad f; (absence of ceremony) falta f de ceremonia; (unofficial character) carácter m extraoficial.

informally [ɪnˈfɔːməlɪ] ADV (without ceremony) sin ceremonia; **I have been ~ told that ...** se me ha dicho en confianza que ....

informant [ɪnˈfɔːmənt] N informante mf; **my ~** el que me lo dijo.

information [ˌɪnfəˈmeɪʃən] **1** N información f; (knowledge) conocimientos mpl; **a piece of ~** un dato m; **to ask for ~** pedir informes; **to gather ~ about** or **on sth** tomar informes sobre algo, reunir datos sobre algo; **to give sb ~ about** or **on sb/sth** proporcionar información a algn sobre algn/algo; **for your ~** para su información.
2 CPD: **~ bureau** N oficina f de información; **~ desk** N (mostrador m de) información f; **~ processing** N procesamiento m de datos; **~ retrieval** N recuperación f de la información; **~ science** N informática f, gestión f de la información; **~ service** N servicio m de información; **~ superhighway** N autopista f de la información, autopista f informativa; **~ technology** N informática f.

informative [ɪnˈfɔːmətɪv] ADJ informativo/a.

informed [ɪnˈfɔːmd] ADJ (knowledgeable) al corriente, informado/a; **an ~ guess** una opinión bien fundamentada.

informer [ɪnˈfɔːməʳ] N (police ~) delator(a) m/f.

infra dig [ˈɪnfrəˈdɪg] ADJ ABBR (fam) of **infra dignitatem** denigrante.

infrared [ˈɪnfrəˈred] ADJ (rays, light) infrarrojo/a.

infrasound [ˈɪnfrəˌsaʊnd] N infrasonido m.

infrastructure [ˈɪnfrəˌstrʌktʃəʳ] N infraestructura f.

infrequent [ɪnˈfriːkwənt] ADJ (visit, occurrence) poco frecuente, infrecuente.

infringe [ɪnˈfrɪndʒ] VT (law, rights, copyright) infringir, violar.
♦ infringe (up)on VI + PREP usurpar, abusar de.

infringement [ɪnˈfrɪndʒmənt] N (of law, rule) infracción f, violación f; (of rights) usurpación f.

infuriate [ɪnˈfjʊərɪeɪt] VT enfurecer; **to be/get ~d** estar/ponerse furioso; **at times you ~ me** hay veces que me sacas de quicio.

infuriating [ɪnˈfjʊərɪeɪtɪŋ] ADJ (gen) exasperante; **I find his habit ~** esa costumbre suya me saca de quicio.

infuse [ɪnˈfjuːz] VT **a** (with courage, enthusiasm) infundir; **to ~ courage into sb** infundir ánimo a algn. **b** (Culin: herbs, tea) hacer una infusión de.

infusion [ɪnˈfjuːʒən] N (Culin: tea etc) infusión f.

ingenious [ɪnˈdʒiːnɪəs] ADJ (gen) ingenioso/a; (fam: ideas, scheme) genial.

ingenuity [ˌɪndʒɪˈnjuːɪtɪ] N (of person) ingenio m; (of ideas, scheme) ingeniosidad f.

ingenuous [ɪnˈdʒenjʊəs] ADJ ingenuo/a.

ingest [ɪnˈdʒest] VT ingerir.

ingot [ˈɪŋgət] N lingote m.

ingrained [ɪnˈgreɪnd] ADJ (dirt) acumulado/a; (fig: ideas, tradition) arraigado/a.

ingratiate [ɪnˈgreɪʃɪeɪt] VT: **to ~ o.s. with sb** congraciarse con algn, dar coba a algn (fam).

ingratiating [ɪnˈgreɪʃɪeɪtɪŋ] ADJ (smile, speech) insinuante; (person) zalamero/a, congraciador(a).

ingratitude [ɪnˈgrætɪtjuːd] N ingratitud f.

ingredient [ɪnˈgriːdɪənt] N (Culin) ingrediente m; (fig) componente m.

ingrowing [ˈɪnˌgrəʊɪŋ] ADJ: **~ (toe)nail** uña f encarnada.

inhabit [ɪnˈhæbɪt] VT (house) ocupar; (town, country) vivir en; (animal) habitar.

inhabitable [ɪnˈhæbɪtəbl] ADJ (gen) habitable.

inhabitant [ɪnˈhæbɪtənt] N habitante mf.

inhale [ɪnˈheɪl] **1** VT (gas, Med) inhalar, aspirar; (smoke etc) tragar. **2** VI (smoker) tragar el humo; (Med) aspirar.

inhaler [ɪnˈheɪləʳ] N inhalador m.

inherent [ɪnˈhɪərənt] ADJ inherente, intrínseco/a; **to be ~ in sth** ser inherente a algo; **with all the ~ difficulties** con todas las dificultades inevitables.

inherit [ɪnˈherɪt] VT (gen) heredar.

inheritance [ɪnˈherɪtəns] **1** N herencia f; (fig) patrimonio m; **it's an ~ from the last government** es un legado del gobierno anterior. **2** CPD: **~ law** N ley f de herencia; **~ tax** N impuesto m de sucesión.

inheritor [ɪnˈherɪtəʳ] N heredero/a m/f.

inhibit [ɪnˈhɪbɪt] VT (check) inhibir, reprimir; (prevent) impedir; **to ~ sb from doing sth** impedir a algn hacer algo; **we cannot ~ progress** no podemos detener el progreso.

inhibited [ɪnˈhɪbɪtɪd] ADJ (person) cohibido/a.

inhibition [ˌɪnhɪˈbɪʃən] N cohibición f; **to have/have no ~s** sentirse/no sentirse cohibido.

inhospitable [ˌɪnhɒsˈpɪtəbl] ADJ (person) inhospitalario/a; (country) inhóspito/a.

in-house [ˈɪnˈhaʊs] **1** ADV dentro de la empresa. **2** ADJ interno/a, en casa; **~ training** formación f en la empresa.

inhuman [ɪnˈhjuːmən] ADJ (merciless) inhumano/a; (insensitive) insensible.

inhumane [ˌɪnhjuː(ː)ˈmeɪn] ADJ (behaviour, treatment) inhumano/a.

inhumanity [ˌɪnhjuːˈmænɪtɪ] N inhumanidad f.

inimical [ɪˈnɪmɪkəl] ADJ contrario/a.

inimitable [ɪˈnɪmɪtəbl] ADJ inimitable.

iniquitous [ɪˈnɪkwɪtəs] ADJ inicuo/a.

initial [ɪˈnɪʃəl] **1** ADJ (gen) primero/a, inicial; **in the ~ stages** al principio; **~ expenses** gastos mpl iniciales.
2 N (letter) inicial f; **~s** (abbreviation) siglas fpl; **to sign sth with one's ~s** firmar algo con las iniciales.
3 VT (Comm: letter etc) firmar con las iniciales.

initialize [ɪˈnɪʃəlaɪz] VT (Comput) inicializar.

initially [ɪˈnɪʃəlɪ] ADV al principio, en un principio.

initiate [ɪˈnɪʃɪeɪt] VT **a** (begin) iniciar; (: talks) entablar; (: reform) promover; **to ~ proceedings against sb** (Jur) entablar una demanda contra algn. **b** (admit) admitir; **to ~ sb into sth** iniciar a algn en algo.

initiation [ɪˌnɪʃɪˈeɪʃən] **1** N (gen) iniciación f; (beginning) inicio m, comienzo m. **2** CPD: **~ ceremony** N ceremonia f de iniciación.

initiative [ɪˈnɪʃɪətɪv] N iniciativa f; **to use one's ~** obrar por propia iniciativa; **on one's own ~** por iniciativa propia; **to take the ~** tomar la iniciativa.

inject [ɪnˈdʒekt] VT (Med: medicine) inyectar; (: person) poner una inyección a; (fig: enthusiasm, money) **to ~ into** infundir or introducir en.

injection [ɪnˈdʒekʃən] N (gen) inyección f; **to give sb an ~** dar una inyección a algn; **to have an ~** hacerse inyectar.

injudicious [ˌɪndʒʊˈdɪʃəs] ADJ imprudente, indiscreto/a.

injunction [ɪnˈdʒʌŋkʃən] N (Jur) entredicho m, interdicto m.

injure [ˈɪndʒəʳ] VT **a** (physically: wound) herir, lesionar; (: hurt) lastimar, dañar; **he ~d his arm** se lastimó el brazo; **he was ~d in the accident** fue lastimado en el accidente. **b** (fig: reputation, trade etc) perjudicar; (: feelings) herir; **to ~ o.s.** hacerse daño, lastimarse.

injured [ˈɪndʒəd] **1** ADJ (person, limb etc) herido/a, lesionado/a; (tone, feelings) herido/a; **the ~ party** (Jur) la parte perjudicada. **2** NPL: **the ~** los heridos; **there were four ~** hubo cuatro heridos.

injurious [ɪnˈdʒʊərɪəs] ADJ perjudicial.

injury [ˈɪndʒərɪ] **1** N **a** (physical) herida f, lesión f; **to do**

o.s. an ~ hacerse daño.
b *(fig: to reputation, feelings)* perjuicio *m*.
2 CPD: **~ time** N *(Sport)* descuento *m*; *see* **insult**.

injustice [ɪn'dʒʌstɪs] N injusticia *f*; **you do me an ~** Ud es injusto conmigo.

ink [ɪŋk] N tinta *f*; *(printing ~)* tinta de imprenta.

ink-jet printer ['ɪŋkdʒet'prɪntər] N impresora *f* de chorro de tinta.

inkling ['ɪŋklɪŋ] N *(hint)* indicio *m*, idea *f*; *(suspicion)* sospecha *f*; *(vague idea)* atisbo *m*; **to give sb an ~ that ...** darle a algn motivo para pensar que ...; **I had no ~ that ...** no tenía ni la menor idea de que ....

inkpad ['ɪŋkpæd] N almohadilla *f*.

inkwell ['ɪŋkwel] N tintero *m*.

inky ['ɪŋkɪ] ADJ manchado/a de tinta; *(fig: darkness)* tenebroso/a.

INLA ['ɪnlə] N ABBR *(Brit)* of **Irish National Liberation Army**.

inlaid ['ɪn'leɪd] ADJ *(with wood)* taraceado/a *(with* de); *(with tiles)* entarimado/a *(with* de); *(with jewels)* incrustado/a *(with* de).

inland ['ɪnlənd] **1** ADJ *(town)* del interior; *(waterway, trade etc)* interior; **I~ Revenue** *(Brit)* Departamento de Impuestos. **2** ADV *(in)* tierra adentro; *(towards)* hacia el interior.

in-laws ['ɪn,lɔːz] NPL *(fam)* parientes *mpl* políticos.

inlet ['ɪnlet] **1** N **a** *(Geog)* ensenada *f*, cala *f*. **b** *(Tech)* admisión *f*, entrada *f*. **2** CPD: **~ valve** N válvula *f* de entrada.

inmate ['ɪnmeɪt] N *(of prison)* preso/a *m/f*, presidiario/a *m/ f*; *(of asylum)* internado/a *m/f*.

inn [ɪn] N posada *f*, fonda *f*.

innards ['ɪnədz] NPL *(fam)* tripas *fpl*.

innate [ɪ'neɪt] ADJ innato/a.

inner ['ɪnər] ADJ *(space within)* interior; *(part)* interno/a; *(thoughts, emotions)* íntimo/a; **the ~ city** las zonas céntricas de la ciudad; **~ city schools** escuelas *fpl* de las zonas céntricas; **~ ear** oído *m* interno; **the ~ life** la vida interior; **~ sole** *(in shoe)* suela *f*; **~ tube** *(in tyre)* cámara *f*, llanta *f (LAm)*.

innermost ['ɪnəməʊst] ADJ *(thoughts, feelings)* más íntimo/a, más secreto/a.

innings ['ɪnɪŋz] N SG AND PL *(in cricket)* entrada *f*, turno *m*; **he's had a good ~** *(fig)* ha tenido una vida *or* carrera larga.

innkeeper ['ɪnkiːpər] N posadero/a *m/f*.

innocence ['ɪnəsns] N inocencia *f*.

innocent ['ɪnəsnt] ADJ, N *(gen)* inocente *mf*.

innocuous [ɪ'nɒkjʊəs] ADJ inocuo/a, inofensivo/a.

innovate ['ɪnəʊveɪt] VI innovar.

innovation [,ɪnəʊ'veɪʃən] N innovación *f*, novedad *f*.

innuendo [,ɪnjʊ'endəʊ] N indirecta *f*.

innumerable [ɪ'njuːmərəbl] ADJ: **there were ~ accidents that night** aquella noche hubo incontables accidentes; **I've told you ~ times** te lo he dicho mil veces.

innumerate [ɪ'njuːmərɪt] ADJ incompetente en matemáticas *or* el cálculo.

inoculate [ɪ'nɒkjʊlet] VT *(person, animal)* inocular, vacunar *(against* contra).

inoculation [ɪ,nɒkjʊ'leɪʃən] N inoculación *f*, vacuna *f*.

inoffensive [,ɪnə'fensɪv] ADJ inofensivo/a.

inopportune [ɪn'ɒpətjuːn] ADJ inoportuno/a.

inordinate [ɪ'nɔːdɪnɪt] ADJ *(excessive)* excesivo/a; *(unrestrained)* desmesurado/a.

inorganic [,ɪnɔː'gænɪk] ADJ *(Chem)* inorgánico/a.

inpatient ['ɪn,peɪʃənt] N internado/a *m/f*.

input ['ɪnpʊt] **1** N *(Elec)* entrada *f*; *(Comput)* input *m*, entrada de datos; *(Fin, fig)* inversión *f*. **2** VT *(Comput)* introducir, entrar.

inquest ['ɪnkwest] N *(by coroner)* encuesta *f* judicial *or* post-mortem; *(fig)* investigación *f*.

inquire [ɪn'kwaɪər] **1** VT: **to ~ sth of sb** preguntar algo a algn; **to ~ when/whether ...** preguntar cuándo/si ...; **he ~d the price** preguntó cuánto costaba.
2 VI preguntar; **to ~ into sth** investigar *or* indagar algo; **to ~ about sth** informarse de algo, pedir informes sobre algo; **'~ within'** 'se dan informaciones'.

inquiring [ɪn'kwaɪərɪŋ] ADJ *(mind)* curioso/a; *(look)* de interrogación.

inquiry [ɪn'kwaɪərɪ] **1** N **a** *(question)* interrogante *m*, pregunta *f*; **'Inquiries'** *(on sign etc)* 'Informes' *mpl*; **on ~** al preguntar; **inquiries to X** dirigirse a X; **to make inquiries (about sth)** indagar (sobre algo).
b *(investigation)* investigación *f*, pesquisa *f*; *(commission)* comisión *f* investigadora *or* de investigación; **to hold an ~ into sth** montar una investigación sobre algo; **to set up an ~ into the disaster** nombrar a una comisión para investigar el desastre; **the police are making inquiries** la policía está investigando el asunto; **the ~ found that ...** la investigación concluyó que ....
2 CPD: **~ desk** N mesa *f* de informes; **~ office** N (oficina *f* de) informaciones *fpl*.

inquisition [,ɪnkwɪ'zɪʃən] N inquisición *f*, investigación *f*; **the Spanish I~** la Inquisición.

inquisitive [ɪn'kwɪzɪtɪv] ADJ *(interested)* curioso/a; *(prying)* preguntón/ona; *(mind)* activo/a, inquiridor(a).

inroad ['ɪnrəʊd] N: **to make ~s into one's savings** agotar parte de sus ahorros; **to make ~s into sb's time** hacerle perder el tiempo a algn.

INS N ABBR *(US)* of **Immigration and Naturalization Service**.

ins. ABBR **a** of **insurance**. **b** of **inches**.

insane [ɪn'seɪn] **1** ADJ *(person)* loco/a, demente; *(act etc)* insensato/a; **to go ~** volverse loco/a; **to drive sb ~** *(fig)* volver loco *or* enloquecer a algn. **2** NPL: **the ~** los enfermos mentales.

insanitary [ɪn'sænɪtərɪ] ADJ insalubre, malsano/a, antihigiénico/a.

insanity [ɪn'sænɪtɪ] N *(Med)* demencia *f*; *(of act etc)* insensatez *f*, locura *f*.

insatiable [ɪn'seɪʃəbl] ADJ insaciable.

inscribe [ɪn'skraɪb] VT *(engrave)* grabar; *(write)* inscribir; *(dedicate: book)* dedicar.

inscription [ɪn'skrɪpʃən] N *(on stone)* inscripción *f*; *(in book)* dedicatoria *f*.

inscrutable [ɪn'skruːtəbl] ADJ inescrutable.

inseam ['ɪnsiːm] ADJ: **~ measurement** *(US)* medida *f* de pernera.

insect ['ɪnsekt] **1** N insecto *m*; *(fig)* bicho *m*.
2 CPD: **~ bite** N picadura *f*; **~ powder** N polvos *mpl* insecticida; **~ repellent** N loción *f* contra insectos; **~ spray** N insecticida *m* en aerosol.

insecticide [ɪn'sektɪsaɪd] N insecticida *m*.

insecure [,ɪnsɪ'kjʊər] ADJ inseguro/a.

insecurity [,ɪnsɪ'kjʊərɪtɪ] N inseguridad *f*.

inseminate [ɪn'semɪneɪt] VT inseminar.

insemination [ɪn,semɪ'neɪʃən] N inseminación *f*, fecundación *f*.

insensible [ɪn'sensəbl] ADJ *(unconscious)* sin conocimiento; *(unaware)* inconsciente; **the blow knocked him ~** el golpe le hizo perder el conocimiento.

insensitive [ɪn'sensɪtɪv] ADJ insensible.

insensitivity [ɪn,sensɪ'tɪvɪtɪ] N insensibilidad *f*.

inseparable [ɪn'sepərəbl] ADJ inseparable.

insert ['ɪnsɜːt] **1** N *(in book etc)* encarte *m*; *(Sew)* entredós *m*. **2** [ɪn'sɜːt] VT *(coin, finger, needle etc)* introducir; *(add: word, paragraph)* incluir; *(advertisement)* poner; *(Comput)* insertar.

insertion [ɪn'sɜːʃən] N *(gen)* inserción *f*; *(advertisement)* anuncio *m*.

in-service ['ɪn'sɜːvɪs] ADJ: **~ benefits/course/training** beneficios *mpl*/cursillo *m*/formación *f* en funcionamiento.

inshore ['ɪn'ʃɔː] **1** ADV *(fish)* a lo largo de la costa; *(sail, blow)* hacia la orilla. **2** ADJ: **~ fishing** pesca *f* costera.

inside ['ɪn'saɪd] **1** N **a** interior *m*, parte *f* interior; *(of road: Brit)* lado *m* izquierdo; *(: US, Europe etc)* lado derecho; **on the ~** por dentro; **from the ~** desde dentro; **to overtake on the ~** adelantarse *or (LAm)* rebasar por la derecha *or* por la izquierda; *(Brit)* **to know sth from the ~** saber algo por experiencia propia.
b **to be ~ out** estar al revés; **to know a subject ~ out** conocer un tema de cabo a rabo; **to turn sth ~ out**

volver algo al revés; **the wind blew the umbrella ~ out** el viento volvió el paraguas al revés.
c (*fam*) **~s** tripas *fpl*.
2 ADV (*in*) dentro, adentro (*LAm*); (*towards*) adentro; (*indoors*) adentro, dentro; **please step ~** pase (Ud); **to be ~** (*fam: in prison*) estar en chirona (*fam*).
3 PREP **a** (*of place*) dentro de.
b (*of time*) en menos de; **~ the record** (*fam*) en tiempo récord.
4 CPD: **~ forward** N interior *mf*; **~ information** N información *f* confidencial; **~ job** N (*fam: crime*) crimen *m* organizado desde dentro; **~ lane** N (*Brit*) carril *m* izquierdo; (*US, Europe etc*) carril derecho; **~ left** N interior *mf* izquierda; **~ leg measurement** N medida *f* de pernera interior; **~ right** N interior *mf* derecha; **~ story** N historia *f* íntima.
insider [ɪnˈsaɪdər] **1** N enterado/a *m/f*. **2** CPD: **~ dealing, ~ trading** N (abuso *m* de) información *f* privilegiada.
insidious [ɪnˈsɪdɪəs] ADJ insidioso/a.
insight [ˈɪnsaɪt] N **a** (*understanding*) perspicacia *f*, ojo *m*; **a person of ~** una persona de perspicacia. **b** (*perception*) intuición *f*; **to gain** or **get an ~ into sth** formarse una idea de algo.
insignia [ɪnˈsɪɡnɪə] NPL insignias *fpl*.
insignificance [ˌɪnsɪɡˈnɪfɪkəns] N insignificancia *f*; **A pales into ~ beside B** A pierde toda su importancia al compararse con B.
insignificant [ˌɪnsɪɡˈnɪfɪkənt] ADJ insignificante.
insincere [ˌɪnsɪnˈsɪər] ADJ insincero/a.
insincerity [ˌɪnsɪnˈserɪtɪ] N insinceridad *f*.
insinuate [ɪnˈsɪnjʊeɪt] VT insinuar, dar a entender (*that* que); **to ~ o.s. into sb's favour** insinuarse en el favor de algn; **what are you insinuating?** ¿qué quieres insinuar?
insinuation [ɪnˌsɪnjʊˈeɪʃən] N (*act*) insinuación *f*; (*hint*) indirecta *f*; **he made certain ~s** soltó ciertas indirectas.
insipid [ɪnˈsɪpɪd] ADJ soso/a, insípido/a.
insist [ɪnˈsɪst] **1** VI insistir; **to ~ on sth** (*repeat etc*) insistir en algo; (*demand*) exigir algo; (*emphasize*) hacer hincapié en algo; **to ~ on doing sth** (*carry on*) insistir or empeñarse en hacer algo. **2** VT: **to ~ that ...** insistir en que ....
insistence [ɪnˈsɪstəns] N insistencia *f*; **at his/her ~** ante su insistencia.
insistent [ɪnˈsɪstənt] ADJ (*person*) insistente; (*demand*) persistente; (*tone*) porfiado/a; **he was most ~ about it** se empeñó mucho en ello.
in situ [ɪnˈsɪtjuː] ADV in situ, en el sitio.
insofar [ɪnsəˈfɑːr] CONJ: **~ as ...** en tanto que + *indic*.
insole [ˈɪnsəʊl] N plantilla *f*.
insolence [ˈɪnsələns] N insolencia *f*, descaro *m*.
insolent [ˈɪnsələnt] ADJ insolente, descarado/a.
insoluble [ɪnˈsɒljʊbl] ADJ (*substance*) insoluble; (*problem*) sin solución.
insolvency [ɪnˈsɒlvənsɪ] N (*of company*) insolvencia *f*.
insolvent [ɪnˈsɒlvənt] ADJ insolvente.
insomnia [ɪnˈsɒmnɪə] N insomnio *m*.
insomniac [ɪnˈsɒmnɪæk] N insomne *mf*.
insomuch [ˌɪnsəʊˈmʌtʃ] ADV: **~ as** puesto que, ya que, por cuanto que.
Insp. ABBR of **inspector**.
inspect [ɪnˈspekt] VT **a** (*examine: goods, luggage*) revisar, examinar, (: *ticket, document*) registrar, reconocer. **b** (*Mil: troops*) pasar revista a.
inspection [ɪnˈspekʃən] N **a** (*of goods*) inspección *f*; (*of ticket, document*) examen *m*, registro *m*; **on ~, the goods ...** al ser registradas las mercancías .... **b** (*Mil: of troops*) revista *f*.
inspector [ɪnˈspektər] N (*official*) inspector(a) *m/f*; (*on bus, train*) revisor(a) *m/f*, controlador(a) *m/f* (*LAm*); (*in police, schools etc*) inspector(a); **~ of taxes** Inspector(a) de Hacienda.
inspiration [ˌɪnspəˈreɪʃən] N inspiración *f*; **to find ~ in** inspirarse en.
inspire [ɪnˈspaɪər] VT inspirar; **to ~ confidence in sb, to ~ sb with confidence** infundir confianza a algn; **to ~ sb to do sth** inspirar a algn a hacer algo.

inspired [ɪnˈspaɪəd] ADJ inspirado/a; **in an ~ moment ...** en un momento de inspiración ....
inspiring [ɪnˈspaɪərɪŋ] ADJ inspirador(a).
Inst. ABBR of **Institute**.
inst. ABBR (*Brit Comm*) of **instant, of the present month** corrte, cte.
instability [ˌɪnstəˈbɪlɪtɪ] N inestabilidad *f*.
instal(l) [ɪnˈstɔːl] VT instalar.
installation [ˌɪnstəˈleɪʃən] N (*Tech, gen*) instalación *f*; (*of mayor, official etc*) inauguración *f*.
instalment, (*US*) **installment** [ɪnˈstɔːlmənt] **1** N **a** (*Comm: part payment*) plazo *m*, abono *m*; **monthly ~** mensualidad *f*; **to pay in ~s** pagar a plazos or por abonos. **b** (*of serial: in magazine*) fascículo *m*; (: *on radio, TV*) entrega *f*. **2** CPD: **~ plan** N (*US*) pago *m* or compra *f* a plazos.
instance [ˈɪnstəns] N (*example*) ejemplo *m*; **for ~** por ejemplo; **in that ~** en ese caso; **in the first ~** en primer lugar.
instant [ˈɪnstənt] **1** ADJ **a** (*reply, reaction, success*) inmediato/a; **~ coffee** café instantáneo (en polvo). **b** (*Comm*) **on the 1st ~** el primero del corriente. **2** N instante *m*, momento *m*; **in an ~** en un instante; **the ~ I heard it** en el momento en que lo supe.
instantaneous [ˌɪnstənˈteɪnɪəs] ADJ instantáneo/a.
instantly [ˈɪnstəntlɪ] ADV al instante.
instead [ɪnˈsted] **1** ADV en su lugar. **2** PREP: **~ of** en vez de, en lugar de; **he went ~ of me** fue en mi lugar.
instep [ˈɪnstep] N empeine *m*.
instigate [ˈɪnstɪɡeɪt] VT (*rebellion, strike, crime*) instigar; (*new ideas etc*) fomentar.
instigation [ˌɪnstɪˈɡeɪʃən] N: **at sb's ~** a instigación de algn.
instigator [ˈɪnstɪɡeɪtər] N instigador(a) *m/f*.
instil, (*US*) **instill** [ɪnˈstɪl] VT: **to ~ sth into sb** infundir algo a algn.
instinct [ˈɪnstɪŋkt] N instinto *m*; **by ~** por instinto.
instinctive [ɪnˈstɪŋktɪv] ADJ instintivo/a.
institute [ˈɪnstɪtjuːt] **1** N (*research centre*) instituto *m*; (*professional body*) colegio *m*, asociación *f*. **2** VT (*begin*) iniciar, empezar; (*found*) fundar, establecer; (*Jur: proceedings*) entablar.
institution [ˌɪnstɪˈtjuːʃən] N **a** (*act*) establecimiento *m*. **b** (*organization*) institución *f*. **c** (*custom etc*) costumbre *f* arraigada.
institutional [ˌɪnstɪˈtjuːʃənl] ADJ institucional; **~ investor** inversionista *mf* institucional.
institutionalize [ˌɪnstɪˈtjuːʃnəlaɪz] VT (*patient*) meter en una institución; (*make into institution*) institucionalizar.
instruct [ɪnˈstrʌkt] VT **a** (*teach*) **to ~ sb in sth** enseñar algo a algn. **b** (*order*) **to ~ sb to do sth** mandar a algn hacer algo.
instruction [ɪnˈstrʌkʃən] **1** N **a** (*teaching*) instrucción *f*, enseñanza *f*; **~ in mathematics** clases *fpl* de matemáticas. **b** (*usu pl: order*) órdenes *fpl*; **to give sb ~s to do sth** dar órdenes a algn de hacer algo; **~ for use** modo *m* de empleo. **2** CPD: **~ book** N manual *m*.
instructive [ɪnˈstrʌktɪv] ADJ (*experience*) instructivo/a.
instructor [ɪnˈstrʌktər] N instructor(a) *m/f*.
instrument [ˈɪnstrʊmənt] **1** N (*gen*) instrumento *m*; (*surgical*) instrumental *m*; **to fly on ~s** volar con los instrumentos. **2** CPD: **~ panel** N (*Aer*) tablero *m* or cuadro *m* de instrumentos.
instrumental [ˌɪnstrʊˈmentl] ADJ **a** **to be ~ in sth** ser responsable de algo. **b** (*music etc*) instrumental.
instrumentalist [ˌɪnstrʊˈmentəlɪst] N instrumentista *mf*.
insubordinate [ˌɪnsəˈbɔːdənɪt] ADJ (*person, behaviour*) insubordinado/a.
insubordination [ˈɪnsəˌbɔːdɪˈneɪʃən] N insubordinación *f*.
insufferable [ɪnˈsʌfərəbl] ADJ insoportable, inaguantable.
insufficient [ˌɪnsəˈfɪʃənt] ADJ insuficiente.
insular [ˈɪnsjələr] ADJ **a** (*Geog: climate, location*) insular.

b (*fig: person, attitude*) estrecho/a de miras.
insulate ['ɪnsjʊleɪt] VT (*gen*) aislar.
insulating tape ['ɪnsjʊleɪtɪŋ,teɪp] N cinta *f* aislante.
insulation [,ɪnsjʊ'leɪʃən] **1** N (*gen*) aislamiento *m*; (*of walls etc*) aislamiento térmico. **2** CPD: **~ material** N material *m* aislante.
insulin ['ɪnsjʊlɪn] N insulina *f*.
insult ['ɪnsʌlt] **1** N insulto *m*, ofensa *f*; **to add ~ to injury** para colmo de males. **2** [ɪn'sʌlt] VT (*person*) insultar, ofender.
insulting [ɪn'sʌltɪŋ] ADJ ofensivo/a, insultante.
insuperable [ɪn'suːpərəbl] ADJ (*difficulty etc*) insuperable.
insurable [ɪn'ʃʊərəbl] ADJ asegurable.
insurance [ɪn'ʃʊərəns] **1** N (*Comm*) seguro *m*; **~ against theft/fire/damage** seguro contra robo/incendio/daños; **comprehensive/third party ~** seguro a todo riesgo/contra terceros; **to take out ~** hacerse un seguro. **2** CPD: **~ agent** N agente *m* de seguros; **~ broker** N corredor(a) *m/f* de seguros; **~ certificate** N certificado *m* de seguros; **~ claim** N demanda *f* de seguro; **~ company** N compañía *f* de seguros; **~ policy** N póliza *f* (de seguros); **~ premium** N prima *f* de seguro.
insure [ɪn'ʃʊər] VT asegurar; **to ~ o.s.** *or* **one's life** asegurarse (la vida); **to ~ sb** *or* **sb's life** asegurar la vida a algn; **to be ~d for £5000** tener un seguro de 5000 libras; **to ~ sth against fire/theft** asegurar algo contra incendios/robo.
insured [ɪn'ʃʊəd] N: **the ~** el/la asegurado/a.
insurer [ɪn'ʃʊərər] N asegurador(a) *m/f*.
insurgent [ɪn'sɜːdʒənt] N, ADJ insurgente *mf*, insurrecto/a *m/f*.
insurmountable [,ɪnsə'maʊntəbl] ADJ insuperable.
insurrection [,ɪnsə'rekʃən] N insurrección *f*.
Int. ABBR of **International**.
int. ABBR (*Fin*) of **interest**.
intact [ɪn'tækt] ADJ (*undamaged*) íntegro/a; (*untouched*) intacto/a; **not a window was left ~** no quedaba ventana sin romper.
intake ['ɪnteɪk] **1** N **a** (*Tech: of air, gas etc*) entrada *f*; (: *of water*) toma *f*. **b** (*quantity: of people*) ingreso *m*; (*of food*) ración *f*; **what is your student ~?** ¿cuántos alumnos se matriculan (cada año)? **2** CPD: **~ valve** N válvula *f* de admisión.
intangible [ɪn'tændʒəbl] ADJ (*gen*) intangible; **~ assets** activo *msg* intangible.
integer ['ɪntɪdʒər] N entero *m*, número *m* entero.
integral ['ɪntɪɡrəl] ADJ **a** (*essential: part*) integrante. **b** (*Math*) **~ calculus** cálculo *m* integral.
integrate ['ɪntɪɡreɪt] VT integrar.
integrated ['ɪntɪɡreɪtɪd] ADJ integrado/a; **to become ~ (in)** integrarse (en); **~ circuit** (*Comput*) circuito *m* integrado.
integration [,ɪntɪ'ɡreɪʃən] N integración *f*.
integrity [ɪn'teɡrɪtɪ] N (*of person*) integridad *f*, honradez *f*; (*Comput*) integridad.
intellect ['ɪntɪlekt] N intelecto *m*, inteligencia *f*.
intellectual [,ɪntɪ'lektjʊəl] ADJ, N intelectual *mf*; **~ property** propiedad *f* intelectual.
intelligence [ɪn'telɪdʒəns] **1** N (*cleverness, information*) inteligencia *f*; **I~ (service)** (*Mil*) servicio *m* de inteligencia. **2** CPD: **~ quotient (IQ)** N cociente *m* de inteligencia; **~ service** N servicio *m* de información; **~ test** N prueba *f* de inteligencia.
intelligent [ɪn'telɪdʒənt] ADJ inteligente, listo/a.
intelligentsia [ɪn,telɪ'dʒentsɪə] N intelectualidad *f*.
intelligible [ɪn'telɪdʒəbl] ADJ inteligible.
INTELSAT ['ɪntel,sæt] N ABBR of **International Telecommunications Satellite Organization**.
intemperate [ɪn'tempərɪt] ADJ (*person: immoderate*) desmedido/a, destemplado/a; (: *drunken*) dado/a a la bebida; (*climate*) inclemente.
▼**intend** [ɪn'tend] VT: **to ~ to** (*mean to*) tener intención de, proponerse; **I ~ him to come too** quiero que venga él también; **to ~ sth for sb** destinar algo a algn; **it was ~ed**

as a compliment se supone que era piropo; **to ~ to do sth** querer *or* pensar hacer algo; **I ~ed no harm** lo hice sin malas intenciones; **did you ~ that?** ¿fue eso lo que se proponía?
intense [ɪn'tens] ADJ (*heat, cold*) intenso/a; (*interest, enthusiasm*) apasionado/a, ardiente; (*person, face etc*) nervioso/a.
intensely [ɪn'tenslɪ] ADV (*extremely*) sumamente; (*with passion*) apasionadamente.
intensify [ɪn'tensɪfaɪ] **1** VI intensificarse, aumentar. **2** VT aumentar.
intensity [ɪn'tensɪtɪ] N intensidad *f*.
intensive [ɪn'tensɪv] ADJ (*study, course*) intensivo/a; (*bombardment*) concentrado/a; **~ care unit** centro *m* de cuidados intensivos; **to be in ~ care** estar bajo cuidados intensivos.
intent [ɪn'tent] **1** ADJ (*absorbed*) absorto/a, reconcentrado/a; **to be ~ on doing sth** (*intend*) estar resuelto *or* decidido a hacer algo; (*concentrate*) estar absorto en hacer algo. **2** N propósito *m*, intención *f*; **with ~ to kill** con intentos homicidas; **to all ~s and purposes** prácticamente, en realidad.
intention [ɪn'tenʃən] N intención *f*, propósito *m*; **I have no ~ of going** no tengo la menor intención de ir; **I have every ~ of going** tengo plena intención de ir; **with the best of ~s** con la mejor voluntad; **what are your ~s?** ¿qué piensas hacer?
intentional [ɪn'tenʃənl] ADJ (*lie, insult*) deliberado/a.
intentionally [ɪn'tenʃnəlɪ] ADV a propósito, adrede.
intently [ɪn'tentlɪ] ADV atentamente, fijamente.
inter [ɪn'tɜːr] VT enterrar.
inter... ['ɪntər] PREF inter..., entre....
interact [,ɪntər'ækt] VI influirse mutuamente.
interaction [,ɪntər'ækʃən] N interacción *f*, acción *f* recíproca.
interactive [,ɪntər'æktɪv] ADJ (*gen, Comput*) interactivo/a.
intercede [,ɪntə'siːd] VT interceder.
intercept [,ɪntə'sept] VT (*interfere with: message*) interceptar; (*stop*) detener; (*cut off*) cortar.
interception [,ɪntə'sepʃən] N intercepción *f*.
interchange [,ɪntə'tʃeɪndʒ] **1** VT (*views, ideas*) intercambiar. **2** ['ɪntə'tʃeɪndʒ] N **a** (*of views, ideas*) intercambio *m*, cambio *m*. **b** (*on motorway etc*) paso *m* elevado, paso a desnivel (*LAm*).
interchangeable [,ɪntə'tʃeɪndʒəbl] ADJ intercambiable.
intercity [ɪntə'sɪtɪ] ADJ (*train*) interurbano/a.
intercom ['ɪntəkɒm] N (*fam*) interfono *m*.
interconnect [,ɪntəkə'nekt] VI conectarse.
intercontinental ['ɪntə,kɒntɪ'nentl] ADJ intercontinental; **~ ballistic missile** misil *m* balístico intercontinental.
intercourse ['ɪntəkɔːs] N (*frm*) relaciones *fpl*, trato *m*; (*also* **sexual ~**) contacto *m* sexual, relaciones *fpl* sexuales.
interdependence [,ɪntədɪ'pendəns] N interdependencia *f*.
interdependent [,ɪntədɪ'pendənt] ADJ interdependiente.
interest ['ɪntrɪst] **1** N **a** (*curiosity*) interés *m*; (*hobby*) pasatiempo *m*; **to have** *or* **take an ~ in sth** interesarse por *or* en algo; **to have** *or* **take no ~ in sth** no interesarse por *or* en algo; **is this of any ~ to you?** ¿le interesa esto?; **to lose ~ in sth** perder el interés por algo; **to show ~** mostrar interés (*in* en, por). **b** (*profit, advantage*) beneficio *m*, ventaja *f*; **to one's own ~(s)** en beneficio propio; **to act in sb's ~(s)** obrar en interés de algn; **to have a vested ~ in sth** tener intereses creados en algo; **in the public ~** en el interés público. **c** (*Comm: share, stake*) participación *f*, interés *m*; **to declare an ~ in** declarar un interés en; **to have a financial ~ in a company** tener acciones en una compañía; **~s** intereses; **business ~s** negocios *mpl*; **a controlling ~** una participación mayoritaria; **British ~s in the Middle East** los intereses británicos en el Medio Oriente. **d** (*Comm: on loan, shares etc*) interés *m*, rédito *m*; **compound/simple ~** interés compuesto/simple; **at an**

➤ SENTENCE BUILDER: **intend** → 13.1, 13.2, 13.4

~ of 5% a un interés del 5 por ciento; **to bear ~ at 5%** rendir un interés del 5 por ciento; **to lend at ~** prestar con interés; **to return with ~** (*also fig*) devolver con creces.

2 VT interesar; **to be ~ed in sth** (*gen*) interesarse en *or* por algo; (*Fin*) tener interés en algo; **he's ~ed in buying a car** le interesa comprar un coche; **to ~ o.s. in sth** interesarse en *or* por algo.

3 CPD: **~ group** N grupo *m* de intereses; **~ rate** N tipo *m* *or* tasa *f* de interés.

interested ['ɪntrɪstɪd] ADJ interesado/a; **~ party** la parte interesada.

interest-free [ˌɪntrɪst'fri:] ADJ libre *or* franco/a de interés.

interesting ['ɪntrɪstɪŋ] ADJ interesante.

interface ['ɪntəfeɪs] N (*Comput*) junción *f*, interface *m*.

interfere [ˌɪntə'fɪəʳ] VI (*entro*)meterse (*in sth* en algo); **to ~ with sth** (*hinder*) dificultar *or* estorbar algo; (*spoil*) frustrar *or* estropear algo; (*Rad, TV*) interferir con algo; **he is always interfering** se mete en todos lados; **stop interfering!** ¡deja de entrometerte!

interference [ˌɪntə'fɪərəns] N intromisión *f*; (*Rad, TV*) interferencia *f*, parásitos *mpl*.

interfering [ˌɪntə'fɪərɪŋ] ADJ (*neighbour*) entrometido/a.

interim ['ɪntərɪm] **1** N: **in the ~** en el ínterin *or* interino. **2** ADJ interino/a, provisional; **~ dividend** dividendo *m* a cuenta.

interior [ɪn'tɪərɪəʳ] **1** ADJ (*inside*) interior; (*domestic*) interno/a; **~ sprung mattress** colchón *m* de muelles. **2** N interior *m*, parte *f* interior; **Department of the I~** Ministerio *or* (*Mex*) Secretaría de Gobernación. **3** CPD: **~ decoration** N interiorismo *m*; **~ decorator** N interiorista *mf*.

interject [ˌɪntə'dʒekt] VT (*question, remark*) interponer.

interjection [ˌɪntə'dʒekʃən] N interposición *f*.

interlink [ˌɪntə'lɪŋk] VT eslabonar, encadenar.

interlock [ˌɪntə'lɒk] **1** VT trabar, unir; (*wheels*) endentar, engranar. **2** VI trabarse, unirse; (*wheels etc*) endentarse, engranar; **the parts of the plan ~** las partes del plan tienen una fuerte trabazón.

interloper ['ɪntələupəʳ] N intruso/a *m/f*.

interlude ['ɪntəlu:d] N intervalo *m*, período *m*; (*in theatre*) descanso *m*, intermedio *m*; (*musical ~*) interludio *m*.

intermarriage [ˌɪntə'mærɪdʒ] N (*between races*) matrimonio *m* mixto; (*between relatives*) matrimonio *m* entre parientes.

intermarry ['ɪntə'mærɪ] VI (*gen*) casarse entre sí; (*within family*) casarse entre parientes.

intermediary [ˌɪntə'mi:dɪərɪ] N intermediario/a *m/f*.

intermediate [ˌɪntə'mi:dɪət] ADJ (*gen*) intermedio/a; **~ range ballistic missile** misil *m* balístico de alcance intermedio.

interminable [ɪn'tɜ:mɪnəbl] ADJ (*speech, rain, journey etc*) inacabable, interminable.

intermingle [ˌɪntə'mɪŋgl] VI entremezclarse.

intermission [ˌɪntə'mɪʃən] N (*pause*) descanso *m*; (*Theat*) intermedio *m*.

intermittent [ˌɪntə'mɪtənt] ADJ intermitente.

intern [ɪn'tɜ:n] **1** VT internar. **2** ['ɪntɜ:n] N (*US: doctor*) interno/a *m/f* de hospital.

internal [ɪn'tɜ:nl] ADJ (*gen*) interior; (*Med: bleeding, examination etc*) interno/a; **I~ Revenue Service** (*US*) Rentas *fpl* Públicas; **~ combustion engine** motor *m* de combustión interna *or* de explosión; **~ market** mercado *m* interno, mercado *m* interior.

internally [ɪn'tɜ:nəlɪ] ADV interiormente; **'not to be taken ~'** 'uso externo'.

international [ˌɪntə'næʃnəl] **1** ADJ (*gen*) internacional; **~ date line** línea *f* de cambio de fecha; **I~ Monetary Fund** Fondo *m* Monetario Internacional; **~ money order** giro *m* monetario internacional; **~ reply coupon** cupón *m* de respuesta internacional. **2** N (*Sport: game*) partido *m* internacional; (: *player*) internacional *mf*.

internee [ˌɪntɜː'ni:] N internado/a *m/f*.

Internet ['ɪntənet] N: **the ~** (el *or* la) Internet.

internment [ɪn'tɜ:nmənt] N internamiento *m*.

interpersonal [ˌɪntə'pɜ:sənl] ADJ interpersonal.

interplay ['ɪntəpleɪ] N interacción *f*.

Interpol ['ɪntəˌpɒl] N ABBR *of* **International Criminal Police Organization** Interpol *f*.

interpose [ˌɪntə'pəʊz] VT (*gen*) interponer.

interpret [ɪn'tɜ:prɪt] **1** VT **a** (*translate orally*) traducir. **b** (*explain, understand*) interpretar; **how are we to ~ that remark?** ¿cómo hemos de interpretar ese comentario?; **that is not how I ~ it** no lo entiendo yo así. **2** VI hacer de intérprete.

interpretation [ɪnˌtɜ:prɪ'teɪʃən] N (*gen*) interpretación *f*; **what ~ am I to place on your conduct?** ¿cómo he de entender tu conducta?

interpreter [ɪn'tɜ:prɪtəʳ] N intérprete *mf*.

interrelated [ˌɪntərɪ'leɪtɪd] ADJ interrelacionado/a, relacionado/a.

interrogate [ɪn'terəgeɪt] VT (*person*) someter a un interrogatorio.

interrogation [ɪnˌterə'geɪʃən] N interrogatorio *m*.

interrogative [ˌɪntə'rɒgətɪv] ADJ (*look, tone*) interrogador(a); (*Ling: pronoun*) interrogativo/a.

interrogator [ɪn'terəgeɪtəʳ] N interrogador(a) *m/f*.

interrupt [ˌɪntə'rʌpt] **1** VT interrumpir. **2** VI interrumpirse.

interruption [ˌɪntə'rʌpʃən] N interrupción *f*.

intersect [ˌɪntə'sekt] **1** VT (*Math*) cortar. **2** VI (*Math*) intersecarse; (*roads*) cruzarse.

intersection [ˌɪntə'sekʃən] N (*crossing*) intersección *f*, cruce *m*; (*turning*) bocacalle *f*, esquina *f*, cruce.

intersperse [ˌɪntə'spɜ:s] VT: **to ~ sth with sth** salpicar algo de algo; **dashes ~d with dots** rayas con puntos a intervalos *or* a ratos.

interstate [ˌɪntə'steɪt] ADJ (*US: highway*) interestatal.

intertextuality [ˌɪntətekstjʊ'ælɪtɪ] N intertextualidad *f*.

intertwine [ˌɪntə'twaɪn] VT *con* entrelazarse.

interval ['ɪntəvəl] N **a** (*in time, space*) intervalo *m*; (*Theat*) intermedio *m*, descanso *m*; (*Sport: half time*) descanso *m*; **at ~s** de vez en cuando, cada cuando (*LAm*); **at regular ~s** (*in time, space*) a intervalos regulares; **sunny ~s** claros *mpl*. **b** (*in music*) intervalo *m*.

intervene [ˌɪntə'vi:n] VI (*person*) intervenir (*in* en), tomar parte (*in* en); (*crop up*) surgir; (*interfere*) intervenir.

intervening [ˌɪntə'vi:nɪŋ] ADJ intermedio/a; **in the ~ period** en el interino.

intervention [ˌɪntə'venʃən] N intervención *f*.

interview ['ɪntəvju:] **1** N entrevista *f*; (*esp in journalism*) interviú *f*; **to have an ~ with the director** entrevistarse con el director. **2** VT (*person*) entrevistar.

interviewee ['ɪntəˌvju:'i:] N entrevistado/a *m/f*.

interviewer ['ɪntəvju:əʳ] N (*on radio etc*) entrevistador(a) *m/f*.

intestate [ɪn'testɪt] ADJ: **to die ~** morir intestado/a.

intestinal [ˌɪntes'taɪnl] ADJ (*tract, complaint*) intestinal.

intestine [ɪn'testɪn] N intestino *m*; **small/large ~** intestino delgado/grueso.

intimacy ['ɪntɪməsɪ] N (*friendship*) intimidad *f*; (*sexual*) relaciones *fpl* sexuales.

intimate ['ɪntɪmɪt] **1** ADJ (*friends*) íntimo/a, de confianza; (*details*) íntimo/a, personal; (*knowledge*) profundo/a; **to be/become ~ with sb** (*friendly*) intimar con algn; (*sexually*) tener relaciones (íntimas) con algn. **2** ['ɪntɪmeɪt] VT insinuar, dar a entender.

intimately ['ɪntɪmɪtlɪ] ADV íntimamente.

intimation [ˌɪntɪ'meɪʃən] N (*news*) indicación *f*; (*hint*) insinuación *f*; **it was the first ~ we had had of it** fue la primera indicación que habíamos tenido de ello.

intimidate [ɪn'tɪmɪdeɪt] VT intimidar, acobardar.

intimidation [ɪnˌtɪmɪ'deɪʃən] N intimidación *f*.

into ['ɪntʊ] PREP **a** (*of place*) en, a, dentro de; **put it ~ the box** mételo en *or* dentro de la caja; **to go ~ the wood** penetrar en el bosque; **to go ~ town/the country** ir a la ciudad/al campo; **to get ~ the plane/car** subir al avión/coche; **it fell ~ the lake** se cayó al lago. **b** (*change in condition etc*) **to translate sth ~ Spanish** traducir algo al español; **to burst ~ tears** echar a llorar; **to change ~ a monster** volverse *or* convertirse en monstruo; **to change pounds ~ dollars** cambiar libras por dólares; **the rain changed ~ snow** la lluvia se convirtió en nieve; **he is really ~ jazz** (*fam*) es un gran aficionado del jazz; **it turned ~ a pleasant day** se hizo un día muy agradable.

[c] (*Math*) **2 ~ 6 goes 3** seis entre dos son tres; **to divide 3 ~ 12** dividir doce entre tres.

▼**intolerable** [ɪn'tɒlərəbl] ADJ insoportable, irresistible; **it is ~ that ...** es intolerable que ....

intolerance [ɪn'tɒlərəns] N (*gen*) intolerancia f; (*bigotry*) intransigencia f; (*Med*) intolerancia (*to* a).

intolerant [ɪn'tɒlərənt] ADJ (*gen*) intolerante (*of* con *or* para con); (*bigoted*) intransigente (*of* con).

intonation [,ɪntəʊ'neɪʃən] N entonación f.

intoxicate [ɪn'tɒksɪkeɪt] VT (*lit, fig*) emborrachar, embriagar.

intoxicated [ɪn'tɒksɪkeɪtɪd] ADJ (*lit*) borracho/a; (*fig*) embriagado/a.

intoxication [ɪn,tɒksɪ'keɪʃən] N (*see adj*) borrachera f; embriaguez f.

intra... ['ɪntrə] PREF intra....

intractable [ɪn'træktəbl] ADJ (*person*) intratable; (: *unruly*) indisciplinado/a; (*problem*) insoluble; (*illness*) incurable.

intransigence [ɪn'trænsɪdʒəns] N intransigencia f.

intransigent [ɪn'trænsɪdʒənt] ADJ intransigente.

intransitive [ɪn'trænsɪtɪv] ADJ (*Ling*) intransitivo/a.

intrauterine [,ɪntrə'juːtərəɪn] ADJ: **~ device** dispositivo m intrauterino.

intravenous [,ɪntrə'viːnəs] ADJ intravenoso/a.

in-tray ['ɪn,treɪ] N bandeja f de entrada.

intrepid [ɪn'trepɪd] ADJ intrépido/a.

intricate ['ɪntrɪkɪt] ADJ (*pattern, design, machinery*) intrincado/a, minucioso/a; (*plot, problem*) complejo/a.

intrigue [ɪn'triːg] [1] N (*plot*) intriga f; (*amorous*) aventura f sentimental, amorío m. [2] VT fascinar; **I am ~d to know whether ...** me intriga saber si .... [3] VI intrigar (*against* contra).

intriguing [ɪn'triːgɪŋ] [1] ADJ (*fascinating*) fascinante; **a most ~ problem** un problema interesantísimo. [2] N intriga f.

intrinsic [ɪn'trɪnsɪk] ADJ intrínseco/a; **~ value** valor m intrínseco.

intro... ['ɪntrəʊ, 'ɪntrə] PREF intro....

introduce [,ɪntrə'djuːs] VT [a] (*present, make acquainted*) presentar; **to ~ sb to sb** presentar a algn a otro; **to ~ sb to sth** hacer conocer algo a algn; **may I ~ ...?** permítame presentarle a ..., le presento a .... [b] (*bring in: reform, new fashion*) introducir; (: *Pol: bill*) presentar; (*TV, Rad: programme*) presentar; (*product*) lanzar; (*subject, idea*) iniciar; (*person: into room*) hacer pasar; **be careful how you ~ the subject** hay que abordar el tema con mucho cuidado.

introduction [,ɪntrə'dʌkʃən] N (*of person*) presentación f; (*in book*) prólogo m; **my ~ to maths** mi iniciación f en las matemáticas; **a letter of ~** una carta de recomendación; **will you do the ~s?** ¿quieres presentarnos?

introductory [,ɪntrə'dʌktərɪ] ADJ introductorio/a; **~ offer** oferta f preliminar.

introspection [,ɪntrəʊ'spekʃən] N introspección f.

introspective [,ɪntrəʊ'spektɪv] ADJ introspectivo/a.

introvert ['ɪntrəʊvɜːt] N introvertido/a m/f.

intrude [ɪn'truːd] VI (*intervene*) entrometerse, inmiscuirse; (*interrupt*) interrumpir; **am I intruding?** ¿les molesto *or* interrumpo?; **to ~ (up)on sb's privacy** meterse en vida ajena.

intruder [ɪn'truːdər] N intruso/a m/f.

intrusion [ɪn'truːʒən] N invasión f.

intrusive [ɪn'truːsɪv] ADJ intruso/a.

intuition [,ɪntjuː'ɪʃən] N intuición f.

intuitive [ɪn'tjuːɪtɪv] ADJ intuitivo/a.

inundate ['ɪnʌndeɪt] VT inundar.

inure [ɪn'jʊər] VT (*accustom*) acostumbrar, habituar (*to* a); **to become ~d** endurecerse (*to* ante).

inv. ABBR *of* **invoice** f.ª.

invade [ɪn'veɪd] VT (*Mil*) invadir; (*privacy*) meterse en; (*sb's*

rights) usurpar.

invader [ɪn'veɪdər] N invasor(a) m/f.

invalid¹ ['ɪnvəlɪd] N, ADJ minusválido/a m/f.

invalid² [ɪn'vælɪd] ADJ nulo/a; **to become ~** caducar.

invalidate [ɪn'vælɪdeɪt] VT (*document, argument*) invalidar; (*contract*) anular.

invaluable [ɪn'væljʊəbl] ADJ inapreciable, inestimable.

invariable [ɪn'vɛərɪəbl] ADJ invariable.

invariably [ɪn'vɛərɪəblɪ] ADV sin excepción, siempre.

invasion [ɪn'veɪʒən] N invasión f.

invective [ɪn'vektɪv] N invectiva f.

inveigh [ɪn'veɪ] VI: **to ~ against** lanzar invectivas contra.

inveigle [ɪn'viːgl] VT: **to ~ sb into sth** embaucar *or* engatusar a algn para que haga algo.

invent [ɪn'vent] VT inventar.

invention [ɪn'venʃən] N (*gen*) invención f; (*machine*) invento m; (*lie*) mentira f; **it's pure ~** es puro cuento.

inventive [ɪn'ventɪv] ADJ inventivo/a.

inventiveness [ɪn'ventɪvnɪs] N inventiva f.

inventor [ɪn'ventər] N inventor(a) m/f.

inventory ['ɪnvəntrɪ] [1] N inventario m. [2] CPD: **~ control** N control m del inventario.

inverse ['ɪn'vɜːs] ADJ inverso/a.

invert [ɪn'vɜːt] VT invertir, poner al revés.

invertebrate [ɪn'vɜːtɪbrɪt] N invertebrado/a m/f.

inverted [ɪn'vɜːtɪd] ADJ: **in ~ commas** entre comillas; **~ snob** progre mf de boquilla.

invest [ɪn'vest] [1] VT [a] (*money, capital, funds*) invertir; (*person: in office*) investir; (*fig: time, effort*) dedicar. [b] **to ~ sb with sth** investir a algn de *or* con algo. [2] VI: **to ~ in** (*company etc*) hacer una inversión en; (*hum: buy*) comprarse.

investigate [ɪn'vestɪgeɪt] VT (*explore*) investigar, indagar; (*study*) estudiar.

investigation [ɪn,vestɪ'geɪʃən] N (*see vt*) investigación f, indagación f; estudio m.

investigative [ɪn'vestɪ,geɪtɪv] ADJ: **~ journalism** periodismo m investigador.

investigator [ɪn'vestɪgeɪtər] N investigador(a) m/f.

investment [ɪn'vestmənt] [1] N (*Comm*) inversión f. [2] CPD: **~ analyst** N analista mf financiero/a; **~ bank** N banco m de inversión; **~ grant** N subvención f para la inversión; **~ income** N ingresos mpl procedentes de inversiones; **~ portfolio** N portafolio m de inversiones; **~ trust** N compañía f inversionista, sociedad f de cartera.

investor [ɪn'vestər] N inversionista mf.

invidious [ɪn'vɪdɪəs] ADJ odioso/a.

invigilate [ɪn'vɪdʒɪleɪt] VT, VI (*in exam*) vigilar.

invigorating [ɪn'vɪgəreɪtɪŋ] ADJ tónico/a, estimulante, vigorizante.

invincible [ɪn'vɪnsəbl] ADJ invencible.

invisible [ɪn'vɪzəbl] ADJ (*gen, Comm*) invisible; **~ assets** activo msg invisible; **~ ink** tinta f simpática.

invitation [,ɪnvɪ'teɪʃən] N invitación f.

invite [ɪn'vaɪt] [1] VT (*person*) invitar, convidar; (*opinions, subscriptions, applications*) solicitar; (*discussion*) abrir; (*ridicule*) provocar; **to ~ trouble** buscárselas, buscarse problemas; **to ~ sb to do sth** invitar a algn a hacer algo; **to ~ sb to dinner/lunch** invitar a algn a cenar/almorzar; **to ~ sb in/up** etc invitar a algn a pasar/subir etc. [2] ['ɪnvaɪt] N (*fam*) invitación f.

◆**invite out** VT + ADV invitar a salir.

◆**invite over** VT + ADV invitar a casa.

inviting [ɪn'vaɪtɪŋ] ADJ (*prospect, appearance, smile, gesture*) atractivo/a, acogedor(a); (*food, smell*) apetitoso/a; (*seductive*) seductor(a), provocativo/a.

in vitro [ɪn'viːtrəʊ] ADJ, ADV in vitro; **~ fertilization** fecundación f in vitro.

invoice ['ɪnvɔɪs] [1] N factura f; **to send an ~** pasar factura. [2] VT (*goods*) facturar; **to ~ sb for sth** facturar a algn por algo. [3] CPD: **~ value** N valor m total de factura.

invoke [ɪn'vəʊk] VT (*frm: aid*) pedir; (: *law*) recurrir *or* acogerse a.

involuntary [ɪn'vɒləntərɪ] ADJ involuntario/a.

involve [ɪn'vɒlv] VT [a] (*implicate, associate*) comprometer, involucrar; **to be/become ~d in sth** estar com-

➤ SENTENCE BUILDER: **intolerable →** 6

prometido or involucrado en algo; **I'm not ~d in this business** este asunto no tiene nada que ver conmigo or no me atañe; **I should prefer not to be** or **become ~d** preferiría no involucrarme; **to ~ o.s./sb in sth** comprometerse/comprometer a algn en algo; **how did he come to be ~d?** ¿cómo llegó a enmarañarse?; **I was so ~d in reading that ...** estaba tan absorto en mi lectura que ...; **the factors/person ~d** los factores/la persona en juego; **I feel personally ~d** me siento implicado; **to be/become** or **get ~d with sb** (socially) estar enredado/enredarse con algn; (emotionally) estar liado/liarse con algn.
  b (entail) suponer, implicar; **it ~s a lot of expense/trouble** supone muchos gastos/problemas; **the job ~s moving to London** el empleo requiere que se traslade a Londres.
involved [ɪn'vɒlvd] ADJ (complicated) complicado/a, enrevesado/a.
involvement [ɪn'vɒlvmənt] N **a** (being involved) ~ **(in sth/with sb)** complicidad f or compromiso m (en algo/con algn); **we don't know the extent of his ~ in the plot** no sabemos hasta qué punto está implicado; **his ~ in the plot** su participación en el complot. **b** (complexity, difficulty) lo complicado or complejo; **financial ~s** compromisos financieros.
invulnerable [ɪn'vʌlnərəbl] ADJ invulnerable.
inward [ɪn'wəd] ADJ (peace, happiness) interior.
inwardly ['ɪnwədlɪ] ADV (gen) por dentro; (to oneself) para dentro, para sí.
inward(s) ['ɪnwəd(z)] ADV (gen) hacia dentro.
in-your-face, in-yer-face [ˌɪnjə'feɪs] ADJ (fam: attitude, music, theatre) agresivo/a y descarado/a.
I/O **1** N ABBR (Comput) of **input/output** E/S. **2** CPD: ~ **error** N error m de E/S.
IOC N ABBR of **International Olympic Committee** COI m.
iodine ['aɪədiːn] N yodo m.
IOM ABBR (Brit) of **Isle of Man**.
ion ['aɪən] N ion m.
Ionian [aɪ'əʊnɪən] ADJ jonio/a, jónico/a; ~ **Sea** Mar m Jónico.
ionize ['aɪənaɪz] VT ionizar.
iota [aɪ'əʊtə] N iota f; (fig) pizca f, ápice m; **not one ~ of truth** ni pizca de verdad.
IOU N ABBR of **I owe you** pagaré m, vale m (LAm).
IOW ABBR (Brit) of **Isle of Wight**.
IPA N ABBR of **International Phonetic Alphabet**.
IQ N ABBR of **intelligence quotient** C.I. m.
IR ABBR (Brit) of **Inland Revenue**.
IRA N ABBR **a** of **Irish Republican Army** IRA m. **b** (US) of **individual retirement account**.
Iran [ɪ'rɑːn] N Irán m.
Iranian [ɪ'reɪnɪən] ADJ, N iraní mf; (ancient) iranio/a m/f.
Iraq [ɪ'rɑːk] N Irak m, Iraq m.
Iraqi [ɪ'rɑːkɪ] ADJ, N iraquí mf.
irascible [ɪ'ræsɪbl] ADJ irascible, colérico/a.
irate [aɪ'reɪt] ADJ airado/a, furioso/a.
IRBM N ABBR of **intermediate range ballistic missile**.
ire [aɪər] N ira f, cólera f.
Ireland ['aɪələnd] N Irlanda f; **Northern ~** Irlanda del Norte; **Republic of ~** República f de Irlanda.
iris ['aɪrɪs] N **a** (Anat) iris m. **b** (Bot) lirio m.
Irish ['aɪrɪʃ] **1** ADJ irlandés/esa; ~ **coffee** café m irlandés; **the ~ Free State** Estado m Libre de Irlanda; **the ~ Sea** el Mar irlandés or de Irlanda.
  2 N **a** (Ling) irlandés m; **the ~** (people) los irlandeses.
  b (Ling) irlandés m.
Irishman ['aɪrɪʃmən] N (pl **-men**) irlandés m.
Irishwoman ['aɪrɪʃˌwʊmən] N (pl **-women**) irlandesa f.
irk [ɜːk] VT fastidiar, molestar.
irksome ['ɜːksəm] ADJ (child, chore) fastidioso/a, molesto/a (LAm).
IRN N ABBR (Brit) of **Independent Radio News** servicio de noticias en las cadenas de radio privadas.
IRO N ABBR **a** (Brit) of **Inland Revenue Office**. **b** (US) of **International Refugee Organization** OIR f.
iron ['aɪən] **1** N (metal) hierro m, fierro m (LAm); (Golf)

palo m de golf; (for ironing clothes) plancha f; (for branding) hierro candente; (fam: gun) pistola f; **~s** grilletes mpl; **cast/corrugated ~** hierro colado/chapa f ondulada; **a will of ~** (fam) una voluntad férrea or de hierro; **to strike while the ~ is hot** (fig) a hierro candente batir de repente; **to have a lot of/too many ~s in the fire** (fig) tener muchos/demasiados asuntos entre manos.
  2 VT (clothes) planchar.
  3 VI plancharse.
  4 CPD (bridge, bar, tool etc) de hierro, de fierro (LAm); (fig: will, determination) férreo/a; **the I~ Age** N la Edad de hierro; ~ **and steel industry** N industria f siderúrgica; **the I~ Curtain** N (fig, Pol) el Telón de Acero; ~ **foundry** N fundición f, fundidora f (LAm); ~ **lung** N (Med) pulmón m de acero; ~ **ore** N mineral m de hierro; ~ **rations** NPL ración f sg mínima.
◆ **iron out** VT + ADV (creases) planchar; (fig: problems, difficulties) allanar; (: disagreements) resolver.
ironic(al) [aɪ'rɒnɪk(əl)] ADJ irónico/a.
ironing ['aɪənɪŋ] **1** N (act) planchado m; (clothes) ropa f por planchar. **2** CPD: ~ **board** N tabla f or mesa f de planchar.
ironmonger ['aɪənˌmʌŋgər] N (Brit) quincallero/a m/f, ferretero/a m/f; **~s** quincallería f, ferretería f, tlapalería f (Mex).
ironworks ['aɪənwɜːks] NSG, NPL herrería f, fundición f, fábrica f de hierro.
irony ['aɪərənɪ] N ironía f; **the ~ of it is that ...** lo irónico es que ....
irrational [ɪ'ræʃənl] ADJ (behaviour, person, belief) irracional.
irreconcilable [ɪˌrekən'saɪləbl] ADJ (enemies) irreconciliable; (ideas) incompatible.
irredeemable [ˌɪrɪ'diːməbl] ADJ irredimible.
irrefutable [ˌɪrɪ'fjuːtəbl] ADJ (evidence, argument) irrefutable.
irregular [ɪ'regjʊlər] ADJ (uneven: shape, surface, lines) desigual; (not following rules, Ling, attendance) irregular.
irregularity [ɪˌregjʊ'lærɪtɪ] N (see adj) desigualdad f; irregularidad f.
irrelevant [ɪ'reləvənt] ADJ (not pertinent) fuera del caso, fuera de lugar; (unsuitable) inoportuno/a; **what you are saying is ~** lo que dices no viene al caso.
irreligious [ˌɪrɪ'lɪdʒəs] ADJ (people, behaviour, play) irreligioso/a.
irremovable [ˌɪrɪ'muːvəbl] ADJ inamovible.
irreparable [ɪ'repərəbl] ADJ (damage) irreparable; (harm) irremediable.
irreplaceable [ˌɪrɪ'pleɪsəbl] ADJ irre(e)mplazable.
irrepressible [ˌɪrɪ'presəbl] ADJ (person, high spirits, laughter) incontenible.
irreproachable [ˌɪrɪ'prəʊtʃəbl] ADJ (conduct) irreprochable, intachable.
irresistible [ˌɪrɪ'zɪstəbl] ADJ (gen) irresistible.
irresolute [ɪ'rezəluːt] ADJ (person, character) indeciso/a.
irrespective [ˌɪrɪ'spektɪv] ADJ: ~ **of** sin tomar en consideración or en cuenta.
irresponsible [ˌɪrɪs'pɒnsəbl] ADJ (person, behaviour) irresponsable.
irretrievable [ˌɪrɪ'triːvəbl] ADJ (object) irrecuperable; (loss, damage) irremediable, irreparable.
irreverent [ɪ'revərənt] ADJ (person, action) irreverente.
irreversible [ˌɪrɪ'vɜːsəbl] ADJ (process) irreversible; (decision) irrevocable.
irrevocable [ɪ'revəkəbl] ADJ (decision) irrevocable.
irrigate ['ɪrɪgeɪt] VT (Agr: land, crops) regar; **~d lands** tierras fpl de regadío.
irrigation [ˌɪrɪ'geɪʃən] **1** N (Agr) irrigación f, riego m. **2** CPD: ~ **channels** or **ditches** NPL acequias fpl.
irritable ['ɪrɪtəbl] ADJ (temperament) de (mal) carácter; (mood) de mal humor; **to get ~** irritarse, enfadarse.
irritant ['ɪrɪtənt] N (Med) agente m irritante; (fig) molestia f.
irritate ['ɪrɪteɪt] VT (annoy) fastidiar, molestar; (Med) irritar.
irritating ['ɪrɪteɪtɪŋ] ADJ (gen) fastidioso/a, molesto/a; (tedious) pesado/a.

irritation [ˌɪrɪ'teɪʃən] N (*act*) fastidio *m*, molestia *f*; (*state*) mal humor *m*; (*irritant*) estorbo *m*, molestia; (*Med*) picazón *f*, picor *m*.

irruption [ɪ'rʌpʃən] N irrupción *f*.

IRS N ABBR (*US*) *of* **Internal Revenue Service**.

is [ɪz] 3RD PERS SG *of* **be**.

Is. ABBR *of* **Isle(s)**; **Island(s)**.

ISBN N ABBR *of* **International Standard Book Number** ISBN *f*.

...ish [ɪʃ] SUF: **black~** negruzco/a; **small~** más bien pequeño/a; **at four~** a eso de las cuatro; **she must be forty~** tendrá alrededor de 40 años.

Islam ['ɪzlɑ:m] N Islam *m*.

Islamic [ɪz'læmɪk] ADJ islámico/a.

island ['aɪlənd] **1** N isla *f*; **desert ~** isla desierta. **2** CPD isleño/a.

islander ['aɪləndəʳ] N isleño/a *m/f*.

isle [aɪl] N (*poet*) isla *f*.

isn't ['ɪznt] = **is not**.

ISO N ABBR *of* **International Standards Organization** OIN *f*.

isobar ['aɪsəʊbɑ:ʳ] N isobara *f*.

isolate ['aɪsəʊleɪt] VT (*separate*) apartar (*from* de); (*cut off*) aislar (*from* de); (*Med*) aislar; (*pinpoint: cause etc*) señalar, destacar.

isolated ['aɪsəʊleɪtɪd] ADJ (*place etc*) apartado/a, aislado/a; **an ~ case** un caso único.

isolation [ˌaɪsəʊ'leɪʃən] **1** N aislamiento *m*; **we cannot discuss this in ~** no podemos discutir esto por separado; **she's being kept in ~** (*Med*) está en una sala de aislamiento. **2** CPD: **~ hospital** N hospital *m* de aislamiento; **~ ward** N pabellón *m* de aislamiento.

isometric [ˌaɪsəʊ'metrɪk] **1** ADJ isométrico/a; **~ exercises** ejercicios *mpl* isométricos. **2** NPL: **~s** isométrica *fsg*.

isotope ['aɪsəʊtəʊp] N isótopo *m*.

Israel ['ɪzreɪl] N Israel *m*.

Israeli [ɪz'reɪlɪ] ADJ, N israelí *mf*.

Israelite ['ɪzrɪəlaɪt] ADJ, N israelita *mf*.

iss. ABBR *of* **issue**.

issue ['ɪʃu:] **1** N **a** (*matter, question*) asunto *m*, cuestión *f*; **a political ~** una cuestión política; **she raised several new ~s** planteó varios problemas nuevos; **the real** or **main ~ is whether ...** lo fundamental es si ...; **to cloud** or **confuse** or **obscure the ~** confundir las cosas, entenebrecer el asunto; **to avoid the ~** andar con rodeos; **to face the ~** hacer frente a la cuestión; **to force the ~** forzar una decisión; **to make an ~ of sth** hacer hincapié en algo; **the point/matter at ~** el punto/la cuestión principal; **to take ~ with sb (over sth)** estar en desacuerdo con algn (sobre algo). **b** (*of stamps, banknotes etc*) emisión *f*; (*copy: of magazine etc*) número *m*, ejemplar *m*; **back ~** número atrasado. **c** (*frm: outcome*) resultado *m*; **to await the ~** esperar el resultado. **d** (*Jur: offspring*) descendencia *f*; **to die without ~** morir sin descendencia. **2** VT (*book*) editar; (*tickets etc*) emitir; (*stamps*) poner en circulación; (*order, statement, warning*) dar; (*decree*) promulgar; (*passport etc*) expedir; (*warrant, writ, summons*) extender; **to ~ sth to sb** or **sb with sth** entregar algo a algn; **~d capital** capital *m* emitido. **3** VI: **to ~ (from)** (*blood*) brotar (de); (*come out*) salir (de); (*derive*) derivar (de); **to ~ (in)** resultar (en).

Istanbul ['ɪstæn'bu:l] N Estambul *m*.

isthmus ['ɪsməs] N istmo *m*.

IT N ABBR **a** (*Comput*) *of* **information technology**. **b** (*Fin*) *of* **income tax**.

it [ɪt] PRON **a** (*specific: subj*) él *m*, ella *f*; (: *direct obj*) lo *m*, la *f*; (: *indirect obj*) le *mf*, lo *m*, la *f* (*LAm*); (*with prep*) él *m*, ella *f*; (*abstract*) ello *m*; (*reflexive*) se; **here's the book - give ~ to me** aquí está el libro - dámelo; **if you have the list, give ~ to him** si tienes la lista, dásela; **I'm against/I'm (all) for ~** (*fam*) estoy en contra/(muy) en pro; **in front of/behind ~** delante de/detrás de él; **above/over/on**

top of ~ por encima de/sobre/encima de él; **below** or **beneath** or **under ~** debajo de él. **b** (*indefinite*) **~'s raining** está lloviendo; **~'s Friday tomorrow** mañana es viernes; **~'s the 10th of October** es el diez de octubre; **~'s 6 o'clock** son las seis; **how far is ~?** ¿a qué distancia está?; **~'s 10 miles to London** son diez kilómetros de aquí a Londres; **I like ~ here, ~'s quiet** me gusta aquí, es tranquilo; **~ was kind of you** fue muy amable de su parte; **~'s no use worrying** no vale la pena inquietarse; **~'s easy to talk** hablar no cuesta nada; **who is ~?** ¿quién es?; **~'s me** soy yo; **~ was Peter who phoned** fue Pedro quien llamó; **what is ~?** ¿qué pasa?; **that's ~!** (*approval, agreement*) ¡eso es!, ¡de acuerdo!, ¡correcto!; (*disapproval*) ¡basta!, ¡allí nomás! (*LAm*); (*finishing*) ¡se acabó! **c** (*in games*) **you're ~!** a ti te toca. **d** (*fam: sexual attraction*) **she's got ~** tiene aquel (*fam*); **he hasn't quite got ~** (*talent*) queda algo corto; **she thinks she's just ~!** (*fam*) se cree la mar de elegante (*fam*).

ITA N ABBR (*Brit*) *of* **initial teaching alphabet** *alfabeto parcialmente fonético para enseñar lectura*.

Italian [ɪ'tælɪən] **1** ADJ italiano/a. **2** N italiano/a *m/f*; (*Ling*) italiano *m*.

italic [ɪ'tælɪk] **1** ADJ (*Typ*) en cursiva. **2** NPL: **~s** cursiva *fsg*; **in ~s** en cursiva.

Italy ['ɪtəlɪ] N Italia *f*.

ITC N ABBR (*Brit*) *of* **Independent Television Commission**.

itch [ɪtʃ] **1** N (*sensation*) picazón *f*, picor *m*, comezón *f*; **to have an ~ to do sth** (*fig*) rabiar por hacer algo. **2** VI picar; **my leg ~es** me pica la pierna; **to be ~ing to do sth** (*fig fam*) rabiar por hacer algo; **to be ~ing for sth** (*fig fam*) estar deseando algo.

itchy ['ɪtʃɪ] ADJ (*comp* **-ier**; *superl* **-iest**); **my head is ~** tengo picazón en la cabeza; **to have ~ feet** (*fig*) querer listo de manos.

it'd ['ɪtd] = **it would**; **it had**.

item ['aɪtəm] N (*in list, bill, catalogue*) artículo *m*; (*on agenda*) asunto *m*, punto *m*; (*in programme*) número *m*; (*in newspaper, TV, Rad*) noticia *f*; **they're something of an ~** (*fam*) son una pareja inseparable; **~s of clothing** prendas *fpl* de vestir.

itemize ['aɪtəmaɪz] VT detallar; **~d bill** (*of customer*) cuenta *f* detallada.

itinerant [ɪ'tɪnərənt] ADJ (*gen*) ambulante.

itinerary [aɪ'tɪnərərɪ] N (*route*) itinerario *m*; (*map*) ruta *f*.

it'll ['ɪtl] = **it will**; **it shall**.

ITN N ABBR (*Brit*) *of* **Independent Television News** *servicio de noticias en las cadenas privadas de televisión*.

ITO N ABBR *of* **International Trade Organization** OIC *f*.

its [ɪts] POSS ADJ su, sus.

it's [ɪts] = **it is**; **it has**.

itself [ɪt'self] PRON (*reflexive*) se, sí; (*emphatic*) mismo/a; **the door closed by ~** la puerta se cerró sola; **he is always politeness ~** siempre es la misma cortesía; **that was an achievement in ~** eso fue un triunfo de por sí.

ITU N ABBR *of* **International Telecommunications Union** UIT *f*.

ITV N ABBR *of* **Independent Television**.

IUD N ABBR *of* **intra-uterine device** DIU *m*.

I.V. N (*US*) gota a gota *m*.

i.v. ABBR *of* **invoice value**.

I've [aɪv] = **I have**.

IVF N ABBR *of* **in vitro fertilization** FIV *f*.

ivory ['aɪvərɪ] **1** N marfil *m*. **2** CPD de marfil; **I~ Coast** Costa *f* de Marfil; **~ tower** N (*fig*) torre *f* de marfil.

ivy ['aɪvɪ] **1** N (*Bot*) hiedra *f*, yedra *f*. **2** CPD: **the I~ League** N (*US*) *grupo de famosas universidades en el noreste de los EEUU*.

| IVY LEAGUE |

i En el noreste de los Estados Unidos, la **Ivy League** está formada por ocho universidades de gran prestigio, tanto académico como social. El término procede de la época en la que estas ocho universidades, **Harvard**, **Yale**, **Pennsylvania**, **Princeton**, **Columbia**, **Brown**, **Dartmouth** y **Cornell** *formaron una liga para impulsar las competiciones deportivas entre ellas y tiene su origen en la hiedra* **ivy** *que cubre los muros de las facultades y colegios universitarios. A los*

estudiantes de estas universidades se les denomina **Ivy Leaguers**.

Jj

J, j [dʒeɪ] N (*letter*) J, j *f*.
JA N ABBR *of* **judge advocate**.
J/A ABBR *of* **joint account**.
jab [dʒæb] **1** N (*poke*) pinchazo *m*; (*blow*) golpe *m*; (*Boxing*) golpe rápido *m*; (*Med fam*) inyección *f*.
2 VT: **to ~ sth into sth** clavar *or* hundir algo en algo; **to ~ a finger at sth** señalar algo con el dedo; **he ~bed a gun in my back** me puso un revólver en los riñones; **he ~bed me with his stick** me golpeó con la punta de su bastón.
3 VI: **to ~ at** (*person*) intentar golpear a; (*fire*) atizar.
jabber ['dʒæbər] **1** N (*of person: fast talk*) chapurreo *m*, farfulla *f*; (: *chatter*) cotorreo *m*; (*noise*) algarabía *f*; (*of monkeys*) chillidos *mpl*.
2 VT farfullar, barbullar.
3 VI (*see n*) farfullar; cotorrear; chillar; **they were ~ing away in Russian** charloteaban en ruso.
Jack [dʒæk] N: **I'm all right, ~!** ¡a mí nada!; **~ Frost** personificación del hielo; **before you can say ~ Robinson** en un decir Jesús.
jack [dʒæk] **1** N (*Aut, Tech*) gato *m*, gata *f* (*LAm*); (*Elec*) enchufe *m* hembra; (*Bowls*) boliche *m*; (*Cards*) sota *f*; **~s** (*game*) cantillos *mpl*.
2 CPD: **~ plug** N enchufe *m* de clavija.
◆ **jack in** VT + ADV (*fam*) dejar.
◆ **jack off** VI + ADV (*US fam!*) hacerse una paja (*fam!*).
◆ **jack up** VT + ADV (*Tech*) levantar con el gato.
jackal ['dʒækɔːl] N chacal *m*.
jackass ['dʒækæs] N (*lit*) asno *m*; (*fig*) burro *m*.
jackboot ['dʒækbuːt] N bota *f* de montar, bota militar; **under the ~ of the Nazis** bajo el azote de los nazis.
jackdaw ['dʒækdɔː] N grajo *m/f*, chova *f*.
jacket ['dʒækɪt] **1** N (*garment*) chaqueta *f*, americana *f*, saco *m* (*LAm*); (*of boiler etc*) camisa *f*, envoltura *f*; (*loose cover of book*) sobrecubierta *f*.
2 CPD: **~ potatoes** NPL patatas *fpl* asadas con su piel.
jackhammer ['dʒæk,hæmər] N (*esp US*) taladradora *f*, martillo *m* picador.
jack-in-the-box ['dʒækɪnðəbɒks] N caja *f* sorpresa, caja de resorte.
jack-knife ['dʒæknaɪf] **1** N (*pl* **-knives**) navaja *f*, chaveta *f* (*LAm*). **2** VI (*lorry*) colear.
jack-of-all-trades ['dʒækəvɔːltreɪdz] N factótum *m*.
jackpot ['dʒækpɒt] N premio *m* gordo; **to hit the ~** sacar *or* tocarle a algn el premio gordo; (*fig*) ser todo un éxito *or* un exitazo.
Jacobean [,dʒækə'biːən] ADJ de la época de Jacobo I (de Inglaterra).
Jacobite ['dʒækəbaɪt] ADJ, N jacobita *mf*.
Jacuzzi ® [dʒə'kuːzɪ] N jacuzzi *m* ®, baño *m* de burbujas.
jade [dʒeɪd] **1** N (*stone*) jade *m*. **2** ADJ (*statue, carving, necklace*) de jade. **3** CPD (*also* **~-green**) (color *inv*) verde jade.
jaded ['dʒeɪdɪd] ADJ hastiado/a, harto/a; **to feel ~** estar harto *or* hastiado.
jag¹ [dʒæg] N punta *f*, púa *f*.
jag² [dʒæg] N: **to go on a ~** (*fam*) ir de juerga.
JAG N ABBR *of* **Judge Advocate General**.
jagged ['dʒægɪd] ADJ dentado/a, mellado/a.
jaguar ['dʒægjʊər] N jaguar *m*, tigre *m* (*LAm*).
jail [dʒeɪl] **1** N cárcel *f*, chirona *f* (*Sp fam*), chirola *f* (*LAm fam*); **sentenced to 10 years in ~** condenado a 10 años de cárcel *or* prisión *or* presidio.
2 VT (*for crime*) encarcelar (*for* por); (*for length of time*) **to ~ sb for 2 months** condenar a algn a dos meses de cárcel.
jailbird ['dʒeɪlbɜːd] N presidiario *m or* preso *m* reincidente.
jailbreak ['dʒeɪlbreɪk] N fuga *f*, evasión *f*.

jailer ['dʒeɪlər] N carcelero *m*.
jalopy [dʒə'lɒpɪ] N (*fam*) cacharro *m*, armatoste *m*.
jam¹ [dʒæm] **1** N **a** (*food*) mermelada *f*; **you want ~ on it!** (*fig fam*) ¡y un jamón! **b** (*fam: luck*) **look at that for ~!** ¡qué chorra tiene el tío! (*fam*). **2** CPD (*tart*) de mermelada.
jam² [dʒæm] **1** N (*of people*) aglomeración *f*, agolpamiento *m*; (*traffic ~*) embotellamiento *m*; (*obstruction*) atasco *m*; (*fig fam*) **to be in/get into a ~** estar/meterse en un aprieto *or* en apuros; **to get sb out of a ~** sacar a algn del paso.
2 VT **a** (*block: mechanism, drawer etc*) atorar, atascar; (*Telec*) interferir.
b (*cram: passage, exit*) atestar, apiñar; (: *container*) llenar; **people ~med the exits** la gente se agolpaba en las salidas; **streets ~med with cars** calles atascadas; **we were all ~med together** estábamos apiñados *or* unos encima de otros; **to ~ sth into a box** meter algo a la fuerza en una caja; **to ~ one's brakes on** frenar en seco, dar un frenazo; **he ~med his hat on his head** se encasquetó el sombrero; **I ~med my finger in the door** me atrapé el dedo en la puerta.
3 VI **a** (*mechanism, drawer etc*) atascarse, atorarse (*LAm*); **the drawer had ~med (shut/open)** el cajón no se podía abrir/cerrar.
b (*Mus fam*) improvisar.
4 CPD: **~ session** N concierto improvisado de jazz, rock etc.
Jamaica [dʒə'meɪkə] N Jamaica *f*.
Jamaican [dʒə'meɪkən] ADJ, N jamaicano/a *m/f*, jamaiquino/a *m/f*.
jamb [dʒæm] N jamba *f*.
jamboree [,dʒæmbə'riː] N (*of Scouts*) congreso *m* de exploradores; (*fam*) francachela *f*, juerga *f*.
jam-full [dʒæm'fʊl] ADV de bote en bote.
jammy ['dʒæmɪ] ADJ (*comp* **-ier**; *superl* **-iest**) (*fam*) chorrero/a (*fam*).
jam-packed ['dʒæm'pækt] ADJ (*full: of people*) apretujado/a, apiñado/a; (: *of things*) atestado/a.
Jan. ABBR *of* **January** enero *m*, ene, en.º.
jangle ['dʒæŋgl] **1** N ruido *m* de chatarra; (*of bells etc*) cascabeleo *m*. **2** VT (*coins*) hacer sonar, entrechocar.
3 VI sonar de manera discordante.
janitor ['dʒænɪtər] N (*doorkeeper*) portero/a *m/f*; (*caretaker*) conserje *mf*.
January ['dʒænjʊərɪ] N enero *m*; *see* **July** *for usage*.
Jap [dʒæp] (*US fam!: offensive*) = **Japanese**.
Japan [dʒə'pæn] N el Japón.
Japanese [,dʒæpə'niːz] **1** ADJ japonés/esa. **2** N (*pl* **~**) japonés/esa *m/f*; (*Ling*) japonés *m*; **the ~** (*people*) los japoneses.
jape [dʒeɪp] N burla *f*.
jar¹ [dʒɑːr] N (*container*) tarro *m*, bote *m*; (*jug*) jarra *f*; (*large*) tinaja *f*; **to have a ~** (*fam*) tomar un trago.
jar² [dʒɑːr] **1** N (*jolt*) sacudida *f*, choque *m*; (*fig: shock*) conmoción *f*, sorpresa *f* desagradable; **it gave me a ~** me dejó de piedra.
2 VT (*shake*) sacudir, hacer vibrar; (*fig*) afectar, impresionar; **I've ~red my back** me he lastimado la espalda.
3 VI (*clash: sounds*) desentonar; (: *colours, opinions*) chocar (*with* con); **to ~ on sb's nerves/ears** ponerle los nervios de punta/lastimarle a algn el oído.
jargon ['dʒɑːgən] N jerga *f*.
jarring ['dʒɑːrɪŋ] ADJ (*sound*) discordante, desafinado/a; (*opinions*) discorde; (*colour*) chocante; **to strike a ~ note** (*fig*) desentonar.
Jas. ABBR *of* **James**.
jasmine ['dʒæzmɪn] N jazmín *m*.

jaundice ['dʒɔ:ndɪs] N ictericia f.

jaundiced ['dʒɔ:ndɪst] ADJ (Med) con ictericia, que tiene ictericia; (fig: embittered) amargado/a; (: attitude) resentido/a, rencoroso/a.

jaunt [dʒɔ:nt] N excursión f.

jaunty ['dʒɔ:ntɪ] ADJ (relaxed) desenvuelto/a; (cheerful) alegre.

Java ['dʒɑ:və] N Java f.

javelin ['dʒævlɪn] N jabalina f.

jaw [dʒɔ:] N (Anat: of person) mandíbula f; (: of animal) quijada f; **~s** (of animal) fauces fpl; (Tech: of vice) mordaza fsg; (of channel) boca fsg, embocadura fsg; **the ~s of death** (fig) las garras de la muerte.

jawbone ['dʒɔ:bəʊn] N (of person) mandíbula f; (of animal) quijada f.

jawbreaker ['dʒɔ:ˌbreɪkəʳ] N (US fam) trabalenguas m inv, palabra f kilométrica.

jay [dʒeɪ] N arrendajo m.

jaywalk ['dʒeɪwɔ:k] VI cruzar la calle descuidadamente.

jaywalker ['dʒeɪ,wɔ:kəʳ] N peatón/ona m/f imprudente.

jaywalking ['dʒeɪ,wɔ:kɪŋ] N imprudencia f al cruzar la calle.

jazz [dʒæz] **1** N (Mus) jazz m; **and all that ~** (fam) y otras cosas por el estilo.
2 CPD: **~ band** N orquesta f de jazz.
◆ **jazz up** VT + ADV **a** (Mus) sincopar. **b** (party etc) animar, avivar.

jazzy ['dʒæzɪ] ADJ (comp **-ier**; superl **-iest**) (Mus) sincopado/a; (dress etc) de colores llamativos.

JCB ® N excavadora f.

JCC N ABBR (US) of **Junior Chamber of Commerce**.

JCS N ABBR (US) of **Joint Chiefs of Staff**.

jct. (Rail) ABBR of **junction**.

JD N ABBR (US) **a** (Univ) of **Doctor of Laws**. **b** of **Justice Department** Ministerio m de Justicia.

jealous ['dʒeləs] ADJ (gen) celoso/a; (envious) envidioso/a; **to be ~ of sb/sth** tener celos de algn/algo; **to make sb ~** dar celos a algn.

jealousy ['dʒeləsɪ] N celos mpl.

jeans [dʒi:nz] NPL (pantalones mpl) vaqueros mpl, bluyín msg (esp LAm).

jeep ® [dʒi:p] N jeep ® m, yip m.

jeer [dʒɪəʳ] **1** N (from crowd) abucheo m; (from individual) grito m de sarcasmo or de protesta; (insult) insulto m.
2 VI burlarse (at de); (boo) abuchear (at a).
3 VT burlarse de; (boo) abuchear.

jeering ['dʒɪərɪŋ] **1** ADJ (crowd) insolente, ofensivo/a; (remark, laughter) burlón/ona, sarcástico/a.
2 N (protests) protestas fpl; (mockery) burlas fpl; (insults) insultos mpl; (booing) abucheo m.

Jeez [dʒi:z] INTERJ (fam) ¡Santo Dios!

Jehovah [dʒɪ'həʊvə] N Jehová m; **~'s Witnesses** Testigos mpl de Jehová.

jell [dʒel] VI (jelly) cuajar; (plan) tomar forma.

jello ['dʒeləʊ] N (US) = **jelly (a)**.

jelly ['dʒelɪ] **1 a** (dessert) jalea f, gelatina f.
b (esp US: jam) mermelada f; **my legs turned to ~** las piernas no me sostenían.
c (substance) gelatina f.
2 CPD: **~ baby** N caramelo m de goma (en forma de niño).

jellybean ['dʒelɪbi:n] N caramelo m de goma (en forma de judía).

jellyfish ['dʒelɪfɪʃ] N (pl ~ or ~es) medusa f, aguamala f (Mex), aguaviva f (CSur).

jemmy ['dʒemɪ] N (Brit) pie m de cabra, palanqueta f.

jeopardize ['dʒepədaɪz] VT arriesgar, poner en peligro; (compromise) comprometer.

jeopardy ['dʒepədɪ] N riesgo m, peligro m; **to be/put in ~** estar/poner en peligro.

jerk [dʒɜ:k] **1** N **a** (shake etc) sacudida f; (pull) tirón m, jalón m (LAm); **he sat up with a ~** se incorporó con un salto.
b (US fam) pelmazo m/f (fam), gilipollas m/f inv (fam!), pendejo m (LAm fam!), huevón/ona m/f (And, CSur fam!).
2 VT (pull) tirar or (LAm) jalar bruscamente de; **he ~ed it away from me** me lo quitó de un tirón or (LAm) jalón; **to**

~ o.s. free soltarse de un tirón or (LAm) jalón.
3 VI sacudirse, dar una sacudida; **to ~ along** moverse a sacudidas; **the bus ~ed to a halt** el bus paró a sacudidas.
◆ **jerk off** VI + ADV (fam!) hacerse una paja (fam!).
◆ **jerk out** VT + ADV (words) decir con voz entrecortada.

jerkin ['dʒɜ:kɪn] N chaleco m.

jerky ['dʒɜ:kɪ] ADJ (comp **-ier**; superl **-iest**) (in movement) que avanza a trompicones; (speech) vacilante.

jerry-built ['dʒerɪbɪlt] ADJ mal construido/a, hecho/a con malos materiales.

jerry can ['dʒerɪkæn] N bidón m.

Jersey ['dʒɜ:zɪ] N (Isla f de) Jersey m.

jersey ['dʒɜ:zɪ] N (garment) jersey m, suéter m; (fabric) tejido m de punto.

Jerusalem [dʒə'ru:sələm] **1** N Jerusalén f. **2** CPD: **~ artichoke** N aguaturma f, pataca f, tupinambo m.

jest [dʒest] **1** N chanza f, broma f; **in ~** en broma, de guasa (LAm). **2** VI bromear, tomar a la ligera.

jester ['dʒestəʳ] N bufón m.

Jesuit ['dʒezjʊɪt] ADJ, N jesuita m.

Jesus ['dʒi:zəs] N Jesús m; **~ Christ** Jesucristo m; **~ Christ!** (fam) ¡Santo Dios!

jet¹ [dʒet] **1** N (stone) azabache m. **2** ADJ: **~ black** negro como el azabache.

jet² [dʒet] **1** N **a** (of liquid, steam) chorro m; (of flame) llamarada f; (nozzle: of gas burner) mechero m.
b (Aer: plane) avión m a reacción, reactor m.
2 CPD (aircraft, fighter, plane) a reacción, a chorro; **~ engine** N (of plane) motor m a reacción, reactor m; **~ propulsion** N propulsión f por reacción or a chorro; **the ~ set** N la jet set, la alta sociedad; **~ ski** N moto f acuática; **~ stream** N corriente f en chorro.
◆ **jet off** VI + ADV (fam) salir de viaje (en avión).

jetlag ['dʒet,læg] **1** N jet-lag m, desfase debido a un largo viaje en avión. **2** VT: **to be ~ged** tener jet-lag, estar desfasado/a por el viaje (en avión).

jet-propelled ['dʒetprə'peld] ADJ a reacción, a chorro.

jettison ['dʒetɪsn] VT (Naut etc) echar al mar, echar por la borda; (fig) deshacerse de.

jetty ['dʒetɪ] N (breakwater) malecón m; (pier) muelle m, embarcadero m.

Jew [dʒu:] N judío/a m/f.

jewel ['dʒu:əl] N (stone) piedra f preciosa; (ornament) joya f, alhaja f; (of watch) rubí m; (fig: person, thing) joya.

jewelled, (US) **jeweled** ['dʒu:əld] ADJ adornado/a con piedras preciosas.

jeweller, (US) **jeweler** ['dʒu:ələʳ] N joyero/a m/f; **~'s (shop)** joyería f.

jewellery, (US) **jewelry** ['dʒu:əlrɪ] N joyas fpl, alhajas fpl; **a piece of ~** una joya.

Jewish ['dʒu:ɪʃ] ADJ judío/a.

jew's-harp ['dʒu:z'hɑ:p] N birimbao m.

JFK N ABBR (US) of **John Fitzgerald Kennedy International Airport**.

jib¹ [dʒɪb] N (Naut) foque m; (of crane) aguilón m, brazo m.

jib² [dʒɪb] N (horse) plantarse; (person) rehusar, negarse; **to ~ at (doing) sth** resistirse a (hacer) algo; **he ~bed at it** se negó a aprobarlo.

jibe [dʒaɪb] N = **gibe**.

jiffy ['dʒɪfɪ] N (fam) momento m, segundo m; **in a ~** en un santiamén, en un segundito (LAm); **to do sth in a ~** hacer algo en un decir Jesús; **wait a ~** espera un momentito, ahorita voy (Mex).

jig [dʒɪg] **1** N (dance, tune) giga f; (Mech) plantilla f; (Min) criba f. **2** VI (dance) bailar (la giga); **to ~ along, to ~ up and down** vibrarse; (person) moverse a saltitos.

jigger ['dʒɪgəʳ] N (US) medida f (de whisky etc); (thingummy) chisme m.

jiggered ['dʒɪgəd] ADJ: **well I'm ~!** (Brit fam) ¡caramba!; **I'm ~ if I will** me cuelguen si lo hago.

jiggery-pokery ['dʒɪgərɪ'pəʊkərɪ] N (Brit fam) trampas fpl, embustes mpl; **there's some ~ going on** hay trampa.

jigsaw ['dʒɪgsɔ:] N **a** (also **~ puzzle**) rompecabezas m inv.
b (tool) sierra f de vaivén.

jilt [dʒɪlt] VT (one's fiancé(e)) dejar plantado/a a.

jimmy ['dʒɪmɪ] N **a** (US) = **jemmy**. **b** (fam) **to have a J~**

(Riddle) mear (fam).

jingle ['dʒɪŋgl] **1** N (gen) tintineo m, retintín m; (advertising ~) cancioncilla f, musiquilla f (de anuncio); (Radio) jingle m.
2 VT (coins etc) hacer sonar.
3 VI (bells etc) tintinear.

jingoism ['dʒɪŋgəʊɪzəm] N (pej) patriotería f, jingoísmo m.

jingoistic [,dʒɪŋgəʊ'ɪstɪk] ADJ patriotero/a, jingoista.

jinks [dʒɪŋks] NPL: **high ~** jolgorio msg: **we had high ~ last night** anoche nos lo pasamos pipa.

jinx [dʒɪŋks] N (person) cenizo/a m/f, gafe mf; (spell) maleficio m; **there's a ~ on it** está gafado, tiene la negra; **to put a ~ on sth** echar mal de ojo a algo.

jitters ['dʒɪtəz] (fam) NPL: **the ~** el canguelo; **to get the ~** ponerse nervioso; **to give sb the ~** poner nervioso or causarle miedo a algn.

jittery ['dʒɪtərɪ] ADJ (fam) muy inquieto/a, nervioso/a.

jiujitsu [dʒuː'dʒɪtsuː] N = **jujitsu**.

jive [dʒaɪv] **1** N **a** (music, dancing) swing m.
b (US fam: big talk) alardes mpl, jactancias fpl; (nonsense) chorradas fpl (fam); (: of Blacks etc: also ~ **talk**) jerga f; **don't give me all that ~** deja de decir chorradas (fam).
2 VI **a** (dance) bailar el swing.
b (fam: be kidding) bromear.

Jly ABBR of **July** jul.

Jnr ABBR (US) of **junior**.

Job [dʒəʊb] N: **~'s comforter** el que, bajo pretexto de animar a otro, le desconsuela todavía más.

job [dʒɒb] **1** N **a** (employment) trabajo m, puesto m; (: white collar) empleo m, plaza f; **to be in a ~** tener trabajo; **to get a ~ as a clerk** conseguir un empleo de oficinista; **to lose one's ~** perder el empleo; **to look for a ~** buscar trabajo; **he's out of a ~** está en el paro, está sin trabajo; **~s for the boys** (pej fam) amiguismo m, enchufes mpl (fam); **a part-time/full-time ~** un trabajo de medio tiempo/tiempo completo.
b (piece of work: gen, Comput) trabajo m; (task) tarea f; **it was a big ~** dio mucho trabajo; **it's a hard ~** es muy difícil, es muy duro; **the ~ in hand** el trabajo que tenemos entre manos; **on the ~** en horas de trabajo; **I have a ~ for you** tengo un trabajo para ti; **that's not my ~** eso no me incumbe a mí, eso no me toca a mí; **to know one's ~** ser perito en el oficio; **he's only doing his ~** está cumpliendo nada más; **to make a good/bad ~ of sth** hacer algo bien/mal; **he's done a good ~ of work** ha hecho un buen trabajo; **I had the ~ of telling him** a mí me tocó decírselo; see **odd (d)**.
c that **car is a nice little ~** ese coche es una maravilla de la técnica; **it's just the ~!** ¡estupendo! (fam); **that's just the ~!** ¡me etc viene al pelo!; **this machine is just the ~** esta máquina nos viene perfecto; **to make the best of a bad ~** poner a mal tiempo buena cara; **to give sth up as a bad ~** darse por vencido; **it's a good ~ that ...** menos mal que ...; **a good ~ too!** ¡menos mal!; **we had quite a ~ getting here** or **to get here** ¡vaya que nos costó trabajo llegar!; **he was caught doing a bank ~** (fam) lo cogieron (Sp) or (LAm) agarraron asaltando un banco; **she had a nose ~** (fam) tuvo cirugía estética para mejorar la nariz.
2 CPD: **~ club** N grupo m de asesoramiento para desempleados; **~ creation scheme** N plan m de creación de puestos de trabajo; **~ description** N descripción f del trabajo; **~ hunting** N búsqueda f de trabajo; **500 ~ losses** pérdida f de 500 puestos de trabajo; **~ lot** N lote m, saldo m; **~ queue** N (Comput) cola f de trabajos; (persons) cola de los que buscan trabajo; **~ satisfaction** N satisfacción f en el trabajo; **~ security** N seguridad f en el trabajo, garantía f de trabajo; **~ seeker** N demandante mf de empleo; **~ seeker's allowance** N prestación f por desempleo; **~ share, ~ sharing** N (scheme) plan m para compartir empleos; **~ specification** N especificación f del trabajo.

jobber ['dʒɒbər] N (Stock Exchange) corredor(a) m/f de Bolsa.

jobbing ['dʒɒbɪŋ] ADJ (gardener, carpenter etc) que trabaja a destajo, destajero/a; **~ printer** impresor m de circulares, folletos etc.

Jobcentre ['dʒɒbsentər] N (Brit) oficina f estatal de colocaciones.

jobless ['dʒɒblɪs] **1** ADJ sin trabajo, parado/a, cesante (esp LAm). **2** NPL: **the ~** los parados mpl, los cesantes mpl (esp LAm). **3** CPD: **the ~ figures** las cifras de personas sin trabajo.

Jock [dʒɒk] NM (fam) el escocés típico; **the ~s** los escoceses.

jockey ['dʒɒkɪ] **1** N jockey m. **2** VT: **to ~ sb into doing sth** convencer a algn a hacer algo; **to ~ sb out of sth** quitar algo a algn con artimañas. **3** VI: **to ~ for position** (fig) maniobrar para conseguir una posición.

jockstrap ['dʒɒkstræp] N suspensorio m.

jocular ['dʒɒkjʊlər] ADJ (person) gracioso/a; (merry) alegre; (manner) bromista, chistoso/a; (remark, reply) jocoso/a, divertido/a.

jodhpurs ['dʒɒdpɜːz] NPL pantalones mpl de montar.

Joe [dʒəʊ] N **a** (fam) N: **the average ~** el hombre de la calle; **~ Bloggs, ~ Public** (Brit) ciudadano de a pie británico; **~ Soap** fulano m.

jog [dʒɒg] **1** N **a** (push etc) empujoncito m; (with elbow) codazo m; (fig) **to give sb's memory a ~** refrescar la memoria de algn.
b (pace: also ~ **trot**) trote m corto; (run) carrera f a trote corto; **to go for a ~** ir a hacer footing or jogging.
2 VT (push etc) empujar (ligeramente); (memory) refrescar; **to ~ sb into action** (fig) motivar a algn.
3 VI (person, animal) andar a trote corto, avanzar despacio; (Sport) hacer footing or jogging.
◆jog along VI + ADV (vehicle) avanzar despacio, ir sin prisa; (fig) **we're ~ging along** vamos tirando; **the work is ~ging along nicely** el trabajo va progresando lentamente.

jogger ['dʒɒgər] N corredor(a) m/f.

jogging ['dʒɒgɪŋ] **1** N footing m, jogging m. **2** CPD: **~ shoes** NPL zapatillas fpl de jogging; **~ suit** N chandal m.

joggle ['dʒɒgl] VT (fam) menear, agitar.

John [dʒɒn] N: **~ Doe** (US) fulano m.

john [dʒɒn] N (US fam) retrete m, baño m (LAm).

joie de vivre ['ʒwɑːdə'viːvr] N goce m del vivir.

join [dʒɔɪn] **1** N (Tech etc: in wood, crockery etc) juntura f; (Sew) costura f.
2 VT **a** (fasten: also ~ **together**) (re)unir, juntar; **to ~ A and B, to ~ A to B** unir A y B, juntar A con B; **to ~ hands** cogerse (Sp) or (LAm) tomarse de la mano; **to ~ battle** trabar batalla; **to ~ forces** (lit) aliarse; (fig) juntarse; (associate) asociarse.
b (queue) meterse en; (procession) unirse a; (religious order) entrar en; (club) hacerse socio de; (firm, university) ingresar or entrar en; (Pol: party) afiliarse a, hacerse miembro de; (army, navy) alistarse en; (one's ship) volver a; (regiment) incorporarse a.
c (person) reunirse con; (leader etc) unirse a; **may I ~ you?** ¿puedo acompañarles?, ¿se permite?; **will you ~ us?** ¿nos acompañas?; **will you ~ us for dinner?** ¿nos acompañas a cenar?; **will you ~ me in a drink?** ¿me acompaña en una copa?; **they ~ed us in protesting** (se) hicieron eco de nuestras protestas.
d (river) desembocar en; (road) empalmar or hacer empalme con; **we ~ed the motorway at the Swindon junction** entramos en la autopista por el cruce de Swindon.
3 VI **a** (also ~ **together**: parts) unirse, juntarse; (lines, roads) empalmar; (rivers) confluir.
b **to ~ with sb in sth** acompañar a algn en algo; **we ~ with you in hoping that ...** compartimos su esperanza de que ....
c (members of club) hacerse socio.
◆join in 1 VI + PREP (game, protest) tomar parte or participar en; (discussion) intervenir en; **they all ~ed in the game** se unieron todos al juego.
2 VI + ADV tomar parte, participar; **he doesn't ~ in much** apenas participa.
◆join on 1 VT + ADV unir.
2 VI + ADV (queue) ponerse al final de; (part) unirse, juntarse.

◆ **join up** [1] VI + ADV (*Mil*) alistarse. [2] VT + ADV (*wires etc*) unir, juntar.

joiner ['dʒɔɪnər] N (*carpenter*) carpintero/a *m/f*, ensamblador(a) *m/f*.

joinery ['dʒɔɪnərɪ] N carpintería *f*.

joint [dʒɔɪnt] [1] ADJ (*work, declaration, consultation*) conjunto/a; (*combined*) combinado/a; (*agreement*) mutuo/a; (*decision*) de común acuerdo; (*responsibility*) compartido/a; (*committee*) mixto/a; **~ account** cuenta *f* común; **~ interest** (*Comm*) coparticipación *f*; **~ liability** (*Comm*) responsabilidad *f* solidaria; **~ owners** copropietarios *mpl*; **~ ownership** copropiedad *f*, propiedad *f* común; **~ partner** copartícipe *mf*; **~ stock bank** banco *m* por acciones; **~ stock company** sociedad *f* anónima; **~ venture** empresa *f* or sociedad *f* conjunta. [2] N [a] (*Tech: place*) juntura *f*, unión *f*. [b] (*of meat*) cuarto *m*. [c] (*Anat*) articulación *f*, coyuntura *f*; **out of ~** descoyuntado/a, dislocado/a; **to put sb's nose out of ~** (*fig fam*) bajarle los humos a algn. [d] (*fam: place*) garito *m*, tasca *f*. [e] (*fam: cigarette containing cannabis*) porro *m*, canuto *m*. [3] VT (*Culin*) despiezar, cortar en trozos.

jointly ['dʒɔɪntlɪ] ADV en común, conjuntamente.

joist [dʒɔɪst] N viga *f*, vigueta *f*.

▼**joke** [dʒəʊk] [1] N (*verbal*) chiste *m*; (*practical*) broma *f* pesada; (*hoax*) broma; **to tell/make a ~** contar/hacer un chiste (*about sth* sobre algo); **for a ~** en broma; **what a ~!** ¡qué gracia!; **he's a standing ~** es un pobre hombre; **it's no ~** no tiene ninguna gracia; **the ~ is that …** lo gracioso or chistoso es que …; **the ~ is on you** la broma la pagas tú; **it's (gone) beyond a ~** esto no tiene nada de chistoso, ¡te pasaste!; **is that your idea of a ~?** ¿es que eso tiene gracia?; **to play a ~ on sb** gastar una broma a algn; **I don't see the ~** (*verbal or practical*) no le veo la gracia; **he can't take a ~** no le gusta que le tomen el pelo; **one can have a ~ with her** tiene mucho sentido del humor; **to treat** or **take sth as a ~** tomar algo a broma. [2] VI (*make ~s*) contar or hacer chistes; (*be frivolous*) bromear; **to ~ about sth/sb** contar chistes sobre algo/algn; **I was only joking** no lo dije en broma, no iba en serio; **I'm not joking** hablo en serio; **you're joking!, you must be joking!** ¡no lo dices en serio!, ¡no faltaba más!

joker ['dʒəʊkər] N [a] (*wit*) chistoso/a *m/f*, guasón/ona *m/f*; (*practical ~*) bromista *mf*; (*fam*) payaso/a *m/f*. [b] (*Cards*) comodín *m*; **he's the ~ in the pack** (*fig*) es el elemento desconocido.

joking ['dʒəʊkɪŋ] [1] ADJ (*tone etc*) burlón/ona; (*reference etc*) humorístico/a; **I'm not in a ~ mood** no estoy para bromas. [2] N (*jokes*) bromas *fpl*; (*verbal*) chistes *mpl*, cuentos *mpl* (*LAm*); **~ apart …** fuera bromas ….

jokingly ['dʒəʊkɪŋlɪ] ADV (*laughingly*) en broma; (*mockingly*) en son de burla.

jolly ['dʒɒlɪ] [1] ADJ (*comp* **-ier**; *superl* **-iest**) (*person*) alegre; (*amusing*) divertido/a; (*laugh*) gracioso/a; **it wasn't very ~ for the rest of us** los demás no nos divertimos nada. [2] ADV (*Brit fam*) muy, la mar de, bastante (*LAm*); **we were ~ glad** nos alegramos muchísimo; **you've ~ well got to** no tienes otro remedio, no te queda otra (*LAm*); **~ good!** ¡estupendo!, ¡macanudo! (*Per, CSur*). [3] VT: **to ~ sb along** darle ánimos or animar a algn.

jolt [dʒəʊlt] [1] N (*jerk*) sacudida *f*; (*sudden bump*) choque *m*; (*fig*) susto *m*; **it gave me a bit of a ~** me dio un buen susto. [2] VT (*subj: vehicle*) sacudir; (*person*) empujar (ligeramente), sacudir; (*fig*) afectar mucho, sacudir; **to ~ sb into (doing) sth** mover a algn a hacer algo. [3] VI (*vehicle*) traquetear, dar tumbos.

Jordan ['dʒɔːdn] N (*country*) Jordania *f*; (*river*) Jordán *m*.

Jordanian [dʒɔː'deɪnɪən] ADJ jordano/a.

josh [dʒɒʃ] VT (*US fam*) tomar el pelo a.

joss stick ['dʒɒsstɪk] N pebete *m*.

jostle ['dʒɒsl] [1] VT empujar. [2] VI empujar, dar empujones; **to ~ against sb** dar empellones a algn; **to ~**

————————————————————————————————————

for a place abrirse paso a empujones.

jot [dʒɒt] [1] N jota *f*, pizca *f*; **there's not a ~ of truth in it** no tiene ni pizca de verdad. [2] VT: **to ~ down** apuntar, anotar.

jotter ['dʒɒtər] N (*notebook, pad*) bloc *m* de notas, libreta *f*.

jottings ['dʒɒtɪŋz] NPL apuntes *mpl*, anotaciones *fpl*.

journal ['dʒɜːnl] N (*diary*) diario *m*; (*periodical*) periódico *m*; (*magazine*) revista *f*.

journalese ['dʒɜːnə'liːz] N (*pej*) lenguaje *m* periodístico.

journalism ['dʒɜːnəlɪzəm] N periodismo *m*.

journalist ['dʒɜːnəlɪst] N periodista *mf*, reportero/a *m/f* (*LAm*).

journey ['dʒɜːnɪ] [1] N (*trip*) viaje *m*; (*distance*) trayecto *m*, tramo *m* (*LAm*); **to go/send sb on a ~** ir/enviar a algn de viaje; **to break one's ~** hacer una parada; **to reach one's ~'s end** llegar al final de su viaje, llegar a su destino; **the outward/return ~** el viaje de ida/de vuelta; **pleasant ~!** ¡buen viaje! [2] VI viajar.

Jove [dʒəʊv] N: **by ~!** ¡caramba!, ¡por Dios!

jovial ['dʒəʊvɪəl] ADJ (*person*) risueño/a; (*laugh*) gracioso/a; (*mood*) alegre, festivo/a.

jowl [dʒaʊl] N (*gen pl: jaw*) quijada *f*; (: *cheek*) papada *f*; **a man with heavy ~s** un hombre de papada.

joy [dʒɔɪ] N (*happiness*) alegría *f*; (*delight*) júbilo *m*, regocijo *m*; (*source of delight*) deleite *m*, alegría; **did you have any ~ in finding it?** ¿tuviste éxito en encontrarlo?; **to our great ~ …** para nuestra gran alegría …; **to jump for ~** saltar de alegría; **I wish you ~ of it!** (*iro*) ¡que lo disfrutes!, ¡enhorabuena!; **the ~s of camping** (*lit, hum*) los placeres del camping; **it's a ~ to hear him** es un or da gusto oírlo; **no ~!** (*fam*) ¡sin resultado!, ¡sin éxito!

joyful ['dʒɔɪfʊl] ADJ (*gen*) feliz; (*event, occasion*) festivo/a; **to be ~ about** alegrarse de.

joyous ['dʒɔɪəs] ADJ (*poet*) = **joyful**.

joyride ['dʒɔɪraɪd] (*fam*) N (*irresponsible action*) escapada *f*; (*in stolen car*) paseo *m* en coche robado; **to go for a ~** darse una vuelta en un coche robado.

joyrider ['dʒɔɪraɪdər] N *persona que se da una vuelta en un coche robado*.

joyriding ['dʒɔɪraɪdɪŋ] N darse una vuelta en un coche robado.

joystick ['dʒɔɪstɪk] N (*Aer*) palanca *f* de mando; (*Comput*) palanca de control.

JP N ABBR of **Justice of the Peace**.

Jr. ABBR of **junior**.

JSA N ABBR (*Brit*) of **job seeker's allowance** prestación *f* por desempleo.

JTPA N ABBR (*US*) of **Job Training Partnership Act** *programa gubernamental de formación profesional*.

jubilant ['dʒuːbɪlənt] ADJ (*crowd*) jubiloso/a, exultante; (*cry, shout*) de júbilo, alborozado/a.

jubilee ['dʒuːbɪliː] N (*celebration*) jubileo *m*; (*anniversary*) aniversario *m*; **silver ~** vigésimo quinto aniversario.

judge [dʒʌdʒ] [1] N (*Jur*) juez *mf*; (*of contest*) juez, árbitro/a *m/f*; (*knowledgeable person*) conocedor(a) *m/f*, entendido/a *m/f*; **a good/bad ~ of sth** conocedor/poco conocedor de algo; **I'm no ~ of wines/character** no entiendo de vinos/de sicología; **I'll be the ~ of that** yo decidiré aquello, lo juzgaré yo mismo. [2] VT (*Jur, contest*) juzgar; (*Sport*) arbitrar, hacer de árbitro; (*matter, question*) decidir, resolver; (*estimate: weight, size etc*) calcular; (*consider*) juzgar, considerar; **to ~ sth right/wrong** calcular algo bien/mal; (*situation*) acertar/errar en el juicio de algo; **he ~d the moment well** escogió el momento oportuno, atinó; **I ~d it to be right** lo consideré acertado, me pareció correcto. [3] VI (*act as judge*) juzgar, ser juez; **judging from** or **to ~ by his expression** a juzgar por su expresión; **to ~ for o.s.** juzgar por sí mismo; **as far as I can ~** por lo que puedo entender, a mi entender. [4] CPD: **~ advocate** N (*Mil*) auditor *m* de guerra.

judg(e)ment ['dʒʌdʒmənt] [1] N [a] (*Jur: decision*) sentencia *f*, fallo *m*; (*act*) juicio *m*; **it's a ~ on you** es un castigo; **to pass ~ (on sb/sth)** (*Jur*) pronunciar or dictar sentencia (sobre algn/en algo); (*fig*) emitir un juicio

➤ SENTENCE BUILDER: **joke → 4.1**

crítico *or* dictaminar (sobre algn/algo); **Last J~** Juicio Final.

[b] (*opinion*) opinión *f*, parecer *m*; (*understanding*) juicio *m*, criterio *m*; **in my ~** a mi criterio; **to the best of my ~** según mi leal saber y entender; **against my better ~** a pesar mío; **his ~ is sound** tiene buen criterio; **she showed excellent ~ in choosing the colour scheme** demostró tener buen gusto al escoger la combinación de colores.

[2] CPD: **J~ Day** N Día *m* del Juicio (Final).

judg(e)mental [dʒʌdʒ'mentl] ADJ crítico/a.

judicial [dʒuː'dɪʃəl] ADJ [a] (*enquiry, decision, proceedings*) judicial; (*separation*) legal. [b] (*mind, faculty*) crítico/a.

judiciary [dʒuː'dɪʃərɪ] N (*judges*) magistratura *f*; (*court system*) poder *m* judicial.

judicious [dʒuː'dɪʃəs] ADJ (*wise, sensible*) prudente, sensato/a; (: *also person*) juicioso/a.

judo ['dʒuːdəʊ] N judo *m*.

jug [dʒʌg] [1] N [a] (*container*) jarro *m*, jarra *f*.
[b] (*fam: prison*) chirona *f*, chirola *f* (*LAm*).
[c] **~s** (*US fam*) tetas *fpl* (*fam*).
[2] VT: **~ged hare** liebre *f* borracha.

juggernaut ['dʒʌgənɔːt] N (*lorry*) camión *m* grande de carga pesada.

juggle ['dʒʌgl] [1] VI hacer juegos *mpl* malabares; (*fig*) darle vueltas (*with* a). [2] VT (*fig, pej*) falsear, falsificar.

juggler ['dʒʌglə^r] N malabarista *mf*.

Jugoslavia *etc* ['juːgəʊ'slɑːvɪə] = **Yugoslavia** *etc*.

jugular ['dʒʌgjʊlə^r] ADJ: **~ vein** vena *f* yugular.

juice [dʒuːs] N (*fruit ~*) jugo *m*, zumo *m* (*Sp*); (*of meat*) jugo; (*fam: petrol*) gasolina *f*; (: *electricity*) corriente *f*; (*Anat*) **digestive ~s** jugos digestivos.

juicy ['dʒuːsɪ] ADJ (*comp* **-ier**; *superl* **-iest**) (*fruit, meat*) jugoso/a; (*fig: story*) verde, picante.

jujitsu [dʒuː'dʒɪtsuː] N jiu-jitsu *m*.

jukebox ['dʒuːkbɒks] N máquina *f* tocadiscos, rocanola *f* (*LAm*).

Jul. ABBR *of* **July** jul.

July [dʒuː'laɪ] N julio *m*; **in ~** en julio; **in ~ of next year** en julio del año que viene; **at the beginning/end of ~** a principios/finales de julio; **in the middle of ~** a mediados de julio; **during ~** durante el mes de julio; **there are 31 days in ~** julio tiene treinta y un días; **(on) the first/eleventh of ~** el primero/once de julio; **during** *or* **in the month of ~** en el mes de julio; **each** *or* **every ~** todos los meses de julio; **~ was wet this year** este año llovió mucho en julio.

jumble ['dʒʌmbl] [1] N revoltijo *m*, revoltillo *m*; (*fig*) confusión *f*, embrollo *m*.
[2] VT (*also* **~ together**, **~ up**) mezclar, amontonar; **papers ~d up together** papeles revueltos.
[3] CPD: **~ sale** N (*Brit*) venta *f* de objetos usados (con fines benéficos).

┌─── **JUMBLE SALE/RUMMAGE SALE** ───┐

i *Se conoce como* **jumble sale** *en el Reino Unido o como* **rummage sale** *en Estados Unidos al mercadillo que se organiza con fines benéficos en los locales de un colegio, iglesia, ayuntamiento u otro centro público. En él se venden artículos baratos de segunda mano como por ejemplo libros, juguetes, joyas o ropa y también se suelen colocar puestos de té o café.*

jumbo ['dʒʌmbəʊ] [1] N elefante *m/f*. [2] ADJ (*fam: also* **~ sized**) de tamaño extra; **~ jet** jumbo(jet) *m*.

jump [dʒʌmp] [1] N (*leap, also fig*) salto *m*, brinco *m*; (*fence*) obstáculo *m*; (*from parachute*) salto *m*; (*Sport*) salto de altura/longitud; **a 3m ~** un salto de tres metros; **in** *or* **at one ~** de un salto; **my heart gave a ~** me dio un vuelco el corazón; **to be one ~ ahead** (*fig*) llevar la ventaja; **a big ~ in prices** un alza inesperada de precios; **to have the ~ on sb** (*fam*) llevar ventaja a algn.
[2] VT (*subj: person, horse*) saltar, brincar; (*also* **~ over**) salvar; (*horse*) hacer saltar; **to ~ the rails/the points** (*train*) descarrilar, salirse de las vías/las agujas; **to ~ a groove** (*stylus*) saltarse un surco; **to ~ bail** (*Jur*) fugarse

estando bajo fianza; **to ~ the gun** (*fig fam*) precipitarse; **to ~ the lights** (*Aut fam*) saltarse un semáforo; **to ~ the queue** colarse; **to ~ ship** desertar (de un buque); **to ~ sb** (*fam*) asaltar *or* atacar a algn; **to ~ a train** subirse sin billete al tren.
[3] VI (*leap: also Sport*) saltar, brincar, dar brincos; (*Aer*) lanzarse, tirarse; (*nervously*) sobresaltarse, asustarse; (*fig: rise: prices*) aumentar, subir; **to ~ for joy** saltar de alegría; **to ~ from** (*high place*) lanzarse desde; **to ~ in/out** entrar/salir de un salto; **he ~ed into a taxi** subió de prisa a un taxi; **to ~ off/on(to) sth** bajar de/subir a algo con un salto; **we ~ed on(to) the train** subimos de prisa al tren; **I almost ~ed out of my skin!** (*fig fam*) ¡qué susto me llevé!; **to ~ over sth** saltar (por encima de) *or* salvar algo; **he ~ed to his feet** se puso de pie de un salto; **~ to it!** (*fig fam*) ¡venga, muévete!, ¡rápido!; **to ~ to conclusions** (*fig fam*) sacar conclusiones precipitadas, juzgar a la ligera; **you made me ~!** ¡qué susto me diste!
[4] CPD: **~ jet** N avión *m* (a chorro) de despegue vertical; **~ leads** NPL (*Brit Aut*) cables *mpl* puente de batería, cables de emergencia; **~ rope** N (*US*) comba *f*, cuerda *f* de saltar; **~ seat** N asiento *m* plegable.

◆**jump about** VI + ADV dar saltos, brincar; **the story ~s about a bit** (*fig*) la historia da muchos saltos.

◆**jump across** VI + PREP: **to ~ across a stream** cruzar un arroyo de un salto, saltar por encima de un arroyo.

◆**jump at** VI + PREP (*fig*) apresurarse a aprovechar; **to ~ at an offer** aceptar una oferta con entusiasmo.

◆**jump down** [1] VI + ADV bajar de un salto, saltar a tierra.
[2] VI + PREP: **to ~ down sb's throat** (*fig fam*) ponerle verde a algn (*fam*).

◆**jump on** VI + PREP: **to ~ on sb** (*fam*) poner verde a algn (*fam*).

◆**jump up** VI + ADV levantarse de un salto; **~ up!** ¡levántate!, ¡de pie!; **to ~ up and down** dar saltos, brincar.

jumped-up ['dʒʌmpt'ʌp] ADJ (*pej*) presumido/a.

jumper ['dʒʌmpə^r] [1] N (*Sport*) saltador(a) *m/f*; (*Brit: sweater*) jersey *m*, suéter *m*; (*US: pinafore dress*) falda *f* tipo mono. [2] CPD: **~ cables** NPL (*US*) = **jump leads**; *see* **jump 4.**

jump-start ['dʒʌmpstɑːt] [1] N arranque *m* en segunda. [2] VT arrancar en segunda.

jumpsuit ['dʒʌmpsuːt] N (*US*) mono *m*.

jumpy ['dʒʌmpɪ] ADJ (*comp* **-ier**; *superl* **-iest**) nervioso/a; (*scary*) asustadizo/a.

Jun. ABBR *of* **June** jun.

junction ['dʒʌŋkʃən] [1] N (*of roads*) cruce *m*, crucero *m* (*LAm*); (*also Rail*) empalme *m*. [2] CPD: **~ box** N (*Elec*) caja *f* de empalmes.

juncture ['dʒʌŋktʃə^r] N (*fig: point*) coyuntura *f*; **at this ~** en este momento, a estas alturas.

June [dʒuːn] N junio *m*; *see* **July** *for usage*.

jungle ['dʒʌŋgl] [1] N selva *f*, jungla *f*; **the law of the ~** (*fig*) la ley de la selva. [2] CPD de la selva, salvaje.

junior ['dʒuːnɪə^r] [1] ADJ (*in age*) menor; (*on staff*) de menor antigüedad; (*position, rank*) subalterno/a; (*section: in competition etc*) juvenil; (*employee, executive*) más joven; (*partner*) segundo/a; **10 years his ~** diez años menor que él; **Roy Smith, J~** Roy Smith, hijo; **~ high school** (*US*) ≈ Instituto *m* de Enseñanza Media; **~ minister** (*Pol*) ministro/a *m/f* subalterno/a; **~ size** N talla *f* juvenil; **~ school** (*Brit*) escuela *f* primaria, ≈ colegio *m* de EGB.
[2] N menor *mf*, joven *mf*; (*Brit Scol*) alumno/a *m/f* (de 7 a 11 años); (*office ~*) recadero *m*.

juniper ['dʒuːnɪpə^r] [1] N enebro *m*. [2] CPD: **~ berries** NPL bayas *fpl* de enebro.

junk¹ [dʒʌŋk] [1] N (*worthless things*) trastos *mpl* viejos, cacharros *mpl* (*fam*); (*things thrown away*) desperdicios *mpl*, desechos *mpl*; (*fam: item of poor quality*) porquería *f*.
[2] CPD: **~ bond** N obligación *f* basura; **~ dealer** N vendedor(a) *m/f* de objetos usados; **~ food** N alimentos *mpl* preparados y envasados sin gran valor nutritivo; **~ mail** N propaganda *f* de buzón, materiales *mpl* publicitarios enviados por correo; **~ shop** N tienda *f* de objetos usados, rastrillo *m*.

junk² [dʒʌŋk] N (*Chinese boat*) junco *m*.

junket ['dʒʌŋkɪt] N **a** (*Culin*) dulce *m* de leche cuajada, cajeta *f* (*LAm*). **b** (*fam: also* **~ing**: *party*) fiestas *fpl*; (*US: excursion*) viaje *m* pagado.

junkie ['dʒʌŋkɪ] N (*fam: drug addict, esp of heroin*) yonqui *mf*, heroinómano/a *m/f*.

Jun(r) ABBR *of* **junior**.

junta ['dʒʌntə] N junta *f*.

Jupiter ['dʒuːpɪtəʳ] N Júpiter *m*.

jurisdiction [ˌdʒʊərɪs'dɪkʃən] N jurisdicción *f*; **it falls** *or* **comes within/outside our ~** es/no es de nuestra competencia.

juror ['dʒʊərəʳ] N (*Jur*) jurado *m*; (*for contest*) juez *m*; **a woman ~** una miembro del jurado.

jury ['dʒʊərɪ] **1** N jurado *m*; **trial by ~** proceso con jurado; **to serve** *or* **be on a ~** ser miembro de un jurado.

2 CPD: **~ box** N tribuna *f* del jurado; **~ duty** N: **to do ~ duty** actuar como jurado; **~ rigging** N amaño *m* de un jurado.

just¹ [dʒʌst] **1** ADJ (*fair*) justo/a; (*person*) recto/a; (*deserved: praise*) merecido/a; (*punishment*) apropiado/a; (*well grounded: complaint*) justificado/a; (*opinion*) lógico/a.

2 NPL: **the ~** los justos.

just² [dʒʌst] ADV **a** (*exactly*) exactamente, precisamente; **~ here/there** aquí/ahí mismo; **he was standing ~ at the corner** estaba justo en la esquina; **~ behind/in front of/near/next to** *etc* justo detrás/delante de/cerca de/al lado de *etc*; **~ when it was going well ...** precisamente cuando iba bien ...; **~ then** *or* **at that moment** en ese mismo momento *or* instante; **it's ~ (on) 10 (o'clock)** son las diez en punto; **it cost ~ (on) £20** me costó veinte libras justas; **it's ~ my size** es exactamente mi talla; **it's ~ what I wanted** es precisamente lo que yo quería; **~ what did he say?** ¿qué dijo exactamente?; **come ~ as you are** ven tal y como estás; **leave it ~ as it is** déjalo tal como está; **they are ~ like brothers** son como hermanos; **that's ~ it!, that's ~ the point!** ¡ahí está! (*fam*), ¡ése es el problema!; **that's ~ (like) him, always late** es típico de (él), siempre llega tarde; **~ as I thought!** ¡ya me lo figuraba *or* imaginaba!; **~ as I arrived** justo cuando iba llegando; **~ as you wish** como Ud quiera; **he likes everything ~ so** (*fam*) quiere tener cada cosa en su sitio.

b (*soon*) ahora mismo; (*recently*) hace poco; **~ this minute/now** hace un momento/ahora mismo; **we were ~ going** ya nos íbamos; **we're ~ off** nos vamos ahora mismo; **I was ~ about to phone** estaba a punto de llamar; **I've ~ seen him** acabo de verle; **the book is ~ out** el libro acaba de salir; **~ cooked** recién hecho.

c (*only*) solamente, sólo, nomás (*LAm*); **~ a little/a few** un poco/unos pocos nada más *or* (*LAm*) nomás; **~ the two of us** los dos solos, sólo nosotros dos; **we're ~ good friends** somos amigos nada más; **it's ~ 3 o'clock** son las tres nada más, son las tres apenas (*LAm*); **~ yesterday/this morning** ayer mismo/esta misma mañana; **~ once** una vez nada más, solamente una vez; **~ for a laugh** en broma, nada más; **he's ~ teasing** está bromeando, nada más; **it's ~ a mouse** es un ratón, nada más; **it's ~ around the corner/~ over there** está a la vuelta de la esquina/ahí mismo; **we went ~ to see the museum** fuimos sólo para ver el museo; **I ~ asked!** (*hum*) ¡preguntaba nada más *or* (*LAm*) nomás!; **~ a minute!, ~ one moment!** ¡un momento, por favor!, ¡voy!

d (*simply*) sencillamente; **I ~ told him to go away** le dije sencillamente que se fuera; **~ ask the way** simplemente pregunta por dónde se va; **I ~ wanted to say that ...** sólo quería decir que ...; **I ~ can't imagine** no me lo puedo imaginar; **it's ~ that I don't like it** lo que pasa es que no me gusta; **he ~ couldn't wait to see them** tenía

unas ganas enormes de verlos; **it's ~ one of those things** (*fam*) son cosas que pasan; **let's ~ wait and see** es mejor esperar a ver (qué pasa).

e (*slightly*) **~ over/under 2 kilos** un poco más de/menos de dos kilos, pasa de/no llega a los dos kilos; **~ before/after I arrived** poco antes/después de mi llegada; **it's ~ gone** *or* **past 10 (o'clock)** acaban de dar las diez; **~ to the left/right** un poco más a la izquierda/derecha; **~ to one side** a un lado.

f (*barely*) por poco; **we arrived ~ in time** por poco no llegamos, llegamos justo a tiempo; **~ enough money** el dinero justo; **I (only) ~ caught it** lo alcancé por un pelo, por poco lo pierdo; **we (only) ~ missed it** lo perdimos por muy poco; **he caught/missed the train, but only ~** cogió (*Sp*) *or* (*LAm*) tomó/perdió el tren, pero por poco.

g (*in comparison*) tan; **it's ~ as good (as)** es igual (que), es tan bueno (como); **~ as well (as)** tan bien (como).

h (*with imperatives*) **~ listen!** ¡escucha un poco!; **~ look at this mess!** ¡fíjate qué desorden!; **~ wait a minute!** ¡espera un momento!; **~ shut up!** (*fam*) ¡cierra el pico!, ¡cállate ya!; **~ let me get my hands on him!** (*fam*) ¡cómo lo coja! (*Sp*), ¡con que lo agarre! (*LAm*); **~ you wait, he'll come sure enough** (*reassuringly*) espera hombre, ya verás cómo viene; **~ (you) wait until I tell your father** (*threateningly*) espera (nomás (*LAm*)) a que se lo cuente a tu padre.

i (*emphatic*) francamente; **it's ~ perfect!** ¡qué maravilla!; **that's ~ fine!** ¡es francamente maravilloso!; **that dress is awful - isn't it ~?** ese vestido es francamente horrible - ¡y tanto!

j (*phrases*) **I've ~ about finished this work** estoy a punto de terminar este trabajo; **I've ~ about had enough of this noise!** (*fam*) ¡estoy harto de tanto ruido!; **it's ~ as well** menos mal; **it ~ so happens ...** resulta que ...; **it would be ~ as well if ...** más valdría que + *subjun*; **~ too bad!** ¡mala pata!; **not ~ now** hasta ahora no; **not ~ yet** todavía no, aún no; **~ in case, ...** por si acaso ...; **~ the same, I'd rather ...** de todas formas, prefiero ...; **I'd ~ as soon not go** prefiero no ir; **I'd ~ as soon you didn't do it** preferiría que no lo hicieras.

justice ['dʒʌstɪs] N **a** (*Jur*) justicia *f*; **to bring sb to ~** llevar a algn ante los tribunales. **b** (*fairness*) justicia *f*; **to do o.s./sb ~** quedar bien/hacer justicia a algn; **this doesn't do him ~** (*photo etc*) no le favorece; **it doesn't do ~ to his skills** no está a la altura de sus capacidades; **to do ~ to a meal** hacer los honores a una comida. **c** (*person*) juez *mf*; **J~ of the Peace** (*Brit*) juez *mf* de paz.

justifiable ['dʒʌstɪfaɪəbl] ADJ **a** (*anger etc*) justificado/a. **b** (*Jur*) **~ homicide** homicidio *m* justificable.

justifiably ['dʒʌstɪfaɪəblɪ] ADV justificadamente, con razón.

justification [ˌdʒʌstɪfɪ'keɪʃən] N justificación *f*; **there's no ~ for it** esto no tiene justificación posible; **in ~ of** *or* **for sth** como justificación de algo.

justified ['dʒʌstɪfaɪd] ADJ **a** justificado/a; **to be ~ in doing sth** tener motivo para hacer algo, tener razón al hacer algo; **am I ~ in thinking that ...?** ¿hay motivo para creer que ...? **b** (*Jur*) **~ homicide** homicidio *m* justificado. **c** (*Typ*) **right ~** justificado a la derecha.

justify ['dʒʌstɪfaɪ] VT **a** (*gen*) justificar; **the future does not ~ the slightest optimism** el futuro no autoriza el más leve optimismo. **b** (*Typ, Comput*) alinear, justificar.

jut [dʒʌt] VI (*also* **~ out**) sobresalir.

jute [dʒuːt] N yute *m*.

juvenile ['dʒuːvənaɪl] **1** ADJ (*books, sports etc*) juvenil; (*pej*) infantil; (*Jur: court*) de menores; **~ delinquent** delincuente *mf* juvenil. **2** N joven *mf*, menor *mf*.

juxtapose ['dʒʌkstəpəʊz] VT yuxtaponer.

juxtaposition [ˌdʒʌkstəpə'zɪʃən] N yuxtaposición *f*.

K¹, k [keɪ] N (letter) K, k f.
K² [1] ABBR [a] of **kilo....** [b] (Brit) of **Knight**. [2] N ABBR [a] of a thousand; **£100K** 100.000 libras. [b] (Comput) of **kilobyte** K m.
kaftan ['kæftæn] N caftán m.
Kalahari Desert [,kælə'hɑːrɪ'dezət] N desierto m de Kalahari.
kale [keɪl] N (Bot) col f rizada.
kaleidoscope [kə'laɪdəskəup] N calidoscopio m, caleidoscopio m.
kamikaze [,kæmɪ'kɑːzɪ] N kamikaze m.
Kampala [kæm'pɑːlə] N Kampala f.
Kampuchea [,kæmpuː'tʃɪə] N Kampuchea f.
kangaroo [,kæŋgə'ruː] [1] N canguro/a m/f. [2] CPD: ~ **court** N tribunal m informal.
Kans. ABBR (US) of **Kansas**.
kaolin ['keɪəlɪn] N caolín m.
kaput [kə'put] ADJ (fam) roto/a, estropeado/a.
karaoke [kɑːrə'əukɪ] N karaoke m.
karat ['kærət] N (US) = **carat**.
karate [kə'rɑːtɪ] N kárate m.
karting ['kɑːtɪŋ] N (Sport) kárting m.
Kashmir [kæʃ'mɪəʳ] N Cachemira f.
kayak ['kaɪæk] N kayac m.
Kazakhstan [,kæzɑːks'tɑːn] N Kadsastán m.
KB N ABBR of **kilobyte** K m.
KC N ABBR (Brit) of **King's Counsel** título concedido a determinados abogados.
kd ABBR (US) of **knocked down** desmontado/a.
kebab [kə'bæb] N pincho m moruno, anticucho m (Per).
keel [kiːl] N (Naut) quilla f; **on an even ~** (Naut) en iguales calados, (fig) en equilibrio, estable.
◆ **keel over** VI + ADV (Naut) zozobrar, volcar; (person) desplomarse.
▼ **keen** [kiːn] ADJ (comp ~**er**; superl ~**est**) [a] (sharp: edge, blade) afilado/a; (: wind, air) cortante; (: eyesight, wit etc) agudo/a; (: hearing) fino/a; (desire) fuerte, vivo/a; (delight) intenso/a; (sense) profundo/a, desarrollado/a; (interest) grande, vivo; (price, rate) competitivo/a; (competition, match, struggle) reñido/a, intenso/a; (dedicated) concienzudo/a; (enthusiastic) entusiasta; **he's got a ~ appetite** tiene buen apetito.
[b] (Brit: person) entusiasta; **to be ~ on sth** ser aficionado a algo, gustarle algo a algn; **to be ~ to do sth** tener ganas de or interés por hacer algo; **he's a ~ footballer** es muy aficionado a jugar al fútbol; **I'm terribly ~ about the new play** la nueva obra me hace muchísima ilusión; **are you ~ on opera?** ¿te gusta la ópera?; **I'm not ~ on the idea** no me entusiasma or no me llama mucho la atención la idea; **he's ~ on her** ella le gusta mucho; **I'm not ~ on going/on his going** no tengo ganas de ir/no me hace gracia que (él) vaya.
keenly ['kiːnlɪ] ADV [a] (acutely) vivamente, intensamente; **to feel sth ~** sentir algo profundamente; **he looked at me ~** me miró fijamente. [b] (enthusiastically) con entusiasmo.
keenness ['kiːnnɪs] N (enthusiasm) entusiasmo m; (sharpness) agudeza f; (intensity) intensidad f; (desire) deseo m.
keep [kiːp] (vb: pt, pp **kept**) [1] N [a] comida f, sustento m; **to earn one's ~** ganarse el sustento; (fig) justificar el gasto; **for ~s** (fam: permanently) para siempre.
[b] (Archit) torreón m, torre f del homenaje.
[2] VT [a] (retain) guardar, quedarse (con); **you can ~ the change** (money) quédese con la vuelta or (LAm) el vuelto; **he ~s himself to himself** guarda las distancias; **I'll ~ you to your promise** haré que cumplas tu promesa; **you can ~ it!** (fam: often fig) ¡alla tú!, ¡puedes guardártela!

[b] (preserve: secret) guardar; (temper) dominar, contener; (order) mantener; **to ~ sth from sb** (fig) ocultar algo a algn; **~ it to yourself, ~ it under your hat** (fam) **~ it quiet** no se lo digas a nadie, punta en boca, ¡chitón!
[c] (maintain a certain state) conservar, mantener; **to ~ sth clean/safe** conservar algo limpio/guardar algo bien; **to ~ (sth) still** no mover (algo); **to ~ sb happy** tener a algn contento; **the garden is well kept** el jardín está muy bien cuidado; **exercise ~s you fit** haciendo ejercicio te mantienes en forma; **he has kept his looks** se conserva igual; **to ~ the engine running** dejar el motor en marcha; see **observation; straight 3**.
[d] (put aside) guardar, poner aparte, apartar; (store) guardar; **where do you ~ the sugar?** ¿dónde guardas el azúcar?
[e] (detain) tener, entretener; (restrain) tener, retener; **to ~ sb in prison** tener a algn preso, mantener a algn en la cárcel; **to ~ sb doing sth** tener a algn haciendo algo; **to ~ sb talking** entretener a algn en conversación; **to ~ sb waiting** hacer esperar a algn; **to ~ sb posted** tener a algn al corriente or sobre aviso; **I mustn't ~ you, don't let me ~ you** no le entretengo más; **what kept you?** ¿a qué se debe este retraso?, ¿por qué vienes tan tarde?; **to ~ sb from sth** or **from doing sth** (stop) impedir que algn haga algo; (forbid) prohibir que algn haga algo; **to ~ o.s. from doing sth** contener las ganas de hacer algo, aguantarse (de hacer algo).
[f] (fulfil, observe: promise, agreement) cumplir; (: law, rule, obligation etc) observar; (: appointment) acudir or ir a.
[g] (own, manage: shop, hotel) ser propietario de, tener; (servants, also Comm: stock) tener; (Agr: animals) criar, dedicarse a criar.
[h] (support: family) mantener; **to ~ o.s.** mantenerse; **to ~ sb in food and clothing** correr con los gastos de la comida y el vestido de algn.
[i] (accounts, record) llevar.
[3] VI [a] (continue) seguir, continuar; (remain) quedar(se), permanecer; **to ~ (to the) left/right** circular por la izquierda/derecha, mantenerse por la izquierda/derecha; **to ~ straight on** seguir todo recto or derecho; **to ~ to sth** (promise) cumplir con algo; (subject) limitarse a algo; (text) seguir algo, ceñirse a algo; **to ~ doing sth** no dejar or parar de hacer algo; **she ~s talking** sigue hablando; **to ~ fit/in good health** mantenerse en forma/muy sano; **~ smiling!** ¡no dejes de sonreír!; **~ going!** ¡no pares!; **to ~ at sb until ...** (fam: pester) insistirle a algn hasta (que) ...; **to ~ at sth** (fam: continue) empeñarse en algo; **~ at it!** (fam) ¡ánimo!, ¡no te aflojes! (LAm); **to ~ still/quiet** estarse quieto/callado or (LAm) quieto; **to ~ together** seguir juntos; **to ~ from doing sth** (avoid) evitar hacer algo; (abstain) abstenerse de hacer algo; **to ~ to one's room/bed** no salir de su habitación/guardar cama; **they ~ to themselves** guardan las distancias.
[b] (in health) **how are you ~ing?** ¿qué tal (estás)? (Sp fam), ¿como or qué tal te va? (fam), ¿cómo estás?, ¿cómo sigues? (LAm fam), ¿qué hubo? (Mex, Chi fam); **he's not ~ing very well** no está muy bien de salud; **she's ~ing better** está or va mejor.
[c] (food) conservarse fresco or en buen estado; (fig) **the news will ~ till I see you** no pierdes nada si me guardo la noticia hasta que nos veamos; **it can ~** no se pone malo; **an apple that ~s** una manzana que dura.
◆ **keep away** [1] VT + ADV alejar, mantener a distancia; **to ~ sth away from sb** mantener algo aparte de algn; **they kept him away from school** no le dejaron ir a la escuela. [2] VI + ADV mantenerse alejado/a, no acercarse; **to ~ away from sb** evitar a algn; **he can't ~ away from the subject** siempre vuelve al mismo tema.

➤ SENTENCE BUILDER: **keen** → 1.2, 4.2

◆ **keep back** [1] VT + ADV (*crowds*) contener; (*withhold: part of sth given*) guardar, quedarse con; (: *tears*) contener, reprimir; (*conceal: information*) **to ~ sth back from sb** ocultar algo a algn; (*make late*) **I don't want to ~ you back** no quiero retrasarte.
[2] VI + ADV hacerse a un lado.

◆ **keep down** [1] VT + ADV (*control: prices, spending, temperature*) controlar, mantener bajo/a; (: *anger, rebellion*) contener, reprimir; (: *weeds*) no dejar crecer; (: *dog*) sujetar; (*oppress: spirits*) oprimir; (*retain: food*) retener; **he was kept down another year** (*Scol*) tuvo que repetir (año); **you can't ~ a good man down** los buenos siempre vuelven; **she can't ~ any food down** vomita toda la comida.
[2] VI + ADV seguir agachado/a, no levantar la cabeza.

◆ **keep in** [1] VT + ADV (*invalid, child*) impedir que salga, no dejar salir; (*Scol*) castigar; (*stomach*) meter dentro; (*elbows*) pegar al cuerpo; (*fire*) mantener encendido.
[2] VI + ADV: **to ~ in with sb** (*fam*) mantener buenas relaciones con algn.

◆ **keep off** [1] VT + ADV (*ward off*) alejar; (*keep distant*) mantener a distancia; (*not touch*) no tocar.
[2] VT + PREP mantener a distancia; **~ your dog off my lawn** no deje que su perro pise mi césped.
[3] VI + PREP (*food, subject*) evitar; **~ off politics!** ¡no hables de política!; **'~ off the grass'** 'prohibido pisar el césped'.
[4] VI + ADV: **if the rain ~s off ...** si no llueve ....

◆ **keep on** [1] VT + ADV (*hat*) no quitarse; (*continue*) seguir con; (*light*) dejar encendido/a or (*LAm*) prendido/a; (*house*) conservar; (*employee*) guardar el empleo a; **they kept him on for years** siguieron empleándole durante muchos años.
[2] VI + ADV (*continue*) seguir, continuar; **~ on along this road until ...** siga por esta carretera hasta ...; **to ~ on doing sth** seguir haciendo algo; **to ~ on (at sb) about sth** (*pester*) insistir (a algn) sobre algo, dar la lata (a algn) sobre or (*LAm*) por algo; **don't ~ on so!, don't ~ on about it!** ¡no machaques!, ¡no insistas!

◆ **keep out** [1] VT + ADV (*exclude: person, dog*) no dejar entrar, no admitir; (: *cold etc*) proteger de; **to ~ sb out of trouble/out of the way** evitar que algn se meta en líos/sacar a algn de en medio.
[2] VI + ADV (*not enter*) no entrar, quedarse fuera; **'~ out'** (*sign*) 'prohibida la entrada'; **to ~ out of trouble/out of sb's way** no meterse en líos/procurar no molestar a algn; **to ~ out of sth** (*fig*) no meterse en algo; **you ~ out of this!** ¡no te metas en esto!

◆ **keep up** [1] VT + ADV **a** (*hold up: shelf etc*) sostener, sujetar; (*fig: spirits*) mantener vivo.
b (*continue: tradition, study*) seguir (con), mantener; (*correspondence, subscription*) mantener; **~ up the good work!** ¡bien hecho!, ¡sigue así!, ¡síguele dando! (*LAm*); **~ it up!** ¡ánimo!, ¡dale!; **he'll never ~ it up!** ¡no va a poder seguir así!, ¡no aguanta! (*LAm*).
c (*maintain: property*) cuidar, mantener (en buenas condiciones); (*payments*) no retrasarse en.
d (*keep out of bed*) tener despierto hasta muy tarde or en vela or (*LAm*) desvelado; **I don't want to ~ you up** no quiero entretenerte más.
[2] VI + ADV (*weather*) seguir, mantenerse; (*prices*) mantenerse alto, no bajar; (*in race etc*) mantener el ritmo, no quedarse atrás; (*fig: gen*) ponerse a la altura (*with sb* de algn); (*in comprehension*) seguir (el hilo) (*with sb* a algn); **to ~ up with the Joneses** no ser menos que el vecino (comprando); **to ~ up with the times** ir con los tiempos, mantenerse al día.

keeper ['ki:pəʳ] N (*in park, zoo etc*) guarda *mf*, guardián/ana *m/f*; (*game~*) guardabosques *m inv*; (*in museum*) conservador(a) *m/f*; (*goal~*) portero/a *m/f*, arquero/a *m/f* (*LAm*).

keep-fit [,ki:p'fɪt] [1] N gimnasia *f* (para mantenerse en forma). [2] CPD: **~ classes** NPL clases *fpl* de gimnasia; **~ exercises** NPL ejercicios *mpl* para mantenerse en forma.

keeping ['ki:pɪŋ] N **a in ~** de acuerdo (*with* con); **out of ~** en desacuerdo (*with* con). **b in the ~ of** al cuidado de;

in safe ~ en lugar seguro, en buenas manos; **to give sth to sb for safe ~** dar algo a algn para mayor seguridad.

keepsake ['ki:pseɪk] N recuerdo *m*.

keg [keg] N barrilete *m*.

kelp [kelp] N (*Bot*) alga *f* marina.

ken [ken] [1] N: **to be beyond/within sb's ~** ser incomprensible/comprensible para algn; **to be sb's ~** ser para algn. [2] (*Scot*) VT (*person etc*) conocer; (*fact*) saber; (*recognize*) reconocer.

Ken. ABBR (*US*) of **Kentucky**.

kennel ['kenl] N (*individual: also ~s: for breeding etc*) perrera *fsg*; **to put a dog in ~s** poner un perro en la perrera.

Kenya ['kenjə] N Kenia *f*.

Kenyan ['kenjən] ADJ, N keniano/a *m/f*.

kept [kept] [1] PT, PP of **keep**. [2] ADJ: **~ woman** querida *f*.

kerb [kɜ:b] [1] N (*Brit*) bordillo *m*. [2] CPD: **~ crawler** N conductor que busca prostitutas desde su coche; **~ crawling** N busca de prostitutas desde el coche; **~ market** N mercado *m* no oficial (*que funciona después del cierre de la Bolsa*).

kerfuffle [kə'fʌfl] N (*Brit fam*) lío *m* (*fam*), follón *m* (*fam*).

kernel ['kɜ:nl] N (*of nut*) fruto *m*; (*seed: of fruit*) pepita *f*; (*of grain*) grano *m*; (*fig*) meollo *m*, núcleo *m*.

kerosene ['kerəsi:n] N keroseno *m*, queroseno *m*, querosén *m* (*LAm*).

kestrel ['kestrəl] N cernícalo *m* (vulgar).

ketchup ['ketʃəp] N salsa *f* de tomate, catsup *m*.

kettle ['ketl] N olla *f* para hervir agua, hervidor *m*, pava *f* (*CSur*); **that's a different ~ of fish** (*Prov*) eso es harina de otro costal.

key [ki:] [1] N **a** (*gen*) llave *f*; (*can-opener*) abridor *m*, abrelatas *m inv*.
b (*of typewriter, piano*) tecla *f*; (*of wind instrument*) llave *f*, pistón *m*.
c (*to map, code etc, also fig*) clave *f*; **the ~ to success** la clave del éxito.
d (*Mus*) tonalidad *f*, tono *m*; **in the ~ of C/F** en clave de do/fa; **major/minor ~** tono mayor/menor; **to change ~** cambiar de tonalidad; **to sing in/off ~** cantar a tono/ desafinando.
[2] CPD: **~ industry** N industria *f* clave; **~ job** N trabajo *m* clave; **~ man** N hombre *m* clave; **~ position** N posición *f* clave; **~ ring** N llavero *m*.

◆ **key in** VT + ADV (*Comput, Typ*) picar, teclear.

◆ **key up** VT + ADV: **to be all ~ed up** (*tense*) estar nervioso/ a; (*excited*) estar emocionado/a.

keyboard ['ki:bɔ:d] [1] N teclado *m*; **~s** (*Mus*) teclados. [2] VT (*Comput: text*) teclear. [3] CPD: **~ operator** N = **keyboarder**; **~ player** N teclista *mf*.

keyboarder ['ki:,bɔ:dəʳ] N teclista *mf*.

keyhole ['ki:həʊl] [1] N ojo *m* (de la cerradura). [2] CPD: **keyhole surgery** N cirugía *f* cerrada, cirugía no invasiva.

keying ['ki:ɪŋ] N (*Comput*) introducción *f* de datos.

keynote ['ki:nəʊt] N (*Mus*) tónica *f*; (*fig: main emphasis*) idea *f* fundamental.

keypad ['ki:pæd] N teclado *m* numérico.

keystroke ['ki:strəʊk] N pulsación *f* (de una tecla).

keyword ['ki:wɜ:d] N palabra *f* clave.

kg ABBR of **kilogram(s), kilogramme(s)** kg.

khaki ['kɑ:kɪ] N (*cloth, colour*) caqui *m*.

Khartoum [kɑ:'tu:m] N Jartum *m*.

KHz ABBR of **kilohertz** KHz.

kibbutz [kɪ'bʊts] N (*pl* **~im** [kɪ'bʊtsɪm]) kibutz *m*.

kibosh ['kaɪbɒʃ] N: **to put the ~ on sth** (*fam*) desbaratar algo.

kick [kɪk] [1] N (*gen*) patada *f*, puntapié *m*; (*by animal*) coz *f*; (*of firearm*) culatazo *m*; (*fig: of drink*) fuerza *f*, graduación *f*; **to give sth/sb a ~** dar una patada a algn; **I gave him a ~ in the pants** (*fam*) le di una patada en el trasero (*fam*); **it was a ~ in the teeth for him** (*fig fam*) le sentó como una patada; **he gets a ~ out of it** (*fam*) lo disfruta; **to do something for ~s** (*fam*) hacer algo para divertirse or por pura diversión.
[2] VT **a** (*ball etc*) dar un puntapié a; (*person*) dar una patada a; (*subj: animal*) dar coces a; **to ~ sb downstairs** echar a algn escaleras abajo; **to ~ a man when he's**

down dar a moro muerto gran lanzada; **to ~ sth out of the way** quitar algo a patadas; **to ~ the bucket** (*fig fam*) estirar la pata (*fam*); **I could have ~ed myself** (*fig fam*) ¡me hubiera dado de tortas!; **to ~ one's heels** (*fig*) estar de plantón.

b (*fig fam: give up*) **to ~ a habit** dejar un hábito; **I've ~ed smoking** ya no fumo.

3 VI (*person*) dar patadas *or* puntapiés; (*baby*) patalear; (*animal*) dar coces, cocear; **to ~ at** (*lit*) dar patadas a; (*fig fam: resist*) resistirse a.

◆**kick about, kick around** 1 VT + ADV (*gen*) dar patadas a; (*an idea*) darle vueltas a.

2 VI +ADV (*fam: object, person*) andar rodando; **it's ~ing about here somewhere** andará por ahí; **I ~ed about in London for two years** durante dos años viví a la buena de Dios en Londres.

◆**kick against** VI + PREP protestar contra.

◆**kick back** 1 VI + ADV (*gun*) dar culatazo.

2 VT + ADV (*ball*) devolver.

◆**kick down** VT + ADV derribar *or* echar abajo a patadas.

◆**kick in** VT + ADV derribar *or* echar abajo a patadas; (*break*) romper a patadas; **to ~ sb's teeth in** (*fam*) romperle la cara a algn.

◆**kick off** VI + ADV (*Ftbl*) hacer el saque inicial; (*fig fam: meeting etc*) empezar.

◆**kick out** 1 VI + ADV: **to ~ out** (*person*) sacar patadas (*at* a); (*animal*) dar coces (*at* a).

2 VT + ADV (*fig fam*) echar a patadas, poner de patitas en la calle.

◆**kick up** VT + ADV: **to ~ up a row** *or* **a din** (*fig fam*) armar follón *or* bronca; **to ~ up a fuss about** *or* **over sth** montar una escena por *or* sobre algo.

kickoff ['kɪkɒf] N (*Ftbl, fig*) saque *m* (inicial).

kick-start ['kɪk'stɑːt] 1 N (*also* **~er**) arranque *m*, pedal *m* de arranque. 2 VT hacer arrancar.

kid [kɪd] 1 N a (*Zool: goat*) cabrito *m*, chivo *m*; (*skin*) cabritilla *f*.

b (*fam: child*) chiquillo/a *m/f*, crío/a *m/f*, chaval(a) *m/f* (*Sp fam*), cabro/a *m/f* (*And, Chi fam*), chamaco/a *m/f* (*CAm, Mex fam*), escuincle/a *m/f* (*CAm, Mex fam*), pibe/a *m/f* (*CSur fam*); **that's ~'s stuff** eso es para chicos.

2 (*fam*) VT: **to ~ sb that ...** (*pretend*) hacer creer a algn que ...; **to ~ sb about sth** (*tease*) tomar el pelo a algn por algo; **don't ~ yourself** (*deceive*) no te engañes.

3 VI (*fam: also* **~ on**) bromear; **I'm only ~ding** lo digo en broma; **no ~ding!** ¡en serio!, ¡de verdad!, ¡no me digas!

4 CPD (*gloves, leather*) de cabritilla; **to handle sth/sb with ~ gloves** tratar algo/a algn con guante blanco.

b (*fam: brother, sister*) menor, pequeño/a, chico/a (*LAm*).

◆**kid on** 1 VI + ADV *see* **kid 3**.

2 VT + ADV: **he's ~ding you on** te está tomando el pelo (*fam*).

kiddy ['kɪdɪ] N (*fam*) chiquillo/a *m/f*.

kidnap ['kɪdnæp] VT secuestrar, raptar, plagiar (*Mex*).

kidnapper, (*US*) **kidnaper** ['kɪdnæpə^r] N secuestrador(a) *m/f*, raptor(a) *m/f*, plagiador(a) *m/f* (*Mex*).

kidnapping, (*US*) **kidnaping** ['kɪdnæpɪŋ] N secuestro *m*, rapto *m*, plagio *m* (*Mex*).

kidney ['kɪdnɪ] 1 N (*Anat, Culin*) riñón *m*.

2 CPD: **~ bean** N (*Culin*) judía *f* (*Sp*), alubia *f* (*Sp*), frijol *m* (*LAm*), poroto *m* (*CSur, Chi*); **~ disease** N enfermedad *f* renal; **~ failure** N fracaso *m* renal; **~ machine** N riñón *m* artificial; **~ stone** N cálculo *m* renal; **~ transplant** N trasplante *m* renal *or* de riñón.

Kilimanjaro [kɪlɪmæn'dʒɑːrəʊ] N Kilimanjaro *m*.

kill [kɪl] 1 VT a (*gen*) matar; (*murder*) asesinar, matar, eliminar (*LAm*); (*animal*) matar, sacrificar; **to ~ o.s.** matarse; (*commit suicide*) suicidarse; **to be ~ed in action** *or* **battle** morir en combate, morir luchando; **to ~ two birds with one stone** (*fig*) matar dos pájaros de un tiro; **he certainly doesn't ~ himself!** (*fig, hum*) ¡desde luego ese a trabajar no se mata!; **this heat is ~ing me** (*fig fam*) este calor acabará conmigo; **my feet are ~ing me** (*fig fam*) los pies me duelen horrores; **he was ~ing himself laughing** (*fig fam*) se moría de (la) risa; **I'll ~ you for this!** (*hum*) ¡te voy a matar!; **to be dressed to ~** estar de punto en blanco.

b (*fig: story*) suprimir; (: *rumour*) acabar con; (: *proposal, parliamentary bill*) echar abajo; (: *feeling, hope*) destruir; (: *flavour, smell*) matar; (: *sound*) amortiguar; (: *engine, motor*) parar, apagar; **to ~ time** matar el tiempo.

2 N (*Hunting, Bullfighting*) muerte *f*; (*animal killed*) pieza *f*, animal *m* matado; (*number of animals killed*) caza *f*; **to be in at the ~** asistir a la matanza.

◆**kill off** VT + ADV a (*lit*) exterminar, terminar con. b (*fig: rumour, proposal*) echar por tierra; (*feeling*) acabar con.

killer ['kɪlə^r] 1 N a (*murderer, animal*) asesino/a *m/f*.

b (*fig*) **it's a ~** (*joke*) es de morirse de risa; (*task*) es agotador; (*question*) es muy difícil.

2 CPD: **~ disease** N enfermedad *f* mortal; **~ instinct** N (*fig*) instinto *m* mortal; **~ shark** N tiburón *m* asesino; **~ whale** N orca *f*.

killing ['kɪlɪŋ] 1 ADJ (*fig: blow*) mortal; (: *work*) agotador(a), cansadísimo/a; (*fam: funny*) divertidísimo/a.

2 N a (*murder*) asesinato *m*.

b (*Fin fam*) **to make a ~** tener un gran éxito financiero.

killjoy ['kɪldʒɔɪ] N aguafiestas *mf inv*.

kiln [kɪln] N horno *m*.

kilo ['kiːləʊ] N ABBR *of* **kilogram(me)** kilo *m*.

kilobyte ['kɪləʊˌbaɪt] N kilobyte *m*, kiloocteto *m*.

kilogram(me) ['kɪləʊɡræm] N kilo(gramo) *m*.

kilohertz ['kɪləʊˌhɜːts] N kilohercio *m*.

kilometre, (*US*) **kilometer** ['kɪləʊmiːtə^r] N kilómetro *m*.

kilowatt ['kɪləʊwɒt] N kilovatio *m*.

kilowatt-hour ['kɪləʊwɒtˌaʊə] N kilovatio-hora *m*; **200 ~s** 200 kilovatios-hora.

kilt [kɪlt] N falda *f* escocesa.

kilter ['kɪltə^r] N: **to be out of ~** (*esp US*) estar descentrado/a.

kimono [kɪ'məʊnəʊ] N (*pl* **~s**) kimono *m*, quimono *m*.

kin [kɪn] N familia *f*, parientes *mpl*; **next of ~** parientes más cercanos.

kind [kaɪnd] 1 ADJ (*comp* **~er**; *superl* **~est**) (*person, act, word*) amable, atento/a; (*friendly*) amistoso/a, amigable; (*treatment*) bueno/a, cariñoso/a; **to be ~ to sb** portarse bien con algn, tratar bien a algn; **he was ~ enough to help** tuvo la amabilidad de ayudar; **would you be ~ enough to ...?, would you be so ~ as to ...?** ¿me hace el favor de ...?, ¿tiene la bondad de ...?; **it's very ~ of you (to do sth)** es Ud muy amable (al hacer algo); **that wasn't very ~** eso no se hace.

2 N clase *f*, género *m*, tipo *m*; **all ~s of things** toda clase de cosas; **many ~s of books/cars** muchos tipos de libros/coches; **some ~ of animal** algún tipo de animal; **people of all ~s** gente de todas clases; **he's not the ~ of person to ...** él no es de los que ...; **she's the ~ that will ...** ella es de las que ...; **what ~ of an answer is that?, what ~ of an answer do you call that?** ¿qué clase de respuesta es esa?; **what ~ of person do you take me for?** ¿por quién me tomas?; **I had a ~ of feeling that would happen** tuve presentimiento de que ocurriría así; **you know the ~ of thing I mean** ya sabes a lo que me refiero; **something of the ~** algo por el estilo; **nothing of the ~!** ¡nada de eso!, ¡ni hablar!; **it's not his ~ of film/thing** no es el tipo de película/cosa que (a él) le gusta; **he's not her ~ (of man)** no la atraen ese tipo de hombres; **they're two of a ~** son tal para cual; **it takes all ~s (of people)** cada loco con su tema; **it's the only one of its ~** es único (en su género); **it was tea of a ~** (*pej*) se supone que era té; **payment in ~** pago en especie; **to repay generosity** *etc* **in ~** pagar la generosidad *etc* en la misma moneda.

3 ADV: **~ of** (*rather*: *fam*) algo; **I ~ of felt it might happen** me temía que pasara así; **we're ~ of busy right now** ahora mismo estamos algo *or* (*LAm*) tantito ocupados; **it's ~ of awkward** es bastante difícil.

kindergarten ['kɪndəˌɡɑːtn] N jardín *m* de infancia.

kind-hearted ['kaɪnd'hɑːtɪd] ADJ (*person, action*) bondadoso/a, de buen corazón.

kindle ['kɪndl] 1 VT (*wood etc*) prender fuego a; (*fire*) encender; (*fig: emotion, interest*) despertar, suscitar. 2 VI (*wood, fire*) encenderse; (*fig: with emotion*) despertarse.

kindliness ['kaɪndlɪnɪs] N (*goodness*) bondad *f*; (*generosity*) benevolencia *f*; (*thoughtfulness*) amabilidad *f*.

kindling ['kɪndlɪŋ] N leña *f* (menuda).

kindly ['kaɪndlɪ] **1** ADJ (*comp* **-ier**; *superl* **-iest**) (*warm-hearted*) bondadoso/a; (*thoughtful*) amable; (*pleasant*) agradable, simpático/a; (*affectionate*) tierno/a, cariñoso/a.

2 ADV (*with kindness: see adj*) bondadosamente; amablemente; con simpatía; con ternura; (*please*) por favor, si hace favor or si es tan amable; **he very ~ helped** tuvo la amabilidad de ayudar; **~ wait a moment** haga or ¿me hace el favor de esperar un momento?; **he doesn't take ~ to being kept waiting** no le hace ninguna gracia que le hagan esperar; **to think ~ of sb** tener un buen concepto de algn.

kindness ['kaɪndnɪs] N (*towards sb*) bondad *f*, amabilidad *f*; (*act*) favor *m*; **he was ~ itself** era la bondad en persona; **out of the ~ of her heart** por pura amabilidad; **to do sb a ~** hacer un favor a algn; **they treated him with every ~** le trataron con todo género de consideraciones.

kindred ['kɪndrɪd] **1** ADJ (*related by blood or group*) emparentado/a; (*language*) de un tronco común; **~ spirits** almas *fpl* gemelas; **to have a ~ feeling for sb** sentirse hermano de algn. **2** N (*relations*) familia *f*, parientes *mpl*.

kinetic [kɪ'netɪk] **1** ADJ cinético/a; **~ energy** energía *f* cinética. **2** NSG: **~s** cinética *f*.

king [kɪŋ] N rey *m*; (*Draughts*) dama *f*; **an oil ~** un magnate del petróleo; **the ~ and queen** los reyes; **the Three K~s** los Reyes Magos; **to live like a ~** vivir a cuerpo de rey.

kingdom ['kɪŋdəm] N reino *m*; **animal ~** reino animal; **the K~ of Heaven** el Reino del otro mundo; **till ~ come** (*fam*) hasta el Día del Juicio.

kingfisher ['kɪŋfɪʃəʳ] N martín *m* pescador.

kingpin ['kɪŋpɪn] N (*Tech*) perno *m* real or pinzote; (*fig: person, object*) piedra *f* angular.

king-size(d) ['kɪŋsaɪz(d)] ADJ (*gen*) tamaño gigante or familiar; (*cigarettes*) extra largos.

kink [kɪŋk] **1** N (*in rope etc*) retorcedura *f*, vuelta *f*; (*in hair*) rizo *m*; (*fig: emotional, psychological*) trauma *m*, manía *f*; (: *sexual*) perversión *f*. **2** VI enroscarse; (*hair*) rizarse.

kinky ['kɪŋkɪ] ADJ (*comp* **-ier**; *superl* **-iest**) (*fig fam: hair*) rizado/a; (*pej: person*) extraño/a; (: *odd*) raro/a; (: *sexually*) perverso/a.

kinship ['kɪnʃɪp] N (*gen*) parentesco *m*; (*fig*) afinidad *f*.

kinsman ['kɪnzmən] N (*pl* **-men**) pariente *m*.

kinswoman ['kɪnzˌwʊmən] N (*pl* **-women**) parienta *f*.

kiosk ['kiːɒsk] N quiosco *m*; **telephone ~** (*Brit*) cabina *f* (telefónica).

kip [kɪp] (*Brit fam*) **1** N (*lodging*) alojamiento *m*; (*bed*) pulguero *m* (*fam*); (*sleep*) sueño *m*; **to have a ~** dormir un rato. **2** VI dormir; **to ~ down** echarse a dormir.

kipper ['kɪpəʳ] N arenque *m* ahumado.

kirk [kɜːk] N (*Scot*) iglesia *f*; **the K~** la Iglesia (Presbiteriana) de Escocia.

kiss [kɪs] **1** N beso *m*; (*light touch*) roce *m*; **to give sb a ~** dar un beso a algn; **~ of life** (*artificial respiration*) respiración *f* boca a boca; (*fig*) nueva vida *f*, nuevas fuerzas *fpl*; **~ of death** (*fig*) golpe *m* de gracia.

2 VT besar; **to ~ sb's cheek/hand** besar a algn en la mejilla/besar la mano a algn; **to ~ sb goodbye/goodnight** dar un beso de despedida/de buenas noches a algn.

3 VI besarse; **they ~ed** se besaron, se dieron un beso; **to ~ and be friends** hacer las paces; **to ~ and tell** (*fig*) dar un beso y confesarlo todo (vendiendo una historia escandalosa a un periódico).

4 CPD: **~ curl** N (*Brit*) caracol *m*.

kissagram ['kɪsəˌɡræm] N besograma *m*.

kiss-off ['kɪsɒf] (*US fam*) N: **to give sth the ~** tirar algo; **to give sb the ~** (*employee*) poner a algn de patitas en la calle, despedir a algn; (*boyfriend*) plantar a algn.

kit [kɪt] N (*gen*) avíos *mpl*; (*instruments, tools*) útiles *mpl*, herramientas *fpl*; (*toy*) maqueta *f*; (*first-aid ~*) botiquín *m*; (*equipment*) equipo *m*; (*assembly ~*) juego *m* de armar; **kitchen units in ~ form** conjunto or juego de muebles de cocina para montar uno mismo.

◆ **kit out** VT + ADV (*often passive*) equipar; **to be ~ted out in** (*clothing*) llevar puesto/a.

kitbag ['kɪtbæɡ] N macuto *m*.

kitchen ['kɪtʃɪn] **1** N cocina *f*.

2 CPD (*cupboard, equipment, sink etc*) de cocina; (*window*) de la cocina; **~ garden** N huerto *m*; **~ units** NPL muebles *mpl* de cocina; **~ sink** N fregadero *m*, pila *f*; **everything but the ~ sink** (*fam, hum*) miles de cosas, absolutamente todo.

kitchenette [ˌkɪtʃɪ'net] N cocina *f* pequeña.

kitchenware ['kɪtʃɪnˌwɛəʳ] N batería *f* de cocina.

kite [kaɪt] **1** N (*Orn*) milano *m* real; (*toy*) cometa *f*; **to fly a ~** lanzar una idea; **go fly a ~!** (*US fam*) ¡vete al cuerno! (*fam*). **2** CPD: **~ mark** N (*Brit*) señal *f* de aprobación (de la BSI).

kith [kɪθ] N: **~ and kin** parientes *mpl* y amigos.

kitten ['kɪtn] N gatito/a *m/f*; **to have ~s** (*fig fam*) darle a algn un ataque (de nervios).

kitty ['kɪtɪ] N (*funds*) fondo *m* común; (*Cards*) puesta *f*, bote *m*; (*fam: name for cat*) minino/a *m/f*.

kiwi ['kiːwiː] **1** N (*Orn*) kiwi *m*; (*fam: New Zealander*) neozelandés/esa *m/f*. **2** CPD: **~ fruit** N kiwi *m*.

KKK N ABBR (*US*) *of* **Ku Klux Klan**.

Klansman ['klænzmən] N (*pl* **-men**) (*US*) miembro *m* del Ku Klux Klan.

kleptomania [ˌkleptəʊ'meɪnɪə] N cleptomanía *f*.

kleptomaniac [ˌkleptəʊ'meɪnɪæk] N cleptómano/a *m/f*.

km ABBR *of* **kilometre(s)** km.

km/h ABBR *of* **kilometre(s) per hour** km/h., k.p.h.

knack [næk] N truco *m*, habilidad *f*; **it's a ~** es un truco; **to learn the ~ of (doing) sth** cogerle el truco or el tranquillo a (hacer) algo; **to have the ~ for (doing) sth** tener facilidad para (hacer) algo.

knacker ['nækəʳ] (*Brit*) **1** N matarife *m* de caballos. **2** VT (*fam*) agotar, reventar; **I'm ~ed** estoy agotado, no puedo más.

knapsack ['næpsæk] N (*small rucksack*) mochila *f*.

knave [neɪv] N (*Cards*) sota *f*.

knead [niːd] VT (*dough, clay*) amasar; (*muscle*) dar masaje a.

knee [niː] **1** N (*Anat*) rodilla *f*; (*of garment*) rodillera *f*; **on one's ~s** de rodillas; **to go down on one's ~s (to sb)** arrodillarse (ante algn); **to go to sb on (one's) bended ~s** (*fig*) suplicar a algn de rodillas. **2** VT dar un rodillazo a.

kneecap ['niːkæp] **1** N (*Anat*) rótula *f*. **2** VT: **to ~ sb** destrozar a tiros la rótula de algn.

knee-deep ['niː'diːp] ADJ: **to be ~ in** estar metido/a hasta las rodillas en; (*fig*) estar metido/a hasta el cuello en; **the place was ~ in paper** había montones de papeles por todos lados.

knee-high ['niː'haɪ] ADJ (*grass, boots*) hasta las rodillas.

kneel [niːl] (*pt, pp* **knelt**) VI (*also* **~ down**) arrodillarse, ponerse de rodillas.

knee-length ['niːleŋθ] ADJ: **~ sock** calcetín *m* de media.

kneepad ['niːpæd] N (*for sport, work*) rodillera *f*.

knees-up ['niːzʌp] N (*Brit fam*) baile *m*.

knell [nel] N toque *m* de difuntos.

knelt [nelt] PT, PP *of* **kneel**.

knew [njuː] PT *of* **know**.

knickers ['nɪkəz] NPL bragas *fpl*, calzones *mpl* (*LAm*); **to get one's ~ in a twist** (*fam*) armarse un lío (*fam*).

knick-knack ['nɪknæk] N chuchería *f*, chisme *m*.

knife [naɪf] **1** N (*pl* **knives**) (*table ~*) cuchillo *m*; (*pocket ~*) cortaplumas *m inv*; (*weapon: dagger*) puñal *m*; (*flick ~*) navaja *f*, chaveta *f* (*LAm*); (*blade*) cuchilla *f*; **~ and fork** cubiertos *mpl*; **to get one's ~ into sb** (*fig*) tener inquina a algn.

2 VT (*stab*) acuchillar, apuñalar; (*kill*) matar a navajazos or a puñaladas.

3 CPD: **on a ~ edge** (*fig: person*) con el alma pendiente de un hilo; (: *result*) en el filo de una navaja; **~ sharpener** N (*tool*) afilador *m* de cuchillos.

knife-point ['naɪfpɔɪnt] N: **at ~** a punta de navaja.

knight [naɪt] **1** N (*Hist*) caballero *m*; (*Chess*) caballo *m*; (*modern: Brit*) Sir *m*, caballero de una orden. **2** VT dar el título de Sir a.

knighthood ['naɪthʊd] N título *m* de Sir.
knit [nɪt] **1** VT (*garment*) tejer; **to ~ one's brows** fruncir el ceño. **2** VI hacer punto *or* calceta, tricotar; **to ~ together** soldarse.
knitted ['nɪtɪd] ADJ tejido/a; **~ goods** géneros *mpl* de punto.
knitting ['nɪtɪŋ] **1** N (*activity*) labor *f* de punto; (*product*) prenda *f* de punto. **2** CPD (*machine, needle, wool*) de *or* para hacer punto *or* tricotar.
knitwear ['nɪtwɛəʳ] N géneros *mpl* de punto, tejidos *mpl* (*LAm*).
knives [naɪvz] NPL of **knife**.
knob [nɒb] N (*of radio etc*) botón *m*, mando *m*; (*of door*) tirador *m*; **a ~ of butter** un pedazo de mantequilla.
knobb(l)y ['nɒb(l)ɪ] ADJ (*comp* **-ier**; *superl* **-iest**) nudoso/a.
knock [nɒk] **1** N **a** (*gen*) golpe *m*; (*in collision*) choque *m*; **there was a ~ at the door** llamaron a la puerta; **a ~ on the head** un golpe en la cabeza; **his pride took a ~** (*fig*) su orgullo sufrió un golpe; **the team took a hard ~ yesterday** ayer el equipo recibió un rudo golpe.
  b (*in engine*) golpeteo *m*.
  2 VT **a** (*strike*) golpear; **to ~ a hole in sth** hacer *or* abrir un agujero en algo; **to ~ a nail into sth** clavar una punta en algo; **to ~ sb on the head** golpear a algn en la cabeza; **to ~ one's head on/against sth** (*by accident*) dar con la cabeza *or* golpear contra algo; (*deliberately*) dar cabezazos contra algo; **to ~ sb to the ground** tirar *or* (*LAm*) echar a algn al suelo; **to ~ sb unconscious or out or cold** dejar a algn sin sentido; **to ~ the bottom out of sth** (*box*) desfondar algo; (*fig: argument*) dejar algo sin fundamentos; **I ~ed my elbow on or against the table** me di (un golpe) en el codo con la mesa; **he ~ed the knife out of her hand** le quitó el cuchillo de la mano de un golpe; **I ~ed the ball into the water** tiré la pelota al agua; **to ~ spots off sb** (*fig fam*) dar mil vueltas a algn; **to ~ sb sideways** (*fig fam*) dejar de piedra *or* patidifuso a algn; **to ~ some sense into sb** (*fam*) hacer entrar en razón a algn.
  b (*fam: criticize*) criticar, hablar mal de.
  3 VI **a** (*strike*) golpear; **he ~ed at the door/on the table** llamó a la puerta/dio un golpe en la mesa; **his knees were ~ing** le temblaban las rodillas.
  b (*bump*) **to ~ into sb/sth** chocar *or* tropezar con algn/algo; **to ~ against sth** chocar *or* dar con *or* contra algo.
  c (*engine*) golpetear, hacer ruido.
◆**knock about, knock around** **1** VT + ADV (*person*) pegar, maltratar, golpear; (*object*) golpear.
  2 VI + ADV: **he's ~ed about (the world) a bit** (*fam*) ha corrido mundo *or* lo suyo; **she ~s around with a bad crowd** anda en malas compañías; **it's ~ing around here somewhere** está *or* anda por aquí.
◆**knock back** VT + ADV (*fam*) **a** (*drink*) beberse (de un trago). **b** (*cost*) **it ~ed me back £10** me costó diez libras. **c** (*shock*) asombrar, pasmar; **the smell ~s you back** el olor te echa a uno para atrás (*fam*).
◆**knock down** VT + ADV (*building*) derribar, demoler; (*person*) tirar al suelo; (*pedestrian*) atropellar; (*tree, door etc*) derribar, echar abajo; (*price*) rebajar, reducir; **it was ~ed down to him for £20** (*at auction*) se le adjudicó en veinte libras.
◆**knock in** VT + ADV clavar.
◆**knock off** **1** VT + ADV **a** (*strike off*) tirar (de), echar abajo (de); (*fig: from price*) **to ~ £5 off the price** rebajar el precio en *or* hacer un descuento de cinco libras; **to ~ 3 seconds off the record** mejorar el récord en 3 segundos.
  b (*fam: steal*) birlar.
  c (*fam: do quickly*) despachar.
  d (*fam: stop*) **~ it off!** ¡déjalo ya!, ¡ya estuvo bien! (*LAm*).
  2 VI + ADV: **he ~s off at 5** (*fam*) sale del trabajo a las 5.
◆**knock on** **1** VI + ADV: **he's ~ing on** es bastante viejo.
  2 VI + PREP: **he's ~ing on 60** va para los 60.
◆**knock out** VT + ADV **a** (*stun*) dejar sin sentido; (*Boxing*) poner fuera de combate, dejar K.O. **b** (*strike out: nails*) extraer, sacar; (*in fight etc: teeth*) romper; **c** (*in competition*) eliminar.

◆**knock over** VT + ADV (*object*) tirar, derribar, voltear (*LAm*); (*pedestrian*) atropellar.
◆**knock together** VT + ADV **a** (*two objects*) golpear (uno contra otro). **b** (*make hastily*) hacer *or* construir de cualquier manera *or* aprisa y corriendo.
◆**knock up** VT + ADV **a** (*object*) lanzar (hacia arriba). **b** (*Brit: waken*) llamar, despertar. **c** (*make hastily*) bricolar. **d** (*fam: make pregnant*) dejar embarazada.
knockabout ['nɒkəbaʊt] ADJ bullicioso/a, tumultuoso/a; **~ comedy** farsa *f* bulliciosa.
knock-back ['nɒkbæk] N (*fam*) rechazo *m*, feo *m*; **to get the ~** sufrir un feo.
knockdown ['nɒkdaʊn] ADJ (*reduced: price*) rebajado/a, de saldo.
knocker ['nɒkəʳ] N **a** (*on door*) aldaba *f*. **b** **~s** (*fam*) tetas *fpl*.
knock-for-knock ['nɒkfə'nɒk] ADJ: **~ agreement** acuerdo *m* de pago respectivo.
knocking ['nɒkɪŋ] N (*sound*) golpes *mpl*, golpeteo *m*.
knocking-shop ['nɒkɪŋʃɒp] N (*fam*) casa *f* de putas.
knock-kneed ['nɒk'niːd] ADJ patizambo/a.
knock-on ['nɒk'ɒn] **1** N (*Rugby*) autopase *m*. **2** CPD: **~ effect** N repercusiones *fpl*, consecuencias *fpl*.
knockout ['nɒkaʊt] **1** N **a** (*Boxing etc*) knock-out *m*, K.O. *m*, nocaut *m*. **b** (*fam: stunner*) maravilla *f*; **she's a ~** es una chica estupenda. **2** CPD (*competition etc*) eliminatorio/a; **~ drops** NPL (*fam*) somnífero *msg*, calmante *msg*.
knock-up ['nɒkʌp] N (*Tennis: practice*) peloteo *m*; **to have a ~** pelotear.
knot [nɒt] **1** N (*gen, Naut*) nudo *m*; (*group: of people*) grupo *m*, corrillo *m*; **to tie sb/o.s. up in ~s** (*fig*) meter a algn/meterse en un aprieto; **to tie the ~** (*fig*) prometerse, casarse.
  2 VT anudar, atar; **to ~ together** anudar, atar con un nudo; **get ~ted!** (*fam*) ¡fastídiate! (*fam*).
knotty ['nɒtɪ] ADJ (*comp* **-ier**; *superl* **-iest**) (*wood*) nudoso/a; (*fig: problem*) espinoso/a.
▼**know** [nəʊ] (*pt* **knew**; *pp* **~n**) **1** VT **a** (*facts, dates etc*) saber; **to ~ that ...** saber que ...; **to ~ if/why/what/how/when/where** *etc* saber si/por qué/qué *or* lo que/cómo/cuándo/dónde *etc*; **she ~s a lot** *or* **all about chemistry** sabe mucho de química; **I don't ~ much about history** no sé mucho de historia; **he ~s all the answers** (*lit*) lo sabe todo; (*pej*) cree que lo sabe todo; **to ~ sth backwards** saber algo pe a pa; **to get to ~ sth** (*be informed*) enterarse de algo; (*familiarize o.s. with*) informarse sobre algo; **let me ~ how you get on** ya nos contarás cómo te fue; **let us ~ if you need help** avísanos si necesitas ayuda; **she ~s her own mind** sabe lo que quiere; **you ~ how it is** ya sabes cómo son las cosas; **you don't ~ how glad I am to see you** no sabes cuánto me alegro de verte; **you ~ what I mean** ya me entiendes *or* me sigues; **I ~ nothing about it** no sé nada de eso; **there's no ~ing what may happen** es imposible saber qué va a pasar; **not if I ~ it!** (*fam*) ¡estaría bueno!; **don't I ~ it!** ¡y tú que me lo dices!; **you ~ what you can do with it!** (*fam*) ¡métiolo por donde te quepa! (*fam*); **I knew it!** ¡lo sabía!; **it soon became ~n that ...** tardó poco en saberse que ...; **it is well ~n that ...** es bien sabido que ...; **to make sth ~n to sb** hacer saber algo a algn; **he is ~n to have been there** se sabe que (él) estuvo allí; **I've ~n such things to happen** sabía que pasaban esas cosas; **it's worth ~ing what/how** *etc* ... vale la pena saber lo que/cómo *etc* ....
  b (*be acquainted with: person, place, subject*) conocer; **to ~ sb by sight** conocer a algn de vista; **to get to ~ sb** conocer a algn; **I don't ~ him to speak to** (*fig*) no lo conozco personalmente; **to make o.s./one's presence ~n to sb** presentarse ante algn; **he is ~n as X** es conocido por el nombre de X; **she ~s her English** sabe mucho inglés.
  c (*recognize*) reconocer; **he knew me at once** me reconoció en seguida; **I knew him by his voice** le reconocí por la voz; **she ~s a good painting when she**

> SENTENCE BUILDER: **know** → 16.4, 17.1

sees one ella sabe reconocer un cuadro bueno; **he doesn't ~ what to do** no sabe qué hacer; **to ~ the difference between ...** saber la diferencia entre ...; **to ~ right from wrong** saber distinguir el bien del mal; **that's all you ~!** (fam) ¡y más que podría contarle!

[2] VI saber; **as far as I** or **for all I ~, he is ...** que yo sepa, él es ...; **we'll let you ~** te avisaremos; **who ~s?** ¿quién sabe?; **one never ~s, you never ~** nunca se sabe; **how should I ~?** ¿yo qué sé?, ¿qué sé yo?; **not that I ~ of** que yo sepa, no; **there's no (way of) ~ing** no hay manera de saberlo; **it's not easy, you ~** no es fácil, sabes; **yes, I ~** si, ya lo sé; **I don't ~** no lo sé; **I ~, let's ...** ya lo sé, vamos a ...; **Mummy ~s best** mamá sabe lo que te conviene; **you ought to ~ better (than to ...)** sabes de sobra (que no se debe ...); **he doesn't ~ any better** no sabe lo que hace; **... but I ~ better ...** pero yo sé a qué atenerme; **(well,) what do you ~!** (fam) ¿qué te parece?, ¡fíjate!, ¡mira nomás! (LAm); **to ~ about** or **of sth/sb** saber de algo/algn; **did you ~ about Paul?** ¿te has enterado de or sabes lo de Pablo?; **to get to ~ about sth** enterarse de algo; **how many 'don't ~s' are there?** ¿cuántas abstenciones hay?

[3] N: **to be in the ~** (fam: well-informed) estar enterado/a; (privy to sth) estar al tanto or al corriente; **those not in the ~** los no avisados.

know-all ['nəʊɔ:l] N (pej) sabelotodo mf, sabihondo/a m/f.

know-how ['nəʊhaʊ] N conocimientos mpl.

knowing ['nəʊɪŋ] [1] ADJ (sharp) astuto/a, sagaz; (look, smile) de complicidad. [2] N: **there's no ~** no hay modo de saberlo.

knowingly ['nəʊɪŋlɪ] ADV (intentionally) a sabiendas, adrede; (smile, look etc) con complicidad.

know-it-all ['nəʊɪtɔ:l] N (US) = **know-all**.

▼**knowledge** ['nɒlɪdʒ] N [a] (information, awareness, understanding) conocimiento m; **to have no ~ of sth/sb** no tener conocimiento de algo/no conocer a algn; **to deny all ~ of sth** negar tener conocimiento de algo; **not to my ~** que yo sepa, no; **without my ~** sin saberlo yo; **to (the best of) my ~** a mi entender, que yo sepa; **it is common ~ that ...** es del dominio público que ...; **to bring sth to sb's ~** ponerle a algn al tanto de algo; **it has come to my ~ that ...** me he enterado de que ....

[b] (learning) conocimiento m, saber m; **to have a (working) ~ of Welsh** dominar el galés; **my ~ of Spanish** mis conocimientos del español; **to have a thorough ~ of history** conocer a fondo la historia.

knowledgeable ['nɒlɪdʒəbl] ADJ (person) enterado/a (about de); (remark, report, thesis etc) erudito/a.

known [nəʊn] [1] PP of **know**.

[2] ADJ (person, fact) conocido/a; (acknowledged) reconocido/a; **it's well ~ that ...** es de todos conocido que ...; **he let it be ~ that ...** dio a entender que ...; **to make sth ~ to sb** anunciar algo a algn.

knuckle ['nʌkl] N (Anat) nudillo m; (of meat) jarrete m; **it was a bit near the ~** (fig) rayaba en la indecencia; **to rap sb's ~s, to rap sb over the ~s** echar un rapapolvo a algn.

◆**knuckle down** VI + ADV: **to ~ down to work** (fam) ponerse a trabajar con ahínco.

◆**knuckle under** VI + ADV someterse, bajar la cerviz.

knuckleduster ['nʌkl,dʌstəʳ] N puño m de hierro.

K.O. ABBR of **knockout**.

koala [kəʊ'ɑ:lə] N (also **~ bear**) koala m.

kookie, kooky ['ku:kɪ] ADJ (comp **-ier**; superl **-iest**) (US fam) loco/a, chiflado/a (fam).

Koran [kɒ'rɑ:n] N Corán m, Alcorán m.

Korea [kə'rɪə] N Corea f; **North/South ~** Corea del Norte/Sur.

Korean [kə'rɪən] ADJ, N coreano/a m/f.

kosher ['kəʊʃəʳ] ADJ autorizado/a por la ley judía.

kowtow ['kaʊ'taʊ] VI: **to ~ to sb** bajar la cabeza ante algn.

kph ABBR of **kilometres per hour** km/h., k.p.h.

Kraut [kraʊt] ADJ, N (fam: offensive) alemán/ana m/f.

KS ABBR (US Post) of **Kansas**.

Kt ABBR (Brit) of **Knight**.

Kuala Lumpur ['kwɑ:lə'lʊmpʊəʳ] N Kuala Lumpur m.

kudos ['kju:dɒs] N gloria f, prestigio m.

kumquat ['kʌmkwɒt] N naranja f china.

Kurd [kɜ:d] N kurdo/a m/f.

Kurdish ['kɜ:dɪʃ] [1] ADJ kurdo/a. [2] N (Ling) kurdo m.

Kurdistan [,kɜ:dɪ'stæn] N Kurdistán m.

Kuwait [kʊ'weɪt] N Kuwait m.

Kuwaiti [kʊ'weɪtɪ] ADJ, N kuwaití mf.

kW, kw ABBR of **kilowatt(s)** kv.

kW/h. ABBR of **kilowatt-hours** kv/h.

KY ABBR (US Post) of **Kentucky**.

Kyrgyzstan [,kɜ:gɪs'tɑ:n] N Kirguidstán f, Kirgidstán m, Kirguisia f.

L¹, l [el] N (*letter*) L, l *f.*
L² ABBR **a** (*maps etc*) *of* **lake.** **b** (*Aut*) *of* **learner; L-plate** (*Brit*) placa *f* de aprendiz de conductor. **c** (*garment size*) *of* **large.** **d** *of* **left** izdo, izq, izq.º.
l. ABBR **a** *of* **left** izdo, izq, izq.º. **b** *of* **litre(s)** l.
LA (*US*) **1** ABBR (*Post*) *of* **Louisiana.** **2** N ABBR *of* **Los Angeles.**
La. ABBR (*US*) *of* **Louisiana.**
Lab **1** [læb] ADJ ABBR, N ABBR (*Brit Pol*) *of* **Labour.** **2** ABBR (*Canada*) *of* **Labrador.**
lab [læb] N ABBR (*fam*) *of* **laboratory.**
label ['leɪbl] **1** N (*gen*) etiqueta *f*; (*on merchandise*) etiqueta, rótulo *m*; (*fig*) calificación *f*.
2 VT **a** poner etiqueta a; **the parcel was not ~led** el paquete no llevaba etiqueta.
b (*fig*) clasificar; **to ~ sb as** (*fig*) tachar a algn de; **he got himself ~led a troublemaker** se hizo una reputación de turbulento.
labor *etc* ['leɪbər] (*US*) = **labour** *etc*.
laboratory [lə'bɒrətərɪ] **1** N laboratorio *m*. **2** CPD de laboratorio.
laborious [lə'bɔːrɪəs] ADJ laborioso/a, penoso/a.
labour, (*US*) **labor** ['leɪbər] **1** N **a** (*toil*) trabajo *m*; **hard ~** (*Jur*) trabajos forzados; **a ~ of love** un trabajo desinteresado.
b (*workforce*) obreros *mpl*, mano *f* de obra; (: *collective*) el trabajo; (*class*) clase *f* obrera *or* trabajadora.
c (*Brit Pol: party*) Partido *m* Laborista.
d (*task*) labor *f*, tarea *f*.
e (*effort*) esfuerzo *m*, trabajo *m*.
f (*birth*) parto *m*, dolores *mpl* de parto; **to be in ~** estar de parto.
2 VT (*point*) insistir en.
3 VI **a** (*work*) **to ~ at sth/to do sth** afanarse por algo/ por hacer algo; **to ~ under a delusion/ misunderstanding** hacerse ilusiones/estar equivocado.
b (*in movement*) hacer trabajosamente *or* pesadamente; **the engine is ~ing** el motor funciona con dificultad; **to ~ up a hill** subir una pendiente con dificultad.
4 CPD **a** (*relations, dispute*) laboral; **~ cost** N costo *m* de la mano de obra; **L~ Day** N (*US*) Día *m* del Trabajador; **L~ Exchange** N (*Brit*) Bolsa *f* de Trabajo; **~ force** N (*numbers, people*) mano *f* de obra; **~ market** N mercado *m* laboral *or* del trabajo; **~ movement** N movimiento *m* obrero; **~ shortage** N escasez *f* de mano de obra; **~ supply** N oferta *f* de mano de obra; **~ union** N (*US*) sindicato *m*.
b (*Brit Pol*) laborista; **L~ party** N Partido *m* Laborista.
c **~ pains** NPL (*birth*) dolores *mpl* de parto.
laboured, (*US*) **labored** ['leɪbəd] ADJ (*breathing*) fatigoso/a; (*style*) pesado/a.
labourer, (*US*) **laborer** ['leɪbərər] N (*on roads etc*) peón *m*, obrero *m*; (*farm ~*) obrero/a *m/f* agrícola; (*day ~*) jornalero/a *m/f*.
labour-intensive, (*US*) **labor-intensive** ['leɪbərɪn-'tensɪv] ADJ que exige mucha mano de obra.
labour-saving, (*US*) **labor-saving** ['leɪbə,seɪvɪŋ] ADJ que ahorra trabajo.
labrador ['læbrədɔ:] N labrador *m*.
laburnum [lə'bɜːnəm] N lluvia *f* de oro, codeso *m*.
labyrinth ['læbərɪnθ] N laberinto *m*.
lace [leɪs] **1** N **a** (*fabric*) encaje *m*.
b (*of shoe, corset*) cordón *m*, agujeta *f* (*Mex*).
2 ADJ de encaje.
3 VT **a** (*also ~ up: shoes etc*) atar los cordones de.
b (*drink: fortify with spirits*) echar unas gotas de bebida alcohólica a; **a drink ~d with brandy** una bebida con un chorrito de coñac.

lacemaking ['leɪs,meɪkɪŋ] N labor *f* de encaje.
lacerate ['læsəreɪt] VT (*Med*) lacerar.
laceration [,læsə'reɪʃən] N laceración *f*.
lace-up ['leɪsʌp] ADJ (*shoes etc*) con cordones.
lack [læk] **1** N falta *f*, carencia *f*; **for** *or* **through ~ of** por falta de; **there is no ~ of money** el dinero no falta.
2 VT faltarle, carecer de; **we ~ (the) time to do it** nos falta el tiempo para hacerlo; **he ~s confidence** le falta confianza (en sí mismo); **what is it that you ~?** ¿qué es lo que te hace falta?
3 VI **a** (*thing*) **to be ~ing** faltar.
b (*person*) **he is ~ing in confidence** le falta confianza en sí mismo; **they ~ for nothing** no les falta de nada.
lackadaisical [,lækə'deɪzɪkəl] ADJ (*distracted*) distraído/a; (*lazy*) perezoso/a, flojo/a (*LAm*).
lackey ['lækɪ] N (*gen*) lacayo *m*.
lacklustre, (*US*) **lackluster** ['læk,lʌstər] ADJ (*dull*) deslustrado/a; (: *fig*) falto/a de vitalidad, aburrido/a; (: *eyes*) apagado/a.
laconic [lə'kɒnɪk] ADJ brusco/a, seco/a.
lacquer ['lækər] **1** N laca *f*; **hair ~** laca para el pelo. **2** VT (*wood*) pintar con laca; (*hair*) poner laca en.
lacrosse [lə'krɒs] N lacrosse *f*.
lactic ['læktɪk] ADJ: **~ acid** ácido *m* láctico.
lactose ['læktəʊs] N lactosa *f*.
lacy ['leɪsɪ] ADJ (*comp* **-ier**; *superl* **-iest**) (*like lace*) parecido/a al encaje; **a ~ dress** un vestido lleno de encajes.
lad [læd] N muchacho *m*, chico *m*, chaval *m* (*Sp fam*), cabro *m* (*And, Chi fam*), chamaco *m* (*CAm, Mex fam*), pibe *m* (*CSur fam*); (*in stable etc*) mozo *m*; **come on, ~s!** ¡vamos, muchachos!; **he's a bit of a ~** (*fig*) está hecho una buena pieza.
ladder ['lædər] **1** N **a** escalera *f* de mano; **rope ~** escala *f* de cuerda.
b (*fig*) escala *f*, jerarquía *f*; **social ~** escala social; **it's a first step up the ~ of success** es el primer paso hacia el éxito; **to be at the top of the ~** estar en la cumbre de su profesión *etc*.
c (*Brit: in stockings*) carrera *f*.
2 VT (*Brit: stocking, tights*) hacer una carrera en.
3 VI (*Brit: stocking*) hacerse una carrera.
ladderproof ['lædəpru:f] ADJ (*Brit: stocking, tights*) indesmallable.
laden ['leɪdn] ADJ: **~ with** cargado/a de.
la-di-da ['lɑ:dɪ'dɑ:] ADJ (*fam: person, voice*) afectado/a, petulante.
lading ['leɪdɪŋ] N: **bill of ~** conocimiento *m* de embarque.
ladle ['leɪdl] **1** N (*Culin*) cazo *m*, cucharón *m*. **2** VT (*also ~ out*) servir con cazo; (: *fig: money, advice*) repartir generosamente.
lady ['leɪdɪ] **1** N señora *f*, dama *f*; **L~ Jane Grey** (*title*) Lady Jane Grey; **the ~ of the house** la señora de la casa; **'Ladies'** (*lavatory*) 'Señoras', 'Damas'; **Ladies and Gentlemen!** ¡señoras y señores!; **leading ~** (*Theat etc*) primera dama, estrella *f*; **Our L~** (*Rel*) Nuestra Señora; **young ~** (*married or unmarried*) señorita *f*, joven *f*; (*title*) **ladies' room** servicios *mpl* de señoras, baño *m* de señoras (*LAm*); **ladies' hairdresser** peluquero/a *m/f* de señoras; **he's a ladies' man** es mujeriego.
2 CPD mujer; **~ doctor/lawyer** N médica *f*/abogada *f*; **~ friend** N amiga *f*.
ladybird ['leɪdɪbɜːd], (*US*) **ladybug** ['leɪdɪbʌg] N (*beetle*) mariquita *f*.
lady-in-waiting ['leɪdɪɪn'weɪtɪŋ] N (*pl* **ladies-in-waiting**) dama *f* de honor.
ladykiller ['leɪdɪ,kɪlər] N ladrón *m* de corazones.
ladylike ['leɪdɪlaɪk] ADJ elegante, fino/a.
ladyship ['leɪdɪʃɪp] N: **Her L~/Your L~** su señoría *f*.

LAFTA [ˈlæftə] N ABBR of **Latin American Free Trade Association** ALALC f.

lag¹ [læg] **1** N (also **time ~**: delay) retraso m. **2** VI (also **~ behind**: not progress) retrasarse, quedarse atrás; **Ruritania ~s behind Slobodia** Ruritania anda a rastras detrás de Eslobodia.

lag² [læg] VT (boiler, pipes) revestir.

lag³ [læg] N: **old ~** (fam) presidiario m.

lager [ˈlɑːgəʳ] **1** N cerveza f (dorada) or (LAm) clara. **2** CPD: **~ lout** N (Brit fam) gamberro m borracho.

lagging [ˈlægɪŋ] N (Tech) revestimiento m calorífugo.

lagoon [ləˈguːn] N laguna f.

Lagos [ˈleɪgɒs] N Lagos.

lah [lɑː] N (Mus) la m.

laid [leɪd] PT, PP of **lay³**.

laid-back [ˌleɪdˈbæk] ADJ (esp US fam: person) relajado/a.

lain [leɪn] PP of **lie²**.

lair [leəʳ] N guarida f.

laird [leəd] N (Scot) terrateniente m.

laissez faire [ˈleɪseɪˈfeəʳ] N laissez-faire m, liberalismo m económico.

laity [ˈleɪɪtɪ] N: **the ~** el laicado, los legos.

lake [leɪk] **1** N lago m. **2** CPD: **L~ District** N (Brit) País m de los Lagos.

lakeside [ˈleɪksaɪd] N ribera f de(l) lago.

lamb [læm] **1** N cordero m; (meat) carne f de cordero; **my poor ~!** ¡pobrecito! **2** VI parir. **3** CPD: **~ chop** N chuleta f de cordero.

lambast(e) [læmˈbeɪst] VT azotar.

lambing [ˈlæmɪŋ] N (época f del) parto m de las ovejas.

lambswool [ˈlæmzwʊl] N lambswool m, lana f de cordero.

lame [leɪm] **1** ADJ (comp **~r**; superl **~st**) **a** cojo/a, rengo/a (LAm); **to be ~** (temporarily) estar cojo; (permanently) ser cojo; (injured) estar lisiado; **~ in one foot/leg** cojo de un pie/una pierna. **b** (fig: argument, excuse) poco convincente, débil; **a ~ duck** (fig: enterprise) una empresa fallida; **~ duck industry** industria f insolvente. **2** VT lisiar, hacer cojo.

lamé [ˈlɑːmeɪ] N lamé m.

lamely [ˈleɪmlɪ] ADV (fig) sin convicción.

lameness [ˈleɪmnɪs] N cojera f.

lament [ləˈment] **1** N (poet) endecha f; (grief) lamento m. **2** VT llorar, lamentar; **to ~ sb** llorar la muerte de algn. **3** VI: **to ~ over sth/for sb** lamentarse de algo/llorar a algn.

lamentable [ˈlæməntəbl] ADJ lamentable.

laminated [ˈlæmɪneɪtɪd] ADJ (metal) laminado/a; (glass) inastillable; (wood) contrachapado/a.

lamp [læmp] N (for table etc) lámpara f; (in street) farol m, foco m (LAm); (Aut, Rail etc) faro m, foco m (LAm); (bulb) bombilla f, bombillo m (LAm), foco (LAm).

lamplight [ˈlæmplaɪt] N luz f de (la) lámpara; **by ~, in the ~** a la luz de la lámpara.

lampoon [læmˈpuːn] N pasquín m.

lamppost [ˈlæmppəʊst] N (poste m de) farol m.

lampshade [ˈlæmpʃeɪd] N pantalla f.

LAN [læn] N ABBR of **local area network** RAL f.

Lancastrian [læŋˈkæstrɪən] **1** ADJ de Lancashire. **2** N nativo/a m/f o habitante mf de Lancashire.

lance [lɑːns] **1** N (weapon) lanza f; (Med) lanceta f. **2** VT (Med) abrir con lanceta. **3** CPD: **~ corporal** N (Brit) soldado m de primera.

Lancs [læŋks] ABBR (Brit) of **Lancashire**.

land [lænd] **1** N **a** tierra f; **to go/travel by ~** ir/viajar por tierra; **dry ~** tierra firme; **to work on the ~** cultivar la tierra; **to own ~** poseer tierras; **to see how the ~ lies** (fig) ver cómo están las cosas. **b** (nation, country) país m; **native ~** patria f; **to be in the ~ of the living** seguir entre los vivos. **2** VT **a** (from ship: passengers) desembarcar; (: cargo) descargar. **b** (plane) hacer aterrizar. **c** (catch: fish) sacar del agua; (fig: job, contract) conseguir, ganar.

d (fam: place) poner, dejar; **to ~ a blow on sb** dar un golpe a algn; **it ~ed him in jail** lo llevó a la cárcel; **to ~ sb in debt** endeudar a algn; **I got ~ed with the job** tuve que cargar con el trabajo; **to ~ sb in trouble** causarle problemas a algn.

3 VI **a** (plane) aterrizar; (bird) posarse; (passenger: from boat) desembarcar. **b** (after fall, jump) caer; **the hat ~ed in my lap** el sombrero aterrizó en rodillas; **the bomb ~ed on the building** la bomba cayó en el edificio; **to ~ on one's feet** (lit) caer de pie; (fig) salir adelante.

4 CPD terrestre; (agricultural) agrícola; **~ agent** N administrador(a) m/f (de una finca); **~ defences** NPL defensas fpl; **~ forces** NPL fuerzas fpl terrestres; **~ reform** N reforma f agraria; **~ register, ~ registry** N catastro m, registro m catastral, registro de la propiedad inmobiliaria; **L~ Rover** ® N (Aut) (vehículo m) todoterreno m; **~ tax** N contribución f territorial.

◆ **land up** VI + ADV (fig fam) ir a parar; **to ~ up in a dreadful mess** terminar haciéndose un tremendo lío.

landed [ˈlændɪd] ADJ: **~ property** bienes mpl raíces or inmuebles; **~ gentry** los terratenientes.

landfill [ˈlændfɪl] **1** N vertedero m de basuras. **2** CPD: **~ site** N vertedero m de basuras.

landing [ˈlændɪŋ] **1** N **a** (of aircraft) aterrizaje m; (of troops) desembarco m. **b** (in house) descansillo m, rellano m. **2** CPD: **~ card** N tarjeta f de desembarque; **~ craft** N lancha f de desembarco; **~ gear** N (Aer) tren m de aterrizaje; **~ lights** NPL luces fpl de aterrizaje; **~ party** N (Naut) destacamento m de desembarco; **~ stage** N (Naut) desembarcadero m; **~ strip** N (Aer) pista f de aterrizaje.

landlady [ˈlændˌleɪdɪ] N (of flat etc) dueña f, propietaria f; (of boarding house) patrona f; (of pub) dueña (de un bar).

landless [ˈlændlɪs] **1** ADJ (peasant etc) sin tierras. **2** NPL: **the ~** los (campesinos etc) sin tierras.

landlocked [ˈlændlɒkt] ADJ cercado/a de tierra.

landlord [ˈlændlɔːd] N (gen) dueño m; (landowner etc) propietario m; (of pub) patrón m.

landlubber [ˈlændˌlʌbəʳ] N marinero/a m/f de agua dulce.

landmark [ˈlændmɑːk] N (Naut, Geog) marca f, señal f; (well-known thing) lugar m muy conocido; **to be a ~ in history** (fig) ser un hito en la historia.

landmass [ˈlændmæs] N masa f continental.

landmine [ˈlændmaɪn] N mina f terrestre.

landowner [ˈlændˌəʊnəʳ] N terrateniente mf, propietario/a m/f.

landscape [ˈlænskeɪp] **1** N paisaje m. **2** VT ajardinar. **3** CPD: **~ architecture** N arquitectura f paisajista; **~ gardening** N jardinería f paisajista; **~ painting** N paisaje m.

landslide [ˈlændslaɪd] **1** N corrimiento m or desprendimiento m de tierras, huayco m (Per). **2** CPD: **to win a ~ majority** barrer or ganar por mayoría abrumadora; **~ victory** N (Pol) triunfo m aplastante or arrollador.

lane [leɪn] **1** N (in country) camino m, vereda f, caminito m; (in town) callejuela f, callejón m; (Sport) calle f; (Aut) carril m, vía f (LAm); **shipping ~** ruta f marina. **2** CPD: **~ closure** N cierre m de carril.

language [ˈlæŋgwɪdʒ] **1** N (faculty, style of speech) lenguaje m; (national tongue) lengua f, idioma m; **bad ~** lenguaje indecente; **a computer ~** un lenguaje de ordenador or computadora; **modern ~s** lenguas modernas, idiomas; **we don't talk the same ~** (fig) no hablamos la misma lengua. **2** CPD: **~ barrier** N barrera f lingüística; **~ degree** N título m en idiomas; **~ laboratory** N laboratorio m de idiomas; **~ studies** NPL estudios mpl de idiomas.

languid [ˈlæŋgwɪd] ADJ lánguido/a.

languish [ˈlæŋgwɪʃ] VI **a** (for love) languidecer. **b** (in prison etc) consumirse.

languor [ˈlæŋgəʳ] N languidez f.

languorous [ˈlæŋgərəs] ADJ lánguido/a.

lank [læŋk] ADJ (hair) lacio/a.

lanky [ˈlæŋkɪ] ADJ (comp **-ier**; superl **-iest**) (person) larguirucho/a.

lanolin(e) ['lænəʊlɪn] N lanolina *f*.
lantern ['læntən] N farol *m*, linterna *f*.
lantern-jawed ['læntən'dʒɔ:d] ADJ chupado/a de cara.
Laos [laʊs] N Laos *m*.
lap¹ [læp] N (*Anat*) regazo *m*, rodillas *fpl*; **to sit on sb's ~** sentarse en el regazo de algn; **to live in the ~ of luxury** (*fig*) vivir en la abundancia; **in the ~ of the gods** (*fig*) en manos de los dioses.
lap² [læp] **1** N (*Sport*) vuelta *f*; (*of journey*) etapa *f*, trecho *m*; **we're on the last ~ now** (*fig*) ya estamos en la recta final; **~ of honour** vuelta de honor. **2** VT: **to ~ sb** doblar a algn.
lap³ [læp] **1** VT (*milk etc*) beber a lengüetazos. **2** VI (*waves*) hacer un ruido suave al chocar; **to ~ against** lamer.
◆ **lap up** VT + ADV beber a lengüetazos; (*fig: compliments, attention*) disfrutar.
laparoscopy [,læpə'rɒskəpɪ] N laparoscopia *f*.
La Paz [lae'pæz] N La Paz.
lapdog ['læpdɒg] N perro *m* faldero.
lapel [lə'pel] N solapa *f*.
Lapland ['læplænd] N Laponia *f*.
Laplander ['læplændər] N lapón/ona *m/f*.
Lapp [læp] ADJ, N lapón/ona *m/f*.
lapse [læps] **1** N **a** (*failure*) fallo *m*; (*error*) error *m*, desliz *m*, falta *f*.
b (*of time*) lapso *m*, período *m*.
2 VI **a** (*err*) cometer un error *or* una falta; (*morally*) caer, cometer un desliz; **to ~ into one's old ways** volver a las andadas; **he ~d into silence/unconsciousness** quedó callado/perdió el conocimiento.
b (*expire*) caducar, vencerse.
c (*time*) pasar, transcurrir.
lapsed [læpst] ADJ (*Rel*) que no practica.
laptop ['læptɒp] N (*also ~* **computer**) ordenador *m* portátil plegable.
larceny ['lɑ:sənɪ] N (*Jur*) latrocinio *m*, robo *m*.
larch [lɑ:tʃ] N alerce *m*.
lard [lɑ:d] N manteca *f* de cerdo.
larder ['lɑ:dər] N despensa *f*.
large [lɑ:dʒ] **1** ADJ (*comp* **~r**; *superl* **~st**) (*gen*) grande; (*sum, amount*) importante; (*family, population*) grande, numeroso/a; **a ~ number of people** una gran cantidad de gente; **as ~ as life** en carne y hueso.
2 N: **at ~** en libertad; **the world at ~** el mundo en general; *see* **by 1(d)**.
largely ['lɑ:dʒlɪ] ADV en gran parte *or* medida.
largeness ['lɑ:dʒnɪs] N (*size*) gran tamaño *m*; (*number*) lo numeroso.
larger ['lɑ:dʒər] ADJ COMP *of* **large** más grande, mayor; **it looked ~ than life** parecía más grande de lo que era en realidad.
large-scale ['lɑ:dʒ'skeɪl] ADJ a gran escala.
lark¹ [lɑ:k] N (*bird*) alondra *f*; *see* **happy**.
lark² [lɑ:k] N **a** (*joke etc*) broma *f*; **for a ~** en broma; **sod this for a ~!** (*fam*) ¡vaya lío! (*fam*). **b** (*business, affair*) **that ice-cream ~** ese asunto de los helados.
◆ **lark about, lark around** VI + ADV (*act foolishly*) hacer el tonto, hacer tonterías; **to ~ about with sth** juguetear con algo.
larva ['lɑ:və] N (*pl* **~e** ['lɑ:vi:]) larva *f*.
laryngitis [,lærɪn'dʒaɪtɪs] N laringitis *f*.
larynx ['lærɪŋks] N laringe *f*.
lasagna, lasagne [lə'zænjə] N lasaña *f*.
lascivious [lə'sɪvɪəs] ADJ lascivo/a.
laser ['leɪzər] **1** N láser *m*. **2** CPD: **~ beam** N rayo *m* láser; **~ printer** N impresora *f* (por) láser; **~ surgery** N cirujía *f* (con) láser.
lash [læʃ] **1** N **a** (*eye~*) pestaña *f*.
b (*thong*) tralla *f*; (*whip*) látigo *m*; (*stroke*) latigazo *m*, azote *m*; (*of tail*) coletazo *m*.
2 VT **a** (*beat etc*) azotar, dar latigazos a; (*subj: rain, waves: also ~* **against**) azotar; **the wind ~ed the sea into a fury** el viento levantaba enormes olas; **it ~ed its tail** dio coletazos.
b (*esp Naut: tie*) atar, amarrar.
◆ **lash down** **1** VT + ADV sujetar con cuerdas.

2 VI + ADV (*rain etc*) caer en chubascos.
◆ **lash out** VI + ADV **a** **to ~ out** repartir golpes a diestro y siniestro; **to ~ out (at** *or* **against sb/sth)** saltar (por algn/algo). **b** (*fam: spend*) gastar a lo loco; **he had to ~ out £50** tuvo que desembolsar 50 libras.
lashing ['læʃɪŋ] N **a** (*beating*) azotaina *f*, flagelación *f*; **to give sb a ~** azotar a algn. **b** (*tying*) ligadura *f*, atadura *f*. **c** **~s of** (*fam*) montones de.
lass [læs] N (*esp Scot*) muchacha *f*, chica *f*, chavala *f* (*Sp fam*), cabra *f* (*And, Chi fam*), chamaca *f* (*CAm, Mex fam*), piba *f* (*CSur fam*).
lassitude ['læsɪtju:d] N lasitud *f*.
lasso [læ'su:] **1** N lazo *m*. **2** VT coger con un lazo.
last¹ [lɑ:st] **1** ADJ **a** (*most recent*) último/a; (*previous*) anterior; (*past*) pasado/a; **~ Thursday/month** el jueves/el mes pasado; **~ week** la semana pasada; **~ night** anoche; **the night before ~** anteanoche; **during the ~ week/2 years** durante la última semana/los últimos dos años; **~ time** (*gen*) la última vez; (*previous*) la vez pasada; **~ thing** (*day*) antes de acostarse; (*work*) antes de irse *or* terminar *etc*; **it's the ~ straw!** (*fig*) ¡es el colmo!
b (*final: in series*) último/a; **~ but one, second ~** penúltimo/a; **the ~ page** la última página; **to be the ~ (one) to do sth** ser el último en hacer algo; **you're the ~ person I'd trust with it** lo confiaría a cualquiera menos a ti; **that was the ~ thing I expected** es lo que menos me esperaba; **I'll drink it if it's the ~ thing I do** lo beberé y ¡arda Troya!; *see* **thing (c)**.
2 N: **the ~ of the wine/bread** todo lo que queda del vino/del pan; **the ~ to arrive** el último en llegar; **the ~ in the series** el último de la serie; **each one is better than the ~** son cada vez mejores; **I shall be glad to see the ~ of this** estoy deseando que termine esto; **we shall never hear the ~ of it** no nos dejarán de recordárnoslo; **the ~ we heard of him he was in Rio** según las últimas noticias estaba en Río; **at (long) ~** por fin, al fin; **to the ~** hasta el final.
3 ADV por último, en último lugar; **to do/come/arrive ~ (of all)** hacer/venir/llegar el *or* (*LAm*) al último; **~ but not least …** el último, pero no el menos importante …; **when I ~ saw them** la última vez que las vi.
last² [lɑ:st] **1** VI **a** **it ~s (for) 2 hours** dura dos horas; **this material will ~ (for) years** esta tela durará años; **he didn't ~ long in the job** no duró *or* aguantó mucho tiempo en el puesto.
b (*also ~* **out**: *person*) resistir, aguantar; (: *money, resources*) alcanzar; **it's too good to ~, it can't ~** esto no puede durar; **he won't ~ the night (out)** no resistirá hasta la mañana.
2 VT durar; **it will ~ you a lifetime** te durará toda la vida; **the car has ~ed me 8 years** el coche me ha durado ocho años.
◆ **last out** **1** VT + ADV: **can you ~ out another mile?** ¿aguantas una milla más? **2** VI + ADV *see* **last² 1(b)**.
last-ditch ['lɑ:st'dɪtʃ] ADJ (*defence, attempt*) último/a, desesperado/a.
lasting ['lɑ:stɪŋ] ADJ duradero/a.
lastly ['lɑ:stlɪ] ADV por último, finalmente.
last-minute ['lɑ:st'mɪnɪt] ADJ de última hora.
lat. ABBR *of* **latitude**.
latch [lætʃ] N picaporte *m*, pestillo *m*; **the door is on the ~** la puerta está cerrada con picaporte.
◆ **latch on** VI + ADV **a** (*cling: to person*) pegarse (*to* a). **b** (*to idea*) agarrarse (*to* de).
latchkey ['lætʃki:] **1** N llave *f*. **2** CPD: **~ child** N niño/a *m/f* cuya madre trabaja.
late [leɪt] (*comp* **~r**; *superl* **~st**) **1** ADJ **a** (*not on time*) tardío/a; **to be** *or* **arrive ~** llegar tarde; **to be (10 minutes) ~** llegar con (10 minutos de) retraso; **to be ~ in doing sth** tardar en hacer algo; **to make sb ~** entretener a algn; **to be ~ with one's work** entregar el trabajo con retraso, atrasarse en el trabajo; **the ~ arrival of the flight** la llegada tardía del vuelo.
b (*towards end of period*) tardío/a; **a ~ edition** una edición extra; **it's ~** es tarde; **it's getting ~** se está

haciendo tarde; **to keep ~ hours** acostarse tarde; **at this ~ hour** a esta hora avanzada; **at a ~ stage** a última hora; **in (the) ~ spring** hacia fines de la primavera; **Easter is ~ this year** la Semana Santa cae tarde este año; **in her ~ teens** en los últimos años de su adolescencia; **a ~ 18th century building** un edificio de fines del siglo XVIII.
  c *(dead)* fallecido/a, difunto/a; **the ~ Mr Smith** el difunto Sr. Smith; **our ~ prime minister** nuestro difunto primer ministro; **my ~-lamented husband** mi difunto marido.
  2 ADV **a** *(not on time)* tarde; **to arrive / leave (10 minutes) ~** llegar/salir con (diez minutos de) retraso; **to arrive / leave too ~** llegar/salir demasiado tarde; **better ~ than never** más vale tarde que nunca.
  b *(towards end of period)* tarde; **to sit** or **stay up ~** velar, no acostarse hasta las altas horas; **to work ~** trabajar hasta tarde; **~ at night** entrada la noche; **~ into the night** hasta muy entrada or avanzada la noche; **~ in life** a una edad avanzada.
  c *(recently: also* **of ~)** recién, recientemente, últimamente; **as ~ as 1981** todavía en 1981; *see* **later**; **latest**.
latecomer ['leɪtkʌməʳ] N persona *f* que llega tarde; **the firm is a ~ to the industry** la compañía es nueva en la industria.
lately ['leɪtlɪ] ADV recién, últimamente, recientemente; **till ~** hasta hace poco.
lateness ['leɪtnɪs] N *(of person, vehicle)* retraso *m*, atraso *m* *(LAm)*; *(of hour)* lo avanzado.
late-night ['leɪt'naɪt] ADJ: **~ show** or **performance** sesión *f* de noche; **~ opening** or **shopping is on Thursdays** se abre tarde los jueves.
latent ['leɪtənt] ADJ *(heat etc)* latente; *(tendency)* implícito/a; **~ defect** defecto *m* latente.
later ['leɪtəʳ] **1** COMP of **late**.
  2 ADJ: **he was ~ than expected** llegó más tarde de lo esperado; **at a ~ stage** más adelante; **a ~ train** un tren que sale más tarde; **his ~ symphonies** sus sinfonías posteriores; **this version is ~ than that one** esta versión es posterior a ésa.
  3 ADV **a** *(not on time)* más tarde.
  b *(after)* más tarde, después; **no ~ than yesterday** no más lejos que ayer; **a few years ~** unos años después.
  c *(towards end of period)* después, luego; **~ on** más tarde, más adelante.
lateral ['lætərəl] ADJ lateral.
latest ['leɪtɪst] **1** SUPERL of **late**.
  2 ADJ *(last)* último/a; *(most recent)* último/a, más reciente; **the ~ news / fashion** las últimas noticias/la última moda.
  3 N **a** *(fam: most recent)* lo último; **the ~ in cars** el último grito en coches; **have you heard the ~?** *(news)* ¿te enterase de or *(LAm)* supiste lo último?; **what's the ~ on ...?** ¿qué noticias hay sobre ...?
  b *(final date etc)* lo último; **(it will arrive on Tuesday) at the ~** (llegará el martes) a más tardar.
latex ['leɪteks] N látex *m*.
lath [lɑθ] N *(pl* **~s** [lɑðz]) listón *m*.
lathe [leɪð] N torno *m*.
lather ['lɑːðəʳ] **1** N espuma *f*; *(of sweat)* sudor *m*; **the horse was in a ~** el caballo estaba cubierto de sudor; **to be in a ~** *(fig)* estar agitado/a. **2** VT *(one's face)* enjabonar.
Latin ['lætɪn] **1** ADJ latino/a; **~ America** América *f* Latina, Latinoamérica *f*; **~ American** *(adj, n)* latinoamericano/a *m/f*. **2** N latino/a *m/f*; *(Ling)* latín *m*.
latitude ['lætɪtjuːd] N **a** *(Geog)* latitud *f*. **b** *(fig: freedom)* latitud *f*, libertad *f*.
latrine [lə'triːn] N letrina *f*.
latter ['lætəʳ] **1** ADJ **a** *(last)* último/a; **the ~ part of the story** la última parte del relato. **b** *(of two)* segundo/a.
  2 N éste/a; **the former ... the ~ ...** aquél(la) ... éste/a ....
latter-day ['lætə'deɪ] ADJ moderno/a, reciente; **L~ Saints** *(people)* Mormones *mpl*; *(church)* Iglesia *f* de Jesucristo de los Santos de los últimos días.

latterly ['lætəlɪ] ADV últimamente.
lattice ['lætɪs] **1** N enrejado *m*, celosía *f*. **2** CPD: **~ window** N ventana *f* de celosía; **~ work** N enrejado *m*, celosía *f*.
Latvia ['lætvɪə] N Letonia *f*, Latvia *f*.
Latvian ['lætvɪən] ADJ, N letón/ona *m/f*, latvio/a *m/f*.
laudable ['lɔːdəbl] ADJ loable.
laugh [lɑːf] **1** N risa *f*; *(loud ~)* carcajada *f*; **to have a (good) ~ over** or **about** or **at sth** reírse (mucho) de algo; **to do sth for a ~** *(fam)* hacer algo en broma; **good for a ~** divertido/a; **he's a (bit of a) ~** es un tío tonto; **to have the last ~** *(fig fam)* ser el que ríe el último.
  2 VI reír, reírse; **to ~ at** or **over** or **about sth** reírse de algo; **to ~ at sb** reírse de algo; **to burst out ~ing** echarse a reír; **it's nothing to ~ about** no es cosa de risa or *(LAm)* reírse; **I ~ed to myself** me hizo mucha gracia; **I ~ed till I cried** reí a mandíbula batiente; **to ~ in sb's face** reírse de algn en la cara; **they'll be ~ing all the way to the bank** irán contentísimos al banco.
  3 VT: **to ~ sb to scorn** mofarse de algn.
◆**laugh off** VT + ADV *(pain, accusation)* tomar a risa; **to ~ one's head off** *(fam)* partirse or desternillarse de risa.
laughable ['lɑːfəbl] ADJ *(small etc)* irrisorio/a; *(ridiculous)* absurdo/a.
laughing ['lɑːfɪŋ] **1** ADJ risueño/a. **2** CPD: **~ gas** N gas *m* hilarante; **it's no ~ matter** no es cosa de risa; **~ stock** N hazmerreír *m*.
laughter ['lɑːftəʳ] N *(gen)* risa *f*, risas *fpl*; *(guffaws)* carcajadas *fpl*; **to burst into ~** soltar la carcajada.
launch [lɔːntʃ] **1** N **a** *(gen: rocket, Comm)* lanzamiento *m*; *(: of ship)* botadura *f*.
  b *(vessel)* lancha *f*.
  2 VT *(gen, fig)* lanzar; *(new vessel)* botar; *(lifeboat)* echar al mar; **to ~ sb on his way** iniciar a algn en su carrera.
  3 VI: **to ~ into sth** lanzarse a algo.
◆**launch forth** VI + ADV *(fig)* lanzarse *(into* a or en).
◆**launch out** VI + ADV lanzarse, ponerse en marcha; **now we can afford to ~ out a bit** ahora nos podemos permitir algunas cosas de lujo; **to ~ out into business** engolfarse en los negocios.
launcher ['lɔːntʃəʳ] N *(also* **rocket ~)** lanzacohetes *m inv*.
launching ['lɔːntʃɪŋ] **1** N *(gen, fig)* lanzamiento *m*; *(of ship)* botadura *f*. **2** CPD: **~ pad** N plataforma *f* de lanzamiento.
launder ['lɔːndəʳ] VT lavar; *(fam: money)* lavar *(fam)*, blanquear *(fam)*.
launderette [,lɔːndə'ret] N lavandería *f* automática.
laundering ['lɔːndərɪŋ] N *(see vt)* colada *f*; lavado *m* *(fam)*, blanqueo *m* *(fam)*.
Laundromat ® ['lɔːndrə,mæt] N *(US)* lavandería *f* automática.
laundry ['lɔːndrɪ] **1** N *(establishment)* lavandería *f*; *(clothes: dirty)* ropa *f* sucia; *(: clean)* ropa lavada; **to do the ~** lavar la ropa.
  2 CPD: **~ basket** N cesto *m* de la ropa sucia; **~ mark** N marca *f* de lavandería.
laurel ['lɔrəl] N laurel *m*; **to rest on one's ~s** dormirse en los laureles.
lava ['lɑːvə] N lava *f*.
lavatory ['lævətrɪ] **1** N *(room: in house)* wáter *m*, baño *m* *(LAm)*; *(: in public place)* servicios *mpl*, aseos *mpl*; *(appliance)* wáter, excusado *m*.
  2 CPD: **~ paper** N papel *m* higiénico; **~ seat** N asiento *m* de retrete.
lavender ['lævɪndəʳ] N espliego *m*, lavanda *f*.
lavish ['lævɪʃ] **1** ADJ *(helping, meal)* abundante, prolijo/a; *(surroundings, apartment)* lujoso/a; *(expenditure)* pródigo/a, liberal; **to be ~ with one's gifts** ser generoso con sus regalos. **2** VT: **to ~ sth on sb** colmar a algn de algo.
law [lɔː] **1** N *(governing actions)* ley *f*; *(study)* derecho *m*; *(Sport: rule)* regla *f*; **against the ~** contra la ley or regla; **civil / criminal ~** derecho civil/penal; **to practise ~** ejercer de abogado; **to study ~** estudiar derecho; **~ and order** orden *m* público; **by the ~ of averages** por la estadística; **~ of gravity** ley de la gravedad; **court of ~** tribunal *m* de justicia; **to go to ~** recurrir a la justicia; **to**

have the ~ on one's side tener la justicia de su lado; **in ~ según** la ley; **to be above the ~** estar por encima de la ley; **to be a ~ unto o.s.** dictar sus propias leyes; **there's no ~ against it** no hay ley que lo prohíba; **to take the ~ into one's own hands** tomarse la justicia por su mano; **his word is ~** su palabra es ley; **to lay down the ~** (fig fam) hablar autoritariamente; **he is outside the ~** está fuera de la ley.

2 CPD: **~ court** N tribunal *m* de justicia; **L~ Lords** NPL (Brit Pol) jueces que son miembros de la Cámara de los Lores; **~ school** N (US) facultad *f* de derecho; **~ student** N estudiante *mf* de derecho.

law-abiding ['lɔːəˌbaɪdɪŋ] ADJ observante de la ley.

lawbreaker ['lɔːˌbreɪkər] N infractor(a) *m/f* de la ley.

lawful ['lɔːfʊl] ADJ (gen) legal, lícito/a; (legitimate) legítimo/a.

lawless ['lɔːlɪs] ADJ (ungovernable) ingobernable; (rejecting law) que rechaza la ley.

lawlessness ['lɔːlɪsnɪs] N (of place) desorden *m*; (of action) criminalidad *f*.

lawn [lɔːn] **1** N césped *m*, pasto *m* (LAm). **2** CPD: **~ mower** N cortacéspedes *m inv*, podadora *f*; **~ tennis** N tenis *m* sobre hierba.

lawsuit ['lɔːsuːt] N pleito *m*, proceso *m*; **to bring a ~ against sb** entablar demanda judicial contra algn.

lawyer ['lɔːjər] N abogado/a *m/f*.

lax [læks] ADJ (comp **~er**; superl **~est**) (not demanding) poco exigente; (not taut) flojo/a; (careless) descuidado/a; (loose) relajado/a; (morally) laxo/a; **to be ~ about or on punctuality** ser negligente en la puntualidad.

laxative ['læksətɪv] ADJ, N laxante *m*.

laxity ['læksɪtɪ], **laxness** ['læksnɪs] N (see adj) falta *f* de exigencia; flojedad *f*; descuido *m*; relajo *m*, soltura *f*; laxitud *f*.

lay¹ [leɪ] ADJ (Rel) laico/a; (non-specialist) lego/a.

lay² [leɪ] PT of **lie²**.

lay³ [leɪ] (pt, pp **laid**) **1** VT **a** (put, set) colocar, poner; (carpet) extender, (bricks) poner; (foundations) echar; (cable, pipe) tender; (egg: subj: bird) poner; (cover) **to ~ sth over** or **on sth** extender algo encima de algo; **to ~ the facts/one's proposals before sb** (fig) presentar los hechos/sus propuestas a algn; **he has been laid low with flu** la gripe lo ha tenido en cama; **to be laid to rest** ser enterrado; **I don't know where to ~ my hands on ...** no sé dónde echar mano a or conseguir ...; **I didn't ~ a finger on it!** ¡no lo toqué!; **to ~ o.s. open to attack/criticism** exponerse al ataque/a la crítica; **to ~ the blame (for sth) on sb** echar la culpa (de algo) a algn; **to ~ claim to sth** hacer valer su derecho a algo; **to ~ a bet on sth** apostar a algo; **I haven't laid eyes on him for years** hace años que no lo veo.

b (prepare: table) poner; (: trap, snare) tender; (: mine) sembrar; (: fire) preparar.

c (suppress: ghost) conjurar; (: doubts, fears) calmar, aquietar.

2 VI (bird) poner (huevos).

3 N **a** (of countryside, district etc) disposición *f*; **the ~ of the land** la configuración del terreno.

b (fam) **she's an easy ~** es un coño caliente (fam).

4 CPD: **~ days** NPL (Comm) días *mpl* de detención or inactividad.

◆ **lay about** VI + PREP: **to ~ about one** dar palos de ciego.

◆ **lay aside**, **lay by** VT + ADV (gen) dejar a un lado; (save) guardar; (: money) ahorrar; (prejudices etc) dejar de lado.

◆ **lay down** VT + ADV **a** (put down: luggage) dejar; (: arms) deponer, rendir; (: wine) conservar; (release) soltar; **to ~ down one's life for sb/sth** dar su vida por algn/algo.

b (dictate: condition) imponer, fijar; (: principle, rule, policy) formular, sentar.

◆ **lay in** VT + ADV abastecerse de.

◆ **lay into** (fam) VI + PREP (attack: verbally) arremeterse contra, meterse con; (: physically) dar una paliza a.

◆ **lay off** **1** VT + ADV (workers) despedir, cesar (LAm).

2 VI + ADV: **~ off!** (fam) = 3.

3 VI + PREP dejar de; **~ off it/him!** (fam) ¡ya está bien!, ¡déjale/déjalo en paz!, ¡ya estuvo bien! (LAm).

◆ **lay on** VT + ADV (provide: water, electricity) instalar, poner; (: meal, facilities) proveer de; **to ~ it on thick** (fam: flatter) adular, dar coba; (: exaggerate) recargar las tintas, exagerar.

◆ **lay out** VT + ADV **a** (plan: garden, house, town) trazar, levantar; (: page, letter) presentar. **b** (prepare: clothes) preparar; (: goods for sale) exponer; (: body for burial) amortajar. **c** (spend) desembolsar. **d** (knock out) derribar.

◆ **lay over** VI + ADV (US) pasar la noche, descansar.

◆ **lay up** VT + ADV **a** (store: provisions) guardar; **to ~ up trouble for o.s.** crearse problemas. **b** (put out of service: vessel) atracar; (: car) encerrar en el garaje; **to be laid up with flu** estar en cama con gripe.

layabout ['leɪəbaʊt] N (fam) holgazán/ana *m/f*, vago/a *m/f* (LAm).

lay-by ['leɪbaɪ] N (Aut) área *f* de aparcamiento or estacionamiento.

layer ['leɪər] N capa *f*; (Geol) estrato *m*.

layette [leɪ'et] N ajuar *m* de niño.

layman ['leɪmən] N (pl **-men**) seglar *m*, lego *m*.

lay-off ['leɪɔf] N despido *m*.

layout ['leɪaʊt] N (of town etc) plan *m*, distribución *f*; (Typ) composición *f*.

layover ['leɪəʊvər] (US) N parada *f* intermedia; (Aer) escala *f*.

laze [leɪz] VI (also **~ about**, **~ around**) no hacer nada, descansar; **we ~d in the sun for a week** pasamos una semana tirados al sol.

laziness ['leɪzɪnɪs] N pereza *f*, flojera *f* (LAm).

lazy ['leɪzɪ] ADJ (comp **-ier**; superl **-iest**) perezoso/a, flojo/a (LAm); **we had a ~ holiday** pasamos las vacaciones sin hacer nada más que descansar; **to have a ~ eye** tener un ojo vago.

lazybones ['leɪzɪˌbəʊnz] NSG gandul(a) *m/f*, flojo/a *m/f* (LAm).

LB ABBR (Canada) of **Labrador**.

Ib. ABBR of **pound¹**.

LBO N ABBR of **leveraged buy-out**.

lbw ABBR (Cricket) of **leg before wicket** expulsión de un jugador cuya pierna ha sido golpeada por la pelota que de otra forma hubiese dado en los palos.

LC N ABBR (US) of **Library of Congress**.

Ic ABBR (Typ) of **lower case** min.

L/C ABBR (Comm) of **letter of credit**.

LCD N ABBR of **liquid crystal display** VCL *m*.

L-Cpl ABBR of **lance-corporal**.

Ld ABBR of **Lord**.

LDS N ABBR **a** (Univ) of **Licentiate in Dental Surgery**. **b** of **Latter-day Saints**.

LEA N ABBR (Brit) of **Local Education Authority**.

lead¹ [led] **1** N (metal) plomo *m*; (in pencil) mina *f*. **2** CPD de plomo; **~ poisoning** N saturnismo *m*, plumbismo *m*.

lead² [liːd] (vb: pt, pp **led**) **1** N **a** (leading position, Sport) delantera *f*; (distance, time, points ahead) ventaja *f*; **to be in the ~** (gen) ir a la cabeza; (Sport) llevar la delantera; **to follow sb's ~** seguirle la pista a algn; **to have 2 minutes' ~ over sb** llevar a algn una ventaja de 2 minutos; **to take the ~** (Sport) tomar la delantera; (initiative) tomar la iniciativa; **it's your ~** (Cards) es tu mano, tú eres mano.

b (clue) pista *f*, indicación *f*; **the police have a ~** la policía tiene una pista.

c (Theat) papel *m* principal; **to play the ~** tener el papel principal; **with Greta Garbo in the ~** con Greta Garbo en el primer papel.

d (leash) cuerda *f*, correa *f* (LAm).

e (Elec) cable *m*.

2 VT **a** (conduct) llevar, conducir; **to ~ the way** llevar la delantera; **this ~s me to an important point** esto me lleva a un punto importante.

b (be the leader of) dirigir, encabezar; (: party) encabezar, ser jefe de; (: expedition) mandar; (: team) capitanear; (: league, procession) ir en or a la cabeza de; (: orchestra: Brit) ser el primer violín en; (: US) dirigir; **to ~ the field** ir en primer lugar; **A ~s B by 4 games to 1** A aventaja a B por 4 juegos a 1.

[c] (*life, existence*) llevar; **to ~ a full** *or* **busy life** llevar una vida muy ajetreada.

[d] (*influence*) inducir, convencer; **to ~ sb to do sth** llevar a algn a hacer algo; **to ~ sb to believe that ...** hacer creer a algn que ...; **he is easily led** es muy influenciable.

[3] VI [a] (*go in front*) ir primero, llevar la delantera; (*Cards*) ser mano, salir; **to ~s (me) by an hour** (*me*) lleva una ventaja de una hora *or* una hora de ventaja; **~ on!** ¡adelante!

[b] (*in match, race*) llevar la delantera.

[c] (*street, corridor*) llegar a; (*door*) dar a.

[d] (*result in*) **to ~ to** producir, provocar, llevar a; **one thing led to another ...** entre una cosa y otra ...; **it led to nothing** no dio resultado; **it led to his arrest** dio lugar a su detención.

[4] CPD: **~ time** N plazo *m* de entrega.

◆ **lead away** VT + ADV (*gen*) llevar; (*separate*) apartar.

◆ **lead back** VT + ADV volver a llevar, llevar de regreso *or* (*LAm*) de vuelta; **this road ~s you back to Jaca** por este camino se vuelve a Jaca.

◆ **lead in** [1] VT + ADV hacer entrar a.

[2] VI + ADV: **this is a way of ~ing in** ésta es una manera de introducir.

◆ **lead off** [1] VT + ADV [a] (*gen*) llevar; (*separate*) apartar.

[b] (*fig: begin*) empezar.

[2] VI + PREP (*street*) salir de; (*room*) comunicar con; (*conduct*) llevar.

◆ **lead on** VT + ADV [a] (*tease*) engañar; **to ~ sb on to do sth** engañar a algn para que haga algo. [b] (*incite*) **to ~ sb on (to do sth)** incitar a algn (a hacer algo).

◆ **lead up to** VI + PREP llevar a, conducir a; **what's all this ~ing up to?** ¿a dónde lleva *or* a qué conduce todo esto?, ¿a qué vas con todo esto?; **the years that led up to the war** los años que precedieron a la guerra.

leaded ['ledɪd] ADJ emplomado/a; **~ petrol** gasolina *f* con plomo.

leaden ['ledn] ADJ (*colour*) plomizo/a; (*fig*) pesado/a.

leader ['liːdəʳ] [1] N [a] (*of group, party etc*) jefe/a *m/f*, dirigente *m/f*, líder *m*; (*guide etc*) guía *m/f*, director(a) *m/f*; (*Mus: of orchestra: Brit*) primer violín *m*; (: *US*) director(a) *m/f*; **L~ of the House** (*Pol*) presidente *mf* de la Cámara de los Comunes; **he's a born ~** ha nacido para mandar.

[b] (*in race, field etc*) líder *m*.

[c] (*in newspaper*) editorial *m*.

[d] (*Comm: company, product*) líder *m*.

[2] CPD: **~ writer** N (*Brit*) editorialista *mf*.

leadership ['liːdəʃɪp] N [a] (*position*) dirección *f*, mando *m*; **under the ~ of ...** bajo la dirección *or* al mando de ...; **qualities of ~** cualidades de líder; **to take over the ~** asumir la dirección. [b] (*leaders*) dirección *f*.

lead-free [,led'friː] ADJ sin plomo.

lead-in ['liːdʲɪn] N introducción *f*.

leading ['liːdɪŋ] ADJ (*horse, car: in race*) delantero/a; (: *in procession*) primero/a; (*chief: member, character*) principal; **one of the ~ figures of this century** uno de los personajes más importantes de este siglo; **~ brand** marca *f* líder; **~ edge** (*Aer*) borde *m* de ataque; **~ edge technology** tecnología *f* punta; **~ question** pregunta *f* tendenciosa; **~ role** papel *m* principal; *see* **article; lady**.

leaf [liːf] N (*pl* **leaves**) [a] (*of plant*) hoja *f*. [b] (*of book*) página *f*; **to turn over a new ~** (*fig*) hacer borrón y cuenta nueva; **to take a ~ out of sb's book** (*fig*) seguir el ejemplo de algn. [c] (*of table*) hoja *f* abatible.

◆ **leaf through** VI + PREP (*book*) hojear.

leaflet ['liːflɪt] N hoja *f*, octavilla *f*.

leafy ['liːfɪ] ADJ (*comp* **-ier**; *superl* **-iest**) frondoso/a, con muchas hojas.

league [liːg] [1] N [a] (*alliance*) sociedad *f*, asociación *f*; **in ~ with** confabulado con.

[b] (*Ftbl, Rugby*) liga *f*; **they're not in the same ~** (*fig fam*) no hay comparación.

[2] CPD: **~ champions** NPL campeón *msg* de liga; **~ table** N clasificación *f*.

leak [liːk] [1] N (*gen: of gas, liquid etc*) fuga *f*, escape *m*; (*in roof*) gotera *f*; (*in boat*) vía *f* de agua; (*in pipe*) agujero *m*;

(*fig: in security*) filtración *f*; **to spring a ~** abrirse una vía de agua; **to take a ~** (*fam*) hacer aguas (*fam*).

[2] VI [a] (*roof, bucket*) estar agujereado/a; (*ship, shoes*) hacer agua.

[b] (*also* **~ out**: *liquid, gas*) escaparse, fugarse; (*fig: news*) trascender, divulgarse.

[3] VT (*liquid*) dejar escapar; (*fig: information*) filtrar.

leakproof ['liːkpruːf] ADJ hermético/a.

leaky ['liːkɪ] ADJ (*comp* **-ier**; *superl* **-iest**) (*receptacle*) agujereado/a; (*boat*) que hace agua; (*roof*) con goteras.

lean¹ [liːn] ADJ (*comp* **~er**; *superl* **~est**) (*meat*) magro/a, sin grasa; (*harvest*) malo/a, escaso/a; (*person*) delgado/a, flaco/a (*LAm*); (*year, time*) difícil.

lean² [liːn] (*pt, pp* **~ed** *or* **~t**) [1] VI [a] (*slope*) inclinarse, ladearse; **to ~ to(wards) the Left/Right** (*fig, Pol*) inclinarse hacia la izquierda/la derecha.

[b] (*for support*) apoyarse, recostarse; **to ~ on/against sth** apoyarse *or* recostarse en/contra algo; **to ~ on sb** (*lit*) apoyarse en algn; (*fig: put pressure on*) presionar a algn.

[2] VT (*ladder, bicycle*) apoyar, recostar; **to ~ one's head on** apoyar *or* recostar la cabeza en.

◆ **lean back** VI + ADV reclinarse, recostarse.

◆ **lean forward** VI + ADV inclinarse hacia delante.

◆ **lean out** VI + ADV asomarse; **to ~ out of the window** asomarse a la ventana.

◆ **lean over** [1] VI + ADV inclinarse.

[2] VI + PREP inclinarse sobre.

leaning ['liːnɪŋ] [1] N inclinación *f* (*towards* hacia); **what are his ~s?** ¿cuál es su predilección? [2] ADJ inclinado/a.

leant [lent] PT, PP *of* **lean²**.

lean-to ['liːntuː] N cobertizo *m*.

leap [liːp] (*vb: pp, pt* **~ed** *or* **~t**) [1] N salto *m*, brinco *m*; (*fig*) paso *m*, salto; **a ~ in the dark** un salto en el vacío; **by ~s and bounds** a pasos agigantados.

[2] VI saltar, dar un salto, brincar; **to ~ about** dar saltos, brincar; **to ~ for joy/with excitement** dar saltos *or* brincar de alegría/de entusiasmo; **to ~ out at sb** (*to frighten*) echarse encima de algn; (*to call attention*) llamar la atención a algn; (*to be obvious*) saltar a la vista de algn; **the answer leapt out at me** *or* **off the page** la solución se ofreció de golpe; **to ~ over sth** saltar por encima de algo; **to ~ to one's feet** levantarse de un salto; **to ~ up** (*person*) saltar; (*flame*) brotar.

[3] VT (*fence, ditch*) saltar por encima de.

[4] CPD: **~ year** N año *m* bisiesto.

◆ **leap at** VI + PREP: **to ~ at an offer** (*fig*) apresurarse a aceptar una oferta; **to ~ at a chance** agarrar (con ambas manos) una oportunidad.

leapfrog ['liːpfrɒg] [1] N pídola *f*. [2] VI: **to ~ over sb/sth** saltar por encima de algn/algo.

leapt [lept] PT, PP *of* **leap**.

learn [lɜːn] (*pt, pp* **~ed** *or* **~t**) [1] VT aprender; (*by heart etc*) aprenderse; **to ~ (how) to do sth** aprender a hacer algo; **to ~ that ...** enterarse *or* informarse de que ...; **to ~ one's lesson** (*fig*) aprenderse la lección.

[2] VI: **to ~ about sth** (*Scol*) aprender algo; (*hear*) enterarse *or* informarse de algo; **to ~ from experience**, **to ~ from one's mistakes** aprender por experiencia; **he's ~ing the hard way** aprende por el método duro.

learned ['lɜːnɪd] ADJ (*person*) culto/a; (*book, profession*) erudito/a.

learner ['lɜːnəʳ] N (*novice*) principiante *mf*; (*student*) estudiante *mf*; (*also* **~ driver**) aprendiz(a) *m/f*.

learning ['lɜːnɪŋ] [1] N (*knowledge*) conocimientos *mpl*, saber *m*.

[2] CPD: **~ curve** N proceso *m* de aprendizaje; **~ difficulties** NPL retraso *msg* mental; **to have ~ difficulties** ser retrasado/a *or* disminuido/a mental.

learnt [lɜːnt] PT, PP *of* **learn**.

lease [liːs] [1] N alquiler *m*, contrato *m* de arrendamiento; **to let sth out on ~** dar algo en arriendo; **to give sb a new ~ of life** dar nuevas fuerzas a algn; **to take on a new ~ of life** (*person*) recobrar su vigor; (*thing*) renovarse.

[2] VT (*take*) arrendar; (*rent*) alquilar; (*give: also* **~ out**) arrendar, alquilar.

◆ **lease back** VT + ADV subarrendar.
leaseback ['li:sbæk] N rearrendamiento *m* al vendedor, subarriendo *m*.
leasehold ['li:shəʊld] [1] N (*contract*) derechos *mpl* de arrendamiento. [2] CPD arrendado/a.
leaseholder ['li:shəʊldər] N arrendatario/a *m/f*.
leash [li:ʃ] N traílla *f*, correa *f*.
least [li:st] [1] SUPERL *of* little².
　[2] ADJ menor, mínimo/a, más pequeño/a; **she wasn't the ~ bit interested** no tenía el más mínimo interés.
　[3] ADV menos; **the ~ expensive car** el coche menos costoso; **with the ~ possible expenditure** gastándose lo menos posible; **when ~ expected** cuando menos se espera; **she is ~ able to afford it** ella es quien menos puede permitírselo; **~ of all me** yo menos que nadie; **nobody knew, ~ of all Jennie** nadie lo sabía, y Jennie menos que todos.
　[4] N lo menos; **it's the ~ you can do** es lo menos que puedes hacer; **that's the ~ of my worries** eso es lo que menos me preocupa; **you gave yourself the ~** te has servido la ración más pequeña; **to say the ~** para no decir otra cosa peor; **the ~ said the better** más vale no decir nada; **at ~** a lo menos, por lo menos; **not in the ~!** ¡de ninguna manera!, ¡claro que no!, ¡no faltaba *or* faltaría más! (*fam*), ¡cómo no! (*esp LAm*).
leather ['leðər] [1] N (*hide*) cuero *m*, piel *f*; (*wash~*) gamuza *f*. [2] VT (*thrash*) zurrar. [3] CPD de cuero, de piel; **~ goods** NPL artículos *mpl* de cuero; **~ jacket** N cazadora *f* de piel.
leave [li:v] (*vb: pt, pp* left) [1] N [a] (*permission*) permiso *m*.
　[b] (*permission to be absent*) permiso *m*, licencia *f*; **on ~ of absence** con permiso para ausentarse; **to be on ~** estar de permiso *or* (*CSur*) licenciado.
　[c] **to take (one's) ~ of sb** despedirse de algn; **have you taken ~ of your senses?** ¿te has vuelto loco?
　[2] VT [a] (*go away from*) dejar, marcharse de; (: *room*) salir de, abandonar; (: *hospital*) salir de; (: *person*) abandonar, dejar; **I'll ~ you at the station** te dejo en la estación; **he has left his wife** ha abandonado a su mujer; **to ~ school** salir del colegio; **to ~ home** (*go out of*) salir de su casa; (*permanently*) abandonar su casa; **to ~ the table** levantarse de la mesa; **to ~ the rails** descarrilar, salirse de las vías; **the car left the road** el coche se salió de la carretera; **the train is leaving in 10 minutes** el tren sale dentro de 10 minutos.
　[b] (*forget*) dejar, olvidar.
　[c] (*give*) dejar.
　[d] (*allow to remain*) dejar; **let's ~ it at that** dejémoslo así, ¡ya está bien (así)!, está bueno (*LAm*); **~ it to me!** ¡yo me encargo!, ¡tú, déjamelo a mí!; **I ~ it to you** te lo toca a Vd decidir; **~ it with me** me encargaré del asunto; **it's best to ~ him alone** es mejor dejarlo solo; **he ~s a wife and a child** le sobreviven su viuda y un hijo, deja mujer y un hijo; **to ~ sb alone** *or* **in peace** dejar a algn en paz; **to ~ a good impression on sb** producir a algn una buena impresión; **it ~s much to be desired** deja mucho que desear; **take it or ~ it** lo tomas o lo dejas; **3 from 10 ~s 7** 10 menos 3 son 7.
　[e] (*remaining*) **to be left (over)** quedar, sobrar; **there's nothing left (over)** no queda nada, no sobra nada; **how many are (there) left?** ¿cuántos quedan *or* sobran?; **nothing was left for me (to do) but to sell it** no tuve más remedio que venderlo.
　[3] VI (*go out*) salir; (*go away*) irse, marcharse, partir.
◆ **leave about, leave around** VT + ADV dejar tirado/a.
◆ **leave aside** VT + ADV dejar de lado.
◆ **leave behind** VT + ADV (*on purpose*) dejar (atrás); (*accidentally*) olvidarse; **we have left all that behind us** todo eso ha quedado a la espalda.
◆ **leave off** [1] VT + ADV [a] omitir, no incluir.
　[b] (*lid*) no poner, dejar sin poner; (*clothes*) quitarse.
　[c] (*gas etc*) no poner, no encender.
　[d] (*fam: stop*) dejar de.
　[2] VI + ADV (*fam: stop*) parar.
◆ **leave on** VT + ADV (*clothes*) dejar puesto/a; (*light, TV*) dejar encendido/a *or* (*LAm*) prendido/a.

◆ **leave out** VT + ADV [a] (*omit*) omitir, saltarse; **he feels left out** se siente excluido. [b] (*not put back*) dejar tirado/a; (*food, meal etc*) dejar preparado/a.
◆ **leave over** VT + ADV [a] *see* leave 2(e). [b] (*postpone*) dejar, aplazar.
leaves [li:vz] NPL *of* leaf.
leavetaking ['li:v,teikɪŋ] N despedida *f*.
leaving ['li:vɪŋ] [1] N [a] (*departure*) salida *f*. [b] **~s** restos *mpl*, sobras *fpl*. [2] CPD (*ceremony, present*) de despedida.
Lebanon ['lebənən] N: **the ~** el Líbano.
lecherous ['letʃərəs] ADJ lascivo/a, lujurioso/a.
lector ['lektɔːr] N (*Univ*) lector(a) *m/f*.
lecture ['lektʃər] [1] N [a] (*Univ*) clase *f*; (*by visitor*) conferencia *f*; (*speech etc: content*) discurso *m*; **to attend ~s on** seguir un curso sobre *or* de; **to give a ~** dictar una conferencia, dar una charla.
　[b] (*reproof*) reprimenda *f*.
　[2] VI: **to ~ (on sth)** dar clases (de algo); **she ~s in Law** da clases de derecho; **he ~s at Princeton** es profesor en Princeton; **to ~ (to sb on sth)** dar clases (de algo a algn).
　[3] VT (*reprove*) echar una reprimenda a.
　[4] CPD: **~ hall** N (*Univ*) aula *f*; (*gen*) sala *f* de conferencias; **~ notes** NPL apuntes *mpl*; **~ theatre** N = **~ hall**.
lecturer ['lektʃərər] N (*visitor*) conferenciante *mf*; (*Univ*) profesor(a) *m/f*.
LED N ABBR *of* **light-emitting diode**.
led [led] PT, PP *of* lead².
ledge [ledʒ] N (*on wall*) repisa *f*; (*of window*) antepecho *m*; (*on mountain*) saliente *m*.
ledger ['ledʒər] N libro *m* mayor.
lee [li:] [1] N (*fig*) abrigo *m*, socaire *m*; **in the ~ of** al abrigo de. [2] ADJ de sotavento.
leech [li:tʃ] N sanguijuela *f*; (*fig*) sanguijuela, parásito/a *m/f*.
leek [li:k] N puerro *m*.
leer [lɪər] [1] N mirada *f* lasciva. [2] VI mirar de manera lasciva.
leery ['lɪərɪ] ADJ (*cautious*) cauteloso/a; (*suspicious*) receloso/a.
leeward ['li:wəd] [1] ADJ (*Naut*) de sotavento. [2] N (*Naut*) sotavento *m*.
leeway ['li:weɪ] N (*Naut*) deriva *f*; (*fig: lost time*) atraso *m*; (: *freedom*) libertad *f*.
left¹ [left] PT, PP *of* leave.
left² [left] [1] ADJ [a] izquierdo/a.
　[b] (*Pol*) izquierdista; **we are a ~ of centre party** somos un partido del centro izquierdo.
　[2] ADV hacia la izquierda; **they were coming at us ~, right, and centre** nos atacaban desde todas partes.
　[3] N [a] izquierda *f*; **on** *or* **to my ~** a mi izquierda; **on** *or* **to the ~** a la izquierda; **to keep to the ~** (*Aut*) circular por la izquierda.
　[b] (*Pol*) izquierda *f*; **he has always been on the L~** siempre ha sido de izquierdas.
left-hand ['lefthænd] ADJ: **~ drive** conducción *f* a la izquierda; **~ page** página *f* izquierda; **~ side** lado *m* izquierdo.
left-handed ['left'hændɪd] ADJ zurdo/a; (*fig: compliment*) de doble sentido.
leftie ['leftɪ] N (*fam*) izquierdista *mf*.
leftist ['leftɪst] ADJ, N izquierdista *mf*.
left-luggage ['left'lʌgɪdʒ] CPD: **~ locker** N consigna *f* automática; **~ office** N consigna.
left over ['leftəʊvər] [1] ADJ sobrante, restante. [2] N [a] (*survivor*) superviviente *mf*; **a ~ from another age** una reliquia de otra edad. [b] **~s** sobras *fpl*, restos *mpl*.
left-wing ['left,wɪŋ] ADJ de izquierda.
leg [leg] [1] N (*of person*) pierna *f*; (*of animal, bird*) pata *f*; (*of meat*) pierna; (*of furniture*) pata, pie *m*; (*of trousers*) pernera *f*; (*of stocking*) caña *f*; (*stage*) etapa *f*, fase *f*; **to be on one's last ~** está con una pata caída; **he hasn't got a ~ to stand on** (*fig*) se le acabaron las disculpas; **to pull sb's ~** (*fig*) tomar el pelo a algn; **to show a ~** (*fam*) despertar, levantarse; **to stretch one's ~s** (*walk*) estirar las piernas.
　[2] VT: **to ~ it** ir andando, ir a pie.
　[3] CPD: **~ room** N lugar *m* para las piernas.

legacy ['legəsɪ] N herencia *f*; (*fig*) herencia, patrimonio *m*.
legal ['li:gəl] ADJ (*gen*) legítimo/a, legal; (*permitted by law*) lícito/a; (*relating to the law*) legal, jurídico/a; **a ~ matter** or **question** cuestión *f* jurídica; **to take ~ action** or **proceedings against sb** entablar or levantar pleito contra algn; **~ adviser** asesor(a) *m/f* jurídico/a; **of ~ age** mayor de edad; **~ aid** abogacía *f* de pobres or oficio; **~ profession** abogacía; **~ tender** moneda *f* de curso legal.
legalese [,li:gə'li:z] N jerga *f* legal.
legality [lɪ'gælɪtɪ] N legalidad *f*.
legalize ['li:gəlaɪz] VT legalizar.
legally ['li:gəlɪ] ADV (*legitimately*) legalmente, legítimamente; (*in legal terms*) en términos legales; **~ binding** de obligatoriedad jurídica; **to be ~ responsible for sth** tener responsabilidad legal por algo.
legatee [,legə'ti:] N legatario/a *m/f*.
legation [lɪ'geɪʃən] N legación *f*.
legend ['ledʒənd] N leyenda *f*.
legendary ['ledʒəndərɪ] ADJ legendario/a.
-legged ['legɪd] ADJ SUF (*person*) de piernas; (*animal*) de patas; **three~** de tres piernas; (*stool*) de tres patas.
leggings ['legɪŋz] NPL polainas *fpl*; (*baby's*) pantalones *mpl* polainas.
leggy ['legɪ] ADJ (*comp* **-ier**; *superl* **-iest**) zanquilargo/a, patilargo/a.
legibility [,ledʒɪ'bɪlɪtɪ] N legibilidad *f*.
legible ['ledʒəbl] ADJ legible.
legion ['li:dʒən] N legión *f*.
legionnaire [,li:dʒə'neə'] N legionario *m*; **~'s disease** enfermedad *f* del legionario, legionella *f*.
legislate ['ledʒɪsleɪt] VI legislar.
legislation [,ledʒɪs'leɪʃən] N (*law*) ley *f*; (*body of laws*) legislación *f*.
legislative ['ledʒɪslətɪv] ADJ legislativo/a.
legislature ['ledʒɪslətʃə'] N legislatura *f*.
legit [lə'dʒɪt] ADJ ABBR (*fam*) = **legitimate**.
legitimate [lɪ'dʒɪtɪmɪt] **1** ADJ legítimo/a; (*valid*) válido/a, justo/a. **2** [lɪ'dʒɪtɪmeɪt] VT dar legitimidad a.
legitimize [lɪ'dʒɪtɪmaɪz] VT legitimar; (*child, birth*) legalizar.
legless ['leglɪs] ADJ (*fam*) borracho/a.
legume ['legjuːm] N (*species*) legumbre *f*; (*pod*) vaina *f*.
legwarmers ['leg,wɔːməz] NPL calientapiernas *fpl*.
legwork ['legwɜːk] N trabajo *m* callejero; **to do the ~** hacer los preparativos.
Leics ABBR (*Brit*) of **Leicestershire**.
leisure ['leʒə'] **1** N ocio *m*; **a life of ~** una vida de ocio; **do it at your ~** hazlo cuando tengas tiempo or te convenga. **2** CPD: **~ activities** NPL pasatiempos *mpl*; **~ centre** N polideportivo *m*; **~ industry** N *industria que produce lo que pide la gente para ocupar su tiempo libre*; **~ suit** N conjunto *m* tipo chandal; **~ time** N: **in one's ~ time** en sus ratos libres; **~ wear** N ropa *f* de sport.
leisurely ['leʒəlɪ] ADJ (*unhurried*) sin prisa, relajado/a; (*slow*) lento/a.
lemming ['lemɪŋ] N lem(m)ing *m*.
lemon ['lemən] **1** N **a** (*fruit*) limón *m*. **b** (*fam*) bobo/a *m/f*; **I felt a bit of a ~** aparecía como bastante tonto. **2** ADJ (*colour*) amarillo limón *inv*. **3** CPD: **~ cheese**, **~ curd** N crema *f* de limón; **~ drink** N = **~ squash**; **~ juice** N zumo *m* or (*LAm*) jugo *m* de limón; **~ squash** N limonada *f*; **~ sole** N (*Brit*) platija *f*; **~ tea** N té *m* con limón; **~ tree** N limonero *m*.
lemonade [,lemə'neɪd] N limonada *f*, gaseosa *f* (*Sp*).
lend [lend] (*pt, pp* **lent**) **1** VT (*for a time*) prestar, dejar; (*fig: impart: importance, mystery, authority*) dar, prestar; **to ~ out** prestar; **to ~ a hand** (*fig*) echar una mano; **to ~ an ear to sb/sth** escuchar a algn/algo; **to ~ itself to sth/ doing sth** prestarse a algo/hacer algo. **2** VI: **to ~ at 10%** prestar dinero a 10 por ciento.
lender ['lendə'] N prestador(a) *m/f*; (*professional*) prestamista *mf*.
lending ['lendɪŋ] CPD: **~ library** N biblioteca *f* de préstamo; **~ rate** N tipo *m* de interés.
length [leŋθ] N **a** (*size*) longitud *f*, largo *m*; **it is 2 metres**

in ~ tiene 2 metros de largo; **what is its ~?**, **what ~ is it?** ¿cuánto tiene de largo? **b** (*duration*) duración *f*; **for what ~ of time?** ¿durante or por cuánto tiempo?; **a concert 2 hours in ~** un concierto que dura 2 horas; **~ of service** duración del servicio. **c** (*extent*) extensión *f*; **he walked the ~ of the beach** recorrió toda la orilla de la playa; **the horse won by a ~** el caballo ganó por un cuerpo; **at ~ ...** (*finally*) finalmente ...; **to explain at ~** explicar con mucho detalle; **to speak at ~** hablar largamente; **across the ~ and breadth of the country** en lo ancho y largo del país; **to go to any ~(s) to do sth** ser capaz de cualquier cosa para hacer algo; **to go to great ~s in ...** extremarse en ...; **to go to the ~ of doing sth** llegar al extremo de hacer algo. **d** (*piece*) pedazo *m*, trozo *m*. **e** (*distance*) distancia *f*; (*piece of road etc*) tramo *m*; **to keep sb at arm's ~** mantener las distancias con algn.
lengthen ['leŋθən] **1** VT alargar. **2** VI alargarse; (*days*) crecer.
lengthways ['leŋθweɪz], **lengthwise** ['leŋθwaɪz] ADV longitudinalmente, a lo largo.
lengthy ['leŋθɪ] ADJ (*comp* **-ier**; *superl* **-iest**) largo/a, extenso/a; (*illness*) de larga duración; (*meeting*) prolongado/a.
lenience ['li:nɪəns], **leniency** ['li:nɪənsɪ] N clemencia *f*, indulgencia *f*.
lenient ['li:nɪənt] ADJ clemente, indulgente.
Leningrad ['lenɪngræd] N (*Hist*) Leningrado *m*.
lens [lenz] **1** N (*Anat*) cristalino *m*; (*of spectacles*) lente *m* or *f*; (*of camera etc*) objetivo *m*; **contact ~** lente de contacto, lentilla *f*. **2** CPD: **~ cap** N tapa *f* de objetivo.
Lent [lent] N Cuaresma *f*.
lent [lent] PT, PP of **lend**.
lentil ['lentl] N lenteja *f*.
Leo ['li:əʊ] N Leo *m*.
Leonese [li:ə'ni:z] **1** ADJ leonés/esa. **2** N INV leonés/esa *m/f*; (*Ling*) leonés *m*.
leopard ['lepəd] N leopardo *m*; **the ~ cannot change its spots** genio y figura hasta la sepultura.
leotard ['lɪətɑːd] N malla *f*.
leper ['lepə'] N (*lit, fig*) leproso/a *m/f*.
leprosy ['leprəsɪ] N lepra *f*.
lesbian ['lezbɪən] **1** ADJ lesbiano/a, lesbio/a. **2** N lesbiana *f*.
lesion ['li:ʒən] N lesión *f*.
Lesotho [lɪ'suːtuː] N Lesoto *m*.
▼**less** [les] **1** COMP of **little²**. **2** ADJ menos; **now we eat ~ bread** ahora comemos menos pan; **she has ~ time to spare** ahora tiene menos tiempo libre; **of ~ importance** de menos importancia. **3** PRON menos; **the ~ ... the ~ ...** mientras or cuanto menos ... menos ...; **can't you let me have it for ~?** ¿no me lo puedes dar en menos?; **the ~ said about it the better** cuanto menos se hable de eso mejor; **~ than £1/ a kilo/3 metres** menos de una libra/un kilo/3 metros; **at a price of ~ than £1** a un precio inferior or menor a una libra; **~ than a week ago** hace menos de una semana; **nothing ~ than** nada menos que; **it's nothing ~ than a disaster** es un verdadero or auténtico desastre; **a tip of £10, no ~!** (*fam*) ¡una propina de 10 libras, nada menos! **4** ADV menos; **~ and ~** cada vez menos; **still ~** todavía menos, menos aún; **to go out ~ (often)** salir menos; **you work ~ than I do** trabajas menos que yo; **in ~ than an hour** en menos de una hora; **it's ~ expensive than the other one** cuesta menos que el otro; **the problem is ~ one of capital than of personnel** el problema más que uno de capitales es de personal. **5** PREP menos; **the price ~ VAT** el precio excluyendo el IVA; **a year ~ 4 days** un año menos 4 días.
-less ADJ SUF sin; **coat~/hat~** sin abrigo/sombrero.
lessee [le'si:] N (*of house*) inquilino/a *m/f*; (*of land*) arrendatario/a *m/f*.
lessen ['lesn] **1** VT (*gen*) reducir, disminuir; (*light, effort*) atenuar. **2** VI reducirse, disminuir.

> SENTENCE BUILDER: **less** → 9.3, 9.4

lessening ['lesnɪŋ] N reducción f, disminución f.
lesser ['lesər] ADJ menor; **to a ~ extent** or **degree** en menor grado; **the ~ of 2 evils** el mal menor.
lesson ['lesn] N (class) clase f; (Rel etc) lección f; **to take/ give ~s in ...** recibir/dar clases de ...; **a French ~** una clase de francés; **to learn one's ~** (fig) escarmentar; **to teach sb a ~** (fig) dar una lección a algn.
lest [lest] (frm) CONJ: **~ we forget** para que no olvidemos; **~ he catch me unprepared** para que no me coja (Sp) or (LAm) agarre desprevenido.
▼**let** [let] (pt, pp ~) VT [a] (permit) dejar, permitir; **to ~ sb do sth** dejar que algn haga algo; **to ~ sb have sth** dejar algo a algn; **~ me help you** déjeme ayudarle.
[b] (in verb forms) **~'s** or **~ us go!** ¡vamos!; **~'s see, what was I saying?** a ver or déjame ver ¿qué decía yo?; **~ them wait** que esperen; **~ that be a warning to you!** ¡que esto te sirva de lección!; **~ X be 6** supongamos que X equivale a 6.
[c] (rent out) alquilar, arrendar; **'to ~'** 'se alquila'.
[d] (in phrases) **to ~ sb get away with sth** (fam) dejar que algn se salga con la suya; (child) consentirle algo a algn; **I'll ~ you have it back tomorrow** te lo devuelvo mañana; **don't ~ me catch** or **see you cheating again!** ¡si te vuelvo a pillar haciendo trampa!; **~ him alone** or **be** déjalo en paz or tranquilo; **to ~ sb/sth go, to ~ go of sb/sth** soltar a algn/algo.
◆ **let by** VT + ADV dejar pasar.
◆ **let down** VT + ADV [a] (dress) alargar; (hem) bajar; (tyre) desinflar; (on rope) bajar. [b] (disappoint) decepcionar, defraudar; (fail) fallar; **the weather ~ us down** el tiempo nos defraudó; **I was badly ~ down** me llevé un gran chasco.
◆ **let in** VT + ADV: **to ~ sb in** dejar entrar or hacer pasar a algn; **~ him in!** ¡que pase!; **your mother ~ me in** tu madre me abrió (la puerta); **shoes which ~ the water in** zapatos que dejan calar el agua; **to ~ sb in for a lot of trouble** causarle mucha pena or muchas molestias a algn; **what have you ~ yourself in for?** ¿en qué te has metido?; **to ~ sb in on a secret** hacerle a algn partícipe de un secreto.
◆ **let off** VT + ADV [a] (explode) hacer explotar; **to ~ off steam** (fig fam) desfogarse, desahogarse. [b] (allow to go) dejar ir; (not punish) dejar escapar; **he was ~ off with a warning** se llevó sólo una advertencia.
◆ **let on** (fam) VI + ADV: **he didn't ~ on that he was angry** disimuló su enfado; **to ~ on to sb about sth** participar algo a algn; **don't ~ on!** ¡no digas nada!; **to ~ on (that ...)** (acknowledge) reconocer (que ...); (pretend) fingir (que ...).
◆ **let out** VT + ADV [a] (visitor) acompañar a la puerta; (prisoner) poner en libertad; (penned animal) dejar salir; (secret, news) divulgar; **to ~ out a cry/sigh** soltar un grito/un suspiro; **to ~ the air out of a tyre** desinflar un neumático or (LAm) una llanta. [b] (dress, seam) ensanchar. [c] (rent out) alquilar.
◆ **let up** [1] VI + ADV (bad weather) moderarse; **he never ~s up** (talking) habla sin parar; (working) trabaja sin descanso; **when the rain ~s up** cuando deje de llover tanto. [2] VT + ADV dejar levantarse.
letdown ['letdaʊn] N decepción f.
lethal ['liːθəl] ADJ (wound, poison, dose) mortal; (weapon) mortífero/a; **this coffee's ~!** (fig fam) ¡este café está asqueroso!
lethargic [le'θɑːdʒɪk] ADJ letárgico/a.
Lett [let] = **Latvian**.
letter ['letər] [1] N [a] (of alphabet) letra f; **the ~ G** la letra G; **small/capital ~** minúscula f/mayúscula f; **the ~ of the law** la ley escrita; **to follow instructions to the ~** (fig) cumplir las instrucciones al pie de la letra.
[b] (missive) carta f; **covering ~** carta adjunta; **~ of acknowledgement** carta de acuse de recibo; **~ of credit** carta de crédito; **documentary/irrevocable ~ of credit** carta de crédito documentaria/irrevocable; **~ of introduction/application/protest/attorney** or **proxy** carta de presentación/solicitud/protesta/poder; **~ of recommendation** carta de recomendación; **~s patent**

patente f de privilegio, letra f de patente; **by ~** por carta or escrito.
[c] (learning) letras fpl; **man of ~s** hombre m de letras.
[2] CPD: **~ bomb** N carta-bomba f; **~ carrier** N (US) cartero/a m/f; **~ opener** N abrecartas m inv; **~ quality** N calidad f de correspondencia; **~ writer** N corresponsal mf.
letterbox ['letəbɒks] N buzón m.
letterhead ['letəhed] N membrete m.
lettering ['letərɪŋ] N letras fpl, inscripción f.
letterpress ['letəpres] N (method) prensa f de copiar; (printed page) impresión f tipográfica.
lettuce ['letɪs] N lechuga f.
let-up ['letʌp] (fam) N descanso m; (fig) tregua f; **we worked 5 hours without (a) ~** trabajamos 5 horas sin descanso; **if there is a ~ in the rain** si deja un momento de llover.
leukaemia, (US) **leukemia** [luː'kiːmɪə] N leucemia f.
level ['levl] [1] ADJ [a] (flat: ground, surface) llano/a, plano/a; (even) a nivel, nivelado/a; **I'll do my ~ best** (fam) haré lo más que pueda; **a ~ spoonful** (Culin) una cucharada rasa; **~ crossing** (Rail) paso m a nivel.
[b] (steady: voice, tone) uniforme, inalterable; (: gaze) penetrante; **to keep a ~ head** no perder la cabeza.
[c] (equal) igual; **to be ~ with sb/sth** estar parejo con algn/a la altura de algo; **to draw ~ with sb/sth** alcanzar a algn/algo; **they were ~ pegging** iban empatados.
[2] N [a] nivel m; **at eye ~** a la altura del ojo; **on the international ~** a nivel internacional; **to find its** or **one's own ~** encontrar su nivel; **above/at/below sea ~** sobre el/al/por debajo del nivel del mar; **talks at ministerial ~** conversaciones a nivel ministerial; **to be on a ~ with** (lit) estar al nivel de; (fig) equipararse con; **to be on the ~** (fig fam: be honourable) ser honrado; (: be honest) hablar en serio, decir la verdad; **to come down to sb's ~** (fig) rebajarse al nivel de algn.
[b] (spirit ~) nivel m de burbuja.
[3] VT [a] (make ~: ground, site) nivelar, aplanar; (raze: building) arrasar; (fig) igualar.
[b] (aim) **to ~ (at)** (blow) dirigir (a); (gun) apuntar (a); (accusation) **to ~ (against sb)** levantar (contra algn).
◆ **level off, level out** VI + ADV (ground) nivelarse; (prices, curve on graph) estabilizarse; (aircraft) ponerse en una trayectoria horizontal.
◆ **level with** VI + PREP (fam) ser franco/a con; **I'll ~ with you** te lo voy a decir con franqueza.
level-headed ['levl'hedɪd] ADJ sensato/a, equilibrado/a.
levelling, (US) **leveling** ['levlɪŋ] N nivelación f.
lever ['liːvər] [1] N (gen, fig) palanca f. [2] VT: **to ~ sth up/ out/off** alzar/sacar/quitar algo con palanca.
leverage ['liːvərɪdʒ] [1] N apalancamiento m; (fig) influencia f. [2] VT: **~d buy-out** compra de todas las acciones de una compañía con dinero prestado que asegura la compra.
levitate ['levɪteɪt] VT elevar or mantener en el aire por levitación.
levity ['levɪtɪ] N (frm: frivolity) ligereza f, frivolidad f.
levy ['levɪ] [1] N impuesto m. [2] VT (tax, fine, contributions) exigir, imponer.
lewd [luːd] ADJ (comp **~er**; superl **~est**) (person) lascivo/a; (song, story etc) verde, colorado/a (LAm).
lexical ['leksɪkəl] ADJ léxico/a.
lexicographer [ˌleksɪ'kɒɡrəfər] N lexicógrafo/a m/f.
lexicography [ˌleksɪ'kɒɡrəfɪ] N lexicografía f.
lexicon ['leksɪkən] N léxico m.
LGV N ABBR of **Large Goods Vehicle** vehículo pesado.
l.h. ABBR of **left hand** izq.
LI ABBR (US) of **Long Island**.
liability [ˌlaɪə'bɪlɪtɪ] [1] N (responsibility) responsabilidad f; (burden) inconveniente m, estorbo m, carga f; (risk) riesgo m; **liabilities** (Comm) pasivo msg; **he's a real ~** es absolutamente inútil, crea más problemas que los que resuelve; **to meet one's liabilities** satisfacer sus deudas; see **limited**.
[2] CPD: **~ insurance** N seguro m contra responsabilidades.

> SENTENCE BUILDER: **let** → 10, 15.1, 15.3

liable ['laɪəbl] ADJ: **to be ~ for** ser responsable de; **to be ~ for taxes** (*thing*) estar sujeto/a a impuestos; (*person*) tener que pagar impuestos; **to be ~ to do sth** tener tendencia *or* ser propenso a hacer algo; **to be ~ to a fine** ser expuesto a una multa; **we are ~ to get shot at here** aquí estamos expuestos a los tiros; **the pond is ~ to freeze** el estanque tiene tendencia a helarse.

liaise [lɪ'eɪz] VI: **to ~ with** (*Brit*) enlazar con.

liaison [lɪ'eɪzɒn] **1** N (*coordination*) enlace *m*, coordinación *f*; (*fig: relationship*) relación *f*. **2** CPD: **~ committee** N comité *m* de enlace; **~ officer** N oficial *m* de enlace.

liar ['laɪər] N mentiroso/a *m/f*, embustero/a *m/f*.

Lib [lɪb] N ABBR **a** (*Pol*) *of* **Liberal**. **b** *of* **Liberation**.

libel ['laɪbəl] **1** N (*Jur*) calumnia *f*; (: *written*) escrito *m* difamatorio. **2** VT difamar, calumniar. **3** CPD: **~ laws** NPL leyes *fpl* contra la difamación; **~ suit** N pleito *m* por difamación.

libellous, (*US*) **libelous** ['laɪbələs] ADJ difamatorio/a, calumnioso/a.

liberal ['lɪbərəl] **1** ADJ (*gen, Pol*) liberal; (*generous*) generoso/a; (*views*) libre, liberal; **L~ Democratic Party, L~ Democrats** (*Brit Pol*) partido *m* democrático liberal. **2** N: **L~** (*Pol*) liberal *mf*.

liberalism ['lɪbərəlɪzəm] N liberalismo *m*.

liberality [ˌlɪbə'rælɪtɪ] N (*generosity*) liberalidad *f*, generosidad *f*.

liberalize ['lɪbərəlaɪz] VT liberalizar.

liberal-minded ['lɪbərəl'maɪndɪd] ADJ de mente liberal.

liberate ['lɪbəreɪt] VT (*free*) liberar; (*prisoner, slave*) poner en libertad; **a ~d woman** una mujer liberada.

liberation [ˌlɪbə'reɪʃən] **1** N liberación *f*. **2** CPD: **Women's L~ Movement** N movimiento *m* de liberación de la mujer; **~ theology** N teología *f* de la liberación.

liberator ['lɪbəreɪtər] N libertador(a) *m/f*.

Liberia [laɪ'bɪərɪə] N Liberia *f*.

Liberian [laɪ'bɪərɪən] ADJ, N liberiano/a *m/f*.

libertarian [ˌlɪbə'teərɪən] ADJ, N libertario/a *m/f*.

libertine ['lɪbətiːn] N libertino *m*.

liberty ['lɪbətɪ] N libertad *f*; **~ of conscience** libertad de conciencia; **to be at ~** (*free*) estar en libertad; **to be ~ to do sth** estar libre para hacer algo; **I have taken the ~ of giving your name** me he tomado la libertad de darles tu nombre; **to take liberties with sb** tratar a algn con demasiada familiaridad; (*sexually*) propasarse con algn; **what a ~!** (*fam*) ¡qué atrevimiento!

libido [lɪ'biːdəʊ] N libido *f*.

Libra ['liːbrə] N Libra *f*.

librarian [laɪ'breərɪən] N bibliotecario/a *m/f*.

library ['laɪbrərɪ] **1** N (*also Comput*) biblioteca *f*; **newspaper ~** hemeroteca *f*; **public ~** biblioteca pública. **2** CPD: **~ book** N libro *m* de la biblioteca; **~ pictures** NPL (*TV*) imágenes *fpl* de archivo; **~ ticket** N pase *m* para la biblioteca.

libretto [lɪ'bretəʊ] N (*pl* **~s** *or* **libretti** [lɪ'bretiː]) libreto *m*.

Libya ['lɪbɪə] N Libia *f*.

Libyan ['lɪbɪən] ADJ, N libio/a *m/f*.

lice [laɪs] NPL *of* **louse**.

licence, license¹ (*US*) ['laɪsəns] **1** N **a** (*permit*) licencia *f*, permiso *m*; **driving ~** carnet *m* *or* permiso de conducir, licencia *f* (*esp LAm*); **to manufacture sth under ~** fabricar algo bajo licencia. **b** (*excessive freedom*) libertad *f*; **poetic ~** licencia poética. **2** CPD: **~ number** N (*Aut*) matrícula *f*; **~ plate** N (*Aut*) matrícula, placa *f*, patente *f* (*CSur*).

license² ['laɪsəns] VT (*person: to do sth*) autorizar, dar permiso a; (*car*) sacar la matrícula de; **to be ~d to do sth** tener permiso para hacer algo.

licensed ['laɪsənst] ADJ (*car*) con matrícula; (*dog, gun*) con licencia, que tiene licencia; (*dealer, restaurant*) autorizado/a; **~ premises** (*Brit*) establecimiento con licencia de venta de alcohol; **~ trade** comercio *m* autorizado, negocio *m* autorizado; **~ victualler** vendedor(a) *m/f*.

licensee [ˌlaɪsən'siː] N (*in pub*) concesionario/a *m/f*, dueño/a *m/f* de un bar.

licensing ['laɪsənsɪŋ] CPD: **~ hours** NPL horas durante las cuales se permite la venta y consumo de alcohol (*en un bar etc*); **~ laws** NPL (*Brit*) leyes reguladoras de la venta y consumo de alcohol.

licentious [laɪ'senʃəs] ADJ licencioso/a.

lichen ['laɪkən] N liquen *m*.

lick [lɪk] **1** N **a** lamedura *f*, lengüetazo *m*; **a ~ of paint** una mano de pintura; **a ~ and a promise** (*fig fam*) una lavada a la carrera *or* de cualquier manera. **b** (*fam: speed*) **at full ~** a todo gas *or* correr. **2** VT **a** lamer; (*fig*) curarse las heridas; **to ~ sb's boots** (*fig fam*) hacer la pelota *or* dar coba a algn; **to ~ sth into shape** (*fig fam*) poner algo a punto. **b** (*fam: defeat*) dar una paliza a.
◆ **lick up** VT + ADV beber a lengüetazos.

licorice ['lɪkərɪs] N = **liquorice**.

lid [lɪd] N tapa *f*, tapadera *f*; **he's flipped his ~** (*fam*) ha perdido la chaveta (*fam*); **that puts the ~ on it!** (*fig*) ¡esto es el colmo *or* el acabóse!; **to take the ~ off sth** (*fig*) exponer algo a la luz pública.

lido ['liːdəʊ] N piscina *f*, alberca *f* pública (*Mex*), pileta *f* pública (*Arg*).

lie¹ [laɪ] **1** N mentira *f*; **it's a ~!** ¡es mentira!; **to tell ~s** mentir; **white ~** mentira piadosa; **to give the ~ to** (*person*) dar el mentís a; (*report*) desmentir. **2** VI mentir. **3** CPD: **~ detector** N detector *m* de mentiras.

lie² [laɪ] (*pt* **lay**; *pp* **lain**) **1** VI **a** (*act*) echarse, acostarse, tumbarse; (*state*) estar echado/a *or* acostado/a *or* tumbado/a; (*dead body*) yacer, reposar; **he lay where he had fallen** se quedó donde había caído; **to ~ still** quedarse inmóvil; **to ~ in bed** estar en la cama; (*lazily*) seguir en la cama; **to ~ low** (*fig*) mantenerse a escondidas. **b** (*be situated*) estar, encontrarse, ubicarse (*LAm*); (*remain*) quedarse; **the book lay on the table** el libro estaba sobre la mesa; **the money is lying in the bank** el dinero sigue en el banco; **the snow lay half a metre deep** había medio metro de nieve; **the snow did not ~** la nieve se derritió; **the town ~s in a valley** el pueblo está situado *or* ubicado en un valle; **the plain lay before us** la llanura se extendía delante de nosotros; **obstacles ~ in the way** hay obstáculos por delante; **where does the difficulty/difference ~?** ¿en qué consiste *or* radica la dificultad/la diferencia?; **how does the land ~?** ¿cuál es el estado actual de las cosas?; **the problem ~s in his refusal** el problema estriba en su negativa; **the fault ~s with you** la culpa es tuya. **2** N: **the ~ of the land** (*Geog*) la configuración del terreno; (*fig*) el estado de las cosas.
◆ **lie about, lie around** VI + ADV (*objects*) estar tirado/a; (*person*) estar acostado/a *or* tumbado/a; **it must be lying about somewhere** debe de andar por aquí.
◆ **lie back** VI + ADV recostarse.
◆ **lie behind** VI + PREP (*fig*) haber detrás de; **what ~s behind his attitude?** ¿cuál es la verdadera razón de su actitud?; **I wonder what ~s behind all this** me pregunto qué hay detrás de todo esto.
◆ **lie down** VI + ADV echarse, acostarse; **to take sth lying down** (*fig*) aguantar *or* soportar algo sin protestar.
◆ **lie in** VI + ADV (*stay in bed*) levantarse tarde.
◆ **lie up** VI + ADV (*be out of use*) quedar fuera de uso.

Liechtenstein ['lɪktənstaɪn] N Liechtenstein *m*.

lie-down [ˌlaɪ'daʊn] N descanso *m*, siesta *f*.

lie-in [ˌlaɪ'ɪn] N: **to have a ~** levantarse tarde.

lien [lɪən] N derecho *m* de retención (*on* de); **banker's ~** gravamen *m* bancario.

lieu [luː] N: **in ~ of** en lugar de.

Lieut. ABBR *of* **Lieutenant** Tte.

lieutenant [lef'tenənt] **1** N (*Mil*) teniente *m*; (*Naut*) alférez *m* de navío. **2** CPD: **~ colonel** N teniente *m* coronel.

▼ **life** [laɪf] **1** N (*pl* **lives**) **a** (*animate state*) vida *f*; **~ on earth**

> SENTENCE BUILDER: **life →** 4.3

la vida en la tierra; **bird** ~ los pájaros; **a matter of** ~ **and death** cosa de vida o muerte; **a danger to** ~ **and limb** un peligro mortal; **to risk** ~ **and limb** jugarse la vida; **to bring sb back to** ~ resucitar *or* reanimar a algn.

b (*existence*) vida *f*, existencia *f*; **to spend one's** ~ **doing sth** pasar la vida haciendo algo; **during the** ~ **of this government** durante el mandato de este gobierno; **to begin** ~ **as ...** empezar la vida como ...; **the** ~ **of an ant** la vida de una hormiga; **to be sent to prison for** ~ ser condenado a reclusión *or* cadena perpetua; **to do** ~ (*fam*) cumplir una condena de reclusión perpetua; **country/city** ~ la vida de la ciudad/del campo; **in early/later** ~ en los años juveniles/maduras; **a quiet/hard** ~ una vida tranquila/dura; **in real** ~ en la vida real; **how's** ~? (*fam*) ¿qué tal?, ¿cómo te va la vida?, ¿cómo te/le va?, ¿qué hubo? (*Mex, Chi*); **what a** ~! ¡qué vida ésta!; **to lose one's** ~ perder la vida; **3 lives were lost** murieron 3; **to live the** ~ **of Riley** darse buena vida; **to live one's own** ~ ser dueño de su propia vida; **to make a new** ~ **for o.s.**, **to start a new** ~ comenzar una vida nueva; **to take one's own** ~ (*euph: commit suicide*) quitarse la vida, suicidarse; **you'll be taking your** ~ **in your hands if you climb up there** (*fam*) subir allí es jugarse la vida; **his** ~ **won't be worth living** más le valdría morirse; **not on your** ~! (*fam*) ¡ni hablar!, ¡nomás eso faltaba! (*LAm*); **to see** ~ ver mundo; **run for your** ~! ¡sálvese quien pueda!; **you gave me the fright of my** ~! ¡qué susto me diste!; **I can't for the** ~ **of me remember ...** (*fam*) por más que lo intento no puedo recordar ...; **true to** ~ fiel a la realidad; ~ **is not a bed of roses** la vida no es senda de rosas.

c (*liveliness*) vida *f*, animación *f*; **the** ~ **and soul of the party** el alma de la fiesta; **to put** *or* **breathe new** ~ **into sb/sth** infundir nueva vida a algn/algo; **to come to** ~ animarse.

2 CPD: ~ **annuity** N pensión *f or* anualidad *f* vitalicia; ~ **assurance** N seguro *m* de vida; ~ **cycle** N ciclo *m* vital; ~ **expectancy** N esperanza *f* de vida; ~ **force** N fuerza *f* vital; ~ **imprisonment** N cadena *f* perpetua; ~ **insurance** N = ~ **assurance**; ~ **jacket** N chaleco *m* salvavidas; ~ **preserver** N (*Brit*) cachiporra *f*; (*US*) chaleco *m* salvavidas; ~ **sentence** N condena *f* a perpetuidad; ~ **story** N biografía *f*.

life-and-death ['laɪfəndeθ] ADJ: ~ **struggle** lucha *f* encarnizada *or* a vida o muerte.

lifebelt ['laɪfbelt] N cinturón *m* salvavidas.

lifeblood ['laɪfblʌd] N (*fig*) alma *f*, nervio *m*.

lifeboat ['laɪfbəʊt] N (*from shore*) lancha *f* de socorro; (*from ship*) bote *m* salvavidas.

lifebuoy ['laɪfbɔɪ] N boya *f* salvavidas.

lifeguard ['laɪfɡɑːd] N (*on beach*) vigilante *mf*, salvavidas *m inv*.

lifeless ['laɪflɪs] ADJ sin vida, exánime; (*fig: person etc*) sin ánimos, abatido/a; (: *hair*) sin cuerpo, lacio/a.

lifelike ['laɪflaɪk] ADJ natural; (*seemingly real*) que parece vivo; **her photo is so** ~ la foto es el vivo retrato de ella.

lifeline ['laɪflaɪn] N cuerda *f* de salvamento; (*fig*) cordón *m* umbilical, sustento *m*.

lifelong ['laɪflɒŋ] ADJ de toda la vida.

lifer ['laɪfər] N (*fam*) presidiario *m* de por vida, persona *f* condenada a reclusión perpetua.

life-saver ['laɪfˌseɪvər] N salvador(a) *m/f*.

life-saving ['laɪfˌseɪvɪŋ] **1** N salvamento *m*. **2** CPD de salvamento.

life-size(d) ['laɪfˌsaɪz(d)] ADJ de tamaño natural.

lifestyle ['laɪfstaɪl] N estilo *m* de vida.

life-support ['laɪfsəˌpɔːt] ADJ: ~ **system** sistema *m* de respiración artificial.

lifetime ['laɪftaɪm] N vida *f*; (*fig*) eternidad *f*; **in my** ~ durante *or* en el curso de mi vida; **within my** ~ mientras viva; **the chance of a** ~ una oportunidad única; **it seemed a** ~ pareció una eternidad.

LIFO ['laɪfəʊ] ABBR *of* **last in, first out** UEPS.

lift [lɪft] **1** N **a** (*Brit: elevator*) ascensor *m*, elevador *m* (*LAm*).

b (*esp Brit: in car*) viaje *m* gratuito, aventón *m* (*LAm*);

(*Aer*) empuje *m*; (*fig: moral boost*) ánimos *mpl*; **to hitch a** ~ (*fam*) hacer autostop, pedir aventón (*LAm*); **to give sb a** ~ llevar a algn en coche, dar aventón a algn (*LAm*).

2 VT **a** (*thing, person*) levantar, subir (*LAm*); (*pick up: child*) coger (*Sp*), agarrar (*LAm*); **to** ~ **sb over sth** levantar a algn por encima de algo; **to** ~ **one's head/voice** levantar *or* alzar la cabeza/la voz; **she never** ~**s a finger to help** no mueve un dedo para ayudar.

b (*fig: restrictions, ban*) levantar.

c (*fam: steal: idea, quotation*) plagiar.

3 VI levantarse, alzarse (*LAm*); (*mist etc*) disiparse.

4 CPD: ~ **attendant** N ascensorista *mf*; ~ **shaft** N caja *f or* hueco *m* del ascensor.

◆ **lift down** VT + ADV bajar.

◆ **lift off** **1** VT + ADV levantar, quitar. **2** VI + ADV despegar.

◆ **lift out** VT + ADV sacar.

◆ **lift up** VT + ADV levantar.

liftoff ['lɪftɒf] N despegue *m*.

ligament ['lɪɡəmənt] N ligamento *m*.

ligature ['lɪɡətʃər] N (*Med, Mus*) ligadura *f*; (*Typ*) ligado *m*.

light¹ [laɪt] (*vb: pt, pp* **lit** *or* ~**ed**) **1** N **a** (*in general*) luz *f*; **electric** ~ luz eléctrica; **at first** ~ al rayar el día; **by the** ~ **of the moon** a la luz de la luna; **in the cold** ~ **of day** (*lit, fig*) a la luz del día; **you're (standing) in my** ~ me quitas la luz; **to hold sth up to** *or* **against the** ~ acercar algo a la luz, mirar algo a trasluz.

b (*fig*) **in the** ~ **of** a la luz de; **to bring/come to** ~ sacar/salir a luz; **to cast** *or* **shed** *or* **throw** ~ **on** arrojar luz sobre; **to look at/reveal sth/sb in a new** ~ ver/dejar ver a algo/algn bajo otro aspecto; **to see the** ~ (*Rel*) convertirse; (*fig*) caer en la cuenta; **there is** ~ **at the end of the tunnel** se empieza a ver un rayo de esperanza.

c (*lamp*) luz *f*, lámpara *f*; (*Aut*) faro *m*, foco *m* (*LAm*); **to turn the** ~ **on/off** encender/apagar la luz; **what time is** ~**s out?** ¿a qué hora se apagan las luces?; **I went out like a** ~ (*fam*) me quedé dormido en seguida; **rear** *or* **tail** ~**s** pilotos *mpl*, luces traseras, calaveras *fpl* (*Mex*); **the (traffic)** ~**s were at** *or* **on red** el semáforo estaba en rojo; **to get the green** ~ **from sb** recibir luz verde de algn; **leading** ~ (*fig*) figura *f* principal.

d (*flame*) fuego *m*, lumbre *f*; **have you a** ~? (*for cigarette*) ¿tienes fuego *or* (*LAm*) lumbre?; **to put a** ~ **to sth**, **to set** ~ **to sth** prender fuego a algo.

2 ADJ (*comp* ~**er**; *superl* ~**est**) **a** (*bright*) claro/a, bien iluminado/a; (*illuminated*) bañado de luz.

b (*colour*) claro/a; (*hair*) rubio/a, güero/a (*CAm, Mex*); (*skin*) blanco/a.

3 VT **a** (*illuminate*) iluminar, alumbrar.

b (*cigarette*) encender; (*fire etc*) prender fuego a.

4 VI (*ignite*) encenderse, prenderse (*LAm*).

5 CPD: ~ **bulb** N bombilla *f*, foco *m* (*LAm*), bombillo *m* (*LAm*); ~ **meter** N (*Phot*) fotómetro *m*; ~ **pen** N lápiz *m* óptico, fotoestilo *m*; ~ **year** N año *m* luz.

◆ **light up** **1** VI + ADV (*gen*) iluminarse, alumbrarse; **her face lit up** se iluminó su cara.

b (*fam: smoke*) encender un cigarrillo.

2 VT + ADV iluminar, alumbrar.

light² [laɪt] **1** ADJ (*comp* ~**er**; *superl* ~**est**) (*gen*) ligero/a, liviano/a (*LAm*); (*rain, breeze*) leve; ~ **ale** cerveza *f* clara; ~ **opera** opereta *f*; ~ **reading** lectura *f* amena; **a** ~ **sleeper** una persona de sueño ligero; **as** ~ **as a feather** (tan) ligero como una pluma; **to be** ~ **on one's feet** ser ligero de pies; **with a** ~ **heart** con alegría; **to make** ~ **work of sth** hacer algo con facilidad; **to make** ~ **of sth** (*fig*) hacer poco caso de algo.

2 ADV: **to travel** ~ viajar con poco equipaje.

light-emitting ['laɪtɪˌmɪtɪŋ] ADJ: ~ **diode** diodo *m* luminoso.

lighten¹ ['laɪtn] **1** VT iluminar, alumbrar. **2** VI clarear.

lighten² ['laɪtn] VT (*load*) aligerar; (*fig: make cheerful: heart, atmosphere*) aliviar.

lighter ['laɪtər] **1** N (*also* **cigarette** ~) encendedor *m*, mechero *m*. **2** CPD: ~ **fuel** N gas *m* de encender.

light-fingered ['laɪt'fɪŋɡəd] ADJ largo/a de manos.

light-haired ['laɪt'heəd] ADJ rubio/a, güero/a (*CAm, Mex*).

light-headed ['laɪt'hedɪd] ADJ (*by temperament*) despistado/a, ligero/a de cascos; (*dizzy*) mareado/a; (*with fever*) delirante; (*with excitement*) exaltado/a; **wine makes me ~** el vino me sube a la cabeza.

light-hearted ['laɪt'hɑːtɪd] ADJ alegre.

lighthouse ['laɪthaʊs] N (*pl* **-houses** [-haʊzɪz]) faro *m*.

lighting ['laɪtɪŋ] [1] N (*act*) iluminación *f*; (*system*) alumbrado *m*. [2] CPD: **~ fixtures** NPL guarniciones *fpl* de alumbrado.

lighting-up ['laɪtɪŋ'ʌp] CPD: **~ time** N hora *f* de encender los faros.

lightly ['laɪtlɪ] ADV ligeramente; **to get off ~** escapar casi indemne; **to speak ~ of dangers** despreciar los peligros.

lightness ['laɪtnɪs] N [a] (*brightness: of room*) luminosidad *f*, claridad *f*; (: *of colour*) claridad. [b] (*in weight etc*) ligereza *f*, liviandad *f*.

lightning ['laɪtnɪŋ] [1] N (*flash*) relámpago *m*; (*stroke*) rayo *m*; **as quick as** *or* **like (greased) ~** (*fam*) como un rayo. [2] CPD: **~ attack** N ataque *m* relámpago; **~ conductor, ~ rod** N pararrayos *m inv*; **~ strike** N huelga *f* relámpago.

lightweight ['laɪtweɪt] ADJ (*gen*) ligero/a, liviano/a; (*Boxing*) de peso ligero.

▼**like**[1] [laɪk] [1] ADJ (*resembling*) parecido/a, semejante; **in ~ cases** en casos parecidos; **rabbits, mice and ~ creatures** conejos, ratones y otras criaturas parecidas; **they are as ~ as two peas (in a pod)** se parecen como dos gotas de agua. [2] PREP [a] (*similar to*) como, igual que; (*in comparisons*) como; **to be ~ sb/sth** ser parecido a algn/algo; **they are very ~ each other** son muy parecidos; **a house ~ mine** una casa como la mía; **people ~ that** esa clase *or* ese tipo de gente; **what's he ~?** ¿cómo es (él)?; **what's the weather ~?** ¿qué tiempo hace?; **this portrait is not ~ him** en este retrato no parece él; **he thinks ~ us** piensa como nosotros; **~ a man** como un hombre; **she behaved ~ an idiot** se comportó como una idiota; **it's not ~ him to do that** no es propio de él hacer eso; **I never saw anything ~ it** no he visto nunca nada igual, nunca he visto cosa igual; **just ~ anybody else** igual que cualquier otro; **that's more ~ it** (*fam*) así se hace, así está mejor; **that's nothing ~ it** no se parece en nada; **something ~ that** algo así *or* por el estilo; **there's nothing ~ a good holiday** no hay nada como unas buenas vacaciones; **it happened ~ this ...** pasó así ...; **~ father ~ son** de tal palo tal astilla; **we ran ~ mad** (*fam*) corrimos como locos; **I don't feel ~ doing it** no tengo ganas de hacerlo; **I feel ~ a drink** me apetece *or* (*LAm*) se me antoja una copa; **it looks ~ a diamond** parece un diamante; *see* **feel 3(c)**; **look 2(c)** *etc*. [b] (*such as*) como. [3] ADV: **it's nothing ~ as hot as it was yesterday** comparado con ayer, hoy no hace nada de calor; **as ~ as not** probablemente. [4] CONJ: **~ we used to (do)** como (antes) hacíamos; **it's just ~ I say** es como yo lo digo; **he felt ~ he'd won the pools** estaba como si hubiera ganado el premio gordo. [5] N: **did you ever see the ~ (of it)?** ¿has visto cosa igual?; **the ~ of which I never saw** nunca he visto una igual; **sparrows, blackbirds and the ~** gorriones, mirlos y otros por el estilo; **the ~s of him** (*fam pej*) esa clase de personas.

▼**like**[2] [laɪk] [1] VT [a] (*person, thing*) gustarle; (*close friends*) querer, tener cariño a; **they ~ each other** se gustan; (*friends*) se caen bien; **he is well ~d here** aquí se le quiere mucho; **I ~/he ~s (doing) sth** me/le gusta (hacer) algo; **we ~ walking** nos gusta andar *or* (*LAm*) caminar; **well, I ~ that!** (*hum, fam*) ¡muy bonito! [b] (*want*) querer, gustarle; **I should ~ more time** me gustaría tener más tiempo; **I should ~ to know why** quisiera saber por qué; **would you ~ me to wait?** ¿quiere que espere?; **I didn't ~ to (do sth)** no quise (hacer algo); (*fig: was embarrassed*) me daba vergüenza (hacer algo); **as you ~** como quieras; **if you ~** si quieres; **whenever you ~** cuando quieras; **whether you ~s it or not** quiera o no quiera.

[2] N: **~s** gustos *mpl*, simpatías *fpl*; **~s and dislikes** preferencias *fpl*.

-like [laɪk] ADJ SUF parecido/a a, como.

likeable ['laɪkəbl] ADJ simpático/a, agradable.

likelihood ['laɪklɪhʊd] N probabilidad *f*; **in all ~** con toda probabilidad; **there is no ~ of that** es poco probable; **there is little ~ that he'll come** es poco probable que venga.

▼**likely** ['laɪklɪ] [1] ADJ (*comp* **-ier**; *superl* **-iest**) [a] (*probable*) probable; (*believable*) verosímil; **a ~ explanation** (*lit, hum*) una explicación razonable; **the ~ outcome** el resultado más probable; **a ~ story!** (*hum*) ¡puro cuento!; **it's ~ that I'll be late** es probable que llegue tarde. [b] (*liable*) **to be ~ to** ser propenso a; **an incident ~ to cause trouble** un incidente que pudiera dar lugar a disturbios; **he is not ~ to come** es poco probable que venga. [2] ADV probablemente; **most** *or* **very ~ they've lost it** probablemente lo han perdido; **not ~!** (*fam*) ¡ni hablar!, lo dudo mucho.

like-minded ['laɪk'maɪndɪd] ADJ de la misma opinión.

liken ['laɪkən] VT comparar (**to** con).

likeness ['laɪknɪs] N (*similarity*) semejanza *f*, parecido *m*; (*portrait*) retrato *m*; **family ~** aire *m* de familia; **in the ~ of** bajo la forma de.

likewise ['laɪkwaɪz] ADV (*also*) también, asimismo; (*the same*) lo mismo, igualmente; **to do ~** hacer lo mismo.

liking ['laɪkɪŋ] N gusto *m*; (*for person*) simpatía *f*, aprecio *m* (*LAm*); (*for friends etc*) cariño *m*; (*for activity etc*) afición *f*; **to have a ~ for sth** tener afición a algo; **to have a ~ for sb** tener simpatía a algn; **to be to sb's ~** ser del gusto de algn; **to take a ~ to sth/to doing sth** tomar gusto a algo/hacer algo; **to take a ~ to sb** tomar cariño a algn; **it's too strong for my ~** para mí es demasiado fuerte.

lilac ['laɪlək] [1] N (*Bot*) lila *f*; (*colour*) color *m* de lila. [2] ADJ de color de lila.

Lilo ® ['laɪləʊ] N colchón *m* inflable.

lilt [lɪlt] N (*in voice*) deje *m*; (*in song*) ritmo *m* alegre.

lily ['lɪlɪ] N lirio *m*, azucena *f*; **~ of the valley** muguete *m*, lirio de los valles.

Lima ['liːmə] N Lima *f*.

limb [lɪm] N (*Anat*) miembro *m*; (*of tree*) rama *f*; **to be/go out on a ~** (*fig: in danger*) estar/quedar en peligro; (: *be isolated*) estar aislado/aislarse; (: *take risk*) correr el riesgo.

◆ **limber up** [ˌlɪmbər'ʌp] VI + ADV desentumecerse.

limbo ['lɪmbəʊ] N (*Rel: also* **L~**) limbo *m*; **to be in ~** (*fig*) quedar a la expectativa.

lime[1] [laɪm] N (*Geol*) cal *f*.

lime[2] [laɪm] N (*Bot: linden*) tilo *m*.

lime[3] [laɪm] N (*Bot: citrus fruit*) lima *f*; (*tree*) limero *m*.

limelight ['laɪmlaɪt] N: **to be in the ~** (*fig*) estar en el candelero; **to hog the ~** chupar cámara.

limerick ['lɪmərɪk] N especie de quintilla jocosa.

┌─ LIMERICK ─────────────────────

🛈 *Un* **limerick** *es un poema burlón que consta de cinco versos con rima* **aabba**. *Las composiciones suelen ir dirigidas a una persona y el tono es normalmente bastante grosero o surrealista. A menudo comienzan con las palabras* **there was a…** *y contienen dos versos largos seguidos de otros dos cortos más un remate incisivo que puede llevar una rima torpe o inesperada a propósito. A continuación mostramos un ejemplo de* **limerick**: **There was a young man from Madrid, Who went to an auction to bid; The first thing they showed Was an ancient commode, And phew! when they opened the lid!**

└─────────────────────────────────

limestone ['laɪmstəʊn] N (piedra *f*) caliza *f*.

limey ['laɪmɪ] N (*US, Australia fam*) inglés/esa *m/f*.

limit ['lɪmɪt] [1] N (*gen*) límite *m*; (*restriction*) máximo *m*; **to be off ~s** (*US*) estar fuera de los límites; **he was 3 times over the ~** (*Aut*) había ingerido 3 veces más de la cantidad de alcohol permitida; **to know no ~s** ser infinito, no tener límites; **there is a ~ to what one can do** cada algn tiene sus límites; **he's the ~!** (*fam*) ¡es el colmo!

➤ SENTENCE BUILDER: **like**[1] → 9.3 **like**[2] → 1.1, 1.2, 1.3, 1.5, 5, 10, 13.3 **likely** → 16.2

2 VT (see n) limitar, poner límite a; restringir; **to ~ o.s. to a few remarks** limitarse a hacer algunas observaciones; **I ~ myself to 10 cigarettes a day** me permito tan sólo 10 cigarrillos al día.

limitation [ˌlɪmɪˈteɪʃən] N limitación f, restricción f; **he has his ~s** tiene sus puntos flacos; **there is no ~ on exports** no hay restricción de artículos exportados.

limited [ˈlɪmɪtɪd] ADJ limitado/a, restringido/a; **~ edition** tirada f limitada; **~ liability company** sociedad f de responsabilidad limitada.

limitless [ˈlɪmɪtlɪs] ADJ sin límite.

limo [ˈlɪməʊ] N (US fam) = **limousine**.

limousine [ˈlɪməziːn] N limusina f.

limp¹ [lɪmp] **1** N cojera f. **2** VI cojear, renguear (LAm); **he ~ed to the door** fue cojeando a la puerta.

limp² [lɪmp] ADJ (comp ~er; superl ~est) fláccido/a, flojo/a; **she felt ~ all over** tenía un desmayo en todo el cuerpo.

limpet [ˈlɪmpɪt] N lapa f; **like a ~** como una lapa.

limpid [ˈlɪmpɪd] ADJ límpido/a, cristalino/a.

linchpin [ˈlɪntʃpɪn] N (lit) pezonera f; (fig) eje m.

Lincs [lɪŋks] ABBR (Brit) of **Lincolnshire**.

linctus [ˈlɪŋktəs] N jarabe m para la tos.

linden [ˈlɪndən] N = **lime²**.

line¹ [laɪn] **1** N **a** (gen) línea f; (drawn etc) raya f; (on face etc) arruga f; (fig: of descent) linaje m; **to draw a ~ under/through sth** subrayar/tachar or (LAm) rayar algo; **to draw the ~ at sth** (fig) no ir más allá de algo; **to know where to draw the ~** (fig) saber dónde pararse; **in the male ~** por el lado de los varones.

b (rope) cuerda f; (fishing ~) sedal m; (Elec: wire) cable m; (Telec: of communication) línea f; **the hot ~** el teléfono rojo; **'hold the ~ please'** 'no cuelgue Ud, por favor'; **clothes ~** cuerda para tender la ropa.

c (row) línea f, hilera f, fila f; (queue) cola f, fila; **to be in ~ for promotion** estar bajo consideración para un ascenso; **to bring sth into ~ with sth** poner algo de acuerdo con algo; **to fall into ~ with sb** estar de acuerdo con algn; **to fall into ~ with sth** ser conforme a algo; **to stand in ~** hacer cola; **to step out of ~** (fig) pasarse de la raya; **~ of battle** línea de batalla; **~ of traffic** cola de coches.

d (direction, course) línea f; **in the ~ of fire** (Mil) en la línea de fuego; **~ of argument** argumento m; **~ of attack** (Mil) modo m de ataque; (fig) planteamiento m; **what's his ~ of business?** ¿a qué se dedica?; **in the ~ of duty** en cumplimiento de sus deberes; **~ of interest** interés m; **to follow** or **take the ~ of least resistance** conformarse con la ley del mínimo esfuerzo; **~ of research** campo m de investigación; **~ of thought** hilo m del pensamiento; **~ of vision** visual f; **it's not my ~** (fam: speciality) no es de mi especialidad; **to take a strong** or **firm ~ on sth** adoptar una actitud firme sobre algo; **to take the ~ that ...** ser de la opinión que ...; **to toe** or **follow the party ~** conformarse a or seguir la línea del partido; **something along the same ~s** algo por el estilo; **on the right ~s** por buen camino.

e (Comm: product) **a new/popular ~** una línea nueva/popular; **that ~ did not sell at all** ese género resultó ser invendible.

f (of print, verse) renglón m, línea f; **to learn one's ~s** (Theat) aprenderse el papel; **to read between the ~s** (fig) leer entre líneas; **drop me a ~** (fig fam) escríbeme.

g (Rail: route, track) línea f, vía f; (shipping company) línea; **all along the ~** (fig) desde principio a fin; **somewhere along the ~ we went wrong** (fig) en algún punto nos hemos equivocado; **to reach** or **come to the end of the ~** (fig) llegar al final.

h (fig: clue) pista f; **can you give me a ~ on it?** ¿me puedes dar algunas indicaciones acerca de ello?

2 CPD: **~ drawing** N dibujo m lineal; **~ editing** N corrección f por líneas; **~ feed** N avance m de línea; **~ printer** N impresora f de línea.

♦ **line up** **1** VT + ADV **a** (stand in line) poner en fila. **b** (arrange) arreglar. **2** VI + ADV (in queue) hacer cola; (in row) alinearse, ponerse en fila.

line² [laɪn] VT (clothes etc) forrar; **streets ~d with trees** calles bordeadas de árboles; **to ~ the streets** ocupar las aceras; see **pocket**.

lineage [ˈlɪnɪɪdʒ] N linaje m.

linear [ˈlɪnɪəʳ] ADJ (design) lineal; (measure) de longitud.

lined¹ [laɪnd] ADJ (paper) rayado/a; (face) arrugado/a.

lined² [laɪnd] ADJ (clothes etc) forrado/a.

linen [ˈlɪnɪn] **1** N (cloth) hilo m, lino m, lienzo m; (sheets, tablecloth etc) ropa f blanca; **to wash one's dirty ~ in public** (fig) lavar los trapos sucios en público. **2** ADJ de hilo, de lino. **3** CPD: **~ basket** N canasta f or cesto m de la ropa.

liner [ˈlaɪnəʳ] N **a** (ship) transatlántico m, vapor m. **b** **dustbin ~** bolsa f (de la basura); **nappy ~** gasa f, fibra f absorbente (en pañales).

linesman [ˈlaɪnzmən] N (pl -men) (Sport) juez(a) m/f de línea; (Rail, Telec) guardavía mf.

line-up [ˈlaɪnʌp] N (Sport) formación f, alineación f.

linger [ˈlɪŋgəʳ] VI rezagarse; (smell, memory, tradition) perdurar; **to ~ on sth** dilatarse en algo; **to ~ over doing sth** tardar or no darse prisa en hacer algo; **to ~ over a meal** comer despacio.

lingerie [ˈlænʒəriː] N ropa f interior or íntima de mujer.

lingering [ˈlɪŋgərɪŋ] ADJ (smell, doubt) persistente; (look) fijo/a; (death) lento/a.

lingo [ˈlɪŋgəʊ] N (fam) jerga f.

linguist [ˈlɪŋgwɪst] N **a** (speaker of languages) políglota mf; **I'm no ~** no puedo con los idiomas; **the company needs more ~s** la compañía necesita más gente que sepa idiomas. **b** (specialist in linguistics) lingüista mf.

linguistic [lɪŋˈgwɪstɪk] **1** ADJ lingüístico/a. **2** NSG: **~s** lingüística f.

lining [ˈlaɪnɪŋ] N (of clothes etc) forro m; (Tech) revestimiento m; (of brake) guarnición f.

link [lɪŋk] **1** N (of chain) eslabón m; (fig: connection) vínculo m, vinculación f; **a new rail ~ for El Toboso** un nuevo enlace ferroviario para El Toboso; **~s of friendship** lazos mpl de amistad; **cultural ~s** relaciones fpl culturales; **missing ~** eslabón perdido. **2** VT unir, conectar; (fig) unir, vincular; **to ~ arms** tomarse del brazo; **the two companies are now ~ed** ahora están unidas las dos compañías.

♦ **link up** VI + ADV (people) unirse; (spaceships etc) acoplarse; (railway lines, roads) empalmar; (fig) vincularse.

linked [lɪŋkt] ADJ (problems etc) relacionado/a, vinculado/a.

linkman [ˈlɪŋkmæn] N (pl -men) (Rad, TV) locutor m de continuidad.

links [lɪŋks] NPL **a** (golf ~) campo msg or (LAm) cancha fsg de golf. **b** (cuff ~) gemelos mpl, mancuernas fpl (CAm, Mex).

linkup [ˈlɪŋkʌp] N (meeting) encuentro m, reunión f; (roads etc) empalme m; (of spaceships) acoplamiento m; (Rad, TV) enlace m.

lino [ˈlaɪnəʊ], **linoleum** [lɪˈnəʊlɪəm] N linóleo m.

linseed [ˈlɪnsiːd] N linaza f.

lint [lɪnt] N hilas fpl.

lintel [ˈlɪntl] N dintel m.

lion [ˈlaɪən] N león m; **the ~'s share** (fig) la parte del león, la mayor parte.

lioness [ˈlaɪənɪs] N leona f.

lip [lɪp] **1** N (Anat) labio m; (of jug etc) pico m; (fam: insolence) impertinencia f; **my ~s are sealed** soy como una esfinge; **to bite one's ~** (fig) morderse el labio; **to read sb's ~s** leer en los labios de algn. **2** CPD: **~ gloss** N brillo m de labios; **~ salve** N (Brit) manteca f de cacao, crema f protectora para labios; **~ service** N: **to pay ~ service to an idea** etc alabar un ideal etc de boquilla; **he's just paying ~ service** es puro jarabe de pico or (Mex) pura guasa.

liposuction [ˈlɪpəʊˌsʌkʃən] N liposucción f.

lip-read [ˈlɪpriːd] VT, VI leer en los labios.

lip-reading [ˈlɪpˌriːdɪŋ] N lectura f de labios.

lipstick [ˈlɪpstɪk] N lápiz m de labios.

liquefy [ˈlɪkwɪfaɪ] **1** VT licuar. **2** VI licuarse.

liqueur [lɪˈkjʊəʳ] N licor m.

liquid ['lıkwıd] **1** ADJ líquido/a; **~ assets** (Fin) activo m líquido; **~ crystal display** visualizador m de cristal líquido; **L~ Paper** ® Tipp-Ex ® m. **2** N líquido m.

liquidate ['lıkwıdeıt] VT (Fin) liquidar.

liquidation [,lıkwı'deıʃən] N liquidación f; **to go into ~** entrar en liquidación.

liquidator ['lıkwıdeıtə'] N liquidador(a) m/f.

liquidity [lı'kwıdıtı] N (Fin) liquidez f.

liquidize ['lıkwıdaız] VT (Culin) licuar.

liquidizer ['lıkwıdaızə'] N (Culin) licuadora f.

liquor ['lıkə'] **1** N (Brit): frm) licores mpl; (US) alcohol m. **2** CPD: **~ store** N (US) bodega f, tienda f de bebidas alcohólicas.

liquorice ['lıkərıs] N regaliz m.

Lisbon ['lızbən] N Lisboa f.

lisp [lısp] **1** N ceceo m. **2** VI cecear.

lissom ['lısəm] ADJ ágil.

list¹ [lıst] **1** N (gen) lista f; (catalogue) catálogo m; **price/ waiting ~** lista de precios/espera. **2** VT (include in ~) poner en una lista; (enumerate) hacer una lista de; (Fin) cotizar (at a); (Comput) listar; **it is not ~ed** no aparece en la lista. **3** CPD: **~ price** N precio m de catálogo; **~ renting** N alquiler m de listas de posibles clientes.

list² [lıst] **1** N (Naut) escora f. **2** VI (Naut) escorar.

listed ['lıstıd] ADJ: **~ building** (Brit) edificio m protegido; **~ company** compañía f cotizable.

listen ['lısn] VI (gen) escuchar, oír; (heed) atender, prestar atención a; **~!** ¡escucha!, ¡oiga!; **he wouldn't ~** no quiso escuchar; **to ~ (out) for sth** estar atento esperando oír algo; **to ~ in on a conversation** escuchar una conversación a hurtadillas; **to ~ to reason** atender razones.

listener ['lısnə'] N (gen) oyente mf; (Rad) radioescucha mf; **to be a good ~** saber escuchar.

listening ['lısnıŋ] CPD: **~ comprehension test** N ejercicio m de comprensión auditiva; **~ device** N aparato m auditivo.

listeria [lıs'tiːərıə] N listeria f.

listing ['lıstıŋ] N (gen, Comput) listado m. **b** (Comm) **they have a ~ on the Stock Exchange** cotizan en la Bolsa. **c** **~s** guía fsg del ocio.

listless ['lıstlıs] ADJ apático/a, indiferente.

lists [lısts] NPL: **to enter the ~ (against sth/sb)** (fig) salir or saltar a la palestra (contra algo/algn).

lit [lıt] PT, PP of **light¹**.

Lit. [lıt] N ABBR of **literature**.

litany ['lıtənı] N letanía f.

liter ['liːtə'] N (US) = **litre**.

literacy ['lıtərəsı] **1** N capacidad f de leer y escribir. **2** CPD: **~ campaign** N campaña f de alfabetización; **~ test** N prueba f de saber leer y escribir.

literal ['lıtərəl] ADJ literal.

literally ['lıtərəlı] ADV (in a literal way) literalmente; **it was ~ impossible to work there** era verdaderamente imposible trabajar allí.

literary ['lıtərərı] ADJ literario/a.

literate ['lıtərıt] ADJ que sabe leer y escribir; **highly ~** culto.

literature ['lıtərıtʃə'] N (writings) literatura f; (fam: brochures etc) información f, publicidad f.

lithe [laıð] ADJ ágil.

lithium ['lıθıəm] N litio m.

lithograph ['lıθəʊgrɑːf] N (also **litho**) litografía f.

lithography [lı'θɒgrəfı] N litografía f.

Lithuania [,lıθjʊ'eınıə] N Lituania f.

Lithuanian [,lıθjʊ'eınıən] **1** ADJ lituano/a. **2** N lituano/a m/f; (Ling) lituano m.

litigation [,lıtı'geıʃən] N litigio m, pleito m.

litmus ['lıtməs] CPD: **~ paper** N papel m de tornasol; **~ test** N prueba f de tornasol.

litre, (US) **liter** ['liːtə'] N litro m.

litter ['lıtə'] **1** N **a** (rubbish) basura f; (papers etc) papeles mpl (tirados); (untidiness) desorden m; **'No ~', 'Take your ~ home'** 'No tirar basura'. **b** (Zool) camada f, cría f.

2 VT (subj: person) tirar or (LAm) botar papeles; (: books, rubbish) desparramarse por, quedar tirado/a por, andar rodando por; **a room ~ed with books** un cuarto con libros por todas partes; **a pavement ~ed with papers** una acera sembrada de desperdicios.

3 CPD: **~ basket, ~ bin** N papelera f; **~ lout** N persona que tira papeles usados en la vía pública.

litterbug ['lıtəbʌg] N (US) = **litter lout**.

little¹ ['lıtl] ADJ **a** (small) pequeño/a, chico/a (LAm); **a ~ house** una casa pequeña or chica; **a ~ girl** una chiquita; **~ finger** (dedo m) meñique m. **b** (short) corto/a; **a ~ walk** un paseo corto. **c** (diminutive: in cpds) -ito/a; **a ~ book/boat/piece** etc un librito/barquito/trocito etc.

little² ['lıtl] (comp **less**; superl **least**) **1** ADJ, PRON (not much) poco; **~ by ~** poco a poco; **he only speaks a ~ Spanish** habla poco español; **he had ~ to say** poco fue lo que tenía que decir; **there's very ~ left** queda muy poco; **a ~ more/less than ...** un poco más/menos que ...; **a ~ wine** un poco de vino; **with ~ difficulty** sin problema or dificultad; **to see/do ~** ver/hacer poco; **~ or nothing** poco o nada; **that has ~ to do with it!** ¡eso tiene poco que ver!; **as ~ as £5** 5 libras, nada más; **to make ~ of sth** (fail to understand) sacar poco provecho de algo; (belittle) hacer poco caso de algo.

2 ADV (not very) poco; (somewhat) algo; **we were a ~ surprised/happier** nos quedamos algo sorprendidos/más contentos; **a ~ known fact** un hecho poco conocido; **as ~ as possible** lo menos posible; **give me a ~** dame un poco; **~ more than** poco más que; **~ does he know** or **he ~ knows that ...** no tiene la menor idea de que ....

liturgy ['lıtədʒı] N liturgia f.

livable ['lıvəbl] ADJ (house) habitable; (life) llevadero/a, agradable.

live¹ [lıv] **1** VI **a** (exist) vivir; (survive) sobrevivir; **he hasn't long to ~** le queda poco para vivir; **as long as I ~** mientras viva; **I'm living for the day when ...** vivo en espera del día en que ...; **to ~ from day to day** vivir al día; **to ~ like a king** vivir a cuerpo de rey; **you ~ and learn** vivir para ver; **to ~ and let ~** vivir y dejar vivir; **long ~ the King!** ¡viva el rey!; **they all ~d happily ever after** todos comieron perdices y fueron felices.

b (reside) vivir; (: in house etc) ocupar; **to ~ in London** vivir en Londres.

2 VT: **to ~ a happy life/a life of hardship** llevar or tener una vida feliz/llena de apuros; **to ~ the part** (Theat, fig) identificarse con un personaje.

♦ **live down** VT + ADV (disgrace) conseguir que se olvide, borrar de su pasado.

♦ **live in** VI + ADV ser interno/a.
2 VI + PREP: **a house not fit to be ~d in** una casa no habitable.

♦ **live off** VI + PREP vivir de; **he ~s off his uncle** vive a costa de su tío.

♦ **live on** **1** VI + PREP (eat) vivir de; (money) **he ~s on £50 a week** vive con 50 libras por semana.
2 VI + ADV seguir viviendo.

♦ **live out** **1** VI + ADV ser externo/a.
2 VT + ADV (one's days/life) acabar.

♦ **live through** VI + PREP: **to ~ through an experience** vivir una experiencia.

♦ **live together** VI + ADV (in amity) convivir; (as lovers) vivir juntos, vivir liados.

♦ **live up** VT + ADV: **to ~ it up** (fam) pasárselo en grande.

♦ **live up to** VI + PREP (promises) cumplir con; (expectations, reputation) estar a la altura de; (principles) vivir de acuerdo con; **this will give him sth to ~ up to** esto le dará una meta que seguir.

♦ **live with** VI + PREP (person, memory) vivir con; **to ~ with the knowledge that ...** vivir sabiendo que ...; **you'll learn to ~ with it** aprenderás a aguantarlo.

live² [laıv] ADJ **a** (animal) vivo/a; (issue) de actualidad; (Rad, TV: broadcast) en vivo or directo; **a real ~ crocodile** (fam) un cocodrilo de verdad (fam). **b** (shell, ammunition: not blank) cargado/a; (: unexploded) sin explotar; (Elec: wire) con corriente; (still burning: coal, cigarette) encendido/a, prendido/a (*LAm*); (*not spent: matches*) no usado/a; **he's a real ~ wire!** (*fig fam*) ¡qué marcha tiene!

lived-in ['lɪvd,ɪn] ADJ acogedor(a).

live-in ['lɪv,ɪn] ADJ: **~ lover** compañero/a *m/f*.

livelihood ['laɪvlɪhʊd] N sustento *m*; **to earn a** *or* **one's ~** ganarse la vida *or* el sustento.

liveliness ['laɪvlɪnɪs] N (*see adj*) viveza *f*; energía *f*; animación *f*.

lively ['laɪvlɪ] ADJ (*comp* **-ier**; *superl* **-iest**) (*person, imagination, account etc*) vivo/a; (*campaign, effort, expression*) enérgico/a; (*conversation, argument, party*) animado/a; (*interest*) grande; (*pace*) rápido/a; (*tune*) alegre; **things are getting ~** las cosas se están poniendo animadas.

◆ **liven up** ['laɪvn'ʌp] [1] VT + ADV animar. [2] VI + ADV animarse.

liver ['lɪvəʳ] [1] N (*Anat*) hígado *m*. [2] CPD (*pâté, sausage, etc*) de hígado; (*disease*) del hígado.

liverish ['lɪvərɪʃ] ADJ: **to be** *or* **feel ~** sentirse mal del hígado.

Liverpudlian [,lɪvə'pʌdlɪən] [1] ADJ de Liverpool. [2] N nativo/a *m/f* *or* habitante *mf* de Liverpool.

livery ['lɪvərɪ] [1] N librea *f*. [2] CPD: **~ stable** N cuadra *f* de caballos de alquiler.

lives [laɪvz] NPL *of* **life**.

livestock ['laɪvstɒk] N ganado *m*; (*also* **~ farming**) ganadería *f*.

livid ['lɪvɪd] ADJ [a] (*angry*) furioso/a. [b] (*in colour*) lívido/a.

living ['lɪvɪŋ] [1] ADJ (*gen*) vivo/a; **~ being** ser *m* viviente; **the ~ image** el vivo retrato; **the biggest flood in ~ memory** la mayor inundación de que hay memoria; **the greatest ~ pianist** el mejor pianista contemporáneo. [2] N [a] vida *f*; **standard of ~** nivel *m* de vida; **to earn** *or* **make a ~** ganarse la vida. [b] **the ~** (*people*) los vivos. [3] CPD: **~ conditions** NPL condiciones *fpl* de vida; **~ expenses** NPL gastos *mpl* de mantenimiento; **~ room** N sala *f* de estar, living *m* (*LAm*); **~ standards** NPL nivel *msg* de vida; **~ wage** N salario *m* suficiente para vivir.

lizard ['lɪzəd] N (*large*) lagarto *m*; (*small*) lagartija *f*.

ll. ABBR *of* **lines**.

llama ['lɑ:mə] N llama *f*.

LLB N ABBR (*Univ*) *of* **Bachelor of Laws** Ldo/a en Dcho.

LLD N ABBR (*Univ*) *of* **Doctor of Laws** Dr(a). en Dcho.

LMT N ABBR (*US*) *of* **Local Mean Time**.

LNG N ABBR *of* **liquefied natural gas**.

lo [ləʊ] INTERJ: **~ and behold the result!** ¡he aquí el resultado!; **and ~ and behold there it was** y mira por dónde está estaba.

load [ləʊd] [1] N [a] (*of lorry etc: cargo*) carga *f*; (: *weight*) peso *m*; (*Elec, Tech*) carga *f*; (*quantity*) cantidad *f*; **to spread the ~** repartir la carga; (*fig*) repartir el trabajo. [b] (*fig*) **that's (taken) a ~ off my mind!** ¡eso me quita un peso de encima!; **~s of, a ~ of** (*fam*) un montón de; **it's a ~ of old rubbish** (*fam*) ¡son tonterías!, ¡son puras babosadas! (*LAm*). [2] VT (*gen, Comput*) cargar (*with* con, de); **he's ~ed (down) with debts/worries** (*fig*) está agobiado de deudas/preocupaciones; **the whole thing is ~ed with problems** el asunto está erizado de dificultades.

◆ **load up** VT + ADV cargar (*with* de).

loaded ['ləʊdɪd] ADJ [a] **a ~ question** (*fig*) una pregunta tendenciosa. [b] (*dice*) cargado/a; **the dice are ~ against him** (*fig*) todo está en su contra. [c] **to be ~** (*fam: rich*) estar forrado de dinero; (: *drunk*) estar borracho *or* (*LAm fam*) tomado.

loading ['ləʊdɪŋ] [1] N (*Insurance*) sobreprima *f*. [2] CPD: **~ bay** N espacio *m* reservado para la carga y descarga de vehículos.

loaf¹ [ləʊf] N (*pl* **loaves**) (*unsliced*) pan *m* de molde; (*sliced*) pan de molde (en rebanadas); **use your ~!** (*Brit fam*) ¡despabílate!

loaf² [ləʊf] VI (*also* **~ about, ~ around**) holgazanear, flojear (*LAm*).

loafer ['ləʊfəʳ] N gandul(a) *m/f*, vago/a *m/f*.

loam [ləʊm] N marga *f*.

loan [ləʊn] [1] N (*thing lent between persons*) préstamo *m*;

(*from bank etc*) empréstito *m*; **it's on ~** está prestado; **to raise a ~** (*money*) obtener *o* conseguir un préstamo; **I asked for the ~ of the book** le pedí prestado el libro. [2] VT prestar. [3] CPD: **~ account** N cuenta *f* de crédito; **~ agreement** N acuerdo *m* de crédito; **~ capital** N empréstito *m*; **~ shark** N tiburón *m*.

loath [ləʊθ] ADJ: **to be ~ to do sth** estar poco dispuesto/a *or* ser reacio/a a hacer algo.

loathe [ləʊð] VT (*thing, person*) aborrecer, odiar; **I ~ doing it** me repugna hacerlo.

loathing ['ləʊðɪŋ] N aborrecimiento *m*, odio *m*; **it fills me with ~** me repugna.

loathsome ['ləʊðsəm] ADJ (*thing*) asqueroso/a; (*person*) odioso/a; (*smell, disease*) repugnante.

loaves [ləʊvz] NPL *of* **loaf**¹.

lob [lɒb] VT (*ball*) volear por alto; **to ~ sth over to sb** tirar *or* echar algo a algn.

lobby ['lɒbɪ] [1] N [a] (*entrance hall*) vestíbulo *m*. [b] (*Pol: for public*) vestíbulo *m* público, antecámara *f*; (: *division ~: for voting*) sala *f* de votantes; (: *pressure group*) grupo *m* de presión. [2] VT: **to ~ one's member of parliament** ejercer presiones sobre su representante. [3] VI ejercer presiones, cabildear; **to ~ for a reform** presionar para conseguir una reforma.

lobbying ['lɒbɪɪŋ] N cabildeo *m*.

lobe [ləʊb] N lóbulo *m*.

lobotomy [ləʊ'bɒtəmɪ] N lobotomía *f*.

lobster ['lɒbstəʳ] [1] N langosta *f*. [2] CPD: **~ pot** N nasa *f*, langostera *f*.

local ['ləʊkəl] [1] ADJ (*resident, shop*) local, del pueblo; (*wine, speciality*) de la región *or* zona; (*Telec: call*) local; (*radio station*) comarcal, regional; (*road*) vecinal; **~ anaesthetic** (*Med*) anestesia *f* local; **~ authority** municipio *m*, ayuntamiento *m*; **~ education/health** *etc* **authority** departamento *m or* secretaría *f* municipal de educación/sanidad *etc*; **~ government** (*council etc*) gobierno *m* municipal; (*principle*) autonomía *f*; **~ time** hora *f* local; **to drink the ~ wine** beber el vino del país. [2] N (*fam*) [a] (*person*) **the ~s** los vecinos *mpl*. [b] (*Brit: pub*) el bar del pueblo.

locale [ləʊ'kɑ:l] N (*place*) lugar *m*; (*scene*) escenario *m*.

locality [ləʊ'kælɪtɪ] N localidad *f*.

localize ['ləʊkəlaɪz] VT localizar.

locally ['ləʊkəlɪ] ADV (*nearby*) en las cercanías; (*in the locality*) en la localidad; (*here and there*) en ciertas localidades; **houses are dear ~** por aquí las casas cuestan bastante.

locate [ləʊ'keɪt] VT (*place*) situar, ubicar (*esp LAm*); (*find*) localizar; **we ~d it eventually** por fin lo encontramos.

location [ləʊ'keɪʃən] N [a] (*place*) lugar *m*, situación *f*; (*placing*) ubicación *f*; (*of person*) paradero *m*. [b] (*Cine*) exteriores *mpl*; **to be on ~ in Mexico** estar rodando en México; **to film on ~** filmar en exteriores.

loch [lɒx] N (*Scot*) lago *m*.

lock¹ [lɒk] N (*of hair*) mecha *f*, mechón *m*; **~s** (*poet*) cabellos *mpl*.

lock² [lɒk] [1] N [a] (*on door, box etc*) cerradura *f*, chapa *f* (*LAm*); (*Aut: on steering wheel*) tope *m*, retén *m*; (*bolt*) cerrojo *m*; (*also* **pad~**) candado *m*; **under ~ and key** bajo siete llaves; **~, stock, and barrel** (*fig*) con todo incluido. [b] (*on canal*) esclusa *f*. [c] (*Aut: steering ~*) ángulo *m* de giro. [2] VT (*door etc*) cerrar con llave *or* cerrojo *or* candado; (*Tech*) trabar; **to ~ sth/sb in a place** encerrar algo/a algn en un lugar; **they were ~ed in each other's arms** estaban unidos en un abrazo; **~ed in combat** luchando encarnizadamente. [3] VI (*door etc*) cerrarse (con llave *etc*); (*wheel etc*) trabarse.

◆ **lock away** VT + ADV (*gen*) guardar bajo llave; (*criminal, mental patient*) encerrar.

◆ **lock in** VT + ADV dejar encerrado/a dentro.

◆ **lock out** VT + ADV cerrar la puerta a, dejar fuera con la puerta cerrada; **to find o.s. ~ed out** estar fuera sin llave para abrir la puerta.

◆ **lock up** [1] VT + ADV (*object*) dejar bajo llave; (*house*) cerrar; (*criminal*) encarcelar; (*funds*) inmovilizar. [2] VI + ADV echar la llave.

locker ['lɒkəʳ] [1] N cajón *m* con llave. [2] CPD: **~ room** N vestuario *m*.

locket ['lɒkɪt] N relicario *m*, guardapelo *m*.

lockjaw ['lɒkdʒɔː] N trismo *m*.

lockout ['lɒkaʊt] N cierre *m* patronal, lock-out *m*.

locksmith ['lɒksmɪθ] N cerrajero/a *m/f*.

lock-up ['lɒkʌp] [1] N (*prison*) cárcel *f*, jaula *f*; (*also ~* **garage**) jaula, cochera *f*; (*Brit: shop*) tienda *f* sin trastienda. [2] CPD: **~ stall** N (US) jaula *f*, cochera *f*.

locomotion [,ləʊkə'məʊʃən] N locomoción *f*.

locomotive [,ləʊkə'məʊtɪv] N (*Rail*) locomotora *f*, máquina *f*.

locum ['ləʊkəm] N (*also ~* **tenens**: *Brit frm*) interino/a *m/f*.

locust ['ləʊkəst] N langosta *f*.

lodge [lɒdʒ] [1] N (*at gate of park*) casa *f* del guarda; (*of porter*) portería *f*; (*Freemasonry*) logia *f*; (*hunting*) pabellón *m* (de caza).
[2] VT (*person*) alojar, hospedar; (*object*) colocar, meter; (*complaint*) presentar; (*statement*) prestar; (*Jur: appeal*) interponer.
[3] VI (*reside*) alojarse *or* hospedarse (*with* con, en casa de); (*object: get stuck*) alojarse, meterse; **the bullet ~d in the lung** la bala se alojó en el pulmón.

lodger ['lɒdʒəʳ] N huésped(a) *m/f*.

lodging ['lɒdʒɪŋ] [1] N hospedaje *m*, alojamiento *m*; **~s** alojamiento *msg*; **to look for ~s** buscar alojamiento. [2] CPD: **~ house** N pensión *f*, casa *f* de huéspedes.

loft [lɒft] N (*attic*) desván *m*; (*hay-~*) pajar *m*.

lofty ['lɒftɪ] ADJ (*comp* **-ier**; *superl* **-iest**) (*fig: high-flown*) elevado/a, noble; (*poet: high*) alto/a.

log[1] [lɒg] [1] N [a] tronco *m*, leño *m*; *see* **sleep 3**.
[b] = **logbook**.
[2] VT [a] (*Naut, Aer*) anotar, apuntar.
[b] (*Aut: also ~* **up**: *distance*) recorrer; **we ~ged 50 kilometres that day** ese día recorrimos *or* cubrimos 50 kilómetros.
[3] CPD: **~ cabin** N cabaña *f* de troncos; **~ fire** N fuego *m* de leña.

◆ **log off** VI + ADV = **log out**.

◆ **log on** VI + ADV = **log in**.

◆ **log out** VI + ADV (*Comput*) salir del sistema, terminar de operar.

log[2] [lɒg] [1] N ABBR *of* **logarithm** log. [2] CPD: **~ tables** NPL tablas *fpl* de logaritmos.

◆ **log in** VI + ADV (*Comput*) entrar al sistema, acceder.

loganberry ['ləʊgənbərɪ] N (*fruit*) frambuesa norteamericana; (*bush*) frambueso *m* norteamericana.

logarithm ['lɒgərɪθəm] N logaritmo *m*.

logbook ['lɒgbʊk] N (*Naut*) cuaderno *m* de bitácora, libro *m* de navegación; (*Aer*) diario *m* de vuelo; (*Aut*) diario.

loggerheads ['lɒgəhedz] NPL: **to be at ~ with sb** estar picado/a con algn.

logic ['lɒdʒɪk] N lógica *f*.

logical ['lɒdʒɪkəl] ADJ lógico/a.

logistics [lɒ'dʒɪstɪks] NSG logística *f*.

logo ['ləʊgəʊ] N logo *m*, logotipo *m*.

log-off ['lɒg'ɒf] N (*Comput*) salida *f* del sistema.

log-on ['lɒg'ɒn] N (*Comput*) entrada *f* al sistema.

loin [lɔɪn] [1] N (*of meat*) lomo *m*; **~s** (*Anat, frm*) lomos. [2] CPD: **~ chop** N (*Culin*) chuleta *f* de lomo.

loincloth ['lɔɪnklɒθ] N taparrabo *m*.

loiter ['lɔɪtəʳ] VI (*idle*) perder el tiempo; (*lag behind*) rezagarse; (*on the way*) entretenerse; **to ~ (with intent)** (*Jur*) merodear con intenciones criminales.

loll [lɒl] VI: **to ~ about** *or* **around** repantigarse; **to ~ against, ~ back on** recostarse en; **his tongue was ~ing out** le colgaba la lengua.

lollipop ['lɒlɪpɒp] [1] N pirulí *m*, chupete *m* (LAm); (*iced*) polo *m*, paleta *f* (LAm). [2] CPD: **~ lady/man** N (*Brit fam*) *persona encargada de ayudar a los niños a cruzar la calle*.

lolly ['lɒlɪ] N [a] = **lollipop**. [b] (*Brit*): *fam: money*) pasta *f* (*fam*), lana *f* (LAm fam).

Lombardy ['lɒmbədɪ] [1] N Lombardía *f*. [2] CPD: **~ poplar** N chopo *m* lombardo.

London ['lʌndən] N Londres *m*.

Londoner ['lʌndənəʳ] N londinense *mf*.

lone [ləʊn] ADJ (*solitary*) solitario/a; **~ ranger** llanero *m* solitario; **~ wolf** (*fig*) persona *f* solitaria.

loneliness ['ləʊnlɪnɪs] N soledad *f*.

lonely ['ləʊnlɪ] ADJ (*comp* **-ier**; *superl* **-iest**) (*solitary*) solo/a; (*place etc: isolated*) aislado/a, solitario/a; (: *deserted*) desierto/a; **to feel ~** sentirse muy solo; **~ hearts' club** club *m* de solteros; **~ hearts column** sección *f* del corazón solitario.

loner ['ləʊnəʳ] N solitario/a *m/f*.

lonesome ['ləʊnsəm] (*esp US*) ADJ (*solitary*) solo/a; (*place: isolated*) aislado/a, solitario/a.

long[1] [lɒŋ] (*comp* **~er**; *superl* **~est**) [1] ADJ [a] (*size*) largo/a; **how ~ is it?** ¿cuánto tiene de largo?; **it is 6 metres ~** tiene 6 metros de largo; **not by a ~ chalk** ni con mucho; **to pull a ~ face** poner cara larga; **~ johns** calzoncillos *mpl* largos; **~ jump** (*Brit*) salto *m* de longitud; **in the ~ run** (*fig*) a la larga; **it's a ~ shot** (*fam*) dudo que resulte.
[b] (*time*) largo/a, mucho/a; (**for) a ~ time** (por) mucho tiempo; **how ~ is the film?** ¿cuánto (tiempo) dura la película?; **2 hours ~** de dos horas; **a ~ walk** un paseo largo; **a ~ holiday** unas vacaciones largas; **to be ~ in doing sth** tardar en hacer algo; **it's been a ~ day** (*fig*) ha sido un día muy atareado; **to take a ~ look at sth** mirar algo detenidamente; **at ~ last** por fin.
[2] ADV: **I shan't be ~** (*in finishing*) termino pronto, no tardo; (*in returning*) vuelvo pronto, no tardo; **we didn't stay ~** nos quedamos poco tiempo; **to live ~** tener una vida larga; **as ~ as I live** mientras viva; **I have ~ believed that ...** creo desde hace tiempo que ..., hace tiempo que creo que ...; **how ~ have you been learning Spanish?** ¿desde cuándo aprendes español?; **he talked ~ about politics** habló largamente de política; **~ before** mucho antes; **~ before now** hace mucho tiempo; **~ before you came** mucho antes de que llegaras; **~ since dead** muerto hace mucho; **~ ago** hace mucho (tiempo); **~er** más tiempo; **no ~er** ya no; **he no ~er comes** ya no viene; **2 hours ~er** 2 horas más; **we stayed ~er than you** quedamos más tiempo que vosotros; **wait a little ~er** espera un poco más; **all day ~** todo el (santo) día; **as ~ as, so ~ as** (*while*) mientras; (*provided that*) con tal (de) que + *subjun*; **as ~ as the war lasts** mientras dure la guerra; **stay as ~ as you like** quédate hasta cuando quieras; **so ~!** (*esp US fam*) ¡hasta luego!; **we won't stay for ~** nos quedamos un rato nada más; **they left before ~** se marcharon muy pronto; **it won't take ~** no tardará mucho.
[3] N: **the ~ and the short of it is that ...** (*fig*) en resumidas cuentas *or* concretamente, es que ....

long[2] [lɒŋ] VI: **to ~ for sth** anhelar *or* desear algo; **to ~ for sb** suspirar por *or* añorar a algn; **to ~ to do sth** tener muchas ganas de hacer algo; **to ~ for sb to do sth** desear que algn haga algo.

-long [lɒŋ] ADJ SUF: **month~** que dura un mes.

long. ABBR *of* **longitude**.

long-awaited ['lɒŋə'weɪtɪd] ADJ largamente esperado/a, añorado/a.

long-distance ['lɒŋ'dɪstəns] ADJ (*flight*) a distancia; (*Telec: call*) interurbano/a, a larga distancia; (*race, runner*) de fondo; **~ runner** fondista *mf*.

long-drawn-out ['lɒŋdrɔ:n'aʊt] ADJ interminable.

longed-for ['lɒŋdfɔ:ʳ] ADJ ansiado/a, apetecido/a.

longevity [lɒn'dʒevɪtɪ] N longevidad *f*.

long-haired ['lɒŋ'heəd] ADJ de pelo largo.

longhand ['lɒŋhænd] N: **in ~** escrito a mano *or* en cursiva.

long-haul ['lɒŋ,hɔ:l] ADJ (*flight etc*) de larga distancia.

longing ['lɒŋɪŋ] N (*nostalgia*) nostalgia *f*, añoranza *f*; (*desire*) deseo *m*, anhelo *m*; (*anxiety*) ansias *fpl*.

longitude ['lɒŋgɪtjuːd] N longitud *f*.

long-lasting ['lɒŋ'lɑːstɪŋ] ADJ largo/a; (*tough*) duro/a; (*material, memory etc*) duradero/a.

long-legged ['lɒŋ'legɪd] ADJ (*person, animal*) de piernas largas.

long-life ['lɒŋ'laɪf] ADJ de larga duración.

long-lost ['lɒŋ'lɒst] ADJ perdido/a hace mucho tiempo.

long-playing ['lɒŋ'pleɪɪŋ] ADJ: **~ record** (abbr LP) disco m de larga duración, elepé m.

long-range ['lɒŋ'reɪndʒ] ADJ (gun, missile) de largo alcance; (aircraft) de larga distancia; (weather forecast) de larga proyección.

long-running ['lɒŋ'rʌnɪŋ] ADJ (dispute etc) largo/a; (play) taquillero/a, que se mantiene mucho tiempo en la cartelera; (programme) de alcance largo.

long-sighted ['lɒŋ'saɪtɪd] ADJ (lit) hipermétrope, présbita; (fig) previsor(a).

long-sleeved ['lɒŋsliːvd] ADJ de mangas largas.

long-standing ['lɒŋ'stændɪŋ] ADJ (agreement, dispute) de hace tiempo, de tiempo atrás; (friendship) antiguo/a.

long-suffering ['lɒŋ'sʌfərɪŋ] ADJ sufrido/a.

long-term ['lɒŋ'tɜːm] ADJ a largo plazo; **~ unemployment** desempleo m de larga duración.

longtime ['lɒŋtaɪm] ADJ = **long-standing**.

longways ['lɒŋweɪz] ADV a lo largo, longitudinalmente.

long-winded ['lɒŋ'wɪndɪd] ADJ (person) prolijo/a; (speech, explanation) interminable.

loo [luː] N (fam: toilet) retrete m, baño m (LAm).

loofah ['luːfəʳ] N (Brit) esponja f de lufa.

▼**look** [lʊk] ① N **a** (gen) mirada f; (glance) mirada, ojeada f, vistazo m; **she gave me a dirty ~** me echó una mirado de odio; **a ~ of despair** una cara de desesperación; **to have a ~ at sth** echar un vistazo a algo; **let me have a ~** déjame ver; **to take a good ~ at sth** mirar algo detenidamente.
b (search) **shall we have a ~ round the town?** ¿damos una vuelta por la ciudad?; **to have a ~ for sth** buscar algo; **I've had a good ~ for it already** lo he buscado ya en todas partes.
c (air, appearance) aire m, aspecto m, apariencia f, pinta f; **good ~s** belleza fsg; **she has kept her ~s** sigue tan guapa como siempre; **~s aren't everything** la belleza no lo es todo; **there's a mischievous ~ about that child** ese niño tiene pinta de pillo; **by the ~ of things** según parece, a juzgar por las apariencias; **by the ~ of him** etc viéndole, se dirá que; **I don't like the ~ of him** me cae mal, no me fío de él; **the new ~** la nueva moda.
② VI **a** (see, glance) **to ~ (at)** mirar; **~ at how she does it** fíjate cómo lo hace; **to ~ at sth** (gen) echar un vistazo a algo; (attend to) ocuparse de algo; **whichever way you ~ at it** se mire por donde se mire; **I wouldn't even ~ at the job** no aceptaría el puesto por nada del mundo; **I'll ~ and see** voy a ver; **~ who's here!** ¡mira quién está aquí!; **to ~ the other way** (lit) mirar para el otro lado; (fig) hacer como que no se da cuenta; **~ before you leap** (Prov) antes de que te cases, mira lo que haces.
b (search) **to ~ for sth/sb** buscar algo/a algn.
c (seem, appear) parecer, verse (LAm); **it ~s good on you** te sienta bien; **he ~s tired/happy** parece cansado/ contento; **to ~ well** (person) tener buena cara; **she ~ed prettier than ever** estaba más guapa que nunca; **he ~s about 60 (years old)** aparenta tener alrededor de los 60 años.
d (resemble) **he ~s like his brother** se parece a su hermano; **this photo doesn't ~ like him** la foto no se le parece, en esta foto no parece él; **it ~s like cheese to me** a mí me parece (que es) queso; **the festival ~s like being lively** la fiesta se anuncia animada; **it ~s like rain** parece que va a llover; **it ~s as if** or **as though the train will be late** parece que el tren va a llegar tarde.
③ VT mirar; **to ~ sb (straight) in the eye** or **(full) in the face** mirar directamente a los ojos de algn; **to ~ sb up and down** mirar a algn de arriba abajo; **~ where you're going!** ¡fíjate por donde vas!; **to ~ one's age** representar su edad; **to ~ one's best** arreglarse, ponerse guapo; **she was not ~ing herself** parecía otra, no parecía la misma.
◆**look after** VI + PREP cuidar a or de.
◆**look ahead** VI + ADV (lit) mirar hacia adelante; (fig) hacer proyectos para el futuro.
◆**look around** ① VI + ADV echar una mirada alrededor.

② VI + PREP echar una mirada alrededor de.
◆**look away** VI + ADV apartar la mirada.
◆**look back** VI + ADV mirar hacia atrás; (remember) pensar en el pasado; **to ~ back on** (event, period) recordar.
◆**look down** VI + ADV bajar la mirada; **to ~ down at sb/ sth** mirar abajo hacia algn/algo.
◆**look down on** VI + PREP (fig) despreciar.
◆**look forward to** VI + PREP (event) esperar con ansia or impaciencia; **to ~ forward to doing sth** tener muchas ganas de or estar deseando hacer algo; **we're ~ing forward to the journey** el viaje nos hace mucha ilusión.
◆**look in** VI + ADV mirar por; (visit) pasar o caer por casa.
◆**look into** VI + PREP (matter, possibility) investigar.
◆**look on** ① VI + ADV mirar (como espectador).
② VI + PREP considerar.
◆**look onto** VI + PREP: **to ~ onto sth** (subj: building, room) dar a algo.
◆**look out** ① VI + ADV **a** (watch) mirar fuera.
b (take care) tener cuidado; **~ out!** ¡cuidado!, ¡aguas! (Mex).
② VT + ADV (find) buscar.
◆**look out for** VI + PREP: **to ~ out for sth/sb** esperar algo/ a algn; **do ~ out for pickpockets** ten ojo con los carteristas.
◆**look over** ① VI + ADV (object) echar un vistazo a.
② VT + ADV (person) examinar.
◆**look round** ① VI + ADV (turn) volver la cabeza; (in shop) recorrer (con la vista); **to ~ round for** buscar.
② VI + PREP visitar, recorrer.
◆**look through** VI + PREP (to search) registrar; (leaf through) hojear; (to examine closely) examinar cuidadosamente; (window) mirar por; **he ~ed through me** miró sin verme.
◆**look to** VI + PREP (turn to) contar con, recurrir a; (look after) cuidar a or de; **we must ~ to the future** tenemos que fijar la mira en el futuro.
◆**look up** ① VI + ADV **a** (glance) levantar or alzar la vista.
b (improve) mejorar; **things are ~ing up** las cosas van mejor.
② VT + ADV **a** (information) buscar.
b (visit: person) ir a visitar.
◆**look up to** VI + PREP: **to ~ up to sb** (fig) respetar or admirar a algn.

lookalike ['lʊkə‚laɪk] N parecido/a m/f.

looker ['lʊkəʳ] N (US fam) guapa f.

looker-on ['lʊkər'ɒn] N espectador(a) m/f.

look-in ['lʊkɪn] N (fam) **to get a ~** tener una oportunidad, tener chance (LAm).

-looking ['lʊkɪŋ] ADJ SUF: **strange~** de aspecto raro.

looking glass ['lʊkɪŋglɑːs] N (frm, old) espejo m.

lookout ['lʊkaʊt] ① N **a** **to keep a** or **be on the ~ for sth** estar or andar al acecho de algo.
b (viewpoint) mirador m; (person) centinela mf.
c (prospect) perspectiva f; **it's a grim** or **poor ~ for us/ for education** hay poca perspectiva para nosotros/para la educación; **that's his ~!** ¡eso es asunto suyo!, ¡allá él!
② CPD: **~ post** N atalaya f, puesto m de observación.

look-up ['lʊkʌp] ① N consulta f. ② CPD: **~ table** N tabla f de consulta.

loom¹ [luːm] N (weaving ~) telar m.

loom² [luːm] VI (also **~ up**) surgir, aparecer; **the ship ~ed (up) out of the mist** el barco surgió de la neblina; **dangers ~ ahead** se vislumbran los peligros que hay por delante; **to ~ large** cernerse, pender amenazadoramente.

LOOM N ABBR (US) of **Loyal Order of Moose** asociación benéfica.

loony ['luːnɪ] (fam) ① ADJ (comp **-ier**; superl **-iest**) loco/a, chiflado/a; **the ~ left** la izquierda tonta. ② N loco/a m/f.
③ CPD: **~ bin** N manicomio m.

loop [luːp] ① N **a** (in string etc) lazo m, lazado m; (fastening) presilla f; (bend) curva f, recodo m; (Comput) bucle m.
② VT: **to ~ round** dar vuelta a; **to ~ a rope round a post** pasar una cuerda alrededor de un poste; **to ~ the ~** (Aer) rizar el rizo.

loophole ['luːphəʊl] N (fig) escapatoria f, evasiva f; **every law has a ~** hecha la ley hecha la trampa.

▶ SENTENCE BUILDER: **look** → 9.2, 17.2

loopy ['luːpɪ] ADJ (comp **-ier**; superl **-iest**) (fam) chiflado/a (fam).

loose [luːs] [1] ADJ (comp **~r**; superl **~st**) [a] (gen) suelto/a; (not firm) flojo/a; (not attached) libre, desatado/a; (disconnected) desconectado/a; (undone: clothes etc) desabrochado/a; (Tech) loco/a; **to break ~** desatarse; **to come** or **work ~** soltarse, desprenderse; **to turn** or **let ~** (free) poner en libertad, soltar; (remove control from) dar rienda suelta a; **to tie up ~ ends** (fig) no dejar cabo suelto; **to be at a ~ end** (fig) estar sin nada que hacer; **~ chippings** (Aut) gravilla f suelta. [b] (clothing: ~ fitting) holgado/a, flojo/a, suelto/a; **~ weave** tejido m abierto. [c] (not packed: fruit, cheese) suelto/a, a granel; **~ change** cambio m, suelto m, sencillo m (LAm), feria f (Mex). [d] (fig: translation) libre; (: style) suelto/a; (: associations, links) poco concreto/a. [e] (pej: morals) relajado/a; **a ~ woman** una mujer fácil. [2] N: **to be on the ~** (fam: criminal etc) estar en libertad or suelto. [3] VT (gen) soltar; (untie) desatar; (slacken) aflojar; (also **~ off**) disparar, soltar.

loose-fitting ['luːs'fɪtɪŋ] ADJ suelto/a.
loose-leaf ['luːs'liːf] ADJ (book, folder) de hojas sueltas.
loose-limbed ['luːs'lɪmd] ADJ suelto/a.
loosely ['luːslɪ] ADV sueltamente; (roughly) aproximadamente; **it is ~ translated as ...** se traduce aproximadamente por ....
loosen ['luːsn] [1] VT (slacken) aflojar; (untie) desatar. [2] VI soltarse, desatarse.
◆**loosen up** VI + ADV (gen) desentumecerse; (fam: relax) soltarse, relajarse.
loot [luːt] [1] N botín m, presa f; (fam: money) pasta f, plata f (LAm). [2] VT saquear. [3] VI entregarse al saqueo.
looter ['luːtəʳ] N saqueador(a) m/f.
looting ['luːtɪŋ] N saqueo m.
lop [lɒp] VT (also **~ off**: branches) podar; (fig) cortar.
lope [ləʊp] VI: **to ~ along** andar or correr con paso largo; **to ~ off** alejarse con paso largo.
lopsided ['lɒp'saɪdɪd] ADJ (gen) torcido/a, desproporcionado/a, ladeado/a, chueco/a (LAm) (table etc) cojo/a; (fig: view) desequilibrado/a.
loquacious [lə'kweɪʃəs] ADJ (frm) locuaz.
lord [lɔːd] [1] N gran señor m; (British title) lord m; **the House of L~s** (Brit Pol) la Cámara de los Lores; **Our L~** (Rel) Nuestro Señor; **my L~** (to bishop) Ilustrísima; (to noble) señor; (to judge) señor juez; **good L~!** ¡Dios mío! [2] VT: **to ~ it over sb** (fam) mandonear a algn.
lordship ['lɔːdʃɪp] N señoría f.
lore [lɔːʳ] N saber m tradicional.
lorry ['lɒrɪ] (Brit) [1] N camión m; **it fell off the back of a ~** (fam) se cae de trapicheo (fam). [2] CPD: **~ driver** N camionero/a m/f; **~ load** N carga f.
lose [luːz] (pt, pp **lost**) [1] VT [a] (gen) perder; **to ~ one's life** perder la vida; **you've got nothing to ~** ¿qué vas a perder con ello?; **to ~ one's voice** quedarse afónico/a; **to ~ one's way** (lit) perderse; (fig) despistarse; **to ~ interest/(one's) patience** etc perder el interés/la paciencia etc; **to ~ one's temper** perder los estribos, enfadarse, enojarse (LAm); **to ~ sight of** perder de vista; **to ~ weight** perder peso, adelgazar; **to ~ no time** no perder tiempo; **to ~ no time in doing sth** hacer algo rápidamente. [b] **that mistake lost us the game** aquel error nos costó el partido. [c] **this watch ~s 5 minutes every day** este reloj se atrasa cinco minutos cada día. [2] VI perder; **they lost (by) 3 goals to 2** perdieron por 3 goles a 2; **to ~ to sb** perder contra algn; **to ~ (out)** salir perdiendo.
loser ['luːzəʳ] N perdedor(a) m/f; **he's a born ~** siempre sale perdiendo; **to be a bad ~** no saber perder; **to come off the ~** salir perdiendo.
losing ['luːzɪŋ] ADJ vencido/a, derrotado/a; **to fight a ~ battle** (fig) luchar por una causa perdida.
loss [lɒs] [1] N [a] pérdida f; **there was a heavy ~ of life** hubo muchas víctimas; **to cut one's ~es** cortar por lo sano; **it's your ~** eres tú quien pierde; **he's a dead ~** es una calamidad or un desastre; **he's no great ~** no es una gran pérdida que se vaya; **the ship is a total ~** el buque se fue al pique; **to sell at a ~** vender con pérdida; **the company makes a ~ on this product** la empresa pierde dinero con este producto; **the company made a ~ in 1999** la empresa tuvo un balance adverso en 1999, la compañía salió con déficit en 1999. [b] **to be at a ~ to explain sth** no saber cómo explicar algo; **to be at a ~ for words** no encontrar palabras con qué expresarse. [2] CPD: **~ adjuster** N (Insurance) ajustador(a) m/f or tasador(a) m/f de pérdidas; **~ leader** N artículo m de lanzamiento.
loss-making ['lɒs,meɪkɪŋ] ADJ (enterprise) deficitario/a.
lost [lɒst] [1] PT, PP of **lose**. [2] ADJ (gen) perdido/a; (object) extraviado/a; (fig) despistado/a; **to be ~** perderse; **I'm ~ without my secretary** sin mi secretaria no valgo para nada; **to be ~ in thought** estar absorto or ensimismado; **I feel ~ without it/him** no sé qué hacer sin él; **to get ~** (person) perderse; (thing) extraviarse; **get ~!** (fam) ¡vete al cuerno or (LAm) al carajo!; **the remark/joke is ~ on him** la observación/el chiste le no dice nada; **to make up for ~ time** recuperar el tiempo perdido; **to give sth up for ~** dar algo por perdido; **~ cause** causa f perdida; **~ property**, (US) **~ and found property** objetos mpl perdidos; **~ property office** or **department**, (US) **~ and found department** departamento m de objetos perdidos.
lot [lɒt] N [a] (destiny) suerte f, destino m; **the common ~** la suerte común; **it fell to my ~ (to do sth)** me cayó en suerte (hacer algo); **to throw in one's ~ with sb** unirse a la suerte de algn. [b] (random selection) **to decide sth by ~** determinar algo por sorteo; **to draw ~s (for sth)** echar suertes (para algo). [c] (at auction) lote m; **he's a bad ~** es un mal sujeto. [d] (plot: esp US) terreno m, solar m. [e] (quantity) cantidad f; **a ~ of money** una cantidad de dinero; **a ~ of** or **~s of books** muchos libros; **a ~ of** or **~s of people** mucha gente, cantidad de gente (fam); **quite/such a ~ of noise** bastante/tanto ruido. [f] (fam) **the ~** (all, everything) todo; **he took the ~** se lo llevó todo; **that's the ~** eso es todo; **the (whole) ~ of them** todos. [g] (as adv) **I read a ~** leo mucho; **he feels a ~** or **~s better** se encuentra mucho mejor; **thanks a ~!** ¡muchísimas gracias!, ¡muy agradecido!; see **fat**.
lotion ['ləʊʃən] N loción f.
lottery ['lɒtərɪ] N lotería f.
loud [laʊd] (comp **~er**; superl **~est**) [1] ADJ (gen) alto/a; (voice, sound) fuerte; (laugh, shout) estrepitoso/a; (applause, thunder) clamoroso/a; (noisy: behaviour, party, protests) ruidoso/a; (pej: striking: colour, clothes) chillón/ona, llamativo/a. [2] ADV (also **~ly**) fuerte, en voz alta; **to say sth out ~** decir algo en voz alta; **~ and clear** claramente.
loudhailer ['laʊd'heɪləʳ] N megáfono m, bocina f.
loudmouth ['laʊdmaʊθ] N (fam) bocazas mf inv (fam).
loudmouthed ['laʊd'maʊðd] ADJ gritón/ona.
loudspeaker ['laʊd'spiːkəʳ] N altavoz m, altoparlante m (LAm).
lounge [laʊndʒ] [1] N salón m, sala f de estar, living m (LAm). [2] VI (also **~ about**) gandulear, holgazanear; **we spent a week lounging in Naples** pasamos una semana en Nápoles sin hacer nada. [3] CPD: **~ bar** N salón-bar m; **~ suit** N traje m or (LAm) terno m de calle.
louse [laʊs] N (pl **lice**) piojo m; (pej: person) canalla mf, sinvergüenza mf.
◆**louse up** VT + ADV (fam) echar a perder.
lousy ['laʊzɪ] ADJ (comp **-ier**; superl **-iest**) (Med) piojoso/a; (fam: very bad) puñetero/a (Sp fam!), desgraciado/a (fam), fregado/a (LAm fam!); **we had a ~ time** lo pasamos fatal

(fam); **what a ~ trick** ¡qué cerdada!
lout [laʊt] N gamberro m, bruto m.
louver, louvre ['luːvəʳ] N (Archit) lumbrera f; (blind) persiana f.
lovable ['lʌvəbl] ADJ amable, adorable.
▼**love** [lʌv] **1** N **a** amor m, cariño m (for, towards por); (of hobby, object) afición f, pasión f; **it was ~ at first sight** fue flechazo; **not for ~ nor money** por nada del mundo; **for the ~ of** por el amor de; **he studies history for the ~ of it** estudia la historia por pura afición; **to be in ~ (with sb)** estar enamorado (de algn); **to fall in ~ (with sb)** enamorarse (de algn); **give him my ~** mándale recuerdos míos; **to make ~ (with sb)** (euph: have sex) hacer el amor (con algn); **to make ~ to sb** (woo) hacer la corte or el amor a algn; **there is no ~ lost between them** no se llevan bien, no se tienen ningún aprecio; **to send one's ~ to sb** dar sus recuerdos a algn; **she ~s me, she ~s me not** me quiere, no me quiere. **b** (person) amor m, cariño m; **(my) ~** mi amor, amor mío; **the child's a little ~** el niño es un encanto. **c** (Tennis: nil) **~ all** cero a cero. **2** VT (person etc) querer, amar; (hobby, food, place) ser (muy) aficionado/a a or de; **I ~ strawberries** me encantan las fresas; **he ~s swimming, he ~s to swim** le encanta nadar; **I'd ~ to come** me gustaría muchísimo venir. **3** CPD: **~ affair** N amores mpl, amorío m; **~ letter** N carta f de amor; **~ life** N (emotional) vida f sentimental; (sexual) vida sexual; **~ nest** N nido m de amor; **~ song** N canción f de amor; **~ story** N cuento m de amor.
lovebite ['lʌv,baɪt] N mordisco m amoroso.
lovely ['lʌvlɪ] ADJ (comp **-ier**; superl **-iest**) (beautiful) hermoso/a, bello/a, precioso/a, lindo/a (LAm); **he's a ~ person** es una bella persona or un encanto; **it was a ~ dinner** fue una cena deliciosa; **we had a ~ time** lo pasamos estupendo.
lovemaking ['lʌv,meɪkɪŋ] N (courting) galanteo m; (sexual intercourse) relaciones fpl sexuales.
lover ['lʌvəʳ] N **a** (sexually) amante mf; (romantically) enamorado/a m/f; **he became her ~** se hizo su amante; **the ~s** los amantes. **b** **~ of** (hobby, wine etc) aficionado/a m/f a or de; **he is a great ~ of the violin** es un gran aficionado del violín. **c** (in compounds) **music-~** persona f aficionada a la música.
lovesick ['lʌvsɪk] ADJ enfermo/a de amor.
loving ['lʌvɪŋ] ADJ cariñoso/a, tierno/a.
low¹ [ləʊ] **1** ADJ (comp **~er**; superl **~est**) (gen) bajo/a; (price, income) reducido/a, bajo/a; (supplies etc) escaso/a; (rank) humilde; (standard, quality) inferior; (bow) profundo/a; (dress) escotado/a; (character, behaviour) malo/a; (comedian) grosero/a; **to feel ~ , to be ~ in spirits** sentirse deprimido, estar bajo de moral; **fuel is getting ~** está empezando a escasear la gasolina; **the temperature is in the ~ 40s** la temperatura es de 40 grados y alguno más; **the L~ Countries** los Países Bajos; **in ~ gear** (Aut) en primera; **on ~ ground** a nivel del mar, en tierras bajas; **to cook on a ~ heat** cocer a fuego lento; **~ season** temporada f baja; **~ tide** marea f baja; **~ water** bajamar f; **~ water mark** línea f de bajamar. **2** ADV (aim, fly, sing) bajo; **to bow ~** hacer una reverencia profunda; **to fall or sink ~** (fig) caer bajo; **to lie ~** (hide) mantenerse escondido/a; (be silent) mantenerse quieto/a; **supplies or stocks are running ~** los abastecimientos/las provisiones empiezan a escasear; **to turn the lights/the volume down ~** bajar las luces/el volumen. **3** N **a** (Met) área f de baja presión. **b** (fig: ~ point) punto m más bajo; **to reach a new or all-time ~** estar más bajo que nunca.
low² [ləʊ] VI mugir.
low-alcohol ['ləʊ'ælkəhɒl] ADJ con baja graduación.
lowbrow ['ləʊbraʊ] ADJ poco culto/a.
low-calorie [,ləʊ'kælərɪ] ADJ de bajo contenido calorífico, con pocas calorías.
low-cost ['ləʊ'kɒst] ADJ económico/a.
low-cut ['ləʊ'kʌt] ADJ (dress) escotado/a.

low-down ['ləʊdaʊn] **1** N (fam) informes mpl confidenciales; **he gave me the ~ on it** me dijo la verdad. **2** ADJ vil, bajo/a.
lower¹ ['ləʊəʳ] **1** ADJ COMP of **low¹**; **~ case** (Typ) caja f baja; **the ~ classes** la clase baja, las clases humildes (euph); **~ deck** (of boat) cubierta f de abajo; **~ floor** or **deck** (of bus) piso m de abajo; **~ middle class** clase f media-baja.
2 ADV COMP of **low¹**.
3 VT (gen) bajar; (boat) lanzar; (flag, sail) arriar; (reduce: price) bajar, rebajar; **to ~ one's guard** bajar la guardia; **to ~ one's headlights** (US) poner luces de cruce; **to ~ one's voice** bajar la voz; **to ~ o.s. to do sth** (fig) rebajarse a hacer algo.
lower² ['laʊəʳ] VI (person) fruncir el entrecejo or el ceño; (sky) encapotarse.
lower-case ['ləʊə,keɪs] ADJ minúsculo/a; **~ letter** minúscula f; see also **lower¹ 1**.
low-fat ['ləʊ'fæt] ADJ: **~ foods** alimentos mpl bajos en grasas; **~ milk** leche f desnatada.
low-flying ['ləʊ,flaɪɪŋ] ADJ que vuela bajo.
low-grade ['ləʊ,greɪd] ADJ de baja calidad.
low-heeled ['ləʊ'hiːld] ADJ (shoes) de tacones bajos.
low-key [,ləʊ'kiː] ADJ (fam) discreto/a, moderado/a.
lowlands ['ləʊləndz] NPL tierras fpl bajas.
low-level ['ləʊ'levl] ADJ de bajo nivel.
low-loader [,ləʊ'ləʊdəʳ] N (Aut) camión m de caja a bajo nivel.
lowly ['ləʊlɪ] ADJ (comp **-ier**; superl **-iest**) humilde.
low-lying ['ləʊ,laɪɪŋ] ADJ bajo/a.
low-necked ['ləʊ'nekt] ADJ escotado/a.
low-paid [,ləʊ'peɪd] ADJ mal pagado/a, de baja remuneración.
low-profile ['ləʊ'prəʊfaɪl] ADJ (activity) discreto/a.
low-risk [,ləʊ'rɪsk] ADJ de bajo riesgo.
low-spirited ['ləʊ'spɪrɪtɪd] ADJ desanimado/a.
loyal ['lɔɪəl] ADJ leal, fiel.
loyalist ['lɔɪəlɪst] N (Spain 1936) republicano/a m/f; (Northern Ireland Pol) Unionista mf.
loyalty ['lɔɪəltɪ] N lealtad f; **~ card** (Brit Comm) tarjeta que reparten los hipermercados a sus clientes, mediante la que se acumulan puntos u otras ventajas.
lozenge ['lɒzɪndʒ] N (Med) pastilla f.
LP N ABBR **a** (Pol) of **Labour Party**. **b** (Mus) of **long-playing record**.
LPN N ABBR (US) of **Licensed Practical Nurse**.
LRAM N ABBR (Brit) of **Licentiate of the Royal Academy of Music**.
LSAT N ABBR (US) of **Law School Admission Test**.
LSD N ABBR **a** of **lysergic acid diethylamide** LSD f. **b** (Brit) of **librae, solidi, denarii; pounds, shillings and pence** antigua moneda británica.
LSE N ABBR (Brit) of **London School of Economics**.
LST N ABBR (US) of **Local Standard Time**.
LT N ABBR (Elec) of **low tension**.
Lt ABBR of **lieutenant** Tte.
Ltd ABBR of **limited** S.L.
lubricant ['luːbrɪkənt] N lubricante m.
lubricate ['luːbrɪkeɪt] VT lubricar, engrasar.
lubrication [,luːbrɪ'keɪʃən] N (Aut) engrase m.
lucid ['luːsɪd] ADJ claro/a, lúcido/a.
luck [lʌk] N suerte f; **beginner's ~** suerte del principiante; **good/bad ~** buena/mala suerte; **good ~!** ¡(buena) suerte!; **bad ~!** ¡(qué) mala suerte!, ¡qué pena!; **no such ~!** ¡ojalá!; **worse ~!** ¡desgraciadamente!; **with any ~** con (un poco de) suerte; **to be in ~** estar de or con suerte; **to be out of ~** tener mala suerte; **to be down on one's ~** llevar algn una racha de mala suerte; **I had the ~ to spot a policeman** tuve la suerte de ver a un policía; **it's the ~ of the draw** (fig) es cuestión de suerte; **to have the ~ of the devil** ser un suertudo; **to try one's ~** probar fortuna.
luckily ['lʌkɪlɪ] ADV afortunadamente, por suerte.
lucky ['lʌkɪ] ADJ (comp **-ier**; superl **-iest**) (person) afortunado/a, que tiene suerte; (day) de buen agüero, favorable; (move, shot) oportuno/a, afortunado/a; (guess, coincidence) oportuno/a; (charm, horseshoe) que trae

➤ SENTENCE BUILDER: **love** → 1.2, 13.3

suerte; **third time ~!** ¡a la tercera va la vencida!; **~ you!, you ~ thing!** ¡qué suerte tienes!; **it was very ~ for you (that ...)** menos mal que ...; **you'll be ~ to get £50 for that old banger** (*fam*) sería un milagro si te dieran 50 libras por el cacharro ese (*fam*); **you can think yourself ~ that ...** puedes considerarte afortunado que ...; **~ dip** (*at fair etc*) caja *f* de las sorpresas.

lucrative ['lu:krətɪv] ADJ lucrativo/a.

lucre ['lu:kər] N: **filthy ~** el vil metal.

ludicrous ['lu:dɪkrəs] ADJ absurdo/a, ridículo/a.

luffa ['lʌfə] N (*US*) esponja *f* de lufa.

lug [lʌg] VT (*fam*) arrastrar, jalar (*LAm*); **to ~ sth about with one** llevar algo consigo (con dificultad).

luggage ['lʌgɪdʒ] [1] N equipaje *m*.
[2] CPD: **~ car** N (*US*); **~ van** N (*Brit*) furgón *m* (de equipajes); **~ checkroom** N (*US*) consigna *f*; **~ label** N etiqueta *f* de equipaje; **~ rack** N (*on train etc*) red *f*, redecilla *f*; (*Aut*) baca *f*, portaequipajes *m inv*.

lughole ['lʌgəʊl] (*fam*) N oreja *f*; (*inner ear*) oído *m*.

lugubrious [lu:'gu:brɪəs] ADJ lúgubre.

lukewarm ['lu:kwɔ:m] ADJ (*lit*) tibio/a; (*fig*) poco entusiasta.

lull [lʌl] [1] N (*in storm, wind*) recalmón *m*; (*in activity*) pausa *f*, descanso *m*.
[2] VT calmar, sosegar; **to ~ to sleep** arrullar, adormecer; **he was ~ed into a false sense of security** (*fig*) se le inspiró un falso sentimiento de seguridad.

lullaby ['lʌləbaɪ] N arrullo *m*.

lumbago [lʌm'beɪgəʊ] N lumbago *m*.

lumber¹ ['lʌmbər] [1] N (*wood: esp US*) maderos *mpl*, maderas *fpl*; (*junk: esp Brit*) trastos *mpl* viejos.
[2] VT (*fam*) cargar; **to ~ sb with sth/sb** hacer que algn cargue con algo/otro; **he got ~ed with the job** tuvo que cargar con el trabajo.
[3] CPD: **~ room** N trastera *f*; **~ yard** N maderería *f*.

lumber² ['lʌmbər] VI (*also* **~ about, ~ along**) moverse pesadamente.

lumberjack ['lʌmbədʒæk] N leñador *m*.

luminous ['lu:mɪnəs] ADJ luminoso/a.

lump [lʌmp] [1] N (*of earth, sugar etc*) terrón *m*; (*swelling*) bulto *m*, hinchazón *f*; (*person*): *fam pej* zoquete *mf*, paquete *mf* (*LAm*); **with a ~ in one's throat** (*fig*) con un nudo en la garganta.
[2] VT (*fam: endure*) aguantar; **if he doesn't like it he can ~ it** si no le gusta que se aguante.
[3] CPD: **~ sugar** N azúcar *m or f* en terrón; **~ sum** N cantidad *f or* suma *f* global.

◆**lump together** VT + ADV (*things*) juntar, amontonar; (*persons*) poner juntos, agrupar.

lumpy ['lʌmpɪ] ADJ (*comp* **-ier**; *superl* **-iest**) (*flour*) aterronado/a; (*sauce*) lleno/a de grumos; (*bed*) desigual.

lunacy ['lu:nəsɪ] N (*fig*) locura *f*; **it's sheer ~!** ¡es una locura!

lunar ['lu:nər] ADJ lunar.

lunatic ['lu:nətɪk] [1] N loco/a *m/f*. [2] ADJ loco/a; **the ~ fringe** los extremistas. [3] CPD: **~ asylum** N (*old*) manicomio *m*.

lunch [lʌntʃ] [1] N comida *f*, almuerzo *m*, lonche *m* (*Mex*); **to have ~** comer, almorzar. [2] CPD: **~ break, ~ hour** N hora *f* de la comida *or* (*Mex*) del lonche.

luncheon ['lʌntʃən] [1] N (*frm*) comida *f*, almuerzo *m*. [2] CPD: **~ meat** N fiambre *m*; **~ voucher** N (*Brit*) vale *m or* (*LAm*) tiquet *m* de comida.

lunchtime ['lʌntʃtaɪm] N hora *f* del almuerzo *or* (*Mex*) del lonche.

lung [lʌŋ] [1] N pulmón *m*. [2] CPD: **~ cancer** N cáncer *m* del pulmón; **~ disease** N enfermedad *f* pulmonar.

lunge [lʌndʒ] [1] N arremetida *f*, embestida *f*. [2] VI (*also* **~ forward**) **to ~ (at sb)** lanzarse *or* abalanzarse (sobre algn).

lupin ['lu:pɪn] N altramuz *m*.

lurch¹ [lɜːtʃ] [1] N sacudida *f*. [2] VI (*person*) tambalearse; (*vehicle*) dar sacudidas.

lurch² [lɜːtʃ] N: **to leave sb in the ~** dejar a algn en la estacada.

lure [ljʊər] [1] N (*decoy*) señuelo *m*; (*bait*) cebo *m*; (*fig: charm*) encanto *m*, aliciente *m*.
[2] VT convencer con engaños; **to ~ sb into a trap** hacer que algn caiga en una trampa.

◆**lure away** VT + ADV: **to ~ sb away from** apartar a algn de.

lurex ['lʊəreks] N lúrex *m*.

lurid ['ljʊərɪd] ADJ [a] (*details, description: gruesome*) espeluznante, horripilante; (*: sensational*) sensacional. [b] (*colour*) chillón/ona, llamativo/a.

lurk [lɜːk] VI (*hide*) esconderse; (*lie in wait*) quedar al acecho; **a doubt ~s in my mind** una duda persiste en mi mente.

luscious ['lʌʃəs] ADJ delicioso/a, exquisito/a.

lush [lʌʃ] [1] ADJ (*comp* **~er**; *superl* **~est**) exuberante. [2] N (*fam*) alcohólico/a *m/f*.

lust [lʌst] N (*greed*) codicia *f*; (*sexual*) lujuria *f*.

◆**lust after, lust for** VI + PREP: **to ~ after** *or* **for sb/sth** codiciar a algn/algo.

lustful ['lʌstfʊl] ADJ lujurioso/a, lleno/a de deseo; (*look etc*) lascivo/a.

lustre, (*US*) luster ['lʌstər] N brillo *m*.

lustrous ['lʌstrəs] ADJ brillante.

lusty ['lʌstɪ] ADJ (*comp* **-ier**; *superl* **-iest**) (*person*) vigoroso/a, fuerte; (*cry etc*) fuerte.

lute [lu:t] N laúd *m*.

Luxembourg ['lʌksəmbɜːg] N Luxemburgo *m*.

Luxembourger ['lʌksəmbɜːgər] N luxemburgués(a) *m/f*.

luxuriant [lʌg'zjʊərɪənt] ADJ exuberante, lujuriante.

luxurious [lʌg'zjʊərɪəs] ADJ lujoso/a, de lujo.

luxury ['lʌkʃərɪ] [1] N (*gen*) lujo *m*; (*article*) artículo *m* de lujo; **to live in ~** vivir en el lujo. [2] CPD (*goods, apartment*) de lujo; **~ tax** N impuesto *m* de lujo.

LV N ABBR (*Brit*) of **luncheon voucher**.

LW N ABBR (*Rad*) of **long wave** OL *f*.

lychee [ˌlaɪ'tʃiː] N lychee *m*, lichi *m*.

Lycra ® ['laɪkrə] N licra *f* ®.

lye [laɪ] N lejía *f*.

lying ['laɪɪŋ]¹ [1] ADJ (*statement, story*) mentiroso/a, falso/a. [2] N mentiras *fpl*.

lying ['laɪɪŋ]² acostado/a, echado/a; *see also* **lie²**.

lymph [lɪmf] [1] N linfa *f*. [2] CPD: **~ gland** N ganglio *m* linfático.

lynch [lɪntʃ] VT linchar.

lynching ['lɪntʃɪŋ] N linchamiento *m*.

lynx [lɪŋks] N lince *m*.

Lyons ['laɪənz] N Lyón *m*.

lyre ['laɪər] N lira *f*.

lyric ['lɪrɪk] [1] ADJ lírico/a. [2] N (*poem*) poema *m* lírico; **~s** (*words of song*) letra *fsg*.

lyrical ['lɪrɪkəl] ADJ (*lit*) lírico/a; (*fig*) elocuente, entusiasta; **to wax** *or* **become ~ about sth** *or* **over sth** entusiasmarse por algo.

lyricist ['lɪrɪsɪst] N letrista *mf*.

Mm

M¹, m¹ [em] N (*letter*) M, m f.
M² ABBR **ⓐ** of **million(s)**. **ⓑ** (*garment size*) of **medium** M. **ⓒ** (*Brit*) of **motorway; the M8** ≈ la A8.
m² ABBR **ⓐ** of **married** se casó con. **ⓑ** of **metre(s)** m. **ⓒ** of **mile(s)**. **ⓓ** of **male** m. **ⓔ** of **minute(s)** m.
MA **①** N ABBR **ⓐ** (*Univ*) of **Master of Arts**. **ⓑ** (*US*) of **Military Academy**. **②** ABBR (*US Post*) of **Massachusetts**.
ma [mɑ:] N (*fam*) mamá f.
mac [mæk] N (*Brit fam*) impermeable m.
macabre [mə'kɑ:br] ADJ macabro/a.
macaroni [,mækə'rəʊnɪ] **①** N macarrones mpl. **②** CPD: ~ **cheese** N macarrones mpl al queso.
macaroon [,mækə'ru:n] N macarrón m, mostachón m.
mace¹ [meɪs] N (*of office*) maza f.
mace² [meɪs] N (*spice*) macis f.
Macedonia [,mæsɪ'dəʊnɪə] N Macedonia f.
Macedonian [,mæsɪ'dəʊnɪən] **①** ADJ macedonio/a. **②** N macedonio/a m/f; (*Ling*) macedonio m.
Mach [mæk] N mach m.
machete [mə'tʃeɪtɪ] N machete m.
Machiavellian [,mækɪə'velɪən] ADJ maquiavélico/a.
machinations [,mækɪ'neɪʃənz] NPL intrigas fpl, manipulaciones fpl.
machine [mə'ʃi:n] **①** N (*gen*) máquina f, aparato m; (*machinery*) maquinaria f; ~ **readable** legible por máquina. **②** VT (*Tech*) trabajar a máquina; (*Sew*) coser a máquina. **③** CPD: ~ **code** N (*Comput*) código m máquina; ~ **gun** N ametralladora f; ~ **intelligence** N inteligencia f máquina; ~ **language** N lenguaje m máquina; ~ **pistol** N metralleta f; ~ **shop** N taller m de máquinas; ~ **time** N tiempo m máquina; ~ **tool** N máquina f herramienta; ~ **translation** N traducción f automática.
machinery [mə'ʃi:nərɪ] N (*machines*) maquinaria f; (*mechanism*) mecanismo m; (*fig*) maquinaria f, aparato m.
machinist [mə'ʃi:nɪst] N (*Tech*) mecánico/a m/f, operario/a m/f; (*Sew*) maquinista mf.
machismo [mə'tʃɪzməʊ] N machismo m.
macho ['mætʃəʊ] ADJ macho.
mackerel ['mækrəl] N caballa f.
mackintosh ['mækɪntɒʃ] N impermeable m.
macro... ['mækrəʊ] PREF macro....
macrocosm ['mækrəʊkɒzəm] N macrocosmo m.
macroeconomics [,mækrəʊ,i:kə'nɒmɪks] NSG macroeconomía f.
▼**mad** [mæd] **①** ADJ (*comp* ~**der**; *superl* ~**dest**) **ⓐ** (*crazy*) loco/a, tarado/a (*CSur*); (: *idea*) disparatado/a; **to go ~** volverse loco, enloquecer; **to drive sb ~** volverle loco a algn; **she's as ~ as a hatter** *or* **a March hare** está loca de remate, está como un cencerro *or* una cabra; **are you ~?** ¿estás loco?, ¿te has vuelto loco?; ~ **cow disease** (*fam*) encefalopatía f espongiforme bovina. **ⓑ** (*fam: angry*) furioso/a, enfadado/a (*Sp*), enojado/a (*LAm*); **to be ~ at** *or* **with sb** estar furioso con algn; **he's hopping ~** está que bota, está que muerde. **ⓒ** (*stupid, rash: idea, person*) loco/a, disparatado/a. **ⓓ** (*fam: keen*) loco/a; **to be ~ about** *or* **on sb/sth** estar loco por algn/algo. **ⓔ** (*wild: gallop, rush*) precipitado/a. **②** ADV: **to be ~ keen on sb/sth** estar *or* andar loco por algn/algo; **he ran like ~** corrió como (un) loco.
-mad [mæd] ADJ SUF: **soccer~ boys** chicos mpl con la manía del fútbol.
Madagascar [,mædə'gæskər] N Madagascar m.
madam ['mædəm] N **ⓐ** señora f. **ⓑ** (*fam: girl*) niña f precoz. **ⓒ** (*of brothel*) ama f, dueña f.
madcap ['mædkæp] ADJ alocado/a, disparatado/a.
madden ['mædn] VT (*infuriate*) enloquecer, enfurecer.
maddening ['mædnɪŋ] ADJ enloquecedor(a); **it's ~!** es

para volverse loco; **he can be ~ at times** hay veces cuando saca a todos de quicio.
made [meɪd] PT, PP of **make**.
Madeira [mə'dɪərə] N Madera f; (*wine*) vino m de Madera.
made-to-measure [,meɪdtə'meʒər] ADJ hecho/a a la medida.
made-to-order [,meɪdtə'ɔ:dər] ADJ (*Brit*) hecho/a de encargo; (*US*) hecho a la medida.
made-up ['meɪdʌp] ADJ hecho/a; (*dress*) confeccionado/a; (*story*) ficticio/a; (*face*) pintado/a.
madhouse ['mædhaʊs] N (*pl* -**houses** [haʊzɪz]) manicomio m; **this is a ~!** ¡esto es un guirigay!
madly ['mædlɪ] ADV **ⓐ** (*crazily*) como un loco, locamente. **ⓑ** (*at a rush*) precipitadamente. **ⓒ** (*fam: extremely*) perdidamente; **to be ~ in love with sb** estar locamente enamorado de algn.
madman ['mædmən] N (*pl* -**men**) loco m.
▼**madness** ['mædnɪs] N (*lunacy*) locura f; (*foolishness*) insensatez f; (*anger*) furia f, rabia f; **it's sheer ~!** ¡es una locura!
Madrid [mə'drɪd] **①** N Madrid m. **②** CPD madrileño/a.
madwoman ['mædwʊmən] N (*pl* -**women**) loca f.
maelstrom ['meɪlstrəʊm] N torbellino m, remolino m.
maestro ['maɪstrəʊ] N maestro m.
MAFF [mæf] N ABBR (*Brit*) of **Ministry of Agriculture, Fisheries and Food** ≈ MAPA m.
mafia ['mæfɪə] N mafia f.
mag [mæg] N ABBR (*Brit fam*) of **magazine**.
magazine [,mægə'zi:n] N **ⓐ** (*journal*) revista f. **ⓑ** (*in rifle*) recámara f.
magenta [mə'dʒentə] ADJ color magenta inv.
maggot ['mægət] N cresa f, gusano m.
Magi ['meɪdʒaɪ] NPL: **the ~** los Reyes Magos.
magic ['mædʒɪk] **①** ADJ mágico/a; ~ **carpet** alfombra f voladora; ~ **lantern** linterna f mágica; ~ **wand** varita f mágica *or* de las virtudes; **to say the ~ word** dar la fórmula mágica. **②** N magia f; **as if by ~, like ~** por arte de magia/como por encanto.
magical ['mædʒɪkəl] ADJ mágico/a.
magician [mə'dʒɪʃən] N mago/a m/f; (*witch*) hechicero m, brujo m; (*conjuror*) prestidigitador(a) m/f.
magistrate ['mædʒɪstreɪt] N magistrado m, juez m; **~s' court** (*in England*) juzgado m de primera instancia.
magnanimous [mæg'nænɪməs] ADJ magnánimo/a.
magnate ['mægneɪt] N magnate m.
magnesium [mæg'ni:zɪəm] **①** N magnesio m. **②** CPD: ~ **sulphate** N sulfato m magnésico.
magnet ['mægnɪt] N imán m.
magnetic [mæg'netɪk] ADJ magnético/a; (*fig*) carismático/a; ~ **card reader** lector m de tarjeta magnética; ~ **disk** disco m magnético; ~ **field** campo m magnético; ~ **stripe** raya f magnética; ~ **tape** cinta f magnética.
magnetism ['mægnɪtɪzəm] N magnetismo m; (*fig*) magnetismo, atractivo m.
magnetize ['mægnɪtaɪz] VT (*gen*) magnetizar, imantar.
magnification [,mægnɪfɪ'keɪʃən] N ampliación f, aumento m.
magnificence [mæg'nɪfɪsəns] N magnificencia f.
magnificent [mæg'nɪfɪsənt] ADJ magnífico/a.
magnify ['mægnɪfaɪ] VT **ⓐ** aumentar, ampliar; **to ~ sth 7 times** aumentar algo 7 veces; **~ing glass** lupa f. **ⓑ** (*exaggerate*) exagerar.
magnitude ['mægnɪtju:d] N **ⓐ** (*gen*) magnitud f; (*importance*) envergadura f; **in operations of this ~** en operaciones de esta envergadura. **ⓑ** (*Astron*) magnitud f.
magnolia [mæg'nəʊlɪə] N magnolia f.

➤ SENTENCE BUILDER: **mad** → 1.2 **madness** → 4.2, 12.5

magnum ['mægnəm] **1** N botella *f* doble. **2** ADJ: **~ opus** obra *f* maestra.

magpie ['mægpaɪ] N urraca *f*.

maharajah [,mɑ:hə'rɑ:dʒə] N maharajá *m*.

mahogany [mə'hɒgənɪ] N caoba *f*.

maid [meɪd] N **a** (*servant*) criada *f*, muchacha *f* (*CSur*), mucama *f* (*CSur*), recamarera *f* (*Mex*); (*in hotel*) camarera *f*; **~ of honour** dama *f* de honor. **b** (*old, poet: young girl*) doncella *f*; *see* **old 3**.

maiden ['meɪdn] **1** N (*old, poet*) doncella *f*. **2** ADJ (*flight, speech*) inaugural, de inauguración. **3** CPD: **~ aunt** N tía *f* solterona; **~ name** N apellido *m* de soltera.

mail [meɪl] **1** N correo *m*; **is there any ~ for me?** ¿hay cartas para mí?; **air ~** correo aéreo; **by** *or* **through the ~** por correo. **2** VT mandar *or* enviar por correo; **~ing list** lista *f* de direcciones. **3** CPD: **~ bomb** N (*US*) paquete-bomba *m*; **~ merge** N fusión *f* del correo electrónico; **~ order** N venta *f* por correo; *see also* **mail-order**; **~ train** N tren *m* correo; **~ van** N (*Aut*) camioneta *f* de correos *or* reparto.

mailbag ['meɪlbæg] N saca *f* de correos.

mailbox ['meɪlbɒks] N (*US, Comput*) buzón *m*.

mailcar ['meɪlkɑːʳ] N (*US Rail*) furgón *m* postal.

mailman ['meɪlmæn] N (*pl* **-men**) (*US*) cartero *m*.

mail-order ['meɪl,ɔːdəʳ] CPD: **~ catalog** (*US*), **~ catalogue** N catálogo *m* de ventas por correo.

mailshot ['meɪlʃɒt] N circular *f*, mailing *m*.

maim [meɪm] VT mutilar, lisiar; **to be ~ed for life** quedar lisiado de por vida.

main [meɪn] **1** ADJ (*gen*) principal; (*offices*) central; **the ~ body of troops** el grueso de las tropas; **the ~ thing is to + infin** lo más importante es + infin; **~ course** (*Culin*) plato *m* principal, plato fuerte; **~ line** línea *f* principal; (*Ferro*) interurbano *m*; **~ road** carretera *f*; **~ street** calle *f* mayor. **2** N **a** (*pipe*) conducto *m* principal; (*for gas, electricity*) canalización *f*, conducto. **b** **~s** cañería *f* maestra *or* principal; (*Elec*) red *f* eléctrica; **it works on battery or ~s** funciona con pila o electricidad. **c** **in the ~** (*on the whole*) en general; (*generally*) por lo general. **3** CPD: **~s supply** N suministro *m* de la red.

mainframe ['meɪnfreɪm] N (*also* **~ computer**) ordenador *m* *or* computadora *f* central.

mainland ['meɪnlənd] N tierra *f* firme, continente *m*.

mainly ['meɪnlɪ] ADV (*in the majority*) en su mayoría; (*principally*) principalmente, en primer lugar.

mainspring ['meɪnsprɪŋ] N muelle *m* real; (*fig*) motivo *m* principal.

mainstay ['meɪnsteɪ] N (*fig*) sostén *m* principal.

mainstream ['meɪnstriːm] N (*fig*) corriente *f* principal; **to be in the ~ of modern philosophy** estar en la línea central de la evolución de la filosofía moderna.

maintain [meɪn'teɪn] VT **a** (*keep up*) mantener, conservar. **b** (*support*) sostener; (*with goods*) sustentar. **c** (*claim*) **to ~ that ...** mantener que ..., sostener que ....

maintenance ['meɪntɪnəns] **1** N **a** (*of machine etc*) mantenimiento *m*. **b** (*money paid to divorced wife and family*) pensión *f* alimenticia. **c** (*of house etc*) manutención *f*, cuidado *m*. **2** CPD: **~ agreement** N contrato *m* de mantenimiento; **~ allowance** N pensión *f* alimenticia; **~ contract** N = **~ agreement**; **~ costs** NPL gastos *mpl* de mantenimiento; **~ order** N obligación *f* de pasar una pensión alimenticia al cónyuge; **~ staff** N personal *m* de servicios.

maisonette [,meɪzə'net] N dúplex *m*.

maize [meɪz] **1** N maíz *m*; **ear of ~** elote (*Mex*), choclo (*And, CSur*). **2** CPD: **~ field** N maizal *m*.

Maj. ABBR of **Major**.

majestic [mə'dʒestɪk] ADJ majestuoso/a.

majesty ['mædʒɪstɪ] N majestad *f*; **His / Her M~** Su Majestad; **Your M~** (Vuestra) Majestad.

major ['meɪdʒəʳ] **1** ADJ **a** (*gen*) mayor; (*significant*) importante; **of ~ interest** de máximo interés; **of ~ importance** de la mayor importancia. **b** (*Mus*) mayor. **2** N **a** (*Mil*) comandante *m*, mayor *m* (*LAm*). **b** (*Jur*) mayor *mf* (de edad). **c** (*US Univ*) asignatura *f* principal; **he's a Spanish ~** estudia el español como asignatura principal. **3** VI: **to ~ in** (*US Univ*) especializarse en.

Majorca [mə'jɔːkə] N Mallorca *f*.

Majorcan [mə'jɔːkən] **1** ADJ mallorquín/ina. **2** N mallorquín/ina *m/f*; (*Ling*) mallorquín *m*.

majorette [,meɪdʒə'ret] N batonista *f*.

majority [mə'dʒɒrɪtɪ] **1** N mayoría *f*; **they won by a ~** ganaron por mayoría (de votos); **a two-thirds ~** una mayoría de las dos terceras partes; **in the ~ of cases** en la mayoría *or* la mayor parte de los casos; **the vast ~** la inmensa mayoría. **2** CPD: **~ rule** N gobierno *m* mayoritario; **~ (share)holding** N accionado *m* mayoritario; **~ vote** N: **by a ~ vote** por la mayoría de los votos.

make [meɪk] (*pt, pp* **made**) **1** VT **a** (*gen*) hacer; (*manufacture*) fabricar; (*meal*) preparar; **made of silver** (hecho) de plata; **made in Italy** hecho en Italia; **to show what one is made of** demostrar quién es uno; **they were made for each other** están hechos el uno para el otro; **to ~ a friend of sb** trabar amistad con algn. **b** (*carry out: journey*) emprender; (: *plan, suggestion*) hacer, preparar; (: *speech*) pronunciar; (: *application, excuse*) presentar; (: *payment*) efectuar; (: *agreement*) celebrar. **c** (*commit: error*) cometer. **d** (*cause to be or become*) hacer, volver, poner; **to ~ sb happy / angry** hacer feliz / poner furioso a algn; **to ~ sth difficult** hacer algo más difícil de lo que es; **he made it difficult for us to go out** nos puso dificultades para salir; **he made her a star** le hizo estrella; **to ~ sb nervous** poner nervioso a algn; **to ~ o.s. comfortable** ponerse cómodo; **it ~s me sick / ashamed** me da asco / vergüenza; **to ~ o.s. heard** hacerse oír. **e** (*cause to do or happen*) hacer que; (*force*) obligar; **to ~ sb do sth** obligar a algn a hacer algo; **the film made her cry** la película le hizo llorar; (*promise*) cumplir; (*loss*) compensar; **to ~ o.s. do sth** esforzarse por hacer algo; **what made you say that?** ¿cómo se te ocurrió decir eso?; **you can't ~ me (do it)** no puedes forzarme a hacerlo; **to ~ sth, to ~ do with sth** defenderse con algo *or* arreglárselas. **f** (*earn*) ganar; **how much do you ~?** ¿cuánto ganas?; **he ~s £350 a week** gana £350 a la semana; **the business ~s a profit** el negocio es rentable; **to ~ a fortune** enriquecerse; **how much do you stand to ~?** ¿cuánto esperas ganar? **g** (*reach, achieve*) llegar a, alcanzar; **to ~ land / port** (*Naut*) llegar a la orilla / al puerto; **eventually we made it** por fin llegamos; **we made it just in time** llegamos justo a tiempo. **h** (*cause to succeed*) asegurar el éxito de; **that's made my day!** ¡(eso) me ha dado un alegrón!; **he's got it made** (*fam*) lo tiene asegurado; **to ~ or break sb** hacer la fortuna *o* ser la ruina de algn; **his enterprise will ~ or break him** la empresa será su felicidad *o* su ruina. **i** (*form, constitute*) formar, constituir; (*equal*) ser igual a, hacer; **2 and 2 ~ 4** dos más dos son cuatro; **this one ~s 20** con éste ya hacen veinte; **he made a good husband** resultó ser buen marido; **it made a nice surprise** fue una sorpresa agradable. **j** (*estimate*) hacer; **what do you ~ the total?** ¿cuánto calculas que es el total?; **I ~ it 6 o'clock** calculo que serán las seis; **what do you ~ of this?** ¿qué te parece *or* cómo te explicas esto?; **what do you ~ of him?** ¿qué piensas de él? **2** VI **a** **to ~ after sb** perseguir a *or* correr tras algn. **b** **he made as if to ...** hizo como si + subjun. **3** N **a** (*brand*) marca *f*; **what ~ of car was it?** ¿qué marca de coche fue?; **these are my own ~** estos son según mi propia receta.

b to be on the ~ (fam: for money) ir a sacar dinero; (: for sex) andar tras algn.

◆ **make away** VI + ADV = **make off.**

◆ **make for** VI + PREP **a** (place) dirigirse a. **b** (fig: result in) crear.

◆ **make off** VI + ADV largarse; **to ~ off with sth** llevarse algo.

◆ **make out** **1** VT + ADV **a** (write out: cheque) extender, expedir; (: document) redactar; (fill in) llenar, rellenar; **the cheque should be made out to Pérez** el cheque será nominativo a favor de Pérez; **to ~ out a case for sth** presentar una defensa de algo.
b (see, discern) distinguir, divisar; (decipher) descifrar; (understand) entender; **I can't ~ it out** no me lo explico.
c (claim) dar a entender, pretender; **he's not as rich as people ~ out** es menos rico de lo que dice la gente.
d (imply) **to ~ out that** implicar que; **to ~ sb out to be stupid** hacer parecer estúpido a algn; **all the time he made out he was working** todo el tiempo hacía creer que estaba trabajando.
2 VI + ADV (get on) entenderse; (: well: with person) congeniarse; **how are you making out on your pension?** ¿cómo se las arregla con la pensión?

◆ **make over** VT + ADV (assign) ceder, traspasar.

◆ **make up** **1** VT + ADV **a** (invent) inventar; **you're making it up!** ¡puro cuento!
b (dress etc) confeccionar.
c (put together, prepare) hacer, preparar; (bed) hacer.
d (settle dispute) resolver; **to ~ it up with sb** reconciliarse or hacer las paces con algn.
e (complete) completar.
f (decide) **to ~ up one's mind** decidirse.
g (compensate for) compensar; **to ~ it up to sb (for sth)** pagarle or devolverle el favor a algn; **to ~ up (lost) time** recuperar el tiempo perdido.
h (constitute) integrar; **it is made up of 6 parts** lo componen 6 partes.
i (apply cosmetics to) pintar, maquillar.
2 VI + ADV **a** (after quarrelling) reconciliarse, hacer las paces.
b (apply cosmetics) maquillarse, pintarse.
c (catch up) **to ~ up on sb** alcanzar a algn.

◆ **make up for** VI + PREP: **to ~ up for sth** compensar algo; **to ~ up for lost time** recuperar el tiempo perdido.

◆ **make up to** VI + PREP (fam: curry favour with) congraciarse con.

make-believe ['meɪkbɪ,liːv] N: **the land of ~** el mundo del ensueño; **don't worry, it's just ~** no te preocupes, es pura comedia.

maker ['meɪkə^r] N (manufacturer) fabricante mf; (Rel) **M~** Creador m.

makeshift ['meɪkʃɪft] ADJ (improvised) improvisado/a; (provisional) provisional.

make-up ['meɪkʌp] **1** N **a** (composition) composición f; (character) carácter m, temperamento m.
b (cosmetics) maquillaje m, pintura f.
2 CPD: **~ artist** N maquillador(a) m/f; **~ bag** N bolsa f del maquillaje.

making ['meɪkɪŋ] N **a** (production) fabricación f; (preparation) preparación f; (cutting: of clothes) confección f; **it was 2 hours in the ~** tardó 2 horas en hacerse; **it's history in the ~** esto pasará a la historia; **it was the ~ of him** fue lo que le consagró. **b** **he has the ~s of an actor** tiene madera de actor.

maladjusted ['mælə'dʒʌstɪd] ADJ (Psych) inadaptado/a.

maladroit ['mælə'drɔɪt] ADJ torpe.

malady ['mælədɪ] N mal m, enfermedad f.

malaise [mæˈleɪz] N malestar m.

malapropism ['mæləprɒpɪzəm] N despropósito m lingüístico.

malaria [məˈlɛərɪə] N malaria f, paludismo m.

Malawi [məˈlɑːwɪ] N Malawi m, Malaui m.

Malay [məˈleɪ] **1** ADJ malayo/a. **2** N malayo/a m/f; (Ling) malayo m.

Malaya [məˈleɪə] N (Hist) Malaya f, Malaca f.

Malayan [məˈleɪən] ADJ, N malayo/a m/f.

Malaysia [məˈleɪzɪə] N Malasia f.

Malaysian [məˈleɪzɪən] ADJ, N malasio/a m/f.

Maldives ['mɔːldaɪvz], **Maldive Islands** ['mɔːldaɪv'aɪləndz] NPL Maldivas fpl.

male [meɪl] **1** ADJ (child) hombre, varón; (Bot, Tech, Zool) macho; (sex) masculino/a; (attire etc) de hombre; **~ chauvinism** machismo m; **~ menopause** (hum) menopausia f masculina; **~ nurse** enfermero m.
2 N (person) varón m; (Bot, Zool) macho m.

malediction [,mælɪˈdɪkʃən] N maldición f.

malevolent [məˈlevələnt] ADJ malévolo/a.

malformation ['mælfɔː'meɪʃən] N malformación f.

malformed [,mæl'fɔːmd] ADJ malformado/a.

malfunction [mæl'fʌŋkʃən] N (of machine) fallo m, mal funcionamiento m.

malice ['mælɪs] N (grudge) rencor m; (badness) malicia f; **out of ~** por malevolencia; **I bear him no ~** no le guardo rencor; **~ aforethought** (Jur) premeditación f.

malicious [məˈlɪʃəs] ADJ malicioso/a; (Jur) delictuoso/a.

malign [məˈlaɪn] **1** ADJ maligno/a, malévolo/a. **2** VT (person, reputation) calumniar, difamar.

malignant [məˈlɪgnənt] ADJ malvado/a; (Med) maligno/a.

malingerer [məˈlɪŋgərə^r] N enfermo/a m/f fingido/a.

mall [mɔːl] N **a** alameda f; (US: pedestrian street) calle f peatonal. **b** (esp US: also **shopping ~**) centro m comercial.

mallard ['mæləd] N pato m real.

malleable ['mælɪəbl] ADJ maleable, dúctil.

mallet ['mælɪt] N (tool, Sport) mazo m.

malnourished [,mæl'nʌrɪʃt] ADJ desnutrido/a.

malnutrition ['mælnjuˈtrɪʃən] N desnutrición f.

malpractice ['mæl'præktɪs] N negligencia f.

malt [mɔːlt] **1** N malta f. **2** CPD: **~ extract** N extracto m de malta; **~ whisky** N whisky m de malta.

Malta ['mɔːltə] N Malta f.

malted ['mɔːltɪd] ADJ: **~ milk** leche f malteada.

Maltese ['mɔːl'tiːz] **1** ADJ maltés/esa. **2** N (pl ~) maltés/esa m/f; (Ling) maltés m.

maltreat [mæl'triːt] VT maltratar.

mam(m)a [məˈmɑː] N (fam) mamá f.

mammal ['mæməl] N mamífero m.

mammary ['mæmərɪ] **1** ADJ mamario/a; **~ gland** mama f, teta f. **2** N: **mammaries** (hum) pechos mpl.

mammogram ['mæməgræm] N mamografía f.

mammography [mæˈmɒɡrəfɪ] N mamografía f.

mammoth ['mæməθ] **1** N mamut m. **2** ADJ descomunal, gigante.

mammy ['mæmɪ] N (fam) mamaíta f, mamacita f.

man [mæn] **1** N (pl **men**) **a** (adult male) hombre m; **~ and wife** marido y mujer; **to live as ~ and wife** vivir como casados or en matrimonio; **best ~** padrino de boda; **her ~ is in the army** su marido or novio está en el ejército; **my old ~** (fam) el viejo (fam); **her young ~** su novio; **the ~ in the street** el hombre de la calle; **I've lived here ~ and boy** vivo aquí desde pequeño; **he's a ~ about town** es un gran vividor; **a ~ of the world** un hombre de mundo; **to make a ~ of sb** hacer un hombre de algn; **the army will make a ~ out of him** el ejército le hará un hombre; **this will separate or sort the men from the boys** con esto se verá quiénes son hombres y quiénes no.
b (humanity in general: also **M~**) el hombre.
c (person) persona f; **no ~** ninguno, nadie; **any ~** cualquier hombre, cualquiera; **that ~ Jones** aquel Jones; **the strong ~ of the government** el hombre fuerte del gobierno; **what else could a ~ do?** ¿qué es que se podía hacer otra cosa?; **as one ~** como un solo hombre; **~ to ~** de hombre a hombre; **they agreed to a ~** no hubo voz en contra.
d (type) **then I'm your ~** entonces soy el hombre que Ud necesita; **he's not the ~ for the job** no es el más indicado para el puesto; **I'm not a drinking ~** yo no bebo; **he's a family ~** (with family) es padre de familia; (home-loving) es muy casero; **he's his own ~** es un hombre muy fiel a sí mismo; **he's a ~'s ~** es un hombre estimado entre otros hombres; **are you ~ enough to do**

it? ¿tienes bastante valor para hacerlo?; **to feel (like) a new ~** sentirse como nuevo.

[e] *(fam: interj)* ¡tío!; **~, was I startled!** ¡vaya susto que me dio!, ¡qué susto me pegué!

[f] **the ~ who does the garden** el señor que hace el jardín; **officers and men** oficiales y soldados.

[g] *(Chess)* pieza *f*; *(Draughts)* ficha *f*.

[2] VT tripular; **the gun is ~ned by 4 soldiers** 4 soldados manejan el cañón; **the telephone is ~ned all day** el teléfono está atendido todo el día; *see also* **manned.**

manacles ['mænəklz] NPL esposas *fpl*.

manage ['mænɪdʒ] [1] VT [a] *(direct: gen, Comm)* dirigir; *(organization, institution)* administrar; *(Comput: system, network)* gestionar; *(household)* llevar; *(money)* manejar; **the election was ~d** *(pej)* las elecciones fueron manipuladas; **~d fund** fondo *m* dirigido.

[b] *(handle, control)* dominar, gobernar; **I can ~ that child** sé como tratar a ese niño; **I can ~ any dog** sé domar cualquier perro.

[c] **to ~ to do sth** conseguir *or* alcanzar a hacer algo; **he ~d not to get his feet wet** logró no mojarse los pies; **£5 is the most I can ~** no puedo dar más de cinco libras; **can you ~ on £5?** ¿te alcanzan 5 libras?; **I shall ~ it** lo podré hacer; **can you ~ the cases?** ¿puedes *or* te apañas con las maletas?; **can you ~ 8 o'clock?** ¿puedes venir a las ocho?

[2] VI ir tirando, arreglárselas; **can you ~?** ¿te las arreglas?; **how do you ~?** ¿cómo te las arreglas?; **to ~ without sth/sb** prescindir de algo/algn.

manageable ['mænɪdʒəbl] ADJ *(person)* dócil, manejable; *(animal)* domable; *(tool)* manejable.

management ['mænɪdʒmənt] [1] N [a] *(of firm etc)* dirección *f*, administración *f*, gestión *f*.

[b] *(people)* dirección *f*, gerencia *f*; *(board of ~)* cuerpo *m* de dirección, junta *f* directiva; **'under new ~'** 'bajo nueva dirección'; **~ and workers** directivos y empleados.

[c] *(Univ: also ~ studies)* administración *f* de empresas.

[2] CPD: **~ accounting** N contabilidad *f* de gestión; **~ committee** N consejo *m* de administración; **~ consultancy** N consultoría *f* gerencial; **~ consultant** N consultor(a) *m/f* en dirección de empresas; **~ fee** N honorarios *mpl* de dirección; **~ review** N revisión *f* de gestión (de la gerencia).

manager ['mænɪdʒəʳ] N *(gen)* director(a) *m/f*; *(of firm, bank, hotel)* gerente *mf*; *(of football team)* director(a) técnico/a; *(of restaurant, shop)* encargado/a *m/f*; **sales ~** jefe de ventas.

manageress [,mænɪdʒə'res] N *(of restaurant, shop)* encargada *f*.

managerial [,mænə'dʒɪərɪəl] ADJ administrativo/a; **at ~ level** a nivel directivo; **~ staff** personal *m* dirigente.

managing director [,mænɪdʒɪŋdɪ'rektəʳ] N director(a) *m/f* general.

Mancunian [mæn'kju:nɪən] [1] ADJ de Manchester. [2] N nativo/a *m/f* or habitante *mf* de Manchester.

mandarin ['mændərɪn] N [a] *(person)* mandarín *m*.

[b] *(fruit)* mandarina *f*.

mandate ['mændeɪt] N mandato *m*.

mandatory ['mændətərɪ] ADJ obligatorio/a.

man-day ['mæn'deɪ] N *(pl ~s)* día-hombre *m*.

mandolin(e) ['mændəlɪn] N mandolina *f*.

mane [meɪn] N *(of animal)* melena *f*.

man-eater ['mæn,i:təʳ] N tigre *m* etc devorador de hombres; *(fam: woman)* devoradora *f* de hombres.

maneuver etc [mə'nu:vəʳ] *(US)* = **manoeuvre** etc.

manganese [,mæŋgə'ni:z] N *(Chem)* manganeso *m*.

mange [meɪndʒ] N roña *f*, sarna *f*.

mangle¹ ['mæŋgl] N escurridor *m*.

mangle² ['mæŋgl] VT *(crush)* aplastar, apachurrar.

mango ['mæŋgəʊ] N *(pl ~es)* mango *m*.

manhandle ['mæn,hændl] VT *(Tech)* manipular; *(fig)* maltratar.

manhole ['mænhəʊl] N boca *f* de acceso.

manhood ['mænhʊd] N [a] *(age of majority)* mayoría *f* de edad, madurez *f*. [b] *(manliness)* hombradía *f*, virilidad *f*.

[c] *(men)* hombres *mpl*.

man-hour ['mæn'aʊəʳ] N *(pl ~s)* hora-hombre *f*.

manhunt ['mænhʌnt] N caza *f* de hombre.

mania ['meɪnɪə] N manía *f*; **to have a ~ for (doing) sth** tener la manía de hacer algo.

maniac ['meɪnɪæk] N [a] maníaco/a *m/f*; **he drives like a ~** conduce como un loco. [b] **these sports ~s** *(fig)* estos fanáticos del deporte.

manic-depressive ['mænɪkdɪ'presɪv] ADJ, N *(Psych)* maníacodepresivo/a *m/f*.

manicure ['mænɪkjʊəʳ] [1] N manicura *f*. [2] VT hacerle a algn la manicura. [3] CPD: **~ case, ~ set** N estuche *m* de manicura.

manifest ['mænɪfest] [1] ADJ manifiesto/a, patente, evidente. [2] VT manifestar. [3] N *(Comm)* manifiesto *m*.

manifestation [,mænɪfes'teɪʃən] N manifestación *f*.

manifesto [,mænɪ'festəʊ] N *(pl ~es)* manifiesto *m*.

manifold ['mænɪfəʊld] [1] ADJ *(numerous)* múltiples; *(varied)* diversos/as. [2] N *(Aut etc)* colector *m* de escape.

Manila [mə'nɪlə] N Manila *f*.

manil(l)a [mə'nɪlə] ADJ *(envelope, paper)* manila.

manioc ['mænɪɒk] N mandioca *f*.

manipulate [mə'nɪpjʊleɪt] VT *(tool, machine, vehicle)* manipular, manejar; *(facts, figures)* falsear, falsificar; *(public opinion, person)* manipular.

manipulation [mə,nɪpjʊ'leɪʃən] N *(see vt)* manipulación *f*, manejo *m*; falseamiento *m*.

manipulative [mə'nɪpjʊlətɪv] ADJ manipulativo/a.

mankind [mæn'kaɪnd] N humanidad *f*, género *m* humano.

manliness ['mænlɪnɪs] N virilidad *f*, hombría *f*.

manly ['mænlɪ] ADJ *(comp* **-ier;** *superl* **-iest)** viril, macho; **to be very ~** ser muy hombre.

man-made ['mæn'meɪd] ADJ *(fibres)* sintético/a; *(lake etc)* artificial.

manned [mænd] ADJ tripulado/a.

mannequin ['mænɪkɪn] N *(dummy)* maniquí *m*; *(fashion)* modelo *f*.

manner ['mænəʳ] N [a] *(mode)* manera *f*, modo *m*; **after** *or* **in the ~ of X** siguiendo *or* en el estilo de X; **in such a ~ that ...** de tal manera que ...; **in a ~ of speaking** en cierto sentido, hasta cierto punto; **a princess (as) to the ~ born** una princesa nata.

[b] *(behaviour etc)* forma *f* de ser, comportamiento *m*; **I don't like his ~** no me gusta su modo de ser; **there's sth odd about his ~** tiene un aire algo raro.

[c] **~s** *(good, bad etc)* modales *mpl*, educación *fsg*; **good ~s** educación; **bad ~s** falta de educación; **he's got no ~s** es un mal educado; **road ~s** comportamiento en la carretera; **it's bad ~s to yawn** es de mala educación bostezar; **to teach sb ~s** enseñarle a algn a portarse bien.

[d] **~s** *(of society)* costumbres *fpl*; **a novel of ~s** una novela costumbrista *or* de costumbres; **~s maketh man** la conducta forma al hombre.

[e] *(class, type)* **all ~ of** toda clase *or* suerte de; **by no ~ of means** de ningún modo.

mannered ['mænəd] ADJ *(style)* amanerado/a; *(camp)* cursi.

mannerism ['mænərɪzəm] N [a] *(gesture etc)* gesto *m*.

[b] *(Art etc)* característica *f*.

mannerly ['mænəlɪ] ADJ bien educado/a, formal.

mannish ['mænɪʃ] ADJ hombruno/a.

manoeuvrable, *(US)* **maneuverable** [mə'nu:vrəbl] ADJ manejable.

manoeuvre, *(US)* **maneuver** [mə'nu:vəʳ] [1] N [a] *(Mil)* maniobra *f*; **to be on ~s** estar de maniobras.

[b] *(clever plan)* maniobra *f*, estratagema *f*; **this leaves us little room for ~** esto apenas nos deja espacio en que hacer cambios de posición.

[2] VT *(gen)* maniobrar; **to ~ a gun into position** colocar un cañón en su posición; **to ~ sb into doing sth** manipular a algn para que haga algo.

[3] VI maniobrar.

manor ['mænəʳ] [1] N señorío *m*. [2] N **~ house** N casa *f* solariega, casona *f*, casa señorial.

manpower ['mænpaʊər] N mano f de obra; (*Mil*) soldados *mpl*.

manse [mæns] N (*esp Scot*) casa f del pastor (protestante).

mansion ['mænʃən] N mansión f.

manslaughter ['mæn,slɔːtər] N homicidio *m* involuntario.

mantelpiece ['mæntlpiːs] N repisa f (de chimenea).

mantis ['mæntɪs] N: **praying ~** mantis f religiosa.

mantle ['mæntl] N [a] (*layer*) capa f; (*blanket*) manto *m*; **a ~ of snow** una capa de nieve. [b] (*gas ~*) manguito *m* incandescente.

man-to-man ['mæntə'mæn] ADJ, ADV entre hombres.

manual ['mænjʊəl] [1] ADJ manual; **~ worker** trabajador(a) *m/f* manual. [2] N manual *m*.

manufacture [,mænjʊ'fæktʃər] [1] N (*act*) fabricación f; (*manufactured item*) manufactura f. [2] VT [a] fabricar; **~d goods** artículos *mpl* manufacturados. [b] (*fig*) fabricar, inventar.

manufacturer [,mænjʊ'fæktʃərər] N fabricante *mf*.

manufacturing [,mænjʊ'fæktʃərɪŋ] [1] N fabricación f. [2] CPD manufacturero/a; **~ costs** NPL costos *mpl* de fabricación; **~ industries** NPL industrias *fpl* manufactureras.

manure [mə'njʊər] [1] N abono *m*, estiércol *m*. [2] VT abonar, estercolar. [3] CPD: **~ heap** N estercolero *m*.

manuscript ['mænjʊskrɪpt] [1] N manuscrito *m*. [2] ADJ en manuscrito.

Manx [mæŋks] [1] ADJ de la Isla de Man. [2] N (*Ling*) lengua f de la Isla de Man; **the ~** (*people*) los nativos de la Isla de Man.

Manxman ['mæŋksmən] N (*pl* **-men**) nativo *m* de la Isla de Man.

many ['menɪ] [1] ADJ muchos/as; **not ~** pocos/as; **~ people** mucha gente; **not ~ people** poca gente; **in ~ cases** en muchos casos; **there were as ~ as 100 at the meeting** asistieron a la reunión hasta cien personas; **he has as ~ as I have** tiene tantos como yo; **there's one too ~** sobra uno; **he's had one too ~** ha tomado uno de más; **as ~ again** otros tantos; **a good** *or* **a great ~ houses** muchas *or* (*LAm*) bastantes casas; **so ~ flies** tantas moscas. [2] PRON muchos/as; **~ of them came** muchos (de ellos) vinieron; **not ~ came** vinieron pocos; **how ~ are there?** ¿cuántos hay?; **how ~ there are!** ¡cuántos hay!; **there are too ~** hay demasiados.

many-coloured, (*US*) **many-colored** ['menɪ'kʌləd] ADJ multicolor.

Maori ['maʊrɪ] ADJ, N maorí *mf*.

map [mæp] [1] N (*of town*) plano *m*; (*of world, country*) mapa *m*; **this will put us on the ~** (*fig*) esto nos dará a conocer; **it's right off the ~** (*fig*) está en el quinto infierno. [2] VT: **to ~ an area** levantar mapa de una zona. ◆ **map out** VT + ADV [a] indicar en un mapa. [b] (*fig: plan*) proyectar, planear.

maple ['meɪpl] [1] N arce *m*. [2] CPD: **~ leaf** N hoja f de arce; **~ syrup** N jarabe *m* de arce.

mapmaking ['mæp,meɪkɪŋ], **mapping** ['mæpɪŋ] N cartografía f.

mar [maːr] VT estropear, echar a perder; **to ~ sb's enjoyment** aguarle la fiesta a algn.

Mar. ABBR *of* **March** mar.

maraschino [,mærəs'kiːnəʊ] [1] N marrasquino *m*. [2] CPD: **~ cherries** NPL guindas *fpl* en conserva de marrasquino.

marathon ['mærəθən] [1] N maratón *m* (*sometimes* f). [2] ADJ larguísimo/a, interminable.

marauder [mə'rɔːdər] N merodeador(a) *m/f*, intruso/a *m/f*.

marauding [mə'rɔːdɪŋ] ADJ merodeador(a), intruso/a.

marble ['maːbl] [1] N [a] (*material*) mármol *m*. [b] (*work in ~*) obra f en mármol. [c] (*glass ball*) canica f, bolita f (*CSur*); **to lose one's ~s** (*fam*) perder la chaveta (*fam*); **to play ~s** jugar a las canicas. [2] CPD marmóreo/a, de mármol.

marbled ['maːbld] ADJ (*surface*) jaspeado/a.

March [maːtʃ] N marzo *m*; *see* **July** *for usage*.

march [maːtʃ] [1] N (*Mil, Mus*) marcha f; (*fig: long walk*) caminata f; **day's ~** etapa f; **forced ~** marcha forzada; **on the ~** en marcha; **we were on the ~ to the capital** marchábamos sobre la capital. [2] VT (*Mil*) hacer una marcha; **to ~ sb off** llevarse a algn. [3] VI (*Mil*) marchar; (*also* **~ past**) desfilar; (*Pol*) manifestarse, hacer una manifestación; **forward/quick ~!** de frente/al trote ¡ar!; **to ~ into a room** entrar resueltamente en un cuarto; **to ~ out** salir airado; **to ~ up to sb** abordar a algn. [4] CPD: **~ past** N (*Mil*) desfile *m*.

marching ['maːtʃɪŋ] CPD: **~ orders** NPL (*Mil*) orden *fsg* de ponerse en marcha; **to get one's ~ orders** (*fam*) ser despedido; **to give sb his ~ orders** (*fam*) despedir a algn.

mare [mɛər] N yegua f.

marg [maːdʒ] N ABBR (*Brit fam*) *of* **margarine**.

margarine [,maːdʒə'riːn] N margarina f.

marge [maːdʒ] N ABBR (*Brit fam*) *of* **margarine**.

margin ['maːdʒɪn] N [a] (*on page*) margen *m*; **to write sth in the ~** escribir algo al margen. [b] (*fig*) límite *m*, margen *m*; **~ of error** margen de error. [c] (*Comm: also* **profit ~**) margen *m* de beneficio.

marginal ['maːdʒɪnl] ADJ marginal.

marginally ['maːdʒɪnəlɪ] ADV ligeramente.

marguerite [,maːgə'riːt] N margarita f.

marigold ['mærɪgəʊld] N (*Bot*) maravilla f.

marijuana, marihuana [,mærɪ'hwaːnə] N marihuana f, marijuana f, mariguana f.

marina [mə'riːnə] N puerto *m* deportivo.

marinade [,mærɪ'neɪd] N adobo *m*.

marinate ['mærɪneɪt] VT adobar.

marine [mə'riːn] [1] ADJ marino/a, marítimo/a; **~ engineer** ingeniero *m* naval; **~ insurance** seguro *m* marítimo. [2] N [a] (*fleet*) marina f. [b] (*person*) soldado *m* de infantería de marina; **~s** infantería *fsg* de marina; **tell that to the ~s!** (*fam*) ¡cuéntaselo a tu abuela!

mariner ['mærɪnər] N marinero *m*, marino *m*.

marionette [,mærɪə'net] N títere *m*, marioneta f.

marital ['mærɪtl] ADJ matrimonial; **~ problems** problemas *mpl* matrimoniales; **~ status** estado *m* civil.

maritime ['mærɪtaɪm] ADJ marítimo/a; **~ law** código *m* or derecho *m* marítimo.

mark¹ [maːk] N (*currency*) marco *m*.

mark² [maːk] [1] N [a] (*stain, spot etc*) mancha f; (*imprint, trace*) huella f; **gas ~ 1** número 1 del gas; **the ~s of violence** las señales de violencia; **to leave one's ~** dejar memoria de sí; **to leave one's ~ on sth** dejar sus huellas en algo. [b] (*in exam*) nota f, calificación f; **to get high ~s in French** sacar buena nota en francés; **to get no ~s at all as a cook** (*fig*) ser un desastre como cocinero; **there are no ~s for guessing** las simples conjeturas no merecen punto alguno. [c] (*sign, indication*) señal f; (*proof*) prueba f; **it's the ~ of a gentleman** es señal de un caballero; **it bears the ~ of genius** lleva la marca de un genio. [d] (*instead of signature*) signo *m*, cruz f; **to make one's ~** firmar con una cruz; (*fig*) hacerse valer, distinguirse. [e] (*in trade names*) marca f, etiqueta f; **a Spitfire M~ 1** un Spitfire (de) primera serie. [f] (*target*) blanco *m*; **to hit the £1000 ~** alcanzar el total de 1000 libras; **to hit the ~** (*lit*) alcanzar el objetivo, acertar; (*fig*) dar en el clavo; **to be wide of the ~** (*lit*) errar el tiro; (*fig*) estar lejos de la verdad; **he's way off the ~** (*fig*) no acierta ni con mucho. [g] (*Sport*) **to be quick/slow off the ~** ser rápido/lento al salir; (*fig*) ser muy vivo/parado; **on your ~s, get set, go!** ¡preparados, listos, ya! [h] **to be up to the ~** (*in efficiency etc: person*) estar a la altura de las circunstancias; (*: work*) alcanzar el nivel necesario. [2] VT [a] (*make a ~ on*) marcar; (*stain*) manchar; **~ it with**

an asterisk ponga un asterisco allí; **he wasn't ~ed at all** no mostraba señal alguna de golpe.

b *(label)* rotular; *(price)* indicar el precio de; **the chair is ~ed at £2** la silla tiene un precio de dos libras.

c *(indicate)* señalar, indicar; **this ~s the frontier** esto marca la frontera; **it ~s a change of policy** indica un cambio de política; **it's not ~ed on the map** no está indicado en el mapa.

d *(heed)* **~ my words!** ¡fíjese *or* acuérdese bien de lo que le digo!, ¡te lo advierto!; **~ you** ahora (bien).

e *(exam)* calificar; *(candidate)* dar nota a; **to ~ sth right/wrong** aprobar/rechazar *or* *(LAm)* reprobar algo.

f *(Sport)* marcar.

g **to ~ time** *(Mil)* marcar el paso; *(fig)* estancarse.

3 VI mancharse.

♦ **mark down** VT + ADV **a** *(note down)* apuntar, anotar. **b** *(prices, goods)* rebajar el precio de; *see also* **markdown.**

♦ **mark off** VT + ADV **a** *(separate)* separar, dividir; *(distinguish)* distinguir, diferenciar. **b** *(tick off)* indicar, señalar; *(cross out)* tachar.

♦ **mark out** VT + ADV **a** trazar, jalonar. **b** *(single out)* señalar; **he's ~ed out for promotion** se le ha señalado para un ascenso.

♦ **mark up** VT + ADV **a** *(write up)* apuntar. **b** *(price, goods)* sobrecargar; *see also* **mark-up.**

markdown ['ma:kdaʊn] N *(Comm)* reducción *f.*

marked [ma:kt] ADJ *(gen)* marcado/a, acusado/a; *(improvement)* sensible; **a ~ man** un hombre condenado; **~ price** precio *m* corriente.

markedly ['ma:kɪdlɪ] ADV *(gen)* marcadamente; *(differ)* apreciablemente; *(improve)* sensiblemente.

marker ['ma:kə'] N *(gen)* marcador *m*; *(pen)* rotulador *m*; *(in book)* registro *m*; *(in field)* jalón *m.*

market ['ma:kɪt] **1** N **a** mercado *m*; **to go to ~** ir al mercado.

b *(trade)* mercado *m*; **overseas/domestic ~** mercado exterior/nacional; **open ~** mercado libre; **to be in the ~ for sth** estar dispuesto a comprar algo; **to be on the ~** estar de venta; **to bring** *or* **put a product on(to) the ~** lanzar un producto al mercado; **to come on(to) the ~** salir a la *or* ponerse en venta; **to flood the ~ with sth** inundar el mercado de algo.

c *(area)* mercado *m*; *(demand)* demanda *f*; **there is a ready ~ for video games** hay una gran demanda de videojuegos.

d *(stock ~)* bolsa *f* (de valores); **to play the ~** jugar a la bolsa.

2 VT *(sell)* comercializar, poner en venta; *(promote)* publicitar.

3 CPD: **~ analysis** N análisis *m* de mercado(s); **~ demand** N demanda *f* del mercado; **~ forces** NPL fuerzas *fpl* del mercado; **~ garden** N *(small)* huerto *m*; *(large)* huerta *f*; **~ leader** N líder *m* del mercado; **~ penetration** N penetración *f* del mercado; **~ place** N plaza *f* (del mercado); *(world of trade)* mercado *m*; **~ price** N precio *m* de mercado; **~ research** N estudios *mpl* de mercados; **~ share** N cuota *f* del mercado; **~ study, ~ survey** N estudio *m* del mercado; **~ trends** NPL tendencias *fpl* de mercado; **~ value** N valor *m* en el mercado.

marketable ['ma:kɪtəbl] ADJ vendible.

marketing ['ma:kɪtɪŋ] **1** N márketing *m*, mercadotecnia *f.*

2 CPD: **~ agreement** N acuerdo *m* mercantil; **~ department** N sección *f* mercantil; **~ director** N jefe/a *m/f* de márketing; **~ manager** N director(a) *m/f* de márketing; **~ plan** N plan *m* de distribución de mercancías; **~ strategy** N técnica *f* de mercado, técnica *f* de márketing.

market-led ['ma:kɪt'led] ADJ generado/a por el mercado.

marking ['ma:kɪŋ] **1** N **a** *(on animal)* pinta *f*. **b** *(Scol)* calificación *f*, nota *f*. **2** CPD: **~ ink** N tinta *f* indeleble *or* de marcar.

marksman ['ma:ksmən] N *(pl* **-men***)* tirador *m.*

mark-up ['ma:kʌp] N *(profit)* margen *m* (de beneficio); *(price increase)* aumento *m* de precio.

marmalade ['ma:məleɪd] N mermelada *f* (de limón *or* naranja amarga).

maroon¹ [mə'ru:n] **1** ADJ granate. **2** N *(colour)* granate *m.*

maroon² [mə'ru:n] VT abandonar (en una isla desierta); **we were ~ed by floods** quedamos aislados por las inundaciones.

marque [ma:k] N marca *f.*

marquee [ma:'ki:] N entoldado *m.*

marquess, marquis ['ma:kwɪs] N marqués *m.*

Marrakech, Marrakesh [,mærə'keʃ] N Marrakech *m.*

marriage ['mærɪdʒ] **1** N *(state)* matrimonio *m*; *(wedding)* boda *f*, casamiento *m.*

2 CPD: **~ bonds** NPL lazos *mpl* matrimoniales; **~ certificate** N partida *f* de casamiento; **~ guidance** N orientación *f* matrimonial; **~ guidance counsellor** N consejero/a *m/f* matrimonial; **~ licence** N = **~ certificate; ~ vows** NPL votos *mpl* matrimoniales.

marriageable ['mærɪdʒəbl] ADJ: **of ~ age** en edad de casarse.

married ['mærɪd] ADJ casado/a; **he's married to his job** está casado con su trabajo; **~ couple** matrimonio *m*; **~ life** vida *f* matrimonial; **her ~ name** su apellido de casada; **~ quarters** *(Mil)* residencia *fsg* para matrimonios.

marrow ['mærəʊ] N **a** *(Anat)* médula *f*, tuétano *m*; **to be frozen to the ~** estar helado hasta el tuétano. **b** *(Bot: also* **vegetable ~***)* calabacín *m*, zapallo *m* *(LAm).*

marrowbone ['mærəʊbəʊn] N hueso *m* con tuétano.

marry ['mærɪ] **1** VT *(give or join in marriage)* casar; *(take in marriage)* casarse con. **2** VI *(also* **to get married***)* casarse; **to ~ into a rich family** emparentar con una familia rica.

Mars [ma:z] N Marte *m.*

Marseilles [ma:'seɪlz] N Marsella *f.*

marsh [ma:ʃ] N pantano *m*, ciénaga *f.*

marshal ['ma:ʃəl] **1** N *(Mil)* mariscal *m*; *(for demonstration, meeting)* oficial *m*. **2** VT *(soldiers, procession)* formar; *(facts etc)* ordenar, arreglar.

marshalling yard ['ma:ʃəlɪŋ,ja:d] N playa *f* de clasificación.

marshmallow ['ma:ʃ'mæləʊ] N *(Bot)* malvavisco *m*; *(sweet)* bombón *m* de merengue blando.

marshy ['ma:ʃɪ] ADJ *(comp* **-ier***; superl* **-iest***)* pantanoso/a.

marsupial [ma:'su:pɪəl] N marsupial *m.*

martial ['ma:ʃəl] ADJ marcial; **~ arts** artes *fpl* marciales; **~ law** ley *f* marcial.

Martian ['ma:ʃən] ADJ, N marciano/a *m/f.*

martin ['ma:tɪn] N avión *m*, vencejo *m.*

Martini ® [ma:'ti:nɪ] N vermú *m*; *(US: cocktail)* martini *m* americano *(vermú seco con ginebra).*

martyr ['ma:tə'] N mártir *mf*; **to be a ~ to arthritis** ser víctima de la artritis.

martyrdom ['ma:tədəm] N martirio *m.*

marvel ['ma:vəl] **1** N maravilla *f*; **if he gets there it will be a ~** si llega será milagro *(fam)*; **it's a ~ to me how she does it** no llego a entender cómo lo hace; **you're a ~** eres una maravilla. **2** VI maravillarse, asombrarse.

marvellous, *(US)* **marvelous** ['ma:vələs] ADJ maravilloso/a; *(fam)* estupendo/a, macanudo/a *(LAm)*, regio/a *(LAm)*, chévere *(Ven).*

Marxism ['ma:ksɪzəm] N marxismo *m.*

Marxist ['ma:ksɪst] ADJ, N marxista *mf.*

marzipan [,ma:zɪ'pæn] N mazapán *m.*

mascara [mæs'ka:rə] N rímel *m.*

mascot ['mæskət] N mascota *f.*

masculine ['mæskjʊlɪn] **1** ADJ masculino/a. **2** N *(Ling)* masculino *m.*

MASH [mæʃ] N ABBR *(US)* of **mobile army surgical unit** *unidad quirúrgica móvil del ejército.*

mash [mæʃ] **1** N *(for animals)* afrecho *m*; *(also* **~ed potatoes***)* puré *m* de patatas *or (LAm)* papas. **2** VT amasar, machacar; *(potatoes)* hacer un puré de.

mask [ma:sk] **1** N *(gen, fig, Comput)* máscara *f*; **face ~** *(Med, also cosmetic)* mascarilla *f*. **2** VT enmascarar; *(fig)* encubrir, ocultar.

masked [ma:skt] ADJ enmascarado/a; *(terrorist etc)* encapuchado/a.

masochism ['mæsəʊkɪzəm] N masoquismo *m.*

masochist ['mæsəʊkɪst] N masoquista *mf*.
masochistic [,mæsəʊ'kɪstɪk] ADJ masoquista.
mason ['meɪsn] N [a] (*builder*) albañil *m*. [b] (*freemason*) (franc)masón *m*.

┌─ ‖MASON-DIXON LINE‖ ─┐

i La línea **Mason-Dixon** *o* **Mason and Dixon** *es la que divide simbólicamente el norte y el sur de Estados Unidos y que, hasta el final de la Guerra Civil, marcaba la separación entre aquellos estados en donde existía la esclavitud y aquéllos en los que no. Esta línea de demarcación, que se extiende a lo largo de 377 kilómetros, fue establecida por Charles Mason y Jeremiah Dixon en el siglo XVIII con el fin de solucionar un conflicto que ya duraba 80 años sobre la frontera entre Maryland y Pensilvania. En 1779 la línea se extendió para demarcar la frontera entre Pensilvania y Virginia (hoy Virginia del Oeste); en la actualidad aún sirve como referencia del sur en general y en las canciones de* **country & western** *los cantantes hablan con nostalgia de 'cruzar la línea' para volver a sus tierras sureñas.*

masonry ['meɪsnrɪ] N (*stonework*) mampostería *f*; (*craft*) albañilería *f*; (*rubble*) escombros *mpl*.
masque [mɑ:sk] N mascarada *f*.
masquerade [,mæskə'reɪd] [1] N (*pretence*) mascarada *f*. [2] VI: to ~ as hacerse pasar por.
mass[1] [mæs] N (*Rel*) misa *f*; **to say** ~ decir misa; **to go to** ~ oír misa.
mass[2] [mæs] [1] N [a] (*Phys etc*) masa *f*; (*of people*) multitud *f*, muchedumbre *f*; **he's a ~ of bruises** está todo amoratado; **he's a ~ of nerves** es un madeja de nervios; **in the** ~ en conjunto; **the ~es** las masas. [b] ~**es** (*fam*) montones *mpl*, cantidad *fsg*. [2] VT reunir en masa. [3] VI (*people: gather*) concentrarse; (: *crowd*) amontonarse. [4] CPD en *or* de masa; ~ **market** N mercado *m* popular; ~ **media** NPL medios *mpl* de comunicación (de masas); ~ **meeting** N concentración *f*; ~ **murder** N matanza *f*; ~ **production** N producción *f* en serie *or* cadena; ~ **resignation(s)** N(PL) dimisión *fsg* en masa; ~ **unemployment** N paro *m* masivo.
Mass. ABBR (*US*) of **Massachusetts**.
massacre ['mæsəkə*r*] [1] N carnicería *f*, masacre *f*. [2] VT masacrar.
massage ['mæsɑ:ʒ] [1] N masaje *m*. [2] VT dar masaje a; (*fam: figures*) maquillar (*fam*).
masseur [mæ'sɜ:*r*] N masajista *m*.
masseuse [mæ'sɜ:z] N masajista *f*.
massive ['mæsɪv] ADJ (*solid*) macizo/a; (*contribution, support, intervention*) masivo/a, imponente.
mass-produce ['mæsprə'dju:s] VT producir *or* fabricar en serie *or* cadena.
mass-produced ['mæsprə,dju:st] ADJ fabricado/a en serie.
mast [mɑ:st] N (*Naut*) mástil *m*, palo *m*; (*Rad etc*) antena *f*, torre *f*.
mastectomy [mæ'stektəmɪ] N (*Med*) mastectomía *f*.
master ['mɑ:stə*r*] [1] N [a] (*of servant, house, dog*) amo *m*, dueño *m*; (*in address*) señor *m*; **the ~ of the house** el jefe de familia; **to be one's own ~** ser dueño de sí mismo; **I am (the) ~ now** ahora mando yo; **to be ~ of the situation** dominar la situación; **to be ~ of one's fate** decidir su propio destino; **~ of ceremonies** maestro *m* de ceremonias. [b] (*Naut: of ship*) capitán *m*. [c] (*musician, painter etc*) maestro *m*; **to be a past ~ at politics** ser maestro en el arte de política. [d] (*teacher: primary*) maestro *m*; (: *secondary*) profesor *m*. [e] (*Univ*) **M~ of Arts/Science** ≈ licenciatura *f* superior en Artes/Ciencias. [2] VT dominar; **to ~ the violin** llegar a dominar el violín. [3] CPD: ~ **bedroom** N dormitorio *m* principal; ~ **builder** N maestro *m* de obras; ~ **copy** N original *m*; ~ **disk** N disco *m* maestro; ~ **file** N fichero *m* maestro; ~ **key** N llave *f* maestra; ~ **switch** N interruptor *m* general.

masterful ['mɑ:stəfʊl] ADJ magistral; (*personality etc*) dominante.
masterly ['mɑ:stəlɪ] ADJ magistral, genial.
mastermind ['mɑ:stəmaɪnd] [1] N (*genius*) genio *m*; (*in crime etc*) cerebro *mf*. [2] VT dirigir.
masterpiece ['mɑ:stəpi:s] N obra *f* maestra.
masterstroke ['mɑ:stə,strəʊk] N golpe *m* maestro.
mastery ['mɑ:stərɪ] N dominio *m*; (*skill*) maestría *f*; (*over competitors etc*) dominio *m*, superioridad *f*.
masticate ['mæstɪkeɪt] VT masticar.
mastiff ['mæstɪf] N mastín *m*.
mastitis [mæs'taɪtɪs] N mastitis *f*.
masturbate ['mæstəbeɪt] VI masturbarse.
masturbation [,mæstə'beɪʃən] N masturbación *f*.
mat[1] [mæt] N (*on floor*) estera *f*, tapete *m*; (*at door*) felpudo *m*; (*on table*) salvamanteles *m inv*.
mat[2] [mæt] ADJ = **matt**.
matador ['mætədɔ:*r*] N matador *m*.
match[1] [mætʃ] N fósforo *m*, cerilla *f*, cerillo *m* (*LAm*).
match[2] [mætʃ] [1] N [a] (*sb/sth similar, suitable etc*) pareja *f*, juego *m*; **the two of them make a good ~** los dos hacen una buena pareja; **the skirt is a good ~ for the jumper** la falda hace juego con el jersey. [b] (*equal*) igual *mf*; **to be a ~/no ~ for sb** poder competir con algn/no estar a la altura de algn; **to meet one's ~** encontrar la horma de su zapato. [c] (*marriage*) casamiento *m*, matrimonio *m*; **she made a good ~** se casó bien. [d] (*Sport*) partido *m*, encuentro *m*; **athletics ~** encuentro de atletismo. [2] VT [a] (*pair off*) emparejar; **the teams were well ~ed** los equipos eran muy iguales *or* (*esp LAm*) iban parejos; **to ~ A against B** enfrentar A con B. [b] (*equal*) igualar; **the results did not ~ our hopes** los resultados defraudaron nuestras esperanzas. [c] (*clothes, colours*) combinar *or* hacer juego con; **his tie ~es his socks** la corbata hace juego con los calcetines; **can you ~ this silk?** (*in shop etc*) ¿tiene una seda igual a ésta? [3] VI hacer juego; **with a skirt to ~** con una falda que hace juego. [4] CPD: ~ **point** N (*Tennis*) punto *m* de match.
◆ **match up** [1] VI + ADV (*be equal*) **to ~ up to** corresponder a. [2] VT + ADV hacer juego; **to ~ sth up with sth** hacer juego de algo con algo.
matchbox ['mætʃbɒks] N caja *f* de cerillas.
matching ['mætʃɪŋ] ADJ que hace juego.
matchless ['mætʃlɪs] ADJ sin par *or* igual.
matchmaker ['mætʃ,meɪkə*r*] N casamentero/a *m/f*.
mate[1] [meɪt] N (*Chess*) mate *m*.
mate[2] [meɪt] [1] N [a] (*at work*) compañero/a *m/f*, colega *mf*. [b] (*assistant*) ayudante *mf*, peón *m*. [c] (*hum fam: husband, wife*) compañero/a *m/f*. [d] (*Zool*) macho *m*/hembra *f*. [e] (*Naut*) piloto *m*. [f] (*fam: friend*) compañero/a *m/f*, camarada *mf*, compinche *mf* (*fam*), cuate/ta *m/f* (*Mex*); **John and his ~s** Juan y sus compañeros; **look here, ~** (*fam*) mire, amigo. [2] VT (*Zool*) parear, acoplar; (*fig, hum*) unir. [3] VI (*Zool*) parearse, acoplarse.
maté ['mɑ:teɪ] N mate *m* (cocido), yerba *f* mate; ~ **kettle** pava *f*.
material [mə'tɪərɪəl] [1] ADJ [a] (*of matter, things*) físico/a, material. [b] (*financial*) material. [c] (*of physical needs*) físico/a. [d] (*important*) esencial, fundamental. [e] (*Jur*) pertinente. [2] N [a] (*substance*) materia *f*; (*cloth*) tela *f*, tejido *m*; **he is university ~** tiene madera de universitario. [b] (*equipment etc*) ~**s** artículos *mpl*; **building ~s** materiales *mpl* de construcción; **raw ~s** materias *fpl* primas. [c] (*for novel, report etc*) datos *mpl*, informes *mpl*.

materialism [mə'tɪərɪəlɪzəm] N materialismo *m*.
materialist [mə'tɪərɪəlɪst] N materialista *mf*.
materialistic [mə'tɪərɪə'lɪstɪk] ADJ materialista.
materialize [mə'tɪərɪəlaɪz] VI **a** (*idea, hope etc*) realizarse. **b** (*spirit*) materializarse; **the funds haven't ~d so far** hasta ahora no han aparecido los fondos.
materially [mə'tɪərɪəlɪ] ADV materialmente; **they are not ~ different** no hay grandes diferencias entre ellos.
maternal [mə'tɜːnl] ADJ materno/a, maternal; **~ grand-father** abuelo *m* materno.
maternity [mə'tɜːnɪtɪ] **1** N maternidad *f*. **2** CPD: **~ allowance** N subsidio *m* de maternidad; **~ dress** N vestido *m* premamá; **~ home, ~ hospital** N casa *f* de maternidad; **~ leave** N licencia *f* de maternidad; **~ ward** N sala *f* de maternidad.
mateship ['meɪtʃɪp] N (*esp Australia*) compañerismo *m*, compadreo *m* (*esp LAm*).
math [mæθ] N ABBR (*US fam*) = **mathematics**.
mathematical [,mæθə'mætɪkəl] ADJ matemático/a; **I'm not very ~** no tengo instinto para las matemáticas.
mathematician [,mæθəmə'tɪʃən] N matemático/a *m/f*.
mathematics [,mæθə'mætɪks] NSG matemáticas *fpl*.
maths [mæθs] NSG ABBR (*Brit fam*) = **mathematics**.
matinée ['mætɪneɪ] N función *f* de la tarde, vermú *m* or vermut *m* (*LAm*).
mating ['meɪtɪŋ] **1** N (*Zool*) apareamiento *m*; (*fig*) unión *f*. **2** CPD: **~ season** N época *f* del celo.
matriarch ['meɪtrɪɑːk] N matriarca *f*.
matrices ['meɪtrɪˌsiːz] NPL of **matrix**.
matriculate [mə'trɪkjʊleɪt] **1** VT matricular. **2** VI matricularse.
matriculation [mə,trɪkjʊ'leɪʃən] N matriculación *f*; (*Brit Univ*) examen *m* de ingreso.
matrimonial [,mætrɪ'məʊnɪəl] ADJ matrimonial.
matrimony ['mætrɪmənɪ] N matrimonio *m*.
matrix ['meɪtrɪks] N (*pl* **matrices** or *all senses* **~es**) matriz *f*.
matron ['meɪtrən] N **a** (*in hospital*) enfermera *f* jefe or jefa. **b** (*in school*) ama *f* de llaves.
matt [mæt] ADJ mate.
matted ['mætɪd] ADJ enmarañado/a; **~ hair** greña.
▼**matter** ['mætər] **1** N **a** (*substance*) materia *f*, sustancia *f*; **advertising ~** material publicitario; **printed ~** impresos. **b** (*Med: pus*) pus *m*. **c** (*content*) contenido *m*, tema *m*. **d** (*question, affair*) asunto *m*, cuestión *f*; **for that ~** en realidad; **in the ~ of** en cuanto a, en lo que se refiere; **there's the ~ of my wages** queda el asunto de mi sueldo; **it will be a ~ of a few weeks** será cuestión de unas semanas; **a ~ of minutes** cosa de minutos; **it's a ~ of great concern to us** es motivo de gran preocupación para nosotros; **it's an easy ~ to phone him** es cosa fácil llamarle; **it's no laughing ~** no es cosa de risa; **business ~s** negocios; **money ~s** asuntos financieros; **the ~ in hand** la cuestión del momento; **the ~ is closed** el asunto está concluido; **to make ~s worse** para colmo de males; **as a ~ of course** automáticamente; **as a ~ of fact ...** en realidad ..., de hecho ...; **it's a ~ of taste** es cuestión de gusto.
e (*importance*) **no ~!** ¡no importa!, ¡no le hace! (*LAm*); **no ~ how you do it** no importa cómo lo hagas; **no ~ what he says** diga lo que diga; **no ~ how big it is** por grande que sea; **no ~ when** no importa cuándo.
f (*difficulty, problem etc*) **what's the ~?** ¿qué pasa?; **what's the ~ with you?** ¿qué te pasa?, ¿qué tienes?; **something's the ~ with the lights** algo pasa con las luces; **nothing's the ~** no pasa nada.
2 VI: **it doesn't ~** (*unimportant*) no importa; (*no preference*) (me) da igual or lo mismo; **what does it ~?** ¿qué más da?, ¿y qué?; **why should it ~ to me?** ¿a mí qué me importa or qué más me da?
matter-of-fact ['mætərəv'fækt] ADJ (*style*) prosaico/a; (*person: practical*) práctico/a.
mattress ['mætrɪs] N colchón *m*.
mature [mə'tjʊər] **1** ADJ (*comp* **~r**; *superl* **~st**) maduro/a; **of ~ years** de edad madura; **~ student** estudiante *mf* de edad superior a la normal. **2** VI madurar.

maturity [mə'tjʊərɪtɪ] N madurez *f*.
maudlin ['mɔːdlɪn] ADJ (*weepy*) llorón/ona; (*sentimental*) sentimental.
maul [mɔːl] VT herir, maltratar; (*fig*) vapulear.
Maundy ['mɔːndɪ] CPD: **~ Thursday** N Jueves *m* Santo.
Mauritania [,mɔːrɪ'teɪnɪə] N Mauritania *f*.
Mauritius [mə'rɪʃəs] N Mauricio *m*.
mausoleum [,mɔːsə'liːəm] N mausoleo *m*.
mauve [məʊv] **1** ADJ malva. **2** N malva *m*.
max. ABBR of **maximum** max.
maxi ['mæksi] N (*fam: skirt*) maxifalda *f*, maxi *f* (*fam*).
maxi... ['mæksi] PREF maxi....
maxim ['mæksɪm] N máxima *f*.
maximize ['mæksɪmaɪz] VT llevar al máximo, maximizar.
maximum ['mæksɪməm] **1** N máximo *m*; **at the ~** como máximo, a lo sumo; **up to a ~ of £8** hasta 8 libras como máximum. **2** ADJ máximo/a; **~ efficiency** eficacia *f* máxima; **~ expenditure** gasto *m* máximo; **~ price** precio *m* máximo; **~ speed** velocidad *f* máxima.
May [meɪ] **1** N mayo *m*. **2** CPD: **~ Day** N el primero de mayo; see **July** for usage.
▼**may** [meɪ] (*pt* **might**) VI **a** (*of possibility: also* **might**) **it ~ rain** puede or es posible que llueva; **it ~ be that** puede (ser) que + subjun; **he ~ not be hungry** a lo mejor no tiene hambre; **they ~ well be related** puede que sean parientes; **that's as ~ be/be that as it ~** (*not might*) sea como sea.
b (*of permission*) poder; **~ I come in?** ¿se puede?, con permiso; **yes, you ~** sí, puedes, ¡cómo no!; **~ I see it?** ¿se puede or me permite verlo?; **you ~ not smoke** se prohíbe fumar.
c **I hope he ~ succeed** espero que tenga éxito; **I hoped he might succeed this time** esperaba que lo lograra esta vez; **we ~ or might as well go** vámonos ya or de una vez; **might I suggest that ...?** me permito sugerir que ...; **he might have offered to help** podría haber ofrecido su ayuda; **you might have told me!** ¡habérmelo dicho!; **as you might expect** como era de esperar.
d (*in wishes*) **~ you have a happy life together** ¡que sean felices!; **~ God bless you** ¡Dios te bendiga!
e (*in questions*) **who might you be?** ¿quién es Vd?
Maya ['maɪjə], **Mayan** ['maɪjən] ADJ, N maya *mf*.
▼**maybe** ['meɪbiː] ADV quizá(s), tal vez; **~ he'll come tomorrow** puede que or quizá(s) or tal vez venga mañana, a lo mejor viene mañana.
Mayday ['meɪdeɪ] N (*distress call*) socorro *m*, SOS *m*.
mayhem ['meɪhem] N alboroto *m*.
mayo ['meɪəʊ] N (*US fam*) = **mayonnaise**.
mayonnaise [meɪə'neɪz] N mayonesa *f*.
mayor [meər] N alcalde *m*, intendente *m* (*CSur*), regente *m* (*Mex*).
maze [meɪz] N laberinto *m*.
MB **1** N ABBR (*Univ*) of **Bachelor of Medicine**. **2** ABBR **a** (*Canada*) of **Manitoba**. **b** (*Comput*) of **megabyte**.
Mb ABBR = **MB 2(b)**.
MBA N ABBR (*Univ*) of **Master of Business Administration**.
MBBS, MBChB N ABBR (*Univ*) of **Bachelor of Medicine and Surgery**.
MBE N ABBR of **Member of the Order of the British Empire** título ceremonial.
MC N ABBR **a** of **Master of Ceremonies**. **b** (*US*) of **Member of Congress**.
MCAT N ABBR (*US*) of **Medical College Admissions Test**.
MCP N ABBR of **male chauvinist pig** see **chauvinist**.
m/cycle ABBR of **motorcycle**.
MD **1** N ABBR **a** (*Univ*) of **Doctor of Medicine**. **b** of **managing director**. **2** ABBR (*US Post*) of **Maryland**.
MDT N ABBR (*US*) of **Mountain Daylight Time**.
ME **1** N ABBR **a** of **myalgic encephalomyelitis**. **b** (*US*) of **medical examiner**. **2** ABBR (*US Post*) of **Maine**.
me [miː] PRON **a** me; (*after prep*) mí; **come with ~** ven conmigo. **b** (*emphatic*) yo; **who, ~?** ¿quién, yo?; **it's ~** soy yo.
meadow ['medəʊ] N prado *m*, pradera *f*.
meagre, (*US*) **meager** ['miːgər] ADJ escaso/a, exiguo/a.

▶ SENTENCE BUILDER: **matter** → 1.5, 7.5 **may** → 15.1, 16.3 **maybe** → 16.3

meal¹ [miːl] N (*flour*) harina *f*.
meal² [miːl] **1** N comida *f*; **to go for a ~** ir a comer (fuera or a un restaurante); **to have a (good) ~** comer (bien); **to make a ~ of sth** (*fam*) tardar lo suyo en hacer algo; **~s on wheels** servicio *m* de comidas a domicilio (para ancianos).
2 CPD: **~ ticket** N (*US*) vale *m* de comida; (*fig*) sostén *mf* de la familia.
mealtime [ˈmiːltaɪm] N hora *f* de comer.
mealy-mouthed [ˈmiːlɪˈmaʊðd] ADJ meloso/a, hipócrita.
mean¹ [miːn] ADJ (*comp* **~er**; *superl* **~est**) **a** (*with money*) tacaño/a, mezquino/a, amarrete/a (*And, CSur fam*); **you ~ thing!** ¡qué tacaño eres! **b** (*unkind, spiteful*) vil, malo/a; **don't be ~!** ¡no seas malo!; **a ~ trick** un truco sucio; **that was pretty ~ of them** se han portado bastante mal. **c** (*vicious*) malo/a. **d** (*of poor quality*) inferior; **she's no ~ cook** es una cocinera nada despreciable. **e** (*US*) formidable; **he plays a ~ game** juega estupendamente.
mean² [miːn] **1** N **a** (*middle term*) término *m* medio; (*average*) promedio *m*; (*Math*) media *f*; **the golden** or **happy ~** el justo medio.
b **~s** (*method or way of doing*) medio *msg*, manera *fsg*, método *msg*; **a ~s to an end** un medio para conseguir algo; **there is no ~s of doing it** no hay manera de hacerlo; **by ~s of** por medio de; **by any ~s possible** como sea posible, a como dé or diera lugar (*CAm, Mex*); **by this ~s** de este modo, de esta manera; **by some ~s or other** de una manera u otra; **by all ~s!** ¡claro que sí!, ¡por supuesto!; **by no ~s, not by any ~s** de ninguna manera; **by no manner of ~s** en absoluto.
c **~s** (*Fin*) recursos *mpl*, medios *mpl*; **we have no ~s to do it** nos faltan recursos para hacerlo; **private ~s** rentas *fpl* (particulares); **to live within/beyond one's ~s** vivir debajo de/por encima de sus posibilidades.
2 ADJ medio/a.
3 CPD: **~s test** N control *m* de los recursos económicos; *see also* **means-test**.
▼**mean³** [miːn] (*pt, pp* **meant**) VT **a** (*signify*) querer decir, significar; (*imply*) querer decir; **what does this word ~?** ¿qué quiere decir esta palabra?; **what do you ~ by that?** ¿qué quieres decir or pretender con eso?; **it ~s a lot of expense for us** nos supone un gasto fuerte; **the play didn't ~ a thing to me** poco saqué de la obra; **the name ~s nothing to me** el nombre no me suena; **your friendship ~s a lot to me** tu amistad es muy importante para mí; **it ~s a lot to have you with us** nos importa mucho tenerte con nosotros.
b (*intend*) pensar, tener la intención de; **to ~ to do sth** pensar or proponerse hacer algo; **what do you ~ to do?** ¿qué piensas hacer?; **he didn't ~ to do it** lo hizo sin querer; **do you ~ me?** ¿te refieres a mí?; **was the remark meant for me?** ¿la observación iba dirigida hacia mí?; **8, I ~ 9** 8, quiero decir 9; **she wasn't meant to be prime minister** no había intención de que ella llegara a ser primera ministra; **the teacher is meant to do it** se supone que el profesor lo debe hacer; **we were meant to arrive at 8** debíamos llegar a las 8; **I ~ to be obeyed** insisto en que se me obedezca; **he ~s well** tiene buenas intenciones.
c (*be determined about*) tener la plena intención de; **I ~ it** va en serio; **I ~ what I say** lo digo en serio; **you can't ~ it!** ¡vaya!
d (*suppose*) suponer; **parents are meant to love their children** se supone que los padres quieren a sus hijos.
meander [mɪˈændəʳ] VI (*river*) serpentear; (*person*) vagabundear sin propósito fijo.
meandering [mɪˈændərɪŋ] ADJ (*river*) con meandros; (*road*) serpenteante.
meaning [ˈmiːnɪŋ] N (*sense of word etc*) significado *m*, sentido *m*; **double ~** doble sentido; **this word has many ~s** esta palabra tiene varios significados; **do you get my ~?** ¿me entiendes?, ¿me sigues?; **what's the ~ of this?** (*as reprimand*) ¿se puede saber qué significa esto?; **he doesn't understand the ~ of the word** ni sabe lo que eso quiere decir.
meaningful [ˈmiːnɪŋfʊl] ADJ significativo/a.

meaningless [ˈmiːnɪŋlɪs] ADJ sin sentido.
meanness [ˈmiːnnɪs] N (*with money*) tacañería *f*, mezquindad *f*; (*nastiness*) maldad *f*, vileza *f*; (*low level*) bajeza *f*.
means-test [ˈmiːnztest] VT: **this benefit is ~ed** este subsidio se otorga después de averiguar los recursos económicos (del que lo pide).
meant [ment] PT, PP *of* **mean³**.
meantime [ˈmiːntaɪm] **1** ADV entretanto. **2** N: **in the ~** mientras tanto.
meanwhile [ˈmiːnˈwaɪl] ADV mientras tanto.
measles [ˈmiːzlz] NSG sarampión *m*.
measly [ˈmiːzlɪ] ADJ (*comp* **-ier**; *superl* **-iest**) (*fam*) miserable, mezquino/a.
measure [ˈmeʒəʳ] **1** N **a** (*system of ~*) medida *f*; **a ~ of length** una medida de longitud; **her happiness was beyond ~** su alegría no tenía límite; **to get the ~ of sb** (*fig*) medirle a algn.
b (*rule etc*) metro *m*; (*glass*) probeta *f* graduada.
c (*amount ~d*) **to give sb full/short ~** dar la medida exacta/una medida escasa; **for good ~** por añadidura.
d (*step*) medida *f*; **to take ~s to do sth** tomar medidas para hacer algo.
e (*extent*) **in some ~** hasta cierto punto; **in large ~** en gran parte or medida; **this is due in no small ~ to X** esto se debe en no pequeña medida a X; **some ~ of success** cierto éxito; **it gives a ~ of protection** da cierta protección.
f (*Mus*) compás *m*, ritmo *m*.
2 VT medir; (*take sb's measurements*) tomar las medidas a; **to ~ one's length** (*fig*) caerse cuán largo es; **in this exercise we ~ performance** en este ejercicio evaluamos la actuación.
3 VI medir.
◆ **measure off** VT + ADV medir.
◆ **measure out** VT + ADV medir.
◆ **measure up** VI + ADV mostrarse capaz; **to ~ up to sth** estar a la altura de algo.
measured [ˈmeʒəd] ADJ (*tread, pace*) deliberado/a; (*tone, way of talking*) mesurado/a.
measurement [ˈmeʒəmənt] N (*gen*) medida *f*; (*act*) medición *f*; **to take sb's ~s** tomar las medidas a algn.
measuring [ˈmeʒərɪŋ] **1** N medición *f*. **2** CPD: **~ glass, ~ jug** N mesura *f*; **~ spoon** N cuchara *f* medidora; **~ tape** N cinta *f* métrica.
meat [miːt] **1** N (*gen*) carne *f*; (*cold ~*) fiambre *m*; **a book with some ~ in it** un libro con sustancia. **2** CPD: **~ eater** N persona *f* que come carne; **we're not ~ eaters** no comemos carne.
meatball [ˈmiːtbɔːl] N albóndiga *f*.
meatless [ˈmiːtlɪs] ADJ (*diet*) sin carne.
meaty [ˈmiːtɪ] ADJ (*comp* **-ier**; *superl* **-iest**) jugoso/a; (*fig*) sustancioso/a.
Mecca [ˈmekə] N La Meca; (*fig*) **a ~ for tourists** un lugar *etc* de grandes atracciones para el turista.
mechanic [mɪˈkænɪk] N mecánico/a *m/f*.
mechanical [mɪˈkænɪkəl] ADJ mecánico/a; (*fig*) mecánico, maquinal; **~ engineer** ingeniero *m* mecánico; **~ engineering** ingeniería *f* mecánica; **~ pencil** (*US*) lapicero *m*.
mechanics [mɪˈkænɪks] **1** NSG (*Tech, Phys*) mecánica *f*. **2** NPL (*machinery, fig*) mecanismo *msg*.
mechanism [ˈmekənɪzəm] N mecanismo *m*.
mechanize [ˈmekənaɪz] VT (*gen*) mecanizar; (*factory etc*) reconvertir, automatizar.
mechanized [ˈmekənaɪzd] ADJ (*process etc*) mecanizado/a; (*troops, unit*) motorizado/a.
MEd N ABBR (*Univ*) of **Master of Education**.
Med [med] N: **the ~** (*fam*) el Mediterráneo.
medal [ˈmedl] N medalla *f*; **he deserves a ~ for it** merece un galardón.
medallion [mɪˈdælɪən] N medallón *m*.
medallist, (*US*) **medalist** [ˈmedəlɪst] N campeón/ona *m/f*.
meddle [ˈmedl] VI (*interfere*) (entro)meterse (*in* en); (*tamper*) **to ~ (with)** toquetear, manosear.
meddler [ˈmedləʳ] N entrometido/a *m/f*.

> SENTENCE BUILDER: **mean³** → 7.4

meddlesome ['medlsəm], **meddling** ['medlɪŋ] ADJ entrometido/a.

media ['miːdɪə] **1** NPL *of* **medium; the ~** los medios de comunicación (de masas). **2** CPD: **~ coverage** N cobertura *f* periodística; **~ research** N investigación *f* de los medios de publicidad; **~ studies** NPL (*Univ*) periodismo *msg*.

mediaeval [,medɪ'iːvəl] ADJ = **medieval**.

median ['miːdɪən] **1** ADJ mediano/a. **2** N **a** (*US: also ~ strip*) mediana *f*. **b** (*Math*) número *m* medio.

mediate ['miːdɪeɪt] **1** VI mediar. **2** VT servir de intermediario para llegar a.

mediation [,miːdɪ'eɪʃən] N mediación *f*.

mediator ['miːdɪeɪtəʳ] N intermediario/a *m/f*.

medic ['medɪk] (*fam*) N médico/a *m/f*; (*Univ*) estudiante *mf* de medicina.

Medicaid ['medɪ,keɪd] N (*US*) ≈ Seguro *m* de Enfermedad.

medical ['medɪkəl] **1** ADJ (*treatment*) médico/a; (*school, student, authority*) de medicina; **~ certificate** certificado *m* médico; **~ examination** reconocimiento *m* médico; **~ examiner** (*US*) médico/a *m/f* forense; **~ officer** médico/a *m/f*; (*Mil*) oficial *m* médico; (*of town*) jefe *mf* de sanidad municipal; **~ practitioner** médico/a *m/f*; **~ record** historia *f* clínica; **~ school** facultad *f* de medicina; **~ treatment** tratamiento *m* médico. **2** N reconocimiento *m* médico.

Medicare ['medɪkeəʳ] N (*US*) seguro *m* médico del Estado.

medicated ['medɪkeɪtɪd] ADJ medicinal.

medication [,medɪ'keɪʃən] N (*drugs etc*) medicación *f*.

medicinal [me'dɪsɪnl] ADJ medicinal.

medicine ['medsɪn, 'medɪsɪn] **1** N **a** (*drug*) medicina *f*, medicamento *m*; **to give sb a taste of his own ~** (*fig*) pagar a algn con la misma moneda; **to take one's ~** (*fig*) tragar con las consecuencias. **b** (*science*) medicina *f*. **2** CPD: **~ cabinet** N botiquín *m*; **~ man** N hechicero *m*.

medieval [,medɪ'iːvəl] ADJ medieval.

mediocre [,miːdɪ'əʊkəʳ] ADJ mediocre.

mediocrity [,miːdɪ'ɒkrɪtɪ] N mediocridad *f*.

meditate ['medɪteɪt] VI reflexionar *or* meditar (*on* sobre); (*Rel etc*) meditar.

meditation [,medɪ'teɪʃən] N meditación *f*, reflexión *f*; (*Rel etc*) meditación.

Mediterranean [,medɪtə'reɪnɪən] ADJ mediterráneo/a; **the ~** (*Sea*) el (Mar) Mediterráneo.

medium ['miːdɪəm] **1** ADJ mediano/a; **of ~ height** de estatura regular; **~ range missile** misil *m* de alcance medio; **~ wave** onda *f* media. **2** N (*pl* **media** *or* **~s**) **a** (*means of communication*) medios *mpl*. **b** (*intervening substance*) medio *m*; (*environment*) medio ambiente. **c** (*midpoint*) **happy ~** justo medio *m*. **d** (*spiritualist*) médium *mf*.

medium-dry [,miːdɪəm'draɪ] ADJ semi-seco/a, semi.

medium-sized ['miːdɪəm'saɪzd] ADJ de tamaño mediano *or* regular; **~ business** empresa *f* mediana.

medley ['medlɪ] N (*mixture*) mezcla *f*; (*miscellany*) miscelánea *f*; (*Mus*) popurrí *m*.

meek [miːk] ADJ (*comp* **~er**; *superl* **~est**) (*submissive*) manso/a, sumiso/a; (*long-suffering*) sufrido/a; **~ and mild** como una malva.

meekness ['miːknɪs] N mansedumbre *f*.

meet [miːt] (*pt, pp* **met**) **1** VT **a** (*encounter: accidentally*) encontrar *or* tropezar con; (: *by arrangement*) reunirse con; **to arrange to ~ sb** citarse, quedar (en verse) con algn; **she ran out to ~ us** salió corriendo a recibirnos; **to ~ sb off the train** ir a esperar *or* buscar a algn en la estación; **the car will ~ the train** el coche esperará la llegada del tren; **don't bother to ~ me** no os molestéis viniendo a buscarme; **to ~ sb's eye** *or* **gaze** tropezar con la mirada de algn; **a terrible sight met his gaze** un panorama terrible se le presentó ante sus ojos; **there's more to this than ~s the eye** aquí hay gato encerrado. **b** (*get to know, be introduced to*) conocer; **I never met him** no le conocí nunca; **~ my brother** quiero pre-

sentarte a mi hermano; **pleased to ~ you!** encantado de conocerle, mucho gusto. **c** (*come together with*) cruzar *or* topar con. **d** (*difficulty*) encontrar, tropezar con; (*opponent*) enfrentarse con; **to ~ death calmly** esperar la muerte con tranquilidad. **e** (*satisfy: demand, need*) satisfacer; (: *requirement*) cumplir con; (*deficit*) cubrir; (*pay fully*) pagar, costear. **2** VI **a** (*encounter each other: by accident*) encontrarse; (: *by arrangement*) verse, reunirse; (*meeting, society*) reunirse; (*Sport: teams etc*) enfrentarse; **let's ~ at 8** citémonos para las 8; **until we ~ again!** ¡hasta la vista!, ¡hasta pronto! **b** (*be introduced*) conocerse; **we met in Seville** nos conocimos en Sevilla; **have we met?** ¿nos conocimos antes? **c** (*join: two ends*) unirse; (: *rivers*) confluir; (: *roads, Rail*) empalmar; **our eyes met** (*fig*) cruzamos una mirada; **the roads ~ at Toledo** las carreteras empalman en Toledo. **3** N (*Hunting*) cacería *f*; (*US Sport*) encuentro *m*.

◆ **meet up** VI + ADV encontrarse; **to ~ up with sb** verse en un sitio con algn; **this road ~s up with the motorway** esta carretera empalma con la autopista.

◆ **meet with** VI + PREP **a** (*experience*) sufrir, experimentar; (: *difficulties etc*) encontrar, enfrentar. **b** (*formal*) entrevistarse con.

meeting ['miːtɪŋ] **1** N **a** (*accidental*) encuentro *m*; (*arranged*) cita *f*, compromiso *m*; (*business ~*) reunión *f*; **to address the ~** tomar la palabra en la reunión; **to call/hold a ~** convocar *or* llamar/celebrar una reunión; **to open the ~** abrir la sesión; **the minister had a ~ with the ambassador** el ministro se entrevistó con el embajador; **~ of minds** encuentro de inteligencias. **b** (*of club, committee, council*) reunión *f*; (*Pol*) mitin *m*. **c** (*Sport: rally*) encuentro *m*. **2** CPD: **~ place** N lugar *m* de reunión *or* encuentro.

mega ['megə] ADJ (*fam*) súper (*fam*).

mega... ['megə] PREF mega....

megabuck ['megə,bʌk] N (*fam*): **now he's making ~s** (*US fam*) ahora está ganando una pasta gansa (*fam*).

megabyte ['megə,baɪt] N (*Comput*) megabyte *m*, megaocteto *m*.

megalithic [,megə'lɪθɪk] ADJ megalítico/a.

megalomaniac ['megələʊ'meɪnɪæk] N megalómano/a *m/f*.

megaphone ['megəfəʊn] N megáfono *m*.

megawatt ['megəwɒt] N megavatio *m*.

melancholy ['melənkəlɪ] **1** ADJ melancólico/a; (*duty etc*) deprimente. **2** N melancolía *f*.

melanin ['melənɪn] N melanina *f*.

melanoma [,melə'nəʊmə] N melanoma *m*.

mêlée ['meleɪ] N pelea *f*.

mellow ['meləʊ] **1** ADJ (*comp* **~er**; *superl* **~est**) (*wine*) añejo/a; (*fruit, person*) maduro/a; (*colour, sound, light*) suave; **to be ~** (*fam: person*) estar achispado *or* chispa. **2** VI (*gen*) madurar; (*colour, sound, wine*) suavizar. **3** VT: **old age has ~ed him** con la vejez se ha suavizado.

melodious [mɪ'ləʊdɪəs] ADJ melodioso/a.

melodrama ['meləʊ,drɑːmə] N melodrama *m*.

melodramatic [,meləʊdrə'mætɪk] ADJ melodramático/a.

melody ['melədɪ] N melodía *f*.

melon ['melən] N melón *m*.

melt [melt] **1** VT **a** derretir. **b** (*fig*) ablandar. **2** VI **a** derretirse; **it ~s in the mouth** se deshace en la boca. **b** (*fig*) ablandarse; **to ~ into tears** deshacerse en lágrimas.

◆ **melt away** VI + ADV **a** (*lit*) derretirse. **b** (*fig*) desaparecer, desvanecerse.

◆ **melt down** VT + ADV fundir.

melting ['meltɪŋ] CPD: **~ point** N punto *m* de fusión; **~ pot** N (*fig*) crisol *m*; **to be in the ~ pot** estar sobre el tapete.

member ['membəʳ] **1** N (*of family*) miembro/a *m/f*; (*of society*) socio/a *m/f*; '**~s only**' 'sólo para socios'; **~ of Congress** (*US*) miembro *mf* del Congreso; **~ of parlia-**

ment diputado/a *m/f*; **~ of the public** ciudadano/a *m/f*. [2] CPD: **the ~ states** los estados miembros.

membership ['membəʃɪp] [1] N (*members*) socios *mpl*, miembros *mpl*; (*position*) calidad *f* de socio or miembro; (*numbers*) número *m* de miembros or socios, membresía *f* (*Mex*); **a ~ of more than 800** más de 800 socios; **to apply for ~** solicitar ser socio; **Spain's ~ of the Common Market** (*state*) la pertenencia de España al Mercado Común; (*act*) el ingreso de España en el Mercado Común. [2] CPD: **~ card** N tarjeta *f* de afiliación; **~ fee** N cuota *f* de socio.

membrane ['membreɪn] N membrana *f*.

memento [mɪ'mentəʊ] N (*pl* **~s** or **~es**) recuerdo *m*.

memo ['meməʊ] [1] (*pl* **~s**) N ABBR of **memorandum**. [2] CPD: **~ pad** N bloc *m* de notas.

memoir ['memwɑ:ʳ] N [a] memoria *f*. [b] **~s** memorias *fpl*, autobiografía *fsg*.

memorabilia [,memərə'bɪlɪə] N (*objects*) cosas *fpl* memorables.

memorable ['memərəbl] ADJ memorable.

memorandum [,memə'rændəm] N (*pl* **memoranda** [,memə'rændə]) memorándum *m*; (*personal reminder*) apunte *m*, nota *f*.

memorial [mɪ'mɔ:rɪəl] [1] ADJ conmemorativo/a. [2] N (*monument*) monumento *m* conmemorativo.

memorize ['meməraɪz] VT aprender de memoria.

memory ['memərɪ] [1] N [a] (*faculty*) memoria *f*; **to commit sth to ~** aprender algo de memoria; **to have a ~ like a sieve** tener malísima memoria; **to lose one's ~** perder la memoria; **I have a bad ~ for faces** se me olvida la cara de la gente; **he recited the poem from ~** recitó el poema de memoria. [b] (*recollection*) recuerdo *m*. [c] **in ~ of, to the ~ of** en memoria de. [d] (*Comput*) memoria *f*. [2] CPD: **~ bank** N banco *m* de memoria; **~ lane** N mundo *m* de los recuerdos (sentimentales); **to go down ~ lane** adentrarse en el mundo de los recuerdos.

men [men] [1] NPL of **man**. [2] CPD: **~'s room** N (*US*) servicio *m* de caballeros.

menace ['menɪs] [1] N [a] (*no pl*) amenaza *f*; (: *a danger*) peligro *m*. [b] (*fam: nuisance*) lata *f*. [2] VT amenazar.

menacing ['menɪsɪŋ] ADJ amenazador(a).

ménage [me'nɑ:ʒ] N casa *f*; **~ à trois** menaje *m* de tres.

mend [mend] [1] N: **to be on the ~** estar mejorando. [2] VT [a] (*repair*) reparar, poner en condiciones; (*darn*) remendar, zurcir. [b] (*improve*) **to ~ one's ways** enmendarse; **to ~ matters** mejorar las cosas. [3] VI (*improve*) mejorarse, reponerse.

mending ['mendɪŋ] N (*act*) reparación *f*, compostura *f*; (*clothes etc to be mended*) ropa *f* para remendar; **invisible ~** zurcido invisible.

menfolk ['menfəʊk] NPL hombres *mpl*.

menial ['mi:nɪəl] [1] ADJ (*lowly*) servil; (*domestic*) doméstico/a, de la casa. [2] N (*servant*) criado/a *m/f*, sirviente/a *m/f*.

meningitis [,menɪn'dʒaɪtɪs] N meningitis *f*.

menopause ['menəʊpɔ:z] N menopausia *f*.

menstrual ['menstrʊəl] ADJ menstrual; **~ cycle** ciclo *m* menstrual.

menstruate ['menstrʊeɪt] VI menstruar.

menstruation [,menstrʊ'eɪʃən] N menstruación *f*.

menswear ['menzweəʳ] N ropa *f* de caballero.

mental ['mentl] ADJ [a] mental; **he has a ~ age of 6** tiene una edad mental de 6 años; **to make a ~ note of sth** tomar nota mental de algo; **~ arithmetic** cálculo *m* mental; **~ home** or **hospital** hospital *m* para enfermos mentales, manicomio *m*; **~ illness** enfermedad *f* mental. [b] (*fam: mad*) chalado/a, chiflado/a; **he must be ~** debe estar ido (*fam*).

mentality [men'tælɪtɪ] N mentalidad *f*.

mentally ['mentlɪ] ADV [a] (*ill etc*) mentalmente; **~ disturbed** trastornado/a; **~ handicapped** disminuido/a mental; **she is ~ ill** tiene una enfermedad mental.

[b] (*calculate etc*) mentalmente.

menthol ['menθɒl] [1] N mentol *m*. [2] CPD mentolado/a.

mention ['menʃən] [1] N mención *f*. [2] VT (*gen*) mencionar, mentar; (*speak of*) hablar de; (*in dispatches*) citar; **not to ~ ...** sin contar ...; **don't ~ it!** de nada, no faltaba más, no hay de qué; **I will ~ it to him** se lo diré; **he ~ed no names** no dijo los nombres.

menu ['menju:] N [a] (*list*) carta *f*; (*set meal*) menú *m*, cubierto *m*; (*fixed-price*) menú del día (*Sp*), comida *f* corrida (*LAm*). [b] (*Comput*) menú *m*.

menu-driven ['menju:,drɪvn] ADJ (*Comput*) guiado/a por menú.

MEP N ABBR (*Brit*) of **Member of the European Parliament** eurodiputado/a *m/f*.

mercantile ['mɜ:kəntaɪl] ADJ mercantil.

mercenary ['mɜ:sɪnərɪ] ADJ, N mercenario/a *m/f*.

merchandise ['mɜ:tʃəndaɪz] N (*no pl*) mercancías *fpl*.

merchandiser ['mɜ:tʃəndaɪzəʳ] N comerciante *mf*, tratante *mf*.

merchant ['mɜ:tʃənt] [1] N (*gen*) comerciante *mf*; (*retailer*) detallista *mf*, minorista *mf*. [2] CPD: **~ bank** N banco *m* comercial; **~ navy** N marina *f* mercante; **~ seaman** N marinero *m* de la marina mercante.

merchantable ['mɜ:tʃəntəbl] ADJ comercializable; **of ~ quality** de calidad comerciable.

merchantman ['mɜ:tʃəntmən] N (*pl* **-men**) buque *m* mercante.

merciful ['mɜ:sɪfʊl] ADJ misericordioso/a, compasivo/a; **a ~ death** una muerte liberadora.

mercifully ['mɜ:sɪfəlɪ] ADV con compasión; (*fortunately*) afortunadamente.

merciless ['mɜ:sɪlɪs] ADJ despiadado/a.

mercurial [mɜ:'kjʊərɪəl] ADJ (*Chem*) mercurial; (*changeable*) veleidoso/a.

Mercury ['mɜ:kjʊrɪ] N (*Astron*) Mercurio *m*.

mercury ['mɜ:kjʊrɪ] N mercurio *m*, azogue *m*.

mercy ['mɜ:sɪ] [1] N misericordia *f*, compasión *f*; **to beg for ~** pedir clemencia; **to be at the ~ of sb/sth** estar a merced de algn/algo; **to have ~ on sb** compadecerse de algn; **to be left to the tender mercies of sb** quedar abandonado a la voluntad de algn; **to show sb no ~** tratar a algn con el mayor rigor; **it's a ~ that no-one was hurt** (*fam*) menos mal que nadie resultó herido; **we should be grateful for small mercies** debemos dar las gracias por los pequeños favores. [2] CPD: **~ flight** N vuelo *m* de emergencia; **~ killing** N eutanasia *f*.

mere [mɪəʳ] ADJ mero/a, puro/a; **a ~ man** un hombre nada más or (*LAm*) nomás.

merely ['mɪəlɪ] ADV solamente, simplemente; **she ~ smiled** sonrió nada más.

merge [mɜ:dʒ] [1] VT [a] (*Comm*) combinar, unir. [b] (*Comput: text, files*) fusionar. [2] VI [a] (*colours, sounds, shapes etc*) fundirse; (*roads*) empalmar; (*parties etc*) fusionarse; **to ~ into the background** confundirse en el trasfondo. [b] (*Comm*) fusionarse.

merger ['mɜ:dʒəʳ] N (*Comm*) fusión *f*.

meringue [mə'ræŋ] N merengue *m*.

merit ['merɪt] [1] N mérito *m*; **to look** or **inquire into the ~s of sth** investigar algo desde todos los puntos de vista; **to treat a case on its ~s** juzgar un caso según sus propios méritos. [2] VT merecer. [3] CPD: **~ increase** N aumento *m* por méritos.

meritocracy [,merɪ'tɒkrəsɪ] N meritocracia *f*.

meritorious [,merɪ'tɔ:rɪəs] ADJ meritorio/a.

mermaid ['mɜ:meɪd] N sirena *f*.

merriment ['merɪmənt] N alegría *f*, regocijo *m*.

merry ['merɪ] ADJ (*comp* **-ier**; *superl* **-iest**) (*cheerful*) alegre; (*enjoyable*) divertido/a; **to get ~** (*fam*) achisparse; *see* **Christmas**.

merry-go-round ['merɪgəʊ,raʊnd] N tiovivo *m*, caballitos *mpl*, calesita(s) *f(pl)* (*And, CSur*).

merrymaking ['merɪ,meɪkɪŋ] N (*party*) fiesta *f*; (*enjoyment*)

diversión f; (happiness) alegría f, regocijo m.
mesh [meʃ] **1** N **a** (hole) malla f.
b (network, net, fig) red f.
c (gears etc) **in ~** engranado/a.
d (Tech) **wire ~** tela f metálica.
2 VT: **to get ~ed** enredarse (in en).
mesmerize ['mezməraɪz] VT hipnotizar; (fig) fascinar.
mess [mes] N **a** (confusion of objects) revoltijo m, desorden m; (dirt) porquería f, suciedad f; (work) chapuza f, desastre m; (person) desastre; **you look (such) a ~** estás hecho una pena; **he's a ~, that man** es un desastre de hombre; **her life is a ~** su vida es un fracaso; **to be (in) a ~** estar revuelto; (fig) estar hecho un lío (fam); **her hair is a ~** su pelo está todo revuelto; **his clothes are a ~** su ropa está toda arrugada; **that room's a ~** ese cuarto está manga por hombro or todo desordenado; **to leave things in a ~** dejar las cosas en confusión; **to make a ~** (object) hacer un revoltijo; (dirt) ensuciarse; **to make a ~ of** (disorder) revolver, desordenar; (dirty) ensuciar; (job) arruinar; (fig) echar a perder.
b (euph: excreta) porquería f.
c (awkward predicament) follón m, lío m; (event) desmadre m; **to be/get (o.s.) in a ~** estar/meterse en un lío/follón; **I'm in a right ~** estoy metido en un buen lío; **a fine/nice ~ you got us into!** ¡en menudo follón nos has metido!
d (Mil etc) comedor m; **officers' ~** comedor de oficiales.
◆**mess about, mess around** (fam) **1** VT + ADV fastidiar, molestar, fregar (LAm fam), macanear (CSur); **to ~ sb about** (Brit) fastidiar a algn.
2 VI + ADV **a** (play the fool) hacer tonterías.
b (do nothing in particular) gandulear.
c (tinker, fiddle) **to ~ about or around with sth** entretenerse con algo; **he enjoys ~ing about in boats** le gusta entretenerse con botes; **to ~ about or around with sb** (associate with) estar liado con algn.
◆**mess up** VT + ADV desordenar; (fig) echar a perder.
message ['mesɪdʒ] **1** N recado m; (frm, fig) mensaje m; **to leave a ~** dejar un recado; **to get the ~ of the film** el mensaje de la película; **to get the ~** (fig fam) caer en la cuenta; **do you think he got the ~?** (fam) ¿crees que comprendió?
2 CPD: **~ switching** N (Comput) conmutación f de mensajes.
messenger ['mesɪndʒər] **1** N mensajero/a m/f. **2** CPD: **~ boy** N recadero m.
Messiah [mɪ'saɪə] N Mesías m.
Messrs ['mesəz] ABBR of **Messieurs** Sr(e)s.
mess-up ['mesʌp] N (Brit fam) fracaso m; **what a ~!** ¡qué lío! (fam).
messy ['mesɪ] ADJ (comp **-ier**; superl **-iest**) (dirty) sucio/a; (untidy) desordenado/a, desarreglado/a; (confused) confuso/a.
met [met] PT, PP of **meet**.
Met. [met] **1** ADJ ABBR (Brit) of **meteorological**. **2** N ABBR **a** (Brit) of **Metropolitan Police**. **b** (US) of **Metropolitan Opera**.
metabolic [,metə'bɒlɪk] ADJ metabólico/a.
metabolism [me'tæbəlɪzəm] N metabolismo m.
metal ['metl] **1** N metal m; (Brit: on road) grava f. **2** CPD: **~ detector** N detector m de metales; **~ fatigue** N fatiga f del metal; **~ polish** N abrillantador m de metales.
metallic [mɪ'tælɪk] ADJ metálico/a.
metallurgy [me'tælədʒɪ] N metalurgia f.
metalwork ['metlwɜːk] N (craft) metalistería f.
metamorphosis [,metə'mɔːfəsɪs] N (pl **metamorphoses** [,metə'mɔːfəsiːz]) metamorfosis f.
metaphor ['metəfɔːr] N metáfora f.
metaphoric(al) [,metə'fɒrɪk(əl)] ADJ metafórico/a.
metaphysical [,metə'fɪzɪkəl] ADJ metafísico/a.
metaphysics [,metə'fɪzɪks] NSG metafísica f.
metatarsal [,metə'tɑːsl] N metatarsiano m.
mete [miːt] VT: **to ~ out** asignar.
meteor ['miːtɪər] N meteoro m.
meteoric [,miːtɪ'ɒrɪk] ADJ meteórico/a; (fig) rápido/a, meteórico.

meteorite ['miːtɪəraɪt] N meteorito m.
meteorological [,miːtɪərə'lɒdʒɪkəl] ADJ meteorológico/a; **the M~ Office** (Brit) la estación meteorológica estatal.
meteorology [,miːtɪə'rɒlədʒɪ] N meteorología f.
meter¹ ['miːtər] N contador m, medidor m (LAm); **gas/electricity ~** contador de gas/de electricidad; **parking ~** parquímetro.
meter² ['miːtər] N (US) = **metre**.
methane ['miːθeɪn] N metano m.
method ['meθəd] **1** N **a** (manner, way) método m; (of payment) manera f, forma f; (procedure) procedimiento m.
b (technique) técnica f; **there's ~ in his madness** no está tan loco como parece.
2 CPD: **~ actor/actress** N actor m adepto/actriz f adepta del método Stanislavski.
methodical [mɪ'θɒdɪkəl] ADJ metódico/a.
Methodism ['meθədɪzəm] N metodismo m.
Methodist ['meθədɪst] ADJ, N metodista mf.
methodology [,meθə'dɒlədʒɪ] N metodología f.
meths [meθs] N ABBR (Brit) of **methylated spirit(s)**.
methylated spirit(s) ['meθɪleɪtɪd'spɪrɪt(s)] N(PL) (Brit) alcohol msg desnaturalizado.
meticulous [mɪ'tɪkjʊləs] ADJ meticuloso/a.
métier ['meɪtɪeɪ] N oficio m.
metre, (US) **meter** ['miːtər] N (all senses) metro m.
metric ['metrɪk] ADJ métrico/a; **~ system** sistema m métrico; **~ ton** tonelada f métrica; **to go ~** pasar al sistema métrico.
metrication [,metrɪ'keɪʃən] N conversión f al sistema métrico.
metronome ['metrənəʊm] N metrónomo m.
metropolis [mɪ'trɒpəlɪs] N metrópoli f.
metropolitan [,metrə'pɒlɪtən] ADJ metropolitano/a; **M~ Police** la policía de Londres.
mettle ['metl] N ánimo m, valor m; **to be on one's ~** estar dispuesto a mostrar su valía.
mew [mjuː] **1** N maullido m, miau m. **2** VI maullar, hacer miau.
mews [mjuːz] (Brit) **1** NSG callejuela f. **2** CPD: **~ cottage** N casa acondicionada en antiguos establos o cocheras.
Mexican ['meksɪkən] ADJ, N mejicano/a m/f, mexicano/a m/f (LAm).
Mexico ['meksɪkəʊ] **1** N Méjico m, México m (LAm). **2** CPD: **~ City** N (Ciudad f de) México m.
mezzanine ['mezəniːn] N entresuelo m.
mezzo-soprano ['metsəʊsə'prɑːnəʊ] N (voice) mezzo-soprano m; (singer) mezzo-soprano f.
MFA N ABBR (US Univ) of **Master of Fine Arts**.
mfr(s) ABBR of **manufacturer(s)** fab.
mg ABBR of **milligramme(s)** mg.
Mgr ABBR **a** (Rel) of **Monsignor** Mons. **b** (Comm etc) of **manager**.
MHR N ABBR (US) of **Member of the House of Representatives**.
MHz ABBR (Rad) of **megahertz** MHz.
MI 1 N ABBR of **machine intelligence**. **2** ABBR (US Post) of **Michigan**.
mi [miː] N (Mus) mi m.
MI5 N ABBR (Brit) of **Military Intelligence 5** servicio de inteligencia contraespionaje.
MI6 N ABBR (Brit) of **Military Intelligence 6** servicio de inteligencia.
MIA ABBR (Mil) of **missing in action**.
miaow [miː'aʊ] **1** N maullido m, miau m. **2** VI maullar, hacer miau.
miasma [mɪ'æzmə] N (pl **~s** or **~ta** [mɪ'æzmətə]) miasma m.
mica ['maɪkə] N mica f.
mice [maɪs] NPL of **mouse**.
Mich. ABBR (US) of **Michigan**.
Mickey ['mɪkɪ] CPD: **~ Finn** N bebida f drogada; **~ Mouse** N el ratoncito Mickey; **it's a ~ Mouse set-up** es un montaje poco serio.
mickey ['mɪkɪ] N (fam): **to take the ~ (out of sb)** tomar el pelo (a algn).

micro... ['maɪkrəʊ] PREF micro....
microbe ['maɪkrəʊb] N microbio m.
microbiology [,maɪkrəʊbaɪ'ɒlədʒɪ] N microbiología f.
microchip ['maɪkrəʊ,tʃɪp] N microplaqueta f.
microcomputer [,maɪkrəʊkəm'pju:tər] N microcomputadora f, microordenador m.
microcosm ['maɪkrəʊkɒzəm] N microcosmo m.
microeconomics ['maɪkrəʊ,i:kə'nɒmɪks] NSG microeconomía f.
microelectronics ['maɪkrəʊ,i:lek'trɒnɪks] NSG microelectrónica f.
microfiche ['maɪkrəʊ,fi:ʃ] N microfiche m.
microfilm ['maɪkrəʊfɪlm] N microfilm m.
microlight, microlite ['maɪkrəʊ,laɪt] N (also ~ aircraft) (avión m) ultraligero m.
micrometer [maɪ'krɒmɪtər] N micrómetro m.
microphone ['maɪkrəfəʊn] N micrófono m.
microprocessor [,maɪkrəʊ'prəʊsesər] N microprocesador m.
microprogramming, (US, also freq Comput) **microprograming** [,maɪkrəʊ'prəʊɡræmɪŋ] N microprogramación f.
microscope ['maɪkrəskəʊp] N microscopio m.
microscopic(al) [,maɪkrə'skɒpɪk(əl)] ADJ microscópico/a.
microsurgery [,maɪkrəʊ'sɜːdʒərɪ] N microcirugía f.
microtechnology [,maɪkrəʊtek'nɒlədʒɪ] N microtecnología f.
microwave (oven) ['maɪkrəʊ,weɪv('ʌvn)] N (horno) microondas m.
mid [mɪd] ADJ: **in ~ morning** a media mañana; **in ~ journey** a medio camino; **in ~ June** a mediados de junio; **in ~ air** (catch sth) al vuelo; (fig: leave sth) a medio hacer; **in ~ ocean** en alta mar.
midday ['mɪd'deɪ] 1 N mediodía m; **at ~** a mediodía. 2 CPD de mediodía.
middle ['mɪdl] 1 ADJ (central) central, de en medio; (average) mediano/a; **~ age** mediana edad f; **the M~ Ages** la Edad Media; **~ C** (Mus) do m mayor; **the ~ class(es)** (gen) la clase media; (bourgeoisie) la burguesía; **my ~ daughter** mi segunda hija; **M~ East** Medio Oriente m; **~ ground** terreno m neutral; **~ name** segundo nombre m. 2 N (centre) centro m, medio m; (waist) cintura f; **to cut through the ~** cortar por la mitad; **in the ~ of the field** en medio del campo; **in the ~ of nowhere** en el quinto pino; **in the ~ of summer** en pleno verano; **in or about or towards the ~ of May** a mediados de mayo; **I'm in the ~ of reading it** lo he leído hasta la mitad.
middle-aged ['mɪdl'eɪdʒd] ADJ de mediana edad.
middle-class ['mɪdl'klɑ:s] ADJ (gen) de (la) clase media; (bourgeois) burgués/esa.
middle-distance [,mɪdl'dɪstəns] ADJ: **~ race** carrera f de medio fondo; **~ runner** mediofondista m/f.
Middle-Eastern [,mɪdl'i:stən] ADJ medio-oriental.
middleman ['mɪdlmæn] N (pl **-men**) (Comm) intermediario m.
middle-of-the-road ['mɪdləvðə'rəʊd] ADJ moderado/a, nada extremo/a.
middle-sized ['mɪdl,saɪzd] ADJ mediano/a.
middleweight ['mɪdlweɪt] N peso m medio.
middling ['mɪdlɪŋ] ADJ mediano/a, (pej) regular.
Middx ABBR (Brit) of **Middlesex**.
midfield ['mɪdfi:ld] N centrocampo m.
midge [mɪdʒ] N mosca f enana.
midget ['mɪdʒɪt] N enano/a m/f.
midi ['mɪdɪ] ADJ: **~ hi-fi, ~ system** cadena f musical compacta.
Midlands ['mɪdləndz] NPL: **the ~** la región central de Inglaterra.
midlife ['mɪd,laɪf] ADJ: **~ crisis** crisis f de los cuarenta.
midnight ['mɪdnaɪt] 1 N medianoche f; **at ~** a medianoche. 2 CPD de medianoche; **to burn the ~ oil** quemarse las pestañas.
midriff ['mɪdrɪf] N diafragma m.
midst [mɪdst] N: **in the ~ of** (place) en medio de, a mitad de (LAm); **in the ~ of the battle** (fig) en plena batalla.

midstream ['mɪd'stri:m] N: **in ~** (fig) antes de terminar, a mitad de camino; **he stopped talking in ~** dejó de hablar a mitad de la frase.
midsummer ['mɪd'sʌmər] 1 N estío m, pleno verano m. 2 CPD: **M~('s) Day** N Día m de San Juan (24 junio).
midterm ['mɪd'tɜːm] ADJ: **~ exam** examen m de mitad del trimestre.
midway ['mɪd'weɪ] 1 ADV a medio camino. 2 ADJ: **the ~ point between X and Y** el punto medio entre X y Y.
midweek ['mɪd'wi:k] 1 ADV entre semana. 2 ADJ de entre semana.
midwife ['mɪdwaɪf] N (pl **-wives**) comadrona f, partera f.
midwinter ['mɪd'wɪntər] N pleno invierno m.
might[1] [maɪt] PT of **may**.
might[2] [maɪt] N poder m, fuerza f; **with all one's ~** con todas sus fuerzas.
mighty ['maɪtɪ] 1 ADJ (comp **-ier;** superl **-iest**) (gen) poderoso/a; (vast) vasto/a. 2 ADV (fam) muy.
migraine ['mi:greɪn] N jaqueca f.
migrant ['maɪɡrənt] 1 ADJ migratorio/a. 2 N emigrante mf; (worker) migratorio/a m/f.
migrate [maɪ'ɡreɪt] VI (animals, people) emigrar; (move) trasladarse.
migration [maɪ'ɡreɪʃən] N migración f.
migratory [maɪ'ɡreɪtərɪ] ADJ migratorio/a.
mike [maɪk] N ABBR (fam) of **microphone** micro m.
Milan [mɪ'læn] N Milán m.
mild [maɪld] ADJ (comp **~er;** superl **~est**) [a] (gen) suave; (punishment, rebuke) poco severo/a; (climate, weather) templado/a. [b] (person) apacible, dulce. [c] (in flavour: cheese, cigarette) suave; (: not strong enough) flojo/a. [d] (slight) ligero/a.
mildew ['mɪldju:] N (on plants) añublo m; (on food, leather etc) moho m.
mildewed ['mɪldju:d] ADJ mohoso/a.
mildly ['maɪldlɪ] ADV (gently) suavemente; (slightly) ligeramente; **to put it ~, and that's putting it ~** para no decir más, por no decir algo peor.
mildness ['maɪldnɪs] N (see adj) suavidad f; dulzura f; flojedad f; lo ligero.
mile [maɪl] N milla f; **~s per gallon** millas por galón; **they live ~s away** viven a varias millas de distancia; **sorry, I was ~s away** lo siento, se me fue el santo al cielo; **it stands or sticks out a ~** se ve a la legua; **you can tell it a ~ off** eso se ve a la legua.
mileage ['maɪlɪdʒ] 1 N [a] distancia f en millas; (on mileometer) kilometraje m; **what ~ does your car do?** ¿cuántos kilómetros hace tu coche por galón? [b] (fig) **there's no ~ in this story** esta historia sólo tiene un interés pasajero; **he's got a lot of ~ out of it** le sacó mucho partido. 2 CPD: **~ allowance** N gastos mpl de viaje por milla recorrida, ≈ asignación f por kilometraje; **~ rate** N tarifa f por distancia.
mileometer [maɪ'lɒmɪtər] N (Brit Aut) cuentakilómetros m inv.
milestone ['maɪlstəʊn] N (on road) mojón m; (fig) hito m.
milieu ['mi:ljɜː] N (pl **~s** or **~x** ['mi:ljɜː]) N medio m, ambiente m.
militant ['mɪlɪtənt] 1 ADJ (combative) combativo/a; (strike etc) militante. 2 N militante mf; **to be a party ~** militar en un partido.
militarism ['mɪlɪtərɪzəm] N militarismo m.
militaristic [,mɪlɪtə'rɪstɪk] ADJ militarista.
military ['mɪlɪtərɪ] 1 ADJ militar; **to do ~ service** hacer el servicio (militar), hacer la mili (fam), hacer la colimba (Arg); **~ police** policía f militar; **~ training** instrucción f militar. 2 NPL: **the ~** los militares mpl.
militate ['mɪlɪteɪt] VI: **to ~ against** militar en contra de.
militia [mɪ'lɪʃə] N milicias fpl.
militiaman [mɪ'lɪʃəmən] N miliciano m.
milk [mɪlk] 1 N leche f; **skim(med) ~** leche desnatada; **~ of magnesia** (Med) leche de magnesia; **it's no good crying over spilt ~** (Prov) a lo hecho pecho. 2 VT ordeñar; (fig) exprimir; **they're ~ing the company**

for all they can get chupan todo lo que pueden de la compañía.
3 CPD lechero/a, de leche; **~ chocolate** N chocolate *m* con leche; **~ cow** N vaca *f* lechera; **~ diet** N dieta *f* láctea; **~ float** N carro *m* de la leche; **~ round** N recorrido *m* del lechero; **~ shake** N batido *m*, malteada *f* (*LAm*); **~ tooth** N diente *m* de leche; **~ truck** N (*US*) = **float**.

milking machine ['mɪlkɪŋməˌʃiːn] N ordeñadora *f* mecánica.

milkman ['mɪlkmən] N (*pl* **-men**) lechero *m*, repartidor *m* de leche.

milky ['mɪlkɪ] ADJ (*comp* **-ier**; *superl* **-iest**) lechoso/a; (*tea*) con mucha leche; **M~ Way** (*Astron*) Vía *f* Láctea.

mill [mɪl] **1** N **a** (*textile factory*) fábrica *f* (de tejidos); (*sugar ~*) ingenio *m* de azúcar; (*spinning ~*) hilandería *f*; (*steel ~*) acería *f*.
b (*machine*) molino *m*; (: *for coffee etc*) molinillo *m*; (*Tech*) fresadora *f*; **they put me through the ~** (*fig*) me las hicieron pasar canutas or moradas.
2 VT moler; (*metal*) pulir; (*coin*) acordonar.

♦ **mill about, mill around** **1** VI + ADV arremolinarse.
2 VI + PREP: **people were ~ing around the booking office** la gente se apiñaba impaciente delante de la taquilla.

milled [mɪld] ADJ (*grain*) molido/a; (*coin*, *edge*) acordonado/a.

millenarian [ˌmɪləˈnɛərɪən] ADJ milenario/a.

millennium [mɪˈlenɪəm] N (*pl* **millennia** [mɪˈlenɪə]) milenio *m*.

miller ['mɪləʳ] N molinero/a *m/f*.

millet ['mɪlɪt] N mijo *m*.

milligram(me) ['mɪlɪgræm] N miligramo *m*.

millilitre, (*US*) **milliliter** ['mɪlɪˌliːtəʳ] N mililitro *m*.

millimetre, (*US*) **millimeter** ['mɪlɪˌmiːtəʳ] N milímetro *m*.

milliner ['mɪlɪnəʳ] N sombrerero/a *m/f*; **~'s (shop)** sombrerería *f*.

million ['mɪljən] N millón *m*; **4 ~ dogs** 4 millones de perros; **she's one in a ~** (*fam*) es un mirlo blanco, es fuera de lo común; **I've got ~s of letters to write** tengo miles de cartas que escribir; **to feel like a ~ dollars** (*US*) sentirse a las mil maravillas.

millionaire [ˌmɪljəˈnɛəʳ] N millonario/a *m/f*.

millipede ['mɪlɪpiːd] N milpiés *m inv*.

millisecond ['mɪlɪˌsekənd] N milisegundo *m*.

millstone ['mɪlstəun] N piedra *f* de molino, muela *f*; **it's a ~ round his neck** es una cruz que lleva a cuestas.

millwheel ['mɪlwiːl] N rueda *f* de molino.

milometer [maɪˈlɒmɪtəʳ] N = **mileometer**.

mime [maɪm] **1** N (*acting*) mimo *m*; (*play*) teatro *m* de mimo; (*actor*) mimo/a *m/f*. **2** VT imitar, remedar.

mimic ['mɪmɪk] **1** N mímico/a *m/f*. **2** VT imitar, remedar.

mimicry ['mɪmɪkrɪ] N mímica *f*.

Min. ABBR (*Brit*) of **Ministry** Min.

min. ABBR **a** of **minimum**. **b** of **minute(s)** m.

minaret [mɪnəˈret] N alminar *m*, minarete *m*.

mince [mɪns] **1** N (*Culin*) carne *f* picada. **2** VT picar; **not to ~ one's words** no tener pelos en la lengua. **3** VI (*in walking*) andar con pasos medidos; (*in talking*) hablar remilgadamente.

mincemeat ['mɪnsmiːt] N conserva *f* de picadillo de fruta; **to make ~ of sb** (*fig*) hacer picadillo or pedazos a algn.

mincer ['mɪnsəʳ] N (*machine*) máquina *f* de picar carne.

▼**mind** [maɪnd] **1** N **a** (*intellect*) mente *f*, mentalidad *f*; (*intelligence*) inteligencia *f*, cerebro *m*; **the idea was fixed in his ~** la idea le quedó fija en la cabeza; **one of the finest ~s of the period** uno de los cerebros de la época; **great ~s think alike** (*hum or iro*) los sabios siempre pensamos igual.
b (*cast of ~*) mentalidad *f*; **state of ~** estado *m* de ánimo; **with an open ~** con espíritu amplio.
c (*thoughts*) cabeza *f*, pensamiento *m*; **I am not clear in my ~ about it** todavía no lo llego a entender; **to be uneasy in one's ~** quedar con dudas; **to have sth on**

one's ~ estar preocupado por algo; **what's on your ~?** ¿qué es lo que te preocupa?; **I can't get it out of my ~** no me lo puedo quitar de la cabeza; **it crossed my ~** se me ocurrió (*that que*); **to put** or **set** or **give one's ~ to sth** dedicarse a algo; **if you put your ~ to it** si te concentras en ello; **that will take your ~ off it** te distraerá; **to speak one's ~** hablar con franqueza.
d (*memory*) recuerdo *m*, memoria *f*; **to bear** or **keep sth/sb in ~** tener presente or en cuenta algo/algn; **it went right out of my ~** se me fue por completo (de la cabeza); **to bring** or **call sth to ~** recordar algo, traer algo a la memoria; **to go over sth in one's ~** repasar algo mentalmente.
e (*intention*) propósito *m*; **to have sth in ~** tener pensado algo; **to have sb in ~** tener a algn en mente; **to have in ~ to do sth** tener intención de hacer algo; **I have a good ~ to do it** ganas de hacerlo no me faltan; **I have half a ~ to do it** estoy tentado de hacerlo; **nothing was further from my ~** nada más lejos de mi intención; **to change one's ~** cambiar de idea or de parecer.
f (*opinion*) opinión *f*, parecer *m*; **to know one's own ~** saber lo que uno quiere; **to make up one's ~** decidirse; **I can't make up my ~ about him** todavía tengo ciertas dudas con respecto a él; **to be in two ~s** dudar, estar indeciso; **to be of one** or **the same ~** estar de acuerdo; **to have a ~ of one's own** (*person: think for o.s.*) pensar por sí mismo; (*hum: machine etc*) tener voluntad propia, hacer lo que quiere; **to my ~** a mi parecer or juicio.
g (*sanity*) juicio *m*; **to go out of** or **lose one's ~** perder el juicio; **to be out of one's ~** estar fuera de juicio; **nobody in his right ~ would do it** nadie en su cabal juicio lo haría.
2 VT **a** (*pay attention to*) hacer caso de; (*obey: rules*) obedecer; (*be careful of*) tener cuidado con; **~ what you're doing!** ¡cuidado lo que haces!; **~ you, it was raining at the time** claro or hay que reconocer que en ese momento llovía; **~ your own business!** ¡no te metas donde no te llaman!; **~ your language!** ¡cuida tu lengua!
b (*oversee*) cuidar, atender.
c (*be put out by*) tener inconveniente en, sentirse molesto por; **I don't ~ the cold** a mí no me molesta el frío; **would you ~ opening the door?** ¿me hace el favor de abrir la puerta?, ¿le importa(ría) abrir la puerta?; **never ~ that now** olvidémoslo de momento; **never ~ him** no le hagas caso; **don't ~ me** (*iro*) por mí no se preocupe; **I wouldn't ~ a cup of tea** no vendría mal un té; **if you don't ~ my** or **me saying so, I think you're wrong** si me lo permites, creo que te equivocas.
3 VI **a** (*be careful*) tener cuidado; (*pay attention*) **~ you get there first** procura llegar primero.
b (*be put out*) tener inconveniente; **I don't ~** me es igual; **do you ~?** ¿te importa?; **please, if you don't ~** si no le importa, si es tan amable; **close the door, if you don't ~** hazme el favor de cerrar la puerta; **do you ~ if I open the window?** ¿te molesta que abra la ventana?; **never ~** (*don't worry*) no te preocupes; (*it makes no odds*) es igual, da lo mismo.
c (*worry, be concerned*) preocuparse; **I can't walk, never ~ run** no puedo andar, ni menos correr.

♦ **mind out** VI + ADV tener cuidado; **~ out!** ¡cuidado!, ¡ojo!, ¡abusado! (*Mex*).

mind-bending ['maɪndˌbendɪŋ], **mind-blowing** ['maɪndˌbləʊɪŋ], **mind-boggling** ['maɪndˌbɒglɪŋ] ADJ (*fam*) increíble.

-minded ['maɪndɪd] ADJ SUF: **fair~** imparcial; **an industrially~ nation** una nación consciente de sus industrias; **scientifically~** con afición por la ciencia.

mindful ['maɪndfʊl] ADJ: **to be ~ of** tener presente or en cuenta.

mindless ['maɪndlɪs] ADJ (*violence, crime*) sin motivo; (*task*) automático/a.

mind-reader ['maɪndˌriːdəʳ] N adivinador(a) *m/f* de pensamientos.

mine¹ [maɪn] POSS PRON mío/a, el mío, la mía; **is this glass ~?** ¿este vaso es mío?; **which is ~?** ¿cuál es el mío?; **a**

➤ SENTENCE BUILDER: **mind → 2.2, 11, 15.1**

friend of ~ un amigo mío; **it's no business of** ~ no tiene que ver conmigo.
mine² [maɪn] **1** N **a** mina f; **to work down the** ~ trabajar en una mina.
b (Mil, Naut etc) mina f; **to lay** ~**s** poner minas.
c (fig) **the book is a** ~ **of information** este libro es una mina de información.
2 VT **a** (minerals etc) extraer; (a mine) explotar.
b (Mil, Naut) minar, poner minas en.
3 VI extraer, explotar; **to** ~ **for sth** abrir una mina para extraer algo.
4 CPD: ~ **detector** N detector m de minas.
minefield ['maɪnfiːld] N campo m de minas; (fig) asunto m delicado.
miner ['maɪnəʳ] N minero/a m/f.
mineral ['mɪnərəl] **1** N mineral m. **2** CPD mineral; ~ **deposit** N yacimiento m minero; ~ **water** N agua f mineral.
mineshaft ['maɪnʃɑːft] N pozo m de mina.
minestrone [,mɪnɪ'strəʊnɪ] N minestrone f.
minesweeper ['maɪn,swiːpəʳ] N dragaminas m inv.
mingle ['mɪŋgl] **1** VT mezclar. **2** VI (gen) mezclarse; (sound etc) confundirse.
mingy ['mɪndʒɪ] (fam) ADJ (comp **-ier**; superl **-iest**) (person) tacaño/a; (amount, size) escaso/a.
mini ['mɪnɪ] N (miniskirt) minifalda f.
mini... ['mɪnɪ] PREF mini..., micro....
miniature ['mɪnɪtʃəʳ] **1** N miniatura f; **in** ~ en miniatura. **2** ADJ (gen) (en) miniatura; (tiny) diminuto/a.
miniaturize ['mɪnɪtʃəraɪz] VT miniaturizar.
minibar ['mɪnɪbɑːʳ] N minibar m.
minibus ['mɪnɪbʌs] N micro(bús) m, colectivo m (LAm), liebre f (Chi), micro f (sometimes m) (Chi).
minicab ['mɪnɪkæb] N microtaxi m.
minicomputer [,mɪnɪkəm'pjuːtəʳ] N miniordenador m, minicomputadora f (LAm).
minimal ['mɪnɪml] ADJ mínimo/a.
minimalist ['mɪnɪməlɪst] ADJ minimalista.
minimarket ['mɪnɪ,mɑːkɪt], **minimart** ['mɪnɪ,mɑːt] N autoservicio m.
minimize ['mɪnɪmaɪz] VT **a** (reduce) reducir al mínimo. **b** (belittle) menospreciar.
minimum ['mɪnɪməm] **1** N mínimo m, mínimum m; **down to a** ~ **of 5 degrees** hasta un mínimo de 5 grados; **to reduce sth to a** ~ reducir algo al mínimo; **to keep costs down to a** or **the** ~ mantener los costos en el nivel más bajo posible.
2 ADJ mínimo/a; ~ **lending rate** tipo m de interés mínimo; ~ **wage** salario m mínimo.
mining ['maɪnɪŋ] **1** N **a** minería f, explotación f de minas.
b (Mil, Naut) minado m.
2 CPD minero/a; ~ **engineer** N ingeniero/a m/f de minas; ~ **industry** N industria f minera.
minipill ['mɪnɪ,pɪl] N minipíldora f.
miniseries ['mɪnɪ,sɪərɪz] N (pl ~) (TV) miniserie f.
miniskirt ['mɪnɪskɜːt] N minifalda f.
minister ['mɪnɪstəʳ] **1** N (Pol) ministro/a m/f, secretario/a m/f (Mex); (Rel) pastor m, clérigo m; **Prime M**~ primer(a) ministro/a. **2** VI: **to** ~ **to** atender a.
ministerial [,mɪnɪs'tɪərɪəl] ADJ (Pol) ministerial.
ministry ['mɪnɪstrɪ] N **a** (Pol) ministerio m, secretaría f (Mex); (Rel) sacerdocio m; **M**~ **of Transport** Ministerio de Transporte.
mink [mɪŋk] **1** N visón m. **2** CPD: ~ **coat** N abrigo m de visón; ~ **farm** N criadero m de visones.
Minn. ABBR (US) of **Minnesota**.
minor ['maɪnəʳ] **1** ADJ **a** (unimportant) sin importancia, secundario/a; **of** ~ **importance** de poca importancia.
b (young) menor de edad.
c (Mus) menor; ~ **key** tono m menor.
2 N **a** (Mus) **the** ~ el tono menor.
b (Jur) menor mf de edad.
c (US Univ) asignatura f secundaria.
3 VI: **to** ~ **in Spanish** (US Univ) estudiar el español como asignatura secundaria.
Minorca [mɪ'nɔːkə] N Menorca f.

minority [maɪ'nɒrɪtɪ] **1** N (gen) minoría f; (age) minoría de edad; **to be in a** ~ estar en la minoría, ser minoría.
2 CPD: ~ **interest** N participación f minoritaria; ~ **shareholding** N accionado m minoritario; ~ **view** N: **a** ~ **view** un punto de vista minoritario.
minstrel ['mɪnstrəl] N trovador m, juglar m.
mint¹ [mɪnt] **1** N casa f de moneda; **to be worth a** ~ (of money) valer un dineral. **2** ADJ: **in** ~ **condition** como nuevo, sin usar. **3** VT acuñar.
mint² [mɪnt] **1** N (Bot) hierbabuena f, menta f; (sweet) pastilla f de menta. **2** CPD: ~ **sauce** N salsa f de menta; ~ **tea** N té m a la menta.
minuet [,mɪnjʊ'et] N minué m.
minus ['maɪnəs] **1** PREP **a** menos; **9** ~ **6** 9 menos 6.
b (without, deprived of) sin. **2** ADJ negativo/a, menos; **it's** ~ **20 outside** fuera hace una temperatura de 20 bajo cero.
minuscule ['mɪnəskjuːl] ADJ minúsculo/a.
minute¹ ['mɪnɪt] **1** N **a** (of degree, time) minuto m; **I'll come in a** ~ ahora voy, ya voy, ahorita voy; **this very** ~ ahora mismo; **wait a** ~! ¡espera un momento!, ¡momentito! (LAm); **at that** ~ **the phone rang** en ese momento sonó el teléfono; **tell me the** ~ **he arrives** avísame en cuanto or (LAm) apenas or no bien llegue; **every** ~ **counts** no hay tiempo que perder; **up to the** ~ **news** noticias de última hora; **it won't take 5** ~**s** es cosa de pocos minutos.
b (official note) nota f, minuta f; ~**s** (of meeting) actas fpl.
2 CPD: ~ **book** N libro m de actas; ~ **hand** N minutero m.
minute² [maɪ'njuːt] ADJ (small) diminuto/a; (detailed, exact) minucioso/a.
minutely [maɪ'njuːtlɪ] ADV (by a small amount) por muy poco; (in detail) detalladamente, minuciosamente; **anything** ~ **resembling a fish** cualquier cosa que tuviera el más ligero parecido con un pez.
MIPS [mɪps] NPL ABBR of **millions of instructions per second** MIPS mpl.
miracle ['mɪrəkl] **1** N milagro m; **it's a** ~ **that you weren't hurt** (fig) ¡qué milagro que salieras ileso!; **by some** ~ **he passed his exam** (fig) aprobó el examen por milagro.
2 CPD: ~ **cure** N remedio m milagro; ~ **drug** N droga f milagro.
miraculous [mɪ'rækjʊləs] ADJ milagroso/a.
mirage ['mɪrɑːʒ] N espejismo m.
mirror ['mɪrəʳ] **1** N espejo m; **driving** ~ espejo retrovisor. **2** VT reflejar. **3** CPD: ~ **image** N reflejo m exacto.
mirth [mɜːθ] N (good humour) alegría f, júbilo m; (laughter) risas fpl.
MIS N ABBR of **management information system** sistema m informativo de dirección.
misadventure [,mɪsəd'ventʃəʳ] N desgracia f, contratiempo m; **death by** ~ (Jur) muerte accidental.
misalliance [,mɪsə'laɪəns] N casamiento m inconveniente.
misanthropic [,mɪzən'θrɒpɪk] ADJ misantrópico/a.
misanthropist [mɪ'zænθrəpɪst] N misántropo/a m/f.
misapplication ['mɪs,æplɪ'keɪʃən] N mala aplicación f.
misapply ['mɪsə'plaɪ] VT (gen) usar indebidamente; (funds) malversar; (efforts, talents) malgastar.
misapprehension ['mɪs,æprɪ'henʃən] N malentendido m, equivocación f; **to be under a** ~ estar equivocado.
misappropriate ['mɪsə'prəʊprɪeɪt] VT malversar, desfalcar.
misappropriation ['mɪsə,prəʊprɪ'eɪʃən] N malversación f, desfalco m.
misbehave ['mɪsbɪ'heɪv] VI portarse or comportarse mal.
misbehaviour, (US) **misbehavior** ['mɪsbɪ'heɪvjəʳ] N mala conducta f.
misc. ABBR of **miscellaneous**.
miscalculate ['mɪs'kælkjʊleɪt] VT, VI calcular mal.
miscalculation ['mɪs,kælkjʊ'leɪʃən] N error m de cálculo.
miscarriage ['mɪs,kærɪdʒ] N **a** (Med) aborto m. **b** ~ **of justice** error m judicial.
miscarry [mɪs'kærɪ] VI **a** (Med) abortar. **b** (fail: plans) fracasar, malograrse (Per).

miscast [ˌmɪsˈkɑːst] (*pt, pp* ~) VT: **to ~ sb** (*Theat*) dar a algn un papel que no le va.

miscellaneous [ˌmɪsɪˈleɪnɪəs] ADJ diversos/as; **~ expenses** gastos *mpl* diversos.

miscellany [mɪˈselənɪ] N (*collection*) miscelánea *f*; (*of writings*) antología *f*.

mischance [mɪsˈtʃɑːns] N desgracia *f*, mala suerte *f*; **by some ~** por desgracia.

mischief [ˈmɪstʃɪf] N (*roguishness*) malicia *f*; (*naughtiness*) travesura *f*, diablura *f*; (*harm*) daño *m*; **he's up to some ~** está haciendo alguna travesura; **he's always getting into ~** siempre anda haciendo travesuras; **to keep sb out of ~** distraer a algn (para que no haga travesuras); **to do o.s. a ~** hacerse daño.

mischievous [ˈmɪstʃɪvəs] ADJ (*gen*) travieso/a; (*trouble-making*) malicioso/a.

misconceive [ˌmɪskənˈsiːv] VT entender mal; **a ~d plan** un proyecto descabellado.

misconception [ˈmɪskənˈsepʃən] N malentendido *m*, concepto *m* erróneo.

misconduct [mɪsˈkɒndʌkt] N (*gen*) mala conducta *f*; (*professional*) abuso *m* de confianza; (*sexual*) adulterio *m*.

misconstrue [ˈmɪskənˈstruː] VT interpretar mal.

misdeed [ˈmɪsˈdiːd] N fechoría *f*.

misdemeanour, (*US*) **misdemeanor** [ˌmɪsdɪˈmiːnəʳ] N fechoría *f*; (*Jur*) delito *m* menor.

misdirect [ˈmɪsdɪˈrekt] VT (*operation etc*) manejar mal; (*letter etc*) poner unas señas incorrectas en; (*person*) informar mal.

miser [ˈmaɪzəʳ] N avaro/a *m/f*.

miserable [ˈmɪzərəbl] ADJ [a] (*unfortunate*) desgraciado/a; (*unhappy*) triste; **to make sb's life ~** amargar la vida a algn. [b] (*wretched, causing distress*) miserable, lamentable. [c] (*contemptible*) despreciable, vil; **a ~ £2** 2 miserables libras.

miserably [ˈmɪzərəblɪ] ADV [a] (*see adj (a), (b)*) desgraciadamente; tristemente; miserablemente, lamentablemente. [b] **it failed ~** fracasó rotundamente.

miserly [ˈmaɪzəlɪ] ADJ tacaño/a, mezquino/a.

misery [ˈmɪzərɪ] N [a] (*sadness*) tristeza *f*, pena *f*. [b] (*poverty*) miseria *f*, pobreza *f*; **to live in ~** vivir en la miseria. [c] (*misfortune*) desgracia *f*. [d] (*suffering*) sufrimiento *m*, dolor *m*; **to put an animal out of its ~** rematar un animal; **to put sb out of his ~** (*fig*) sacar a algn de la incertidumbre; **to make sb's life a ~** amargarle la vida a algn. [e] (*fam: person*) aguafiestas *mf inv*, pesimista *mf*.

misfire [ˈmɪsˈfaɪəʳ] VI fallar.

misfit [ˈmɪsfɪt] N inadaptado/a *m/f*.

misfortune [mɪsˈfɔːtʃən] N desgracia *f*; **I had the ~ to meet him** tuve la mala suerte de encontrarme con él.

misgiving [mɪsˈgɪvɪŋ] N recelo *m*; **I had ~s about the scheme** tuve mis dudas sobre el proyecto.

misgovern [ˈmɪsˈgʌvən] VT, VI gobernar mal.

misguided [ˈmɪsˈgaɪdɪd] ADJ equivocado/a.

mishandle [ˈmɪsˈhændl] VT llevar *or* manejar mal.

mishap [ˈmɪshæp] N desgracia *f*.

mishear [ˈmɪsˈhɪəʳ] (*pt, pp* **misheard** [ˈmɪsˈhɜːd]) VT, VI oír mal.

mishmash [ˈmɪʃmæʃ] N revoltijo *m*, batiburrillo *m*.

misinform [ˈmɪsɪnˈfɔːm] VT informar mal.

misinformation [ˌmɪsɪnfəˈmeɪʃən] N mala información *f*.

misinterpret [ˈmɪsɪnˈtɜːprɪt] VT interpretar mal.

misjudge [ˈmɪsˈdʒʌdʒ] VT (*miscalculate*) calcular mal; (*person*) juzgar mal.

mislay [mɪsˈleɪ] (*pt, pp* **mislaid** [mɪsˈleɪd]) VT extraviar.

mislead [mɪsˈliːd] (*pt, pp* **misled** [mɪsˈled]) VT [a] (*give wrong idea*) engañar. [b] (*misdirect*) despistar. [c] (*lead into bad ways*) corromper.

misleading [mɪsˈliːdɪŋ] ADJ engañoso/a.

misled [mɪsˈled] PT, PP *of* **mislead**.

mismanage [ˈmɪsˈmænɪdʒ] VT administrar mal.

mismatch [ˈmɪsˈmætʃ] VT emparejar mal.

misogynist [mɪˈsɒdʒɪnɪst] N misógino *m*.

misplace [ˈmɪsˈpleɪs] VT [a] (*gen*) meter en lugar equivocado; (*mislay*) extraviar. [b] **~d trust** confianza *f* inmerecida.

misprint [ˈmɪsprɪnt] N error *m* de imprenta.

mispronounce [ˈmɪsprəˈnaʊns] VT pronunciar mal.

mispronunciation [ˈmɪsprəˌnʌnsɪˈeɪʃən] N mala pronunciación *f*.

misquote [ˈmɪsˈkwəʊt] VT citar incorrectamente.

misread [ˈmɪsˈriːd] (*pt, pp* **misread** [ˈmɪsˈred]) VT leer mal; (*misinterpret*) interpretar mal.

misrepresent [ˈmɪsˌreprɪˈzent] VT falsificar.

misrepresentation [ˈmɪsˌreprɪzenˈteɪʃən] N desfiguración *f*; (*Jur*) falsa declaración *f*; **this report is a ~ of what I said** este informe falsifica lo que yo dije.

miss¹ [mɪs] [1] N [a] (*shot*) fallo *m*, tiro *m* errado; (*failure*) fracaso *m*; **it was a near ~** (*fig*) no pasó por un pelo. [b] **to give sth a ~** (*fam*) decidir no hacer algo; **we're giving it a ~ this year** este año no vamos. [2] VT [a] (*fail to hit*) no dar en; (*fail to catch: train etc*) perder; (*opportunity*) dejar pasar; (*meeting etc*) faltar a; **you haven't ~ed much!** ¡no te has perdido mucho!; **I ~ed you at the station** no llegué a tiempo para recibirte *or* recogerte en la estación; **to ~ the boat** *or* **bus** (*fig*) dejar pasar *or* perder una oportunidad; **don't ~ this film** no te pierdas esta película. [b] (*fail to understand*) no entender; (*fail to see, hear*) **I ~ed what you said** se me escapó lo que dijiste; **you're ~ing the point** no caes, no has cogido la idea; **you can't ~ the house** es imposible equivocarse al venir a la casa. [c] (*omit*) saltarse; (*overlook*) pasar por alto. [d] (*escape or avoid*) evitar; (*not hit*) evitar chocar con; **he narrowly ~ed being run over** por poco le atropellaron. [e] (*notice, regret absence of*) echar de menos, extrañar (*LAm*); **I ~ you so** te echo mucho de menos; **he is much ~ed** se le echa mucho de menos; **I shan't ~ it** no me hace falta. [3] VI (*not catch etc*) fallar; (*target*) errar el blanco; **he ~ed the tiro; he never ~es** (*fam*) siempre acierta.

◆ **miss out** VT + ADV (*accidentally*) saltarse; (*on purpose*) pasar por alto.

◆ **miss out on** VI + PREP (*fam*) prescindir; **to ~ out on sth** dejar pasar algo; (*opportunity, party*) perderse algo.

miss² [mɪs] N señorita *f*; **M~ Spain** Miss España.

Miss. ABBR (*US*) *of* **Mississippi**.

missal [ˈmɪsəl] N misal *m*.

misshapen [ˈmɪsˈʃeɪpən] ADJ deforme.

missile [ˈmɪsaɪl] N proyectil *m*, misil *m*; **guided ~** misil teledirigido.

missing [ˈmɪsɪŋ] ADJ (*not able to be found*) perdido/a; (*Mil*) desaparecido/a; **your shirt has a button ~** te falta un botón en la camisa; **how many are ~? - two!** ¿cuántos faltan? - ¡faltan dos!; **~ in action** desaparecido en combate; **~ person** desaparecido/a *m/f*; **to be ~** faltar; **there are 9 books ~, 9 books are ~** faltan 9 libros.

mission [ˈmɪʃən] [1] N [a] (*duty, purpose etc*) misión *f*; **it's her ~ in life** es su misión en la vida. [b] (*people on ~*) misión *f*. [c] (*Rel: building*) centro *m* misional. [2] CPD: **~ control** N centro *m* de control; **~ statement** N declaración *f* de objetivos, declaración *f* de fines.

missionary [ˈmɪʃənrɪ] [1] N (*Rel*) misionero/a *m/f*. [2] CPD: **~ position** N (*hum*) postura *f* del misionero.

missis [ˈmɪsɪz] N: **my ~, the ~** (*fam*) la parienta (*fam*).

missive [ˈmɪsɪv] N misiva *f*.

misspell [ˈmɪsˈspel] (*pt, pp* **~ed** *or* **misspelt**) VT escribir mal.

misspent [ˈmɪsˈspent] ADJ: **a ~ youth** una juventud malgastada.

missus [ˈmɪsɪz] N (*fam*) = **missis**.

mist [mɪst] [1] N (*gen*) neblina *f*; (*rain*) llovizna *f*, garúa *f* (*LAm*); (*in liquid*) nube *f*; (*on glass etc*) vaho *m*; **through a ~ of tears** (*fig*) a través de un velo de lágrimas; **lost in the ~s of time** (*fig*) perdido en la noche de los tiempos. [2] VI (*also* **~ over, ~ up**: *scene, landscape*) nublarse; (: *mirror, window*) empañarse, nublarse; (*eyes*) llenarse de lágrimas.

mistake [mɪsˈteɪk] (*vb: pt* **mistook**; *pp* **~n**) [1] N (*gen*) error *m*, equivocación *f*; (*oversight*) descuido *m*; **to make a ~** (*in writing, calculating etc*) cometer un error; (*be mistaken*) equivocarse; **you're making a big** ~ te equivocas gravemente; **to acknowledge one's** ~ confesar su error; **by** ~ por error or equivocación; **there must be some** ~ ha de haber algún error; **make no** ~ **(about it)** no le quepa la menor duda; **she's pretty and no** ~ *(fam)* es guapa sin duda alguna.

⟦2⟧ VT ⟦a⟧ *(meaning, remark etc)* entender mal; *(road etc)* equivocarse de; **there was no mistaking his intention** su intención era clarísima; **you couldn't** ~ **her walk** no se podía confundir su manera de andar con la de otras.
⟦b⟧ **to** ~ **A for B** tomar a A por B.
⟦c⟧ **to be** ~**n** equivocarse, estar equivocado; **if I'm not** ~**n** si no me equivoco.

mistaken [mɪsˈteɪkən] ⟦1⟧ PP of **mistake**. ⟦2⟧ ADJ *(wrong)* equivocado/a; *(misplaced)* inmerecido/a; ~ **identity** identificación f errónea.

mister [ˈmɪstəʳ] N ⟦a⟧ *(gen abbr Mr)* señor m *(gen abbr Sr)*.
⟦b⟧ *(in direct address)* **hey, ~!** ¡oiga, usted!

mistime [mɪsˈtaɪm] VT: **to** ~ **sth** hacer algo a destiempo.

mistletoe [ˈmɪsltəu] N muérdago m.

mistook [mɪsˈtuk] PT of **mistake**.

mistranslation [ˈmɪstrænsˈleɪʃən] N mala traducción f.

mistreat [mɪsˈtriːt] VT maltratar.

mistress [ˈmɪstrɪs] N ⟦a⟧ *(of servant etc)* señora f, ama f; **to be one's own** ~ ser independiente. ⟦b⟧ *(lover)* amante f, querida f, amasia f *(Mex)*. ⟦c⟧ *(teacher: in primary school)* maestra f; *(: in secondary school)* profesora f.

mistrust [mɪsˈtrʌst] ⟦1⟧ N desconfianza f. ⟦2⟧ VT desconfiar de.

mistrustful [mɪsˈtrʌstful] ADJ desconfiado/a, receloso/a; **to be** ~ **of sb/sth** desconfiar de algn/algo.

misty [ˈmɪstɪ] ADJ *(comp* **-ier***; superl* **-iest***)* *(day, morning)* nublado/a; *(mirror, window)* empañado/a.

misty-eyed [ˈmɪstɪˌaɪd] ADJ sentimental.

misunderstand [ˈmɪsʌndəˈstænd] *(pt, pp* **misunderstood***)* VT entender or interpretar mal; **don't** ~ **me** entiéndeme.

misunderstanding [ˈmɪsʌndəˈstændɪŋ] N *(confusion)* malentendido m; *(mistake)* equivocación f; *(disagreement)* desacuerdo m; **there must be some** ~ debe de haber alguna equivocación.

misunderstood [ˈmɪsʌndəˈstud] ⟦1⟧ PP of **misunderstand**. ⟦2⟧ ADJ incomprendido/a.

misuse [ˈmɪsˈjuːs] ⟦1⟧ N *(gen)* abuso m; *(of machine)* manejo m or uso m indebido; *(of word)* empleo m erróneo; *(of funds)* malversación f, desfalco m.
⟦2⟧ [ˈmɪsˈjuːz] VT *(see n)* abusar de; manejar mal; emplear mal; malversar.

MIT N ABBR *(US)* of **Massachusetts Institute of Technology**.

mite[1] [maɪt] N *(insect)* ácaro m.

mite[2] [maɪt] N ⟦a⟧ *(small quantity)* pizca f. ⟦b⟧ *(child)* chiquillo/a m/f, criatura f; **poor little** ~**!** ¡pobrecito!

miter [ˈmaɪtəʳ] N *(US)* = **mitre**.

mitigate [ˈmɪtɪɡeɪt] VT aliviar, mitigar; **mitigating circumstances** circunstancias fpl mitigantes.

mitigation [ˌmɪtɪˈɡeɪʃən] N mitigación f, alivio m; **to say a word in** ~ decir algo para mitigar la ofensa.

mitre, *(US)* **miter** [ˈmaɪtəʳ] ⟦1⟧ *(Rel)* mitra f. ⟦b⟧ *(Tech: also* ~ **joint)** inglete m.

mitt [mɪt] N ⟦a⟧ *(glove)* manopla f. ⟦b⟧ *(baseball glove)* guante m de béisbol.

mitten [ˈmɪtn] N ⟦a⟧ manopla f. ⟦b⟧ ~**s** *(Boxing)* guantes mpl de boxeo.

mix [mɪks] ⟦1⟧ N mezcla f.
⟦2⟧ VT ⟦a⟧ mezclar; *(concrete, plaster etc)* amasar; *(cocktail, sauce)* preparar; *(salad)* aderezar; **to** ~ **business with pleasure** combinar los negocios con el placer.
⟦b⟧ *(confuse)* confundir.
⟦3⟧ VI mezclarse; *(persons: go together socially)* llevarse bien, congeniar; **you should** ~ **more with people** hay que mezclarse más con la gente.
◆ **mix in** VT + ADV añadir.
◆ **mix up** VT + ADV ⟦a⟧ *(prepare)* preparar. ⟦b⟧ *(get in a muddle)* mezclar, confundir; *(confuse with sb/sth else)* confundir; **he keeps getting** ~**ed up** siempre se hace un

lío; **don't** ~ **me up** no me confundas. ⟦c⟧ *(involve)* **to** ~ **sb up in sth** meter a algn en algo; **to be** ~**ed up in sth** estar metido or involucrado en algo; **she got herself** ~**ed up with the police** se metió en un lío con la policía; **he got** ~**ed up with some strange people** formó amistades con gente muy rara.

mixed [mɪkst] ADJ *(varied)* variado/a; *(assorted: biscuits, sweets)* surtido/a; *(choir, bathing etc)* mixto/a; **a** ~ **blessing** algo que tiene su lado bueno y su lado malo; **I wouldn't say it in** ~ **company** no le diría estando mujeres delante; ~ **doubles** *(Sport)* mixtos mpl; ~ **economy** economía f mixta; ~ **feelings** sentimientos mpl encontrados; ~ **grill** *(Brit)* parrillada f mixta; ~ **marriage** matrimonio m mixto *(de esposos de diversa religión o raza)*; **we had** ~ **weather** el tiempo fue variable.

mixed-up [ˈmɪkstˈʌp] ADJ *(person, idea)* confuso/a; *(things)* revuelto/a.

mixer [ˈmɪksəʳ] ⟦1⟧ N ⟦a⟧ *(Culin)* mezcladora f, batidora f; *(cement* ~*)* hormigonera f.
⟦b⟧ *(Rad)* mezclador(a) m/f.
⟦c⟧ *(sociable person)* **he's a good** ~ tiene don de gentes.
⟦2⟧ CPD: ~ **tap** N *(Brit)* grifo m único de agua fría y caliente.

mixing bowl [ˈmɪksɪŋbəul] N cuenco m *(de remover)*.

mixture [ˈmɪkstʃəʳ] N mezcla f; *(Med)* mixtura f.

mix-up [ˈmɪksˈʌp] N *(mess)* lío m, embrollo m; *(confusion)* confusión f.

Mk, mk ABBR of **mark** Mk.

mkt ABBR of **market**.

ml ABBR of **millilitre(s)** ml.

MLitt N ABBR *(Univ)* ⟦a⟧ of **Master of Literature**. ⟦b⟧ of **Master of Letters**.

MLR N ABBR of **minimum lending rate**.

MM ABBR of **Messieurs** Sr(e)s.

mm ABBR of **millimetre(s)** mm.

MMC N ABBR *(Brit)* of **Monopolies and Mergers Commission**.

MN ⟦1⟧ N ABBR *(Brit)* of **Merchant Navy**. ⟦2⟧ ABBR *(US)* of **Minnesota**.

MO ⟦1⟧ N ABBR ⟦a⟧ of **medical officer**. ⟦b⟧ *(esp US fam)* of **modus operandi** manera f de actuar. ⟦2⟧ ABBR *(US Post)* of **Missouri**.

mo ⟦1⟧ [məu] N ABBR *(fam)* of **moment**. ⟦2⟧ ABBR of **month** m.

m.o. ABBR *(US)* of **money order** g.p.

moan [məun] ⟦1⟧ N ⟦a⟧ *(groan)* gemido m; *(of wind, trees)* quejido m. ⟦b⟧ *(complaint)* queja f. ⟦2⟧ VI ⟦a⟧ *(groan)* gemir. ⟦b⟧ *(complain)* quejarse.

moaner [ˈməunəʳ] N *(fam)* protestón/ona m/f *(fam)*.

moat [məut] N foso m.

mob [mɒb] ⟦1⟧ N ⟦a⟧ *(gen)* multitud f, muchedumbre f, bola f *(Mex)*; *(rabble)* gentuza f, turba f *(esp LAm)*.
⟦b⟧ *(fam: criminal gang)* pandilla f; **Joe and his** ~ Pepe y su peña.
⟦c⟧ **the** ~ *(pej: the masses)* el populacho.
⟦2⟧ VT *(molest)* asaltar, atropellar; *(mill around)* agolparse alrededor de; **he was** ~**bed whenever he went out** al salir siempre se veía acosado por la gente.

mobile [ˈməubaɪl] ⟦1⟧ ADJ *(gen)* móvil, movible; *(portable)* portátil; **now that we're** ~ *(fam)* ahora que tenemos coche; ~ **home** caravana f, remolque m; ~ **library** biblioteca f ambulante; ~ **phone** teléfono m móvil; ~ **shop** tienda f ambulante.
⟦2⟧ N *(also* ~ **phone)** teléfono m móvil.

mobility [məuˈbɪlɪtɪ] ⟦1⟧ N movilidad f; ~ **of labour** movilidad de la mano de obra. ⟦2⟧ CPD: ~ **allowance** N subsidio m de mobilidad.

mobilize [ˈməubɪlaɪz] VT movilizar.

moccasin [ˈmɒkəsɪn] N mocasín m.

mock [mɒk] ⟦1⟧ ADJ fingido/a, simulado/a; ~ **battle** simulacro m *(de batalla)*; ~ **exam** examen m de prueba.
⟦2⟧ VT *(ridicule)* mofarse or burlarse de; *(mimic)* imitar, remedar.
⟦3⟧ VI mofarse.

mockery [ˈmɒkərɪ] N *(derision)* burla f, mofa f; **this is a** ~ **of justice** esto es una negación de la justicia; **it was a** ~ **of a trial** fue un simulacro de juicio; **to make a** ~ **of**

poner en ridículo.
mocking ['mɒkɪŋ] ADJ burlón/ona.
mockingbird ['mɒkɪŋbɜːd] N sinsonte *m*, zenzontle *m* (*LAm*).
mock-up ['mɒkʌp] N maqueta *f*, modelo *m* a escala.
MOD N ABBR (*Brit*) *of* **Ministry of Defence** ≈ Min. de D.
mod cons [,mɒd'kɒnz] NPL ABBR *of* **modern conveniences**.
mode [məʊd] N [a] manera *f*, modo *m*. [b] (*fashion*) moda *f*. [c] (*Comput*) modo *m*, modalidad *f*.
model ['mɒdl] [1] N [a] (*figure*) figurín *m*, maniquí *m*; (*architect's, town planner's*) maqueta *f*.
[b] (*perfect example*) modelo *m*.
[c] (*person: Fashion, Art*) modelo *mf*.
[d] (*of car, dress, machine etc*) modelo *m*.
[2] ADJ [a] (*railway, village*) en miniatura.
[b] (*perfect*) modelo; **a ~ wife** una esposa modelo.
[3] VT [a] **X is ~led on Y** X está inspirado en Y; **to ~ o.s. on sb** seguir el ejemplo de algn.
[b] (*Art, Phot*) modelar.
[c] (*clothes*) presentar.
[4] VI [a] (*make ~s*) modelar.
[b] (*pose*; *fashion*) ser modelo.
modelling, (*US*) **modeling** ['mɒdlɪŋ] N (*making models*) modelado *m*; (*modelling clothes*) modelismo *m*.
modem ['məʊdem] N módem *m*.
moderate ['mɒdərɪt] [1] ADJ moderado/a; (*Pol*) centrista; (*price*) módico/a; (*quality, ability*) regular, mediano/a.
[2] N (*Pol*) centrista *mf*.
[3] ['mɒdəreɪt] VT (*gen*) moderar, templar; (*anger*) aplacar.
[4] ['mɒdəreɪt] VI [a] (*gen*) moderarse, templarse; (*anger*) aplacarse; (*wind*) amainarse.
[b] (*arbitrate*) servir de árbitro *or* intermediario.
moderately ['mɒdərɪtlɪ] ADV medianamente; **he was ~ successful** tuvo un razonable éxito.
moderation [,mɒdə'reɪʃən] N moderación *f*; **in ~** con moderación.
modern ['mɒdən] ADJ (*gen*) moderno/a; **~ literature** la literatura contemporánea; **~ languages** lenguas *fpl* modernas; **'all ~ conveniences'** 'todo confort'.
modernism ['mɒdənɪzəm] N modernismo *m*.
modernity [mɒ'dɜːnɪtɪ] N modernidad *f*.
modernization [,mɒdənaɪ'zeɪʃən] N modernización *f*.
modernize ['mɒdənaɪz] [1] VT modernizar, actualizar.
[2] VI modernizarse, actualizarse.
modest ['mɒdɪst] ADJ [a] (*humble*) modesto/a, recatado/a; (*discreet*) discreto/a. [b] (*small*) modesto/a, pequeño/a; **the ~ sum of** la módica suma de. [c] (*chaste, proper*) púdico/a, recatado/a.
modesty ['mɒdɪstɪ] N (*see adj*) modestia *f*; pudor *m*, recato *m*.
modicum ['mɒdɪkəm] N: **a ~ of** un toque *or* una pizca de.
modification [,mɒdɪfɪ'keɪʃən] N modificación *f*; **~ to sth** modificación de algo.
modify ['mɒdɪfaɪ] VT [a] (*change*) modificar. [b] (*moderate*) moderar. [c] (*Ling*) modificar.
Mods [mɒdz] N ABBR (*Brit*) *of* (**Honour**) **Moderations** examen de la licenciatura de la universidad de Oxford.
modular ['mɒdjʊləʳ] ADJ modular; **~ program(m)ing** programación *f* modular.
modulate ['mɒdjʊleɪt] VT (*Mus, Phys*) modular.
modulation [,mɒdjʊ'leɪʃən] N (*Mus, Phys*) modulación *f*.
module ['mɒdjuːl] N (*Space*) módulo *m*.
modus operandi ['məʊdəs,ɒpə'rændiː] N procedimiento *m*.
Mogadishu [,mɒgə'diːʃuː] N Mogadisio *m*.
MOH N ABBR (*Brit*) *of* **Medical Officer of Health**.
mohair ['məʊhɛəʳ] N mohair *m*.
Mohammed [məʊ'hæmed] N Mahoma *m*.
moist [mɔɪst] ADJ (*comp* **~er**; *superl* **~est**) húmedo/a, mojado/a.
moisten ['mɔɪsn] VT mojar, humedecer.
moisture ['mɔɪstʃəʳ] N (*dampness*) humedad *f*; (*on glass, mirror*) vaho *m*.
moisturize ['mɔɪstʃəraɪz] VT humedecer.
moisturizing cream ['mɔɪstʃəraɪzɪŋ,kriːm] N crema *f* hi-

dratante.
molar ['məʊləʳ] N muela *f*.
molasses [mə'læsɪz] NSG melaza *f*.
mold *etc* [məʊld] (*US*) = **mould** *etc*.
Moldavia [mɒl'deɪvɪə], **Moldova** [mɒl'dəʊvə] N Moldavia *f*, Moldova *f*.
mole¹ [məʊl] N (*Anat*) lunar *m*.
mole² [məʊl] N (*Zool*) topo *m*.
mole³ [məʊl] N (*Naut*) muelle *m*, rompeolas *m inv*.
molecular [mə'lekjʊləʳ] ADJ (*Chem*) molecular; **~ biology** biología *f* molecular.
molecule ['mɒlɪkjuːl] N (*Chem*) molécula *f*.
molehill ['məʊlhɪl] N topera *f*.
moleskin ['məʊlskɪn] N piel *f* de topo.
molest [məʊ'lest] VT (*bother*) importunar, molestar; (*sexually*) asaltar sexualmente, atentar contra el pudor de.
molester [mə'lestəʳ] N (*also child* **~**) maníaco *m* sexual que persigue a niños.
mollify ['mɒlɪfaɪ] VT aplacar, apaciguar.
mollusc, (*US*) **mollusk** ['mɒləsk] N molusco *m*.
mollycoddle ['mɒlɪkɒdl] VT mimar, sobreproteger.
Molotov ['mɒlətɒf] CPD: **~ cocktail** N cóctel *m* Molotov.
molt [məʊlt] VI (*US*) = **moult**.
molten ['məʊltən] ADJ fundido/a, derretido/a.
moment ['məʊmənt] N [a] (*gen: time*) momento *m*, instante *m*; (**at**) **any ~, any ~ now** de un momento a otro, ahorita (*LAm*); **at the ~, at this ~ in time** de momento, actualmente; **at the last ~** a última hora; **he didn't hesitate for a ~** no vaciló ni un momento; **for the ~** por el momento, por lo pronto; **not for a** *or* **one ~ did I believe it** no me lo creí ni por un momento; **a ~ later** un momento después, al rato; **from that ~ on** desde entonces; **in a ~** dentro de un momento, luego (*Mex*); **one ~!, wait a ~!** ¡un momento!, ¡ahorita voy! (*LAm*); **I shan't be a ~** voy en seguida; **it won't take a ~** no tardará ni un momento; **I've just this ~ heard of it** acabo de enterarme; **tell me the ~ he arrives** avísame en cuanto llegue; **the next ~ he collapsed** al instante sufrió un colapso; **from the ~ I saw him** desde el momento en que lo vi; **man of the ~** hombre del momento; **the ~ of truth** la hora de la verdad.
[b] (*Phys*) momento *m*; **~ of inertia** momento de inercia.
[c] (*importance*) importancia *f*.
momentarily ['məʊməntərɪlɪ] ADV momentáneamente, por poco tiempo; (*US*) de un momento a otro, ahorita (*LAm*); **he'll be here ~** en seguida viene.
momentary ['məʊməntərɪ] ADJ momentáneo/a.
momentous [məʊ'mentəs] ADJ trascendente, de trascendencia.
momentum [məʊ'mentəm] N (*Phys etc*) momento *m*; (*fig*) ímpetu *m*; **to gather** *or* **gain ~** (*lit*) cobrar velocidad; (*fig*) ganar fuerza.
Mon. ABBR *of* **Monday**.
Monaco ['mɒnəkəʊ] N Mónaco *m*.
monarch ['mɒnək] N monarca *mf*.
monarchism ['mɒnəkɪzəm] N (*system*) monarquía *f*; (*advocacy of monarchy*) monarquismo *m*.
monarchist ['mɒnəkɪst] ADJ, N monárquico/a *m/f*.
monarchy ['mɒnəkɪ] N monarquía *f*.
monastery ['mɒnəstrɪ] N monasterio *m*.
monastic [mə'næstɪk] ADJ monástico/a.
Monday ['mʌndɪ] N lunes *m*; *see* **Tuesday** *for usage*.
monetarism ['mʌnɪtərɪzəm] N monetarismo *m*.
monetarist ['mʌnɪtərɪst] ADJ, N monetarista *mf*.
monetary ['mʌnɪtərɪ] ADJ monetario/a; **~ policy** política *f* monetaria; **~ unit** unidad *f* monetaria.
money ['mʌnɪ] [1] N dinero *m*, plata *f* (*LAm*), pesos *mpl* (*LAm*); (*wealth*) riqueza *f*; **your ~ or your life!** ¡la bolsa o la vida!; **~ talks** poderoso caballero es don Dinero; **there's ~ in it** es un buen negocio; **to make ~** (*person*) ganar dinero; (*business*) rendir; **it's a bargain for the ~** es una ganga, está regalado *or* tirado; **that's the one for my ~!** ¡yo apostaría por ese!; **it's ~ for old rope** (*fam*) es dinero regalado; **to be in the ~** estar bien de dinero; **after that he was in the ~** con eso se estaba forrando; **to**

get one's ~'s worth sacar el máximo provecho; **to put one's ~ on** (*lit*) apostar a; (*fig*) apostar por; **to earn good ~** ganar su(s) buen(os) dinero(s) or dineritos; **I'm not made of ~** no soy millonario; **~ doesn't grow on trees** el dinero no nace en macetas; **to make ~ hand over fist** amasar una fortuna; **to be rolling in ~** nadar en dinero; **to throw good ~ after bad** echar la soga tras el caldero.
[2] CPD: **~ back guarantee** N garantía *f* de devolver el dinero; **~ belt** N riñonera *f*; **~ market** N bolsa *f* or mercado *m* de valores; **~ matters** NPL asuntos *mpl* financieros; **~ order** N giro *m* postal; **~ spider** N araña *f* de la suerte; **~ supply** N oferta *f* monetaria, medio *m* circulante.
moneybag ['mʌnɪbæg] N gato *m*; **~s** (*fig*) talegas *fpl*.
moneybox ['mʌnɪbɒks] N hucha *f*.
moneyed ['mʌnɪd] ADJ adinerado/a.
money-grubbing ['mʌnɪ,grʌbɪŋ] ADJ avaro/a.
moneylender ['mʌnɪ,lendər] N prestamista *mf*.
moneymaker ['mʌnɪ,meɪkər] N fuente *f* de ganancias.
moneymaking ['mʌnɪ,meɪkɪŋ] ADJ (*business etc*) rentable.
Mongol ['mɒŋgəl] N mongol(a) *m/f*; (*Ling*) mongol *m*.
mongol ['mɒŋgəl] N (*offensive*) mongólico/a *m/f*.
Mongolia [mɒŋ'gəʊlɪə] N Mongolia *f*.
Mongolian [mɒŋ'gəʊlɪən] [1] ADJ mongol(a). [2] N mongol(a) *m/f*; (*Ling*) mongol *m*.
mongolism ['mɒŋgəlɪzəm] N mongolismo *m*.
mongoose ['mɒŋguːs] N (*pl* **~s**) mangosta *f*.
mongrel ['mʌŋgrəl] N (*also* **~ dog**) perro *m* mestizo.
monied ['mʌnɪd] ADJ = **moneyed**.
monitor ['mɒnɪtər] [1] N [a] (*TV, Comput*) monitor *m*. [b] (*Rad: person*) radioescucha *mf*. [2] VT (*foreign station*) escuchar, oír; (*control, check*) controlar.
monk [mʌŋk] N monje *m*.
monkey ['mʌŋkɪ] [1] N mono *m*, mico *m*; (*fig: child*) diablillo *m*; **I don't give a ~'s** (*fam*) me importa un rábano.
[2] CPD: **~ nut** N (*Brit*) cacahuete *m*, maní *m* (*LAm*), cacahuete (*Mex*); **~ puzzle** N (*Bot*) araucaria *f*; **~ tricks** NPL travesuras *fpl*; **~ wrench** N llave *f* inglesa.
♦ **monkey about, monkey around** VI + ADV hacer tonterías; **to ~ about** or **~ around with sth** juguetear con algo.
monkfish ['mʌŋkfɪʃ] (*pl* **~** or **~es**) N pejesapo *m*.
mono ['mɒnəʊ] [1] ADJ ABBR of **monophonic** mono *inv*; **~ system** sistema *m* monofónico. [2] N: **in ~** en mono.
mono... ['mɒnəʊ] PREF mono....
monochrome ['mɒnəkrəʊm] ADJ monocromo/a.
monocle ['mɒnəkl] N monóculo *m*.
monogamous [mə'nɒgəməs] ADJ monógamo/a.
monogamy [mɒ'nɒgəmɪ] N monogamia *f*.
monogram ['mɒnəgræm] N monograma *m*.
monolingual [,mɒnəʊ'lɪŋgwəl] ADJ monolingüe.
monolith ['mɒnəʊlɪθ] N monolito *m*.
monologue ['mɒnəlɒg] N monólogo *m*.
monophonic [,mɒnəʊ'fɒnɪk] ADJ monofónico/a.
monoplane ['mɒnəpleɪn] N monoplano *m*.
monopolist [mə'nɒpəlɪst] N monopolista *m*.
monopolize [mə'nɒpəlaɪz] VT (*lit, fig*) monopolizar.
monopoly [mə'nɒpəlɪ] [1] N (*lit, fig*) monopolio *m*. [2] CPD monopolístico/a; **Monopolies and Mergers Commission** N (*Brit*) comisión reguladora de monopolios y fusiones.
monorail ['mɒnəʊreɪl] N monocarril *m*, monorriel *m*.
monosodium glutamate ['mɒnəʊ,səʊdɪəm'gluːtəmeɪt] N glutamato *m* monosódico.
monosyllabic [,mɒnəʊsɪ'læbɪk] ADJ (*word*) monosílabo/a; (*fig: reticent*) lacónico/a.
monosyllable ['mɒnə,sɪləbl] N monosílabo *m*.
monotonous [mə'nɒtənəs] ADJ monótono/a.
monotony [mə'nɒtənɪ] N monotonía *f*.
monoxide [mɒ'nɒksaɪd] N (*Chem*) monóxido *m*.
monsignor [mɒn'siːnjər] N monseñor *m*.
monsoon [mɒn'suːn] N monzón *m*.
monster ['mɒnstər] [1] ADJ (*enormous*) enorme, gigantesco/a. [2] N monstruo *m*; (*big animal, plant, thing*) monstruo, gigante *m*.
monstrance ['mɒnstrəns] N custodia *f*.
monstrosity [mɒns'trɒsɪtɪ] N monstruosidad *f*.

monstrous ['mɒnstrəs] ADJ [a] (*huge*) enorme, gigantesco/a. [b] (*dreadful*) monstruoso/a; **it is ~ that ...** es una verdadera vergüenza que + *subjun*.
Mont. ABBR (*US*) of **Montana**.
montage [mɒn'tɑːʒ] N montaje *m*.
Mont Blanc [,mɔ̃:m'blɑ̃:ŋ] N el Monte Blanco.
month [mʌnθ] N mes *m*; **in the ~ of May** en el mes de mayo; **3 times a ~** tres veces al mes; **a ~ later** al mes; **what day of the ~ is it?** ¿a cuántos estamos?; **not in a ~ of Sundays** nunca jamás amén.
monthly ['mʌnθlɪ] [1] ADJ mensual; **~ instalment** or **payment** mensualidad *f*; **~ statement** (*Fin*) estado *m* de cuenta mensual. [2] ADV mensualmente. [3] N (*journal*) revista *f* mensual.
monument ['mɒnjʊmənt] N monumento *m*.
monumental [,mɒnjʊ'mentl] ADJ [a] **~ mason** marmolista *mf*. [b] (*very great*) monumental.
moo [muː] [1] N mugido *m*. [2] VI mugir.
mooch [muːtʃ] VI (*fam*): **to ~ about** or **around** vagar.
mood¹ [muːd] N (*Ling*) modo *m*.
mood² [muːd] N humor *m*; **to be in a good/bad ~** estar de buen/mal humor; **to be in a generous ~** sentirse generoso; **she's in one of her ~s** está de malas; **to be in the ~ for sth/to do sth** estar de humor para algo/para hacer algo; **I'm not in the ~** no tengo ganas, no me apetece; **I'm in no ~ to argue** no tengo ganas de discutir, no estoy para discutir; **he has ~s** (*of anger*) tiene arranques de cólera; (*of gloom*) tiene sus rachas de melancolía.
moodiness ['muːdɪnɪs] N (*instability*) humor *m* cambiante; (*bad mood*) mal humor *m*.
moody ['muːdɪ] ADJ (*comp* **-ier**; *superl* **-iest**) (*variable*) de humor cambiadizo; (*bad-tempered*) malhumorado/a; **he's very ~** siempre está de morros.
moon [muːn] N luna *f*; **full ~** luna llena; **once in a blue ~** de Pascuas a Ramos; **to be over the ~** (*fam*) estar en el séptimo cielo, estar muy contento.
♦ **moon about, moon around** VI + ADV mirar a las musarañas.
moonbeam ['muːnbiːm] N rayo *m* de luna.
moonlight ['muːnlaɪt] [1] N claro *m* de luna, luz *f* de la luna; **by ~, in the ~** a la luz de la luna. [2] VI (*fam*) practicar el pluriempleo.
moonlighting ['muːn,laɪtɪŋ] N (*fam*) pluriempleo *m*.
moonlit ['muːnlɪt] ADJ iluminado/a por la luna.
moonshine ['muːnʃaɪn] N (*moonlight*) claro *m* de luna, luz *f* de la luna; (*fam: nonsense*) pamplinas *fpl*.
moonstruck ['muːnstrʌk] ADJ chiflado/a.
moor¹ [mʊər] N páramo *m*, brezal *m*.
moor² [mʊər] [1] VT amarrar. [2] VI echar las amarras.
Moor [mʊər] N moro/a *m/f*.
mooring ['mʊərɪŋ] N (*place*) amarradero *m*; **~s** (*ropes, fixtures*) amarras *fpl*.
Moorish ['mʊərɪʃ] ADJ moro/a.
moorland ['mʊələnd] N páramo *m*, brezal *m*.
moose [muːs] N (*pl* **~**) alce *m*.
moot [muːt] [1] ADJ: **it's a ~ point** or **question** es un punto discutible. [2] VT: **it has been ~ed that** se ha sugerido que.
mop [mɒp] [1] N (*for floor*) fregona *f*, trapeador *m* (*LAm*); (*for dishes*) estropajo *m*; (*fam: hair*) greñas *fpl*, melena *f*. [2] VT fregar, limpiar, trapear (*LAm*); **to ~ one's face** enjugarse la cara.
♦ **mop up** VT + ADV [a] secar, limpiar, enjugar. [b] (*Mil*) acabar con.
mope [məʊp] VI quedar abatido/a.
♦ **mope about, mope around** VI + ADV andar con cara mustia.
moped ['məʊped] N moto *f*, ciclomotor *m*.
MOR (*Mus*) ADV ABBR of **middle-of-the-road** para el gran público.
moral ['mɒrəl] [1] ADJ moral. [2] N [a] (*lesson*) moraleja *f*; **to draw a ~ from** sacar una moraleja de. [b] **~s** moral *fsg*; **he has no ~s** no tiene sentido moral.
morale [mɒ'rɑːl] N moral *f*, estado *m* de ánimo; **to raise/lower sb's ~** animar/desanimar a algn.

morality [məˈrælɪtɪ] N moralidad f.

moralize [ˈmɒrəlaɪz] VI moralizar.

morass [məˈræs] N cenagal m; **a ~ of problems** un laberinto de problemas.

moratorium [ˌmɒrəˈtɔːrɪəm] N (pl **~s** or **moratoria** [ˌmɒrəˈtɔːrɪə]) moratoria f.

morbid [ˈmɔːbɪd] ADJ [a] (perverse) morboso/a, enfermizo/a. [b] (Med) mórbido/a.

mordant [ˈmɔːdənt] ADJ mordaz.

▼**more** [mɔːʳ] [1] ADJ más; **I have no ~ money** no me queda más dinero; **a few ~ weeks** unas semanas más; **do you want some ~ tea?** ¿quieres más té?; **is there any ~ wine in the bottle?** ¿queda vino en la botella?; **it's 2 ~ miles to the house** faltan 2 millas para llegar a la casa.
[2] N, PRON [a] más; **4/a few ~** 4/algunos más; **a little ~** un poco más; **many/much ~** muchos/mucho más; **some ~** más; **any ~** más; **not much ~ than £5** poco más de 5 libras; **there's no ~ left** no queda (nada); **we can't afford ~** no podemos pagar más; **it cost ~ than we had expected** costó más de lo que esperábamos; **let's say no ~ about it!** ¡no se hable más del asunto!; **and what's ~ ...** y además ...; **she's no ~ a duchess than I am** tan duquesa es como mi padre.
[b] **(all) the ~** tanto más; **the ~ you give him the ~ he wants** cuanto más se le da, (tanto) más quiere; **the ~ he drank the thirstier he got** cuando más bebía más sed tenía; **the ~ the better, the ~ the merrier** cuantos más mejor.
[3] ADV [a] más; **~ difficult** más difícil; **~ easily** con mayor facilidad; **~ and ~** cada vez más; **~ or less** más o menos; **I had ~ than carried out my obligation** había cumplido con creces mi obligación; **it will ~ than meet the demand** satisfará ampliamente la demanda; **he was ~ surprised than angry** más que enfadarse se sorprendió.
[b] (again) **once ~** otra vez, una vez más.
[c] (longer) **no ~, not any ~** ya no.

moreish [ˈmɔːrɪʃ] ADJ (fam) apetitoso/a.

moreover [mɔːˈrəʊvəʳ] ADV además.

mores [ˈmɔːreɪz] NPL costumbres fpl.

morgue [mɔːg] N depósito m de cadáveres, morgue f (LAm).

MORI [ˈmɔːrɪ] N ABBR of **Market & Opinion Research Institute** compañía que realiza estudios de mercado.

moribund [ˈmɒrɪbʌnd] ADJ moribundo/a.

Mormon [ˈmɔːmən] [1] ADJ mormónico/a. [2] N mormón/ona m/f.

morning [ˈmɔːnɪŋ] [1] N mañana f; (before dawn) madrugada f; **early in the ~** a primera hora de la mañana, de la madrugada; **in the ~** por la mañana, en la mañana (LAm); (tomorrow) mañana por la mañana; **at 7 o'clock in the ~** a las 7 de la mañana; **the next ~** la mañana siguiente; **tomorrow ~** mañana por la mañana.
[2] CPD de la mañana; **the ~-after pill** N la píldora del día después; **~ dress** N chaqué m, traje m formal; **~ sickness** N (Med) náuseas fpl del embarazo.

Moroccan [məˈrɒkən] ADJ, N marroquí mf.

Morocco [məˈrɒkəʊ] N Marruecos m.

moron [ˈmɔːrɒn] N (Med) retrasado/a m/f mental; (fam pej) imbécil mf.

morose [məˈrəʊs] ADJ malhumorado/a, morboso/a.

morphia [ˈmɔːfɪə], **morphine** [ˈmɔːfiːn] N morfina f.

morris dancing [ˈmɒrɪsˌdɑːnsɪŋ] N (Brit) baile tradicional inglés en el que se llevan cascabeles en la ropa.

Morse [mɔːs] N (also **~ code**) alfabeto m Morse.

morsel [ˈmɔːsl] N (of food) bocado m; (fig) pedazo m.

mort. ABBR of **mortgage**.

mortal [ˈmɔːtl] ADJ, N mortal mf.

mortality [mɔːˈtælɪtɪ] [1] N [a] (condition) mortalidad f. [b] (fatalities) mortandad f, número m de víctimas. [2] CPD: **~ rate** N tasa f de mortalidad.

mortally [ˈmɔːtəlɪ] ADV mortalmente; **~ offended** mortalmente ofendido; **~ wounded** herido de muerte.

mortar [ˈmɔːtəʳ] N [a] (cannon) mortero m. [b] (cement) mortero m, argamasa f. [c] **~ and pestle** mortero m y maja f.

mortgage [ˈmɔːgɪdʒ] [1] N hipoteca f; **to pay off a ~** redimir una hipoteca; **to raise a ~, to take out a ~** obtener una hipoteca (on sobre).
[2] VT hipotecar.
[3] CPD hipotecario/a; **~ bank,** (US) **~ company** N banco m hipotecario; **~ rate** N tipo m de interés hipotecario.

mortgagee [ˌmɔːgəˈdʒiː] N acreedor(a) m/f hipotecario/a.

mortgager [ˈmɔːgədʒəʳ] N deudor(a) m/f hipotecario/a.

mortician [mɔːˈtɪʃən] N (US) director m de pompas fúnebres.

mortification [ˌmɔːtɪfɪˈkeɪʃən] N mortificación f.

mortify [ˈmɔːtɪfaɪ] VT mortificar; **I was mortified (to find that ...)** me moría de vergüenza (al descubrir que ...).

mortise, mortice [ˈmɔːtɪs] [1] N mortaja f. [2] CPD: **~ lock** N cerradura f de muesca.

mortuary [ˈmɔːtjʊərɪ] N depósito m de cadáveres.

mosaic [məʊˈzeɪɪk] N mosaico m.

Moscow [ˈmɒskəʊ] N Moscú m.

mosey [ˈməʊzɪ] VI: **to ~ along** (fam) pasearse.

Moslem [ˈmɒzlem] ADJ, N musulmán/ana m/f.

mosque [mɒsk] N mezquita f.

mosquito [mɒsˈkiːtəʊ] [1] N (pl **~es**) mosquito m, zancudo m (LAm). [2] CPD: **~ bite** N picadura f de mosquito; **~ net** N mosquitero m.

moss [mɒs] N (Bot) musgo m.

most [məʊst] [1] ADJ SUPERL [a] más; **who has (the) ~ money?** ¿quién tiene más dinero?; **for the ~ part** por lo general.
[b] (the majority of) **~ men** la mayoría de los hombres.
[2] N, PRON: **~ of it/them** la mayor parte/la mayoría; **~ of the money/her friends** la mayor parte del dinero/de sus amigos; **~ of the time** la mayor parte o gran parte del tiempo; **do the ~ you can** haz lo que puedas; **at (the) ~, at the very ~** a lo más or sumo; **to make the ~ of sth** (make good use of) aprovecharse algo al máximo, sacarle el máximo partido a algo; (enjoy) disfrutar algo al máximo; **to make the ~ of one's advantages** sacar el máximo provecho de sus ventajas; **to get the ~ out of a situation** sacar al máximo partido de una situación.
[3] ADV [a] (superl) más; **the ~ attractive girl there** la chica más guapa; **which one did it ~ easily?** ¿quién lo hizo con la mayor facilidad?
[b] (intensive) sumamente, muy; **~ likely** lo más probable; **a ~ interesting book** un libro sumamente interesante or interesantísimo; **you have been ~ kind** has sido muy amable.

-most [məʊst] SUF más; **centre~** más central.

mostly [ˈməʊstlɪ] ADV (chiefly) en su mayoría; (usually) en general; **they are ~ women** en su mayoría son mujeres. **. it's ~ finished** está casi terminado.

MOT N ABBR (Brit) [a] of **Ministry of Transport**. [b] (also **~ test**) of **Ministry of Transport test** ≈ ITV f; **to pass the ~ (test)** (Aut) ≈ pasar la Inspección Técnica de Vehículos.

motel [məʊˈtel] N motel m.

moth [mɒθ] N mariposa f nocturna; (clothes ~) polilla f.

mothball [ˈmɒθbɔːl] N bola f de naftalina.

moth-eaten [ˈmɒθˌiːtn] ADJ apolillado/a.

mother [ˈmʌðəʳ] [1] N madre f; **M~'s Day** Día m de la Madre; **~'s help** niñera f.
[2] VT (care for) cuidar (como una madre); (spoil) mimar, consentir.
[3] CPD: **~ country** N patria f; **M~ Earth** N la madre tierra; **~ tongue** N lengua f materna.

motherboard [ˈmʌðəˌbɔːd] N (Comput) placa f madre.

motherfucker [ˈmʌðəˌfʌkəʳ] N (US fam!) hijoputa m (fam).

motherhood [ˈmʌðəhʊd] N maternidad f.

mother-in-law [ˈmʌðərɪnlɔː] N (pl **mothers-in-law**) suegra f.

motherland [ˈmʌðəlænd] N patria f.

motherly [ˈmʌðəlɪ] ADJ maternal.

mother-of-pearl [ˈmʌðərəvˈpɜːl] N madreperla f, nácar m.

mother-to-be [ˈmʌðətəˈbiː] N (pl **mothers-to-be**) futura madre f.

▶ SENTENCE BUILDER: **more** → 9.3, 9.4

mothproof ['mɒθpruːf] ADJ a prueba de polillas.

motion ['məʊʃən] **1** N **a** (*movement*) movimiento *m*; **to be in ~** estar en movimiento; **to set sth in ~** poner algo en marcha; **to go through the ~s (of doing sth)** (*fig: mechanically*) hacer algo maquinalmente *or* inconsciente; (: *insincerely*) hacer algo sin convicción, hacer el paripé (*pey*).
b (*gesture*) gesto *m*; (*proposal*) moción *f*, resolución *f*; **to bring forward** *or* **propose** *or* (*US*) **make a ~** presentar una moción; **the ~ is carried** se ha aprobado la moción; **the ~ is lost** se ha rechazado la moción.
c (*bowel ~*) evacuación *f*.
2 VT, VI: **to ~ (to) sb to do sth** indicar a algn con un gesto que haga algo.
3 CPD: **~ picture** N película *f*, filme *m*; **~ sickness** N mareo *m*.

motionless ['məʊʃənlɪs] ADJ inmóvil.

motivate ['məʊtɪveɪt] VT motivar; **to be ~d to do sth** tener motivo(s) para hacer algo; **he is highly ~d** tiene una fuerte motivación.

motivation [ˌməʊtɪ'veɪʃən] N motivación *f*.

motivational [ˌməʊtɪ'veɪʃənl] ADJ: **~ research** estudios *mpl* motivacionales.

motive ['məʊtɪv] N motivo *m*; (*for crime*) móvil *m*.

motley ['mɒtlɪ] ADJ (*many-coloured*) multicolor, abigarrado/a; (*diversified*) diverso/a.

motor ['məʊtər] **1** N **a** (*engine*) motor *m*.
b (*fam: car*) coche *m*, automóvil *m*, carro *m* (*LAm*), auto *m* (*esp LAm*).
2 VI ir en coche *etc*.
3 CPD: **~ accident** N accidente *m* de circulación; **~ insurance** N seguro *m* de automóvil; **~ racing** N (*Sport*) carreras *fpl* de coches; **~ scooter** N scooter *m*, escúter *m*, motoneta *f* (*LAm*); **~ show** N exposición *f* de automóviles.

motorail ['məʊtəreɪl] N motorail *m*.

motorbike ['məʊtəbaɪk] N motocicleta *f*, moto *f*.

motorboat ['məʊtəbəʊt] N (lancha *f*) motora *f*.

motorcade ['məʊtəkeɪd] N desfile *m* de automóviles.

motorcar ['məʊtəkɑːr] N coche *m*, automóvil *m*, carro *m* (*LAm*), auto *m* (*esp LAm*).

motorcoach ['məʊtəkəʊtʃ] N autocar *m*, autobús *m*, camión *m* (*Mex*), micro *m* (*Arg*).

motorcycle ['məʊtəˌsaɪkl] N motocicleta *f*, moto *f*.

motorcyclist ['məʊtəˌsaɪklɪst] N motociclista *mf*, motorista *mf*.

-motored ['məʊtəd] ADJ SUF: **four~** cuatrimotor; **petrol~** propulsado/a por gasolina.

motoring ['məʊtərɪŋ] **1** ADJ (*accident*) de tráfico *or* tránsito. **2** N automovilismo *m*; **school of ~** autoescuela *f*, escuela *f* de manejo (*LAm*).

motorist ['məʊtərɪst] N conductor(a) *m/f*.

motorize ['məʊtəraɪz] VT motorizar; **to be ~d** tener coche, estar motorizado (*fam*).

motorway ['məʊtəweɪ] **1** N (*Brit*) autopista *f*. **2** CPD: **~ service area** N área *f* de servicios de autopista; **~ services** NPL servicios *mpl* en autopista.

mottled ['mɒtld] ADJ (*animal, bird*) moteado/a; (*marble etc*) jaspeado/a; (*complexion*) con manchas.

motto ['mɒtəʊ] N (*pl* **~es**) lema *m*.

mould¹, (*US*) **mold** [məʊld] N (*fungus*) moho *m*.

mould², (*US*) **mold** [məʊld] **1** N (*Art, Culin, Tech etc*) molde *m*. **2** VT **a** (*fashion*) moldear; (*cast*) vaciar.
b (*fig*) formar.

moulder, (*US*) **molder** ['məʊldər] VI desmoronarse.

moulding, (*US*) **molding** ['məʊldɪŋ] N (*Archit*) moldura *f*.

mouldy, (*US*) **moldy** ['məʊldɪ] ADJ (*comp* **-ier**; *superl* **-iest**) (*covered with mould*) mohoso/a, enmohecido/a; (*musty*) que huele a humedad.

moult, (*US*) **molt** [məʊlt] VI (*bird*) mudar las plumas; (*mammal*) mudar el pelo.

mound [maʊnd] N **a** (*pile*) montón *m*. **b** (*hillock*) montículo *m*; (*burial ~*) túmulo *m*; (*earthwork*) terraplén *m*.

mount¹ [maʊnt] N (*poet: hill, mountain*) monte *m*; **M~ Ev-**

erest Monte Everest.

mount² [maʊnt] **1** N **a** (*horse etc*) montura *f*, caballería *f*.
b (*support, base*) soporte *m*, base *f*; (*for stamps*) fijasellos *m inv*; (*of jewel*) engaste *m*, montura *f*; (*of photo etc*) borde *m*.
2 VT **a** (*horse*) montar a; (*bicycle*) montar en; (*platform etc*) subir a.
b (*exhibition, play etc*) montar, organizar; (*attack*) lanzar.
c (*picture, stamp*) pegar, fijar; (*jewel*) engastar.
d **to ~ guard** montar la guardia.
3 VI (*climb*) subir; (*get on horse*) montar; (*of quantity, price etc: also* **~ up**) subir, aumentar.

mountain ['maʊntɪn] **1** N (*lit*) montaña *f*; (*fig: of work etc*) montón *m*; **to make a ~ out of a molehill** hacerse una montaña de un grano de arena.
2 CPD de montaña; **~ bicycle, ~ bike** N bicicleta *f* de montaña; **~ chain** N sierra *f*; **~ lion** N puma *m*; **~ range** N = **~ chain**; **~ rescue** N servicio *m* de rescate de montañas; **~ sickness** N mal *m* de montaña, puna *f*, soroche *m* (*LAm*); **~ side** N ladera *f* de montaña.

mountaineer [ˌmaʊntɪ'nɪər] N alpinista *mf*, andinista *mf* (*LAm*).

mountaineering [ˌmaʊntɪ'nɪərɪŋ] N alpinismo *m*, andinismo *m* (*LAm*).

mountainous ['maʊntɪnəs] ADJ montañoso/a; (*fig*) gigantesco/a.

mounted ['maʊntɪd] ADJ (*on horseback*) montado/a; **the ~ police** la (policía) montada.

mourn [mɔːn] **1** VT (*lament*) lamentar *or* llorar la muerte de; (*be in mourning for*) estar de luto *or* duelo por. **2** VI (*see 1*) lamentarse; estar de luto *or* duelo; **to ~ for sb** llorar la muerte de algn.

mourner ['mɔːnər] N doliente *mf*.

mournful ['mɔːnfʊl] ADJ (*sad*) afligido/a, lúgubre; (*tone, sound*) triste, lúgubre.

mourning ['mɔːnɪŋ] N luto *m*, duelo *m*; (*dress*) luto; **to be in ~** estar de luto; (*wear ~*) llevar luto; **to come out of ~** dejar el luto.

mouse [maʊs] N (*pl* **mice**) (*Zool, Comput*) ratón *m*.

mousetrap ['maʊstræp] **1** N ratonera *f*. **2** CPD: **~ cheese** N (*fam*) queso *m* corriente.

mous(e)y ['maʊsɪ] ADJ (*comp* **-ier**; *superl* **-iest**) (*person*) tímido/a; (*colour, hair*) pardusco/a.

mousse [muːs] N (*Culin, for hair*) mousse *f* (*sometimes m*).

moustache, (*US*) **mustache** [məs'tɑːʃ] N bigote(s) *m(pl)*; **to wear a ~** tener bigote.

mouth [maʊθ] N (*pl* **~s** [maʊðz]) boca *f*; (*of bottle*) boca, abertura *f*; (*of cave*) entrada *f*; (*of river*) desembocadura *f*; **to keep one's ~ shut** (*fig*) callarse, no decir ni esta boca es mía; **to be down in the ~** estar deprimido; **she didn't dare to open her ~** no se atrevió a decir ni pío; **to put words into sb's ~** poner palabras en boca de algn; **shut your ~!** (*fam*) ¡cállate ya!
2 [maʊð] VT (*insincerely*) soltar; (*soundlessly*) decir con señas.
3 [maʊθ] CPD: **~ organ** N armónica *f*.

mouthful ['maʊθfʊl] N bocado *m*.

mouthpiece ['maʊθpiːs] N (*Mus*) boquilla *f*; (*of telephone*) micrófono *m*; (*fig: person, publication*) portavoz *mf*.

mouth-to-mouth ['maʊθtə'maʊθ] ADJ: **~ resuscitation** resucitación *f* boca a boca.

mouthwash ['maʊθwɒʃ] N enjuague *m* bucal.

mouthwatering ['maʊθ'wɔːtərɪŋ] ADJ muy apetitoso/a, que hace la boca agua.

movable ['muːvəbl] **1** ADJ movible, móvil. **2** NPL: **~s** muebles *mpl*, mobiliario *msg*; (*Jur*) bienes *mpl* muebles.

move [muːv] **1** N **a** (*movement*) movimiento *m*; **to be on the ~** (*travelling*) estar de viaje; (*start*) ponerse de camino *or* en marcha; (*active, busy*) estar ocupado/a; (*fig: developments etc*) progresar, hacer adelantos; **to get a ~ on (with sth)** (*fam: hurry up*) darse prisa *or* (*LAm*) apurarse (con algo); (: *make quick progress*) hacer rápidos *or* grandes progresos (con algo); **get a ~ on!** (*fam*) ¡date prisa!, ¡apúrate! (*LAm*); **to make a ~** (*start to leave, go etc*) ponerse en marcha; (*begin to take action*) tomar medidas; **it's up to him to make the first ~** le toca a él dar el primer paso; **it was midnight and no one had made a ~** era medianoche pero nadie daba señales de irse.

b (*in game: turn*) jugada *f*; (*fig: step, action*) paso *m*; **it's my ~** (*lit*) es mi turno, me toca a mí; **bad/good ~** (*lit*) buena/mala jugada; (*fig*) medida buena/mala; **to have first ~/to make a ~** (*in game*) salir; **to make a ~/the first ~** (*fig*) dar un/el primer paso.

c (*of house*) mudanza *f*; (*to different job*) traslado *m*; **it's our third ~ in two years** ésta es la tercera vez en dos años que nos mudamos.

2 VT **a** (*change place of*) cambiar de lugar, trasladar; (*parts of body*) mover; (*chess piece etc*) jugar, mover; (*transport*) transportar, trasladar; (*make sth ~*) mover; **~ those children off the grass!** ¡quite esos niños del césped!

b (*transfer, change location of*) trasladar; **to ~ house** mudarse; **he was ~d to Quito** le trasladaron a Quito.

c (*fig: sway*) **to ~ sb from an opinion** hacer que algn cambie de opinión; **to ~ sb to do sth** hacer que algn haga algo; **he will not be easily ~d** no se dejará convencer.

d (*cause emotion in*) conmover, emocionar; **to be ~d** estar conmovido; **to ~ sb to tears/anger** hacer llorar/enfadar a algn; **to ~ to pity** provocar la compasión de.

e (*frm: propose*) **to ~ a resolution** proponer una resolución; **to ~ that ...** proponer que ....

3 VI **a** (*gen*) moverse; (*to a place*) trasladarse; (*leave*) marcharse; **~!** ¡muévete!, ¡menéate!; **let's ~ into the garden** vamos al jardín; **she ~s beautifully** se mueve con elegancia; **I'll not ~ from here** no me muevo de aquí; **to ~ freely** (*piece of machinery*) tener juego; (*person, traffic*) circular libremente; **the policeman kept the traffic moving** el policía mantuvo la circulación fluida; **things are moving at last** por fin se empiezan a mover las cosas; **to ~ in high society** frecuentar la buena sociedad.

b (*~ house*) mudarse.

c (*in games*) jugar, hacer una jugada.

d (*take steps*) dar un paso, tomar medidas; **the government must ~ first** el gobierno ha de dar el primer paso.

e (*travel*) ir; (*be in motion*) estar en movimiento; **the bus was moving at 50 kph** el autobús iba a 50 k/h; **the car was not moving** el coche no estaba en movimiento; **he was certainly moving!** (*running fast*) ¡iba como una bala!

◆ **move about, move around** **1** VT + ADV (*place in different position*) cambiar de sitio; (*make travel*) trasladar.

2 VI + ADV (*fidget*) moverse; (*walk about*) pasearse; (*travel*) viajar de un sitio a otro.

◆ **move along** **1** VT + ADV (*stop loitering*) hacer circular; (*move forward*) adelantar.

2 VI + ADV (*see 1*) circular; avanzar, adelantarse; (*along seat etc*) correrse.

◆ **move aside** VT + ADV apartar.

◆ **move away** **1** VT + ADV (*gen*) apartar, alejar; (*move to another place*) mover.

2 VI + ADV (*move aside*) apartarse; (*leave*) irse, marcharse; (*move house*) mudarse; **to ~ away (from)** marcharse (de).

◆ **move back** **1** VT + ADV (*to former place*) volver, regresar; (*to the rear*) hacer retroceder.

2 VI + ADV (*see 1*) volver, regresar; retroceder.

◆ **move down** **1** VT + ADV bajar; (*along*) hacer correrse; (*demote*) degradar.

2 VI + ADV (*see 1*) bajarse; correrse; degradarse.

◆ **move forward** **1** VT + ADV **a** avanzar.

b (*fig: advance*) adelantar; **to ~ the clocks forward** adelantar los relojes.

2 VI + ADV adelantarse.

◆ **move in** **1** VT + ADV (*police etc*) introducir, hacer entrar; (*take inside*) llevar hacia dentro.

2 VI + ADV **a** (*into accommodation*) instalarse.

b (*start operations*) intervenir; (*in business area*) introducirse, penetrar.

c (*come closer*) acercarse (on a); (*army*) avanzar (on sobre).

◆ **move off** **1** VT + ADV sacar.

2 VI + ADV **a** (*go away*) irse, marcharse.

b (*start moving*) ponerse en marcha.

◆ **move on** **1** VT + ADV hacer circular; (*hands of clock*) adelantar.

2 VI + ADV circular; **let's ~ on to the next point** pasemos al siguiente punto.

◆ **move out** **1** VT + ADV sacar; (*troops*) retirar; **~ the chair out of the corner** saca la silla del rincón.

2 VI + ADV (*leave accommodation*) mudarse; (*withdraw: troops*) retirarse; **to ~ out of an area** marcharse de un barrio.

◆ **move over** **1** VT + ADV hacer a un lado, correr.

2 VI + ADV correrse; **she ~d over to give others a chance** cambió de puesto para dar más oportunidades a otros.

◆ **move up** **1** VT + ADV (*object, person*) subir; (*promote*) ascender.

2 VI + ADV **a** (*move along*) correrse.

b (*fig: shares, rates etc*) subir; (*be promoted*) ascender, ser ascendido.

movement ['mu:vmənt] N **a** (*motion*) movimiento *m*; (*gesture*) gesto *m*, ademán *m*; **upward/downward ~** movimiento hacia arriba/hacia abajo; **the police questioned him about his ~s** la policía le pidió informes sobre sus actividades; **~ of capital** movimiento de capitales; **~ (of the bowels)** (*Med*) evacuación *f*. **b** (*political, artistic etc ~*) movimiento *m*. **c** (*Mech*) movimiento *m*, mecanismo *m*.

mover ['mu:və^r] N (*of motion*) proponente *mf*.

movie ['mu:vɪ] (*esp US*) **1** N película *f*, film(e) *m*; **to go to the ~s** ir al cine. **2** CPD: **~ camera** N cámara *f* cinematográfica, tomavistas *m inv*; **~ star** N estrella *f* cinematográfica; **~ theatre** N cine *m*.

moviegoer ['mu:vɪɡəʊə^r] N (*US*) aficionado/a *m/f* al cine.

moving ['mu:vɪŋ] **1** ADJ **a** (*which moves*) móvil; (*in movement*) en movimiento; **~ part** pieza *f* móvil; **~ staircase** escalera *f* móvil; **they fired from a ~ vehicle** dispararon de un vehículo en marcha.

b (*fig: instigating*) motor(a).

c (*causing emotion*) conmovedor(a).

2 CPD: **~ van** N (*US*) camión *m* de mudanzas.

mow [məʊ] (*pt* **~ed**; *pp* **~n** *or* **~ed**) VT segar, cortar; **to ~ sb down** acabar con algn, barrer a algn.

mower ['məʊə^r] N (*also* **lawn ~**) cortacésped *m*.

mown [məʊn] PP *of* **mow**.

Mozambique [,məʊzəm'bi:k] N Mozambique *m*.

MP N ABBR **a** (*Brit Parl*) *of* **member of parliament**. **b** (*Mil*) *of* **military police** PM *f*. **c** (*Canada*) *of* **mounted police**.

mpg N ABBR (*Aut*) *of* **miles per gallon** ≈ k.p.l.

mph N ABBR *of* **miles per hour** ≈ km/h, ≈ k.p.h.

MPhil N ABBR (*Univ*) *of* **Master of Philosophy**.

MPS N ABBR (*Brit*) *of* **Member of the Pharmaceutical Society**.

Mr(.) ['mɪstə^r] N ABBR *of* **Mister** Sr.; **~ Brown** el señor Brown; **yes, ~ Brown** sí, señor Brown.

MRC N ABBR (*Brit*) *of* **Medical Research Council** organismo del estado a cargo de la investigación en medecina.

MRCP N ABBR (*Brit*) *of* **Member of the Royal College of Physicians**.

MRCS N ABBR (*Brit*) *of* **Member of the Royal College of Surgeons**.

MRCVS N ABBR (*Brit*) *of* **Member of the Royal College of Veterinary Surgeons**.

MRP N ABBR *of* **manufacturer's recommended price**.

Mrs(.) ['mɪsɪz] N ABBR *of* **Mistress** Sra.; **~ Brown** la señora de Brown; **yes, ~ Brown** sí, señora.

MS **1** N ABBR **a** *of* **multiple sclerosis**. **b** (*US Univ*) *of* **Master of Science**. **2** ABBR (*US Post*) *of* **Mississippi**.

Ms [mɪz, məz] N prefijo de nombre de mujer que evita expresar su estado civil.

┌─ Ms ─

ⓘ *La fórmula de tratamiento* **Ms** *es el equivalente femenino de* **Mr** *y se utiliza frecuentemente en la actualidad para evitar la distinción que los términos tradicionales establecían entre mujer casada (***Mrs***) y soltera (***Miss***). Las formas* **Ms** *y* **Miss** *nunca llevan punto, pero* **Mr** *y* **Mrs** *a veces sí.*

MSA N ABBR (US Univ) of **Master of Science in Agriculture**.

MSc N ABBR (Brit Univ) of **Master of Science**.

MS-DOS [,em'esdɒs] N ABBR of **Microsoft** ® **Disk Operating System; see DOS**.

MSG N ABBR (esp US) of **monosodium glutamate**.

Msgr ABBR of **Monsignor** Mons.

MS(S) ABBR of **manuscript(s)**.

MST N ABBR (US) of **Mountain Standard Time**.

MSW N ABBR (US Univ) of **Master of Social Work**.

MT [1] N ABBR of **machine translation**. [2] ABBR (US Post) of **Montana**.

Mt ABBR (Geog) of **Mount, Mountain** m.

mth ABBR of **month** m.

MTV ® N ABBR of **music television**.

much [mʌtʃ] [1] ADJ, PRON [a] mucho/a; **not ~** poco/a; **how ~ money?** ¿cuánto dinero?; **how ~ is it?** ¿cuánto es?, ¿cuánto vale?, ¿qué precio tiene?; **but ~ remains** pero queda mucho; **~ of this is true** tiene mucho de verdad; **there's not ~ to do** hay poco que hacer; **he/it isn't up to ~** (fam) no vale gran cosa; **that wasn't ~ of a party** eso apenas se podía llamar fiesta; **we don't see ~ of each other** nos vemos poco; **we haven't heard ~ of him lately** desde hace tiempo apenas sabemos nada de él.
[b] **(just) as ~** la misma cantidad; **three times as ~ tea** 3 veces esa cantidad de té; **as ~ again** otro tanto; **as ~ as you want** cuanto quieras; **as ~ as possible** todo lo posible; **he spends as ~ as he earns** gasta tanto como gana; **he has as ~ money as you** tiene tanto dinero como tú; **I thought as ~** me lo imaginaba; **it's as ~ as he can do to stand up** le cuesta hasta ponerse de pie or (LAm) pararse.
[c] **so ~** tanto/a; **the problem is not so ~ one of money as time** más que de dinero, es una cuestión de tiempo; **at so ~ a kilo** a tanto el kilo; **so ~ for that!** ¡se acabó!; **so ~ the better** tanto mejor; **without so ~ as a phone call** sin una llamada siquiera; **I haven't so ~ as a penny** no tengo ni un solo penique.
[d] **too ~** demasiado/a; **that's too ~, that's a bit (too) ~** (fam) eso es demasiado; **the job is too ~ for him** el trabajo es demasiado para él; **it was all too ~ for her** (emotion) quedaba postrada con tanta emoción; **it's too ~ for me to cope with** yo no puedo con tanto trabajo etc.
[e] **to make ~ of** (treat as important) dar mucha importancia a; **I couldn't make ~ of the film** (fam) no pude seguir la película; **to make ~ of sb** mimar a algn.
[2] ADV [a] mucho; **he was ~ embarrassed** pasó mucha vergüenza, se apenó mucho (LAm); **so ~/too ~** tanto/ demasiado; **I like it very/so ~** me gusta mucho/tanto; **thank you very ~** muchas gracias, muy agradecido; **it doesn't ~ matter** importa poco, da igual or lo mismo; **however ~ he tries** por mucho que se esfuerce; **~ to my surprise** para mi gran sorpresa; **~ as I would like to go I can't** por mucho que quisiera, no puedo ir; **I hardly know her ~ less her mother** apenas la conozco, y mucho menos a su madre.
[b] (by far) con mucho; **~ the biggest** el más grande con mucho; **I would ~ rather stay** prefiero con mucho quedarme; **he's ~ richer than I am** or **than me** es mucho más rico que yo.
[c] (almost) más o menos; **they're ~ the same size** tienen más o menos el mismo tamaño.

muchness ['mʌtʃnɪs] N: **they're much of a ~** son poco más o menos lo mismo.

muck [mʌk] N [a] (dirt) suciedad f, mugre f; (manure) estiércol m. [b] (fig) porquería f.
♦ **muck about, muck around** (fam) [1] VT + ADV: **to ~ sb about** or **around** fastidiar or (LAm) fregar (fam) a algn. [2] VI + ADV [a] (lark about) hacer tonterías; (do nothing in particular) gandulear; **he enjoys ~ing about in boats** le gusta entretener sus ocios navegando etc en bote. [b] (tinker) manosear.
♦ **muck in** VI + ADV (fam) compartir el trabajo, arrimar el hombro.
♦ **muck out** VT + ADV limpiar.

♦ **muck up** VT + ADV (fam) [a] (dirty) ensuciar. [b] (spoil) echar a perder, fastidiar.

muckraking ['mʌk,reɪkɪŋ] N (fam: in journalism) amarillismo m, periodismo m amarillo.

mucky ['mʌkɪ] ADJ (comp **-ier**; superl **-iest**) (muddy) fangoso/a, lleno/a de barro or lodo; (filthy) sucio/a, mugroso/a (LAm); **to get o.s. all ~** ensuciarse.

mucus ['mju:kəs] N moco m.

mud [mʌd] [1] N [a] lodo m, barro m.
[b] (fig) **his name is ~** tiene muy mala fama; **to drag sb's name through the ~** llenar a algn de fango; **to sling** or **throw ~ at sb** cubrir de fango, poner a algn como un trapo or por los suelos.
[2] CPD: **~ bank** N banco m de arena; **~ bath** N baño m de lodo.

muddle ['mʌdl] [1] N (of mind) confusión f; (of things) desorden m; **to get into a ~** (person) hacerse un lío; (things) quedar en desorden; **to be in a ~** (room, books) estar en desorden, ser un desbarajuste; (person) estar hecho un lío; (arrangements) estar confuso; **there's been a ~ over the seats** hay un lío con las localidades.
[2] VT [a] (also ~ **up**: mess up) revolver; (confuse) confundir; **you've ~d up A and B** has confundido A con B.
[b] (also ~ **up**: person, story, details) confundir.
♦ **muddle along, muddle through** VI + ADV arreglárselas de alguna manera; **I expect we shall ~ through** espero que lo logremos de algún modo u otro.

muddleheaded ['mʌdl,hedɪd] ADJ (person) despistado/a; (ideas) confuso/a.

muddy ['mʌdɪ] ADJ (comp **-ier**; superl **-iest**) (covered in mud) fangoso/a, lleno/a de barro; (liquid) turbio/a; (complexion) terroso/a.

mudguard ['mʌdɡɑːd] N guardabarros m inv.

mudpack ['mʌdpæk] N mascarilla f de barro.

mudslinging ['mʌd,slɪŋɪŋ] N injurias fpl.

muesli ['mju:zlɪ] N muesli m.

muff[1] [mʌf] N manguito m.

muff[2] [mʌf] VT (shot, catch etc) fallar; **to ~ a chance** desperdiciar una oportunidad, echar a perder una oportunidad.

muffin ['mʌfɪn] N (Brit) ≈ mollete m; (US) especie de pan dulce, ≈ bollo m.

muffle ['mʌfl] VT [a] (wrap warmly: also ~ **up**) abrigar.
[b] (deaden) amortiguar.

muffled ['mʌfld] ADJ (sound etc) sordo/a, apagado/a.

muffler ['mʌflər] N (scarf) bufanda f; (US Aut) silenciador m, mofle m (LAm).

mufti ['mʌftɪ] N: **in ~** (vestido/a) de paisano.

mug [mʌɡ] [1] N [a] (cup) tazón m, pocito m; (glass) jarrito m.
[b] (fam: dupe) bobo/a m/f, primo/a m/f; **smoking is a ~'s game** fumar es cosa de bobos.
[c] (fam: face) jeta f, hocico m.
[2] VT (attack and rob) asaltar, atracar.
[3] CPD: **~ shot** N (fam) fotografía f para las fichas.
♦ **mug up** VT + ADV (fam: also ~ **up on**) empollar.

mugger ['mʌɡər] N asaltador(a) m/f, atracador(a) m/f.

mugging ['mʌɡɪŋ] N ataque m or asalto m callejero.

muggins ['mʌɡɪnz] N (Brit fam) tonto m; **~ will do it** lo hará este cura (fam).

muggy ['mʌɡɪ] ADJ (comp **-ier**; superl **-iest**) (weather) bochornoso/a.

Muhammad [mʊ'hæməd] N = **Mohammed**.

mulatto [mju:'lætəʊ] N (pl **-es**) mulato/a m/f.

mulberry ['mʌlbərɪ] N (fruit) mora f; (tree) morera f, moral m.

mule [mju:l] N (animal) mulo/a m/f; **(as) stubborn as a ~** testarudo or terco como una mula.

mull [mʌl] VT calentar con especias; **~ed wine** ponche m.
♦ **mull over** VT + ADV reflexionar sobre, meditar.

mulligatawny [,mʌlɪɡə'tɔːnɪ] N sopa f de curry angloindia.

multi... ['mʌltɪ] PREF multi....

multi-access [,mʌltɪ'ækses] ADJ (Comput) multiacceso inv,

de acceso múltiple.
multichannel ['mʌltɪ'tʃænl] ADJ (TV) multicanal.
multicoloured, (US) multicolored ['mʌltɪ'kʌləd] ADJ multicolor.
multicultural [,mʌltɪ'kʌltʃərəl] ADJ multicultural.
multidimensional [,mʌltɪdɪ'menʃənl] ADJ multidimensional.
multifaceted [,mʌltɪ'fæsɪtɪd] ADJ multifacético/a.
multifarious [,mʌltɪ'feərɪəs] ADJ múltiple, vario/a.
multifunctional ['mʌltɪ'fʌŋkʃnəl] ADJ multifuncional.
multigym ['mʌltɪdʒɪm] N gimnasio m múltiple.
multilateral ['mʌltɪ'lætərəl] ADJ (Pol) multilateral.
multilevel [,mʌltɪ'levl] ADJ (US) de muchos pisos.
multilingual [,mʌltɪ'lɪŋgwəl] ADJ plurilingüe.
multimedia ['mʌltɪ'mi:dɪə] ADJ (aids, presentation: also Comput) multimedia inv.
multimillionaire ['mʌltɪmɪljə'neəʳ] N multimillonario/a m/f.
multinational [,mʌltɪ'næʃənl] **1** N (compañía f) multinacional f. **2** ADJ multinacional.
multiple ['mʌltɪpl] **1** ADJ **a** (with sg n: of several parts) múltiple; ~ **choice question** pregunta f de una prueba objetiva; ~ **sclerosis** esclerosis f en placas or multiple; ~ **store** sucursal f de una cadena de grandes almacenes. **b** (with pl n: many) múltiples. **2** N (Math) múltiplo m.
multiplex ['mʌltɪ,pleks] N (also ~ **cinema**) multicines mpl.
multiplication [,mʌltɪplɪ'keɪʃən] **1** N multiplicación f. **2** CPD: ~ **table** N tabla f de multiplicar.
multiplicity [,mʌltɪ'plɪsɪtɪ] N multiplicidad f; **for a ~ of reasons** por múltiples razones.
multiply ['mʌltɪplaɪ] **1** VT (Math) multiplicar. **2** VI (Math) multiplicar; (reproduce o.s.) multiplicarse.
multiprocessing [,mʌltɪ'prəʊsesɪŋ] N multiprocesamiento m.
multiprogramming, (US) multiprograming [,mʌltɪ'prəʊgræmɪŋ] N multiprogramación f.
multipurpose [,mʌltɪ'pɜːpəs] ADJ de fines múltiples.
multiracial ['mʌltɪ'reɪʃəl] ADJ multirracial.
multirisk ['mʌltɪrɪsk] ADJ: ~ **insurance** seguro m multirriesgo.
multistorey [,mʌltɪ'stɔːrɪ] ADJ de muchos pisos.
multistrike ['mʌltɪ,straɪk] ADJ: ~ **ribbon** cinta f de múltiples impactos.
multitask(ing) ['mʌltɪ'tɑːsk(ɪŋ)] N multitarea f.
multitude ['mʌltɪtjuːd] N (crowd) multitud f, muchedumbre f; (fig) **a ~ of problems** una infinidad de problemas.
mum¹ [mʌm] ADJ: **to keep ~ (about sth)** guardar silencio (sobre algo); **~'s the word!** ¡punto en boca!, ¡ni una palabra a nadie!
mum² [mʌm] N (Brit fam: mother) mamá f (fam), mamaíta f (fam), mamacita f (LAm fam).
mumble ['mʌmbl] VT, VI mascullar.
mumbo jumbo ['mʌmbəʊ'dʒʌmbəʊ] N (nonsense) galimatías m inv.
mummify ['mʌmɪfaɪ] VT momificar.
mummy¹ ['mʌmɪ] N (preserved corpse) momia f.
mummy² ['mʌmɪ] N (Brit fam) = **mum²**.
mumps [mʌmps] NSG paperas fpl.
munch [mʌntʃ] VT, VI mascar, masticar.
mundane [mʌn'deɪn] ADJ (worldly) mundano/a; (pej: humdrum) rutinario/a.
municipal [mju:'nɪsɪpəl] ADJ municipal.
municipality [mju:,nɪsɪ'pælɪtɪ] N (place) municipio m.
munitions [mju:'nɪʃənz] **1** NPL municiones fpl. **2** CPD: ~ **dump** N depósito m de municiones.
mural ['mjʊərəl] **1** ADJ mural. **2** N mural m, pintura f mural.
murder ['mɜːdəʳ] **1** N **a** asesinato m, homicidio m. **b** (fam) **it was ~!** ¡fue horrible!, ¡fue una locura!; **she gets away with ~** hace lo que le da la gana. **2** VT (person) asesinar, matar, ultimar (LAm); (fig fam: song etc) hacer pedazos. **3** CPD: ~ **inquiry** N investigación f de un homicidio; ~ **trial** N juicio m por asesinato.
murderer ['mɜːdərəʳ] N asesino m, ultimador(a) m/f.

(LAm), victimario m (LAm Press).
murderess ['mɜːdərɪs] N asesina f.
murky ['mɜːkɪ] ADJ (comp **-ier**; superl **-iest**) tenebroso/a; (thick) espeso/a; (fig) vergonzoso/a.
murmur ['mɜːməʳ] **1** N (soft speech) murmullo m; (of water, leaves etc) susurro m; **there were ~s of disagreement** hubo un murmullo de desaprobación; **without a ~** sin una queja. **2** VT, VI murmurar.
MusB, MusBac N ABBR (Univ) of **Bachelor of Music.**
muscle ['mʌsl] **1** N músculo m; (fig) fuerza f; **he never moved a ~** ni se inmutó. **2** VI: **to ~ in (on sth)** (fam) meterse por or a la fuerza (en algo).
musclebound ['mʌslbaʊnd] ADJ envarado/a por exceso de ejercicio.
Muscovite ['mʌskəvaɪt] ADJ, N moscovita mf.
muscular ['mʌskjʊləʳ] ADJ (tissue etc) muscular; (brawny) musculoso/a; ~ **dystrophy** distrofia f muscular.
MusD, Mus Doc N ABBR (Univ) of **Doctor of Music.**
Muse [mju:z] N musa f.
muse [mju:z] VI: **to ~ on** or **about sth** reflexionar sobre algo, meditar algo.
museum [mju:'zɪəm] **1** N museo m. **2** CPD: ~ **piece** N (fig) cosa f anticuada.
mush [mʌʃ] N gachas fpl.
mushroom ['mʌʃrʊm] **1** N (Bot) seta f, hongo m, callampa f (Chi); (Culin) champiñón m. **2** VI (town etc) crecer vertiginosamente; **the cloud of smoke went ~ing up** una nube de humo ascendió en forma de hongo. **3** CPD (salad, omelette etc) de champiñones; ~ **cloud** N hongo m atómico.
mushy ['mʌʃɪ] ADJ (comp **-ier**; superl **-iest**) (lit) pulposo/a, mollar; (fig) sentimentaloide; ~ **peas** guisantes mpl en puré, chícharos mpl aguados (LAm).
music ['mju:zɪk] **1** N música f; **it was ~ to my ears** daba gusto escucharlo; **to face the ~** afrontar las consecuencias; **to set a work to ~** poner música a una obra. **2** CPD: ~ **box** N caja f de música; ~ **centre** N equipo m estereofónico; ~ **hall** N teatro m de variedades; ~ **lover** N amante mf de la música; ~ **stand** N atril m.
musical ['mju:zɪkəl] **1** ADJ musical; (person) que tiene talento para la música; (instrument, composition etc) de música, músico/a; ~ **box** caja f de música; ~ **chairs** juego msg de las sillas; ~ **comedy** (comedia f) musical m, ≈ zarzuela f (Sp). **2** N (Cine, Theat) comedia f musical.
musician [mju:'zɪʃən] N músico/a m/f.
musicologist [,mju:zɪ'kɒlədʒɪst] N musicólogo/a m/f.
musk [mʌsk] **1** N (substance) almizcle m; (scent) perfume m de almizcle; (Bot) almizcleña f. **2** CPD: ~ **rose** N (Bot) rosa f almizcleña.
musket ['mʌskɪt] N mosquete m.
muskrat ['mʌskræt] N ratón m almizclero.
Muslim ['mʊslɪm] = **Moslem.**
muslin ['mʌzlɪn] N muselina f.
musquash ['mʌskwɒʃ] N (fur) piel f del ratón almizclero.
muss [mʌs] VT (fam: also ~ **up**: hair) despeinar; (: dress) arrugar.
mussel ['mʌsl] N mejillón m.
must¹ [mʌst] N = **mustiness.**
▼**must²** [mʌst] **1** AUX VB **a** (obligation) deber, tener que; **I ~ do it** tengo que hacerlo; **one ~ not be too hopeful** no hay que ser demasiado optimista; **there ~ be a reason** debe haber una razón; **I'll do it if I ~** si me obligan, lo haré, lo haré si es necesario; **do it if you ~** hazlo si es necesario; **if you ~ know, I'm Portuguese** si es esencial que lo sepa, soy portugués. **b** (probability) **he ~ be there by now** ya debe de estar allí; **it ~ be 8 o'clock by now** ya deben de ser las ocho; **it ~ be cold up there** debe de hacer frío allá arriba; **but you ~ have seen him!** ¡pero debes haberle visto! **2** N (fam) **this programme is a ~** este programa no hay que perdérselo.
mustache ['mʌstæʃ] N (US) = **moustache.**
mustard ['mʌstəd] **1** N (Bot, Culin) mostaza f. **2** CPD: ~

➤ SENTENCE BUILDER: **must²** → 12.4, 14.1, 14.2, 16.2

gas N (*Chem*, *Mil*) gas *m* mostaza.
muster ['mʌstəʳ] [1] N (*esp Mil*) revista *f*; **to pass ~** (*fig*) ser aceptable. [2] VT (*call together*) reunir; (*collect*) armarse de; (*also ~* **up**) cobrar.
mustiness ['mʌstɪnɪs] N (*of room*) olor *m* a cerrado *or* a humedad.
mustn't ['mʌsnt] = **must not**; *see* **must²**.
musty ['mʌstɪ] ADJ (*comp* **-ier**; *superl* **-iest**) que huele a cerrado *or* a humedad; (*fig*) anticuado/a.
mutant ['mju:tənt] ADJ, N mutante *m*.
mutate [mju:'teɪt] [1] VT mudar, transformar. [2] VI sufrir mutación, transformarse.
mutation [mju:'teɪʃən] N mutación *f*.
mute [mju:t] [1] ADJ mudo/a; **to become ~** enmudecer. [2] N (*person*) mudo/a *m/f*; (*Mus*) sordina *f*. [3] VT (*Mus*) poner sordina a; (*noise*) amortiguar; (*feelings etc*) acallar.
muted ['mju:tɪd] ADJ (*noise*) sordo/a; (*criticism*) callado/a, silencioso/a.
mutilate ['mju:tɪleɪt] VT mutilar.
mutilation [ˌmju:tɪ'leɪʃən] N mutilación *f*.
mutinous ['mju:tɪnəs] ADJ (*lit*) amotinado/a; (*fig*) rebelde.
mutiny ['mju:tɪnɪ] [1] N motín *m*. [2] VI amotinarse.
mutt [mʌt] N (*fam*) [a] bobo *m*. [b] (*US: dog*) chucho *m*.
mutter ['mʌtəʳ] [1] N murmullo *m*. [2] VT murmurar, decir entre dientes; **'yes,' he ~ed** 'sí,' refunfuñó. [3] VI (*gen*) murmurar; (*complain*) quejarse.
mutton ['mʌtn] N cordero *m*; **a leg of ~** una pierna de cordero; **~ dressed as lamb** (*fig*) vejestorio *m* emperifollado.
mutual ['mju:tjʊəl] ADJ (*affection, interest etc*) mutuo/a; (*friend, cousin*) común; **the feeling is ~** igualmente.
mutually ['mju:tjʊəlɪ] ADV mutuamente.
Muzak ® ['mju:zæk] N hilo *m* musical.
muzzle ['mʌzl] [1] N (*snout*) hocico *m*; (*of gun*) boca *f*; (*for dog*) bozal *m*. [2] VT (*dog*) poner bozal a; (*fig: person*) amordazar, callar.

muzzy ['mʌzɪ] ADJ (*comp* **-ier**; *superl* **-iest**) (*outline, ideas*) borroso/a; (*person*) atontado/a, confuso/a.
MVP N ABBR (*US*) *of* **most valuable player**.
MW N ABBR (*Rad*) *of* **medium wave** OM *f*.
my [maɪ] POSS ADJ mi; (*for plural*) mis; **~ friend / ~ books** mi amigo/mis libros; **~ own car** mi propio coche.
myalgic [maɪ'ældʒɪk] ADJ: **~ encephalomyelitis** encefalomielitis *f* miálgica.
Myanmar ['maɪænmɑ:ʳ] N Myanmar *f*.
myopia [maɪ'əʊpɪə] N miopía *f*.
myopic [maɪ'ɒpɪk] ADJ miope.
myriad ['mɪrɪəd] (*frm*) [1] ADJ: **a ~ flies** una miríada de moscas. [2] N miríada *f*.
myself [maɪ'self] PRON (*reflexive, direct and indirect*) me; (*emphatic*) yo mismo/a; (*after prep*) mí; **(all) by ~** (*completamente*) solo; **I was talking to ~** hablaba solo; **I'm not ~** estoy en mal estado.
mysterious [mɪs'tɪərɪəs] ADJ misterioso/a.
mysteriously [mɪs'tɪərɪəslɪ] ADV misteriosamente.
mystery ['mɪstərɪ] [1] N misterio *m*; **it's a ~ to me where it can have gone** no entiendo donde *~* puede haberse metido; **it's a ~ how I lost it** no entiendo cómo lo pude perder. [2] CPD: **~ tour, ~ trip** N viaje *m* sorpresa.
mystic ['mɪstɪk] ADJ, N místico/a *m/f*.
mystical ['mɪstɪkəl] ADJ místico/a.
mystify ['mɪstɪfaɪ] VT (*bewilder*) dejar perplejo, desconcertar; (*make mysterious*) mistificar; **I am mystified** estoy perplejo.
mystifying ['mɪstɪˌfaɪɪŋ] ADJ inexplicable.
mystique [mɪs'ti:k] N mística *f*.
myth [mɪθ] N mito *m*; (*imaginary person, thing*) ilusión *f*.
mythical ['mɪθɪkəl] ADJ (*see n*) mítico/a; imaginario/a.
mythological [ˌmɪθə'lɒdʒɪkəl] ADJ mitológico/a.
mythology [mɪ'θɒlədʒɪ] N mitología *f*.
myxomatosis [ˌmɪksəʊmə'təʊsɪs] N mixomatosis *f*.

N¹, n [en] N (*letter*) N *f*, n *f*.

N² ABBR *of* **north** N.

NA N ABBR (*US*) [a] *of* **Narcotics Anonymous**. [b] *of* **National Academy**.

n/a ABBR [a] *of* **not applicable**. [b] (*Fin*) *of* **no account**. [c] (*Comm*) *of* **not available**.

NAACP N ABBR (*US*) *of* **National Association for the Advancement of Colored People**.

NAAFI ['næfɪ] N ABBR (*Brit*) *of* **Navy, Army and Air Force Institute** *organización de economatos y comedores para las fuerzas armadas*.

nab [næb] (*fam*) VT (*grab: thing*) coger (*Sp*), agarrar (*LAm*); (*person*) pillar; (*arrest*) prender; (*steal*) mangar.

NACU N ABBR (*US*) *of* **National Association of Colleges and Universities**.

nadir ['neɪdɪər] N (*Astron*) nadir *m*; (*fig*) punto *m* más bajo.

naff [næf] ADJ (*fam*) inferior.

♦ **naff off** VI + ADV: **~ off** (*fam*) vete a paseo (*fam*).

NAFTA ['næftə] N ABBR *of* **North American Free Trade Agreement** TLC *m*.

nag¹ [næg] N (*horse*) rocín *m*, jaco/a *m/f*.

nag² [næg] [1] VT (*also* **~ at**) regañar; (*bother*) fastidiar, molestar; (*continually complain*) dar la matraca a, machacar; **to ~ sb to do** *or* **into doing sth** machacar a algn para que haga algo; **~ged by doubts** aquejado por las dudas; **she ~s him all day long** ella le importuna con sus quejas todo el día. [2] VI quejarse. [3] N quejica *mf*, regañón/ona *m/f*.

nagging ['nægɪŋ] [1] ADJ (*person*) quejica, regañón/ona; (*pain*) punzante; (*doubt, fear etc*) insistente, persistente. [2] N quejas *fpl*.

NAHT N ABBR (*Brit*) *of* **National Association of Head Teachers** *sindicato de profesores*.

▼ **nail** [neɪl] [1] [a] (*Anat*) uña *f*; **to bite one's ~s** morderse las uñas.
[b] (*metal*) clavo *m*; **this is another ~ in his coffin** éste es otro paso hacia su destrucción; **to hit the ~ on the head** (*fig*) dar en el clavo; **on the ~** a tocateja; *see* **hard 1(b)**. [2] VT (*carpentry*) clavar, sujetar con clavos; (*fam: catch, get hold of*) coger, pillar (*LAm*). [3] CPD: **~ clippers** NPL cortauñas *m inv*; **~ polish** N, **~ varnish** N esmalte *m* para las or de uñas; **~ polish** *or* **varnish remover** N quitaesmalte *m*.

♦ **nail down** VT + ADV sujetar con clavos; (*person*) obligar a concretar; **we ~ed him down to a date** le forzamos a fijar una fecha.

nailbrush ['neɪlbrʌʃ] N cepillo *m* para las uñas.

nailfile ['neɪlfaɪl] N lima *f* (de uñas).

Nairobi [naɪ'rəʊbɪ] N Nairobi *m*.

naïve [naɪ'iːv] ADJ ingenuo/a, cándido/a.

naïveté, naivety [naɪ'iːvtɪ] N ingenuidad *f*, candidez *f*.

naked ['neɪkɪd] ADJ [a] (*lit*) desnudo/a, en cueros, encuerado/a (*esp LAm fam*), calato/a (*Per fam*); **to go ~** ir desnudo; **with the ~ eye** a simple vista; *see* **stark**. [b] (*fig: flame*) expuesto/a al aire; (: *landscape*) pelado/a; (: *sword*) desenvainado/a; **the ~ truth** la verdad al desnudo.

NAM N ABBR (*US*) *of* **National Association of Manufacturers**.

name [neɪm] [1] [a] (*of person, firm etc*) nombre *m*; (*surname*) apellido *m*; (*of book etc*) título *m*; **to go by** *or* **under the ~ of** ser conocido por el nombre de; **in ~ only** solamente de nombre; **what's your ~?** ¿cómo se llama Ud?; **my ~ is Peter** me llamo Pedro; **in the ~ of** en *or* a nombre de; **open up, in the ~ of the law!** ¡abran en nombre de la ley!; **I thank you in the ~ of all those present** le doy las gracias en *or* a nombre de

todos los presentes; **to call sb ~s** ponerle verde a algn, insultar a algn, decirle groserías a algn (*LAm*); **to put one's ~ down for** (*car etc*) hacer una solicitud de; (*school, course*) inscribirse en; **to lend one's ~ to** prestar su nombre a; **what ~ shall I say?** (*Telec etc*) ¿de parte de quién?; **to take sb's ~ and address** apuntar las señas de algn; **that's the ~ of the game** (*fam: the norm*) así están las cosas; (: *what's important*) eso es lo importante; **he hasn't a penny to his ~** no tiene donde caerse muerto; *see* **Christian; first 4; maiden; pet**.
[b] (*reputation*) reputación *f*, fama *f*; **to make a ~ for o.s.** hacerse famoso/a; **the firm has a good ~** la casa tiene buena reputación; **to get (o.s.) a bad ~** crearse una mala reputación.
[c] (*person*) **big ~** (*fam*) figura *f*, personaje *m* importante. [2] VT (*gen*) llamar; (*person*) bautizar, poner nombre a; (*mention*) mencionar, mentar; (*nominate*) nombrar; (*date, price etc*) fijar, señalar; **they ~d the child Mary** a la niña le pusieron María; **have you ~d the day yet?** ¿ya fijaron la fecha de la boda?; **he was ~d ambassador to Warsaw** le nombraron embajador en Varsovia; **~ 20 British birds** nómbrame 20 pájaros británicos; **you ~ it, we've got it** cualquier cosa que pidas, la tenemos.

name-dropper ['neɪm,drɒpər] N: **he's a ~** se las da de conocer a gente importante.

name-dropping ['neɪm'drɒpɪŋ] N: **there was a good deal of ~** allí todo el mundo se las daba de conocer a gente importante.

nameless ['neɪmlɪs] ADJ (*anonymous*) anónimo/a; (*indefinable*) indecible; **... who shall be ~** ... que quedará en el anonimato.

namely ['neɪmlɪ] ADV a saber.

nameplate ['neɪmpleɪt] N (*on door etc*) placa *f* (con nombre); (*on goods*) placa del fabricante.

namesake ['neɪmseɪk] N tocayo/a *m/f*.

Namibia [nɑː'mɪbɪə] N Namibia *f*.

nanny ['nænɪ] N niñera *f*.

nap¹ [næp] N siesta *f*; **to have/take a ~** echar una siesta; **to be caught ~ping** estar desprevenido.

nap² [næp] N (*on cloth*) lanilla *f*, pelusa *f*.

NAPA N ABBR (*US*) *of* **National Association of Performing Artists** *sindicato*.

napalm ['neɪpɑːm] N jalea *f* de gasolina, nápalm *m*.

nape [neɪp] N (*also* **~ of the neck**) nuca *f*, cogote *m*.

napkin ['næpkɪn] [1] N (*table ~*) servilleta *f*; (*Brit: baby's*) pañal *m*; (*US: sanitary towel*) compresa *f* higiénica, paño *m* higiénico. [2] CPD: **~ ring** N servilletero *m*.

Naples ['neɪplz] N Nápoles.

nappy ['næpɪ] [1] N (*Brit*) pañal *m*. [2] CPD: **~ liner** N gasa *f*; **~ rash** N escocedura *m* (*provocado por pañales húmedos*).

narc [nɑːk] N (*US fam*) camello *m* (*fam*).

narcissus [nɑː'sɪsəs] N (*pl* **narcissi** [nɑː'sɪsaɪ]) (*Bot*) narciso *m*.

narcotic [nɑː'kɒtɪk] [1] N narcótico *m*, estupefaciente *m*. [2] CPD: **to be on a ~s charge** estar acusado de traficar con drogas.

nark [nɑːk] VT (*Brit fam*) fastidiar, molestar, fregar (*LAm*).

narky ['nɑːkɪ] ADJ: **to get ~** (*Brit fam*) ponerse negro/a (*fam*).

♦ **narrow down** [1] VT + ADV = **narrow 2 (a).** [2] VI + ADV: **so the question ~s down to this ...** así que la cuestión se reduce a esto ....

narrate [nə'reɪt] VT (*in play etc*) narrar; (*to tell story*) contar.

narration [nə'reɪʃən] N (*act of narrating*) narración *f*; (*of story*) relato *m*.

narrative ['nærətɪv] [1] ADJ narrativo/a. [2] N (*gen*) narrativa *f*; (*of story*) narración *f*, relato *m*.

narrator [nə'reɪtər] N narrador(a) *m/f*.

narrow ['nærəʊ] [1] ADJ (comp ~er; superl ~est) (gen) estrecho/a, angosto/a (LAm); (place) angosto; (advantage, majority) pequeño/a; **to have a ~ escape** escaparse por los pelos. [2] VT [a] (also ~ **down**: road) hacer más estrecho; (: choice) reducir, limitar; **we have ~ed it down to 3 possibilities** lo hemos reducido a 3 posibilidades. [b] (eyes) entrecerrar. [3] VI (road) hacerse más estrecho; (eyes) entrecerrarse.

narrow-gauge ['nærəʊɡeɪdʒ] ADJ de vía estrecha.

narrowly ['nærəʊlɪ] ADV [a] (by a small margin) por poco; **he ~ missed being elected** no fue elegido por unos pocos votos. [b] (closely) de cerca.

narrow-minded ['nærəʊ'maɪndɪd] (pej) ADJ (person) de miras estrechas; (ideas, outlook etc) intolerante.

NAS N ABBR (US) of **National Academy of Sciences**.

NASA ['næsə] N ABBR (US) of **National Aeronautics and Space Administration** NASA f.

nasal ['neɪzəl] ADJ nasal.

nasally ['neɪzəlɪ] ADV nasalmente; **to speak ~** hablar por las narices.

Nassau ['næsɔː] N Nassau m.

nastily ['nɑːstɪlɪ] ADV (unpleasantly) de mala manera, groseramente, feamente; (spitefully) con rencor.

nastiness ['nɑːstɪnɪs] N (see adj) maldad f; rencor m.

nasturtium [nəs'tɜːʃəm] N (Bot) capuchina f.

nasty ['nɑːstɪ] ADJ (comp -ier; superl -iest) [a] (dirty) sucio/a, asqueroso/a; (disagreeable) desagradable; (smell, taste) repugnante; (remark) desagradable, dañino/a; (accident, cut, wound) feo/a, grave; (corner, turn etc) peligroso/a; (book, film etc) obsceno/a; **a ~ trick** una mala jugada; **what a ~ mind you have!** ¡qué mal pensado eres!; **to smell ~** oler mal; **to turn ~** (situation) ponerse feo; (weather) volverse malo; **cheap and ~** de mal gusto. [b] (person, character) antipático/a; **to be ~ to** tratar muy mal a; **to turn ~** ponerse negro; **a ~ piece of work** (fam) un tipo muy desagradable, una buena pieza.

NAS/UWT N ABBR (Brit) of **National Association of Schoolmasters/Union of Women Teachers** sindicato.

NATFHE N ABBR (Brit) of **National Association of Teachers in Further and Higher Education** sindicato de la enseñanza superior.

nation ['neɪʃən] N (Pol) nación f; (people) pueblo m.

national ['næʃənl] [1] ADJ nacional; **the ~ anthem** el himno nacional; **~ costume, ~ dress** vestido m nacional; **N~ Curriculum** (Brit) plan de estudios para las escuelas de Inglaterra y País de Gales; **~ debt** deuda f pública; **~ grid** red f eléctrica nacional; **N~ Health Service** (Brit) Servicio m Nacional de Sanidad, ≈ Seguridad Social (Sp); **N~ Insurance** (Brit) seguro m social nacional; **~ liberation movement** movimiento m de liberación nacional; **N~ Lottery** (Brit) ≈ lotería f primitiva; **~ park** parque m nacional; **~ press** prensa f nacional; **~ product** producto m nacional; **~ service** (Brit) servicio m nacional, conscripción f; **N~ Trust** (Brit) organización para conservar el patrimonio nacional. [2] N [a] (person) nacional mf, natural mf. [b] (newspaper) periódico m nacional.

nationalism ['næʃnəlɪzəm] N (gen) nacionalismo m.

nationalist ['næʃnəlɪst] ADJ, N nacionalista mf.

nationality [ˌnæʃə'nælɪtɪ] N nacionalidad f.

nationalization [ˌnæʃnəlaɪ'zeɪʃən] N nacionalización f.

nationalize ['næʃnəlaɪz] VT nacionalizar.

nationalized ['næʃnəlaɪzd] ADJ: **~ industry** industria f nacionalizada.

nationally ['næʃnəlɪ] ADV en or a escala nacional.

nation-state ['neɪʃən'steɪt] N estado-nación m.

nationwide ['neɪʃənwaɪd] [1] ADJ a escala nacional. [2] ADV por todo el país.

native ['neɪtɪv] [1] ADJ [a] (innate) natural, innato/a; **~ wit** ingenio m. [b] (of one's birth) natal; **~ country** or **land** patria f; **~ language** lengua f materna; **she's not a ~ Dutch speaker** el holandés no es su lengua materna. [c] (indigenous: animal etc) indígena; (resources etc) natural; (product) nacional; (to LAm or LAm country)

criollo/a (LAm); **N~ American** americano/a m/f indígena. [d] (of natives) indígena, nativo/a; **to learn the ~ language** aprender el idioma vernáculo. [2] N [a] (with reference to birth or nationality) natural mf, nacional mf; **he was a ~ of Seville** nació en Sevilla; **he speaks German like a ~** habla alemán como un nativo. [b] (primitive) indígena mf.

Nativity [nə'tɪvɪtɪ] [1] N Natividad f; **the ~** la Natividad. [2] CPD: **~ play** N auto m del nacimiento; **~ scene** N Belén m.

NATO ['neɪtəʊ] N ABBR of **North Atlantic Treaty Organization** OTAN f.

natter ['nætər] (Brit: fam) [1] N charla f, plática f (Mex); **to have a ~** echar un párrafo (fam) (with con). [2] VI (chat) charlar, platicar (Mex).

natural ['nætʃrəl] [1] ADJ [a] natural; (inborn) de nacimiento; **it's quite ~ to do/that ...** es lo más natural hacer/que ...; **he's a ~ painter** es un pintor nato; **to die of ~ causes** morir de muerte natural; **~ childbirth** parto m natural; **~ gas** gas m natural; **~ parent** padre m biológico, madre f biológica; **~ resources** recursos mpl naturales; **~ wastage** (Industry) desgaste m natural. [b] (logical) lógico/a; **it's ~ that he should think so** es lógico que lo piense; **it seems ~ enough to me** me parece totalmente normal. [2] N [a] (Mus) nota f natural. [b] (person) **he's a ~ for the job** es la persona más indicada para el trabajo.

naturalist ['nætʃrəlɪst] N naturalista mf.

naturalization [ˌnætʃrəlaɪ'zeɪʃən] N naturalización f.

naturalize ['nætʃrəlaɪz] VT (person) naturalizar; **to become ~d** (plant, animal) aclimatarse.

naturally ['nætʃrəlɪ] ADV [a] (by nature) por naturaleza; **it comes ~ to him to ...** le es completamente natural + infin, no le cuesta ningún esfuerzo + infin; **to do what comes ~** actuar espontáneamente. [b] (unaffectedly: behave, speak) naturalmente, con naturalidad. [c] (of course) claro (que sí), por supuesto, cómo no (LAm).

nature ['neɪtʃər] [1] N [a] (essential quality, character) naturaleza f; (of person) carácter m, temperamento m; **he has a nice ~** tiene un temperamento agradable; **it is not in his ~ to say that** no es propio de él decir tal cosa; **it's second ~ to him to ...** tiene facilidad para ...; **to be cautious by ~** ser cauteloso por naturaleza; **to appeal to sb's better ~** apelar a los sentimientos nobles de algn. [b] (kind) género m, tipo m; **and things of that ~** y cosas por el estilo; **in the ~ of** algo así como; **~ of contents** (Comm) descripción f del contenido. [c] (Bio, Phys etc) naturaleza f; **N~** la Naturaleza; **the laws of N~** las leyes de la Naturaleza; **to draw/paint from ~** dibujar/pintar del natural. [2] CPD: **~ conservation** N protección f de la naturaleza; **~ lover** N amante mf de la naturaleza; **~ reserve** N reserva f natural; **~ trail** N camino m forestal educativo.

-natured ['neɪtʃəd] ADJ SUF de carácter ...; **good~** simpático/a; **ill~** malhumorado/a.

naturism ['neɪtʃərɪzəm] N naturismo m.

naturist ['neɪtʃərɪst] N naturista mf.

naturopathy [ˌneɪtʃə'rɒpəθɪ] N naturopatía f.

naught [nɔːt] N [a] (Math) see **nought**. [b] (old, poet: nothing) nada f; **there's ~ I can do about it** no hay nada que yo pueda hacer; **to come to ~** frustrarse, fracasar.

naughtily ['nɔːtɪlɪ] ADV (behave) mal; (say) con malicia.

naughtiness ['nɔːtɪnɪs] N (mischief) travesuras fpl; (risqué character) atrevimiento m.

naughty ['nɔːtɪ] ADJ (comp -ier; superl -iest) [a] (child etc) travieso/a; **you've been very ~/that was a ~ thing to do** has sido muy malo/eso ha estado muy feo. [b] (joke, song etc) verde, colorado/a (LAm); **~ bits** (fam) alegrías fpl (fam).

nausea ['nɔːsɪə] N (Med) náusea f; (fig) asco m.

nauseate ['nɔːsɪeɪt] VT (see n) dar náuseas a; dar asco a, asquear.

nauseating ['nɔːsɪeɪtɪŋ] ADJ repugnante, asqueroso/a.

nauseous ['nɔːsɪəs] ADJ nauseabundo/a.

nautical ['nɔːtɪkəl] ADJ (*terms, matters, charts etc*) náutico/a; **~ mile** milla *f* marina.

naval ['neɪvəl] ADJ (*battle, strength, base, college*) naval; (*officer, affairs*) de la marina; (*hospital, barracks, stores*) de marina.

Navarre [nə'vɑːʳ] N Navarra *f*.

Navarrese [,nævə'riːz] [1] ADJ navarro/a. [2] N [a] navarro/a *m/f*. [b] (*Ling*) navarro *m*.

nave [neɪv] N (*Archit*) nave *f*.

navel ['neɪvəl] N ombligo *m*.

navigable ['nævɪgəbl] ADJ (*river etc*) navegable; (*ship, balloon*) dirigible.

navigate ['nævɪgeɪt] [1] VT [a] (*ship, plane*) gobernar; (*fig*) conducir, guiar. [b] (*seas, river etc*) navegar por. [2] VI navegar.

navigation [,nævɪ'geɪʃən] N (*act*) navegación *f*; (*science*) náutica *f*.

navigator ['nævɪgeɪtəʳ] N navegante *mf*.

navvy ['nævɪ] N (*Brit*) peón *m* caminero.

navy ['neɪvɪ] [1] N (*ships*) armada *f*, flota *f*; (*organization*) marina *f* de guerra. [2] CPD: **N~ Department** N (*US*) Ministerio *m* de Marina.

navy(-blue) ['neɪvɪ'bluː] [1] ADJ azul marino. [2] N azul *m* marino.

nay [neɪ] ADV (*old: no*) no.

Nazareth ['næzərəθ] N Nazaret *m*.

Nazi ['nɑːtsɪ] ADJ, N nazi *mf*.

Nazism ['nɑːtsɪzəm] N nazismo *m*.

NB ABBR [a] of **nota bene, note well** NB. [b] (*Canada*) of **New Brunswick**.

NBA N ABBR (*US*) [a] of **National Basketball Association**. [b] of **National Boxing Association**.

NBC N ABBR (*US*) of **National Broadcasting Company** cadena de televisión.

NBS N ABBR (*US*) of **National Bureau of Standards**.

NC ABBR [a] (*US Post*) of **North Carolina**. [b] (*Comm etc*) of **no charge**.

NCB N ABBR (*Brit old*) of **National Coal Board**.

NCC N ABBR [a] (*Brit*) of **Nature Conservancy Council** ≈ ICONA *m*. [b] (*US*) of **National Council of Churches**.

NCCL N ABBR (*Brit*) of **National Council for Civil Liberties**.

NCO N ABBR of **non-commissioned officer**.

NCV ABBR of **no commercial value**.

ND ABBR (*US Post*) of **North Dakota**.

n.d. ABBR of **no date** s.f.

N.Dak. ABBR (*US*) of **North Dakota**.

NE ABBR [a] (*US Post*) of **Nebraska**. [b] of **north-east** NE. [c] (*US*) of **New England**.

NEA N ABBR (*US*) of **National Educational Association**.

Neanderthal [nɪ'ændətɑːl] ADJ: **~ man** hombre *m* de Neanderthal.

Neapolitan [nɪə'pɒlɪtən] [1] ADJ napolitano/a. [2] N napolitano/a *m/f*.

near [nɪəʳ] [1] ADV (*gen*) cerca; (*event*) pronto; **that's ~ enough** (*fig: numbers etc*) con eso basta *or* es suficiente; **winter is drawing ~** el invierno se acerca; **nowhere ~** (*fam*) ni mucho menos; **to come** *or* **draw ~ (to)** acercarse (a); **to come ~ to doing** llegar casi a hacer; **I came ~ to telling her everything** llegué casi a decírselo todo.

[2] PREP (*also* **~ to**: *of place*) cerca de; (*of time*) próximo a; (*of numbers*) aproximadamente; **~ here** cerca de aquí, por aquí cerca; **the passage is ~ the end of the book** el trozo viene hacia el final del libro; **we were ~ to being drowned** por poco nos morimos ahogados; **~ to tears** a punto de llorar.

[3] ADJ (*in place etc*) cercano/a; (*of time*) próximo/a; (*relation*) próximo, cercano; (*race, contest, result*) muy reñido/a; **the N~ East** el Cercano Oriente; **the ~est way** el camino más corto; **the ~est I ever got to winning** lo más cerca que estuve de ganar; **he had a ~ miss** (*target*) por poco dió en el blanco; (*accident*) por poco tuvo un accidente; **he calculated the price to the ~est pound** lo calculó hasta la libra más próxima; **£25000 or ~est offer** (*for house etc*) 25000 libras o precio a discutir.

[4] VT (*approach*) acercarse a; **the building is ~ing completion** el edificio está a punto de terminarse; **he is ~ing**

50 frisa en los 50.

[5] VI acercarse.

nearby ['nɪə'baɪ] [1] ADV cerca. [2] ADJ cercano/a.

nearly ['nɪəlɪ] ADV [a] (*almost*) casi; **it's ~ 3 o'clock** son casi las 3; **she's ~ 40** tiene casi 40 años; **I ~ did it** estuve a punto de hacerlo; **I ~ lost it** por poco lo perdí; **~ finished** casi terminado; **very ~!** ¡casi casi! [b] (*with negative*) **not ~** ni mucho menos, ni con mucho; **it's not ~ ready** falta mucho para que esté listo.

near-money ['nɪə,mʌnɪ] N (*Comm*) activos *mpl* realizables.

nearness ['nɪənɪs] N (*in place*) cercanía *f*; (*in time*) proximidad *f*.

nearside ['nɪəsaɪd] (*Aut*) [1] N (*gen*) lado *m* derecho; (*Brit*) lado izquierdo. [2] ADJ (*door, verge, lane*: *gen*) de la derecha; (: *Brit*) de la izquierda.

near-sighted ['nɪə'saɪtɪd] ADJ miope, corto/a de vista.

neat [niːt] ADJ (*comp* **~er**; *superl* **~est**) [a] (*tidy*: *person*) pulcro/a, ordenado/a, prolijo/a (*LAm*); (: *room*) ordenado/a; (: *handwriting*) elegante, claro/a; (*skilful*: *work*) bien hecho/a; (: *solution, plan*) ingenioso/a; (*US fam: very nice*) bonito/a, lindo/a (*LAm*); **her hair is always very ~** lleva el pelo siempre bien peinado. [b] (*undiluted*) solo/a; **I'll take it ~** lo tomo sin mezcla.

neatly ['niːtlɪ] ADV [a] (*tidily: fold, wrap*) con esmero *or* cuidado; (: *dress*) con elegancia; (: *write*) claramente. [b] (*skilfully: avoid, manage*) ingeniosamente, hábilmente; **~ put** bien dicho.

neatness ['niːtnɪs] N (*tidiness*) orden *m*; (*skilfulness*) destreza *f*, habilidad *f*.

Nebr ABBR (*US*) of **Nebraska**.

nebulous ['nebjʊləs] ADJ (*fig*) vago/a, nebuloso/a.

NEC N ABBR of **National Executive Committee**.

necessarily ['nesɪsərɪlɪ] ADV necesariamente; **not ~** no necesariamente, puede que no.

necessary ['nesɪsərɪ] [1] ADJ (*gen*) necesario/a; (*unavoidable*) imprescindible; **to be ~** ser necesario, precisar (*esp LAm*); **it is ~ for us to go** *or* **that we go** es preciso *or* necesario que vayamos; **to do what is ~** hacer lo que hace falta; **I shall do everything ~** haré todo lo necesario; **don't do more than is ~** no hagas más de lo necesario; **if ~** si es necesario; **is that really ~?** ¿realmente es necesario (eso)?; **the ~ qualifications** las aptitudes requeridas.

[2] N cosa *f* necesaria; **to do the ~** hacer lo que sea necesario; **the ~, the necessaries** lo necesario; (*fam: money*) la pasta (*fam*).

necessitate [nɪ'sesɪteɪt] VT necesitar, exigir.

necessity [nɪ'sesɪtɪ] N [a] (*circumstances, need*) necesidad *f*; **· ~ is the mother of invention** la necesidad agudiza el ingenio; **the ~ for care** la necesidad de cuidado; **of ~** necesariamente, a la fuerza; **out of sheer ~** a la *or* por fuerza; **in case of ~** en caso de urgencia; **there is no ~ for you to do it** no es necesario que lo hagas. [b] (*necessary thing*) necesidad *f*; **necessities** artículos *mpl* de primera necesidad; **the necessities of life** los cosas necesarias para la vida.

neck [nek] [1] N (*gen*) cuello *m*; (*of animal*) pescuezo *m*; (*of bottle*) cuello, gollete *m*; **to breathe down sb's ~** (*fam*) no dejarle a algn ni a sol ni a sombra; **~ and ~** parejos; **to be up to one's ~ in work** (*fam*) estar de trabajo hasta las cejas; **to be in sth up to one's ~** (*fam*) estar metido hasta el cuello en algo; **in your ~ of the woods** (*fam*) por tu zona; **I'll break your ~!** ¡te parto la cara!; **to get it in the ~** (*fam*) pagarlas (*fam*); **to risk one's/save one's ~** jugarse/salvar el pellejo *or* el tipo; **to stick one's ~ out** arriesgarse, jugarse el tipo (*fam*).

[2] VI (*fam*) besuquearse.

neckerchief ['nekətʃiːf] N pañuelo *m*.

necklace ['neklɪs] N collar *m*.

neckline ['neklaɪn] N escote *m*; **with a low ~** escotado/a.

necktie ['nektaɪ] N corbata *f*.

necrology [ne'krɒlədʒɪ] N necrología *f*.

necrophilia [,nekrəʊ'fɪlɪə] N necrofilia *f*.

necropolis [ne'krɒpəlɪs] N necrópolis *f*.

nectar ['nektəʳ] N néctar *m*.

nectarine ['nektəri:n] N nectarina *f*.

NEDC N ABBR (*Brit*) of **National Economic Development Council** Consejo *m* Economico y Social.

Neddy ['nedɪ] N ABBR (*fam*) = **NEDC**.

née [neɪ] ADJ: **Mary Green, ~ Smith** Mary Green, de soltera Smith.

▼**need** [ni:d] [1] N [a] (*no pl: necessity*) necesidad *f*; **if ~(s) be, in case of ~** en caso de necesidad; **there's no ~ to go** no hace falta ir; **there's no ~ to worry** no tiene por qué preocuparse; **to be in ~ of, to have ~ of, to stand in ~ of** necesitar; **I have no ~ of advice** no me hacen falta consejos; **in ~ of** que necesita; **in times of ~** en momentos de apuro *or* necesidad.
[b] (*want*) carencia *f*, escasez *f*; (*lack*) falta *f*.
[c] (*poverty*) necesidad *f*, indigencia *f*; **to be in ~ (of)** estar necesitado (de) *or* carente (de).
[d] **~s** (*things needed*) requisitos *mpl*; (*things lacking*) carencias *fpl*; **my ~s are few** es poco lo que necesito; **to supply sb's ~s** proveer lo que necesita algn.
[2] VT [a] (*subj: person*) necesitar; **I ~ a bigger car** necesito *or* me hace falta un coche más grande; **that's just what I ~!** ¡sólo me hacía falta *or* faltaba eso!; **it's just what I ~ed** es precisamente lo que necesitaba; **he ~s watching** hay que vigilarle; **a much ~ed holiday** unas vacaciones bien merecidas.
[b] (*subj: thing*) exigir, requerir; **it ~s care** exige cuidado; **this will ~ some explaining** no va a ser fácil explicar esto.
[c] **I ~ to do it** tengo que *or* necesito hacerlo; **they don't ~ to be told all the details** no hay que contárselo con todo detalle; **you only ~ed to ask** no había sino pedir.
[d] (*aux vb*) **~ I go?** ¿es necesario que vaya?, ¿tengo que ir?; **it ~ not be done now** se puede hacer en cualquier momento; **it ~ not follow that ...** lo que no significa necesariamente que ...; **I ~n't have bothered** pero era trabajo perdido.
[e] (*impersonal*) **it ~ed a war to alter that** fue necesaria una guerra para cambiar eso.

needle ['ni:dl] [1] N aguja *f*; **pine ~** aguja de pino; **it's like looking for a ~ in a haystack** es como buscar una aguja en un pajar; **to give sb the ~** (*fam*) pinchar a algn, meterse con algn; *see* **pin** 1.
[2] VT (*fam*) pinchar, meterse con.

needle-sharp ['ni:dl'ʃɑ:p] ADJ afiladísimo/a; (*fig*) agudísimo/a.

needless ['ni:dlɪs] ADJ innecesario/a; **~ to say ...** huelga *or* no hace falta decir que ....

needlessly ['ni:dlɪslɪ] ADV innecesariamente.

needlework ['ni:dlwɜ:k] N (*sewing*) labor *f* de aguja; (*embroidery*) bordado *m*; **to do ~** hacer costura.

needy ['ni:dɪ] [1] ADJ (*comp* **-ier**; *superl* **-iest**) necesitado/a.
[2] NPL: **the ~** los necesitados.

ne'er [nɛəʳ] ADV (*poet*) nunca.

negation [nɪ'geɪʃən] N [a] (*gen, Ling etc*) negación *f*.
[b] (*denial, refusal*) negativa *f*.

negative ['negətɪv] [1] ADJ negativo/a; **~ cash flow** flujo *m* de fondos negativo; **~ equity** *situación que se da cuando el valor de la vivienda es menor que el de la hipoteca que pesa sobre ella*; **~ feedback** reacción *f* negativa.
[2] N (*Ling*) negación *f*; (*answer*) negativa *f*; (*Phot*) negativo *m*; (*Elec*) polo *m* negativo; **to answer in the ~** contestar con una negativa.

neglect [nɪ'glekt] [1] N [a] (*carelessness*) descuido *m*; (: *in appearance*) dejadez *f*; (*of rule etc*) incumplimiento *m*; (*neglected state*) abandono *m*.
[2] VT [a] (*obligations etc*) descuidar, desatender; (*duty*) no cumplir con, faltar a; (*friends*) abandonar; (*wife*) dejar sola; (*opportunity*) desperdiciar; (*work, garden etc*) descuidar.
[b] **to ~ to do sth** dejar de *or* no hacer algo.

neglected [nɪ'glektɪd] ADJ (*person*) abandonado/a; (*house, garden*) descuidado/a.

neglectful [nɪ'glektfʊl] ADJ negligente; **to be ~ of** descuidar.

negligee ['neglɪʒeɪ] N salto *m* de cama.

negligence ['neglɪdʒəns] N (*carelessness*) descuido *m*,

negligencia *f*; **through ~** por negligencia. [b] (*Jur*) negligencia *f*.

negligent ['neglɪdʒənt] ADJ (*careless, inattentive*) negligente; (*casual*) suelto/a, con soltura; **to be ~ of** descuidar.

negligible ['neglɪdʒəbl] ADJ (*amount*) despreciable; (*damage, difference*) sin importancia.

negotiable [nɪ'gəʊʃɪəbl] ADJ [a] (*Comm etc*) negociable; **not ~** que no puede negociarse. [b] (*road etc*) transitable; (*river*) salvable.

negotiate [nɪ'gəʊʃɪeɪt] [1] VT [a] (*treaty, loan*) negociar, gestionar.
[b] (*bend*) tomar; (*hill*) subir; (*obstacle, etc*) salvar, franquear; (*river etc*) pasar, cruzar.
[2] VI (*also* **to ~ for**) negociar; **to ~ with sb** negociar con algn.

negotiating [nɪ'gəʊʃɪeɪtɪŋ] [1] N negociación *f*. [2] CPD: **~ table** N mesa *f* de negociaciones; **to sit (down) at the ~ table** sentarse a la mesa de negociaciones.

negotiation [nɪ,gəʊʃɪ'eɪʃən] N [a] (*act of negotiating*) negociación *f*, gestión *f*; **to be in ~ with sb** estar negociando con algn; **that will be a matter for ~** eso tendrá que ser discutido. [b] **~s** (*talks*) negociaciones *fpl*, tratativas *fpl* (*CSur*); **to break off ~s** romper las negociaciones; **to enter into ~s with sb** entrar en negociaciones con algn.

negotiator [nɪ'gəʊʃɪeɪtəʳ] N negociador(a) *m/f*.

Negress ['ni:gres] N negra *f*.

Negro ['ni:grəʊ] [1] ADJ negro/a. [2] N (*pl* **~es**) negro *m*.

neigh [neɪ] [1] N relincho *m*. [2] VI relinchar.

neighbour, (*US*) **neighbor** ['neɪbəʳ] N vecino/a *m/f*; (*fellow being*) prójimo/a *m/f*; *see* **next-door**.

neighbourhood, (*US*) **neighborhood** ['neɪbəhʊd] [1] N (*area*) barrio *m*, vecindad *f* (*Sp*); (*people*) vecindario *m*, vecinos *mpl*; (*fig*) **in the ~ of £80** alrededor de (las) 80 libras; **somewhere in the ~** por allí.
[2] CPD: **~ watch scheme** N grupo *m* de vigilancia de los propios vecinos.

neighbouring, (*US*) **neighboring** ['neɪbərɪŋ] ADJ vecino/a.

neighbourly, (*US*) **neighborly** ['neɪbəlɪ] ADJ amigable, sociable.

neither ['naɪðəʳ] [1] ADV: **~ ... nor** ni ... ni; **he nor I can go** ni él ni yo podemos ir; **he ~ smokes nor drinks** ni fuma ni bebe; **that's ~ here nor there** (*fig*) eso no viene al caso.
[2] CONJ tampoco; **if you aren't going, ~ am I** si no vas tú, yo tampoco voy; **'I don't like it' - '~ do I'** 'a mí no me gusta' - 'a mí tampoco'.
[3] PRON: **~ (of them)** ninguno/a de los/las dos, ni el/la uno/a ni el/la otro/a.
[4] ADJ ninguno/a de los/las dos; **~ car is for sale** no se vende ninguno de los dos coches.

nelly ['nelɪ] N: **not on your ~!** (*fam*) ¡ni hablar!

nelson ['nelsən] N: **full ~** (*Wrestling*) llave *f*; **half ~** media llave *f*; **to put a half ~ on sb** (*fig*) ponerle trabas a algn.

nem con ABBR of **nemine contradicente** nemine discrepante.

nemesis ['nemɪsɪs] N justo castigo *m*, justicia *f*.

neo... ['ni:əʊ] PREF neo...

neoclassical ['ni:əʊ'klæsɪkəl] ADJ neoclásico/a.

neolithic [,ni:əʊ'lɪθɪk] ADJ neolítico/a.

neologism [nɪ'blədʒɪzəm] N neologismo *m*.

neon ['ni:ɒn] [1] N neón *m*. [2] CPD: **~ light** N luz *f* de neón; **~ sign** N anuncio *m* de neón.

Nepal [nɪ'pɔ:l] N Nepal *m*.

Nepalese [,nepɔ:'li:z] [1] ADJ nepalés/esa. [2] N INV nepalés/esa *m/f*.

nephew ['nevju:] N sobrino *m*.

nephritis [ne'fraɪtɪs] N nefritis *f*.

nepotism ['nepətɪzəm] N nepotismo *m*.

Neptune ['neptju:n] NM Neptuno.

nerd [nɜ:d] N (*fam*) primo/a *m/f*.

nerve [nɜ:v] [1] N [a] (*Anat, Bot*) nervio *m*; **she suffers from ~s** sufre de los nervios; **a fit of ~s** un ataque de nervios; **my ~s are on edge** tengo los nervios de punta;

| ➤ SENTENCE BUILDER: | **need** → 14.2, 14.3 |

it/he gets on my ~s me pone los nervios de punta *or* me saca de quicio *or* (*LAm*) me friega mucho; **to have ~s of steel** tener los nervios de acero; **to be living on one's ~s** vivir en estado de nervios constante.
b (*courage*) valor *m*; **I hadn't the ~ to do it** no tuve el valor de hacerlo; **to lose one's ~** perder el valor.
c (*cheek*) caradura *f*, cara *f*, descaro *m*; **you've got a ~!** ¡qué cara tienes!; **to have the ~ to do sth** tener la cara *or* el valor de hacer algo; **he had the ~ to ask for money** tuvo el valor de pedir dinero (*fam*).
2 VT: **to ~ o.s. to do sth** forzarse a hacer algo.
3 CPD: **~ cell** N neurona *f*, célula *f* nerviosa; **~ centre**, (*US*) **~ center** N centro *m* nervioso; (*fig*) punto *m* neurálgico; **~ gas** N gas *m* nervioso.

nerve-racking ['nɜːv,rækɪŋ] ADJ (*exhausting*) agotador(a); (*distressing*) que te pone los nervios de punta, horripilante; (*sound*) crispante.

nervous ['nɜːvəs] ADJ (*gen*) nervioso/a; (*frightened*) nervioso, miedoso/a; (*restless*) inquieto/a; **to be ~ of** tener miedo a; **to get ~** ponerse nervioso, excitarse; **I was ~ about speaking to her** me daba miedo hablarle; **I was ~ after the exam** el examen me tenía *or* traía preocupado; **it makes me ~** me da miedo; **~ breakdown** crisis *f* nerviosa; **to have a ~ breakdown** sufrir una crisis nerviosa; **~ system** sistema *m* nervioso.

nervously ['nɜːvəslɪ] ADV (*tensely*) nerviosamente; (*apprehensively*) con inquietud.

nervy ['nɜːvɪ] ADJ (*comp* **-ier**; *superl* **-iest**) (*Brit*: *tense*) nervioso/a; (*US*: *cheeky*) descarado/a.

nest [nest] **1** N (*of bird*) nido *m*; (*of animal*) madriguera *f*; (*of wasps*) avispero *m*; (*of ants*) hormiguero *m*; (*of boxes, tables*) juego *m*; *see* **feather**.
2 VI (*bird*) anidar, hacer su nido.
3 CPD: **~ egg** N (*fig*) ahorros *mpl*.

nestle ['nesl] VI: **to ~ up to sb** arrimarse *or* acurrucarse junto a algn; **to ~ down (in bed)** acurrucarse (en la cama); **a village nestling among hills** un pueblo abrigado por las colinas.

nestling ['neslɪŋ] N pajarito *m*.

net¹ [net] **1** N (*gen*) red *f*, malla *f*; (*for hair etc*) redecilla *f*; (*fabric*) tul *m*; **to cast one's ~ wider** ampliar el campo de acción; **to fall into the ~** (*fig*) caer en la trampa; **to slip through the ~** escapar de la red.
2 VT coger (con red).
3 CPD: **~ curtain** N visillo *m*.

net² [net] **1** ADJ (*Comm*: *price, weight*) neto/a, líquido/a; **~ of VAT/tax** IVA/impuesto incluido; **~ assets** activo *msg* neto; **~ income** renta *f* neta; **~ loss** pérdida *f* neta; **~ payment** líquido *m*; **at a ~ profit of 5%** con un beneficio neto del 5 por ciento; **~ weight** peso *m* neto.
2 VT (*Comm*: *earn*) ganar neto; (: *produce*) producir neto.

NET N ABBR (*US*) *of* **National Educational Television**.

Net [net] N: **the ~** (*Comput fam*) (el *or* la) Internet; **to surf the ~** navegar por Internet.

netball ['netbɔːl] N baloncesto *m*, básquet *m* para mujeres.

nether ['neðəʳ] ADJ inferior, más bajo/a; **~ regions** infierno *m*; **down in my ~ regions** (*fam*) en la parte baja de mi persona.

Netherlands ['neðələndz] NPL Países *mpl* Bajos.

netting ['netɪŋ] N (*wire*) malla *f*; (*nets*) redes *fpl*; (*Sew*) tul *m*.

nettle ['netl] **1** N (*Bot*) ortiga *f*. **2** VT (*fam*) picar, fregar (*LAm*). **3** CPD: **~ rash** N urticaria *f*; **~ sting** N picadura *f* de ortiga.

network ['netwɜːk] **1** N (*gen, Comput*) red *f*. **2** VT (*Rad, TV*) difundir por la red de emisoras; (*Comput*) conectar a la red. **3** VI hacer contactos en el mundo de los negocios.

networking ['netwɜːkɪŋ] N (*Comput*) conexión *f* de redes.

neuralgia [njʊə'rældʒə] N neuralgia *f*.

neuro... ['njʊərəʊ] PREF neuro....

neurological [njʊərə'lɒdʒɪkəl] ADJ neurológico/a.

neurologist [njʊə'rɒlədʒɪst] N neurólogo/a *m/f*.

neuron ['njʊərɒn] N neurona *f*.

neurosis [njʊə'rəʊsɪs] N (*pl* **neuroses** [njʊə'rəʊsiːz])

neurosis *f*.

neurotic [njʊ'rɒtɪk] ADJ neurótico/a.

neuter ['njuːtəʳ] **1** ADJ (*Ling*) neutro/a. **2** N (*Ling*) neutro *m*. **3** VT (*cat etc*) castrar.

neutral ['njuːtrəl] **1** ADJ (*person, country, opinion*) neutral; (*Zool, Bot, Elec, Chem etc*) neutro/a. **2** N neutral *m*; **in ~** (*Mech*) en punto muerto.

neutrality [njuː'trælɪtɪ] N neutralidad *f*.

neutralize ['njuːtrəlaɪz] VT neutralizar.

neutron ['njuːtrɒn] **1** N neutrón *m*. **2** CPD: **~ bomb** N bomba *f* de neutrones.

Nev. ABBR (*US*) *of* **Nevada**.

▼**never** ['nevəʳ] ADV **a** nunca; **~ again!** ¡nunca más!; **~ before** jamás, nunca antes; **you ~ saw anything like it** nunca se ha visto nada parecido. **b** (*emphatic negative*) ni; **~ in my life** en mi vida; **~!, you ~ did!** (*fam*) ¿en serio?, ¡no puede ser!; **well I ~!** (*fam*) ¡no me digas!, ¡no me lo puedo creer!, ¡ándale! (*Mex*), ¡ándele! (*Mex*); **I ~ expected it** no contaba con eso de ningún modo; **~ mind** no te preocupes, no hay cuidado (*LAm*).

never-ending ['nevər'endɪŋ] ADJ sin fin, interminable.

never-never ['nevə'nevəʳ] **1** N: **to buy sth on the ~** (*Brit fam*) comprar algo a plazos. **2** CPD: **~ land** N país *m* de ensueños.

nevertheless [,nevəðə'les] ADV sin embargo, no obstante, aun así.

new [njuː] ADJ (*comp* **~er**; *superl* **~est**) (*gen*) nuevo/a; (*latest*) último/a; (*fresh*) fresco/a, nuevo; (*different*) nuevo, distinto/a; (*recently arrived*) recién llegado/a; **a ~ car** (*different*) un coche distinto, otro coche, un nuevo coche; (*brand ~*) un coche nuevo; **are you ~ here?** ¿eres nuevo aquí?; **to be ~ to** ser nuevo en; **it's as good as ~** está como nuevo; **what's ~ about that?, that's nothing ~** ¿qué tiene de nuevo?; **N~ Age (music)** música *f* de la Nueva Era; **~ boy/girl** (*Scol*) alumno/a *m/f* nuevo/a; **N~ Guinea** Nueva Guinea *f*; **~ look** nueva moda *f*; **he's a ~ man** quedó como nuevo; **~ moon** luna *f* nueva; **N~ Testament** Nuevo Testamento *m*; **~ town** ciudad *f* nueva; **the N~ World** el Nuevo Mundo; **N~ Year** Año *m* Nuevo; **to bring in** *or* **see in the N~ Year** celebrar el Año Nuevo; **Happy N~ Year!** ¡feliz Año Nuevo!; **N~ Year's Day** el día de Año Nuevo; **N~ Year's Eve** Nochevieja *f*; **N~ Year resolutions** buenos propósitos *mpl* del año nuevo; **N~ York** Nueva York *f*; **N~ Yorker** neoyorquino/a *m/f*; **N~ Zealand** Nueva Zelanda *f*, Nueva Zelandia *f*; (*cpd*) neozelandés/esa, neozelandés/esa; **N~ Zealander** neozelandés/esa *m/f*, neozelandés/esa *m/f*.

new- [njuː] ADJ PREF recién.

newborn ['njuːbɔːn] ADJ (*baby*) recién nacido/a.

newcomer ['njuːˌkʌməʳ] N recién llegado/a *m/f*.

new-fangled ['njuːˌfæŋgld] ADJ (*pej*) modernísimo/a, novedoso/a.

new-found ['njuːˌfaʊnd] ADJ recién descubierto/a.

Newfoundland ['njuːfəndlənd] N Terranova *f*.

new-laid ['njuːˈleɪd] ADJ (*egg*) fresco/a.

newly ['njuːlɪ] ADV (*recently*) nuevamente, recién; **~ made** recién hecho.

newly-weds ['njuːlɪwedz] NPL recién casados *mpl*.

newness ['njuːnɪs] N (*of fashion, ideas etc*) novedad *f*; (*of clothes etc*) estado *m* de nuevo.

news [njuːz] **1** NSG **a** noticias *fpl*; **a piece of ~** una noticia *f*; **that's good ~** es una buena noticia; **no ~ is good ~** la falta de noticias es una buena señal; **I've got ~ for you!** ¡tengo una noticia que darte!; **they're in the ~** son de actualidad; **to be bad ~** (*fam*: *person*) ser un ave de mal agüero; (: *thing*) ser mal asunto (*fam*); **to break the ~ to sb** comunicar una noticia a algn.
b (*Press, Rad, TV*) noticias *fpl*, noticiario *msg*.
2 CPD: **~ agency** N agencia *f* de prensa; **~ bulletin** (*Rad*) noticiario *m*; (*TV*) telediario *m*; **~ desk** N redacción *f*; **~ headlines** NPL titulares *mpl*.

newsagent ['njuːzˌeɪdʒənt] N (*Brit*) vendedor(a) *m/f* de periódicos; **~'s** tienda *f* de periódicos.

newscast ['njuːzkɑːst] N noticiario *m*.

newscaster ['njuːzˈkɑːstəʳ] N locutor(a) *m/f*.

newsdealer ['nju:z'di:lər] N (US) vendedor(a) m/f de periódicos, voceador(a) m/f (Mex).

newsflash ['nju:zflæʃ] N flash m, noticia f de última hora.

newsletter ['nju:z,letər] N boletín m, informativo m.

newspaper ['nju:s,peɪpər] [1] N (gen) periódico m; (daily) diario m. [2] CPD: **~ clipping, ~ cutting** N recorte m de periódico; **~ report** N reportaje m.

newsprint ['nju:zprɪnt] N papel m de periódico.

newsreader ['nju:z,ri:dər] N (Brit TV) locutor(a) m/f de telediario.

newsreel ['nju:zri:l] N noticiario m, película f de actualidades, ≈ Nodo m (Sp).

newsroom ['nju:zrʊm] N sala f de redacción.

newsworthy ['nju:z,w3:ðɪ] ADJ de interés periodístico.

newsy ['nju:zɪ] ADJ (fam) lleno/a de noticias.

newt [nju:t] N tritón m.

next [nekst] [1] ADJ [a] (house, street, room) vecino/a, de al lado; (bus stop, turning: in future) próximo/a; (: in past) siguiente; (page, case etc) siguiente; (size: up) más grande; (: down) más pequeño/a; **~ door** al lado; **on the ~ page** a la vuelta; **she was ~ to arrive** ella fue la próxima en llegar; **the ~ door but one** no la puerta de al lado sino la siguiente; **as good as the ~ man** tan bueno como cada hijo de vecino; **who's ~?** ¿quién sigue?, ¿a quién le toca ahora?; **I'm/you're ~** me/le toca a mi/lo.
[b] (in time: day, week etc) que viene, próximo/a; **~ day** el día siguiente; **~ month** (month after this) el mes que viene or (esp LAm) entrante; (the month after) el mes siguiente; **~ time you come** la próxima vez que vengas; **the week after ~** no la semana que viene sino la otra; **this time ~ year** de hoy en un año, el próximo año por estas fechas.
[2] ADV [a] (of place, order) después, luego; **to come ~** seguir; **the ~ best thing** la segunda posibilidad; **what ~?, what will you do ~?** (question) ¿y después or ¿y luego qué harás?; (exclamation) ¡parece mentira!
[b] (of time) luego, entonces, después; **what did he do ~?** ¿qué hizo después?; **when you ~ see him** cuando le vuelvas a ver; **~ we put the salt in** luego echamos la sal.
[3] PREP [a] **~ to** al lado de, junto a; **his room is ~ to mine** su habitación está al lado de la mía.
[b] (fig) **~ to** casi; **~ to nothing** casi nada; **there was ~ to nobody there** no había casi nadie; **there is ~ to no news** apenas hay noticias.
[4] N (person) próximo/a m/f, siguiente mf.

next-door ['neks'dɔ:r] ADJ: **~ flat** piso m de al lado; **~ neighbour** vecino/a m/f de al lado.

next-of-kin [,nekstəv'kɪn] N familiar mf más cercano/a.

NF [1] ABBR (Canada) of **Newfoundland**. [2] N ABBR (Brit Pol: old) of **National Front** partido político neonazi.

n/f ABBR (Fin) of **no funds**.

NFL N ABBR (US) of **National Football League**.

Nfld. ABBR (Canada) of **Newfoundland**.

NFS N ABBR (Brit) of **National Fire Service**.

NFT N ABBR (Brit) of **National Film Theatre**.

NG ABBR (US) of **National Guard**.

NGO N ABBR (US) of **non-governmental organization**.

NH ABBR (US Post) of **New Hampshire**.

NH(I) ABBR (US) of **National Health (Insurance)**.

NHL N ABBR (US) of **National Hockey League**.

NHS N ABBR (Brit) of **National Health Service**.

NI ABBR [a] of **Northern Ireland**. [b] of **National Insurance**.

Niagara [naɪ'ægrə] CPD: **~ Falls** NPL Cataratas fsg del Niágara.

nib [nɪb] N punta f; (of fountain pen) plumilla f.

nibble ['nɪbl] [1] N [a] mordisquito m.
[b] (at party etc) **~s** tapas fpl, comida fsg para picar.
[2] VT mordisquear, mordiscar, picar; (fish) picar.
[3] VI: **to ~ (at)** (food) mordiscar or mordisquear, picar; **to ~ at an offer** (fig) mostrar interés por una oferta.

NICAM ['naɪkæm] N ABBR of **near-instantaneous companding system** sistema de transmisión digital de audio.

Nicaragua [,nɪkə'rægjʊə] N Nicaragua f.

Nicaraguan [,nɪkə'rægjʊən] ADJ, N nicaragüense mf.

nice [naɪs] ADJ (comp **~r**; superl **~st**) [a] (person: likeable) amable, simpático/a; **he was very ~ about it** se mostró or (LAm) se portó muy amable; **try to be ~ to him** procura ser amable con él.
[b] (person: attractive) guapo/a, mono/a, lindo/a (LAm); **how ~ you look!** ¡qué guapa estás!, ¡qué bien te ves! (LAm).
[c] (thing: pleasant) agradable, lindo/a (LAm); (: attractive) bonito/a, lindo (LAm), primoroso/a; (: weather etc) bueno/a, de buen tiempo; (food, perfume) rico/a; **~ one!** (fam) bravo!; **it's ~ here** aquí se está bien; **it's ~ to stay at home** da gusto quedarse en casa; **to have a ~ time** pasarlo bien; **it smells ~** huele bien; **it doesn't taste at all ~** no sabe nada bueno.
[d] (things, person: refined) fino/a, educado/a; **he has ~ manners** es muy educado; **that's not ~** eso no está bien or no se hace.
[e] (intensive) bien, bastante; **~ and early** bien temprano; **it's ~ and warm here** aquí hace un calor muy agradable; **a ~ cold drink** una bebida bien fría.
[f] (subtle: distinction) fino/a, sutil; **he has a ~ ear** tiene un oído fino.
[g] (iro) bonito/a, menudo/a; **that's a ~ thing to say!** ¡qué cosas más bonitas dices!, eres muy amable diciendo; **a ~ mess!** ¡menudo lío!

nice-looking ['naɪs'lʊkɪŋ] ADJ guapo/a, mono/a, lindo/a (LAm).

nicely ['naɪslɪ] ADV (kindly) amablemente; (of health etc) bien; **she dresses ~** se viste de muy buen gusto; **that will do ~** perfecto, así está bien; **he's doing very ~ (for himself)** le van bien las cosas; (pej) se está forrando; **he's getting on ~** hace buenos progresos.

nicety ['naɪsɪtɪ] N sutileza f; **niceties** detalles mpl; **to judge sth to a ~** juzgar algo con precisión or al detalle.

niche [ni:ʃ] N (Archit) nicho m, hornacina f; (fig) hueco m; **to find a ~ for o.s.** encontrarse una buena posición.

Nick [nɪk] N: **Old ~** Patillas m.

nick [nɪk] [1] N [a] (cut) muesca f; (crack) hendedura f; (scratch) rasguño m.
[b] (Brit fam: prison) jaula f.
[c] **in the ~ of time** justo a tiempo.
[d] **in good ~** (fam) en buenas condiciones.
[2] VT [a] (cut) cortar, hacer muescas en; (scratch) rasguñar.
[b] (fam: steal) birlar (fam); (: arrest) trincar (fam); **you're ~ed!** ¡queda Vd detenido!

nickel ['nɪkl] N (metal) níquel m; (US) moneda f de 5 centavos.

nickel-plated ['nɪkl'pleɪtɪd] ADJ niquelado/a.

nickname ['nɪkneɪm] [1] N apodo m, mote m. [2] VT apodar, dar el apodo de.

Nicosia [,nɪkəʊ'si:ə] N Nicosia f.

nicotine ['nɪkəti:n] N nicotina f.

niece [ni:s] N sobrina f.

nifty ['nɪftɪ] (fam) ADJ (comp **-ier**; superl **-iest**) (car, jacket) elegante, chulo/a (fam); (action, gadget) ingenioso/a.

Niger ['naɪdʒər] N (country, river) Níger m.

Nigeria [naɪ'dʒɪərɪə] N Nigeria f.

Nigerian [naɪ'dʒɪərɪən] [1] ADJ nigeriano/a. [2] N nigeriano/a m/f.

niggardly ['nɪgədlɪ] ADJ (person) tacaño/a, avariento/a; (allowance etc) miserable.

nigger ['nɪgər] N (pej fam!) negro/a m/f.

niggle ['nɪgl] [1] VI quejarse. [2] VT preocupar.

niggling ['nɪglɪŋ] ADJ (detail) insignificante; (doubt) constante; (person) quisquilloso/a, meticuloso/a.

night [naɪt] [1] N noche f; **good ~!** ¡buenas noches!; **last ~** anoche; **first ~** (Theat) estreno m; **last ~** (Theat) última representación f; **tomorrow ~** mañana por la noche; **the ~ before last** anteanoche; **at ~** por la noche, de noche; **Monday ~** el lunes por la noche; **11 o'clock at ~** las 11 de la noche; **in the ~** durante la noche; **to have an early ~** acostarse temprano; **to have a late ~** acostarse muy tarde; **to have a ~ out** salir de juerga or parranda or (CSur) farra; **to make a ~ of it** estar de juerga hasta muy entrada la noche; **to spend the ~** pasar la noche; **to stay**

up late at ~ trasnochar; **to work ~s** trabajar de noche. **2** CPD de noche, nocturno/a; **~ bird** N (fig) trasnochador(a) m/f; **~ school** N escuela f nocturna; **~ shift** N turno m nocturno or de noche; **~ watchman** N sereno m, vigilante m nocturno, guachimán m (LAm).

nightcap ['naɪtkæp] N gorro m de dormir; (drink) bebida f que se toma antes de acostarse.

nightclothes ['naɪt,kləʊðz] N ropa fsg de dormir.

nightclub ['naɪtklʌb] N club m nocturno.

nightdress ['naɪtdres] N camisón m de noche.

nightfall ['naɪtfɔːl] N anochecer m.

nightgown ['naɪtgaʊn] N camisón m de noche.

nightie ['naɪti] (fam) N = **nightgown**.

nightingale ['naɪtɪŋgeɪl] N ruiseñor m.

nightlife ['naɪtlaɪf] N vida f nocturna.

nightly ['naɪtli] **1** ADV todas las noches. **2** ADJ de todas las noches.

nightmare ['naɪtmeə'] N pesadilla f.

night-night ['naɪt,naɪt] N (fam: goodnight) buenas noches fpl.

nightshirt ['naɪtʃɜːt] N camisa f de dormir.

nightspot ['naɪt,spɒt] N lugar m de diversión nocturna, club m nocturno.

nightstick ['naɪtstɪk] N (US) porra f (de policía).

night-time ['naɪttaɪm] N noche f; **at ~** por la noche, de noche.

nihilism ['naɪɪlɪzəm] N nihilismo m.

Nikkei average [nɪ,keɪ'ævərɪdʒ], **Nikkei index** [nɪ,keɪ'ɪndeks] N índice m Nikkei.

nil [nɪl] **1** N (nothing) nada f; (Sport) cero m. **2** ADJ nulo/a; **~ balance** (Fin) balance m nulo.

Nile [naɪl] N Nilo m.

nimble ['nɪmbl] ADJ (comp **~r**; superl **~st**) (in moving) ágil, ligero/a; (in wit) ingenioso/a.

NIMBY ['nɪmbɪ] N ABBR of **not in my backyard** 'no al lado de mi casa' (campaña contra el depósito de residuos tóxicos, etc, en la vecindad).

nine [naɪn] **1** ADJ nueve; **~-to-five job** trabajo m de nueve a cinco; **~ times out of ten** en el noventa por ciento de los casos. **2** N nueve m; **dressed up to the ~s** (Brit fam) de punta en blanco; see **five** for usage.

nineteen ['naɪn'tiːn] **1** ADJ diecinueve, diez y nueve. **2** N diecinueve m, diez y nueve m; **to talk ~ to the dozen** (fam) hablar por los codos; see **five** for usage.

nineteenth ['naɪn'tiːnθ] ADJ decimonoveno/a, decimonono/a; **the ~ century** el siglo diecinueve; see **fifth** for usage.

ninetieth ['naɪntɪɪθ] ADJ nonagésimo/a; see **fifth** for usage.

ninety ['naɪntɪ] **1** ADJ noventa. **2** N noventa m; see **five** for usage.

ninth [naɪnθ] ADJ noveno/a, nono/a; see **fifth** for usage.

nip¹ [nɪp] **1** N (pinch) pellizco m; (bite) mordisco m; **there's a ~ in the air** hace fresco. **2** VT (pinch) pellizcar, pinchar; (bite) mordiscar, mordisquear; (also ~ off: flowers, buds) cortar; **to ~ sth in the bud** (fig) cortar algo de raíz. **3** (Brit fam) VI: **to ~ inside** entrar un momento; **to ~ off/out/down** irse/salir/bajar un momento; **I ~ped round to the shop** fui a la tienda en una escapadita.

nip² [nɪp] N (of drink) trago m.

Nip [nɪp] N (fam, pej) japonés/esa m/f.

nipper ['nɪpə'] N (Brit fam) chiquillo/a m/f.

nipple ['nɪpl] N (Anat) pezón m; (on baby's bottle) tetina f.

nippy ['nɪpɪ] ADJ (comp **-ier**; superl **-iest**) (fam) **a** (person) ágil, rápido/a; **to be ~ about it** menearse, moverse (LAm). **b** (weather) fresquito/a.

NIREX ['naɪreks] N ABBR (Brit) of **Nuclear Industry Radioactive Waste Executive**.

nit [nɪt] N (Zool) liendre f; (fam) imbécil mf, baboso/a m/f (LAm).

nitpick ['nɪt,pɪk] VI (fam pej) buscar los fallos a algo (fam).

nit-picker ['nɪt,pɪkə'] N (fam) criticón/ona m/f.

nitrate ['naɪtreɪt] N nitrato m.

nitric ['naɪtrɪk] ADJ: **~ acid** ácido m nítrico.

nitrogen ['naɪtrədʒən] **1** N nitrógeno m. **2** CPD **~ dioxide** N dióxido m.

nitroglycerin(e) ['naɪtrəʊ'glɪsəriːn] N nitroglicerina f.

nitty-gritty [,nɪtɪgrɪtɪ] N: **to get down to the ~** ir al grano.

nitwit ['nɪtwɪt] N (fam) imbécil mf, bruto/a m/f (LAm).

NJ ABBR (US Post) of **New Jersey**.

NLF N ABBR of **National Liberation Front**.

NLQ N ABBR (Comput) of **near letter quality** cualidad f casi de correspondencia.

NLRB N ABBR (US) of **National Labor Relations Board**.

NM ABBR (US Post) of **New Mexico**.

N. Mex. ABBR (US) of **New Mexico**.

NNE ABBR of **north-north-east** NNE.

NNW ABBR of **north-north-west** NNO.

no [nəʊ] **1** ADV **a** (answer) no. **b** (emphatic) no. **c** (in comparisons) **I am ~ taller than you** yo no soy más alto que tú. **2** ADJ **a** (not any) ningún/una; **there is ~ coffee left** no queda café; **there are ~ trains after midnight** no hay trenes después de medianoche; **they've got ~ friends in London** no tienen ningún conocido en Londres; **I have ~ money/furniture** etc no tengo dinero/muebles etc; **two of them are alike** no hay dos iguales; **it's ~ trouble** no es molestia; **it's ~ use** or **good** es inútil; '**~ admittance**', '**~ entry**' 'se prohíbe la entrada'; '**~ parking**' 'no aparcar or (esp LAm) estacionarse'; '**~ smoking**' 'prohibido fumar'; **we'll be there in ~ time** llegamos en un dos por tres, no tardamos nada; **details of little or ~ interest** detalles mpl sin interés. **b** (quite other than) **he's ~ friend of mine** no es precisamente amigo mío; **he's ~ fool** no es tonto, ni mucho menos. **c** **there's ~ denying it** es imposible negarlo; **there's ~ getting out of it** no hay posibilidad de evitarlo; **there's ~ pleasing him** es imposible contentarle; see **doubt**; **end 1(b), (d); joke** etc. **3** N (pl **~es**) **a** (refusal) no m; **I won't take ~ for an answer** no acepto un no por respuesta. **b** (Pol) voto m en contra; **the ~es have it** se ha rechazado la moción.

No., no. ABBR of **number** núm; **we live at No. 5** vivimos en el (número) 5.

Noah ['nəʊə] N: **~'s ark** arca f de Noé.

nobble ['nɒbl] (Brit fam) VT (person: waylay) pescar; (corrupt) comprar; (horse) narcotizar, drogar.

Nobel prize [nəʊ,bel'praɪz, nəʊbel'praɪz] N Premio m Nobel.

nobility [nəʊ'bɪlɪtɪ] N nobleza f.

noble ['nəʊbl] **1** ADJ (comp **~r**; superl **~st**) (by birth) noble; (generous, praiseworthy) magnánimo/a, generoso/a. **2** N noble mf.

nobleman ['nəʊblmən] N (pl **-men**) noble m.

noblewoman ['nəʊblwʊmən] N (pl **-women**) noble f.

nobly ['nəʊblɪ] ADV (fig) con generosidad.

nobody ['nəʊbədɪ] **1** PRON nadie; **~ spoke** nadie habló, no habló nadie; **~ has more right to it than she has** nadie tiene más derecho que ella. **2** N: **a mere ~** un don nadie.

no-claim(s) bonus [,nəʊ'kleɪm(z),bəʊnəs] (US) **no-claims discount** [,nəʊ'kleɪmz,dɪskaʊnt] N bonificación f por carencia de reclamaciones.

nocturnal [nɒk'tɜːnl] ADJ nocturno/a.

nocturne ['nɒktɜːn] N (Mus) nocturno m.

nod [nɒd] **1** N inclinación f de la cabeza; (answering yes) **he gave a ~** asintió con la cabeza. **2** VT (head) inclinar; **he ~ded a greeting** saludó con una inclinación de cabeza. **3** VI inclinar la cabeza; (say yes) asentir con la cabeza.

♦ **nod off** VI + ADV dormirse, dar cabezadas.

nodule ['nɒdjuːl] N nódulo m.

no-fault ['nəʊ'fɔːlt] ADJ: **~ agreement** acuerdo m de pago respectivo; **~ divorce** divorcio m en el que no se culpa a ninguno de los esposos; **~ insurance** seguro m en el que no entra el factor de culpabilidad.

no-go [,nəʊ'gəʊ] ADJ: **~ area** (Brit) zona f prohibida.

no-growth ['nəʊ'grəʊθ] ADJ: **~ economy** economía f sin crecimiento.

noise [nɔɪz] **1** N (*loud*) ruido *m*; (*soft*) sonido *m*; (*din*) escándalo *m*; **to make a ~** (*lit*) hacer ruido; (*fig fam*) protestar, levantar protesta; **to make ~s about** dejar oír sus protestas; **they made a (lot of) ~ about it** protestaron (mucho) por ello; **the minister is making all the right ~s** el ministro se muestra francamente favorable; **big ~** (*fam: person*) pez *m* gordo. **2** CPD: **~ pollution** N contaminación *f* auditiva.

noiseless ['nɔɪzlɪs] ADJ silencioso/a, sin ruido.

noisemaker ['nɔɪzˌmeɪkəʳ] N (*US*) matraca *f*.

noisily ['nɔɪzɪlɪ] ADV ruidosamente.

noisy ['nɔɪzɪ] ADJ (*comp* **-ier**; *superl* **-iest**) (*meeting etc*) ruidoso/a; (*child etc*) escandaloso/a.

nomad ['nəʊmæd] N nómada *mf*.

nomadic [nəʊˈmædɪk] ADJ nómada.

no-man's land ['nəʊmænzlænd] N tierra *f* de nadie.

nom de plume ['nɒmdəˈpluːm] N seudónimo *m*.

nomenclature [nəʊˈmenklətʃəʳ] N nomenclatura *f*.

nominal ['nɒmɪnl] ADJ nominal; (*rule*) solamente de nombre; **~ value** valor *m* nominal; **~ wage** salario *m* nominal.

nominally ['nɒmɪnəlɪ] ADV sólo de nombre.

nominate ['nɒmɪneɪt] VT (*propose*) proponer; (*appoint*) nombrar; **to ~ sb as chairman** presentar a algn como candidato a la presidencia; **to ~ sb for a job** nombrar a algn para un cargo.

nomination [ˌnɒmɪˈneɪʃən] N (*proposal*) propuesta *f*; (*appointment*) nombramiento *m*.

nominative ['nɒmɪnətɪv] **1** ADJ (*Ling*) nominativo/a. **2** N nominativo *m*.

nominee [ˌnɒmɪˈniː] N candidato *m*.

non- [nɒn] PREF no..., des..., in....

non-acceptance ['nɒnəkˈseptəns] N rechazo *m*.

non-achiever ['nɒnəˈtʃiːvəʳ] N persona *f* que no alcanza lo que se espera de ella.

non-addictive ['nɒnəˈdɪktɪv] ADJ que no crea dependencia.

non-alcoholic ['nɒnælkəˈhɒlɪk] ADJ no alcohólico/a; **~ drink** refresco *m*.

non-aligned ['nɒnəˈlaɪnd] ADJ (*country*) no alineado/a.

non-arrival ['nɒnəˈraɪvəl] N ausencia *f*; **the ~ of the mail** el hecho de no haber llegado el correo.

non-attendance ['nɒnəˈtendəns] N ausencia *f*, no asistencia *f*.

non-availability ['nɒnəˌveɪləˈbɪlɪtɪ] N no disponibilidad *f*.

non-believer ['nɒnbɪˈliːvəʳ] N no creyente *mf*.

nonchalance ['nɒnʃələns] N indiferencia *f*.

nonchalant ['nɒnʃələnt] ADJ indiferente; **to be ~ about sth** no prestar atención a algo.

non-Christian [ˌnɒnˈkrɪstɪən] **1** ADJ no cristiano/a. **2** N no cristiano/a *m/f*.

non-combatant ['nɒnˈkɒmbətənt] N no combatiente *mf*.

non-combustible ['nɒnkəmˈbʌstɪbl] ADJ incombustible.

non-commissioned ['nɒnkəˈmɪʃənd] ADJ: **~ officer** suboficial *m*.

non-committal ['nɒnkəˈmɪtl] ADJ (*statement, person*) evasivo/a, que no se compromete.

non-compliance ['nɒnkəmˈplaɪəns] N incumplimiento *m* (*with* de).

nonconformist ['nɒnkənˈfɔːmɪst] **1** ADJ inconformista. **2** N inconformista *mf*; **N~** (*Brit Rel*) no conformista *mf*.

nonconformity ['nɒnkənˈfɔːmɪtɪ] N no conformidad *f*.

non-contagious ['nɒnkənˈteɪdʒəs] ADJ no contagioso/a.

non-contributory [ˌnɒnkənˈtrɪbjʊtərɪ] ADJ: **~ pension scheme** sistema *m* de pensión no contributiva.

non-convertible ['nɒnkənˈvɜːtɪbl] ADJ (*currency*) no convertible.

non-cooperation ['nɒnkəʊˌɒpəˈreɪʃən] N (*Pol*) no cooperación *f*.

nondescript ['nɒndɪskrɪpt] ADJ (*person, clothes etc*) soso/a, mediocre, anodino/a; (*colour*) apagado/a.

non-drinker ['nɒnˈdrɪŋkəʳ] N no bebedor(a) *m/f*.

none [nʌn] **1** PRON (*person*) nadie, ninguno/a; (*thing*) nada, ninguno/a; **~ of them** ninguno de ellos; **we have ~ of your books** no tenemos ningún libro tuyo; **~ of**

this is true nada de eso es verdad; **any news? - ~!** ¿alguna noticia? - ¡nada!; **there are ~ left** no queda ninguno; **~ of that!** ¡vale ya!; **he would have ~ of it** no quería saber nada (de eso). **2** ADV de ningún modo, de ninguna manera, nada; **I was ~ too comfortable** no me sentía nada cómodo; **it was ~ too soon** ya era hora; **it's/he's ~ the worse for that** no está peor por ello, no (le) ha pasado nada.

nonentity [nɒˈnentɪtɪ] N (*person*) nulidad *f*, cero *m* a la izquierda.

non-essential ['nɒnɪˈsenʃəl] **1** ADJ no esencial. **2** N cosa *f* secundaria *or* sin importancia.

nonetheless [ˌnʌnðəˈles] ADV sin embargo, aún así.

non-event [ˌnɒnɪˈvent] N acontecimiento *m* fallido; **it was a ~** no pasó estrictamente nada.

non-executive [ˌnɒnɪgˈzekjʊtɪv] ADJ: **~ director** vocal *mf*.

non-existence ['nɒnɪgˈzɪstəns] N inexistencia *f*.

non-existent ['nɒnɪgˈzɪstənt] ADJ inexistente.

non-fattening [ˌnɒnˈfætnɪŋ] ADJ que no engorda.

non-fiction ['nɒnˈfɪkʃən] N literatura *f* no novelesca.

non-flammable ['nɒnˈflæməbl] ADJ ininflamable.

non-infectious ['nɒnˌɪnˈfekʃəs] ADJ no infeccioso/a.

non-intervention ['nɒnˌɪntəˈvenʃən] N no intervención *f*.

non-iron ['nɒnˈaɪən] ADJ que no necesita plancha.

non-member ['nɒnˌmembəʳ] N no miembro *m*.

non-nuclear ['nɒnˈnjuːklɪəʳ] ADJ (*defence, policy*) no nuclear; (*area*) desnuclearizado.

no-no ['nəʊnəʊ] (*US fam*) N: **it's a ~** (*lie*) es mentira; (*not an option*) no existe tal posibilidad.

non. obst. ABBR *of* **non obstante, notwithstanding**.

non-operational ['nɒnˌɒpəˈreɪʃənl] ADJ que no funciona.

nonpartisan ['nɒnˌpɑːtɪˈzæn] ADJ independiente.

non-party ['nɒnˈpɑːtɪ] ADJ (*Pol*) independiente.

non-paying ['nɒnˈpeɪɪŋ] ADJ (*member*) que no paga.

non-payment ['nɒnˈpeɪmənt] N falta *f* de pago; **sued for ~ of debts** demandado por no pagar sus deudas.

nonplus ['nɒnˈplʌs] (*pt, pp* **~sed**) VT dejar perplejo.

non-practising ['nɒnˈpræktɪsɪŋ] ADJ no practicante.

non-productive [ˌnɒnprəˈdʌktɪv] ADJ improductivo/a.

non-profit-making ['nɒnˈprɒfɪtmeɪkɪŋ], **nonprofit** (*US*) ['nɒnˈprɒfɪt] ADJ no lucrativo/a.

non-recurring ['nɒnrɪˈkɜːrɪŋ] ADJ que no se repite.

non-resident ['nɒnˈrezɪdənt] N (*of hotel etc*) no residente *mf*; (*of country etc*) transeúnte *mf*.

non-returnable ['nɒnrɪˈtɜːnəbl] ADJ: **~ bottle** envase *m* sin vuelta; **~ deposit** depósito *m* sin devolución.

nonsense ['nɒnsəns] N tonterías *fpl*, disparates *mpl*, babosadas *fpl* (*LAm*); **(what) ~!** ¡qué tonterías!; **it is ~ to say that ...** es absurdo decir que ...; **to talk ~** decir tonterías; **to make (a) ~ of sth** (*become ridiculous*) dejar algo en ridículo; (*become a waste of time*) quitar sentido a algo; **to stand no ~** no aguantar tonterías.

nonsensical [nɒnˈsensɪkəl] ADJ absurdo/a.

non seq. ABBR *of* **non sequitur**.

non sequitur [ˌnɒnˈsekwɪtəʳ] N incongruencia *f*.

non-sexist ['nɒnˈseksɪst] ADJ no sexista.

non-shrink ['nɒnˈʃrɪŋk] ADJ que no encoge.

non-smoker ['nɒnˈsməʊkəʳ] N no fumador(a) *m/f*.

non-smoking ['nɒnˈsməʊkɪŋ] ADJ no fumador(a).

non-starter [ˌnɒnˈstɑːtəʳ] N: **that idea is a ~** esa idea es imposible.

non-stick [ˌnɒnˈstɪk] ADJ (*pan*) antiadherente, que no se pega.

non-stop ['nɒnˈstɒp] **1** ADV (*without a pause*) sin cesar *or* parar; (*Ferro*) sin hacer paradas; (*Aer*) sin hacer escalas. **2** ADJ (*without a pause*) continuo/a; (*flight etc*) directo/a.

non-taxable ['nɒnˈtæksəbl] ADJ no sujeto/a a impuestos; **~ income** ingresos *mpl* exentos de impuestos.

non-teaching ['nɒnˈtiːtʃɪŋ] ADJ (*staff*) no docente.

non-transferable ['nɒntrænsˈfɜːrəbl] ADJ intransferible.

non-U [ˌnɒnˈjuː] ADJ ABBR (*Brit fam*) *of* **non-upper class** que no pertenece a la clase alta.

non-violent ['nɒnˈvaɪələnt] ADJ no violento/a.

non-volatile [ˌnɒnˈvɒlətaɪl] ADJ: **~ memory** (*Comput*) memoria *f* permanente.

non-voting [ˌnɒnˈvəʊtɪŋ] ADJ: ~ **shares** (*Comm*) acciones *fpl* sin derecho a votar.

noodles [ˈnuːdlz] NPL fideos *mpl*, tallarines *mpl*.

nook [nʊk] N rincón *m*, nicho *m*; **we looked in every ~ and cranny** buscamos en todos los sitios.

nookie [ˈnʊkɪ] N: **to have ~** (*fam!*) mojar (*fam!*); **to want ~** querer mojar (*fam!*).

noon [nuːn] N mediodía *m*.

no-one [ˈnəʊwʌn] PRON = **nobody**.

noose [nuːs] N (*loop*) nudo *m* corredizo; (*for animal: as trap*) lazo *m*; (*of hangman*) soga *f*; **to put one's head in the ~** (*fig*) estar con la soga al cuello.

nope [nəʊp] INTERJ (*esp US fam*) no.

nor [nɔːʳ] CONJ ni; **neither A ~ B** ni A ni B; **~ do I** ni yo tampoco; **I don't know, ~ can I guess** no or ni lo sé, ni tampoco puedo adivinar; **~ was this all** y esto no fue todo.

Norf ABBR (*Brit*) of **Norfolk**.

norm [nɔːm] N norma *f*, modelo *m*; **larger than the ~** más grande que lo normal.

normal [ˈnɔːməl] **1** ADJ normal; **the child is not ~** el niño es anormal; **it is perfectly ~ to be lefthanded** es de lo más natural or no hay nada raro en ser zurdo. **2** N: **to return to ~** volver a la normalidad; **above/below ~** por encima de/por debajo de lo normal.

normality [nɔːˈmælɪtɪ] N normalidad *f*.

normalize [ˈnɔːməlaɪz] VT normalizar.

normally [ˈnɔːməlɪ] ADV normalmente; **he ~ arrives at 7 o'clock** suele llegar a las 7.

Norman [ˈnɔːmən] ADJ normando/a; **the ~ Conquest** la conquista de los normandos.

Normandy [ˈnɔːməndɪ] N Normandía *f*.

Norse [nɔːs] ADJ nórdico/a.

Norseman [ˈnɔːsmən] N (*pl* **-men**) vikingo *m*.

north [nɔːθ] **1** N norte *m*; **to live in the ~** vivir en el norte; **N~ and South** (*Pol*) el Norte y el Sur. **2** ADJ del norte, norteño/a; **N~ America** Norteamérica *f*, América *f* del Norte; **N~ American** (*adj*) norteamericano/a, (*n*) norteamericano/a *m/f*; **N~ Atlantic Treaty Organization** Organización *f* del Tratado del Atlántico Norte; **N~ Pole** Polo *m* Norte; **N~ Sea** Mar *m* del Norte; **N~ Sea gas** gas *m* del Mar del Norte; **N~ Sea oil** petróleo *m* del Mar del Norte. **3** ADV hacia el norte, al norte.

Northants [nɔːˈθænts] ABBR (*Brit*) of **Northamptonshire**.

northbound [ˈnɔːθbaʊnd] ADJ (*traffic*) que se dirige al norte; (*carriageway*) de dirección norte.

Northd ABBR (*Brit*) of **Northumberland**.

north-east [ˈnɔːθˈiːst] **1** N nor(d)este *m*. **2** ADJ del nor(d)este.

north-easterly [ˈnɔːθˈiːstəlɪ] ADJ del nor(d)este.

north-eastern [ˈnɔːθˈiːstən] ADJ nor(d)este.

northerly [ˈnɔːðəlɪ] ADJ (*gen*) norte; (*from the north*) del norte; **the most ~ point in Europe** el punto más al norte de Europa.

northern [ˈnɔːðən] ADJ del norte, norteño/a; **N~ Ireland** Irlanda *f* del Norte; **~ lights** aurora *fsg* boreal.

northerner [ˈnɔːðənəʳ] N norteño/a *m/f*.

northernmost [ˈnɔːðənməʊst] ADJ más septentrional; **the ~ town in Europe** la ciudad más al norte de Europa.

north-facing [ˈnɔːθˌfeɪsɪŋ] ADJ con cara al norte, orientado hacia el norte; **~ slope** vertiente *f* norte.

northward(s) [ˈnɔːθwəd(z)] ADV hacia el norte.

north-west [ˈnɔːθˈwest] **1** N noroeste *m*. **2** ADJ del noroeste.

north-westerly [ˈnɔːθˈwestəlɪ] ADJ del noroeste.

north-western [ˈnɔːθˈwestən] ADJ noroeste.

Norway [ˈnɔːweɪ] N Noruega *f*.

Norwegian [nɔːˈwiːdʒən] **1** ADJ noruego/a. **2** N noruego/a *m/f*; (*Ling*) noruego *m*.

Nos., nos. ABBR of **numbers** núms.

no-score [ˈnəʊˌskɔːʳ] ADJ: **~ draw** empate *m* a cero.

nose [nəʊz] **1** N (*Anat*) nariz *f*; (*of animal*) hocico *m*; (*sense of smell*) olfato *m*; (*Aer*) morro *m*, nariz; (*Naut*) proa *f*; **it's right under your ~** lo estás mirando or (*esp LAm*) viendo; **to blow one's ~** sonarse (la nariz); **to cut off one's ~ to**

spite one's face ir contra uno mismo; **to follow one's ~** (*go straight*) seguir todo derecho; (*by instinct*) dejarse guiar por el instinto; **he gets up my ~** (*fam*) me hace subir por las paredes (*fam*); **to have a (good) ~ for** (*fig: flair*) tener buen olfato para; **to keep one's ~ clean** (*fig*) mantener la reputación; **to keep one's ~ out of sth** no entrometerse en algo; **to look down one's ~ at sth/sb** (*fam*) mirar algo/a algn con desprecio; **to pay through the ~ (for sth)** (*fam*) pagar un dineral (por algo); **to poke** or **stick one's ~ into sth** (*fam*) meter la nariz en algo, meterse en algo; **to rub sb's ~ in sth** refregar una cosa por las narices de algn; **to turn up one's ~ at sth** (*fam*) despreciar algo; *see* **grindstone; joint 2 (c)**. **2** VI (*also* **~ one's way**) avanzar con cuidado. **3** CPD: **~ drops** NPL gotas *fpl* para la nariz.

◆ **nose about, nose around** **1** VI curiosear. **2** VI + PREP curiosear por.

nosebag [ˈnəʊzbæg] N morral *m*.

nosebleed [ˈnəʊzbliːd] N hemorragia *f* nasal.

-nosed [nəʊzd] ADJ SUF de nariz ...; **Roman/snub~** *etc* de nariz aguileña/chata *etc*.

nose-dive [ˈnəʊzdaɪv] **1** N (*Aer*) picado *m* vertical; (*fig*) caída *f* súbita. **2** VI (*see n*) descender en picado; precipitarse (hacia abajo).

nos(e)y [ˈnəʊzɪ] ADJ (*comp* **-ier**; *superl* **-iest**) (*fam*) entrometido/a.

nos(e)y-parker [ˈnəʊzɪˈpɑːkəʳ] N (*Brit fam*) entrometido/a *m/f*, metomentodo/a *m/f*.

nosh [nɒʃ] N (*Brit fam*) comida *f*, manduca *f* (*fam*); **a ~-up** una comilona.

nostalgia [nɒsˈtældʒɪə] N nostalgia *f*, añoranza *f*.

nostalgic [nɒsˈtældʒɪk] ADJ nostálgico/a.

nostril [ˈnɒstrɪl] N (*Anat*) ventana *f* de la nariz; (*of horse*) ollar *m*.

not [nɒt] ADV **a** (*with vb*) no; **he is ~ here** no está aquí; **it's too late, is it ~** or **isn't it?** es demasiado tarde, ¿no?; **you owe me money, do you ~** or **don't you?** me debes dinero, ¿verdad? or (*esp LAm*) ¿no es cierto?; **she will ~** or **won't go** (*future*) ella no irá; **he asked me ~ to do it** me pidió que no lo hiciera.

b **whether you go or ~** si vas o no vas, tanto si vas como si no; **~ that I don't like him** no es que no me guste; **big, ~ to say enormous** grande, por no decir enorme; **why ~?** ¿por qué no?; **I hope/think ~** espero/creo que no.

c **certainly ~!** ¡en absoluto!; **of course ~!** ¡claro que no!; **~ for anything (in the world)** por nada (del mundo); **~ likely!** ¡ni hablar!; **~ at all** no ... en absoluto; (*after thanks*) de nada, no hay de qué, por nada (*LAm*), no tiene or hay cuidado; **you don't mind? - ~ at all** ¿no te importa? - ¡en absoluto!; **he's ~ at all selfish** no es nada egoísta.

d (*with pronoun etc*) **~ one** ni uno; **~ me/you** *etc* yo/tú *etc* no; **~ everybody can do it** no lo sabe hacer cualquiera; **~ guilty** no culpable; **~ any more** ya no; **~ yet** todavía no; *see* **even 2**; **much 1(a); only 2**.

notable [ˈnəʊtəbl] ADJ (*person*) destacado/a; **to be ~ for** distinguirse por; **it is ~ that ...** es de notar que ....

notably [ˈnəʊtəblɪ] ADV (*noticeably*) sensiblemente; (*especially*) sobre todo.

notary [ˈnəʊtərɪ] N (*also* **~ public**) notario *m*.

notation [nəʊˈteɪʃən] N (*Math, Mus*) notación *f*.

notch [nɒtʃ] **1** N **a** (*cut*) corte *m*, muesca *f*. **b** (*US: mountain pass*) desfiladero *m*. **2** VT cortar, hacer una muesca en.

◆ **notch up** VT + ADV apuntarse.

note [nəʊt] **1** N **a** (*Mus*) nota *f*; **to play/sing a false ~** una nota falsa cantando/tocando; **to strike the right/wrong ~** (*fig*) acertar/no acertar.

b (*tone, quality*) tono *m*; **with a ~ of anxiety in his voice** con un tono de inquietud en la voz.

c (*annotation*) apunte *m*, nota *f*; (*foot~*) nota (al pie de la página); **to take ~s** tomar apuntes; **to compare ~s** cambiar impresiones; **to make a ~ of sth** tomar nota de or anotar algo.

d (*letter etc*) nota *f*, carta *f*.

e (Comm) vale m; (bank ~) billete m; **a five-pound ~** un billete de cinco libras.
f (eminence) **of ~** digno/a de atención; destacado/a.
g (notice) **worthy of ~** digno/a de atención; **nothing of ~** nada de particular; **to take ~ of** prestar atención a.
2 VT **a** (observe) notar, observar; **your remarks have been ~d** hemos leído con atención sus observaciones.
b (write down: also **~ down**) apuntar, anotar.
notebook ['nəʊtbʊk] N cuaderno m, libreta f.
noted ['nəʊtɪd] ADJ famoso/a, célebre.
notepad ['nəʊtpæd] N (Brit) bloc m, libreta f para notas.
notepaper ['nəʊt,peɪpəʳ] N papel m para cartas or de carta.
noteworthy ['nəʊt,wɜːðɪ] ADJ notable, digno/a de atención.
nothing ['nʌθɪŋ] **1** N **a** nada f; (nought) cero m; **to have ~ to do with ...** no tener nada que ver con ...; **I have ~ to give you** no tengo nada que darte; **~ else** nada más; **~ much** poco, no mucho; **~ but** solamente; **next to ~** casi nada; **there's ~ special about it** no tiene nada de particular; **there is ~ in the rumours** los rumores no tienen nada de verdad; **there's ~ in it for us** para nosotros no tiene interés; **there's ~ for it** no hay or nos queda otro remedio; **there's ~ to it!** ¡es muy fácil!; **it's ~ more than a rumour** es simplemente un rumor; **she is ~ to him** ella le es indiferente; **to have ~ on** (naked) estar desnudo or en cueros, estar encuerado (LAm) or calato (Per); (not busy) estar libre; **he is ~ if not careful** es de lo más cauteloso.
b for **~** (free) gratis; (unpaid) sin sueldo; (in vain) en vano, en balde; **to get sth for ~** obtener algo gratis.
c **to build up a business from ~** crear un negocio de la nada; **to come to ~** fracasar, venirse abajo; **to say ~ of ...** por no hablar de ...; **to think ~ of** tener en poco; **think ~ of it!** ¡no hay de qué!, ¡no tiene cuidado! (LAm); **to make ~ of sth** no entender nada de algo; **to stop at ~** no pararse en barras; **to stop at ~ to do** emplear sin escrúpulo todos los medios para hacer.
d a mere **~** una nimiedad; **to whisper sweet ~s to sb** decir ternezas a los oídos de algn; see do 2(a); kind 2; like 2(a); next 3(b).
2 ADV: **it's ~ like him** el retrato no se le parece en nada: **it was ~ like as expensive as we thought** era mucho menos caro de lo que nos imaginábamos; see less 2.
nothingness ['nʌθɪŋnɪs] N (non-existence) nada f; (emptiness) vacío m.
notice ['nəʊtɪs] **1** N **a** (intimation, warning) aviso m; **at short ~** a última hora, con poca antelación; **at a moment's ~** en seguida, luego (LAm), al tiro (Chi); **until further ~** hasta nuevo aviso; **without previous ~** sin previo aviso; **to give sb a week's ~** avisar a algn con una semana de anticipación; **~ is hereby given that ...** se pone en conocimiento del público que ...; **~ to quit** aviso or notificación de desalojo.
b (order to leave job etc: by employer) despido m; (: by employee) dimisión f, renuncia f; (period) plazo m; **to give sb ~** despedir a algn; **to hand in one's ~** dimitir, renunciar; **a week's wages in lieu of ~** el salario de una semana como despido.
c (announcement) anuncio m; (sign) letrero m; (poster) cartel m; **the ~ says 'Keep out'** el letrero dice 'Prohibida la entrada'.
d (review: of play, opera etc) reseña f.
e (attention) atención f, interés m; **to bring a matter to sb's ~** llamar la atención de algn sobre un asunto; **it has come to my ~ that ...** ha llegado a mi conocimiento que ...; **to escape ~** pasar inadvertido; **to take ~ of sb** hacerle caso a algn; **to take no ~ of sb** no hacerle caso or (esp LAm) ignorar a algn; **to take ~ of sth** hacer caso de algo; **to take no ~ of sth** no hacer caso de or (LAm) ignorar algo; **I was not taking much ~ at the time** en ese momento estaba distraído or no estaba prestando atención; **to sit up and take ~** aguzar las orejas.
2 VT (perceive) observar, notar, fijarse en; (realize) darse cuenta de; (recognize) reconocer; (be aware of) fijarse en, darse cuenta de; **I never ~d** no me había fijado.

3 CPD: **~ board** N tablón m de anuncios.
noticeable ['nəʊtɪsəbl] ADJ (perceptible) evidente, obvio/a; (considerable) sensible, notable; **there has been a ~ increase** ha habido un aumento notable en ....
notifiable ['nəʊtɪfaɪəbl] ADJ de declaración obligatoria.
notification [,nəʊtɪfɪ'keɪʃən] N aviso m; (announcement) anuncio m.
notify ['nəʊtɪfaɪ] VT avisar; **to ~ sb of sth** comunicar algo a algn.
notion ['nəʊʃən] N **a** (idea) idea f; (view) opinión f, noción f; (whim) capricho m; **I have a ~ that ...** tengo la idea de que ...; **to have no ~ of** no tener ni idea de; **I haven't the slightest ~** no tengo ni idea; **to have a ~ to do sth** estar inclinado a hacer algo. **b** **~s** (US) (artículos mpl de) mercería f.
notoriety [,nəʊtə'raɪətɪ] N notoriedad f, mala fama f.
notorious [nəʊ'tɔːrɪəs] ADJ notorio/a; **~ for** conocido por; **a ~ crime** un crimen muy sonado.
notoriously [nəʊ'tɔːrɪəslɪ] ADV notoriamente; **it is ~ difficult to find one** se sabe que es muy difícil encontrarlo; **he is ~ unreliable** tiene fama de informal.
Notts [nɒts] ABBR (Brit) of **Nottinghamshire**.
notwithstanding ['nɒtwɪð'stændɪŋ] **1** PREP a pesar de, no obstante; **the weather ~** a pesar del tiempo. **2** ADV sin embargo, no obstante.
nougat ['nuːgɑː] N turrón m.
nought [nɔːt] N (Math) cero m; **~s and crosses** (Brit) tres en raya.
noun [naʊn] N (Ling) nombre m, sustantivo m.
nourish ['nʌrɪʃ] VT (lit) alimentar, nutrir; (fig) fomentar, nutrir.
nourishing ['nʌrɪʃɪŋ] ADJ nutritivo/a, alimenticio/a.
nourishment ['nʌrɪʃmənt] N alimento m; **to derive ~ from** sustentarse de.
nouveau riche ['nuːvəʊ'riːʃ] N (pl **nouveaux riches** ['nuːvəʊriːʃ]) nuevo/a rico/a m/f.
nouvelle cuisine ['nuːvelkwiː'ziːn] N nueva cocina f.
Nov. ABBR of **November** nov.
novel ['nɒvəl] **1** ADJ (idea, suggestion, method) novedoso/a, original. **2** N novela f.
novelist ['nɒvəlɪst] N novelista mf.
novelty ['nɒvəltɪ] N (gen) novedad f; **once the ~ has worn off** cuando pase la novedad.
November [nəʊ'vembəʳ] N noviembre m; see July for usage.
novice ['nɒvɪs] N principiante mf, novato/a m/f; (Rel) novicio/a m/f; **to be a ~ at a job** ser nuevo en un oficio.
NOW [naʊ] N ABBR (US) of **National Organization for Women**.
now [naʊ] **1** ADV **a** (at this moment) ahora, ya; (these days) hoy en día, actualmente, en la actualidad; (in the past tense) luego, entonces; **right ~** (emphatic) ahora mismo, al tiro (Chi); **even ~** aun ahora; **they won't be long ~** no tardarán en venir, al rato vienen (Mex); **it's ~ or never** es ahora o nunca; **(every) ~ and again, (every) ~ and then** de vez en cuando, cada cuando (LAm). **b** (with prep) before **~** (already) antes, ya; **between ~ and next Tuesday** entre hoy y el martes que viene; **by ~** ya; **by ~ everybody was tired** antes de eso todos se habían cansado; **(in) 3 weeks from ~** de hoy en 3 semanas; **from ~ on** a partir de ahora; **from ~ until then** desde ahora hasta entonces; **until ~, up to ~** hasta ahora; **as of ~** a partir de ahora. **c** (without temporal force) **well ~** ahora bien, vamos a ver; **~ then!** ¡a ver!; (remonstrating) ¡vamos ya!, ¡ya está bien!; see just² (b), (j).
2 CONJ: **~ (that)** ya que, ahora que; **take it, ~ that I've got 2** tómalo, pues tengo dos; **~ as you know ...** pues como sabéis todos ...; **~ for the matter of your expenses** y por lo que respecta a sus gastos.
nowadays ['naʊədeɪz] ADV hoy (en) día, actualmente, en la actualidad.
nowhere ['nəʊweəʳ] ADV (be) en ninguna parte; (go) a ninguna parte; **~ else** en/a ninguna otra parte; **you're going ~** no vas a ninguna parte; **~ in Europe** en ninguna parte de Europa; **we're getting ~** no vamos a

ninguna parte; **it's ~ near as good/big** no es tan bueno/grande ni con mucho; **from ~** de la nada; **without me he would be ~** sin mí no habría llegado a ninguna parte; **this is getting us ~** así no se llega a ninguna parte; **I'm getting ~ with this analysis** no consigo hacer carrera con este análisis.

no-win ['nəʊ'wɪn] ADJ: **a ~ situation** una situación imposible.

nowise ['nəʊwaɪz] ADV (US) de ninguna manera.

nowt [naʊt] N (Brit dialectal) = **nothing**.

noxious ['nɒkʃəs] ADJ nocivo/a.

nozzle ['nɒzl] N boquilla f.

NP N ABBR of **notary public**.

n.p. ABBR of **new paragraph**.

n.p. or d. ABBR (Typ) of **no place or date** s.l. ni f.

nr ABBR of **near**.

NRA N ABBR of **National Rivers Authority**.

NS ABBR (Canada) of **Nova Scotia**.

NSC N ABBR (US) of **National Security Council**.

NSF N ABBR (US) of **National Science Foundation**.

NSPCA N ABBR of **National Society for the Prevention of Cruelty to Animals**.

NSPCC N ABBR of **National Society for the Prevention of Cruelty to Children**.

NSW ABBR of **New South Wales**.

NT N ABBR a of **New Testament**. b (Brit) of **National Trust**.

nth [enθ] ADJ: **to the ~ power** or **degree** a la enésima potencia; **for the ~ time** (fam) por enésima vez.

nuance ['njuãns] N matiz m.

nubile ['nju:baɪl] ADJ (girl, woman) núbil; (hum) joven y guapa.

nuclear ['nju:klɪəʳ] ADJ nuclear; **~ age** era f nuclear; **~ bomb** bomba f nuclear; **~ disarmament** el desarme nuclear; **~ energy** la energía nuclear; **~ power** fuerza f nuclear; **~ power station** central f nuclear; **~ reaction** reacción f nuclear; **~ reactor** reactor m nuclear; **~ waste** vertidos mpl nucleares; **~ weapon** arma f nuclear.

nucleus ['nju:klɪəs] N (pl **nuclei** ['nju:klɪaɪ]) núcleo m.

NUCPS N ABBR (Brit) of **National Union of Civil and Public Servants** sindicato de funcionarios.

nude [nju:d] 1 ADJ desnudo/a. 2 N (Art) desnudo/a m/f; **in the ~** desnudo/a, en cueros, encuerado/a (LAm fam), calato/a (Per fam).

nudge [nʌdʒ] 1 N codazo m. 2 VT dar un codazo a.

nudist ['nju:dɪst] N (des)nudista mf; **~ colony** or **camp** colonia f de nudistas.

nudity ['nju:dɪtɪ] N desnudez f.

nugget ['nʌgɪt] N (Min) pepita f.

nuisance ['nju:sns] 1 N a (state of affairs, thing) molestia f, fastidio m, lata f; **what a ~!** ¡qué lata!; **it's a ~ having to shave** ¡qué lata tener que afeitarse! b (person) pesado/a m/f, latoso/a m/f; **you're being a ~** me estás dando la lata; **to make a ~ of o.s.** dar la lata, ponerse pesado. 2 CPD: **~ value** N valor m como irritante; **he's only of ~ value** sólo vale para crear problemas.

NUJ N ABBR (Brit) of **National Union of Journalists**.

null [nʌl] ADJ: **~ and void** (Jur) nulo y sin efecto.

nullify ['nʌlɪfaɪ] VT anular, invalidar.

NUM N ABBR (Brit) of **National Union of Mineworkers**.

numb [nʌm] 1 ADJ entumecido/a, (fig) insensible, paralizado/a; **to go ~** entumecerse; **my leg has gone ~** se me ha dormido la pierna; **to be ~ with cold** estar entumecido de frío; **to be ~ with fright** estar paralizado de temor. 2 VT (Med etc) quitar la sensación a, adormecer; (fig: grief, pain) atenuar; **~ed with fear** paralizado de miedo.

number ['nʌmbəʳ] 1 N a (Math) número m; (figure) número, cifra f; **in round ~s** en números redondos; **a ~ of people** varias personas, cantidad f de gente; **in a small ~ of cases** en unos pocos casos; **on a ~ of occasions** en diferentes ocasiones; **any ~ of** montones de; **to be 8 in ~** ser 8; **to come in in ~s** venir en tropel; **his ~ came up** su número salió premiado; **his ~ is up** (fam) todo se acabó para él.

b (of house etc) número m; **to look after N~ One** mirar por sí; **reference ~** número de referencia; **telephone ~** (número de) teléfono m; **you've got the wrong ~** (Telec) se ha equivocado de número; **N~ Ten** (Brit Pol) la casa del Primer Ministro; see **registration**.

c (person) **opposite ~** colega mf.

d (issue) número m.

e (song, act etc) número m; **and for my next ~ ...** ahora voy a cantar etc ....

2 VT a (count, include) contar; **to ~ sb among one's friends** contar a algn entre sus amigos; **his days are ~ed** tiene los días contados.

b (amount to) ascender a, sumar; **the library ~s 30,000 books** la biblioteca cuenta con 30,000 libros; **they ~ several hundreds** ascienden o suman varios centenares.

c (assign ~ to) numerar, poner número a; **~ed account** cuenta f numerada.

3 CPD: **~ cruncher** N machacadora f de números; **~ crunching** N machaqueo m de números; **~ plate** N (Brit Aut) matrícula f, placa f (esp LAm), chapa f (CSur) (de matrícula); **~s game**, (US) **~s racket** N lotería clandestina.

numberless ['nʌmbəlɪs] ADJ innumerable, sin número; **~ friends** un sinfín de amigos.

numbness ['nʌmnɪs] N (lit) entumecimiento m; (fig) insensibilidad f, parálisis f.

numeracy ['nju:mərəsɪ] N conocimiento m básico de aritmética.

numeral ['nju:mərəl] N número m.

numerate ['nju:mərɪt] ADJ: **to be ~** tener conocimientos básicos de aritmética.

numeric [nju'merɪk] ADJ numérico/a.

numerical [nju'merɪkəl] ADJ numérico/a; **in ~ order** por orden numérico.

numerous ['nju:mərəs] ADJ numeroso/a; **in ~ cases** en muchos casos; **~ people believe that ...** mucha gente cree que ....

nun [nʌn] N monja f, religiosa f.

nuptial ['nʌpʃəl] 1 ADJ nupcial. 2 NPL: **~s** (hum) nupcias fpl.

nurd [nɜ:d] N (fam) borde mf (fam).

nurse [nɜ:s] 1 N (in hospital etc) enfermero/a m/f; (children's) niñera f; **wet ~** nodriza f. 2 VT (patient) cuidar, atender; (baby: suckle) criar, amamantar; (: cradle) mecer; (fig: anger, grudge) alimentar; (: hope) abrigar; **she ~d him back to health** le cuidó hasta que se repuso; **to ~ a cold** curarse de un resfriado; **to ~ a business along** fomentar un negocio.

nursemaid ['nɜ:smeɪd] N niñera f, aya f.

nursery ['nɜ:srɪ] 1 N a (place) guardería f. b (Agr etc) vivero m; (Zool) criadero m. 2 CPD: **~ rhyme** N canción f infantil; **~ school** N escuela f de párvulos, parvulario m, kínder m (LAm); **~ slopes** NPL (Brit Ski) pistas fpl para principiantes; **~ teacher** N parvulario/a m/f.

nursing ['nɜ:sɪŋ] 1 N (care of invalids) cuidado m, asistencia f; (profession) enfermería f. 2 CPD: **~ home** N clínica f de reposo; **~ mother** N madre f lactante; **~ officer** N enfermero/a m/f; **~ staff** N enfermeros y enfermeras.

nurture ['nɜ:tʃəʳ] VT (nourish) nutrir, alimentar; (bring up) criar.

NUS N ABBR (Brit) of **National Union of Students**.

NUT N ABBR (Brit) of **National Union of Teachers**.

nut [nʌt] N a (Bot) nuez f. b (Tech) tuerca f; **the ~s and bolts of a scheme** los aspectos prácticos de un proyecto. c (fam: head) cabeza f; **to be off one's ~** estar chiflado or (LAm) tarado/a; **to do one's ~** (Brit) echar el resto (fam). d (fam: person) loco/a m/f, chiflado/a m/f, chalado/a m/f, tarado/a m/f; **he's a tough ~** es un sujeto duro. e **~s!** (fam) ¡narices!, ¡carajo! (LAm).

nut-brown ['nʌt'braʊn] ADJ café avellana f; (hair) castaño/a claro/a.

nutcase ['nʌtkeɪs] N (fam) = **nut (d)**.

nutcrackers ['nʌt,krækəz] NPL cascanueces m inv.

nuthouse ['nʌthaʊs] N (pl **-houses** [haʊzɪz]) (fam)

manicomio *m*.
nutmeg ['nʌtmeg] N nuez *f* moscada.
nutrient ['njuːtrɪənt] N nutrimento *m*.
nutrition [njuː'trɪʃən] N nutrición *f*, alimentación *f*.
nutritious [njuː'trɪʃəs], **nutritive** [njuʌtrətēv] ADJ
nutritivo/a, alimenticio/a.
▼**nuts** [nʌts] ADJ (*fam*) chiflado/a, loco/a, tarado/a (*LAm*); **to
be ~ about sb/sth** estar chiflado por algn/algo; **to drive
sb ~** volver loco a algn; **to go ~** volverse loco,
enloquecer.
nutshell ['nʌtʃel] N cáscara *f* de nuez; **in a ~** en pocas
palabras; **to put it in a ~** para decirlo en pocas palabras.
nutty ['nʌtɪ] ADJ (*comp* **-ier**; *superl* **-iest**) [a] (*cake etc*) con
nueces; (*taste*) que sabe a nuez. [b] (*fam*) chiflado/a.

nuzzle ['nʌzl] VI arrimarse.
NV ABBR (*US Post*) *of* **Nevada**.
NVQ N ABBR (*Brit*) *of* **National Vocational Qualification**.
NW ABBR *of* **north-west** NO.
N.W.T. ABBR (*Canada*) *of* **Northwest Territories**.
NY ABBR (*US Post*) *of* **New York**.
NYC ABBR (*US Post*) *of* **New York City**.
nylon ['naɪlɒn] [1] N nilón *m*, nailon *m*; **~s** medias *fpl* de
nilón *or* nailon. [2] ADJ de nilón *or* nailon.
nymph [nɪmf] N ninfa *f*.
nymphomaniac [ˌnɪmfəʊ'meɪnɪæk] N ninfómana *f*.
NYPD N ABBR (*US*) *of* **New York Police Department**.
NYSE N ABBR (*US*) *of* **New York Stock Exchange**.
NZ ABBR *of* **New Zealand**.

Oo

O, o [əʊ] **1** N (letter) O, o f; (number: Telec etc) cero m. **2** INTERJ (poet) ¡oh!

o / a ABBR of **on account**.

oaf [əʊf] N zoquete m, bruto m.

oafish ['əʊfɪʃ] ADJ zafio/a, bruto/a.

oak [əʊk] **1** N roble m; (evergreen) encina f. **2** CPD de roble; **~ apple** N agalla f (de roble).

O & M N ABBR of **Organization and Methods**.

OAP N ABBR of **old age pensioner**.

OAPEC [əʊ'eɪpɛk] N ABBR of **Organization of Arab Petroleum-Exporting Countries** OPAEP f.

oar [ɔːr] N remo m; **to put** or **shove one's ~ in** (fig fam) entrometerse.

oarsman ['ɔːzmən] N (pl **-men**) remero m.

OAS N ABBR of **Organization of American States** OEA f.

oasis [əʊ'eɪsɪs] N (pl **oases** [əʊ'eɪsiːz]) oasis m.

oatcake ['əʊtkeɪk] N torta f de avena.

oath [əʊθ] N (pl **~s** [əʊðz]) **a** (solemn promise etc) juramento m; **under ~, on ~** bajo juramento; **to break one's ~** romper su juramento; **to take the ~** prestar juramento; **to take an ~ of allegiance** (Mil) jurar la bandera; **to swear on (one's) ~** jurar. **b** (swear word) palabrota f, taco m (Sp fam), grosería f (esp LAm), lisura f (And, CSur); (curse) blasfemia f, maldición f.

oatmeal ['əʊtmiːl] **1** N harina f de avena. **2** ADJ (colour) (color) avena.

oats [əʊts] NPL avena fsg; see **wild 3**.

OAU N ABBR of **Organization of African Unity** OUA f.

OB N ABBR (TV) of **outside broadcast**.

ob. ABBR of **obiit** m.

obdurate ['ɒbdjʊrɪt] ADJ (stubborn) terco/a, porfiado/a; (unyielding) inflexible, firme.

OBE N ABBR of **Officer of the Order of the British Empire** título ceremonial.

obedience [ə'biːdɪəns] N obediencia f; **in ~ to your orders** (frm) conforme a or en cumplimiento de sus órdenes.

obedient [ə'biːdɪənt] ADJ (gen) obediente; (meek) dócil; **to be ~ to sb / sth** obedecer a algn/algo.

obediently [ə'biːdɪəntlɪ] ADV (see adj) obedientemente; dócilmente.

obelisk ['ɒbɪlɪsk] N obelisco m.

obese [əʊ'biːs] ADJ obeso/a.

obesity [əʊ'biːsɪtɪ] N obesidad f.

obey [ə'beɪ] **1** VT (person etc) obedecer; (law) observar, acatar; (order) cumplir; (instruction) seguir; **I like to be ~ed** exijo obediencia. **2** VI obedecer.

obfuscate ['ɒbfəskeɪt] VT ofuscar.

obituary [ə'bɪtjʊərɪ] **1** N necrología f, obituario m. **2** CPD: **~ column** N sección f necrológica; **~ notice** N necrología f, esquela f de defunción.

object ['ɒbdʒɪkt] **1** N **a** (thing, article) objeto m; (subject-matter) motivo m, tema m; **she was an ~ of ridicule** quedó en ridículo.
b (aim) propósito m, fin m; **with this ~ in view** or **in mind** con este propósito; **with the ~ of doing** con el propósito or la intención de hacer; **what's the ~ of doing that?** ¿de qué sirve hacer eso?
c (obstacle) **money is no ~** no importa cuánto cuesta, el dinero no es obstáculo.
d (Ling) complemento m; **direct/indirect ~** complemento directo/indirecto.
2 [əb'dʒɛkt] VT: **to ~ that ...** objetar que ....
3 [əb'dʒɛkt] VI (disapprove) oponerse; (: verbally) poner reparos; **if you don't ~** si no tiene inconveniente; **to ~ to sb doing sth** oponerse a que algn haga algo; **she ~s to my behaviour** (a ella) le molesta mi conducta; **do you ~ to my smoking?** ¿le molesta que fume?; **I ~!** (frm) ¡protesto!
4 ['ɒbdʒɪkt] CPD: **~ language** N (Comput) lengua f objeto; **~ lesson** N (fig) ejemplo m.

▼**objection** [əb'dʒɛkʃən] N **a** (reason against) objeción f, reparo m; **to make** or **raise an ~** poner reparos, hacer una objeción; **~!** ¡protesto!; **what is your ~?** ¿qué objeción tienes?; **there is no ~ to your going** no hay inconveniente en que se vaya; **are there any ~s?** ¿alguna objeción?, ¿alguien en contra? **b** (dislike, disapproval) protesta f, oposición f; **that will meet with her ~s** ella se opondrá (a eso); **have you any ~ to my smoking?** ¿le molesta que fume?

objectionable [əb'dʒɛkʃnəbl] ADJ (unpleasant) desagradable, molesto/a; (: person) antipático/a; (behaviour) inaceptable, insoportable; (language) grosero/a.

objective [əb'dʒɛktɪv] **1** ADJ **a** (impartial) objetivo/a. **b** (real) objetivo/a. **2** N (aim) objetivo m, propósito m; **military ~** objetivo m militar.

objectively [əb'dʒɛktɪvlɪ] ADV objetivamente, de manera objetiva.

objectivity [,ɒbdʒɪk'tɪvɪtɪ] N objetividad f.

objector [əb'dʒɛktər] N opositor(a) m/f; **conscientious ~** objetor m de conciencia.

obligate ['ɒblɪgeɪt] VT: **to ~ sb to do sth** obligar a algn a hacer algo; **to be ~d to do sth** estar obligado a hacer algo.

obligation [,ɒblɪ'geɪʃən] N obligación f; **without ~** (in advert) sin compromiso; **'no ~ to buy'** 'sin compromiso a comprar'; **it is your ~ to see that ...** le cumple a Vd comprobar que + subjun; **to be under an ~ to sb/to do sth** estar comprometido con algn/hacer algo; **to meet/fail to meet one's ~s** cumplir/no cumplir sus compromisos.

obligatory [ɒ'blɪgətərɪ] ADJ obligatorio/a; **to make it ~ for sb to do sth** hacer obligatorio que algn haga algo.

▼**oblige** [ə'blaɪdʒ] VT **a** (compel) obligar; **to ~ sb to do sth** obligar a algn a hacer algo; **to be ~d to do sth** verse obligado a hacer algo. **b** (gratify) complacer, hacer un favor a; **anything to ~!** (fam) ¡cualquier cosa por complacerte!; **to be ~d to sb for sth** (thankful) estarle agradecido a algn por algo; (under obligation) deberle un favor a algn por algo; **much ~d!** ¡muchísimas gracias!, ¡muy agradecido!; **I should be much ~d if ...** agradecería que + subjun; **I am ~d to you for your help** le agradezco mucho su ayuda.

obliging [ə'blaɪdʒɪŋ] ADJ servicial, complaciente, amable, condescendiente; **it was very ~ of them** fue muy amable or atento de su parte.

oblique [ə'bliːk] **1** ADJ (angle etc) oblicuo/a; (fig) indirecto/a; (reply) evasivo/a. **2** N oblicua f.

obliquely [ə'bliːklɪ] ADV oblicuamente; (fig) indirectamente.

obliterate [ə'blɪtəreɪt] VT (blot out) borrar; (hide) ocultar; (destroy) arrasar con, destruir.

oblivion [ə'blɪvɪən] N olvido m; **to fall** or **sink into ~** caer en el olvido.

oblivious [ə'blɪvɪəs] ADJ: **~ of, ~ to** inconsciente de; **he was ~ to the pain he caused** no se daba cuenta del dolor que causaba.

oblong ['ɒblɒŋ] **1** ADJ rectangular, oblongo/a. **2** N rectángulo m, cuadrilongo m.

obnoxious [əb'nɒkʃəs] ADJ (person, behaviour) odioso/a, aborrecible; (smell) repugnante, asqueroso/a.

o.b.o. ABBR (US) of **or best offer**.

oboe ['əʊbəʊ] N oboe m.

obscene [əb'siːn] ADJ obsceno/a, indecente.

obscenity [əb'senɪtɪ] N obscenidad f, indecencia f; (word) palabrota f, grosería f (esp LAm), lisura f (And, CSur).

➤ SENTENCE BUILDER: **objection** → 3.3, 15.2   **oblige** → 11, 14.3

obscure [əb'skjʊəʳ] **1** ADJ (gen) oscuro/a; (hidden) oculto/a. **2** VT (hide) ocultar; (complicate) complicar; **it served only to ~ the matter further** sirvió para complicar aun más el asunto.

obscurity [əb'skjʊərɪtɪ] N oscuridad f; **obscurities** (in a book) puntos mpl oscuros.

obsequious [əb'siːkwɪəs] ADJ servil, sumiso/a.

observable [əb'zɜːvəbl] ADJ observable, visible; **no ~ difference** ninguna diferencia perceptible.

observance [əb'zɜːvəns] N (of rule etc) observancia f, cumplimiento m; (of customs, rites etc) práctica f; **religious ~s** prácticas religiosas.

observant [əb'zɜːvənt] ADJ (watchful) observador(a); (strict in obeying rules) observante, cumplidor(a).

observation [ˌɒbzə'veɪʃən] **1** N **a** observación f; **the police are keeping him under ~** la policía le tiene vigilado; **he is under ~ in hospital** le tienen en observación en el hospital; **powers of ~** capacidad f de observación; **to escape ~** pasar inadvertido. **b** (remark) observación f, comentario m. **2** CPD: **~ post** N (Mil) puesto m de observación; **~ tower** N torre f de vigilancia.

observatory [əb'zɜːvətrɪ] N observatorio m.

observe [əb'zɜːv] VT **a** (see, notice) observar, ver. **b** (watch carefully, study) observar, mirar. **c** (remark) observar, comentar. **d** (obey) observar; (Sabbath, silence) guardar; **failure to ~ the law** incumplimiento m de la ley.

observer [əb'zɜːvəʳ] N observador(a) m/f.

obsess [əb'ses] VT obsesionar; **to be ~ed by** or **with sb/sth** estar obsesionado por algn/algo; **he is ~ed with cleanliness** tiene manía por la limpieza.

obsession [əb'seʃən] N obsesión f; **football is an ~ with him** está obsesionado por el fútbol; **his ~ with her** su obsesión por ella.

obsessional [əb'seʃənəl] ADJ obsesivo/a.

obsessive [əb'sesɪv] ADJ obsesivo/a; **~ neurosis** neurosis f obsesiva.

obsolescence [ˌɒbsə'lesns] N: **planned ~** la obsolescencia planificada.

obsolescent [ˌɒbsə'lesnt] ADJ que está cayendo en desuso; **to be ~** estar cayendo en desuso.

obsolete ['ɒbsəliːt] ADJ obsoleto/a; (ticket, law etc) caduco/a; **to become ~** caer en desuso, caducar.

obstacle ['ɒbstəkl] **1** N obstáculo m; (hindrance) estorbo m, impedimento m; **one of the ~s is money** uno de los obstáculos es el dinero; **to be an ~ to sb/sth** ser un estorbo para algn/algo; **to put an ~ in the way of sb/sth** crear dificultades or poner obstáculos a algn/algo; **that is no ~ to our doing it** eso no impide que lo hagamos. **2** CPD: **~ course** N pista f americana; **~ race** N (Sport) carrera f de obstáculos.

obstetrician [ˌɒbstə'trɪʃən] N tocólogo/a m/f.

obstetrics [ɒb'stetrɪks] NSG obstetricia f, tocología f.

obstinacy ['ɒbstɪnəsɪ] N terquedad f.

obstinate ['ɒbstɪnɪt] ADJ terco/a, obstinado/a; (tenacious) tenaz; (resistance, illness) rebelde; **to be ~ about sth** insistir con tesón en algo.

obstinately ['ɒbstɪnɪtlɪ] ADV obstinadamente, tercamente.

obstreperous [əb'strepərəs] ADJ ruidoso/a; (unruly) revoltoso/a; **he became ~** empezó a desmandarse.

obstruct [əb'strʌkt] VT (block) obstruir; (pipe) atascar; (road) cerrar, bloquear; (view) tapar; (hinder) estorbar, impedir; (Sport) obstruir.

obstruction [əb'strʌkʃən] N obstrucción f; (in pipe, road) atasco m; (to progress) dificultad f, obstáculo m; **to cause an ~** estorbar; (Aut) interrumpir el tráfico or tránsito.

obstructive [əb'strʌktɪv] ADJ obstruccionista; **he's just being ~** está poniendo dificultades nada más.

obtain [əb'teɪn] VT obtener, conseguir; (acquire) adquirir; **oil can be ~ed from coal** se puede extraer aceite del carbón.

obtainable [əb'teɪnəbl] ADJ (on sale) a la venta; (accessible) asequible; **it is no longer ~** ya no se puede conseguir.

obtrude [əb'truːd] **1** VI entrometerse. **2** VT imponer.

obtrusive [əb'truːsɪv] ADJ (person: annoying) importuno/a, molesto/a; (: interfering) entrometido/a; (smell) penetrante; (clothes) llamativo/a; (building) saliente.

obtuse [əb'tjuːs] ADJ (Math) obtuso/a; (stupid, insensitive) torpe, lento/a; **he can be very ~ at times** a veces puede ser muy obtuso.

obverse ['ɒbvɜːs] **1** ADJ del anverso. **2** N anverso m; (fig) complemento m.

obviate ['ɒbvɪeɪt] VT obviar, evitar.

▼**obvious** ['ɒbvɪəs] **1** ADJ (clear, perceptible) evidente, obvio/a; (unsubtle) poco sutil, directo/a; (suitable) indicado/a, idóneo/a; **it's ~ that ...** está claro que ..., es evidente que ...; **he's the ~ man for the job** es el más indicado para el puesto; **the ~ thing to do is to leave** lo lógico es que nos marchemos. **2** N: **to state the ~** afirmar lo obvio.

obviously ['ɒbvɪəslɪ] ADV evidentemente; **he was ~ not drunk** era evidente que no estaba borracho; **he was not ~ drunk** no se le notaba que estaba borracho; **~!** ¡por supuesto!, ¡lógico!, ¡obvio!; **~ not!** ¡por supuesto que no!, ¡claro que no!

OC N ABBR of **Officer Commanding** jefe.

o/c ABBR of **overcharge**.

OCAS N ABBR of **Organization of Central American States** ODECA f.

occasion [ə'keɪʒən] **1** N **a** (point in time) ocasión f, oportunidad f; **on ~** de vez en cuando; **on one ~** una vez; **on several ~s** en varias ocasiones, varias veces; **on that ~** esa vez, en aquella ocasión; **if the ~ arises** si se da el caso. **b** (special ~) acontecimiento m, ocasión f; **this is an important ~** este es un acontecimiento importante; **it was quite an ~** fue todo un acontecimiento; **music written for the ~** música compuesta para la ocasión; **on the ~ of his retirement** con motivo de su jubilación; **to rise to the ~** ponerse a la altura de las circunstancias. **c** (reason) razón f, motivo m; **there is no ~ for alarm** no hay motivo para inquietarse; **there was no ~ for it** no había necesidad de ello; **to have ~ to do sth** tener ocasión de hacer algo. **2** VT (frm) ocasionar, causar.

occasional [ə'keɪʒənl] ADJ **a** poco frecuente, ocasional; **I like an ~ cigarette** me gusta fumar un cigarrillo de vez en cuando; **~ worker** (US) jornalero m temporero. **b** (designed for special event) de ocasión; **~ table** mesa f de ocasión.

occasionally [ə'keɪʒnəlɪ] ADV de vez en cuando, a veces, cada cuando (LAm); **very ~** muy de tarde en tarde, en muy contadas ocasiones.

occident ['ɒksɪdənt] N occidente m.

occlude [ɒ'kluːd] VT obstruir.

occlusion [ɒ'kluːʒən] N oclusión f.

occult [ɒ'kʌlt] **1** ADJ oculto/a, misterioso/a. **2** N: **the ~** lo oculto, lo sobrenatural.

occupancy ['ɒkjʊpənsɪ] N ocupación f; (tenancy) inquilinato m; (of post) tenencia f.

occupant ['ɒkjʊpənt] N (tenant) inquilino/a m/f; (of boat, car etc) ocupante mf; (of job, post) titular mf.

occupation [ˌɒkjʊ'peɪʃən] N **a** (employment) empleo m, profesión f; **what is his ~?** ¿cuál es su profesión?; **he's a joiner by ~** es carpintero de profesión. **b** (pastime) pasatiempo m; **a harmless enough ~** un pasatiempo inocente. **c** (Mil) ocupación f; **army of ~** ejército m de ocupación; **the ~ of Paris** la ocupación de París. **d** (of house etc) tenencia f, estancia f, inquilinato m; **to be in ~** ocupar; **the house is ready for ~** la casa está lista para habitar; **a house unfit for ~** una casa inhabitable.

occupational [ˌɒkjʊ'peɪʃənl] ADJ (gen) profesional; **~ accident** accidente m laboral; **~ guidance** orientación f profesional; **~ hazard, ~ risk** (hum) gajes mpl del oficio; **~ pension scheme** plan m profesional de jubilación; **~ therapy** terapia f ocupacional; **~ training** formación f ocupacional.

occupier ['ɒkjʊpaɪəʳ] N (of house, land) inquilino/a m/f; (of post) titular mf.

occupy ['ɒkjʊpaɪ] VT **a** (house) habitar, vivir en; (office,

➤ SENTENCE BUILDER: **obvious → 16.1**

seat) ocupar.
b (*Mil etc*) ocupar; **in occupied France** en la Francia ocupada (por los alemanes).
c (*post, position*) ocupar.
d (*take up, fill: space, time*) ocupar, llenar; **this job occupies all my time** este trabajo me ocupa *or* lleva todo el tiempo; **he is occupied in research** se dedica a la investigación.
e (*keep busy*) ocupar; (*attention, mind*) entretener; **to be occupied with sth/in doing sth** estar ocupado con algo/haciendo algo; **he is very occupied at the moment** está muy ocupado en estos momentos; **she occupies herself by knitting** se entretiene haciendo punto.

occur [əˈkɜːr] VI **a** (*happen*) ocurrir, suceder; **to ~ again** volver a suceder, repetirse; **if a vacancy ~s** si se produce una vacante; **if the opportunity ~s** si se presenta la oportunidad. **b** (*be found*) encontrarse. **c** (*come to mind*) **to ~ to sb** ocurrírsele a algn; **~s to me that ...** se me ocurre que ...; **such an idea would never have ~red to her** semejante idea jamás se le hubiera pasado por la mente.

occurrence [əˈkʌrəns] N **a** (*happening*) suceso *m*, caso *m*; **an everyday ~** (*fig*) cosa de todos días, un hecho cotidiano; **a common ~** un caso frecuente. **b** (*existence*) existencia *f*; **its ~ in the south is well known** se sabe que existe en el sur.

ocean [ˈəʊʃən] **1** N océano *m*; **~s of** (*fam*) la mar de. **2** CPD oceánico/a; **~ bed** N fondo *m* del océano.

ocean-going [ˈəʊʃənˌgəʊɪŋ] ADJ (*ship*) transatlántico/a.

Oceania [ˌəʊʃɪˈeɪnɪə] N Oceanía *f*.

oceanic [ˌəʊʃɪˈænɪk] ADJ oceánico/a.

oceanography [ˌəʊʃəˈnɒgrəfɪ] N oceanografía *f*.

ochre, (*US*) **ocher** [ˈəʊkər] N ocre *m*.

o'clock [əˈklɒk] **1** ADV: **it is 7 ~** son las siete; **at 9 ~ (exactly)** a las nueve (en punto); **it is nearly 8 ~** son casi las 8. **2** AS N: **the six ~ (train etc)** el tren *etc* de las seis.

OCR N ABBR **a** of **optical character reader** LOC *m*. **b** of **optical character recognition** ROC *m*.

Oct. ABBR of **October** oct.

octagon [ˈɒktəgən] N octágono *m*.

octagonal [ɒkˈtægənl] ADJ octagonal.

octane [ˈɒkteɪn] N octano *m*; **high-~ petrol** gasolina *f* de alto octanaje; **~-number** grado *m* octánico.

octave [ˈɒktɪv] N (*gen*) octava *f*.

octet [ɒkˈtet] N octeto *m*.

October [ɒkˈtəʊbər] N octubre *m*; *see* **July** *for usage*.

octogenarian [ˌɒktəʊdʒɪˈneərɪən] N octogenario/a *m/f*.

octopus [ˈɒktəpəs] N pulpo *m*.

oculist [ˈɒkjʊlɪst] N oculista *mf*.

OD¹, **O/D** ABBR **a** of **on demand**. **b** of **overdraft**. **c** of **overdrawn**.

OD² [əʊˈdiː] N ABBR, VI ABBR (*esp US fam*) of **overdose**.

odd [ɒd] ADJ (*comp* **~er**; *superl* **~est**) **a** (*strange*) raro/a, extraño/a; **how ~ that ...** qué raro que ...; **how ~!** ¡qué raro!, ¡que curioso!; **he says some ~ things** dice cosas muy raras; **the ~ thing about it is ...** lo raro es que .... **b** (*Math*) impar; **~ or even** par o impar. **c** (*extra, left over*) sobrante, de más; (*unpaired*) sin pareja; **the ~ penny** algunos peniques; **to be the ~ man out** *or* **the ~ one out** (*be left out*) ser el que sobra *or* estar de más; (*be different*) ser distinto. **d** (*occasional*) alguno/a que otro/a; **at ~ moments** en los ratos *or* momentos libres; **he has written the ~ article** ha escrito algún que otro artículo; **~ jobs** (*repairs*) trabajillos *mpl*, pequeños arreglos. **e** (*and a few more*) **30 ~** treinta y pico, treinta y tantos.

oddball [ˈɒdbɔːl] N (*fam*) persona *f* rara, excéntrico/a *m/f*.

oddity [ˈɒdɪtɪ] N **a** (*odd person*) excéntrico/a *m/f*; (*thing*) cosa *f* rara. **b** (*also* **oddness**: *strangeness*) rareza *f*, singularidad *f*.

odd-jobman [ɒdˈdʒɒbˌmæn] N manitas *m inv*.

odd-looking [ˈɒdˌlʊkɪŋ] ADJ de aspecto singular.

oddly [ˈɒdlɪ] ADV de manera *or* (*LAm*) en forma extraña; **they are ~ similar** tienen un extraño parecido; **~ enough you are right** por muy extraño que parezca, tienes razón.

oddment [ˈɒdmənt] N (*Comm*) retal *m*, resto *m*.

oddness [ˈɒdnɪs] N = **oddity (b)**.

odds [ɒdz] NPL **a** (*in betting*) puntos *mpl* de ventaja; (*chances for or against*) probabilidades *fpl*; **the ~ on the horse are 5 to 1** las apuestas al caballo están a cinco contra uno; **short/long ~** pocas/muchas probabilidades; **the ~ are in his favour** lo tiene todo a su favor; **to fight against overwhelming ~** (*lit*) luchar contra fuerzas abrumadoras; (*fig*) luchar contra la corriente, llevar las de perder; **to succeed against all the ~** tener éxito en contra de todas las predicciones; **the ~ are that ...** lo más probable *or* factible es que ...; **the ~ are against it** es poco probable; **~ on favourite** (*in betting*) caballo *m* favorito; (*fig*) favorito/a *m/f*; **it's ~ on that ...** lo más probable es que ...; **to pay over the ~** (*Brit*) pagar en demasía. **b** (*difference*) **what's the ~?** (*fam*) ¿qué importa?, ¿qué más da?; **it makes no ~** no importa, da lo mismo *or* igual. **c** (*variance, strife*) **to be at ~ with sb over sth** estar reñido *or* peleado con algn por algo. **d** **~ and ends** (*bits*) trozos *mpl*, pedacitos *mpl*, corotos *mpl* (*Col, Ven*); (*of cloth etc*) retazos *mpl*; (*of food*) restos *mpl*, sobras *fpl*.

ode [əʊd] N oda *f*.

odious [ˈəʊdɪəs] ADJ odioso/a.

odium [ˈəʊdɪəm] N odio *m*.

odometer [ɒˈdɒmɪtər] N (*US*) cuentakilómetros *m*.

odontology [ˌɒdɒnˈtɒlədʒɪ] N odontología *f*.

odour, (*US*) **odor** [ˈəʊdər] N olor *m*; **to be in bad ~ with sb** (*fig*) haber quedado mal con algn.

odourless, (*US*) **odorless** [ˈəʊdəlɪs] ADJ sin olor.

odyssey [ˈɒdɪsɪ] N odisea *f*.

OE N ABBR (*Ling*) of **Old English**.

OECD N ABBR of **Organization for Economic Cooperation and Development** OCDE *f*.

oecumenical, ecumenical [ˌiːkjuːˈmenɪkəl] ADJ ecuménico/a.

oedema, (*esp US*) **edema** [ɪˈdiːmə] N edema *m*.

Oedipus [ˈiːdɪpəs] N: **~ complex** (*Psych*) complejo *m* de Edipo.

oenology, (*US*) **enology** [iːˈnɒlədʒɪ] N enología *f*.

oesophagus, (*US*) **esophagus** [iːˈsɒfəgəs] N esófago *m*.

oestrogen, (*US*) **estrogen** [ˈiːstrəʊdʒən] N estrógeno *m*.

of [ɒv, əv] PREP **a** (*indicating possession, relation*) de; **the house ~ my uncle** la casa de mi tío; **the love ~ God** el amor de Dios; **a friend ~ mine** un amigo mío; **it was rude ~ him to say that** fue de mala educación que dijese eso; **it was nice ~ him to offer** fue muy amable ofreciéndose; **that was very kind ~ you** fue muy amable de su parte. **b** (*objective genitive*) a, hacia; **hatred ~ injustice** odio a la injusticia. **c** (*indicating cause*) por, de; **out ~ fear** por temor; **out ~ anger** de rabia; **~ necessity** por necesidad; **to die ~ pneumonia** morir de pulmonía. **d** (*indicating deprivation, riddance*) **loss ~ faith** pérdida de fe; **lack ~ water** falta de agua. **e** (*indicating material*) **made ~ steel/paper** hecho de acero/papel. **f** (*descriptive*) de; **the City ~ New York** la ciudad de Nueva York; **a boy ~ 8** un niño de ocho años; **a man ~ great ability** un hombre de gran talento; **that idiot ~ a minister** ese idiota de ministro; **by the name ~ Green** llamado Green. **g** (*concerning*) de; **what do you think ~ him?** ¿qué piensas de él?; **what ~ it?** ¿y a ti qué (te) importa?, ¿y qué? **h** (*partitive etc*) de; **how much ~ this do you need?** ¿cuánto necesitas de eso?; **there were 4 ~ them** eran cuatro; **most ~ all** sobre todo, más que nada; **a pound ~ flour** una libra de harina; **the best ~ friends** el mejor amigo. **i** (*indicating separation in space or time*) de; **south ~ Glasgow** al sur de Glasgow; **it's a quarter ~ 4** (*US*) son las

cuatro menos cuarto, falta un cuarto para las cuatro (*LAm*).
j (*with certain verbs*) **to dream ~ sth** soñar con algo; **to smell ~ sth** oler a algo.

off [ɒf] **1** ADV **a** (*distance, time*) a; **a place 2 miles ~** un lugar a dos millas (de distancia); **it's a long way ~** está muy lejos; **the game was 3 days ~** faltaban tres días para el partido.
b (*departure*) **he's ~ to Paris tonight** se va a París esta noche; **I must be ~** me tengo que ir; **he's gone ~ to see the boss** se ha ido a ver al jefe; **~ we go** ¡vámonos!
c (*removal*) **with his hat ~** sin sombrero; **hands ~!** ¡fuera las manos!; **the lid was ~ the saucepan** la cacerola estaba destapada; **a button came ~** se le cayó un botón; **5% ~** (*Comm*) un descuento del cinco por ciento, cinco por ciento de descuento; **~ with those wet clothes!** ¡quítate esa ropa mojada!
d (*not at work*) **to be ~** estar fuera, no estar; **he's ~ work** no ha ido al trabajo; **he's ~ sick** está de baja, está enfermo; **I'm ~ on Fridays** los viernes no trabajo *or* tengo libre; **to take a day ~** tomarse un día libre *or* de descanso; **are you ~ this weekend?** ¿vas a estar fuera este fin de semana?; **she's ~ at 4** sale del trabajo a las 4.
e (*in phrases*) **~ and on, on and ~** de vez en cuando, a ratos; **right** *or* **straight ~** en seguida, al tiro (*Chi*).
2 ADJ **a** (*inoperative: switch etc*) desconectado/a; (*machine etc*) desenchufado/a; (*light, TV*) apagado/a; (*tap*) cerrado/a; (*electricity*) cortado/a; (*brake*) quitado/a.
b (*cancelled*) cancelado/a; (*not available: in restaurant*) agotado/a, acabado/a; **I'm afraid the chicken is ~** desgraciadamente ya no queda pollo; **the wedding is ~** se ha cancelado la boda; **the play is ~** (*postponed*) se suspendió la representación; (*taken off*) ya han quitado la obra.
c (*substandard*) malo/a; **to have an ~ day** tener un mal día.
d (*not fresh*) malo/a; (*meat*) pasado/a; (*milk*) cortado/a; (*butter*) rancio/a; **the cheese has gone ~** el queso está pasado; **that's a bit ~, isn't it?** (*fig fam*) ¡mal hecho!, ¡eso no se hace!
e (*non*) **~ season** temporada *f* baja; **in the ~ season** fuera de temporada; **in the ~ position** en posición de cerrado.
f **to be well/badly ~** andar bien/mal de dinero; **better/worse ~** mejor/peor, en mejores/peores condiciones; **how are you ~ for time?** ¿cómo andas de tiempo?, ¿tienes tiempo?
3 PREP **a** (*indicating motion, removal etc*) de; **to fall ~ a cliff** caer por un precipicio; **she took the picture ~ the wall** descolgó el cuadro (de la pared); **to eat ~ a dish** comer en un plato; **there are two buttons ~ my coat** le faltan *or* se le han caído dos botones a mi abrigo; **he was ~ work for three weeks** estuvo tres semanas sin trabajar; **he knocked £2 ~ the price** (*fam*) hizo una rebaja de dos libras *or* rebajó dos libras del precio.
b (*distant from*) de; **a street ~ the square** una calle que sale de la plaza; **height ~ the ground** altura desde suelo; **it's just ~ the M1** está justo a la salida de la M1.
c **I'm ~** *or* **I've gone ~ fried food** ya no me gustan las cosas fritas.
4 N (*fam*) comienzo *m*; (*Sport*) salida *f*; **at the ~** en la salida; **ready for (the) ~** listos para comenzar.
offal [ˈɒfəl] N asadura *f*, menudillos *mpl*.
offbeat [ˈɒfˌbiːt] ADJ excéntrico/a, original.
off-centre, (*US*) **off-center** [ˈɒfˈsentər] ADJ descentrado/a, ladeado/a.
offchance [ˈɒftʃɑːns] N: **(let's go) on the ~** (vamos) por si acaso; **he bought it on the ~ that it would come in useful** lo compró pensando que tal vez resultaría útil algún día.
off-colour, (*US*) **off-color** [ˈɒfˈkʌlər] ADJ (*ill*) indispuesto/a; **to feel/be ~** sentirse/estar mal.
offcut [ˈɒfˌkʌt] N trozo *m*; **~s** restos *mpl*.
offence, (*US*) **offense** [əˈfens] N **a** (*crime*) delito *m*, crimen *m*; (*moral*) pecado *m*, falta *f*; (*Sport*) falta *f*; **first ~** primer delito; **to commit an ~** cometer un delito; **it is**

an ~ to ... está prohibido ..., se prohíbe .... **b** (*insult*) ofensa *f*, agravio *m*; **no ~!, no ~ meant** sin ofender a Vd; **no ~ was intended** no quería ofender a nadie; **it is an ~ to the eye** da asco verlo; **to give** *or* **cause ~ (to sb)** ofender (a algn); **to take ~ (at sth)** ofenderse *or* sentirse ofendido (por algo).

▼**offend** [əˈfend] **1** VT ofender; (*bother*) molestar; **it ~s my sense of justice** esto atenta contra mi sentido de la justicia; **to be ~ed (at)** ofenderse (por), tomar a mal; **don't be ~ed** no te vayas a ofender.
2 VI: **to ~ against** (*God*) pecar contra; (*law*) infringir; (*good taste*) atentar contra.
offender [əˈfendər] N (*criminal*) delincuente *mf*; (*against traffic regulations etc*) infractor(a) *m/f*; **first ~** delincuente sin antecedentes penales.
offensive [əˈfensɪv] **1** ADJ **a** (*causing offence, unpleasant*) ofensivo/a; (*remark*) insultante; (*smell*) repugnante; (*shocking*) chocante; **to be ~ to sb** ser grosero con algn, ofender a algn.
b (*attacking*) ofensivo/a.
2 N (*Mil, Sport*) ofensiva *f*; **to go over to the ~, to take the ~** tomar la ofensiva.
offer [ˈɒfər] **1** N (*gen*) oferta *f*; **~ of marriage** oferta *or* propuesta *f* de matrimonio; **to make an ~ for sth** hacer una oferta por algo; **~s over £25** ofertas a partir de veinticinco libras; **to be on ~** (*Comm*) estar de oferta, estar rebajado; **it's the best ~ I can make** no puedo ofrecer más.
2 CPD: **~ price** N precio *m* de oferta.
3 VT (*help, services*) ofrecer; (*opportunity, prospect*) brindar, facilitar; (*comment, remark*) hacer; (*opinion*) expresar; **he ~ed no explanation** no dio ninguna explicación; **to ~ an apology** ofrecer disculpas, disculparse; **to ~ sth to sb** ofrecer algo a algn; **to ~ to do sth** ofrecerse a hacer algo; **to ~ resistance** oponer resistencia, resistirse; **to ~ one's hand** dar la mano (a estrechar); **to ~ o.s. for a post** presentarse para un puesto.
♦**offer up** VT + ADV (*prayers*) rezar, ofrecer.
offering [ˈɒfərɪŋ] N (*gen*) ofrenda *f*; (*Rel*) exvoto *m*.
offertory [ˈɒfətərɪ] N (*Rel: part of service*) ofertorio *m*; (: *collection*) colecta *f*.
offhand [ˈɒfˈhænd] **1** ADJ informal; (*brusque*) brusco/a, descortés, desconsiderado/a; **to treat sb in an ~ manner** tratar a algn con indiferencia.
2 ADV (*spontaneously*) de improviso, sin pensarlo; (*casually*) informalmente; (*impolitely*) con indiferencia, desconsideradamente; **I can't tell you ~** no te lo puedo decir así de improviso *or* sin pensarlo un poco *or* (*LAm*) así nomás.
office [ˈɒfɪs] **1** N **a** (*place*) oficina *f*, despacho *m*; (*of lawyer*) bufete *m*; (*of doctor*) consultorio *m*; (*part of organization*) sección *f*, departamento *m*; **head ~** central *f*, sede *f*; **Foreign O~** Ministerio *m* or (*Mex*) Secretaría *f* de Asuntos Exteriores; **O~ of Fair Trading** (*Brit*) oficina de normas comerciales justas.
b (*public position*) cargo *m*; (*duty, function*) función *f*, oficio *m*; **to be in ~, to hold ~** (*person*) desempeñar *or* ocupar un cargo; (*political party*) ocupar el poder; **to come into** *or* **to take ~** (*person*) tomar posesión del cargo (*as de*); (*political party*) acceder al poder, formar gobierno; **to leave ~** (*person*) dimitir un cargo; (*government*) salir del poder.
c **through his good ~s** gracias a sus buenos oficios; **through the ~s of** por mediación *or* medio de.
d (*Rel*) oficio *m*.
2 CPD de oficina; **~ bearer** N titular *mf* (de una cartera); **~ block, ~ building** N bloque *m* de oficinas; **~ boy** N recadero *m*, mandadero *m* (*LAm*); **~ equipment** N equipamiento *m* de oficina; **~ furniture** N muebles *mpl* de oficina, mobiliario *m* de oficina; **~ hours** NPL horas *fpl* de oficina; **~ manager** N gerente *mf*, jefe/a *m/f* de oficina; **~ staff** N personal *m* de oficina; **~ supplies** NPL material *m* de oficina; **~ worker** N (*gen*) oficinista *mf*; (*civil servant etc*) funcionario/a *m/f*.
officer [ˈɒfɪsər] N **a** (*Mil, Naut, Aer*) oficial *mf*; **~s' mess** comedor *m* de oficiales. **b** (*official*) funcionario/a *m/f*;

➤ SENTENCE BUILDER: **offend** → 7.4

police ~ policía *mf*, agente *mf* de policía; **excuse me,** ~ perdone que le moleste, señor agente; **the ~s of a company** los directores de una sociedad.

official [ə'fɪʃəl] **1** ADJ oficial; (*authorized*) autorizado/a; (*in title*) titular; (*formal*) ceremonioso/a, solemne; (*strike*) oficial; **is that ~?** ¿es oficial?; **in ~ circles** en círculos oficiales; **~ receiver** síndico *m*; **O~ Secrets Act** (*Brit*) ley relativa a los secretos de Estado.
2 N funcionario/a *m/f*, empleado/a *m/f* público/a.

officialdom [ə'fɪʃəldəm] N (*pej*) burocracia *f*.

officialese [ə,fɪʃə'liːz] N (*pej*) jerga *f* burocrática.

officially [ə'fɪʃəlɪ] ADV oficialmente.

officiate [ə'fɪʃɪeɪt] VI oficiar; **to ~ as Mayor** ejercer las funciones de alcalde; **to ~ at a marriage** oficiar un enlace *or* una boda.

officious [ə'fɪʃəs] ADJ oficioso/a.

offing ['ɒfɪŋ] N: **in the ~** en perspectiva.

off-key [,ɒf'kiː] **1** ADJ desafinado/a. **2** ADV desentonadamente, fuera de tono.

off-licence ['ɒf,laɪsəns] N (*Brit*) establecimiento con licencia de venta de bebidas alcohólicas envasadas para su consumo fuera del local.

┌─[OFF-LICENCE]────────────────────┐

i *En el Reino Unido una* **off-licence** *es una tienda especializada en la venta de bebidas alcohólicas para el consumo fuera del establecimiento. De ahí su nombre, pues se necesita un permiso especial para tal venta, que está estrictamente regulada. Suelen vender además bebidas sin alcohol, tabaco, chocolate, patatas fritas, etc, y a menudo son parte de grandes cadenas nacionales.*

└──────────────────────────────────┘

off-limits ['ɒf'lɪmɪts] ADJ (*US Mil*) prohibido/a, de acceso prohibido.

off-line ['ɒf'laɪn] **1** ADJ (*Comput*) off-line, fuera de línea; (*switched off*) desconectado/a. **2** ADV fuera de línea, off-line.

off-load ['ɒfləʊd] VT (*goods*) descargar; (*passengers*) desembarcar, hacer bajar; (*get rid of*) librarse de.

off-peak [,ɒf'piːk] ADJ fuera de las horas punta; (*Elec*) de menor consumo; (*tickets*) de menor demanda.

off-putting ['ɒf,pʊtɪŋ] ADJ (*dispiriting*) desalentador(a); (*taste, smell etc*) asqueroso/a; (*behaviour*) chocante; **it's very ~ to see him do that** es muy desagradable verlo hacer eso.

off-road ['ɒfrəʊd] ADJ (*driving, racing*) todoterreno *inv*; **~ vehicle** vehículo *m* todoterreno *inv*.

off sales ['ɒfseɪlz] N (*Scot*) establecimiento con licencia de venta de bebidas alcohólicas envasadas para su consumo fuera del local.

off-season ['ɒf,siːzn] N temporada *f* baja; **I take my holidays (in the) ~** cojo las vacaciones fuera de temporada.

offset ['ɒfset] (*vb: pt, pp* ~) **1** N (*Typ*) offset *m*.
2 VT compensar; (*counteract*) contrarrestar, contrapesar; **higher prices will be ~ by wage increases** los aumentos de precios serán compensados por incrementos salariales.
3 CPD: **~ printing** N impresión *f* con offset.

offshoot ['ɒfʃuːt] N (*Bot*) vástago *m*; (*fig*) ramificación *f*; (*Comm*) rama *f*.

offshore ['ɒf'ʃɔːʳ] ADJ (*breeze*) de la costa *or* la tierra; (*island etc*) cercano/a a la costa; **~ fishing** pesca *f* de bajura; **~ investments** inversiones *fpl* off-shore; **~ oil** petróleo *m* de costa afuera; **~ oilfield** campo *m* petrolífero submarino.

offside ['ɒf'saɪd] **1** ADJ **a** (*Sport*) fuera de juego; **to be ~** estar fuera de juego.
b (*Aut: door, verge, lane: gen*) del lado izquierdo; (*: Brit*) del lado derecho.
2 N (*Aut: gen*) lado *m* izquierdo; (*: Brit*) lado *m* derecho.
3 INTERJ ¡orsay!

offspring ['ɒfsprɪŋ] N, PL INV descendencia *f*, prole *f*.

offstage ['ɒf'steɪdʒ] **1** ADJ de entre bastidores. **2** ADV entre bastidores, fuera del escenario.

off-the-cuff [,ɒfðə'kʌf] **1** ADJ (*remark*) dicho sin pensar, espontáneo/a; (*speech*) improvisado/a. **2** ADV de im-

proviso.

off-the-job ['ɒfðə'dʒɒb] ADJ: **~ training** formación *f* fuera del trabajo.

off-the-peg ['ɒfðə'peg] (*US*), **off-the-rack** ['ɒfðə'ræk] ADJ confeccionado/a, de percha.

off-the-record [,ɒfðə'rekəd] ADJ no oficial, extraoficial.

off-white ['ɒf'waɪt] ADJ de color hueso, blanquecino/a.

Ofgas ['ɒfgæs] N ABBR (*Brit*) of **Office of Gas Supply** *organismo que controla a las empresas del gas en Gran Bretaña.*

Oflot ['ɒflɒt] N ABBR (*Brit*) *organismo nacional de control de loterías,* ≈ Organismo Nacional de Loterías y Apuestas del Estado, ≈ ONLAE *m* (*Sp*).

OFT N ABBR (*Brit*) of **Office of Fair Trading.**

Oftel ['ɒftel] N ABBR (*Brit*) of **Office of Telecommunications** *organismo que controla a las telecomunicaciones británicas.*

often ['ɒfən] ADV muchas veces, a menudo, con frecuencia, seguido (*LAm*); **very ~** muchísimas veces; **how ~?** (*how many times*) ¿cuántas veces?; (*at what intervals*) ¿cada cuánto *or* cuándo?; **so ~** tantas veces; **as ~ as not** la mitad de las veces, frecuentemente; **more than not** las más *or* la mayoría de las veces; **every so ~** (*of time*) alguna que otra vez, de vez en cuando; (*of distance, spacing*) de trecho en trecho, cada cierta distancia; **how ~ do you see him?** ¿cada cuánto le ves?; **his behaviour is ~ disappointing** a menudo su conducta es decepcionante; **it's not ~ that I ask you to help me** no es frecuente *or* es raro que te pida ayuda.

Ofwat ['ɒfwɒt] N ABBR (*Brit*) of **Office of Water Services** *organismo que controla a las empresas suministradores de agua en Inglaterra y Gales.*

ogle ['əʊgl] VT comerse con los ojos a, quedarse mirando a.

O-grade ['əʊgreɪd] N ABBR (*Scot Scol*) of **Ordinary grade** ≈ BUP *m*.

ogre ['əʊgəʳ] N ogro *m*.

OH ABBR (*US Post*) of **Ohio.**

oh [əʊ] INTERJ ¡ah!; (*cry of pain*) ¡ay!; **~ good!** ¡qué bien!; **~ dear, I've spilt the milk** ¡ay, se me ha caído la leche!; **~ really?** ¿no me digas?, ¿de veras?; **~ really!** ¡no puede ser!; **~ no you don't!** ¡eso sí que no!, ¡de eso nada!

ohm [əʊm] N ohmio *m*, ohm *m*.

OHMS ABBR (*Brit*) of **On Her** *or* **His Majesty's Service.**

OHP N ABBR of **overhead projector.**

oil [ɔɪl] **1** N (*gen, also Aut*) aceite *m*; (*Geol, as mineral*) petróleo *m*; (*Art*) óleo *m*; **an ~ by Rembrandt** un óleo de Rembrandt; **to pour ~ on troubled waters** suavizar *or* calmar los ánimos; **to strike ~** encontrar un pozo de petróleo; (*fig*) encontrar un filón; *see* **midnight.**
2 VT lubricar, engrasar; **to ~ the wheels** (*fig*) allanar el terreno.
3 CPD de aceite; (*Geol*) de petróleo; **~ colours** NPL óleos *mpl*; **~ gauge** N indicador *m* de(l) aceite; **~ industry** N industria *f* del petróleo; **~ painting** N pintura *f* al óleo; **she's no ~ painting** (*fam*) no es ninguna belleza; **~ pollution** N contaminación *f* petrolífera; **~ slick** N marea *f* negra; **~ tanker** N petrolero *m*; **~ terminal** N terminal *f* petrolífera; **~ well** N pozo *m* de petróleo.

oil-based ['ɔɪlbeɪst] ADJ: **~ product** producto *m* derivado del petróleo.

oilcan ['ɔɪlkæn] N aceitera *f*, alcuza *f*.

oil-change ['ɔɪl,tʃeɪndʒ] N cambio *m* de aceite.

oilfield ['ɔɪlfiːld] N yacimiento *m* petrolífero.

oil-filter ['ɔɪl,fɪltəʳ] N filtro *m* de aceite.

oil-fired ['ɔɪlfaɪəd] ADJ de fuel-oil.

oil-lamp ['ɔɪllæmp] N lámpara *f* de aceite, quinqué *m*.

oilpan ['ɔɪlpæn] N (*US Aut*) cárter *m*.

oil-rig ['ɔɪlrɪg] N torre *f* de perforación; (*Naut*) plataforma *f* de perforación submarina.

oilskin ['ɔɪlskɪn] N hule *m*; **~s** chubasquero *m*, impermeable *m*.

oily ['ɔɪlɪ] ADJ (*comp* **-ier**; *superl* **-iest**) aceitoso/a; (*food, hands*) grasiento/a, grasoso/a (*LAm*); (*skin, hair*) graso/a; (*fig pej*) zalamero/a, empalagoso/a.

oink [ɔɪŋk] **1** VI gruñir. **2** INTERJ ¡oink!

ointment ['ɔɪntmənt] N ungüento *m*, pomada *f*.

OJT N ABBR (US) of **on-the-job training**.

OK, O.K., okay ['əʊ'keɪ] (fam) [1] INTERJ ¡está bien!, ¡okey! (LAm); (enough) ¡basta ya!, ¡ya estuvo bueno! (LAm); ~, ~! ¡ya está bien, eh!, ¡vale, vale!, ¡ya ya!; **I'm coming too, ~?** vengo yo también, ¿vale (Sp) or (LAm) okey? [2] ADJ bien; **are you ~ for money/time?** ¿andas or (esp LAm) vas bien de dinero/tiempo?; **it's ~ with** or **by me** estoy de acuerdo, me parece bien; **is it ~ with you if ...?** ¿te importa si ...?, ¿te molesta que ...?; **I'm ~** estoy bien; **is the car ~?** ¿anda bien el coche? [3] N: **to give sth one's ~** dar el visto bueno a or aprobar algo. [4] VT dar el visto bueno a, aprobar.

OK ABBR (US Post) of **Oklahoma**.

okey-doke(y) [,əʊkɪ'dəʊk(ɪ)] INTERJ (fam) de acuerdo, vale.

Okla. ABBR (US) of **Oklahoma**.

old [əʊld] [1] ADJ (comp ~er; superl ~est) [a] (aged) viejo/a; (: person) anciano/a, mayor; **an ~ man** un viejo; **an ~ woman** una vieja; **~ people** or **folk(s)** los viejos, los ancianos, los mayores; **he's ~ for his years** es un niño muy maduro para su edad; **to grow ~** or **get ~(er)** envejecer; **he is 8 years ~** tiene ocho años; **how ~ are you?** ¿cuántos años tienes?, ¿qué edad tienes?; **she is the ~est teacher in the school** es la profesora de más edad del colegio; **she is 2 years ~er than you** tiene dos años más que tú; **he's ~ enough to know better** (have more sense) a su edad debería tener más sentido común; (behave better) a su edad debería portarse mejor; **as ~ as the hills** más viejo que Matusalén; **~ age** vejez f; **in one's ~ age** de viejo, en la vejez; **~ maid** solterona f; **~ people's home** residencia f or asilo m de ancianos; **~ wives' tale** cuento m de viejas, patraña f. [b] (thing: ancient) antiguo/a; (: used) usado/a, gastado/a; **the ~ part of Glasgow** la parte vieja or antigua de Glasgow; **it's too ~ to be any use** es demasiado viejo para servir; **the house is 300 years ~** la casa tiene trescientos años (de construida). [c] (long-standing etc) viejo/a; **an ~ friend of mine** un viejo amigo mío. [d] (former) antiguo/a; **it's not as good as our ~ one** no es tan bueno que el anterior; **~ boy** antiguo m or ex-alumno m; **in the ~ days** antaño, en los viejos tiempos; **O~ English** inglés m antiguo; **~ master** (work) obra f maestra (de la pintura); **my ~ school** mi antiguo colegio; **~ soldier** veterano m, excombatiente m; **O~ Testament** Antiguo Testamento m; **O~ World** Viejo Mundo m. [e] (fam: affectionate) **here's ~ Peter coming** ahí viene el bueno de or el viejo Pedro; **she's a funny ~ thing** es un poco rara; **the ~ country** la madre patria; **my** or **the ~ man** (fam: father) mi or el viejo, mi or el jefe; **my** or **the ~ woman** (fam: mother) mi or la vieja. [f] (fam: as intensifier) **we had a high ~ time** hacía tiempo que no nos divertíamos tanto; **any ~ thing will do** sirve cualquier cosa; **it's not just any ~ painting, it's a Zurburán** no es un cuadro cualquiera, es un Zurburán. [2] N [a] **the ~** los viejos mpl, los ancianos mpl. [b] **of ~** desde hace tiempo; **in days of ~** antaño, en los tiempos antiguos.

old-age ['əʊldeɪdʒ] ADJ: **~ pension** subsidio m de vejez, pensión f; **~ pensioner** pensionista mf, jubilado/a m/f.

olden ['əʊldən] ADJ (old, poet) antiguo/a; **in ~ times** or **days** antaño, en los tiempos antiguos.

old-established ['əʊldɪ'stæblɪʃt] ADJ antiguo/a.

olde-worlde ['əʊldɪ'wɜːldɪ] ADJ (hum) viejísimo/a, antiquísimo/a; **a very ~ interior** un interior pintoresco de antaño.

old-fashioned ['əʊld'fæʃnd] ADJ (thing) anticuado/a, pasado/a de moda; (person, attitude) anticuado/a, chapado/a a la antigua.

old-time ['əʊldtaɪm] ADJ: **~ dancing** baile m antiguo or de antaño.

old-timer [,əʊld'taɪməʳ] N veterano/a m/f; (old person) viejo/a m/f, anciano/a m/f.

old-world ['əʊld'wɜːld] ADJ antiguo/a; (style) clásico/a; (manners) anticuado/a.

oleander [,əʊlɪ'ændəʳ] N adelfa f.

O-level ['əʊ,levl] (Brit Scol Hist) N of **Ordinary level** ≈ BUP m.

olfactory [ɒl'fæktərɪ] ADJ olfativo/a, olfatorio/a.

oligarchy ['ɒlɪgɑːkɪ] N oligarquía f.

oligopoly [,ɒlɪ'gɒpəlɪ] N oligopolio m.

olive ['ɒlɪv] [1] N aceituna f, oliva f; (also ~ **tree**) olivo m. [2] ADJ aceitunado/a; (also ~ **green**) verde oliva. [3] CPD: **~ branch** N: **to hold out an ~ branch** (fig) hacer un gesto de paz; **~ growing** N oleicultura f; see also **olive-growing**; **~ oil** N aceite m de oliva.

olive-grove ['ɒlɪvgrəʊv] N olivar m.

olive-growing ['ɒlɪv,grəʊɪŋ] ADJ: **~ region** región f olivera.

Olympiad [əʊ'lɪmpɪæd] N olimpíada f.

Olympian [əʊ'lɪmpɪən] ADJ olímpico/a.

Olympic [əʊ'lɪmpɪk] [1] ADJ olímpico/a; **the ~ Games** las Olimpiadas; **~ medallist** medallero/a m/f olímpico/a; **~ torch** antorcha f olímpica. [2] N: **the ~s** las Olimpiadas.

OM N ABBR (Brit) of **Order of Merit** título ceremonial.

Oman [əʊ'mɑːn] N Omán m.

Omani [əʊ'mɑːnɪ] ADJ, N omaní mf.

OMB N ABBR (US) of **Office of Management and Budget** servicio que asesora al presidente en materia presupuestaria.

ombudsman ['ɒmbʊdzmən] N (pl **-men**) ≈ defensor m del pueblo.

omega ['əʊmɪgə] N omega f.

omelet(te) ['ɒmlɪt] N tortilla f, torta f de huevos (Mex).

omen ['əʊmen] N augurio m, presagio m; **bird of ill ~** ave f de mal agüero.

ominous ['ɒmɪnəs] ADJ siniestro/a, de mal agüero; (tone) amenazador(a), inquietante; **that sounds ~** eso no augura nada bueno.

ominously ['ɒmɪnəslɪ] ADV siniestramente; (menacingly) de manera amenazadora.

omission [əʊ'mɪʃən] N (act of omitting) omisión f; (mistake) descuido m.

omit [əʊ'mɪt] VT [a] (on purpose) suprimir. [b] (by accident) olvidarse de; **to ~ to do sth** olvidarse or dejar de hacer algo.

omnibus ['ɒmnɪbəs] N (frm: bus) ómnibus m, autobús m, camión m (Mex); (book) antología f.

omnipotent [ɒm'nɪpətənt] ADJ omnipotente.

omnipresent ['ɒmnɪ'prezənt] ADJ omnipresente.

omniscient [ɒm'nɪsɪənt] ADJ omnisciente.

omnivorous [ɒm'nɪvərəs] ADJ omnívoro/a.

ON ABBR (Canada) of **Ontario**.

on [ɒn] [1] PREP [a] (of place, position) en, sobre; **~ the Continent** en Europa; **~ the table** en or sobre la mesa; **~ all sides** por todas partes, por todos lados; **I haven't any money ~ me** no llevo dinero encima; **~ the ceiling** sobre el techo; **hanging ~ the wall** colgado en la pared; **a house ~ the square** una casa en la plaza; **~ page 2** en la página dos; **~ the right** a la derecha; **~ the radio** en or por la radio; **~ foot** a pie; **~ horseback** a caballo; **an attack ~ the government** un ataque contra el gobierno; **he played it ~ the violin** lo tocó al violín; **~ the telephone** por teléfono; **he's ~ the committee** es miembro del comité; **he's ~ the permanent staff** es de plantilla; **~ average** por término medio; **~ his authority** con su autorización; **she lives ~ cheese** vive sólo a base de queso; **~ pain of** so pena de; **~ account of** a causa de; **~ sale** de venta; **a student ~ a grant** un estudiante con beca; **he's ~ £6000 a year** gana seis mil libras al año; **he's ~ heroin** (fam) está enganchado a la heroína; **prices are up ~ last year('s)** los precios han subido frente a los del año pasado. [b] (of time) **~ Friday** el viernes; **~ Fridays** los viernes; **~ May 14th** el catorce de mayo; **~ a day like this** (en) un día como éste; **~ time** a la hora, a tiempo; **~ my arrival** al llegar, a mi llegada; **~ seeing him** al verle. [c] (about, concerning) sobre, acerca de; **a book ~ physics** un libro de o sobre física; **he lectured ~ Keats** dio una conferencia sobre Keats; **have you read Purnell ~ Churchill?** ¿has leído los comentarios de Purnell sobre Churchill?; **while we're ~ the subject** como hablamos de esto.

d (*phrases*) **a story based ~ fact** una historia basada en la realidad; **the march ~ Rome** la marcha sobre Roma.

e (*after, according to*) **~ this model** según este modelo.

f (*engaged in*) **he's away ~ business** está en viaje de negocios; **to be ~ holiday** estar de vacaciones; **we're ~ irregular verbs** estamos con los verbos irregulares.

g (*at the expense of*) **this round's ~ me** esta ronda la pago yo, invito yo; **it's ~ the house** la casa invita.

2 ADV **a** (*indicating idea of covering*) **she put her boots ~** se puso las botas; **to have one's coat ~** tener el abrigo puesto; **what's she got ~?** ¿qué lleva puesto?, ¿cómo va vestida?; **screw the lid ~ tightly** enrosca *or* mete bien la tapa; *see* **put on; come on.**

b (*indicating time*) **from that day ~** a partir de aquel día, de aquel día en adelante; **it's getting ~ for ten o'clock** falta poco para las diez, ya van a ser las diez; **it was well ~ in the evening** estaba ya muy entrada la tarde; **they talked well ~ into the night** hablaron hasta bien entrada la noche; *see* **further; later.**

c (*indicating continuation*) **to go ~, walk ~** *etc* seguir adelante; **to read ~** seguir leyendo; **he rambled ~ and ~** estuvo dale que dale (*fam*), estuvo dale y dale (*esp LAm*); **and so ~** (*and the rest*) y demás; (*etc*) etcétera.

d (*in phrases*) **to go ~ at sb (about sth)** dar la lata a algn (sobre algo); **what are you ~ about?** ¿de qué (me) hablas?; **to be ~** (*actor*) estar en escena; **are you ~ tomorrow?** ¿estás de turno mañana?; **to be ~ to sth** creer haber encontrado algo; **he knows he's ~ to a good thing** sabe que ha encontrado algo que vale la pena; **he's always ~ to me about it** (*fam*) me está majando continuamente con eso (*fam*).

3 ADJ **a** (*functioning, in operation:* engine, switch) conectado/a; (: *machine*) enchufado/a; (: *light*) encendido/a, prendido/a (*LAm*); (: *TV set etc*) encendido/a, puesto/a, prendido/a (*LAm*); (: *tap*) abierto/a; (: *brake etc*) puesto/a, echado/a; (*in place: lid etc*) puesto/a; (*closed*) cerrado/a; **the show is ~ in London** se ha estrenado el espectáculo en Londres; **what's ~ at the cinema?** ¿qué ponen en el cine?; **is the meeting still ~ tonight?** ¿sigue en pie la reunión de esta noche?, ¿se lleva a cabo siempre la reunión de esta noche? (*LAm*); **the programme is ~ in a minute** el programa empieza dentro de un minuto; **there's a good film ~ tonight** hay una película buena esta noche; **sorry, I've got something ~ tonight** lo siento, esta noche tengo un compromiso.

b (*valid*) **you're ~!** ¡te tomo la palabra!; **that's not ~** (*fam*) eso no se hace, no hay derecho; **the deal is ~** se ha cerrado el trato.

ONC N ABBR (*Brit Scol*) of **Ordinary National Certificate** título escolar.

once [wʌns] **1** ADV **a** (*on one occasion*) una vez; **~ before** ya ... una vez; **~ only** sólo una vez, una sola vez; **~ or twice** un par de veces, una o dos veces; **~ again** *or* **more** otra vez, una vez más; **(every) ~ in a while** de vez en cuando, cada cuando (*LAm*); **~ a week** una vez a la *or* por semana; **~ and for all** de una vez (por todas); **just this ~** esta vez sólo *or* nada más; **for ~** por una vez; **it never ~ occurred to me** ni se me ocurrió.

b (*formerly*) antes; **I knew him ~** le conocí hace tiempo; **~ upon a time** érase una vez, hubo una vez.

c **at ~** (*immediately*) en seguida, inmediatamente; (*simultaneously*) a la vez, al mismo tiempo; **all at ~** (*suddenly*) de repente, de golpe; (*in one go*) de una sola vez.

2 CONJ una vez que ..., si ...; **~ you give him the chance** una vez que le des la oportunidad; **~ they finish, we can start** con cuanto terminen podemos empezar nosotros.

once-over [ˈwʌns,əʊvəʳ] N (*fam*) **to give sb/sth the ~** echar un vistazo a algn/algo.

oncologist [ɒŋˈkɒlədʒɪst] N oncólogo/a *m/f*.

oncoming [ˈɒn,kʌmɪŋ] ADJ (*car, traffic*) que viaja en el sentido opuesto.

oncosts [ˈɒn,kɒsts] NPL gastos *mpl* generales.

OND N ABBR (*Brit Scol*) of **Ordinary National Diploma** título

escolar.

one [wʌn] **1** ADJ **a** (*number*) un(o)/una; **~ or two people** algunas personas; **the baby is ~ (year old)** el bebé tiene un año; **it's ~ (o'clock)** es la una; **the last but ~** el penúltimo; **for ~ reason or another** por diferentes razones; **there is only ~ left** queda uno solamente; **that's ~ way of doing it** esa es una forma *or* una de las maneras de hacerlo.

b (*indefinite*) un(o)/una, cierto/a; **~ day** un día, cierto día; **~ cold winter's day** un día frío de invierno.

c (*sole*) solo/a, único/a; **the ~ and only Charlie Chaplin** el único e incomparable Charlot; **his ~ worry** su única preocupación; **no ~ man could do it** ningún hombre podría hacerlo por sí solo.

d (*same*) mismo/a; **they are ~ and the same person** son la misma persona; **it is ~ and the same thing** es la misma cosa; **it's all ~ to me** me da igual.

2 N uno/a; **in ~s and twos** en pequeños grupos; **they came in ~s and twos** entraron solos o en parejas; **to be ~ up on sb** llevar ventaja a algn; **to go ~ better than sb** tomar la ventaja *or* la delantera a algn; **to be at ~ (with sb)** estar completamente de acuerdo (con algn); **she's cook and housekeeper in ~** es a la vez cocinera y ama de llaves; **I belted him ~** (*fam*) le di un porrazo; **to have ~ for the road** tomar la última (copa) *or* la del estribo.

3 PRON **a** **this ~** éste/a; **that ~** ése/a, aquél/aquélla; **~ or two** pocos, algunos; **which ~ do you want?** ¿cuál quieres?; **the ~ on the floor** el que está en el suelo; **the ~ who/that** el/la que; **the ~s who/that** los/las que; **the white dress and the grey ~** el vestido blanco y el gris; **what about this little ~?** ¿y el pequeño *or* (*esp LAm*) chiquito?; **our dear ~s** nuestros seres queridos; **to pull a fast ~** jugar una mala pasada a algn; **that's a difficult ~** eso sí que es difícil; **you've got it in ~!** (*fam*) ¡y que lo digas!; **he's a clever ~** es un taimado; **the little ~s** los pequeños, los chiquillos; **you're a fine ~!** (*fam*) ¡estás tú bueno!, ¡eres una buena pieza!; **he's a great ~ for chess** es muy bueno al ajedrez; **he's a great ~ for arguing** es de los que les priva discutir; **he's ~ for the ladies** es Perico entre ellas; **he is not ~ to protest** no es de los que protestan; **have you got ~?** ¿tienes uno?; **~ of them** uno de ellos; **any ~ of us** cualquiera de nosotros; **he's ~ of the family now** ya es de la familia; **I for ~ am not going** en cuanto a mí *or* de momento, yo ya no voy; **~ and all** todos sin excepción, todo el mundo; **the ~ ..., the other ...** uno ..., el otro ...; **~ after the other** uno tras otro; **~ by ~** uno tras otro; **not ~** ni uno.

b **~ another** el uno al otro; **they all kissed ~ another** se besaron (unos a otros); **do you see ~ another much?** ¿se ven mucho?

c (*impers*) uno, una; **~ never knows** nunca se sabe; **~ must eat** hay que comer; **to cut ~'s finger** cortarse el dedo.

one- [wʌn] PREF de un ..., de un solo ..., uni-, un-; **a ~celled animal** un animal unicelular.

one-armed [ˈwʌnˈɑːmd] ADJ manco/a; **~ bandit** (*fam*) máquina *f* tragaperras.

one-eyed [ˈwʌnˈaɪd] ADJ tuerto/a.

one-horse [ˈwʌnˈhɔːs] ADJ **a** (*carriage*) de un solo caballo. **b** (*fam*) insignificante, de poca monta; **~ town** pueblucho *m* (*fam*).

one-legged [ˈwʌnˈlegɪd] ADJ con una sola pierna.

one-liner [,wʌnˈlaɪnəʳ] N chiste *m* breve.

one-man [ˈwʌnˈmæn] ADJ individual; (*job*) para una sola persona; (*business*) llevado/a por una sola persona; **~ band** (*Mus*) hombre *m* orquesta; **it's a ~ band** (*fig fam*) lo hace todo uno solo; **a ~ woman** una mujer de un solo hombre.

one-night [ˈwʌnnaɪt] ADJ: **~ stand** (*Theat*) función *f* de una sola noche, representación *f* única; (*fig*) ligue *m* de una noche.

one-off [ˈwʌnɒf] N (*Brit fam*) intento *m* único; **a ~ job** un único trabajo; **it's a ~** es un caso único.

one-parent [ˈwʌnˈpɛərənt] ADJ: **~ family** familia *f* monoparental, hogar *m* sin pareja.

one-party [ˈwʌnˈpɑːtɪ] ADJ (*state etc*) de partido único.

one-piece ['wʌn'piːs] ADJ de una pieza.
onerous ['ɒnərəs] ADJ oneroso/a; (*task, duty*) pesado/a.
oneself [wʌn'self] PRON (*reflexive*) se, sí mismo/a; (*emphatic*) uno/a mismo/a; **to be ~** conducirse con naturalidad; **to be by ~** estar solo *or* a solas; **to do sth by ~** hacer algo solo *or* por sí solo; **to see for ~** ver por sí mismo; **to say to ~** decir para sí *or* entre sí, decirse a uno mismo; **to talk to ~** hablar solo.
one-shot ['wʌnʃɒt] N (*US*) intento *m* único.
one-sided ['wʌn'saɪdɪd] ADJ (*view etc*) parcial; (*decision*) unilateral; (*contest*) desigual.
one-time ['wʌntaɪm] ADJ antiguo/a, ex; **~ prime minister** ex primer ministro *m*.
one-to-one ['wʌntə'wʌn] ADJ (*relationship*) de uno a uno; (*teaching*) individual, individualizado/a.
one-track ['wʌntræk] ADJ: **to have a ~ mind** estar obsesionado/a con algo.
one-upmanship [wʌn'ʌpmənʃɪp] N arte *m* de aventajar a los demás, arte de llevar siempre la delantera.
one-way ['wʌnweɪ] ADJ (*street*) de dirección única, sentido único (*esp LAm*); (*ticket*) sencillo/a.
one-woman ['wʌn'wʊmən] ADJ individual; **~ business** empresa *f* dirigida por una sola mujer.
one-year ['wʌnjɪər] ADJ de *or* para un año.
ongoing ['ɒn,gəʊɪŋ] ADJ (*in progress*) en curso; (*continuing*) en desarrollo; (*current*) corriente.
onion ['ʌnjən] [1] N cebolla *f*. [2] CPD de cebolla; **~ rings** NPL aros *mpl* de cebolla rebozados; **~ skin** N (*paper*) papel *m* de cebolla; **~ soup** N sopa *f* de cebolla.
on-line ['ɒnlaɪn] [1] ADJ (*Comput*) on-line, en línea; (*switched on*) conectado/a. [2] ADV on-line, en línea.
onlooker ['ɒn,lʊkər] N espectador(a) *m/f*; (*esp pej*) mirón/ona *m/f*.
only ['əʊnlɪ] [1] ADJ único/a, solo/a; **it's the ~ one left** es el único que queda; **your ~ hope is to hide** la única posibilidad es que te escondas; **you are not the ~ one** tú no eres el único; **an ~ child** un(a) hijo/a único/a; **the ~ thing I don't like about it is ...** lo único que no me gusta de este asunto es .... [2] ADV sólo, solamente, nomás (*LAm*); **we have ~ 5** sólo tenemos cinco, tenemos cinco nada más; **one choice ~** una sola alternativa; **~ time will tell** el tiempo lo dirá; **I'm ~ the porter** yo soy el portero nada más; **I'm ~ a porter** soy un simple portero; **I ~ touched it** no hice más que tocarlo, sólo lo he tocado; **you ~ have to ask** no hay sino preguntar; **~ when I ...** sólo cuando (yo) ...; **not ~ A but also B** no sólo A sino también B; **I saw her ~ yesterday** ayer mismo la vi, la vi ayer nomás (*LAm*), recién ayer la vi (*LAm*); **we can ~ hope** sólo nos queda esperar; **I'd be ~ too pleased to help** encantado de servir(les); **~ too true** por desgracia es verdad *or* cierto; *see* **if 1 (e)**; **just² 2 (f)**. [3] CONJ sólo que, salvo que; **I would gladly do it, ~ I shall be away** lo haría de buena gana, sólo *or* pero voy a estar fuera.
o.n.o. ABBR *of* **or near(est) offer.**
onomatopoeia [,ɒnəʊmætəʊ'piːə] N onomatopeya *f*.
onrush ['ɒnrʌʃ] N (*of water*) oleada *f*; (*fig*) oleada, avalancha *f*.
on-screen [,ɒn'skriːn] [1] ADJ [a] (*Comput*) en pantalla. [b] (*Cine, TV: romance, kiss*) cinematográfico/a. [2] ADV (*Cine, TV*) en la pantalla.
onset ['ɒnset] N principio *m*, comienzo *m*; (*of disease*) ataque *m*.
onshore ['ɒnʃɔːr] [1] ADV hacia la tierra. [2] ADJ (*breeze*) que sopla del mar hacia la tierra.
onside ['ɒnsaɪd] ADV (*Sport*) en posición correcta.
on-site ['ɒn,saɪt] ADJ in situ.
onslaught ['ɒnslɔːt] N (*gen*) ataque *m* violento, arremetida *f*.
Ont. ABBR (*Canada*) *of* **Ontario.**
on-the-job ['ɒnðə'dʒɒb] ADJ: **~ training** formación *f* en el trabajo *or* sobre la práctica.
on-the-spot ['ɒnðə'spɒt] ADJ (*decision*) instantáneo/a; (*investigation*) en el terreno; (*report*) inmediato/a.
onto ['ɒntʊ] PREP a, sobre, en, arriba de (*LAm*); **he got ~ the**

table se subió a la mesa; **to be ~ sb** (*suspect*) estar enterado (de la culpabilidad *etc*) de algn; **to be ~ a good thing** haber tenido suerte; **I'll get ~ him about it** insistiré con él, se lo recordaré.
onus ['əʊnəs] N (*no pl*) responsabilidad *f*; **the ~ is upon him to prove it** es suya la responsabilidad de *or* le incumbe a él demostrarlo; **the ~ of proof is on the prosecution** le incumbe al fiscal probar la acusación.
onward ['ɒnwəd] [1] ADJ progresivo/a. [2] ADV (*also* **~s**) adelante, hacia adelante; **from that time ~(s)** desde entonces; **from the 12th century ~(s)** desde el siglo doce en adelante, a partir del siglo doce.
onyx ['ɒnɪks] N ónice *m*, ónix *m*.
oodles ['uːdlz] N: **we have ~ (of)** (*fam*) tenemos montones (de) (*fam*).
oomph [ʊmf] N aquél *m* (*fam*), atracción *f* sexual.
oops [ʊps] INTERJ (*fam*) ¡ay!
ooze [uːz] [1] N cieno *m*, limo *m*; (*of blood*) pérdida *f*, salida *f*. [2] VI (*liquid*) rezumar(se); (*blood*) manar suavemente; (*leak*) gotear. [3] VT rezumar; (*fig*) rebosar; **he simply ~s confidence** rebosa confianza.
◆ **ooze out** VI + ADV rezumarse.
op [ɒp] N ABBR [a] (*fam*) *of* **operation.** [b] (*Mus*) *of* **opus.**
opal ['əʊpəl] N ópalo *m*.
opaque [əʊ'peɪk] ADJ opaco/a.
op.cit. ABBR *of* **opere citato** obr. cit.
OPEC ['əʊpek] N ABBR *of* **Organization of Petroleum-Exporting Countries** OPEP *f*.
open ['əʊpən] [1] ADJ [a] (*gen*) abierto/a; (*bottle, tin etc*) destapado/a; (*unfolded*) desplegado/a; (*unbuttoned etc*) desabrochado/a; (*shop, bank etc*) abierto/a (al público); **the door is ~** la puerta está abierta; **wide ~** (*door etc*) abierto de par en par; **a shirt ~ at the neck** una camisa con el cuello desabrochado; **the book was ~ at page 7** el libro estaba abierto por la página siete; **to cut a bag ~** cortar una bolsa; **the shop is still not ~** la tienda sigue cerrada.
[b] (*not enclosed: gen*) descubierto/a, abierto/a; (*car*) descapotable; **~ sandwich** sandwich *m* sin tapa *or* (*esp LAm*) abierto; **~ country** campo *m* raso; **~ sea** mar *m* abierto; **on ~ ground** en un claro; (*waste ground*) en un descampado; **in the ~ air** al aire libre.
[c] (*not blocked*) abierto/a, sin obstáculos; **road ~ to traffic** carretera abierta al tráfico, vía libre.
[d] (*public, unrestricted*) público/a; (*race etc*) abierto/a; **~ day** día *m* abierto a todos; **~ prison** cárcel *f* abierta; **~ shop** (*factory etc*) empresa *f* con personal agremiado y no agremiado; **O~ University** (*Brit*) ≈ Universidad *f* Nacional de Enseñanza a Distancia; **in ~ court** en juicio público; **~ to the public on Mondays** abierto al público los lunes; **what choices are ~ to me?** ¿qué posibilidades *or* opciones me quedan?; **to keep ~ house** tener mesa franca *or* casa abierta; **membership is not ~ to women** la sociedad no admite a las mujeres; **he bought it on the ~ market** lo compró en el mercado público.
[e] (*not biased or prejudiced*) abierto/a; **I am ~ to persuasion** se me puede convencer; **I am ~ to offers** estoy dispuesto a recibir ofertas; **I am ~ to advice** escucho de buena gana los consejos.
[f] (*declared, frank*) abierto/a; (*person, admiration*) franco/a; (*hatred*) declarado/a; **it's an ~ secret that ...** es un secreto a voces que ...; **to be in ~ revolt** estar en abierta rebeldía; **to be ~ with sb** ser franco con algn.
[g] (*undecided*) por resolver, por decidir; **it's an ~ question whether ...** está por ver si ...; **to have an ~ mind (on sth)** estar sin decidirse aún (sobre algo); **to leave the matter ~** dejar el asunto pendiente.
[h] (*exposed, not protected*) abierto/a, descubierto/a; (: *Mil*) expuesto/a, vulnerable; **~ to the elements** desprotegido/a, desabrigado/a; **it is ~ to doubt whether ...** queda la duda sobre si ...; **to lay o.s. ~ to criticism/attack** exponerse a ser criticado/atacado.
[2] N: **out in the ~** (*out of doors*) al aire libre; (*in the*

country) en campo *m* raso *or* abierto; **to bring a dispute into the ~** hacer que una disputa llegue a ser del dominio público; **their true feelings came into the ~** sus verdaderos sentimientos se dejaron adivinar.

3 VT [a] (*gen*) abrir; (*pores*) dilatar; (*newspaper*) desplegar; (*legs*) abrir, separar; (*shop*) abrir; **to ~ a road to traffic** abrir una carretera al público; **I didn't ~ my mouth** ni abrí la boca, no dije ni pío.

[b] (*begin: conversation, debate, negotiations etc*) entablar, iniciar; **to ~ a bank account** abrir una cuenta en el banco; **to ~ the case** (*Jur*) exponer los detalles de la acusación; **to ~ fire** (*Mil*) romper *or* abrir el fuego.

[c] (*declare ~, inaugurate*) inaugurar; **to ~ Parliament** abrir la sesión parlamentaria; **to ~ a road through a forest** abrir una carretera a través de un bosque.

[d] (*reveal, disclose: mind, heart*) abrir; (: *feelings, intentions*) revelar.

4 VI [a] (*gen*) abrirse; (*pores*) dilatarse; **a door that ~s onto the garden** una puerta que da al jardín; **the shops ~ at 9** las tiendas abren a las nueve; **the heavens ~ed** se abrieron los cielos.

[b] (*begin*) dar comienzo, iniciarse; (*speaker*) comenzar; (*play*) estrenarse; (*Cards, Chess*) abrir; **the season ~s in June** la temporada comienza en junio; **the book ~s with a long description** el libro empieza con una larga descripción.

◆ **open out** **1** VI + ADV (*flower*) abrirse; (*passage, tunnel, street*) ensancharse; (*view*) extenderse; (*fig: develop, unfold*) desarrollarse; (: *person*) desenvolverse, abrirse; (: *new horizons*) abrirse.

2 VT + ADV (*unfold*) desplegar.

◆ **open up** **1** VI + ADV abrirse; (*fig: prospects etc*) abrirse, desplegarse; (*emotionally*) abrirse, confiarse; **~ up!** ¡abran!

2 VT + ADV (*jungle, new horizons*) explorar, abrir; (*tunnel, road*) abrir, franquear; (*house, shop*) abrir; (*business*) abrir, inaugurar, iniciar; **to ~ up a country for trade** incorporar un país al comercio.

open-air [ˈəupn'ɛəʳ] ADJ al aire libre.

open-and-shut [ˌəupənən'ʃʌt] ADJ: **~ case** caso *m* claro *or* evidente.

open-cast [ˈəupn'kɑːst] ADJ: **~ mining** minería *f* a cielo abierto.

open-ended [ˈəupən'endɪd] ADJ (*fig: contract, offer etc*) indefinido/a, sin definir; (: *discussion*) sin desarrollo preestablecido.

opener [ˈəupnəʳ] N abridor *m*; (*bottle ~*) sacacorchos *m inv*; (*can ~*) abrelatas *m inv*.

open-handed [ˈəupn'hændɪd] ADJ liberal, generoso/a.

open-heart [ˈəupn,hɑːt] ADJ: **~ surgery** cirugía *f* a corazón abierto.

open-hearted [ˌəupn'hɑːtɪd] ADJ franco/a, generoso/a.

opening [ˈəupnɪŋ] **1** ADJ (*remark*) primer(o)/a; (*ceremony, speech*) de apertura, inaugural; (*price*) inicial.

2 N [a] (*gap*) abertura *f*; (*in wall*) brecha *f*, agujero *m*; (*in clouds, trees*) claro *m*.

[b] (*beginning*) comienzo *m*, principio *m*; (*Cards etc*) apertura *f*; (*first showing: Theat*) estreno *m*; (: *of exhibition*) inauguración *f*; (*of parliament*) apertura.

[c] (*chance*) oportunidad *f*, posibilidad *f*; (*post*) (puesto *m*) vacante *f*; **to give one's opponent an ~ or** dar una oportunidad *or* (*LAm*) darle chance al adversario; **to give sb an ~ for sth** dar a algn la oportunidad de hacer algo.

3 CPD: **~ hours** NPL horas *fpl* de apertura, horario *m* de apertura; **~ night** noche *f* de estreno; **~ price** N cotización *f* de apertura; **~ stock** N existencias *fpl* iniciales; **~ time** N hora *f* de abrir *or* de apertura.

openly [ˈəupənlɪ] ADV (*frankly*) abiertamente, francamente; (*publicly*) públicamente.

open-minded [ˈəupn'maɪndɪd] ADJ libre de prejuicios, de miras amplias.

open-mouthed [ˈəupn'mauðd] ADJ boquiabierto/a.

open-necked [ˈəupn'nekt] ADJ sin corbata.

openness [ˈəupnnɪs] N (*frankness*) franqueza *f*.

open-plan [ˈəupn,plæn] ADJ (*house, office etc*) sin tabiques.

opera¹ [ˈɒpərə] **1** N ópera *f*. **2** CPD: **~ glasses** NPL

gemelos *mpl* de teatro; **~ house** N teatro *m* de la ópera; **~ singer** N cantante *mf* de ópera.

opera² [ˈɒpərə] NPL *of* **opus**.

operable [ˈɒpərəbl] ADJ (*Med*) operable.

operate [ˈɒpəreɪt] **1** VT [a] (*machine: set in motion*) hacer funcionar; (: *keep going*) manejar; (*brakes*) poner, echar; (*switch, lever etc*) accionar; **a machine ~d by electricity** una máquina que funciona con electricidad; **can you ~ this tool?** ¿sabes manejar esta herramienta?

[b] (*company etc*) dirigir; (*system, law etc*) aplicar, poner en práctica.

2 VI [a] (*function: machine etc*) funcionar; (: *person*) obrar, actuar; (: *mind*) funcionar.

[b] (*drug, propaganda*) surtir efecto; (*theory, law, system*) funcionar.

[c] (*carry on one's business*) trabajar; (*airport*) estar en funcionamiento; (*person*) obrar, actuar.

[d] (*Med*) operar; **she was ~d on for appendicitis** la operaron de apendicitis.

operatic [ˌɒpə'rætɪk] ADJ de ópera.

operating [ˈɒpəreɪtɪŋ] ADJ [a] (*Comm*) de explotación, operacional; **~ assets** activo *m* operante; **~ costs, ~ expenses** gastos *mpl* de funcionamiento; **~ profit** beneficio *m* de explotación; **~ statement** (*Comm*) estado *m*, cuenta *f* (de pérdidas y ganancias); **~ system** (*Comput*) sistema *m* de explotación. [b] (*Med*) de operaciones, de quirófano; **~ theatre** *or* (*US*) **~ theater** quirófano *m*, sala *f* de operaciones.

operation [ˌɒpə'reɪʃən] **1** N [a] (*functioning*) operación *f*; **~s** obras *fpl*; **the company's ~s during the year** las actividades de la compañía durante el año.

[b] (*way of operating*) funcionamiento *m*; (*act*) manejo *m*, mando *m*; **to be in ~** (*machine, system, business*) estar funcionando *or* en marcha; (*law*) ser vigente; **to come into ~** (*machine*) empezar a trabajar *or* funcionar; (*law*) entrar en vigor; **to bring** *or* **put into ~** (*law*) aplicar.

[c] (*Mil etc*) operación *f*; (*manoeuvre*) maniobra *f*; **O~ Torch** Operación Antorcha.

[d] (*Med*) operación *f*, intervención *f* quirúrgica; **to have an ~ for appendicitis** operarse de apendicitis; **to perform an ~ on sb for sth** operar a algn de algo; **to undergo an ~** operarse.

2 CPD: **~s rooms** NPL (*Police etc*) centro *m* de coordinación.

operational [ˌɒpə'reɪʃənl] ADJ (*relating to operations*) operacional, de operaciones; (*ready for use or action*) en condiciones (de funcionar); **~ research** investigaciones *fpl* operacionales; **when the service is fully ~** cuando el servicio esté en pleno funcionamiento.

operative [ˈɒpərətɪv] **1** ADJ [a] operativo/a; **the ~ word** la palabra clave; **to be ~** (*Jur*) estar en vigor.

[b] (*Med*) operatorio/a.

2 N operario/a *m/f*; (*worker*) obrero/a *m/f*.

operator [ˈɒpəreɪtəʳ] N (*of machine etc*) operario/a *m/f*; (*machinist*) maquinista *mf*; (*Cine*) operador(a) *m/f*; (*Telec*) telefonista *mf*; **a smooth ~** (*fam: in business*) un tipo hábil; (*in love*) un engatusador.

operetta [ˌɒpə'retə] N zarzuela *f*, opereta *f*.

ophthalmic [ɒf'θælmɪk] ADJ oftálmico/a.

ophthalmology [ˌɒfθæl'mɒlədʒɪ] N oftalmología *f*.

opiate [ˈəupɪɪt] N opiata *f*.

▼ **opinion** [ə'pɪnjən] **1** N (*belief, view*) opinión *f*, parecer *m*; **public ~** la opinión pública; **in my ~** en mi opinión, a mi juicio; **in the ~ of those who know** según los que saben; **it's a matter of ~** es cuestión de opiniones; **what is your ~ of him?** ¿qué concepto tienes de él?, ¿qué piensas de él?; **to be of the ~ that ...** opinar que ...; **to ask someone's ~** pedir su opinión *or* parecer a algn; **to give one's ~** dar su parecer; **to form an ~ of sb/sth** formarse una opinión de algn/algo; **to have a high/poor ~ of sb** tener buen/mal concepto de algn; **to have a high ~ of o.s.** ser un creído; **to seek a second ~** pedir una segunda opinión.

2 CPD: **~ poll** N sondeo *m* de la opinión pública.

opinionated [ə'pɪnjəneɪtɪd] ADJ testarudo/a, dogmático/a.

➤ SENTENCE BUILDER: **opinion** → 2.1, 2.2, 2.3, 3.1

opium ['əʊpɪəm] **1** N opio *m*. **2** CPD: ~ **addict** N opiómano/a *m*; ~ **addiction** N opiomanía *f*; ~ **den** N fumadero *m* de opio.

opossum [ə'pɒsəm] N zarigüeya *f*.

opp. ABBR of **opposite**.

opponent [ə'pəʊnənt] N adversario/a *m/f*, contrincante *mf*; (*in debate, discussion*) contrario/a *m/f*.

opportune ['ɒpətjuːn] ADJ oportuno/a; **to be** ~ venir bien; (*time etc*) ser propicio; **at an** ~ **moment** en el momento oportuno.

opportunely ['ɒpətjuːnlɪ] ADV oportunamente, en momento propicio.

opportunism [,ɒpə'tjuːnɪzəm] N oportunismo *m*.

opportunist [,ɒpə'tjuːnɪst] N oportunista *mf*.

opportunity ['ɒpə'tjuːnɪtɪ] N oportunidad *f*, ocasión *f*, chance *m* (*LAm*); **to have the** ~ **to do sth** *or* **of doing sth** tener la oportunidad *or* (*LAm*) el chance de hacer algo; **to take the** ~ **to do sth** *or* **of doing sth** aprovechar la ocasión para hacer algo; **at the earliest** ~ en la primera oportunidad; **when I get the** ~ cuando se presenta la ocasión; **to miss one's** ~ perder la oportunidad; **opportunities for promotion** oportunidades de promoción.

oppose [ə'pəʊz] VT oponerse a; (*disagree with*) estar *or* ir en contra de; (*Pol*) oponer; **she ~s my coming** se opone a que venga.

opposed [ə'pəʊzd] ADJ: **to be** ~ **to sth** oponerse a algo, estar *or* en contra de algo; **savings as** ~ **to investments** (*distinguished from*) los ahorros en comparación con las inversiones; (*unlike*) los ahorros a diferencia de las inversiones.

opposing [ə'pəʊzɪŋ] ADJ (*team etc*) contrario/a; (*army*) adversario/a.

opposite ['ɒpəzɪt] **1** ADV enfrente; **they live directly** ~ viven justo enfrente. **2** PREP enfrente de, frente a; ~ **one another** uno frente a(l) otro; **a house** ~ **the school** una casa enfrente de la escuela; ~ **the bus stop** frente a la parada del autobús; **to play** ~ **sb** (*Theat*) aparecer junto a algn. **3** ADJ **a** (*in position*) de enfrente; **the house** ~ la casa de enfrente; **on the** ~ **page** en la página opuesta *or* de al lado. **b** (*contrary*) contrario/a, opuesto/a; **in the** ~ **direction** en dirección contraria *or* sentido contrario; **the** ~ **sex** el otro sexo, el sexo opuesto; *see* **number 1(c)**. **4** N lo contrario, lo opuesto; **quite the** ~! ¡todo lo contrario!; **she said just the** ~ dijo exactamente lo contrario; **it's the** ~ **of what we wanted** es totalmente distinto de lo que queríamos.

opposition [,ɒpə'zɪʃən] N **a** (*resistance*) resistencia *f*, oposición *f*; (*people opposing*) oposición; **in** ~ **to** (*against*) en contra de; (*unlike*) a diferencia de; **he made his** ~ **known** indicó su disconformidad; **to be in** ~ estar en la oposición; **to start up a business in** ~ **to another** montar un negocio en competencia con otro. **b** (*Brit Pol*) **the O~** los partidos de oposición, la oposición; **leader of the O~** líder *m* de la oposición.

oppress [ə'pres] VT (*Mil, Pol etc*) oprimir; (*subj: heat, anxiety etc*) agobiar, sofocar; **~ed with worry** angustiado/a.

oppression [ə'preʃən] N opresión *f*.

oppressive [ə'presɪv] ADJ (*regime etc*) opresivo/a, opresor(a); (*cruel*) tiránico/a; (*heat etc, also fig*) sofocante.

oppressor [ə'presər] N opresor(a) *m/f*.

opt [ɒpt] VI: **to** ~ **for sth/to do sth** optar por algo/por hacer algo.

◆ **opt out** VI + ADV: **to** ~ **out of doing** optar por no hacer; (*withdraw*) retractarse; **I think I'll** ~ **out of going** creo que optaré por no ir.

optic ['ɒptɪk] ADJ óptico/a; ~ **nerve** nervio *m* óptico.

optical ['ɒptɪkəl] ADJ óptico/a; ~ **disk** disco *m* óptico; ~ **fibre** fibra *f* óptica; ~ **illusion** ilusión *f* óptica; ~ (**character**) **reader** lector *m* óptico (de caracteres); ~ **character recognition** reconocimiento *m* óptico de caracteres.

optician [ɒp'tɪʃən] N óptico/a *m/f*.

optics ['ɒptɪks] NSG óptica *f*.

optimal ['ɒptɪml] ADJ óptimo/a.

optimism ['ɒptɪmɪzəm] N optimismo *m*.

optimist ['ɒptɪmɪst] N optimista *mf*.

optimistic [,ɒptɪ'mɪstɪk] ADJ optimista.

optimistically [,ɒptɪ'mɪstɪklɪ] ADV con optimismo.

optimize ['ɒptɪmaɪz] VT optimizar.

optimum ['ɒptɪməm] ADJ óptimo/a; **in** ~ **conditions** en las condiciones más favorables.

▼**option** ['ɒpʃən] N **a** (*choice*) opción *f*; **I have no** ~ no tengo más *or* otro remedio; **she had no** ~ **but to leave** no tuvo más remedio que irse; **to keep one's ~s open** no comprometerse; **imprisonment without the** ~ **of bail** (*Jur*) prisión *f* preventiva. **b** (*Comm*) opción *f*; **with the** ~ **to buy** con opción de compra; **to take out an** ~ **on another 100** suscribir una opción para la compra de otros 100; **stock** ~ (*Fin*) compra *f* opcional de acciones. **c** (*Scol, Univ*) opción *f*.

optional ['ɒpʃənl] ADJ (*course etc*) optativo/a, facultativo/a; (*part, fitting etc*) opcional; **dress** ~ traje *m* de etiqueta o de calle; ~ **extras** (*Aut*) accesorios *mpl*, extras *mpl*.

opulence ['ɒpjʊləns] N opulencia *f*.

opulent ['ɒpjʊlənt] ADJ opulento/a.

opus ['əʊpəs] N (*pl* **opera**) (*Mus*) opus *m*, obra *f*.

OR ABBR **a** of **operations** *or* **operational research**. **b** (*US Post*) of **Oregon**.

or [ɔːʳ] CONJ **a** (*giving alternative*) o; (*before o-, ho-*) u; **not ...** ~ **...** no ... ni ...; **either A** ~ **B** o A o B; ~ **else** o bien, si no; **20** ~ **so** unos veinte, veinte más o menos; **let me go** ~ **I'll scream!** ¡suélteme, o me pongo a gritar!; **rain** ~ **no rain, you've got to go** con lluvia o sin lluvia, tienes que ir; **without relatives** ~ **friends** sin parientes ni amigos; **he didn't write** ~ **telephone** no escribió ni telefoneó. **b** (*that is*) esto es, es decir; ~ **rather ...** o mejor dicho ..., o más bien ...; **Mary Anne Evans,** ~ **George Eliot** Mary Anne Evans, es decir George Eliot.

o.r. ABBR of **at owner's risk**.

oracle ['ɒrəkl] N oráculo *m*.

oral ['ɔːrəl] **1** ADJ oral; (*hygiene*) bucal; (*verbal: agreement*) de palabra, verbal. **2** N examen *m* oral.

orally ['ɔːrəlɪ] ADV (*gen*) oralmente; (*Med*) por vía bucal; (*verbally*) verbalmente.

orange ['ɒrɪndʒ] **1** N (*fruit*) naranja *f*; (*tree*) naranjo *m*; (*colour*) naranja *m*. **2** ADJ (*in colour*) anaranjado/a, (de) color naranja (*inv*). **3** CPD de naranja; ~ **blossom** N azahar *m*; ~ **juice** N jugo *m or* (*Sp*) zumo *m* de naranja; **the O~ Order** N (*Brit*) la liga de Orange; ~ **squash** N jugo *m or* (*Sp*) zumo *m* de naranja, naranjada *f*; ~ **stick** N palito *m* de naranjo.

orangeade ['ɒrɪndʒ'eɪd] N (*natural*) naranjada *f*; (*gassy*) refresco *m* de naranja.

Orangeman ['ɒrɪndʒmən] N (*pl* **-men**) (*Brit*) miembro *m* de la liga de Orange, orangista *m*.

orang-utan ['ɔːræŋ'uːtæn] N orangután *m*.

oration [ɔː'reɪʃən] N (*speech*) discurso *m*; (*peroration*) arenga *f*; **funeral** ~ oración *f* fúnebre.

orator ['ɒrətəʳ] N orador(a) *m/f*.

oratorio [,ɒrə'tɔːrɪəʊ] N (*Mus*) oratorio *m*.

oratory[1] ['ɒrətərɪ] N (*art*) oratoria *f*.

oratory[2] ['ɒrətərɪ] N (*Rel*) oratorio *m*.

orbit ['ɔːbɪt] **1** N órbita *f*; **to be in / go into** ~ (**round the earth / moon**) estar en/entrar en órbita (alrededor de la tierra/luna); **it's outside my** ~ (*fig*) está fuera de mi competencia, que da fuera de mi ámbito. **2** VI (*satellite*) orbitar, girar; (*astronaut*) estar en órbita. **3** VT (*earth, moon*) estar en órbita *or* girar alrededor de.

orbital ['ɔːbɪtl] **1** ADJ orbital. **2** N (*also* ~ **motorway**) autopista *f* de circunvalación.

orchard ['ɔːtʃəd] N huerto *m*; **apple** ~ manzanar *m*, manzanal *m*.

orchestra ['ɔːkɪstrə] N orquesta *f*; ~ **pit** foso *m* de orquesta; ~ **stalls** (*Theat*) luneta *fsg*, platea *fsg*; **symphony / string / chamber** ~ orquesta sinfónica/de cuerdas/de cámara.

orchestral [ɔː'kestrəl] ADJ de orquesta.

orchestrate ['ɔːkɪstreɪt] VT (*Mus*) orquestar; (*fig*) tramar, planificar.

orchestration [,ɔːkɪs'treɪʃən] N (*lit, fig*) orquestación *f*.

orchid ['ɔːkɪd] N orquídea *f*.

ordain [ɔː'deɪn] VT [a] (*order*) ordenar, decretar; (*subj: God*) mandar, disponer; **it was ~ed that ...** se dispuso que .... [b] (*Rel*) ordenar; **to be ~ed** ordenarse de sacerdote.

ordeal [ɔː'diːl] N (*Hist*) ordalías *fpl*; (*fig*) prueba *f* dura; **it was a terrible ~** fue una experiencia terrible; **after such an ~** después de tanto sufrir.

order ['ɔːdəʳ] [1] N [a] (*sequence*) orden *m*; **in alphabetical ~** por o en orden alfabético; **in chronological ~** por orden cronológico; **in ~ of merit** ordenado según el mérito; **put these in the right ~** ponga estos por orden; **they are out of ~** *or* **in the wrong ~** están mal ordenados. [b] (*system*) orden *m*; **she has no ~ in her life** lleva un régimen de vida muy desorganizado; **it is in the ~ of things** es ley de vida. [c] (*good ~*) buen estado *m*, orden *m*; **in ~** (*legally*) en regla; (*room*) en orden, ordenado; **his papers are in ~** tiene los papeles en regla; **everything is in ~** todo está en regla; **a machine in working ~** una máquina en buen estado; **to be out of ~** estar estropeado *or* (*LAm*) descompuesto; **beer would be in ~** sería indicado tomarse una cerveza. [d] (*peace, control*) orden *m*; **the forces of ~** las fuerzas del orden; **to keep ~** mantener el orden; **to keep children in ~** mantener a los niños en orden. [e] (*command*) orden *f*; (*of court etc*) sentencia *f*, fallo *m*; **by ~ of** por orden de; **on the ~s of** a las órdenes de; **under ~s** bajo órdenes; **we are under ~s not to allow it** tenemos orden de no permitirlo; **to give sb ~s to do sth** ordenar *or* mandar a algn hacer algo; **till further ~s** hasta nueva orden; **to take ~s from sb** recibir órdenes de algn; **I don't take ~s from anyone** a mí no me da órdenes nadie; **to give/obey ~s** dar/cumplir órdenes. [f] (*correct procedure: at meeting, Parliament etc*) orden *m*; **~ (~)!** ¡orden!; **to call sb to ~** llamar a algn al orden; **to call the meeting to ~** abrir la sesión; **a point of ~** una cuestión de procedimiento; **~ of the day** (*Mil*) orden del día; (*fig*) moda *f*, estilo *m* del momento; **is it in ~ for me to go to Rome?** ¿(le) es inconveniente sí voy a Roma? [g] (*Comm*) pedido *m*, encargo *m*; **repeat ~** pedido de repetición; **rush ~** pedido urgente; **made to ~** hecho a medida; **to place an ~ for sth with sb** encargar *or* hacer un pedido de algo a algn; **we have it on ~ for you** está pedido para Ud; **that's rather a tall ~** eso es mucho pedir. [h] **in ~ to do sth** para *or* a fin de hacer algo; **in ~ that he may stay** para que pueda quedarse. [i] (*of society etc*) clase *f*, categoría *f*; (*Bio*) orden *m*; **the lower ~s** las clases bajas *or* (*LAm*) populares; **of the ~ of 500** del orden de los quinientos; **Benedictine O~** Orden *f* de San Benito; **holy ~s** órdenes *fpl* sagradas; **to be in/take ~s** ser/ordenarse sacerdote. [j] (*Fin*) libranza *f*; (*postal*) giro *m*; **pay to the ~ of** páguese a la orden de. [2] VT [a] (*command*) mandar, ordenar; **to ~ sb to do sth** mandar *or* ordenar a algn hacer algo; **the referee ~ed the player off the field** el árbitro expulsó al jugador del campo; **to be ~ed to pay costs** ser condenado en costas. [b] (*put in ~*) ordenar, poner en orden; (*organize*) organizar, arreglar. [c] (*goods, meal, taxi*) pedir, encargar; **to ~ a suit** mandar hacer un traje. [3] VI pedir. [4] CPD: **~ book** N libro *m* or cartera *f* de pedidos; **~ form** N hoja *f* de pedido; **~ number** N número *m* de pedido.

◆ **order about, order around** VT + ADV ser mandón/ona con.

ordering ['ɔːdərɪŋ] N (*Comm*) pedido *m*.

orderly ['ɔːdəlɪ] [1] ADJ (*methodical, tidy*) ordenado/a; (*well-behaved*) formal; (*crowd etc*) pacífico/a; (*class*) obediente, disciplinado/a. [2] N (*Mil*) ordenanza *m*; (*Med*) asistente/a *m/f* (de hospital).

ordinal ['ɔːdɪnl] ADJ, N ordinal *m*.

ordinance ['ɔːdɪnəns] N decreto-ley *m*, reglamento *m*.

ordinarily [ɔːdɪ'nɛərɪlɪ] ADV por lo común.

ordinary ['ɔːdnrɪ] [1] ADJ [a] (*usual*) corriente, normal; **my ~ doctor** mi médico de siempre; **in the ~ way** normalmente, por lo común; **in ~ use** usado normalmente. [b] (*average*) común y corriente; **the ~ Frenchman** el francés medio; **the meal was very ~** (*pej*) la comida no fue nada del otro mundo *or* jueves. [c] **~ degree** (*Brit*) diploma *m*; **O~ Grade** (*Scot Scol*), **O~ Level** (*Brit Scol Hist*) ≈ Bachillerato *m* Unificado y Polivalente; **O~ National Certificate** (*Brit*) ≈ diploma *m* de técnico especialista; **O~ National Diploma** (*Brit*) diploma profesional, ≈ diploma *m* de técnico especialista; **~ shares** acciones *fpl* ordinarias. [2] N: **out of the ~** fuera de lo común, extraordinario/a.

ordination [ˌɔːdɪ'neɪʃən] N (*Rel*) ordenación *f*.

ordnance ['ɔːdnəns] (*Mil*) [1] N (*guns*) artillería *f*, cañones *mpl*; (*supplies*) pertrechos *mpl* or material *m* de guerra. [2] CPD: **~ factory** N fábrica *f* de artillería; **O~ Survey map** N (*Brit*) mapa *m* del servicio estatal de cartografía.

ore [ɔːʳ] N mineral *m*, mena *f*; **copper ~** mineral de cobre.

Ore. ABBR (*US*) *of* **Oregon**.

oregano [ˌɒrɪ'gɑːnəʊ] N orégano *m*.

organ ['ɔːgən] N (*Mus*) órgano *m*; (*barrel ~*) organillo *m*; (*Anat*) órgano; (*mouthpiece: of opinion*) órgano, portavoz *mf*.

organ-grinder ['ɔːgən,graɪndəʳ] N organillero/a *m/f*.

organic [ɔː'gænɪk] ADJ (*gen*) orgánico/a; (*farming*) biológico/a; (*vegetables, food*) de cultivo biológico; **~ chemistry** química *f* orgánica.

organically [ɔː'gænɪkəlɪ] ADV (*farm*) biológicamente; (*fig*) orgánicamente; **~ grown foods** alimentos *mpl* orgánicos.

organism ['ɔːgənɪzəm] N (*Bio*) organismo *m*.

organist ['ɔːgənɪst] N organista *mf*.

organization [ˌɔːgənaɪ'zeɪʃən] [1] N [a] (*act*) organización *f*. [b] (*body*) organización *f*, organismo *m*. [2] CPD: **~ chart** N organigrama *m*.

organizational [ˌɔːgənaɪ'zeɪʃənl] ADJ organizativo/a.

organize ['ɔːgənaɪz] [1] VT (*gen*) organizar; (*order*) poner en orden; **to get ~d** organizarse. [2] VI organizarse.

organized ['ɔːgənaɪzd] ADJ organizado/a.

organizer ['ɔːgənaɪzəʳ] N organizador(a) *m/f*.

orgasm ['ɔːgæzəm] N orgasmo *m*.

orgy ['ɔːdʒɪ] N (*lit, fig*) orgía *f*; **an ~ of destruction** una orgía de destrucción.

Orient ['ɔːrɪənt] N Oriente *m*.

oriental [ˌɔːrɪ'entəl] [1] ADJ oriental, de Oriente. [2] N: **O~** oriental *mf*.

orientate ['ɔːrɪenteɪt] VT orientar; (*fig*) encaminar; **to ~ o.s.** orientarse.

orientated ['ɔːrɪenteɪtɪd] ADJ SUF: **career-~** orientado/a hacia una carrera.

orientation [ˌɔːrɪen'teɪʃən] N orientación *f*.

orienteering [ˌɔːrɪən'tɪərɪŋ] N (*sport*) carrera *f* con mapa y brújula.

orifice ['ɒrɪfɪs] N orificio *m*.

origin ['ɒrɪdʒɪn] N (*of belief, rumour, language*) origen *m*; (*of river*) nacimiento *m*, of family, person, procedencia *f*; **to be of humble ~, to have humble ~s** ser de origen humilde.

original [ə'rɪdʒɪnl] [1] ADJ [a] (*first, earliest*) original; (: *inhabitants*) primero/a, primitivo/a; **one of the ~ members** uno de los primeros miembros. [b] (*not copied*) original. [c] (*unconventional*) original; (: *person*) excéntrico/a. [2] N (*manuscript, painting etc*) original *m*; (*person*) excéntrico/a *m/f*; **he reads Homer in the ~** lee a Homero en versión original.

originality [əˌrɪdʒɪ'nælɪtɪ] N originalidad *f*.

originally [ə'rɪdʒənəlɪ] ADV (*at first*) al principio, en un principio; (*in an original way*) con originalidad *or* inventiva; **as they were ~ written** tal como fueron escritas originariamente; **it is quite ~ written** está escrito con bastante originalidad.

originate [ə'rɪdʒɪneɪt] [1] VT producir, originar; (*of person*) idear, crear.

2 VI: **to ~ (from** or **in)** originarse (en), tener su origen (en); (*begin*) empezar (en or con); **these oranges ~ from Israel** estas naranjas son de Israel; **where do you ~ from?** ¿de dónde eres?

originator [əˈrɪdʒɪneɪtər] N inventor(a) *m/f*, creador(a) *m/f*.

oriole [ˈɔːrɪəʊl] N: **golden ~** oropéndola *f*.

Orkneys [ˈɔːknɪz], **Orkney Islands** [ˈɔːknɪˌaɪləndz] NPL Órcadas *fpl*.

Orlon ® [ˈɔːlɒn] N orlón *m* ®.

ornament [ˈɔːnəmənt] **1** N (*gen*) adorno *m*, ornamento *m*; (*vase etc*) objeto *m* de adorno, adorno. **2** [ˈɔːnəment] VT adornar.

ornamental [ˌɔːnəˈmentl] ADJ decorativo/a, de adorno; (*Bot*) ornamental.

ornamentation [ˌɔːnəmenˈteɪʃən] N (*act*) ornamentación *f*, decoración *f*; (*ornaments*) adornos *mpl*.

ornate [ɔːˈneɪt] ADJ (*decor*) recargado/a; (*style in writing etc*) florido/a.

ornithologist [ˌɔːnɪˈθɒlədʒɪst] N ornitólogo/a *m/f*.

ornithology [ˌɔːnɪˈθɒlədʒɪ] N ornitología *f*.

orphan [ˈɔːfən] **1** N huérfano *m/f*. **2** VT: **to be ~ed** quedarse huérfano.

orphanage [ˈɔːfənɪdʒ] N (*institution*) orfanato *m*, orfanatorio *m* (*Mex*); (*state*) orfandad *f*.

orthodontic [ˌɔːθəˈdɒntɪk] ADJ de ortodoncia, ortodoncista.

orthodontist [ˌɔːθəˈdɒntɪst] N ortodoncista *mf*.

orthodox [ˈɔːθədɒks] ADJ ortodoxo/a.

orthodoxy [ˈɔːθədɒksɪ] N ortodoxia *f*.

orthography [ɔːˈθɒɡrəfɪ] N ortografía *f*.

orthopaedic, (*US*) **orthopedic** [ˌɔːθəʊˈpiːdɪk] ADJ ortopédico/a; **~ surgeon** cirujano *m* ortopédico.

orthopaedics, (*US*) **orthopedics** [ˌɔːθəʊˈpiːdɪks] NSG ortopedia *f*.

orthopaedist, (*US*) **orthopedist** [ˌɔːθəʊˈpiːdɪst] N ortopedista *mf*, ortopédico/a *m/f*.

OS ABBR **a** (*Brit Geog*) of **Ordnance Survey** servicio oficial de topografía. **b** (*Hist*) of **old style**.

O.S. N ABBR (*Brit*) of **ordinary seaman**.

O/S ABBR of **out of stock**.

o/s ABBR (*Comm*) of **outsize**.

Oscar [ˈɒskər] N (*Cine*) Oscar *m*.

oscillate [ˈɒsɪleɪt] VI (*Phys*) oscilar, vibrar; (*compass, needle etc*) oscilar, fluctuar; (*fig*) vacilar, alternar; **he ~s between boredom and keenness** pasa del aburrimiento al entusiasmo.

oscillation [ˌɒsɪˈleɪʃən] N oscilación *f*; (*of prices*) fluctuación *f*; (*fig*) vacilación *f*, variación *f*.

oscilloscope [ɒˈsɪləˌskəʊp] N osciloscopio *m*.

OSHA N ABBR (*US*) of **Occupational Safety and Health Administration**.

Oslo [ˈɒzləʊ] N Oslo *m*.

osmosis [ɒzˈməʊsɪs] N ósmosis *f*.

osprey [ˈɒspreɪ] N pigargo *m*, quebrantahuesos *m inv*.

ossify [ˈɒsɪfaɪ] VI (*lit*) osificarse; (*fig*) anquilosarse.

OST N ABBR (*US*) of **Office of Science and Technology**.

Ostend [ɒsˈtend] N Ostende *m*.

ostensible [ɒsˈtensəbl] ADJ aparente.

ostensibly [ɒsˈtensəblɪ] ADV aparentemente, en apariencia.

ostentation [ˌɒstenˈteɪʃən] N ostentación *f*, boato *m*.

ostentatious [ˌɒstenˈteɪʃəs] ADJ ostentoso/a; (*surroundings, style of living*) suntuoso/a, fastuoso/a.

ostentatiously [ˌɒstenˈteɪʃəslɪ] ADV ostentosamente, con ostentación.

osteoarthritis [ˈɒstɪəʊɑːˈθraɪtɪs] N osteoartritis *f*.

osteopath [ˈɒstɪəpæθ] N osteópata *mf*.

osteopathy [ˌɒstɪˈɒpəθɪ] N osteopatía *f*.

osteoporosis [ˌɒstɪəʊpɔːˈrəʊsɪs] N osteoporosis *f*.

ostracism [ˈɒstrəsɪzəm] N ostracismo *m*.

ostracize [ˈɒstrəsaɪz] VT condenar al ostracismo.

ostrich [ˈɒstrɪtʃ] N avestruz *m*.

OT N ABBR of **Old Testament** A.T.

OTB N ABBR (*US*) of **off-track betting** apuestas ilegales hechas fuera del hipódromo.

OTC ABBR **a** (*Comm*) of **over-the-counter**. **b** (*Brit*) of **Officer Training Corps** cuerpo *m* de cadetes.

OTE ABBR (*Brit*) of **on-target earnings** beneficios *mpl* según los objetivos.

other [ˈʌðər] **1** ADJ otro/a; **the ~ one** el/la otro/a; **~ people** los otros, los demás; **some ~ people have still to arrive** todavía no han llegado todos, aún tienen que llegar algunos más; **the ~ day** el otro día; **every ~ day** cada dos días, cada segundo día; **some ~ time** en otro momento, en otra ocasión; **if there are no ~ questions ...** si no hay más preguntas ...; **some actor or ~** un actor cualquiera; **~ people's property** la propiedad ajena.

2 PRON: **the ~** el/la otro/a; **the ~s** los otros, los demás; **one after the ~** uno tras otro; **are there any ~s?** (*gen*) ¿hay algún otro?; (*any unaccounted for*) ¿falta alguno?; **one or ~ of them will come** uno de ellos vendrá; **somebody or ~** alguien, alguno/a; **no ~** ningún otro, nadie más; **none ~ than** el/la mismísimo/a; **among ~ things she is a writer** entre otras cosas es escritora; **together with every ~ woman** así como todas las mujeres; **no book ~ than this** ningún libro que no sea éste; **it was no ~ than the bishop** fue el obispo en persona; *see also* **every**.

3 ADV: **~ than him** aparte de él; **he could not act ~ than as he did** no le quedaba otro recurso que hacer lo que hizo; **somewhere or ~** en alguna parte, en algún lado.

otherwise [ˈʌðəwaɪz] **1** ADV **a** (*in another way*) de otra manera, de otro modo; **it cannot be ~** no puede ser de otra manera; **she was ~ engaged** (*frm*) tenía otro compromiso; **except where ~ stated** (*frm*) a no ser que se indique lo contrario; **we had no reason to think ~** no teníamos motivo para creer otra cosa.

b (*in other respects*) eso aparte; **it's an ~ good piece of work** por lo demás es un buen trabajo.

2 CONJ (*if not*) si no, de lo contrario; **~ we shall have to walk** si no, tendremos que ir a pie.

other-worldly [ˈʌðəˈwɜːldlɪ] ADJ (*person*) muy espiritual, poco realista.

OTT ADJ ABBR (*fam*) of **over the top**.

otter [ˈɒtər] N nutria *f*.

Ottoman [ˈɒtəmən] **1** ADJ otomano/a. **2** N otomano/a *m/f*.

OU N ABBR (*Brit*) of **Open University** ≈ UNED *f*.

ouch [aʊtʃ] INTERJ ¡ay!

▼**ought** [ɔːt] AUX VB **a** (*moral obligation*) deber; **I ~ to do it** debería hacerlo, debiera hacerlo; **I ~ to have done it** debiera haberlo hecho; **one ~ not to do it** no se debiera hacer; **I thought I ~ to tell you** me creí en el deber de decírselo. **b** (*vague desirability*) **you ~ to go and see it** vale la pena ir a verlo; **you ~ to have seen him!** ¡había que verle! **c** (*probability*) deber; **that ~ to be enough** con eso debería ser suficiente; **he ~ to have arrived by now** debe de haber llegado ya.

Ouija ® [ˈwiːdʒə] N (*also* **~ board**) tabla *f* de espiritismo.

ounce [aʊns] N onza *f*; **there's not an ~ of truth in it** en eso no hay ni una palabra de verdad.

our [aʊər] POSS ADJ nuestro(s), nuestra(s).

ours [aʊəz] POSS PRON (el) nuestro, (la) nuestra, (los) nuestros, (las) nuestras; **this house is ~** esta casa es nuestra or nos pertenece; **a friend of ~** un amigo nuestro.

ourselves [ˌaʊəˈselvz] PERS PRON (*reflexive*) nos, nosotros/as; (*emphatic*) nosotros/as mismos/as; (*after prep*) nosotros/as (mismos/as); **we couldn't see ~ in the photo** no podíamos vernos en la foto; **we were talking among ~** hablábamos entre nosotros; **we said to ~** nos dijimos; **we went ~** fuimos en persona; **(all) by ~** nosotros mismos, nosotros solos.

oust [aʊst] VT (*gen*) expulsar, echar; (*from house*) desahuciar, desalojar; **we ~ed them from the position** les hicimos abandonar la posición.

out [aʊt] **1** ADV **a** (*gen*) fuera, afuera; **you're ~** (*in games*) quedas fuera; **they're ~ in the garden** están afuera en el jardín; **to be ~** (*not at home*) no estar (en casa); **Mr Green is ~** el señor Green no está or (*LAm*) no se encuentra; **to be ~ and about again** estar bien otra vez

---

➤ SENTENCE BUILDER: **ought → 12.4**

(después de una enfermedad); **to have a day ~** pasar un día fuera de casa; **to have a night ~** salir por la noche (a divertirse); *(drinking)* salir de juerga *or (LAm)* de parranda; **it's cold ~ here** hace frío aquí fuera; **the journey ~** el viaje de ida; **the railwaymen are ~** los ferroviarios están en huelga; **the tide is ~** la marea está baja.

b *(indicating distance)* **she's ~ in Kuwait** se fue a Kuwait, está en Kuwait; **the boat was 10 km ~** el barco estaba a diez kilómetros de la costa; **three days ~ from Plymouth** *(Naut)* a tres días de Plymouth; **it carried us ~ to sea** nos llevó mar adentro.

c *(to be ~* (sun, moon) salir; *(flower)* abrirse, florecer; **when the sun is ~** cuando brilla el sol; **the dahlias are ~** las dalias están en flor.

d *(in existence)* que hay, que ha habido; **it's the biggest swindle ~** es la mayor estafa que se ha conocido jamás; **when will the magazine be ~?** ¿cuándo sale la revista?

e *(in the open)* conocido/a, fuera; **your secret's ~** tu secreto se ha descubierto *or* ha salido a la luz; **~ with it!** ¡desembucha!, ¡suéltalo ya!, ¡suelta la lengua! *(LAm)*.

f *(to or at an end)* terminado/a; **before the week was ~** antes de que terminara la semana.

g *(light, fire, gas)* apagado/a; **my pipe is ~** se me ha apagado la pipa; **turn ~ the light** apaga la luz.

h *(not in fashion)* pasado/a de moda; *(Sport: player)* fuera de juego; *(: boxer)* fuera de combate; *(: loser)* eliminado/a; **long dresses are ~** ya no se llevan *or* se usan los vestidos largos.

i *(indicating error)* equivocado/a; **he was ~ in his reckoning** calculó mal; **I was not far ~** por poco acierto; **your watch is 5 minutes ~** su reloj lleva 5 minutos de atraso *or* de adelanto.

j *(indicating loudness, clearness)* en voz alta, en alto; **speak ~ (loud)!** ¡habla en voz alta *or* fuerte!

k *(indicating purpose)* **~ for** en busca de; **to be ~ for sth** buscar algo; **he's ~ for all he can get** busca sus propios fines, anda detrás de lo suyo; **they're ~ for trouble** quieren armar un escándalo; **he's ~ to make money** lo que busca es hacerse rico.

l **to be ~** *(unconscious)* estar inconsciente; *(drunk)* estar completamente borracho/a; *(asleep)* estar durmiendo como un tronco; **he was ~ cold** estuvo completamente sin conocimiento.

m **~ and away** con mucho.

2 **~ of** PREP **a** *(outside, beyond)* fuera de; **to go ~ of the house** salir de la casa; **to look ~ of the window** mirar por la ventana; **to be ~ of danger** estar fuera de peligro; **to be ~ of sight** desaparecer de la vista; **we're well ~ of it** *(fam)* de buena nos hemos librado; **to feel ~ of it** *(fam)* sentirse aislado *or* fuera de contacto; **to be ~ of proportion with** no guardar proporción con; **to turn sb ~ of the house** echar a algn de la casa.

b *(cause, motive)* por; **~ of curiosity** por curiosidad; **to do sth ~ of sympathy** hacer algo por compasión.

c *(origin)* de; **to drink sth ~ of a cup** beber algo de una taza; **to take sth ~ of a drawer** sacar algo de un cajón; **to copy sth ~ of a book** copiar algo de un libro; **a box made ~ of wood** una caja (hecha) de madera; **it was like something ~ of a nightmare** era como de una pesadilla; **Blue Ribbon, by Black Rum ~ of Grenada** el caballo Cinta Azul, hijo de Ron Negro y de la yegua Granada.

d *(from among)* de cada; **1 ~ of every 3 smokers** uno de cada tres fumadores.

e *(without)* sin; **to be ~ of breath** estar sin aliento; **it's ~ of stock** *(Comm)* está agotado; **we're ~ of petrol** nos hemos quedado sin gasolina.

3 N *see* **in 3**.

out-and-out [ˈaʊtənˈaʊt] ADJ *(liar etc)* redomado/a, empedernido/a; *(defeat, lie etc)* cien por cien; *(dedicated)* acérrimo/a.

outback [ˈaʊtbæk] N *(in Australia)* despoblado *m*, campo *m*.

outbid [aʊtˈbɪd] *(pt, pp ~)* VT pujar más alto que, sobrepujar.

outboard [ˈaʊtbɔːd] **1** ADJ fuera borda. **2** N: **~ (motor)**

motor *m* fuera borda *or* bordo.

outbound [ˈaʊtˌbaʊnd] *(US)* **1** ADV hacia fuera *or* el exterior. **2** ADJ que va hacia fuera *or* el exterior; *(flight)* de ida.

outbreak [ˈaʊtbreɪk] N *(of war)* declaración *f*; *(of disease)* epidemia *f*, brote *m*; *(of crimes)* ola *f*; *(of spots)* erupción *f*; **at the ~ of war** al estallar la guerra.

outbuilding [ˈaʊtˌbɪldɪŋ] N dependencia *f*; *(shed)* cobertizo *m*, galpón *m* (CSur).

outburst [ˈaʊtbɜːst] N *(gen)* estallido *m*, explosión *f*; *(of anger)* arrebato *m*, arranque *m*; *(of applause)* salva *f*; **forgive my ~ last week** perdona que perdiera los estribos la semana pasada.

outcast [ˈaʊtkɑːst] N *(rejected person)* paria *m*; *(in exile)* desterrado/a; **he's a social ~** vive rechazado por la sociedad.

outclass [aʊtˈklɑːs] VT aventajar a, superar.

outcome [ˈaʊtkʌm] N resultado *m*; *(consequences)* consecuencias *fpl*, desenlace *m*.

outcrop [ˈaʊtkrɒp] N afloramiento *m*.

outcry [ˈaʊtkraɪ] N *(protest)* protesta *f*, clamor *m*; *(noise)* alboroto *m*; **to raise an ~ about sth** levantar fuertes protestas por algo.

outdated [aʊtˈdeɪtɪd] ADJ anticuado/a, pasado/a de moda.

outdistance [aʊtˈdɪstəns] VT dejar atrás.

outdo [aʊtˈduː] *(pt* **outdid** [aʊtˈdɪd]; *pp* **outdone** [aʊtˈdʌn]*)* VT: **to ~ sb (in sth)** superar a algn (en algo); **he was not to be outdone** no quiso quedarse atrás.

outdoor [ˈaʊtdɔːr] ADJ al aire libre; *(clothes, shoes)* de la calle; **the ~ life** la vida al aire libre.

outdoors [aʊtˈdɔːz] **1** ADV al aire libre; *(outside)* fuera. **2** N campo *m* abierto; **the great ~** *(hum)* la naturaleza.

outer [ˈaʊtər] ADJ exterior; *(garment)* externo/a; **~ space** espacio *m* exterior *or* sideral.

outermost [ˈaʊtəməʊst] ADJ *(place)* extremo/a, más remoto/a; *(cover etc)* (el) más exterior.

outfit [ˈaʊtfɪt] N **a** *(clothes)* traje *m*; *(uniform)* uniforme *m*; *(costume)* conjunto *m*. **b** *(equipment)* equipo *m*; *(tools)* juego *m* de herramientas. **c** *(fam: organization)* grupo *m*, organización *f*.

outfitter's [ˈaʊtfɪtəz] N: **gentlemen's ~** *(shop)* tienda *f* de ropa para caballero; **sports ~** *(shop)* tienda de artículos deportivos.

outflow [ˈaʊtfləʊ] N efusión *f*; *(of capital etc)* fuga *f*, salida *f*; *(Mech)* tubo *m* de salida.

outgoing [ˈaʊtˌɡəʊɪŋ] ADJ **a** *(president)* saliente; *(boat, train etc)* que sale; *(tide)* que baja. **b** *(character)* extrovertido/a, sociable.

outgoings [ˈaʊtˌɡəʊɪŋz] NPL gastos *mpl*.

outgrow [aʊtˈɡrəʊ] *(pt* **outgrew** [aʊtˈgruː]; *pp* **~n** [aʊtˈgrəʊn]*)* VT *(lit)* crecer más que; *(habit etc)* perder con la edad; **to ~ one's clothes** quedarle pequeña la ropa a algn; **we've ~n all that** todo eso ha quedado ya a la espalda.

outhouse [ˈaʊthaʊs] N dependencia *f*.

outing [ˈaʊtɪŋ] N excursión *f*, paseo *m* (LAm).

outlandish [aʊtˈlændɪʃ] ADJ *(appearance, clothes)* estrafalario/a, extravagante; *(behaviour, ideas)* raro/a, extraño/a; *(prices)* exagerado/a.

outlast [aʊtˈlɑːst] VT durar más tiempo que; *(person)* sobrevivir a.

outlaw [ˈaʊtlɔː] **1** N *(fugitive)* prófugo/a *m/f*, fugitivo/a *m/f*; *(bandit)* bandido/a *m/f*, matrero/a *m/f* (And, CSur); *(in Westerns)* forajido/a *m/f*. **2** VT proscribir; *(conduct)* declarar ilegal *or* fuera de la ley.

outlay [ˈaʊtleɪ] N desembolso *m*, gastos *mpl*.

outlet [ˈaʊtlet] **1** N *(for water etc)* salida *f*; *(drain)* desagüe *m*, distribuidora *f*; *(of river)* desembocadura *f*; *(Comm: shop)* tienda *f*; *(: agency)* sucursal *f*; *(: market)* mercado *m*, salida *f*; *(US Elec)* toma *f*; *(fig: for emotion, talents etc)* desahogo *m*; **it provides an ~ for his energies** ofrece un empleo para sus energías. **2** CPD *(Tech)* de salida; *(drain)* de desagüe *m*; *(valve)* de escape.

outline ['aʊtlaɪn] **1** N (shape of sth) perfil m, silueta f; (line showing shape of sth) contorno m; (: map) trazado m; (sketch) bosquejo m, boceto m; (summary) resumen m; (general idea: also ~s) esbozos mpl; (overview) reseña f; **give me the broad ~(s)** explícamelo a grandes rasgos. **2** VT (draw) perfilar; (sketch) trazar, bosquejar; (summarize) resumir; **to be ~d against sth** perfilarse en algo, destacarse or resaltar contra algo; **let me ~ the scheme for you** te doy un resumen del proyecto.

outlive [aʊt'lɪv] VT sobrevivir a; (thing) durar más tiempo que.

outlook ['aʊtlʊk] N (view) vista f, perspectiva f; (prospects) perspectivas fpl, panorama m; (opinion) punto m de vista; (on life) actitud f, concepto m; **his ~ is always pessimistic** su actitud siempre es pesimista; **the ~ for next Saturday is sunny** la predicción para el próximo sábado es de tiempo soleado.

outlying ['aʊt,laɪɪŋ] ADJ (distant) remoto/a, lejano/a; (outside town boundary) exterior, circundante.

outmanoeuvre, (US) **outmaneuver** [,aʊtmə'nu:vər] VT (Mil) superar tácticamente; (fig) superar a.

outmatch [aʊt'mætʃ] VT superar, aventajar.

outmoded [aʊt'məʊdɪd] ADJ = **outdated**.

outnumber [aʊt'nʌmbər] VT exceder en número, ser más numeroso que; **we were ~ed 10 to 1** ellos eran diez veces más que nosotros.

out-of-bounds [,aʊtəv'baʊndz] ADJ see **bound¹**.

out-of-date ['aʊtəv'deɪt] ADJ anticuado/a; (clothes) pasado/a de moda; (passport, ticket) caducado/a, vencido/a.

out-of-doors ['aʊtəv'dɔ:z] ADV = **outdoors 1**.

out-of-pocket ['aʊtəv'pɒkɪt] ADJ: **~ expenses** desembolsos mpl, gastos mpl.

out-of-the-way ['aʊtəvðə'weɪ] ADJ (remote) apartado/a; (unusual) poco común or corriente.

outpatient ['aʊt,peɪʃənt] N paciente m/f externo/a; **~s' department** sección f de pacientes externos or no hospitalizados.

outpost ['aʊtpəʊst] N (Mil, fig) avanzada f, puesto m avanzado.

output ['aʊtpʊt] **1** N (of factory) producción f; (of person) productividad f; (of machine) rendimiento m; (Comput) salida f; (Elec) potencia f de salida. **2** VT (Comput) imprimir.

outrage [aʊt'reɪdʒ] **1** N **a** (wicked, violent act) atrocidad f; **bomb ~** atentado m (con bomba). **b** (indecency) ultraje m, escándalo m; (injustice) atropello m, agravio m; **a public ~** un escándalo público; **an ~ against good taste** un atentado al buen gusto; **it's an ~!** ¡es un escándalo!, ¡no hay derecho! **2** VT ultrajar, ofender; **to be ~d by sth** escandalizarse de algo, ofenderse por algo.

outrageous [aʊt'reɪdʒəs] ADJ (offensive) escandaloso/a, ofensivo/a; (exorbitant) exorbitante; (extravagant) extravagante; (flagrant) flagrante; **it's ~!** ¡qué barbaridad or vergüenza!

outrageously [aʊt'reɪdʒəslɪ] ADV (see adj) de manera escandalosa or ofensiva etc.

outran [,aʊt'ræn] PT of **outrun**.

outright [aʊt'raɪt] **1** ADV (utterly) en su totalidad; (buy) al contado; (win) de manera absoluta; (at once) en el acto; (forthrightly) francamente; (reject) rotundamente, de plano; **to buy sth ~** comprar algo en su totalidad; **to reject an offer ~** rechazar una oferta de pleno; **he was killed ~** murió en el acto. **2** ['aʊtraɪt] ADJ (complete) completo/a, entero/a; (winner, lie) absoluto/a; (forthright) franco/a; (refusal) rotundo/a.

outrun [aʊt'rʌn] (pt **outran**; pp ~) VT correr más que, dejar atrás; (fig) exceder, sobrepasar.

outsell [aʊt'sel] (pt, pp **outsold**) VT vender más que, superar en las ventas a; **this product ~s all the competition** este producto se vende más que todos los competidores.

outset ['aʊtset] N principio m, comienzo m; **from/at the ~** desde/al principio.

outshine [aʊt'ʃaɪn] (pt, pp **outshone** [aʊt'ʃɒn]) VT (fig) eclipsar, brillar más que.

outside ['aʊt'saɪd] **1** ADV fuera, afuera (esp LAm); **to be/go ~** estar/salir fuera; **seen from ~** visto desde fuera. **2** PREP (also ~ **of**): fam) **a** fuera de, afuera de (LAm); (beyond) más allá de; **the car ~ the house** el coche que está frente a la casa; **he waited ~ the door** esperó en la puerta; **~ the city** fuera or en las afueras de la ciudad. **b** (not included in) fuera de; **that's ~ our terms of reference** no es de nuestra competencia; **it's ~ my experience** no tengo experiencia (de eso). **3** ADJ **a** (exterior) exterior, externo/a; (door) de la calle; (outdoors) al aire libre; (alien) ajeno/a; **an ~ broadcast** (Rad, TV) una emisión desde el exterior; **~ call** llamada f de fuera; **the ~ lane** (Aut) el carril exterior; **~ left/right** extremo m izquierda/derecha; **~ line** línea f exterior; **an ~ seat** un asiento al lado del pasillo; **thanks to ~ influence** gracias a la influencia de personas ajenas al asunto. **b** (maximum) máximo/a, más elevado/a. **c** (unlikely) **an ~ chance** una posibilidad remota. **d** **~ contractor** contratista mf independiente; **to get an ~ opinion** buscar opinión de algn ajeno. **4** N exterior m, parte f exterior; **on the ~** por fuera; **to overtake on the ~** (Aut) adelantar or (Mex) rebasar; **judging from the ~** a juzgar por las apariencias; **at the (very) ~** a lo sumo, como máximo.

outsider ['aʊt'saɪdər] N (stranger) intruso/a m/f, forastero/a m/f; (in horse race) segundón m.

outsize ['aʊtsaɪz] ADJ de talla muy grande.

outskirts ['aʊtskɜ:ts] NPL (of town) afueras fpl, alrededores mpl; (of wood) cercanías fpl.

outsmart [aʊt'sma:t] VT: **to ~ sb** pegársela a algn; (deceive) engañar or burlar a algn.

outspoken [aʊt'spəʊkən] ADJ franco/a, atrevido/a.

outspread ['aʊt'spred] ADJ desplegado/a.

outstanding [aʊt'stændɪŋ] ADJ **a** (gen) destacado/a, (exceptional) excepcional. **b** (not settled) pendiente, sin resolver; (bill) por cobrar; (debt) por pagar; **amount ~** saldo m; **the work is still ~** el trabajo está todavía pendiente.

outstandingly [aʊt'stændɪŋlɪ] ADV (extremely) excepcionalmente, extraordinariamente.

outstare [,aʊt'steər] VT: **I ~d him** le miré tan fijamente que tuvo que bajar or apartar la vista.

outstay [aʊt'steɪ] VT quedarse más tiempo que; **to ~ one's welcome** quedarse más de la cuenta, abusar.

outstretched ['aʊtstretʃt] ADJ extendido/a; (arms) abierto/a.

outstrip [aʊt'strɪp] VT dejar atrás, aventajar; (fig) aventajar, adelantarse a.

out-tray ['aʊt,treɪ] N bandeja f de salida.

outvote [aʊt'vəʊt] VT (proposal) rechazar (por mayoría de votos); (party, person) vencer en una votación.

outward ['aʊtwəd] **1** ADJ **a** (going out) que va, de salida; (movement) hacia fuera; **on the ~ journey** en el viaje de ida. **b** (appearance etc) exterior, externo/a; **with an ~ show of concern** haciendo gala de or (LAm) luciendo preocupación. **2** ADV hacia fuera; **~ bound (from/for)** saliendo (de/con rumbo a).

outwardly ['aʊtwədlɪ] ADV por fuera, aparentemente.

outwards ['aʊtwədz] ADV = **outward 2**.

outweigh [aʊt'weɪ] VT pesar más que.

outwit [aʊt'wɪt] VT burlarse de.

outworn [aʊt'wɔ:n] ADJ gastado/a; (expression) trillado/a; (idea, custom) anticuado/a, caduco/a.

oval ['əʊvəl] **1** ADJ oval, ovalado/a; **the O~ Office** (US) el Despacho Oval. **2** N óvalo m.

ovarian [əʊ'veərɪən] ADJ ovárico/a.

ovary ['əʊvərɪ] N ovario m.

ovation [əʊ'veɪʃən] N ovación f; **to give sb an ~** ovacionar a algn; **he got a standing ~ from the delegates** recibió la ovación en pie de los delegados.

oven ['ʌvn] **1** N horno m; **it's like an ~ in there** aquello es un horno. **2** CPD: **~ glove** N manopla f de horno.

ovenproof ['ʌvnpru:f] ADJ refractario/a; (dish) de horno.

oven-ready [ˌʌvnˈredɪ] ADJ listo/a para el horno.
ovenware [ˈʌvnwɛər] N artículos *mpl* para el horno.
over [ˈəʊvər] **1** ADV **a** encima, por encima, arriba (*LAm*), por arriba; **~ there** allí, allá; **~ in France** allá en Francia; **~ against the wall** contra la pared; **the baby went ~ to its mother** el bebé fue hacia su madre; **to drive ~ to the other side of town** ir en coche al otro lado de la ciudad; **it's ~ on the other side of town** está del otro lado de la ciudad; **can you come ~ tonight?** ¿puedes venir esta noche?; **~ to you!** ¡te paso la palabra!, ¡te toca hablar!; **now ~ to our Paris correspondent** damos la palabra a nuestro corresponsal de París; **they're ~ for the day** han venido a pasar el día; **to go ~ to the enemy** pasarse al enemigo.
b **the world ~** en todo el mundo, en el mundo entero; **I ache all ~** me duele (por) todo el cuerpo; **I looked all ~ for you** te busqué por *or* en todas partes; **it happens all ~** ocurre en todas partes; **that's him all ~** así es él.
c (*indicating movement*) **to bend ~** inclinarse, doblarse; **to boil ~** irse; **to fall ~** caerse; **to turn ~ the page** doblar *or* dar la vuelta a la página; **she hit me and ~ I went** me dio un golpe y me caí; **to turn sth ~ (and ~)** dar vueltas (y más vueltas) a algo.
d (*finished*) acabado/a, terminado/a; **the rain is ~** ha parado *or* dejado de llover; **it's all ~** se acabó; **the danger was soon ~** el peligro pasó pronto; **it's all ~ between us** hemos terminado.
e (*indicating repetition*) repetidamente; **~ and ~ (again)** repetidas veces, una y otra vez; **to start (all) ~ again** volver a empezar; **several times ~** varias veces seguidas; **we did it two or three times ~** lo hicimos dos o tres veces (a fondo).
f (*excessively*) mucho; **she's not ~ intelligent, that girl** esa chica no es muy lista que digamos.
g (*remaining*) de sobra; **there are 3 ~** sobran *or* quedan tres; **is there any cake left ~?** ¿queda *or* sobra (algo de) pastel?
h (*more than*) para arriba; **persons of 21 and ~** las personas de veintiún años para arriba, los mayores de veintiún años; **4 into 29 goes 7 and 1 ~** 29 dividido entre 4 son 7 y queda 1.
i (*esp in signalling and radio*) **~ and out** cambio y corto.
2 PREP **a** (*on top of, above*) encima de, por encima de, arriba de (*LAm*); **~ our heads** por encima de nosotros; **to spread a sheet ~ sth** extender una sábana sobre algo; **to jump ~ sth** saltar por encima de algo; **the ball went ~ the wall** la pelota saltó el muro; **to trip ~ sth** tropezar con algo; **a change came ~ him** se operó en él un cambio; **she's ~ it now** se ha repuesto de eso ya.
b (*across*) **the pub ~ the road** la taberna de enfrente *or* del otro lado de la calle; **it's ~ the river** está en la otra orilla del río; **~ the page** en la página siguiente.
c (*everywhere in*) **all ~ the world** en todo el mundo; **he's travelled all ~ the world** ha viajado por todo el mundo; **you've got mud all ~ your shoes** tienes los zapatos cubiertos de barro; **they were all ~ him** le recibieron con el mayor entusiasmo.
d (*superior to*) superior a; **he's ~ me** tiene una categoría superior a la mía; **to have an advantage ~ sb** llevar ventaja a algn.
e (*in excess of*) más de; **~ 200** más de doscientos; **he must be ~ 60** debe de tener más de sesenta años; **~ and above normal requirements** además de los requisitos normales; **an increase of 5% ~ last year** un aumento del cinco por ciento respecto al año pasado; **~ and above last year's figures** en exceso de la cifra del año pasado.
f (*during*) durante; **~ the last few years** durante los últimos años; **payments spread ~ some years** pagos espaciados por varios años; **~ the winter** durante *or* en el invierno; **let's discuss it ~ dinner** ¿y si lo hablamos durante la cena?; **how long will you be ~ it?** ¿cuánto tiempo te va a llevar eso?
g (*means*) **I heard it ~ the radio** lo escuché *or* oí por *or* en la radio.
h (*about, concerning*) por; **they fell out ~ money** se

pelearon por una cuestión de dinero.
over... [ˈəʊvər] PREF sobre..., super...; (*too*) demasiado ....
overabundance [ˈəʊvərəˈbʌndəns] N sobreabundancia *f*, superabundancia *f*.
overabundant [ˈəʊvərəˈbʌndənt] ADJ sobreabundante, superabundante.
overact [ˈəʊvərˈækt] VI exagerar el papel.
overactive [ˈəʊvərˈæktɪv] ADJ demasiado activo/a.
overall **1** [ˈəʊvərɔːl] ADJ de conjunto, global; (*width, length, cost*) total; **~ dimensions** (*Aut*) dimensiones *fpl* exteriores. **2** [ˌəʊvərˈɔːl] ADV en conjunto, en su totalidad.
overalls [ˈəʊvərɔːlz] NPL guardapolvo *msg*; (*worker's*) mono *msg*, overol *msg* (*LAm*), mameluco *m* (*CSur*).
overambitious [ˈəʊvəræmˈbɪʃəs] ADJ demasiado ambicioso/a.
overanxious [ˈəʊvərˈæŋkʃəs] ADJ demasiado preocupado/a *or* ansioso/a.
overate [ˌəʊvərˈeɪt] PT *of* **overeat**.
overawe [ˌəʊvərˈɔː] VT impresionar.
overbalance [ˌəʊvəˈbæləns] **1** VI perder el equilibrio; (*thing*) volcar. **2** VT hacer perder el equilibrio; (*thing*) hacer volcar.
overbearing [ˌəʊvəˈbɛərɪŋ] ADJ imperioso/a, autoritario/a; (*despotic*) despótico/a.
overbill [ˈəʊvəbɪl] VT (*US*) = **overcharge (a)**.
overboard [ˈəʊvəbɔːd] ADV (*Naut*) por la borda; **to fall ~** caer al agua *or* por la borda; **man ~!** ¡hombre al agua!; **to go ~ for sth** (*fig*) pasarse de la raya con algo; **to go ~ for sb** volverse loco/a por algn.
overbook [ˌəʊvəˈbʊk] VT sobrereservar, reservar con exceso.
overburden [ˌəʊvəˈbɜːdn] VT sobrecargar; (*fig*) agobiar, abrumar.
overcame [ˌəʊvəˈkeɪm] PT *of* **overcome**.
overcapitalization [ˌəʊvəˌkæpɪtəlaɪˈzeɪʃən] N sobrecapitalización *f*, capitalización *f* inflada.
overcapitalize [ˌəʊvəˈkæpɪtəlaɪz] VI sobrecapitalizar.
overcast [ˈəʊvəkɑːst] ADJ (*sky*) encapotado/a, cubierto/a; (*day*) nublado/a; **to grow ~** anublarse.
overcautious [ˈəʊvəˈkɔːʃəs] ADJ demasiado cauteloso/a.
overcharge [ˌəʊvəˌtʃɑːdʒ] VT **a** cobrar más de la cuenta, sobrecargar la cuenta; **to ~ sb for sth** cobrar a algn de más por algo. **b** (*Elec*) sobrecargar, poner una carga excesiva a.
overcoat [ˈəʊvəkəʊt] N abrigo *m*, sobretodo *m*.
overcome [ˌəʊvəˈkʌm] (*pt* **overcame**; *pp* **~**) **1** VT (*enemy, temptation*) vencer; (*obstacle, difficulty*) salvar, superar; (*rage, fear, habit*) dominar; **to be ~ by the heat** estar agobiado/a por el calor; **to be ~ by remorse** remorder a algn la conciencia; **to be ~ with grief** estar destrozado/a de dolor; **she was quite ~ by the occasion** la ocasión le conmovió mucho. **2** VI vencer, triunfar; **we shall ~!** ¡venceremos!
overcompensate [ˌəʊvəˈkɒmpɛnˌseɪt] VI: **to ~ for sth** compensar algo excesivamente.
overconfident [ˈəʊvəˈkɒnfɪdənt] ADJ demasiado confiado/a; (*conceited*) presumido/a.
overcook [ˈəʊvəˈkʊk] VT cocer demasiado, recocer.
overcrowded [ˈəʊvəˈkraʊdɪd] ADJ (*room, bus, train*) atestado/a de gente; (*road, suburb*) congestionado/a; (*city, country*) superpoblado/a.
overcrowding [ˌəʊvəˈkraʊdɪŋ] N (*of room, bus, classroom etc*) apiñamiento *m*, hacinamiento *m*; (*of town*) super- *or* sobrepoblación *f*.
overdependent [ˌəʊvədɪˈpendənt] ADJ excesivamente dependiente (*on* de).
overdeveloped [ˈəʊvədɪˈveləpt] ADJ (*gen*) desarrollado/a en exceso; (*Phot*) sobreprocesado/a.
overdo [ˌəʊvəˈduː] (*pt* **overdid** [ˌəʊvəˈdɪd]; *pp* **overdone**) VT **a** (*exaggerate*) exagerar, pasarse; **don't ~ the smoking** no fumes demasiado, no fumes tanto; **to ~ it, to ~ things** (*work too hard*) trabajar demasiado. **b** (*cook too long*) cocer demasiado, requemar.
overdone [ˌəʊvəˈdʌn] **1** PP *of* **overdo**. **2** ADJ (*exaggerated*) exagerado/a; (*overcooked*) muy hecho/a,

pasado/a.

overdose ['əʊvədəʊs] N sobredosis f, dosis f excesiva.

overdraft ['əʊvədrɑːft] **1** N (Fin) sobregiro m, giro m en descubierto; **to have an ~ at the bank** tener un saldo deudor con el banco, tener la cuenta en descubierto. **2** CPD: **~ facility** N crédito m al descubierto; **~ limit** N límite m del descubierto.

overdraw [,əʊvə'drɔː] (pt **overdrew** [,əʊvə'druː]; pp **~n** [,əʊvə'drɔːn]) VT girar en descubierto, tener un saldo deudor (de); **I'm ~n at the bank** tengo deudas en el banco.

overdrive ['əʊvədraɪv] N (Aut) sobremarcha f, super-directa f; **to go into ~** (fig) ponerse en superdirecta.

overdue ['əʊvə'djuː] ADJ (gen) atrasado/a; (bill) vencido/a y no pagado/a; (train etc) retrasado/a; **that change was long ~** ese cambio tenía que hacerse hace tiempo; **this baby is two weeks ~** este niño debió nacer hace quince días.

overeat [,əʊvər'iːt] (pt **overate**; pp **~en** ['əʊvər'iːtn]) VI comer en exceso, hartarse de comida.

overemphasize [,əʊvər'emfəsaɪz] VT sobreenfatizar.

overenthusiastic ['əʊvərɪn,θjuːzɪ'æstɪk] ADJ demasiado entusiasta.

overestimate ['əʊvər'estɪmeɪt] VT sobreestimar; (person) tener un concepto exagerado de.

overexcited ['əʊvərɪk'saɪtɪd] ADJ sobreexcitado/a; (nervous) muy nervioso/a.

overexertion ['əʊvərɪg'zɜːʃən] N (effort) esfuerzo m excesivo; (weariness) fatiga f, agotamiento m.

overexpose [,əʊvərɪks'pəʊz] VT (Phot) sobreexponer.

overfamiliar ['əʊvəfə'mɪlɪər] ADJ (well acquainted) demasiado familiarizado/a; (shameless) confiado/a.

overfeed [,əʊvə'fiːd] (pt, pp **overfed** ['əʊvə'fed]) VT sobrealimentar, dar demasiado de comer a.

overflow ['əʊvəfləʊ] **1** N (pipe etc) desagüe m. **2** [,əʊvə'fləʊ] VI (liquid) rebosar, derramarse; (container) rebosar; (river) desbordarse, salirse de madre; (people) desparramarse, esparcirse; (room, hall) rebosar; **to ~ with sth** (fig) estar rebosante or rebosar de algo.

overfly ['əʊvə'flaɪ] (pt **overflew** ['əʊvə'fluː]; pp **overflown** ['əʊvə'fləʊn]) VT sobrevolar.

overfull ['əʊvə'fʊl] ADJ demasiado lleno/a (of de), repleto/a.

overgenerous ['əʊvə'dʒenərəs] ADJ demasiado generoso/a; **they were ~ in their praise of him** le elogiaron con exceso.

overgrown ['əʊvə'grəʊn] ADJ (garden) poblado/a (with de); **the path is quite ~ now** la senda está ya totalmente cubierta de vegetación; **he's just an ~ schoolboy** es un niño en grande.

overhang [əʊvə'hæŋ] (pt, pp **overhung**) **1** VT sobresalir por encima de. **2** VI sobresalir.

overhanging ['əʊvə'hæŋɪŋ] ADJ saliente, voladizo/a.

overhaul 1 ['əʊvəhɔːl] N revisión f, repaso m general, ajuste m (Mex). **2** [,əʊvə'hɔːl] VT (service: machine) revisar; (revise: plans etc) volver a hacer, replantear.

overhead 1 [,əʊvə'hed] ADV (por) arriba, (por) encima. **2** ['əʊvəhed] ADJ (cable) aéreo/a; (railway) elevado/a, suspendido/a; (camshaft) en cabeza. **3** ['əʊvəhed] CPD (Brit): **~ projector** N retroproyector m. **4** NPL: **~s**, (US) **~** gastos mpl generales.

overhear [,əʊvə'hɪər] (pt, pp **overheard** [,əʊvə'hɜːd]) VT oír, oír por casualidad; **she was overheard complaining** oyeron por casualidad que se quejaba.

overheat ['əʊvə'hiːt] VI (Aut: engine) recalentarse.

overhung [,əʊvə'hʌŋ] PT, PP of **overhang**.

overindulge ['əʊvərɪn'dʌldʒ] **1** VT (child) mimar, consentir; (taste etc) saciar, colmar. **2** VI darse la gran vida or todos los caprichos, excederse; **to ~ in alcohol** etc abusar del alcohol etc.

overindulgence ['əʊvərɪn'dʌldʒəns] N **a** (excess) abuso m (in de). **b** (with children) exceso m de tolerancia (towards con).

overjoyed [,əʊvə'dʒɔɪd] ADJ lleno/a de alegría (at por), contentísimo/a (at de); **he was ~ at the news** no cabía en sí de contento con la noticia.

overkill ['əʊvəkɪl] N **a** (Mil) ventaja en cuanto a la capacidad destructiva de las armas. **b** (fig) **there is a danger of ~ here** aquí hay peligro de excedernos en los medios.

overland 1 [,əʊvə'lænd] ADV por tierra, por vía terrestre. **2** ['əʊvəlænd] ADJ terrestre.

overlap 1 ['əʊvəlæp] N traslapo m, solapa m; (fig) coincidencia f parcial. **2** [,əʊvə'læp] VI traslaparse; (fig) coincidir en parte.

overlay [,əʊvə'leɪ] (pt, pp **overlaid** [,əʊvə'leɪd]) **1** VT cubrir (with con), revestir (with de). **2** N capa f sobrepuesta, revestimiento m; (applied decoration) incrustación f; (on map etc) transparencia f superpuesta.

overleaf ['əʊvə'liːf] ADV a la vuelta; (see) al dorso.

overload [,əʊvə'ləʊd] VT sobrecargar; **to be ~ed with** estar sobrecargado de.

overlook [,əʊvə'lʊk] VT **a** (building) dar or tener vista a; **the house ~s the park** la casa tiene vistas al parque. **b** (not notice) pasar por alto, no darse cuenta de; (tolerate) pasar por alto; (forgive) perdonar; (turn a blind eye to) hacer la vista gorda a; **we'll ~ it this time** se perdona esta vez.

overly ['əʊvəlɪ] ADV (esp US) demasiado; **~ fond of** demasiado aficionado/a a.

overmanning [,əʊvə'mænɪŋ] N empleo m de más personal del necesario.

overmuch ['əʊvə'mʌtʃ] ADV demasiado.

overnight ['əʊvə'naɪt] **1** ADV durante la noche, por la noche; (fig: quickly) de la noche a la mañana; **to stay ~** pasar la noche; **we can't solve this one ~** no podemos resolver este problema de la noche a la mañana. **2** ADJ: **~ bag** neceser m de viaje; **~ journey** viaje m de noche; **~ stay** estancia f de una noche.

overparticular ['əʊvəpə'tɪkjʊlər] ADJ delicado/a, remilgado/a; **I'm not ~** me da igual; **he's not ~ about hygiene** no es muy escrupuloso en cuanto a la higiene.

overpass ['əʊvəpɑːs] N (US) paso m elevado or (LAm) a desnivel.

overpay [,əʊvə'peɪ] (pt, pp **overpaid** ['əʊvə'peɪd]) VT (person) pagar un sueldo excesivo a.

overpayment ['əʊvə'peɪmənt] N pago m excesivo.

overpopulated ['əʊvə'pɒpjʊleɪtɪd] ADJ superpoblado/a.

overpower [,əʊvə'paʊər] VT (subdue physically) dominar, vencer; (fig: subj: heat) agobiar, sufocar; (: emotion) embargar, abrumar.

overpowering [,əʊvə'paʊərɪŋ] ADJ (smell) penetrante, intensísimo/a; (heat) asfixiante; (desire) irresistible.

overpriced [,əʊvə'praɪst] ADJ demasiado caro/a (para lo que es).

overproduce [,əʊvəprə'djuːs] VT, VI producir demasiado.

overproduction ['əʊvəprə'dʌkʃən] N superproducción f.

overprotective [,əʊvəprə'tektɪv] ADJ excesivamente solícito/a.

overqualified [,əʊvə'kwɒlɪfaɪd] ADJ sobrecualificado/a.

overran [,əʊvə'ræn] PT of **overrun**.

overrate ['əʊvə'reɪt] VT exagerar el valor de.

overrated [,əʊvə'reɪtɪd] ADJ sobre(e)stimado/a.

overreach [,əʊvə'riːtʃ] VT: **to ~ o.s.** ir demasiado lejos, pasarse.

overreact [,əʊvərɪ'ækt] VI reaccionar de manera exagerada.

override [,əʊvə'raɪd] (pt **overrode**; pp **overridden** [,əʊvə'rɪdn]) VT (ignore) hacer caso omiso a, ignorar, no tener en cuenta; (trample down) pisotear; (Tech: cancel) anular, invalidar; **this fact ~s all others** este hecho domina todos los demás.

overriding [,əʊvə'raɪdɪŋ] ADJ (gen) imperioso/a; (principal) principal, primordial.

overripe ['əʊvə'raɪp] ADJ demasiado maduro/a, pasado/a.

overrode [,əʊvə'rəʊd] PT of **override**.

overrule [,əʊvə'ruːl] VT (judgment, decision) anular; (request etc) denegar, rechazar; **his suggestion was ~d** rechazaron su propuesta.

overrun [,əʊvə'rʌn] (pt **overran**; pp **~**) **1** VT (Mil: country etc) invadir; (time limit etc) rebasar, exceder; **the town is**

~ with tourists el pueblo está inundado de turistas. [2] VI rebasar el límite; **his speech overran by 15 minutes** su discurso se excedió en 15 minutos.

overseas ['əʊvə'siːz] [1] ADV (*abroad*: *to*) al extranjero; (: *in*) en el extranjero; (: *through*) por el extranjero; (*over the sea*) en ultramar; **visitors from ~** visitas *fpl* del extranjero. [2] ADJ (*students*) extranjero/a; (*duty, trade*) exterior; (*Mil: service*) en ultramar; **~ market** mercado *m* exterior; **~ trade** comercio *m* exterior.

oversee ['əʊvə'siː] (*pt* **oversaw** ['əʊvə'sɔː]; *pp* **~n** ['əʊvə'siːn]) VT supervisar; (*watch*) vigilar.

overseer ['əʊvəsɪə] N (*foreman*) capataz *mf*, contramaestre *mf*; (*supervisor*) supervisor(a) *m/f*.

oversensitive [,əʊvə'sensɪtɪv] ADJ hipersensible, demasiado sensible.

overshadow [,əʊvə'ʃædəʊ] VT (*fig*) eclipsar.

overshoot [,əʊvə'ʃuːt] (*pt, pp* **overshot** [,əʊvə'ʃɒt]) VT (*Aer*) ir a aterrizar más allá de; (*destination*) ir más allá de, dejar atrás; **to ~ (the mark)** pasar de la raya.

oversight ['əʊvəsaɪt] N (*omission*) descuido *m*, equivocación *f*.

oversimplify ['əʊvə'sɪmplɪfaɪ] VT simplificar demasiado.

oversize(d) [,əʊvə'saɪz(d)] ADJ demasiado grande, descomunal; (*US: clothes*) de talla grande.

oversleep ['əʊvə'sliːp] (*pt, pp* **overslept** ['əʊvə'slept]) VI dormir más de la cuenta.

overspend ['əʊvə'spend] (*pt, pp* **overspent** ['əʊvə'spent]) VI gastar más de la cuenta; **we have overspent by 5 dollars** hemos gastado cinco dólares de más.

overspill ['əʊvəspɪl] N (*population*) exceso *m* de población; **an ~ town** una ciudad satélite.

overstaffed [,əʊvə'stɑːft] ADJ con más personal del necesario.

overstaffing [,əʊvə'stɑːfɪŋ] N empleo *m* de más personal del necesario.

overstate ['əʊvə'steɪt] VT: **to ~ one's case** exagerar sus argumentos.

overstatement ['əʊvə'steɪtmənt] N exageración *f*.

overstay ['əʊvə'steɪ] VT: **to ~ one's welcome** quedarse más tiempo de lo conveniente.

overstep ['əʊvə'step] VT: **to ~ the mark** pasarse de la raya.

overstock ['əʊvə'stɒk] VT abarrotar.

overstrike ['əʊvə'straɪk] [1] N (*on printer*) superposición *f*. [2] VT superponer.

oversubscribed [,əʊvəsəb'skraɪbd] ADJ suscrito/a en exceso.

overt [əʊ'vɜːt] ADJ abierto/a, público/a; (*obvious*) patente, manifiesto/a.

overtake [,əʊvə'teɪk] (*pt* **overtook** [,əʊvə'tʊk]; *pp* **~n** [,əʊvə'teɪkən]) [1] VT (*car*) adelantar, rebasar (*Mex*); (*catch up with*) alcanzar; (*runner*) adelantar, dejar atrás; (*competition, rival*) tomar la delantera a; **events have ~n us** los sucesos nos (*Sp*) cogieron or (*LAm*) agarraron de improviso or de sorpresa. [2] VI adelantar, rebasar (*Mex*); **'no overtaking'** 'prohibido adelantar'.

overtax ['əʊvə'tæks] VT (*Fin*) exigir contribuciones or impuestos excesivos a; (*fig: strength, patience*) agotar, abusar de; **to ~ o.s.** quedar agotado.

over-the-counter ['əʊvəðə'kaʊntə'] ADJ (*method etc*) limpio/a, honrado/a; **~ purchases** compras *fpl* al contado; **~ market** (*Stock Exchange*) mercado *m* de acciones no cotizadas en la bolsa.

overthrow [,əʊvə'θrəʊ] (*vb: pt* **overthrew** [,əʊvə'θruː]; *pp* **~n** [,əʊvə'θrəʊn]) [1] N (*of king etc*) derrocamiento *m*; (*of government*) caída *f*. [2] VT (*system etc*) echar abajo, derribar; (*king etc*) derrocar; (*government*) echar abajo.

overtime ['əʊvətaɪm] [1] N [a] horas *fpl* extraordinarias or extras; **to do** or **work ~** hacer or trabajar horas extraordinarias or extras; **your imagination has been working ~!** ¡tienes una imaginación demasiado activa! [b] (*US: Sport*) prórroga *f*. [2] CPD: **~ ban** N prohibición *f* de horas extraordinarias; **~ pay** N pago *m* de horas extra.

overtired [,əʊvə'taɪəd] ADJ agotado/a, rendido/a.

overtly [əʊ'vɜːtlɪ] ADV abiertamente, públicamente.

overtone ['əʊvətəʊn] N (*fig*) sugerencia *f*, insinuación *f*; (*of word, phrase*) connotación *f*.

overture ['əʊvətjʊə'] N (*Mus*) obertura *f*; (*fig*) **to make ~s to sb** (*Comm etc*) proponerle algo a algn; (*sexual*) hacerle proposiciones a algn.

overturn [,əʊvə'tɜːn] [1] VT (*car, boat, saucepan etc*) volcar; (*government etc*) hacer caer, derribar; **they managed to have the ruling ~ed** lograron hacer anular la decisión. [2] VI (*car etc*) volcar; (*boat*) zozobrar.

overuse ['əʊvə'juːz] VT usar demasiado.

overvalue ['əʊvə'væljuː] VT sobrevalorar.

overview ['əʊvəvjuː] N visión *f* de conjunto.

overweight ['əʊvə'weɪt] ADJ (*person*) gordo/a, entrado/a en carnes; **the parcel is a kilo ~** el paquete tiene un exceso de peso de un kilo.

overwhelm [,əʊvə'welm] VT (*opponent, team etc*) arrollar, aplastar; (*in argument*) aplastar; (*with questions, requests*) atosigar; (*with work etc*) abrumar, agobiar; **sorrow ~ed him** estaba destrozado por el dolor; **he was ~ed with their kindness** su amabilidad le dejó impresionado, su amabilidad le dejó profundamente conmovido; **to be ~ed** (*touched, impressed*) conmoverse, impresionarse; **we have been ~ed with offers of help** nos han inundado las ofertas de ayuda.

overwhelming [,əʊvə'welmɪŋ] ADJ (*defeat, victory*) arrollador(a), aplastante; (*majority*) abrumador(a); (*pressure, heat*) agobiante, abrumador(a); (*desire*) irresistible, imperioso/a; (*emotion*) incontenible; **one's ~ impression is of heat** lo que más impresiona es el calor.

overwhelmingly [,əʊvə'welmɪŋlɪ] ADV de modo arrollador; **they voted ~ for X** la inmensa mayoría votó por X.

overwork ['əʊvə'wɜːk] [1] N exceso *m* de trabajo. [2] VI trabajar demasiado, estar atareado.

overwrite [,əʊvə'raɪt] (*pt* **overwrote** [,əʊvə'rəʊt]; *pp* **overwritten** [,əʊvə'rɪtn]) VT (*Comput*) sobreescribir.

overwrought [,əʊvə'rɔːt] ADJ: **to be ~** estar muy nervioso/a, estar crispado/a.

overzealous ['əʊvə'zeləs] ADJ demasiado entusiasta.

ovine ['əʊvaɪn] ADJ ovino/a.

ovulate ['ɒvjʊleɪt] VI ovular.

ovulation [,ɒvjʊ'leɪʃən] N ovulación *f*.

ovum ['əʊvəm] N (*pl* **ova** ['əʊvə]) óvulo *m*.

ow [aʊ] INTERJ ¡ay!

owe [əʊ] VT (*gen*) deber; **to ~ sb £2** deber 2 libras a algn; **he ~s his life to a lucky chance** debe su vida a una casualidad; **he ~s his talent to his mother** le debe su talento a su madre; **to what do I ~ the honour of your visit?** ¿a qué debo el honor de su visita?; **you ~ it to yourself to come** venir es un deber que Ud tiene consigo mismo; **I think I ~ you an explanation** creo que te debo una explicación.

▼**owing** ['əʊɪŋ] [1] ADJ que se debe; **how much is ~ to you now?** ¿cuánto se le debe ahora? [2]: **~ to** PREP (*due to*) debido a, a causa de; **~ to the bad weather** con motivo del or debido al mal tiempo.

owl [aʊl] N (*barn ~*) lechuza *f*; (*little ~*) mochuelo *m*; (*long-eared ~*) búho *m*; (*tawny ~*) cárabo *m*.

own [əʊn] [1] ADJ propio/a; **it's all my ~ money** todo el dinero es mío; **the house has its ~ garage** la casa tiene garaje propio; **in her ~ house** en su propia casa. [2] PRON: **my ~** el/la mío/a (propio/a); **his/her ~** el/la suyo/a (propio/a); **each to his ~** cada uno a lo suyo; **the house is her (very) ~** la casa es de su propiedad; **can I have it for my (very) ~?** ¿puedo quedarme con él?; **he has a style all his ~** tiene un estilo muy suyo or propio; **she has money of her ~** tiene su propio dinero; **I'll give you a copy of your ~** te daré una copia para ti; **a place of one's ~** (una) casa propia; **to come into one's ~** probarse, justificarse; **to hold one's ~** defenderse; (*not give in*) no cejar; **to be on one's ~** estar a solas, estar solo; **if I can get him on his ~** si puedo hablar con él a solas; **to do sth on one's ~** (*unaided*) hacer algo sin ayuda (de nadie); **I am so busy I can scarcely call my time my ~** estoy tan ocupado que apenas dispongo de mi tiempo; **without a chair to call my ~** sin tan siquiera una silla; **to get one's ~ back** tomarse la revancha; **we all look after our ~** todos cuidamos lo nuestro.

3 VT **a** (*possess*) poseer, ser dueño/a de; **as if he ~s the place** como si estuviera en su propia casa; **you don't ~ me!** ¡no te pertenezco!; **who ~s the newspaper?** ¿quién es el dueño del periódico?; **who ~s this pen?** ¿a quién pertenece esta pluma?
b (*admit*) reconocer, admitir.
4 VI: **to ~ to sth** confesar *or* reconocer algo.
◆ **own up** VI + ADV confesar (*to sth* algo); **they ~ed up to having stolen the apples** confesaron haber robado las manzanas.
own-brand ['əʊn,brænd] N marca f propia (*de un supermercado etc*).
owner ['əʊnəʳ] **1** N dueño/a *m/f*, propietario/a *m/f*.
2 CPD: **~ driver** N conductor m propietario.
owner-occupier [,əʊnəʳ'ɒkjʊpaɪəʳ] N ocupante *mf* propietario/a.
ownership ['əʊnəʃɪp] N propiedad *f*; (*possession*) posesión *f*; **'under new ~'** 'nuevo propietario', 'nuevo dueño'; **under his ~ the business flourished** el negocio prosperó bajo su dirección.
ownsome ['əʊnsəm] N: **on one's ~** (*fam*) a solas, solito/a (*fam*).
ox [ɒks] N (*pl* **~en** ['ɒksən]) buey *m*.
Oxbridge ['ɒksbrɪdʒ] N (*Brit*) Universidades *fpl* de Oxford y Cambridge.

┌─── **OXBRIDGE** ───────────────────────────┐

ⓘ **Oxbridge** *es el término que se usa en el Reino Unido para hacer referencia a las universidades de* **Oxford** *y* **Cambridge**, *sobre todo cuando se quiere destacar el ambiente*

de privilegio con el que se las asocia, por ser las dos universidades más antiguas y prestigiosas del Reino Unido y por el hecho de que muchos licenciados de **Oxbridge** *suelen acabar en puestos muy influyentes del ámbito empresarial, político o diplomático. Un buen número de estudiantes de estas universidades todavía proviene de colegios privados, aunque ambas instituciones tratan de aumentar el número de alumnos procedentes de centros estatales.*

└──┘

Oxfam ['ɒksfæm] N ABBR *of* **Oxford Committee for Famine Relief.**
oxidation [,ɒksɪ'deɪʃən] N oxidación *f*.
oxide ['ɒksaɪd] N óxido *m*.
oxidize ['ɒksɪdaɪz] VI oxidarse.
Oxon. ['ɒksən] ABBR (*Brit*) *of* **Oxoniensis, of Oxford.**
Oxonian [ɒk'səʊnɪən] ADJ, N oxoniense *mf*.
oxtail ['ɒksteɪl] N: **~ soup** consomé *m* de rabo de buey *or* (*LAm*) de res.
oxyacetylene [,ɒksɪə'setɪliːn] ADJ oxiacetilénico/a; **~ burner, ~ torch** soplete *m* oxiacetilénico.
oxygen ['ɒksɪdʒən] **1** N oxígeno *m*. **2** CPD: **~ mask** N máscara *f* de oxígeno; **~ tent** N cámara *f* de oxígeno.
oyster ['ɔɪstəʳ] N ostra *f*; **the world is his ~** tiene el mundo a sus pies.
oysterbed ['ɔɪstəbed] N criadero *m or* vivero *m* de ostras.
oz. ABBR *of* **ounce(s).**
ozone ['əʊzəʊn] **1** N ozono *m*. **2** CPD: **~ hole** N agujero *m* de ozono; **~ layer** N capa *f* de ozono.
ozone-friendly ['əʊzəʊn'frendlɪ] ADJ que no daña la capa de ozono.
ozonosphere [əʊ'zəʊnə,sfɪəʳ] N ozonosfera *f*.

Pp

P¹, p¹ [piː] N (*letter*) P, p *f*; **to mind one's Ps and Qs** cuidarse de no meter la pata.

P² ABBR **a** *of* **president** P. **b** *of* **prince** P.

p² **1** N ABBR *of* **penny; pence.** **2** ABBR *of* **page** p., pág.

PA **1** N ABBR **a** *of* **personal assistant.** **b** *of* **public address system.** **c** *of* **Press Association.** **d** (*Theat etc*) *of* **personal appearance.** **2** ABBR (*US Post*) *of* **Pennsylvania.**

p.a. ABBR *of* **per annum.**

PAC N ABBR (*US*) *of* **political action committee.**

pace ['peɪs] **1** N **a** (*step*) paso *m*; **to put sb through his ~s** (*fig*) poner a algn a prueba.
b (*speed*) paso *m*, velocidad *f*; **at a good ~** a buen paso; **at a slow ~** a paso lento; **at a walking ~** a la velocidad del que camina a pie; **the ~ of life** el ritmo de vida; **he does it at his own ~** lo hace a su propio ritmo; **to keep ~ (with)** llevar el mismo ritmo (que); (*fig*) avanzar parejo (con); **I can't keep ~ with events** no puedo mantenerme al corriente de los sucesos; **to set the ~** (*running*) marcar el paso; (*fig*) dar la pauta; **he can't stand the ~** no puede mantener el ritmo; (*fig*) las cosas se desarrollan demasiado rápidamente para él.
2 VT (*floor, room*) ir y venir por; **to ~ off** or **out 10 metres** medir 10 metros a pasos.
3 VI: **to ~ up and down** pasearse de un lado para otro.

pacemaker ['peɪsˌmeɪkəʳ] N (*Med*) marcapasos *m inv*.

pacesetter ['peɪsˌsetəʳ] N (*Sport*) liebre *f*; (*fig*) persona *f* que da la pauta.

Pacific [pə'sɪfɪk] ADJ pacífico/a; **the ~ (Ocean)** el (Océano) Pacífico.

pacifier ['pæsɪfaɪəʳ] N (*US: dummy*) chupete *m*.

pacifism ['pæsɪfɪzəm] N pacifismo *m*.

pacifist ['pæsɪfɪst] N pacifista *mf*.

pacify ['pæsɪfaɪ] VT (*gen*) pacificar, apaciguar; (*calm: person*) calmar, tranquilizar.

pack [pæk] **1** N (*packet*) paquete *m*; (*bundle*) fajo *m*, bulto *m*; (*US: of cigarettes*) cajetilla *f*; (*rucksack, Mil*) mochila *f*; (*of cards*) baraja *f*; (*Rugby*) pack *m*; (*of hounds*) jauría *f*; **a ~ of lies** una sarta or (*LAm*) bola de mentiras.
2 VT **a** (*case, trunk*) hacer; (*things in case, clothes*) poner, meter; (*Comm: goods*) envasar, empacar (*esp LAm*); (: *in box*) embalar; **to ~ one's bags** hacer las maletas; **a ~ed lunch** una bolsa de frío or bocadillos; **it comes ~ed in polythene** viene envasado en politeno; **I'm ~ed and ready** tengo las maletas hechas y estoy listo para salir.
b (*cram full: container*) atestar; (*articles*) meter apretadamente; (*fig: information etc*) incluir; **the place was ~ed** el local estaba repleto or a tope; **can you ~ two more into your car?** ¿caben dos más en tu coche?
c (*soil etc: make firm*) apretar; (: *tread down*) pisotear.
d (*Pol fig*) llenar de partidarios.
e (*Comput*) comprimir.
3 VI **a** (~ *one's luggage*) hacer la maleta; **to send sb ~ing** (*fam*) echar a algn con cajas destempladas.
b (*people*) apiñarse, apretarse (*into* en).
4 CPD: **~ ice** N banco *m* de hielo.
♦ **pack in** VT + ADV (*fam*) dejar; **~ it in!** ¡déjalo ya!
♦ **pack off** VT + ADV: **to ~ sb off to school/bed** mandar a algn al colegio/a la cama.
♦ **pack up** **1** VI + ADV (*fam: mechanical object*) estropearse, descomponerse (*esp Mex*); (*person: stop work*) irse.
2 VT + ADV (*belongings*) recoger.

package ['pækɪdʒ] **1** N paquete *m*; (*bundle*) bulto *m*; (*fig: terms of agreement*) convenio *m*.
2 VT (*Comm: goods*) envasar, empacar (*LAm*).
3 CPD: **~ deal** N convenio *m* general; **~ holiday, ~ tour** N viaje *m* organizado, paquete *m* (*LAm*).

packaging ['pækɪdʒɪŋ] N envase *m*, envasado *m*; (*of box*

etc) embalaje *m*.

packer ['pækəʳ] N empacador(a) *m/f*.

packet ['pækɪt] **1** N (*carton*) cajita *f*; (: *of cigarettes*) cajetilla *f*; (*small parcel*) paquete *m*; **to make a ~** (*fam*) ganarse una fortuna; **that must have cost a ~** (*fam*) eso habrá costado un dineral.
2 CPD: **~ switching** N (*Comput*) conmutación *f* de paquetes.

packhorse ['pækhɔːs] N caballo *m* de carga.

packing ['pækɪŋ] **1** N **a** (*Comm: of goods*) envase *m*, envasado *m*; (: *box etc*) embalaje *m*. **b** **to do one's ~** hacer las maletas. **2** CPD: **~ case** N cajón *m* de embalaje.

pact [pækt] N pacto *m*; **to make a ~ with sb** pactar con algn.

pad [pæd] **1** N **a** (*to prevent friction etc*) almohadilla *f*, cojinete *m*; (*for ink*) tampón *m*; (*brake ~*) zapata *f*; **knee/elbow/shin ~** rodillera *f*/codera *f*/espinillera *f*.
b (*note ~, writing ~*) bloc(k) *m*, cuaderno *m*.
c (*for helicopter*) plataforma *f*; (*launch ~*) plataforma de lanzamiento.
d (*of animal's foot*) almohadilla *f*.
2 VT (*shoulders etc*) acolchonar, poner hombreras a; (*stuff*) rellenar; (*fig: book, speech etc*) meter paja en.
3 VI: **to ~ about/in** andar or (*LAm*) caminar/entrar sin hacer ruido.
♦ **pad out** VT + ADV (*speech, essay*) meter paja en, rellenar.

padded ['pædɪd] ADJ (*bra*) reforzado/a; (*cell*) acolchonado/a; **~ shoulders** hombreras *fpl*.

padding ['pædɪŋ] N (*material*) relleno *m*, almohadilla *f*; (*fig: in speech etc*) paja *f*, borra *f*.

paddle ['pædl] **1** N **a** (*oar*) zagual *m*, canalete *m*, pala *f*, remo *m* (*LAm*); (*blade of wheel*) paleta *f*.
b **to go for a ~, to have a ~** chapotear.
2 VT (*boat*) remar con canalete or pala.
3 VI **a** (*in boat*) remar con canalete.
b (*walk in water*) mojarse los pies, chapotear.
4 CPD: **~ boat** N, **~ steamer** N vapor *m* de ruedas.

paddling ['pædlɪŋ] CPD: **~ pool** N piscina *f* para niños.

paddock ['pædək] N (*field*) potrero *m*; (*of racecourse*) paddock *m*.

paddy ['pædɪ] N (*rice*) arroz *m*; (*field*) arrozal *m*.

padlock ['pædlɒk] N candado *m*.

paediatric, (*US*) **pediatric** [ˌpiːdɪ'ætrɪk] ADJ de pediatría, pediátrico/a.

paediatrician, (*US*) **pediatrician** [ˌpiːdɪə'trɪʃən] N pediatra *mf*.

paediatrics, (*US*) **pediatrics** [ˌpiːdɪ'ætrɪks] NSG pediatría *f*.

paedophile, (*US*) **pedophile** ['piːdəʊfaɪl] N pedófilo *m*.

pagan ['peɪɡən] ADJ, N pagano/a *m/f*.

page¹ [peɪdʒ] **1** N (*servant*) paje *m*. **2** VT: **to ~ sb** llamar a algn por altavoz.

page² [peɪdʒ] **1** N (*of book etc*) página *f*; (*of newspaper*) **front ~** primera plana *f*.
2 CPD: **~ break** N (*Comput*) límite *m* de la página.

┌─ PAGE THREE ─┐

ℹ *Durante años, en la página tres del periódico* **The Sun***, el diario sensacionalista de más venta en el Reino Unido, ha aparecido una foto a toda página de una chica en 'topless', conocida como la* **page three girl***. De ahí que el término haya pasado a usarse también, en sentido extenso, para referirse a las modelos que posan semidesnudas en otros periódicos sensacionalistas.*

-page [peɪdʒ] CPD SUF: **a 4~ pamphlet** un folleto de 4 páginas.

pageant ['pædʒənt] N (*show*) espectáculo *m*; (*procession*)

desfile *m*.
pageantry ['pædʒəntrɪ] N pompa *f*, boato *m*.
pageboy ['peɪdʒbɔɪ] N (*servant*) paje *m*; (*in hotel*) botones *m inv*; (*hairstyle*) estilo *m* paje.
pager ['peɪdʒər] N localizador *m*.
paginate ['pædʒɪneɪt] VT paginar.
pagination [,pædʒɪ'neɪʃən] N paginación *f*.
paging ['peɪdʒɪŋ] ① N (*Comput*) paginación *f*. ② CPD: ~ **device** N localizador *m*.
pagoda [pə'gəʊdə] N pagoda *f*.
paid [peɪd] ① PT, PP of **pay**. ② ADJ: **to put ~ to sth** acabar con *or* poner fin a algo.
paid-up ['peɪd'ʌp], (*US*) **paid-in** ['peɪd'ɪn] ADJ (*member*) con sus cuotas pagadas *or* al día; (*share*) liberado/a.
pail [peɪl] N cubo *m*, balde *m* (*LAm*); (*child's*) cubito *m*.
pain [peɪn] ① N ⓐ dolor *m*; **to be in ~** estar con dolor; **I have a ~ in my leg** me duele la pierna; **he's a real ~ (in the neck)** (*fam*) da mucha lata, es un pesado; **what a ~!** ¡qué lata! (*fam*); **it's a ~ having to do that** es una lata tener que hacer eso (*fam*).
ⓑ **~s** (*efforts*) esfuerzos *mpl*, esmero *msg*; **he was at ~s to be reasonable** se esforzó por parecer razonable; **to take ~s over sth** esmerarse en algo; **to take ~s to do sth** poner especial cuidado en hacer algo.
ⓒ (*penalty*) **on ~ of death** so pena de muerte.
② VT (*mentally*) angustiar; **it ~s me to tell you** me da lástima *or* me apena decirle.
pained [peɪnd] ADJ (*expression*) de disgusto, afligido/a; (*voice*) adolorido/a.
painful ['peɪnfʊl] ADJ (*gen*) doloroso/a; (*physically*) adolorido/a; (*mentally*) angustioso/a, penoso/a; (*hard, demanding*) arduo/a; (*fam: embarrassingly bad*) fatal, que da lástima *or* vergüenza; **it is my ~ duty to tell you that ...** es mi doloroso deber decirle que ...; **it was ~ to watch** (*fam*) daba lástima verlo.
painfully ['peɪnfəlɪ] ADV dolorosamente, con dolor; (*fam*) terriblemente.
painkiller ['peɪnkɪlər] N analgésico *m*.
painless ['peɪnlɪs] ADJ (*childbirth etc*) sin dolor; (*fig*) sin mayores dificultades.
painlessly ['peɪnlɪslɪ] ADV sin causar dolor.
painstaking ['peɪnz,teɪkɪŋ] ADJ (*task, research etc*) esmerado/a, concienzudo/a.
paint [peɪnt] ① N pintura *f*; **a coat of ~** una mano (de pintura); **a box of ~s** una caja de pinturas; '**wet ~**' ¡(ojo,) recién pintado!
② VT pintar; **to ~ the town red** (*fig*) irse de juerga *or* parranda; **he's not as black as he's ~ed** no es tan fiero el león como lo pintan.
③ VI pintar, ser pintor(a).
④ CPD: ~ **roller** N rodillo *m* (pintor); ~ **stripper** N (*chemical*) quitapintura *m*; (*tool*) raspador *m* de paredes.
◆ **paint over** VT + ADV (*repaint*) repintar.
paintbox ['peɪntbɒks] N caja *f* de pinturas.
paintbrush ['peɪntbrʌʃ] N (*Art*) pincel *m*; (*for decorating*) brocha *f*.
painter ['peɪntər] N (*Art*) pintor(a) *m/f*; (*decorator*) pintor(a) de brocha gorda.
painting ['peɪntɪŋ] N (*Art: picture*) cuadro *m*, pintura *f*; (: *activity*) pintura; (*decorating*) decoración *f* del hogar.
paintwork ['peɪntwɜːk] N (*gen*) pintura *f*; (*in house*) madera *f* pintada.
pair [pɛər] ① N ⓐ (*of gloves, shoes, etc*) par *m*; (*of people, cards, stamps*) pareja *f*; **to be a ~** hacer *or* pareja; **a ~ of trousers** un pantalón, unos pantalones; **a ~ of scissors** unas tijeras; **arranged in ~s** emparejados.
ⓑ the **~s** (*Sport*) las parejas.
② VT (*Zool*) aparear; (*people*) emparejar.
◆ **pair off** ① VT + ADV emparejar.
② VI + ADV hacer pareja.
paisley ['peɪzlɪ] ① N (*fabric, design*) cachemira *f*. ② CPD: ~ **shawl** N chal *m* de cachemira.
pajamas [pə'dʒɑːməz] NPL (*US*) = **pyjamas**.
Paki ['pækɪ] N ABBR (*Brit fam!: offensive*) of **Pakistani**.
Pakistan [,pɑːkɪs'tɑːn] N Pakistán *m*.
Pakistani [,pɑːkɪs'tɑːnɪ] ADJ, N paquistaní *mf*.

PAL [pæl] N ABBR (*TV*) of **phase alternation line**.
pal [pæl] (*fam*) N amigo/a *m/f*, compañero/a *m/f*, compinche *m* (*fam*), cuate/a *m/f* (*Mex*), pata *mf* (*Per*); **be a ~!** ¡vamos, pórtate como un amigo!; **they're great ~s** son íntimos amigos.
palace ['pælɪs] N palacio *m*.
palatable ['pælətəbl] ADJ (*frm: tasty*) sabroso/a; (*fig*) aceptable.
palatal ['pælətl] ADJ palatal.
palate ['pælɪt] N paladar *m*; **to have a delicate ~** (*fig*) tener un paladar delicado.
palatial [pə'leɪʃəl] ADJ suntuoso/a, espléndido/a.
palaver [pə'lɑːvər] N (*fam: fuss*) lío *m*, desmadre *m*; **why all the ~!** ¡no es para tanto!; **that ~ about the car** aquel lío que se armó del coche.
pale¹ [peɪl] ① ADJ (*comp* ~**r**; *superl* ~**st**) (*complexion, face*) pálido/a; (*colour*) claro/a; (*light*) tenue; **a ~ blue dress** un vestido azul claro; **to go** *or* **grow** *or* **turn ~** palidecer; ~ **ale** cerveza *f* rubia.
② VI (*fig*) perder importancia; **but X ~s beside Y** pero X pierde al lado de Y.
pale² [peɪl] N: **to be beyond the ~** ser inaceptable.
paleness ['peɪlnɪs] N palidez *f*.
paleo... ['pælɪəʊ] PREF paleo....
Palestine ['pælɪstaɪn] N Palestina *f*.
Palestinian [,pæləs'tɪnɪən] ADJ, N palestino/a *m/f*.
palette ['pælɪt] N paleta *f*.
palimony ['pælɪmənɪ] N (*US fam*) alimentos *mpl* pagados a una ex compañera.
palindrome ['pælɪndrəʊm] N palíndromo *m*.
paling ['peɪlɪŋ] N estacada *f*, valla *f*.
palisade [,pælɪ'seɪd] N palizada *f*, estacada *f*; ~**s** (*US: cliffs*) acantilado *m*.
pall¹ [pɔːl] N (*on coffin*) paño *m* mortuorio; **a ~ of smoke** una cortina de humo.
pall² [pɔːl] VI: **to ~ (on sb)** perder el interés (para algn), dejar de gustar (a algn).
pallbearer ['pɔːl,bɛərər] N portador(a) *m/f* del féretro.
pallet ['pælɪt] N ⓐ (*for goods*) paleta *f*. ⓑ (*bed*) jergón *m*, catre *m*.
palletization [pælɪtaɪ'zeɪʃən] N paletización *f*.
palliative ['pælɪətɪv] N paliativo *m*.
pallid ['pælɪd] ADJ pálido/a.
pallor ['pælər] N palidez *f*.
pally ['pælɪ] (*fam*) ADJ (*comp* -**ier**; *superl* -**iest**): **to be ~ with sb** ser amiguete *or* colega de algn; **they're very ~** son íntimos (amigos).
palm¹ [pɑːm] ① N (*Bot: also* ~ **tree**) palma *f*, palmera *f*; **coconut ~** cocotero *m*. ② CPD: **P~ Sunday** N Domingo *m* de Ramos.
palm² [pɑːm] N (*Anat*) palma *f*; **to grease sb's ~** (*fig*) untar la mano a algn; **to read sb's ~** leer la mano a algn; **to have sb in the ~ of one's hand** tener a algn en la palma de la mano.
◆ **palm off** VT + ADV: **to ~ sth off on sb** endosar algo a algn; **I ~ed him off with the excuse that ...** logré satisfacerle con la excusa de que ....
palmist ['pɑːmɪst] N quiromántico/a *m/f*, palmista *mf*.
palmistry ['pɑːmɪstrɪ] N quiromancia *f*.
palmtop ['pɑːmtɒp] N (*Comput*) ordenador *m* de bolsillo, palmtop *m*.
palpable ['pælpəbl] ADJ (*lie, mistake*) obvio/a, patente; (*tangible*) palpable.
palpably ['pælpəblɪ] ADV (*see adj*) obviamente, patentemente; palpablemente.
palpitate ['pælpɪteɪt] VI (*heart*) palpitar.
palpitation [,pælpɪ'teɪʃən] N: **to have ~s** tener palpitaciones.
paltry ['pɔːltrɪ] (*comp* -**ier**; *superl* -**iest**) ADJ ínfimo/a, miserable, vil; **for some ~ reason** por alguna nimiedad.
pampas ['pæmpəs] NPL pampa *fsg*.
pamper ['pæmpər] VT mimar, consentir.
pampered ['pæmpəd] ADJ (*child etc*) mimado/a; (*life*) regalado/a.
pamphlet ['pæmflɪt] N (*informative, brochure*) folleto *m*; (*political, handed out in street*) volante *m*, panfleto *m*.

pan [pæn] **1** N (*for cooking*) cazuela *f*, cacerola *f*, olla *f* (*LAm*); (*of scales*) platillo *m*; (*of lavatory*) taza *f*.
2 VT **a** (*gold*) lavar con batea.
b (*US fam: play*) dejar por los suelos.
3 VI **a** **to ~ for gold** cribar oro.
b (*Cine*) tomar panorámicas *or* vistas pan.
◆ **pan out** VI + ADV (*turn out*) salir, resultar; **to ~ out well** salir bien; **if it ~s out as we hope** si sale como nosotros lo esperamos; **it didn't ~ out at all well** no dio ningún resultado satisfactorio.

pan- [pæn] PREF pan-; **~African** panafricano/a.
panacea [ˌpænəˈsɪə] N panacea *f*.
panache [pəˈnæʃ] N gracia *f*, garbo *m*.
Panama [ˈpænəmɑː] **1** N Panamá *m*. **2** CPD: **~ Canal** N Canal *m* de Panamá; **~ hat** N (sombrero *m* de) jipijapa *f*, panamá *m*.
Panamanian [ˌpænəˈmeɪnɪən] ADJ, N panameño/a *m/f*.
pancake [ˈpænkeɪk] **1** N tortita *f*, panqueque *m* (*LAm*).
2 CPD: **P~ Day** N martes *m* de carnaval.
panchromatic [ˈpænkrəʊˈmætɪk] ADJ pancromático/a.
pancreas [ˈpæŋkrɪəs] N páncreas *m*.
panda [ˈpændə] **1** N panda *mf*. **2** CPD: **~ car** N (*Brit*) coche *m* patrulla.
pandemonium [ˌpændɪˈməʊnɪəm] N (*chaos*) jaleo *m*, desmadre *m* (*LAm*); **it's sheer ~!** ¡es la monda!
pander [ˈpændəʳ] VI: **to ~ to sb** consentir a algn; **to ~ to sb's desire for sth** complacer el deseo de algn por algo.
p.&h. ABBR (*US*) *of* **postage and handling** gastos *mpl* de envío.
P.&L. N ABBR *of* **profit and loss**.
p.&p. N ABBR *of* **postage and packing**.
pane [peɪn] N cristal *m*, vidrio *m*.
panel [ˈpænl] **1** N **a** (*gen*) panel *m*; (*of door etc*) entrepaño *m*; (*of instruments, switches*) tablero *m*.
b (*of judges, in a competition*) jurado *m*.
2 VT (*wall, door*) revestir con entrepaños de madera.
3 CPD: **~ beater** N carrocero *m*; **~ game** N programa *m* concurso para equipos; **~ pin** N clavo *m* de espiga.
panelled, (*US*) **paneled** [ˈpænld] ADJ con paneles.
panelling, (*US*) **paneling** [ˈpænlɪŋ] N paneles *mpl*.
panellist, (*US*) **panelist** [ˈpænəlɪst] N miembro *mf* del jurado.
pang [pæŋ] N (*pain*) punzada *f*; (*fig: of remorse*) remordimiento *m*; **~s of hunger** dolores *mpl* del hambre.
panic [ˈpænɪk] (*vb: pt, pp* **~ked**) **1** N pánico *m*, terror *m*; **the country was thrown into a ~** cundió el pánico en el país; **there's no ~, tomorrow will do** no hay ninguna prisa loca, lo haremos mañana.
2 VI dejarse llevar por el pánico.
3 CPD: **~ button** N botón *m* de alarma; **it was ~ stations** (*fam*) reinaba el pánico.
panicky [ˈpænɪkɪ] ADJ (*person*) asustadizo/a; **to get ~** dejarse llevar por el pánico.
panic-stricken [ˈpænɪkˌstrɪkən] ADJ preso/a de pánico, muerto/a de miedo.
pannier [ˈpænɪəʳ] N (*for horse etc*) cuévano *m*; (*for cycle etc*) cartera *f*, bolsa *f*.
panoply [ˈpænəplɪ] N (*armour*) panoplia *f*; (*fig*) pompa *f*.
panorama [ˌpænəˈrɑːmə] N panorama *m*.
panoramic [ˌpænəˈræmɪk] ADJ panorámico/a.
panpipes [ˈpænpaɪps] NPL zampoña *fsg*.
pansy [ˈpænzɪ] N (*Bot*) pensamiento *m*; (*fam pej*) marica *m*.
pant [pænt] **1** N jadeo *m*, resuello *m*. **2** VI jadear, resollar; **he was ~ing for a drink** jadeaba de sed.
pantechnicon [pænˈteknɪkən] N camión *m* de mudanzas.
pantheism [ˈpænθiːɪzəm] N panteísmo *m*.
pantheistic [ˌpænθiːˈɪstɪk] ADJ panteísta.
panther [ˈpænθəʳ] N pantera *f*, jaguar *m* (*LAm*).
panties [ˈpæntɪz] NPL bragas *fpl*, braguitas *fpl*, calzones *mpl* (*LAm*); **a pair of ~** unas bragas.
panto [ˈpæntəʊ] N ABBR (*fam*) *of* **pantomime**.
pantomime [ˈpæntəmaɪm] N (*Brit: at Christmas*) revista *f* musical navideña; (*mime*) pantomima *f*.

│ PANTOMIME │

ℹ *Una **pantomime**, abreviada en inglés como **panto**, es una obra teatral que se representa normalmente en Navidades. Suele estar basada en un cuento de hadas u otra historia conocida y en ella nunca faltan personajes como la vieja dama (**dame**), papel que siempre interpreta un actor, el protagonista joven (**principal boy**), normalmente interpretado por una actriz, y el malvado (**villain**). Aunque es un espectáculo familiar dirigido fundamentalmente a los niños, en él se alienta la participación de todo el público y posee una gran dosis de humor para adultos.*

---

pantry [ˈpæntrɪ] N despensa *f*.
pants [pænts] **1** NPL (*Brit: man's*) calzoncillos *mpl*; (*woman's*) bragas *fpl*; (*US*) pantalones *mpl*; **a pair of ~** (*Brit: man's*) unos calzoncillos; (*woman's*) unas bragas; (*US*) un pantalón, unos pantalones; **to bore the ~ off sb** (*fam*) aburrir terriblemente a algn; **she wears the ~** (*fam*) ella manda.
2 CPD: **~ press** (*US*) N prensa *f* para pantalones.
pantsuit [ˈpæntsuːt] N (*US*) traje *m* de chaqueta y pantalón.
papa [pəˈpɑː] N papá *m*.
papacy [ˈpeɪpəsɪ] N papado *m*, pontificado *m*.
papal [ˈpeɪpəl] ADJ papal, pontificio/a.
paper [ˈpeɪpəʳ] **1** N **a** (*material*) papel *m*; **a piece of ~** un papel, una hoja (de papel); **on ~** (*fig*) en teoría, sobre el papel; **to put sth down on ~** poner algo por escrito; **it's not worth the ~ it's written on** no vale para nada.
b **~s** (*writings, documents*) papeles *mpl*; (*identity ~s*) documentación *f*, papeles; **your ~s, please** la documentación, por favor; **Churchill's private ~s** los papeles personales de Churchill.
c (*Univ: also* **question ~**) cuestionario *m*; (: *lecture*) ponencia *f*; **to do a good ~ in maths** hacer un buen examen de matemáticas.
d (*newspaper*) periódico *m*, diario *m*; **the ~s** los periódicos, la prensa; **it came out in the ~s** salió en los periódicos.
2 VT (*wall, room*) empapelar, tapizar (*LAm*).
3 CPD (*of paper*) de papel; **~ advance** N (*on printer*) avance *m* de papel; **~ bag** N bolsa *f* de papel; **~ clip** N clip *m*, sujetapapeles *m inv*; **~ currency** N papel *m* moneda; **~ feed(er)** N alimentador *m* de papel; **~ handkerchief, ~ hankie** N pañuelo *m* de papel; **~ knife** N abrecartas *m inv*; **~ mill** N fábrica *f* de papel, papelera *f*; **~ money** N (*gen*) papel *m* moneda; (*banknote*) billete *m* de banco; **~ profit** N beneficio *m* no realizado; **~ round** N reparto *m* de periódicos; **~ shop** N tienda *f* de periódicos, quiosco *m*, puesto *m* de periódicos; **~ tiger** N tigre *m* de papel; **~ towel** N toallita *f* de papel.
paperback [ˈpeɪpəbæk] N libro *m* de bolsillo.
paperboy [ˈpeɪpəbɔɪ] N repartidor *m* de periódicos.
paperweight [ˈpeɪpəweɪt] N pisapapeles *m inv*.
paperwork [ˈpeɪpəwɜːk] N (*bureaucracy*) trámites *mpl*, papeleo *m*.
papery [ˈpeɪpərɪ] ADJ parecido/a al papel.
papier-mâché [ˈpæpɪeɪˈmæʃeɪ] N cartón *m* piedra.
papist [ˈpeɪpɪst] N (*pej*) papista *mf*.
paprika [ˈpæprɪkə] N pimentón *m*, paprika *f*.
Pap test [ˈpæptest] N frotis *m* (cervical).
Papua New Guinea [ˈpæpjʊənjuːˈgɪnɪ] N Nueva Guinea *f* Papúa.
par [pɑːʳ] **1** N (*Comm*) par *f*; (*Golf*) par *m*; **to be above/below ~** (*Comm*) estar sobre/bajo la par; **2 over ~** 2 sobre par; **5 under ~** 5 bajo par; **to be under or below ~** (*person: ill*) sentirse mal, estar indispuesto; **to be on a ~ with sb/sth** estar en pie de igualdad con algn/algo; **that's ~ for the course** (*fig*) eso es lo más normal.
2 CPD: **~ value** N valor *m* a la par.
para. ABBR *of* **paragraph**.
parable [ˈpærəbl] N parábola *f*.
parabolic [ˌpærəˈbɒlɪk] ADJ parabólico/a; **~ aerial** antena *f* parabólica.
paracetamol [ˌpærəˈsiːtəmɒl] N paracetamol *m*.

parachute ['pærəʃuːt] [1] N paracaídas *m inv*. [2] VT lanzar en paracaídas. [3] VI (*also* ~ **down**) lanzarse *or* saltar en paracaídas. [4] CPD: ~ **jump** N salto *m* en paracaídas; ~ **regiment** N regimiento *m* de paracaidistas.

parachutist ['pærəʃuːtɪst] N paracaidista *mf*.

parade [pə'reɪd] [1] N (*gen*) desfile *m*; **to be on** ~ (*Mil*) pasar revista; **a fashion** ~ un desfile de modelos; **a** ~ **of shops** una zona comercial. [2] VT (*troops*) hacer desfilar; (*placard etc*) pasear; (*show off*: *learning, wealth, new clothes*) hacer alarde de, lucir. [3] VI (*Mil*) pasar revista; (*boy scouts, demonstrators*) desfilar; **to** ~ **about** *or* **around** (*fam*) pavonearse, lucir; **the strikers** ~**d through the town** los huelguistas desfilaron por la ciudad. [4] CPD: ~ **ground** N placa *f* de armas.

paradigm ['pærədaɪm] N paradigma *m*.

paradise ['pærədaɪs] N paraíso *m*.

paradox ['pærədɒks] N paradoja *f*.

paradoxical [,pærə'dɒksɪkəl] ADJ paradójico/a.

paraffin ['pærəfɪn] [1] N parafina *f*. [2] CPD: ~ **heater** N estufa *f* de parafina; ~ **lamp** N quinqué *m*; ~ **wax** N parafina *f*.

paragon ['pærəgən] N modelo *m*, dechado *m*; **a** ~ **of virtue** un dechado de virtudes.

paragraph ['pærəgrɑːf] N párrafo *m*, (punto) acápite *m* (*LAm*); (*in law etc*) aparte *m*; **new** ~ punto y aparte.

Paraguay ['pærəgwaɪ] N Paraguay *m*.

Paraguayan [,pærə'gwaɪən] ADJ, N paraguayo/a.

parakeet ['pærəkiːt] N perico *m*, periquito *m*.

parallel ['pærəlel] [1] ADJ paralelo/a (*to* a); (*Comput, Elec*) en paralelo; (*fig*) análogo/a (*to* a); ~ **bars** paralelas *fpl*; ~ **printer** impresora *f* en paralelo. [2] N (*Geom*) paralela *f*; (*Geog*) paralelo *m*; **in** ~ (*Elec*) en paralelo; **a case without** ~ un caso inaudito *or* único; **to draw a** ~ **between X and Y** (*fig*) establecer un paralelo entre X y Y. [3] VT (*fig: compare*) comparar con; (*equal*) igualar a; **his talent** ~**s his brother's** su talento es comparable al *or* corre parejas con el de su hermano.

parallelogram [,pærə'leləʊgræm] N paralelogramo *m*.

paralysis [pə'ræləsɪs] N parálisis *f*.

paralytic [,pærə'lɪtɪk] ADJ (*Med*) paralítico/a; (*fam: drunk*) borracho/a, perdido/a.

paralyze ['pærəlaɪz] VT (*lit, fig*) paralizar; **to be** ~**d with fright** estar paralizado de miedo; **the factory was** ~**d by the strike** la fábrica quedó paralizada por la huelga.

paramedic [,pærə'medɪk] N paramédico/a *m/f*.

parameter [pə'ræmɪtər] N parámetro *m*.

paramilitary [,pærə'mɪlɪtərɪ] ADJ paramilitar.

paramount ['pærəmaʊnt] ADJ supremo/a; **of** ~ **importance** de suma importancia.

paranoia [,pærə'nɔɪə] N paranoia *f*.

paranoid ['pærənɔɪd], **paranoiac** [,pærə'nɔɪk] ADJ, N paranoico/a *m/f*.

paranormal [,pærə'nɔːməl] [1] ADJ paranormal. [2] N: **the** ~ lo paranormal.

parapet ['pærəpɪt] N (*of balcony, roof*) pretil *m*, antepecho *m*; (*of fortification*) parapeto *m*.

paraphernalia ['pærəfə'neɪlɪə] N parafernalia *f*.

paraphrase ['pærəfreɪz] VT parafrasear.

paraplegic [,pærə'pliːdʒɪk] ADJ, N parapléjico/a *m/f*.

parapsychology [,pærəsaɪ'kɒlədʒɪ] N parapsicología *f*.

parasite ['pærəsaɪt] N (*gen*) parásito *m/f*.

parasitic(al) [,pærə'sɪtɪk(əl)] ADJ parásito/a, parasitario/a.

parasol ['pærəsɒl] N sombrilla *f*.

paratrooper ['pærətruːpər] N paracaidista *mf*.

paratroops ['pærətruːps] NPL paracaidistas *mpl*.

parboil ['pɑːbɔɪl] VT sancochar, cocer a medias.

parcel ['pɑːsl] [1] N [a] (*package*) paquete *m*. [b] (*of land*) parcela *f*, lote *m*. [2] CPD: ~ **bomb** N paquete-bomba *m*; ~ **post** N servicio *m* de paquetes postales.

◆ **parcel out** VT + ADV repartir.

◆ **parcel up** VT + ADV empaquetar; (*large size*) embalar.

parched [pɑːtʃt] ADJ (*land etc*) abrasado/a, reseco/a; (*with*

---

thirst) reseco, muerto/a de sed.

parchment ['pɑːtʃmənt] N pergamino *m*.

pardon ['pɑːdn] [1] N (*Jur*) indulto *m*; **I do beg your** ~! ¡perdone Ud!, ¡disculpe! (*esp LAm*); **I beg your** ~, **but could you …?** perdone *or* disculpe la molestia, pero ¿podría Ud …?; **(I beg your)** ~? ¿perdón?, ¿cómo?, disculpe la molestia (*esp LAm*), ¿mande? (*Mex*). [2] VT (*forgive*) perdonar, disculpar (*esp LAm*); (*Jur*) indultar; **to** ~ **sb sth** perdonarle algo a algn; ~ **me, but could you …?** perdone *or* (*esp LAm*) disculpe la molestia, pero ¿podría Ud …?; ~ **me!** ¡perdone!, ¡ay, perdone!; ~ **me?** (*US*) ¿cómo?, ¿mande? (*Mex*).

pardonable ['pɑːdnəbl] ADJ perdonable, disculpable.

pare [peər] VT (*nails*) cortar; (*fruit etc*) pelar.

◆ **pare down** VT + ADV reducir.

parent ['peərənt] [1] N padre *m*/madre *f*; ~**s** padres *mpl*. [2] CPD: ~ **company** N casa *f* matriz; ~ **teacher association** N asociación *f* de padres de familia y profesores.

parentage ['peərəntɪdʒ] N familia *f*.

parental [pə'rentl] ADJ (*care etc*) paterno/a, materno/a; ~ **guidance** los consejos de los padres.

parenthesis [pə'renθɪsɪs] N (*pl* **parentheses** [pə'renθɪsiːz]) paréntesis *m inv*.

parenthood ['peərənthʊd] N paternidad *f*; **planned** ~ planificación familiar.

parer ['peərər] N pelalegumbres *m inv*.

par excellence ['pɑː'eksələ̃ns] ADV por excelencia.

parings ['peərɪŋz] NPL peladuras *fpl*.

Paris ['pærɪs] N París *m*.

parish ['pærɪʃ] [1] N parroquia *f*. [2] CPD: ~ **council** N concejo *m* parroquial; ~ **priest** N párroco *m*; ~ **register** N libro *m* parroquial.

parishioner [pə'rɪʃənər] N feligrés/esa *m/f*.

Parisian [pə'rɪzɪən] ADJ, N parisiense *mf*, parisino/a *m/f*.

parity ['pærɪtɪ] N (*Fin etc*) paridad *f*; (*of wages, conditions*) igualdad *f*.

park [pɑːk] [1] N parque *m*. [2] VT (*Aut*) aparcar (*Sp*), estacionar (*esp LAm*). [3] VI (*Aut*) aparcar (*Sp*), estacionarse (*LAm*).

parka ['pɑːkə] N chaquetón *m* acolchado con capucha, anorak *m*.

park-and-ride [,pɑːkənd'raɪd] N *aparcamiento con acceso a la red de transporte público para usuarios de vehículos privados*.

parking ['pɑːkɪŋ] [1] N aparcamiento *m* (*Sp*), parking *m*, estacionamiento *m* (*esp LAm*); **'no** ~' 'prohibido aparcar *or* estacionarse'. [2] CPD (*offence, fine*) de aparcamiento; ~ **attendant** N guardacoches *mf inv*; ~ **lights** NPL luces *fpl* de estacionamiento; ~ **lot** N (*US*) aparcamiento *m* (*Sp*), (playa *f* de) estacionamiento *m* (*LAm*); ~ **meter** N parquímetro *m*, parcómetro *m* (*LAm*); ~ **offence** N ofensa *f* por aparcamiento indebido; ~ **place, ~ space** N aparcamiento *m* (*Sp*), parking *m*, estacionamiento *m* (*esp LAm*); ~ **ticket** N multa *f* por aparcamiento indebido; ~ **violation** N (*US*) = ~ **offence**.

Parkinson ['pɑːkɪnsən] N: ~**'s disease** enfermedad *f* de Parkinson.

parkland ['pɑːklænd] N prado *m*.

park-ride [,pɑːk'raɪd] N = **park-and-ride**.

parkway ['pɑːkweɪ] N (*US*) alameda *f*.

parky ['pɑːkɪ] ADJ (*comp* -**ier**; *superl* -**iest**): **it's a bit** ~ (*fam*) está haciendo fresco.

parlance ['pɑːləns] N lenguaje *m*; **in common** ~ en lenguaje corriente.

parley ['pɑːlɪ] VI parlamentar (*with* con).

parliament ['pɑːləmənt] N parlamento *m*, ≈ Cortes *fpl* (*Sp*), ≈ Congreso *m* (*LAm*); **to get into** ~ ser elegido diputado *or* senador.

┌─ PARLIAMENT ─┐

*ⓘ El Parlamento británico (**Parliament**) tiene como sede el palacio de Westminster, también llamado **Houses of Parliament** y consta de dos cámaras. En la Cámara de los Comunes (**House of Commons**) se reúnen los diputados (**Members of Parliament**), elegidos por sufragio universal en*

*sus respectivas circunscripciones electorales (**constituencies**), y sus sesiones son moderadas por el Presidente de la Cámara (**Speaker**). La cámara alta es la Cámara de los Lores (**House of Lords**) y sus miembros son nombrados por el monarca o bien han heredado su escaño. Su poder es limitado, aunque actúa como tribunal supremo de apelación, excepto en Escocia.*

parliamentarian [ˌpɑːləmen'teərɪən] N parlamentario/a m/f.

parliamentary [ˌpɑːlə'mentərɪ] ADJ parlamentario/a; ~ **democracy** democracia f parlamentaria; ~ **election** elecciones fpl parlamentarias.

parlour, (US) **parlor** ['pɑːlər] N (in house) sala f, salón m, living m; **beauty** ~ salón m de belleza; **ice-cream** ~ heladería f, sorbetería f (CAm).

Parmesan [ˌpɑːmɪ'zæn] N (also ~ **cheese**) parmesano m.

parochial [pə'rəʊkɪəl] ADJ parroquial; (fig: local) localista, provinciano/a; (: narrow-minded) de miras estrechas.

parody ['pærədɪ] **1** N parodia f. **2** VT parodiar.

parole [pə'rəʊl] N (word) palabra f (de honor); (Jur) libertad f bajo palabra or condicional; **to be on** ~ estar libre baja palabra; **to put sb on** ~ poner a algn en libertad condicional or bajo palabra.

paroxysm ['pærəksɪzəm] N paroxismo m.

parquet ['pɑːkeɪ] N parquet m, parqué m.

parricide ['pærɪsaɪd] N parricidio m.

parrot ['pærət] N papagayo m, perico m; **he was as sick as a** ~ (fam: ill) se puso a parir (fam); (: fed up) estaba hecho/a polvo or destrozado/a (fam).

parrot-fashion ['pærət,fæʃən] ADV (learn etc) como un loro or una cotorra.

parry ['pærɪ] VT (blow) parar, desviar; (fig) esquivar.

parsimonious [ˌpɑːsɪ'məʊnɪəs] ADJ (mean) avaro/a, tacaño/a; (sparing) parco/a.

parsley ['pɑːslɪ] N perejil m.

parsnip ['pɑːsnɪp] N chirivía f.

parson ['pɑːsn] N clérigo m, párroco m.

parsonage ['pɑːsnɪdʒ] N casa f parroquial, parroquia f.

part [pɑːt] **1** N **a** (portion, proportion) parte f; (piece) trozo m, pedazo m; (of serial) parte, entrega f; **the best/difficult/funny** ~ **of it** lo mejor/lo difícil/lo gracioso del caso; **it is** ~ **and parcel of the scheme** es parte integrante del proyecto; **for the most** ~ (proportion) en su mayor parte; (number) en su mayoría; **the greater** ~ **of it is done** la mayor parte está hecha; **this is in great** ~ **due to ...** se debe ante todo a ..., en buena parte esto se debe a ...; **for the better** ~ **of the day** durante la mayor parte del día; **we lost the best** ~ **of a month** perdimos casi un mes; **in** ~ en parte; **to pay a debt in** ~ pagar parte de una deuda; **2** ~**s of sand to one of cement** 2 partes de arena y una de cemento.

b (Tech: component) pieza f; (: also **spare** ~) pieza de repuesto; (Ling, Mus) parte f; **moving** ~ pieza móvil; ~ **of speech** categoría f gramatical.

c (share, role) parte f, papel m; (Theat) papel; **to look the** ~ vestir el cargo; **to play the** ~ **of Hamlet** hacer el papel de Hamlet; **to take** ~ **in sth** participar or tomar parte en algo; **to have no** ~ **in sth/doing sth** no tener nada que ver con or no intervenir en algo/en hacer algo; **to want no** ~ **of sth** desentenderse de or no querer saber nada de algo; **to play a** ~ **in sth/doing sth** contribuir a algo/ hacer algo.

d (region) parte f, zona f; **in these** ~**s** por aquí, por estos pagos; **in foreign** ~**s** en el extranjero; **a lovely** ~ **of the country** una región hermosa del país.

e (behalf) parte f; (side) partido m; **to take sb's** ~ tomar partido por algn; **for my** ~ por mi parte; **a mistake on the** ~ **of my brother** un error por parte de mi hermano; **to take sth in good** ~ tomarse algo bien.

2 ADV (partly) en parte.

3 VT (gen) separar; (curtains) abrir, correr; (push aside) apartar, hacer a lado; **to** ~ **one's hair** hacerse la raya.

4 VI **a** (curtains etc) abrirse, correrse; (break) romper, partirse.

b (gen: separate) separarse; (one person) **to** ~ (**from sb**) separarse or despedirse (de algn); **the best of friends must** ~ hasta los mejores amigos deben separarse en algún momento; **to** ~ **with sth** desprenderse de or soltar algo; **I hate** ~**ing with it** siento perderlo.

5 CPD: ~ **exchange** N: **they take your old car in** ~ **exchange** aceptan tu coche viejo como parte del pago; ~ **load** N carga f parcial; ~ **owner** N condueño/a m/f; ~ **payment** N pago m parcial.

partake [pɑː'teɪk] (pt **partook**; pp ~**n**) VI (frm) **a** **to** ~ **of sth** (food) comer algo; (drink) beber or tomar algo. **b** **to** ~ **in an activity** participar or intervenir en una actividad.

partial ['pɑːʃəl] ADJ **a** (not complete) parcial. **b** (biased) parcial (towards en); **to be** ~ **to sth** (like) ser aficionado a algo.

partiality [ˌpɑːʃɪ'ælɪtɪ] N (bias) parcialidad f (towards hacia); (liking) afición f (for, to a), gusto m (for, to por).

partially ['pɑːʃəlɪ] ADV (partly) parcialmente, en parte; (with bias) con parcialidad.

participant [pɑː'tɪsɪpənt] N (gen) participante mf; (in competition) concursante mf.

participate [pɑː'tɪsɪpeɪt] VI participar or intervenir (in en).

participation [pɑːˌtɪsɪ'peɪʃən] N participación f (in en).

participle ['pɑːtɪsɪpl] N participio m.

particle ['pɑːtɪkl] N (gen) partícula f; (of dust etc) partícula, grano m; (fig) pizca f.

particular [pə'tɪkjʊlər] **1** ADJ **a** (special) particular, especial; (specific) concreto/a, en particular; (given) determinado/a, cierto/a; **a** ~ **man told me** un hombre determinado me lo dijo; **in this** ~ **case** en este caso concreto; **for no** ~ **reason** por ninguna razón en particular; **she's a** ~ **friend of mine** es muy amiga mía; **to take** ~ **care** tomar especial cuidado.

b (fastidious, fussy) exigente, delicado/a; **I'm not** ~ me es igual; **he's** ~ **about his food** es delicado or especial para la comida; **I'm not too** ~ (**about it**) lo mismo da.

2 N **a** (detail) detalle m, pormenor m; ~**s** (information) detalles; (personal details) datos mpl personales; **to give** ~**s** citar los detalles.

b **in** ~ en particular, en especial; **nothing in** ~ nada concreto; **are you looking for anything in** ~? ¿busca Vd algo en concreto?

particularize [pə'tɪkjʊləraɪz] **1** VT especificar. **2** VI entrar en detalles, concretar.

particularly [pə'tɪkjʊlərlɪ] ADV (especially) especialmente; **this is** ~ **true of his later novels** sobre todo se puede afirmar esto de sus últimas novelas; **not** ~ (not very) no mucho or especialmente.

parting ['pɑːtɪŋ] **1** ADJ de despedida; **his** ~ **words** sus palabras de despedida; ~ **shot** (fig) golpe m de gracia. **2** N **a** separación f, despedida f; **the** ~ **of the ways** (fig) la encrucijada, el momento de la separación.

b (in hair) raya f.

partisan [ˌpɑːtɪ'zæn] **1** ADJ (gen) partidario/a; (of party) partidista; (Mil) guerrillero/a. **2** N (Mil) guerrillero/a m/f.

partition [pɑː'tɪʃən] **1** N **a** (wall) tabique m, medianía f (LAm).

b (Pol) partición f, división f.

2 VT (country etc) partir, dividir.

♦ **partition off** VT + ADV separar con tabique or (LAm) medianía.

partitive ['pɑːtɪtɪv] ADJ partitivo/a.

partly ['pɑːtlɪ] ADV (gen) en parte; (in a sense) en cierto sentido; ~ **...,** ~ **...** por una parte ..., por otra ....

partner ['pɑːtnər] **1** N (Comm) socio/a m/f; (in dance, at tennis etc) pareja mf; (companion, lover etc) compañero/a m/f; **Britain's EC** ~**s** los socios comunitarios de Gran Bretaña. **2** VT acompañar.

partnership ['pɑːtnəʃɪp] N (shared life etc) vida f etc en común; (relationship) compañerismo m; (couple) pareja f; (Comm) sociedad f, asociación f; (Jur, Med) calidad f de socio; **to go into** ~, **to form a** ~ asociarse (with con).

partook [pɑː'tʊk] PT of **partake**.

partridge ['pɑːtrɪdʒ] N perdiz f.

part-time ['pɑːt'taɪm] **1** ADV media jornada, a tiempo parcial, medio tiempo (LAm); **to work** ~ trabajar en horario de jornada reducida. **2** ADJ (worker, job) de media jornada or medio tiempo; (*work*) por horas.

part-timer [ˌpɑːtˈtaɪməʳ] N trabajador(a) *m/f* a tiempo partido.

part-way [ˈpɑːtˌweɪ] ADV: **we're only ~ into** or **through the work** hemos hecho sólo una parte del trabajo.

party [ˈpɑːtɪ] **1** N **a** (*Pol*) partido *m*; **to be a member of the ~** ser miembro del partido.
b (*group*) grupo *m*; (*team: also* **rescue ~**) equipo *m*; (*Mil*) pelotón *m*, destacamento *m*; **a ~ of travellers** un grupo de viajeros; **I was one of the ~** yo formaba parte del grupo.
c (*celebration*) fiesta *f*, reunión *f*; **the ~'s over** se acabó la fiesta; **to crash a ~** (*fam*) colarse; **to have** or **give** or **throw a ~** organizar una fiesta.
d (*Jur etc*) parte *f*, interesado/a *m/f*; **third ~** tercero/a *m/f*; **the parties to a dispute** los interesados or las partes en una querella; **to be a ~ to a crime** ser cómplice *mf* en un delito.
2 VI (*fam*) ir a fiestas; **where shall we ~ tonight?** ¿a qué fiesta vamos esta noche?
3 CPD (*politics, leader*) de partido; (*finery*) de gala, de fiesta; **~ dress** N traje *m* de fiesta; **~ line** N (*Pol*) línea *f* (de partido); (*Telec*) línea compartida; **~ piece** N numerito *m* (de fiesta); **~ political broadcast** N ≈ espacio *m* electoral; **~ pooper** N (*fam*) aguafiestas *mf inv*; **~ trick** N = ~ **piece**; **~ wall** N pared *f* medianera.

party-goer [ˈpɑːtɪˌɡəʊəʳ] N (*gen*) asiduo/a *m/f* a fiestas.

pass¹ [pɑːs] N (*Geog*) puerto *m*, paso *m* (*esp LAm*); (*small*) desfiladero *m*.

pass² [pɑːs] **1** N **a** (*permit*) permiso *m*, pase *m*; (*safe conduct*) salvoconducto *m*.
b (*Sport*) pase *m*.
c (*in exams*) (nota *f* de) aprobado *m*; **to get a ~ in German** aprobar en alemán.
d **things have come to a pretty ~** ¡hasta dónde hemos llegado!
e **to make a ~ at sb** (*fam*) hacer proposiciones a algn.
2 VT **a** (*move past*) pasar; (: *in front of*) pasar por delante de; (*on street etc*) cruzarse con; (*Aut: overtake*) adelantar a, rebasar (*Mex*); (*frontier*) cruzar; **they ~ed each other on the way** se cruzaron en el camino.
b (*hand, move, Sport: ball*) pasar; **to ~ sb sth** or **sth to sb** pasar algo a algn; **he ~ed the rope round the axle** pasó la cuerda por el eje; **~ me the salt, please** ¿me haces el favor de pasar la sal?
c (*Univ etc: exam*) aprobar.
d (*approve: motion, plan etc*) aprobar.
e (*spend: time*) pasar; **we ~ed the weekend pleasantly** pasamos un fin de semana muy agradable; **it ~es the time** ayuda a pasar el rato.
f (*express: remark*) hacer; (*opinion*) expresar; **to ~ the time of day with sb** acompañar a or pasar el rato con algn.
g (*Jur*) **to ~ sentence** fallar, dictar sentencia;
3 VI **a** (*move past*) pasar; (*Aut: overtake*) pasar, adelantar; **we ~ed in the corridor** nos cruzamos en el pasillo.
b (*move, go*) pasar; (*be inherited*) pasar; **the train ~ed into a tunnel** el tren entró en un túnel; **to ~ out of sight** perderse de vista; **to ~ into oblivion** (*fig*) pasar al olvido; **to let sth ~** dejar pasar algo.
c (*happen*) pasar, ocurrir, suceder; **all that ~ed between them** todo lo que hubo entre ellos.
d (*time*) pasar; **how time ~es!** ¡cómo pasa el tiempo!
e (*disappear: storm, anger*) pasar; (*pain, memory, awkward period*) pasar, olvidarse.
f (*Univ etc: in exam*) aprobar.
g (*be accepted*) pasar (*for, as* por); **it ~es for a restaurant** pasa por ser restaurante; **in her day she ~ed for a great beauty** en sus tiempos se le consideraba una gran belleza; **what ~es for intelligence elsewhere** lo que se considera inteligencia en otras partes.
h (*Lit*) **it came to ~ that ...** acaeció que ....

◆ **pass about, pass around** VT + ADV (*bottle etc*) pasar de uno a otro; (*note*) hacer circular.

◆ **pass away** VI + ADV (*die*) fallecer.

◆ **pass by** **1** VI + ADV pasar.

2 VT + ADV (*ignore*) pasar de largo or por alto; **life has ~ed her by** la vida se le ha pasado sin enterarse.

◆ **pass down** VT + ADV (*customs, inheritance*) pasar, transmitir.

◆ **pass off** **1** VI + ADV (*happen*) pasar, transcurrir; (*wear off: faintness etc*) pasar.
2 VT + ADV: **to ~ sb/sth off as sth** hacer pasar algo/a algn por algo; **to ~ o.s. off as sth** hacerse pasar por algo.

◆ **pass on** **1** VI + ADV (*die*) fallecer; (*proceed*) pasar (adelante) (*to a*).
2 VT + ADV (*hand on*) pasar or transmitir (*to a*); **we shall have to ~ the increase on to the consumer** tendremos que hacer que el consumidor cargue con el incremento.

◆ **pass out** VI + ADV (*become unconscious*) perder el conocimiento, desmayarse; (*Mil*) graduarse.

◆ **pass over** **1** VI + ADV (*die*) fallecer.
2 VT + ADV omitir, pasar por alto; **he was ~ed over again for promotion** en los ascensos volvieron a postergarle.

◆ **pass through** **1** VI + ADV estar de paso.
2 VI + PREP (*go via*) pasar por, atravesar.

◆ **pass up** VT + ADV (*opportunity*) renunciar a, no aprovechar.

passable [ˈpɑːsəbl] ADJ (*tolerable*) pasable; (*usable, crossable*) transitable.

passage [ˈpæsɪdʒ] N **a** (*corridor*) pasillo *m*; (*underground*) pasaje *m*; (*alley*) callejón *m*; (*between buildings*) pasaje.
b (*voyage*) travesía *f*; (*travel through*) paso *m*, tránsito *m*; **the ~ of time** el paso del tiempo; **to grant sb safe ~** darle a algn un salvoconducto. **c** (*passing: of bill through parliament*) paso *m*; (: *approval*) aprobación *f*. **d** (*section: of book, music*) pasaje *m*, trozo *m*.

passageway [ˈpæsɪdʒweɪ] N (*in house*) pasillo *m*, pasadizo *m*; (*between buildings etc*) corredor *m*, pasaje *m*.

passbook [ˈpɑːsbʊk] N libreta *f* de banco.

passé [ˈpæseɪ] ADJ pasado/a de moda.

passenger [ˈpæsɪndʒəʳ] **1** N **a** pasajero/a *m/f*, viajero/a *m/f*. **b** (*pej*) **for many years he was a ~** durante muchos años fue una nulidad. **2** CPD (*aircraft, liner, train*) de pasajeros.

passer-by [ˈpɑːsəˈbaɪ] N (*pl* **passers-by**) transeúnte *mf*.

passing [ˈpɑːsɪŋ] **1** ADJ (*fleeting: fancy, thought*) pasajero/a, fugaz; (*glance etc*) rápido; (: *cursory*) superficial; **a ~ car** un coche que pasaba or de paso; **~ remark** comentario *m* hecho de paso.
2 N (*of customs etc*) desaparición *f*; **with the ~ of the years** conforme van pasando los años; **to mention sth in ~** mencionar algo de paso or pasada.
3 CPD: **~ lane** N (*US Aut*) carril *m* de adelantamiento; **~ place** N (*Brit Aut*) apartadero *m*.

passing-out [ˌpɑːsɪŋˈaʊt] CPD: **~ parade** N desfile *m* de promoción.

passion [ˈpæʃən] **1** N (*gen*) pasión *f*; **the P~** (*Rel*) la Pasión; **political ~s are strong here** aquí la política apasiona; **his ~ for accuracy** su pasión por la exactitud; **to get into a ~ (about sth)** encolerizarse (por algo); **I have a ~ for shellfish** adoro los mariscos.
2 CPD: **~ fruit** N granadilla *f*.

passionate [ˈpæʃənɪt] ADJ (*gen*) apasionado/a; (*believer, desire*) vehemente, ardiente.

passionately [ˈpæʃənɪtlɪ] ADV (*see adj*) apasionadamente, con pasión; con vehemencia or ardor.

passive [ˈpæsɪv] **1** ADJ (*gen*) pasivo/a; (*inactive*) inactivo/a; **~ smoking** fumar *m* pasivo. **2** N (*Ling*) voz *f* pasiva.

passkey [ˈpɑːskiː] N llave *f* maestra.

passmark [ˈpɑːsmɑːk] N aprobado *m*.

Passover [ˈpɑːsəʊvəʳ] N Pascua *f* (de los judíos).

passport [ˈpɑːspɔːt] **1** N pasaporte *m*. **2** CPD: **~ control** N control *m* de pasaportes; **~ office** N oficina *m* de pasaportes; **~ photograph** N foto *f* de carnet.

password [ˈpɑːswɜːd] N (*gen, Comput*) contraseña *f*.

past [pɑːst] **1** ADV **a** (*in place*) **to walk/run ~** pasar andando/corriendo.
b (*in time*) **the days flew ~** los días pasaron volando.
2 PREP **a** (*in place: passing by*) por delante de; (: *beyond*) más allá de; **just ~ the town hall** un poco más allá del

Ayuntamiento.

b (*in time*) después de; **quarter/half ~ four** las cuatro y cuarto/media; **at twenty ~ four** a las cuatro y veinte; **it's ~ 12** dieron las 12 ya.

c (*beyond the limits of*) más allá de; **I'm ~ caring** me trae sin cuidado ya; **it's ~ mending** ya no tiene remedio; **he's ~ forty** tiene más de cuarenta años; **to be ~ it** (*fam*) estar para el arrastre; **I wouldn't put it ~ him** (*fam*) no me extrañaría nada viniendo de él.

3 ADJ (*earlier*) pasado/a; (*previous*) anterior; (*ex*) antiguo/a; **~ tense** (*Ling*) (tiempo *m*) pasado *m*; **for some time ~** de algún tiempo a esta parte, hace tiempo; **in ~ years** en otros años *or* años anteriores; **those days are ~ now** aquellos tiempos pasaron ya; **~ master** maestro/a *m/f* consumado/a; **~ participle** participio *m* de pasado; **~ perfect** pretérito *m*.

4 N (*time*) el pasado; (*what is past*) lo pasado; (*Ling*) pasado *m*; **in the ~** en el pasado, antes, antiguamente; **it's a thing of the ~** es cosa del pasado; **a woman with a ~** una mujer con pasado *or* antecedentes.

pasta ['pæstə] N pasta *f*.

paste [peɪst] **1** N **a** (*substance, consistency*) pasta *f*; (*Culin*) pasta; (*glue*) engrudo *m*, cola *f*.
b (*gems*) bisutería *f*.
2 VT (*put ~ on*) engomar, encolar; (*fasten with ~*) pegar; **to ~ sth to a wall** pegar algo a una pared.
3 CPD (*diamonds etc*) de fantasía.

pasteboard ['peɪstbɔːd] N cartón *m*.

pastel ['pæstəl] **1** N **a** (*crayon*) pastel *m*; (*drawing*) pintura *f* al pastel; (*colour*) pastel. **b** **~s** (*colours*) colores *mpl* pastel. **2** ADJ (*colour, blue*) pastel.

pasteurized ['pæstəraɪzd] ADJ pasteurizado/a.

pastiche [pæs'tiːʃ] N pastiche *m*.

pastille ['pæstɪl] N pastilla *f*.

pastime ['pɑːstaɪm] N pasatiempo *m*.

pasting ['peɪstɪŋ] (*fam*) N paliza *f*; **to give sb a ~** dar una paliza a algn.

pastor ['pɑːstəʳ] N pastor *m*.

pastoral ['pɑːstərəl] ADJ pastoral.

pastrami [pə'strɑːmɪ] N *especie de embutido ahumado a base de carne de vaca con especias*.

pastry ['peɪstrɪ] **1** N (*dough*) pasta *f*; (*cake*) pastel *m*; (*cakes*) pastelería *f*, pasteles *mpl*.
2 CPD: **~ board** N tabla *f* de amasar; **~ brush** N cepillo *m* de repostería; **~ cook** N pastelero/a *m/f*; **~ shop** N pastelería *f*.

pasture ['pɑːstʃəʳ] **1** N pasto *m*; **to put animals out to ~** apacentar *or* pastorear el ganado; **to move on to ~s new** (*fig*) buscar algo nuevo *or* nuevos terrenos. **2** CPD: **~ land** N pasto *m*, pradera *f*.

pasty¹ ['pæstɪ] N (*pie*) pastel *m* de carne, empanada *f*.

pasty² [peɪstɪ] ADJ (*complexion*) pálido/a.

pat [pæt] **1** N **a** (*light blow*) palmadita *f*, golpecito *m*; (*caress*) caricia *f*; **to give sb/o.s. a ~ on the back** (*fig*) felicitar a algn/felicitarse.
b (*of butter*) porción *f*.
2 VT (*touch: hair, face etc*) tocar, pasar la mano por; (*tap*) dar una palmadita (en); (*caress*) acariciar; **to ~ sb on the back** (*fig*) felicitar *or* elogiar a algn.
3 ADJ, ADV: **he knows it (off)** ~ se lo sabe al dedillo *or* de memoria; **the answer came** *or* **was too** ~ la respuesta llegó con exceso de prontitud.

Patagonia [,pætə'gəʊnɪə] N Patagonia *f*.

patch [pætʃ] **1** N (*piece of cloth, covering etc*) parche *m*; (*mended part*) remiendo *m*, zurcido *m*; (*area of colour*) mancha *f*; (*piece of land*) terreno *m*, parcela *f*; (*Comput*) ajuste *m*; **they must get off our ~** (*fam*) tienen que largarse de lo nuestro (*fam*); **a ~ of blue sky** un pedazo de cielo azul; **the team is going through a bad ~** el equipo está pasando por una mala racha; **then we hit a bad ~ of road** dimos luego con un tramo de carretera bastante malo; **this book's not a ~ on the other one** (*fam*) este libro no se puede comparar con el otro.
2 VT (*garment, hole*) remendar, poner remiendo a.
◆ **patch up** VT + ADV (*clothes*) remendar provisionalmente; (*marriage, car, machine*) componer provisionalmente; (*quarrel*) hacer las paces en.

patchwork ['pætʃwɜːk] **1** N labor *f* de retales *or* retazos, arpillería *f* (*LAm*). **2** CPD: **~ quilt** N edredón *m* de retales *or* retazos.

patchy ['pætʃɪ] ADJ (*comp* **-ier**; *superl* **-iest**) (*performance etc*) desigual; (*knowledge*) incompleto/a.

pâté ['pæteɪ] N paté *m*, foie gras *m*.

patent ['peɪtənt] **1** ADJ **a** (*obvious*) patente, evidente.
b (*~ed*) patentado/a.
c **~ leather** charol *m*; **~ medicine** específico *m*.
2 N patente *f*; **~ applied for, ~ pending** patente en trámite; **to take out a ~** obtener una patente.
3 VT patentar.
4 CPD: **P~ and Trademark Office** N (*US*) = **P~ Office**; **~ office** N oficina *f* de patentes; **P~ Office** N (*Brit*) registro de la propiedad industrial; **~ rights** NPL derechos *mpl* de patente.

patently ['peɪtəntlɪ] ADV evidentemente.

paternal [pə'tɜːnl] ADJ (*relation*) paterno/a; (*quality*) paterno, paternal.

paternalist(ic) [pə,tɜːnə'lɪst(ɪk)] ADJ paternalista.

paternity [pə'tɜːnɪtɪ] **1** N paternidad *f*. **2** CPD: **~ leave** licencia *f* de paternidad; **~ suit** N (*Jur*) pleito *m* de paternidad.

path [pɑːθ] N (*pl* **~s** [pɑːðz]) **a** (*gen*) camino *m*; (*way, road*) sendero *m*, vereda *f*; (*surfaced*) camino, caminito *m*; (*course*) trayectoria *f*; (*direction*) rumbo *m*, ruta *f*; **to lead sb up the garden ~** embaucar *or* engañar a algn; **to beat a ~ to sb's door** asediar a algn; **our ~s first crossed in Milan** nuestros caminos se cruzaron por primera vez en Milán; **I hope never to cross ~s with him again** espero no volvérmelo a encontrar nunca.
b (*fig*) camino *m*; **the ~ of goodness** el camino del bien.

pathetic [pə'θetɪk] ADJ **a** (*piteous*) patético/a, lastimoso/a; **it was ~ to see him like that** daba verdadera lástima *or* pena verlo así; **a ~ creature** un(a) miserable. **b** (*useless*) penoso/a; **it was a ~ performance** fue un espectáculo penoso. **c** (*Lit*) **~ fallacy** engaño *m* sentimental.

pathetically [pə'θetɪklɪ] ADV que da lástima; **~ thin/weak** tan endeble/débil que da pena; **a ~ inadequate answer** una respuesta patética.

pathfinder ['pɑːθ,faɪndəʳ] N explorador *m*.

pathogen ['pæθəʊdʒen] N patógeno *m*.

pathological [,pæθə'lɒdʒɪkəl] ADJ (*lit, fig*) patológico/a.

pathologist [pə'θɒlədʒɪst] N patólogo/a *m/f*.

pathology [pə'θɒlədʒɪ] N patología *f*.

pathos ['peɪθɒs] N patetismo *m*.

pathway ['pɑːθweɪ] N = **path**.

patience ['peɪʃəns] N **a** paciencia *f*; **you must have ~** hay que tener paciencia; **to lose one's ~ (with sb/sth)** perder la paciencia (con algn/algo); **he has no ~ with fools** no soporta los tontos. **b** (*Brit Cards*) solitario *m*; **to play ~** hacer un solitario.

patient ['peɪʃənt] **1** ADJ paciente, sufrido/a; **to be ~ with sb** tener paciencia con algn. **2** N paciente *mf*, enfermo/a *m/f*.

patiently ['peɪʃəntlɪ] ADV con paciencia.

patio ['pætɪəʊ] **1** N patio *m*. **2** CPD: **~ doors** NPL puertas *fpl* que dan al patio.

patriarch ['peɪtrɪɑːk] N (*Rel*) patriarca *m*.

patriarchy ['peɪtrɪɑːkɪ] N patriarcado *m*.

patricide ['pætrɪsaɪd] N patricidio *m*.

patrimony ['pætrɪmənɪ] N patrimonio *m*.

patriot ['peɪtrɪət] N patriota *mf*.

patriotic [,pætrɪ'ɒtɪk] ADJ patriótico/a.

patriotically ['pætrɪ'ɒtɪkəlɪ] ADV patrióticamente.

patriotism ['pætrɪətɪzəm] N patriotismo *m*.

patrol [pə'trəʊl] **1** N (*gen*) patrulla *f*; (*night ~*) ronda *f*; **to be on ~** estar de patrulla.
2 VT patrullar por *or* hacer patrulla en; **they ~led the streets at night** patrullaban por las calles de noche.
3 VI patrullar; **to ~ up and down** pasearse de un lado a otro.
4 CPD: **~ car, (US) ~ wagon** N coche *m* patrulla.

patrolman [pə'trəʊlmən] N (*pl* **-men**) **a** (*US*) guardia *m*, policía *m*. [b] (*Aut*) mecánico del servicio de ayuda en carretera.

patron ['peɪtrən] N (*of charity, society etc*) patrocinador(a) *m/f*; (*of shop, hotel etc*) cliente/a *m/f*; (*Lit, Art*) mecenas *m inv*; (*~ saint*) santo/a *m/f* patrón/ona.

patronage ['pætrənɪdʒ] N (*support*) patrocinio *m*, amparo *m*; (*clients*) clientela *f*; (*Lit, Art*) mecenazgo *m*; (*political*) enchufe *m*, palanca *f* (*LAm*); (*Rel*) patronato *m*; **under the ~** of patrocinado/a por.

patronize ['pætrənaɪz] VT [a] (*treat condescendingly*) tratar con condescendencia. [b] (*shop, cinema etc*) ser cliente de.

patronizing ['pætrənaɪzɪŋ] ADJ condescendiente; **a few ~ remarks** algunas observaciones dichas con tono condescendiente.

patter¹ ['pætər] N (*fam: talk*) labia *f*.

patter² ['pætər] [1] N (*of feet*) golpeteo *m*; (*of rain*) tamborileo *m*; **we shall soon hear the ~ of tiny feet** pronto habrá un niño en la casa. [2] VI (*person, feet*) golpetear; (*rain*) tamborilear.

pattern ['pætən] [1] N [a] (*design*) diseño *m*, dibujo *m*. [b] (*Sew etc*) patrón *m*, molde *m* (*CSur*). [c] (*sample*) muestra *f*, ejemplo *m*. [d] (*fig: norm*) pauta *f*, norma *f*; (*repeated actions*) pauta fija; **~ of distribution** patrón *m* de distribución; **the ~ of events** el curso de los hechos; **~ of trade** estructura *f* del comercio; **behaviour ~s** modelos de comportamiento. [2] VT (*model*) basar (*on* en). [3] CPD: **~ book** N libro *m* de muestras.

patterned ['pætənd] ADJ estampado/a.

paunch [pɔːntʃ] N panza *f*, barriga *f*; **to have a ~** tener panza, ser barrigón/ona.

pauper ['pɔːpər] N pobre *mf*; **~'s grave** fosa *f* común.

pause [pɔːz] [1] N (*gen, Mus*) pausa *f*; (*silence*) silencio *m*; (*rest*) descanso *m*; **there was a ~ while the rest came in** se hizo una pausa mientras entraban los demás. [2] VI (*see n*) hacer (una) pausa; callarse; descansar; **he ~d for breath** se detuvo para tomar aliento; **let's ~ here** detengámonos aquí un rato; **it made him ~** le hizo vacilar.

pave [peɪv] VT (*gen*) pavimentar; (*with flagstones*) enlosar; (*with stones*) adoquinar, empedrar; **to ~ the way for sb/sth** (*fig*) preparar el terreno para algn/algo.

paved [peɪvd] ADJ pavimentado/a; (*road*) asfaltado/a.

pavement ['peɪvmənt] [1] N (*Brit*) acera *f*, vereda *f* (*LAm*), andén *m* (*CAm, Col*), banqueta *f* (*Mex*); (*US*) calzada *f*, pavimento *m*. [2] CPD: **~ artist** N pintor(a) *m/f* callejero/a; **~ café** *m* con terraza.

pavilion [pə'vɪlɪən] N (*Sport*) vestuarios *mpl*.

paving ['peɪvɪŋ] [1] N (*see pave*) pavimento *m*; enlosado *m*; adoquinado *m*, empedrado *m*. [2] CPD: **~ stone** N adoquín *m*, baldosa *f* (*LAm*).

paw [pɔː] [1] N (*of animal: foot*) pata *f*; (*fam: hand*) manaza *f*. [2] VT [a] (*subj: animal*) tocar con la pata; **to ~ the ground** piafar. [b] (*pej: person: touch*) manosear, tocar; **stop ~ing me!** ¡deja de tocarme!, ¡manos fuera!

pawn¹ [pɔːn] N (*Chess*) peón *m*; (*fig*) instrumento *m*, juguete *m*.

pawn² [pɔːn] [1] N: **in ~** en prenda, empeñado/a; **to leave** *or* **put sth in ~** dejar algo en prenda, empeñar algo. [2] VT empeñar. [3] CPD: **~ ticket** N papeleta *f* de empeño.

pawnbroker ['pɔːn,brəʊkər] N prestamista *mf*; **~'s** = **pawnshop**.

pawnshop ['pɔːnʃɒp] N monte *m* de piedad, casa *f* de empeños.

pay [peɪ] (*vb: pt, pp* **paid**) [1] N (*wages etc*) sueldo *m*, salario *m*; (*payment*) paga *f*, pago *m*; **equal ~** igualdad *f* de retribución (para hombres y mujeres); **to draw** *or* **get one's ~** cobrar; **to be in sb's ~** ser empleado de algn; **the ~'s not very good** no pagan muy bien. [2] VT [a] pagar; **to ~ sb £10** pagar 10 libras a algn; **I paid £5 for that record** pagué 5 libras por ese disco; **how much did you ~ for it?** ¿cuánto pagaste por él?; **to be or**

get paid on Fridays cobrar los viernes; **a badly paid worker** un obrero mal pagado; **that's what you're paid for** para eso te pagan; **to ~ one's way** pagarse los gastos; **to put paid to sb/sth** acabar con algn/algo; **the shares ~ 12%** las acciones producen un 12 por ciento de interés.

[b] (*lit, fig: be profitable*) compensar; **it wouldn't ~ him to do it** no le compensaría hacerlo; **it doesn't ~ you to be kind nowadays** hoy día no vale la pena mostrarse amable.

[c] **to ~ sb/a place a visit** *or* **call, to ~ a visit to** *or* **a call on sb/a place** hacer visita a algn/visitar un lugar; *see* **attention; homage; respect.**

[3] VI [a] pagar; **to ~ on account** pagar a cuenta; **to ~ in advance** pagar por adelantado; **to ~ in full** pagarlo todo; **to ~ in instalments** pagar a plazos; **don't worry, I'll ~** no te preocupes, lo pago yo; **they paid for her to go** pagaron para que fuera ella.

[b] (*be profitable*) rendir, ser rentable; **the business doesn't ~** el negocio no es rentable; **his job ~s well** tiene un buen sueldo; **it ~s to be courteous/to tell the truth** vale la pena ser cortés/decir la verdad; **crime doesn't ~** el crimen no compensa.

[c] (*fig: to suffer*) pagar; **she paid for it with her life** lo pagó con la vida; **I'll make you ~ for this!** ¡me las pagarás!

[4] CPD: **~ as you earn** (*Brit*), **~-as-you-go** (*US*) N retención *f* fiscal en la fuente; **~ desk** N caja *f*; **~ envelope** N (*US*), **~ packet** N sobre *m*; **~ increase**, **~ rise** N incremento *m* salarial; **~ round** N serie *f* de negociaciones salariales; **~ slip** N hoja *f* del sueldo; **~ station** N teléfono *m* público; **~ structure** N estructura *f* salarial; **~ television** N televisión *f* de pago.

♦ **pay back** VT + ADV [a] (*money etc*) reembolsar. [b] (*in revenge*) devolver; **to ~ sb back for doing sth** hacer a algn pagar algo, pagar a algn con la misma moneda.

♦ **pay in** VT + ADV: **to ~ in a cheque** ingresar *or* abonar un cheque (a cuenta).

♦ **pay off** [1] VT + ADV [a] liquidar, saldar; (*mortgage*) cancelar, redimir; **to ~ sth off in instalments** pagar algo a plazos; **to ~ off a grudge** ajustar cuentas. [b] (*discharge*) pagar y despedir. [2] VI + ADV merecer *or* valer la pena, dar resultado; **the ruse paid off** la estratagema dio resultado.

♦ **pay out** [1] VT + ADV [a] (*money: to spend*) gastar, desembolsar. [b] (*rope*) ir soltando. [2] VI + ADJ: **to ~ out on a policy** pagar una póliza.

♦ **pay up** [1] VT + ADV (*bill etc*) saldar, liquidar. [2] VI + ADV pagar (lo que se debe).

payable ['peɪəbl] ADJ pagadero/a; **~ on demand** pagadero a presentación; **~ at sight** pagadero a vista; **to make a cheque ~ to sb** extender un cheque a favor de algn.

payback ['peɪbæk] N restitución *f*; (*also* **~ period**) período *m* de restitución.

paycheck ['peɪtʃek] N (*US*) sueldo *m*.

payday ['peɪdeɪ] N día *m* de paga.

PAYE N ABBR (*Brit*) *of* **pay as you earn**; *see* **pay 4.**

payee [peɪ'iː] N portador(a) *m/f*.

paying ['peɪɪŋ] ADJ provechoso/a, rentable; **~ bank** banco *m* pagador; **~ guest** huésped(a) *m/f* (de pago).

paying-in slip [,peɪɪŋ'ɪn,slɪp], **pay-in slip** [,peɪ'ɪn,slɪp] N hoja *f* de ingreso.

payload ['peɪləʊd] N carga *f* útil.

paymaster ['peɪmɑːstər] N oficial *m* pagador.

payment ['peɪmənt] [1] N (*act of paying*) pago *m*; (*money paid*) pago, remuneración *f*; (*fig: reward*) recompensa *f*; **advance ~** anticipo *m*; **~ in cash** pago al contado; **~ on delivery** pago a la entrega; **deferred ~**, **~ by instalments** pago a plazos; **down ~** depósito *m*, enganche *m* (*LAm*); **yearly ~** anualidad *f*; **as ~ for, in ~ for** en pago de; **without ~** sin remuneración, gratis; **on ~ of £5** mediante pago de *or* pagando 5 libras; **to make a ~** efectuar un pago; **to stop ~s** (*bank*) suspender los pagos. [2] CPD: **~ terms** NPL condiciones *fpl* de pago.

payoff ['peɪɒf] N (*fam: bribe*) soborno *m*, coima *f* (*And,*

CSur), mordida f (CAm, Mex); (final outcome, climax) momento m decisivo, desenlace m; (of joke) remate m.

payphone ['peɪfəʊn] N teléfono m público.

payroll ['peɪrəʊl] N nómina f; **to be on a firm's ~** estar en la nómina de una empresa.

PBS N ABBR (US) of **Public Broadcasting Service**.

PBX N ABBR (Telec) of **private branch exchange** centralita para extensiones.

PC [1] N ABBR [a] (Brit) of **police constable**. [b] of **personal computer** OP m. [2] ABBR (Brit) of **Privy Councillor**. [3] ADJ ABBR of **politically correct**.

p.c. ABBR [a] of **postcard**. [b] of **per cent** p.c.

P/C ABBR (Comm) of **petty cash**.

PCB N ABBR [a] of **printed circuit board** TCI f. [b] of **polychlorinated biphenyl** PCB m.

pcm ADV ABBR of **per calendar month** p/mes.

PD N ABBR (US) of **police department**.

pd ABBR of **paid** pgdo.

pdq ADV ABBR (fam) of **pretty damn quick** rapidito.

PDSA N ABBR (Brit) of **People's Dispensary for Sick Animals**.

PDT N ABBR (US) of **Pacific Daylight Time**.

PE [1] N ABBR of **physical education** ed. física. [2] ABBR (Canada) of **Prince Edward Island**.

pea [pi:] [1] N guisante m, chícharo m (esp LAm), arveja f (LAm), alverja f (LAm); **sweet ~** guisante de olor, clarín m (Chi); see **like**[1] 1.
[2] CPD: **~ soup** N sopa f de guisantes.

peace [pi:s] [1] N (not war) paz f; (calm) tranquilidad f, paz f; **to be at ~ with sb/sth** estar en paz con algn/algo; **he is at ~** (euph: dead) descansa en paz; **to break** or **disturb the ~** perturbar la paz; **to make ~** hacer las paces; **to make one's ~ with sb** hacer las paces con algn; **~ of mind** tranquilidad de ánimo or del espíritu; **~ and quiet** tranquilidad; **to keep the ~** (lit, fig) mantener la paz; (Jur) guardar el orden.
[2] CPD: **~ conference** N conferencia f de paz; **P~ Corps** N (US) Cuerpo m de la Paz; **~ dividend** N dividendos mpl de la paz, beneficios mpl de la paz; **~ initiative** N iniciativa f de paz; **~ offering** N (fig) prenda f de paz; **~ talks** NPL negociaciones fpl de paz; **~ treaty** N tratado m de paz.

peaceable ['pi:səbl] ADJ pacífico/a.

peaceful ['pi:sful] ADJ (not warlike) pacífico/a; (quiet, untroubled) tranquilo/a, sosegado/a.

peacefully ['pi:sfəlɪ] ADV (see adj) pacíficamente; tranquilamente.

peace-keeping ['pi:s,ki:pɪŋ] ADJ pacificador(a), de pacificación.

peace-loving ['pi:s,lʌvɪŋ] ADJ amante de la paz.

peacemaker ['pi:s,meɪkər] N (pacifier) pacificador(a) m/f; (umpire) árbitro/a m/f, conciliador(a) m/f.

peacetime ['pi:staɪm] N tiempos mpl de paz.

peach [pi:tʃ] [1] N [a] (fruit) melocotón m, durazno m (LAm); (tree) melocotonero m, durazno (LAm).
[b] (fam) **she's a ~** es una monada, es una lindura or (LAm) belleza.
[c] (colour) color m (de) melocotón etc.
[2] ADJ de color melocotón etc.

peacock ['pi:kɒk] [1] N pavo m real. [2] CPD: **~ blue** ADJ, N azul m (de) pavo real.

peak [pi:k] [1] N [a] (of mountain) cumbre f, cima f; (mountain itself) pico m; (of roof etc) punta f.
[b] (of cap) visera f.
[c] (fig: top) cúspide f, cumbre f; (: high point) apogeo m, auge m; (: on graph) máximo m; **he was at the ~ of his fame** estaba en la cumbre de su fama.
[2] CPD de pico, de punta; **~ hour** ADJ (Elec) hora f de máximo consumo; **~ hour(s)** N(PL) (of traffic, Telec etc) hora(s) f(pl) punta; **~ period** N período m de máxima actividad; **~ season** N temporada f más popular del año; **~ traffic** N movimiento m máximo.

peaky ['pi:kɪ] ADJ (comp **-ier**; superl **-iest**) (fam) paliducho/a.

peal [pi:l] [1] N (sound of bells) repique m, repiqueteo m; **~ of thunder** trueno m; **~s of laughter** carcajadas fpl.
[2] VT (also **~ out**) repicar, tocar a vuelo.
[3] VI (bell) repicar, tocar a vuelo; (thunder) tronar.

peanut ['pi:nʌt] [1] N cacahuete m, maní m (LAm), cacahuate m (Mex); **it's just ~s** (fam) son migajas.
[2] CPD: **~ butter** N mantequilla f de cacahuete etc.

peapod ['pi:pɒd] N vaina f de guisante.

pear [peər] N (fruit) pera f; (tree) peral m.

pearl [pɜːl] [1] N perla f; (mother-of-pearl) nácar m, madreperla f; **~ of wisdom** (fig) joya f de sabiduría; **to cast ~s before swine** (fig) echar margaritas a los cerdos.
[2] CPD: **~ barley** N cebada f perlada; **~ necklace** N collar m de perlas; **~ oyster** N ostra f perlífera.

pearly ['pɜːlɪ] ADJ (comp **-ier**; superl **-iest**) (gen) de perla; (colour) nacarado/a; **the P~ Gates** (hum) Las Puertas del Cielo.

pear-shaped ['peəʃeɪpt] ADJ en forma de pera.

peasant ['pezənt] ADJ, N campesino/a m/f.

peashooter ['pi:,ʃu:tər] N cerbatana f.

peat [pi:t] [1] N turba f. [2] CPD: **~ bog** N turbera f, turbal m.

peaty ['pi:tɪ] ADJ (comp **-ier**; superl **-iest**) turboso/a.

pebble ['pebl] [1] N guijarro m, china f; **you're not the only ~ on the beach** (fam) no eres el único en el mundo. [2] CPD: **~ dash** N empedrado m.

pebbly ['peblɪ] ADJ guijarroso/a.

pecan ['pi:kæn] N pacana f.

peccary ['pekərɪ] N (Zool) saíno m, pecarí m (LAm), pécari m (LAm).

peck [pek] [1] N (of bird etc) picotazo m; (fam: kiss) besito m.
[2] VT picotear; (kiss) dar un besito a.
[3] VI picotear; **to ~ at** (of bird) picar; **he ~ed at his food** picaba la comida (con desgana).

pecking ['pekɪŋ] CPD: **~ order** N (fig) jerarquía f.

peckish ['pekɪʃ] ADJ (fam) con ganas de picar algo; **I'm ~, I feel ~** me anda el gusanillo.

pecs [peks] NPL ABBR (fam) of **pectorals** pectorales mpl.

pectoral ['pektərəl] [1] ADJ pectoral. [2] NPL: **~s** (músculos mpl) pectorales mpl.

peculiar [pɪ'kju:lɪər] ADJ [a] (strange) extraño/a, raro/a; **it's really most ~** es realmente extraño. [b] (exclusive, special) peculiar, propio/a; **a species ~ to Africa** una especie autóctona de África; **it is a phrase ~ to him** es una frase propia de él.

peculiarity [pɪ,kju:lɪ'ærɪtɪ] N (specific quality) peculiaridad f, característica f.

peculiarly [pɪ'kju:lɪəlɪ] ADV [a] (exceptionally) particularmente, especialmente. [b] (strangely) extrañamente, de modo raro; **he's been acting very ~** se ha comportado de modo rarísimo.

pecuniary [pɪ'kju:nɪərɪ] ADJ pecuniario/a.

pedagogic(al) [,pedə'gɒdʒɪk(əl)] ADJ pedagógico/a.

pedagogue, (US sometimes) **pedagog** ['pedəgɒg] N pedagogo/a m/f.

pedal ['pedl] [1] N pedal m; **loud ~** pedal fuerte; **soft ~** sordina f.
[2] VI pedalear.
[3] VT impulsar pedaleando.
[4] CPD: **~ (bi)cycle** N bicicleta f a pedales; **~ bin** N cubo m de la basura con pedal; **~ boat** N = **pedalo**; **~ car** N cochecito m con pedales.

pedalo ['pedələʊ] N (pl **-s** or **-es**) patín m a pedal.

pedant ['pedənt] N pedante mf.

pedantic [pɪ'dæntɪk] ADJ pedante.

pedantry ['pedəntrɪ] N pedantería f.

peddle ['pedl] VT (sell) ir vendiendo (de puerta en puerta); (fig: ideas etc) diseminar.

peddler ['pedlər] N (US) = **pedlar**.

pederast ['pedəræst] N pederasta m.

pedestal ['pedɪstl] N pedestal m, basa f; **to put sb on a ~** (fig) poner a algn sobre un pedestal.

pedestrian [pɪ'destrɪən] [1] N peatón/ona m/f.
[2] ADJ (dull, commonplace) prosaico/a, pedestre.
[3] CPD: **~ area** N zona f peatonal; **~ crossing** N (Brit) paso m de peatones; **~ precinct** N = **~ area**.

pedestrianize [pɪ'destrɪənaɪz] VT peatonizar.

pediatric *etc* [ˌpiːdɪˈætrɪk] (*US*) = **paediatric** *etc*.
pedicure [ˈpedɪkjʊəʳ] N pedicura *f*, quiropedia *f*.
pedigree [ˈpedɪgriː] **1** N (*lineage*) genealogía *f*, linaje *m*; (*of animal*) pedigrí *m*. **2** CPD de raza, de casta, de pura sangre; (*fig*) certificado/a, garantizado/a.
pedlar [ˈpedləʳ] N vendedor(a) *m/f* ambulante.
pedophile [ˈpiːdəʊfaɪl] N (*US*) = **paedophile**.
pee [piː] (*fam*) = **piss**.
peek [piːk] **1** N mirada *f* furtiva, ojeada *f*, atisbo *m*; **to take** *or* **have a ~ at** echar una ojeada a, atisbar. **2** VI (*glance*) echar una ojeada; (: *furtively*) mirar a hurtadillas.
peel [piːl] **1** N (*skin*) piel *f*; (*of fruit etc*) cáscara *f*; (: *removed*) peladuras *fpl*. **2** VT (*fruit etc*) pelar; (*bark*) quitar. **3** VI (*wallpaper*) desprenderse, despegarse; (*paint etc*) desconcharse; (*skin, person*) pelarse; **I'm ~ing** se me despega la piel.
◆ **peel away** **1** VI + ADV (*paint*) desconcharse; (*paper*) despegarse, desprenderse; (*skin*) pelarse. **2** VT + ADV quitar, despegar.
◆ **peel back** VT + ADV quitar, despegar.
◆ **peel off** **1** VT + ADV **a** *see* **peel away 2**. **b** (*clothes*) quitarse. **2** VI + ADV **a** *see* **peel away 1**. **b** (*leave formation*) despegarse. **c** (*clothes*) desnudarse.
peeler [ˈpiːləʳ] N mondador *m*.
peelings [ˈpiːlɪŋz] NPL mondas *fpl*, peladuras *fpl*.
peep¹ [piːp] **1** N (*of bird etc*) pío *m*; (*of whistle*) silbido *m*; **we can't get a ~ out of them** (*fam*) no nos dicen ni pío. **2** VI piar.
peep² [piːp] **1** N ojeada *f*, atisbo *m*; **to take** *or* **have a ~ (at sth)** atisbar (algo), echar una ojeada (a algo). **2** VI asomar(se); **to ~ at** echar una ojeada a; **to ~ through the window** asomarse a la ventana; **the sun ~ed out from behind the clouds** el sol se asomó tras las nubes.
peephole [ˈpiːphəʊl] N mirilla *f*.
peeping [ˈpiːpɪŋ] CPD: **P~ Tom** N mirón/ona *m/f*.
peepshow [ˈpiːpʃəʊ] N mundonuevo *m*.
peer¹ [pɪəʳ] **1** N (*noble*) noble *m*, par *m*; (*equal*) igual *mf*, par. **2** CPD: **~ group** N grupo *m* social.
peer² [pɪəʳ] VI mirar (con insistencia); **the old woman ~ed at the book** la vieja miraba el libro con ojos de miope; **to ~ into a room** asomar la cabeza por un cuarto; **to ~ out of a window** asomarse (curioso) a una ventana.
peerage [ˈpɪərɪdʒ] N nobleza *f*; **he was given a ~** le otorgaron un título de nobleza; **to marry into the ~** casarse con un título.
peerless [ˈpɪəlɪs] ADJ sin par, incomparable.
peeved [piːvd] ADJ (*fam*) fastidiado/a, molesto/a; **he got a bit ~** se ofendió.
peevish [ˈpiːvɪʃ] ADJ malhumorado/a, displicente, díscolo/a (*LAm*).
peevishly [ˈpiːvɪʃlɪ] ADV malhumoradamente, con mal humor.
peewit [ˈpiːwɪt] N avefría *f*.
peg [peg] **1** N (*tent ~*) estaca *f*; (*Tech*) clavija *f*; (*clothes ~*) pinza *f*; (*for coat, hat*) gancho *m*, colgador *m*, percha *f*; **off the ~** de confección, hecho/a; **to buy a suit off the ~** (*Brit*) comprar un traje de percha; **to take sb down a ~ (or two)** bajarle los humos a algn; **a ~ on which to hang a theory** un pretexto para justificar una teoría. **2** VT (*clothes on line*) tender; (*tent etc*) fijar con estacas; (*fig: prices, wages*) fijar.
◆ **peg away** VI + ADV (*fam*) machacar.
◆ **peg down** VT + ADV estaquillar, fijar con estacas.
◆ **peg out** VI + ADV (*fam: die*) estirar la pata.
PEI ABBR (*Canada*) of **Prince Edward Island**.
pejorative [pɪˈdʒɒrɪtɪv] ADJ peyorativo/a, despectivo/a.
Pekin [piːˈkɪn], **Peking** [piːˈkɪŋ] N Pekín *m*.
pekinese [ˌpiːkɪˈniːz] N pequinés/esa *m/f*.
pelican [ˈpelɪkən] **1** N pelícano *m*. **2** CPD: **~ crossing** N semáforo *m* sonoro.
pellet [ˈpelɪt] N (*little ball*) bolita *f*; (*for gun*) perdigón *m*;

(*Med*) píldora *f*.
pell-mell [ˈpelˈmel] ADV atropelladamente.
pelmet [ˈpelmɪt] N galería *f*.
pelt¹ [pelt] N (*skin*) piel *f*, pellejo *m*.
pelt² [pelt] **1** VT (*with stones*) apedrear; **to ~ sb with eggs** arrojarle huevos a algn; **they ~ed him with questions** (*fig*) le acribillaron de preguntas. **2** VI **a** **the rain is ~ing (down)** (*fam*) llueve a cántaros or mares. **b** (*fam: go fast*) ir a toda velocidad. **3** N: **to go full ~** ir a todo correr.
pelvic [ˈpelvɪk] ADJ pélvico/a.
pelvis [ˈpelvɪs] N pelvis *f*.
pen¹ [pen] **1** N (*for animals*) corral *m*; (*for sheep*) redil *m*; (*for bulls*) toril *m*; (*play ~*) parque *m* de niño; (*US fam: prison*) chirona *f* (*fam*). **2** VT (*also* **~ in**, **~ up**) encerrar, acorralar.
pen² [pen] **1** N (*gen*) pluma *f*; (*ballpoint ~*) bolígrafo *m*; (*felt tip ~*) rotulador *m*; (*fountain ~*) pluma estilográfica, pluma fuente (*LAm*); **to put ~ to paper** tomar la pluma. **2** VT redactar. **3** CPD: **~ name** N seudónimo *m*; **~ nib** N punta *f* (de pluma); **~ pal** N (*fam*) = **penfriend**.
penal [ˈpiːnl] ADJ penal; **~ code** código *m* penal; **~ servitude** trabajos *mpl* forzados.
penalize [ˈpiːnəlaɪz] VT **a** (*punish*) castigar. **b** (*Sport*) sancionar, penalizar. **c** (*handicap*) perjudicar; **the decision ~s those who ...** la decisión perjudica a los que ....
penalty [ˈpenltɪ] **1** N **a** (*punishment*) pena *f*, castigo *m*; (*fine*) multa *f*; (*fig: disadvantage*) desventaja *f*; **to pay the ~** pagar or cargar con las consecuencias; **on ~ of dismissal** so pena de ser despedido; **the ~ for not doing this is ...** el castigo por no hacer esto es .... **b** (*Sport*) sanción *f*; (*Ftbl*) penalty *m*. **2** CPD: **~ area** N (*Ftbl*) área *f* de castigo; **~ goal** N gol *m* de penalty; **~ kick** N penalty *m*; **~ point** N punto *m* de castigo.
penance [ˈpenəns] N: **to do ~ for** hacer penitencia por.
pence [pens] NPL *of* **penny**.
penchant [ˌpɑ̃ːˈʃɑ̃ːŋ] N predilección *f* (*for* por); **to have a ~ for** tener predilección por.
pencil [ˈpensl] **1** N lápiz *m*, lapicero *m*. **2** VT (*also* **~ in**) escribir con lápiz. **3** CPD: **~ case** N estuche *m*, plumero *m*; **~ sharpener** N sacapuntas *m inv*.
pendant [ˈpendənt] N colgante *m*.
pending [ˈpendɪŋ] **1** ADJ pendiente; **to be ~** estar pendiente *or* en trámites; **~ tray** cajón *m* para documentos pendientes. **2** PREP: **~ the arrival of ...** hasta que llegue ..., hasta llegar ....
pendulum [ˈpendjʊləm] N péndulo *m*.
penetrate [ˈpenɪtreɪt] **1** VT (*go right through*) penetrar (por), traspasar; (*Mil*) infiltrar, penetrar; (*infiltrate*) infiltrar, colarse en; (*understand*) penetrar, llegar hasta. **2** VI (*go right through*) atravesar, traspasar; (*spread, permeate*) trascender; (*get inside*) penetrar; (*be understood etc*) entrar, penetrar.
penetrating [ˈpenɪtreɪtɪŋ] ADJ (*eyes, sound*) penetrante; (*mind etc*) perspicaz.
penetration [ˌpenɪˈtreɪʃən] N (*see adj*) penetración *f*; perspicacia *f*.
penfriend [ˈpenfrend] N amigo/a *m/f* por correspondencia.
penguin [ˈpeŋgwɪn] N pingüino *m*.
penicillin [ˌpenɪˈsɪlɪn] N penicilina *f*.
peninsula [pɪˈnɪnsjʊlə] N península *f*.
penis [ˈpiːnɪs] N pene *m*.
penitence [ˈpenɪtəns] N penitencia *f*.
penitent [ˈpenɪtənt] **1** ADJ arrepentido/a; (*Rel*) penitente. **2** N penitente *mf*.
penitentiary [ˌpenɪˈtenʃərɪ] N (*esp US: prison*) penitenciaria *f*.
penknife [ˈpennaɪf] N (*pl* **-knives**) navaja *f*, cortaplumas *m inv*.
Penn., Penna. ABBR (*US*) of **Pennsylvania**.
pennies [ˈpenɪz] NPL *of* **penny**.
penniless [ˈpenɪlɪs] ADJ sin un duro, pelado/a; **to be ~** no

tener un céntimo.

Pennine ['penaɪn] N: **the ~s** los (Montes) Peninos.

penny ['penɪ] **1** N (*pl* **pennies** *or* **pence**) (*Brit*) penique *m*; (*US*) centavo *m*; **in for a ~, in for a pound** de perdidos, al río; **I'm not a ~ the wiser** sigo sin entender ni pizca; **that must have cost a pretty ~** eso habrá costado un dineral; **he hasn't a ~ to his name, he hasn't two pennies to rub together** no tiene dónde caerse muerto; **he turns up like a bad ~** está hasta en la sopa; **a ~ for your thoughts** ¿en qué estás pensando?; **the ~ dropped** cayó en la cuenta; **to spend a ~** (*fam*) cambiar el agua al canario (*fam*).
2 CPD: **~ arcade** N (*US*) galería *f* de máquinas tragaperras; **~ whistle** N flauta *f* metálica.

penny-pinching ['penɪ,pɪntʃɪŋ] **1** N tacañería *f*. **2** ADJ (*person*) tacaño/a, avaro/a.

penpusher ['pen,pʊʃəʳ] N (*pej*) chupatintas *m inv*.

pension ['penʃən] **1** N (*allowance*) pensión *f*; (*subsidy*) subsidio *m*; (*state payment*) pensión; (*old age ~*) pensión, subsidio *m* de vejez; (*retirement ~*) retiro *m*, jubilación *f*.
2 CPD: **~ book** N libreta *f* de pensión; **~ fund** N caja *f* de jubilación; **~ plan, ~ scheme** N plan *m* de jubilación.
◆ **pension off** VT + ADV jubilar.

pensioner ['penʃənəʳ] N jubilado/a *m/f*, pensionista *mf*.

pensive ['pensɪv] ADJ (*gen*) pensativo/a; (*sad*) preocupado/a, triste.

pensively ['pensɪvlɪ] ADV (*see adj*) pensativamente; tristemente, con tristeza.

pentagon ['pentəgən] N pentágono *m*.

pentathlon [pen'tæθlən] N pentatlón *m*.

Pentecost ['pentɪkɒst] N (*Rel*) Pentecostés *m*.

penthouse ['penthaʊs] N (*pl* **-houses** [haʊzɪz]) ático *m*.

Pentium processor ® [,pentɪəm'prəʊsesəʳ] N procesador *m* Pentium.

pent-up ['pentʌp] ADJ reprimido/a; **to be ~, to feel ~** (*person etc*) estar encerrado.

penultimate [pɪ'nʌltɪmɪt] ADJ penúltimo/a.

penury ['penjʊrɪ] N miseria *f*, pobreza *f*.

peony ['pɪənɪ] N peonía *f*.

people ['pi:pl] **1** N **a** (*pl*: **persons**) gente *f*; **old ~** los ancianos; **young ~** los jóvenes *or* la juventud; **some ~** algunas personas, algunos, alguna gente (*LAm*); **what do you ~ think?** y ustedes ¿qué piensan?; **some ~ are born lucky** algunos nacen de pie, hay quien nace de pie (*LAm*); **you of all ~ should ...** tú especialmente debieras ...; **the gas ~ are coming tomorrow** los del gas vienen mañana.
b (*pl*: *in general*) gente *f*, personas *fpl*; **many ~ think that ...** muchas personas creen que ...; **other ~** los demás, el resto de la gente; **~ say that ...** se dice que ...; **~ get worried** la gente se inquieta.
c (*pl*: *inhabitants*) habitantes *mpl*; **the ~ of London** los habitantes de Londres; **country ~** la gente del campo; **town ~** la gente de la ciudad.
d (*pl*: *Pol etc*: *citizens*) pueblo *m*, ciudadanos *mpl*; (: *general public*) el pueblo; **the ~ at large** el pueblo, el pueblo en general; **a man of the ~** un hombre del pueblo; **~'s republics** repúblicas *fpl* populares; **~'s tribunal** tribunal *m* del pueblo.
e (*pl*: *family*) gente; **my ~** mi gente; (*nation*) mi pueblo; (*friends etc*) los míos; **have you met his ~?** ¿conoces a sus padres?
f (*sg*: *nation*) pueblo *m*, nación *f*; **the British ~** la nación británica.
2 VT poblar.
3 CPD: **~ mover** N (*US*) cinta *f* transbordadora.

pep [pep] (*fam*) **1** N energías *fpl*, ánimo *m*. **2** CPD: **~ pill** N estimulante *m*; **~ talk** N palabras *fpl* de ánimo.
◆ **pep up** VT + ADV animar, estimular.

pepper ['pepəʳ] **1** N (*spice*) pimienta *f*, ají *m* (*LAm*), chile *m* (*LAm*); (*vegetable*) pimiento *m*; **black/white ~** pimienta negra/blanca.
2 VT echar *or* poner pimienta a; **~ed with** salpicado de; **to ~ a work with quotations** (*fig*) salpicar una obra de citas; **to ~ sb with bullets** acribillar a algn a balazos.
3 CPD: **~ mill** N molinillo *m* de pimienta; **~ pot** N

pimentero *m*; **~ steak** N filete *m* a la pimienta.

peppercorn ['pepəkɔ:n] N grano *m* de pimienta.

peppermint ['pepəmɪnt] N (*Bot*) menta *f*; (*sweet*) pastilla *f* de menta.

peppery ['pepərɪ] ADJ (*hot, sharp*) picante; (*tasting of pepper*) que sabe a pimienta; (*fig*) enojadizo/a.

peptic ['peptɪk] ADJ: **~ ulcer** úlcera *f* gastroduodenal.

per [pɜ:ʳ] PREP por; **£7 ~ week** 7 libras por *or* a la semana; **£10 ~ dozen** 10 libras la docena; **~ annum** por año, al año; **~ capita** per cápita; **~ diem** por día; **~ person** por cabeza; **~ se** de por sí; *see* **per cent**; **usual**.

perceive [pə'si:v] VT (*realize*) darse cuenta de, notar; (*see*) percibir; **I do not ~ how it can be done** no comprendo cómo se puede hacer.

per cent [pə'sent] **1** N por ciento; **20/50 ~** el 20/el 50 por ciento; **100 ~** cien por cien. **2** CPD: **there is a 10 ~ discount** hay un descuento de un 10 por cien(to).

percentage [pə'sentɪdʒ] **1** N porcentaje *m*; **a high ~ are girls** un elevado porcentaje son chicas; **to get a ~ on all sales** recibir un tanto por ciento sobre todas las ventas.
2 CPD: **on a ~ basis** a porcentaje; **~ increase** N aumento *m* porcentual.

perceptible [pə'septəbl] ADJ (*notable*) sensible; (*to the eye, ear*) perceptible.

perceptibly [pə'septəblɪ] ADV (*see adj*) sensiblemente; perceptiblemente.

perception [pə'sepʃən] N percepción *f*.

perceptive [pə'septɪv] ADJ (*gen*) perspicaz.

perch[1] [pɜ:tʃ] N (*pl* **~** *or* **~es**) (*fish*) perca *f*.

perch[2] [pɜ:tʃ] **1** N (*of bird*) percha *f*; (*fig*: *for person etc*) posición *f* elevada.
2 VT poner arriba; **he ~ed his hat on his head** posó el sombrero en la cabeza.
3 VI (*bird*) posarse (*on* en); (*person etc*) sentarse (*en* un sitio elevado, poco seguro, *etc*); **the village ~es on a hilltop** el pueblo ocupa la cumbre de una colina; **she ~ed on the arm of my chair** se acomodó en el brazo de mi butaca.

perchance [pə'tʃɑ:ns] ADV (*Lit*) por ventura, acaso.

percolate ['pɜ:kəleɪt] **1** VT filtrar; **~d coffee** café *m* (de) filtro. **2** VI (*lit, fig*) filtrarse.

percolator ['pɜ:kəleɪtəʳ] N cafetera *f* de filtro.

percussion [pə'kʌʃən] **1** N (*gen, Mus*) percusión *f*; (*drums*) batería *f*. **2** CPD: **~ instrument** N instrumento *m* de percusión.

peregrine ['perɪgrɪn] CPD: **~ falcon** N halcón *m* peregrino, neblí *m*.

peremptory [pə'remptərɪ] ADJ perentorio/a.

perennial [pə'renɪəl] **1** ADJ (*gen, Bot*) perenne; **~ youth** la juventud eterna. **2** N (*Bot*) planta *f* perenne.

perfect ['pɜ:fɪkt] **1** ADJ **a** perfecto/a; **with ~ assurance** con absoluta seguridad.
b (*absolute, utter*) completo/a, total; **he's a ~ gentleman** es todo un caballero; **he's a ~ stranger to me** me es completamente desconocido.
c (*Ling*) **~ tense** tiempo *m* perfecto.
d (*Mus*) **~ pitch** tono *m* perfecto.
2 N (*Ling*) perfecto *m*.
3 [pə'fekt] VT perfeccionar.

perfection [pə'fekʃən] N perfección *f*; **cooked to ~** cocinado a la perfección.

perfectionist [pə'fekʃənɪst] N perfeccionista *mf*.

perfectly ['pɜ:fɪktlɪ] ADV (*very well*) perfectamente; (*absolutely*) completamente; **we're ~ happy about it** estamos completamente contentos con esto.

perfidious [pə'fɪdɪəs] ADJ pérfido/a.

perforate ['pɜ:fəreɪt] VT perforar; **~d line** línea *f* perforada; **~d ulcer** (*Med*) úlcera *f* perforada.

perforation [,pɜ:fə'reɪʃən] N perforación *f*.

perform [pə'fɔ:m] **1** VT **a** (*task*) realizar, llevar a cabo; (*test*) verificar; (*duty*) cumplir.
b (*Theat*) representar, dar; (*music, song*) interpretar; **they ~ed Hamlet last week** la semana pasada dieron Hamlet.
2 VI **a** (*play*) tocar; (*sing*) cantar; (*act*) actuar, trabajar; (*be an actor*) hacer teatro.

b (*machine, vehicle*) funcionar, marchar; (*fig: person etc*) trabajar, desempeñar su papel; **the car is not ~ing properly** el coche no funciona bien.

performance [pə'fɔ:məns] N **a** (*see vt (a)*) realización *f*; verificación *f*; cumplimiento *m*. **b** (*see vt (b)*) representación *f*; interpretación *f*; **he gave a splendid ~** su actuación fue estupenda; **a fine ~ of the Ninth Symphony** una magnífica interpretación de la Novena Sinfonía; **the late ~** la función de la noche. **c** (*of machine etc: effectiveness*) funcionamiento *m*, funcionar *m*; (: *productivity*) rendimiento *m*; (*of team in match etc*) actuación *f*; **they put up a good ~** se defendieron bien; **what a ~!** (*fam*) ¡qué lío!, ¡qué desmadre!

performer [pə'fɔ:mə^r] N (*Theat*) actor/actriz *m/f*, artista *mf*; (*Mus*) intérprete *mf*.

performing [pə'fɔ:mɪŋ] ADJ **a** (*animal*) amaestrado/a. **b** **~ arts** artes *fpl* teatrales.

perfume ['pɜ:fju:m] **1** N perfume *m*. **2** VT [pə'fju:m] perfumar.

perfumery [pə'fju:mərɪ] N perfumería *f*.

perfunctory [pə'fʌŋktərɪ] ADJ superficial, somero/a; **he gave a ~ performance** tocó *etc* por cumplir.

▼**perhaps** [pə'hæps] ADV tal vez, quizá(s); **~ so/not** puede que sí/no; **~ he'll come** puede que venga.

peri... ['perɪ] PREF peri....

peril ['perɪl] N riesgo *m*, peligro *m*; **do it at your ~** hágalo a su riesgo.

perilous ['perɪləs] ADJ peligroso/a, arriesgado/a.

perilously ['perɪləslɪ] ADV peligrosamente; **he came ~ close to being caught** por poco le agarran.

perimeter [pə'rɪmɪtə^r] N perímetro *m*.

period ['pɪərɪəd] **1** N **a** (*length of time*) periodo *m*, período *m*, época *f*; (*stage: in career, development etc*) etapa *f*; **for a ~ of three weeks** durante (un periodo de) tres semanas; **within a 3 month ~** en 3 meses, dentro de un plazo de 3 meses; **at that ~ (of my life)** en aquella época (de mi vida); **the holiday ~** el periodo de vacaciones; **the Victorian ~** la época victoriana; **a painting from his early ~** un cuadro de su primera época *or* de su juventud. **b** (*Scol*) (hora *f* de) clase *f*; **we have 2 French ~s** tenemos 2 clases de francés. **c** (*full stop*) punto *m*. **d** (*menstruation*) periodo *m*, regla *f*. **2** CPD: **~ dress** N trajes *mpl* de época; **~ furniture** N muebles *mpl* de época; **~ piece** N mueble *m etc* clásico.

periodic [,pɪərɪ'ɒdɪk] ADJ periódico/a; **~ table** tabla *f* periódica.

periodical [,pɪərɪ'ɒdɪkəl] **1** ADJ periódico/a. **2** N revista *f*, publicación *f* periódica.

periodically [,pɪərɪ'ɒdɪkəlɪ] ADV cada cierto tiempo, de vez en cuando.

peripatetic [,perɪpə'tetɪk] ADJ (*salesman*) ambulante; (*teacher*) con trabajo en varios colegios.

peripheral [pə'rɪfərəl] **1** ADJ periférico/a; **~ device** dispositivo *m* periférico. **2** N (*Comput*) periférico *m*, unidad *f* periférica.

periphery [pə'rɪfərɪ] N periferia *f*.

periscope ['perɪskəʊp] N periscopio *m*.

perish ['perɪʃ] VI (*person etc*) perecer, fallecer; (*material*) estropearse, deteriorarse; **he ~ed at sea** murió en el mar; **to be ~ed (with cold)** (*fam*) estar helado; **~ the thought!** ¡ni por pensamiento!, ¡Dios me libre!

perishable ['perɪʃəbl] **1** ADJ perecedero/a. **2** NPL: **~s** productos *mpl* perecederos.

perishing ['perɪʃɪŋ] ADJ: **it's ~ (cold)** (*fam*) hace un frío que te pela.

peritonitis [,perɪtə'naɪtɪs] N peritonitis *f*.

periwinkle ['perɪ,wɪŋkl] N (*Bot*) vincapervinca *f*; (*Zool*) caracol *m* de mar, bígaro *m*.

perjure ['pɜ:dʒə^r] VT: **to ~ o.s.** jurar en falso, perjurar.

perjury ['pɜ:dʒərɪ] N juramento *m* en falso, perjurio *m*; **to commit ~** cometer perjurio.

perk [pɜːk] N (*fam*) extra *m*, beneficio *m*, gaje *m*; **there are no ~s in this job** en este empleo no hay nada aparte del sueldo.

♦**perk up** **1** VT + ADV: **to ~ sb up** animar a algn; **the dog ~ed up his ears** el perro aguzó las orejas. **2** VI + ADV (*cheer up*) (re)animarse; **business is ~ing up** los negocios van mejor.

perky ['pɜːkɪ] ADJ (*comp* **-ier**; *superl* **-iest**) (*cheerful, bright*) alegre, animado/a; (*cheeky*) fresco/a.

perm [pɜːm] **1** N ABBR of **permanent wave**. **2** VT: **to ~ sb's hair** hacer una permanente a algn; **to have one's hair ~ed** hacerse una permanente.

permanence ['pɜːmənəns] N permanencia *f*.

permanency ['pɜːmənənsɪ] N permanencia *f*, arreglo *m* permanente, cosa *f* fija.

permanent ['pɜːmənənt] ADJ (*gen*) permanente; (*enduring*) duradero/a; **I'm not ~ here** (*in job*) no estoy fijo aquí; **~ address** domicilio *m* permanente; **~ staff** personal *m* de plantilla; **~ wave** permanente *f*.

permanently ['pɜːmənəntlɪ] ADV (*gen*) permanentemente; (*lastingly*) de forma duradera; **he is ~ drunk** está siempre borracho.

permanganate [pɜː'mæŋgənɪt] N permanganato *m*.

permeable ['pɜːmɪəbl] ADJ permeable.

permeate ['pɜːmɪeɪt] **1** VT (*penetrate*) penetrar; (*soak*) impregnar; (*spread to*) trascender a. **2** VI penetrar, trascender; **the odour ~d through the house** el olor se extendió por la casa.

permissible [pə'mɪsəbl] ADJ lícito/a; **it is not ~ to do that** no se permite hacer eso.

▼**permission** [pə'mɪʃən] N permiso *m*; **with your ~** con su permiso; **to give sb ~ to do sth** autorizar a algn para que haga algo.

permissive [pə'mɪsɪv] ADJ permisivo/a.

permit ['pɜːmɪt] **1** N (*permission*) permiso *m*; (*licence etc*) permiso, licencia *f*; (*pass*) pase *m*. **2** [pə'mɪt] VT permitir; **to ~ sb to do sth** permitir a algn hacer algo; **is smoking ~ted?** ¿se puede fumar? **3** [pə'mɪt] VI permitir; **to ~ of** (*frm*) dejar lugar a; **weather ~ting** si el tiempo lo permite. **4** ['pɜːmɪt] CPD: **~ holder** N titular *mf* de un permiso.

permutation [,pɜːmjʊ'teɪʃən] N permutación *f*.

pernicious [pɜː'nɪʃəs] ADJ perjudicial, nocivo/a; (*Med*) pernicioso/a.

pernickety [pə'nɪkɪtɪ] ADJ (*fam*) quisquilloso/a, remilgado/a; **she's ~ about food** es exigente para la comida.

peroxide [pə'rɒksaɪd] **1** N peróxido *m*. **2** CPD: **~ blonde** N rubia *f* de bote.

perpendicular [,pɜːpən'dɪkjʊlə^r] ADJ, N perpendicular *f*.

perpetrate ['pɜːpɪtreɪt] VT perpetrar.

perpetrator ['pɜːpɪtreɪtə^r] N autor(a) *m/f*.

perpetual [pə'petjʊəl] ADJ (*eternal*) perpetuo/a, eterno/a; (*endless*) interminable; (*continuous*) continuo/a, constante.

perpetually [pə'petjʊəlɪ] ADV (*see adj*) perpetuamente, constantemente.

perpetuate [pə'petjʊeɪt] VT perpetuar.

perpetuity [,pɜːpɪ'tjuːɪtɪ] N perpetuidad *f*; **in ~** a perpetuidad.

perplex [pə'pleks] VT (*puzzle etc*) dejar perplejo; (*confuse*) desconcertar, confundir; (: *situation*) complicar.

perplexed [pə'plekst] ADJ perplejo/a, confuso/a.

perplexing [pə'pleksɪŋ] ADJ (*see vt*) que causa perplejidad, desconcertante; confuso/a; complicado/a.

perplexity [pə'pleksɪtɪ] N perplejidad *f*, confusión *f*.

per pro. ABBR of **per procurationem; by proxy** p.p.

perquisites ['pɜːkwɪzɪts] NPL gajes y emolumentos *mpl*.

persecute ['pɜːsɪkjuːt] VT perseguir; **to ~ sb with questions** acosar a algn a preguntas.

persecution [,pɜːsɪ'kjuːʃən] **1** N persecución *f*. **2** CPD: **~ complex** N (*Psych*) complejo *m* persecutorio.

perseverance [,pɜːsɪ'vɪərəns] N perseverancia *f*.

persevere [,pɜːsɪ'vɪə^r] VI perseverar, persistir (en).

persevering [,pɜːsɪ'vɪərɪŋ] ADJ perseverante.

Persia ['pɜːʃə] N (*Hist*) Persia *f*.

Persian ['pɜːʃən] **1** ADJ persa; **~ carpet** alfombra *f* persa; **~ cat** gato *m* de Angora; **~ Gulf** Golfo *m* Pérsico; **~ lamb** (*animal*) oveja *f* caracul; (*skin*) caracul *m*.

2 N persa *mf*; (*Ling*) persa *m*.

persist [pə'sɪst] VI (*persevere, insist*) persistir, empeñarse; (*continue to exist*) persistir; **we shall ~ in our efforts to do it** seguiremos esforzándonos por hacerlo; **to ~ in doing sth** empeñarse *or* insistir en hacer algo.

persistence [pə'sɪstəns], **persistency** [pə'sɪstənsɪ] N (*tenacity*) persistencia *f*, empeño *m*; (*continuing to exist*) persistencia.

persistent [pə'sɪstənt] ADJ (*tenacious*) porfiado/a; (*repeated, constant*) persistente; (*continuing*) continuo/a, constante; **despite our ~ warnings** a pesar de nuestras continuas advertencias; **~ vegetative state** estado *m* vegetativo persistente.

persistently [pə'sɪstəntlɪ] ADV (*see adj*) porfiadamente; persistentemente; constantemente; **he ~ refuses to help** se niega constantemente a prestar su ayuda.

persnickety [pə'snɪkɪtɪ] ADJ (*US*) = **pernickety**.

person ['pɜːsn] **1** N **a** (*pl* **people** *or* (*frm*) **~s**) persona *f*. **b** (*pl* **~s**) (*Jur, Ling*) persona *f*. **c** (*pl* **~s**) (*body, physical presence*) persona *f*, figura *f*; (*: appearance*) persona; **in ~** en persona; **per ~** por persona; **in the ~ of** en la persona de; **on** *or* **about one's ~** encima. **2** CPD: **~ to ~ call** N (*Telec*) llamada *f* (de) persona a persona.

persona [pɜː'səʊnə] N (*pl* **personae** [pɜː'səʊnaɪ]) persona *f*; **~ grata** persona grata; **~ non grata** persona no grata.

personable ['pɜːsnəbl] ADJ bien parecido/a.

personage ['pɜːsnɪdʒ] N personaje *m*.

personal ['pɜːsnl] ADJ (*private: matter, opinion*) personal, particular; (*individual: liberty, style*) personal, individual; (*for one's own use*) personal *or* para uso personal; (*of the body, Ling*) personal; (*in person: visit, application*) en persona; (*rather indiscreet: remark, question*) indiscreto/a; **'~'** (*on letter*) 'confidencial'; **don't get ~!** ¡no seas maleducado!; **to have ~ knowledge of sth** tener un conocimiento directo de algo; **to ask ~ questions** hacer preguntas sobre asuntos íntimos; **for ~ reasons** por razones personales; **~ account** (*story*) narración *f* personal; (*Fin*) cuenta *f* personal; **~ allowance** desgravación *f* personal; **to make a ~ appearance** hacer acto de presencia; **~ assistant** ayudante *mf* personal; **~ call** (*Brit Telec*) llamada *f* de persona a persona; **~ column** anuncios *mpl* personales; **~ computer** ordenador *m* personal; **~ effects** efectos *mpl* personales; **~ identification number** número *m* personal de identificación; **~ loan** préstamo *m* personal; **~ organizer** organizador *m* personal; **~ property** bienes *mpl* (muebles); **~ stereo** estéreo *m* personal.

personality [ˌpɜːsə'nælɪtɪ] N **a** (*nature*) personalidad *f*. **b** (*famous person*) personaje *m*, personalidad; **a well-known radio ~** una conocida figura de la radio.

personalized ['pɜːsənəlaɪzd] ADJ con las iniciales *etc* de uno.

▼**personally** ['pɜːsnəlɪ] ADV **a** personalmente; **~ I think that ...** personalmente creo que ...; **~ I am willing, but others ...** yo, por mi parte estoy dispuesto, pero los otros ...; **don't take it too ~** no lo tomes a mal. **b** (*in person*) en persona, personalmente; **to hand sth over ~** entregar algo en persona.

personification [pɜːˌsɒnɪfɪ'keɪʃən] N personificación *f*; **he's the ~ of common sense** es el sentido común encarnado.

personify [pɜː'sɒnɪfaɪ] VT personificar, encarnar; **he is greed personified** es la codicia en persona.

personnel [ˌpɜːsə'nel] **1** N personal *m*. **2** CPD: **~ department** N departamento *m* de personal; **~ management** N administración *f* de personal; **~ manager**, **~ officer** N jefe *m* de personal.

perspective [pə'spektɪv] N perspectiva *f*; (*fig*) **to see/look at sth in ~** ver un asunto en perspectiva *or* en su justa medida; **let's get things in ~** pongamos las cosas en su sitio.

Perspex ® ['pɜːspeks] N (*esp Brit*) plexiglás *m* ®.

perspicacious [ˌpɜːspɪ'keɪʃəs] ADJ perspicaz.

perspiration [ˌpɜːspə'reɪʃən] N transpiración *f*.

perspire [pəs'paɪəʳ] VI transpirar.

persuade [pə'sweɪd] VT persuadir, convencer; **to ~ sb to do sth** persuadir *or* convencer a algn para hacer algo; **but they ~d me not to** pero me disuadieron; **she is easily ~d** se deja convencer fácilmente; **I am ~d that ...** estoy convencido que ....

persuasion [pə'sweɪʒən] N **a** (*act*) persuasión *f*. **b** (*persuasiveness*) persuasiva *f*; **I don't need much ~ to stop working nights** cuesta poco convencerme de que deje de trabajar por la noche. **c** (*creed*) creencia *f*, opinión *f*; **I'm not of that ~** no es ésa mi opinión.

persuasive [pə'sweɪsɪv] ADJ persuasivo/a, convincente.

persuasively [pə'sweɪsɪvlɪ] ADV de modo persuasivo.

pert [pɜːt] ADJ (*un tanto*) descarado/a.

pertain [pɜː'teɪn] VI: **to ~ to** (*frm: concern*) concernir a, estar relacionado/a con; (*: belong to*) pertenecer a.

pertinence ['pɜːtɪnəns] N pertinencia *f*.

pertinent ['pɜːtɪnənt] ADJ: **~ to** (*concerning*) concerniente a, relacionado con; (*appropriate to*) pertinente a; **that's not a ~ matter** ese asunto no viene al caso.

perturb [pə'tɜːb] VT (*distress*) inquietar, preocupar; (*disorder*) perturbar.

perturbing [pə'tɜːbɪŋ] ADJ inquietante, perturbador(a).

Peru [pə'ruː] N (el) Perú.

perusal [pə'ruːzəl] N (*quick*) lectura *f* somera; (*careful*) lectura cuidadosa.

peruse [pə'ruːz] VT (*examine*) leer detenidamente; (*glance at*) mirar por encima.

Peruvian [pə'ruːvɪən] ADJ, N peruano/a *m/f*.

pervade [pɜː'veɪd] VT (*subj: smell*) extenderse por, trascender (*LAm*); (*: light*) difundirse por; (*: feeling, atmosphere*) impregnar; (*: influence, ideas*) extenderse por.

pervasive [pɜː'veɪsɪv] ADJ (*smell*) penetrante; (*feeling, influence*) dominante.

perverse [pə'vɜːs] ADJ (*contrary*) contrario/a; (*obstinate*) terco/a, contumaz; (*wicked*) perverso/a; **to be ~** llevar la contraria.

perversely [pə'vɜːslɪ] ADV (*see adj*) por llevar la contraria; tercamente; por perversidad.

perversion [pə'vɜːʃən] N (*Med, Psych*) perversión *f*; (*of justice, truth*) corrupción *f*.

perversity [pə'vɜːsɪtɪ] N (*see adj*) contrariedad *f*; terquedad *f*; perversidad *f*.

pervert [pə'vɜːt] **1** VT (*gen*) pervertir; (*corrupt*) corromper, desvirtuar. **2** ['pɜːvɜːt] N pervertido/a *m/f*.

perverted [pə'vɜːtɪd] ADJ (*all senses*) pervertido/a.

peseta [pə'setə] N peseta *f*.

pessary ['pesərɪ] N pesario *m*.

pessimism ['pesɪmɪzəm] N pesimismo *m*.

pessimist ['pesɪmɪst] N pesimista *mf*.

pessimistic [ˌpesɪ'mɪstɪk] ADJ pesimista.

pest [pest] **1** N **a** (*Zool*) insecto *m* *or* animal *m* nocivo, bicho *m*; **~s** plaga *fsg*, peste *fsg*. **b** (*fig: person*) pelma(zo/a) *m/f* (*fam*), fregón/ona *m/f* (*LAm fam*); (*: thing*) lata *f*, fastidio *m*, molestia *f*; **what a ~ that child is!** ¡cómo me fastidia ese niño! **2** CPD: **~ control** N control *m* de plagas.

pester ['pestəʳ] VT molestar, fregar (*LAm*); **he's constantly ~ing me** no me deja a sol ni a sombra; **to ~ sb to do sth** insistir constantemente en que algn haga algo.

pesticide ['pestɪsaɪd] N pesticida *m*.

pestilence ['pestɪləns] N pestilencia *f*, peste *f*.

pestilent ['pestɪlənt], **pestilential** [ˌpestɪ'lenʃəl] ADJ (*fam: exasperating*) latoso/a.

pestle ['pesl] N maja *f*, mano *f*.

pet [pet] **1** ADJ **a** de animales domesticados; **a ~ dog** un perro de casa. **b** (*favourite: pupil, subject etc*) favorito/a, preferido/a; **~ name** nombre *m* *or* diminutivo *m* cariñoso; **it's my ~ subject** es mi tema predilecto. **2** N **a** (*animal*) animal *m* doméstico *or* casero. **b** (*favourite*) **teacher's ~** el/la preferido/a de la maestra. **c** (*fam: dear*) cielo *m*, amor *m*. **3** VT (*indulge*) mimar, consentir; (*fondle*) acariciar. **4** VI (*sexually*) besuquearse. **5** CPD: **~ door** N (*US*) gatera *f*; **~ food** N comida *f* para

animales; **~ shop** N pajarería f.
petal ['petl] N pétalo m.
Pete [pi:t] N: **for ~'s sake!** (fam) ¡por Dios!
peter ['pi:tər] VI: **to ~ out** (supply) irse agotando; (stream, conversation) irse acabando; (interest, excitement) desvanecer; (plan) quedar en nada; (song, noise) atenuarse.
petit bourgeois [,petɪ'bʊəʒwɑ:] ADJ pequeñoburgués/esa.
petite [pə'ti:t] ADJ chiquita.
petite bourgeoisie [,petɪ,bʊəʒwɑ:'zi:] N pequeña burguesía f.
petition [pə'tɪʃən] [1] N (list of names) petición f, súplica f; (form, papers etc) solicitud f; (frm: request) demanda f, instancia f.
[2] VT presentar una demanda a.
[3] VI: **to ~ (for)** solicitar, hacer una petición (de); **to ~ for divorce** pedir el divorcio.
petitioner [pə'tɪʃnər] N suplicante mf.
petrify ['petrɪfaɪ] VT (lit) petrificar; (fig) paralizar, horrorizar; **we were petrified** nos quedamos de piedra.
petrochemical [,petrəʊ'kemɪkəl] [1] ADJ petroquímico/a.
[2] NPL: **~s** productos mpl petroquímicos.
petrodollar ['petrəʊ,dɒlər] N petrodólar m.
petrol ['petrəl] (Brit) [1] N gasolina f, nafta f (CSur), bencina f (Chi).
[2] CPD: **~ bomb** N bomba f de gasolina; **~ can** N lata f de la gasolina; **~ pump** N (at garage) surtidor m de gasolina; **~ station** N gasolinera f, estación f de servicio, bencinera f (Chi), grifo m (Per); **~ tanker** N gasolinero m.
petroleum [pɪ'trəʊlɪəm] [1] N petróleo m. [2] CPD: **~ jelly** N parafina f.
petticoat ['petɪkəʊt] N combinación f, enagua(s) f(pl) (esp LAm).
pettifogging ['petɪfɒgɪŋ] ADJ (trivial) sin importancia, insignificante.
pettiness ['petɪnɪs] N mezquindad f.
petting ['petɪŋ] N (fam) caricias fpl.
petty ['petɪ] ADJ (comp **-ier**; superl **-iest**) (trivial) sin importancia, insignificante; (minor) inferior, subordinado/a; (small-minded, spiteful) mezquino/a; **you're being very ~ about it** en esto te estás mostrando poco comprensivo; **~ cash** dinero m para gastos menores; **~ cash book** libro m de caja auxiliar; **~ officer** suboficial m de marina.
petulance ['petjʊləns] N mal humor m.
petulant ['petjʊlənt] ADJ enojadizo/a, malhumorado/a.
pew [pju:] N (in church) banco m de iglesia; **take a ~!** (fig fam) ¡siéntate!
pewter ['pju:tər] N peltre m.
Pfc (US Mil) ABBR of **private first class**.
PFLP N ABBR of **Popular Front for the Liberation of Palestine** FPLP m.
PG N ABBR (Cine) of **Parental Guidance** menores acompañados.
PGA N ABBR of **Professional Golfers' Association**.
PGCE (Brit) N ABBR of **Postgraduate Certificate of Education** ≈ CAP m.
PH N ABBR (US Mil) of **Purple Heart** decoración otorgada a los heridos de guerra.
pH N ABBR of **potential of hydrogen** pH m.
PHA N ABBR (US) of **Public Housing Administration**.
phalange ['fælændʒ] N falange f; **P~** (Spain) Falange f.
phallic ['fælɪk] ADJ fálico/a.
phallus ['fæləs] N falo m.
phantasmagoric [,fæntæzmə'gɒrɪk] ADJ fantasmagórico/a.
phantom ['fæntəm] [1] N fantasma m. [2] ADJ fantasma; **~ pregnancy** seudoembarazo m.
Pharaoh ['fεərəʊ] N Faraón m.
pharmaceutical [,fɑ:mə'sju:tɪkəl] ADJ farmacéutico/a.
pharmacist ['fɑ:məsɪst] N farmacéutico/a m/f.
pharmacology [,fɑ:mə'kɒlədʒɪ] N farmacología f.
pharmacopoeia, (US sometimes) **pharmacopeia** [,fɑ:məkə'pi:ə] N farmacopea f.
pharmacy ['fɑ:məsɪ] N farmacia f.
phase [feɪz] [1] N etapa f, fase f; **to be in ~** estar en fase; **to**

be out of ~ (Tech, Elec) estar fuera de fase or desfasado; **she's just going through a ~** está pasando por una etapa.
[2] VT (introduce gradually) escalonar; (co-ordinate) poner en fase; **~d withdrawal** retirada progresiva.
[3] CPD: **~ alternation line** N (TV) línea f de fase alternante.
◆ **phase in** VT + ADV introducir progresivamente.
◆ **phase out** VT + ADV (old machines etc) retirar progresivamente.
phase-out ['feɪz,aʊt] N (esp US) reducción f progresiva.
PhD N ABBR of **Doctor of Philosophy**.
pheasant ['feznt] N faisán m.
phenobarbitone ['fi:nəʊ'bɑ:bɪtəʊn] N fenobarbitona f.
phenomenal [fɪ'nɒmɪnl] ADJ fenomenal, extraordinario/a.
phenomenally [fɪ'nɒmɪnəlɪ] ADV extraordinariamente.
phenomenon [fɪ'nɒmɪnən] N (pl **phenomena** [fɪ'nɒmɪnə]) fenómeno m.
pheromone ['ferəməʊn] N feromona f.
phew [fju:] INTERJ ¡uf! (fam), ¡puf! (fam).
philanderer [fɪ'lændərər] N Don Juan m.
philanthropic [,fɪlən'θrɒpɪk] ADJ filantrópico/a.
philanthropist [fɪ'lænθrəpɪst] N filántropo/a m/f.
philanthropy [fɪ'lænθrəpɪ] N filantropía f.
philatelist [fɪ'lætəlɪst] N filatelista mf.
philately [fɪ'lætəlɪ] N filatelia f.
...phile [faɪl] SUF ...filo.
philharmonic [fɪlɑ:'mɒnɪk] ADJ filarmónico/a.
...philia ['fɪlɪə] SUF ...filia.
Philippines ['fɪlɪpi:nz], **Philippine Islands** ['fɪlɪpi:n,aɪləndz] NPL Filipinas fpl.
Phillips ® ['fɪlɪps] CPD: **~ screw** N tornillo m de cabeza cruciforme; **~ screwdriver** N destornillador m cruciforme.
philology [fɪ'lɒlədʒɪ] N filología f.
philosopher [fɪ'lɒsəfər] N filósofo/a m/f.
philosophical [,fɪlə'sɒfɪkəl] ADJ filosófico/a.
philosophize [fɪ'lɒsəfaɪz] VI filosofar.
philosophy [fɪ'lɒsəfɪ] N filosofía f; **her ~ of life** su filosofía de la vida.
phlebitis [flɪ'baɪtɪs] N flebitis f.
phlegm [flem] N (Med, calm) flema f.
phlegmatic [fleg'mætɪk] ADJ flemático/a.
...phobe [fəʊb] SUF ...fobo.
phobia ['fəʊbɪə] N fobia f.
...phobia ['fəʊbɪə] SUF ...fobia.
phoenix ['fi:nɪks] N fénix m.
phone [fəʊn] = **telephone**.
phonecard ['fəʊnkɑ:d] N tarjeta f telefónica.
phone-in ['fəʊnɪn] N programa m (de radio or televisión) abierto al público.
phoneme ['fəʊni:m] N fonema m.
phonetic [fəʊ'netɪk] [1] ADJ fonético/a. [2] NSG: **~s** fonética f.
phoney ['fəʊnɪ] (fam) [1] ADJ (gen) falso/a; (pretended) fingido/a; **the ~ war** la guerra ilusoria. [2] N (person) farsante mf; (thing) **it's a ~** es falso.
phono... ['fəʊnəʊ] PREF fono....
phonograph ['fəʊnəgrɑ:f] N (old, US) fonógrafo m, tocadiscos m inv.
phonology [fəʊ'nɒlədʒɪ] N fonología f.
phony ['fəʊnɪ] (US) = **phoney**.
phosphate ['fɒsfeɪt] N fosfato m.
phosphorescent [,fɒsfə'resnt] ADJ fosforescente.
phosphorus ['fɒsfərəs] N fósforo m.
photo ['fəʊtəʊ] [1] N ABBR of **photograph**. [2] CPD: **~ booth** N fotomatón m; **~ finish** N resultado m comprobado por fotocontrol; **~ opportunity** N oportunidad f fotográfica (de autopropaganda).
photo... ['fəʊtəʊ] PREF foto....
photocall ['fəʊtəʊkɔ:l] N sesión f fotográfica para la prensa.
photochemical [,fəʊtəʊ'kemɪkəl] ADJ fotoquímico/a.
photocomposition [,fəʊtəʊkɒmpə'zɪʃən] N fotocomposición f.

photocopier [ˈfəʊtəʊˈkɒpɪəʳ] N fotocopiadora f.
photocopy [ˈfəʊtəʊˌkɒpɪ] **1** N fotocopia f. **2** VT fotocopiar.
photoelectric [ˈfəʊtəʊɪˈlektrɪk] ADJ: ~ **cell** célula f fotoeléctrica.
Photofit ® [ˈfəʊtəʊfɪt] CPD: ~ **picture** N retrato m robot.
photoflash [ˈfəʊtəʊflæʃ] N flash m.
photogenic [ˌfəʊtəʊˈdʒenɪk] ADJ fotogénico/a.
photograph [ˈfəʊtəɡræf] **1** N (gen) foto f, fotografía f; (portrait) retrato m; **to take a ~ (of sb/sth)** sacar una foto (de algn/algo). **2** VT sacar foto(grafía)s or una foto de, fotografiar. **3** CPD: ~ **album** N álbum m.
photographer [fəˈtɒɡrəfəʳ] N fotógrafo/a m/f.
photographic [ˌfəʊtəˈɡræfɪk] ADJ fotográfico/a.
photographically [ˌfəʊtəˈɡræfɪkəlɪ] ADV fotográficamente.
photography [fəˈtɒɡrəfɪ] N fotografía f.
photojournalism [ˈfəʊtəʊˈdʒɜːnəˌlɪzəm] N fotoperiodismo m.
photosensitive [ˌfəʊtəʊˈsensɪtɪv] ADJ fotosensible.
photostat [ˈfəʊtəʊstæt] N fotostato m.
photosynthesis [ˌfəʊtəʊˈsɪnθəsɪs] N fotosíntesis f.
phototype [ˈfəʊtəʊˌtaɪp] N fototipo m.
phototypesetting [ˌfəʊtəʊˈtaɪpsetɪŋ] N (US: Typ) fotocomposición f.
phrase [freɪz] **1** N (Ling) frase f; (idiom) locución f, giro m; **to coin a ~** para decirlo así. **2** VT **a** expresar. **b** (Mus) frasear. **3** CPD: ~ **book** N libro m de frases.
phraseology [ˌfreɪzɪˈɒlədʒɪ] N fraseología f.
phrasing [ˈfreɪzɪŋ] N (Mus) fraseo m.
phut [fʌt] ADJ: **to go ~** (fam) estropearse.
physical [ˈfɪzɪkəl] ADJ **a** (of the body) físico/a; ~ **education**, ~ **training** educación f física; ~ **(examination)** reconocimiento m físico. **b** (material) material; (of physics) físico/a.
physically [ˈfɪzɪkəlɪ] ADV físicamente; **it's ~ impossible** es materialmente imposible.
physician [fɪˈzɪʃən] N médico/a m/f.
physicist [ˈfɪzɪsɪst] N físico/a m/f.
physics [ˈfɪzɪks] NSG física f.
physio [ˈfɪzɪəʊ] N (Sport fam) = **physiotherapist**.
physio... [ˈfɪzɪəʊ] PREF fisio....
physiognomy [ˌfɪzɪˈɒnəmɪ] N fisonomía f.
physiological [ˈfɪzɪəˈlɒdʒɪkəl] ADJ fisiológico/a.
physiology [ˌfɪzɪˈɒlədʒɪ] N fisiología f.
physiotherapist [ˌfɪzɪəˈθerəpɪst] N fisioterapeuta mf.
physiotherapy [ˌfɪzɪəˈθerəpɪ] N fisioterapia f.
physique [fɪˈziːk] N físico m.
pi [paɪ] N (Math) pi m.
pianist [ˈpɪənɪst] N pianista mf.
piano [ˈpjɑːnəʊ] **1** N piano m. **2** CPD: ~ **accordion** N acordeón-piano m; ~ **stool** N taburete m de piano; ~ **tuner** N afinador(a) m/f de pianos.
picaresque [ˌpɪkəˈresk] ADJ picaresco/a.
piccolo [ˈpɪkələʊ] N (pl ~s) flautín m.
pick [pɪk] **1** N **a** (tool) pico m; (also **tooth ~**) palillo m. **b** (right to choose) derecho m a elegir; (choice) elección f; **take your ~!** escoja el que quiera; **it's the ~ of the bunch** es lo mejor de la cosecha; **she had her ~ of the books** ella escogió los libros que quería. **2** VT **a** (choose) escoger, elegir; (team) seleccionar; **to ~ a winner** (lit) escoger un ganador; (fig) escoger bien; **to ~ one's way through sth** andar con tiento por algo; **to ~ a quarrel with sb** buscar camorra con algn, armar bronca con algn (esp LAm). **b** (flowers) coger (Sp), recoger (LAm). **c** (pull bits off, make holes in) escarbar; **to ~ one's nose** hurgarse la nariz; **to ~ one's teeth** mondarse or escarbarse los dientes; **to ~ a lock** forzar or abrir con ganzúa un cerrojo; **to have a bone to ~ with sb** (fig) tener que ajustar cuentas con algn; **to ~ holes in sth** (fig) encontrar defectos en algo; **to ~ sb's pocket** robar algo del bolsillo de algn; **to ~ sb's brains** explotar los

conocimientos de algn.
3 VI: **to ~ and choose** ser muy exigente; (pej) ser quisquilloso/a; **to ~ at one's food** comer con poca gana, picar la comida; **to ~ at a scab** rascarse una herida.
◆ **pick off** VT + ADV **a** (remove) quitar. **b** (shoot) matar de un tiro.
◆ **pick on** VI + PREP **a** (fam: harass) meterse con, tomarla con; **he's always ~ing on me** me tiene manía. **b** (single out) escoger, elegir.
◆ **pick out** VT + ADV **a** (choose) elegir, escoger; (draw out) sacar. **b** (see, distinguish) identificar, distinguir. **c** (Mus) tocar de oído.
◆ **pick up** **1** VT + ADV **a** (from floor etc) levantar, recoger, coger; **to ~ up a bill** (fig) pagar una cuenta; **the car ~ed up speed** el coche cobró velocidad; **to ~ sb up for having made a mistake** corregirle or señalarle un error a algn; **may I ~ you up on one point?** ¿me permites corregirte en un punto?
b (collect) recoger, buscar; (rescue) rescatar; (arrest) detener.
c (acquire) conseguir, encontrar; (learn) aprender; **he ~ed up a girl at the disco** (fam) se ligó a una chica en la discoteca; **the dog ~ed up the scent** el perro cogió el rastro; **she ~s up £400 a week** gana 400 libros a la semana.
d (Rad, TV, Telec) captar.
2 VI + ADV **a** (improve) mejorar(se), ir mejorando. **b** (continue) seguir (de nuevo); **to ~ up where one left off** empezar donde se había dejado.
pickaback [ˈpɪkəbæk] ADV: **to carry sb ~, to give sb a ~** llevar a algn a cuestas.
pickaxe, (US) **pickax** [ˈpɪkæks] N pico m, zapapico m.
picket [ˈpɪkɪt] **1** N **a** (stake) estaca f. **b** (strikers etc) piquete m; (Mil: sentry) piquete m; (: group) pelotón m. **2** VT piquetear. **3** VI hacer piquete. **4** CPD: ~ **duty** N: **to be on ~ duty** estar de guardia; ~ **fence** N vallado m; ~ **line** N piquete m; **to cross a ~ line** no hacer caso de un piquete.
pickings [ˈpɪkɪŋz] NPL (leftovers) restos mpl, sobras fpl; (pilferings) ganancias fpl.
pickle [ˈpɪkl] **1** N **a** (food) encurtido m, escabeche m. **b** (fam: plight) lío m, apuro m, aprieto m; **to be in a ~** estar en un apuro. **2** VT conservar en adobo or escabeche; **to be ~d** (fam: drunk) estar jumado (fam); **~d herrings** arenques mpl en escabeche; **~d onions** cebollas fpl en vinagre.
pick-me-up [ˈpɪkmiːʌp] N (drink) bebida f tonificante; (Med) tónico m, reconstituyente m.
pickpocket [ˈpɪkˌpɒkɪt] N carterista mf.
pick-up [ˈpɪkʌp] **1** N **a** (also ~ **arm**) brazo m (del tocadiscos). **b** (also ~ **truck**) furgoneta f, camioneta f. **c** (fam: casual lover) ligue m. **2** CPD: ~ **point** N punto m de recogida.
picky [ˈpɪkɪ] ADJ (US fam) **a** (critical) criticón/ona. **b** (choosy) melindroso/a, delicado/a.
picnic [ˈpɪknɪk] (vb: pt, pp ~**ked**) **1** N comida f campestre or de campo, picnic m (esp LAm); **to go on a ~** ir de picnic or a comer al campo; **it was no ~** (fig fam) no fue nada fácil. **2** VI hacer comida campestre or comer en el campo. **3** CPD: ~ **area** N zona f de picnic; (AUT) área f de descanso; ~ **basket** N cesta f, canasta f (LAm); ~ **site** N área f de picnic.
picnicker [ˈpɪknɪkəʳ] N excursionista mf.
pictorial [pɪkˈtɔːrɪəl] ADJ (gen) gráfico/a; (Art) pictórico/a; (magazine) ilustrado/a.
picture [ˈpɪktʃəʳ] **1** N **a** (Art) cuadro m; (: painting) pintura f; (: portrait) retrato m; (photo) foto f; (in book) lámina f; **he looked the ~ of health** rebosaba de salud; **you're the ~ of your mother** eres el vivo retrato de tu madre; **the garden is a ~ in June** el jardín es una preciosidad en junio; **his face was a ~** ¡la cara que puso!,

vieras su cara (*LAm*), hubieras visto su cara (*LAm*).

b (*TV*) imagen *f*; **we get a good ~ here** recibimos buena imagen aquí.

c (*Cine*) película *f*, film(e) *m*; **to go to the ~s** ir al cine.

d (*mental image*) imagen *f*; **the other side of the ~** el reverso de la medalla; **he painted a black ~ of the future** nos pintó un cuadro muy negro del porvenir; **these figures give the general ~** estas cifras ofrecen una visión de conjunto; **I get the ~** (*fam*) ya comprendo; **to put sb in the ~** poner a algn al corriente *or* al tanto.

2 VT (*imagine*) imaginarse, figurarse; (*by painting, drawing*) representar.

3 CPD: **~ book** N libro *m* de dibujos; **~ frame** N marco *m*; **~ gallery** N galería *f* de arte; **~ postcard** N (tarjeta *f*) postal *f*; **~ window** N ventanal *m*.

picturesque [ˌpɪktʃə'resk] ADJ pintoresco/a.

pidgin ['pɪdʒɪn] N (*also* **~ English**) lengua franca (*inglés-chino*) comercial del Lejano Oriente.

pie [paɪ] N (*of fruit*) tarta *f*, pay *m* (*LAm*); (*of meat, fish etc: large*) pastel *m*; (: *small*) empanada *f*; **it's all ~ in the sky** es pura ilusión; **to eat humble ~** tragarse su orgullo y pedir perdón.

2 CPD: **~ chart** N gráfico *m* de sectores *or* de tarta; **~ crust pastry** N (*US*) pasta *f* quebradiza.

piece [pi:s] **1** N **a** (*gen*) pedazo *m*, trozo *m*; (*part, member of a set*) pieza *f*; (*fragment*) pedazo; (*counter. Chess etc*) pieza; (*Draughts etc*) ficha *f*; (*composition*) pieza, obra *f*; **a 10p ~** una moneda de diez peniques; **a ~ of luggage** un bulto; **it's a ~ of cake** (*fam*) es pan comido; **a ~ of clothing** una prenda (de vestir); **a ~ of news** una noticia; **a ~ of luck** una suerte, un golpe de suerte; **a ~ of advice** un consejo; **it is made all in one ~** está hecho de una sola pieza; **to get back all in one ~** volver sano y salvo; **to pick up the ~s** recoger los platos rotos; **to leave sb to pick up the ~s** dejar que otro pague los platos rotos; **~ by ~** pieza por *or* a pieza; **to be in ~s** (*taken apart*) estar desmontado *or* desarmado; (*broken*) quedar en pedazos *or* despedazado; **to take sth to ~s** desmontar *or* desarmar algo; **to come** *or* **fall to ~s** hacerse pedazos; **to smash sth to ~s** hacer pedazos *or* trizas algo; **to tear** *or* **pull sth/sb to ~s** (*lit*) hacer pedazos *or* trizas algo/a algn; (*prey*) desgarrar algo/a algn; (*fig*) dejar por los suelos *or* hecho un trapo algo/a algn; **to go to ~s** (*fig: building, organization*) hundirse; (: *person: have a breakdown*) quedar deshecho, quedar hecho pedazos; (: *lose one's grip*) perder el norte completamente; **to say one's ~** decir su parecer *or* lo suyo; **I said my ~ and left** dije lo que tenía que decir y salí.

b (*fam: woman*) monada *f*.

2 CPD (*rate*) a destajo; **a six-~ band/tea set** un conjunto de seis (músicos)/una vajilla de seis piezas.

◆ piece together VT + ADV armar; (*fig: events, evidence*) reconstruir, atar cabos.

piecemeal ['pi:smi:l] **1** ADV poco a poco, por partes.

2 ADJ poco sistemático/a.

piecework ['pi:swɜ:k] N trabajo *m* a destajo.

pieceworker ['pi:swɜ:kər] N destajista *mf*.

pie-eyed ['paɪ'aɪd] ADJ (*fam*) jumado/a (*fam*).

pier [pɪər] N (*amusement centre etc*) malecón *m*; (*landing-stage*) embarcadero *m*, muelle *m*; (*of bridge*) estribo *m*, pila *f*.

pierce [pɪəs] VT (*with sharp tool etc*) perforar; (*with drill*) taladrar; (*penetrate*) penetrar en; (*fig: sound, coldness etc*) penetrar, trascender; (: *painfully*) herir; **the bullet ~d his lung** la bala le atravesó el pulmón; **to have one's ears ~d** hacerse los agujeros de las orejas; **a nail ~d the tyre** un clavo pinchó el neumático; **a cry ~d the silence** un grito desgarró el silencio.

piercing ['pɪəsɪŋ] ADJ penetrante, agudo/a.

piety ['paɪətɪ] N piedad *f*.

piffle ['pɪfl] N (*fam*) disparates *mpl*, tonterías *fpl*; **~!** ¡bobadas!, ¡tonterías!

pig [pɪg] **1** N **a** cerdo *m*, marrano *m*, chancho *m* (*LAm*); **to buy a ~ in a poke** (*fig*) comprar algo a ciegas; **he made a right ~'s ear of it** (*fam*) se armó un tremendo lío con eso.

b (*fam: person: dirty, nasty*) cerdo/a *m/f*, puerco/a *m/f*, cochino/a *m/f*, chancho/a *m* (*LAm*); (: *greedy*) comilón/ona *m/f*, tragón/ona *m/f*; (: *policeman*) poli *m* (*fam*); **the boss is a ~** el jefe es un bruto; **to make a ~ of o.s.** ponerse morado.

2 CPD: **~ iron** N hierro *m* en lingotes.

pigeon ['pɪdʒən] **1** N (*gen*) paloma *f*; (*as food*) pichón *m*.

2 CPD: **clay ~ shooting** N tiro *m* al pichón.

pigeonhole ['pɪdʒənhəʊl] N casilla *f*.

pigeon-toed ['pɪdʒən'təʊd] ADJ patituerto/a.

piggery ['pɪgərɪ] N pocilga *f*.

piggy ['pɪgɪ] **1** N cerdito *m*; **to be ~ in the middle** sufrir por estar entre otros dos que se riñen *etc*. **2** ADJ: **with little ~ eyes** con ojos pequeños como de cerdo. **3** CPD: **~ bank** N hucha *f* (en forma de cerdito).

piggyback ['pɪgɪbæk] ADV = **pickaback**.

pigheaded ['pɪg'hedɪd] ADJ terco/a, testarudo/a.

piglet ['pɪglɪt] N cerdito *m*, cochinillo *m*.

pigment ['pɪgmənt] N pigmento *m*.

pigmentation [ˌpɪgmən'teɪʃən] N pigmentación *f*.

pigmy ['pɪgmɪ] N = **pygmy**.

pigskin ['pɪgskɪn] N piel *f* de cerdo.

pigsty ['pɪgstaɪ] N pocilga *f*.

pigtail ['pɪgteɪl] N trenza *f*; (*Chinese, Bullfighting*) coleta *f*.

pike[1] [paɪk] N (*Mil*) pica *f*.

pike[2] [paɪk] N (*pl* **~**) (*fish*) lucio *m*.

pikestaff ['paɪkstɑːf] N *see* **plain 1(a)**.

pilchard ['pɪltʃəd] N sardina *f*.

pile[1] [paɪl] **1** N **a** (*heap*) montón *m*; **to put things in a ~** amontonar cosas.

b (*fam: large amount*) **~s of** montones de; **a ~ of** un montón de.

c (*column etc*) pilote *m*; (*stake*) estaca *f*.

d (*fam: fortune*) dineral *m*, fortuna *f*.

e (*hum: building*) caserón *m*, mole *f*.

2 VT amontonar; **a table ~d high with books** una mesa abarrotada de libros.

3 VI (*fam*) **~ in!** ¡súbanse como puedan!; **to ~ into a car** meterse en un coche; **to ~ on to a bus** meterse a empujones en un bus.

◆ pile on VT + ADV: **to ~ on the pressure** (*fam*) aumentar la presión; **to ~ it on** (*fam*) exagerar.

◆ pile up **1** VI + ADV (*lit, fig*) amontonarse; **the evidence is piling up** las pruebas van acumulándose.

2 VT + ADV amontonar, acumular.

pile[2] [paɪl] N (*of carpet, cloth*) pelo *m*.

pile-driver ['paɪl,draɪvər] N martinete *m*.

piles [paɪlz] NPL (*Med*) almorranas *fpl*, hemorroides *fpl*.

pile-up ['paɪlʌp] N (*Aut fam*) accidente *m* múltiple.

pilfer ['pɪlfər] VT, VI (*fam*) ratear, sisar (*fam*).

pilgrim ['pɪlgrɪm] N peregrino/a *m/f*.

┌─── PILGRIM FATHERS ───

ⓘ Los **Pilgrim Fathers** *fueron un grupo de puritanos que abandonaron Inglaterra en 1620 huyendo de las persecuciones religiosas y que, después de cruzar el Atlántico en el* **Mayflower***, fundaron una colonia en Nueva Inglaterra (New Plymouth, Massachusetts), dando así comienzo a la colonización británica en Norteamérica. Se les considera como los fundadores de Estados Unidos y el éxito de su primera cosecha se conmemora cada año en el Día de Acción de Gracias (***Thanksgiving Day***).*

pilgrimage ['pɪlgrɪmɪdʒ] N peregrinación *f*, romería *f*; **to go on a ~, to make a ~** ir en peregrinación *or* romería.

pill [pɪl] N píldora *f*, pastilla *f*; **to be on the ~** tomar la píldora (anticonceptiva).

pillage ['pɪlɪdʒ] VT, VI pillar, saquear.

pillar ['pɪlər] **1** N columna *f*; **a ~ of smoke** una columna de humo; **to be a ~ of strength** ser firme como una roca; **a ~ of the church** un pilar de la iglesia; **to go from ~ to post** ir de Ceca en Meca.

2 CPD: **~ box** N (*Brit*) buzón *m*; **~-box red** N carmesí *m*.

pillion ['pɪljən] **1** N (*also* **~ seat**) asiento *m* trasero.

2 ADV: **to ride ~** ir en el asiento trasero.

pillock ['pɪlək] N (*Brit fam*) gili *mf* (*fam*).

pillory ['pɪlərɪ] **1** N picota *f*. **2** VT dejar en ridículo.

pillow ['pɪləʊ] **1** N (*for sleeping etc*) almohada *f*; (*cushion*) almohadilla *f*; (*Tech*) cojinete *m*. **2** CPD: ~ **talk** N charla *f* de enamorados (en la cama).

pillowcase ['pɪləʊkeɪs], **pillowslip** ['pɪləʊslɪp] N funda *f* de almohada.

pilot ['paɪlət] **1** N (*Aer, Naut*) piloto *m*. **2** VT (*Aer, Naut*) pilotar, pilotear (*esp LAm*); (*fig: guide*) guiar, dirigir. **3** CPD modelo, piloto; ~ **boat** N barco *m* del práctico; ~ **light** N (*Aut, gas*) piloto *m*; ~ **plant** N planta *f* de prueba *or* piloto; ~ **programme,** (*US*) ~ **program** N programa *m* piloto; ~ **scheme** N proyecto *m* piloto; ~ **series** N serie *f* piloto; ~ **study** N estudio *m* piloto.

pimento [pɪ'mentəʊ] N (*pl* ~**s**) pimiento *m* morrón.

pimp [pɪmp] **1** N chulo *m*, cafiche *m* (*CSur fam*). **2** VI: **to ~ for sb** servir de alcahuete a algn.

pimple ['pɪmpl] N grano *m*; (*on face*) espinilla *f*.

pimply ['pɪmplɪ] ADJ (*comp* **-ier**; *superl* **-iest**) cubierto/a de granos.

PIMS N ABBR *of* **personal information management system.**

PIN [pɪn] N ABBR (*Comput, Fin: also* ~ **number**) *of* **personal identification number** NPI *m*.

pin [pɪn] **1** N **a** (*Sew etc*) alfiler *m*; (*safety* ~) imperdible *m*, seguro *m* (*CAm, Mex*); (*for hair etc*) horquilla *f*. **b** (*drawing* ~) chincheta *f*, chinche *f or m* (*LAm*); (*Tech*) clavija *f*, botón *m*; (: *of wood*) espiga *f*; (: *bolt*) perno *m*; (*in grenade*) percutor *m*; (*Elec: of plug*) polo *m*; (*Bowling*) bolo *m*; **three-~ plug** enchufe *f* de 3 polos; **~s and needles** hormigueo *msg*; **as neat as a (new)** ~ limpio como un espejo; **you could have heard a** ~ **drop** se podía oír el vuelo de una mosca; **for two ~s I'd hit him!** (*fam*) ¡por poco le pego! **2** VT **a** clavar; (*clothes etc*) sujetar con alfileres. **b** (*fig*) **to ~ sb against a wall** atrapar a algn contra una pared; **to ~ sb's arms to his sides** sujetar los brazos de algn; **to ~ one's hopes on sth** poner sus esperanzas en algo. **c** (*fam: accuse of*) **to ~ a crime on sb** cargar a algn con un delito; **you can't ~ it on me** no podéis lograr que yo cargue con la culpa. **3** CPD: ~ **money** N alfileres *mpl*.

◆ **pin down** VT + ADV **a** (*fasten or hold down*) sujetar. **b** (*fig*) **to ~ sb down** hacer que algn concrete; **you can't ~ him down to a date** es imposible lograr que nos diga una fecha concreta.

◆ **pin up** VT + ADV (*on wall etc*) clavar; (*dress etc*) prender con alfileres; (*hair*) recoger.

pinafore ['pɪnəfɔːr] **1** N (*overall, apron*) delantal *m*. **2** CPD: ~ **dress** N pichi *m*.

pinball ['pɪnbɔːl] N millón *m*, flíper *m*.

pincers ['pɪnsəz] NPL (*Tech*) tenazas *fpl*; (*Zool*) pinzas *fpl*.

pinch [pɪntʃ] **1** N **a** (*with fingers*) pellizco *m*. **b** (*small quantity*) pizca *f*; **to take sth with a ~ of salt** (*fig*) tomar algo con reservas. **c** (*pressure*) apuro *m*, aprieto *m*; **to feel the ~** pasar estrecheces (*Sp*); **at a ~** = en caso de apuro; **if it comes to the ~** en un caso extremo. **2** VT **a** (*with fingers*) pellizcar; (*subj: shoe*) apretar. **b** (*fam: steal*) birlar, robar; **I had my pen ~ed** me guindaron la pluma. **c** (*fam: arrest*) pescar. **3** VI (*shoe*) apretar; **to ~ and scrape** escatimar gastos; **they ~ed and scraped to send her to college** se privaron de muchas cosas a fin de poder enviarla a la universidad.

pinched ['pɪntʃt] ADJ **a** **to look ~** tener cara de cansado; ~ **with cold/hunger** muerto de frío/de hambre. **b** (*short*) ~ **for money/space** escaso *or* falto de dinero/sitio.

pincushion ['pɪn,kʊʃən] N acerico *m*.

pine¹ [paɪn] **1** N pino *m*. **2** CPD: ~ **cone** N piña *f*; ~ **needle** N aguja *f* de pino; ~ **tree** N pino *m*.

pine² [paɪn] VI consumirse; **to ~ for sb/sth** suspirar por

algn/algo; **to ~ away** morirse de pena.

pineapple ['paɪn,æpl] N piña *f*, ananá(s) *m* (*LAm*).

ping [pɪŋ] **1** N (*on striking*) sonido *m* metálico; (*of bullet*) silbido *m*. **2** VI (*see 1*) hacer un sonido metálico; silbar.

ping-pong ® ['pɪŋpɒŋ] **1** N ping-pong *m* ®, tenis *m* de mesa. **2** CPD: ~ **ball** N pelota *f* de ping-pong.

pinion ['pɪnjən] N (*Tech*) piñón *m*.

pink¹ [pɪŋk] **1** N **a** (*colour*) rosa *m*. **b** (*Bot*) clavel *m*. **c** **to be in the ~ (of health)** rebosar de salud. **2** ADJ **a** (*colour*) (color de) rosa; **to turn ~** (*flush*) ponerse colorado, sonrojarse; **to be tickled ~ about sth** (*fam*) estar encantado con algo; (*joke*) reírse mucho con algo. **b** (*Pol fam*) rojillo/a.

pink² [pɪŋk] VT (*Sew*) ondear, picar.

pinkie ['pɪŋkɪ] N (*Scot fam, US fam*) dedo *m* meñique.

pinking shears ['pɪŋkɪŋˌʃiːəz] NPL tijeras *fpl* dentadas.

pinnacle ['pɪnəkl] N (*Archit*) pináculo *m*; (*of rock etc*) cima *f*; (*fig*) cumbre *f*, pináculo.

pinpoint ['pɪnpɔɪnt] VT señalar, precisar.

pinprick ['pɪnprɪk] N (*lit*) pinchazo *m*; (*fig*) pequeña molestia *f*.

pinstripe ['pɪnstraɪp] ADJ: ~ **suit** traje *m* a rayas.

pint [paɪnt] N **a** (*measure*) pinta *f*. **b** (*Brit fam: of beer*) pinta *f* de cerveza, una cerveza; **to go for a ~** salir a tomar una copa; **we had a few ~s** bebimos unas cuantas.

pinta ['paɪntə] N (*Brit fam*) pinta *f* de leche.

pint-size(d) ['paɪntsaɪz(d)] ADJ (*fam*) diminuto/a, pequeñito/a.

pin-up (girl) ['pɪnʌp(ˌgɜːl)] N pinup *f*.

pioneer [ˌpaɪə'nɪər] **1** N (*founder*) pionero/a *m/f*, fundador(a) *m/f*; (*forerunner*) precursor(a) *m/f*. **2** VT promover, iniciar.

pious ['paɪəs] ADJ pío/a, piadoso/a; (*pej*) beato/a.

pip¹ [pɪp] (*Brit fam*) N: **to give sb the ~** sacar de quicio a algn; **to have the ~** estar disgustado.

pip² [pɪp] N (*Bot*) pepita *f*, pepa *f* (*esp LAm*); (*on card, dice*) punto *m*; (*Brit Mil fam: on uniform*) estrella *f*; (*on radar screen*) señal *f*; **the ~s** (*Telec*) la señal.

pip³ [pɪp] VT: **to be ~ped at the post** (*Brit fam*) perder por un pelo.

pipe [paɪp] **1** N **a** (*tube for water, gas etc*) conducto *m*, tubería *f*, cañería *f*. **b** (*Mus: of organ*) cañón *m*; (: *wind instrument*) flauta *f*, caramillo *m*, quena *f* (*And, CSur*), andaras *msg* (*And*); **the ~s** (*Scot*) la gaita. **c** (*smoker's*) pipa *f*, cachimba *f* (*LAm*); **to smoke a ~** fumar en pipa; **put that in your ~ and smoke it!** (*fam*) ¡chúpate ésa! **2** VT **a** (*water*) transportar por tubería; (*oil*) transportar por oleoducto; **water is ~d to the farm** se conduce el agua a la granja por unas cañerías; **~d music** hilo *m* musical. **b** (*Mus*) tocar en flauta *or* gaita *etc*; (*speak or sing in high voice*) chillar; **to ~ sb aboard** (*Naut*) pitar cuando algn sube a bordo. **c** (*Culin*) adornar con manga. **3** CPD: ~ **cleaner** N limpiapipas *m inv*; ~ **dream** N sueño *m* imposible.

◆ **pipe down** VI + ADV (*fam*) callarse.

◆ **pipe up** VI + ADV (*fam*) hacerse oír, intervenir.

pipeline ['paɪplaɪn] N (*for water*) tubería *f*, cañería *f*; (*for oil*) oleoducto *m*; (*for gas*) gaseoducto *m*; **it is in the ~** (*fig*) está en trámites.

piper ['paɪpər] N (*on bagpipes*) gaitero/a *m/f*.

piping ['paɪpɪŋ] **1** N (*tubing*) tubería *f*, cañería *f*; (*Sew*) ribete *m*; (*Mus*) música *f* de gaita. **2** ADV: ~ **hot** bien caliente.

piquancy ['piːkənsɪ] N gusto *m* picante.

piquant ['piːkənt] ADJ picante.

pique [piːk] **1** N resentimiento *m*; **to do sth in a fit of ~** hacer algo por resentimiento. **2** VT picar, herir.

piracy ['paɪərəsɪ] N piratería *f*.

piranha [pɪ'rɑːnə] N piraña *f*.

pirate ['paɪərɪt] **1** N pirata *mf*; (*in publishing etc*) pirata.

2 VT piratear. 3 CPD pirata *inv*; ~ **radio** N emisora *f* pirata.

pirated ['paɪərɪtɪd] ADJ (*book, record etc*) pirata.
pirouette [,pɪrʊ'et] 1 N pirueta *f*. 2 VI piruetear.
Pisces ['paɪsiːz] N Piscis *m*.
piss [pɪs] (*fam!*) 1 N meados *mpl*; **to take the ~ out of sb** cachondearse de algn (*fam*). 2 VI mear.
◆ **piss about** VI + ADV (*fam!*) hacer el oso.
pissed [pɪst] (*fam!*) ADJ: **to be ~** (*Brit: drunk*) estar ajumado/a (*fam*); (*US*) estar de mala leche (*fam!*); **to be ~ off** (*fam!*) estar hasta las narices (*fam*) (**with** de).
piss-up ['pɪsʌp] N (*fam!*) juerga *f* de borrachera (*fam*).
pistachio [pɪs'taːʃɪəʊ] N pistacho *m*; (*tree*) pistachero *m*; (*colour*) color *m* de pistacho.
pistol ['pɪstl] 1 N pistola *f*. 2 CPD: ~ **shot** N pistoletazo *m*.
piston ['pɪstən] 1 N pistón *m*, émbolo *m*. 2 CPD: ~ **engine** N motor *m* a pistón; ~ **rod** N vástago *m* de émbolo, barra *f* de pistón.
pit¹ [pɪt] 1 N a (*hole in ground*) hoyo *m*, hoya *f*; (*coal mine*) mina *f* de carbón; (*quarry*) cantera *f*; (*to trap animals*) trampa *f*; (*of stomach*) boca *f*; **he works down the ~(s)** trabaja en las minas.
b (*Aut: in garage*) foso *m* or pozo *m* de inspección; (*Motor racing*) box *m*.
c (*Brit Theat*) platea *f*.
d (*small depression on surface*) hoyo *m*, picadura *f*.
e (*US*) **the ~s** (*gloom*) estado *m* de depresión; **this game is the ~s** este partido es una basura.
2 VT a (*mark*) llenar de hoyos; **~ted with ...** marcado de ....
b **to ~ A against B** oponer A a B; **we ~ted all our strength against him** nos opusimos a él con todas nuestras fuerzas.
3 CPD: ~ **stop** N (*Motor racing*) entrada *f* a boxes; (*fam: on journey*) parada *f* en ruta.
pit² [pɪt] (*US*) N (*in fruit*) pepita *f*, hueso *m*, pepa *f* (*esp LAm*).
pitapat ['pɪtə'pæt] ADV: **to go ~** (*feet, heart, rain*) golpetear.
pitch¹ [pɪtʃ] 1 N (*tar*) pez *f*, brea *f*. 2 CPD: ~ **black**, ~ **dark** ADJ negro/a como la boca de lobo; ~ **pine** N pino *m* de tea.
pitch² [pɪtʃ] 1 N a (*throw*) lanzamiento *m*, echada *f*.
b (*Naut*) cabezada *f*.
c (*esp Brit Sport*) campo *m*, terreno *m*, cancha *f* (*LAm*).
d (*esp Brit: place in market etc*) puesto *m*; (*fig: usual place on beach etc*) terreno *m*.
e (*angle, slope: of roof*) pendiente *f*.
f (*of note, voice, instrument*) tono *m*.
g (*fig: degree*) nivel *m*, grado *m*; **at its (highest) ~** en su punto máximo; **his anger reached such a ~ that ...** su ira llegó a tal extremo *or* a tal punto que ....
h (*fam*) **to make a ~ for sth** tratar de asegurarse algo.
2 VT a (*throw*) lanzar, arrojar, echar.
b (*Mus*) entonar.
c (*fig*) **to ~ one's aspirations too high** picar demasiado alto; **to ~ it too strong** (*fam*) exagerar.
d (*set up: tent*) armar, montar.
3 VI a (*fall*) caer, caerse; **the passengers ~ed forward as the coach stopped** los pasajeros fueron impulsados hacia adelante cuando se paró el autocar.
b (*Naut, Aer*) cabecear; **the ship ~ed and tossed** el barco cabeceaba.
◆ **pitch in** VI + ADV (*fam*) echar una mano; **so we all ~ed in together** así que todos nos pusimos a trabajar *etc* juntos.
◆ **pitch into** 1 VI + PREP (*attack*) atacar, arremeterse contra; (*verbally etc*) criticar, meterse con; (*start: work, food*) lanzarse *or* echarse a.
2 VT + PREP: **to ~ sb into sth** tirar (*Sp*) *or* echar a algn a algo.
pitch-and-putt [,pɪtʃən'pʌt] N minigolf *m*.
pitched [pɪtʃt] ADJ: ~ **battle** (*Mil, fig*) batalla *f* campal.
pitcher¹ ['pɪtʃər] N (*jar*) cántaro *m*, jarro *m*.
pitcher² ['pɪtʃər] N (*Baseball*) pítcher *m*.
pitchfork ['pɪtʃfɔːk] 1 N horca *f*. 2 VT: **to ~ sb into a job** (*fig*) meter a algn a hacer un trabajo sin preparación.
piteous ['pɪtɪəs] ADJ lastimoso/a.

piteously ['pɪtɪəslɪ] ADV lastimosamente.
pitfall ['pɪtfɔːl] N (*fig: danger*) peligro *m*; (: *problem*) dificultad *f*.
pith [pɪθ] N (*Bot*) médula *f*; (*fig: core*) meollo *m*.
pithead ['pɪthed] N bocamina *f*.
pithy ['pɪθɪ] ADJ (*comp* **-ier**; *superl* **-iest**) (*Bot*) meduloso/a; (*fig*) jugoso/a.
pitiable ['pɪtɪəbl] ADJ = **pitiful**.
pitiful ['pɪtɪfʊl] ADJ a (*moving to pity*) lastimoso/a, que da lástima. b (*contemptible*) despreciable. c (*dreadful*) funesto/a, pésimo/a.
pitiless ['pɪtɪlɪs] ADJ despiadado/a.
pittance ['pɪtəns] N miseria *f*.
pitted ['pɪtɪd] ADJ a (*skin*) picado/a (de viruelas); (*surface*) picado/a. b (*US: fruit*) deshuesado/a.
pitter-patter ['pɪtə'pætər] = **patter²**.
pituitary (gland) [pɪ'tjuːɪtərɪ(,glænd)] N glándula *f* pituitaria.
pity ['pɪtɪ] 1 N a piedad *f*, compasión *f*; **for ~'s sake!** ¡por (amor de) Dios!; **to have** *or* **take ~ on sb** compadecerse de algn; **I did it out of ~ for him** se lo hice por compasión.
b (*cause of regret*) lástima *f*, pena *f* (*LAm*); **what a ~!** ¡qué pena!, ¡qué lástima!; **more's the ~** desgraciadamente, pero ¿qué le vamos a hacer?; **it is a ~ that you can't come** qué pena que no puedas venir.
2 VT compadecer(se de).
pitying ['pɪtɪɪŋ] ADJ compasivo/a.
pityingly ['pɪtɪɪŋlɪ] ADV compasivamente.
pivot ['pɪvət] 1 N (*Mil, Tech*) pivote *m*; (*fig*) eje *m*. 2 VT montar sobre un pivote. 3 VI girar sobre su eje; **to ~ on sth** (*fig*) girar sobre algo.
pixel ['pɪksel] N (*Comput*) pixel *m*, píxel *m*, punto *m*.
pixie ['pɪksɪ] N duendecillo *m*.
pizza ['piːtsə] N pizza *f*.
piz(z)azz [pə'zæz] N (*fam*) energía *f*, dinamismo *f*.
pizzeria [,piːtsə'rɪə] N pizzería *f*.
PL a/c ABBR of **profit and loss account**.
placard ['plækaːd] N (*carried in procession etc*) pancarta *f*.
placate [plə'keɪt] VT aplacar, apaciguar.
place [pleɪs] 1 N a (*gen*) lugar *m*, sitio *m*; **we came to a ~ where ...** llegamos a un lugar donde ...; **any ~ will do** cualquier lugar será conveniente; **from ~ to ~** de un sitio a otro; **it must be some ~ else** (*US*) estará en otra parte; **this is no ~ for you** éste no es sitio para Ud; **when the new law is in ~** cuando la nueva ley entre en vigor; **the furniture was all over the ~** había muebles por todas partes; **it all began to fall into ~** todo empezó a tener sentido; **to go ~s** (*travel*) viajar, conocer mundo; **he's going ~s** (*fig fam*) llegará lejos.
b (*specific*) ~ **of business** lugar *m* de trabajo; (*office*) oficina *f*, despacho *m*; ~ **of worship** templo *m*.
c (*town etc*) sitio *m*, lugar *m*; **it's just a small country ~** no es más que un pequeño pueblo rural.
d (*house, home*) casa *f*, domicilio *m*; **his ~ in the country** su casa de campo; **come to our ~** ven a casa, pasa por casa; **my ~ or yours?** ¿en mi casa o en la tuya?
e (*in street names*) plaza *f*.
f (*proper or natural ~*) sitio *m*, lugar *m*; **to be in ~** estar en su lugar; **everything in its ~** cada cosa en su lugar; **to put sth back in its ~** devolver algo a su sitio; **it looks out of ~ here** aquí no está bien; **that remark was quite out of ~** aquella observación estaba fuera de lugar; **I feel rather out of ~ here** me encuentro algo desplazado; **this isn't the ~ to discuss politics** no es el lugar más indicado para hablar de política; **to change ~s with sb** cambiar de sitio con otro; **to take the ~ of sth/sb** sustituir *or* suplir algo/a algn; **nobody could ever take his ~** nadie sería capaz de sustituirle; **if I were in your ~** yo en tu lugar.
g (*in book etc*) página *f*; **to find/lose one's ~** encontrar/perder la página.
h (*seat*) asiento *m*; (: *in cinema, theatre etc*) localidad *f*; (: *at table*) sitio *m*; **to lay an extra ~ for sb** poner otro cubierto para algn; **are there any ~s left?** ¿quedan plazas?

i (*job, vacancy*) puesto *m*, vacante *f*; (*in queue*) turno *m*; (*in team, school, hospital etc*) lugar *m*; **he found a ~ for his nephew in the firm** encontró un puesto en la compañía para su sobrino; **to give up/lose one's ~ (in a queue)** ceder/perder su turno.

j (*social position etc*) rango *m*, lugar *m*; **friends in high ~s** amigos bien situados; **to know one's ~** conocer su lugar; **it is not my ~ to do it** no me incumbe a mí hacerlo; **to put sb in his ~** poner a algn en su lugar.

k (*in series, as rank etc*) posición *f*, lugar *m*; **in the first/second ~** en primer/segundo lugar; **she took second ~ in the race/Latin exam** quedó la segunda en la carrera/el examen de Latín; **A won with B in second ~** ganó A, con B en segunda posición.

l in ~ of en lugar de, en vez de; **to take ~** tener lugar.

2 VT **a** (*put: gen*) poner, colocar; **to ~ confidence in sb** poner confianza en algn; **we should ~ no trust in that** no hay que fiarse de eso.

b (*situate*) situar, ubicar; **the house is well ~d** la casa está bien situada; **we are better ~d than a month ago** estamos en mejor situación que hace un mes.

c (*orders etc*) **to ~ an order with sb** hacer un pedido a algn; **to ~ a contract for machinery with a French firm** firmar un contrato con una compañía francesa para adquirir unas máquinas; **to ~ products** (*sell*) vender productos; **to ~ a matter in sb's hands** dejar un asunto en manos de algn; **we could ~ 200 men** podríamos ofrecer empleo a 200 hombres; **the child was ~d with a loving family** el niño fue a vivir con una familia muy cariñosa.

d (*in exam, race etc*) colocar, clasificar; **to be ~d second** quedar segundo; **Vigo is well ~d in the League** el Vigo tiene un buen puesto en la Liga.

e (*recall, identify*) recordar, ubicar (*LAm*); **I can't ~ him** no recuerdo de dónde lo conozco, no le ubico (*LAm*).

3 CPD: **~ card** N tarjeta *f* para indicar la posición de algn en la mesa; **~ mat** N tapete *m* individual; **~ name** N topónimo *m*.

placebo [pləˈsiːbəʊ] N (*pl* **~s** *or* **~es**) placebo *m*.
placement [ˈpleɪsmənt] N colocación *f*.
placenta [pləˈsentə] N placenta *f*.
placid [ˈplæsɪd] ADJ apacible, plácido/a.
plagiarism [ˈpleɪdʒɪərɪzəm] N plagio *m*.
plagiarist [ˈpleɪdʒɪərɪst] N plagiario/a *m/f*.
plagiarize [ˈpleɪdʒɪəraɪz] VT plagiar.
plague [pleɪg] **1** N (*disease*) plaga *f*; (*the ~*) (la) peste; (*fig*) molestia *f*, fastidio *m*; **to avoid sb/sth like the ~** huir de algn/algo como de la peste; **a ~ of rats** una plaga de ratas.

2 VT (*fig*) atormentar; **to ~ sb with questions** acosar a algn con preguntas.

plaice [pleɪs] N platija *f*.
plaid [plæd] N (*cloth*) tela *f* escocesa *or* a cuadros.
plain [pleɪn] **1** ADJ (*comp* **~er**; *superl* **~est**) **a** (*clear, obvious*) claro/a, evidente; **it is ~ that …** es evidente que …; **it's as ~ as a pikestaff** *or* **as the nose on your face** (*fam*) está más claro que el agua; **you have made your feelings ~** dejaste claros tus sentimientos; **to make sth ~ to sb** dejar algo en claro *or* poner algo de manifiesto a algn.

b (*outspoken, honest*) franco/a, directo/a; **~ dealing** trato *m* directo; **in ~ language** *or* **English** en palabras claras; **I shall be ~ with you** le hablaré con toda franqueza.

c (*simple, with nothing added*) sencillo/a; (*paper: unlined*) sin raya; (*fabric: in one colour*) de un solo color, liso/a; **the ~ truth** la verdad lisa y llana; **under ~ cover** en un paquete discreto; **he's a ~ man** es un hombre llano; **she used to be ~ Miss Jones** se llamaba simplemente la Srta Jones; **it's just ~ common sense** (*fam*) es de lo más lógico; **it's a ~ guess** evidentemente es una conjetura; **~ chocolate** chocolate *m* oscuro *or* amargo; **in ~ clothes** (*policeman etc*) vestido de civil *or* paisano; **~ flour** harina *f* sin levadura; **it's ~ sailing from now on** (*fam*) a partir de ahora es de lo más sencillo; **~ stitch** (*Knitting*) punto *m* sencillo.

d (*not pretty*) sin atractivo; **she's terribly ~** no tiene atractivo alguno.

2 ADV **a** (*fam: simply, completely*) claramente; **he's ~ wrong** no tiene razón, y punto.

b **I can't put it ~er than that** más claramente no lo puedo decir.

3 N **a** (*Geog*) llanura *f*, llano *m*.

b (*Knitting*) punto *m* sencillo.

plain-clothes [ˈpleɪnˈkləʊðz] ADJ: **~ policeman** policía *m* en paisano.
plainly [ˈpleɪnlɪ] ADV (*clearly*) claramente; (*frankly*) francamente; (*simply*) simplemente, sencillamente; **to put sth ~** explicar algo con claridad.
plainness [ˈpleɪnnɪs] N (*see adv*) claridad *f*; franqueza *f*; sencillez *f*.
plain-spoken [ˈpleɪnˈspəʊkən] ADJ franco/a, directo/a.
plaintiff [ˈpleɪntɪf] N demandante *mf*, querellante *mf*.
plaintive [ˈpleɪntɪv] ADJ lastimero/a, quejumbroso/a.
plait [plæt] **1** N trenza *f*. **2** VT trenzar.
▼**plan** [plæn] **1** N **a** (*scheme*) proyecto *m*, plan *m*; (*Pol, Econ*) plan; **to draw up a ~** elaborar un proyecto; **if everything goes according to ~** si todo sale como está previsto; **the ~ is to come back later** pensamos volver más tarde; **to change one's ~** cambiar de proyecto; **have you any ~s for tonight?** ¿tienes programa para esta noche?; **to make ~s** hacer proyectos *or* planes; **development ~** plan de desarrollo; **~ of campaign** (*Mil*) plan de campaña.

b (*diagram, map*) plano *m*.

2 VT **a** (*arrange*) planear, proyectar; **to ~ a robbery** planear un robo.

b (*intend*) pensar, tener la intención de; **to ~ to do sth** proponerse hacer algo; **how long do you ~ to stay?** ¿cuánto tiempo piensas quedarte?

c (*design*) planificar.

3 VI: **we are ~ning for next April** hacemos proyectos para el abril que viene; **one has to ~ months ahead** hay que planear con varios meses de anticipación; **to ~ on sth** contar con algo.

◆ **plan out** VT + ADV planear detalladamente.
plane¹ [pleɪn] N (*Bot*) plátano *m*.
plane² [pleɪn] **1** ADJ (*Geom*) plano/a.

2 N **a** (*Art, Math etc*) plano *m*.

b (*fig*) nivel *m*; **on this ~** en este nivel.

c (*tool*) cepillo *m*.

d (*aeroplane*) avión *m*; **to go by ~** ir en avión.

3 VT cepillar.

4 VI (*bird, glider, boat*) planear.

planet [ˈplænɪt] N planeta *m*.
planetarium [ˌplænɪˈtɛərɪəm] N planetario *m*.
planetary [ˈplænɪtərɪ] ADJ planetario/a.
plank [plæŋk] N (*of wood*) tabla *f*; (*fig: of policy*) punto *m*.
plankton [ˈplæŋktən] N plankton *m*.
planned [plænd] ADJ (*economy*) dirigido/a; (*development, redundancy etc*) programado/a; (*crime, murder*) premeditado/a.
planner [ˈplænər] N planificador(a) *m/f*.
planning [ˈplænɪŋ] **1** N planificación *f*. **2** CPD de planificación; **~ permission** N permiso *m* para realizar obras.
plant [plɑːnt] **1** N **a** (*Bot*) planta *f*.

b (*no pl: machinery etc*) equipo *m*, maquinaria *f*; (*factory*) fábrica *f*, planta *f*.

2 VT **a** plantar.

b (*place in position*) colocar; **to ~ an idea in sb's mind** inculcar una idea en la cabeza de algn; **he ~ed himself right in her path** (*fam*) se le plantó en el camino.

c **to ~ sth on sb** meterle algo a algn para comprometerle.

3 CPD: **~ life** N vida *f* vegetal; **~ pot** N maceta *f*, tiesto *m*.

plantain [ˈplæntɪn] N llantén *m*.
plantation [plænˈteɪʃən] N plantación *f*, hacienda *f* (*LAm*).
planter [ˈplɑːntər] N (*person*) plantador(a) *m/f*, hacendado/a *m/f* (*esp LAm*); (*machine*) plantadora *f*.
plaque [plæk] N placa *f*.
plasma [ˈplæzmə] N plasma *m*.

plaster ['plɑ:stər] **1** N a (*Constr*) yeso *m*, argamasa *f*.
b (*Med: for broken leg etc*) escayola *f*; **with his leg in ~** con la pierna escayolada.
c (*Brit: sticking ~*) esparadrapo *m*, tirita *f* (*LAm*).
d **~ of Paris** yeso *m* mate.
2 VT a (*Constr*) enyesar; **to ~ over a hole** llenar *or* tapar un hoyo con argamasa.
b (*fam: cover*) cubrir, llenar; **to ~ a wall with posters** cubrir una pared de carteles; **the story was ~ed all over the front page** el reportaje llenaba la primera plana.
3 CPD (*model, statue*) de yeso; **~ cast** N (*Med*) enyesado *m*; (*model, statue*) vaciado *m* de yeso.

plasterboard ['plɑ:stəbɔ:d] N cartón *m* yeso.

plastered ['plɑ:stəd] ADJ (*fam: drunk*) trompa, tomado/a (*LAm*).

plasterer ['plɑ:stərər] N yesero/a *m/f*.

plastic ['plæstɪk] **1** N plástico *m*; **~s** (*materiales mpl*) plásticos.
2 ADJ (*flexible*) plástico/a; **the ~ arts** las artes plásticas.
3 CPD de plástico; **~ bag** N bolsa *f* de plástico; **~ bullet** N bala *f* de goma; **~ explosive** N plástico *m*; **~s industry** N industria *f* del plástico; **~ money** N dinero *m* plástico; **~ surgeon** N cirujano/a *m/f* especializado/a en cirugía plástica; **~ surgery** N cirugía *f* plástica *or* estética.

plasticine ® ['plæstɪsi:n] N plasticina *f*®.

Plate [pleɪt] N: **the River ~** el Río de la Plata.

plate [pleɪt] **1** N a (*flat dish*) plato *m*; (*~ful*) plato; (*for church collection*) platillo *m*; (*warming ~*) plancha *f* (eléctrica); **to hand sth to sb on a ~** (*fig fam*) darle algo a algn en bandeja (de plata); **to have a lot on one's ~** (*fig fam*) estar muy atareado.
b (*silverware etc*) vajilla *f*; **gold/silver ~** vajilla de oro/plata.
c (*Phot, Tech, on door*) placa *f*; (*Aut: number ~*) matrícula *f*, placa.
d (*dental ~*) dentadura *f* (postiza).
e (*book illustration*) lámina *f*, grabado *m*.
2 VT (*with gold*) dorar; (*with silver*) platear; (*with nickel*) niquelar; **chromium ~d** chapado de cromo.
3 CPD: **~ glass** N vidrio *m* or cristal *m* cilindrado, luna *f*; **~ rack** N escurreplatos *m inv*.

plateau ['plætəʊ] N (*pl* **~s** or **~x** ['plætəʊz]) (*Geog*) meseta *f*, altiplano *m* (*LAm*).

platen ['plætən] N rodillo *m*.

platform ['plætfɔ:m] **1** N (*gen*) plataforma *f*; (*at meeting*) plataforma, tribuna *f*; (*Pol*) programa *m*; (*Rail*) andén *m*, vía *f*; **the 5.15 is at** or **on ~ 8** el tren de las 5.15 está en la vía número 8.
2 CPD: **~ ticket** N billete *m* or (*LAm*) boleto *m* de andén.

plating ['pleɪtɪŋ] N (*layer of metal*) capa *f* metálica; **silver/gold/nickel ~** plateado *m*/dorado *m*/niquelado *m*; **armour ~** blindaje *m*.

platinum ['plætɪnəm] N platino *m*; **~ blond(e) hair** pelo rubio platino.

platitude ['plætɪtju:d] N tópico *m*, lugar *m* común.

platonic [plə'tɒnɪk] ADJ platónico/a.

platoon [plə'tu:n] N (*Mil*) pelotón *m*.

platter ['plætər] N fuente *f*.

platypus ['plætɪpəs] N ornitorrinco *m*.

plausible ['plɔ:zəbl] ADJ admisible, plausible.

plausibly ['plɔ:zəblɪ] ADV plausiblemente.

play [pleɪ] **1** N a (*recreation*) juego *m*; **to be at ~** estar jugando; **to do/say sth in ~** hacer/decir algo en broma; **a ~ on words** un juego de palabras.
b (*Sport*) juego *m*; (*move, manoeuvre*) jugada *f*, movida *f*; **~ began at 3 o'clock** el partido empezó a las tres; **to be in/out of ~** (*ball*) estar en/fuera de juego; *see* **fair**[1]; **foul** 1.
c (*Theat*) obra *f* (de teatro), pieza *f*; **~s** teatro *msg*; **radio/television ~** obra para radio/televisión.
d (*Tech etc*) juego *m*; **there's not enough ~ in the rope** la cuerda no da lo suficiente.
e (*fig phrases*) **to bring** or **call into ~** poner en juego; **to give full ~ to one's imagination** dar rienda suelta a la imaginación; **to make great ~ of sth** insistir en algo, hacer hincapié en algo; **to make a ~ for sth/sb** intentar

conseguir algo/conquistar a algn; **the ~ of light on the water** el rielar de la luz sobre el agua.
2 VT a jugar; **to ~ a game of tennis** jugar un partido de tenis; **to ~ sb at chess** jugar contra algn al ajedrez; **they ~ed him in goal** le pusieron en la portería; **I ~ed him twice** jugué contra él dos veces; **last time we ~ed Sunderland ...** la última vez que jugamos contra Sunderland ...; **to ~ a trick on sb** gastar una broma a algn.
b (*perform: role*) hacer el papel de, interpretar; (: *play*) representar; (: *in town*) actuar; (*fig*) **to ~ a part (in)** intervenir (en); **what part did you ~?** ¿qué papel tuviste?; **when we last ~ed Blackpool** cuando representamos la última vez en Blackpool; *see* **fool**[1] 1.
c (*Mus etc*) tocar; **to ~ the piano/violin** tocar el piano/el violín.
d (*direct: light, hose*) dirigir.
3 VI a (*amuse o.s.*) jugar; **to go out to ~** salir a jugar; **to ~ with a stick** juguetear con un palo; **to ~ with an idea** dar vueltas a una idea; **to ~ with one's food** comiscar; **to ~ with fire** (*fig*) jugar con fuego; **he's got money to ~ with** tiene dinero de sobra.
b (*Sport, at game, gamble*) jugar; **they're ~ing at soldiers** están jugando a (los) soldados; **to ~ for money** jugar por dinero; **to ~ for time** (*fig*) tratar de ganar tiempo; **to ~ into sb's hands** (*fig*) hacerle el juego a algn; **what are you ~ing at?** (*fam*) pero ¿qué haces?, ¿qué te pasa?; **he's just ~ing at it** lo hace para pasar el tiempo nada más.
c (*move about, form patterns*) correr; **the sun was ~ing on the water** rielaba el sol sobre el agua; **a smile ~ed on his lips** una sonrisa le bailaba en los labios.
d (*Mus*) tocar; (: *sound*) sonar; **when the organ ~s** cuando suena el órgano; **to ~ on the piano** tocar el piano.
e (*Theat, Cine: act*) actuar; **to ~ in a film** trabajar en una película; **to ~ safe** obrar con cautela, ser prudente; **to ~ hard to get** hacerse de rogar; (*woman*) hacerse la difícil.
◆**play about, play around** VI + ADV: **to ~ about** *or* **around with sth** (*fiddle with*) juguetear con algo.
◆**play along 1** VI + ADV: **to ~ along (with sb)** (*fig*) seguirle el juego (a algn).
2 VT + ADV: **to ~ sb along** (*fig*) darle largas a algn.
◆**play back** VT + ADV poner.
◆**play down** VT + ADV minimizar, quitar importancia a.
◆**play off 1** VT + ADV: **to ~ off X against Y** oponer X a Y.
2 VI + ADV (*Sport*) jugar un partido de desempate.
◆**play on** VI + PREP aprovecharse de, explotar; **to ~ on sb's nerves** atacarle los nervios a algn; **to ~ on words** jugar con las palabras.
◆**play out** VT + ADV llevar a su fin; (*fantasy etc*) realizar, dar; **to be ~ed out** estar agotado/a; **they are ~ing out a drama of revenge** están representando un drama de venganza.
◆**play through** VT + PREP: **to ~ a piece of music through** tocar una pieza entera.
◆**play up 1** VI + ADV a (*Brit fam: cause trouble*) dar guerra; **the car is ~ing up** el coche no marcha bien.
b (*fam: flatter*) **to ~ up to sb** dar coba a algn.
2 VT + ADV (*fam*) a (*cause trouble to*) **to ~ sb up** darle la lata or (*LAm*) fregar a algn.
b (*exaggerate*) exagerar.

play-act ['pleɪækt] VI (*fig*) hacer la comedia.

playback ['pleɪbæk] N repetición *f*.

playbill ['pleɪbɪl] N cartel *m*.

playboy ['pleɪbɔɪ] N playboy *m*.

player ['pleɪər] N (*Sport*) jugador(a) *m/f*; (*Theat*) actor *m*, actriz *f*; (*Mus*) **violin/piano ~** *etc* violinista *mf*/pianista *mf etc*.

playful ['pleɪfʊl] ADJ (*person*) juguetón/ona; (*mood*) alegre.

playground ['pleɪɡraʊnd] N patio *m* de recreo.

playgroup ['pleɪˌɡru:p] N jardín *m* de infancia, guardería *f*, kinder *m*, kindergarten *m*.

playhouse ['pleɪhaʊs] N (*pl* **-houses** [haʊzɪz]) (*theatre*) teatro *m*; (*for children*) casa *f* de muñecas.

playing ['pleɪɪŋ] CPD: **~ card** N naipe *m*; **~ field** N campo *m or (LAm)* cancha *f* de deportes.

playmate ['pleɪmeɪt] N compañero/a *m/f* de juego.

play-off ['pleɪɒf] N (*Sport*) (partido *m* de) desempate *m*.

playpen ['pleɪpen] N parque *m*, corral *m*.

playroom ['pleɪrʊm] N cuarto *m* de juego.

playschool ['pleɪˌskuːl] N parvulario *m*.

plaything ['pleɪθɪŋ] N (*lit, fig*) juguete *m*.

playtime ['pleɪtaɪm] N (*Scol*) (hora *f* de) recreo *m*.

playwright ['pleɪraɪt] N dramaturgo/a *m/f*.

PLC, plc N ABBR (*Brit*) *of* **public limited company** S.A.

plea [pliː] **1** N (*entreaty*) súplica *f*, petición *f*; (*excuse*) pretexto *m*, disculpa *f*; (*Jur*) alegato *m*; **to enter a ~ of innocence** declararse inocente; **a ~ of insanity** un alegato de desequilibrio mental.
2 CPD: **~ bargaining** N *acuerdo táctico entre fiscal y defensor para agilizar los trámites judiciales.*

plead [pliːd] (*pt, pp* **~ed** *or esp US* **pled**) **1** VT **a** (*argue*) **to ~ sb's case** (*Jur*) defender a algn en juicio; **to ~ sb's cause** (*fig*) hablar por algn.
b (*as excuse*) pretender; **to ~ ignorance** pretextar ignorancia.
2 VI **a** (*beg*) **to ~ with sb (to do sth)** suplicar a algn (hacer algo); **to ~ with sb for sth** (*beg for*) rogar a algn que conceda algo.
b (*Jur: as defendant*) presentar declaración; **to ~ guilty/ not guilty** declararse culpable/inocente.

pleading ['pliːdɪŋ] **1** N (*entreaties*) súplicas *fpl*. **2** ADJ suplicante.

pleasant ['pleznt] ADJ (*gen*) agradable, grato/a; (*people*) simpático/a, amable; **it made a ~ change from our usual holiday** fueron unas vacaciones distintas de las acostumbradas y muy agradables.

pleasantly ['plezntlɪ] ADV en forma *or* de manera agradable; **I am ~ surprised** ¡qué grata sorpresa!

pleasantry ['plezntrɪ] N (*joke*) chiste *m*, broma *f*; (*polite*) palabra *f* de cumplido; **to exchange pleasantries** conversar *or* (*esp Mex*) platicar en forma amena.

▼**please** [pliːz] **1** INTERJ: **(yes,) ~** sí, gracias, si es tan amable; **~ pass the salt, pass the salt ~** pasa la sal, por favor, me hace el favor de pasar la sal; **the bill, ~** la cuenta, por favor; **~ don't cry!** ¡no llores!, te lo ruego; **be seated** siéntense; **'~ do not open this door'** 'se ruega no abrir esta puerta'.
2 VI **a** **if you ~** (*frm: in request*) si hace favor, si es tan amable; **to do as one ~s** hacer lo que le dé la gana; **as you ~** como quieras.
b (*cause satisfaction*) gustar, agradar; **anxious** *or* **eager to ~** deseoso de quedar bien; **a gift that is sure to ~** un regalo que siempre gusta.
3 VT **a** (*give pleasure to*) gustar, agradar, dar gusto a; (*satisfy*) satisfacer; **I did it, just to ~ you** lo hice únicamente para agradarte; **there's no pleasing him** no hay manera de contentarle; **to ~ o.s.** hacer lo que le parezca; **~ yourself!** ¡haz lo que quieras!, ¡como quieras!
b (*frm: be the will of*) **he will recover, ~ God!** se repondrá, si Dios quiere *or* Dios mediante.

▼**pleased** [pliːzd] ADJ (*happy*) contento/a; (*satisfied*) satisfecho/a; **to be ~ (about sth)** alegrarse (de algo); **~ to meet you!** (*fam*) ¡encantado/a!, ¡tanto gusto!; **to be ~ at sth** alegrarse de algo; **to be ~ with sb/sth** estar contento con algn/algo; **they were anything but ~ with the news** no estaban nada contentos con la noticia; **to be ~ with o.s.** estar satisfecho/a de sí mismo/a; **I am ~ to hear it** me alegra saberlo; **we are ~ to inform you that ...** tenemos el gusto de comunicarle que ....

pleasing ['pliːzɪŋ] ADJ agradable.

pleasurable ['pleʒərəbl] ADJ agradable, grato/a.

▼**pleasure** ['pleʒər] **1** N **a** (*satisfaction*) placer *m*, gusto *m*; (*happiness*) alegría *f*; **with ~** con mucho gusto; **my ~!, the ~ is mine!** (*frm: returning thanks*) ¡de nada!, ¡no hay de qué! (*esp LAm*); **I have much ~ in informing you that ...** tengo el gran placer de comunicarles que ...; **may I have the ~?** (*frm: at dance*) ¿quiere Ud bailar?; **Mr and Mrs X request the ~ of Y's company** (*frm*) los Sres X tienen el gusto de solicitar la compañía de Y.

b (*source of ~*) placer *m*, gusto *m*; **it's a ~ to see him** da gusto verle; **all the ~s of London** todos los placeres de Londres; **is this trip for business or ~?** ¿este viaje es de negocios o de placer?
c (*frm: will*) voluntad *f*; **at sb's ~** según la voluntad de algn; **to be detained during her Majesty's ~** (*Jur*) quedar encarcelado a disposición del Estado.
2 CPD: **~ boat** N barco *m* de recreo; **~ cruise** N crucero *m* de recreo; **~ ground** N parque *m* de atracciones; **~ seek-er** N hedonista *mf*.

pleasure-loving ['pleʒəˌlʌvɪŋ] ADJ hedonista.

pleat [pliːt] **1** N pliegue *m*. **2** VT plisar.

pleb [pleb] N (*fam*) plebeyo/a *m/f*.

plebeian [plɪ'biːən] ADJ plebeyo/a; (*pej*) ordinario/a.

plectrum ['plektrəm] N púa *f*, plectro *m*.

pled [pled] (*US*) PT, PP *of* **plead**.

pledge [pledʒ] **1** N **a** (*given as security, token*) prenda *f*; (*promise*) promesa *f*; **as a ~ of** en señal de; **to sign** *or* **take the ~** (*hum fam*) jurar renunciar el alcohol.
2 VT **a** (*promise*) prometer; **I'm ~d to silence** prometí mantenerme callado; **to ~ support for sb** prometer su apoyo a algn; **to ~ one's allegiance to sb** jurar ser fiel a algn.
b (*pawn*) empeñar.

plenary ['pliːnərɪ] ADJ plenario/a; **in ~ session** en sesión plenaria.

plenipotentiary [ˌplenɪpə'tenʃərɪ] ADJ, N plenipotencia-rio/a *m/f*.

plentiful ['plentɪfʊl] ADJ abundante.

plenty ['plentɪ] **1** N **a** abundancia *f*; **in ~** (*in large supply*) en abundancia; **land of ~** Jauja *f*, paraíso *m* terrenal; **I've got ~** tengo bastante; **there's ~ to go on** hay más que suficientes datos; **we know ~ about you** sabemos mucho acerca de Vd.
b **~ of** mucho/a, harto/a (*LAm*); **we've got ~ of time to get there** tenemos tiempo de sobra para llegar; **we see ~ of them** (*many*) vemos muchos de ellos; (*often*) les vemos mucho.
2 ADV (*esp US fam*) **it's ~ big enough** es bastante *or* (*LAm*) harto grande; **it rained ~** llovió a mares.

plethora ['pleθərə] N plétora *f*.

pleurisy ['plʊərɪsɪ] N pleuresía *f*.

Plexiglas ® ['pleksɪglɑːs] N (*US*) plexiglás ® *m*.

pliable ['plaɪəbl] ADJ flexible.

pliant ['plaɪənt] ADJ (*fig*) dócil, flexible.

pliers ['plaɪəz] NPL (*also* **pair of ~**) alicates *mpl*, tenazas *fpl*.

plight [plaɪt] N drama *m*, situación *f* grave; **the country's economic ~** la grave situación económica del país.

Plimsoll ['plɪmsəl] CPD: **~ line** N línea *f* de máxima carga.

plimsoll ['plɪmsəl] N (*Brit*) zapatilla *f* de tenis, playera *f*.

plinth [plɪnθ] N plinto *m*.

PLO N ABBR *of* **Palestine Liberation Organization** OLP *f*.

plod [plɒd] VI **a** andar con paso pesado; **to ~ along** *or* **on** ir andando con paso lento. **b** (*fig: at work etc*) trabajar laboriosamente; **to ~ away at a task** seguir dándole a un trabajo; **we must ~ on** tenemos que seguir trabajando.

plodder ['plɒdər] N trabajador(a) diligente pero lento/a.

plonk[1] [plɒŋk] N (*Brit fam: wine*) vino *m* peleón.

plonk[2] [plɒŋk] **1** N (*sound*) golpe *m* seco.
2 ADV en golpe; **~ in the middle** justo en el medio.
3 VT (*fam: also* **~ down**) dejar caer; **to ~ o.s. down** dejarse caer.
4 INTERJ plas.

plonker ['plɒŋkər] N (*Brit fam*) gilipollas *mf* (*fam*).

plop [plɒp] **1** N plaf *m*. **2** VT plof. **3** INTERJ plaf.

plot[1] [plɒt] N (*Agr*) parcela *f*, terreno *m*; **a ~ of land** (*gen*) un terreno; (*for building*) un solar, un lote (*esp LAm*); **a vegetable ~** un cuadro de hortalizas.

plot[2] [plɒt] **1** N **a** (*conspiracy*) complot *m*, conjura *f*.
b (*Lit, Theat*) trama *f*, argumento *m*.
2 VT **a** (*course, position*) trazar.
b (*plan, scheme etc*) urdir, fraguar.
3 VI maquinar, conspirar; **to ~ to do sth** conspirar para hacer algo.

plotter[1] ['plɒtər] N (*conspirator*) conspirador(a) *m/f*.

plotter² ['plɒtər] N (*Comput*) trazador *m* (de gráficos).

plotting ['plɒtɪŋ] CPD: **~ board** N tablero *m* trazador; **~ paper** N (*US*) papel *m* cuadriculado; **~ table** N mesa *f* trazadora.

plough, (*US*) **plow** [plaʊ] **1** N (*Agr*) arado *m*; **the P~** (*Astron*) el Carro, la Osa Mayor.
2 VT **a** (*Agr*) arar.
b (*fig*) **to ~ money into a project** invertir (grandes cantidades de) dinero en un proyecto; **to ~ one's way through a book** leer un libro con dificultad.
3 VI **a** (*Agr*) arar.
b (*fig*) **the car ~ed into the wall** el coche dio fuerte(mente) contra la pared; **to ~ through the mud** abrirse camino por el lodo.
◆ **plough back** VT + ADV (*profits*) reinvertir.
◆ **plough up** VT + ADV (*field*) arar, roturar.

ploughman, (*US*) **plowman** ['plaʊmən] N (*pl* **-men**) arador *m*, labrador *m*; **~'s lunch** (*Brit*) pan con queso y cebolla.

ploy [plɔɪ] N truco *m*, estratagema *f*.

PLP N ABBR (*Brit Pol*) of **Parliamentary Labour Party**.

pluck [plʌk] **1** N (*courage*) valor *m*, ánimo *m*.
2 VT **a** arrancar; (*Mus*) puntear; (*Culin*) desplumar; **to ~ one's eyebrows** depilarse las cejas; **to ~ up (one's) courage** cobrar ánimos.
b (*also* **~ out**) arrancar; **the helicopter ~ed him from the sea** el helicóptero le recogió del mar; **it's an idea I've just ~ed out of the air** es una idea que he cogido al vuelo.
3 VI: **to ~ at sb's sleeve** tirar a algn ligeramente de la manga.

plucky ['plʌkɪ] ADJ (*comp* **-ier**; *superl* **-iest**) valiente.

plug [plʌg] **1** N **a** (*in bath, basin, barrel, for leak*) tapón *m*; **a ~ of cotton wool** un tampón (de algodón); **the bank pulled the ~ on my overdraft** (*fam*) el banco me cerró el grifo de mi descubierto.
b (*Elec: on appliance*) enchufe *m*; (*socket*) enchufe *m*; (*power point*) toma *f* de corriente; (*Aut: spark ~*) bujía *f*; **2-/3-pin ~** enchufe bipolar/tripolar *or* de dos/tres espigas.
c (*fam: piece of publicity*) publicidad *f*; **to give sb/sth a ~** dar publicidad a algn/algo.
2 VT **a** (*also* **~ up**) llenar, tapar; **to ~ a tooth** empastar una muela; **to ~ a loophole** cerrar una escapatoria.
b (*insert*) introducir; **to ~ a lead into a socket** enchufar un hilo en una toma.
c (*fam: publicize*) dar publicidad a; (: *push, put forward*) insistir *or* hacer hincapié en; **he's been ~ging that line for years** hace años que viene diciendo lo mismo.
◆ **plug away** VI + ADV (*fam*) **to ~ away (at sth)** perseverar (en algo), darle (a algo).
◆ **plug in** (*Elec*) VI + ADV, VT + ADV enchufar.
◆ **plug up** VT + ADV (*fill*) tapar, taponar.

plughole ['plʌghəʊl] N desagüe *m*, desaguadero *m*; **all that work has gone down the ~** todo ese trabajo se perdió.

plum [plʌm] **1** N (*fruit*) ciruela *f*; (*also* **~ tree**) ciruelo *m*; (*colour*) color ciruela *or* (*LAm*) guinda; **a real ~ (of a job)** *or* **a real ~ job** (*fig fam*) un chollo de trabajo.
2 CPD: **~ pudding** N pudín *m or* budín *m* de pasas.

plumage ['pluːmɪdʒ] N plumaje *m*.

plumb [plʌm] **1** N plomo *m*.
2 ADV (*fam*) **~ in the middle** en el mismo *or* (*Mex*) mero centro; **he's ~ stupid** (*US*) es un tonto perdido.
3 VT **a** (*lit*) sondar.
b (*fig*) sondear; **to ~ the depths of the human mind** penetrar hasta las profundidades de la mente humana.
4 CPD: **~ bob** N plomo *m*; **~ line** N plomada *f*.
◆ **plumb in** VT + ADV conectar (con el suministro de agua).

plumber ['plʌmər] N fontanero/a *m/f*, plomero/a *m/f* (*LAm*), gasfitero/a *m/f* (*Chi*).

plumbing ['plʌmɪŋ] N (*craft*) fontanería *f*, plomería *f* (*LAm*), gasfitería *f* (*Chi*); (*piping*) tubería *f*, cañería *f*.

plume [pluːm] N penacho *m*.

plummet ['plʌmɪt] VI (*bird, plane etc*) caer en picado; (*temperature, price, sales*) bajar de golpe *or* (*LAm*) de un tiro;

(*spirits, morale*) caer a plomo.

plump [plʌmp] **1** ADJ (*comp* **~er**; *superl* **~est**) (*person*) relleno/a, regordete, gordito/a; (*baby*) rechoncho/a; (*animal*) gordo/a.
2 ADV: **to run ~ into sb** dar de cara con algn.
◆ **plump down 1** VT + ADV dejar caer; **to ~ o.s. down** dejarse caer pesadamente.
2 VI + ADV desplomarse.
◆ **plump for** VI + PREP optar por.
◆ **plump up** VT + ADV hinchar.

plunder ['plʌndər] **1** N (*act*) pillaje *m*, saqueo *m*; (*loot*) botín *m*. **2** VT pillar, saquear.

plunge [plʌndʒ] **1** N (*dive*) zambullida *f*; (*fig: into debt, of currency etc*) caída *f* repentina, desplome *m*; (*rash investment*) inversión *f* arriesgada; **to take the ~** (*fig fam*) aventurarse, dar el paso decisivo; **I took the ~ and bought it** por fin me armé de valor y lo compré.
2 VT **a** (*immerse*) sumergir, hundir; (*thrust*) arrojar; **to ~ a dagger into sb's chest** clavar un puñal en el pecho de algn.
b (*fig*) **to ~ a room into darkness** sumir un cuarto en la oscuridad; **we were ~d into gloom by the news** la noticia nos hundió en la tristeza; **to ~ sb into debt** arruinar a algn.
3 VI **a** (*dive*) arrojarse, tirarse; (: *into water*) lanzarse, zambullirse; **she ~d into 10 metres of water** se zambulló en 10 metros de agua.
b (*fall*) caer, hundirse; **he ~d to his death** tuvo una caída mortal; **he ~d from a 5th storey window** (*threw himself*) se arrojó desde una ventana del 5º piso; (*fell*) cayó desde una ventana del 5º piso.
c (*share prices, currency etc*) desplomarse; **to ~ into debt** endeudarse.
d (*fig: rush*) **to ~ into one's work** sumirse en su trabajo; **to ~ heedlessly into danger** meterse alegremente en un peligro.
e (*neckline*) ser muy escotado/a.

plunger ['plʌndʒər] N (*Tech*) émbolo *m*; (*for clearing drain*) desatascador *m*.

plunging ['plʌndʒɪŋ] ADJ escotado/a.

pluperfect ['pluː'pɜːfɪkt] N (*Ling*) pluscuamperfecto *m*.

plural ['plʊərəl] ADJ, N (*Ling*) plural *m*.

pluralism ['plʊərəlɪzəm] N pluralismo *m*.

plurality [ˌplʊə'rælɪtɪ] N pluralidad *f*; **by a ~ of votes** por mayoría (simple) de votos.

plus [plʌs] **1** PREP más; **~ what I have to do already** además de lo que ya tengo que hacer.
2 ADJ (*Math, Elec*) positivo/a; **twenty ~** veinte y pico; **a ~ factor** (*fig*) un factor *m* a favor; **on earnings of £40,000 ~** de un sueldo de £40,000 en adelante.
3 N (*Math*: **~ sign**) signo *m* más; (*fig: advantage*) punto *m* a favor; **that is a ~ for him** es un punto a su favor.
4 CONJ (*esp US*) además; **~ we haven't got the money** además no tenemos el dinero.

plush [plʌʃ] **1** N felpa *f*. **2** ADJ (*also* **~y**: *fam*) afelpado/a; (*fig*) de mucho lujo.

Pluto ['pluːtəʊ] N (*Astron, Mythology*) Plutón *m*.

plutonium [pluː'təʊnɪəm] N plutonio *m*.

ply¹ [plaɪ] CPD: **three-~ wood** madera *f* de tres capas; **three-~ wool** lana *f* de tres cabos.

ply² [plaɪ] **1** VT (*needle, tool etc*) manejar, emplear; (*sea, river, route*) navegar por; **to ~ one's trade** ejercer su profesión; **to ~ sb with questions** acribillar *or* acosar de preguntas a algn; **to ~ sb with drink** no parar de ofrecerle a algn muchas copas.
2 VI: **to ~ between** ir y venir de; **to ~ for hire** ir en busca de clientes.

plywood ['plaɪwʊd] N madera *f* contrachapada.

PM N ABBR **a** of **prime minister**. **b** (*Jur, Med*) of **postmortem**.

p.m. ABBR of **post meridiem** p.m.

PMS N ABBR of **premenstrual syndrome** SPM *m*.

PMT N ABBR of **premenstrual tension**.

PN, P/N N ABBR of **promissory note**.

pneumatic [njuː'mætɪk] ADJ neumático/a; **~ drill** taladradora *f* neumática.

pneumonia [njuːˈməʊnɪə] N pulmonía f, neumonía f.
PO ABBR [a] of **post office**; ~ **Box** apdo. [b] (Naut) of **Petty Officer**.
p.o. ABBR of **postal order** g.p.
POA N ABBR (Brit) of **Prison Officers' Association** sindicato.
poach[1] [pəʊtʃ] VT (Culin: eggs) escalfar; (: fish etc) hervir; **~ed egg** huevo m escalfado.
poach[2] [pəʊtʃ] [1] VT (hunt) cazar en vedado; (fish) pescar en vedado; (fig fam: steal) birlar, quitar. [2] VI (see 1) cazar en vedado; pescar en vedado; **to ~ on sb's preserves** (fig) pisarle los papeles a algn.
poacher[1] [ˈpəʊtʃəʳ] N (of game etc) cazador m etc furtivo.
poacher[2] [ˈpəʊtʃəʳ] N (for eggs) escalfador m.
poaching [ˈpəʊtʃɪŋ] N furtivismo m, caza f furtiva, pesca f furtiva.
POB ABBR of **post office box** apdo.
pocket [ˈpɒkɪt] [1] N [a] (gen) bolsillo m; **with his hands in his ~s** con las manos (metidas) en los bolsillos; **to have sth/sb in one's ~** (fig) tener algo/a algn en el bolsillo; **to be in/out of ~** salir ganando/perdiendo; **to line one's ~s** forrarse; **to put one's hand in one's ~** echar mano al bolsillo; see **pick 2(c).**
[b] (restricted area, space) **~ of resistance/warm air** foco m de resistencia/bolsa f de aire caliente.
[2] VT (fig: gain, steal) embolsar; **he ~ed half the takings** se embolsó la mitad de la recaudación; **to ~ one's pride** (fig) aguantarse, tragarse el orgullo.
[3] CPD de bolsillo; **~ calculator** N calculadora f de bolsillo; **~ diary** N agenda f de bolsillo; **~ handkerchief** N pañuelo m; **~ money** N dinero m para gastos; (children's) propina f.
pocketbook [ˈpɒkɪtbʊk] N (wallet) cartera f, billetero m; (notebook) cuaderno m; (US: handbag) bolso m, cartera (LAm); (: purse) monedero m.
pocketknife [ˈpɒkɪtnaɪf] N (pl **-knives**) navaja f.
pocket-size(d) [ˈpɒkɪtsaɪz(d)] ADJ de bolsillo.
pockmarked [ˈpɒkmɑːkt] ADJ (face) picado/a de viruelas; (surface) marcado/a de hoyos.
POD N ABBR of **payment on delivery**.
pod [pɒd] N vaina f.
podgy [ˈpɒdʒɪ] ADJ (comp **-ier**; superl **-iest**) gordinflón/ona.
podiatrist [pɒˈdiːətrɪst] N (US) pedicuro mf.
podiatry [pɒˈdiːətrɪ] N (US) pedicura f.
podium [ˈpəʊdɪəm] N (pl **~s** or **podia** [ˈpəʊdɪə]) podio m.
POE N ABBR [a] of **port of embarkation**. [b] of **port of entry**.
poem [ˈpəʊɪm] N poema m, poesía f.
poet [ˈpəʊɪt] N poeta mf; **P~ Laureate** (Brit) Poeta m laureado.

┌─── POET LAUREATE ───┐

ⓘ El poeta de la Corte, denominado **Poet Laureate**, ocupa un puesto vitalicio al servicio de la Casa Real británica. Era tradición que escribiera poemas conmemorativos para ocasiones oficiales, aunque hoy día esto es poco frecuente. El primer poeta así distinguido fue Ben Jonson, en 1616.

poetic [pəʊˈetɪk] ADJ poético/a; **~ justice** justicia f divina; **~ licence** licencia f poética.
poetry [ˈpəʊɪtrɪ] [1] N poesía f. [2] CPD: **~ reading** N recital m or lectura f de poesías.
pogrom [ˈpɒɡrəm] N pogrom(o) m.
poignancy [ˈpɔɪnjənsɪ] N patetismo m.
poignant [ˈpɔɪnjənt] ADJ conmovedor(a), patético/a.
poinsettia [pɔɪnˈsetɪə] N flor f de pascua.
point [pɔɪnt] [1] N [a] (dot, punctuation mark, Typ, Geom) punto m; (decimal ~) punto decimal; **2 ~ 6 (2.6)** dos coma seis (2,6).
[b] (on scale, thermometer) punto m; (on compass) cuarta f, grado m; **boiling/freezing ~** punto de ebullición/congelación; **from all ~s of the compass** desde los cuatro rincones del mundo; **up to a ~** hasta cierto punto, en cierta medida.
[c] (of needle, pencil, knife etc) punta f; **at the ~ of a sword** a punta de espada; **with a sharp ~** puntiagudo; **not to put too fine a ~ on it** (fig) hablando sin rodeos.
[d] (place) punto m, lugar m; **the train stops at Carlisle**

and all ~s south el tren para en Carlisle y todas las estaciones al sur; **~ of departure** (lit, fig) punto de partida; **~ of interest** punto interesante; **to reach the ~ of no return** (lit, fig) llegar al punto sin reformo; **~ of reference** punto de referencia; **~ of sale** punto de venta; **~ of view** punto de vista; **to come round to sb's ~ of view** adoptar el criterio de algn; **at this ~** (spatially) aquí, ahí; (in time) en este or aquel momento; **from that ~ on ...** de allí en adelante ...; **to be on the ~ of doing sth** estar a punto de hacer algo; **when it comes to the ~** en el momento de la verdad; **abrupt to the ~ of rudeness** tan brusco que resulta grosero.
[e] (counting unit: Sport, in test) punto m; **to win on ~s** ganar por puntos; **the index is down 3 ~s** el índice bajó 3 enteros; **the shares went down 2 ~s** las acciones bajaron 2 enteros.
[f] (purpose) fin m, propósito m; **what's the ~ of trying?** ¿de qué sirve esforzarse?; **there's no ~ in staying** no tiene sentido quedarse; **I don't see the ~ of or in doing that** no le veo el sentido or chiste a hacer eso; **the ~ is that ...** el caso es que ...; **that's the whole ~!** ¡eso es!, ¡ahí está!; **that's not the ~** no es eso; **the ~ of the joke/story** la gracia del chiste/cuento.
[g] (detail, argument) punto m; **the ~ at issue** el asunto, el tema en cuestión; **in ~ of fact** en realidad, el caso es que; **to be beside the ~** no venir al caso; **to get off the ~** salirse del tema; **to come** or **get to the ~** ir al grano; **to get back to the ~** volver al tema; **to keep** or **stick to the ~** no salirse del tema; **to make a ~ of doing sth** poner empeño en hacer algo; **to make one's ~** convencer; **you've made your ~** nos etc has convencido; **to press the ~** insistir (that en que); **to stretch a ~** hacer una excepción; **his remarks were to the ~** sus observaciones venían al caso; **that's not the ~** esto no viene al caso; **you've got a ~ there!** ¡tienes razón!, ¡es cierto! (LAm); **~ taken!** ¡de acuerdo!; **to miss the ~** no comprender; **~ of order** cuestión f de procedimiento.
[h] (matter) cuestión f; **a ~ of principle** una cuestión de principios.
[i] (characteristic) cualidad f; **good/bad ~s** cualidades buenas/malas; **tact isn't one of his strong ~s** la discreción no es uno de sus (puntos) fuertes.
[j] (Brit Rail) **~s** agujas fpl.
[k] (Ballet: usu pl) punta f.
[l] (Aut) **~s** platinos mpl.
[m] (Brit Elec: also **power ~**) toma f de corriente, tomacorriente m (CSur).
[2] VT [a] (aim, direct) apuntar; **to ~ a gun at sb** apuntar a algn con un fusil; **to ~ one's finger at** señalar con el dedo; **to ~ one's toes** hacer puntas.
[b] (indicate, show) señalar, indicar; **would you ~ me in the direction of the town hall?** ¿me quiere decir dónde está el ayuntamiento?; **to ~ the way** (lit, fig) señalar el camino; **to ~ the moral that ...** subrayar la moraleja de que ....
[c] (Constr) rejuntar.
[3] VI [a] señalar, apuntar hacia; **to ~ at sth/sb** señalar algo/a algn con el dedo; **it ~s (to the) north** apunta hacia el norte; **the hand ~ed to midnight** la aguja marcaba las 12; **everything ~s to his success** todo anuncia su éxito.
[b] (indicate) indicar; **the evidence ~s to her** las pruebas indican que ella es la culpable.
[4] CPD: **~ duty** N control m de la circulación; **5-~ plan** N proyecto m de cinco puntos; **~s system** N sistema m de puntos; **~s win** N victoria f a los puntos.
♦ **point out** VT + ADV [a] (show) señalar algo a algn. [b] (mention) hacer notar; **may I ~ out that ...** permítaseme observar que ....
♦ **point up** VT + ADV subrayar, destacar.
point-blank [ˈpɔɪntˈblæŋk] [1] ADJ (question) directo/a; (refusal) tajante, categórico/a; **at ~ range** a bocajarro, a quemarropa. [2] ADV a bocajarro, a quemarropa; **to refuse** ~ negarse rotundamente.
pointed [ˈpɔɪntɪd] ADJ [a] (sharp) puntiagudo/a. [b] (obvious in intention) intencionado/a.

pointedly ['pɔɪntɪdlɪ] ADV intencionadamente.
pointer ['pɔɪntəʳ] N **a** (*indicator*) indicador *m*, aguja *f*; (*stick*) puntero *m*. **b** (*dog*) perro *m* de muestra. **c** (*clue, indication*) indicación *f*, pista *f*; (*advice*) consejo *m*; **there is at present no ~ to the outcome** por ahora nada incida qué resultado tendrá.
pointless ['pɔɪntlɪs] ADJ sin sentido; **it is ~ to complain** es inútil quejarse.
point-of-sale [,pɔɪntəv'seɪl] CPD (*advertising etc*) en el punto de venta.
point-to-point ['pɔɪntə'pɔɪnt] N (*also* **~ race**) carrera de caballos a campo traviesa.
poise [pɔɪz] **1** N (*carriage of head, body*) porte *m*; (*composure or dignity of manner*) elegancia *f*, aplomo *m*.
2 VT (*hold ready or balanced*) equilibrar, balancear; **to be ~d** (*balanced, positioned*) cernerse; (*fig: ready, all set*) estar listo or dispuesto; **they are ~d to attack, they are ~d for the attack** (*fig*) están listos para atacar.
poised [pɔɪzd] ADJ (*self-possessed*) sereno/a, ecuánime.
poison ['pɔɪzn] **1** N (*lit, fig*) veneno *m*; **what's your ~?** (*fam*) ¿qué toma?
2 VT **a** envenenar.
b (*fig*) **to ~ sb's mind (against sb/sth)** envenenar la mente de algn (contra algn/algo).
3 CPD: **~ gas** N gas *m* tóxico; **~ ivy** N hiedra *f*.
poisoning ['pɔɪznɪŋ] N (*lit, fig*) envenenamiento *m*, intoxicación *f*; **to die of ~** morir envenenado or intoxicado.
poisonous ['pɔɪznəs] ADJ **a** venenoso/a, tóxico/a. **b** (*fig*) pernicioso/a.
poison-pen ['pɔɪzn'pen] ADJ: **~ letter** anónimo *m* ofensivo.
poke [pəʊk] **1** N (*jab*) empujón *m*, empellón *m*; (*with elbow*) codazo *m*; **to give the fire a ~** atizar la lumbre, remover la lumbre; **he gave me a ~ in the ribs** me dio un codazo en las costillas.
2 VT **a** (*jab with stick, finger etc*) dar con la punta, picar; **to ~ sb in the ribs** picar a algn en las costillas.
b (*US fam: punch*) golpear, dar con los puños a.
c (*thrust*) introducir; **to ~ one's head out of a window** asomar la cabeza por una ventana; **to ~ fun at sb** reírse de algn; *see* **nose**.
d (*hole*) hacer.
3 VI: **to ~ at sth with a stick** hurgar algo con un bastón.
◆ **poke about, poke around** (*fam*) VI + ADV (*in drawers, attic etc*) fisgonear, hurgar; (*round shops*) curiosear.
◆ **poke out 1** VI + ADV (*stick out*) salir.
2 VT + ADV (*head*) asomar, sacar; **you almost ~d my eye out** casi me sacaste el ojo.
poker¹ ['pəʊkəʳ] N (*for fire*) atizador *m*.
poker² ['pəʊkəʳ] N (*Cards*) póker *m*, póquer *m*.
poker-faced ['pəʊkə'feɪst] ADJ de cara inmutable, con cara de póquer.
poky ['pəʊkɪ] ADJ (*comp* **-ier**; *superl* **-iest**): **a ~ room/town** (*pej*) un cuartucho/pueblucho.
Polack ['pəʊlæk] N (*US fam: offensive*) polaco/a *m/f*.
Poland ['pəʊlənd] N Polonia *f*.
polar ['pəʊləʳ] ADJ (*Elec, Geog*) polar; **~ bear** oso *m* polar.
polarity [pəʊ'lærɪtɪ] N (*Elec, fig*) polaridad *f*.
polarization [,pəʊləraɪ'zeɪʃən] N (*Elec, fig*) polarización *f*.
polarize ['pəʊləraɪz] **1** VT polarizar. **2** VI polarizarse.
Polaroid ® ['pəʊlərɔɪd] **1** ADJ Polaroid ®. **2** N (*also* **~ camera**) Polaroid ® *f*.
pole¹ [pəʊl] **1** N palo *m*; (*flag* **~**) asta *f*; (*telegraph* **~**) poste *m*; (*for vaulting, punting*) pértiga *f*, garrocha *f* (*LAm*); (*curtain* **~**) barra *f*.
2 CPD: **~ bean** N (*US*) judía *f* trepadora; **~ vault** N salto *m* de pértiga.
pole² [pəʊl] **1** N (*Elec, Geog, Astron*) polo *m*; **North/South P~** Polo Norte/Sur; **to be ~s apart** ser polos opuestos.
2 CPD: **P~ Star** N Estrella *f* Polar.
Pole [pəʊl] N polaco/a *m/f*.
polecat ['pəʊlkæt] N (*Brit*) turón *m*; (*US*) mofeta *f*.
Pol. Econ. N ABBR *of* **political economy**.
polemic [pɒ'lemɪk] N polémica *f*.
polemics [pɒ'lemɪks] NSG polémica *f*.

police [pə'liːs] **1** NPL policía *fsg*; **to join the ~** meterse de policía.
2 VT (*lit, fig*) vigilar; **the frontier is ~d by UN patrols** la frontera la vigilan las patrullas de la ONU.
3 CPD de policía; **~ car** N coche *m* de policía; **~ constable** N (*Brit*) guardia *m*, policía *m*; **in ~ custody** bajo custodia policial; **~ force** N cuerpo *m* de policía; **~ officer** N guardia *mf*, policía *mf*; **~ record** N antecedentes *mpl* penales; **~ station** N comisaría *f*.
policeman [pə'liːsmən] N (*pl* **-men**) guardia *m*, policía *m*.
policewoman [pə'liːs,wʊmən] N (*pl* **-women**) mujer *f* policía.
policy¹ ['pɒlɪsɪ] N **a** (*gen, principles*) política *f*; **foreign ~** política exterior; **it's a matter of ~** es cuestión de política; **that's not my ~** ése no es mi sistema. **b** (*prudence, a prudent procedure*) discreción *f*; **it is a good/bad ~** es buena/mala táctica.
policy² ['pɒlɪsɪ] **1** N (*also* **insurance ~**) póliza *f*; **to take out a ~** sacar una póliza, hacerse un seguro. **2** CPD: **~ holder** N asegurado/a *m/f*.
polio ['pəʊlɪəʊ] N poliomielitis *f*, polio *f*.
Polish ['pəʊlɪʃ] **1** ADJ polaco/a. **2** N (*Ling*) polaco *m*; **the ~** (*people*) los polacos.
polish ['pɒlɪʃ] **1** N **a** (*material: shoe* **~**) betún *m*, bola *f* (*Mex*); (: *furniture* **~**, *floor* **~**) cera *f*.
b (*act*) pulimento *m*; **my shoes need a ~** mis zapatos necesitan una limpieza; **to give sth a ~** dar brillo a algo.
c (*shine*) lustre *m*, brillo *m*; **to put a ~ on sth** sacar brillo a algo.
d (*fig: refinement*) brillo *m*, refinamiento *m*; **he lacks ~** le falta finura.
2 VT (*also* **~ up**) **a** (*gen*) pulir; (*shoes*) limpiar, lustrar (*esp LAm*), bolear (*Mex*), embolar (*Chi*); (*floor, furniture*) encerar; (*silver*) pulir.
b (*fig: improve*) perfeccionar.
◆ **polish off** VT + ADV (*fam: work, food*) despachar; (*person etc*) acabar con.
polished ['pɒlɪʃt] ADJ pulido/a, lustroso/a; (*fig*) elegante, refinado/a.
polite [pə'laɪt] ADJ cortés, educado/a; **in ~ society** en la buena sociedad.
politely [pə'laɪtlɪ] ADV cortésmente.
politeness [pə'laɪtnɪs] N cortesía *f*, educación *f*; **to do sth out of ~** hacer algo por cortesía.
politic ['pɒlɪtɪk] ADJ prudente.
political [pə'lɪtɪkəl] ADJ político/a; **~ asylum** asilo *m* político; **~ economy** economía *f* política; **~ levy** impuesto *m* político; **~ prisoner** preso/a *m/f* político/a; **~ science** ciencias *fpl* políticas.
politically [pə'lɪtɪktəlɪ] ADV políticamente, desde el punto de vista político; **~ correct** políticamente correcto/a.

| POLITICALLY CORRECT |

ⓘ Se dice que una persona o su comportamiento es **politically correct** *o* **PC** *cuando sus actitudes o palabras no reflejan ningún signo de desprecio o insulto hacia grupos minoritarios o con algún tipo de desventaja física o social, tales como disminuidos físicos o psíquicos, minorías étnicas, homosexuales, mujeres, etc. Los que propugnan el uso de este tipo de lenguaje y actitud políticamente correctos creen que con ello desafían los valores que la sociedad occidental ha tratado de imponer sobre el resto del mundo a lo largo de la historia. Sin embargo, el término* **politically correct** *se emplea también de forma irónica por las personas que se burlan de este tipo de lenguaje y actitudes por considerarlas excesivas. Entre las expresiones políticamente correctas, algunas de las más conocidas son:* **Native American** *en vez de* **Red Indian** *(indio americano),* **visually impaired** *en vez de* **blind** *(ciego) y* **vertically challenged** *en vez de* **short** *(bajo). Ésta última suele usarse en tono de humor.*

politician [,pɒlɪ'tɪʃən] N político/a *m/f*.
politics ['pɒlɪtɪks] **1** NSG (*subject, career*) política *f*; **to go into ~** dedicarse a la or meterse en política; **to talk ~** hablar de política. **2** NPL (*views, policies*) posición *fsg* política.

polka ['pɒlkə] [1] N (*dance*) polca *f*. [2] CPD: ~ **dot** N dibujo *m* de puntos.

poll [pəʊl] [1] N [a] (*voting*) votación *f*; (*election*) elecciones *fpl*; **to take a ~ on sth** someter un asunto a votación.
[b] (*total votes*) votos *mpl*, votación *f*; **there was a ~ of 84%** el 84% del electorado acudió a las urnas; **the Gallup ~** el sondeo Gallup.
[c] ~**s** (*voting place*) urnas *fpl*; **to go to the ~s** acudir a las urnas.
[d] (*opinion* ~) encuesta *f*, sondeo *m*.
[2] VT [a] (*votes*) obtener; **he ~ed only 50 votes** obtuvo solamente 50 votos.
[b] (*in opinion* ~) encuestar.
[3] CPD: ~ **tax** N (contribución *f* de) capitación *f*.

pollen ['pɒlən] [1] N polen *m*. [2] CPD: ~ **allergy** N alergia *f* al polen; ~ **count** N nivel *m* de polen.

pollinate ['pɒlɪneɪt] VT polinizar.

polling ['pəʊlɪŋ] [1] N votación *f*. [2] CPD: ~ **booth** N cabina *f* electoral; ~ **day** N día *m* de elecciones; ~ **station** N centro *m* electoral.

pollutant [pə'luːtənt] N (agente *m*) contaminante *m*.

pollute [pə'luːt] VT contaminar, polucionar; (*fig*) corromper; **to become ~d** contaminarse (*with* de).

pollution [pə'luːʃən] N contaminación *f*, polución *f*; (*fig*) corrupción *f*.

Pollyanna [pɒlɪ'ænə] N (*US*) optimista *mf* redomado/a.

polo ['pəʊləʊ] [1] N (*sport*) polo *m*. [2] CPD: ~ **neck (sweater)** N (jersey *m* de) cuello *m* vuelto *or* cisne.

poltergeist ['pɔːltəgaɪst] N duende *m*.

poly [pɒlɪ] N ABBR (*Brit fam*) of **polytechnic**.

poly... [pɒlɪ] PREF poli..., multi....

polyester [ˌpɒlɪ'estəʳ] N poliéster *m*.

polyethylene [ˌpɒlɪ'eθəliːn] N (*US*) polietileno *m*.

polygamy [pɒ'lɪgəmɪ] N poligamia *f*.

polyglot ['pɒlɪglɒt] ADJ, N (*person*) políglota/a *m/f*.

polygon ['pɒlɪgən] N polígono *m*.

polyhedron [ˌpɒlɪ'hiːdrən] N poliedro *m*.

polymer ['pɒlɪməʳ] N (*Chem*) polímero *m*.

polymorphic [ˌpɒlɪ'mɔːfɪk] ADJ polimorfo/a.

Polynesia [ˌpɒlɪ'niːzɪə] N Polinesia *f*.

Polynesian [ˌpɒlɪ'niːzɪən] ADJ, N polinesio/a *m/f*.

polyp ['pɒlɪp] N (*Med*) pólipo *m*.

polyphonic [ˌpɒlɪ'fɒnɪk] ADJ (*Mus*) polifónico/a.

polypropylene [ˌpɒlɪ'prɒpɪliːn] N polipropileno *m*.

polystyrene [ˌpɒlɪ'staɪriːn] N poliestireno *m*.

polysyllabic ['pɒlɪsɪ'læbɪk] ADJ polisílabo/a.

polytechnic [ˌpɒlɪ'teknɪk] N (*Brit*) escuela *f* politécnica, politécnico *m*.

polythene ['pɒlɪθiːn] N (*Brit*) polietileno *m*.

polyunsaturate [ˌpɒlɪʌn'sætʃərɪt] N poliinsaturado *m*.

polyunsaturated [ˌpɒlɪʌn'sætʃəreɪtɪd] ADJ poliinsaturado/a.

polyurethane [ˌpɒlɪ'jʊərɪθeɪn] N poliuretano *m*.

pomander [pəʊ'mændəʳ] N *recipiente de porcelana que contiene hierbas perfumadas*.

pomegranate ['pɒməgrænɪt] N (*fruit*) granada *f*; (*tree*) granado *m*.

pommy ['pɒmɪ] N (*Australian fam: offensive*) inglés/esa *m/f*.

pomp [pɒmp] N pompa *f*.

pompon ['pɒmpɒn], **pompom** ['pɒmpɒm] N (*on hat etc*) borla *f*.

pomposity [pɒm'pɒsɪtɪ] N pomposidad *f*.

pompous ['pɒmpəs] ADJ (*pretentious: person*) pretencioso/a; (: *occasion*) ostentoso/a.

ponce [pɒns] N (*Brit fam: pimp*) chulo *m*; (: *offensive: homosexual*) marica *m*.

poncho ['pɒntʃəʊ] N poncho *m*, manta *f*, ruana *f* (*Col, Ven*), sarape *m* (*Mex*), jorongo *m* (*Mex*).

pond [pɒnd] N (*natural*) charca *f*; (*artificial*) estanque *m*.

ponder ['pɒndəʳ] [1] VT considerar, sopesar. [2] VI reflexionar *or* meditar (*on, over* sobre).

ponderous ['pɒndərəs] ADJ pesado/a.

pong [pɒŋ] (*Brit fam*) [1] N peste *f*. [2] VI apestar.

pontiff ['pɒntɪf] N pontífice *m*.

pontificate [pɒn'tɪfɪkeɪt] VI pontificar.

pontoon¹ [pɒn'tuːn] [1] N pontón *m*. [2] CPD: ~ **bridge** N puente *m* de pontones.

pontoon² [pɒn'tuːn] N (*Cards*) veintiuna *f*.

pony ['pəʊnɪ] [1] N poney *m*, potro *m*. [2] CPD: ~ **trekking** N excursión *f* en poney *etc*.

ponytail ['pəʊnɪteɪl] N cola *f* de caballo, coleta *f*.

pooch [puːtʃ] N (*US fam*) perro *m*.

poodle ['puːdl] N caniche *m*.

poof [pʊf] N (*fam!*) maricón *m* (*fam!*).

poofy ['pʊfɪ] ADJ (*Brit fam!*) de maricón (*fam!*).

pooh [puː] INTERJ ¡bah!

pooh-pooh [puː'puː] VT despreciar.

pool¹ [puːl] N (*natural*) charca *f*; (*artificial*) estanque *m*; (*swimming* ~) piscina *f*, alberca *f* (*Mex*), pileta *f* (*CSur*) (de natación); (*of spilt liquid*) charco *m*; (*in river*) pozo *m*.

pool² [puːl] [1] N [a] (*common fund*) fondo *m* (común).
[b] (*supply, source*) reserva *f*; (*typing* ~) servicio *m* de mecanografía; (*car* ~) reserva *f* de coches.
[c] **to do the (football) ~s** hacer las quinielas.
[d] (*form of snooker*) billar *m* americano, chapolín *m*; **to shoot ~** (*US*) jugar al chapolín.
[e] (*Comm*) fondos *mpl* comunes; (*US: monopoly, trust*) consorcio *m*.
[2] VT juntar, poner en común.
[3] CPD: ~ **table** N mesa *f* de billar.

poolroom ['puːlruːm] N (*US*) sala *f* de billar.

poop [puːp] N (*Naut*) popa *f*.

pooper-scooper ['puːpə'skuːpəʳ] N (*fam*) caca-can *m* (*fam*).

poor [pʊəʳ] [1] ADJ (*comp* ~**er**; *superl* ~**est**) (*gen*) pobre; (*inferior, feeble*) malo/a; (*wretched*) miserable; **a ~ family** una familia necesitada; **a ~ harvest** una cosecha pobre *or* escasa; **my ~ memory** mi mala memoria; **to be as ~ as a church-mouse** ser más pobre que las ratas; **to be ~ at maths** ser flojo en matemáticas; **to be in ~ health** estar mal (de salud); **I'm a ~ traveller** no llevo bien los viajes; **you ~ thing!** ¡pobrecito!; **he's very ill, ~ chap** está grave el pobre.
[2] NPL: **the ~** los pobres.
[3] CPD: ~ **box** N cepillo *m* de los pobres.

poorly ['pʊəlɪ] [1] ADV [a] (*badly*) mal, no muy bien.
[b] (*financially*) pobremente. [2] ADJ (*ill*) mal, enfermo/a.

pop¹ [pɒp] [1] N [a] (*sound*) pequeño estallido *m*.
[b] (*fam: drink*) gaseosa *f* (*Sp*), refresco *m*.
[2] ADV: **to go ~** reventar.
[3] VT [a] (*burst*) hacer reventar; (*cork*) hacer saltar.
[b] (*fam: put*) **I'll just ~ my hat on** voy a ponerme el sombrero; **she ~ped her head out** asomó de repente la cabeza; **to ~ the question** declararse.
[4] VI [a] (*burst*) reventar; (*cork*) saltar; **his eyes nearly ~ped out of his head** (*in amazement*) se le saltaban los ojos; **my ears ~ped on landing** al aterrizar se me han taponado los oídos.
[b] (*fam: go quickly or suddenly*) **to ~ across/over** acercarse; **to ~ out** salir un momento; **he ~ped out for some cigarettes** salió un momento a comprar tabaco; **let's ~ round to Joe's** vamos a casa de Pepe.

◆ **pop in** VI + ADV (*fam*) entrar un momento, pasar por la casa de algn; **to ~ in to see sb** pasar por casa de algn.

◆ **pop off** VI + ADV (*fam*) [a] (*die*) palmar. [b] (*leave*) irse, marcharse.

◆ **pop up** VI + ADV aparecer inesperadamente.

pop² [pɒp] N (~ *music*) música *f* 'pop'.

pop³ [pɒp] N (*esp US fam: dad*) papá *m*.

pop. ABBR of **population** h.

popcorn ['pɒpkɔːn] N palomitas *fpl* de maíz, alborotos *mpl* (*CSur, Per*), cabritas *fpl* (*CSur, Per*).

pope [pəʊp] N papa *m*.

popemobile ['pəʊpməʊˌbiːl] N papamóvil *m*.

popeyed ['pɒp'aɪd] ADJ de ojos saltones *or* desorbitados.

popgun ['pɒpɡʌn] N pistola *f* de juguete (de aire comprimido).

poplar ['pɒpləʳ] N álamo *m*.

poplin ['pɒplɪn] N popelina *f*.

popmobility [ˌpɒpməʊ'bɪlɪtɪ] N gym-jazz *m*.

poppa ['pɒpə] N (*US fam*) papá *m* (*fam*).

popper ['pɒpəʳ] N corchete *m*.

poppet ['pɒpɪt] N (fam) preciosa f, querida f; **she is a ~** es un cielo.
poppy ['pɒpɪ] **1** N amapola f.
2 CPD: **P~ Day** N (Brit) día de la conmemoración del armisticio de 1918; **~ seed** N semilla f de amapola.

┌─── POPPY DAY ───┐

ⓘ **Poppy Day** es la expresión coloquial para referirse al **Remembrance Day** o **Remembrance Sunday**, día en que se recuerda a los caídos en las dos grandes guerras mundiales del siglo XX. La celebración se hace el segundo domingo de noviembre y en los días que preceden a esta fecha se venden amapolas de papel con el fin de recaudar fondos destinados a las instituciones de caridad que prestan ayuda a los veteranos de guerra y a sus familias. Las amapolas representan las que florecieron en los campos franceses, donde tantos soldados perecieron durante la Primera Guerra Mundial.

poppycock ['pɒpɪkɒk] N (fam) tonterías fpl.
Popsicle ['pɒpsɪkl] ® N (US) polo m.
populace ['pɒpjʊlɪs] N (gen) pueblo m; (mob) populacho m, turba f.
popular ['pɒpjʊləʳ] ADJ **a** (well-liked) popular; (fashionable) de moda; (acceptable) bien visto/a; **I'm not very ~ with her** no le caigo bien or en gracia. **b** (of the people) popular; **in ~ language** en el lenguaje del pueblo; **~ front** frente m popular; **~ opinion** la opinión general. **c** (widespread) corriente, generalizado/a; **by ~ request** a petición del público; **there is a ~ belief that ...** muchos creen que ....
popularity [,pɒpjʊ'lærɪtɪ] N popularidad f.
popularize ['pɒpjʊləraɪz] VT **a** (make well-liked, acceptable) popularizar. **b** (make available to the people) vulgarizar.
popularly ['pɒpjʊləlɪ] ADV popularmente, entre la mayoría de la gente.
populate ['pɒpjʊleɪt] VT poblar.
population [,pɒpjʊ'leɪʃən] **1** N población f. **2** CPD: **the ~ explosion** N la explosión f demográfica; **~ growth** N crecimiento m demográfico.
populous ['pɒpjʊləs] ADJ populoso/a; **the most ~ city in the world** la ciudad más poblada del mundo.
pop-up ['pɒpʌp] ADJ: **~ book** libro m con historietas o escenas plegables; **~ toaster** tostador m automático.
porage ['pɒrɪdʒ] N = **porridge**.
porcelain ['pɔːslɪn] N porcelana f.
porch [pɔːtʃ] N (of church) pórtico m; (of house) porche m, portal m; (US: veranda) porche, terraza f.
porcupine ['pɔːkjʊpaɪn] N puerco m espín.
pore¹ [pɔːʳ] N (Anat, Zool) poro m.
pore² [pɔːʳ] VI: **to ~ over sth** escudriñar algo.
pork [pɔːk] **1** N carne f de cerdo or puerco or (LAm) chancho. **2** CPD: **~ butcher** N charcutero/a m/f, chanchero/a m/f (LAm); **~ chop** N chuleta f de cerdo or puerco; **~ pie** N empanada f de carne de cerdo.
porn [pɔːn] **1** N (fam) pornografía f, porno m; **hard / soft ~** pornografía dura/blanda. **2** CPD: **~ merchant** N traficante m en pornografía; **~ shop** N tienda f de pornografía.
porno [pɔːnəʊ] N (esp US fam) = **porn**.
pornographic [,pɔːnə'græfɪk] ADJ pornográfico/a.
pornography [pɔː'nɒgrəfɪ] N pornografía f.
porous ['pɔːrəs] ADJ poroso/a.
porpoise ['pɔːpəs] N marsopa f.
porridge ['pɒrɪdʒ] **1** N gachas fpl de avena, ≈ atole m (Mex). **2** CPD: **~ oats** NPL copos mpl de avena (para hacer gachas).
port¹ [pɔːt] **1** N **a** (harbour) puerto m; **~ of call** puerto de escala; **his next ~ of call was the chemist's** luego fue a la farmacia; **to come** or **put into ~** tomar puerto; **any ~ in a storm** (fig) la necesidad carece de ley. **b** (city or town with a ~) puerto m. **c** (Comput) puerta f, puerto m, port m. **2** CPD portuario/a; **~ authority** N autoridad f portuaria.
port² [pɔːt] (Naut, Aer: left side) **1** N babor m. **2** ADJ de

babor.
port³ [pɔːt] N (wine) oporto m.
portable ['pɔːtəbl] ADJ portátil.
Portakabin ® ['pɔːtə,kæbɪn] N (gen) caseta f prefabricada.
portcullis [pɔːt'kʌlɪs] N rastrillo m.
portend [pɔː'tend] VT augurar.
portent ['pɔːtent] N augurio m, presagio m.
porter ['pɔːtəʳ] N (in hotel, office etc) portero/a m/f; (in hospital) celador(a) m/f; (Rail) maletero m, mozo m de equipajes, mozo m de cuerda or de estación, changador m (CSur); (US Rail) camarero de coche-cama, camarero m (LAm).
portfolio [pɔːt'fəʊlɪəʊ] N (file) carpeta f; (of artist, designer) carpeta, portfolio m; (of business, politician) cartera f; **~ of shares** cartera de acciones; **minister without ~** ministro sin cartera.
porthole ['pɔːthəʊl] N portilla f.
portion ['pɔːʃən] N (part, piece) porción f, parte f; (of food) ración f; (of cake) porción f, trozo m.
portly ['pɔːtlɪ] ADJ grueso/a, corpulento/a.
portmanteau [pɔːt'mæntəʊ] **1** N (pl **~s** or **~x** [pɔːt'mæntəʊz]) baúl m de viaje. **2** CPD: **~ word** N palabra f combinada.
portrait ['pɔːtrɪt] **1** N retrato m; **to have one's ~ painted** hacerse un retrato. **2** CPD: **~ orientation** N formato m vertical; **~ painter** N retratista mf.
portray [pɔː'treɪ] VT (paint etc portrait of) retratar; (describe, paint etc) representar, pintar.
portrayal [pɔː'treɪəl] N (see vt) retrato m; descripción f.
Portugal ['pɔːtjʊgəl] N Portugal m.
Portuguese [,pɔːtjʊ'giːz] **1** ADJ portugués/esa; **~ man-of-war** especie de medusa. **2** N (pl **~**) portugués/esa m/f; (Ling) portugués m.
POS N ABBR of **point of sale**.
pose [pəʊz] **1** N postura f, actitud f; **it's only a ~** (fig) es pura pose. **2** VT **a** (position) colocar. **b** (problem, question, difficulty) plantear. **3** VI **a** (for artist etc) posar. **b** (affectedly) presumir, hacer pose. **c** **to ~ as** (pretend to be) fingir ser; (disguise o.s. as) disfrazarse de; (act as) hacerse pasar or tomar por.
poser ['pəʊzəʳ] N (fam) **a** (problem) problema m or pregunta f difícil. **b** (person) = **poseur**.
poseur [pəʊ'zɜːʳ] N persona f afectada.
posh [pɒʃ] (fam) **1** ADJ (comp **~er**; superl **~est**) (high-class) elegante; (affected) afectado/a; **a ~ car** un coche de lujo. **2** ADV: **to talk ~** hablar con acento afectado.
position [pə'zɪʃən] **1** N **a** (location, place where sb/sth is) posición f; (of house, farm etc) situación f; (Mil: strategic site) posición; **to be in/out of ~** estar en su sitio/fuera de lugar; **what ~ do you play?** (Sport) ¿de qué juegas? **b** (posture) posición f, postura f; **in a reclining ~** echado hacia atrás; **what ~ was the body in?** ¿cuál era la postura del cadáver? **c** (in race etc) puesto m, lugar m; (in class) puesto. **d** (social, professional standing) posición f, rango m; **a man of ~** un hombre de categoría. **e** (post) puesto m, empleo m; **to have a good ~ in a bank** tener un buen puesto en un banco; **a ~ of trust** un puesto de confianza; **to look for a ~** buscar una colocación. **f** (window: in post office etc) ventanilla f. **g** (fig: situation, circumstance) situación f; **our ~ is improving** estamos mejorando de situación; **to be in a ~ to do sth** estar en condiciones de hacer algo; **he's in no ~ to criticize** él no está en condiciones de criticar; **put yourself in my ~** ponte en mi lugar. **h** (fig: point of view, attitude) opinión f, postura f; **what is our ~ on Greece?** ¿cuál es nuestra postura sobre Grecia?; **to change one's ~** cambiar de opinión, cambiar de idea. **2** VT (place in ~) colocar; (locate) situar; **to be ~ed** situarse; **to ~ o.s.** colocarse, situarse.
positive ['pɒzɪtɪv] ADJ **a** (true, real) auténtico/a, real; (sharp: refusal) tajante, categórico/a; (sure, certain)

seguro/a; **it's ~ proof** es una prueba incontrovertible; **are you sure? - yes, ~** ¿estás seguro? - sin lugar a dudas; **you don't sound very ~** no pareces estar muy seguro. [b] (*affirmative, constructive*) positivo/a; (*person*) dinámico/a; **she's a ~ sort of person** es una persona enérgica; **~ criticism** crítica *f* constructiva; **~ discrimination** discriminación *f* positiva; **there are some ~ results at last** por fin hay unos resultados positivos. [c] (*real, downright*) verdadero/a, auténtico/a; **he's a ~ nuisance** es un auténtico pelmazo. [d] (*Elec, Math, Phot, Ling*) positivo/a; **~ cash flow** flujo *m* positivo de efectivo.

positively ['pɒzɪtɪvlɪ] ADV (*really, truly*) auténticamente; (*categorically*) tajantemente; (*with certainty*) con seguridad; (*affirmatively*) en forma positiva; (*fam: really, absolutely*) realmente; **the film was ~ disgusting!** ¡la película daba auténtico asco!

poss. [pɒs] (*fam*) [1] ADJ ABBR of **possible**. [2] ADV ABBR of **possibly**.

posse ['pɒsɪ] N (*US*) pelotón *m*.

possess [pə'zes] VT (*gen*) poseer; (*hold*) tener; (*own: estate etc*) ser dueño de; **to ~ a large collection** poseer una gran colección; **like one ~ed** como un poseído; **to be ~ed by an idea** dejarse apoderar por una idea; **whatever can have ~ed you?** ¿cómo se te ocurrió?

possession [pə'zeʃən] N [a] posesión *f*; **to have sth in one's ~** tener algo (en sus manos *or* sus manos); **to get ~ of** ganar derecho de entrada a; **to take ~ of sth** (*Jur*) tomar posesión de algo; (*by force*) apoderarse de algo; **to take ~ of a house** adueñarse de una casa; **to get/have ~ of the ball** (*Sport*) hacerse con/tener el balón; **to be in ~ of sth** estar en posesión de algo. [b] (*thing possessed*) posesión *f*; **~s** posesiones, bienes *mpl*.

possessive [pə'zesɪv] [1] ADJ [a] posesivo/a; **to be ~ about sth/towards sb** ser posesivo con algo/algn. [b] (*Ling*) posesivo/a. [2] N (*Ling*) posesivo *m*.

possessor [pə'zesər] N poseedor(a) *m/f*; **to be the proud ~ of sth** enorgullecerse de poseer algo.

possibility [,pɒsə'bɪlɪtɪ] N [a] (*chance*) posibilidad *f*; **there is no ~ of his agreeing to it** no existe posibilidad alguna de que esté de acuerdo; **it is within the bounds of ~** cabe dentro de lo posible; **if by any ~ ...** si por casualidad .... [b] (*event etc*) posibilidad *f*; **to allow for the ~ that it may happen** tener en cuenta la posibilidad de que podría ocurrir; **to foresee all the possibilities** prever todas las eventualidades. [c] (*promise*) **to have possibilities** ser prometedor.

▼**possible** ['pɒsəbl] [1] ADJ posible; **it is ~ that he'll come** es posible que venga; **it is ~ to do it** es posible hacerlo; **it is not ~ to do more** es imposible hacer más; **it will be ~ for you to leave early** no habrá inconveniente en que se vaya temprano; **as soon as ~** cuanto antes, lo antes posible; **if (at all) ~** de ser posible; **as often as ~** cuánto más mejor; **where ~, wherever ~** donde sea posible; **the best/worst ~** lo mejor/peor posible; **to make sth ~** posibilitar algo; **what ~ excuse can you give for your behaviour?** no hay disculpa que valga por tu comportamiento; **a ~ defeat** una posible derrota. [2] N: **a list of ~s for the job** una lista de candidatos para el puesto; **he's a ~ for Saturday's match** es posible que juegue en el partido del sábado.

▼**possibly** ['pɒsəblɪ] ADV [a] posiblemente; **if I ~ can** si me es posible; **as often as I ~ can** lo más frecuentemente que pueda; **how can I ~ come tomorrow?** ¿cómo voy a poder venir mañana?; **I cannot ~ do it** no hay manera de que lo haga; **it can't ~ be true!** ¡no puede ser! [b] (*perhaps*) tal vez, quizás, puede que sí.

possum ['pɒsəm] N zarigüeya *f*; **to play ~** (*sleeping*) fingir estar dormido; (*dead*) hacerse el muerto.

post¹ [pəʊst] [1] N poste *m*; **starting/finishing ~** línea *f* de salida/llegada; **to be left at the ~** quedar muy atrasado. [2] VT [a] (*also ~ up*) pegar, fijar; **'~ no bills'** 'prohibido fijar carteles'. [b] (*announce*) anunciar; **to ~ sb/sth (as) missing** anunciar la desaparición de algn/algo.

post² [pəʊst] [1] N (*mail*) correo *m*; **registered ~** correo

certificado; **by ~** por correo; **by return of ~** a vuelta de correo; **to catch the ~** echar el correo antes de la recogida; **it's in the ~** está en el correo; **first/last ~** primer/último reparto; **to sort the ~** clasificar las cartas; **~ paid** porte pagado. [2] VT (*put in mailbox*) echar (al correo); **to ~ sth to sb** (*send*) mandar algo a algn por correo; **this was ~ed on Monday** esto se echó al buzón el lunes. [b] (*inform*) **to keep sb ~ed** tener a algn al corriente. [3] CPD **~ office** N (*place*) oficina *f* de correos, correos *mpl*; **the P~ Office** (*institution*) ≈ la Administración General de Correos; **P~ Office box** N apartado *m* de correo(s), casilla *f* (postal *or* de correo) (*LAm*); **P~ Office Savings Bank** N ≈ Caja *f* Postal de Ahorros.

post³ [pəʊst] [1] N [a] (*job*) puesto *m*, empleo *m*; **to look for a ~** buscar un puesto; **to take up one's ~** ocupar el puesto. [b] (*Mil*) puesto *m*; **at one's ~** en su puesto; **frontier ~** puesto fronterizo; **last ~** toque *m* de retreta. [c] (*trading*) factoría *f*. [2] VT [a] (*Mil etc*) apostar; (*position*) situar. [b] (*send, assign*) enviar; (*Mil*) destinar; **to ~ sb to Buenos Aires** enviar a algn a Buenos Aires.

post... [pəʊst] PREF post..., pos....

postage ['pəʊstɪdʒ] [1] N franqueo *m*, porte *m*; **~ and packing** gastos *mpl* de envío; **~ paid** porte pagado. [2] CPD: **~ meter** N (*US*) franqueadora *f*; **~ rates** NPL tarifa *fsg* de correo; **~ stamp** N sello *m* (de correos), estampilla *f* (*LAm*), timbre *m* (*Mex*).

postal ['pəʊstəl] ADJ postal; **~ district** distrito *m* postal; **~ order** giro *m* postal; **~ service** servicio *m* postal; **~ survey** encuesta *f* por correo; **~ vote** voto *m* postal.

postbag ['pəʊstbæg] N (*Brit: letters*) correspondencia *f*, cartas *fpl*.

postbox ['pəʊstbɒks] N (*Brit*) buzón *m*.

postcard ['pəʊstkɑːd] N (tarjeta *f*) postal *f*.

postcode ['pəʊstkəʊd] N (*Brit*) código *m* postal.

post-coital [pəʊst'kɔɪtəl] ADJ de después del coito.

postdate ['pəʊst'deɪt] VT poner fecha adelantada a.

postdated ['pəʊst'deɪtɪd] ADJ (*cheque*) con fecha adelantada.

post-doctoral [pəʊst'dɒktərəl] ADJ posdoctoral.

poster ['pəʊstər] [1] N cartel *m*, póster *m*, afiche *m* (*LAm*). [2] CPD: **~ paint** N pintura *f* al agua.

poste restante ['pəʊst'restɑ:nt] N lista *f* de correos.

posterior [pɒs'tɪərɪər] N (*hum*) trasero *m*.

posterity [pɒs'terɪtɪ] N posteridad *f*.

post-free ['pəʊst'fri:] ADJ, ADV (con) porte pagado.

postgrad [,pəʊst'græd] ADJ, N ABBR (*fam*) of **postgraduate** posgraduado/a *m/f*.

postgraduate ['pəʊst'grædjʊt] [1] ADJ de posgrado. [2] N posgraduado/a *m/f*.

posthaste ['pəʊst'heɪst] ADV a toda prisa.

posthumous ['pɒstjʊməs] ADJ póstumo/a.

posthumously ['pɒstjʊməslɪ] ADV después de la muerte.

post-impressionist ['pəʊstɪm'preʃənɪst] ADJ posimpresionista.

postman ['pəʊstmən] N (*pl* **-men**) cartero *m*.

postmark ['pəʊstmɑːk] [1] N matasellos *m inv*; **date as ~** según fecha del matasellos. [2] VT matasellar.

postmaster ['pəʊst,mɑːstər] N administrador *m* de correos; **~ general** director *m* general de correos.

postmistress ['pəʊst,mɪstrɪs] N administradora *f* de correos.

postmodern ['pəʊst'mɒdən] ADJ posmoderno/a.

postmortem ['pəʊst'mɔːtəm] N (*gen*) autopsia *f*; **to carry out a ~** practicar una autopsia; **to hold a ~ on sth** (*fig*) analizar los resultados de algo, hacer el balance de algo.

post-natal ['pəʊst'neɪtl] ADJ postnatal, posparto; **~ depression** depresión *f* posparto.

post-operative [,pəʊst'ɒpərətɪv] ADJ posoperativo/a.

postpone [pəʊst'pəʊn] VT aplazar, posponer, postergar (*LAm*).

postponement [pəʊst'pəʊnmənt] N aplazamiento *m*.

postscript ['pəʊsskrɪpt] N posdata *f*.

postulate ['pɒstjʊleɪt] VT postular.

posture ['pɒstʃə^r] **1** N postura *f*, actitud *f*. **2** VI (*pej*) adoptar una postura afectada.

postviral [ˌpəʊst'vaɪrəl] ADJ: ~ **syndrome** síndrome *m* posvírico.

post-war ['pəʊst'wɔː^r] ADJ de la posguerra.

posy ['pəʊzɪ] N ramillete *m*.

pot [pɒt] **1** N **a** (*for cooking*) cazuela *f*, puchero *m*; (*tea* ~) tetera *f*; (*coffee* ~) cafetera *f*; (*for jam*) tarro *m*, pote *m* (*LAm*); (*for flowers*) tiesto *m*, maceta *f*; (*piece of pottery*) cacharro *m*; **chamber** ~ orinal *m*; **~s and pans** batería *fsg* de cocina, cacharros *mpl*; **to go to** ~ (*fam*) ir al traste.
b (*potful*) cazuela *f*; **a** ~ **of coffee for two** café para dos; **to make a** ~ **of tea** hacer el té.
c (*fam*) **to have ~s of money** tener montones de dinero; **to keep the** ~ **boiling** (*earn living*) ganarse la vida; (*make things progress*) mantener las cosas en marcha.
d (*fam: shot*) **he took a** ~ **at the wolf** tiró al lobo.
e (*fam: marijuana*) maría *f* (*fam*), chocolate *m* (*fam*), mota *f* (*LAm fam*).
2 VT **a** (*jam, meat, etc*) conservar en tarros; (*plant*) poner en tiesto.
b (*shoot*) matar.
c (*Brit: Billiards etc*) meter en la tronera.
3 CPD: ~ **plant** N planta *f* de interior; ~ **roast** N carne *f* asada a la cazuela; ~ **shot** N tiro *m* al azar; **to take a** ~ **shot at sth** disparar al azar contra algo.

potash ['pɒtæʃ] N potasa *f*.

potassium [pə'tæsɪəm] **1** N potasio *m*. **2** CPD: ~ **cyanide** N cianuro *m* de potasio; ~ **sulphate** N sulfato *m* potásico.

potato [pə'teɪtəʊ] **1** N (*pl* ~**es**) patata *f*, papa *f* (*LAm*); **sweet** ~ batata *f*, camote *m* (*LAm*).
2 CPD: ~ **chip** (*US*), ~ **crisp** (*Brit*) N patata *f* or (*LAm*) papa *f* frita; ~ **masher** N *utensilio para aplastar las patatas al hacer puré*; ~ **peeler** N pelapatatas *m inv*.

potbellied ['pɒt,belɪd] ADJ (*from overeating*) barrigón/ona; (*from malnutrition*) de vientre hinchado.

potency ['pəʊtənsɪ] N potencia *f*.

potent ['pəʊtənt] ADJ potente, poderoso/a.

potentate ['pəʊtənteɪt] N potentado *m*.

potential [pə'tenʃəl] **1** ADJ en potencia; ~ **earnings** ganancias *fpl* potenciales; **a** ~ **prime minister** un primer ministro en ciernes.
2 N **a** (*possibilities*) potencial *m*; (*ability*) capacidad *f*; **to have** ~ mostrar gran potencial.
b (*Elec, Math, Phys*) potencial *m*.

potentially [pə'tenʃəlɪ] ADV en potencia.

pothole ['pɒthəʊl] N (*in road*) bache *m*; (*Geol*) marmita *f* de gigante, gruta *f*.

potholer ['pɒthəʊlə^r] N espeleólogo/a *m/f*.

potholing ['pɒthəʊlɪŋ] N espeleología *f*.

potion ['pəʊʃən] N poción *f*, pócima *f*.

potluck ['pɒt'lʌk] N: **to take** ~ tomar lo que haya.

potpourri [pəʊ'pʊrɪ] N **a** (*flowers*) flores *fpl* secas aromáticas, popurrí *m*. **b** (*of music, writing*) popurrí *m*.

potted ['pɒtɪd] ADJ **a** (*food*) conservado/a en tarros; (*plant*) en tiesto. **b** (*shortened*) resumido/a.

potter¹ ['pɒtə^r] N alfarero/a *m/f*; ~**'s clay** arcilla *f* de alfarería; ~**'s wheel** torno *m* de alfarero.

potter² ['pɒtə^r] VI (*also* ~ **about,** ~ **around**) entretenerse, pasar el tiempo haciendo cosas, ocuparse en fruslerías; **I** ~**ed round the house all day** hice bagatelas en casa todo el día.

pottery ['pɒtərɪ] N (*craft*) alfarería *f*; (*art*) cerámica *f*; (*pots*) cerámica.

potty¹ ['pɒtɪ] N (*fam*) orinal *m* de niño.

potty² ['pɒtɪ] ADJ (*comp* **-ier**; *superl* **-iest**) (*Brit fam: mad*) chiflado/a, tarado/a (*LAm*); **it's enough to drive you** ~ es para volverse loco.

potty-trained ['pɒtɪ,treɪnd] ADJ que ya no necesita pañales.

pouch [paʊtʃ] N (*for tobacco*) petaca *f*; (*for ammunition*) cartuchera *f*; (*hunter's*) morral *m*; (*Zool, Anat*) bolsa *f*.

pouf(fe) [puːf] N **a** (*seat*) puf(f) *m*. **b** (*Brit fam*) = **poof**.

poulterer ['pəʊltərə^r] N (*Brit*) pollero/a *m/f*.

poultice ['pəʊltɪs] N cataplasma *f*, emplasto *m*.

poultry ['pəʊltrɪ] **1** N (*alive*) aves *fpl* de corral; (*as food*) aves. **2** CPD: ~ **farm** N granja *f* avícola; ~ **farmer** N avicultor(a) *m/f*; ~ **farming** N avicultura *f*.

pounce [paʊns] **1** N salto *m*, ataque *m*. **2** VI abalanzarse (*on sobre*); **to** ~ **on sth/sb** (*lit*) echarse encima de algo/algn; (*fig*) agarrar a algo/algn.

pound¹ [paʊnd] **1** N **a** (*weight*) libra *f* (= 453,6 *gr*); **half a** ~ media libra; **they sell it by the** ~ lo venden por libras; **to have one's** ~ **of flesh** (*fig*) exigir el cumplimiento completo (de un contrato *etc*).
b (*money*) libra *f*; **one** ~ **sterling** una libra esterlina.
2 CPD: **a five-~ note** un billete de cinco libras.

pound² [paʊnd] **1** VT **a** (*hammer, strike*) golpear; (*with stick etc*) aporrear; (*subj: sea, waves*) azotar, batir; (*Mil*) bombardear.
b (*pulverize*) machacar; **to** ~ **sth to pieces** romper algo a golpes.
2 VI **a** (*drums, etc*) resonar, redoblar; (*heart*) palpitar; (*waves*) romper; **the sea was ~ing against the rocks** el mar azotaba las rocas; **to** ~ **at, to** ~ **on** golpear, dar golpes en.
b (*run, walk heavily*) correr/andar con paso pesado.
◆**pound down** VT + ADV (*drugs, spices*) moler; **to** ~ **sth down to a pulp** hacer algo pulpa.

pound³ [paʊnd] N (*enclosure: for dogs*) perrera *f*; (*: for cars*) depósito *m* de coches.

-pounder ['paʊndə^r] N SUF: **four~** (*pez m etc*) de cuatro libras.

pounding ['paʊndɪŋ] N: **to take a** ~ (*ship*) ser azotado por el mar; (*Sport*) sufrir una derrota; (*Mil*) sufrir un bombardeo; **Barcelona gave us a real** ~ el Barça nos dio una paliza de las buenas.

pour [pɔː^r] **1** VT (*gen*) echar, verter; (*spill*) derramar; **to** ~ **a drink for sb** servir una copa a algn; **he** ~**ed himself some coffee** se sirvió café; **to** ~ **sth away** or **off** vaciar or verter algo; **to** ~ **money into a project** invertir dinero en cantidades en un proyecto.
2 VI **a** correr, fluir; **the sweat is ~ing off you!** ¡estás sudando la gota gorda!; **tourists are ~ing in** los turistas están llegando a raudales; **water came ~ing into the room** el agua entraba a raudales en el cuarto; **blood ~ed from the wound** la sangre salía a borbotones de la herida.
b **it's ~ing (with rain)** está lloviendo a cántaros.
◆**pour out** **1** VT + ADV (*gen*) echar; (*spill*) derramar; (*a drink*) servir, echar; **to** ~ **out one's troubles** desatarse y contarlo todo; **to** ~ **out one's feelings** or **heart** desahogarse.
2 VI + ADV (*persons etc*) salir a raudales; **they ~ed out into the streets** invadieron las calles.

pouring ['pɔːrɪŋ] ADJ (*custard etc*) para echar; (*rain*) torrencial.

pout [paʊt] **1** N puchero *m*, morritos *mpl*. **2** VI hacer pucheros, poner morr(it)os.

poverty ['pɒvətɪ] **1** N (*gen*) pobreza *f*; (*state of* ~) miseria *f*; ~ **of imagination** falta *f* de imaginación; **to live in** ~ vivir en la miseria.
2 CPD: ~ **line** N: **to live below the** ~ **line** vivir en la indigencia; **to live on the** ~ **line** vivir del salario mínimo, vivir al borde de la pobreza; ~ **trap** N (*Brit*) trampa *f* de la pobreza.

poverty-stricken ['pɒvətɪ,strɪkn] ADJ necesitado/a; **to be** ~ (*hum*) estar en la miseria.

POW N ABBR *of* **prisoner of war**.

powder ['paʊdə^r] **1** N polvo *m*; (*face* ~, *talcum* ~) polvos *mpl*; **to grind sth to (a)** ~ reducir algo a polvo.
2 VT **a** (*reduce to* ~) pulverizar, reducir a polvo.
b (*apply* ~ *to*) polvorear, poner polvos a; **to** ~ **one's nose** (*lit*) empolvarse la nariz; (*euph*) ir al tocador.
3 CPD: ~ **compact** N polvera *f*; ~ **puff** N borla *f*; ~ **room** N tocador *m*.

powdered ['paʊdəd] ADJ en polvo; ~ **milk** leche *f* en polvo; ~ **sugar** (*US*) azúcar *m* extrafino.

powdery ['paʊdərɪ] ADJ en polvo.

power ['paʊə^r] **1** N **a** (*gen: strength, force etc*) fuerza *f*; (*fig:*

of argument etc) fuerza, impacto *m*; **more ~ to your elbow!** *(fam)* ¡qué tengas éxito!; **the ~ of life and death** poder *m* de vida o muerte.

⏹ᵇ *(ability, capacity)* capacidad *f*; *(faculty)* facultad *f*; **it is beyond his ~ to save her** no está dentro de sus posibilidades salvarla; **to do all in one's ~ to help sb** hacer todo lo posible por ayudar a algn; **the ~ of speech** la facultad del habla; **~s of persuasion/imagination** capacidad de persuasión/imaginación.

⏹ᶜ *(Pol etc: authority)* poder *m*, autoridad *f*; **that is beyond my ~(s)** eso no es de mi competencia; **to have ~ over sb** tener influencia sobre algn; **to have sb in one's ~** tener a algn en su poder; **to be in sb's ~** estar en poder de algn; **to be in ~** estar en el poder; **to come to ~** subir al poder; **~ of attorney** *(Jur)* poder *m*; **the ~ behind the throne** la eminencia gris; **the ~s that be** las autoridades; **the ~s of darkness** *or* **evil** las fuerzas del mal.

⏹ᵈ *(nation)* potencia *f*; **the Great P~s** las grandes potencias.

⏹ᵉ *(source of energy: nuclear ~, electric ~ etc)* energía *f*.

⏹ᶠ *(of engine, machine, etc)* potencia *f*, fuerza *f*; *(of telescope)* aumento *m*; **engines at half ~** motores a medio rendimiento.

⏹ᵍ *(Math)* potencia *f*; **7 to the ~ (of) 3** 7 elevado a la 3ª potencia.

⏹ʰ *(fam: a lot of)* **that did me a ~ of good** me hizo mucho *or (LAm)* harto bien.

⏹**2** VT impulsar; **a plane ~ed by 4 jets** un avión impulsado por 4 motores a reacción.

⏹**3** CPD *(saw, drill)* mecánico/a, eléctrico/a; *(Elec: cable, supply)* de energía eléctrica; *(: line)* de fuerza; **~ cut** N *(Brit)* corte *m* de corriente; **~ failure** N fallo *m* del suministro de electricidad; **~ game** N juego *m* del poder; **~ outage** *(US)* N = **~ cut**; **~ plant** N grupo *m* electrógeno; *(US)* central *f* eléctrica; **~ point** N *(Elec)* enchufe *m*, toma *f*; **~ politics** NPL política *fsg* de fuerza; **~ station** N central *f* eléctrica, usina *f* eléctrica *(CSur)*; **~ steering** N *(Aut)* dirección *f* asistida; **~ structure** N estructura *f* del poder; **~ struggle** N lucha *f* por el poder.

power-assisted ['paʊərə,sɪstɪd] ADJ: **~ brakes** servofrenos *mpl*; **~ steering** dirección *f* asistida.

powerboat ['paʊə,bəʊt] N lancha *f* a motor.

power-driven ['paʊədrɪvn] ADJ mecánico/a, eléctrico/a.

powerful ['paʊəfʊl] ADJ *(person: physically)* fuerte, fornido/a; *(: influential)* poderoso/a; *(engine, magnet etc)* potente; *(actor)* convincente; *(speech, film etc)* conmovedor(a).

powerhouse ['paʊəhaʊs] N *(pl* **-houses** [haʊzɪz]*) (fig)* fuerza *f* motriz *or* dinámica.

powerless ['paʊəlɪs] ADJ impotente, ineficaz.

pp ABBR ⏹ᵃ *of* **per procurationem, by proxy** p.p. ⏹ᵇ *of* **parcel post**. ⏹ᶜ *of* **post paid**. ⏹ᵈ *of* **prepaid**.

pp. ABBR *of* **pages** págs.

PPE N ABBR *of* **philosophy, politics, economics** grupo de asignaturas de la Universidad de Oxford.

ppm N ABBR *of* **parts per million**.

PPP N ABBR *of* **personal pension plan**.

PPS N ABBR ⏹ᵃ *(Brit) of* **Parliamentary Private Secretary**. ⏹ᵇ *of* **post-postscriptum**.

PQ ABBR *(Canada) of* **Province of Quebec**.

PR ⏹**1** N ABBR ⏹ᵃ *(Pol) of* **proportional representation**. ⏹ᵇ *of* **public relations** R.P., RRPP *fpl*. ⏹**2** ABBR *(US Post) of* **Puerto Rico**.

Pr. ABBR *of* **prince** P.

practicability [,præktɪkə'bɪlɪtɪ] N factibilidad *f*.

practicable ['præktɪkəbl] ADJ factible, practicable.

practical ['præktɪkəl] ⏹**1** ADJ ⏹ᵃ práctico/a; **for all ~ purposes** en la práctica; **~ joke** broma *f* pesada; **~ nurse** *(US)* enfermera *f* práctica *or* sin título.

⏹ᵇ **it's a ~ sell-out** es casi una traición.

⏹**2** N *(Univ etc)* examen *m* práctico.

practicality [,præktɪ'kælɪtɪ] N *(of person)* sentido *m* práctico; *(of scheme etc)* factibilidad *f*; **practicalities** detalles *mpl* prácticos.

practically ['præktɪklɪ] ADV *(almost)* casi, prácticamente; **it**

~ killed me por poco me mata; **there has been ~ no rain** casi no ha llovido.

practice ['præktɪs] ⏹**1** N ⏹ᵃ *(habit, custom)* costumbre *f*; **sharp ~** engaños *mpl*, trampas *fpl*; **it is not our ~ to do that** no acostumbramos hacer eso.

⏹ᵇ *(exercise)* práctica *f*; *(training)* entrenamiento *m*; *(rehearsal)* ensayo *m*; **to be out of ~** no estar en forma; **~ makes perfect** la práctica hace maestro.

⏹ᶜ *(reality)* práctica *f*; **in ~** en la práctica; **to put sth into ~** poner algo en práctica.

⏹ᵈ *(of doctor: place)* consultorio *m*; *(: people)* pacientes *mpl*; *(of lawyer: office)* bufete *m*; *(exercise of profession)* ejercicio *m*; **he is no longer in ~** ya no ejerce *or* practica; **to set up in ~ as** establecerse como.

⏹**2** VT, VI *(US)* = **practise**.

practise, *(US)* **practice** ['præktɪs] ⏹**1** VT ⏹ᵃ practicar; **to ~ what one preaches** predicar con el ejemplo.

⏹ᵇ *(train o.s. at)* hacer prácticas de, hacer ejercicios de; **to ~ doing sth** ensayar hacer algo; **I ~d my Spanish on her** practiqué el español con ella.

⏹ᶜ *(follow, exercise)* practicar, ejercer.

⏹**2** VI ⏹ᵃ *(to improve skill: Sport)* entrenar; *(: Theat, Mus)* ensayar; **to ~ every day** hacer ejercicios todos los días.

⏹ᵇ *(lawyer)* ejercer; *(doctor)* practicar.

practised, *(US)* **practiced** ['præktɪst] ADJ *(gen)* experto/a; **with a ~ eye** con ojo de experto.

practising, *(US)* **practicing** ['præktɪsɪŋ] ADJ *(professional)* que ejerce; *(Rel)* practicante.

practitioner [præk'tɪʃənər] N *(of an art)* practicante *mf*; *(Med)* médico/a *m/f*; *see* **general 3**.

pragmatic [præg'mætɪk] ADJ pragmático/a.

pragmatism ['prægmətɪzəm] N pragmatismo *m*.

Prague [prɑ:g] N Praga *f*.

prairie ['preərɪ] N pradera *f*; *(in North America)* llanura *f*, pampa *f (LAm)*.

praise [preɪz] ⏹**1** N alabanza *f*, elogio *m*; **he spoke in ~ of their achievements** habló en alabanza de sus éxitos; **I have nothing but ~ for her** merece todos mis elogios; **~ be to God!** *(in church)* ¡alabado sea Dios!; **~ be!** ¡gracias a Dios!; **to sing the ~s of sb** cantar las alabanzas de algn; **to sing one's own ~s** cantar sus propias alabanzas.

⏹**2** VT alabar, elogiar.

praiseworthy ['preɪz,wɜːðɪ] ADJ loable.

pram [præm] N *(Brit)* cochecito *m* de niño.

prance [prɑːns] VI *(horse)* hacer cabriolas, encabritarse; *(person: proudly)* pavonearse; *(: gaily)* brincar; **to ~ in/out** entrar/salir a brincos.

prank [præŋk] N travesura *f*; **to play a ~ on sb** gastar una broma a algn.

prat [præt] *(fam)* N *(ineffectual person)* inútil *mf (fam)*; *(fool)* imbécil *mf*.

prattle ['prætl] VI charlar, parlotear, cotorrear, echar cotorreo.

prawn [prɔːn] ⏹**1** N gamba *f*, camarón *m (esp LAm)*. ⏹**2** CPD: **~ cocktail** N cóctel *m* de gambas.

pray [preɪ] VI *(say prayers)* rezar, orar; **to ~ to God** rogar a Dios; **to ~ for sb/sth** orar por algn/algo; **to ~ for sth** *(want it badly)* desear algo; **she's past ~ing for!** *(fam)* ¡ya no se puede salvar!

prayer [preər] ⏹**1** N *(Rel)* oración *f*, rezo *m*; *(entreaty)* súplica *f*, ruego *m*; **to say one's ~s** decir sus oraciones; **he didn't have a ~** *(US fam)* no tenía nada que hacer, no tenía ni la menor posibilidad.

⏹**2** CPD: **~ book** N devocionario *m*, misal *m*; **~ mat** N alfombra *f* de rezo; **~ meeting** N reunión *f* de fieles.

praying ['preɪɪŋ] ADJ: **~ mantis** mantis *f* religiosa.

pre... [priː] PREF pre..., pre....

preach [priːtʃ] ⏹**1** VT *(Rel etc)* predicar; *(fig)* aconsejar, predicar. ⏹**2** VI predicar; **to ~ at sb** sermonear a algn; **to ~ to the converted** *(fig)* querer convertir a los que ya lo están.

preacher ['priːtʃər] N *(of sermon)* predicador(a) *m/f*; *(US: minister)* pastor *m*.

preamble [priː'æmbl] N preámbulo *m*.

prearrange ['priːə'reɪndʒ] VT arreglar de antemano.

precarious [prɪ'keərɪəs] ADJ precario/a.

precaution [prɪˈkɔːʃən] N precaución *f*; **as a ~** por precaución; **to take ~s** (*gen*) tomar precauciones; (*use contraceptive*) usar anticonceptivos; **to take the ~ of doing sth** tomar la precaución de hacer algo.

precautionary [prɪˈkɔːʃənərɪ] ADJ preventivo/a, de precaución.

precede [prɪˈsiːd] VT (*in space, time, rank*) preceder, anteceder; **for a month preceding this** durante un mes antes de esto; **to ~ a lecture with a joke** empezar una conferencia contando un chiste.

precedence [ˈpresɪdəns] N (*in rank*) precedencia *f*; (*in importance*) preferencia *f*; **to take ~ over sb/sth** tener prioridad sobre algn/algo.

precedent [ˈpresɪdənt] N (*also Jur*) precedente *m*; **without ~** sin precedente; **to establish** *or* **set a ~** sentar un precedente.

preceding [prɪˈsiːdɪŋ] ADJ precedente, anterior; **throughout the ~ month** durante todo el mes anterior.

precept [ˈpriːsept] N precepto *m*.

precinct [ˈpriːsɪŋkt] N (*area*) recinto *m*; (*shopping ~*) centro *m* comercial; (*pedestrian ~*) zona *f* peatonal; (*US: district*) distrito *m*; **~s** (*grounds, premises*) límites *mpl*; (*environs*) alrededores *mpl*; (*of cathedral etc*) recinto *msg*.

precious [ˈpreʃəs] **1** ADJ **a** (*costly*) precioso/a; **~ stone/metal** piedra *f* preciosa/metal *m* precioso. **b** (*treasured*) querido/a, precioso/a; **your ~ dog** (*iro*) tu querido perro; **your help is very ~ to me** aprecio mucho tu ayuda. **2** ADV (*fam*) **~ little/few** bien poco/pocos.

precipice [ˈpresɪpɪs] N precipicio *m*.

precipitate [prɪˈsɪpɪtɪt] **1** ADJ precipitado/a. **2** [prɪˈsɪpɪteɪt] VT **a** (*bring on*) precipitar, provocar. **b** (*fig*) arrojar. **c** (*Chem, Met*) precipitar.

precipitous [prɪˈsɪpɪtəs] ADJ (*steep*) escarpado/a; (*hasty*) precipitado/a.

précis [ˈpreɪsiː] **1** N (*pl* **~**) resumen *m*. **2** VT hacer un resumen de, resumir.

precise [prɪˈsaɪs] ADJ **a** preciso/a, exacto/a; **there were 5, to be ~** para ser exacto, fueron 5; **at that ~ moment** en ese preciso momento. **b** (*meticulous*) meticuloso/a; (*pej: over-*) afectado/a, pedante; **he's very ~ in everything** es meticuloso en todo.

precisely [prɪˈsaɪslɪ] ADV (*exactly*) precisamente, exactamente; (*with precision*) con precisión; **at 4 o'clock ~**, **at ~ 4 o'clock** a las 4 en punto; **~!** ¡exactamente!, efectivamente, ¡eso es!; **~ what was it that it you wanted?** ¿qué era lo que quería Vd exactamente?

precision [prɪˈsɪʒən] **1** N precisión *f*. **2** CPD **~ bombing** N bombardeo *m* de precisión; **~ instrument** N instrumento *m* de precisión.

preclude [prɪˈkluːd] VT (*prevent*) impedir; (*avoid*) evitar; **this does not ~ the possibility of ...** esto no excluye *or* quita la posibilidad de ...; **we are ~d from doing that** nos está vedado hacer eso.

precocious [prɪˈkəʊʃəs] ADJ precoz.

precociousness [prɪˈkəʊʃəsnɪs], **precocity** [prəˈkɒsɪtɪ] N precocidad *f*.

preconceived [ˈpriːkənˈsiːvd] ADJ preconcebido/a.

preconception [ˈpriːkənˈsepʃən] N (*idea*) preconcepción *f*, idea *f* preconcebida; (*prejudice*) prejuicio *m*.

precondition [ˈpriːkənˈdɪʃən] N condición *f* previa.

precooked [ˌpriːˈkʊkt] ADJ precocinado/a.

precursor [priːˈkɜːsər] N precursor(a) *m/f*.

predate [ˈpriːˈdeɪt] VT (*put earlier date on*) poner fecha anterior a; (*precede*) preceder.

predator [ˈpredətər] N depredador *m*.

predatory [ˈpredətərɪ] ADJ depredador(a).

predecessor [ˈpriːdɪsesər] N predecesor(a) *m/f*, antecesor(a) *m/f*.

predestination [priːˌdestɪˈneɪʃən] N predestinación *f*.

predestine [priːˈdestɪn] VT predestinar.

predetermine [ˈpriːdɪˈtɜːmɪn] VT (*Phil, Rel*) predeterminar; (*arrange beforehand*) determinar de antemano.

predicament [prɪˈdɪkəmənt] N apuro *m*, aprieto *m*; **to be in a ~** (*puzzled*) hallarse en un dilema; (*in a fix*) estar en un apuro.

predicate [ˈpredɪkɪt] **1** N (*Ling*) predicado *m*. **2** [ˈpredɪkeɪt] VT: **to be ~d (up)on** basarse en, partir de.

predict [prɪˈdɪkt] VT predecir, pronosticar.

predictable [prɪˈdɪktəbl] ADJ previsible; **you're so ~!** ¡se te ve venir!

predictably [prɪˈdɪktəblɪ] ADV como era de esperar.

prediction [prɪˈdɪkʃən] N (*gen*) pronóstico *m*, predicción *f*; (*prophecy*) vaticinio *m*.

predigested [ˌpriːdaɪˈdʒestɪd] ADJ predigerido/a.

predilection [ˌpriːdɪˈlekʃən] N predilección *f*; **to have a ~ for** tener predilección por.

predispose [ˈpriːdɪsˈpəʊz] VT predisponer.

predominance [prɪˈdɒmɪnəns] N predominio *m*.

predominant [prɪˈdɒmɪnənt] ADJ predominante.

predominantly [prɪˈdɒmɪnəntlɪ] ADV (*in a majority*) en su mayoría, predominantemente.

predominate [prɪˈdɒmɪneɪt] VI predominar.

preemie [ˈpriːmɪ] N (*US Med fam*) bebé *m* prematuro.

pre-eminence [priːˈemɪnəns] N preeminencia *f*.

pre-eminent [priːˈemɪnənt] ADJ preeminente.

pre-eminently [priːˈemɪnəntlɪ] ADV especialmente.

pre-empt [priːˈempt] VT adelantarse a; **to ~ sth** asegurarse de algo adelantándose a otros.

pre-emptive [prɪ(ː)ˈemptɪv] ADJ (*claim etc*) por derecho de prioridad; **~ bid** oferta *f* con derecho preferente; **~ strike** ataque *m* preventivo.

preen [priːn] VT arreglar con el pico; **to ~ o.s.** (*bird*) arreglarse las plumas; (*person*) pavonearse.

pre-established [ˈpriːɪsˈtæblɪʃt] ADJ establecido/a de antemano.

prefab [ˈpriːfæb] N (*fam*) casa *f* prefabricada.

prefabricated [ˈpriːˈfæbrɪkeɪtɪd] ADJ prefabricado/a.

preface [ˈprefɪs] N prólogo *m*, prefacio *m*.

prefaded [ˌpriːˈfeɪdɪd] ADJ (*jeans etc*) desteñido/a de origen.

prefect [ˈpriːfekt] N (*Brit Scol*) monitor(a) *m/f*; (*French etc Admin*) prefecto *m*.

▼**prefer** [prɪˈfɜːr] VT **a** preferir; **to ~ coffee to tea** preferir el café al té; **to ~ walking to going by car** preferir ir a pie a ir en coche; **I ~ to stay home** prefiero quedarme en casa; **A is much to be ~red to B** A es mucho mejor que B. **b** (*Jur*) **to ~ charges against sb** presentar una denuncia contra algn.

▼**preferable** [ˈprefərəbl] ADJ preferible.

preferably [ˈprefərəblɪ] ADV de preferencia, preferentemente.

preference [ˈprefərəns] N **a** (*greater liking or favour*) preferencia *f*; **in ~ to sth** antes que algo. **b** (*thing preferred*) **what is your ~?** ¿qué prefieres?; **I have no ~** no tengo preferencia. **c** (*priority*) **to give ~ to sb/sth** dar prioridad a algn/algo.

preferential [ˌprefəˈrenʃəl] ADJ preferente; **on ~ terms** con condiciones preferenciales.

prefiguration [ˌpriːfɪgəˈreɪʃən] N prefiguración *f*.

prefix [ˈpriːfɪks] N (*Ling*) prefijo *m*.

pregnancy [ˈpregnənsɪ] **1** N embarazo *m*. **2** CPD **~ test** N prueba *f* del embarazo.

pregnant [ˈpregnənt] ADJ embarazada, encinta; (*fig*) muy significativo/a; **~ with** cargado *or* preñado de; **a ~ silence** un silencio elocuente *or* significativo.

preheat [ˈpriːˈhiːt] VT precalentar.

prehensile [prɪˈhensaɪl] ADJ prensil.

prehistoric [ˈpriːhɪsˈtɒrɪk] ADJ prehistórico/a.

prehistory [ˈpriːˈhɪstərɪ] N prehistoria *f*.

prejudge [ˈpriːˈdʒʌdʒ] VT prejuzgar.

prejudice [ˈpredʒʊdɪs] **1** N **a** (*biased opinion*) prejuicio *m*; **his ~ against ...** su mala voluntad hacia .... **b** (*Jur: injury, detriment*) perjuicio *m*; **without ~ to** sin perjuicio de. **2** VT **a** (*bias*) predisponer, prevenir. **b** (*injure*) perjudicar; **to ~ one's chances** perjudicar las posibilidades de uno.

prejudiced [ˈpredʒʊdɪst] ADJ parcial, interesado/a; **to be ~ against/in favour of sb/sth** estar predispuesto contra/a favor de algn/algo.

➤ SENTENCE BUILDER: **prefer** → 1 1 1 4 9 1   **preferable** → 12 1

prejudicial [ˌpredʒʊ'dɪʃəl] ADJ perjudicial.
prelate ['prelɪt] N prelado *m*.
prelim ['priːlɪm] N ABBR *of* **preliminary**.
preliminary [prɪ'lɪmɪnərɪ] [1] ADJ preliminar. [2] N: **pre-liminaries** preliminares *mpl*.
prelude ['preljuːd] N preludio *m*.
premarital ['priː'mærɪtl] ADJ prematrimonial.
premature ['premətʃʊəʳ] ADJ prematuro/a; **he was (born) 5 weeks ~** nació con 5 semanas de antelación; **I think you're being a little ~** creo que te has adelantado.
prematurely ['premətʃʊəlɪ] ADV antes de tiempo.
pre-med ['priː'med] N ABBR (*Brit*) *of* **premedication**.
premedication [ˌpriːmedɪ'keɪʃən] N premedicación *f*.
premeditate [priː'medɪteɪt] VT premeditar.
premenstrual [ˌpriː'menstrʊəl] ADJ: **~ syndrome** síndrome *m* premenstrual; **~ tension** tensión *f* premenstrual.
premier ['premɪəʳ] N (*Pol*) primer/a ministro(a) *m/f*.
première [ˌpremɪ'eəʳ] N estreno *m*.
premise ['premɪs] N [a] (*hypothesis*) premisa *f*. [b] **~s** (*property*) local *msg*; **licensed ~s** *local con licencia de venta de bebidas alcohólicas*; **on the ~s** en el lugar mismo; **to see sb off the ~s** echar a algn del local *or* establecimiento.
premium ['priːmɪəm] [1] N prima *f*, abono *m*; (*Comm, insurance*) prima; **to sell sth at a ~** vender algo caro; **to be at a ~** (*fig*) estar muy solicitado/a; **to put a ~ on sth** estimular algo; (*value*) valorar mucho algo. [2] CPD: **~ bond** (*Brit*) *bono del estado que participa en una lotería nacional*; **~ gasoline** N (*US*) (gasolina *f*) súper *f*.
premonition [ˌpremə'nɪʃən] N presentimiento *m*; **to have a ~ that ...** presentir que ....
prenatal ['priː'neɪtl] ADJ prenatal.
preoccupation [priːˌɒkjʊ'peɪʃən] N preocupación *f*.
preoccupied [priː'ɒkjʊpaɪd] ADJ (*gen*) preocupado/a; (*absorbed, distracted*) ensimismado/a; **to be ~ with sth** estar preocupado *or* preocuparse por algo; **he was too ~ to notice** estaba demasiado absorto para darse cuenta.
preoccupy [priː'ɒkjʊpaɪ] VT preocupar.
pre-op ['priː'ɒp] ADJ (*fam*) preoperatorio/a; **~ medication** medicación *f* preoperatoria.
prep [prep] (*Brit*) [1] N ABBR (*Scol*) *of* **preparation** *see* **preparation** (c). [2] CPD: **~ school** N = **preparatory school**.
prepackaged ['priː'pækɪdʒd], **prepacked** [ˌpriː'pækt] ADJ empaquetado/a.
prepaid ['priː'peɪd] ADJ porte pagado.
preparation [ˌprepə'reɪʃən] N [a] (*preparing*) preparación *f*; **in ~ for sth** en preparación para algo; **to be in ~** estar en preparación. [b] (*preparatory measure*) preparativo *m*; **to make ~s** hacer preparativos. [c] (*Brit Scol*) deberes *mpl*, tarea *f*.
preparatory [prɪ'pærətərɪ] ADJ preparatorio/a, preliminar; **~ to sth/to doing sth** como preparación para algo/para hacer algo; **~ school** (*Brit*) *escuela privada para muchachos de 8 a 12 años*.
prepare [prɪ'peəʳ] [1] VT (*get ready*) preparar, disponer; **to ~ a meal** preparar una comida; **to ~ the way for an agreement** preparar el terreno para un acuerdo; **to ~ to do sth** prepararse para hacer algo. [2] VI prepararse (*for sth* para algo); **to ~ for an examination** estudiar para un examen.
prepared [prɪ'peəd] ADJ [a] preparado/a, listo/a. [b] (*in state of readiness*) dispuesto/a; **to be ~ for anything** estar dispuesto a todo; **we were not ~ for this** esto no lo esperábamos. [c] (*willing*) **to be ~ to help sb** estar dispuesto a ayudar a algn.
prepayment ['priː'peɪmənt] N pago *m* adelantado.
preponderance [prɪ'pɒndərəns] N preponderancia *f*, predominio *m*.
preponderant [prɪ'pɒndərənt] ADJ preponderante, predominante.
preposition [ˌprepə'zɪʃən] N (*Ling*) preposición *f*.
prepossessing [ˌpriːpə'zesɪŋ] ADJ agradable, atractivo/a.
preposterous [prɪ'pɒstərəs] ADJ absurdo/a, ridículo/a.
preprogramme [ˌpriː'prəʊgræm] VT preprogramar. (*US, freq Comput*) **preprogram**

prequel ['priːkwəl] N *película hecha para ser la primera parte de otra aparecida antes*.
prerecord ['priːrɪ(ː)'kɔːd] VT grabar de antemano, pregrabar.
prerequisite ['priː'rekwɪzɪt] N requisito *m*; **~s for success** las cosas necesarias para asegurar el éxito.
prerogative [prɪ'rɒgətɪv] N prerrogativa *f*.
presage ['presɪdʒ] [1] N presagio *m*. [2] VT presagiar.
Presbyterian [ˌprezbɪ'tɪərɪən] ADJ, N presbiteriano/a *m/f*.
preschool ['priː'skuːl] ADJ preescolar.
prescribe [prɪ'skraɪb] VT [a] (*lay down, order*) prescribir, ordenar. [b] (*Med, fig*) recetar; **he ~d complete rest** recomendó el reposo completo.
prescription [prɪ'skrɪpʃən] [1] N (*Med*) receta *f*; **to make up** *or* (*US*) **fill a ~** preparar una receta; **only available on ~** se vende solamente con receta. [2] CPD: **~ charges** NPL (*Brit*) precio *msg* de las recetas.
presealed ['priː'siːld] ADJ precintado/a.
presence ['prezns] N (*gen*) presencia *f*; (*attendance*) asistencia *f*; **in the ~ of** en presencia de; **to make one's ~ felt** imponerse, hacerse sentir; **~ of mind** aplomo *m*, serenidad *f*.
present ['preznt] [1] ADJ [a] (*in attendance*) presente; **those ~** los presentes; **to be ~ (at)** asistir (a), estar presente (en); **he was ~ at the accident** fue testigo del accidente. [b] (*of the moment*) actual; **at the ~ moment** en el momento actual *or* el presente; **the ~ Queen of England** la actual Reina de Inglaterra; **its ~ value** su valor actual; **in the ~ year** en el año que corre. [c] (*Ling*) presente *m*. [2] N [a] (*~ time*) actualidad *f*, presente *m*; (*Ling*) presente; **at ~** actualmente, ahora; **for the ~** de momento, por lo pronto; **up to the ~** hasta ahora. [b] (*gift*) regalo *m*; (: *formal*) obsequio *m*; **to make sb a ~ of sth** regalar algo a algn. [3] [prɪ'zent] VT [a] (*hand over formally*) presentar; (*give as gift*) regalar; **to ~ sb with sth, to ~ sth to sb** obsequiar *or* regalar algo a algn. [b] (*put forward*) presentar; **to ~ a report** presentar un informe; **the report ~s him in a favourable light** el informe le presenta bajo una luz favorable. [c] (*offer, provide*) ofrecer; **it ~s a magnificent sight** ofrece una vista maravillosa; **it ~s some difficulties** nos plantea algunas dificultades; **a problem has ~ed itself** ha surgido un problema. [d] (*Rad, TV*) presentar. [e] (*introduce*) presentar; **to ~ X to Y** presentar a X a Y; **may I ~ Miss Clark?** (*frm*) permítame presentarle *or* le presento a la Srta Clark; **to ~ o.s.** presentarse.
presentable [prɪ'zentəbl] ADJ presentable; **to make sth ~** arreglar algo; **to make o.s. ~** arreglarse.
presentably [prɪ'zentəblɪ] ADV: **~ dressed** vestido/a de manera presentable.
presentation [ˌprezən'teɪʃən] [1] N [a] (*act of presenting*) presentación *f*; (*Jur: of case etc*) exposición *f*; **on ~ of the voucher** al presentar el vale. [b] (*Rad, TV, Theat*) representación *f*. [c] (*ceremony*) ceremonia *f* de entrega; (*gift*) obsequio *m*; **to make the ~** hacer la presentación. [2] CPD: **~ case** N estuche *m* de regalo; **~ copy** N ejemplar *m* con dedicatoria del autor.
present-day ['prezntdeɪ] ADJ actual; **~ Spain** la España de hoy.
presenter [prɪ'zentəʳ] N (*Rad*) locutor(a) *m/f*; (*TV*) presentador/a *m/f*.
presentiment [prɪ'zentɪmənt] N presentimiento *m*.
presently ['prezntlɪ] ADV (*shortly*) dentro de poco, al rato; (*US: now*) ahora, ahorita (*LAm*).
preservation [ˌprezə'veɪʃən] [1] N conservación *f*, preservación *f*. [2] CPD: **~ order** N orden *f* de preservación.
preservative [prɪ'zɜːvətɪv] N (*Culin*) conservante *m*.
preserve [prɪ'zɜːv] [1] VT [a] (*keep intact*) conservar, proteger; (*maintain: silence, customs etc*) mantener. [b] (*keep from decay*) conservar, mantener en buen estado; **well ~d** bien conservado/a. [c] (*Culin*) guardar en conserva.

d (*keep from harm, save*) proteger, preservar; **~ me from that!** ¡sálvame de eso!
2 N **a** (*Culin*) conserva *f*; **~s** conservas.
b (*Hunting*) coto *m*, vedado *m*.
preserved [prɪ'zɜːvd] ADJ (*food*) en conserva.
preset ['priː'set] (*pt, pp* **~**) VT programar.
preshrunk ['priː'ʃrʌŋk] ADJ ya lavado/a.
preside [prɪ'zaɪd] VI: **to ~ (at** *or* **over)** presidir.
presidency ['prezɪdənsɪ] N presidencia *f*.
president ['prezɪdənt] N presidente/a *m/f*; (*US: of company*) director(a) *m/f* gerente.
presidential [,prezɪ'denʃəl] ADJ presidencial.
press [pres] **1** N **a** (*apparatus, machine*) prensa *f*.
b (*printing press*) imprenta *f*; **to go to ~** entrar en prensa; **to be in the ~** estar en prensa.
c (*newspapers*) **the ~** la prensa; **to get a good/bad ~** tener buena/mala prensa.
2 VT **a** (*push, squeeze: button, switch*) apretar, pulsar; (: *hand, trigger*) apretar, presionar; (: *grapes etc*) pisar; (: *fruit*) exprimir, estrujar; **to ~ sb to one's heart** abrazar estrechamente a algn.
b (*iron*) planchar.
c (*urge, entreat*) instar; (*pressure*) presionar; (*force*) forzar, obligar; (*force on*) imponer; (*insist on*) insistir en; **to ~ sb to do sth** instar a algn a que haga algo; **to ~ sb for an answer** pedir insistentemente que algn conteste a algo; **to ~ sb/sth into service** recurrir a algn/algo; **to ~ charges against sb** hacer acusaciones contra algn; **to be hard ~ed for money/time** andar muy escaso de dinero/tiempo; **to ~ home an advantage** aprovecharse de una ventaja.
3 VI **a** (*in physical sense*) apretar; **the people ~ed round him** la gente se apiñó en torno a él.
b (*urge, agitate*) **to ~ for sth** pedir algo con insistencia, insistir en algo; **time ~es** el tiempo apremia.
c (*move, push*) apiñarse; **to ~ through** abrirse paso por; **the crowd ~ed towards the exit** la muchedumbre se apresuró hacia la salida; **to ~ ahead** *or* **forward (with sth)** (*fig*) seguir adelante (con algo).
4 CPD: **~ agency** N agencia *f* de prensa; **~ attaché** N agregado *m* de prensa; **~ box** N tribuna *f* de la prensa; **~ card** N tarjeta *f* de periodista; **~ conference** N conferencia *f* or rueda *f* de prensa; **~ cutting** N recorte *m* (de periódico); **~ gallery** N tribuna *f* de la prensa; **~ officer** N secretario/a *m/f* de prensa; **~ photographer** N fotógrafo/a *m/f* de prensa; **~ release** N boletín *m* de prensa; **~ report** N reportaje *m* de prensa; **~ secretary** N = **~ officer**; **~ stud** N botón *m* de presión.
♦ **press on** VI + ADV seguir adelante (*with* con).
press-gang ['presgæŋ] VT: **to ~ sb into doing sth** enganchar *or* obligar a algn a hacer algo.
pressing ['presɪŋ] ADJ (*matter, problem*) urgente; (*request, invitation*) insistente.
pressman ['presmæn] N (*pl* **-men**) periodista *m*.
press-up ['presʌp] N flexión *f*.
pressure ['preʃər] **1** N **a** (*Phys, Tech, Met*) presión *f*; (*weight*) peso *m*; **high/low ~** alta/baja presión; **at full ~** (*Tech*) a toda presión.
b (*compulsion, influence*) influencia *f*, presión *f*; **to be under ~ from sb (to do sth)** estar presionado por algn (para que haga algo); **to put ~ on sb** hacer presión sobre algn, presionar a algn; **to put the ~ on** (*fam*) ejercer presión.
c (*urgent demands*) presión *f*, apremio *m*; **to work under ~** trabajar bajo presión; **he's under a lot of ~** está muy presionado.
2 VT = **pressurize (b)**.
3 CPD: **~ cooker** N olla *f* a presión *or* exprés; **~ gauge** N manómetro *m*; **~ group** N grupo *m* de presión; **~ point** N (*Anat*) punto *m* de presión.
pressurize ['preʃəraɪz] VT **a** presurizar. **b** (*fig*) **to ~ sb (into doing sth)** presionar a algn (para que haga algo).
pressurized ['preʃəraɪzd] ADJ (*cabin*) a presión; **~ water reactor** reactor *m* de agua a presión.
Prestel ® ['prestel] N videotex *m*.
prestige [pres'tiːʒ] N prestigio *m*.

prestigious [pres'tɪdʒəs] ADJ prestigioso/a.
presto ['prestəʊ] ADV: **hey ~!** ¡abracadabra!
presumably [prɪ'zjuːməblɪ] ADV: **~ he will come eventually** es de suponer que llegará tarde o temprano; **~ he did it** seguramente lo hizo él.
presume [prɪ'zjuːm] **1** VT **a** (*suppose*) suponer, presumir; **to ~ that ...** suponer que ....
b (*venture*) aventurar; **to ~ to do sth** atreverse a hacer algo.
2 VI **a** (*suppose*) suponer.
b (*take liberties*) ser atrevido/a; **to ~ on sb's friendship** abusar de la amistad de algn; **you ~ too much** no sabes lo que pides.
presumption [prɪ'zʌmpʃən] N **a** (*arrogance*) presunción *f*. **b** (*thing presumed*) presunción *f*, suposición *f*.
presumptive [prɪ'zʌmptɪv] ADJ (*heir*) presunto/a.
presumptuous [prɪ'zʌmptjʊəs] ADJ atrevido/a.
presuppose [,priːsə'pəʊz] VT presuponer.
presupposition [,priːsʌpə'zɪʃən] N presuposición *f*.
pre-tax [,priː'tæks] ADJ anterior al impuesto; **~ profits** beneficios *mpl* preimpositivos.
pretence, (*US*) **pretense** [prɪ'tens] N **a** fingimiento *m*, simulación *f*; **to make a ~ of doing sth** fingir hacer algo; **it's all a ~** (*fam*) todo es fingido. **b** (*claim*) pretensión *f*. **c** (*pretext*) pretexto *m*; **on** *or* **under the ~ of doing sth** so pretexto de hacer algo; *see* **false**. **d** (*display*) ostentación *f*; **without ~, devoid of all ~** sin ostentación.
pretend [prɪ'tend] **1** VT **a** (*feign*) fingir, simular; **to ~ that ...** (*querer*) hacer creer que ...; **to ~ to do sth** fingir hacer algo; **to ~ to be asleep** fingir dormir; **he's ~ing he can't hear** finge no oír.
b (*claim*) pretender.
2 VI (*feign*) fingir; **she is only ~ing** es de mentira.
3 ADJ (*fam*) fingido/a, de mentira.
pretense [prɪ'tens] N (*US*) = **pretence**.
pretension [prɪ'tenʃən] N (*claim*) pretensión *f*.
pretentious [prɪ'tenʃəs] ADJ (*affected*) pretencioso/a.
preterite ['pretərɪt] N (*Ling*) pretérito *m*.
preterm [,priː'tɜːm] ADJ prematuro/a.
pretext [priː'tekst] N pretexto *m*, excusa *f*; **on** *or* **under the ~ of doing sth** so pretexto *or* con la excusa de hacer algo.
pretty ['prɪtɪ] **1** ADJ (*comp* **-ier**; *superl* **-iest**) bonito/a, mono/a, lindo/a (*LAm*), chulo/a (*LAm*); **a ~ girl** una muchacha guapa; **not a ~ sight** vaya espectáculo; **it'll cost you a ~ penny** (*fam*) te va a costar un ojo de la cara *or* un dineral.
2 ADV bastante, harto (*LAm*); **~ well** (*fam*) casi; **I'm ~ well finished** me falta poco para terminar; **~ nearly** (*fam*) casi; **it's ~ much the same** (*fam*) es mas o menos igual; **I have a ~ fair idea who did it** yo sé casi seguramente quién lo hizo; **that's ~ well everything** eso es todo más o menos.
pretzel ['pretsl] N galleta *f* salada.
prevail [prɪ'veɪl] VI **a** (*gain mastery*) prevalecer; **finally good sense ~ed** por fin se impuso el buen sentido.
b (*be current*) predominar; **the conditions that now ~** las condiciones que ahora imperan. **c** (*persuade*) **to ~ (up)on sb to do sth** convencer a algn para que haga algo.
prevailing [prɪ'veɪlɪŋ] ADJ (*opinion, wind etc*) predominante.
prevalence ['prevələns] N (*dominance*) predominio *m*; (*frequency*) frecuencia *f*; (*of fashion etc*) uso *m* corriente.
prevalent ['prevələnt] ADJ (*dominant*) dominante; (*fashionable*) de moda; (*widespread*) extendido/a.
prevaricate [prɪ'værɪkeɪt] VI andar con rodeos.
prevarication [prɪ,værɪ'keɪʃən] N evasivas *fpl*.
prevent [prɪ'vent] VT impedir; (*event*) evitar; (*illness*) prevenir; **to ~ sb from doing sth** impedir a algn hacer algo.
preventative [prɪ'ventətɪv] ADJ = **preventive**.
prevention [prɪ'venʃən] N prevención *f*; **~ is better than cure** más vale prevenir que curar; **Society for the P~ of Cruelty to Children/Animals** Sociedad *f* Protectora de Niños/Animales.

preventive [prɪ'ventɪv] ADJ preventivo/a; **~ measure** medida *f* preventiva; **~ medicine** medicina *f* preventiva.

preview ['pri:vju:] N (*of film etc*) preestreno *m*; **to give sb a ~ of sth** (*fig*) permitir a algn ver algo de antemano.

previous ['pri:vɪəs] [1] ADJ anterior, previo/a; **the ~ day** el día anterior; **I have a ~ engagement** tengo un compromiso anterior; **on a ~ occasion** en otra ocasión; **~ conviction** (*Jur*) antecedente *m* penal; **~ experience** conocimientos *mpl* previos.
[2] PREP: **~ to** antes de; **~ to doing this** antes de hacer esto.

previously ['pri:vɪəslɪ] ADV antes.

prewar ['pri:'wɔ:ʳ] ADJ de antes de *or* anterior a la guerra.

prewash ['pri:wɒʃ] N prelavado *m*.

prey [preɪ] [1] N (*lit, fig*) presa *f*, víctima *f*; **beast/bird of ~** animal/ave de rapiña; **to be (a) ~ to** ser víctima de; **she is ~ to irrational fears** (*fig*) es presa de temores irracionales; **he fell (a) ~ to the disease** llegó a ser víctima de la enfermedad.
[2] VI: **to ~ on** (*animals: attack*) cazar; (: *feed on*) alimentarse de; (*person*) vivir a costa de; **to ~ on sb's mind** traer preocupado *or* obsesionar a algn.

price [praɪs] [1] N [a] precio *m*; **cash/fixed/sale ~** precio al contado/fijo/de rebaja; **to go up** *or* **rise in ~** subir de precio; **to go down** *or* **fall in ~** bajar de precio; **at a reduced ~** a (un) precio reducido, con rebaja; **you can buy it at a ~** todo tiene su precio.
[b] (*fig*) precio *m*, valor *m*; **every man has his ~** todos tienen su precio; **the ~ of fame** el precio de la fama; **to pay a high ~ for sth** pagar algo muy caro; **what ~ liberty?** ¿para cuánto la libertad?; **at any ~** (*fig*) a toda costa; **peace at any ~** la paz a toda costa; **not at any ~** por nada del mundo; **that is a small ~ to pay for independence** ése es un precio módico para comprar la independencia.
[c] (*value, valuation*) valor *m*; **to put a ~ on sth** poner precio a algo.
[d] (*Betting: odds*) puntos *mpl* de ventaja.
[2] VT (*fix ~ of*) poner precio a, valorar; (*put ~ label on*) poner precio a; **it was ~d at £20** (*valued*) estaba valorado en 20 libras; (*marked*) llevaba precio de 20 libras; **it was ~d too high/low** tenía una valoración demasiado alta/baja; **to be ~d out of the market** (*article*) no encontrar comprador por el precio; (*producer, nation*) no ser competitivo.
[3] CPD de precios CPD **~ bracket** N categoría *f* de precio; **~ control** N control *m* de precios; **~ cut** N rebaja *f*; **~ cutting** N reducción *f* de precios; **~ fixing** N fijación *f* de precios; **~ freeze** N congelación *f* de precios; **~ limit** N tope *m*, precio *m* tope; **~ list** N lista *f* de precios; **~s and incomes policy** N política *f* de ingresos y precios; **~ range** N gama *f* de precios; **~ tag** N etiqueta *f*; **~ war** N guerra *f* de precios.

priceless ['praɪslɪs] ADJ que no tiene precio, inestimable; (*fam: amusing*) divertidísimo/a.

pricey ['praɪsɪ] ADJ (*Brit fam*) caro/a.

pricing ['praɪsɪŋ] [1] N fijación *f* de precios. [2] CPD: **~ policy** N política *f* tarifaria.

prick [prɪk] [1] N (*act, sensation: with pin etc*) pinchazo *m*; (*of insect*) picadura *f*; (*fam!: penis*) polla *f* (*fam!*), picha *f* (*fam!*), pija *f* (*esp LAm fam!*), pinga *f* (*esp LAm fam!*); (: *person*) gilipollas *mf inv* (*fam*); **~s of conscience** remordimientos *mpl*.
[2] VT (*puncture*) pinchar; (*insect*) picar; **to ~ one's finger (with** *or* **on sth)** pincharse el dedo (con algo).

◆ **prick up** VT + ADV: **to ~ up its** *or* **one's ears** (*lit, fig*) aguzar el oído, parar la oreja (*LAm*).

prickle ['prɪkl] [1] N [a] (*on plant, animal etc*) espina *f*.
[b] (*sensation*) picor *m*, comezón *f*. [2] VI picar, hormiguear; **I could feel my skin prickling** me escocía la piel.

prickly ['prɪklɪ] ADJ (*comp* **-ier**; *superl* **-iest**) [a] espinoso/a; **~ heat** (*Med*) sarpullido *m* causado por exceso de calor; **~ pear** (*plant*) chumbera *f*, nopal *m* (*LAm*); (*fruit*) higo *m* chumbo, tuna *f* (*LAm*). [b] (*fig*) enojadizo/a.

pride [praɪd] [1] N [a] (*gen*) orgullo *m*; (*conceit*) orgullo,

soberbia *f*; (*self-respect*) autoestima *f*, orgullo propio; (*satisfaction*) satisfacción *f*; **he's the ~ of the family** es el orgullo de la familia; **~ comes before a fall** el orgullo excesivo conduce a la caída; **to swallow one's ~** tragarse el amor propio; **to take (a) ~ in sth** enorgullecerse de algo; **to be a (great) source of ~ to sb** ser motivo de gran orgullo para algn; **her ~ and joy** su orgullo; **to have** *or* **take ~ of place** tener el lugar de honor.
[b] (*of lions*) manada *f*.
[2] VT: **to ~ o.s. on sth** enorgullecerse de algo.

priest [pri:st] N sacerdote *m*, cura *m*.

priestess ['pri:stɪs] N sacerdotisa *f*.

priesthood ['pri:sthʊd] N (*priests collectively*) clero *m*; **to enter the ~** ordenarse sacerdote.

priestly ['pri:stlɪ] ADJ sacerdotal.

prig [prɪg] N gazmoño/a *m/f*.

prim [prɪm] ADJ (*comp* **~mer**; *superl* **~mest**) (*also* **~ and proper**: *demure*) remilgado/a, cursi; (: *prudish*) gazmoño/a *m/f*.

prima donna ['pri:mə'dɒnə] N primadonna *f*, diva *f*.

prima facie ['praɪmə'feɪʃɪ] [1] ADV a primera vista. [2] ADJ suficiente a primera vista; **~ evidence** prueba *f* semiplena; **to have a ~ case** (*Jur*) tener razón a primera vista.

primarily ['praɪmərɪlɪ] ADV (*chiefly*) ante todo, principalmente.

primary ['praɪmərɪ] [1] ADJ (*chief, main*) principal; (*fundamental*) primordial; **of ~ importance** de vital importancia; **~ colour** color *m* primario; **~ education** enseñanza *f* primaria; **~ products** productos *mpl* primarios; **~ school** escuela *f* primaria; **~ teacher** profesor(a) *m/f* de enseñanza primaria, maestro/a *m/f*.
[2] N [a] (*colour*) color *m* primario.
[b] (*US: election*) elección *f* primaria.

┌─ PRIMARIES ─┐

i Las elecciones primarias (**primaries**) sirven para preseleccionar a los candidatos de los partidos demócrata (**Democratic**) y republicano (**Republican**) durante la campaña que precede a las elecciones a la presidencia de Estados Unidos. Se inician en New Hampshire y tienen lugar en 35 estados entre los meses de febrero y junio. El número de votos obtenidos por cada candidato determina el número de delegados que votarán en el congreso general (**National Convention**) de julio y agosto, en el que se decide el candidato definitivo de cada partido.

primate¹ ['praɪmeɪt] N (*Zool*) primate *m*.

primate² ['praɪmeɪt] N (*Rel*) primado *m*.

prime [praɪm] [1] ADJ [a] (*chief, major*) principal, primero/a; (*fundamental*) fundamental, primordial; **~ factor** factor *m* primordial; **of ~ importance** de vital importancia; **~ minister** primer(a) ministro/a *m/f*; **~ number** (*Math*) número *m* primo; **the ~ reason** la razón principal; **~ time** (*TV*) banda *f* horaria caliente.
[b] (*excellent*) de primera categoría *or* clase; **in ~ condition** en perfecto estado.
[2] N (*also* **~ of life**) flor *f* de la vida; **to be past one's ~** dejar atrás lo mejor de la vida.
[3] VT (*gun, pump*) cebar; (*surface etc*) imprimar, preparar; (*fig: instruct*) preparar; **to ~ sb** informar a algn de antemano.

primer ['praɪməʳ] N (*textbook*) texto *m* elemental; (*basic reader*) abecedario *m*; (*paint*) capa *f* preparatoria.

primeval [praɪ'mi:vəl] ADJ primitivo/a.

primitive ['prɪmɪtɪv] [1] ADJ (*gen*) primitivo/a; (*basic*) rudimentario/a, básico/a. [2] N (*Art: artist*) primitivista *mf*; (: *work*) obra *f* primitivista.

primly ['prɪmlɪ] ADV (*demurely*) con remilgo; (*prudishly*) con gazmoñería.

primordial [praɪ'mɔ:dɪəl] ADJ primordial.

primrose ['prɪmrəʊz] [1] N (*Bot*) primavera *f*. [2] ADJ (*also* **~ yellow**) amarillo pálido.

primula ['prɪmjʊlə] N (*Bot*) prímula *f*.

Primus (stove) ® ['praɪməs(stəʊv)] N cocina *f* de camping, camping-gas ® *m*.

prince [prɪns] **1** N príncipe *m*. **2** CPD: **~ consort/regent** N príncipe *m* consorte/regente.

princely ['prɪnslɪ] ADJ (*lit*) principesco/a; (*fig*) magnífico/a, espléndido/a; **the ~ sum of 5 dollars** (*iro*) la bonita cantidad de 5 dólares.

princess [prɪn'ses] N princesa *f*; **~ royal** hija *f* mayor del soberano.

principal ['prɪnsɪpəl] **1** ADJ principal. **2** N (*of school, college etc*) director(a) *m/f*; (*in play*) protagonista *mf*; (*in orchestra*) primer violín *m*; (*Fin*) capital *m*, principal *m*.

principality ['prɪnsɪ'pælɪtɪ] N principado *m*.

principally ['prɪnsɪpəlɪ] ADV principalmente.

principle ['prɪnsəpl] N (*gen, law*) principio *m*; **in ~** en principio; **on ~** por principio; **it's a matter of ~, it's the ~ of the thing** es cuestión de principios; **a man of ~(s)** un hombre de principios; **it's against my ~s** va en contra de mis principios; **to have high ~s** tener principios nobles.

print [prɪnt] **1** N **a** (*mark, imprint: of foot, finger*) huella *f*; (: *of tyre etc*) marca *f*, impresión *f*.
b (*typeface, characters*) letra *f*; (*printed matter*) (texto *m*) impreso *m*; **that book is in/out of ~** ese libro está en venta/agotado; **in small/large ~** con letra pequeña/grande; **to get into ~** imprimirse.
c (*edition: also ~ run*) tirada *f*.
d (*fabric*) estampado *m*.
e (*Art*) grabado *m*.
f (*Phot*) copia *f*.
2 VT **a** (*book etc*) imprimir; (*on the mind*) grabar; **they ~ed 300 copies** tiraron 300 ejemplares.
b (*publish: in paper*) publicar; (: *book*) editar.
c (*write in block letters*) escribir con letras de molde.
d (*Phot*) positivar, sacar copia de.
3 CPD: **~ speed** N velocidad *f* de impresión; **~ wheel** N rueda *f* impresora.
◆ **print out** VT + ADV (*Comput*) imprimir.

printed ['prɪntɪd] ADJ impreso/a; **~ circuit board** tarjeta *f* de circuito impreso; **~ matter** or **papers** impresos *mpl*; **the ~ word** la palabra impresa.

printer ['prɪntəʳ] N (*person*) impresor(a) *m/f*; (*Comput: machine*) impresora *f*.

printhead ['prɪnthed] N cabeza *f* impresora.

printing ['prɪntɪŋ] **1** N **a** (*process*) impresión *f*.
b (*craft, industry*) imprenta *f*.
c (*block writing*) letras *fpl* de molde; (*characters, print*) letra *f*.
d (*quantity printed*) tirada *f*.
2 CPD: **~ ink** N tinta *f* de imprenta; **~ press** N prensa *f*; **~ queue** N cola *f* de impresión; **~ works** NSG imprenta *f*.

printout ['prɪntaʊt] N (*Comput*) printout *m*, impresión *f*.

prior¹ ['praɪəʳ] **1** ADJ (*previous*) previo/a; (*earlier*) anterior; **to have a ~ claim** tener prioridad. **2** ADV: **~ to sth/to doing sth** antes de algo/de hacer algo.

prior² ['praɪəʳ] N (*Rel*) prior *m*.

prioritize [praɪ'ɒrɪtaɪz] VT (*esp US*) priorizar.

priority [praɪ'ɒrɪtɪ] **1** N (*gen*) prioridad *f*; (*socially etc*) preferencia *f*; **to give sth first** or **top ~** dar la máxima prioridad a algo; **to have** or **take ~ over sth** tener prioridad sobre algo; **we must get our priorities right** hay que establecer un orden de prioridades.
2 CPD prioritario/a; **~ case** N caso *m* prioritario; **~ treatment** N trato *m* preferente.

priory ['praɪərɪ] N priorato *m*.

prise [praɪz] VT: **to ~ sth open/off** abrir/levantar con palanca; **we had to ~ the secret out of him** tuvimos que sacarle el secreto a la fuerza.

prism ['prɪzəm] N (*Geom, Tech etc*) prisma *m*.

prison ['prɪzn] **1** N cárcel *f*, prisión *f*, presidio *m*; **to be in ~** estar en la cárcel; **to go to ~ for 5 years** ser condenado a 5 años de prisión; **to send sb to ~ for 2 years** condenar a algn a 2 años de prisión.
2 CPD carcelario/a; **~ camp** N campamento *m* para prisioneros; **~ life** N la vida de la cárcel; **~ officer** N funcionario/a *m/f* de prisiones; **~ system** N sistema *m* penitenciario.

prisoner ['prɪznəʳ] **1** N (*under arrest*) detenido/a *m/f*; (*in court*) acusado/a *m/f*; (*convicted*) preso/a *m/f*, reo/a *m/f*; (*fig*) preso, prisionero/a *m/f*; (*Mil*) prisionero/a *m/f*; **to take sb ~** tomar preso a algn; **~ of war** prisionero or preso de guerra.
2 CPD: **~ of war camp** N campamento *m* para prisioneros de guerra.

prissy ['prɪsɪ] ADJ (*fam*) remilgado/a.

pristine ['prɪstaɪn] ADJ prístino/a.

privacy ['prɪvəsɪ] N (*private life*) intimidad *f*; (*right to ~*) derecho *m* a la intimidad; **there is no ~ in these flats** en estos pisos no se puede estar en privado; **in the ~ of one's own home** en la intimidad del hogar; **in the strictest ~** con el mayor secreto or sigilo; **to invade sb's ~** invadir la soledad de algn.

private ['praɪvɪt] **1** ADJ **a** (*not public: conversation, meeting, land etc*) privado/a; (*confidential: letter, agreement*) secreto/a, confidencial; **'~'** (*on door etc*) 'propiedad privada'; (*on envelope*) 'confidencial'; **to keep sth ~** no divulgar algo; **~ hearing** (*Jur*) vista *f* a puertas cerradas; **in (his) ~ life** en su vida privada; **~ parts** partes *fpl* pudendas.
b (*for one person: car, house etc*) particular; (*personal: bank account, reasons etc*) personal; **a man of ~ means** un hombre que vive de sus rentas; **~ member** (*Parl*) diputado *m* sin responsabilidades de gobierno; **~ member's bill** (*Parl*) proyecto *m* de ley presentado por un diputado independiente; **~ property** propiedad *f* privada; **~ secretary** secretario/a *m/f* particular.
c (*not state-owned etc: company*) particular; (: *school, medicine*) privado/a; **to go ~** (*Med*) ir a lo privado; **~ citizen** particular *mf*; **~ detective**, (*fam*) **~ eye**, **~ investigator** detective *mf* privado; **~ enterprise** la empresa privada; **~ health care** servicio *m* médico privado; **~ limited company** sociedad *f* de responsabilidad limitada; **~ (medical) practice** consulta *f* privada; **the ~ sector** la empresa privada.
2 N **a** (*Mil*) soldado *m* raso.
b **in ~** = **privately (b)**.

privately ['praɪvɪtlɪ] ADV **a** (*not publicly*) en privado; **he is being ~ educated** está en un colegio particular. **b** (*secretly*) en secreto; (*personally*) personalmente; **so he spoke ~ to me** así que me habló privadamente.

privation [praɪ'veɪʃən] N **a** (*poverty*) miseria *f*, estrechez *f*.
b (*hardship, deprivation*) privación *f*.

privatization [ˌpraɪvətaɪ'zeɪʃən] N privatización *f*.

privatize ['praɪvətaɪz] VT privatizar.

privet ['prɪvɪt] **1** N alheña *f*. **2** CPD: **~ hedge** N seto *m* vivo.

privilege ['prɪvɪlɪdʒ] **1** N privilegio *m*; (*Parl*) inmunidad *f*; **I had the ~ of meeting her** tuve el honor de conocerla. **2** VT: **to be ~d to do sth** gozar del privilegio de hacer algo.

privileged ['prɪvɪlɪdʒd] ADJ privilegiado/a; **for a ~ few** para unos pocos afortunados.

privy ['prɪvɪ] **1** ADJ **a** **to be ~ to sth** estar al tanto or enterado de algo.
b **P~ Council/Councillor** Concejo *m*/Concejero *m* privado (del rey).
2 N retrete *m*, baño *m* (*LAm*).

┌─ PRIVY COUNCIL ─┐

ⓘ El consejo de asesores de la Corona, conocido como **Privy Council**, *se creó en la época de los normandos y fue adquiriendo mayor importancia hasta ser substituido en 1688 por el actual Consejo de Ministros* **Cabinet**. *Hoy día sigue existiendo con un carácter fundamentalmente honorífico y los ministros y otras personalidades políticas, eclesiásticas y jurídicas se convierten en miembros de forma automática.*

prize¹ [praɪz] **1** N (*gen*) premio *m*; (*fig: reward*) recompensa *f*, premio; **to win first ~** (*in lottery*) tocarle a uno el gordo; (*in race etc*) llevarse el primer premio.
2 ADJ **a** (*awarded or worthy of a ~*) de primera (categoría); **a ~ idiot** (*fam*) un tonto de remate.
b (*awarded as a ~*) de premio.

c (*offering a ~*) con premio.

3 VT apreciar, valorar (en mucho); **~d possession** posesión *f* más estimada.

4 CPD: **~ draw** N sorteo *m* con premio; **~ fight** N (*Boxing*) partido *m* (de boxeo) profesional; **~ money** N (*Naut*) parte *f* de presa; (*cash*) premio *m* en metálico.

prize² [praɪz] VT (*US*) = **prise**.

prize-giving ['praɪz,gɪvɪŋ] N reparto *m* or distribución *f* de premios.

prizewinner ['praɪz,wɪnər] N premiado/a *m/f*.

prizewinning ['praɪz,wɪnɪŋ] ADJ premiado/a.

pro¹ [prəʊ] **1** PREF **a** (*in favour of*) pro, en pro de; **~-Soviet** pro-soviético.
b **~ forma** pro forma; **~ forma invoice** factura *f* pro forma; **~ rata** a prorrateo; **~ tempore,** (*fam*) **~ tem** por ahora.
2 N: **the ~s and cons** los pros y los contras.

pro² [prəʊ] N (*fam*) profesional *mf*.

PRO N ABBR **a** *of* **Public Record Office** ≈ Archivo *m* Nacional. **b** (*Comm etc*) *of* **public relations officer**.

probability [,prɒbə'bɪlɪtɪ] N probabilidad *f*; **in all ~ she'll come** lo más probable es que venga.

probable ['prɒbəbl] ADJ probable.

▼**probably** ['prɒbəblɪ] ADV probablemente; **he will ~ come, ~ he will come** es probable que venga; **~ not** quizá no.

probate ['prəʊbɪt] N (*Jur*) legalización *f* de un testamento.

probation [prə'beɪʃən] **1** N: **to be on ~** (*Jur*) estar en libertad condicional; (*gen: in employment etc*) estar a prueba; **to put sb on ~** (*Jur*) poner a algn en libertad provisional.
2 CPD: **~ officer** N (*Jur*) oficial que vigila las personas que están en libertad provisional.

probationary [prə'beɪʃnərɪ] ADJ de prueba; **~ period** (*Jur*) período *m* de libertad condicional; (*fig*) período a or de prueba.

probationer [prə'beɪʃnər] N (*Jur*) persona *f* en libertad condicional.

probe [prəʊb] **1** N **a** (*Med*) sonda *f*.
b (*also* **space ~**) sonda *f* espacial.
c (*inquiry*) investigación *f*.
2 VT (*hole, crack*) sondear; (*: feel*) tantear; (*Med*) sondar; (*also* **Space**) sondar, explorar; (*also* **~ into**) investigar; **the policeman kept probing me** el policía seguía sondeándome.
3 VI investigar; **to ~ into sb's past** investigar el pasado de algn.

probing ['prəʊbɪŋ] ADJ penetrante.

probity ['prəʊbɪtɪ] N probidad *f*.

problem ['prɒbləm] **1** N (*gen*) problema *m*; **my teenage son is a ~** mi hijo adolescente es un problema; **to have a drink ~** tener tendencia al alcoholismo; **the housing ~** el problema de la vivienda; **I had no ~ in finding her** la encontré sin problema; **no ~!** ¡por supuesto!, ¡cómo no! (*LAm*).
2 CPD: **~ child** N niño/a *m/f* difícil; **~ family** N familia *f* difícil; **~ page** N consultorio *m* sentimental.

problematic(al) [,prɒblɪ'mætɪk(əl)] ADJ problemático/a.

procedure [prə'siːdʒər] N (*gen*) procedimiento *m*; (*Admin*) gestión *f*; **the usual ~ is as follows ...** se suele proceder de la siguiente manera ....

proceed [prə'siːd] VI **a** (*go*) proceder, avanzar; **let us ~ with caution** avancemos con cuidado; **cars should ~ slowly** los automóviles deberán seguir despacio.
b (*go on, continue*) seguir, continuar; **to ~ to do sth** empezar a hacer algo; **he ~ed to drink the lot** en seguida se lo bebió todo; **before we ~ any further** antes de seguir; **let us ~ to the next item** pasemos al asunto siguiente; **things are ~ing according to plan** las cosas se están desarrollando tal como se había previsto; **we ~ed to the bar** nos trasladamos al bar; **how does the story ~ after that?** ¿como se desarrolla el argumento después de eso?
c (*set about sth*) proceder; **I am not sure how to ~** no sé cómo proceder.
d (*act, operate*) obrar, actuar.
e (*originate*) **to ~ from** (*lit*) salir de; (*fig*) provenir de.

f **to ~ against sb** (*Jur*) proceder contra algn.

proceeding [prə'siːdɪŋ] N **a** (*action, course of action*) proceder *m*. **b** **~s** (*function*) acto *msg*, función *fsg*. **c** **~s** (*measures*) medidas *fpl*; (*Jur*) proceso *msg*; **to take ~s (in order to do sth)** tomar medidas (para hacer algo); **to take ~s (against sb)** (*Jur*) proceder (contra algn); **the ~s began at 7 o'clock** el acto comenzó a las 7. **d** **~s** (*record: of learned society*) actas *fpl*.

proceeds ['prəʊsiːdz] NPL (*of sale etc*) ingresos *mpl*; (*profits*) ganancias *fpl*.

process¹ ['prəʊses] **1** N **a** proceso *m*; **it's a very slow ~** es un proceso muy lento; **by a ~ of elimination** por un proceso de eliminación; **in the ~** al hacerlo; **in ~ of construction** en construcción; **we are in the ~ of removal to ...** estamos en vías de mudarnos a ...; **in the ~ of cleaning the picture, they discovered ...** mientras limpiaban el cuadro, descubrieron ....
b (*specific method*) método *m*, sistema *m*; **the Bessemer ~** el proceso de Bessemer.
c (*Jur: action*) proceso *m*; (*: summons*) citación *f*.
2 VT (*Tech*) tratar, procesar; (*Phot*) revelar; (*Admin*) tramitar; (*Comput*) procesar; (*food*) procesar, tratar.

process² [prə'ses] VI (*go in procession*) desfilar.

process³ (*US*) ['prəʊses], **processed** ['prəʊsest] ADJ (*food*) procesado/a, tratado/a; **~ cheese** queso *m* procesado.

processing ['prəʊsesɪŋ] **1** N (*see vt*) tratamiento *m*, procesamiento *m*, proceso *m*; revelado *m*; trámites *mpl*.
2 CPD: **~ plant** N planta *f* de transformación.

procession [prə'seʃən] N (*of people, cars etc*) desfile *m*; (*ceremonial*) cortejo *m*; (*Rel*) procesión *f*.

processor ['prəʊsesər] N procesador *m*.

proclaim [prə'kleɪm] VT **a** (*announce*) proclamar, declarar. **b** (*reveal*) revelar.

proclamation [,prɒklə'meɪʃən] N proclamación *f*, bando *m*.

proclivity [prə'klɪvɪtɪ] N propensión *f*, inclinación *f*.

procrastinate [prəʊ'kræstɪneɪt] VI: **to ~ over a decision/task** aplazar una decisión/tarea.

procrastination [prəʊ,kræstɪ'neɪʃən] N dilación *f*.

procreate ['prəʊkrɪeɪt] VT, VI procrear.

procreation [,prəʊkrɪ'eɪʃən] N procreación *f*.

procure [prə'kjʊər] VT **a** conseguir; **to ~ sb sth, to ~ sth for sb** conseguir or procurar algo para algn. **b** (*for prostitution*) llevar a la prostitución.

procurement [prə'kjʊəmənt] N obtención *f*.

prod [prɒd] **1** N (*push, jab*) golpe *m*, empuje *m*; **to give sb a ~** dar un pinchazo a algn; **he needs an occasional ~** (*fig*) hay que empujarle de vez en cuando.
2 VT (*push, jab*) empujar, pinchar; **he has to be ~ded along** (*fig*) hay que empujarle constantemente; **to ~ sb into doing sth** (*fig*) instar a algn a hacer algo.
3 VI: **he ~ded at the picture with a finger** señaló el cuadro con el dedo.

prodigal ['prɒdɪgəl] ADJ pródigo/a.

prodigious [prə'dɪdʒəs] ADJ (*vast*) enorme, vasto/a; (*marvellous*) prodigioso/a.

prodigy ['prɒdɪdʒɪ] N prodigio *m*; **child ~, infant ~** niño/a *m/f* prodigio.

produce ['prɒdjuːs] **1** N (*Agr*) producto *m*, productos agrícolas.
2 [prə'djuːs] VT **a** (*gen*) producir; (*manufacture*) fabricar; (*create*) producir, crear; (*give birth to*) dar a luz a; **he ~s 3 novels a year** escribe or publica 3 novelas al año; **the mine ~s 20 tons of lead** la mina produce 20 toneladas de plomo.
b (*bring out*) sacar; (*show*) presentar, mostrar; **I can't suddenly ~ £50!** ¿de dónde voy a sacar 50 libras?
c (*yield*) dar, rendir.
d (*play*) dirigir; (*film*) producir; (*TV*) realizar.
e (*cause*) causar, ocasionar.

producer [prə'djuːsər] N (*Cine, Agr*) productor(a) *m/f*; (*Theat*) director(a) *m/f* de escena; (*TV*) realizador(a) *m/f*.

-producing [prə'djʊsɪŋ] ADJ SUF productor(a) de ...; **oil-**producing(a) de petróleo.

product ['prɒdʌkt] **1** N producto *m*; (*fig*) producto, fruto *m*; (*Math*) producto. **2** CPD: **~ line** N línea *f* de productos; **~ research** N investigación *f* del producto.

production [prə'dʌkʃən] **1** N **a** producción *f*; **to put sth into ~** lanzar algo a la producción; **to take sth out of ~** retirar algo de la producción; **the country's steel ~** la producción nacional de acero.
b (*act of showing*) presentación *f*; **on ~ of this ticket** enseñando esta entrada.
c (*of play, film etc*) representación *f*; (*of film*) producción *f*; **'Peribáñez: a new ~ by ...'** 'Peribáñez: nueva producción a cargo de ...'.
2 CPD: **~ agreement** N (*US*) acuerdo *m* de productividad; **~ control** N control *m* de producción; **~ line** N línea *f* de producción, cadena *f* de montaje; **~ manager** N encargado/a *m/f* de producción.

productive [prə'dʌktɪv] ADJ productivo/a, fértil; **to be ~ of sth** producir algo.

productivity [ˌprɒdʌk'tɪvɪtɪ] **1** N productividad *f*.
2 CPD: **~ agreement** N (*Brit*) acuerdo *m* de productividad; **~ bonus** N bono *m* or prima *f* de productividad.

prof [prɒf] N (*fam*) profe *m*.

Prof. [prɒf] N ABBR of **professor** Prof.

profane [prə'feɪn] **1** ADJ **a** (*secular*) profano/a.
b (*irreverent*) profano/a, sacrílego/a. **2** VT profanar.

profanity [prə'fænɪtɪ] N (*blasphemy*) blasfemia *f*; (*oath*) palabrota *f*, grosería *f* (*esp LAm*), lisura *f* (*CSur*).

profess [prə'fes] VT **a** (*faith, belief etc*) profesar. **b** (*claim*) pretender; (*state*) declarar; **I do not ~ to be an expert** no pretendo ser experto; **he ~es to be 25** dice tener 25 años.

professed [prə'fest] ADJ (*Rel*) profeso/a; (*self-declared*) declarado/a.

profession [prə'feʃən] N **a** (*occupation*) profesión *f*; **the ~s** las profesiones; **by ~** de profesión. **b** (*members of the ~*) profesión *f*; **the medical/legal ~** la medicina/la abogacía. **c** (*declaration*) declaración *f*, manifestación *f*; **~ of faith** profesión *f* de fe.

professional [prə'feʃənl] **1** ADJ **a** (*gen*) profesional; (*soldier etc*) de profesión; **to take ~ advice** buscar un consejo profesional; **to be a ~ singer** ser cantante profesional; **to turn** or **go ~** profesionalizarse, hacerse profesional; **~ charges, ~ fees** honorarios *mpl*; **~ qualifications** títulos *mpl* profesionales; **~ standing** reputación *f* profesional.
b (*competent, skilled*) profesional.
2 N profesional *mf*.

professionalism [prə'feʃnəlɪzəm] N profesionalismo *m*.

professionally [prə'feʃnəlɪ] ADV profesionalmente; **to be ~ qualified** tener el título profesional; **they did it most ~** lo hicieron expertamente.

professor [prə'fesər] N (*Univ: Brit, US*) catedrático/a *m/f*; (*US: teacher*) profesor(a) *m/f*.

proffer ['prɒfər] VT ofrecer.

proficiency [prə'fɪʃənsɪ] **1** N capacidad *f*, habilidad *f*.
2 CPD: **~ test** N examen *m* de aptitud.

proficient [prə'fɪʃənt] ADJ experto/a, hábil.

profile ['prəʊfaɪl] N perfil *m*; **in ~** de perfil; **to keep a low ~** tratar de pasar desapercibido.

profit ['prɒfɪt] **1** N (*Comm*) ganancia *f*, beneficios *mpl*; (*fig*) provecho *m*, beneficio *m*; **~s** utilidades *fpl*, beneficios; **to make a ~ of two millions** sacar un beneficio de dos millones; **to make a ~ out of** or **on sth** sacar provecho or beneficio de algo; **to sell sth at a ~** vender algo con ganancia; **to show** or **yield a ~** dar dinero.
2 VI: **to ~ by** or **from sth** aprovecharse de algo.
3 CPD: **~ and loss account** N cuenta *f* de ganancias y pérdidas; **~ centre**, (*US*) **~ center** N centro *m* de beneficios; **~ margin** N margen *m* de beneficios; **~s tax** N impuesto *m* sobre los beneficios.

profitability [ˌprɒfɪtə'bɪlɪtɪ] N rentabilidad *f*.

profitable ['prɒfɪtəbl] ADJ (*Comm*) rentable; (*fig: beneficial*) provechoso/a, útil; **a ~ investment** una inversión lucrativa; **it would be ~ to you to read this** te vendría bien leer esto.

profitably ['prɒfɪtəblɪ] ADV con provecho.

profiteer [ˌprɒfɪ'tɪər] VI explotar, aprovechar.

profit-making ['prɒfɪtˌmeɪkɪŋ] ADJ rentable.

profit-related ['prɒfɪtrə'leɪtɪd] ADJ: **~ bonus** prima *f* relacionada con los beneficios.

profit-sharing ['prɒfɪtˌʃɛərɪŋ] N reparto *m* de los beneficios.

profligate ['prɒflɪgɪt] ADJ (*dissolute*) libertino/a, disoluto/a; (*extravagant*) despilfarrador(a), derrochador(a).

profound [prə'faʊnd] ADJ profundo/a.

profoundly [prə'faʊndlɪ] ADV profundamente.

profundity [prə'fʌndɪtɪ] N profundidad *f*.

profuse [prə'fju:s] ADJ (*abundant*) profuso/a, abundante; (*lavish*) pródigo/a.

profusely [prə'fju:slɪ] ADV en abundancia; **he apologized ~** se disculpó efusivamente; **to sweat ~** sudar muchísimo.

profusion [prə'fju:ʒən] N profusión *f*, abundancia *f*.

progeny ['prɒdʒɪnɪ] N progenie *f*.

progesterone [prəʊ'dʒestərəʊn] N progesterona *f*.

prognosis [prɒg'nəʊsɪs] N (*pl* **prognoses** [prɒg'nəʊsi:z]) (*Med*) pronóstico *m*.

prognostic [prɒg'nɒstɪk] N pronóstico *m*.

programmable, (*US, freq Comput*) **programable** [prəʊ'græməbl] ADJ programable.

programme, (*US, freq Comput*) **program** ['prəʊgræm] **1** N (*gen*) programa *m*; (*plan, course of action*) plan *m*; **what's the ~ for today?** ¿qué plan tenemos para hoy?
2 VT (*arrange*) planear, planificar; (*computer, machine*) programar; **it is ~d to do sth** está programado para hacer algo.

programmer, (*US*) **programer** ['prəʊgræmər] N programador(a) *m/f*.

programming, (*US*) **programing** ['prəʊgræmɪŋ] **1** N programación *f*. **2** CPD: **~ language** N lenguaje *m* de programación.

progress ['prəʊgres] **1** N **a** (*movement, forwards*) progreso *m*, avance *m*.
b (*advance*) progreso *m*, desarrollo *m*; **the ~ of events** el curso de los acontecimientos; **to make (good/slow) ~** avanzar (rápidamente/despacio).
c **in ~** en curso.
2 [prə'gres] VI **a** (*go forward*) avanzar, adelantar; **matters are ~ing slowly** las cosas avanzan lentamente.
b (*in time*) desarrollarse; **as the game ~ed** a medida que avanzaba partido.
c (*improve, make ~*) hacer progresos, progresar, adelantarse; **the patient is ~ing favourably** el enfermo está mejorando de modo satisfactorio.
3 ['prəʊgres] CPD: **~ report** N informe *m* sobre la marcha del trabajo.

progression [prə'greʃən] N progresión *f*.

progressive [prə'gresɪv] **1** ADJ **a** (*increasing*) progresivo/a. **b** (*Pol*) progresista. **2** N (*person*) progresista *mf*.

progressively [prə'gresɪvlɪ] ADV progresivamente, poco a poco.

prohibit [prə'hɪbɪt] VT **a** (*forbid*) prohibir; **to ~ sb from doing sth** prohibir a algn hacer algo; **'smoking ~ed'** 'se prohíbe or prohibido fumar'. **b** (*prevent*) **to ~ sb from doing sth** impedir a algn hacer algo.

prohibition ['prəʊɪ'bɪʃən] N prohibición *f*; **P~** (*US*) el prohibicionismo, ley *f* seca.

prohibitive [prə'hɪbɪtɪv] ADJ prohibitivo/a.

project ['prɒdʒekt] **1** N (*gen*) proyecto *m*. **2** [prə'dʒekt] VT proyectar; **~ed costs** gastos *mpl* previstos. **3** [prə'dʒekt] VI (*jut out*) resaltar, sobresalir.

projectile [prə'dʒektaɪl] N proyectil *m*.

projection [prə'dʒekʃən] **1** N **a** proyección *f*. **b** (*overhang, protrusion etc*) saliente *m*, resalto *m*. **c** (*forecast*) proyección *f*. **2** CPD: **~ room** N (*Cine*) cabina *f* de proyección.

projectionist [prə'dʒekʃnɪst] N (*Cine*) operador(a) *m/f* de cine.

projector [prə'dʒektər] N (*Cine*) proyector *m*.

prolapse ['prəʊlæps] N (*Med*) prolapso *m*.

proletarian [ˌprəʊləˈtɛərɪən] ADJ proletario/a.
proletariat [ˌprəʊləˈtɛərɪət] N proletariado m.
proliferate [prəˈlɪfəreɪt] VI proliferar.
proliferation [prəˌlɪfəˈreɪʃən] N proliferación f.
prolific [prəˈlɪfɪk] ADJ prolífico/a.
prologue, (US) **prolog** [ˈprəʊlɒg] N (lit, fig) prólogo m.
prolong [prəˈlɒŋ] VT prolongar.
prolongation [ˌprəʊlɒŋˈgeɪʃən] N prolongación f.
prolonged [prəˈlɒŋd] ADJ (absence) prolongado/a; (event, period, struggle) largo/a.
prom [prɒm] N a (Brit fam: promenade) paseo m marítimo. b (Brit fam) = **promenade concert**. c (US) baile de gala bajo los auspicios de los alumnos de un colegio.

┌──PROM───┐
| ⓘ En Gran Bretaña el término **prom**, la forma abreviada de **promenade concert**, hace referencia a un concierto de música clásica en el que una parte del público permanece de pie en una zona del auditorio reservada al efecto. La serie de conciertos de este tipo más conocida es la que se celebra cada verano en el **Royal Albert Hall** de Londres desde 1985. Destaca entre todas las actuaciones la llamada **Last Night of the Proms** en la que se interpretan piezas de carácter patriótico, entre otras de repertorio.En los Estados Unidos un **prom** es un baile de gala que se celebra para los alumnos de un centro de educación secundaria o universitaria. De todos estos bailes el más famoso es el **senior prom**, al que asisten los alumnos del último año de una **high school** y que se considera un acontecimiento de gran importancia para los adolescentes estadounidenses. Los alumnos acuden normalmente con su pareja y visten de etiqueta: esmoquin los chicos y traje de noche las chicas. |
└──┘

promenade [ˌprɒmɪˈnɑːd] 1 N (at seaside) paseo m marítimo. 2 VI (stroll) pasearse. 3 CPD: **~ concert** N concierto m sinfónico; **~ deck** N cubierta f de paseo.
prominence [ˈprɒmɪnəns] N (hill etc) prominencia f; (importance) importancia f; **to bring into ~** hacer resaltar; **he came into ~ in the Cuba affair** empezó a sobresalir cuando lo de Cuba.
prominent [ˈprɒmɪnənt] ADJ a (projecting) saliente, prominente. b (conspicuous) destacado/a, resaltado/a; **put it in a ~ position** ponlo donde resalte a la vista. c (leading) importante; **the most ~ feature of this theory** el aspecto más notable de esta teoría. d (well-known) eminente, destacado/a; **he is ~ in the field of sociolinguistics** es una figura destacada en el campo de la sociolingüística.
prominently [ˈprɒmɪnəntlɪ] ADV muy a la vista; **he figured ~ in the case** desempeñó un papel importante en el juicio.
promiscuity [ˌprɒmɪsˈkjuːɪtɪ] N promiscuidad f.
promiscuous [prəˈmɪskjʊəs] ADJ promiscuo/a.
promise [ˈprɒmɪs] 1 N a (pledge) promesa f; **a ~ is a ~** lo prometido es deuda; **to break one's ~** faltar a su palabra; **to make sb a ~** hacer una promesa a algn; **to keep one's ~** cumplir su promesa. b (hope, prospect) promesa f, esperanza f; **full of ~** muy prometedor; **to show ~** ser prometedor. 2 VT (pledge) prometer; (forecast, augur) prometer, augurar; **to ~ (sb) to do sth** prometer (a algn) hacer algo; **to ~ sb sth, to ~ sth to sb** prometer dar algo a algn; **to ~ o.s. sth** prometerse algo. 3 VI prometer; **I can't ~ but I'll try** no te prometo nada, pero haré lo que pueda; **to ~ well** ser muy prometedor.
promising [ˈprɒmɪsɪŋ] ADJ prometedor(a); **two ~ candidates** dos candidatos buenos; **it doesn't look very ~** no promete mucho.
promissory [ˈprɒmɪsərɪ] ADJ: **~ note** pagaré m.
promo [ˈprəʊməʊ] N ABBR (Comm fam) of **promotion**.
promontory [ˈprɒməntrɪ] N promontorio m.
promote [prəˈməʊt] VT a (in rank) **to ~ sb (from sth) to sth** ascender a algn (de algo) a algo; **to be ~d** ser ascendido. b (encourage) promover, fomentar, estimular. c (advertise) promocionar. d (organize, put on) organizar.

promoter [prəˈməʊtəʳ] N (gen) promotor(a) m/f; (backer) patrocinador(a) m/f.
promotion [prəˈməʊʃən] 1 N a (in rank) ascenso m, promoción f; **to get ~** ser ascendido. b (encouragement) fomento m. c (organization: of boxing match etc) organización f. d (advertising, advertising campaign) promoción f; **sales ~** promoción de ventas. 2 CPD: **to move up the ~ ladder** subir en el escalafón.
promotional [prəˈməʊʃənl] ADJ promocional.
prompt [prɒmpt] 1 ADJ (punctual) puntual; (fast) rápido/a; (immediate) inmediato/a; **'please be ~'** 'se ruega mucha puntualidad'. 2 ADV: **at 6 o'clock ~** a las 6 en punto. 3 VT a **to ~ sb to do sth** instar or mover a algn a hacer algo; **what ~ed you to do it?** ¿qué le movió a hacerlo?; **it ~s the thought that …** lo cual hace pensar que …. b (help with speech) ayudar a recordar; (Theat) apuntar. 4 N a (Theat) apuntador(a) m/f. b (Comput) aviso m, guía f.
prompter [ˈprɒmptəʳ] N (Theat) apuntador(a) m/f.
promptly [ˈprɒmptlɪ] ADV (immediately) inmediatamente; (fast) rápidamente; (punctually) en punto, puntualmente; **they left ~ at 6** partieron a las 6 en punto.
prone [prəʊn] ADJ a (face down) boca abajo. b (liable) **~ to sth/to do sth** propenso/a a algo/hacer algo.
prong [prɒŋ] N (of fork) punta f, diente m; **three-~ed** de tres puntas.
pronoun [ˈprəʊnaʊn] N (Ling) pronombre m.
pronounce [prəˈnaʊns] 1 VT a pronunciar. b (declare) declarar; **they ~d him unfit to plead** le declararon incapaz de defenderse; **to ~ o.s. for/against sth** declararse a favor de/en contra de algo; **to ~ sentence** (Jur) pronunciar un fallo. 2 VI: **to ~ in favour of/against sth** pronunciarse a favor de/en contra de algo; **to ~ on sth** dar su opinión sobre algo.
pronounced [prəˈnaʊnst] ADJ (marked) marcado/a.
pronouncement [prəˈnaʊnsmənt] N declaración f.
pronto [ˈprɒntəʊ] ADV (fam) en seguida.
pronunciation [prəˌnʌnsɪˈeɪʃən] N pronunciación f.
proof [pruːf] 1 N a (evidence) prueba(s) f(pl); **as or in ~ of** en or como prueba de; **to give or show ~ of** dar prueba de; **the ~ of the pudding is in the eating** al probar se ve el mosto. b (test, trial) prueba f; **to put sth to the ~** someter algo a prueba. c (Typ, Phot) prueba f. d (of alcohol) **70° ~** graduación f del 70 por 100, 70 grados. 2 VT impermeabilizar.
-proof [pruːf] ADJ SUF: **bomb~** a prueba de bombas.
proofread [ˈpruːfriːd] (pt, pp **proofread** [ˈpruːfred]) VT corregir las pruebas de.
proofreader [ˈpruːfˌriːdəʳ] N corrector(a) m/f de pruebas.
prop [prɒp] 1 N (lit) puntal m; (fig) sostén m, apoyo m. 2 VT (also **~ up**) a (rest, lean) apoyar. b (support) apuntalar; (fig) sostener, apoyar; **the company was ~ped up by a big loan** la compañía recibió el apoyo de un préstamo cuantioso.
Prop. ABBR (Comm) of **proprietor**.
propaganda [ˌprɒpəˈgændə] N propaganda f.
propagate [ˈprɒpəgeɪt] 1 VT propagar. 2 VI propagarse.
propagation [ˌprɒpəˈgeɪʃən] N propagación f.
propane [ˈprəʊpeɪn] N propano m.
propel [prəˈpel] VT impulsar, propulsar; **to ~ sb/sth along** impulsar a algn/algo.
propellant, propellent [prəˈpelənt] N propulsor m; (aerosol etc) propelente m.
propeller [prəˈpeləʳ] N hélice f.
propelling pencil [prəˈpelɪŋˈpensl] N lapicera f, portaminas m inv.
propensity [prəˈpensɪtɪ] N propensión f.
proper [ˈprɒpəʳ] 1 ADJ a (actual) propiamente dicho/a; **physics ~** la física propiamente dicha; **in the ~ sense of the word** en el sentido estricto de la palabra; **in the city**

~ en la ciudad misma.
b (*fam*) verdadero/a; **it's a ~ nuisance** es una verdadera molestia.
c (*right, suitable*) propio/a, conveniente, oportuno/a; **the ~ time** el momento oportuno; **in the ~ way** como debe de ser, según las reglas; **do as you think ~** haz lo que te parezca conveniente; **it is the ~ thing to say** fue lo que había que decir; **~ name, ~ noun** nombre *m* propio.
d (*seemly*) correcto/a, propio/a.
e (*peculiar, characteristic*) propio/a (*to* a), peculiar (*to* de).
2 ADV (*Brit fam*) realmente, de verdad.

properly ['prɒpəlɪ] ADV **a** (*correctly etc*) correctamente, bien; **~ speaking** propiamente dicho; **she very ~ refused** se negó a ello e hizo bien; **to do sth ~** hacer algo bien. **b** (*in seemly fashion*) de forma correcta; **not ~ dressed** no vestido de la manera adecuada; **to behave ~** portarse correctamente. **c** (*fam: really, thoroughly*) de verdad.

property ['prɒpətɪ] **1** N **a** (*quality*) propiedad *f*.
b (*thing owned*) propiedad *f*, posesión *f*; **a man of ~** un hombre acomodado; **that news is common ~** eso lo saben todos ya.
c (*building, land*) propiedad *f*; (*estate*) finca *f*, hacienda *f* (*LAm*).
d (*Theat*) **properties** accesorios *mpl*, atrezzo *msg*.
2 CPD: **~ company** N compañía *f* inmobiliaria; **~ developer** N promotor *m* inmobiliario; **~ manager** N (*Theat*) accesorista *mf*; **~ market** N mercado *m* inmobiliario; **~ owner** N (*rural*) terrateniente *mf*; (*urban*) dueño/a *m/f* de propiedades; **~ tax** N impuesto *m* sobre la propiedad.

prophecy ['prɒfɪsɪ] N profecía *f*.
prophesy ['prɒfɪsaɪ] VT (*foretell*) profetizar; (*predict*) predecir, vaticinar.
prophet ['prɒfɪt] N profeta *mf*.
prophetic [prə'fetɪk] ADJ profético/a.
prophylactic [,prɒfɪ'læktɪk] **1** ADJ profiláctico/a. **2** N profiláctico *m*.
propitiate [prə'pɪʃɪeɪt] VT propiciar.
propitious [prə'pɪʃəs] ADJ propicio/a, favorable.
proportion [prə'pɔːʃən] **1** N **a** (*ratio*) proporción *f*; **in/out of ~** proporcionado/desproporcionado; **the ~ of blacks to whites** la proporción entre negros y blancos; **to be in/out of ~ (to one another)** estar en/no guardar proporción (el uno con el otro); **to be in/out of ~ to** *or* **with sth** estar en/no guardar proporción con algo; **to see sth in ~** (*fig*) ver algo en su justa medida; **sense of ~** (*fig*) sentido de la medida.
b (*part, amount*) parte *f*.
c **~s** (*size*) dimensiones *fpl*.
2 VT adecuar; **well-~ed** bien proporcionado.
proportional [prə'pɔːʃənl] ADJ proporcional (*to* a), en proporción (*to* con); **~ representation** (*Pol*) representación *f* proporcional; **~ spacing** (*on printer*) espaciado *m* proporcional.
proportionally [prə'pɔːʃnəlɪ] ADV proporcionalmente.
proportionate [prə'pɔːʃnɪt] ADJ proporcionado/a (*to* a).
proposal [prə'pəʊzl] N (*offer*) propuesta *f*; (: *of marriage*) oferta *f* *or* propuesta de matrimonio; (*suggestion*) sugerencia *f*; (*plan*) proyecto *m*; **to make a ~** hacer una propuesta.
propose [prə'pəʊz] **1** VT **a** proponer; **the ~d motorway** la autopista que se propone; **to ~ marriage to sb** hacer una oferta de matrimonio a algn; **to ~ a toast to sb** proponer un brindis por algn.
b (*have in mind*) **to ~ sth** proponer algo; **to ~ to do sth** proponerse hacer algo; **what do you ~ doing?** ¿qué piensas hacer?
2 VI (*marriage*) declararse.
proposer [prə'pəʊzər] N (*of motion*) proponente *mf*.
proposition [,prɒpə'zɪʃən] N **a** (*statement, Math, Logic etc*) proposición *f*. **b** (*proposal*) proposición *f*, propuesta *f*; **to make sb a ~** proponer algo a algn. **c** (*person to be dealt with*) **he's a tough ~** es un adversario fuerte; (*matter to be dealt with*) **it's not a paying ~** no es negocio.
propound [prə'paʊnd] VT (*ideas etc*) exponer, plantear.

proprietary [prə'praɪətərɪ] ADJ (*Comm*) patentado/a; **~ brand** marca *f* comercial; **~ goods** artículos *mpl* de marca; **~ name** nombre *m* propietario.
proprietor [prə'praɪətər] N (*of shop, hotel etc*) dueño/a *m/f*; (*of land*) propietario/a *m/f*; (*boss*) amo/a *m/f*.
propriety [prə'praɪətɪ] N (*seemliness*) decoro *m*, decencia *f*; (*fitness*) conveniencia *f*; **the proprieties** los cánones sociales.
props [prɒps] NPL = **property 1(d)**.
propulsion [prə'pʌlʃən] N: **jet ~** propulsión *f* por reacción.
prosaic [prəʊ'zeɪɪk] ADJ (*dull*) prosaico/a.
Pros. Atty. ABBR (*US*) of **prosecuting attorney**.
proscribe [prəʊs'kraɪb] VT proscribir.
prose [prəʊz] N prosa *f*; (*Scol: translation text*) texto *m* para traducir.
prosecute ['prɒsɪkjuːt] VT **a** (*Jur: try*) procesar, enjuiciar; (: *punish*) sancionar; **'trespassers will be ~d'** 'se procederá contra los intrusos'. **b** (*frm: carry on*) proseguir, llevar adelante.
prosecution [,prɒsɪ'kjuːʃən] **1** N (*Jur: act, proceedings*) proceso *m*, juicio *m*; (*in court: case, side*) acusación *f*, parte *f* que acusa; **counsel for the ~** fiscal *mf*.
2 CPD: **~ witness** N testigo *mf* de cargo.
prosecutor ['prɒsɪkjuːtər] N (*Jur*) acusador(a) *m/f*; (: *also* **public ~**) fiscal *m/f*.
prospect ['prɒspekt] **1** N **a** (*outlook, future*) perspectiva *f*; (*view*) panorama *m*, vista *f*; (*hope, chance*) esperanza *f*; **future ~s** perspectivas (para el futuro); **it's a grim ~** es una perspectiva desesperante; **this ~ cheered him up** se alegró con esta perspectiva; **we are faced with the ~ of leaving** se nos plantea la posibilidad de marcharnos; **a job with no ~s** un trabajo sin porvenir; **there is little ~ of his coming** hay pocas posibilidades de que venga; **I see no ~ of that** eso no lo creo probable.
b (*person*) posible candidato/a *m/f*; (*for marriage*) partido/a *m/f*; (*Comm*) cliente *mf* posible.
2 [prəs'pekt] VT explorar.
3 [prəs'pekt] VI: **to ~ for gold** buscar oro.
prospective [prəs'pektɪv] ADJ (*likely to happen*) eventual, probable; (*future*) futuro/a.
prospector [prəs'pektər] N explorador(a) *m/f*, buscador(a) *m/f*.
prospectus [prəs'pektəs] N prospecto *m*.
prosper ['prɒspər] VI prosperar, medrar.
prosperity [prɒs'perɪtɪ] N prosperidad *f*.
prosperous ['prɒspərəs] ADJ próspero/a.
prostate ['prɒsteɪt] N (*also* **~ gland**) próstata *f*.
prosthesis [prɒs'θiːsɪs] N (*pl* **prostheses** [prɒs'θiːsiːz]) prótesis *f*.
prostitute ['prɒstɪtjuːt] **1** N prostituto/a *m/f*; **to become a ~** prostituirse. **2** VT (*fig*) prostituir.
prostitution [,prɒstɪ'tjuːʃən] N (*lit, fig*) prostitución *f*.
prostrate ['prɒstreɪt] **1** ADJ boca abajo, postrado/a; (*nation, country etc*) abatido/a; (*exhausted*) postrado *or* abatido (*with* por). **2** [prɒs'treɪt] VT: **to ~ o.s.** (*lit, fig*) postrarse.
protagonist [prəʊ'tægənɪst] N protagonista *mf*.
protect [prə'tekt] VT proteger.
protection [prə'tekʃən] **1** N **a** protección *f*, amparo *m*; **to be under sb's ~** estar amparado por algn.
b (*also* **~ money**) impuesto *m* de protección pagado a la Mafia.
2 CPD: **~ factor** N factor *m* de protección; **~ racket** N chantaje *m*.
protectionism [prə'tekʃənɪzəm] N proteccionismo *m*.
protective [prə'tektɪv] ADJ protector(a); **~ cream** crema *f* protectora; **~ custody** detención *f* preventiva.
protector [prə'tektər] N **a** (*defender*) protector(a) *m/f*. **b** (*protective wear*) protector *m*.
protégé(e) ['prɒteʒeɪ] N protegido/a *m/f*.
protein ['prəʊtiːn] N proteína *f*.
protest ['prəʊtest] **1** N (*gen*) protesta *f*; (*complaint*) queja *f*; **under ~** bajo protesta.
2 [prə'test] VT **a** (*complain about: US*) protestar de; **to ~ that** protestar diciendo que.

b (*dispute*) poner reparos a.
c (*affirm*) afirmar; **he ~ed his innocence** declaró enérgicamente su inocencia.
3 [prə'test] VI protestar; **to ~ at** or **against** protestar de.
4 ['prəutest] CPD: **~ march** N manifestación *f* or marcha *f* (de protesta).
Protestant ['prɒtɪstənt] ADJ, N protestante *mf*.
Protestantism ['prɒtɪstəntɪzəm] N protestantismo *m*.
protestation [,prɒtes'teɪʃən] N **a** (*of love, loyalty etc*) afirmación *f*, declaración *f*. **b** (*protest*) protesta *f*.
protester [prə'testər] N manifestante *mf*.
proto... ['prəutəu] PREF proto....
protocol ['prəutəkɒl] N protocolo *m*.
proton ['prəutɒn] N protón *m*.
prototype ['prəutəutaɪp] N prototipo *m*.
protracted [prə'træktɪd] ADJ prolongado/a, (excesivamente) largo/a.
protrude [prə'truːd] VI salir, sobresalir.
protruding [prə'truːdɪŋ] ADJ saliente, sobresaliente.
protrusion [prə'truːʒən] N saliente *m*, protuberancia *f*.
proud [praud] **1** ADJ **a** (*person etc*) orgulloso/a; (: *arrogant*) soberbio/a, orgulloso; **to be ~ of** estar orgulloso de; **to be ~ to do sth** enorgullecerse de hacer algo; **that's nothing to be ~ of!** ¡esto no es motivo de orgullo! **b** (*splendid*) espléndido/a.
2 ADV: **to do sb ~** tratar a algn a cuerpo de rey; **to do o.s. ~** darse buena vida.
proudly ['praudlɪ] ADV (*see adj*) orgullosamente; soberbiamente.
prove [pruːv] (*pt* **~d**; *pp* **~d** or **~n** ['pruːvən]) **1** VT **a** (*probar, demostrar*; *verify*) comprobar; **can you ~ it?** ¿tiene Vd prueba de (ello)?; **it all goes to ~ that ...** esto demuestra que ...; **to ~ sb innocent** or **sb's innocence** demostrar la inocencia de algn; **to ~ o.s.** dar prueba de sí or de sus capacidades; **he was ~d right in the end** al fin se le dio la razón.
b (*test out*) poner or someter a prueba.
c (*turn out*) resultar; **it ~d to be useful** resultó ser útil; **if it ~s (to be) otherwise** si resulta (ser) lo contrario.
2 VI resultar.
proven ['pruːvən] **1** PP of **prove**. **2** ADJ probado/a; **it's a ~ fact that ...** es un hecho comprobado que ...; **the case was found not ~** el acusado fue absuelto por falta de pruebas.
proverb ['prɒvɜːb] N refrán *m*, proverbio *m*.
proverbial [prə'vɜːbɪəl] ADJ proverbial.
provide [prə'vaɪd] **1** VT (*gen*) proporcionar; (*supply, furnish*) suministrar, proveer (*with* de); **to ~ sb with sth** or **sth for sb** dar or proporcionar algo a algn; **the government ~d half the money** el gobierno proporcionó la mitad del dinero; **it ~s shade for the cows** da sombra para las vacas.
2 VI **a** **the Lord will ~** el Señor proveerá.
b **the rules ~ against that** las reglas prohiben eso.
♦ **provide for** VI + PREP **a** mantener; **they are well ~d for** tienen medios adecuados. **b** **the treaty ~s for ...** el tratado estipula ...; **we have ~d for that** ya lo hemos previsto.
provided [prə'vaɪdɪd] CONJ: **~ (that)** con tal (de) que, a condición de que.
providence ['prɒvɪdəns] N providencia *f*.
providential [,prɒvɪ'denʃəl] ADJ providencial.
providing [prə'vaɪdɪŋ] CONJ = **provided.**
province ['prɒvɪns] N **a** provincia *f*; **they live in the ~s** viven en provincias. **b** (*fig: area of knowledge, activity etc*) esfera *f*, campo *m*; **it's not within my ~** no es de mi competencia.
provincial [prə'vɪnʃəl] **1** ADJ provincial; (*pej*) pueblerino/a, provinciano/a. **2** N (*usu pej*) provinciano/a *m/f*.
provision [prə'vɪʒən] N **a** (*act of supplying*) provisión *f*. **b** (*supply*) suministro *m*, abastecimiento *m*. **c** **~s** (*food*) víveres *mpl*, provisiones *fpl*. **d** (*preparation*) preparativo *m*; **to make ~ for sb** asegurar el porvenir. **e** (*stipulation etc*) estipulación *f*, disposición *f*; **according to the ~s of the treaty** de acuerdo con lo estipulado

en el tratado; **is there ~ for this in the rules?** las reglas ¿permiten esto?, ¿está previsto esto en las reglas?; **with the ~ that** con tal de que.
provisional [prə'vɪʒnl] **1** ADJ provisional, provisorio/a (*LAm*). **2** N: **P~** Provisional *m* (*miembro de la tendencia activista del IRA*).
provisionally [prə'vɪʒnəlɪ] ADV provisionalmente.
proviso [prə'vaɪzəu] N (*gen*) salvedad *f*; **with the ~ that ...** a condición de que ....
Provo ['prəuvəu] N (*fam*) = **provisional 2.**
provocation [,prɒvə'keɪʃən] N provocación *f*; **she acted under ~** reaccionó ante una provocación.
provocative [prə'vɒkətɪv] ADJ provocador(a), provocativo/a.
provoke [prə'vəuk] VT (*gen*) provocar; (*anger*) provocar, enfadar, enojar (*LAm*); **to ~ sb to action** nos incitó a obrar; **he is easily ~d** se irrita por cualquier cosa.
provoking [prə'vəukɪŋ] ADJ provocador(a).
provost ['prɒvəst] N (*Univ*) rector *m*; (*Scot*) alcalde *m*.
prow [prau] N proa *f*.
prowess ['prauɪs] N (*skill*) habilidad *f*, capacidad *f*; (*courage*) valor *m*.
prowl [praul] **1** VI (*also ~ about* or **around**) rondar or merodear. **2** VT: **to ~ the streets** rondar las calles.
prowler ['praulər] N merodeador(a) *m/f*.
proximity [prɒk'sɪmɪtɪ] N proximidad *f*; **in ~ to** cerca or en las cercanías de.
proxy ['prɒksɪ] **1** N (*power*) poder *m*; (*person*) apoderado/a *m/f*; **by ~** por poderes. **2** CPD: **~ vote** N voto *m* por poderes.
PRP N ABBR **a** of **performance-related pay** sistema salarial que incluye un plus de productividad. **b** of **profit-related pay** sistema salarial en el que los empleados reciben un porcentaje de los beneficios de la empresa.
prude [pruːd] N gazmoño/a *m/f*, mojigato/a *m/f*.
prudence ['pruːdəns] N prudencia *f*.
prudent ['pruːdənt] ADJ cauteloso/a, prudente.
prudish ['pruːdɪʃ] ADJ gazmoño/a, remilgado/a.
prune¹ [pruːn] N (*fruit*) ciruela *f* pasa.
prune² [pruːn] VT podar.
pruning ['pruːnɪŋ] N poda *f*.
prurient ['pruərɪənt] ADJ lascivo/a.
pry¹ [praɪ] VI (*snoop*) fisgonear, curiosear; (*spy*) atisbar; **to ~ into sb's affairs** (entro)meterse en asuntos de otros.
pry² [praɪ] VT (*US*) = **prise.**
prying ['praɪɪŋ] ADJ fisgón/a; (*meddling*) entrometido/a.
PS ABBR of **postscript** P.D.
psalm [sɑːm] N salmo *m*.
PSAT N ABBR (*US*) of **Preliminary Scholastic Aptitude Test.**
PSBR N ABBR (*Econ*) of **public sector borrowing requirement.**
pseud [sjuːd] N (*fam*) farsante *mf*.
pseudo ['sjuːdəu] ADJ (*fam*) farsante.
pseudo... ['sjuːdəu] PREF pseudo....
pseudonym ['sjuːdənɪm] N seudónimo *m*.
psi N ABBR of **pounds per square inch** ≈ kg/cm².
psoriasis [sə'raɪəsɪs] N soriasis *f*.
PST ABBR (*US*) of **Pacific Standard Time.**
PSV N ABBR of **public service vehicle.**
psych [saɪk] VT (*fam: prepare psychologically*: *also ~ up*) mentalizar; **to get o.s. ~ed up for sth** mentalizarse para algo.
psyche ['saɪkɪ] N (*Psych*) psique *f*, psiquis *f*.
psychedelic [,saɪkə'delɪk] ADJ psicodélico/a.
psychiatric [,saɪkɪ'ætrɪk] ADJ psiquiátrico/a.
psychiatrist [saɪ'kaɪətrɪst] N psiquiatra *mf*.
psychiatry [saɪ'kaɪətrɪ] N psiquiatría *f*.
psychic ['saɪkɪk] ADJ **a** (*supernatural*) psíquico/a; (*telepathic*) telepático/a; **you must be ~!** (*fam*) ¿cómo lo adivinaste? **b** (*Psych*) psíquico/a.
psycho ['saɪkəu] N (*US fam*) psicópata *mf*.
psycho... ['saɪkəu] PREF psico....
psychoanalyse, (*US*) **psychoanalyze** [,saɪkəu-'ænəlaɪz] VT psicoanalizar.
psychoanalysis [,saɪkəuə'nælɪsɪs] N psicoanálisis *m*.

psychoanalyst [ˌsaɪkəʊˈænəlɪst] N psicoanalista *mf*.
psychokinesis [ˌsaɪkəʊkɪˈniːsɪs] N psicoquinesis *f*.
psychological [ˌsaɪkəˈlɒdʒɪkəl] ADJ psicológico/a; **~ pro-file** perfil *m* psicológico; **~ warfare** guerra *f* psicológica.
psychologist [saɪˈkɒlədʒɪst] N psicólogo/a *m/f*.
psychology [saɪˈkɒlədʒɪ] N psicología *f*.
psychopath [ˈsaɪkəʊpæθ] N psicópata *mf*.
psychosis [saɪˈkəʊsɪs] N (*pl* **psychoses** [saɪˈkəʊsiːz]) psicosis *f*.
psychosomatic [ˌsaɪkəʊsəʊˈmætɪk] ADJ psicosomático/a.
psychotherapy [ˈsaɪkəʊˈθerəpɪ] N psicoterapia *f*.
psychotic [saɪˈkɒtɪk] ADJ, N psicótico/a *m/f*.
PT N ABBR *of* **physical training**.
Pt ABBR (*Geog*) *of* **Point** Pta.
pt ABBR [a] *of* **part**. [b] *of* **pint(s)**. [c] *of* **point**. [d] (*Comm*) *of* **payment**.
P/T ABBR *of* **part-time**.
PTA N ABBR *of* **Parent-Teacher Association** ≈ APA *f*.
ptarmigan [ˈtɑːmɪgən] N perdiz *f* blanca.
Pte ABBR (*Mil*) *of* **Private**.
PTO ABBR *of* **please turn over** sigue.
PTV N ABBR (*US*) [a] *of* **pay television**. [b] *of* **public television**.
pub [pʌb] N (*Brit*) pub *m*, bar *m*.
pub-crawl [ˈpʌbkrɔːl] N: **to go on a ~** (*fam*) ir de chateo *or* de parranda (de bar en bar).
puberty [ˈpjuːbətɪ] N pubertad *f*.
pubescent [pjuːˈbesənt] ADJ, N pubescente *mf*.
pubic [ˈpjuːbɪk] ADJ púbico/a; **~ hair** vello *m* púbico.
pubis [ˈpjuːbɪs] N pubis *m*.
public [ˈpʌblɪk] [1] ADJ público/a; **this place is too ~ to discuss** aquí no hay suficiente intimidad para discutirlo; **to go ~** (*Comm*) hacerse cotizar en bolsa; **to make sth ~** hacer público algo; **~ address system** (sistema *m* de) megafonía *f*; **~ bar** bar *m*; **~ company** compañía *f* pública; **~ convenience** servicios *mpl*, aseos *mpl*, sanitarios *mpl* (*LAm*); **~ enterprise** (*firm*) empresa *f* pública; (*endeavour*) iniciativa *f* pública; **to be in the ~ eye** ser objeto del interés público; **~ health** salud *f* pública, sanidad *f* pública; **~ holiday** fiesta *f* oficial; **~ house** (*Brit*) bar *m*, pub *m*; **of ~ interest** de interés general; **in the ~ interest** en los intereses del estado; **it is ~ knowledge** ya es del dominio público; **~ library** biblioteca *f* pública; **~ limited company** sociedad *f* anónima; **~ opinion** la opinión pública; **~ opinion poll** sondeo *m* (de la opinión pública); **in ~ ownership** nacionalizado, propiedad del Estado; **~ prosecutor** (*esp Brit*) fiscal *mf*; **~ relations** relaciones *fpl* públicas; **~ relations officer** encargado/a *m/f* de relaciones públicas; **~ school** (*Brit*) colegio *m* privado; (*US*) instituto *m*; **~ sector** sector *m* estatal *or* público; **~ sector borrowing requirement** necesidades *fpl* de endeudamiento del sector público; **~ service** (*Civil Service*) administración *f* pública; **~ service vehicle** vehículo *m* de servicio público; **~ speaking** oratoria *f*; **~ spending** gastos *mpl* públicos; **~ transport** transporte(s) *m(pl)* público(s); **~ utility** servicio *m* público; **~ works** obras *fpl* públicas. [2] N: **the ~** el público *m*; **in ~** en público; **the reading/sporting ~** los aficionados a la lectura/al deporte.
publican [ˈpʌblɪkən] N (*Brit*) dueño/a *m/f or* encargado/a *m/f* de un bar.
publication [ˌpʌblɪˈkeɪʃən] N publicación *f*, edición *f*; (*published work*) publicación.
publicity [pʌbˈlɪsɪtɪ] [1] N [a] publicidad *f*. [b] (*Comm: advertising, advertisements*) publicidad *f*, propaganda *f*. [2] CPD: **~ campaign** N campaña *f* publicitaria; **~ stunt** N truco *m* publicitario.
publicize [ˈpʌblɪsaɪz] VT [a] (*make public*) publicar, divulgar. [b] (*advertise*) anunciar, hacer propaganda de.
public-spirited [ˈpʌblɪkˈspɪrɪtɪd] ADJ de espíritu cívico.
publish [ˈpʌblɪʃ] VT publicar, editar; **'~ed weekly'** 'semanario'.
publisher [ˈpʌblɪʃər] N (*person*) editor(a) *m/f*; (*firm*) editorial *f*.
publishing [ˈpʌblɪʃɪŋ] [1] N (*trade*) industria *f* editorial. [2]

CPD: **~ company** N (casa *f*) editorial *f*.
puce [pjuːs] ADJ de color pardo rojizo.
pucker [ˈpʌkər] VT (*also ~ up*) fruncir, arrugar; (*Sew*) fruncir.
pudding [ˈpʊdɪŋ] [1] N (*dessert*) postre *m*; (*steamed ~*) pudín *m*, budín *m*; **black/white ~** morcilla *f* negra/blanca. [2] CPD: **~ basin** N cuenco *m*.
puddle [ˈpʌdl] N charco *m*.
puerile [ˈpjʊəraɪl] ADJ pueril.
Puerto Rican [ˈpwɜːtəʊˈriːkən] ADJ, N puertorriqueño/a *m/f*.
Puerto Rico [ˈpwɜːtəʊˈriːkəʊ] N Puerto Rico *m*.
puff [pʌf] [1] N [a] (*of breathing, engine*) resoplido *m*; (*of air*) soplo *m*; (*of wind*) racha *f*, ráfaga *f*; (*of smoke*) bocanada *f*; (*on cigarette etc*) chupada *f*; **I'm out of ~** (*fam*) me quedé sin aliento.
[b] (*powder ~*) borla *f*.
[c] (*Culin*) **cream ~** petisú *m*, pastel *m* de crema. [2] VT [a] **to ~ (out) smoke** echar bocanadas de humo.
[b] (*also ~ up*) hinchar, inflar (*LAm*); **his face was all ~ed up** tenía la cara hinchada *or* (*LAm*) inflada; **to be ~ed up with pride** hincharse *or* inflarse de orgullo.
[c] **I'm ~ed (out)** (*fam*) me quedé sin aliento. [3] VI (*breathe heavily*) jadear, resoplar; **the train ~ed into the station** el tren entró en la estación echando humo; **to ~ (away) at** *or* **on one's pipe** chupar la pipa. [4] CPD: **~ pastry**, (*US*) **~ paste** N hojaldre *m*; **~ sleeves** NPL mangas *fpl* filipinas.
puffin [ˈpʌfɪn] N frailecillo *m*.
puffy [ˈpʌfɪ] ADJ (*comp* **-ier**; *superl* **-iest**) hinchado/a, inflado/a.
pug [pʌg] N (*also ~ dog*) doguillo *m*.
pugnacious [pʌgˈneɪʃəs] ADJ pugnaz, agresivo/a.
pug-nosed [ˈpʌgˈnəʊzd] ADJ de nariz chata.
puke [pjuːk] VI (*fam*) devolver (*fam*); **it makes me (want to) ~** me da asco.
pull [pʊl] [1] N [a] (*tug*) tirón *m*, jalón *m* (*LAm*); (*of moon, magnet, the sea etc*) (fuerza *f* de) atracción *f*; (*fig: attraction*) atracción; **it was a long ~** fue mucho camino *or* trecho.
[b] (*fam: influence*) enchufe *m*, palanca *f* (*LAm*).
[c] (*at pipe, cigarette*) chupada *f*; (*at drink*) trago *m*; **he took a ~ from the bottle** dio un tiento a la botella.
[d] (*handle of drawer etc*) tirador *m*; (*of bell*) cuerda *f*. [2] VT [a] (*draw, drag*) tirar de, jalar (*LAm*); **to ~ a door shut/open** cerrar/abrir una puerta de un tirón *or* (*LAm*) jalón.
[b] (*tug*) tirar de, jalar (*LAm*); (*trigger*) apretar; **to ~ sb's hair** tirar *or* (*LAm*) jalarle de los pelos a algn; **she didn't ~ any punches** no anduvo con rodeos; **~ the other one!** (*fam*) ¡cuéntaselo a tu abuela! (*fam*).
[c] (*extract, draw out*) sacar, arrancar; **to ~ a gun on sb** amenazar a algn con pistola.
[d] **to ~ a muscle** sufrir un tirón en un músculo.
[e] (*fam: carry out, do*) **what are you trying to ~?** ¿qué quieres conseguir?, ¿qué es lo que pretendes con esto?
[f] (*fam*) **he knows how to ~ the birds** sabe ligar con las chicas.
[g] **to ~ a fast one** *or* **a trick on sb** jugar una mala parada a algn. [3] VI [a] tirar, jalar (*LAm*); **the car is ~ing to the right** el coche tira *or* (*LAm*) jala hacia la derecha; **the car isn't ~ing very well** el coche no tira *or* (*LAm*) jala.
[b] **to ~ at** *or* **on one's pipe** dar chupadas a la pipa.
[c] (*move*) **the train ~ed into the station** el tren entró en la estación; **he ~ed alongside the kerb** se acercó al bordillo; **it ~ed to a stop** se paró. [4] CPD: **~ ring**, **~ tab** N anilla *f*.
◆ **pull about** VT + ADV (*handle roughly*) maltratar, manosear.
◆ **pull apart** VT + ADV [a] (*separate*) separar; (*take apart*) desmontar. [b] (*fig fam: search thoroughly*) allanar; (: *criticize*) deshacer, hacer pedazos.
◆ **pull away** [1] VT + ADV arrancar, jalar (*LAm*).
[2] VI + ADV (*move off*) salir, arrancar.
◆ **pull back** [1] VT + ADV tirar *or* (*LAm*) jalar para *or* hacia

atrás.

2 VI + ADV (*lit*) contenerse; (*Mil*) retirarse.

◆ **pull down** VT + ADV **a** bajar, echar abajo; **the mark in chemistry ~s her down** la nota de química es la razón de que salga mal. **b** (*demolish*) derribar.

◆ **pull in** **1** VT + ADV **a** tirar de, jalarse (*LAm*). **b** (*rein in*) sujetar. **c** (*attract: crowds*) atraer; **this will ~ them in** esto les hará venir en masa. **d** (*fam: take into custody*) detener. **2** VI + ADV (*into station, harbour*) llegar; (*into driveway*) entrar; (*stop, park*) parar.

◆ **pull off** **1** VT + ADV **a** (*remove*) quitar, arrancar. **b** (*fam: succeed in*) llevar a cabo, conseguir; **to ~ it off** lograrlo. **2** VI + ADV: **we ~ed off into a lay-by** (*Aut*) salimos de la carretera y paramos en un apartadero. **3** VI + PREP: **we ~ed off the road into a lay-by** salimos de la carretera y paramos en un apartadero.

◆ **pull on** VT + ADV ponerse a la carrera.

◆ **pull out** **1** VT + ADV **a** (*take out*) sacar, arrancar; **to ~ sb out of a river** sacar a algn de un río. **b** (*withdraw*) retirar. **2** VI + ADV **a** (*come out*) salir; **the red car ~ed out from behind that black one** el coche rojo se salió de detrás de aquel negro. **b** (*withdraw*) retirarse. **c** (*leave*) salir, partir.

◆ **pull over** **1** VT + ADV **a** (*move closer*) acercar. **b** (*topple*) volcar. **2** VI + ADV (*Aut*) hacerse a un lado.

◆ **pull through** VI + ADV (*fig*) salvarse, reponerse.

◆ **pull together** **1** VT + ADV: **to ~ o.s. together** (*fig*) tranquilizarse. **2** VI + ADV tirar *or* jalar en conjunto.

◆ **pull up** **1** VT + ADV **a** (*raise by pulling*) levantar, subir. **b** (*uproot*) sacar, arrancar; **to ~ up one's roots** (*fig*) desarraigarse. **c** (*stop*) parar. **d** (*scold*) regañar. **2** VI + ADV (*stop*) detenerse, parar.

pulley ['pʊlɪ] N polea *f*.

Pullman ® ['pʊlmən] N (*also* ~ **car**) pullman *m*.

pull-out ['pʊlaʊt] **1** N suplemento *m* separable. **2** ADJ (*magazine section*) separable; (*table leaf etc*) extensible.

pullover ['pʊləʊvə^r] N jersey *m*, suéter *m*, chompa *f* (*Per*).

pulmonary ['pʌlmənərɪ] ADJ pulmonar.

pulp [pʌlp] **1** N **a** (*paper ~, wood ~*) pasta *f*, pulpa *f*; (*for paper*) pulpa de madera; **to reduce sth to ~** hacer algo papilla. **b** (*of fruit, vegetable*) pulpa *f*. **2** VT reducir a pulpa. **3** CPD: ~ **literature** N literatura *f* para tirar; ~ **magazine** N revista *f* amarilla.

pulpit ['pʊlpɪt] N púlpito *m*.

pulsate [pʌl'seɪt] VI vibrar, palpitar.

pulse¹ [pʌls] **1** N (*Anat*) pulso *m*; (*Phys*) pulsación *f*; (*fig: of drums, music*) ritmo *m*, compás *m*; **to take sb's ~** tomar el pulso a algn; **he keeps his finger on the company's ~** está tomando constantemente el pulso a la compañía. **2** CPD: ~ **rate** N frecuencia *f* del pulso.

pulse² [pʌls] N (*Bot, Culin*) legumbre *f*.

pulverize ['pʌlvəraɪz] VT pulverizar.

puma ['pjuːmə] N puma *m*.

pumice (stone) ['pʌmɪs(stəʊn)] N piedra *f* pómez.

pummel ['pʌml] VT aporrear, apalear.

pump [pʌmp] **1** N bomba *f*; **petrol ~** bomba, grifo *m* (*Per*). **2** VT bombear; **to ~ sth in/out** meter/sacar algo con bomba; **to ~ sth dry** vaciar algo con una bomba; **to ~ air along a tube** hacer que pase el aire por un tubo por medio de una bomba; **to ~ money into a project** invertir dinero en cantidades en un proyecto; **to ~ sb for information** (son)sacarle informes a algn.

◆ **pump in** VT + ADV (*lit*) inyectar; (*fig: money*) invertir.

◆ **pump out** VT + ADV (*boat*) achicar el agua de; (*water*) bombear.

◆ **pump up** VT + ADV (*tyre*) inflar, bombear (*LAm*).

pumpkin ['pʌmpkɪn] N calabaza *f*, zapallo *m* (*And, CSur*).

pun [pʌn] N juego *m* de palabras, retruécano *m*.

punch¹ [pʌntʃ] **1** N **a** (*for making holes: in leather, etc*) punzón *m*; (: *in paper*) perforadora *f*; (: *in ticket*) máquina *f* de picar. **b** (*blow*) puñetazo *m*; **he didn't pull any ~es** (*fig*) no se mordió la lengua. **c** (*fig: vigour*) fuerza *f*, empuje *m*; **think of a phrase that's got some ~ to it** dame una frase que tenga garra. **2** VT **a** (*with tool: see n*) punzar; perforar; picar. **b** (*with fist*) dar un puñetazo a. **c** (*button, key*) presionar; **you have to ~ the code in first** primero hay que introducir el código. **3** CPD: ~**(ed) card** N tarjeta *f* perforada; ~ **line** N remate *m*.

punch² [pʌntʃ] N (*drink*) ponche *m*.

Punch [pʌntʃ] **1** N Polichinela *m*. **2** CPD: ~ **and Judy show** N teatro *m* de títeres.

punchball ['pʌntʃbɔːl] N saco *m* de arena, punching-ball *m*.

punchbowl ['pʌntʃbəʊl] N ponchera *f*.

punch-drunk ['pʌntʃ'drʌŋk] ADJ (*fig*) aturdido/a; **to be ~** estar groggy.

puncher ['pʌntʃə^r] N (*tool*) perforador *m*.

punching bag ['pʌntʃɪŋbæg] N (*US*) = **punchball**.

punch-up ['pʌntʃʌp] N (*Brit fam*) riña *f*, refriega *f*.

punctilious [pʌŋk'tɪlɪəs] ADJ puntilloso/a, quisquilloso/a.

punctual ['pʌŋktjʊəl] ADJ puntual; **you're very ~** llegaste en punto.

punctuality [ˌpʌŋktjʊ'ælɪtɪ] N puntualidad *f*.

punctually ['pʌŋktjʊəlɪ] ADV puntualmente, en punto; **the bus arrived ~** el autobús llegó a la hora.

punctuate ['pʌŋktjʊeɪt] VT (*Ling*) puntuar; **his speech was ~d by applause** los aplausos interrumpieron repetidamente su discurso.

punctuation [ˌpʌŋktjʊ'eɪʃən] **1** N (*Ling*) puntuación *f*. **2** CPD: ~ **mark** N signo *m* de puntuación.

puncture ['pʌŋktʃə^r] **1** N (*in tyre, balloon, skin etc*) perforación *f*, pinchazo *m*; (*Aut*) pinchazo, ponchadura *f* (*Mex*); **I have a ~** se me pinchó *or* (*Mex*) ponchó un neumático *or* una llanta. **2** VT perforar, pinchar. **3** VI pincharse, poncharse (*Mex*).

pundit ['pʌndɪt] N experto/a *m/f*.

pungency ['pʌndʒənsɪ] N (*of smell*) acritud *f*; (*of taste*) sabor *m* picante *or* fuerte; (*of remark*) mordacidad *f*.

pungent ['pʌndʒənt] ADJ (*see n*) acre; muy picante; mordaz.

punish ['pʌnɪʃ] VT **a** castigar; **to ~ sb for sth/for doing sth** castigar a algn por algo/por haber hecho algo. **b** (*fig fam*) maltratar.

punishable ['pʌnɪʃəbl] ADJ (*gen*) punible; (*Jur*) delictivo/a; **a ~ offence** una infracción que castiga la ley.

punishment ['pʌnɪʃmənt] N **a** (*punishing, penalty*) castigo *m*; **to make the ~ fit the crime** señalar un castigo de acuerdo con el crimen; **to take one's ~** aceptar el castigo. **b** (*fig fam*) malos tratos *mpl*; **to take a lot of ~** (*Sport*) sufrir una paliza; (*car, furniture etc*) ser maltratado.

Punjabi [pʌn'dʒɑːbɪ] N (*Ling*) punjabí *m*.

punk [pʌŋk] **1** N **a** (*person: also* ~ **rocker**) punk(i) *mf*; (*music: also* ~ **rock**) (música *f*) punk *m*. **b** (*US fam: hoodlum*) rufián *m*, matón *m* (*LAm*). **2** CPD: ~ **rock** N música *f* punk.

punnet ['pʌnɪt] N (*Brit*) canastilla *f*.

punt¹ [pʌnt] **1** N (*boat*) batea *f*. **2** VT impulsar con percha; (*ball*) dar un puntapié a. **3** VI: **to go ~ing** ir en batea.

punt² [pʌnt] VI (*bet*) apostar.

punter ['pʌntə^r] N (*gambler*) jugador(a) *m/f*; (*Comm*) cliente *m/f*; (*of prostitute*) cliente *m*.

puny ['pjuːnɪ] ADJ (*comp* -**ier**; *superl* -**iest**) enclenque, endeble, flaco/a (*LAm*).

pup [pʌp] N cachorro/a *m/f*.

pupil[1] ['pju:pl] N (*Scol etc*) alumno/a *m/f*.

pupil[2] ['pju:pl] N (*Anat*) pupila *f*.

puppet ['pʌpɪt] **1** N (*lit*) títere *m*, marioneta *f*; (*fig*) títere. **2** CPD: **~ government** N gobierno *m* títere; **~ show** N teatro *m* de marionetas *or* de títeres.

puppy ['pʌpɪ] **1** N cachorro/a *m/f*. **2** CPD: **~ fat** N gordura *f* infantil; **~ love** N amor *m* juvenil.

purchase ['pɜ:tʃɪs] **1** N **a** (*act, object*) compra *f*, adquisición *f*; **to make a ~** hacer una compra. **b** (*grip*) agarre *m*, asidero *m*; (*leverage*) palanca *f*; **to get a ~ on** agarrar bien. **2** VT (*frm*) comprar, adquirir; **purchasing power** poder *m* adquisitivo. **3** CPD: **~ order** N orden *f* de compra; **~ price** N precio *m* de compra; **~ tax** N (*Brit*) impuesto *m* sobre la venta.

purchaser ['pɜ:tʃɪsər] N comprador(a) *m/f*.

pure [pjʊər] ADJ (*comp* **~r**; *superl* **~st**) puro/a, mero/a (*LAm*); **by ~ chance** de pura *or* (*LAm*) mera casualidad; **it was an accident ~ and simple** fue un accidente, es todo; **it's ~ folly to go on with this project** es una locura seguir con este proyecto; **a ~ wool jumper** un jersey de pura lana; **~ mathematics** matemáticas *fpl* puras.

purebred ['pjʊə'bred] **1** ADJ de raza; (*horse*) de pura sangre. **2** N animal *m* de raza; (*horse*) pura sangre *mf*.

purée ['pjʊəreɪ] N (*Culin*) puré *m*.

purely ['pjʊəlɪ] ADV (*simply, solely*) simplemente, sencillamente; (*wholly*) puramente, nada más, tan sólo (*LAm*).

purgative ['pɜ:gətɪv] **1** ADJ (*Med*) purgante, purgativo/a. **2** N (*Med*) purgante *m*.

purgatory ['pɜ:gətərɪ] N (*Rel, fig*) purgatorio *m*.

purge [pɜ:dʒ] **1** N (*all senses*) purga *f*, depuración *f*. **2** VT (*all senses*) purgar, depurar.

purification [,pjʊərɪfɪ'keɪʃən] N purificación *f*; (*of water, air*) depuración *f*.

purify ['pjʊərɪfaɪ] VT purificar; (*water, air*) depurar.

purist ['pjʊərɪst] N purista *mf*.

puritan ['pjʊərɪtən] ADJ, N puritano/a *m/f*.

puritanical [,pjʊərɪ'tænɪkəl] ADJ puritano/a.

purity ['pjʊərɪtɪ] N pureza *f*.

purl [pɜ:l] **1** N punto *m* del revés. **2** VT hacer punto del revés.

purloin [pɜ:'lɔɪn] VT robar.

purple ['pɜ:pl] **1** ADJ morado/a; **to go ~ (in the face)** enrojecer; **P~ Heart** (*US Mil*) decoración otorgada a los heridos de guerra; **~ passage** pasaje *m* destacado. **2** N (*colour*) púrpura *f*, morado *m*.

purport ['pɜ:pət] **1** N significado *m*, sentido *m*. **2** [pɜ:'pɔ:t] VT: **to ~ to be** pretender ser.

purportedly [pɜ:'pɔ:tɪdlɪ] ADV supuestamente.

▼**purpose** ['pɜ:pəs] N **a** (*intention*) motivo *m*, propósito *m*; (*use*) uso *m*, utilidad *f*; **'~ of visit'** (*on official form*) 'motivo del viaje'; **for our ~s** para nuestros propósitos; **for training ~s** con fines de entrenamiento; **she has a ~ in life** tiene un objetivo en la vida; **on ~** a propósito, adrede; **this will serve my ~** esto me servirá; **it serves no useful ~** no sirve para nada; **it serves a variety of ~s** sirve para diversos efectos; **for the ~s of this meeting** para los fines de esta reunión; **for all practical ~s** en la práctica; **to be to some/no ~** servir para algo/no servir para nada; **to good/no good ~** con buenos resultados/ sin resultado. **b** (*resolution, determination*) **to have a sense of ~** ser firme *or* determinado en los propósitos.

purpose-built [,pɜ:pəs'bɪlt] ADJ construido/a especialmente.

purposeful ['pɜ:pəsfʊl] ADJ decidido/a, determinado/a.

purposely ['pɜ:pəslɪ] ADV a propósito, adrede.

purr [pɜ:r] **1** N ronroneo *m*. **2** VI (*cat*) ronronear.

purse [pɜ:s] **1** N **a** (*for money*) monedero *m*; **to hold the ~ strings** (*fig*) administrar el dinero. **b** (*US: handbag*) bolso *m*, cartera *f* (*LAm*). **c** (*sum of money as prize*) bolsa *f*. **2** VT: **to ~ one's lips** apretar los labios. **3** CPD: **~ snatcher** N (*US*) delincuente especialista en tirones.

purser ['pɜ:sər] N (*Naut*) comisario/a *m/f*.

pursue [pə'sju:] VT **a** (*follow*) seguir; (*harass*) perseguir. **b** (*studies etc*) dedicarse a; (*profession*) ejercer; (*inquiry*) seguir.

pursuer [pə'sju:ər] N perseguidor(a) *m/f*.

pursuit [pə'sju:t] N **a** (*chase*) caza *f*, persecución *f*; (*fig: of pleasure, happiness, knowledge*) busca *f*, búsqueda *f*; **in (the) ~ of sb/sth** en busca de algn/algo; **with two policemen in hot ~** con dos policías pisándole los talones. **b** (*occupation*) carrera *f*, profesión *f*; (*pastime*) pasatiempo *m*.

purveyor [pɜ:'veɪər] N (*frm*) proveedor(a) *m/f*.

pus [pʌs] N pus *m*.

push [pʊʃ] **1** N **a** (*shove*) empuje *m*, empujón *m*; **to give sb/sth a ~** dar a algn/algo un empujón; **to give sb the ~** (*Brit fam*) echar a algn; (*lover*) dar calabazas a algn; **to get the ~** (*Brit*) ser despedido. **b** (*drive, aggression*) empuje *m*, energía *f*. **c** (*effort*) esfuerzo *m*; (*Mil: offensive*) ataque *m*, ofensiva *f*. **d** (*fam*) **at a ~** a duras penas; **if** *or* **when it comes to the ~** en último caso, en el peor de los casos. **2** VT **a** (*shove, move by ~ing*) empujar; (*press*) apretar, pulsar; **to ~ a door open/shut** abrir/cerrar una puerta (de un empujón), empujar la puerta. **b** (*fig: press, advance: trade*) fomentar; (: *product*) promover; **to ~ home one's advantage** aprovechar la ventaja; **don't ~ your luck!** ¡no fuerces la suerte! **c** (*fig: put pressure on*) **to ~ sb into doing sth** obligar a algn a hacer algo; **to ~ sb to do sth** presionar a algn para que haga algo; **I was ~ed into it** me obligaron a ello; **don't ~ her too far** no te pases con ella; **when we ~ed her, she explained it all** cuando insistimos con ella, lo explicó todo; **that's ~ing it a bit** (*fam*) eso es demasiado; **to be ~ed for time/money** andar justo de tiempo/escaso de dinero; **we shall be (hard) ~ed to finish it** tendremos grandes dificultades para terminarlo. **d** (*drugs*) vender, traficar en. **e** (*fam*) **he is ~ing 50** raya en los 50. **3** VI empujar; '**~**' (*on door*) 'empuje'; (*on bell*) 'apriete'; **he ~es too much** (*fig*) insiste demasiado; **they're ~ing for better conditions** hacen campaña para mejorar sus condiciones (de trabajo).

◆ **push about, push around** VT + ADV (*fig fam: bully*) intimidar; **he's not one to be ~ed around** no da su brazo a torcer.

◆ **push ahead** VI + ADV seguir adelante.

◆ **push aside** VT + ADV apartar, hacer a un lado; (*fig*) hacer caso omiso de.

◆ **push away** VT + ADV rechazar.

◆ **push back** VT + ADV (*hair etc*) echar hacia atrás; (*enemy*) hacer retroceder.

◆ **push down** **1** VI + ADV (*press down*) apretar. **2** VT + ADV (*press down*) apretar.

◆ **push forward** **1** VI + ADV **a** (*Mil*) avanzar. **b** **to ~ forward with a plan** llevar adelante un proyecto. **2** VT + ADV empujar hacia adelante; **he tends to ~ himself forward** (*fig*) suele hacerse notar.

◆ **push in** **1** VT + ADV **a** empujar. **b** (*break*) romper. **2** VI + ADV colarse.

◆ **push off** **1** VT + ADV (*top etc*) quitar a la fuerza; (*off wall etc*) tirar, echar, empujar. **2** VI + ADV **a** (*in boat*) desatracarse. **b** (*fam: leave*) marcharse; **~ off!** ¡lárgate!

◆ **push on** **1** VI + ADV seguir adelante; **it's time we were ~ing on** es hora de ponernos otra vez en camino. **2** VT + ADV **a** poner a la fuerza. **b** (*fig: incite, urge on*) animar, alentar.

◆ **push out** VT + ADV (*of way*) quitar a empujones; (*of car*) sacar a empujones.

◆ **push over** VT + ADV **a** hacer caer, derribar. **b** (*knock over*) volcar.

◆ **push through** **1** VT + ADV **a** (*through crowd, hedge etc*) abrirse paso por; **he ~ed his hand through the bars** sacó la mano por entre los barrotes. **b** (*get done quickly*) expeditar, apresurar.

➤ SENTENCE BUILDER: **purpose → 7.4**

2 VI + ADV abrirse paso.

◆**push up** VT + ADV **a** levantar, subir. **b** (*fig: raise, increase*) hacer subir *or* aumentar.

push-bike ['puʃbaɪk] N (*Brit*) bicicleta *f*.

push-button ['puʃ,bʌtn] ADJ de mando de botón; **with ~ control** con mando de botón; **~ warfare** guerra *f* a control remoto.

pushchair ['puʃtʃeəʳ] N (*Brit*) sillita *f* de ruedas.

pusher ['puʃəʳ] N (*fam*) **a** (*of drugs*) camello *mf*, traficante *mf*. **b** (*ambitious person*) ambicioso/a *m/f*.

pushover ['puʃ,əuvəʳ] (*fam*) N: **it's a ~** está tirado; **I'm a ~ when a woman asks me** no resisto cuando me lo pide una mujer.

push-up ['puʃʌp] N (*US*) = **press-up**.

pushy ['puʃɪ] ADJ (*fam*) agresivo/a.

puss [pus] N (*fam*) minino *m*.

pussy ['pusɪ] **1** N **a** (*fam: also* **~cat**) minino *m*. **b** (*fam!*) coño *m* (*fam!*). **2** CPD: **~ willow** N sauce *m*.

pussyfoot ['pusɪfut] VI (*esp US fam*): **to ~ around** andar sigilosamente.

put [put] (*pt, pp* **~**) **1** VT **a** (*gen*) poner; (*place*) colocar; (*insert*) meter; (*~ down*) dejar; **~ it there!** (*fam: handshake*) ¡chócala! (*fam*); **we ~ the children to bed** acostamos a los niños; **my brother ~ me on the train** mi hermano me dejó en el tren; **to ~ the ball in the net** meter el balón en la red; **to ~ sth to one's ear** acercar algo al oído; **she ~ her head on my shoulder** recostó la cabeza en mi hombro; **to ~ a lot of time into sth** dedicar mucho tiempo a algo; **she has ~ a lot into her marriage** se ha esforzado mucho con su marido; **to ~ money into a company** invertir dinero en una compañía; **to ~ money on a horse** jugarse dinero en un caballo; **to stay ~** no moverse, plantarse.
b (*thrust: direct*) meter; **I ~ my fist through the window** rompí la ventana con el puño; **he ~ his head round the door** se asomó de detrás de la puerta; **to ~ the shot** (*Sport*) lanzar el peso.
c (*cause to be*) **to ~ sb in a good/bad mood** poner a algn de buen/mal humor; **to ~ sb in charge of sth** poner a algn a cargo de algo; **to ~ sb to a lot of trouble** causar mucha molestia a algn; **I ~ him to answering the phone** le puse a contestar el teléfono; **she ~ him to work immediately** le puso a trabajar en seguida; **to ~ sb through his paces** poner a algn a prueba.
d (*express*) expresar; **let me ~ it this way** para decirlo de alguna manera; **as the Portuguese ~ it** como dicen los portugueses; **to ~ it bluntly** hablar sin rodeos; **to ~ it simply** para decirlo sencillamente; **~ it to him gently** díselo suavemente; **to ~ sth into ~ French** traducir algo al francés; **to ~ the words to music** poner música a la letra.
e (*expound: case*) presentar; (: *proposal, question*) plantear; **to ~ a question to sb** hacer una pregunta a algn; **I ~ it to you that ...** le sugiero que ....
f (*rate*) valorar, calcular; **what would you ~ it at?** ¿en cuánto lo estimas?; **I would ~ him at 40** diría que tiene unos 40 años.
2 VI: **to ~ to sea/into port** (*Naut*) hacerse a la mar/ entrar a puerto.

◆**put about 1** VT + ADV (*circulate*) hacer correr; **she's ~ting it about a bit** (*fam*) se está ofreciendo a todo quisque (*fam*).
2 VI + ADV (*Naut*) cambiar de rumbo.

◆**put across** VT + ADV **a** (*communicate*) comunicar.
b (*fam: play trick*) **to ~ it** *or* **one across on sb** engañar a algn.

◆**put aside** VT + ADV **a** (*lay down*) dejar a un lado.
b (*save*) ahorrar; (*in shop*) guardar; **to have money ~ aside** tener ahorros. **c** (*fig: forget, abandon*) dejar de lado.

◆**put away** VT + ADV **a** (*store*) poner en su sitio; (*keep*) guardar. **b** = **put aside (b)**. **c** (*fam: consume*) zamparse, tragar (*LAm*); **he can certainly ~ it away** ése sí sabe comer. **d** (*fam: lock up: in prison*) meter en la cárcel; (: *in asylum*) encerrar en un manicomio. **e** = **put down 1(e)**.

◆**put back 1** VT + ADV **a** (*replace*) volver a poner, devolver.
b (*postpone, set back*) retrasar; **to be ~ back a class** (*Scol*) no pasar de año; **to ~ a clock back one hour** retrasar un reloj una hora.
2 VI + ADV (*Naut*) cambiar de rumbo.

◆**put by** VT + ADV = **put aside (a), (b)**.

◆**put down 1** VT + ADV **a** (*set down*) dejar; (*let go*) soltar; (*passenger*) dejar (bajar); **I couldn't ~ that book down** no podía dejar de leer el libro.
b (*lower*) bajar.
c (*crush*) reprimir, sofocar; (*humiliate*) humillar.
d (*pay*) **to ~ down a deposit** pagar un adelanto.
e (*destroy*) sacrificar, matar.
f (*write down*) escribir, apuntar; **to ~ sth down in writing** poner algo por escrito; **~ it down on my account** (*Comm*) póngalo en mi cuenta; **~ me down for £15** apúntame por 15 libras; **he's ~ his son down for Harrow** ha inscrito a su hijo en Harrow.
g (*classify*) clasificar; **I ~ him down as a troublemaker** le tengo por revoltoso.
h (*attribute*) **to ~ sth down to sth** atribuir algo a algo.
2 VI + ADV (*Aer*) aterrizar.

◆**put forward** VT + ADV **a** (*idea, theory*) exponer; (*proposal*) hacer; **to ~ o.s. forward for a job** presentarse como candidato para un puesto. **b** (*meeting, starting time*) adelantar; **to ~ a clock forward one hour** adelantar un reloj una hora.

◆**put in 1** VT + ADV **a** (*place in*) meter.
b (*insert: in book, speech etc*) incluir.
c (*interpose*) introducir, meter.
d (*enter*) presentar; **to ~ in a plea of not guilty** (*Jur*) declararse inocente; **to ~ one's name in for sth** inscribirse para algo; **to ~ sb in for an award** proponer a algn para un premio.
e (*install*) instalar.
f (*Pol: elect*) elegir.
g (*devote, expend*) dedicar; **I ~ in 2 hours reading** pasé 2 horas leyendo; **you've ~ in a good day's work** has trabajado bien hoy.
2 VI + ADV (*Naut*) hacer escala.

◆**put in for** VI + PREP solicitar.

◆**put off** VT + ADV **a** (*set down*) dejar. **b** (*postpone, delay*) aplazar; **to ~ sb off with an excuse** dar largas a algn con disculpas. **c** (*discourage*) desanimar, quitar las ganas de; **he's not easily ~ off** no es fácil apartarle de su propósito; **it almost ~ me off opera for good** casi mató mi gusto por la ópera para siempre. **d** (*repel*) repugnar, dar asco a. **e** (*switch off*) apagar.

◆**put on** VT + ADV **a** (*clothes*) ponerse.
b (*assume*) afectar, fingir; (*fam: kid, have on: esp US*) engañar; **to ~ on an innocent expression** poner cara de inocente; **he's just ~ting it on** está disimulando, es pura guasa.
c (*add, increase*) añadir; **they ~ £2 on (to) the price** añadieron 2 libras al precio; **to ~ on weight** engordar.
d (*concert*) presentar; (*exhibition etc*) montar; (*extra bus, train etc*) poner.
e (*on telephone*) **~ me on to Mr Smith please** póngame con *or* (*esp LAm*) me comunica con el Sr Smith, por favor.
f (*switch on etc*) encender, prender (*LAm*); **to ~ the brakes on** frenar.
g (*inform, indicate*) **to ~ sb on to sb/sth** informar a algn sobre algn/algo; **who ~ the police on to him?** ¿quién le denunció ante la policía?; **Sue ~ us on to you** Sue nos dio su nombre.

◆**put out 1** VT + ADV **a** (*place outside*) sacar; **to ~ clothes out to dry** poner la ropa a secar; **to be ~ out** (*asked to leave*) ser echado/a.
b (*stretch out, push out: arm*) alargar, extender; (: *hand*) alargar, tender; (: *tongue*) sacar; (: *leaves*) echar; **to ~ one's head out of a window** asomar la cabeza por una ventana.
c (*lay out in order*) disponer.
d (*bring out: publish*) publicar, sacar; (: *circulate*) hacer circular.

boxed[e] (*extinguish*) apagar.
boxed[f] (*discontent, vex*) enfadar, enojar (*LAm*); **to be ~ out by sth/sb** enfadarse por algo/algn.
boxed[g] (*inconvenience*) **to ~ o.s. out (for sb)** molestarse (por algn); **are you sure I'm not ~ting you out?** ¿está seguro de que no le causo ningún inconveniente?; **I don't want to ~ you out** no quiero molestarle; **don't ~ yourself out!** ¡no te molestes!
boxed[h] (*dislocate*) dislocar.
boxed[i] (*subcontract*) ceder.
boxed[2] VI + ADV (*Naut*) **to ~ out to sea/from Plymouth** hacerse a la mar/salir de Plymouth.
◆**put over** VT + ADV boxed[a] = **put across (a)**. boxed[b] (*fam*) **to ~ one over on sb** (*forestall*) ganar por la mano a algn; (*deceive*) engañar a algn.
◆**put through** boxed[1] VT + ADV boxed[a] (*make, complete*) llevar a cabo; (*proposal*) hacer aceptar.
boxed[b] (*Telec: connect*) poner; **~ me through to Miss Blair** póngame *or* (*esp LAm*) me comunica con la Srta Blair.
boxed[2] VT + PREP: **we'll ~ him through the course** le haremos estudiar el curso.
◆**put together** VT + ADV boxed[a] (*lit*) unir, reunir; **she's worth more than all the others ~ together** vale más que todos los demás juntos. boxed[b] (*assemble*) armar, montar.
◆**put up** boxed[1] VT + ADV boxed[a] (*raise, lift up*) levantar, alzar; (*hoist: flag*) izar; **~ 'em up!** (*fam: hands: in surrender*) ¡manos arriba!; (: *fists: to fight*) ¡pelea!
boxed[b] (*hang up*) colgar.
boxed[c] (*erect: building*) construir; (: *tent*) montar.
boxed[d] (*send up*) lanzar al aire.
boxed[e] (*increase*) aumentar, subir.
boxed[f] = **put forward (a)**.
boxed[g] (*offer*) ofrecer; **to ~ sth up for sale** poner algo a la venta; **they ~ up a struggle** no se dejaron vencer fácilmente.
boxed[h] (*give accommodation to*) alojar, hospedar.
boxed[i] (*provide*) proporcionar, suministrar; **to ~ up the money for sth** poner el dinero para algo.
boxed[j] (*incite*) **to ~ sb up to doing sth** instar a algn a hacer algo; **sb must have ~ him up to it** alguien ha debido sugerírselo.
boxed[2] VI + ADV boxed[a] (*stay*) hospedarse, alojarse.
boxed[b] (*offer o.s.*) presentarse.
◆**put upon** VI + PREP: **to be ~ upon** (*imposed on*) ser explotado/a por los demás.
◆ **put up with** VI + PREP aguantar, soportar; **I can't ~ up ▼ with it any longer** no aguanto más.

put-on ['pʊtˌɒn] ADJ (*fam: feigned*) fingido/a.
putrefy ['pju:trɪfaɪ] VI pudrir.
putrid ['pju:trɪd] ADJ podrido/a.
putsch [pʊtʃ] N golpe *m* de estado, cuartelazo *m* (*LAm*).
putt [pʌt] boxed[1] N tiro *m* al hoyo. boxed[2] VT, VI tirar al hoyo.
putter¹ ['pʌtər] N putter *m*.
putter² ['pʌtər] VI (*US*) = **potter²**.
putting ['pʌtɪŋ] boxed[1] N minigolf *m*. boxed[2] CPD: **~ green** N campo *m* de minigolf; (*on golf course*) zona *f* del campo de golf que rodea al hoyo.
putty ['pʌtɪ] N masilla *f*; **to be ~ in sb's hands** (*fig*) ser el muñeco de algn.
put-up ['pʊtʌp] ADJ: **~ job** (*fam*) componenda *f*, chanchullo *m*.
puzzle ['pʌzl] boxed[1] N boxed[a] rompecabezas *m inv*.
boxed[b] (*mystery*) misterio *m*; (*riddle*) acertijo *m*.
boxed[2] VT dejar perplejo/a, desconcertar; **to be ~d about sth** no entender algo; **to ~ sth out** descifrar algo; **we're still trying to ~ out why he did it** seguimos tratando de comprender por qué lo hizo.
boxed[3] VI: **to ~ about** *or* **over** darle vueltas (en la cabeza) a.
boxed[4] CPD: **~ book** N libro *m* de puzzles.
puzzled ['pʌzld] ADJ perplejo/a.
puzzlement ['pʌzlmənt] N perplejidad *f*.
puzzling ['pʌzlɪŋ] ADJ incomprensible, desconcertante.
PVC ABBR *of* **polyvinyl chloride** cloruro *m* de polivinilo.
PVS N ABBR boxed[a] *of* **postviral syndrome**. boxed[b] *of* **persistent vegetative state**.
Pvt. ABBR (*US Mil*) *of* **Private**.
PW N ABBR (*US: Mil*) *of* **prisoner of war**.
pw ABBR *of* **per week**.
PWR N ABBR *of* **pressurized water reactor**.
PX N ABBR (*US Mil*) *of* **Post Exchange** economato militar.
pygmy ['pɪgmɪ] N pigmeo/a *m/f*; (*fig*) enano/a *m/f*.
pyjamas [pɪ'dʒɑːməz] NPL pijama *msg*, piyama *msg* (*LAm*).
pylon ['paɪlən] N (*Elec*) torre *f* de conducción eléctrica.
pyramid ['pɪrəmɪd] boxed[1] N pirámide *f*. boxed[2] CPD: **~ selling** N venta *f* piramidal.
pyre ['paɪər] N pira *f*.
Pyrenean [ˌpɪrə'niːən] ADJ pirenaico/a, pirineo/a.
Pyrenees [ˌpɪrə'niːz] NPL Pirineo *m*, Pirineos *mpl*.
Pyrex ® ['paɪreks] N pirex ® *m*.
pyro... ['paɪrəʊ] PREF piro....
pyromaniac ['paɪrəʊ'meɪnɪæk] N pirómano/a *m/f*.
pyrotechnics [ˌpaɪrəʊ'teknɪks] NSG pirotecnia *f*.
python ['paɪθən] N pitón *m*.
pzazz [pə'zæz] N (*fam*) = **piz(z)azz**.

➤ SENTENCE BUILDER: **put up with** → 6

Q, q [kju:] N (*letter*) Q, q *f*.

Q. ABBR [a] *of* **Queen.** [b] *of* **question** P.

Qatar [kæ'tɑːʳ] N Katar *m*, Qatar *m*.

QC N ABBR (*Brit*) *of* **Queen's Counsel** *título concedido a determinados abogados*.

QED ABBR (*Math etc*) *of* **quod erat demonstrandum** QED.

QM ABBR *of* **Quartermaster.**

qr ABBR *of* **quarter(s).**

q.t. [kju:ti:] N ABBR (*fam*) *of* **quiet; on the ~** a hurtadillas.

qty ABBR *of* **quantity** ctdad.

Qu. ABBR *of* **Queen.**

quack¹ [kwæk] [1] N (*of duck*) graznido *m*. [2] VI (*duck*) graznar.

quack² [kwæk] N (*fam: doctor*) curandero/a *m/f*; (*pej*) matasanos *m inv*.

quad [kwɒd] N ABBR [a] *of* **quadrangle.** [b] *of* **quadruplet.**

quadrangle ['kwɒdræŋgl] N [a] (*Geom: with 4 angles*) cuadrángulo *m*. [b] (*courtyard*) patio *m*.

quadrant ['kwɒdrənt] N cuadrante *m*.

quadraphonic [,kwɒdrə'fɒnɪk] ADJ cuatrifónico/a.

quadratic [kwɒ'drætɪk] ADJ (*equation*) cuadrático/a.

quadrilateral [,kwɒdrɪ'lætərəl] ADJ cuadrilátero/a.

quadrophonic [,kwɒdrə'fɒnɪk] ADJ = **quadraphonic.**

quadruped ['kwɒdruped] N cuadrúpedo *m*.

quadruple ['kwɒdrʊpl] [1] ADJ cuádruple. [2] ['kwɒ'dru:pl] VT cuadruplicar. [3] ['kwɒ'dru:pl] VI cuadruplicarse.

quadruplet [kwɒ'dru:plɪt] N cuadrillizo/a *m/f*.

quaff [kwɒf] VT (*old or hum*) beber(se).

quagmire ['kwægmaɪəʳ] N cenegal *m*, lodazal *m*.

quail¹ [kweɪl] N (*bird*) codorniz *f*.

quail² [kweɪl] VI (*flinch*) acobardarse *or* amedrentarse (*at* ante).

quaint [kweɪnt] ADJ (*comp ~er; superl ~est*) (*odd*) extraño/a, curioso/a; (*picturesque*) típico/a, pintoresco/a.

quaintly ['kweɪntlɪ] ADV (*see adj*) en forma extraña, curiosamente; típicamente.

quake [kweɪk] [1] VI (*person: shake*) temblar; (: *inwardly*) estremecerse; **to ~ at the sight** estremecerse viendo tal cosa. [2] N (*earth~*) terremoto *m*, temblor *m* (*LAm*).

Quaker ['kweɪkəʳ] N cuáquero/a *m/f*.

qualification [,kwɒlɪfɪ'keɪʃən] N [a] (*diploma etc*) título *m*; (*attribute*) cualidad *f*; **~s** (*requirements*) requisitos *mpl*; (*paper ~s*) títulos *mpl*; **what are his ~s?** ¿qué títulos tiene?; **teaching ~s** título de profesor; **the ~s for the post are ...** los requisitos del puesto son .... [b] (*reservation*) reserva *f*; **without ~** sin reserva.

qualified ['kwɒlɪfaɪd] ADJ [a] (*professionally trained*) titulado/a; (*fit, suitable*) **~ for/to do sth** capacitado para/para hacer algo. [b] (*limited*) limitado/a; **it was a ~ success** fue un éxito relativo.

qualify ['kwɒlɪfaɪ] [1] VT [a] (*make suitable*) capacitar. [b] (*modify*) modificar, matizar. [c] (*Ling*) calificar a. [2] VI (*fulfil the requirements*) reunir los requisitos; (*graduate*) obtener el título, graduarse, recibirse; (*Sport*) clasificarse; **to ~ as an engineer** sacar el título de *or* (*LAm*) recibirse de ingeniero/a; **to ~ for a job** reunir los requisitos para un puesto; **we shall marry when he qualifies** nos casaremos en cuanto termine la carrera.

qualifying ['kwɒlɪfaɪɪŋ] ADJ (*Ling*) calificativo/a; (*exam, round*) eliminatorio/a.

qualitative ['kwɒlɪtətɪv] ADJ cualitativo/a.

quality ['kwɒlɪtɪ] [1] N [a] (*nature, kind*) calidad *f*; **of good ~; of high ~** de buena *or* alta calidad. [b] (*characteristic*) cualidad *f*; (*gift*) don *m*. [2] CPD (*carpet, product etc*) de calidad; **~ control** N control *m* de (la) calidad; **~ time** N tiempo *m* dedicado a la vida privada.

qualm [kwɑːm] N (*often pl: scruple*) escrúpulo *m*; (: *remorse*) remordimiento *m*; **to have ~s about doing sth** sentir escrúpulos en hacer algo; **to have no ~s about doing sth** no dudar en hacer algo.

quandary ['kwɒndərɪ] N (*dilemma*) dilema *m*; (*difficult situation*) apuro *m*; **to be in a ~ about sth** estar en la duda *or* vacilar sobre algo.

quango ['kwæŋgəʊ] N ABBR (*Brit*) *of* **quasi-autonomous non-governmental organization**.

quantifiable ['kwɒntɪfaɪəbl] ADJ cuantificable.

quantify ['kwɒntɪfaɪ] VT cuantificar.

quantitative ['kwɒntɪtətɪv] ADJ cuantitativo/a.

quantity ['kwɒntɪtɪ] [1] N cantidad *f*; **in ~** en grandes cantidades; **unknown ~** incógnita *f*. [2] CPD: **~ surveyor** N aparejador(a) *m/f*.

quantum ['kwɒntəm] [1] N quantum *m*. [2] CPD: **~ leap** N salto *m* espectacular; **~ physics** NSG física *f* cuántica; **~ theory** N teoría *f* cuántica.

quarantine ['kwɒrəntiːn] N cuarentena *f*; **to be in ~** estar en cuarentena.

quarrel ['kwɒrəl] [1] N (*argument*) riña *f*, pelea *f*; **to have a ~ with sb** reñir *or* (*LAm*) pelearse con algn; **I have no ~ with you** no tengo nada en contra de Vd; **to pick a ~ (with sb)** armar pleito *or* (*esp LAm*) bronca (con algn). [2] VI reñir, pelearse (*LAm*); **they ~led** *or* **over money** riñeron por dinero; **to ~ with sb** reñir con algn; **I can't ~ with that** estoy de acuerdo con eso, no le veo inconveniente.

quarrelling, (*US*) **quarreling** ['kwɒrəlɪŋ] N disputas *fpl*, pelear *m*.

quarrelsome ['kwɒrəlsəm] ADJ pendenciero/a, peleón/ona.

quarry¹ ['kwɒrɪ] N (*Hunting*) presa *f*; (*fig*) presa, víctima *f*.

quarry² ['kwɒrɪ] [1] N (*mine*) cantera *f*. [2] VT sacar, extraer.

quart [kwɔːt] N (*gen*) cuarto *m* de galón (*Brit = 1,136 litros; US = 0,946 litros*).

quarter ['kwɔːtəʳ] [1] N [a] (*fourth part*) cuarto *m*, cuarta parte *f*; **a ~ of a mile** un cuarto de milla; **a mile and a ~** una milla y cuarto; **a ~ of a century** un cuarto de siglo; **for a ~ of the price** por la cuarta parte del precio; **to divide sth into ~s** dividir algo en cuartos *or* en cuatro. [b] (*US: 25 cents*) cuarto *m* de dólar. [c] (*of year*) trimestre *m*; **to pay by the ~** pagar cada tres meses *or* trimestralmente. [d] (*time*) **a ~ of an hour** un cuarto de hora; **an hour and a ~** una hora y cuarto; **it's a ~ to 3**, (*US*) **it's a ~ of 3** son las tres menos cuarto *or* un cuarto para las tres; **it's a ~ past 3**, (*US*) **it's a ~ after 3** son las tres y cuarto. [e] (*district*) barrio *m*; **the business ~** el barrio comercial; **from all ~s** de todas partes; **at close ~s** (de) cerca; **you won't get any help from that ~** por ese lado no nos llega ninguna ayuda. [f] **~s** (*accommodation*) alojamiento *msg*; (*Mil*) cuartel *msg;* **to live in cramped ~s** tener una vivienda muy pequeña.

g **to give sb no ~** no dar cuartel a algn.

2 ADJ: **for a ~ century** durante un cuarto de siglo; **he has a ~ share** tiene una cuarta parte.

3 VT *(divide into 4)* dividir en cuatro.

quarterdeck ['kwɔːtədek] N alcázar *m*.

quarterfinal ['kwɔːtə,faɪnl] N cuarto *m* de final.

quarter-hourly ['kwɔːtə'auəlɪ] **1** ADV cada cuarto de hora. **2** ADJ: **at ~ intervals** cada cuarto de hora.

quarterly ['kwɔːtəlɪ] **1** ADV cada tres meses, trimestralmente. **2** ADJ trimestral; **~ statement** relato *m* trimestral.

quartermaster ['kwɔːtə,mɑːstə'] N ≈ furriel *m*.

quartet [kwɔː'tet] N cuarteto *m*.

quarto ['kwɔːtəʊ] N *(paper)* tamaño *m* holandés.

quartz ['kwɔːts] **1** N cuarzo *m*. **2** CPD de cuarzo.

quash ['kwɒʃ] VT **a** *(rebellion)* sofocar. **b** *(suggestion)* rechazar; *(verdict)* anular, invalidar.

quasi- ['kweɪzaɪ, 'kwɑːzɪ] PREF cuasi-; **~religious** cuasi-religioso/a; **~revolutionary** cuasi-revolucionario/a.

quaver ['kweɪvə'] **1** N *(when speaking)* temblor *m*; *(Mus)* trémolo *m*; *(note)* corchea *f*; **to speak with a ~** hablar con voz trémula. **2** VI *(voice)* temblar.

quavering ['kweɪvərɪŋ] ADJ tembloroso/a.

quay [kiː] N muelle *m*, embarcadero *m*.

quayside ['kiːsaɪd] N muelle *m*.

Que. ABBR *(Canada) of* **Quebec**.

queasy ['kwiːzɪ] ADJ *(comp* **-ier**; *superl* **-iest***) (stomach)* delicado/a; **to feel ~** tener náuseas.

Quebec [kwɪ'bek] N Quebec *m*.

queen [kwiːn] **1** N *(monarch, Chess)* reina *f*; *(Cards)* dama *f*; *(Spanish Cards)* caballo *m*.

2 CPD: **~ ant** N hormiga *f* reina; **~ bee** N abeja *f* reina; **~ mother** N reina *f* madre; **the Q~'s speech** N *(Brit)* el discurso de la reina durante la apertura del parlamento.

queer [kwɪə'] **1** ADJ *(comp* **~er**; *superl* **~est***)* **a** *(odd: person, thing)* raro/a, extraño/a; **there's something ~ going on** pasa algo raro; **what's ~ about it?** ¿qué tiene esto de raro?; **to be in Q~ Street** *(Brit)* estar en la miseria. **b** *(ill)* indispuesto/a; **to feel ~** no sentirse bien. **c** *(fam: homosexual)* maricón, marica. **2** N *(fam: homosexual)* maricón *m*, marica *m*. **3** VT: **to ~ sb's pitch** fastidiar algo a algn.

queerly ['kwɪəlɪ] ADV de modo raro.

quell [kwel] VT *(passion, pain etc)* calmar; *(rebellion etc)* sofocar, reprimir.

quench [kwentʃ] VT *(thirst)* apagar.

querulous ['kwerʊləs] ADJ quejumbroso/a.

query ['kwɪərɪ] **1** N *(question)* pregunta *f*; *(question mark)* punto *m* de interrogación; *(fig: doubt)* duda *f*; **did you have a ~?** ¿querías preguntar algo?

2 VT *(doubt)* dudar de, expresar dudas acerca de; *(disagree with, dispute)* no estar conforme con; *(ask)* **to ~ sb about sth** preguntar a algn sobre algo; **to ~ whether ...** dudar si ...; **do you ~ the evidence?** ¿tienes dudas acerca del testimonio?

quest [kwest] N *(lit, fig)* busca *f*, búsqueda *f*.

▼**question** ['kwestʃən] **1** N **a** *(interrogative)* pregunta *f*; **are there any ~s?** ¿hay alguna pregunta?; **to ask sb a ~, to put a ~ to sb** hacer una pregunta a algn.

b *(matter, issue)* asunto *m*, cuestión *f*; **burning ~** asunto candente; **it is an open ~ whether ...** es discutible si ...; **the ~ is ...** el asunto es ...; **it is a ~ of whether ...** se trata de si ...; **that is not the ~** no se trata *or* no es cuestión de eso; **it is not simply a ~ of money** no se trata simplemente de dinero.

c *(possibility)* **there is no ~ of outside help** no hay posibilidad de ayuda externa; **there can be no ~ of your resigning** su dimisión no se puede admitir; **there was some ~ of John coming** se hablaba de que pudiera venir Juan; **it's out of the ~!** ¡ni hablar!, ¡ni pensarlo!, ¡eso faltaba!; *see* **beg**.

d *(doubt etc)* **beyond ~, past ~** fuera de toda duda; **in ~** en cuestión; **at the time in ~** a la hora que nos *etc* interesa; **the person in ~** la persona de quien hablamos

etc; **there is no ~ about it** no cabe duda sobre ello; **it is open to ~ whether ...** es discutible si ...; **to bring** *or* **call sth/sb into ~** poner algo/a algn en duda.

e *(at meeting)* asunto *m*; **to put the ~** someter la moción a votación.

2 VT **a** *(interrogate: person)* hacer preguntas a, interrogar.

b *(doubt)* poner en duda, dudar de; *(distrust)* desconfiar(se) de; **I ~ whether it is worthwhile** dudo que valga la pena.

3 CPD: **~ mark** N punto *m* de interrogación; **~ time** N *(Brit Parl)* sesión *f* de interpelaciones.

questionable ['kwestʃənəbl] ADJ **a** *(uncertain, dubious: fact, decision)* discutible, cuestionable; **it is ~ whether ...** es discutible si .... **b** *(pej: person, behaviour)* dudoso/a.

questioner ['kwestʃənə'] N interrogador(a) *m/f*.

questioning ['kwestʃənɪŋ] **1** ADJ *(mind)* interrogativo/a. **2** N preguntas *fpl*, interrogatorio *m*.

questionnaire [,kwestʃə'neə'] N cuestionario *m*.

queue [kjuː] *(esp Brit)* **1** N cola *f*; **to form a ~, to stand in a ~** hacer cola; **to jump the ~** colarse, saltarse la cola. **2** VI *(also ~ up)* hacer cola; **to ~ for 3 hours** pasar 3 horas haciendo cola.

queue-jump ['kjuː,dʒʌmp] VI colarse.

queue-jumper ['kjuː,dʒʌmpə'] N colón/ona *m/f*.

quibble ['kwɪbl] **1** N *(trivial objection)* pequeña pega *f*. **2** VI hacer objeciones de poca monta; **he always ~s** es un quisquilloso.

quick [kwɪk] **1** ADJ *(comp* **~er**; *superl* **~est***) (gen)* rápido/a, veloz; *(soon)* pronto/a; *(agile: reflexes)* ágil; *(: in mind)* listo/a; *(: sharp, witty etc)* agudo/a; **a ~ temper** un genio vivo; **the ~est method** el método más rápido; **a ~ reply** una respuesta rápida; **be ~ about it!** ¡date prisa!, ¡apúrate! *(LAm)*; **to be ~ to act** obrar con prontitud; **to be ~ to take offence** ofenderse por nada; **to have a ~ one** *(fam)* tomarse un trago.

2 N: **to cut sb to the ~** herir a algn en lo vivo.

3 ADV rápido, de prisa; **as ~ as a flash** *or* **as lightning** como un rayo.

quick-acting ['kwɪk'æktɪŋ] ADJ de acción rápida.

quicken ['kwɪkən] **1** VT *(speed up)* acelerar, apresurar; *(excite)* avivar; **to ~ one's pace** acelerar el paso. **2** VI: **the pace ~ed** se aceleró el paso.

quick-fire ['kwɪkfaɪə'] ADJ *(Mil)* de tiro rápido.

quickie ['kwɪkɪ] N *(fam)* **a ~** un(a) ... relámpago *or* rápido/a.

quicklime ['kwɪklaɪm] N cal *f* viva.

quickly ['kwɪklɪ] ADV de prisa, rápido, rápidamente, aprisa *(esp LAm)*; **they answered ~** contestaron pronto; **he talks too ~ for me to understand** habla demasiado rápido para que yo le entienda; **come as ~ as you can** ven cuanto antes.

quickness ['kwɪknɪs] N *(see adj)* rapidez *f*, velocidad *f*; prontitud *f*; agilidad *f*; agudeza *f*.

quicksand ['kwɪksænd] N arenas *fpl* movedizas.

quicksilver ['kwɪk,sɪlvə'] N azogue *m*, mercurio *m*.

quickstep ['kwɪkstep] N *(dance)* danza *f* a paso ligero.

quick-tempered ['kwɪk'tempəd] ADJ de genio vivo, irascible.

quick-witted ['kwɪk'wɪtɪd] ADJ agudo/a, perspicaz.

quid [kwɪd] N *(pl* **~***) (Brit fam)* libra *f* (esterlina); **to be ~s in** haber ganado bastante.

quid pro quo ['kwɪdprəʊ'kwəʊ] N quid pro quo *m*.

quiet ['kwaɪət] **1** ADJ *(comp* **~er**; *superl* **~est***)* **a** *(not noisy: music, engine, sound)* silencioso/a; *(calm)* tranquilo/a, quieto/a; *(person: silent)* callado/a, reservado/a; *(restful)* reposado/a; **to be/keep ~** callarse/quedarse callado; **be ~!** ¡cállate!, ¡silencio!; **to keep sb ~** tener a algn callado; **they paid him £100 to keep him ~** le pagaron 100 libras para que se callara; **business is ~ at this time of year** hay poco movimiento en esta época.

b *(discreet: manner, clothes, humour)* discreto/a; *(private, intimate)* íntimo/a; **I'll have a ~ word with him** hablaré discretamente con él; **to lead a ~ life** llevar una vida tranquila; **he managed to keep the whole thing ~** consiguió que nadie se enterara del asunto; **we had a ~**

➤ SENTENCE BUILDER: **question → 4.3**

wedding nos casamos con poca ceremonia.
[2] N tranquilidad *f*; **on the ~** a hurtadillas *or* escondidas, a la sordina.
[3] VT = **quieten 1**.

quieten ['kwaɪətn] [1] VT (*also* **~ down**: *calm down*) calmar, tranquilizar; (: *silence*) callar.
[2] VI (*also* **~ down**: *calm*) calmarse, tranquilizarse; (: *fall silent*) callarse; (*fig*: *after unruly youth etc*) calmarse, apaciguarse; (: *after rage*) tranquilizarse.

quietly ['kwaɪətlɪ] ADV (*silently*) silenciosamente; (*calmly*) tranquilamente, sosegadamente; (*discreetly*) reservadamente; (*iro*: *nonchalantly*) despreocupadamente; **he said ~** dijo dulcemente; **to be ~ dressed** vestirse con discreción *or* en forma discreta; **our house is ~ situated in the hills** nuestra casa se encuentra en una parte tranquila de la montaña; **let's get married ~** casémonos sin ceremonias; **he slipped off ~** se marchó sin que nadie lo notara.

quietness ['kwaɪətnɪs] N [a] (*silence*) silencio *m*.
[b] (*softness*: *of voice*) dulzura *f*; (: *calm*) tranquilidad *f*.

quill [kwɪl] N (*feather*) pluma *f* de ave; (*of porcupine*) púa *f*; (*pen*) pluma.

quilt [kwɪlt] [1] N (*also* **continental ~**) edredón *m*. [2] VT acolchar.

quilted ['kwɪltɪd] ADJ acolchado/a.

quin [kwɪn] N ABBR *of* **quintuplet**.

quince [kwɪns] [1] N membrillo *m*. [2] CPD: **~ jelly** N (carne *f* de) membrillo *m*.

quinine [kwɪ'niːn] N quinina *f*.

quintessence [kwɪn'tesns] N quintaesencia *f*.

quintet [kwɪn'tet] N (*gen*) quinteto *m*.

quintuplet [kwɪn'tjuːplɪt] N quintillizo/a *m/f*.

quip [kwɪp] N ocurrencia *f*, salida *f*.

quire ['kwaɪə^r] N mano *f* de papel.

quirk [kwɜːk] N (*oddity*) rareza *f*, manía *f*; **by some ~ of fate** por algún capricho del destino.

quirky ['kwɜːkɪ] ADJ (*comp* **-ier**; *superl* **-iest**) (*see n*) raro/a; estrafalario/a.

quit [kwɪt] (*pt, pp* **~** *or* **~ted**) [1] VT [a] (*cease*: *work, job*) dejar, abandonar; **to ~ doing sth** (*esp US*) dejar de hacer algo; **~ stalling!** (*US fam*) ¡déjate de evasivas!
[b] (*leave*: *place*) abandonar, salir de.
[2] VI (*resign*) dimitir; (*give up*: *in game etc*) renunciar.
[3] ADJ: **to be ~ of sth/sb** haberse deshecho de algo/algn.

quite [kwaɪt] ADV [a] (*completely*) totalmente, completamente, bastante (*LAm*); **~ new** completamente nuevo; **~ (so)!** ¡así es!, ¡exacto!; **that's ~ enough** eso

basta y sobra, ya está bien; **I can ~ believe that** ... no me cuesta creer que ...; **not ~ as many as last time** no tantos como la última vez; **I ~ understand** comprendo perfectamente; **that's not ~ right** eso no está del todo bien; **it's not ~ what we wanted** no es exactamente lo que buscábamos; **we don't ~ know** no sabemos exactamente. [b] (*rather*) bastante; **it's ~ good/important** es bastante bueno/importante; **that's ~ a car!** ¡vaya coche!

Quito ['kiːtəʊ] N Quito *m*.

quits [kwɪts] ADV: **to be ~ with sb** estar en paz con algn; **now we're ~!** ¡ahora no nos debemos nada *or* estamos en paz!; **let's call it ~** hagamos las paces.

quitter ['kwɪtə^r] N remolón/ona *m/f*.

quiver[1] ['kwɪvə^r] N (*of arrows*) carcaj *m*, aljaba *f*.

quiver[2] ['kwɪvə^r] [1] N (*trembling*) estremecimiento *m*.
[2] VI (*person, voice, eyelids*) estremecerse.

quixotic [kwɪk'sɒtɪk] ADJ quijotesco/a.

quiz [kwɪz] [1] N (*test of knowledge*) concurso *m*; (*in magazine etc*) encuesta *f*. [2] VT (*interrogate*) interrogar. [3] CPD: **~ programme**, **~ show** N concurso *m* de preguntas y respuestas.

quizzical ['kwɪzɪkəl] ADJ (*glance*) burlón/ona.

quizzically ['kwɪzɪkəlɪ] ADV: **he looked at me ~** me miró burlón.

quoit [kwɔɪt] N aro *m*, tejo *m*; **~s** juego *msg* de aros.

quorum ['kwɔːrəm] N quórum *m*.

quota ['kwəʊtə] N (*gen*) cuota *f*; (*Comm etc*) cupo *m*, contingente *m*; **a fixed ~** un cupo fijo.

quotation [kwəʊ'teɪʃən] [1] N [a] (*words*) cita *f*; **dictionary of ~s** diccionario de frases. [b] (*Comm*: *estimate*) cotización *f*. [2] CPD: **~ marks** NPL comillas *fpl*.

quote [kwəʊt] [1] VT [a] (*words, author etc*) citar; (*example*) dar, aducir; **to ~ sth/sb by heart** citar algo/a algn de memoria; **he can ~ Góngora all day long** es capaz de seguir recitando versos de Góngora hasta cuando sea; **but don't ~ me** pero no me menciones; **can you ~ me an example?** ¿puede citarme un ejemplo?
[b] (*Comm*: *sum, figure*) cotizar; **~d company** empresa *f* cotizada en la Bolsa.
[2] VI citar; **and I ~** y aquí cito sus propias palabras.
[3] N (*words*) cita *f*; **'~'** 'comienza la cita'; **'close ~'**, **'end of ~'** 'fin de la cita'.
[b] **~s** (*inverted commas*) comillas *fpl*; **in ~s** entre comillas.

quotient ['kwəʊʃənt] N cociente *m*.

q.v. ABBR *of* **quod vide**, **'which see'** V.

qwerty ['kwɜːtɪ] CPD: **~ keyboard** N teclado *m* QWERTY.

R¹, r¹ [ɑːʳ] N (*letter*) R, r *f*; **the three R's** lectura *f*, escritura *f*, aritmética *f*.

R² [1] ABBR [a] (*Brit*) of **Rex, Regina** R. [b] of **river** R. [c] of **right** dcha. [d] (*US Pol*) of **Republican**. [2] ADJ ABBR (*US Cine*) of **restricted** sólo mayores.

r² ABBR of **right** der, derᵒ.

RA N ABBR [a] (*Brit Art*) of **Royal Academy** ≈ Real Academia *f* de Bellas Artes. [b] (*Mil*) of **Royal Artillery**. [c] of **Rear Admiral**.

RAAF N ABBR of **Royal Australian Air Force**.

Rabat [rəˈbɑːt] N Rabat *m*.

rabbi [ˈræbaɪ] N rabino *m*.

rabbit [ˈræbɪt] [1] N conejo *m*. [2] CPD: **~ hole** N madriguera *f*; **~ hutch** N conejera *f*.

◆**rabbit on** VI + ADV (*fam*) enrollarse (*fam*).

rabble [ˈræbl] N (*disorderly crowd*) gentío *m*, muchedumbre *f*; **the ~** (*uncultured people*) la chusma.

rabble-rouser [ˈræbl,rauzəʳ] N demagogo/a *m/f*, agitador(a) *m/f*.

rabble-rousing [ˈræbl'rauzɪŋ] N demagogia *f*, agitación *f*.

rabid [ˈræbɪd] ADJ (*dog*) rabioso/a; (*fig: person*) fanático/a.

rabies [ˈreɪbiːz] NSG rabia *f*.

RAC N ABBR of **Royal Automobile Club** ≈ RACE *m* (*Sp*).

raccoon [rəˈkuːn] N mapache *m*.

race¹ [reɪs] [1] N [a] (*contest*) carrera *f*; **the ~s** (*horse ~s*) las carreras; **a ~ against time** una carrera contra reloj; **the arms ~** la carrera armamentista; **the ~ for power** la carrera hacia poder; **to go to the ~s** ir a las carreras; **to run a ~** tomar parte en una carrera. [b] (*rush*) carrera *f*; **it was a ~ to finish it in time** nos dimos una carrera para terminarlo a tiempo. [2] VT [a] (*horse etc*) hacer correr. [b] **to ~ sb** competir con(tra) algn en una carrera; **I'll ~ you!** ¡te echo una carrera! [c] (*hurry: thing*) apresurar, apurar (*LAm*). [3] VI [a] (*go fast, run*) correr, ir a la carrera; **to ~ along/ in/across** pasar/entrar/cruzar corriendo. [b] (*pulse, heart*) acelerarse; (*engine*) embalarse. [c] (*in contest: person, horse, car*) competir, presentarse; **when did you last ~?** ¿cuándo corriste *etc* la última vez? [4] CPD: **~ car** N (*US*) coche *m* de carreras; **~ (car) driver** N (*US*) corredor(a) *m/f* de coches; **~ meeting** N carreras *fpl* (de caballos).

race² [reɪs] [1] N (*people*) raza *f*; **the human ~** el género humano. [2] CPD: **~ relations** NPL relaciones *fpl* raciales.

racecard [ˈreɪskɑːd] N programa *m* de carreras.

racecourse [ˈreɪskɔːs] N hipódromo *m*.

racegoer [ˈreɪsgəʊəʳ] N aficionado/a *m/f* a las carreras.

racehorse [ˈreɪshɔːs] N caballo *m* de carreras.

racer [ˈreɪsəʳ] N (*runner*) corredor(a) *m/f*; (*horse*) caballo *m* de carreras; (*Aut*) coche *m* de carreras.

racetrack [ˈreɪstræk] N (*gen*) pista *f*; (*for horses*) hipódromo *m*; (*Aut etc*) autódromo *m*; (*for cycles*) velódromo *m*.

racial [ˈreɪʃəl] ADJ racial; **~ discrimination** discriminación *f* racial.

racialism [ˈreɪʃəlɪzəm] N racismo *m*.

racialist [ˈreɪʃəlɪst] ADJ, N racista *mf*.

racially [ˈreɪʃəlɪ] ADV racialmente.

racing [ˈreɪsɪŋ] [1] N carreras *fpl*. [2] CPD (*cycle, stables, yacht etc*) de carreras; **~ car** N coche *m* de carreras; **~ driver** N piloto *m* de carreras; **~ pigeon** N paloma *f* de carreras.

racism [ˈreɪsɪzəm] N racismo *m*.

racist [ˈreɪsɪst] ADJ, N racista *mf*.

rack¹ [ræk] [1] N (*dish ~*) escurreplatos *m inv*; (*clothes ~*) perchero *m*, percha *f*, colgadero *m*; (*rail*) rejilla *f*, portaequipajes *m inv*; (*mechanical ~*) cremallera *f*; (*for torture*) potro *m*; **to buy clothes off the ~** (*US*) comprar ropa de percha. [2] VT (*subj: pain*) atormentar; (*cough*) sacudir; **to be ~ed by remorse** estar atormentado por el remordimiento; **to ~ one's brains** devanarse los sesos.

◆**rack up** VT + ADV (*accumulate*) conseguir.

rack² [ræk] N: **to go to ~ and ruin** (*building*) echarse a perder, venirse abajo; (*business*) arruinarse, tronar (*LAm*); (*country*) arruinarse; (*person*) dejarse ir.

rack-and-pinion [,rækənd'pɪnjən] [1] N (*Tech*) cremallera *f* y piñón. [2] CPD: **~ steering** N cremallera *f*, piñón *m*.

racket¹ [ˈrækɪt] N (*Sport*) raqueta *f*.

racket² [ˈrækɪt] N [a] (*din*) estruendo *m*, jaleo *m*; **to kick up** or **make a ~** armar un jaleo. [b] (*organized fraud*) estafa *f*; **the drug ~** el tráfico de drogas.

racketeer [,rækɪˈtɪəʳ] N (*esp US*) estafador(a) *m/f*, tramposo/a *m/f*.

raconteur [,rækɒnˈtɜːʳ] N anecdotista *m/f*.

racoon [rəˈkuːn] N = **raccoon**.

racquet [ˈrækɪt] N = **racket¹**.

racy [ˈreɪsɪ] ADJ (*comp* **-ier**; *superl* **-iest**) (*style, speech, humour*) picante, sabroso/a.

RADA [ˈrɑːdə] N ABBR (*Brit*) of **Royal Academy of Dramatic Art** ≈ C.D.N. *m*.

radar [ˈreɪdɑːʳ] [1] N radar *m*. [2] CPD: **~ screen** N pantalla *f* de radar; **~ station** N estación *f* de radar.

radial [ˈreɪdɪəl] ADJ (*engine, tyre*) radial.

radiance [ˈreɪdɪəns] N resplandor *m*.

radiant [ˈreɪdɪənt] ADJ (*heat, light*) radiante, resplandeciente; (*fig: smile*) radiante.

radiate [ˈreɪdɪeɪt] [1] VT (*lit, fig*) radiar, irradiar. [2] VI: **to ~ from** salir de.

radiation [,reɪdɪˈeɪʃən] [1] N radiación *f*. [2] CPD: **~ sickness** N enfermedad *f* de radiación; **~ treatment** N tratamiento *m* por radiaciones.

radiator [ˈreɪdɪeɪtəʳ] N (*all senses*) radiador *m*.

radical [ˈrædɪkəl] ADJ, N (*Pol*) radical *mf*.

radicalism [ˈrædɪkəlɪzəm] N (*Pol*) radicalismo *m*.

radically [ˈrædɪkəlɪ] ADV (*fundamentally*) radicalmente; **to disagree with sb ~** estar en desacuerdo radical con algn.

radii [ˈreɪdɪaɪ] NPL of **radius**.

radio [ˈreɪdɪəʊ] [1] N (*gen, set*) radio *f*; **by** or **over the ~** por radio; **on the ~** en la radio. [2] VI: **to ~ to sb** enviar un mensaje a algn por radio. [3] VT (*information, news*) radiar, transmitir por radio. [4] CPD (*broadcast, beam, wave*) de radio; **~ announcer** N locutor(a) *m/f* de radio; **~ beacon** N radiofaro *m*; **~ frequency** N frecuencia *f* de radio; **~ network** N cadena *f* or red *f* de emisoras; **~ programme** N, **~ program** (*US*) N programa *m* de radio; **~ station** N emisora *f*; **~ taxi** N radiotaxi *m*.

radio... [ˈreɪdɪəʊ] PREF radio....

radioactive [ˈreɪdɪəʊˈæktɪv] ADJ radi(o)activo/a; **~ waste** residuos *mpl* radiactivos.

radioactivity [ˈreɪdɪəʊækˈtɪvɪtɪ] N radi(o)actividad *f*.

radiocassette [,reɪdɪəʊkəˈset] N (*also* **~ recorder**) radiocaset(t)e *m*.

radio-controlled [ˈreɪdɪəʊkənˈtrəʊld] ADJ (*car*) teledirigido/a.

radiogram [ˈreɪdɪəʊgræm] N [a] (*combined radio and gramophone*) radiogramola *f*. [b] (*X-ray picture*) radiografía *f*.

radiographer [,reɪdɪˈɒgrəfəʳ] N radiógrafo/a *m/f*.

radiography [,reɪdɪˈɒgrəfɪ] N radiografía *f*.

radiologist [,reɪdɪˈɒlədʒɪst] N radiólogo/a *m/f*.

radiology [,reɪdɪˈɒlədʒɪ] N radiología *f*.

radiopager [ˈreɪdɪəʊ,peɪdʒəʳ] N localizador *m*.

radiotelephone [ˈreɪdɪəʊˈtelɪfəʊn] N radioteléfono *m*.
radiotherapy [ˈreɪdɪəʊˈθerəpɪ] N radioterapia *f*.
radish [ˈrædɪʃ] N rábano *m*.
radium [ˈreɪdɪəm] N radio *m*.
radius [ˈreɪdɪəs] N (*pl* **radii**) radio *m*; **within a ~ of 50 miles** en un radio de 50 millas.
RAF N ABBR *of* **Royal Air Force**.
raffia [ˈræfɪə] N rafia *f*.
raffle [ˈræfl] 1 N rifa *f*, sorteo *m*. 2 VT (*object*) rifar, sortear; **10 bottles will be ~d for charity** se sortearán 10 botellas con fines benéficos.
raft [rɑːft] N balsa *f*.
rafter [ˈrɑːftəʳ] N viga *f*, cabrio *m*.
rag¹ [ræg] 1 N a (*piece of cloth*) trapo *m*; **~s** (*old clothes*) trapos viejos; **from ~s to riches** de los andrajos a la riqueza; **to be in ~s** andar *or* estar en harapos; **to feel like a wet ~** (*fam*) estar hecho un trapo; **to put on one's glad ~s** endomingarse.
  b (*fam: newspaper*) periodicucho *m*.
  2 CPD: **~ doll** N muñeca *f* de trapo; **the ~ trade** N (*fam*) la industria de la confección.
rag² [ræg] 1 N (*practical joke*) broma *f* pesada; (*Univ: parade*) fiesta *f* benéfica (de estudiantes).
  2 VT (*tease*) tomar el pelo a.
  3 CPD: **~ week** N *semana de funciones benéficas estudiantiles*.

┌─── *RAG WEEK* ───────
│

ⓘ *Los universitarios británicos suelen organizar cada año lo que llaman* **rag week**. *Es costumbre que, durante esa semana, los estudiantes se disfracen y salgan así vestidos a la calle, pidiendo dinero a los transeúntes con el fin de recaudar fondos para fines benéficos.*

ragamuffin [ˈrægəˌmʌfɪn] N granuja *m*.
rag-and-bone-man [ˌrægənˈbəʊnmæn] N (*pl* **-men**) trapero *m*.
ragbag [ˈrægbæg] N (*mixture*) talego *m* de recortes, mezcolanza *f*, cajón *m* de sastre.
rage [reɪdʒ] 1 N a (*anger*) furia *f*, rabia *f*; **to get into a ~ about sth** enfurecerse por algo; **to be in a ~** estar furioso/a.
  b (*fashion, trend*) moda *f*, manía *f*; **it's all the ~** hace furor.
  2 VI a (*be angry*) estar furioso/a, rabiar.
  b (*sea*) enfurecerse; (*fire, plague*) hacer estragos; (*wind*) bramar; **fire ~d in the building for 3 hours** durante 3 horas el fuego hizo estragos en el edificio.
ragged [ˈrægɪd] ADJ a (*dress*) andrajoso/a, roto/a; (*person*) andrajoso/a, harapiento/a; (*edge*) mellado/a. b (*text*) **~ left** margen *m* izquierdo irregular; **~ right** margen derecho irregular.
raging [ˈreɪdʒɪŋ] ADJ a (*temper*) furioso/a, rabioso/a. b (*storm, wind, thunder*) violento/a. c (*illness, headache*) atroz.
ragout [ræˈguː] N guisado *m*.
ragtime [ˈrægtaɪm] N (*Mus*) ragtime *m*.
raid [reɪd] 1 N a (*into territory, across border etc*) incursión *f*, correría *f*; (*Aer*) ataque *m* aéreo, bombardeo *m*; (*sweep by police*) redada *f*; (*by criminals*) asalto *m*; **there was a ~ on the jeweller's last night** anoche fue asaltada la joyería.
  2 VT (*by land*) invadir, hacer una incursión en; (*Aer*) atacar, bombardear; (*subj: police*) hacer una redada en; (*: criminals*) asaltar; **the boys ~ed the orchard** los muchachos invadieron el huerto; **the police ~ed the club** la policía hizo una redada en el club.
raider [ˈreɪdəʳ] N (*across frontier*) invasor(a) *m/f*; (*criminal*) asaltante *mf*.
rail [reɪl] 1 N a (*horizontal bar*) barandilla *f*; (*banister*) pasamanos *m inv*; (*Naut*) barandilla *f*; (*fence*) valla *f*, cerco *m*.
  b (*for train*) carril *m*, riel *m*; **~s** vía *fsg*; **to go off the ~s** (*train*) descarrilar; (*fig: person*) descarrilarse; **by ~** por ferrocarril, en tren.
  2 CPD: **~ accident** N accidente *m* de ferrocarril; **~ strike** N huelga *f* de ferroviarios.

railcard [ˈreɪlkɑːd] N carnet *m* para obtener descuento en los ferrocarriles; **family ~** carnet de familia; **student's ~** carnet de estudiante.
railings [ˈreɪlɪŋz] NPL verja *fsg*, enrejado *msg*.
railroad [ˈreɪlrəʊd] 1 N (*US*) = **railway**. 2 VT (*fig*) **to ~ sb into doing sth** obligar apresuradamente a algn a hacer algo; **to ~ a bill through Parliament** hacer que se apruebe un decreto de ley sin discutirse.
railroader [ˈreɪlrəʊdəʳ] N (*US*) = **railwayman**.
railway [ˈreɪlweɪ] (*Brit*) 1 N (*system*) ferrocarril(es) *m(pl)*; (*track*) vía *f*.
  2 CPD (*bridge, timetable, network*) de ferrocarril; **~ carriage** N vagón *m*; **~ engine** N máquina *f*, locomotora *f*; **~ line** N línea *f* (de ferrocarril); (*track*) vía *f* (férrea); **~ station** N estación *f* (de ferrocarril); **~ yard** N cochera *f*.
railwayman [ˈreɪlweɪmən] (*pl* **-men**) (*Brit*), **railroader** [ˈreɪlrəʊdəʳ] N (*US*) ferroviario *m*, ferrocarrilero *m* (*LAm*).
rain [reɪn] 1 N lluvia *f*; **come ~ or shine** haga frío o haga calor; **if the ~ keeps off** si no llueve; **it looks like ~** parece que va a llover.
  2 VI llover; **it's ~ing cats and dogs** está lloviendo a cántaros; **it never ~s but it pours** (*fig*) las desgracias nunca vienen solas; **blows ~ed down on him** llovieron sobre él los golpes.
  3 CPD: **~ check** N: **I'll take a ~ check** (*fam*) de momento, paso; **~ cloud** N nubarrón *m*.
  ◆ **rain off**, (*US*) **rain out** VT + ADV: **the match was ~ed off** se canceló *or* se abandonó el partido debido a la lluvia.
rainbow [ˈreɪnbəʊ] 1 N arco *m* iris. 2 CPD: **the ~ coalition** N la coalición multicolor; **~ trout** N trucha *f* arco iris.
raincoat [ˈreɪnkəʊt] N gabardina *f*.
raindrop [ˈreɪndrɒp] N gota *f* de lluvia.
rainfall [ˈreɪnfɔːl] N precipitación *f*; (*quantity*) lluvia *f*, cantidad *f* de lluvia.
rainforest [ˈreɪnˌfɒrɪst] N (*also* **tropical ~**) selva *f* tropical.
rainproof [ˈreɪnpruːf] ADJ impermeable.
rainstorm [ˈreɪnstɔːm] N aguacero *m*, chaparrón *m*.
rainwater [ˈreɪnwɔːtəʳ] N agua *f* de lluvia.
rainwear [ˈreɪnweəʳ] N ropa *f* impermeable.
rainy [ˈreɪnɪ] ADJ (*comp* **-ier**; *superl* **-iest**) (*climate*) lluvioso/a; **~ day** día *m* de lluvia.
raise [reɪz] 1 VT a (*lift: fallen object, weight, arm, eyes etc*) levantar, alzar, subir; (*: wreck*) sacar a flote; (*: hat*) quitarse; (*: flag*) izar, enarbolar; (*: dust*) levantar; (*total*) elevar; (*Math*) **to ~ to the power of n** elevar a la enésima potencia; **to ~ sb's spirits/hopes** levantar el ánimo a algn/dar esperanzas a algn; **her behaviour ~d a lot of eyebrows** su comportamiento causó un gran escándalo; **to ~ sb's hopes** (*unjustifiably*) dar esperanzas falsas a algn; **to ~ o.s.** levantarse, alzarse; **to ~ o.s. up on one's elbows/into a sitting position** apoyarse en los codos/incorporarse; **to ~ one's glass to sb/sth** brindar por algn/algo.
  b (*erect: building, statue*) erigir, levantar.
  c (*increase: price, salary, tax*) aumentar, subir; (*: production*) aumentar; (*Cards: stake, bid*) subir; **I'll ~ you £10** 10 libras más; **to ~ one's voice** (*lit*) hablar más alto; (*in anger*) alzar la voz, gritar.
  d (*bring up etc: family, livestock*) criar.
  e (*produce: laughter*) provocar; (*: rumpus*) armar; (*: problem, question, point*) plantear; (*: complaint*) presentar; (*: doubts*) suscitar; (*: cry*) dar; **to ~ objections to** hacer objeciones a, poner peros a; **I'll ~ the point with them** se lo mencionaré; **this ~s the question of whether ...** esto plantea el problema de si ....
  f (*get together: funds*) reunir; (*: loan*) conseguir; (*: taxes*) imponer; (*: army*) reclutar; **to ~ money on an estate** conseguir dinero hipotecando una propiedad.
  2 N aumento *m*.
raisin [ˈreɪzən] N pasa *f*.
raison d'être [ˈreɪzɔː̃ˈdeːtr] N razón *f* de ser.
rake¹ [reɪk] 1 N (*garden ~*) rastrillo *m*.
  2 VT (*Agr etc: sand, leaves, soil*) rastrillar; (*fire*) hurgar; (*strafe: ship, file of men*) barrer.

◆**rake in** VT + ADV: **they ~d in a profit £100** sacaron 100 libras de ganancia; **he must be raking it in** está acuñando dinero.

◆**rake off** VT + ADV (*fam pej: share of profits, commission*) sacar.

◆**rake together** VT + ADV reunir con el rastrillo; (*fig*) reunir; **we managed to ~ a team together** por fin logramos formar un equipo.

◆**rake up** VT + ADV (*subject*) sacar a relucir; (*memories*) remover.

rake² [reɪk] N (*old: dissolute man*) calavera *m*.

rake-off ['reɪkɒf] N comisión *f*, tajada *f*.

rakish ['reɪkɪʃ] ADJ (*dissolute: person*) libertino/a, disoluto/a. **b** **at a ~ angle** echado/a de lado.

rally ['rælɪ] **1** N **a** (*meeting*) mitin *m*, concentración *f*; (*gathering*) reunión *f*.
b (*Sport: competition*) rally(e) *m*; (: *Tennis*) peloteo *m*.
c (*revival: Fin, Med*) recuperación *f*; (: *Med*) mejoramiento *m*.
2 VT **a** (*gather: Pol*) concentrar; (: *Mil*) reunir.
b (*exhort, unite in spirit*) levantar el ánimo de, fortalecer el espíritu de; (*fig: strength, spirits*) recobrar.
3 VI **a** (*gather in support: Pol*) reunirse, concentrarse; (: *Mil*) reorganizarse.
b (*Fin, Med*) recuperarse.
c (*Aut: compete*) competir en los rally(e)s.

◆**rally round** VI + ADV ofrecer ayuda y apoyo; **everyone must ~ round** todos hemos de afirmar nuestra unidad.

rallying point ['rælɪɪŋˌpɔɪnt] N (*Pol, Mil*) punto *m* de reunión.

RAM [ræm] N ABBR (*Comput*) *of* **random access memory**.

ram [ræm] **1** N (*Zool*) carnero *m*; (*Mil*) ariete *m*.
2 VT **a** (*pack tightly: soil etc*) apisonar.
b (*force, apply violently*) dar *or* chocar con *or* contra; **to ~ a hat down on one's head** incrustarse el sombrero; **to ~ clothes into a case** embutir la ropa a la fuerza en una maleta; **to ~ a nail into a wall** incrustar un clavo en una pared; **they ~med their ideas down my throat** (*fig*) me hicieron tragar sus ideas a la fuerza; **we had Campoamor ~med into us at school** nos dimos un atracón de Campoamor en el colegio.
c (*collide with: Naut*) embestir con el espolón; **the car ~med the lamppost as it slid off the road** el coche chocó con el farol al deslizarse por la carretera; **to be ~med up against sth** estar apretado contra algo.

Ramadan [ˌræməˈdæn] N ramadán *m*.

ramble ['ræmbl] **1** N paseo *m*, excursión *f*; **to go for a ~** dar un paseo, echarse una vuelta.
2 VI **a** (*walk*) pasear, deambular; **we spent a week rambling in the hills** pasamos una semana de excursión en la montaña *or* la sierra.
b (*in speech*) divagar, perder el hilo.

rambler ['ræmblə'] N (*hiker*) excursionista *mf* (a pie).

rambling ['ræmblɪŋ] ADJ (*straggling: plant*) trepador(a); (*wandering, incoherent: speech, book*) prolijo/a, inconexo/a; (*sprawling: house*) laberíntico/a.

RAMC N ABBR (*Brit*) *of* **Royal Army Medical Corps**.

ramification [ˌræmɪfɪˈkeɪʃən] N ramificación *f*; **in all its ~s** en toda su complejidad.

ramp [ræmp] N rampa *f*; (*on road*) desnivel *m*.

rampage [ræmˈpeɪdʒ] **1** N: **to go on the ~** desbocarse, desmandarse. **2** VI desmandarse; **the crowd ~d through the market** la multitud corrió alocada por el mercado.

rampant ['ræmpənt] ADJ **a** (*uncontrolled: lust*) desenfrenado/a; (*prevailing*) difundido/a, de lo más común; (*Bot: overgrowing: flower, plant*) exuberante. **b** (*Heraldry*) **the lion ~** el león rampante.

rampart ['ræmpɑːt] N terraplén *m*; (*city wall*) muralla *f*; (*fig: bulwark*) baluarte *m*, defensa *f*.

ram raid ['ræmˌreɪd] N (*fam*) atraco *m* (*rompiendo la escaparate con un coche*).

ramrod ['ræmrɒd] N baqueta *f*.

ramshackle ['ræmˌʃækl] ADJ (*tumbledown: house, car*) desvencijado/a, destartalado/a; (*inefficient, careless*) descuidado/a.

RAN N ABBR *of* **Royal Australian Navy**.

ran [ræn] PT *of* **run**.

ranch [rɑːntʃ] **1** N rancho *m*, hacienda *f* (*de ganado*) (*LAm*), estancia *f* (*CSur*). **2** CPD: **~ hand** N peón *m*.

rancher ['rɑːntʃə'] N ganadero/a *m/f*, ranchero/a *m/f*.

rancid ['rænsɪd] ADJ rancio/a.

rancour, (*US*) **rancor** ['ræŋkə'] N rencor *m*.

R&B N ABBR (*Mus*) *of* **Rhythm and Blues**.

R&D N ABBR *of* **research and development** I. *f* y D.

random ['rændəm] **1** ADJ (*haphazard: arrangement*) (hecho/a) al azar; (*capricious, indiscriminate*) caprichoso/a; (*Statistics: impartial: sample*) aleatorio/a; **a wall built of ~ stones** un muro hecho con piedras elegidas al azar; **~ access** (*Comput*) acceso *m* aleatorio; **~ access memory** (*Comput*) memoria *f* de acceso aleatorio.
2 N: **at ~** al azar; **to choose sth at ~** escoger algo sin pensar; **to talk at ~** hablar sin pesar las palabras.

randomly ['rændəmlɪ] ADV: **~ chosen** elegido/a al azar.

R&R N ABBR (*US Mil*) *of* **rest and recreation** descanso *m*.

randy ['rændɪ] ADJ (*comp* **-ier**; *superl* **-iest**) (*Brit fam*) caliente (*fam*), cachondo/a (*fam!*), arrecho/a (*esp LAm fam*); **to feel ~** estar cachondo.

rang [ræŋ] PT *of* **ring²**.

range [reɪndʒ] **1** N **a** (*row*) fila *f*, hilera *f*; (*of mountains*) sierra *f*, cordillera *f*.
b (*esp US Agr*) pradera *f*, pampa *f* (*CSur*), llano *m* (*esp Ven*).
c (*for shooting: in open*) campo *m* de tiro; (: *at fair*) tiro *m* al blanco.
d (*extent*) extensión *f*; (: *Mus: of instruments, voice*) registro *m*; (*series*) serie *f*; (*spectrum*) gama *f*; (*selection*) selección *f*, variedad *f*; (*Comm*) surtido *m*; (*domain*) campo *m*, ámbito *m*; **~ of colours** gama de colores; **~ of possibilities** abanico *m* de posibilidades; **~ of vision/hearing** campo visual/alcance *m* del oído; **the ~ of sb's mind** la gama de conocimientos de algn; **the ~ of a book** el campo de un libro; **she has a wide ~ of interests** tiene una gama extensa de intereses; **price ~** escala *f* de precios.
e (*distance attainable*) alcance *m*; **a gun with a ~ of 3 miles** un cañón con un alcance de 3 millas; **at close ~** de cerca; **at point-blank ~** a quemarropa, a bocajarro; **to be within ~ (of sb/sth)** estar al alcance *or* a tiro de (algn/algo); **to be out of ~ (of sb/sth)** estar fuera del alcance (de algn/algo).
f (*kitchen ~*) fogón *m*.
g (*of plane, ship*) autonomía *f*; **the ~ is 3,000 miles** la autonomía es de 3.000 millas.
2 VT **a** (*arrange*) arreglar, ordenar; **he ~d them along the wall** los alineó en la pared; **~d left/right** (*text*) alineado/a a la izquierda/derecha.
b (*traverse in all directions*) recorrer; **they ~d the countryside/the woods** recorrieron el campo/el bosque.
3 VI **a** (*extend*) extenderse; **research ranging over a wide field** (*fig*) investigaciones que abarcan un campo amplio; **his mind ~s widely** es de amplias miras.
b (*vary within limits*) variar; **temperatures ~ from 5 to 30 degrees** las temperaturas oscilan entre 5 y 30 grados.

rangefinder ['reɪndʒˌfaɪndə'] N (*Mil, Phot*) telémetro *m*.

ranger ['reɪndʒə'] N **a** (*Girl Guide*) exploradora *f*. **b** (*forest ~*) guardabosques *mf inv*.

Rangoon [ræŋˈguːn] N Rangún *m*.

rank¹ [ræŋk] **1** N **a** (*taxi ~*) parada *f* or puesto *m* (de taxis).
b (*status*) rango *m*, categoría *f*; (: *Mil*) grado *m*, rango; **persons of ~** gente de calidad; **their ~s range from lieutenant to colonel** sus graduaciones van de teniente a coronel; **to pull ~** (*fam*) tratar de conseguir una ventaja empleando su categoría más alta.
c (*Mil*) **the ~s** la tropa; **the ~ and file** (*of political party etc*) la base; **to close ~s** (*Mil, fig*) cerrar filas; **to break ~(s)** romper filas; **I've joined the ~s of the unemployed** soy un parado más.
2 VT clasificar, poner en orden; **I ~ him 6th** yo le pongo en 6° lugar; **I ~ her among ...** yo la pongo entre ...; **he**

was ~ed as (being) ... se le consideraba ....
3 VI figurar, encontrarse; **to ~ 4th** ocupar el 4° lugar; **to ~ above sb** ser superior a or sobrepasar a algn; **to ~ high** ocupar una alta posición; **to ~ among ...** figurar entre ...; **to ~ as** equivaler a; **to ~ with** ser igual a.

rank² [ræŋk] ADJ **a** (*Bot: plants*) exuberante; (: *garden*) muy poblado/a. **b** (*smelly*) maloliente, apestoso/a. **c** (*hypocrisy, injustice etc*) manifiesto/a, absoluto/a.

ranking ['ræŋkɪŋ] **1** ADJ (*esp US*) superior. **2** N ránking *m*; (*Mil*) graduación *f*.

rankle ['ræŋkl] VI: **to ~ with sb** sacar de quicio a algn; **it still ~s** todavía duele.

ransack ['rænsæk] VT (*search*) registrar (de arriba abajo); (: *house*) desvalijar; (*pillage*) saquear; **the place had been ~ed** el local había sido saqueado.

ransom ['rænsəm] **1** N rescate *m*; **to hold sb to ~** pedir un rescate por algn; (*fig*) poner a algn entre la espada y la pared. **2** VT rescatar. **3** CPD: **~ demand** N demanda *f* de rescate.

rant [rænt] VI (*declaim*) vociferar; **to ~ at sb** (*be angry*) despotricar contra algn; **to ~ on about sb** (*angrily*) echar pestes de algn; **he ~ed and raved for hours** despotricó durante varias horas.

ranting ['ræntɪŋ] N lenguaje *m* campanudo or declamatorio; **for all his ~** por mucho que despotrique.

rap [ræp] **1** N **a** golpecito *m*, golpe *m* seco; **there was a ~ at the door** llamaron (suavemente) a la puerta. **b to take the ~** (*fam*) pagar los platos rotos (*fam*). **c** (*esp US fam*) acusación *f*. **d** (*Mus*) rap *m*. **2** VT golpetear, dar un golpecito en; **to ~ sb's knuckles** (*lit*) darle a algn en los nudillos; (*fig*) echarle un rapapolvo a algn. **3** VI: **to ~ at the door** llamar a la puerta.
♦ **rap out** VT + ADV (*order*) espetar.

rapacious [rə'peɪʃəs] ADJ rapaz.

rape¹ [reɪp] **1** N violación *f*. **2** VT violar.

rape² [reɪp] **1** N (*Bot*) colza *f*. **2** CPD: **~ oil** N (*also ~ seed oil*) aceite *m* de colza.

rapeseed ['reɪpsiːd] N semilla *f* de colza.

rapid ['ræpɪd] ADJ rápido/a.

rapidity [rə'pɪdɪtɪ] N rapidez *f*.

rapidly ['ræpɪdlɪ] ADV rápidamente, rápido.

rapids ['ræpɪdz] NPL (*in river*) rápidos *mpl*, rabiones *mpl*.

rapier ['reɪpɪər] N estoque *m*.

rapist ['reɪpɪst] N violador *m*.

rapport [ræ'pɔːr] N compenetración *f*, entendimiento *m*.

rapprochement [ræ'prɒʃmãːŋ] N acercamiento *m*.

rapt [ræpt] ADJ (*attention*) profundo/a; **to be ~ in contemplation** estar ensimismado.

rapture ['ræptʃər] N éxtasis *m*; **to go into ~s over sth** extasiarse por algo.

rapturous ['ræptʃərəs] ADJ (*applause etc*) entusiasta; (*look*) extasiado/a.

rare [rɛər] ADJ (*comp* ~r; *superl* ~st) **a** (*uncommon*) raro/a, poco común; (*unexpected*) inusitado/a; **in a moment of ~ generosity** en un momento de generosidad inusitada; **it is ~ to find that ...** es raro descubrir que .... **b** (*air*) enrarecido/a. **c** (*meat*) poco hecho/a. **d** (*fam*) maravilloso/a; **we had a ~ old time getting here** nos ha costado un ojo de la cara llegar aquí (*fam*); **we had a ~ old time last night** lo pasamos pipa anoche (*fam*).

rarebit ['rɛəbɪt] N: **Welsh ~** pan *m* con queso tostado.

rarefied ['rɛərɪfaɪd] ADJ enrarecido/a.

rarely ['rɛəlɪ] ADV rara vez, raramente; **that method is ~ satisfactory** ese método no es satisfactorio casi nunca.

raring ['rɛərɪŋ] ADJ: **to be ~ to do sth** tener muchas ganas de hacer algo; **to be ~ to go** tener muchas ganas de empezar.

rarity ['rɛərɪtɪ] N **a** (*no pl: also* **rareness**) rareza *f*. **b** (*rare thing*) cosa *f* rara.

rascal ['rɑːskəl] N (*scoundrel, child*) granuja *mf*, bribón/ona *m/f*.

rash¹ [ræʃ] N (*Med*) sarpullido *m*, erupción *f* (cutánea); (*fig: spate*) racha *f*, avalancha *f*; **to come out in a ~** salirle un sarpullido a algn.

rash² [ræʃ] ADJ (*act, statement*) temerario/a, precipitado/a; (*person*) imprudente.

rasher ['ræʃər] N: **a ~ of bacon** una lonja, una loncha.

rashly ['ræʃlɪ] ADV temerariamente.

rasp [rɑːsp] **1** N **a** (*tool*) escofina *f*. **b** (*sound*) chirrido *m*. **2** VT **a** (*file*) raspar, escofinar. **b** (*speak: also* ~ **out**) decir con voz áspera.

raspberry ['rɑːzbərɪ] N **a** (*fruit*) frambuesa *f*. **b to blow a ~** (*fam*) hacer una pedorreta.

rasping ['rɑːspɪŋ] ADJ (*voice*) áspero/a; (*noise*) chirriante.

rat [ræt] **1** N **a** (*Zool*) rata *f*; **you dirty ~!** (*fam*) ¡canalla!; **I smell a ~** (*fig*) aquí hay gato encerrado, aquí se está tramando algo. **2** VI: **to ~ on sb** (*fam*) chivarse de algn; **to ~ on a deal** (*fam*) rajarse de un negocio. **3** CPD: **~ poison** N matarratas *m inv*; **the ~ race** N la lucha por la vida, la competencia; **~ run** N (*Brit fam*) calle residencial usada para evitar atascos.

rat-a-tat [,rætə'tæt] N (*at door*) golpecitos *mpl*; (*imitating sound*) ¡toc, toc!

ratchet ['rætʃɪt] **1** N (*Tech*) trinquete *m*. **2** CPD: **~ wheel** N rueda *f* de trinquete.

rate [reɪt] **1** N **a** (*ratio*) razón *f*; (*speed*) velocidad *f*, ritmo *m*; **at a ~ of 60 kph** a una velocidad de 60 kph; **~ of growth** ritmo de crecimiento; **at a steady ~** a un ritmo constante; **birth/death ~** (índice *m* or tasa *f* de) natalidad *f*/mortalidad *f*; **at the ~ of 3 a minute** a razón de 3 por minuto; **at this ~** a este paso; **at any ~** de todas formas, de todos modos. **b** (*price*) precio *m*; (*charges*) tarifa *f*; **the ~ for the job** el sueldo correspondiente; **the ~ for sending letters** tarifa postal; **at a ~ of 5% per annum** a razón del 5 por ciento anual; **at a ~ £2 per hour** a razón de dos libras por hora. **c** (*Fin: of stocks etc*) cotización *f*; **~ of exchange** (tipo *m* de) cambio *m*; **bank ~** tipo de interés bancario; **interest ~** tipo de interés; **~ of return** (*Fin*) tasa *f* de rentabilidad; **~ of taxation** nivel *m* de impuestos. **d** (*Brit: local tax*) contribución *f* municipal; **we pay £900 in ~s** pagamos 900 libras de contribuciones. **2** VT **a** (*evaluate, appraise*) tasar, valorar; **to ~ sth/sb highly** tener algo/a algn en alta estima; **to ~ sth/sb as ...** considerar algo/a algn como ...; **I don't ~ your chances** creo que tienes pocas posibilidades; **I ~ him among my best 3 pupils** le pongo entre mis 3 mejores alumnos. **b** (*Brit*) **the house is ~d at £84 per annum** esta casa tiene que pagar 84 libras anuales de contribución municipal. **c** (*deserve*) merecer; **it didn't ~ a mention** no mereció ser mencionado. **3** VI: **to ~ as ...** considerarse como ..., tenerse por .... **4** CPD: **~ rebate** N (*Brit*) devolución *f* de contribución municipal.

-rate [reɪt] ADJ SUF: **first~** de primera clase; **some third~ author** algún autor de baja categoría.

rateable ['reɪtəbl] ADJ (*Brit: property*) susceptible de pagar contribución; **~ value** valor *m* catastral.

ratepayer ['reɪtpeɪər] N (*Brit*) contribuyente *mf*.

▼**rather** ['rɑːðər] **1** ADV **a** (*preference*) antes, más bien; **A ~ than B** A antes que B; **I'll stay ~ than go alone** prefiero quedarme que ir solo; **I'd ~ have this one than that** prefiero éste a aquél; **would you ~ stay here?** ¿prefieres quedarte?; **anything ~ than that!** (*hum*) ¡todo menos eso!; **'I'm going to have it out with the boss' - '~ you than me!'** 'voy a planteárselo al jefe' - '¡allá tú!' **b** (*somewhat*) algo, un poco; (*quite*) bastante; **a ~ difficult task** una tarea bastante difícil; **I feel ~ more happy today** hoy me siento algo mejor; **that is ~ too dear** es algo caro (para mí *etc*); **I ~ think he won't come** tiendo a creer que no vendrá; **we were ~ tired** estábamos bastante cansados; **he did ~ well in the exam** le fue bastante bien en el examen; **it's ~ a pity** es una pena or lástima. **c or ~** (*more accurately*) o mejor dicho, es decir. **2** INTERJ ¡ya lo creo!, ¡cómo no! (*LAm*); **would you like some? - ~!** ¿quieres un poco? - ¡claro!

───
➤ SENTENCE BUILDER: **rather → 1.4, 11**

ratify ['rætɪfaɪ] VT (*treaty, agreement*) ratificar.
rating ['reɪtɪŋ] N **a** (*assessment*) tasación *f*, valuación *f*; **~s** (*TV, Radio*) clasificación *fsg*. **b** (*Naut*) marinero *m*.
ratio ['reɪʃɪaʊ] N razón *f*, relación *f*; **in the ~ of 2 to 1** a razón de 2 a 1; **in inverse ~** en razón inversa; **the ~ of wages to raw materials** la relación entre los sueldos y las materias primas.
ration ['ræʃən] **1** N (*portion*) ración *f*, porción *f*; (*Mil etc*) víveres *mpl*, suministro *m*; **to be on ~** estar racionado; **to be on short ~s** andar escaso de víveres. **2** VT (*also ~ out*) racionar; **to ~ sb to sth** poner algo a ración para algn; **to ~ sth to** (*amount*) limitar algo a. **3** CPD: **~ book, ~ card** N cartilla *f* de racionamiento.
rational ['ræʃənl] ADJ (*argument, explanation*) racional; (*sane: person*) sensato/a, cuerdo/a; **the ~ thing to do would be to ...** lo lógico sería ...; **he seemed quite ~** parecía estar perfectamente cuerdo; **let's be ~ about this** seamos razonables.
rationale [ræʃə'nɑːl] N base *f*, fundamento *m*; **the ~ of or behind sth** la razón fundamental de algo.
rationalism ['ræʃnəlɪzəm] N racionalismo *m*.
rationality [,ræʃə'nælɪtɪ] N racionalidad *f*.
rationalization [,ræʃnəlaɪ'zeɪʃən] N (*of ideas etc*) racionalización *f*; (*reorganization: of industry etc*) reconversión *f*.
rationalize ['ræʃnəlaɪz] VT (*ideas etc*) racionalizar; (*reorganize: industry etc*) reconvertir, reorganizar.
rationally ['ræʃnəlɪ] ADV racionalmente.
rationing ['ræʃnɪŋ] N racionamiento *m*.
rat-tat-tat ['rættæt'tæt] INTERJ ¡pum! ¡pum!
rattle ['rætl] **1** N **a** (*sound: of cart, train etc*) traqueteo *m*; (*of stone in tin, windows etc*) ruido *m* metálico; (*of teeth*) castañeteo *m*; (*of hail, rain*) tamborileo *m*; **death ~** estertor *m* (de la muerte). **b** (*instrument: used by football spectators*) carraca *f*, matraca *f*; (*child's*) sonajero *m*, sonaja *f*. **2** VT **a** (*shake*) sonar agitando, hacer sonar; **the wind ~d the window** el viento sacudió la ventana. **b** (*person*) desconcertar, confundir; **to get ~d** ponerse nervioso/a. **3** VI **a** (*see 1(a)*) traquetear; sonar, hacer ruido; castañetear; tamborilear. **b** **we were rattling along at 50 (m.p.h.)** corríamos a 50 por hora.
♦**rattle off** VT + ADV (*write hurriedly*) despachar; (*speak*) decir de carretilla.
♦**rattle on** VI + ADV enrollarse como una persiana (*hablando*).
♦**rattle through** VI + PREP darse prisa con.
rattlesnake ['rætlsneɪk] N serpiente *f* de cascabel.
ratty ['rætɪ] ADJ (*comp* **-ier**; *superl* **-iest**): **to be/get ~** (*fam*) estar/ponerse de malas.
raucous ['rɔːkəs] ADJ (*harsh*) ronco/a; (*loud*) chillón/ona.
ravage ['rævɪdʒ] **1** N estrago *m*, destrozo *m*; **the ~s of time** los estragos del tiempo. **2** VT hacer estragos; **the region was ~d by floods** la región fue asolada por las inundaciones; **a body ~d by disease** un cuerpo desfigurado por la enfermedad.
rave [reɪv] **1** VI (*be delirious*) delirar, desvariar; (*talk wildly*) desvariar; (*talk furiously*) echarse encima (*at* de); (*talk enthusiastically*) hablar con entusiasmo; **to ~ about sb** pirrarse por algn; **to ~ about sth** entusiasmarse por algo. **2** N (*fam*) fiesta *f* ácid (*fam*). **3** CPD: **~ review** N reseña *f* entusiasta.
raven ['reɪvn] N cuervo *m*.
ravenous ['rævənəs] ADJ (*starving*) hambriento/a; (*voracious*) voraz.
raver ['reɪvəʳ] N (*fam*) juerguista *mf* (*fam*).
rave-up ['reɪvʌp] N (*Brit fam*) juerga *f* (*fam*).
ravine [rə'viːn] N barranco *m*, quebrada *f* (*esp LAm*).
raving ['reɪvɪŋ] ADJ: **~ lunatic** loco/a *m/f* de remate; **you must be ~ mad!** ¡tú estás loco/a de atar!
ravings ['reɪvɪŋz] NPL delirio *msg*, desvarío *msg*.
ravioli [,rævɪ'əʊlɪ] N ravioles *mpl*, ravioli *mpl*.
ravishing ['rævɪʃɪŋ] ADJ encantador(a).
raw [rɔː] **1** ADJ **a** (*food*) crudo/a; (*spirit*) puro/a; (*silk*)

crudo/a; (*ore*) bruto/a; (*cotton*) en rama; (*sugar*) sin refinar; **~ data** datos *mpl* brutos; **a ~ deal** (*fam*) un trato injusto, una mala pasada *or* jugada; **~ flesh** carne *f* viva; **~ materials** materias *fpl* primas. **b** (*wind*) fuerte; (*weather*) crudo/a. **c** (*wound: open*) abierto/a; **I touched a ~ nerve** le di en lo más sensible. **d** (*person: inexperienced*) novato/a, inexperto/a. **2** N: **it got him on the ~** (*fig*) le hirió en lo más vivo; **in the ~** (*naked*) en cueros; **life in the ~** la vida tal como es.
rawhide ['rɔːhaɪd] N (*US*) cuero *m* de vaca.
Rawlplug ® ['rɔːlplʌg] N taco *m*.
ray¹ [reɪ] N (*of light etc*) rayo *m*; (*fig*) **a ~ of hope** un rayo de esperanza.
ray² [reɪ] N (*fish*) raya *f*.
rayon ['reɪɒn] N rayón *m*.
raze [reɪz] VT (*also ~ to the ground*) arrasar, asolar.
razor ['reɪzəʳ] **1** N (*open*) navaja *f*, chaveta *f* (*Per*); (*safety*) maquinilla *f* de afeitar. **2** CPD: **~ blade** N hoja *f* de afeitar; **~ burn** N erosión *f* cutánea.
razor-sharp ['reɪzə'ʃɑːp] ADJ (*edge*) muy afilado/a; (*mind*) agudo/a, perspicaz.
razzle ['ræzl] N (*fam*) borrachera *f*; **to go on the ~** ir de juerga (*fam*).
razzmatazz [,ræzmə'tæz] N (*US fam*) bombo *m* publicitario.
RC ABBR *of* **Roman Catholic.**
RCAF N ABBR *of* **Royal Canadian Air Force.**
RCMP N ABBR *of* **Royal Canadian Mounted Police.**
RCN N ABBR *of* **Royal Canadian Navy.**
RD ABBR (*US Post*) *of* **rural delivery.**
Rd ABBR *of* **road** ctra.
R/D ABBR *of* **refer to drawer** *see* **refer 1.**
RDA ABBR *of* **recommended daily allowance.**
RDC N ABBR *of* **Rural District Council.**
re¹ [riː] PREP (*Comm: concerning*) relativo a, respecto a; **~ my previous account** con referencia a mi cuenta anterior.
re² [reɪ] N (*Mus*) re *m*.
RE N ABBR **a** (*Scol*) *of* **religious education** ed. religiosa. **b** (*Brit Mil*) *of* **Royal Engineers.**
re... [riː] PREF re....
reach [riːtʃ] **1** N **a** (*gen*) alcance *m*; (*of boxer etc*) extensión *f*; **to be within (easy)/out of ~** (*of hand*) estar al alcance/fuera del alcance (de la mano); **it's within (easy) ~ by bus** en autobús está cerca. **b** (*of river: continuous stretch*) tramo *m* recto *or* abierto; **the upper ~es of the Amazon** la cuenca alta del Amazonas. **2** VT **a** (*arrive at, attain*) llegar a *or* hasta, alcanzar; (*achieve*) lograr; (*come into sb's possession*) llegar a las manos de; **to ~ home** llegar a casa; **when this news ~ed my ears** cuando me enteré de la noticia; **to ~ 40 (years old)** cumplir los 40; **to ~ a compromise** llegar a un arreglo *or* compromiso; **production now ~es 3,400 megawatts** la producción actual alcanza los 3.400 megavatios. **b** (*stretch out*) alargar, extender; **to ~ (out) a hand** tender una mano. **c** (*pass*) pasar, alcanzar (*LAm*); **please ~ me (down) that case** por favor bájame *or* (*LAm*) alcánzame esa maleta. **d** (*person*) ponerse en contacto con, contactar (*esp LAm*); **to ~ sb by telephone** comunicarse con algn (por teléfono). **3** VI **a** (*stretch out hand: also ~ across, ~ out, ~ over*) tender la mano (*for sth* para tomar algo). **b** (*stretch: land etc*) extenderse; **as far as the eye can ~** hasta donde alcanza la vista; **it won't ~** no llega; **it ~es to the sea** se extiende hasta el mar; **the water ~ed up to the windows** el agua llegó a las ventanas.
react [riː'ækt] VI (*person, thing*) reaccionar (*against* contra; *on* sobre; *to* a, ante); **to ~ with sth** (*Chem*) reaccionar con algo.
reaction [riː'ækʃən] N reacción *f*.
reactionary [riː'ækʃənrɪ] ADJ, N reaccionario/a *m/f*, momio/a *m/f* (*Chi*).
reactor [riː'æktəʳ] N (*nuclear ~*) reactor *m* nuclear.

read [riːd] (*pt, pp* **read** [red]) **1** VT **a** (*book etc*) leer; **to ~ a report to a meeting** leer un informe en una reunión; **to ~ sth to o.s.** leer algo para sí; **to ~ sth out** *or* **aloud** leer algo en voz alta; **to ~ o.s. to sleep** dormirse leyendo; **to take sth as read** (*fig*) dar algo por sentado; **to take the minutes as read** (*Admin*) dar las actas por leídas.
b (*writing, music etc*) leer; **can you ~ that traffic sign from here?** ¿puedes leer esa señal de tráfico desde aquí?; **she can ~ music** sabe leer música; **I cannot ~ your writing** no puedo entender tu letra; **to ~ a meter** leer un contador.
c (*Univ: study*) estudiar; **to ~ chemistry** estudiar química.
d (*dream*) interpretar; **she can ~ me like a book** me conoce a fondo; **to ~ sb's hand** leer la mano a algn; **to ~ sb's thoughts** adivinar el pensamiento de algn; **to ~ between the lines** leer entre líneas; **to ~ too much into sth** darle demasiada importancia a algo; **I read 'good' as 'mood'** ≈ al leer confundí 'paso' con 'vaso'.
2 VI **a** leer; **I have read about it in the newspapers** lo he leído en los periódicos; **to ~ aloud/silently** leer en voz alta/para sí; **to ~ to sb** leer a algn.
b (*give impression*) **the book ~s well** el libro se lee bien; **it would ~ better if you said ...** causaría mejor impresión si pusieras ....
c (*indicate: meter, inscription etc*) decir, poner; **the thermometer ~s 100º** el termómetro marca 100 grados.
3 N lectura *f*; **I like a (good) ~** me gusta leer (un buen libro).
4 CPD: **~ head** N (*Comput*) cabeza *f* de lectura.
◆**read back** VT + ADV repasar, releer.
◆**read on** VI + ADV seguir leyendo.
◆**read out** VT + ADV (*gen*) leer (en voz alta); **to ~ out a speech** pronunciar un discurso.
◆**read over** VT + ADV repasar.
◆**read through** VT + ADV (*quickly*) repasar, dar una lectura rápida a; (*thoroughly*) leer con cuidado *or* detenidamente.
◆**read up** VT + ADV, **read up on** VI + PREP estudiar, ponerse al tanto de.
readable ['riːdəbl] ADJ (*writing*) legible; (*book etc*) entretenido/a.
readdress ['riːə'dres] VT (*letter*) poner señas nuevas en.
reader ['riːdəʳ] N **a** lector(a) *m/f*; **he's a great ~** lee mucho. **b** (*Brit Univ*) profesor/a *m/f* adjunto/a. **c** (*book*) libro *m* de lectura.
readership ['riːdəʃɪp] N número *m* de lectores.
readily ['redɪlɪ] ADV (*quickly*) en seguida; (*willingly*) de buena gana.
readiness ['redɪnɪs] N prontitud *f*; (*willingness*) buena disposición *f*; **in ~** listo/a, dispuesto/a.
reading ['riːdɪŋ] **1** N **a** (*activity*) lectura *f*.
b (*understanding*) interpretación *f*.
c (*of thermometer etc*) indicación *f*, lectura *f*; **to take a ~** consultar; **to give a true/false ~** marcar bien/mal.
d (*Parl: of bill*) lectura *f*; **to give a bill a second ~** leer un proyecto de ley por segunda vez.
e (*in text*) lección *f*.
f (*recital: of play, poem*) recital *m*.
2 CPD: **~ comprehension test** N ejercicio *m* de comprensión lectora; **~ glasses** NPL gafas *fpl* de leer; **she has a ~ knowledge of Spanish** sabe leer el español; **~ list** N lista *f* de lecturas; **~ matter** N material *m* de lectura; **~ room** N sala *f* de lectura.
readjust ['riːə'dʒʌst] **1** VT reajustar. **2** VI reajustarse.
readjustment ['riːə'dʒʌstmənt] N reajuste *m*.
read-only [,riːd'əʊnlɪ] ADJ: **~ memory** (*Comput*) memoria *f* muerta, memoria de sola lectura.
read-write [,riːd'raɪt] ADJ: **~ head** cabeza *f* de lectura-escritura.
▼**ready** ['redɪ] **1** ADJ (*comp* **-ier**; *superl* **-iest**) **a** (*prepared*) listo/a, dispuesto/a; (*available*) disponible; **~?, are you ~?** ¿estás listo?; **~ when you are!** ¡todo listo!; **~, steady, go!** ¡preparados, listos, ya!; **~ for use** listo para usar; **I'm ~ for a drink** muero por echarme un trago; **to be ~ to do sth** estar listo para hacer algo; **~ to serve**

(*food*) preparado/a; **to get/make sth ~** preparar algo; **~ cash, ~ money** efectivo *m*, contante *m*; **~ reckoner** tabla *f* de equivalencias.
b (*willing*) **~ to do sth** dispuesto/a a hacer algo.
c (*quick*) agudo/a, vivo/a; **to have a ~ tongue** no morderse la lengua; **to find a ~ sale** venderse fácilmente.
d (*on the point of*) **we were ~ to give up there and then** estábamos a punto de abandonarlo sin más.
2 N **a** **at the ~** listo/a, en ristre.
b **the readies** (*fam: cash*) la pasta (*fam*), la plata (*LAm fam*), la lana (*LAm fam*).
ready-cooked ['redɪ'kʊkt] ADJ listo/a para comer.
ready-made ['redɪ'meɪd] ADJ (*clothes*) confeccionado/a; (*excuses, ideas*) preparado/a.
ready-to-wear ['redɪtə'wɛəʳ] ADJ (*clothes*) confeccionado/a, hecho/a.
reaffirm ['riːə'fɜːm] VT (*loyalty, affection etc*) reafirmar, reiterar.
reagent [riː'eɪdʒənt] N (*Chem*) reactivo *m*.
real [rɪəl] **1** ADJ (*reason, surprise*) verdadero/a; (*gold*) legítimo/a; (*power*) efectivo/a; **you're a ~ friend** eres un verdadero amigo; (*iro*) ¡vaya amigo que eres!; **this is the ~ thing at last** esta vez es de verdad; **~ ale** cerveza *f* legítima; **in ~ life** en la vida real, en la realidad; **the ~ McCoy** lo auténtico; **~ time** (*Comput*) tiempo *m* real; *see* **estate**.
2 ADV (*US fam: really*) **we had a ~ good time** lo pasamos realmente bien; **it's ~ heavy** pesa una barbaridad.
3 N: **for ~** (*fam*) de veras, de verdad.
realign [riːə'laɪn] VT reordenar.
realism ['rɪəlɪzəm] N realismo *m*.
realist ['rɪəlɪst] N realista *mf*.
realistic [rɪə'lɪstɪk] ADJ realista.
reality [riː'ælɪtɪ] N realidad *f*; **in ~** la verdad es (que), en realidad; **the realities of the situation** la realidad de la situación.
realization [,rɪəlaɪ'zeɪʃən] N (*completion*) realización *f*; (*comprehension*) comprensión *f*, entendimiento *m*; **she awoke to the ~ that** cayó en la cuenta de que.
realize ['rɪəlaɪz] VT **a** (*comprehend*) darse cuenta de; **to ~ why/how/what** comprender *or* entender porqué/cómo/lo que; **I ~ that** comprendo *or* entiendo que. **b** (*become aware of*) darse cuenta de, caer en la cuenta de que; **without realizing it** sin darse cuenta. **c** (*carry out*) realizar, llevar a cabo; **to ~ one's hopes/ambitions** hacer realidad sus esperanzas/ambiciones; **my worst fears were ~d** resultaron ser ciertos mis temores. **d** (*Comm: assets etc*) realizar.
really ['rɪəlɪ] ADV **a** (*used alone*) **~?** ¿de veras?, ¿sí?, ¡no me digas!; **~, whatever next!** ¡qué cosas pasan!, ¡parece mentira! **b** (*with adj: very*) realmente, auténticamente; **a ~ good film** una película buenísima; **this time we're ~ done for** (*fam*) esta vez hemos pringado de verdad (*fam*). **c** (*with verb*) en realidad, realmente; **I don't ~ know** en realidad no lo sé; **you ~ must see it** hay que verlo; **has he ~ gone?** ¿es cierto que se ha ido?; **he doesn't ~ speak Chinese, does he?** ¿(es) verdad que habla chino?
realm [relm] N (*lit, Jur*) reino *m*; (*fig: field*) esfera *f*, campo *m*; **in the ~s of fantasy** en el reino de la fantasía; **in the ~ of the possible** dentro de lo posible.
realtor ['rɪəltɔːʳ] N (*US*) corredor(a) *m/f* de bienes raíces.
ream [riːm] N resma *f*; **~s** (*fig fam*) montones *mpl*.
reap [riːp] VT (*Agr: cut*) segar; (*harvest, fig*) cosechar, recoger; **to ~ what one has sown** cosechar lo que se ha sembrado algn; **who ~s the reward?** ¿quién se lleva los beneficios?
reappear [riːə'pɪəʳ] VI reaparecer.
reappearance [riːə'pɪərəns] N reaparición *f*.
reapply ['riːə'plaɪ] VI hacer *or* presentar nueva solicitud.
reappoint ['riːə'pɔɪnt] VT volver a nombrar.
reappraisal ['riːə'preɪzəl] N revaluación *f*.
rear¹ [rɪəʳ] **1** ADJ (*gen: door, part etc*) de atrás, trasero/a; (*Aut: door, window etc*) trasero/a; **~ admiral** contraalmirante *m*; **~ light** piloto *m*, calavera *f* (*Mex*).

➤ SENTENCE BUILDER: **ready → 10**

2 N parte *f* trasera *or* posterior; (*Anat: fam*): *buttocks*) trasero *m*; (*Mil*) última fila *f*, retaguardia *f*; **in** *or* **at the ~** en la parte de atrás; **3 miles to the ~** 3 millas a retaguardia; **to bring up the ~** cerrar la marcha.

rear² [rɪəʳ] **1** VT (*raise, bring up*) criar; (*head: of animal*) levantar, alzar; **the problem ~ed its ugly head** (*fig fam*) el problema se presentó de nuevo. **2** VI (*esp horse*) encabritarse.

rearguard ['rɪɑɡɑːd] **1** N (*Mil*) retaguardia *f*. **2** CPD: **to fight a ~ action** (*fig*) resistir en lo posible.

rearm ['riː'ɑːm] **1** VT rearmar. **2** VI rearmarse.

rearmament ['riː'ɑːməmənt] N rearme *m*.

rearrange ['riːə'reɪndʒ] VT reorganizar.

rear-view mirror [,rɪəvjuː'mɪrəʳ] N (*Aut*) (espejo *m*) retrovisor *m*.

▼ reason ['riːzn] **1** N **a** (*motive*) razón *f*, motivo *m*; **the ~ for my departure** el motivo de mi ida; **the ~ why** la razón por la cual, el porqué; **for this ~** por esta razón, por lo cual; **for some ~ or other** por alguna razón que otra; **for no good ~, for no ~ at all** sin motivo alguno; **with good ~** con razón; **is there any ~ why ...?** ¿hay alguna razón por la que ...?; **all the more ~ why you should not sell it** razón de más para que no lo vendas; **we have ~ to believe that ...** tenemos motivo para creer que ..., nos consta que ...; **by ~ of** a causa de, en virtud de.

b (*faculty*) razón *f*; **only mankind has ~** sólo el hombre razona; **to lose one's ~** perder la razón.

c (*good sense*) sentido *m* común; **to listen to ~** atender a razones; **we'll make him see ~** lo haremos entrar en razón; **it stands to ~** es evidente *or* lógico; **within ~** dentro de lo razonable.

2 VT **a** **to ~ that** llegar a la conclusión de que; **ours not to ~ why** no nos cumple a nosotros averiguar por qué.

b **to ~ sb out of/into sth** disuadir/convencer a algn de hacer algo.

3 VI razonar; **to ~ with sb** razonar con algn (para convencerle).

reasonable ['riːznəbl] ADJ (*acceptable*) razonable; (*sensible*) sensato/a, razonable; **be ~!** ¡sé razonable!

reasonably ['riːznəblɪ] ADV razonablemente, sensatamente; **a ~ accurate report** un informe bastante exacto; **he acted very ~** obró con mucho tino.

reasoned ['riːznd] ADJ (*argument*) razonado/a; **well ~** bien argumentado/a.

reasoning ['riːznɪŋ] N razonamiento *m*, argumentos *mpl*; **the ~ behind sth** los argumentos en que se basa algo; **there's no ~ with him** no hay quién le convenza; **powers of ~** la razón.

reassemble ['riːə'sembl] **1** VT (*Tech*) montar de nuevo; (*people*) volver a reunir. **2** VI volver a reunirse, juntarse de nuevo.

reassembly [,riːə'semblɪ] N (*Parl etc*) (inauguración *f* de la) nueva sesión *f*.

reassert ['riːə'sɜːt] VT (*authority, influence*) reafirmar.

reassess ['riːə'ses] VT (*situation*) revaluar, considerar de nuevo; (*tax*) calcular de nuevo.

reassurance ['riːə'ʃʋərəns] N consuelo *m*, confianza *f*; **sometimes we all need ~** hay veces cuando todos necesitamos que se nos tranquilice.

reassure ['riːə'ʃʋəʳ] VT tranquilizar; **we ~d her that everything was O.K.** le aseguramos que todo iba bien; **she felt ~d in the morning** por la mañana ya se sentía más tranquila.

reassuring ['riːə'ʃʋərɪŋ] ADJ (*pacifying*) tranquilizador(a); (*encouraging*) alentador(a); **to make ~ noises** decir cosas tranquilizadoras.

reawakening ['riːə'weɪknɪŋ] N despertar *m*.

rebate ['riːbeɪt] N (*discount*) rebaja *f*, descuento *m*; (*repayment*) reembolso *m*, devolución *f*.

rebel ['rebl] **1** ADJ rebelde; **the ~ government** el gobierno rebelde. **2** N rebelde *mf*. **3** [rɪ'bel] VI rebelarse, sublevarse; **to ~ against sb/sth** rebelarse contra algn/algo.

rebellion [rɪ'beljən] N rebelión *f*, sublevación *f*.

rebellious [rɪ'beljəs] ADJ rebelde.

rebirth ['riː'bɜːθ] N (*gen*) renacimiento *m*; (*re-emergence*) resurgimiento *m*.

reboot [,riː'buːt] VT, VI (*Comput*) reinicializar, reiniciar.

rebound ['riːbaʊnd] **1** N: **on the ~** (*gen*) de rebote. **2** [rɪ'baʊnd] VI rebotar.

◆ rebound on VI + PREP estallar en la cara de.

rebuff [rɪ'bʌf] **1** N desaire *m*, rechazo *m*; **to meet with a ~** sufrir un desaire *or* rechazo. **2** VT rechazar, desairar.

rebuild ['riː'bɪld] (*pt, pp* **rebuilt**) VT reconstruir.

rebuilding ['riː'bɪldɪŋ] N reconstrucción *f*.

rebuilt ['riː'bɪlt] PT, PP *of* **rebuild**.

rebuke [rɪ'bjuːk] **1** N reprimenda *f*, reproche *m*. **2** VT reprender, reprochar.

rebut [rɪ'bʌt] VT rebatir, impugnar.

rebuttal [rɪ'bʌtl] N refutación *f*, impugnación *f*.

recalcitrant [rɪ'kælsɪtrənt] ADJ reacio/a.

recall [rɪ'kɔːl] **1** N recuerdo *m*; **those days are gone beyond ~** aquellos días pasaron al olvido; **to have total ~** poder recordarlo todo.

2 VT **a** (*call back: person*) llamar a volver; (: *attention, past*) recordar.

b (*remember*) recordar, traer a la memoria; **I can't quite ~ whether ...** no recuerdo del todo si ....

c (*Comput*) volver a llamar.

recant [rɪ'kænt] **1** VT retractar, desdecir. **2** VI retractarse, desdecirse.

recap ['riːkæp] (*fam*) **1** N recapitulación *f*, resumen *m*. **2** VI (*sum up*) recapitular, resumir.

recapitulate [,riːkə'pɪtjʊleɪt] VT, VI recapitular, resumir.

recapture ['riː'kæptʃəʳ] VT (*prisoner etc*) recobrar, volver a detener; (*town*) reconquistar; (*memory, scene*) hacer revivir, recordar.

recast ['riː'kɑːst] (*pt, pp* **~**) VT (*play: change actors*) hacer un nuevo reparto para.

recd., rec'd ABBR (*Comm*) *of* **received** rbdo.

recede [rɪ'siːd] VI (*tide, flood*) descender; (*person etc*) volverse atrás; (*view*) alejarse; (*danger etc*) disminuir; (*chin*) retroceder; **his hair is receding** se le están formando entradas; **receding hairline** entradas *fpl*.

receipt [rɪ'siːt] N **a** (*lit, Comm: act of receiving*) recepción *f*; **to acknowledge ~ of** acusar recibo de; **on ~ of** al recibo de, al recibir. **b** (*document*) recibo *m*; **please give me a ~** haga el favor de darme un recibo. **c** (*money taken*) **~s** recaudación *fsg*.

receivable [rɪ'siːvəbl] ADJ recibidero/a; (*Comm*) por *or* a cobrar.

receive [rɪ'siːv] VT (*gen*) recibir; (*guests: welcome*) acoger; (: *accommodate*) hospedar, alojar; (*stolen goods*) encubrir; **'~d with thanks'** (*Comm*) 'recibí'; **to ~ sb into one's home** alojar a algn en su casa; **the book was not well ~d** el libro no tuvo buena acogida; **he ~d a wound in the leg** resultó herido en una pierna; **what treatment did you ~?** ¿qué tratamiento te dieron?; **~d pronunciation** pronunciación estándar del inglés británico.

┌─── *RECEIVED PRONUNCIATION* ───┐

En el Reino Unido, se llama **Received Pronunciation** *o* **RP** *a un tipo de acento no asociado a ninguna región en concreto (si bien tuvo su origen en el inglés hablado en el sur de Inglaterra) que hoy en día usan especialmente las personas educadas en colegios privados, las clases dirigentes y los locutores en los informativos nacionales de la BBC. En los medios de comunicación se acepta ya el uso de acentos regionales siempre y cuando se use la norma lingüística, es decir, utilicen un inglés gramaticalmente correcto, el llamado* **Standard English***. La pronunciación* **RP** *suele también tomarse como norma en la enseñanza del inglés británico como lengua extranjera. Todavía goza de prestigio, aunque la gran mayoría de la población habla con el acento de su región, que puede ser más o menos marcado según su educación o clase social.El inglés americano difiere del inglés británico principalmente en la pronunciación, aunque también hay diferencias ortográficas y léxicas. Tiene también una pronunciación estándar, conocida por el nombre de* **Network Standard***, que es la que se usa en los medios de comunicación, así como diversas variedades regionales. A diferencia del Reino*

➤ SENTENCE BUILDER: **reason → 8**

Unido, la asociación de acento y clase social no es muy evidente.

receiver [rɪ'siːvəʳ] N (*of gift, letter etc*) destinatario/a *m/f*; (*of stolen goods*) perista *mf*; (*Rad*) receptor *m*, radiorreceptor *m*; (*Telec*) auricular *m*; (*liquidator*) **(official)** ~ síndico/a *m/f*; **to call in the** ~ entrar en liquidación.

receivership [rɪ'siːvəʃɪp] N: **to go into** ~ entrar en liquidación.

receiving [rɪ'siːvɪŋ] **1** N recepción *f*. **2** ADJ: **to be at the** ~ **end** ser la víctima.

recent ['riːsnt] ADJ reciente; **a** ~ **arrival** un(a) recién llegado/a; **a** ~ **event** un suceso reciente; **in** ~ **years** en los últimos años; **a** ~ **acquaintance** un(a) conocido/a reciente.

recently ['riːsntlɪ] ADV recientemente, recién (*LAm*), hace poco; (*before pp*) ~ **arrived** recién llegado/a; **as** ~ **as 1970** todavía en 1970; **until** ~ hasta hace poco.

receptacle [rɪ'septəkl] N (*frm*) receptáculo *m*, recipiente *m*.

reception [rɪ'sepʃən] **1** N (*gen*) recepción *f*; (*welcome*) acogida *f*; (*also* ~ **desk**) (mesa *f* de) recepción; **to get a warm** ~ tener buena acogida, ser bien recibido. **2** CPD: ~ **centre** N, ~ **center** (*US*) N centro *m* de recepción; ~ **desk** N (*in hotel, at doctor's etc*) recepción *f*; ~ **room** N sala *f* de recibo.

receptionist [rɪ'sepʃənɪst] N recepcionista *mf*.

receptive [rɪ'septɪv] ADJ receptivo/a.

receptor [rɪ'septəʳ] N (*Physiol, Rad*) receptor *m*.

recess [rɪ'ses] N **a** (*Jur, Pol: cessation of business*) clausura *f*; (*US Jur: short break*) descanso *m*; (*Scol: esp US*) recreo *m*; **parliament is in** ~ la sesión del parlamento está suspendida. **b** (*Archit*) hueco *m*, nicho *m*. **c** (*secret place*) escondrijo *m*; (: *fig*) la parte más oculta.

recession [rɪ'seʃən] N (*Fin, Comm*) recesión *f*.

recharge [riː'tʃɑːdʒ] VT (*battery*) recargar, volver a cargar; **to** ~ **one's batteries** (*fig*) reponerse.

rechargeable [riː'tʃɑːdʒəbl] ADJ recargable.

recherché [rə'ʃeəʃeɪ] ADJ rebuscado/a.

recidivist [rɪ'sɪdɪvɪst] N reincidente *mf*.

recipe ['resɪpɪ] N receta *f* (de cocina); **a** ~ **for** (*also fig*) una receta para.

recipient [rɪ'sɪpɪənt] N (*of letter etc*) destinatario/a *m/f*.

reciprocal [rɪ'sɪprəkəl] ADJ recíproco/a.

reciprocate [rɪ'sɪprəkeɪt] **1** VT (*good wishes etc*) intercambiar, devolver; **and this feeling is** ~**d** y compartimos tal sentimiento. **2** VI corresponder; **but they did not** ~ pero ellos no correspondieron a esto.

recital [rɪ'saɪtl] N (*Mus*) recital *m*; (*story*) relato *m*.

recitation [ˌresɪ'teɪʃən] N (*of poetry*) recitación *f*; (*of facts*) relación *f*.

recite [rɪ'saɪt] **1** VT (*poetry etc*) recitar; (*story*) relatar; (*list*) enumerar. **2** VI recitar.

reckless ['reklɪs] ADJ (*person*) temerario/a; (: *wild*) descabellado/a; (: *thoughtless*) imprudente; (*speed etc*) peligroso/a; (*statement*) inconsiderado/a; ~ **driving** conducción *f* temeraria.

reckon ['rekən] **1** VT (*calculate*) calcular; (*count*) contar, computar; (*believe*) considerar; **to** ~ **sb as (being)** ... considerar a algn (como) ...; **to** ~ **sb to be** ... considerar a algn ...; **to** ~ **sb among** ... contar a algn entre .... **2** VI (*do sum*) calcular, hacer cálculos; (*think*) considerar, creer; ~**ing from today** contando a partir de hoy; **she'll come, I** ~ creo que vendrá, se me hace que vendrá (*Mex*); **I** ~ **so** así lo creo; **to** ~ **on sb/sth** contar con algn/algo; **to** ~ **on doing sth** contar con hacer algo; **to** ~ **with** tener en cuenta, contar con; **he is somebody to be** ~**ed with** no se le puede descartar; **to** ~ **without sb** dejar de contar con algn; **to** ~ **without doing sth** no tener en cuenta la posibilidad de hacer algo.

reckoning ['rekənɪŋ] N (*calculation*) cálculo *m*, recuento *m*; **day of** ~ (*fig*) ajuste *m* de cuentas; **to pay the** ~ pagar la cuenta; **to come into the** ~ entrar en los cálculos; **to be out in one's** ~ errar en el cálculo; **dead** ~ (*Naut*) estima *f*.

reclaim [rɪ'kleɪm] VT (*thing lent*) recuperar, recobrar; (*land*) aprovechar, recobrar; (*material: salvage*) utilizar.

reclamation [ˌreklə'meɪʃən] N (*see vt*) recuperación *f*; aprovechamiento *m*; utilización *f*.

recline [rɪ'klaɪn] VI recostarse, reclinarse.

reclining [rɪ'klaɪnɪŋ] ADJ (*seat*) reclinable.

recluse [rɪ'kluːs] N solitario/a *m/f*.

recognition [ˌrekəg'nɪʃən] N reconocimiento *m*; **in** ~ **of** en reconocimiento de; **to change (sth) beyond** ~ cambiar (algo) hasta quedar irreconocible.

recognizable ['rekəgnaɪzəbl] ADJ reconocible; **it is** ~ **as** ... se le reconoce *or* identifica como ....

recognize ['rekəgnaɪz] VT **a** (*know again*) reconocer, conocer; **I** ~**d him by his walk** le reconocí *or* conocí por su modo de andar; **he was** ~**d by 2 policemen** le reconocieron 2 policías; **do you** ~ **this handbag?** ¿conoce Vd este bolso? **b** (*acknowledge*) reconocer; **we** ~ **that** ... reconocemos *or* admitimos que ...; **we do not** ~ **the new government** no reconocemos el nuevo gobierno; **we do not** ~ **your claim** no admitimos su pretensión.

recognized ['rekəgnaɪzd] ADJ (*gen*) reconocido/a, conocido/a; (*agent etc*) acreditado/a.

recoil [rɪ'kɔɪl] VI (*person*) echarse atrás, retroceder; (*gun*) dar un culatazo; **to** ~ **from sth** retroceder *or* dar marcha atrás ante algo; **to** ~ **from doing sth** negarse a hacer algo.

recollect [ˌrekə'lekt] VT recordar, acordarse de.

recollection [ˌrekə'lekʃən] N recuerdo *m*; **to the best of my** ~ que yo recuerde.

▼**recommend** [ˌrekə'mend] VT recomendar; **I** ~ **him to your keeping** se lo encomiendo; **to** ~ **sb to do sth** recomendar *or* aconsejar a algn que haga algo; **to be** ~**ed** (*person*) venir recomendado/a; (*activity*) recomendarse; ~**ed retail price** precio *m* de venta al público.

recommendation [ˌrekəmen'deɪʃən] N recomendación *f*; **to do sth on sb's** ~ hacer algo recomendado por algn.

recompense ['rekəmpens] **1** N (*gen*) recompensa *f*; (*financial*) indemnización *f*. **2** VT (*see 1*) recompensar; indemnizar.

reconcile ['rekənsaɪl] VT (*persons*) reconciliar(se); (*theories etc*) conciliar; **to become** ~**d to sth** resignarse a algo; **to** ~ **o.s. to sth** resignarse a algo, conformarse con algo.

reconciliation [ˌrekənsɪlɪ'eɪʃən] N (*see vt*) reconciliación *f*; conciliación *f*; resignación *f*; **to bring about a** ~ lograr una reconciliación.

recondition ['riːkən'dɪʃən] VT (*overhaul*) reparar.

reconnaissance [rɪ'kɒnɪsəns] **1** N reconocimiento *m*. **2** CPD: ~ **flight** N vuelo *m* de reconocimiento.

reconnoitre, (*US*) **reconnoiter** [ˌrekə'nɔɪtəʳ] (*Mil*) **1** VT reconocer. **2** VI hacer un reconocimiento.

reconquest ['riː'kɒŋkwest] N reconquista *f*; **the R**~ (*of Spain*) la Reconquista.

reconsider [ˈriːkən'sɪdəʳ] VT, VI reconsiderar, repensar.

reconsideration ['riːkənˌsɪdə'reɪʃən] N reconsideración *f*; **on** ~ después de volver sobre ello.

reconstitute ['riː'kɒnstɪtjuːt] VT (*events: piece together*) reconstituir; ~**d food** alimentos *mpl* reconstituidos.

reconstruct ['riːkən'strʌkt] VT (*all senses*) reconstruir.

reconstruction ['riːkən'strʌkʃən] N reconstrucción *f*.

reconstructive [ˌriːkən'strʌktɪv] ADJ (*surgery, treatment*) reparador(a).

record ['rekɔːd] **1** N **a** (*document, Comput*) registro *m*, relación *f*; (*report etc*) informe *m*; (*Jur*) ~ **of a case** acta *f*; **he told me off the** ~ (*fam*) me dijo de forma confidencial; **for the** ~, **I disagree** que conste, no estoy de acuerdo; **he is on** ~ **as being/saying** ... hay pruebas de que él es/ha dicho públicamente ...; **it is on** ~ **that** ... consta que ...; **there is no** ~ **of it** no hay constancia de ello; **to keep a** ~ **of sth** apuntar *or* tomar nota de algo; **the highest temperatures on** ~ las temperaturas más altas de que hay constancia; **to place** *or* **put sth on** ~ hacer constar algo, dejar constancia de algo; **let me put** *or* **set the** ~ **straight** que consten los hechos. **b** ~**s** archivos *mpl*, fichas *fpl* (*LAm*); **police** ~**s** fichas. **c** (*person's past: gen*) historial *m*; (: *Med*) historial

➤ SENTENCE BUILDER: **recommend** → 12.3, 12.4

médico; (: *as dossier*) expediente *m*; (: *Mil*) hoja *f* de servicios; (: *also* **criminal ~**) antecedentes *mpl* penales, ficha *f*; **he has a clean ~** no hay nada en su historial que le perjudique; **he left behind a splendid ~ of achievements** dejó una magnífica hoja de servicios.

d (*Sport etc*) récord *m*; **to beat** *or* **break a ~** batir un récord; **to hold the ~ (for sth)** tener el récord (de algo); **to set a ~ (for sth)** establecer un récord (de algo).

e (*Mus*) disco *m*; **long-playing ~** elepé *m*.

2 ADJ récord; **in ~ time** en un tiempo récord; **a ~ number** un número sin precedentes.

3 [rɪ'kɔːd] VT **a** (*set down*) registrar; (*relate*) hacer constancia de.

b (*Mus etc*) grabar.

4 ['rekɔːd] CPD: **~ card** N (*in file*) ficha *f*; **~ company** N casa *f* discográfica; **~ holder** N actual poseedor(a) *m/f* del récord; **~ library** N discoteca *f*; **~ player** N tocadiscos *m inv*; **~ token** N vale *m* para discos.

record-breaking ['rekɔːd,breɪkɪŋ] ADJ (*person, team*) batidor(a) del récord; (*effort, run*) récord.

recorded [rɪ'kɔːdɪd] ADJ **a** **~ music** música *f* grabada. **b** **never in ~ history** nunca en la historia escrita; **it is a ~ fact that ...** consta el hecho de que ...; **~ delivery** (*Brit Post*) entrega *f* con acuse de recibo.

recorder [rɪ'kɔːdər] N **a** (*tape ~*) magnetófono *m*, grabadora *f* (*LAm*). **b** (*Jur*) juez *mf* municipal. **c** (*Mus: instrument*) flauta *f* dulce.

recording [rɪ'kɔːdɪŋ] **1** N (*gen*) grabación *f*. **2** CPD: **~ studio** N estudio *m* de grabación.

recount [rɪ'kaʊnt] VT contar, relatar.

re-count ['riːkaʊnt] **1** N (*of votes etc*) recuento *m*; **to have a ~** someter los votos a un segundo escrutinio. **2** [riːˈkaʊnt] VT volver a contar.

recoup [rɪ'kuːp] VT recobrar, recuperar.

recourse [rɪ'kɔːs] N: **to have ~ to** recurrir a.

recover [rɪ'kʌvər] **1** VT (*retrieve, regain: gen*) recuperar, recobrar; (*Jur: damages, compensation*) ser indemnizado/a; (*rescue: person, thing*) rescatar; (*make up for: lost time*) recuperar; **to ~ one's senses** recobrar el conocimiento, volver en sí; (*fig*) volver en sí.

2 VI (*after accident, illness*) reponerse, recuperarse; (*regain consciousness*) recobrar el conocimiento *or* sentido, volver en sí; (*fig: from shock, blow*) reponerse; (*Fin: economy, currency*) recuperarse; (: *shares, stock market*) volver a subir; **I am** *or* **have ~ed now** me he repuesto, estoy recuperado.

re-cover ['riːˈkʌvər] VT recubrir, forrar de nuevo.

recoverable [rɪ'kʌvərəbl] ADJ recuperable; (*at law*) reivindicable.

recovery [rɪ'kʌvərɪ] **1** N recuperación *f*; **to make a ~** (*Med*) restablecerse; (*Sport*) recobrar el aliento; (*Fin*) recuperarse. **2** CPD: **~ room** N (*Med*) sala *f* de posoperatorio; **~ service** N (*Aut*) servicio *m* de rescate.

recreation [,rekrɪ'eɪʃən] **1** N **a** (*amusement, Scol*) recreo *m*. **b** (*reconstruction*) reconstrucción *f*; (*Theat*) recreación *f*; (*representation*) representación *f*. **2** CPD: **~ centre**, (*US*) **~ center** N centro *m* de recreo; **~ ground** N campo *m* de deportes; **~ room** N salón *m* de recreo.

recreational [,rekrɪ'eɪʃənəl] ADJ (*activity*) recreativo/a; (*drug*) de placer; **~ facilities** facilidades *fpl* de recreo; **~ vehicle** (*US*) caravana *f* or rulota *f* pequeña.

recrimination [rɪ,krɪmɪ'neɪʃən] N recriminación *f*.

recruit [rɪ'kruːt] **1** N (*Mil*) recluta *mf*; (*gen*) neófito/a *m/f*; **raw ~** (*Mil*) quinto *m*, soldado *m* raso; (*fig*) novato/a *m/f*. **2** VT (*Mil*) reclutar; (*staff*) contratar; (*new members*) buscar.

recruiting [rɪ'kruːtɪŋ] **1** N reclutamiento *m*. **2** CPD: **~ officer** N oficial *m* de reclutamiento.

recruitment [rɪ'kruːtmənt] **1** N (*Mil*) reclutamiento *m*; (*of staff*) contratación *f*. **2** CPD: **~ agency** N agencia *f* de colocaciones.

rec't ABBR *of* receipt.

rectangle ['rek,tæŋgl] N rectángulo *m*.

rectangular [rek'tæŋgjʊlər] ADJ rectangular.

rectify ['rektɪfaɪ] VT rectificar.

rectitude ['rektɪtjuːd] N rectitud *f*.

rector ['rektər] N (*Rel*) párroco *m*; (*Univ etc*) rector(a) *m/f*.

rectum ['rektəm] N (*Anat*) recto *m*.

recuperate [rɪ'kuːpəreɪt] **1** VI restablecerse, recuperarse. **2** VT (*losses*) recuperar.

recuperation [rɪ,kuːpə'reɪʃən] N restablecimiento *m*; (*of losses*) recuperación *f*.

recuperative [rɪ'kuːpərətɪv] ADJ (*powers, medicine*) recuperativo/a.

recur [rɪ'kɜːr] VI (*happen again: pain, illness*) producirse de nuevo; (: *event, mistake, idea, theme*) repetirse; (: *difficulty, opportunity*) volver a presentarse.

recurrence [rɪ'kʌrəns] N (*gen*) reaparición *f*, repetición *f*.

recurrent [rɪ'kʌrənt] ADJ (*gen*) repetido/a, constante.

recurring [rɪ'kɜːrɪŋ] ADJ (*Math: decimal*) periódico/a.

recyclable [,riː'saɪkləbl] ADJ reciclable.

recycle [,riː'saɪkl] VT reciclar.

recycling [,riː'saɪklɪŋ] **1** N reciclado *m*, reciclaje *m*. **2** CPD: **~ plant** N planta *f* de reciclaje.

red [red] **1** ADJ (*comp* **~der**; *superl* **~dest**) (*in colour*) rojo/a, colorado/a; (*face: high-coloured*) encarnado/a; (*with shame: cheeks, face*) ruboroso/a, sonrojado/a; (*Pol*) rojo; **to have ~ hair** ser pelirrojo/a; **to be ~ in the face** (*from physical effort*) ponerse encarnado; (*embarrassed*) ponerse colorado/a; **to go** *or* **turn as ~ as a beetroot** ponerse como un tomate; **it's like a ~ rag to a bull** es lo que más le saca de quicio; **~ card** (*Ftbl*) tarjeta *f* roja; **R~ Cross** Cruz *f* Roja; **~ deer** ciervo *m* común; **~ herring** pista *f* falsa; **R~ Indian** piel roja *m*; **~ light** (*Aut*) luz *f* roja; **to go through the ~ light** pasar la luz roja; **to see the ~ light** (*fig*) ver el peligro que hay por delante; **~ meat** carne *f* de vacuno/a de cordero; **~ pepper** pimiento *m* or (*LAm*) chile *m* rojo; **R~ Sea** Mar *m* Rojo; **~ tape** trámites *mpl*, papeleo *m*; **~ wine** vino *m* tinto.

2 N (*colour*) (*color m*) rojo *m*; (*Pol: person*) rojo/a *m/f*; **~s under the bed** (*fam*) la amenaza comunista; **to be in the ~** (*Fin: account, firm*) estar en números rojos; **to see ~** (*fig: person*) sulfurarse, salirse de sus casillas.

red-blooded ['red'blʌdɪd] ADJ (*fig*) viril.

redbreast ['redbrest] N (*bird*) petirrojo *m*.

redbrick ['redbrɪk] ADJ (*university*) construido en el siglo XIX y fuera de Londres; (*building*) de ladrillo.

redcurrant ['red'kʌrənt] N grosella *f* roja.

redden ['redn] **1** VT enrojecer, teñir de rojo. **2** VI **a** (*sky, leaves*) enrojecerse, ponerse rojo/a. **b** (*person: blush*) ponerse colorado/a, ruborizarse.

reddish ['redɪʃ] ADJ (*colour, hair*) rojizo/a.

redecorate ['riːˈdekəreɪt] VT (*room, house*) renovar, pintar de nuevo.

redecoration [riː,dekə'reɪʃən] N renovación *f*.

redeem [rɪ'diːm] VT (*Rel: sinner*) redimir; (*buy back: pawned goods*) desempeñar; (*Fin: debt, mortgage*) amortizar; (*fulfil: promise, obligation*) cumplir; (*compensate for: fault*) expiar; **to ~ o.s.** redimirse.

redeemable [rɪ'diːməbl] ADJ (*Comm*) reembolsable.

Redeemer [rɪ'diːmər] N (*Rel*) Redentor *m*.

redeeming [rɪ'diːmɪŋ] ADJ: **~ feature** rasgo *m* bueno, punto *m* favorable.

redemption [rɪ'dempʃən] N (*Rel*) redención *f*; **to be beyond** *or* **past ~** no tener remedio.

redeploy ['riːdɪ'plɔɪ] VT (*gen*) redistribuir; (*forces*) cambiar de frente.

redeployment ['riːdɪ'plɔɪmənt] N (*rearrangement*) disposición *f* nueva; (*redistribution*) redistribución *f*; (*Mil*) cambio *m* de frente.

redevelop [,riːdɪ'veləp] VT reorganizar.

redevelopment [,riːdɪ'veləpmənt] N reorganización *f*.

redeye ['red,aɪ] N (*esp US fam*) vuelo *m* de noche.

red-faced ['red'feɪst] ADJ (*lit*) con la cara roja; (*fig: ashamed*) ruborizado/a, avergonzado/a.

red-haired ['red'heəd] ADJ pelirrojo/a.

red-handed ['red'hændɪd] ADJ: **to catch sb ~** coger (*Sp*) *or* pillar a algn con las manos en la masa.

redhead ['redhed] N pelirrojo/a *m/f*.

red-hot ['red'hɒt] ADJ (*iron, poker*) candente; (*fig: news*) de última hora; (*fam: very sharp: cardplayer, tennis player etc*) de primera categoría.

redial [riː'daɪəl] **1** VT, VI volver a marcar. **2** N: **automatic ~** marcación *f* automática.

redirect ['riːdaɪ'rekt] VT (*letter*) remitir.

rediscover ['riːdɪs'kʌvər] VT redescubrir.

rediscovery ['riːdɪs'kʌvəri] N redescubrimiento *m*.

redistribution ['riːˌdɪstrɪ'bjuːʃən] N redistribución *f*.

red-letter ['red'letər] ADJ: **~ day** (*fig: memorable day*) día *m* señalado.

red-light ['red'laɪt] ADJ: **~ district** barrio *m* chino.

redneck ['rednek] N (*US*) campesino *m* blanco (de los estados del Sur).

redness ['rednɪs] N (*of skin, hair, colour*) rojez *f*.

redolent ['redəʊlənt] ADJ: **~ of** oliente *or* con fragancia a; (*fig*) **to be ~ of** recordar, hacer pensar en.

redouble [riː'dʌbl] VT (*intensify: activity, effort*) redoblar, intensificar.

redoubtable [rɪ'daʊtəbl] ADJ temible.

redound [rɪ'daʊnd] VI: **to ~ upon sb** repercutir sobre algn; **to ~ to sb's credit** redundar en beneficio de algn.

redraft ['riː'drɑːft] VT redactar de nuevo.

redress [rɪ'dres] **1** N (*compensation*) reparación *f*, indemnización *f*; (*satisfaction*) desagravio *m*; **to seek ~ for** solicitar compensación por.
2 VT (*compensate for*) reparar, indemnizar; (*: offence*) reparar; **to ~ the balance** equilibrar la balanza.

redskin ['redskɪn] N piel roja *m*.

reduce [rɪ'djuːs] **1** VT **a** (*gen: decrease, cut*) rebajar, reducir; (*drawing*) reducir, disminuir; (*Med: swelling*) bajar; **to ~ sth by half** reducir algo en *or* hasta la mitad; **to ~ sth to ashes** reducir algo a cenizas; **to ~ sb to despair/tears** reducir a algn a la desesperación/a las lágrimas; **to ~ sb to silence** hacer callar a algn; **we were ~d to begging on the streets** no nos quedaba otro remedio que mendigar por las calles; **~d to nothing** reducido a cero.
b (*Mil*) **to ~ sb to the ranks** degradar a algn. **2** VI (*slim*) adelgazar.

reduced [rɪ'djuːst] ADJ **a** (*decreased*) reducido/a, rebajado/a; **~ by a half/a quarter** reducido en la mitad/la cuarta parte; **at a ~ price** con rebaja *or* descuento; **'greatly ~ prices'** (*Comm*) 'grandes rebajas'; **'~ to clear'** 'rebajas por liquidación'. **b** (*straitened*) **in ~ circumstances** necesitado/a, en la necesidad.

reduction [rɪ'dʌkʃən] N (*gen*) reducción *f*, rebaja *f*.

redundancy [rɪ'dʌndənsɪ] (*Brit*) **1** N (*unemployment*) desempleo *m*, paro *m*; (*person*) desempleado/a *m/f*, parado/a *m/f*. **2** CPD: **~ payment** N indemnización *f* por desempleo.

redundant [rɪ'dʌndənt] ADJ (*superfluous*) superfluo/a; (*Brit: worker*) sin trabajo, parado/a; **to be made ~** (*Brit: worker*) quedar sin trabajo.

redwood ['redwʊd] N (*tree*) secoya *f*.

reed [riːd] N (*Bot*) junco *m*, caña *f*; (*Mus: in mouthpiece*) lengüeta *f*.

re-educate ['riː'edjʊkeɪt] VT reeducar.

reedy ['riːdɪ] ADJ (*comp* **-ier**; *superl* **-iest**) (*voice, tone, instrument*) aflautado/a.

reef¹ [riːf] N (*Geog*) arrecife *m*.

reef² [riːf] **1** N (*sail*) rizo *m*. **2** CPD: **~ knot** N nudo *m* de rizo.

reefer ['riːfər] N (*fam: marijuana cigarette*) porro *m* (*fam*).

reek [riːk] **1** N tufo *m*, hedor *m*. **2** VI (*smell*) **to ~ of sth** apestar a algo; **this ~s of treachery** (*fig*) esto huele a traición.

reel [riːl] **1** N **a** (*gen*) carrete *m*, bobina *f*; (*of tape, film etc*) cinta *f*; (*Phot: for small camera*) carrete *m*, rollo *m*.
b (*Mus: dance*) baile *m* escocés.
2 VT (*wind: thread*) devanar; (*: fishing line, camera, film*) enrollar; (*tape*) rebobinar.
3 VI (*sway, stagger*) tambalearse; **he was ~ing about drunkenly** andaba haciendo eses; **we ~ed at the news** la noticia nos atolondró.

◆ **reel in** VT + ADV: **to ~ in a fish** sacar un pez del agua.

◆ **reel off** VT + ADV (*story, poem, list of names*) recitar de una tirada.

re-elect ['riːɪ'lekt] VT reelegir.

re-election ['riːɪ'lekʃən] N reelección *f*.

re-emerge ['riːɪ'mɜːdʒ] VI volver a salir.

re-enact ['riːɪ'nækt] VT (*Parl: legislation*) volver a promulgar; (*crime*) reconstruir.

re-enter ['riː'entər] VT reingresar en.

re-entry ['riː'entrɪ] N reingreso *m*, reentrada *f*; (*Space*) reentrada.

re-examine ['riːɪg'zæmɪn] VT (*facts, evidence*) reexaminar, repasar; (*Jur: witness*) volver a interrogar.

re-export ['riː'ekspɔːt] **1** VT reexportar. **2** N reexportación *f*.

ref¹ [ref] N ABBR (*Sport fam*) *of* **referee**.

ref² PREP ABBR *of* **with reference to**.

refectory [rɪ'fektərɪ] N comedor *m*.

refer [rɪ'fɜːr] **1** VT **a** (*send, direct*) remitir; **to ~ sth to sb** (*matter, decision*) remitir algo a algn; **to ~ a dispute to arbitration** remitir una disputa al arbitraje; **the decision has been ~red to us** la decisión se ha dejado a nuestro juicio; **to ~ sb to sth/sb** remitir a algn a algo/algn; **a cheque ~red to drawer** un cheque protestado por falta de fondos.
2 VI **a** **to ~ to** (*relate to*) referirse a, relacionarse con.
b **to ~ to** (*allude to: speaker*) aludir a, tocar el tema de; **we will not ~ to it again** no lo volveremos a mencionar.
c **to ~ to** (*turn attention to, consult*) consultar; **please ~ to section 3** véase la sección 3; **you must ~ to the original** hay que recurrir al original; **to ~ to one's notes** consultar sus notas.
d **to ~ to** (*describe*) calificar.

referee [ˌrefə'riː] N (*in dispute, Sport etc*) árbitro *m*; (*for application, post*) garante *mf*.

reference ['refrəns] **1** N **a** (*act of referring*) consulta *f*, remisión *f*.
b (*relation*) relación *f*; **with special ~ to** con referencia especial a; **with ~ to** en cuanto a, respecto de; **without ~ to any particular case** sin referirse a ningún caso en concreto; **for future ~, please note that ...** por si importa en el futuro, obsérvese que ...; **I'll keep it for future ~** lo guardo por si importa en el futuro.
c (*allusion*) alusión *f*, mención *f*; **to make ~ to sth/sb** hacer alusión a algo/algn.
d (*in book, on letter*) número *m* de referencia; **to look up a ~** buscar una referencia; (*on map*) seguir las coordenadas.
e (*testimonial*) referencia *f*; (*person*) garante *mf*, fiador(a) *m/f*; **to have good ~s** tener buenas referencias; **to take up sb's ~s** pedir referencias de algn.
2 CPD (*book, library*) de consulta; (*number, point*) de referencia.

referendum [ˌrefə'rendəm] N (*pl* **~s** *or* **referenda** [ˌrefə'rendə]) referéndum *m*.

refill ['riːfɪl] **1** N recambio *m*; **would you like a ~?** ¿te pongo más vino etc?, ¿otro vaso? **2** ['riː'fɪl] VT (*lighter, pen*) recargar; (*glass*) volver a llenar.

refinance [riː'faɪnæns] VT refinanciar.

refine [rɪ'faɪn] VT (*sugar, oil, metal*) refinar; (*metal*) afinar; (*design, technique, machine*) perfeccionar; (*fig: behaviour, style of writing*) pulir, refinar.

◆ **refine (up)on** VI + PREP perfeccionar.

refined [rɪ'faɪnd] ADJ (*purified: sugar, flour etc*) refinado/a; (*fig: sophisticated: clothes, manners, sense of humour*) fino/a, refinado/a; (*subtle, polished: style of writing*) elegante, pulido/a.

refinement [rɪ'faɪnmənt] N (*of person, language*) refinamiento *m*; (*manners etc*) educación *f*, finura *f*; (*in machine etc*) perfeccionamiento *m*.

refiner [rɪ'faɪnər] N refinador *m*.

refinery [rɪ'faɪnərɪ] N refinería *f*.

refit ['riː'fɪt] **1** N (*Naut: resupplying*) equipamiento *m*; (*: repair*) reparación *f*. **2** VT (*see 1*) equipar; reparar.

reflate [ˌriː'fleɪt] VT (*economy*) reflacionar.

reflation [riː'fleɪʃən] N reflación *f*.

reflationary [riː'fleɪʃnərɪ] ADJ reflacionario/a.

reflect [rɪ'flekt] **1** VT **a** (*light, image*) reflejar; (*fig*) reflejar, hacer eco; **the difficulties are ~ed in his report** el informe se hace eco de las dificultades; **to ~ credit on sb** hacer honor a algn.
b (*think*) **to ~ that** pensar que.
2 VI **a** (*think, meditate*) reflexionar; **to ~ on sth** reflexionar or meditar sobre algo.
b (*discredit person, reputation*) **to ~ badly (up)on sb** dejar mal a algn, perjudicar a algn.

reflection [rɪ'flekʃən] N **a** (*of light, image etc*) reflejo m.
b (*thought*) meditación f, reflexión f; **on ~** pensándolo bien. **c** (*aspersion, doubt*) tacha f, descrédito m; **this is no ~ on your work** esto no significa crítica alguna a su trabajo.

reflective [rɪ'flektɪv] ADJ (*meditative*) pensativo/a, reflexivo/a.

reflector [rɪ'flektər] N **a** (*Aut: also rear ~*) ca(p)tafaros m inv. **b** (*telescope*) reflector m.

reflex [ˈriːfleks] **1** ADJ reflejo/a; (*Math: angle*) de reflexión; **~ camera** (*Phot*) cámara f reflex. **2** N reflejo m.

reflexive [rɪ'fleksɪv] ADJ (*Ling: verb, pronoun*) reflexivo/a.

reflexology [ˌriːflek'sɒlədʒɪ] N reflexología f, reflejoterapia f.

refloat [ˈriːˈfləʊt] VT (*ship*) poner a flote.

reforestation [ˈriːˌfɒrɪsˈteɪʃən] N repoblación f forestal.

reform [rɪ'fɔːm] **1** N reforma f. **2** VT (*gen*) reformar. **3** VI (*change for the better*) reformarse. **4** CPD: **~ school** N (*US*) reformatorio m.

reformat [ˈriːˈfɔːmæt] VT reformatear.

Reformation [ˌrefəˈmeɪʃən] N (*Rel*) Reforma f.

reformer [rɪ'fɔːmər] N reformista mf, reformador(a) m/f.

refraction [rɪˈfrækʃən] N refracción f.

refractory [rɪˈfræktərɪ] ADJ (*Tech*) refractario/a; (*fig: obstinate*) obstinado/a, refractario/a.

refrain[1] [rɪˈfreɪn] N (*Mus*) estribillo m.

refrain[2] [rɪˈfreɪn] VI: **to ~ from sth/from doing sth** abstenerse de algo/hacer algo.

refresh [rɪˈfreʃ] VT (*subj: drink, sleep, bath*) refrescar; (*fig*) **to ~ sb's memory** recordar algo a algn.

refresher [rɪˈfreʃər] **1** N refresco m. **2** CPD: **~ course** N curso m de actualización.

refreshing [rɪˈfreʃɪŋ] ADJ (*drink etc*) refrescante; (*change etc*) estimulante.

refreshingly [rɪˈfreʃɪŋlɪ] ADV (*fig*) que da gusto.

refreshment [rɪˈfreʃmənt] **1** N (*food, drink*) refresco m; **~s** refrigerio m, comida f liviana.
2 CPD: **~ room** N (*Rail etc*) cantina f, comedor m; **~ stall, ~ stand** N puesto m de refrescos.

refrigerate [rɪˈfrɪdʒəreɪt] VT refrigerar.

refrigeration [rɪˌfrɪdʒəˈreɪʃən] N refrigeración f.

refrigerator [rɪˈfrɪdʒəreɪtər] **1** N frigorífico m, nevera f, refrigeradora f (*LAm*). **2** CPD: **~ lorry** N camión m frigorífico.

refuel [ˈriːˈfjʊəl] **1** VI (*tank, plane*) repostar. **2** VT llenar de combustible.

refuelling, (*US*) **refueling** [ˈriːˈfjʊəlɪŋ] **1** N reabastecimiento m de combustible. **2** CPD: **~ stop** N escala f para repostar.

refuge [ˈrefjuːdʒ] N (*shelter*) refugio m; (*for climbers*) albergue m; (*fig*) amparo m, abrigo m; **to take ~ in sth** refugiarse en algo; (*fig*) recurrir a algo.

refugee [ˌrefjʊˈdʒiː] **1** N refugiado/a m/f. **2** CPD: **~ camp** N campamento m para refugiados; **~ status** N status m de refugiado.

refund [ˈriːfʌnd] **1** N reembolso m, devolución f. **2** [rɪˈfʌnd] VT devolver, reembolsar.

refundable [rɪˈfʌndəbl] ADJ reembolsable.

refurbish [ˈriːˈfɜːbɪʃ] VT (*building, paintwork*) restaurar.

refusal [rɪˈfjuːzəl] N negativa f; (*by horse*) **the horse had 2 ~s** el caballo se plantó 2 veces; **a flat ~** una negativa rotunda; **to have first ~ on sth** tener la primera opción en algo.

refuse[1] [ˈrefjuːs] **1** N (*rubbish*) basura f; (*debris etc*) desperdicios mpl.
2 CPD: **~ bin** N cubo m or (*LAm*) bote m or tarro m de la basura; **~ collection** N recolección f de basuras; **~ dump**

N vertedero m, tiradero(s) m(pl) (*Mex*).

▼**refuse**[2] [rɪˈfjuːz] **1** VT (*reject: offer, chance, applicant*) rechazar; (*not grant: request, obedience*) negar; **to ~ sb sth** negar algo a algn; **to ~ to do sth** negarse a or rehusar hacer algo; **I regret to have to ~ your invitation** siento no poder aceptar su invitación.
2 VI negarse; (*horse*) plantarse.

refutation [ˌrefjʊˈteɪʃən] N refutación f.

refute [rɪˈfjuːt] VT refutar, rebatir.

regain [rɪˈɡeɪn] VT recobrar, recuperar.

regal [ˈriːɡəl] ADJ real.

regale [rɪˈɡeɪl] VT (*entertain*) entretener; (*delight*) divertir; **he ~d the company with a funny story** para divertirles les contó a los comensales un chiste.

regalia [rɪˈɡeɪlɪə] NPL (*royal trappings*) atributos mpl; (*gen: insignia*) insignias fpl.

regard [rɪˈɡɑːd] **1** N **a** (*relation*) **in** or **with ~ to** en cuanto a, en lo que se refiere a; **in this ~** a este respecto, al respecto.
b (*esteem*) estima f, respeto m; **out of ~ for** por respeto a; **to have a high ~ for sb, to hold sb in high ~** tener mucho respeto a algn, tener a algn en alta estima; **to have no ~ for sb** tener a algn en poco; **he shows little ~ for their feelings** se muestra indiferente a sus sentimientos.
c (*in messages*) **~s** recuerdos mpl, saludos mpl; **kind ~s** muy atentamente; **~s to X, please give my ~s to X** salude a X de mi parte, dele recuerdos a X.
d (*attention, care*) atención f; **without ~ to** sin hacer caso de; **having ~ to** en atención a.
2 VT **a** (*consider*) considerar, juzgar; **we don't ~ it as necessary** no nos parece necesario; **to ~ sb with suspicion** recelarse de algn.
b (*concern*) atañer, tocar; **as ~s ...** en cuanto a ..., en lo que se refiere a ....
c **highly ~ed** muy estimado/a.

regarding [rɪˈɡɑːdɪŋ] PREP con respecto a, en cuanto a.

regardless [rɪˈɡɑːdlɪs] **1** ADJ: **~ of** sin reparar en; **buy it ~ of the cost** cómpralo, cueste lo que cueste; **we did it ~ of the consequences** lo hicimos sin tener en cuenta las consecuencias.
2 ADV (*fam*) a pesar de todo, pase lo que pase; **press on ~!** ¡a seguir, sin reparar en las consecuencias!

regatta [rɪˈɡætə] N regata f.

regd ABBR (*Comm, post*) of **registered**.

regenerate [rɪˈdʒenəreɪt] VT regenerar.

regeneration [rɪˌdʒenəˈreɪʃən] N regeneración f.

regent [ˈriːdʒənt] N regente mf.

reggae [ˈreɡeɪ] N (*Mus*) reggae m.

régime [reɪˈʒiːm] N régimen m.

regiment [ˈredʒɪmənt] **1** N (*Mil*) regimiento m.
2 [ˈredʒɪment] VT (*fig*) reglamentar; **we are very ~ed at the college** en el colegio nuestra vida está muy reglamentada.

regimental [ˌredʒɪˈmentl] ADJ (*Mil*) de regimiento; **R~ Sergeant-Major** ≈ brigada m de regimiento.

regimentation [ˌredʒɪmenˈteɪʃən] N (*pej: see vb*) reglamentación f estricta.

region [ˈriːdʒən] N (*of country, Admin*) región f; (*of body*) región, zona f; **in the ~ of 40** alrededor de los 40.

regional [ˈriːdʒənl] ADJ regional; **~ development** (*Brit Admin*) desarrollo m regional; **~ development grant** subsidio m para el desarrollo regional.

register [ˈredʒɪstər] **1** N **a** (*gen: list*) registro m; (*electoral*) censo m electoral; **to call the ~** (*Scol*) pasar lista; **to sign the ~** (*in hotel*) firmar el registro; **the ~ of births, marriages and deaths** el registro civil; **R~ of Companies** Registro de Empresas.
b (*Mus*) **high/low ~** registro m alto/bajo.
2 VT **a** (*birth, marriage, death*) registrar, inscribir; (*car*) matricular; (*letter*) certificar; (*luggage*) facturar; (*Jur: report officially:* deed, complaint) presentar; (*Comm: trademark*) registrar.
b (*show: reading*) marcar; (: *emotion*) manifestar, mostrar; **he ~ed no surprise** no acusó sorpresa alguna; **production has ~ed a big fall** la producción ha

---

>   SENTENCE BUILDER: **refuse**[2] → 4.2, 13.4, 15.5

experimentado un descenso considerable.

3 VI **a** (*sign on etc: at hotel*) registrarse; (: *at school, doctor's*) inscribirse; (: *for a course etc*) matricularse, inscribirse; (*Pol: on electoral roll*) registrarse, empadronarse.

b (*have impact, become clear*) hacer impresión, impactar (*LAm*); **it doesn't seem to have ~ed with her** parece no haber producido impresión en ella; **when it finally ~ed** cuando por fin cayó en la cuenta.

registered ['redʒɪstəd] ADJ (*letter*) certificado/a; (*luggage*) facturado/a; (*student, car*) matriculado/a; (*Comm: design, trademark*) registrado/a; (*charity*) legalmente constituido/a; **~ company** sociedad *f* legalmente constituida; **~ nurse** (*US*) enfermero/a *m/f* calificado/a; **~ office** domicilio *m* social.

registrar [ˌredʒɪs'trɑːʳ] N (*of births etc*) secretario *m* del registro civil; (*Univ*) secretario general; (*Med*) interno/a *m/f*.

registration [ˌredʒɪs'treɪʃən] **1** N **a** (*see vt*) inscripción *f*; matriculación *f*; certificación *f*; facturación *f*; presentación *f*; registro *m*; manifestación *f*.
b (*number: Aut, Naut, Univ etc*) matrícula *f*.
2 CPD: **~ document** N (*Brit Aut*) documento *m* de matriculación; **~ form** N formulario *m* de inscripción; **~ number** N (*Aut*) matrícula *f*.

registry ['redʒɪstrɪ] N (*also ~ office*) registro *m* civil; **to get married at a ~ office** casarse por lo civil.

regress [rɪ'gres] VI retroceder.

regression [rɪ'greʃən] N regresión *f*.

regressive [rɪ'gresɪv] ADJ regresivo/a.

▼**regret** [rɪ'gret] **1** N **a** (*grief*) pena *f*, pesar *m*, dolor *m* (*LAm*); (*remorse*) remordimientos *mpl*; **much to my ~, to my great ~** con gran pesar mío; **I have no ~s** no me arrepiento de nada; **I say it with ~** lo digo con pesar.
b **~s** (*excuses*) excusas *fpl*, disculpas *fpl*; **to send one's ~s for not being able to come** excusarse por no poder venir.
2 VT (*news, death*) sentir, lamentar; **I ~ the error** me arrepiento del error; **I ~ that I cannot come to your party** (*frm*) lamento no poder asistir a su fiesta; **we ~ to inform you that ...** lamentamos tener que informarles que ....

regretfully [rɪ'gretfəlɪ] ADV (*sadly*) con pesar; (*unwillingly*) desgraciadamente.

regrettable [rɪ'gretəbl] ADJ (*deplorable*) lamentable.

regrettably [rɪ'gretəblɪ] ADV (*unfortunately*) desgraciadamente, lamentablemente.

regroup ['riː'gruːp] **1** VT reagrupar. **2** VI reagruparse.

Regt. ABBR of **Regiment** regto.

regular ['regjʊləʳ] **1** ADJ **a** (*shape: symmetrical*) regular; (*surface: even*) uniforme, parejo/a (*esp LAm*); (*features*) regular.
b (*recurring at even intervals*) regular, uniforme; **as ~ as clockwork** como un cronómetro; **at ~ intervals** a intervalos regulares; **to make ~ use of sth** usar algo con regularidad.
c (*habitual: visitor, client*) habitual; (*Comm: price, size*) normal; **the ~ staff** los empleados permanentes.
d (*usual: action, procedure*) acostumbrado/a, normal.
e (*Mil: soldier, army*) regular.
f (*Ling: verb etc*) regular.
g (*fam: intensive*) **a ~ nuisance, a ~ bore** un auténtico pesado.
2 N (*customer etc*) cliente *mf* habitual; (*Mil*) regular *m*; **one of the ~s at the club** un asiduo del club.

regularity [ˌregjʊ'lærɪtɪ] N (*gen*) regularidad *f*.

regularize ['regjʊləraɪz] VT (*standardize: activities, procedure*) regularizar, estandarizar.

regularly ['regjʊləlɪ] ADV (*frequently*) con regularidad; **he's ~ late** suele llegar tarde.

regulate ['regjʊleɪt] VT (*control: traffic, expenditure, habits*) reglamentar; (*Tech: machine, mechanism*) regular; **a well-~d life** una vida ordenada; **to ~ prices** regular los precios.

regulation [ˌregjʊ'leɪʃən] **1** N **a** (*no pl: see vb*) reglamentación *f*; regulación *f*. **b** (*rule*) regla *f*. **2** CPD reglamentario/a, normal; **it's ~ wear in school** es el

uniforme del reglamento en la escuela.

regulator ['regjʊleɪtəʳ] N (*Tech*) regulador *m*.

regulatory ['regjʊˌleɪtərɪ] ADJ regulador(a).

regurgitate [rɪ'gɜːdʒɪteɪt] VT (*lit*) regurgitar; (*fig*) repetir maquinalmente.

rehabilitate [ˌriːə'bɪlɪteɪt] VT (*offenders, drug addicts etc*) rehabilitar.

rehabilitation ['riːəˌbɪlɪ'teɪʃən] **1** N rehabilitación *f*.
2 CPD: **~ centre** N centro *m* de rehabilitación.

rehash ['riː'hæʃ] **1** N (*gen*) refrito *m*. **2** [ˌriː'hæʃ] VT (*book, speech*) hacer un refrito de; (*food*) recalentar.

rehearsal [rɪ'hɜːsəl] N (*Mus, Theat*) ensayo *m*.

rehearse [rɪ'hɜːs] VT, VI (*Mus, Theat*) ensayar.

rehouse ['riː'haʊz] VT (*family*) dar una nueva vivienda a; **200 families have been ~d** 200 familias tienen vivienda nueva ya.

reign [reɪn] **1** N (*of king etc*) reinado *m*; (*gen*) dominio *m*; **in** or **under the ~ of Queen Elizabeth II** bajo el reinado de la Reina Isabel II; **~ of terror** régimen *m* de terror.
2 VI (*king*) reinar; (*fig: prevail*) predominar; **total silence ~ed** reinaba el silencio más absoluto; **~ing champion** campeón *m* actual.

reimburse [ˌriːɪm'bɜːs] VT: **to ~ sb for sth** reembolsar a algn por algo.

reimbursement [ˌriːɪm'bɜːsmənt] N reembolso *m*.

rein [reɪn] N (*usu pl*) rienda *f*; **the ~s of government** (*fig*) las riendas del gobierno; **to keep a tight ~ on sb** (*fig*) refrenar a algn; **to give sb free ~** (*fig*) dar rienda suelta a algn.

◆ **rein in** VT + ADV (*horse*) refrenar.

reincarnation ['riːɪnkɑː'neɪʃən] N reencarnación *f*.

reindeer ['reɪndɪəʳ] N (*pl ~ or ~s*) reno *m*.

reinforce [ˌriːɪn'fɔːs] VT (*gen, fig*) reforzar; **~d concrete** hormigón *m* armado.

reinforcement [ˌriːɪn'fɔːsmənt] N **a** (*act*) refuerzo *m*.
b (*Mil*) **~s** refuerzos *mpl*.

reinstate ['riːɪn'steɪt] VT (*restore*) reintegrar.

reinstatement ['riːɪn'steɪtmənt] N reintegración *f*.

reissue ['riː'ɪʃuː] **1** VT (*stamp*) volver a emitir; (*book*) reimprimir; (*film*) reestrenar.
2 N **a** (*act: see vb*) reemisión *f*; reimpresión *f*; reestreno *m*.
b (*object: see vb*) nueva emisión *f*; reimpresión *f*; reestreno *m*.

reiterate [riː'ɪtəreɪt] VT (*statement*) reiterar, repetir; **I must ~ that ...** quiero recalcar que ....

reiteration [riːˌɪtə'reɪʃən] N reiteración *f*, repetición *f*.

reject ['riːdʒekt] **1** N (*person*) persona *f* rechazada; (*thing*) desecho *m*.
2 [rɪ'dʒekt] VT (*offer etc*) rechazar; (*dismiss: suggestion etc*) descartar; (*vomit: food*) arrojar; (*subj: body: new organ*) rechazar; **to feel ~ed** sentirse rechazado/a.
3 ['riːdʒekt] CPD: **~ shop** N tienda *f* de taras.

rejection [rɪ'dʒekʃən] N (*gen*) rechazo *m*; (*of help etc*) denegación *f*; **the novel has already had 3 ~s** ya han rechazado la novela 3 veces.

rejoice [rɪ'dʒɔɪs] VI alegrarse; (*iro*) **he ~s in the name of Marmaduke** luce el nombre Marmaduke.

rejoicings [rɪ'dʒɔɪsɪŋz] NPL (*festivities*) alegría *fsg*, regocijo *msg*.

rejoin¹ ['riː'dʒɔɪn] **1** VT (*join again*) reincorporarse a. **2** VI reincorporarse.

rejoin² [rɪ'dʒɔɪn] VI (*retort*) replicar.

rejoinder [rɪ'dʒɔɪndəʳ] N (*retort*) réplica *f*.

rejuvenate [rɪ'dʒuːvɪneɪt] VT rejuvenecer.

rejuvenating [rɪ'dʒuːvɪneɪtɪŋ] ADJ (*effect etc*) rejuvenecedor(a).

rekindle ['riː'kɪndl] VT (*fire*) volver a encender; (*fig: enthusiasm, hatred*) reanimar, reavivar.

relapse [rɪ'læps] **1** N (*Med*) recaída *f*; (*into crime, error*) reincidencia *f*; **to have a ~** (*Med*) recaer. **2** VI (*see n*) recaer; reincidir.

relate [rɪ'leɪt] **1** VT **a** (*tell: story*) contar, relatar.
b (*establish relation between*) relacionar, vincular.
2 VI **a** **to ~ to** (*connect*) relacionarse or tener que ver con.

➤ SENTENCE BUILDER: **regret → 7.2**

b **to ~ to** (*get on with*) llevarse bien con; (*understand, identify with*) simpatizar con.

related [rɪˈleɪtɪd] ADJ **a** (*connected: subject*) afín, relacionado/a; **this murder is not ~ to the other** este asesinato no está relacionado con el otro. **b** (*attached by family: person*) emparentado/a; **we are distantly ~** somos parientes lejanos; **are you ~ to the prisoner?** ¿es Vd pariente del acusado?

-related [rɪˈleɪtɪd] ADJ SUF: **football~ hooliganism** gamberrismo *m* relacionado con el fútbol.

relating [rɪˈleɪtɪŋ] ADJ: **~ to** concerniente or referente a.

relation [rɪˈleɪʃən] N **a** (*narration*) relato *m*, narración *f*. **b** (*relationship*) relación *f*; (: *between persons: kinship*) parentesco *m*; **the ~ between A and B** la relación entre A y B; **in ~ to** en relación con, en lo que se refiere a; **to bear ~ to** guardar relación con; **to bear little/no ~ to** tener poco/no tener nada que ver con. **c** **~s** relaciones *fpl*; **good ~s** buenas relaciones; **diplomatic/international ~s** relaciones diplomáticas/ internacionales; **to enter into ~s with sb** establecer relaciones con algn; **we have business ~s with them** tenemos relaciones comerciales con ellos; **to have sexual ~s with sb** tener relaciones sexuales con algn; *see* **public 3**. **d** (*relative*) pariente/a *m/f*; **what ~ is she to you?** ¿qué parentesco tiene contigo?

relationship [rɪˈleɪʃənʃɪp] N **a** (*kinship*) parentesco *m*. **b** (*connection*) relación *f*; (*rapport*) relaciones *fpl*; **our ~ lasted 5 years** nuestras relaciones continuaron durante 5 años; **the ~ of A to B, the ~ between A and B** la relación entre A y B.

relative [ˈrelətɪv] **1** ADJ **a** (*gen*) relativo/a; **~ to** en relación a. **b** (*Ling*) relativo; **~ clause** oración *f* relativa; **~ pronoun** pronombre *m* relativo. **2** N pariente/a *m/f*.

relatively [ˈrelətɪvlɪ] ADV relativamente; **~ speaking** relativamente hablando.

relativity [ˌreləˈtɪvɪtɪ] N relatividad *f*.

relaunch [ˈriːˈlɔːntʃ] VT (*plan etc*) relanzar.

relax [rɪˈlæks] **1** VT (*gen*) relajar; (*loosen: muscles, discipline etc*) relajar, aflojar; **to ~ one's hold on sth** soltar algo. **2** VI **a** (*loosen: grip etc*) aflojarse, relajarse; **his face ~ed into a smile** su cara se relajó con una sonrisa. **b** (*rest*) descansar; (*quieten down*) relajarse, tranquilizarse; (*lose inhibitions*) relajarse; (*amuse oneself*) distraerse; **don't worry, ~!** no te preocupes, tranquilízate!; **I like to ~ with a book** me gusta relajarme leyendo.

relaxant [rɪˈlæksənt] N (*drug*) relajante *m*.

relaxation [ˌriːlækˈseɪʃən] N **a** (*loosening: of discipline*) relajación *f*, relajamiento *m*; (: *of hold, grip*) aflojamiento *m*. **b** (*rest*) descanso *m*, relajación; (*amusement*) recreo *m*, distracción *f*; **a favourite ~ of the wealthy** un pasatiempo favorito de los ricos.

relaxed [rɪˈlækst] ADJ (*gen*) relajado/a; **in a ~ atmosphere** en un clima de distensión.

relay [ˈriːleɪ] **1** N **a** (*of workmen*) relevo *m*; (*of horses*) posta *f*; **to work in ~s** trabajar por relevos. **b** (*Sport: also ~ race*) carrera *f* de relevos; (*Tech*) relé *m*; (*Rad, TV*) repetidor *m*; **in ~** en cadena. **2** VT (*Rad, TV: concert, football match etc*) retransmitir; (*pass on*) transmitir, pasar; (*make known*) difundir; **to ~ a message to sb** pasar un mensaje a algn.

release [rɪˈliːs] **1** N **a** (*loosening*) aflojamiento *m*; (*fig*) relajación *f*. **b** (*liberation*) liberación *f*; (*discharge*) puesta *f* en libertad; (*fig*) alivio *m*. **c** (*issue: of film*) estreno *m*; (: *of record*) puesta *f* en venta; (*emission: of gas, smoke*) escape *m*, fuga *f*; (*record*) disco *m*. **d** (*Tech, Phot: catch*) disparador *m*. **e** (*Jur: relinquishing*) cesión *f*. **2** VT **a** (*loosen: grip*) soltar, aflojar; (: *fig: tension*) relajar. **b** (*liberate: prisoner*) liberar; (*discharge*) poner en libertad; **to ~ sb on bail** poner a algn en libertad bajo fianza. **c** (*issue: film*) estrenar; (: *record*) sacar, poner a la venta; (: *book*) publicar; (: *piece of news*) difundir.

d (*Jur: relinquish: right, property*) ceder. **e** (*Tech: catch*) soltar; (*Phot: shutter*) disparar. **f** (*let up: brakes, pedal etc*) soltar.

relegate [ˈrelɪgeɪt] VT (*demote: person, old furniture*) relegar; (*Sport: team*) bajar or descender (a una división inferior).

relegation [ˌrelɪˈgeɪʃən] N (*see vb*) relegación *f*; descenso *m*.

relent [rɪˈlent] VI **a** (*show compassion*) ablandarse, aplacarse. **b** (*let up*) descansar.

relentless [rɪˈlentlɪs] ADJ **a** (*heartless: cruelty*) cruel, despiadado/a. **b** (*persistent: hard work*) incesante; **he is quite ~ about it** en esto se muestra totalmente implacable.

relentlessly [rɪˈlentlɪslɪ] ADV **a** (*heartlessly*) cruelmente, despiadadamente. **b** (*persistently*) sin descanso.

relet [ˈriːˈlet] (*pt, pp ~*) VT (*flat, house*) realquilar.

relevance [ˈreləvəns] N pertinencia *f*, relación *f*; **what is the ~ of that?** y eso ¿tiene que ver (con lo que estamos discutiendo)?

relevant [ˈreləvənt] ADJ **a** (*information etc*) pertinente, a propósito; **~ to** relacionado con; **that's not ~ to the case** eso no viene al caso. **b** (*fitting*) apropiado/a; **we have all the ~ data** tenemos todos los datos que hacen al caso.

reliability [rɪˌlaɪəˈbɪlɪtɪ] N (*gen*) fiabilidad *f*; (*soundness*) seguridad *f*; (*of person*) seriedad *f*, formalidad *f*; (*of facts*) veracidad *f*.

reliable [rɪˈlaɪəbl] ADJ (*gen*) de fiar, de confianza; (*secure, sound*) seguro/a; (*person: trustworthy*) fiable, digno/a de confianza; (: *serious*) serio/a, formal; **I've always found him very ~** siempre me ha parecido de mucha formalidad; **~ sources** fuentes *fpl* fidedignas.

reliably [rɪˈlaɪəblɪ] ADV: **I am ~ informed that ...** sé de fuentes fidedignas que ....

reliance [rɪˈlaɪəns] N: **~ on sth** dependencia *f* de algo.

reliant [rɪˈlaɪənt] ADJ: **to be ~ on sth/sb** confiar en algo/ algn.

relic [ˈrelɪk] N (*lit*) reliquia *f*; (*fig*) vestigio *m*.

relief [rɪˈliːf] **1** N **a** (*of pain etc*) alivio *m*; (*from tension etc*) descanso *m*; (*aid*) socorro *m*, ayuda *f*; (*from taxation*) desgravación *f*; **by way of light ~** a modo de diversión; **that's a ~!** ¡qué alivio!; **it is a ~ to find that ...** me consuela encontrar que ...; **to heave a sigh of ~** dar un suspiro de alivio. **b** (*Mil: team*) auxilio *m*. **c** (*Art, Geog*) relieve *m*; **high/low ~** alto/bajo relieve; **to throw sth into ~** (*fig*) hacer que resalte algo. **d** (*replacement, supplement*) relevo *m*. **2** CPD (*bus, secretary*) suplente; (*work, organization*) de auxilio; **~ fund** N fondo *m* de auxilio; **~ map** N mapa *m* en relieve; **~ road** N calle *f* de descongestionamiento; **~ troops** NPL tropas *fpl* de relevo.

relieve [rɪˈliːv] VT **a** (*comfort: sufferings etc*) aliviar; (*alleviate: pain, headache etc*) aliviar; (*fig: tension, boredom*) disipar, aliviar; **to feel ~d** sentirse aliviado; **it ~s me to hear it** me tranquiliza saberlo. **b** (*rid*) **to ~ sb of sth** librar a algn de algo; **this ~s us of financial worries** esto nos quita de encima la preocupación económica; **let me ~ you of your coat** ¿me permite su abrigo?; **to ~ sb of his wallet** (*iro*) quitarle a algn la cartera. **c** (*Mil: rescue: city etc*) auxiliar. **d** (*replace: sb on guard or shift*) relevar. **e** (*give vent to: feelings, anger*) desahogar. **f** (*go to lavatory*) **to ~ o.s.** hacer del cuerpo, hacer sus necesidades.

religion [rɪˈlɪdʒən] N religión *f*; **football is like a ~ with him** (*fig*) el fútbol es su religión.

religious [rɪˈlɪdʒəs] ADJ (*gen*) religioso/a.

religiously [rɪˈlɪdʒəslɪ] ADV (*fig*) religiosamente.

relinquish [rɪˈlɪŋkwɪʃ] VT (*gen*) renunciar a; (*let go of*) soltar.

relish [ˈrelɪʃ] **1** N **a** (*distinctive flavour*) sabor *m*. **b** (*gusto, enthusiasm*) entusiasmo *m*; **to do sth with ~** hacer algo de buena gana; **to eat sth with ~** comer algo con apetito.

c (*sauce*) salsa *f*.
2 VT (*taste, savour: a good meal*) saborear; (*fig: like: idea, prospect*) disfrutar con; **I don't ~ the idea** no me gusta la idea.

relive ['riːˈlɪv] VT revivir; **to ~ old memories** rememorar los recuerdos.

relocate ['riːˈləʊˈkeɪt] **1** VT (*factory, employees*) trasladar, reubicar (*LAm*). **2** VI trasladarse.

relocation [riːˈləʊˈkeɪʃən] **1** N nueva ubicación *f*. **2** CPD: **~ package** N prima *f* de traslado.

reluctance [rɪˈlʌktəns] N desgana *f*, renuencia *f*; **to show ~** mostrarse reacio/a or renuente; **with ~** con desgana.

reluctant [rɪˈlʌktənt] ADJ (*person*) reacio/a, renuente; **to be ~ to do sth** resistirse a hacer algo.

reluctantly [rɪˈlʌktəntlɪ] ADV de mala gana, a disgusto.

rely [rɪˈlaɪ] VI: **to ~ on sb/sth** (*depend*) depender de algn/algo; (*trust*) confiar en algn/algo; **you can't ~ on the trains** no se puede uno fiar de los trenes; **we are ~ing on you to do it** contamos con Vd para hacerlo.

remain [rɪˈmeɪn] VI **a** (*be left over*) sobrar, restar; (*survive*) quedar; **if any ~** si sobra alguno; **nothing ~s but to sell up** no queda otro remedio sino venderlo todo; **it ~s to be seen whether ...** está por ver si ...; **it only ~s to thank you** sólo queda darle las gracias.
b (*stay, persist*) quedarse; **we ~ed there 3 weeks** nos quedamos allí 3 semanas; **it will ~ in my memory** se me quedará grabado en la memoria; **the fact ~s that ...** no es menos cierto que ...; **to ~ seated** or **sitting** permanecer sentado.
c (*with adj complement*) **to ~ faithful to sb** seguir or permanecer fiel a algn; **the problem ~s unsolved** el problema sigue sin resolverse; **it ~s true that ...** sigue siendo or no deja de ser cierto que ...; **I ~, yours faithfully** le saluda atentamente.

remainder [rɪˈmeɪndəʳ] **1** N (*gen, Math*) resto *m*; **the ~** (*gen*) lo demás, el resto, los demás; **during the ~ of the day** durante el resto del día. **2** VT (*copies of book*) saldar.

remaining [rɪˈmeɪnɪŋ] ADJ (*left over*) sobrante, restante; (*LAm*) (*left behind: sg*) que queda; (*: pl*) que quedan; **the 3 ~ possibilities** las 3 posibilidades restantes; **the ~ passengers** los otros pasajeros.

remains [rɪˈmeɪnz] NPL (*gen*) restos *mpl*, vestigios *mpl*; (*food*) sobras *fpl*, restos; (*bodily*) restos.

remake ['riːˈmeɪk] N (*Cine*) nueva versión *f*.

remand [rɪˈmɑːnd] (*Jur*) **1** N: **to be on ~** estar en prisión preventiva; **2** VT (*case*) remitir; **to ~ sb in custody** poner a algn en prisión preventiva; **to ~ sb on bail** libertar a algn bajo fianza. **3** CPD: **~ centre** N cárcel *f* transitoria; **~ home** N cárcel *f* transitoria para menores.

remark [rɪˈmɑːk] **1** N (*comment*) comentario *m*, observación *f*; **to let sth pass without ~** dejar pasar algo sin (hacer) comentario; **after some introductory ~s** tras unos comentarios introductorios; **to make** or **pass ~s about sb** (*usu pej*) hacer comentarios sobre algn. **2** VT (*say*) observar, comentar. **3** VI (*comment*) **to ~ on sth** hacer observaciones sobre algo.

remarkable [rɪˈmɑːkəbl] ADJ (*noteworthy, unusual*) notable; (*outstanding*) destacado/a, extraordinario/a; **what's ~ about that?** no tiene nada de extraordinario; **he's a most ~ man** es un hombre extraordinario.

remarkably [rɪˈmɑːkəblɪ] ADV (*surprisingly*) extraordinariamente.

remarriage ['riːˈmærɪdʒ] N segundo casamiento *m*.

remarry ['riːˈmærɪ] VI volver a casarse.

remedial [rɪˈmiːdɪəl] ADJ (*Med*) reparador(a); (*fig*) correctivo/a; **~ education** educación *f* especial; **~ teaching** enseñanza *f* de los niños *etc* atrasados.

remedy ['remədɪ] **1** N (*gen*) remedio *m*; **to be past ~** (*Med, fig*) no tener remedio. **2** VT (*Med: illness*) curar; (*fig: situation*) remediar.

remember [rɪˈmembəʳ] **1** VT (*recall, not forget: person, fact, promise*) acordarse de, recordar; **I ~ seeing it, I ~ having seen it** recuerdo haberlo visto; **she ~ed to do it** se

acordó de hacerlo; **it is worth ~ing that ...** vale la pena recordar que ...; **give me sth to ~ you by** dame algún recuerdo tuyo; **~ the waiter!** ¡acuérdate de la propina!; **~ that he carries a gun** recuerda que lleva pistola; **to ~ sb in one's prayers** rezar por algn; **to ~ sb in one's will** mencionar a algn en el testamento; **~ me to your family** déles recuerdos a su familia, saluda a tu familia de mi parte.
2 VI: **do you ~?** ¿te acuerdas?, ¿recuerdas?; **yes, I ~** sí, me acuerdo; **as far as I can ~** si mal no recuerdo.

remembrance [rɪˈmembrəns] **1** N (*remembering*) recuerdo *m*; **in ~ of** en conmemoración de. **2** CPD: **R~ Day** N día *m* de los caídos (*en las dos guerras mundiales*).

remind [rɪˈmaɪnd] VT recordar; **to ~ sb of sth** recordar algo a algn; **that ~s me of last time** eso me recuerda la última vez; **she ~s me of Anne** me recuerda a Ana; **that ~s me!** ¡y a propósito!; **thank you for ~ing me** gracias por recordarme; **to ~ sb to do sth** recordar a algn que haga algo.

reminder [rɪˈmaɪndəʳ] N **a** (*letter etc*) notificación *f*, aviso *m*; **we will send a ~** le enviaremos un recordatorio. **b** (*memento*) recuerdo *m*.

reminisce [remɪˈnɪs] VI recordar, rememorar.

reminiscence [remɪˈnɪsəns] N (*act*) reminiscencia *f*; (*individual recollection*) recuerdo *m*.

reminiscent [remɪˈnɪsənt] ADJ **a** (*nostalgic*) nostálgico/a. **b** **to be ~ of** recordar.

remiss [rɪˈmɪs] ADJ descuidado/a; **it was ~ of me** fue un descuido de mi parte.

remission [rɪˈmɪʃən] N (*Rel: forgiveness*) remisión *f*, perdón *m*; (*gen: annulment*) exoneración *f*; (*shortening of prison sentence*) disminución *f* de pena.

remit ['riːmɪt] **1** N cometido *m*, deber *m*; (*of committee etc*) puntos *mpl* de consulta. **2** ['rɪmɪt] VT **a** (*pay by sending: amount due*) remitir. **b** (*refer: decision*) remitir. **c** (*Rel: forgive: sins*) perdonar, remitir; (*gen: let off: debt, part of prison sentence*) remitir; **3 months of the sentence were ~ted** se le redujo la pena en 3 meses.

remittance [rɪˈmɪtəns] **1** N (*payment*) pago *m*, giro *m*. **2** CPD: **~ advice** N aviso *m* de pago.

remnant ['remnənt] N (*remainder*) resto *m*, remanente *m*; (*scrap of cloth*) retal *m*.

remodel ['riːˈmɒdl] VT remodelar.

remold ['riːˈməʊld] (*US*) = **remould**.

remonstrance [rɪˈmɒnstrəns] N (*complaint, protest*) protesta *f*, queja *f*.

remonstrate ['remənstreɪt] VI (*protest*) protestar, quejarse; (*argue*) discutir; **to ~ with sb** reconvenir a algn.

remorse [rɪˈmɔːs] N (*regret*) remordimiento *m*; **without ~** sin remordimientos; **to feel ~** arrepentirse.

remorseful [rɪˈmɔːsfʊl] ADJ (*regretful*) arrepentido/a.

remorseless [rɪˈmɔːslɪs] ADJ **a** despiadado/a. **b** (*fig: advance, progress*) implacable, inexorable.

remorselessly [rɪˈmɔːslɪslɪ] ADV (*see adj*) despiadadamente; implacablemente, inexorablemente.

remote [rɪˈməʊt] ADJ (*comp* **~r**; *superl* **~st**) (*gen, Comput*) remoto/a; (*distant*) lejano/a; (*distant, detached: in place: village, spot*) apartado/a; (*aloof: person*) distante; **in a ~ farmstead** en una alquería aislada; **I haven't the ~st idea** no tengo la más remota idea; **a ~ possibility** una posibilidad remota; **~ control** telemando *m*, mando *m* a distancia.

remote-controlled [rɪˈməʊtkənˈtrəʊld] ADJ (*toy aircraft etc*) teledirigido/a.

remotely [rɪˈməʊtlɪ] ADV **a** (*distantly*) remotamente; **they are ~ related** son parientes lejanos. **b** (*slightly*) **it's not even ~ likely** de eso no hay la más remota posibilidad.

remould, (*US*) **remold** ['riːˈməʊld] **1** VT recauchutar. **2** ['riːməʊld] N neumático *m* or (*LAm*) llanta *f* recauchutado/a.

remount ['riːˈmaʊnt] VT (*gen*) montar de nuevo, volver a montar.

removable [rɪˈmuːvəbl] ADJ (*detachable*) movible; (*from job*) amovible.

removal [rɪˈmuːvəl] **1** N (transfer) traslado m; (of word etc) supresión f; (of house etc) mudanza f; (fig: murder) eliminación f.
2 CPD: **~ allowance** N subvención f de mudanza; **~ expenses** NPL gastos mpl de traslado de efectos personales; **~ van** N camión m de mudanzas.

remove [rɪˈmuːv] **1** VT **a** (take away) quitar, llevarse; (set apart) apartar, alejar; **to ~ a child from school** sacar a un niño de la escuela.
b (take off: clothing, make-up) quitarse; **he ~d his hat** se descubrió, se quitó el sombrero; **first ~ the lid** primero quitar la tapa.
c (Med: appendix etc) quitar.
d (get rid of: doubt, obstacle, fear) eliminar; (: stain) borrar, quitar.
2 VI (move house) mudarse; (transfer) trasladarse.

removed [rɪˈmuːvd] ADJ: **first cousin once ~** (parent's cousin) tío/a m/f segundo/a; (cousin's child) sobrino/a m/f segundo/a; **far ~ from** muy lejos de.

remover [rɪˈmuːvəʳ] N **a** (person) agente m de mudanzas.
b (substance) **make-up ~** desmaquillador m, desmaquillante m; **nail polish ~** quitaesmalte m; **stain ~** quitamanchas m inv.

remunerate [rɪˈmjuːnəreɪt] VT remunerar.

remuneration [rɪˌmjuːnəˈreɪʃən] N remuneración f.

remunerative [rɪˈmjuːnərətɪv] ADJ remunerativo/a.

Renaissance [rəˈnɛsɑːns] **1** N renacimiento m. **2** CPD renacentista.

renal [ˈriːnl] ADJ (Anat) renal; **~ failure** insuficiencia f renal.

rename [ˈriːˈneɪm] VT poner nuevo nombre a.

rend [rend] (pt, pp **rent**) VT (poet: tear) rasgar, desgarrar; (: split) hender; (fig) **a cry rent the air** un grito hendió el aire.

render [ˈrendəʳ] VT **a** (give: thanks, honour) dar, rendir; (: service) dar, prestar; (: account) dar; **'to account ~ed'** (Comm) 'según factura anterior'. **b** (make) dejar, volver; **the accident ~ed him blind** el accidente le dejó ciego; **to ~ sth useless** inutilizar algo; **this ~s it impossible for me to leave** esto me impide marcharme. **c** (interpret: sonata etc) interpretar; (role, play) representar, interpretar; (translate: text) traducir. **d** (Culin: also **~ down**) derretir. **e** (Constr) enlucir.

rendering [ˈrendərɪŋ] N (translation) traducción f; (of song, role) interpretación f; **an elegant ~ of Machado** una elegante versión de Machado.

rendezvous [ˈrɒndɪvuː] **1** N **a** (date) cita f; (meeting) reunión f; **to have a ~ with sb** tener una cita con algn. **b** (meeting-place) lugar m de reunión. **2** VI reunirse, encontrarse.

rendition [renˈdɪʃən] N (Mus) interpretación f.

renegade [ˈrenɪgeɪd] ADJ, N renegado/a m/f.

renege [rɪˈniːg] VI faltar a su palabra; **to ~ on a promise** no cumplir una promesa.

renew [rɪˈnjuː] VT (gen) renovar; (resume) reanudar; (extend date) prorrogar; **to ~ the attack** volver al ataque.

renewable [rɪˈnjuːəbl] ADJ renovable; (energy, resources) no perecedero/a.

renewal [rɪˈnjuːəl] N (see vb) renovación f; reanudación f; prórroga f; **urban ~** renovación urbana; **a spiritual ~** una renovación espiritual.

rennet [ˈrenɪt] N cuajo m.

renounce [rɪˈnaʊns] VT renunciar a.

renovate [ˈrenəʊveɪt] VT (renew) renovar; (restore) restaurar.

renovation [ˌrenəʊˈveɪʃən] N (of house, building) restauración f.

renown [rɪˈnaʊn] N renombre m, fama f.

renowned [rɪˈnaʊnd] ADJ renombrado/a, famoso/a.

rent¹ [rent] **1** N alquiler m, arriendo m (LAm); **we pay £350 in ~** pagamos 350 libras de alquiler; **'for ~'** (US) 'se alquila'.
2 VT (house, TV, car) alquilar, arrendar (LAm); **to ~ a flat from sb** alquilar un piso a algn; **to ~ a house (out) to sb** alquilar una casa a algn.
3 CPD: **~ book** N librito m del alquiler; **~ boy** N (fam)

chapero m (fam); **~ collector** N recaudador(a) m/f de alquileres; **~ rebate** N devolución f de alquiler.

rent² [rent] PT, PP of **rend**.

rental [ˈrentl] **1** N (cost) alquiler m, arriendo m (LAm). **2** CPD: **~ car** N (US) coche m de alquiler.

rent-free [ˈrentˈfriː] ADJ (house etc) exento/a de alquiler.

renting [ˈrentɪŋ] N arrendamiento m.

renunciation [rɪˌnʌnsɪˈeɪʃən] N renuncia f.

reopen [ˈriːˈəʊpən] **1** VT (shop, theatre) volver a abrir, reabrir; (discussion, hostilities) reanudar; **to ~ a case** (Jur) rever un proceso; **to ~ old wounds** reabrir una vieja herida.
2 VI volverse a abrir, reanudarse; **school ~s on the 8th** el nuevo curso comienza el día 8.

re-opening [ˈriːˈəʊpnɪŋ] N (see vt) reapertura f; reanudación f.

reorder [ˈriːˈɔːdəʳ] VT, VI (Comm) volver a pedir.

reorganization [ˈriːˌɔːgənaɪˈzeɪʃən] N reorganización f.

reorganize [ˈriːˈɔːgənaɪz] VT reorganizar.

rep¹ [rep] N ABBR (Comm) of **representative**.

rep² [rep] N ABBR (Theat) of **repertory**.

Rep. ABBR **a** of **Republic**. **b** (US Pol) of **Republican**.
c (US Pol) of **Representative**.

repaid [riːˈpeɪd] PT, PP of **repay**.

repair [rɪˈpɛəʳ] **1** N (act) reparación f, arreglo m, compostura f; (patch etc) remiendo m; **to be in good ~, to be in a good state of ~** estar en buen estado; **it is damaged beyond ~** es irreparable; **under ~** en obras; **'closed for ~s'** 'cerrado por obras'.
2 VT **a** (car, shoes etc) reparar, arreglar, componer; (clothes) remendar, arreglar.
b (fig: wrong) remediar.
3 VI (frm: go) **to ~ to** dirigirse a.
4 CPD: **~ kit** N caja f de herramientas (para reparaciones).

repairable [rɪˈpɛərəbl] ADJ reparable.

repairman [rɪˈpɛəmæn] N (pl -men) (US) reparador m.

reparable [ˈrepərəbl] ADJ = **repairable**.

reparation [ˌrepəˈreɪʃən] N reparación f; **to make ~ to sb for sth** indemnizar a algn por algo.

repartee [ˌrepɑːˈtiː] N réplicas fpl agudas.

repatriate [riːˈpætrɪeɪt] VT repatriar.

repatriation [riːˌpætrɪˈeɪʃən] N repatriación f.

repay [riːˈpeɪ] (pt, pp **repaid**) VT (money) reembolsar, devolver; (debt) liquidar, pagar; (person) reembolsar, pagar; (kindness etc) devolver, corresponder a; **how can I ever ~ you?** ¿podré corresponderle alguna vez?; **it ~s study** vale la pena estudiarlo.

repayable [riːˈpeɪəbl] ADJ reembolsable; **~ in 10 instalments** a pagar en 10 cuotas; **~ on demand** reembolsable a petición.

repayment [riːˈpeɪmənt] **1** N devolución f, reembolso m. **2** CPD: **~ schedule** N plan m de amortización.

repeal [rɪˈpiːl] **1** VT revocar, abrogar. **2** N revocación f, abrogación f.

repeat [rɪˈpiːt] **1** VT (say or do again) repetir; **don't ~ it to anybody** no se lo cuentes a nadie; **this offer cannot be ~ed** la oferta no se puede repetir; **to ~ o.s.** repetirse; **~ed failure** fracasos repetidos; **in spite of ~ed reminders** a pesar de repetidas notificaciones.
2 N repetición f; (TV) reposición f.
3 CPD: **~ order** N (Comm) pedido m renovado; **~ performance** N repetición f.

repeatedly [rɪˈpiːtɪdlɪ] ADV repetidas veces.

repel [rɪˈpel] VT (force back) repeler, rechazar; (disgust) repugnar, dar asco a.

repellent [rɪˈpelənt] **1** ADJ (disgusting) repugnante, asqueroso/a. **2** N: **insect ~** crema f or loción f anti-insectos.

repent [rɪˈpent] VI arrepentirse (of de).

repentance [rɪˈpentəns] N arrepentimiento m.

repentant [rɪˈpentənt] ADJ arrepentido/a.

repercussions [ˌriːpəˈkʌʃənz] NPL repercusiones fpl; **it had great ~s in France** tuvo gran resonancia en Francia.

repertoire [ˈrepətwɑːʳ] N (of songs, jokes) repertorio m.

repertory ['repətəri] CPD: ~ **company** N compañía f de repertorio; ~ **theatre** N teatro m de repertorio.

repetition [,repɪ'tɪʃən] N repetición f.

repetitious [,repɪ'tɪʃəs], **repetitive** [rɪ'petɪtɪv] ADJ repetitivo/a, reiterativo/a; **repetitive strain injury** engarrotamiento muscular debido al uso abusivo de teclados, etc.

rephrase [riː'freɪz] VT expresar de otro modo.

replace [rɪ'pleɪs] VT [a] (put back: book etc) devolver a su lugar; (Telec: receiver) colgar. [b] (get a replacement for) reemplazar; (take the place of) reemplazar, suplir; **to ~ sth by** or **with sth else** sustituir algo por otra cosa; **nobody could ever ~ him in my heart** nadie le sustituirá en mi corazón; **he asked to be ~d** pidió que se le sustituyera.

replaceable [rɪ'pleɪsəbl] reemplazable, sustituible.

replacement [rɪ'pleɪsmənt] [1] N (act: see vt) devolución f; reemplazo m; sustitución f; (substitute: thing) repuesto m, recambio m; (: person) sustituto/a m/f, suplente mf. [2] CPD: ~ **cost** N costo m de sustitución; ~ **value** N valor m de sustitución.

replay [,riː'pleɪ] [1] VT, VI (match etc) volver a jugar. [2] ['riːpleɪ] N (of match) repetición f de un partido; **action ~** (TV) repetición.

replenish [rɪ'plenɪʃ] VT (tank etc) rellenar, llenar de nuevo; (stocks) reponer.

replete [rɪ'pliːt] ADJ (usu pred) repleto/a, lleno/a.

replica ['replɪkə] N réplica f, reproducción f.

reply [rɪ'plaɪ] [1] N respuesta f, contestación f; **in ~** en respuesta; **there's no ~** (Telec) no contestan; **we await your ~** (ending letter) en espera de sus noticias. [2] VI (to sb) responder, contestar; **to ~ to a letter** contestar una carta. [3] CPD: ~**-paid postcard** N tarjeta f de respuesta pagada.

repopulate ['riː'pɒpjʊleɪt] VT repoblar.

report [rɪ'pɔːt] [1] N [a] (account: written, spoken) informe m; (Press, Rad, TV) reportaje m; (: piece of news) noticia f; **annual ~** memoria f anual; **to give a ~ on sth** presentar un informe sobre algo. [b] (bang) estallido m; (shot) disparo m. [c] (Scol) boletín m escolar. [2] VT (state, make known) informar, dar informe de; (Press, TV) informar acerca de; (notify: accident, culprit) denunciar; **it is ~ed from Berlin that ...** se informa desde Berlín que ...; **she is ~ed to be in Italy** se cree que está en Italia; **~ed speech** discurso m indirecto; **what have you to ~?** ¿qué noticias nos trae?; **nothing to ~** sin novedad; **to ~ progress** informar sobre los progresos habidos; **I shall have to ~ this** tengo la obligación de presentar una denuncia de or denunciar esto; **you have been ~ed for idleness** Vd ha sido denunciado por vago. [3] VI [a] (make ~) presentar un informe; **to ~ on** investigar; **a committee was set up to ~ on the pill** se creó una comisión para investigar la píldora. [b] (as reporter) ser reportero/a. [c] (present oneself) presentarse (to a); **to ~ at a place at 18.00 hours** presentarse en un sitio a las 18.00 horas; **to ~ for duty** presentarse para el servicio; **to ~ sick** darse de baja por enfermo; **he ~s to the marketing director** es responsable al director de márketing.

◆ **report back** VI + ADV informar; ~ **back at 6 o'clock** preséntese a las 6.

reportage [,repɔː'taːʒ] N (news report) reportaje m; (technique) periodismo m.

reportedly [rɪ'pɔːtɪdlɪ] ADV según se dice; **he is ~ living in Australia** se dice que está viviendo en Australia.

reporter [rɪ'pɔːtər] N (Press) periodista mf, reportero/a m/f; (TV, Rad) locutor(a) m/f.

repose [rɪ'pəʊz] (frm) [1] N (rest, sleep) reposo m, descanso m; (calm) calma f, tranquilidad f. [2] VI (rest, be buried) reposar, descansar.

repository [rɪ'pɒzɪtərɪ] N depósito m.

repossess ['riː'pə'zes] VT recobrar.

repossession [,riː'pə'zeʃən] N recuperación f de un artículo no pagado.

reprehensible [,reprɪ'hensɪbl] ADJ reprensible, censurable.

represent [reprɪ'zent] VT [a] (stand for, symbolize) representar. [b] (act or speak for) representar; **his early work is well ~ed in the exhibition** su obra juvenil tiene una fuerte representación en la exposición. [c] (frm: convey, explain) explicar, hacer ver.

representation [,reprɪzen'teɪʃən] N representación f; **to make ~s to sb** levantar una protesta a algn; see **proportional**.

representative [,reprɪ'zentətɪv] [1] ADJ representativo/a (of de); **these figures are more ~** estas cifras son más representativas. [2] N (gen) representante mf; (US Pol) **R~** ≈ diputado/a m/f; (Comm) viajante mf; **the House of R~s** (US Pol) la cámara de Representantes, ≈ el Senado.

repress [rɪ'pres] VT reprimir.

repressed [rɪ'prest] ADJ reprimido/a.

repression [rɪ'preʃən] N (gen, Psych) represión f.

repressive [rɪ'presɪv] ADJ represivo/a.

reprieve [rɪ'priːv] [1] N (Jur) indulto m; (: of sentence) conmutación f; (fig: delay) aplazamiento m, alivio m temporal; **the wood got a ~** se retiró la orden de talar el bosque. [2] VT (Jur) indultar; (fig) salvar.

reprimand ['reprɪmɑːnd] [1] N reprimenda f. [2] VT reprender, regañar.

reprint ['riːprɪnt] [1] N reimpresión f, reedición f. [2] ['riː'prɪnt] VT reimprimir.

reprisal [rɪ'praɪzəl] N represalia f; **to take ~s** tomar represalias.

reproach [rɪ'prəʊtʃ] [1] N reproche m; **above** or **beyond ~** intachable, irreprochable; **that is a ~ to us all** es un reproche a todos nosotros. [2] VT: **to ~ sb for sth** reprochar algo a algn; **to ~ o.s. for sth** reprocharse algo, culparse de algo.

reproachful [rɪ'prəʊtʃfʊl] ADJ (look etc) de reproche, de acusación.

reprobate ['reprəʊbeɪt] N réprobo/a m/f.

reprocess [,riː'prəʊses] VT reprocesar.

reprocessing [,riː'prəʊsesɪŋ] [1] N reprocesamiento m. [2] CPD: ~ **plant** N planta f de reprocesamiento.

reproduce [,riːprə'djuːs] [1] VT reproducir. [2] VI (Bio) reproducirse.

reproduction [,riːprə'dʌkʃən] [1] N [a] (act of reproducing) reproducción f; (copy) copia f, reproducción. [b] (Bio) reproducción f. [2] CPD: ~ **furniture** N reproducciones fpl de muebles antiguos.

reproductive [,riːprə'dʌktɪv] ADJ reproductor(a).

reproof [,riː'pruːf] N reprobación f, regaño m.

re-proof [,riː'pruːf] VT (garment) impermeabilizar de nuevo.

reprove [rɪ'pruːv] VT: **to ~ sb for sth** reprobar a algn por algo.

reptile ['reptaɪl] N reptil m.

Repub. ABBR [a] of Republic. [b] of Republican.

republic [rɪ'pʌblɪk] N república f.

republican [rɪ'pʌblɪkən] ADJ, N republicano/a m/f.

republish ['riː'pʌblɪʃ] VT reeditar.

repudiate [rɪ'pjuːdɪeɪt] VT (charge, treaty, debt) negarse a aceptar; (wife, violence) repudiar.

repudiation [rɪ,pjuːdɪ'eɪʃən] N (see vt) rechazo m; repudio m.

repugnance [rɪ'pʌgnəns] N repugnancia f.

repugnant [rɪ'pʌgnənt] ADJ repugnante.

repulse [rɪ'pʌls] VT (gen) rechazar.

repulsion [rɪ'pʌlʃən] N (disgust) repulsión f, repugnancia f; (rejection) rechazo m.

repulsive [rɪ'pʌlsɪv] ADJ repulsivo/a, repugnante.

reputable ['repjʊtəbl] ADJ (of good name) acreditado/a, de confianza.

reputation [,repjʊ'teɪʃən] N reputación f, fama f; **to have a bad ~** tener mala fama; **he has a ~ for being awkward** tiene fama de difícil; **to live up to one's ~** merecer la reputación.

repute [rɪ'pjuːt] [1] N reputación f, renombre m; **a firm of ~** una casa acreditada; **a house of ill ~** (euph) una casa de mala fama.

2 VT: **he is ~d to be very fast** se dice que es muy rápido; **she is ~d to be the world's best** tiene fama de ser la mejor del mundo.

reputed [rɪ'pjuːtɪd] ADJ (*supposed*) supuesto/a, presunto/a; (*well known*) renombrado/a.

reputedly [rɪ'pjuːtɪdlɪ] ADV según dicen.

request [rɪ'kwest] **1** N (*gen*) solicitud *f*; (*plea*) petición *f*; **a ~ for help** una petición de socorro; **at the ~ of** a petición de; **by popular ~** a petición del público; **on ~** a solicitud; **to make a ~ for sth** pedir algo.
2 VT solicitar; **to ~ sb to do sth** pedir a algn hacer algo.
3 CPD: **~ (bus) stop** N parada *f* discrecional; **~ programme** N (*Rad*) programa *m* de discos solicitados.

requiem ['rekwɪem] N réquiem *m*.

▼**require** [rɪ'kwaɪəˀ] VT **a** (*need*) requerir, necesitar; (*call for, take*: *care, effort*) exigir, requerir; **it ~s great care** exige mucho cuidado; **is my presence ~d?** ¿es necesario que asista yo?; **what qualifications are ~d?** ¿qué títulos se requieren?; **if ~d** si se requiere. **b** (*demand, order*) exigir; (*ask*) pedir, rogar; **to ~ sth of sb** pedir algo a algn; **to ~ that sth be done** exigir que algo se haga.

required [rɪ'kwaɪəd] ADJ necesario/a, requerido/a; **in the ~ time** dentro del plazo prescrito; **the qualities ~ for the job** las cualidades que se requieren para el puesto; **it is a ~ course for the degree** (*US*) es una asignatura obligatoria para el título; **~ (by law)** obligatorio/a (por ley).

requirement [rɪ'kwaɪəmənt] N (*need*) necesidad *f*; (*condition*) requisito *m*; **it is one of the ~s of the contract** es una de las estipulaciones del contrato; **to meet all the ~s for sth** reunir todos los requisitos para algo.

requisite ['rekwɪzɪt] **1** ADJ = **required**. **2** N requisito *m*; **toilet ~s** artículos *mpl* de baño.

requisition [,rekwɪ'zɪʃən] **1** N (*Mil*) requisa *f*, requisición *f*; (*formal request*) solicitud *f*. **2** VT (*see n*) requisar; solicitar.

reroute ['riː'ruːt] VT desviar.

rerun ['riːrʌn] N repetición *f*.

resale ['riː'seɪl] **1** N reventa *f*. **2** CPD: **~ price maintenance** N mantenimiento *m* del precio de venta; **~ value** N valor *m* de reventa.

resat ['riː'sæt] PT, PP of **resit**.

rescind [rɪ'sɪnd] VT (*Jur*) abrogar; (*contract*) rescindir; (*order*) anular.

rescue ['reskjuː] **1** N rescate *m*, salvamento *m*; **to come/go to sb's ~** acudir en auxilio de algn, socorrer a algn.
2 VT salvar, rescatar; **three men were ~d** se salvaron tres hombres; **to ~ sb from death** salvar a algn de la muerte.
3 CPD: **~ attempt** N tentativa *f* de salvamento; **~ operations** NPL operaciones *fpl* de salvamento; **~ party** N equipo *m* de salvamento; **~ services** NPL servicios *mpl* de rescate.

rescuer ['reskjuəˀ] N salvador(a) *m/f*.

research [rɪ's3ːtʃ] **1** N investigación *f*; **~ and development** investigación y desarrollo; *see* **market 3**.
2 VI hacer investigaciones; **to ~ into sth** investigar algo.
3 VT investigar; **a well ~ed book** un libro bien documentado.
4 CPD: **~ establishment** N instituto *m* de investigación; **~ staff** N personal *m* investigador; **~ student** N estudiante *mf* investigador(a); **~ work** N trabajo(s) *m(pl)* de investigación; **~ worker** N investigador(a) *m/f*.

researcher [rɪ's3ːtʃəˀ] N investigador(a) *m/f*.

resell [rɪ'sel] (*pt, pp* **resold**) VT revender.

resemblance [rɪ'zembləns] N semejanza *f*, parecido *m*; **to bear a strong ~ to sb** parecerse mucho a algn, estar clavado/a a algn; **there is no ~ between them** los dos no se parecen en absoluto.

resemble [rɪ'zembl] VT parecerse a.

resent [rɪ'zent] VT resentirse por, sentirse ofendido/a por; **he ~s my being here** le molesta que esté aquí.

resentful [rɪ'zentʊl] ADJ (*person, tone*) resentido/a; **to be** or **feel ~ of sb** tener resentimiento a algn.

resentment [rɪ'zentmənt] N resentimiento *m* (*about* por).

reservation [,rezə'veɪʃən] **1** N **a** (*booking*) reserva *f*. **b** (*doubt*) reserva *f*, duda *f*; **I had ~s about it** tenía ciertas dudas sobre ese punto. **c** (*area of land*) reserva *f*; *see* **central**. **2** CPD: **~ desk** N (*Brit*) mostrador *m* de reservas; (*US*: in hotels) recepción *f*.

reserve [rɪ'z3ːv] **1** N **a** (*of money etc*) reserva *f*; **to have sth in ~** tener algo de reserva; **to keep sth in ~** guardar algo en reserva; **there are untapped ~s of energy** hay fuentes de energía sin explotar todavía. **b** (*Sport etc*) reserva *mf*, suplente *mf*. **c** (*land*) reserva *f*. **d** (*hiding one's feelings*) reserva *f*; **without ~** sin reserva. **2** VT **a** (*table, seat etc*) reservar; (*set aside*) reservar, guardar; **to ~ one's strength** conservar las fuerzas; **to ~ the right to do sth** reservarse el derecho de hacer algo. **b** (*Jur*) aplazar; **I ~ judgment on this** me reservo el juicio en este asunto. **3** CPD: **~ currency** N divisa *f* de reserva; **~ petrol** or **gas tank** (*US*) N depósito *m* de gasolina de reserva; **~ price** N (*Brit*) precio *m* mínimo; **~ team** N (*Sport*) equipo *m* de reserva.

reserved [rɪ'z3ːvd] ADJ (*gen*) reservado/a.

reservist [rɪ'z3ːvɪst] N (*Mil*) reservista *mf*.

reservoir ['rezəvwaːˀ] N (*lake*) embalse *m*, represa *f* (*LAm*); (*tank etc*) depósito *m*.

reset ['riː'set] (*pt, pp* **~**) **1** VT (*machine etc*) reajustar; (*Typ*) recomponer; (*Comput*) reinicializar; (*bone*) volver a encajar; (*jewel*) reengastar. **2** CPD: **~ switch** N conmutador *m* de reajuste.

resettle ['riː'setl] **1** VT (*persons*) establecer de nuevo; (*land*) repoblar. **2** VI reestablecerse.

reshuffle ['riː'ʃʌfl] **1** N (*Pol*) reconstrucción *f*. **2** VT (*cards*) volver a barajar; (*Pol*) reconstruir.

reside [rɪ'zaɪd] VI (*frm*) residir, vivir; **to ~ in** or **with** (*fig*) residir en; **the problem ~s there** ahí el problema radica.

residence ['rezɪdəns] **1** N **a** (*stay*) permanencia *f*, estancia *f* (*LAm*); (*home*) residencia *f*, domicilio *m*; **after 6 months' ~** después de 6 meses de permanencia; **to take up ~** (*in house*) instalarse; (*in country*) establecerse; **in ~** residente. **b** (*Univ*: *also* **hall of ~**) colegio *m* mayor. **2** CPD: **~ permit** N permiso *m* de residencia.

resident ['rezɪdənt] **1** ADJ (*person, Comput*) residente; (*population etc*) permanente; **to be ~ in a town** tener domicilio fijo en una ciudad; **we were ~ there for some years** residimos allí durante varios años. **2** N (*of hotel etc*) huésped(a) *m/f*; (*of area*) vecino/a *m/f*; **~s' association** asociación *f* de vecinos.

residential [,rezɪ'denʃəl] ADJ (*area*) residencial; (*work*) interno/a.

residual [rɪ'zɪdjʊəl] ADJ residual.

residue ['rezɪdjuː] N **a** (*remainder*) resto *m*, residuo *m*. **b** (*Jur*) bienes *mpl* residuales. **c** (*Chem*) residuo *m*.

resign [rɪ'zaɪn] **1** VT (*gen*) renunciar a; **to ~ o.s. to (doing) sth** resignarse a (hacer) algo. **2** VI dimitir, renunciar.

resignation [,rezɪg'neɪʃən] N **a** (*act*) dimisión *f*, renuncia *f*; **to offer** or **send in** or **hand in** or **submit one's ~** presentar la dimisión. **b** (*state*) resignación *f*.

resigned [rɪ'zaɪnd] ADJ resignado/a.

resilience [rɪ'zɪlɪəns] N (*Tech*) elasticidad *f*; (*fig*) resistencia *f*.

resilient [rɪ'zɪlɪənt] ADJ (*see n*) elástico/a; resistente.

resin ['rezɪn] N resina *f*.

resist [rɪ'zɪst] **1** VT (*oppose*) resistir(se) a; (*be unaffected by*) resistir; **to ~ temptation** resistir la tentación; **I couldn't ~ buying it** no me resistí a comprarlo; **she can't ~ sweets** no puede resistirse a los dulces. **2** VI resistir.

resistance [rɪ'zɪstəns] N (*gen*) resistencia *f*; **to offer ~** oponer resistencia; **to take the line of least ~** seguir la ley del mínimo esfuerzo.

resistant [rɪ'zɪstənt] ADJ resistente.

resit ['riː'sɪt] (*vb*: *pt, pp* **resat**) (*Brit*) **1** N reválida *f*. **2** ['riː'sɪt] VT (*exam*) presentarse otra vez a.

resold [ˌriːˈsəʊld] PT, PP *of* resell.
resolute [ˈrezəluːt] ADJ resuelto/a, decidido/a.
resolutely [ˈrezəluːtlɪ] ADV resueltamente.
resolution [ˌrezəˈluːʃən] N **a** (*determination*) resolución *f*. **b** (*solving*) resolución *f*. **c** (*motion*) resolución *f*, proposición *f*; **to put a ~ to a meeting** someter una moción a votación. **d** (*resolve*) propósito *m*; **New Year ~s** buenos propósitos para el Año Nuevo. **e** (*Chem*) resolución *f*. **f** (*Comput*) definición *f*.
resolve [rɪˈzɒlv] **1** N (*resoluteness*) resolución *f*; **to make a ~ to do sth** resolverse a hacer algo.
2 VT (*find solution to*) resolver, solucionar; (*decide*) resolver, decidir; **to ~ to do sth** resolverse a hacer algo; **to ~ that ...** acordar que ...; **it was ~d that ...** se acordó que ....
resolved [rɪˈzɒlvd] ADJ: **to be ~ to do sth** estar resuelto/a a hacer algo.
resonance [ˈrezənəns] N resonancia *f*.
resonant [ˈrezənənt] ADJ (*sound*) resonante; **the village was ~ with the sound of the bells** las campanas resonaban por el pueblo.
resort [rɪˈzɔːt] **1** N **a** (*recourse*) recurso *m*; **as a last ~, in the last ~** como último recurso.
b (*place*) lugar *m* de reunión; **holiday ~** centro *m* turístico *or* de vacaciones.
2 VI **a** ⟨*to violence etc*⟩ recurrir (*to* a); **then you ~ to me for help** así que acudes a mí a pedir ayuda.
b (*frequent, visit*) **to ~ to** frecuentar.
resound [rɪˈzaʊnd] VI (*sound*) resonar; (*place*) **the house ~ed with laughter** resonaron las risas por toda la casa.
resounding [rɪˈzaʊndɪŋ] ADJ (*noise*) sonoro/a; (*victory etc*) resonante.
resource [rɪˈsɔːs] **1** N (*expedient*) recurso *m*, expediente *m*; (*wealth, goods*) recurso *m*; **as a last ~** como último recurso; **to leave sb to his own ~s** (*fig*) dejar que algn se apañe como pueda; **natural ~s** recursos naturales; **those ~s are as yet untapped** esos recursos quedan todavía sin explotar.
2 VT proveer fondos para; **an inadequately ~d project** un proyecto insuficientemente financiado.
resourceful [rɪˈsɔːsfʊl] ADJ ingenioso/a, despabilado/a (*Sp*).
respect [rɪsˈpekt] **1** N **a** (*consideration*) respeto *m*, consideración *f*; **to have** *or* **show ~ for** tener *or* mostrar respeto por; **to pay ~ to** tomar en consideración.
b (*admiration, esteem*) respeto *m*, estima *f*; **to have** *or* **show ~ for** respetar; **to hold sb in great ~** tener a algn en gran estima; **to treat sb with ~** tratar a algn respetuosamente; **out of ~** por respeto; **with (due) ~** con el debido respeto; **worthy of ~** digno de respeto.
c **~s** respetos *mpl*, saludos *mpl*; **to pay one's ~s to sb** (*frm*) presentar sus respetos a algn; **to pay one's last ~s to sb** hacer honor al muerto; (*in official ceremony*) rendir el último homenaje a algn.
d (*point, detail*) respecto *m*; **in some/all/many ~s** en algunos/todos/muchos aspectos; **in this/one/no/any ~** en este/un/ningún/cualquier sentido.
e (*reference, regard*) respecto *m*; **in ~ of** (*frm*) respecto a *or* de; **with ~ to** (*frm*) en lo que respecta a; **without ~ to** sin distinción de.
2 VT respetar; **to ~ sb's wishes** respetar los deseos de algn.
respectability [rɪsˌpektəˈbɪlɪtɪ] N respetabilidad *f*.
respectable [rɪsˈpektəbl] ADJ **a** (*deserving respect*) respetable; **for perfectly ~ reasons** por motivos perfectamente legítimos. **b** (*of fair social standing, decent*) respetable, decente; **in ~ society** en la buena sociedad. **c** (*amount etc*) apreciable; **at a ~ distance** a una distancia prudente. **d** (*passable*) pasable, tolerable; **we made a ~ showing** lo hicimos más o menos bien.
respectably [rɪsˈpektəblɪ] ADV (*dress, behave*) respetablemente, decentemente; (*quite well*) pasablemente.
respected [rɪsˈpektɪd] ADJ estimado/a, respetado/a.
respecter [rɪsˈpektəʳ] N: **to be no ~ of persons** no hacer distinción de personas.
respectful [rɪsˈpektfʊl] ADJ respetuoso/a.

respectfully [rɪsˈpektfəlɪ] ADV respetuosamente.
respecting [rɪsˈpektɪŋ] PREP con respecto a, en cuanto a.
respective [rɪsˈpektɪv] ADJ respectivo/a.
respectively [rɪsˈpektɪvlɪ] ADV respectivamente.
respiration [ˌrespɪˈreɪʃən] N respiración *f*.
respiratory [rɪsˈpaɪərətərɪ] ADJ respiratorio/a.
respite [ˈrespaɪt] N (*gen*) respiro *m*, tregua *f*; (*Jur*) prórroga *f*, plazo *m*; **without ~** sin descanso; **they gave us no ~** no nos dejaron respirar.
resplendent [rɪsˈplendənt] ADJ resplandeciente; **to be ~ in a new dress** lucir un nuevo vestido.
respond [rɪsˈpɒnd] VI (*answer*) contestar, responder; (*be responsive*) responder, reaccionar; **to ~ to treatment** responder al tratamiento; **the cat ~s to kindness** el gato es sensible a los buenos tratos.
respondent [rɪsˈpɒndənt] N (*Jur*) demandado/a *m/f*.
response [rɪsˈpɒns] N (*answer*) contestación *f*, respuesta *f*; (*reaction*) reacción *f*; **in ~ to** como respuesta a; **we got a 73% ~** respondió el 73 por cien; **we had hoped for a bigger ~** habíamos esperado más correspondencia.
▼**responsibility** [rɪsˌpɒnsəˈbɪlɪtɪ] N **a** (*accountability*) responsabilidad *f*; **on one's own ~** bajo su propia responsabilidad; **to accept ~ for sth** hacerse responsable de algo; **that's his ~** eso le incumbe a él; **to take ~ for sth/sb** asumir responsabilidad por algo/algn. **b** (*duty*) responsabilidad *f*, deber *m*; **that's his ~** eso le toca (a él).
responsible [rɪsˈpɒnsəbl] ADJ **a** (*accountable*) responsable; **to be ~ to sb (for sth)** ser responsable ante algn (de algo); **to hold sb ~ for sth** responsabilizar a algn de algo; **who was ~ for the delay?** ¿a quién se debe el retraso? **b** (*of character*) serio/a, responsable; **to act in a ~ fashion** obrar con seriedad. **c** (*post etc*) de confianza, de responsabilidad.
responsibly [rɪsˈpɒnsəblɪ] ADV de forma responsable.
responsive [rɪsˈpɒnsɪv] ADJ (*sensitive*) sensible; (*interested*) interesado/a; **he was not very ~** apenas dio indicio de interés.
rest¹ [rest] **1** N **a** (*repose*) descanso *m*; (*pause*) respiro *m*, descanso; **day of ~** día de descanso; **to come to ~** (*vehicle*) pararse; **to have a good night's ~** dormir la noche entera; **at ~** (*not moving*) parado/a; (*euph: dead*) en paz; **give it a ~!** (*fam*) ¡déjalo!; **to set sb's mind at ~** tranquilizar a algn; **to take a ~** descansar.
b (*Mus*) silencio *m*, pausa *f*.
c (*support*) apoyo *m*, soporte *m*; (*base*) base *f*.
2 VT **a** (*give ~ to*) descansar; **to ~ one's eyes** *or* **gaze on sth** fijar la mirada en algo.
b (*support: ladder, bicycle*) apoyar; (: *head, hand*) descansar, apoyar.
c **to ~ one's case** (*Jur*) dar fin a su alegato.
3 VI **a** (*repose: person*) descansar, reposar; (: *field, land*) descansar; (*stop*) detenerse, pararse; **I feel very ~ed** he descansado mucho; **may he ~ in peace** (*euph*) descanse en paz; **to ~ with sb** depender de algn; **we shall never ~ until it is settled** no habrá descanso hasta que se arregle el asunto; **and there the matter ~s** y ahí queda el asunto, y de ahí no pasa; **~ assured that ...** tenga por seguro que ....
b **to ~ on** (*perch*) posar en; (*be supported*) descansar sobre, apoyarse en; (*fig*) pesar sobre; **her head ~ed on her hand** su cabeza se apoyaba en la mano; **the case ~s on the following facts** el caso se basa en los siguientes hechos; **his eyes ~ed on me** su mirada se clavó en mí; **it does not ~ with me** no depende de mí.
4 CPD (*cure, day*) de descanso; **~ home** N casa *f* de reposo; **~ room** N (*US*) servicios *mpl*, sanitarios *mpl* (*LAm*).
rest² [rest] N (*remainder: of money, food etc*) resto(s) *m(pl)*, lo sobrante; (: *of people, things*) los/las demás, resto; **the ~** los demás; **the ~ of the soldiers** los otros *or* demás soldados; **as for the ~** en cuanto a los demás; **she was a deb and all the ~ of it** (*fam*) era debutante y todo lo demás.
restate [ˈriːsteɪt] VT (*argument: repeat*) repetir; (: *change terms of*) modificar.

➤ SENTENCE BUILDER: **responsibility** → 7.3

restaurant ['restərɒŋ] **1** N restaurante *m*. **2** CPD: **~ car** N (*Brit*) coche-comedor *m*.

restaurateur [,restərə'tɜːʳ] N dueño *m* de un restaurante.

restful ['restfʊl] ADJ descansado/a, tranquilo/a.

restitution [,restɪ'tjuːʃən] N restitución *f*; **to make ~ (of sth to sb)** indemnizar (a algn por algo).

restive ['restɪv] ADJ inquieto/a.

restless ['restlɪs] ADJ (*gen*) agitado/a, inquieto/a; (*sleepless*) insomne, desvelado/a; (*crowd, natives etc*) alborotado/a; **he's the ~ sort** no sabe quedarse quieto; **to get ~** impacientarse; **I had a ~ night** pasé una noche en desvelo.

restlessness ['restlɪsnɪs] N (*see adj*) agitación *f*, inquietud *f*; insomnio *m*; alboroto *m*.

restock ['riː'stɒk] VT (*larder etc*) reabastecer; (*with livestock*) repoblar; **we ~ed with Brand X** renovamos las existencias con la Marca X.

restoration [,restə'reɪʃən] N (*see vb*) restauración *f*; devolución *f*, restitución *f*; restablecimiento *m*.

restore [rɪs'tɔːʳ] VT (*building etc*) restaurar; (*give back*) devolver, restituir; (*strength etc*) devolver; (*introduce again*) restablecer; **to ~ sth to sb** devolver algo a algn; **to ~ sb to health** devolver la salud a algn; **to ~ the strength of the pound** restablecer el valor de la libra; **order was soon ~d** pronto se restableció el orden.

restorer [rɪs'tɔːrəʳ] N (*person*) restaurador(a) *m/f*.

restrain [rɪs'treɪn] VT (*hold back*) refrenar; (*repress*) reprimir; (*by persuasion*) disuadir; (*prevent*) impedir; (*inhibit*) cohibir; (*contain*) contener; (*confine*) encerrar; **to ~ sb from doing sth** disuadir a algn de hacer algo; **I managed to ~ my anger** logré contener mi enojo; **to ~ o.s.** contenerse.

restrained [rɪs'treɪnd] ADJ (*person*) cohibido/a; (*style etc*) reservado/a.

restraint [rɪs'treɪnt] N **a** (*check*) restricción *f*; (*control*) control *m*; **a ~ on trade** una restricción sobre el comercio; **without ~** sin restricción. **b** (*constraint: of manner*) reserva *f*; (*self-control*) autodominio *m*, control *m* de sí mismo; **he showed great ~** mostró poseer gran autodominio.

restrict [rɪs'trɪkt] VT (*visits, price rise etc*) limitar; (*authority, freedom etc*) restringir; (*limit*) poner trabas a; **to ~ o.s. to sth** limitarse a algo; **his output is ~ed to novels** su producción se limita a las novelas.

restricted [rɪs'trɪktɪd] ADJ (*prohibited*) vedado/a, prohibido/a; (*limited*) limitado/a; (*held down etc*) restringido/a; **he has rather a ~ outlook** (*fig*) es de miras estrechas; **~ area** (*Brit Aut*) zona *f* de velocidad limitada; **~ market** mercado *m* restringido.

restriction [rɪs'trɪkʃən] N restricción *f*, limitación *f*; **to place ~s on the sale of a drug** poner limitaciones a la venta de una droga.

restrictive [rɪs'trɪktɪv] ADJ restringido/a, limitado/a; **~ practices** prácticas *fpl* restrictivas.

restring [,riː'strɪŋ] (*pt, pp* **restrung** [,riː'strʌŋ]) VT (*pearls, necklace*) ensartar de nuevo; (*violin, racket*) poner nuevas cuerdas a.

▼**result** [rɪ'zʌlt] **1** N resultado *m*; **~s** (*of election, exam etc*) resultados; **as a ~ (of)** como consecuencia (de); **the ~ is that ...** el resultado es que .... **2** VI resultar (*from* de); **to ~ in** resultar en, tener por resultado; **it ~ed in his death** causó su muerte; **it ~ed in a large increase** produjo un aumento apreciable.

resultant [rɪ'zʌltənt] ADJ resultante.

resume [rɪ'zjuːm] **1** VT **a** (*start again*) reanudar; **to ~ one's work** reanudar el trabajo; **to ~ one's seat** volver al asiento. **b** (*sum up*) resumir. **2** VI (*class, meeting*) continuar, comenzar de nuevo.

résumé ['reɪzjuːmeɪ] N resumen *m*.

resumption [rɪ'zʌmpʃən] N (*gen*) reanudación *f*; (*continuation*) continuación *f*.

resurface ['riː'sɜːfɪs] **1** VT (*road*) rehacer el firme de; (*gen*) revestir. **2** VI (*submarine*) volver a la superficie; (*person*) reaparecer.

resurgence [rɪ'sɜːdʒəns] N resurgimiento *m*.

resurrection [,rezə'rekʃən] N (*Rel*) Resurrección *f*; (*fig*) resurrección.

resuscitate [rɪ'sʌsɪteɪt] VT resucitar.

retail ['riːteɪl] **1** ADJ al por menor. **2** ADV: **to buy/sell sth ~** comprar/vender algo al por menor. **3** VT (*Comm*) vender al por menor; (*gossip*) repetir. **4** VI (*Comm*) **to ~ at** tener precio de venta al público de. **5** CPD: **~ outlet** N punto *m* de venta al por menor; **~ park** N (*Brit*) zona comercial de hipermercados; **~ price** N precio *m* de venta al público; **~ price index** N índice *m* de precios al consumo; **~ trade** N comercio *m* al por menor *or* detallista, menudeo *m*.

retailer ['riːteɪləʳ] N comerciante *mf* al por menor, detallista *mf*.

retain [rɪ'teɪn] VT (*hold back*) retener; (*keep in one's possession*) guardar, quedarse con; (*in memory*) recordar, retener; (*sign up: lawyer*) contratar; **~ed earnings, ~ed profit** beneficios *mpl* retenidos; **~ing wall** muro *m* de contención.

retainer [rɪ'teɪnəʳ] N **a** (*servant*) criado/a *m/f*. **b** (*fee*) anticipo *m*.

retake ['riːteɪk] (*vb*: *pt* **retook** [,riː'tʊk]; *pp* **~n** [,riː'teɪkən]) **1** N (*Cine*) repetición *f*. **2** [,riː'teɪk] VT **a** (*Mil*) volver a tomar. **b** (*exam*) presentarse segunda vez a.

retaliate [rɪ'tælɪeɪt] VI (*respond*) responder; (*take revenge*) tomar represalias; (*hit back*) desquitarse; **to ~ by doing sth** vengarse haciendo algo.

retaliation [rɪ,tælɪ'eɪʃən] N (*see vb*) respuesta *f*; represalias *fpl*; desquite *m*; **by way of ~, in ~** como represalia.

retaliatory [rɪ'tælɪətərɪ] ADJ (*measure*) de represalia *or* venganza.

retarded [rɪ'tɑːdɪd] ADJ (*Med*) atrasado/a.

retch [retʃ] VI tener arcadas.

ret(d). ABBR *of* **retired**.

retentive [rɪ'tentɪv] ADJ retentivo/a; **a ~ memory** una buena memoria.

reticence ['retɪsəns] N reticencia *f*, reserva *f*.

reticent ['retɪsənt] ADJ reticente, reservado/a.

retina ['retɪnə] N (*Anat*) retina *f*.

retinue ['retɪnjuː] N séquito *m*, comitiva *f*.

retire [rɪ'taɪəʳ] **1** VT jubilar. **2** VI **a** (*withdraw*) retirarse; **to ~ into o.s.** encerrarse en sí mismo. **b** (*at age limit*) jubilarse; **to ~ from business** dejar los negocios; **to ~ from a post** dimitir un cargo; **to ~ on a pension** jubilarse. **c** (*Sport*) abandonar el campo. **d** (*go to bed*) retirarse.

retired [rɪ'taɪəd] ADJ **a** jubilado/a; (*esp Mil*) retirado/a. **b** (*quiet, secluded*) retirado/a.

retiree [rɪ'taɪə,riː] N (*US*) jubilado/a *m/f*.

retirement [rɪ'taɪəmənt] **1** N **a** (*state of being retired*) retiro *m*; **how will you spend your ~?** ¿qué piensa hacer después de jubilarse? **b** (*act of retiring*) jubilación *f*. **2** CPD: **~ age** N edad *f* de jubilación; **~ pay, ~ pension** N jubilación.

retiring [rɪ'taɪərɪŋ] ADJ (*shy*) reservado/a, retraído/a.

retook [,riː'tʊk] PT *of* **retake**.

retort [rɪ'tɔːt] **1** N (*answer*) réplica *f*; (*Chem*) retorta *f*. **2** VT (*insult etc*) replicar; **he ~ed that ...** replicó que ....

retrace [riː'treɪs] VT (*path*) desandar; **to ~ one's steps** desandar lo andado.

retract [rɪ'trækt] **1** VT (*statement*) retractar, retirar; (*draw in: claws*) retraer; (: *head*) meter; (*Tech: undercarriage etc*) replegar. **2** VI (*apologize*) retractarse, desdecirse; (*be drawn in*) retraerse, meterse; (*Tech*) replegarse.

retractable [rɪ'træktəbl] ADJ (*Tech*) replegable, retráctil.

retrain ['riː'treɪn] VT (*workers*) reconvertir, reciclar.

retread [,riː'tred] N (*tyre*) neumático *m or* (*LAm*) llanta *f* recauchutado/a.

retreat [rɪ'triːt] **1** N **a** (*place*) retiro *m*, refugio *m*. **b** (*Mil, gen: withdrawal*) retirada *f*; **to beat a hasty ~** (*fig*) retirarse en desorden. **2** VI (*Mil, Rel, move back*) retirarse; (*draw back*) retroceder;

➤ SENTENCE BUILDER: **result → 8**

they ~ed to **Dunkirk** se retiraron a Dunquerque.
retrench [rɪ'trentʃ] **1** VT reducir. **2** VI economizar.
retrial ['riː'traɪəl] N (of person) nuevo juicio m; (of case) revisión f.
retribution [ˌretrɪ'bjuːʃən] N justo castigo m, pena f merecida.
retrieval [rɪ'triːvəl] N (recovery, Comput) recuperación f; **beyond ~** irrecuperable.
retrieve [rɪ'triːv] VT **a** (get back: object) recuperar, recobrar; (put right: error etc) reparar, subsanar; **to ~ sth from the water** rescatar algo del agua. **b** (Comput: information) recuperar.
retriever [rɪ'triːvər] N perro m cobrador.
retro ['retrəʊ] ADJ (fashion, music) retro inv.
retro... ['retrəʊ] PREF retro....
retroactive [ˌretrəʊ'æktɪv] ADJ retroactivo/a.
retrograde ['retrəʊ,greɪd], **retrogressive** [ˌretrəʊ'gresɪv] ADJ (fig: step, measure) retrógrado/a.
retrorocket ['retrəʊ'rɒkɪt] N retrocohete m.
retrospect ['retrəʊspekt] N: **in ~** retrospectivamente; **in ~ it seems a happy time** visto desde esta altura parece haber sido un período feliz.
retrospective [ˌretrəʊ'spektɪv] **1** ADJ retrospectivo/a. **2** N (Art) (exposición f) retrospectiva f.
retrovirus ['retrəʊ,vaɪrəs] N retrovirus m.
return [rɪ'tɜːn] **1** N **a** (going/coming back) vuelta f, regreso m; (reappearance) reaparición f; **on my ~** a mi vuelta, a mi regreso; **by ~ of post** (Brit) a vuelta de correo; **many happy ~s (of the day)!** ¡feliz cumpleaños!, ¡felicidades! **b** (of thing borrowed) devolución f, restitución f; (Comm: of merchandise) devolución f; (: of money) reembolso m; **on sale or ~** (Comm) en depósito. **c** (Comm: profit) ganancias fpl, beneficios mpl; (: on capital) réditos mpl; **the ~ on investments is only 2%** las inversiones rinden sólo el 2 por ciento; **~ on sales** rendimiento m de las ventas; **to bring in a good ~** or **good ~s** dar buen rendimiento. **d** (reward) **in ~ (for)** a cambio (de). **e** **tax ~** declaración f fiscal; **census ~s** estadísticas fpl producto del censo. **f** (~ ticket) billete m de ida y vuelta, billete redondo (LAm); see **day 2**. **2** VT **a** (gen: give back) devolver; (Sport: ball) devolver, restar; (answer, compliment) responder con; (favour, kindness, love) corresponder a; (sb's visit) devolver, pagar; **to ~ sth to its place** devolver algo a su lugar; **'~ to sender'** 'devuélvase al remitente'; **I hope to ~ your kindness** espero poder corresponder a su amabilidad. **b** (Jur) **to ~ a verdict of guilty/not guilty on sb** declarar culpable/inocente a algn. **c** (Pol: elect) elegir; **~ing officer** escrutador(a) m/f. **3** VI (go/come back) volver, regresar; **to ~ home** volver a casa; **to ~ to a job** volver a un trabajo; **to ~ to a theme** volver sobre un tema. **4** CPD: **~ address** N señas fpl del remitente; **~ fare** N billete m de ida y vuelta; **~ flight** N vuelo m de regreso; **~ journey** N viaje m de regreso; **~ key** N tecla f de retorno; **by ~ mail** (US) a vuelta de correo; **~ match** N (Sport) partido m de vuelta.
returnable [rɪ'tɜːnəbl] ADJ (bottle) retornable; **the deposit is not ~** no se reembolsa el depósito.
returner [rɪ'tɜːnər] N mujer que vuelve a trabajar tras un tiempo dedicada a la familia.
reunification ['riː,juːnɪfɪ'keɪʃən] N reunificación f.
reunion [riː'juːnjən] N reencuentro m, reunión f.
reunite ['riːjuː'naɪt] **1** VT (often passive) (volver a) reunir; **she was ~d with her husband** volvió a verse al lado de su marido. **2** VI (volver a) reunirse.
reusable [ˌriː'juːzəbl] ADJ reutilizable, que se puede volver a emplear.
rev [rev] **1** N ABBR (Aut) of **revolution**. **2** VT (engine) girar. **3** VI (also ~ **up**) acelerar, embalarse.
revaluation [riː,væljʊ'eɪʃən] N revalorización f.
revalue ['riː'væljuː] VT (property, currency) revaluar, revalorizar.

revamp ['riː'væmp] VT modernizar, renovar.
Rev(d). ABBR of **Reverend** R., Rdo., Rvdo.
reveal [rɪ'viːl] VT (uncover) revelar, dejar al descubierto; (show) manifestar, mostrar.
revealing [rɪ'viːlɪŋ] ADJ (gen) revelador(a).
reveille [rɪ'vælɪ] N (Mil) (toque m de) diana f.
revel ['revl] VI **a** (make merry) ir de juerga or de parranda. **b** (delight) **to ~ in sth/doing sth** gozar de algo/haciendo algo.
revelation [ˌrevə'leɪʃən] N revelación f.
reveller, (US) **reveler** ['revlər] N juerguista mf, parrandero/a m/f.
revelry ['revlrɪ] N juerga f, parranda f, jarana f.
revenge [rɪ'vendʒ] **1** N venganza f; **to get one's ~ (for sth)** vengarse (de algo); **to take ~ on sb for sth** vengarse de algo por algo. **2** VT vengar, vengarse de; **to ~ o.s. on sb, to be ~d on sb** vengarse de or en algn.
revenue ['revənjuː] **1** N (profit, income) ingresos mpl, rentas fpl; (of country) rentas públicas; see **inland: internal**. **2** CPD: **~ account** N cuenta f de ingresos presupuestarios; **~ expenditure** N gasto m corriente; **~ stamp** N timbre m fiscal.
reverberate [rɪ'vɜːbəreɪt] VI (sound) resonar, retumbar.
reverberation [rɪ,vɜːbə'reɪʃən] N **a** retumbo m, eco m. **b** (fig) **~s** consecuencias fpl.
revere [rɪ'vɪər] VT venerar.
reverence ['revərəns] **1** N reverencia f. **2** VT (revere) venerar.
Reverend ['revərənd] ADJ (in titles) reverendo/a; **~ Mother** reverenda madre f.
reverent ['revərənt] ADJ reverente.
reverie ['revərɪ] N ensueño m.
reversal [rɪ'vɜːsəl] N (of order) inversión f; (of policy) cambio m de rumbo; (of decision etc) revocación f.
reverse [rɪ'vɜːs] **1** ADJ **a** (order) inverso/a; (direction) contrario/a, opuesto/a; **the ~ side** (of coin, medal) el reverso; (of sheet of paper) el dorso; **in ~ order** en orden inverso. **b** (Aut: gear) de marcha atrás. **2** N **a** (opposite) **the ~** lo contrario; **no, quite the ~!** no, ¡todo lo contrario!; **it was the ~ of what we had expected** fue todo lo contrario de lo que habíamos esperado; **it's the same process in ~** es el mismo proceso al revés. **b** (face: of coin) reverso m; (of paper etc) dorso m. **c** (Aut) marcha f atrás; **to go** or **change into ~** dar marcha atrás. **3** VT **a** (change to opposite) cambiar completamente; (annul) revocar. **b** (Brit Telec) **to ~ the charges** cobrar al número llamado, llamar a cobro revertido. **c** (car, train etc) dar marcha atrás a. **4** VI (Aut) dar marcha atrás; **I ~d into a van** al dar marcha atrás choqué con una furgoneta. **5** CPD: **~ video** N vídeo m inverso.
reversible [rɪ'vɜːsəbl] ADJ reversible.
reversing [rɪ'vɜːsɪŋ] **1** N marcha f atrás. **2** CPD: **~ light** N luz f de marcha atrás.
reversion [rɪ'vɜːʃən] N reversión f.
revert [rɪ'vɜːt] VI (gen: return) volver; (Jur) revertir.
review [rɪ'vjuː] **1** N **a** (survey, taking stock) examen m, análisis m; (Mil: of troops) revista f; **the annual ~ of expenditure** el examen anual de los gastos; **salaries are under ~** los sueldos están sujetos a revisión. **b** (Jur: revision) revisión f; **when the case comes up for ~** cuando el asunto se someta a revisión. **c** (critique) crítica f, reseña f; **the play etc got good ~s** la obra etc fue bien recibida por los críticos. **d** (journal) revista f. **2** VT **a** (take stock of) examinar, analizar; (Mil: troops) pasar revista a; **we will ~ the position in a month** volveremos a estudiar la situación dentro de un mes; **we shall have to ~ our policy** tendremos que reconsiderar nuestra política. **b** (Jur: reconsider: case) revisar. **c** (write up) reseñar, hacer una crítica de.

reviewer [rɪ'vjuːəʳ] N (of book, concert) crítico m.

revile [rɪ'vaɪl] VT insultar, injuriar.

revise [rɪ'vaɪz] **1** VT **a** (look over: subject, notes) repasar. **b** (amend: text) revisar. **c** (alter) **to ~ one's opinion of sb** cambiar de opinión sobre algn. **2** VI (for exams) repasar.

revision [rɪ'vɪʒən] N **a** (act: see vb) repaso m; revisión f; cambio m de opinión; **I need 2 weeks for ~** necesito 2 semanas para repasar mis libros. **b** (revised version) texto m corregido.

revisit ['riː'vɪzɪt] VT volver a visitar.

revitalize ['riː'vaɪtəlaɪz] VT revitalizar, revivificar.

revival [rɪ'vaɪvəl] N **a** (bringing back: of custom, usage) recuperación f; (: of old ideas) resurgimiento m; (: from illness, faint) reanimación f; (Theat: of play) reposición f. **b** (coming back: of custom, usage) vuelta f; (: of old ideas) renacimiento m; (: from illness, faint) reanimación f.

revive [rɪ'vaɪv] **1** VT (restore: to life, spirits) reanimar; (old customs) restablecer; (hopes, suspicions) despertar; (Theat: play) reponer. **2** VI (recover: from faint) reanimarse, volver en sí; (: from tiredness, shock etc) reponerse, recuperarse; (hope, emotions) renacer; (business, trade) reactivarse; **interest in Gongora has ~d** ha renacido el interés por Góngora.

revoke [rɪ'vəʊk] VT (gen) revocar; (licence) suspender.

revolt [rɪ'vəʊlt] **1** N rebelión f, revuelta f; **to be in open ~** estar en plena rebeldía, amotinarse. **2** VT (disgust) repugnar, asquear; **the book ~ed me** el libro me dio asco. **3** VI **a** (rebel) rebelarse, sublevarse. **b** (feel disgust) **to ~ at** or **against** sentir repugnancia por.

revolting [rɪ'vəʊltɪŋ] ADJ (disgusting) repugnante, asqueroso/a.

revolution [ˌrevə'luːʃən] N **a** (Pol, fig) revolución f. **b** (turn) revolución f, vuelta f; (Tech) rotación f, giro m; (Astron: orbit) revolución f; (: on axis) rotación; **~s per minute** revoluciones por minuto.

revolutionary [ˌrevə'luːʃənərɪ] **1** ADJ (gen) revolucionario/a. **2** N (Pol) revolucionario/a m/f.

revolutionize [ˌrevə'luːʃənaɪz] VT (alter completely) revolucionar.

revolve [rɪ'vɒlv] **1** VT girar, hacer girar. **2** VI girar, dar vueltas; **to ~ around** girar alrededor de; (fig) girar en torno a; **everything ~s round him** todo depende de él; **the discussion ~d around 3 topics** el debate se centró en 3 temas.

revolver [rɪ'vɒlvəʳ] N revólver m.

revolving [rɪ'vɒlvɪŋ] ADJ (door etc) giratorio/a; **~ credit** crédito m rotativo.

revue [rɪ'vjuː] N (Theat) (teatro m de) revista f or variedades fpl.

revulsion [rɪ'vʌlʃən] N (disgust) repugnancia f, asco m.

reward [rɪ'wɔːd] **1** N recompensa f; **as a ~ for** en recompensa de; **'£50 ~'** '50 libras de hallazgo'. **2** VT recompensar; (fig) premiar; **she ~ed me with a smile** me premió con una sonrisa.

rewarding [rɪ'wɔːdɪŋ] ADJ gratificante.

rewind ['riː'waɪnd] VT (tape) rebobinar.

rewire ['riː'waɪəʳ] VT (house) rehacer la instalación eléctrica de.

reword ['riː'wɜːd] VT expresar en otras palabras.

rewrite ['riː'raɪt] (pt **rewrote** ['riː'rəʊt]; pp **rewritten** ['riː'rɪtn]) VT reescribir.

Reykjavik ['reɪkjəviːk] N Reykjavik m.

RFD N ABBR (US Post) of **rural free delivery**.

RGN N ABBR (Brit) of **Registered General Nurse**.

Rgt ABBR of **Regiment** regto.

Rh N ABBR of **Rhesus** Rh.

rhapsody ['ræpsədɪ] N (Mus) rapsodia f; (fig) **to go into rhapsodies over** extasiarse por.

rhesus ['riːsəs] **1** N (also **~ monkey**) macaco m de la India; **~ negative** Rhesus negativo; **~ positive** Rhesus positivo. **2** CPD: **~ baby** N bebé m con factor Rhesus; **~ factor** N (Med) factor m Rhesus.

rhetoric ['retərɪk] N retórica f.

rhetorical [rɪ'tɒrɪkəl] ADJ retórico/a; **~ question** pregunta f retórica.

rheumatic [ruː'mætɪk] ADJ reumático/a; **~ fever** fiebre f reumática.

rheumatics [ruː'mætɪks] NSG, **rheumatism** ['ruːmətɪzəm] N reumatismo m, reúma m.

rheumatoid arthritis ['ruːmətɔɪdɑː'θraɪtɪs] N reúma m articular.

rheumatologist [ˌruːmə'tɒlədʒɪst] N reumatólogo/a m/f.

Rhine [raɪn] N: **the ~** el Rin.

rhino ['raɪnəʊ] N ABBR (pl **~** or **~s**) of **rhinoceros**.

rhinoceros [raɪ'nɒsərəs] N rinoceronte m.

Rhodes [rəʊdz] N Rodas f.

rhododendron [ˌrəʊdə'dendrən] N rododendro m.

rhomb [rɒm], **rhombus** ['rɒmbəs] N rombo m.

Rhone [rəʊn] N: **the R~** el Ródano.

rhubarb ['ruːbɑːb] **1** N ruibarbo m. **2** CPD (jam, pie, tart) de ruibarbo.

rhyme [raɪm] **1** N rima f; **without ~ or reason** sin ton ni son. **2** VI rimar; **to ~ with sth** rimar con algo.

rhyming ['raɪmɪŋ] ADJ (couplet, verse) rimado/a; **~ slang** argot m basado en rimas.

─┤ RHYMING SLANG ├────────────────────────────

i El **rhyming slang** (**argot rimado**) es un tipo muy peculiar de argot que usan los habitantes de un barrio en el este de Londres, los (**cockneys**), en la que una palabra o una frase determinada se sustituye por otra que rima con ella; por ejemplo, dicen **trouble and strife** en vez de **wife**. Puede resultar muy confuso para las personas que no lo conocen bien, sobre todo porque, además, muchas veces se establece un doble juego de palabras en el que la palabra que rima no se dice; por ejemplo, **butcher's hook** quiere decir **look**, pero a menudo sólo se dice **butcher's**, como en la frase **let's have a butcher's**. El uso de algunas de estas expresiones se ha extendido al inglés coloquial habitual, como **use your loaf**, donde **loaf**, que viene de **loaf of bread**, quiere decir **head**.

rhythm ['rɪðəm] **1** N ritmo m. **2** CPD: **~ method** N método m de Ogino-Knaus.

rhythmic(al) ['rɪðmɪk(əl)] ADJ rítmico/a, acompasado/a.

rhythmically ['rɪðmɪkəlɪ] ADV rítmicamente, de forma rítmica.

RI **1** N ABBR (Brit Scol) of **religious instruction** ed. religiosa. **2** ABBR (US Post) of **Rhode Island**.

rib [rɪb] **1** N (Anat, Culin) costilla f; (of umbrella) varilla f; (of leaf) nervio m; (Knitting) cordoncillo m. **2** VT tomar el pelo a, mofarse de.

RIBA ['riːbə] N ABBR of **Royal Institute of British Architects**.

ribald ['rɪbəld] ADJ (jokes, laughter) verde, colorado/a (LAm); (person) irreverente, procaz.

ribaldry ['rɪbəldrɪ] N (of jokes) chocarrería f; (of person) procacidad f.

ribbed [rɪbd] ADJ: **~ sweater** jersey m de canalé.

ribbon ['rɪbən] **1** N (gen) cinta f; (for hair) moña f, cinta; **to tear sth to ~s** (lit) hacer algo trizas; (fig) hacer algo pedazos. **2** CPD: **~ development** N urbanización f a lo largo de una carretera.

ribcage ['rɪbkeɪdʒ] N caja f torácica.

riboflavin [ˌraɪbəʊ'fleɪvɪn] N riboflavina f.

rib-tickler ['rɪbtɪkləʳ] N (Brit fam) chiste m desternillante (fam).

rice [raɪs] **1** N arroz m. **2** CPD: **~ paper** N papel m de paja de arroz; **~ pudding** N arroz con leche.

rich [rɪtʃ] **1** ADJ (comp **~er**; superl **~est**) (person) rico/a; (soil) fértil, rico/a; (food) pesado/a, fuerte; (colour) vivo/a, subido/a; (fam: funny) **that's ~!** ¡qué gracioso!; **to be ~ in** abundar en; **to become** or **get** or **grow ~(er)** hacerse (más) rico, enriquecerse; **to strike it ~** (fam) ponerse las botas. **2** NPL: **the ~** los ricos.

riches ['rɪtʃɪz] NPL riqueza fsg.

richly ['rɪtʃlɪ] ADV **a** (see adj) ricamente; fértilmente; fuerte; vivamente. **b** **she ~ deserves it** se lo tiene bien merecido.

richness ['rɪtʃnɪs] N (*see adj*) riqueza *f*; fertilidad *f*; pesadez *f*; viveza *f*.

Richter scale ['rɪçtə,skeɪl] N (*Geol*) escala *f* Richter.

rick [rɪk] **1** N **a** (*sprain*) torcedura *f*. **b** (*of hay*) almiar *m*. **2** VT (*sprain*) torcer.

rickets ['rɪkɪts] NSG raquitismo *m*.

rickety ['rɪkɪtɪ] ADJ (*wobbly*) tambaleante, inseguro/a; (*old car*) desvencijado/a.

rickshaw ['rɪkʃɔː] N cochecillo *m* tirado por un hombre.

ricochet ['rɪkəʃeɪ] **1** N (*of stone, bullet*) rebote *m*. **2** VI rebotar (*off* de).

rid [rɪd] (*pt, pp* ~ *or* ~**ded**) VT **a** to ~ **sb/sth of** librar a algn/algo de; to ~ **o.s. of sb/sth** desembarazarse de algn/algo. **b** to be ~ **of sb/sth** estar libre de algn/algo. **c** to get ~ **of sth/sb** deshacerse de algo/algn; get ~ **of it at any price** véndelo a cualquier precio.

riddance ['rɪdəns] N: good ~! (*fam pej*) ¡vete con viento fresco!

ridden ['rɪdn] PP *of* ride.

riddle¹ ['rɪdl] N (*word puzzle*) acertijo *m*, adivinanza *f*; to speak in ~s hablar en clave.

riddle² ['rɪdl] VT: to ~ **with** (*bullets etc*) acribillar a; the house is ~d with damp la casa tiene humedad por todas partes.

ride [raɪd] (*vb: pt* rode; *pp* ridden) **1** N (*gen*) paseo *m*; (*car* ~) vuelta *f* en coche; (*bike* ~) paseo en bicicleta; (*horse* ~) paseo a caballo; (*US*) viaje *m* gratuito; to go for a ~ (*in car, on bike, on horse*) dar una vuelta, pasear; '50p a ~' '50 peniques por persona'; it was a rough ~ fue un viaje bastante incómodo; it's only a short ~ es poco camino; it's a 10 minute ~ on the bus son 10 minutos en autobús *or* (*Mex*) en camión; he gave me a ~ into town (*in car*) me llevó en coche a *or* (*Mex*) me dio aventón hasta la ciudad; to take sb for a ~ (*in car*) dar una vuelta en coche a algn; (*fig: make fool of*) tomarle el pelo a algn; (*fam: swindle*) dar gato por liebre a algn; to be taken for a ~ (*fam*) hacer el primo (*fam*). **2** VT (*horse*) montar; (*bicycle*) montar *or* ir en, andar en; he rode his horse into town fue a caballo hasta la ciudad; can you ~ a bike? ¿sabes montar en bicicleta?; we rode 10 km yesterday recorrimos 10 kilómetros ayer; to ~ sb hard exigir mucho a algn, darle duro a algn (*fam*). **3** VI (*on horse*) montar; (*in car*) ir, viajar; to ~ over/through andar a caballo *etc* por/a través de; they rode off in pursuit se marcharon a caballo en persecución; can you ~? (~ *a horse*) ¿sabes montar a caballo?; she ~s every day monta todos los días; to ~ on a bus/in a car/in a train viajar en autobús/en coche/en tren; he rode up to me se me acercó a caballo; he's riding high at the moment por ahora lo va muy bien; to ~ at anchor (*ship*) estar fondeado; to let things ~ dejar que las cosas sigan su curso.

◆ **ride out** VT + ADV (*subj: ship*) capear; (*fig: difficult period*) sobrevivir, sobreponerse a.

◆ **ride up** VI + ADV (*skirt, dress*) subirse.

rider ['raɪdə'] N **a** (*horse~*) jinete *mf*; (*cyclist*) ciclista *mf*; (*motorcyclist*) motorista *mf*. **b** (*additional clause*) aditamento *m*; with the ~ that ... a condición de que ...; I must add the ~ that ... debo añadir que ....

ridge [rɪdʒ] N **a** (*of hills, mountains*) cadena *f*; (*of nose, roof*) caballete *m*; (*Agr*) caballón *m*; (*crest of hill*) cumbre *f*, cresta *f*; (*Met*) ~ of high/low pressure línea *f* de presión alta/baja.

ridgepole ['rɪdʒpəʊl] N (*on tent*) caballete *m*, cumbrera *f*.

ridicule ['rɪdɪkjuːl] **1** N irrisión *f*, burla *f*; to hold sth/sb up to ~ poner algo/a algn en ridículo; to lay o.s. open to ~ exponerse al ridículo. **2** VT dejar *or* poner en ridículo, ridiculizar.

▼**ridiculous** [rɪ'dɪkjʊləs] ADJ (*idea etc*) ridículo/a, absurdo/a; to look ~ (*person*) estar ridículo/a; (*thing*) ser ridículo/a; to make o.s. (look) ~ ponerse en ridículo; don't be ~! ¡no seas ridículo!

ridiculously [rɪ'dɪkjʊləslɪ] ADV **a** (*stupidly*) de forma ridícula. **b** (*fig: disproportionately etc*) absurdamente.

riding ['raɪdɪŋ] **1** N equitación *f*; I like ~ me gusta

montar a caballo.
2 CPD: ~ **boots** NPL botas *fpl* de montar; ~ **breeches** NPL pantalones *mpl* de montar; ~ **crop** *or* **whip** N fusta *f*; ~ **school** N escuela *f* de equitación.

rife [raɪf] ADJ: to be ~ ser muy común; corruption is ~ la corrupción existe en todas partes; to be ~ with (*sth bad*) estar plagado de.

riffle ['rɪfl] VI: to ~ **through a book** hojear (rápidamente) un libro.

riffraff ['rɪfræf] N gentuza *f*, chusma *f*.

rifle¹ ['raɪfl] VT desvalijar; the house had been ~d habían saqueado la casa.

◆ **rifle through** VI + PREP echar un vistazo a.

rifle² ['raɪfl] **1** N rifle *m*, fusil *m*. **2** CPD: ~ **range** N (*Mil*) campo *m* de tiro; (*at fair*) barraca *f* de tiro al blanco; ~ **shot** N tiro *m* de fusil; within ~ **shot** a tiro de fusil.

rift [rɪft] N (*fissure*) grieta *f*, fisura *f*; (: *in clouds*) claro *m*; (*fig*) ruptura *f*, desavenencia *f*.

rig [rɪg] **1** N **a** (*Naut*) aparejo *m*. **b** (*also* oil ~: *on land*) torre *f* de perforación; (: *at sea*) plataforma *f* petrolífera. **c** (*fam, old: clothing*) vestimenta *f*, atuendo *m*. **2** VT **a** (*Naut: ship*) aparejar, equipar. **b** (*election, competition*) amañar; (*prices*) fijar injustificadamente; to ~ **the market** (*Comm*) manipular la lonja *or* la bolsa; it was ~ged (*fam*) hubo tongo *or* trampa.

◆ **rig out** VT + ADV **a** (*Naut*) proveer (*with* de), equipar (*with* con). **b** (*dress*) ataviar, vestir; to be ~ged out in a new dress lucir un vestido nuevo.

◆ **rig up** VT + ADV (*build*) improvisar; (*fig: arrange*) organizar, trabar.

rigging ['rɪgɪŋ] N (*Naut*) jarcia *f*, aparejo *m*.

▼**right** [raɪt] **1** ADJ **a** (*morally good*) bueno/a; (*just*) justo/a; it is/is not ~ **that ...** es/no es justo que ...; it's not ~! ¡no hay derecho!; it is/seems only ~ **that ...** es/me parece justo que ...; it doesn't seem ~ **that ...** parece injusto que ...; would it be ~ **for me to ask him?** ¿convendría *or* sería correcto preguntárselo?; I thought it ~ **to ...** me pareció oportuno ....
b (*suitable*) debido/a, indicado/a; (: *time*) oportuno/a; to choose the ~ **moment for sth/to do sth** elegir el momento oportuno para algo/para hacer algo; that's the ~ **attitude!** ¡haces bien!; to do the ~ **thing** dar en el clavo; to do the ~ **thing, to do what is** ~ hacer lo correcto; to do the ~ **thing by sb** tratar a algn con justicia; to know the ~ **people** tener enchufes *or* (*LAm*) palanca; he's on the ~ **side of 40** tiene menos de 40 años; if the price is ~ si el precio es razonable; we'll do it when the time is ~ lo haremos en el momento oportuno.
c (*correct*) correcto/a, exacto/a; Mr R~ el novio soñado; ~ **first time!** ¡exactamente!, ¡exacto!; he's the ~ **man for the job** es el hombre más indicado para el cargo; they holiday in all the ~ **places** toman sus vacaciones en todos los sitios que están de moda; to get sth ~ acertar en algo; let's get it ~ **this time!** ¡a ver si esta vez nos sale bien!; (yes,) that's ~ ¡eso es!, ¡exacto!; and quite ~ **too!** ¡y con razón!; the ~ **road/word/answer** la carretera/la palabra/la respuesta correcta; the ~ **time** la hora exacta; to get on the ~ **side of sb** (*fig*) congraciarse con algn; to put a clock ~ poner un reloj en hora; to put a situation ~ arreglar una situación; to put a mistake ~ corregir un error; ~ **you are!, ~-oh!** (*fam*) ¡bueno!
d to be ~ (*person*) tener razón, estar en lo cierto; you're quite ~, (*fam*) you're dead ~ tienes toda la razón; you were ~ **to come to me** has hecho bien en venir a verme.
e (*in order*) to be/feel as ~ **as rain** estar/sentirse perfectamente bien; to be not quite ~ **in the head** faltarle un tornillo (a uno); to be in one's ~ **mind** estar en su juicio; I don't feel quite ~ no me siento del todo bien; all's ~ **with the world** todo anda bien; it will all come ~ **in the end** todo se arreglará al final; my stereo still isn't ~ mi equipo sigue sin ir bien; am I ~ **in thinking that ...?** ¿me equivoco al afirmar que ...?
f all ~! (*agreed*) ¡conforme!, ¡de acuerdo!, ¡vale!; (*that's*

enough) ¡basta ya!, ¡ya estuvo bueno! (*LAm*); **it's all ~** (*don't worry*) no te preocupes; **it's all ~ for you!** a ti ¿qué te puede importar?; **is it all ~ for me to go at 4?** ¿puedo marcharme a las 4?; **I'm** *or* **I feel all ~ now** ya estoy bien, **g** (*not left*) derecho/a; **I'd give my ~ arm to know ...** daría un ojo por saber ...; **~ back** defensa *m* derecho; **~ half** medio *m* derecho; **~ wing** (*Pol*) derecha *f*; (*Sport: position*) ala *mf* derecha; **~ winger** (*Pol*) derechista *mf*; (*Sport*) extremo *m* derecha.
h (*Math: angle*) recto/a; **at ~ angles** en ángulo recto.
i (*fam: intensive*) **a ~ idiot** un puro idiota; **you're a ~ one to talk** (*iro*) mira quién habla.
2 ADV **a** (*directly, exactly*) directamente, exactamente; **~ now** *or* **away** ahora mismo, en seguida, ahorita (mismo) (*Mex*); **~ off** de un tirón; **~ here** aquí mismo *or* (*LAm*) mero; **to go ~ on** seguir, seguir derecho; **he (just) went ~ on talking** siguió hablando como si nada; **~ behind/ in front of sb/sth** justo detrás de/delante de algn/algo; **~ at the top/bottom of sth** en la cumbre misma/el fondo mismo de algo, en la mera cumbre/el mero fondo de algo (*LAm*); **~ before/after sth/sb** inmediatamente antes/después de algo/algn; **~ in the middle (of)** justo en el centro *or* (*LAm*) en el mero centro (de); **~ round sth** alrededor de algo; **it hit him ~ on the chest** le dio en pleno pecho; **~ at the end of sth** justo al final de algo.
b (*completely*) completamente; **to go ~ back to the beginning of sth** volver hasta el principio mismo de algo; **to go ~ to the end of sth** ir hasta el final de algo; **to push sth ~ in** meter algo hasta el fondo; **to read a book ~ through** leer un libro hasta el final.
c (*correctly, truly*) bien, correctamente; **if I remember ~** si mal no recuerdo; **they came ~ with them** nada les sale bien; **it's him all ~!** ¡es él, sin (sombra de) duda!; **to understand sb ~** entender bien a algn.
d (*properly, fairly*) con justicia; **to treat sb ~** tratar a algn con justicia; **you did ~ to/not to do sth** hiciste bien en hacer/en no hacer algo.
e (*satisfactorily*) bien.
f (*not left*) a (la) derecha; **~ left and centre** (*fig*) a diestro y siniestro; **to turn ~** torcer a la derecha; **he looked neither left nor ~** no miró a ningún lado; **eyes ~!** (*Mil*) ¡vista a la derecha!
g **~, who's next?** a ver, ¿quién sigue?; **~ then, let's begin!** ¡empecemos, pues!
3 N **a** **~ and wrong** el bien y el mal; **to be in the ~** tener razón, estar en lo cierto *or* justo; **to know ~ from wrong** saber distinguir el bien del mal; **two wrongs don't make a ~** no se subsana un error cometiendo otro.
b (*claim, authority*) derecho *m*; **sole ~** (*Comm*) exclusiva *f*; **by ~ of** por razón de; **to have a ~ to sth** tener derecho a algo; **the ~ to be/say/do sth** el derecho a ser/decir/ hacer algo; **who gave you the ~ to ...?** ¿quién te dio permiso para ...?; **what ~ have you got to ...?** ¿con qué derecho ...?; **you have no ~ to ...** no tienes derecho a ...; **to own sth in one's own ~** poseer algo por derecho propio; **to be sth in one's own ~** ser algo por derecho propio; **to reserve the ~ to do sth** reservarse el derecho de hacer algo; **~ to reply** derecho de réplica; **~ of way** derecho de paso; (*Aut etc: precedence*) prioridad *f*.
c **~s** derechos *mpl*; **civil/human/women's ~s** derechos civiles/humanos/de la mujer; **by ~s ...** de derecho ...; **to be (well) within one's ~s** estar en su derecho.
d (*not left*) derecha *f*; (*Pol*) **the R~** la derecha; **to the ~ (of)** a la derecha (de); **on the ~ (of)** a la derecha (de); **on** *or* **to my ~** a mi derecha.
e (*Boxing: punch*) derechazo *m*.
f **to set** *or* **put sb/sth to ~s** reponer a algn/componer algo.
4 VT (*put straight: crooked picture*) enderezar; (*correct: wrong, mistake*) corregir; (*vehicle, person*) enderezar; **to ~ itself** (*vehicle*) enderezarse; (*situation*) rectificarse.
5 CPD: **~s issue** N emisión *f* gratuita de acciones.
right-angled ['raɪt,æŋgld] ADJ (*bend, turning*) en ángulo recto; (*Math: triangle*) rectángulo.
righteous ['raɪtʃəs] ADJ (*person*) honrado/a, recto/a; (*indig-*

nation etc) justo/a.
rightful ['raɪtfʊl] ADJ (*owner, heir to throne*) legítimo/a.
right-hand ['raɪthænd] ADJ derecho/a; **~ drive** (*Aut*) conducción *f* por la derecha; **~ man** (*fig: personal aide*) brazo *m* derecho.
right-handed ['raɪt'hændɪd] ADJ (*person*) que usa la mano derecha, diestro/a; (*tool*) para la mano derecha.
rightly ['raɪtlɪ] ADV **a** (*correctly*) debidamente, como es debido; **I don't ~ know** no sé exactamente; **if I remember ~** si mal no recuerdo. **b** (*justifiably*) con razón; **~ or wrongly** con razón o sin ella; **and ~ so** y con razón.
right-minded ['raɪt'maɪndɪd] ADJ (*decent*) honrado/a.
right-wing ['raɪt'wɪŋ] ADJ (*Pol*) derechista, de derechas.
rigid ['rɪdʒɪd] ADJ (*stiff: material*) rígido/a, tieso/a; (*strict*) riguroso/a, estricto/a; (*inflexible: person, ideas*) inflexible, intransigente; **to be ~ with fear** estar tieso de miedo.
rigidity [rɪ'dʒɪdɪtɪ] N (*see adj*) rigidez *f*; rigor *m*; inflexibilidad *f*.
rigidly ['rɪdʒɪdlɪ] ADV (*strictly*) estrictamente; (*inflexibly*) con inflexibilidad; (*stiffly*) rígidamente; **he is ~ opposed to it** está totalmente en contra de esto.
rigmarole ['rɪgmərəʊl] N (*nonsense*) galimatías *m inv*, relación *f* disparatada; (*paperwork etc*) trámites *mpl*, papeleo *m*.
rigor ['rɪgər] N (*US*) = **rigour**.
rigor mortis ['rɪgə'mɔːtɪs] N rigidez *f* cadavérica.
rigorous ['rɪgərəs] ADJ riguroso/a.
rigorously ['rɪgərəslɪ] ADV rigurosamente.
rigour, (*US*) **rigor** ['rɪgər] N (*severity*) rigor *m*; (*of climate*) rigores *mpl*.
rig-out ['rɪgaʊt] N (*fam: clothes*) atuendo *m*.
rile [raɪl] VT (*fam*) sulfurar (*fam*); **there's nothing that ~s me more** no hay nada que me reviente más (*fam*).
rim [rɪm] N (*of cup etc*) borde *m*; (*of wheel*) llanta *f*; (*of spectacles*) montura *f*.
rimless ['rɪmlɪs] ADJ (*spectacles*) sin aros.
rimmed [rɪmd] ADJ: **~ with ...** con un borde de ....
rind [raɪnd] N (*of fruit*) cáscara *f*; (*of cheese, bacon*) corteza *f*.
ring¹ [rɪŋ] **1** N **a** (*circle: of metal etc*) aro *m*, argolla *f*; (*on finger: plain*) anillo *m*; (: *jewelled*) anillo, sortija *f*; (*around planet*) anillo; (*on tree*) anillo; (*for swimmer*) flotador *m*; **to have ~s round one's eyes** tener ojeras; **to run ~s round sb** (*fig*) dar mil vueltas a algn.
b (*of people: group*) círculo *m*, grupo *m*; (: *gang*) banda *f*; **they were sitting in a ~** estaban sentados en círculo.
c (*arena etc: Boxing*) cuadrilátero *m*, ring *m*; (: *at circus*) pista *f*.
2 VT (*surround*) cercar, rodear; (*mark with ~*) poner círculo a.
3 CPD: **~ binder** N carpeta *f* de anillas; **~ finger** N anular *m*; **~ road** N carretera *f* de circunvalación, periférico *m* (*esp LAm*).
ring² [rɪŋ] (*vb: pt* **rang**; *pp* **rung**) **1** N **a** (*sound of bell*) sonido *m*; (*nuance*) matiz *m*; **there was a ~ at the door** llamaron a la puerta; **that has the ~ of truth about it** eso suena a verdad.
b (*Brit Telec*) **to give sb a ~** llamar a algn (por teléfono), telefonear a algn.
2 VT **a** (*strike, make sound: bell*) hacer sonar; **to ~ the front door bell** tocar el timbre de la entrada; **to ~ the bells in church** tocar las campanas de la iglesia; **to ~ the changes** (*fig*) cambiar de rumbo; **that ~s a bell (with me)** (*fig*) eso me suena.
b (*Brit Telec*) llamar a **sb (up)** llamar a algn.
3 VI **a** (*bell*) sonar; (*person*) llamar; (*echo*) resonar; **the telephone rang** (*Brit*) sonó el teléfono; **to ~ for sb/sth** llamar a algn/por algo; **to ~ true/false** (*fig*) parecer cierto/sonar a falso; **his story ~s true** su narración parece verídica.
b (*Brit Telec*) llamar (por teléfono), telefonear; **to ~ long distance** (*Telec*) poner una conferencia *or* (*LAm*) un llamado a larga distancia.
◆**ring back** VT + ADV, VI + ADV (*Brit Telec*) volver a llamar.
◆**ring off** VI + ADV (*Brit Telec*) colgar.
◆**ring out** VI + ADV resonar.
◆**ring round** **1** VI + ADV llamar (por teléfono).

2 VI + PREP: **~ round the neighbours** llama a todos los vecinos.

◆ **ring up** VT + ADV = **ring²** 2 (b).

ringing ['rɪŋɪŋ] 1 ADJ (*voice, tone*) sonoro/a; **~ tone** (*Telec*) señal *f* de llamada; **in ~ tones** en tono enérgico. 2 N (*of bell*) toque *m*; (*of telephone*) sonar *m*; (*in ears*) zumbido *m*.

ringleader ['rɪŋˌliːdər] N cabecilla *mf*.

ringlet ['rɪŋlɪt] N rizo *m*, tirabuzón *m*.

ringmaster ['rɪŋˌmɑːstər] N maestro *m* de ceremonias.

ring-pull ['rɪŋpʊl] 1 N anilla *f*. 2 CPD: **~ can** N lata *f* de anilla.

ringside ['rɪŋsaɪd] 1 N: **to be at the ~** estar junto al cuadrilátero. 2 CPD: **a ~ seat** una butaca de primera fila; **to have a ~ seat** (*fig*) verlo todo desde muy cerca.

ringworm ['rɪŋwɜːm] N tiña *f*.

rink [rɪŋk] N (*for ice-skating*) pista *f* de hielo; (*for roller-skating*) pista de patinaje.

rinse [rɪns] 1 N (*gen*) aclarado *m*; (*hair colouring*) reflejo *m*; **to give one's hair a blue ~** dar reflejos azules al pelo. 2 VT (*dishes, clothes*) aclarar.

◆ **rinse out** VT + ADV (*dirt*) lavar; (*cup*) enjuagar; (*one's mouth*) enjuagarse.

Rio de Janeiro [ˌriːəʊdədʒəˈnɪərəʊ] N Río *m* de Janeiro.

riot ['raɪət] 1 N disturbio *m*, motín *m*; (*fig: wild success*) exitazo *m*; **a ~ of colour** un derroche de color; **to read sb the ~ act** (*fam*) leerle la cartilla a algn; **to run ~** (*out of control*) desmandarse; **to let one's imagination run ~** dejar volar la imaginación; **to put down a ~** reprimir un disturbio. 2 VI amotinarse. 3 CPD: **~ police** N policía *f* antidisturbios.

rioter ['raɪətər] N amotinado/a *m/f*.

riotous ['raɪətəs] ADJ (*person, mob*) amotinado/a; (*wild, exciting: party, living*) desenfrenado/a, alborotado/a; (*very funny: comedy*) divertidísimo/a.

riotously ['raɪətəslɪ] ADV bulliciosamente, ruidosamente; **~ funny** divertidísima/a.

RIP ABBR *of* **requiescat in pace** q.e.p.d, D.E.P., E.P.D.

rip [rɪp] 1 N rasgón *m*, desgarrón *m*. 2 VT rasgar, desgarrar; **to ~ sth to pieces** hacer algo trizas; **to ~ open** (*envelope, parcel, wound*) abrir desgarrando. 3 VI rasgarse, desgarrarse; **to ~ along** (*fig*) volar, ir a todo gas; **to let ~** desenfrenarse; **to let ~ at sb** arremeter contra algn.

◆ **rip off** VT + ADV a arrancar. b (*fam: overcharge, cheat*) estafar.

◆ **rip up** VT + ADV hacer pedazos.

ripcord ['rɪpkɔːd] N (*Aviat*) cuerda *f* de apertura.

ripe [raɪp] ADJ (*comp* **~r**; *superl* **~st**) (*gen*) maduro/a; **to be ~ for sth** (*fig: situation etc*) estar dispuesto a algo; (: *situation etc*) estar listo para algo; **the country is ~ for revolution** la revolución está a punto de estallar en el país; **to live to a ~ old age** llegar a muy viejo; **until/when the time is ~** hasta/en un momento oportuno.

ripen ['raɪpən] VT, VI (*fruit, cheese, corn*) madurar.

ripeness ['raɪpnɪs] N madurez *f*.

rip-off ['rɪpɒf] N: **it's a ~!** (*fam*) ¡es una estafa *or* un robo!

riposte [rɪˈpɒst] 1 N (*retort*) réplica *f*. 2 VI replicar (con agudeza).

ripple ['rɪpl] 1 N (*small wave*) onda *f*, rizo *m*; (*sound*) murmullo *m*; **a ~ of excitement** un susurro de emoción. 2 VT ondular, rizar. 3 VI rizarse.

rip-roaring ['rɪpˌrɔːrɪŋ] ADJ (*party*) desmadrado/a (*fam*), animadísimo/a; (*success*) clamoroso/a.

rise [raɪz] (*vb: pt* **rose**; *pp* **risen** [rɪzn]) 1 N a (*upward movement*) subida *f*, ascenso *m*; (*fig: growth*) crecimiento *m*, desarrollo *m*; (: *ascendancy*) auge *m*; **the ~ and fall (of sth)** (*movement*) la subida y bajada (de algo); **the ~ and fall of sb/sth** (*fig*) el auge y decadencia de algn/algo; **~ to power** ascenso al poder; **to get a ~ out of sb** (*fam*) tomar el pelo a *or* burlarse de algn.

b (*increase*) aumento *m*, subida *f*; (*in prices*) alza *f*; (*in salary*) aumento *m*; **to ask for a ~** (*Brit*) pedir un aumento de sueldo.

c (*upward slope*) cuesta *f* (arriba).

d (*origin: of river*) nacimiento *m*, fuente *f*; **to give ~ to sth** (*fig*) dar origen a algo.

2 VI a (*get up*) levantarse; (*stand up*) ponerse de pie, levantarse; (*building*) elevarse, alzarse; **to ~ to one's feet** ponerse de pie; **to ~ early** madrugar; **the House rose** (*Parl*) se suspendió la sesión; **to ~ to the occasion** ponerse a la altura de las circunstancias.

b (*get higher: sun, smoke*) salir; (*smoke*) subir, ascender; (*dough, cake etc*) aumentar, crecer; (*ground*) subir; (*in rank*) ascender; **his spirits rose** se animó; **the plane rose to 4,000 metres** el avión alcanzó 4.000 metros; **to ~ from the ranks** (*Mil*) ascender desde soldado raso; **to ~ from nothing** salir de la nada; **laughter rose from the audience** en el público estallaron las risas; **to ~ to the surface** (*lit, fig*) salir a la superficie; **to ~ to the bait** picar, morder; (*fig*) picar; **to ~ to the challenge** ponerse a la altura del reto; **tears rose to his eyes** se le subieron las lágrimas; **to ~ above sth** (*fig*) sobreponerse a algo; **to ~ to a higher sum** aumentar la oferta.

c (*increase*) aumentar, subir; (*tide, temperature*) subir; (*river*) crecer; (*wind*) arreciar; (*voice*) alzarse; **tension is rising** aumenta la tensión; **it has risen 20% in price** su precio ha subido en un 20 por cien.

d (*originate: river etc*) nacer.

e (*rebel*) rebelarse; (: *armed*) alzarse en armas.

riser ['raɪzər] N: **to be an early/late ~** ser madrugador(a)/dormilón/ona.

rising ['raɪzɪŋ] 1 ADJ a (*increasing: gen*) creciente; (: *prices etc*) en aumento, en alza; **the ~ number of murders** el creciente número de homicidios.

b (*getting higher: sun, moon*) naciente; (: *ground*) en pendiente; (: *tide*) creciente; (*fig: promising*) prometedor(a); **~ damp** humedad *f* de paredes. 2 ADV (*fam: almost: with age*) casi; **he's ~ 12** pronto tendrá 12 años. 3 N (*uprising*) rebelión *f*, sublevación *f*.

▼ **risk** [rɪsk] 1 N (*gen*) riesgo *m*, peligro *m*; **against all ~s** contra todo riesgo; **at the ~ of** a riesgo de; **a health/security ~** un peligro para la salud/la seguridad; **to take a (great) ~** arriesgarse (mucho); **he takes a lot of ~s** se arriesga mucho; **to run the ~ of sth** correr el riesgo de algo; **it's not worth the ~** no merece la pena *or* el riesgo; **at ~** en peligro; **to put sth at ~** poner algo en peligro; **at one's own ~** por su cuenta y riesgo; **at the ~ of seeming stupid** a riesgo de parecer estúpido. 2 VT (*put at ~*) arriesgar; (*run the ~ of*) exponerse a; **I'll ~ it** me arriesgo, me lanzo; **to ~ losing/being caught** correr el riesgo de perder/ser cogido; **to ~ one's neck** arriesgarse la vida; (*fig*) jugarse el todo por el todo. 3 CPD: **~ capital** N capital *m* de riesgo.

risky ['rɪskɪ] ADJ (*comp* **-ier**; *superl* **-iest**) arriesgado/a, peligroso/a, riesgoso/a (*LAm*); **a ~ business** (*fam*) un asunto arriesgado.

risotto [rɪˈzɒtəʊ] N (*Culin*) risotto *m*, arroz *m*.

risqué ['riːskeɪ] ADJ (*humour, joke*) subido/a de color.

rissole ['rɪsəʊl] N (*Culin*) ≈ croqueta *f*.

rite [raɪt] N rito *m*; (*Rel*) **last ~s** exequias *fpl*.

ritual ['rɪtjʊəl] 1 ADJ (*gen*) ritual; (*fig: conventional*) consabido/a. 2 N (*Rel: Christian*) ritual *m*, ceremonia *f*; (: *non-Christian*) rito *m*.

ritzy ['rɪtsɪ] ADJ (*comp* **-ier**; *superl* **-iest**) (*US fam: car, house*) de lujo.

rival ['raɪvəl] 1 ADJ (*team, firm*) rival, contrario/a; (*claim, attraction*) competidor(a). 2 N rival *m*, contrario/a *m/f*; **to be sb's closest ~** ser el rival más cercano de algn. 3 VT competir con.

rivalry ['raɪvəlrɪ] N rivalidad *f*, competencia *f*.

river ['rɪvər] N río *m*; **up/down ~** río arriba/abajo; **to sell sb down the ~** (*fam*) traicionar a algn.

riverbank ['rɪvəbæŋk] N orilla *f*, ribera *f*.

riverbed ['rɪvəbed] N lecho *m* (del río).

riverside ['rɪvəsaɪd] 1 N orilla *f*, ribera *f*. 2 CPD ribereño/a.

rivet ['rɪvɪt] 1 N remache *m*. 2 VT (*lit*) remachar; (*fig: grasp: attention*) captar; (*fasten: eyes, attention, gaze: on sth/sb*) fijar; **to be ~ed to sth** (*fig*) tener los ojos fijos en algo.

riveting ['rɪvɪtɪŋ] ADJ fascinante.

Riviera [ˌrɪvɪ'ɛərə] N (*French*) Riviera *f* (*francesa*), Costa *f* Azul; (*Italian*) Riviera *f* (*italiana*).

Riyadh [rɪ'yɑːd] N Riyadh *m*.

Rly ABBR of **Railway** F/C.

RM N ABBR (*Brit*) of **Royal Marines**.

RMT N ABBR (*Brit*) of **Rail, Maritime and Transport** *sindicato de transportes.*

RN N ABBR a (*Brit*) of **Royal Navy**. b (*US*) of **registered nurse**.

RNA N ABBR of **ribonucleic acid** ARN *m*.

RNLI N ABBR (*Brit*) of **Royal National Lifeboat Institution**.

RNZAF N ABBR of **Royal New Zealand Air Force**.

RNZN N ABBR of **Royal New Zealand Navy**.

roach [rəʊtʃ] N (*fish*) gobio *m*.

road [rəʊd] 1 N (*residential*: R~) calle *f*; (*route*) camino *m*; **main** ~ carretera *f*; (*route*) camino *m*; **main** ~ carretera *f*; **'A'-~/'B'-~** carretera principal/secundaria; **country** ~ camino vecinal; **by** ~ por carretera; **across the** ~ al otro lado de la calle; **somewhere along the** ~ (*fig*) tarde o temprano; **he's on the ~ to recovery** se está reponiendo; **to be off the** ~ (*of car*) estar fuera de circulación; **he shouldn't be allowed on the** ~ no deberían permitirle conducir; **to be on the** ~ andar de gira; **to take to the** ~ (*tramp*) ponerse en camino; **to get a show on the** ~, **to take to the** ~ echarse a la carretera; **to be on the right** ~ (*also fig*) ir por buen camino; **to have one for the** ~ (*fam*) tomarse la última (*copa*); **one for the** ~ (*fam*) el trago del estribo (*fam*); **to hold the** ~ (*Aut*) agarrar, tener buena adherencia; **our relationship has reached the end of the** ~ nuestras relaciones han llegado al punto final; **'~ up'** 'cerrado por obras'.

2 CPD: ~ **accident** N accidente *m* de tráfico; ~ **haulage** or **transport** N transporte *m* por carretera; ~ **map** N mapa *m* de carreteras; ~ **rage** N *agresividad en la carretera*; ~ **safety** N seguridad *f* vial; ~ **show** N compañía *f* teatral en gira; ~ **sign** N señal *f* de tráfico; ~ **tax** N impuesto *m* de rodaje; ~ **works** NPL obras *fpl*.

roadblock ['rəʊdblɒk] N control *m*, barricada *f*, retén *m* (*LAm*).

roadhog ['rəʊdhɒg] N loco(a) *m/f* de volante.

roadie ['rəʊdɪ] N (*Mus fam*) encargado *m* del transporte del equipo.

roadman ['rəʊdmæn] (*pl* **-men**), **roadmender** ['rəʊdmendə^r] N peón *m* caminero.

roadroller ['rəʊdˌrəʊlə^r] N apisonadora *f*.

roadside ['rəʊdsaɪd] 1 N borde *m* de la carretera, orilla *f* del camino (*LAm*). 2 CPD de carretera; ~ **restaurant** N (*US*) café-restaurante *m* (en carretera).

roadsweeper ['rəʊdˌswiːpə^r] N (*person*) barrendero *m*; (*vehicle*) máquina *f* barrendera.

roadway ['rəʊdweɪ] N calzada *f*.

roadworthy ['rəʊdˌwɜːðɪ] ADJ (*car etc*) en buen estado (*para circular*).

roam [rəʊm] 1 VT (*streets etc*) rondar, vagar por. 2 VI (*person etc*) vagar, errar; (*thoughts*) divagar; **to** ~ **about** andar sin rumbo fijo.

roar [rɔː^r] 1 N (*of animal*) rugido *m*, bramido *m*; (*of crowd*) clamor *m*; (*of fire*) crepitación *f*; **with great** ~**s of laughter** con grandes carcajadas; **he said with a** ~ dijo rugiendo.

2 VI (*animal*) rugir, bramar; (*crowd, audience*) clamar; (*guns, thunder*) retumbar; (*with laughter*) reírse a carcajadas; **the lorry** ~**ed past** el camión pasó ruidosamente.

roaring ['rɔːrɪŋ] ADJ: **in front of a** ~ **fire** ante una fogata bien caliente; **it was a** ~ **success** fue un tremendo éxito; **to do a** ~ **trade** hacer muy buen negocio.

roast [rəʊst] 1 N asado *m*.

2 ADJ asado/a.

3 VT a (*meat*) asar; (*coffee*) tostar; **to** ~ **o.s. in the sun** (*fig*) tostarse al sol.

b (*fam: scold*) **to** ~ **sb** desollar vivo a algn.

4 VI asarse.

roasting ['rəʊstɪŋ] 1 ADJ a (*chicken etc*) para asar.

b (*day, heat*) abrasador(a). 2 N: **to give sb a** ~ (*fam*) = **roast 3 (b)**.

rob [rɒb] VT robar; **to** ~ **sb of sth** (*money etc*) robar algo a algn; (*fig: happiness etc*) quitar algo a algn; **I've been** ~**bed!** ¡me han robado!

robber ['rɒbə^r] N ladrón/ona *m/f*.

robbery ['rɒbərɪ] N robo *m*; **it's daylight** ~! (*fam*) ¡es una estafa!

robe [rəʊb] N (*garment*) traje *m* de ceremonia, túnica *f*; (*bath~*) bata *f*; (*lawyer's, Univ etc*) toga *f*.

robin ['rɒbɪn] N (*bird*) petirrojo *m*.

robot ['rəʊbɒt] N robot *m*.

robotics [rəʊ'bɒtɪks] NSG robótica *f*.

robust [rəʊ'bʌst] ADJ (*person*) robusto/a, fuerte; (*material*) resistente.

rock [rɒk] 1 N a (*substance*) roca *f*; (*large stone, boulder*) roca, peña *f*; (*Naut*) escollo *m*; **whisky on the** ~**s** whisky con hielo; **their marriage is on the** ~**s** el matrimonio está al borde del fracaso.

b (*movement*) balanceo *m*.

c (*Mus*) rock *m*.

2 VT (*gently*) mecer, columpiar; (*violently*) sacudir; (*fig*) trastornar; **to** ~ **a child to sleep** arrullar a un niño; **the country was** ~**ed by strikes** el país fue sacudido por las huelgas.

3 VI (*gently*) mecerse, balancearse; (*violently*) sacudirse; **the train** ~**ed violently** el tren se sacudió violentamente.

4 CPD: ~ **climbing** N (*sport*) escalada *f* en rocas; ~ **concert** N concierto *m* de rock; ~ **face** N vertiente *f* rocosa; ~ **festival** N festival *m* de rock; ~ **garden** N jardincito *m* rocoso; ~ **music** N música *f* rock; ~ **painting** N pintura *f* rupestre; ~ **plant** N planta *f* alpestre; ~ **pool** N charca *f* (de agua de mar) entre rocas; ~ **salt** N sal *f* gema or mineral.

rock-bottom ['rɒk'bɒtəm] 1 N (*fig*) **to reach** or **touch** ~ tocar fondo. 2 CPD (*price*) mínimo/a, tirado/a.

rocker ['rɒkə^r] N balancín *m*; (*US: chair*) mecedora *f*, mecedor *m* (*LAm*); **to be off one's** ~ (*fam*) estar majareta (*fam*).

rockery ['rɒkərɪ] N jardincito *m* de rocas.

rocket ['rɒkɪt] 1 N a cohete *m*; (*space* ~) cohete espacial.

b **to give sb a** ~ (*fig*) echar un rapapolvo a algn.

2 VI: **to** ~ **to fame** ascender vertiginosamente a la fama; **prices have** ~**ed** los precios han subido vertiginosamente.

3 CPD: ~ **launcher** N lanzacohetes *m inv*.

rocketry ['rɒkɪtrɪ] N cohetería *f*.

rock-hard ['rɒk'hɑːd] ADJ duro/a como la roca.

Rockies ['rɒkɪz] NPL = **Rocky Mountains**.

rocking chair ['rɒkɪŋtʃɛə^r] N mecedora *f*, mecedor *m* (*LAm*).

rocking horse ['rɒkɪŋhɔːs] N caballito *m* de balancín.

rocky¹ ['rɒkɪ] ADJ (*comp* **-ier**; *superl* **-iest**) (*substance*) (duro/a) como la piedra; (*slope etc*) rocoso/a.

rocky² ['rɒkɪ] ADJ (*comp* **-ier**; *superl* **-iest**) (*shaky, unsteady*) inestable, bamboleante; (*fig: situation*) inseguro/a, inestable; (: *government etc*) débil.

Rocky Mountains ['rɒkɪ'maʊntɪnz] NPL Montañas *fpl* Rocosas.

rod [rɒd] N (*Tech: of wood*) vara *f*; (: *of metal*) barra *f*; (*fishing* ~) caña *f*; (*curtain* ~) barra; **to rule with a** ~ **of iron** gobernar con mano de hierro; **spare the** ~ **and spoil the child** quien bien te quiere te hará llorar.

rode [rəʊd] PT of **ride**.

rodent ['rəʊdənt] N roedor *m*.

rodeo ['rəʊdɪəʊ] N rodeo *m*, charreada *f* (*Mex*).

roe¹ [rəʊ] N (*of fish*) **hard** ~ hueva *f*; **soft** ~ lecha *f*.

roe² [rəʊ] N (*also* ~ **deer**: *male*) corzo *m*; (: *female*) corza *f*.

roebuck ['rəʊbʌk] N (*male roe deer*) corzo *m*.

roger ['rɒdʒə^r] VT (*fam!*) joder (*fam!*).

rogue [rəʊg] N (*thief etc*) pícaro/a *m/f*, pillo/a *m/f*; (*hum*) granuja *mf*; ~'**s gallery** fichero *m* de delincuentes.

roguish ['rəʊgɪʃ] ADJ (*child*) travieso/a; (*look, smile etc*) pícaro/a.

role [rəʊl] **1** N (*Theat*) papel *m*, rol *m* (*LAm*); **supporting ~** papel secundario; **to play a ~ (in)** (*fig*) desempeñar un papel (en). **2** CPD: **~ model** N modelo *m* a imitar.

role-playing ['rəʊl,pleɪɪŋ] N juego *m* de roles.

roll [rəʊl] **1** N **a** (*of paper, cloth, film etc*) rollo *m*; (*of fat*) michelín *m*; (*of money*) fajo *m*.
b (*of bread*) bollo *m*, panecillo *m*, bolillo *m* (*Mex*).
c (*list*) lista *f*; **to call the ~** pasar lista; **electoral ~** censo *m* electoral; **to have 500 pupils on the ~** tener inscritos 500 alumnos.
d (*sound: of thunder, cannon*) retumbo *m*; (: *of drum*) redoble *m*.
e (*of gait*) contoneo *m*; (*of ship, plane*) balanceo *m*.
2 VT (*ball, vehicle etc*) hacer rodar; (*road*) apisonar; (*lawn, pitch*) pasar el rodillo por; (*pastry*) aplanar; (*metal*) laminar; (*cigarette*) liar; **~ed gold** oro *m* laminado; **to ~ a stone downhill** hacer rodar una piedra cuesta abajo; **to ~ one's eyes** poner los ojos en blanco; **to ~ one's r's** pronunciar fuertemente las erres; **he's judge and jury ~ed into one** es a la vez juez y jurado.
3 VI **a** (*go ~ing*) rodar, dar vueltas; (*on ground, in pain etc*) revolcarse; **it ~ed under the chair** desapareció debajo de la silla; **tears ~ed down her cheeks** las lágrimas le corrían por la cara; **they're ~ing in money, they're ~ing in it** (*fam*) nadan en oro; **the bus ~ed to a stop** el autobús se paró.
b (*sound: thunder*) retumbar; (: *drum*) redoblar.
c (*in walking*) contonearse; (*Naut*) balancearse.
4 CPD: **~ call** N lista *f*; **to take a ~ call** pasar lista.
♦ **roll about** VI + ADV (*ball, coin etc*) rodar (por); (*person, dog*) revolcarse; (*fam: with laughter*) revolcarse de (la) risa.
♦ **roll away** VI + ADV alejarse.
♦ **roll back** VT + ADV (*carpet etc*) enrollar.
♦ **roll by** VI + ADV (*vehicle, year*) pasar.
♦ **roll in** VI + ADV (*money, letters*) llegar en abundancia; (*waves*) subir y bajar; (*fam: person*) aparecer; **the money is ~ing in** (*fam*) no entra el dinero a raudales.
♦ **roll on** VI + ADV (*time*) pasar.
♦ **roll out** VT + ADV (*pastry*) extender con el rodillo; (*carpet, map*) desenrollar.
♦ **roll over** VI + ADV (*object*) volcar, voltearse (*LAm*); (*person, animal*) dar una vuelta.
♦ **roll up** **1** VI + ADV **a** (*animal*) enroscarse.
b (*car*) acercarse, llegar; (*fam: arrive*) aparecer (por fin); **~ up!** ¡acérquense!
2 VT + ADV (*cloth, map*) enrollar; (*sleeves*) arremangar; **to ~ sth up in paper** envolver algo en papel; **to ~ o.s. up into a ball** hacerse un ovillo.

roller ['rəʊlə'] **1** N (*Agr, Tech*) rodillo *m*; (*road-~*) apisonadora *f*; (*caster*) ruedecilla *f*.
2 CPD: **~ blind** N (*Brit*) persiana *f* enrollable; **~ coaster** N montaña *f* rusa; **~ skate** N patín *m* (de ruedas); **~ skating** N patinaje *m* sobre ruedas.

rollerblade ['rəʊləbleɪd] N patín *m* (en línea).

rollicking ['rɒlɪkɪŋ] **1** ADJ alegre. **2** N: **to give sb a ~** (*Brit fam*) poner a algn como un trapo (*fam*).

rolling ['rəʊlɪŋ] **1** ADJ (*waves, sea*) agitado/a; (*countryside*) ondulado/a; **~ stock** material *m* rodante; **~ stone** (*fig*) canto *m* rodante; **a ~ stone gathers no moss** piedra movediza nunca moho la cobija.
2 CPD: **~ mill** N laminador *m*; **~ pin** N rodillo *m*.

roll-on ['rəʊlɒn] **1** N faja *f* elástica. **2** CPD: **~ deodorant** N bola *f* desodorante; **~-roll-off ship** N ro-ro *m*.

rollover ['rəʊləʊvə'] **1** N **a** (*Fin: of loan, debt*) aplazamiento *m*. **b** (*Brit: of lottery*) bote *m*. **2** CPD (*Brit: lottery: week, jackpot*) con bote.

ROM [rɒm] N ABBR (*Comput*) of **read-only memory**.

Roman ['rəʊmən] **1** ADJ romano/a; **~ alphabet** alfabeto *m* romano; **~ Catholic** (*adj, n*) católico/a *m/f* romano/a; **~ nose** nariz *f* aguileña.
2 N (*person*) romano/a *m/f*; (*Typ*) **r~** tipo *m* romano.

romance [rəʊ'mæns] **1** N **a** (*love affair*) idilio *m*.
b (*romantic character*) lo romántico; (*picturesqueness*) lo pintoresco; **the ~ of the sea** el encanto del mar.
c (*tale*) novela *f*; (*medieval*) libro *m* de caballerías; (*Mus*) romanza *f*.

2 ADJ (*Ling*) **R~** romance, romántico/a.

Romanesque [,rəʊmə'nesk] ADJ (*Archit*) románico/a.

Romania [rəʊ'meɪnɪə] N Rumania *f*, Rumanía *f*.

Romanian [rəʊ'meɪnɪən] **1** ADJ rumano/a. **2** N rumano/a *m/f*; (*Ling*) rumano *m*.

romantic [rəʊ'mæntɪk] ADJ, N romántico/a *m/f*.

romanticism [rəʊ'mæntɪsɪzəm] N romanticismo *m*.

romanticize [rəʊ'mæntɪsaɪz] VT sentimentalizar.

Romany ['rɒmənɪ] **1** ADJ gitano/a. **2** N gitano/a *m/f*; (*Ling*) lengua *f* gitana.

Rome [rəʊm] N Roma *f*; **when in ~ (do as the Romans do)** donde fueres, haz lo que vieres.

romp [rɒmp] **1** N retozo *m*, jugueteo *m*; **to have a ~** retozar. **2** VI retozar; **she ~ed through the examination** no tuvo problema alguno para aprobar el examen; **to ~ home** ganar fácilmente.

rompers ['rɒmpəz] NPL mono *msg*, pelele *msg*.

roof [ru:f] **1** N (*pl* **~s** [ru:fs, ru:vz]) (*of building*) tejado *m*; (*of car etc*) techo *m*; **flat ~** azotea *f*; **~ of the mouth** paladar *m*; **prices are going through the ~** los precios están por las nubes; **to have a ~ over one's head** tener dónde cobijarse; **to live under the same ~** vivir bajo el mismo techo; **to raise the ~** (*protest*) poner el grito en el cielo; (*sing etc*) armar jaleo or (*esp LAm*) bronca; **he hit the ~** (*fam*) se subió por las paredes (*fam*).
2 VT (*also* **~ in, ~ over**) techar.
3 CPD: **~ rack** N (*Aut*) baca *f*, portamaletas *m inv*, portaequipajes *m inv*, parrilla *f* (*LAm*).

roofing ['ru:fɪŋ] **1** N techumbre *f*. **2** CPD: **~ felt** N fieltro *m* para techar.

rooftop ['ru:ftɒp] **1** N techo *m*; **we will proclaim it from the ~s** lo proclamaremos a los cuatro vientos. **2** CPD: **~ restaurant** N restaurante *m* de azotea.

rook¹ [rʊk] **1** N (*bird*) grajo *m*. **2** VT (*swindle*) estafar, timar.

rook² [rʊk] N (*Chess*) torre *f*.

rookie ['rʊkɪ] N (*Mil fam*) novato/a *m/f*.

room [rʊm] **1** N **a** (*in house, hotel*) cuarto *m*, habitación *f*, pieza *f* (*esp LAm*), ambiente *m* (*Arg*); (*large, public*) sala *f*; **double ~** habitación *etc* doble; **furnished ~** cuarto amueblado; **ladies' ~** servicios *mpl* de damas; **they've always lived in ~s** siempre han vivido en casa alquilada.
b (*space*) sitio *m*, espacio *m*; **is there ~?** ¿hay sitio?; **is there ~ for this?** ¿cabe esto?, ¿hay cabida para esto?; **there's no ~ for anything else** no cabe más; **is there ~ for me?** ¿quepo yo?; **to make ~ for sb** hacer sitio a algn; **standing ~ only!** no queda asiento.
c (*fig*) **there is no ~ for doubt** no hay lugar a dudas; **there is ~ for improvement** podría mejorarse aún.
2 CPD: **~ service** N (*in hotel*) servicio *m* de habitaciones; **~ temperature** N temperatura *f* ambiente.

-roomed [rʊmd] ADJ SUF de ... piezas; **seven~** de siete piezas.

roomful ['rʊmfʊl] N: **a ~ of priests** un cuarto lleno de curas.

rooming-house ['rʊmɪŋhaʊs] N (*pl* **-houses** [haʊzɪz]) (*US*) pensión *f*.

roommate ['rʊmmeɪt] N compañero/a *m/f* de cuarto.

roomy ['rʊmɪ] ADJ (*comp* **-ier**; *superl* **-iest**) (*flat, cupboard etc*) amplio/a; (*garment*) holgado/a.

roost [ru:st] **1** N (*gen*) percha *f*; (*hen ~*) gallinero *m*; **to rule the ~** dirigir el cotarro. **2** VI (*lit*) dormir en una percha; (*fig*) **to come home to ~** volverse en contra (de uno).

rooster ['ru:stə'] N gallo *m*.

root [ru:t] **1** N raíz *f*; (*of word*) raíz *f*; **square ~** (*Math*) raíz cuadrada; **money is the ~ of all evil** el dinero es la raíz de todos los males; **the ~ of the problem is that ...** (*fig*) la raíz del problema es que ...; **her ~s are in Manchester** tiene sus raíces en Manchester; **to put down one's ~s in a country** echar raíces en un país; **to pull up by the ~s** arrancar de raíz; **to take ~** (*plant*) echar raíces; (*idea*) arraigarse.
2 VT **a** (*plant*) hacer arraigar.
b **to be ~ed to the spot** quedar paralizado; **a deeply**

~ed prejudice un prejuicio muy arraigado. **3** VI (*Bot*) echar raíces, arraigarse. **4** CPD: **~ beer** N (*US*) cerveza *f* no alcohólica; **~ cause** N causa *f* primordial; **~ vegetable** N raíz *f*.

♦ **root about** VI + ADV andar buscando por todas partes.

♦ **root for** VI + PREP (*US fam*) animar.

♦ **root out** VT + ADV (*find*) desenterrar; (*remove*) extirpar, arrancar de raíz.

rootless ['ruːtlɪs] ADJ (*person etc*) desarraigado/a.

rope [rəʊp] **1** N cuerda *f*, mecate *m* (*Mex*); (*hangman's*) soga *f*; **to give sb more ~** (*fig*) dar rienda suelta a algn; **to know/learn the ~s** estar/ponerse al tanto; **I'll show you the ~s** te voy a mostrar lo que hay que hacer; **a ~ of pearls** un collar de perlas. **2** VT atar *or* (*LAm*) amarrar con (una) cuerda; **to ~ two things together** atar dos cosas con una cuerda. **3** CPD: **~ ladder** N escala *f* de cuerda.

♦ **rope in** VT + ADV: **to ~ sb in** (*fam*) embaucar a algn.

♦ **rope off** VT + ADV acordonar.

rop(e)y ['rəʊpɪ] ADJ (*comp* **-ier**; *superl* **-iest**) (*fam*) chungo/a (*fam*).

rosary ['rəʊzərɪ] N (*Rel*) rosario *m*; **to say the ~** rezar el rosario.

rose¹ [rəʊz] **1** N (*Bot*: *flower*) rosa *f*; (: *bush*) rosal *m*; (*colour*) rosa *m*; (*on shower, watering can*) alcachofa *f*; (*Archit*: *on ceiling*) roseta *f*; **my life isn't all ~s** (*fam*) mi vida no es un camino de rosas. **2** ADJ (**~-coloured**) (de color de) rosa *inv*. **3** CPD: **~ bush** N rosal *m*; **~ garden** N rosaleda *f*; **~ pink** ADJ rosado/a; **~ red** ADJ rojo/a como la rosa; **~ tree** N rosal *m*; **~ window** N (*Archit*) rosetón *m*.

rose² [rəʊz] PT of **rise**.

rosebed ['rəʊzbed] N rosaleda *f*.

rosebud ['rəʊzbʌd] N capullo *m* de rosa.

rose-coloured, (*US*) **rose-colored** ['rəʊzˌkʌləd] ADJ color de rosa; **to see everything through ~ spectacles** verlo todo color de rosa.

rosehip ['rəʊzhɪp] **1** N escaramujo *m*. **2** CPD: **~ syrup** N jarabe *m* de escaramujo.

rosemary ['rəʊzmərɪ] N (*herb*) romero *m*.

rosette [rəʊ'zet] N (*Archit*) rosetón *m*; (*emblem*) escarapela *f*; (*prize*) premio *m*.

rosewood ['rəʊzwʊd] N palo *m* de rosa.

ROSPA ['rɒspə] N ABBR of **Royal Society for the Prevention of Accidents**.

roster ['rɒstər] N lista *f*.

rostrum ['rɒstrəm] N (*pl* **~s** *or* **rostra** ['rɒstrə]) tribuna *f*.

rosy ['rəʊzɪ] ADJ (*comp* **-ier**; *superl* **-iest**) (*cheeks etc*) sonrosado/a; (*colour*) (de color de) rosa; (*fig*: *future, prospect*) prometedor(a).

rot [rɒt] **1** N **a** (*process*) putrefacción *f*; (*substance*) podredumbre *f*. **b** (*fig*) **the ~ set in** la decadencia comenzó; **to stop the ~** acabar con la decadencia. **c** (*fam*) tonterías *fpl*, babosadas *fpl* (*LAm*); **oh ~!, what ~!** ¡qué tonterías! **2** VT pudrir, descomponer. **3** VI: **to ~ (away)** pudrirse, descomponerse; **to ~ in jail** pudrirse en la cárcel.

rota ['rəʊtə] N (*roster*) lista *f*.

rotary ['rəʊtərɪ] ADJ (*movement*) giratorio/a; (*blades, press etc*) rotativo/a.

rotate [rəʊ'teɪt] **1** VT hacer girar, dar vueltas a; (*crops*) cultivar en rotación; (*staff*) alternar. **2** VI girar, dar vueltas.

rotation [rəʊ'teɪʃən] N rotación *f*; **~ of crops** rotación de cultivos; **in ~** por turnos; **orders are dealt with in strict ~** los pedidos se sirven por riguroso orden.

rote [rəʊt] N: **to learn sth by ~** aprender algo de memoria.

rotisserie [rəʊ'tɪsərɪ] N rotisserie *f*.

rotor ['rəʊtər] N rotor *m*.

rotten ['rɒtn] ADJ **a** (*gen*) podrido/a, putrefacto/a; (*food*) pasado/a; (*tooth*) cariado/a, (*wood*) carcomido/a, podrido/a. **b** (*fig*) infame, malísimo/a; (*fam*: *morally*) vil, despreciable; (*of bad quality*) pésimo/a, lamentable; **what a ~ thing to do!** ¡qué maldad!; **what ~ weather!** ¡qué

tiempo de perros!; **he's ~ at chess** para el ajedrez es un desastre; **it's a ~ novel** es una novela pésima; **I feel ~** (*ill*) me encuentro fatal; (*mean*) me siento culpable; **to be ~ to sb** (*fam*) portarse como una canalla con algn.

rotter ['rɒtər] N (*Brit fam*) caradura *mf* (*fam*).

rotund [rəʊ'tʌnd] ADJ (*person*) corpulento/a.

rouble, (*US*) **ruble** ['ruːbl] N rublo *m*.

rouge [ruːʒ] N colorete *m*.

rough [rʌf] **1** ADJ (*comp* **~er**; *superl* **~est**) **a** (*surface, skin etc*) áspero/a; (*ground*) accidentado/a; (*road*) desigual, lleno/a de baches; (*hand*) calloso/a; (*edge*) desigual. **b** (*treatment, behaviour etc*) brutal; (*person: uncultured*) inculto/a; (*crude*) tosco/a, basto/a; (*voice*) ronco/a; (*wine*) ordinario/a; (*life, manner*) difícil, duro/a; (*sea*) agitado/a, encrespado/a; (*play, sport*) violento/a; (*fam: unfortunate*) desgraciado/a, desafortunado/a; **to get ~** (*sea*) embravecerse; **he's a ~ diamond** (*fig*) es un diamante en bruto; **to feel ~** (*fam*) encontrarse mal; **to be ~ on sb** (*treatment*) tratar mal a algn; (*situation*) ser duro para algn. **c** (*calculation, estimate*) aproximado/a; **~ draft** borrador *m*; **~ sketch, ~ plan** bosquejo *m*, boceto *m*; **I would say 50 at a ~ guess** diría que 50 aproximadamente. **2** ADV: **to cut up ~** (*fam*) ponerse hecho una fiera; **to play ~** jugar duro; **to sleep ~** dormir a la intemperie. **3** N **a** (*person*) matón *m*, pura *f*. **b** **we'll do it first in ~** lo haremos primero sólo en forma preliminar; **to take the ~ with the smooth** tomar las duras con las maduras. **4** VT: **to ~ it** vivir sin comodidades.

♦ **rough out** VT + ADV (*plan etc*) esbozar, bosquejar.

♦ **rough up** VT + ADV **a** (*hair*) despeinar. **b** (*fam*) **to ~ sb up** dar una paliza a algn.

roughage ['rʌfɪdʒ] N (*for animals*) forraje *m*; (*for people*) alimentos *mpl* ricos en fibra.

rough-and-ready ['rʌfən'redɪ] ADJ (*method, equipment*) tosco/a, burdo/a.

rough-and-tumble ['rʌfən'tʌmbl] N pelea *f*, escaramuza *f*; **the ~ of life** los vaivenes de la vida; **the ~ of politics** los avatares de la política.

roughcast ['rʌfkɑːst] N mezcla *f* gruesa.

roughen ['rʌfn] VT (*skin etc*) poner *or* dejar áspero; (*scratch*) rascar; (: *surface*) rajar, agrietar.

roughly ['rʌflɪ] ADV **a** (*not gently*: *push, play*) bruscamente; (: *speak, order*) toscamente, hoscamente. **b** (*approximately*) más o menos, aproximadamente; **~ speaking** en general; **I put it at ~ 250** yo lo calculo en más o menos 250.

roughneck ['rʌfnek] N (*US fam*) duro *m*, matón *m*.

roughness ['rʌfnɪs] N (*of hands, surface*) aspereza *f*; (*of person*) brusquedad *f*; (*of sea*) agitación *f*, encrespamiento *m*; (*of road*) desigualdad *f*.

roughshod ['rʌfʃɒd] ADV: **to ride ~ over sth/sb** pisotear algo/a algn.

rough-spoken ['rʌf'spəʊkən] ADJ inculto/a.

roulette [ruː'let] N ruleta *f*.

Roumania etc [ruː'meɪnɪə] = **Romania** etc.

round [raʊnd] **1** ADJ (*comp* **~er**; *superl* **~est**) (*gen*) redondo/a; **in ~ figures** en números redondos; **~ robin** (*request*) petición *f* firmada en rueda; (*protest*) protesta *f* firmada en rueda; **R~ Table** (*Hist*) Mesa *f* Redonda; **the ~ trip** el viaje de ida y vuelta; **~ trip ticket** (*US*) billete *m* de ida y vuelta. **2** ADV (*with circular motion*) **the wheels go ~** las ruedas giran or dan vuelta; **it's all round** está rodeado por un cercado; **the other/wrong way ~** al revés; **all year ~** (*durante*) todo el año; **drinks all ~!** ¡pago la ronda para todos!; **to ask sb ~** invitar a algn a casa or a pasar (por casa); **we were ~ at my sister's** estábamos en casa de mi hermana; **the long way ~** el camino más largo. **3** PREP **a** (*of place etc*) alrededor de; **the wall ~ the garden** el muro que rodea el jardín; **~ the corner** a la vuelta de la esquina; **~ the table** alrededor de la mesa; **all the people ~ about** toda la gente alrededor; **all ~ the house** (*inside*) por toda la casa; (*outside*) alrededor de la casa; **to look ~ the shop** echar una mirada por la tienda; **~ the clock** (*at any time*) a todas horas, a cualquier hora; (*non-stop*) sin parar *or* cesar; **wear it ~ your neck** llévalo en el cuello.

b (*approximately*: *also* **~ about**) más o menos, aproximadamente; **~ 4 o'clock** a eso de las 4; **somewhere ~** cerca de.

4 N **a** (*circle*) círculo *m*; **a ~ (of sandwiches)** un sandwich.

b **the daily ~** (*fig*) la rutina cotidiana.

c (*of postman, milkman etc*) recorrido *m*; (*of watchman*) ronda *f*; **the doctor's on his ~s** el médico está haciendo sus visitas; **the story went the ~s** corrió la voz.

d (*Boxing*) asalto *m*, round *m*; (*Golf*) partido *m*, recorrido *m*; (*Showjumping*) recorrido; (*game*: *cards etc*) partida *f*; (*in tournament, talks etc*) vuelta *f*; **a ~ of talks** una ronda de negociaciones; **the first ~ of the elections** la primera vuelta de las elecciones; **she did** *or* **went** *or* **made the ~s of the agencies** visitó todas las agencias.

e (*of drinks*) ronda *f*; **it's my ~** yo invito, me toca a mí; **~ of ammunition** tiro *m*, cartucho *m*; **~ of shots** descarga *f*; **~ of applause** salva *f* de aplausos.

5 VT **a** (*make* ~: *lips, edges etc*) redondear.

b (*go* ~: *corner etc*) doblar, dar la vuelta a; (: *Naut*) doblar.

◆ **round down** VT + ADV (*price etc*) redondear (rebajando).

◆ **round off** VT + ADV acabar, rematar; **to ~ off the evening** dar el remate a la fiesta.

◆ **round on** VI + PREP volverse en contra de.

◆ **round up** VT + ADV (*cattle*) acorralar, rodear; (*friends etc*) reunir; (*criminals*) coger (*Sp*), agarrar (*LAm*); (*figures*) redondear (por arriba).

roundabout ['raʊndəbaʊt] **1** ADJ indirecto/a; **to speak in a ~ way** hablar con rodeos. **2** N (*at fair*) tiovivo *m*; (*Brit Aut*) cruce *m* giratorio, glorieta *f*.

rounders ['raʊndəz] NSG (*Brit*) juego similar al béisbol.

roundly ['raʊndlɪ] ADV (*fig*: *forcefully*) rotundamente; (: *honestly*) francamente.

round-necked ['raʊnd,nekt] ADJ: **~ pullover** jersey *m* de cuello cerrado *or* redondo.

roundness ['raʊndnɪs] N redondez *f*.

round-shouldered ['raʊnd'ʃəʊldəd] ADJ cargado/a de espaldas.

round-the-clock ['raʊndðə'klɒk] ADJ (*surveillance etc*) de veinticuatro horas.

roundup ['raʊndʌp] N (*Agr*) rodeo *m*; (*of suspects etc*) redada *f*; **a ~ of the latest news** un resumen de las últimas noticias.

rouse [raʊz] VT (*person*) despertar; (*emotion*) despertar, excitar; **to ~ sb to action** mover a algn a actuar; **to ~ sb to fury** provocar la furia de algn; **to ~ o.s.** animarse.

rousing ['raʊzɪŋ] ADJ (*applause*) caluroso/a; (*song, speech*) conmovedor(a).

rout¹ [raʊt] **1** N derrota *f* completa. **2** VT derrotar.

rout² [raʊt] VI: **to ~ about** hurgar.

◆ **rout out** VT + ADV (*discover*) desenterrar; (*force out*) sacar a la fuerza.

route [ruːt] **1** N (*gen*) ruta *f*; (*of bus etc*) recorrido *m*; (*of ship*) derrota *f*; (*itinerary*) itinerario *m*; (*direction*) rumbo *m*; **shipping ~** vía marítima; **air ~** ruta aérea; **to go by a new ~** seguir una ruta nueva.

2 CPD: **~ map** N mapa *m* de carreteras.

routemarch ['ruːtmɑːtʃ] N marcha *f* de entrenamiento.

routine [ruː'tiːn] **1** N (*gen, Comput*) rutina *f*; **the daily ~** la rutina cotidiana. **2** ADJ rutinario/a; **a ~ inspection** una inspección rutinaria.

routinely [ruː'tiːnlɪ] ADV rutinariamente.

rove [raʊv] **1** VT vagar *or* errar por. **2** VI vagar, errar; **his eye ~d over the room** repasó el cuarto con la vista.

rover ['raʊvə'] N vagabundo/a *m/f*.

roving ['raʊvɪŋ] ADJ (*wandering*) errante; **to have a ~ commission** (*fig*) tener vía libre para investigar donde sea necesario; **he has a ~ eye** se le van los ojos tras las faldas.

row¹ [raʊ] N (*gen*) fila *f*, hilera *f*; **in a ~** en fila; **in the front ~** en primera fila; **for 5 days in a ~** durante 5 días

seguidos.

row² [rəʊ] **1** N (*trip*) paseo *m* en barca; **to go for a ~** pasearse en barca; **it was a hard ~ to the shore** nos costó llegar a la playa remando.

2 VT (*boat*) remar; (*person*) llevar a remo; **he ~ed the Atlantic** cruzó el Atlántico a remo.

3 VI remar; **we ~ed for the shore** nos dirigimos remando hacia la playa; **to ~ across a river** cruzar un río a remo.

row³ [raʊ] **1** N **a** (*noise*) escándalo *m*, ruido *m*.

b (*dispute*) bronca *f*, pelea *f*; **to have a ~** reñir, pelearse (*LAm*); **the ~ about wages** la disputa acerca de los salarios.

c (*fuss, disturbance, incident*) jaleo *m*, bronca *f* (*esp LAm*); **what's the ~ about** ¿a qué se debe el lío?; **to kick up a ~**, **to make a ~** (*fam*) armar un lío, armar bronca (*esp LAm*).

d (*scolding*) regaño *m*, regañina *f*; **to get into a ~** ganarse una regañina.

2 VI reñir, pelear (*LAm*); **they're always ~ing** siempre están riñendo.

rowan ['raʊən] N (*also* **~ tree**) serbal *m*.

rowboat ['rəʊbəʊt] N (*US*) = **rowing boat**.

rowdy ['raʊdɪ] **1** ADJ (*comp* **-ier**; *superl* **-iest**) (*person*) escandaloso/a; (*meeting etc*) alborotado/a, agitado/a.

2 N (*person*: *loud*) escandaloso/a *m/f*; (: *quarrelsome*) pendenciero/a *m/f*.

rowdyism ['raʊdɪɪzəm] N disturbios *mpl*.

rower ['raʊə'] N remero/a *m/f*.

rowing ['raʊɪŋ] **1** N remo *m*. **2** CPD: **~ boat** N barca *f* de remo, lancha *f*, bote *m* de remos; **~ machine** N máquina *f* de remo.

royal ['rɔɪəl] **1** ADJ **a** real; **the R~ Navy/Air Force** la Marina Británica/las Fuerzas Aéreas Británicas; **~ blue** azul *m* marino; **~ family** familia *f* real; **His/Her R~ Highness** Su Alteza Real.

b (*splendid*) magnífico/a, espléndido/a; **to have a right ~ time** pasarlo en grande.

2 N: **the ~s** (*fam*) la realeza.

royalist ['rɔɪəlɪst] ADJ, N monárquico/a *m/f*.

royally ['rɔɪəlɪ] ADV (*fig*) magníficamente.

royalty ['rɔɪəltɪ] **1** N realeza *f*, familia *f* real. **b** (*payment*: *also* **royalties**: *on books*) derechos *mpl* de autor; (: *gen*) royalti(e)s *mpl* (*LAm*), regalías *fpl*.

RP N ABBR **a** (*Brit Ling*) of **Received Pronunciation** pronunciación estándar del inglés británico. **b** (*Post*) of **reply paid** CP.

RPI N ABBR of **Retail Price Index** IPC *m*.

RPM N ABBR of **resale price maintenance**.

rpm ABBR of **revolutions per minute** r.p.m.

RR ABBR (*US*) of **Railroad** FC *m*.

RRP N ABBR of **recommended retail price** PVP *m*.

RSA N ABBR **a** (*Brit*) of **Royal Society of Arts**. **b** of **Royal Scottish Academy**.

RSI N ABBR of **repetitive strain** *or* **stress injury**.

RSM N ABBR (*Mil*) of **Regimental Sergeant-Major**.

RSPB N ABBR (*Brit*) of **Royal Society for the Protection of Birds**.

RSPCA N ABBR (*Brit*) of **Royal Society for the Prevention of Cruelty to Animals**.

RSVP ABBR of **répondez s'il vous plaît** S.R.C.

rt ABBR of **right**.

RTA N ABBR of **road traffic accident** accidente *m* de carretera.

Rt Hon ABBR of **Right Honourable**.

Rt Rev. ABBR of **Right Reverend** Rmo.

rub [rʌb] **1** N (*gen*) **to give sth a ~** frotar algo; **to give sb's back a ~** frotar la espalda de algn.

2 VT (*apply friction*) frotar, restregar; (*polish*) sacar brillo a; **to ~ one's hands together** frotarse las manos; **to ~ sb up the wrong way** (*fig*) sacar de quicio a algn.

3 VI: **to ~ against sth**, **to ~ on sth** rozar algo.

◆ **rub along** VI + ADV (*fam*) ir tirando, defenderse; **to ~ along with sb** llevarse *or* entenderse bien con algn.

◆ **rub down** VT + ADV **a** (*body*) secar frotando; (*horse*) almohazar. **b** (*door, wall etc*) lijar.

◆ **rub in** VT + ADV (*ointment, cream etc*) **to ~ a cream in to the skin** frotar la piel con una crema; (*fam*) **don't ~ it in!** ¡no insistas!

◆ **rub off** ⊞ VI + ADV quitarse (frotando); (*fig*) **to ~ off on sb** pegarse a algn.
⊡ VT + PREP (*writing*) borrar; (*dirt etc*) quitar (frotando).

◆ **rub out** VT + ADV borrar.

◆ **rub up** VT + ADV pulir.

rubber¹ ['rʌbər] ⊞ N (*material*) goma *f*, caucho *m*, hule *m*, jebe *m* (*LAm*); (*eraser*) goma de borrar; (*US*) condón *m*, goma.
⊡ CPD (*ball, dinghy, gloves, boots*) de goma *etc*; **~ band** N goma *f*, gomita *f*; **~ cheque** N (*fam*) cheque *m* sin fondos; **~ industry** N industria *f* del caucho *or* cauchera; **~ stamp** N estampilla *f* de goma.

rubber² ['rʌbər] N (*Bridge etc*) partida *f*.

rubbery ['rʌbərɪ] ADJ elástico/a; (*fig*) de goma.

rubbing ['rʌbɪŋ] N ⊡ (*act*) frotamiento *m*. ⊡ (*brass ~*) calco *m*.

rubbish ['rʌbɪʃ] ⊞ N ⊡ basura *f*, desperdicios *mpl*.
⊡ (*fig: goods, film etc*) birria *f*, porquería *f*; (*spoken, written*) tonterías *fpl*, disparates *mpl*; **he talks a lot of ~** dice muchas bobadas; **the book is ~** la novela es una basura.
⊡ CPD: **~ bin** N (*Brit*) cubo *m* de la basura; **~ dump** N basurero *m*.

rubbishy ['rʌbɪʃɪ] ADJ (*fam: goods, film*) malísimo/a.

rubble ['rʌbl] N escombros *mpl*.

rubella [rʊ'belə] N rubéola *f*.

ruble ['ruːbl] N (*US*) = **rouble**.

rubric ['ruːbrɪk] N rúbrica *f*.

ruby ['ruːbɪ] ⊞ N rubí *m*. ⊡ ADJ (*colour*) color rubí. ⊡ CPD (*necklace, ring*) de rubí(es).

RUC N ABBR of **Royal Ulster Constabulary**.

ruck [rʌk] (*also ~ up*) ⊞ VT arrugar. ⊡ VI arrugarse.

rucksack ['rʌksæk] N mochila *f*.

ruction ['rʌkʃən] N follón *m*, bronca *f*; **there will be ~s** se va a armar la gorda.

rudder ['rʌdər] N (*Naut, Aer*) timón *m*.

ruddy ['rʌdɪ] ADJ (*comp* **-ier**; *superl* **-iest**) ⊡ (*complexion*) sonrosado/a; (*sky etc*) rojizo/a. ⊡ (*Brit euph*) maldito/a, condenado/a.

rude [ruːd] ADJ (*comp* **~r**; *superl* **~st**) ⊡ (*offensive*) grosero/a; (*short*) brusco/a; **to be ~ to sb** ser grosero con algn; **it's ~ to eat noisily** es muy ordinario hacer ruido al comer; **how ~!** ¡no seas mal educado! ⊡ (*indecent*) grosero/a; (*joke etc*) verde, colorado/a (*LAm*). ⊡ **a ~ awakening** una sorpresa desagradable; **to be in ~ health** estar robusto. ⊡ (*primitive*) tosco/a, burdo/a.

rudely ['ruːdlɪ] ADV groseramente; **she was ~ awakened** le despertaron bruscamente; (*fig*) quedó desagradablemente sorprendida.

rudeness ['ruːdnɪs] N (*see adj (a), (b)*) grosería *f*; brusquedad *f*; falta *f* de educación; grosería, indecencia *f*.

rudimentary [ˌruːdɪ'mentərɪ] ADJ (*gen*) rudimentario/a; **he has ~ Latin** tiene las primeras nociones de latín.

rudiments ['ruːdɪmənts] NPL rudimentos *mpl*.

rueful ['ruːfʊl] ADJ triste, arrepentido/a.

ruff [rʌf] N (*Sew*) gorguera *f*; (*Zool*) collarín *m*.

ruffian ['rʌfɪən] N rufián *m*.

ruffle ['rʌfl] VT (*surface*) agitar, rizar; (*hair*) despeinar; (*feathers*) erizar; (*fabric*) fruncir; (*sb's composure*) perturbar; **nothing ~s him** no se altera por nada.

rug [rʌg] N (*floor-mat*) alfombrilla *f*, tapete *m*; (*wrap*) manta *f*; **to pull the ~ from under sb** (*fig*) mover la silla para que algn se caiga.

rugby ['rʌgbɪ] ⊞ N rugby *m*. ⊡ CPD: **~ league** N rugby *m* a trece; **~ union** N rugby *m* a quince.

rugged ['rʌgɪd] ADJ (*terrain*) accidentado/a; (*character: unrefined*) tosco/a; (*: surly*) severo/a; (*features*) duro/a, recio/a.

rugger ['rʌgər] N (*fam*) = **rugby**.

ruin ['ruːɪn] ⊞ N ⊡ ruina *f*; **~s** ruinas; **in ~s** en ruinas; **to fall into ~** caer en ruinas; **her hopes were in ~s** sus esperanzas estaban arruinadas.

⊡ (*fig*) ruina *f*, perdición *f*; **it will be the ~ of him** será su ruina; **~ stared us in the face** nos enfrentamos con el fracaso.
⊡ VT (*damage*) arruinar, destruir; (*undermine*) echar abajo; (*spoil*) estropear; (*bankrupt*) arruinar; **what ~ed him was gambling** el juego fue su ruina; **he ~ed my new car** hizo polvo mi coche nuevo.

ruination [ˌruːɪ'neɪʃən] N ruina *f*, perdición *f*.

ruined ['ruːɪnd] ADJ en ruinas; (*also fig*) arruinado/a.

ruinous ['ruːɪnəs] ADJ ruinoso/a.

rule [ruːl] ⊞ N ⊡ (*ruling*) regla *f*, norma *f*; **~s of the road** normas *fpl* de tráfico; **~s and regulations** reglamentos *mpl*; **it's against the ~s** va contra las normas; **as a ~** por regla general; **~ of thumb** regla empírica; **the golden ~ is …** la regla principal es …; **to bend the ~s** ajustar las reglas; **we make it a ~ to do sth** es nuestra costumbre hacer algo; *see* **work 3 (a)**.
⊡ (*dominion etc*) dominio *m*, imperio *m*; **under British ~** bajo el dominio británico.
⊡ (*ruler*) regla *f*, metro *m*.
⊡ VT ⊡ (*govern: also ~ over*) gobernar; **he ~d the company for 40 years** durante 40 años rigió la compañía.
⊡ (*Jur*) decidir, fallar; **to ~ that …** fallar que ….
⊡ (*draw*) trazar.
⊡ VI ⊡ (*govern*) gobernar, mandar.
⊡ **to ~ against sth** decidir *or* fallar en contra de algo.
⊡ CPD: **~ book** N libro *m* de normas; **we'll do it by the ~ book** lo haremos de acuerdo con el reglamento.

◆ **rule out** VT + ADV excluir; **to ~ out the possibility** excluir la posibilidad.

ruled [ruːld] ADJ (*paper*) rayado/a.

ruler ['ruːlər] N ⊡ (*person*) gobernante *mf*. ⊡ (*for measuring*) regla *f*.

ruling ['ruːlɪŋ] ⊞ ADJ (*passion, factor*) dominante; **the ~ classes** las clases dirigentes. ⊡ N decisión *f*, fallo *m*; **to give a ~ on a dispute** fallar en una disputa.

rum¹ [rʌm] N (*drink*) ron *m*.

rum² [rʌm] ADJ (*fam*) raro/a.

Rumania *etc* [ruː'meɪnɪə] = **Romania** *etc*.

rumble¹ ['rʌmbl] ⊞ N (*of traffic etc*) ruido *m* sordo, retumbo *m*; (*of thunder etc*) redoble *m*, estruendo *m*.
⊡ VI redoblar, retumbar; (*stomach*) hacer ruidos; **the train ~d past** el tren pasó con estruendo; **he ~d on another half-hour** (*fam*) continuó media hora más con el rollo (*fam*).

rumble² ['rʌmbl] VT (*Brit fam*) calar; **he's ~d us** nos ha calado *or* pillado.

rumbustious [rʌm'bʌstʃəs] ADJ bullicioso/a.

ruminant ['ruːmɪnənt] N rumiante *mf*.

ruminate ['ruːmɪneɪt] VI (*think*) rumiar.

rumination [ˌruːmɪ'neɪʃən] N (*act*) rumia *f*; (*thought*) meditación *f*.

rummage ['rʌmɪdʒ] ⊞ VI: **to ~ (about** or **around)** revolver (*among*, in en); **to ~ about in a case** revolver en una maleta. ⊡ CPD: **~ sale** (*US*) = **jumble sale**.

rummy ['rʌmɪ] N (*Cards*) rummy *m*.

rumour, (*US*) **rumor** ['ruːmər] ⊞ N rumor *m*; **~ has it that …** se rumorea que …, corre la voz de que …. ⊡ VT: **it is ~ed that …** se rumorea que …, corre la voz de que ….

rump [rʌmp] ⊞ N ⊡ (*Anat: of horse etc*) ancas *fpl*, grupa *f*; (*Culin*) cuarto *m* trasero.
⊡ (*of party etc*) parte *f* que queda.
⊡ CPD: **~ steak** N filete *m* de lomo de vaca *or* (*LAm*) de res.

rumple ['rʌmpl] VT arrugar; (*hair*) despeinar.

rumpus ['rʌmpəs] N (*fam*) jaleo *m*; **to kick up a ~** armar follón *or* (*esp LAm*) bronca.

run [rʌn] (*vb: pt* **ran**; *pp* **~**) ⊞ N ⊡ (*act of ~ning, Sport etc*) carrera *f*; (*Mus*) carrerilla *f*; (*in tights*) carrera *f*; **at a ~** corriendo, a la carrera; **to have a ~ before breakfast** (salir a) correr antes del desayuno; **a prisoner on the ~** un preso fugado; **to keep sb on the ~** mantener a algn en constante actividad; **we've got them on the ~** los hemos puesto en fuga; (*fig*) están casi vencidos; **to make a ~ for it** echarse a correr, huir; **to give sb a ~ for their**

money hacer sudar a algn; **to have the ~ of sb's house** tener el libre uso de la casa de algn.

b (*outing in car etc*) vuelta *f*, excursión *f*; (*Rail etc: distance travelled*) recorrido *m*; **let's go for a ~ down to the coast** vamos a dar una vuelta por la costa; **the Calais ~** la ruta de Calais; **the Plymouth-Santander ~** el servicio de Plymouth a Santander; **it's a short car ~** es un breve viaje en coche.

c (*sequence*) serie *f*; (*Cards*) escalera *f*; **a ~ of luck** una racha de suerte; **the common ~** lo común y corriente; **it stands out from the general ~ of books** destaca de la generalidad de los libros; **the play had a long ~** la obra se mantuvo mucho tiempo en la cartelera; **in the long ~** a la larga; **in the short ~** a plazo corto.

d (*Comm etc*) **a ~ on the banks** una gran demanda de fondos en los bancos; **a ~ on sterling** una demanda de libras esterlinas; **there was a ~ on sugar** el azúcar tenía mucha demanda; **the ~ of the market** la tendencia del mercado.

e (*for animals*) corral *m*.

f (*ski ~*) pista *f*.

g **to have the ~s** (*fam*) tener el vientre descompuesto.

2 VT **a** (*gen*) recorrer; **to ~ a race** participar en una carrera; **the race is ~ over 4 km** la carrera se hace sobre una distancia de 4 km; **let things ~ their course** (*fig*) deja que las cosas sigan su curso; **to ~ a horse** correr un caballo.

b (*move*) **to ~ sb into town** llevar a algn (en coche) a la ciudad; **to ~ a car into a lamppost** estrellar un coche contra un farol; **to ~ errands** hacer recados.

c (*organize etc: business, hotel etc*) dirigir, llevar; (: *country*) gobernar; (: *campaign*) organizar; **to ~ the house for sb** llevar la casa a algn; **she ~s everything** ella se encarga de todo; **to ~ a candidate** presentar (un) candidato.

d (*operate, use: car*) tener; (: *machine*) hacer funcionar *or* andar; (: *train*) poner; (*Comput: programme*) ejecutar; **we don't ~ a car** no tenemos coche; **to ~ a new bus service** establecer un nuevo servicio de autobuses; **they ran an extra train** pusieron un tren suplementario; **you can ~ this machine on gas** puedes hacer funcionar esta máquina a gas.

e **to be ~ off one's feet** estar ocupadísimo; **to ~ it close** *or* **fine** dejarse muy poco tiempo; **to ~ a (high) temperature** tener (alta) fiebre; **to ~ a risk** correr un riesgo.

f (*with adv or prep*) **to ~ one's eye over a letter** echar un vistazo a una carta; **let me ~ this idea past you** (*US*) a ver qué piensas de esta idea; **to ~ a fence round a field** poner una valla alrededor de un campo; **to ~ a pipe through a wall** pasar un tubo por una pared; **to ~ one's fingers through sb's hair** pasar los dedos por el pelo de algn; **to ~ a comb through one's hair** peinarse rápidamente.

g **would you ~ my bath?** ¿me preparas el baño?

3 VI **a** (*gen*) correr; (*in race*) competir, correr; (*flee*) huir; **to ~ downstairs** bajar la escalera corriendo; **to ~ for a bus** correr tras el autobús; **to ~ to help sb** correr al auxilio de algn; **we shall have to ~ for it** habrá que darse a la fuga; **to ~ for office** (*fig*) presentarse como candidato a un cargo; **a rumour ran through the town** corrió la voz por la ciudad; **that tune keeps ~ning through my head** esa melodía la tengo metida en la cabeza; **it ~s in the family** viene de familia.

b (*of bus service etc*) circular, correr; **the train ~s between Glasgow and Edinburgh** el tren circula entre Glasgow y Edimburgo; **the bus ~s every 20 minutes** hay un autobús cada 20 minutos; **the train is ~ning late** el tren lleva retraso; **the service usually ~s on time** el servicio generalmente es puntual.

c (*Naut*) **to ~ aground** encallar.

d (*function*) funcionar; **the car is not ~ning well** el coche no funciona bien; **things did not ~ smoothly for them** (*fig*) les fue mal; **it ~s off the mains** funciona con corriente de la red.

e (*extend: contract etc*) prorrogarse; **the play ran for 2 years** la obra estuvo 2 años en cartelera; **the sentences will ~ concurrently** las condenas se cumplirán al mismo tiempo; **the cost ran to hundreds of pounds** el coste ascendió a cientos de libras; **the talk ran to 2 hours** la charla se extendió a 2 horas; **my salary won't ~ to a car** mi sueldo no alcanza para un coche.

f (*flow*) correr, fluir; **the tears ran down her cheeks** las lágrimas le corrían por las mejillas; **my pen ~s** mi pluma gotea; **you left the tap ~ning** dejaste abierto el grifo *or* (*LAm*) abierta la llave; **the river ~s into the sea** el río desemboca en el mar; **the milk ran all over the floor** la leche se derramó por todo el suelo; **his nose was ~ning** le moqueaba la nariz; **the colours have ~** los colores se han corrido; **to ~ dry** secarse; (*resources*) agotarse.

g (*with adv or prep*) **to ~ across the road** cruzar la calle corriendo; **the road ~s along the river** la carretera va a lo largo del río; **to ~ after sth/sb** (*fam*) perseguir algo/a algn; **to ~ back** volver corriendo; **the road ~s by our house** la carretera pasa delante de nuestra casa; **the path ~s from our house to the station** el sendero va de nuestra casa a la estación; **the car ran into the lamppost** el coche chocó contra el farol; **this street ~s into the square** esta calle desemboca en la plaza; **he ran up to me** se me acercó corriendo; **he ran up the stairs** subió la escalera corriendo; **the ivy ~s up the wall** la hiedra trepa por la pared; *see* **high 2; low¹ 2; seed 1 (a).**

◆ **run about** VI + ADV correr por todas partes.

◆ **run across** VI + PREP tropezar *or* encontrarse con.

◆ **run along** VI + ADV: **~ along now!** (*singular*) ¡vete!, ¡váyase!; (*plural*) ¡iros!, ¡váyanse!

◆ **run away** VI + ADV **a** (*escape, flee*) escaparse, fugarse; **to ~ away from home** huir de casa; **to ~ away from one's responsibilities** evadir sus responsabilidades. **b** (*water*) salirse.

◆ **run away with** VI + PREP (*money, jewels etc*) llevarse; (*person*) fugarse con; (*fig*) **he let his imagination ~ away with him** se dejó llevar por su imaginación; **it simply ~s away with the money** es que devora el dinero; **don't ~ away with the idea that ...** no te vayas a imaginar que ...; **don't let your feelings ~ away with you** no te dejes dominar por las emociones.

◆ **run back** VT + ADV rebobinar.

◆ **run down** **1** VT + ADV **a** (*knock down*) atropellar. **b** (*reduce: production*) ir reduciendo. **c** (*disparage*) menospreciar. **2** VI + ADV: **to be ~ down** (*battery: flat*) estar descargado/a; (*person: unwell*) estar agotado/a.

◆ **run in** VT + ADV **a** (*new machine*) rodar, hacer funcionar. **b** (*fam: arrest*) detener.

◆ **run into** VI + PREP (*encounter: person, difficulties etc*) tropezar con; **to ~ into debt** contraer deudas, endeudarse, endrogarse (*And, CSur*).

◆ **run off** **1** VI + ADV = **run away 1 (a).** **2** VT + ADV tirar.

◆ **run off with** VI + PREP = **run away with.**

◆ **run on** VI + ADV **a** (*fam: talk*) seguir hablando. **b** (*Typ*) continuar.

◆ **run out** VI + ADV (*come to an end: contract, time*) acabarse, vencerse; (: *food, money etc*) agotarse; **when the money ~s out** cuando se acabe el dinero.

◆ **run out of** VI + PREP quedarse sin; **I've ~ out of petrol** se me acabó la gasolina.

◆ **run over** **1** VI + ADV rebosar, desbordarse. **2** VI + PREP (*reread etc*) repasar. **3** VT + ADV (*Aut*) atropellar.

◆ **run through** VI + PREP **a** (*use up*) despilfarrar. **b** (*read quickly: notes etc*) echar un vistazo a. **c** (*rehearse: play*) ensayar; (*recapitulate*) repasar.

◆ **run up** VT + ADV **a** (*debt etc*) contraer. **b** (*dress etc*) hacer rápidamente.

◆ **run up against** VI + PREP (*problem etc*) tropezar con.

runaround ['rʌnəraʊnd] N: **to give sb the ~** (*fam*) traer a algn al retortero.

runaway ['rʌnəweɪ] ADJ (*prisoner, slave*) fugitivo/a; (*soldier*) desertor(a); (*horse*) desbocado/a; (*success, victory etc*)

aplastante; **~ inflation** inflación *f* galopante.
rundown ['rʌndaʊn] N (*of industry etc*) cierre *m* gradual; (*résumé*) resumen *m*; **to give sb a ~** poner a algn al día.
run-down ['rʌn'daʊn] ADJ (*place*) desvencijado/a, ruinoso/a; (*person*) agotado/a.
rung¹ [rʌŋ] N escalón *m*, peldaño *m*.
rung² [rʌŋ] PT of **ring²**.
runner ['rʌnər] N (*athlete*) corredor(a) *m/f*; (*horse: in race*) caballo *m*; (*wheel*) ruedecilla *f*; (*of sledge, aircraft*) patín *m*; (*of skate*) cuchilla *f*; (*fam*) **to do a ~** largarse (*fam*).
runner-up ['rʌnər'ʌp] N subcampeón/ona *m/f*.
running ['rʌnɪŋ] **1** ADJ (*water*) corriente; (*commentary*) en directo; **for the sixth time ~** por sexta vez consecutiva; **~ battle** (*fig*) lucha *f* continua; **~ costs** gastos *mpl* corrientes; **~ head** (*Typ, Comput*) encabezamiento *m* normal; **~ repairs** reparaciones *fpl* provisionales; **~ total** suma *f* parcial.
2 (*of business etc*) dirección *f*, organización *f*; (*of machine*) funcionamiento *m*, marcha *f*; **to be in the ~ for sth** tener posibilidades de ganar algo.
3 CPD: **~ board** N (*Aut*) estribo *m*; **~ in** N (*Aut*) rodaje *m*; **~ mate** N (*US Pol*) candidato/a *m/f* a la vicepresidencia; **~ track** N pista *f* (de atletismo).
runny ['rʌnɪ] ADJ (*comp* **-ier;** *superl* **-iest**) líquido/a, derretido/a.
run-of-the-mill ['rʌnəvðə'mɪl] ADJ común y corriente.
runproof ['rʌnpruːf] ADJ (*mascara*) que no se corre; (*tights*) indesmallable.
run-through ['rʌnθruː] N ensayo *m*.
run-up ['rʌnʌp] N (*Brit*) periodo *m* previo (*to* a).
runway ['rʌnweɪ] N (*Aviat*) pista *f* (de aterrizaje).
rupture ['rʌptʃər] **1** N (*Med*) hernia *f*; (*fig*) ruptura *f*. **2** VT causar una hernia en.
rural ['rʊərəl] ADJ rural.
ruse [ruːz] N estratagema *f*, ardid *m*.
rush¹ [rʌʃ] **1** N junco *m*. **2** CPD: **~ matting** N estera *f* de juncos.
rush² [rʌʃ] **1** N **a** (*act of ~ing*) ímpetu *m*; **gold ~** fiebre *f* del oro; **there was a ~ to** *or* **for the door** se precipitaron todos hacia la puerta; **it got lost in the ~** se perdió en la confusión.
b (*hurry*) prisa *f*, apuro *m* (*LAm*); **I'm in a ~** tengo prisa *or* (*LAm*) apuro; **what's all the ~ about?** ¿por qué tanta prisa?; **is there any ~ for this?** ¿te corre prisa esto?; **we had a ~ to get it ready** tuvimos que darnos prisa para tenerlo listo a tiempo.
c (*current*) **a ~ of air/wind** una ráfaga de aire/viento; **a ~ of water/steam** un chorro de agua/vapor; **a ~ of people** un tropel.
d (*Comm*) demanda *f* (*for, on* de); **we've had a ~ of orders** ha habido una gran demanda.
2 VT **a** (*person*) meter prisa a, apresurar, apurar (*LAm*); (*work, order*) hacer de prisa *or* a la carrera; **to ~ sth off** hacer algo de prisa; **I hate being ~ed** no aguanto que me metan prisa; **we were ~ed off our feet** estábamos muy liados *or* (*LAm*) apurados; **he was ~ed (off) to hospital** le llevaron al hospital con la mayor urgencia.
b (*attack: town*) asaltar, tomar por asalto; (: *person*) atacar inesperadamente; **the crowd ~ed the barriers** el público se abalanzó sobre las barreras.
3 VI (*person: run*) precipitarse; (: *hurry*) apresurarse, apurarse (*LAm*); (*car*) ir de prisa, correr; **I must ~** me voy corriendo; **everyone ~ed to the windows** se pre-

cipitaron todos hacia las ventanas; **don't ~!** ¡con calma!; **don't ~ at it, take it slowly** no te apures, hazlo con calma; **to ~ past** pasar como un rayo; **I ~ed to her side** corrí a su lado; **to ~ upstairs/downstairs** subir/bajar la escalera a la carrera; **I was ~ing to finish it** me daba prisa por terminarlo.
4 CPD: **~ hour** N hora *f* punta; **Madrid in the ~ hour** Madrid en las horas punta; **~ hour traffic** N la circulación de las horas punta; **~ order/job** N pedido *m*/trabajo *m* urgente.
◆**rush about, rush around** VI + ADV correr de un lado a otro.
◆**rush at** VI + PREP abalanzarse sobre, aventarse contra (*Mex*).
◆**rush in** VI + ADV entrar precipitadamente.
◆**rush off** VI + ADV irse corriendo.
◆**rush out 1** VT + ADV (*book etc*) publicar con toda prisa. **2** VI + ADV salir precipitadamente.
◆**rush over** VI + ADV acercarse corriendo.
◆**rush through 1** VI + PREP (*meal*) comer de prisa, tragar (*LAm*); (*book*) leer de prisa; (*work*) hacer de prisa; (*town*) atravesar a toda velocidad.
2 VT + ADV (*Comm: order, supplies*) despachar rápidamente.
◆**rush up** VI + ADV = **rush over**.
rusk [rʌsk] N (*esp for babies*) galleta *f*.
russet ['rʌsɪt] **1** N (*colour*) color *m* rojizo. **2** ADJ (*colour*) rojizo/a.
Russia ['rʌʃə] N Rusia *f*.
Russian ['rʌʃən] **1** ADJ ruso/a; **~ roulette** ruleta *f* rusa.
2 N ruso/a *m/f*; (*Ling*) ruso *m*.
rust [rʌst] **1** N (*action*) oxidación *f*; (*on metal*) orín *m*, herrumbre *f*. **2** VI oxidarse. **3** VT oxidar.
rust-coloured ['rʌst,kʌləd] ADJ de color herrumbre.
rusted ['rʌstɪd] ADJ oxidado/a.
rustic ['rʌstɪk] ADJ rústico/a *m/f*, campesino/a *m/f*.
rustle¹ ['rʌsl] **1** N (*of leaves, wind*) susurro *m*; (*of paper*) crujido *m*; (*of silk, dress*) frufrú *m*, crujido. **2** VT hacer crujir. **3** VI (*leaves*) susurrar; (*paper, material*) crujir.
rustle² ['rʌsl] VT (*steal*) robar, abigear (*Mex*).
◆**rustle up** (*fam*) VT + ADV (*find*) encontrar, dar con; (*make*) improvisar; **I'll see what I can ~ up** veré lo que hay.
rustler ['rʌslər] N ladrón/ona *m/f* de ganado, abigeo/a *m/f* (*Mex*).
rustling ['rʌslɪŋ] N robo *m* de ganado, abigeato *m* (*Mex*).
rustproof ['rʌstpruːf], **rust-resistant** ['rʌstrɪzɪstənt] ADJ inoxidable.
rusty ['rʌstɪ] ADJ (*comp* **-ier;** *superl* **-iest**) oxidado/a; **my Greek is pretty ~** (*fig*) me falta práctica en griego.
rut¹ [rʌt] N surco *m*; **to be in/get into a ~** (*fig*) ser/hacerse esclavo de la rutina; **to get out of the ~** (*fig*) salir del bache.
rut² [rʌt] N (*Bio*) celo *m*.
ruthless ['ruːθlɪs] ADJ (*person, act*) despiadado/a, cruel.
rutted ['rʌtɪd] ADJ lleno/a de baches.
RV N ABBR **a** of **Revised Version** versión revisada de la Biblia. **b** (*US*) of **recreational vehicle**.
Rwanda [rʊ'ændə] N Ruanda *f*.
rye [raɪ] **1** N (*grain, grass*) centeno *m*. **2** CPD: **~ bread** N pan *m* de centeno; **~ whisky** N whisky *m* de centeno.
ryegrass ['raɪgrɑːs] N ballico *m*.

Ss

S¹, s [es] N (*letter*) S, s *f*.

S² ABBR **a** *of* **south** S. **b** *of* **Saint** Sto., Sta.

s. ABBR **a** **second**. **b** **son**. **c** (*Brit Fin: old*) *of* **shilling(s)**.

SA ABBR **a** *of* **South Africa**. **b** *of* **South America**.

Sabbath ['sæbəθ] N (*Jewish*) sábado *m*; (*Christian*) domingo *m*.

sabbatical [sə'bætıkəl] **1** ADJ (*Rel*) sabático/a. **2** N (*also* ~ **year**) año *m* sabático.

saber ['seɪbə'] (*US*) = **sabre**.

sable ['seɪbl] N (*fur*) cebellina *f*.

sabotage ['sæbətɑːʒ] **1** N sabotaje *m*; **an act of** ~ un acto de sabotaje. **2** VT (*also fig*) sabotear.

saboteur [,sæbə'tɜːʳ] N saboteador(a) *m/f*.

sabre, (*US*) **saber** ['seɪbə'] N sable *m*.

sabre-rattling ['seɪbə,rætlıŋ] N patriotería *f*.

sac [sæk] N (*Anat etc*) saco *m*.

saccharin(e) ['sækərın] N sacarina *f*.

sachet ['sæʃeɪ] N (*of shampoo etc*) sobrecito *m*.

sack¹ [sæk] **1** N **a** (*bag*) saco *m*, costal *m*. **b** (*fam: from job*) **to get the** ~ ser despedido/a; **to give sb the** ~ despedir *or* echar a algn. **c** (*fam: bed*) **to hit the** ~ echarse a dormir. **2** VT (*fam*) despedir. **3** CPD: ~ **dress** N vestido *m* saco; ~ **race** N carrera *f* de sacos.

sack² [sæk] **1** N (*plundering*) saqueo *m*. **2** VT saquear.

sacking ['sækıŋ] N **a** (*cloth*) arpillera *f*. **b** (*fam: dismissal*) despido *m*.

sacrament ['sækrəmənt] N (*Rel*) sacramento *m*; **to receive the Holy S~** comulgar.

sacramental [,sækrə'mentl] ADJ sacramental.

sacred ['seɪkrıd] ADJ (*holy*) sagrado/a, sacro/a; ~ **to the memory of ...** consagrado a la memoria de ...; **a ~ promise** (*fig*) una promesa solemne; **is nothing ~?** ¿ya no se respeta nada?; ~ **cow** (*fam*) vaca *f* sagrada.

sacrifice ['sækrıfaıs] **1** N (*also fig*) sacrificio *m*; **to make ~s** (*for sb*) sacrificarse (a favor de algn), privarse (para algn). **2** VT (*gen*) sacrificar; **to ~ o.s.** sacrificarse.

sacrificial [,sækrı'fıʃəl] ADJ sacrificatorio/a; ~ **lamb** chivo *m* expiatorio.

sacrilege ['sækrılıdʒ] N (*also fig*) sacrilegio *m*.

sacrilegious [,sækrı'lıdʒəs] ADJ sacrílego/a.

sacristan ['sækrıstən] N sacristán *m*.

sacristy ['sækrıstı] N sacristía *f*.

sacrosanct ['sækrəʊsæŋkt] ADJ (*also fig*) sacrosanto/a.

sad [sæd] ADJ (*comp* ~**der**; *superl* ~**dest**) **a** (*sorrowful*) triste, apenado/a (*Sp*); (*depressing*) deprimente; **how** ~! ¡qué triste *or* tristeza!, ¡qué pena!; **to grow** ~ entristecerse; **to make sb** ~ entristecer a algn; **he left a ~der and a wiser man** se marchó un hombre escarmentado. **b** (*deplorable*) lamentable, triste; **a ~ mistake** un error deplorable.

sadden ['sædn] VT entristecer, dar pena a; **it ~s me** me da (mucha) pena.

saddle ['sædl] **1** N (*of bicycle*) silla *f*; (*of horse*) silla *f* de montar; **Red Rum won with X in the** ~ ganó Red Rum montado por X; **to be in the** ~ (*fig*) estar en el poder; ~ **of lamb** (*Culin*) cuarto *m* (trasero) de cordero. **2** VT (*also* ~ **up**: *horse*) ensillar; **to ~ sb with sth** (*fam*) cargar a algn con algo.

saddlebag ['sædlbæg] N alforja *f*.

saddler ['sædlə'] N talabartero *m*, guarnicionero *m*.

saddle-sore ['sædl,sɔːʳ] ADJ: **he was** ~ le dolían las posaderas de tanto montar.

sadism ['seɪdızəm] N sadismo *m*.

sadist ['seɪdıst] N sadista *mf*.

sadistic [sə'dıstık] ADJ sádico/a.

sadly ['sædlı] ADV (*unhappily*) tristemente, con tristeza; (*regrettably*) desgraciadamente; ~ **lacking in ...** muy deficiente en ...; **you are** ~ **mistaken** estás muy equivocado.

sadness ['sædnıs] N (*gen*) tristeza *f*, pena *f* (*Sp*); (*depression*) depresión *f*.

sadomasochism [,seɪdəʊ'mæsə,kızəm] N sadomasoquismo *m*.

sadomasochist [,seɪdəʊ'mæsəkıst] N sadomasoquista *mf*.

s.a.e. N ABBR *of* **stamped addressed envelope**.

safari [sə'fɑːrı] **1** N safari *m*; **to be on** ~ estar de safari. **2** CPD: ~ **park** N parque *m* aventura.

safe [seɪf] **1** ADJ (*comp* ~**r**; *superl* ~**st**) **a** (*gen*) seguro/a; (*not in danger: person*) fuera de peligro; (*unharmed*) ileso/a, a salvo; ~ **and sound** sano y salvo; **as** ~ **as houses** completamente seguro; ~ **from** a salvo de; **you'll be** ~ **here** aquí no correrás peligro; ~ **house** piso *m* franco, vivienda *f* segura; ~ **sex** sexo *m* seguro. **b** (*not dangerous*) inofensivo/a; (*dog*) manso/a; (*secure*) seguro/a; (*trustworthy*) digno/a de confianza, de fiar; **journey!** ¡buen viaje!; **in** ~ **hands** a salvo; **the** ~ **period** (*Med*) el período de infertilidad; **it's a** ~ **bet!** ¡es cosa segura!; **just to be on the** ~ **side** para mayor seguridad *or* estar seguro; **better** ~ **than sorry** hombre precavido vale por dos; **it is** ~ **to say that ...** valga decir que ...; **the secret is** ~ **with me** el secreto seguirá siéndolo conmigo. **2** N (*for money etc*) caja *f* fuerte.

safe-breaker ['seɪf,breɪkə'] N ladrón/ona *m/f* de cajas fuertes.

safe-conduct ['seɪf'kɒndəkt] N salvoconducto *m*.

safe-cracker ['seɪf,krækə'] N (*US*) ladrón/ona *m/f* de cajas fuertes.

safe-deposit ['seɪfdı,pɒzıt] N (*vault*) cámara *f* acorazada; (*box*) caja *f* de seguridad *or* de caudales.

safeguard ['seɪfgɑːd] **1** N resguardo *m*; **as a** ~ **against ...** como defensa contra .... **2** VT proteger, resguardar.

safe-keeping [,seɪf'kiːpıŋ] N custodia *f*; **to put into** ~ poner a buen recaudo *or* bajo custodia.

safely ['seɪflı] ADV (*without danger*) con toda seguridad; (*without accident*) sano y salvo; **to arrive** ~ llegar bien; **I can** ~ **say ...** puedo afirmar con toda seguridad ....

safety ['seɪftı] **1** N seguridad *f*; **road** ~ seguridad vial; ~ **first!** ¡con cautela!; **for** ~'s **sake** para mayor seguridad; **in a place of** ~ en un lugar seguro; **there's** ~ **in numbers** cuantos más, menos peligro. **2** CPD de seguridad; ~ **belt** N cinturón *m* de seguridad; ~ **catch** N (*on gun*) seguro *m*; (*on bracelet*) cadena *f* de seguridad; ~ **curtain** N (*in theatre*) telón *m* metálico; ~ **glass** N vidrio *m* inastillable; ~ **margin** N margen *m* de seguridad; ~ **match** N fósforo *m* de seguridad; ~ **measure** N medida *f* preventiva *or* de prevención; ~ **net** N (*in circus*) red *f*; ~ **officer** N encargado/a *m/f* de seguridad; ~ **pin** N imperdible *m* (*Sp*), seguro *m* (*CAm, Mex*); ~ **precaution** N medida *f* de seguridad; ~ **razor** N maquinilla *f* de afeitar, Gillette ® *f*; ~ **valve** N válvula *f* de seguridad *or* de escape; (*fig*) desahogo *m*.

saffron ['sæfrən] N (*powder*) azafrán *m*; (*colour*) color *m* azafrán.

sag [sæg] VI (*gen: roof, awning etc*) combarse; (*bed*) hundirse; (*slacken*) aflojarse; (: *shoulders*) encorvarse; (*fig: spirit*) flaquear; **his spirits** ~**ged** se le flaqueó el ánimo, se desanimó.

saga ['sɑːgə] N (*Hist*) saga *f*; (*novel*) serie *f* (de novelas); (*fig*) epopeya *f*.

sagacious [sə'geɪʃəs] ADJ (*person, remark*) sagaz.

sagacity [sə'gæsıtı] N sagacidad *f*.

sage¹ [seɪdʒ] **1** ADJ (*wise*) sabio/a; (*sensible*) cuerdo/a. **2** N sabio/a *m/f*.

sage² [seɪdʒ] **1** N (*herb*) salvia *f*. **2** CPD: **~ and onion stuffing** N relleno *m* de cebolla con salvia; **~ green** ADJ, N verde *m* salvia.

Sagittarius [ˌsædʒɪˈtɛrɪəs] N Sagitario *m*.

sago [ˈseɪɡəʊ] N sagú *m*.

Sahara [səˈhɑːrə] N Sáhara *m*, Sahara *m*.

Sahel [sɑːˈhel] N Sahel *m*.

said [sed] **1** PT, PP *of* **say**. **2** ADJ dicho/a.

Saigon [saɪˈɡɒn] N Saigón *m*.

sail [seɪl] **1** N **a** (*cloth*) vela *f*; **to set ~** zarpar; **to take the wind out of sb's ~s** (*fig*) bajarle los humos a algn.
b (*trip*) paseo *m* en barco; **it is 3 days' ~ from here** desde aquí a este es un viaje de 3 días en barco. **2** VT (*ship*) gobernar; **they ~ed the ship to Cadiz** fueron con el barco a Cádiz; **to ~ the seas** navegar (en alta mar). **3** VI **a** (*boat, person*) navegar; **we ~ed into harbour** entramos a puerto; **to ~ round the world** dar la vuelta al mundo en barco; **to ~ close to the wind** (*fig*) pisar terreno peligroso. **b** (*Naut: leave*) zarpar, salir; **we ~ for Australia soon** pronto zarpamos para Australia. **c** (*fig*) **she ~ed into the room** entró majestuosamente en la sala; **the plate ~ed over my head** el plato voló por encima de mi cabeza.
♦**sail through** VI + PREP (*fig*) pasar sin esfuerzo por; (: *pass: exam, driving test*) no tener problemas para aprobar.

sailboard [ˈseɪlbɔːd] N plancha *f* de windsurf.

sailboarding [ˈseɪlbɔːdɪŋ] N windsurf *m*, surf *m* a vela.

sailboat [ˈseɪlbəʊt] N (*US*) = **sailing boat**.

sailcloth [ˈseɪlklɒθ] N lona *f*.

sailing [ˈseɪlɪŋ] **1** N (*sport*) vela *f*, navegación *f* a vela; (*Naut: departure*) salida *f*; **now it's all plain ~** ahora es coser y cantar. **2** CPD: **~ boat** N velero *m*, barco *m* de vela.

sailor [ˈseɪlər] **1** N marinero *m*; **to be a bad ~** marearse fácilmente. **2** CPD: **~ suit** N traje *m* de marinero (*de niño*).

saint [seɪnt] N santo/a *m/f*; **~'s day** santo *m*; **All S~s' Day** fiesta *f* de Todos los Santos; **S~ Bernard** (*dog*) perro *m* de San Bernardo; **S~ John** San Juan; **S~ Theresa** Santa Teresa; **they were married at S~ Mark's** se casaron en la parroquia de San Marcos; **my mother was a ~** (*fig*) mi madre era una santa.

saintly [ˈseɪntlɪ] ADJ (*comp* **-ier**; *superl* **-iest**) (*gen*) santo/a; (*pious*) pío/a; (*pej*) santurrón/ona.

sake¹ [seɪk] N: **for the ~ of sb/sth** por algn/algo; **for my ~** por mí; **for God's ~!, for heaven's ~!** ¡por Dios!; **art for art's ~** el arte por el arte; **to talk for the ~ of talking** hablar por hablar; **for your own ~** por tu propio bien; **for old times' ~** en honor al pasado; **for the ~ of argument** digamos, es un decir; **for the ~ of peace** para garantizar la paz.

sake² [ˈsɑːkɪ] N sake *m*.

salable [ˈseɪləbl] ADJ (*US*) = **saleable**.

salacious [səˈleɪʃəs] ADJ salaz.

salad [ˈsæləd] **1** N ensalada *f*; **fruit ~** ensalada de frutas, macedonia *f* (*Sp*); **Russian ~** ensaladilla *f* (rusa), ensalada rusa. **2** CPD: **~ cream** N (*Brit*) mayonesa *f*; **~ days** NPL juventud *f*; **~ dressing** N aliño *m*; **~ oil** N aceite *m* para ensaladas.

salamander [ˈsæləˌmændər] N salamandra *f*.

salami [səˈlɑːmɪ] N salami *m*, salame *m* (*CSur*), salchichón *m*.

salaried [ˈsælərɪd] ADJ (*person*) asalariado/a; (*position*) retribuido/a, a sueldo.

salary [ˈsælərɪ] **1** N (*professional etc*) mensualidad *f*; (*pay in general*) salario *m*, sueldo *m*. **2** CPD: **~ earner** N asalariado/a *m/f*; **~ range** N gama *f* de salarios; **~ review** N revisión *f* de sueldos; **~ scale** N escala *f* salarial.

sale [seɪl] **1** N **a** (*gen*) venta *f*; **~ and lease back** venta y arrendamiento al vendedor; **'for ~'** 'se vende'; **to put a**

house up for **~** ofrecer una casa a la venta; **to be on ~** estar en venta; **on a ~ or return basis** a base de vender o devolver. **b** (*place, event*) saldo *m*, rebajas *fpl*; **auction ~** subasta *f*; *see* **jumble. 2** CPD: **~ price** N precio *m* rebajado *or* de rebaja, precio con descuento; **~s assistant** N (*Brit*), **~s clerk** N (*US*) dependiente/a *m/f*; **~s campaign** N campaña *f* de venta; **~s conference** N conferencia *f* de ventas; **~s department** N sección *f* de ventas; **~s drive** N promoción *f* de ventas; **~s executive** N ejecutivo/a *m/f* de ventas; **~s figures** NPL cifras *fpl* de ventas; **~s force** N personal *m* de ventas; **~s manager** N jefe/a *m/f* de ventas; **~s meeting** N reunión *f* de ventas; **~s pitch** N (*fam*) rollo *m* publicitario (*fam*); **~s tax** N (*US*) impuesto *m* sobre las ventas.

saleable, (*US*) **salable** [ˈseɪləbl] ADJ vendible.

saleroom [ˈseɪlrʊm] N sala *f* de subastas.

salesman [ˈseɪlzmən] N (*pl* **-men**) (*in shop*) dependiente *m*, vendedor *m*; (*traveller*) viajante *m*, representante *m*.

salesmanship [ˈseɪlzmənʃɪp] N arte *m* de vender.

salesperson [ˈseɪlzˌpɜːsn] N (*esp US*) vendedor(a) *m/f*, dependiente/a *m/f*.

saleswoman [ˈseɪlzwʊmən] N (*pl* **-women**) (*in shop*) dependienta *f*, vendedora *f*; (*traveller*) viajante *f*, representante *f*.

salient [ˈseɪlɪənt] ADJ (*angle*) saliente; (*fig*) sobresaliente; **the most ~ feature** el aspecto más notable; **~ points** puntos *mpl* principales.

saline [ˈseɪlaɪn] ADJ salino/a; **~ drip** gota a gota *m* de suero.

saliva [səˈlaɪvə] N saliva *f*.

salivary [ˈsælɪvərɪ] ADJ: **~ gland** glándula *f* salival.

salivate [ˈsælɪveɪt] VI salivar.

sallow [ˈsæləʊ] ADJ amarillento/a.

sally [ˈsælɪ] VI: **to ~ forth** *or* **out** salir airado/a.

salmon [ˈsæmən] **1** N salmón *m*. **2** CPD: **~ pink** ADJ color de salmón, salmonado/a; **~ steak** N filete *m* de salmón; **~ trout** N trucha *f* asalmonada.

salmonella [ˌsælməˈnelə] N salmonela *f*.

salon [ˈsælɒn] N salón *m*.

saloon [səˈluːn] N **a** (*Naut*) salón *m*. **b** (*Brit: car*) (coche *m*) turismo *m*. **c** (*room*) **billiard/dancing ~** sala *f* or salón *m* de billar/de baile. **d** (*US: bar*) taberna *f*, pub *m*, bar *m*, cantina *f* (*esp Mex*).

salsify [ˈsælsɪfɪ] N (*Bot*) salsifí *m*.

SALT [sɔːlt] N ABBR *of* **Strategic Arms Limitation Talks**.

salt [sɔːlt] **1** N sal *f*; **~s** sales; **to take sth with a pinch of ~** (*fig*) tomar algo con un grano de sal; **to rub ~ into the wound** (*fig*) poner sal en la llaga; **he's worth his ~** es una persona que vale; **the ~ of the earth** la sal de la tierra. **2** VT (*flavour*) salar; (*preserve*) conservar en sal. **3** CPD (*meat, water etc*) salado/a; **~ marsh** N saladar *m*, salina *f*; **~ mine** N mina *f* de sal; **~ shaker** N salero *m*.

saltcellar [ˈsɔːltˌselər] N salero *m*.

salt-free [ˈsɔːltfriː] ADJ sin sal.

saltwater [ˈsɔːltˌwɔːtər] ADJ (*fish etc*) de agua salada.

salty [ˈsɔːltɪ] ADJ (*taste*) salado/a.

salubrious [səˈluːbrɪəs] ADJ (*fig: district etc*) salubre.

salutary [ˈsæljʊtərɪ] ADJ (*healthy*) saludable; (*beneficial*) conveniente.

salute [səˈluːt] **1** N (*Mil: with hand*) saludo *m*; (: *with guns*) salva *f*; **to take the ~** tomar el saludo. **2** VT (*Mil etc*) hacer *or* dar un saludo; (*fig: acclaim*) aclamar.

Salvadoran [ˌsælvəˈdɔːrɪn], **Salvadorean**, **Salvadorian** [ˌsælvəˈdɔːrɪən] ADJ salvadoreño/a.

salvage [ˈsælvɪdʒ] **1** N **a** (*rescue: of ship etc*) salvamento *m*. **b** (*things rescued*) objetos *mpl* salvados; (*for re-use*) material *m* utilizable. **c** (*fee*) derechos *mpl* de salvamento. **2** VT salvar; (*fig: sth from theory, policy etc*) rescatar. **3** CPD (*operation, vessel*) de salvamento; (*fee*) derechos *mpl* de salvamento; **~ operation** N salvamento *m*.

salvation [sælˈveɪʃən] **1** N salvación *f*. **2** CPD: **S~ Army**

N Ejército *m* de Salvación.

salve [sælv] VT: **to ~ one's conscience** aliviarse la conciencia.

salver ['sælvər] N bandeja *f*.

salvo ['sælvəʊ] N (*Mil*) salva *f*.

SAM [sæm] N ABBR *of* **surface-(to)-air missile**.

Samaritan [sə'mærɪtn] N: **the Good ~** el buen samaritano; **to call the ~s** (*organization*) llamar al teléfono de la esperanza.

▼**same** [seɪm] [1] ADJ (*gen*) mismo/a; (*equal*) igual, idéntico/a; **the ~ day** el mismo día; **~ day delivery** entrega *f* en el mismo día; **the ~ one** el/la mismo/a; **the ~ ones** los/las mismos/as; **the 2 houses are the ~** las dos casas son iguales; **in the ~ way** de la misma manera; **the ~ place as** el mismo lugar que; **at the ~ time** (*at once*) al mismo tiempo; (*on the other hand*) en cambio; (*and yet*) sin embargo, aun así; **to go the ~ way as sb** (*fig pej*) seguir el mismo camino que algn. [2] PRON: **the ~** lo mismo; **it's always the ~** siempre pasa lo mismo; **it's all the ~** es lo mismo; **it's all the ~ to me** me da igual *or* lo mismo; **no, but thanks all the ~** no, pero en todo caso, gracias; **the ~ again** (*in bar etc*) otro igual; **all** *or* **just the ~** de todas formas *or* maneras; **Mr. Smith? - the very ~!** ¿el Sr. Smith? - ¡el mismísimo!; **I'd do the ~ again** yo volvería a hacer lo mismo; **and the ~ to you!** ¡igualmente!; **for repair of door and repainting of ~ ...** (*Comm*) reparación de la puerta y pintar lo mismo ...; **~ here!** ¡yo también!

sameness ['seɪmnɪs] N (*monotony*) monotonía *f*.

Samoa [sə'məʊə] N Samoa *f*.

sample ['sɑ:mpl] [1] N (*all senses*) muestra *f*; **to take a ~** tomar una muestra; **free ~** muestra gratuita. [2] VT (*food, wine*) probar. [3] CPD: **~ pack** N paquete *m* de muestra.

sampling ['sɑ:mplɪŋ] N muestreo *m*.

sanatorium [ˌsænə'tɔ:rɪəm] N (*pl* **~s** *or* **sanatoria** [ˌsænə'tɔ:rɪə]) sanatorio *m*.

sanctify ['sæŋktɪfaɪ] VT santificar.

sanctimonious [ˌsæŋktɪ'məʊnɪəs] ADJ beato/a, santurrón/ona.

sanction ['sæŋkʃən] [1] N [a] (*permission*) permiso *m*, autorización *f*.
[b] (*esp Pol*) **~s** sanción *fsg*; **to impose economic ~s on** *or* **against** imponer sanciones económicas a *or* contra. [2] VT sancionar, autorizar.
[3] CPD: **~ busting** N ruptura *f* de sanciones.

sanctity ['sæŋktɪtɪ] N (*sacredness*) lo sagrado.

sanctuary ['sæŋktjʊərɪ] N (*Rel*) santuario *m*; (*fig: refuge*) asilo *m*.

sanctum ['sæŋktəm] N lugar *m* sagrado; (*fig*) despacho *m* particular.

sand [sænd] [1] N arena *f*; (*beach*) **~s** playa *f*. [2] VT [a] (*road*) echar arena a. [b] (*also* **~ down**: *wood etc*) lijar. [3] CPD: **~ dune** N duna *f*.

sandal ['sændl] N sandalia *f*, alpargata *f*, guarache *m* or huarache *m* (*Mex*).

sandalwood ['sændlwʊd] N sándalo *m*.

sandbag ['sændbæg] N saco *m* de arena.

sandbank ['sændbæŋk] N banco *m* de arena.

sandblast ['sændblɑ:st] VT (*building*) limpiar con chorro de arena.

sandbox ['sændbɒks] N (*US*) cajón *m* de arena.

sandcastle ['sænd,kɑ:sl] N castillo *m* de arena.

S & M N ABBR *of* **sadomasochism** sadomasoquismo *m*.

sandman ['sændmæn] N ser imaginario que les trae el sueño a los niños.

sandpaper ['sænd,peɪpər] [1] N papel *m* de lija. [2] VT lijar.

sandpit ['sændpɪt] N recinto *m* de arena para juegos infantiles.

sandshoes ['sændʃu:z] NPL (zapatos *mpl*) tenis *mpl*.

sandstone ['sændstəʊn] N arenisca *f*.

sandstorm ['sændstɔ:m] N tempestad *f* de arena.

sandwich ['sænwɪdʒ] [1] N bocadillo *m* (*Sp*), sandwich *m* (*esp LAm*), emparedado *m* (*esp LAm*).
[2] VT (*also* **~ in**: *person, appointment etc*) intercalar; **to ~ sth between two things** hacer un hueco para algo entre dos cosas.

[3] CPD: **~ board** N cartelón *m* (*que lleva el hombre-anuncio*); **~ course** N (*Univ etc*) programa *que que intercala períodos de estudio con prácticas profesionales*; **~ man** N hombre-anuncio *m*.

sandy ['sændɪ] ADJ (*comp* **-ier**; *superl* **-iest**) (*beach*) arenoso/a; (*hair*) rubio/a.

sane [seɪn] ADJ (*comp* **~r**; *superl* **~st**) (*person*) cuerdo/a; (*judgment etc*) sabio/a, sensato/a.

sang [sæŋ] PT *of* **sing**.

sangfroid ['sɑ:ŋ'frwɑ:] N sangre *f* fría.

sanguine ['sæŋgwɪn] ADJ (*fig*) optimista.

sanitarium [ˌsænɪ'tɛərɪəm] N (*US*) = **sanatorium**.

sanitary ['sænɪtərɪ] ADJ (*clean*) higiénico/a; (*for health protection*) de sanidad; **~ towel,** (*US*) **~ napkin** compresa *f*, paño *m* higiénico.

sanitation [ˌsænɪ'teɪʃən] [1] N (*science*) higiene *f*; (*plumbing*) instalación *f* sanitaria, cañería *f*. [2] CPD: **~ department** N (*US*) departamento *m* de limpieza y recogida de basuras.

sanitize ['sænɪtaɪz] VT sanear.

sanity ['sænɪtɪ] N (*of person*) cordura *f*; (*of judgment*) sensatez *f*; **to lose one's ~** perder el juicio.

sank [sæŋk] PT *of* **sink**¹.

San Marino [ˌsænmə'ri:nəʊ] N San Marino *m*.

Sanskrit ['sænskrɪt] N (*Ling*) sánscrito *m*.

Santa Claus [ˌsæntə'klɔ:z] N San Nicolás *m*, Papá Noel *m*.

Santiago [ˌsæntɪ'ɑ:gəʊ] N (*Chile*) Santiago *m* (de Chile); (*Spain*) **~ de Compostela** Santiago *m* (de Compostela).

sap¹ [sæp] N (*Bot*) savia *f*.

sap² [sæp] VT (*undermine*) minar; (*weaken*) debilitar; (*exhaust*) agotar (las fuerzas de).

sap³ [sæp] N (*fam*) bobo/a *m/f*.

sapling ['sæplɪŋ] N árbol *m* joven.

sapphire ['sæfaɪər] [1] N zafiro *m*. [2] CPD (*ring, necklace*) de zafiro; **~ blue** ADJ, N azul *m* de zafiro.

SAR N ABBR *of* **Search and Rescue**.

Saragossa [ˌsærə'gɒsə] N Zaragoza *f*.

sarcasm ['sɑ:kæzəm] N sarcasmo *m*.

sarcastic [sɑ:'kæstɪk] ADJ (*person, remark*) sarcástico/a.

sarcoma [sɑ:'kəʊmə] N sarcoma *m*.

sarcophagus [sɑ:'kɒfəgəs] N (*pl* **sarcophagi** [sɑ:'kɒfəgaɪ]) sarcófago *m*.

sardine [sɑ:'di:n] N sardina *f*; **packed in like ~s** como sardinas en lata.

Sardinia [sɑ:'dɪnɪə] N Cerdeña *f*.

Sardinian [sɑ:'dɪnɪən] ADJ, N sardo/a *m/f*.

sardonic [sɑ:'dɒnɪk] ADJ sardónico/a.

sari ['sɑ:rɪ] N sari *m*.

sarky ['sɑ:kɪ] ADJ (*fam*) = **sarcastic**.

sarnie ['sɑ:nɪ] N (*Brit fam*) bocata *m* (*Sp fam*).

SAS N ABBR (*Brit Mil*) *of* **Special Air Service**.

s.a.s.e. N ABBR (*US*) *of* **self-addressed stamped envelope**.

sash¹ [sæʃ] N (*of dress etc*) faja *f*.

sash² [sæʃ] [1] N (*window ~*) bastidor *m* or marco *m* de ventana. [2] CPD: **~ cord** N cuerda *f* de ventana (de guillotina); **~ window** N ventana *f* de guillotina.

Sask. ABBR (*Canada*) *of* **Saskatchewan**.

Sassenach ['sæsənæx] N (*Scot: sometimes pej*) inglés/esa *m/f*.

sassy ['sæsɪ] ADJ (*US fam*) fresco/a, descarado/a.

SAT N ABBR (*US*) *of* **Scholastic Aptitude Test**.

sat [sæt] PT, PP *of* **sit**.

Sat. N ABBR *of* **Saturday** sáb.

Satan ['seɪtn] N Satanás *m*.

satanic [sə'tænɪk] ADJ satánico/a.

satchel ['sætʃəl] N cartera *f*, mochila *f* (*CSur*).

sate [seɪt] VT saciar, hartar.

satellite ['sætəlaɪt] [1] N (*all senses*) satélite *m*.
[2] CPD: **~ broadcasting** N transmisión *f* por satélite; **~ dish** N antena *f* parabólica para TV por satélite; **~ town** N ciudad *f* satélite; **~ TV** N TV *f* por satélite.

satiate ['seɪʃɪeɪt] VT saciar, hartar.

satiation [ˌseɪʃɪ'eɪʃən] N saciedad *f*, hartura *f*.

satin ['sætɪn] [1] N satén *m*, raso *m*. [2] ADJ (*dress, blouse etc*) de satén; (*paper, finish*) satinado/a.

satire ['sætaɪər] N sátira f (on contra).
satirical [sə'tɪrɪkəl] ADJ satírico/a.
satirist ['sætərɪst] N (writer etc) escritor(a) m/f satírico/a; (cartoonist) caricaturista m.
satirize ['sætəraɪz] VT satirizar.
satisfaction [,sætɪs'fækʃən] N satisfacción f; **has it been done to your ~?** ¿se ha hecho a su satisfacción?; **it gives me every ~ ...** es para mí una gran satisfacción ....
satisfactorily [,sætɪs'fæktərɪlɪ] ADV de modo satisfactorio.
satisfactory [,sætɪs'fæktərɪ] ADJ (pleasing) satisfactorio/a; (sufficient) adecuado/a.
satisfy ['sætɪsfaɪ] VT [a] (make content) satisfacer, dejar satisfecho/a a; **to ~ o.s. with** contentarse con. [b] (convince) convencer; **to ~ sb that ...** convencer a algn de que .... [c] (fulfil) satisfacer, cumplir; **to ~.the examiners** aprobar; **to ~ the requirements** llenar los requisitos.
satisfying ['sætɪsfaɪɪŋ] ADJ (result etc) satisfactorio/a; (food, meal) que satisface o llena.
satsuma [,sæt'suːmə] N satsuma f.
saturate ['sætʃəreɪt] VT empapar, saturar (with de); **to be ~d with** (fig) estar empapado/a de.
saturated ['sætʃəreɪtɪd] ADJ: **~ fat** grasa f saturada.
saturation [,sætʃə'reɪʃən] [1] N saturación f. [2] CPD: **~ bombing** N bombardeo m por saturación; **to reach ~ point** (Chem, fig) llegar al punto de saturación.
Saturday ['sætədɪ] N sábado m; see **Tuesday** for usage.
Saturn ['sætən] N Saturno m.
sauce [sɔːs] N [a] (savoury) salsa f; (sweet) crema f; **cheese/curry/tomato ~** salsa de queso/curry/de tomate. [b] (fam: impudence) frescura f, descaro m.
saucepan ['sɔːspən] N cacerola f, olla f (esp LAm).
saucer ['sɔːsər] N platillo m.
saucy ['sɔːsɪ] ADJ (comp **-ier**; superl **-iest**) (fam: impertinent) fresco/a, descarado/a.
Saudi ['saʊdɪ] ADJ, N saudí mf, saudita mf.
Saudi Arabia ['saʊdɪə'reɪbɪə] N Arabia f Saudita.
Saudi (Arabian) ['saʊdɪə'reɪbɪən] ADJ, N = **Saudi**.
sauerkraut ['saʊəkraʊt] N chucrut m, chucrú m.
sauna ['sɔːnə] N sauna f, sauna m (CSur).
saunter ['sɔːntər] [1] N paseo m tranquilo; **to go for a ~ around the park** pasearse or (LAm) caminar por el parque. [2] VI pasearse, deambular (LAm); **to ~ in/out** entrar/salir sin prisa; **to ~ up and down** pasearse para arriba y para abajo.
sausage ['sɒsɪdʒ] [1] N (to be cooked) salchicha f; (salami etc) salchichón m, salami m, salame m (CSur), chorizo m, embutido m, fiambre m. [2] CPD: **~ meat** N carne f de salchicha; **~ roll** N empanada f de carne.
sauté ['saʊteɪ] [1] ADJ salteado/a. [2] VT saltear.
savage ['sævɪdʒ] [1] ADJ [a] (animal etc) feroz, fiero/a (LAm); (attack) violento/a; (fig) cruel, bárbaro/a. [b] (primitive: custom, tribe) salvaje, primitivo/a. [2] N salvaje mf. [3] VT embestir.
savagely ['sævɪdʒlɪ] ADV (see adj) ferozmente; con violencia; cruelmente.
savagery ['sævɪdʒrɪ] N salvajismo m; (violence: of attack etc) ferocidad f, violencia f.
savannah [sə'vænə] N sabana f, pampa f (CSur), llanos mpl (Ven).
save¹ [seɪv] [1] VT [a] (rescue) salvar or rescatar (from de); (: Rel) salvar; **to ~ sb from falling** impedir que caiga algn; **to ~ sb's life** salvarle la vida a algn; **I couldn't do it to ~ my life** (fig fam) no hay manera de que or (LAm) no hay ni modo de que lo haga yo; **to ~ the situation** or **the day** estar a la altura de la situación; **to ~ one's (own) skin** (fam) salvarse el pellejo; **to ~ face** salvar las apariencias; **to ~ a building for posterity** conservar un edificio para la posteridad; **to ~ a goal** (Ftbl) hacer una parada; **God ~ the Queen!** ¡Dios guarde a la Reina! [b] (put aside: money: also **~ up**) ahorrar, guardar; (: collect: stamps) coleccionar; (Comput) salvar, grabar, guardar; **we've ~d you a piece of cake** te hemos guardado un pedazo de torta; **~ me a seat** guárdame un asiento or

sitio; **to ~ sth till last** guardar algo para lo último. [c] (not spend: time, money, effort etc) ahorrar; **it ~d us a lot of trouble** nos evitó muchas molestias; **it will ~ me 1 hour** ganaré una hora; **to ~ one's strength for sth** conservar sus fuerzas para algo; **to ~ time, ...** para ahorrar tiempo ...; **that way you ~ £10** así te ahorras 10 libras; **~ your breath** no gastes saliva; **to ~ o.s. for** reservarse para. [2] VI [a] (also **~ up**) **to ~ for** ahorrar (dinero) para; **~ as you earn** (savings scheme) ahorre mientras gana. [b] **to ~ on time/energy** economizar tiempo/energías. [3] N (Sport) parada f.
save² [seɪv] PREP (poet, old) salvo.
saveloy ['sævəlɔɪ] N frankfurt m.
saver ['seɪvər] N [a] (having account) ahorrador(a) m/f. [b] (ticket) billete con descuento.
saving ['seɪvɪŋ] [1] N (of time, money) economía f, ahorro m; **~s** ahorros; **a ~ of £100** un ahorro de £100; **life ~s** los ahorros de toda la vida; **to live on** or **off one's ~s** vivir de sus ahorros; **to make ~s** economizar. [2] ADJ: **~ grace** mérito m. [3] CPD: **~s account** N cuenta f de ahorros; **~s and loan association** N (US) sociedad f inmobiliaria; **~s bank** N caja f de ahorros; **~s bond** N, **~s certificate** N bono m de (caja de) ahorros.
saviour, (US) savior ['seɪvjər] N salvador(a) m/f.
savoir-faire ['sævwɑː'fɛər] N desparpajo m.
savour, (US) savor ['seɪvər] [1] N sabor m, gusto m; **to add ~ to sth** dar sabor a algo. [2] VT saborear.
savoury, (US) savory ['seɪvərɪ] [1] ADJ (appetizing) sabroso/a; (not sweet) salado/a; **it's not a very ~ district/subject** (fig) no es un barrio muy salubre/no es un tema muy apto. [2] N entremés m salado.
savvy ['sævɪ] N (fam) inteligencia f.
saw¹ [sɔː] (vb: pt **~ed**; pp **~ed** or **~n**) [1] N (tool) sierra f, serrucho m. [2] VT serrar; **to ~ sth off** quitar algo aserrando. [3] VI: **to ~ through** cortar con (una) sierra.
saw² [sɔː] PT of **see¹**.
sawdust ['sɔːdʌst] N serrín m, aserrín m.
sawed-off ['sɔːdɒf] ADJ (US) = **sawn-off**.
sawhorse ['sɔːhɔːs] N caballete m.
sawmill ['sɔːmɪl] N aserradero m.
sawn [sɔːn] PP of **saw¹**.
sawn-off ['sɔːnɒf] ADJ: **~ shotgun** (Brit) escopeta f de cañones recortados.
sax [sæks] N (fam) saxo m (fam).
Saxon ['sæksn] ADJ, N sajón/ona m/f.
saxophone ['sæksəfəʊn] N saxofón m, saxófono m.
saxophonist [,sæk'sɒfənɪst] N saxofón m, saxófono m.
say [seɪ] (vb: pt, pp **said**) [1] VT, VI [a] (person: speak, tell) decir; (show on dial, in print etc) poner; **'Hello,' he said** 'Hola,' dijo; **he said (that) he'd do it** dijo que él lo haría; **he said to me that ...** me dijo que ...; **what did you ~?** ¿qué dijiste?; **my watch ~s 3 o'clock** mi reloj marca las tres; **the rules ~ that ...** según las reglas ..., en las reglas pone ...; **to ~ mass** decir misa; **to ~ a prayer** rezar; **to ~ yes/no** decir que sí/que no; **to ~ yes/no to a proposal** aceptar/rechazar una propuesta; **I wouldn't ~ no** (Brit fam) me encantaría; **to ~ goodbye/goodnight to sb** despedirse de algn/dar las buenas noches a algn; **to ~ sth again** repetir algo; **~ after me** repite lo que digo yo; **to ~ to o.s.** decir para sí; **I must ~ (that) ...** debo reconocer (que) ...; **it's difficult, I must ~** es difícil, lo confieso; **I've nothing more to ~** se acabó el asunto; **she said (that) I was to give you this** me pidió que te diera esto; **I ~ (that) we should go** yo digo que nos vayamos. [b] (in phrases) **that is to ~** o sea, es decir; **to ~ nothing of the rest** sin hablar de lo demás; **to ~ the least** para no decir más; **that's ~ing a lot** y eso es algo; **she hasn't much** or **has nothing to ~ for herself** no tiene conversación, nunca abre la boca; **what have you got to ~ for yourself?** ¿y tú, qué dices?; **he never has much to ~ for himself** habla poco; **his suit ~s a lot about him** su traje dice mucho de él; **that doesn't ~ much for him** eso

no es una gran recomendación para él; **it goes without ~ing that ...** ni que decir tiene que ..., huelga decir que ...; **that goes without ~ing** eso cae de su peso; **though I ~ it myself** aunque soy yo el que lo dice; **there's no ~ing what he'll do** quién sabe lo que hará; **it's not for me to ~** no me toca a mí decir; **what do** or **would you ~ to a walk?** ¿le apetece or se le antoja un paseo?; **what would you ~ to that?** ¿qué contestas a eso?; **when all is said and done** al fin y al cabo, a fin de cuentas; **I'd rather not ~** prefiero no decir (nada).

[c] (*impers use*) **it is said that ..., they ~ that ...** se dice que ..., dicen que ...; **there is something/a lot to be said for it/for doing it** hay algo/mucho que decir a su favor/a favor de hacerlo; **it must be said that ...** hay que decir or reconocer que ...; **he is said to have been the first** dicen que fue el primero; **it's easier said than done** del dicho al hecho hay gran trecho; **no sooner said than done** dicho y hecho.

[d] (*in exclamations*) **~!** (*US*), **I ~!** (*Brit: calling attention*) ¡oiga!; (*in surprise, appreciation*) ¡vaya!, ¡anda!; **I'll ~!, I should ~ it is** or **so!, you can ~ that again!** (*fam*) ¡ya lo creo!, ¡exacto!; **you don't ~!** (*fam: often hum*) ¡no me digas!; **you've said it!** (*fam*) ¡exacto!, ¡tú lo dijiste!; **~ no more!** ¡basta!, ¡ni una palabra más!; **enough said!** ¡basta!; **well said!** ¡muy bien dicho!

[e] (*suppose*) suponer, poner; **(let's) ~ it's worth £20** digamos or pon que vale 20 libras; **I should ~ it's worth about £100** yo diría que vale unas cien libras; **shall we ~ Tuesday?** ¿quedamos en el martes?

[2] N: **to have one's ~** dar su opinión; **to have a ~/no ~ in the matter** tener voz y voto/no tener voz en capítulo; **let him have his ~!** ¡que hable él!

SAYE ABBR *of* **save as you earn.**

saying ['seɪɪŋ] N dicho *m*, refrán *m*; **as the ~ goes** según el refrán.

say-so ['seɪsəʊ] N (*fam: authority*) **on whose ~?** ¿autorizado por quién?, ¿con permiso de quién?

SBA N ABBR (*US*) **of Small Business Administration.**

SC [1] N ABBR (*US*) **of Supreme Court.** [2] ABBR (*US Post*) **of South Carolina.**

s.c. ABBR **of self-contained.**

scab [skæb] N [a] (*Med*) costra *f*. [b] (*fam pej: blackleg*) esquirol(a) *m/f*, rompehuelgas *mf inv*.

scabbard ['skæbəd] N vaina *f*, funda *f*.

scabies ['skeɪbiːz] NSG sarna *f*.

scaffold ['skæfəld] N (*Constr: also* **~ing**) andamio *m*, andamiaje *m*; (*for execution*) cadalso *m*.

scag [skæg] N (*esp US fam: Drugs*) heroína *f*, caballo *m* (*fam*).

scalawag ['skæləwæg] N (*US*) = **scallywag.**

scald [skɔːld] [1] N escaldadura *f*. [2] VT (*gen*) escaldar; (*milk*) calentar.

scalding ['skɔːldɪŋ] ADJ: **it's ~ (hot)** está hirviendo or (*LAm*) que arde.

scale¹ [skeɪl] [1] N (*of fish, reptile etc*) escama *f*; (*flake: of rust, chalk*) hojuela *f*; (*: of skin*) costra *f*. [2] VT (*fish*) escamar.

scale² [skeɪl] [1] N [a] (*gen*) escala *f*; (*for salaries, charges etc*) escalafón *m*; **pay ~** escala salarial; **on a ~ of 1 cm to 5 km** a escala de 1 cm a 5 km; **on a large/small ~** en gran/pequeña escala; **to draw sth to ~** dibujar algo a escala; **on an international ~** (*fig*) a escala or nivel internacional.
[b] (*Mus*) gama *f*, escala *f*.
[2] VT (*wall, mountain*) escalar, trepar.
[3] CPD: **~ drawing** N dibujo *m* a escala; **~ model** N modelo *m* a escala.

◆ **scale back** (*US*), **scale down** VT + ADV reducir a escala; (*Comput*) escalar.

scales [skeɪlz] NPL: (**pair** or **set of**) **~** balanza *f*, báscula *f*; **he tips the ~ at 70 kilos** pesa 70 kilos; **to turn** or **tip the ~ in sb's favour/against sb** inclinar la balanza a favor de/en contra de algn.

scallion ['skæljən] N cebolleta *f* (para ensalada), cebollita *f* (*LAm*).

scallop ['skɒləp] [1] N [a] (*Zool*) venera *f*. [b] (*Sew*) festón *m*, onda *f*. [2] VT (*Sew*) festonear.

scallywag ['skælɪwæg] (*fam*) N (*child*) diablillo *m*, travieso/a *m/f*; (*rogue*) pícaro/a *m/f*.

scalp [skælp] [1] N cuero *m* cabelludo; (*as trophy*) escalpe *m*, escalpo *m*; **to demand sb's ~** (*fig*) exigir la cabeza de algn. [2] VT escalpar.

scalpel ['skælpəl] N escalpelo *m*.

scaly ['skeɪlɪ] ADJ (*comp* **-ier**; *superl* **-iest**) escamoso/a.

scam [skæm] N (*fam*) estafa *f*, timo *m*.

scamp [skæmp] N = **scallywag.**

scamper ['skæmpəʳ] VI escabullirse; **to ~ in/out** entrar/salir corriendo.

◆ **scamper away, scamper off** VI + ADV escabullirse.

scampi ['skæmpɪ] N gambas *fpl*.

scan [skæn] [1] VT [a] (*inspect closely*) escudriñar, otear; (*Comput*) examinar, explorar.
[b] (*glance at*) echar un vistazo a.
[c] (*radar*) explorar, registrar.
[2] VI (*poetry*) estar bien medido.
[3] N (*Med*) escáner *m*.

scandal ['skændl] N (*public furore*) escándalo *m*; (*disgraceful state of affairs*) vergüenza *f*; (*gossip*) chismes *mpl*, habladurías *fpl*; **nurses' wages are a ~** es una miseria lo que pagan a las enfermeras; **there's a lot of ~ going round about her** es objeto de muchos chismes; **the latest ~** lo último; **the local ~** los chismes del pueblo or del barrio *etc*.

scandalize ['skændəlaɪz] VT escandalizar.

scandalmonger ['skændl,mʌŋgəʳ] N chismoso/a *m/f*.

scandalous ['skændələs] ADJ: **it's simply ~!** ¡es un escándalo!

Scandinavia [,skændɪ'neɪvɪə] N Escandinavia *f*.

Scandinavian [,skændɪ'neɪvɪən] ADJ, N escandinavo/a *m/f*.

scanner ['skænəʳ] N (*radar*) antena *f* direccional; (*Med, Comput*) escáner *m*.

scanning ['skænɪŋ] [1] N (*Med*) visualización *f* radiográfica. [2] CPD: **~ device** N detector *m*; (*Med, Comput*) escáner *m*.

scant [skænt] ADJ (*comp* **~er**; *superl* **~est**) escaso/a.

scantily ['skæntɪlɪ] ADV: **~ clad** or **dressed** ligeramente vestido/a.

scanty ['skæntɪ] ADJ (*comp* **-ier**; *superl* **-iest**) (*meal etc*) insuficiente; (*clothing*) ligero/a.

scapegoat ['skeɪpgəʊt] N cabeza *f* de turco, chivo *m* expiatorio.

scapula ['skæpjʊlə] N escápula *f*.

scar [skɑːʳ] [1] N (*Med*) cicatriz *f*; (*fig: on building, landscape etc*) llaga *f*; **it left a deep ~ on his mind** dejó una huella profunda en su ánimo.
[2] VT marcar con una cicatriz; (*fig*) marcar, rayar.
[3] VI (*leave a scar*) cicatrizar; (*also* **~ over**: *heal*) cicatrizarse.

scarab ['skærəb] N escarabajo *m*.

scarce ['skɛəs] ADJ (*comp* **~er**; *superl* **~st**) (*money, food, resources*) escaso/a; **money is ~** escasea or falta dinero; **to grow** or **become ~** volverse escaso, escasear; **to make o.s. ~** (*fig fam*) largarse, rajarse (*LAm*).

scarcely ['skɛəslɪ] ADV (*barely*) apenas; **you can ~ see it** se ve apenas; **~ anybody/ever** casi nadie/nunca; **I ~ know what to say** no hallo qué decir; **you can ~ say no** no hay forma de decir que no; **you can ~ expect to ...** no se puede esperar que....

scarcity ['skɛəsɪtɪ], **scarceness** ['skɛəsnɛs] [1] N (*shortage*) escasez *f*, carestía *f*; (*rarity*) rareza *f*. [2] CPD: **scarcity value** N valor *m* por escasez.

scare ['skɛəʳ] [1] N susto *m*, sobresalto *m*; **to cause a ~** sembrar el pánico; **to give sb a ~** dar un susto or asustar a algn; **bomb ~** amenaza *f* de bomba.
[2] VT asustar, espantar; **to ~ sb to death, to ~ sb stiff** (*fam*) darle un gran susto a algn; **to be ~d to death, to be ~d stiff** (*fam*) estar muerto/a de miedo; **to be ~d out of one's wits** (*fam*) sufrir un susto mortal.

◆ **scare away, scare off** VT + ADV espantar, ahuyentar.

scarecrow ['skɛəkrəʊ] N espantapájaros *m inv*, espantajo *m*.

scared ['skɛəd] ADJ *see* **scare 2**.
scaremonger ['skɛəmʌŋgəʳ] N (*pej*) alarmista *mf*.
scaremongering ['skɛə,mʌŋgərɪŋ] N alarmismo *m*.
scarf [skɑːf] N (*pl* **~s** *or for neck* **scarves**) bufanda *f*; (*head* ~) pañuelo *m*.
scarlet ['skɑːlɪt] ⟦1⟧ N escarlata *f*. ⟦2⟧ ADJ color escarlata, colorado/a (*LAm*); **~ fever** escarlatina *f*.
scarper ['skɑːpəʳ] VI (*Brit fam*) largarse (*fam*).
scarves [skɑːvz] NPL of **scarf**.
scary ['skɛərɪ] ADJ (*comp* **-ier**; *superl* **-iest**) (*fam*) espantoso/ a, pavoroso/a.
scathing ['skeɪðɪŋ] ADJ mordaz, cáustico/a; **he was ~ about our trains** criticó duramente nuestros trenes.
scatter ['skætəʳ] ⟦1⟧ VT ⟦a⟧ (*strew around*: *crumbs, papers etc*) esparcir, desparramar; (*seeds*) sembrar al voleo, esparcir; **~ed showers** lluvias *fpl* aisladas.
⟦b⟧ (*disperse*: *clouds etc*) dispersar; (*crowd etc*) desbaratar; **her relatives are ~ed about the world** sus familiares se encuentran desparramados por el mundo.
⟦2⟧ VI (*crowd*) dispersarse, desbaratarse.
⟦3⟧ CPD: **~ cushions** NPL almohadones *mpl*.
scatterbrained ['skætəbreɪnd] ADJ (*fam*: *scatty*) atolondrado/a, ligero/a de cascos.
scatty ['skætɪ] ADJ (*Brit fam*) atolondrado/a; **to drive sb ~** volver majareta a algn (*fam*).
scavenge ['skævɪndʒ] VI remover basuras, pepenar (*Mex*); **to ~ for food** andar buscando comida (entre la basura).
scavenger ['skævɪndʒəʳ] N (*person*) basurero/a *m/f*, pepenador(a) *m/f* (*Mex*); (*Zool*) animal *m*/ave *f*/insecto *m* de carroña.
Sc.D. N ABBR of **Doctor of Science**.
SCE N ABBR of **Scottish Certificate of Education**.
scenario [sɪ'nɑːrɪəʊ] N (*Theat*) argumento *m*; (*Cine*) guión *m*; (*fig*) escenario *m*.
scene [siːn] N ⟦a⟧ (*Theat, Cine, TV*) escena *f*; **indoor/outdoor ~** interior *m*/exterior *m*; **a bedroom ~** una escena de dormitorio; **the ~ is set in a castle** la escena se realiza en un castillo; **to set the ~** (*fig*) crear el ambiente; **behind the ~s** (*also fig*) entre bastidores; **the political ~ in Spain** el panorama político español; **~s of violence** escenas de violencia.
⟦b⟧ (*fam*: *fuss*) escándalo *m*, bronca *f* (*esp LAm*); (: *conflict*) enfrentamiento *m*, conflicto *m*; **to make a ~** armar un escándalo.
⟦c⟧ (*place*) escenario *m*, lugar *m*; (*landscape*) paisaje *m*; **at the ~ of the crime** en el escenario del crimen; **she needs a change of ~** necesita un cambio de escenario; **to appear** *or* **come on the ~** aparecer, presentarse; (*fig*) surgir, aparecer; **it's not my ~** (*fam*) no me interesa *or* llama la atención.
⟦d⟧ (*sight, view*) panorama *m*, vista *f*; **it was a ~ of utter destruction** se nos enfrentó un panorama de destrucción absoluta.
scenery ['siːnərɪ] N (*landscape*) paisaje *m*; (*Theat*) decorado *m*.
scenic ['siːnɪk] ADJ (*gen*) pintoresco/a; **an area of ~ beauty** una región de bellos paisajes; **~ railway** (*big dipper*) montaña *f* rusa; (*train*) ferrocarril *m* escénico; **~ road** carretera *f* panorámica.
scent [sent] ⟦1⟧ N ⟦a⟧ (*smell*) olor *m*; (*of food*) aroma *m*; (*perfume, toilet water*) perfume *m*, fragancia *f*.
⟦b⟧ (*Hunting etc*) rastro *m*, pista *f*; **to pick up/lose the ~** (*also fig*) seguir/perder la pista; **to put** *or* **throw sb off the ~** (*fig*) despistar a algn.
⟦2⟧ VT ⟦a⟧ (*make sth smell nice*) perfumar (*with* de).
⟦b⟧ (*smell*) olfatear; (*fig*) presentir, sentir.
⟦3⟧ CPD: **~ bottle** N frasco *m* de perfume.
scented ['sentɪd] ADJ perfumado/a.
scepter ['septəʳ] N (*US*) = **sceptre**.
sceptic, (*US*) **skeptic** ['skeptɪk] N escéptico/a *m/f*.
sceptical, (*US*) **skeptical** ['skeptɪkəl] ADJ escéptico/a (*of, about* acerca de).
scepticism, (*US*) **skepticism** ['skeptɪsɪzəm] N escepticismo *m*.
sceptre, (*US*) **scepter** ['septəʳ] N cetro *m*.
schedule ['ʃedjuːl, (*US*) 'skedjuːl] ⟦1⟧ N ⟦a⟧ (*timetable*: *of*

work, visits, events) programa *m*; (: *of trains*) horario *m*; **a busy ~** un programa ocupado; **the work is behind/ahead of ~** el trabajo se retrasa/se adelanta; **the train arrived on ~** el tren llegó a la hora; **we are working to a very tight ~** tenemos un programa de trabajo muy exigente; **everything went according to ~** todo sucedió según se había previsto.
⟦b⟧ (*list*: *of contents, goods*) inventario *m*, lista *f*; (*Customs, Tax etc*) tarifa *f*.
⟦2⟧ VT (*list*) poner en una lista; (*plan*) proyectar; (*trains etc*) establecer el horario de; (*Rad, TV*) programar; (*visit, lecture etc*) fijar la hora de.
scheduled ['ʃedjuːld] ADJ (*date, time*) fijado/a; (*event, train, bus*) programado/a; (*stop*) previsto/a; **~ flight** vuelo *m* regular; **the meeting is ~ for 7.00** *or* **to begin at 7.00** la reunión está fijada para las 7; **this building is ~ for demolition** este edificio está en la lista de demoliciones previstas.
scheduling ['ʃedjuːlɪŋ] N (*Comput*) planificación *f*.
schematic [skɪ'mætɪk] ADJ esquemático/a.
scheme [skiːm] ⟦1⟧ N ⟦a⟧ (*plan*) plan *m*, proyecto *m*; (*programme*) programa *m*; (*structure*) esquema *m*; **a ~ of work** un programa de trabajo; **colour ~** combinación *f* de colores; **pension ~** sistema *m* de pensión; **it's not a bad ~** (*fam*) no es mala idea; **it's some crazy ~ of his** es otro de sus proyectos alocados.
⟦b⟧ (*plot*) intriga *f*; (*trick*) ardid *m*.
⟦2⟧ VI intrigar *or* conspirar (*to do* para hacer); **they ~d to overthrow the government** tramaron *or* maquinaron para derrocar el gobierno.
schemer ['skiːməʳ] N intrigante *mf*.
scheming ['skiːmɪŋ] ⟦1⟧ ADJ maquinador(a), intrigante. ⟦2⟧ N conspiración *f*, maquinación *f*.
schism ['sɪzəm, 'skɪzəm] N cisma *m*.
schizoid ['skɪtsɔɪd] ADJ, N esquizoide *mf*.
schizophrenia [,skɪtsəʊ'friːnɪə] N esquizofrenia *f*.
schizophrenic [,skɪtsəʊ'frenɪk] ADJ, N esquizofrénico/a *m/f*.
schmaltz [ʃmɔːlts] N (*US fam*) sentimentalismo *m*, sensiblería *f*.
schmaltzy ['ʃmɔːltsɪ] ADJ (*US fam*) sentimental, sensiblero/a.
schmuck [ʃmʌk] N (*US fam*) imbécil *mf*.
scholar ['skɒləʳ] N ⟦a⟧ (*learned person*) sabio/a *m/f*; (*expert*) estudioso/a *m/f*, experto/a *m/f*; **a famous Dickens ~** un conocido especialista en Dickens. ⟦b⟧ (*old*: *pupil*) alumno/a *m/f*; (*scholarship holder*) becario/a *m/f*; **he's never been much of a ~** nunca fue un gran aficionado de los libros.
scholarly ['skɒləlɪ] ADJ (*studious*) erudito/a, estudioso/a; (*pedantic*) pedante.
scholarship ['skɒləʃɪp] N (*learning*) erudición *f*; (*money award*) beca *f*.
scholastic [skə'læstɪk] ADJ escolar.
school[1] [skuːl] ⟦1⟧ N (*primary ~, secondary ~*) escuela *f*, colegio *m*; (*Univ*: *faculty*) facultad *f*; (*group of artists etc*) escuela *f*; (*US freq*) universidad *f*; **to be at/go to ~** asistir/ ir a la escuela; **which ~ were you at?** ¿dónde cursó Vd los estudios?; **to leave ~** salir del *or* dejar el colegio; **~ of motoring** autoescuela *f*, escuela de manejo (*LAm*); **S~ of Languages** (*Univ*) Escuela de Lenguas Modernas; **medical/law ~** Facultad de Medicina/Derecho; **the Dutch ~** la escuela holandesa; **~ of thought** corriente *f* de opinión; **of the old ~** (*fig*) de la vieja escuela; *see* **primary**; **secondary**; **high 1(c)**.
⟦2⟧ VT (*animal*) amaestrar; (*reaction, voice etc*) disciplinar, dominar; **to ~ sb to do sth** preparar a algn para hacer algo; **to ~ o.s. in sth** disciplinarse en algo; **to ~ sb in a technique** enseñar a algn una técnica.
⟦3⟧ CPD (*bus, fees, report etc*) escolar; **~ age** N edad *f* escolar; **~ board** N comité *m* educativo; **~ friend** N amigo/a *m/f* de clase; **~ holidays** NPL vacaciones *fpl* escolares; **~ hours** NPL: **during ~ hours** durante las horas de clase; **~ inspector** N inspector(a) *m/f* de enseñanza; **~ time** N = **~ hours**; **~ yard** N patio *m* (de recreo); **~ year** N año *m* escolar.

school² [sku:l] N (*of fish*) banco *m*.
schoolbook ['sku:lbʊk] N libro *m* de texto.
schoolboy ['sku:lbɔɪ] **1** N alumno *m* (de escuela). **2** CPD: ~ **slang** N jerga *f* de colegial.
schoolchild ['sku:ltʃaɪld] N (*pl* **-children**) alumno/a *m/f*.
schooldays ['sku:ldeɪz] NPL años *mpl* del colegio.
schoolgirl ['sku:lgɜ:l] N colegiala *f*.
schoolhouse ['sku:lhaʊs] N (*pl* **-houses**) escuela *f*.
schooling ['sku:lɪŋ] N (*education*) instrucción *f*, enseñanza *f*; (*studies*) estudios *mpl*; **compulsory ~** escolaridad *f* obligatoria.
school-leaver ['sku:l,li:vəʳ] N persona *f* que termina la escuela.
school-leaving age [,sku:l'li:vɪŋ,eɪdʒ] N edad *f* en que se termina la escuela.
schoolmaster ['sku:l,mɑ:stəʳ] N maestro *m or* profesor *m* (de escuela).
schoolmistress ['sku:l,mɪstrɪs] N maestra *f or* profesora *f* (de escuela).
schoolroom ['sku:lrʊm] N aula *f*, sala *f* de clase.
schoolteacher ['sku:l,ti:tʃəʳ] N (*gen*) maestro/a *m/f or* profesor(a) *m/f* (de escuela).
schooner ['sku:nəʳ] N (*Naut*) goleta *f*; (*for sherry*) copa *f* grande.
sciatica [saɪ'ætɪkə] N (*Med*) ciática *f*.
science ['saɪəns] **1** N ciencia *f*; **the natural/social ~s** las ciencias naturales/sociales; **the ~s** las ciencias; **it's a real ~** (*fam*) es un arte. **2** CPD de ciencias; **~ fiction** N ciencia-ficción *f*.
scientific [,saɪən'tɪfɪk] ADJ científico/a.
scientist ['saɪəntɪst] N científico/a *m/f*.
sci-fi ['saɪ'faɪ] N ABBR (*fam*) *of* **science fiction**.
Scillies ['sɪlɪz], **Scilly Isles** ['sɪlaɪlz] NPL Islas *fpl* Sorlingas.
scimitar ['sɪmɪtəʳ] N cimitarra *f*.
scintillating ['sɪntɪleɪtɪŋ] ADJ (*wit, conversation, company*) chispeante, brillante; (*jewels, chandelier*) relumbrante.
scissors ['sɪzəz] NPL tijeras *fpl*; **a pair of ~** unas tijeras.
sclerosis [sklɪ'rəʊsɪs] N (*Med*) esclerosis *f*; *see* **multiple**.
scoff [skɒf] **1** VI mofarse *or* burlarse (*at sb/sth* de algn/ algo). **2** VT (*fam: eat*) comérselo todo, zampar.
scold [skəʊld] VT reñir, regañar.
scolding ['skəʊldɪŋ] N reprimenda *f*, regañada *f*.
scone [skɒn] N bollo *m* (inglés).
scoop [sku:p] **1** N **a** (*for flour*) pala *f*; (*for ice cream, water*) cucharón *m*; (*quantity scooped*) palada *f*, cucharada *f*. **b** (*by newspaper*) exclusiva *f*; (*Comm*) golpe *m* financiero. **2** VT **a** recoger. **b** (*Comm: profit*) sacar; (*Comm, Press: competitors*) adelantarse a; (*Press: exclusive story*) publicar en exclusiva.
◆ **scoop out** VT + ADV (*gen*) sacar con pala; (*water*) achicar.
◆ **scoop up** VT + ADV recoger.
scoot [sku:t] VI (*fam: also* ~ **away**, ~ **off**) largarse (*fam*); **I must ~** tengo que marcharme.
scooter ['sku:təʳ] N (*child's*) patinete *m*; (*adult's*) moto *f*, escúter *m*, motoneta *f* (*LAm*).
scope [skəʊp] N (*opportunity: for action etc*) libertad *f*, oportunidades *fpl*; (*range: of law, activity*) ámbito *m*; (: *of responsibilities*) incumbencia *f*; (*capacity: of person, mind*) alcance *m*; (*room: for manoeuvre etc*) esfera *f or* campo *m* de acción; **there is plenty of ~ for** hay bastante campo para; **to extend the ~ of one's activities** ampliar sus horizontes; **it is within/beyond her ~** está a/fuera de su alcance; **it is within/beyond the ~ of this book** está dentro/fuera del ámbito del presente libro.
scorch [skɔ:tʃ] **1** N (*also* ~ **mark**) quemadura *f*. **2** VT (*burn*) quemar; (: *sun*) abrasar; (*singe*) chamuscar.
scorcher ['skɔ:tʃəʳ] N (*fam: hot day*) día *m* abrasador.
scorching ['skɔ:tʃɪŋ] ADJ (*also* ~ **hot**: *heat, day, sun*) abrasador(a); (: *sand*) que quema; **it's a ~ day** está que arde hoy.
score [skɔ:ʳ] **1** N **a** (*Sport*) tanteo *m*; (*Cards*) puntuación *f*, puntaje *m* (*LAm*); **to keep (the) ~** (*Sport*) tantear (*Sp*), llevar la cuenta (*LAm*); (: *Cards*) sumar puntos; **there's no ~ yet** (*Sport*) están a cero, no se ha abierto el

marcador todavía (*LAm*); **there was no ~ in the match** (*Sport*) empataron a cero en el partido; **what's the ~?** (*fig fam*) ¿qué pasa?, ¿qué hubo? (*Mex, Chi*); **to know the ~** (*fig fam*) estar al tanto *or* al corriente; **to have an old ~ to settle with sb** (*fig*) tener cuentas pendientes con algn; **to settle old ~s** (*fig*) desquitarse.
b (*account*) motivo *m*, causa *f*; **on that ~** en ese sentido.
c (*cut, mark: on wood, card etc*) raya *f*, línea *f*.
d (*Mus: of opera*) partitura *f*; (: *of film*) música *f*.
e (*twenty*) **a ~** una veintena; **~s of people** (*fig*) muchísima *or* montones de gente; **by the ~** en cantidades.
2 VT **a** (*points*) ganar; (*runs*) hacer; (*goal*) marcar; **to ~ 75% in an exam** sacar el 75 por ciento en un examen; **to ~ a hit** (*Fencing*) dar en el blanco; (*Shooting*) acertar en el tiro; **to ~ a hit with sb/sth** (*fig*) impresionar a algn/tener mucho éxito con algo.
b (*cut*) rayar.
c (*music*) instrumentar, orquestar.
d (*fam: drugs*) comprar, obtener.
3 VI **a** (*Sport*: ~ *a goal etc*) marcar un tanto *or* punto *etc*; (: *open scoring*) abrir el marcador; (: *keep* ~) llevar el tanteo *or* el marcador; **to ~ over sb** (*fig*) llevar la ventaja a algn.
b (*fam: have sex*) ligarse (*with sb* con algn); (: *buy drugs*) conseguirse drogas.
◆ **score off**, **score out**, **score through** VT + ADV tachar.
scoreboard ['skɔ:bɔ:d] N tanteador *m*, marcador *m*.
scorecard ['skɔ:kɑ:d] N (*Golf*) tanteador *m*.
scorer ['skɔ:rəʳ] N (*keeping score*) tanteador *m*; (*player*) él/la *m/f* que marca un gol *etc*.
scoresheet ['skɔ:ʃi:t] N acta *f* de tanteo.
scoring ['skɔ:rɪŋ] N tanteo *m*, puntaje *m*, marcador *m*.
scorn ['skɔ:n] **1** N desprecio *m*, menosprecio *m*; **to pour ~ on sth** ridiculizar algo. **2** VT despreciar, menospreciar.
scornful ['skɔ:nfʊl] ADJ desdeñoso/a, despreciativo/a; **to be ~ about sth** desdeñar algo.
Scorpio ['skɔ:pɪəʊ] N Escorpión *m*.
scorpion ['skɔ:pɪən] N alacrán *m*.
Scot [skɒt] N escocés/esa *m/f*.
Scotch [skɒtʃ] **1** ADJ: **~ broth** sopa *f* de verduras; **~ egg** huevo *m* con carne rebozado; **~ tape** ® cinta *f* adhesiva, scotch *m* (*LAm*), durex *m* (*Mex*). **2** N (*whisky*) whisky *m* escocés, scotch *m*.
scotch [skɒtʃ] VT (*attempt, plan*) frustrar; (*rumour, claim*) calzar.
scot-free ['skɒt'fri:] ADJ: **to get off ~** (*unpunished*) salir impune; (*unhurt*) salir ileso/a.
Scotland ['skɒtlənd] N Escocia *f*.
•**Scots** [skɒts] ADJ escocés/esa.
Scotsman ['skɒtsmən] N (*pl* **-men**) escocés *m*.
Scotswoman ['skɒts,wʊmən] N (*pl* **-women**) escocesa *f*.
Scottie ['skɒtɪ] N (*dog*) terrier *m* escocés.
Scottish ['skɒtɪʃ] ADJ escocés/esa; **~ Office** Ministerio *m* de Asuntos Escoceses.
scoundrel ['skaʊndrəl] N sinvergüenza *mf*.
scour ['skaʊəʳ] VT **a** (*pan, floor etc*) fregar, restregar (*esp LAm*). **b** (*search*) registrar; **we ~ed the countryside for him** recorrimos el campo buscándole.
scourer ['skaʊərəʳ] N (*pad*) estropajo *m*.
scourge [skɜ:dʒ] **1** N (*fig*) azote *m*; **the ~ of war** el castigo de la guerra. **2** VT (*fig*) hostigar.
scouring pad ['skaʊərɪŋpæd] N estropajo *m*.
scouring powder ['skaʊərɪŋpaʊdəʳ] N polvos *mpl* de fregar.
Scouse [skaʊs] (*fam*) **1** ADJ de Liverpool. **2** N nativo/a *m/f or* habitante *mf* de Liverpool; (*Ling*) dialecto *m* de Liverpool.
scout [skaʊt] **1** N (*person: Mil*) explorador(a) *m/f*; (: *boy* ~) muchacho *m* explorador; (**talent**) **~** (*Sport, Cine, Theat*) cazatalentos *mf inv*. **2** VI: **to ~ around (for sth)** hacer un reconocimiento *or* explorar (buscando algo).
scouting ['skaʊtɪŋ] N actividades *fpl* de los exploradores.
scoutmaster ['skaʊt,mɑ:stəʳ] N jefe *m* de exploradores.
scowl [skaʊl] **1** N ceño *m*. **2** VI fruncir el ceño *or* el entrecejo (*at sb* a algn).

scrabble ['skræbl] [1] VI: **to ~ about** or **around for sth** revolver todo buscando algo. [2] N: **S~** ® *(game)* Scrabble ® *m*.

scraggy ['skrægɪ] ADJ *(comp* **-ier**; *superl* **-iest)** flacucho/a.

scram [skræm] VI *(fam)* largarse, rajarse *(LAm)*; **~!** ¡lárgate!

scramble ['skræmbl] [1] VI **a** **to ~ up/down** subir gateando/bajar con dificultad; **we ~d through the hedge** cruzamos el seto a gatas; **to ~ for** *(coins, seats)* luchar entre sí por, pelearse por; *(fig: jobs)* pelearse por. [b] *(Sport)* **to go scrambling** hacer motocross. [2] VT **a** *(Culin)* revolver; **~d eggs** huevos *mpl* revueltos. [b] *(Telec: message)* poner en cifra; *(TV)* codificar. [3] N **a** *(rush)* lucha *f*, pelea *f*. [b] *(Sport: motorcycle meeting)* carrera *f* de motocross.

scrambler ['skræmblər] N *(Telec)* emisor *m* de interferencias.

scrambling ['skræmblɪŋ] N **a** *(Sport)* motocross *m* campo a través. [b] *(TV)* codificación *f*.

scrap¹ [skræp] [1] N **a** *(small piece)* pedacito *m*; *(: of newspaper)* recorte *m*; *(: of material)* retazo *m*; *(fig)* pizca *f*; **a ~ of conversation** un fragmento de conversación; **a few ~s of news** unos fragmentos de noticias; **there is not a ~ of truth in it** no tiene ni un ápice de verdad, no tiene nada de cierto; **not a ~ of proof/use** ni la más mínima prueba/sin utilidad alguna. [b] **~s** *(leftovers)* restos *mpl*, sobras *fpl*. [c] *(~ metal)* chatarra *f*, desecho *m* de hierro; **to sell a ship for ~** vender un barco como chatarra. [2] VT *(car, ship etc)* chatarrear, convertir en chatarra; *(plan etc)* desechar, descartar. [3] CPD *(metal, car)* de chatarra; **~ dealer** N chatarrero/a *m/f*; **~ heap** N montón *m* de desechos; **to throw sth on the ~ heap** *(fig)* desechar or descartar algo; **I was thrown on the ~ heap at the age of 50** me dieron la patada cuando tenía 50 años; **to be on the ~ heap** *(person)* no tener nada a que agarrarse; **he ended up on the ~ heap** se quedó sin nada a que agarrarse; **~ merchant** N chatarrero/a *m/f*; **~ metal** N chatarra *f*; **~ paper** N pedazos *mpl* de papel suelto; **~ value** N valor *m* de chatarra; **~ yard** N parque *m* de chatarra; *(for cars)* cementerio *m* de coches.

scrap² [skræp] *(fam)* [1] N *(fight)* riña *f*, pelea *f*; **to get into** or **have a ~ with sb** reñir or pelearse con algn. [2] VI reñir, pelearse *(with sb* con algn).

scrapbook ['skræpbʊk] N álbum *m* de recortes.

scrape [skreɪp] [1] N **a** *(act)* raspado *m*, raspadura *f*; *(sound)* chirrido *m*; *(mark)* arañazo *m*, rasguño *m*. [b] *(fig)* lío *m*, apuro *m*, aprieto *m* *(esp LAm)*; **to get into/out of a ~** meterse en/salirse de un lío or apuro. [2] VT *(knee etc)* arañarse, rasguñarse; *(clean: vegetables)* rallar, limpiar; *(: walls, woodwork)* raspar; **to ~ on/along/against sth** arrastrar a/a lo largo de/contra algo; **the lorry ~d the wall** el camión rozó el muro; **to ~ one's boots** limpiarse las botas; **to ~ one's plate clean** dejar limpio el plato; **to ~ a living** ir tirando; **to ~ the bottom of the barrel** *(fig)* tocar fondo. [3] VI *(make sound)* chirriar; *(rub)* **to ~ (against)** pasar rozando.

◆ **scrape along** VI + ADV *(fam: money)* arreglárselas; *(: live)* ir tirando.

◆ **scrape off** [1] VT + ADV *(also ~ away)* raspar. [2] VT + PREP raspar.

◆ **scrape through** [1] VI + ADV *(succeed)* apenas lograr hacer algo. [2] VI + PREP *(narrow gap)* pasar muy justo por; *(fig: exam)* aprobar por los pelos.

◆ **scrape together, scrape up** VT + ADV *(fig)* reunir poco a poco; **we managed to ~ enough money together** logramos reunir suficiente dinero; **to ~ (up) an acquaintance with sb** trabar amistad con algn.

scraper ['skreɪpər] N *(tool)* raspador *m*, rascador *m*; *(on doorstep)* limpiabarros *m inv*.

scrappy ['skræpɪ] ADJ *(comp* **-ier**; *superl* **-iest)** *(essay etc)* deshilvanado/a; *(knowledge, education)* incompleto/a; *(meal)* hecho/a con sobras.

scratch [skrætʃ] [1] N **a** *(mark: on skin)* arañazo *m*,

rasguño *m*; *(: on surface, record)* raya *f*; **it's just a ~** es un rasguño, nada más; **he hadn't a ~ on him** no tuvo la más leve herida. [b] *(noise)* chirrido *m*. [c] **to start from ~** *(fig)* empezar de la nada; **to be** or **come up to ~** cumplir con los requisitos; **to bring/keep sth up to ~** poner/mantener en buenas condiciones. [2] VT **a** *(with claw, nail etc)* rasguñar, arañar; *(: making sound)* rascar, raspar; *(: surface, record)* rayar; *(scramble, dig)* escarbar; **the lovers ~ed their names on the tree** los amantes grabaron sus nombres en el árbol; **he ~ed his hand on a rose bush** se arañó la mano en un rosal; **we've barely ~ed the surface** *(fig)* estamos empezando apenas. [b] *(to relieve itch)* rascarse; **he ~ed his head** se rascó la cabeza; **you ~ my back and I'll ~ yours** *(fig)* un favor con favor se paga. [c] *(cancel: meeting, game)* cancelar; *(cross off list: horse, competitor)* tachar, borrar. [d] *(Comput)* borrar. [3] VI *(person, dog etc)* rascarse; *(hens)* escarbar; *(pen)* raspear; *(clothing)* picar; **the dog ~ed at the door** el perro arañó la puerta. [4] CPD: **~ file** N *(Comput)* fichero *m* de trabajo; **~ meal** N comida *f* improvisada; **~ team** N equipo *m* improvisado.

◆ **scratch out** VT + ADV *(from list)* borrar, tachar; **to ~ sb's eyes out** sacarle los ojos a algn.

scratchcard ['skrætʃkɑːd] N *(Brit)* papeleta *f* de lotería *(que se rasca)*.

scratchpad ['skrætʃpæd] N *(US)* bloc *m* (para apuntes).

scratchy ['skrætʃɪ] ADJ *(comp* **-ier**; *superl* **-iest)** *(fabric)* que pica; *(pen)* que raspea.

scrawl [skrɔːl] [1] N garabatos *mpl*; **I can't read her ~** no puedo leer sus garabatos. [2] VT garabatear.

scrawny ['skrɔːnɪ] ADJ *(comp* **-ier**; *superl* **-iest)** *(neck, limb)* flaco/a; *(animal)* escuálido/a.

scream [skriːm] [1] N *(of pain, fear: high-pitched)* chillido *m*; *(: yell)* grito *m*; *(of animal)* alarido *m*; **there were ~s of laughter** hubo carcajadas; **he let out a ~** soltó un grito; **it was a ~** *(fig fam)* fue la monda, fue para morirse de la risa; **he's a ~** *(fig fam)* es de lo más chistoso. [2] VT *(subj: person: abuse etc)* gritar; *(screech)* chillar; *(: poster, headlines)* vocear. [3] VI *(see n)* chillar; gritar; dar un alarido; **to ~ at sb** gritarle a algn; **to ~ (out) with pain** dar un grito de dolor; **to ~ for help** pedir ayuda a gritos; **to ~ with laughter** partirse or mondarse de (la) risa.

scree ['skriː] N cono *m* de desmoronamiento.

screech [skriːtʃ] [1] N *(of brakes, tyres)* chirrido *m*; *(of person)* grito *m*; *(of animal)* chillido *m*. [2] VI *(squeak etc)* chirriar; *(person)* gritar, chillar; *(animal etc)* chillar.

screed [skriːd] NPL *(fam)* rollo *m*.

screen [skriːn] [1] N **a** *(in room)* biombo *m*; *(for fire)* pantalla *f*; *(fig: of trees)* pantalla de árboles; *(: of smoke)* cortina *f* de humo. [b] *(Cine, TV, Radar, Comput)* pantalla *f*; **the big/small ~** la pantalla grande/pequeña. [2] VT **a** **to ~ (from)** *(hide: from view, sight)* ocultar or tapar (de); *(protect)* proteger (de); **the house is ~ed (from view) by trees** la casa se oculta detrás de los árboles; **he ~ed his eyes with his hand** se tapó los ojos con la mano. [b] *(show: film)* estrenar. [c] *(sieve: coal)* tamizar; *(fig: person: for security)* investigar; **to ~ sb for sth** *(Med)* realizar a algn un screening or una exploración selectiva. [3] CPD: **~ actor** N actor *m* de cine; **~ editing** N *(Comput)* corrección *f* en pantalla; **~ memory** N *(Comput)* memoria *f* de la pantalla; **~ test** N prueba *f* de pantalla; **~ writer** N guionista *mf*.

◆ **screen off** VT + ADV tapar.

◆ **screen out** VT + ADV *(light, noise)* eliminar, filtrar.

screening ['skriːnɪŋ] N **a** *(of film)* estreno *m*. [b] *(check: security)* investigación *f*; *(Med)* screening *m*, exploración *f*.

screenplay ['skriːnpleɪ] N guión *m*.

screw [skruː] **1** N **a** tornillo *m*; (*of helicopter etc*) hélice *f*; **he's got a ~ loose** (*fig fam*) le falta un tornillo; **to put the ~s on sb** (*fig fam*) apretar las clavijas *or* presionar a algn.
  b (*fam: prison officer*) carcelero/a *m/f*.
  c (*fam!*) polvo *m* (*fam!*).
  2 VT **a** (*gen*) atornillar; (*turn*) dar vueltas a, torcer; **to ~ sth down / to the wall** fijar algo/a la pared con tornillos; **to ~ sth (up) tight** atornillar algo bien fuerte; **to ~ money out of sb** (*fam*) sacarle dinero a algn; **he's got his head ~ed on** sabe cuántos son cinco.
  b (*fam!*) joder (*fam!*); **the cost, it's got to be done!** ¡no importa el gasto, hay que hacerlo!
  c (*fam: defraud*) timar, estafar.
  3 VI (*fam!*) joder (*fam!*), echar un polvo (*fam!*), coger (*LAm fam!*), chingar (*Mex fam!*).
◆ **screw around** VI + ADV (*fam!*) ligar (*fam*).
◆ **screw together** **1** VI + ADV juntarse con tornillos.
  2 VT + ADV armar (con tornillos).
◆ **screw up** **1** VT + ADV **a** (*paper, material*) arrugar; **to ~ up one's eyes** arrugar el entrecejo; **to ~ up one's face** torcerse la cara; **to ~ up one's courage** (*fig*) armarse de valor.
  b (*ruin*) fastidiar, fregar (*LAm*), joder (*fam!*), chingar (*Mex fam!*); **the experience really ~ed him up** la experiencia lo dejó completamente hecho polvo.
  2 VI + ADV (*US*) **he really ~ed up this time** esta vez sí lo fastidió *or* (*LAm*) fregó.
screwball [ˈskruːbɔːl] N (*esp US fam*) chiflado/a *m/f* (*fam*), chalado/a *m/f* (*fam*), tarado/a *m/f* (*LAm fam*).
screwdriver [ˈskruːˌdraɪvər] N destornillador *m*, desarmador *m* (*Mex*).
screw-top(ped) [ˈskruːtɒp(t)] ADJ (*bottle, jar*) de rosca.
screwy [ˈskruːɪ] ADJ (*comp* **-ier**; *superl* **-iest**) (*fam: mad*) chiflado/a, tarado/a (*LAm*).
scribble [ˈskrɪbl] **1** N garabatos *mpl*; **I can't read his ~** no consigo leer sus garabatos. **2** VT garabatear; **to ~ sth down** garabatear algo. **3** VI garabatear.
scribbling pad [ˈskrɪblɪŋpæd] N borrador *m*, bloc *m*.
scribe [skraɪb] N (*of manuscript*) escribiente/a *m/f*; (*Bible*) escriba *m*.
scrimmage [ˈskrɪmɪdʒ] N (*fight*) escaramuza *f*.
scrimp [skrɪmp] VI: **to ~ and save** hacer economías, apretarse el cinturón.
scrip [skrɪp] N (*Fin*) vale *m*, abonaré *m*.
script [skrɪpt] N **a** (*Cine*) guión *m*; (*Theat, TV, Rad*) argumento *m*; (*in exam*) escrito *m*. **b** (*handwriting*) letra *f*.
scripted [ˈskrɪptɪd] ADJ (*Rad, TV*) escrito/a.
Scripture [ˈskrɪptʃər] N (*also* **Holy ~**) Sagrada Escritura *f*.
scriptwriter [ˈskrɪptˌraɪtər] N guionista *mf*.
scroll [skrəʊl] **1** N (*roll of parchment*) rollo *m*; (*ancient manuscript*) manuscrito *m*; (*Archit*) voluta *f*.
  2 CPD: **~ key** N (*Comput*) tecla *f* de desplazamiento.
  3 VT (*Comput*) desplazar.
◆ **scroll down** **1** VT + ADV desplazar hacia abajo.
  2 VI + ADV desplazarse hacia abajo.
◆ **scroll up** **1** VT + ADV desplazar hacia arriba.
  2 VI + ADV desplazarse hacia arriba.
scrolling [ˈskrəʊlɪŋ] N (*Comput*) desplazamiento *m*.
scrotum [ˈskrəʊtəm] N escroto *m*.
scrounge [skraʊndʒ] (*fam*) **1** N: **to be on the ~ (for sth)** ir sacando (algo) de gorra. **2** VT gorrear, sablear. **3** VI: **to ~ on** *or* **off sb** vivir a costa de algn.
scrounger [ˈskraʊndʒər] N (*fam*) gorrón/ona *m/f*, sablista *mf*.
scrub¹ [skrʌb] N (*Bot: undergrowth*) matorral *m*, monte *m*; (: *bushes*) matas *fpl*.
scrub² [skrʌb] **1** N fregado *m*, restregado *m* (*LAm*); **to give sth a (good) ~** fregar *or* (*esp LAm*) restregar algo (bien).
  2 VT **a** (*clean: floor, hands etc*) fregar; **to ~ sth clean** restregar algo.
  b (*fam: cancel*) cancelar, anular.
◆ **scrub down** VT + ADV (*room, wall*) fregar; **to ~ o.s. down** fregarse.

◆ **scrub off** **1** VT + ADV (*mark, stain*) quitar cepillando.
  2 VT + PREP quitar.
◆ **scrub up** VI + ADV (*doctor etc*) lavarse.
scrubbing brush [ˈskrʌbɪŋˌbrʌʃ] N cepillo *m* de fregar.
scrubland [ˈskrʌblænd] N monte *m* bajo.
scruff [skrʌf] N **a** **by the ~ of the neck** del cogote.
  b (*fam: untidy person*) dejado/a *m/f*, desaliñado/a *m/f*.
scruffily [ˈskrʌfɪlɪ] ADV: **~ dressed** mal vestido/a, vestido/a con desaliño.
scruffy [ˈskrʌfɪ] ADJ (*comp* **-ier**; *superl* **-iest**) (*person, appearance*) desaliñado/a, sucio/a, dejado/a; (*clothes, building*) sucio/a; **he looks ~** tiene el aspecto sucio.
scrum [skrʌm] **1** N (*Rugby*) melée *f*. **2** CPD: **~ half** N medio *m* de melée.
scrumptious [ˈskrʌmpʃəs] ADJ (*fam*) delicioso/a, sabrosísimo/a.
scruple [ˈskruːpl] **1** N escrúpulo *m*. **2** VT: **not to ~ to do sth** no tener escrúpulos para hacer algo.
scrupulous [ˈskruːpjʊləs] ADJ escrupuloso/a.
scrupulously [ˈskruːpjʊləslɪ] ADV escrupulosamente; **~ honest / clean** sumamente honrado/limpio.
scrutineer [ˌskruːtɪˈnɪər] N escrutador(a) *m/f*.
scrutinize [ˈskruːtɪnaɪz] VT (*work etc*) escudriñar; (*votes*) efectuar el escrutinio de.
scrutiny [ˈskruːtɪnɪ] N (*examination*) examen *m* detallado; (*Pol: of votes*) escrutinio *m*, recuento *m*; **under the ~ of sb** bajo la mirada de algn; **to keep sb under close ~** vigilar a algn de cerca; **it does not stand up to ~** no resiste al examen.
scuba [ˈskuːbə] N: **~ diving** buceo *m* con escafandra autónoma.
scuff [skʌf] **1** VT (*shoes, floor*) rayar, marcar; (*feet*) arrastrar. **2** CPD: **~ marks** NPL rozaduras *fpl*.
scuffle [ˈskʌfl] **1** N refriega *f*. **2** VI reñirse *or* pelearse (*with sb* con algn).
scullery [ˈskʌlərɪ] N trascocina *f*.
sculpt [skʌlpt] VT, VI esculpir.
sculptor [ˈskʌlptər] N escultor(a) *m/f*.
sculpture [ˈskʌlptʃər] **1** N escultura *f*. **2** VT, VI = **sculpt**.
scum [skʌm] N (*on liquid*) espuma *f*; (*on pond*) verdín *m*; (*fig*) escoria *f*; **the ~ of the earth** la escoria de la tierra.
scumbag [ˈskʌmˌbæg] N (*fam!*) cabronazo *m* (*fam*), borde *mf* (*fam!*).
scupper [ˈskʌpər] VT (*Naut*) barrenar; (*fig: plan*) barrer con.
scurf [skɜːf] N caspa *f*.
scurrilous [ˈskʌrɪləs] ADJ difamatorio/a, calumnioso/a; **to make a ~ attack on sb** calumniar a algn.
scurry [ˈskʌrɪ] VI (*run*) ir corriendo; (*hurry*) apresurarse, apurarse (*LAm*); **to ~ away** *or* **off** escabullirse.
scuttle¹ [ˈskʌtl] VT (*ship*) barrenar.
scuttle² [ˈskʌtl] VI (*run*) echar a correr; **to ~ away** *or* **off / in** escabullirse.
scythe [saɪð] **1** N guadaña *f*. **2** VT guadañar, segar.
SD ABBR (*US Post*) of **South Dakota**.
S.Dak. ABBR (*US*) of **South Dakota**.
SDI N ABBR of **Strategic Defence Initiative** IDE *f*.
SDLP N ABBR (*Northern Ireland Pol*) of **Social Democratic and Labour Party**.
SDP N ABBR (*Brit Pol, formerly*) of **Social Democratic Party**.
SDR N ABBR of **special drawing rights** DEG *mpl*.
SE ABBR of **south-east** SE.
sea [siː] **1** N mar *m* (*or f in some phrases*); **by** *or* **beside the ~** a orillas del mar; **a holiday by the ~** unas vacaciones en la playa; **on the ~** (*boat*) en alta mar; **to go by ~** ir en barco; **to go to ~** (*subj: person*) hacerse marinero; **to put to ~** (*sailor, boat*) hacerse a la mar, zarpar; **to spend 3 years at ~** pasar tres años navegando; (**out**) **at ~** en alta mar; **heavy** *or* **rough ~(s)** mar agitado *or* picado; **to be all at ~ (about** *or* **with sth)** (*fig*) estar en un lío (por algo); **a ~ of faces** (*fig*) un mar de caras; **a ~ of troubles** un piélago de penas.
  2 CPD (*air, breeze*) marino/a, del mar; (*fish, water*) de mar; (*route, transport*) marítimo/a; (*battle, power*) naval; **~ anemone** N anémona *f* de mar; **~ bathing** N nadar en el mar; **~ bed** N fondo *m* del mar; **~ change** N (*fig*) viraje *m*, cambiazo *m*; **~ dog** N lobo *m* de mar; **~ front** N paseo

m marítimo; **~ horse** N hipocampo *m*; **~ lane** N ruta *f* marítima; **~ legs** NPL: **to find one's ~ legs** encontrar el equilibrio (en barco); **~ level** N nivel *m* del mar; **800 metres above ~ level** 800 metros sobre el nivel del mar; **~ mist** N bruma *f*; **~ urchin** N erizo *m* de mar; **~ wall** N malecón *m*, rompeolas *m inv*.

seabird ['siːbɜːd] N ave *f* marina.

seaboard ['siːbɔːd] N (*US*) litoral *m*.

seaborne ['siːbɔːn] ADJ transportado/a por mar.

seafarer ['siːˌfeǝrǝr] N marinero *m*.

seafaring ['siːˌfeǝrɪŋ] ADJ marinero/a.

seafood ['siːfuːd] N mariscos *mpl*.

seagoing ['siːˌgǝʊɪŋ] ADJ marítimo/a.

seagull ['siːɡʌl] N gaviota *f*.

seal¹ [siːl] N (*Zool*) foca *f*.

seal² [siːl] 1 N (*official stamp*) sello *m*; (: *wax*) sello de lacre; (*of envelope, parcel*) pegamento *m*; (*of door, lid*) junta *f*; **to set one's ~ to, to give the** *or* **one's ~ of approval to sth** aprobar algo; **to set the ~ on sth** (*fig*) dar el remate a algo.
2 VT a (*close: envelope*) cerrar, pegar; (*put ~ on: document*) sellar; (*jar, tin*) tapar herméticamente; (*Culin: meat*) encerrar los jugos de.
b (*decide: fate*) decidir, determinar; (: *bargain*) cerrar.
♦ **seal in** VT + ADV encerrar.
♦ **seal off** VT + ADV (*close up: building, room*) cerrar; (*forbid entry to: area*) acordonar.
♦ **seal up** VT + ADV (*parcel*) precintar; (*jar, door*) tapar herméticamente.

sealing wax ['siːlɪŋwæks] N lacre *m*.

sealskin ['siːlskɪn] N piel *f* de foca.

seam [siːm] N a (*Sew*) costura *f*; (*welding*) juntura *f*; **to come apart at the ~s** descoserse; **to be bursting at the ~s** (*dress etc*) estar por reventar; (*fig fam: room etc*) rebosar de gente. b (*Geol*) filón *m*, veta *f*.

seaman ['siːmǝn] N (*pl* **-men**) marinero *m*, marino *m*.

seamanship ['siːmǝnʃɪp] N náutica *f*.

seamless ['siːmlɪs] ADJ (*Sew*) sin costura; (*Tech*) sin soldadura.

seamstress ['semstrɪs] N costurera *f*.

seamy ['siːmɪ] ADJ (*comp* **-ier**; *superl* **-iest**) (*fam*) sórdido/a, insalubre.

seance ['seɪɑːns] N sesión *f* de espiritismo.

seaplane ['siːpleɪn] N hidroavión *m*.

seaport ['siːpɔːt] N puerto *m* de mar.

sear [sɪǝr] VT (*wither*) secar, marchitar; (*Med*) cauterizar; (*of pain etc*) punzar; (*scorch*) chamuscar, quemar.

search [sɜːtʃ] 1 N a (*for sth lost*) busca *f*, búsqueda *f*; (*Comput*) búsqueda; (*Video*) búsqueda de imagen; **in ~ of** en busca de; **to make** *or* **conduct a ~ for sth/sb** buscar algo/a algn.
b (*of person, building etc*) registro *m*, cateo *m* (*Mex*); **to make** *or* **conduct a ~ of sth/sb** registrar algo/a algn.
2 VT a (*area, house*) registrar (*for sb/sth* en busca de algn/algo); (*luggage, drawer, person*) registrar, catear (*Mex*); **to ~ the whole house for sth/sb** buscar algo/a algn por toda la casa; **~ me!** (*fig fam*) ¡yo qué sé!, ¡ni idea!
b (*scan: documents, records*) escudriñar; (: *one's conscience*) examinar; (: *one's memory*) indagar en; **I ~ed his face for some sign of emotion** le busqué en la cara algún indicio de emoción.
c (*Comput*) buscar.
3 VI buscar; **to ~ after** *or* **for sb/sth** ir en busca de algn/algo; **to ~ through** *or* **in sth for sth** registrar algo en busca de algo; **'~ and replace'** (*Comput*) 'buscar y reemplazar'.
4 CPD: **~ party** N pelotón *m* de salvamento; **~ warrant** N mandamiento *m* *or* mandato *m* de registro.

searcher ['sɜːtʃǝr] N buscador(a) *m/f*.

searching ['sɜːtʃɪŋ] ADJ penetrante.

searchlight ['sɜːtʃlaɪt] N reflector *m*, proyector *m*.

searing ['sɪǝrɪŋ] ADJ (*heat*) ardiente; (*pain*) agudo/a.

seascape ['siːskeɪp] N (*Art*) paisaje *m* marino.

seashell ['siːʃel] N concha *f* marina, caracol *m* de mar.

seashore ['siːʃɔːr] N (*beach*) playa *f*; (*gen*) orilla *f* del mar;

---

by *or* on the ~ en la playa.

seasick ['siːsɪk] ADJ mareado/a; **to get** *or* **be ~** marearse.

seasickness ['siːsɪknɪs] N mareo *m*.

seaside ['siːsaɪd] 1 N (*beach*) playa *f*; (*shore*) orilla *f* del mar; **we want to go to the ~** queremos ir a la playa; **at the ~** en la playa.
2 CPD (*holiday, hotel*) de playa, en la playa; (*town*) costero/a, costeño/a; **~ resort** N playa *f*, centro *m* de veraneo.

season ['siːzn] 1 N (*of the year*) estación *f*; (*social, sporting, Theat etc*) temporada *f*; (*occasion*) tiempo *m*, ocasión *f*; **to be in/out of ~** estar en sazón/fuera de temporada; **the rainy/dry ~** la temporada de lluvias/de secas; **the Christmas ~** las navidades; **'S~'s Greetings'** 'Felices Pascuas'; **the busy ~** la temporada alta; **at the height of the ~** en plena temporada; **the fishing/football ~** la temporada de pesca/de fútbol; **the open/closed ~** (*Hunting*) la temporada de caza *or* de pesca/la veda; **in ~** (*Zool*) en celo.
2 VT a (*wood*) secar.
b (*Culin*) sazonar, aliñar.
3 CPD: **~ ticket** N (*Theat, Rail etc*) abono *m*; **~ ticket holder** N abonado/a *m/f*.

seasonable ['siːznǝbl] ADJ (*weather*) propio/a de la estación.

seasonal ['siːzǝnl] ADJ (*employment*) de temporada.

seasoned ['siːznd] ADJ (*wood*) curado/a; (*wine etc*) maduro/a; (*fig: worker, actor*) experimentado/a; (: *soldier etc*) aguerrido/a.

seasoning ['siːznɪŋ] N aliño *m*, condimentos *mpl*.

seat [siːt] 1 N a (*chair*) silla *f*; (*in theatre etc: ticket*) entrada *f*, localidad *f*; (: *chair*) butaca *f*; (*in bus, train, car etc*) asiento *m*, plaza *f*; (*on cycle*) silla; **are there any ~s left?** ¿quedan plazas?; **to take one's ~** sentarse, tomar asiento; **keep a ~ for me** guárdame un lugar *or* asiento.
b (*Pol*) escaño *m*, curul *m*; **to keep/lose one's ~** retener/perder su escaño; **a majority of 50 ~s** una mayoría de 50 escaños; **to win 4 ~s from the nationalists** ganar 4 escaños a los nacionalistas; **to take one's ~ in the (House of) Commons** ocupar su escaño en los Comunes.
c (*of chair*) fondo *m*; (*of trousers*) fondillos *mpl*.
d (*buttocks*) culo *m*, trasero *m*.
e (*centre: of government etc*) sede *f*; (: *of infection, fire, trouble*) foco *m*.
2 VT a (*person etc*) sentar; **to be ~ed** estar sentado/a, sentarse.
b (*of capacity*) tener cabida para.
3 CPD: **~ back** N respaldo *m*; **~ belt** N cinturón *m* de seguridad.

-seater ['siːtǝr] N SUF: **a two~** (*car etc*) un coche *etc* de dos asientos.

seating ['siːtɪŋ] 1 N asientos *mpl*. 2 CPD: **~ arrangements** NPL arreglo *msg* de los asientos; **~ capacity** N número *m*/cabida *f* de asientos.

SEATO ['siːtǝʊ] N ABBR of **Southeast Asia Treaty Organization** OTASE *f*.

seaway ['siːweɪ] N vía *f* marítima.

seaweed ['siːwiːd] N alga *f*.

seaworthy ['siːˌwɜːðɪ] ADJ en condiciones de navegar.

sebaceous [sɪ'beɪʃǝs] ADJ sebáceo/a.

SEC N ABBR (*US*) of **Securities and Exchange Commission**.

Sec. ABBR of **Secretary** Sec., Srío/a.

sec. [sek] ABBR of **second(s)²**.

secateurs [ˌsekǝ'tɜːz] NPL podadera *fsg*.

secede [sɪ'siːd] VI separarse (*from* de).

secession [sɪ'seʃǝn] N secesión *f*, separación *f* (*from* de).

secluded [sɪ'kluːdɪd] ADJ retirado/a.

seclusion [sɪ'kluːʒǝn] N aislamiento *m*; **to live in ~** vivir en el retiro.

second¹ ['sekǝnd] 1 ADJ segundo/a; **for the ~ time** por segunda vez; **he's a ~ Beethoven** es otro Beethoven; **~ to none** inigualable; **A is ~ only to B as a tourist attraction** A es la atracción turística más popular aparte de B; **give him a ~ chance** dale una segunda oportunidad;

you won't get a ~ **chance** no tendrás otra oportunidad; **the ~ floor** (Brit) el segundo piso (Sp), el tercer piso (LAm); (US) el primer piso (Sp), el segundo piso (LAm); **Charles the S~** Carlos Segundo; ~ **cousin** primo/a m/f segundo/a; **in ~ gear** (Aut) en segunda (velocidad); ~ **generation** segunda generación f; ~ **half** (Sport) segundo tiempo m; (Fin) segundo semestre m (del año económico); ~ **mortgage** segunda hipoteca f; **to ask for a ~ opinion** (Med) pedir una segunda opinión; ~ **person** (Ling) segunda persona f; **it's ~ nature to her** lo hace sin pensar; ~ **child** segundón/ona m/f; **to have ~ sight** tener clarividencia; **to have ~ thoughts (about sth/ about doing sth)** cambiar de opinión (sobre algo/si hacer algo); **on ~ thoughts ...** pensándolo bien ....

2 ADV **a** (in race, competition etc) en segundo lugar; **to come ~** terminar en segundo lugar; **the ~ largest fish** el segundo pez en tamaño; **this is the ~ largest city of Spain** ésta es la segunda ciudad de España.

b (~ly) segundo, en segundo lugar.

3 N **a** (Boxing, in duel) segundo m, cuidador m.

b (Aut) en segunda (velocidad).

c **he came a good ~** (in race, fight, exam etc) por poco ganó.

d **~s** (Comm) artículos mpl con algún desperfecto.

e **will you have ~s?** (Culin) ¿quieres más?

4 VT **a** (motion, speaker) apoyar, secundar; **I'll ~ that** (fig) yo concuerdo or secundo.

b [sɪ'kɒnd] (employee) trasladar temporalmente.

second² ['sekənd] **1** N (in time, Geog, Math) segundo m; **at that very ~** en ese mismo instante; **just a ~!** ¡un momento!, ¡momentito! (esp LAm); **it won't take a ~** es cosa de un segundo.

2 CPD: ~ **hand** N segundero m.

secondary ['sekəndərɪ] ADJ secundario/a; ~ **picket(ing)** piquete m secundario; ~ **school** escuela f secundaria; ~ **modern school** (Brit) centro de educación secundaria enfocado a la formación profesional.

second-best ['sekənd'best] **1** N segundo m. **2** ADV: **to come off ~** quedar en segundo lugar.

second-class ['sekənd'klɑːs] **1** ADJ (gen) de segunda clase; ~ **citizen** ciudadano/a m/f de segunda clase; ~ **hotel** hotel m de segunda; ~ **mail**, ~ **post** correo m de segunda clase.

2 ADV: **to send sth ~** enviar algo por segunda clase; **to travel ~** viajar en segunda.

seconder ['sekəndə'] N el/la que apoya una moción.

second-guess ['sekənd'ges] VT (esp US: criticize) cuestionar a posteriori; (: predict) conjeturar, vislumbrar.

second-hand ['sekənd'hænd] **1** ADJ (gen) de segunda mano; (car etc) usado/a, viejo/a; ~ **clothes** ropa f vieja or de ocasión; ~ **shop** tienda f de segunda mano, bazar m (Mex), cambalache m (CSur).

2 ADV: **to buy sth ~** comprar algo de segunda mano; **I heard it only ~** yo lo supe solamente por otro.

second-in-command ['sekəndɪnkə'mɑːnd] N segundo jefe m.

secondly ['sekəndlɪ] ADV en segundo lugar.

secondment [sɪ'kɒndmənt] N traslado m; **on ~** en destacamento.

second-rate ['sekənd'reɪt] ADJ de baja categoría.

secrecy ['siːkrəsɪ] N (gen) secreto m; (reserve) reserva f; **in ~** en secreto, a escondidas; **to swear sb to ~** hacer que algn jure no revelar algo.

secret ['siːkrɪt] **1** ADJ (place) secreto/a; (information) secreto, confidencial; **to keep sth ~ from sb** ocultarle algo a algn; ~ **agent** agente mf secreto/a, espía mf; ~ **police** policía f secreta; ~ **service** servicio m secreto.

2 N secreto m; **to keep a ~** guardar un secreto; **to let sb into a/the ~** revelar a algn un/el secreto; **to make no ~ of sth** no ocultar algo; **to do sth in ~** hacer algo en secreto or a escondidas.

secretarial [,sekrə'teərɪəl] ADJ: ~ **college** colegio m de secretaría; ~ **course** curso m para secretarios; ~ **work** trabajo m de secretaría.

secretariat [,sekrə'teərɪət] N secretaría f.

secretary ['sekrətrɪ] **1** N secretario/a m/f; **S~ of State**

(Brit) Ministro mf, Secretario/a m/f (Mex); (US) Ministro mf de Asuntos Exteriores. **2** CPD: ~ **pool** N (US) servicio m de mecanógrafos.

secretary-general ['sekrətrɪ'dʒenərəl] N (pl **secretaries-general**) secretario-general m.

secrete [sɪ'kriːt] VT **a** (Med) secretar, segregar. **b** (hide) ocultar, esconder.

secretion [sɪ'kriːʃən] N secreción f.

secretive ['siːkrətɪv] ADJ (cautious) cauteloso/a; (quiet) reservado/a, callado/a; **to be ~ about sth** callarse sobre algo.

secretly ['siːkrɪtlɪ] ADV en secreto, a escondidas.

sect [sekt] N secta f.

sectarian [sek'teərɪən] ADJ sectario/a.

sectarianism [sek'teərɪənɪzəm] N sectarismo m.

section ['sekʃən] N **a** (part: of community, population) sector m; (: of town) barrio m; (: of newspaper) página f, sección f; (: of orchestra) sección f; (: of document, law etc) artículo m; (: of pipeline, road etc) tramo m; (: of machine, furniture) parte f, sección f; (department) departamento m, sección f. **b** (cut) corte m; **cross ~** sección f transversal.

◆ **section off** VT + ADV cortar, seccionar.

sectional ['sekʃənl] ADJ **a** (bookcase etc) desmontable. **b** (interests) particular. **c** (diagram) en corte.

sector ['sektə'] N sector m; **the public ~** el sector estatal or público.

secular ['sekjulə'] ADJ (authority, school) laico/a; (writings, music) profano/a; (priest) secular, seglar.

secure [sɪ'kjuə'] **1** ADJ **a** (firm: knot, rope, hold) seguro/a; (: steady) firme; **to make sth ~** afianzar algo.

b (safe, certain) seguro/a; ~ **from** or **against sth** protegido/a contra algo.

c (unworried) seguro/a.

2 VT **a** (fix: rope) sujetar; (: to floor etc) afianzar; (: door, window) cerrar firmemente; (tie up: person, animal) atar, amarrar (LAm).

b (make safe) proteger (from, against contra); (: career, future) asegurar.

c (frm: obtain: job, staff) conseguir, obtener; **to ~ sth for sb** conseguir algo para algn; **he ~d it for £900** lo adquirió por 900 libras.

d (Fin: loan) garantizar; **~d creditor** acreedor(a) m/f con garantía; **~d loan** préstamo m con garantía.

securely [sɪ'kjuəlɪ] ADV (V adj) seguramente; firmemente, fijamente; **it is ~ fastened** está bien sujetado.

security [sɪ'kjuərɪtɪ] **1** N **a** (safety, stability) seguridad f; **job ~** trabajo m asegurado; ~ **of tenure** tenencia f asegurada; see **social 3**.

b (against theft etc) seguridad f.

c (Fin: on loan) fianza f, garantía f; **to lend money on ~** prestar dinero bajo fianza.

d (Fin) **securities** valores mpl, títulos mpl.

2 CPD (police) de seguridad; **S~ Council** N Consejo m de Seguridad; ~ **forces** NPL fuerzas fpl de seguridad; ~ **guard** N guarda m jurado; ~ **risk** N riesgo m para la seguridad; ~ **system** N sistema m de seguridad.

Secy. ABBR of **Secretary** Sec., Srio/a m/f.

sedan [sɪ'dæn] N (also ~ **chair**) silla f de manos; (US Aut) sedán m.

sedate [sɪ'deɪt] **1** ADJ (comp **~r**; superl **~st**) serio/a, formal. **2** VT (Med) proveer de sedantes.

sedation [sɪ'deɪʃən] N sedación f; **under ~** bajo sedación.

sedative ['sedətɪv] **1** ADJ sedativo/a, sedante. **2** N sedativo m, sedante m.

sedentary ['sedntrɪ] ADJ sedentario/a.

sediment ['sedɪmənt] N (in liquids, boiler) sedimento m, poso m; (Geol) sedimento.

sedimentary [,sedɪ'mentərɪ] ADJ sedimentario/a.

sedition [sə'dɪʃən] N sedición f.

seditious [sə'dɪʃəs] ADJ sedicioso/a.

seduce [sɪ'djuːs] VT (sexually) seducir; **to ~ sb into doing sth** (fig) engatusar or convencer a algn para que haga algo.

seduction [sɪ'dʌkʃən] N (act) seducción f; (attraction) tentación f.

seductive [sɪ'dʌktɪv] ADJ (person, mood) seductor(a);

(*charms, smile, clothes*) provocativo/a; (*offer*) tentador(a).

see¹ [siː] (*pt* **saw**; *pp* **~n**) VT, VI [a] (*gen*) ver; (*have an interview with*) tener entrevista or entrevistarse con; **'~ page 8'** 'véase la página 8'; **let me ~, let's ~** (*show me/us*) a ver; (*let me/us think*) vamos a ver; **we'll ~** ya veremos, a ver; **to ~ sb do** or **doing sth** ver a algn hacer algo; **there was nobody to be ~n** no se veía ni nadie; **I can't ~ to read** no veo lo suficiente para leer; **can you ~ your way to helping us?** (*fig*) ¿nos hace el favor de ayudarnos?; **to go and ~ sb** ir a ver a algn; (*a friend*) visitar a algn; **we don't ~ much of them nowadays** ahora les vemos bastante poco; **to ~ the doctor** consultar al médico; **~ you soon!, ~ you later!** ¡hasta pronto!, ¡hasta luego!; **~ you!** (*fam*) chau (*fam*); **now ~ here!** (*in anger*) ¡mira!, ¡oiga!, ¡escuche!; **so I ~** ya lo veo; **~ for yourself** velo tú; **as you can ~** como ves; **as far as the eye can ~** hasta donde alcanza la vista; **from here you can ~ for miles** desde aquí se ve muy lejos; **I must be ~ing things** (*fam*) estoy viendo visiones; **I ~ in the paper that ...** sale en el periódico que ...; **I ~ nothing wrong in it** no le encuentro nada malo; **I don't know what she ~s in him** no sé lo que encuentra en él; **(go and) ~ who's at the door** ve a ver quién llama (a la puerta); **this car has ~n better days** este coche ha conocido mejores tiempos; **I never thought I'd ~ the day when ...** nunca pensé ver el día en que ....
[b] (*understand, perceive*) comprender, entender, caer en la cuenta; **I ~** lo veo; **I ~!** ya entiendo; **I don't** or **can't ~ why/how** *etc* **...** no entiendo porqué/cómo *etc* ...; **as far as I can ~** por lo visto or lo que yo veo; **the way I ~ it** a mi parecer.
[c] (*accompany*) acompañar; **to ~ sb to the door** acompañar a algn a la puerta; **to ~ sb home** acompañar a algn a casa.
[d] (*try*) procurar; **~ if ...** ve a ver si ..., mira a ver si ...; **~ that he has all he needs** procura que tenga todo lo que necesita.
[e] (*imagine*) imaginarse, figurarse; **I can just ~ him as a teacher** me lo imagino como profesor; **I can't ~ him winning** me parece imposible que gane.
[f] (*ensure*) **to ~ to (to it) that ...** procurar que + *subjun*.
♦ **see about** VI + PREP [a] (*deal with*) ocuparse de. [b] (*consider*) pensar.
♦ **see in** VT + ADV: **to ~ the New Year in** celebrar or festejar el Año Nuevo.
♦ **see off** VT + ADV [a] (*at station*) acompañar a la estación; (*say goodbye to*) despedir, despedirse de. [b] (*fam: defeat*) vencer; (: *destroy*) acabar con.
♦ **see out** VT + ADV (*survive*) sobrevivir; (*take to the door*) acompañar hasta la puerta; **I'll ~ myself out** (*fam*) no hace falta que me acompañe hasta la puerta.
♦ **see over** VI + PREP recorrer.
♦ **see through** [1] VI + PREP (*person, behaviour*) calar; **to ~ through a mystery** penetrar un misterio.
[2] VT + ADV (*project, deal*) llevar a cabo; **we'll ~ him through** nosotros te ayudaremos; **£100 should ~ you through** tendrás bastante con 100 libras.
[3] VT + PREP: **this money should ~ you through your stay in Egypt** este dinero te bastará para tu estancia en Egipto.
♦ **see to** VI + PREP (*deal with*) atender a; (*mend*) ocuparse de; **please ~ to it that ...** por favor procura que ....
see² [siː] N (*Rel*) sede *f*; **the Holy S~** la Santa Sede.
seed [siːd] [1] N [a] (*Bot: for sowing*) semilla *f*, simiente *f*; (*within fruit*) pepita *f*; (*grain*) grano *m*; **to go to ~, to run to ~** (*subj: plant*) granar; (*fig: person*) descuidarse; **to sow (the) ~s of doubt in sb's mind** (*fig*) sembrar dudas en algn.
[b] (*Tennis: player*) jugador(a) *m/f* seleccionado/a.
[2] VT [a] (*lawn etc*) sembrar.
[b] (*remove the ~: raisins, grapes*) despepitar.
[c] (*Tennis*) preseleccionar.
[3] VI granar, dar grana.
[4] CPD: **~ corn** N trigo *m* de siembra; **~ merchant** N vendedor *m* de semillas; **~ pearl** N aljófar *m*; **~ potato** N patata *f* or (*LAm*) papa *f* de siembra.

seedbed ['siːdbed] N semillero *m*.
seedbox ['siːdbɒks] N caja *f* de simientes, semillero *m*.
seedless ['siːdlɪs] ADJ sin semillas.
seedling ['siːdlɪŋ] N plantón *m*.
seedy ['siːdɪ] (*fam*) ADJ (*comp* **-ier**; *superl* **-iest**) (*ill*) enfermizo/a; (*sordid*) sórdido/a; (*shabby*) raído/a.
seeing ['siːɪŋ] CONJ: **~ (that)** visto que, en vista de que.
seek [siːk] (*pt, pp* **sought**) [1] VT (*gen*) buscar; (*ask for*) pedir, solicitar; (*post*) solicitar; (*fame, honours*) ambicionar; **to ~ shelter (from)** buscar abrigo (de); **to ~ advice/help from sb** pedir consejos/solicitar ayuda a algn.
[2] VI (*gen*) buscar; **to ~ after, to ~ for** buscar; **to ~ to do sth** procurar hacer algo.
♦ **seek out** VT + ADV (*person*) buscar.
▼ **seem** [siːm] VI (*gen*) parecer; **he ~s capable** parece capaz; **he ~ed to be in difficulty** parecía tener dificultades; **I can't ~ to do it** me parece imposible hacerlo; **how did he ~ to you?** ¿qué te pareció?, ¿cómo lo encontraste?; **it ~s to me/him** me/le parece; **it ~s (that) ...** parece que ...; **it ~s so/not** parece que sí/no; **what ~s to be the trouble?** ¿qué pasa?; **there ~s to be a mistake** aquí pasa algo; **it only ~s colder, but it's not really** sólo parece haberse puesto más frío.
seeming ['siːmɪŋ] ADJ aparente.
seemingly ['siːmɪŋlɪ] ADV según parece, aparentemente.
seemly ['siːmlɪ] ADJ (*comp* **-ier**; *superl* **-iest**) (*frm: behaviour, language, dress*) decoroso/a, decente.
seen [siːn] PP of **see¹**.
seep [siːp] VI: **to ~ (through/into/from)** filtrarse or colarse (por/en/de).
seer [sɪəʳ] N vidente *mf*.
seesaw ['siːsɔː] [1] N (*apparatus, game*) subibaja *m*. [2] VI columpiarse; (*fig*) vacilar.
seethe [siːð] VI borbotar, hervir; **to ~/be seething (with anger)** estar furioso/a.
see-through ['siːθruː] ADJ transparente.
segment ['segmənt] N (*section*) segmento *m*; (*of orange*) gajo *m*.
segregate ['segrɪgeɪt] VT: **to ~ (from)** segregar (de), apartar (de).
segregation ['segrɪ'geɪʃən] N segregación *f*; **racial ~** la segregación racial.
Seine [seɪn] N Sena *m*.
seismic ['saɪzmɪk] ADJ sísmico/a.
seize [siːz] VT (*clutch*) coger, agarrar (*LAm*); (*Mil, Jur: person*) detener; (: *kidnap*) secuestrar; (: *property*) incautar, embargar; (: *territory*) apoderarse de; (*opportunity*) aprovechar(se de); **to ~ hold of sth/sb** agarrar algo/a algn; **to be ~d with fear/rage** estar sobrecogido por el miedo/la cólera; **he was ~d with a desire to do sth** le entró un súbito deseo de hacer algo.
♦ **seize up** VI + ADV (*subj: machine*) agarrotarse.
♦ **seize (up)on** VI + PREP (*chance*) valerse de, aprovechar; (*idea*) fijarse en.
seizure ['siːʒəʳ] N [a] (*of goods*) embargo *m*, incautación *f*; (*of person*) secuestro *m*; (*of land, city, ship*) toma *f*. [b] (*Med*) ataque *m*.
seldom ['seldəm] ADV rara vez.
select [sɪ'lekt] [1] VT (*team, candidate*) seleccionar; (*book, gift etc*) escoger, elegir; **~ed works** obras *fpl* escogidas.
[2] ADJ (*gen*) selecto/a, exclusivo/a; **~ committee** comité *m* de investigación; **a ~ few** una minoría privilegiada.
selection [sɪ'lekʃən] [1] N (*act of choosing*) elección *f*; (*person/thing chosen*) selección *f*; (*range, assortment*) surtido *m*, selección *f*; **~s from** (*Mus, Lit*) selecciones de.
[2] CPD: **~ committee** N (*esp Pol*) comisión *f* de nombramiento.
selective [sɪ'lektɪv] ADJ selectivo/a; **to be ~** elegir entre varios.
selector [sɪ'lektəʳ] N (*person*) seleccionador(a) *m/f*; (*Tech*) selector *m*.
self [self] N (*pl* **selves**) uno/a mismo/a *m/f*; **the ~** el yo; **my better ~** mi lado bueno; **my true ~** mi ser verdadero; **he's quite his old ~ again** se ha repuesto del todo.

> SENTENCE BUILDER: **seem** → 16.2

self- [self] PREF auto..., ... de sí mismo.

self-addressed ['selfə'drest] ADJ: ~ **envelope,** (US) ~ **stamped envelope** sobre *m* con dirección propia.

self-adhesive ['selfəd'hi:zɪv] ADJ (envelope, label, tape) autoadhesivo/a, autoadherente.

self-appointed ['selfə'pɔɪntɪd] ADJ que se ha nombrado a sí mismo.

self-assurance ['selfə'ʃʊərəns] N confianza *f* en sí mismo.

self-assured ['selfə'ʃʊəd] ADJ seguro/a de sí mismo/a.

self-awareness [ˌselfə'weənɪs] N conocimiento *m* or conciencia *f* de sí mismo.

self-catering ['self'keɪtərɪŋ] ADJ: ~ **apartment** piso *m* sin pensión; ~ **holiday** vacaciones *fpl* en piso or chalet or casita *etc* con cocina propia.

self-centred, (US) **self-centered** ['self'sentəd] ADJ egocéntrico/a.

self-cleaning [ˌself'kli:nɪŋ] ADJ (oven etc) autolimpiable.

self-confessed [ˌselfkən'fest] ADJ confeso/a.

self-confidence ['self'kɒnfɪdəns] N confianza *f* en sí mismo.

self-confident ['self'kɒnfɪdənt] ADJ seguro/a de sí mismo/a, lleno/a de confianza en sí mismo/a.

self-congratulation ['selfkən,grætjʊ'leɪʃən] N autofelicitación *f*.

self-conscious ['self'kɒnʃəs] ADJ cohibido/a, tímido/a.

self-contained ['selfkən'teɪnd] ADJ (flat) con entrada propia, independiente; (person) autónomo/a, autosuficiente.

self-control ['selfkən'trəʊl] N dominio *m* de sí mismo.

self-defeating ['selfdɪ'fi:tɪŋ] ADJ contraproducente.

self-defence, (US) **self-defense** ['selfdɪ'fens] N autodefensa *f*, defensa *f* propia.

self-denial ['selfdɪ'naɪəl] N abnegación *f*.

self-destruct [ˌselfdɪs'trʌkt] VI autodestruirse.

self-determination ['selfdɪ,tɜ:mɪ'neɪʃən] N autodeterminación *f*, autonomía *f*.

self-discipline ['self'dɪsɪplɪn] N autodisciplina *f*.

self-drive [ˌself'draɪv] ADJ: ~ **hire** (Brit Aut) alquiler *m* sin chófer.

self-employed ['selfɪm'plɔɪd] ADJ que trabaja por cuenta propia.

self-esteem ['selfɪs'ti:m] N amor *m* propio.

self-evident ['self'evɪdənt] ADJ manifiesto/a, patente.

self-examination [ˌselfɪg,zæmɪ'neɪʃən] N autoexamen *m*; (Rel) examen *m* de conciencia.

self-explanatory ['selfɪks'plænɪtərɪ] ADJ que se explica por sí mismo or solo.

self-expression ['selfɪks'preʃən] N autoexpresión *f*.

self-financing [ˌselfaɪ'nænsɪŋ] ADJ autofinanciado/a.

self-governing ['self'gʌvənɪŋ] ADJ autónomo/a.

self-help ['self'help] 1 N autosuficiencia *f*. 2 CPD de ayuda propia.

self-importance ['selfɪm'pɔ:təns] N prepotencia *f*.

self-important ['selfɪm'pɔ:tənt] ADJ prepotente.

self-imposed ['selfɪm'pəʊzd] ADJ (punishment etc) autoimpuesto/a, voluntario/a.

self-indulgent ['selfɪn'dʌldʒənt] ADJ que se permite excesos.

self-inflicted ['selfɪn'flɪktɪd] ADJ (wound) autoinfligido/a.

self-interest ['self'ɪntrɪst] N interés *m* propio.

selfish ['selfɪʃ] ADJ egoísta.

self-knowledge ['self'nɒlɪdʒ] N conocimiento *m* de sí mismo/a.

selfless ['selflɪs] ADJ desinteresado/a.

self-locking ['self'lɒkɪŋ] ADJ de cierre automático.

self-opinionated ['selfə'pɪnjəneɪtɪd] ADJ terco/a.

self-perpetuating [ˌselfpə'petjʊeɪtɪŋ] ADJ autoperpetuable.

self-pity ['self'pɪtɪ] N lástima *f* de sí mismo.

self-portrait ['self'pɔ:trɪt] N autorretrato *m*.

self-possessed ['selfpə'zest] ADJ sereno/a, dueño/a de sí mismo/a.

self-preservation ['self,prezə'veɪʃən] N autopreservación *f*, propia conservación *f*.

self-raising ['self,reɪzɪŋ] ADJ: ~ **flour** (Brit) harina *f* con

levadura.

self-reliant ['selfrɪ'laɪənt] ADJ independiente, autosuficiente.

self-respect ['selfrɪs'pekt] N amor *m* propio.

self-restraint ['selfrɪs'treɪnt] N = **self-control**.

self-righteous ['self'raɪtʃəs] ADJ santurrón/ona, creído/a (LAm).

self-rising ['self'raɪzɪŋ] ADJ: ~ **flour** (US) see **self-raising**.

self-sacrifice ['self'sækrɪfaɪs] N abnegación *f*.

self-same ['selfseɪm] ADJ mismo/a, mismísimo/a.

self-satisfied ['self'sætɪsfaɪd] ADJ satisfecho/a de sí mismo.

self-sealing ['self'si:lɪŋ] ADJ (envelope) autoadhesivo/a, autopegado/a.

self-seeking ['self'si:kɪŋ] ADJ egoísta.

self-service ['self'sɜ:vɪs] ADJ de autoservicio; ~ **restaurant** autoservicio *m*, self-service *m*.

self-starter ['self'stɑ:təʳ] N **a** (Aut) arranque *m* automático. **b** (Comm etc) persona *f* dinámica.

self-styled ['self'staɪld] ADJ supuesto/a, sediciente.

self-sufficiency ['selfsə'fɪʃənsɪ] N autosuficiencia *f*.

self-sufficient ['selfsə'fɪʃənt] ADJ independiente; (economically) autosuficiente; (person) seguro/a de sí mismo/a.

self-supporting ['selfsə'pɔ:tɪŋ] ADJ económicamente independiente.

self-taught ['self'tɔ:t] ADJ autodidacta.

self-test ['self,test] N (Comput) autocomprobación *f*.

sell [sel] (pt, pp **sold**) 1 VT vender; to ~ **sth for £1** vender algo por una libra; **to ~ sth to sb** vender algo a algn; **I was sold this in London** me vendieron esto en Londres; **to ~ sb down the river** traicionar a algn; **to ~ sb an idea** (fig) convencer a algn de una idea; **to be sold on sb/sth** (fam) estar cautivado por algn/algo; **he doesn't ~ himself very well** no se presenta con ventaja.
  2 VI venderse; **these ~ at 15p** éstos se venden a 15 peniques; **this line just isn't ~ing** este género no tiene demanda.
  3 (Comm) see **hard**; **soft**.

◆**sell off** VT + ADV (stocks and shares) vender; (goods) liquidar.

◆**sell out** 1 VI + ADV (Comm) vender (su negocio); (fig) claudicar, venderse, transar (LAm); **to ~ out of sth** vender todas las existencias de algo; **we have sold out of bananas** hemos agotado las existencias de plátanos.
  2 VT + ADV **a** (stock) agotar las existencias, venderlo todo; **the tickets are all sold out** los billetes están agotados; **we are sold out of bread** se terminó el pan.
  b (person) traicionar; (compromise) transigir, transar (LAm).

◆**sell up** 1 VI + ADV liquidarse.
  2 VT + ADV vender.

sell-by date ['selbaɪ,deɪt] N fecha *f* de caducidad.

seller ['seləʳ] N vendedor(a) *m/f*; ~'s **market** mercado *m* favorable al vendedor.

selling ['selɪŋ] CPD: ~ **point** N punto *m* fuerte; ~ **price** N precio *m* de venta or (LAm) de menudeo.

sellotape ® ['seləʊteɪp] 1 N cinta *f* adhesiva, scotch *m* (esp LAm), durex *m* (Mex). 2 VT pegar con cinta adhesiva etc.

sellout ['selaʊt] N **a** (Theat) lleno *m*, éxito *m* de taquilla or taquillero. **b** (betrayal: to enemy) claudicación *f*, traición *f*.

selvage, selvedge ['selvɪdʒ] N (Sew) orillo *m*, bordo *m*.

selves [selvz] NPL of **self**.

semantics [sɪ'mæntɪks] NSG semántica *f*.

semaphore ['seməfɔ:ʳ] N semáforo *m*.

semblance ['sembləns] N apariencia *f*.

semen ['si:mən] N semen *m*.

semester [sɪ'mestəʳ] N (US) semestre *m*.

semi ['semɪ] N (Brit fam) casa *f* con una pared medianera.

semi... ['semɪ] PREF semi..., medio....

semibreve ['semɪbri:v] N (Brit) semibreve *f*.

semicircle ['semɪ,sɜ:kl] N semicírculo *m*.

semicircular ['semɪ'sɜ:kjʊləʳ] ADJ semicircular.

semicolon ['semɪ'kəʊlən] N punto *m* y coma.

semiconductor [ˌsemɪkən'dʌktər] N semiconductor *m*.
semiconscious ['semɪ'kɒnʃəs] ADJ semiconsciente.
semidetached ['semɪdɪ'tætʃt] ADJ: ~ **house** casa *f* con una pared medianera.
semifinal ['semɪ'faɪnl] N semifinal *f*.
semifinalist ['semɪ'faɪnəlɪst] N semifinalista *mf*.
seminar ['semɪnɑːr] N (*Univ: class*) clase *f*, seminario *m*; (*conference*) congreso *m*.
seminary ['semɪnərɪ] N seminario *m*.
semiofficial ['semɪə'fɪʃəl] ADJ semioficial.
semiprecious ['semɪ'preʃəs] ADJ semiprecioso/a.
semiquaver ['semɪ,kweɪvər] N (*Brit*) semicorchea *f*.
semiskilled ['semɪ'skɪld] ADJ semicalificado/a.
semi-skimmed ['semɪ'skɪmd] ADJ: ~ **milk** leche *f* semidesnatada.
Semitic [sɪ'mɪtɪk] ADJ semítico/a.
semitrailer ['semɪ'treɪlər] N (*US*) trailer *m*, tráiler *m*.
semolina [,semə'liːnə] N sémola *f*.
SEN N ABBR (*Brit: formerly*) of **State Enrolled Nurse**.
Sen. ABBR [a] of **Senior**. [b] (*US Pol*) of **Senator**. [c] (*US Pol*) of **Senate**.
senate ['senɪt] N (*Pol*) senado *m*; (*Univ*) consejo *m* universitario; **the S~** (*US Pol*) el Senado.
senator ['senɪtər] N (*Pol*) senador(a) *m/f*.
send [send] (*pt, pp* **sent**) VT [a] (*gen*) mandar, enviar; (*letter, telegram*) mandar, despachar (*esp LAm*); (*ball, arrow*) lanzar; **please ~ me further details** le ruego mandarme más detalles; **to ~ word that ...** avisar or mandar decir que ...; **she ~s (you) her love** te envía cariñosos saludos; **to ~ sb for sth** mandar a algn a buscar algo; **to ~ sb to do sth** enviar a algn a hacer algo; **to ~ sb home** mandar a algn a casa; (*from abroad*) repatriar a algn; **to ~ sb to prison** condenar a algn a una pena de cárcel; **to ~ sb to bed/school** mandar a algn a acostarse/a la escuela; **to ~ sb to sleep** dormir a algn; **the explosion sent a cloud of dust into the air** la explosión lanzó una nube de polvo al aire; **to ~ a shiver down sb's spine** dar escalofríos a algn; **to ~ sb flying** tirar or derribar a algn; **to ~ sth flying** tirar a algo, echar algo a rodar; *see* **pack 3(a)**.
[b] (*cause to become*) volver; **to ~ sb mad** volver loco a algn.
◆ **send away** [1] VI + ADV: **to ~ away for sth** escribir pidiendo algo.
[2] VT + ADV (*person*) despedir, despachar; (*goods*) despachar, expedir.
◆ **send back** VT + ADV (*return goods, ball etc*) devolver; (*make sb return*) hacer volver or regresar.
◆ **send down** VT + ADV mandar bajar; (*Brit Univ*) expulsar; (*imprison*) encarcelar.
◆ **send for** VI + PREP [a] (*doctor, police etc*) mandar llamar.
[b] (*by post*) **to ~ for sth** escribir pidiendo algo.
◆ **send in** VT + ADV (*person*) hacer pasar; (*troops*) enviar; (*report, application*) devolver; (*names, resignation, competition entry*) presentar, mandar.
◆ **send off** [1] VI + ADV: **to ~ off for sth** escribir pidiendo algo.
[2] VT + ADV (*person, letter etc*) enviar, despachar; (*Ftbl: player*) expulsar de la cancha.
◆ **send on** VT + ADV (*letter*) expedir; (*luggage etc: in advance*) facturar; (: *afterwards*) enviar.
◆ **send out** [1] VI + ADV: **to ~ out for sth** mandar traer algo.
[2] VT + ADV [a] (*of room*) mandar salir, echar; (*abroad*) enviar.
[b] (*post: invitations, leaflets*) distribuir, diseminar.
[c] (*emit: light, heat*) echar, difundir; (: *signals*) dar, emitir.
◆ **send round** VT + ADV: **to ~ sth/sb round (to sb)** mandar algo/a algn a domicilio.
◆ **send up** VT + ADV [a] (*person, luggage*) hacer subir; (*balloon, rocket, flare*) lanzar al aire; (*smoke, dust*) arrojar, echar; (*prices*) hacer subir. [b] (*fam: make fun of: person*) burlarse de; (: *book etc*) satirizar.
sender ['sendər] N remitente *mf*.
send-off ['sendɒf] N despedida *f*.
send-up ['sendʌp] N (*fam*) sátira *f*.
Senegal [,senɪ'gɔːl] N el Senegal.

Senegalese [,senɪgə'liːz] ADJ, N senegalés/esa *m/f*.
senile ['siːnaɪl] ADJ senil; ~ **dementia** demencia *f* senil; **to go ~** empezar a chochear; **to have gone ~** padecer debilidad senil.
senior ['siːnɪər] [1] ADJ [a] (*in age*) mayor; (*on a staff*) de más antigüedad; **Douglas Fairbanks S~** Douglas Fairbanks padre; ~ **high school** (*US*) ≈ instituto *m* de enseñanza superior (*Sp*), ≈ preparatoria *f* (*Mex*).
[b] (*position, rank*) superior; (*partner, executive, officer*) mayoritario/a; **he is ~ to me in the firm** es de más jerarquía or rango que yo en la compañía; ~ **citizen** jubilado/a *m/f*, mayor *m/f*; ~ **partner** socio *mf* principal.
[2] N [a] (*in age*) mayor *mf*; **he is my ~ by 2 years** me lleva 2 años.
[b] (*Scol*) alumno/a *m/f* de los cursos superiores.
seniority [,siːnɪ'ɒrɪtɪ] N antigüedad *f*.
sensation [sen'seɪʃən] N (*gen*) sensación *f*; **to be a ~** ser sensación or sensacional; **to cause a ~** causar sensación.
sensational [sen'seɪʃənl] ADJ sensacional.
sensationalism [sen'seɪʃnəlɪzəm] N sensacionalismo *m*.
sensationalist [sen'seɪʃnəlɪst] ADJ, N sensacionalista *mf*.
sense [sens] [1] N [a] (*faculty*) sentido *m*; **to have a keen ~ of smell/hearing** tener buen olfato/oído; **sixth ~** sexto sentido; ~ **of direction** sentido de la dirección; ~ **of humour** sentido del humor.
[b] (*feeling*) sensación *f*; (*emotion*) sentimiento *m*.
[c] (*common ~*) sentido *m* común; **he should have had more ~ than to ...** debía saber que no se debe ...; **there is no ~ in (doing) that** de qué sirve or a qué viene (hacer) eso; **he had the ~ to call the doctor** tuvo bastante sentido común como para llamar al médico; **to make sb see ~** hacer que algn entre en razón; **to talk ~** hablar con juicio.
[d] (*sanity*) ~**s** juicio *m*; **no one in his right ~s would do that** estando en su juicio, nadie haría eso; **to bring sb to his ~s** obligar a algn a sentar la cabeza; **to come to one's ~s** sentar la cabeza; **to take leave of one's ~s** perder el juicio.
[e] (*meaning*) sentido *m*, significado *m*; **it doesn't make ~** no tiene sentido; **in one** or **a ~** por un lado, en un sentido; **in every ~ (of the word)** en todos los sentidos (de la palabra).
[2] VT sentir, percibir; **to ~ that all is not well** constar que las cosas no marchan.
senseless ['senslɪs] ADJ [a] (*stupid*) estúpido/a, insensato/a. [b] (*Med: unconscious*) sin conocimiento, inconsciente; **to knock sb ~** derribar a algn y dejarle sin sentido.
sensibilities [,sensɪ'bɪlɪtɪz] NPL susceptibilidad *fsg*.
sensible ['sensəbl] ADJ [a] (*having good sense*) sensato/a, cuerdo/a. [b] (*reasonable: act*) prudente; (: *decision, choice*) lógico/a; (*clothing: practical*) práctico/a.
sensibly ['sensəblɪ] ADV (*carefully etc*) con cordura; (*wisely*) prudentemente.
sensitive ['sensɪtɪv] ADJ (*gen*) sensible; (*skin, question, topic*) delicado/a; (*document*) confidencial, de difusión prohibida; **to be ~ about sth** tener vergüenza de or (*LAm*) tener pena por algo; **to be ~ to sth** ser sensible a algo.
sensitivity [,sensɪ'tɪvɪtɪ] N (*see adj*) sensibilidad *f*; delicadeza *f*.
sensitized ['sensɪtaɪzd] ADJ sensibilizado/a.
sensor ['sensər] N sensor *m*.
sensory ['sensərɪ] ADJ sensorio/a, sensorial; ~ **deprivation** aislamiento *m* sensorial.
sensual ['sensjʊəl], **sensuous** ['sensjʊəs] ADJ sensual.
sent [sent] PT, PP of **send**.
sentence ['sentəns] [1] N [a] (*Ling*) frase *f*, oración *f*.
[b] (*Jur*) sentencia *f*, fallo *m*; **to pass ~ on sb** (*lit, fig*) condenar a algn (a una pena); **under ~ of death** condenado/a a la pena de muerte; **the judge gave him a 6-month ~** el juez le condenó a 6 meses de prisión.
[2] VT condenar (*to a*).
sentiment ['sentɪmənt] N [a] (*feeling*) sentimiento *m*; (*opinion*) opinión *f*, juicio *m*. [b] (*sentimentality*) sentimentalismo *m*.

sentimental [ˌsentɪ'mentl] ADJ sentimental.
sentimentality [ˌsentɪmen'tælɪtɪ] N sentimentalismo m.
sentry ['sentrɪ] ① N centinela m, guardia m. ② CPD: ~ **box** N garita f de centinela; ~ **duty** N: **to be on ~ duty** estar de guardia, hacer guardia.
Seoul [səʊl] N Seúl m.
separable ['sepərəbl] ADJ separable.
separate ['seprɪt] ① ADJ (apart) separado/a; (different) distinto/a, diferente; (distant) apartado/a, retirado/a; ~ **from** separado de, distinto de; **could we have ~ bills?** queremos cuentas individuales; **that's a ~ issue** esa es una cuestión aparte; **it was discussed at a ~ meeting** se trató en otra reunión or reunión aparte; **we sat at ~ tables** nos sentamos en distintas mesas; **they went their ~ ways** fueron cada uno por su lado.
② N (clothes) ~**s** coordinados mpl.
③ ['sepəreɪt] VT (keep apart) separar; (set aside) apartar; (divide) dividir, partir; (distinguish) distinguir; **he is ~d from his wife** se separó de su mujer.
④ ['sepəreɪt] VI separarse.
◆ **separate out** VT + ADV apartar.
separately ['seprɪtlɪ] ADV por separado.
separation [ˌsepə'reɪʃən] N separación f.
separatist ['sepərətɪst] ADJ, N separatista mf.
sepia ['si:pɪə] N (colour, ink) sepia f.
Sept. ABBR of **September** sep.
September [sep'tembə^r] N se(p)tiembre m; see **July** for usage.
septic ['septɪk] ADJ séptico/a; **to go ~** infectarse; ~ **tank** fosa f séptica.
septicaemia, (US) **septicemia** [ˌseptɪ'si:mɪə] N septicemia f.
sepulchre, (US) **sepulcher** ['sepəlkə^r] N (poet) sepulcro m.
sequel ['si:kwəl] N (film, book) continuación f; (event) consecuencia f, resultado m; **it had a tragic ~** tuvo un resultado trágico.
sequence ['si:kwəns] N ① (order) orden m; **to arrange things in ~** ordenar cosas secuencialmente. ② (series) serie f; (Cards) escalera f; (Cine) secuencia f.
sequential [sɪ'kwenʃəl] ADJ: ~ **access** (Comput) acceso m en serie.
sequestrate [sɪ'kwestreɪt] VT secuestrar.
sequestration [ˌsi:kwes'treɪʃən] N secuestración f.
sequin ['si:kwɪn] N lentejuela f.
Serb [sɜ:b] N serbio/a m/f.
Serbia ['sɜ:bɪə] N Serbia f.
Serbian ['sɜ:bɪən] ADJ, N serbio/a m/f.
Serbo-Croat ['sɜ:bəʊ'krəʊæt] N (Ling) serbocroata m.
SERC N ABBR (Brit) of **Science and Engineering Research Council.**
serenade [ˌserə'neɪd] ① N serenata f, mañanitas fpl (Mex). ② VT dar una serenata a, cantar las mañanitas a (Mex).
serene [sə'ri:n] ADJ sereno/a.
serenely [sə'ri:nlɪ] ADV con serenidad or calma.
serenity [sɪ'renɪtɪ] N serenidad f.
serf [sɜ:f] N siervo/a m/f (de la gleba).
serge [sɜ:dʒ] N sarga f.
sergeant ['sɑ:dʒənt] ① N sargento m. ② CPD: ~ **major** N sargento m mayor.
serial ['sɪərɪəl] ① N serial m, serie f; (soap opera) tele-/radio-novela f.
② CPD: ~ **access** N acceso m en serie; ~ **interface** N interface m en serie; ~ **killer** N asesino/a m/f (que comete crímenes en serie); ~ **number** N (of goods, machinery, banknotes etc) número m de serie; ~ **printer** N impresora f en serie; ~ **rights** NPL derechos mpl de publicación por entregas.
serialization [ˌsɪərɪəlaɪ'zeɪʃən] N (of novel etc: TV) serialización f; (: in magazine) publicación f por entregas.
serialize ['sɪərɪəlaɪz] VT (publish) publicar por entregas; (on TV) televisar por entregas.
series ['sɪərɪz] N (pl ~) serie f; (of lectures etc) ciclo m.
serious ['sɪərɪəs] ADJ ⓐ (gen) serio/a; (person) serio, formal; **it's a ~ matter** esto va en serio; **to get ~ about**

sb (love) enamorarse de algn; **are you ~ (about it)?** ¡lo dices en serio?; **you can't be ~!** ¡no lo dices en serio, verdad! ⓑ (causing concern) grave, serio/a; **a ~ danger/illness** un peligro/una enfermedad grave; **things are getting ~** la situación se está poniendo grave.
seriously ['sɪərɪəslɪ] ADV ⓐ (in earnest) **to take sth/sb ~** tomar algo/a algn en serio. ⓑ (dangerously) gravemente, seriamente; **he is ~ ill** está grave.
seriousness ['sɪərɪəsnɪs] N (see adj) seriedad f; gravedad f, seriedad f; **in all ~** hablando en serio.
sermon ['sɜ:mən] N sermón m.
seropositive [ˌsɪərəʊ'pɒzɪtɪv] ADJ seropositivo/a.
serpent ['sɜ:pənt] N (poet) serpiente f, culebra f.
serpentine ['sɜ:pəntaɪn] N serpentina f.
SERPS [sɜ:ps] N ABBR (Brit) of **state earnings-related pension scheme.**
serrated [se'reɪtɪd] ADJ serrado/a, dentellado/a.
serum ['sɪərəm] N suero m.
servant ['sɜ:vənt] N (domestic) criado/a m/f, sirviente/a m/f, muchacho/a m/f, mucamo/a m/f (CSur); (fig) servidor(a) m/f; see **civil.**
serve [sɜ:v] ① VT ⓐ (work for: employer, God, country) servir; **that ~s to explain ...** eso sirve para explicar ....
ⓑ (be used for or useful as) servir; **it ~s its/my purpose** viene al caso; **it ~s you right** te lo mereces or tienes merecido; **if my memory ~s me right** si me sirve la memoria.
ⓒ (in shop, restaurant: customer) servir, atender; (: food, meal) servir; **to ~ sb (with sth)** servir (algo) a algn; **are you being ~d, madam?** ¿le están despachando, señora?; **dinner is ~d** la cena está servida.
ⓓ (complete) cumplir, hacer; **to ~ an apprenticeship** hacer el aprendizaje; **to ~ a prison sentence** or **time (in prison)** cumplir una condena or una pena de cárcel.
ⓔ (Jur) entregar; **to ~ a summons on sb** entregar una citación a algn.
ⓕ (subj: transport) **in towns ~d by this line** en las ciudades por donde pasa esta línea; **the villages used to be ~d by buses** antes en estos pueblos había servicio de autobuses.
② VI ⓐ (subj: servant, soldier, priest etc) servir; (Tennis) sacar; **to ~ on a committee/jury** ser miembro de una comisión/un jurado.
ⓑ (be useful) **to ~ for** or **as** servir de.
③ N (Tennis etc) saque m.
◆ **serve out** VT + ADV (meal) servir.
◆ **serve up** VT + ADV servir.
server ['sɜ:və^r] N ⓐ (Rel) monaguillo m; (Tennis) saque mf; (of food) camarero/a m/f, mesero/a m/f (LAm), mero/a m/f (Mex). ⓑ (cutlery) cubierto m de servir; (tray) bandeja f, charola f (Mex).
service ['sɜ:vɪs] ① N ⓐ (help, in hotel, Mil) servicio m; **at your ~!** ¡a su disposición!, ¡a sus órdenes!; **to be of ~** servir, ayudar; **how can I be of ~?** ¿en qué puedo ayudarle or servirle?; **to be out of ~** (Mech) no funcionar; **to do sb a ~** prestar un servicio a algn; **in the ~ of one's country** en el servicio de la patria; **is ~ included in the bill?** ¿se incluye el servicio en la cuenta?; **15% ~ is included** se incluye un 15 por ciento de servicio.
ⓑ (department, system) servicio m; **medical/social ~s** servicios médicos/sociales; **postal ~s** servicios postales; **National Health S~** Seguridad f Social (Sp), Seguro m Social (LAm), Servicio Nacional de Salud; **the essential ~s** (water, electricity etc) los servicios esenciales; **motorway ~s** área f de servicio; **the S~s** (Mil) las fuerzas armadas; **the train ~ to London** el servicio de tren para Londres; **the number 13 bus ~** la línea 13 de autobuses; see **civil.**
ⓒ (Rel: Catholic) misa f; (: other) oficio m; **to hold a ~** celebrar un oficio divino.
ⓓ (maintenance work) revisión f, mantenimiento m; **the car is in for a ~** están revisando el coche.
ⓔ (set of crockery) vajilla f.
ⓕ (Tennis etc) saque m.
② VT (car, washing machine etc) revisar, mantener.
③ CPD: ~ **area** N (on motorway) zona f de servicio;

charge N servicio *m*; **~ charges** NPL (*of flat etc*) gastos *mpl* de comunidad *or* escalera; **~ industry** N industria *f* del servicio; **~ lift** N, **~ elevator** N (*US*) ascensor *m* de carga; **~ provider** N (*Comput*) proveedor *m* de (acceso a) Internet, proveedor *m* de servicios; **~ sector** N (*Econ*) sector *m* de servicios; **~ station** N gasolinera *f*, estación *f* de servicio, bencinera *f* (*Chi*), grifo *m* (*Per*).

serviceable ['sɜːvɪsəbl] ADJ (*practical: clothes etc*) práctico/a; (*usable, working*) utilizable.

serviceman ['sɜːvɪsmən] N (*pl* **-men**) militar *m*.

servicing ['sɜːvɪsɪŋ] N (*of car*) revisión *f*; (*of washing machine etc*) servicio *m* de reparaciones.

serviette [ˌsɜːvɪ'et] N servilleta *f*.

servile ['sɜːvaɪl] ADJ servil.

sesame ['sesəmɪ] [1] N (*Bot*) sésamo *m*; **open ~!** ¡ábrete sésamo! [2] CPD: **~ oil** N aceite *m* de sésamo; **~ seeds** NPL semillas *fpl* de sésamo.

session ['seʃən] N [a] (*meeting, sitting, Comput*) sesión *f*; **to be in ~** (*Pol, Jur*) estar en sesión; **I had a long ~ with her** tuve una larga entrevista con ella. [b] (*year: Scol, Univ*) año *m* académico, curso *m*; (: *Pol*) sesión *f*.

set [set] (*vb: pt, pp* **~**) [1] N [a] (*matching series: of golf clubs*) juego *m*; (: *of kitchen utensils*) batería *f*; (: *of cutlery*) cubierto *m*; (: *of books etc*) colección *f*; (: *of plates etc*) servicio *m*, juego, vajilla *f*; (: *of tools*) equipo *m*, estuche *m*; (*of teeth*) dentadura *f*; (*Math*) conjunto *m*; **I need one more to make up the complete ~** me falta uno para completar la serie; **they are sold in ~s** se venden en juegos completos.
[b] (*Tennis*) set *m*.
[c] (*Elec*) aparato *m*; (*radio*) aparato de radio; (*TV*) televisor *m*.
[d] (*Theat*) decorado *m*; (*Cine*) plató *m*.
[e] (*Hairdressing*) **to have a shampoo and ~** hacerse lavar y marcar el pelo.
[f] (*often pej: group*) grupo *m*, pandilla *f*; (: *clique*) camarilla *f*.
[2] ADJ [a] (*gen*) fijo/a; (*smile*) forzado/a; (*opinions*) inflexible, rígido/a; (*speech, talk*) preparado/a; (*expression*) hecho/a; (*date, time*) señalado/a; (*Scol: books, subjects*) prescrito/a; **to be ~ in one's ways/opinions** tener costumbres/opiniones profundamente arraigadas; **to be (dead) ~ on (doing) sth** estar (completamente) empeñado en (hacer) algo; **to be (dead) ~ against (doing) sth** estar (completamente) opuesto a (hacer) algo; **to be all ~ to do sth** estar listo para hacer algo; **the scene was ~ for ...** (*fig*) todo estaba listo para ...; **~ books** (*Scol, Univ*) lecturas *mpl* obligatorias; **~ menu** menú *m*, comida *f* corrida (*Mex*); **a ~ phrase** una frase hecha; **~ piece** (*Art*) grupo *m*; (*fireworks*) cuadro *m*; (*Lit etc*) escena *f* importante; **~ square** cartabón *m*; **at a ~ time** a una hora señalada.
[b] (*determined*) resuelto/a, decidido/a; (*ready*) listo/a.
[3] VT [a] (*gen: place, put*) poner; (*gem*) engastar, montar; **to ~ fire to sth** prender fuego a algo; **a novel ~ in Madrid** una novela ambientada en Madrid; **to ~ a poem to music** poner música a un poema.
[b] (*arrange*) poner, colocar; (*adjust: clock*) poner en la hora; (: *mechanism*) ajustar; (: *hair*) marcar, fijar; (: *broken bone*) encajar, reducir; (: *type*) componer; **to ~ the table** poner la mesa; **the alarm clock is ~ for 7** el despertador está puesto para las 7; *see* **sail**.
[c] (*fix, establish: date, limit*) señalar, fijar; (*record*) establecer; (*fashion*) imponer; (*dye, colour*) **to ~ a bone** componer un hueso; **to ~ a course for** salir rumbo a algo; **~ one's heart on sth** tener algo como máximo deseo; **the meeting is ~ for Tuesday** (*US*) la reunión se celebrará el martes.
[d] (*assign*) asignar, poner; **to ~ sb a task/problem** dar a algn una tarea que hacer/un problema que resolver; **to ~ an exam in French** preparar un examen de francés.
[e] (*cause to start*) **to ~ sth going** poner algo en marcha; **it ~ me thinking** me puso a pensar; **to ~ sb to work** poner a algn a trabajar.
[f] **to ~ a dog on sb** azuzar un perro contra algn; **we ~ the police on to him** le denunciamos a la policía.

[4] VI [a] (*subj: sun, moon*) ponerse.
[b] (*subj: broken bone, limb*) componerse; (: *jelly, jam*) cuajarse; (: *concrete, glue*) endurecerse; (: *face*) congelarse.
[c] (*begin*) **to ~ to work** ponerse a trabajar.

◆ **set about** VI + PREP (*task*) ponerse a; **to ~ about doing sth** ponerse a hacer algo. [b] (*attack*) atacar, agredir.

◆ **set against** VT + PREP [a] **to ~ sb against sb** enemistar a algn contra algn; **to ~ sb against sth** hacer que algn coja aversión por algo. [b] (*balance against*) comparar con.

◆ **set apart** VT + ADV (*lit, fig*) separar (*from* de).

◆ **set aside** VT + ADV [a] (*book, work*) poner aparte, apartar; (*money, time*) reservar, guardar; (*differences, quarrels*) dejar de lado. [b] (*reject*) rechazar.

◆ **set back** VT + ADV [a] (*retard*) retrasar; (*clocks*) atrasar.
[b] (*place apart*) apartar; **a house ~ back from the road** una casa algo apartada de la carretera. [c] (*fam: cost*) costar.

◆ **set by** VT + ADV = **set aside (a)**.

◆ **set down** VT + ADV [a] (*put down: object*) colocar, poner; (*passenger etc*) bajar, dejar. [b] (*record*) poner por escrito; **to ~ sth down in writing** *or* **on paper** poner algo por escrito.

◆ **set in** VI + ADV (*weather etc*) establecerse; (*rain*) empezar; **the rain has ~ in for the night** la lluvia continuará toda la noche; **the rain has really ~ in now** ahora está lloviendo de verdad.

◆ **set off** [1] VI + ADV (*leave*) marcharse, salir, partir (*esp LAm*); **to ~ off on a journey** ponerse en camino.
[2] VT + ADV [a] (*start*) causar, provocar; (*burglar alarm*) hacer sonar; (*bomb*) hacer estallar; (*mechanism*) hacer funcionar; **that ~ him off again** (*angrily*) eso le provocó de nuevo.
[b] (*enhance*) hacer resaltar.

◆ **set out** [1] VI + ADV salir *or* (*esp LAm*) partir (*for* para; *from* de); **to ~ out in search of sb/sth** salir en busca de algn/algo; **to ~ out to do sth** proponerse hacer algo; **we did not ~ out to do that** no teníamos esa intención al principio.
[2] VT + ADV (*goods etc*) disponer; (*reasons, ideas*) presentar, plantear.

◆ **set to** VI + ADV: **to ~ to and do sth** ponerse a trabajar para hacer algo.

◆ **set up** [1] VI + ADV: **to ~ up (in business) as a baker** establecerse de panadero.
[2] VT + ADV [a] (*place in position*) colocar, arreglar; (: *statue, camp etc*) levantar; (: *chairs, tables etc*) disponer.
[b] (*start: school, business etc*) establecer, fundar; (: *committee, inquiry*) constituir; (: *record*) establecer; (: *infection*) causar, producir; **to ~ up house** establecerse, poner casa; **to ~ up shop** (*Comm*) poner (un) negocio; **to ~ sb up in business** establecer a algn; **to ~ o.s. up as sth** presumir de algo, hacérselas de algo.
[c] (*fam: frame*) incriminar dolosamente.

◆ **set upon** VI + PREP abalanzarse sobre, asaltar a.

setback ['setbæk] N revés *m*, atraso *m*.

settee [se'tiː] N sofá *m*.

setter ['setər] N (*dog*) setter *m*, perro *m* de muestra.

setting ['setɪŋ] [1] N [a] (*of novel etc*) escenario *m*; (*scenery*) marco *m*; (*of jewels*) engaste *m*, montura *f*.
[b] (*Mus*) arreglo *m*.
[c] (*of controls*) ajuste *m*.
[2] CPD: **~ lotion** N fijador *m* (para el pelo).

settle ['setl] [1] VT [a] (*place carefully: object*) colocar, asentar; (: *person*) hacer cómodo, acomodar; **to ~ o.s.**, **to get ~d** acomodarse.
[b] (*finalize*) fijar, precisar; (*decide*) acordar, decidir; (*pay*) pagar, liquidar; (*solve: difficulty, problem, dispute*) resolver; **to ~ a case** *or* **claim out of court** llegar a un acuerdo sin recurrir al juicio; **the terms were ~d by negotiation** se acordaron las condiciones mediante una negociación; **it's all ~d** todo está resuelto; **that ~s it!** (*fam*) ¡ya está bien! (*fam*), ¡basta!, ¡ya estuvo bien! (*LAm*); **so that's ~d then** así que todo está arreglado.
[c] (*calm down*) calmar.
[d] (*colonize: land*) colonizar.

▣ (*Jur*) asignar; **to ~ sth on sb** asignar algo a algn.
▣ (*fam*) **I'll soon ~ him** me lo cargaré (*fam*); **that ~d him** ya no hay problema con él.
2 VI **a** (*subj: bird, insect*) posarse; (: *person: in armchair*) arrellanarse; (: *in new job, routine*) establecerse; (: *sediment*) depositarse; (: *building*) asentarse; (: *dust, snow*) depositarse, caer; (: *conditions, situation*) volver a la normalidad; (: *anger, nerves*) calmarse; **I couldn't ~ to anything** no pude concentrarme en nada; **to ~ on sth** (*fig: choose*) decidirse por algo; **to ~ on a date** fijar una fecha.
b (*put down roots*) establecerse, domiciliarse; **to feel ~d** (*in a place*) sentirse establecido; (*in a job*) sentirse instalado.
c (*agree*) **to ~ with sb for the cost of sth** ajustar cuentas con algn por algo; **now they want to ~** ahora quieren llegar a un acuerdo.
◆ **settle down** VI + ADV (*get comfortable*) hacerse cómodo, acomodarse; (*calm down*) calmarse, tranquilizarse; (*get married*) casarse; (*become normal*) normalizarse.
◆ **settle for** VI + PREP (*accept*) conformarse con; (*agree to*) quedar en; **to ~ for £250** convenir en aceptar 250 libras.
◆ **settle in** VI + ADV establecerse.
◆ **settle up** VI + ADV ajustar cuentas (*with sb* con algn).
settlement ['setlmənt] N **a** (*of claim, bill, debt*) liquidación *f*; (*dowry*) dote *f*; **please find enclosed my cheque in full ~ of ...** adjunto le remito el talón a cuenta de la total liquidación de .... **b** (*agreement*) acuerdo *m*. **c** (*colony, village*) colonia *f*, poblado *m*. **d** (*act of settling persons*) establecimiento *m*; (*of land*) colonización *f*.
settler ['setlər] N colonizador(a) *m/f*.
set-to ['set'tu:] (*fam*) N (*fight*) pelea *f*; (*quarrel*) agarrada *f*.
setup ['setʌp] N (*fam*) sistema *m*; **it's an odd ~ here** aquí todo es en un plan raro; **you have to know the ~** hay que conocer el tinglado.
seven ['sevn] **1** ADJ siete. **2** N siete *m*; *see* **five** *for usage*.
seventeen ['sevn'ti:n] **1** ADJ diecisiete, diez y siete. **2** N diecisiete *m*; *see* **five** *for usage*.
seventeenth ['sevn'ti:nθ] **1** ADJ decimoséptimo/a; **the ~ century** el siglo diecisiete. **2** N (*in series*) decimoséptimo/a *m/f*; (*fraction*) decimoséptima parte *f*; *see* **fifth** *for usage*.
seventh ['sevnθ] **1** ADJ séptimo/a. **2** N (*in series*) séptimo/a *m/f*; (*fraction*) séptima parte *f*; *see* **fifth** *for usage*.
seventieth ['sevntɪθ] **1** ADJ septuagésimo/a. **2** N (*in series*) septuagésimo/a *m/f*; (*fraction*) septuagésima parte *f*; *see* **fifth** *for usage*.
seventy ['sevntɪ] **1** ADJ setenta. **2** N setenta *m*; *see* **fifty** *for usage*.
sever ['sevər] VT cortar; (*fig: relations, communications*) romper.
several ['sevrəl] **1** ADJ varios/as, diversos/as; **~ times** varias veces. **2** PRON varios/as; **~ of them wore hats** varios llevaban sombrero.
severance ['sevərəns] **1** N ruptura *f*; (*Industry*) despido *m*. **2** CPD: **~ pay** N indemnización *f* por despido.
severe [sɪ'vɪər] ADJ (*comp* **~r**; *superl* **~st**) (*critical*) severo/a; (*hard*) severo, duro/a; (*rigorous*) riguroso/a; (*serious: flooding etc*) serio/a, grave; (: *defeat*) rotundo/a; (: *pain*) agudo/a; **~ injuries** daños *mpl* graves; **don't be too ~ with him** no seas demasiado duro con él.
severely [sɪ'vɪəlɪ] ADV (*see adj*) severamente; rigurosamente; seriamente, gravemente; **~ wounded** herido de gravedad.
severity [sɪ'verɪtɪ] N (*of character, criticism*) severidad *f*; (*of climate*) rigor *m*; (*of illness*) seriedad *f*, gravedad *f*; (*of pain*) agudeza *f*.
Seville [sə'vɪl] N Sevilla *f*.
Sevillian [sə'vɪlɪən] ADJ, N sevillano/a *m/f*.
sew [səu] (*pt* **~ed**; *pp* **~n** *or* **~ed**) VT, VI coser; **to ~ a button on sth** coser un botón en algo.
◆ **sew up** VT + ADV (*gen*) coser; (*mend*) remendar; **it's all ~n up** (*fig fam*) está todo arreglado.
sewage ['sju:ɪdʒ] **1** N aguas *fpl* cloacales. **2** CPD: **~ dis-**

posal N depuración *f* de aguas residuales *or* cloacales; **~ farm** N, **~ works** NSG estación *f* depuradora; **~ system** N alcantarillado *m*.
sewer ['sjuər] N alcantarilla *f*, albañal *m*, cloaca *f*.
sewing ['səuɪŋ] **1** N (*activity, object*) costura *f*. **2** CPD: **~ machine** N máquina *f* de coser.
sewn [səun] PP of **sew**.
sex [seks] **1** N (*gender*) sexo *m*; (*sexual intercourse*) relaciones *fpl* sexuales; **the opposite ~** el sexo opuesto; **to have ~** tener relaciones sexuales (*with* con). **2** VT (*chicks etc*) sexar, determinar el sexo de. **3** CPD: **~ appeal** N atractivo *m* sexual; **~ change** N cambio *m* de sexo; **~ discrimination** N discriminación *f* a base de sexo; **~ education** N educación *f* sexual; **~ life** N vida *f* sexual; **~ maniac** N maniaco/a *m/f* sexual; **~ object** N objeto *m* sexual; **~ shop** N sex-shop *m*; **~ symbol** N sex-símbol *mf*.
sexed [sekst] ADJ: **to be highly ~** tener un apetito sexual muy alto.
sexism ['seksɪzəm] N sexismo *m*.
sexist ['seksɪst] ADJ, N sexista *mf*.
sexologist [sek'sɒlədʒɪst] N sexólogo/a *m/f*.
sexology [sek'sɒlədʒɪ] N sexología *f*.
sextant ['sekstənt] N sextante *m*.
sextet [seks'tet] N (*Mus*) sexteto *m*.
sexton ['sekstən] N sacristán *m*.
sexual ['seksjuəl] ADJ sexual; **~ abuse** abuso *m* sexual; **~ harassment** importunación *f* sexual, acoso *m* sexual; **~ intercourse** relaciones *fpl* sexuales; **~ organs** órganos *mpl* genitales *or* sexuales; **~ orientation** orientación *f* sexual.
sexuality [,seksju'ælɪtɪ] N sexualidad *f*.
sexually ['seksjuəlɪ] ADV sexualmente; **~ transmitted disease** enfermedad *f* de transmisión sexual.
sexy ['seksɪ] ADJ (*comp* **-ier**; *superl* **-iest**) sexy (*fam*); (*fam: product, car*) seductor(a).
Seychelles [seɪ'felz] NPL Seychelles *fpl*.
SF N ABBR of **science fiction**.
SFA N ABBR of **Scottish Football Association** ≈ AFE *f*.
SG N ABBR (*US*) of **Surgeon General**.
Sgt ABBR of **Sergeant**.
shabbily ['ʃæbɪlɪ] ADV **a** (*dress*) en harapos. **b** (*treat*) vilmente.
shabbiness ['ʃæbɪnɪs] N **a** (*of dress, person*) pobreza *f*, lo desharrapado *m*. **b** (*of treatment*) injusticia *f*, lo injusto *m*.
shabby ['ʃæbɪ] ADJ (*comp* **-ier**; *superl* **-iest**) **a** (*building*) desvencijado/a; (*clothes*) desharrapado/a, raído/a; (*also* **~-looking person**) de aspecto pobre. **b** (*treatment*) injusto/a, vil; (*behaviour*) poco honrado/a; (*excuse*) poco convincente; **a ~ trick** una mala jugada.
shack [ʃæk] **1** N choza *f*, jacal *m* (*CAm, Mex*). **2** VI: **to ~ up with sb** (*fam*) juntarse con algn.
shackle ['ʃækl] **1** VT (*prisoner*) poner grillos a; (*obstruct*) echar trabas a. **2** NPL: **~s** (*chains*) cadenas *fpl*; (*fig: obstruction*) trabas *fpl*.
shade [ʃeɪd] **1** N **a** (*shadow*) sombra *f*; **in the ~** a la sombra; **to put sth in the ~** (*fig*) dejar algo en la sombra; **to put sb in the ~** (*fig*) hacer sombra a algn. **b** (*lamp~*) pantalla *f*; (*eye-~*) visera *f*; (*US: window ~*) persiana *f*; **~s** (*esp US: sunglasses*) gafas *fpl* de sol. **c** (*of colour*) tono *m*, matiz *m*; (*fig: of meaning, opinion*) matiz; **all ~s of opinion are represented** está representada la gama entera de opiniones. **d** (*small quantity*) poquito *m*, tantito *m* (*LAm*); **just a ~ more** un poquito más. **e** (*reminder*) **~s of Professor X!** ¡eso recuerda al profesor X! **2** VT (*from sun*) dar sombra a; (*from light*) resguardar de la luz; (*Art*) sombrear.
◆ **shade in** VT + ADV sombrear.
shading ['ʃeɪdɪŋ] N (*of colour*) degradación *f*; (*fig: of meaning*) matizar *m*.
shadow ['ʃædəu] **1** N (*shade, of person etc*) sombra *f*; (*darkness*) oscuridad *f*, tinieblas *fpl*; **under the ~ of** al abrigo *or* a la sombra de; **in the ~** a la sombra; **without or**

beyond a ~ of doubt sin lugar a dudas; **to cast a ~ over sth** hacer sombra a algo; (fig) aguar la fiesta; **a ~ of his former self** la sombra de lo que fue; **five o'clock ~** (fam) barba de ocho horas. 2 VT (follow) seguir y vigilar; **I was ~ed all the way home** me siguieron todo el camino hasta mi casa. 3 CPD: **~ boxing** N boxeo m con un adversario imaginario; **~ cabinet** N (Brit Pol) gobierno m en la sombra; **the ~ Foreign Secretary** N el portavoz parlamentario de la oposición en materia de asuntos extranjeros.

┌─ SHADOW CABINET ─┐

i El **Shadow Cabinet** (gobierno en la sombra) está constituido por los parlamentarios británicos del principal partido de la oposición que tendrían cargos ministeriales si su partido llegase al poder. Cada ministro del gobierno tiene su homólogo en la oposición, por ejemplo al Ministro de Economía se opone el **Shadow Chancellor** y al Ministro del Interior el **Shadow Home Secretary**. Su misión consiste en juzgar la política del gobierno en lo que se refiere al área de la que se ocupan ellos y en actuar como portavoces del programa de su partido.

shadowy ['ʃædəʊɪ] ADJ oscuro/a, tenebroso/a.
shady ['ʃeɪdɪ] ADJ (comp **-ier**; superl **-iest**) (place) sombreado/a; (tree) que da sombra; (fig fam: person) dudoso/a; (: deal: fam) turbio/a, chueco/a (Mex fam).
shaft [ʃɑːft] 1 N (of arrow, spear) astil m; (of tool, golf club etc) mango m; (of cart etc) vara f; (of mine, lift etc) pozo m; **~ of light** rayo m de luz; **drive ~** (Tech) árbol m motor. 2 VT (US fam) timar, joder (fam!).
shag¹ [ʃæg] N tabaco m picado.
shag² [ʃæg] N (Orn) cormorán m moñudo.
shag³ [ʃæg] (fam!) 1 N polvo m (fam!). 2 VT, VI joder (fam!).
shag⁴ [ʃæg] N (carpet) tripe m.
shaggy ['ʃægɪ] ADJ (comp **-ier**; superl **-iest**) (gen) peludo/a; (person) melenudo/a, greñudo/a; **~ dog story** (fig) chiste m largo y pesado.
Shah [ʃɑː] N cha m.
shake [ʃeɪk] (vb: pt **shook**; pp **~n**) 1 N sacudida f; **with a ~ of her head** negando con la cabeza; **to give a rug a good ~** sacudir bien una alfombrilla; **he's no great ~s at swimming** (fam) no vale gran cosa como nadador; **in two ~s** (fam) en un dos por tres; **to have the ~s** temblar como un azogado. 2 VT a (gen) agitar, mover; (building, windows) estremecer, hacer temblar; (bottle, dice) mover; **to ~ one's fist at sb** mostrar el puño a algn; **to ~ hands (with sb)** estrechar la mano (a algn); **to ~ hands on a deal** darse las manos para cerrar un trato; **to ~ one's head** (in refusal) negar con la cabeza; (in dismay) mover or menear la cabeza, incrédulo. b (fig: weaken, impair) debilitar, minar; **nothing will ~ our resolve** nada afectará nuestra determinación; **the firm's credit has been badly ~n** la reputación de la empresa ha sufrido bastante. c (fig: alarm) trastornar; (: amaze) pasmar, asombrar; **the news shook me** la noticia me dejó pasmado; **it shook me rigid** (fam) me pasmó. 3 VI (subj: person, building etc) temblar, estremecerse; (: voice) temblar; **to ~ like a leaf** temblar como un azogado; **to ~ with fear/cold** temblar de miedo/frío; **the walls shook at the sound** se estremecían las paredes con el ruido; **his voice shook** le tembló la voz.
◆ **shake off** VT + ADV sacudirse; (fig: cold, cough) deshacerse, quitarse; (: habit) librarse de; (: pursuer) dar esquinazo a, zafarse de (esp LAm).
◆ **shake out** VT + ADV a (blanket, bag) sacudir; **she shook some money out of her bag** al sacudir el bolso le apareció dinero. b (company) reorganizar, reestructurar; (work force) reducir.
◆ **shake up** VT + ADV a (bottle) agitar, remover; (pillow) sacudir. b (disturb) agitar, trastornar; **she was badly ~n up** sufrió una profunda conmoción. c (rouse, stir) estimular; (organization) reorganizar, reestructurar.

shaken ['ʃeɪkən] PP of shake.
Shakespearian [ʃeɪks'pɪərɪən] ADJ shakespeariano/a.
shake-up ['ʃeɪkʌp] N (fig) reorganización f.
shakily ['ʃeɪkɪlɪ] ADV (speak) con voz trémula; (walk) con paso vacilante; (write) con mano temblorosa.
shaky ['ʃeɪkɪ] ADJ (comp **-ier**; superl **-iest**) (unstable) inestable, poco firme; (trembling) tembloroso/a; (fig: health, memory) defectuoso/a, poco fiable; **my Spanish is rather ~** mi español es algo defectuoso.
shale [ʃeɪl] N esquisto m.
▼**shall** [ʃæl] AUX VB a (used to form 1st person in future tense and questions) **I ~ go** yo me iré, me voy; **no I ~ not (come), no I shan't (come)** no, yo no (vendré or voy a venir); **~ I go now?** ¿me voy ahora?; **let's go in, ~ we?** ¿entramos?; **~ we let him?** ¿se lo permitimos?; **~ we hear from you soon?** ¿te pondrás en contacto pronto? b (in commands, emphatic) **you ~ pay for this!** ¡me las vas a pagar!; **but I wanted to see him - and so you ~** pero quería verle - y le vas a ver.
shallot [ʃə'lɒt] N chalote m.
shallow ['ʃæləʊ] 1 ADJ (gen) poco profundo/a, playo/a (CSur); (dish etc) llano/a; (breathing) superficial; **he's a ~ person** es un tipo completamente superficial; **the ~ end** (of swimming pool) la parte poco profunda. 2 N: **~s** bajío msg, bajos mpl.
shallowness ['ʃæləʊnɪs] N (see adj) poca profundidad f; superficialidad f.
sham [ʃæm] 1 ADJ falso/a, fingido/a. 2 N a (imposture) simulacro m, fraude m; **it was all a ~** fue una farsa, fue pura pantalla (Mex). b (person) impostor(a) m/f. 3 VT fingir, simular; **to ~ illness** fingirse enfermo. 4 VI fingir, fingirse; **he's just ~ming** lo está fingiendo.
shambles ['ʃæmblz] NSG (scene of confusion) desorden m, confusión f; **the place was a ~** el lugar quedó hecho pedazos; **the game was a ~** el partido fue desastroso.
shambolic [ʃæm'bɒlɪk] ADJ (fam) caótico/a.
▼**shame** [ʃeɪm] 1 N a (feeling, humiliation) vergüenza f, pena f (LAm); **the ~ of it!** ¡qué vergüenza!; **~ on you!** ¡qué vergüenza!, ¡avergüénzate!; **to put sb/sth to ~** (fig) poner a algn por los suelos/dejar algo en la sombra. b (pity) lástima f, desgracia f; **it's a ~ that ...** es una lástima que + subjun; **what a ~!** ¡qué lástima! 2 VT avergonzar, deshonrar; **to ~ sb into doing sth** avergonzar a algn para que haga algo.
shamefaced ['ʃeɪmfeɪst] ADJ avergonzado/a, apenado/a (LAm).
shameful ['ʃeɪmfʊl] ADJ vergonzoso/a.
shamefully ['ʃeɪmfəlɪ] ADV vergonzosamente.
shameless ['ʃeɪmlɪs] ADJ (pej) descarado/a, desvergonzado/a.
shammy ['ʃæmɪ] N gamuza f.
shampoo [ʃæm'puː] 1 N champú m; **a ~ and set** un lavado y marcado. 2 VT (carpet) lavar con champú; (hair) **I ~ my hair twice a week** me lavo el pelo dos veces por semana.
shamrock ['ʃæmrɒk] N trébol m.
shandy ['ʃændɪ], **shandygaff** ['ʃændɪ,gæf] (US) N cerveza f con gaseosa, clara f (Sp).
shan't [ʃɑːnt] = shall not.
shanty¹ ['ʃæntɪ] N (also sea **~**) saloma f.
shanty² ['ʃæntɪ] N chabola f, jacal m (Mex), bohío m (CAm), callampa f (Chi).
shantytown ['ʃæntɪ,taʊn] N chabolas fpl (Sp), villa f miseria (Mex), (población) callampa f (Chi), ciudad f perdida (Mex), colonia f proletaria (Mex), pueblo m joven (Per), cantegriles mpl (Uru), ranchitos mpl (Ven).
SHAPE [ʃeɪp] N ABBR of **Supreme Headquarters Allied Powers, Europe** cuartel general de las fuerzas aliadas en Europa.
shape [ʃeɪp] 1 N forma f, figura f; **it is rectangular in ~** es de forma rectangular; **all ~s and sizes** todas las formas; **I can't bear gardening in any ~ or form** no aguanto la jardinería bajo ningún concepto; **to take the ~ of sth** cobrar la forma de algo; **in the ~ of ...** (fig) en forma de ...; **the ~ of things to come** la configuración

del porvenir; **to take ~** (*lit, fig*) cobrar forma; **to lose its ~** (*sweater etc*) perder la forma; **to be in good/poor ~** (*subj: person*) estar en buenas/malas condiciones *or* buena/mala forma; (: *object*) estar en buen/mal estado; **to knock** *or* **hammer sth into ~** dar forma a algo a martillazos; **to knock** *or* **lick sth into ~** (*fig*) poner algo a punto *or* a nivel; **to get o.s. into ~** ponerse en forma; **a ~ loomed up out of the fog/darkness** surgió una figura de la niebla/la oscuridad.

2 VT (*material*) dar forma a, formar; (*fig: ideas, character*) formar; (: *course of events*) determinar.

3 VI (*fig*) **things are shaping (up) well** las cosas van tomando buen cariz; **he's shaping (up) nicely** está progresando *or* haciendo progresos.

◆ **shape up** VI + ADV (*US*) comportarse mejor; (*work*) trabajar mejor.

-shaped ['ʃeɪpt] ADJ SUF en forma de; **heart~** en forma de corazón.

shapeless ['ʃeɪplɪs] ADJ informe, sin forma definida.

shapely ['ʃeɪplɪ] ADJ (*object*) bien formado/a; (*woman*) de buen talle *or* cuerpo.

shard [ʃɑːd] N tiesto *m*, casco *m*, fragmento *m* (de loza *etc*).

▼ **share** [ʃeəʳ] **1** N **a** parte *f*, porción *f*; **a ~ in the profits** una proporción de las ganancias; **to have a ~ in sth** participar en algo; **the lion's ~** la parte del león; **to take a ~ in doing sth** hacer su parte en algo; **the minister came in for his ~ of the blame** el ministro tuvo que aceptar su parte de la culpa; **to do one's (fair) ~** hacer su (debida) parte; **we've had our ~ of misfortunes** hemos sufrido bastante infortunio. **b** (*Fin*) acción *f*.

2 VT **a to ~ (among/between)** (*distribute*) repartir (entre); (*divide up*) dividir *or* partir (entre). **b** (*have a share in*) compartir (*with* con); **would you like to ~ the bottle with me?** ¿quieres compartir la botella conmigo?; **I ~ the blame** yo comparto la culpa.

3 VI compartir; **~ and ~ alike** por partes iguales; **to ~ in sth** participar en algo.

4 CPD: **~ capital** N capital *m* social en acciones; **~ certificate** N (*Brit*) certificado *m or* título *m* de una) acción *f*; **~ index** N índice *m* de la Bolsa; **~ issue** N emisión *f* de acciones; **~ option** N plan de compra de acciones de una empresa por sus empleados (*a precios ventajosos*); **~ prices** NPL precio *msg* de las acciones.

sharecropper ['ʃeə,krɒpəʳ] N (*US*) aparcero *m*, mediero *m* (*Mex*).

sharecropping ['ʃeə,krɒpɪŋ] N (*US*) aparcería *f*.

shareholder ['ʃeə,həʊldəʳ] N accionista *mf*.

shareholding ['ʃeə,həʊldɪŋ] N accionariado *m*.

share-out ['ʃeəraʊt] N reparto *m*.

shark [ʃɑːk] N (*fish*) tiburón *m*; (*fam: swindler*) estafador(a) *m/f*.

sharp [ʃɑːp] **1** ADJ (*comp* **~er**; *superl* **~est**) **a** (*edge, razor, knife*) afilado/a; (*point, needle*) puntiagudo/a; (*curve, bend, angle*) cerrado/a, abrupto/a; (*features*) anguloso/a. **b** (*abrupt: change*) brusco/a, repentino/a; (: *halt*) repentino; (: *descent*) empinado/a; (: *rise, fall*) marcado/a, brusco. **c** (*well-defined: outline, contrast*) definido/a, marcado/a. **d** (*harsh: smell, taste*) acre; (: *pain*) agudo/a; (: *blow*) fuerte; (: *tone, voice, cry*) áspero/a, acerbo/a; (: *frost*) cortante; (: *wind*) penetrante; (: *temper*) violento/a, arisco/a; (: *rebuke, retort, words*) mordaz; **to be ~ with sb** hablar a algn con voz tajante. **e** (*acute: eyesight, hearing, sense of smell*) agudo/a; (: *mind, intelligence*) perspicaz, astuto/a; **he's as ~ as they come** es de lo más avispado *or* despabilado/a; **~ practice** (*pej*) mañas *fpl*. **f** (*Mus: raised a semitone*) sostenido/a; (: *too high*) demasiado alto/a; **C ~** do sostenido.

2 ADV **a** (*Mus*) demasiado alto, desafinadamente. **b** **at 5 o'clock ~** a las 5 en punto; **to turn ~ left** doblar fuertemente a la izquierda; **to stop ~** pararse en seco; **look ~!** ¡rápido!, ¡apúrate! (*LAm*).

3 N (*Mus*) sostenido *m*.

sharpen ['ʃɑːpən] VT **a** (*make sharp: tool, blade etc*) afilar, aguzar; (: *pencil*) sacar punta a. **b** (*make clearer*) hacer más definido/a; (*make more acute, increase*) agudizar; **to ~ one's wits** despabilarse.

sharpener ['ʃɑːpnəʳ] N (*for pencil*) sacapuntas *m inv*; (*for knife*) afilador *m*.

sharp-eyed ['ʃɑːp'aɪd] ADJ de vista aguda.

sharp-faced ['ʃɑːp'feɪst], **sharp-featured** ['ʃɑːp'fiːtʃəd] ADJ de facciones angulosas.

sharpish ['ʃɑːpɪʃ] (*fam*) ADV prontito, bien pronto.

sharply ['ʃɑːplɪ] ADV **a** (*abruptly*) bruscamente, repentinamente. **b** (*clearly*) claramente, claramente. **c** (*harshly*) con aspereza.

sharpshooter ['ʃɑːpˌʃuːtəʳ] N tirador(a) *m/f* de primera, tirofijo *m* (*LAm*).

sharp-sighted ['ʃɑːp'saɪtɪd] ADJ = **sharp-eyed**.

sharp-tempered [ˌʃɑːp'tempəd] ADJ de genio arisco.

sharp-tongued ['ʃɑːp'tʌŋd] ADJ de lengua mordaz.

sharp-witted ['ʃɑːp'wɪtɪd] ADJ perspicaz, despabilado/a.

shat [ʃæt] PRET AND PTP (*fam!*) of **shit**.

shatter ['ʃætəʳ] **1** VT (*gen*) romper en pedazos *or* añicos, hacer pedazos *or* añicos; (*fig*) hacer polvo; **to ~ sb's health/hopes** quebrantar la salud/frustrar las esperanzas de algn; **I was ~ed to hear it** al saberlo quedé estupefacto; **she was ~ed by his death** su muerte la anonadó.

2 VI (*break*) hacerse pedazos *or* añicos; (: *into pieces*) estrellarse, astillarse; (*fig: health*) quebrantarse; (: *hopes*) frustrarse.

shattered ['ʃætəd] ADJ (*grief-stricken*) trastornado/a; (*fam: amazed*) pasmado/a; (: *exhausted*) hecho/a polvo.

shattering ['ʃætərɪŋ] ADJ (*attack, defeat*) aplastante; (*experience, news*) pasmoso/a; **it was a ~ blow to his hopes** deshizo sus esperanzas.

shatterproof ['ʃætəpruːf] ADJ inastillable.

shave [ʃeɪv] (*vb: pt* **~d**; *pp* **~d** *or* **~n**) **1** N: **to have a ~** afeitarse, rasurarse (*esp LAm*); **to have a close ~** (*fig*) salvarse por milagro.

2 VT (*person, face*) afeitar, rasurar (*esp LAm*); (*wood*) cepillar; (*fig: graze*) pasar rozando; **to ~ off one's beard** afeitarse la barba.

3 VI (*person*) afeitarse, rasurarse (*esp LAm*).

shaven ['ʃeɪvn] ADJ afeitado/a.

shaver ['ʃeɪvəʳ] N (*electric ~*) máquina *f* de afeitar, rasuradora *f* eléctrica (*LAm*).

shaving ['ʃeɪvɪŋ] **1** N (*of wood etc*) viruta *f*.

2 CPD: **~ brush** N brocha *f* de afeitar; **~ cream** N crema *f* de afeitar; **~ foam** N espuma *f* de afeitar; **~ mirror** N espejo *m* de tocador; **~ soap** N jabón *m* de afeitar; **~ stick** N barra *f* de jabón de afeitar.

shawl [ʃɔːl] N chal *m*, rebozo *m* (*LAm*).

she [ʃiː] **1** PERS PRON ella; **~ who** la que *or* quien. **2** N: **it's a ~** (*animal*) es hembra; (*baby*) es una niña. **3** CPD: **~-bear** N osa *f*.

s/he ABBR él *or* she él o ella.

sheaf [ʃiːf] N (*pl* **sheaves**) (*Agr*) gavilla *f*; (*of arrows*) haz *m*; (*of papers*) fajo *m*, manojo *m*.

shear [ʃɪəʳ] (*pt* **~ed**; *pp* **~ed** *or* **shorn**) VT (*sheep*) esquilar; **to be shorn of sth** (*fig*) quedar pelado de *or* sin algo.

◆ **shear off 1** VT + ADV cortar.

2 VI + ADV (*break off*) romperse.

◆ **shear through** VI + PREP cortar.

shears [ʃɪəz] NPL (*for sheep*) tijeras de esquilar *fpl*; (*for hedges*) tijeras grandes; (*for metals*) cizalla *fsg*.

sheath [ʃiːθ] **1** N (*for sword*) vaina *f*, funda *f*; (*around electrical cable*) cubierta *f*; (*Bio*) vaina; (*contraceptive*) preservativo *m*. **2** CPD: **~ knife** N cuchillo *m* de monte.

sheathe [ʃiːð] VT envainar, enfundar.

sheaves [ʃiːvz] NPL of **sheaf**.

shed¹ [ʃed] (*pt, pp* **~**) VT **a** (*get rid of: clothes, leaves etc*) despojarse de; (: *unwanted thing*) deshacerse de; **the lorry ~ its load** la carga cayó del camión. **b** (*tears, blood*) derramar. **c** (*coat: warmth*) dar; (: *light*) echar; **to ~ light on a mystery** aclarar un misterio.

shed² [ʃed] N (*in garden*) cobertizo *m*, galpón *m* (*CSur*); (*Industry, Rail*) nave *f*; (*for cattle*) establo *m*.

she'd [ʃiːd] = **she would**; **she had.**
sheen [ʃiːn] N brillo *m*, lustre *m*.
sheep [ʃiːp] **1** N INV (*gen*) oveja *f*; **to be the black ~ of the family** (*fig*) ser la oveja negra de la familia; **to make ~'s eyes at sb** (*fig*) mirar a algn con ojos de cordero.
  2 CPD: **~ farm** N finca *f* or estancia *f* de ovejas; **~ farmer** N dueño *m* de ganado lanar; **~ worrying** N acoso *m* de ovejas.
sheep-dip [ʃiːpdɪp] N (baño *m*) desinfectante *m* para ovejas.
sheepdog [ʃiːpdɒg] N perro *m* pastor.
sheepish [ʃiːpɪʃ] N tímido/a.
sheepskin [ʃiːpskɪn] N piel *f* de carnero.
sheer [ʃɪəʳ] **1** ADJ (*comp* ~**er**; *superl* ~**est**) **a** (*absolute*) puro/a, absoluto/a; **by ~ chance, by a ~ accident** de pura casualidad; **in ~ desperation** en último extremo; **the ~ impossibility of ...** la total imposibilidad de ....
  b (*transparent*) diáfano/a, fino/a.
  c (*precipitous*) escarpado/a.
  2 ADV: **it falls ~ to the sea** baja sin obstáculo alguno hasta el mar; **it rises ~ for 100 metres** se levanta verticalmente unos 100 metros.
sheet [ʃiːt] **1** N (*on bed*) sábana *f*; (*of paper*) hoja *f*; (*of metal, glass, plastic*) lámina *f*; (*of ice, water*) capa *f*; (*of flame*) cortina *f*.
  2 CPD: **~ feed** N alimentador *m* de papel; **~ lightning** N fucilazo *m*; **~ metal** N metal *m* en lámina; **~ music** N hojas *fpl* de partitura.
sheik(h) [ʃeɪk] N jeque *m*.
sheik(h)dom [ʃeɪkdəm] N reino *m* or territorio *m* de un jeque.
shelf [ʃelf] **1** N (*pl* **shelves**) **a** (*in cupboard*) tabla *f*, anaquel *m*; (*fixed to wall, in shop*) estante *m*; (*in oven*) parrilla *f*; **to buy a product off the ~** comprar un producto ya hecho; **to be on the ~** (*fig fam: woman*) quedarse para vestir santos; (: *proposal etc*) quedar arrinconado/a.
  b (*edge: in rock face*) repisa *f*; (*underwater*) plataforma *f*.
  2 CPD: **~ life** N (*Comm*) tiempo *m* de durabilidad antes de la venta.
she'll [ʃiːl] = **she will**; **she shall.**
shell [ʃel] **1** N **a** (*of egg, nut*) cáscara *f*; (*of tortoise, turtle*) caparazón *m*, carapacho *m*; (*of snail, shellfish*) concha *f*, caracol *m* (*LAm*); (*of pea*) vaina *f*; **to come out of one's ~** (*fig*) salir del carapacho.
  b (*of building, ship*) armazón *m* or *f*, casco *m*.
  c (*Mil: bullet*) cartucho *m*; (: *mortar etc*) obús *m*, proyectil *m*.
  2 VT **a** (*peas*) desvainar; (*nuts*) descascarar; (*shellfish*) quitar la concha a.
  b (*Mil*) bombardear.
  3 CPD: **~ shock** N neurosis *f* de guerra; **~ suit** N tipo de chandal.
◆**shell out** (*fam*) **1** VI + ADV (*pay*) soltar el dinero. **2** VT + ADV (*money*) desembolsar (*for* para pagar).
shellac [ʃəˈlæk] N goma *f* (laca *f*).
shellfire [ʃelfaɪəʳ] N = **shelling.**
shellfish [ʃelfɪʃ] N (*pl* ~) (*Zool*) crustáceo *m*; (*as food*) marisco(s) *m(pl)*.
shelling [ʃelɪŋ] N bombardeo *m*.
shell-shocked [ʃelʃɒkt] ADJ que padece neurosis de guerra.
shelter [ʃeltəʳ] **1** N **a** (*protection*) abrigo *m*, protección *f*; **to seek ~ (from)** buscar abrigo (de); **to take ~ (from)** refugiarse or asilarse (de).
  b (*construction: on mountain*) albergue *m*; **bus ~** refugio *m* de espera; **air-raid/anti-nuclear ~** refugio *m* antiaéreo/antinuclear; **night ~** (*for tramps etc*) asilo *m*.
  2 VT **a** (*protect*) abrigar or proteger (*from* de); (*give refuge*) amparar (*from* de).
  b (*give lodging to*) dar asilo a.
  3 VI (*see vt*) abrigarse; ampararse; **to ~ from the rain** abrigarse de la lluvia.
sheltered [ʃeltəd] ADJ (*place*) abrigado/a, protegido/a; **~ accommodation** residencia *f* vigilada; **~ environment** (*fig*) ambiente *m* protegido; **she has led a very ~ life** ha vivido apartada del mundo.

shelve [ʃelv] **1** VT (*fig: postpone*) dar carpetazo a. **2** VI formar declive.
shelves [ʃelvz] NPL *of* **shelf.**
shelving [ʃelvɪŋ] N estantería *f*.
shepherd [ʃepəd] **1** N pastor *m*; **~'s pie** (*Culin*) pastel *m* de carne con patatas. **2** VT: **to ~ children across a road** llevar niños a través de una calle; **to ~ sb in/out** acompañar a algn al entrar/salir; **to ~ sb around** hacer de guía para algn.
sherbet [ʃɜːbət] N (*Brit: powder*) polvos *mpl* azucarados; (*US: water ice*) sorbete *m*.
sheriff [ʃerɪf] N (*England*) gobernador *m* civil; (*Scot*) juez *mf*; (*US*) alguacil *m*, sheriff *m*.
sherry [ʃerɪ] N jerez *m*, manzanilla *f*.
she's [ʃiːz] = **she is**; **she has.**
Shetland [ʃetlənd] **1** N (*also* **the ~ Isles, the ~s**) Islas *fpl* de Zetlandia. **2** CPD (*pony, wool*) de Zetlandia.
shield [ʃiːld] **1** N (*armour*) escudo *m*; (*Tech: on machine etc*) blindaje *m*, capa *f* protectora; (*US: of policeman*) placa *f*. **2** VT: **to ~ sb from sth** proteger a algn de algo; **to ~ one's eyes** taparse los ojos.
shift [ʃɪft] **1** N **a** (*change*) cambio *m*; (: *of direction*) cambio de dirección or sentido; (*diversion*) desviación *f*; **a ~ in demand** (*Comm*) un desplazamiento de la demanda.
  b (*period of work*) turno *m*; (*group of workers*) tanda *f*; **to work in ~s** trabajar por turnos.
  c (*expedient*) recurso *m*, expediente *m*; **to make ~ with/without sth** arreglárselas con/pasarse sin algo.
  d (*US Aut: gear ~*) palanca *f* de cambio de velocidades.
  e (*old*) camisa *f* (de mujer).
  2 **a** (*change*) cambiar (de dirección or sentido); (*deviate*) desviar; (*move*) mover; **to ~ scenery** (*Theat*) cambiar el decorado; **to ~ the blame on to sb** echar la culpa a algn; **come on, ~ yourself** (*fam*) ¡vamos!, ¡anda!, ¡venga!
  b (*US Aut: gears*) cambiar de.
  3 VI **a** (*move*) moverse; (*change*) cambiar; (: *direction*) mudarse; **to ~ over/along/up** correrse; **that car's certainly ~ing** (*fam*) ¡cómo corre aquel coche!; **to ~ into second gear** (*Aut*) cambiar a segunda (velocidad).
  b **to ~ for o.s.** arreglárselas solo.
  4 CPD: **~ key** N tecla *f* de mayúsculas; **~ system** N (*of work*) sistema *m* de turnos.
shiftily [ʃɪftɪlɪ] ADV furtivamente, sospechosamente.
shiftless [ʃɪftlɪs] ADJ perezoso/a, flojo/a (*LAm*).
shiftwork [ʃɪftwɜːk] N trabajo *m* por turno.
shiftworker [ʃɪftˌwɜːkəʳ] N (*Brit*) trabajador(a) *m/f* por turnos.
shifty [ʃɪftɪ] ADJ (*comp* **-ier**; *superl* **-iest**) furtivo/a, sospechoso/a.
Shi'ite [ʃiːaɪt] ADJ, N chiíta *mf*, chiita *mf*.
shillelagh [ʃəˈleɪlə, ʃəˈleɪlɪ] N (*Ireland*) cachiporra *f*.
shilling [ʃɪlɪŋ] N chelín *m*.
shilly-shally [ʃɪlɪˌʃælɪ] VI titubear, vacilar.
shimmer [ʃɪməʳ] **1** N luz *f* trémula, brillo *m*. **2** VI rielar, relucir.
shimmering [ʃɪmərɪŋ] ADJ reluciente.
shin [ʃɪn] **1** N espinilla *f*; (*of meat*) jarrete *m*. **2** VI: **to ~ up/down a tree** trepar a/bajar de un árbol.
shinbone [ʃɪnbəʊn] N tibia *f*.
shindy [ʃɪndɪ] (*fam*) N (*noise*) conmoción *f*, escándalo *m*; (*brawl*) jaleo *m*, bronca *f* (*esp LAm*); **to kick up a ~** armar un jaleo or una bronca.
shine [ʃaɪn] (*vb: pt, pp* **shone**) **1** N (*brilliance*) brillo *m*, lustre *m*; **to give sth a ~** sacar brillo a algo; **to take the ~ off sth** (*lit*) deslustrar algo; (*fig*) quitar a algo su encanto; **to take a ~ to** (*fam*) tomar simpatía por; **come rain or ~, ...** no importa el tiempo ....
  2 VT **a** (*polish*) (*pt, pp* ~**d**) sacar brillo a, pulir.
  b **to ~ a light on sth** echar una luz sobre algo.
  3 VI **a** (*sun, light etc*) brillar; (*metal*) relucir; **the sun is shining** brilla el sol; **the metal shone in the sun** el metal relucía al sol; **her face shone with happiness** su cara irradiaba felicidad.
  b (*fig: of student etc*) lucir; **to ~ at English** sobresalir en

inglés.

shingle ['ʃɪŋgl] N a (*on beach*) guijarros *mpl*. b (*on roof*) tablilla *f*. c (*US: signboard*) placa *f*.

shingles ['ʃɪŋglz] NPL (*Med*) herpes *msg*.

shinguard ['ʃɪŋgɑːd] N espinillera *f*.

shining ['ʃaɪnɪŋ] ADJ (*surface, light*) brillante; (*face*) radiante; (*hair*) lustroso/a; (*eyes*) chispeante; **a ~ example** un ejemplo destacado.

shinty ['ʃɪntɪ] N (*Scot*) especie de hockey.

shiny ['ʃaɪnɪ] ADJ (*comp* **-ier**; *superl* **-iest**) brillante.

ship [ʃɪp] 1 N barco *m*, buque *m*; **Her** *or* **His Majesty's S~** (*abbr HMS*) buque de la marina británica; **on board ~** a bordo; **to abandon ~** abandonar el barco; **to jump ~** desertar del buque; **when my ~ comes in** (*fig*) cuando lleguen las vacas gordas; **~'s company** tripulación *f*; **~'s manifest** manifiesto *m* del buque. 2 VT a (*take on board: goods, water*) embarcar; (: *oars*) desarmar. b (*transport: usu by ship*) transportar en barco, consignar; **a new engine had to be ~ped out to them** hubo que enviarles un nuevo motor. 3 CPD: **~ canal** N canal *m* de navegación; **~ chandler** N proveedor *m* de efectos navales.

◆ **ship out** VT + ADV enviar.

shipbuilder ['ʃɪpˌbɪldər] N constructor(a) *m/f* de buques.

shipbuilding ['ʃɪpˌbɪldɪŋ] N construcción *f* marina.

shipload ['ʃɪpləʊd] N cargamento *m*.

shipmate ['ʃɪpmeɪt] N compañero/a *m/f* de tripulación.

shipment ['ʃɪpmənt] N (*act*) transporte *m*, embarque *m*; (*load*) consignación *f*; (*quantity*) cargamento *m*, remesa *f*.

shipowner ['ʃɪpəʊnər] N naviero *m*, armador *m*.

shipper ['ʃɪpər] N (*company*) empresa *f* naviera.

shipping ['ʃɪpɪŋ] 1 N a (*ships*) barcos *mpl*, buques *mpl*; (*fleet*) flota *f*; **a danger to ~** un peligro para la navegación. b (*transporting*) transporte *m* (en barco), embarque *m*; (*sending*) envío *m*. 2 CPD: **~ agent** N agente *mf* marítimo; **~ company** N, **~ line** N compañía *f* naviera; **~ instructions** NPL instrucciones *fpl* de embarque; **~ lane** N ruta *f* de navegación.

shipshape ['ʃɪpʃeɪp] ADJ en buen orden.

shipwreck ['ʃɪprek] 1 N naufragio *m*. 2 VT: **to be ~ed** naufragar.

shipwright ['ʃɪpraɪt] N carpintero *m* de navío.

shipyard ['ʃɪpjɑːd] N astillero *m*.

shire [ʃaɪər] 1 N (*Brit old*) condado *m*. 2 CPD: **~ horse** N ≈ percherón/ona *m/f*.

shirk [ʃɜːk] 1 VT (*duty*) esquivar, zafarse de; (*issue*) eludir, rehuir; **to ~ doing sth** evadir hacer algo. 2 VI gandulear.

shirker ['ʃɜːkər] N gandul(a) *m/f*, flojo/a *m/f* (*LAm*).

shirt [ʃɜːt] 1 N camisa *f*; **to put one's ~ on a horse** (*fig: Betting*) apostar todo lo que tiene a un caballo; **keep your ~ on!** (*fig fam*) ¡no te sulfures!, ¡cálmate! 2 CPD: **in one's ~ sleeves** en mangas de camisa.

shirt-tail ['ʃɜːteɪl] N faldón *m* (de camisa).

shirtwaist ['ʃɜːtweɪst] N (*US*) blusa *f* (de mujer).

shirty ['ʃɜːtɪ] ADJ (*comp* **-ier**; *superl* **-iest**): **he was pretty ~ about it** (*fam*) no le gustó nada, no le cayó en gracia.

shit [ʃɪt] (*vb: pt, pp* **~** *or* **~ted** *or fam!* **shat**) 1 N a (*excrement*) mierda *f* (*fam!*), caca *f* (*fam!*); **tough ~!** ¡mala suerte!; **to beat the ~ out of sb** dar una tremenda paliza a algn (*fam*); **to have the ~s** tener el vientre descompuesto; **he landed us in the ~** nos dejó en la mierda (*fam!*). b (*person*) mierda *f* (*fam!*), cabrón *m* (*fam!*). c (*nonsense*) cagadas *fpl* (*fam!*). 2 VT cagar (*fam!*); **to ~ bricks** *etc*, **to ~ o.s.** (*from fear*) cagarse de miedo (*fam!*). 3 VI cagar (*fam!*).

shitty ['ʃɪtɪ] ADJ (*comp* **-ier**; *superl* **-iest**) (*fam! fig*) de mierda (*fam!*).

shiver ['ʃɪvər] 1 N (*with cold*) tiritón *m*; (*of horror etc*) escalofrío *m*; **it sent ~s down my spine** me dio escalofríos; **it gives me the ~s** (*of fear*) me da horror. 2 VI (*with cold*) tiritar; (*with emotion*) temblar, estremecerse.

shivery ['ʃɪvərɪ] ADJ (*feverish*) destemplado/a; estremecido/a; (*sensitive to cold*) friolero/a, friolento/a (*LAm*).

shoal [ʃəʊl] N (*of fish*) banco *m*.

shock¹ [ʃɒk] 1 N a (*Elec*) descarga *f*; (*jolt*) choque *m*, sacudida *f*. b (*emotional*) conmoción *f*, golpe *m*, impresión *f*; (*start*) susto *m*; **the ~ was too much for him** le causó mucha impresión; **it comes as a ~ to hear that ...** me asombra descubrir que ...; **to give sb a ~** dar un susto a algn; **what a ~ you gave me!** ¡qué susto me diste *or* llevé! c (*Med*) shock *m*, postración *f* nerviosa; **to be in (a state of) ~** estar conmocionado/a; **to be suffering from ~** padecer una postración nerviosa. 2 VT (*startle*) sobresaltar, asustar; (*affect emotionally*) conmover, chocar; (*scandalize*) escandalizar; **easily ~ed** que se escandaliza por poca cosa; **to ~ sb into doing sth** dar una sacudida a algn para animarle a hacer algo. 3 VI causar escándalo, chocar. 4 CPD: **~ absorber** N (*Aut*) amortiguador *m*; **~ jock** N (*esp US fam*) presentador(a) *m/f* de coloquios radiofónicos abiertos al público; **~ reaction** N (*fam*) reacción *f* escandalizada; **~ tactics** NPL (*Mil etc*) táctica *fsg* de choque; **~ therapy** N, **~ treatment** N (*Med etc*) tratamiento *m* por electrochoque; **~ troops** NPL guardias *mpl* de asalto; **~ wave** N onda *f* de choque.

shock² [ʃɒk] N: **~ of hair** greña *f*; (*mop*) melena *f*.

shocker ['ʃɒkər] N (*fam*) a (*Lit*) novelucha *f*. b **it's a ~** es horrible; **he's a ~** es un sinvergüenza.

shocking ['ʃɒkɪŋ] ADJ (*appalling*) espantoso/a, horrible; (*disgusting*) ofensivo/a, chocante; (*morally improper*) escandaloso/a, vergonzoso/a; **she has ~ taste** tiene un pésimo gusto; **~ pink** rosa *m* estridente.

shockproof ['ʃɒkpruːf] ADJ (*watch*) a prueba de choques; (*fam: person*) ecuánime.

shod [ʃɒd] PT, PP *of* **shoe**.

shoddily ['ʃɒdɪlɪ] ADV (*behave*) ruinmente; **~ made** chapucero/a, hecho/a chapuceramente.

shoddy ['ʃɒdɪ] ADJ (*comp* **-ier**; *superl* **-iest**) de pacotilla.

shoe [ʃuː] (*vb: pt, pp* **shod**) 1 N (*gen*) zapato *m*; (*horse ~*) herradura *f*; (*Aut: brake ~*) zapata *f*; **~s** zapatos *mpl*, calzado *msg*; **I wouldn't like to be in his ~s** no quisiera estar en su lugar; **to step into sb's ~s** pasar a ocupar el puesto de algn; **to be waiting for dead men's ~s** esperar a que muera algn (para pasar luego a ocupar su puesto). 2 VT (*horse*) herrar. 3 CPD: **~ leather** N cuero *m* para zapatos; **to wear out one's ~ leather** gastarse el calzado; **~ polish** N betún *m*, lustre *m* (*LAm*); **~ repair** N remiendo *m* *or* reparación *f* de zapatos; **~ shop** N zapatería *f*.

shoebrush ['ʃuːbrʌʃ] N cepillo *m* para zapatos.

shoehorn ['ʃuːhɔːn] N calzador *m*.

shoelace ['ʃuːleɪs] N cordón *m*, pasador *m* (*And*).

shoemaker ['ʃuːˌmeɪkər] N zapatero/a *m/f*.

shoeshine ['ʃuːʃaɪn] 1 N **to have a ~** hacerse limpiar los zapatos. 2 CPD: **~ boy/man** N limpiabotas *m inv*, lustrabotas *m inv* (*LAm*), bolero *m* (*Mex*), embolador *m* (*Col*).

shoestring ['ʃuːstrɪŋ] 1 N cordón *m*, lazo *m*; **to do sth on a ~** (*fig*) hacer algo con muy poco dinero; **to live on a ~** (*fig*) vivir muy justo. 2 CPD: **~ budget** N presupuesto *m* muy limitado.

shoetree ['ʃuːtriː] N horma *f*.

shone [ʃɒn] PT, PP *of* **shine**.

shoo [ʃuː] 1 INTERJ ¡fuera!, ¡zape!, ¡ándale! (*Mex*). 2 VT (*also* **~ away, ~ off**) ahuyentar.

shook [ʃʊk] PT *of* **shake**.

shoot [ʃuːt] (*vb: pt, pp* **shot**) 1 N a (*Bot*) brote *m*, retoño *m*, vástago *m*. b (*shooting party*) cacería *f*; (*competition*) concurso *m* de tiro al blanco; (*preserve*) coto *m* de caza. 2 VT a (*hit*) dar un balazo a, pegar un tiro a; (*hunt*) cazar; (*kill*) matar a tiros; (*execute*) fusilar; **you'll get shot for that!** (*fig fam*) ¡te van a ahorcar!; **you'll get me shot** (*fig fam*) si hago esto me harás fusilar. b (*fire: bullet*) tirar, disparar; (: *missile*) lanzar, echar;

(: *arrow*) disparar; **to ~ sth at sb/sth** lanzar algo hacia algn/algo; **to ~ a goal** marcar un gol; **to ~ dice** jugar a los dados.

[c] (*direct: look, smile*) lanzar, echar; **to ~ a question at sb** dispararle una pregunta a algn; **'~ no rubbish'** (*US*) 'prohibido verter basuras'.

[d] (*Cine: film, scene*) rodar, filmar; (*Phot: person, object*) sacar (una foto de).

[e] (*pass quickly: rapids*) salvar; (: *traffic lights*) saltarse.

[3] VI [a] (*with gun, bow*) tirar *or* disparar (*at sb/sth* a algn/algo); **~ to kill** tirad a matar; **to go ~ing** ir de caza; **to ~ at the goal** (*Ftbl etc*) tirar a gol, chutar; **to ~ wide of the mark** errar el tiro.

[b] (*rush*) lanzarse, precipitarse; (*subj: flames*) saltar; (: *water*) brotar; (: *pain*) punzar.

[c] **~!** (*fam: in conversation*) ¡adelante!

[4] CPD: **~ to kill policy** N programa *m* de tirar a matar.

◆ **shoot down** VT + ADV (*aeroplane*) derribar, balear (*LAm*); (*person*) matar a tiros, balear (*LAm*); (*fig: person, argument*) echar abajo.

◆ **shoot out** [1] VT + ADV (*sparks, flames*) arrojar; (*hand*) sacar; **to ~ it out** resolverlo a tiros.

[2] VI + ADV (*flames*) salir; (*water*) brotar; (*arm*) extenderse rápidamente *or* inesperadamente; (*person*) salir como una bala.

◆ **shoot up** [1] VI + ADV [a] (*flames*) salir; (*water*) brotar; (*price, rocket*) subir rápidamente; (*hands*) alzarse de repente.

[b] (*grow quickly*) crecer rápidamente.

[c] (*fam: drugs*) chutarse (*fam*).

[2] VT + ADV (*place: with rifles etc*) balacear.

shooter ['ʃuːtəʳ] (*fam*) N (*pistol*) pistola *f*; (*shotgun*) escopeta *f*.

shooting ['ʃuːtɪŋ] [1] N [a] (*shots*) tiros *mpl*, disparos *mpl*; (*continuous ~*) tiroteo *m*, balacera *f*.

[b] (*act: murder*) asesinato *m*; (: *execution*) fusilamiento *m*.

[c] (*of film*) rodaje *m*, filmación *f*.

[d] (*Hunting*) caza *f*.

[e] (*sport*) tiro *m* al blanco.

[2] ADJ (*pain*) punzante.

[3] CPD: **~ brake** N (*old: Aut: estate car*) furgoneta *f*, rubia *f*, camioneta *f*; **~ gallery** N barraca *f* de tiro al blanco; **~ incident** N tiroteo *m*, balacera *f*; **~ match** N: **the whole ~ match** (*fig fam*) todo el negocio; **~ party** N partida *f* de caza; **~ star** N estrella *f* fugaz; **~ stick** N bastón *m* taburete.

shoot-out ['ʃuːtaʊt] N [a] tiroteo *m*, balacera *f* (*CAm, Mex*).

[b] (*Sport*) desempate *m* a penaltis.

shop [ʃɒp] [1] N [a] (*Comm: building*) tienda *f*; (: *business*) comercio *m*, negocio *m*; (: *large store*) almacén *m*; **book/butcher's/sweet ~** librería *f*/carnicería *f*/dulcería *f*; **to set up ~** (*lit*) poner una tienda; (*fig*) empezar un negocio; **he set up ~ as a photographer** empezó un negocio de fotografía; **to shut up ~** (*lit*) cerrar (la tienda); (*fig*) dejar los negocios; **to talk ~** (*fig*) hablar de negocios; **all over the ~** (*fig fam*) en *or* por todas partes.

[b] (*Industry: work~*) taller *m*; **repair ~** taller de reparaciones; *see* **closed**.

[2] VI comprar, hacer las compras; **to go ~ping** ir de compras *or* de tiendas.

[3] VT (*fam: betray*) denunciar.

[4] CPD: **~ assistant** N (*Brit*) dependiente/a *m/f*, empleado/a *m/f* de una tienda; **~ floor** N: **to work on the ~ floor** (*Industry*) trabajar en la producción, ser obrero/a de la producción; **~ front** N escaparate *m*; **~ steward** N (*Industry*) enlace *mf* sindical; **~ talk** N temas *mpl* del oficio, conversación *f* sobre el trabajo; **~ window** N escaparate *m*, vitrina *f*, vidriera *f* (*CSur*).

◆ **shop around** VI + ADV comparar precios.

shopkeeper ['ʃɒp,kiːpəʳ] N tendero/a *m/f*.

shoplifter ['ʃɒp,lɪftəʳ] N ratero/a *m/f*.

shoplifting ['ʃɒp,lɪftɪŋ] N ratería *f*.

shopper ['ʃɒpəʳ] N [a] (*person*) comprador(a) *m/f*. [b] (*bag*) bolsa *f or* canasta *f* de compras.

shopping ['ʃɒpɪŋ] [1] N la compra; (*goods bought*) las compras; **to go ~** ir de tiendas *or* de compras.

[2] CPD: **~ bag** N bolsa *f or* canasta *f* de compras; **~ basket** N cesta *f*, canasta *f* (*LAm*); **~ cart** N (*US*) = **~ trolley**; **~ centre** N, **~ center** N (*US*) centro *m* comercial; **~ list** N lista *f* de compras; **~ precinct** N centro *m* comercial; **~ trolley** N carrito *m* de la compra.

shop-soiled ['ʃɒpsɔɪld] ADJ deteriorado/a.

shopworn ['ʃɒpwɔːn] ADJ (*US*) = **shop-soiled**.

shore¹ [ʃɔːʳ] [1] N (*of sea, lake*) orilla *f*; (*beach*) playa *f*; (*coast*) costa *f*; **on ~** en tierra. [2] CPD: **~ leave** N (*Naut*) permiso *m* para bajar a tierra.

shore² [ʃɔːʳ] VT: **to ~ up** (*way, tunnel*) apuntalar.

shorn [ʃɔːn] PP of **shear**.

short [ʃɔːt] [1] ADJ (*comp* **~er**; *superl* **~est**) [a] (*in length, distance, time: message, journey, hair*) corto/a; (*brief*) breve; (*person*) bajo/a, chaparro/a (*CAm, Mex*); **the days are getting ~er** los días se vuelven más cortos; **to be ~ in the leg** tener las piernas cortas; **to win by a ~ head** (*Racing*) ganar por una cabeza escasa; **a ~ time ago** hace poco; **that was ~ and sweet** eso fue corto y bueno; **in ~ order** en breve, en seguida; **to make ~ work of sth** (*fig*) despachar algo; **to have a ~ back and sides** llevar el pelo corto por detrás y por los lados; **~ cut** atajo *m*; **~ list** lista *f* de candidatos seleccionados; **~ sight** miopía *f*; **~ story** cuento *m*; **in the ~ term** a corto plazo; **to work ~ time, be on ~ time** (*Industry*) trabajar una jornada reducida; **~ wave** (*Rad*) onda *f* corta.

[b] (*insufficient*) escaso/a; **I'm £3 ~** me faltan 3 libras; **to give ~ weight** *or* **measure to sb** dar de menos a algn; **gold is in ~ supply** escasea el oro, hay escasez de oro; **to be ~ of sth** andar falto *or* escaso de algo; **~ of breath** corto/a de resuello; **it's little ~ of madness** lo que se podría llamar una locura; **~ ton** (*US: = 2,000 lb*) tonelada *f* corta.

[c] (*concise*) corto/a, breve; **~ and to the point** corto y bueno; **'Pat' is ~ for 'Patricia'** 'Patricia' se abrevia en 'Pat'; **Rosemary is called 'Rose' for ~** a Rosemary le dicen 'Rosa' para abreviar; **in ~** en pocas palabras, concretamente; *see* **long¹ 3**.

[d] (*reply, manner*) brusco/a; **to be ~ with sb** tratar a algn con sequedad; **to have a ~ temper** ser de mal genio, tener mal genio *or* mal carácter *or* corto de genio; *see* **shrift**.

[2] ADV [a] (*suddenly, abruptly*) en seco; **to stop ~, to pull up ~** pararse en seco.

[b] (*insufficiency*) **we're running ~ of bread** tenemos poco pan, se nos acaba el pan (*LAm*); **we never went ~ (of anything) as children** no nos faltó nada de niños; **to cut sth ~** suspender algo; **they had to cut ~ their holiday** tuvieron que interrumpir sus vacaciones; **to come/fall ~ of** no alcanzar; **to sell sb ~** (*fig*) menospreciar a algn.

[c] (*except*) **~ of apologizing ...** fuera de pedirle perdón ...; **nothing ~ of a miracle can save him** sólo un milagro le puede salvar, se necesitaría un milagro para salvarle.

[d] **in ~** en resumen.

[3] N [a] (*Elec*) = **short-circuit 1**.

[b] (*fam: drink*) bebida *f* corta.

[c] (*Cine*) cortometraje *m*.

[4] VT, VI (*Elec*) = **short-circuit 2, 3**.

shortage ['ʃɔːtɪdʒ] N (*lack*) falta *f*, escasez *f*; (*gen*) carestía *f*; **the housing ~** la crisis de la vivienda.

shortbread ['ʃɔːtbred] N *especie de mantecada*.

shortcake ['ʃɔːtkeɪk] N (*US*) torta *f* de frutas; (*Brit*) *especie de mantecada*.

short-change [ʃɔːt'tʃeɪndʒ] VT: **to ~ sb** no darle el cambio completo a algn; (*fig*) defraudar a algn; **to do this is to ~ the project** (*esp US*) hacer esto es tratar inadecuadamente el proyecto.

short-circuit [ʃɔːt'sɜːkɪt] (*Elec*) [1] N cortocircuito *m*. [2] VT poner en cortocircuito. [3] VI ponerse en cortocircuito.

shortcomings ['ʃɔːtkʌmɪŋz] NPL defectos *mpl*.

short(crust) pastry ['ʃɔːt(krʌst)'peɪstrɪ] N (*Brit*) pasta *f* quebradiza.

shorten ['ʃɔːtn] [1] VT (*gen*) acortar; (*journey etc*) acortar, abreviar; (*rations etc*) reducir. [2] VI acortarse, reducirse; (*days*) menguar.

shortening ['ʃɔ:tnɪŋ] N (*Culin*) manteca *f*, grasa *f*.

shortfall ['ʃɔ:tfɔ:l] N déficit *m*, deficiencia *f*.

short-haired ['ʃɔ:t'hɛəd] ADJ pelicorto/a.

shorthand ['ʃɔ:thænd] [1] N taquigrafía *f*; **to take sth down in** ~ escribir algo taquigráficamente. [2] CPD: ~ **notebook** N cuaderno *m* de taquigrafía; ~ **typist** N taquimecanógrafo/a *m/f*.

short-handed ['ʃɔ:t'hændɪd] ADJ falto/a de mano de obra.

short-haul ['ʃɔ:t'hɔ:l] ADJ de corto recorrido.

short-list ['ʃɔ:t'lɪst] VT: **to** ~ **sb** poner a algn en la lista de candidatos escogidos.

short-lived ['ʃɔ:t'lɪvd] ADJ (*fig*) efímero/a.

shortly ['ʃɔ:tlɪ] ADV [a] (*soon*) dentro de poco, en breve, ahorita (*Mex*), al tiro (*Chi*); ~ **after** poco después. [b] (*curtly*) bruscamente, secamente.

shorts ['ʃɔ:ts] NPL pantalones *mpl* cortos; **a pair of** ~ un pantalón corto.

short-sighted ['ʃɔ:t'saɪtɪd] ADJ (*lit, fig*) miope, corto/a de vista.

short-sleeved ['ʃɔ:tsli:vd] ADJ de manga corta.

short-staffed [,ʃɔ:t'stɑ:ft] ADJ falto/a de personal.

short-tempered ['ʃɔ:t'tempəd] ADJ de genio vivo.

short-term ['ʃɔ:tt3:m] ADJ a corto plazo; **a** ~ **loan** un préstamo a plazo corto; ~ **car park** zona *f* de estacionamiento limitado.

short-time ['ʃɔ:t'taɪm] N: ~ **working** trabajo *m* de horario reducido.

short-wave ['ʃɔ:t,weɪv] ADJ (*Rad*) de onda corta.

shot [ʃɒt] [1] N, PP of **shoot**; **to get** ~ **of sb/sth** (*fam*) deshacerse de algn/algo, quitarse algn/algo de encima; **black** ~ **(through) with blue** negro con visos azules; **his story is** ~ **through with inconsistencies** su narración está plagada de incongruencias. [2] N [a] (*act of shooting*) tiro *m*, balazo *m*; (*sound*) tiro, disparo *m*; (*shotgun pellets*) perdigones *mpl*; **to fire a** ~ **at sb/sth** tirar or disparar contra algn/algo; **he was off like a** ~ (*fig*) salió disparado or como un rayo; *see* **long¹ 1 (a)**. [b] (*person*) tirador(a) *m/f*; **he's a good/bad** ~ es un buen/mal tirador; **a big** ~ (*fam*) un pez gordo. [c] (*Ftbl*) tiro *m*; (*Golf, Tennis etc*) golpe *m*; (*Athletics*) peso *m*; (*throw*) tirada *f*, echada *f*; **to call the** ~**s** (*fig*) mandar, dirigirlo todo; **good** ~! ¡buen tiro! [d] (*attempt*) tentativa *f*, intento *m*; (*turn to play*) **it's your** ~ te toca (a ti); **to have a** ~ **at sth** probar suerte con algo; **to have a** ~ **at doing sth** hacer un intento de or intentar hacer algo; **a** ~ **in the dark** una tentativa a ciegas. [e] (*injection*) inyección *f*; (*of alcohol*) trago *m*; **a** ~ **of rum** un trago de ron; **the economy needs a** ~ **in the arm** (*fig*) la economía necesita estímulo. [f] (*Phot*) foto *f*. [3] CPD: ~ **put** N (*sport*) lanzamiento *m* de pesos; ~ **putter** N lanzador(a) *m/f* de pesos.

shotgun ['ʃɒtgʌn] [1] N escopeta *f*. [2] CPD: ~ **wedding** N casamiento *m* a la fuerza.

▼**should** [ʃʊd] AUX VB [a] (*used to form conditional tense*) **I** ~ **go**, **I'd go** yo iría; **I** ~ **have liked to** me hubiera gustado, quisiera haber; **I** ~ **think so** supongo que sí. [b] (*duty, advisability, desirability*) deber; **all cars** ~ **carry a first-aid kit** todos los coches deberían llevar un botiquín; **you** ~**n't do that** más vale no hacer eso, no deberías hacerlo; **I** ~**n't if I were you** yo que tú no lo haría; **he** ~ **know that ...** debiera saber que ...; **why** ~ **I?** ¿por qué lo voy a hacer?; **why** ~ **he (have done it)?** por qué lo iba a hacer? [c] (*statements of probability*) deber de; **he** ~ **pass his exams** debería de aprobar los exámenes; **they** ~ **have arrived by now** han de haber llegado ya; **this** ~ **be good** esto promete ser bueno. [d] (*subjun uses*) **who** ~ **I meet?** ¿a quién crees que me encontré?

shoulder ['ʃəʊldər] [1] N [a] (*Anat*) hombro *m*; (*of meat*,

animal) lomo *m*; **to carry sth over one's** ~ llevar algo en hombros; **to cry on sb's** ~ desahogarse con algn; **all the responsibilities fell on his** ~**s** tuvo que cargar con todas las responsabilidades; **to give sb the cold** ~ dar de lado a algn; **to look over one's** ~ mirar hacia atrás; **to look over sb's** ~ (*fig*) vigilar a algn; **to rub** ~**s with sb** codearse con algn; *see* **round-shouldered**. [b] (*of road, hill*) lomo *m*; *see* **hard 1 (a)**. [2] VT [a] (*fig: responsibilities etc*) cargar con. [b] **to** ~ **sb aside** apartar a algn con el hombro; **to** ~ **one's way through** abrirse paso a codazos. [3] CPD: ~ **bag** N bolso *m* de bandolera; ~ **blade** N omóplato *m*; ~ **pad** N hombrera *f*; ~ **strap** N tirante *m*; (*of satchel etc*) bandolera *f*.

shoulder-length ['ʃəʊldə,leŋθ] ADJ que llega hasta los hombros.

shouldn't ['ʃʊdnt] = **should not**.

shout [ʃaʊt] [1] N grito *m*; **a** ~ **of laughter/protest** una carcajada/un grito de protesta; **to give sb a** ~ gritarle a algn. [2] VT gritar. [3] VI (*cry out*) gritar; **to** ~ **for help** pedir socorro a gritos.
◆ **shout at** VI + PREP gritar a.
◆ **shout down** VT + ADV abuchear, callar.

shouting ['ʃaʊtɪŋ] N gritos *mpl*, vocerío *m*.

shove [ʃʌv] [1] N empujón *m*; **to give sb/sth a** ~ dar a algn de empujones/empujar algo. [2] VT empujar; **to** ~ **sb/sth in/out** *etc* meter/sacar *etc* a algn/algo a empellones. [3] VI empujar; **stop shoving!** (*fam*) ¡deja de empujar!
◆ **shove off** VI + ADV [a] (*Naut*) alejarse del muelle *etc*. [b] (*fam*) largarse, marcharse.
◆ **shove over**, **shove up** VI + ADV correrse.

shovel ['ʃʌvl] [1] N pala *f*; **mechanical** ~ pala mecánica, excavadora *f*. [2] VT mover con pala; **he was** ~**ling food into his mouth** (*fam*) se zampaba la comida.

show [ʃəʊ] (*vb: pt* ~**ed**; *pp* ~**n**) [1] N [a] (*showing*) demostración *f*, manifestación *f*; ~ **of hands** votación *f* a mano alzada. [b] (*exhibition*) exposición *f*; **agricultural** ~ feria *f* de campo; **to be on** ~ estar expuesto; **the garden is a splendid** ~ el jardín es un espectáculo; *see* **horse**; **motor** *etc*. [c] (*Theat, performance*) espectáculo *m*, función *f*; **to go to a** ~ ir al teatro; **on with the** ~! (*fig*) ¡que siga el espectáculo!; **good** ~! (*fam*) ¡muy bien hecho!; **let's get this** ~ **on the road** (*fig*) echémonos a la carretera; **to put up a good/poor** ~ (*fam*) dar/no dar buena cuenta de sí; **it's a poor** ~ (*fam*) es una vergüenza; *see* **steal**. [d] (*outward appearance*) apariencia *f*; **to do sth for** ~ hacer algo para impresionar; **it's just for** ~ es para lucir nada más; **to make a** ~ **of** hacer alarde de, hacer gala de; **to make a** ~ **of resistance** fingir resistencia. [e] (*organization*) negocio *m*, empresa *f*; **this is my** ~ aquí mando yo; **who's in charge of this** ~? ¿quién manda aquí? [2] VT [a] (*gen*) mostrar, enseñar; (*exhibit*) exponer; (*film*) proyectar, pasar; (*Theat*) representar, dar; **he** ~**ed me his new car** me enseñó su nuevo coche; **to** ~ **a film at Cannes** proyectar una película en Cannes; **white shoes soon** ~ **the dirt** los zapatos blancos pronto dejan ver la suciedad; **don't** ~ **your face here again** no te vuelvas a dejar ver por aquí; **to** ~ **one's hand** or **one's cards** (*lit*) poner las cartas boca arriba; (*fig*) descubrir el juego; **I'll** ~ **him!** (*fam*) ¡ya va a ver! [b] (*indicate*) marcar; **the speedometer** ~**s a speed of ...** el velocímetro marca ...; **the clock** ~**s 2 o'clock** el reloj marca las 2; **as** ~**n in the illustration** como se ve en el grabado; **the motorways are** ~**n in black** las autopistas están marcadas en negro; **to** ~ **a profit/loss** (*Comm*) arrojar un saldo positivo/negativo. [c] (*demonstrate*) enseñar; **to** ~ **that ...** demostrar que ..., hacer ver que ...; **it just goes to** ~ **(that) ...** queda demostrado (que)...; **I** ~**ed him that this could not be true** le hice ver que esto no podía ser cierto. [d] (*reveal*) manifestar, señalar; **to** ~ **intelligence/fear**

manifestar inteligencia/temor; **her face ~ed her happiness** se le veía la felicidad en la cara; **the choice of dishes ~s excellent taste** la selección de platos demuestra un gusto muy fino; **this ~s him to be a coward** esto deja manifiesto lo cobarde que es.

e (direct, conduct) llevar, señalar; **to ~ sb the way** señalar el camino a algn; **to ~ sb to his seat/to the door** or **out** acompañar a algn a su asiento/a la puerta; **to ~ sb the door** (fig) echar a algn con cajas destempladas; **to ~ sb round** or **over a house** dar a algn el recorrido de una casa.

3 VI **a** (stain, emotion, underskirt etc) notarse, verse; **it doesn't ~** no se ve or nota; **fear ~ed on her face** se le notaba or manifestaba el miedo en la cara; **don't worry, it won't ~** no te preocupes, no se notará.

b (film) proyectarse; **there's a horror film ~ing at the Odeon** están pasando una película de horror en el Odeón.

c (demonstrate) demostrar, manifestar; **he had nothing to ~ for his trouble** se quedó sin nada después de tanto trabajo; **time will ~** el tiempo lo dirá.

4 CPD: **~ business** N, **~ biz** N (fam) el mundo del espectáculo; **~ house** N (Brit) casa f modelo; **~ jumping** N hípica f, hipismo m; **~ trial** N proceso m organizado con fines propagandísticos.

◆ **show in** VT + ADV hacer pasar; **~ him in!** ¡que pase!
◆ **show off** **1** VI + ADV presumir, darse tono.
2 VT + ADV hacer alarde de, ostentar.
◆ **show out** VT + ADV acompañar a la puerta.
◆ **show up** **1** VI + ADV **a** (be visible) verse, notarse.
b (fam: arrive) presentarse, acudir.
2 VT + ADV **a** (conduct) hacer subir; **~ him up!** ¡hazle subir!
b (reveal) revelar; **he was ~n up as an imposter** quedó expuesto como impostor; **the bright lighting ~ed up her scars** el alumbrado hizo resaltar sus cicatrices.
c (embarrass) avergonzar, apenar (LAm); **please don't ~ me up!** por favor, no me hagas quedar en ridículo.

showcase ['ʃəʊkeɪs] **1** N (in shop, museum) vitrina f. **2** CPD: **~ project** N proyecto m modelo. **3** VT exhibir.

showdown ['ʃəʊdaʊn] N enfrentamiento m (final); **to have a ~ with sb** enfrentarse con algn.

shower ['ʃaʊəʳ] **1** N **a** (of rain) chubasco m, chaparrón m, aguacero m.
b (fig: of arrows, stones, blows etc) lluvia f.
c (US: party) fiesta f de obsequio.
d (~ bath) (ducha f, regadera f (Mex); **to have** or **take a ~** ducharse.
e (Brit fam) gentuza f; **what a ~!** ¡qué pesados!
2 VT (fig) inundar; **they ~ed gifts (up)on the queen** los regalos llegaron a la reina en montones; **he was ~ed with invitations** llovieron invitaciones.
3 VI (take a ~) ducharse.
4 CPD: **~ cap** N gorro m de baño; **~ curtain** N cortina f de ducha; **~ gel** N gel m de baño; **~ head** N alcachofa f de ducha; **~ unit** N ducha f.

showerproof ['ʃaʊəpruːf] ADJ impermeable.

showery ['ʃaʊərɪ] ADJ lluvioso/a.

showgirl ['ʃəʊgɜːl] N corista f.

showground ['ʃəʊgraʊnd] N real m.

showing ['ʃəʊɪŋ] N **a** (of film) proyección f. **b** (performance) actuación f; **the poor ~ of the team** la pobre actuación del equipo.

showman ['ʃəʊmən] N (pl **-men**) (at fair, circus) empresario m; (fig) **he's a great ~!** ¡es un extrovertido!

showmanship ['ʃəʊmənʃɪp] N (fig) teatralidad f.

shown [ʃəʊn] PP of **show**.

show-off ['ʃəʊɒf] N (fam) presumido/a m/f.

showpiece ['ʃəʊpiːs] N (centrepiece) objeto m cumbre; **the ~ of the exhibition is ...** el éxito de la exposición es ....

showplace ['ʃəʊpleɪs] N lugar m turístico.

showroom ['ʃəʊrʊm] N (Comm) sala f de muestras; (Art) sala de exposición, galería f de arte.

showstopper ['ʃəʊ,stɒpəʳ] N exitazo m.

showy ['ʃəʊɪ] ADJ (comp **-ier**; superl **-iest**) ostentoso/a.

shpt ABBR (Comm) of **shipment**.

shrank [ʃræŋk] PT of **shrink**.

shrapnel ['ʃræpnl] N metralla f.

shred [ʃred] **1** N (of cloth) jirón m; (of paper) tira f; (fig: of truth, evidence) chispa f; **if you had a ~ of decency** si Vd tuviese una gota de honradez; **you haven't got a ~ of evidence** no tienes la más mínima prueba; **in ~s** (lit, fig) hecho/a jirones or trizas; **to tear sth to ~s** (lit, fig) hacer algo trizas.
2 VT (paper) hacer trizas, triturar; (food) despedazar.

shredder ['ʃredəʳ] N (for documents, papers) trituradora f; (vegetable ~) picadora f.

shrew [ʃruː] N (Zool) musaraña f; (fig pej: woman) arpía f.

shrewd [ʃruːd] ADJ (comp **~er**; superl **~est**) (person) perspicaz, astuto/a; (wise) sabio/a, juicioso/a; (plan etc) atinado/a, sagaz; **I have a ~ idea that ...** tengo la sospecha de que ....

shrewdly ['ʃruːdlɪ] ADV (see adj) con perspicacia or astucia; sabiamente; con tino.

shrewdness ['ʃruːdnɪs] N (see adj) perspicacia f, astucia f; juicio m; tino m, sagacidad f.

shriek [ʃriːk] **1** N chillido m, grito m agudo; **a ~ of pain** un grito de dolor. **2** VI chillar; **to ~ with laughter** chillar de risa.

shrift [ʃrɪft] N: **to give sb short ~** (fig) despachar a algn sin rodeos; **he gave that idea short ~** mostró su completa disconformidad con tal idea; **he got short ~ from the boss** el jefe se mostró poco compasivo con él.

shrill [ʃrɪl] ADJ (comp **~er**; superl **~est**) (voice) chillón/ona, agudo/a; (sound) estridente, agudo.

shrimp [ʃrɪmp] N (Zool) camarón m; (fig) enano/a m/f.

shrine [ʃraɪn] N (Rel: tomb) sepulcro m; (: place) lugar m sagrado.

shrink [ʃrɪŋk] (pt **shrank**; pp **shrunk**) **1** VT encoger.
2 VI **a** (gen) encogerse; **to ~ in the wash** encogerse al lavar.
b (also **~ away**, **~ back**) retroceder, echar marcha atrás; **I ~ from doing it** no me atrevo a hacerlo; **he did not ~ from touching it** no vaciló en tocarlo.
3 N (fam) psiquiatra mf.

shrinkage ['ʃrɪŋkɪdʒ] N (gen) encogimiento m; (Tech: contraction) contracción f; (Comm: in shops) pérdidas fpl.

shrinking ['ʃrɪŋkɪŋ] ADJ: **~ violet** (fig) tímido/a m/f, vergonzoso/a mf.

shrink-wrap ['ʃrɪŋkræp] VT empaquetar or envasar al calor.

shrink-wrapped ['ʃrɪŋkræpt] ADJ empaquetado/a or envasado/a al calor.

shrink-wrapping ['ʃrɪŋkræpɪŋ] N envasado m al calor.

shrivel ['ʃrɪvl] (also **~ up**) **1** VT (plant etc) marchitar, secar; (skin) arrugar. **2** VI (plant etc) marchitarse, secarse; (skin etc) arrugarse; **to have a ~led skin** tener la piel arrugada.

shroud [ʃraʊd] **1** N (round corpse) sudario m, mortaja f.
2 VT: **~ed in** (fig) envuelto en.

Shrove Tuesday ['ʃrəʊv'tjuːzdɪ] N martes m de carnaval.

shrub [ʃrʌb] N arbusto m.

shrubbery ['ʃrʌbərɪ] N arbustos mpl.

shrug [ʃrʌg] **1** N encogimiento m de hombros. **2** VT: **to ~ one's shoulders** encogerse de hombros. **3** VI encogerse de hombros.
◆ **shrug off** VT + ADV no hacer caso de; **he just ~ged it off** se encogió de hombros y no hizo caso.

shrunk [ʃrʌŋk] PP of **shrink**.

shrunken ['ʃrʌŋkən] ADJ encogido/a.

shtoom [ʃtʊm] ADJ: **to keep ~** (fam) achantar (fam), estar achantado (fam).

shudder ['ʃʌdəʳ] **1** VI (person) estremecerse (with de); (machinery) vibrar; **the car ~ed to a halt** el coche paró a sacudidas; **I ~ to think** (fig) sólo pensarlo me da horror.
2 N (of person) estremecimiento m, escalofrío m; (of machinery) vibración f, sacudida f; **to give a ~** sacudirse.

shuffle ['ʃʌfl] **1** N **a** **to walk with a ~** caminar arrastrando los pies.
b (Cards) **to give the cards a ~** barajar (las cartas).
2 VT **a** (feet) arrastrar.
b (mix up: papers) revolver, traspapelar; (: cards) barajar.

3 VI **a** (*walk*) arrastrar los pies; **to ~ about** moverse de un lado para otro; **to ~ in/out** entrar/salir arrastrando los pies. **b** (*cards*) barajar.

shun [ʃʌn] VT **a** (*person*) rechazar. **b** (*work*) evitar. **c** (*publicity*) rehuir.

shunt [ʃʌnt] VT (*Rail*) cambiar de vía, shuntar; (*fig*) desviar.

shunting yard ['ʃʌntɪŋˌjɑːd] N estación *f* de maniobras.

shush [ʃuʃ] **1** INTERJ ¡chis!, ¡chitón! **2** VT (*fam*) (hacer) callar.

shut [ʃʌt] (*pt, pp* **~**) **1** VT cerrar; **they ~ the door in his face** le dieron con la puerta en las narices; **to ~ one's fingers in the door** pillarse los dedos en la puerta. **2** VI cerrarse; **we ~ at 5** cerramos a las 5.
◆ **shut away** VT + ADV encerrar.
◆ **shut down 1** VI + ADV cerrarse. **2** VT + ADV (*gen*) cerrar; (*machine*) apagar; (*by law*) clausurar.
◆ **shut in** VT + ADV encerrar.
◆ **shut off** VT + ADV **a** (*stop: water, power, machine*) cortar, cerrar. **b** (*isolate*) aislar (*from* de).
◆ **shut out** VT + ADV (*leave outside*) dejar fuera; (*put outside*) sacar; (*close door on*) cerrar la puerta a; (*keep out*) excluir; (*block*) tapar.
◆ **shut up 1** VI + ADV (*fam: be quiet*) callarse; **~ up!** ¡cállate! **2** VT + ADV **a** (*close*) cerrar. **b** (*enclose*) encerrar. **c** (*fam: silence*) callar, hacer callar.

shutdown ['ʃʌtdaʊn] N cierre *m*.

shut-eye ['ʃʌtaɪ] N (*fam*) sueño *m*; **to get some ~** echar un sueñecito (*fam*).

shut-in ['ʃʌtɪn] ADJ encerrado/a.

shutout ['ʃʌtaʊt] N (*US: lockout*) cierre *m* patronal.

shutter ['ʃʌtə'] **1** N (*on window*) contraventana *f*, postigo *m*; (*Phot*) obturador *m*. **2** CPD: **~ speed** N velocidad *f* de obturación.

shuttered ['ʃʌtəd] ADJ con las contraventas cerradas.

shuttle ['ʃʌtl] **1** N (*weaving, sewing*) lanzadera *f*; (*space ~*) transportador *m* espacial; (*fig: transport*) servicio *m* regular; (*Aer*) puente *m* aéreo. **2** VI (*subj: transport, person*) ir y venir. **3** VT transportar, trasladar. **4** CPD: **~ diplomacy** N viajes *mpl* diplomáticos; **~ service** N servicio *m* regular entre dos puntos.

shuttlecock ['ʃʌtlkɒk] N (*Badminton*) volante *m*.

shy [ʃaɪ] **1** ADJ (*comp* **~er**; *superl* **~est**) tímido/a; **to be ~** avergonzarse, apenarse (*LAm*); **to fight ~ of sth/of doing sth** esquivar algo/no atreverse a hacer algo. **2** VI (*horse*) espantarse (*at* a); **to ~ away from sth** (*fig*) huir *or* rehuir de algo; **to ~ away from doing sth** rehusar hacer algo.

shyly ['ʃaɪlɪ] ADV tímidamente, con timidez.

shyness ['ʃaɪnɪs] N timidez *f*.

shyster ['ʃaɪstə'] N (*US fam*) tramposo/a *m/f*, estafador(a) *m/f*.

SI N ABBR **of Système Internationale** sistema *m* métrico internacional.

Siam [saɪ'æm] N (*old*) Siam *m*.

Siamese [ˌsaɪə'miːz] **1** N siamés/esa *m/f*. **2** ADJ siamés/esa; **~ cat** gato *m* siamés; **~ twins** hermanos *mpl* siameses.

Siberia [saɪ'bɪərɪə] N Siberia *f*.

Siberian [saɪ'bɪərɪən] ADJ, N siberiano/a *m/f*.

sibilant ['sɪbɪlənt] ADJ, N sibilante *f*.

sibling ['sɪblɪŋ] **1** N hermano/a *m/f*. **2** CPD: **~ rivalry** N rivalidad *f* de hermanos.

sic [sɪk] ADV: **he said '~'** dijo '~' (*palabras textuales o la cita es textual*).

Sicilian [sɪ'sɪlɪən] ADJ, N siciliano/a *m/f*.

Sicily ['sɪsɪlɪ] N Sicilia *f*.

sick [sɪk] **1** ADJ (*comp* **~er**; *superl* **~est**) **a** (*ill*) enfermo/a, malo/a; **to be (off) ~** estar ausente por enfermedad; **~ building syndrome** síndrome *m* causado por el aire acondicionado. **b** (*dizzy, about to vomit*) mareado/a; **~ headache** jaqueca *f*; **to be ~** vomitar, devolver (el estómago); **to**

feel ~ sentir náuseas; **it will make you ~** te hará mal. **c** (*fig: mind, joke*) morboso/a; **to be ~ (and tired or to death) of sth/sb** estar harto (a reventar) de algo/algn; **you make me ~!** (*lit*) ¡me das asco!; **it makes me ~!** (*fig*) ¡me revienta!; **it's enough to make you ~** es para volverse loco; **she worried herself ~ about it** se inquietó terriblemente por esto. **2** NPL: **the ~** los enfermos *mpl*. **3** CPD: **~ benefit** N subsidio *m* de enfermedad; **~ leave** N: **to be on ~ leave** tener licencia por enfermedad; **~ list** N: **to be on the ~ list** estar de baja; **~ pay** N pago *m* durante la enfermedad.
◆ **sick up** VT + ADV (*fam*) vomitar, devolver.

sickbag ['sɪkbæg] N bolsa *f* para el mareo.

sickbay ['sɪkbeɪ] N enfermería *f*.

sickbed ['sɪkbed] N lecho *m* de enfermo.

sicken ['sɪkn] **1** VT (*make ill*) poner enfermo; (*revolt*) dar asco; (*fig*) **~s me to think I missed the party** me enferma pensar que me perdí la fiesta. **2** VI caer enfermo, enfermarse; **to be ~ing for sth** (*show signs of*) mostrar síntomas de; (*miss*) echar de menos, echar a faltar.

sickening ['sɪknɪŋ] ADJ (*lit*) nauseabundo/a; (*fig*) asqueroso/a, repugnante; (*fam: annoying*) exasperante.

sickle ['sɪkl] N hoz *f*.

sickle-cell anaemia, (*US*) **sickle-cell anemia** ['sɪkl,selə'niːmɪə] N anemia *f* de células falciformes, drepanocitosis *f*.

sickly ['sɪklɪ] ADJ (*comp* **-ier**; *superl* **-iest**) (*person*) enfermizo/a, enclenque; (*smile*) forzado/a; (*pale*) pálido/a; (*taste, smell*) empalagoso/a; **~ sweet** dulzón/ona.

sick-making ['sɪkmeɪkɪŋ] ADJ (*fam*) asqueroso/a.

sickness ['sɪknɪs] **1** N enfermedad *f*; (*sea ~, air ~*) mareo *m*. **2** CPD: **~ benefit** N = **sick benefit**.

sickroom ['sɪkrʊm] N cuarto *m* del enfermo.

side [saɪd] **1** N **a** (*of person*) lado *m*, costado *m*; (*of animal*) ijar *m*, ijada *f*; **~ of bacon/beef** lonja *f* de tocino/vaca *or* (*LAm*) res; **at** *or* **by sb's ~** al lado de algn; (*fig*) en apoyo a algn; **by the ~ of me** a mi lado; **~ by ~** uno al lado del otro. **b** (*edge: of box, square, building etc*) lado *m*; (*of boat, vehicle*) costado *m*; (*of hill*) ladera *f*, falda *f*; (*of lake*) orilla *f*; (*of road*) borde *m*; **on the other ~ of the road etc** al otro lado de la calle *etc*. **c** (*face, surface: of box, solid figure, paper, record etc*) cara *f*; (*fig: aspect*) lado *m*, aspecto *m*; **right ~ up** boca arriba; **to hear both ~s of the question** escuchar los argumentos en pro y en contra. **d** (*part*) lado *m*; **the left-hand ~** el lado izquierdo; **from all ~s, from every ~** de todas partes, de todos lados; **on all ~s** por todas partes, por todos lados; **from ~ to ~** de un lado a otro; **to move to one ~** apartarse, ponerse de lado; **to take sb on** *or* **to one ~** apartar a algn; **to put sth to** *or* **on one ~ (for sb)** guardar algo (para algn); **leaving that to one ~ for the moment, ...** dejando eso a un lado por ahora, ...; **on the mother's ~** por parte de la madre; **to be on the wrong/right ~ of 30** haber/no haber cumplido los 30 años; **to get on the wrong/right ~ of sb** caerle mal/bien a algn; **to keep on the right ~ of sb** congraciarse *or* quedar bien con algn; **to get out of bed on the wrong ~** levantarse con el pie izquierdo; **to be on the safe ~ ...** para estar seguro ..., por si acaso ...; **to look on the bright ~** ser optimista; **it's a bit on the large ~** es algo *or* (*LAm*) tantito grande; **to make a bit (of money) on the ~** (*fam*) ganar algún dinero extra, hacer chapuzas (*Sp*); **it's this ~ of Segovia** está más acá de Segovia; **it won't happen this ~ of Christmas** no será antes de Navidades. **e** (*party, team: Sport*) equipo *m*; (: *Pol*) partido *m*; **to have age/justice etc on one's ~** tener la juventud/la justicia *etc* de su lado; **he's on our ~** es de los nuestros; **whose ~ are you on?** ¿a quiénes apoyas?; **with a few concessions on the government ~** con algunas concesiones por parte del gobierno; **to pick** *or* **choose ~s** seleccionar el equipo; **to be on the ~ of sth/sb** ser partidario/a de algo/algn; **to take ~s (with sb)** tomar

partido (con algn); **to change ~s** pasar al otro bando; (*opinion*) cambiar de opinión; **to let the ~ down** (*Sport*) dejar caer a los suyos; (*fig*) decepcionar.
[2] VI: **to ~ with sb** (*in argument*) ponerse de parte de algn.
[3] CPD: **~ dish** N entremés *m*; **~ door** N, **~ entrance** N puerta *f* de al lado; **~ effect** N efecto *m* secundario; **~ glance** N mirada *f* de soslayo; **~ issue** N cuestión *f* secundaria; **~ order** N plato de acompañamiento; **~ plate** N platito *m*; **~ road** N carretera *f* secundaria; **~ street** N calle *f* lateral; **~ view** N perfil *m*.

sideboard ['saɪdbɔːd] N aparador *m*.
sideboards ['saɪdbɔːdz], (*US*) **sideburns** ['saɪdbɜːnz] NPL patillas *fpl*.
sidecar ['saɪdkɑːʳ] N sidecar *m*.
-sided ['saɪdɪd] ADJ SUF de ... aspectos *or* caras.
sidekick ['saɪdkɪk] N (*esp US fam*) compañero/a *m/f*, compinche *mf* (*fam*), cuate/a *m/f* (*Mex*), pata *mf* (*Per*).
sidelight ['saɪdlaɪt] N (*Aut*) luz *f* lateral.
sideline ['saɪdlaɪn] N [a] (*Ftbl etc*) línea *f* de banda. [b] (*fig: Comm*) actividad *f* suplementaria; **it's just a ~** es un pasatiempo, nada más. [c] (*fig*) **to be on the ~s** estar al margen.
sidelong ['saɪdlɒŋ] [1] ADV de costado. [2] ADJ: **~ glance** mirada *f* de reojo *or* soslayo.
side-saddle ['saɪd,sædl] [1] N silla *f* de amazona. [2] ADV: **to ride ~** montar a la amazona.
sideshow ['saɪdʃəʊ] N (*at fair*) atracción *f* secundaria.
side-splitting ['saɪd,splɪtɪŋ] ADJ (*fam*) para reírse a carcajadas.
sidestep ['saɪdstep] [1] VT (*problem, question*) eludir, esquivar. [2] VI (*Boxing etc*) dar un quiebro, fintar *or* (*LAm*) dar una finta.
sideswipe ['saɪdswaɪp] N (*also fig*) golpe *m* de refilón.
sidetrack ['saɪdtræk] VT (*person*) despistar; **I got ~ed** me despisté.
sidewalk ['saɪdwɔːk] N (*US: pavement*) acera *f*, vereda *f* (*LAm*), andén *m* (*CAm, Col*), banqueta *f* (*Mex*).
sideways ['saɪdweɪz] [1] ADJ (*gen*) de lado, lateral; (*look*) de reojo *or* soslayo. [2] ADV: **to step ~** hacerse de lado; **to walk/move ~** andar/moverse hacia el lado *or* lateralmente; **it goes** *or* **fits in ~** se mete de lado *or* de costado.
siding ['saɪdɪŋ] N (*Rail*) apartadero *m*, vía *f* muerta.
sidle ['saɪdl] VI: **to ~ up (to sb)** acercarse furtivamente (a algn); **to ~ in/out** entrar/salir furtivamente.
SIDS N ABBR of **sudden infant death syndrome**.
siege [siːdʒ] [1] N cerco *m*, sitio *m*; **to lay ~ to** cercar, sitiar. [2] CPD: **~ economy** N economía *f* de sitio.
sienna [sɪ'enə] N siena *f*.
Sierra Leone [sɪ'erɑlɪ'əʊn] N Sierra *f* Leona.
siesta [sɪ'estə] N siesta *f*; **to have a ~** dormir la siesta.
sieve [sɪv] [1] N (*gen*) colador *m*; (*Min*) criba *f*, tamiz *m*. [2] VT (*liquid etc*) colar; (*flour, soil etc*) cribar, tamizar.
sift [sɪft] [1] VT (*flour, soil etc*) cerner, tamizar. [2] VI: **to ~ through** (*fig*) examinar cuidadosamente.
sigh [saɪ] [1] N (*of person*) suspiro *m*; (*of wind*) susurro *m*, gemido *m*; **to heave a ~** dar un suspiro. [2] VI (*person*) suspirar; (*wind*) susurrar.
sighing ['saɪɪŋ] N (*of person*) suspiros *mpl*; (*of wind*) susurro *m*.
sight [saɪt] [1] N [a] (*faculty, act of seeing*) vista *f*; **to have good/poor (eye)~** tener buena/mala vista; **at ~** a la vista; **at first ~** a primera vista; **to shoot on ~** disparar sin previo aviso; **I know her by ~** la conozco de vista; **to be in** *or* **within ~** estar a la vista (*of* de); **to have sth within ~** tener algo a la vista; **to keep sth in ~** no perder de vista algo; **we were within ~ of the coast** teníamos la costa a la vista; **it came into ~** apareció; **to catch ~ of sth/sb** divisar algo/a algn; **to be out of ~** no estar a la vista; **keep out of ~!** ¡no te dejes ver!, ¡escóndete!; **not to let sb out of one's ~** no perder a algn de vista; **out of ~** (*US fam*) fabuloso/a (*fam*); **out of ~, out of mind** ojos que no ven, corazón que no siente; **to buy sth ~ unseen** comprar algo sin verlo; **to hate the ~ of sb/sth** no poder ver a algn/algo; **to lose ~ of sb/sth** perder a

algn/algo de vista; **to lose ~ of sb** (*fig*) perder contacto con algn; **to lose ~ of the fact that ...** no tener presente el hecho de que ....
[b] (*spectacle*) espectáculo *m*; **to see** *or* **visit the ~s of Madrid** visitar los lugares turísticos *or* de mayor interés de Madrid; **it's not a pretty ~** no es precisamente bonito; **it's a ~ for sore eyes** da gusto verlo.
[c] (*spectacle: of person*) **I must look a ~** debo parecer horroroso, ¿no?; **what a ~ you are!** ¡qué adefesio!
[d] (*on gun: often pl*) mira *f*, alza *f*; **in one's ~s** en la línea de tiro; **to set one's ~s on sth/doing sth** aspirar a *or* ambicionar algo/hacer algo; **to set one's ~s too high** (*fig*) ser demasiado ambicioso.
[e] (*fam: a great deal*) **this is a ~ better than the other one** éste no tiene comparación con el otro.
[2] VT (*Naut: land*) ver, divisar; (*bird, rare animal*) observar, ver; (*person*) ver.
sighted ['saɪtɪd] ADJ vidente.
-sighted ['saɪtɪd] ADJ SUF: **short~** corto/a de vista, miope.
sighting ['saɪtɪŋ] N observación *f*.
sight-read ['saɪtriːd] (*pt, pp* **-read**) VT, VI (*Mus*) repentizar.
sight-reading ['saɪt,riːdɪŋ] N (*Mus*) acción *f* de repentizar.
sightseeing ['saɪt,siːɪŋ] N turismo *m*; **to go ~, to do some ~** hacer turismo.
sightseer ['saɪt,sɪəʳ] N turista *mf*.
sign [saɪn] [1] N [a] (*gesture*) gesto *m*, seña *f*; (*: symbolic etc*) señal *f*; **to make a ~ to sb** hacer seña a algn; **to make the ~ of the Cross** hacer la señal de la cruz.
[b] (*indication*) señal *f*, muestra *f*; (*proof*) prueba *f*; (*track, trail*) huella *f*, rastro *m*; **as a ~ of** en señal de algo; **it's a (sure) ~** es una prueba (inconfundible); **it's a ~ of the times** es señal de la época; **it's a good/bad ~** es buena/mala señal; **at the first** *or* **slightest ~ of sth** al primer indicio de algo; **there was no ~ that he had been there** no dejó rastro de su presencia; **to show ~s/no ~ of doing sth** dar/no dar muestras de hacer algo; **there was no ~ of him anywhere** no se le veía en ninguna parte; **there was no ~ of life in the village** no había señal de vida en el pueblo.
[c] (*road ~: with instructions*) señal *f* de tráfico; (*: direction indicator*) indicador *m*; (*shop ~*) letrero *m*, rótulo *m*; (*notice*) anuncio *m*; (*US: carried in demonstration*) pancarta *f*; **there was a big ~ which said 'Danger'** había un gran letrero que decía 'Peligro'.
[d] (*written symbol*) signo *m*, símbolo *m*; (*Astron, Math, Mus, Zodiac*) signo; **plus/minus ~** signo de más/de menos.
[2] VT [a] (*letter, contract*) firmar; **to ~ one's name** firmar; **she ~s herself B. Smith** firma con el nombre B. Smith.
[b] (*Ftbl: player*) fichar.
[3] VI [a] (*with signature*) firmar.
[b] (*signal*) hacer señas; **to ~ to sb to do sth** hacer señas a algn para que haga algo.
[4] CPD: **~ language** N lenguaje *m* por señas.
◆ **sign away** VT + ADV (*rights etc*) ceder.
◆ **sign for** VI + PREP (*key, parcel etc*) firmar el recibo de.
◆ **sign in** [1] VI + ADV firmar el registro.
[2] VT + ADV inscribir en la lista de invitados.
◆ **sign off** VI + ADV (*Rad, TV*) cerrar el programa; (*ending letter*) terminar.
◆ **sign on** [1] VI + ADV (*Mil etc: enlist*) alistarse; (*as unemployed*) registrarse como desempleado; (*as worker*) contratarse; **to ~ on for a course** (*enrol*) matricularse en una clase.
[2] VT + ADV (*employees*) contratar; (*Mil: enlisted man*) alistar; (*Ftbl*) fichar.
◆ **sign out** [1] VI + ADV marcharse.
[2] VT + ADV: **you must ~ all books out** tienes que firmar al tomar prestado cualquier libro.
◆ **sign over** VT + ADV (*rights etc*) ceder.
◆ **sign up = sign on**.
signal ['sɪgnl] [1] N señal *f*; (*Telec*) señal, tono *m*; (*TV, Rad*) sintonía *f*; **traffic ~s** semáforo *m*; **railway ~s** semáforos de ferrocarril.
[2] VT [a] (*message*) comunicar por señales; **to ~ a left-/**

right-hand turn (*Aut*) indicar que va a doblar a la izquierda/derecha; **to ~ sb on/through** dar la señal de pasar.
| **b** | (*signify*) señalar.
| **3** | VI (*gen*) dar una señal; (*with hands*) hacer señas; **to ~ to sb to do sth** hacer señas a algn para que haga algo; **to ~ (to sb) that ...** comunicar (a algn) por señas que ....
| **4** | CPD: **~ box** N (*Rail*) garita *f* de señales.
signalman ['sɪgnlmən] N (*pl* **-men**) (*Rail*) guardavía *mf*.
signatory ['sɪgnətərɪ] N firmante *mf*, signatario/a *m/f*.
signature ['sɪgnətʃəʳ] | **1** | N | **a** | (*of person*) firma *f*; **to put one's ~ to sth** firmar algo. | **b** | (*Mus*) armadura *f*. | **2** | CPD: **~ tune** N sintonía *f* de apertura de un programa.
signboard ['saɪnbɔ:d] N (*small*) letrero *m*; (*large*) cartelera *f*.
signet ['sɪgnɪt] CPD: **~ ring** N sello *m*.
significance [sɪg'nɪfɪkəns] N (*meaning*) significado *m*; (*importance*) importancia *f*.
significant [sɪg'nɪfɪkənt] ADJ (*meaningful*) significativo/a; (*important*) importante; **~ other** (*fam: partner*) pareja *f*; **calculate it to 4 ~ figures** (*Math*) calcúlelo a 4 cifras significativas; **it is ~ that ..., it's a ~ fact that ...** es significativo que ....
significantly [sɪg'nɪfɪkəntlɪ] ADV (*markedly*) sensiblemente; **~, most of them are Scottish** es de notar que la mayoría son escoceses; **she looked at me ~** me lanzó una mirada expresiva.
signify ['sɪgnɪfaɪ] VT | **a** | (*mean*) querer decir, significar; (*indicate*) indicar, señalar; **to ~ that ...** dar a entender que .... | **b** | (*make known*) indicar.
signpost ['saɪnpəʊst] | **1** | N poste *m* indicador. | **2** | VT indicar.
Sikh [si:k] ADJ, N sij *mf*.
silage ['saɪlɪdʒ] N ensilaje *m*.
silence ['saɪləns] | **1** | N silencio *m*; **~!** ¡silencio!; **in (dead** *or* **complete) ~** en silencio (absoluto); **there was ~ on the matter** no se hizo comentario alguno sobre la cuestión; **to pass over sth in ~** pasar algo por alto; **~ is golden** en boca cerrada no entran moscas.
| **2** | VT (*person, critics*) hacer callar, acallar; (*noise*) apagar; (*conscience*) calmar, aplacar.
silencer ['saɪlənsəʳ] N (*Aut, on gun*) silenciador *m*.
silent ['saɪlənt] ADJ (*person*) silencioso/a, callado/a; (*film, letter etc*) mudo/a; **to fall ~** callarse, quedarse callado; **to keep** *or* **remain ~** guardar silencio; **~ majority** mayoría silenciosa; **~ partner** (*esp US*) socio/a *m/f* comanditario/a.
silently ['saɪləntlɪ] ADV (*gen*) en silencio; (*not speaking*) sin hablar.
silhouette [ˌsɪlu:'et] | **1** | N silueta *f*. | **2** | VT: **to be ~d against sth** destacarse *or* perfilarse en *or* contra algo.
silica ['sɪlɪkə] N sílice *f*.
silicon ['sɪlɪkən] | **1** | N silicio *m*. | **2** | CPD: **~ chip** N plaqueta *f* de silicio.
silicone ['sɪlɪkəʊn] N silicona *f*.
silicosis [ˌsɪlɪ'kəʊsɪs] N silicosis *f*.
silk [sɪlk] | **1** | N seda *f*. | **2** | CPD de seda.
silkmoth ['sɪlkmɒθ] N mariposa *f* de seda.
silk-screen ['sɪlkskri:n] CPD: **~ printing** N serigrafía *f*.
silkworm ['sɪlkwɜ:m] N gusano *m* de seda.
silky ['sɪlkɪ] ADJ (*comp* **-ier**; *superl* **-iest**) (*material*) sedoso/a; (*sound*) suave.
sill [sɪl] N (*window~*) alféizar *m*; (*Aut*) umbral *m*.
silliness ['sɪlɪnɪs] N (*quality*) estupidez *f*; (*act*) tontería *f*.
silly ['sɪlɪ] ADJ (*comp* **-ier**; *superl* **-iest**) (*stupid: person*) tonto/a, bobo/a, sonso/a *or* zonzo/a (*LAm*); (*: act, idea*) absurdo/a; (*ridiculous*) ridículo/a; **how ~ (of) me!** ¡qué tonto soy!; **to laugh o.s. ~** (*fam*) desternillarse de risa (*fam*); **to make sb look ~** poner a algn en ridículo; **~ season** temporada *f* boba, canícula *f*.
silo ['saɪləʊ] N (*pl* **~s**) (*gen*) silo *m*.
silt [sɪlt] N sedimento *m*, aluvión *m*.
◆ **silt up** | **1** | VI + ADV obstruirse con sedimentos. | **2** | VT + ADV obstruir (con sedimentos).
silver ['sɪlvəʳ] | **1** | N (*metal*) plata *f*; (*~ware, ~ cutlery*) plata, vajilla *f* de plata; (*money*) monedas *fpl* de plata.

| **2** | CPD de plata; **~ beet** N (*US*) acelga *f*; **~ birch** N abedul *m* plateado; **~ coin** N moneda *f* de plata; **~ foil** N hoja *f* de plata; **~ jubilee** N vigésimo quinto aniversario *m*; **~ lining** N (*fig*) resquicio *m* de esperanza; **~ paper** N papel *m* de plata; **~ plate** N (*material*) plateado *m*; (*objects*) vajilla *f* plateada; **the ~ screen** N la pantalla cinematográfica; **~ wedding** N bodas *fpl* de plata.
silver-plated [ˌsɪlvə'pleɪtɪd] ADJ plateado/a.
silversmith ['sɪlvəsmɪθ] N platero/a *m/f*.
silverware ['sɪlvəwɛəʳ] N plata *f*, vajilla *f* de plata.
silvery ['sɪlvərɪ] ADJ (*colour*) plateado/a; (*sound*) argentino/a.
simian ['sɪmɪən] ADJ símico/a.
▼**similar** ['sɪmɪləʳ] ADJ semejante *or* parecido/a (*to* a); **A and B are ~, A is ~ to B** A y B se parecen; **~ in size** de tamaño parecido; **the cars are so ~ that ...** los coches se parecen tanto que ....
similarity [ˌsɪmɪ'lærɪtɪ] N semejanza *f*, parecido *m*.
similarly ['sɪmɪləlɪ] ADV (*equally*) igualmente; (*in a like manner*) de manera parecida; **and ~, ...** y del mismo modo *or* por la misma razón ....
simile ['sɪmɪlɪ] N símil *m*.
simmer ['sɪməʳ] | **1** | VT cocer a fuego lento. | **2** | VI hervir a fuego lento; (*fig*) estar a punto de estallar.
◆ **simmer down** VI + ADV (*fig fam*) calmarse, tranquilizarse.
simper ['sɪmpəʳ] | **1** | N sonrisa *f* afectada. | **2** | VI sonreír con afectación.
simpering ['sɪmpərɪŋ] ADJ (*affected*) afectado/a; (*foolish*) atontado/a.
simple ['sɪmpl] ADJ (*comp* **~r**; *superl* **~st**) (*gen*) sencillo/a; (*easy*) fácil, sencillo; (*natural*) natural; (*innocent*) ingenuo/a, cándido/a; (*foolish*) simple, tonto/a; **~ interest** (*Fin*) interés *m* simple.
simple-minded ['sɪmpl'maɪndɪd] ADJ simple.
simpleton ['sɪmpltən] N inocentón/ona *m/f*, simplón/ona *m/f*.
simplicity [sɪm'plɪsɪtɪ] N (*see adj*) sencillez *f*; naturalidad *f*; ingenuidad *f*; simpleza *f*.
simplification [ˌsɪmplɪfɪ'keɪʃən] N simplificación *f*.
simplify ['sɪmplɪfaɪ] VT simplificar.
simplistic [sɪm'plɪstɪk] ADJ simplista.
simply ['sɪmplɪ] ADV sencillamente; **a ~ furnished room** un cuarto sencillamente amueblado; **I ~ said that ...** (*only*) sólo dije que ..., no más dije que ... (*LAm*); **you ~ must come!** (*fam: absolutely*) ¡no dejes de venir!
simulate ['sɪmjʊleɪt] VT simular.
simulated ['sɪmjʊˌleɪtɪd] ADJ simulado/a; **~ attack** simulacro *m* de ataque.
simulation [ˌsɪmjʊ'leɪʃən] N simulación *f*.
simulator ['sɪmjʊleɪtəʳ] N simulador *m*.
simultaneous [ˌsɪməl'teɪnɪəs] ADJ simultáneo/a.
simultaneously [ˌsɪməl'teɪnɪəslɪ] ADV simultáneamente, a la vez.
sin [sɪn] | **1** | N pecado *m*; **mortal ~** pecado mortal; **it would be a ~ to do that** (*Rel*) sería un pecado hacer eso; (*fig*) sería un crimen hacer eso. | **2** | VI pecar.
▼**since** [sɪns] | **1** | ADV (*also* **ever ~**) desde entonces; **not long ~** hace poco.
| **2** | PREP (*gen*) desde; (*starting from*) a partir de; **~ Monday** desde el lunes; **(ever) ~ then** *or* **that, ...** desde entonces ....
| **3** | CONJ | **a** | (*time*) desde que; **(ever) ~ I arrived** desde que llegué. | **b** | (*because*) ya que; **~ you can't come** ya que no puedes venir; **~ he is Spanish** como es español, siendo él español.
sincere [sɪn'sɪəʳ] ADJ sincero/a.
sincerely [sɪn'sɪəlɪ] ADV sinceramente; **Yours ~** (*le saluda*) atentamente.
sincerity [sɪn'serɪtɪ] N sinceridad *f*; **in all ~** con toda sinceridad.
sine [saɪn] N (*Math*) seno *m*.
sinecure ['saɪnɪkjʊəʳ] N sinecura *f*, hueso *m*, enchufe *m*.
sine qua non ['saɪnɪkweɪ'nɒn] N sine qua non *m*.
sinew ['sɪnju:] N (*tendon*) tendón *m*; **~s** (*muscles*)

músculos *mpl*; (*fig: strength*) nervio *m*, vigor *m*.
sinewy ['sɪnjuːɪ] ADJ nervudo/a.
sinful ['sɪnful] ADJ (*act, thought*) pecaminoso/a; (*person*) pecador(a); (*fig*) escandaloso/a.
sing [sɪŋ] (*pt* **sang**; *pp* **sung**) [1] VT cantar; **to ~ a child to sleep** arrullar a un niño.
[2] VI (*person, bird*) cantar; (*kettle, bullet*) silbar; (*ears*) zumbar.
◆ **sing out** VI + ADV gritar.
◆ **sing up** VI + ADV cantar más fuerte; **~ up!** ¡más fuerte!
Singapore [,sɪŋgə'pɔːʳ] N Singapur *m*.
singe [sɪndʒ] VT chamuscar.
singer ['sɪŋəʳ] N cantante *mf*.
singing ['sɪŋɪŋ] [1] N (*act of ~*) cantar *m*; (*songs*) canciones *fpl*; (*of kettle etc*) silbido *m*; (*in ears*) zumbido *m*.
[2] ADJ: **~ telegram** telegrama *m* cantado.
[3] CPD de cantar; **~ teacher** N profesor(a) *m/f* de canto.
single ['sɪŋgl] [1] ADJ [a] (*only one*) único/a, solo/a; **a ~ tree in a garden** un árbol único en el jardín; **only on one ~ occasion** una sola vez; **not a ~ one was left** no quedaba ni uno; **every ~ day** todos los días (sin faltar uno); **the S~ European Market** el Mercado Único Europeo; **~ market** mercado *m* único; **~ parent** padre *m* soltero (*o divorciado etc*), madre *f* soltera (*o divorciada etc*); **~ parent family** familia *f* monoparental; **~ user** (*adj*) monousuario/a.
[b] (*not double etc*) simple, sencillo/a; **~ bed/room** cama *f*/habitación *f* individual *or* sencilla; **~ density disk** disco *m* de densidad sencilla; **in ~ file** en fila india; **~ spacing** interlineado *m* simple; **in ~ spacing** a espacio sencillo.
[c] (*not married*) soltero/a.
[2] N [a] **~s** (*Tennis*) individual *m*.
[b] (*Rail*) billete *m* sencillo *or* de ida.
[c] (*record*) disco *m* de 45, single *m*.
[3] CPD: **~s bar** N bar *m* para solteros.
◆ **single out** VT + ADV (*choose*) elegir, seleccionar; (*distinguish*) hacer resaltar.
single-breasted ['sɪŋgl'brestɪd] ADJ recto/a.
single-decker [,sɪŋgl'dekəʳ] N autobús *m* de un solo piso.
single-entry ['sɪŋgl'entrɪ] [1] N partida *f* simple. [2] CPD: **~ book-keeping** N contabilidad *f* por partida simple.
single-figure ['sɪŋgl,fɪgəʳ] ADJ: **~ inflation** inflación *f* de un solo dígito.
single-handed ['sɪŋgl'hændɪd] ADJ, ADV sin ayuda.
single-minded ['sɪŋgl'maɪndɪd] ADJ resuelto/a.
singleness ['sɪŋglnɪs] N: **~ of purpose** resolución *f*.
single-seater ['sɪŋgl'siːtəʳ] ADJ: **~ aeroplane** monoplaza *m*.
single-sex ['sɪŋglseks] ADJ: **~ school** escuela *f* para sólo niños *or* sólo niñas.
single-sided ['sɪŋgl,saɪdɪd] ADJ: **~ disk** disco *m* de una cara.
singlet ['sɪŋglɪt] N camiseta *f*, playera *f* (*LAm*).
single-track ['sɪŋgl'træk] ADJ de vía única.
singly ['sɪŋglɪ] ADV (*separately*) por separado; (*one at a time*) uno por uno.
singsong ['sɪŋ,sɒŋ] [1] ADJ (*tone*) monótono/a. [2] N (*songs*) concierto *m* improvisado; (*sound*) sonsonete *m*.
singular ['sɪŋgjʊləʳ] [1] ADJ [a] (*Ling*) singular.
[b] (*extraordinary*) excepcional, extraordinario/a.
[2] N singular *m*; **in the ~** en singular.
singularly ['sɪŋgjʊləlɪ] ADV (*see adj*) singularmente; extraordinariamente.
sinister ['sɪnɪstəʳ] ADJ siniestro/a.
sink¹ [sɪŋk] (*pt* **sank**; *pp* **sunk**) [1] VT [a] (*ship*) hundir, echar a pique; (*fig: person, project*) dar al traste con; **to be sunk** (*fam*) estar perdido; **to be sunk in thought** estar absorto en la meditación; **to be sunk in depression** estar sumido en el abatimiento; **let's ~ our differences** hagamos las paces.
[b] (*mineshaft, well*) cavar, excavar; (*foundations*) echar, sentar; (*stake, pipe etc*) hincar; (*fam: drink*) tragarse; (*ball, putt*) embocar; **he sank his teeth into my arm** me hincó los dientes en el brazo; **to ~ money into an enterprise**

invertir dinero en una empresa.
[2] VI (*gen*) hundirse; (*in water*) hundirse, irse a pique; (*sun*) ponerse; (*person*) dejarse caer; (*fig: plans etc*) echarse abajo; (*fig: into sleep, despair*) sumirse; **to ~ to the bottom** ir al fondo; **to ~ into a chair** dejarse caer en una silla; **to ~ into poverty** caer en la miseria; **he's ~ing fast** (*dying*) está desvaneciendo; **his heart sank** se le cayó el alma a los pies; **he has sunk in my estimation** ha bajado en mi estima; **he was left to ~ or swim** (*fig*) le abandonaron a su suerte; **the share(s) prices have sunk to 3 dollars** las acciones han bajado a 3 dólares.
◆ **sink back** VI + ADV: **he sank back into his chair** se arrellanó en la silla.
◆ **sink in** VI + ADV (*be submerged*) hundirse; (*penetrate*) penetrar; **it hasn't sunk in yet** (*fig*) aún no ha caído en la cuenta.
sink² [sɪŋk] [1] N (*in kitchen*) fregadero *m*, pila *f*; (*in bathroom*) lavabo *m*. [2] CPD: **~ tidy** N recipiente para lavavajillas, jabón y estropajos; **~ unit** N fregadero *m*.
sinking ['sɪŋkɪŋ] [1] N (*shipwreck*) hundimiento *m*. [2] ADJ: **to have a ~ feeling that ...** tener la sensación deprimente de que ...; **~ fund** fondo *m* de amortización; **with ~ heart** con la muerte en el alma.
sinner ['sɪnəʳ] N pecador(a) *m/f*.
Sino... ['saɪnəʊ] PREF sino...., chino....
Sinologist [,saɪ'nɒlədʒɪst] N sinólogo/a *m/f*.
sinuous ['sɪnjʊəs] ADJ (*gen*) sinuoso/a; (*road*) con muchos rodeos.
sinus ['saɪnəs] N (*Anat*) seno *m*.
sip [sɪp] [1] N sorbo *m*. [2] VT sorber, beber a sorbos.
siphon ['saɪfən] [1] N sifón *m*. [2] VT (*also* **~ off**, **~ out**) sacar con sifón; (*fig: traffic, funds*) desviar.
SIPS [sɪps] N ABBR *of* **side impact protection system** sistema *m* de protección contra impactos laterales.
sir [sɜːʳ] N señor *m*; **S~s** (*US*) muy señores nuestros; **yes, ~** sí, señor; **Dear S~** (*in letter*) muy señor mío, estimado Sr; **S~ Winston Churchill** Sir Winston Churchill.
sire ['saɪəʳ] [1] N (*Zool*) padre *m*. [2] VT ser el padre de.
siren ['saɪərən] N (*all senses*) sirena *f*.
sirloin ['sɜːlɔɪn] N solomillo *m*.
sisal ['saɪsəl] N pita *f*, sisal *m*, henequén *m* (*LAm*).
sissy ['sɪsɪ] N (*fam*) marica *m*.
sister ['sɪstəʳ] [1] N [a] (*relation*) hermana *f*.
[b] (*Med*) enfermera *f* jefe.
[c] (*Rel*) hermana *f*, monja *f*; (: *before name*) sor.
[2] CPD: **~ city** N (*US*) ciudad *f* gemela; **~ company** N empresa *f* hermana; **~ nation** N nación *f* hermana; **~ organization** N organización *f* hermana; **~ ship** N barco *m* gemelo.
sister-in-law ['sɪstərɪnlɔː] N (*pl* **sisters-in-law**) cuñada *f*.
sisterly ['sɪstəlɪ] ADJ de hermana.
sit [sɪt] (*pt, pp* **sat**) [1] VI [a] (*also* **~ down**) sentarse, tomar asiento; (*be ~ting down*) estar sentado/a; **to ~ still/straight** estarse quieto/ponerse derecho en la silla; **to be ~ting pretty** (*fig fam*) estar bien colocado/a; **to ~ on a committee** ser miembro de una comisión; **to ~ for a painter** *or* **a portrait** posar para un retrato; **to ~ for an examination** presentarse a *or* pasar un examen; **to ~ for Bury** (*Pol*) representar a Bury; **he sat over his books all night** pasó toda la noche con sus libros.
[b] (*assembly*) reunirse, celebrar sesión.
[c] (*bird, insect*) posarse; (*on eggs*) empollar.
[d] (*fig: dress etc*) caer, sentar; **that pie ~s heavy on the stomach** la empanada es no me sienta; **it sat heavy on his conscience** le remordió la conciencia.
[2] VT [a] (*guest, child etc*) sentar *or* distribuir en la mesa.
[b] (*exam*) presentarse a; **to ~ an examination in French** examinarse de francés.
◆ **sit about, sit around** VI + ADV holgazanear, flojear (*LAm*).
◆ **sit back** VI + ADV (*in seat*) recostarse; (*doing nothing*) cruzarse de brazos.
◆ **sit down** [1] VI + ADV sentarse; **to be ~ting down** estar sentado/a.
[2] VT + ADV sentar.
◆ **sit in** VI + ADV [a] (*on a discussion*) asistir. [b] (*demonstrate*:

in a building) ocupar como protesta.

◆ **sit on** VI + PREP (*fig fam*) **a** (*keep secret: news, information*) ocultar, callar; (*delay taking action on: document, application*) aplazar; **b** (*person: silence*) hacer callar; (: *oppress*) reprimir a.

◆ **sit out** VT + ADV **a** (*not take part in*) no participar en; **let's ~ this dance out** no bailemos esta vez. **b** (*endure*) **to ~ out a strike** aguantar una huelga (sin ofrecer concesiones).

◆ **sit up** **1** VI + ADV **a** (*upright*) ponerse derecho, enderezarse; (*in bed*) incorporarse; **to ~ up and take notice** despabilarse; **to make sb ~ up (and take notice)** (*fig*) hacer que algn preste atención, llamarle la atención a algn.
b (*stay up late*) trasnochar, velar; **to ~ up with sb** hacerle compañía a algn.
2 VT + ADV (*baby, doll*) sentar.

sitcom ['sɪtkɒm] N ABBR (*fam: TV*) of **situation comedy**.

sit-down ['sɪtdaʊn] **1** ADJ (*function*) sentado/a; (*strike*) de brazos caídos. **2** N: **I must have a ~** (*fam*) tengo que descansar (sentado).

site [saɪt] **1** N (*place*) sitio m, lugar m; (*location*) situación f; (*scene*) escenario m; (*for building*) solar m, descampado m (*Per*); **camp ~** camping m; **the ~ of the battle** el escenario de la batalla.
2 VT situar, ubicar; **a badly ~d building** un edificio mal ubicado.

sit-in ['sɪtɪn] N (*fam: demonstration*) ocupación f; (: *strike*) huelga f de brazos caídos.

Sits Vac. [,sɪts'væk] N ABBR of **Situations Vacant**.

sitter ['sɪtər] N (*Art*) modelo mf; (*baby~*) canguro mf (*Sp*), quien cuida al niño.

sitting ['sɪtɪŋ] **1** N (*Pol, Art etc*) sesión f; (*in canteen*) servicio m; **to eat it all at one ~** comérselo todo de una sentada; **to read a book in one ~** leer un libro de un tirón.
2 ADJ (*also ~ down*) sentado/a; **~ duck** (*fig*) blanco m facilísimo; **~ member** miembro mf actual or en funciones; **~ tenant** inquilino/a m/f en posesión.
3 CPD: **~ room** sala f, cuarto m de estar, salón m (*LAm*), living m.

situate ['sɪtjʊeɪt] VT situar, ubicar (*esp LAm*).

situated ['sɪtjʊeɪtɪd] ADJ (*gen*) situado/a, ubicado/a (*esp LAm*); **the bank is ~ in the high street** el banco se encuentra en la calle principal; **how are you ~ for money?** (*fig*) ¿cómo vas or andas de dinero?

situation [,sɪtjʊ'eɪʃən] **1** N (*position*) situación f, ubicación f; (*fig*) situación; (*job*) empleo m, vacante f; **'S~s Vacant'** 'Ofrecen trabajo'; **'S~s Wanted'** 'Buscan trabajo'.
2 CPD: **~ comedy** N (*TV, Rad*) serie f cómica.

sit-up ['sɪtʌp] N abdominal m.

six [sɪks] **1** ADJ seis.
2 N seis m; **to be (all) at ~es and sevens** (*fig: person*) estar confuso/a; (: *things*) estar en desorden; **it's ~ of one and half a dozen of the other** (*fig*) da lo mismo, da igual; **~ of the best** (*Brit*) seis azotes mpl (*castigo escolar*); *see* **five** *for usage*.

six-pack ['sɪkspæk] N paquete m de seis.

sixpence ['sɪkspəns] N (*Brit: formerly*) 6 peniques mpl.

six-shooter ['sɪks'ʃuːtər] N revólver m de seis tiros.

sixteen ['sɪks'tiːn] **1** ADJ dieciséis or diez y seis. **2** N dieciséis m, diez y seis m; *see* **five** *for usage*.

sixteenth ['sɪks'tiːnθ] **1** ADJ decimosexto/a. **2** N (*in series*) decimosexto a m/f; (*fraction*) dieciseisavo m, decimosexta parte f; *see* **fifth** *for usage*.

sixth [sɪksθ] **1** ADJ sexto/a; **~ form** clase f de alumnos del sexto año (*de 16 a 18 años de edad*); **2** N (*in series*) sexto/a m/f; (*fraction*) sexto m, sexta parte f; *see* **fifth** *for usage*.

sixth-form ['sɪksfɔːm] ADJ: **~ college** instituto m para alumnos de 16 a 18 años.

sixtieth ['sɪkstɪɪθ] **1** ADJ sexagésimo/a. **2** N (*in series*) sexagésimo/a m/f; (*fraction*) sexagésima parte f, sesentavo m; *see* **fifth** *for usage*.

sixty ['sɪkstɪ] **1** ADJ sesenta. **2** N sesenta m; *see* **fifty** *for usage*.

size¹ [saɪz] N (*gen*) tamaño m; (*of person*) talla f, estatura f; (*of garments*) talla, medida f; (*shoes*) número m; (*scope*) alcance m; **what ~ are you?** ¿qué talla usas?, ¿de qué talla eres?; **what ~ shoes do you take?** ¿qué numero (de zapato) calzas or gastas?; **what ~ shirt do you take?** ¿qué talla de camisa es la de Vd?; **try this (on) for ~** prueba a ver si te conviene; **it's 2 ~s too big** es dos tallas demasiado grande; **he's about your ~** tiene más o menos la talla de Vd; **what ~ is the room?** ¿de qué tamaño or (*LAm*) qué tan grande es el cuarto?; **it's quite a ~** es bastante grande; **that's about the ~ of it** eso es lo que puedo decirle acerca del asunto, es más o menos eso; (*as answer*) así es; **the ~ of the problem** la magnitud del problema; **to cut sth to ~** cortar algo al tamaño que se necesita; **to cut sb down to ~** (*fig fam*) bajarle los humos a algn.

◆ **size up** VT + ADV (*person*) tomar la medida a; (*problem, situation*) evaluar, apreciar.

size² [saɪz] **1** N cola f, apresto m. **2** VT encolar, aprestar.

sizeable ['saɪzəbl] ADJ (*sum of money etc*) considerable, importante; (*object*) bastante grande.

-sized [saɪzd] ADJ ENDING IN CPDS de tamaño ....

sizzle ['sɪzl] VI chisporrotear; (*in frying*) crepitar (*al freírse*).

S.J. ABBR of **Society of Jesus** C. de J.

SK ABBR (*Canada*) of **Saskatchewan**.

skate¹ [skeɪt] N (*fish*) raya f.

skate² [skeɪt] **1** N patín m; **get your ~s on!** ¡date prisa!
2 VI patinar.

◆ **skate over, skate around** VI + PREP (*problem, issue*) pasar por alto or por encima de.

skateboard ['skeɪtbɔːd] N monopatín m.

skateboarding ['skeɪtbɔːdɪŋ] N monopatín m.

skater ['skeɪtər] N patinador(a) m/f.

skating ['skeɪtɪŋ] **1** N patinaje m; **do you like ~?** ¿te gusta patinar? **2** CPD: **~ rink** N (*for ice skating*) pista f de hielo; (*for roller skating*) pista de patinaje.

skedaddle [skɪ'dædl] VI (*fam*) escabullirse, salir pitando (*fam*).

skein [skeɪn] N madeja f.

skeletal ['skelɪtl] ADJ esquelético/a.

skeleton ['skelɪtn] **1** N (*of person*) esqueleto m; (*building etc*) armazón m or f, armadura f; (*structure*) estructura f; (*of novel, report*) esquema m, bosquejo m; **~ in the cupboard** (*fig*) secreto m de familia.
2 CPD (*staff, service*) mínimo/a; **~ key** N llave f maestra; **~ staff** N: **with a ~ staff** con un personal mínimo.

skeptic *etc* ['skeptɪk] (*US*) = **sceptic** *etc*.

sketch [sketʃ] **1** N **a** (*preliminary drawing*) esbozo m, bosquejo m; (*plan*) borrador m, esquema m; (*quick drawing*) croquis m; (*drawing*) dibujo m.
b (*Theat*) sketch m.
2 VT (*gen: draw*) dibujar; (: *preliminary drawing, plan etc*) bosquejar, esbozar.
3 VI hacer bosquejos.

◆ **sketch in** VT + ADV (*details*) explicar con más detalle.

sketchbook ['sketʃbʊk], **sketchpad** ['sketʃpæd] N bloc m de dibujos.

sketchy ['sketʃɪ] ADJ (*comp* **-ier**; *superl* **-iest**) incompleto/a, sin detalles.

skewer ['skjʊər] **1** N pincho m, broqueta f, brocheta f.
2 VT ensartar, espetar.

skew-whiff [,skjuː'wɪf] ADJ (*Brit fam: twisted*) torcido/a, chueco/a (*LAm*).

ski [skiː] **1** N esquí m.
2 VI esquiar; **to go ~ing** practicar el esquí, (ir a) esquiar; **to ~ down** bajar esquiando.
3 CPD: **~ boot** N bota f de esquí; **~ instructor** N instructor m de esquí; **~ jump** N (*action*) salto m con esquís; (*course*) pista f de salto; **~ lift** N telesquí m; **~ pants** NPL pantalones mpl de esquí; **~ pass** N forfait m (de esquí); **~ resort** N estación f de esquí; **~ run** N pista f de esquí; **~ stick** N bastón m; **~ suit** N traje m de esquiar; **~ tow** N remonte m; **~ trousers** NPL = **~ pants**.

skid [skɪd] **1** N patinazo m, resbalón m.
2 VI (*Aut*) patinar; (*person, object*) deslizarse, resbalarse; **to grease the ~s** (*US fam*) engrasar el mecanismo; **to put**

the ~s under sb deshacerse de algn con maña; **to ~ into** dar con or contra.

[3] CPD: **~ row** N (*US fam*) *calles donde se refugian vagabundos, drogadictos, etc;* **to end up on ~ row** venirse a menos.

skidmark ['skɪdmɑːk] N huella *f* del patinazo.

skier ['skiːəʳ] N esquiador(a) *m/f*.

skiff [skɪf] N esquife *m*.

skiing ['skiːɪŋ] N esquí *m*; **do you like ~?** ¿te gusta esquiar?

skilful, (*US*) **skillful** ['skɪlfʊl] ADJ hábil, diestro/a.

skilfully, (*US*) **skillfully** ['skɪlfəlɪ] ADV hábilmente, con destreza.

skill [skɪl] N [a] (*ability*) destreza *f*, habilidad *f*; (*talent*) talento *m*, don *m*. [b] (*technique*) arte *m*, técnica *f*.

skilled [skɪld] ADJ [a] (*person: specialized*) experto/a, especializado/a; (*worker*) calificado/a; **~ labour** mano *f* de obra cualificada or especializada. [b] (*job, work*) especializado/a; (*movement*) diestro/a, hábil.

skillet ['skɪlɪt] N sartén *f* (*m in LAm*) pequeña.

skillful *etc* ['skɪlfʊl] ADJ (*US*) = **skilful** *etc*.

skim [skɪm] [1] VT [a] (*milk*) desnatar, descremar; (*soup*) espumar; **to ~ the cream off (the milk)** quitar la nata or desnatar a la leche; **~med milk** leche *f* descremada or desnatada.
[b] (*stone*) hacer cabrillas con; (*ground*) rozar; (*plane, bird etc*) volar a ras de (*the ground* la tierra); (*subject*) tratar superficialmente.
[2] VI: **to ~ across/along the ground** pasar rozando la tierrra; **to ~ through a book** (*fig*) echar una ojeada or hojear a un libro.

◆**skim off** VT + ADV (*cream, grease*) desnatar; **they ~med off the brightest pupils** separaron a la flor y nata de los alumnos.

skimp [skɪmp] [1] VT (*material etc*) escatimar; (*work*) chapucear; (*praise*) ser tacaño/a en or con. [2] VI economizar; **to ~ on fabric/work/food** escatimar tela/trabajo/alimento.

skimpy ['skɪmpɪ] ADJ (*comp* **-ier**; *superl* **-iest**) (*skirt etc*) ligero/a; (*allowance, meal*) escaso/a, mezquino/a.

skin [skɪn] [1] N (*of person*) piel *f*; (*of face*) cutis *m*; (*complexion*) tez *f*; (*of animal*) piel, pellejo *m*; (*as hide*) piel, cuero *m*; (*of fruit, vegetable*) piel, cáscara *f*; (: *discarded*) mondaduras *fpl*; (*crust: on paint, milk pudding*) nata *f*; **to have a thick/thin ~** (*fig*) ser poco sensible/muy susceptible; **by the ~ of one's teeth** (*fig*) por los pelos; **to be ~ and bone** (*fig*) estar en los huesos; **to get under sb's ~** (*fig*) irritarle or molestarle a algn; **I've got you under my ~** (*fam*) el recuerdo de ti no se me quita de la cabeza; **to jump out of one's ~** llevarse un tremendo susto; **to save one's ~** salvar el pellejo; **it's no ~ off my nose** (*fig fam*) a mí ni me va ni me viene, me da igual or lo mismo.
[2] VT (*animal*) despellejar; **to ~ one's knee/elbow** desollarse la rodilla/el codo; **I'll ~ him alive!** (*fig*) ¡le voy a matar! (*fam*), ¡le voy a desollar vivo!; **to keep one's eyes ~ned for sth** (*fig fam*) andar ojo alerta por algo.
[3] CPD: **~ cancer** N cáncer *m* de la piel; **~ colour** N color *m* natural; **~ disease** N enfermedad *f* de la piel; **~ diving** N buceo *m*, escafandrismo *m*; **~ flick** N (*fam*) película *f* porno (*fam*); **~ trade** N (*fam*) publicación *f* de revistas porno.

skin-deep ['skɪn'diːp] ADJ superficial; **beauty is only ~** la belleza no lo es todo.

skin-diver ['skɪndaɪvəʳ] N buceador(a) *m/f*.

skinflint ['skɪnflɪnt] N tacaño/a *m/f*, roñoso/a *m/f*.

skinful ['skɪnfʊl] N (*fam*) **to have a ~** estar borracho/a or (*LAm*) tomado/a.

skinhead ['skɪnhed] N cabeza *mf* rapada.

-skinned [skɪnd] ADJ SUF de piel ...; **dark~** de piel morena.

skinny ['skɪnɪ] ADJ (*comp* **-ier**; *superl* **-iest**) flaco/a, enjuto/a.

skint [skɪnt] ADJ: **to be ~** (*fam*) estar sin cuartos or pelado/a.

skin-tight ['skɪntaɪt] ADJ muy ajustado/a.

skip¹ [skɪp] [1] N salto *m*, brinco *m*.

[2] VI (*gen*) saltar, brincar (*LAm*); (*with a rope*) saltar a la comba; **to ~ in/out** *etc* entrar/salir *etc* dando brincos; **to ~ off** (*fig*) largarse, rajarse; **to ~ over sth** (*fig*) pasar algo por alto, saltarse algo; **to ~ from one thing to another** saltar de un tema a otro.
[3] VT (*fig: meal, lesson, page*) fumarse, saltarse; **let's ~ it!** (*fam*) ¡basta de eso!
[4] CPD: **~ rope** N (*US*) = **skipping rope**.

skip² [skɪp] N (*container*) container *m*.

skipper ['skɪpəʳ] N (*Sport, Naut*) capitán/ana *m/f*.

skipping ['skɪpɪŋ] [1] N comba *f*. [2] CPD: **~ rope** N (*Brit*) cuerda *f*, comba *f*.

skirmish ['skɜːmɪʃ] [1] N escaramuza *f*, refriega *f*. [2] VI pelear.

skirt [skɜːt] [1] N falda *f*, pollera *f* (*LAm*); **flared/split/straight ~** falda acampanada/pantalón/estrecha or recta. [2] VT (*also* **~ around**) rodear, dar la vuelta a; (*fig: avoid*) esquivar.

skirting (board) ['skɜːtɪŋ(bɔːd)] N zócalo *m*, cenefa *f*.

skit [skɪt] N (*Theat*) sátira *f*.

skittish ['skɪtɪʃ] ADJ (*capricious*) caprichoso/a, delicado/a.

skittle ['skɪtl] [1] N el juego de bolos; **to play ~s** jugar a los bolos. [2] CPD: **~ alley** N bolera *f*.

skive [skaɪv] N (*fam*) fumarse, rajarse (*LAm*).

◆**skive off** VI + ADV (*Brit fam*) escabullirse, rajarse (*LAm*).

skiver ['skaɪvəʳ] N (*Brit*): *fam*) gandul(a) *m/f*.

skivvy ['skɪvɪ] N (*fam pej*) esclava *f* del hogar.

skulduggery [skʌl'dʌgərɪ] N (*old fam*) trampas *fpl*, embustes *mpl*.

skulk [skʌlk] VI esconderse.

skull [skʌl] N calavera *f*; (*Med*) cráneo *m*; **~ and crossbones** calavera.

skullcap ['skʌlkæp] N (*gen*) gorro *m*; (*priest*) solideo *m*.

skunk [skʌŋk] N (*Zool*) mofeta *f*, zorrillo *m* (*LAm fam*); **you ~!** (*fig*) ¡canalla!

sky [skaɪ] N cielo *m*; **to praise sb to the skies** poner a algn por las nubes; **the ~'s the limit** (*fig fam*) no hay límite.

sky-blue ['skaɪ'bluː] [1] ADJ (azul) celeste *m*. [2] N azul *m* celeste.

skydiver ['skaɪdaɪvəʳ] N paracaidista *mf* de caída libre, paracaidista acrobático/a.

skydiving ['skaɪdaɪvɪŋ] N caída *f* libre, paracaidismo *m* acrobático.

sky-high ['skaɪ'haɪ] ADV por las nubes; **to blow sth ~** hacer algo pedazos; **to blow a theory ~** echar por tierra una teoría; **prices have gone ~** los precios están por las nubes.

skyjack ['skaɪdʒæk] VT (*fam: plane*) atracar, piratear.

skylab ['skaɪlæb] N skylab *m*, laboratorio *m* espacial.

skylark ['skaɪlɑːk] [1] N (*bird*) alondra *f*. [2] VI (*fig fam*) hacer travesuras.

skylight ['skaɪlaɪt] N tragaluz *m*, claraboya *f*.

skyline ['skaɪlaɪn] N (*horizon*) horizonte *m*; (*of city*) contorno *m*, perfil *m*.

skyscraper ['skaɪ,skreɪpəʳ] N rascacielos *m inv*.

skywriting ['skaɪ,raɪtɪŋ] N publicidad *f* aérea.

SL N ABBR *of* **source language**.

slab [slæb] N (*of stone*) losa *f*; (*in mortuary*) plancha *f* or tabla *f* de mármol; (*of chocolate*) tableta *f*; (*of cake etc*) trozo *m*, tajada *f*.

slack [slæk] [1] ADJ (*comp* **~er**; *superl* **~est**) [a] (*not tight or firm*) flojo/a.
[b] (*lax*) descuidado/a; (*lazy*) perezoso/a, flojo/a (*LAm*).
[c] (*Comm*) **business is ~** hay poco movimiento or poca actividad en el negocio; **demand was ~** hubo poca demanda.
[2] N [a] (*part of rope etc*) parte *f* floja; **to take up the ~** tensar una cuerda; **to take up the ~ in the economy** utilizar toda la capacidad productiva de la economía.
[b] (*Min*) cisco *m*.
[3] VI (*fam*) gandulear (*Sp*), holgazanear.

slacken ['slækn] (*also* **~ off**) [1] VT (*gen*) aflojar; (*reins*) soltar; **to ~ speed** or **one's pace** aflojar el paso, disminuir la velocidad.
[2] VI (*see vt*) aflojar(se); (*gale*) amainar(se); (*trade, activity*) bajar, disminuirse.

slacker ['slækə^r] N (fam) gandul(a) m/f, holgazán/ana m/f, flojo/a m/f, vago/a m/f (LAm).
slackness ['slæknıs] N flojedad f.
slacks [slæks] NPL pantalones mpl.
slag¹ [slæg] [1] N (Min) escoria f. [2] CPD: ~ **heap** N escorial m.
slag² [slæg] N (fam pej: woman) puta f, ramera f.
slag³ [slæg] VT (fam: also **to ~ off**: criticize) poner como un trapo (fam), dar una paliza a (fam).
slain [sleın] [1] PP of slay. [2] NPL: **the ~** los caídos mpl.
slake [sleık] VT (one's thirst) apagar, aplacar.
slalom ['slaləm] N eslálom m, slalom m.
slam [slæm] [1] N [a] (of door) portazo m.
　[b] (Bridge) slam m.
　[2] VT (door) dar un portazo; (lid) cerrar de golpe; **to ~ sth shut** cerrar algo de golpe; **to ~ sth (down) on the table** poner algo en la mesa con fuerza; **to ~ on the brakes** dar un frenazo.
　[3] VI (of door) cerrarse con un golpe.
◆**slam down** VT + ADV: **to ~ sth down on the table** arrojar algo violentamente sobre la mesa.
slander ['slɑːndə^r] [1] N (gen) calumnia f; (Jur) difamación f. [2] VT (see n) calumniar; difamar.
slanderer ['slɑːndərə^r] N (see slander 1) calumniador/a m/f; difamador/a m/f.
slanderous ['slɑːndərəs] ADJ (see slander 1) calumnioso/a; difamatorio/a.
slang [slæŋ] [1] N (gen) argot m, jerga f. [2] VT (fam: insult, criticize) poner verde a, injuriar; **a ~ing match** un pleito a voces.
slangy ['slæŋı] ADJ (comp **-ier**; superl **-iest**) (fam) vulgar, grosero/a.
slant [slɑːnt] [1] N (gen) inclinación f, sesgo m; (slope) pendiente f, cuesta f; (fig: point of view) punto m de vista, interpretación f; **the situation is taking on a new ~** la situación está tomando un nuevo giro.
　[2] VT inclinar, sesgar; **to ~ a report** (fig) enfocar una cuestión de manera parcial.
　[3] VI inclinarse, sesgarse.
slanting ['slɑːntıŋ] ADJ inclinado/a, sesgado/a.
slantwise ['slɑːntwaız] ADJ oblicuamente, al sesgo.
slap [slæp] [1] N (gen) palmada f, manotada f; **~ in the face** bofetada f, bofetón m; (fig) desaire m; **a ~ on the back** un espaldarazo; **to give sb a ~ on the back** (fig) felicitar a algn; **to give sb a ~ on the wrist** (fig) dar un aviso a algn.
　[2] ADV (fam) de lleno; **it fell ~ in the middle** cayó justo en el medio.
　[3] VT [a] (gen) dar palmadas or manotadas; (in the face) abofetear; **to ~ sb on the back** dar a algn una palmada en la espalda; **to ~ sb down** (fig) aplastar a algn, bajarle los humos a algn.
　[b] he **~ped the book on the table** tiró or arrojó el libro sobre la mesa; **to ~ paint on sth** pintar algo a grandes brochazos.
slap-bang ['slæp'bæŋ] ADV justo, exactamente.
slapdash ['slæpdæʃ], **slap-happy** ['slæphæpı] ADJ descuidado/a.
slapstick ['slæpstık] N (also **~ comedy**) bufonada f.
slap-up ['slæpʌp] ADJ (fam) **~ meal** banquete m, comilona f.
slash [slæʃ] [1] N [a] (gen) tajo m; (with knife) cuchillada f; (with machete) machetazo m; (with razor) navajazo m.
　[b] (US Typ) barra f oblicua.
　[c] (fam) **to go for a ~, to have a ~** cambiar el agua al canario (fam).
　[2] VT (with knife etc) acuchillar; (with razor) dar tajos a; (trees) talar; (fig: price) reducir, rebajar; (: text) cortar; **'prices ~ed'** 'precios sacrificados or quemados'.
slat [slæt] N [a] tablilla f, listón m. [b] (of blind) lama f.
slate [sleıt] [1] N [a] pizarra f; **put it on the ~** (Brit fam) apúntalo en mi cuenta; **to wipe the ~ clean** (fig) hacer borrón y cuenta nueva.
　[b] (US Pol) lista f de candidatos.
　[2] ADJ de pizarra; (colour) color pizarra.
　[3] VT [a] (roof) empizarrar.

[b] (fam: criticize) vapulear, criticar duro.
　[4] CPD: **~ quarry** N pizarral m; **~ roof** N empizarrado m.
slate-blue ['sleıt'bluː] ADJ de color (azul) pizarra.
slate-grey ['sleıt'greı] ADJ de color gris pizarra.
slaughter ['slɔːtə^r] [1] N (of animals) matanza f, sacrificio m; (of persons) matanza, carnicería f; **the ~ on the roads** la carnicería en las carreteras.
　[2] VT (animals) matar, sacrificar; (person, people) matar brutalmente; (fig: beat) dar una paliza a.
slaughterhouse ['slɔːtəhaʊs] N (pl **-houses**) matadero m.
Slav [slɑːv] ADJ, N (Slavonic) eslavo/a m/f.
slave [sleıv] [1] N esclavo/a m/f; **to be a ~ to sth** (fig) ser esclavo de algo.
　[2] VI: **to ~ (away) at sth / at doing sth** trabajar como un negro en algo/en hacer algo.
　[3] CPD: **~ driver** N negrero/a m/f; (fig) tirano/a m/f; **~ labour** N (work) trabajo m de esclavos; (persons) esclavos mpl; **~ trade** N trata f de esclavos.
slaver ['slævə^r] VI babear.
slavery ['sleıvərı] N esclavitud f.
slave-trader ['sleıv,treıdə^r] N traficante m en esclavos.
slavish ['sleıvıʃ] ADJ servil, de esclavo.
slavishly ['sleıvıʃlı] ADV servilmente.
Slavonic [slə'vɒnık] ADJ eslavo/a.
slay [sleı] (pt slew; pp slain) VT (poet: kill) matar.
SLD N ABBR (Brit Pol) of **Social and Liberal Democrat(ic Party)**.
sleazy ['sliːzı] ADJ sórdido/a; (deal etc) poco limpio/a.
sled [sled] (esp US), **sledge** [sledʒ] [1] N trineo m. [2] VI ir en trineo.
sledgehammer ['sledʒ,hæmə^r] N almádana f.
sleek [sliːk] [1] ADJ (comp **~er**; superl **~est**) (shiny) liso/a, lustroso/a; (of general appearance) impecable; (in manner) meloso/a; [2] VT: **to ~ one's hair down** alisarse el pelo.
sleep [sliːp] (vb: pt, pp slept) [1] N sueño m; **to have a good night's ~** dormir toda la noche; **to drop off to ~ / to go to ~** quedarse dormido/dormirse; **to go to ~** (limb) dormirse; **to put sb to ~** (patient) dormir a algn; **to put to ~** (animal: euph: kill) sacrificar; **to send sb to ~** (bore) adormecer a algn; **I shan't lose any ~ over it** (fig) no perderé el sueño por ello; **to walk in one's ~** pasearse dormido/a; (habitually) ser sonámbulo/a.
　[2] VT: **we can ~ 4** hay cama para 4.
　[3] VI dormir; **to ~ like a log** or **top** dormir como un tronco; **he was ~ing soundly** or **deeply** dormía profundamente or a pierna suelta; **to ~ on sth** (fig) consultar algo con la almohada; **to ~ with sb** (euph: have sex) acostarse con algn.
◆**sleep around** VI + ADV (fam) acostarse con todos.
◆**sleep in** VI + ADV quedarse dormido.
◆**sleep off** VT + ADV: **to ~ it off** (fam) dormir la mona or (LAm) la cruda; **to ~ off a big dinner** dormir hasta que baje una cena grande.
◆**sleep together** VI + ADV dormir juntos, acostarse juntos.
sleeper ['sliːpə^r] N [a] (person) durmiente mf; **to be a heavy / light ~** tener el sueño pesado/ligero. [b] (Rail: on track) traviesa f, durmiente m; (berth) litera f; (compartment) camarín m, alcoba f; (coach) coche-cama m.
　[c] (earring) arete m.
sleepily ['sliːpılı] ADV soñolientamente; **'yes,' she said ~** 'si,' dijo entre sueños.
sleeping ['sliːpıŋ] [1] ADJ dormido/a; **S~ Beauty** la bella durmiente; **~ partner** socio/a m/f comanditario/a; **~ policeman** policía m muerto.
　[2] CPD: **~ bag** N (camper's) saco m de dormir; (baby's) pelele m; **~ car** N (Rail) cochecama m; **~ pill** N somnífero m; **~ quarters** NPL dormitorio msg; **~ sickness** N encefalitis f letárgica.
sleepless ['sliːplıs] ADJ (person) insomne; **many ~ nights** muchas noches en blanco.
sleepwalk ['sliːp,wɔːk] VI ser sonámbulo/a, pasearse dormido/a.
sleepwalker ['sliːp,wɔːkə^r] N sonámbulo/a m/f.
sleepy ['sliːpı] ADJ (comp **-ier**; superl **-iest**) (gen)

soñoliento/a; **to be** or **feel ~** (person) tener sueño.
sleepyhead ['sli:pɪhed] N dormilón/ona m/f.
sleet [sli:t] **1** N aguanieve f, cellisca f. **2** VI: **it was ~ing** caía aguanieve or cellisca.
sleeve [sli:v] N (of garment) manga f; (of record) funda f; **to have sth up one's ~** (fig) tener algo en reserva; **to roll up one's ~s** arremangarse.
-sleeved [sli:vd] ADJ SUF con mangas ...; **long~** con mangas largas.
sleeveless ['sli:vlɪs] ADJ sin mangas.
sleigh [sleɪ] N trineo m.
sleight [slaɪt] N: **~ of hand** prestidigitación f.
slender ['slendər] ADJ (person: thin) delgado/a, fino/a; (: slim and graceful) esbelto/a; (waist, neck, hand) delgado; (fig: resources) escaso/a; (: hope etc) lejano/a; **by a ~ majority** por escasa mayoría.
slept [slept] PT, PP of **sleep**.
sleuth [slu:θ] N (hum) detective m, sabueso m.
slew¹ [slu:] (also **to ~ round**) **1** VT torcer. **2** VI torcerse.
slew² [slu:] PT of **slay**.
slice [slaɪs] **1** N **a** (gen: of food) rebanada f; (: of meat) tajada f; (: of ham) lonja f; (: of salami) rodaja f; (: of cake) porción f, ración f; **a ~ of the profits** (fig) una participación (en los beneficios); **a ~ of life** (fig) un trozo de la vida.
b (tool) pala f.
2 VT (cut into ~s) rebanar, cortar en tajos; (divide) partir; (cut) cortar; (Sport: ball) dar efecto a, cortar.
◆ **slice off** VT + ADV cortar.
◆ **slice through** VI + PREP cortar, partir.
◆ **slice up** VT + ADV cortar (en rebanadas etc).
sliced [slaɪst] ADJ (bread) rebanado/a, en rebanadas; (lemon) en rodajas; **it's the best thing since ~ bread** (hum) es la octava maravilla (del mundo).
slicer ['slaɪsər] N máquina f de cortar.
slick [slɪk] **1** ADJ (comp **~er**; superl **~est**) (pej: skilful) mañoso/a, hábil. **2** N: **oil ~** capa f de aceite. **3** VT alisar; (fig) **to ~ o.s. up** acicalarse.
slide [slaɪd] (vb: pt, pp **slid** [slɪd]) **1** N (act of sliding) desliz m, deslizamiento m; (by accident) resbaladiza f, resbalón m; (in playground, swimming pool) tobogán m; (land~) desprendimiento m; (for hair) pasador m; (Mus) vara f, corredera f; (microscope ~) platina f; (Phot) diapositiva f; **the ~ in share prices** la baja de las cotizaciones.
2 VI (gen) deslizarse; (accidentally) resbalar; **to ~ into place** introducirse en su lugar; **to ~ down the banisters** deslizarse por la barandilla; **to let things ~** (fig) dejar pasar or ir algo.
3 VT (object) correr; (: slip) deslizar.
4 CPD: **~ projector** N (Phot) proyector m de diapositivas; **~ rule** N (Math) regla f de cálculo; **~ show** N (Phot) exposición f de diapositivas.
sliding ['slaɪdɪŋ] ADJ (part) corredizo/a; (door, seat) corredero/a; **~ scale** escala f móvil.
slight [slaɪt] **1** ADJ (comp **~er**; superl **~est**) **a** (figure) delgado/a, fino/a; (of weak appearance) delicado/a.
b (trivial) leve, insignificante; **a ~ pain in the arm** un leve dolor en el brazo.
c (small) pequeño/a, ligero/a, cierto/a, liviano/a (LAm); **a ~ improvement** una ligera mejora; **there's not the ~est possibility of that** no hay la menor or más mínima posibilidad de ello; **not in the ~est** en absoluto.
2 N desaire m.
3 VT despreciar, desairar.
slighting ['slaɪtɪŋ] ADJ despreciativo/a, menospreciativo/a.
slightly ['slaɪtlɪ] ADV **a** (a little) un poco, ligeramente; (scarcely, barely) apenas, escasamente; **~ better** algo mejor. **b** **~ built** delgado/a, fino/a.
slim [slɪm] **1** ADJ (comp **~mer**; superl **~mest**) **a** (figure, person) delgado/a, fino/a; (: elegant) esbelto/a.
b (: resources) escaso/a; (: evidence) insuficiente; **his chances are pretty ~** sus posibilidades son bastante limitadas.
2 VI adelgazar; **I'm ~ming** estoy haciendo régimen.
slime [slaɪm] N (in pond) cieno m, fango m; (of snail) baba f.

slimline ['slɪm,laɪn] ADJ: **~ food** alimento m reductivo, alimento que no engorda.
slimmer ['slɪmər] N persona f que está a dieta.
slimming ['slɪmɪŋ] **1** ADJ (food etc) que no engorda; (dress etc) que adelgaza; **~ diet** régimen m (para adelgazar). **2** N adelgazamiento m.
slimy ['slaɪmɪ] ADJ (comp **-ier**; superl **-iest**) limoso/a; (snail) baboso/a; (fig: person) adulón/ona, zalamero/a.
sling [slɪŋ] (vb: pt, pp **slung**) **1** N (weapon) honda f; (Med) cabestrillo m; **to have one's arm in a ~** llevar el brazo en cabestrillo.
2 VT (throw) arrojar, lanzar, echar; (: away) tirar, botar (LAm); **to ~ sth over** or **across one's shoulder** lanzar algo al hombro.
◆ **sling out** VT + ADV (fam) echar, tirar, botar (LAm).
slingshot ['slɪŋʃɒt] N (weapon) honda f; (US) tirador m, tirachinas m inv.
slink [slɪŋk] (pt, pp **slunk**) VI: **to ~ away**, **to ~ off** escabullirse, zafarse.
slinky ['slɪŋkɪ] ADJ (comp **-ier**; superl **-iest**) (fam: clothes) ajustado/a, pegado/a al cuerpo; (: movement) sensual.
slip¹ [slɪp] **1** N **a** (landslide) desprendimiento m; (trip) traspiés m inv, resbalón m; **to give sb the ~** escabullirse or zafarse de algn.
b (mistake) error m, equivocación f; (faux pas) falta f; **a ~ of the pen** una falta de ortografía; **a ~ of the tongue** un lapsus; **there's many a ~ 'twixt cup and lip** de la mano a la boca desaparece la sopa.
c (undergarment) combinación f; (underskirt) enagua f; (pillow~) funda f.
2 VI **a** (slide) resbalar, deslizarse; **I/my foot ~ped** resbalé/se me fue or resbaló el pie; **it ~ped from her hand** se le cayó de la mano; **it ~ped out that ...** se le escapó que ...; **to let it ~ that ...** revelar inadvertidamente que ...; **to let a chance ~ by** escapársele una oportunidad; **you're ~ping** (fig fam) se te fue la mano; **the clutch ~s** el embrague patina.
b (move quickly) escabullirse, escurrirse; **to ~ into/out of sth** (person: clothes) ponerse en/quitarse algo; (: into place) introducirse en/salirse de algo; (thing) introducir en/sacar de algo; **to ~ away** or **off** marcharse desapercibido/a; **to ~ out to the shops** salir un momento a las tiendas; **the months/years have ~ped by** ya pasaron los años/meses.
3 VT **a** (put in) meter; **to ~ a coin into a slot** introducir una moneda en la ranura; **to ~ sb a fiver** pasar cinco libras a algn; **to ~ an arm round sb's waist** pasar el brazo por la cintura de algn; **to ~ on a jumper** ponerse un jersey or suéter; **to ~ sth in** introducir algo sin aviso; **a ~ped disc** una vértebra dislocada.
b (escape) **the dog ~ped its collar** el perro se soltó de su correa; **it ~ped my memory/notice** se me olvidó/pasó.
4 CPD: **~ road** N (on motorway) vía f de acceso.
◆ **slip up** (fam) VI (make a mistake) equivocarse; (faux pas) cometer un desliz.
slip² [slɪp] N (paper) papelito m, ficha f; **a ~ of a boy/girl** un(a) chiquillo/a m/f.
slipknot ['slɪpnɒt] N nudo m corredizo.
slip-on ['slɪpɒn] ADJ: **~ shoes** zapatillas fpl.
slipper ['slɪpər] N (gen) zapatilla f, pantufla f (esp LAm); (Tech) zapata f, patín m.
slippery ['slɪpərɪ] ADJ (gen) resbaladizo/a; (surface) escurridizo/a; (fig pej: person) mañoso/a, escurridizo/a; **to be on a ~ slope** (fig) estar en terreno resbaladizo.
slips [slɪps] NPL: **in the ~** (Theat) entre bastidores.
slipshod ['slɪpʃɒd] ADJ descuidado/a.
slipstream ['slɪpstri:m] N estela f.
slip-up ['slɪpʌp] N (fam: mistake) error m, desliz m.
slipway ['slɪpweɪ] N gradas fpl.
slit [slɪt] (vb: pt, pp **~**) **1** N (cut, in dress etc) raja f; (opening) abertura f, hendidura f; (cut) corte m. **2** VT cortar, abrir; **to ~ sb's throat** cortarle el pescuezo a algn.
slither ['slɪðər] VI deslizarse; **to ~ down a slope** ir rodando por una pendiente; **to ~ about on ice** ir resbalando so-

bre el hielo.

sliver ['slɪvəʳ] N lonja *f*, tajada *f*; (*of wood*) astilla *f*.

slob [slɒb] N (*fam*) palurdo/a *m/f*, dejado/a *m/f*.

slobber ['slɒbəʳ] VI (*pej*) babear.

sloe [sləʊ] ① N (*fruit*) endrina *f*; (*tree*) endrino *m*. ② CPD: ~ **gin** N licor *m* de endrinas.

slog [slɒg] ① N: **it's a hard** ~ **to the top** cuesta trabajo llegar a la cumbre. ② VI ⓐ (*work*) afanarse, sudar tinta; **to** ~ **away at sth** afanarse por hacer algo. ⓑ (*walk etc*) caminar *or* avanzar trabajosamente; **we ~ged on for 8 kilometres** seguimos la marcha otros 8 kilómetros más. ③ VT (*ball, opponent*) golpear.

slogan ['sləʊgən] N slogan *m*, lema *m*.

slogger ['slɒgəʳ] N trabajador(a) *m/f*.

sloop [slu:p] N balandra *f*.

slop [slɒp] ① VI (*also* ~ **over**) derramarse, verterse; **the water was ~ping about in the bucket** el agua chapoteaba en el cubo. ② VT derramar, verter.

◆ **slop out** VI + ADV (*Brit*) *vaciar los cubos usados como retretes por los prisioneros en sus celdas.*

slope [sləʊp] ① N (*up*) cuesta *f*, pendiente *f*; (*down*) declive *m*, bajada *f*; (*of hill*) falda *f*, ladera *f*; **on the eastern** ~ en la vertiente este; **the car got stuck on a** ~ el coche se atascó en una cuesta. ② VI inclinarse; **to** ~ **up/down** subir/bajar en pendiente; **the garden ~s down to the stream** el jardín baja hacia el arroyo.

◆ **slope off** VI + ADV (*fam*) escabullirse, largarse, rajarse (*LAm*).

sloping ['sləʊpɪŋ] ADJ inclinado/a, al sesgo.

sloppily ['slɒpɪlɪ] ADV ⓐ (*carelessly*) en forma descuidada; **to dress** ~ vestirse sin atención. ⓑ (*sentimentally*) en forma sentimentaloide.

sloppy ['slɒpɪ] ADJ (*comp* -**ier**; *superl* -**iest**) (*food*) aguado/a; (*work etc*) descuidado/a; (*appearance, dress*) desaliñado/a, desordenado/a; (*sentimental*) sentimentaloide.

slops [slɒps] NPL (*food*) gachas *fpl*; (*liquid waste*) agua *f* sucia, lavazas *fpl*; (*of tea*) posos *mpl* de té.

slosh [slɒʃ] (*fam*) ① VT ⓐ (*liquid*) **to** ~ **some water over sth** regar agua sobre algo. ⓑ (*hit: person*) pegar. ② VI: **to** ~ **about in the puddles** chapotear en los charcos.

sloshed [slɒʃt] ADJ: **to be/get** ~ (*fam*) andar/ponerse borracho/a *or* tomado/a (*LAm*) tomado/a.

slot [slɒt] ① N (*in machine etc*) ranura *f*; (*groove*) muesca *f*; (*fig: in timetable, programme etc*) hueco *m*; (: *advertising* ~) cuña *f* (publicitaria). ② VT: **to** ~ **in(to)** (*object*) introducir *or* meter en; (*fig: activity, speech*) incluir (en). ③ VI introducirse; **it doesn't** ~ **in with the rest** no encaja con los demás. ④ CPD: ~ **machine** N (*at funfair*) tragaperras *f inv*; (*vending machine*) aparato *m* vendedor, distribuidor *m* automático; ~ **meter** N contador *m*.

sloth [sləʊθ] N ⓐ (*vice*) pereza *f*, indolencia *f*. ⓑ (*Zool*) oso *m* perezoso.

slothful ['sləʊθfʊl] ADJ perezoso/a, vago/a, flojo/a (*LAm*).

slouch [slaʊtʃ] ① N ⓐ **to walk with a** ~ andar con un aire gacho. ⓑ (*fam*) **he's no** ~ (*in skill*) no es ningún principiante; (*at work*) no es ningún vago. ② VI (*walking*) andar desgarbado/a; **to** ~ **in a chair** repantigarse en un sillón.

slough [slʌf] ① N (*Zool*) camisa *f*, piel *f* vieja (que muda la serpiente). ② VT mudar, echar de sí.

◆ **slough off** VT + ADV mudar, echar de sí.

Slovak ['sləʊvæk] ① ADJ eslovaco/a; **the** ~ **Republic** la República Eslovaca. ② N eslovaco/a *m/f*; (*Ling*) eslovaco *m*.

Slovakia [sləʊ'vækɪə] N Eslovaquia *f*.

Slovakian [sləʊ'vækɪən] ADJ, N = **Slovak**.

Slovene ['sləʊviːn] ADJ, N esloveno/a *m/f*.

Slovenia [sləʊ'viːnɪə] N Eslovenia *f*.

Slovenian [sləʊ'viːnɪən] ① ADJ esloveno/a. ② N esloveno/a *m/f*; (*Ling*) esloveno *m*.

slovenly ['slʌvnlɪ] ADJ (*person*) descuidado/a; (*appearance*) desaliñado/a, desaseado/a; (*work*) chapucero/a.

slow [sləʊ] (*comp* ~**er**; *superl* ~**est**) ① ADJ ⓐ lento/a; **he's a** ~ **worker** trabaja lentamente; **this car is** ~**er than my old one** este coche corre más lento que el anterior; **to be** ~ **to do sth** tardar *or* (*LAm*) demorar en hacer algo; **to be** ~ **to anger** tener mucho aguante. ⓑ (*of clock*) atrasado/a; **my watch is 20 minutes** ~ mi reloj lleva 20 minutos de atraso. ⓒ (*of person: stupid*) lento/a; ~ **to understand/ notice** lento para entender/darse cuenta; **he's a bit** ~ **at maths** es algo flojo en matemáticas. ⓓ (*boring, dull*) aburrido/a; **life here is** ~ aquí se vive a un ritmo lento; **the game is very** ~ el juego es muy aburrido; **business is** ~ (*Comm*) hay poco movimiento (en el negocio). ⓔ ~ **cooker** bote *m* eléctrico de cocción lenta; ~ **lane** (*Aut: Brit*) carril *m* de la izquierda; (: *most countries*) carril de la derecha; **in** ~ **motion** (*Cine*) a cámara lenta; **bake for two hours in a** ~ **oven** cocer dos horas en el horno a fuego lento; ~ **train** (*Brit*) ≈ tren *m* correo (*Sp*). ② ADV despacio, lentamente, lento (*LAm*); **to go** ~ (*driver*) conducir despacio; (*in industrial dispute*) trabajar a ritmo lento; **'(go)** ~**!'** ¡despacio!' ③ VT (*also* ~ **down**, ~ **up**: *person, progress*) retrasar; (: *engine, machine*) reducir la marcha de; (: *economy etc*) ralentizar; (*development*) retardar; **that car** ~**s up the traffic** aquel coche entorpece la circulación. ④ VI (*also* ~ **down**, ~ **up**: *engine etc*) reducir la velocidad *or* la marcha; **'S**~ **down'** (*road sign*) 'Disminuir velocidad'; **production has** ~**ed to almost nothing** la producción ha bajado casi a cero.

◆ **slow down** = **slow** 3, 4.

◆ **slow up** = **slow** 3, 4.

slow-acting ['sləʊ,æktɪŋ] ADJ de efecto retardado.

slowcoach ['sləʊkəʊtʃ] N (*fam*) tortuga *f*.

slowdown ['sləʊdaʊn] N (*US: strike*) huelga *f* de manos caídas.

slowly ['sləʊlɪ] ADV despacio, lentamente; ~ **but surely** paso a paso.

slowness ['sləʊnɪs] N (*see adj (a), (c), (d)*) lentitud *f*; torpeza *f*; aburrimiento *m*.

slowpoke ['sləʊ,pəʊk] N (*US fam*) = **slowcoach**.

slow-witted ['sləʊ'wɪtɪd] ADJ torpe, lento/a.

slowworm ['sləʊwɜːm] N lución *m*.

sludge [slʌdʒ] N (*mud*) fango *m*, lodo *m*; (*sediment*) residuos *mpl*; (*sewage*) aguas *fpl* residuales.

slug [slʌg] ① N (*Zool*) babosa *f*; (*bullet*) posta *f*; (*fam: blow*) porrazo *m*; (: *with fist*) puñetazo *m*; **a** ~ **of whisky** (*fam*) un trago de whisk(e)y. ② VT (*fam*) pegar, aporrear.

sluggish ['slʌgɪʃ] ADJ (*indolent*) perezoso/a, flojo/a (*LAm*); (*slow moving: river, engine, car*) lento/a; (: *business, market, sales*) inactivo/a, moroso/a; (*liver*) perezoso/a.

sluice [sluːs] ① N (*gate*) esclusa *f*, compuerta *f*; (*waterway*) canal *m*, conducto *m*. ② VT: **to** ~ **sth down** *or* **out** regar algo.

slum [slʌm] ① N (*usu pl: area*) barrio *m* bajo, tugurios *mpl*, colonia *f* proletaria (*Mex*), barriada *f* (*Per*); (*house*) casucha *f*, tugurio *m*. ② VT: **to** ~ **it** (*esp Brit fam*) vivir como pobres; (: *live cheaply*) vivir muy barato. ③ VI: **to** ~, **to go** ~**ming** visitar los barrios bajos. ④ CPD: ~ **clearance (programme)** N (programa *m* de) derribo *m* de chabolas; ~ **dweller** N barriobajero/a *m/f*.

slumber ['slʌmbəʳ] ① N (*sleep*) sueño *m*; (: *deep*) sopor *m*; ~**s** sueño. ② VI dormir.

slump [slʌmp] ① N (*gen*) baja *f* (repentina), bajón *m*; (*in production, sales*) caída *f*, baja; (*economic*) depresión *f*; **the S**~ el crac; **the** ~ **in the price of copper** la baja repentina del precio del cobre. ② VI ⓐ (*price etc*) hundirse; (*production, sales*) bajar, caer; (*fall, fig: morale etc*) desplomarse. ⓑ **to** ~ **into a chair** hundirse en una silla; **he** ~**ed to the floor** se desplomó al suelo; **he was** ~**ed over the wheel** se había caído encima del volante.

slung [slʌŋ] PT, PP *of* **sling**.

slunk [slʌŋk] PT, PP of **slink**.

slur [slɜːʳ] [1] N [a] (*stigma*) mancha *f*, calumnia *f*; **to cast a ~ on sb** manchar la reputación de algn. [b] (*Mus*) ligado *m*. [2] VT (*word etc*) pronunciar mal, tragar; (*Mus*) ligar.

slurp [slɜːp] VT, VI (*fam*) sorber ruidosamente.

slurred [slɜːd] ADJ (*pronunciation*) mal articulado/a, borroso/a.

slurry [slʌrɪ] N lodo *m* etc líquido; (*Agr*) estiércol *m* líquido.

slush [slʌʃ] [1] N (*melting snow*) aguanieve *f*; (*mud*) fango *m*, lodo *m*; (*fam: bad poetry etc*) sentimentalismo *m*. [2] CPD: **~ fund** N fondos *mpl* para sobornar.

slushy [slʌʃɪ] ADJ (*comp* **-ier**; *superl* **-iest**) (*snow*) medio/a derretido/a; (*fam: poetry etc*) sentimentaloide.

slut [slʌt] N (*immoral*) puta *f* (*fam*); (*dirty, untidy*) marrana *f*.

sly [slaɪ] [1] ADJ (*comp* **~er**; *superl* **~est**) (*wily*) astuto/a, taimado/a; (*secretive*) furtivo/a; (*mischievous*) travieso/a; (*pej*) malicioso/a; **he's a ~ one!** ¡es un zorro! [2] N: **on the ~** a hurtadillas, a escondidas; **they used to meet on the ~** se encontraban a escondidas.

slyly [slaɪlɪ] ADV (*see adj*) con astucia; furtivamente; con malicia.

smack¹ [smæk] VI: **to ~ of** (*fig: intrigue etc*) oler a; **it ~s of treachery to me** me suena a traición.

smack² [smæk] [1] N (*slap*) bofetada *f*, tortazo *m*; (*sound*) (ruido *m* de una) bofetada or palmada *f*; **to give a child a ~** dar una bofetada a or abofetear a un niño. [2] VT (*slap*) dar una bofetada a, abofetear; **she ~ed the child's bottom** pegar al niño en el trasero or culo; **to ~ one's lips** relamerse, chuparse los labios. [3] ADV: **it fell ~ in the middle** (*fam*) cayó justo en medio; **she ran ~ into the door** chocó contra la puerta, dio de lleno con la puerta.

smack³ [smæk] N (*Naut*) barca *f* de pesca.

smack⁴ [smæk] N (*fam*) heroína *f*.

smacker [smækəʳ] (*fam*) N (*kiss*) besuqueo *m*; (*pound, dollar*) libra *f*, dólar *m*.

small [smɔːl] [1] ADJ (*comp* **~er**; *superl* **~est**) (*gen: in size*) pequeño/a, chico/a (*LAm*); (: *in height*) bajo/a, pequeño, chaparro/a (*LAm*); (*stock, supply, number*) escaso/a, corto/a; (*clothes etc*) de talla pequeña; (*meal*) ligero/a; (*humble: voice*) débil; (*coal etc*) menudo/a; (*minor, unimportant*) menor, sin importancia; (: *increase, improvement*) mínimo/a; **in ~ letters** en minúscula; **when we were ~** cuando éramos pequeños; **the dress is too ~ for her** el vestido le viene pequeño or chico; **the ~est possible number of books** los menos libros posible; **to have a ~ appetite** tener poco apetito; **to feel ~** (*fig*) sentirse poca cosa or humillado; **to make sb look ~** humillar a algn; **a ~ problem** un pequeño problema; **to have ~ hope of success** tener pocas esperanzas de éxito; **to have ~ cause** or **reason to do sth** tener poco motivo para hacer algo; **to start in a ~ way** empezar en pequeña escala; **~ ad** (*Brit*) anuncio *m* por palabras; **~ arms** armas *fpl* cortas; **~ business** negocio *m* pequeño; **~ businessman** pequeño comerciante *m*; **~ change** suelto *m*, cambio *m*, sencillo *m* (*LAm*), feria *f* (*Mex fam*); **~ claims court** tribunal *m* de instancia (que se ocupa de asuntos menores); **~ hours** altas horas *fpl* (de la noche); **~ investor** pequeño/a inversionista *mf*; **~ print** letra *f* menuda; **~ screen** pequeña pantalla *f*, pantalla chica (*LAm*); **~ talk** charla *f*. [2] N: **~ of the back** región *f* lumbar; **~s** (*Brit fam: underwear*) ropa *fsg* interior or (*esp LAm*) íntima. [3] ADV en pedazos pequeños; **to cut sth up ~** cortar algo en trocitos.

smallholding [smɔːlˌhəʊldɪŋ] N parcela *f*, minifundio *m*, chacra *f* (*CSur*).

smallish [smɔːlɪʃ] ADJ más bien pequeño/a or chico/a.

small-minded [smɔːlˈmaɪndɪd] ADJ mezquino/a, de miras estrechas.

smallness [smɔːlnɪs] N (*gen*) pequeñez *f*, lo chico (*LAm*); (*in size*) lo bajo, lo chaparro (*LAm*).

smallpox [smɔːlpɒks] N (*Med*) viruela *f*.

small-scale [smɔːlˈskeɪl] ADJ (*gen*) en pequeña escala.

small-time [smɔːlˈtaɪm] ADJ (*fam*) de poca categoría or

monta; **a ~ criminal** un delincuente menor.

small-town [smɔːlˈtaʊn] ADJ provinciano/a, pueblerino/a.

smarmy [smɑːmɪ] ADJ (*comp* **-ier**; *superl* **-iest**) (*fam*) zalamero/a.

smart [smɑːt] [1] ADJ (*comp* **~er**; *superl* **~est**) [a] (*elegant*) elegante; (*society*) de buen tono, fino/a; **that's a ~ car** ¡qué coche más elegante! [b] (*bright*) listo/a; (*sharp*) hábil; (*pej*) ladino/a, astuto/a; (*computer, weapons*) inteligente; **he was too ~ for me** me engañó; **that was pretty ~ of you** ¡qué listo or astuto!; **~ work by the police led to ...** la pronta reacción de la policía permitió que ...; **~ Alec** (*fam*), **~ ass** (*US fam*) sabelotodo *m* (*fam*); **~ card** tarjeta *f* electrónica, tarjeta inteligente; **~ money** dinero *m* en busca de utilidades excepcionales. [c] (*quick: pace, action*) rápido/a; **look ~ about it!** ¡date prisa!, ¡apúrate! (*LAm*). [2] VI [a] (*wound, eyes*) escocer, picar, arder (*esp LAm*); **my eyes are ~ing** me pican los ojos. [b] (*fig*) dolerse; **she's still ~ing from his remarks** sus comentarios le hirieron en lo más vivo; **to ~ under an insult** dolerse or resentirse ante una injuria.

smarten [smɑːtn] [1] VT (*also ~ up*) arreglar; **to ~ o.s. up** arreglarse; **to ~ up one's ideas** espabilarse, ponerse sobre aviso. [2] VI (*also ~ up*) arreglarse.

smartly [smɑːtlɪ] ADV [a] (*elegantly*) elegantemente. [b] (*cleverly*) inteligentemente. [c] (*quickly*) rápidamente.

smartness [smɑːtnɪs] N [a] (*in appearance: elegance*) elegancia *f*; (: *neatness*) arreglo *m*. [b] (*cleverness*) inteligencia *f*; (*brightness*) viveza *f*.

smash [smæʃ] [1] N (*breakage*) rotura *f*, quiebra *f* (*LAm*); (*collision*) choque *m*; (*Tennis etc*) smash *m*, mate *m*; **he died in a car ~** murió en un accidente de tránsito. [2] VT (*break*) romper, quebrar (*esp LAm*); (*shatter*) hacer pedazos or trizas; (*wreck*) dar al traste con; (*ruin*) arruinar, minar; (*defeat*) vencer a, derrotar; (*overcome: record etc*) batir, pasar; (*Tennis etc*) dar mate a; **he ~ed it against the wall** lo estrelló contra la pared; **we will ~ this crime ring** romperemos este complot; **he ~ed his way out of the building** se escapó del edificio a base de golpes. [3] VI (*break*) romperse, hacerse pedazos, quebrarse (*esp LAm*); **the car ~ed into the wall** el coche se estrelló contra la pared. [4] CPD: **~ hit** N exitazo *m*.

♦ **smash down** VT + ADV (*door*) echar abajo.

♦ **smash in** VT + ADV (*door, window*) forzar; **to ~ sb's face in** (*fam*) romperle la cara a algn.

♦ **smash up** VT + ADV (*car*) hacer pedazos; (*fam: person, place*) pulverizar.

smash-and-grab raid [smæʃənˈgræbˌreɪd] N robo *m* relámpago (*con rotura de escaparate*).

smashed [smæʃt] (*fam*) ADJ (*drunk*) colocado/a (*fam*); (*drugged*) flipado/a (*fam*).

smashing [smæʃɪŋ] ADJ (*fam*) estupendo/a (*Sp*), bárbaro/a, macanudo/a (*LAm*); **we had a ~ time** lo pasamos estupendamente or de maravilla or (*CSur*) regio.

smattering [smætərɪŋ] N: **to have a ~ of** tener idea de.

smear [smɪəʳ] [1] N (*lit*) mancha *f*; (*fig*) calumnia *f*; (*Med*) frotis *m*. [2] VT [a] untar; **to ~ one's face with blood** untarse la cara de sangre. [b] (*print, lettering etc*) borrar. [c] (*fig: libel*) calumniar, difamar. [3] VI (*paint, ink etc*) correrse. [4] CPD: **~ campaign** N campaña *f* de calumnias; **~ tactics** NPL tácticas *fpl* de difamación; **~ test** N (*Med*) frotis *m*.

smell [smel] (*vb: pt, pp* **~ed** or **smelt**) [1] N [a] (*sense of ~*) olfato *m*; **to have a keen sense of ~** tener buen olfato. [b] (*odour*) olor *m*; **it has a nice ~** there's a strong ~ of gas here** huele mucho a gas por aquí. [2] VT oler; (*fig*) olfatear; **to ~ danger** (*fig*) olfatear el peligro; **I can ~ a rat** (*fig*) aquí hay gato encerrado. [3] VI (*gen*) oler (*of a*); (*stink*) apestar; **my fingers ~ of garlic** mis dedos huelen a ajo; **it ~s like chicken** huele a po-

llo; **it ~s good** huele bien; **it ~s damp in here** huele a húmedo aquí dentro.
◆ **smell out** VT + ADV ⓐ (*animal*) husmear. ⓑ **your feet are ~ing the room out!** ¡tus pies están apestando el ambiente!
smelling ['smelɪŋ] CPD: **~ salts** NPL sales *fpl* aromáticas.
smelly ['smelɪ] ADJ (*comp* **-ier**; *superl* **-iest**) (*fam*) maloliente, pestífero/a (*fam*).
smelt[1] [smelt] PT, PP *of* **smell**.
smelt[2] [smelt] VT fundir.
smidgen, smidgin ['smɪdʒən] N: **a ~ of** (*fam*) un poquito de.
smile [smaɪl] ⓵ N sonrisa *f*; **she said with a ~** dijo sonriente; **with a ~ on one's lips** con una sonrisa en los labios; **to be all ~s** ser pura sonrisa; **to give sb a ~** sonreír a algn; **to wipe the ~ off sb's face** quitarle a algn las ganas de sonreír.
⓶ VI sonreír; **to ~ at sb/sth** (*in greeting*) sonreír a algn/algo; (*with contempt*) reírse de algn/algo; **keep smiling!** ¡ánimo!; **fortune ~d on him** le sonrió la fortuna.
⓷ VT: **he ~d his appreciation** dio las gracias con una sonrisa, sonrió de agradecimiento.
smiling ['smaɪlɪŋ] ADJ sonriente, risueño/a.
smirk [smɜːk] ⓵ N sonrisa *f* de satisfacción. ⓶ VI sonreír de satisfacción.
smite [smaɪt] (*pt* **smote**; *pp* **smitten**) VT (*old*: *strike*) golpear; (: *punish*) castigar; *see also* **smitten**.
smith [smɪθ] N herrero *m*.
smithereens ['smɪðə'riːnz] NPL: **to smash sth to ~** hacer añicos *or* trizas algo.
smithy ['smɪðɪ] N herrería *f*, fragua *f*.
smitten ['smɪtn] ⓵ PP *of* **smite**. ⓶ ADJ PRED: **to be ~ (with sb)** estar locamente enamorado/a (de algn); **to be ~ with an idea** entusiasmarse por una idea; **to be ~ with flu** estar aquejado/a de gripe; **to be ~ with remorse** remorderle a algn la conciencia.
smock [smɒk] N (*blouse*) bata *f*; (*to protect clothing*) guardapolvo *m*.
smocking ['smɒkɪŋ] N adorno *m* de frunces.
smog [smɒg] N smog *m*, niebla *f* mezclada con humo.
smoke [sməʊk] ⓵ N ⓐ humo *m*; **the S~** (*Brit fam*) Londres; **there's no ~ without fire** cuando el río suena, agua lleva; **to go up in ~** (*lit*) hacerse humo; (*fig*: *fail*) fracasar, venir abajo, malograrse (*esp Per*); (: *disappear*) esfumarse.
ⓑ (*cigarette etc*) cigarrillo *m*, tabaco *m*, cigarro *m*; **to have a ~** fumar(se) un cigarrillo *etc*.
⓶ VT ⓐ (*tobacco*) fumar.
ⓑ (*bacon, fish, cheese*) ahumar.
⓷ VI ⓐ (*chimney etc*) echar humo.
ⓑ (*smoker*) fumar; **do you ~?** ¿fumas?
⓸ CPD: **~ bomb** N bomba *f* fumígena *or* de humo; **~ detector** N detector *m* de humo; **~ screen** N (*Mil*) cortina *f* de humo; **~ shop** N (*US*) estanco *m*, tabaquería *f*; **~ signal** N señal *f* de humo.
◆ **smoke out** VT + ADV (*insects*) ahuyentar con humo.
smoked [sməʊkt] ADJ (*bacon, fish, etc*) ahumado/a; **~ glass** cristal *m or* (*LAm*) vidrio *m* ahumado.
smokeless ['sməʊklɪs] ADJ: **~ fuel** combustible *m* sin humo; **~ zone** zona *f* libre de humos.
smoker ['sməʊkə'] N (*person*) fumador(a) *m/f*; (*railway carriage*) coche *m or* vagón *m* de fumar; **~'s cough** tos *f* de fumador.
smokestack ['sməʊkstæk] N chimenea *f*.
smoking ['sməʊkɪŋ] ⓵ ADJ humeante, que humea.
⓶ N fumar *m*; **'no ~'** 'prohibido fumar', 'no fumar', 'se prohibe fumar'.
⓷ CPD: **~ car** N (*US*), **~ compartment** N departamento *m* de fumadores; **~ jacket** N medio batín *m*.
smoky ['sməʊkɪ] ADJ (*comp* **-ier**; *superl* **-iest**) (*chimney, fire*) humeante, que humea; (*room, atmosphere*) lleno/a de humo; (*flavour, surface etc*) ahumado/a.
smolder ['sməʊldə'] VI (*US*) = **smoulder**.
smooch [smuːtʃ] VI (*fam*) besuquearse.
smooth [smuːð] ⓵ ADJ (*comp* **~er**; *superl* **~est**) ⓐ (*skin*) liso/a; (*road etc*) llano/a, parejo/a (*esp LAm*); (*sea*)

tranquilo/a, en calma.
ⓑ (*in consistency*: *paste etc*) sin grumos.
ⓒ (*running of engine, take-off etc*) suave, parejo/a (*esp LAm*).
ⓓ (*trouble-free*) sin inconvenientes.
ⓔ (*not harsh in taste or sound*) suave.
ⓕ (*pej*: *person*) zalamero/a, meloso/a.
⓶ VT ⓐ (*also* **~ down**: *hair etc*) alisar; **to ~ the way for sb** (*fig*) allanar el camino para algn.
ⓑ (*remove roughness from*) limar; (*polish*) pulir; (*flatten*) alisar, emparejar (*LAm*); **to ~ away wrinkles** quitar las arrugas.
◆ **smooth down** VT + ADV (*hair etc*) alisar; (*surface*) allanar, igualar; (*wood*) desbastar.
◆ **smooth out** VT + ADV (*fabric, creases*) alisar; (*road etc*) aplanar, allanar; (*fig*: *problem*) solucionar.
◆ **smooth over** VT + ADV: **to ~ things over** (*fig*) limar las asperezas.
smoothly ['smuːðlɪ] ADV (*see adj*) lisamente, parejo; suavemente; **everything went ~** todo pasó sin novedad.
smoothness ['smuːðnɪs] N (*see adj*) llaneza *f*; suavidad *f*.
smooth-running ['smuːð'rʌnɪŋ] ADJ (*engine etc*) suave, parejo/a (*esp LAm*).
smooth-shaven ['smuːð'ʃeɪvn] ADJ bien afeitado/a.
smooth-spoken ['smuːð'spəʊkən], **smooth-talking** ['smuːð,tɔːkɪŋ] ADJ afable; (*pej*) zalamero/a, meloso/a.
smote [sməʊt] PT *of* **smite**.
smother ['smʌðə'] ⓵ VT ⓐ (*stifle*) sofocar; (: *yawn, sob, laughter*) contener. ⓑ (*cover*) cubrir; **they ~ed him with kisses** le colmaron *or* abrumaron de besos. ⓶ VI (*asphyxiate*) asfixiarse, ahogarse.
smoulder, (*US*) **smolder** ['sməʊldə'] VI (*fire*) arder sin llama; (*fig*: *passion etc*) arder.
smudge [smʌdʒ] ⓵ N mancha *f*. ⓶ VT manchar. ⓷ VI correrse.
smug [smʌg] ADJ (*comp* **~ger**; *superl* **~gest**) creído/a, engreído/a.
smuggle ['smʌgl] VT (*bring or take secretly*) pasar de contrabando; **to ~ goods in/out** meter/sacar mercancías de contrabando; **to ~ sth past** *or* **through Customs** pasar algo de contrabando por la aduana.
smuggler ['smʌglə'] N contrabandista *mf*.
smuggling ['smʌglɪŋ] N contrabando *m*.
smugly ['smʌglɪ] ADV con engreimiento.
smut [smʌt] N (*grain of soot*) carbonilla *f*, hollín *m*; (*crudity*) obscenidades *fpl*.
smutty ['smʌtɪ] ADJ (*comp* **-ier**; *superl* **-iest**) (*dirty*) manchado/a; (*crude*) obsceno/a, verde, colorado/a (*LAm*).
snack [snæk] ⓵ N tentempié *m*, bocadillo *m*; **to have a ~** probarse un bocado. ⓶ CPD: **~ bar** N cafetería *f*, lonchería *f* (*LAm*).
snag [snæg] N (*tooth*) raigón *m*; (*tree*) tocón *m*; (*pulled thread*) enganchón *m*; (*difficulty*) inconveniente *m*, problema *m*; **what's the ~?** ¿en qué consiste la pega? (*Sp*), ¿cuál es el problema?; **the ~ is that ...** la dificultad es que ...; **to run into** *or* **hit a ~** encontrar inconvenientes, dar con un obstáculo.
snail [sneɪl] N caracol *m*; **at (a) ~'s pace** a paso de tortuga.
snake [sneɪk] ⓵ N serpiente *f*, víbora *f*; (*harmless*) culebra *f*; **a ~ in the grass** (*fig*) un traidor.
⓶ CPD: **~ charmer** N encantador(a) *m/f* de serpientes; **~s and ladders** N juego *m* de la oca.
snakebite ['sneɪkbaɪt] N mordedura *f or* picadura *f* de serpiente.
snakeskin ['sneɪkskɪn] N piel *f* de serpiente.
snap [snæp] ⓵ N (*sound*) golpe *m*, ruido *m* seco; (*of sth breaking*) chasquido *m*; (*Phot*) foto *f*; **a cold ~** (*fam*) una ola de frío; **the dog made a ~ at the biscuit** el perro se lanzó sobre la galleta.
⓶ ADJ (*sudden*) repentino/a, sin aviso; **~ decision** decisión *f* instantánea.
⓷ VT ⓐ (*break*) partir, quebrar (*esp LAm*).
ⓑ (*fingers*) castañetear; **to ~ one's fingers at sb/sth** (*fig*) burlarse de algn/algo; **to ~ a box shut** cerrar una

caja de golpe.

[c] **'be quiet!'** she **~ped** 'cállate,' dijo bruscamente or (*LAm*) con enojo.

[d] (*Phot*) sacar una foto de.

[4] VI [a] (*break: elastic*) romperse.

[b] (*whip*) chasquear; **it ~ped shut** se cerró de golpe; **to ~ into place** meterse de golpe.

[c] **to ~ at sb** (*person*) regañarle a algn; (*dog*) intentar morder a algn.

[5] CPD: **~ fastener** N (*US*) cierre *m* (automático).

◆ **snap back** VI + ADV: **to ~ back at sb** contestar or hablar *etc* bruscamente a algn.

◆ **snap off** [1] VT + ADV separar, quebrar; **to ~ sb's head off** (*fig*) regañarle a algn, echarle un rapapolvo a algn.

[2] VI + ADV: **it ~ped off** se desprendió, se partió.

◆ **snap out** [1] (*fam*) VI + ADV: **to ~ out of sth** dejarse de algo, quitarse algo de encima; **~ out of it!** ¡anímate!

[2] VT + ADV (*order etc*) gritar, decir con brusquedad or (*LAm*) enojo.

◆ **snap up** VT + ADV: **to ~ up a bargain** (*fig*) agarrar una ganga.

snapdragon ['snæp,drægən] N (*Bot*) dragón *m*.

snappish ['snæpɪʃ] ADJ irritable, gruñón/ona.

snappy ['snæpɪ] ADJ (*comp* **-ier**; *superl* **-iest**) (*fam*) rápido/a; (*smart*) elegante; **make it ~!** ¡date prisa!, ¡apúrate! (*LAm*).

snapshot ['snæpʃɒt] N (*Phot*) foto *f*.

snare [snɛəʳ] [1] N lazo *m*; (*fig*) trampa *f*. [2] VT coger (*Sp*) or (*LAm*) agarrar con lazo; (*fig*) atrapar.

snarl¹ [snɑːl] [1] N (*noise*) gruñido *m*. [2] VI: **to ~ at sb** decirle a algn gruñendo.

snarl² [snɑːl] [1] N (*in wool etc*) maraña *f*, enredo *m*; (*in traffic*) atasco *m*, embotellamiento *m*.

[2] VT (*also ~ up*: *wool*) enmarañar; (*: plans*) confundir, enredar; (*: traffic*) atascar.

snarl-up ['snɑːlʌp] N enredo *m*, maraña *f*.

snatch [snætʃ] [1] N [a] (*act of ~ing*) arrebatamiento *m*; **to make a ~ at sth** intentar arrebatar or agarrar algo.

[b] (*fam: theft*) robo *m*, hurto *m*.

[c] (*snippet*) trocito *m*; **~es of conversation** fragmentos *mpl* de conversación; **to sleep in ~es** dormir a ratos.

[d] (*US fam!*) coño *m* (*fam!*).

[2] VT (*grab*) arrebatar; **to ~ a meal** comer a la carrera; **to ~ some sleep** buscar tiempo para dormir; **to ~ a knife out of sb's hand** arrebatarle un cuchillo a algn.

[3] VI: **don't ~** ¡no me lo quites!; **to ~ at sth** (*lit, fig*) intentar agarrar algo.

◆ **snatch away** VT + ADV: **to ~ sth away from sb** arrebatar algo a algn.

◆ **snatch up** VT + ADV agarrar (rápidamente).

snazzy ['snæzɪ] ADJ (*comp* **-ier**; *superl* **-iest**): **a ~ dress** (*fam*) un vestido vistoso.

sneak [sniːk] [1] VT: **to ~ sth out of a place** sacar algo furtivamente de un lugar; **to ~ a look at sth** mirar algo de reojo or soslayo.

[2] VI [a] **to ~ in/out** entrar/salir a hurtadillas; **to ~ away** or **off** escabullirse; **to ~ in** colarse; **to ~ off with sth** llevarse algo furtivamente.

[b] **to ~ on sb** (*fam*) denunciar a algn, soplar a algn.

[3] N (*fam: tale-teller*) chivato/a *m/f*, soplón/ona *m/f*.

[4] CPD: **~ preview** N anticipo *m* no autorizado; **~ thief** N ratero/a *m/f*.

sneakers ['sniːkəz] NPL zapatos *mpl* de lona, zapatillas *fpl*.

sneaking ['sniːkɪŋ] ADJ ligero/a; **to have a ~ dislike of sb** sentir antipatía hacia algn; **I have a ~ feeling that ...** tengo la sensación de que ....

sneaky ['sniːkɪ] ADJ (*comp* **-ier**; *superl* **-iest**) (*fam*) soplón/ona.

sneer [snɪəʳ] [1] N (*expression*) cara *f* de desprecio; (*remark*) comentario *m* desdeñoso. [2] VI hablar con desprecio or desdén; **to ~ at sb/sth** (*laugh*) mofarse de algn/algo; (*scorn*) despreciar a algn/algo.

sneeze [sniːz] [1] N estornudo *m*. [2] VI estornudar; **an offer not to be ~d at** (*fig*) una oferta que no es de despreciar.

snicker ['snɪkəʳ] = **snigger**.

snide [snaɪd] ADJ (*fam*) bajo/a, sarcástico/a.

sniff [snɪf] [1] N (*gen: act*) sorbo *m*; (*: dog*) husmeo *m*; (*faint smell*) olorcito *m*.

[2] VT (*snuff etc*) sorber (por la nariz), aspirar; (*smell*) oler; (*: dog etc*) olfatear, husmear.

[3] VI aspirar por la nariz, sorber; (*dog etc*) oler, husmear, olfatear; **to ~ at sth** (*lit*) oler algo; (*fig*) despreciar or desdeñar algo; **an offer not to be ~ed at** una oferta que no es de despreciar.

◆ **sniff out** VT + ADV (*discover*) encontrar husmeando; (*pry*) fisgar, fisgonear; (*fig: dig out*) desenterrar.

sniffer ['snɪfəʳ] ADJ: **~ dog** (*for drugs*) perro *m* antidroga; (*for explosives*) perro antiexplosivos.

sniffle ['snɪfl] = **snuffle**.

snifter ['snɪftəʳ] N (*fam*) copa *f*, trago *m*.

snigger ['snɪgəʳ] [1] N risilla *f*. [2] VI reír disimuladamente; **to ~ at sth** reírse tontamente de algo.

snip [snɪp] [1] N (*cut*) tijeretada *f*; (*action, noise*) tijereteo *m*; (*small piece*) recorte *m*; (*Brit fam: bargain*) ganga *f*. [2] VT tijeretear; **to ~ sth off** cortar algo con tijeras.

snipe [snaɪp] [1] N (*bird*) agachadiza *f*. [2] VI: **to ~ at sb** (*lit*) disparar a algn desde un escondite; **to ~ at one's critics** responder ante las críticas.

sniper ['snaɪpəʳ] N francotirador(a) *m/f*.

snippet ['snɪpɪt] N (*of cloth, paper*) pedacito *m*, recorte *m*; (*of information, conversation etc*) retazo *m*, fragmento *m*.

snitch [snɪtʃ] (*fam*) [1] VI: **to ~ on sb** chivarse or soplar a algn. [2] VT (*steal*) birlar (*fam*).

snivel ['snɪvl] VI lloriquear.

snivelling, (*US*) **sniveling** ['snɪvlɪŋ] ADJ llorón/ona.

snob [snɒb] N (e)snob *mf*, presumido/a *m/f*; **he's an intellectual ~** presume de intelectual.

snobbery ['snɒbərɪ] N (e)snobismo *m*, presunción *f*.

snobbish ['snɒbɪʃ] ADJ (e)snob, presumido/a.

snobby ['snɒbɪ] ADJ (*fam*) (e)snob.

snog [snɒg] (*fam*) [1] N: **to have a ~ = 2.** [2] VI besuquearse (*fam*).

snook [snuːk] N: **to cock a ~ at sb** (*fig fam*) hacer un palmo de narices a algn.

snooker ['snuːkəʳ] [1] N snooker *m*, billar *m* inglés. [2] VT: **to be properly ~ed** (*fig fam*) estar en un aprieto serio.

snoop [snuːp] [1] N [a] (*person*) fisgón/ona *m/f*. [b] (*act*) **to have a ~ round** fisgar, fisgonear. [2] VI (*also ~ about, ~ around*: *pry*) fisgar, fisgonear; (*: interfere*) entrometerse.

snooper ['snuːpəʳ] N fisgón/ona *m/f*.

snooty ['snuːtɪ] ADJ (*comp* **-ier**; *superl* **-iest**) (*fam*) presumido/a, (e)snob.

snooze [snuːz] [1] N cabezada *f*, siestecita *f*; **to have a ~** dar una cabezada, echar una siestecita. [2] VI dormitar.

snore [snɔːʳ] [1] N ronquido *m*. [2] VI roncar.

snoring ['snɔːrɪŋ] N ronquidos *mpl*.

snorkel ['snɔːkl] [1] N (*of swimmer*) tubo *m* de respiración, tubo *m* respiratorio; (*of submarine*) snorkel *m*. [2] VI bucear con tubo respiratorio.

snort [snɔːt] [1] N resoplido *m*. [2] VI (*horse*) resoplar, bufar; (*person: with anger, impatience etc*) resoplar, bufar; (*Drugs fam*) esnifar (*fam*). [3] VT (*Drugs fam*) inhalar, esnifar (*fam*).

snorter ['snɔːtəʳ] (*fam*) N [a] **a real ~ of a problem** un problemón. [b] (*drink*) trago *m*, copa *f*.

snot [snɒt] N (*fam*) mocos *mpl*, mocarro *m*.

snotty ['snɒtɪ] (*fam*) ADJ (*comp* **-ier**; *superl* **-iest**) mocoso/a; (*Brit: snooty*) (e)snob, presumido/a.

snout [snaʊt] N (*gen*) hocico *m*, jeta *f*.

snow [snəʊ] [1] N [a] nieve *f*. [b] (*on TV screen*) lluvia *f*. [2] VT: **to be ~ed in** or **up** quedar aislado por la nieve; **to be ~ed under with work** (*fig*) estar agobiado de trabajo. [3] VI nevar. [4] CPD: **~ blindness** N (*Med*) ceguera *f* de nieve; **~ line** N límite *m* de las nieves perpetuas; **~ report** N (*Met*) informe *m* sobre el estado de la nieve; **S~ White** N Blancanieves *f*.

snowball ['snəʊbɔːl] [1] N bola *f* de nieve. [2] VI (*fig*) aumentar progresivamente, ir aumentándose.

snow-blind ['snəʊ,blaɪnd] ADJ cegado/a por la nieve.

snow-bound ['snəʊbaʊnd] ADJ aislado/a or bloqueado/a por la nieve.

snow-capped ['snəʊkæpt], **snow-covered** ['snəʊ-'kʌvəd] ADJ cubierto/a de nieve, nevado/a.

snowdrift ['snəʊdrɪft] N ventisca f, ventisquero m.

snowdrop ['snəʊdrɒp] N campanilla f de invierno.

snowfall ['snəʊfɔːl] N (gen) nevada f.

snowflake ['snəʊfleɪk] N copo m de nieve.

snowman ['snəʊmæn] N (pl **-men**) figura f de nieve; **the abominable ~** el abominable hombre de las nieves.

snowplough, (US) snowplow ['snəʊplaʊ] N quitanieves m inv.

snowshoe ['snəʊʃuː] N raqueta f (de nieve).

snowstorm ['snəʊstɔːm] N nevada f, nevasca f.

snow-white ['snəʊ'waɪt] ADJ blanco/a como la nieve.

snowy ['snəʊɪ] ADJ (comp **-ier**; superl **-iest**) (climate, region) de mucha nieve; (day etc) de nieve; (white as snow) blanco/a como la nieve.

SNP N ABBR (Brit Pol) of **Scottish National Party**.

Snr ABBR of **Senior**.

snub¹ [snʌb] [1] N desaire m. [2] VT (person) desairar, volver la espalda a; (offer) rechazar.

snub² [snʌb] ADJ: **~ nose** nariz f respingona.

snub-nosed ['snʌb'nəʊzd] ADJ chato/a, ñato/a (LAm).

snuff¹ [snʌf] N rapé m; **to take ~** tomar rapé.

snuff² [snʌf] VT apagar; **to ~ it** (fam) estirar la pata (fam), liar el petate (fam).

♦ **snuff out** VT + ADV (candle) apagar.

snuffbox ['snʌfbɒks] N caja f de rapé, tabaquera f.

snuffle ['snʌfl] [1] N: **to have the ~s** estar resfriado/a or constipado/a. [2] VI sorber con ruido.

snug [snʌg] ADJ (comp **~ger**; superl **~gest**) (cosy) cómodo/a; (: fam) calientito/a; (fitting closely) ajustado/a, justo/a (esp LAm); (too tight) apretado/a.

snuggle ['snʌgl] VI: **to ~ down in bed** acurrucarse en la cama; **to ~ up to sb** arrimarse a algn.

snugly ['snʌglɪ] ADV cómodamente; **it fits ~** (clothes: well) queda ajustado or (esp LAm) justo; (one object in another) encaja perfectamente.

▼**so¹** [səʊ] [1] ADV [a] (to such an extent) tan(to); **~ quickly** tan rápidamente; **it is ~ big that ...** es tan grande que ...; **it's about ~ high** es más o menos así de alto; **she's not ~ clever as him** no es tan lista como él; **it's not ~ very difficult** no es tan difícil; **I wish you weren't ~ clumsy** ¡ojalá no fueras tan patoso!; **I love you ~** te quiero tanto.

[b] (very) **I'm ~ worried** estoy tan preocupado; **I've got ~ much to do** tengo tantísimo que hacer; **thank you ~ much** muchísimas gracias, muy agradecido; **~ much tea** tanto té; **~ many flies** tantas moscas; see **kind 1**; **much 1 (c)**.

[c] (thus, in this way, likewise) así, de esta manera, de este modo; **only more ~** pero en mayor grado; **how ~?** ¿cómo es eso?; **just ~!** ¡eso!, ¡eso es!; **if ~** en este caso, en cuyo caso; **~ far** hasta aquí or ahora; **he likes things just ~** le gusta que todo esté en su lugar; **~ do I** yo también; **~ would I** yo también; **he's wrong and ~ are you** se equivocan tanto Ud como él; **and ~ forth, and ~ on** y así sucesivamente, etcétera; **~ it is!, ~ it does!** ¡es verdad!, ¡es cierto!, ¡correcto!; **is that ~?** ¿de veras?; **isn't that ~?** ¿no es así?; **~ be it** así sea; **it ~ happens that ...** resulta que ..., el caso es que ...; **I hope ~** eso espero yo, espero que sí; **I thought ~** me lo figuraba or suponía; **~ he says** eso dice él; **~ much ~ that ...** hasta tal punto or grado que ..., tanto es así que ...; **I told you ~** ya te lo dije; **~ saying he walked away** dicho eso, se marchó; **do ~ then!** ¡hazlo, pues!; **and he did ~** y lo hizo; **~ to speak** por decirlo así.

[d] (phrases) **she didn't ~ much as send me a birthday card** no me mandó ni una tarjeta siquiera para mi cumpleaños; **~ much the better/worse** tanto mejor/peor; **I haven't ~ much as a penny** no tengo ni un peso; **~ much for her promises!** ¡eso valen sus promesas!; **ten or ~** unos diez, diez más o menos, diez o por ahí; **~ long!** (fam) ¡adiós!, ¡hasta luego!

[2] CONJ [a] (expressing purpose) para; **~ as to do sth** para

hacer algo, a fin de hacer algo; **~ that ...** para que + subjun, a fin de que + subjun; **we hurried ~ as not to be late** corríamos para no llegar or para que no lleguemos tarde; **I bought it ~ that you should see it** lo compré para que lo vieras.

[b] (expressing result) de manera que, de modo que; **~ that ...** de modo que + indic; **he stood ~ that he faced west** se puso de manera que miraba al oeste; **it rained and ~ we could not go out** llovió de modo que no pudimos salir; **~ you see ...** por lo cual, entenderás ....

[c] (in questions, exclamations) entonces, así que; **~ you're Spanish?** así que ¿eres español?, ¿eres español pues? (LAm); **~ that's the reason!** ¡por eso es!; **~ that's why he stayed home** de allí que se quedó en casa; **~ (what)?** (fam) ¿y?, ¿y qué?; see **there 2**.

so² [səʊ] N (Mus) = **soh**.

SO, S/O ABBR of **standing order**.

soak [səʊk] [1] VT [a] **to ~ sth in a liquid** remojar algo en un líquido; **to get ~ed (to the skin)** empaparse or quedar empapado.

[b] **to ~ the rich** (fam) clavarles a los ricos. [2] VI remojarse; **to leave sth to ~** dejar algo en or al remojo.

[3] N [a] (rain) diluvio m; **to have a good ~ in the bath** descansar bañándose largamente.

[b] (fam: drunkard) borracho/a m/f.

♦ **soak in** VI + ADV penetrar.

♦ **soak through** VI + ADV: **to be ~ed through** (person) estar calado/a hasta los huesos.

[2] VI + PREP calar, penetrar.

♦ **soak up** VT + ADV absorber.

soaking ['səʊkɪŋ] [1] ADJ (also **~ wet**: person) calado/a or empapado/a hasta el tuétano; (object) mojado/a. [2] N (in liquid) remojo m; (of rain) diluvio m; **to get a ~** calarse hasta los huesos.

so-and-so ['səʊənsəʊ] N (somebody) fulano/a m/f; (pej) **he's a ~** es un cabrón (fam!).

soap [səʊp] [1] N [a] jabón m; **soft ~** (fam) coba f.

[b] (fam) = **opera**.

[2] VT jabonar.

[3] CPD: **~ dish** N jabonera f; **~ flakes** NPL jabón msg en escamas; **~ opera** N (TV) telenovela f; (Rad) radionovela f; **~ powder** N jabón m en polvo, polvos mpl de jabón.

soapbox ['səʊpbɒks] N tribuna f improvisada.

soapsuds ['səʊpsʌdz] NPL jabonaduras fpl, espuma fsg.

soapy ['səʊpɪ] ADJ (comp **-ier**; superl **-iest**) (covered in soap) cubierto/a de jabón; (like soap) parecido/a a jabón, jabonoso/a.

soar [sɔːr] VI [a] (rise: birds etc) remontar el vuelo. [b] (fig: tower etc) elevarse; (price etc) subir vertiginosamente; (ambition, hopes) aumentar; (morale, spirits) renacer, reanimarse; **our spirits ~ed** renació nuestra esperanza.

soaring ['sɔːrɪŋ] ADJ (flight) planeador(a), que vuela; (building) altísimo/a; (prices) en alza or aumento; (hopes, imagination) expansivo/a.

sob [sɒb] [1] N sollozo m. [2] VI sollozar. [3] VT: **to ~ one's heart out** llorar a lágrima viva. [4] CPD: **~ story** N (fam) tragedia f.

s.o.b. N ABBR (US fam) of **son of a bitch**.

sobbing ['sɒbɪŋ] N sollozos mpl.

sober ['səʊbər] [1] ADJ [a] (not drunk) sobrio/a.

[b] (rational, sedate) sensato/a; (colours: dull, subdued) discreto/a; **to be as ~ as a judge, to be stone-cold ~** (fam) estar completamente sobrio.

[2] VT (also **~ up**) quitarle la sopa a.

[3] VI (also **~ up**) pasársele la borrachera.

sobering ['səʊbərɪŋ] ADJ: **it had a ~ effect** moderó el entusiasmo etc; **it's a ~ thought** eso da en qué pensar.

soberly ['səʊbəlɪ] ADV (see adj) sobriamente; sensatamente; discretamente.

sober-minded ['səʊbə'maɪndɪd] ADJ serio/a.

sobriety [səʊ'braɪətɪ] N [a] (not being drunk) sobriedad f.

[b] (seriousness, sedateness) seriedad f, sensatez f.

Soc. ABBR [a] of **society**. [b] of **Socialist**.

so-called ['səʊ'kɔːld] ADJ supuesto/a, presunto/a; **all these ~ journalists** todos estos periodistas, así llamados.

soccer ['sɒkər] N fútbol m.

sociable ['səʊʃəbl] ADJ (person) sociable, tratable; (occasion) social; **I don't feel very ~** no estoy para hacer vida social; **I'll have one drink, just to be ~** para hacerles compañía, tomaré una copa.

social ['səʊʃəl] **1** ADJ **a** (behaviour, customs, problems, reforms) social; **~ administration** administración f social; **~ class** clase f social; **~ contract** contrato m social; **S~ Chapter** Carta f Social; **S~ Democrat** socialdemócrata mf; **the S~ Democratic Party** el Partido Socialdemócrata; **~ insurance** (US) seguro m social; **~ outcast** marginado/a m/f, rechazado/a m/f social; **~ science** ciencias fpl sociales; **~ scientist** sociólogo/a m/f; **~ security** seguro m or seguridad f social; **to be on ~ security** vivir del seguro or de la seguridad social; **the ~ services** los servicios sociales; **~ studies** estudios mpl sociales; **~ welfare** asistencia f social; **~ work** trabajo m social; **~ worker** trabajador(a) m/f social. **b** (in society: engagements, life etc) social; **~ climber** arribista mf; **~ column** (Press) ecos mpl de sociedad, notas fpl sociales (LAm); **~ disease** (euph) enfermedad f venérea; **to have a good ~ life** hacer buena vida social. **c** (gregarious) sociable; **man is a ~ animal** el hombre es social por naturaleza; **~ club** club m social; **~ secretary** secretario/a m/f social. **2** N velada f, tertulia f, peña f (LAm).

socialism ['səʊʃəlɪzəm] N socialismo m.

socialist ['səʊʃəlɪst] ADJ, N socialista mf.

socialite ['səʊʃəlaɪt] N vividor(a) m/f.

socialize ['səʊʃəlaɪz] **1** VT socializar. **2** VI circular.

socially ['səʊʃəlɪ] ADV socialmente.

society [sə'saɪətɪ] **1** N **a** (social community) sociedad f; **he was a danger to ~** era un peligro para la sociedad. **b** (company) compañía f; **I enjoyed his ~** me encantó su compañía. **c** (high ~) alta sociedad. **d** (club, organization) asociación f, sociedad f; **the Glasgow film ~** la sociedad cinematográfica de Glasgow; **learned ~** sociedad científica, academia f. **2** CPD: **~ column** N ecos mpl de sociedad, notas fpl sociales; **~ party** N fiesta f de sociedad; **~ wedding** N boda f de sociedad.

socioeconomic ['səʊsɪəʊ,iːkə'nɒmɪk] ADJ socioeconómico/a.

sociolinguistics [,səʊsɪəʊlɪŋ'gwɪstɪks] N sociolingüística f.

sociological [,səʊsɪə'lɒdʒɪkəl] ADJ sociológico/a.

sociologist [,səʊsɪ'ɒlədʒɪst] N sociólogo/a m/f.

sociology [,səʊsɪ'ɒlədʒɪ] N sociología f.

sock¹ [sɒk] N calcetín m, media f (LAm); **to pull one's ~s up** (fig) hacer esfuerzos, despabilarse; **put a ~ in it!** (fam) ¡a callar!, ¡cállate!

sock² [sɒk] (fam) **1** N (blow) puñetazo m; **to give sb a ~ on the jaw** pegarle a algn en la cara. **2** VT pegar, darle.

socket ['sɒkɪt] N (of eye) cuenca f; (of joint) glena f; (Elec) enchufe m, toma f de corriente, tomacorriente(s) m (LAm).

sod¹ [sɒd] N (of earth) terrón m, tepe m, césped m.

sod² [sɒd] (Brit fam!) **1** N cabrón/ona m/f (fam!); **you lazy ~!** ¡vago! **2** VT: **~ it!** ¡mierda! (fam!); **~ him!** ¡que se joda! (fam!).

◆ **sod off** VI + ADV: **~ off!** ¡vete a la porra! (fam).

soda ['səʊdə] **1** N **a** (Chem) sosa f. **b** (drink) soda f; **whisky and ~** whisky-soda m. **c** (US: pop) gaseosa f, refresco m. **2** CPD: **~ fountain** N café-bar m; **~ siphon** N sifón m; **~ water** N soda f.

sodden ['sɒdn] ADJ empapado/a.

sodding ['sɒdɪŋ] ADJ (fam!) jodido/a (fam), puñetero/a (fam).

sodium ['səʊdɪəm] **1** N sodio m. **2** CPD: **~ bicarbonate** N bicarbonato m sódico; **~ chloride** N cloruro m sódico or de sodio; **~ lamp** N lámpara f de vapor de sodio.

sodomy ['sɒdəmɪ] N sodomía f.

sofa ['səʊfə] **1** N sofá m. **2** CPD: **~ bed** N sofá-cama m.

Sofia ['səʊfɪə] N Sofía f.

soft [sɒft] **1** ADJ (comp ~er; superl ~est) **a** (not hard etc) blando/a; (pej: flabby) flojo/a; **~ centre** relleno m blando; **~ copy** (Comput) copia f transitoria; **~ currency** moneda f blanda or débil; **~ fruit** frutas fpl blandas; **~ furnishings** textiles mpl; **~ goods** (Comm) géneros mpl; **~ money** (US) papel m moneda; **~ soap** (fam) coba f (fam); **~ top** (esp US) descapotable m; **~ toy** peluche m; **~ water** agua f blanda. **b** (smooth) suave. **c** (gentle, not harsh) suave; **~ sell** venta f por persuasión. **d** (lenient, weak) blando/a; **you're too ~ with him** eres demasiado blando con él. **e** (easy) fácil; **~ job** chollo m; **he has a ~ time of it** lo pasa fácil; **to be a ~ touch** (fam) ser fácil de engañar. **f** (fam: foolish) tonto/a, bobo/a; **you must be ~!** ¡has perdido el juicio!; **he's ~ (in the head)** es un poco tocado or chiflado. **g** (fam: feeling, affection) tierno/a; **to be ~ on sb** sentir afecto por algn; **to have a ~ spot for sth** tener una debilidad por algo; **he's ~ on communism** es partidario del comunismo. **h** (not of the worst, most harmful kind: drugs, pornography) blando/a; (: drink) no alcohólico/a. **i** (Ling) débil.

softback ['sɒftbæk] ADJ = **soft-bound**.

soft-boiled ['sɒft,bɔɪld] ADJ (egg) pasado/a (por agua).

soft-bound ['sɒftbaʊnd], **soft-cover** ['sɒftkʌvər] ADJ: **~ book** libro m en rústica.

soften ['sɒfn] **1** VT (gen) ablandar; (make gentle) suavizar; (move to pity etc) enternecer; (weaken) debilitar; (metal etc) templar; **to ~ the blow** (fig) amortiguar el golpe. **2** VI (see 1) ablandarse; suavizarse; enternecerse; debilitarse; templarse; **her heart ~ed** se le ablandó el corazón.

softener ['sɒfnər] N suavizador m.

soft-hearted ['sɒft'hɑːtɪd] ADJ compasivo/a, bondadoso/a.

softie ['sɒftɪ] N (fam) = **softy**.

softly ['sɒftlɪ] **1** ADV (quietly) silenciosamente, suavemente; (gently) suavemente; (tenderly) con ternura; **she said ~** dijo dulcemente or en voz baja. **2** ADJ: **to adopt a ~-~ approach** avanzar con cautela, ir con pies de plomo.

softness ['sɒftnɪs] N (gen) blandura f; (smoothness) suavidad f; (flabbiness) flojedad f; (stupidity) estupidez f; (indulgence) ternura f.

soft-pedal ['sɒft'pedl] VT (fig) minimizar la importancia de.

soft-soap [,sɒft'səʊp] VT (fam) dar coba a (fam).

soft-spoken ['sɒft'spəʊkən] ADJ de voz suave.

software ['sɒftwɛər] **1** N software m. **2** CPD: **~ engineering** N ingeniería f de software; **~ house** N compañía f especializada en programación; **~ package** N paquete m de programas.

softy, softie ['sɒftɪ] N (fam) mollejón/ona m/f.

soggy ['sɒgɪ] ADJ (comp -ier; superl -iest) empapado/a, saturado/a.

soh [səʊ] N (Mus) sol m.

soil [sɔɪl] **1** N tierra f; **his native ~** su tierra natal; **on British ~** en suelo británico; **the ~** (fig: farmland) la tierra. **2** VT (dirty) ensuciar; (stain) manchar; (fig: reputation, honour etc) manchar.

soiled [sɔɪld] ADJ (dirty) sucio/a; (stained) manchado/a.

soirée ['swɑːreɪ] N velada f.

sojourn ['sɒdʒɜːn] N permanencia f, estancia f.

solace ['sɒlɪs] N consuelo m; **to seek ~ with ...** procurar consolarse con ....

solar ['səʊlər] ADJ solar; **~ battery** pila f solar; **~ cell** célula f solar; **~ energy** energía f solar; **~ heating** calefacción f solar; **~ panel** panel m solar; **~ plexus** (Anat) plexo m solar; **~ power** energía f solar; **~ system** sistema m solar.

solarium [səʊ'lɛərɪəm] N (pl **solaria** [səʊ'lɛərɪə]) solario m.

solar-powered ['səʊlə'paʊəd] ADJ de energía solar.

sold [səʊld] PT, PP of **sell**.

solder ['səʊldər] **1** N soldadura f. **2** VT soldar.
soldering-iron ['səʊldərɪŋ,aɪən] N soldador m.
soldier ['səʊldʒər] **1** N soldado m, militar m; **an old ~** un veterano or excombatiente; **to play at ~s** jugar a los soldados; **~ of fortune** aventurero m militar.
2 VI ser soldado, hacer el servicio militar.
◆ **soldier on** VI + ADV seguir adelante.
sole¹ [səʊl] **1** N (Anat) planta f; (of shoe) suela f; **half/inner ~** media suela/plantilla f. **2** VT poner suela a.
sole² [səʊl] N (fish) lenguado m.
sole³ [səʊl] ADJ (only) único/a, solo/a; (exclusive) exclusivo/a, en exclusividad; **~ trader** comerciante m exclusivo; see **agent**.
solecism ['sɒləsɪzəm] N solecismo m.
solely ['səʊllɪ] ADV (only) únicamente, solamente, sólo; (exclusively) exclusivamente.
solemn ['sɒləm] ADJ (ceremonious) solemne; (serious) serio/a.
solemnize ['sɒləmnaɪz] VT solemnizar.
solemnly ['sɒləmlɪ] ADV (see adj) solemnemente; seriamente.
sol-fa ['sɒl'fɑː] N (Mus) solfeo m.
solicit [sə'lɪsɪt] **1** VT (request) solicitar; (demand) exigir; (beg for) pedir. **2** VI (prostitute) abordar, importunar.
soliciting [sə'lɪsɪtɪŋ] N abordamiento m; (by prostitute) reclamo m.
solicitor [sə'lɪsɪtər] **1** N (Jur: court officer) procurador(a) m/f, abogado/a m/f; (: for wills etc) notario/a m/f.
2 CPD: **S~ General** N (Brit) subfiscal mf de la corona; (US) procurador(a) general del estado.
solicitous [sə'lɪsɪtəs] ADJ: **~ (about or for)** (anxious) atento/a (a); **~ to please** deseoso/a de agradar or quedar bien.
solicitude [sə'lɪsɪtjuːd] N (consideration) solicitud f; (concern) preocupación f; (anxiety) ansiedad f; (attention) atención f.
solid ['sɒlɪd] **1** ADJ **a** (firm, not liquid) sólido/a; **to be frozen ~** estar congelado/a; **~ fuel** combustible m sólido.
b (not hollow) macizo/a; (pure) puro/a; (unbroken) de una sola pieza; **we waited 2 ~ hours** esperamos 2 horas enteras; **a man of ~ build** un hombre fornido; **a ~ mass of colour** una masa sólida de color; **~ geometry** geometría f del espacio; **~ gold** oro m puro.
c (full) **the square was ~ with cars** la plaza estaba totalmente llena de coches; **the street was packed ~ with people** la calle estaba atascada de gente.
d (stable, secure) estable, seguro/a; **he's a good ~ worker** es un trabajador fiable.
e (reason) **a ~ argument** un argumento bien fundamentado; **to have ~ grounds for thinking that ...** tener buenos motivos para creer que ....
f (unanimous) **~ support** un apoyo unánime.
2 N **a** (food) (alimento m) sólido m.
b (Geom) sólido m.
solidarity [,sɒlɪ'dærɪtɪ] N solidaridad f.
solidify [sə'lɪdɪfaɪ] VI solidificarse; (fig: become strong, united etc) unirse.
solidity [sə'lɪdɪtɪ] N solidez f.
solidly ['sɒlɪdlɪ] ADV sólidamente, densamente; **to vote ~ for sb** votar unánimemente por algn; **a ~-built house** una casa de sólida construcción; **to work ~** trabajar sin descanso.
solid-state ['sɒlɪd'steɪt] ADJ (Elec) estado sólido; **~ physics** física f del estado sólido.
soliloquy [sə'lɪləkwɪ] N soliloquio m.
solitaire [,sɒlɪ'teər] N solitario m.
solitary ['sɒlɪtərɪ] ADJ (alone) solitario/a, solo/a; (secluded) retirado/a; (sole) solo/a, único/a; **not a ~ one** ni algn solo; see **confinement**.
solitude ['sɒlɪtjuːd] N soledad f.
solo ['səʊləʊ] **1** N (pl **~s**) (Mus) solo m; **a tenor ~** un solo para tenor.
2 ADJ: **~ flight** vuelo m a solas; **passage for ~ violin** pasaje m para violín solo.
3 ADV solo, a solas; **to fly ~** volar a solas.
soloist ['səʊləʊɪst] N solista mf.

solstice ['sɒlstɪs] N solsticio m.
soluble ['sɒljʊbl] ADJ soluble.
solution [sə'luːʃən] N solución f.
solve [sɒlv] VT resolver, solucionar.
solvency ['sɒlvənsɪ] N (Fin) solvencia f.
solvent ['sɒlvənt] **1** ADJ (Chem, Fin) solvente. **2** N (Chem) solvente m. **3** CPD: **~ abuse** N abuso m de los solventes.
Som. ABBR (Brit) of **Somerset**.
Somali [səʊ'mɑːlɪ] ADJ, N somalí mf.
Somalia [səʊ'mɑːlɪə] N Somalia f.
Somalian [səʊ'mɑːlɪən] ADJ, N somalí mf.
sombre, (US) **somber** ['sɒmbər] ADJ (gen) sombrío/a; (pessimistic) pesimista; (melancholy) melancólico/a; **a ~ prospect** una perspectiva sombría.
some [sʌm] **1** ADJ **a** (with plural nouns) unos/as, algunos/as; (several) varios/as; (a few: emphatic) unos/as pocos/as, unos/as cuantos/as; (any: in 'if' clauses, questions) **~ people** algunos, algunas personas, alguna gente; **~ people say** hay quien dice; **if you have ~ queries** si tienes alguna pregunta que hacer; **would you like ~ biscuits?** ¿te apetece unas galletas?; **we've got ~ biscuits, haven't we?** tenemos galletas, ¿no?
b (with singular nouns) (a little: emphatic) un poco de, algo de; **have ~ more bread** toma más pan; **will you have ~ tea?** ¿quieres té?; **all I have left is ~ chocolate** solamente me queda un poco de chocolate; **you have got ~ money, haven't you?** tienes dinero, ¿no?
c (certain: in contrast) cierto/a; **~ people hate fish** algunas personas odian el pescado; **~ people say that ...** algunos dicen que ...; **in ~ ways** en cierto modo or sentido.
d (vague, indeterminate) alguno/a; **at ~ place in Sweden** en algún lugar de Suecia; **in ~ form or other** de una u otra forma; **~ politician or other** algún que otro político; **for ~ reason or other** por alguna razón; **~ other day** otro día; **~ day** algún día; **~ day next week** algún día de la semana que viene.
e (considerable amount of) bastante; **it took ~ courage to do that** hacer eso exigió bastante valor; **~ distance away** bastante lejos; **~ days ago** hace unos días; **after ~ time** pasado algún tiempo.
f (fam: intensive) **that's ~ fish!** ¡eso es lo que se llama un pez!, ¡vaya pez!; **it was ~ party** ¡vaya fiesta!, ¡menuda fiesta!; **~ expert!** (iro) ¡valiente experto!; **you're ~ help!** (fam) ¡cuánto ayudas!
2 PRON **a** (~ people) algunos/as; (certain people) algunos, algunas personas; **~ went this way and ~ that** algunos fueron por aquí y otros por allá; **~ of them are crazy** entre ellos hay algunos locos.
b (referring to plural nouns) algunos/as; (a few) unos/as pocos/as or cuantos/as; (certain ones) algunos, ciertos/as; **~ (of them) have been sold** algunos (de ellos) se han vendido; **do take ~** toma algunos; **would you like ~?** ¿quieres algunos?
c (referring to singular nouns) alguno/a; (a little, a certain amount) algo, un poco; **could I have ~ of that cheese?** ¿me sirve un poco del queso aquel?; **have ~ more cake** coma más torta or pastel; **have ~!** ¡toma!, ¡ten!; **I've got ~** ya tengo; **I've read ~ of the book** he leído (una) parte del libro; **~ of what he said was true** parte de lo que dijo era cierto; **and then ~** (fam) y luego más, y más todavía.
3 ADV **a** (about) **~ 20 people** unas veinte personas, una veintena de personas; **~ 30-odd** unos 30 y pico or tantos.
b (esp US fam) mucho; **we laughed ~** nos reímos mucho; **he's travelling ~** lleva gran velocidad.
...some N ENDING IN CPDS: **three~** grupo m de tres personas.
somebody ['sʌmbədɪ] **1** PRON alguien; **there's ~ coming** viene alguien; **~ knocked at the door** alguien llamó a la puerta; **~ else** otro/a, otra persona; **~ Italian** algún italiano; **~ told me so** alguien me lo dijo; **~ or other** alguien.
2 N: **to be ~** ser un personaje.

somehow ['sʌmhaʊ] ADV a (*in some way*) de algún modo, de alguna manera, de una u otra manera; **it must be done ~ or other** a como dé lugar, tendrá que hacerse. b (*for some reason*) por alguna razón; **~ (or other) I didn't get on with her** no sé porqué, no me llevaba con ella.

someone ['sʌmwʌn] PRON = **somebody**.

someplace ['sʌmpleɪs] ADV (*US*) = **somewhere**.

somersault ['sʌməsɔːlt] 1 N (*by person*) salto *m* mortal; (*by car etc*) vuelco *m*, vuelta *f* de campana; **to turn a ~** dar un salto mortal. 2 VI dar un salto mortal o una vuelta de campana.

something ['sʌmθɪŋ] 1 PRON a algo; **~ nice** algo bonito; **~ else** otra cosa; **~ or other** algo; **there's ~ the matter** pasa algo; **did you say ~?** ¿dijiste algo?; **there's ~ odd here** aquí hay o pasa algo (raro); **there's ~ in what you say** algo tiene de verdad lo que dices; **it's come to ~ when ...** llegamos a un punto grave cuando ...; **will you have ~ to drink?** ¿quieres tomar algo?; **he's called John ~** se llama Juan y no sé qué más; **I hope to see ~ of you** espero que nos seguiremos viendo, nos estamos viendo, espero (*LAm*); **do you want to make ~ of it?** y a Vd ¿qué le importa?

b (*fam: ~ special or unusual*) algo especial; **I think you may have ~ there** puede que tengas razón o que estés en lo cierto; **that's really ~!** ¡eso sí que es fenomenal o estupendo!; **well, that's ~** eso ya es algo.

2 ADV a **~ over 200** 200 y pico o tantos; **now that's ~ like a rose!** ¡eso es lo que se llama una rosa!

b **it's ~ of a problem** es bastante problemático; **he's ~ of a musician** tira hacia la música.

c (*fam*) **the weather was ~ shocking** el tiempo fue algo atroz.

3 N: **give her ~ for herself** dale una propina; **she has a certain ~** algo tiene, tiene un no sé qué.

sometime ['sʌmtaɪm] 1 ADV algún día, en alguna ocasión; (*in past*) **~ last month** el mes pasado; **~ before tomorrow** antes de mañana; **~ next year** el año que viene (no se sabe exactamente cuándo); **~ soon** algún día de estos, antes de que pase mucho tiempo; **I'll finish it ~** lo voy a terminar un día de estos; **~ or (an)other it will have to be done** tarde o temprano tendrá que hacerse. 2 ADJ (*former*) ex..., antiguo/a.

sometimes ['sʌmtaɪmz] ADV a veces; **~ I lose interest** hay veces cuando pierdo el interés.

somewhat ['sʌmwɒt] ADV algo, un tanto; **we are ~ worried** estamos algo inquietos.

somewhere ['sʌmwɛəʳ] ADV a (*in space: be*) en alguna parte; (: *go*) a alguna parte; **~ else** (*be*) en otra parte; (*go*) a otra parte; **I lost it ~** lo perdí en alguna parte; **~ in Wales** en algún lugar de Gales; **~ or other in Scotland** en alguna parte de Escocia; **to get ~** (*fam*) hacer progresos, lograr algo; **now we're getting ~** estamos haciendo progresos. b (*approximately*) más o menos; **he paid ~ about £12** pagó alrededor de 12 libras; **he's ~ in his fifties** tendrá sus cincuenta años, anda por los cincuenta.

somnambulist [sɒmˈnæmbjʊlɪst] N sonámbulo/a *m/f*.

somniferous [sɒmˈnɪfərəs] ADJ somnífero/a.

somnolent ['sɒmnələnt] ADJ (*sleepy*) soñoliento/a.

son [sʌn] N hijo *m*; **the youngest/eldest ~** el hijo menor/mayor; **come here, ~** (*fam*) ven, hijo; **~ of a bitch** (*fam!*) hijo de puta (*fam!*), hijo de la chingada (*Mex fam!*).

sonar ['səʊnɑːʳ] N sonar *m*.

sonata [səˈnɑːtə] N sonata *f*.

son et lumière [ˌsɒnˈiːljelymˈjɛːr] N luz *f* y sonido *m*.

song [sɒŋ] 1 N (*ballad etc*) canción *f*; (*of birds*) canto *m*; **to burst into ~** romper a cantar; **give us a ~!** ¡cántanos algo!; **to make a ~ and dance about sth** (*fig*) hacer aspavientos por algo; **I got it for a ~** (*fig*) lo compré regalado. 2 CPD: **~ book** N cancionero *m*; **~ cycle** N ciclo *m* de canciones; **~ thrush** N tordo *m* cantor, tordo melodioso.

songbird ['sɒŋbɜːd] N pájaro *m* cantor.

songwriter ['sɒŋˌraɪtəʳ] N compositor(a) *m/f* (de canciones).

sonic ['sɒnɪk] ADJ sónico/a; **~ boom** estampido *m* sónico.

son-in-law ['sʌnɪnlɔː] N (*pl* **sons-in-law**) yerno *m*, hijo *m* político.

sonnet ['sɒnɪt] N soneto *m*.

sonny ['sʌnɪ] N (*fam*) hijo *m*.

sonority [səˈnɒrɪtɪ] N sonoridad *f*.

sonorous ['sɒnərəs] ADJ (*gen*) sonoro/a.

soon [suːn] ADV a (*before long*) pronto, dentro de poco; **come back ~** vuelve pronto; **~ afterwards** poco después; **it will ~ be summer** pronto llegará el verano, falta poco para que llegue el verano.

b (*early, quickly*) temprano, pronto; **how ~ can you be ready?** ¿cuándo tardas en arreglarte?; **Friday is too ~** el viernes es muy pronto; **it's too ~ to tell** es demasiado pronto para saber; **we were none too ~** no llegamos antes de tiempo, llegamos justo.

c (*with as*) **as ~ as possible** cuanto antes, lo antes posible, lo más pronto posible; **I'll do it as ~ as I can** lo haré en cuanto o (*LAm*) apenas pueda; **as ~ as it was finished** en cuanto se terminó.

d (*expressing preference*) **I would as ~ not go** preferiría no ir; **I would as ~ he didn't know** preferiría que él no lo supiera; *see also* **sooner**.

sooner ['suːnəʳ] ADV a (*of time*) más temprano, antes; **~ or later** tarde o temprano; **the ~ the better** cuanto antes mejor; **no ~ had we left than they arrived** apenas nos habíamos marchado cuando llegaron; **no ~ said than done** dicho y hecho. b (*of preference*) **I had ~ not do it, I would ~ not do it** preferiría no hacerlo; **I'd ~ die!** (*fam*) ¡antes morir!; **~ you than me!** (*fam*) ¡allá tú, yo no!

soot [sʊt] N hollín *m*.

soothe [suːð] VT (*calm*) tranquilizar, calmar; (*quieten, lessen*) acallar; (*pain*) aliviar.

soothing ['suːðɪŋ] ADJ (*ointment etc*) sedante; (*tone, words etc*) calmante, tranquilizante.

soothsayer ['suːθˌseɪəʳ] N adivino/a *m/f*.

sooty ['sʊtɪ] ADJ (*comp* **-ier**; *superl* **-iest**) cubierto de hollín; (*fig*) negro/a como el hollín.

SOP N ABBR *of* **standard operating procedure**.

sop [sɒp] N (*fig: pacifier*) soborno *m*, cohecho *m*; (*food*) **~s** sopa *fsg*; **as a ~ to his pride** para que su orgullo no quedara herido.

◆ **sop up** VT + ADV absorber.

sophism ['sɒfɪzəm] N sofisma *m*.

sophisticated [səˈfɪstɪkeɪtɪd] ADJ (*gen*) sofisticado/a.

sophistication [səˌfɪstɪˈkeɪʃən] N sofisticación *f*.

sophomore ['sɒfəmɔːʳ] N (*US*) estudiante *mf* de segundo año.

soporific [ˌsɒpəˈrɪfɪk] ADJ soporífero/a.

sopping ['sɒpɪŋ] ADJ: **it's ~ (wet)** está empapado/a.

soppy ['sɒpɪ] ADJ (*fam*) sentimental.

soprano [səˈprɑːnəʊ] 1 N (*pl* **~s**) (*Mus*) soprano *f*; (: *male*) tiple *m*. 2 ADJ (*part*) de o para soprano; (*voice*) de soprano. 3 ADV: **to sing ~** cantar soprano.

sorbet ['sɔːbeɪ] N sorbete *m*.

sorcerer ['sɔːsərəʳ] N hechicero *m*, brujo *m*.

sorceress ['sɔːsərɪs] N hechicera *f*, bruja *f*.

sorcery ['sɔːsərɪ] N hechicería *f*, brujería *f*.

sordid ['sɔːdɪd] ADJ (*place, room etc*) miserable, sórdido/a; (*deal, motive etc*) mezquino/a.

sore [sɔːʳ] 1 ADJ (*comp* **~r**; *superl* **~st**) a (*Med: aching*) adolorido/a; (: *painful*) doloroso/a; **my eyes are ~, I have ~ eyes** me duelen los ojos; **~ throat** dolor *m* de garganta.

b (*fig*) **it's a ~ point** es un asunto delicado o espinoso; **to be ~ about sth** estar resentido por algo; **to be ~ with sb** estar enojado con algn; **don't get ~!** (*fam*) ¡no te vayas a ofender!, ¡no te enojes! (*LAm*).

2 N (*Med*) llaga *f*, úlcera *f*; **to open old ~s** (*fig*) renovar la herida.

sorehead ['sɔːhed] N (*US fam*) persona *f* resentida.

sorely ['sɔːlɪ] ADV (*very*) muy; (*much*) mucho; (*deeply*) profundamente; (*seriously*) seriamente; **I am ~ tempted** me siento con tentación; **he has been ~ tried** ha tenido que aguantar muchísimo.

sorority [sə'rɒrɪtɪ] N (US Univ) hermandad f de mujeres.

sorrel ['sɒrəl] N (Bot) acedera f; (horse) alazán m.

sorrow ['sɒrəʊ] **1** N (grieving) pena f, pesar m, dolor m; **to my ~** con or para gran pesar mío; **her ~ at the death of her son** su pena por la muerte de su hijo; **more in ~ than in anger** con más pesar que enojo; **to drown one's ~s** olvidar su tristeza emborrachándose.
2 VI apenarse, afligirse (at, for, over de).

sorrowful ['sɒrəfʊl] ADJ afligido/a, triste, apenado/a.

▼**sorry** ['sɒrɪ] ADJ (comp **-ier**; superl **-iest**) **a** (regretful) arrepentido/a; (sad) triste, apenado/a (LAm); **to be ~ that ...** sentir que + subjun; **I'm ~ to hear that ...** me da tristeza or pena saber que ...; **I'm ~ to tell you that ...** lamento tener que decirte que ...; **it was a failure, I'm ~ to say** me duele reconocerlo, pero fue un fracaso; **I can't say I'm ~** no puedo decir que lo sienta; **you'll be ~ for this!** ¡me las pagarás!
b (in apologizing, repentant) avergonzado/a, apenado/a (LAm); **~!** ¡perdón!, ¡perdone!,, ¡disculpe! (esp LAm); **awfully ~!, so ~!, very ~!** lo siento mucho, ¡cuánto lo siento!, me da mucha pena (LAm); **to be ~** sentirlo, lamentarlo; **to say ~ (to sb for sth)** pedir perdón or (esp LAm) disculpas (a algn por algo); **to be ~ about sth** lamentar algo; **to be ~ to have to do sth** sentir tener que hacer algo.
c (pitying) lleno/a de lástima, compasivo/a; **to be** or **feel ~ for sb** compadecer or tener lástima a algn; **I feel ~ for the child** el niño me da lástima or pena; **to be** or **feel ~ for o.s.** compadecerse.
d (pitiful) lastimoso/a, triste; **a ~ excuse** una miserable or vil excusa; **it was a ~ tale of defeat** fue una historia lastimosa de derrotas.

sort [sɔːt] **1** N **a** (gen) clase f, género m; **what ~ do you want?** (make) ¿qué marca quieres?; (type) ¿de qué tipo quieres?; **a new ~ of car** una nueva clase de coche; **I know his ~** conozco el paño or la madera, conozco esa clase de gente; **books of all ~s** libros de todo tipo; **he's a painter of a ~, he's a painter of ~s** en cierto sentido es pintor; **it's tea of a ~** es té, pero bastante inferior; **something of the ~** algo por el estilo; **nothing of the ~!** ¡nada de eso!; **I shall do nothing of the ~** no haré eso bajo ningún concepto, ni se me ocurriría hacerlo; **it takes all ~s (to make a world)** de todo hay en la viña del Señor.
b (~ of) **what ~ of car?** ¿qué tipo de coche?; **what ~ of man is he?** ¿qué clase de hombre es?; **he's not the ~ of man to say that** no es de los que dicen eso; **all ~s of dogs** perros de toda clase; **he's some ~ of painter** es pintor de algún tipo; **it's a ~ of dance** es una especie de baile; **and all that ~ of thing** y otras cosas por el estilo; **that's the ~ of person I am** así soy yo; **it's ~ of awkward** (fam) es bastante or (LAm) medio difícil; **aren't you pleased? - ~ of** (fam) ¿no te alegras? - en cierto sentido; **I ~ of thought that ...** (fam) cupide con la idea de que ....
c (person) **he's a good ~** es buena persona or (esp LAm) buena gente; **he's an odd ~** es un tipo raro.
d **to be out of ~s** estar de malas or de mal humor.
e (Comput) ordenación f.
2 VT (classify, arrange) clasificar; (Comput) ordenar; **to ~ the good apples from the bad ones** separar las malas manzanas de las buenas.
3 CPD: **~ code** N número m de agencia.
◆ **sort out** VT + ADV **a** = **sort 2**. **b** (straighten out: problem, situation etc) arreglar, solucionar; **we've got it ~ed out now** ya se arregló. **c** **to ~ sb out** (fam) ajustar cuentas con algn.

sortie ['sɔːtɪ] N (Aer, Mil) salida f; **a ~ into town** una escapada a la ciudad.

sorting office ['sɔːtɪŋˌɒfɪs] N (Post) sala f de batalla.

SOS N (signal) SOS m; (fig) llamada f de socorro.

so-so ['səʊˈsəʊ] ADV regular, así así.

soufflé ['suːfleɪ] N soufflé m.

sought [sɔːt] PT, PP of **seek**.

sought-after ['sɔːtˌɑːftəʳ] ADJ (person) solicitado/a; (object) codiciado/a.

soul [səʊl] **1** N **a** (Rel) alma f; **All S~s' Day** (el día de) Todos los Santos; **God rest his ~** Dios le reciba en su seno.
b (inner being, finer feelings) alma f; **he's got no ~** es un desalmado; **she loved him with all her ~** or **body and ~** le quería con toda el alma; **the music lacks ~** a la música le falta ánimo.
c (fig: person) alma f; **3,000 ~s** 3.000 almas; **the poor ~ had nowhere to sleep** el pobre no tenía dónde dormir; **without seeing a ~** sin ver bicho viviente; **the ship was lost with all ~s** el buque se hundió con toda la tripulación y pasajeros).
d **he's the ~ of discretion/honour** es la discreción/honra misma or en persona.
2 ADJ se aplica a la cultura de los negros de los Estados Unidos.
3 CPD: **~ food** N cocina f afro-americana (del Sur de EE.UU.); **~ mate** N compañero/a m/f del alma; **~ (music)** N música f soul.

soul-destroying ['səʊldɪs'trɔɪɪŋ] ADJ (fig) aburrido/a, deshumanizante.

soulful ['səʊlfʊl] ADJ lleno/a de emoción, sentimental.

soulless ['səʊllɪs] ADJ (person) sin alma; (work etc) mecánico/a, monótono/a.

soul-searching ['səʊlˌsɜːtʃɪŋ] N: **after a lot of ~** después de mucha introspección.

sound¹ [saʊnd] **1** ADJ (comp **~er**; superl **~est**) **a** (in good condition) estable, sano/a; **to be of ~ mind** estar en su cabal juicio; **as ~ as a bell** (person) en perfecta salud; (thing) en perfecta condición.
b (valid) válido/a; (logical) razonable, lógico/a; (correct) acertado/a; **~ advice** buen consejo; **he's ~ on government policy** es experto en la política del gobierno; **he's a very ~ man** es un hombre fiable.
c (thorough) completo/a, rotundo/a.
d (sleep: deep, untroubled) profundo/a.
2 ADV: **to be ~ asleep** estar profundamente dormido.

sound² [saʊnd] **1** N (gen) sonido m; (noise) ruido m; (music) **the Glenn Miller ~** la música de Glenn Miller; **the speed of ~** la velocidad del sonido; **within ~ of** al alcance de; **to the ~ of the national anthem** al son del himno nacional; **the ~ of breaking glass** el ruido de cristales que se rompen; **not a ~ was to be heard** no se oía or (esp LAm) sentía ruido alguno; **consonant ~s** consonantes fpl; **by the ~ of it** según parece; **I don't like the ~ of it** (fig: film etc) no me gusta nada; (: threat) me preocupa mucho, me da mala espina.
2 VT **a** (alarm, bell, horn, trumpet) tocar, sonar; **~ your horn!** (Aut) ¡toca or suena la bocina!; **to ~ the retreat** (Mil) tocar la retirada; **to ~ a note of warning** (fig) dar la señal de alarma.
b **~ your 'r's more** pronuncia más claro la 'r'.
3 VI **a** (emit ~) sonar, resonar; **a cannon ~ed a long way off** se oyó un cañón a lo lejos.
b (give aural impression) sonar; **it ~s hollow** suena a hueco; **he ~s Italian to me** por la voz, se le diría italiano; **it ~s like French** suena a francés; **that ~s like them arriving now** parece que llegan ahora; **he ~ed angry** parecía enfadado.
c (seem) sonar, parecer; **that ~s very odd** suena muy raro; **how does it ~ to you?** ¿qué te parece?; **that ~s like a good idea** eso parece buena idea; **she ~s like a nice girl** parece una chica simpática; **it ~s as if she won't be coming** parece que no va a venir.
4 CPD: **~ barrier** N barrera f del sonido; **~ bite** N cita f jugosa; **~ card** N (Comput) tarjeta f de sonido; **~ effect** N efecto m sonoro; **~ engineer** N ingeniero m de sonido; **~ system** N (Ling) sistema m fonológico; (hi-fi) cadena f de sonido; **~ wave** N (Phys) onda f sonora.
◆ **sound off** VI + ADV (fam) despotricarse.

sound³ [saʊnd] VT (Med, Naut) sondar; **to ~ sb's chest** auscultar el pecho a algn; **to ~ sb out about sth** sondear a algn sobre algo; **to ~ sth out** tantear algo.

sound⁴ [saʊnd] N (Geog) estrecho m, brazo m de mar.

sounding ['saʊndɪŋ] **1** N (Naut) sondeo m. **2** CPD: **~ board** N (Mus, fig) caja f de resonancia.

soundless ['saʊndlɪs] ADJ silencioso/a, mudo/a.

soundly ['saʊndlɪ] ADV (built) sólidamente; (argued) lógicamente; (invested) con cordura or prudencia; **to beat sb ~** dar a algn una buena paliza; **to sleep ~** dormir profundamente.

soundness ['saʊndnɪs] N (good condition) firmeza f, solidez f; (validity) validez f; (of business, argument, judgment) lógica f, fundamento m; (solvency) solvencia f.

soundproof ['saʊndpru:f] **1** ADJ insonorizado/a, a prueba de ruidos. **2** VT insonorizar.

soundproofing ['saʊndpru:fɪŋ] N insonorización f.

soundtrack ['saʊndtræk] N banda f sonora.

soup [su:p] **1** N (thin) caldo m, consomé m; (thick) sopa f; **vegetable ~** sopa de hortelano or de verduras; **to be in the ~** (fam) estar en apuros. **2** CPD: **~ kitchen** N comedor m or cocina f popular, olla f común; **~ plate** N plato m sopero; **~ spoon** N cuchara f sopera; **~ tureen** N sopera f.

soupçon ['su:psɔ̃] N (Culin) pizca f.

souped-up ['su:pt,ʌp] ADJ (fam) sobrealimentado/a.

sour ['saʊəʳ] ADJ (comp **~er**; superl **~est**) **a** (fruit etc) agrio/a, ácido/a; (bitter) amargo/a; **whisky ~** whisky m sour. **b** (bad: milk, butter etc) rancio/a; (: food) pasado/a; **to go** or **turn ~** (milk) cortarse; (food) pasarse; (wine) agriarse; **to go** or **turn ~ (on sb)** (fig) amargarse, agriarse; **~ cream** nata f or leche f cortada. **c** (fig: person) amargado/a, áspero/a.

source [sɔ:s] **1** N (of river) fuente f, nacimiento m; (fig: origin) fuente, origen m; (: of gossip etc) procedencia f; **what is the ~ of this information?** ¿de dónde proceden estos informes?; **I have it from a reliable ~ that ...** sé de fuente fidedigna que ...; **at ~** en su origen. **2** CPD: **~ file** N archivo m fuente; **~ language** N lenguaje m de partida, lengua f original; (Comput) lenguaje fuente.

sourdough ['saʊə,dəʊ] CPD: **~ bread** N (US) pan m de masa fermentada.

sourly ['saʊəlɪ] ADV (fig) agriamente, con amargura.

sourness ['saʊənɪs] N (of fruit etc) acidez f, agrura f; (of milk) agrura f; (fig: of person, expression) amargura f, aspereza f.

sourpuss ['saʊəpʊs] N (fam) amargado/a m/f.

souse [saʊs] VT (Culin: pickle) escabechar, adobar (LAm); (plunge) zambullir; (soak) mojar; **he ~d himself with water** se empapó de agua.

south [saʊθ] **1** N sud m, sur m; (region) mediodía m, sur; **in the ~ of England** en el sur de Inglaterra; **to the ~ of** al sur de; **the wind is in the ~/from the ~** el viento viene del sur; **the S~ of France** el sur de Francia. **2** ADJ del sur, austral; **S~ Africa** África f del Sur; **S~ African** (adj, n) sudafricano/a m/f; **S~ America** América f del Sur, Sudamérica f; **S~ American** (adj, n) sudamericano/a m/f; **S~ Atlantic** Atlántico m del Sur; **S~ Pole** Polo m sud or sur; **S~ Sea Islands** Islas fpl de los mares del Sur; **the S~ Seas** los mares mpl del Sur, el mar austral. **3** ADV (place) al sur; (direction) hacia el sur; **~ of the border** al sur de la frontera; **to travel ~** viajar hacia el sur; **this house faces ~** esta casa tiene vista hacia el sur; **my window faces ~** mi ventana da al sur; **to sail due ~** (Naut) ir proa al sur.

southbound ['saʊθbaʊnd] ADJ (con) rumbo al sur.

southeast ['saʊθ'i:st] **1** N sudeste m. **2** ADJ (del) sudeste; **S~ Asia** el sudeste de Asia or asiático. **3** ADV (direction) hacia el sudeste; (location) al sudeste.

south-easterly [saʊθ'i:stəlɪ] ADJ (point, direction) sudeste; (wind) del sudeste.

south-eastern [saʊθ'i:stən] ADJ sudeste.

southerly ['sʌðəlɪ] ADJ (direction) hacia el sur; (point) al sur; (wind) del sur.

southern ['sʌðən] ADJ del sur, austral; **S~ Africa** África f del Sur, Sudáfrica f; **S~ Cross** Cruz f del Sur; **S~ Europe** Europa f del Sur; **the S~ in Spain** en el Sur de España.

southerner ['sʌðənəʳ] N habitante mf del sur, sureño/a m/f (esp LAm).

southward ['saʊθwəd] ADJ, ADV hacia el sur.

southwest ['saʊθ'west] **1** N suroeste m. **2** ADJ suroeste. **3** ADV (direction) hacia el suroeste; (location) al suroeste.

southwestern [saʊθ'westən] ADJ del suroeste.

souvenir [,su:və'nɪəʳ] N recuerdo m.

sou'wester [saʊ'westəʳ] N sueste m.

sovereign ['sɒvrɪn] **1** ADJ **a** (supreme) soberano/a; **with ~ contempt** (fig) con soberano desprecio. **b** (self-governing) soberano/a; **~ state** estado m soberano. **2** N (monarch) soberano/a m/f; (coin) soberano.

sovereignty ['sɒvrəntɪ] N soberanía f.

soviet ['səʊvɪət] **1** N soviet m. **2** ADJ soviético/a; **S~ Russia** Rusia f Soviética; **the S~ Union** la Unión Soviética.

sow¹ [səʊ] (pt **~ed**; pp **~n**) VT (seed) sembrar; **to ~ doubt in sb's mind** (fig) sembrar dudas en algn.

sow² [saʊ] N puerca f, marrana f.

sower ['səʊəʳ] N sembrador(a) m/f.

sowing ['səʊɪŋ] N siembra f.

sown [səʊn] PP of **sow¹**.

soya ['sɔɪə], (US) **soy** [sɔɪ] **1** N soja f. **2** CPD: **~ bean** N semilla f de soja; **~ flour** N harina f de soja; **~ oil** N aceite m de soja; **~ sauce** N salsa f de soja.

sozzled ['sɒzld] ADJ (fam): **to be ~** estar mamado/a (fam), estar tomado/a (LAm); **to get ~** coger una trompa (Sp), agarrarse una borrachera (LAm).

spa [spa:] N balneario m.

space [speɪs] **1** N **a** (gen, Phys etc) espacio m; **outer ~** el espacio exterior; **the rocket vanished into ~** el cohete desapareció en el espacio; **to stare into ~** mirar al vacío. **b** (room) espacio m, lugar m; **to clear a ~ for sth** hacer lugar para algo; **to take up a lot of ~** ocupar mucho sitio or espacio; **to buy ~ in a newspaper** comprar espacio en un periódico; **parking ~** aparcamento m (Sp), parking m, estacionamiento m (esp LAm). **c** (gap, empty area) espacio m, hueco m; **blank ~** espacio en blanco; **to leave a ~ for sth** dejar sitio or lugar para algo; **answer in the ~ provided** conteste en el espacio provisto; **in a confined ~** en un espacio restringido; **I couldn't see a ~ for my car** no veía un lugar or un hueco donde meter el coche; **wide open ~s** campo m abierto. **d** (of time) espacio m, lapso m; **in a short ~ of time** en un corto espacio or lapso; **(with)in the ~ of an hour/three generations** en el espacio de una hora/tres generaciones; **for the ~ of a fortnight** durante un período de quince días; **after a ~ of two hours** después de un lapso de dos horas. **2** VT **a** (also **~ out**) espaciar, separar. **b** **to be ~d out** (fam: on drugs) estar colocado/a; (: drunk) estar ajumado/a. **3** CPD: **~ age** N era f espacial; **~ bar** N (on typewriter) barra f espaciadora; **~ capsule** N cápsula f espacial; **~ flight** N vuelo m espacial; **S~ Invaders** NSG (game) Marcianitos mpl; **~ probe** N sonda f espacial; **~ programme** N programa m de investigaciones espaciales; **~ race** N carrera f espacial; **~ shuttle** N transbordador m espacial, lanzadera f espacial; **~ station** N estación f espacial; **~ travel** N viajes mpl espaciales.

spacecraft ['speɪskrɑ:ft] N, PL INV nave f espacial, astronave f.

spaceman ['speɪsmæn] N (pl **-men**) astronauta m, cosmonauta m.

space-saving ['speɪs,seɪvɪŋ] ADJ que economiza or ahorra espacio.

spaceship ['speɪsʃɪp] N nave f espacial, astronave f.

spacesuit ['speɪssu:t] N traje m espacial.

spacewalk ['speɪswɔ:k] N paseo m en el espacio.

spacing ['speɪsɪŋ] N espaciamiento m; (Typ) espaciado m; **with double ~** a doble espacio; **in single ~** a espacio sencillo.

spacious ['speɪʃəs] ADJ espacioso/a, amplio/a.

spade [speɪd] N **a** (tool) pala f, laya f; **to call a ~ a ~** (fig) llamar al pan pan y al vino vino. **b** (Cards) picos mpl; (Sp Cards) espadas fpl; **the three of ~s** el tres de espadas; **to play ~s** jugar espadas; **to play a ~** jugar una espada.

spadework ['speɪdwɜːk] N (fig) trabajo m preliminar.
spaghetti [spə'getɪ] [1] N (gen) espaguettis mpl; (: thin) fideos mpl. [2] CPD: ~ **western** N película f de vaqueros hecha por un director italiano.
Spain [speɪn] N España f.
span[1] [spæn] [1] N (of hand) palmo m; (of road etc) tramo m; (of bridge, arch) luz f; (roof) vano m; (of time) lapso m, espacio m; **the average ~ of life** el promedio de duración de vida; **for a brief ~** durante un breve lapso. [2] VT (subj: bridge etc) extenderse sobre, cruzar; (in time etc) abarcar.
span[2] [spæn] PT of **spin**.
spangle ['spæŋgl] N lentejuela f; **star ~d** centelleado/a de estrellas.
Spanglish ['spæŋglɪʃ] N (hum) espanglis m.
Spaniard ['spænjəd] N español(a) m/f.
spaniel ['spænjəl] N perro m de aguas.
Spanish ['spænɪʃ] [1] ADJ español(a). [2] N (Ling) español m, castellano m (esp LAm); **the ~** (people) los españoles.
Spanish-American ['spænɪʃə'merɪkən] ADJ, N hispano-americano/a m/f.
Spanish-speaking ['spænɪʃ'spiːkɪŋ] ADJ hispanoha-blante, de habla española.
spank [spæŋk] VT zurrar, dar nalgadas a.
spanking ['spæŋkɪŋ] N zurra f, nalgada f.
spanner ['spænə^r] N (gen) llave f de tuercas or de tubo; (adjustable) llave (inglesa); **to throw** or **put a ~ in the works** meter un palo en la rueda.
spar[1] [spɑː^r] N (Naut) palo m, verga f.
spar[2] [spɑː^r] VI (Boxing) entrenarse en el boxeo; (argue) dis-cutir; **~ring partner** sparring m.
spar[3] [spɑː^r] N (Min) espato m.
spare [speə^r] [1] ADJ [a] (left over) sobrante, de sobra; (excess) de más, de sobra; (available) disponible, de reserva; **is there any string ~?** ¿queda cuerda?; **there are 2 going ~** sobran or quedan 2; **~ part** (pieza f de) repuesto m or recambio m, refacción f (Mex); **~ part sur-gery** cirugía f de trasplantes; **~ room** cuarto m para visitas; **~ time** tiempo m libre, momentos mpl de ocio; **~ tyre**, (US) **~ tire** (Aut) neumático m or (LAm) llanta f de recambio; (hum) michelín m; **~ wheel** (Aut) rueda f de recambio.
[b] (of build etc) enjuto/a, flaco/a (LAm).
[2] N (pieza f de) recambio m or repuesto m, refacción f (Mex).
[3] VT [a] (be grudging with) escatimar; **she ~d no effort in helping me** no ahorró esfuerzos por ayudarme; **to ~ no expense** no escatimar gastos.
[b] (do without) pasarse sin; **can you ~ this for a moment?** ¿me puedo llevar esto un momento?; **if you can ~ it** si Ud no lo va a necesitar; **can you ~ the time?** ¿dis-pones del tiempo?, ¿tienes tiempo?; **we can't ~ him now** ahora no podemos estar sin él; **to ~ a thought for** pensar un momento en.
[c] **to ~** de sobra; **there is none to ~** no sobra nada or ninguno; **with three minutes to ~** faltando tres minutos.
[d] (show mercy to) perdonar; **the fire ~d nothing** el incendio no perdonó nada; **to ~ sb's feelings** procurar no herir los sentimientos de algn.
[e] (save from need or trouble) ahorrar, evitar; **to ~ sb the trouble of doing sth** evitar a algn la molestia de hacer algo; **~ me the details** ahórrate los detalles.
sparerib [ˌspeə'rɪb] N (Culin) costilla f de cerdo.
sparing ['speərɪŋ] ADJ (frugal) frugal, económico/a; (mea-gre) escaso/a; (merciful) piadoso/a, compasivo/a; **to be ~ with** or **of** ser parco/a en; **his ~ use of colour** su parquedad en el uso del color; **to be ~ of praise** escatimar los elogios.
sparingly ['speərɪŋlɪ] ADV (see adj) frugalmente, económicamente; escasamente; con compasión; **we used water ~** tuvimos cuidado con el agua.
spark [spɑːk] [1] N (from fire, Elec) chispa f; (trace, hint) pizca f; **to make the ~s fly** provocar una bronca; **bright ~** (fam) listillo/a m/f.
[2] VT (also ~ off) provocar.

[3] CPD: **~(ing) plug** N (Aut) bujía f.
sparkle ['spɑːkl] [1] N centelleo m, destello m; (fig) brillo m, viveza f. [2] VI (flash) centellear, echar chispas; (shine) brillar; (stand out) relucir; **the conversation ~d** la conversación fue animadísima.
sparkler ['spɑːklə^r] N (firework) bengala f (fam).
sparkling ['spɑːklɪŋ] ADJ (glass etc) centelleante; (wine) espumoso/a; (person, wit, conversation) chispeante.
sparrow ['spærəʊ] N gorrión m.
sparrowhawk ['spærəʊhɔːk] N gavilán m.
sparse [spɑːs] ADJ (comp **~r**; superl **~st**) (thin) escaso/a; (dispersed) disperso/a, esparcido/a; (hair) ralo/a.
sparsely ['spɑːslɪ] ADV (thinly) escasamente; (in scattered way) en forma dispersa; **~ populated** escasamente poblado/a; **a ~ furnished room** un cuarto con pocos muebles.
spartan ['spɑːtən] ADJ (fig) espartano/a.
spasm ['spæzəm] N (Med) espasmo m; (fig) arranque m, ataque m; **a ~ of coughing** un acceso de tos.
spasmodic [spæz'mɒdɪk] ADJ (Med) espasmódico/a; (fig) irregular, intermitente.
spasmodically [spæz'mɒdɪkəlɪ] ADV (see adj) en forma espasmódica; de cuando en cuando, en forma irregular.
spastic ['spæstɪk] ADJ, N espástico/a m/f.
spat[1] [spæt] PT, PP of **spit**[2].
spat[2] [spæt] N (overshoe) polaina f.
spat[3] [spæt] (US fam) N riña f, disputa f (sin trascendencia).
spate [speɪt] N (fig) torrente m; **to be in ~** (river) estar crecido.
spatial ['speɪʃəl] ADJ espacial.
spatter ['spætə^r] VT: **to ~ (with)** salpicar o rociar (de); **a dress ~ed with mud** un vestido salpicado de lodo.
spatula ['spætjʊlə] N espátula f.
spawn [spɔːn] [1] N (of fish, frogs) freza f, huevas fpl; (of mushrooms) semillas fpl. [2] VI frezar. [3] VT (pej) engen-drar, producir.
spay [speɪ] VT (animal) sacar los ovarios a.
SPCA N ABBR (US) of **Society for the Prevention of Cruel-ty to Animals**.
SPCC N ABBR (US) of **Society for the Prevention of Cruelty to Children**.
speak [spiːk] (pt **spoke**; pp **spoken**) [1] VT (utter) hablar, decir; **he ~s Italian** habla italiano; **'English spoken here'** 'se habla inglés'; **to ~ the truth** decir la verdad; **to ~ one's mind** hablar claro or con franqueza.
[2] VI [a] (gen) hablar; **to ~ to sb** hablar con algn; **to ~ in a whisper** hablar bajo; **since they quarrelled they don't ~ (to each other)** desde que riñeron no se hablan; **I'll ~ to him about it** (problem, idea) lo hablaré con él; (his late-ness etc) se lo diré; **I don't know him to ~ to** no le conozco bastante como para hablar con él; **I know him to ~ to** lo conozco bastante bien para cambiar algunas palabras con él; **to ~ well of sb** hablar bien de algn; **he's very well spoken of** tiene buen nombre or buena fama; **~ing of holidays ...** a propósito de las vacaciones ...; **it's nothing to ~ of** no tiene importancia; **he has no money to ~ of** no tiene dinero que digamos; **so to ~** por decirlo así, por así decir; **roughly ~ing** en términos generales; **~ing as a student myself** hablando desde mi experiencia como estudiante.
[b] (make a speech, give one's opinion) pronunciar un dis-curso, discurrir; **he spoke on Greek myths** habló sobre los mitos griegos; **when the minister had spoken ...** cuando terminó el ministro su discurso ....
[c] (Telec) **~ing!** ¡al habla!; **may I ~ to Mr X?** me pone con el Sr. X, por favor; **this is Peter ~ing** ¡soy Pedro!, ¡habla Pedro!; **who is that ~ing?** ¿con quién hablo?, ¿quién es?; (taking message) ¿de parte (de quién)?
◆ **speak for** VI + PREP [a] **to ~ for sb** (as representative) ha-blar por or en nombre de algn; (as defender) interceder por algn; **~ing for myself** en cuanto a mí, yo por mi parte; **~ for yourself!** ¡eso lo dirás tú!; **let her ~ for her-self** déjala que hable. [b] **to ~ for itself** ser evidente, ha-blar por sí solo. [c] **that's already been spoken for** eso ya está reservado or apartado.

◆**speak out, speak up** VI + ADV a (*raise voice*) hablar alto *or* en voz alta, hablar fuerte. b (*fig*) hablar sin rodeos *or* ambages; **to ~ out against sth** denunciar algo; **don't be afraid to ~ up** no tengas miedo de hablar claro; **to ~ up for sb** interceder por *or* a favor de algn.

speaker ['spi:kər] N a (*gen*) el/la *m/f* que habla; (*in discussion, lecture etc*) orador(a) *m/f*, conferenciante *mf*; **he's a good/poor ~** es buen/mal orador, habla bien/mal. b (*of language*) hablante *mf*; **are you a Welsh ~?** ¿habla Ud galés?; **he's a French ~** es francohablante. c (*loud-~*) altavoz *m*, bafle *m*, altoparlante *m* (*LAm*); **~s** (*of hi-fi system*) bafles, altavoces *fpl*. d (*Brit Pol*) **the S~** el Presidente de la Cámara de los Comunes.

speaking ['spi:kɪŋ] 1 ADJ hablante; **Spanish-~ people** los hispanohablantes, los de habla española *or* castellana; **to be on ~ terms with sb** hablarse con algn; **a ~ part** un papel hablado; **~ clock** (*Brit*) servicio *m* telefónico de información horaria. 2 N (*skill*) oratoria *f*.

spear [spɪər] N (*gen*) lanza *f*, jabalina *f*; (*harpoon*) arpón *m*.

spearhead ['spɪəhed] 1 N (*Mil, fig*) punta *f* de lanza. 2 VT encabezar.

spearmint ['spɪəmɪnt] 1 N (*Bot etc*) menta *f* verde, hierbabuena *f*. 2 CPD: **~ chewing gum** N chicle *m* de menta.

spec [spek] N (*Comm fam*): **to buy sth on ~** comprar algo como especulación; **to go along on ~** ir a ver lo que sale; **to turn up on ~** presentarse por si acaso.

special ['speʃəl] 1 ADJ a (*specific*) especial, específico/a; **have you any ~ date in mind?** ¿tienes en mente una fecha particular?; **I've no one ~ in mind** no pienso en nadie en concreto; **~ agent** agente *m* especial; **S~ Branch** (*Brit*) Servicio *m* de Seguridad del Estado; **~ constable** guardia *mf* auxiliar; **~ correspondent** corresponsal *mf* especial; **~ delivery letter** carta *f* exprés; **~ investigator** investigador *m* especial. b (*exceptional*) extraordinario/a; **my ~ friend** mi amigo del alma; **this is a ~ day for me** hoy es un día especial para mí; **you're extra ~** (*fam*) tú eres lo mejor de lo mejor; **to expect ~ treatment** esperar trato especial; **my ~ chair** mi silla preferida; **nothing ~** nada en particular; **what's so ~ about that?** y eso ¿qué tiene (de especial)?; **~ effects** efectos *mpl* especiales; **~ feature** (*Press*) crónica *f* especial; **~ offer** (*Comm*) oferta *f* especial, ganga *f*. 2 N (*train*) tren *m* especial; (*TV, Rad*) programa *m* especial; (*newspaper*) número *m* extraordinario; **the chef's ~** el plato del día.

specialist ['speʃəlɪst] 1 N especialista *mf*; **heart ~** (*Med*) especialista del corazón. 2 ADJ especialista; **that's ~ work** es trabajo para un profesional; **~ knowledge** conocimientos *mpl* especializados.

speciality [ˌspeʃɪ'ælɪtɪ] N especialidad *f*; **to make a ~ of sth** especializarse en algo.

specialization [ˌspeʃəlaɪˈzeɪʃən] N especialidad *f*.

specialize ['speʃəlaɪz] VI especializarse (*in* en).

specially ['speʃəlɪ] ADV (*specifically*) especialmente; (*particularly*) en especial; **we asked for it ~** lo pedimos a propósito; **~ the yellow ones** sobre todo los amarillos.

specialty ['speʃəltɪ] N = **speciality.**

species ['spi:ʃi:z] N INV especie *f*.

specific [spəˈsɪfɪk] ADJ a (*definite*) específico/a; (*precise*) exacto/a, preciso/a; **can you be more ~?** ¿puedes ser más concreto? b (*Bio, Phys, Chem, Med*) específico/a; **~ gravity** peso *m* específico.

specifically [spəˈsɪfɪkəlɪ] ADV (*explicitly*) específicamente, expresamente; (*especially*) especialmente, en particular.

specification [ˌspesɪfɪˈkeɪʃən] N especificación *f*; **~s** (*plan*) presupuesto *m*, plan *m* detallado.

specify ['spesɪfaɪ] 1 VT especificar; **in the order specified** en el orden especificado; **at a specified time** a una hora indicada. 2 VI especificar, concretar; **unless otherwise specified** salvo indicaciones contrarias.

specimen ['spesɪmɪn] 1 N (*example*) ejemplo *m*; (*sample*) muestra *f*; (*: of urine*) espécimen *m*; (*: of blood*) muestra *f*; **he's an odd ~** (*fam*) es un bicho raro.

2 CPD: **~ copy** N ejemplar *m* de muestra; **~ signature** N muestra *f* de firma.

specious ['spi:ʃəs] ADJ especioso/a.

speck [spek] N (*stain*) pequeña mancha *f*; (*of dust*) mota *f*; (*small portion*) partícula *f*, pizca *f*; **it's just a ~ on the horizon** es un punto en el horizonte nada más; **there's not a ~ of truth in it** no tiene ni pizca de verdad.

speckled ['spekld] ADJ moteado/a, con puntos.

specs [speks] NPL (*fam*) gafas *fpl*, anteojos *mpl* (*LAm*).

spectacle ['spektəkl] 1 N a espectáculo *m*; **to make a ~ of o.s.** hacer el ridículo, ponerse en ridículo. b **~s** gafas *fpl*, anteojos *mpl* (*LAm*); **to see everything through rose-coloured ~s** verlo todo color de rosa. 2 CPD: **~ case** N estuche *m* (de gafas).

spectacular [spekˈtækjələr] 1 ADJ (*gen*) espectacular; (*impressive*) impresionante. 2 N (*TV, Cine*) espectáculo *m*.

spectator [spekˈteɪtər] 1 N espectador(a) *m/f*; **~s** público *msg*. 2 CPD: **~ sport** N deporte *m* espectáculo.

spectre, ** (*US*) **specter ['spektər] N espectro *m*, fantasma *m*.

spectrum ['spektrəm] N (*pl* **spectra** ['spektrə]) espectro *m*, gama *f*; (*Phys*) espectro.

speculate ['spekjəleɪt] VI especular (*on* sobre); (*Fin*) especular (*on* en).

speculation [ˌspekjəˈleɪʃən] N especulación *f*; **it is the subject of much ~** es tema de amplias discusiones.

speculative ['spekjələtɪv] ADJ especulativo/a.

speculator ['spekjəleɪtər] N especulador(a) *m/f*.

speculum ['spekjələm] N espéculo *m*.

sped [sped] PT, PP *of* **speed.**

speech [spi:tʃ] 1 N a (*faculty*) habla *f*; (*act of speaking*) palabra *f*; (*words*) palabras; (*manner of speaking*) lenguaje *m*, forma *f* de hablar; **to lose the power of ~** perder el habla; **better in ~ than in writing** de palabra mejor que por escrito; **freedom of ~** libertad de expresión. b (*language*) idioma *m*, lenguaje *m*; **children's ~** el lenguaje de los niños. c (*address*) conference *f*; (*oratory*) arenga *f*; (*in play etc*) discurso *m*; **to make a ~** pronunciar un discurso. d (*Brit Ling*) **direct/indirect ~** oración *f* directa/indirecta. 2 CPD: **~ day** N (*Brit*) reparto *m* de premios; **~ defect, ~ impediment** N defecto *m* del habla; **~ therapist** N logopeda *mf*; **~ therapy** N terapia *f* de la palabra.

speechless ['spi:tʃlɪs] ADJ mudo/a, enmudecido/a; **everybody was ~ at this** con esto todos quedaron estupefactos.

speed [spi:d] (*vb: pt, pp* **sped** *or* **~ed**) 1 N a (*rate of movement*) velocidad *f*, rapidez *f*; (*rapidity, haste*) rapidez, prisa *f*; **at ~** a gran velocidad; **at full ~, at top ~** a máxima velocidad, a todo correr; **at a ~ of 70 km/h** a una velocidad de 70 km por hora; **the ~ of light/sound** la velocidad de la luz/del sonido; **full ~ ahead!** ¡avante toda! (*fam*); **what ~ were you doing?** (*Aut*) ¿a qué velocidad ibas?; **to pick up** *or* **gather ~** acelerar, cobrar velocidad; **shorthand/typing ~** rapidez en taquigrafía/mecanografía. b (*Aut, Tech: gear*) velocidad *f*; **a five-~ gearbox** una caja de cambios de cinco velocidades. c (*Phot*) velocidad *f*. 2 VI a (*pt, pp* **sped**) (*go fast*) correr a toda prisa; (*hurry*) darse prisa, apresurarse; **to ~ along/off** ir a gran velocidad/marcharse a toda prisa; **the years sped by** pasaron los años volando. b (*pt, pp* **~ed**) (*Aut: exceed ~ limit*) conducir *or* (*LAm*) manejar con exceso de velocidad. 3 CPD: **~ cop** N (*fam*) policía *m* de tráfico *or* tránsito; **~ limit** N: **a 50 km/h ~ limit** velocidad máxima (permitida) de 50 km por hora; **to exceed the ~ limit** exceder la velocidad permitida; **~ merchant** N (*fam*) corredor(a) *m/f*; **~ restriction** N limitación *f* de velocidad; **~ skater** patinador(a) *m/f* de velocidad; **~ skating** N patinaje *m* de velocidad; **~ trap** N (*Aut*) sistema *m* policial para detectar infracciones de velocidad.

◆**speed up** (*pt, pp* **~ed up**) 1 VI + ADV apresurarse, apurarse (*LAm*).

[2] VT + ADV (gen) acelerar; (person) apresurar, apurar (LAm).
speedboat ['spi:d,bəʊt] N lancha f motora.
speedily ['spi:dɪlɪ] ADV (quickly) rápidamente, con la mayor prontitud; (promptly) prontamente, en seguida.
speeding ['spi:dɪŋ] N (Aut) exceso m de velocidad; **he was fined for ~** se le impuso una multa por exceso de velocidad.
speedometer [spɪ'dɒmɪtər] N velocímetro m, cuentakilómetros m inv.
speedway ['spi:dweɪ] N [a] (sport) carreras fpl de moto; (track) pista f de carrera. [b] (US) autopista f.
speedwell ['spi:dwel] N (Bot) verónica f.
speedy ['spi:dɪ] ADJ (comp -ier; superl -iest) veloz, rápido/a; (answer etc) pronto/a.
spell[1] [spel] N encanto m, hechizo m; **to be under sb's ~** estar hechizado por algn; **to cast a ~ over sb, to put sb under a ~** hechizar a algn; **to break the ~** romper el hechizo or encanto.
spell[2] [spel] (pt, pp ~ed or spelt) VT [a] (write) escribir correctamente; (letter by letter) deletrear; **she can't ~** sabe poco de ortografía; **how do you ~ your name?** ¿cómo se escribe tu nombre?; **c-a-t ~s 'cat'** 'cat' se deletrea c-a-t. [b] (denote) significar, presagiar; **it ~s disaster for us** representa un desastre para nosotros.
◆ **spell out** VT + ADV (fig) **to ~ sth out for sb** explicar algo a algn en detalle.
spell[3] [spel] N (period) temporada f, período m; (shift etc) turno m; (short time) rato m; (of weather) racha f, ola f; (rest) descanso m; **cold ~** racha de frío; **a ~ of duty** una temporada; **they're going through a bad ~** están pasando por un mal rato.
spellbinder ['spel,baɪndər] N (speaker) orador m que fascina; (book) obra f que fascina.
spellbound ['spelbaʊnd] ADJ embelesado/a, hechizado/a; **to hold sb ~** tener a algn embelesado.
spellchecker ['spel,tʃekər] N (Comput) corrector m ortográfico.
spelling ['spelɪŋ] [1] N ortografía f. [2] CPD: **~ checker** N corrector m ortográfico; **~ mistake** N falta f de ortografía.
spelt [spelt] PT, PP of spell[2].
spend [spend] (pt, pp spent) VT [a] (gen) gastar; (time) pasar, dedicar; **I ~ a lot of time reading** paso mucho tiempo leyendo, dedico mucho tiempo a la lectura. [b] (pass: time etc) pasar; **he ~s his time sleeping** se pasa la vida durmiendo. [c] (devote) dedicar; **to ~ time/money/effort on sth** gastar tiempo/dinero/energías en algo.
spender ['spendər] N gastador(a) m/f; **big ~** persona f generosa; (pej) derrochador(a) m/f.
spending ['spendɪŋ] [1] N gastos mpl, presupuesto m; **government ~** gastos del gobierno.
[2] CPD: **~ cuts** NPL cortes del presupuesto público; **~ limit** N límite m de gastos; **~ money** N dinero m para gastos personales; **~ power** N poder m de compra or adquisitivo; **~ spree** N: **we went on a ~ spree** gastamos como locos.
spendthrift ['spendθrɪft] ADJ, N derrochador(a) m/f, pródigo/a m/f.
spent [spent] [1] PT, PP of spend. [2] ADJ gastado/a; **he's a ~ force** es una vieja gloria.
sperm [spɜ:m] [1] N (Bio) esperma m (sometimes f). [2] CPD: **~ bank** N banco m de esperma; **~ count** N recuento m de espermas; **~ whale** N cachalote m.
spermicide ['spɜ:mɪsaɪd] N espermicida m.
spew [spju:] [1] VT (also ~ up) vomitar; (fig) vomitar, arrojar. [2] VI vomitar; **it makes me want to ~** (fig): fam) me da asco.
sphere [sfɪər] N (gen) esfera f; **in the ~ of politics** en el mundo de la política; **his ~ of interest** la esfera de sus intereses; **~ of activity** campo m de actividad; **in the social ~** en la esfera social; **that's outside my ~** eso no es de mi competencia.
spherical ['sferɪkəl] ADJ esférico/a.
sphinx [sfɪŋks] N esfinge f.

spice [spaɪs] [1] N (Culin) especia f; (fig) lo picante; **mixed ~(s)** especias mixtas; **the details add ~ to the story** los detalles dan sabor al cuento; **variety is the ~ of life** en la variedad está el gusto.
[2] VT (Culin) especiar, sazonar; (fig) salpicar; **a highly ~d account** un relato de mucho picante.
[3] CPD: **~ rack** N especiero m.
Spick [spɪk] N (US fam: pej) hispano/a m/f.
spick-and-span ['spɪkən'spæn] ADJ (cleaned up) aseado/a, (bien) arreglado/a; (neat) pulcro/a, acicalado/a.
spicy ['spaɪsɪ] ADJ (comp -ier; superl -iest) (Culin: gen) condimentado/a, sazonado/a; (: hot) picante, picoso/a (LAm); (fig: joke etc) picante, colorado/a (LAm).
spider ['spaɪdər] [1] N araña f; **~'s web** telaraña f. [2] CPD: **~ plant** N cinta f.
spiel [spi:l] N: **it's just his usual ~** (fam) es el mismo cuento de siempre.
spigot ['spɪgət] N espita f, bitoque m.
spike [spaɪk] [1] N [a] (point) punta f; (metal rod) pincho m; (stake) estaca f; (on railing) barrote m; (on shoes) clavo m. [b] (Bot) espiga f.
[c] **~s** (Sport) zapatillas fpl con clavos.
[2] VT (fix) clavar; (impale) atravesar; (stop: rumour) acabar con; (thwart: plan etc) frustrar; **to ~ sb's guns** (fig) poner trabas a los planes de algn; **a ~d drink** (fam) una bebida fortalecida.
spiky ['spaɪkɪ] ADJ (comp -ier; superl -iest) (sharp) puntiagudo/a; (thorny) cubierto/a de púas; (hedgehog etc) erizado/a.
spill [spɪl] (pt, pp ~ed or spilt [spɪlt]) [1] VT derramar, verter, echar; **to ~ the beans** (fam) descubrir el pastel (fam), contarlo todo.
[2] VI derramarse, verterse.
◆ **spill out** [1] VI + PREP: **the audience spilt out of the cinema** el público se desbordó del cine.
[2] VT + ADV volcar; (fig) soltar.
◆ **spill over** VI + PREP desbordarse.
spin [spɪn] (vb: pt, pp spun) [1] N [a] (revolution) vuelta f, revolución f; **long/short ~** (on washing machine) centrifugado m largo/corto; **to be in a flat ~** (fam) andar atolondrado.
[b] (on ball) efecto m; **to put a ~ on the ball** dar efecto a una pelota; **~ doctor** (Pol etc fam) informador(a) parcial al servicio de un partido político etc.
[c] (Aer, Aut) barrena f, espín m; **to go into a ~** entrar en barrena.
[d] (ride) **to go for a ~** dar un paseo en coche.
[2] VT [a] (cotton, wool etc) hilar.
[b] (turn: wheel etc) dar una vuelta a, girar, hacer girar; **to ~ a coin** echar a cara o cruz; see yarn.
[3] VI [a] hilar.
[b] (revolve) girar, dar vueltas; **to ~ round and round** dar vueltas y más vueltas; **the car spun out of control** el coche se descontroló dando vueltas en redondo; **to send sb/sth ~ning** echar algn/algo a rodar; **it makes my head ~** me marea.
◆ **spin out** VT + ADV (fam: speech etc) alargar, prolongar; (stretch) estirar.
spina bifida [,spaɪnə'bɪfɪdə] N espina f bífida.
spinach ['spɪnɪdʒ] N espinacas fpl.
spinal ['spaɪnl] ADJ espinal, vertebral; **~ column** columna f vertebral; **~ cord** médula f espinal.
spindle ['spɪndl] N (for spinning) huso m; (Tech) eje m.
spindly ['spɪndlɪ] ADJ (comp -ier; superl -iest) largo/a y delgado/a; (leg) zanquivano/a.
spin-dry [,spɪn'draɪ] VT centrifugar.
spin-dryer ['spɪn'draɪər] N secador m centrífugo.
spine [spaɪn] N (Anat) columna f (vertebral), espina f dorsal; (Zool) púa f; (Bot) espina f; (of book) lomo m; (of mountain range) espinazo m.
spine-chiller ['spaɪn,tʃɪlər] N (film) película f de terror; (book) libro m de horror.
spineless ['spaɪnlɪs] ADJ (fig) débil.
spinner ['spɪnər] N [a] (of cloth etc) hilandero/a m/f.
[b] (Cricket, Baseball) el/a que da efecto a la pelota.
[c] (Fishing) cebo m artificial de cuchara. [d] (fam: spin-

dryer) secador *m* centrífugo.

spinney ['spɪnɪ] N bosquecillo *m*.

spinning ['spɪnɪŋ] [1] N (*act*) hilado *m*; (*art*) hilandería *f*, arte *m* de hilar. [2] CPD: **~ top** N peonza *f*, trompo *m*; **~ wheel** N rueca *f* or torno *m* de hilar.

spin-off ['spɪnɒf] N derivado *m*, producto *m* secundario.

spinster ['spɪnstəʳ] N soltera *f*; (*pej*) solterona *f*.

spiny ['spaɪnɪ] ADJ (*comp* **-ier**; *superl* **-iest**) (*rose etc*) con púas; (*problem*) espinoso/a.

spiral ['spaɪərəl] [1] ADJ espiral, en espiral; **a ~ staircase** una escalera de caracol.
[2] N espiral *f*, hélice *f*; **the inflationary ~** la espiral inflacionista.
[3] VI: **to ~ up/down** subir/bajar en espiral; **prices have ~led up** los precios han subido vertiginosamente.

spire ['spaɪəʳ] N aguja *f*.

spirit ['spɪrɪt] [1] N [a] (*soul*) espíritu *m*, alma *f*; **I'll be with you in ~** te acompañaré en el alma.
[b] (*ghost, supernatural being*) fantasma *m*, aparecido *m*; **Holy S~** Espíritu Santo.
[c] (*leading person: of age, movement, party etc*) alma *f*, espíritu *m*.
[d] (*courage*) valor *m*, ánimo *m*; (*energy, vitality*) energía *f*, fuerza *f*; **they lack ~** les falta carácter.
[e] (*attitude etc*) espíritu *m*, humor *m*; **community ~, public ~** civismo *m*; **a ~ of optimism** un espíritu optimista; **to enter into the ~ of sth** ambientarse con algo; **it depends on the ~ in which it is done** depende del humor con que se hace; **that's the ~!** (*fam*) ¡ánimo!
[f] (*intention*) espíritu *m*; **the ~ of the law** el espíritu de la ley; **to take sth in the right/wrong ~** interpretar bien/mal algo.
[g] **~s** (*state of mind*) ánimo *m*, humor *m*; **high ~s** entusiasmo *m*; **to be in low ~s** estar abatido, andar apenado (*LAm*); **we kept our ~s up by singing** mantuvimos el ánimo cantando; **my ~s rose somewhat** me animé de nuevo.
[h] **~s** (*alcohol*) alcohol *m*, licor *m*; **I keep off ~s** yo no bebo licores.
[i] (*Chem*) alcohol *m*.
[2] CPD: **~ lamp** N lamparilla *f* de alcohol; **~ level** N nivel *m* de burbuja.

♦**spirit away**, **spirit off** VT + ADV llevarse de forma clandestina.

spirited ['spɪrɪtɪd] ADJ (*person: lively*) animado/a; (: *cheerful*) alegre; (*attack etc*) enérgico/a, vigoroso/a; (*horse*) fogoso/a; **he gave a ~ performance** (*Mus*) tocó con brío.

spiritual ['spɪrɪtjʊəl] [1] ADJ espiritual. [2] N (*Mus*) canción *f* religiosa.

spiritualism ['spɪrɪtjʊəlɪzəm] N espiritismo *m*.

spiritualist ['spɪrɪtjʊəlɪst] N espiritista *mf*.

spirituality [ˌspɪrɪtjʊˈælɪtɪ] N espiritualidad *f*.

spiritually ['spɪrɪtjʊəlɪ] ADV espiritualmente.

spit¹ [spɪt] N (*Culin*) asador *m*, espetón *m*; (*of land*) lengua *f*.

spit² [spɪt] (*vb: pt, pp* **spat**) [1] N saliva *f*, esputo *m*; **~ and polish** (*fam*) limpieza *f*; **to be the dead ~ of sb** (*fam*) ser la viva imagen *or* el vivo retrato de algn.
[2] VT escupir.
[3] VI escupir (*at, on* a, en); **it is ~ting with rain** está goteando.

♦**spit out** VT + ADV escupir; **~ it out!** (*fam*) ¡dilo!, ¡habla!

spite [spaɪt] [1] N [a] (*ill will*) rencor *m*, ojeriza *f*; **to do sth out of** or **from ~** hacer algo por inquina.
[b] **to have a ~ against sb** (*fam*) tener rencor a or hacia algn; **in ~ of** (*despite*) a pesar de, pese a; **in ~ of the fact that** a pesar de que, pese a que; **in ~ of herself** a pesar de sí misma.
[2] VT herir, dañar; **she just does it to ~ me** lo hace solamente para causarme pena.

spiteful ['spaɪtfʊl] ADJ rencoroso/a.

spitefully ['spaɪtfəlɪ] ADV con rencor.

spitfire ['spɪt,faɪəʳ] N fierabrás *mf*.

spitroast ['spɪtrəʊst] VT rostizar.

spitting ['spɪtɪŋ] [1] N: **'~ prohibited'** 'se prohíbe escupir'.

[2] ADJ: **it's within ~ distance** (*fam*) está muy cerca; **to be the ~ image of sb** ser la viva imagen *or* el vivo retrato de algn.

spittle ['spɪtl] N saliva *f*, baba *f*.

spittoon [spɪ'tuːn] N escupidera *f*.

splash [splæʃ] [1] N (*spray*) salpicadura *f*, rociada *f*; (*~ing noise*) chapoteo *m*; (*mark: of colour, light*) mancha *f*; **to make a ~** (*fig*) causar sensación, hacer impresión.
[2] VT (*gen*) salpicar; (*spray*) rociar; (*stain*) manchar; **to ~ sb with water** salpicar a algn de agua; **to ~ paint on the floor** manchar el suelo de pintura; **the story was ~ed across the front page** (*fam*) el reportaje mereció grandes titulares en primera plana.
[3] VI (*of liquid, mud etc*) esparcirse, rociarse; (*of person, animal in water: also* **~ about**) chapotear; **to ~ across a stream** cruzar un arroyo chapoteando; **to ~ about in the water** chapotear (en el agua).

♦**splash down** VI + ADV amarar, amerizar.

♦**splash out** VI + ADV (*fam*) derrochar dinero.

splashboard ['splæʃbɔːd] N guardabarros *m inv*.

splashdown ['splæʃdaʊn] N amaraje *m*, amerizaje *m*.

spleen [spliːn] N (*Anat*) bazo *m*; **to vent one's ~** (*fig*) descargar la bilis.

splendid ['splendɪd] ADJ (*magnificent*) espléndido/a, magnífico/a; (*excellent*) bárbaro/a, estupendo/a (*Sp*), macanudo/a (*CSur*), chévere (*Ven*).

splendidly ['splendɪdlɪ] ADV (*see adj*) espléndidamente; magníficamente; estupendamente; **everything went ~** todo fue de maravilla; **we get along ~** nos llevamos muy bien.

splendour, (US) splendor ['splendəʳ] N esplendor *m*.

splice [splaɪs] VT (*rope, tape etc*) empalmar, juntar; **to get ~d** (*fam*) casarse.

splint [splɪnt] N (*Med*) tablilla *f*; **to put sb's arm in ~s** entablillar el brazo a algn; **to be in ~s** estar entablillado.

splinter ['splɪntəʳ] [1] N (*gen*) astilla *f*; (*small piece*) fragmento *m*; (*of bone*) esquirla *f*.
[2] VI astillarse, hacerse astillas; (*fig: party*) separarse.
[3] VT astillar, hacer astillas; (*fig: party*) dividir.
[4] CPD: **~ group** N grupo *m* disidente, facción *f*.

split [splɪt] (*vb: pt, pp* **~**) [1] N [a] (*crack, break*) hendedura *f*, grieta *f*.
[b] (*fig: division, quarrel*) ruptura *f*, escisión *f*; **there are threats of a ~ in the progressive party** hay amenazas de escisión en el partido progresista.
[c] **to do the ~s** esparrancarse.
[d] (*cake etc*) **jam ~** pastel *m* de mermelada; **banana ~** (banana) split *m*.
[2] ADJ partido/a, hendido/a; (*party etc*) escindido/a; **it was a ~ decision** la decisión no fue unánime; **~ personality** personalidad *f* desdoblada; **~ screen** pantalla *f* partida.
[3] VT [a] (*cleave*) partir, hender; **to ~ sth open** abrir algo; **he ~ his head open** se golpeó y se abrió la cabeza; **to ~ hairs** (*fig*) hilar muy fino or delgado, buscarle mangas al chaleco (*LAm*); **to ~ one's sides laughing** (*fig*) partirse de risa, morirse de (la) risa.
[b] (*divide, share*) repartir, compartir; (*fig: party*) escindir; **to ~ sth into three parts** dividir algo en tres partes; **to ~ the vote** (*Pol*) repartirse los votos; **to ~ the profit five ways** repartir las ganancias entre cinco; **to ~ the difference** partir la diferencia.
[4] VI [a] (*stone etc*) henderse, rajarse; (*divide*) partir; (*fig: party*) escindirse; **to ~ open** abrirse; **my head is ~ting** tengo jaqueca.
[b] (*divide*) dividirse.
[c] (*fam: tell tales*) chivatear, soplar; **to ~ on sb** chivatear or soplar contra algn.

♦**split off** [1] VI + ADV separarse.
[2] VT + ADV separar.

♦**split up** [1] VI + ADV estrellarse; (*meeting, crowd*) dispersarse; (*partners*) separarse; **they were married 14 years but then they ~ up** estuvieron casados durante 14 años pero luego se separaron.
[2] VT + ADV (*break up*) partir; (*divide up*) repartir; (*separate*) dividir.

split-level ['splɪt,levl] ADJ (*room*) a desnivel; (*house*) dúplex; (*cooker*) en dos niveles.

splitting ['splɪtɪŋ] ADJ: **a ~ headache** un terrible dolor de cabeza.

splodge [splɒdʒ], **splotch** [splɒtʃ] N mancha *f*, borrón *m*.

splurge [splɜ:dʒ] (*fam*) **1** N **a** (*show*) fachenda *f* (*fam*). **b** (*excess*) derroche *m*. **2** VI: **to ~ on sth** derrochar dinero comprando algo.

splutter ['splʌtə'] **1** N (*of fat etc*) chisporroteo *m*; (*of speech*) farfulla *f*. **2** VI (*person: to spit*) escupir; (: *to stutter*) balbucear; (*fire, fat*) chisporrotear; (*engine*) renquear; **to ~ with indignation** farfullar indignado. **3** VT salpicar.

spoil [spɔɪl] (*vb: pt, pp* **~ed** *or* **~t**) **1** N (*also* **~s**) botín *m*; **the ~s of war** el botín de la guerra. **2** VT **a** (*ruin*) estropear, echar a perder; (*harm*) dañar; (*detract from*) arruinar; **the coast has been ~ed by development** la costa ha sido arruinada por la urbanización; **to ~ sb's fun** aguar la fiesta a algn; **to ~ one's appetite** quitar el apetito a uno. **b** (*pamper*) mimar, consentir (*LAm*). **3** VI **a** (*food*) estropearse, echarse a perder. **b** **to be ~ing for a fight** estar con ganas de luchar, andar con ganas de pelear (*LAm*).

spoiler ['spɔɪlə'] N (*Aut, Aer*) alerón *m*, spoiler *m*.

spoilsport ['spɔɪlspɔ:t] N (*fam*) aguafiestas *mf inv*.

spoilt [spɔɪlt] **1** PT, PP *of* **spoil**. **2** ADJ **a** (*meal etc*) estropeado/a, echado/a a perder. **b** (*child*) mimado/a, consentido/a.

spoke¹ [spəʊk] N rayo *m*, radio *m*; **to put a ~ in sb's wheel** ponerle trabas a algn.

spoke² [spəʊk] PT *of* **speak**.

spoken ['spəʊkən] **1** PP *of* **speak**. **2** ADJ hablado/a; **the ~ language** la lengua hablada.

spokesman ['spəʊksmən] N (*pl* **-men**) portavoz *mf*, vocero *mf* (*LAm*).

spokesperson ['spəʊkspɜ:sn] N portavoz *mf*.

spokeswoman ['spəʊkswʊmən] N (*pl* **-women**) portavoz *f*.

sponge [spʌndʒ] **1** N (*gen*) esponja *f*; (*Culin: also* **~ cake**) bizcocho *m*, queque *m*, pastelito *m* (*LAm*); **to throw in the ~** darse por vencido. **2** VT (*wash*) lavar *or* limpiar con esponja; **to ~ a stain off** quitar una mancha con esponja. **3** VI (*fam: scrounge*) dar sablazos, vivir de gorra; **to ~ off** *or* **on sb** vivir de algn. **4** CPD: **~ bag** N esponjera *f*; **~ cake** N bizcocho *m*, queque *m*, pastelito *m* (*LAm*); **~ pudding** N pudín *m* de bizcocho.

♦ sponge down VT + ADV limpiar *or* lavar con esponja.

sponger ['spʌndʒə'] N (*fam*) gorrón/ona *m/f* (*fam*), sablista *mf* (*fam*).

spongy ['spʌndʒɪ] ADJ (*comp* **-ier**; *superl* **-iest**) esponjoso/a.

sponsor ['spɒnsə'] **1** N (*gen*) patrocinador(a) *m/f*; (*for loan*) fiador(a) *m/f*, garante *mf*; (*of member, also godparent*) padrino *m*/madrina *f*. **2** VT (*gen*) patrocinar, auspiciar (*LAm*); (*support*) respaldar, apoyar; (*for loan etc*) fiar, garantizar; (*member*) apadrinar, apoyar; **I ~ed his attempt at the record** le costeé el intento de batir el récord; **~ed walk** marcha emprendida a cambio de donaciones a una obra benéfica.

sponsorship ['spɒnsəʃɪp] N (*see vt*) patrocinio *m*, respaldo *m*, apoyo *m*, fianza *f*, garantía *f*.

spontaneity [,spɒntə'neɪtɪ] N espontaneidad *f*.

spontaneous [spɒn'teɪnɪəs] ADJ espontáneo/a; **~ combustion** combustión *f* espontánea.

spontaneously [spɒn'teɪnɪəslɪ] ADV espontáneamente.

spoof [spu:f] N (*fam*) burla *f*, parodia *f*.

spook [spu:k] N (*fam*) espectro *m*, aparición *f*.

spooky ['spu:kɪ] ADJ (*comp* **-ier**; *superl* **-iest**) (*fam*) espeluznante, horripilante.

spool [spu:l] N (*Phot, for thread*) carrete *m*; (*for film etc*) bobina *f*; (*on fishing line*) cucharilla *f*; (*on sewing machine*) canilla *f*.

spoon [spu:n] **1** N (*gen*) cuchara *f*; (*tea* **~**) cucharita *f*; **to be born with a silver ~ in one's mouth** nacer de pie, criarse en buenos pañales. **2** VT (*serve*) sacar *or* servir con cuchara; (*measure*) medir por cucharadas; **to ~ sth into a plate** echar cucharadas de algo en un plato.

spoonerism ['spu:nərɪzəm] N trastrueque *m* verbal *or* de palabras.

spoon-feed ['spu:nfi:d] (*pt, pp* **spoon-fed** ['spu:nfed]) VT (*lit*) dar de comer con cuchara a; (*fig*) mimar *or* proteger a.

spoonful ['spu:nfʊl] N cucharada *f*.

spoor [spʊə'] N pista *f*, rastro *m*.

sporadic [spə'rædɪk] ADJ esporádico/a; **~ gunfire** tiroteo *m* intermitente *or* esporádico.

sporadically [spə'rædɪkəlɪ] ADV esporádicamente.

spore [spɔ:'] N espora *f*.

sporran ['spɒrən] N escarcela *f*.

sport [spɔ:t] **1** N **a** (*games in general*) deporte *m*; **~s** (*meeting*) juegos *mpl* deportivos; **to be good at ~** ser buen deportista *mf*. **b** (*amusement*) juego *m*, diversión *f*; **to say sth in ~** decir algo en broma. **c** (*fam: person*) persona *f* amable; **she's a good ~** es buena persona, es buena gente (*esp LAm*); **be a ~!** ¡no seas malo! **2** VT lucir, ostentar. **3** CPD: **~s car** N coche *m* sport; **~s centre, ~s complex** N polideportivo *m*; **~s ground** N campo *m* or centro *m* deportivo; **~s hall** N = **~s centre**; **~s jacket** N chaqueta *f* sport, saco *m* sport (*LAm*); **~s page** N página *f* deportiva.

sporting ['spɔ:tɪŋ] ADJ (*gen*) deportivo/a; **that's very ~ of you** es una oferta *etc* muy caballerosa; **there's a ~ chance that** existe la posibilidad de que.

sportsman ['spɔ:tsmən] N (*pl* **-men**) deportista *m*.

sportsmanlike ['spɔ:tsmənlaɪk] ADJ caballeroso/a.

sportsmanship ['spɔ:tsmənʃɪp] N honradez *f* en el deporte.

sportswear ['spɔ:tsweə'] N trajes *mpl* sport.

sportswoman ['spɔ:tswʊmən] N (*pl* **-women**) deportista *f*.

sporty ['spɔ:tɪ] ADJ (*comp* **-ier**; *superl* **-iest**) (*fam*) deportivo/a, aficionado/a a los deportes.

spot [spɒt] **1** N **a** (*dot*) punto *m*; (*stain, mark*) mancha *f*; **a cloth with blue ~s** un paño de puntos azules; **~s of blood/grease** manchas de sangre/grasa; **to knock ~s off sb** (*fig fam*) dar ciento y raya a algn, vencer fácilmente a algn; **to have ~s before one's eyes** tener la vista nublada. **b** (*Med etc*) grano *m*, granito *m*; **to break** *or* **come out in ~s** salir a algn granos en la piel. **c** (*place*) sitio *m*, lugar *m*, parte *f*; (*scene*) escena *f*, escenario *m*; **a pleasant ~** un lugar agradable; **a tender ~ on the arm** un punto *or* lugar sensible en el brazo; **the reporter was on the ~** el reportero estaba presente; **the firemen were on the ~ in 3 minutes** los bomberos acudieron *or* llegaron en 3 minutos; **an on-the-~ broadcast** una emisión directa; **to do sth on the ~** hacer algo en el acto; **to pay cash on the ~** (*US*) pagar al contado; **night ~** centro *m* nocturno; **to touch a sore ~** (*fig*) poner el dedo en la llaga; **an accident black ~** escena de frecuentes accidentes. **d** (*Brit fam: small quantity*) poquito *m*, pizca *f*; **just a ~, thanks** un poquito, gracias; **we had a ~ of rain yesterday** ayer se sintieron gotas de lluvia; **a ~ of bother** un pequeño disgusto; **we're in a ~ of trouble** estamos en un pequeño apuro. **e** (*fig: characteristic*) característica *f*; **weak** *or* **soft ~** debilidad *f*, punto *m* flaco, lado *m* flaco (*LAm*); **to have a soft ~ for sb** tener una debilidad por algn. **f** (*difficulty*) lío *m*, dificultad *f*, apuro *m*, aprieto *m* (*LAm*); **to be in a (tight) ~** estar en un apuro *or* aprieto; **to put sb in a ~** *or* **on the ~** (*in difficulty*) poner a algn en un aprieto; (*compromise*) comprometer a algn. **g** (*Rad, Theat, TV: in show*) espacio *m*; (*Rad, TV: advertisement*) espacio publicitario.

h (*fam: spotlight*) foco *m*.
2 VT **a** (*with mud etc*) salpicar *or* manchar (*with* de).
b (*notice*) darse cuenta de, notar; (*see*) observar, darse cuenta de; (*recognize*) reconocer; (*catch out*) coger, pillar; **to ~ the winner** elegir al ganador.
3 CPD: **~ check** N comprobación *f* en el acto, reconocimiento *m* rápido; **~ price** N precio *m* de entrega inmediata; **~ remover** N quitamanchas *m inv*.

spotless ['spɒtlɪs] ADJ (*clean*) sin mancha, limpio/a; (*appearance*) impecable, pulcro/a; (*fig: house*) bien arreglado/a; (: *reputation*) impecable, intachable.

spotlessly ['spɒtlɪslɪ] ADV: **~ clean** perfectamente limpio/a.

spotlight ['spɒtlaɪt] N (*beam, lamp*) foco *m*, reflector *m*; (*Theat*) proyector *m*; (*Aut*) faro *m* auxiliar orientable; **in the ~** (*lit*) bajo reflector; (*fig*) a la luz de las miradas; **to turn the ~ on sb/sth** (*fig*) exponer a algn/algo a la luz pública.

spot-on [,spɒt'ɒn] (*fam*) **1** ADJ: **what he said was ~** lo que dijo era muy justo. **2** ADV: **she guessed ~** lo adivinó exactamente.

spotted ['spɒtɪd] ADJ (*gen*) moteado/a, con puntos; (*with mud etc*) manchado/a.

spotty ['spɒtɪ] ADJ (*comp* **-ier**; *superl* **-iest**) (*fam*) con granos.

spouse [spaʊs] N cónyuge *mf*.

spout [spaʊt] **1** N pico *m*; (*of teapot etc*) pitón *m*, pitorro *m*; (*of guttering*) canalón *m*; (*column of water*) surtidor *m*; **my holiday's up the ~** (*fam*) mis vacaciones se hicieron pedazos.
2 VT brotar, salir en chorros; (*fam: poetry etc*) declamar.
3 VI (*fam: declaim*) hablar incansablemente.

sprain [spreɪn] **1** N torcedura *f*. **2** VT torcer; **to ~ one's wrist** torcerse la muñeca.

sprang [spræŋ] PT *of* **spring**.

sprawl [sprɔːl] **1** VI (*person: sit, lie*) tumbarse, echarse; (: *untidily*) despatarrarse; (: *fall*) derrumbarse; (*plant, town*) extenderse; **the body was ~ed on the floor** el cadáver estaba tumbado en el suelo.
2 N extensión *f*; **urban ~** crecimiento *m* urbano descontrolado.

sprawling ['sprɔːlɪŋ] ADJ (*person*) tumbado/a; (*city etc*) en crecimiento rápido.

spray¹ [spreɪ] **1** N **a** (*liquid*) rociada *f*, chorro *m*; (*of sea*) espuma *f*; (*from atomizer, aerosol*) pulverización *f*.
b (*aerosol, atomizer*) atomizador *m*, spray *m*; (*Med*) rociador *m*; **paint ~** pistola *f* rociadora de pintura.
2 VT (*water etc*) rociar, regar; **to ~ the roses with insecticide** rociar las rosas de insecticida; **to ~ sth/sb with water/bullets** rociar algo/a algn de agua/balas.
3 CPD: **~ gun** N pistola *f* rociadora, pulverizador *m*; **~ paint** N pintura *f* spray.

spray² [spreɪ] N (*of flowers*) ramita *f*.

sprayer ['spreɪəʳ] N = **spray¹ 1 (b).**

spread [spred] (*vb: pt, pp ~*) **1** N **a** (*extension: gen*) extensión *f*; (: *of infection*) propagación *f*; (: *of idea*) difusión *f*, diseminación *f*; (: *of crime*) aumento *m*; **the ~ of nuclear weapons** la proliferación de armas nucleares.
b (*extent*) extensión *f*, trascendencia *f*; (*of wings*) envergadura *f*; (*range*) gama *f*; (*scale*) escala *f*; **middle-age ~** gordura *f* de la mediana edad.
c (*fam: of food etc*) comilona *f*, banquetazo *m*.
d (*cover: for bed*) cubrecama *m*, sobrecama *f* (*sometimes m*).
e (*for bread*) producto *m* para untar; **cheese ~** queso *m* de untar.
f (*Press, Typ: two pages*) plana *f*; **a full-page ~** una plana entera.
2 VT **a** (*open or lay out: also* **~ out**) desplegar, tender; **to ~ a map out on the table** extender un mapa sobre la mesa; **to ~ one's wings** (*fig*) desplegar las alas; **she lay ~ out on the floor** se tendió en el suelo.
b (*butter etc*) untar; **to ~ cream on one's face** ponerse crema en la cara.
c (*distribute: also* **~ out**) repartir, distribuir; (*scatter*)

esparcir, desparramar; **repayments will be ~ over 18 months** los pagos se harán a lo largo de 18 meses.
d (*disseminate: news etc*) divulgar, difundir; (: *panic*) difundir, diseminar; **to ~ news about** diseminar *or* difundir una noticia.
3 VI difundirse, cundir, trascender; **to ~ to sth** extenderse a algo; **to ~ into sth** prolongarse hasta algo; **margarine ~s better than butter** la margarina se unta mejor que la mantequilla; **the project will ~ over three years** el proyecto durará tres años; **the disease ~** la enfermedad se propagó.
◆ **spread out 1** VI + ADV (*extend*) extenderse; (*widen*) ensancharse; **the police were ~ out along the route** la policía iba repartida por toda la ruta.
2 VT + ADV (*unfold*) desplegar, tender; (*scatter*) esparcir, desparramar.

spread-eagled ['spred'iːgld] ADJ a pata tendida.

spreadsheet ['spredʃiːt] N hoja *f* electrónica *or* de cálculo.

spree [spriː] N (*fam*) juerga *f*, parranda *f*, farra *f* (*esp CSur*); **spending ~** derroche *m* de dinero; **to go on a ~** ir de juerga *or* parranda *or* (*esp CSur*) farra.

sprig [sprɪg] N espiga *f*.

sprightly ['spraɪtlɪ] ADJ (*comp* **-ier**; *superl* **-iest**) enérgico/a, animado/a.

spring [sprɪŋ] (*vb: pt* **sprang**; *pp* **sprung**) **1** N **a** (*of water*) fuente *f*, manantial *m*; **a hot ~** fuente termal.
b (*season*) primavera *f*; **in ~, the the ~** en la primavera; **~ is in the air** se siente la llegada de la primavera.
c (*leap*) salto *m*, brinco *m*; **in one ~** de un salto *or* brinco.
d (*bounciness*) elasticidad *f*; **to walk with a ~ in one's step** andar dando saltos *or* brincos.
e (*Tech*) resorte *m*; (*of mattress, seat etc*) muelle *m*; **~s** (*Aut*) ballestas *fpl*.
2 VT **a** (*leap over*) saltar *or* brincar.
b (*trap, lock etc*) soltar; **to ~ a leak** hacer agua; **to ~ a surprise on sb** (*fig*) coger (*Sp*) *or* agarrar a algn de imprevisto.
3 VI **a** (*leap*) saltar, brincar (*over* por encima de); **to ~ aside/back/into** *etc* echarse de lado/echarse atrás/meterse de un salto *etc*; **the door sprang open** la puerta se abrió de golpe; **where on earth did you ~ from?** (*fam*) ¿de dónde diablos ha salido Ud?; **to ~ into the air** dar un salto en el aire; **to ~ into action** lanzarse a la acción *or* a actuar; **to ~ to sb's help** correr a ayudar a algn; **to ~ to one's feet** levantarse de un salto; **to ~ to mind** ocurrírsele a algn.
b (*originate*) brotar, nacer; **a man sprung from the people** un hombre surgido del pueblo.
4 CPD (*of season*) de primavera; (*with ~s*) con muelles; **~ binder** N encuadernación *f* de muelle; **~ onion** N cebolleta *f*, cebollino *m*; **~ tide** N marea *f* viva.
◆ **spring up** VI + ADV (*person: from chair*) levantarse de un salto; (*plant, weeds*) brotar, crecer rápidamente; (*building, settlement*) surgir, levantarse; (*wind, storm*) levantarse; (*doubt, friendship, rumour*) nacer.

springboard ['sprɪŋbɔːd] N trampolín *m*.

spring-cleaning ['sprɪŋ'kliːnɪŋ] N limpieza *f* general.

springtime ['sprɪŋtaɪm] N primavera *f*.

springy ['sprɪŋɪ] ADJ (*comp* **-ier**; *superl* **-iest**) elástico/a; (*step*) ligero/a.

sprinkle ['sprɪŋkl] **1** N rociada *f*, salpicadura *f*; **a ~ of salt** un poquito de sal. **2** VT salpicar, rociar (*with* de); **they are ~d about here and there** están esparcidos aquí y allá.

sprinkler ['sprɪŋkləʳ] N **a** (*for lawn etc*) rociadera *f*, regadera *f*. **b** (*for sugar*) espolvoreador *m* de azúcar. **c** (*for fire-fighting*) aparato *m* de rociadura automática.

sprinkling ['sprɪŋklɪŋ] N rociada *f*, salpicadura *f*; **there was a ~ of young people** había unos cuantos jóvenes.

sprint [sprɪnt] **1** N (*in race*) (e)sprint *m*; (*dash*) carrera *f* sprint. **2** VI (*in race*) (e)sprintar; (*dash*) correr a toda velocidad; (*rush*) precipitarse; **he ~ed for the bus** corrió tras el autobús.

sprinter ['sprɪntəʳ] N (*Sport*) (e)spríinter *mf*.

spritzer ['sprɪtsər] N vino m blanco con soda.

sprocket ['sprɒkɪt] **1** N rueda f de espigas. **2** CPD: **~ feed** N avance m por rueda de espigas.

sprout [spraʊt] **1** N (from bulb, seeds) brote m, retoño m; **~s** (also **Brussels ~s**) coles fpl de Bruselas. **2** VT echar, hacerse; **to ~ new leaves** echar nuevas hojas. **3** VI (bud) brotar, retoñar, echar retoños; (grow quickly) crecer rápidamente; **skyscrapers are ~ing up** se están levantando rascacielos por todos lados.

spruce¹ [spruːs] N (Bot) pícea f.

spruce² [spruːs] ADJ pulcro/a, apuesto/a.

◆ **spruce up** VT + ADV arreglar; **all ~d up** muy acicalado/a.

sprung [sprʌŋ] **1** PP of **spring**. **2** ADJ: **interior ~ mattress** somier m, colchón m de muelle.

spry [spraɪ] ADJ ágil, activo/a.

SPUC [spʌk] N ABBR of **Society for the Protection of Unborn Children**.

spud [spʌd] N (fam: potato) patata f, papa f (LAm).

spun [spʌn] **1** PT, PP of **spin**. **2** ADJ: **~ silk** seda f hilada.

spunk [spʌŋk] N (fam: spirit) ánimo m, valor m; (fam!: sperm) leche f.

spur [spɜːʳ] **1** N (gen) espuela f; (of cock) espolón m; (fig) estímulo m, aguijón m; (Geog) espolón; **to win one's ~s** (fig) pasar pruebas; **on the ~ of the moment** sin pensar, impensadamente; **it was a ~ of the moment decision** fue una decisión tomada al instante. **2** VT: **to ~ on** (lit) espolear, picar con las espuelas; (fig) estimular, incitar; **to ~ sb on to do sth** incitar a algn a hacer algo; **~red on by greed** bajo el aguijón de la codicia.

spurious ['spjʊərɪəs] ADJ falso/a.

spurn [spɜːn] VT desdeñar, rechazar.

spurt [spɜːt] **1** N chorro m, borbotón m; **to put in** or **on a ~** hacer un gran esfuerzo. **2** VI (gush: also **~ out**) chorrear, borbotar.

sputnik ['spʊtnɪk] N satélite m artificial.

spy [spaɪ] **1** N espía mf. **2** VT (catch sight of) divisar; **finally I spied him coming** por fin pude verle viniendo. **3** VI espiar, ser espía; **to ~ on sb** espiar a algn, observar a algn clandestinamente. **4** CPD: **~ plane** N avión m espía; **~ story** N novela f de espionaje.

◆ **spy out** VT + ADV hacer un reconocimiento de; **to ~ out the land** reconocer el terreno.

spyglass ['spaɪglɑːs] N catalejo m.

spying ['spaɪɪŋ] N espionaje m.

Sq ABBR (in address) of **square**.

sq. ABBR (Math) of **square**.

sq. ft. ABBR of **square foot** or **feet**.

squabble ['skwɒbl] **1** N riña f, disputa f, pleito m (esp LAm). **2** VI reñir, disputar, pelearse (over, about por, sobre).

squabbling ['skwɒblɪŋ] N riñas fpl, disputas fpl, pleitos mpl (esp LAm).

squad [skwɒd] **1** N (Mil) pelotón m; (of police) brigada f; (of workmen etc) cuadrilla f; (Sport) equipo m; **flying ~** brigada móvil. **2** CPD: **~ car** N (Police) coche-patrulla m.

squaddie ['skwɒdɪ] N (fam) soldado m raso.

squadron ['skwɒdrən] N (Mil) escuadrón m; (Aer) escuadrilla f, escuadrón m; (Naut) escuadra f.

squalid ['skwɒlɪd] ADJ miserable, vil; (affair etc) asqueroso/a.

squall [skwɔːl] N (wind) ráfaga f; (rain) chubasco m.

squalor ['skwɒləʳ] N miseria f, vileza f.

squander ['skwɒndəʳ] VT derrochar, despilfarrar.

square [skwɛəʳ] **1** N **a** (shape) cuadrado m, cuadro m; (on graph paper, chessboard, crossword) casilla f; (piece of material, paper etc) cuadrado m; (scarf) pañuelo m; **to cut into ~s** cortar en cuadros or cuadrados; **back to ~ one!** (fig) ¡hay que volver al principio! **b** (in town) plaza f; (US: block of houses) manzana f, cuadra f (LAm); **the town ~** la plaza del pueblo. **c** (Math) cuadrado m; **16 is the ~ of 4** 16 es el cuadrado de 4.

d (fam: old-fashioned person) persona de ideas anticuadas; **he's a real ~** es un carca (fam) or (Chi) un momio. **2** ADJ **a** (in shape) cuadrado/a; **to be a ~ peg in a round hole** estar como un pulpo en un garaje. **b** (forming right angle) en ángulo recto; (jaw, shoulder) cuadrado/a; **~ brackets** corchetes mpl. **c** (Math) cuadrado/a; **~ foot** pie m cuadrado; **a ~ kilometre** un kilómetro cuadrado; **a kilometre ~** un kilómetro en cuadro; **~ root** raíz f cuadrada. **d** **a ~ meal** una comida completa. **e** (fair, honest) justo/a, equitativo/a; **to give sb a ~ deal** ser justo con algn; **I'll be ~ with you** seré justo contigo. **f** (fig: even) igual, parejo/a (esp LAm); **to get one's accounts ~** dejar las cuentas claras; **to get ~ with sb** ajustar cuentas con algn, desquitarse con algn; **now we're all ~** (fig, Sport) ahora vamos iguales or parejos; **if you pay me a pound we'll call it ~** con una libra me quedo conforme. **g** (fam: old-fashioned) anticuado/a, pasado/a de moda; **he's ~** (fam) es un carca (fam) or (Chi) un momio. **3** ADV: **~ in the middle** exactamente en el centro; **to look sb ~ in the eye** mirarle a algn directamente a los ojos. **4** VT **a** (make ~) cuadrar; **to ~ one's shoulders** ponerse derecho. **b** (settle, reconcile) ajustar; **can you ~ it with your conscience?** ¿lo puede acomodar con su conciencia?; **I'll ~ it with him** (fam) yo lo arreglo con él. **c** (Math) cuadrar; **2 ~d is 4** 2 al cuadrado es 4. **5** VI cuadrar or conformarse (with con); **it doesn't ~ with what you said before** esto no cuadra con lo que dijiste antes. **6** CPD: **~ dance** N danza f de figuras.

◆ **square off** VT + ADV cuadrar.

◆ **square up** VI + ADV **a** ponerse en guardia; **to ~ up to sb** enfrentarse con algn. **b** (settle) **to ~ up with sb** ajustar cuentas con algn.

squarely ['skwɛəlɪ] ADV **a** (directly) de lleno, directamente; **to face sth ~** hacer frente a algo sin pestañear. **b** (honestly, fairly) honradamente, justamente; **to deal ~ with sb** tratar honradamente a algn.

squash¹ [skwɒʃ] **1** N **a** (drink) jugo m, zumo m (Sp); **orange ~** jugo or zumo de naranja, naranjada f. **b** (crowd) apiñamiento m, agolpamiento m. **2** VT **a** (flatten) aplastar; **to ~ sth in** meter algo a la fuerza; **can you ~ 2 more in (the car)?** ¿caben 2 más en el coche?; **to be ~ed together** estar m amontonados. **b** (fig: argument) dar al traste con; (: person) apabullar. **3** VI: **to ~ in/up** entrar con dificultad/arrimarse.

squash² [skwɒʃ] N (vegetable) calabaza f.

squash³ [skwɒʃ] N (sport) squash m.

squat [skwɒt] **1** ADJ (person) rechoncho/a, achaparrado/a; (building, shape etc) desproporcionadamente bajo/a. **2** VI **a** (also **~ down**) agacharse, sentarse en cuclillas. **b** (on property) ocupar ilegalmente. **3** N piso etc ocupado ilegalmente.

squatter ['skwɒtəʳ] N ocupante mf ilegal.

squaw [skwɔː] N india f, piel roja f.

squawk [skwɔːk] **1** N graznido m, chillido m. **2** VI graznar, chillar.

squeak [skwiːk] **1** N (of hinge, wheel etc) chirrido m, rechinamiento m; (of mouse etc) chillido m; (of shoe) crujir m; **I couldn't get a ~ out of him** no pude sacarle palabra alguna. **2** VI (see n) chirriar, rechinar; chillar; crujir.

squeaky ['skwiːkɪ] ADJ (comp **-ier**; superl **-iest**) (gen) chirriante; (voice) chillón/ona; **~ clean** relimpio; (fig) perfectamente honrado.

squeal [skwiːl] **1** N chillido m; **a ~ of tyres** un chillido de ruedas. **2** VI chillar; (fam: inform) cantar, soplar.

squeamish ['skwiːmɪʃ] ADJ que se marea fácilmente; **to be ~** tener or sentir horror (about a, ante); **don't be so ~** no seas tan delicado, no pongas reparos; **to feel ~** sentir náuseas.

squeegee ['skwiː'dʒiː] N enjugador *m*.

squeeze [skwiːz] **1** N (*pressure*) presión *f*, estrujón *m*; (*of hand*) apretón *m*; (*crush, crowd*) apiñamiento *m*, apretura *f*; (*credit ~*) restricción *f*; **to give sb's hand a little ~** dar un apretón de manos a algn; **it was a tight ~ to get through** se pudo pasar apenas; **we're in a tight ~** (*fig fam*) estamos en un aprieto.

2 VT (*press*) apretar; (*squash*) apachurrar; (*lemon etc*) exprimir; (*hand, arm*) apretar; **to ~ the juice out of a lemon** exprimir el zumo de un limón; **to ~ money out of sb** sacar dinero a algn; **to ~ clothes into a case** meter ropa en una maleta a la fuerza; **can you ~ 2 more in?** ¿cabrían 2 más?

3 VI: **to ~ in/past** *etc* meterse/pasar *etc* apenas; **to ~ through a hole** pasar por un agujero con dificultad.

squelch [skweltʃ] VI chapotear; **to ~ through the mud** ir chapoteando por el lodo.

squib [skwɪb] N (*firework*) buscapiés *m inv*.

squid [skwɪd] N calamar *m*, sepia *f*.

squint [skwɪnt] **1** N (*Med*) estrabismo *m*; (*sidelong look*) mirada *f* de soslayo or reojo; **let's have a ~** (*fam*) déjame ver.

2 VI (*Med*) bizquear, ser bizco; **to ~ at sth** (*quickly*) echar un vistazo a algo; (*with half-closed eyes*) mirar algo con los ojos entrecerrados; **he ~ed in the sunlight** entrecerró los ojos en el sol.

squint-eyed ['skwɪnt'aɪd] ADJ bizco/a.

squire ['skwaɪəʳ] N (*old: landowner*) terrateniente *m*, hacendado *m* (*LAm*), estanciero *m* (*LAm*).

squirm [skwɜːm] VI retorcerse; **I'll make him ~** yo le haré sufrir.

squirrel ['skwɪrəl] N ardilla *f*.

squirt [skwɜːt] **1** N (*jet*) chorro *m*; (*fam: child*) mequetrefe *mf*, chiquitajo/a *mf* (*fam*), escuincle *mf* (*Mex*); (*: person*) farolero/a *mf*, presumido/a *mf*.

2 VT (*liquid*) lanzar; (*person, car*) mojar.

3 VI: **to ~ out/in** salir/entrar a chorros.

Sr ABBR of **senior**.

SRC N ABBR (*Brit*) of **Students' Representative Council**.

Sri Lanka [ˌsriːˈlæŋkə] N Sri Lanka *m*.

SRN N ABBR (*Brit: formerly*) of **state registered nurse**.

SRO ABBR (*US*) of **standing room only**.

Sr(s). ABR of **Sister(s)** Hna(s).

SS ABBR **a** (*Brit*) of **steamship**. **b** of **Saints** SS.

SSA N ABBR (*US*) of **Social Security Administration**.

SSE ABBR of **south-south-east** SSE.

SSSI N ABBR of **site of special scientific interest**.

SST N ABBR (*US*) of **supersonic transport**.

SSW ABBR of **south-south-west** SSO.

St ABBR **a** (*Rel*) of **Saint** Sto., Sta., S. **b** (*Geog*) of **Strait**. **c** of **Street** C/L. **d** (*weight*) of **stone** = 14 *libras*, = 6,348 *kg*. **e** of **summer time**.

St. ABBR of **Station**.

stab [stæb] **1** N **a** (*with knife etc*) puñalada *f*, navajazo *m*; (*of pain*) punzada *f*.

b **to have a ~ at sth** intentar hacer algo.

2 VT apuñalar; **to ~ sb in the back** (*fig*) clavarle a algn un puñal por la espalda; **to ~ sb to death** matar a algn a puñaladas.

3 CPD: **~ wound** N puñalada *f*.

stabbing ['stæbɪŋ] **1** N (*incident*) apuñalamiento *m*.

2 ADJ (*pain, ache*) punzante.

stability [stəˈbɪlɪtɪ] N estabilidad *f*.

stabilization [ˌsteɪbəlaɪˈzeɪʃən] N estabilización *f*.

stabilize ['steɪbəlaɪz] **1** VT (*boat*) estabilizar. **2** VI (*currency, economy*) estabilizarse.

stabilizer ['steɪbəlaɪzəʳ] N (*Naut*) estabilizador *m*.

stable¹ ['steɪbl] ADJ (*comp* ~**r**; *superl* ~**st**) (*gen*) estable.

stable² ['steɪbl] **1** N (*building*) cuadra *f*, caballeriza *f*; (*establishment*) cuadra.

2 VT (*keep in ~*) guardar en una cuadra; (*put in ~*) poner en una cuadra.

3 CPD: **~ door** N: **to shut** or **close the ~ door after the horse has bolted** a buenas horas, mangas verdes.

stack [stæk] **1** N (*pile, fam*) montón *m*; (*section in library*) estantería *f*; **we have ~s of time** nos sobra tiempo; **I**

have ~s of work to do tengo un montón or una cantidad de trabajo.

2 VT amontonar, apilar; **the cards are ~ed against us** todo va en contra nuestra.

stacker ['stækəʳ] N (*Comput*) apiladora *f*.

stadium ['steɪdɪəm] N (*pl* ~**s** or **stadia** ['steɪdɪə]) estadio *m*.

staff [stɑːf] **1** N **a** (*personnel*) personal *m*, empleados *mpl*; (*Mil*) estado *m* mayor; **the administrative/teaching ~** (el personal de) la administración/el cuerpo docente; **to be on the ~** ser de plantilla; **to join the ~** entrar a formar parte del personal.

b (*old: stick*) bastón *m*, vara *f*; (*Rel*) báculo *m*; (*of flag, lance etc*) asta *f*.

c (*Mus: pl*) **staves** pentagrama *m*.

2 VT proveer de personal; **to be well ~ed** (*good workers*) tener un buen personal; (*fully ~ed*) tener la plantilla completa.

3 CPD: **~ meeting** N reunión *f* del personal; **~ nurse** N enfermero/a *m/f* titulado/a; **~ room** N sala *f* de profesores; **~ training** N formación *f* de personal.

Staffs ABBR (*Brit*) of **Staffordshire**.

stag [stæg] **1** N **a** (*Zool*) ciervo *m*, venado *m*.

b (*Fin*) especulador(a) *m/f* con nuevas emisiones.

2 CPD: **~ night** N despedida *f* de soltero; **~ party** N fiesta *f* de despedida de soltero.

stage [steɪdʒ] **1** N **a** (*platform*) plataforma *f*, tablado *m*; (*in theatre*) escenario *m*, escena *f*; **the ~** (*profession*) el teatro; **to go on ~** entrar en el escenario; **to go on the ~** hacerse actor/actriz; **to put a play on the ~** poner una obra; **you're on ~ in 2 minutes** sales en 2 minutos.

b (*period, section: of process, development*) etapa *f*, fase *f*; (*: of journey*) etapa, jornada *f*; (*: of pipeline*) tramo *m*; (*: of rocket*) piso *m*; **in ~s** por etapas; **in** or **by easy ~s** paso a paso; **at this ~ in the negotiations** a estas alturas de las negociaciones; **to go through a difficult ~** pasar por una fase difícil.

2 VT (*play*) representar, poner; (*carry out: scene, recovery*) efectuar; (*arrange: accident, welcome*) organizar; **to ~ a comeback** restablecerse.

3 CPD: **~ director** N director(a) *m/f* de escena; **~ door** N entrada *f* de artistas; **~ fright** N miedo *m* a las tablas; **to get ~ fright** ponerse nerviosísimo; **~ manager** N director *m* de escena; **~ whisper** N (*fig*) aparte *m*.

stagecoach ['steɪdʒkəʊtʃ] N diligencia *f*.

stagehand ['steɪdʒhænd] N tramoyista *mf*.

stage-manage ['steɪdʒˌmænɪdʒ] VT (*play, production*) dirigir; (*fig: event, confrontation etc*) orquestar.

stagestruck ['steɪdʒstrʌk] ADJ aficionado/a al teatro.

stagger ['stægəʳ] **1** VT **a** (*amaze*) asombrar. **b** (*hours, spokes etc*) escalonar. **2** VI tambalear; **he ~ed to the door** fue tambaleando a la puerta.

staggered ['stægəd] ADJ **a** (*amazed*) asombrado/a. **b** (*hours, junction*) escalonado/a.

stagnant ['stægnənt] ADJ (*lit*) estancado/a; (*fig*) inactivo/a, paralizado/a.

stagnate [stægˈneɪt] VI (*lit*) estancarse; (*fig*) quedar estancado.

stagnation [stægˈneɪʃən] N (*lit*) estancamiento *m*; (*fig*) paralización *f*.

stagy ['steɪdʒɪ] ADJ (*comp* **-ier**; *superl* **-iest**) teatral, histriónico/a.

staid [steɪd] ADJ (*person*) ortodoxo/a, tradicionalista; (*clothes*) serio/a, formal.

stain [steɪn] **1** N (*gen*) mancha *f*; (*dye*) tinte *m*, tintura *f*. **2** VT manchar; (*dye*) teñir. **3** VI manchar. **4** CPD: **~ remover** N quitamanchas *m inv*.

stained [steɪnd] ADJ: **~ glass** vidrio *m* de color; **~ glass window** vidriera *f* de colores.

stainless ['steɪnlɪs] ADJ (*steel*) inoxidable.

stair [steəʳ] N (*single step*) escalón *m*, peldaño *m*; (*whole flight: usu*) **~s** escalera *f*; **a flight of ~s** un tramo de escalera.

staircase ['steəkeɪs] N escalera *f*; **spiral ~** escalera de caracol.

stairwell ['steəwel] N hueco *m* or caja *f* de la escalera.

stake [steɪk] **1** N **a** (*post: gen*) poste *m*; (*: for plant*) ro-

drigón *m*.
b (*for execution*) hoguera *f*; **to be burnt at the ~** morir en la hoguera.
c (*bet*) puesta *f*, apuesta *f*; **the issue at ~** el asunto de que se trata; **to be at ~** estar en juego; **there's a lot at ~ in this** va mucho en esto; **to have a ~ in sth** tener interés en algo.
2 VT (*bet*) apostar (*on* a); (*esp US: Fin*) financiar, patrocinar; **to ~ one's reputation on sth** jugarse la reputación en algo; **to ~ a claim to sth** presentar reclamación por *or* reclamar algo.

stake-out ['steɪkaʊt] N allanamiento *m*.
stalactite ['stæləktaɪt] N estalactita *f*.
stalagmite ['stæləgmaɪt] N estalagmita *f*.
stale [steɪl] ADJ (*comp* ~r; *superl* ~st) (*food*) pasado/a; (*bread*) duro/a; (*air*) viciado/a; (*news*) viejo/a; **I'm getting ~** me estoy estancando.
stalemate ['steɪlmeɪt] N (*Chess*) ahogado *m*; (*fig*) punto *m* muerto; **to reach ~** (*fig*) estancarse.
staleness ['steɪlnɪs] N (*of food*) lo pasado; (*of bread*) dureza *f*; (*of air*) lo viciado; (*of news*) lo viejo; (*of person*) estancamiento *m*.
stalk¹ [stɔːk] **1** VT (*animal: subj: hunter*) cazar al acecho; (: *subj: animal*) acechar; (*person*) seguir los pasos de. **2** VI (*walk*) andar con paso pausado; **she ~ed out of the room** salió airada del cuarto.
stalk² [stɔːk] N (*Bot*) tallo *m*; (*Aut: control* ~) palanca *f*.
stalker ['stɔːkər] N persona que acecha a otra furtivamente.
stalking ['stɔːkɪŋ] N acecho furtivo a una persona.
stall [stɔːl] **1** N **a** (*Agr: stable*) establo *m*; (: *manger*) pesebre *m*; (*for single horse etc*) casilla *f*; (*paper* ~) quiosco *m*, puesto *m*; (*in market etc*) puesto; (*in fair*) caseta *f*, casilla.
b (*Theat*) **the ~s** las butacas.
2 VT (*car, plane*) parar, calar.
3 VI **a** (*car*) pararse; (*plane*) perder velocidad.
b (*fig: delay*) andar con rodeos, esquivar; **stop ~ing!** ¡déjate de evasivas!; **the talks have ~ed** las negociaciones están en un callejón sin salida; **the minister ~ed for 20 minutes** durante 20 minutos el ministro evitó contestar directamente.
stallholder ['stɔːl,həʊldər] N dueño/a *m/f* de un puesto, puestero/a *m/f* (*LAm*).
stallion ['stælɪən] N semental *m*, padrillo *m* (*LAm*).
stalwart ['stɔːlwət] **1** ADJ (*person: in spirit*) fuerte, robusto/a; (*supporter, opponent*) leal, fiel; (*belief*) empedernido/a. **2** N partidario/a *m/f* incondicional.
stamen ['steɪmen] N estambre *m*.
stamina ['stæmɪnə] N resistencia *f*.
stammer ['stæmər] **1** N tartamudeo *m*; **he has a bad ~** tartamudea terriblemente. **2** VI tartamudear. **3** VT decir tartamudeando.
stamp [stæmp] **1** N **a** (*postage* ~) sello *m*, estampilla *f* (*LAm*); (*trading* ~) cupón *m*.
b (*rubber* ~) estampilla *f*; (*for metal*) cuño *m*; (*mark*) sello *m*; **it bears the ~ of genius** tiene el sello del genio; **to leave** *or* **put one's ~ on sth** poner *or* dejar su sello en algo.
c (*with foot*) taconazo *m*.
2 VT **a** **to ~ one's foot** patear, patalear; **to ~ the ground** (*person*) dar patadas en el suelo; (*horse*) piafar.
b (*letter*) sellar, poner el sello a; **~ed addressed envelope** (*abbr* s.a.e.) sobre *m* sellado con las señas propias; **the letter is insufficiently ~ed** la carta no tiene suficientes sellos.
c (*mark with rubber* ~) marcar con sello; (*emboss*) grabar; **they ~ed my passport at the frontier** sellaron mi pasaporte en la frontera.
3 VI (*single movement*) patear, patalear; (*walk*) ir pateando; **he ~s about the house** anda por la casa pisando muy fuerte; **ouch, you ~ed on my foot!** ¡ay, me has pisoteado el pie!
4 CPD: **~ collecting** N filatelia *f*; **~ collector** N filatelista *mf*; **~ duty** N impuesto *m or* derecho *m* del timbre; **~ machine** N expendedor *m* automático de sellos (de correo).
◆ **stamp down** VT + ADV: **to ~ sth down** apisonar algo.
◆ **stamp out** VT + ADV (*fire*) apagar con el pie; (*fig*) acabar

con, sofocar; **we must ~ out this abuse** tenemos que acabar con esta injusticia.
stampede [stæm,piːd] **1** N (*lit*) estampida *f*, desbandada *f*; (*fig*) desbandada; **there was a sudden ~ for the door** todo el mundo corrió hacia la puerta.
2 VT (*cattle*) provocar la desbandada de; **to ~ sb into doing sth** presionar fuerte a algn para que haga algo.
3 VI (*lit*) ir en desbandada; (*fig*) precipitarse.
stamping-ground ['stæmpɪŋ,graʊnd] N territorio *m* personal.
stance [stæns] N (*lit*) postura *f*; (*fig*) actitud *f*; **to take up a ~** (*fig*) adoptar una actitud.
▼**stand** [stænd] (*vb: pt, pp* **stood**) **1** N **a** (*position*) posición *f*, puesto *m*; (*fig: stance*) actitud *f*, postura *f*; **to take up a ~ near the door** colocarse cerca de la puerta; **to take a ~ on an issue** adoptar una actitud hacia una cuestión.
b (*Mil*) parada *f*, alto *m*; **to make a ~** (*fig*) hacer parada, plantarse; **to make a ~ against sth** oponer resistencia a algo.
c (*for taxis*) parada *f* (de taxis).
d (*Theat*) función *f*, representación *f*; (*of pop group etc*) actuación *f*; *see* **one-night**.
e (*lamp* ~) pie *m*; (*music* ~ *etc*) atril *m*; (*in shop*) estante *m*, puesto *m*.
f (*newspaper* ~) quiosco *m*, puesto *m* (*esp LAm*); (*market stall etc*) puesto; (*at exhibition*) caseta *f*, stand *m*; (*raised area: band*~) quiosco; (: *Sport*) tribuna *f*; (: *US Jur*) estrado *m*; **to take the ~** (*esp US*) subir a la tribuna de los testigos.
2 VT **a** (*place*) poner, colocar; **to ~ sth against the wall** apoyar algo en la pared.
b **to ~ one's ground** mantenerse firme, plantarse.
c (*withstand, tolerate*) aguantar, resistir; **it won't ~ serious examination** no resistirá un examen detallado; **the company will have to ~ the loss** la compañía tendrá que encargarse de las pérdidas; **I can't ~ him** (*fam*) no le puedo ver, no lo puedo tragar; **I can't ~ waiting for people** (*fam*) no aguanto *or* soporto que me hagan esperar; **I can't ~ it any longer!** ¡no aguanto más!; *see* **chance 1 (c)**; **stead**.
d (*fam*) **to ~ sb a drink/meal** invitar a algn a una copa/a comer; **he stood me lunch** me pagó la comida.
3 VI **a** (*be upright*) estar de pie *or* derecho/a, estar parado/a (*LAm*); (*get up*) levantarse, pararse (*LAm*); **he could hardly ~** hasta tenía problemas para ponerse de pie; **he left the others ~ing** (*fig*) dejó a todos atrás *or* (*LAm*) parados; **to ~ on one's own two feet** (*fig*) valerse por sí mismo, defenderse solo (*LAm*); **they kept us ~ing about** *or* **around for ages** nos hicieron esperar mucho tiempo; **he stood over me while I did it** me vigiló mientras lo hacía.
b (*be left: car, tea*) quedar; (*be situated: building, tree*) encontrarse, ubicarse (*LAm*); **the tower ~s 50m high** la torre tiene 50 metros de alta.
c (*remain valid: offer, argument, decision*) seguir en pie *or* vigente; **my objection still ~s** mis reservas siguen en pie; **the theory ~s or falls on this** de allí depende la teoría entera.
d (*fig: be placed*) estar, encontrarse; (: *be in a position* (+ *infin*)) tener que; (: *risk*) arriesgar; **I'd like to know where I ~** quisiera saber a qué atenerme; **as things ~** tal como están las cosas; **he ~s to gain a great deal** tiene la posibilidad de ganar mucho; **she ~s in need of a friend** lo que necesita es un amigo; **we must ~ together** debemos unirnos *or* ser solidarios; **nothing ~s between us** nada nos separa; **sales are currently ~ing at 2 million** las ventas ya han alcanzado los 2 millones.
e (*remain undisturbed*) estar; **let it ~ for 3 days** dejarlo así durante 3 días.
f (*Pol*) **to ~ as a candidate** presentarse como candidato; **to ~ for parliament** presentarse a las elecciones.
◆ **stand aside** VI + PREP apartarse, mantenerse aparte.
◆ **stand back** VI + PREP retirarse, (*fig*) tomar una posición más objetiva; (*building: be placed further back*) estar apartado.

➤ SENTENCE BUILDER: **stand → 1.3**

◆ **stand by** [1] VI + ADV *(do nothing)* mantenerse aparte; *(be ready)* estar preparado *or* listo; **~ by for further news** seguirán más noticias; **~ by for take-off!** ¡listos para despegar!
[2] VI + PREP *(person)* apoyar *or* respaldar a; *(promise)* cumplir con; **we ~ by what we said** nos atenemos a lo dicho.

◆ **stand down** VI + ADV *(withdraw)* ceder el puesto; *(Jur)* retirarse; **the candidate is ~ing down in favour of a younger person** el candidato se retira a favor de una persona más joven.

◆ **stand for** VI + PREP [a] *(represent: principle, honesty)* representar; *(: abbreviation)* significar; **'A ~s for apple'** 'M es de manzana'. [b] *(permit)* permitir; *(tolerate)* admitir; **I won't ~ for that** eso no lo admito. [c] *see* **stand 3 (f)**.

◆ **stand in** VI + ADV sustituir; **to ~ in for sb** sustituir a algn.

◆ **stand out** VI + ADV [a] *(be noticeable)* destacarse *(against* contra); **to ~ out in relief** resaltar. [b] *(be firm, hold out)* mantenerse firme, aferrarse; **to ~ out against sth** oponerse a algo; **to ~ out for sth** insistir en algo.

◆ **stand up** [1] VI + ADV *(rise)* levantarse, ponerse de pie; *(be standing)* estar de pie; *(fig)* **to ~ up for sb** respaldar a algn; **to ~ up for o.s.** defenderse solo; **to ~ up to sth** hacer frente a algn; **it ~s up to hard wear** es muy resistente; **it won't ~ up to close examination** no resiste al examen cuidadoso.
[2] VT + ADV *(fam: girlfriend, boyfriend)* dejar plantado/a, dar plantón a.

stand-alone ['stændələʊn] ADJ autónomo/a.

standard ['stændəd] [1] N [a] *(flag)* estandarte *m*, bandera *f*.
[b] *(measure)* patrón *m*, estándar *m*; *(fig: established norm)* norma *f*, regla *f*; **the gold ~** *(Fin)* el patrón oro; **to be up to ~** satisfacer los requisitos; **to be below ~** ser de baja calidad; **to set a good ~** establecer un alto nivel.
[c] *(moral ~: usu pl)* criterio *m*, valor *m*; **she has no ~s** carece de valores morales; **to apply a double ~** aplicar un doble criterio; **to have double ~s** medir a dos raseros.
[d] *(degree, level)* nivel *m*, grado *m*; **~ of living** nivel de vida; **at first-year university ~** al nivel del primer año universitario; **of (a) high/low ~** de alto/bajo nivel.
[2] ADJ normal, común; **it's quite ~!** ¡es de lo más común!; **to become ~** imponerse como norma; **~ English** el inglés *m* normativo; **~ lamp** lámpara *f* de pie; **~ model** modelo *m* standard; **~ practice** norma *f*; **~ price** precio *m* oficial; **~ quality** calidad *f* normal; **~ rate** tipo *m* de interés vigente; **~ size** tamaño *m* normal.

standardization [ˌstændədaɪˈzeɪʃən] N normalización *f*, estandar(d)ización *f*.

standardize ['stændədaɪz] VT normalizar, estandar(d)izar.

stand-by ['stændbaɪ] [1] N *(person)* suplente *mf*; *(thing)* repuesto *m*; **to be on ~** estar preparado para salir; **to be on 24-hours ~** estar listo para partir dentro de 24 horas.
[2] CPD: **~ passenger** N *(Aer)* pasajero/a *m/f* que está en la lista de espera; **~ (ticket)** N billete *m* standby.

stand-in ['stændɪn] N sustituto/a *m/f (for* por); *(Cine)* doble *mf*.

standing ['stændɪŋ] [1] ADJ [a] *(not sitting)* de pie, parado/a *(LAm)*; *(upright: stone, corn)* derecho/a, recto/a; **~ ovation** ovación *f* ferviente; **~ room only** ya no quedan asientos; **~ start** salida *f* parada.
[b] *(permanent)* permanente; **~ order** *(Fin)* giro *m* or pedido *m* regular.
[2] N [a] *(social position)* rango *m*, estatus *m*; *(repute)* reputación *f*, fama *f*; **a man of some ~** un hombre de cierta categoría; **the relative ~ of these problems** la importancia relativa de estos problemas; **what is his ~ locally?** ¿cómo se le considera en círculos locales?
[b] *(duration)* **of 6 months' ~** que lleva 6 meses; **of long ~** de mucho tiempo (acá), viejo/a.

stand-offish [ˌstændˈɒfɪʃ] ADJ reservado/a, distante.

standpipe ['stændpaɪp] N tubo *m* vertical.

standpoint ['stændpɔɪnt] N punto *m* de vista; **from the ~ of ...** desde el punto de vista de ....

standstill ['stændstɪl] N: **to bring a car to a ~** parar un coche; **to be at a ~** *(vehicle)* estar parado; *(industry etc)* estar paralizado; **negotiations are at a ~** las negociaciones están paralizadas; **to come to a ~** *(vehicle)* pararse; *(industry etc)* estancarse.

stand-up ['stændʌp] ADJ: **~ fight** *(lit)* pelea *f* violenta; *(fig)* altercado *m* violento; **~ comedian, ~ comic** cómico/a *m/f*.

stank [stæŋk] PT *of* **stink**.

Stanley knife ® ['stænlɪˌnaɪf] N cuchilla *f* para moqueta.

stanza ['stænzə] N estrofa *f*.

staple¹ ['steɪpl] [1] N *(fastener)* grapa *f*. [2] VT sujetar con grapa.

staple² ['steɪpl] [1] ADJ *(diet, product)* de primera necesidad; *(topic of conversation)* clásico/a. [2] N *(product)* artículo *m* de primera necesidad.

stapler ['steɪplə'], **stapling machine** ['steɪplɪŋməˌʃiːn] N grapadora *f*.

star [stɑː'] [1] N [a] *(Astron)* estrella *f*; **the S~s and Stripes** las barras y estrellas; **you can thank your lucky ~s that ...** tuviste suerte de que ...; **to see ~s** *(fig)* ver estrellas.
[b] *(person)* estrella *f*, astro *m*; **the ~ of the team was X** la figura más destacada del equipo fue X.
[2] VT *(Cine etc)* presentar como estrella; **a film ~ring Greta Garbo** una película con Greta Garbo en el papel principal.
[3] VI *(Cine etc)* tener el papel principal; **the 3 films in which James Dean ~red** las 3 películas que protagonizó James Dean.
[4] CPD estrella, estelar; **~ attraction** N atracción *f* principal; **~ player** N estrella *f*; **~ sign** N signo *m* del Zodíaco; **~ turn** N = **~ attraction**.

-star [stɑː'] ADJ SUF: **4~ hotel** hotel *m* de 4 estrellas; **4~ (petrol)** gasolina N extra, súper *m*.

starboard ['stɑːbɔːd] N estribor *m*; **on the ~ side** a estribor.

starch [stɑːtʃ] [1] N *(for clothes etc)* almidón *m*; *(in food)* fécula *f*. [2] VT almidonar.

starched [stɑːtʃt] ADJ almidonado/a.

starchy ['stɑːtʃɪ] ADJ *(comp* -ier; *superl* -iest) *(food)* feculento/a; *(fig: person)* rígido/a, estirado/a.

stardom ['stɑːdəm] N estrellato *m*.

stare [stɛə'] [1] N mirada *f* fija; **to give sb a ~** mirar fijamente a algn.
[2] VT: **it's staring you in the face** salta a la vista.
[3] VI: **to ~ (at)** mirar fijamente *or* de hito en hito; **it's rude to ~ at people** está mal visto fijar la mirada en la gente; **to ~ into the distance, to ~ into space** estar mirando a las nubes.

starfish ['stɑːfɪʃ] N *(pl ~ or ~es)* estrella *f* de mar.

stargazing ['stɑːˌgeɪzɪŋ] N *(fam: astronomy)* astronomía *f*; *(: astrology)* astrología *f*; *(fig)* distracción *f*.

stark [stɑːk] [1] ADJ *(comp* ~er; *superl* ~est) *(outline, landscape)* severo/a, adusto/a; *(simplicity, colour, contrast)* austero/a; *(reality, poverty)* sin adornos, escueto/a.
[2] ADV: **~ staring mad** *or* **~ raving mad** loco de remate; **~ naked** *(also* starkers: *fam)* en cueros, encuerado/a *(LAm)*, pilucho/a *(Chi)*, calato/a *(Per fam)*.

starlet ['stɑːlɪt] N actriz *f* principiante.

starlight ['stɑːlaɪt] N luz *f* de las estrellas; **by ~** a la luz de las estrellas.

starling ['stɑːlɪŋ] N estornino *m*.

starlit ['stɑːlɪt] ADJ iluminado/a por las estrellas.

starry ['stɑːrɪ] ADJ *(comp* -ier; *superl* -iest) sembrado/a de estrellas.

starry-eyed ['stɑːrɪˈaɪd] ADJ *(idealistic)* idealista, ingenuo/a; *(in love)* sentimentaloide.

star-studded ['stɑːˌstʌdɪd] ADJ: **a ~ cast** un elenco *m* estelar.

START [stɑːt] N ABBR *of* **Strategic Arms Reduction Treaty** START *m*.

start [stɑːt] [1] N [a] *(fright etc)* susto *m*, sobresalto *m*; **to give sb a ~** asustar *or* dar un susto a algn; **to wake with a ~** despertarse sobresaltado.
[b] *(beginning)* principio *m*, comienzo *m*; *(departure, Sport)* salida *f*; *(~ing line)* línea *f* de salida; **at the ~** al

principio, en un principio; **from the ~** desde el principio; **for a ~** en primer lugar, para empezar; **from ~ to finish** desde el principio hasta el fin; **to get off to a bad ~** comenzar mal; **to get off to a good ~** empezar muy bien; **to make an early ~** (*on journey*) ponerse en camino temprano; (*with job*) empezar temprano; **to make a fresh** *or* **new ~ in life** hacer vida nueva.

c (*advantage*) ventaja *f*; **to give sb a 5 minute ~** dar a algn 5 minutos de ventaja.

2 VT **a** (*begin*) empezar, comenzar; **to ~ doing sth** *or* **to do sth** empezar a hacer algo; **to ~ negotiations** iniciar *or* entablar las pláticas; **to ~ a family** (empezar a) tener hijos; **he ~ed work yesterday** entró a trabajar ayer; **he ~ed life as a labourer** empezó de *or* como peón; **they ~ed her (off) in the sales department** la emplearon primero en la sección de ventas.

b (*cause to begin or happen*) iniciar, poner en marcha; (: *collapse, recovery*) provocar, causar; **to ~ a fire** provocar un incendio; **you ~ed it!** ¡tú diste el primer golpe!; **don't ~ him on that!** ¡no le des cuerda!

c (*found: business, newspaper*) fundar, establecer; **to ~ (up) an enterprise** fundar una empresa.

d (*car, engine*) arrancar, poner en marcha.

3 VI **a** (*in fright*) asustarse, sobresaltarse (*at* a); **his eyes were ~ing out of his head** se le saltaban los ojos de la cara.

b (*begin*) empezar, comenzar; (*on journey*) partir, ponerse en camino; (*car, engine*) arrancar, ponerse en marcha; **~ing from Tuesday** a partir del martes; **to ~ on a task** emprender una tarea; **to ~ at the beginning** empezar desde el principio; **what shall we ~ (off) with?** ¿con qué empezamos?; **to ~ (off) with ...** (*firstly*) en primer lugar ..., para empezar ...; (*at the beginning*) al principio ..., en un principio ...; **he ~ed (off) by saying ...** empezó por decir *or* diciendo ....

◆ **start back** VI + ADV emprender el viaje de regreso (*for* a).

◆ **start off 1** VI + ADV (*leave*) salir, ponerse en camino, partir (*esp LAm*); *see also* **start 3 (b)**.

2 VT + ADV provocar, causar; **to ~ sb off** (*on complaints, story etc*) dar cuerda a algn; (*give initial help*) dar un primer empujón a algn.

◆ **start out** VI + ADV (*begin journey*) ponerse en camino, partir (*esp LAm*); (*originally begin*) comenzar.

◆ **start over** VI + ADV (*US*) volver a empezar.

◆ **start up 1** VI + ADV (*driver, engine*) arrancar; (*music*) empezar.

2 VT + ADV (*car, engine*) arrancar.

starter ['stɑːtəʳ] **1** N **a** (*person: judge*) juez *m* de salida; (: *competitor*) corredor(a) *m/f*.

b (*Aut etc: motor*) motor *m* de arranque; (*button*) botón *m* de arranque.

c (*fam: first course*) entrada *f*; **for ~s** (*fig*) en primer lugar.

2 CPD: **~ home** N primera vivienda *f*.

starting ['stɑːtɪŋ] ADJ: **~ block** taco *m* de salida; **~ line** línea *f* de salida; **~ point** (*fig*) punto *m* de partida; **~ post** poste *m* de salida; **~ price** cotización *f*; **~ salary** sueldo *m* inicial.

startle ['stɑːtl] VT asustar, sobresaltar.

startling ['stɑːtlɪŋ] ADJ (*news*) alarmante; (*discovery*) inesperado/a; (*appearance*) llamativo/a.

start-up ['stɑːtʌp] CPD: **~ costs** NPL gastos *mpl* de puesta en marcha.

starvation [stɑːˈveɪʃən] **1** N hambre *f*, inanición *f*, hambruna *f* (*LAm*); **fuel ~** (*Tech*) agotamiento *m* del combustible. **2** CPD: **~ diet** N régimen *m* de hambre.

starve [stɑːv] **1** VT privar de comida; **to ~ sb to death** hacer que algn muera de hambre; **to be ~d of affection** (*fig*) estar privado/a de afecto. **2** VI (*die*) morir(se) de hambre; (*lack food*) pasar hambre; **I'm starving!** (*fam*) estoy muerto de hambre.

starving ['stɑːvɪŋ] ADJ hambriento/a.

stash [stæʃ] VT (*fam*): **to ~ sth away** esconder algo.

state [steɪt] **1** N **a** (*gen*) estado *m*; (*condition*) estado, condición *f*; **to be in a bad ~** estar en malas condiciones; **he's not in a (fit) ~ to do it** no está en

condiciones para hacerlo; **he arrived home in a shocking ~** llegó a casa en un estado espantoso; **the ~ of the art** el estado de la cuestión; **~ of emergency** estado de emergencia; **~ of mind** estado de ánimo; **~ of play** (*Sport*) situación *f* del juego; (*fig*) situación *f*; **~ of war** estado de guerra.

b (*anxiety*) **to be in a ~** andar afligido *or* nervioso; **now don't get into a ~ about it** no te agites *or* aflijas.

c (*rank*) rango *m*; (*office*) cargo *m*; **the ~ of bishop** la dignidad de obispo.

d (*pomp*) **in ~** con mucha ceremonia; **to lie in ~** estar de cuerpo presente.

e (*Pol: gen*) estado *m*; (: *country*) nación *f*; **the S~s** (*USA*) los Estados Unidos; **Secretary of S~** (*US*) Secretario/a *m/f* de Asuntos Exteriores; **Secretary of S~ for Education** (*Brit*) Secretario/a *m/f* de Educación.

2 VT afirmar, declarar; (*case, problem*) exponer; **as ~d above** como se indica arriba; **cheques must ~ the amount clearly** los cheques deben llevar la cantidad claramente indicada.

3 CPD (*apartment, coach, visit*) de gala; (*Pol: run by the ~*) estatal, del Estado; **~ capitalism** N capitalismo *m* de Estado; **~ control** N control *m* público; **~ education** N enseñanza *f* pública; **~ highway** N (*US*) carretera *f* nacional; **~ line** N (*US*) frontera *f* de estado; **~ ownership** N propiedad *f* del Estado; **~ pension** N pensión *f* estatal; **~ secret** N (*lit, fig*) secreto *m* de Estado; **~ sector** N sector *m* estatal; **~ visit** N visita *f* de Estado.

┌─ STATE OF THE UNION ADDRESS ─────────────────────┐

i *Se denomina* **State of the Union Address** *al discurso que el presidente de Estados Unidos dirige cada mes de enero al Congreso y al pueblo estadounidense, en que muestra su visión de la nación y la economía y explica sus planes para el futuro. Como el discurso recibe una amplia cobertura informativa, el mensaje del presidente va dirigido no sólo a los parlamentarios sino a todo el país. Esta tradición de dirigirse al Congreso tras las vacaciones de Navidad se debe a que es un requisito de la Constitución que el presidente informe al Congreso de vez en cuando sobre la* **State of the Union***.*

state-controlled ['steɪtkənˈtrəʊld] ADJ controlado/a por el Estado.

stated ['steɪtɪd] ADJ indicado/a, señalado/a; **within ~ limits** dentro de límites fijos.

statehood ['steɪthʊd] N (*independence*) independencia *f*; (*as federal state*) categoría *f* de estado.

stateless ['steɪtlɪs] ADJ desnacionalizado/a, apátrida.

stately ['steɪtlɪ] ADJ (*comp* **-ier**; *superl* **-iest**) (*person, manner*) imponente; (*pace, music*) majestuoso/a; **~ home** casa *f* señorial, casa solariega.

statement ['steɪtmənt] N declaración *f*, afirmación *f*; (*Fin*) estado *m*; **to make a ~** (*Jur*) prestar declaración; **~ of account** estado de cuenta.

stateroom ['steɪtrʊm] N camarote *m*.

statesman ['steɪtsmən] N (*pl* **-men**) estadista *m*.

statesmanship ['steɪtsmənʃɪp] N habilidad *f* política, capacidad *f* de gobernar; **that showed true ~** eso demostró su verdadera capacidad de estadista.

state-subsidized [ˌsteɪtˈsʌbsɪdaɪzd] ADJ subvencionado/a por el Estado.

static ['stætɪk] **1** ADJ estático/a, inmóvil; **~ electricity** estática *f*. **2** N (*noise*) parásitos *mpl*.

station ['steɪʃən] **1** N **a** (*Rail*) estación *f* (de ferrocarril); (*bus ~*) terminal *f* de autobuses; (*police ~*) comisaría *f*; (*US: gas ~*) gasolinera *f*, fuente *f*, grifo *m* (*Per*); (*esp Mil: post*) puesto *m*; **action ~s!** ¡a los puestos de combate!

b (*Rad*) emisora *f*.

c (*social position*) rango *m*; **to have ideas above one's ~** darse aires de superioridad.

2 VT (*Mil*) estacionar, apostar; (*fig*) colocar.

3 CPD: **~ master** N jefe *m* de estación; **~ wagon** N (*Aut*) furgoneta *f*, camioneta *f*.

stationary ['steɪʃənərɪ] ADJ inmóvil; (*not movable*) estacionario/a, fijo/a; **to remain ~** quedarse inmóvil.

stationer ['steɪʃənəʳ] N: **~'s (shop)** papelería *f*.

stationery ['steɪʃənərɪ] N artículos *mpl* de escritorio.
statistic [stə'tɪstɪk] N estadística *f*; *see also* **statistics**.
statistical [stə'tɪstɪkəl] ADJ estadístico/a.
statistically [stə'tɪstɪkəlɪ] ADV según las estadísticas.
statistician [,stætɪs'tɪʃən] N estadístico/a *m/f*.
statistics [stə'tɪstɪks] [1] NSG (*subject*) estadística *f*. [2] NPL (*numbers*) estadísticas *fpl*; *see* **vital**.
statue ['stætjuː] N estatua *f*.
statuesque [,stætjʊ'esk] ADJ escultural.
statuette [,stætjʊ'et] N figurilla *f*.
stature ['stætʃəʳ] N [a] (*size*) estatura *f*, talla *f*; **to be of short ~** ser de baja estatura. [b] (*fig*) rango *m*, estatus *m*.
status ['steɪtəs] [1] N (*of person: legal*) estado *m*; (*of agreement etc*) validez *f*; **marital ~** estado civil; **social ~** posición *f* social, estatus *m*. [2] CPD: **~ line** N (*Comput*) línea *f* de situación; **~ quo** N (e)statu quo *m*; **~ report** N informe *m* situacional; **~ symbol** N símbolo *m* de rango.
statute ['stætjuːt] N ley *f*, estatuto *m*; **in the ~ book** en el código de leyes.
statutory ['stætjʊtərɪ] ADJ reglamentario/a; **~ meeting** junta *f* ordinaria.
staunch¹ [stɔːntʃ] ADJ (*comp* **~er**; *superl* **~est**) leal, firme.
staunch² [stɔːntʃ] VT (*bleeding*) restañar.
stave [steɪv] N (*Mus*) pentagrama *m*.
◆ **stave in** VT + ADV (*pt, pp* **stove in**) desfondar.
◆ **stave off** VT + ADV (*pt, pp* **~d off**) (*attack, crisis, illness*) rechazar; (*temporarily*) aplazar, posponer.
staves [steɪvz] NPL *of* **staff 1(c)**.
stay [steɪ] [1] N [a] estancia *f*, permanencia *f*; **a ~ of 10 days** una estancia de 10 días; **~ in hospital** estancia hospitalaria. [b] (*Jur*) **~ of execution** aplazamiento *m* de una sentencia. [c] (*guy rope*) viento *m*; **~s** (*corset*) corsé *m*. [2] VI [a] (*remain in a place or situation*) quedarse, permanecer; (*as guest*) hospedarse, alojarse; (*reside*) vivir, habitar; **you ~ right there** quédate allí; **how long can you ~?** ¿cuánto tiempo te puedes quedar?; **to ~ at home** quedarse en casa; **to ~ with friends** hospedarse en casa de unos amigos; **video recorders are here to ~** los vídeos van a durar mucho. [b] (*continue, remain: with adj*) seguir, continuar; **if it ~s fine** si el tiempo sigue bueno; **he ~ed faithful to his wife** siguió fiel a su mujer. [c] (*last out*) **~ with it!** (*fam*) ¡sigue adelante!; *see* **put 1(a)**. [3] VT (*last out*) **to ~ the course** terminar la carrera; (*fig*) aguantar hasta el final.
◆ **stay away** VI + ADV no acercarse (*from* a), mantener las distancias (*from* con).
◆ **stay behind** VI + ADV quedarse, esperar; **they made him ~ behind after school** le hicieron quedar en la escuela después de las clases.
◆ **stay in** VI + ADV quedarse en casa, no salir.
◆ **stay on** VI + ADV quedarse, permanecer; **he ~ed on as manager** siguió en la firma con el puesto de gerente.
◆ **stay out** VI + ADV quedarse fuera, no volver a casa; (*strikers*) no volver al trabajo; **you ~ out of this!** tú ¡no te metas en esto!
◆ **stay over** VI + ADV pasar la noche, quedar a dormir.
◆ **stay up** VI + ADV (*trousers, tent*) no caerse; (*person: wait up*) no acostarse, trasnochar; **don't ~ up for me** no os quedéis esperándome hasta muy tarde.
stay-at-home ['steɪəθəʊm] N persona *f* hogareña.
stayer ['steɪəʳ] N (*in race*) corredor(a) *m/f* de fondo; (*fig*) persona *f* de mucha resistencia.
staying power ['steɪŋ,paʊəʳ] N resistencia *f*, aguante *m*.
STD N ABBR [1] [a] (*Brit Telec*) *of* **Subscriber Trunk Dialling**. [b] (*Med*) *of* **sexually transmitted disease** ETS *f*. [2] CPD: **~ code** N prefijo *m* interurbano.
stead [sted] N: **to stand sb in good ~** ser muy útil a algn; **in sb's ~** en lugar de algn.
steadfast ['stedfəst] ADJ (*person*) firme, resuelto/a; **~ in adversity** firme en el infortunio.
steadfastly ['stedfəstlɪ] ADV firmemente, resueltamente.
steadily ['stedɪlɪ] ADV (*improve, grow*) constantemente, a

un ritmo constante; (*speak*) con firmeza; (*gaze*) fijamente; **it gets ~ worse** se vuelve cada vez peor; **to work ~** trabajar sin parar.
steadiness ['stedɪnɪs] N (*of voice*) firmeza *f*; (*lack of fluctuation*) constancia *f*; (*reliability*) formalidad *f*.
steady ['stedɪ] [1] ADJ (*comp* **-ier**; *superl* **-iest**) (*not wobbling*) firme, fijo/a; (*gaze*) fijo/a; (*not fluctuating*) constante; (*reliable, regular*) formal; (*boyfriend etc*) establecido/a; **~ demand** demanda *f* constante; **~ progress** progreso *m* ininterrumpido; **a ~ job** un empleo fijo; **a ~ hand** una mano firme; **we were going at a ~ 70 kph** íbamos a una velocidad constante de 70 kph. [2] ADV: **~!** ¡despacio!, ¡lento!, ¡con calma!; **they are going ~** (*fam*) son novios. [3] N (*fam*) novio/a *m/f*. [4] VT (*wobbling object, oneself*) estabilizar, equilibrar; (*nervous person*) calmar, tranquilizar; (*wild person*) apaciguar; **she smokes to ~ her nerves** fuma para calmar los nervios; **to have a ~ing influence on sb** ejercer una buena influencia sobre algn.
steak [steɪk] N (*one piece*) filete *m* de vaca o (*LAm*) de res, bife *m* (*And, CSur*); (*for stewing etc*) carne *f* de vaca o res; (*barbecued ~*) churrasco *m* (*And, CSur*). [2] CPD: **~ and kidney pie** N pastel *m* de biftec y riñones.
steakhouse ['steɪkhaʊs] N (*pl* **-houses** [haʊzɪz]) parrilla *f*.
steal [stiːl] (*pt* **stole**; *pp* **stolen**) [1] VT (*gen*) robar, hurtar; **to ~ the show** acaparar la atención de todos; **to ~ a glance at sb** echar una mirada de soslayo a algn. [2] VI [a] (*thieve*) robar. [b] (*move quietly*) moverse a hurtadillas; **to ~ away** *or* **off** marcharse furtivamente; **to ~ up on sb** acercarse a algn sigilosamente.
stealth [stelθ] N cautela *f*, sigilo *m*.
stealthy ['stelθɪ] ADJ (*comp* **-ier**; *superl* **-iest**) cauteloso/a, sigiloso/a.
steam [stiːm] [1] N vapor *m*; **to get up ~** dar presión; **to let off ~** (*fig*) desahogarse; **under one's own ~** (*fig*) por sus propios medios *or* propias fuerzas; **to run out of ~** (*fig*) quedar agotado. [2] VT (*Culin*) cocer al vapor; **to ~ open an envelope** abrir un sobre por medio de vapor. [3] VI (*give off*) echar vapor; **the bowl was ~ing on the table** la cacerola humeaba en la mesa; **the ship ~ed into harbour** el buque entró al puerto echando vapor. [4] CPD: **~ bath** N baño *m* de vapor; **~ engine** N máquina *f* de vapor; **~ hammer** N martillo *m* pilón; **~ iron** N plancha *f* de vapor.
◆ **steam up** [1] VI + ADV (*window*) empañarse. [2] VT + ADV: **to get ~ed up about sth** (*fig: angry*) ponerse negro por algo; (*worried*) preocuparse por algo.
steamboat ['stiːmbəʊt] N = **steamship**.
steamer ['stiːməʳ] N (*Culin*) olla *f* de estofar; (*Naut*) vapor *m*, buque *m* de vapor.
steaming ['stiːmɪŋ] ADJ [a] (*kettle, plate*) humeante. [b] (*fam: angry*) negro/a (*fam*), furioso/a. [c] (*fam: drunk*) mamado/a (*fam*).
steamroller ['stiːm,rəʊləʳ] [1] N apisonadora *f*. [2] VT: **to ~ a bill through Parliament** (*fig*) hacer aprobar legislación aplastando *or* arrollando a la oposición.
steamship ['stiːmʃɪp] N vapor *m*, buque *m* de vapor.
steamy ['stiːmɪ] ADJ (*comp* **-ier**; *superl* **-iest**) [a] (*room etc*) lleno/a de vapor. [b] (*fam: film etc*) erótico/a.
steed [stiːd] N corcel *m*.
steel [stiːl] [1] N acero *m*; **nerves of ~** nervios de acero. [2] VT: **to ~ one's heart** endurecer el corazón; **to ~ o.s. for sth/to do sth** cobrar ánimo para algo/para hacer algo. [3] CPD de acero; **~ band** N (*Mus*) banda *f* de percusión del Caribe; **~ industry** N industria *f* siderúrgica; **~ mill** N fundición *f*, fundidora *f* (*LAm*); **~ wool** N estropajo *m* de aluminio.
steel-plated [,stiːl'pleɪtɪd] ADJ chapado/a en acero.
steelworks ['stiːlwɜːks] NSG fundición *f*, fundidora *f* (*LAm*).
steely ['stiːlɪ] ADJ (*comp* **-ier**; *superl* **-iest**) (*determination*) inflexible; (*gaze*) duro/a; **~ blue** azul metálico.

steelyard ['sti:lja:d] N romana f.
steep¹ [sti:p] ADJ (comp ~er; superl ~est) **a** (hill, cliff, climb) escarpado/a, abrupto/a; (increase, drop) abrupto/a, brusco/a; **a ~ slope** una inclinación abrupta. **b** (fig fam: price, demands) excesivo/a; **it's a bit ~ that you've got to do it yourself** no es justo que lo tengas que hacer tú solo.
steep² [sti:p] **1** VT (washing) remojar or poner al remojo (in en); **a town ~ed in history** una ciudad saturada de historia. **2** VI: **to leave sth to ~** dejar algo en remojo.
steeple ['sti:pl] N aguja f, chapitel m.
steeplechase ['sti:pl,tʃeɪs] N carrera f de obstáculos.
steeplejack ['sti:pldʒæk] N reparador de chimeneas, torres etc.
steeply ['sti:plɪ] ADV: **the road climbs ~** la carretera sube muy empinada; **prices have risen ~** los precios han subido muchísimo.
steer¹ [stɪər] **1** VT (gen) guiar, dirigir; (car etc) conducir, manejar (LAm); (ship) gobernar; (lead: person) dirigir, llevar; (: conversation etc) llevar; **I ~ed her across to the bar** la dirigí hacia el bar. **2** VI (car) conducir, manejar (LAm); (ship) gobernar; **to ~ for sth** dirigirse hacia algo; **to ~ clear of sb/sth** (fig) esquivar a algn/evadir algo.
steer² [stɪər] N novillo m; **to sell sb a bum ~** (fam: US) dar información falsa a algn.
steering ['stɪərɪŋ] CPD: **~ column** N columna f de dirección; **~ committee** N comisión f directiva; **~ lock** N (Aut: anti-theft device) dispositivo m antirrobo; **~ wheel** N volante m, manubrio m (LAm).
stellar ['stelər] ADJ estelar.
stem [stem] **1** N (of plant) tallo m; (of glass) pie m; (of pipe) tubo m, cañón m; (of word) tema m. **2** VT (check: blood) restañar; (: attack, flood) detener; **to ~ the tide of events** detener el curso de los acontecimientos. **3** VI: **to ~ from sth** ser el resultado de algo.
stench [stentʃ] N hedor m.
stencil ['stensl] N (for lettering etc) plantilla f; (for typing) cliché m.
stenographer [ste'nɒɡrəfər] N taquígrafo/a m/f.
stenography [ste'nɒɡrəfɪ] N taquigrafía f.
stentorian [sten'tɔːrɪən] ADJ estentóreo/a.
step [step] **1** N **a** (gen) paso m; (sound) paso, pisado f; **~ by ~** (fig) paso a paso, poco a poco; **it's quite a ~ to the village** el pueblo queda bastante lejos; **to be in ~ (with)** llevar el paso (con), ir parejo (con) (esp LAm); (fig) estar de acuerdo (con); **to retrace one's ~s** volver sobre los pasos; **to watch one's ~** (lit, fig) ir con cuidado. **b** (fig: move, measure) medida f; (: formal) gestión f, trámite m; **it's a great ~ forward** significa un gran avance or salto adelante; **a ~ in the right direction** un paso adelante; **what's the next ~?** ¿qué hacemos después?; **to take ~s to solve a problem** tomar medidas para resolver un problema. **c** (stair) peldaño m, escalón m; (of vehicle) estribo m; (fig: in scale) grado m; **~s** (stairs) escalera fsg; (outside building) escalinata fsg, gradas fpl; **folding ~s, pair of ~s** escalera de tijera. **2** VI (one ~) dar un paso; (walk) andar, caminar (LAm); (heavily) pisar; **~ this way** haga el favor de pasar por aquí; **to ~ over sth** pasar por encima de algo; **to ~ on sth** pisar or pisotear algo; **~ on it!** (fam) ¡date prisa!, ¡apúrate! (LAm). **3** CPD: **~ by ~ instructions** NPL instrucciones fpl paso a paso.
♦ **step back** VI + ADV (lit) retroceder, echar marcha atrás; (fig) mirar con objetividad.
♦ **step down** VI + ADV bajar (from de); (fig: resign) renunciar; **to ~ down in favour of sb** renunciar a favor de algn.
♦ **step forward** VI + ADV (lit) dar un paso hacia adelante; (fig: volunteer) ofrecerse.
♦ **step in** VI + ADV (lit) entrar; (fig) intervenir.
♦ **step out** VI + ADV (walk briskly) apretar el paso.
♦ **step up** **1** VI + ADJ subir (on a).

2 VT + ADV (increase) aumentar (el ritmo de).
stepbrother ['step,brʌðər] N hermanastro m.
stepchild ['steptʃaɪld] N (pl **-children**) hijastro/a m/f.
stepdaughter ['step,dɔ:tər] N hijastra f.
stepfather ['step,fɑ:ðər] N padrastro m.
stepladder ['step,lædər] N escalera f de tijera.
stepmother ['step,mʌðər] N madrastra f.
step-parent ['step,peərənt] N (father) padrastro m; (mother) madrastra f.
steppe [step] N (also **~s**) estepa f.
stepping stone ['stepɪŋstəʊn] N (lit) pasadera f; (fig) trampolín m (to para llegar a).
stepsister ['step,sɪstər] N hermanastra f.
stepson ['stepsʌn] N hijastro m.
ster. ABBR of **sterling**.
stereo ['sterɪəʊ] **1** N (hi-fi equipment) equipo m estereofónico; (sound) estéreo m; **in ~** en estéreo. **2** CPD estereofónico/a.
stereo... ['sterɪəʊ] PREF estereo....
stereophonic [,sterɪə'fɒnɪk] ADJ estereofónico/a.
stereotype ['sterɪətaɪp] N estereotipo m.
sterile ['steraɪl] ADJ (person, animal) estéril; (germfree) esterilizado/a.
sterility [ste'rɪlɪtɪ] N (gen) esterilidad f.
sterilization [,sterɪlaɪ,zeɪʃən] N (gen) esterilización f.
sterilize ['sterɪlaɪz] VT (gen) esterilizar.
sterling ['stɜ:lɪŋ] **1** N (libras fpl) esterlinas fpl. **2** ADJ **a pound ~** libra f esterlina; **~ traveller's cheques** cheques mpl de viajero en libras esterlinas; **~ area** zona f de la libra esterlina; **~ silver** plata f de ley. **b** (quality etc) destacado/a.
stern¹ [stɜ:n] ADJ (comp **-er**; superl **-est**) severo/a, austero/a; **a ~ warning** un serio aviso.
stern² [stɜ:n] N (Naut) popa f.
sternly ['stɜ:nlɪ] ADV (look) severamente, austeramente; (warn) con seriedad.
sternum ['stɜ:nəm] N esternón m.
steroid ['stɪərɔɪd] N esteroide m.
stet [stet] VI (Typ) vale, deje como está.
stethoscope ['steθəskəʊp] N estetoscopio m.
stetson ['stetsən] N sombrero m tejano.
stevedore ['sti:vɪdɔ:r] N estibador m.
stew [stju:] **1** N **a** (Culin) estofado m, guisado m (esp LAm). **b** (fig) **to be in a ~** sudar la gota gorda. **2** VT (meat) estofar, guisar (esp LAm); (fruit) cocer, hacer una compota de. **3** VI (tea) dejar que se repose; **to let sb ~ in his/her own juice** dejar a algn que cueza en su propia salsa.
steward ['stju:əd] N (on estate etc) administrador m, mayordomo m; (butler) mayordomo m; (Aer, Naut) camarero m; (shop ~) enlace mf sindical.
stewardess ['stjuədes] N (Aer) azafata f, auxiliar mf de vuelo or de cabina, aeromoza f (LAm), sobrecargo f (Mex), cabinera f (Col); (Naut) camarera f.
stewing ['stju:ɪŋ] ADJ: **~ steak** carne f de vaca or (LAm) res para guisar.
St. Ex., St. Exch. ABBR of **Stock Exchange**.
Stg ABBR of **sterling**.
stick [stɪk] (vb: pt, pp **stuck**) **1** N (piece of wood) (trozo m de) madera f; (: shaped) palo m, vara f; (walking ~) bastón m; (gear ~) palanca f; (of celery) rama f; (of shaving soap) barra f; (of dynamite) cartucho m; **to wield the big ~** amenazar con el garrote; **to be in a cleft ~** estar entre la espada y la pared; **to get or take a lot of ~** recibir una buena paliza; **the critics gave him a lot of ~** los críticos le dieron una buena paliza; **to live in the ~s** (fam) vivir en el quinto infierno. **2** VT **a** (with glue etc) pegar; **to ~ two things together** pegar dos cosas; **he was ~ing stamps into his album** pegaba sellos en su álbum; **she stuck the envelope down** pegó el sobre. **b** (thrust, poke) meter; (sth pointed) clavar, hincar; **to ~ a knife into the table** clavar un cuchillo en la mesa. **c** (fam: place, put) poner, meter, guardar (LAm); **~ it in your case** métalo en la maleta; **we'll ~ an advert in the**

paper (fam) pondremos un anuncio en el periódico; **you know where you can ~ that!** (fam!) ¡que te jodas! (fam!).
d (fam: tolerate) aguantar, soportar; **I can't ~ it any longer** no aguanto más.
e **to be stuck** (jammed) estar atorado; (in mud etc) estar atascado; (sth pointed) quedar clavado; (fam: have a problem) estar en un apuro o aprieto; **to be/get stuck fast** (jammed) estar atorado/atorarse; (in mud etc) estar atascado/atascarse; (sth pointed) estar clavado/clavarse; **to be stuck with sb/sth** (fam) tener que aguantar a algn/algo; **I was stuck with him for 2 hours** (fam) tuve que soportar su compañía durante 2 horas; **to get stuck into sth** (fam) meterse de lleno en algo; **I'm stuck at home all day** (fam) estoy metida en casa todo el día; **he's stuck in France** sigue en Francia sin poder moverse; **he's never stuck for an answer** (fam) no le falta nunca una respuesta; **to be stuck on sb** (fam) estar enamorado de algn.
3 VI (glue, sticky object etc) pegarse; (get jammed) atorarse; (in mud etc) atascarse; (sth pointed) quedar clavado, clavarse; **it stuck to the wall** quedó pegado a la pared; **the name seems to have stuck** (fam) el apodo se le pegó; **he stuck to his story** se atuvo a su explicación; **decide what you're going to do, then ~ to it** ¡decídete y no te dejes desviar!; **it stuck in my mind** se me quedó grabado; **we'll all ~ by you** (support you) te apoyaremos todos; (stay with you) no te abandonaremos; **I'll ~ with the job for another few months** seguiré con el trabajo unos meses más; **she will ~ at nothing to get what she wants** no se para en barras para conseguir lo que quiere; **just ~ at it and I'm sure you'll manage it** no te amedrentes y al fin llegarás; **to ~ to a promise** cumplir una promesa; **~ with us and you'll be all right** quédate con nosotros y todo saldrá bien.
4 CPD: **~ insect** N insecto m palo.
♦ **stick around** VI + ADV (fam) quedarse.
♦ **stick on** VT + ADV **a** (stamp, label) pegar. **b** (extra cost etc) añadir; **they've stuck 10p on a litre** han subido el precio del litro en 10p.
♦ **stick out** **1** VI + ADV **a** (protrude) sobresalir; (be noticeable) destacarse, resaltar; **it ~s out a mile** salta a los ojos; **to ~ out like a sore thumb** llamar la atención.
b **to ~ out for sth** empeñarse en conseguir algo.
2 VT + ADV (foot, tongue) sacar; **to ~ it out** (fam) aguantar.
♦ **stick together** VI + ADV (fig) mantenerse unidos.
♦ **stick up** **1** VI + ADV (protrude) sobresalir; (hair) ponerse de punta, pararse (LAm); **to ~ up for sb** (fam) defender a algn.
2 VT + ADV (fam: raise: hand) levantar; **~ 'em up!** ¡arriba las manos!
sticker ['stɪkə^r] N (label) etiqueta f; (with slogan) pegatina f.
stickiness ['stɪkɪnɪs] N (gen) pegajosidad f, lo pegajoso; (of situation) dificultad f.
sticking plaster ['stɪkɪŋˌplɑːstə^r] N esparadrapo m, tirita f, curita f (LAm).
sticking-point ['stɪkɪŋˌpɔɪnt] N punto m de fricción.
stick-in-the-mud ['stɪkɪnðəmʌd] N (fam) persona f poco aventurera.
stickleback ['stɪklbæk] N espinoso m.
stickler ['stɪklə^r] N: **to be a ~ for** insistir mucho en.
stick-on ['stɪkɒn] ADJ: **~ label** etiqueta f.
sticky ['stɪkɪ] ADJ (comp -ier; superl -iest) pegajoso/a; (label) engomado/a; (weather) bochornoso/a; (fam: situation) difícil, violento/a; (: person) renuente, resentido/a; **to be ~ about doing sth** ser reticente a hacer algo; **to come to a ~ end** (fam) acabar mal; **to have ~ fingers** (fam) ser largo de uñas.
stiff [stɪf] **1** ADJ (comp ~er; superl ~est) **a** (unbending) rígido/a, tieso/a; (door) duro/a, atorado/a; (joints) entumecido/a; (paste) espeso/a.
b (fig: climb, examination, test) difícil, arduo/a; (: breeze) fuerte; (: resistance) tenaz; (: price, punishment) excesivo/a; (: drink) cargado/a; (person: in manner) estirado/a; **~ neck** tortícolis f or m inv; **she poured herself a ~ whisky** se sirvió una copa grande de whisky; **that's a bit ~!** (fam) ¡eso es mucho or demasiado!, ¡se pasaron!

2 ADV: **to be worried ~** estar muy preocupado.
stiffen ['stɪfn] **1** VT (card, fabric etc) reforzar; (with starch) almidonar; (resistance etc) fortalecer. **2** VI (person, manner) ponerse rígido or tieso, endurecerse.
stiffly ['stɪflɪ] ADV (walk, move) con los miembros entumecidos; (smile) a la fuerza; (bow) rígidamente.
stiff-necked ['stɪf'nekt] ADJ (fig) porfiado/a, terco/a.
stiffness ['stɪfnɪs] N (see adj) rigidez f; dureza f; entumecimiento m; espesura f; dificultad f; fuerza f; tenacidad f; lo excesivo; carácter m estirado.
stifle ['staɪfl] **1** VT ahogar, sofocar; **to ~ a yawn** sofocar un bostezo; **to ~ opposition** reprimir a la oposición. **2** VI ahogarse, sofocarse.
stifling ['staɪflɪŋ] ADJ sofocante; **it's ~ in here** ¡hace un calor agobiante aquí dentro!
stigma ['stɪgmə] N (pl ~s or Bot, Med, Rel ~ta [stɪg'mɑːtə]) estigma m.
stile [staɪl] N escalones mpl para saltar una cerca.
stiletto [stɪ'letəʊ] **1** N (knife) estilete m; (shoe) zapato m con tacón de aguja. **2** CPD: **~ heel** N tacón m de aguja.
still[1] [stɪl] **1** ADJ (comp ~er; superl ~est) (motionless) inmóvil, quieto/a; (: quiet) tranquilo/a; (orange juice etc) sin gas; **to stand ~** estarse quieto; **keep ~!** ¡no te muevas!, ¡quieto!; **~ waters run deep** (Prov) del agua mansa me libre Dios; **~ life** (Art) naturaleza f muerta.
2 N **a** **in the ~ of the night** en el silencio de la noche.
b (Cine) vista f fija.
3 VT calmar, acallar.
still[2] [stɪl] ADV (up to this/that time) todavía, aún; (nevertheless, all the same) no obstante, sin embargo; (besides, in addition) también; **he ~ hasn't come** (with comp) no ha venido todavía; **~ more expensive** aún más caro; **~, it was worth it** en fin, sí valió la pena.
still[3] [stɪl] N (for alcohol) alambique m.
stillbirth ['stɪl,bɜːθ] N mortinato m.
stillborn ['stɪl,bɔːn] ADJ nacido/a muerto; **the child was ~** el niño nació muerto.
stillness ['stɪlnɪs] N (not moving) inmovilidad f; (tranquility) tranquilidad f.
stilt [stɪlt] N zanco m.
stilted ['stɪltɪd] ADJ afectado/a.
stimulant ['stɪmjʊlənt] N estimulante m.
stimulate ['stɪmjʊleɪt] VT estimular; **to ~ sb to do sth** animar a algn para que haga algo.
stimulating ['stɪmjʊleɪtɪŋ] ADJ (gen) estimulante.
stimulation [ˌstɪmjʊ'leɪʃən] N (stimulus) estímulo m; (act) estimulación f; (state) excitación f.
stimulus ['stɪmjʊləs] N (pl **stimuli** ['stɪmjʊlaɪ]) (gen) estímulo m.
sting [stɪŋ] (vb: pt, pp **stung**) **1** N **a** (Zool, Bot: organ) aguijón m; (: act, wound) picadura f, escozor m; (sharp pain) punzada f; **to take the ~ out of sth** (fig) restarle fuerza a algo; **but there's a ~ in the tail** pero viene algo no tan agradable al final.
b (esp US fam) timo m.
2 VT **a** (subj: insect etc) picar, morder; (make smart) escocer, picar, arder (esp LAm); (fig: conscience) remorder; (: remark, criticism) herir; **he was stung into action** le provocaron a actuar.
b (fam) **they stung me for £4** me clavaron 4 libras.
3 VI picar; **my eyes ~** me pican los ojos.
stinginess ['stɪndʒɪnɪs] N tacañería f.
stingy ['stɪndʒɪ] ADJ (comp -ier; superl -iest) (person) tacaño/a; (meal etc) parco/a, escaso/a.
stink [stɪŋk] (vb: pt **stank**; pp **stunk**) **1** N peste f, hedor m; **to kick up** or **raise a ~** (fig fam) armar un escándalo.
2 VI: **to ~ (of)** apestar (a), heder (a); **it ~s in here** aquí apesta; **the idea ~s** (fig fam) es una pésima idea; **they are ~ing rich** son unos ricachos (fam).
3 VT: **to ~ the place out** (fam) infestar el lugar de olor.
4 CPD: **~ bomb** N bomba f fétida.
stinker ['stɪŋkə^r] N: **this problem is a ~** (fam) esto es un problema peliagudo.
stint [stɪnt] **1** N: **to do a** or **one's ~ (at)** tomar su turno (a). **2** VT, VI: **he did not ~ his praises** or **on praise** no escatimó sus elogios; **don't ~ yourself!** ¡no te prives de

nada!

stipend ['staɪpend] N salario m, remuneración f.

stipple ['stɪpl] VT puntear.

stipulate ['stɪpjʊleɪt] VT estipular.

stipulation [,stɪpjʊ'leɪʃən] N estipulación f, condición f.

stir [stɜːʳ] **1** N **to give sth a ~** remover algo.
⊞ **b** (fig: disturbance) escándalo m, conmoción f; **to cause a ~** causar conmoción.
2 VT **a** (liquid etc) remover, revolver.
⊞ **b** (move) mover; **a breeze ~red the leaves** una brisa agitó las hojas.
⊞ **c** (fig: interest) excitar, despertar; (: emotions) provocar, excitar; (: imagination) estimular, avivar; **to ~ sb to do sth** incitar a algn a hacer algo; **come on, ~ yourself** or **your stumps** (fam) ¡venga, muévete!, ¡anda, muévete!
3 VI (move) moverse; **he never ~red from the spot** no se apartó del lugar ni un momento; **nobody is ~ring yet** están todavía en cama.
◆ **stir up** VT + ADV (memories) despertar; (passions) provocar, excitar; (revolt) fomentar; (trouble) provocar; **he's always trying to ~ things up** siempre anda provocando.

stir-fry ['stɜːfraɪ] **1** VT sofreír. **2** N sofrito m (chino).

stirring ['stɜːrɪŋ] ADJ **1** (speech, music) emocionante, conmovedor(a). **2** N: **there were ~s of protest** la gente empezó a protestar.

stirrup ['stɪrəp] N estribo m.

stitch [stɪtʃ] **1** N (Sew) puntada f; (Med) punto m de sutura; **a ~ in time saves nine** (Prov) más vale prevenir que lamentar; **she hadn't a ~ on** andaba en cueros or (LAm) encuerada; **we were in ~es** (fam) nos moríamos or (esp LAm) partíamos de (la) risa.
2 VT (Sew) coser; (Med) suturar; **to ~ up a hem/wound** coser un dobladillo/suturar una herida.

stitching ['stɪtʃɪŋ] N puntadas fpl; (Med) puntos mpl.

stoat [stəʊt] N armiño m.

stock [stɒk] **1** N **a** (supply, store) reserva f; (Comm: goods) existencias fpl; (: variety) surtido m; **to be out of ~** (goods) estar agotado; **we are out of ~ of umbrellas** se agotaron or acabaron los paraguas; **to have sth in ~** tener algo en almacén or existencia; **to take ~ of the situation** evaluar la situación.
⊞ **b** (Agr: live~) ganado m.
⊞ **c** (Culin) caldo m.
⊞ **d** (Rail: rolling ~) material m rodante.
⊞ **e** (Fin: company's capital) capital m; (also **~s and shares**) acciones fpl, valores mpl; **government ~** papel m del Estado.
⊞ **f** (descent, origin) linaje m, estirpe f; **to be of good ~** ser de buena cepa.
⊞ **g** **the ~s** (Hist: for punishment) el cepo; **to be on the ~s** (ship) estar en vía de construcción; (fig: piece of work) estar en preparación.
2 VT (Comm: goods) tener existencias de; (: shop) surtir, abastecer; (freezer, cupboard) llenar; **a well-~ed shop/library** una tienda/biblioteca con buen surtido.
3 CPD (Comm) normal, de serie; (fig: phrase, response) trillado/a, hecho/a; **~ car** N (US Rail) vagón m para el ganado; (racing etc) stock-car m; **~ car racing** N carreras fpl de choque; **~ company** N sociedad f anónima or de acciones; **~ control** N control m de existencias; **~ cube** N (Culin) pastilla f or cubito m de caldo; **S~ Exchange** N (Fin) Bolsa f; **~ market** N (Fin) bolsa f.
◆ **stock up** VI + ADV: **to ~ up (on)** abastecerse or surtirse (de).

stockade [stɒ'keɪd] N estacada f.

stockbroker ['stɒk,brəʊkəʳ] N corredor(a) m/f de Bolsa, bolsista mf.

stockholder ['stɒk,həʊldəʳ] N accionista mf.

Stockholm ['stɒkhəʊm] N Estocolmo m.

stocking ['stɒkɪŋ] **1** N media f; **a pair of ~s** unas medias, un par de medias; **in one's ~ed feet** sin zapatos. **2** CPD: **~ filler** N pequeño regalo m de Navidad.

stock-in-trade ['stɒkɪn'treɪd] N (tools etc) existencias fpl; (fig) repertorio m.

stockist ['stɒkɪst] N distribuidor(a) m/f, proveedor(a) m/f.

stockman ['stɒkmən] N (pl **-men**) (Agr) ganadero m.

stockpile ['stɒkpaɪl] **1** N reservas fpl. **2** VT (accumulate) acumular; (store) almacenar.

stockroom ['stɒkrʊm] N almacén m, depósito m.

stock-still ['stɒk'stɪl] ADV: **to be** or **stand ~** mantenerse or quedarse inmóvil.

stocktaking ['stɒk,teɪkɪŋ] N inventario m, balance m; **to do the ~** hacer el inventario.

stocky ['stɒkɪ] ADJ (comp **-ier**; superl **-iest**) fornido/a.

stockyard ['stɒkjɑːd] N (pens etc) corral m de ganado; (US: abattoir) matadero m.

stodge [stɒdʒ] N (fam) comida f indigesta.

stodgy ['stɒdʒɪ] ADJ (comp **-ier**; superl **-iest**) (food) indigesto/a; (fig: book, style, person) pesado/a.

stoical ['stəʊɪkəl] ADJ estoico/a.

stoicism ['stəʊɪsɪzəm] N estoicismo m.

stoke [stəʊk] VT (also **~ up**: fire, furnace) atizar.

stoker ['stəʊkəʳ] N fogonero m.

STOL [stɒl] N ABBR of **short take-off and landing**.

stole[1] [stəʊl] N estola f.

stole[2] [stəʊl] PT of **steal**.

stolen ['stəʊlən] PP of **steal**.

stolid ['stɒlɪd] ADJ imperturbable, impasible.

stomach ['stʌmək] **1** N estómago m; **they have no ~ for the fight** (fig) no están dispuestos para la lucha; **on an empty ~** en ayunas; **it turns my ~** me revuelve el estómago.
2 VT (fig fam) soportar, tragar (fam).
3 CPD: **~ ache** N dolor m de estómago; **~ pump** N bomba f gástrica; **~ upset** N trastorno m estomacal.

stomp [stɒmp] VI dar patadas.

stone [stəʊn] **1** N (gen) piedra f; (grave~) lápida f; (gem~) piedra, gema f; (of fruit) hueso m; (Med) cálculo m, piedra; (weight) 6.350 kg; **he weighs 12 ~(s)** pesa 76 kilos; **within a ~'s throw** a tiro de piedra; **to leave no ~ unturned** no dejar piedra por mover.
2 VT (person) apedrear; (fruit) deshuesar.
3 CPD de piedra; **the S~ Age** N la Edad de Piedra.

stone-cold [,stəʊn'kəʊld] ADJ como un témpano; **to be ~ sober** estar completamente sobrio.

stoned [stəʊnd] ADJ PRED (fam: drunk) borracho/a; (: drugged) fumado/a, colocado/a.

stone-dead ['stəʊn'ded] ADJ tieso/a.

stone-deaf ['stəʊn'def] ADJ sordo/a como una tapia, profundamente sordo.

stone-ground ['stəʊn,graʊnd] ADJ (flour) molido/a por piedras.

stonemason ['stəʊn'meɪsn] N albañil m.

stonewall ['stəʊn'wɔːl] VI (Sport) jugar a la defensiva; (in answering questions) negarse a contestar.

stoneware ['stəʊnwɛəʳ] N gres m.

stonewashed ['stəʊn,wɒʃt] ADJ (jeans) lavado/a a la piedra.

stonework ['stəʊnwɜːk] N cantería f.

stony ['stəʊnɪ] ADJ (comp **-ier**; superl **-iest**) (ground, beach) pedregoso/a; (fig: glance, silence) glacial, frío/a.

stony-broke ['stəʊnɪ'brəʊk] ADJ: **to be ~** (fam) no tener una perra (gorda), estar pelado/a (fam), estar sin una blanca (fam).

stood [stʊd] PT, PP of **stand**.

stooge [stuːdʒ] N (Theat) comparsa mf; (fam) secuaz mf, siervo/a m/f.

stool [stuːl] **1** N taburete m; **to fall between two ~s** estar entre dos aguas. **2** CPD: **~ pigeon** N (fam: informer) chivato/a m/f, soplón/ona m/f; (decoy) señuelo m.

stoop [stuːp] **1** N espaldas fpl encorvadas; **to walk with a ~** andar encorvado.
2 VI **a** (bend: also **~ down**) inclinarse, agacharse; (permanently, as defect) andar encorvado.
⊞ **b** (fig) **to ~ to sth/doing sth** rebajarse a algo/hacer algo; **I wouldn't ~ so low!** ¡a eso no llegaría!, ¡no me rebajaría tanto!

stop [stɒp] **1** N **a** (halt) parada f, alto m; **to come to a ~** parar(se), hacer alto; **to put a ~ to sth** poner fin or término a algo.
⊞ **b** (break, pause) descanso m, pausa f; (overnight) estadía

f, estada f; (for refuelling etc) escala f; **a ~ for coffee** un descanso para tomar café; **without a ~** sin parar.

[c] (~ping place: for bus etc) parada f.

[d] (Typ: also **full ~**) punto m.

[e] (Mus: on organ) registro m; **to pull out all the ~s** (fig) tocar todos los registros.

[2] VT [a] (block: hole: also **~ up**) tapar; (: leak, flow of blood) restañar; (tooth) empastar.

[b] (arrest movement of: runaway, engine, car) detener, parar; (: blow, punch) parar; **to ~ a bullet** (be shot) ser disparado or (LAm) baleado; **~ thief!** ¡al ladrón!

[c] (put an end to: rumour, abuse) dar fin or término a; (: activity, process) acabar; (: conversation) interrumpir, suspender; (: production: permanently) terminar; (: temporarily) suspender; **there is nothing to ~ him** y no hay nada que se lo impida.

[d] (prevent: future trouble) evitar; **to ~ sb (from) doing sth** impedir a algn hacer algo; **to ~ sth (from) happening** evitar que algo ocurra; **can't you ~ him?** ¿no le puedes impedir?; **to ~ o.s. (from doing sth)** abstenerse (de hacer algo).

[e] (cease: noise, nonsense) terminar; **to ~ doing sth** dejar de hacer algo; **I'm trying to ~ smoking** trato de dejar de fumar; **~ it!** ¡basta ya!; **I just can't ~ it** (help it) ¡qué remedio!, ¡qué le vamos a hacer!

[f] (suspend: payments, wages, subscription) suspender; (cheque) invalidar; **to ~ 10 pounds from sb's wages** retener 10 libras del sueldo de algn; **to ~ the milk for a fortnight** cancelar la leche durante quince días.

[3] VI [a] (~ moving) pararse, detenerse; (clock, watch) pararse; (pause, take a break) parar, hacer alto; (cease, come to an end) terminar, acabar(se); **~!** ¡pare!; **the clock has ~ped** el reloj se ha parado; **without ~ping** sin parar; **to ~ at nothing (to do sth)** no detenerse ante nada (para hacer algo); **the rain has ~ped** ha dejado de llover; **she never ~s talking** habla incansablemente.

[b] (fam: stay) **to ~ (at/with)** hospedarse or alojarse (con); **I'm not ~ping** no me quedo.

[4] CPD: **~ press** N noticias fpl de última hora.

◆ **stop away** VI + ADV (fam) ausentarse.

◆ **stop behind** VI + ADV (fam) quedarse.

◆ **stop by** VI + ADV: **I'll ~ by your place later** pasaré por tu casa más tarde.

◆ **stop in** VI + ADV quedarse en casa, no salir.

◆ **stop off** VI + ADV: **to ~ off at** pasar por.

◆ **stop over** VI + ADV (stay the night) pasar la noche; (Aer: for refuelling etc) hacer escala.

◆ **stop up** VT + ADV see **stop 2(a)**.

stopcock ['stɒpkɒk] N llave f de paso.

stopgap ['stɒpgæp] N (thing) recurso m provisional; (person) sustituto/a m/f.

stopover ['stɒpəʊvər] N (Aer) escala f.

stoppage ['stɒpɪdʒ] N (in pipe etc) obstrucción f; (of work) paro m, suspensión f; (from wages) deducción f.

stopper ['stɒpər] N tapón m.

stopping place ['stɒpɪŋpleɪs] N paradero m; (of bus etc) parada f.

stopwatch ['stɒpwɒtʃ] N cronómetro m.

storage ['stɔːrɪdʒ] [1] N almacenaje m, almacenamiento m; **to put sth into ~** poner algo en almacén or depósito.

[2] CPD: **~ heater** N acumulador m; **~ space** N lugar m para los trastos; **~ tank** N (for oil etc) tanque m de almacenamiento; (for rainwater) tanque de reserva.

store [stɔːr] [1] N [a] (stock) provisión f, abastecimiento m; (fig: of knowledge etc) reserva f; (~house, ~room) almacén m, depósito m; (esp Mil: for equipment) pertrechos mpl; **~s** (food) provisiones fpl, existencias fpl; (furniture ~) guardamuebles m inv; **what is in ~ for sb** lo que le espera a algn; **to have** or **keep sth in ~** tener algo en reserva; **to set great/little ~ by sth** tener algo en mucho/en poco, dar mucha/poca importancia a algo.

[b] (shop) tienda f; (grocery ~) tienda de comestibles (Sp), ultramarinos m, tienda de abarrotes (LAm); (department ~) gran almacén m.

[2] VT (gen) almacenar, poner en depósito; (keep, also fig) guardar; (also **~ up**: keep in reserve) acumular; (Comput)

almacenar.

[3] CPD: **~ card** N tarjeta f de compra.

◆ **store away** VT + ADV almacenar.

storefront ['stɔːfrʌnt] N (US) escaparate m.

storehouse ['stɔːhaʊs] N (pl **-houses** [haʊzɪz]) almacén m, depósito m; (fig) mina f, tesoro m.

storekeeper ['stɔːˌkiːpər] N (shopkeeper) tendero/a m/f.

storeroom ['stɔːrʊm] N despensa f.

storey ['stɔːrɪ] [1] N piso m. [2] CPD: **a 9-~ building** un edificio de 9 pisos.

stork [stɔːk] N cigüeña f.

storm [stɔːm] [1] N [a] (gen) tormenta f, tempestad f; (Met) borrasca f, tormenta; (: uproar) escándalo m, bronca f; **a ~ of abuse** un torrente de injurias; **a ~ of applause** una salva de aplausos; **a ~ in a teacup** (fig) una tempestad en un vaso de agua.

[b] (Mil) **to take a town by ~** tomar una ciudad por asalto; **the play took Paris by ~** (fig) la obra cautivó a todo París.

[2] VT (Mil) asaltar, tomar por asalto.

[3] VI (move angrily) echar pestes, vociferar; **he came ~ing into my office** entró en mi despacho echando pestes; **he ~ed out of the meeting** salió de la reunión como un huracán.

[4] CPD: **~ cloud** N nubarrón m; **~ door** N contrapuerta f; **~ troops** NPL (Mil) tropas fpl or guardia fsg de asalto.

stormbound ['stɔːmbaʊnd] ADJ inmovilizado/a por el mal tiempo.

stormy ['stɔːmɪ] ADJ (comp **-ier**; superl **-iest**) (weather) tormentoso/a; (fig: meeting etc) acalorado/a.

story¹ ['stɔːrɪ] [1] N (gen) historia f; (tale, Lit) cuento m, relato m; (Press) artículo m, reportaje m; (joke) chiste m; (plot) argumento m; (lie) mentira f, cuento; **that's not the whole ~** eso no es todo; **it's the same old ~** es la historia de siempre; **but that's another ~** pero eso es otro cantar; **it's a long ~** es or sería largo de contar; **that's the ~ of my life!** (fam) ¡siempre me pasa lo mismo!; **to cut a long ~ short** en resumidas cuentas, en pocas palabras; **a likely ~!** ¡puro cuento!; **to tell a ~** contar un cuento; **to tell stories** (fig) contar embustes.

[2] CPD: **~ line** N argumento m.

story² ['stɔːrɪ] N (US) = **storey**.

storyboard ['stɔːrɪbɔːd] N (Cine) dibujos o fotos secuenciales de imágenes, guión m gráfico.

storybook ['stɔːrɪbʊk] [1] N libro m de cuentos. [2] CPD: **a ~ ending** una conclusión como el fin de una novela.

storyteller ['stɔːrɪˌtelər] N cuentista mf.

stout [staʊt] [1] ADJ (comp **~er**; superl **~est**) (sturdy: stick, shoes etc) fuerte, sólido/a; (fat: person) gordo/a, robusto/a; (determined: supporter, resistance) resuelto/a, empedernido/a; **with ~ hearts** resueltamente.

[2] N (beer) cerveza f negra.

stout-hearted ['staʊt'hɑːtɪd] ADJ valiente, resuelto/a.

stove¹ [stəʊv] N (for heating) estufa f; (for cooking) cocina f, horno m (LAm).

stove² [stəʊv] PT, PP of **stave**; see **stave in**.

stow [stəʊ] [1] VT (Naut: cargo) estibar, arrumar; (also **~ away**: put away) guardar. [2] VI: **to ~ away** (on ship, plane) viajar de polizón.

stowaway ['stəʊəweɪ] N polizón mf.

straddle ['strædl] VT ponerse a horcajadas; (town: river etc) hacer puente sobre.

strafe [strɑːf] VT ametrallar, abalear (LAm).

straggle ['strægl] VI (lag behind) rezagarse; (spread, untidily) desparramarse, estar disperso; (hair) caer lacio.

straggler ['stræglər] N rezagado/a m/f.

straggling ['stræglɪŋ] ADJ (town) disperso/a; (plants) extendido/a.

straight [streɪt] [1] ADJ (comp **~er**; superl **~est**) [a] (not bent or curved) recto/a, derecho/a; **the picture isn't ~** el cuadro está chueco; **as ~ as a die** derecho como una vela; **I couldn't keep a ~ face** or **keep my face ~** no podía mantener la cara seria.

[b] (continuous, direct) directo/a, derecho/a; **we had ten ~ wins** ganamos diez veces seguidas.

[c] (honest: person) honrado/a, de confianza; (answer,

denial) franco/a, directo/a; **I'll be ~ with you** te hablaré con toda franqueza.

d (*plain, uncomplicated*) sencillo/a; (*drink*) sin mezcla; (*Theat: part, play*) serio/a; (*person: conventional*) cuadrado/a.

e (*pred*) **to be (all) ~** (*tidy*) estar en orden; (*clarified*) quedar claro; **it's all ~ now** (*tidy*) ya está en orden; (*clarified*) ya está claro; **let's get this ~** hablemos claro; **to put things** *or* **matters ~** poner las cosas en orden; **he soon put me ~** me desengañó muy pronto; **to put the record ~** hacer constar la verdad.

f (*fam: not gay*) heterosexual, hetero (*fam*).

2 ADV **a** (*in a ~ line*) en línea recta; (*above, below etc*) directamente; (*sit, stand up*) recto, derecho; **it's ~ across the road from us** está exactamente enfrente de nosotros; **~ on** *or* **ahead** todo seguido, derecho; **to go ~** (*fig*) enmendarse.

b (*directly, without diversion*) directamente; **I went ~ home** fui directamente a casa; **to come ~ to the point** ir al grano; **to drink ~ from the bottle** beber de la botella; **to look sb ~ in the eye** mirar directamente a los ojos de algn.

c (*immediately*) inmediatamente, al tiro (*Chi*); **~ away** en seguida; **~ off** sin vacilar, en el acto; **she just went ~ off** se marchó sin detenerse.

d (*frankly*) francamente, con franqueza; **~ out** sin rodeos, francamente.

e (*pure: drink*) sin mezcla.

3 N (*on racecourse*) recta *f*; **to cut sth on the ~** cortar algo derecho; **to keep to the ~ and narrow** (*fig*) ir por buen camino.

straightaway ['streɪtə'weɪ] ADV inmediatamente, en seguida, al tiro (*Chi*).

straighten ['streɪtn] **1** VT (*sth bent: also ~ out*) enderezar, poner derecho; (*picture, tablecloth, tie*) poner bien; (*tidy: also ~ up*) arreglar, ordenar; (*fig: problem: also ~ out*) resolver. **2** VI (*road etc: also ~ out*) enderezarse; (*person: also ~ (o.s.) up*) arreglarse.

straight-faced ['streɪt'feɪst] **1** ADJ serio/a. **2** ADV sin mostrar emoción, impávido.

straightforward [,streɪt'fɔ:wəd] ADJ (*honest*) honrado/a; (*sincere*) sincero/a; (*simple*) sencillo/a.

strain¹ [streɪn] **1** N **a** (*Tech*) tensión *f*; **the ~ on a rope** la tensión de una cuerda.

b (*fig: gen*) tensión *f*; (*: atmosphere*) tensión, tirantez *f*; (*: effort*) esfuerzo *m*; **mental ~** tensión nerviosa; **the ~s on the economy** las presiones sobre la economía; **the ~s of modern life** las tensiones de la vida moderna; **to put a great ~ on sb/sth** exigir un gran esfuerzo a algn/ de algo.

c (*Med: muscle ~*) torcedura *f*; (*: on eyes, heart*) agotamiento *m*.

d **~s** (*Mus*) son *msg*, compases *mpl*.

2 VT **a** (*stretch*) estirar, tensar.

b (*put ~ on: lit*) poner presión sobre; (*: fig: generosity, friendship*) abusar de; (*: resources*) sobrepasar; (*Med: back, muscle etc*) torcer(se); (*: eyes*) cansar; **to ~ every nerve to do sth** hacer grandes esfuerzos por hacer algo; **to ~ one's ears to hear sth** aguzar el oído para oír algo.

c (*filter*) filtrar; (*Culin*) colar.

3 VI (*to ~ at sth* (*push/pull*) tirar *or* (*LAm*) jalar algo; **he ~ed against the bonds that held him** se esforzó en romper los lazos que le retenían.

strain² [streɪn] N (*breed*) raza *f*, linaje *m*; (*hereditary streak*) vena *f*, tendencia *f*.

strained [streɪnd] ADJ (*muscle etc*) torcido/a; (*laugh, smile etc*) forzado/a; (*relations*) tenso/a, tirante.

strainer ['streɪnər] N (*Culin*) colador *m*.

strait [streɪt] N (*Geog*) estrecho *m*; **the S~s of Dover** el estrecho de Dóver; **to be in dire ~s** (*fig*) estar en un gran aprieto.

straitened ['streɪtnd] ADJ: **in ~ circumstances** (*frm*) en condiciones de apuro.

straitjacket ['streɪt,dʒækɪt] N camisa *f* de fuerza.

strait-laced ['streɪt'leɪst] ADJ puritano/a.

strand¹ [strænd] N (*of thread*) hebra *f*, hilo *m*; (*of hair*) pelo *m*.

strand² [strænd] N (*beach, shore*) playa *f*.

stranded ['strændɪd] ADJ: **to be (left) ~** (*ship, fish*) quedar varado/a; (*person: without money*) quedar desamparado/a; (*: without transport*) quedar colgado/a; **to leave sb ~** dejar a algn plantado.

strange [streɪndʒ] ADJ (*comp* **~r**; *superl* **~st**) (*unknown, unfamiliar*) desconocido/a; (*odd*) extraño, raro/a; **it is ~ that ...** es raro que ...; **I felt rather ~ at first** al principio me sentía bastante raro; **the work is ~ to him** el trabajo es nuevo para él; **don't talk to any ~ men** no hables con ningún desconocido.

strangely ['streɪndʒlɪ] ADV (*gen*) en forma rara *or* extraña; **~ (enough), I've never met him before** aunque te extrañe *or* por extraño que te parezca, no lo había conocido hasta ahora.

strangeness ['streɪndʒnɪs] N (*unfamiliarity*) novedad *f*; (*oddness*) extrañeza *f*.

stranger ['streɪndʒər] N (*unknown person*) desconocido/a *m/f*, extraño/a *m/f*; (*in a place*) forastero/a *m/f*, forajido/a *m/f*; **I'm a ~ here** yo soy nuevo aquí; **hullo, ~!** ¡cuánto tiempo sin vernos!

strangle ['stræŋgl] VT estrangular.

stranglehold ['stræŋglhəʊld] N (*Sport*) collar *m* de fuerza; (*fig*) **to have a ~ on sb/sth** tener dominio completo sobre algn/monopolizar algo.

strangler ['stræŋglər] N estrangulador(a) *m/f*.

strangling ['stræŋglɪŋ], **strangulation** ['stræŋgjʊ'leɪʃən] N estranguación *f*, estrangulamiento *m*.

strangulated ['stræŋgjʊleɪtɪd] ADJ estrangulado/a.

strap [stræp] **1** N correa *f*, tira *f*; (*shoulder ~*) tirante *m*, bretel *m* (*LAm*); (*safety ~*) cinturón *m*; **to give sb the ~** (*punishment*) azotar a algn con correa.

2 VT **a** (*fasten*) **to ~ sth on/down** sujetar algo con correa; **to ~ sb/o.s. in** poner a algn/ponerse el cinturón de seguridad.

b (*Med: also ~ up*) vendar.

strap-hanging ['stræp,hæŋɪŋ] N viajar *m* de pie *or* (*LAm*) parado.

strapless ['stræplɪs] ADJ sin tirantes.

strapline ['stræp,laɪn] N (*Press*) titular *m*.

strapped [stræpt] ADJ: **to be ~ for cash** no tener un duro.

strapping ['stræpɪŋ] ADJ (*person*) fornido/a, robusto/a.

Strasbourg ['stræzbɜ:g] N Estrasburgo *m*.

strata ['strɑ:tə] NPL *of* **stratum**.

stratagem ['strætɪdʒəm] N estratagema *f*.

strategic [strə'ti:dʒɪk] ADJ estratégico/a.

strategy ['strætɪdʒɪ] N estrategia *f*.

stratified ['strætɪfaɪd] ADJ estratificado/a.

stratosphere ['strætəʊsfɪər] N estratosfera *f*.

stratum ['strɑ:təm] N (*pl* **strata**) (*lit*) estrato *m*; (*fig*) estrato, capa *f*.

stratus ['streɪtəs] N (*pl* **strati** ['streɪtaɪ]) estrato *m*.

straw [strɔ:] **1** N paja *f*; (*drinking ~*) pajita *f*, caña *f*, popote *m* (*Mex*); **it's the last ~!** ¡es el colmo!, ¡sólo eso faltaba!; **to clutch at ~s** agarrarse a un clavo ardiendo; **to draw** *or* **get the short ~** ser elegido para hacer algo desagradable.

2 CPD: **~ hat** N sombrero *m* de paja.

strawberry ['strɔ:bərɪ] **1** N fresa *f*, fresón *m*, frutilla *f* (*And, CSur*). **2** CPD: **~ blonde** ADJ bermejo/a; **~ mark** (*on skin*) mancha *f* de nacimiento.

straw-coloured, (*US*) **straw-colored** ['strɔ:kʌləd] ADJ pajizo/a, (de) color de paja.

stray [streɪ] **1** ADJ (*lost*) perdido/a, extraviado/a; (*bullet*) perdido/a; (*isolated, occasional*) aislado/a; (*animal etc*) callejero/a; **a few ~ cars** alguno que otro coche.

2 N (*animal*) animal *m* extraviado.

3 VI (*animal: roam*) extraviarse; (*: get lost*) perderse, extraviarse; (*wander: person*) vagar, ir sin rumbo fijo; (*: speaker, thoughts*) desvariar; **we had ~ed 2 kilometres from the path** nos habíamos desviado 2 kilómetros del camino.

streak [stri:k] **1** N (*line*) raya *f*; (*of mineral*) veta *f*; (*fig: of madness etc*) vena *f*; (*: of luck*) racha *f*; **to have ~s in**

one's hair tener vetas en el pelo; **like a ~ of lightning** como un rayo; **he had a cruel ~ (in him)** tenía un rasgo cruel.

  [2] VT rayar (*with* de).

  [3] VI: **to ~ in/out** entrar/salir como un rayo.

streaker ['striːkər] N (*fam*) corredor/a *m/f* desnudo/a.

streaky ['striːkɪ] ADJ: **~ bacon** tocino *m* con grasa, bacon *m*, beicon *m*.

stream [striːm] [1] N (*brook*) arroyo *m*, riachuelo *m*; (*river*) río *m*; (*flow: of liquid, air*) corriente *f*; (: *of people*) oleada *f*; (: *of words, insults*) chorro *m*; **with/against the ~** con la corriente/a contracorriente; **an unbroken ~ of cars** una riada de coches; **the B ~** (*Scol*) la clase B; **to come on ~** (*oil well, production line*) entrar en funcionamiento; (*fig*) empezar a trabajar; **~ of consciousness** monólogo *m* interior.

  [2] VT [a] (*water etc*) derramar, dejar correr; **his face ~ed blood** la sangre le corría *or* chorreaba por la cara.

  [b] (*Scol*) clasificar.

  [3] VI (*liquid*) correr, manar; (*people*) ir en tropel; (*cars*) fluir; **her eyes were ~ing** lloraba a mares; **her cheeks were ~ing with tears** tenía la cara bañada en lágrimas; **the cars kept ~ing past** los coches pasaban ininterrumpidamente.

streamer ['striːmər] N (*of paper, at parties etc*) serpentina *f*.

streamline ['striːmlaɪn] VT (*lit*) aerodinamizar; (*fig*) racionalizar.

streamlined ['striːmlaɪnd] ADJ (*air*) aerodinámico/a; (*fig*) racionalizado/a.

street [striːt] [1] N calle *f*, jirón *m* (*Per*); **the back ~s** (*lit*) las callejuelas; (*fig*) los barrios bajos; **he lives in** *or* **on the High S~** vive en la Calle Mayor; **to be on the ~s** (*homeless*) estar sin vivienda; (*as prostitute*) ser de la vida; **it's right up my ~** (*fig*) me viene perfecto; **to be ~s ahead of sb** (*fam*) adelantarle por mucho a algn; **they're ~s apart** les separa un abismo.

  [2] CPD (*lamp, lighting*) de la calle; (*musician etc*) ambulante, callejero/a; **~ corner** N esquina *f* (de la calle), bocacalle *f*; **~ cred(ibility)** N dominio *m* de la contracultura urbana; **~ lamp**, **~ light** N farola *f*, faro *m* (*LAm*); **~ market** N mercado *m* callejero, tianguis *m* (*Mex*), feria *f* (*LAm*); **~ plan** N plano *m*, callejero *m*; **~ sweeper** N barrendero/a *m/f*; **~ vendor** N (*US*) vendedor *m* callejero.

streetcar ['striːtkɑːr] N (*US*) tranvía *m*, tren *m*.

streetwalker ['striːtwɔːkər] N carrerista *f*, mujer *f* de la vida.

streetwise ['striːtwaɪz] ADJ (*youth*) pícaro/a, muy listo/a; **to be ~** estar en onda con la calle.

strength [streŋθ] N [a] (*gen*) fuerza *f*; (*physical ~*) fuerza(s) *f(pl)*, poder *m*; (*of wall, nail, wood etc*) resistencia *f*; (*fig: of emotion, conviction*) intensidad *f*, fuerza; (: *of argument, evidence*) fuerza, poder; **the ~ of the pound** (*exchange value*) el valor de la libra; **you'll soon get your ~ back** pronto recobrarás las fuerzas *or* te repondrás; **~ of character/mind** carácter *m*/resolución *f*; **on the ~ of ...** a base de ..., en base a ...; **to go from ~ to ~** ir ganando fuerzas; **to save** *or* **reserve one's ~** reservarse.

  [b] (*Mil etc*) complemento *m*, número *m*; **to be at full ~/ below ~** tener/no tener todo su complemento; **to come in ~** venir en gran número.

strengthen ['streŋθən] [1] VT (*gen*) reforzar; (*person, muscles*) fortalecer, dar fuerza nueva a; (*desire, determination*) intensificar. [2] VI (*economy, currency*) reforzarse, fortalecerse; (*wind*) hacerse más fuerte; (*desire, determination*) intensificarse.

strenuous ['strenjʊəs] ADJ (*energetic*) intenso/a, enérgico/a; (*opposition etc*) tenaz, firme.

stress [stres] [1] N [a] (*Tech*) tensión *f*; (*compulsion*) presión *f*, coacción *f*; (*psychological etc: strain*) tensión (nerviosa), stress *m*; **to be under ~** sufrir una tensión nerviosa; **in times of ~** en épocas de tensión; **the ~es and strains of modern life** las presiones de la vida moderna.

  [b] (*emphasis*) hincapié *m*, énfasis *m*; (*Ling, Poetry*) acento *m*; **the ~ is on the second syllable** el acento tónico cae en la segunda sílaba; **to lay great ~ on sth** recalcar algo.

  [2] VT (*emphasize*) subrayar, insistir en; (*Ling, Poetry*) acentuar.

stressed [strest] ADJ (*syllable*) acentuado/a.

stressful ['stresfʊl] ADJ (*job*) que produce tensión nerviosa.

stretch [stretʃ] [1] N [a] (*elasticity*) elasticidad *f*; **to have a ~** (*person*) estirarse; **to be at full ~** (*person: physically*) estirarse al máximo; (: *at work*) estar trabajando a toda mecha; **by no ~ of the imagination** bajo ningún concepto.

  [b] (*distance*) trecho *m*; (*expanse*) extensión *f*; (*of road etc*) tramo *m*; (*of rope*) trozo *m*; (*of time*) período *m*, tiempo *m*; **in that ~ of the river** en aquella parte del río; **for a long ~ it runs between mountains** corre entre montañas durante un buen trecho; **for 3 days at a ~** 3 días de un tirón *or* (*LAm*) jalón.

  [2] VT [a] (*pull out: elastic*) estirar; (: *rope etc*) tender (*between* entre); (*make larger: pullover, shoes*) ensanchar; (: *make longer*) alargar; (*spread on ground etc*) extender; (*person: from blow*) estirar (*fam*); **to ~ one's legs** estirar las piernas; **to ~ o.s.** (*after sleep etc*) desentumecerse.

  [b] (*money, resources, meal*) hacer que llegue *or* alcance; **our resources are fully ~ed** nuestros recursos están empleados a tope.

  [c] (*meaning, law, truth*) forzar, violentar; **that's ~ing it too far** eso va demasiado lejos; **to ~ a point** hacer una excepción.

  [d] (*athlete, student etc*) exigir el máximo esfuerzo a; **to be fully ~ed** llegar a sus límites; **to ~ o.s.** esforzarse.

  [3] VI (*~ one's limbs, reach out*) estirarse; (*be elastic*) estirar(se), dar (de sí); (*become larger: clothes, shoes*) ensancharse; (*reach, extend: rope, area of land*) llegar (*to* a); (: *power, influence*) permitir (*to* que); (*be enough: money, food*) alcanzar (*to* para).

  [4] CPD: **~ fabric** N tela *f* elástica; **~ limo** N limusina *f* larga; **~ marks** NPL estrías *fpl*.

◆ **stretch out** [1] VT + ADV (*gen*) extender; (*lengthen: essay, discussion*) alargar.

  [2] VI + ADV (*person*) estirarse; (: *lie down*) tumbarse; (*space, time*) extenderse.

stretcher ['stretʃər] [1] N (*Med*) camilla *f*. [2] CPD: **~ bearer** N camillero/a *m/f*; **~ case** N enfermo *o* herido que tiene que ser llevado en camilla.

strew [struː] (*pt* **~ed**; *pp* **~ed** *or* **~n** [struːn]) VT (*scatter*) regar, esparcir; (*cover*) cubrir *or* tapizar (*with* de); **to ~ one's belongings about the room** desparramar las cosas por el cuarto; **there were fragments ~n about everywhere** había fragmentos desparramados por todas partes.

stricken ['strɪkən] [1] (*old*) PP of **strike**. [2] ADJ (*distressed, upset*) afligido/a, acongojado/a; (*damaged: ship etc*) destrozado/a, dañado/a; **she was ~ with remorse** le remordía la conciencia.

strict [strɪkt] ADJ (*comp* **~er**; *superl* **~est**) [a] (*stern: severe: person*) severo/a, estricto/a; **to be ~ with sb** ser severo con algn. [b] (*inflexible*) estricto/a; (*definitive*) terminante. [c] (*precise: meaning, accuracy*) estricto/a; (*absolute: secrecy*) absoluto/a; **in the ~ sense of the word** en el sentido estricto de la palabra; **in ~ confidence** en la más absoluta confianza.

strictly ['strɪktlɪ] ADV [a] (*sternly, severely*) severamente; **she was ~ brought up** tuvo una educación muy severa. [b] (*inflexibly*) estrictamente; **it is ~ forbidden to do that** está terminantemente prohibido hacer eso. [c] **~ confidential** estrictamente confidencial; **'~ private'** (*notice*) 'propiedad privada'; **~ speaking** en (el) sentido estricto (de la palabra); **~ between ourselves ...** entre nosotros ....

strictness ['strɪktnɪs] N (*severity: of person*) severidad *f*; (*inflexibility*) rigor *m*; (*precision*) exactitud *f*.

stricture ['strɪktʃər] N (*usu pl: criticism*) censura *f*, crítica *f*.

stride [straɪd] (*vb: pt* **strode**; *pp* **stridden** [strɪdn]) [1] N zancada *f*, tranco *m*; **to get into one's ~** (*fig*) coger *or* (*LAm*) agarrar el ritmo; **to take sth in one's ~** (*fig*) tomar las cosas con calma.

  [2] VI (*also ~ along*) andar a zancadas; **to ~ up and down**

andar de aquí para allá a pasos largos.

strident ['straɪdənt] ADJ (*voice, sound*) estridente; (*protest*) fuerte.

strife [straɪf] N conflictos *mpl*; **domestic ~** riñas *fpl* domésticas; **internal ~** disensión *f* interna.

strike [straɪk] (*vb: pt, pp* **struck**) **1** N **a** (*by workers*) huelga *f*, paro *m*; **to go on ~** declarar la huelga; *see* **hunger.**

b (*discovery: of oil, gold*) descubrimiento *m*.

c (*Baseball*) golpe *m*; (*Bowling*) strike *m*.

d (*Mil: air ~*) ataque *m* aéreo.

2 VT **a** (*hit*) pegar, golpear; (: *blow*) pegar *or* dar un golpe (*at* a); (: *chord*) tocar; **never ~ a woman** no pegar nunca a una mujer; **the president was struck by two bullets** dos balas alcanzaron al presidente; **the clock struck the hour** el reloj dio la hora; **to be struck by lightning** ser alcanzado por un rayo.

b (*collide with*) chocar con *or* contra; (: *difficulty, obstacle*) encontrar, dar *or* tropezar con; **a ghastly sight struck our gaze** se nos presentó un panorama horroroso; **what ~s the eye is the poverty** lo que más llama la atención es la pobreza; **disaster struck us** el desastre nos vino encima.

c (*produce, make: coin, medal*) acuñar; (: *agreement, deal*) concertar, concretar (*esp LAm*); (: *a light, match*) encender, prender (*LAm*); **to ~ sparks from sth** hacer que algo eche chispas; **to ~ an attitude** adoptar una actitud; **to ~ a balance** (*fig*) encontrar el equilibrio; **to ~ a bargain** cerrar un trato; **that ~s a chord!** ¡eso me suena!; **to ~ a deal** llegar a un acuerdo; (*Comm*) cerrar un trato; **to be struck dumb** quedarse sin habla; **to ~ terror into sb's heart** infundir terror a algn.

d (*occur to*) **it ~s me as being most unlikely** me parece poco factible, se me hace poco probable (*LAm*); **the thought** *or* **it ~s me that ...** se me ocurre que ...; **how did it ~ you?** ¿qué te pareció?, ¿qué impresión te causó?; **I'm not much struck (with him)** no me llama la atención, no me impresiona mucho.

e (*find: gold, oil*) descubrir; **he struck it rich** le salió el gordo.

f (*pp also* **stricken**) (*remove, cross out*) suprimir (*from* de).

3 VI **a** (*attack: Mil etc*) atacar; (: *disaster*) sobrevenir; (: *disease*) golpear; **now is the time to ~** éste es el momento en que conviene atacar; **this ~s at our very existence** esto amenaza nuestra existencia misma; *see* **home 2; iron 1.**

b (*clock*) dar la hora.

c (*workers*) declarar la huelga, declararse en huelga; **to ~ for higher wages** hacer una huelga para conseguir un aumento de los sueldos.

d **to ~ on an idea** ocurrírsele a algn una idea.

e **to ~ (it) lucky** tener suerte.

4 CPD (*pay, committee*) de huelga.

◆ **strike back** VI + ADV (*gen*) devolver el golpe; (*Mil*) contraatacar.

◆ **strike down** VT + ADV (*illness etc: incapacitate*) fulminar; (: *kill*) matar; **he was struck down in his prime** se le llevó la muerte en la flor de la vida.

◆ **strike off** **1** VT + ADV (*from list*) tachar; (: *doctor*) suspender.

2 VT + PREP (*name off list*) tachar.

◆ **strike out** **1** VT + ADV (*cross out*) tachar.

2 VI + ADV **a** (*hit out*) arremeter (*at* contra).

b (*set out*) dirigirse; **to ~ out on one's own** (*fig: in business*) volar con sus propias alas.

◆ **strike up** **1** VT + ADV **a** (*friendship, conversation*) empezar.

b (*tune*) atacar.

2 VI + ADV (*band*) empezar a tocar.

strikebreaker ['straɪk,breɪkər] N esquirol *m*, rompehuelgas *mf inv*.

striker ['straɪkər] N (*in industry*) huelguista *mf*.

striking ['straɪkɪŋ] ADJ (*arresting: picture, clothes, colour*) llamativo/a; (*obvious: contrast, resemblance*) notorio/a; **a ~ woman** una mujer imponente; **it is ~ that ...** es impresionante que ....

Strimmer ® ['strɪmər] N cortacéspedes *m inv* (*especial para los bordes*).

string [strɪŋ] (*vb: pt, pp* **strung**) **1** N **a** (*cord*) cuerda *f*, cordel *m*, cabuya *f* (*LAm*), mecate *m* (*Mex*); (*lace etc*) cordón *m*; (*row: of onions*) ristra *f*; (: *of beads*) hilo *m*, sarta *f*; (: *of vehicles*) caravana *f*, fila *f*; (: *of people*) hilera *f*; (: *of excuses*) sarta *f*, serie *f*; (: *of curses*) retahíla *f*; (*Comput*) cadena *f*; **a whole ~ of errors** toda una serie de errores; **to pull ~s** mover palancas; **with no ~s attached** (*fig*) sin compromiso.

b (*on musical instrument, racket*) cuerda *f*; **the ~s** (*instruments*) los instrumentos de cuerda.

2 VT (*pearls etc*) ensartar; (*violin, tennis racket*) encordar; **he can't even ~ two sentences together** ni sabe enhilar dos frases seguidas.

3 CPD: **~ bean** N (*US*) judía *f* verde, ejote *m* (*Mex*), poroto *m* verde (*CSur*); **~ quartet** N cuarteto *m* de cuerdas.

◆ **string along** VT + ADV (*fam*) dar falsas esperanzas a; **to ~ sb along** embaucar a algn.

◆ **string out** VT + ADV: **to be strung out behind sb/along sth** seguir a algn en fila/hacer fila a lo largo de algo.

stringed [strɪŋd] ADJ (*instrument*) de cuerdas.

stringent ['strɪndʒənt] ADJ severo/a, estricto/a; **~ rules** reglas *fpl* rigurosas.

strip [strɪp] **1** N (*of paper etc*) tira *f*; (*of land*) franja *f*, faja *f*; (*of metal*) fleje *m*; **to tear sb off a ~**, **to tear a ~ off sb** (*fam*) poner a algn como un trapo (*fam*).

2 VT **a** (*person*) desnudar; (*bed*) quitar la ropa de; (*wall*) desempapelar; (*wallpaper*) quitar; (*plants, bushes*) descortezar; **to ~ sth/sb of sth** despojar algo/a algn de algo.

b (*Tech: engine*) desmontar.

3 VI (*undress*) desnudarse; (*do striptease*) hacer estriptís; **to ~ to the waist** desnudarse hasta la cintura.

4 CPD: **~ cartoon** N tira *f* cómica, historieta *f*, caricatura *f* (*LAm*); **~ club**, (*US fam*) **~ joint** N (*show* m de) estriptís; **~ light** N lámpara *f* fluorescente; **~ show** N = **~ club.**

◆ **strip off** **1** VT + ADV (*paint etc*) quitar; (*violently*) arrancar; **to ~ off one's clothes** quitarse (*rápidamente*) la ropa.

2 VI + ADV desnudarse; (*paint etc*) desprenderse.

stripe [straɪp] N (*on flag etc*) franja *f*; (*line*) raya *f*, lista *f*; (*Mil*) galón *m*.

striped [straɪpt] ADJ rayado/a, de rayas.

stripper ['strɪpər] N persona *f* que hace striptease.

strip-search ['strɪpsɜːtʃ] **1** N registro *m* integral. **2** VT: **he was ~ed at the airport** le hicieron un registro integral en el aeropuerto.

striptease ['strɪptiːz] N striptease *m*, estriptís *m*, estriptis *m*.

strive [straɪv] (*pt* **strove**; *pp* **~n** ['strɪvn]) VI esforzarse, procurar; **to ~ after** *or* **for sth** esforzarse por conseguir algo; **to ~ to do sth** esforzarse por hacer algo.

strobe [strəʊb] N (*also* **~ light, ~ lighting**) luces *fpl* estroboscópicas.

strode [strəʊd] PT *of* **stride**.

stroke [strəʊk] **1** N **a** (*blow*) golpe *m*; **at a** *or* **one ~** de un solo golpe.

b (*caress*) caricia *f*.

c (*Cricket, Golf*) golpe *m*, jugada *f*; (*Rowing*) remada *f*; (*Swimming: single movement*) brazada *f*; (: *type of ~*) estilo *m*; **he hasn't done a ~ of work** no ha dado golpe; **a ~ of genius** una ocurrencia genial; **a ~ of luck** un golpe de suerte.

d (*of bell, clock*) campanada *f*; **on the ~ of 12** al dar las 12.

e (*of piston*) carrera *f*.

f (*Med*) apoplejía *f*; **to have a ~** tener un ataque.

g (*of pen*) trazo *m*, plumada *f*; (*of brush*) pincelada *f*.

2 VT (*cat, sb's hair*) acariciar.

3 CPD: **two-~ engine** N motor *m* de dos tiempos.

stroll [strəʊl] **1** N paseo *m*; **to go for a ~, to have** *or* **take a ~** dar un paseo, dar una vuelta. **2** VI dar un paseo, pasear, dar una vuelta; **to ~ up and down** pasearse de acá para allá.

stroller ['strəʊlər] N (*US: pushchair*) cochecito *m*.

strong [strɒŋ] **1** ADJ (*comp* **~er**; *superl* **~est**) (*gen*) fuerte; (*physically*) fuerte, fornido/a; (*powerful*) poderoso/a; (*healthy: person, teeth, heart*) robusto/a, saludable; (*sturdy: table, shoes, fabric*) sólido/a, fuerte; (*candidate*) con posibilidades; (*evidence, argument, reason*) convincente; (*protest, support, supporter*) acérrimo/a; (*light*) brillante; (*smell*) punzante; (*colour*) intenso/a; (*marked, pronounced: resemblance, accent*) marcado/a; (: *possibility*) bueno/a; **to have a ~ stomach** tener un buen estómago; **he's not very ~ on grammar** no está muy fuerte en gramática; **geography was never my ~ point** la geografía nunca fue mi fuerte; **they are 20 ~** son 20 en total; **~ language** (*swearing*) lenguaje *m* fuerte; (*frank*) palabras *fpl* directas. **2** ADV: **to come on ~** (*fam*) mostrarse demasiado severo; **she was coming on ~** se veía que ella se sentía atraída por él; **the firm is still going ~** la empresa todavía marcha bien; **he was still going ~ at 80** se conservaba bien con sus 80 años.

strong-arm ['strɒnɑːm] ADJ (*tactics, methods*) represivo/a.
strongbox ['strɒŋbɒks] N caja *f* fuerte.
stronghold ['strɒŋhəʊld] N fortaleza *f*; (*fig*) **the last ~ of ...** el último baluarte de ....
strongly ['strɒŋlɪ] ADV (*gen*) fuertemente, con fuerza; (*tempted, influenced*) muchísimo; (*protest, support, argue*) vigorosamente; (*believe, suspect, feel*) firmemente; **a ~ worded letter** una carta con tono subido.
strongpoint ['strɒŋpɔɪnt] N fuerte *m*.
strongroom ['strɒŋrʊm] N cámara *f* acorazada.
strong-willed ['strɒŋ'wɪld] ADJ resuelto/a, decidido/a.
strontium ['strɒntɪəm] N estroncio *m*.
stroppy ['strɒpɪ] ADJ: **to get ~** (*Brit fam*) cabrearse (*fam*), ponerse negro (*fam*).
strove [strəʊv] PT *of* **strive**.
struck [strʌk] PT, PP *of* **strike**.
structural ['strʌktʃərəl] ADJ estructural.
structure ['strʌktʃər] **1** N (*organization, make-up*) estructura *f*; (*thing constructed*) construcción *f*. **2** VT (*essay, argument*) estructurar.
struggle ['strʌɡl] **1** N (*gen*) lucha *f*; (*fistfight etc*) pelea *f*; **it was a ~ to convince him** nos costó grandes esfuerzos convencerle; **the class ~** la lucha de clases; **the ~ for survival** la lucha por la vida. **2** VI (*physically*) luchar; **to ~ to do sth** esforzarse por hacer algo; **to ~ with sth** luchar con algo; **to ~ to one's feet** levantarse con esfuerzo.
♦ **struggle on** VI + ADV seguir luchando; **we ~d on for another kilometre** avanzamos con dificultad un kilómetro más.
strum [strʌm] VT (*guitar etc*) rasguear.
strung [strʌŋ] PT, PP *of* **string** *see* **highly**.
strut[1] [strʌt] VI pavonearse; **to ~ into a room** entrar pavoneándose en un cuarto.
strut[2] [strʌt] N (*beam*) puntal *m*, riostra *f*.
strychnine ['strɪkniːn] N estricnina *f*.
stub [stʌb] **1** N (*of cigarette*) colilla *f*, pitillo *m*; (*of candle, pencil etc*) cabo *m*; (*of cheque, receipt*) talón *m*. **2** VT: **to ~ one's toe (on sth)** dar con el dedo del pie (contra algo).
♦ **stub out** VT + ADV (*cigarette*) apagar.
stubble ['stʌbl] N rastrojo *m*; (*on chin*) barba *f* (incipiente).
stubborn ['stʌbən] ADJ (*gen*) terco/a; (*person*) testarudo/a, porfiado/a; (*stain, lock*) difícil.
stubbornness ['stʌbənnɪs] N (*gen*) terquedad *f*.
STUC N ABBR *of* **Scottish Trades Union Congress**.
stucco ['stʌkəʊ] N estuco *m*.
stuck [stʌk] PT, PP *of* **stick**.
stuck-up ['stʌk'ʌp] ADJ (*fam*) presumido/a, engreído/a.
stud[1] [stʌd] **1** N (*in road*) clavo *m*, tope *m* (*Mex*); (*decorative*) tachón *m*; (*on boots*) taco *m*; (*collar ~, shirt ~*) corchete *m*. **2** VT: **~ded with** (*fig*) salpicado de.
stud[2] [stʌd] N (*also* **~ farm**) caballeriza *f*, cuadra *f*; (*also* **~ horse**) caballo *m* semental; (*man*) semental *m* (*fam*).
student ['stjuːdənt] **1** N (*pupil*) alumno/a *m/f*; (*Univ*) estudiante *mf*, universitario/a *m/f*; (*researcher*) investigador(a) *m/f*; **a law/medical ~** un estudiante de

derecho/medicina. **2** CPD (*life, unrest, attitude*) estudiantil; **~ driver** N (*US*) aprendiz(a) *m/f* de conductor; **~ grant** N beca *f*; **~ nurse** N estudiante *mf* de enfermera; **~ teacher** N normalista *mf*; **~s' union** N (*association*) federación *f* de estudiantes; (*building*) centro *m* estudiantil.
studied ['stʌdɪd] ADJ (*gen*) estudiado/a, pensado/a; (*calm, insult*) calculado/a, premeditado/a; (*pose, style*) afectado/a.
studio ['stjuːdɪəʊ] **1** N (*TV etc*) estudio *m*; (*of artist*) estudio, taller *m*. **2** CPD: **~ apartment, ~ flat** N estudio *m*.
studious ['stjuːdɪəs] ADJ (*devoted to study*) estudioso/a; (*thoughtful*) atento/a.
study ['stʌdɪ] **1** N (*gen*) estudio *m*; (*of text, evidence etc*) investigación *f*, estudio; (*room*) biblioteca *f*, despacho *m*; **to make a ~ of sth** realizar una investigación de algo; **his face was a ~** (*fig*) ¡le hubieras visto la cara! **2** VT estudiar; (*as student*) estudiar, cursar; (*examine: evidence, painting*) examinar, investigar. **3** VI estudiar; **to ~ for an exam** preparar un examen. **4** CPD: **~ group** N grupo *m* de estudio.
stuff [stʌf] **1** N **a** (*substance*) materia *f*; (*cloth*) género *m*, tela *f*; **there is some good ~ in that book** ese libro tiene cosas buenas; **do you call this ~ beer?** ¿llamas a esto cerveza?; **I can't read his ~** no puedo leer sus cosas. **b** (*possessions, equipment etc*) cosas *fpl*, chismes *mpl* (*Sp*); **he leaves his ~ scattered about** deja sus cosas tiradas (por ahí). **c** (*nonsense*) tonterías *fpl*; **all that ~ about Cervantes** todas esas tonterías acerca de Cervantes. **d** (*fam*) **to do one's ~** hacer lo necesario; **to be hot ~** ser fenomenal; **he certainly knows his ~** sabe cantidad. **2** VT (*fill: container*) llenar, hinchar (*de* with); (: *Culin, cushion, toy*) rellenar (*de* with); (*animal: for exhibition*) disecar; (*stow: contents*) **to ~ (into)** meter (en); **he ~ed it into his pocket** lo metió de prisa en el bolsillo; **to ~ o.s. (with food)** atracarse *or* atiborrarse (*de* comida); **my nose is ~ed up** estoy constipado; **get ~ed!** (*fam!*) ¡vete a la porra! (*fam!*), ¡vete al carajo! (*LAm fam!*); **~ the government!** (*fam!*) ¡que se joda el gobierno! (*fam!*).
stuffed [stʌft] ADJ (*animal*) disecado/a; **~ toy** (*US*) muñeco *m* de peluche.
stuffing ['stʌfɪŋ] N (*gen*) relleno *m*; **to knock the ~ out of sb** dejar a algn para el arrastre.
stuffy ['stʌfɪ] ADJ (*comp* **-ier**; *superl* **-iest**) **a** (*room*) mal ventilado/a; (*weather*) bochornoso/a; **it's ~ in here** aquí huele a encerrado. **b** (*narrow-minded*) remilgado/a, de miras estrechas.
stultify ['stʌltɪfaɪ] VT anular, aniquilar.
stumble ['stʌmbl] VI tropezar, dar un traspié; **to ~ against sth** tropezar contra algo; **to ~ on** *or* **across sth** (*fig*) tropezar con algo.
stumbling ['stʌmblɪŋ] ADJ: **~ block** (*fig*) tropiezo *m*, escollo *m*.
stump [stʌmp] **1** N (*gen*) cabo *m*; (*of limb*) muñón *m*; (*of tree etc*) tocón *m*; (*Cricket*) palo *m*; **to go on the ~** (*US*) hacer campaña electoral. **2** VT (*perplex*) dejar perplejo *or* confuso; **to be ~ed for an answer** no tener respuesta. **3** VI renquear, cojear.
♦ **stump up** VT, VI + ADV (*fam*) pagar.
stun [stʌn] VT (*subj: blow*) atontar, aturdir; (*fig*) dejar pasmado, aturdir; **the news ~ned everybody** la noticia dejó estupefactos a todos.
stung [stʌŋ] PT, PP *of* **sting**.
stunk [stʌŋk] PP *of* **stink**.
stunner ['stʌnər] N (*fam*) persona *f* maravillosa; **she's a real ~** está como un tren (*fam*), está buenísima (*fam*).
stunning ['stʌnɪŋ] ADJ (*news etc*) pasmoso/a; (*dress, girl etc*) imponente.
stunt[1] [stʌnt] VT (*tree, growth*) impedir (el crecimiento de), atrofiar.
stunt[2] [stʌnt] N (*for film etc*) papel *m* peligroso en el cine; (*Comm*) truco *m* publicitario; **it's just a ~ to get your money** es sólo un truco para sacarte dinero; **to pull a ~**

hacer algo peligroso (y tonto).

stunted ['stʌntɪd] ADJ enano/a, mal desarrollado/a.

stuntman ['stʌntmæn] N (*pl* **-men**) doble *m/f* especializado/a en escenas peligrosas.

stupefaction [ˌstjuːpɪˈfækʃən] N estupefacción *f*.

stupefy ['stjuːpɪfaɪ] VT (*tiredness, alcohol*) atontar; (*fig: astound*) dejar estupefacto *or* pasmado.

stupendous [stjuːˈpendəs] ADJ (*fam: wonderful*) estupendo/a; (*extraordinary*) extraordinario/a.

stupid ['stjuːpɪd] ADJ (*gen*) estúpido/a, tonto/a; (*dizzy etc*) atontado/a; **don't be ~** no seas bobo; **that was ~ of you, that was a ~ thing to do** ¡qué imbécil fuiste!

stupidity [stjuːˈpɪdɪtɪ] N estupidez *f*.

stupor ['stjuːpər] N estupor *m*.

sturdiness ['stɜːdɪnɪs] N (*of person, tree*) robustez *f*, fuerza *f*; (*of boats, material*) fuerza; (*fig: of supporter, refusal*) energía *f*, firmeza *f*.

sturdy ['stɜːdɪ] ADJ (*comp* **-ier**; *superl* **-iest**) (*person, tree*) robusto/a, fuerte; (*boat, material*) fuerte; (*fig: supporter, refusal*) enérgico/a, firme.

sturgeon ['stɜːdʒən] N esturión *m*.

stutter ['stʌtər] **1** N tartamudeo *m*; **he has a bad ~** tartamudea terriblemente. **2** VI tartamudear. **3** VT decir tartamudeando.

stutterer ['stʌtərər] N tartamudo/a *m/f*.

sty [staɪ] N pocilga *f*, chiquero *m* (*CSur*).

stye [staɪ] N (*Med*) orzuelo *m*.

style [staɪl] N (*of writing, painting, building etc*) estilo *m*; (*fashion*) moda *f*; (*elegance*) estilo, elegancia *f*; **in the Italian ~** a la italiana; **she has ~** ella tiene estilo; **to cramp sb's ~** cortar los vuelos a algn; **to live in ~** vivir con lujo.

styli ['staɪlaɪ] NPL *of* **stylus**.

stylish ['staɪlɪʃ] ADJ (*elegant*) elegante; (*fashionable*) a la moda.

stylist ['staɪlɪst] N: **hair ~** peluquero/a *m/f*.

stylistic [staɪˈlɪstɪk] ADJ (*device*) estilístico/a; (*improvement*) del estilo.

stylistics [staɪˈlɪstɪks] NSG estilística *f*.

stylized ['staɪlaɪzd] ADJ estilizado/a.

stylus ['staɪləs] N (*pl* **styli**) (*pen*) estilo *m*; (*of gramophone*) aguja *f*.

stymie ['staɪmɪ] VT: **to ~ sb** (*fam*) bloquear a algn.

styptic ['stɪptɪk] ADJ astringente.

suave [swɑːv] ADJ suave; (*pej*) zalamero/a.

sub¹ [sʌb] **1** N ABBR **a** *of* **subaltern**. **b** *of* **subeditor**. **c** *of* **submarine**. **d** *of* **subscription**. **e** *of* **substitute**. **2** VT ABBR *of* **sub-edit**.

sub² [sʌb] VI: **to ~ for sb** hacer las veces de algn.

sub³ [sʌb] (*fam*) **1** N (*advance on wages*) avance *m*, anticipo *m*. **2** VT anticipar dinero a.

sub... [sʌb] PREF sub....

subaltern ['sʌbltən] N (*Mil*) alférez *m*.

subcommittee ['sʌbkəˌmɪtɪ] N subcomisión *f*, subcomité *m*.

subconscious ['sʌbˈkɒnʃəs] **1** ADJ subconsciente. **2** N: **the ~** el subconsciente.

subconsciously ['sʌbˈkɒnʃəslɪ] ADV subconscientemente.

subcontinent ['sʌbˈkɒntɪnənt] N: **the (Indian) ~** el subcontinente (de la India).

subcontract ['sʌbˈkɒntrækt] **1** N subcontrato *m*. **2** [ˌsʌbkənˈtrækt] VT subcontratar.

subcontractor ['sʌbkənˈtræktər] N subcontratista *mf*.

subdivide ['sʌbdɪˈvaɪd] VT subdividir.

subdue [səbˈdjuː] VT (*enemy*) someter, sojuzgar; (*children, revellers*) calmar, tranquilizar; (*animal*) amansar, domar; (*noise*) bajar; (*passions etc*) dominar.

subdued [səbˈdjuːd] ADJ (*person, mood*) callado/a; (*: passive*) sumiso/a, manso/a; (*voice*) suave; (*colours, light*) tenue; **he's very ~ these days** está sin ánimo en estos días.

sub-edit ['sʌbˈedɪt] VT (*Brit: article*) corregir, preparar para la prensa.

sub-editor ['sʌbˈedɪtər] N redactor(a) *m/f*.

sub-entry ['sʌbentrɪ] N (*Book-keeping*) subasiento *m*.

subhead(ing) ['sʌbˌhed(ɪŋ)] N subtítulo *m*.

subhuman ['sʌbˈhjuːmən] ADJ infrahumano/a.

subject ['sʌbdʒɪkt] **1** N **a** (*Pol*) súbdito *m*. **b** (*Ling*) sujeto *m*. **c** (*topic, theme*) tema *m*; (*plot etc*) argumento *m*, asunto *m*; (*Scol*) asignatura *f*; **(while we're) on the ~ of money ...** ya que de dinero se trata ...; **to change the ~** volver la hoja. **2** ADJ **a** (*people, nation*) dominado/a, subyugado/a. **b** **~ to** (*liable to: law, tax*) sujeto/a a; (*: disease*) expuesto/a a; (*: delays, flooding*) propenso/a a; (*conditional on: approval etc*) sujeto/a a; **these prices are ~ to change without notice** estos precios están sujetos a cambio sin previo aviso; **~ to confirmation in writing** sujeto a confirmación por escrito. **3** [səbˈdʒɛkt] VT: **to ~ sb to sth** someter a algn a algo; **I will not be ~ed to this questioning** no tolero esta interrogación. **4** ['sʌbdʒɪkt] CPD: **~ heading** N título *m* de materia; **~ index** N (*in book*) índice *m* de materias; (*in library*) catálogo *m* de materias; **~ matter** N tema *m*, asunto *m*; **~ pronoun** N pronombre *m* de sujeto.

subjection [səbˈdʒekʃən] N (*state*) **~ (to)** sojuzgamiento *m* (a); **to hold a people in ~** tener subyugado a un pueblo.

subjective [səbˈdʒektɪv] ADJ subjetivo/a.

subjectively [səbˈdʒektɪvlɪ] ADV subjetivamente.

sub judice [sʌbˈdjuːdɪsɪ] ADJ: **the matter is ~** el asunto está en manos del tribunal.

subjugate ['sʌbdʒʊgeɪt] VT subyugar, sojuzgar.

subjunctive [səbˈdʒʌŋktɪv] **1** ADJ subjuntivo/a. **2** N subjuntivo *m*.

sublease ['sʌbˈliːs] **1** VT subarrendar. **2** ['sʌbˌliːs] N subarriendo *m*.

sublet ['sʌbˈlet] (*pt, pp* **~**) VT, VI realquilar.

sub-lieutenant ['sʌbleftˈtenənt] N (*Naut*) alférez *m* de fragata; (*Mil*) subteniente *mf*.

sublimate ['sʌblɪmeɪt] VT (*Psych*) sublimar.

sublime [səˈblaɪm] **1** ADJ sublime; (*iro: indifference, contempt*) supremo/a, total. **2** N: **to go from the ~ to the ridiculous** pasar de lo sublime a lo ridículo.

subliminal [sʌbˈlɪmɪnl] ADJ subliminal; **~ advertising** publicidad *f* subliminal.

sub-machine gun ['sʌbməˈʃiːngʌn] N pistola *f* ametralladora, metralleta *f*.

submarine [ˌsʌbməˈriːn] N submarino *m*.

submerge [səbˈmɜːdʒ] **1** VT (*plunge*) hundir (*in* en); (*: person*) sumirse (*in* en); (*flood*) inundar. **2** VI (*submarine*) sumergirse.

submersion [səbˈmɜːʃən] N sumersión *f*.

submission [səbˈmɪʃən] N **a** (*state*) sumisión *f*. **b** (*act*) presentación *f* (*of evidence* de datos etc), entrega *f*. **c** (*Jur etc*) argumento *m*. **d** (*to committee etc*) ponencia *f*.

submissive [səbˈmɪsɪv] ADJ sumiso/a, condescendiente.

submit [səbˈmɪt] **1** VT **a** (*proposal, claim*) presentar; **I ~ that ...** me permito sugerir que .... **b** (*subject*) someter. **2** VI (*give in*) rendirse, someterse; **to ~ to sth** someterse a algo.

subnormal ['sʌbˈnɔːməl] ADJ subnormal.

subordinate [səˈbɔːdnɪt] **1** ADJ subordinado/a; **~ clause** oración *f* subordinada. **2** N subordinado/a *m/f*. **3** [səˈbɔːdɪneɪt] VT subordinar (*to* a); **subordinating conjunction** conjunción *f* de subordinación.

suborn [sʌˈbɔːn] VT sobornar.

subpoena [səbˈpiːnə] **1** N citación *f*. **2** VT citar.

sub-post office [ˌsʌbˈpəʊstˌɒfɪs] N subdelegación *f* de correos.

subscribe [səbˈskraɪb] VI: **to ~ to sth** (*magazine etc*) su(b)scribirse *or* abonarse a algo; (*opinion*) compartir la opinión sobre algo; **~d capital** (*Comm*) capital *m* suscrito.

subscriber [səbˈskraɪbər] N su(b)scriptor(a) *m/f*, abonado/a *m/f*.

subscription [səbˈskrɪpʃən] **1** N (*to magazine etc*) abono *m*, su(b)scripción *f*; (*to view*) adhesión *f*; (*to club*) cuota *f*; **to take out a ~ to a journal** abonarse a una revista.

2 CPD: **~ fee, ~ rate** N tarifa *f* de suscripción.

subsequent ['sʌbsɪkwənt] ADJ subsiguiente; **~ to** posterior a.

subsequently ['sʌbsɪkwəntlɪ] ADV posteriormente.

subservient [səb'sɜːvɪənt] ADJ servil (*to* a).

subside [səb'saɪd] VI (*floods*) bajar, descender; (*road, land*) hundirse; (*wind*) amainar; (*anger, laughter*) calmarse.

subsidence [səb'saɪdəns] N (*see vi*) bajada *f*, descenso *m*; hundimiento *m*; amaine *m*; apaciguamiento *m*.

subsidiarity [səbsɪdɪ'ærɪtɪ] (*Pol*) N subsidiariedad *f*.

subsidiary [səb'sɪdɪərɪ] **1** ADJ (*interest*) secundario/a; (*Univ: subject*) subsidiario/a; (*Comm: company*) sucursal. **2** N (*Univ*) asignatura *f* menor; (*Comm*) sucursal *f*, filial *f*.

subsidize ['sʌbsɪdaɪz] VT subvencionar.

subsidy ['sʌbsɪdɪ] N subvención *f*.

subsist [səb'sɪst] VI subsistir.

subsistence [səb'sɪstəns] **1** N (*nourishment*) sustento *m*, subsistencia *f*; (*existence*) existencia *f*. **2** CPD: **~ allowance** N dietas *fpl*; **~ farming** N agricultura *f* de subsistencia.

substance ['sʌbstəns] N (*material*) materia *f*, sustancia *f*; (*essence, gist*) esencia *f*; (*worthwhile content*) sustancia; **a person of ~** una persona acaudalada.

substandard ['sʌb'stændəd] ADJ inferior.

substantial [səb'stænʃəl] ADJ (*solid: building, table*) sólido/a; (: *meal*) abundante; (*considerable: increase, sum of money, majority*) importante; (: *difference*) apreciable; **~ damages** (*Jur*) daños *mpl* y perjuicios generales; **there is ~ proof** existen pruebas importantes.

substantially [səb'stænʃəlɪ] ADV (*considerably*) sustancialmente; (*in essence*) en gran parte; **~ true** verdadero en lo esencial; **it contributed ~ to our success** contribuyó materialmente a nuestro éxito.

substantiate [səb'stænʃɪeɪt] VT establecer, justificar.

substantive ['sʌbstəntɪv] N (*Ling*) sustantivo *m*.

substitute ['sʌbstɪtjuːt] **1** N (*person*) sustituto/a *m/f*, suplente *mf*; (*thing*) sucedáneo *m*; **this is a poor ~ for the real thing** esto no sustituye plenamente lo auténtico. **2** VT sustituir. **3** CPD: **~ teacher** N (*US*) profesor(a) *m/f* suplente.

substitution [sʌbstɪ'tjuːʃən] N sustitución *f*.

subtenant ['sʌb'tenənt] N subarrendatario/a *m/f*.

subterfuge ['sʌbtəfjuːdʒ] N subterfugio *m*.

subterranean [sʌbtə'reɪnɪən] ADJ subterráneo/a.

subtitle ['sʌb,taɪtl] **1** N (*Cine*) subtítulo *m*. **2** VT subtitular.

subtle ['sʌtl] ADJ (*flavour, perfume*) delicado/a; (*mind, humour, book*) ingenioso/a; (*difference*) sutil.

subtlety ['sʌtltɪ] N (*see adj*) delicadeza *f*; ingeniosidad *f*; sutileza *f*.

subtly ['sʌtlɪ] ADV (*see adj*) con delicadeza; con ingeniosidad; sutilmente.

subtotal ['sʌb,təʊtl] N subtotal *m*.

subtract [səb'trækt] VT (*gen*) restar; (*fig*) sustraer; **to ~ 5 from 9** restar 5 de 9.

subtraction [səb'trækʃən] N resta *f*.

subtropical ['sʌb'trɒpɪkəl] ADJ subtropical.

suburb ['sʌbɜːb] N suburbio *m*; **the ~s** las afueras de la ciudad.

suburban [sə'bɜːbən] ADJ suburbano/a; **~ train** tren *m* de cercanías.

suburbia [sə'bɜːbɪə] N barrios *mpl* satélites.

subversion [səb'vɜːʃən] N subversión *f*.

subversive [səb'vɜːsɪv] **1** ADJ subversivo/a. **2** N persona *f* subversiva.

subway ['sʌbweɪ] **1** N (*underpass*) paso *m* subterráneo; (*US Rail*) metro *m*, subterráneo *m* (*Arg*), subte *m* (*Arg fam*). **2** CPD: **~ station** N (*US*) estación *f* de metro.

sub-zero ['sʌb'zɪərəʊ] ADJ: **~ temperatures** temperaturas *fpl* por debajo del cero.

succeed [sək'siːd] **1** VI **a** (*be successful: person*) tener éxito, triunfar; (: *plan etc*) salir bien; **to ~ in life** triunfar en la vida; **to ~ in doing sth** conseguir hacer algo; **he only ~ed in making it worse** lo único que consiguió fue ponerlo peor. **b** (*follow*) suceder (*to* a).

2 VT (*monarch*) suceder.

succeeding [sək'siːdɪŋ] ADJ sucesivo/a, subsiguiente; **~ generations** generaciones *fpl* futuras; **on 3 ~ Saturdays** tres sábados seguidos.

success [sək'ses] N éxito *m*; **he was a great ~** fue todo un éxito; **she had no ~** no le resultó; **to make a ~ of sth** tener éxito en algo; **to meet with ~** tener éxito.

successful [sək'sesfʊl] ADJ (*in life*) afortunado/a, feliz; (*attempt, plan*) logrado/a, exitoso/a (*esp LAm*); (*business*) próspero/a; **to be ~ in doing sth** conseguir hacer algo; **he was not ~ last time** le salió mal la última vez.

succession [sək'sesjən] N **a** (*series*) sucesión *f*, serie *f*; **in ~** sucesivamente. **b** (*to post etc*) sucesión *f*.

successive [sək'sesɪv] ADJ sucesivo/a; **5 ~ days** 5 días seguidos.

successor [sək'sesə^r] N (*in office*) sucesor(a) *m/f*.

succinct [sək'sɪŋkt] ADJ sucinto/a.

succulent ['sʌkjʊlənt] **1** ADJ (*tasty*) suculento/a. **2** N (*Bot*) planta *f* carnosa.

succumb [sə'kʌm] VI sucumbir (*to* a).

such [sʌtʃ] **1** ADJ (*of that kind*) tal, semejante, parecido/a; (*so much*) tanto/a; **~ a book** tal libro; **~ books** tales libros; **books ~ as these** semejantes libros; **there's no ~ thing** no existe tal cosa; **there's no ~ thing as a unicorn** el unicornio no existe; **~ a man as you** un hombre como tú; **~ writers as Updike, writers ~ as Updike** autores como Updike; **I was in ~ a hurry** tenía tanta prisa; **it caused ~ trouble that ...** dio lugar a tantos disgustos que ...; **in ~ cases** en casos parecidos; **~ is not the case** (*frm*) la cosa no es así; **some ~ idea** algo por el estilo; **~ is life** así es la vida; **and as ~ he was promoted** y así fue ascendido; **there are no trees as ~** no hay árboles propiamente dichos; **this is my car ~ as it is** aunque valga poco, es mi coche; **he read the documents ~ as they were** leyó los documentos los que había.

2 ADV tan; **~ good food** comida tan buena; **~ a clever girl** una muchacha tan inteligente; **it's ~ a long time now** hace tanto tiempo.

such-and-such ['sʌtʃənsʌtʃ] ADJ tal o cual.

suchlike ['sʌtʃlaɪk] **1** ADJ tal, semejante; **sheep and ~ animals** ovejas y animales por el estilo. **2** PRON cosas *fpl*/gente *f* etc por el estilo; **buses and lorries and ~** autobuses y camiones y tal.

suck [sʌk] **1** VT (*person*) sorber; (*machine*) aspirar; (*fig*) **we were ~ed into the controversy** nos vimos involucrados en la polémica.

2 VI: **to ~ (on/at)** chupar, mamar; **this ~s** (*fam!*) es la mierda (*fam!*).

◆ **suck down** VT + ADV (*current, mud*) tragar.

◆ **suck in** VT + ADV (*machine: dust, air etc*) aspirar; **to ~ one's cheeks in** hundirse los carrillos.

◆ **suck up 1** VT + ADV (*dust, liquid etc*) aspirar. **2** VI + ADV: **to ~ up to sb** (*fam*) dar coba a algn.

sucker ['sʌkə^r] N (*gen*) ventosa *f*; (*US: lollipop*) chupón *m*, chupete *m*; (*fam: person*) primo/a *m/f*, bobo/a *m/f*; **he's a ~ for a pretty girl** (*fam*) no puede resistir una chica guapa.

suckle ['sʌkl] VT amamantar.

sucrose ['suːkrəʊz] N sucrosa *f*.

suction ['sʌkʃən] N succión *f*.

Sudan [suː'dɑːn] N Sudán *m*.

Sudanese [suːdə'niːz] ADJ, N sudanés/esa *m/f*.

sudden ['sʌdn] ADJ (*unexpected*) imprevisto/a, inesperado/a; (*hurried*) súbito/a, repentino/a; (*change*) brusco/a; **all of a ~** de repente, de pronto, de golpe; **~ infant death syndrome** síndrome *m* de la muerte infantil súbita.

suddenly ['sʌdnlɪ] ADV de repente, de pronto.

suddenness ['sʌdnnɪs] N (*see adj*) lo imprevisto; lo súbito, lo repentino; brusquedad *f*.

suds [sʌdz] NPL espuma *fsg* de jabón.

sue [suː] **1** VT demandar (*for* por); **to ~ sb for damages** demandar *or* poner pleito a algn por daños y perjuicios. **2** VI: **to ~ for divorce** solicitar el divorcio.

suede [sweɪd] **1** N ante *m*. **2** CPD de ante.

suet [suɪt] N sebo *m*.

Suez ['suːɪz] CPD: **~ Canal** N Canal *m* de Suez.

Suff ABBR (*Brit*) of **Suffolk**.

suffer ['sʌfəʳ] **1** VT **a** (*pain, hardship*) sufrir, padecer; (*undergo: loss, decline, setback*) experimentar, sufrir; **to ~ a defeat** sufrir una derrota.
b (*tolerate: opposition, rudeness*) aguantar, soportar; **she doesn't ~ fools gladly** no soporta a los imbéciles.
2 VI (*physically*) sufrir; (*be adversely affected*) sufrir a consecuencia (*from* de); **to ~ from an illness** padecer una enfermedad; **to ~ from the effects of alcohol/a fall** resentirse del alcohol/de una caída; **the house is ~ing from neglect** la casa tiene aspecto de abandonada; **to ~ for one's sins** pagar las consecuencias del pecado; **Madrid ~s from overcrowding** Madrid adolece de la sobrepoblación; **sales have ~ed badly** las ventas han sido afectadas seriamente.

sufferance ['sʌfərəns] N: **on ~** por tolerancia *f*.

sufferer ['sʌfərəʳ] N (*Med*) enfermo/a *m/f* (*from* de).

suffering ['sʌfərɪŋ] N (*gen*) sufrimiento *m*; (*pain*) dolor *m*.

suffice [sə'faɪs] (*frm*) **1** VI ser suficiente, bastar. **2** VT: **~ it to say ...** basta con decir ....

sufficient [sə'fɪʃənt] ADJ suficiente (*for* para).

sufficiently [sə'fɪʃəntlɪ] ADV suficientemente, bastante; **it isn't ~ large** no es lo suficientemente grande.

suffix ['sʌfɪks] N sufijo *m*.

suffocate ['sʌfəkeɪt] **1** VT ahogar, asfixiar. **2** VI ahogarse, asfixiarse.

suffocating ['sʌfəkeɪtɪŋ] ADJ (*heat*) sofocante; (*atmosphere*) bochornoso/a.

suffocation [ˌsʌfə'keɪʃən] N asfixia *f*, ahogo *m*.

suffrage ['sʌfrɪdʒ] N sufragio *m*.

suffragette [ˌsʌfrə'dʒet] N sufragista *f*.

suffuse [sə'fjuːz] VT bañar, cubrir; **~d with light** bañado de luz.

sugar ['ʃʊgəʳ] **1** N azúcar *m or f*.
2 VT (*tea etc*) azucarar, echar azúcar a; **to ~ the pill** (*fig*) dorar la píldora.
3 CPD (*gen*) azucarero/a; **~ beet** N remolacha *f*; **~ bowl** N azucarera *f*; **~ candy** N azúcar *m or f* candi; **~ cane** N caña *f* (de azúcar); **~ cube** N terrón *m* de azúcar; **~ daddy** N (*fam*) viejo *m* adinerado amante de una joven; **~ lump** N = **~ cube**; **~ plantation** N plantación *f* azucarera; **~ refinery** N ingenio *m* azucarero.

sugar-coated ['ʃʊgə'kəʊtɪd] ADJ azucarado/a.

sugared ['ʃʊgəd] ADJ: **~ almonds** almendras *fpl* garapiñadas.

sugar-free [ˌʃʊgə'friː], **sugarless** ['ʃʊgəlɪs] ADJ sin azúcar.

sugary ['ʃʊgərɪ] ADJ (*like sugar*) azucarado/a; (*sweet*) dulce; (*fig: sentimental*) sentimentaloide.

▼**suggest** [sə'dʒest] VT (*propose: plan, candidate etc*) sugerir, proponer; (*recommend: remedy etc*) aconsejar; (*evoke*) evocar, hacer pensar en; (*indicate*) indicar, señalar; **this ~s that ...** esto hace pensar que ...; **we ~ you contact X** aconsejamos contactar con X; **what are you trying to ~?** ¿qué insinúas?; **nothing ~s itself** no se me ocurre nada.

suggestible [sə'dʒestɪbl] ADJ sugestionable.

▼**suggestion** [sə'dʒestʃən] N **a** (*proposal*) sugerencia *f*; (*indication*) indicación *f*; **if I may make** or **offer a ~** si se me permite proponer algo; **my ~ is that ...** yo propongo que ...; **I am writing at the ~ of Z** le escribo siguiendo la indicación de Z. **b** (*trace*) sombra *f*, traza *f*; **with just a ~ of garlic** con una pizca de ajo.

suggestive [sə'dʒestɪv] ADJ (*indecent*) indecente, colorado/a (*LAm*); **to be ~ of sth** evocar algo.

suicidal [ˌsʊɪ'saɪdl] ADJ suicida.

suicide ['sʊɪsaɪd] **1** N suicidio *m*; **to commit ~** suicidarse; (*fig*) **it would be ~ to ...** sería una locura ....
2 CPD: **~ attempt** N tentativa *f* de suicidio; **~ note** N nota *f* en que se explica el motivo del suicidio.

suit [suːt] **1** N **a** (*for man*) traje *m*, terno *m* (*esp LAm*); (*for woman*) conjunto *m*; **bathing ~** bañador *m*, traje de baño; **~ of armour** armadura *f*.
b (*law~*) pleito *m*.

c (*Cards*) palo *m*; **to follow ~** (*fig*) seguir el ejemplo.
2 VT **a** (*adapt*) **to ~ (to)** adaptar (a), acomodar (a); **to ~ one's style to one's audience** adaptar su estilo al público; **to be ~ed to sth** (*suitable for*) ser apto para algo; **they are well ~ed (to each other)** están hechos el algn para el otro; **the coat ~s you** el abrigo te sienta; **I know what ~s me best** sé lo que me conviene.
b (*be convenient, acceptable*) convenir; **come whenever it ~s** ven cuando mejor te convenga.
c (*please*) agradar, caer bien; **~ yourself whether you do it or not** hazlo o no como quieras; **~ yourself!** ¡como quieras!

suitability [ˌsuːtə'bɪlɪtɪ] N (*convenience*) conveniencia *f*; (*for task*) aptitud *f*.

suitable ['suːtəbl] ADJ (*convenient*) conveniente, apto/a; (*apt*) adecuado/a, indicado/a; **the most ~ man for the job** el hombre más indicado para el puesto; **the film is not ~ for children** la película no es apta para menores; **Tuesday is the most ~ day** el martes nos conviene más.

suitably ['suːtəblɪ] ADV (*aptly*) convenientemente; (*impressed etc*) apropiadamente.

suitcase ['suːtkeɪs] N maleta *f*, valija *f* (*LAm*), veliz *m* (*Mex*).

suite [swiːt] N (*of furniture*) juego *m*, mobiliario *m*; (*of rooms, Mus*) suite *f*; **bedroom ~** (juego de) dormitorio *m*; **a ~ of programs** (*Comput*) una serie *f* de programas.

suitor ['suːtəʳ] N (*gen*) pretendiente *m*.

sulfate etc ['sʌlfeɪt] (*US*) = **sulphate** etc.

sulk [sʌlk] **1** VI estar de mal humor. **2** N: **to have (a fit of) the ~s** tener murria, enfurruñarse.

sulky ['sʌlkɪ] ADJ (*comp* **-ier**; *superl* **-iest**) malhumorado/a, resentido/a.

sullen ['sʌlən] ADJ hosco/a, tétrico/a; (*sky*) plomizo/a.

sully ['sʌlɪ] VT (*poet*) manchar.

sulphate, (*US*) **sulfate** ['sʌlfeɪt] N sulfato *m*; **copper ~** sulfato de cobre.

sulphide, (*US*) **sulfide** ['sʌlfaɪd] N sulfuro *m*.

sulphur, (*US*) **sulfur** ['sʌlfəʳ] N azufre *m*.

sulphuric, (*US*) **sulfuric** [sʌl'fjʊərɪk] ADJ: **~ acid** ácido *m* sulfúrico.

sultan ['sʌltən] N sultán *m*.

sultana [sʌl'tɑːnə] N (*fruit*) pasa *f* de Corinto.

sultry ['sʌltrɪ] ADJ (*weather*) bochornoso/a, sofocante; (*woman, eyes*) sensual.

sum [sʌm] N (*piece of arithmetic*) suma *f*, adición *f*; (*total*) suma, total *m*; (*amount of money*) suma, importe *m*; **lump ~** suma global; **that was the ~ (total) of his achievements** y de allí no pasó.

◆**sum up** **1** VT + ADV sumar; (*review*) resumir; (*evaluate rapidly*) evaluar; **to ~ up an argument** resumir un argumento; **he ~med up the situation quickly** se dio cuenta rápidamente de la situación.
2 VI + ADV resumir; **to ~ up, I would say ...** en resumidas cuentas, yo diría ....

Sumatra [su'mɑːtrə] N Sumatra *f*.

summarize ['sʌməraɪz] VT resumir.

summary ['sʌmərɪ] **1** N resumen *m*; **in ~** en resumen.
2 ADJ (*gen*) sumario/a, perentorio/a.

summer ['sʌməʳ] **1** N verano *m*; **a ~'s day** un día de verano; **to spend the ~ in Spain** veranear en España.
2 CPD (*clothing, residence, holiday*) de verano; (*weather, heat*) veraniego/a; **~ camp** N colonia *f* de vacaciones; **~ school** N escuela *f* de verano; **~ time** N (*Brit: daylight saving*) hora *f* de verano; *see also* **summertime**.

summerhouse ['sʌməhaʊs] N (*pl* **-houses** [haʊzɪz]) cenador *m*, glorieta *f*.

summertime ['sʌmətaɪm] N (*season*) verano *m*.

summery ['sʌmərɪ] ADJ veraniego/a.

summing-up ['sʌmɪŋ'ʌp] N (*Jur*) resumen *m*.

summit ['sʌmɪt] N (*gen*) cima *f*, cumbre *f*; (*Pol: also* **~ conference**) conferencia *f* al más alto nivel, cumbre.

summon ['sʌmən] VT (*servant etc*) llamar; (*meeting*) convocar; (*aid, doctor*) pedir; (*Jur*) citar, emplazar; **to ~ up all one's strength** or **courage** reunir todas sus fuerzas.

summons ['sʌmənz] **1** N (*Jur*) citación *f* judicial, emplazamiento *m*; (*fig*) llamada *f*; **to serve a ~ on sb** citar a algn ante el juicio. **2** VT citar, emplazar.

sumo ['su:məʊ] N (*also* **~ wrestling**) sumo *m*.

sump [sʌmp] N (*Aut*) cárter *m*; (*Min*) sumidero *m*; (*cesspool*) letrina *f*.

sumptuous ['sʌmptjʊəs] ADJ suntuoso/a.

sun [sʌn] **1** N sol *m*; **to be out in the ~** estar al sol; **the ~ is shining** brilla el sol; **they have everything under the ~** no les falta nada; **he called me all the names under the ~** me dijo de todo; **you've caught the ~** te ha dado el sol.
2 VT: **to ~ o.s.** tomar el sol.
3 CPD: **~ lamp** N lámpara *f* solar ultravioleta; **~ lotion** N bronceador *m*; **~ lounger** N tumbona *f*.

Sun. ABBR *of* **Sunday** dom.º.

sunbathe ['sʌnbeɪð] VI tomar el sol, asolearse.

sunbathing ['sʌnbeɪðɪŋ] N baños *mpl* de sol.

sunbeam ['sʌnbi:m] N rayo *m* de sol.

sunbed ['sʌnbed] N cama *f* solar.

sunblind ['sʌnblaɪnd] N toldo *m*.

sunblock ['sʌnblɒk] N filtro *m* solar.

sunburn ['sʌnbɜ:n] N (*tan*) bronceado *m*; (*painful*) quemadura *f* del sol.

sunburned ['sʌnbɜ:nd], **sunburnt** ['sʌnbɜ:nt] ADJ (*tanned*) bronceado/a; (*painfully*) quemado/a por el sol; **to get ~** broncearse.

sundae ['sʌndeɪ] N helado *m* con frutas y nueces.

Sunday ['sʌndɪ] **1** N domingo *m*. **2** CPD: **~ best** N: **in one's ~ best** en traje de domingo; **~ school** N catequesis *f*; *see* **Tuesday** *for usaɡe.*

sundeck ['sʌndek] N cubierta *f* superior.

sundial ['sʌndaɪəl] N reloj *m* de sol.

sundown ['sʌndaʊn] N anochecer *m*.

sun-drenched ['sʌndrentʃt] ADJ bañado/a de sol.

sundry ['sʌndrɪ] **1** ADJ diversos/as, varios/a; **all and ~** todos sin excepción. **2** NPL: **sundries** (*Comm*) artículos *mpl* diversos.

sunflower ['sʌn,flaʊə'] **1** N girasol *m*. **2** CPD: **~ oil** N aceite *m* de girasol; **~ seeds** NPL pipas *fpl*.

sung [sʌŋ] PP *of* **sing**.

sunglasses ['sʌn,gla:sɪz] NPL gafas *fpl* or anteojos *mpl* de sol.

sunhat ['sʌnhæt] N pamela *f*, sombrero *m* ancho.

sunk [sʌŋk] PP *of* **sink**.

sunken ['sʌŋkən] ADJ hundido/a.

sunless ['sʌnlɪs] ADJ sin sol.

sunlight ['sʌnlaɪt] N sol *m*, luz *f* del sol; **in the ~** al sol.

sunlit ['sʌnlɪt] ADJ iluminado/a por el sol.

Sunni ['sʌnɪ] ADJ, N sunita *mf*.

sunny ['sʌnɪ] ADJ (*comp* **-ier**; *superl* **-iest**) **a** (*place, room etc*) soleado/a; (*day*) de sol; **it's a ~ day** hace sol; **I'd like my eggs ~ side up** quiero mis huevos fritos o estrellados con la yema arriba. **b** (*fig: person, smile*) alegre.

sunray ['sʌnreɪ] ADJ: **~ lamp** lámpara *f* ultravioleta.

sunrise ['sʌnraɪz] N salida *f* del sol; **from ~ to sunset** de sol a sol.

sunroof ['sʌnru:f] N (*on building*) azotea *f*, terraza *f*; (*Aut*) techo *m* corredizo.

sunscreen ['sʌnskri:n] N protector *m* solar.

sunset ['sʌnset] N puesta *f* del sol.

sunshade ['sʌnʃeɪd] N (*portable*) sombrilla *f*; (*awning*) toldo *m*.

sunshine ['sʌnʃaɪn] **1** N sol *m*, luz *f* del sol; **hours of ~** (*Met*) horas *fpl* de sol. **2** CPD: **~ roof** N (*Aut*) techo *m* corredizo.

sunspot ['sʌnspɒt] N (*Astron*) mancha *f* solar.

sunstroke ['sʌnstrəʊk] N insolación *f*; **to have ~** sufrir una insolación.

suntan ['sʌntæn] N bronceado *m*.

suntanned ['sʌntænd] ADJ bronceado/a.

suntrap ['sʌntræp] N lugar *m* muy soleado.

super ['su:pə'] ADJ (*fam*) bárbaro/a, estupendo/a (*Sp*), tremendo/a, macanudo/a (*LAm*), regio/a (*CSur fam*), chévere (*Ven*); **we had a ~ time** lo pasamos la mar de bien or (*CSur fam*) regio.

super... ['su:pə'] PREF (*more than the norm*) super..., so-

bre....

superabundance [,su:pərə'bʌndəns] N superabundancia *f*, sobreabundancia *f*.

superannuation [,su:pə,rænjʊ'eɪʃən] **1** N (*pension*) jubilación *f*, pensión *f*. **2** CPD: **~ contribution** N cuota *f* de jubilación.

superb [su:'pɜ:b] ADJ espléndido/a, estupendo/a.

supercharged ['su:pətʃɑ:dʒd] ADJ (*Aut*) sobrealimentado/a.

supercharger ['su:pətʃɑ:dʒə'] N compresor *m* de sobrealimentación.

supercilious [,su:pə'sɪlɪəs] ADJ altanero/a.

supercomputer ['su:pəkəm'pju:tə'] N superordenador *m*, supercomputadora *f*, supercomputador *m*.

super-duper ['su:pə'du:pə'] ADJ (*fam*) estupendo/a (*fam*), magnífico/a (*fam*).

superficial [,su:pə'fɪʃəl] ADJ (*lit, fig*) superficial.

superficiality [,su:pə,fɪʃɪ'ælɪtɪ] N superficialidad *f*.

superficially [,su:pə'fɪʃəlɪ] ADV superficialmente, en la superficie.

superfluous [su'pɜ:flʊəs] ADJ superfluo/a, sobrante; **to be ~** sobrar.

superglue ['su:pə,glu:] N supercola *f*.

supergrass ['su:pəgra:s] N (*fam*) supersoplón/ona *m/f*.

superhighway ['su:pə,haɪweɪ] N (*US*) superautopista *f*; **the information ~** la superautopista de la información.

superhuman [,su:pə'hju:mən] ADJ sobrehumano/a.

superimpose ['su:pərɪm'pəʊz] VT sobreponer (on en).

superintendent [,su:pərɪn'tendənt] N director *m*; (*US: porter*) conserje *mf*; **police ~** subjefe *m* de policía.

▼**superior** [su'pɪərɪə'] **1** ADJ (*better, also in rank*) superior (to a); (*smug*) presumido/a; (*Comm: goods, quality*) superior; **to be ~ (to)** (*in quantity*) superar (a); **~ number** (*Typ*) cantidad *f* superior or mayor.
2 N (*in rank*) superior *m*; **Mother S~** (*Rel*) madre *f* superiora.

superiority [su,pɪərɪ'ɒrɪtɪ] N (*gen*) superioridad *f*; (*smugness*) desdén *m*.

superlative [su'pɜ:lətɪv] **1** ADJ (*gen*) superlativo/a. **2** N (*Ling*) superlativo *m*; **to talk in ~s** deshacerse en elogios.

superman ['su:pəmæn] N (*pl* **-men**) superhombre *m*.

supermarket ['su:pə,ma:kɪt] N supermercado *m*.

supernatural [,su:pə'nætʃərəl] **1** ADJ sobrenatural. **2** N: **the ~** lo sobrenatural.

supernova [su:pə'nəʊvə] N (*Astron*) supernova *f*.

supernumerary [,su:pə'nju:mərərɪ] ADJ supernumerario/a.

superpower ['su:pə,paʊə'] N (*Pol*) superpotencia *f*.

supersede [,su:pə'si:d] VT desbancar, suplantar.

supersonic ['su:pə'sɒnɪk] ADJ supersónico/a.

superstar ['su:pəsta:'] N superestrella *f*.

superstition [,su:pə'stɪʃən] N superstición *f*.

superstitious [,su:pə'stɪʃəs] ADJ supersticioso/a.

superstructure ['su:pə,strʌktʃə'] N superestructura *f*.

supertanker ['su:pə,tæŋkə'] N superpetrolero *m*.

supertax ['su:pətæks] N sobretasa *f*, sobreimpuesto *m*.

supervise ['su:pəvaɪz] VT supervisar.

supervision [,su:pə'vɪʒən] N supervisión *f*; **to work under the ~ of ...** trabajar bajo la supervisión de ....

supervisor ['su:pəvaɪzə'] N supervisor(a) *m/f*.

supervisory ['su:pəvaɪzərɪ] ADJ de supervisión.

supine ['su:paɪn] ADJ supino/a.

supper ['sʌpə'] N (*evening meal*) cena *f*; **to have ~** cenar.

supplant [sə'plɑ:nt] VT suplantar, reemplazar.

supple ['sʌpl] ADJ flexible.

supplement ['sʌplɪmənt] **1** N (*gen*) suplemento *m*. **2** [sʌplɪ'ment] VT completar.

supplementary [,sʌplɪ'mentərɪ] ADJ suplementario/a, supletorio/a.

supplication [,sʌplɪ'keɪʃən] N súplica *f*.

supplier [sə'plaɪə'] N (*Comm: distributor*) distribuidor(a) *m/f*; (: *provider*) abastecedor(a) *m/f*, proveedor(a) *m/f*.

supply [sə'plaɪ] **1** N (*provision*) suministro *m*; (*delivery*) distribución *f*; (*stock*) surtido *m*, existencias *fpl*; **supplies** (*food*) provisiones *fpl*, víveres *mpl*; (*Mil*) pertrechos *mpl*; **the electricity/water ~** el suministro de electricidad/

➤ SENTENCE BUILDER: **superior** → 9.3

agua; **~ and demand** la oferta y la demanda; **new cars are in short ~** hay escasez de coches nuevos; **office supplies** materiales *mpl* para oficina.

2 VT (*provide: goods, materials*) suministrar; (*Comm: distribute*) distribuir, surtir; (*information, evidence*) facilitar, proporcionar; (*fill: need, want*) suplir; **to ~ sb (with sth)** (*with goods*) proveer a algn (de algo); (: *Comm*) surtir a algn (de algo); (*with provisions, Mil*) abastecer a algn (de algo); (*with information*) facilitar (algo) a algn; **she supplied the vital clue** ella nos dio la pista esencial.

3 CPD: **~ teacher** N profesor(a) *m/f* suplente.

support [sə'pɔːt] **1** N **a** (*lit, Tech*) soporte *m*, apoyo *m*.
b (*fig: financial, emotional etc*) apoyo *m*; (: *for proposal, project*) aprobación *f*, apoyo; (: *person*) sostén *m*; **moral ~** apoyo moral; **to speak in ~ of a candidate** apoyar la candidatura de algn; **to lean on sb for ~** apoyarse en algn; **they depend on him for financial ~** dependen de él para mantenerse; **our ~ comes from the workers** nos apoyan los obreros.
2 VT **a** (*lit, Tech*) apoyar, sostener.
b (*fig: person: emotionally, financially*) apoyar; (: *proposal, project*) aprobar, apoyar; (: *Sport: team*) seguir; (: *corroborate: evidence*) confirmar, respaldar; **to ~ o.s.** (*financially*) ganarse la vida.

supporter [sə'pɔːtər] N (*of proposal, Pol etc*) partidario/a *m/f*, adicto/a *m/f*; (*Sport*) hincha *mf*; **~s** la afición; **~s' club** peña *f* deportiva.

supporting [sə'pɔːtɪŋ] ADJ (*Theat*) secundario/a.

supportive [sə'pɔːtɪv] ADJ (*esp US*) solidario/a; (*role*) de apoyo; **~ of** que apoya a; **I have a very ~ family** tengo una familia que me ayuda mucho.

▼**suppose** [sə'pəʊz] VT **a** (*assume as hypothesis*) suponer; **let us ~ that ...** supongamos que ..., pongamos por caso que ...; **but just ~ he's right ...** y ¿si tiene razón ...?; **supposing it rains, what shall we do?** pongamos que llueve, entonces ¿qué hacemos?
b (*assume, believe*) suponer, creer; **I ~ she'll come** supongo que vendrá; **I don't ~ she'll come, I ~ she won't come** no creo que venga; **I ~ so/not** supongo que sí/no; **you'll accept, I ~?** por supuesto que aceptarás; **who do you ~ was there?** ¿quiénes crees tú que estaban?; **what's that ~d to mean?** ¿qué quieres decir con eso?; **I don't ~ you could lend me ten pounds, I ~ you couldn't lend me ten pounds?** por casualidad ¿no me podrías prestar diez libras?; **he's ~d to be an expert** se le supone un experto.
c (*in passive: ought*) **you're ~d to be in bed by 10** se supone que debes estar acostado antes de las 10; **you're not ~d to do that** no deberías hacer eso.
d (*in imperative: I suggest*) **~ you do it now?** ¡te importa hacerlo ahora!
e (*presuppose*) suponer, presuponer.

supposed [sə'pəʊzd] ADJ supuesto/a.

supposedly [sə'pəʊzɪdlɪ] ADV según cabe suponer, supuestamente.

supposition [ˌsʌpə'zɪʃən] N suposición *f*, hipótesis *f*.

suppository [sə'pɒzɪtərɪ] N supositorio *m*.

suppress [sə'pres] VT (*gen*) suprimir; (*repress*) reprimir; (*emotion*) contener, dominar; (*yawn, smile*) ahogar; (*news, the truth*) callar, ocultar; **to ~ a rising** sofocar una revuelta.

suppressant [sə'presənt] N (*Med*) inhibidor *m*; **appetite ~** inhibidor *m* del apetito.

suppression [sə'preʃən] N (*see vt*) supresión *f*; represión *f*; ahogo *m*; ocultación *f*.

suppressor [sə'presər] N supresor *m*.

suppurate ['sʌpjʊəreɪt] VI supurar.

supranational ['suːprə'næʃənl] ADJ supranacional.

supremacy [sʊ'preməsɪ] N supremacía *f*.

supreme [sʊ'priːm] ADJ (*gen*) supremo/a; **with ~ indifference** con suma indiferencia; **the ~ sacrifice** el supremo sacrificio; **to reign ~** (*fig*) gozar del dominio absoluto; **~ court** corte *f* suprema.

supremely [sʊ'priːmlɪ] ADV totalmente.

supremo [sʊ'priːməʊ] N jefe *m*.

Supt ABBR (*Brit*) of **Superintendent**.

surcharge ['sɜːtʃɑːdʒ] N sobretasa *f*, sobreimpuesto *m*.

▼**sure** [ʃʊər] **1** ADJ (*comp* **~r**; *superl* **~st**) **a** (*steady: hand, aim*) firme; (*reliable: proof, method*) seguro/a.
b (*definite, convinced*) seguro/a; **it's ~ to rain** seguramente lloverá; **I'm ~ it's going to rain** estoy seguro de que va a llover; **to be ~ of sth** (*of seat, good meal etc*) tener algo asegurado; (*of facts etc*) estar seguro de algo, tener algo por seguro; **to be ~ of o.s.** estar seguro de sí mismo; **be or make ~ you do it right** no dejes de hacerlo bien; **I think I locked up, but I'll just make ~** creo que lo he cerrado con llave, pero voy a asegurarme; **do you know for ~?** ¿lo sabes a ciencia cierta?; **I'm ~ I don't know, I don't know, I'm ~** ¡qué sé yo!, ¡cómo lo voy a saber yo!; **to make ~ of** (*facts*) verificar; **he's a ~ thing for president** no cabe la menor duda de que llegará a presidente.
2 ADV: **is that OK? - ~!** ¿está bien así? - ¡claro que sí! or (*LAm*) ¡cómo no!; **that ~ is pretty, that's ~ pretty** (*US*) ¡qué bonito es!; **~ enough** efectivamente; **as ~ as fate!** ¡tenía que ser!; **that's the truth, as ~ as I'm standing here** es verdad or es cierto, tenlo por seguro.

sure-fire ['ʃʊə'faɪər] ADJ (*fam*) de éxito seguro, seguro/a.

sure-footed ['ʃʊə'fʊtɪd] ADJ de pie firme.

surely ['ʃʊəlɪ] ADV (*seeking confirmation*) verdad; (*certainly*) sin duda; **slowly but ~** lenta pero seguramente; **~ not?** ¿será posible?; **~ you don't mean that!** ¡no lo dices en serio!; **~ to goodness** or **God you know that!** ¡no es posible que ignores eso!

sureness ['ʃʊənɪs] N (*of aim, footing*) firmeza *f*; (*positiveness*) certeza *f*, seguridad *f*.

surety ['ʃʊərətɪ] N (*sum*) fianza *f*, caución *f*; (*person*) fiador(a) *m/f*, garante *mf*; **to go** or **stand ~ for sb** ser fiador de algn.

surf [sɜːf] N (*waves*) oleaje *m*; (*current*) resaca *f*.

surface ['sɜːfɪs] **1** N (*gen*) superficie *f*; (*of road*) firme *m*; **on the ~ it seems that ...** (*fig*) a primera vista parece que ...; **we've only scratched the ~** (*fig*) estamos lejos de tocar fondo; **to come** or **rise to the ~** salir a la superficie.
2 VT (*road*) revestir.
3 VI (*submarine etc*) salir a la superficie; **he ~s in London occasionally** de vez en cuando se deja ver por Londres.
4 CPD (*Mil, Naut*) de superficie; (*Aut*) superficial; **~ area** N área *f* de la superficie; **~ mail** N: **by ~ mail** por vía *f* terrestre.

surface-to-air ['sɜːfɪstu:'eər] ADJ tierra-aire.

surface-to-surface ['sə:fɪstə'sə:fɪs] ADJ tierra-tierra.

surfboard ['sɜːfbɔːd] N plancha *f* de surf.

surfeit ['sɜːfɪt] N exceso *m*.

surfer ['sɜːfər] N surfista *mf*.

surfing ['sɜːfɪŋ], **surfriding** ['sɜːfˌraɪdɪŋ] N surf *m*.

surge [sɜːdʒ] **1** N (*of sea*) oleaje *m*, oleada *f*; **a power ~** una sobretensión eléctrica; **a ~ of people** una oleada de gente; **a sudden ~ of sympathy** una oleada de apoyo.
2 VI (*water*) levantarse, hincharse; (*people*) **to ~ in/out** *etc* entrar/salir *etc* en tropel; **the blood ~d to her cheeks** se le subió la sangre a la cara.

surgeon ['sɜːdʒən] **1** N cirujano/a *m/f*. **2** CPD: **S~ General** N (*US*) jefe del servicio federal de sanidad.

surgery ['sɜːdʒərɪ] N (*art, operation*) cirugía *f*; (*room*) consultorio *m*; (*Brit Pol*) tiempo dedicado a las consultas y peticiones de los electores.

surgical ['sɜːdʒɪkəl] ADJ quirúrgico/a; **~ dressing** vendaje *m* quirúrgico; **~ spirit** alcohol *m*.

surly ['sɜːlɪ] ADJ (*comp* **-ier**; *superl* **-iest**) hosco/a, huraño/a.

surmise [sɜː'maɪz] **1** N conjetura *f*, suposición *f*. **2** VT conjeturar, suponer; **I ~d as much** ya me lo suponía or imaginaba.

surmount [sɜː'maʊnt] VT (*difficulty*) superar, vencer.

surmountable [sɜː'maʊntəbl] ADJ superable.

surname ['sɜːneɪm] N apellido *m*.

surpass [sɜː'pɑːs] VT (*go above*) superar, exceder; (*go by*) rebasar; **to ~ o.s.** sobrepasar, pasarse (*LAm*).

surplice ['sɜːpləs] N sobrepelliz *f*.

surplus ['sɜːpləs] **1** N excedente *m*, sobrante *m*; (*Fin, Comm*) superávit *m*, excedente *m*. **2** ADJ excedente, so-

▶ SENTENCE BUILDER: **suppose** → 2.2 **sure** → 2.2, 4.2, 16.1, 17.1

brante; **~ to my requirements** que me sobran; **~ stock** saldos *mpl*.

▼**surprise** [sə'praɪz] **1** N sorpresa *f*; **much to my ~, to my great ~** con gran sorpresa mía; **to give sb a ~** dar una sorpresa a algn; **to take sb by ~** coger *or* (*LAm*) tomar a algn desprevenido.
2 VT sorprender, extrañar; (*catch unawares*) coger *or* (*LAm*) tomar de sorpresa; **to ~ sb in the act** sorprender a algn en el acto; **to be ~d** quedar asombrado; **I should not be ~d if ...** no me extrañaría que ....
3 CPD (*present, visit*) inesperado/a; (*attack*) sorpresa; **~ party** N fiesta *f*, guateque *m*.

surprising [sə'praɪzɪŋ] ADJ sorprendente.

surprisingly [sə'praɪzɪŋlɪ] ADV de modo sorprendente; **(somewhat) ~, he agreed** para sorpresa de todos, aceptó.

surrealism [sə'rɪəlɪzəm] N (*Art*) surrealismo *m*.

surrealistic [sə,rɪə'lɪstɪk] ADJ surrealista.

surrender [sə'rendər] **1** N rendición *f*, capitulación *f*.
2 VT (*Mil: goods*) entregar (*to* a); (: *territory*) ceder (*to* a); (*claim, right*) renunciar (*to* a); (*insurance, policy*) cobrar (*to* de).
3 VI entregarse (*to* a), someterse (*to* a).
4 CPD: **~ value** N valor *m* de rescate.

surreptitious [,sʌrəp'tɪʃəs] ADJ subrepticio/a.

surrogate ['sʌrəgeɪt] **1** N sucedáneo *m*. **2** CPD: **~ mother** N madre *f* portadora; **~ motherhood** N alquiler *m* de úteros.

surround [sə'raʊnd] **1** N marco *m*, borde *m*. **2** VT rodear, cercar; **a town ~ed by hills** una ciudad rodeada de colinas. **3** CPD: **~ sound** N sonido *m* (de efecto *m*) surround.

surrounding [sə'raʊndɪŋ] ADJ circundante; **in the ~ hills** en las colinas cercanas.

surroundings [sə'raʊndɪŋz] NPL (*of place*) alrededores *mpl*, cercanías *fpl*; (*environment*) ambiente *m*.

surtax ['sɜːtæks] N sobretasa *f*, sobreimpuesto *m*.

surveillance [sɜː'veɪləns] N: **under ~** bajo vigilancia.

survey ['sɜːveɪ] **1** N (*of land, building*) inspección *f*, reconocimiento *m*; (*in topography*) medición *f*; (*inquiry, study*) encuesta *f*; (*comprehensive look: of subject etc*) vista *f* de conjunto; **he gave a general ~ of the situation** dio una reseña general de la situación.
2 [sɜː'veɪ] VT (*scene, crowd, countryside*) contemplar, repasar; (*building*) inspeccionar; (*land*) hacer un reconocimiento de; (*in topography*) medir; (*study, inquire into*) estudiar, hacer una encuesta de; (*take general view of*) repasar, reseñar; **the book ~s events up to 1972** el libro pasa revista de los sucesos hasta 1972.

surveying [sɜː'veɪɪŋ] N agrimensura *f*, topografía *f*.

surveyor [sə'veɪər] N agrimensor(a) *m/f*, topógrafo/a *m/f*.

survival [sə'vaɪvl] **1** N (*act*) supervivencia *f*; (*relic*) vestigio *m*, resto *m*. **2** CPD: **~ course** N curso *m* de supervivencia; **~ kit** N equipo *m* de emergencia.

survive [sə'vaɪv] **1** VI (*gen*) sobrevivir; **not one of them ~d** no quedó ni algn; **he ~d on nuts for several weeks** logró vivir durante varias semanas comiendo nueces. **2** VT (*all senses*) sobrevivir a.

survivor [sə'vaɪvər] N sobreviviente *mf*.

susceptibility [sə,septə'bɪlɪtɪ] N susceptibilidad *f*.

susceptible [sə'septəbl] ADJ (*to attack, illness etc*) susceptible *or* propenso/a (*to* a); (*to persuasion, flattery etc*) sensible (*to* a); **to be ~ of proof** (*frm*) ser capaz de demostrarse.

▼**suspect** ['sʌspekt] **1** ADJ sospechoso/a.
2 N sospechoso/a *m/f*.
3 [səs'pekt] VT (*person*) sospechar (*of* de); (*plot etc*) recelar de; (*think likely*) imaginar, creer; (*illness*) sospechar; **to ~ sb of a crime** sospechar a algn de haber cometido un crimen; **I ~ him of being the author** sospecho que él es el autor; **he ~s nothing** no se recela de nada; **I ~ it may be true** tengo la sospecha de que puede ser verdad; **I ~ed as much** ya me lo figuraba.

suspected [səs'pektɪd] ADJ (*thief etc*) presunto/a; **Bailey went off the field with a ~ fracture** Bailey abandonó el campo con sospecha de fractura.

suspend [səs'pend] VT (*gen*) suspender; (*hang*) suspender, colgar; **to ~ sb from work** *or* **his post** suspender a algn de su empleo; **2-year ~ed sentence** libertad *f* condicional de 2 años.

suspender [səs'pendər] **1** N (*for stocking*) liga *f*; **~s** (*US: braces*) tirantes *mpl*, tiradores *mpl* (*CSur*). **2** CPD: **~ belt** N liguero *m*.

suspense [səs'pens] **1** N incertidumbre *f*; (*Theat etc*) suspense *m*; **to keep sb in ~** mantener a algn en la incertidumbre. **2** CPD: **~ account** N cuenta *f* en suspenso.

suspension [səs'penʃən] **1** N (*gen*) suspensión *f*. **2** CPD: **~ bridge** N puente *m* colgante; **~ file** N archivador *m* colgante.

suspicion [səs'pɪʃən] N **a** (*suspicious belief*) sospecha *f*; (*lack of trust*) desconfianza *f*, recelo *m*; **my ~ is that ...** yo sospecho que ...; **to be under ~** estar bajo sospecha; **to arouse sb's ~s** despertar los recelos de algn; **to have one's ~s about sth** tener sospechas acerca de algo. **b** (*trace*) pizca *f*, poco *m*.

suspicious [səs'pɪʃəs] ADJ (*feeling suspicion*) receloso/a; (*causing suspicion*) sospechoso/a; **to be ~ about sth** recelarse de algo; **he is ~ of visitors** se muestra receloso ante las visitas; **that made him ~** eso le hizo sospechar.

suspiciously [səs'pɪʃəslɪ] ADV (*look etc*) con recelo; (*behave etc*) de modo sospechoso; **it looks ~ like measles to me** me parece ser *or* (*LAm*) se me hace que es sarampión.

suss [sʌs] VT: **to ~ sth out** (*Brit fam*) calar algo.

sustain [səs'teɪn] VT **a** (*weight*) sostener, apoyar; (*body, life*) sustentar; (*Mus: note*) sostener; (*effort, role, pretence*) sostener, mantener; **objection ~ed** (*US Jur*) la objeción está admitida. **b** (*receive*) sufrir.

sustainable [səs'teɪnəbl] ADJ sostenible.

sustained [səs'teɪnd] ADJ (*effort etc*) sostenido/a, prolongado/a.

sustenance ['sʌstɪnəns] N sustento *m*.

suture ['suːtʃər] N sutura *f*.

SW ABBR **a** of **south-west** SO. **b** (*Rad*) of **short wave** OC *f*.

swab [swɒb] **1** N (*Med: for cleaning wound*) algodón *m*, tampón *m*; (: *for specimen*) frotis *m*. **2** VT (*Naut: also ~ down*) limpiar, fregar.

swaddle ['swɒdl] VT envolver (*in* en).

swag [swæg] N (*fam*) botín *m*.

swagger ['swægər] **1** N contoneo *m*, pavoneo *m*. **2** VI contonearse, pavonearse.

swallow¹ ['swɒləʊ] **1** N trago *m*.
2 VT (*food, drink*) tragar; (*fig: suppress, believe*) tragarse; **he ~ed the lot** se lo tragó todo; **to ~ one's pride** tragarse el orgullo; **to ~ one's words** desdecirse; **to ~ the bait** (*fig*) tragar el anzuelo.
3 VI tragar; **to ~ hard** (*fig*) tragar saliva.
◆**swallow up** VT + ADV (*savings*) consumir; **they were soon ~ed up in the darkness** la oscuridad los tragó pronto; **I wish the ground would open and ~ me up** ¡trágame tierra!

swallow² ['swɒləʊ] N (*bird*) golondrina *f*.

swam [swæm] PT of **swim**.

swamp [swɒmp] **1** N pantano *m*, ciénaga *f*.
2 VT **a** (*land*) inundar; (*boat etc*) hundir.
b (*fig: inundate*) abrumar *or* agobiar (*with* de); **they have been ~ed with applications** les inundaron de solicitudes; **we are ~ed with work** estamos agobiados de trabajo.

swampy ['swɒmpɪ] ADJ pantanoso/a.

swan [swɒn] **1** N cisne *m*. **2** VI (*fam*) **to ~ around** pavonearse; **to ~ off to New York** escaparse a Nueva York. **3** CPD: **~ song** N canto *m* del cisne.

swank [swæŋk] (*fam*) **1** N **a** (*vanity, boastfulness*) fanfarronada *f*; **he does it for ~** lo hace para darse tono *or* lucirse.
b (*person*) fanfarrón/ona *m/f*.
2 VI darse tono, pavonearse; **to ~ about sth** presumir con algo.

swanky ['swæŋkɪ] ADJ (*comp* **-ier**; *superl* **-iest**) (*fam: person*) fanfarrón/ona, presumido/a; (: *car etc*) de superlujo.

swap [swɒp] **1** N (exchange) trueque m, canje m.
2 VT (cars, stamps etc) trocar, canjear; **to ~ sth for sth else** intercambiar algo por algo; **to ~ stories (with sb)** contar chascarrillas; **to ~ places with sb** cambiar asiento con algn.
3 VI hacer un intercambio.

SWAPO ['swɑ:pəʊ] N ABBR of **South West Africa People's Organization**.

swarm¹ [swɔ:m] **1** N (of bees etc) enjambre m; (fig: of tourists etc) multitud f; **they came in ~s** vinieron en tropel.
2 VI (bees) enjambrar; **Stratford is ~ing with …** Stratford hierve de ….

swarm² [swɔ:m] VI: **to ~ up a tree/rope** trepar rápidamente un árbol/una cuerda.

swarthy ['swɔ:ðɪ] ADJ (comp **-ier**; superl **-iest**) moreno/a, prieto/a (LAm).

swashbuckling ['swɒʃ,bʌklɪŋ] ADJ bravucón/ona.

swastika ['swɒstɪkə] N esvástica f, cruz f gamada.

swat [swɒt] VT (fly) aplastar.

swath [swɔ:θ] N (pl **~s** [swɔ:ðs]) = **swathe¹**.

swathe¹ [sweɪð] N ringlera f, guadaña f; **to cut a ~ through sth** avanzar por algo a guadañadas.

swathe² [sweɪð] VT envolver, vendar.

sway [sweɪ] **1** N **a** (movement) balanceo m, vaivén m; (totter) tambaleo m.
b (rule, power) dominio m (over sobre); **to hold ~ over sb** mantener el dominio sobre algn.
2 VI (swing) balancearse, mecerse; (totter) tambalearse; **the train ~ed from side to side** el tren se mecía de un lado para otro.
3 VT **a** (move) balancear, mecer.
b (influence) mover, influir en; **these factors finally ~ed me** estos factores terminaron convenciéndome; **I allowed myself to be ~ed me** dejé persuadir.

swear [sweəʳ] (pt **swore**; pp **sworn**) **1** VT (gen) jurar; (oath) prestar; **I ~ it!** ¡lo juro!; **I ~ (that) I did not steal it** juro que no lo robé; **to ~ to do sth** jurar hacer algo; **I could have sworn that it was Louise** juraría que fue Luisa; **to ~ sb to secrecy** hacer que algn jure (guardar un secreto); see also **sworn**.
2 VI **a** (solemnly) jurar; **to ~ on the Bible** jurar sobre la Biblia; **I can't ~ to it** no lo juraría.
b (use swearwords) soltar tacos or (esp LAm) groserías or (CSur) lisuras; (blaspheme) blasfemar; **to ~ at sb** echar pestes a algn, mentar la madre a algn (Mex); **to ~ like a trooper** jurar como un carretero.

◆ **swear by** VI + PREP (fam) tener plena confianza en.

◆ **swear in** VT + ADV (witness, president) tomar juramento a; **to be sworn in** prestar juramento.

swearword ['sweəwɜ:d] N palabrota f, taco m, grosería f (esp LAm), lisura f (CSur), puteada f (CSur fam).

sweat [swet] **1** N sudor m; (fam: hard work) trabajo m difícil; **by the ~ of one's brow** con el sudor de su frente; **to get in/get into a ~ about sth** (fam) apurarse por algo; **no ~!** (fam) ¡sin or ningún problema!
2 VI sudar, transpirar; (fam: hard work) sudar la gota gorda (over sth por algo).
3 VT: **to ~ blood** (fig) sudar la gota gorda; **to ~ it out** (fig fam) aguantar, aguantarse.

sweatband ['swetbænd] N (round forehead) venda f, banda f; (round wrist) muñequera f.

sweated ['swetɪd] ADJ: **~ labour** trabajo m muy mal pagado.

sweater ['swetəʳ] N suéter m, jersey m, chompa f (Per).

sweatshirt ['swetʃɜ:t] N sudadera f.

sweatshop ['swetʃɒp] N fábrica donde se explota al obrero.

sweaty ['swetɪ] ADJ (comp **-ier**; superl **-iest**) sudado/a, sudoroso/a.

Swede [swi:d] N sueco/a m/f.

swede [swi:d] N (vegetable) nabo m sueco.

Sweden ['swi:dn] N Suecia f.

Swedish ['swi:dɪʃ] **1** ADJ sueco/a. **2** N (Ling) sueco m.

sweep [swi:p] (vb: pt, pp **swept**) **1** N **a** the **floor/chimney needs a ~** hay que barrer el suelo/hay que deshollinar la chimenea.
b (chimney ~) deshollinador(a) m/f.
c (movement: of arm, pendulum) movimiento m; (curve: of road, hills etc) curva f; **a wide ~ of country** un paisaje amplio y extenso; **to make a clean ~ of** hacer tabla rasa de.
2 VT **a** (stairs, floor) barrer; (chimney) deshollinar; (dust, snow) barrer, quitar barriendo; **to ~ (out) a room** limpiar un cuarto barriéndolo; **to ~ sth under the carpet** (fig) ocultar algo.
b (move: subj: searchlight) recorrer; (: waves, wind) azotar; (: disease, fashion) difundirse por, recorrer; **to ~ the sea for mines** dragar el mar en busca de minas; **to ~ the board** (fig) llevarse todos los premios; **a wave swept him overboard** fue arrastrado por una ola y cayó al mar.
c (remove with ~ing movement) barrer con; **he swept her off her feet** (fig) le volvió loca, la dejó traspuesta.
3 VI **a** (with broom) barrer.
b (move) recorrer; **to ~ past/in/out** pasar/entrar/salir con garbo; (road, river etc) extenderse; **the hills ~ down to the sea** las colinas bajan (majestuosamente) hacia el mar.

◆ **sweep aside** VT + ADV (lit) apartar bruscamente; (fig: objections) descartar.

◆ **sweep away** VT + ADV (refuse) barrer; (subj: river, storm) arrastrar con.

◆ **sweep up** **1** VI + ADV barrer, limpiar.
2 VT + ADV (pick up) coger, recoger, agarrar or (LAm) levantar.

sweeper ['swi:pəʳ] N (cleaner) barrendero/a m/f; (machine) barredora f; (Ftbl) líbero m.

sweeping ['swi:pɪŋ] ADJ (gesture) amplio/a; (statement etc) demasiado general; (change) radical.

sweepstake ['swi:psteɪk] N lotería f.

sweet [swi:t] **1** ADJ (comp **~er**; superl **~est**) **a** (of taste) dulce; **this coffee is too ~** este café está muy dulce or azucarado; **~ and sour** agridulce; **~ chestnut** (Bot) castaño m dulce; **~ corn** maíz m tierno, elote m (Mex), choclo m (And, CSur); **~ pea** (Bot) guisante m de olor, clarín m (Chi); **~ potato** batata f, boniato m, camote m (LAm); **~ talk** halagos mpl; **to have a ~ tooth** ser goloso; **~ william** (Bot) minutisa f.
b (fresh, pleasant: smell, perfume) agradable; (breath) sano/a; (sound) melodioso/a, dulce; (fig: revenge, success) dulce.
c (charming: person, smile) simpático/a, encantador(a); (: appearance, village, kitten) precioso/a, lindo/a (LAm); **that's very ~ of you** eres muy amable, ¡qué amable!; **to be ~ on sb** (fam) estar un poco enamorado/a de algn; **what a ~ little dress!** ¡qué vestido más mono or (LAm) lindo!; **he carried on in his own ~ way** (iro) siguió su libre albedrío; **to go one's own ~ way** ir a su aire.
2 N **a** (Brit: chocolate etc) caramelo m, dulce m, golosina f; **~s** caramelos, dulces, golosinas.
b (Brit: course) postre m.

sweetbreads ['swi:tbredz] NPL mollejas fpl.

sweeten ['swi:tn] VT (tea etc) azucarar; (fig: temper) aplacar, calmar; (: person: also **~ up**) endulzar.

sweetener ['swi:tnəʳ] N dulcificante m.

sweetheart ['swi:thɑ:t] N novio/a m/f, amor mf; **yes, ~** sí, cielo.

sweetie ['swi:tɪ] N (fam) **a** (person) chica f. **b** (Scot: sweet) dulce m.

sweetly ['swi:tlɪ] ADV (sing) dulcemente; (smile, answer, act) con dulzura.

sweetness ['swi:tnɪs] N (gen) dulzura f; (of smell) fragancia, buen olor m; (of sound) suavidad f; (of character) simpatía f; (of appearance) encanto m; **now all is ~ and light** reina ahora la más perfecta armonía; **he was all ~ and light yesterday** ayer estuvo la mar de amable.

sweetshop ['swi:tʃɒp] N (Brit) confitería f, bombonería f, dulcería f (esp LAm).

sweet-smelling ['swi:t'smelɪŋ] ADJ perfumado/a.

sweet-talk ['swi:t'tɔ:k] VT engatusar, lisonjear; (US fam) enrollarse con.

swell [swel] (vb: pt **~ed**; pp **swollen**) **1** N (Naut) oleaje m.
2 ADJ (US: fine, good) fenomenal, bárbaro/a.
3 VI (ankle, eye etc: also **~ up**) hincharse, inflamarse;

(*sails: also* **~ out**) inflarse, hincharse; (*in size, number*) aumentar; (: *river etc*) crecer; **the river is swollen** el río está crecido; **to ~ with pride** hincharse de orgullo; **the cheers ~ed to a roar** los gritos de ánimo se aumentaron hasta convertirse en un intenso clamor. **4** VT (*numbers, sales etc*) aumentar; *see also* **swollen**.

swell-headed ['swel'hedɪd] ADJ (*fam*) engreído/a, presumido/a.

swelling ['swelɪŋ] N (*Med*) tumefacción *f*, hinchazón *f*; (*gen*) bulto *m*.

swelter ['sweltər] VI abrasarse; **we ~ed in 40º** nos sofocábamos a una temperatura de 40 grados.

sweltering ['sweltərɪŋ] ADJ (*gen*) sofocante; **I'm ~** me ahogo de calor.

swept [swept] PT, PP *of* **sweep**.

sweptback ['swept'bæk] ADJ (*wing*) en flecha.

swerve [swɜːv] **1** N (*on foot, Sport*) esguince *m*; (*in car*) desvío *m* brusco. **2** VI (*see* 1) hurtar el cuerpo; desviar bruscamente; **to ~ to the right** desviar bruscamente a la derecha.

swift [swɪft] **1** ADJ (*comp* **~er**; *superl* **~est**) (*runner*) rápido/a, veloz; (*reaction*) pronto/a, rápido/a; **we must be ~ to act** tenemos que obrar con toda prontitud. **2** N (*bird*) vencejo *m*.

swift-footed ['swɪft'futɪd] ADJ veloz.

swiftly ['swɪftlɪ] ADV (*see adj*) rápidamente, velozmente; pronto, rápidamente.

swiftness ['swɪftnɪs] N (*see adj*) rapidez *f*, velocidad *f*; prontitud *f*, rapidez.

swig [swɪg] (*fam*) **1** N trago *m*; **he took a ~ at his flask** se echó un trago de la botella. **2** VT beber a tragos.

swill [swɪl] **1** N (*gen*) bazofia *f*, basura *f*. **2** VT **a** (*clean: also* **~ out**) limpiar con agua. **b** (*drink: beer*) beber a tragos.

swim [swɪm] (*vb: pt* **swam**; *pp* **swum**) **1** N **a** baño *m*; **it's a long ~ back to the shore** nos *etc* costará llegar nadando a la playa; **to go for a ~, to have a ~** ir a nadar or a bañarse. **b** (*fam*) **to be in the ~** estar al corriente or al tanto. **2** VT (*river etc*) pasar or cruzar a nado; **to ~ the crawl** nadar el crol; **she can't ~ a stroke** no sabe nadar en absoluto. **3** VI nadar; **we shall have to ~ for it** tendremos que echarnos al agua; **to go ~ming** ir a nadar; **my head is ~ming** (*fig*) me estoy mareando, me está dando vueltas la cabeza; **the meat was ~ming in gravy** la carne flotaba en salsa.

swimmer ['swɪmər] N nadador(a) *m/f*.

swimming ['swɪmɪŋ] **1** N natación *f*. **2** CPD (*gear, trunks*) de baño; **~ baths** NPL piscina *fsg*, alberca *fsg* (*Mex*), pileta *fsg* (de natación) (*CSur*); **~ cap** N gorro *m* de baño; **~ costume** N traje *m* de baño, bañador *m*; **~ pool** N = **~ baths**; **~ trunks** NPL bañador *msg*.

swimsuit ['swɪmsuːt] N traje *m* de baño, bañador *m*.

swindle ['swɪndl] **1** N estafa *f*, timo *m*. **2** VT estafar, timar; **to ~ sb out of sth** estafar algo a algn.

swindler ['swɪndlər] N estafador(a) *m/f*, timador(a) *m/f*.

swine [swaɪn] **1** NPL (*pigs*) cerdos *mpl*, puercos *mpl*, cochinos *mpl*. **2** NSG (*fig fam: person*) canalla *mf*, cochino/ a *m/f*, marrano/a *m/f*; **you ~!** ¡canalla!

swing [swɪŋ] (*vb: pt, pp* **swung**) **1** N **a** (*movement*) vaivén *m*, balanceo *m*, oscilación *f*; **he took a ~ at me** me tiró un golpe. **b** (*Pol, in votes etc*) movimiento *m*, viraje *m*; **a sudden ~ in opinion** un viraje repentino de opinión; **a ~ to the left** un movimiento hacia la izquierda. **c** (*seat for ~ing*) columpio *m*; (*activity*) balance *m*, balanceo *m*; **it's ~s and roundabouts** (*fig*) lo que se pierde aquí, se gana allá. **d** (*rhythm*) ritmo *m*; **to be in full ~** estar en plena marcha; **to get into the ~ of things** coger or (*LAm*) captar el ritmo de las cosas. **2** VT **a** abrir de un golpe; (*to and fro: on swing, hammock*) balancear; (: *arms, legs*) menear, columpiar; **to ~ the lead** (*fig fam*) hacerse el remolón. **b** (*wield: axe, racket etc*) blandir; **he swung the case up**

onto his shoulder se echó la maleta a los hombros; **he swung himself over the wall** saltó la tapia; **she swung the car round** dio un viraje brusco en el coche. **c** (*influence: opinion, decision*) decidir; **she managed to ~ it so that we could all go** (*fam*) consiguió arreglarlo para que todos pudiéramos ir; **what swung it for me was ...** lo que me decidió fue ....

3 VI **a** girar; (*to and fro*) balancearse; (: *on swing, hammock*) columpiarse, balancearse; (: *arms, legs*) menearse; (: *hanging object*) oscilar; **the door swung open** de repente se abrió la puerta; **he'll ~ for it** (*fam*) le ahorcarán por eso. **b** (*move: with axe, racket etc*) tirar or echar un golpe; (*change direction*) cambiar de dirección or sentido; (: *fig: opinion*) virar; **he swung round** dio media vuelta, viró; **the car swung into the square** el coche viró y entró en la plaza; **to ~ into action** ponerse en marcha. **4** CPD: **~ bridge** N puente *m* giratorio; **~ door** N puerta *f* de batiente.

swingeing ['swɪndʒɪŋ] ADJ abrumador(a).

swinger ['swɪŋər] N: **he's a ~** (*old fam: with it*) es muy marchoso.

swipe [swaɪp] **1** N: **to take a ~ at sb** asestar un golpe a algn. **2** VT **a** (*hit*) golpear, pegar. **b** (*fam: steal*) robar, hurtar. **3** VI: **to ~ at sb/sth** asestar un golpe a algn/ algo.

swirl [swɜːl] **1** N (*movement*) remolino *m*, torbellino *m*; **the ~ of the dancers' skirts** el revuelo de las faldas de las bailarinas. **2** VI (*water, dust, mist*) arremolinarse; (*person*) dar vueltas, girar.

swish [swɪʃ] **1** N (*sound*) susurro *m*; (*of whip*) chasquido *m*; (*of skirt*) frufrú *m*; (*of water*) chapoteo *m*. **2** ADJ (*fam: smart*) muy elegante. **3** VT (*whip*) hacer chasquear; (*skirt*) hacer girar; (*tail*) agitar, menear. **4** VI (*whip*) dar un chasquido; (*skirts*) girar, crujir; (*long grass*) dar un susurro; (*water*) chapotear.

Swiss [swɪs] **1** ADJ suizo/a; **~-French/-German** (*Ling*) el francés/alemán de Suiza; **~ roll** (*Culin*) brazo *m* de gitano. **2** N suizo/a *m/f*.

switch [swɪtʃ] **1** N **a** (*Elec etc*) interruptor *m*, suich(e) *m* (*LAm*) or switch *m* (*LAm*). **b** (*Rail: points*) agujas *fpl*. **c** (*stick*) vara *f*; (: *for riding*) fusta *f*. **d** (*change*) viraje *m*; (*exchange*) trueque *m*, canje *m*. **2** VT **a** (*change: plans, jobs*) cambiar de; (: *allegiance*) cambiar de (*to* a); (: *conversation*) hacer virar (*to* hacia). **b** (*exchange*) cambiar de; (*transpose: also* **~ round, ~ over**) intercambiar. **c** (*Elec*) poner. **d** (*Rail*) desviar, cambiar de vía. **3** VI (*also* **~ over**: *change*) cambiar; (: *TV*) cambiar de canal; (*also* **~ round, ~ over**: *exchange*) cambiarse; **he ~ed to another topic** cambió de tema; **to ~ over to another station** cambiar a otra emisora.

◆ **switch off 1** VT + ADV (*Elec*) apagar, cortar; (*Aut: ignition*) parar. **2** VI + ADV (*fig fam: not listen*) hacerse el desentendido.

◆ **switch on** VT + ADV (*Elec, Aut*) encender, prender (*LAm*); **to leave the television ~ed on** dejar puesta la televisión.

switchback ['swɪtʃbæk] N (*roller-coaster*) montaña *f* rusa.

switchboard ['swɪtʃbɔːd] N (*Telec: at exchange*) central *f*; (: *in offices*) centralita *f*, conmutador *m* (*LAm*).

Switzerland ['swɪtsələnd] N Suiza *f*.

swivel ['swɪvl] **1** N eslabón *m* giratorio. **2** VI (*also* **~ round**) girar. **3** CPD: **~ chair** N silla *f* giratoria.

swizz [swɪz], **swizzle** ['swɪzl] N (*Brit fam*) = **swindle**.

swizzle-stick ['swɪzlstɪk] N paletilla *f* para cóctel.

swollen ['swəʊlən] **1** PP *of* **swell**. **2** ADJ (*ankle, finger*) hinchado/a; (*river*) crecido/a; **her eyes were ~** (**with tears**) tenía los ojos hinchados de lágrimas; **you'll give him a ~ head** (*fig*) le vas a engreír.

swoon [swuːn] (*old*) **1** N desmayo *m*. **2** VI desmayarse.

swoop [swuːp] **1** N (*of bird etc*) calada *f*; (*by police*) redada *f* (*on* de).

2 VI (*bird*: *also* ~ **down**) calarse; (*police*) hacer una redada (*on* de); **the plane ~ed low over the village** el avión picó y voló muy bajo sobre el pueblo.

swop [swɒp] = **swap**.

sword [sɔːd] N espada *f*; **to cross ~s with sb** habérselas con algn.

swordfish ['sɔːdfɪʃ] (*pl* ~ *or* ~**es**) N pez *m* espada.

swordsman ['sɔːdzmən] N (*pl* **-men**) espada *f*; **a good ~** una buena espada.

swore [swɔːʳ] PT *of* **swear**.

sworn [swɔːn] 1 PP *of* **swear**. 2 ADJ (*enemy*) implacable; (*testimony*) dado/a bajo juramento.

swot [swɒt] (*fam*) 1 N empollón/ona *m/f*. 2 VT, VI: **to ~ up (on) one's maths** empollar matemáticas; **to ~ for an exam** preparar un examen.

swotting ['swɒtɪŋ] N: **to do some ~** (*fam*) empollar (*fam*).

swum [swʌm] PP *of* **swim**.

swung [swʌŋ] PT, PP *of* **swing**.

sycamore ['sɪkəmɔːʳ] N sicomoro *m*.

sycophant ['sɪkəfənt] N adulador(a) *m/f*.

Sydney ['sɪdnɪ] N Sidney *m*.

syllabic [sɪ'læbɪk] ADJ silábico/a.

syllable ['sɪləbl] N sílaba *f*.

syllabus ['sɪləbəs] N (*Scol*, *Univ*) programa *m* de estudios.

syllogism ['sɪlədʒɪzəm] N silogismo *m*.

sylph [sɪlf] N (*Mythology*: *male*) silfo *m*; (: *female*) sílfide *f*.

sylphlike ['sɪlflaɪk] ADJ de sílfide.

symbiotic [ˌsɪmbɪ'ɒtɪk] ADJ simbiótico/a.

symbol ['sɪmbəl] N símbolo *m*.

symbolic [sɪm'bɒlɪk] ADJ simbólico/a (*of* de).

symbolism ['sɪmbəlɪzəm] N simbolismo *m*.

symbolize ['sɪmbəlaɪz] VT simbolizar.

symmetrical [sɪ'metrɪkəl] ADJ simétrico/a.

symmetry ['sɪmɪtrɪ] N simetría *f*.

sympathetic [ˌsɪmpə'θetɪk] ADJ (*showing pity*) compasivo/a; (*kind, understanding*) comprensivo/a; **they were ~ but could not help** se compadecieron de nosotros pero no podían ayudarnos; **he wasn't in the least ~** no mostró compasión alguna; **to be ~ to a cause** (*well-disposed*) apoyar una causa.

sympathetically [ˌsɪmpə'θetɪkəlɪ] ADV (*showing pity*) con compasión; (*with understanding*) con comprensión.

sympathize ['sɪmpəθaɪz] VI: **to ~ (with)** (*feel pity*) compadecerse (de); (*understand*) comprender; (*express sympathy*) dar el pésame (a); **I ~ with what you say, but ...** comprendo tu punto de vista, pero ....

sympathizer ['sɪmpəθaɪzəʳ] N simpatizante *mf*.

sympathy ['sɪmpəθɪ] N a (*pity, compassion*) compasión *f*, condolencia *f*; **you have my deepest ~** *or* **sympathies** te compadezco; **you won't get any ~ from me!** ¡no tengo compasión por ti!; **a letter of ~** un pésame. b (*understanding*) comprensión *f*; (*fellow-feeling,*

agreement) solidaridad *f*; **I am in ~ with your suggestions** comparto tus puntos de vista; **to strike in ~ with sb** declararse en huelga por solidaridad con algn.

symphonic [sɪm'fɒnɪk] ADJ sinfónico/a.

symphony ['sɪmfənɪ] N sinfonía *f*.

symposium [sɪm'pəʊzɪəm] N (*pl* ~**s** *or* **symposia** [sɪm'pəʊzɪə]) coloquio *m*.

symptom ['sɪmptəm] N (*lit*) síntoma *m*; (*fig*) señal *f*, indicio *m*.

symptomatic [ˌsɪmptə'mætɪk] ADJ sintomático/a (*of* de).

synagogue ['sɪnəgɒg] N sinagoga *f*.

sync [sɪŋk] N ABBR (*fam*) *of* **synchronization**; **in ~** en sincronización; **out of ~** (*fig*) desincronizado/a.

synchromesh ['sɪŋkrəʊ'meʃ] N cambio *m* sincronizado de velocidades.

synchronize ['sɪŋkrənaɪz] VT sincronizar; **~d swimming** natación *f* sincronizada.

syndicate ['sɪndɪkɪt] 1 N corporación *f*. 2 ['sɪndɪkeɪt] VT (*Press*) sindicar.

syndrome ['sɪndrəʊm] N síndrome *m*.

synergy ['sɪnədʒɪ] N sinergia *f*.

synod ['sɪnəd] N sínodo *m*.

synonym ['sɪnənɪm] N sinónimo *m*.

synonymous [sɪ'nɒnɪməs] ADJ sinónimo/a (*with* con).

synopsis [sɪ'nɒpsɪs] N (*pl* **synopses** [sɪ'nɒpsiːz]) sinopsis *f*.

synoptic [sɪ'nɒptɪk] ADJ sinóptico/a.

syntax ['sɪntæks] 1 N sintaxis *f*. 2 CPD: **~ error** N (*Comput*) error *m* sintáctico.

synthesis ['sɪnθəsɪs] N (*pl* **syntheses** ['sɪnθəsiːz]) síntesis *f*.

synthesize ['sɪnθəsaɪz] VT (*produce artificially*) sintetizar.

synthesizer ['sɪnθəsaɪzəʳ] N (*Mus*) sintetizador *m*.

synthetic [sɪn'θetɪk] 1 ADJ (*fabric etc*) sintético/a. 2 NPL: **~s** fibras *fpl* sintéticas.

syphilis ['sɪfɪlɪs] N sífilis *f*.

syphon ['saɪfən] = **siphon**.

Syria ['sɪrɪə] N Siria *f*.

Syrian ['sɪrɪən] ADJ, N sirio/a *m/f*.

syringe [sɪ'rɪndʒ] 1 N jeringa *f*, jeringuilla *f*. 2 VT (*Med*) jeringar.

syrup ['sɪrəp] N jarabe *m*.

system ['sɪstəm] 1 N (*gen*) sistema *m*; **it was quite a shock to the ~** (*fig*) fue un golpe para el organismo; **to get sth out of one's ~** (*fig*) desahogarse de algo. 2 CPD: **~s analyst** N (*Comput*) analista *mf* de sistemas; **~ disk** N disco *m* del sistema; **~s programmer** N programador(a) *m/f* de sistemas; **~s software** N software *m* del sistema.

systematic [ˌsɪstə'mætɪk] ADJ sistemático/a, metódico/a.

systematically [ˌsɪstə'mætɪkəlɪ] ADV sistemáticamente, metódicamente.

systematize ['sɪstəmətaɪz] VT sistematizar.

T, t [tiː] N (letter) T, t f; **it fits you to a T** le sienta perfectamente; see **T-bone (steak); T-junction; T-shirt**.

TA N ABBR **a** (Brit) of **Territorial Army**. **b** (US Univ) ABBR of **teaching assistant**.

ta [tɑː] INTERJ (fam) gracias.

tab [tæb] **1** ABBR of **tabulator**. **2** N (label) etiqueta f; (loop) presilla f; **to keep ~s on sth/sb** (fam) tener algo/a algn bajo vigilancia; **to pick up the ~** (fam) pagar la cuenta.

Tabasco ® [tə'bæskəʊ] N (salsa f) tabasco m.

tabby ['tæbɪ] N (also ~ **cat**) gato m atigrado.

tabernacle ['tæbənækl] N (in Judaism) tabernáculo m; (church) templo m, santuario m; (in church) sagrario m.

tab key ['tæbkiː] N tecla f de tabulación.

table ['teɪbl] **1** N **a** (furniture) mesa f; **to clear the ~** quitar or levantar la mesa; **to lay** or **set the ~** poner la mesa; **at ~** en la mesa; **they were at ~ when we arrived** estaban comiendo cuando llegamos; **to drink sb under the ~** dejar a algn en el suelo bebiendo; **to put a proposal on the ~** (Brit) ofrecer una propuesta para discutir; (US) aplazar la discusión de una propuesta; **to sit down to ~** sentarse a la mesa; **to turn the ~s on sb** dar la vuelta a la tortilla; **the entire ~ was in fits of laughter** toda la mesa se moría de risa.
b (list) lista f; (graph, chart etc) cuadro m, gráfica f; (Math, in book) tabla f; **multiplication ~s** tablas de multiplicar; **~ of contents** índice m de materias; **they're fourth in the league** (Ftbl, Rugby) están en cuarto lugar en la liga.
c (Geog: also **water ~**) capa f freática; (: also **~land**) meseta f, altiplano m (LAm).
2 VT (Brit): **to ~ a motion** presentar una moción; (US) **to ~ a bill** dar carpetazo a una ley.
3 CPD: **~ lamp** N lámpara f de mesa or de cola; **~ manners** NPL comportamiento m en la mesa; **~ napkin** N servilleta f; **~ talk** N sobremesa f; **~ tennis** N ping-pong m, tenis m de mesa; **~ wine** N vino m de mesa.

tableau ['tæbləʊ] N (pl **~s** or **~x** ['tæbləʊz]) (Art, Theat) cuadro m.

tablecloth ['teɪblklɒθ] N mantel m, tapete m.

table d'hôte [tɑːbl'dəʊt] N menú m, comida f (corrida) (Mex).

tableland ['teɪblænd] N meseta f, altiplano m (LAm).

tablemat ['teɪblmæt] N salvamanteles m inv.

tablespoon ['teɪblspuːn] N (spoon) cucharón m; (also **~ful**) cucharada f.

tablet ['tæblɪt] N (Med: gen) pastilla f; (: round pill) comprimido m; (of soap, chocolate) pastilla f; (inscribed stone) lápida f.

tabloid ['tæblɔɪd] N (newspaper) periódico m popular; **the ~s** (pej) la prensa amarilla.

taboo [tə'buː] **1** ADJ (socially) tabú; (religiously) sagrado/a. **2** N (social) tabú m.

tabulate ['tæbjʊleɪt] VT disponer en tablas.

tabulator ['tæbjʊleɪtə'] N tabulador m.

tachograph ['tækəgrɑːf] N tacógrafo m.

tachometer [tæ'kɒmɪtə'] N taquímetro m.

tacit ['tæsɪt] ADJ tácito/a.

taciturn ['tæsɪtɜːn] ADJ taciturno/a.

tack [tæk] **1** N **a** (nail) tachuela f; **to get down to brass ~s** ir al grano.
b (Naut: course) bordada f; (: turn) virada f; **to change ~** (fig) cambiar de rumbo or sentido; **to be on the wrong/ right ~** tomar un rumbo equivocado/ir por buen camino; **to try a different ~** cambiar de proyecto.
c (Sew) hilván m.
2 VT **a** (nail) clavar con tachuelas.
b (Sew) hilvanar; **to ~ sth on to (the end of) a letter/ book** añadir algo de paso a una carta/un libro.
3 VI (Naut) virar, cambiar de bordada.

tackle ['tækl] **1** N **a** (lifting gear) aparejo m, jarcia f.
b (gear, equipment: esp for sport) equipo m; (: tools etc) avíos mpl; (fishing ~) aparejo m de pescar; (fig: bits and pieces etc) cosas fpl, trastos mpl.
c (Sport) tackle m, agarrada f.
2 VT (Sport) tacklear; (thief, intruder) hacer frente a; (fig: confront) enfrentarse con; (: undertake: problem) enfrentar, hacer frente a; (job) emprender; **I'll ~ him about it at once** lo discutiré con él en seguida; **can you ~ another helping?** ¿puedes comerte otra porción?

tacky ['tækɪ] ADJ (comp **-ier**; superl **-iest**) (sticky) pegajoso/a; (US: shabby) desvencijado/a, destartalado/a.

tact [tækt] N (discretion) tacto m, discreción f; (perception) tino m.

tactful ['tæktfʊl] ADJ (discreet) discreto/a; (perceptive) atinado/a.

tactic ['tæktɪk] N (also **~s**) táctica f.

tactical ['tæktɪkəl] ADJ táctico/a.

tactile ['tæktaɪl] ADJ táctil.

tactless ['tæktlɪs] ADJ indiscreto/a.

tactlessness ['tæktlɪsnɪs] N falta f de tacto or discreción.

Tadjikistan [tɑˌdʒɪkɪ'stɑːn] N Tadjikistán m.

tadpole ['tædpəʊl] N renacuajo m.

taffeta ['tæfɪtə] N tafetán m.

taffy ['tæfɪ] N (US: toffee) melcocha f.

tag [tæg] **1** N **a** (label) etiqueta f, marbete m; **name ~** etiqueta con el nombre; **price ~** etiqueta con el precio.
b (game) **to play ~** jugar al cojecoje or (LAm) a la pega.
c (proverb) refrán m; (cliché) tópico m.
2 VI (go as well) ir de carabina; **to ~ after sb** seguirle la pista a algn.
♦ **tag on** VI: **to ~ on to sb** pegarse a algn.

Tagus ['teɪgəs] N Tajo m.

Tahiti [tɑː'hiːtɪ] N Tahití m.

tail [teɪl] **1** N (gen) cola f; (of animals) cola, rabo m; (of comet, plane) cabellera f, cola; (of shirt) faldón m; (of coin) cruz f; **heads or ~s** cara o cruz; **~s** (jacket) frac m, traje m de etiqueta; **to put a ~ on sb** poner a algn bajo vigilancia; **to turn ~** volver la espalda, huir; **he went off with his ~ between his legs** (fig) se fue con el rabo entre las piernas.
2 VT (follow): **to ~ sb** vigilar a algn.
3 CPD: **~ end** N (of procession, queue) tramo m final; (fig: of party, storm etc) final m; **at the ~ end of the summer** en los últimos días del verano.
♦ **tail away, tail off** VI + ADV ir apagándose; **his voice ~ed away** su voz se fue desvaneciendo.

tailback ['teɪlbæk] N cola f.

tailgate ['teɪlgeɪt] N (Aut) puerta f trasera.

tail-off ['teɪlɒf] N disminución f (paulatina).

tailor ['teɪlə'] **1** N sastre m; **~'s (shop)** sastrería f; **~'s chalk** jabón m de sastre. **2** VT (suit) confeccionar, cortar; (fig) adaptar.

tailored ['teɪləd] ADJ: **~ dress** vestido m sastre; **a well-~ suit** un traje bien hecho.

tailor-made ['teɪləmeɪd] ADJ **a** hecho/a a la medida.
b (fig) **it's ~ for you** te viene al pelo.

tailpipe ['teɪlpaɪp] N (US) tubo m de escape.

tailplane ['teɪlpleɪn] N (Aer) plano m de cola.

tailspin ['teɪlspɪn] N (Aer) barrena f.

tailwind ['teɪlwɪnd] N viento m de cola.

taint [teɪnt] **1** N (fig) corrupción f, contaminación f; (fig) mancha f, tacha f; **the ~ of sin** la mancha del pecado. **2** VT (fig) manchar, tachar.

Taiwan [ˌtaɪ'wɑːn] N Taiwán m.

Taiwanese [ˌtaɪwə'niːz] ADJ, N taiwanés/esa m/f.

Tajikistan [tɑːdʒɪkɪs'tɑːn] N Tayikistán m.

take [teɪk] (*vb: pt* **took**; *pp* **~n**) **1** VT [a] (*remove*) llevar; (*steal*) robar, llevarse; (*subtract, deduct*) **to ~ (from** *or* **off)** restar (de); (*: from price*) quitar, rebajar; **who took my beer?** ¿quién se ha llevado mi cerveza?

[b] (*gen: lead, transport etc*) llevar; (*~ hold of, seize*) coger (*Sp*), agarrar (*LAm*); (*use: bus, taxi*) coger (*Sp*), tomar (*LAm*); (*: travel by*) ir en; (*: motorway, short cut*) ir por; **let me ~ your case/coat** permíteme tu maleta/abrigo; **to ~ sb somewhere** llevar a algn a un sitio; **to ~ sb's arm** tomar del brazo a algn; **~ sb in one's arms** abrazar a algn; **~ the first on the right** vaya por la primera calle a la derecha.

[c] (*accept, receive*) aceptar; (*: advice*) seguir; (*: news, blow*) tomar, recibir; (*purchase, rent*) alquilar, tomar; (*buy regularly: newspaper etc*) comprar con regularidad, ser lector de; (*obtain, win: prize, 1st place*) ganar, conseguir; **to ~ £500** (*Comm*) cobrar 500 libras; **last year we took £30,000** el año pasado los ingresos sumaron 30.000 libras; **we shall ~ a house for the summer** alquilaremos una casa para el verano; **he took it badly** le afectó mucho; **please ~ a seat** tome asiento, por favor; **is this seat ~n?** ¿está ocupado este asiento?; **it's £50 - ~ it or leave it!** son 50 libras - lo toma o lo deja; **~ it from me!** ¡escucha lo que te digo!; **you must ~ us as you find us** así somos, hay que aceptarlo.

[d] (*have room or capacity for*) tener cabida para; (*support weight of*) aguantar; (*call for, require*) necesitar, requerir; (*time: use up*) ocupar; (*Ling: case*) llevar; (*wear: clothes size*) gastar, usar (*LAm*); (*: shoes*) calzar; **a car that ~s 6 passengers** un coche con cabida para 6 personas; **however long it ~s** el tiempo que sea; **it ~s a lot of courage** exige gran valor; **it ~s an hour to get there** se tarda una hora en llegar, hace falta una hora para llegar; **it won't ~ long** durará poco; **that will ~ some explaining** costará explicar eso; **she's got what it ~s** (*to do the job*) reúne todas las cualidades; (*fam: sexually*) tiene lo que hay que tener.

[e] (*capture: person*) coger (*Sp*), agarrar (*LAm*); (*: place*) tomar; **to ~ sb prisoner** tomar preso a algn.

[f] (*conduct: meeting, church service*) presidir; (*teach: course, class*) enseñar; (*study: course, subject*) dar, estudiar; (*undergo: exam, test*) presentarse a, pasar; **to ~ a degree in** licenciarse en.

[g] (*record: sb's name, address*) anotar, apuntar; (*: measurements etc*) tomar; **to ~ notes** tomar apuntes.

[h] (*understand, assume*) tener entendido; (*consider: case, example*) poner como ejemplo; **how old do you ~ him to be?** ¿cuántos años le das?; **I took him for a doctor** lo tenía por médico; **what do you ~ me for?** ¿por quién me has tomado?; **may I ~ it that ...?** ¿debo suponer que ...?; **she knows how to ~ him** ella sabe por qué lado tomarle; **now ~ Ireland** considere el caso de Irlanda.

[i] (*put up with, endure: climate, alcohol*) aguantar, soportar; **I can't ~ any more!** ¡no aguanto más!; **I won't ~ no for an answer** no hay pero que valga.

[j] (*eat*) comer; (*drink*) tomar; **'to be ~n 3 times a day'** 'a tomar 3 veces al día'; **'not to be ~n (internally)'** 'para uso externo'; **how much alcohol had he ~n?** ¿cuánto alcohol había ingerido?

[k] (*negotiate: bend*) tomar; (*: jump*) saltar.

[l] **to be ~n with sb/sth** (*attracted*) tomarle gusto *or* cariño a algn/algo; **to ~ a dislike to sb** tomarle antipatía a algn; **I'm not at all ~n with the idea** la idea no me gusta nada.

[m] (*as function verb: see other element*) **to ~ a photograph** sacar una fotografía; **to ~ a bath/shower** bañarse/ducharse; **to ~ fright** asustarse (*at* de); **~ your time!** ¡despacio!, ¡no se apure! (*LAm*); **it took me by surprise** me cogió de imprevisto, me pilló de sorpresa (*LAm*).

2 VI (*be effective: dye, injection, fire etc*) agarrar, prender (*LAm*), tomar.

3 N (*Cine*) toma *f*.

◆ **take after** VI + PREP parecerse a, salir a.

◆ **take along** VT + ADV (*person, thing*) llevar (consigo).

◆ **take apart** VT + ADV (*clock, machine etc*) desmontar, desarmar; **I'll ~ him apart!** (*fam*) ¡le rompo la cara!

◆ **take aside** VT + ADV llevar aparte *or* a un lado.

◆ **take away** **1** VI + ADV: **to ~ away from sth** quitar mérito a *or* restar valor a algo.
2 VT + ADV [a] (*subtract*) restar; **~ 9 away from 12** reste 9 de 12.
[b] (*remove: person, thing, privilege*) llevarse, quitar; (*carry away, transport*) llevar.

◆ **take back** VT + ADV [a] (*get back, reclaim*) apoderarse de nuevo; (*retract: statement, promise*) retractar, desdecir.
[b] (*return*) devolver; **can you ~ him back home?** ¿le puedes acompañar a su casa? [c] (*remind*) **to ~ sb back to his childhood** recordar a algn su infancia; **it ~s you back, doesn't it?** ¡cuántos recuerdos (de los buenos tiempos)!

◆ **take down** VT + ADV [a] (*off shelf etc*) bajar; (*decorations, curtains, picture*) quitar. [b] (*dismantle: scaffolding*) desmantelar; (*: building*) derribar. [c] (*write down*) apuntar, tomar nota de.

◆ **take in** VT + ADV [a] (*bring in: person*) hacer entrar; (*: thing*) traer para dentro; (*: harvest*) recoger.
[b] (*lodgers, orphan, stray dog*) acoger, recoger.
[c] (*receive: money*) cobrar; (*: laundry, sewing*) aceptar.
[d] (*skirt, dress, waistband*) achicar.
[e] (*include, cover*) abarcar; **we took in Florence on the way** pasamos por Florencia en el camino.
[f] (*grasp, understand*) comprender, captar; (*impressions, sights etc*) asimilar; (*visually: surroundings, people, area*) abarcar con la vista; **he took the situation in at a glance** con una sola mirada se puso al tanto de la situación.
[g] (*deceive, cheat*) engañar; **to be ~n in by appearances** dejarse engañar por las apariencias.

◆ **take off** **1** VI + ADV [a] (*plane, passengers*) despegar, decolar (*LAm*); (*high jumper*) saltar.
[b] (*succeed*) empezar a tener éxito; **the idea never really took off** la idea no llegó a cuajar.
2 VT + ADV [a] (*remove*) quitar; (*: clothes*) quitarse, sacarse (*LAm*); (*: leg, limb*) amputar; (*: train*) suprimir.
[b] (*deduct: from bill, price*) descontar; **she took 50p off** descontó *or* hizo un descuento de 50 peniques.
[c] (*lead away etc: person, object*) llevarse; **she was ~n off to hospital** la llevaron al hospital; **to ~ o.s. off** marcharse, largarse.
[d] (*imitate*) imitar.
[e] (*not work*) **he took the day off** se tomó el día de descanso.
3 VT + PREP [a] (*remove: clothes, price tag, lid*) quitar de, sacar de (*LAm*); (*: train, item from menu*) quitar de; **to ~ sth off sb** quitarle algo a algn; **to ~ sb off sth** (*remove from duty, job*) dar de baja a algn de algo.
[b] (*deduct: from bill, price*) descontar.

◆ **take on** **1** VI + ADV [a] (*fam: become upset*) perder la calma.
[b] (*become popular: song, fashion etc*) hacerse muy popular.
2 VT + ADV [a] (*work, responsibility*) aceptar, encargarse de; (*bet, challenger*) aceptar el reto de; **she's ~n on more than she bargained for** aceptó demasiadas responsabilidades, se le fue la mano (*fam*).
[b] (*worker*) contratar; (*cargo, passengers*) coger (*Sp*), tomar (*LAm*); (*form, qualities*) asumir; **her face took on a wistful expression** quedó cariacontecida.

◆ **take out** VT + ADV [a] (*bring, carry out*) sacar; **he took the dog out for a walk** sacó el perro a pasear; **can I ~ you out to lunch/the cinema?** ¿le puedo invitar a almorzar/al cine? [b] (*pull out, extract: gen*) sacar; (*: tooth*) extraer, sacar; (*remove: stain etc*) quitar, limpiar.
[c] (*procure*) **to ~ out insurance/a patent** hacerse un seguro/sacar patente. [d] **to ~ sb out of himself** sacarle a algn de sí; **it ~s it out of you** te deja hecho pedazos; **don't ~ it out on me!** ¡no te desquites conmigo!

◆ **take over** **1** VI + ADV (*dictator, political party*) tomar el poder; **to ~ over (from sb)** hacer de suplente (para algn), reemplazar (a algn).
2 VT + ADV [a] (*assume responsibility for*) encargarse de; **to ~ over sb's job** sustituir a algn.
[b] (*another company*) acaparar; **the tourists have ~n**

over **Madrid** los turistas se apoderaron de Madrid.
◆**take to** vi + prep [a] (*form liking for*: *person*) tomar cariño a algn, encariñarse con algn; (: *Sport etc*) aficionarse a; (*surroundings, idea etc*) hacerse a; **she didn't ~ kindly to the idea** no le gustó la idea; **they took to one another on the spot** se congeniaron al instante; **I just can't ~ him** no puedo simpatizar con él. [b] (*form habit of*) **to ~ to sth/to doing sth** entregarse a algo/a hacer algo; **she took to telling everyone that ...** le dio por contar a todos que .... [c] (*escape to*) fugarse en; **to ~ to one's bed** guardar cama; **to ~ to drink** darse a la bebida.
◆**take up** [1] vi + adv: **to ~ up with sb** hacerse amigo de algn.
[2] vt + adv [a] (*raise, lift*) levantar, recoger; (: *carpet, floorboards*) quitar; (: *road*) levantar; (: *dress, hem*) acortar. [b] (*lead, carry upstairs etc*) subir. [c] (*continue*) reanudar, continuar con. [d] (*occupy*: *time, attention*) ocupar; (: *space*) llenar, ocupar; **it ~s up a lot of his time** le dedica mucho tiempo; **he's very ~n up with his work/with her** está absorto en el trabajo/ocupado con ella. [e] (*absorb*: *liquids*) absorber. [f] (*raise question of*: *matter, point*) retomar, volver sobre; **I shall ~ the matter up with the manager** hablaré del asunto con el gerente. [g] (*start*: *hobby, sport*) dedicarse a. [h] (*accept*: *offer, challenge*) aceptar; **I'll ~ you up on your offer** te acepto la oferta. [i] (*adopt*: *cause, case*) apoyar; (: *person*) adoptar.
◆**take upon** vt + prep: **to ~ sth upon o.s.** tomar algo sobre sí; **to ~ it upon o.s. to do sth** atreverse a hacer algo.
takeaway ['teɪkəweɪ] [1] n (*restaurant*) tienda *f* de comida para llevar. [2] cpd (*food*) para llevar.
take-home ['teɪkhəʊm] adj: **~ pay** sueldo *m* neto.
taken ['teɪkən] pp of **take**.
takeoff ['teɪkɒf] n [a] (*Aer, Econ*) despegue *m*. [b] (*imitation*) imitación *f*, mímica *f*.
takeover ['teɪk,əʊvər] [1] n acaparamiento *m*; **the ~ of company A by company Z** la adquisición *or* compra de la compañía A por la compañía Z. [2] cpd: **~ bid** n oferta *f* de compra de una empresa por otra.
taker ['teɪkər] n: **at £5 there were no ~s** a un precio de 5 libras nadie se ofreció a comprarlo.
taking ['teɪkɪŋ] adj (*attractive*) atractivo/a.
takings ['teɪkɪŋz] npl (*Fin*) recaudación *fsg*; (*at show etc*) taquilla *fsg*; **this year's ~ were only half last year's** este año se ha embolsado sólo la mitad de la recaudación del año pasado.
talcum powder ['tælkəm,paʊdər] n (*also* **talc**) talco *m*.
tale [teɪl] n (*story*) cuento *m*, historia *f*; (*lie, fabrication*) mentira *f*, cuento *m*; **to tell ~s** chivarse, chismear; *see* **old 3**.
talent ['tælənt] [1] n (*skill*) talento *m*; (*talented people*) gente *f* capaz *or* de talento; (*fam*: *opposite sex*) las niñas *fpl*/los niños *mpl*; **there wasn't much ~ at the dance** (*fam*) en el baile casi no había chicas atractivas. [2] cpd: **~ scout, ~ spotter** n cazatalentos *mf inv*.
talented ['tæləntɪd] adj talentoso/a, de talento.
talisman ['tælɪzmən] n talismán *m*.
talk [tɔːk] [1] n (*conversation*) conversación *f*, plática *f* (*Mex*); (*lecture*) **~ (on)** charla *f or* ponencia *f* (sobre); **~s** conversaciones *fpl*, pláticas *fpl* (*Mex*); **it's just ~** es puro cotorreo; **she's the ~ of the town** es la comidilla de la ciudad; **there is (some) ~ of ...** corre la voz de que ...; **to give a ~** dar una charla, dictar una conferencia; **to have a ~ with sb** conversar con algn.
[2] vi (*gen*) hablar; **to ~ about sth/sb** hablar de algo/de algn; **it's all ~ and no action** todo es hablar y no se hace nada; **now you're ~ing!** ¡ahora sí te escucho!; **look who's ~ing!** ¡quién lo dice!; **to keep sb ~ing** entretener a algn en conversación; **to ~ through one's hat** decir tonterías; **he doesn't know what he's ~ing about** no sabe de qué habla; **to ~ to o.s.** hablar solo.
[3] vt (*a language, slang*) hablar; **they were ~ing Arabic** hablaban árabe; **to ~ business** hablar de negocios; **to ~ nonsense** decir tonterías; **to ~ sense** hablar con juicio;

to ~ sb into doing sth convencer a algn a hacer algo; **to ~ sb out of doing sth** disuadir a algn de hacer algo; *see* **shop**.
[4] cpd: **~ radio** n radio *f* hablada.
◆**talk back** vi + adv replicar.
◆**talk down** [1] vi + adv: **to ~ down to sb** condescender con algn.
[2] vt + adv (*pilot, aircraft*) dirigir un aterrizaje por radio.
◆**talk over** vt + adv (*discuss*) hablar, discutir; **to ~ sth over with sb** repasar algo con algn.
◆**talk round** vt + adv: **to ~ sb round** llegar a convencer a algn.
◆**talk through** vt + prep: **to ~ a plan through** discutir un proyecto con detalle.
talkative ['tɔːkətɪv] adj hablador(a), platicón/ona (*Mex*).
talked-of ['tɔːktɒv] adj: **a much ~ event** un suceso muy comentado.
talker ['tɔːkər] n hablador(a) *m/f*, platicón/ona *m/f* (*Mex*); **to be a good ~** hablar con soltura.
talking ['tɔːkɪŋ] [1] adj (*bird*) que habla. [2] n hablar *m*; **she does all the ~** es ella quien habla siempre; **no ~, please !silencio, por favor!** [3] cpd: **~ point** n tema *m* de conversación.
talking-to ['tɔːkɪŋtuː] n bronca *f*, regañada *f* (*esp LAm*); **I gave him a good ~** le eché una buena bronca *or* regañada.
tall [tɔːl] adj (*comp* **~er**; *superl* **~est**) alto/a; **a ~ tree** un árbol alto; **how ~ are you?** ¿cuánto mides?, ¿qué alto *or* altura tienes?; **I'm 6 feet ~** mido 6 pies, tengo 6 pies de alto; **that's a ~ order!** ¡eso es mucho pedir!; **a ~ story** (*fig*) un cuento chino.
tallboy ['tɔːlbɔɪ] n cómoda *f* alta.
tallow ['tæləʊ] n sebo *m*.
tally ['tælɪ] [1] n (*running total, score*) total *m*, cuenta *f*; **to keep a ~** llevar la cuenta. [2] vi (*stories, accounts*) corresponder, concordar; **to ~ with sth** concordar *or* corresponder con algo.
Talmud ['tælmʊd] n Talmud *m*.
Talmudic [tæl'mʊdɪk] adj talmúdico/a.
talon ['tælən] n garra *f*.
tamale [tə'mɑːlɪ] n tamal *m*.
tambourine [,tæmbə'riːn] n pandereta *f*.
tame [teɪm] [1] adj (*comp* **~r**; *superl* **~st**) (*animal*) domesticado/a, manso/a; (*fig*: *person*) soso/a; (: *book, performance*) mediocre. [2] vt (*animal*) domesticar, amansar; (*passion etc*) dominar.
tamer ['teɪmər] n domador(a) *m/f*.
Tamil ['tæmɪl] adj, n tamil *m/f*.
tamp [tæmp] vt (*ground etc*) apisonar.
Tampax ® ['tæmpæks] n Tampax ® *m inv*, támpax *m inv*.
tamper ['tæmpər] vi: **to ~ with** (*lock etc*) tratar de forzar; (*papers*) falsificar; (*handle*) manosear.
tampon ['tæmpən] n tampón *m*.
tan [tæn] [1] n (*suntan*) bronceado *m*; (*colour*) color *m* marrón *or* (*esp LAm*) café claro; **to get a ~** broncearse, ponerse moreno/a.
[2] adj marrón *or* (*LAm*) café claro.
[3] vi (*person*) broncearse, ponerse moreno/a.
[4] vt (*person, skin*) broncear, quemar; (*leather*) curtir; **to ~ sb's hide** (*fam*) zurrarle la badana a algn.
tandem ['tændəm] [1] n (*bicycle*) tándem *m*. [2] adv: **in ~** en tándem, en fila.
tang [tæŋ] n (*taste*) sabor *m* (picante).
tangent ['tændʒənt] n (*Geom*) tangente *f*; **to go off at a ~** (*fig*) salirse por la tangente.
tangerine [,tændʒə'riːn] n mandarina *f*.
tangible ['tændʒəbl] adj (*difference*) tangible; (*proof*) concreto/a; **~ assets** bienes *mpl* tangibles.
Tangier(s) [tæn'dʒɪə(z)] n Tánger *m*.
tangle ['tæŋgl] [1] n (*lit*) enredo *m*, maraña *f*; (*fig*: *muddle*) enredo, lío *m*; **a ~ of weeds** una maraña de malas hierbas; **a ~ of wool** una maraña de lana; **I'm in a ~ with the accounts** me hago un lío con las cuentas; **to get into a ~** hacerse un nudo; (*fig*) enredarse.
[2] vt (*also* **~ up**) enredar, enmarañar.

3 VI enredarse, enmarañarse; **to ~ with sb/sth** (fig fam) meterse con algn/en algo.
tangled ['tæŋgld] ADJ enredado/a, enmarañado/a; (fig) enmarañado.
tango ['tæŋgəʊ] N (pl **~s**) tango m.
tangy ['tæŋɪ] ADJ fuerte y picante.
tank [tæŋk] N (container) tanque m, depósito m; (Aut) depósito (Sp), tanque (esp LAm); (Mil) tanque; **swimming ~** (US) piscina f, alberca f (Mex), pileta f (de natación) (CSur).
tankard ['tæŋkəd] N bock m.
tanked-up [,tæŋk'ʌp] ADJ (fam) **to be/get ~** estar borracho/emborracharse.
tanker ['tæŋkəʳ] N (ship) buque-cisterna m; (lorry) camión-cisterna m.
tanned [tænd] ADJ moreno/a, bronceado/a.
tanner ['tænəʳ] N curtidor m.
tannin ['tænɪn] N tanino m.
tannoy ® ['tænɔɪ] N altavoz m.
tantalize ['tæntəlaɪz] VT: **to ~ sb (with sth)** tentar a algn (con algo).
tantalizing ['tæntəlaɪzɪŋ] ADJ tentador(a).
tantamount ['tæntəmaʊnt] ADJ: **~ to** equivalente a; **this is ~ to a refusal** esto equivale a una negativa.
tantrum ['tæntrəm] N rabieta f, berrinche m; **to have** or **throw a ~** coger una rabieta.
Tanzania [,tænzə'niːə] N Tanzania f.
Tanzanian [,tænzə'niːən] ADJ, N tanzano/a m/f.
tap¹ [tæp] **1** N **a** (Brit: water ~) grifo m, canilla f (CSur); (: gas ~) llave f; (of barrel) canilla f, espita f; **to be on ~** (fig) estar a mano. **b** (Telec) intervención f. **2** VT (barrel) espitar; (telephone) intervenir; (resources) explotar; **my phone is ~ped** mi teléfono está intervenido; **to ~ sb for information** (fam) tratar de sacar información de algn; **he tried to ~ me for £5** (fam) quería que le prestase 5 libras.
tap² [tæp] **1** N golpecito m, toque m; **there was a ~ on the door** hubo un toque en la puerta. **2** VT dar un toque a, toquetear; **I ~ped him on the shoulder** le toqué el hombro; **to ~ one's foot** (impatiently) taconear (de impaciencia); (in time to music) seguir el compás con el pie. **3** VI: **to ~ at/on** toquetear en, golpear en; **he ~ped on the table several times** dio varios golpecitos en la mesa. **4** CPD: **~ dancing** N zapateado m, zapateo m.
tape [teɪp] **1** N (Sew etc) cinta f; (Sport) meta f; (adhesive ~) cinta de pegar or adhesiva, scotch m; (recording ~) cinta (magnetofónica); **on ~** grabado/a (en cinta). **2** VT (record) grabar (en cinta); (also **~ up**) cerrar con cinta; **I've got him/it ~d** (fam) ya le encontré la medida. **3** CPD: **~ deck** N pletina f; **~ measure** N cinta f métrica or de medir, metro m; **~ recorder** N magnetófono m, grabadora f (esp LAm); **~ recording** N grabación f.
taper ['teɪpəʳ] **1** N vela f, cerilla f. **2** VI (also **~ off**) afilarse, estrecharse.
tape-record ['teɪprɪ,kɔːd] VT grabar (en cinta).
tapering ['teɪpərɪŋ] ADJ que se va estrechando.
tapestry ['tæpɪstrɪ] N (object) tapiz m; (art) tapicería f.
tapeworm ['teɪpwɜːm] N tenia f, solitaria f.
tapioca [,tæpɪ'əʊkə] **1** N tapioca f. **2** CPD: **~ pudding** N postre m de tapioca.
tappet ['tæpɪt] N varilla f de levantamiento.
tapwater ['tæp,wɔːtəʳ] N (Brit) agua f corriente or de grifo.
tar [tɑːʳ] **1** N alquitrán m, brea f, chapopote m (Mex); **low/middle ~ cigarettes** cigarrillos con contenido bajo/medio de alquitrán. **2** VT (road etc) alquitranar; **he's ~red with the same brush** (fig) está cortado por el mismo patrón.
tarantula [tə'ræntjʊlə] N tarántula f.
tardy ['tɑːdɪ] ADJ (late) tardío/a; (slow) lento/a.
tare [tɛəʳ] N (Comm) tara f.
target ['tɑːgɪt] **1** N (gen) blanco m; (objective) objetivo m, meta f; **the ~s for production in 1980** las metas de la producción para 1980; **to be on ~** (project) seguir el curso previsto. **2** VT elegir como blanco; **the factory is ~ted for closure** se propone cerrar la fábrica. **3** CPD: **~ audience** N público m objetivo; **~ language** N (study) lengua f objeto de estudio; **~ market** N mercado m objetivo; **~ practice** N tiro m al blanco; **~ price** N precio m indicativo.
tariff ['tærɪf] **1** N tarifa f. **2** CPD: **~ barrier, ~ wall** N barrera f arancelaria.
tarmac ['tɑːmæk] (vb: pt, pp **~ked**) **1** N (substance) alquitranado m; (runway) pista f de despegue. **2** VT alquitranar.
tarnish ['tɑːnɪʃ] **1** VT (lit) deslustrar; (fig) manchar, empañar. **2** VI (metal) deslustrarse.
tarnished ['tɑːnɪʃt] ADJ (also fig) deslustrado/a.
tarot ['tærəʊ] N: **~ card** naipe m tarot.
tarpaulin [tɑː'pɔːlɪn] N lona f alquitranada, alquitranado m.
tarragon ['tærəgən] N (Bot) estragón m.
tarry ['tærɪ] VI (delay) demorarse.
tart¹ [tɑːt] ADJ (sour: fruit, flavour) ácido/a, agrio/a; (fig: expression, remark) cáustico/a.
tart² [tɑːt] N **a** (Culin: large) tarta f; (: small) pastelillo m, queque m (LAm). **b** (pej: prostitute) fulana f (fam), puta f (fam!).
◆ **tart up** VT + ADV (fam) pintar; **to ~ o.s. up, to get ~ed up** vestir(se) y pintar(se).
tartan ['tɑːtən] N tartán m.
Tartar ['tɑːtəʳ] N (fig) fiera f.
tartar ['tɑːtəʳ] **1** N (on teeth) tártaro m; (Culin: also **cream of ~**) crémor m tartárico. **2** CPD: **~ sauce** N salsa f tártara.
task [tɑːsk] **1** N tarea f; **to take sb to ~ (for sth)** reprender or regañar a algn (por algo). **2** CPD: **~ force** N grupo m de asalto.
taskmaster ['tɑːsk,mɑːstəʳ] N: **he's a hard ~** es muy exigente.
Tasmania [tæz'meɪnɪə] N Tasmania f.
Tasmanian [tæz'meɪnɪən] ADJ, N tasmanio/a m/f.
tassel ['tæsəl] N borla f.
taste [teɪst] **1** N **a** (flavour) sabor m, gusto m; (sense of ~) gusto; (sample, sip) prueba f; **the soup had an odd ~** la sopa tenía un sabor raro; **may I have a ~?** ¿puedo probarlo?; **we got a ~ of what was to come** tuvimos una muestra de lo que había de venir después. **b** (liking) gusto m; **to acquire a ~ for sth** tomar gusto a algo; **it's not to my ~** no es de mi gusto; **each to his own ~** entre gustos no hay disputa. **c** **good ~** buen gusto; **to be in bad** or **poor ~** ser de mal gusto. **2** VT **a** (sample) probar, saborear; **just ~ this** pruebe esto. **b** (notice flavour of) **he couldn't ~ the food** la comida no le sabía a nada; **I can hardly ~ the garlic in this** casi no noto or siento el ajo en esto. **c** (fig: experience) conocer; **when he first ~d power** cuando saboreó el poder por primera vez. **3** VI: **to ~ of sth** saber a algo; **what does it ~ of?** ¿a qué sabe?; **it ~s good** está rico. **4** CPD: **~ bud** N papila f gustativa.
tasteful ['teɪstfʊl] ADJ de buen gusto.
tastefully ['teɪstfəlɪ] ADV elegantemente, con buen gusto.
tasteless ['teɪstlɪs] ADJ (food) insípido/a, soso/a; (not tasteful: decor, joke) de mal gusto.
taster ['teɪstəʳ] N **a** (person) catador(a) m/f. **b** (fig) muestra f.
tasty ['teɪstɪ] ADJ (comp **-ier**; superl **-iest**) sabroso/a.
tattered ['tætəd] ADJ en jirones.
tatters ['tætəz] NPL andrajos mpl, harapos mpl; **in ~** deshilachado/a.
tattoo¹ [tə'tuː] N (Mil) retreta f; **the Edinburgh ~** la exposición militar de Edimburgo; **to beat a ~ with one's fingers** tamborilear con los dedos.
tattoo² [tə'tuː] **1** N (on arm etc) tatuaje m. **2** VT (pt, pp **~ed**) tatuar.
tattooist [tə'tuːɪst] N tatuador/a m/f.

tatty ['tætɪ] ADJ (*comp* **-ier**; *superl* **-iest**) (*fam: shabby*) raído/a, deshilachado/a.

taught [tɔːt] PT, PP of **teach**.

taunt [tɔːnt] **1** N pulla f. **2** VT: **to ~ sb (with)** echar algo en cara a algn.

Taurus ['tɔːrəs] N Tauro m.

taut [tɔːt] ADJ (*tight*) tenso/a; (*fig: tense*) tirante, tenso/a; (: *concise*) conciso/a.

tautological [,tɔːtə'lɒdʒɪkəl] ADJ tautológico/a.

tautology [tɔː'tɒlədʒɪ] N tautología f.

tavern ['tævən] N (*old*) posada f, fonda f.

tawdry ['tɔːdrɪ] ADJ (*comp* **-ier**; *superl* **-iest**) de oropel.

tawny ['tɔːnɪ] ADJ (*comp* **-ier**; *superl* **-iest**) leonado/a.

tax [tæks] **1** N impuesto m; **free of ~** exento de contribuciones; **profits after ~** beneficios *mpl* postimpositivos; **profits before ~** beneficios *mpl* preimpositivos; **to put a ~ on sth** gravar algo con un impuesto; **to cut ~es** reducir impuestos; *see* **capital**; **income**; **value 3**. **2** VT **a** (*Fin: people, salary, wages*) imponer contribuciones a; (: *goods*) gravar con un impuesto. **b** (*fig: resources etc*) agotar; (: *patience*) poner *or* someter a prueba. **c** (*fig: accuse*) **to ~ sb with sth** tachar a algn de algo. **3** CPD: **~ allowance** N desgravación f fiscal; **~ avoidance** N evasión f de impuestos; **~ code, ~ coding** N código m impositivo; **~ collector** N recaudador(a) *m/f* de contribuciones; **~ disc** N (*Brit*) pegatina del impuesto de circulación; **~ evasion** N evasión f fiscal; **~ exemption** N exención f de impuestos; **~ haven** N territorio m exento de impuestos; **~ inspector** N tasador(a) *m/f*; **~ rate** N tipo m del impuesto; **~ rebate** N devolución f de impuestos; **~ relief** N desgravación f fiscal; **~ return** N declaración f fiscal; **~ system** N sistema m tributario; **~ year** N año m fiscal.

taxable ['tæksəbl] ADJ imponible.

taxation [tæk'seɪʃən] N impuestos *mpl*; **system of ~** sistema m tributario.

tax-deductible ['tæksdɪ'dʌktəbl] ADJ desgravable.

taxi ['tæksɪ] **1** N taxi m; (*collective ~*) colectivo m (LAm), pesero m (Mex). **2** VI (*Aer*) rodar por la pista. **3** CPD: **~ driver** N taxista *mf*; **~ rank** N parada f de taxis.

taxidermist ['tæksɪdɜːmɪst] N taxidermista *mf*.

taximeter ['tæksɪ,miːtər] N taxímetro m.

taxing ['tæksɪŋ] ADJ (*problem*) dificilísimo/a; (*task*) absorbente.

taxpayer ['tæks,peɪər] N contribuyente *mf*.

TB ABBR of **tuberculosis**.

T-bone (steak) ['tiːbəʊn(,steɪk)] N filete m en forma de T.

tbsp(s) ABBR OF of **tablespoonful(s)**.

TD N ABBR **a** (*US Ftbl*) of **touchdown**. **b** (*US*) of **Treasury Department**. **c** (*Ireland*) of **Teachta Dála** miembro del parlamento irlandés.

tea [tiː] **1** N **a** (*beverage*) té m; **I'm making another pot of ~** voy a hacer otra tetera; **~ with lemon** té con limón; **it's just my cup of ~!** (*fig*) es lo que más me gusta; **not for all the ~ in China** por nada del mundo. **b** (*meal: afternoon*) merienda f; (: *evening*) cena f; **an invitation to ~** una invitación a merendar. **2** CPD: **~ bag** N bolsita f de té; **~ break** N descanso m para el té; **~ caddy** N tarro m para el té; **~ cart** N (*US*) = **trolley**; **~ chest** N caja f grande de madera; **~ cloth** N (*for dishes*) paño m; (*for trolley, tray*) mantelito m, pañito m; **~ cosy** N cubretetera m *or* f; **~ leaf** N hoja f de té; **~ party** N merienda f; **~ service** N, **~ set** N servicio m de té; **~ strainer** N colador m de té; **~ towel** N paño m *or* (LAm) trapo m de cocina; **~ tray** N bandeja f del té; **~ trolley** N carrito m del té.

teacake ['tiːkeɪk] N bollito m, queque m (LAm).

teach [tiːtʃ] (*pt, pp* **taught**) **1** VT (*person, subject, skill*) enseñar; (*Scol, Univ: subject*) dar clases de; (: *students*) dar clases a; **to ~ sb sth/(how) to do sth** enseñar a algn a hacer algo; **that'll ~ him (a lesson)!** ¡para que aprenda!; **I'll ~ you to leave the gas on!** ¡y te enseñaré yo a no

dejar encendido el gas! **2** VI (*gen*) dar clases; **his wife ~es in our school** su esposa es profesora en nuestro colegio; **she's been ~ing for 20 years** es profesora desde hace 20 años, ha trabajado como profesora durante 20 años.

teacher ['tiːtʃər] **1** N profesor(a) *m/f*; **French ~** profesor(a) de francés. **2** CPD: **~ training college** N escuela f normal.

teaching ['tiːtʃɪŋ] **1** N (*act: no pl*) enseñanza f, docencia f; (*of moral, religious beliefs: often pl*) enseñanzas *fpl*; **her son's gone into ~** su hijo se metió de profesor. **2** CPD: **~ hospital** N (*Brit*) hospital m con facultad de medicina; **~ practice** N prácticas *fpl* de enseñanza; **~ staff** N profesorado m, cuerpo m docente.

teacup ['tiːkʌp] N taza f para el té.

teak [tiːk] N teca f.

team [tiːm] **1** N (*gen*) equipo m; (*group*) grupo m; (*of horses*) tiro m; (*of oxen*) yunta f; **the national ~** la selección nacional; **home/away ~** equipo de casa/visitante. **2** VI: **to ~ up (with)** juntarse (con), asociarse (con); (*SPORT*) formar equipo (con). **3** CPD: **~ game** N juego m de equipo; **~ mate** N compañero/a *m/f* de equipo; **~ spirit** N espíritu m de equipo.

teamwork ['tiːmwɜːk] N trabajo m en equipo.

teapot ['tiːpɒt] N tetera f.

tear¹ [tɛər] (*vb: pt* **tore**; *pp* **torn**) **1** N (*rip, hole*) rasgón m, desgarrón m; **your shirt has a ~ in it** su camisa está rota. **2** VT (*material, garment*) romper, desgarrar; (*make a hole*) rasgar; **torn by his emotions** (*fig*) desgarrado por sus emociones; **to ~ to pieces** *or* **to bits** (*garment, paper*) hacer pedazos; (*prey*) descuartizar; (*argument, book*) poner por los suelos; **to ~ a muscle** desgarrarse un músculo; **to ~ open** abrir desgarrando. **3** VI **a** (*be ripped*) rasgarse; **to ~ at sth** atacar con las uñas. **b** (*go quickly*) **to ~ along/out/down** *etc* ir/salir/bajar *etc* a la carrera *or* a toda velocidad; **to ~ past** pasar como un rayo.

♦**tear apart** VT (*object*) hacer trizas; **the dispute was ~ing the company apart** la disputa dividía la empresa en bandas opuestas.

♦**tear away** VT + ADV (*lit, fig*) arrancar, despegar; **I couldn't ~ myself away from the party** no había forma de hacerme dejar *or* salir de la fiesta.

♦**tear down** VT + ADV (*flag, hangings etc*) bajar arrancando; (*building*) derribar.

♦**tear off** VT + ADV arrancar de. **2** VT + PREP arrancar.

♦**tear out** VT + ADV arrancar.

♦**tear up** VT + ADV **a** (*paper*) romper, hacer pedazos; (*fig: contract, offer*) anular. **b** (*pull from ground: plant, stake*) desarraigar.

tear² [tɪər] **1** N lágrima f; **to burst into ~s** echarse a llorar, deshacerse en lágrimas; **to be in ~s** estar llorando, llorar. **2** CPD: **~ duct** N conducto m lacrimal; **~ gas** N gas m lacrimógeno.

tearaway ['tɛərəweɪ] N (*fam*) gamberro/a *m/f*.

teardrop ['tɪədrɒp] N lágrima f.

tearful ['tɪəfʊl] ADJ (*gen*) lloroso/a; (*habitually*) llorón/ona.

tear-jerker ['tɪə,dʒɜːkər] N (*fam: film etc*) obra f sentimentaloide.

tearoom ['tiːrʊm] N salón m de té.

tear-stained ['tɪəsteɪnd] ADJ manchado/a de lágrimas.

tease [tiːz] **1** N (*person: leg-puller*) bromista *mf*, guasón/ona *m/f* (LAm); (: *flirt*) provocador(a) *m/f*. **2** VT (*cat etc*) atormentar, provocar; (*person: make fun of*) tomar el pelo a *or* mofarse de algn; **they ~ her about her hair** la molestan con chistes acerca de su pelo.

♦**tease out** VT + ADV (*tangles*) desenredar; (*fig: information etc*) sonsacarle algo a algn.

teaser ['tiːzər] N (*person*) bromista *mf*; (*fam: problem*) rompecabezas m *inv*.

teaspoon ['tiːspuːn] N cucharita f (de postre).

teaspoonful ['tiːspʊnfʊl] N cucharadita f.

teat [tiːt] N (of bottle) tetina f; (of animal) teta f.

teatime ['tiːtaɪm] N hora f del té.

tech [tek] N ABBR 〔a〕 of **technology**. 〔b〕 of **technical col-lege**.

technical ['teknɪkəl] ADJ (process, word) técnico/a; **this book is too ~ for me to understand** este libro es demasiado técnico para que yo lo entienda; **~ college** or **school** escuela f vocacional or técnica; **~ hitch** problema m de carácter técnico; **~ offence** (Jur) cuasidelito m, delito m menor.

technicality [,teknɪ'kælɪtɪ] N (technical detail) detalle m (técnico); **I don't understand all the technicalities** no entiendo todos los detalles.

technically ['teknɪkəlɪ] ADV (gen) técnicamente; (in theory) en teoría.

technician [tek'nɪʃən] N técnico/a m/f.

Technicolor ® ['teknɪ,kʌləʳ] 〔1〕 N tecnicolor ® m. 〔2〕 ADJ en or de tecnicolor.

technique [tek'niːk] N (gen) técnica f.

techno... ['teknəʊ] PREF tecno....

technological [,teknə'lɒdʒɪkəl] ADJ tecnológico/a.

technology [tek'nɒlədʒɪ] N tecnología f.

technophobe [,teknəʊ'fəʊb] N tecnófobo/a m/f.

technophobic [,teknəʊ'fəʊbɪk] ADJ tecnofóbico/a.

teddy (bear) ['tedɪ(beəʳ)] N osito m (de felpa or (LAm) de peluche).

tedious ['tiːdɪəs] ADJ pesado/a.

tediousness ['tiːdɪəsnɪs], **tedium** ['tiːdɪəm] N pesadez f.

tee [tiː] N tee m; **to a ~** como anillo al dedo.
◆ **tee off** VI + ADV dar el primer golpe.

teem [tiːm] VI 〔a〕 **to ~ (with)** (insects, fish) hervir (de), abundar (en). 〔b〕 **it's ~ing (with rain)** está lloviendo a mares.

teenage ['tiːneɪdʒ] ADJ (fashion etc) adolescente; **a ~ boy/girl** un(a) adolescente.

teenaged ['tiːneɪdʒd] ADJ: **a ~ boy/girl** un(a) ado-lescente.

teenager ['tiːn,eɪdʒəʳ] N adolescente mf, quinceañero/a m/f (pej).

teens [tiːnz] NPL adolescencia f; **he is still in his ~** es adolescente todavía.

teenybopper ['tiːnɪ'bɒpəʳ] N quinceañero/a m/f.

tee-shirt ['tiːʃɜːt] N = **T-shirt**.

teeter ['tiːtəʳ] VI bambolearse, tambalear; (fig) vacilar, titubear; **to ~ on the edge of a nervous breakdown** (fig) estar al borde de un ataque nervioso.

teeth [tiːθ] NPL of **tooth**.

teethe [tiːð] VI echar los dientes.

teething ['tiːðɪŋ] 〔1〕 N dentición f. 〔2〕 CPD: **~ troubles** NPL (fig) problemas mpl de principiantes.

teetotal ['tiː'təʊtl] ADJ abstemio/a.

teetotaller, (US) **teetotaler** ['tiː'təʊtləʳ] N (person) abstemio/a m/f.

TEFL ['tefəl] N ABBR of **Teaching English as a Foreign Language**.

Teflon ® ['teflɒn] N teflón ® m.

Teheran, **Tehran** [teə'rɑːn] N Teherán m.

tel. ABBR of **telephone** tel, tfno, Tfno.

tele... ['telɪ] PREF tele....

telebanking ['telɪ,bæŋkɪŋ] N telebanca f.

telecommunications ['telɪkə,mjuːnɪ'keɪʃənz] NPL teleco-municación fsg.

telecommute ['telɪkəm,juːt] VI teletrabajar, trabajar a distancia.

teleconferencing [,telɪ'kɒnfərənsɪŋ] N teleconferencias fpl.

Telecopier ® ['telɪ,kɒpɪəʳ] N telecopiadora m.

telecopy ['telɪ,kɒpɪ] N telecopia f.

telegram ['telɪgræm] N telegrama m.

telegraph ['telɪgrɑːf] 〔1〕 N (message) telégrafo m; (apparatus) aparato m telegráfico. 〔2〕 VT telegrafiar. 〔3〕 CPD: **~ pole** N, **~ post** N poste m telegráfico; **~ wire** N hilo m telegráfico.

telekinesis [,telɪkɪ'niːsɪs] N telequinesia f.

telemarketing [,telɪ'mɑːkɪtɪŋ] N telemárketing m, ventas

fpl telefónicas.

telemessage ['telɪmesɪdʒ] N (Brit) telegrama m.

telepathic [,telɪ'pæθɪk] ADJ telepático/a.

telepathy [tɪ'lepəθɪ] N telepatía f.

telephone ['telɪfəʊn] 〔1〕 N teléfono m; **to be on the ~** (subscriber) tener teléfono; (be speaking) estar hablando por teléfono; **you're wanted on the ~** quieren hablar con Ud por teléfono. 〔2〕 VI llamar por teléfono. 〔3〕 VT llamar por teléfono, telefonear a. 〔4〕 CPD: **~ answering machine** N contestador m automático; **~ box** N, **~ booth** N cabina f telefónica; **~ call** N llamada f (telefónica), llamado m (telefónico) (LAm); **~ directory** N guía f telefónica; **~ exchange** central f (telefónica); (private) centralita f (Sp), conmutador m (LAm); **~ kiosk** N = **~ box**; **~ number** N número m de teléfono, fono m (Chi).

telephonist [tɪ'lefənɪst] N telefonista f.

telephoto ['telɪ'fəʊtəʊ] ADJ: **~ lens** teleobjetivo m.

teleprint ['telɪ,prɪnt] VT (Brit) transmitir por teletipo.

teleprinter ['telɪ,prɪntəʳ] N teletipo m.

teleprocessing [,telɪ'prəʊsesɪŋ] N teleproceso m.

teleprompter ® ['telɪ,prɒmptəʳ] N teleapuntador m.

telesales ['telɪ,seɪlz] 〔1〕 NPL televenta(s) f(pl). 〔2〕 CPD: **~ person** N televendedor(a) m/f.

telescope ['telɪskəʊp] 〔1〕 N (gen) catalejo m; (Astron) telescopio m. 〔2〕 VI encajar.

telescopic [,telɪs'kɒpɪk] ADJ telescópico/a; (umbrella) plegable.

teleshopping ['telɪ,ʃɒpɪŋ] N (US) telecompra(s) f(pl).

teletext ['telɪtekst] N teletex(to) m.

telethon ['teləθɒn] N (TV) maratón m televisivo (con fines benéficos).

Teletype ® ['telɪ,taɪp] N teletipo m.

televise ['telɪvaɪz] VT transmitir por televisión, televisar.

television ['telɪ,vɪʒən] 〔1〕 N (broadcasts, broadcasting industry) televisión f; (also **~ set**) televisor m; **to watch ~** ver la televisión; **to speak on ~** hablar por televisión. 〔2〕 CPD (programme, camera) de televisión; (personality) de la televisión; (play, report, serial) televisivo/a, televisual; **~ screen** N pantalla f de televisión.

telework ['telɪwɜːk] VI teletrabajar.

teleworker ['telɪwɜːkəʳ] N teletrabajador(a) m/f.

telex ['teleks] 〔1〕 N (gen) télex m. 〔2〕 VT, VI enviar un télex (a).

tell [tel] (pt, pp **told**) 〔1〕 VT 〔a〕 (story, experiences) contar; (truth, lie) decir; (secret) contar, divulgar; **to ~ sb sth** decirle algo a algn; **to ~ sb that ...** decirle a algn que ...; **to ~ sb whether/how/why** etc decir a algn si/cómo/por qué etc; **to ~ sb about sth** explicar algo a algn; **I have been told that ...** me han dicho que ...; **I am glad to ~ you that ...** (frm) tengo el gusto de comunicarle que ...; **I cannot ~ you how pleased I am** no encuentro palabras para expresarle lo feliz que estoy; **so much happened that I can't begin to ~ you** pasaron tantas cosas no sé por dónde empezar a contarte; **(I) ~ you what, let's go now** sabes qué, vámonos ahora; **I told you so!, didn't I ~ you so?** ¿no te lo dije?; **..., I can ~ you** ... te aseguro, ... tenlo por seguro; **let me ~ you, I didn't enjoy it** si te digo la verdad, no me gustó nada; **you're ~ing me** (fam) ya lo creo y que lo digas; **don't ~ me you can't do it!** no me vayas a decir or no me digas que no lo puedes hacer!; **~ me another!** (fam) ¡cuéntaselo a tu abuela!; **to ~ sb the future** or **sb's fortune** decirle a algn la buenaventura.
〔b〕 (order) **to ~ sb to do sth** mandarle a algn a hacer algo; **do as you are told!** ¡haz lo que te digo!; **he won't be told** no acepta consejos.
〔c〕 (indicate: subj: sign, dial) **to ~ sb sth** indicarle algo a algn; **there was a sign ~ing us which way to go** una señal nos indicaba el camino.
〔d〕 (distinguish) distinguir; (know, be sure of) saber; **to ~ the difference (between A and B)** distinguir (entre A y B); **to ~ right from wrong** distinguir el bien del mal; **I couldn't ~ them apart** no sabía distinguirlos; **you can ~ a horse's age by its teeth** la edad de un caballo se sabe

por los dientes; **I couldn't ~ how it was done** no sabía cómo se hizo; **you can't ~ much from his letter** su carta nos dice bien poco; *see* **time 1 (d)**.

e **400 all told** 400 en total.

2 VI **a** (*talk*) **to ~ (of)** contar; (*fam: sneak, tell secrets*) **to ~ (on)** contar chismes (sobre); **more than words can ~** me fallan las palabras; **that would be ~ing!** ¡es un secreto! **b** (*know, be certain*) saber; **I can't ~** no le puedo decir, no sabría decirle; **who can ~?** ¿quién sabe?; **there is no ~ing** no se puede saber; **you never can ~** nunca se sabe; *see* **time 1 (a)**.

c (*have an effect*) surtir efecto; (*: negatively*) hacerse sentir; **to ~ against sb** ir en contra de algn; **the strain is beginning to ~ (on him)** se le empieza a notar la tensión.

◆**tell off** VT + ADV: **to ~ sb off (for sth/for doing sth)** regañar a algn (por algo/por haber hecho algo).

◆**tell on** VT + PREP: **to ~ on sb** soplarse de algn (*fam*).

teller ['telər] N **a** (*of story*) narrador(a) *m/f*. **b** (*person: in bank*) cajero/a *m/f*; (*: at election*) escrutador(a) *m/f*.

telling ['telɪŋ] ADJ (*effective: blow*) contundente, eficaz; (*significant: figures, remark*) revelador(a).

telling-off [,telɪŋ'ɒf] N: **to give sb a ~** echarle una bronca or regañarle a algn.

telltale ['telteɪl] **1** ADJ (*sign*) revelador(a). **2** N (*person*) soplón/ona *m/f*.

telly ['telɪ] N (*Brit fam*) tele *f*.

temerity [tɪ'merɪtɪ] N temeridad *f*.

temp [temp] **1** N ABBR *of* **temporary**. **2** VI trabajar de temporero.

temp. ABBR *of* **temperature**.

temper ['tempər] **1** N (*nature*) carácter *m*, genio *m*; (*mood*) humor *m*; **to be in a ~** estar furioso; **to be in a good/bad ~** estar de buen/mal humor; **to keep/lose one's ~** contenerse/enfadarse or (*LAm*) enojarse; **to have a quick ~** tener genio; **in a fit of ~** en un acceso de furia or ira; **to fly into a ~** ponerse furioso, montarse en cólera; **mind your ~!, ~, ~!** ¡contrólate or controla ese genio!

2 VT (*moderate*) moderar; (*soften: metal*) templar.

temperament ['tempərəmənt] N temperamento *m*, disposición *f*.

temperamental [,tempərə'mentl] ADJ **a** (*moody: person, machine*) caprichoso/a. **b** (*caused by one's nature*) temperamental, por temperamento.

temperance ['tempərəns] **1** N (*teetotalism*) abstinencia *f*. **2** CPD (*movement, hotel*) antialcohólico/a.

temperate ['tempərɪt] ADJ (*climate, zone*) templado/a.

temperature ['temprɪtʃər] N (*Met*) temperatura *f*; (*Med: of person*) calentura *f*, fiebre *f*; **to have a high ~** tener fiebre; **to take sb's ~** tomar la temperatura de algn.

-tempered ['tempəd] ADJ SUF de genio ...; **bad~** de mal genio.

tempest ['tempɪst] N (*poet*) tempestad *f*.

tempestuous [tem'pestjʊəs] ADJ (*relationship, meeting*) tempestuoso/a.

template, (*US*) **templet** ['templɪt] N plantilla *f*.

temple ['templ] N **a** (*Rel*) templo *m*. **b** (*Anat*) sien *f*.

tempo ['tempəʊ] N (*pl* **tempi** ['tempiː]) (*Mus*) compás *m*; (*fig*) ritmo *m*.

temporal ['tempərəl] ADJ (*Ling: conjunction, clause*) temporal.

temporarily ['tempərərɪlɪ] ADV temporalmente.

temporary ['tempərərɪ] ADJ (*measure*) transitorio/a; (*arrangement*) provisional, temporal; (*worker*) temporero/a; (*official, post office, secretary*) interino/a.

tempt [tempt] VT (*gen*) tentar, provocar (*LAm*); **to ~ sb to do sth** tentar a algn a hacer algo; **I'm ~ed to do it** me siento tentado de or (*LAm*) provocado hacerlo; **can I ~ you to another cake?** ¿le apetece otro pastelito?; **one must not ~ fate** no hay que tentar a la suerte.

temptation [temp'teɪʃən] N tentación *f*; **there is always a ~ to ...** existe siempre una tendencia a ...; **I couldn't resist the ~** no pude resistir (la tentación).

tempting ['temptɪŋ] ADJ (*offer etc*) tentador(a); (*food*) apetitoso/a.

ten [ten] **1** ADJ diez. **2** N diez *m*; **~s of thousands** decenas de miles; **~ to one he'll be late** (*fam*) te apuesto que llega tarde; **they're ~ a penny** (*fam*) se encuentran en todas partes; *see* **five** *for usage.*

tenable ['tenəbl] ADJ (*argument*) sostenible; (*proposal*) válido/a.

tenacious [tɪ'neɪʃəs] ADJ tenaz.

tenacity [tɪ'næsɪtɪ] N tenacidad *f*.

tenancy ['tenənsɪ] N (*possession, period*) tenencia *f*, inquilinato *m*; (*renting*) arriendo *m*, alquiler *m*.

tenant ['tenənt] N inquilino/a *m/f*, arrendatario/a *m/f*.

tend¹ [tend] VI tener tendencia, tender; **to ~ to do sth** tener tendencia a hacer algo; **I ~ to agree** (*Brit frm*) comparto su opinión; **that ~s to be the case** suele ser así; **to ~ towards sth** tirar hacia algo; **these clothes ~ to shrink** estas prendas tienen tendencia a encogerse.

tend² [tend] VT (*also* **~ to:** *sick etc*) cuidar, atender; (*cattle*) vigilar; (*garden*) cultivar; (*machine*) vigilar, cuidar.

tendency ['tendənsɪ] N tendencia *f*; **to have a ~ to ...** tener tendencia a ....

tendentious [ten'denʃəs] ADJ tendencioso/a.

tender¹ ['tendər] N (*Rail*) ténder *m*.

tender² ['tendər] **1** N **a** (*Comm*) oferta *f*; **call for ~** propuesta *f* para licitación de obras; **to make a ~ (for)**, **to put in a ~ (for)** hacer una oferta (para); **to put work out to ~** ofrecer un trabajo a contrata. **b** **legal ~** moneda *f* corriente or de curso legal. **2** VT (*frm: proffer: money*) ofrecer; **to ~ one's resignation** presentar renuncia or su dimisión. **3** VI (*Comm*) **to ~ (for)** hacer una oferta (para).

tender³ ['tendər] ADJ **a** (*gentle, affectionate*) cariñoso/a, tierno/a; **to bid sb a ~ farewell** despedirse de algn con ternura. **b** (*sore: part of body*) sensible, dolorido/a; (*fragile*) frágil, delicado/a; (*fig: subject*) delicado/a; **~ to the touch** sensible al tacto. **c** (*not tough: meat*) tierno/a.

tender-hearted ['tendə'hɑːtɪd] ADJ compasivo/a.

tenderloin ['tendəlɔɪn] N lomo *m*, filete *m*.

tenderly ['tendəlɪ] ADV (*affectionately*) cariñosamente, con ternura.

tenderness ['tendənɪs] N (*see adj*) cariño *m*, ternura *f*; delicadeza *f*; lo tierno.

tendon ['tendən] N tendón *m*.

tendril ['tendrɪl] N zarcillo *m*.

tenement ['tenɪmənt] **1** N (*Scot: flat*) piso *m*, departamento *m* (*LAm*). **2** CPD: **~ block** N bloque *m* de pisos; **~ house** N casa *f* de vecinos.

Tenerife [,tenə'riːf] N Tenerife *m*.

tenet ['tenət] N principio *m*.

Tenn. ABBR (*US*) *of* **Tennessee**.

tenner ['tenər] N (*Brit: £10*) diez libras *f*; (*: £10 note*) billete *m* de diez (libras).

tennis ['tenɪs] **1** N tenis *m*. **2** CPD de tenis; **~ ball** N pelota *f* de tenis; **~ court** N cancha *f* de tenis; **~ elbow** N (*Med*) sinovitis *f* del codo; **~ match** N partido *m* de tenis; **~ player** N tenista *mf*; **~ racket** N raqueta *f* de tenis.

tenor ['tenər] **1** ADJ (*instrument, part, voice*) de tenor. **2** N **a** (*Mus*) tenor *m*. **b** (*purport: of speech*) tono *m*, sentido *m*.

tenpin bowling ['tenpɪn'bəʊlɪŋ] N bolos *mpl*, bolera *f*.

tense¹ [tens] N (*Ling*) tiempo *m*.

tense² [tens] **1** ADJ (*comp* **-r**; *superl* **-st**) (*stretched tight*) estirado/a, tieso/a (*LAm*); (*nervous: person*) nervioso/a, tirante; (*: moment, atmosphere*) tenso/a, de tensión. **2** VT (*tighten: muscles*) tensar.

◆**tense up** VI + ADV tensarse.

tensely ['tenslɪ] ADV (*nervously*) nerviosamente, con tirantez.

tension ['tenʃən] N (*gen*) tensión *f*; (*in relations, atmosphere*) tirantez *f*.

tent [tent] **1** N tienda *f* de campaña, carpa *f* (*LAm*). **2** CPD: **~ peg** N estaca *f* de tienda.

tentacle ['tentəkl] N tentáculo *m*.

tentative ['tentətɪv] ADJ (*hesitant: person*) indeciso/a, vacilante; (*provisional: arrangement*) provisional, provisorio/a (*LAm*).

tenterhooks ['tentəhʊks] NPL: **to be on ~** estar sobre ascuas; **to keep sb on ~** tener a algn sobre ascuas.

tenth [tenθ] **1** ADJ décimo/a. **2** N (*in series*) décimo/a *m/f*; (*fraction*) décimo *m*, décima parte *f*; *see* **fifth** *for usage.*

tenuous ['tenjʊəs] ADJ (*gen*) tenue; (*connection*) ligero/a; (*argument*) poco convincente.

tenure ['tenjʊəʳ] N (*of land*) tenencia *f*; (*of office*) ocupación *f*, ejercicio *m*; (*guaranteed employment*) puesto *m* asegurado, permanencia *f*; **teacher without ~** profesor(a) *m/f* no numerario/a.

tepee ['tiːpiː] N (*US*) tipi *m*.

tepid ['tepɪd] ADJ (*lit*) tibio/a; (*fig*) poco entusiasta *or* caluroso/a.

term [tɜːm] **1** N **a** (*period: of office etc*) período *m*, término *m*; (*Comm: limit of time*) plazo *m*; (*of president etc*) mandato *m*; (*in school*) trimestre *m*; **in the short/long ~** a corto/largo plazo; **in the medium ~** a plazo medio; **during his ~ of office** bajo su mandato; **in the spring/ summer ~** en el segundo/tercer trimestre; *see* **half 2**. **b** (*expression*) término *m*, vocablo *m*; **to tell sb sth in no uncertain ~s** decirle algo a algn de forma clara; **in ~s of ...** en términos de ..., en cuanto a ...; **in ~s of produc- tion we are doing well** por lo que se refiere a *or* en cuanto a la producción vamos bien; **he was talking in ~s of buying it** hablaba de la posibilidad de comprarlo. **c** **~s** (*conditions*) condiciones *fpl*; **~s of employment** condiciones de empleo; **~s of payment** condiciones de pago; **~s of reference** puntos *mpl* de referencia; **on one's own ~s** como uno quiere; **according to the ~s of the contract** según las condiciones del contrato; **to come to ~s with sth** hacerse a la idea de algo; **to come to ~s with a situation/person** aceptar *or* adaptarse a una situación/una persona; **reduced ~s for pensioners** descuentos para jubilados; **we offer easy ~s** ofrecemos facilidades de pago; **not on any ~s** de ninguna manera, bajo ningún concepto. **d** **~s** (*relations*) relaciones *fpl*; **to be on good ~s with sb** llevarse bien con algn, congeniar con algn; **not to be on speaking ~s with sb** no hablarse con algn; **they were not competing on equal** *or* **the same ~s** no competían en un pie de igualdad. **2** VT (*name*) calificar de, llamar. **3** CPD: **~ loan** N préstamo *m* a plazo fijo.

terminal ['tɜːmɪnl] **1** ADJ (*disease, patient*) mortal; (*stages*) final, terminal. **2** N **a** (*Elec*) borne *m*, polo *m*; (*Comput*) terminal *f*. **b** (*of bus, train*) término *m*, terminal *f*.

terminate ['tɜːmɪneɪt] **1** VT (*meeting*) concluir; (*contract*) finalizar. **2** VI (*contract*) finalizarse, concluirse; (*train, bus*) terminar.

termination [,tɜːmɪ'neɪʃən] N (*of contract etc*) terminación, *f*.

terminology [,tɜːmɪ'nɒlədʒɪ] N terminología *f*.

terminus ['tɜːmɪnəs] N (*pl* **termini** ['tɜːmɪnaɪ]) (*last station*) estación *f* terminal; (*Rail: building*) término *m*.

termite ['tɜːmaɪt] N comején *m*, termita *f*.

termtime ['tɜːmtaɪm] N: **in ~** durante el trimestre.

Ter(r). ABBR *of* **Terrace.**

terrace ['terəs] N **a** (*patio, verandah*) terraza *f*; (*roof*) azotea *f*. **b** (*of earth*) terraplén *m*. **c** (*of houses*) hilera de casas adosadas de un mismo modelo arquitectónico; (*name of street*) calle *f*. **d the ~s** (*Sport*) las gradas *fpl*.

terraced ['terəst] ADJ (*layered: hillside, garden*) terraplenado/a, en terrazas; (*in a row: house, cottage etc*) alineado/a.

terracotta [,terə'kɒtə] N terracota *f*.

terrain [te'reɪn] N terreno *m*.

terrazzo [te'rætsəʊ] N terrazo *m*.

terrestrial [tɪ'restrɪəl] ADJ terrestre.

terrible ['terəbl] ADJ (*very bad: gen*) malísimo/a, terrible; (: *pain etc*) atroz; (: *mistake etc*) horrible, bárbaro/a; **to be ~ at sth** ser malísimo en *or* para algo.

terribly ['terəblɪ] ADV (*badly*) muy mal, fatal; (+ *adj*) terri- blemente; (: *Brit fam*) realmente.

terrier ['terɪəʳ] N terrier *m*.

terrific [tə'rɪfɪk] ADJ (*very good: performance, book etc*) bárbaro/a, fenómeno/a, macanudo/a (*LAm*), regio/a

(*CSur*), chévere (*Ven*); (: *news*) maravilloso/a, estupendo/ a; (*terrifying, extreme*) tremendo/a, terrible; **we had a ~ time** lo pasamos en grande (*fam*).

terrify ['terɪfaɪ] VT aterrorizar; **to ~ sb out of his wits** dar un susto mortal a algn.

terrifying ['terɪfaɪɪŋ] ADJ espantoso/a, aterrador(a).

territorial [,terɪ'tɔːrɪəl] ADJ territorial; **T~ Army** segunda reserva *f*; **~ waters** aguas *fpl* jurisdiccionales.

territory ['terɪtərɪ] N territorio *m*, región *f*; (*of salesman*) zona *f*, sector *m*; (*Sport etc*) campo *m*, terreno *m*.

terror ['terəʳ] N (*gen*) terror *m*; (*fam: child*) monstruo/a *m/f*; **to live in ~ of sth** vivir atemorizado por algo; **she's a ~ on the roads** es un peligro en la carretera; **you little ~!** ¡eres un diablillo!

terrorism ['terərɪzəm] N terrorismo *m*.

terrorist ['terərɪst] ADJ, N terrorista *mf*.

terrorize ['terəraɪz] VT aterrorizar.

terror-stricken ['terə,strɪkən], **terror-struck** ['terə- ,strʌk] ADJ aterrorizado/a.

terse [tɜːs] ADJ (*comp* **~r**; *superl* **~st**) lacónico/a, sucinto/a.

tertiary ['tɜːʃərɪ] ADJ (*gen*) terciario/a; **~ education** enseñanza *f* superior.

Terylene ® ['terəliːn] N (*Brit*) terylene ® *m*.

TESL ['tes(ə)l] N ABBR *of* **Teaching (of) English as a Sec- ond Language.**

TESOL ['tesɒl] N ABBR *of* **Teaching of English to Speakers of Other Languages.**

TESSA ['tesə] N ABBR (*Brit*) *of* **Tax Exempt Special Sav- ings Account** plan de ahorro por el que se invierte a largo plazo a cambio de intereses libres de impuestos.

test [test] **1** N (*gen*) prueba *f*; (*rehearsal*) ensayo *m*; (*Scol, Univ etc*) examen *m*, test *m*, prueba; (*driving ~*) examen (de conducir); **a weekly French ~** una prueba semanal de francés; **to do ~s on sth** hacer análisis de algo; **to put sth to the ~** someter algo a prueba; **it has stood the ~ of time** ha resistido el paso del tiempo; *see* **blood 2**. **2** VT (*eyes, blood, ears etc*) examinar; (*object, product, ma- chine*) probar, poner a prueba; **to have one's eyes ~ed** hacerse un examen de la vista; **to ~ sb's patience** poner a prueba la paciencia de algn; **to ~ sb in mathematics** comprobar los conocimientos de matemáticas de algn; **to ~ sth for sth** analizar algo en busca de algo; **the new weapon is being ~ed** se está sometiendo a prueba la nueva arma. **3** VI (*for oil*) hacer perforaciones; (*for gas etc*) probar en busca de; **~ing, ~ing ...** (*Telec etc*) probando, probando .... **4** CPD: **(nuclear) ~ ban** N suspensión *f* de pruebas nu- cleares; **~ card** N (*TV*) carta *f* de ajuste; **~ case** N (*Jur*) juicio *m* que sienta precedente; **~ flight** N (*Aer*) vuelo *m* de ensayo; **~ match** N (*Cricket*) partido *m* internacional; **~ paper** N (*Chem*) papel *m* reactivo; **~ pilot** N piloto *m* or mujer *f* piloto de pruebas; **~ tube** N (*Chem*) probeta *f*, tubo *m* de ensayo; **~ tube baby** N bebé *m* de probeta.

testament ['testəmənt] N testamento *m*; **the Old/New T~** el Antiguo/Nuevo Testamento.

testator [tes'teɪtəʳ] N testador *m*.

test-drive ['test,draɪv] (*vb: pt* **test-drove** *pp* **test-driven**) **1** N prueba *f* de carretera. **2** VT (*car*) probar en carretera.

testicle ['testɪkl] N testículo *m*.

testify ['testɪfaɪ] VI (*Jur*) declarar (bajo juramento), dar testimonio; **to ~ that ...** atestiguar *or* testimoniar que ...; **to ~ to sth** (*Jur*) dar fe de algo; (*fig: be sign of*) demos- trar *or* revelar algo.

testimonial [,testɪ'məʊnɪəl] N **a** (*reference about person*) (carta *f* de) recomendación *f*; (*guarantee*) aval *m*. **b** (*gift*) obsequio *m*.

testimony ['testɪmənɪ] N (*Jur: statement in court*) testimonio *m*, declaración *f*; (*fig: indication of sth*) mues- tra *f*, señal *f*; **to bear ~ to sth** atestar algo.

testing ['testɪŋ] **1** ADJ (*difficult: time*) duro/a, exigente. **2** N pruebas *fpl*. **3** CPD: **~ ground** N zona *f* or terreno *m* de pruebas.

testosterone [te'stɒstərəʊn] N testosterona *f*.

testy ['testɪ] ADJ (*comp* **-ier**; *superl* **-iest**) (*impatient: person*) colérico/a; (: *remark*) malhumorado/a.

tetanus ['tetənəs] N tétanos m.

tetchy ['tetʃı] ADJ (comp **-ier**; superl **-iest**) malhumorado/a, irritable.

tête-à-tête ['teıtə:'teıt] N conversación f íntima.

tether ['teðəʳ] [1] N ronzal m; **to be at the end of one's ~** (fig) estar hasta el moño, estar harto/a. [2] VT (animal) atar (con una cuerda).

Teutonic [tju'tɒnɪk] ADJ teutónico/a.

Tex. ABBR (US) of **Texas**.

Texan ['teksən] ADJ tejano/a m/f.

Texas ['teksəs] N Tejas m.

text [tekst] N (written or printed matter) texto m; (book etc) lectura f; (Rel) pasaje m.

textbook ['tekstbʊk] N libro m de texto.

textile ['tekstaɪl] [1] ADJ textil. [2] N: **~s** textiles mpl, tejidos mpl.

text processing ['tekst'prəʊsesɪŋ] N proceso m or tratamiento m de textos.

text processor ['tekst'prəʊsesəʳ] N procesador m de textos.

textual ['tekstjʊəl] ADJ (gen) del texto; (literal) textual.

texture ['tekstʃəʳ] N textura f, tejido m.

TGIF ABBR (fam) of **thank God it's Friday**.

TGWU N ABBR (Brit) of **Transport and General Workers' Union**.

Thai [taɪ] ADJ, N tailandés/esa m/f.

Thailand ['taɪlænd] N Tailandia f.

thalidomide ® [θə'lɪdəʊmaɪd] N talidomida f.

Thames [temz] N: **the ~** el Támesis.

▼**than** [ðæn] CONJ (in comparisons) que; (with numerals) de; (stating preference) antes que; **I have more ~ you** tengo más que Ud; **nobody is more sorry ~ I (am)** nadie lo siente más que yo; **they have more money ~ we** have tienen más dinero que nosotros; **the car went faster ~ we had expected** el coche alcanzó una velocidad mayor de lo que habíamos esperado; **no sooner ... ~** bastaba que ... para que; **it is better to phone ~ to write** más vale llamar por teléfono que escribir; **more/less ~ 90** más/menos de 90; **more ~ once** más de una vez; **rather you ~ me** tú antes que yo; **more often ~ not** en la mayoría de los casos.

▼**thank** [θæŋk] [1] VT: **to ~ sb** dar las gracias or agradecer a algn; **to ~ sb for sth** agradecerle algo a algn; **~ you (very much)** (muchas) gracias; **~ you** no, gracias; (iro) ¡ni hablar!, ¡no faltaba más!; **to say a special '~ you' to sb** agradecer a algn especialmente; **now a big ~ you to John** ahora, nuestras gracias más sinceras para Juan; **to have only o.s. to ~ for sth** tener la culpa de algo; **I have John to ~ for that** eso se lo tengo que agradecer a Juan; (iro) Juan tiene la culpa de eso; **he won't ~ you for tell-ing her** no te agradecerá el habérselo dicho a ella; **with-out so much as a '~ you'** sin la menor señal de agradecimiento; **~ heavens/goodness/God (for that)!** ¡gracias a Dios!, ¡menos mal!

[2] N: **~s** gracias fpl; (fam interj) **~s!** ¡gracias!; **(very) many ~s** muchísimas or muchas gracias; **that's all the ~s I get!** ¡y así se me agradece!; **I got the job ~s to him** conseguí el trabajo a or por mediación suya; **~s to you ...** gracias a Ud ...; (iro) por culpa suya ...; **~s to the rain the game was abandoned** debido a la lluvia el partido fue anulado; **small/no ~s to you** no fue gracias a Ud; **it's all ~s to brand X** todo es gracias a la marca X; (iro) hay que echarle la culpa a la marca X; **~s be to God** (Rel) alabado sea Dios.

thankful ['θæŋkfʊl] ADJ agradecido/a; **let us be ~ that it's over** demos gracias que haya terminado.

thankfully ['θæŋkfəlɪ] ADV por suerte, afortunadamente.

thankless ['θæŋklɪs] ADJ (unrewarding: task) ingrato/a.

thanksgiving ['θæŋks,gɪvɪŋ] [1] N acción f or voto m de gracias. [2] CPD: **T~ Day** N (US) día m de Acción de Gracias.

┌─ THANKSGIVING ─┐

ⓘ El Día de Acción de Gracias, en inglés **Thanksgiving** o **Thanksgiving Day** es un día de fiesta en Estados Unidos que se celebra el cuarto jueves de noviembre y que data de 1621. En esta fecha los primeros colonos norteamericanos (**Pilgrim Fathers**) celebraron un acto de acción de gracias por el éxito de su primera cosecha en suelo americano. La comida típica del Día de Acción de Gracias (**Thanksgiving meal**) consiste en pavo asado y pastel de calabaza. Muchas personas recorren largas distancias para estar junto a sus familias en este día. En Canadá se celebra una fiesta semejante el segundo lunes de octubre, aunque no está relacionada con dicha fecha histórica.

that [ðæt] [1] DEM ADJ (pl **those**) (gen) ese/a, aquel/aquella; **~ man/woman/book** ese hombre/esa mujer/ese libro; **~ one over there** aquél/aquélla; **it's not this picture but ~ one I like** el cuadro que me gusta no es éste, es aquél; **I only met her ~ once** la vi solamente aquella vez; **what about ~ cheque?** ¿y el cheque aquel?; **~ wretched dog!** ¡ese maldito perro!; **~ son of yours** ese hijo tuyo.

[2] (dem pron) (pl **those**) (gen) ése/a, aquél/aquélla; **who/what is ~?** ¿quién/qué es eso?; **~'s Joe/my house** ése es Joe/ésa es mi casa; **I prefer this to ~** prefiero esto a eso; **£5? - it must have cost more than ~** ¿5 libras? - debe haber costado más (que eso); **~'s true** es verdad, es cierto (esp LAm); **~ is (to say), ...** es decir ..., o sea ...; **~'s ~!** (that's finished) ¡y ya está!, ¡y ya estuvo! (LAm); **~'s it!, she can find her own gardener!** ¡se acabó!, puede buscarse jardinero por su cuenta; **bees and wasps and (all) ~** abejas y avispas y cosas así; **you can't go and ~'s ~!** ¡no puedes ir y sanseacabó!; **~'s odd!** ¡qué raro!; **af-ter ~** después, luego; **at ~** sin más, así nomás (LAm); **with ~** con eso; **..., at ~ ...**, y además; **do it like ~** hágalo así; **if it comes to ~** si vamos a eso; **how do you like ~?** (iro) ¿qué te parece?

[3] DEM ADV (+ ADJ) (gen) tan; **it's about ~ big** (with gesture) es más o menos así de grande; **cheer up! it isn't ~ bad** ¡ánimo! ¡no es para tanto!; **nobody can be ~ rich** nadie puede ser tan rico; **I didn't know he was ~ ill** no sabía que estaba tan enfermo; **~ much/many** tanto/tantos; **he was ~ angry** (fam) tenía tanta rabia, estaba tan furioso; **it was ~ cold!** ¡hacía tanto frío!

[4] RELATIVE PRON que; (of time: when) que, cuando; **the book ~ I read** el libro que leí; **the houses ~ I painted** las casas que pinté; **all ~ I have** todo lo que tengo; **the box ~ I put it in** la caja donde lo puse; **the film ~ I read about in the papers** la película que vi comentada en el periódico; **the house ~ we're speaking of** la casa de la que hablamos; **not ~ I know of** que yo sepa, no.

[5] CONJ que; **he said ~ ...** dijo que ...; **I believe ~ he ex-ists** creo que existe; **~ he should behave like this!** ¡quién hubiera dicho que se comportaría así!; **~ he should behave like this is incredible** que se comporte así es increíble; **oh ~ I could ...** ojalá (que or y) pudiera ...; **..., not ~ I want to, of course ...**, no es que yo quiera, por supuesto; see **in 1** (m); **order 1** (h); **so 2**; **would** (f).

thatch [θætʃ] [1] N (on roof) paja f. [2] VT cubrir con paja.

thatched [θætʃt] ADJ (con techo) de paja.

thaw [θɔː] [1] N (gen) deshielo m; (of snow) derretimiento m; (fig: easing up) descongelación f.

[2] VT (also **~ out**) deshelar, descongelar.

[3] VI (Met) deshelarse, derretirse; (also **~ out**: frozen food, cold toes) deshelarse; (fig: relations, person) descongelarse; **it is ~ing** se esta deshelando or descongelando.

the [ðiː, ðə] [1] DEF ART [a] el/la; **I haven't ~ time/money** no tengo tiempo/dinero; **do you know ~ Smiths?** ¿conoce a los Smith?; **to play ~ piano/violin** tocar el piano/el violín; **all ~ ...** todo el .../toda la ..., todos los .../todas las ...; **it was ~ year of the student riots** fue el año de los disturbios estudiantiles; **how's ~ leg?** ¿cómo va la pierna?

[b] (+ adj: denoting pl) los/las; (: denoting sg) el/la; (+ n: de-noting whole class) lo, el/la; **~ rich and ~ poor** los ricos y los pobres; **she was ~ elder** era la mayor; **within the realms of ~ possible** dentro de los límites de lo posible; **in this age of ~ computer ...** en esta época del com-putador ....

[c] (distributive) **25 miles to ~ gallon** 25 millas por galón; **700 lire to ~ dollar** 700 liras por dólar; **eggs are usually**

┌─────────────────────────────────────┐
│ ▶ SENTENCE BUILDER: **than** → 9.3 **thank** → 8 │
└─────────────────────────────────────┘

sold by ~ dozen los huevos se venden normalmente por docena; **paid by ~ hour** pagado por hora.

[d] (emphatic) el mismo/la misma; **he's ~ man for the job** es el más indicado para el puesto.

[e] (in titles) **Richard ~ Second** Ricardo Segundo; **Ivan ~ Terrible** Iván el Terrible.

[2] ADV: **~ more he works ~ more he earns** cuanto más trabaja más gana; **she looks all ~ better for it** se la ve mucho mejor por eso; **(all) ~ more so because ...** tanto más cuanto que ...; **~ more ... ~ less** mientras más ... menos ...; **~ sooner ~ better** cuanto antes mejor.

theatre, (US) **theater** ['θɪətəʳ] N teatro m; **lecture ~** aula f; **operating ~** sala f de operaciones; (fig) teatro, escenario m.

theatregoer, (US) **theatergoer** ['θɪətə,gəʊəʳ] N aficionado/a m/f al teatro.

theatrical [θɪ'ætrɪkəl] ADJ (gen) de teatro; (fig: person, gesture) histriónico/a.

thee [ðiː] PRON (old, poet) te; (after prep) ti.

theft [θeft] N (gen) hurto m, robo m.

their [ðeəʳ] POSS ADJ su, sus.

theirs [ðeəz] POSS PRON (el) suyo/(la) suya, (los) suyos/(las) suyas.

them [ðem, ðəm] PERS PRON (dir obj) los/las; (: stressed) ellos/ellas; (indir obj) les; (: stressed) a ellos/ellas; (referring back to 'someone', 'anyone' etc) le/la; **that's ~, they're coming now** son ellos, ya vienen.

theme [θiːm] [1] N (gen) tema m. [2] CPD: **~ tune/song** N tema m principal/genérico.

theme-park ['θiːmpɑːk] N parque en que todas las atracciones corresponden a un tema determinado.

themselves [ðəm'selvz] PRON PL ellos mismos/ellas mismas; see also **oneself**.

then [ðen] [1] ADV [a] (at that time) entonces, en aquel entonces; (on that occasion) en aquel momento o aquella ocasión; **it was ~ that ...** fue entonces cuando ...; **before/since ~** hasta/desde entonces; **~ he used to go out, but now he never does** entonces salía, pero ahora (en cambio) no sale nunca; **from ~ on** desde entonces, a partir de entonces; **by ~** para entonces; **just ~** en este mismo momento; **until ~** hasta entonces; **~ and there** en ese o aquel mismo momento; **every now and ~** de vez en cuando.

[b] (afterwards, next) después, luego; **what happened ~?** ¿qué pasó luego?; **and ~ what?** y luego ¿qué?; see **now 1(a)**.

[c] (in that case) entonces, por lo tanto; (further) además; **what do you want me to do ~?** ¿qué quiere que haga, entonces?; **well ~** bueno pues, pues bien; **and** o **but ~ again** por otra parte; **I like it, but ~ I'm biased** a mí sí me gusta, pero no pretendo ser objetivo; **it would be awkward at work, and ~ there's the family** en el trabajo habría problemas, sin hablar de la familia.

[2] ADJ entonces, de entonces; **the ~ king** el entonces rey.

[3] CONJ entonces, en ese caso.

thence [ðens] ADV (time etc) de allí en adelante; (consequently) por lo tanto, por eso; **~ the fact that** de allí que.

theologian [θɪə'ləʊdʒən] N teólogo/a m/f.

theological [θɪə'lɒdʒɪkəl] ADJ teológico/a.

theology [θɪ'ɒlədʒɪ] N teología f.

theorem ['θɪərəm] N (Math) teorema m.

theoretical [θɪə'retɪkəl] ADJ (gen) teórico/a.

theoretically [θɪə'retɪkəlɪ] ADV (gen) teóricamente, en teoría.

theorize ['θɪəraɪz] VI: **to ~ (about)** teorizar (acerca de).

theory ['θɪərɪ] N (statement, hypothesis) teoría f; **in ~ ... but in practice** en teoría ... pero en la práctica.

therapeutic [θerə'pjuːtɪk] ADJ terapéutico/a.

therapist ['θerəpɪst] N terapeuta mf.

therapy ['θerəpɪ] N terapia f.

there [ðeəʳ] [1] ADV [a] (at that place) ahí, allí, allá; (with verbs of motion) allí, allá; (fig: on this point) en o sobre ese punto; **to go ~ and back** ir y volver; **back/down/over/in/through ~** allá atrás/abajo/del otro lado/

dentro/través; **to be all ~** (fam) ser despabilado o muy despierto; **mind out ~!** ¡cuidado!, ¡abusado! (LAm), ¡aguas!; **you ~!** ¡oye, tú!; **~'s the bus** ahí viene el autobús; **~ he is!** ¡allí está!; **~ we differ** en eso estamos en desacuerdo; **~ you are wrong** ahí se equivoca; **~ you go again** siempre o otra vez lo mismo; **~ you are!** ¿ves?, ¡para que veas!; **~ again** por otra parte; **it wasn't what I wanted, but ~ you go** (fam) no era lo que buscaba, pero ¿qué le vamos a hacer?; **~ you are, what did I tell you!** ¿ves? es lo que te dije.

[b] **~ is, ~ are** hay; **~ were 10 of them** eran o había o (esp LAm) habían 10; **~ will be 8 people for dinner tonight** seremos 8 para cenar esta noche; **~ was laughter at this** esto provocó la risa; **~ is no wine left** no queda vino; **~ might be time/room** puede que haya tiempo/sitio.

[2] INTERJ ¡ves!; **~, ~** (comforting) no te preocupes, no pasa nada; **so ~!** ¡fastídiate!

thereabouts ['ðeərəbaʊts] ADV: **... or ~** ... más o menos.

thereafter [ðeər'ɑːtəʳ] ADV después de eso, de allí en adelante.

thereby ['ðeə'baɪ] ADV así, de ese modo.

therefore ['ðeəfɔːʳ] ADV por lo tanto; **it isn't ~ any better** no por eso es mejor; **~ X = 4** luego X vale 4.

therein [ðeər'ɪn] ADV (inside) allí dentro; (in this regard) en eso, en esto; **~ lies the danger** ahí está el peligro.

there's [ðeəz] = **there is; there has**.

thereupon ['ðeərə'pɒn] ADV (at that point) en seguida, en eso; (frm: on that subject) sobre eso.

thermal ['θɜːməl] ADJ (currents, spring) termal; (underwear) ropa f interior térmica; **~ blanket** manta f térmica; **~ reactor** reactor m térmico.

thermo... ['θɜːməʊ] PREF termo....

thermodynamics ['θɜːməʊdaɪ'næmɪks] NSG termodinámica f.

thermometer [θə'mɒmɪtəʳ] N termómetro m.

thermonuclear ['θɜːməʊ'njuːklɪəʳ] ADJ (bomb) termonuclear.

thermoplastic [,θɜːməʊ'plæstɪk] N termoplástico m.

Thermos ® ['θɜːməs] N (also **~ flask** o **bottle**) termo m, termos m.

thermostat ['θɜːməstæt] N termostato m.

thesaurus [θɪ'sɔːrəs] N tesoro m, diccionario m.

these [ðiːz] [1] PL of **this**.

[2] DEM ADJ estos/estas; **~ ones over here** éstos/éstas que están aquí; **it's not ~ chocolates but those ones I like** no son estos bombones los que me gustan sino aquéllos; **how are you getting on ~ days?** ¿cómo le va últimamente?

[3] DEM PRON éstos/éstas; **what are ~?** ¿qué son éstos?; **~ are my friends/my books** éstos son mis amigos/mis libros; **I prefer ~ to those** prefiero éstos a aquéllos.

thesis ['θiːsɪs] N (pl **theses** ['θiːsiːz]) tesis f.

Thespian ['θespɪən] (liter, hum) N actor m, actriz f.

they [ðeɪ] PERS PRON ellos/ellas; (stressed) ellos/ellas; (referring back to 'someone', 'anyone' etc) él/ella; **~ are making it illegal** lo van a hacer ilegal; **~ say that ...** se dice que ..., dicen que ...; **as ~ say** como dicen, según dicen, como quien dice.

they'd [ðeɪd] = **they would; they had**.

they'll [ðeɪl] = **they will; they shall**.

they're [ðeəʳ] = **they are**.

they've [ðeɪv] = **they have**.

thick [θɪk] [1] ADJ (comp **~er**; superl **~est**) [a] (book, parcel, wall) grueso/a, gordo/a, grueso/a; (soup, paint, honey etc) espeso/a; (fog, smoke) denso/a, espeso; (broad: line, brush-stroke etc) ancho/a, grueso; (dense: vegetation, beard etc) tupido/a; (strong: accent) fuerte, cerrado/a; **a wall 2 metres ~** una pared de 2 metros de espesor; **the air was ~ with petrol fumes** el aire estaba cargado de vapores de gasolina; **the leaves were ~ on the ground** las hojas formaban una capa espesa en el suelo; **the place will be ~ with tourists** el sitio estará atestado de turistas; **they're ~ as thieves** son uña y carne.

[b] (fam: stupid) tonto/a, bruto/a; **he's as ~ as two short planks** (fam) es tonto de remate.

2 ADV: **to spread butter** *etc* ~ untarle mucha mantequilla *etc* a; **to cut sth** ~ cortar en trozos gruesos; **the blows came** ~ **and fast** llovían los golpes; **to lay it on (a bit)** ~ (*fig*) exagerar.

3 N: **in the** ~ **of battle** en lo más reñido de la batalla; **he likes to be in the** ~ **of things** le gusta estar metido en el meollo del asunto or el ajo; **through** ~ **and thin** para lo bueno y para lo malo.

thicken ['θɪkən] **1** VT espesar. **2** VI espesarse; (*grow denser: wood, jungle*) volverse más denso or tupido; **the plot** ~**s** (*fig*) la cosa se complica.

thickener ['θɪkənə'] N espesante *m*.

thicket ['θɪkɪt] N matorral *m*.

thickheaded ['θɪk'hedɪd] ADJ (*stupid*) estúpido/a, bruto/a; (*obstinate*) terco/a, cabezudo/a.

thickie ['θɪkɪ] N (*fam*) bobo/a *m/f*.

thickly ['θɪklɪ] ADV espesamente, gruesamente; (*densely: wooded, populated*) densamente; **the snow was falling** ~ nevaba muchísimo.

thickness ['θɪknɪs] N (*see adj*) espesor *m*; densidad *f*.

thicko ['θɪkəʊ] N (*fam*) = **thickie**.

thickset ['θɪk'set] ADJ (*person*) achaparrado/a, rechoncho/a; (*features*) gordo/a, grueso/a.

thick-skinned ['θɪk'skɪnd] ADJ (*fig: insensitive*) poco susceptible.

thief [θiːf] N (*pl* **thieves** [θiːvz]) ladrón/ona *m/f*.

thieve [θiːv] VI robar, hurtar.

thieving ['θiːvɪŋ] **1** ADJ ladrón/ona. **2** N robo *m*, hurto *m*.

thigh [θaɪ] N muslo *m*.

thimble ['θɪmbl] N dedal *m*.

thin [θɪn] **1** ADJ (*comp* ~**ner**; *superl* ~**nest**) (*person, animal*) delgado/a, flaco/a (*LAm*); (*book, parcel, wall*) delgado; (*soup, paint, honey etc*) aguado/a; (*cloth*) ligero/a; (*layer, line, brushstroke etc*) fino/a; (*sparse: crop*) escaso/a; (: *beard*) ralo/a; (: *crowd, population*) de baja densidad; (*fig: insubstantial*) poco convincente; **at 20,000 metres the air is** ~ a 20,000 metros el aire está enrarecido; **he's as** ~ **as a rake** está en los huesos; **to get** or **grow** ~**ner** enflaquecer; **to vanish into** ~ **air** esfumarse; **my patience is wearing** ~ se me agota la paciencia; **doctors are** ~ **on the ground at the moment** escasean los médicos hoy en día.

2 ADV: **to spread sth** ~ untar finamente algo; **to cut sth** ~ cortar algo en trozos finos.

3 VT (*also* ~ **down**: *paint, sauce*) diluir, aclarar; (*also* ~ **out**: *trees, plants*) entresacar.

4 VI (*hair etc*) reducirse, perderse; (*also* ~ **out**: *crowd*) dispersarse.

thine [ðaɪn] POSS PRON (*old, poet*) (el) tuyo/(la) tuya, (los) tuyos/(las) tuyas.

thing [θɪŋ] N **a** (*concrete: object*) cosa *f*, objeto *m*; (: *undefined*) chisme *m*, aparato *m*; ~**s** (*belongings*) cosas *fpl*, enseres *mpl*, trastos *mpl*; (*equipment*) equipo *m*; (*clothes*) ropa *f*; **a** ~ **of beauty** una belleza; ~**s of value** objetos de valor.

b (*fam: person*) **you poor** ~**!**, **poor (old)** ~**!** ¡pobre!, ¡pobrecito/a!

c (*non-concrete: matter, circumstance, action etc*) cosa *f*, asunto *m*, cuestión *f*; **the main/first/best/only** ~ **is to** ... lo principal/primero/mejor/único que hay que hacer es ...; **for one** ~ en primer lugar; **what with one** ~ **and another** entre unas cosas y otras; **if it's not one** ~ **it's the other** si no es una cosa es otra; **neither one** ~ **nor the other** ni lo uno ni lo otro; **first** ~ **(in the morning)** a primera hora (de la mañana); **you don't know the first** ~ **about it** no sabes nada en absoluto de esto; **last** ~ **(at night)** a última hora (de la noche); **it's a good** ~ **that he left** menos mal que se fue; **the best** ~ **would be to** + *infin* lo mejor sería + *infin*; **it was a close** ~, **it was a near** ~ escapó *etc* por un pelo; **it's the very** ~**!**, **it's just the** ~ **!** viene al pelo or justo lo que faltaba; **he's got a** ~ **for her** (*fam*) está colado por ella (*fam*); **the** ~ **is ...** lo que pasa es que ...; **it's one** ~ **to buy it, quite another to make it work** es fácil comprarlo, pero no es tan fácil hacerlo funcionar; **it's just one of those** ~**s** es una de esas cosas

que pasan; **what a** ~ **to say!** ¡qué dices!, ¡cómo se te ocurre!; **how are** ~**s with you?** ¿qué tal van las cosas?, ¿cómo andas?, ¿cómo te/le va? (*esp LAm*); ~**s are going badly** las cosas van or marchan mal; ~**s aren't what they used to be** las cosas ya no son como antes or lo que eran; **not a** ~ nada; **I haven't done a** ~ **about it** todavía no he hecho nada; **I don't know a** ~ **about cars** no sé nada de coches; **she knows a good** ~ **when she sees it** sabe obrar de acuerdo con su propio interés; **he knows a** ~ **or two** conoce el percal, sabe cuántos son cinco; **don't make a** ~ **of it!** ¡no exageres!; **to make a mess of** ~**s** estropear las cosas; **to do one's own** ~ (*fam*) hacer lo que a uno le parece; **it's not my** ~ no es lo mío; **you did the right** ~ hiciste bien; **to make a (big)** ~ **out of sth** (*fam*) sacar las cosas de quicio.

d (*fashion*) **the latest** ~ **in hats** lo último en sombreros.

e (*fam: obsession*) **to have a** ~ **about sth** tener manía de algo.

thingumabob ['θɪŋəmɪbɒb], **thingamajig** ['θɪŋəmɪdʒɪg], **thingummy** ['θɪŋəmɪ] N (*fam: object*) chisme *m*; (: *person*) Fulano/a *m/f*.

▼ **think** [θɪŋk] (*vt: pt, pp* **thought**) **1** VI (*gen*) pensar; (*reflect*) reflexionar; (*be of the opinion*) creer; **to act without** ~**ing** actuar sin pensar; ~ **before you reply** piénselo antes de contestar; **give me time to** ~ dame tiempo para reflexionar; ~ **again!** ¡piénsalo bien!; **just** ~**!** ¡imagínate!, ¡te das cuenta!; **I** ~ **so/not** creo que sí/no; **to** ~ **twice before doing sth** pensar algo dos veces antes de hacerlo; **we didn't** ~ **twice about it** no vacilamos un instante; **to** ~ **about sth** pensar en algo; **to** ~ **straight** concentrarse; **to** ~ **for o.s.** pensar por sí mismo.

2 VT **a** (*use one's brain, have ideas*) pensar; **I can't** ~ **what he can want** no me puedo imaginar qué quiere; **did you** ~ **to bring a corkscrew?** ¿te acordaste de traer un sacacorchos?; **I didn't** ~ **to tell him** or **I'd thought I didn't** me olvidé de decírselo; **I thought/I'd thought I might go swimming** pensaba/había pensado en ir a nadar; ~ **what you've done** piense en lo que hizo; ~ **what we could do** imagínate lo que podríamos hacer; **to** ~ **evil thoughts** tener malos pensamientos.

b (*believe, consider*) creer, parecer; **who do you** ~ **you are?** ¿quién se cree Vd que es?; **we all thought him a fool** le teníamos todos por idiota; **you must** ~ **me very rude** vas a creer que soy muy descortés; **I don't** ~ **it likely** lo creo or me parece muy poco probable; **don't** ~ **it!** ¡ni hablar!, ¡quiá!; **who'd have thought it possible?** ¿quién se lo hubiera imaginado?; **I don't** ~ **it can be done** no creo que se pueda hacer; **I** ~ **(that) you're wrong** me parece que estás equivocado; **I thought as much** ya me lo figuraba, ya lo sabía; **I** ~ **so** creo que sí, me parece que sí; **I should** ~ **so too!** ¡ya era hora!; **what do you** ~**?** ¿qué te parece?, ¿qué opinas?; **what do you** ~ **I should do?** ¿qué cree que debo hacer?; **what do you** ~ **you're doing?** ¿se puede saber lo que estás haciendo?; **anyone would** ~ **she was dying** cualquiera diría que se estaba muriendo.

3 N: **to have a** ~ **about sth** meditar algo; **you've got another** ~ **coming** (*fam*) te equivocas.

◆ **think about** VI + PREP (*remember*) recordar; (*consider*) pensar en; **that is worth** ~**ing about** eso vale la pena de pensarlo; **you've given us a lot to** ~ **about** nos ha dado mucho en que pensar; **(now I come) to** ~ **of it** ... ahora que lo pienso ....

◆ **think back** VI + ADV recordar.

◆ **think of** VI + PREP **a** (*remember: names etc*) acordarse de, recordar; **you can't** ~ **of everything** no se puede pensar en todo; **I'll be** ~**ing of you** me acordaré de ti.

b (*consider, esteem*) estimar, considerar; **I thought of going to Spain** se me ocurrió ir a España; **to** ~ **of other people's feelings** tener presentes los sentimientos ajenos; ~ **of the expense** imagínate qué caro or que costaría; **he** ~**s of nobody but himself** no piensa más que en sí mismo; ~ **of what might have happened!** ¡piensa en lo que podía ocurrir!; **to** ~ **highly of sb** tener a algn en alta estima; **what do you** ~ **of him/it?** ¿qué te parece?; **I didn't** ~ **much of the play** la obra no me convenció or gustó mucho; **I told him what I thought of**

▶ SENTENCE BUILDER: **think** → 2.1, 2.2, 3.2, 12.1, 12.2

him le dije cuatro verdades.

◆ **think out** VT + ADV (*plan*) urdir, tramar; (*solution*) encontrar; **this wants ~ing out** hay que estudiar esto.

◆ **think over** VT + ADV (*offer, suggestion*) pensar, considerar; **~ it over!** ¡medítalo!

◆ **think through** VT + ADV pensar bien.

◆ **think up** VT + ADV (*idea, solution*) idear, inventar.

thinkable ['θɪŋkəbl] ADJ: **it isn't ~ that ...** es impensable que ....

thinker ['θɪŋkəʳ] N pensador(a) *m/f*.

thinking ['θɪŋkɪŋ] **1** ADJ: **to any ~ person** para cualquier ser racional. **2** N (*thought*) pensamiento *m*; **to my (way of) ~** a mi parecer; *see* **wishful**.

think-piece ['θɪŋkpiːs] N (*Press*) artículo *m* de opinión.

think-tank ['θɪŋktæŋk] N grupo *m* de expertos; (*in government*) gabinete *m* de estrategia.

thinly ['θɪnlɪ] ADV (*scantily: dressed, disguised*) ligeramente; **~ veiled** apenas disimulado; **~ populated** poco poblado; **~ cut** cortado en trozos finos.

thinner ['θɪnəʳ] N disolvente *m*.

thin-skinned ['θɪn'skɪnd] ADJ (*fig: person*) sensible, susceptible.

third [θɜːd] **1** ADJ tercer *m*, tercero/a; **~ time lucky!** ¡a la tercera va la vencida! **2** N (*in series*) tercero/a *m/f*; (*fraction*) tercio *m*; *see* **fifth** *for usage*. **3** CPD: **~ party** N tercero *m*; **~-party insurance** seguro *m* contra terceros; **T~ World** N Tercer Mundo *m*; **~-world** ADJ tercermundista.

third-class [θɜːd'klɑːs] ADJ de tercera clase.

third-degree ['θɜːdɪ'griː] ADJ (*burns*) de tercer grado.

thirdly ['θɜːdlɪ] ADV en tercer lugar.

third-rate [θɜːd'reɪt] ADJ de tercera.

thirst [θɜːst] **1** N sed *f*; **the ~ for knowledge** la sed *or* el afán de saber; **to quench one's ~** apagar la sed. **2** VI: **to ~ for** (*fig*) tener sed de, añorar.

thirsty ['θɜːstɪ] (*comp* **-ier**; *superl* **-iest**) (*gen*) sediento/a; (*hum: work*) que da sed; **to be ~** tener sed.

thirteen ['θɜː'tiːn] **1** ADJ trece. **2** N trece *m*; *see* **five** *for usage*.

thirteenth ['θɜː'tiːnθ] **1** ADJ decimotercero/a. **2** N (*in series*) decimotercero/a *m/f*; (*fraction*) decimotercio *m*; *see* **fifth** *for usage*.

thirtieth ['θɜːtɪɪθ] **1** ADJ trigésimo/a. **2** N (*in series*) trigésimo/a *m/f*; (*fraction*) treintavo *m*; *see* **fifth** *for usage*.

thirty ['θɜːtɪ] **1** ADJ treinta. **2** N treinta *m*; *see* **fifty** *for usage*.

this [ðɪs] **1** DEM ADJ (*pl* **these**) este/esta; **~ man/woman/book** este hombre/esta mujer/este libro; **~ one here** éste/ésta que está *or* de aquí; **it's not that picture but ~ one I like** no es ese cuadro el que me gusta sino éste; **~ time** esta vez; **~ time next week/last year** de hoy en una semana/hoy hace un año; **~ way** por aquí. **2** DEM PRON (*pl* **these**) éste/ésta; (*as opposed to 'that'*) esto; **who/what is ~?** ¿quién es éste/ésta/qué es esto?; **~ is Mr Brown** (*in introductions*) le presento al señor Brown; (*in photo*) éste es el señor Brown; (*on phone*) soy *or* habla el Sr. Brown; (: *more fam*) **~ is Pepe** aquí Pepe, soy Pepe; **I prefer ~ to that** prefiero esto a aquello; **~ is April** estamos en abril; **~ is Friday** hoy es viernes; **where did you find ~?** ¿dónde encontró Ud esto?; **~ is where I live** aquí vivo; **do it like ~** hágalo así; **it was like ~ ...** fue así ...; **what's all ~ I hear about you leaving?** ¿qué es eso de que tu vas?; **what with ~ and that I was busy all week** entre una cosa y otra estuve ocupado toda la semana; **they sat talking of ~ and that** sentados, hablaban de esto y aquello. **3** DEM ADV: **~ far** hasta aquí; **~ high** así de alto; **I can tell you ~ much ...** lo que sí te puedo decir es ....

thistle ['θɪsl] N cardo *m*.

thong [θɒŋ] N correa *f*.

thorax ['θɔːræks] N tórax *m*.

thorn [θɔːn] N espina *f*; **to be a ~ in sb's side** *or* **flesh** (*fig*) ser una espina clavada.

thorny ['θɔːnɪ] ADJ (*comp* **-ier**; *superl* **-iest**) (*gen, also fig*) espinoso/a.

thorough ['θʌrə] ADJ (*rigorous, not superficial*) minucioso/a, meticuloso/a; (*person*) concienzudo/a; (*complete: attr only*) completo/a, total; **to have a ~ knowledge of sth** tener un conocimiento profundo de algo; **we made a ~ search** lo registramos minuciosamente.

thoroughbred ['θʌrəbred] **1** ADJ (*horse*) de pura sangre. **2** N pura sangre *mf*.

thoroughfare ['θʌrəfeəʳ] N vía *f* pública; **'no ~'** 'callejón *m* sin salida'.

thoroughgoing ['θʌrə,gəʊɪŋ] ADJ minucioso/a, concienzudo/a.

thoroughly ['θʌrəlɪ] ADV: **to know sth ~** conocer algo a fondo; **he works ~** trabaja cuidadosamente *or* concienzudamente; **a ~ bad influence** una influencia totalmente mala; **a ~ stupid thing to do** una acción totalmente *or* completamente estúpida.

thoroughness ['θʌrənɪs] N (*care*) minuciosidad *f*; (*wealth of detail*) detalle *m*.

those [ðəʊz] **1** PL *of* **that**. **2** DEM ADJ esos/as, aquellos/as; **~ ones over there** aquéllos/as que están allí; **it's not these chocolates but ~ ones I like** no son estos bombones los que me gustan sino aquéllos. **3** DEM PRON ésos/as, aquéllos/as; **~ of you/us** *etc* **who ...** los/las que ...; **I prefer these to ~** prefiero éstos a aquéllos.

thou¹ [ðaʊ] PRON (*old, poet*) tú, vos.

thou² [θaʊ] ABBR (*fam*) *of* **thousand**.

though [ðəʊ] **1** CONJ aunque; **~ it was raining** aunque llovía; **even ~** aunque; **strange ~ it may appear** aunque parezca extraño *or* por muy extraño que parezca; **young ~ she is** aunque es joven *or* por muy joven que sea; *see* **as** (g). **2** ADV sin embargo, aun así; **it's not so easy, ~** sin embargo no es tan fácil.

thought [θɔːt] **1** PT, PP *of* **think**. **2** N (*reflection, mental activity*) pensamiento *m*; (*idea*) idea *f*; (*consideration*) consideración *f*, opinión *f*; **to be lost/deep in ~** estar ensimismado; **after much ~** pensándolo bien; **I gave it no ~, I didn't give it a second ~** ni lo pensé, se me pasó; **I didn't give it another ~** no volví a pensar en ello; **I've just had a ~** se me acaba de ocurrir una idea; **then I had second ~s** luego tuve otra idea; **that's a ~!** ¡no vendría mal!; **the very ~ of sth** con sólo *or* basta con pensarlo; **to collect one's ~s** organizar las ideas, concentrarse; **my ~s were elsewhere** estaba pensando en otra cosa; **with no ~ for o.s.** sin pensar en sí mismo; **it's the ~ that counts** la intención es lo que cuenta.

thoughtful ['θɔːtfʊl] ADJ (*pensive*) pensativo/a; (*kind*) considerado/a.

thoughtfully ['θɔːtfəlɪ] ADV (*gen*) pensativamente; (*caringly*) atentamente.

thoughtless ['θɔːtlɪs] ADJ (*without reflection*) irreflexivo/a; (*inconsiderate*) desconsiderado/a; (*uncaring*) poco atento/a.

thoughtlessly ['θɔːtlɪslɪ] ADV (*without reflection*) sin pensar; (*inconsiderately*) desconsideradamente.

thought-out [,θɔːt'aʊt] ADJ (bien) pensado/a.

thought-process ['θɔːt,prəʊses] N proceso *m* mental.

thought-provoking ['θɔːt,prəˌvəʊkɪŋ] ADJ que hace reflexionar.

thousand ['θaʊzənd] **1** ADJ mil. **2** N mil *m*; **one/two/five ~** mil/dos mil/cinco mil; **a ~ and one/two** mil uno/mil dos; **I've got a ~ and one things to do** tengo la mar de cosas que hacer (*fam*); **they sell them by the ~** los venden a millares; **in their ~s** a millares; **~s of ...** miles de ....

thousandth ['θaʊzəntθ] **1** ADJ milésimo/a. **2** N (*in classification*) número mil *m*; (*fraction*) milésimo *m*.

thrash [θræʃ] **1** VT (*whip*) azotar; (*Sport fam: defeat*) dar una paliza a. **2** VI (*also* **~ about**, **~ around**) revolverse.

◆ **thrash out** VT + ADV discutir a fondo, dar vueltas a.

thrashing ['θræʃɪŋ] N: **to give sb a ~** (*lit: beat*) dar un azote a algn; (*Sport: defeat*) dar una paliza a algn.

thread [θred] **1** N **a** (*Sew etc*) hilo *m*; (*of silkworm, spider*)

hebra *f*; **a needle and ~** una aguja e hilo; **cotton/nylon ~** hilo de algodón/nylon; **to hang by a ~** (*fig*) estar pendiente de un hilo; **to lose the ~ (of what one is saying)** perder el hilo (de lo que algn está diciendo); **to pick up the ~ again** (*of conversation, thought*) retomar el hilo; (*of process, problem*) volver a tomar las riendas.
　b (*of screw*) rosca *f*, filete *m*.　**2** VT (*needle, beads etc*) ensartar, enhebrar; **to ~ one's way through a crowd** colarse entre una multitud.

threadbare ['θrɛdbɛəʳ] ADJ (*coat, blanket etc*) raído/a; (*fig: argument*) trillado/a.

threat [θrɛt] N amenaza *f*; **to be a ~ to sb/sth** constituir una amenaza para algn/algo; **under ~ of** amenazado de *or* bajo amenaza de.

threaten ['θrɛtn] VT amenazar; **to ~ sb with sth** amenazar a algn con algo; **it's ~ing to rain** amenaza llover.

threatening ['θrɛtnɪŋ] ADJ (*storm, cloud, look etc*) amenazador(a), amenazante.

three [θriː] **1** ADJ tres. **2** N tres *m*; **the best of ~** (*Sport*) hasta tres sets *or* partidos; **~ cheers** ¡tres hurras!; *see* **five** *for usage*.

three-D ['θriːdiː] (*also* **3-D**) **1** ADJ (*also* **three-dimensional**) tridimensional. **2** N: **in ~** en tres dimensiones.

threefold ['θriːfəʊld] **1** ADJ triple. **2** ADV tres veces.

three-legged ['θriːlɛgɪd] ADJ (*gen*) de tres patas *or* pies.

three-piece ['θriːpiːs] ADJ (*suit*) de tres piezas; **~ suite** tresillo *m*.

three-ply ['θriːplaɪ] ADJ (*wood*) contrachapado/a (de tres); (*wool*) triple.

three-point turn [,θriːpɔɪnt'tɜːn] N (*Aut*) giro *m* en tres maniobras.

three-quarter [,θriːˈkwɔːtəʳ] ADJ: **~-length sleeves** mangas *fpl* tres cuartos.

three-quarters [,θriːˈkwɔːtəz] **1** N: **~ of the people** las tres cuartas partes de la gente; **in ~ of an hour** en tres cuartos de hora. **2** ADV: **the tank is ~ full** quedan las tres cuartas partes en el depósito.

threesome ['θriːsəm] N (*group of 3 people*) grupo *m* de tres.

three-wheeler ['θriːˈwiːləʳ] N (*car*) coche-cabina *m*; (*tricycle*) triciclo *m*.

thresh [θrɛʃ] VT (*corn*) trillar.

threshing machine ['θrɛʃɪŋməˌʃiːn] N trilladora *f*.

threshold ['θrɛʃhəʊld] N (*doorway*) umbral *m*; (*fig*) puertas *fpl*; (*pain, sound ~ etc*) tolerancia *f*; **to be on the ~ of** (*fig*) estar al borde de.

threw [θruː] PT *of* **throw**.

thrift [θrɪft], **thriftiness** ['θrɪftɪnɪs] N economía *f*, frugalidad *f*.

thrifty ['θrɪftɪ] ADJ económico/a, frugal.

thrill [θrɪl] **1** N emoción *f*; **it gave me a great ~ to ...** significó mucho para mí ..., fue un honor para mí ....
　2 VT emocionar, excitar; **I was ~ed to get your letter** me dio mucha alegría *or* me ilusioné mucho recibir tu carta.
　3 VI: **to ~ at/to sth** dejarse conmover *or* emocionar por algo.

thriller ['θrɪləʳ] N obra *f* de suspense.

thrilling ['θrɪlɪŋ] ADJ (*gen*) emocionante.

thrive [θraɪv] VI (*be healthy*) crecer, desarrollarse; (*fig*) prosperar, medrar; **to ~ on sth** sacar provecho de algo; (*fig*) encantarle a algn hacer algo; **business is thriving** el negocio prospera.

thriving ['θraɪvɪŋ] ADJ (*industry, business*) próspero/a.

throat [θrəʊt] N garganta *f*; **they are at each other's ~s all the time** se atacan uno a otro todo el tiempo; **to clear one's ~** aclararse la voz; **to have a sore ~** tener dolor de garganta; **to jump down sb's ~** lanzarse a criticar a algn en el acto; **to thrust sth down sb's ~** meterle algo a algn a la fuerza.

throaty ['θrəʊtɪ] ADJ (*comp* **-ier**; *superl* **-iest**) (*person, voice*) ronco/a, afónico; (*roar of engine*) ronco/a.

throb [θrɒb] **1** N (*of heart etc*) latido *m*, pulso *m*. **2** VI (*machine, heart*) latir, palpitar; (*wound, sore head*) dar punzadas; **~bing with life** (*fig: town etc*) agitado,

rebosante de vida.

throes [θrəʊz] NPL (*of death*) agonía *f*; **to be in the ~ of doing sth** (*fig*) estar empeñado en la tarea de hacer algo.

thrombosis [θrɒmˈbəʊsɪs] N trombosis *f*; **coronary ~** trombosis coronaria.

throne [θrəʊn] N (*chair, sovereign*) trono *m*; **the heir to the ~** el/la heredero/a *m/f* del trono.

throng [θrɒŋ] **1** N multitud *f*, muchedumbre *f*. **2** VT atestar. **3** VI apiñarse.

throttle ['θrɒtl] **1** N (*lever, knob*) acelerador *m*; (*valve*) válvula *f*; **to give an engine full ~** acelerar un motor al máximo. **2** VT (*strangle*) estrangular. **3** VI: **to ~ back** *or* **down** moderar la marcha.

through [θruː] **1** PREP **a** (*place*) por, a través de; **to post a letter ~ the letterbox** echar una carta al buzón; **to look ~ a telescope** mirar por un telescopio; **to walk ~ the woods** pasear por el bosque; **he shot her ~ the head** le pegó un tiro en la cabeza; **to go ~ pockets/belongings/papers** hurgar en los bolsillos/entre las cosas/entre los papeles.
　b (*time, process*) durante; **we're staying ~ till Tuesday** nos quedamos hasta el martes; **all** *or* **right ~ the night** durante toda la noche; **(from) Monday ~ Friday** (*US*) de lunes a viernes; **right ~ the year** durante el año entero; **to go ~ a bad/good period** pasar una mala/buena racha; **to be halfway ~ a book** ir por la mitad de un libro.
　c (*means*) por; **~ lack of resources** por falta de recursos; **~ him I found out that ...** por él supe que ...; **he got the job ~ friends** consiguió el trabajo por mediación de unos amigos; **it was ~ you that we were late** fue por tu culpa que llegamos tarde.
　2 ADV **a** (*place*) directamente; **does this train go ~ to London?** ¿este tren va directamente a Londres?; **the nail went right ~** el clavo penetró de parte a parte; **wet ~** (*person*) mojado/a hasta los huesos; (*person, object*) empapado/a; **he is ~ to the finals of the competition** pasó a la final del concurso; **the wood has rotted ~** la madera se ha podrido completamente; **to put sb ~** (*Telec*) comunicar *or* poner con algn; **you're ~!** (*Telec*) ya puede hablar.
　b (*time, process: also* **right ~**) hasta el final; **I read the book right ~** leí el libro entero.
　c **~ and ~** (*be something*) completamente, hasta la médula; (*know something*) de pe a pa; *see* **carry ~**; **fall ~**; **pull ~** *etc*.
　3 ADJ **a** (*attr: road, traffic, train*) directo/a; **'no ~ road'** (*sign*) 'callejón *m* sin salida'.
　b (*pred: finished*) terminado/a; **we'll be ~ at 7** terminaremos a las siete; **I'm ~ with my girlfriend** rompí *or* terminé con mi novia; **I'm not ~ with you yet** todavía no he terminado contigo; **you're ~!** ¡se acabó (para ti)!

throughout [θruːˈaʊt] **1** PREP **a** (*place*) por *or* en todas partes de; **~ the country** en *or* a través de todo el país.
　b (*time, process*) durante todo; **~ last winter** durante todo el invierno pasado.
　2 ADV **a** (*fully*) completamente; (*everywhere*) en todas partes; **the house is carpeted ~** la casa está completamente alfombrada.
　b (*time, process*) de principio a fin; **the film was boring ~** la película fue aburrida de principio a fin.

throughput ['θruːpʊt] N (*materials*) materia *f* procesada *or* elaborada; (*total quantity*) cantidad *f* tratada; (*Comput*) capacidad *f* de procesamiento.

throughway ['θruːweɪ] N (*US*) autopista *f* (de peaje).

throw [θrəʊ] (*vb: pt* **threw**; *pp* **~n**) **1** N tiro *m*, echada *f* (*esp LAm*); (*of dice*) lance *m*; (*in judo, wrestling*) tumbado *m*; **within a stone's ~** a tiro de piedra.
　2 VT (*ball, stone etc*) tirar, lanzar, echar; (*dice*) echar; (*horse rider*) desmontar; (*judo opponent*) proyectar; (*wrestling*) tumbar; (*move: switch*) conectar; (*fig: cast*) echar; (: *disconcert*) desconcertar; (*pottery*) amoldar; **to ~ a ball 20 metres** lanzar *or* echar una pelota 20 metros; **to ~ a coat round one's shoulders** cubrirse con un abrigo, echarse un abrigo por los hombros; **he was ~n from his horse** le desmontó su caballo; **to ~ a party** dar *or* organizar una fiesta; **to ~ open** (*doors, windows*) abrir

de par en par; (*house, gardens etc*) abrir al público; (*competition, race*) abrir a todos; **this answer seemed to ~ him** esta respuesta parecía desconcertarle; **to ~ o.s. off a cliff/into a river** *etc* tirarse por un acantilado/a un río *etc*; **to ~ o.s. at sb** (*rush at*) abalanzarse sobre algn; (*fig*) acosar a algn; **to ~ o.s. into one's work** meterse de lleno en el trabajo; **to ~ o.s. at sb's feet/on sb's mercy** echarse a los pies de algn/abandonarse a la merced de algn; *see* **light¹ 1 (b)**.

◆**throw about, throw around** VT + ADV (*litter etc*) esparcir, desparramar; **to ~ money about** derrochar *or* despilfarrar dinero, tirar el dinero; **to ~ one's weight about** hacer uso de su autoridad.

◆**throw away** VT + ADV (*rubbish etc*) tirar, arrojar, botar (*LAm*); (*chance*) desperdiciar; **you're just ~ing your money away** estás despilfarrando el dinero.

◆**throw back** VT + ADV **ⓐ** (*return: ball*) devolver. **ⓑ** (*head*) echar hacia atrás; **to be ~n back on sth** (*fig*) tener que recurrir a algo.

◆**throw in** VT + ADV (*Sport: ball*) sacar; (*sth extra*) añadir, incluir, agregar (*LAm*); (*say casually: remark*) saltar.

◆**throw off** VT + ADV (*get rid of*) quitarse de encima; (*escape: pursuers, dogs*) despistar; **to ~ sb off the trail** despistar a algn.

◆**throw out** VT + ADV **ⓐ** (*rubbish etc*) tirar, botar (*LAm*); (*person*) expulsar, echar; (*fig: proposal*) rechazar. **ⓑ** (*offer: idea, suggestion*) soltar.

◆**throw over** VT + ADV (*person*) abandonar.

◆**throw together** VT + ADV (*clothes*) amontonar; (*essay*) bricolar; (*meal*) preparar a la carrera; (*people*) reunir por casualidad.

◆**throw up** **1** VI + ADV (*fam: vomit*) vomitar, devolver; **it makes me ~ up** (*fig*) me da asco.
2 VT + ADV (*ball etc*) lanzar *or* echar al aire; (*job*) renunciar a; **she threw up her hands in horror** alzó las manos horrorizada.

throwaway ['θrəʊəweɪ] ADJ (*casual: remark*) hecho/a de paso; (*disposable: bottle etc*) desechable, para tirar.

throwback ['θrəʊbæk] N (*gen*) retroceso *m*; **it's like a ~ to the old days** es como una reversión a los viejos tiempos.

throw-in ['θrəʊɪn] N (*Ftbl*) saque *m* (de banda).

thrown [θrəʊn] PP *of* **throw**.

thru [θruː] (*US*) = **through**.

thrush¹ [θrʌʃ] N (*bird*) zorzal *m*, tordo *m*.

thrush² [θrʌʃ] N (*Med*) afta *f*.

thrust [θrʌst] (*vb: pt, pp ~*) **1** N (*push*) empujón *m*, empuje *m*; (*with knife*) puñalada *f*; (*Aer, Space*) empuje *m*; (*Mil: offensive*) acometida *f*, arremetida *f*; (*in fencing*) estocada *f*; (*of article, argument*) empeño *m*; **forward/reverse ~** empuje de avance/de marcha atrás.
2 VT (*push*) empujar con fuerza; (*nail etc*) hincar; **he ~ a book into my hands** me metió un libro entre las manos; **she ~ her head out of the window** sacó la cabeza por la ventana; **to ~ o.s. upon sb** (*fig*) pegarse a algn; **they ~ the job on me** (*fig*) me cargaron el trabajo; **I ~ my way through the crowd** me abrí paso entre la multitud; **to ~ sb/sth aside** apartar bruscamente a algn/algo; (*fig*) echar a algn/algo de lado.

thud [θʌd] **1** N ruido *m or* golpe *m* sordo. **2** VI hacer un ruido sordo; **to ~ to the ground** caer al suelo con un ruido sordo.

thug [θʌg] N gamberro/a *m/f*, matón/ona *m/f*.

thumb [θʌm] **1** N pulgar *m*; **she's got him under her ~** (*fig*) le tiene metido en un puño; **to give sb/sth the ~s up/down** aprobar/desaprobar a algn/algo; **to twiddle one's ~s** (*fig*) estar mano sobre mano.
2 VT: **to ~ a lift** *or* **a ride** hacer autostop, pedir aventón (*LAm*), hacer dedo (*CSur*); **to ~ one's nose at sb/sth** (*lit*) hacer burla a algn/hacia algo; (*fig*) despreciar a algn/pasar algo por alto; **a well-~ed book** un libro muy manoseado.
3 VI: **to ~ through a book/magazine** *etc* hojear un libro/una revista *etc*.

thumb-index ['θʌm'ɪndeks] N índice *m* recortado.

thumbnail ['θʌmneɪl] **1** N uña *f* del pulgar. **2** CPD: **~ sketch** N esbozo *m*.

thumbprint ['θʌmprɪnt] N impresión *f* del pulgar.

thumbtack ['θʌmtæk] N (*US*) chincheta *f*, chinche *f or m* (*LAm*).

thump [θʌmp] **1** N (*blow*) porrazo *m*; (*noise of fall etc*) ruido *m* seco *or* sordo; **it came down with a ~** cayó con un ruido sordo.
2 VT (*hit hard*) golpear *or* pegar fuerte; (*accidentally: head etc*) dar *or* topar con; (*put down heavily*) poner *or* deponer violentamente.
3 VI (*person: on door, table*) dar golpes; (: *move heavily*) ir con pasos pesados; (*pound: heart*) palpitar.

thumping ['θʌmpɪŋ] ADJ (*fam*): **it's a ~ great book** es un ladrillo de libro; **a ~ headache** una jaqueca terrible.

thunder ['θʌndər] **1** N (*Met*) trueno *m*; (*of hooves, traffic etc*) estruendo *m*; **with a face like ~** con cara de furia; **to steal sb's ~** robarle el éxito a algn.
2 VI (*Met*) tronar; **the guns ~ed in the distance** los cañones tronaban a lo lejos; **the train ~ed by** el tren pasó con gran estruendo; **to ~ at sb** (*shout*) arremeterse contra algn.

thunderbolt ['θʌndəbəʊlt] N rayo *m*.

thunderclap ['θʌndəklæp] N trueno *m*.

thundercloud ['θʌndəklaʊd] N nube *f* tormentosa, nubarrón *m*.

thunderous ['θʌndərəs] ADJ (*applause*) ensordecedor(a), estruendoso/a.

thunderstorm ['θʌndəstɔːm] N tormenta *f*.

thunderstruck ['θʌndəstrʌk] ADJ (*fig*) pasmado/a, asombrado/a.

thundery ['θʌndərɪ] ADJ (*weather*) tormentoso/a.

Thur(s). ABBR *of* **Thursday** juev.

Thursday ['θɜːzdɪ] N jueves *m*; *see* **Tuesday** *for usage*.

thus [ðʌs] ADV (*in this way*) así, de esta manera; (*as a result*) por eso, así que, de modo que; **~ far** hasta ahora *or* aquí.

thwart [θwɔːt] VT (*person, plan, etc*) frustrar.

thyme [taɪm] N tomillo *m*.

thyroid ['θaɪrɔɪd] **1** N (*also* **~ gland**) tiroides *m or f inv*. **2** ADJ tiroideo/a.

tiara [tɪ'ɑːrə] N diadema *f*.

Tiber ['taɪbər] N Tíber *m*.

Tibet [tɪ'bet] N el Tibet.

Tibetan [tɪ'betən] **1** ADJ tibetano/a. **2** N tibetano/a *m/f*; (*Ling*) tibetano *m*.

tibia ['tɪbɪə] N tibia *f*.

tic [tɪk] N (*Med*) tic *m*; **a nervous ~** un tic nervioso.

tick¹ [tɪk] **1** N **ⓐ** (*of clock*) tictac *m*.
ⓑ (*fam: moment*) momento *m*; **I shan't be a ~** en seguida voy, no tardo, ahorita voy (*Mex*).
ⓒ (*mark*) palomita *f*; **to put a ~ against sth** marcar algo (con palomita).
2 VT (*right answer*) marcar (con una palomita *or* cruz); (*also* **~ off**: *name on list etc*) marcar, poner una señal contra.
3 VI (*clock*) hacer tictac; **I can't understand what makes him ~** (*fig*) no comprendo su forma de ser.

tick² [tɪk] N (*Zool*) garrapata *f*.

tick³ [tɪk] N (*fam*): **to buy sth on ~** comprar algo a crédito.

◆**tick away, tick by** VI + ADV: **time is ~ing away** el tiempo pasa.

◆**tick off** VT + ADV (*fam: scold*) reñir, reprender, regañar.

◆**tick over** VI + ADV (*engine*) girar en marcha lenta; (*fig: business etc*) ir tirando.

ticker ['tɪkər] **1** N (*fam: watch*) reloj *m*; (: *heart*) corazón *m*. **2** CPD: **~ tape** N cinta *f* de teletipo.

ticket ['tɪkɪt] **1** N (*gen*) billete *m*, boleto *m* (*LAm*); (*for theatre etc*) entrada *f*, boleto, boleta *f* (*LAm*); (*for library*) ficha *f*, boleta, ticket *m* (*LAm*); (*Comm: label*) etiqueta *f*; (*US Pol*) lista *f* (de candidatos), planilla *f* (*LAm*); **to get a (parking) ~** (*Aut*) ser multado por estacionamiento ilegal; **return ~** (*US*), **round-trip ~** billete de ida y vuelta, (boleto de) viaje *m* redondo (*LAm*); **by ~ only** entrada solamente con invitación; **that's the ~!** (*fig*) ¡estás es!, ¡así está bien!
2 VT **ⓐ** (*label: goods*) poner etiqueta a.
ⓑ (*US: passenger*) expedir un billete a.
3 CPD: **~ agency** N (*Theat*) agencia *f* de billetes, boletería *f* (*LAm*); **~ collector** N revisor(a) *m/f*, controlador(a) *m/f*

de boletos (*LAm*); **~ holder** N poseedor(a) *m/f* de billete; **~ inspector** N revisor(a) *m/f*, inspector(a) *m/f* de boletos (*LAm*); **~ office** N (*Rail*) despacho *m* de billetes; (*Teat*) taquilla *f*, boletería *f* (*LAm*).

ticket-barrier ['tɪkɪt,bærɪəʳ] N (*Brit Rail*) barrera *f* (*más allá de la cual se necesita billete*).

ticket-tout ['tɪkɪt,taʊt] N revendedor(a) *m/f* (de entradas).

ticking ['tɪkɪŋ] N [a] (*of clock etc*) tictac *m*. [b] (*material*) terliz *m*.

ticking-off ['tɪkɪŋ'ɒf] N (*fam*) **to give sb a ~** echarle una bronca, regañarle a algn.

tickle ['tɪkl] [1] VT (*person*) hacerle cosquillas a; (*fig: palate*) regalar; (: *of pride etc*) picar; (: *amuse*) divertir; **it ~d his fancy** (*comedy*) le hizo gracia; (*object*) le cayó en gracia; **to be ~d pink** (*fam*) estar encantado a *or* como unas castañuelas.
[2] VI: **it ~s** pica.
[3] N: **to give sb a ~** hacerle cosquillas a algn; **to have a ~ in one's throat** tener picor de garganta.

ticklish ['tɪklɪʃ], **tickly** ['tɪklɪ] ADJ (*fam: easily tickled: person*) cosquilloso/a; (: *which tickles: blanket*) que pica; (: *cough*) irritante; (*fig: touchy: person*) picajoso/a, delicado/a; (: *delicate: situation, problem*) delicado; **to be ~** tener cosquillas.

tick-tock ['tɪk'tɒk] N tictac *m*.

tidal ['taɪdl] ADJ de (la) marea; **~ wave** maremoto *m*; **the Mediterranean is not ~** en el Mediterráneo no hay mareas.

tidbit ['tɪdbɪt] N (*US*) = **titbit**.

tiddler ['tɪdləʳ] N (*small fish*) pececillo *m*; (*fam: child*) nene/a *m/f*, escuincle *mf* (*Mex fam*), guagua *mf* (*And, CSur*).

tiddly¹ ['tɪdlɪ] ADJ (*comp* **-ier**; *superl* **-iest**) (*drunk*) alegre, tomado/a (*LAm*).

tiddly² ADJ (*comp* **-ier**; *superl* **-iest**) (*Brit fam: tiny*) pequeñito/a, pequeñín/ina.

tiddlywinks ['tɪdlɪwɪŋks] NSG pulga *f*.

tide [taɪd] [1] N marea *f*; (*fig: of emotion*) ola *f*; (: *of events etc*) corriente *f*; **high/low ~** marea alta/baja; **the ~ has turned** (*lit*) ha cambiado la marea; (*fig*) han cambiado las cosas; **to swim against/go with the ~** (*fig*) ir contra/seguir la corriente.
[2] VT: **to ~ sb over** *or* **through** ayudarle a algn a salir de un apuro.

tidemark ['taɪdmɑːk] N línea *f* de la marea alta.

tidily ['taɪdɪlɪ] ADV (*well: dressed etc*) bien, perfectamente; (*organized*) ordenadamente.

tidiness ['taɪdɪnɪs] N (*order*) orden *m*; (*cleanliness*) aseo *m*, limpieza *f*.

tidings ['taɪdɪŋz] NPL (*old*) noticias *fpl*.

tidy ['taɪdɪ] [1] ADJ (*comp* **-ier**; *superl* **-iest**) (*room etc*) ordenado/a; (*drawing, work etc*) limpio/a, claro/a; (*person*) arreglado/a, aseado/a; (*mind*) claro/a, metódico/a; **a ~ sum** (*fam*) una suma considerable, una buena *or* bonita suma.
[2] VT (*also* **~ up**: *room, toys etc*) ordenar, poner en orden; (: *one's hair*) arreglarse.
[3] N cajita *f*.

◆**tidy away** VT + ADV devolver a su lugar.
◆**tidy out** VT + ADV limpiar, ordenar.
◆**tidy up** [1] VI + ADV limpiar, ordenar.
[2] VT + ADV = **tidy 2**.
[3] VR: **to ~ o.s. up** asearse, arreglarse.

tie [taɪ] [1] N [a] (*necktie etc*) corbata *f*; **black ~** lazo *m* negro; (*fig*) traje *m* de etiqueta; *see* **bow¹**.
[b] (*cord, ribbon*) cuerda *f*, atadura *f*; (*fig: bond*) lazo *m*, vínculo *m*; (: *hindrance*) atadura *f*; **the ~s of friendship** los lazos de la amistad; **family ~s** los lazos *mpl* familiares.
[c] (*Sport etc: draw*) empate *m*; **there was a ~ in the voting** la votación resultó en empate; **Cup ~** (*Sport: match*) partido *m* de copa.
[2] VT (*necktie*) hacer nudo en, atar; (*also* **~ up**: *shoelaces, knot*) atar, amarrar (*LAm*); (*parcel etc*) liar, envolver; (*tether, attach*) atar, amarrar (*LAm*); (*fig: restrict*) atar, ligar; **to ~ tight(ly)** apretar *or* amarrar fuerte; **his hands are ~d** (*fig*) está atado de pies y manos; **we are very ~d in the evenings** por las tardes nos vemos bastante estorbados

para salir; **are we ~d to this plan?** ¿estamos restringidos a este plan?
[3] VI (*Sport etc: draw*) empatar; **they ~d at 2 goals each** empataron a dos tantos.

◆**tie back** VT + ADV (*curtains, hair*) recoger.
◆**tie down** VT + ADV (*lit*) sujetar, amarrar (*LAm*); (*fig*) **to ~ sb down to sth** obligar a algn a cumplir algo; **we can't ~ him down to a date** no podemos conseguir que fije una fecha; **to be ~d down** estar atado/a.
◆**tie in** [1] VI + ADV (*correspond, be connected*) **to ~ in (with)** concordar (con), corresponder (con); **it all ~s in** todo concuerda.
[2] VT + ADV: **to ~ in (with)** (*meeting, visit*) juntar con; (*findings*) relacionar con, compaginar con.
◆**tie on** VT + ADV (*label etc*) atar.
◆**tie up** [1] VI + ADV (*Naut*) amarrar, atracar.
[2] VT + ADV (*parcel*) atar, envolver; (*person, boat, horse*) atar; (*fig: capital*) inmovilizar; (: *business deal*) concluir; (: *connect*) relacionar, vincular; **to be ~d up (with sb/sth)** (*busy*) estar ocupado (con algo/algn); **I'm ~d up tomorrow** mañana estoy liado; **the traffic was ~d up by the accident** se formó un atasco de tráfico a causa del accidente; **he has a fortune ~d up in property** tiene una fortuna inmovilizada en bienes raíces; **we'll soon have it all ~d up** pronto lo arreglamos todo.

tie-break(er) ['taɪbreɪk(əʳ)] N (*Sport*) tie-break *m*, muerte *f* rápida.

tie-in ['taɪɪn] N (*link*) vinculación *f*.

tie-on ['taɪɒn] ADJ (*label*) para atar.

tiepin ['taɪpɪn] N alfiler *m* de corbata.

tier [tɪəʳ] N grada *f*; **to arrange in ~s** disponer en gradas *or* pisos.

tie-up ['taɪʌp] N (*connection*) enlace *m*, vínculo *m*.

tiff [tɪf] N (*fam*) pelea *f*, riña *f* sin trascendencia; **a lover's ~** una pelea de amantes.

tiger ['taɪgəʳ] N tigre *m*.

tiger lily ['taɪgə,lɪlɪ] N tigridia *f*.

tight [taɪt] [1] ADJ (*comp* **~er**; *superl* **~est**) [a] (*stretched to limit: rope etc*) estirado/a; (*close-fitting: trousers*) (muy) ajustado/a; (*shoes*) apretado/a; (*usu pred: firmly fixed, hard to move*) firme; (*narrow: bend, space*) cerrado/a; (*strict: control, discipline*) severo/a, estricto/a; (*fam: mean*) tacaño/a, amarrete (*CSur fam*); **it's a ~ fit** queda muy justo; **to keep ~ hold of sth** agarrar algo muy fuerte, no soltar algo; **to be in a ~ spot** (*fig*) estar en un apuro *m or* aprieto *m*; **space/money is a bit ~** falta espacio/escasea el dinero.
[b] (*fam: drunk*) borracho/a, tomado/a (*LAm*); **to get ~** emborracharse.
[2] ADV (*grasp, hold*) bien; **to be packed ~** (*food, suitcase etc*) estar atestado; (*room*) estar lleno de gente; **screw the nut up ~!** ¡aprieta bien la tuerca!; **pull the door ~!** ¡cierra bien la puerta!; **to hold sb ~** abrazar a algn fuertemente, apretar a algn contra sí; **hold ~!** ¡agárrense bien!; **to sit ~** (*patiently*) aguantar; (*still*) estarse quieto; **to sleep ~** (*soundly*) dormir profundamente; **sleep ~!** ¡que duermas bien!

tighten ['taɪtn] [1] VT (*also* **~ up**: *rope etc*) estirar, tensar; (*nut etc*) apretar; (*belt, shoes etc*) apretarse; (*regulation*) reforzar, estrechar.
[2] VI (*also* **~ up**: *rope, knot*) estirarse; (: *grasp*) apretarse.
◆**tighten up** [1] VI + ADV = **tighten 2**.
[2] VT + ADV [a] = **tighten 1**.
[b] **to ~ up on sth** hacer algo en forma más rigurosa, ser más estricto con algo.

tight-fisted ['taɪt'fɪstɪd] ADJ (*mean: person*) tacaño/a, agarrado/a.

tight-fitting ['taɪt'fɪtɪŋ] ADJ muy ajustado/a, muy ceñido/a.

tight-lipped ['taɪt'lɪpt] ADJ (*annoyed*) que está de morros; (*silent*) callado/a.

tightly ['taɪtlɪ] ADV = **tight 2**.

tightness ['taɪtnɪs] N (*of shoes, trousers*) estrechez *f*; (*of lid, screw*) lo apretado; (*of discipline, regulations*) severidad *f*; **I can feel a ~ in my chest** siento opresión en el pecho.

tightrope ['taɪtrəʊp] [1] N cuerda *f* floja; **to be on a ~, to**

be walking a ~ (*fig*) andar a la cuerda floja. [2] CPD: **~ walker** N equilibrista *mf*, funambulista *mf*.

tights [taɪts] NPL (*clothes*) pantis *mpl*, medias *fpl*; (*of wool etc*) leotardos *mpl*.

tigress ['taɪgrɪs] N tigresa *f*.

Tigris ['taɪgrɪs] N Tigris *m*.

tilde ['tɪldɪ] N tilde *f* (*sometimes m*).

tile [taɪl] [1] N (*roof ~*) teja *f*; (*floor ~*) baldosa *f*; (*wall ~, decorative ~*) azulejo *m*; **a night on the ~s** (*fam*) una noche de juerga *or* parranda *or* (*CSur*) farra.
[2] VT (*floor, bathroom etc*) poner tejas *or* azulejos *etc* en.

tiled [taɪld] ADJ (*see n*) tejado/a; embaldosado/a; cubierto/a con azulejos.

till¹ [tɪl] VT (*Agr: land, soil*) cultivar, labrar.

till² [tɪl] = **until**.

till³ [tɪl] N (*for money*) caja *f*; **they caught him with his hand** *or* **fingers in the ~** le cogieron robando (dentro de la empresa *etc*).

tiller ['tɪlər] N (*Naut*) timón *m*.

tilt [tɪlt] [1] N [a] (*slant*) inclinación *f*, ladeo *m*; (*incline*) declive *m*, cuesta *f*; **on/at a ~** inclinado/a, ladeado/a.
[b] **(at) full ~** a toda velocidad *or* carrera.
[2] VT inclinar, ladear; **~ it this way/the other way** inclínalo hacia este/el otro lado; **he ~ed his chair back** inclinó la silla hacia atrás.
[3] VI inclinarse, ladearse; **to ~ to one side** inclinarse hacia un lado; **he ~ed back in his chair** se recostó en la silla.

timber ['tɪmbər] N (*material*) madera *f*; (*beam*) viga *f*; **~!** ¡árbol, tronco va!

timbered ['tɪmbəd] ADJ (*house etc*) enmaderado/a.

timber-yard ['tɪmbəjɑːd] N (*Brit*) almacén *m* de madera.

timbre [tɛ̃ːmbr] N (*Mus: of instrument, voice*) timbre *m*.

time [taɪm] [1] N [a] (*gen*) tiempo *m*; (*spare ~*) tiempo libre, ocio *m*; **~ and space** el tiempo y el espacio; **how ~ flies!** ¡cómo pasa el tiempo!; **only ~ will tell** el tiempo lo dirá; **~ is on our side** el tiempo obra a nuestro favor; **for all ~** para siempre; **all in good ~** a su debido tiempo; **to have (the) ~ (to do sth)** tener tiempo (para hacer algo); **to find the ~ for reading** encontrar tiempo para leer; **to kill ~** entretener el tiempo; **we have ~, we have plenty of ~** tenemos tiempo de sobra; **I've no ~ for them** (*too busy*) no tengo tiempo para ellos; (*contemptuous*) no me interesan (ellos); **it's only a matter** *or* **question of ~ before it falls** sólo es cuestión de tiempo antes de que caiga; **he lost no ~ in doing it** no tardó en hacerlo; **to make up for lost ~** recuperar el tiempo perdido; **it takes ~ to ...** se tarda en ...; **to take one's ~** hacer algo con tranquilidad, tomarse el tiempo que uno quiera; **~ is money** (*Prov*) el tiempo es oro; **he did it in his own ~** (*without being hurried*) lo hizo sin prisa; (*out of working hours*) lo hizo en su tiempo libre; **on Saturdays they pay ~ and a half** los sábados pagan lo normal más la mitad; **my ~ is my own** yo dispongo de mi tiempo; *see* **spare**.
[b] (*period of ~*) período *m*, rato *m*; **a long ~** mucho tiempo; **a long ~ ago** hace mucho (tiempo), hace tiempo; **a short ~ ago** hace poco; **a short ~ after** poco (tiempo) después; **for a ~** durante un rato; **have you been here all this ~?** ¿has estado aquí todo este tiempo?; **for the ~ being** por ahora, de momento; **let me know in good ~** avíseme con anticipación; **in no ~** en un abrir y cerrar de ojos; **in a week's ~** dentro de una semana, en una semana más (*LAm*); **to do ~** (*fam*) cumplir una condena; **to take a long ~ to do sth** tardar mucho en hacer algo.
[c] (*moment*) momento *m*; **any ~** cuando quieras; **any ~ now** de un momento a otro; **at that ~** entonces, en aquel entonces; **at the present ~** hoy en día, actualmente; **at this ~ of the year** en esta época del año; **(by) this ~ next year** el año que viene por estas fechas; **by the ~ he arrived** para cuando él llegó; **at a given ~** en un momento convenido; **at the same ~** (*simultaneously*) al mismo tiempo, a la vez; (*even so*) al mismo tiempo, por otro lado; **at ~s** a veces, a ratos; **at all ~s** siempre, en todo momento; **from ~ to ~** de vez en cuando; **from that ~ (on)** a partir de entonces; **now is**

the ~ to go ahora es el momento de irse; **the ~ has come to leave** ha llegado el momento de irse; **this is no ~ for jokes** éste no es momento para bromas; **this is neither the ~ nor the place to discuss it** éste no es ni el momento ni el lugar oportuno para hablar de eso.
[d] (*by clock*) hora *f*; **to tell the ~** (*clock*) dar la hora; (*child*) saber decir la hora; **what ~ do you make it?** ¿qué hora es *or* tiene?; **have you got the (right) ~?** ¿tiene hora exacta?; **what's the ~?** ¿qué hora es?; **Greenwich mean ~** hora de Greenwich; **I wouldn't give him the ~ of day** a mi él me tiene sin cuidado; **on ~** a la hora, puntual(mente); **to arrive (just) in ~ for dinner** llegar justo a tiempo para cenar; **it's ~ to go** es hora de irse; **it's ~ for the news** es (la) hora de las noticias; **to die before one's ~** morir temprano; **to be 30 minutes behind/ahead of ~** llevar 30 minutos de retraso/adelanto; **at any one ~ there is room for 12 readers** en un momento dado hay sitio para 12 lectores; **it's high ~ that ...** ya va siendo hora de + *infin*; **about ~ too!** ¡ya era hora!; **it's about ~ you had a haircut** ya es hora de que te cortes el pelo; *see* **closing; opening 3**.
[e] (*era, period: often*) **~s** época *f*; **in modern ~s/ Elizabethan ~s/our own ~(s)** en tiempos modernos/isabelinos/en nuestro tiempo; **before/during my** *etc* **~** antes de/en mis *etc* tiempos; **~s were hard** fueron tiempos duros; **in ~s to come** en tiempos venideros; **one of the greatest footballers of our ~** uno de los mejores futbolistas de nuestros tiempos; **to be ahead of one's ~/behind the ~s** estar adelantado/atrasado; **to fall on hard ~s** estar en el tiempo de las vacas flacas; **to keep abreast of** *or* **up with the ~s, to move with the ~s** ir con los tiempos.
[f] (*experience*) experiencia *f*; **to have a good/bad** *or* **rough ~ (of it)** pasarlo bien/mal; **she's out for a good ~** se propone divertirse; **to make it into the big ~** (*fam*) abrirse paso y entrar en el gran mundo.
[g] (*occasion*) vez *f*, ocasión *f*; **three ~s** tres veces; **this ~** esta vez; **next ~** la próxima vez, a la próxima (*esp LAm*); **for the first ~** por primera vez; **the last ~ I did it** la última vez que lo hice; **~ after ~, ~ and again** repetidas veces, una y otra vez; **many's the ~ ...** no una vez, sino muchas ...; **third ~ lucky!** ¡a la tercera va la vencida!; **nine ~s out of ten, ninety-nine ~s out of a hundred** (*fig*) casi siempre; **I remember the ~ he came here** recuerdo la ocasión en que vino por aquí; **for weeks at a ~** durante semanas enteras; **to carry 3 boxes at a ~** llevar 3 cajas a la vez.
[h] (*Mil, Mus*) ritmo *m*, compás *m*; **to beat ~** marcar el compás; **to march in ~/out of ~** desfilar llevando el compás/perder el compás al desfilar; *see* **beat 2 (a); ·mark² 2 (g)**.
[i] (*Math*) **4 ~s 3 is 12** 4 por 3 son 12; **3 ~s as fast (as sth)** *or* **faster (than sth)** 3 veces más rápido (que algo).
[2] VT [a] (*schedule*) planear, calcular; (*choose ~ of: joke, request*) elegir el momento para; **to ~ sth perfectly** elegir el momento más oportuno para algo; **the bomb was ~d to explode 5 minutes later** la bomba estaba sincronizada para explotar 5 minutos más tarde.
[b] (*with stopwatch etc*) cronometrar; **to ~ o.s.** cronometrarse.
[3] CPD: **~ and motion study** N estudio *m* de tiempos y movimientos; **~ bomb** N bomba *f* de relojería; **~ card** N tarjeta *f* de registro horario; **~ clock** N reloj *m* registrador, reloj de control de asistencia; **~ exposure** N (*Phot*) exposición *f*; **~ frame** N margen *m* de tiempo; **to set a ~ frame for sth** poner fecha a algo; **~ limit** N plazo *m*, límite *m* de tiempo; **to set a ~ limit** fijar un plazo; **~ sheet** N = **~ card**; **~ switch** N interruptor *m* horario.

time-consuming ['taɪmkən,sjuːmɪŋ] ADJ que requiere mucho tiempo.

time-honoured, (US) time-honored ['taɪm,ɒnəd] ADJ consagrado/a.

timekeeper ['taɪm,kiːpər] N (*watch*) reloj *m*, cronómetro *m*; (*official*) cronometrador/a *m/f*; **to be a good ~** ser puntual.

time-keeping ['taɪm,kiːpɪŋ] N (*gen*) cronometraje *m*; (*in* *factory etc*) control *m*.

time-lag ['taɪmlæg] N (*delay*) retraso *m*; (*lack of synchronization*) desfase *m*.

timeless ['taɪmlɪs] ADJ (*book, experience etc*) eterno/a.

timely ['taɪmlɪ] ADJ oportuno/a.

time-out [,taɪm'aʊt] N (*esp US: also fig*) tiempo *m* muerto.

timepiece ['taɪmpiːs] N reloj *m*.

timer ['taɪməʳ] N (*egg* ~ *etc*) reloj *m* de arena; (*Tech*) reloj automático; (: *regulator*) temporizador *m*; (*Aut*) distribuidor *m*.

time-saving ['taɪm,seɪvɪŋ] ADJ que ahorra tiempo.

timescale ['taɪmskeɪl] N escala *f* de tiempo.

time-share ['taɪmʃeəʳ] **1** N (*for holiday etc*) multipropiedad *f*. **2** CPD: ~ **apartment** N piso *m* en multipropiedad.

time-sharing ['taɪm,ʃɛərɪŋ] N (*also Comput*) tiempo *m* compartido; (*for holiday etc*) multipropiedad *f*.

timetable ['taɪm,teɪbl] N (*for trains etc*) horario *m*; (*programme of events etc*) programa *m*, itinerario *m*.

timid ['tɪmɪd] ADJ tímido/a.

timidity [tɪ'mɪdɪtɪ] N timidez *f*.

timidly ['tɪmɪdlɪ] ADV tímidamente.

timing ['taɪmɪŋ] N coordinación *f*; **that was good/bad** ~ (*opportunity*) lo hiciste en buen/mal momento; (*on time*) lo hiciste a tiempo/destiempo.

timorous ['tɪmərəs] ADJ tímido/a, asustadizo/a.

timpani ['tɪmpənɪ] NPL (*Mus*) tímpanos *mpl*.

tin [tɪn] **1** N a (*as ore*) estaño *m*; (*metal*) hojalata *f*. b (*Brit: container*) lata *f*, bote *m*. **2** VT enlatar. **3** CPD: ~ **can** N lata *f*, bote *m*; ~ **mine** N mina *f* de estaño; ~ **soldier** N soldadito *m* de plomo; ~ **whistle** N (*Mus*) pito *m*.

tinfoil ['tɪnfɔɪl] N papel *m* de estaño.

tinge [tɪndʒ] **1** N (*of colour*) tinte *m*, matiz *m*; (*fig*) **a** ~ **of nostalgia** cierta nostalgia. **2** VT teñir, matizar.

tingle ['tɪŋgl] **1** N (*of skin*) hormigueo *m*, comezón *f*; (*thrill*) estremecimiento *m*. **2** VI (*cheeks, skin*) sentir hormigueo *or* comezón; **a tingling sensation** una sensación de hormigueo, un comezón; **to** ~ **with excitement** estremecerse de emoción.

tinker ['tɪŋkəʳ] **1** N calderero *m*. **2** VI (*also* ~ **about**): **to** ~ **(with)** enredar (con), toquetear; **he's been** ~**ing with the car all day** ha pasado todo el día tratando de reparar el coche.

tinkle ['tɪŋkl] **1** N (*of bell etc*) tintín *m*, tintineo *m*; **give me a** ~ **some time** (*fam*) llámame *or* pégame un telefonazo algún día. **2** VI tintinear.

tinkling ['tɪŋklɪŋ] **1** ADJ que hace tilín. **2** N tintineo *m*, tilín *m*.

tinned [tɪnd] ADJ (*Brit*) en *or* de lata *or* bote.

tinny ['tɪnɪ] ADJ (*comp* -**ier**; *superl* -**iest**) (*metallic: sound*) metálico/a; (*pej: car, machine*) poco sólido/a, de pacotilla.

tin-opener ['tɪn,əʊpnəʳ] N (*Brit*) abrelatas *m inv*.

tinplate ['tɪnpleɪt] N hojalata *f*.

tinsel ['tɪnsəl] N oropel *m*.

Tinseltown ['tɪnsəltaʊn] N (*pej*) Hollywood *m*.

tint [tɪnt] **1** N (*gen*) tono *m*, matiz *m*; (*for hair*) tinte *m*. **2** VT (*hair*) teñir.

tintack ['tɪntæk] N tachuela *f*.

tiny ['taɪnɪ] ADJ (*comp* -**ier**; *superl* -**iest**) pequeñito/a, minúsculo/a.

tip¹ [tɪp] N (*gen: end*) punta *f*; (*of mountain*) pico *m*; (*of cigarette*) filtro *m*, boquilla *f*; **on the** ~ **of sb's tongue** (*fig*) en la punta de la lengua; **the** ~ **of the iceberg** (*fig*) la punta del iceberg; *see* **filter-tipped**.

tip² [tɪp] **1** N a (*gratuity*) propina *f*. b (*hint*) consejo *m*; (: *for race*) información *f*, confidencia *f*; **to give sb a** ~ darle a algn un buen consejo. **2** VT a (*porter, waiter*) dar una propina a. b (*predict: winner*) pronosticar; (: *horse*) recomendar; **he is being** ~**ped for the job** le señalan como el más indicado para el puesto.

tip³ [tɪp] **1** N (*rubbish dump*) vertedero *m*, tiradero(s) *m(pl)*

(*Mex*); **this room is a** ~ (*fam*) este cuarto es un basurero. **2** VT volcar, verter, tirar; **to** ~ **away the dishwater** tirar *or* echar el agua sucia; **to** ~ **back a chair** inclinar una silla hacia atrás; **he** ~**ped out the contents of the box** vertió el contenido de la caja; **to** ~ **over a glass of wine** tirar *or* volcar una copa de vino; **to** ~ **the balance** ser el factor decisivo. **3** VI a (*incline*) inclinarse, ladearse; (*also* ~ **over**) volcarse, voltearse (*LAm*). b (*dump rubbish*) tirar *or* (*LAm*) botar basura; '**no** ~**ping**' 'prohibido arrojar basura'; **he** ~**s the scales at 100kg** pesa 100kg.

◆ **tip off** VT + ADV (*warn*) advertir, avisar; (*inform on*) soplar a, pasar información; **the police had been** ~**ped off** la policía había recibido un soplo.

◆ **tip up** **1** VI + ADV volcarse, voltearse. **2** VT + ADV volcar, voltear.

tip-off ['tɪpɔf] N (*warning*) información *f*, advertencia *f*; (*informing*) soplo *m*.

tipped [tɪpt] ADJ (*cigarette*) con filtro *or* boquilla.

Tipp-Ex ® ['tɪpeks] **1** N Tippex ® *m*, corrector *m*. **2** VT (*also* **to** ~ **out, to** ~ **over**) corregir con Tippex.

tipple ['tɪpl] (*fam*) **1** N trago *m* (*fam*). **2** VI empinar el codo.

tippler ['tɪpləʳ] N (*fam*) amante *mf* de la bebida; **he's a bit of a** ~ le gusta echar un trago de vez en cuando.

tippy-toe ['tɪpɪtəʊ] (*US*) = **tiptoe**.

tipster ['tɪpstəʳ] N pronosticador(a) *m/f*.

tipsy ['tɪpsɪ] ADJ (*comp* -**ier**; *superl* -**iest**) achispado/a, chispa, piripi, tomado/a (*LAm*).

tiptoe ['tɪptəʊ] **1** N: **to walk on** ~ andar *or* (*LAm*) caminar de puntillas. **2** VI ir de puntillas; **to** ~ **in** entrar de puntillas.

tiptop ['tɪptɒp] ADJ: **in** ~ **condition** (*car etc*) en excelentes condiciones; (*person*) en plena forma.

tirade [taɪ'reɪd] N diatriba *f*.

tire¹ ['taɪəʳ] N (*US*) = **tyre**.

tire² ['taɪəʳ] **1** VT cansar. **2** VI cansarse; **to** ~ **of sb/sth** hartarse de algn/algo.

◆ **tire out** VT + ADV agotar, rendir (*LAm*); **to** ~ **sb out** cansar a algn.

tired ['taɪəd] ADJ a (*person, voice etc*) cansado/a, fatigado/a (*esp LAm*); **to be/feel** ~ estar/sentirse cansado/a; **to look** ~ tener cara de cansancio; **to be** ~ **of sb/sth** estar harto de algn/algo; **to get** *or* **grow** ~ **of doing sth** cansarse *or* hartarse de hacer algo. b (*fig: cliché etc*) trillado/a; (: *shabby*) raído/a, gastado/a.

tiredness ['taɪədnɪs] N (*see adj*) cansancio *m*, fatiga *f*.

tireless ['taɪəlɪs] ADJ incansable.

tiresome ['taɪəsəm] ADJ (*job*) fastidioso/a, pesado/a; (*person*) aburrido/a, latoso/a, pesado; (*situation*) fastidioso/a, pesado.

tiring ['taɪərɪŋ] ADJ cansado/a.

tissue ['tɪʃuː] **1** N a (*thin paper*) papel *m* de seda; (*paper handkerchief*) pañuelo *m* de papel, klínex *m* (*esp LAm*). b (*Anat*) tejido *m*. c (*fig*) **a** ~ **of lies** una sarta de mentiras. **2** CPD: ~ **paper** N papel *m* de seda.

tit¹ [tɪt] N (*bird*) paro *m*; **blue** ~ alionín *m*.

tit² [tɪt] N: ~ **for tat** ojo por ojo.

tit³ [tɪt] N (*fam: breast*) teta *f*, pecho *m*; **to get on sb's** ~**s** sacar de quicio a algn.

titanium [tɪ'teɪnɪəm] N titanio *m*.

titbit ['tɪtbɪt], (*US*) **tidbit** ['tɪdbɪt] N (*of food*) golosina *f*; (*fig: of news, information etc*) pedazo *m*, retazo *m*.

titillate ['tɪtɪleɪt] VT (*sexually*) excitar.

title ['taɪtl] **1** N a (*of book, chapter etc*) título *m*; (*headline etc*) titular *m*, cabecera *f*. b (*Sport*) título *m*; **to hold a** ~ ser campeón/ona *m/f*, tener un título. c (*of nobility etc*) título *m*. d (*Jur: right*): ~ **(to)** derecho *m* (a). **2** CPD: ~ **deed** N (*Jur*) título *m* de propiedad; ~ **holder** N (*Sport*) campeón/ona *m/f*; ~ **page** N portada *f*; ~ **role** N (*Theat, Cine*) papel *m* principal.

titled ['taɪtld] ADJ (*person*) con título de nobleza.

titter ['tɪtəʳ] **1** N (*snigger*) risa *f* tonta. **2** VI (*snigger*) reírse tontamente.

tittle-tattle ['tɪtl,tætl] (*fam*) **1** N chismes *mpl.* **2** VI chismear.

tizzy ['tɪzɪ] N (*fam*): **to be in/get into a ~ (about sth)** (*nervous*) estar/ponerse nervioso/a (por algo); (*hassled*) hacerse un lío (por algo).

T-junction ['tiː,dʒʌŋkʃən] N cruce *m* en T.

TM N ABBR **a** *of* **transcendental meditation.** **b** (*Comm*) *of* **trademark.**

TN ABBR (*US Post*) *of* **Tennessee.**

TNT N ABBR *of* **trinitrotoluene** TNT *m*.

to [tuː, tə] PREP **1** **a** (*direction*) a; **to go ~ Paris** ir a París; **to go ~ school** ir al colegio; **to go ~ the doctor's** ir al médico; **the road ~ Edinburgh** la carretera de Edimburgo; **have you ever been ~ India?** ¿ha estado en la India?; (*move*) **~ the left/the right** (muévete) a la izquierda/la derecha; **~ the west** al oeste; **a letter ~ his wife** una carta a su mujer.
b (*next ~, with position*) a, contra; **he stood with his back ~ the wall** estaba con la espalda contra la pared; **at right angles ~ that** en ángulo recto con eso; **the door is ~ the left (of the window)** la puerta está a la izquierda (de la ventana); **to talk to sb man ~ man** hablar con algn de hombre a hombre.
c (*as far as*) hasta, a; **from here ~ London** de aquí a *or* hasta Londres; **from morning ~ night** de la mañana a la noche; **to count ~ 10** contar hasta 10; **correct ~ 3 decimal places** correcto hasta 3 decimales; **from 40 ~ 50 people** *etc* entre 40 y 50 personas *etc*; **~ some extent** hasta cierto punto, en cierta medida; **to be wet ~ the skin** estar mojado hasta los huesos, estar empapado; **~ this day** hasta hoy.
d (*with expressions of time*) menos, para; (*LAm*) **it's a quarter ~ three** son las tres menos cuarto (*Sp*), es *or* (*LAm*) falta un cuarto para las tres.
e (*expressing indirect object*) a; **to give sth ~ sb** darle algo a algn; **it belongs ~ me** me pertenece a mí; **the man I sold it ~** *or* **~ whom I sold it** (*frm*) el hombre a quien se lo vendí; **they were kind ~ me** fueron muy amables conmigo; **a solution ~ the problem** una solución del problema; **devoted ~ his wife** fiel a su mujer; **a monument ~ the fallen** un monumento en honor a los caídos; **welcome ~ you all!** ¡bienvenida a todos!; **to drink ~ sb** brindar por algn *or* a la salud de algn.
f (*in relation ~*) a, con; **superior ~ the others** superior a los demás; **that's nothing ~ what is to come** eso no es nada en comparación con lo que está por venir; **30 miles ~ the gallon** 30 millas por galón; **8 apples ~ the kilo** 8 manzanas por kilo; **the odds are 8 ~ 1** los puntos de ventaja son de 8 a 1.
g (*about*) de; **what do you say ~ this?** ¿qué te parece (esto)?; **that's all there is ~ it** eso es todo, no hay nada más que hablar.
h (*according ~*) según; **~ my way of thinking** según mi modo de pensar, a mi modo de ver; **it is not ~ my taste** no me gusta; **~ the best of my recollection/ability** que yo recuerde/lo mejor que pueda; **we danced ~ the music of the band** bailamos con la música de la orquesta.
i (*purpose, result*) **to come ~ sb's aid** acudir en ayuda de algn; **to sentence sb ~ death** condenar a algn a la pena de muerte; **~ my great surprise** con gran sorpresa por mi parte.
2 (*with vb*) **a** (*simple infin*) **~ come/sing/work** *etc* venir/cantar/trabajar *etc*.
b (*following another vb*) **to want ~ do** querer hacer; **to try ~ do sth** tratar de hacer algo; **to start ~ cry** empezar a llorar; **I want you ~ do it** quiero que lo hagas.
c (*purpose, result*) para; **he did it ~ help you** lo hizo para ayudarte; **he came ~ see you** vino a verte; **I arrived ~ find she had gone** llegué para descubrir que ella se había ido.
d (*without vb*) **I don't want ~** no quiero; **you ought ~** deberías.
e (*equivalent to relative clause*) **I have things ~ do** tengo

cosas que hacer; **he's not the sort ~ do that** no es de los que hacen eso; **now is the time ~ do it** llegó la hora de hacerlo; **he has a lot ~ lose** tiene mucho que perder.
f (*after adj etc*) **ready ~ go** listo/a para salir; **hard ~ believe** difícil de creer; **is it good ~ eat?** ¿es bueno de *or* para comer?; **the first ~ go** el primero/la primera en irse; **too old ~ play tennis** demasiado viejo/a para jugar al tenis; **he's young ~ be a grandfather** es muy joven para ser abuelo.
3 ADV **a** **to push the door ~** (*closed*) cerrar la puerta.
b **to come ~** (*recover consciousness*) volver en sí, recobrar el conocimiento.
c **~ and fro** (*back and forth*) de un lado para otro, para arriba y para abajo.

toad [təʊd] N sapo *m*.

toad-in-the-hole [,təʊdɪnðə'həʊl] N (*Culin*) salchichas *fpl* en pasta.

toadstool ['təʊdstuːl] N hongo *m* venenoso.

toady ['təʊdɪ] (*pej*) **1** N adulador(a) *m/f*, pelotilla *mf inv*, pelota *mf inv.* **2** VI: **to ~ to sb** adular *or* (*Sp*) hacer la pelotilla a algn, dar coba a algn.

toast [təʊst] **1** N **a** (*bread*) pan *m* tostado, tostada *f*; **a piece of ~** una tostada.
b (*drink*) brindis *m*; **to propose/drink a ~ to sb** proponer un brindis/brindar por algn; **to be the ~ of the town/nation** (*fig*) ser el/la niño/a bonito/a de la ciudad/la nación.
2 VT **a** (*bread*) tostar; **~ed sandwich** sandwich *m* tostado.
b (*drink to*) brindar por.

toaster ['təʊstəʳ] N tostadora *f*.

toast-rack ['təʊstræk] N rejilla *f* para tostadas.

toasty ['təʊstɪ] N sandwich *m* tostado.

tobacco [tə'bækəʊ] **1** N tabaco *m*; **pipe ~** tabaco de pipa.
2 CPD: **~ pouch** N petaca *f*.

tobacconist [tə'bækənɪst] N estanquero/a *m/f*, tabaquero/a *m/f*; **~'s (shop)** estanco *m*, tabaquería *f*.

Tobago [tə'beɪgəʊ] N Tobago *f*.

toboggan [tə'bɒgən] **1** N tobogán *m*. **2** VI ir *or* deslizarse en tobogán.

tod [tɒd] N (*Brit fam*): **on one's ~** a solas.

today [tə'deɪ] ADV hoy; (*these days*) hoy (en) día; **a fortnight ~** de hoy en quince días; **from ~** desde hoy; **what day is it ~?** ¿qué día es hoy?; **what date is it ~?** ¿a qué fecha estamos?; **~ is the 4th of March** hoy es el 4 de marzo; **~'s paper** el periódico de hoy.

toddle ['tɒdl] VI (*fam: go*) marcharse; **he ~d off** se marchó.

toddler ['tɒdləʳ] N (*small child*) niño/a *m/f* (que empieza a caminar *or* en edad de aprender a andar).

toddy ['tɒdɪ] N: **hot ~** ponche *m*.

to-do [tə'duː] N (*fam: fuss*) follón *m*, lío *m*.

toe [təʊ] **1** N (*Anat*) dedo *m* del pie; (*of shoe*) puntera *f*; **big/little ~** dedo gordo/pequeño del pie; **to keep sb on his ~s** (*fig*) mantener a algn sobre ascuas; **to tread on sb's ~s** (*lit*) pisar el pie a algn; (*fig*) meterse con algn.
2 VT: **to ~ the line** (*fig: conform*) conformarse.

toecap ['təʊkæp] N puntera *f*.

toe-clip ['təʊklɪp] N calapiés *m*.

TOEFL ['təʊfəl] N ABBR *of* **Test of English as a Foreign Language.**

toenail ['təʊneɪl] N uña *f* del dedo del pie.

toerag ['təʊræg] N (*fam*) mequetrefe *m*.

toffee ['tɒfɪ] **1** N caramelo *m*, dulce *m* de leche; **he can't do it for ~** (*fam*) no tiene ni idea de cómo hacerlo.
2 CPD: **~ apple** N manzana *f* de caramelo.

toffee-nosed ['tɒfɪ'nəʊzd] ADJ (*fam*) presumido/a, engreído/a.

tofu ['təʊfuː] N tofu *m*.

together [tə'geðəʳ] ADV **a** (*live, work, be*) juntos/as; **to bring/glue ~** juntar/fijar; **~ with** junto con; **all ~** todos/as juntos/as *or* en conjunto; **they were in it ~** (*pej*) todos estaban metidos en el asunto; **we're in this ~** estamos metidos todos por igual; **to put a meal ~** preparar una comida; **to put a show ~** montar un show.
b (*simultaneously*) a la vez, juntos/as; (*continuously*) seguidos/as.

togetherness [təˈgeðənɪs] N compañerismo *m*.

toggle [ˈtɒgl] **1** N (*on coat*) botón *m* alargado de madera. **2** CPD: **~ switch** N conmutador *m* de palanca.

Togo [ˈtəʊgəʊ] N Togo *m*.

Togolese [ˌtəʊgəʊˈliːz] ADJ togolés/esa *m/f*.

togs [tɒgz] NPL (*fam: clothes*) atuendo *msg*, ropa *fsg*.

toil [tɔɪl] **1** N trabajo *m*, esfuerzo *m*; **after months of ~** después de meses de trabajo (agotador). **2** VI trabajar duro; **to ~ away at sth** darle duro a algo; **to ~ up a hill** subir trabajosamente una cuesta.

toilet [ˈtɔɪlɪt] **1** N **a** (*lavatory*) servicio *m*, wáter *m*, lavabo *m*, baño *m* (*esp LAm*), sanitario *m* (*LAm*); **to go to the ~** ir al servicio *or* al baño; **she's in the ~** está en el servicio *or* el baño.
b (*dressing, washing etc*) aseo *m*.
2 CPD: **~ bag** N neceser *m*, estuche *m*; **~ paper/roll** N papel *m* higiénico, papel sanitario (*LAm*); **~ water** N (agua *f* de) colonia *f*.

toiletries [ˈtɔɪlɪtrɪz] NPL artículos *mpl* de tocador.

toilet-train [ˈtɔɪlɪttreɪn] VT: **to ~ a child** acostumbrar a un niño a ir solo al baño.

toing [ˈtuːɪŋ] N: **~ and froing** vaivén *m*, ir *m* y venir.

token [ˈtəʊkən] **1** N **a** (*voucher*) vale *m*; (*metal disc*) ficha *f*.
b (*sign, symbol*) muestra *f*, señal *f*; **as a ~ of friendship** como prueba de amistad; **by the same ~** por la misma razón.
2 CPD (*payment, strike*) nominal, simbólico/a; (*resistance, gesture*) simbólico.

Tokyo [ˈtəʊkjəʊ] N Tokio *m*.

told [təʊld] PT, PP of **tell**.

tolerable [ˈtɒlərəbl] ADJ (*pain, heat etc*) soportable; (*not too bad: film, food etc*) regular.

tolerably [ˈtɒlərəblɪ] ADV (*moderately: good, comfortable*) medianamente.

tolerance [ˈtɒlərəns] N (*gen*) tolerancia *f*.

tolerant [ˈtɒlərənt] ADJ indulgente, tolerante.

▼**tolerate** [ˈtɒləreɪt] VT (*heat, pain*) resistir, aguantar; (*person*) tolerar, soportar; **I can't ~ any more** no aguanto más.

toleration [ˌtɒləˈreɪʃən] N tolerancia *f*.

toll¹ [təʊl] **1** N **a** (*on road*) peaje *m*.
b (*losses, casualties*) número *m* de víctimas, mortandad *f*; **the ~ on the roads** las víctimas de accidentes de tráfico; **the effort took its ~ on all of us** el esfuerzo tuvo un grave efecto en todos nosotros; **the severe weather has taken its ~ on the crops** el mal tiempo ha ocasionado pérdidas en la cosecha.
2 CPD (*road, bridge*) de peaje, de cuota (*LAm*).

toll² [təʊl] **1** VT, VI (*bell*) tañer, doblar. **2** N (*of bell*) tañido *m*, doblar *m*.

toll-free [ˌtəʊlˈfriː] ADV (*US*): **to call ~** llamar sin pagar.

tollway [ˈtəʊlweɪ] N (*US*) autopista *f* de peaje *or* (*LAm*) cuota.

Tom [tɒm] N: **any ~, Dick or Harry** un fulano cualquiera; **~ Thumb** Pulgarcito.

tom [tɒm] N (*also ~ cat*) gato *m* (macho).

tomato [təˈmɑːtəʊ] **1** N (*pl* **~es**) tomate *m*, jitomate *m* (*Mex*). **2** CPD: **~ juice** N jugo *m* de tomate; **~ ketchup** N salsa *f* de tomate; **~ plant** N tomatera *f*.

tomb [tuːm] N tumba *f*, sepulcro *m*.

tombola [tɒmˈbəʊlə] N tómbola *f*.

tomboy [ˈtɒmbɔɪ] N marimacho *m*.

tombstone [ˈtuːmstəʊn] N lápida *f* (sepulcral).

tomcat [ˈtɒmkæt] N (*cat*) gato *m* (macho).

tome [təʊm] N tomo *m*.

tomfoolery [tɒmˈfuːlərɪ] N payasadas *fpl*, tonterías *fpl*.

Tommy gun [ˈtɒmɪgʌn] N (pistola *f*) ametralladora *f*, metralleta *f*.

tomography [təˈmɒgrəfɪ] N tomografía *f*.

tomorrow [təˈmɒrəʊ] ADV mañana; **~ morning** mañana por la mañana; **~ is Sunday** mañana es domingo; **the day after ~** pasado mañana; **~ is another day** (*fig*) mañana es otro día.

tomtom [ˈtɒmtɒm] N (*drum*) tantán *m*.

ton [tʌn] N (*weight: gen*) tonelada *f*; **metric ~** tonelada mé-

trica; **this cargo weighs 1,000 ~s** esta carga pesa 1.000 toneladas; **a 3-~ lorry** un camión de 3 toneladas; **this suitcase weighs a ~** (*fam*) esta maleta pesa una barbaridad (*fam*); **~s of sth** (*fam*) montones *mpl* de algo; **to come down (on sb) like a ~ of bricks** (*fig*) echar una bronca descomunal a algn.

tone [təʊn] **1** N **a** (*Mus*) tono *m*; **dialling ~** (*Telec*) señal *f* para marcar; **to praise sb in ringing ~s** (*fig*) poner a algn por las nubes; **they were whispering in low ~s** cuchicheaban.
b (*shade of colour*) tono *m*, matiz *m*; **two-~ colour scheme** combinación *f* de dos tonalidades.
c (*character, dignity*) buen tono *m*, elegancia *f*; **to raise/lower the ~ of sth** levantar/bajar el tono de algo.
2 VI (*also ~ in*: colours) armonizar, combinar.

◆**tone down** VT + ADV (*moderate: colour*) atenuar, suavizar; (*fig: language, criticism etc*) moderar.

◆**tone up** VT + ADV tonificar, entonar.

tone-deaf [ˈtəʊnˈdef] ADJ que no tiene oído musical.

toner [ˈtəʊnəʳ] N (*for photocopier*) virador *m*; (*for skin*) tonificante *m*.

tongs [tɒŋz] NPL tenazas *fpl*; (*curling ~*) tenacillas *fpl*; **a pair of ~** unas tenazas, unas tenacillas.

tongue [tʌŋ] N (*gen*) lengua *f*; (*language*) lengua, idioma *m*; (*of shoe*) lengüeta *f*; (*of bell*) badajo *m*; **have you lost your ~?** ¿te has tragado la lengua?; **hold your ~!** ¡cállate la boca!; **to put out one's ~ (at sb)** sacarle la lengua (a algn); **to say sth ~ in cheek** (*fig*) decir algo en tono de burla; **the formula came tripping off her ~** pronunció la fórmula con la mayor facilidad.

tongue-tied [ˈtʌŋtaɪd] ADJ con la lengua trabada.

tongue-twister [ˈtʌŋˌtwɪstəʳ] N trabalenguas *m inv*.

tonic [ˈtɒnɪk] N (*Med, gen*) tónico *m*; **~ (water)** (agua *f*) tónica *f*.

tonight [təˈnaɪt] ADV esta noche; **I'll see you ~** nos vemos esta noche; **~'s TV programmes** los programas de TV de esta noche.

tonnage [ˈtʌnɪdʒ] N (*weight of ship*) tonelaje *m*.

tonsil [ˈtɒnsl] N amígdala *f*; **to have one's ~s out** quitarse las amígdalas.

tonsillitis [ˌtɒnsɪˈlaɪtɪs] N amigdalitis *f*; **to have ~** tener amigdalitis.

too [tuː] ADV **a** (*excessively*) demasiado, muy; **it's ~ sweet** está demasiado *or* muy dulce; **it's ~ hot to drink** está demasiado caliente para beberlo; **it's ~ heavy for me to lift** es demasiado pesado para que yo lo levante; **I'm not ~ keen on the idea** la idea no me hace gracia que digamos; **it's ~ good to be true** no puede ser; **~ bad!** ¡mala suerte!, ¡qué le vamos a hacer!, ¡ni modo! (*Mex*); *see* **many**; **much 1 (d)**.
b (*also*) también; (*moreover*) además; **I speak French and Japanese ~** hablo francés y también japonés; **not only that, he's blind ~!** no sólo eso, ¡además es ciego!

took [tʊk] PT of **take**.

tool [tuːl] N **a** (*carpenter's etc*) herramienta *f*; (*gardener's*) útil *m*, utensilio *m*; **(set of) ~s** útiles *mpl*, equipo *m*; **the ~s of one's trade** los instrumentos de su trabajo; *see* **down³ 4**. **b** (*fig: person*) instrumento *m*; **he was a mere ~ in their hands** fue instrumento en sus manos, nada más.

toolbag [ˈtuːlbæg] N estuche *m* de herramientas.

toolbox [ˈtuːlbɒks] N caja *f* de herramientas.

toolkit [ˈtuːlkɪt] N juego *m* or estuche *m* de herramientas.

toolmaker [ˈtuːlˌmeɪkəʳ] N tallador *m* de herramientas.

toolshed [ˈtuːlʃed] N cobertizo *m* para herramientas.

toot [tuːt] **1** VT (*horn*) tocar *or* sonar el claxon *or* la bocina. **2** N toque *m*, bocinazo *m*.

tooth [tuːθ] N (*pl* **teeth**) (*Anat*) diente *m*; (*of comb*) púa *f*; **to clean one's teeth** lavarse los dientes; **to have a ~ out** sacarse una muela; **to have a sweet ~** ser goloso/a; **to cut a ~** echar un diente; **long in the ~** (*fam: old*) con muchos años a cuestas; **to be fed up to the (back) teeth with sb/sth** (*fam*) estar hasta la coronilla de algn/algo; **to get one's teeth into sth** hincarle el diente a algo, meterse de lleno en algo; **armed to the teeth** armado/a hasta los dientes; **to fight ~ and nail** luchar a brazo

▶ SENTENCE BUILDER: **tolerate** → 6, 15.3

partido; **it sets my teeth on edge** me da dentera; **by the skin of one's teeth** por un pelo; **in the teeth of great opposition** haciendo frente a una gran resistencia; *see* **false**; **wisdom**.

toothache ['tuːθeɪk] N dolor *m* de muelas; **to have ~** tener dolor de muelas.

toothbrush ['tuːθbrʌʃ] N cepillo *m* de dientes.

toothcomb ['tuːθkəʊm] N: **to go through sth with a fine ~** registrar algo minuciosamente.

toothless ['tuːθlɪs] ADJ desdentado/a.

toothpaste ['tuːθpeɪst] N pasta *f* de dientes.

toothpick ['tuːθpɪk] N palillo *m* (de dientes).

toothy ['tuːθɪ] ADJ (*comp* **-ier**; *superl* **-iest**) (*fam*) dentudo/a; **to give sb a ~ smile** sonreír a algn enseñando mucho los dientes.

top¹ [tɒp] **1** N **a** (*highest point, peak*) cumbre *f*, cima *f*; (*of tree*) copa *f*; **at the ~ of the hill** en la cumbre de la colina; **at the ~ of the stairs** en lo alto de la escalera; **at the ~ of the page** a la cabeza de la página; **~ of the pops** el número uno; **Celtic are (at the) ~ of the league** el Celtic encabeza la liga; **I'm on ~ of my work now** ahora puedo con el trabajo; **from ~ to bottom** (*fig*) de arriba abajo; **from ~ to toe** (*fig*) de pies a cabeza; **on ~** encima, arriba; **thin on ~** (*fam*) con poco pelo, medio calvo/a; **to reach the ~** (*fig: of career etc*) alcanzar la cumbre (del éxito); **the men at the ~** (*fig*) los que mandan; **he doesn't have much up ~** (*fam*) no es muy listo que digamos.

b (*surface*) superficie *f*; **the ~ of the table needs wiping** hay que pasar una bayeta por la mesa; **oil comes to the ~** el aceite sube a la superficie.

c (*lid: of pen, bottle, jar*) tapa *f*, cubierta *f*, tapón *m*.

d (*upper part*) parte *f* superior, parte de arriba; (*of bus*) piso *m* superior; **seats on the ~!** ¡hay sitio arriba!; **the ~ of the milk** la nata; **at the ~ of the street** al final de la calle.

e (*clothing: blouse, pyjamas, T-shirt*) blusa *f*, chaqueta *f*, camiseta *f*.

f (*work surface*) plano *m* de trabajo, superficie *f*.

g (*Aut: also* **~ gear**) directa *f*.

h (*in addition to*) **on ~ of (all) that** y encima *or* además de (todo) eso; **on ~ of which** y para colmo, más encima; **it's just one thing on ~ of another** es una cosa tras otra.

i (*in phrases*) **to be/feel on ~ of the world** (*fam*) estar/sentirse en el paraíso *or* en el séptimo cielo; **to be/get on ~ of things** (*fig*) ponerse a la altura de las cosas; **things are getting on ~ of me** (*fam*) ya no puedo más; **to come out on ~** (*fig*) salir ganando *or* con éxito; **he said it off the ~ of his head** (*fam*) lo dijo sin pensar; **at the ~ of one's voice** (*fig*) a voz en grito; *see* **blow²** **1** (**c**).

2 ADJ **a** (*highest*) más alto/a, de arriba; (: *price*) máximo/a; **at ~ speed** a máxima velocidad, a toda carrera; **in ~ gear** en directa.

b (*highest in rank*) más importante; **the ~ men in the party** la dirección del partido; **a ~ job** un puesto de importancia; **she's ~ dog at work** (*fig fam*) ella es mandamás en la oficina.

c (*best*) mejor; **to get ~ marks** sacar la mejor nota; **to come ~ of the class** ser el primero de la clase; **he came ~ in maths** sacó la mejor nota de la clase en matemáticas; **the ~ forty** (*Mus*) los cuarenta principales, los cuarenta más vendidos, el top cuarenta; **to be on ~ form** (*fam*) estar en plena forma; **to pay ~ dollar for sth** (*fam: US*) pagar una cosa a precio de oro; **a ~ surgeon** uno de los mejores cirujanos.

d (*last: coat of paint etc*) último/a; **the ~ class at school** el último año en la escuela.

3 VT **a** (*cover*) cubrir, recubrir; **a church ~ped by a steeple** una iglesia coronada por un campanario; **to ~ the bill** (*Theat*) encabezar el reparto.

b (*crown*) rematar, coronar; **and to ~ it all ...** (*fig*) y para colmo ..., como remate ..., y para rematar las cosas ....

c (*exceed*) exceder, superar; **profits ~ped £5,000 last year** las ganancias excedieron (las) 5.000 libras el año pasado; **sales ~ped the million mark** las ventas rebasaron el millón.

d (*vegetables, fruit*) descabezar; **to ~ and tail fruit** quitar los extremos de la fruta.

4 CPD: **~ hat** N sombrero *m* de copa, chistera *f*.

♦ **top up** **1** VT + ADV llenar; **to ~ sb's glass up** volver a llenar el vaso de algn; **to ~ up a battery** llenar a nivel una batería.

2 VI: **to ~ up with fuel** repostar combustible.

top² [tɒp] N **a** (*toy*) trompo *m*, peonza *f*. **b** (*Circus*) **the big ~** tienda *f or* (*LAm*) carpa *f* principal.

topaz ['təʊpæz] N topacio *m*.

topcoat ['tɒpkəʊt] N (*overcoat*) abrigo *m*, sobretodo *m*.

top-down [ˌtɒp'daʊn] ADJ (*approach, theory, leadership*) verticalista.

topflight ['tɒpflaɪt] ADJ de primera (categoría).

top-heavy [tɒp'hevɪ] ADJ demasiado pesado/a en la parte superior.

topic ['tɒpɪk] N tema *m*.

topical ['tɒpɪkəl] ADJ de interés actual, de actualidad; **a highly ~ question** un tema de gran actualidad.

topless ['tɒplɪs] ADJ topless; **to go ~** ir en topless; **~ swimsuit** monoquini *m*.

top-level ['tɒp'levl] ADJ del más alto nivel.

top-loader [ˌtɒp'ləʊdəʳ] N lavadora *f* de carga superior.

topmost ['tɒpməʊst] ADJ más alto/a.

topnotch ['tɒp'nɒtʃ] ADJ (*fam*) de primerísima categoría.

top-of-the-range [ˌtɒpəvðə'reɪndʒ], **top-of-the-line** [ˌtɒpəvðə'laɪn] ADJ más alto/a de la gama.

topography [tə'pɒgrəfɪ] N topografía *f*.

topper ['tɒpəʳ] N (*fam*) sombrero *m* de copa, chistera *f*.

topping ['tɒpɪŋ] N (*Culin*) cubierta *f*.

topple ['tɒpl] **1** VT (*fig: overthrow*) derribar. **2** VI (*government etc*) venirse abajo, caer.

♦ **topple over** VI + ADV perder el equilibrio.

top-ranking ['tɒp'ræŋkɪŋ] ADJ de alto rango.

top-secret ['tɒp'siːkrɪt] ADJ de alto secreto.

topsy-turvy ['tɒpsɪ'tɜːvɪ] **1** ADJ en desorden, revuelto/a. **2** ADV patas arriba, al revés.

top-up ['tɒpʌp] **1** N (*Brit fam: refill*) **can I give you a ~?** ¿te sirvo un poco más? **2** CPD: **~ loan** (*Brit*) préstamo *m* gubernamental a estudiantes.

torch [tɔːtʃ] N (*electric*) linterna *f*; (*Tech: also* **blow ~**) soplete *m*; (*flaming*) antorcha *f*, tea *f*; **to carry a ~ for sb** (*fig*) estar enamorado de algn.

tore [tɔːʳ] PT of **tear**.

torment ['tɔːment] **1** N tormento *m*; **to be in ~** estar atormentado/a. **2** [tɔː'ment] VT (*hurt*) atormentar, torturar; (*annoy*) fastidiar, molestar; **she was ~ed by doubts** la atormentaban las dudas.

tormentor [tɔː'mentəʳ] N atormentador(a) *m/f*.

torn [tɔːn] PP of **tear**.

tornado [tɔː'neɪdəʊ] N (*pl* **~es**) tornado *m*.

torpedo [tɔː'piːdəʊ] **1** N (*pl* **~es**) torpedo *m*. **2** VT torpedear. **3** CPD: **~ boat** N torpedero *m*, lancha *f* torpedera.

torpid ['tɔːpɪd] ADJ aletargado/a; (*fig: person*) apático/a.

torpor ['tɔːpəʳ] N (*see adj*) letargo *m*, apatía *f*.

torrent ['tɒrənt] N (*lit*) torrente *m*; **it rained in ~s** llovía a cántaros; **a ~ of abuse** una lluvia de abusos.

torrential [tɒ'renʃəl] ADJ (*lit*) torrencial.

torrid ['tɒrɪd] ADJ (*lit*) tórrido/a; (*fig*) apasionado/a.

torso ['tɔːsəʊ] N (*Anat, sculpture*) torso *m*.

tortoise ['tɔːtəs] N tortuga *f*.

tortoiseshell ['tɔːtəʃel] N (*shell*) carey *m*; (*cat*) gato *m* pardo.

tortuous ['tɔːtjʊəs] ADJ (*lit: path*) tortuoso/a; (*fig: explanation*) retorcido/a.

torture ['tɔːtʃəʳ] **1** N (*lit*) tortura *f*; (*fig*) tormento *m*; **it was sheer ~!** ¡era una verdada tortura! **2** VT (*lit*) torturar; (*fig*) atormentar.

torturer ['tɔːtʃərəʳ] N torturador(a) *m/f*.

Tory ['tɔːrɪ] **1** ADJ conservador(a); **the T~ Party** el Partido Conservador. **2** N conservador(a) *m/f*.

toss [tɒs] **1** N **a** (*movement: of head etc*) sacudida *f*; **a ~ of the head** una sacudida de cabeza; **to take a ~** caerse del caballo; **I don't give a ~** (*fam*) me la trae floja (*fam*).

b (*of coin*) tirada *f*, echada *f* (*esp LAm*); **to win/lose the ~** ganar/perder (a cara o cruz); **to argue the ~** (*fam*) machacar el asunto (*fam*).
2 VT **a** (*move: head etc*) sacudir; **the boat was ~ed by the waves** las olas sacudían el barco.
b tirar, lanzar, echar, aventar (*Mex*); **to ~ sth to sb** tirarle *or* lanzarle algo a algn; **to ~ a pancake** dar la vuelta a *or* voltear una tortita; **to ~ a coin** echar a cara o cruz; **I'll ~ you for it** lo echamos a cara o cruz.
3 VI **a** (*also ~ about, ~ around*) sacudirse, agitarse; **to ~ (in one's sleep), to ~ and turn** dar vueltas o revolverse (en la cama).
b (*also ~ up*) echarlo a cara o cruz; **we ~ed (up) for the last piece of cake** nos jugamos a cara o cruz el último trozo de pastel.
◆ **toss off** **1** VT + ADV (*poem etc*) escribir rapidísimamente. **2** VI + ADV (*fam!*) hacerse una paja (*fam!*).
toss-up ['tɒsʌp] N: **we'll settle it by a ~** nos le jugaremos *or* lo echaremos a cara o cruz; **it's a ~** (*fig fam*) no se sabe, quedó por saber; **it was a ~ between X and Y** había iguales posibilidades para X e Y.
tot [tɒt] N **a** (*child*) nene/a *m/f*, chiquillo/a *m/f*, niñito/a *m/f*. **b** (*drink*) trago *m*, traguito *m*; **a ~ of rum** un dedo de ron.
◆ **tot up** VT + ADV sumar, hacer la cuenta de.
total ['təʊtl] **1** ADJ (*complete, utter*) total, completo/a; (*Math etc*) total; **~ assets** activo *m* total; **the ~ losses amount to ...** las pérdidas ascienden a (un total de) ...; **a ~ failure** un fracaso total.
2 N total *m*, suma *f*; **grand ~** importe *m* total; **in ~** en total, en suma.
3 VI (*also ~ up: amount to*) totalizar, sumar.
4 VT (*add*) sumar, sacar la cuenta de.
totalitarian [ˌtəʊtælɪ'teərɪən] ADJ totalitario/a.
totalitarianism [ˌtəʊtælɪ'teərɪənɪzəm] N totalitarismo *m*.
totality [təʊ'tælɪtɪ] N totalidad *f*.
totally ['təʊtəlɪ] ADV totalmente.
tote[1] [təʊt] N (*Racing*) totalizador *m*.
tote[2] [təʊt] **1** VT (*fam*) cargar con; **to ~ a gun** llevar pistola. **2** CPD: **~ bag** N bolsa *f*, bolso *m*.
totem pole ['təʊtəmpəʊl] N tótem *m*.
totter ['tɒtər] VI tambalearse.
toucan ['tu:kæn] N tucán *m*.
touch [tʌtʃ] **1** N **a** (*sense*) tacto *m*; **rough to the ~** áspero al tacto; **by ~** al tacto; **the ~ of her hand** el tacto *or* roce de su mano; **a soft ~** (*fig fam*) fácil de convencer.
b (*style*) toque *m*, nota *f*; **a pianist with a delicate ~** un(a) pianista con sensibilidad; **the personal ~** el toque personal; **it has a ~ of genius** tiene un toque de genio; **to lose one's ~** (*fig*) perder la habilidad; **to put the finishing ~es to sth** dar los últimos toques a algo.
c (*small quantity*) poquito *m*, pizca *f*; **a ~ of irony** una cierta ironía; **to have a ~ of flu** tener un poco de gripe.
d (*contact*) contacto *m*; **to be in ~ with sb** estar en contacto con algn; **I'll be in ~** le llamaré *or* escribiré; **you can get in ~ with me here** te podrás poner en contacto conmigo aquí; **to keep in/lose ~ with sb** mantener/perder el contacto con algn; **to be out of ~ with events** no estar al corriente (de los acontecimientos).
e (*Ftbl, Rugby*) **the ball is in/out of ~** el balón está fuera de/en juego.
f (*as adv*) **it's a ~ expensive** es un poquito caro.
2 VT **a** (*gen*) tocar; (*feel*) palpar, tentar; **don't ~!** ¡no tocar!; **she ~ed his arm** le tocó el brazo; **his hair ~es his shoulders** su pelo llega hasta los hombros; **~ wood!** ¡toca madera!; **to ~ sb for £5** (*fam*) sablear 5 libras a algn; **I wouldn't ~ it (with a barge pole)** no lo quiero ver ni de lejos.
b (*neg phrases*) **I never ~ gin** no pruebo la ginebra; **you haven't ~ed your cheese** no has probado el queso; **if you don't admit it, they can't ~ you** (*fig*) si no lo admites, no te pueden hacer nada.
c (*move, affect*) afectar, conmover; **I am ~ed by your offer** su propuesta me conmueve; **she was ~ed by his gift** el regalo la emocionó mucho; **it ~es all our lives** nos afecta a todos.

d (*compare*) compararse con, igualar; **nobody can ~ them for quality** no hay quien les iguale en calidad; **no artist in the country can ~ him** no hay artista en todo el país que le iguale.
3 VI (*gen*) tocarse; **our hands ~ed** nuestras manos se encontraron; **'do not ~'** '(se ruega) no tocar'.
◆ **touch down** **1** VT + ADV (*Rugby*) poner en tierra; **he ~ed the ball down** marcó un ensayo.
2 VI + ADV (*Aer*) aterrizar.
◆ **touch off** VT + ADV (*argument etc*) provocar.
◆ **touch on** VI + PREP: **to ~ on a subject** tocar un tema.
◆ **touch up** VT + ADV **a** (*improve*) retocar. **b** (*fam: sexually*) meter mano a, sobar.
touch-and-go ['tʌtʃən'gəʊ] N: **it's ~ whether ...** está en el aire si ....
touchdown ['tʌtʃdaʊn] N aterrizaje *m*.
touched [tʌtʃt] ADJ (*fam: crazy*) chiflado/a, tocado/a, tarado/a (*LAm*).
touching ['tʌtʃɪŋ] ADJ conmovedor(a).
touchline ['tʌtʃlaɪn] N (*Sport*) línea *f* de banda.
touch-sensitive ['tʌtʃ'sensɪtɪv] ADJ sensible al tacto.
touch-type ['tʌtʃtaɪp] VI mecanografiar al tacto.
touchy ['tʌtʃɪ] ADJ quisquilloso/a, delicado/a; **he's ~ about his weight** su peso es un tema delicado, es muy quisquilloso en referente a su peso.
tough [tʌf] **1** ADJ (*comp* **~er**; *superl* **~est**) **a** (*material*) resistente, fuerte; (*pej: meat*) duro/a; **as ~ as old boots** (*meat*) correoso/a, como una suela.
b (*person: hardy, resilient*) fuerte, fornido/a; (*mentally strong*) fuerte, duro/a.
c (*stubborn, unyielding*) terco/a, inflexible; **~ opposition** una resistencia férrea; **to get ~ with sb** ponerse duro con algn.
d (*difficult*) difícil, duro/a; **a ~ problem** un problema difícil; **conditions are ~** las condiciones son duras; **to have a ~ time of it** pasar las de Caín.
e (*person: violent, rough*) bruto/a; **he's a ~ customer** (*fam*) es un rufián.
f (*unfortunate*) desgraciado/a; **~ luck!** (*fam*) ¡mala suerte!; **but it was ~ on the others** pero para los demás no fue fácil.
2 N (*fam: person*) rufián *m*, gamberro *m*, matón *m*.
toughen ['tʌfn] VT (*also ~ up: substance*) endurecer; (: *person*) fortalecer.
toughness ['tʌfnɪs] N (*see adj*) resistencia *f*, fuerza *f*; terquedad *f*; dificultad *f*; lo bruto; desgracia *f*.
toupée ['tu:peɪ] N peluca *f*, postizo *m*.
tour ['tʊər] **1** N **a** (*round trip*) gira *f*, vuelta *f*; (*journey*) paseo *m*, excursión *f*; **a world ~** una vuelta al mundo; *see* **package**.
b (*of building, exhibition*) visita *f*; **conducted/guided ~** visita acompañada/con guía.
c (*professional: of musicians, team etc*) gira *f*; **to take a company on ~** (*Theat*) llevar a una compañía de gira; **to go on ~** ir de gira; **~ of inspection** recorrido *m* de inspección.
2 VT (*holiday*) recorrer; (*musicians, team etc*) ir de gira por.
3 VI: **to go ~ing** ir de paseo *or* de excursión; **a ~ing company** (*Theat*) una compañía *f* ambulante; **we're just ~ing round** hacemos visitas de turismo aquí y allá.
4 CPD: **~ guide** N guía *m* turístico, guía *f* turística; **~ operator** N touroperador(a) *m/f*.
tourer ['tʊərər] N (*coche m de*) turismo *m*.
tourism ['tʊərɪzəm] N turismo *m*.
tourist ['tʊərɪst] **1** N turista *mf*.
2 CPD (*attraction, season*) turístico/a; **~ agency** N agencia *f* de turismo; **~ class** N clase *f* turista; **~ office** N oficina *f* de turismo *or* de información turística; **the ~ trade** N el turismo; **~ trap** N trampa *f* de turistas.
tournament ['tʊənəmənt] N torneo *m*; **tennis ~** torneo de tenis.
tourniquet ['tʊənɪkeɪ] N (*Med*) torniquete *m*.
tousled ['taʊzld] ADJ despeinado/a, desgreñado/a.
tout [taʊt] **1** N (*for hotels etc*) gancho/a *m/f*; (*ticket ~*) revendedor(a) *m/f*; (*Racing*) pronosticador(a) *m/f*. **2** VI: **to ~ for business** captar clientes.

tow [təʊ] **1** N remolque *m*; **to give sb a ~** (*Aut*) darle remolque *or* remolcar a algn; **on ~** a remolque; **he arrived with a friend in ~** (*fig fam*) llegó acompañado de un amigo; (*unwillingly*) llegó con un amigo a rastras *or* a remolque. **2** VT (*boat, car, caravan*) remolcar, sirgar; **to ~ a car away** llevar un coche a la comisaría. **3** CPD: **~ truck** N (*US*) (camión *m*) grúa *f*, coche *m* de remolque.

toward(s) [təˈwɔːd(z)] PREP **a** (*direction*) hacia; **we walked ~ the sea** caminamos rumbo al mar; **the government is moving ~ disaster** el gobierno se encamina hacia el desastre. **b** (*time*) alrededor de, a eso de; **~ noon** alrededor de mediodía. **c** (*attitude*) para con, con respecto a; **to feel friendly ~ sb** sentir simpatía hacia algn. **d** (*purpose*) para; **half my salary goes ~ paying the rent** la mitad de mi sueldo se va en el alquiler.

towbar [ˈtəʊbɑːʳ] N barra *f* de remolque.

towboat [ˈtəʊbəʊt] N (*US*) remolcador *m*.

towel [ˈtaʊəl] **1** N toalla *f*; (*for hands*) paño *m*; **to throw in the ~** (*fig*) darse por vencido, renunciar. **2** CPD: **~ rail** N toallero *m*.

towelling, (*US*) **toweling** [ˈtaʊəlɪŋ] N felpa *f*.

tower [ˈtaʊəʳ] **1** N (*of castle*) torre *f*; (*also* **bell ~**) campanario *m*; **the ~ of London** la Torre de Londres; **a ~ of strength** (*fig*) una gran ayuda. **2** VI elevarse; **to ~ above** *or* **over sth** dominar algo; **to ~ over sb** destacarse sobre algn. **3** CPD: **~ block** N torre *f* de pisos.

towering [ˈtaʊərɪŋ] ADJ sobresaliente, destacado/a; **in a ~ rage** (*fig*) con una rabia terrible.

town [taʊn] **1** N ciudad *f*; **to live in a ~** vivir en la ciudad; **to be out of ~** estar fuera de la ciudad; **to go (into) ~** ir al centro; **to go out on the ~** (*fam*) salir de juerga *or* de parranda *or* (*CSur*) de farra; **to go to ~ (on sth)** (*fig fam*) dedicarse con entusiasmo (a algo), no cortarse nada (con algo); (*spending*) no reparar en gastos (con algo); *see* **paint**. **2** CPD (*centre, life, house*) de la ciudad, urbano/a; **~ clerk** N secretario/a *m/f* del ayuntamiento; **~ council** N ayuntamiento *m*; **~ hall** N ayuntamiento *m*, municipalidad *f*; **~ planner** N urbanista *mf*; **~ planning** N urbanismo *m*.

townspeople [ˈtaʊnzˌpiːpl] NPL ciudadanos *mpl*.

towpath [ˈtaʊpɑːθ] N camino *m* de sirga.

towrope [ˈtaʊrəʊp] N remolque *m*, sirga *f*.

toxic [ˈtɒksɪk] ADJ tóxico/a; **~ alga** alga *f* tóxica; **~ waste** desechos *mpl* tóxicos.

toxin [ˈtɒksɪn] N toxina *f*.

toy [tɔɪ] **1** N juguete *m*. **2** CPD (*railway, car etc*) de juguete; **~ poodle** N (*small dog*) caniche *m* enano; **~ soldier** N soldadito *m* de plomo.

◆**toy with** VI + PREP **a** (*play with: object, sb's affections*) jugar *or* juguetear con. **b** (*consider: idea etc*) acariciar.

toybox [ˈtɔɪbɒks] N caja *f* de juguetes.

toyboy [ˈtɔɪbɔɪ] N amante *m* (de una mujer mayor).

toyshop [ˈtɔɪʃɒp] N juguetería *f*.

trace [treɪs] **1** N **a** (*sign*) rastro *m*, huella *f*; (*remains*) vestigio *m*; **there was no ~ of him being there** no había ningún indicio de que hubiera estado allí; **to vanish without ~** desaparecer sin dejar rastro *or* vestigio; **I've lost all ~ of my relations** perdí todo contacto con mis familiares. **b** (*small amount*) pizca *f*; **the blood test revealed ~s of poison** el análisis de sangre reveló rastros de veneno. **2** VT **a** (*draw*) trazar; (*with tracing paper*) calcar. **b** (*find, locate*) localizar, ubicar (*LAm*); **I cannot ~ any reference to it** no encuentro ninguna referencia a eso; **she was finally ~d to a house in Soho** por fin la encontraron en una casa del Soho. **3** CPD: **~ element** N oligoelemento *m*.

◆**trace back** VT + ADV: **to ~ remontar, remontarse a; to ~ a number back to its source** sacarle las raíces a un número.

trachea [trəˈkɪə] N (*Anat*) tráquea *f*.

tracing paper [ˈtreɪsɪŋˌpeɪpəʳ] N papel *m* de calco.

track [træk] **1** N **a** (*mark: of animal*) huella *f*, rastro *m*; (: *of person*) pista *f*, rastro; (: *of vehicle*) huella, rodada *f*; **to be on sb's ~** seguir la pista de algn; **to cover one's ~s** borrar sus huellas; **to follow in sb's ~s** (*fig*) seguir los pasos de algn; **to keep/lose ~ of** (*fig: person*) mantener/perder el contacto con; (: *event*) mantener al corriente de/no estar al corriente de; **to lose ~ of what sb is saying** perder el hilo de lo que está diciendo algn; **to make ~s (for)** (*fig fam*) irse (rumbo a); **to stop (dead) in one's ~s** pararse en seco. **b** (*path*) camino *m*, sendero *m*; (*of comet, rocket etc*) trayectoria *f*, curso *m*; **off the beaten ~** aislado/a; **to be on the right/wrong ~** (*fig*) ir por buen/mal camino; **to throw sb off the ~** (*fig*) despistar a algn; **he has a one-~ mind** (*fam*) solo piensa en 'eso'. **c** (*Sport*) pista *f*; **race ~** (*horses*) hipódromo *m*; (*cycle*) velódromo *m*; (*cars*) autódromo *m*. **d** (*Rail*) vía *f*; **single ~** vía única; **to go off the ~s** descarrilarse; **on the wrong side of the ~s** (*US fam*) en los barrios bajos. **e** (*on vehicle*) oruga *f*. **f** (*Mus*) pieza *f*; (: *on tape, record etc*) canal *m*; **the first ~ on the record** el primer corte. **2** VT (*animal*) rastrear, seguir las huellas de; (*person*) seguir la pista de. **3** CPD: **~ events** NPL (*Sport*) pruebas *fpl* en pista; **~ record** N: **to have a good ~ record** (*fig*) tener (buenos) antecedentes; **~ shoes** NPL zapatillas *fpl* de atletismo en pista.

◆**track down** VT + ADV (*locate*) localizar, ubicar (*LAm*).

tracker dog [ˈtrækədɒg] N perro *m* rastreador.

tracking station [ˈtrækɪŋˌsteɪʃən] N (*Space*) estación *f* de seguimiento.

track-race [ˈtrækreɪs] N carrera *f* en pista.

tracksuit [ˈtræksuːt] N chandal *m*, chándal *m*.

tract¹ [trækt] N **a** (*area*) zona *f*, extensión *f*; (*land*) terreno *m*. **b** (*Anat*) **respiratory ~** vías *fpl* respiratorias.

tract² [trækt] N (*pamphlet*) folleto *m*, panfleto *m*.

tractable [ˈtræktəbl] ADJ (*person*) tratable.

traction [ˈtrækʃən] **1** N tracción *f*. **2** CPD: **~ engine** N locomotora *f* de tracción.

tractor [ˈtræktəʳ] N tractor *m*.

tractorfeed [ˈtræktəˌfiːd] N arrastre *m* de papel por tracción.

trad [træd] ADJ ABBR (*fam*) *of* **traditional**.

trade [treɪd] **1** N **a** (*commerce*) comercio *m*; (*manufacture*) industria *f*; **the cotton ~** la industria del algodón *or* algodonera; **to do ~ with sb** tener *or* hacer negocio con algn; **foreign/domestic ~** comercio exterior/interior; **to do a good *or* brisk *or* roaring ~** hacer un buen negocio; (*Brit*) **Board of T~** (*US*) **Department of T~** Ministerio *m* de Comercio. **b** (*profession*) oficio *m*; **a butcher by ~** un carnicero de oficio; **tailoring is a useful ~** la sastrería es un oficio útil; **to sell to the ~** vender al por mayor *or* (*LAm*) al mayoreo. **2** VT (*fig: exchange sth for sth*) cambiar, trocar; **he ~d his tennis racket for a football** cambió su raqueta de tenis por un balón de fútbol. **3** VI: **to ~ in sth** comerciar (en algo); **to ~ with sb** negociar con algn; **to cease trading** dejar de existir. **4** CPD (*route etc*) comercial, industrial; **~ agreement** N acuerdo *m* comercial; **~ association** N asociación *f* mercantil; **~ barriers** NPL barreras *fpl* arancelarias; **~ deficit** N déficit *m* comercial; **T~ Descriptions Act** N ley *f* de protección al consumidor; **~ discount** N descuento *m* comercial; **~ fair** N feria *f* de muestras; **~ figures** NPL estadísticas *fpl* comerciales; **~ mission** N misión *f* comercial; **~ name** N nombre *m* comercial; **~ price** N precio *m* al por mayor *or* (*LAm*) de mayoreo; **~ restrictions** NPL restricciones *fpl* comerciales; **~ sanctions** NPL sanciones *fpl* comerciales; **~ secret** N (*lit, fig*) secreto *m* profesional.

◆**trade in** VT + ADV (*exchange*) trocar; (*give as deposit*) dar como entrada *or* (*LAm*) enganche.

◆**trade off** VT + ADV: **to ~ off one thing for another** renunciar a algo a cambio de otra cosa.

trade-in ['treɪdɪn] [1] N trueque *m*, entrega *f* a cuenta, enganche *m* (*Mex*). [2] CPD: **~ price** N precio *m* de entrega *or* a cuenta; **~ value** N valor *m* de entrega *or* a cuenta.

trademark ['treɪdmɑːk] N (*lit*) marca *f* de fábrica *or* comercial; (*fig*) marca personal.

trade-off ['treɪdɒf] N intercambio *m*.

trader ['treɪdər] N comerciante *mf*, negociante *mf*.

tradesman ['treɪdzmən] N (*pl* **-men**) proveedor *m*, tendero *m*; **~'s entrance** entrada *f* de servicio.

trade(s) union ['treɪd(z)'juːnjən] [1] N sindicato *m*. [2] CPD (*official*) sindical, gremial.

Trades Union Congress ['treɪdz'juːnjən'kɒŋgres] N (*Brit*) Central *f* Nacional Sindical.

trade(s) unionism ['treɪd(z)'juːnjənɪzəm] N sindicalismo *m*.

trade(s) unionist ['treɪd(z)'juːnjənɪst] N sindicalista *mf*.

trading ['treɪdɪŋ] ADJ (*nation, centre*) comercial; **~ account** cuenta *f* de compraventa; **~ estate** (*Brit*) zona *f* industrial; **~ stamp** cupón *m*.

tradition [trə'dɪʃən] N tradición *f*.

traditional [trə'dɪʃənl] ADJ tradicional.

traditionally [trə'dɪʃnəlɪ] ADV tradicionalmente.

traffic ['træfɪk] (*vb: pt, pp* **~ked**) [1] N [a] (*Aut, Aer, Naut, Rail*) tráfico *m*, circulación *f*, tránsito *m*; **air ~** tránsito aéreo; **the ~ is heavy in the rush hour** hay mucho tráfico durante las horas punta; **closed to heavy ~** (*Aut*) cerrado a los vehículos pesados. [b] (*trade*) tráfico *m*, comercio *m*; **drug ~** tráfico de drogas. [2] VI: **to ~ (in)** traficar (en). [3] CPD (*Aut: regulations etc*) de circulación, de tránsito; **~ cone** N cono *m* señalizador; **~ flow** N flujo *m* de tráfico; **~ island** N (*Brit*) refugio *m*; **~ jam** N embotellamiento *m*, atasco *m*, atorón *m* (*Mex*), taco *m* (*CSur fam*), trancón *m* (*Col*), galleta *f* (*Ven fam*); **a 5-mile ~ jam** un atasco de 5 millas; **~ lights** NPL semáforo *msg*; **~ offence** N infracción *f* de tráfico; **~ warden** N policía *mf* de tránsito.

trafficker ['træfɪkər] N traficante *mf*.

traffic-sign ['træfɪksaɪn] N señal *f* de tráfico.

tragedy ['trædʒɪdɪ] N tragedia *f*.

tragic ['trædʒɪk] ADJ trágico/a.

tragically ['trædʒɪkəlɪ] ADV trágicamente.

tragicomedy ['trædʒɪ'kɒmɪdɪ] N tragicomedia *f*.

trail [treɪl] [1] N [a] (*of dust, smoke etc*) estela *f*; (*of meteor*) cola *f*; (*of blood*) reguero *m*; **the hurricane left a ~ of destruction** el huracán dejó un rastro de destrucción. [b] (*track*) rastro *m*, pista *f*; **to be on sb's ~** seguir la pista de algn. [c] (*path*) camino *m*, sendero *m*. [2] VT [a] (*drag*) arrastrar; (*take*) llevar consigo; **don't ~ mud into the house** no entres barro en la casa. [b] (*track: animal, person*) rastrear, seguir la pista de. [3] VI [a] (*object*) arrastrarse. [b] (*wearily: also* **~ along**) ir arrastrando los pies; **to ~ far behind** quedar muy a la zaga.
♦ **trail away, trail off** VI + ADV desvanecerse.

trailblazer ['treɪlbleɪzər] N pionero/a *m/f*, precursor(a) *m/f*.

trailer ['treɪlər] [1] N [a] (*Aut*) remolque *m*; (*US: caravan*) tráiler *m*, remolque. [b] (*Cine*) tráiler *m*, avance *m*. [2] CPD: **~ park** N (*US*) camping *m* para remolques.

train [treɪn] [1] N [a] (*Rail*) tren *m*; **to travel by ~** viajar en tren; **to take the 3.00 ~** coger *or* (*LAm*) tomar el tren de las 3; **through ~** (tren) directo *m*; **to change ~s** cambiar de tren, hacer tra(n)sbordo; *see* **goods**. [b] (*line: of people, vehicles etc*) fila *f*, línea *f*; (: *of animals*) recua *f*; (*entourage*) séquito *m*, comitiva *f*. [c] (*series*) **~ of events** curso *m* de los acontecimientos; **to lose one's ~ of thought** perder el hilo; **the earthquake brought great suffering in its ~** (*fig*) el terremoto trajo consigo gran sufrimiento. [d] (*of dress*) cola *f*. [2] VT [a] (*instruct*) formar, entrenar; (*Mil*) instruir, adiestrar; (*Sport*) entrenar; (*animal*) amaestrar, domar; (*voice, mind, memory*) educar; **to ~ sb to do sth** capacitar *or* entrenar a algn para hacer algo; **he was ~ed at Salaman-**

ca tuvo su formación profesional en Salamanca. [b] (*on*) (*direct, gun*) apuntar (a); (: *camera, telescope*) enfocar (a). [3] VI [a] (*learn a skill*) formarse, estudiar; **I ~ for 6 hours a day** me entreno 6 horas diarias; **to ~ as** *or* **to be a lawyer** estudiar derecho; **where did you ~?** ¿dónde hizo Ud sus estudios? [b] (*Sport*) **to ~ (for)** entrenarse (para). [4] CPD: **~ set** N tren *m* eléctrico; **~ station** N estación *f* de ferrocarril.

trained [treɪnd] ADJ (*teacher, nurse, worker etc*) cualificado/a; (*animal*) amaestrado/a, domesticado/a; **to be ~ed for sth** estar capacitado para algo; **I've got him well-~** (*hum*) le tengo bien entrenado; **a fully-~ nurse** una enfermera diplomada.

trainee [treɪ'niː] [1] N aprendiz(a) *m/f*; **management ~** aspirante *mf* a la dirección. [2] CPD: **~ manager** N aprendiz(a) *m/f* de administración; **~ teacher** N estudiante *mf* de magisterio.

trainer ['treɪnər] N (*Sport: of athletes etc*) entrenador(a) *m/f*; (*of horses*) preparador(a) *m/f*; (*of circus animals*) domador(a) *m/f*; **~s** (*shoes*) zapatillas *fpl* de deporte.

training ['treɪnɪŋ] [1] N (*job*) formación *f*, capacitación *f*; (*Mil*) adiestramiento *m*; (*Sport*) entrenamiento *m*; (*teaching*) instrucción *f*, enseñanza *f*; (*of animals*) amaestramiento *m*, doma *f*; (*period of ~*) aprendizaje *m*; **to be in ~** estar entrenado; **to be out of ~** estar desentrenado, no estar en forma, estar bajo de forma. [2] CPD (*camp, centre etc*) de formación *or* capacitación; **~ college** N escuela *f* normal; **~ course** N curso *m* de formación; **~ shoes** NPL zapatillas *fpl* de deporte.

train-spotting ['treɪnspɒtɪŋ] N: **to go ~** (*hobby*) ir a apuntar el número de serie de los trenes que pasan.

traipse [treɪps] [1] VI (*fam*) andar penosamente; **to ~ in/out** *etc* entrar/salir *etc* penosamente; **we ~d about all morning** pasamos toda la mañana yendo de acá para allá. [2] N caminata *f*.

trait [treɪt] N rasgo *m*.

traitor ['treɪtər] N traidor(a) *m/f*; **to turn ~** volverse traidor(a).

trajectory [trə'dʒektərɪ] N trayectoria *f*, curso *m*.

tram [træm], **tramcar** ['træmkɑːr] N (*Brit*) tranvía *m*; (*in mine*) vagoneta *f*.

tramlines ['træmlaɪnz] NPL [a] rieles *mpl* de tranvía. [b] (*Tennis*) líneas *f* laterales.

tramp [træmp] [1] N [a] (*sound of feet*) ruido *m* de pasos. [b] (*long walk*) paseo *m* largo, caminata *f*; **to go for a ~ in the hills** ir de paseo por la montaña. [c] (*person*) vagabundo/a *m/f*, vago/a *m/f*; **she's a ~** (*fam pej*) es una zorra (*fam pej*). [2] VT: **to ~ the streets** andar por las calles, callejear. [3] VI andar con pasos pesados; **the soldiers ~ed past** los soldados pasaron marchando; **he ~ed up to the door** se acercó con pasos pesados a la puerta.

trample ['træmpl] VT (*crush*) pisar, pisotear.
♦ **trample on** VI + PREP pisotear; **to ~ on sb's feelings** (*fig*) herir los sentimientos de algn.

trampoline ['træmpəlɪn] N trampolín *m*.

trance [trɑːns] N trance *m*; **to go into a ~** (*lit, fig*) entrar en trance.

tranquil ['træŋkwɪl] ADJ tranquilo/a, calmado/a.

tranquillity, (*US*) **tranquility** [træŋ'kwɪlɪtɪ] N tranquilidad *f*, calma *f*.

tranquillizer, (*US*) **tranquilizer** ['træŋkwɪlaɪzər] N (*Med*) tranquilizante *m*.

trans. ABBR [a] of **translation**. [b] of **translated** trad. [c] of **transferred**.

trans... [trænz] PREF trans....

transact [træn'zækt] VT negociar, tramitar.

transaction [træn'zækʃən] N (*business*) operación *f*, transacción *f*; (*paperwork*) tramitación *f*; **cash ~s** operación *f* al contado.

transatlantic ['trænzət'læntɪk] ADJ transatlántico/a.

transcend [træn'send] VT sobrepasar, rebasar.

transcendent [træn'sendənt] ADJ (*outstanding*) sobresaliente; (*Rel etc*) transcendente.

transcendental [ˌtrænsenˈdentl] ADJ (*Phil*) trascendental; **~ meditation** meditación *f* trascendental.

transcontinental [ˈtrænzˌkɒntɪˈnentl] ADJ transcontinental.

transcribe [trænˈskraɪb] VT transcribir, copiar.

transcription [trænˈskrɪpʃən] N (*gen*) transcripción *f*.

transfer [ˈtrænsfər] **1** N **a** (*change of place*) traslado *m*, traspaso *m*; (*change of vehicle*) transbordo *m*; **by bank ~** por transferencia bancaria *or* giro bancario.
b (*picture*) calcomanía *f*.
2 [trænsˈfɜːr] VT **a** (*move*) trasladar (*from* de; *to* a); (*change vehicle*) hacer transbordo de; (*Comm*) transferir; (*Sport*) traspasar; **to ~ money from one account to another** transferir dinero de una cuenta a otra.
b (*possession*) traspasar.
c (*Telec*) **to make a ~red charge call** poner una conferencia a cobro *or* cargo revertido.
3 [trænsˈfɜːr] VI (*move: work etc*) trasladarse; traspasarse; hacer trasbordo; **she ~red from French to Spanish** (*Univ*) hizo traslado de matrícula *or* se cambió de francés a español; **the firm is ~ring to Quito** la compañía se traslada a Quito.
4 [ˈtrænsfər] CPD: **~ desk** N mostrador *m* de trasbordo; **~ fee** N precio *m* de traspaso.

transferable [trænsˈfɜːrəbl] ADJ transferible; **not ~** no transferible.

transfigure [trænsˈfɪɡər] VT transfigurar, transformar.

transfix [trænsˈfɪks] VT traspasar, paralizar; **he stood ~ed with fear** (*fig*) se quedó paralizado por el miedo.

transform [trænsˈfɔːm] VT transformar.

transformation [ˌtrænsfəˈmeɪʃən] N transformación *f*.

transformer [trænsˈfɔːmər] N (*Elec*) transformador *m*.

transfusion [trænsˈfjuːʒən] N transfusión *f*; **to give sb a blood ~** hacer a algn una transfusión de sangre.

transgress [trænsˈɡres] VT (*go beyond*) traspasar; (*violate*) violar, infringir.

transient [ˈtrænzɪənt] ADJ transitorio/a, pasajero/a.

transistor [trænˈzɪstər] **1** N (*Elec*) transistor *m*. **2** CPD: **~ radio** N radio *f* de transistores.

transistorized [trænˈzɪstəraɪzd] ADJ (*circuit*) transistorizado/a.

transit [ˈtrænzɪt] **1** N tránsito *m*; **in ~** en tránsito. **2** CPD: **~ camp** N campo *m* de tránsito; **~ visa** N visado *m* *or* (*LAm*) visa *f* de tránsito.

transition [trænˈzɪʃən] **1** N transición *f*. **2** CPD: **~ period** N período *m* de transición.

transitive [ˈtrænzɪtɪv] ADJ transitivo/a.

transitory [ˈtrænzɪtərɪ] ADJ transitorio/a.

translate [trænzˈleɪt] **1** VT: **to ~ (from/into)** traducir (de/a); **to ~ centigrade into Fahrenheit** convertir grados centígrados en Fahrenheit. **2** VI traducirse; **poetry does not ~ easily** la poesía no es fácil de traducir.

translation [trænzˈleɪʃən] N traducción *f*.

translator [trænzˈleɪtər] N traductor(a) *m/f*.

translucent [trænzˈluːsnt] ADJ translúcido/a.

transmission [trænzˈmɪʃən] **1** N **a** (*Rad etc*) transmisión *f*. **b** (*Aut*) transmisión *f*. **2** CPD: **~ shaft** N (*Aut*) eje *m* de transmisión.

transmit [trænzˈmɪt] VT (*illness, programme, message*) transmitir.

transmitter [trænzˈmɪtər] N (*Rad, TV, Telec*) emisora *f*.

transmute [trænzˈmjuːt] VT: **to ~ (into)** transmutar (en).

transnational [trænzˈnæʃənəl] **1** ADJ transnacional. **2** N transnacional *f*.

transom [ˈtrænsəm] N dintel *m*, travesaño *m*.

transparency [trænsˈpærənsɪ] N (*Phot*) diapositiva *f*.

transparent [trænsˈpærənt] ADJ transparente; **a ~ lie** (*fig*) una mentira obvia.

transpire [trænsˈpaɪər] VI **a** (*Bot, Anat*) transpirar. **b** (*become known*) hacerse saber; **it finally ~d that ...** al final se supo que .... **c** (*happen*) ocurrir, suceder; **his report on what ~d** su informe acerca de lo que pasó.

transplant [trænsˈplɑːnt] **1** VT (*also Med*) trasplantar. **2** [ˈtrænsplɑːnt] N (*Med*): **to have a heart ~** sufrir un trasplante de corazón.

transport [ˈtrænspɔːt] **1** N **a** (*gen*) transporte *m*; (*service*) servicio *m* de transporte; (*carriage*) acarreo *m*; **public ~** el transporte público; **Ministry of T~** Ministerio *m* de Transporte; **I haven't got any ~** no tengo transporte.
b (*fig: of delight*) transporte *m*; (*: of rage*) arrebato *m*.
2 [trænsˈpɔːt] VT **a** transportar; (*Hist: criminals*) deportar.
b (*fig*) transportar.
3 [ˈtrænspɔːt] CPD (*system, costs etc*) de transporte; **~ café** N bar-restaurante *m* de carretera.

transportation [ˌtrænspɔːˈteɪʃən] N **a** (*esp US*) transporte *m*. **b** (*Hist: of criminals*) deportación *f*.

transpose [trænsˈpəʊz] VT **a** (*words etc*) transponer. **b** (*Mus*) transportar.

transputer [trænsˈpjuːtər] N (*Comput*) transputor *m*.

transsexual [trænzˈseksjʊəl] ADJ, N transexual *mf*.

transship [trænsˈʃɪp] VT trasbordar.

transverse [ˈtrænzvɜːs] ADJ transverso/a, transversal.

transvestite [trænzˈvestaɪt] N travesti *mf*.

trap [træp] **1** N **a** (*snare*) trampa *f*; (*fig*) trampa, engaño *m*; **it's a ~!** ¡es una trampa!; **to set a ~ (for sb)** poner trampa (a algn); **he was caught in his own ~** cayó en su propia trampa.
b (*fam: mouth*) boca *f*; **shut your ~!** ¡cállate la boca!
c (*carriage*) carreta *f*.
2 VT **a** (*snare*) coger *or* (*LAm*) atrapar *or* agarrar en una trampa; (*fig*) hacer caer en la trampa, engañar; **to ~ sb into saying sth** engañar a algn para que diga algo.
b (*block*) aprisionar, bloquear; **the miners are ~ped** los mineros están atrapados *or* encerrados bajo tierra; **to ~ one's finger** pillarse *or* (*LAm*) atraparse el dedo.
3 CPD: **~ door** N trampa *f*.

trapeze [trəˈpiːz] **1** N trapecio *m*. **2** CPD: **~ artist** N trapecista *mf*.

trapper [ˈtræpər] N trampero *m*, cazador *m*.

trappings [ˈtræpɪŋz] NPL arreos *mpl*, adornos *mpl*.

Trappist [ˈtræpɪst] **1** ADJ trapense. **2** N trapense *m*.

trash [træʃ] **1** N **a** (*US: rubbish*) basura *f*, desperdicios *mpl*; (*fig*) tonterías *fpl*, babosadas *fpl* (*LAm*); **the book is ~** el libro es una basura *or* una mierda (*fam*).
b (*US pej: people*) gentuza *f*, hampa *f*.
2 CPD: **~ can** N cubo *m* de la basura, balde *m* *or* bote *m* *or* (*LAm*) tarro *m* de la basura.

trash-heap [ˈtræʃhiːp] N basurero *m*.

trashy [ˈtræʃɪ] ADJ malo/a, barato/a.

trauma [ˈtrɔːmə] N trauma *m*.

traumatic [trɔːˈmætɪk] ADJ traumático/a.

traumatize [ˈtrɔːmətaɪz] VT traumatizar.

travel [ˈtrævl] **1** N viajar *m*; (*Tech: of pedal etc*) recorrido *m*; **I like ~** me gusta viajar; **on one's ~s** de viaje; (*fig*) en camino.
2 VI **a** (*make a journey*) viajar; **we shall be ~ling through/round France** viajaremos por/recorreremos Francia; **to ~ by car** viajar en coche; **they have ~led a lot** han viajado mucho; **to ~ light** viajar con poco equipaje; **this wine doesn't ~ well** este vino se estropea con los viajes.
b (*go at a speed etc*) correr, hacer; **it ~s at 600 mph** hace 600 millas por hora; **I was ~ling too fast** iba demasiado rápido; **light ~s at a speed of ...** la luz viaja a una velocidad de ...; **news ~s fast** las noticias vuelan.
c (*Tech: move*) correr; **it ~s along this wire** corre *or* se transmite por este cable.
d (*Comm*) ser viajante; **he ~s in soap** es representante de jabón.
3 VT (*road*) transitar; (*distance*) recorrer; **we ~led 50 miles that day** ese día cubrimos 50 millas.
4 CPD: **~ agency** N agencia *f* de viajes; **~ agent** N agente *mf* de viajes; **~ brochure** N folleto *m* turístico; **~ insurance** N seguro *m* de viaje; **~ sickness** N mareo *m*.

traveller, (*US*) **traveler** [ˈtrævlər] N (*gen*) viajero/a *m/f*; (*Comm*) viajante *mf*; **~'s cheque** (*US*), **~'s check** cheque *m* de viajero.

travelling, (*US*) **traveling** [ˈtrævlɪŋ] ADJ (*salesman*) viajante; (*circus, exhibition*) ambulante; (*expenses, bag, rug, clock*) de viaje; **~ folk, ~ people** gitanos *mpl*.

travelogue, (*US*) **travelog** [ˈtrævəlɒɡ] N recuento *m* de viajes.

travel-sick ['trævlsɪk] ADJ mareado/a.
traverse ['trævəs] VT atravesar.
travesty ['trævɪstɪ] N parodia f.
trawl [trɔːl] **1** N (net) red f barredera or de arrastre. **2** VI: **to ~ (for sth)** rastrear (algo).
trawler ['trɔːləʳ] N trainera f.
tray [treɪ] N bandeja f, charola f (Mex); (filing ~) cesta f.
treacherous ['tretʃərəs] ADJ (disloyal: person, act) traicionero/a, traidor(a); (fig: dangerous) engañoso/a, peligroso/a.
treachery ['tretʃərɪ] N traición f; **an act of ~** una traición.
treacle ['triːkl] N melaza f.
tread [tred] (vb: pt **trod**; pp **trodden**) **1** N **a** (footsteps) paso m; **with (a) heavy ~** con paso pesado. **b** (of stair) huella f; (of tyre) rodadura f, banda f rodante (LAm). **2** VT (ground) pisar, pisotear; (path: make) marcar; (: follow) seguir; (grapes) pisar; **to ~ water** flotar en el agua en posición vertical; **he trod his cigarette end into the mud** apagó la colilla pisándola en el barro. **3** VI (walk) andar, caminar (LAm); (put foot down) **to ~ (on)** pisar; **to ~ on sb's toes** (fig) meterse con algn; **we must ~ very carefully in this matter** debemos actuar cautelosamente en este asunto.
treadle ['tredl] N pedal m.
treadmill ['tredmɪl] N (fig) rutina f; **back to the ~!** ¡volvamos al trabajo!
Treas. ABBR of **Treasurer**.
treason ['triːzn] N traición f.
treasure ['treʒəʳ] **1** N (no pl: gold, jewels) tesoro m; (valuable object, person etc) joya f. **2** VT (appreciate) valorar, apreciar mucho; (keep) guardar, atesorar. **3** CPD: **~ house** N (fig) mina f; **~ hunt** N caza f al tesoro; **~ trove** N tesoro m hallado.
treasured ['treʒəd] ADJ (memory etc) entrañable; (possession) valioso/a, precioso/a.
treasurer ['treʒərəʳ] N tesorero/a m/f.
treasury ['treʒərɪ] **1** N **a** (Brit) **the T~** (US), **the T~ Department** la Secretaría de Hacienda. **b** (fig) mina f. **2** CPD: **~ bill** N pagaré m or bono m del Tesoro.
treat [triːt] **1** N **a** (something special) placer m, gusto m; (present) regalo m; **a birthday / Christmas ~** un regalo de cumpleaños/Navidad; **to give sb a ~** regalar a algn; **to give o.s. a ~** darse un capricho (fam); **they have a ~ in store** les espera una bonita sorpresa; **this is my ~** invito yo. **2** VT **a** (behave towards) tratar; (handle: object) manejar; **to ~ sb well** tratar bien a algn; **to ~ sb as if they were a child** tratar a algn como niño. **b** (consider) **to ~ sth as a joke** tomar algo en broma. **c** (give, buy for sb) **to ~ (to)** invitar or convidar (a); **to ~ sb to sth** invitar or convidar algn a algo; **I'm ~ing you** te invito; **he ~ed himself to another drink** se permitió otra copa. **d** (patient, illness) tratar, atender; **to ~ sb for a cold** tratarle el resfriado a algn; **which doctor is ~ing you?** ¿qué médico te atiende? **e** (Tech) tratar. **3** VI: **to ~ of sth** tratar de algo. **4** VR: **to ~ o.s. to sth** permitirse el lujo.
treatise ['triːtɪz] N tratado m.
treatment ['triːtmənt] N **a** (of people) trato m; (of objects) manejo m; **to give sb preferential ~** dar a algn trato preferencial; **our ~ of foreigners** el trato que damos a los extranjeros; **to give sb the ~** (fam) hacer sufrir a algn. **b** (medical) tratamiento m; **to have ~ for sth** recibir tratamiento para algo.
treaty ['triːtɪ] N tratado m; **T~ of Accession** (to EC) Tratado de Adhesión; **T~ of Rome** Tratado de Roma.
treble ['trebl] **1** ADV (3 times) tres veces. **2** ADJ (Mus: voice, note, instrument) de triple; **~ clef** clave f de sol. **3** VT triplicar. **4** VI triplicarse.
tree [triː] **1** N **a** (Bot) árbol m; (fig) **to be at the top of the ~** estar en la cumbre de su carrera profesional; **to be barking up the wrong ~** tomar el rábano por las hojas.

b (for shoes) horma f; see **family**. **2** CPD: **~ house** N casita f en un árbol; **~ trunk** N tronco m (de árbol).
treeless ['triːlɪs] ADJ sin árboles, pelado/a.
tree-lined ['triːlaɪnd] ADJ bordeado/a de árboles.
tree-surgeon ['triːˌsɜːdʒən] N arboricultor/a m/f.
treetop ['triːtɒp] N copa f (de árbol).
trek [trek] **1** N (hike, Mil) expedición f; (fam) caminata f; **it's quite a ~ to the shops** (fam) las tiendas quedan muy lejos. **2** VI (hike, Mil) caminar; (fam) ir (penosamente).
trellis ['trelɪs] N espaldera f, enrejado m.
tremble ['trembl] **1** N temblor m; **to be all of a ~** estar tembloroso/a. **2** VI: **to ~ (with)** temblar (de); **to ~ at the thought of sth** temblar ante la idea de algo; **to ~ like a leaf** temblar como un azogado.
tremendous [trə'mendəs] ADJ (gen) tremendo/a; (huge) enorme, tremendo, tamaño/a (LAm); (amazing) asombroso/a; (extraordinary) extraordinario/a; (marvellous) estupendo/a, fabuloso/a.
tremendously [trə'mendəslɪ] ADV (very much) enormemente, sobremanera.
tremor ['tremɑʳ] N (earthquake) temblor m; (tremble) estremecimiento m; **earth ~** temblor m de tierra.
tremulous ['tremjuləs] ADJ trémulo/a, tembloroso/a.
trench [trentʃ] **1** N (gen) zanja f; (Mil) trinchera f. **2** CPD: **~ coat** N trinchera f; **~ warfare** N guerra f de trincheras.
trenchant ['trentʃənt] ADJ mordaz.
trend [trend] N (tendency) tendencia f; (fashion) moda f; **to set the ~** marcar la pauta; **a ~ towards (doing) sth / away from (doing) sth** una tendencia hacia/en contra de (hacer) algo.
trendsetter ['trendˌsetəʳ] N iniciador(a) m/f de una moda.
trendy ['trendɪ] ADJ (comp **-ier**; superl **-iest**) (fam) de moda.
trepidation [ˌtrepɪ'deɪʃən] N (fear) inquietud f, agitación f.
trespass ['trespəs] **1** VI (on land) entrar ilegalmente; (Bible: do wrong) pecar; **'no ~ing'** 'prohibida la entrada'. **2** N (on land) entrada f ilegal, invasión f (de propiedad ajena); **forgive us our ~es** (Bible) perdónanos nuestras deudas.
trespasser ['trespəsəʳ] N intruso/a m/f; **'~s will be prosecuted'** 'se procesará a los intrusos'.
trestle ['tresl] **1** N caballete m. **2** CPD: **~ table** N mesa f de caballete.
tri... [traɪ] PREF tri....
trial ['traɪəl] **1** N **a** (Jur) proceso m, juicio m; **~ by jury** proceso con jurado; **to be on ~ for murder** ser procesado por asesino; **to bring sb to ~ (for a crime)** llevar a algn al juicio (por un delito); **to go on ~, to stand ~** ser procesado. **b** (test: of drug, machine) prueba f, ensayo m; **~s** (Sport, Tech) pruebas fpl; **a ~ of strength** una prueba de fuerza; **by ~ and error** a fuerza de probar; **on a ~ basis** a prueba; **to be on ~** estar a prueba; **to give sb a ~** (for job etc) poner a algn a prueba. **c** (hardship) sufrimiento m, molestia f; **it was a great ~ for me** sufrí mucho; **the child is a great ~ to them** el niño es una preocupación constante para ellos; **the ~s and tribulations of parenthood** los problemas de ser padre. **2** CPD: **~ balance** N balance m de comprobación; **~ flight** N vuelo m de prueba; **~ offer** N oferta f de prueba; **~ period** N período m de prueba; **~ run** N prueba f.
triangle ['traɪæŋgl] N triángulo m.
triangular [traɪ'æŋgjʊləʳ] ADJ triangular.
triathlon [traɪ'æθlən] N triatlón m.
tribal ['traɪbəl] ADJ tribal, de tribu.
tribe [traɪb] N (lit) tribu f; (fig pej) familia f.
tribesman ['traɪbzmən] N (pl **-men**) miembro m de una tribu.
tribulation [ˌtrɪbjʊ'leɪʃən] N (frm) tribulación f; **~s** aflicciones fpl.
tribunal [traɪ'bjuːnl] N tribunal m, jurado m.
tribune ['trɪbjuːn] N (stand) tribuna f.
tributary ['trɪbjʊtərɪ] N (Geog) afluente m.

tribute ['trɪbjuːt] N (fig) homenaje m, tributo m; **to pay ~ to sb/sth** rendir homenaje a algn/algo; **floral ~** ofrenda f floral.

trice [traɪs] N: **in a ~** en un santiamén.

tricentenary [ˌtraɪsen'tiːnərɪ] **1** ADJ (de) tricentenario. **2** N tricentenario m.

triceps ['traɪseps] N tríceps m.

trick [trɪk] **1** N **a** (joke, hoax) broma f; (mischief) travesura f; (ruse) truco m, ardid m; (catch) trampa f; (special knack) truco; **to play a ~ on sb** gastarle una broma a algn; **dirty or mean ~** mala pasada f, jugada f sucia; **~s of the trade** trucos mpl del oficio; **there must be a ~ in it** aquí seguro que hay trampa; **he's up to his old ~s again** ha vuelto a hacer de las suyas; **how's ~s?** ¿cómo te va?; **there's a ~ to opening this door** esta puerta tiene truco para abrirla; **unless my eyes are playing ~s on me** si los ojos no me engañan.
b (peculiarity, strange habit) manía f, peculiaridad f; **to have a ~ of doing sth** tener la manía de hacer algo; **it's a ~ of the light** es una ilusión óptica.
c (card ~) baza f; (conjuring ~) truco m; **that should do the ~** (fam) esto servirá; **he doesn't miss a ~** (fig) no se pierde nada.
2 VT (deceive) engañar; (swindle) estafar, timar; **I've been ~ed!** ¡me engañaron!; **to ~ sb into doing sth** engañar a algn para que haga algo, conseguir con engaños que algn haga algo; **to ~ sb out of sth** quitarle algo a algn con engaños.
3 CPD: **~ photography** N trucaje m; **~ question** N pega f.

trickery ['trɪkərɪ] N engaño m, supercheria f.

trickle ['trɪkl] **1** N (gen) chorrito m; (of blood etc) hilo m; **a ~** (fig) pequeñas cantidades fpl; **a ~ of people** una cantidad reducida de personas.
2 VI (lit) escurrir; (fig) ir despacio or poco a poco; **people kept trickling in** la gente seguía entrando poco a poco.
3 VT (lit) gotear.

tricky ['trɪkɪ] ADJ (comp **-ier**; superl **-iest**) (person: sly) tramposo/a, ladino/a; (: difficult) difícil; (situation etc) complicado/a, difícil; (problem) delicado/a.

tricolour, (US) **tricolor** ['trɪkələr] N (flag) bandera f tricolor.

tricycle ['traɪsɪkl] N triciclo m.

trident ['traɪdənt] N tridente m.

tried [traɪd] **1** PT, PP of **try**. **2** ADJ: **~ and tested** probado/a.

trier ['traɪər] N persona f aplicada.

trifle ['traɪfl] N **a** (cheap object) baratija f, frusleria f; (unimportant issue) pequeñez f, nimiedad f; **he worries about ~s** se preocupa por tonterías. **b** **a ~** (small amount) un poquito, tantito así (LAm); (as adv: somewhat) algo, un poco; **it's a ~ difficult** es un poco difícil. **c** (Culin) dulce m de bizcocho borracho.
◆ **trifle with** VI + PREP jugar con; **he's not a person to be ~d with** con ése (es) mejor no meterse; **to ~ with sb's affections** jugar con los sentimientos de algn.

trifling ['traɪflɪŋ] ADJ (insignificant) sin importancia, frívolo/a.

trigger ['trɪgər] **1** N (of gun, machine) gatillo m; **to pull the ~** apretar el gatillo, disparar. **2** VT: **to ~ off** (fight etc) provocar; (chain of events) desencadenar.

trigger-happy ['trɪgəˌhæpɪ] ADJ pronto/a a disparar, que dispara a la mínima.

trigonometry [ˌtrɪgə'nɒmɪtrɪ] N trigonometría f.

trilby ['trɪlbɪ] N sombrero m flexible.

trill [trɪl] **1** N (of bird) gorjeo m; (Mus) trino m; (of 'R') vibración f. **2** VI (see n) gorjear; trinar.

trillion ['trɪljən] N (Brit) trillón m; (US) billón m.

trilogy ['trɪlədʒɪ] N trilogía f.

trim [trɪm] **1** ADJ (comp **~mer**; superl **~mest**; cared for) arreglado/a, cuidado/a; (neat and clean) aseado/a, pulcro/a (esp LAm); **a ~ figure** una buena figura or un buen tipo.
2 N **a** (condition) estado m; **in good ~** (car etc) en buen estado; (person) en buena forma or buenas condiciones; **to keep in (good) ~** (car etc) mantener(se) en buen estado; (person) mantener(se) en buena forma.

b (cut) recorte m; **to give one's hair a ~** cortarse las puntas; **to give one's beard a ~** recortarse la barba.
c (decoration) **a coat with a fur ~** un abrigo con adornos or añadidos de piel.
3 VT **a** (cut: hair) recortar; (: hedge) podar; (: lamp, wick) despabilar; (make neat) arreglar, cuidar.
b (decorate) adornar.
◆ **trim down** VT + ADV recortar.

trimming ['trɪmɪŋ] N (edging) adorno m; **~s** (extras, embellishments) accesorios mpl; (cuttings) recortes mpl; **turkey with all the ~s** pavo con su guarnición.

Trimphone ® ['trɪmfəʊn] N ≈ teléfono m góndola.

Trinidad ['trɪnɪdæd] N Trinidad f.

Trinity ['trɪnɪtɪ] N Trinidad f.

trinket ['trɪŋkɪt] N chuchería f, baratija f.

trio ['triːəʊ] N trío m.

trip [trɪp] **1** N **a** (journey) viaje m, recorrido m; (: boat) travesía f; (tour) gira f; (outing) paseo m, excursión f; **he's away on a ~** está de viaje; **it's a 100-mile ~** es un viaje de 100 millas.
b (on drugs) viaje m.
2 VI tropezar; **to ~ along, to go ~ping along** ir brincando.
3 VT = **~ up 2**.
◆ **trip over** **1** VI + ADV caerse.
2 VI + PREP tropezar con.
◆ **trip up** **1** VI + ADV tropezar, caerse; (fig: make a mistake) equivocarse.
2 VT + ADV hacer tropezar, hacer caer; (fig) confundir; **to ~ sb up** (fig) coger a algn en una falta.

tripartite ['traɪ'pɑːtaɪt] ADJ tripartito/a.

tripe [traɪp] N **a** (Culin) callos mpl, chinchulines mpl (And, CSur). **b** (fam) tonterías fpl, babosadas fpl or pendejadas fpl (LAm fam).

triple ['trɪpl] **1** ADJ triple; **~ jump** triple salto m. **2** ADV el triple, 3 veces. **3** VT triplicar. **4** VI triplicarse.

triplet ['trɪplɪt] N (person) trillizo/a m/f, triate mf (Mex).

triplicate ['trɪplɪkɪt] N: **in ~** por triplicado.

tripod ['traɪpɒd] N trípode m.

Tripoli ['trɪpəlɪ] N Trípoli f.

tripper ['trɪpər] N turista mf, excursionista mf.

triptych ['trɪptɪk] N tríptico m.

tripwire ['trɪpwaɪər] N cuerda f de trampa.

trite [traɪt] ADJ trillado/a.

triumph ['traɪʌmf] **1** N (emotion) júbilo m, éxito m; (victory) **~ (over)** triunfo m (sobre); **a new ~ for industry** otro éxito para la industria; **it is a ~ of man over nature** es un triunfo del hombre sobre la naturaleza; **in ~** con júbilo, en triunfo.
2 VI: **to ~ (over)** triunfar (sobre), vencer (a).

triumphal [traɪ'ʌmfəl] ADJ triunfal, de triunfo.

triumphant [traɪ'ʌmfənt] ADJ (jubilant) jubiloso/a, triunfante; (victorious) victorioso/a, vencedor(a).

triumphantly [traɪ'ʌmfəntlɪ] ADV triunfalmente.

trivia ['trɪvɪə] NPL banalidades fpl, nimiedades fpl (LAm).

trivial ['trɪvɪəl] ADJ trivial, frívolo/a, insignificante.

triviality [ˌtrɪvɪ'ælɪtɪ] N (gen) trivialidad f, banalidad f; (trivial detail) trivialidad.

trivialize ['trɪvɪəlaɪz] VT minimizar, tratar con desprecio.

trod [trɒd] PT of **tread**.

trodden ['trɒdn] PP of **tread**.

Trojan ['trəʊdʒən] ADJ, N troyano/a m/f.

trolley ['trɒlɪ] N (in station, supermarket) carrito m, carretilla f; (in hospital) camilla f; (tea ~) carrito; (drinks ~) mesita f de ruedas; (in mine) vagoneta f; (US: tram) tranvía m; **to be off one's ~** (US) estar chiflado (fam).

trolleybus ['trɒlɪbʌs] N trolebús m.

trombone [trɒm'bəʊn] N trombón m.

trombonist [trɒm'bəʊnɪst] N trombón m.

troop [truːp] **1** N (gen) banda f, grupo m; (gang) cuadrilla f; (Mil) tropa f; **~s** (Mil) tropas.
2 VI (walk) **to ~ in/past/off** etc entrar/pasar/marcharse etc en tropel.
3 VT: **to ~ the colour** presentar la bandera.
4 CPD: **~ carrier** N (plane, ship) transporte m (militar); **~ ship** N (buque m de) transporte.

trooper ['truːpə^r] N (*Mil*) soldado *m* (de caballería); (*US: policeman*) policía *mf* montado/a; **to swear like a ~** jurar como un carretero.

trophy ['trəʊfɪ] N (*gen*) trofeo *m*.

tropic ['trɒpɪk] N trópico *m*; **the ~s** el trópico; **T~ of Cancer/Capricorn** Trópico de Cáncer/Capricornio.

tropical ['trɒpɪkəl] ADJ tropical.

trot [trɒt] 1 N a (*step*) trote *m*; **to break into a ~** (*horse, rider*) echar a trotar; (*person*) echar a correr; **to go for a ~** (*on horse*) ir a montar a caballo; **on the ~** (*fam*) seguidos/as, uno/a tras otro/a, uno/a detrás de otro/a; **to keep sb on the ~** (*fam*) no dejar a algn descansar.
b **the ~s** (*fam: diarrhoea*) diarrea *f*; **to have the ~s** tener diarrea.
2 VI (*horse, rider*) trotar, ir al trote; (*person*) ir *etc* trotando; **I must be ~ting along now** (*fam*) es hora de que me marche.
◆**trot out** VT + ADV (*excuse, reason*) ensartar, recitar; (*names, facts*) echar mano de.

trotskyist ['trɒtskiɪst] N trotskista *mf*.

trotter ['trɒtə^r] N: **pig's ~s** manitas *fpl* (de puerco *or* (*LAm*) chancho).

▼**trouble** ['trʌbl] 1 N a (*problem, difficulty*) problema *m*, dificultad *f*; (: *as result of doing wrong*) lío *m*, problemas *mpl*; (: *with something mechanical*) fallo *m*, avería *f*; (*unrest, fighting*) conflicto *m*, disturbio *m*; **to have ~ doing sth** tener dificultad en *or* para hacer algo; **to be in ~** (*having problems*) estar en un apuro *or* aprieto; (*for doing wrong*) tener problemas; **now your ~s are over** ya no tendrás de que preocuparte; **to get into ~ (with sb)** meter la pata (con algn); **to get sb into ~** meter a algn en un lío *or* problemas; (*euph: make pregnant*) dejar embarazada a una; **to help sb out of ~** sacar a algn de un apuro; **to make ~ for sb** crear líos a algn; **what's the ~?** ¿cuál es el problema?, ¿qué pasa?; **the ~ is ...** el problema es ..., lo que pasa es ...; **engine ~** problemas con el motor; **heart/back ~** (*Med*) problemas de corazón/espalda; **money ~s** dificultades *fpl* económicas; **don't go looking for ~** no busques camorra *or* problemas; **it's just asking for ~** eso es buscarse complicaciones; **there'll be ~ if she finds out** se armará una buena si se entera; **to tell sb one's ~s** contarle a algn sus penas.
b (*effort, bother*) molestia *f*; **it's no ~** no es molestia; **it's not worth the ~** no vale la pena; **to go to (all) the ~ of doing sth, to take the ~ to do sth** tomarse la molestia de hacer algo; **to put sb to the ~ of doing sth** molestar a algn pidiéndole que haga algo.
2 VT a (*worry*) preocupar; (*cause pain*) doler, afectar; **the thought ~d him** el pensamiento le afligió; **his eyes ~ him** le duelen los ojos.
b (*bother, be nuisance to*) molestar; **I'm sorry to ~ you** disculpe la molestia; **I shan't ~ you with all the details** no le voy a aburrir con exceso de detalles; **to ~ o.s. to do sth** molestarse en *or* darse el trabajo de hacer algo; **may I ~ you for a light?** ¿le molestaría darme fuego, por favor?
c (+ *infin: make the effort*) **to ~ to do sth** tomarse la molestia *or* el trabajo de hacer algo; **don't ~ yourself!** ¡no te molestes!
3 CPD: **~ spot** N (*esp Pol: area, country*) zona *f* conflictiva.

troubled ['trʌbld] ADJ (*person, expression*) preocupado/a, apenado/a (*LAm*); (*period*) agitado/a, turbulento/a.

trouble-free ['trʌblfriː] ADJ (*life*) sin problemas, tranquilo/a; (*demonstration, factory*) sin disturbios, pacífico/a; (*car, motoring, washing machine etc*) sin avería.

troublemaker ['trʌbl,meɪkə^r] N agitador(a) *m/f*.

troubleshooter ['trʌbl,ʃuːtə^r] N mediador(a) *m/f*.

troublesome ['trʌblsəm] ADJ (*person*) fastidioso/a, molesto/a, latoso/a; (*headache etc*) molesto/a; (*dispute, problem*) difícil, penoso/a.

trough [trɒf] N a (*for animals: feeding*) comedero *m*, pesebre *m*; (: *drinking*) abrevadero *m*, bebedero *m*; (*Min*) batea *f*. b (*between waves, on graph*) seno *m*; (*Met*) zona *f* de bajas presiones.

troupe [truːp] N (*Theat etc*) compañía *f* de teatro.

trouser press ['traʊzəpres] N (*Brit*) prensa *f* para pantalones.

trousers ['traʊzəz] NPL (*Brit*) pantalón *m*, pantalones *mpl*; **short/long ~** pantalones cortos/largos; **a pair of ~** un pantalón, unos pantalones.

trousseau ['truːsəʊ] N (*pl* **~x** ['truːsəʊz]) ajuar *m*.

trout [traʊt] 1 N, PL INV trucha *f*. 2 CPD: **~ fishing** N pesca *f* de trucha.

trowel ['traʊəl] N (*Agr*) desplantador *m*; (*builder's*) paleta *f*, llana *f*.

truant ['truːənt] N (*Scol*) ausente *mf*; **to play ~** hacer novillos, hacer la rabona (*esp CSur fam*).

truce [truːs] N tregua *f*; **to call a ~** (*Mil, fig*) acordar una tregua.

truck¹ [trʌk] N (*exchange*) **~ system** el trueque; **to have no ~ with sb** no tener nada que ver con algn.

truck² [trʌk] 1 N a (*Rail: wagon*) vagón *m*.
b (*esp US: lorry*) camión *m*.
c (*hand-trolley*) carretilla *f*.
2 CPD: **~ farm** N (*US*) huerto *m* de hortalizas; **~ farmer** N (*US*) hortelano/a *m/f*; **~ farming** N (*US*) horticultura *f*; **~ garden** N = **~ farm**; **~ stop** N (*US*) restaurante *m* de carretera.

truckdriver ['trʌk,draɪvə^r] N (*US*) **trucker** ['trʌkə^r] N camionero/a *m/f*, transportista *mf*.

trucking ['trʌkɪŋ] N (*US*) acarreo *m*, transporte *m* (en camión).

truckload ['trʌkləʊd] N carga *f* de camión; **by the ~** (*fig*) a carretadas.

truculent ['trʌkjʊlənt] ADJ malhumorado/a, agresivo/a.

trudge [trʌdʒ] VI: **to ~ up/down/along** *etc* subir/bajar/caminar *etc* penosamente.

▼**true** [truː] 1 ADJ (*comp* **~r;** *superl* **~st**) a (*not fiction: story etc*) verdadero/a, de verdad, cierto/a; (*accurate, correct: statement, description*) exacto/a, correcto/a; (: *portrait, likeness*) fiel; **to come ~** realizarse; (*wish*) hacerse realidad; (*predictions*) cumplirse; **the same holds ~ of** *or* **for ...** lo mismo se puede decir de ...; **it's not ~!** ¡no es verdad!, ¡no es cierto!; **too ~!** ¡es verdad!, ¡es cierto!; **~ but ...** sí, pero ...; *see* **ring²** 3 (a).
b (*real, genuine: emotion, interest etc*) auténtico/a, verdadero/a; **~ to life** realista, verídico/a; **~ love** amor *m* verdadero; **to behave like a ~ Englishman** comportarse como un auténtico inglés; **in the ~st sense of the word** en el sentido más estricto de la palabra.
c (*level*) a plomo *or* nivel; (*wheel*) centrado/a; (*straight: aim of gun, person*) exacto/a.
d (*faithful: friend etc*) fiel, leal; **to be ~ to sb/sth** ser fiel a algn/algo; **to be ~ to one's word** cumplir con su palabra; **to run ~ to type** hacer como *or* lo de siempre.
2 N: **to be out of ~** no estar bien alineado *or* nivelado.

truffle ['trʌfl] N trufa *f*.

truism ['truːɪzəm] N perogrullada *f*, tópico *m*.

truly ['truːlɪ] ADV a (*genuinely*) realmente, sinceramente; **yours ~** (*in letter*) atentamente. b (*emphatic: very*) realmente, auténticamente. c (*faithfully*) fielmente.

trump [trʌmp] 1 N (*Cards*) triunfo *m*; **what's ~s?** ¿a qué pinta? **to turn up ~s** (*fig*) salir *or* resultar bien.
2 VT a (*Cards*) fallar.
b **to ~ up** (*fabricate: charge, excuse*) fabricar, inventar.
3 CPD: **~ card** N triunfo *m*; **to play one's ~ card** (*fig*) jugar su mejor carta.

trumped-up ['trʌmpt'ʌp] ADJ (*charge, excuse*) inventado/a, fabricado/a.

trumpet ['trʌmpɪt] 1 N trompeta *f*; **to blow one's own ~** darse bombo. 2 VI (*elephant*) bramar.

trumpeter ['trʌmpɪtə^r] N trompetista *mf*.

truncate [trʌŋ'keɪt] VT (*report, speech*) truncar.

truncated [trʌŋ'keɪtɪd] ADJ (*shortened: report etc*) truncado/a.

truncheon ['trʌntʃən] N porra *f*.

trundle ['trʌndl] 1 VT (*push*) empujar; (*pull*) tirar, jalar (*LAm*). 2 VI (*cart etc*) rodar.

trunk [trʌŋk] 1 N a (*of tree*) tronco *m*.
b (*Anat: human torso*) tronco *m*.
c (*of elephant*) trompa *f*.
d (*big suitcase*) baúl *m*.

➤ SENTENCE BUILDER: **trouble** → 7.5, 11   **true** → 3.1

[e] (*US: boot of car*) maletero *m*, baúl *m* (*LAm*), cajuela *f* (*Mex*), maletera *f* (*CSur*).
[2] CPD: **~ call** N (*Brit Telec*) conferencia *f* (interurbana); **to make a ~ call** llamar a larga distancia; **~ road** N carretera *f* principal.

trunks [trʌŋks] NPL: **swimming** *or* **bathing ~** bañador *m*, slip *m*.

truss [trʌs] [1] VT (*also* **~ up**) atar. [2] N (*Med*) braguero *m*.

▼**trust** [trʌst] [1] N [a] (*faith, confidence*) **~ (in)** confianza *f* (en); **to put one's ~ in sb/sth** confiar en algn/algo; **to be in a position of ~** tener un puesto de confianza.
[b] (*charge*) **to leave sth in sb's ~** dejar algo a cargo de algn.
[c] (*Jur, Fin*) fideicomiso *m*; **in ~** en fideicomiso.
[d] (*Comm: also* **~ company**) trust *m*, monopolio *m*.
[2] VT [a] (*have faith in, rely on*) confiar en, fiarse de; **don't you ~ me?** ¿no te fías de mí?; **she is not to be ~ed** ella no es de fiar; **to ~ sb with sth** (*entrust*) encomendarle algo a algn; **I wouldn't ~ him an inch** no me fío de él ni un pelo; **~ you to make a mistake!** (*fam*) ¡ya era de esperar que lo hicieses mal!
[b] (*hope*) esperar; **I ~ that all will go well** espero que todo salga bien.
[3] VI (*have faith*) **to ~ in** confiar en; (*rely*) **to ~ to luck/fate** confiar en el destino.
[4] CPD: **~ company** N compañía *f* de fideicomiso; **~ fund** N fondo *m* fiduciario.

trusted ['trʌstɪd] ADJ (*friend etc*) de confianza.
trustee [trʌs'ti:] N fideicomisario/a *m/f*, síndico/a *m/f*.
trustful ['trʌstfʊl] ADJ, **trusting** ['trʌstɪŋ] ADJ confiado/a.
trustworthy ['trʌst,wɜ:ðɪ] ADJ (*person*) de confianza; (*source of news etc*) fidedigno/a.
trusty ['trʌstɪ] ADJ (*comp* **-ier**; *superl* **-iest**) (*servant etc*) fiel, leal.

▼**truth** [tru:θ] (*pl* **~s** [tru:ðz]) N (*gen*) verdad *f*; **to tell the ~** decir la verdad; **to tell (you) the ~, ~ to tell** a decir verdad; **the ~ of the matter is that ...** si te digo la verdad *or* la verdad es que ...; **the ~ hurts** las verdades duelen; **to tell sb a few home ~s** decir a algn cuatro verdades.
truthful ['tru:θfʊl] ADJ (*account*) verídico/a; (*person*) veraz.
truthfully ['tru:θfəlɪ] ADV verídicamente; **~, I don't know** de veras, no sé nada.

try [traɪ] [1] N [a] (*attempt*) tentativa *f*, intento *m*; **to give sth a ~** (*attempt*) intentar (hacer) algo; (*try out*) probar *or* ensayar algo; **to have a ~ (at sth)** hacer un intento (de hacer algo); **it's worth a ~** vale la pena intentarlo.
[b] (*Rugby*) ensayo *m*.
[2] VT [a] (*usu* + *infin: attempt*) **to ~ to do sth** intentar *or* tratar de hacer algo; **to ~ one's (very) best** *or* **one's (very) hardest** poner todo su empeño, hacer todo lo posible.
[b] (*sample, give a trial to*) probar, ensayar; **why not ~ him for the job?** ¿por qué no probarle para el puesto?; **~ turning the key** da la vuelta a la llave y a ver qué pasa; **we tried 3 hotels but they had no room** preguntamos en 3 hoteles pero no tenían habitación; **have you tried these olives?** ¿has probado estas aceitunas?
[c] (*test: strength*) poner a prueba; (*tax, strain: eyes*) cansar; **to ~ sb's patience** abusar de la paciencia de algn; **to ~ one's hand at sth** (*fig*) intentar *or* probar algo; *see also* **tried; trying**.
[d] (*Jur*) **to ~ sb (for sth)** procesar *or* enjuiciar a algn por algo.
[3] VI (*attempt*) intentar, hacer el intento; **to ~ and do sth** tratar de hacer algo; **it's no use ~ing to persuade him** no vale la pena tratar de convencerle.
◆**try for** VI + PREP intentar conseguir.
◆**try on** VT + ADV [a] (*clothes, shoes*) probar(se). [b] (*fig*) **to ~ it on (with sb)** intentar engañar a algn.
◆**try out** VT + ADV (*sth new, different*) probar; (*employee*) poner a prueba.
trying ['traɪɪŋ] ADJ (*tiring: situation, time etc*) cansado/a, latoso/a; (*tiresome: person*) pesado/a, aburrido/a.
tryout ['traɪaʊt] N prueba *f*, ensayo *m*.
tsar [zɑːʳ] N zar *m*.

tsetse fly ['tsetsɪflaɪ] N mosca *f* tsetsé.
T-shirt ['tiːʃɜːt] N camiseta *f*, playera *f*, remera *f* (*Arg*), polera *f* (*Chi*).
tsp(s) ABBR *of* **teaspoonful(s)**.
T-square ['tiːskweəʳ] N regla *f* en T.
TT ABBR [a] (*US*) *of* **Trust Territory**. [b] (*Fin*) *of* **telegraphic transfer**.
TU N ABBR *of* **trade(s) union**.
tub [tʌb] N (*gen*) cubo *m*, tina *f*, balde *m* (*LAm*); (*bath* **~**) bañera *f*, tina (*esp LAm*).
tuba ['tjuːbə] N tuba *f*.
tubby ['tʌbɪ] ADJ (*comp* **-ier**; *superl* **-iest**) (*fam: fat*) gordito/a, rechoncho/a.
tube [tjuːb] [1] N [a] (*pipe, of toothpaste, paint etc*) tubo *m*; (*Anat*) trompa *f*; **it's all gone down the ~** (*fam*) todo se ha perdido.
[b] (*US fam: television*) tele *f*.
[c] (*London underground*) metro *m*.
[2] CPD: **~ station** N estación *f* de metro.
tubeless ['tjuːblɪs] ADJ (*tyre*) sin cámara.
tuber ['tjuːbəʳ] N (*Bot*) tubérculo *m*.
tuberculosis [tjʊ,bɜ:kjʊ'ləʊsɪs] N tuberculosis *f*, tisis *f*.
tubing ['tjuːbɪŋ] N tubería *f*, cañería *f*.
tubular ['tjuːbjʊləʳ] ADJ (*gen*) tubular; **~ bells** (*Mus*) campanas *fpl* tubulares.
TUC N ABBR *of* **Trades Union Congress**.
tuck [tʌk] [1] N (*Sew: fold*) pinza *f*, pliegue *m*; **to take a ~ in sth** poner una pinza en algo.
[2] VT (*put*) meter.
◆**tuck away** VT + ADV (*gen*) esconder; **she has her money safely ~ed away** tiene su dinero bien guardado.
◆**tuck in** [1] VI + ADV (*fam*) comer con apetito.
[2] VT + ADV (*shirt etc*) remeter, meter dentro; (*child: in bed*) arropar.
◆**tuck into** VI + PREP (*fam: meal*) comer con buen apetito.
◆**tuck up** VT + ADV (*Sew: skirt, sleeves*) remangar; (*child: in bed*) arropar.
tuckshop ['tʌkʃɒp] N (*Brit Scol*) tienda de chucherías *f*.
Tue(s). ABBR *of* **Tuesday** mart.
Tuesday ['tjuːzdɪ] N martes *m*; **the date today is ~ 23rd March** hoy es martes, 23 de marzo; **on ~** (*past or future*) el martes; **on ~s** los martes; **every ~** todos los martes; **every other ~** cada otro martes, un martes sí y otro no; **last/next ~** el martes pasado/martes próximo; **~ next** el martes que viene; **this ~/the following ~** este martes/el martes siguiente; **the ~ before last/after next** el martes antepasado/del martes en 8 días; **a week/fortnight on ~, ~ week/fortnight** del martes en una semana/en una quincena; **~ morning/lunchtime/afternoon** *or* **evening/night** el martes por la mañana/a mediodía/por la tarde/por la noche; **the ~ film** (*TV*) la película del martes; **~'s newspaper** el periódico del martes; *see* **Shrove ~**.
tuft [tʌft] N (*of hair*) copete *m*, mechón *m*; (*of grass etc*) mata *f*.
tug [tʌɡ] [1] N [a] (*pull*) tirón *m*, jalón *m* (*LAm*); **to give sth a (good) ~** dar a algo un tirón (fuerte).
[b] (*Naut: boat*) remolcador *m*.
[2] VT (*pull*) tirar de, jalar (*LAm*).
[3] VI tirar, jalar (*LAm*); **to ~ at sth** tirar de algo.
tugboat ['tʌɡbəʊt] N remolcador *m*.
tug-of-war ['tʌɡə(v)'wɔːʳ] N (*Sport*) juego *m* de tiro de cuerda; (*fig*) lucha *f*, tira y afloja *m*.
tuition [tjʊ'ɪʃən] [1] N enseñanza *f*, instrucción *f*; **private ~** clases *fpl* particulares. [2] CPD: **~ fee** N tasa *f* (de instrucción).
tulip ['tjuːlɪp] N tulipán *m*.
tulle [tjuːl] N tul *m*.
tumble ['tʌmbl] [1] N caída *f*, voltereta *f*, rodada *f* (*LAm*); **to have a ~, to take a ~** caerse; *see* **rough-and-~**.
[2] VI [a] (*fall*) caerse; **to ~ downstairs/down a mountain** rodar por la escalera/por la montaña.
[b] (*rush*) **to ~ into/out of bed** tirarse en/saltar de la cama; **the children ~d out of the room/the car** los niños salieron de la habitación/del coche en tropel.
[c] (*suddenly understand*) **to ~ to sth** (*fam*) caer en la

cuenta de algo.
3 CPD: **~ dryer** N secadora f.
♦**tumble down** VI + ADV desplomarse, venirse abajo.
tumble-down ['tʌmbldaʊn] ADJ (building, shack) ruinoso/a, desvencijado/a.
tumbler ['tʌmblər] N (glass) vaso m.
tummy ['tʌmɪ] **1** N (fam: stomach) estómago m, barriga f.
2 CPD: **~ tuck** N cirugía f plástica anti-michelines (fam).
tummy-ache ['tʌmɪeɪk] N (fam) dolor m de tripas (fam).
tumour, (US) **tumor** ['tjuːmər] N tumor m.
tumult ['tjuːmʌlt] N (uproar) tumulto m; (confusion: of person, emotions) **to be in a ~** estar agitado/a or alborotado/a.
tumultuous [tjuːˈmʌltjʊəs] ADJ (applause) tumultuoso/a.
tuna ['tjuːnə] N (also **~ fish**) atún m.
tune [tjuːn] **1** N (Mus: melody) tonada f, melodía f; **in/out of ~** afinado/desafinado; **in/out of ~ with sb** (fig) de acuerdo/en desacuerdo con algn; **to be in ~ with the times** estar a tono con la época; **she calls the ~ in their house** ella lleva la voz cantante en su casa; **to change one's ~** (fig) cambiar de tono; **to the ~ of** (fig: amount) por (la) cantidad de, por la friolera de.
2 VT (Mus) afinar; (Aut: engine) poner a punto.
3 VI (Mus: also **~ up**) afinar los instrumentos.
♦**tune in** VI + ADV (Rad, TV) sintonizar; **to be ~d in** (fig) estar al corriente.
tuneful ['tjuːnfʊl] ADJ (voice, song) melodioso/a, armonioso/a.
tuneless ['tjuːnlɪs] ADJ (voice, song) discordante.
tuner ['tjuːnər] N **a** (Rad: knob) sintonizador m. **b** piano **~** afinador/a m/f de pianos.
tune-up ['tjuːnʌp] N (Mus) afinación f; (Aut) puesta f a punto.
tungsten ['tʌŋstən] N tungsteno m.
tunic ['tjuːnɪk] N túnica f.
tuning fork ['tjuːnɪŋfɔːk] N diapasón m.
Tunis ['tjuːnɪs] N Túnez m.
Tunisia [tjuːˈnɪzɪə] N Túnez m.
Tunisian [tjuːˈnɪzɪən] ADJ, N tunecino/a m/f.
tunnel ['tʌnl] **1** N (gen) túnel m; (Min) galería f; (subway) paso m subterráneo.
2 VT (one's way, a passage) cavar; **they ~led their way out** escaparon excavando un túnel.
3 VI construir un túnel.
4 CPD: **~ vision** N visión f periférica restringida; (fig) estrechez f de miras.
tunny ['tʌnɪ] N = **tuna**.
tuppence ['tʌpəns] N (Brit fam) = **twopence**.
turban ['tɜːbən] N turbante m.
turbine ['tɜːbaɪn] N turbina f.
turbo... ['tɜːbəʊ] PREF turbo....
turbocharged ['tɜːbəʊtʃɑːdʒd] ADJ turbocargado/a, turboalimentado/a.
turbojet ['tɜːbəʊˈdʒet] N turborreactor m.
turboprop ['tɜːbəʊˈprɒp] N turbohélice m.
turbot ['tɜːbət] N (fish) rodaballo m.
turbulence ['tɜːbjʊləns] N (gen) turbulencia f; (crowd) revuelta f.
turbulent ['tɜːbjʊlənt] ADJ (gen) turbulento/a; (crowd) alborotado/a, soliviantado/a.
turd [tɜːd] N (fam) **a** cagada f (fam!), zurullo m (fam!). **b** (person) mierda mf (fam!).
tureen [təˈriːn] N sopera f.
turf [tɜːf] **1** N (grass) césped m; (clod) tepe m; **the T~** (Horseracing) el turf, el hipódromo.
2 VT (also **~ over**) cubrir con césped.
3 CPD: **~ accountant** N corredor m de apuestas.
♦**turf out** VT + ADV (fam) echar (de la casa), plantar en la calle.
turgid ['tɜːdʒɪd] ADJ (prose etc) pesado/a, hinchado/a.
Turin [tjʊˈrɪn] N Turín m.
Turk [tɜːk] N turco/a m/f.
Turkey ['tɜːkɪ] N Turquía f.
turkey ['tɜːkɪ] **1** N (bird) pavo m, guajolote m (Mex), jolote m (CAm), chompipe m (CAm).
2 CPD: **~ buzzard** N (US) buitre m, zopilote m (CAm,

Mex), aura f (Carib), carancho m (CSur), gallinazo m (Col, And), urubú m (Par, Uru), zamuro m (Ven).
Turkish ['tɜːkɪʃ] **1** ADJ turco/a; **~ bath** baño m turco; **~ delight** lokum m, capricho m de reina. **2** N (language) turco m.
Turkmenistan [tɜːkˌmenɪsˈtɑːn] N Turkmenistán m.
turmeric ['tɜːmərɪk] N cúrcuma f.
turmoil ['tɜːmɔɪl] N confusión f, desorden m; **to be in ~** estar confuso/a or en desorden.
turn [tɜːn] **1** N **a** (rotation) vuelta f, revolución f; **he gave the handle a ~** dio vuelta a la palanca; **it's done to a ~** (Culin) está en su punto; **to give a screw another ~** apretar un tornillo una vuelta más.
b (change of direction: in road, etc) vuelta f, curva f; **'no left ~'** 'prohibido girar a la izquierda'; **to do a left ~** (Aut) doblar or girar a la izquierda; **I think we missed our ~ back there** creo que allí atrás nos hemos pasado de la salida; **a road full of twists and ~s** una carretera llena de curvas; **to take a ~ in the park** dar una vuelta por el parque; **at the ~ of the year/century** a fin de año/a finales del siglo; **at every ~** (fig) a cada paso; **the milk is on the ~** la leche está a punto de cortarse; **things took a new ~** (fig) las cosas tomaron otro cariz or aspecto; **then things took a ~ for the better** (fig) entonces las cosas empezaron a mejorar; **an odd ~ of mind** una manera retorcida or (LAm) chueca de pensar; **~ of phrase** forma f de hablar, giro m.
c (Med) **he had a bad ~ last night** anoche tuvo un ataque; **the news gave me quite a ~** (fam) la noticia me asustó or dejó de piedra.
d (in series, etc) turno m; **by ~s** por turno; **to take ~s at doing sth** alternar or turnarse para hacer algo; **to take it in ~(s) to do sth** turnarse para hacer algo; **it's your ~** te toca a ti; **to take/wait one's ~** llegarle (a algn)/esperar (algn) su turno; **whose ~ is it?** ¿a quién le toca?; **to miss one's ~** perder la vez or el turno; **your ~ will come** ya te tocará; **they spoke in ~** hablaron por turnos; **to take ~ and ~ about** ir por turnos; **to take ~s at the wheel** conducir por turnos; **to take a ~ at the wheel** turnarse para conducir; **to speak out of ~** (fig) hablar fuera de lugar.
e (Theat) número m, turno m.
f (action) **to do sb a good ~** hacerle un favor a algn; **his good ~ for the day** su buena acción del día; **one good ~ deserves another** amor con amor se paga.
2 VT **a** (rotate: wheel, handle etc) girar, dar vueltas a; **to ~ the key in the lock** dar vuelta a la llave en la cerradura; **the engine ~s the wheel** el motor hace girar la rueda; **you can ~ it through 90°** se puede girarlo hasta 90°.
b (also **~ over**: record, mattress, steak) dar la vuelta a, voltear (LAm); (: page) pasar; (: soil) revolver; **to ~ one's ankle** torcerse el tobillo; **it ~s my stomach** me revuelve el estómago.
c (direct) dirigir, volver; **to ~ one's thoughts/attention to sth** concentrarse en/concentrar su atención en algo; **the fireman ~ed the hose on the building** dirigió la manguera hacia el edificio; **to ~ a gun on sb** apuntar una pistola a algn; **to ~ one's back on sb/sth** (also fig) volverle con o darle la espalda a algn/algo; **as soon as his back is ~ed** en cuanto mira para otro lado; **to ~ one's head** (lit) volver la cabeza; (fig) subírsele a algn la cabeza; **without ~ing a hair** sin inmutarse; **to ~ the other cheek** (fig) ofrecer la otra mejilla; **he ~ed his hand to cookery** se dedicó a la cocina; **to ~ the tables** (fig) dar la vuelta a la tortilla; **they ~ed him against us** le pusieron en contra nuestra.
d (pass) doblar, dar la vuelta a; **the car ~ed the corner** el coche dobló la esquina; **to have ~ed the corner** (fig) haber salido del apuro, haber pasado lo peor; **he's ~ed 50** ha pasado los 50 años; **it's ~ed four o'clock** son las cuatro y pico or (esp LAm) las cuatro pasadas.
e (change) **to ~ sth into sth** cambiar or transformar algo en algo; **to ~ sb into sth** transformar a algn en algo; **he ~ed Catholic** se hizo católico; **to ~ iron into gold** convertir el hierro en oro; **to ~ a play into a film** pasar

una obra al cine; **to ~ English into Spanish** traducir el inglés al español; **the frog ~ed into a prince** el sapo se convirtió en un príncipe; **it ~ed him into a bitter man** le volvió un resentido; **the shock ~ed her hair white** del susto, el pelo se le puso blanco; **the heat has ~ed the milk** el calor ha cortado la leche.

f (shape: wood, metal) tornear; **to ~ wood on a lathe** labrar la madera en un torno; **a well-~ed phrase** una frase elegante; **a well-~ed ankle** un tobillo bien formado.

3 VI **a** (wheel etc) girar, dar vueltas; (person: change direction) dar la vuelta, voltear (LAm); **the object ~ed on a stand** el objeto giraba en un pedestal; **my head is ~ing** (fig) la cabeza me está dando vueltas; **to toss and ~ in bed** revolverse en la cama; **everything ~s on his decision** (fig) todo depende de su decisión; **to ~ and go back** volverse or dar la vuelta y regresar; **to ~ left** (Aut) torcer or girar or doblar a la izquierda; **the car ~ed into a lane** el coche se metió en una bocacalle; **the tide is ~ing** (fig) las cosas están cambiando; **please ~ to page 34** vamos a la página 34; **to wait for the weather to ~** esperar a que cambie el tiempo; **to ~ to port** (Naut) virar a babor; **he ~ed to me and smiled** se volvió hacia mí y sonrió; **to ~ to sb for help** acudir a algn en busca de ayuda; **she has no one to ~ to** no tiene a quién recurrir; **he ~ed to politics** se dedicó a la política; **he ~ed to drink** se dio a la bebida, le dio por el alcohol; **I don't know which way to ~** (fig) no sé qué hacer; **the conversation ~ed to religion** la conversación viró hacia la religión; **to ~ against sb** volverse contra algn.

b (change) volverse, convertirse or transformarse en; **to ~ into sth** convertirse or transformarse en algo; **the milk has ~ed** la leche se ha cortado; **to ~ red** ponerse rojo/a; **to ~ nasty** ponerse or volverse antipático/a; **then he began to ~ awkward** luego empezó a ponerse difícil; **he ~ed into a cynic** se volvió cínico; **they ~ed communist** se hicieron comunistas; **a singer ~ed songwriter** un cantante transformado en compositor.

◆**turn aside** VI + ADV: **to ~ aside (from)** desviarse or apartarse (de).

◆**turn away** **1** VI + ADV: **to ~ away (from)** apartar la vista (de).
2 VT + ADV **a** (move: eyes, head, gun) desviar, apartar.
b (reject: person, offer, business, customer) rechazar.

◆**turn back** **1** VI + ADV **a** (in journey etc) volverse (atrás), desandar el camino.
b (in book) volver.
2 VT + ADV **a** (fold) doblar. **b** (send back: person) devolver; (: vehicle) volver. **c** (clock) retrasar; **to ~ back the clock 20 years** (fig) volver 20 años atrás; **they were ~ed back at the frontier** en la frontera les hicieron volver.

◆**turn down** VT + ADV **a** (fold down: bedclothes, collar, page) doblar. **b** (reduce: gas, heat, volume) bajar. **c** (refuse: offer, suitor, candidate) rechazar.

◆**turn in** **1** VI + ADV **a** (car, person) entrar, dar la vuelta.
b (fam: go to bed) acostarse.
2 VT + ADV (hand over) entregar; **to ~ sb in** entregar a algn a la policía.

◆**turn off** **1** VI + ADV **a** (person, vehicle) torcer, dar vuelta.
b (appliance etc) apagarse.
2 VT + ADV **a** (light) apagar; (appliance) cortar; (tap) cerrar.
b (fam: person) desanimar, descorazonar; (: also sexually) matar or extinguir el deseo a.

◆**turn on** **1** VI + ADV (appliance) encenderse, prender (LAm).
2 VT + ADV **a** (appliance, electricity) encender, prender (LAm); (tap) abrir; (light) poner.
b (fam: person) interesar, despertar; (: also sexually) excitar; **he doesn't ~ me on** no me chifla (fam); **whatever ~s you on** lo que te guste, lo que quieras.

◆**turn out** **1** VI + ADV **a** (appear) aparecer; (attend: troops) presentarse; (: doctor) atender; **to ~ out for a meeting** asistir a una reunión.
b (prove to be) resultar; **it ~ed out that ...** resultó (ser)

que ...; **it ~ed out well/badly** salió bien/mal; **as it ~s out** por fin.
2 VT + ADV **a** (appliance, light) apagar; (gas) cortar.
b (produce) producir; **to be well ~ed out** (fig) ir elegante or bien vestido.
c (empty: pockets) vaciar; (tip out: cake) sacar.
d (clean out: room) limpiar, remover.
e (expel: person) expulsar, echar.
f (guard, police) llamar.

◆**turn over** **1** VI + ADV **a** (person, car etc) volverse, voltearse (LAm); (of engine) girar; **my stomach ~ed over** se me revolvió el estómago.
b (in reading) pasar a la siguiente página; (in letter) volver la página; **please ~ over** véase al dorso, sigue ....
2 VT + ADV **a** (page) volver; (patient, mattress, card) dar la vuelta a; **to ~ over an idea in one's mind** (fig) darle vueltas a una idea en la cabeza.
b (hand over: object, business etc) ceder, entregar; (: person) entregar.
c (Comm: sum) mover, facturar; **they ~ over a million a year** su volumen de ventas or producción etc es de un millón al año.

◆**turn round** **1** VI + ADV **a** (back to front) volverse, dar la espalda.
b (rotate) girar, dar vueltas; **to ~ round and round** dar vueltas y más vueltas.
2 VT + ADV **a** dar la vuelta a, voltear (LAm); (vehicle, ship etc) volver.
b (change) cambiar; reformar; **it is time to ~ the economy round** es el momento de dar una nueva dirección a la economía.

◆**turn up** **1** VI + ADV **a** (be found) aparecer; (arrive) llegar, aparecer; **something will ~ up** algo saldrá; **we waited but she didn't ~ up** esperamos pero no apareció; **he ~ed up 2 hours late** llegó con 2 horas de retraso.
b (point upwards) volverse hacia arriba; **his nose ~s up** tiene la nariz respingona.
2 VT + ADV **a** (collar, sleeve, hem) subir; **a ~ed-up nose** una nariz respingona; **to ~ up one's nose at sth** ponerle mala cara a algo, hacer ascos a algo.
b (heat, gas) subir; (radio etc) poner más fuerte.
c (find) descubrir, desenterrar.

turnabout ['tɜːnəbaʊt], **turnaround** ['tɜːnəraʊnd] N cambio m de rumbo.

turncoat ['tɜːnkəʊt] N renegado/a m/f.

turner ['tɜːnər] N tornero m.

turning ['tɜːnɪŋ] **1** N (side road) bocacalle f; (fork) cruce m, esquina f; (bend) curva f; **the first ~ on the right** la primera bocacalle a la derecha. **2** CPD: **~ point** N (fig) encrucijada f.

turnip ['tɜːnɪp] N nabo m.

turnkey ['tɜːnkiː] **1** N (Comput) llave f de seguridad.
2 CPD: **~ system** N sistema m de seguridad.

turnoff ['tɜːnɒf] N **a** (in road) desvío m, empalme m.
b (fam) **he's a real ~** ese me cae gordo (fam).

turn-on ['tɜːnɒn] N (fam: girl) tía f buena (fam); (: guy) tío m bueno (fam).

turnout ['tɜːnaʊt] N **a** (attendance) concurrencia f, asistencia f; **there was a poor ~** asistió poca gente.
b (clean) limpieza f; **she gave the room a good ~** hizo limpieza en el cuarto.

turnover ['tɜːnˌəʊvər] N **a** (Comm: of stock, goods) renovación f de existencias; (total business) movimiento m de mercancías; **he sold the goods cheaply, hoping for a quick ~** vendió barato las existencias, con la idea de renovarlas rápido; **a ~ of £6,000 a week** una facturación de 6000 libras a la semana; **there is a rapid ~ in staff** el personal cambia muy a menudo. **b** (Culin) empanada f.

turnpike ['tɜːnpaɪk] N (US Aut) autopista f de peaje.

turnround ['tɜːnraʊnd] N (Naut) tiempo m de descarga y carga; (good) plazo m.

turnstile ['tɜːnstaɪl] N torniquete m.

turntable ['tɜːnˌteɪbl] **1** N (for record player) plato m giratorio; (for trains, car etc) placa f giratoria. **2** CPD: **~ ladder** N escalera f sobre plataforma giratoria.

turn-up ['tɜːnʌp] N (*of trousers*) vuelta *f*; **that was a ~ for the book** (*fam*) eso sí que no se esperaba.

turpentine ['tɜːpəntaɪn] [1] N (*also* **turps**: *fam*) trementina *f*. [2] CPD: **~ substitute** N aguarrás *m inv*.

turps [tɜːps] N ABBR (*fam*) *of* **turpentine**.

turquoise ['tɜːkwɔɪz] [1] N (*stone*) turquesa *f*; (*colour*) azul *m* turquesa. [2] ADJ azul turquesa.

turret ['tʌrɪt] N (*of castle*) torreón *m*; (*of tank, warship, aircraft*) torreta *f*.

turtle ['tɜːtl] [1] N tortuga *f* (marina); **to turn ~** (*boat*) volcar, capotar. [2] CPD: **~ soup** N sopa *f* de tortuga.

turtledove ['tɜːtldʌv] N tórtola *f*.

turtleneck ['tɜːtlnek] N cuello *m* vuelto.

Tuscan ['tʌskən] [1] ADJ toscano/a. [2] N toscano/a *m/f*; (*Ling*) toscano *m*.

Tuscany ['tʌskənɪ] N la Toscana.

tusk [tʌsk] N colmillo *m*.

tussle ['tʌsl] [1] N lucha *f*, pelea *f*; **to have a ~ with** pelearse con. [2] VI: **to ~ (with sb for sth)** pelearse (por algo con algn).

tussock ['tʌsək] N mata *f* (de hierba).

tut [tʌt] (*also* **~-~**) [1] INTERJ ¡vaya! [2] VI chasquear la lengua en señal de desaprobación.

tutor ['tjuːtəʳ] [1] N (*private teacher*) profesor(a) *m/f* particular; (*Univ*) tutor(a) *m/f*. [2] VT: **to ~ sb in Latin** dar clases particulares de latín a algn.

tutorial [tjuːˈtɔːrɪəl] N (*Univ*) seminario *m*.

tutu ['tuːtuː] N tutú *m*.

tuxedo [tʌkˈsiːdəʊ] N (*US*) smoking *m*, esmoquin *m*.

TV N ABBR *of* **television** TV *f*; **TV dinner** cena *f* precocinada.

TVA N ABBR (*US*) *of* **Tennessee Valley Authority**.

TVEI N ABBR (*Brit*) *of* **technical and vocational educational initiative**.

TVP N ABBR *of* **textured vegetable protein** *sustituto de carne*.

twaddle ['twɒdl] N tonterías *fpl*, chorradas *fpl*, babosadas *fpl* or (*LAm fam*) pendejadas *fpl*.

twang [twæŋ] [1] N (*of wire, bow etc*) tañido *m*; (*of voice*) deje *m*; **to speak with a ~** ganguear. [2] VT (*Mus*) tañer.

tweak [twiːk] [1] N: **to give sb's nose/ear a ~** pellizcarle a algn la nariz/la oreja. [2] VT pellizcar.

twee [twiː] ADJ (*fam pej*) cursi, afectado/a.

tweed [twiːd] N (*cloth*) tweed *m*; **~s** (*suit*) traje *m* de tweed.

tweet [twiːt] VI (*bird*) piar.

tweeter ['twiːtəʳ] N altavoz *m* para frecuencias altas.

tweezers ['twiːzəz] NPL pinzas *fpl*; **a pair of ~** unas pinzas.

twelfth [twelfθ] [1] ADJ duodécimo/a; **T~ Night** (Día *m* de) Reyes *mpl*. [2] N (*in series*) duodécimo/a *m/f*; (*fraction*) doceavo *m*; *see* **fifth** *for usage*.

twelve [twelv] [1] ADJ doce. [2] N doce *m*; *see* **five** *for usage*.

twentieth ['twentɪɪθ] [1] ADJ vigésimo/a. [2] N (*in series*) vigésimo/a *m/f*; (*fraction*) veintésimo *m*; *see* **fifth** *for usage*.

twenty ['twentɪ] [1] ADJ veinte. [2] N veinte *m*; *see* **fifty** *for usage*.

twenty-first ['twentɪfɜːst] N (*birthday*) cumpleaños *m* veintiuno; (*party*) fiesta *f* del cumpleaños veintiuno.

twenty-four ['twentɪˈfɔːʳ] ATTR: **'~ hour service'** '24 horas de servicio', 'abierto 24 horas'.

twerp [twɜːp] N (*fam*) idiota *mf*, bruto/a *m/f*.

twice [twaɪs] ADV dos veces; **~ as much/many** dos veces más; **~ a week** dos veces a la or por semana; **she is ~ your age** ella tiene dos veces tu edad; **A is ~ as big as B** A es el doble de B, A es dos veces más grande que B; **since the operation he is ~ the man he was** después de la operación vale dos veces lo de antes; **to do sth ~** hacer algo dos veces; **he didn't have to be asked ~** no se hizo de rogar.

twiddle ['twɪdl] [1] VT dar vueltas a; **to ~ one's thumbs** (*fig*) estar de brazos cruzados, estar mano sobre mano, flojear (*esp LAm*). [2] VI dar vueltas.

twig¹ [twɪg] N ramita *f*.

twig² [twɪg] (*fam*) [1] VT caer en la cuenta de. [2] VI caer en

la cuenta.

twilight ['twaɪlaɪt] [1] N (*lit: evening*) anochecer *m*, crepúsculo *m*; (: *morning*) madrugada *f*; (*fig*) crepúsculo, ocaso *m*; **at ~** al anochecer; **in the ~** a media luz. [2] CPD: **~ area, ~ zone** N zona *f* gris.

twill [twɪl] N (*fabric*) tela *f* cruzada.

twin [twɪn] [1] ADJ (*son, brother*) gemelo, mellizo, cuate (*Mex*); (*daughter, sister*) gemela, melliza, cuate (*Mex*); **~ beds** camas *fpl* gemelas; **~ town** ciudad *f* hermanada. [2] N gemelo/a *m/f*, mellizo/a *m/f*; **identical ~s** gemelos idénticos, cuates (*Mex*). [3] VT: **the town with which Wigan is ~ned** la ciudad que está hermanada con Wigan.

twin-bedded ['twɪn'bedɪd] ADJ (*room*) con camas gemelas.

twine [twaɪn] [1] N bramante *m*. [2] VT enroscar, trenzar; **to ~ one's arms round sb** abrazar a algn. [3] VI enroscarse.

twin-engined ['twɪn'endʒɪnd] ADJ bimotor(a).

twinge [twɪndʒ] N (*of pain*) punzada *f*; **I've been having ~s of conscience** (*fig*) he tenido remordimientos de conciencia.

twinkle ['twɪŋkl] [1] N centelleo *m*, parpadeo *m*; **he had a ~ in his eye** tenía un brillo en sus ojos. [2] VI (*gen*) centellear, parpadear.

twinkling ['twɪŋklɪŋ] N: **in the ~ of an eye** en un abrir y cerrar de ojos.

twinning ['twɪnɪŋ] N (*Brit*) hermanamiento *m* de dos ciudades.

twinset ['twɪnset] N conjunto *m*, juego *m*.

twin-tub ['twɪn'tʌb] N lavadora *f* de dos tambores.

twirl [twɜːl] [1] N (*of body*) vuelta *f*, pirueta *f*; (*in writing*) rasgo *m*. [2] VT dar vueltas rápidas a; (*baton, lasso*) dar vueltas a; (*knob*) girar; (*moustache*) atusarse. [3] VI dar vueltas, piruetear.

twist [twɪst] [1] N [a] (*in wire etc*) vuelta *f*; (*of hair*) trenza *f*; (*of tobacco*) rollo *m*; (*of paper*) cucurucho *m*; (*of lemon*) pedacito *m*.
[b] (*twisting action*) torsión *f*, torcimiento *m*; **to give sth a ~** girar algo; **to give one's ankle a ~** (*Med*) torcerse el tobillo; **with a quick ~ of the wrist** torciendo rápidamente la muñeca.
[c] (*bend*) vuelta *f*, curva *f*; (*in road, etc*) recodo *m*; (*fig: in story, etc*) giro *m* inesperado; **a road full of ~s and turns** una carretera llena de curvas; **the plot has an unexpected ~** el argumento tiene un giro inesperado; **a strange ~ of fate** un capricho de la suerte; **to be round the ~** (*fam*) estar chiflado (*fam*); **to go round the ~** (*fam*) volverse loco/a, enloquecer.
[d] **to do the ~** (*dance*) bailar el twist.
[2] VT (*wrench out of shape*) torcer, retorcer; (*turn*) girar; (*also* **~ together**) trenzar, entrelazar; (*coil*) enrollar, enroscar; (*fig: sense, words, argument*) retorcer, tergiversar; **his face was ~ed with pain** tenía en la cara un gesto de dolor or tenía el rostro transfigurado por el dolor; **to ~ one's ankle/neck/wrist** (*Med*) torcerse el tobillo/el cuello/la muñeca; **to ~ sb's arm** (*fig*) apretarle las tuercas a algn.
[3] VI [a] (*coil up*) enroscarse; (*road etc*) serpentear, dar vueltas; **the rope got ~ed round the pole** la cuerda se enroscó alrededor del palo; **the road ~ed and turned** la carretera serpenteaba.
[b] (*dance*) bailar el twist.

◆ **twist off** VT + ADV desenroscar.

twisted ['twɪstɪd] ADJ (*wire, rope*) trenzado/a, enroscado/a; (*ankle, wrist*) torcido/a; (*fig: logic, mind*) retorcido/a.

twister ['twɪstəʳ] N (*fam*) estafador(a) *m/f*.

twit [twɪt] N (*fam*) imbécil *mf*, gilipollas *mf* (*fam*), pendejo/a *m/f* (*LAm fam*).

twitch [twɪtʃ] [1] N (*slight pull*) tirón *m*; (*nervous*) tic *m*; **to give sth a ~** darle un tirón a algo. [2] VI (*hands, face, muscles*) crisparse; (*nose, tail, ears*) moverse nerviosamente.

twitcher ['twɪtʃəʳ] N (*Brit fam*) observador(a) *m/f* de aves.

twitchy ['twɪtʃɪ] ADJ (*nervous*) nervioso/a, inquieto/a.

twitter ['twɪtəʳ] [1] N (*of bird*) pío *m*; **to be all of a ~, to be in a ~** (*fam*) estar or andar agitado/a or nervioso/a. [2] VI

(*of bird*) piar; (*of person*) hablar nerviosamente.
two [tu:] **1** ADJ dos.
 2 N dos *m*; **to break sth in** ~ romper algo en dos; ~ **by** ~, **in** ~**s** de dos en dos; **to arrive in** ~**s and threes** llegar dos o tres a la vez; **to put** ~ **and** ~ **together** (*fig*) atar cabos; **that makes** ~ **of us** ya somos dos; *see* **five** *for usage*.
two-bit ['tu:bɪt] ADJ (*US fam*) de poca monta, de tres al cuarto.
two-door ['tu:'dɔ:ʳ] ADJ (*car*) de dos puertas.
two-edged ['tu:'edʒd] ADJ de doble filo.
two-faced ['tu:'feɪst] ADJ (*fig: person*) falso/a, hipócrita.
twofold ['tu:fəʊld] **1** ADV dos veces. **2** ADJ doble.
two-legged ['tu:'legɪd] ADJ bípedo/a, de dos piernas.
two-party ['tu:'pɑ:tɪ] ADJ (*state etc*) bipartidista.
twopence ['tʌpəns] N (*Brit*) dos peniques; (: *coin*) una moneda de dos peniques; **it's not worth** ~ (*fam*) no vale una perra gorda.
two-phase ['tu:'feɪz] ADJ (*Elec*) bifásico/a.
two-piece ['tu:'pi:s] **1** ADJ de dos piezas. **2** N (*suit*) conjunto *m* de dos piezas.
two-ply ['tu:'plaɪ] ADJ (*wool*) de dos cabos, doble.
two-seater ['tu:'si:təʳ] N (*car, plane*) de dos plazas.
twosome ['tu:səm] N (*people*) pareja *f*; **to go out in a** ~ salir en pareja.
two-step ['tu:'step] N (*dance*) paso *m* doble.
two-storey ['tu:'stɔ:rɪ] ADJ de dos pisos.
two-stroke ['tu:'strəʊk] **1** N (*engine*) motor *m* de dos tiempos. **2** ADJ de dos tiempos.
two-time ['tu:'taɪm] VT (*fam*) engañar con otro/a a, ser infiel con otro/a a.
two-timer [ˌtu:'taɪməʳ] N (*US*) **a** (*gen: traitor*) traidor(a) *m/f*. **b** (*in marriage*) marido *m* or mujer *f* infiel.
two-tone ['tu:'təʊn] ADJ (*colour*) de dos tonos, bicolor.
two-way ['tu:'weɪ] ADJ emisor(a) y receptor(a); ~ **traffic** circulación *f* de dos sentidos.
two-wheeler ['tu:'wi:ləʳ] N bicicleta *f*.
TX ABBR (*US Post*) *of* **Texas**.
Tx ABBR *of* **telex**.
tycoon [taɪ'ku:n] N magnate *m*; **an oil** ~ un magnate del petróleo.
tympanum ['tɪmpənəm] N (*Anat, Archit*) tímpano *m*.
type [taɪp] **1** N **a** (*characteristic specimen*) tipo *m*, clase *f*.
 b (*class, make*) tipo *m*; **what** ~ **of car is it?** ¿qué marca de coche es?; **what** ~ **did you want?** ¿qué tipo quería?; **what** ~ **of person is he?** ¿qué tipo de persona es?; **he's not my** ~ no me cae bien, no me gusta su forma de ser; **it's my** ~ **of film** es una película de las que a mí me gustan; **I know the** ~ **of thing you mean** sé exactamente a lo que te refieres.
 c (*fam: person*) tipo/a *m/f*; **a pleasant** ~ un tipo amable; **she's not my** ~ no es mi tipo.
 d (*Typ: one letter*) letra *f*, carácter *m*; (: *letters collectively*)

tipos *mpl*; **in bold** ~ en negrita.
 2 VT **a** (*also* ~ **out,** ~ **up**) pasar a máquina, escribir a máquina.
 b (*disease etc*) clasificar.
 3 VI escribir a máquina, mecanografiar.
typecast ['taɪpkɑ:st] (*pt, pp* ~) VT: **to** ~ **an actor** encasillar a un actor.
typeface ['taɪpfeɪs] N tipo *m*.
typescript ['taɪpskrɪpt] N texto *m* mecanografiado.
typeset ['taɪpset] VT componer.
typesetter ['taɪpˌsetəʳ] N (*person*) cajista *mf*, compositor(a) *m/f*.
typewriter ['taɪpˌraɪtəʳ] **1** N máquina *f* de escribir.
 2 CPD: ~ **ribbon** N cinta *f* para máquina de escribir.
typewritten ['taɪpˌrɪtn] ADJ escrito/a a máquina.
typhoid ['taɪfɔɪd] N tifoidea *f*.
typhoon [taɪ'fu:n] N tifón *m*.
typhus ['taɪfəs] N tifus *m*.
typical ['tɪpɪkəl] ADJ típico/a; **a** ~ **Canadian winter** un típico invierno canadiense; **the** ~ **Spaniard** el español típico; **(isn't that just)** ~! ¡típico!; **that's** ~ **of her!** ¡eso es típico or muy de ella!
typically ['tɪpɪkəlɪ] ADV típicamente; ~ **Scottish** típicamente escocés; ~, **he arrived home late** como siempre or de costumbre, regresó tarde a casa.
typify ['tɪpɪfaɪ] VT (*thing*) representar, tipificar; (*person*) ser ejemplo de.
typing ['taɪpɪŋ] **1** N mecanografía *f*.
 2 CPD: ~ **error** N error *m* mecanográfico; ~ **paper** N papel *m* para máquina de escribir; ~ **pool** N sala *f* de mecanógrafas; ~ **speed** N palabras *fpl* por minuto (*mecanografiadas*).
typist ['taɪpɪst] N mecanógrafo/a *m/f*.
typo ['taɪpəʊ] N (*fam*) errata *f*.
typographer [taɪ'pɒɡrəfəʳ] N tipógrafo/a *m/f*.
typographical [ˌtaɪpə'ɡræfɪkəl] ADJ tipográfico/a.
typography [taɪ'pɒɡrəfɪ] N tipografía *f*.
tyrannical [tɪ'rænɪkəl] ADJ tiránico/a, tirano/a.
tyranny ['tɪrənɪ] N (*lit, fig*) tiranía *f*.
tyrant ['taɪrənt] N tirano/a *m/f*.
tyre ['taɪəʳ] **1** N (*Aut etc*) neumático *m* (*Sp*), cubierta *f*, llanta *f* (*LAm*), caucho *m* (*CSur*); **to have a burst/flat** ~ tener una rueda pinchada *or* (*Mex*) ponchada.
 2 CPD: ~ **gauge** N medidor *m* de presión; ~ **lever** N palanca *f* para desmontar neumáticos; ~ **pressure** N presión *f* de los neumáticos *etc*.
Tyrol [tɪ'rəʊl] N el Tirol.
Tyrolean [ˌtɪrə'lɪ(:)ən], **Tyrolese** [ˌtɪrə'li:z] ADJ, N tirolés/esa *m/f*.
Tyrrhenian [tɪ'ri:nɪən] **1** ADJ tirrénico/a. **2** N: **the** ~ **Sea** El Mar Tirreno.
tzar [zɑ:ʳ] N = **tsar**.

Uu

U¹, u [juː] N (*letter*) U, u *f*.
U² [juː] **1** ADJ ABBR (*Brit*) **a** of **upper-class**. **b** (*Cine*) of **universal** todos los públicos. **2** ABBR of **University** U.
UAE N ABBR of **United Arab Emirates** EAU *mpl*.
UB40 N ABBR (*Brit*) of **Unemployment Benefit form 40** número de referencia en la solicitud de inscripción en la lista de parados; por extensión, el beneficiario.
ubiquitous [juːˈbɪkwɪtəs] ADJ ubicuo/a.
U-boat [ˈjuːbəʊt] N submarino *m* alemán.
UCAS N ABBR (*Brit*) of **Universities and Colleges Admissions Service**.
UCCA [ˈʌkə] N ABBR (*Brit*) of **Universities Central Council on Admissions**.
UDA N ABBR of **Ulster Defence Association** organización paramilitar protestante en Irlanda del Norte.
UDC N ABBR (*Brit*) of **Urban District Council**.
udder [ˈʌdəʳ] N ubre *f*.
UDI N ABBR (*Brit*) of **unilateral declaration of independence**.
UDR N ABBR of **Ulster Defence Regiment** fuerza de seguridad de Irlanda del Norte.
UEFA [jʊˈeɪfə] N ABBR of **Union of European Football Associations** UEFA.
UFO N ABBR of **unidentified flying object** OVNI *m*.
Uganda [juːˈgændə] N Uganda *f*.
Ugandan [juːˈgændən] ADJ, N ugandés/esa *m/f*.
UGC N ABBR (*Brit*) of **University Grants Committee** comité *m* de becas (*en la universidad*).
ugh [ɜːh] INTERJ ¡uf!
ugliness [ˈʌglɪnɪs] N fealdad *f*.
ugly [ˈʌglɪ] ADJ (*comp* **-ier**; *superl* **-iest**) **a** (*not pretty*) feo/a; **to be as ~ as sin** ser feísimo *or* más feo que Picio; **~ duckling** (*fig*) patito *m* feo. **b** (*unpleasant*) desagradable; (*dangerous*) peligroso/a; **an ~ customer** (*fam*) un tipo de cuidado.
UHF N ABBR of **ultra-high frequency** UHF *f*.
UHT ADJ ABBR of **ultra heat-treated** uperizado/a.
UK N ABBR of **United Kingdom** RU.
Ukraine [juːˈkreɪn] N Ucrania *f*.
Ukrainian [juːˈkreɪnɪən] ADJ, N ucranio/a *m/f*.
ukulele [ˌjuːkəˈleɪlɪ] N ukelele *m*.
ulcer [ˈʌlsəʳ] N úlcera *f*.
ulcerated [ˈʌlsəreɪtɪd] ADJ ulcerado/a.
ulna [ˈʌlnə] N (*pl* **ulnae** [ˈʌlniː]) cúbito *m*.
Ulster [ˈʌlstəʳ] N Ulster *m*.
ult. [ʌlt] ADV ABBR (*Comm*) of **ultimo; the 5th ~** el 5 del mes pasado.
ulterior [ʌlˈtɪərɪəʳ] ADJ: **~ motive** segunda intención *f*, motivos *mpl* ulteriores.
ultimate [ˈʌltɪmɪt] **1** ADJ **a** (*final*) último/a, final; **the ~ result** el resultado final. **b** (*greatest*) mayor; **the ~ deterrent** (*Mil*) el disuasivo supremo. **c** (*basic*) fundamental, esencial. **2** N último/a *m/f*; **the ~ in luxury** el colmo del lujo, lo último en lujo; **it's the ~ in hairstyling** es el último grito del peinado.
ultimately [ˈʌltɪmɪtlɪ] ADV (*eventually*) por último, a fin de cuentas; (*in the end*) finalmente, al final.
ultimatum [ˌʌltɪˈmeɪtəm] N (*pl* **~s** *or* **ultimata** [ˌʌltɪˈmeɪtə]) (*Mil*, *fig*) ultimátum *m*.
ultra... [ˈʌltrə] PREF ultra....
ultralight [ˈʌltrəˈlaɪt] **1** ADJ ultraligero/a. **2** N (*Aviat*) ultraligero *m*.
ultramarine [ˌʌltrəməˈriːn] **1** ADJ ultramarino/a. **2** N azul *m* ultramarino.
ultramodern [ˈʌltrəˈmɒdən] ADJ ultramoderno/a.
ultrasonic [ˈʌltrəˈsɒnɪk] ADJ ultrasónico/a.

ultrasound [ˈʌltrəsaʊnd] **1** N ultrasonido *m*. **2** CPD: **~ scan** N ecografía *f*.
ultraviolet [ˈʌltrəˈvaɪəlɪt] ADJ ultravioleta; **~ rays** rayos *mpl* ultravioleta.
um [ʌm] INTERJ (*in hesitation*) esto (*Sp*), este (*LAm*).
umber [ˈʌmbəʳ] **1** N ocre *m* or pardo *m* oscuro. **2** ADJ color ocre or pardo oscuro.
umbilical [ˌʌmbɪˈlaɪkəl] ADJ: **~ cord** cordón *m* umbilical.
umbrage [ˈʌmbrɪdʒ] N: **to take ~ (at sth)** ofenderse or quedarse resentido (por algo).
umbrella [ʌmˈbrelə] **1** N paraguas *m inv*; **beach ~** sombrilla *f*; **under the ~ of** (*fig: protected*) al abrigo de; (: *incorporating*) comprendido en. **2** CPD: **~ organization** N organización *f* paraguas; **~ stand** N paragüero *m*.
umpire [ˈʌmpaɪəʳ] **1** N árbitro *m*. **2** VI ser árbitro.
umpteen [ˈʌmptiːn] ADJ (*fam*) enésimos/as.
umpteenth [ˈʌmptiːnθ] ADJ (*fam*) enésimo/a.
UMW N ABBR (*US*) of **United Mineworkers of America**.
UN N ABBR of **United Nations** NN. UU.
un... [ʌn] PREF in..., des..., no ....
unabashed [ˈʌnəˈbæʃt] ADJ (*shameless*) descarado/a, desvergonzado/a; (*unperturbed*) impertérrito/a.
unabated [ˈʌnəˈbeɪtɪd] ADJ: **the storm continued ~** la tormenta siguió sin amainar.
unable [ʌnˈeɪbl] ADJ: **to be ~ to do sth** no poder hacer algo, ser incapaz de hacer algo.
unabridged [ˈʌnəˈbrɪdʒd] ADJ íntegro/a.
unacceptable [ˈʌnəkˈseptəbl] ADJ inaceptable.
unaccommodating [ˈʌnəˈkɒmədeɪtɪŋ] ADJ poco amable.
unaccompanied [ˈʌnəˈkʌmpənɪd] ADJ solo/a, no acompañado/a; (*Mus*) sin acompañamiento, no acompañado/a.
unaccountably [ˈʌnəˈkaʊntəblɪ] ADV inexplicablemente.
unaccounted [ˈʌnəˈkaʊntɪd] ADJ: **two passengers are still ~ for** aún (nos) faltan dos pasajeros.
unaccustomed [ˈʌnəˈkʌstəmd] ADJ **a** **to be ~ to sth** no estar acostumbrado a algo, no tener costumbre de algo; **to be ~ to doing sth** no tener costumbre de hacer algo, no acostumbrar hacer algo. **b** **with ~ zeal** con un entusiasmo insólito.
unacquainted [ˈʌnəˈkweɪntɪd] ADJ: **to be ~ with** desconocer, ignorar.
unaffected [ˈʌnəˈfektɪd] ADJ **a** (*sincere*) sin afectación, sencillo/a. **b** (*emotionally*) no afectado/a, inmutable; **to be ~ by ...** no ser afectado por ....
unafraid [ˈʌnəˈfreɪd] ADJ sin temor or miedo.
unaided [ˈʌnˈeɪdɪd] **1** ADV sin ayuda, solo/a. **2** ADJ: **by his own ~ efforts** sin ayuda de nadie.
unalterable [ʌnˈɒltərəbl] ADJ inalterable.
unaltered [ʌnˈɒltəd] ADJ inalterado/a.
unambiguous [ˈʌnæmˈbɪgjʊəs] ADJ inequívoco/a.
unambitious [ˈʌnæmˈbɪʃəs] ADJ sin ambición.
unanimous [juːˈnænɪməs] ADJ unánime.
unanimously [juːˈnænɪməslɪ] ADV unánimemente, por unanimidad.
unannounced [ˈʌnəˈnaʊnst] ADJ: **to arrive ~** llegar sin dar aviso.
unanswerable [ʌnˈɑːnsərəbl] ADJ incontestable.
unanswered [ˈʌnˈɑːnsəd] ADJ sin contestar.
unappealing [ˈʌnəˈpiːlɪŋ] ADJ poco atractivo/a.
unappetizing [ˈʌnˈæpɪtaɪzɪŋ] ADJ poco apetitoso/a; (*fig*) nada atractivo/a.
unapproachable [ˈʌnəˈprəʊtʃəbl] ADJ (*inaccessible*) inaccesible; (*person: aloof etc*) intratable, inasequible.
unarmed [ˈʌnˈɑːmd] ADJ desarmado/a; **~ combat** combate *m* sin armas.
unashamed [ˈʌnəˈʃeɪmd] ADJ desvergonzado/a,

descarado/a; **she was quite ~ about it** no se avergonzó por lo que hizo.

unashamedly ['ʌnə'ʃeɪmɪdlɪ] ADV desvergonzadamente; **to be ~ proud of sth** enorgullecerse sin remordimiento de algo.

unasked ['ʌn'ɑːskt] ADJ (*guest*) no invitado/a; (*advice*) no solicitado/a.

unassailable [ˌʌnə'seɪləbl] ADJ (*proof*) inobjetable; (*position, influence*) inatacable; (*argument*) indestructible.

unassisted ['ʌnə'sɪstɪd] ADJ, ADV sin ayuda.

unassuming ['ʌnə'sjuːmɪŋ] ADJ modesto/a, sin pretensiones.

unattached ['ʌnə'tætʃt] ADJ (*loose*) suelto/a; (*fig: gen*) libre; (: *employee*) disponible; (: *unmarried*) soltero/a.

unattainable ['ʌnə'teɪnəbl] ADJ inalcanzable.

unattended ['ʌnə'tendɪd] ADJ sin atender, desatendido/a.

unattractive ['ʌnə'træktɪv] ADJ poco atractivo/a.

unauthorized ['ʌn'ɔːθəraɪzd] ADJ sin autorización or permiso.

unavailable ['ʌnə'veɪləbl] ADJ no disponible; (*busy*) ocupado/a.

unavoidable [ˌʌnə'vɔɪdəbl] ADJ inevitable, ineludible.

unavoidably [ˌʌnə'vɔɪdəblɪ] ADV: **~ detained** en retraso por causas ajenas a su voluntad.

unaware ['ʌnə'wɛəʳ] ADJ: **to be ~ of sth/that ...** ignorar algo/que ..., no ser consciente de algo/que ....

unawares ['ʌnə'wɛəz] ADV: **to catch** or **take sb ~** coger a algn desprevenido.

unbalanced ['ʌn'bælənst] ADJ desequilibrado/a; (*mentally*) trastornado/a.

unbearable [ʌn'bɛərəbl] ADJ inaguantable, insoportable.

unbearably [ʌn'bɛərəblɪ] ADV insoportablemente.

unbeatable ['ʌn'biːtəbl] ADJ invencible; (*price, offer*) inmejorable.

unbeaten ['ʌn'biːtn] ADJ invicto/a, imbatido/a.

unbecoming ['ʌnbɪ'kʌmɪŋ] ADJ (*unseemly*) indecoroso/a, impropio/a; (*unflattering*) poco favorecedor(a).

unbeknown(st) ['ʌnbɪ'nəʊn(st)] ADJ: **~ to me** sin saberlo yo.

unbelievable [ˌʌnbɪ'liːvəbl] ADJ increíble, inconcebible; **it is ~ that ...** es increíble que + *subjun*.

unbelievably [ˌʌnbɪ'liːvəblɪ] ADV increíblemente.

unbeliever [ˌʌnbɪ'liːvəʳ] N no creyente *mf*.

unbend [ʌn'bend] (*pt, pp* **unbent**) **1** VT enderezar. **2** VI (*fig: person*) relajarse.

unbending [ʌn'bendɪŋ] ADJ (*fig: inflexible*) inflexible; (: *strict*) estricto/a, severo/a.

unbent ['ʌn'bent] PT, PP *of* **unbend**.

unbias(s)ed [ʌn'baɪəst] ADJ imparcial.

unblemished [ʌn'blemɪʃt] ADJ sin mancha or tacha.

unblock [ʌn'blɒk] VT (*pipe*) desatascar; (*road etc*) despejar.

unbolt [ʌn'bəʊlt] VT desatrancar, quitar el cerrojo de.

unborn [ʌn'bɔːn] ADJ (*child*) que va a nacer; (*generation*) venidero/a.

unbosom [ʌn'bʊzəm] VT: **to ~ o.s.** desahogarse.

unbounded [ʌn'baʊndɪd] ADJ ilimitado/a, sin límites.

unbreakable ['ʌn'breɪkəbl] ADJ irrompible.

unbridled [ʌn'braɪdld] ADJ (*fig*) desenfrenado/a.

unbroken ['ʌn'brəʊkən] ADJ **a** (*intact*) entero/a, intacto/a. **b** (*continuous*) ininterrumpido/a, continuo/a. **c** (*unbeaten*) no batido/a. **d** (*animals*) indomado/a; **his spirit remained ~** no se hundió.

unbuckle ['ʌn'bʌkl] VT desabrochar.

unburden [ʌn'bɜːdn] VT: **to ~ o.s.** or **one's conscience to sb** desahogarse con algn.

unbusinesslike [ʌn'bɪznɪslaɪk] ADJ (*without method*) poco metódico/a; (*in appearance etc*) poco formal.

unbutton ['ʌn'bʌtn] VT desabrochar, desabotonar.

uncalled-for [ʌn'kɔːldfɔːʳ] ADJ gratuito/a, impropio/a.

uncanny [ʌn'kænɪ] ADJ (*comp* **-ier**; *superl* **-iest**) (*peculiar*) raro/a, extraño/a; (*ghostly*) misterioso/a.

uncared-for [ʌn'kɛədfɔːʳ] ADJ (*gen*) descuidado/a; (*neglected*) abandonado/a.

uncaring ['ʌnkɛərɪŋ] ADJ poco compasivo/a.

unceasing [ʌn'siːsɪŋ] ADJ (*incessant*) incesante; (*continuous*) continuo/a.

unceasingly [ʌn'siːsɪŋlɪ] ADV (*see adj*) incesantemente; sin cesar; continuamente.

unceremonious ['ʌn,serɪ'məʊnɪəs] ADJ (*abrupt, rude*) brusco/a, hosco/a.

unceremoniously ['ʌn,serɪ'məʊnɪəslɪ] ADV bruscamente, sin cortesías.

uncertain [ʌn'sɜːtn] ADJ (*unsure*) incierto/a, precario/a; (*unknown*) desconocido/a; (*doubtful*) dudoso/a; (*indecisive*) indeciso/a; (*unreliable*) poco fiable; **in no ~ terms** sin dejar lugar a dudas, claramente.

uncertainty [ʌn'sɜːtntɪ] N (*gen*) incertidumbre *f*; (*doubt*) duda *f*; (*indecision*) indecisión *f*, irresolución *f*.

unchallenged ['ʌn'tʃælɪndʒd] ADJ (*unnoticed*) inadvertido/a; (*undeniable*) incontrovertible; (*Jur*) incontestado/a; **his ideas went ~** sus ideas no fueron cuestionadas; **we cannot let that go ~** eso no lo podemos dejar pasar sin protesta.

unchanged ['ʌn'tʃeɪndʒd] ADJ igual, sin cambiar.

unchanging [ʌn'tʃeɪndʒɪŋ] ADJ inalterable, inmutable.

uncharacteristic [ˌʌnkærəktə'rɪstɪk] ADJ poco característico/a.

uncharitable [ʌn'tʃærɪtəbl] ADJ poco caritativo/a, duro/a.

uncharted ['ʌn'tʃɑːtɪd] ADJ inexplorado/a, desconocido/a.

unchecked ['ʌn'tʃekt] **1** ADV (*continue etc*) libremente, sin estorbo or restricción. **2** ADJ **a** (*unrestrained*) desenfrenado/a. **b** (*not verified*) no comprobado/a.

unchristian ['ʌn'krɪstɪən] ADJ impropio/a de un cristiano.

uncivil ['ʌn'sɪvɪl] ADJ descortés, incivil; **to be ~ to sb** ser grosero con algn.

uncivilized ['ʌn'sɪvɪlaɪzd] ADJ poco civilizado/a, inculto/a; (*fig*) bárbaro/a.

unclaimed ['ʌn'kleɪmd] ADJ sin reclamar.

unclassifiable [ˌʌn'klæsɪfaɪəbl] ADJ inclasificable.

unclassified ['ʌn'klæsɪfaɪd] ADJ **a** (*not arranged*) sin clasificar. **b** (*not secret*) libre, abierto/a.

uncle ['ʌŋkl] N tío *m*.

unclean ['ʌn'kliːn] ADJ (*filthy*) inmundo/a, sucio/a; (*impure*) impuro/a.

unclear [ʌn'klɪəʳ] ADJ (*report etc*) poco claro/a; **I'm still ~ about it** todavía no lo tengo muy claro.

unclouded ['ʌn'klaʊdɪd] ADJ (*sky etc*) despejado/a; (*fig: calm*) tranquilo/a.

uncoil ['ʌn'kɔɪl] **1** VT desenrollar. **2** VI desenrollarse; (*snake*) desenroscarse.

uncoloured, (*US*) **uncolored** ['ʌn'kʌləd] ADJ sin color, incoloro/a; (*account etc*) objetivo/a.

uncombed ['ʌn'kəʊmd] ADJ (*untidy*) despeinado/a; (*lit*) sin peinar.

uncomfortable [ʌn'kʌmfətəbl] ADJ **a** (*gen*) incómodo/a. **b** (*fig: uneasy*) inquieto/a; (: *ill at ease*) incómodo/a; (: *worrying*) inquietante; (: *scared*) inquieto/a, con miedo; **to make life ~ for sb** (*euph*) hacerle la vida difícil a algn.

uncommitted ['ʌnkə'mɪtɪd] ADJ no comprometido/a.

uncommon [ʌn'kɒmən] ADJ **a** (*unusual*) poco común. **b** (*outstanding*) insólito/a, extraordinario/a.

uncommonly [ʌn'kɒmənlɪ] ADV extraordinariamente; **not ~** con cierta frecuencia.

uncommunicative ['ʌnkə'mjuːnɪkətɪv] ADJ poco comunicativo/a, cerrado/a, reservado/a.

uncomplaining ['ʌnkəm'pleɪnɪŋ] ADJ resignado/a, sumiso/a.

uncomplainingly ['ʌnkəm'pleɪnɪŋlɪ] ADV sin protesta, con resignación.

uncomplicated [ʌn'kɒmplɪkeɪtɪd] ADJ sin complicaciones.

uncomplimentary ['ʌn,kɒmplɪ'mentərɪ] ADJ poco halagüeño/a or halagador(a).

uncomprehending ['ʌn,kɒmprɪ'hendɪŋ] ADJ incomprensivo/a.

uncompromising [ʌn'kɒmprəmaɪzɪŋ] ADJ intransigente, inflexible; **~ loyalty** lealtad *f* absoluta.

unconcealed ['ʌnkən'siːld] ADJ evidente, no disimulado/a.

unconcerned ['ʌnkən'sɜːnd] ADJ (*unworried*) despreocupado/a; (*indifferent*) indiferente; **to be ~ about sth** no inquietarse por algo.

unconditional [ˈʌnkənˈdɪʃənl] ADJ incondicional; **~ surrender** rendición *f* sin condiciones.

unconditionally [ˈʌnkənˈdɪʃnəlɪ] ADV incondicionalmente.

unconfirmed [ˈʌnkənˈfɜːmd] ADJ no confirmado/a.

unconnected [ˈʌnkəˈnektɪd] ADJ **a** (*unrelated*) no relacionado/a. **b** (*incoherent*) inconexo/a.

unconscious [ʌnˈkɒnʃəs] **1** ADJ **a** (*Med*) sin conocimiento.
b (*unaware*) inconsciente, insensible; **to be ~ of sth** no ser consciente de algo.
c (*unintentional*) inconsciente.
2 N: **the ~** (*Psych*) el inconsciente.

unconsciously [ʌnˈkɒnʃəslɪ] ADV inconscientemente.

unconsciousness [ʌnˈkɒnʃəsnɪs] N inconsciencia *f*; (*Med*) insensibilidad *f*, pérdida *f* de conocimiento.

unconstitutional [ˈʌnˌkɒnstɪˈtjuːʃənl] ADJ inconstitucional.

uncontested [ˈʌnkənˈtestɪd] ADJ ganado/a sin oposición.

uncontrollable [ˈʌnkənˈtrəʊləbl] ADJ (*gen*) incontrolable; (*temper*) indomable.

uncontrolled [ˈʌnkənˈtrəʊld] ADJ (*out of control*) descontrolado/a; (*passion*) desenfrenado/a; (*freedom etc*) irrestricto/a.

unconventional [ˈʌnkənˈvenʃənl] ADJ poco convencional; (*person*) original.

unconvinced [ˈʌnkənˈvɪnst] ADJ poco convencido/a; **I am** *or* **remain ~ by what she said** lo que dijo sigue sin convencerme.

unconvincing [ˈʌnkənˈvɪnsɪŋ] ADJ poco convincente.

uncooked [ʌnˈkʊkt] ADJ (*raw*) crudo/a; (*not properly cooked*) a medio cocer.

uncool [ʌnˈkuːl] (*fam*) ADJ (*unsophisticated*) nada sofisticado/a; (*unfashionable*) fuera de moda, anticuado/a.

uncooperative [ˈʌnkəʊˈɒpərətɪv] ADJ poco dispuesto/a a ayudar, nada servicial.

uncoordinated [ˈʌnkəʊˈɔːdɪneɪtɪd] ADJ no coordinado/a.

uncork [ʌnˈkɔːk] VT descorchar, destapar.

uncorroborated [ˈʌnkəˈrɒbəreɪtɪd] ADJ no confirmado/a.

uncouple [ʌnˈkʌpl] VT desenganchar, desacoplar.

uncouth [ʌnˈkuːθ] ADJ (*unrefined*) grosero/a, inculto/a; (*clumsy*) torpe, desmañado/a.

uncover [ʌnˈkʌvər] VT **a** (*find out*) descubrir. **b** (*remove coverings of*) destapar, dejar al descubierto.

uncritical [ʌnˈkrɪtɪkəl] ADJ falto/a de sentido crítico.

uncrossed [ʌnˈkrɒst] ADJ (*cheque*) sin cruzar.

uncrowned [ʌnˈkraʊnd] ADJ: **the ~ king of Scotland** el rey sin corona de Escocia.

UNCTAD [ˈʌŋktæd] N ABBR **of United Nations Conference on Trade and Development**.

unction [ˈʌŋkʃən] N (*unguent*) unción *f*; **extreme ~** (*Rel*) extremaunción *f*.

unctuous [ˈʌŋktjʊəs] ADJ (*fig*) afectadamente fervoroso/a; **in an ~ voice** en tono efusivo.

uncultivated [ʌnˈkʌltɪveɪtɪd] ADJ inculto/a.

uncultured [ʌnˈkʌltʃəd] ADJ inculto/a, ignorante.

uncurl [ʌnˈkɜːl] **1** VT desenroscar. **2** VI (*snake etc*) desenroscarse; (*straighten out*) estirarse.

uncut [ʌnˈkʌt] ADJ sin cortar; (*stone*) sin labrar; (*diamond*) en bruto, sin tallar; (*film, text*) integral, sin cortes.

undamaged [ʌnˈdæmɪdʒd] ADJ (*gen*) en buen estado; (*intact*) intacto/a.

undated [ʌnˈdeɪtɪd] ADJ sin fecha.

undaunted [ʌnˈdɔːntɪd] ADJ impávido/a, impertérrito/a.

undecided [ˈʌndɪˈsaɪdɪd] ADJ (*person*) indeciso/a; (*question*) pendiente; **we are still ~ whether to go** aún no sabemos si ir o no.

undefeated [ˈʌndɪˈfiːtɪd] ADJ invicto/a.

undefended [ˈʌndɪˈfendɪd] ADJ indefenso/a; (*Jur*) ganado/a por incomparecencia del demandado.

undefinable [ˈʌndɪˈfaɪnəbl] ADJ indefinible.

undefined [ˈʌndɪˈfaɪnd] ADJ indefinido/a.

undelivered [ˈʌndɪˈlɪvəd] ADJ no entregado/a al destinatario.

undemanding [ˈʌndɪˈmɑːndɪŋ] ADJ (*person*) poco exigente; (*job*) que exige poco esfuerzo.

undemocratic [ˈʌndeməˈkrætɪk] ADJ antidemocrático/a.

undemonstrative [ˈʌndɪˈmɒnstrətɪv] ADJ reservado/a, poco expresivo/a.

undeniable [ˈʌndɪˈnaɪəbl] ADJ innegable.

undeniably [ˈʌndɪˈnaɪəblɪ] ADV innegablemente, indudablemente.

under [ˈʌndər] **1** ADV **a** (*beneath: position*) debajo; (: *direction*) abajo; **he's been ~ for 3 hours** (*unconscious*) lleva 3 horas bajo los efectos de la anestesia.
b (*less*) menos.
2 PREP **a** (*beneath*) debajo de; **~ the bed** debajo de la cama; **the train passed ~ the bridge** el tren pasó por debajo del puente.
b (*underneath*) debajo.
c (*less than*) menos de; **in ~ a minute** en menos de un minuto.
d (*subject to*) bajo; **~ this government/the Romans** bajo este gobierno/los romanos; **to study ~ X** estudiar con X, tener a X por profesor/a; **~ construction** bajo construcción, en obras; **~ a false name** con nombre falso; **~ pain/the pretext of** so pena/pretexto de; **he has 30 workers ~ him** tiene 30 obreros a su cargo.
e (*according to, by*) de acuerdo con, según.

under- PREF **a** (*in rank*) **~secretary** subsecretario/a *m/f*; **~cook** cocinero/a *m/f* ayudante *or* auxiliar; **~15** (*child*) menor *mf* de 15 años; **the Spanish ~21 team** la selección española sub-21. **b** (*insufficiently*) poco.

under-achiever [ˈʌndərəˈtʃiːvər] N (*Brit*) persona *f* que no desarrolla su potencial.

under-age [ˈʌndərˈeɪdʒ] ADJ menor de edad.

underarm [ˈʌndərɑːm] **1** N axila *f*. **2** CPD (*service etc*) hecho/a con la mano debajo del hombro; **~ deodorant** N desodorante *m*.

underbelly [ˈʌndəˌbelɪ] N panza *f*; (*fig*) parte *f* indefensa.

underbody [ˈʌndəˌbɒdɪ] N (*Aut*) bajos *mpl* del chasis.

undercapitalized [ˈʌndəˈkæpɪtəlaɪzd] ADJ descapitalizado/a.

undercarriage [ˈʌndəˌkærɪdʒ] N (*Aviat*) tren *m* de aterrizaje.

undercharge [ˈʌndəˈtʃɑːdʒ] VT cobrar menos de la cuenta.

underclass [ˈʌndəklɑːs] N clase *f* inferior.

underclothes [ˈʌndəkləʊðz] NPL, **underclothing** [ˈʌndəˌkləʊðɪŋ] N ropa *f* sg interior *or* (*esp LAm*) íntima.

undercoat [ˈʌndəkəʊt] **1** N (*of paint*) primera capa *f or* mano, capa de apresto; (*paint itself*) pintura *f* preparatoria. **2** VT poner una primera capa a; (*US Aut*) proteger contra la corrosión.

undercover [ˈʌndəˌkʌvər] ADJ clandestino/a.

undercurrent [ˈʌndəˌkʌrənt] N (*lit*) corriente *f* submarina, contracorriente *f*; (*fig*) corriente oculta.

undercut [ˈʌndəkʌt] (*pt, pp* **~**) VT rebajar los precios para competir con.

underdeveloped [ˈʌndədɪˈveləpt] ADJ subdesarrollado/a; (*Phot*) insuficientemente revelado/a.

underdevelopment [ˈʌndədɪˈveləpmənt] N subdesarrollo *m*.

underdog [ˈʌndədɒg] N: **the ~** (*in fight*) el/la más débil *m/f*; (*in society*) el/la desvalido/a; **the ~s** los de abajo.

underdone [ˈʌndəˈdʌn] ADJ medio asado/a; (*deliberately*) poco hecho/a.

underdrawers [ˈʌndəˈdrɔːəz] N (*US*) calzoncillos *mpl*.

underemployment [ˈʌndərɪmˈplɔɪmənt] N subempleo *m*.

underestimate [ˈʌndərˈestɪmeɪt] VT (*gen*) subestimar; (*person*) menospreciar.

underexposed [ˈʌndərɪksˈpəʊzd] ADJ (*Phot*) subexpuesto/a.

underfed [ˈʌndəˈfed] ADJ subalimentado/a.

underfelt [ˈʌndəfelt] N arpillera *f*.

underfinanced [ˈʌndəfaɪˈnænst] ADJ insuficientemente financiado/a.

underfloor heating [ˈʌndəflɔːˈhiːtɪŋ] N calefacción *f* bajo el suelo de una casa.

underfoot [ˈʌndəˈfʊt] ADV debajo de los pies; **it's wet ~** el suelo está mojado.

underfund [ˌʌndəˈfʌnd] VT infradotar.

undergarments [ˈʌndəˌgɑːmənts] NPL ropa *fsg* interior *or* (*LAm*) íntima.

undergo [ˈʌndəˈgəʊ] (*pt* **underwent**; *pp* **undergone** [ˈʌndəˈgɒn]) VT sufrir, experimentar; (*treatment*) recibir; (*operation*) someterse a; **to ~ repairs** ser reparado.

undergraduate [ˈʌndəˈgrædjʊɪt] **1** N estudiante *mf*. **2** CPD (*student*) no graduado/a; (*course*) para estudiantes (no graduados).

underground [ˈʌndəˈgraʊnd] **1** ADJ subterráneo/a; (*fig*) clandestino/a. **2** ADV bajo tierra; **to go ~** (*hide*) esconderse; (*Pol fig*) pasar a la clandestinidad. **3** [ˈʌndəˌgraʊnd] N (*Brit Rail*) metro *m*, subterráneo *m* (*Arg*), subte *m* (*Arg fam*); (*Mil*) resistencia *f* clandestina; (*Pol*) movimiento *m* clandestino; (*Art*) arte *m* marginal.

undergrowth [ˈʌndəgrəʊθ] N maleza *f*, matorrales *mpl*.

underhand [ˈʌndəhænd] ADJ (*sly*) socarrón/ona; (*hidden*) clandestino/a, disimulado/a.

underinsured [ˌʌndərɪnˈʃʊəd] ADJ insuficientemente asegurado/a.

underlay [ˈʌndəleɪ] N (*for carpet*) refuerzo *m* (de alfombra).

underlie [ˌʌndəˈlaɪ] (*pt* **underlay** [ˌʌndəˈleɪ]; *pp* **underlaid** [ˌʌndəˈleɪd]) VT (*fig*) sostener, estar en la base de.

underline [ˌʌndəˈlaɪn] VT (*lit, fig*) subrayar.

underling [ˈʌndəlɪŋ] N (*pej*) subordinado/a *m/f*, subalterno/a *m/f*.

underlying [ˈʌndəˈlaɪɪŋ] ADJ (*fig*) fundamental, esencial; **the ~ problem is that ...** el problema de fondo es que ....

undermanned [ˈʌndəˈmænd] ADJ: **to be ~** estar sin la debida plantilla, no tener el debido personal.

undermanning [ˌʌndəˈmænɪŋ] N escasez *f* de mano de obra, falta *f* de personal.

undermentioned [ˈʌndəˈmenʃənd] ADJ abajo citado/a.

undermine [ˌʌndəˈmaɪn] VT (*fig*) minar, socavar.

underneath [ˈʌndəˈniːθ] **1** PREP (*position*) bajo, debajo de; **the noise came from ~ the table** el ruido salió de debajo de la mesa. **2** ADV debajo, por debajo. **3** N parte *f* de abajo, fondo *m*.

undernourished [ˈʌndəˈnʌrɪʃt] ADJ desnutrido/a.

underpaid [ˈʌndəˈpeɪd] ADJ mal pagado/a.

underpants [ˈʌndəpænts] NPL calzoncillos *mpl*, calzones *mpl* (*LAm*).

underpass [ˈʌndəpɑːs] N (*for cars*) paso *m* a desnivel; (*for pedestrians*) paso inferior.

underpin [ˌʌndəˈpɪn] VT (*Archit*) apuntalar; (*fig*) sostener.

underpopulated [ˈʌndəˈpɒpjʊleɪtɪd] ADJ despoblado/a.

underpriced [ˈʌndəˈpraɪst] ADJ con precio demasiado bajo.

underprivileged [ˈʌndəˈprɪvɪlɪdʒd] ADJ desvalido/a, menos privilegiado/a.

underrate [ˌʌndəˈreɪt] VT subestimar, menospreciar.

underscore [ˌʌndəˈskɔːʳ] VT subrayar, recalcar.

underseal [ˈʌndəsiːl] VT (*Brit*) impermeabilizar (por debajo), proteger contra la corrosión.

undersecretary [ˈʌndəˈsekrətərɪ] N subsecretario/a *m/f*.

undersell [ˈʌndəˈsel] (*pt, pp* **undersold**) VT (*deliberately*) malvender, malbaratar; (*competitors*) vender a precio más bajo que; (*fig*) menospreciar.

undershirt [ˈʌndəʃɜːt] N (*US*) camiseta *f*.

undershorts [ˈʌndəʃɔːts] N (*US*) calzoncillos *mpl*.

underside [ˈʌndəsaɪd] N parte *f* inferior.

undersigned [ˈʌndəsaɪnd] ADJ: **we the ~** (*frm*) nosotros, los abajo firmantes.

undersized [ˈʌndəˈsaɪzd] ADJ (*small*) pequeño/a; (*too small*) demasiado pequeño/a.

underskirt [ˈʌndəskɜːt] N (*Brit*) enaguas *fpl*.

undersold [ˈʌndəˈsəʊld] PT, PP *of* **undersell**.

understaffed [ˈʌndəˈstɑːft] ADJ: **to be ~** estar falto de personal, no tener el debido personal.

understaffing [ˈʌndəˈstɑːfɪŋ] N escasez *f* de mano de obra, falta *f* de personal.

▼**understand** [ˌʌndəˈstænd] (*pt, pp* **understood**) **1** VT **a** comprender, entender; **I don't ~ why ...** no entiendo por qué ...; **she ~s children** (ella) entiende a los niños; **we ~ one another** nos entendemos. **b** (*believe*) tener entendido; **I ~ you have been absent** tengo entendido que Ud ha estado ausente; **to give sb to ~ that ...** dar a algn a entender que .... **2** VI **a** comprender, entender; **I quite ~** se entiende perfectamente; (*don't worry*) no se preocupe; **it's understood that he'll pay** se sobreentiende que él pagará. **b** **she was, I ~, a Catholic** tengo entendido que era católica; *see also* **understood**.

understandable [ˌʌndəˈstændəbl] ADJ comprensible; **it is ~ that ...** se comprende que ....

understanding [ˌʌndəˈstændɪŋ] **1** ADJ comprensivo/a, compasivo/a; **an ~ smile** una sonrisa de comprensión. **2** N **a** (*intelligence*) comprensión *f*, entendimiento *m*; **his ~ of these problems** su comprensión de estos problemas; **it was my ~ that ...** a mi entender .... **b** (*knowledge*) conocimientos *mpl*. **c** (*sympathy*) simpatía *f*, comprensión *f*. **d** (*agreement*) acuerdo *m*, arreglo *m*; **to come to an ~ with sb** ponerse de acuerdo con algn; **to have an ~ with sb** (*verbal*) tener un acuerdo con algn; **on the ~ that he pays** a condición de que pague.

understate [ˈʌndəˈsteɪt] VT (*underestimate*) subestimar; (*underplay*) quitar importancia a; (*deprecate*) menospreciar.

understatement [ˈʌndəˌsteɪtmənt] N (*see vt*) subestimación *f*; menosprecio *m*; **to say it was good is quite an ~** decir que ha sido bueno es no hacer justicia a la verdad *or* es quedarse corto; **the ~ of the year** el eufemismo del año.

understood [ˌʌndəˈstʊd] **1** PT, PP *of* **understand**. **2** ADJ **a** (*clear*) entendido/a, claro/a; **to make o.s. ~** hacerse entender; **I want it clearly ~** quiero que quede bien claro. **b** (*agreed*) entendido/a; **it was ~ between them that ...** acordaron entre ellos que .... **c** (*believed*) **it is ~ that** se sobreentiende que; **she is ~ to be ill** se cree que está enferma.

understudy [ˈʌndəˌstʌdɪ] **1** N suplente *mf*, sobresaliente *mf*. **2** VT prepararse a suplir a.

undertake [ˌʌndəˈteɪk] (*pt* **undertook**; *pp* **~n** [ˌʌndəˈteɪkən]) VT (*gen*) emprender; (*take charge of*) encargarse de; **to ~ to do sth** comprometerse a hacer algo.

undertaker [ˈʌndəˌteɪkəʳ] N director(a) *m/f* de funeraria *or* pompas fúnebres.

undertaking [ˌʌndəˈteɪkɪŋ] N **a** (*enterprise*) empresa *f*; (*task*) tarea *f*. **b** (*pledge*) garantía *f*, compromiso *m*; **to give an ~ that ...** comprometerse con que ..., prometer que ....

undertone [ˈʌndətəʊn] N **a** (*low voice*) voz *f* baja. **b** (*of criticism*) trasfondo *m*; (*suggestion*) matiz *m*, sugerencia *f*.

undertook [ˌʌndəˈtʊk] PT *of* **undertake**.

undertow [ˈʌndətəʊ] N resaca *f*.

undervalue [ˈʌndəˈvæljuː] VT (*Comm*) valorizar por debajo de su precio; (*fig*) subestimar, menospreciar.

underwater [ˈʌndəˈwɔːtəʳ] **1** ADJ submarino/a. **2** ADV debajo del agua.

underwear [ˈʌndəweəʳ] N ropa *f* interior *or* (*esp LAm*) íntima.

underweight [ˌʌndəˈweɪt] ADJ de peso insuficiente.

underwent [ˌʌndəˈwent] PT *of* **undergo**.

underwhelm [ˈʌndəˈwelm] VT (*hum*) impresionar muy poco.

underworld [ˈʌndəwɜːld] N (*hell*) infierno *m*; (*criminal*) hampa *f*, inframundo *m*.

underwrite [ˈʌndəraɪt] (*pt* **underwrote**; *pp* **underwritten**) VT (*Fin, Insurance*) asegurar (contra riesgos), suscribir; (*fig*) aprobar, respaldar.

underwriter [ˈʌndəˌraɪtəʳ] N (*Insurance*) asegurador(a) *m/f*.

underwritten [ˈʌndəˌrɪtn] PP *of* **underwrite**.

underwrote [ˈʌndəˌrəʊt] PT *of* **underwrite**.

undeserved [ˌʌndɪˈzɜːvd] ADJ inmerecido/a.

━━━
➤ SENTENCE BUILDER: **understand** → 7.4

undeserving [ˈʌndɪˈzɜːvɪŋ] ADJ indigno/a; **to be ~ of sth** no ser digno de algo.

undesirable [ˈʌndɪˈzaɪərəbl] ADJ, N indeseable *mf*.

undetected [ˈʌndɪˈtektɪd] ADJ no descubierto/a; **to go ~** pasar inadvertido.

undetermined [ˈʌndɪˈtɜːmɪnd] ADJ (*unknown*) indeterminado/a; (*uncertain*) incierto/a.

undeterred [ˈʌndɪˈtɜːd] ADJ: **he was ~ by ...** no se dejó intimidar por ....

undeveloped [ˈʌndɪˈveləpt] ADJ subdesarrollado/a.

undid [ˌʌnˈdɪd] PT *of* **undo**.

undies [ˈʌndɪz] NPL (*fam*) ropa *fsg* interior *or* (*esp LAm*) íntima.

undignified [ʌnˈdɪɡnɪfaɪd] ADJ (*act, position etc*) indecoroso/a; (*person*) sin dignidad, informal.

undiluted [ˈʌndaɪˈluːtɪd] ADJ sin diluir, concentrado/a; (*fig*) puro/a.

undiminished [ˈʌndɪˈmɪnɪʃt] ADJ no disminuido/a.

undiplomatic [ˈʌnˌdɪpləˈmætɪk] ADJ poco diplomático/a.

undiscerning [ˈʌndɪˈsɜːnɪŋ] ADJ sin discriminación.

undischarged [ˈʌndɪsˈtʃɑːdʒd] ADJ (*debt*) impagado/a, por pagar; **~ bankrupt** (*Brit*) quebrado *m* no rehabilitado.

undisciplined [ʌnˈdɪsɪplɪnd] ADJ indisciplinado/a.

undiscovered [ˈʌndɪsˈkʌvəd] ADJ (*gen*) no descubierto/a; (*unknown*) desconocido/a.

undiscriminating [ˈʌndɪsˈkrɪmɪneɪtɪŋ] ADJ sin discernimiento.

undisguised [ˈʌndɪsˈɡaɪzd] ADJ (*fig*) franco/a, abierto/a.

undismayed [ˈʌndɪsˈmeɪd] ADJ impávido/a.

undisposed-of [ˈʌndɪsˈpəʊzdɒv] ADJ (*Comm*) no vendido/a.

undisputed [ˈʌndɪsˈpjuːtɪd] ADJ incontestable, indiscutible.

undistinguished [ˈʌndɪsˈtɪŋɡwɪʃt] ADJ mediocre.

undisturbed [ˈʌndɪsˈtɜːbd] ADJ **a** (*gen*) tranquilo/a; (*sleep*) ininterrumpido/a. **b** (*unworried*) **to be ~** no dejarse perturbar *or* (*LAm*) alterar.

undivided [ˈʌndɪˈvaɪdɪd] ADJ: **I want your ~ attention** quiero su completa atención.

undo [ʌnˈduː] (*pt* **undid**; *pp* **undone**) VT **a** (*unfasten*) desabrochar; (: *parcel*) desatar; (*take to pieces*) desarmar. **b** (*reverse*) deshacer; (: *damage etc*) reparar.

undoing [ʌnˈduːɪŋ] N ruina *f*, perdición *f*.

undomesticated [ˈʌndəˈmestɪkeɪtɪd] ADJ indomado/a, no domesticado/a.

undone [ʌnˈdʌn] **1** PP *of* **undo**. **2** ADJ (*unfastened*) desabrochado/a; (*neglected*) sin terminar; **to come ~** (*button*) desabrocharse; (*parcel*) desatarse; **to leave sth ~** dejar algo sin hacer.

undoubted [ʌnˈdaʊtɪd] ADJ indudable.

undoubtedly [ʌnˈdaʊtɪdlɪ] ADV indudablemente, sin duda.

undreamed [ʌnˈdriːmd], **undreamt** [ʌnˈdremt] ADJ: **~ of** inimaginable.

undress [ʌnˈdres] **1** VT desnudar, desvestir (*LAm*). **2** VI (*also get* **~ed**) desnudarse, desvestirse (*LAm*). **3** N: **in a state of ~** desnudo/a.

undrinkable [ʌnˈdrɪŋkəbl] ADJ no potable.

undue [ʌnˈdjuː] ADJ indebido/a.

undulating [ˈʌndjʊleɪtɪŋ] ADJ ondulante, ondeante; (*land*) ondulado/a.

unduly [ʌnˈdjuːlɪ] ADV (*unfairly*) indebidamente; (*excessively*) excesivamente.

unearned [ʌnˈɜːnd] ADJ no ganado/a; **~ income** ingresos *mpl* no ganados.

unearth [ʌnˈɜːθ] VT (*fig*) desenterrar, descubrir.

unearthly [ʌnˈɜːθlɪ] ADJ (*ghostly*) sobrenatural; (*eerie*) horripilante; **~ hour** (*fam*) hora *f* inverosímil.

unease [ʌnˈiːz] N malestar *m*.

uneasily [ʌnˈiːzɪlɪ] ADV (*with fear*) temerosamente; (*delicately*) inseguramente.

uneasy [ʌnˈiːzɪ] ADJ (*calm, peace etc*) inseguro/a; (*sleep*) sobresaltado/a; (*night*) intranquilo/a; (*person: worried*) inquieto/a; (: *ill at ease*) incómodo/a, molesto/a; **to become ~** empezar a inquietarse (*about* por); **I have an ~ feeling that ...** me inquieta la posibilidad de que + *subjun*.

uneaten [ʌnˈiːtn] ADJ sin comer, sin probar.

uneconomic [ˈʌnˌiːkəˈnɒmɪk] ADJ no económico/a, no rentable.

uneconomical [ˈʌnˌiːkəˈnɒmɪkəl] ADJ antieconómico/a.

unedited [ʌnˈedɪtɪd] ADJ inédito/a.

uneducated [ʌnˈedjʊkeɪtɪd] ADJ inculto/a, ignorante.

unemotional [ˈʌnɪˈməʊfənl] ADJ (*gen*) impasible, insensible; (*account*) objetivo/a.

unemployable [ˈʌnɪmˈplɔɪəbl] ADJ inútil para el trabajo.

unemployed [ˈʌnɪmˈplɔɪd] **1** ADJ desempleado/a, parado/a, en paro; (*capital etc*) sin utilizar, no utilizado/a. **2** NPL: **the ~** los desempleados, los parados.

unemployment [ˈʌnɪmˈplɔɪmənt] **1** N paro *m*, desempleo *m*, cesantía *f* (*LAm*). **2** CPD: **~ benefit** N (*Brit*) subsidio *m* de desempleo *or* paro; **~ figures** NPL cifras *fpl* del paro.

unencumbered [ˈʌnɪnˈkʌmbəd] ADJ: **~ by** no impedido/a por.

unending [ʌnˈendɪŋ] ADJ interminable.

unendurable [ˈʌnɪnˈdjʊərəbl] ADJ inaguantable, insoportable.

unenterprising [ʌnˈentəpraɪzɪŋ] ADJ (*gen*) poco emprendedor(a); (*character*) tímido/a.

unenthusiastic [ˈʌnɪnˌθjuːzɪˈæstɪk] ADJ poco entusiasta.

unenviable [ʌnˈenvɪəbl] ADJ poco envidiable.

unequal [ʌnˈiːkwəl] ADJ desigual; **to be ~ to a task** no estar a la altura de una tarea.

unequalled, (*US*) **unequaled** [ʌnˈiːkwəld] ADJ inigualado/a, sin par.

unequivocal [ˈʌnɪˈkwɪvəkəl] ADJ inequívoco/a.

unequivocally [ˈʌnɪˈkwɪvəkəlɪ] ADV inequívocamente, de modo inequívoco.

unerring [ʌnˈɜːrɪŋ] ADJ infalible.

UNESCO [juːˈneskəʊ] N ABBR *of* **United Nations Educational, Scientific and Cultural Organization** UNESCO *f*.

unethical [ʌnˈeθɪkəl] ADJ poco ético/a.

uneven [ʌnˈiːvən] ADJ desigual; (*road etc*) quebrado/a.

unevenly [ʌnˈiːvənlɪ] ADV desigualmente.

uneventful [ˈʌnɪˈventfʊl] ADJ sin novedad.

unexceptionable [ˌʌnɪkˈsepʃnəbl] ADJ intachable, irreprochable.

unexceptional [ˌʌnɪkˈsepʃənl] ADJ sin nada de extraordinario, común y corriente, ordinario/a.

unexciting [ˈʌnɪkˈsaɪtɪŋ] ADJ sin interés.

unexpected [ˈʌnɪksˈpektɪd] ADJ inesperado/a, imprevisto/a.

unexpectedly [ˈʌnɪksˈpektɪdlɪ] ADV inesperadamente, en forma imprevista.

unexplained [ˈʌnɪksˈpleɪnd] ADJ inexplicado/a.

unexploded [ˈʌnɪksˈpləʊdɪd] ADJ sin explotar.

unexploited [ˈʌnɪksˈplɔɪtɪd] ADJ inexplotado/a, sin explotar.

unexplored [ˈʌnɪksˈplɔːd] ADJ inexplorado/a.

unexposed [ˈʌnɪksˈpəʊzd] ADJ (*Phot*) inexpuesto/a.

unexpressed [ˈʌnɪksˈprest] ADJ no expresado/a, tácito/a.

unexpurgated [ʌnˈekspɜːgeɪtɪd] ADJ sin expurgar, íntegro/a.

unfailing [ʌnˈfeɪlɪŋ] ADJ (*gen*) indefectible, infalible; (*supply*) inagotable.

unfailingly [ʌnˈfeɪlɪŋlɪ] ADV sin faltar, con seguridad; **to be ~ courteous** ser siempre cortés.

unfair [ʌnˈfeə] ADJ (*comp* **~er**; *superl* **~est**) (*gen*) injusto/a; (*competition*) desleal; (*price etc*) exagerado/a; **to be ~ to sb** ser injusto con algn; **~ dismissal** despido *m* improcedente.

unfairly [ʌnˈfeəlɪ] ADV (*see adj*) injustamente; deslealmente; exageradamente.

unfaithful [ʌnˈfeɪθfʊl] ADJ infiel (*to* a).

unfamiliar [ˈʌnfəˈmɪlɪə] ADJ desconocido/a, extraño/a; **to be ~ with sth** no estar familiarizado con algo; (*not know*) desconocer *or* ignorar algo.

unfashionable [ʌnˈfæʃnəbl] ADJ pasado/a *or* fuera de moda.

unfasten [ʌnˈfɑːsn] VT (*button etc*) desabrochar; (*rope etc*)

desatar, aflojar (LAm); (door) abrir.
unfathomable [ʌnˈfæðəməbl] ADJ insondable.
unfavourable, (US) **unfavorable** [ˈʌnˈfeɪvərəbl] ADJ (contrary) desfavorable, contrario/a; (adverse) adverso/a.
unfavourably, (US) **unfavorably** [ˈʌnˈfeɪvərəblɪ] ADV (see adj) desfavorablemente; adversamente.
unfeeling [ʌnˈfiːlɪŋ] ADJ insensible.
unfinished [ˈʌnˈfɪnɪʃt] ADJ inacabado/a, sin terminar; **we have ~ business** tenemos asuntos pendientes.
unfit [ʌnˈfɪt] ADJ **a** (unsuitable) no apto/a; (incompetent) incapaz. **b** (Sport: injured) lesionado/a; (: not physically fit) bajo/a de forma; (ill) indispuesto/a; **~ for military service** no apto para el servicio militar.
unflagging [ʌnˈflægɪŋ] ADJ incansable.
unflappable [ˈʌnˈflæpəbl] ADJ (fam) imperturbable.
unflattering [ˈʌnˈflætərɪŋ] ADJ poco lisonjero/a or halagüeño/a; (clothes, haircut) poco favorecedor(a).
unflinching [ˈʌnˈflɪntʃɪŋ] ADJ impávido/a, resuelto/a.
unfold [ʌnˈfəʊld] **1** VT desplegar, desdoblar; (fig) exponer. **2** VI (fig) revelarse, exponerse.
unforeseeable [ˈʌnfɔːˈsiːəbl] ADJ imprevisible.
unforeseen [ˈʌnfɔːˈsiːn] ADJ imprevisto/a.
unforgettable [ˈʌnfəˈɡetəbl] ADJ inolvidable.
unforgivable [ˈʌnfəˈɡɪvəbl] ADJ imperdonable.
unforgiving [ˈʌnfəˈɡɪvɪŋ] ADJ implacable.
unforgotten [ˈʌnfəˈɡɒtn] ADJ no olvidado/a.
unformatted [ˈʌnˈfɔːmætɪd] ADJ (disk, text) sin formatear.
unformed [ˈʌnˈfɔːmd] ADJ (shapeless) informe; (immature) inmaduro/a, sin formar aún.
unforthcoming [ˈʌnfɔːˈθkʌmɪŋ] ADJ poco comunicativo/a.
unfortunate [ʌnˈfɔːtʃnɪt] **1** ADJ (deserving of pity, unlucky) desgraciado/a, desdichado/a; (unsuitable, regrettable) inoportuno/a, poco afortunado/a; **how very ~!** ¡qué mala suerte!; **he was ~ enough to fall over** tuvo la desgracia or mala suerte de caerse; **it is most ~ that he left** es una lástima or de lamentar que se haya ido. **2** N desgraciado/a m/f.
▼**unfortunately** [ʌnˈfɔːtʃnɪtlɪ] ADV desgraciadamente, por desgracia.
unfounded [ˈʌnˈfaʊndɪd] ADJ infundado/a, sin fundamento.
unfreeze [ˈʌnˈfriːz] **1** VT descongelar. **2** VI descongelarse.
unfriendly [ˈʌnˈfrendlɪ] ADJ (comp **-ier**; superl **-iest**) hostil, poco amigable.
unfulfilled [ˈʌnfʊlˈfɪld] ADJ incumplido/a.
unfunny [ˈʌnˈfʌnɪ] ADJ (fam) nada divertido/a.
unfurl [ʌnˈfɜːl] VT desplegar.
unfurnished [ˈʌnˈfɜːnɪʃt] ADJ sin amueblar.
ungainly [ʌnˈɡeɪnlɪ] ADJ (gen) torpe, patoso/a; (in walk) desgarbado/a.
ungenerous [ˈʌnˈdʒenərəs] ADJ poco generoso/a.
un-get-at-able [ˈʌnɡetˈætəbl] ADJ (fam) inaccesible.
unglazed [ˈʌnˈɡleɪzd] ADJ no vidriado/a; (window) sin cristales.
ungodly [ʌnˈɡɒdlɪ] ADJ impío/a, irreligioso/a; **an ~ hour** (fam) una hora intempestiva.
ungracious [ˈʌnˈɡreɪʃəs] ADJ descortés/esa, grosero/a.
ungrammatical [ˈʌnɡrəˈmætɪkəl] ADJ incorrecto/a.
ungrateful [ʌnˈɡreɪtfʊl] ADJ ingrato/a.
ungrudging [ˈʌnˈɡrʌdʒɪŋ] ADJ liberal, generoso/a; (support etc) incondicional.
unguarded [ˈʌnˈɡɑːdɪd] ADJ **a** (Mil etc) indefenso/a, sin protección. **b** (fig: careless) descuidado/a; (: thoughtless) imprudente; **I caught him in an ~ moment** le cogí or (LAm) agarré (en un momento en que estaba) desprevenido/a.
unhampered [ˈʌnˈhæmpəd] ADJ: **~ by** no estorbado/a por.
unhappily [ʌnˈhæpɪlɪ] ADV (miserably) tristemente; (unfortunately) desgraciadamente.
unhappiness [ʌnˈhæpɪnɪs] N desdicha f, desgracia f.
▼**unhappy** [ʌnˈhæpɪ] ADJ (comp **-ier**; superl **-iest**) **a** (sad) infeliz; (unlucky) desdichado/a, desgraciado/a. **b** (not pleased) descontento/a; (uneasy, worried) inquieto/a; **we**

are **~ about the decision** no nos gusta la decisión **c** (unfortunate) inoportuno/a, infeliz.
unharmed [ˈʌnˈhɑːmd] ADJ (person) ileso/a; (thing intacto/a.
UNHCR N ABBR of **United Nations High Commission fo Refugees** ACNUR m.
unhealthy [ʌnˈhelθɪ] ADJ (comp **-ier**; superl **-iest**) (person enfermizo/a; (climate, place etc) malsano/a, insalubre (complexion) de aspecto poco sano; (curiosity etc morboso/a.
unheard-of [ʌnˈhɜːdɒv] ADJ (unprecedented) inaudito/a desconocido/a; (outrageous) escandaloso/a.
unheeded [ˈʌnˈhiːdɪd] ADJ: **the warning went ~** la ad vertencia fue desatendida, no se hizo caso de la ad vertencia.
unhelpful [ʌnˈhelpfʊl] ADJ (person) poco servicial (useless) inútil, que no sirve.
unhesitating [ʌnˈhezɪteɪtɪŋ] ADJ (steadfast, unwavering resuelto/a, decidido/a; (prompt, immediate) inmediato/a pronto/a.
unhesitatingly [ʌnˈhezɪteɪtɪŋlɪ] ADV: **he said ~** dijo si vacilar or (Chi) al tiro.
unhindered [ˈʌnˈhɪndəd] ADJ: **~ by** no estorbado/a por.
unhinge [ʌnˈhɪndʒ] VT desquiciar; (fig) trastornar.
unhinged [ˈʌnˈhɪndʒd] ADJ (mad) loco/a.
unhitch [ˈʌnˈhɪtʃ] VT desenganchar.
unholy [ʌnˈhəʊlɪ] ADJ impío/a; (fam) atroz.
unhook [ˈʌnˈhʊk] VT (remove) desenganchar, descolgar (undo) desabrochar, desatar.
unhoped-for [ʌnˈhəʊptfɔːr] ADJ inesperado/a.
unhurried [ˈʌnˈhʌrɪd] ADJ (slow) pausado/a, lento/a (cautious) cuidadoso/a.
unhurt [ˈʌnˈhɜːt] ADJ ileso/a.
unhygienic [ˈʌnhaɪˈdʒiːnɪk] ADJ antihigiénico/a.
uni... [ˈjuːnɪ] PREF uni...
UNICEF [ˈjuːnɪsef] N ABBR of **United Nations Internationa Children's Emergency Fund** UNICEF m.
unicorn [ˈjuːnɪkɔːn] N unicornio m.
unicycle [ˈjuːnɪsaɪkl] N monociclo m.
unidentified [ˈʌnaɪˈdentɪfaɪd] ADJ sin identificar, n identificado/a; **~ flying object** objeto m volante n identificado.
unification [ˌjuːnɪfɪˈkeɪʃən] N unificación f.
uniform [ˈjuːnɪfɔːm] **1** ADJ uniforme. **2** N uniforme m **in/out of ~** con/sin uniforme.
uniformity [ˌjuːnɪˈfɔːmɪtɪ] N uniformidad f.
uniformly [ˈjuːnɪfɔːmlɪ] ADV uniformemente, de mode uniforme.
unify [ˈjuːnɪfaɪ] VT unificar, unir.
unilateral [ˈjuːnɪˈlætərəl] ADJ unilateral; **~ disarmamen** desarme m unilateral.
unimaginable [ˌʌnɪˈmædʒnəbl] ADJ inimaginable.
unimaginative [ˈʌnɪˈmædʒnətɪv] ADJ falto/a d imaginación.
unimpaired [ˈʌnɪmˈpeəd] ADJ (unharmed) intacto/a entero/a, no dañado/a; (not lessened) no disminuido/a (unaltered) inalterado/a.
unimpeachable [ˌʌnɪmˈpiːtʃəbl] ADJ irreprochable.
unimportant [ˈʌnɪmˈpɔːtənt] ADJ sin importancia.
unimpressed [ˈʌnɪmˈprest] ADJ: **he remained ~** siguió sin inmutarse.
uninformed [ˈʌnɪnˈfɔːmd] ADJ: **to be ~ about sth** no esta enterado/a de algo, desconocer algo.
uninhabited [ˈʌnɪnˈhæbɪtɪd] ADJ (deserted) desierto/a despoblado/a; (house) desocupado/a.
uninhibited [ˈʌnɪnˈhɪbɪtɪd] ADJ nada cohibido/a, sir reservas.
uninitiated [ˈʌnɪˈnɪʃɪeɪtɪd] NPL: **the ~** los no iniciados.
uninjured [ˈʌnˈɪndʒəd] ADJ ileso/a.
uninspired [ˈʌnɪnˈspaɪəd] ADJ (gen) sin inspiración (mediocre) mediocre.
uninspiring [ˈʌnɪnˈspaɪərɪŋ] ADJ nada inspirador(a).
uninsured [ˈʌnɪnˈʃʊəd] ADJ no asegurado/a.
unintelligent [ˈʌnɪnˈtelɪdʒənt] ADJ poco inteligente tonto/a.
unintelligible [ˈʌnɪnˈtelɪdʒəbl] ADJ ininteligible, incom-

➤ SENTENCE BUILDER: **unfortunately** → 7.2 **unhappy** → 6

prensible.

unintended [ˌʌnɪnˈtendɪd], **unintentional** [ˈʌnɪnˈtenʃənl] ADJ involuntario/a, no intencionado/a.

unintentionally [ˈʌnɪnˈtenʃnəlɪ] ADV sin querer.

uninterested [ʌnˈɪntrɪstɪd] ADJ (*indifferent*) indiferente, desinteresado/a; **I am quite ~ in what he thinks** me es igual *or* indiferente lo que piensa él.

uninteresting [ˈʌnˈɪntrɪstɪŋ] ADJ sin interés, poco interesante.

uninterrupted [ˈʌn,ɪntəˈrʌptɪd] ADJ ininterrumpido/a.

uninvited [ˈʌnɪnˈvaɪtɪd] ADJ (*guest etc*) sin invitación; (*criticism*) gratuito/a; **she helped herself ~ to cake** se sirvió pastel sin esperar que la ofreciesen.

uninviting [ˈʌnɪnˈvaɪtɪŋ] ADJ poco atractivo/a.

union [ˈjuːnjən] **1** N **a** unión *f*; **U~ of Soviet Socialist Republics** (*formerly*) Unión de Repúblicas Socialistas Soviéticas.
b (*trade ~*) sindicato *m*, gremio *m*.
c (*club, society*) club *m*, sociedad *f*.
2 CPD: **~ card** N carnet *m* de sindicato; **U~ Jack** N bandera *f* del Reino Unido; **~ leader** N líder *mf* sindical; **~ shop** N (*US*) taller *m* de afiliación (sindical) obligatoria.

unionist [ˈjuːnjənɪst] **1** ADJ (*Brit Pol*) unionista. **2** N **a** = **trade(s) ~**. **b** (*Brit Pol*) **U~** Unionista *mf*.

unionize [ˈjuːnjənaɪz] VT sindicalizar.

unique [juːˈniːk] ADJ (*gen*) único/a; (*unequalled*) sin par *or* igual.

uniquely [juːˈniːklɪ] ADV (*only*) únicamente, exclusivamente; (*outstandingly*) destacadamente.

uniqueness [juːˈniːknɪs] N unicidad *f*.

unisex [ˈjuːnɪseks] ADJ unisex *inv*.

unison [ˈjuːnɪzn] N: **in ~** (*Mus*) al unísono; (*fig*) **to act in ~ with sb** obrar de acuerdo con algn.

unissued [ˈʌnˈɪʃuːd] ADJ: **~ capital** capital *m* no emitido.

unit [ˈjuːnɪt] **1** N (*gen*) unidad *f*; (*Tech: mechanism*) conjunto *m*; (: *device*) aparato *m*.
2 CPD: **~ cost** N (*Brit Fin*) costo *m* por unidad; **~ price** N precio *m* unitario; **~ trust** N (*Brit Fin*) sociedad *f* de inversiones.

unite [juːˈnaɪt] **1** VT (*join*) unir, juntar; (*parts of country etc*) unificar. **2** VI unirse, juntarse.

united [juːˈnaɪtɪd] ADJ unido/a; **U~ Arab Emirates** Emiratos *mpl* Árabes Unidos; **U~ Kingdom** Reino *m* Unido; **U~ Nations (Organization)** (Organización *f* de) las Naciones Unidas; **U~ States (of America)** Estados *mpl* Unidos (de América).

unity [ˈjuːnɪtɪ] N (*oneness*) unidad *f*, unión *f*; (*harmony*) armonía *f*, acuerdo *m*; **~ is strength** la unión hace la fuerza.

Univ. ABBR **of university** U.

universal [ˌjuːnɪˈvɜːsəl] ADJ (*gen*) universal; (*worldwide*) mundial; (*general*) general, global; (*common*) común; **~ joint** (*Tech*) junta *f* cardán *or* universal; **~ product code** (*US*) código *m* de barras; **~ suffrage** sufragio *m* universal.

universally [ˌjuːnɪˈvɜːsəlɪ] ADV (*see adj*) universalmente; mundialmente; generalmente; comúnmente.

universe [ˈjuːnɪvɜːs] N universo *m*.

university [ˌjuːnɪˈvɜːsɪtɪ] **1** N universidad *f*; **to be at/go to ~** estar en/ir a la universidad. **2** CPD universitario/a; **~ town** N ciudad *f* que tiene universidad.

unjust [ˈʌnˈdʒʌst] ADJ injusto/a.

unjustifiable [ʌnˈdʒʌstɪfaɪəbl] ADJ injustificable.

unjustifiably [ʌnˈdʒʌstɪfaɪəblɪ] ADV injustificadamente.

unjustified [ˈʌnˈdʒʌstɪfaɪd] ADJ injustificado/a; (*text*) no alineado/a, no justificado/a.

unjustly [ˈʌnˈdʒʌstlɪ] ADV injustamente.

unkempt [ˈʌnˈkempt] ADJ (*clothes, appearance*) descuidado/a, desaseado/a; (*hair*) despeinado/a.

unkind [ʌnˈkaɪnd] ADJ (*comp* **~er**; *superl* **~est**) (*gen*) poco amable, nada amistoso/a; (*cruel*) cruel, despiadado/a; (*severe*) severo/a, duro/a.

unkindly [ʌnˈkaɪndlɪ] ADV cruelmente; (*harshly*) desconsideradamente; **don't take it ~ if ...** no lo tome a mal si ....

unkindness [ʌnˈkaɪndnɪs] N (*see adj*) falta *f* de amabilidad; crueldad *f*; severidad *f*; **to do sb an ~** ser injusto con algn.

unknowing [ˈʌnˈnəʊɪŋ] ADJ inconsciente; **she was the ~ cause** ella fue la causa, inconscientemente.

unknowingly [ˈʌnˈnəʊɪŋlɪ] ADV (*unwillingly*) inconscientemente, sin querer; (*in ignorance*) sin darse cuenta.

unknown [ˈʌnˈnəʊn] **1** ADJ desconocido/a; **~ quantity** incógnita *f*; **the U~ Soldier** *or* **Warrior** el soldado desconocido; **to be ~ to sb** ser desconocido para algn; **it's ~ to me** lo desconozco.
2 ADV: **~ to me** sin saberlo yo.
3 N (*person*) desconocido/a *m/f*; (*Math*) incógnita *f*; **the ~** lo desconocido.

unlace [ˈʌnˈleɪs] VT desenlazar; (*shoes*) desatar los cordones de.

unladylike [ˈʌnˈleɪdɪlaɪk] ADJ impropio/a de una señora.

unlawful [ˈʌnˈlɔːfʊl] ADJ ilegal, ilícito/a.

unleaded [ˌʌnˈledɪd] **1** ADJ (*petrol*) sin plomo. **2** N gasolina *f* sin plomo.

unleash [ˈʌnˈliːʃ] VT (*dog*) desatraillar, soltar; (*fig*) desencadenar, desatar.

unleavened [ˈʌnˈlevnd] ADJ: **~ bread** pan *m* ázimo *or* cenceño.

unless [ənˈles] CONJ a menos que, a no ser que; **~ he comes tomorrow** a menos que venga mañana.

unlicensed [ˈʌnˈlaɪsənst] ADJ sin permiso, sin licencia.

unlike [ˈʌnˈlaɪk] **1** ADJ distinto/a. **2** PREP a diferencia de; **it's quite ~ him** es impropio *or* poco típico de él; **I, ~ others ...** yo, a diferencia de los demás ....

unlikelihood [ʌnˈlaɪklɪhʊd], **unlikeliness** [ʌnˈlaɪklɪnɪs] N improbabilidad *f*.

▼**unlikely** [ʌnˈlaɪklɪ] ADJ (*comp* **-ier**; *superl* **-iest**) improbable, poco probable; **it is ~ that he will come, he is ~ to come** es poco probable que venga.

unlimited [ʌnˈlɪmɪtɪd] ADJ ilimitado/a, sin límite; **~ company** (*Comm*) compañía *f* ilimitada; **~ liability** (*Comm*) responsabilidad *f* ilimitada.

unlined [ˈʌnˈlaɪnd] ADJ (*without lines: paper*) sin rayas; (: *face*) sin arrugas; (*without lining*) sin forro.

unlisted [ˈʌnˈlɪstɪd] ADJ: **~ company** sociedad *f* sin cotización oficial; **~ number** (*US*) número *m* que no figura en la guía telefónica; **~ securities** valores *mpl* no inscritos en bolsa.

unlit [ˈʌnˈlɪt] ADJ (*dark*) oscuro/a, sin luz; (*street*) sin alumbrado.

unload [ˈʌnˈləʊd] **1** VT **a** descargar. **b** (*fam: get rid of*) deshacerse de. **2** VI descargar.

unlock [ˈʌnˈlɒk] VT abrir (con llave).

unloose [ˈʌnˈluːs], **unloosen** [ʌnˈluːsn] VT aflojar, soltar.

unlovable [ˈʌnˈlʌvəbl] ADJ antipático/a.

unluckily [ʌnˈlʌkɪlɪ] ADV desgraciadamente, por desgracia.

unlucky [ʌnˈlʌkɪ] ADJ (*comp* **-ier**; *superl* **-iest**) desgraciado/a; (*ill-omened*) funesto/a, nefasto/a; **he was ~ enough to meet him** tuvo la desgracia *or* mala suerte de conocerlo; **to be ~** (*person*) tener mala suerte; **it's ~ to whistle** silbar trae mala suerte.

unmade [ˈʌnˈmeɪd] ADJ (*bed*) deshecho/a.

unmanageable [ʌnˈmænɪdʒəbl] ADJ (*unwieldy*) poco manejable, difícil de manejar; (*uncontrollable*) ingobernable.

unmannerly [ʌnˈmænəlɪ] ADJ (*frm*) mal educado/a.

unmarked [ˈʌnˈmɑːkt] ADJ (*unstained*) sin mancha; (*without marking*) sin marca; (*uncorrected*) sin corregir; (*police car*) camuflado/a.

unmarketable [ˈʌnˈmɑːkɪtəbl] ADJ invendible.

unmarried [ˈʌnˈmærɪd] ADJ soltero/a.

unmask [ˈʌnˈmɑːsk] VT (*fig*) desenmascarar.

unmatched [ˈʌnˈmætʃt] ADJ incomparable, sin par.

unmentionable [ʌnˈmenʃnəbl] ADJ que no se puede *or* quiere mencionar *or* nombrar.

unmerciful [ʌnˈmɜːsɪfʊl] ADJ despiadado/a.

unmindful [ʌnˈmaɪndfʊl] ADJ: **to be ~ of sth** (*frm*) no hacer caso de algo.

unmistak(e)able [ˈʌnmɪsˈteɪkəbl] ADJ inconfundible, inequívoco/a.

> SENTENCE BUILDER: **unlikely** → 17.2

unmistak(e)ably [ˈʌnmɪsˈteɪkəblɪ] ADV de modo inconfundible.

unmitigated [ʌnˈmɪtɪɡeɪtɪd] ADJ (*liar, rogue*) redomado/a, rematado/a; (*dislike*) completo/a, absoluto/a; **it was an ~ disaster** fue un desastre total.

unmotivated [ˈʌnˈməʊtɪveɪtɪd] ADJ sin motivo.

unmounted [ˈʌnˈmaʊntɪd] ADJ (*frameless*) sin marco.

unmoved [ˈʌnˈmuːvd] ADJ impasible.

unnamed [ˈʌnˈneɪmd] ADJ (*nameless*) sin nombre; (*anonymous*) anónimo/a.

unnatural [ʌnˈnætʃrəl] ADJ (*gen*) antinatural; (*abnormal*) anormal; (*perverted*) perverso/a.

unnaturally [ʌnˈnætʃrəlɪ] ADV (*see adj*) de manera poco natural, anormalmente, perversamente; **not ~ he was cross** era lógico que se enfadara, lógicamente se enfadó.

unnecessarily [ʌnˈnesɪsərɪlɪ] ADV innecesariamente, sin necesidad.

unnecessary [ʌnˈnesɪsərɪ] ADJ innecesario/a; (*superfluous*) superfluo/a.

unneighbourly, (*US*) **unneighborly** [ʌnˈneɪbəlɪ] ADJ impropio/a de un buen vecino.

unnerve [ʌnˈnɜːv] VT acobardar.

unnerving [ʌnˈnɜːvɪŋ] ADJ desconcertante.

unnoticed [ʌnˈnəʊtɪst] ADJ: **to go** or **pass ~** pasar inadvertido/a.

UNO N ABBR of **United Nations Organization** ONU f.

unobjectionable [ˈʌnəbˈdʒekʃnəbl] ADJ inofensivo/a.

unobservant [ˈʌnəbˈzɜːvənt] ADJ (*person etc*) distraído/a.

unobserved [ˈʌnəbˈzɜːvd] ADJ (*not seen*) inadvertido/a; (*not celebrated*) sin celebrar or (*LAm*) festejar.

unobstructed [ˈʌnəbˈstrʌktɪd] ADJ (*pipe etc*) despejado/a; (*view etc*) sin obstáculos.

unobtainable [ˈʌnəbˈteɪnəbl] ADJ (*gen*) inasequible, inalcanzable; (*Telec*) incomunicable.

unobtrusive [ˈʌnəbˈtruːsɪv] ADJ discreto/a.

unoccupied [ʌnˈɒkjʊpaɪd] ADJ libre, desocupado/a; (*Mil*) despoblado/a.

unofficial [ˈʌnəˈfɪʃəl] ADJ extraoficial, no oficial; (*unconfirmed*) sin confirmar; **~ strike** huelga f no oficial.

unofficially [ˈʌnəˈfɪʃəlɪ] ADV de modo or (*LAm*) en forma extraoficial.

unopened [ˈʌnˈəʊpənd] ADJ sin abrir.

unopposed [ˈʌnəˈpəʊzd] ADJ sin oposición.

unorganized [ˈʌnˈɔːɡənaɪzd] ADJ (*spontaneous*) no organizado/a; (*untidy*) desorganizado/a.

unorthodox [ˈʌnˈɔːθədɒks] ADJ poco or no ortodoxo/a.

unpack [ˈʌnˈpæk] **1** VT deshacer, desempacar (*LAm*). **2** VI deshacer las maletas, desempacar (*LAm*).

unpaid [ˈʌnˈpeɪd] ADJ (*work: without pay*) sin sueldo, no retribuido/a; (: *voluntary etc*) sin cobrar, gratis; (*bill etc*) sin pagar.

unpalatable [ʌnˈpælɪtəbl] ADJ (*food*) de mal sabor; (*fig*) desagradable.

unparalleled [ʌnˈpærəleld] ADJ (*unequalled*) sin par; (*unprecedented*) sin precedentes.

unpardonable [ʌnˈpɑːdnəbl] ADJ imperdonable.

unpatriotic [ˈʌnˌpætrɪˈɒtɪk] ADJ antipatriótico/a, poco patriótico/a.

unperturbed [ˈʌnpɜːˈtɜːbd] ADJ impertérrito/a, sin alterarse (*LAm*).

unpick [ˈʌnˈpɪk] VT descoser.

unpin [ˈʌnˈpɪn] VT desprender, quitar los alfileres de.

unpleasant [ʌnˈpleznt] ADJ (*gen*) desagradable; (*person*) antipático/a; (: *rude*) grosero/a, mal educado/a.

unpleasantness [ʌnˈplezntnɪs] N (*see adj*) lo desagradable; antipatía f, lo antipático; grosería f, falta f de educación; (*bad feeling, quarrel*) desavenencia f, disgusto m; **there has been a lot of ~** ha habido muchos disgustos.

unplug [ˈʌnˈplʌɡ] VT desenchufar, desconectar.

unpolished [ˈʌnˈpɒlɪʃt] ADJ sin pulir; (*diamond*) en bruto; (*fig*) tosco/a, inculto/a.

unpolluted [ˈʌnpəˈluːtɪd] ADJ impoluto/a, no contaminado/a.

unpopular [ˈʌnˈpɒpjʊləʳ] ADJ (*gen*) impopular, poco popular; (*unacceptable*) inaceptable, mal visto/a; **it is ~**

with the miners los mineros no lo aceptan; **to make o.s. ~** hacerse impopular.

unprecedented [ʌnˈpresɪdəntɪd] ADJ sin precedentes, inaudito/a.

unpredictable [ˈʌnprɪˈdɪktəbl] ADJ (*situation*) impredecible; (*weather*) variable; (*person*) caprichoso/a, de reacción imprevisible; (*event*) imprevisible.

unprejudiced [ʌnˈpredʒʊdɪst] ADJ (*not biased*) imparcial; (*having no prejudices*) sin prejuicios.

unprepared [ˈʌnprɪˈpɛəd] ADJ desprevenido/a; (*improvised*) improvisado/a; **to be ~ for sth** no estar preparado para algo, no esperar algo.

unprepossessing [ˈʌnˌpriːpəˈzesɪŋ] ADJ poco atractivo/a.

unpretentious [ˈʌnprɪˈtenʃəs] ADJ modesto/a, sin pretensiones.

unpriced [ˈʌnˈpraɪst] ADJ sin precio.

unprincipled [ʌnˈprɪnsɪpld] ADJ sin escrúpulos, cínico/a.

unprintable [ˈʌnˈprɪntəbl] ADJ intranscribible.

unproductive [ˈʌnprəˈdʌktɪv] ADJ (*soil etc*) improductivo/a; (*meeting etc*) infructuoso/a.

unprofessional [ˈʌnprəˈfeʃnl] ADJ (*ethically*) indigno/a de su profesión, poco profesional; (*unskilled*) inexperto/a.

unprofitable [ʌnˈprɒfɪtəbl] ADJ (*gen*) improductivo/a; (*financially*) poco provechoso/a.

UNPROFOR, Unprofor [ˈʌnprəfɔːʳ] N ABBR of **United Nations Protection Force** FORPRONU f, Unprofor f.

unpronounceable [ˈʌnprəˈnaʊnsəbl] ADJ impronunciable.

unprotected [ˈʌnprəˈtektɪd] ADJ (*gen*) sin protección; (*uncovered*) destapado/a, descubierto/a; (*fig*) desamparado/a, indefenso/a.

unprovoked [ˈʌnprəˈvəʊkt] ADJ no provocado/a, sin provocación.

unpublished [ˈʌnˈpʌblɪʃt] ADJ inédito/a.

unpunished [ˈʌnˈpʌnɪʃt] ADJ: **to go ~** quedar sin castigo or impune.

unputdownable [ˈʌnpʊtˈdaʊnəbl] ADJ (*fam*) absorbente.

unqualified [ˈʌnˈkwɒlɪfaɪd] ADJ **a** no calificado/a, sin título. **b** (*absolute*) incondicional.

unquestionable [ʌnˈkwestʃənəbl] ADJ indiscutible.

unquestionably [ʌnˈkwestʃənəblɪ] ADV indiscutiblemente.

unquestioning [ʌnˈkwestʃənɪŋ] ADJ (*faith etc*) ciego/a.

unquote [ˈʌnˈkwəʊt] N: **'~'** 'fin m de la cita'.

unquoted [ˈʌnˈkwəʊtɪd] ADJ (*share etc*) no cotizado/a, sin cotización oficial.

unravel [ʌnˈrævəl] **1** VT desenredar, desenmarañar. **2** VI desenredarse, desenmarañarse.

unreadable [ˈʌnˈriːdəbl] ADJ (*writing etc*) ilegible; (*fig: turgid etc*) imposible de leer.

unreal [ˈʌnˈrɪəl] ADJ **a** irreal; (*illusory*) imaginario/a, ilusorio/a. **b** (*US fam: extraordinary*) increíble; (: *difficult*) dificilísimo/a.

unrealistic [ˈʌnrɪəˈlɪstɪk] ADJ poco realista; (*person*) iluso/a.

unreality [ˈʌnrɪˈælɪtɪ] N irrealidad f.

unrealized [ˈʌnˈriːəlaɪzd] ADJ (*objective*) no logrado/a.

unreasonable [ʌnˈriːznəbl] ADJ irrazonable, exento/a de razón; (*too great*) excesivo/a; **he was most ~ about it** respondió en una forma irracional.

unreceptive [ˈʌnrɪˈseptɪv] ADJ poco receptivo/a.

unrecognizable [ˈʌnˈrekəɡnaɪzəbl] ADJ irreconocible.

unrecognized [ˈʌnˈrekəɡnaɪzd] ADJ (*talent, genius*) desapercibido/a; (*Pol: regime*) no reconocido/a; **he walked along the road ~ by passers-by** fue por la calle sin que los transeúntes le reconocieran.

unrecorded [ˈʌnrɪˈkɔːdɪd] ADJ no registrado/a, ignorado/a.

unredeemed [ˈʌnrɪˈdiːmd] ADJ (*pledge*) no desempeñado/a; (*bill*) sin redimir; (*debt*) sin amortizar.

unrefined [ˈʌnrɪˈfaɪnd] ADJ (*oil, sugar etc*) crudo/a, sin refinar; (*person, manners: coarse*) inculto/a, poco refinado/a.

unrehearsed ['ʌnrɪ'hɜːst] ADJ (*Theat etc*) improvisado/a; (*spontaneous*) imprevisto/a.

unrelated ['ʌnrɪ'leɪtɪd] ADJ (*unconnected*) inconexo/a; (*by family*) no emparentado/a.

unrelenting ['ʌnrɪ'lentɪŋ] ADJ (*rain, attack etc*) implacable; (*person, heat*) despiadado/a.

unreliable ['ʌnrɪ'laɪəbl] ADJ (*person*) informal; (*machine*) poco fiable; (*information*) poco seguro/a, sin fundamento; **this map is ~** este mapa no es de fiar.

unrelieved ['ʌnrɪ'liːvd] ADJ (*work etc*) sin alivio; **sadness ~ by hope** tristeza sin alivio de esperanza.

unremarkable ['ʌnrɪ'mɑːkəbl] ADJ ordinario/a.

unremitting ['ʌnrɪ'mɪtɪŋ] ADJ incansable; (*continuous*) continuo/a.

unrepeatable ['ʌnrɪ'piːtəbl] ADJ irrepetible; **what he said is quite ~** no me atrevo a repetir lo que me dijo; **an ~ bargain** una ganga única.

unrepentant ['ʌnrɪ'pentənt] ADJ impenitente.

unreported [,ʌnrɪ'pɔːtɪd] ADJ (*crime*) no denunciado/a, sin denunciar.

unrepresentative ['ʌn,reprɪ'zentətɪv] ADJ (*untypical*) poco representativo/a; **he holds an ~ view** su punto de vista es atípico.

unrequited ['ʌnrɪ'kwaɪtɪd] ADJ no correspondido/a.

unreserved ['ʌnrɪ'zɜːvd] ADJ **a** (*not booked*) no reservado/a. **b** (*frank*) franco/a, directo/a. **c** (*complete*) total, completo/a.

unrest [ʌn'rest] N (*Pol*) desorden *m*, disturbio *m*.

unrestrained ['ʌnrɪ'streɪnd] ADJ desenfrenado/a.

unrestricted ['ʌnrɪ'strɪktɪd] ADJ sin restricción; **~ access** libre acceso.

unrewarded ['ʌnrɪ'wɔːdɪd] ADJ sin recompensa; **to go ~** quedar sin recompensa.

unrewarding ['ʌnrɪ'wɔːdɪŋ] ADJ ingrato/a; (*financially*) improductivo/a.

unripe ['ʌn'raɪp] ADJ verde.

unrivalled, (*US*) **unrivaled** [ʌn'raɪvəld] ADJ sin par, incomparable.

unroadworthy ['ʌn'rəud,wɜːðɪ] ADJ no apto/a para circular.

unroll ['ʌn'rəul] **1** VT desenrollar. **2** VI desenrollarse.

unruffled ['ʌn'rʌfld] ADJ (*person*) sereno/a, imperturbable; (*hair, surface*) liso/a.

unruly [ʌn'ruːlɪ] ADJ (*comp* **-ier**; *superl* **-iest**) (*child, behaviour, mob*) revoltoso/a, alterado/a; (*hair*) despeinado/a.

UNRWA ['ʌnrə] N ABBR of **United Nations Relief and Works Agency**.

unsafe ['ʌn'seɪf] ADJ (*machine, wiring etc*) peligroso/a; (*method*) arriesgado/a; (*uncertain*) inseguro/a; **~ to drink** *or* **eat** no apto para consumo humano; **to feel ~** sentirse inseguro.

unsaid ['ʌn'sed] ADJ sin decir, sin expresar; **much was left ~** muchas cosas se quedaron por decir.

unsaleable, (*US*) **unsalable** [,ʌn'seɪləbl] ADJ invendible.

unsatisfactory ['ʌn,sætɪs'fæktərɪ] ADJ poco satisfactorio/a.

unsatisfied ['ʌn'sætɪsfaɪd] ADJ insatisfecho/a.

unsatisfying ['ʌn'sætɪsfaɪɪŋ] ADJ poco satisfactorio/a; (*insufficient*) insuficiente.

unsavoury, (*US*) **unsavory** ['ʌn'seɪvərɪ] ADJ (*person*) indeseable; (*remark etc*) desagradable.

unscathed [ʌn'skeɪðd] ADJ ileso/a.

unscheduled ['ʌn'ʃedjuːld] ADJ no programado/a.

unscientific ['ʌn,saɪən'tɪfɪk] ADJ poco científico/a.

unscramble [ʌn'skræmbl] VT (*message*) descifrar; (*TV*) descodificar.

unscrew ['ʌn'skruː] **1** VT des(a)tornillar. **2** VI des(a)tornillarse.

unscrupulous [ʌn'skruːpjʊləs] ADJ sin escrúpulos.

unseat ['ʌn'siːt] VT (*rider*) desarzonar; (*passenger etc*) echar de su asiento; (*MP*) hacer perder su escaño.

unsecured ['ʌnsɪ'kjʊəd] ADJ (*Fin*) no respaldado/a, sin aval; **~ creditor** acreedor *m* común; **~ debt** deuda *f* sin respaldo.

unseeded ['ʌn'siːdɪd] ADJ (*player*) no preseleccionado/a.

unseemly [ʌn'siːmlɪ] ADJ (*gen*) mal visto/a; (*behaviour*) impropio/a.

unseen ['ʌn'siːn] **1** ADJ (*hidden*) oculto/a; (*unknown*) desconocido/a. **2** N (*Scol*) traducción *f* (al idioma materno).

unselfconscious ['ʌn,self'kɒnʃəs] ADJ natural.

unselfish ['ʌn'selfɪʃ] ADJ desinteresado/a.

unserviceable ['ʌn'sɜːvɪsəbl] ADJ inservible.

unsettle ['ʌn'setl] VT (*gen*) trastornar; (*distress*) agitar, alterar; (*worry*) inquietar.

unsettled ['ʌn'setld] ADJ **a** (*undecided: matter*) pendiente; (: *person*) indeciso/a, vacilante. **b** (*changeable: weather*) variable; (: *situation*) inestable; **to feel ~** estar incómodo/a.

unsettling ['ʌn'setlɪŋ] ADJ perturbador(a).

unshak(e)able [ʌn'ʃeɪkəbl] ADJ inquebrantable.

unshaken ['ʌn'ʃeɪkən] ADJ impertérrito/a.

unshockable ['ʌn'ʃɒkəbl] ADJ: **she's ~** no se escandaliza por nada.

unshrinkable ['ʌn'ʃrɪŋkəbl] ADJ que no encoge.

unsighted ['ʌn'saɪtɪd] ADJ (*blind*) no vidente; (*with no view*) con la visión obstruida.

unsightly [ʌn'saɪtlɪ] ADJ feo/a, desagradable.

unskilled ['ʌn'skɪld] ADJ: **~ workers** mano *fsg* de obra no cualificada.

unsmiling ['ʌn'smaɪlɪŋ] ADJ sin sonrisa.

unsociable ['ʌn'səʊʃəbl] ADJ insociable, huraño/a.

unsocial [ʌn'səʊʃəl] ADJ antisocial; **to work ~ hours** trabajar fuera de las horas normales.

unsold ['ʌn'səʊld] ADJ sin *or* por vender.

unsolicited ['ʌnsə'lɪsɪtɪd] ADJ no solicitado/a.

unsolved ['ʌn'sɒlvd] ADJ no resuelto/a, sin resolver.

unsophisticated ['ʌnsə'fɪstɪkeɪtɪd] ADJ sencillo/a, cándido/a; (*pej*) burdo/a.

unsound ['ʌn'saʊnd] ADJ (*in health*) malo/a; (*in construction*) defectuoso/a; (*unstable*) poco sólido/a *or* estable; (*argument, opinion etc*) falso/a, erróneo/a; **of ~ mind** (*Jur*) mentalmente incapacitado/a; **the book is ~ on some points** el libro se equivoca en algunos puntos.

unsparing [ʌn'speərɪŋ] ADJ (*generous*) pródigo/a, generoso/a; (*untiring*) incansable; (*unmerciful*) despiadado/a.

unspeakable [ʌn'spiːkəbl] ADJ (*terrible: pain etc*) horrible, indecible; (*dreadful*) incalificable.

unspeakably [ʌn'spiːkəblɪ] ADV: **to suffer ~** sufrir lo indecible; **it was ~ bad** fue horroroso.

unspecified ['ʌn'spesɪfaɪd] ADJ no especificado/a.

unspoiled ['ʌn'spɔɪld], **unspoilt** ['ʌn'spɔɪlt] ADJ (*place*) sin estropear, incólume; (*child*) natural, no mimado/a.

unspoken ['ʌn'spəʊkən] ADJ tácito/a, sobreentendido/a.

unstable ['ʌn'steɪbl] ADJ inestable; (*weather*) variable.

unsteady ['ʌn'stedɪ] ADJ inestable; (*voice*) tembloroso/a; **to be ~ on one's feet** tambalearse.

unstinting [ʌn'stɪntɪŋ] ADJ pródigo/a; **to be ~ in one's praise** no escatimar las alabanzas, prodigar las alabanzas.

unstoppable [ʌn'stɒpəbl] ADJ incontenible, irrefrenable.

unstressed ['ʌn'strest] ADJ átono/a, inacentuado/a.

unstuck ['ʌn'stʌk] ADJ: **to come ~** (*label etc*) despegarse, desprenderse; (*fam*) fracasar, sufrir un revés.

unsubstantiated ['ʌnsəb'stænʃɪeɪtɪd] ADJ no comprobado/a, no demostrado/a.

unsuccessful ['ʌnsək'sesfʊl] ADJ (*gen*) sin éxito; (*person, business*) fracasado/a; (*attempt*) fallido/a, inútil; **their marriage was ~** el matrimonio fracasó; **an ~ writer** un escritor fracasado; **to be ~** fracasar, no tener éxito; malograrse (*Per*); **to be ~ in doing sth** no lograr hacer algo.

unsuccessfully ['ʌnsək'sesfʊlɪ] ADV en vano, sin éxito.

unsuitable ['ʌn'suːtəbl] ADJ (*clothes etc*) impropio/a, inapropiado/a; **an ~ moment** un momento inoportuno *or* inconveniente; **the film is ~ for children** la película no es apta para menores; **he's ~ for the post** no es el más indicado para el puesto.

unsuited ['ʌn'suːtɪd] ADJ: **to be ~ for** *or* **to** no ser apto/a para.

unsupported [ˈʌnsəˈpɔːtɪd] ADJ (*claim, statement*) no infundado/a; (*person*) sin apoyo.

unsure [ˈʌnˈʃʊəʳ] ADJ (*person*) inseguro/a; (*unreliable*) de poca confianza; **to be ~ of o.s.** estar inseguro de sí mismo, no tener confianza en sí mismo.

unsurpassed [ˈʌnsəˈpɑːst] ADJ no superado/a, sin par.

unsuspected [ˈʌnsəsˈpektɪd] ADJ insospechado/a.

unsuspecting [ˈʌnsəsˈpektɪŋ] ADJ confiado/a.

unsweetened [ˈʌnˈswiːtnd] ADJ sin azúcar.

unswerving [ʌnˈswɜːvɪŋ] ADJ inquebrantable, firme.

unsympathetic [ˈʌnˌsɪmpəˈθetɪk] ADJ poco comprensivo/a.

unsystematic [ˈʌnˌsɪstɪˈmætɪk] ADJ poco metódico/a or sistemático/a.

untangle [ʌnˈtæŋgl] VT desenredar, desenmarañar.

untapped [ˈʌnˈtæpt] ADJ sin explotar.

unteachable [ʌnˈtiːtʃəbl] ADJ imposible de enseñar.

untenable [ʌnˈtenəbl] ADJ insostenible.

untested [ˈʌnˈtestɪd] ADJ no probado/a.

unthinkable [ʌnˈθɪŋkəbl] ADJ inconcebible, impensable.

untidily [ʌnˈtaɪdɪlɪ] ADV (*see adj*) desordenadamente; desaliñadamente; en desarreglo.

untidiness [ʌnˈtaɪdɪnɪs] N (*of person, dress*) desaliño *m*; (*of ideas*) falta *f* de método; (*of room*) desorden *m*.

untidy [ʌnˈtaɪdɪ] ADJ (*comp* **-ier**; *superl* **-iest**) (*room, person etc*) desordenado, desorganizado/a; (*appearance*) desaliñado/a; (*clothes*) desarreglado/a; (*hair*) despeinado/a.

untie [ˈʌnˈtaɪ] VT desatar.

until [ənˈtɪl] **1** PREP hasta; **he won't be back ~ tomorrow** no volverá hasta mañana; **from morning ~ night** desde la mañana hasta la noche; **~ his arrival** hasta su llegada. **2** CONJ hasta que; **~ they come/sleep** hasta que vengan/se duerman; **wait ~ I get back** espera hasta que yo vuelva; **he did nothing ~ I told him to** no hizo nada hasta que yo se lo dije.

untimely [ʌnˈtaɪmlɪ] ADJ (*premature*) prematuro/a; (*inopportune*) inoportuno/a, en mal momento.

untiring [ʌnˈtaɪərɪŋ] ADJ incansable.

untold [ˈʌnˈtəʊld] ADJ (*story*) nunca contado/a; (*secret*) nunca revelado/a; (*loss, wealth etc*) incalculable.

untouchable [ʌnˈtʌtʃəbl] ADJ, N intocable *mf*.

untouched [ʌnˈtʌtʃt] ADJ **a** (*not used etc*) intacto/a, sin tocar; **she left her breakfast ~** no tocó el desayuno; **a product ~ by human hand** un producto no manipulado. **b** (*safe*) indemne, incólume; (*unaffected*) insensible, indiferente.

untoward [ˌʌntəˈwɔːd] ADJ (*adverse*) adverso/a; (*inapt*) impropio/a, infortunado, desafortunado/a.

untrained [ˈʌnˈtreɪnd] ADJ inexperto/a; (*unskilled*) sin preparación profesional, no cualificado/a; **to the ~ ear/eye** para el oído/ojo inexperto.

untrammelled, (*US*) **untrameled** [ʌnˈtræməld] ADJ ilimitado/a.

untranslatable [ˈʌntrænzˈleɪtəbl] ADJ intraducible.

untreated [ʌnˈtriːtɪd] ADJ (*injury, effluent*) no tratado/a.

untried [ˈʌnˈtraɪd] ADJ (*person*) inexperto/a; (*method*) no probado/a, (*Jur*) no juzgado/a.

untroubled [ʌnˈtrʌbld] ADJ tranquilo/a; **she was ~ by the news** la noticia no pareció preocuparle.

untrue [ˈʌnˈtruː] ADJ **a** (*false*) falso/a. **b** (*unfaithful*) infiel.

untrustworthy [ˈʌnˈtrʌstˌwɜːðɪ] ADJ (*person: unreliable*) informal; (: *suspicious*) de poco fiar, sospechoso/a; (*information etc*) poco fiable.

untruth [ʌnˈtruːθ] N (*pl* **~s** [ˈʌnˈtruːðz]) mentira *f*.

untruthful [ʌnˈtruːθʊl] ADJ mentiroso/a, falso/a.

unusable [ʌnˈjuːzəbl] ADJ inservible, inútil.

unused¹ [ˈʌnˈjuːzd] ADJ (*new*) nuevo/a, sin estrenar; (*not made use of*) sin usar or utilizar.

unused² [ˈʌnˈjuːst] ADJ: **to be ~ to sth** no estar acostumbrado/a a algo.

unusual [ʌnˈjuːʒʊəl] ADJ (*uncommon*) insólito/a, poco común; (*odd*) raro/a, extraño/a; (*exceptional*) extraordinario/a, descomunal.

unusually [ʌnˈjuːʒʊəlɪ] ADV (*unaccustomedly*) fuera de lo común, descomunalmente; (*exceedingly*) extraordi-

nariamente; **an ~ gifted man** un hombre de excepcional talento.

unvaried [ʌnˈvɛərɪd] ADJ (*gen*) invariable; (*unchanged*) sin cambiar, constante; (*monotonous*) monótono/a.

unvarnished [ˈʌnˈvɑːnɪʃt] ADJ (*gen*) sin barnizar; (*fig*) sencillo/a, puro/a.

unveil [ʌnˈveɪl] VT (*gen*) descubrir.

unwaged [ʌnˈweɪdʒd] ADJ sin sueldo.

unwanted [ʌnˈwɒntɪd] ADJ (*gen*) superfluo/a, de sobra; (*child*) no deseado/a.

unwarranted [ʌnˈwɒrəntɪd] ADJ injustificado/a.

unwary [ʌnˈwɛərɪ] ADJ imprudente, incauto/a.

unwashed [ˈʌnˈwɒʃt] NPL: **the Great U~** (*hum*) la plebe.

unwavering [ʌnˈweɪvərɪŋ] ADJ (*faith etc*) inquebrantable, firme.

unwed [ˈʌnˈwed] ADJ soltero/a.

unwelcome [ʌnˈwelkəm] ADJ importuno/a, molesto/a.

unwelcoming [ʌnˈwelkəmɪŋ] ADJ (*person*) nada simpático/a, poco cordial; (*place*) poco acogedor(a).

unwell [ˈʌnˈwel] ADJ indispuesto/a.

unwholesome [ˈʌnˈhəʊlsəm] ADJ no saludable.

unwieldy [ʌnˈwiːldɪ] ADJ difícil de manejar.

unwilling [ˈʌnˈwɪlɪŋ] ADJ mal or poco dispuesto/a; **to be ~ to do sth** no estar dispuesto a hacer algo; **to be ~ for sb to do sth** no querer que algn haga algo.

unwillingly [ˈʌnˈwɪlɪŋlɪ] ADV de mala gana, de mal grado.

unwind [ˈʌnˈwaɪnd] (*pt, pp* **unwound**) **1** VT (*gen*) desenvolver; (*wool*) desovillar. **2** VI desenvolverse; (*fam: relax*) relajarse, calmarse los nervios.

unwise [ˈʌnˈwaɪz] ADJ (*careless*) imprudente, descuidado/a; (*inadvisable*) poco aconsejable.

unwitting [ʌnˈwɪtɪŋ] ADJ involuntario/a; **I was the ~ cause** sin querer, yo fui la causa.

unwittingly [ʌnˈwɪtɪŋlɪ] ADV involuntariamente, sin querer.

unworkable [ʌnˈwɜːkəbl] ADJ impráctico/a.

unworldly [ˈʌnˈwɜːldlɪ] ADJ (*gen*) alejado/a del mundo; (*naïve*) ingenuo/a.

unworthy [ʌnˈwɜːðɪ] ADJ indigno/a; **to be ~ to do sth** ser indigno de or no merecer hacer algo.

unwound [ˌʌnˈwaʊnd] PT, PP of **unwind**.

unwrap [ˈʌnˈræp] VT desenvolver.

unwritten [ˈʌnˈrɪtn] ADJ no escrito/a; **~ law** (*fig*) ley *f* consuetudinaria.

unyielding [ʌnˈjiːldɪŋ] ADJ inflexible.

unzip [ˈʌnˈzɪp] VT abrir la cremallera or (*LAm*) el cierre de.

up [ʌp] **1** ADV **a** (*upwards*) hacia or para arriba, arriba; (*above*) arriba, en lo alto; (*standing*) de pie; **from ~ (above)** desde arriba; **higher ~** más arriba; **to stop half-way ~** pararse a mitad de la subida; **to throw sth ~ in the air** lanzar algo al aire; **~ in the mountains** montaña arriba; **~ in the sky** en lo alto del cielo; **my office is 5 floors ~** mi oficina está en el quinto piso; **we're ~ for the day** hemos venido a pasar el día; **'this side ~'** 'este lado hacia arriba'; **the sun is ~** ha salido el sol; **the road is ~** la calle está en obras; **to be ~ among or with the leaders** estar a la altura de los líderes; **~ Celtic!** ¡arriba el Celtic!; **to walk ~ and down** pasearse de un lado para otro or de arriba abajo; **he's been ~ and down all evening** no ha parado quieto en toda la tarde; **she's still a bit ~ and down** todavía tiene sus altibajos. **b** (*built etc*) construido/a; **the curtains are ~** las cortinas están colocadas. **c** (*out of bed*) **to be ~** estar levantado/a; **to be ~ and about again** estar repuesto/a; **we're ~ all night** no acostarse en toda la noche; **we were still ~ at midnight** a medianoche seguíamos sin acostarnos. **d** (*in price, value*) **potatoes are ~** han subido las patatas. **e** (*in score*) **we're a goal ~** tenemos un tanto de ventaja. **f** (*finished*) terminado/a, acabado/a; (*contract etc*) vencido/a, caduco/a; **time is ~** se ha terminado el tiempo permitido, es la hora; **our time here is ~** no podemos estar más tiempo aquí. **g** (*upwards*) **from £2 ~** de 2 libras para arriba; **from the age of 13 ~** a partir de los 13 años.

h (*in or towards the north*) hacia el norte; **to go ~ to London/to university** ir a Londres/a la universidad.

i (*knowledgeable*) al tanto, al corriente, enterado/a; **he's well ~ in** *or* **on British politics** está al día en lo referente a la política británica.

j (*fam: wrong*) **what's ~?** ¿qué pasa?; **what's ~ with him?** ¿que le pasa (a él)?; **there's something ~ with him** le pasa algo; **there's something ~ with the TV** le pasa algo a la tele.

k ~ **to** (*as far as*) hasta; **~ to now** hasta ahora, hasta la fecha; **~ to here** hasta aquí; **~ to £10** hasta 10 libras nada más.

l ~ **to** (*fam: doing*) **what are you ~ to?** ¿qué haces ahí?, ¿qué andas haciendo?; **he's ~ to something** está tramando algo; **what does he think he's ~ to?** ¿qué diablos piensa hacer?

m ~ **to** (*equal to*) a la altura de, en condiciones de; **to be ~ to a task** estar a la altura de un cometido; **I don't feel ~ to going out** no tengo ánimos para salir; **the book isn't ~ to much** (*fam*) el libro no vale mucho.

n ~ **to** (*depending on*) **it's ~ to you to decide** te toca (a ti) decidir; **I wouldn't do it but it's ~ to you** yo (que tú) no lo haría, pero allá tú *or* tú verás; **I'd go, but it's ~ to you** por mí iría, pero depende de ti.

o to be ~ against opposition enfrentar resistencia; **he's really ~ against it** ahora sí está en un aprieto; **to be ~ against sb** tener que habérselas con algn.

p (*US fam*): **a bourbon (straight) ~** un bourbon sin hielo; **two fried eggs, ~** un par de huevos fritos boca arriba.

q to be ~ and running estar en funcionamiento; **to get sth ~ and running** poner algo en funcionamiento.

2 PREP **a** (*high*) en lo alto de; (*on top of*) encima de, arriba de (*LAm*); **~ a tree** río arriba; **to be ~ a tree** estar en lo alto de *or* (*LAm*) arriba de un árbol; **further ~ the page** en la misma página, más arriba; **halfway ~ the stairs** a mitad de la escalera; **he went off ~ the road** se fue calle arriba; **to travel ~ and down the country** viajar por todo el país.

b ~ **yours!** (*fam!*) ¡vete a hacer puñetas! (*fam!*).

3 N **a** ~**s and downs** altibajos *mpl*, vicisitudes *fpl*.

b it's on the ~ and ~ (*Brit*) va cada vez mejor; (*US*) eso está en regla, eso es legítimo.

4 ADJ **a** (*train, line*) ascendente.

b to be ~ (*fam: elated*) estar en plena forma.

5 VI (*fam*): **to ~ and do sth** lanzarse a hacer algo; **he ~ped and offed** sin más se largó (*fam*); **she ~ped and left** se levantó y se marchó.

6 VT (*price, offer*) aumentar.

up-and-coming ['ʌpənd'kʌmɪŋ] ADJ prometedor(a), con futuro.

up-and-down ['ʌpən'daʊn] ADJ (*movement*) vertical; (*business, progress etc*) con altibajos.

upbeat ['ʌp'biːt] **1** ADJ (*fam*) optimista, animado/a. **2** N (*Mus*) tiempo *m* no acentuado; (*fig: in prosperity*) aumento *m*.

upbraid [ʌp'breɪd] VT censurar.

upbringing ['ʌp,brɪŋɪŋ] N educación *f*, crianza *f*.

upchuck ['ʊptʃʌk] VI (*US fam*) echar los hígados por la boca (*fam*), vomitar.

upcoming ['ʌpkʌmɪŋ] ADJ (*US*) venidero/a, futuro/a.

upcountry ['ʌp'kʌntrɪ] ADV tierra adentro, en el interior.

update [ʌp'deɪt] VT poner al día.

upfront [ʌp'frʌnt] (*fam*) **1** ADJ (*esp US: frank*) abierto/a, sincero/a. **2** ADV **a to pay ~ for sth** pagar algo por adelantado. **b** (*esp US: frankly*) sinceramente, abiertamente.

upgrade [ʌp'greɪd] VT (*promote*) ascender; (*Comput*) modernizar.

upheaval [ʌp'hiːvəl] N (*fig*) trastornos *mpl*; (*Pol*) agitación *f*.

upheld [ʌp'held] PT, PP of **uphold**.

uphill ['ʌp'hɪl] **1** ADV: **to go ~** ir cuesta arriba. **2** ADJ en cuesta *or* pendiente; (*fig*) arduo/a, penoso/a; **it's ~ all the way** (*lit*) vamos cuesta arriba todo el camino, (*fig*) es una tarea laboriosa.

uphold [ʌp'həʊld] (*pt, pp* **upheld**) VT (*sustain*) mantener, sostener; (*support*) apoyar, defender; (*Jur*) confirmar.

upholstery [ʌp'həʊlstərɪ] N tapicería *f*.

UPI N ABBR (*US*) of **United Press International**.

upkeep ['ʌpkiːp] N (*care*) mantenimiento *m*, manutención *f*; (*cost*) gastos *mpl* de mantenimiento.

uplift [ʌp'lɪft] VT (*fig: encourage*) animar; (*: raise*) mejorar, elevar.

up-market [ʌp'mɑːkɪt] (*Brit*) **1** ADJ (*product*) de primera calidad. **2** ADV: **to go ~** (*for clients, product*) buscar una clientela más selecta.

upon [ə'pɒn] PREP = **on**.

upper ['ʌpər] **1** ADJ **a** superior, de arriba; **the ~ river** río arriba.

b (*in importance, rank*) superior; **the ~ classes** la clase alta; **the ~ crust** (*fam*) la flor y nata.

2 N: ~**s** (*of shoe*) pala *fsg*; **to be on one's ~s** estar en la calle.

upper-case ['ʌpə'keɪs] ADJ mayúsculo/a.

upper-class ['ʌpə'klɑːs] ADJ de la clase alta.

uppermost ['ʌpəməʊst] ADJ el/la más alto/a; **it was ~ in my mind** me preocupaba más que cualquier otra cosa.

uppish ['ʌpɪʃ], **uppity** ['ʌpɪtɪ] ADJ (*Brit fam*) presumido/a, engreído/a; **to get ~** presumir, darse aires de importancia.

upright ['ʌpraɪt] **1** ADJ **a** (*lit*) derecho/a, recto/a; **~ piano** piano *m* vertical *or* recto.

b (*fig*) honrado/a, íntegro/a.

2 ADV erguido, derecho, recto.

3 N **a** (*post*) montante *m*, poste *m*.

b (*piano*) piano *m* vertical *or* recto.

uprising [ʌp'raɪzɪŋ] N alzamiento *m*, sublevación *f*.

uproar ['ʌprɔːr] N jaleo *m*, escándalo *m*; **the whole place was in ~** el lugar estaba alborotado.

uproarious [ʌp'rɔːrɪəs] ADJ (*noisy*) ruidoso/a, escandaloso/a; (*very funny*) divertidísimo/a.

uproot [ʌp'ruːt] VT desarraigar, arrancar (de raíz); **whole families have been ~ed** familias enteras han sido desalojadas.

upset [ʌp'set] (*vb: pt, pp* ~) **1** VT **a** (*object etc*) volcar, tirar; (*water etc*) derramar, tirar.

b (*make sad*) alterar, trastornar; (*offend*) ofender, disgustar; (*annoy*) fastidiar, molestar; (*displease*) enfadar, disgustar.

c (*disorganize*) trastornar, dar al traste con.

d (*make ill*) sentar mal a, enfermar (*LAm*).

2 ADJ **a** (*sad*) alterado/a, trastornado/a; (*offended*) ofendido/a, disgustado/a; (*annoyed*) fastidiado/a, molesto/a; (*displeased*) enfadado/a; **to get ~** (*offended*) ofenderse, llevarse un disgusto; (*angry*) enfadarse.

b ['ʌpset] (*sick*) **I have an ~ stomach** tengo el estómago revuelto.

3 ['ʌpset] N **a** (*disturbance*) revés *m*, contratiempo *m*; (*emotional*) trastorno *m*; (*fam: quarrel*) riña *f*, disgusto *m*, pleito *m*.

b (*illness*) malestar *m*; **stomach ~** malestar de estómago.

4 ['ʌpset] CPD: **~ price** N (*esp Scot, US*) precio *m* mínimo, precio de reserva.

upsetting [ʌp'setɪŋ] ADJ (*saddening*) triste, conmovedor(a); (*offending*) ofensivo/a; (*annoying*) fastidioso/a, molesto/a.

upshot ['ʌpʃɒt] N resultado *m*; **the ~ of it all was ...** resultó que ....

upside down ['ʌpsaɪd'daʊn] **1** ADV al revés; (*untidily*) patas arriba; **to turn sth ~** volver algo al revés; (*fig*) revolverlo todo. **2** ADJ al revés; **the room was ~** reinaba el desorden en el cuarto.

upstage ['ʌp'steɪdʒ] **1** ADV: **to be ~** estar en el fondo de la escena; **to go ~** ir hacia el fondo de la escena. **2** VT: **to ~ sb** (*fig*) eclipsar a algn.

upstairs ['ʌp'steəz] **1** ADV arriba. **2** N el piso superior *or* de arriba.

upstanding [ʌp'stændɪŋ] ADJ **a** (*strong*) fuerte; (*honourable*) honrado/a. **b be ~!** (*Jur etc*) ¡levántense!

upstart ['ʌpstɑːt] N advenedizo/a *m/f*.

upstream ['ʌp'striːm] ADV río or aguas arriba; **about 3 miles ~ from Windsor** unas 3 millas más arriba de Windsor.

upsurge ['ʌpsɜːdʒ] N acceso m, arrebato m.

uptake ['ʌpteɪk] N: **to be quick/slow on the ~** (fam) ser muy listo/torpe.

uptight [ʌp'taɪt] (fam) ADJ tenso/a, nervioso/a; **to get ~ about sth** ponerse nervioso por algo.

uptime ['ʌptaɪm] N tiempo m de operación.

up-to-date ['ʌptə'deɪt] ADJ (person, clothes etc) al día, de moda; (magazine etc) corriente.

up-to-the-minute ['ʌptəðə'mɪnɪt] ADJ de última hora.

uptown ['ʌp'taʊn] (US) [1] ADV hacia las afueras, hacia los barrios exteriores. [2] ADJ exterior, de las afueras.

upturn ['ʌptɜːn] N (fig: improvement) mejora f; (Econ etc) repunte m.

upturned ['ʌptɜːnd] ADJ (box etc) vuelto/a hacia arriba; (nose) respingón/ona.

UPU N ABBR of **Universal Post Union** UPU f.

upward ['ʌpwəd] [1] ADJ ascendente, hacia arriba. [2] ADV (also **~s**) [a] (gen) hacia arriba; **face ~** boca arriba. [b] (with numbers) **from the age of 13 ~s** desde los 13 años; **~s of 500** más de 500.

upwardly ['ʌpwədlɪ] ADV: **~ mobile** ambicioso/a.

URA N ABBR (US) of **Urban Renewal Administration**.

Urals ['jʊərəlz] N (also **Ural Mountains**) (Montes mpl) Urales mpl.

uranium [jʊə'reɪnɪəm] N uranio m.

Uranus [jʊə'reɪnəs] N Urano m.

urban ['ɜːbən] ADJ urbano/a; **~ renewal** renovación f urbana; **~ sprawl** extensión f urbana.

urbane [ɜː'beɪn] ADJ urbano/a, cortés.

urbanization ['ɜːbənaɪ'zeɪʃən] N urbanización f.

urchin ['ɜːtʃɪn] N pilluelo/a m/f, golfillo/a m/f; **sea ~** erizo m de mar.

Urdu ['ʊəduː] N (Ling) urdu m.

urge [ɜːdʒ] [1] N impulso m; (sexual etc) deseo m; **to feel an ~ to do sth** sentir fuertes deseos or ganas de hacer algo; **to get** or **have the ~ (to do sth)** entrarle a uno unas ganas (de hacer algo). [2] VT [a] (try to persuade) animar, alentar; **to ~ sb to do sth** animar or instar a algn a hacer algo; **to ~ that sth should be done** recomendar encarecidamente que se haga algo. [b] (advocate) recomendar, abogar por; **to ~ sth on** or **upon sb** insistir en algo con algn.

◆ **urge on** VT + ADV animar, alentar; (fig) animar, instar.

urgency ['ɜːdʒənsɪ] N urgencia f; (of tone of voice, pleas) perentoriedad f; **it is a matter of ~** es un asunto urgente.

urgent ['ɜːdʒənt] ADJ [a] urgente, apremiante. [b] (earnest, persistent) insistente.

urgently ['ɜːdʒəntlɪ] ADV (see adj) con urgencia, con apremio; insistentemente.

urinal [jʊə'raɪnl] N (building) urinario m; (vessel) orinal m.

urinate ['jʊərɪneɪt] VI orinar.

urine ['jʊərɪn] N orina f, orines mpl.

urn [ɜːn] N [a] (vase) urna f. [b] (tea ~) tetera f; (coffee ~) cafetera f.

urologist [jʊə'rɒlədʒɪst] N urólogo/a m/f.

urology [jʊə'rɒlədʒɪ] N urología f.

Uruguay ['jʊərəgwaɪ] N el Uruguay.

Uruguayan [jʊərə'gwaɪən] ADJ, N uruguayo/a m/f.

US N ABBR of **United States** EE.UU.

us [ʌs] PRON [a] nos; (after prep) nosotros/as. [b] (fam: me) me.

USA N ABBR [a] of **United States of America** EE.UU. [b] of **United States Army**.

usable ['juːzəbl] ADJ utilizable; **~ space** espacio m útil.

USAF N ABBR of **United States Air Force**.

usage ['juːzɪdʒ] N [a] (custom) uso m, costumbre f. [b] (Ling: use, way of using) uso m. [c] (handling) manejo m; (treatment) tratos mpl; **ill ~** malos tratos.

USCG N ABBR of **United States Coast Guard**.

USDA N ABBR of **United States Department of Agriculture** ≈ MAPA m.

USDAW ['ʌzdɔː] N ABBR (Brit) of **Union of Shop, Distribu-**

tive and Allied Workers.

USDI N ABBR of **United States Department of the Interior**.

use [juːs] [1] N [a] (gen) uso m, empleo m; (handling) manejo m; **'directions for ~'** 'modo m de empleo'; **for the ~ of the blind** para uso de los invidentes; **for ~ in case of emergency** para uso en caso de urgencia; **fit for ~** servible, en buen estado; **ready for ~** listo/a (para ser usado); **in ~/out of ~** en uso/desuso; **to be in daily ~** ser de uso diario; **to be no longer in ~** estar fuera de uso; **to go** or **fall out of ~** caer en desuso; **I have the ~ of it on Sundays** me permiten usarlo los domingos; **he lost the ~ of his arm** se le quedó inútil el brazo. [b] (exploitation, making ~ of) aprovechamiento m; **to make ~ of sth** servirse de or aprovechar algo; **to put sth to good ~** sacar partido or provecho de algo. [c] (way of using) modo m de empleo, uso m; **to find a ~ for sth** encontrarle utilidad a algo; **I have no further ~ for it** ya no me sirve (para nada). [d] (usefulness) utilidad f; **to be of ~** servir, tener utilidad; **can I be of any ~?** ¿puedo ayudar?; **it's (of) no ~** no sirve (para nada); **it's no ~ discussing it further** es inútil or no vale la pena seguir discutiéndolo; **what's the ~ of all this?** ¿de qué sirve or a qué viene todo esto?; **to have no further ~ for sth** no poder usar algo más; **it has its ~s** tiene sus aspectos útiles; **he's no ~ as a teacher** no vale para or no sirve como profesor. [e] (ability or right to use) derecho m de uso; **to have the ~ of a garage** tener acceso a un garaje.

[2] [juːz] VT [a] (gen) usar, emplear, utilizar; **to ~ force** emplear la fuerza; **to ~ every means** no perder esfuerzo (to do sth por hacer algo); **it isn't ~d any more** ya no se usa; **~ only in emergencies** usar sólo en caso de urgencia; **to ~ sth as a hammer** emplear algo como martillo; **what's this ~d for?** ¿para qué sirve or para qué se utiliza esto?; **this room could ~ some paint** (fam) no le vendría mal una mano de pintura; **I could ~ a drink!** (fam) ¡no me vendría mal un trago! [b] (make ~ of, exploit) servirse de, aprovechar, utilizar. [c] (consume) consumir; (~ up) agotar. [d] (drug, poet: treat) tratar. [3] VI (Drugs fam) drogarse. [4] AUX VB (gen) soler, acostumbrar; **I ~d to go/drink/run** solía or acostumbraba ir/beber/correr, iba/bebía/corría.

◆ **use up** VT + ADV agotar; **the ink is all ~d up** se acabó la tinta.

useable ['juːzəbl] ADJ = **usable**.

used¹ [juːzd] ADJ (second-hand) usado/a, viejo/a; **~ car** coche m de ocasión.

used² [juːst] ADJ: **to be ~ to sth** estar acostumbrado/a a algo; **to be ~ to doing sth** estar acostumbrado/a a or acostumbrar hacer algo; **to get ~ to** acostumbrarse a.

useful ['juːsfʊl] ADJ [a] útil; **it is very ~ to be able to drive** es muy útil saber conducir; **to make o.s. ~** ayudar, echar una mano (fam); **to come in ~** servir, ser útil; **~ capacity** capacidad f útil. [b] (fam: capable) hábil, capaz.

usefully ['juːsfʊlɪ] ADV útilmente; **there was nothing that could ~ be said** no había nada provechoso que se pudiese decir.

usefulness ['juːsfʊlnɪs] N utilidad f; **it has outlived its ~** ha dejado de tener utilidad.

useless ['juːslɪs] ADJ [a] inútil; (unusable) inservible; **he's ~ as a forward** no vale para or no sirve como delantero. [b] (pointless) inútil.

user ['juːzəʳ] [1] N usuario/a m/f; (Drugs) drogadicto/a m/f. [2] CPD: **~ identification** N identificación f del usuario; **~ language** N lenguaje m del usuario; **~ software** N software m del usuario.

user-definable [ˌjuːzədɪ'faɪnəbl], **user-defined** [ˌjuːzədɪ'faɪnd] ADJ definido/a por el usuario.

user-friendly [ˌjuːzə'frendlɪ] ADJ (Comput) fácil de utilizar.

USES N ABBR of **United States Employment Service**.

usher ['ʌʃəʳ] [1] N (at wedding, in court etc) ujier m; (in theatre, cinema etc) acomodador m. [2] VT: **to ~ sb in** (Theat) acomodar a algn, conducir a algn a su sitio; (into room) hacer pasar a algn a un cuarto; **it ~ed in a new reign** (fig) anunció un nuevo reinado.

usherette [ˌʌʃəˈret] N acomodadora f.
USIA N ABBR of **United States Information Agency**.
USM N ABBR [a] of **United States Mail**. [b] (Fin) of **unlisted securities market** mercado m de valores no inscritos en la Bolsa. [c] of **United States Mint**.
USN N ABBR of **United States Navy**.
USPHS N ABBR of **United States Public Health Service**.
USPO N ABBR of **United States Post Office**.
USPS N ABBR of **United States Postal Service**.
USS N ABBR of **United States Ship** or **Steamer**.
USSR N ABBR (Hist) of **Union of Soviet Socialist Republics** USSR f.
usu. ABBR [a] of **usual**. [b] of **usually**.
usual [ˈjuːʒʊəl] [1] ADJ (customary) acostumbrado/a; (normal) normal; **it's ~ to sing on these occasions** es costumbre or (esp LAm) se acostumbra cantar en estas ocasiones; **it's the ~ thing today** hoy es lo más normal; **as (per) ~** como de costumbre, como siempre; **more than ~** más que de costumbre; **it's not ~ for her to be late** no suele llegar tarde.
 [2] N: **the ~ please!** (fam: drink) lo de siempre, por favor.
usually [ˈjuːʒʊəlɪ] ADV por lo general, por regla general.
usurer [ˈjuːʒərər] N usurero m.
usurp [juːˈzɜːp] VT usurpar.
usurper [juːˈzɜːpər] N usurpador(a) m/f.
UT ABBR (US Post) of **Utah**.
UTC ABBR of **Universal Time Coordinated**.

utensil [juːˈtensl] N utensilio m; **kitchen ~s** utensilios de cocina.
uterus [ˈjuːtərəs] N útero m.
utilitarian [ˌjuːtɪlɪˈtɛərɪən] ADJ utilitario/a.
utility [juːˈtɪlɪtɪ] [1] N (usefulness) utilidad f; (public service) servicio m público. [2] CPD utilitario/a; **~ room** N trascocina f.
utilization [ˌjuːtɪlaɪˈzeɪʃən] N utilización f.
utilize [ˈjuːtɪlaɪz] VT utilizar, aprovecharse de.
utmost [ˈʌtməʊst] [1] ADJ [a] (greatest) supremo/a, sumo/a; **of the ~ importance** de la mayor importancia.
 [b] (furthest) más lejano/a.
 [2] N: **to do one's ~ (to do sth)** hacer todo lo posible (por hacer algo); **to the ~ of one's ability** lo mejor que pueda uno.
Utopia [juːˈtəʊpɪə] N Utopía f.
Utopian [juːˈtəʊpɪən] [1] ADJ utópico/a. [2] N utopista mf.
utter¹ [ˈʌtər] ADJ total, absoluto/a.
utter² [ˈʌtər] VT (words) pronunciar; (cry) dar, soltar; **she never ~ed a word** no dijo nada or (ni una) palabra.
utterly [ˈʌtəlɪ] ADV totalmente, completamente.
uttermost [ˈʌtəməʊst] ADJ = **utmost 1**.
U-turn [ˈjuːtɜːn] N (lit, fig) cambio m de sentido.
UV ADJ ABBR of **ultraviolet** UV, UVA.
Uzbek [ˈʊzbek] [1] ADJ uzbeko/a. [2] N uzbeko/a m/f; (Ling) uzbeko m.
Uzbekistan [ˌʊzbekɪˈstɑːn] N Usbiekistán m, Usbekia f.

Vv

V, v¹ [viː] N (*letter*) V, v *f*, v corta (*LAm*).

v² ABBR **a** (*Lit*) of **verse** v; (*Rel*) vers.º. **b** (*Sport, Jur etc*) of **versus** vs. **c** (*Elec*) of **volt(s)** v. **d** of **vide, see** vid., v. **e** of **very. f** of **volume.**

VA ABBR (*US Post*) of **Virginia.**

vac [væk] N (*Brit fam*) **a** = **vacation. b** = **vacuum.**

vacancy ['veɪkənsɪ] N **a** (*emptiness*) vaciedad *f*, vacuidad *f*. **b** (*in boarding house etc*) habitación *f* or cuarto *m* libre; **have you any vacancies?** ¿tiene or hay alguna habitación or algún cuarto libre?; **'no vacancies'** 'completo'. **c** (*job*) vacante *f*; **'vacancies'** 'se ofrece trabajo', 'hay vacante'.

vacant ['veɪkənt] ADJ **a** (*seat, room, house etc*) libre, desocupado/a; (*space*) vacío/a; **~ lot** (*US*) solar *m*; **is this seat ~?** ¿está libre (este asiento)? **b** (*look etc*) vacío/a, vago/a; (*stupid*) alelado/a.

vacate [vəˈkeɪt] VT (*frm: house, seat, room*) desocupar, dejar libre; (: *post*) dejar, dejar vacante.

vacation [vəˈkeɪʃən] N (*esp US, Univ*) vacaciones *fpl*; **on ~** de vacaciones; **to take a ~** tomarse unas vacaciones; **long ~** (*Univ*) vacaciones de verano.

vacationer [vəˈkeɪʃənər], **vacationist** [vəˈkeɪʃənɪst] N (*US*) veraneante *mf*.

vaccinate ['væksɪneɪt] VT vacunar.

vaccination [ˌvæksɪˈneɪʃən] N vacunación *f*.

vaccine ['væksiːn] N vacuna *f*.

vacillate ['væsɪleɪt] VI (*hesitate*) vacilar, dudar; (*waver*) oscilar (*between* entre).

vacuous ['vækjʊəs] ADJ (*empty*) vacío/a, vacuo/a; (*vague*) vago/a, vacío/a, ausente; (*stupid*) tonto/a, bobo/a.

vacuum ['vækjʊm] **1** N (*gen*) vacío *m*.
2 CPD: **~ bottle** N (*US*) = **~ flask; ~ cleaner** N aspirador *m*, aspiradora *f*; **~ flask** N termo *m*; **~ pump** N bomba *f* neumática.
3 VT (*fam*) pasar la aspiradora por.

vacuum-packed ['vækjʊmˈpækt] ADJ envasado/a al vacío.

vagabond ['vægəbɒnd] N vagabundo/a *m/f*.

vagary ['veɪgərɪ] N (*strange idea*) capricho *m*, manía *f*; (*sudden desire*) capricho, antojo *m*; **the vagaries of love** los caprichos del amor.

vagina [vəˈdʒaɪnə] N vagina *f*.

vagrant ['veɪgrənt] N vagabundo/a *m/f*, vago/a *m/f*.

vague [veɪg] ADJ (*comp* **~r**; *superl* **~st**) **a** vago/a; (*outline*) borroso/a; (*concept, description*) impreciso/a; (*feeling*) indefinido/a, indeterminado/a; **I haven't the ~st idea** no tengo la más remota idea; **the ~ outline of a ship** el perfil borroso de un buque; **he made some ~ promises** hacía promesas, pero sin concretar; **a ~ expression/look** una expresión/una mirada ausente. **b** (*subj: person: in giving details etc*) impreciso/a; **he's terribly ~** es muy poco preciso.

vaguely ['veɪglɪ] ADV vagamente; **a picture ~ resembling another** un cuadro que se parece vagamente a otro.

vagueness ['veɪgnɪs] N (*gen*) vaguedad *f*, imprecisión *f*; (*absent-mindedness*) despiste *m*, distracción *f*.

vain [veɪn] ADJ **a** (*useless*) vano/a, inútil; **in ~** en vano, en balde; **all our efforts were in ~** nuestros esfuerzos no dieron resultado. **b** (*comp* **~er**; *superl* **~est**) (*conceited*) vanidoso/a, presumido/a.

vainly ['veɪnlɪ] ADV **a** (*to no effect*) en vano, en balde. **b** (*conceitedly*) vanidosamente.

valance ['væləns] N (*gen*) cenefa *f*; (*of a bed*) doselera *f*.

vale [veɪl] N valle *m*.

valedictory [ˌvælɪˈdɪktərɪ] N (*US*) oración *f* de despedida.

Valencian [vəˈlensɪən] **1** ADJ, N valenciano/a *m/f*. **2** N (*Ling*) valenciano *m*.

valentine ['væləntaɪn] N (*card*) tarjeta *f* del Día de los Enamorados; (*person*) persona a la que se manda una tarjeta del Día de los Enamorados.

valet ['væleɪ] N ayuda *m* de cámara.

valiant ['vælɪənt] ADJ (*poet*) valiente, valeroso/a; (*effort etc*) valioso/a.

valiantly ['vælɪəntlɪ] ADV valientemente, con valor.

valid ['vælɪd] ADJ (*argument, excuse*) válido/a; (*ticket etc*) valedero/a; (*law*) vigente.

validate ['vælɪdeɪt] VT (*gen*) validar, dar validez a; (*documents etc*) convalidar.

validation [ˌvælɪˈdeɪʃən] N convalidación *f*.

validity [vəˈlɪdɪtɪ] N validez *f*.

Valium ® ['vælɪəm] N valium ® *m*.

valley ['vælɪ] N valle *m*.

valour, (*US*) **valor** ['vælər] N (*frm*) valor *m*, valentía *f*.

valuable ['væljʊəbl] **1** ADJ (*gen*) valioso/a, de valor; (*worthwhile*) apreciable, valioso/a; **a ~ contribution** una valiosa aportación. **2** N: **~s** objetos *mpl* de valor.

valuation [ˌvæljʊˈeɪʃən] N (*evaluation*) valuación *f*, tasación *f*; (*fig: of person's character*) estimación *f*, consideración *f*.

value ['væljuː] **1** N **a** (*gen*) valor *m*; (*merit*) mérito(s) *m(pl)*; (*usefulness*) utilidad *f*; **sentimental ~** valor sentimental; **surplus ~** plusvalía *f*; **of no ~** sin valor; **to be of ~ to sb** tener valor para algn; (*useful*) ser útil para algn; **to be of little/great ~ to sb** ser de poco/gran valor para algn; **this dress is good ~ (for money)** este vestido tiene buen precio; **to attach no ~ to sth** no darle or restarle importancia a algo.
b (*moral*) **~s** valores *mpl* (morales).
2 VT (*financially*) valorar, valorizar; (*appraise*) tasar; (*~ highly*) estimar, apreciar; **it is ~d at £8** está valorado en 8 libras; **he doesn't ~ his life** desprecia su vida, no da valor a su vida.
3 CPD: **~ added tax** N ABBR of **VAT** impuesto *m* sobre el valor añadido; **~ judgment** N juicio *m* de valor.

valued ['væljuːd] ADJ estimado/a, apreciado/a.

valueless ['væljʊlɪs] ADJ sin valor.

valve [vælv] N (*Anat, Tech*) válvula *f*; (*Rad, TV*) lámpara *f*; (*of musical instrument*) llave *f*.

vampire ['væmpaɪər] **1** N vampiro *m*. **2** CPD: **~ bat** N (*Zool*) vampiro *m*.

van [væn] N (*Aut*) furgoneta *f*, camioneta *f*; (*Rail*) furgón *m* or vagón *m* de equipajes.

V&A N ABBR (*Brit*) of **Victoria and Albert Museum.**

Vandal ['vændəl] **1** ADJ vándalo/a, vandálico/a. **2** N (*Hist*) vándalo/a *m/f*.

vandal ['vændəl] N vándalo/a *m/f*, gamberro/a *m/f*.

vandalism ['vændəlɪzəm] N vandalismo *m*.

vandalize ['vændəlaɪz] VT destruir, destrozar.

vane [veɪn] N (*weather ~*) veleta *f*.

vanguard ['vængɑːd] N vanguardia *f*; **to be in the ~ of progress** estar en la vanguardia del progreso.

vanilla [vəˈnɪlə] **1** N vainilla *f*. **2** ADJ de vainilla.

vanish ['vænɪʃ] VI desaparecer, esfumarse.

vanishing ['vænɪʃɪŋ] ADJ: **~ point** (*fig*) punto *m* de fuga; **~ trick** truco *m* de desaparecer.

vanity ['vænɪtɪ] N vanidad *f*, orgullo *m*; **~ case** neceser *m*.

vanquish ['væŋkwɪʃ] VT (*poet*) vencer, conquistar.

vantage ['vɑːntɪdʒ] CPD: **~ point** posición *f* ventajosa, lugar *m* estratégico; (*for views*) punto *m* panorámico.

vapid ['væpɪd] ADJ insípido/a, soso/a.

vaporization [ˌveɪpəraɪˈzeɪʃən] N vaporización *f*.

vaporize ['veɪpəraɪz] **1** VT vaporizar, volatilizar. **2** VI vaporizarse, volatilizarse.

vaporizer ['veɪpəraɪzər] N vaporizador *m*; (*for inhalation*) inhalador *m*; (*for perfume*) atomizador *m*.

vapour, (*US*) **vapor** ['veɪpər] **1** N (*steam*) vapor *m*; (on breath, window etc) vaho m. [2] CPD: ~ **trail** N (Aer) estela f.

variability [ˌvɛərɪəˈbɪlɪtɪ] N variabilidad f.

variable [ˈvɛərɪəbl] [1] ADJ (gen) variable; (person) voluble. [2] N variable f.

variance [ˈvɛərɪəns] N: **to be at ~ (with sb over sth)** estar en desacuerdo (con algn en algo), discrepar (con algn en algo).

variant [ˈvɛərɪənt] N variante f.

variation [ˌvɛərɪˈeɪʃən] N variación f.

varicose [ˈværɪkəʊs] ADJ: **~ veins** varices fpl.

varied [ˈvɛərɪd] ADJ variado/a.

variegated [ˈvɛərɪgeɪtɪd] ADJ abigarrado/a; (leaf) jaspeado/a.

variety [vəˈraɪətɪ] [1] N (gen) variedad f; (range, diversity) diversidad f; **a new ~** una nueva variedad; **he likes a ~ of food** le gustan diversas comidas; **in a wide** or **large ~ of colours** en una gran variedad de colores; **for a ~ of reasons** por varias or diversas razones; **for ~** por variar; **~ is the spice of life** en la variedad está el gusto. [2] CPD: **~ artist** N artista mf de variedades; **~ show** N espectáculo m de variedades.

varifocal [ˌvɛərɪˈfəʊkl] [1] ADJ progresivo/a. [2] NPL: **~s** gafas fpl progresivas, lentes fpl progresivas.

various [ˈvɛərɪəs] ADJ (gen) varios/as, diversos/as; (different) distintos/as; **at ~ times** a distintas horas; **for ~ reasons** por diversas razones.

variously [ˈvɛərɪəslɪ] ADV indistintamente.

varnish [ˈvɑːnɪʃ] [1] N (for wood) barniz m; (for nails) esmalte m or laca f (para las uñas). [2] VT (wood) barnizar; (nails) pintar.

vary [ˈvɛərɪ] [1] VT (gen) variar; (change) cambiar, modificar. [2] VI (change) **to ~ with** or **according to** variar según or de acuerdo con; **to ~ from hot to cold** oscilar entre caliente y frío; **it varies** depende, según; **it never varies** no varía, no cambia; **it varies from 2 to 10** varía de dos a diez; **they ~ in price** los hay de diversos precios.

varying [ˈvɛərɪɪŋ] ADJ variable.

vase [vɑːz] N florero m, jarrón m.

vasectomy [væˈsektəmɪ] N vasectomía f.

vaseline ® [ˈvæsɪliːn] N vaselina f®.

vast [vɑːst] ADJ (comp **~er**; superl **~est**) inmenso/a; (expense) enorme; (stretch of land) extenso/a, vasto/a; (difference, success) enorme, grande.

vastly [ˈvɑːstlɪ] ADV: **~ superior to** inmensamente superior a.

vastness [ˈvɑːstnɪs] N inmensidad f.

VAT [viːeɪˈtiː, væt] ABBR of **value added tax** IVA m.

vat [væt] N tina f, tinaja f; (of cider) cuba f.

Vatican [ˈvætɪkən] N: **the ~** el Vaticano.

vaudeville [ˈvəʊdəvɪl] N vodevil m.

vault¹ [vɔːlt] N (Archit) bóveda f; (: cellar) sótano m; (: for wine etc) bodega f; (of bank) cámara f acorazada; (tomb) panteón m; (of church) cripta f.

vault² [vɔːlt] VT, VI (leap) saltar; **to ~ (over) a stream** cruzar un arroyo de un salto, saltar un arroyo.

vaulted [ˈvɔːltɪd] ADJ abovedado/a.

vaulting [ˈvɔːltɪŋ] CPD: **~ horse** N potro m.

vaunted [ˈvɔːntɪd] ADJ (also **much ~**) cacareado/a, alardeado/a.

VC N ABBR [a] (Brit Mil) of **Victoria Cross** condecoración. [b] (Univ) of **Vice-Chancellor**. [c] of **vice-chairman**.

VCR N ABBR of **video-cassette recorder**.

VD N ABBR of **venereal disease**.

VDT N ABBR (esp US) of **visual display terminal**.

VDU [1] N ABBR of **visual display unit** UDV f. [2] CPD: **~ operator** N operador(a) m/f de UDV.

veal [viːl] N ternera f.

veer [vɪər] VI (ship) virar; (car) girar, torcer; (wind) cambiar; (fig) cambiar (de rumbo); **the car ~ed off the road** el coche se salió de la carretera; **the country has ~ed to the left** el país ha dado un giro hacia or a la izquierda.

veg [vedʒ] N ABBR (fam) of **vegetable(s)**.

vegan [ˈviːgən] N vegetariano/a m/f estricto/a.

vegeburger [ˈvedʒɪˌbɜːgər] N hamburguesa f vegetariana.

vegetable [ˈvedʒɪtəbl] [1] N (Bot) vegetal m, planta f;

(food) legumbre f, hortaliza f; (green ~) verdura f. [2] CPD vegetal; (soup) de verduras; **~ garden** N huerta f, huerto m.

vegetarian [ˌvedʒɪˈtɛərɪən] ADJ, N vegetariano/a m/f.

vegetarianism [ˌvedʒɪˈtɛərɪənɪzəm] N vegetarianismo m.

vegetate [ˈvedʒɪteɪt] VI vegetar.

vegetation [ˌvedʒɪˈteɪʃən] N vegetación f.

vehemence [ˈviːɪməns] N vehemencia f; (of attack) violencia f.

vehement [ˈviːɪmənt] ADJ vehemente, apasionado/a; (attack) violento/a; **there was ~ opposition** hubo una resistencia férrea or tenaz.

vehemently [ˈviːɪməntlɪ] ADV con vehemencia, apasionadamente; (attack) violentamente; **to be ~ opposed to sth** estar radicalmente opuesto a algo, ser totalmente contrario a algo.

vehicle [ˈviːɪkl] N [a] vehículo m. [b] (fig: means for sth) vehículo m, medio m.

veil [veɪl] [1] N velo m; **to take the ~** (Rel) tomar el hábito, meterse monja; **under a ~ of secrecy** (fig) en el mayor secreto. [2] VT (gen) velar, cubrir con un velo; (shut off) tapar; (disguise) disimular, encubrir; **the town was ~ed in mist** la ciudad estaba envuelta en una capa de niebla.

veiled [veɪld] ADJ velado/a; (disguised) disimulado/a, encubierto/a; **thinly-~** dislike antipatía f apenas disimulada; **with ~ irony** con velada ironía.

vein [veɪn] N (Anat, Bot) vena f; (Min: of ore etc) filón m, veta f; (fig: streak) vena; (mood, tone) **in a different ~** en tono distinto, en otro tono.

Velcro ® [ˈvelkrəʊ] N velcro ® m.

vellum [ˈveləm] N (writing paper) papel m vitela.

velocity [vɪˈlɒsɪtɪ] N velocidad f.

velvet [ˈvelvɪt] [1] N terciopelo m. [2] ADJ (of velvet) de terciopelo.

velveteen [ˈvelvɪtiːn] N pana f.

velvety [ˈvelvɪtɪ] ADJ aterciopelado/a.

venal [ˈviːnl] ADJ (person) venal, sobornable; (action) corrupto/a, corrompido/a.

vendetta [venˈdetə] N vendetta f; **to carry on a ~ against sb** hostigar or perseguir a algn.

vending machine [ˈvendɪŋməˌʃiːn] N máquina f (expendedora).

vendor [ˈvendɔːr] N vendedor(a) m/f.

veneer [vəˈnɪər] N chapa f, enchapado m; **with a ~ of culture** (fig) con un barniz de cultura.

venerable [ˈvenərəbl] ADJ venerable.

venerate [ˈvenəreɪt] VT venerar, reverenciar.

veneration [ˌvenəˈreɪʃən] N veneración f.

venereal [vɪˈnɪərɪəl] ADJ: **~ disease** enfermedad f venérea.

Venetian [vɪˈniːʃən] [1] ADJ veneciano/a; **~ blind** persiana f. [2] N veneciano/a m/f.

Venezuela [ˌveneˈzweɪlə] N Venezuela f.

Venezuelan [ˌveneˈzweɪlən] ADJ, N venezolano/a m/f.

vengeance [ˈvendʒəns] N venganza f; **to take ~ on sb** vengarse de algn; **with a ~** (fam) con creces.

vengeful [ˈvendʒfʊl] ADJ vengativo/a.

venial [ˈviːnɪəl] ADJ venial; (error, fault) leve, no muy grave.

Venice [ˈvenɪs] N Venecia f.

venison [ˈvenɪzn] N carne f de venado.

venom [ˈvenəm] N (lit) veneno m; (fig) violencia f, malicia f.

venomous [ˈvenəməs] ADJ (lit) venenoso/a; (fig) violento/a; (look) maligno/a.

vent [vent] [1] N (Tech) agujero m; (: valve) válvula f; (airhole) respiradero m; (grille) rejilla f de ventilación; (pipe) ventosa f, conducto m de ventilación; **to give ~ to one's feelings** (fig) desahogarse. [2] VT (Tech) purgar; (discharge) descargar; **to ~ one's anger (on sb/sth)** (fig) desahogar la cóiera (con algn/algo).

ventilate [ˈventɪleɪt] VT (room etc) ventilar, airear; (fig: grievance, question) ventilar.

ventilation [ˌventɪˈleɪʃən] [1] N ventilación f. [2] CPD: **~ shaft** N pozo m de ventilación.

ventilator [ˈventɪleɪtər] N ventilador m.

ventriloquism [ven'trɪləkwɪzəm] N ventriloquia *f*.
ventriloquist [ven'trɪləkwɪst] N ventrílocuo/a *m/f*.
venture ['ventʃəʳ] **1** N aventura *f*, empresa *f* (arriesgada); **a business** ~ una empresa comercial; **a new** ~ **in publishing** una nueva empresa editorial.

2 VT (*money, reputation, life*) arriesgar, jugar(se); (*opinion, guess*) aventurar; **they ~d everything** se lo jugaron todo; **if I may** ~ **an opinion** si se me permite expresar una opinión; **nothing ~d, nothing gained** quien no se arriesga no pasa la mar.

3 VI **a** to ~ **on sth** emprender algo; **to ~ out (of doors)** arriesgarse *or* atreverse a salir (fuera).

b to ~ **to do sth** osar *or* aventurarse a hacer algo; **I ~ to write to you** me atrevo a escribirle *or* dirigirme a Ud.

4 CPD: ~ **capital** capital-riesgo *m*.

venue ['venjuː] N lugar *m* *or* punto *m* de reunión; (*for concert*) local *m*; **the** ~ **for the next match** el escenario del próximo partido.
Venus ['viːnəs] N (*Mythology*) Venus *f*; (*Astron*) Venus *m*.
veracity [və'ræsɪtɪ] N (*frm*) veracidad *f*.
veranda(h) [və'rændə] N terraza *f*, balcón *m*.
verb [vɜːb] N verbo *m*.
verbal ['vɜːbəl] ADJ verbal; **a** ~ **agreement** un acuerdo verbal.
verbalize ['vɜːbəlaɪz] VT expresar verbalmente.
verbally ['vɜːbəlɪ] ADV verbalmente, de palabra.
verbatim [vɜː'beɪtɪm] **1** ADJ textual. **2** ADV textualmente, palabra por palabra.
verbiage ['vɜːbɪɪdʒ] N verborrea *f*, palabrería *f*.
verbose [vɜː'bəʊs] ADJ prolijo/a, locuaz, hablador(a).
verdict ['vɜːdɪkt] N (*Jur: judgment*) veredicto *m*, fallo *m*; (: *of judge*) sentencia *f*; ~ **of guilty/not guilty** declaración *f* de culpabilidad/inocencia; **his** ~ **on the wine was unfavourable** dio un juicio desfavorable sobre el vino.
verge [vɜːdʒ] **1** N (*of road*) borde *m*; (*of motorway*) arcén *m*; (*fig*) borde, margen *m*; **to be on the** ~ **of disaster/discovery** estar al borde de la catástrofe/en la antesala de un descubrimiento; **she was on the** ~ **of tears/laughter** estaba a punto de llorar/reír; **to be on the** ~ **of doing sth** estar a punto *or* al borde de hacer algo.

2 VI: **to** ~ **on** *or* **upon** rayar en; (*colour*) tirar a.
verger ['vɜːdʒəʳ] N (*in church*) sacristán *m*.
verifiable ['verɪfaɪəbl] ADJ verificable, comprobable.
verification [ˌverɪfɪ'keɪʃən] N (*gen*) comprobación *f*; (*of result*) verificación *f*; (*document*) comprobante *m*.
verify ['verɪfaɪ] VT comprobar, confirmar; (*Comput*) verificar.
veritable ['verɪtəbl] ADJ verdadero/a, auténtico/a.
vermicelli [ˌvɜːmɪ'selɪ] N fideos *mpl*.
vermilion [və'mɪlɪən] ADJ bermejo/a.
vermin ['vɜːmɪn] N (*lit*) bichos *mpl*, sabandijas *fpl*; (*fig, pej*) chusma *f*, sabandijas.
vermouth ['vɜːməθ] N vermut *m*.
vernacular [və'nækjʊləʳ] **1** ADJ vernáculo/a, vulgar. **2** N (*Ling*) lengua *f* vernácula.
Versailles [veə'saɪ] N Versalles *m*.
versatile ['vɜːsətaɪl] ADJ (*person*) de talentos variados, polifacético/a; (*building*) que se presta a usos distintos; (*material*) flexible.
versatility [ˌvɜːsə'tɪlɪtɪ] N carácter *m* polifacético, talentos *mpl* variados; (*flexibility*) flexibilidad *f*.
verse [vɜːs] N **a** (*stanza*) estrofa *f*; (*of Bible*) versículo *m*.
b (*no pl: poetry*) verso *m*, poesía *f*; **in** ~ en verso.
versed [vɜːst] ADJ: **to be well** ~ **in** estar versado/a en, ser experto/a en.
version ['vɜːʃən] N (*gen*) versión *f*; (*translation*) traducción *f*; (*of car etc*) modelo *m*; **according to his** ~ según su interpretación.
versus ['vɜːsəs] PREP (*Jur, Sport*) contra.
vertebra ['vɜːtɪbrə] N (*pl* **vertebrae** ['vɜːtɪbriː]) vértebra *f*.
vertebrate ['vɜːtɪbrɪt] **1** ADJ vertebrado/a. **2** N vertebrado *m*.
vertex [vɜːteks] N (*pl* **vertices** ['vɜːtɪsiːz]) (*Math, Archit*) vértice *m*.
vertical ['vɜːtɪkəl] ADJ vertical.
vertically ['vɜːtɪkəlɪ] ADV verticalmente.

vertigo ['vɜːtɪgəʊ] N vértigo *m*.
verve [vɜːv] N energía *f*, ánimo *m*; (*enthusiasm*) entusiasmo *m*.
very ['verɪ] **1** ADV **a** (*extremely*) muy; **she feels** ~ **much better** se encuentra muchísimo mejor; ~ **good** muy bueno; **are you tired? - (yes,)** ~ ¿tienes sueño? - (sí) mucho; **he's so** ~ **poor** es tan pobre; **you're not being** ~ **helpful** nos *etc* ayudas poco; **I didn't like it** ~ **much** no me gustó mucho; **we don't see each other** ~ **often** nos vemos poco; **he** ~ **nearly missed the bus** por poco pierde el autobús; ~ **well, I'll do what I can** muy bien *or* bueno, haré lo que pueda; **the water is** ~ **cold/hot** el agua está muy fría/caliente; **it's** ~ **cold/hot today** hoy hace mucho frío/calor; ~ **high frequency** (*Rad: abbr VHF*) frecuencia *f* muy alta.

b (*absolutely*) **the** ~ **first/last** el primero/último (de todos); **the** ~ **best/worst** el mejor/peor (de todos); **at the** ~ **most** a lo sumo; **at the** ~ **least** en el peor de los casos, por lo menos *or* lo mínimo; **at the** ~ **latest/earliest** a más tardar/lo más pronto, lo antes posible; **the** ~ **same hat** el mismísimo sombrero; **it's my** ~ **own** es mío y muy mío.

2 ADJ **a** (*precise*) mismo/a; **that** ~ **day** ese mismo día; **his** ~ **words** sus mismas palabras; **he's the** ~ **man we want** es precisamente a él a quien buscamos.

b (*mere*) mero/a, simple; **the** ~ **thought (of it) alarms me** con sólo pensarlo me entra miedo; **the** ~ **idea!** ¡qué cosas dices!, ¡eso nomás faltaba! (*LAm*), ¡ándale! (*LAm*).

c (*extreme*) extremo/a, mero/a (*Mex*); **at the** ~ **top** arriba del todo; **at the** ~ **bottom** abajo del todo; **at the** ~ **end** (justo) al final, al final de todo.
vespers ['vespəz] NPL vísperas *fpl*.
vessel ['vesl] N (*ship*) barco *m*, embarcación *f*; (*receptacle*) vasija *f*, recipiente *m*; *see* **blood 2**.
vest¹ [vest] **1** N camiseta *f*; (*US: waistcoat*) chaleco *m*. **2** CPD: ~ **pocket** (*US*) bolsillo *m* del chaleco.
vest² [vest] VT: **to** ~ **sb with sth** investir a algn de algo; **to** ~ **rights/authority in sb** conferir *or* conceder derechos/autoridad a algn.
vested ['vestɪd] ADJ: ~ **interests** intereses *mpl* creados.
vestibule ['vestɪbjuːl] N (*frm*) vestíbulo *m*, entrada *f*.
vestige ['vestɪdʒ] N vestigio *m*, rastro *m*; **a** ~ **of truth** un elemento *or* un tanto de verdad.
vestment ['vestmənt] N vestidura *f*.
vestry ['vestrɪ] N sacristía *f*.
Vesuvius [vɪ'suːvɪəs] N Vesubio *m*.
vet¹ [vet] N ABBR **a** *of* **veterinary surgeon**. **b** (*US fam*) **veteran**.
vet² [vet] VT repasar, revisar; (*examine*) investigar; **he was ~ted by Security** fue sometido a una investigación por los servicios de seguridad.
veteran ['vetərən] **1** ADJ (*gen*) veterano/a; (*battleworn*) aguerrido/a. **2** N (*war* ~) veterano/a *m/f*; (*ex-serviceman*) excombatiente *mf*.
veterinarian [ˌvetərɪ'neərɪən] N (*US*) veterinario/a *m/f*.
veterinary ['vetərɪnərɪ] ADJ veterinario/a; ~ **surgeon** veterinario/a *m/f*.
veto ['viːtəʊ] **1** N (*pl* ~**es**) veto *m*; **to use** *or* **exercise one's** ~, **to put a** ~ **on sth** vetar algo. **2** VT vedar, prohibir; **the president ~ed it** el presidente le puso su veto.
vex [veks] VT (*anger*) enfadar, enojar (*LAm*); (*annoy*) hostigar; (*make impatient*) molestar.
vexation [vek'seɪʃən] N (*anger*) enfado *m*, enojo *m* (*LAm*); (*annoyance*) hostigamiento *m*, enojo (*LAm*); (*impatience*) molestia *f*, disgusto *m*.
vexatious [vek'seɪʃəs], **vexing** [vek'sɪʃən] ADJ fastidioso/a, molesto/a, enojoso/a (*LAm*).
vexed [vekst] ADJ **a** (*angry*) enfadado/a, enojado/a (*LAm*); **to be/get** ~ **(with sb about sth)** estar enfadado/enfadarse *or* (*LAm*) estar enojado/enojarse (con algn por algo). **b** (*question*) reñido/a, controvertido/a. **c** (*puzzled*) perplejo/a, confuso/a.
VFD N ABBR (*US*) *of* **voluntary fire department**.
VG, v.g. ABBR *of* **very good** S.
VGA N ABBR *of* **video graphics array**.

VHF N ABBR *of* **very high frequency** VHF.
VHS N ABBR *of* **video home system**.
VI ABBR (*US Post*) *of* **Virgin Islands**.
via ['vaɪə] PREP por, vía.
viability [,vaɪə'bɪlɪtɪ] N viabilidad *f*.
viable ['vaɪəbl] ADJ viable.
viaduct ['vaɪədʌkt] N viaducto *m*.
vibes [vaɪbz] NPL ABBR (*fam*) *of* **vibrations**; (*from band, singer*) vibraciones *fpl*, ambiente *msg*; **I got good ~ from her** me cayó muy bien.
vibrant ['vaɪbrənt] ADJ (*gen*) vibrante; (*person, place*) animado/a.
vibrate [vaɪ'breɪt] VI vibrar.
vibration [vaɪ'breɪʃən] N **a** (*movement*) vibración *f*. **b** (*fam: influence: gen pl*) vibraciones *fpl* (*fam*).
vibrator [vaɪ'breɪtəʳ] N vibrador *m*.
vicar ['vɪkəʳ] N cura *m*, párroco *m*.
vicarage ['vɪkərɪdʒ] N parroquia *f*.
vicarious [vɪ'keərɪəs] ADJ (*indirect*) indirecto/a; (*substitute*) por referencias; **to get ~ pleasure out of sth** disfrutar indirectamente *or* a distancia de algo.
vice¹ [vaɪs] **1** N vicio *m*; (*of animal*) resabio *m*. **2** CPD: **~ squad** N brigada *f* antivicio.
vice² [vaɪs] N (*Tech*) torno *m or* tornillo *m* de banco.
vice-chairman ['vaɪs'tʃeəmən] N (*pl* **-men**) vicepresidente *m*.
vice-chancellor ['vaɪs'tʃɑːnsələʳ] N (*Univ*) rector(a) *m/f*.
vice-president ['vaɪs'prezɪdənt] N vicepresidente/a *m/f*.
vice versa ['vaɪsɪ'vɜːsə] ADV viceversa, al revés.
vicinity [vɪ'sɪnɪtɪ] N (*neighbourhood*) vecindad *f*, cercanías *fpl*; (*nearness*) proximidad *f*; **in the ~ of 20** alrededor de (los) 20; **and other towns in the ~** y otras ciudades de las inmediaciones *or* la zona.
vicious ['vɪʃəs] ADJ (*remark, criticism*) malicioso/a; (*blow, kick*) fuerte; (*attack*) atroz; (*habit*) malo/a; (*animal*) resabiado/a; **a ~-looking knife** un cuchillo de aspecto terrible; **a ~ circle** un círculo vicioso.
viciously ['vɪʃəslɪ] ADV (*see adj*) con malicia, atrozmente; con resabio.
vicissitudes [vɪ'sɪsɪtjuːdz] NPL vicisitudes *fpl*, peripecias *fpl*.
victim ['vɪktɪm] N víctima *f*; **to be the ~ of** (*attack, hoax*) ser víctima de; **to fall ~ to** (*fig: desire, sb's charms*) sucumbir a, dejarse llevar por.
victimization [,vɪktɪmaɪ'zeɪʃən] N persecución *f*.
victimize ['vɪktɪmaɪz] VT (*pursue*) perseguir, acosar; **to be ~d** ser víctima de una persecución.
victor ['vɪktəʳ] N (*in sport, battle*) vencedor(a) *m/f*.
Victorian [vɪk'tɔːrɪən] ADJ, N victoriano/a *m/f*.

VICTORIAN

El adjetivo **Victorian** *se usa para referirse a la época del reinado de la reina Victoria (1837-1901), así como a la cultura y a las personas de dicha época, en frases como, por ejemplo,* **they live in a Victorian house** *o the* **Victorian Prime Minister, Gladstone***. Las actitudes o cualidades llamadas victorianas son las que se consideran características de la época, tales como el interés por la respetabilidad social, una estricta moralidad represiva, la falta de sentido del humor, la intolerancia y la hipocresía. El término* **Victorian values** *(valores victorianos) se usa en política para abogar por cualidades positivas como la decencia, la superación personal, el respeto a la autoridad y la importancia de la familia, cualidades que para muchos faltan en la sociedad actual. En Estados Unidos también se utiliza el adjetivo* **Victorian** *para describir la arquitectura, muebles, actitudes etc. de la época victoriana en el Reino Unido.*

victorious [vɪk'tɔːrɪəs] ADJ vencedor(a), triunfante.
victory ['vɪktərɪ] N victoria *f*, triunfo *m*.
victuals ['vɪtlz] NPL (*esp US*) víveres *mpl*, provisiones *fpl*, viandas *fpl* (*esp LAm*).
vicuna [vɪ'kjuːnə] N vicuña *f*.
video ['vɪdɪəʊ] **1** N (*fam: also* **~ recorder**) vídeo *m*. **2** CPD: **~ cassette** N videocassette *f*; **~ diary** N (*TV*) diario en vídeo; **~ recorder** N vídeo *m*; **~ recording** N grabación

f de vídeo.
videophone ['vɪdɪəʊ,fəʊn] N videoteléfono *m*, videófono *m*.
videotape ['vɪdɪəʊ,teɪp] **1** N cinta *f* de vídeo. **2** VT grabar en vídeo.
vie [vaɪ] VI: **to ~ (with sb) for sth** competir (con algn) por algo, disputarse algo (con algn).
Vienna [vɪ'enə] N Viena *f*.
Viennese [,vɪə'niːz] **1** ADJ, N vienés/esa *m/f*.
Vietnam, Viet Nam [,vjet'næm] N Vietnam *m*.
Vietnamese [,vjetnə'miːz] **1** ADJ vietnamita. **2** N (*person*) vietnamita *mf*; (*Ling*) vietnamita *m*.
view [vjuː] **1** N **a** (*sight*) vista *f*, panorama *m*; (*landscape*) paisaje *m*; **a splendid ~ of the river** un magnífico panorama del río; **50 ~s of Venice** cincuenta vistas de Venecia; **in** *or* **within ~ (of sth)** a la vista de (algo); **in full ~ of the crowd** a plena vista *or* delante de la multitud; **to come into ~** aparecer; **to come within ~** hacerse visible, ponerse al alcance de la vista; **hidden from ~** oculto/a, tapado/a; **to be on ~** estar a la vista del público.
b (*opinion*) opinión *f*, idea *f*; **in my ~** a mi parecer; **to take** *or* **hold the ~ that ...** opinar *or* pensar que ...; **to take a dim** *or* **poor ~ of sth** ver algo con malos ojos; **an overall ~ of the situation** una visión de conjunto de la situación; **to take the long(-term) ~** pensar a largo plazo *or* a la larga; **in ~ of this, ...** en vista de eso ..., visto eso ...; **to have in ~** tener en mente *or* pensado; **with this in ~** con este propósito *or* fin; **with a ~ to doing sth** con miras *or* vistas a hacer algo.
2 VT (*house*) repasar, examinar; (*TV*) ver, mirar; (*situation, prospect*) enfocar, considerar; **how does the government ~ it?** ¿cómo lo ve el gobierno?
Viewdata ® ['vjuː,deɪtə] N vídeodatos *mpl*.
viewer ['vjuːəʳ] N **a** (*TV*) televidente *mf*, telespectador(a) *m/f*. **b** (*for slides*) visionadora *f* de diapositivas.
viewfinder ['vjuː,faɪndəʳ] N (*Phot*) visor *m* (de imagen), objetivo *m*.
viewpoint ['vjuːpɔɪnt] N (*on hill etc*) mirador *m*; (*fig*) punto *m* de vista.
vigil ['vɪdʒɪl] N vigilia *f*, vela *f*; **to keep ~** velar.
vigilance ['vɪdʒɪləns] N vigilancia *f*.
vigilant ['vɪdʒɪlənt] ADJ despabilado/a, despierto/a, sobre aviso.
vigilante ['vɪdʒɪ'læntɪ] N vigilante *mf*.
vigorous ['vɪgərəs] ADJ vigoroso/a, enérgico/a.
vigour, (*US*) **vigor** ['vɪgəʳ] N vigor *m*, energía *f*.
Viking ['vaɪkɪŋ] ADJ, N vikingo/a *m/f*.
vile [vaɪl] ADJ (*horrible*) vil, miserable; (*very bad*) pésimo/a; (*revolting*) repugnante, asqueroso/a; **a ~ temper** un genio de mil demonios.
vilify ['vɪlɪfaɪ] VT vilipendiar, denigrar.
villa ['vɪlə] N (*in town*) torre *f*, casa *f* sola; (*in country*) casa de campo, quinta *f*; (*esp by sea*) casa *or* chalet *m* en la playa.
village ['vɪlɪdʒ] **1** N pueblo *m*; (*small*) aldea *f*, pueblito *m* (*LAm*). **2** CPD pueblerino/a, de pueblo; **the ~ church** la iglesia del pueblo.
villager ['vɪlɪdʒəʳ] N (*inhabitant*) vecino/a *m/f* del pueblo; (*: provincial etc*) lugareño/a *m/f*, pueblerino/a *m/f*.
villain ['vɪlən] N (*gen*) malvado/a *m/f*; (*fam: wrongdoer*) maleante *mf*, delincuente *mf*; (*hum: rascal*) bribón/ona *m/f*, tunante *mf*; (*in novel, film*) malo/a *m/f*; **the ~ of the piece is X** (*hum*) el malo *or* malvado es X.
villainous ['vɪlənəs] ADJ malvado/a.
villainy ['vɪlənɪ] N (*esp poet*) maldad *f*, vileza *f*.
vim [vɪm] N (*fam*) energía *f*, ánimos *mpl*.
VIN N ABBR *of* **vehicle identification number**.
vinaigrette [vɪnɪ'gret] N vinagreta *f*.
vindicate ['vɪndɪkeɪt] VT (*decision, action*) justificar; (*claim, right*) reivindicar, hacer valer.
vindication [,vɪndɪ'keɪʃən] N justificación *f*; (*right*) reivindicación *f*, defensa *f*.
vindictive [vɪn'dɪktɪv] ADJ vengativo/a; (*spiteful*) rencoroso/a.
vindictively [vɪn'dɪktɪvlɪ] ADV (*unforgivingly*) con rencor,

rencorosamente; (*vengefully*) por venganza.
vine [vaɪn] N vid *f*; (*climbing, trained*) parra *f*; (*climber*) enredadera *f*.
vinegar ['vɪnɪɡəʳ] N vinagre *m*.
vine-growing ['vaɪn,ɡrəʊɪŋ] ADJ (*region*) viticultor(a).
vineyard ['vɪnjəd] N viña *f*, viñedo *m*.
vintage ['vɪntɪdʒ] **1** N (*season, harvest*) vendimia *f*; (*year*) cosecha *f*, añada *f*; **the 1970 ~** la cosecha de 1970. **2** CPD: **~ car** N coche *m* de época *or* antiguo; **~ wine** N vino *m* añejo; **~ year** N: **it has been a ~ year for plays** ha sido un año destacado en lo que a teatro se refiere.
vinyl ['vaɪnl] **1** N vinilo *m*. **2** ADJ de vinilo, vinílico/a.
viola [vɪ'əʊlə] N (*Mus*) viola *f*.
violate ['vaɪəleɪt] VT (*law*) violar, infringir; (*contract*) no cumplir.
violation [,vaɪə'leɪʃən] N (*gen*) violación *f*; (*of law*) infracción *f*; **~ of privacy** entrometimiento *m*, intromisión *f*.
violence ['vaɪələns] N (*gen*) violencia *f*; **to resort to ~** recurrir a la violencia *or* a la fuerza; **an act of ~** un acto de violencia; **crimes of ~** delitos *mpl* violentos; **robbery with ~** robo *m* a mano armada; **to do ~ to sb** agredir a algn; **to do ~ to sth** (*fig*) dañar *or* perjudicar algo.
violent ['vaɪələnt] ADJ (*person, quarrel, storm*) violento/a; (*language*) fuerte; (*kick*) violento, fuerte; (*pain*) intenso/a, agudo/a; (*colour*) chillón/ona; **to come to a ~ halt** detenerse *or* (*LAm*) parar bruscamente; **to die a ~ death** morir de muerte violenta; **he has a ~ temper** tiene un genio terrible; **to take a ~ dislike to sb/sth** coger *or* (*LAm*) agarrar una profunda antipatía a algn/tener aversión a algo; **by ~ means** por la fuerza *or* la violencia.
violently ['vaɪələntlɪ] ADV con violencia, de manera violenta; **to be ~ sick** vomitar mucho, devolver la primera papilla (*fam*); **to react ~ against sth** tener una fuerte reacción contra algo.
violet ['vaɪəlɪt] **1** N (*Bot*) violeta *f*; (*colour*) violado *m*, violeta. **2** ADJ violado/a, violeta.
violin [,vaɪə'lɪn] **1** N violín *m*. **2** CPD: **~ case** N estuche *m* de violín; **~ concerto** N concierto *m* para violín; **~ player** N violinista *mf*; **~ section** N sección *f* de violines.
violinist [,vaɪə'lɪnɪst] N violinista *mf*.
VIP ABBR **of very important person** persona *f* de categoría.
viper ['vaɪpəʳ] N víbora *f*.
viral ['vaɪərəl] ADJ vírico/a.
virgin ['vɜːdʒɪn] **1** N (*lit*) virgen *mf*; **the Blessed V~** la Santísima Virgen. **2** ADJ (*fig: forest, soil etc*) virgen.
Virgin Isles ['vɜːdʒɪn,aɪlz] NPL Islas *fpl* Vírgenes.
virginity [vɜː'dʒɪnɪtɪ] N virginidad *f*.
Virgo ['vɜːɡəʊ] N Virgo *m*.
virile ['vɪraɪl] ADJ viril; (*looks*) varonil.
virility [vɪ'rɪlɪtɪ] N virilidad *f*.
virology [,vaɪə'rɒlədʒɪ] N virología *f*.
virtual ['vɜːtjʊəl] ADJ (*gen*) real, verdadero/a; **he's the ~ star of the show** en realidad *or* en la práctica, la estrella del espectáculo es él; **it was a ~ defeat/failure** en realidad fue una derrota/un fracaso; **~ memory** *or* **storage** memoria *f* virtual; **~ reality** realidad *f* virtual.
virtuality [vɜːtjʊ'ælɪtɪ] N realidad *f* virtual, virtualidad *f*.
virtually ['vɜːtjʊəlɪ] ADV prácticamente, en (la) realidad; **I've ~ finished the work** casi he terminado el trabajo; **it is ~ impossible to do anything** es prácticamente imposible hacer nada.
virtue ['vɜːtju:] N virtud *f*; (*female chastity*) castidad *f*, honra *f*; **it has the ~ of simplicity** *or* **of being simple** tiene la ventaja de ser sencillo; **I see no ~ in (doing) that** no veo ninguna ventaja en (hacer) eso; **to make a ~ of necessity** poner al mal tiempo buena cara; **by ~ of** en virtud de, debido a.
virtuosity [,vɜːtjʊ'ɒsɪtɪ] N virtuosismo *m*.
virtuoso [,vɜːtjʊ'əʊzəʊ] **1** N virtuoso/a *m/f*. **2** CPD de virtuoso/a.
virtuous ['vɜːtjʊəs] ADJ virtuoso/a.
virulent ['vɪrʊlənt] ADJ (*gen*) virulento/a; (*attack, criticism*) violento/a.
virus ['vaɪərəs] N (*Med, Comput*) virus *m*.

visa ['viːzə] N visado *m*, visa *f* (*LAm*).
vis-à-vis ['viːzəviː] PREP (*compared with*) comparado con, con respecto a.
viscount ['vaɪkaʊnt] N vizconde *m*.
viscous ['vɪskəs] ADJ viscoso/a.
vise [vaɪs] N (*US*) = **vice²**.
visibility [,vɪzɪ'bɪlɪtɪ] N visibilidad *f*; **in good ~** con buena visibilidad.
visible ['vɪzəbl] ADJ **a** visible; **~ exports/imports** exportaciones *fpl*/importaciones *fpl* visibles; **~ reserve** reserva *f* visible. **b** (*obvious*) patente, claro/a.
visibly ['vɪzəblɪ] ADV (*see adj*) visiblemente; patentemente; **he had got ~ thinner** había adelgazado visiblemente.
Visigoth ['vɪzɪɡɒθ] N visigodo/a *m/f*.
Visigothic [,vɪzɪ'ɡɒθɪk] ADJ visigodo/a, visigótico/a.
vision ['vɪʒən] N **a** (*eyesight*) vista *f*; **to have normal ~** tener la vista normal; **field of ~** campo *m* visual. **b** (*imagination*) imaginación *f*; **a man of (broad) ~** un hombre de miras amplias; **a ~ of the future** una visión del futuro; **I had ~s of having to walk home** ya me veía volviendo a casa a pie.
visionary ['vɪʒənərɪ] **1** N visionario/a *m/f*; (*dreamer*) soñador(a) *m/f*. **2** ADJ imaginario/a, quimérico/a; (*impractical*) utópico/a.
visit ['vɪzɪt] **1** N (*gen*) visita *f*; **to go on** *or* **make a ~ to** (*person, place*) ir de visita *or* visitar a; **to pay sb a ~, to pay a ~ to sb** hacer una visita *or* visitar a algn, pasar a ver a algn (*esp LAm*); **on a private/official ~** de *or* en visita privada/oficial. **2** VT **a** (*go and see: person*) visitar, hacer una visita a; (*place*) ir a conocer. **b** (*stay with: person*) visitar, pasar un tiempo con, estar de visita con; (*stay in: town, area*) visitar, pasar un tiempo en.
visiting ['vɪzɪtɪŋ] **1** ADJ (*speaker, professor*) invitado/a; (*team*) visitante, de fuera. **2** CPD: **~ card** N tarjeta *f* de visita; **~ hours** NPL horas *fpl* de visita.
visitor ['vɪzɪtəʳ] N (*guest*) invitado/a *m/f*, visita *f*; (*in hotel*) huésped(a) *m/f*; (*tourist*) turista *mf*, visitante *mf*; (*in hospital*) visita; (*at zoo, exhibition*) visitante; **~s' book** libro *m* de visitas.
visor ['vaɪzəʳ] N visera *f*.
VISTA ['vɪstə] N ABBR (*US*) of **Volunteers in Service to America** *programa de ayuda voluntaria a los necesitados.*
vista ['vɪstə] N (*lit*) vista *f*, panorama *m*; (*fig*) perspectiva *f*, horizonte *m*.
visual ['vɪzjʊəl] ADJ (*gen*) visual; **~ display unit** unidad *f* de despliegue visual; **~ proof** pruebas *fpl* oculares; **the ~ arts** las artes plásticas; **~ aids** (*in teaching*) medios *mpl* visuales.
visualize ['vɪzjʊəlaɪz] VT (*imagine*) imaginarse, hacerse una idea de.
visually ['vɪzjʊəlɪ] ADV visualmente.
vital ['vaɪtl] ADJ **a** (*essential*) imprescindible; (*critical*) decisivo/a, crítico/a; **of ~ importance (to sb/sth)** de suma *or* primera *or* vital importancia (para algn/algo); **~ organ** *or* **part** órgano *m or* parte *f* vital; **at the ~ moment** en el momento crítico *or* clave; **~ statistics** (*of population*) estadísticas *fpl* demográficas; (*fam: woman's*) medidas *fpl*. **b** (*lively*) vivo/a, animado/a.
vitality [vaɪ'tælɪtɪ] N vitalidad *f*, energía *f*.
vitalize ['vaɪtəlaɪz] VT vitalizar, vivificar; (*fig*) animar.
vitally ['vaɪtlɪ] ADV: **~ important** de suma *or* vital importancia, de gran transcendencia; **~ urgent** de la mayor urgencia.
vitamin ['vɪtəmɪn] **1** N vitamina *f*; **with added ~s** vitaminado, reforzado con vitaminas. **2** CPD: **~ tablet** N pastilla *f* de vitaminas.
vitreous ['vɪtrɪəs] ADJ vítreo/a.
vitriolic [,vɪtrɪ'ɒlɪk] ADJ (*fig*) mordaz.
vituperation [vɪ,tjuːpə'reɪʃən] N vituperio *m*, injurias *fpl*.
viva ['vaɪvə] N (*also* **~ voce**) examen *m* oral.
vivacious [vɪ'veɪʃəs] ADJ animado/a, vivaz.
vivacity [vɪ'væsɪtɪ] N vivacidad *f*, entusiasmo *m*.
vivid ['vɪvɪd] ADJ (*colour*) vivo/a, intenso/a; (*impression, recollection*) vivo/a, fuerte; (*dream*) clarísimo/a; (*de-*

scription) gráfico/a, realista; **a ~ imagination** una imaginación viva.

vividly ['vɪvɪdlɪ] ADV (gen) vivamente; (describe) gráficamente.

vividness ['vɪvɪdnɪs] N (gen) intensidad f, viveza f; (of description) lo gráfico; (of impression, recollection) fuerza f.

vivisection [ˌvɪvɪ'sekʃən] N vivisección f.

vixen ['vɪksn] N zorra f, raposa f; (pej: bad-tempered woman) arpía f, bruja f.

viz. [vɪz] ADV ABBR of **videlicet** v.g., v.gr.

VLF N ABBR of **very low frequency**.

V-neck ['viːnek] N cuello m en pico.

VOA N ABBR of **Voice of America**.

vocabulary [vəʊ'kæbjʊlərɪ] N vocabulario m; (glossary) glosario m.

vocal ['vəʊkəl] ADJ **a** ~ **cords** cuerdas fpl vocales; ~ **music** música f vocal; ~ **organs** órganos mpl vocales. **b** (fig fam: vociferous) ruidoso/a; **they are getting rather ~ about it** están empezando a protestar.

vocalist ['vəʊkəlɪst] N vocalista mf; (in pop group) cantante mf.

vocation [vəʊ'keɪʃən] N vocación f; (profession) profesión f, carrera f.

vocational [vəʊ'keɪʃənl] ADJ: ~ **guidance** orientación f profesional; ~ **training** formación f or capacitación f profesional.

vocative ['vɒkətɪv] N vocativo m.

vociferous [vəʊ'sɪfərəs] ADJ ruidoso/a, vociferante.

vodka ['vɒdkə] N vodka m.

vogue [vəʊg] N moda f, boga f; **to be in ~, to be the ~** estar en boga or de moda.

voice [vɔɪs] **1** N voz f; **active/passive ~** (Ling) voz activa/pasiva; **in a loud/soft ~** en voz alta/baja; **at the top of one's ~** a voz en grito or en cuello; **with one ~** por unanimidad; **to give ~ to** (frm) expresar, dar expresión a. **2** VT (feelings, opinions) expresar, hacerse eco de. **3** CPD: ~ **mail** N correo m de voz, fonobuzón m, servicio de mensajería telefónica.

voiced [vɔɪst] ADJ (Ling: consonant) sonoro/a.

voiceless ['vɔɪslɪs] ADJ (Ling: consonant) sordo/a.

void [vɔɪd] **1** ADJ (empty) vacío/a; (Jur) nulo/a, inválido/a; ~ **of interest** carente or desprovisto/a de interés; **to make or render a contract ~** anular or invalidar un contrato; see **null**. **2** N vacío m; (hole) hueco m; (fig: sense of emptiness) vacío, hueco; **the ~** la nada.

vol., vols ABBR of **volume(s)** t.

volatile ['vɒlətaɪl] ADJ (Chem) volátil; (fig) voluble; (situation) inestable; ~ **memory** (Comput) memoria f no permanente.

volcanic [vɒl'kænɪk] ADJ volcánico/a.

volcano [vɒl'keɪnəʊ] N (pl ~**es**) volcán m.

vole [vəʊl] N campañol m, ratón m de campo.

volition [və'lɪʃən] N: **of one's own ~** (frm) por voluntad (propia) or de libre albedrío.

volley ['vɒlɪ] N (of shots) descarga f (cerrada); (of applause) salva f; (of stones etc) lluvia f; (of insults) torrente m; (Tennis) volea f.

volleyball ['vɒlɪbɔːl] N voleibol m, balonvolea m.

volt [vəʊlt] N voltio m.

voltage ['vəʊltɪdʒ] N voltaje m, tensión f.

volte-face ['vɒlt'fɑːs] N viraje m.

voluble ['vɒljʊbl] ADJ (person) locuaz, hablador(a); (speech) ameno/a.

volubly ['vɒljʊblɪ] ADV (see adj) locuazmente; con amenidad.

volume ['vɒljuːm] **1** N **a** (book) volumen m, tomo m. **b** (space, sound) volumen m; (amount: of work, sales) volumen cantidad f. **c** ~**s** (great quantities) gran cantidad (de); ~**s of smoke** gran cantidad de humo; **to write ~s** escribir mucho; **his expression spoke ~s** su expresión lo decía todo. **2** CPD: ~ **discount** N descuento m por volumen de compras.

voluminous [və'luːmɪnəs] ADJ (large, capacious)

voluminoso/a; (prolific) prolífico/a; (overlong) prolijo/a.

voluntarily ['vɒləntərɪlɪ] ADV voluntariamente, libremente.

voluntary ['vɒləntərɪ] ADJ (gen) voluntario/a; (statement, confession) voluntario, espontáneo/a; ~ **liquidation** liquidación f voluntaria; ~ **redundancy** or **severance** despido m voluntario; ~ **work** trabajo m voluntario.

volunteer [ˌvɒlən'tɪəʳ] **1** N (gen) voluntario/a m/f. **2** VT (one's help, services) ofrecer; (remark, suggestion) hacer; (information) dar. **3** VI (for a task) ofrecerse; (for the army) alistarse como voluntario; **to ~ to do sth** ofrecerse (voluntario) para hacer algo. **4** CPD (forces, helpers) voluntario/a, de voluntarios.

voluptuous [və'lʌptjʊəs] ADJ voluptuoso/a.

vomit ['vɒmɪt] **1** N vómito m. **2** VI devolver, vomitar. **3** VT (also ~ **up**) vomitar; (fig: pour out) arrojar, echar.

vomiting ['vɒmɪtɪŋ] N vómito m.

voodoo ['vuːduː] N vudú m.

voracious [və'reɪʃəs] ADJ voraz; (fig: reader) insaciable, ávido/a.

vortex ['vɔːteks] N (pl **vortices** ['vɔːtɪsiːz]) vórtice m, torbellino m; (fig: of activity) torbellino, remolino m.

vote [vəʊt] **1** N (act of voting, number voting) votación f; (election) elección f, comicios mpl; (right to vote) derecho m al voto or de votar, sufragio m; (single ~) voto m (for, against a favor, contra); **to pass a ~ of confidence/no confidence** aprobar un voto de confianza/un voto de censura; **to propose/pass a ~ of thanks** proponer/aprobar un voto de gracias; **to put sth to the ~, to take a ~ on sth** someter algo a votación; **to win ~s** ganar votos; **to count the ~s** escrutar or computar los votos; **as the 1931 ~ showed** según demostraron las elecciones de 1931; **the Labour ~** el voto laborista; **when women got the ~** cuando las mujeres ganaron el derecho de votar or el sufragio. **2** VT votar; **to ~ a bill/measure through parliament** aprobar una ley/una medida en el parlamento; **to ~ a sum for defence** votar un presupuesto para la defensa; **he was ~d secretary** fue elegido secretario por votación; **to ~ a proposal down** rechazar una propuesta por votación; **we ~d it a failure** (fig) opinamos que fue un fracaso. **3** VI votar; **to ~ on sth** someter algo a votación; **to ~ for sb** votar por or a algn; **to ~ Labour/Conservative** votar laborista/conservador; **to ~ to do sth** votar por hacer algo; **to ~ against/in favour of sth** votar en contra/a favor de algo; **I ~ we turn back** (fig fam) propongo que volvamos.

voter ['vəʊtəʳ] N (gen) votante mf; (in election) elector(a) m/f.

voting ['vəʊtɪŋ] **1** N votación f. **2** CPD: ~ **booth** N cabina f electoral; ~ **paper** N papeleta f de votación; ~ **right** N derecho m a voto; ~ **slip** N = ~ **paper**.

votive ['vəʊtɪv] ADJ votivo/a.

vouch [vaʊtʃ] VI: **to ~ for sth** garantizar algo, responder de algo; **to ~ for sb** responder por or salir como fiador de algn.

voucher ['vaʊtʃəʳ] N vale m; (Comm) bono m; **luncheon/ travel ~** vale de comida/viaje.

vow [vaʊ] **1** N (also Rel) voto m; (promise) promesa f, compromiso m; **to take or make a ~** jurar, comprometerse; **to break one's ~** faltar a un compromiso; **to take one's ~s** (Rel) hacer sus votos (monásticos); **a ~ of poverty/ chastity** un voto de pobreza/castidad. **2** VT (obedience, allegiance) jurar, prometer; **to ~ to do sth** jurar hacer algo; **to ~ that ...** jurar que ....

vowel ['vaʊəl] **1** N vocal f. **2** CPD: ~ **sound** N sonido m vocálico.

voyage ['vɔɪɪdʒ] N viaje m.

voyager ['vɔɪədʒəʳ] N viajero/a m/f.

V.P. N ABBR of **Vice-President** V.P. mf.

VR N ABBR of **virtual reality**.

vs ABBR of **versus** vs; **Celtic vs Rangers** Celtic-Rangers.

VSO N ABBR (Brit) of **Voluntary Service Overseas**.

VSOP ABBR (sherry) of **very special** or **superior old pale**.

VT ABBR (*US Post*) *of* **Vermont**.
VTOL ['vi:tɒl] N ABBR *of* **vertical take-off and landing** (*aircraft*) ADAC *m*.
VTR N ABBR *of* **videotape recorder**.
vulcanize ['vʌlkənaɪz] VT vulcanizar.
vulgar ['vʌlgəʳ] ADJ [a] (*common, unrefined*) ordinario/a, grosero/a; (*crude, indecent*) grosero/a, de mal gusto; (*joke*) verde, colorado/a (*LAm*). [b] (*Latin*) vulgar, vernáculo/a. [c] ~ **fraction** fracción *f* común.
vulgarity [vʌl'gærɪtɪ] N vulgaridad *f*; (*crude remark*)

grosería *f*.
Vulgate ['vʌlgɪt] N Vulgata *f*.
vulnerability [ˌvʌlnərə'bɪlɪtɪ] N vulnerabilidad *f*.
vulnerable ['vʌlnərəbl] ADJ vulnerable.
vulture ['vʌltʃəʳ] N buitre *m*, zopilote *m* (*CAm, Mex*), aura *f* (*Carib*), carancho *m* (*CSur*), gallinazo *m* (*Col, And*), urubú *m* (*Par, Uru*), zamuro *m* (*Ven*).
vulva ['vʌlvə] N vulva *f*.
vv. ABBR *of* **verses**.
v.v. ABBR *of* **vice versa**.

Ww

W¹, w [ˈdʌblju] N (*letter*) W, w *f*, uve *f* doble (*Sp*), doble ve *f* (*LAm*).

W² ABBR *of* **west** O.

w. ABBR *of* **watt(s)** v.

WA ABBR (*US Post*) *of* **Washington**.

wacko [ˈwækəʊ] ADJ (*fam*) colgado/a (*fam*), excéntrico/a.

wacky [ˈwækɪ] ADJ (*comp* **-ier**; *superl* **-iest**) (*US fam: person*) chiflado/a; (*thing*) absurdo/a.

wad [wɒd] N (*gen*) taco *m*, bolita *f*; (*of papers, banknotes*) fajo *m*, rollo *m*; **~s of money** un dineral.

wadding [ˈwɒdɪŋ] N (*for packing*) relleno *m*; (*for quilting*) entretela *f*, forro *m*.

waddle [ˈwɒdl] VI andar como un pato; **to ~ in/out** entrar/salir andando como un pato.

wade [weɪd] VI (*gen: also* **~ along**) caminar por el agua; (*through mud etc*) ir chapoteando por; **to ~ ashore** llegar a tierra vadeando; **to ~ into sb** (*fig*) arremeterse *or* abalanzarse sobre algn; **he ~d in and helped us** (*fig*) se puso a ayudarnos; **to ~ through a book** leer un libro con esfuerzo; **it took me an hour to ~ through your essay** tardé una hora en leer tu ensayo.

wader [ˈweɪdəʳ] N [a] (*bird*) ave *f* zancuda. [b] (*boot*) bota *f* alta impermeable.

wafer [ˈweɪfəʳ] N (*biscuit*) galleta *f* sandwich; (*Rel*) oblea *f*, hostia *f*; (*with ice cream*) barquillo *m*, sandwich *m* (*LAm*).

wafer-thin [ˈweɪfəˈθɪn] ADJ finísimo/a.

waffle [ˈwɒfl] [1] N (*Culin*) gofre *m*; (*fam: talk*) tonterías *fpl*; (*in essay etc*) paja *f*. [2] VI (*fam: also* **~ on**) enrollarse; (*in essay etc*) poner mucha paja. [3] CPD: **~ iron** N molde *m* para hacer buñuelos.

waft [wɑːft] [1] VT llevar por el aire. [2] VI flotar.

wag¹ [wæg] [1] N meneo *m*, movimiento *m*. [2] VT agitar, menear. [3] VI agitarse, menearse; **tongues were ~ging about their relationship** las malas lenguas se ocupaban de sus relaciones.

wag² [wæg] N (*joker*) bromista *mf*.

wage [weɪdʒ] [1] N (*often*) **~s** sueldo *m*, salario *m*; **minimum ~** salario *or* sueldo mínimo. [2] VT (*war*) hacer, librar; (*campaign*) emprender, trabar. [3] CPD (*freeze, negotiations*) de salarios, salarial; **~ agreement** N convenio *m*; **~s bill** N gastos *mpl* de nómina; **~ claim** N (*Brit*) reivindicación *f* salarial; **~ contract** N = **~ agreement**; **~ demand** N = **~ claim**; **~ earner** N asalariado/a *m/f*; **~ freeze** N congelación *f* de salarios; **~ packet** N sobre *m* de paga; **~ settlement** N acuerdo *m* salarial.

wager [ˈweɪdʒəʳ] [1] N apuesta *f* (*on* a); **to lay a ~** hacer una apuesta. [2] VT (*sum of money*) apostar (*on* a); **to ~ that ...** apostar a que ...

wage-worker [ˈweɪdʒˌwɜːkəʳ] N (*US*) asalariado/a *m/f*.

waggle [ˈwægl] [1] N (*of tail, finger*) movimiento *m*; (*of hips*) contoneo *m*, meneo *m*. [2] VT (*tail*) agitar, menear; (*finger*) agitar; (*hips*) contonearse.

waggon, (*US*) **wagon** [ˈwægən] N (*horse-drawn*) carro *m*; (*truck*) camión *m*; (*tea ~*) carrito *m*; (*Rail*) vagón *m*; **to be on the ~** (*fam*) no beber.

waif [weɪf] N (*child*) niño/a *m/f* abandonado/a *or* desamparado/a; (*animal*) animal *m* abandonado.

wail [weɪl] [1] N gemido *m*. [2] VI gemir.

wailing [ˈweɪlɪŋ] N gemidos *mpl*.

waist [weɪst] N (*Anat, of dress*) cintura *f*, talle *m*; (*fig: narrow part*) cuello *m*.

waistband [ˈweɪstbænd] N pretina *f*, cinturilla *f*.

waistcoat [ˈweɪskəʊt] N chaleco *m*.

waist-deep [ˈweɪstˈdiːp] ADV hasta la cintura.

waisted [ˈweɪstɪd] ADJ: **slim-~** de cintura delgada; **high-/low-~** de cintura alta/baja.

waistline [ˈweɪstlaɪn] N talle *m*, cintura *f*.

wait [weɪt] [1] N espera *f*; **it was a long ~ for the train** tuvimos *etc* una larga espera antes de llegara el tren; **to lie in ~ (for sb)** andar *or* estar al acecho (de algn). [2] VT [a] (*turn, chance*) esperar. [b] (*US: delay: dinner etc*) aguardar. [3] VI [a] **to ~ (for)** esperar; **to ~ for sb to do sth** esperar hasta que *or* estar pendiente de que algn haga algo; **what are you ~ing for?** (*hurry up*) ¡vamos ya!; **~ a moment!** (*lit*) ¡un momento!, ¡momentito! (*esp LAm*), ¡aguarde! (*LAm*); (*fig: querying, threatening*) ¿cómo?; **~ and see!** ¡espera y verás!; **~ till you're older** eso es para cuando seas mayor; **to keep sb ~ing** hacer esperar a algn; **'repairs while you ~'** 'reparaciones en el acto'; **there's a parcel ~ing to be collected** hay un paquete que recoger; **the dishes can ~** no hay prisa con los platos; **I can't ~ to see his face** estoy deseando ver su cara; **I can hardly ~!** ¡muero de impaciencia! [b] (*as servant*) **to ~ on sb** servir *or* (*esp LAm*) atender a algn; **to ~ at table** servir a *or* atender la mesa; **to ~ on sb hand and foot** atender el menor deseo de algn.
◆ **wait behind** VI + ADV quedarse, esperar.
◆ **wait in** VI + ADV quedarse en casa (esperando).
◆ **wait up** VI + ADV: **to ~ up for sb** esperar levantado/a *or* sin acostarse a algn; **don't ~ up for me!** ¡vete a la cama sin esperarme!

waiter [ˈweɪtəʳ] N mozo *m*, camarero *m*, mesero *m* (*Mex*), garzón *m* (*CSur*), mesonero *m* (*Ven*).

waiting [ˈweɪtɪŋ] [1] N espera *f*; (*Aut*) aparcamiento *m*; **'no ~'** 'prohibido aparcar *or* (*esp LAm*) estacionarse'. [2] CPD: **~ game** N: **to play a ~ game** esperar la ocasión apropiada; **~ list** N lista *f* de espera; **~ room** N sala *f* de espera.

waitress [ˈweɪtrɪs] N camarera *f*, mesera *f* (*Mex*), garzona *f* (*CSur*), mesonera *f* (*Ven*).

waive [weɪv] VT suspender.

waiver [ˈweɪvəʳ] N renuncia *f*.

wake¹ [weɪk] N (*Naut*) estela *f*; **in the ~ of** (*fig*) detrás de, tras; **he followed in her ~** le siguió detrás.

wake² [weɪk] N (*over corpse*) velatorio *m*, velorio *m* (*esp LAm*).

wake³ [weɪk] (*pt* woke *or* (*old*) **~d**; *pp* woken *or* (*old*) **~d**) [1] VI (*also* **~ up**) despertarse; **~ up!** ¡despiértate!; (*fig*) ¡despiértate!, despabílate!; **to ~ up to sth** (*fig*) darse cuenta de algo; **she woke up with a start** despertó sobresaltada. [2] VT (*also* **~ up**: *lit, fig*) despertar; **to ~ sb (up) to sth** (*fig*) hacer ver algo a algn; **to ~ one's ideas up** (*fam*) despabilarse, ponerse sobre aviso.

wakeful [ˈweɪkfʊl] ADJ (*unable to sleep*) desvelado/a, con el sueño intranquilo; (*alert*) alerta, vigilante (*to* a).

waken [ˈweɪkən] VT, VI = **wake³**.

wakey-wakey [ˈweɪkɪˈweɪkɪ] INTERJ (*fam*) ¡arriba!

waking [ˈweɪkɪŋ] ADJ: **one's ~ hours** las horas que se está despierto.

Wales [weɪlz] N País *m* de Gales.

walk [wɔːk] [1] N [a] (*stroll, ramble*) paseo *m*, caminata *f*; (*race*) marcha *f* atlética; (*path, place to ~*) ruta *f*; **to go for a ~** ir de paseo; **it's only a 10-minute ~ from here** está a 10 minutos de aquí andando; **there's a nice ~ by the river** hay un paseo agradable por el río. [b] (*~ing pace*) paso *m* de andadura; (*gait*) paso, andar *m*; **he has an odd sort of ~** tiene un modo de andar algo raro. [c] **~ of life** esfera *f*. [2] VT [a] (*distance*) recorrer a pie; **we ~ed 40 kilometres yesterday** ayer recorrimos 40 kilómetros; **to ~ the streets** vagar por las calles; (*prostitute*) hacer la calle, callejear; **don't worry, you'll ~ it** (fam) no te preocupes, será facilísimo.

⚏ **b** (lead: dog, horse) pasear; (ride: horse) llevar al paso; **to ~ sb into the ground** or **off his feet** dejar rendido a algn de tanto caminar; **I'll ~ you to the station** te acompaño a la estación; **she ~s the dog every day** lleva al perro de paseo todos los días.

⚏ **3** VI andar, caminar (LAm); (as opposed to riding) andar, caminar, ir caminando; (Sport) marchar; **can your little boy ~ yet?** ¿ya anda or (LAm) camina el niño?; **~ a little with me** acompáñame un rato; **to ~ in one's sleep** ser sonámbulo; **we had to ~** tuvimos que ir andando; **to ~ home** ir andando a casa; **we were out ~ing in the hills** hacíamos excursiones por la montaña; **to ~ into sth** (bump into) tropezar con algo; (fig: fall into: trap etc) caer en algo; **you really ~ed into that one!** (fam) ¡te has dejado embaucar por las buenas!; **to ~ into a job** (fam) conseguir fácilmente un puesto.

◆ **walk about, walk around** VI + ADV pasearse, vagar.
◆ **walk away** VI + ADV irse, marcharse; (fig: unhurt) salir; **to ~ away from a problem** negarse a afrontar un problema; **to ~ away with sth** (fig) llevarse algo.
◆ **walk in** VI + ADV entrar.
◆ **walk off** ⚏ **1** VI + ADV irse, marcharse; **to ~ off with sth** llevarse algo.
⚏ **2** VT + ADV: **we ~ed off our lunch** dimos un paseo para bajar la comida.
◆ **walk on** VI + ADV (go on ~ing) seguir andando or (LAm) caminando; (Theat: come on stage) salir a escena; (: have a walk-on part) hacer de comparsa.
◆ **walk out** VI + ADV (go out) salir (of de); (strike) declararse en or declarar la huelga; **to ~ out with sb** (old) salir con algn; **he ~ed out on his wife** abandonó or dejó a su mujer.
◆ **walk over** VI + PREP (defeat) derrotar; **to ~ all over sb** (dominate) tratar a algn a patadas.
◆ **walk up** VI + ADV (approach) acercarse (to a); **~ up!** (at fair) ¡acérquense!; **to ~ up to sb** acercarse a algn; **to ~ up and down** pasearse (de acá para allá).

walkabout ['wɔːkəbaʊt] N paseo m.

walker ['wɔːkəʳ] N (person: gen) paseante mf, transeúnte mf; (: hiker) excursionista mf; (baby-~) andador m.

walkies ['wɔːkɪz] NSG paseo m; **to take the dog ~** llevar al perro de paseo.

walkie-talkie ['wɔːkɪ'tɔːkɪ] N walkie-talkie m.

walk-in ['wɔːkɪn] ADJ: **~ cupboard** cuarto m trastero; **in ~ condition** en condiciones de habitabilidad.

walking ['wɔːkɪŋ] ⚏ **1** N (act) andar m, caminar m (esp LAm); (as pastime) excursionismo m.
⚏ **2** ADJ (holiday) de excursión; (shoes) para andar; **it's within ~ distance** se puede ir andando; **he's a ~ encyclopaedia** es una enciclopedia ambulante; **the ~ wounded** los heridos mpl ambulantes; **~ stick** bastón m.

Walkman ® ['wɔːkmən] N (pl **~s** ['wɔːkmənz]) Walkman ® m.

walk-on ['wɔːkɒn] ADJ (Theat) **~ part** papel m de comparsa.

walkout ['wɔːkaʊt] N (from conference) retirada f, abandono m (de la sala etc); (strike) huelga f.

walkover ['wɔːkˌəʊvəʳ] N (Sport) paseo m; (fig) triunfo m fácil, pan m comido (fam).

walkway ['wɔːkweɪ] N pasaje m (entre edificios).

wall [wɔːl] ⚏ **1** N (inside, also gen) pared f; (outside) muro m, tapia f; (of city) muralla f; **to climb the ~** (fam) **to go up the ~** subirse por las paredes (fam); **it drives me up the ~** (fam) me saca de quicio; **to go to the ~** (fig: firm etc) ir a la bancarrota.
⚏ **2** CPD (cupboard, light, clock, map) de pared; **~ bars** NPL (Sport) barras fpl fijas; **~ hanging** N tapiz m; **~ socket** N enchufe m de pared.
◆ **wall in** VT + ADV (garden etc) cercar con una tapia.
◆ **wall off** VT + ADV (area of land) separar con un muro.
◆ **wall up** VT + ADV (entrance etc) tapiar; (window) condenar.

wallaby ['wɒləbɪ] N ualabí m.

walled [wɔːld] ADJ (city) amurallado/a; (garden) con tapia.

wallet ['wɒlɪt] N cartera f, billetera f (esp LAm).

wallflower ['wɔːlˌflaʊəʳ] N alhelí m; **to be a ~** (fig) comer pavo.

Walloon [wɒ'luːn] ⚏ **1** ADJ valón/ona. ⚏ **2** N (person) valón/ona m/f; (Ling) valón m.

wallop ['wɒləp] (fam) ⚏ **1** N (blow) golpe m fuerte; (sound) zas m. ⚏ **2** VT zurrar.

walloping ['wɒləpɪŋ] (fam) ⚏ **1** N: **to give sb a ~** dar una paliza a algn. ⚏ **2** ADJ (also **~ great**) grandote/a.

wallow ['wɒləʊ] VI (in water, mud) revolcarse (in en); (boat) revolcarse; **to ~ in misery/luxury** revolcarse en la miseria/deleitarse en el lujo.

wallpaper ['wɔːlˌpeɪpəʳ] ⚏ **1** N papel m pintado or tapiz. ⚏ **2** VT empapelar.

Wall Street ['wɔːlstriːt] N (US) calle de la Bolsa y de muchos bancos en Nueva York; (fig) mundo m bursátil.

wall-to-wall ['wɔːltə'wɔːl] ADJ: **~ carpeting** moqueta f.

walnut ['wɔːlnʌt] ⚏ **1** N (nut) nuez f; (tree, wood) nogal m. ⚏ **2** ADJ de nogal.

walrus ['wɔːlrəs] N morsa f.

waltz [wɔːlts] ⚏ **1** N vals m. ⚏ **2** VI bailar el vals; **to ~ in** (fam) entrar tan fresco (fam).

wan [wɒn] ADJ (pale) pálido/a; (weak) débil; (sickly) enfermizo/a, enclenque.

wand [wɒnd] N (magic ~) varita f mágica.

wander ['wɒndəʳ] ⚏ **1** N paseo m; **to take** or **go for a ~** pasearse, dar un paseo.
⚏ **2** VI (gen) vagar, errar; (walk slowly) deambular, andar lentamente; (aimlessly) vagabundear; (stray) extraviarse; (fig: eyes) desviarse; (attention) divagar; **don't go ~ing off** no te alejes demasiado, que te pierdas; **to ~ from** or **off the point** salirse del tema, desvariarse; **to let one's mind ~** dejarse llevar por la imaginación, dejar vagar la imaginación.
⚏ **3** VT (streets, hills) recorrer, vagar por; **to ~ the world** recorrer el mundo entero.

wanderer ['wɒndərəʳ] N vagabundo/a m/f; **the ~ returns!** ¡ha vuelto el viajero!

wandering ['wɒndərɪŋ] ⚏ **1** ADJ (tribe, minstrel) errante, nómada; (path, river) sinuoso/a; (eyes, mind) distraído/a.
⚏ **2** N: **~s** vagabundeos mpl.

wanderlust ['wɒndəlʌst] N pasión f de viajar.

wane [weɪn] ⚏ **1** VI (moon) menguar; (fig: strength) decaer; (: popularity, power) disminuir. ⚏ **2** N: **to be on the ~** (see vi) decaer; disminuir.

wangle ['wæŋgl] (fam) ⚏ **1** N chanchullo m, trampa f. ⚏ **2** VT (job, ticket) agenciarse; **he ~d his way in** se las arregló para entrar; **can you ~ me a free ticket?** ¿puedes conseguirme or (LAm) procurarme una entrada de favor?

wangler ['wæŋgləʳ] N (fam) trapisondista mf, tramposo/a m/f.

wangling ['wæŋglɪŋ] N (fam) trampas fpl, trucos mpl.

wank [wæŋk] (Brit fam!) ⚏ **1** N: **to have a ~** = **2**. ⚏ **2** VI hacerse una paja (fam).

wanker ['wæŋkəʳ] N (Brit fam!) pajero/a m/f (fam!).

wanly ['wɒnlɪ] ADV (see adj) pálidamente; débilmente; en forma enfermiza.

▼**want** [wɒnt] ⚏ **1** N ⚏ **a** (lack) falta f or carencia f (of de); **for ~ of** por falta de algo; **for ~ of anything better to do** a falta de algo mejor que hacer; **it wasn't for ~ of trying** no fue por que no nos esforzásemos.
⚏ **b** (poverty) pobreza f, necesidad f; (scarcity) escasez f; **to be in ~** estar necesitado.
⚏ **c** (need) necesidad f; **to be in ~ of sth** necesitar algo; **this car ~s cleaning** a este coche le hace falta una limpieza; **my ~s are few** necesito poco; **it fills a long-felt ~** llena un hueco de hace tiempo.
⚏ **2** VT ⚏ **a** (wish, desire) querer, desear; **to ~ to do sth** querer hacer algo; **to ~ sb to do sth** querer que algn haga algo; **she ~s 500 pounds for the car** pide 500 libras por el coche; **I don't ~ you interfering!** ¡no quiero que te entrometas!; **what does he ~ with me?** ¿qué quiere de mí?; **you're ~ed on the phone** le llaman al teléfono; **I don't ~ to** no quiero.
⚏ **b** (need, require) necesitar; **we have all we ~** tenemos

➤ SENTENCE BUILDER: **want → 13.4**

todo lo que necesitamos; **he ~s a lot of attention** exige or requiere mucha atención; **that's the last thing I ~!** (fam) ¡sólo eso me faltaba!; **it only ~ed the parents to come in ...** sólo faltaba que llegaran los padres ...; **'~ed'** (police notice) 'se busca'; **he is ~ed for robbery** se le busca por robo.

3 VI **a** (wish, desire) querer, desear.
b (lack) **to ~ (for)** carecer (de), faltar; **they ~ for nothing** no les hace falta nada.
c **he ~s out** (fam) quiere dejarlo.

wanting ['wɒntɪŋ] ADJ: **~ (in)** (lacking) falto/a (de); (short of, inadequate) deficiente (en); **he is ~ in confidence** le falta confianza; **he was tried and found ~** demostró no estar a la altura de las circunstancias.

wanton ['wɒntən] ADJ (shameless) lascivo/a, libertino/a; (wilful) caprichoso/a.

war [wɔːʳ] **1** N guerra f; (fig) campaña f (on, against contra); **to be at/go to ~ (with)** estar en/entrar en guerra (con); **to declare ~ on** declarar la guerra (on a); **to make ~ (on)** hacer la guerra (a); **a ~ of words/nerves** una guerra de palabras/de nervios; **to have been in the ~s** (fig, hum) haber vivido una verdadera tragedia (fam, hum).
2 VI (lit) hacer la guerra (with a).
3 CPD de guerra; **~ cry** N grito m de guerra; **~ dance** N danza f guerrera; **~ debt** N deuda f de guerra; **~ effort** N esfuerzo m bélico; **~ game** N (Mil) estudios mpl tácticos sobre el mapa; (board game) juego m de estrategia; **~ memorial** N monumento m a los caídos; **~ paint** N pintura f de guerra; **~ zone** N zona f de guerra.

warble ['wɔːbl] **1** N (of bird) trino m, gorjeo m. **2** VT cantar trinando or gorjeando. **3** VI gorjear, trinar.

warbler ['wɔːblaʳ] N (bird) curruca f.

ward [wɔːd] N **a** (person) pupilo m; **he is her ~** (él) está bajo su tutela; **to make sb a ~ of court** poner a algn bajo la protección or el amparo de la tribunal. **b** (Pol) distrito m electoral. **c** (in hospital) sala f, pabellón m.
◆ **ward off** VT + ADV (attack) rechazar; (blow) parar, desviar; (danger etc) protegerse contra.

warden ['wɔːdn] N (in institution) conserje mf, guardián/ana m/f.

warder ['wɔːdəʳ] N carcelero m.

wardress ['wɔːdrɪs] N carcelera f.

wardrobe ['wɔːdrəub] N (cupboard) armario m; (clothes) vestuario m.

wardroom ['wɔːdrum] N (Naut) cámara f de oficiales.

...ward(s) [wəd(z)] ADJ, ADV SUF hacia; **town~** hacia la ciudad.

warehouse ['wɛəhaus] N almacén m, depósito m; **~ price** precio m en almacén.

wares [wɛəz] NPL mercancías fpl.

warfare ['wɔːfɛəʳ] N (fighting) guerra f; (techniques) artes mpl militares; **chemical/germ ~** guerra química/bacteriológica; **trench ~** guerra de trincheras.

warhead ['wɔːhɛd] N (of torpedo) cabeza f explosiva; **nuclear ~** cabeza f nuclear.

warhorse ['wɔːhɔːs] N (fig) veterano m.

warily ['wɛərɪlɪ] ADV con cautela, cautelosamente.

wariness ['wɛərɪnɪs] N cautela f, precaución f.

warlike ['wɔːlaɪk] ADJ bélico/a.

warm [wɔːm] **1** ADJ (comp **~er**; superl **~est**) **a** (water etc) caliente; (: not hot) tibio/a; (day, summer) caluroso/a, de calor; (blanket, clothing etc) caliente, que abriga; **I'm ~, I feel ~** tengo calor; **it's ~ today** hace calor hoy; **it's ~ work** es un trabajo que hace sudar; **to get ~** entrar en calor; **come and get ~** ven a calentarte; **to keep o.s./sth ~** abrigarse/mantener algo caliente; **am I getting ~?** (fig: in game) ¿caliente, caliente?; **to be as ~ as toast** estar muy bien de caliente.
b (fig: colour) cálido/a; (: thanks) efusivo/a; (: desire, passion) ardiente; (: welcome) entusiasta, acalorado/a; (: greeting, smile) afectuoso/a.
2 VT (food etc) (re)calentar; **to ~ o.s. by the fire** calentarse (junto) al fuego; **it ~ed my heart** me enterneció.
3 VI (food etc) calentarse; **he ~ed to his subject** se fue

metiendo en el tema; **I** or **my heart ~ed to him** le fui tomando afecto or cariño.
4 CPD: **~ front** N (Met) frente m cálido.
◆ **warm up** **1** VI + ADV (person) entrar en calor; (Sport etc) calentarse; (fig: party, game) animarse. **2** VT + ADV (food) (re)calentar; (engine) recalentar; (fig: party, audience) animar.

warm-blooded ['wɔːm'blʌdɪd] ADJ de sangre caliente.

warm-hearted ['wɔːm'hɑːtɪd] ADJ cariñoso/a.

warmly ['wɔːmlɪ] ADV con (más) calor; (fig) afectuosamente; **to dress ~** arroparse.

warmongering ['wɔːˌmʌŋgərɪŋ] N belicismo m.

warmth [wɔːmθ] N calor m; (fig) cordialidad f.

warm-up ['wɔːmʌp] N (Sport) ejercicios mpl de calentamiento.

▼ **warn** [wɔːn] VT advertir, avisar (of, about sobre); **to ~ sb not to do sth** or **against doing sth** aconsejar a algn que no haga algo; **you have been ~ed!** ¡ya estás avisado!; **to ~ sb about sth** amonestar a algn acerca de algo.
◆ **warn off** VT + ADV OR PREP (suitor etc) despedir; **to ~ sb off doing sth** avisar a algn que no haga algo.

warning ['wɔːnɪŋ] **1** N advertencia f, aviso m; (by police, judge) advertencia; (advance notice) previo aviso (of de); **to give sb a ~** poner a algn sobre aviso, prevenir a algn; **to give sb due ~/a few days' ~** avisar a algn con tiempo or antelación/unos días de anticipación; **without (any) ~** sin aviso or avisar, de pronto; **let this be a ~ to you!** ¡qué te sirva de escarmiento or aviso!
2 CPD: **~ light** N piloto m (de alarma); **~ notice** N aviso m; **~ shot** N disparo m de advertencia.

warp [wɔːp] **1** N (in weaving) urdimbre f; (of wood) alabeo m; (fig) deformación f, perversión f.
2 VT (wood) alabear, combar; (fig: mind) deformar, pervertir.
3 VI (wood) alabearse, combarse.

warpath ['wɔːpɑːθ] N: **to be on the ~** (fig) estar en pie de or buscando guerra.

warped [wɔːpt] ADJ (wood) alabeado/a, combado/a; (fig: character, sense of humour etc) pervertido/a.

warrant ['wɒrənt] **1** N (for travel: permission) autorización f; (: permit) permiso m; (Jur: search ~) mandamiento m de registro; (: for arrest) orden f de detención; **there is a ~ out for his arrest** se ha ordenado su detención.
2 VT **a** (justify, merit) merecer; **nothing ~s such an assumption** nada justifica tal suposición; **this order ~s your immediate attention** esta orden exige que Vd le preste atención en seguida.
b (Comm: guarantee) garantizar.
3 CPD: **~ officer** N (Mil) suboficial m; (Naut) contramaestre m.

warranted ['wɒrəntɪd] ADJ (action, remark) justificado/a; (Comm: goods) garantizado/a.

warranty ['wɒrəntɪ] N (Comm) garantía f.

warren ['wɒrən] N (rabbit ~) madriguera f; (fig) laberinto m.

warring ['wɔːrɪŋ] ADJ (interests) opuesto/a; (nations) en guerra.

warrior ['wɒrɪəʳ] N guerrero/a m/f.

Warsaw ['wɔːsɔː] N Varsovia f.

warship ['wɔːʃɪp] N buque m de guerra.

wart [wɔːt] N (Med) verruga f; **~s and all** con todas sus imperfecciones.

warthog ['wɔːthɒg] N jabalí m de verrugas.

wartime ['wɔːtaɪm] **1** N tiempo m de guerra; **in ~** en tiempos de guerra. **2** CPD (regulations, rationing etc) de guerra.

war-torn ['wɔːˌtɔːn] ADJ destrozado/a por la guerra.

wary ['wɛərɪ] ADJ (comp **-ier**; superl **-iest**) cauteloso/a (of con); **to be ~ of sb** desconfiar or recelar de algn; **to be ~ about** or **of doing sth** tener cuidado con hacer algo.

was [wɒz, wəz] PT of **be**.

wash [wɒʃ] **1** N **a** (act of ~ing) lavado m; **to give sth a ~** lavar algo; **to have a ~** lavarse; **your jeans are in the ~** tus vaqueros están para lavar; **it'll all come out in the ~** (fig) al final, todo se arreglará.
b (of ship) estela f.

SENTENCE BUILDER: **warn → 12.5**

|c| (*Art*) aguada *f*.
|2| VT |a| (*clean: clothes, car*) lavar; (: *dishes, floor*) fregar; **to ~ one's hands/hair** lavarse las manos/el pelo; **to ~ one's hands of sth** (*fig*) lavarse las manos *or* desentenderse de algo.
|b| (*lap: sea, waves*) bañar; **an island ~ed by a blue sea** una isla bañada por el mar azul.
|c| (*sweep, carry: sea etc*) llevar, llevarse; **he was ~ed overboard** cayó del barco arrastrado por las olas.
|3| VI |a| (*have a ~*) lavarse; **I'll ~ if you wipe** *or* **dry** yo friego y tú secas; **man-made fabrics usually ~ well** los tejidos sintéticos suelen lavarse bien; **that excuse won't ~!** (*fam*) ¡esa excusa no cuela!
|b| (*sea etc*) chapotear.
|4| CPD: **~ bag** N (*US*) esponjera *f*; **~ leather** N gamuza *f*.
◆ **wash away** VT + ADV (*gen*) quitar (lavando); (*fig: sins etc*) limpiar.
◆ **wash down** VT + ADV (*walls, car*) lavar; (*food*) rociar.
◆ **wash off** VT + ADV (*stain, dirt*) quitar (lavando).
◆ **wash out** |1| VT + ADV (*stain etc*) quitar lavando; (*bottle, paintbrush*) lavar; (*fig: match*) cancelar; **to feel ~ed out** no estar bien de salud.
|2| VI + ADV: **the paint will ~ out** la pintura se quitará lavando.
◆ **wash up** |1| VI + ADV (*Brit: dishes*) fregar; (*US: have a wash*) lavarse.
|2| VT + ADV (*Brit: dishes*) fregar; (*driftwood: on beach etc*) arrojar.
Wash. ABBR (*US*) of **Washington**.
washable ['wɒʃəbl] ADJ lavable.
wash-and-wear ['wɒʃən'weəʳ] ADJ que no se arruga.
washbasin ['wɒʃ,beɪsn], **washbowl** ['wɒʃbəʊl] N lavabo *m*, lavamanos *m inv*, lavatorio *m* (*CSur*); (*bowl*) palangana *f*.
washcloth ['wɒʃklɒθ] N (*US*) paño *m* para lavarse.
washday ['wɒʃdeɪ] N día *m* de colada.
washed-out ['wɒʃt'aʊt] ADJ (*fam*) rendido/a, agotado/a.
washer ['wɒʃəʳ] N |a| (*Tech*) arandela *f*. |b| (*washing machine*) lavadora *f*; (*dish~*) lavavajillas *m inv*.
wash-hand basin ['wɒʃ,hænd,beɪsn] N lavabo *m*, lavamanos *m inv*, lavatorio *m* (*CSur*).
washing ['wɒʃɪŋ] |1| N (*act*) lavado *m*; (*clothes: dirty*) ropa *f* sucia; (: *hung to dry*) colada *f*.
|2| CPD: **~ line** N cuerda *f* or cordel *m* de ropa, tendedero *m*; **~ machine** N lavadora *f*; **~ powder** N jabón *m* de lavadora.
Washington ['wɒʃɪŋtən] N Washington *m*.
washing-up ['wɒʃɪŋ'ʌp] |1| N (*act*) fregado *m*; (*dishes*) platos *mpl* (para fregar); **he did all the ~** fregó todos los platos.
|2| CPD: **~ bowl** N barreño *m*, palangana *f*; **~ liquid** N detergente *m* para la vajilla.
wash-out ['wɒʃaʊt] N (*fam*): **it was a ~** (*match*) se suspendió a causa de la lluvia; (*plan, party etc*) fue un fracaso; **he's a ~** es un desastre.
washroom ['wɒʃrʊm] N servicios *mpl*, aseos *mpl*, sanitarios *mpl* (*LAm*), baño *m* (*LAm*).
wasn't ['wɒznt] = **was not**.
WASP [wɒsp] N ABBR (*US fam*) of **White Anglo-Saxon Protestant**.
wasp [wɒsp] N avispa *f*; **~s' nest** (*also fig*) avispero *m*.
waspish ['wɒspɪʃ] ADJ (*character*) irritable; (*comment*) mordaz, punzante.
wastage ['weɪstɪdʒ] N (*loss*) desperdicio *m*; (*spending*) despilfarro *m*; (*wear and tear*) desgaste *m*; (*amount wasted*) pérdidas *fpl*.
waste [weɪst] |1| ADJ (*excess*) sobrante; (*unused: land etc*) baldío/a; (: *heat etc*) desperdiciado/a; **to lay ~** devastar, arrasar.
|2| N |a| (*gen*) desperdicio *m*; (*loss*) pérdida *f*; (*misuse*) desgaste *m*; (*wastefulness*) despilfarro *m*, derroche *m*; **it's a ~ of time/money** es tiempo/dinero perdido, es una pérdida de tiempo/es tirar el dinero; **to go to ~** desperdiciarse.
|b| (*~ material*) desechos *mpl*, residuos *mpl*; (*rubbish*) basura *f*, desperdicios *mpl*.

|c| (*land*) tierras *fpl* baldías.
|3| VT (*squander*) malgastar, derrochar; (*not use: food, training, opportunity*) desperdiciar, echar a perder; **we ~d 3 litres of petrol** perdimos 3 litros de gasolina; **you're wasting your time talking to him** hablar con él es perder el tiempo; **you didn't ~ much time getting here** no has tardado mucho en llegar; **he's ~d in that job** ese trabajo no aprovecha sus talentos; **sarcasm is ~d on him** aunque sea sarcástico con él no se entera.
|4| VI (*food*) perderse, echarse a perder; **~ not, want not** (*Prov*) la economía protege de la necesidad.
|5| CPD: **~ disposal** N destrucción *f* de la basura; **~ disposal unit** N triturador *m* de basura; **~ matter** N (*Industry*) residuos *mpl*; (*from body*) excrementos *mpl*; **~ pipe** N tubo *m* de desagüe; **~ products** NPL = **~ matter**.
◆ **waste away** VI + ADV consumirse.
wasted ['weɪstɪd] ADJ (*opportunity*) desaprovechado/a; (*effort*) inútil.
wasteful ['weɪstfʊl] ADJ (*person*) **to be ~ with sth** despilfarrar algo; (*process, habit*) **to be ~ of** gastar demasiado.
wasteland ['weɪstlænd] N terreno *m* baldío.
wastepaper [weɪst'peɪpəʳ] |1| N papeles *mpl* usados.
|2| CPD: **~ basket** N papelera *f*.
waster ['weɪstəʳ] N (*person*) gandul *mf*, derrochador(a) *m/f*.
watch[1] [wɒtʃ] N (*wrist~*) reloj(-pulsera) *m*; (*pocket ~*) reloj de bolsillo, leontina *f*.
watch[2] [wɒtʃ] |1| N |a| (*vigilance*) vigilancia *f*; **to be on the ~ (for)** estar al acecho (de); **to keep ~ (over)** vigilar (a), montar guardia (sobre); **to keep a close ~ on sb/sth** mantener a algn/algo bajo vigilancia; **to keep ~ for sb/ sth** estar al acecho de algn/algo.
|b| (*period of duty*) guardia *f*; (*vigil*) vigilia *f*, vela *f*; (*sentry*) centinela *m*, guardia; **officer of the ~** oficial *m* de guardia.
|2| VT |a| (*guard*) vigilar, cuidar.
|b| (*observe*) mirar; (*TV, programme*) mirar, ver; (*monitor: case etc*) vigilar, seguir; **to ~ sb do(ing) sth** observar a algn haciendo algo; **we are being ~ed** nos están observando; **you can't do that - just you ~ (me)!** ¡así no se hace! - ¡mírame a mí!; **a new actor to be ~ed** un nuevo actor muy prometedor.
|c| (*be careful with*) tener cuidado de, cuidar; **~ it!** ¡ojo!, ¡cuidado!, ¡abusado! (*Mex fam*); (*threatening*) ¡cuidadito!; **~ your head** cuidado con la cabeza; **we shall have to ~ our spending** habrá que vigilar los gastos; *see* **step 1 (a)**.
|d| (*chance, time*) mantenerse al tanto *or* sobre aviso; **he ~ed his chance and slipped out** esperó el momento propicio y se escabulló.
|3| VI (*observe*) mirar, ver; (*keep ~*) vigilar; **you ~!** (*wait and see*) ¡espera y verás!; **to ~ for sb/sth** estar *or* quedar a la espera de algn/algo.
◆ **watch out** VI + ADV (*keep watch*) quedar a la espera (*for* de); (*be on the alert*) estar al acecho (*for* de); **~ out!** ¡ten cuidado!, ¡ahí va! (*Sp*), ¡abusado! (*Mex fam*); (*threatening*) ¡ten cuidado!; **then you'd better ~ out!** ¡pues aténgase a las consecuencias!
◆ **watch over** VI + PREP velar; **to ~ over sb's interests** velar por los intereses de algn.
watchable ['wɒtʃəbl] ADJ (*programme etc*) visible.
watchdog ['wɒtʃdɒg] N (*lit*) perro *m* guardián; (*fig*) autoridad *f* protectora.
watcher ['wɒtʃəʳ] N mirón/ona *m/f*.
watchful ['wɒtʃfʊl] ADJ vigilante, sobre aviso.
watchfulness ['wɒtʃfʊlnɪs] N vigilancia *f*.
watchmaker ['wɒtʃ,meɪkəʳ] N relojero/a *m/f*.
watchman ['wɒtʃmən] N (*pl* **-men**) guardián *m*, guachimán *m* (*LAm*); (*night ~*) sereno *m*, vigilante *m* nocturno.
watchstrap ['wɒtʃstræp] N pulsera *f* de reloj.
watchtower ['wɒtʃ,taʊəʳ] N atalaya *f*.
watchword ['wɒtʃwɜ:d] N (*Mil, Pol*) consigna *f*, contraseña *f*; (*motto*) lema *m*.
water ['wɔ:təʳ] |1| N |a| agua *f*; **fresh/salt ~** agua dulce/salada; **like ~ off a duck's back** como si nada; **the High Street is under ~** la Calle Mayor está inundada; **to be in**

hot ~ (fam) estar metido en un lío (fam); **to spend money like ~** despilfarrar or tirar el dinero; **a lot of ~ has flowed under the bridge since then** (fig) ha llovido mucho desde entonces; **that theory won't hold ~** esa teoría carece de fundamento; **to test the ~(s)** (fig) probar la temperatura del agua.
b (of sea etc) agua f; (at spa) **~s** aguas; **the ~s of the Amazon** las aguas del Amazonas; **British ~s** aguas británicas.
c (urine) aguas menores; **to pass ~** orinar.
d (Med) **~ on the brain** hidrocefalía f; **~ on the knee** derrame m sinovial; **her ~s broke** rompió aguas.
2 VT (garden, plant) regar; (horses, cattle) abrevar, dar de beber a; (wine) aguar, bautizar.
3 VI (eyes, mouth) hacerse agua; **her mouth ~ed** se le hizo agua la boca.
4 CPD (level, pressure, vapour) del agua; (power) hidráulico/a; (softener, purifier) de agua; **~ bed** N cama f de agua; **~ biscuit** N galleta f de harina y agua; **~ bottle** N (for drinking) cantimplora f; (for heat) bolsa f de agua caliente, guatona f (Chi); **~ chestnut** N castaña f de agua; **~ closet** N (frm: abbr W.C.) wáter m, baño m (LAm); **~ heater** N calentador m de agua; **~ main** N cañería f principal; **~ meter** N contador m de agua; **~ polo** N polo m acuático; **~ rate** N (Brit) tarifa f de agua; **~ sports** NPL deportes mpl acuáticos; **~ supply** N abastecimiento m de agua; **~ tank** N cisterna f.
♦ **water down** VT + ADV aguar; (fig: claim etc) moderar.
waterborne ['wɔ:təbɔ:n] ADJ (disease) de origen hídrico; (trade etc) por agua.
watercolour, (US) **watercolor** ['wɔ:tə,kʌlər] N acuarela f.
water-cooled ['wɔ:təku:ld] ADJ refrigerado/a (por agua).
watercourse ['wɔ:təkɔ:s] N (river bed) lecho m, cauce m; (canal) canal m, conducto m.
watercress ['wɔ:təkres] N berro m.
watered-down ['wɔ:təd'daʊn] ADJ (wine etc) aguado/a; (fig: account, version) saneado/a.
waterfall ['wɔ:təfɔ:l] N cascada f, salto m de agua.
waterfront ['wɔ:təfrʌnt] N puerto m, muelles mpl.
watering can ['wɔ:tərɪŋkæn] N regadera f.
waterlily ['wɔ:tə,lɪlɪ] N nenúfar m.
waterline ['wɔ:təlaɪn] N línea f de flotación.
waterlogged ['wɔ:təlɒgd] N (ground) anegado/a; (wood, paper etc) empapado/a.
watermark ['wɔ:təmɑ:k] N (in paper) filigrana f; (left by tide) marca f del nivel del agua.
watermelon ['wɔ:tə,melən] N sandía f.
waterpark ['wɔ:təpɑ:k] N parque m acuático.
waterproof ['wɔ:təpru:f] **1** ADJ impermeable. **2** N impermeable m. **3** VT impermeabilizar.
water-resistant ['wɔ:tərɪzɪstənt] ADJ a prueba de agua; (material) impermeable.
watershed ['wɔ:təʃed] N (Geog) línea f divisoria de dos cuencas; (fig) momento m clave.
waterside ['wɔ:təsaɪd] **1** N (river etc) orilla f, ribera f; (harbour) muelle m. **2** ADJ ribereño/a.
water-skiing ['wɔ:tə,ski:ɪŋ] N esquí m acuático.
water-soluble ['wɔ:tə'sɒljʊbl] ADJ soluble en agua.
watertight ['wɔ:tətaɪt] ADJ (compartment etc) hermético/a; (fig) irrecusable, irrefutable.
waterway ['wɔ:təweɪ] N vía f fluvial or navegable; (inland ~) canal m.
waterwheel ['wɔ:təwi:l] N rueda f hidráulica.
waterwings ['wɔ:təwɪŋz] NPL flotadores mpl.
waterworks ['wɔ:təwɜ:ks] NPL central f depuradora; **to turn on the ~** (fig fam) echarse a llorar, soltar el chorro; **to have trouble with one's ~** (fig) tener problemas de orina.
watery ['wɔ:tərɪ] ADJ (tea, soup) aguado/a; (pale: sun, colour) desvaído/a; (eyes) lloroso/a; **to go to a ~ grave** morir ahogado/a.
WATS ['wɒts] N ABBR (US) of **Wide Area Telecommunications Service.**
watt [wɒt] N vatio m.
wattage ['wɒtɪdʒ] N vataje m.

wave [weɪv] **1** N **a** (of water) ola f; (fig: of enthusiasm, strikes etc) oleada f; **the new ~** (Cine, Mus) la nueva ola; **to make ~s** (fig: rock the boat) hacer olas.
b (in hair) onda f; (of surface) ondulación f.
c (Phys, Rad) onda f; **short/long/medium ~** onda corta/larga/media.
d (movement of hand) señal f con la mano.
2 VT **a** (move about: gen) agitar; (beckon, motion) hacer señas; **he ~d the ticket under my nose** agitó el billete delante de mis narices; **to ~ sb goodbye, to ~ goodbye to sb** decir(le) adiós a algn con la mano; **she ~d a greeting to the crowd** saludó a la multitud con la mano; **he ~d us over to his table** con señales nos invitó a su mesa.
b (hair) ondular.
3 VI **a** (person) agitar la mano; **to ~ to or at sb** hacer señales a algn con la mano.
b (flag) ondear; (branches etc) moverse.
c (hair) ondular.
♦ **wave about, wave around** VT + ADV (object, arms) agitar.
♦ **wave aside, wave away** VT + ADV (person) apartar (con la mano); (fig: suggestion, objection) rechazar, desechar.
♦ **wave down** VT + ADV: **to ~ a car down** hacer señales a un coche para que pare.
♦ **wave off** VT + ADV: **to ~ sb off** decir adiós a algn con la mano.
♦ **wave on** VT + ADV (policeman etc) **to ~ sb on** señalar a algn para que avance.
waveband ['weɪvbænd] N banda f de ondas.
wavelength ['weɪvleŋθ] N longitud f de onda; **we're not on the same ~** (fig) no nos entendemos, no estamos en la misma onda, no estamos en onda (Mex).
waver ['weɪvər] VI (flame, needle etc) oscilar; (fig: hesitate) vacilar (between entre); (: courage, support) flaquear; **he's beginning to ~** está empezando a vacilar.
wavy ['weɪvɪ] ADJ (comp -ier; superl -iest) (hair, surface, line) ondulado/a.
wax¹ [wæks] **1** N cera f; (in ear) cerilla f. **2** ADJ de cera. **3** VT (furniture, car) encerar.
wax² [wæks] VI (moon) crecer; **to ~ enthusiastic** entusiasmarse; **to ~ eloquent about sth** ponerse elocuente acerca de algo.
wax(ed) paper [,wæks(t)'peɪpər] N papel m encerado.
waxen ['wæksən] ADJ (of wax) de cera, céreo/a; (fig: pale) ceroso/a.
waxwork ['wækswɜ:k] N figura f de cera.
waxworks ['wækswɜ:ks] N SG OR PL museo m de cera.
waxy ['wæksɪ] ADJ (comp -ier; superl -iest) ceroso/a.
▼**way** [weɪ] **1** N **a** (road, lane etc) camino m, vía f; (in names) calle f, avenida f; **across** or **over the ~ (from)** enfrente (de), frente (a).
b (route) camino m, ruta f, trayecto m; **to ask one's ~ to the station** preguntar el camino or cómo se va a la estación; **which is the ~ to the station?** ¿qué camino se toma or cómo se va or cómo se llega a la estación?; **we came a back ~** vinimos por los caminos vecinales; **she went by ~ of Birmingham** fue por or via Birmingham; **to go the wrong ~** equivocarse de camino; **to lose one's ~** extraviarse; **the ~ in/out** (entrance etc) la entrada/salida; **to find one's ~** orientarse, ubicarse (esp LAm); **to find one's ~ into a building** encontrar la entrada de un edificio, encontrar cómo entrar en un edificio; **I'll find my own ~ out** no hace falta que me acompañen a la puerta; **you'll find it on the ~ out** lo encontrarás cerca de la salida; **to find a ~ out of a problem** encontrar una solución a un problema; **to take the easy ~ out** buscar la salida más fácil; **on the ~** en (el) camino; **on the ~ to** camino or rumbo a; **they have another child on the ~** tienen otro niño en camino; **you pass it on your ~ home** está en el camino a casa; **he's on the ~ to becoming an alcoholic** va camino de hacerse un alcohólico; **he walked all the ~ here** vino todo el camino andando; **he ran all the ~ home** hizo todo el camino a la casa corriendo; **I'm with you all the ~** te apoyo en todo; **to**

➤ SENTENCE BUILDER: **way** → 4.1, 4.2

make one's ~ home volver a casa; **I know my ~ about town** conozco la ciudad; **to lead the ~** (*lit*) tomar la delantera; (*fig*) dar la pauta, abrir el camino; **to prepare the ~** preparar el terreno (*for a*, para); **I don't want to take you out of your ~** no quiero apartarle del camino; **the village I live in is rather out of the ~** mi pueblo está un poco retirado; **that's nothing out of the ~ these days** eso no es nada extraordinario hoy día; **to go out of one's ~ to help sb** desvivirse por ayudar a algn; **to see one's ~ (clear) to helping sb** no tener inconveniente en ayudar a algn; **to go one's own ~** (*fig*) seguir su propio camino; (*pej*) obrar a su antojo; **to make one's ~ in the world** abrirse camino en la vida; **he is well on the ~ to finishing it** lo tiene casi terminado; **he worked his ~ up in the company** ascendió en la compañía a fuerza de trabajo; **to pay one's ~** (*in restaurant*) pagar su parte; **the company isn't paying its ~** la compañía no rinde *or* no da provecho; **he put me in the ~ of some good contracts** me conectó *or* enchufó para que consiguiera buenos contratos.

[c] (*space sb wants to go through*) camino *m*; **to bar the ~** ponerse en el camino; **to be/get in the** *or* **sb's ~** estorbar a algn; (*fig*) molestar a algn; **to stand in sb's ~** (*lit*) cerrar el paso a algn; (*fig*) ser un obstáculo para algn; **to stand in the ~ of progress** impedir *or* entorpecer el progreso, ser un obstáculo para el progreso; **to be/get out of the ~** no estar en medio/quitarse de en medio; **to keep out of sb's ~** evitar el encuentro con *or* esquivar a algn; **to move sth out of the ~** quitar algo de en medio *or* del camino; **as soon as I've got this essay out of the ~** en cuanto *or* (*LAm*) apenas termine este ensayo *or* esta redacción; **keep those matches out of his ~** no pongas esas cerillas a su alcance; **to push/elbow one's ~ through the crowd** abrirse paso por la multitud a empujones/a codazos; **he crawled/limped his ~ to the gate** llegó arrastrándose/cojeando hasta la puerta; **to make ~ (for sb/sth)** (*lit*) dejar paso (a algn/algo); (*fig*) abrir camino (a algn/algo); **to leave the ~ open for further talks** dejar la puerta abierta a posteriores conversaciones.

[d] (*direction*) dirección *f*, sentido *m*, rumbo *m*; **come this ~** pase por aquí; **which ~ did it go?** ¿hacia dónde fue?, ¿qué rumbo tomó?; **which ~ do we go from here?** ¿en qué dirección vamos *or* qué rumbo tomamos desde aquí?; **everything is going my ~** (*fig*) todo me está saliendo a pedir de boca; **it doesn't matter to me one ~ or the other** me es igual; **this ~ and that** por aquí y por allá; **down our ~** por nuestra zona; **put it the right ~ up** ponlo boca arriba *or* en pie; **to look the other ~** (*fig*) hacer la vista gorda; **to rub sb up the wrong ~** irritar a algn; **to split sth three ~s** repartir algo entre tres.

[e] (*indicating distance, motion, progress*) **a long ~** mucho camino; **it's a long ~ away** está muy lejos; **to go the long ~ round** ir por rodeos; **a little ~ along the road** subiendo la calle, no muy lejos; **he'll go a long ~** (*fig*) llegará lejos; **we've come a long ~ since those days** hemos recorrido mucho desde entonces; **it should go a long ~ towards convincing him** (esto) seguramente contribuirá mucho a convencerle; **that's a long ~ from the truth** eso queda muy lejos de la verdad; **to be/get under ~** (*work, project*) ponerse en camino; **the job is now well under ~** el trabajo ya está muy avanzado.

[f] (*means, manner*) manera *f*, modo *m*, forma *f*; **the British ~ of life** el estilo de vida británico; **~s and means** medios *mpl*; **we'll find a ~ of doing it** se hará de una u otra manera; **the only ~ of doing it** la única forma de hacerlo; **there are no two ~s about it** no cabe la menor duda, no hay que darle más vueltas; **he has his own ~ of doing it** tiene su forma de hacerlo; **I'll do it (in) my own ~** lo haré a mi manera; **you can't have it both ~s** tienes que optar por lo uno o lo otro; **they've had it all their own ~ too long** hace tiempo que hacen lo que les da la gana; **to get one's own ~** salirse con la suya; **have it your own ~!** ¡como quieras!; **I will help you in every ~ possible** haré todo lo posible por ayudarte; **he helped in a small ~** ayudó un poco; **in no ~, not in any ~ de**

ninguna manera, de manera alguna; **no ~!** (*fam*) ¡ni pensarlo!, ¡de eso nada!, ¡ni hablar!; **do it this ~** hazlo así; **in the same ~** de la misma manera; **in this ~** así, de esta manera; **it looks that ~** así parece; **it was this ~ ...** pasó lo siguiente ...; **(in) one ~ or another** de una u otra manera; **in a ~** en cierto sentido; **in some/many ~s** en algunos/muchos sentidos; **in more ~s than one** de más de una manera; **to my ~ of thinking** a mi parecer, a mi manera de ver; **either ~ I can't help you** de todas formas no puedo ayudarle; **to go on in the same old ~** seguir como siempre *or* dándole; **the ~ things are** tal como están *or* van las cosas; **the ~ things are going we shall have nothing left** si esto continúa así nos vamos a quedar sin nada; **in the ordinary ~ (of things)** por lo común, por lo general.

[g] (*custom*) costumbre *f*; **the ~s of the Spaniards** las costumbres de los españoles; **he has his little ~s** tiene sus manías; **he has a ~ with people** tiene don de gentes; **he has a ~ with him** tiene un encanto personal; **to mend one's ~s** enmendarse; **to be out of the ~ of doing sth** haber perdido la costumbre de hacer algo.

[h] (*state*) estado *m*; **things are in a bad ~** las cosas van *or* marchan mal; **he's in a bad ~** (*sick*) está grave; (*troubled*) está trastornado; **to be in the family ~** (*fam*) estar embarazada.

[i] (*with 'by'*) **by the ~** a propósito; **oh, and by the ~** antes que se me olvide; **by ~ of a warning** a modo *or* guisa de advertencia; **she's by ~ of being an artist** es una especie de artista.

[2] ADV (*fam*) **it happened ~ back** pasó hace mucho tiempo *or* (*esp LAm*) tiempo atrás; **~ back in 1900** allá en 1900; **it's ~ out in Nevada** está allá en Nevada; **he was ~ out in his estimate** se equivocó en mucho en su valoración.

waybill ['weɪbɪl] N hoja *f* de ruta.

wayfarer ['weɪˌfɛərər] N (*old*) caminante *mf*.

waylay [weɪ'leɪ] (*pt, pp* **waylaid** [weɪθ'leɪd]) VT abordar; **I was waylaid by the manager** me detuvo el gerente.

way-out ['weɪ'aʊt] ADJ (*fam*) exagerado/a.

wayside ['weɪsaɪd] [1] N borde *m* del camino; **to fall by the ~** (*fig: project*) venirse abajo; (: *person*) quedarse atrás, quedarse en la estacada, fracasar, fallar. [2] CPD (*flowers, café*) al borde del camino.

wayward ['weɪwəd] ADJ (*self-willed*) díscolo/a, rebelde.

W/B N ABBR of **waybill**.

WBA N ABBR of **World Boxing Association**.

WC N ABBR (*Brit*) of **water closet**.

WCC N ABBR of **World Council of Churches**.

we [wiː] PRON nosotros/as.

w/e ABBR of **week ending**.

WEA N ABBR (*Brit*) of **Workers' Educational Association**.

weak [wiːk] ADJ (*comp* **~er**; *superl* **~est**) (*gen*) débil, flojo/a (*LAm*); (*tea, coffee*) claro/a, aguado/a; (*argument, excuse*) flojo, poco convincente; (*voice, sound*) débil, tenue; **her French is ~, she is ~ at French** está floja en francés; **to go ~ at the knees** (*with excitement*) ponérsele a algn la piel de gallina; (*with hunger etc*) tener flojera, estar desfallecido.

weaken ['wiːkən] [1] VT debilitar; **this fact ~s your case** este dato quita fuerza a tu argumento. [2] VI debilitarse; (*give way*) ceder; **we must not ~ now** debemos mantenernos firmes, ahora más que nunca.

weak-kneed ['wiːk'niːd] ADJ (*fig*) sin voluntad, sin carácter.

weakling ['wiːklɪŋ] N debilucho/a *m/f*.

weakly ['wiːklɪ] [1] ADJ enfermizo/a, enclenque. [2] ADV débilmente; (*give in*) sin luchar.

weakness ['wiːknɪs] N (*gen*) debilidad *f*, flaqueza *f*, flojedad *f* (*esp LAm*); (*weak point*) punto *m* or lado *m* débil; **to have a ~ for sth** tener debilidad por algo.

weak-willed ['wiːk'wɪld] ADJ indeciso/a, sin voluntad.

weal [wiːl] N (*wound*) verdugón *m*, hematoma *m*.

wealth [welθ] [1] N riqueza *f*; (*fig: abundance*) abundancia *f* (*of* de). [2] CPD: **~ tax** N impuesto *m* sobre el patrimonio.

wealthy ['welθɪ] ADJ (*comp* **-ier**; *superl* **-iest**) rico/a.

wean [wiːn] VT (*child*) destetar; **to ~ sb (away) from sth**

(fig) quitar a algn la costumbre de algo.

weapon ['wepən] N arma *f*.

wear [weəʳ] *(vb: pt* **wore**; *pp* **worn**) **1** N **a** *(use)* uso *m*; **for everyday ~** para uso normal *or* corriente; **for hard ~** resistente; **I've had a lot of ~ out of this jacket** esta chaqueta me ha durado mucho.
b *(deterioration through use)* desgaste *m*; **~ and tear** desgaste; **she looks the worse for ~** parece desmejorada.
c *(clothing)* ropa *f*; **children's ~** ropa de niños; **summer ~** ropa de verano.
2 VT **a** *(clothing, spectacles etc)* llevar, usar; *(shoes etc)* gastar; *(look, smile, beard etc)* llevar; **she wore her blue dress** llevaba su vestido azul; **I have nothing to ~ to the dinner** no tengo qué ponerme para ir a la cena; **what size do you ~?** ¿qué número tiene Vd?; **to ~ one's hair long** llevar el pelo largo; **he wore a big smile** sonreía alegremente.
b *(get into a worn condition)* desgastar; **to ~ a path across the lawn** hacer un camino pisando la hierba; **to ~ a hole in sth** hacer un agujero en algo; **the rocks had been worn smooth by the waves** las olas habían erosionado las rocas.
c *(fam: believe, tolerate)* aguantar, admitir; **he won't ~ that** eso no lo permitirá.
3 VI **a** *(last)* durar; **that theory has worn well** esa teoría ha sido muy duradera.
b *(become worn)* desgastarse; **the edges have worn smooth** los bordes se han desgastado; **that excuse is ~ing a bit thin** esa excusa ya carece de fuerza.

◆**wear away 1** VT + ADV *(rock)* erosionar, pattern etc, desgastar.
2 VI + ADV desgastarse.

◆**wear down 1** VT + ADV *(heel, tyre tread etc)* gastar; *(fig: opposition etc)* agotar.
2 VI + ADV *(heels, tyre tread etc)* desgastarse.

◆**wear off** VI + ADV *(plating, paint etc)* quitarse; *(pain, excitement etc)* pasar; **when the novelty ~s off** cuando la novedad deje de serlo.

◆**wear on** VI + ADV *(evening, year etc)* avanzar, seguir, transcurrir.

◆**wear out 1** VT + ADV gastar, desgastar; *(fig: exhaust)* agotar.
2 VI + ADV desgastarse; quedar agotado.
3 VR: **to ~ o.s. out** agotarse, matarse.

◆**wear through 1** VT + ADV agujerear.
2 VI + ADV agujerearse.

wearable ['weərəbl] ADJ que se puede llevar.

wearily ['wɪərɪlɪ] ADV *(tiredly)* con cansancio *or* fatiga; *(dispiritedly)* sin ánimo.

weariness ['wɪərɪnɪs] N *(tiredness)* cansancio *m*, fatiga *f*; *(boredom)* aburrimiento *m*, hastío *m*.

wearisome ['wɪərɪsəm] ADJ *(tiring)* fatigoso/a, pesado/a; *(boring)* aburrido/a.

weary ['wɪərɪ] **1** ADJ *(comp* **-ier**; *superl* **-iest**) *(tired)* cansado/a; *(dispirited)* abatido/a; *(tiring: wait, day)* fatigoso/a, pesado/a; **to be ~ of sb/sth** estar harto de algn/algo; **to grow ~ of** cansarse de; **five ~ hours** cinco horas fatigosas.
2 VT fastidiar, molestar.
3 VI: **to ~ of sb/sth** cansarse *or* hartarse de algn/algo.

weasel ['wi:zl] N comadreja *f*.

weather ['weðəʳ] **1** N tiempo *m*; **~ permitting** si el tiempo lo permite; **in this ~** con el tiempo que hace; **what's the ~ like?** ¿qué tiempo hace?; **it gets left outside in all ~s** se deja siempre a la intemperie; **to be under the ~** *(fig: ill)* estar indispuesto; **to make heavy ~ of sth** complicar algo, hacer algo más difícil de lo que es.
2 VT: **to ~ the storm** *(lit)* aguantar la tempestad.
3 VI *(rocks)* desgastarse, erosionarse; *(skin)* curtirse; *(wood)* curarse.
4 CPD *(bureau, ship, chart, station)* meteorológico/a; **~ forecast** N pronóstico *m* del tiempo; **~ vane** N veleta *f*.

weather-beaten ['weðə,bi:tn] ADJ curtido/a.

weathered ['weðəd] ADJ *(rocks)* desgastado/a, erosionado/a; *(skin)* curtido/a; *(wood)* curado/a, maduro/a.

weatherman ['weðəmæn] N *(pl* **-men**) hombre *m* del tiempo.

weatherproof ['weðəpru:f] ADJ que resiste a la intemperie, impermeabilizado/a.

weave [wi:v] *(vb: pt* **wove**; *pp* **woven**) **1** N tejido *m*.
2 VT *(lit)* tejer; **he wove these details into the story** entretejió los detalles en el cuento; **he wove a story round these experiences** urdió una historia con estas experiencias.
3 VI *(lit)* tejer *(pt, pp* **~d**) *(fig: move in and out)* zigzaguear; **to ~ in and out among traffic** abrirse paso entre los coches.

weaver ['wi:vəʳ] N tejedor(a) *m/f*.

weaving ['wi:vɪŋ] N tejeduría *f*.

Web [web], **web¹** *(Comput)* **1** N: **the ~** el Web. **2** CPD: **~ browser** N navegador *m* de Internet; **~ page** N página *f* web; **~ site** N espacio *m* Web, Web *f*, web site *m*.

web² [web] N *(of spider)* telaraña *f*; *(between toes etc)* membrana *f*; *(fig)* red *f*; **a ~ of intrigue** un tejido de intrigas.

webbed [webd] ADJ palmípedo/a, palmeado/a.

webbing ['webɪŋ] N cinchas *fpl*.

web-footed ['web'futɪd] ADJ palmípedo/a.

website ['websaɪt] N web site *m*.

we'd [wi:d] = **we would**; **we had**.

wed [wed] **1** VT desposarse con, casarse con; **to be ~ded to an idea** aferrarse a una idea. **2** VI desposarse, casarse.

Wed. ABBR of **Wednesday** miérc.

wedded ['wedɪd] ADJ *(wife, husband)* desposado/a, casado/a; *(bliss, life etc)* conyugal.

wedding ['wedɪŋ] **1** N boda *f*, casamiento *m*; **silver/ruby ~** bodas de plata/de rubí; **to have a church ~** casarse por la iglesia; **to have a civil ~** casarse por lo civil.
2 CPD *(dress)* de novia; *(invitation, reception)* de bodas; **~ anniversary** N aniversario *m* de boda; **~ breakfast** N *(frm)* banquete *m* de bodas *(desayuno)*; **~ cake** N tarta *f* de boda; **~ day** N día *m* de la boda; **~ present** N regalo *m* de boda; **~ ring** N alianza *f*.

wedge [wedʒ] **1** N *(of wood etc)* cuña *f*; *(piece: of cheese, cake)* porción *f*; **it's the thin end of the ~** es un paso hacia el desastre; **to drive a ~ between two people** abrir una brecha entre dos personas.
2 VT acuñar; **to ~ a door open** dejar abierta una puerta poniéndole una cuña; **the car was ~d between 2 lorries** el coche quedó encajado entre dos camiones.

wedge-shaped ['wedʒʃeɪpt] ADJ en forma de cuña.

wedlock ['wedlɒk] N matrimonio *m*; **to be born out of ~** nacer fuera del matrimonio.

Wednesday ['wenzdeɪ] N miércoles *m*; *see* **Tuesday** *for usage*.

Wed(s). ABBR of **Wednesday** miérc.

wee¹ [wi:] ADJ *(comp* **~r**; *superl* **~st**) *(Scot, fam)* pequeño/a, chico/a *(LAm)*; **a ~ bit** un poquito, un tantito *(LAm)*; **I'm a ~ bit worried** estoy un pelín preocupado.

wee² [wi:] **1** N pipí *m*. **2** VI: **to (have a) ~** *(fam)* hacer pipí *(fam)*.

weed [wi:d] **1** N mala hierba *f*. **2** VT *(flowerbed)* escardar, desherbar. **3** VI escardar, desherbar.

◆**weed out** VT + ADV *(fig)* eliminar.

weed-killer ['wi:d,kɪləʳ] N herbicida *m*.

weedy ['wi:dɪ] ADJ *(comp* **-ier**; *superl* **-iest**) *(fam: person)* debilucho/a.

week [wi:k] N semana *f*; **Tuesday ~, a ~ on Tuesday** del martes en ocho (días); **~ in, ~ out** semana tras semana; **to knock sb into the middle of next ~** *(fam)* dar tal golpe a algn que casi le pone en órbita; **allow 4 ~s for delivery** dejar 4 semanas para entrega.

weekday ['wi:kdeɪ] N día *m* laborable.

weekend ['wi:k'end] **1** N fin *m* de semana; **a long ~** un puente. **2** CPD *(cottage, visit)* de fin de semana; **~ case** N neceser *m* de fin de semana; **~ return** N billete *m* redondo de fin de semana.

weekly ['wi:klɪ] **1** ADJ semanal. **2** ADV semanalmente, cada semana; **£15 ~** 15 libras por semana; **~ statement** *(Fin)* balance *m* semanal. **3** N *(magazine)* semanario *m*.

weep [wi:p] *(vb: pt, pp* **wept**) **1** VT *(tears)* llorar. **2** VI

llorar; (*Med: wound etc*) supurar; **to ~ for sb** llorar a algn. **3** N: **to have a good ~** llorar a lágrima viva.
weeping ['wi:pɪŋ] **1** N (*crying*) lágrimas *fpl*, llanto *m*. **2** CPD: **~ willow** N sauce *m* llorón.
weepy ['wi:pɪ] **1** ADJ llorón/ona; (*fam: film etc*) lacrimógeno/a. **2** N película *f etc* lacrimógena.
weewee ['wi:wi:] (*fam*) **1** N pipí *m*. **2** VI hacer pipí.
w.e.f. ABBR *of* **with effect from**; *see* **effect 1**.
weft [weft] N trama *f*.
weigh [weɪ] **1** VT **a** pesar.
b (*fig: ponder*) sopesar, meditar; **to ~ sth in one's mind** considerar algo, detenerse a pensar sobre algo; **to ~ the pros and cons** medir el pro y el contra, medir los pros y los contras.
2 VI **a** pesar; **it ~s 4 kilos** pesa 4 kilos.
b (*fig: be a worry*) **to ~ on sb** agobiar a algn; (: *be important*) **to ~ with sb** tener importancia para algn; **it ~s on her mind** le preocupa constantemente; **that didn't ~ with him** no le dio importancia.
◆ **weigh down** VT + ADV sobrecargar; **to be ~ed down with sorrows** estar abrumado por el pesar.
◆ **weigh in** VI + ADV (*Sport*) pesar; (*fig*) (entro-)meterse.
◆ **weigh out** VT + ADV (*goods*) pesar.
◆ **weigh up** VT + ADV (*alternatives*) (so)pesar; (*situation*) juzgar.
weighbridge ['weɪbrɪdʒ] N báscula-puente *f*.
weighing ['weɪɪŋ] N: **~ machine** báscula *f*.
weight [weɪt] **1** N **a** (*heaviness*) peso *m*; (*unit of measure*) pesa *f*; **~s and measures** pesas y medidas; **it is worth its ~ in gold** vale su peso en oro; **to put on/lose ~** engordar/bajar de peso; **to take the ~ off one's feet** sentarse y descansarse.
b (*metal ~*) pesa *f*; (*heavy object*) peso *m*.
c (*fig: worry*) peso *m*, carga *f*; (: *importance*) peso, autoridad *f*; **these are arguments of some ~** son argumentos de cierto peso; **that's a ~ off my mind** eso me quita un peso de encima; **they won by sheer ~ of numbers** ganaron porque eran más; **to chuck** or **throw one's ~ about** (*fam*) hacer sentir su influencia; **he doesn't pull his ~** no pone su debida parte.
2 VT cargar; **it's ~ed against you** está en tu contra.
3 CPD: **~ training** N entrenamiento *m* con pesas; **~ watcher** N persona *f* que quiere evitar engordar.
weightless ['weɪtlɪs] ADJ ingrávido/a.
weightlessness ['weɪtlɪsnɪs] N ingravidez *f*.
weightlifting ['weɪt,lɪftɪŋ] N levantamiento *m* de pesas.
weight-train ['weɪt,treɪn] VI entrenar con pesas.
weighty ['weɪtɪ] ADJ (*comp* **-ier**; *superl* **-iest**) (*fig*) grave.
weir [wɪəʳ] N presa *f*.
weird [wɪəd] ADJ (*comp* **~er**; *superl* **~est**) raro/a, extraño/a.
weirdo ['wɪədəu] N (*fam*) persona *f* rara.
welch [welʃ] VI chivarse (*on* de).
welcome ['welkəm] **1** ADJ (*visitor, present*) bienvenido/a; **to make sb ~** dar buena acogida a algn; **you're ~** (*after thanks*) no hay de qué; **you're ~ to try** lo puede intentar cuando quiera; **it's a ~ change** es un cambio oportuno.
2 N bienvenida *f*; **the crowd gave him an enthusiastic ~** el público le acogió calurosamente; **what sort of a ~ will this product get?** ¿cómo será recibido este producto?
3 INTERJ bienvenido (*to* a); **~ home!** ¡bienvenido a casa!
4 VT (*gen*) recibir; (: *with warmth*) dar la bienvenida a; (*fig: change, suggestion*) celebrar; **to ~ sb with open arms** recibir a algn con los brazos abiertos; **we ~ this step** celebramos esta medida.
welcoming ['welkəmɪŋ] ADJ acogedor(a).
weld [weld] **1** VT soldar. **2** N soldadura *f*.
welder ['weldəʳ] N soldador *m*.
welding ['weldɪŋ] **1** N soldadura *f*. **2** CPD: **~ torch** N soplete *m* soldador.
welfare ['welfeəʳ] **1** N **a** (*wellbeing*) bienestar *m*; **child ~** la protección del niño.
b (*fam: social aid etc*) asistencia *f* social.
2 CPD (*aid, organization, work, worker*) de asistencia social; **~ centre** N centro *m* de asistencia social; **~ state** N estado *m* de bienestar.

well[1] [wel] **1** N (*for water*) pozo *m*, fuente *f*; (*oil ~*) pozo; (*of stairs*) hueco *m*, caja *f*; (*in auditorium*) estrado *m*. **2** VI (*also* **~ out**, **~ up**) brotar.
well[2] [wel] (*comp* **better**; *superl* **best**) **1** ADV **a** (*in a good manner*) bien; **to do ~ in an exam** sacar buena nota en un examen; **as ~ as he could** lo mejor que pudo; **to eat/live ~** comer/vivir bien; **~ done!** ¡bien hecho!
b (*favourably, advantageously*) bien; **to be ~ in with sb** llevarse bien con algn; **I** *etc* **might** or **may as ~** por qué no.
c (*thoroughly, considerably*) bien; **it was ~ deserved** estuvo bien merecido; **she loved him too ~** lo quiso demasiado; **to wish sb ~** desear todo lo mejor a algn; **~ and truly** de verdad, realmente; **~ over a thousand** muchos más de mil, los mil bien pasados; **all** or **only too ~** perfectamente; **he's ~ away** (*fam: drunk*) está borracho perdido.
d (*probably, reasonably*) **it may ~ be that ...** existe la posibilidad de que ...; **you might as ~ tell me the truth** más valdría decirme la verdad; **she cried, as ~ she might** lloró, y con razón; **you may ~ ask!** ¡buena pregunta!; **I couldn't very ~ leave** no había posibilidad de que me marchara.
e **as ~** (*in addition*) también, además; **X as ~ as Y** X igual que Y.
f (*concessive*) pues; **~, it was like this** bueno; **~ then?** ¿y qué?
2 ADJ **a** (*healthy*) bien, sano/a; **are you ~?** ¿qué tal estás?; **she's not been ~ lately** recientemente ha estado algo indispuesta.
b (*acceptable, satisfactory*) bien; **that's all very ~, but ...** todo eso está muy bien, pero ...; **it would be as ~ to ask** más vale or valdría preguntar; **it's just as ~ we asked** menos mal que preguntamos.
3 INTERJ bueno.
we'll [wi:l] = **we will**; **we shall**.
well- [wel] PREF bien-.
well-appointed ['welə'pɔɪntɪd] ADJ bien amueblado/a.
well-argued ['wel'ɑːgjuːd] ADJ razonado/a.
well-balanced ['wel'bælənsd] ADJ bien equilibrado/a.
well-behaved ['welbɪ'heɪvd] ADJ bien educado/a, formal.
well-being ['wel,biːɪŋ] N bienestar *m*.
well-bred ['wel'bred] ADJ bien educado/a.
well-brought-up ['wel'brɔːtʌp] ADJ (*child*) educado/a.
well-built ['wel'bɪlt] ADJ (*house*) de construcción sólida; (*person*) fornido/a.
well-chosen ['wel'tʃəuzn] ADJ (*remarks, words*) acertado/a.
well-developed ['weldɪ'veləpt] ADJ (*arm, muscle etc*) bien desarrollado/a; (*sense*) agudo/a, fino/a.
well-disposed ['weldɪs'pəuzd] ADJ bien dispuesto/a (*to(wards)* hacia).
well-dressed ['wel'drest] ADJ bien vestido/a.
well-equipped ['welɪ'kwɪpt] ADJ bien equipado/a.
well-established ['welɪ'stæblɪʃt] ADJ sólidamente establecido/a; (*custom*) muy arraigado/a; (*firm*) sólido/a.
well-fed ['wel'fed] ADJ bien alimentado/a; (*in appearance*) regordete.
well-founded ['wel'faundɪd] ADJ fundamentado/a.
well-heeled ['wel'hiːld] ADJ (*fam*) ricacho/a (*fam*).
well-informed ['welɪn'fɔːmd] ADJ enterado/a, al corriente.
wellington ['welɪŋtən] N (*also* **~ boot**) bota *f* de goma.
well-kept ['wel'kept] ADJ (*secret*) bien guardado/a; (*garden*) bien cuidado/a; (*house*) bien conservado/a.
well-known ['wel'nəun] ADJ conocido/a.
well-liked ['wel'laɪkt] ADJ querido/a.
well-managed ['wel'mænɪdʒd] ADJ bien administrado/a.
well-mannered ['wel'mænəd] ADJ educado/a, cortés/esa.
well-matched ['wel'mætʃt] ADJ muy iguales.
well-meaning ['wel'miːnɪŋ] ADJ bienintencionado/a.
well-nigh ['welnaɪ] ADV: **~ impossible** casi imposible.
well-off ['wel'ɒf] **1** ADJ acomodado/a, pudiente. **2** NPL: **the ~** las clases *fpl* acomodadas.
well-paid ['wel'peɪd] ADJ bien pagado/a.
well-preserved ['welprɪ'zɜːvd] ADJ (*person*) bien conservado/a.

well-read ['wel'red] ADJ culto/a.
well-spoken ['wel'spəukən] ADJ bienhablado/a.
well-stocked ['wel'stɒkt] ADJ bien surtido/a.
well-timed ['wel'taɪmd] ADJ oportuno/a.
well-to-do ['weltə'du:] ADJ acomodado/a, pudiente.
well-travelled, well-traveled (US) ['wel'trævld] ADJ (person) que ha viajado mucho.
well-wisher ['wel,wɪʃəʳ] N admirador(a) m/f.
well-written ['wel'rɪtn] ADJ bien escrito/a.
Welsh [welʃ] [1] ADJ galés/esa; **~ rabbit, ~ rarebit** pan m con queso tostado. [2] N (language) galés m; **the ~** (people) los galeses.
welsh [welʃ] VI = **welch**.
Welshman ['welʃmən] N (pl **-men**) galés m.
Welshwoman ['welʃ,wʊmən] N (pl **-women**) galesa f.
welt [welt] N (of shoe) vira f.
welterweight ['weltəweɪt] N wélter m.
wench [wentʃ] N (old, hum) moza f.
wend [wend] VT: **to ~ one's way home** (hum) encaminarse a casa.
went [went] PT of **go**.
wept [wept] PT, PP of **weep**.
were [wɜ:ʳ] PT of **be**.
we're [wɪəʳ] = **we are**.
weren't [wɜ:nt] = **were not**.
werewolf ['wɪəwʊlf] N (pl **-wolves**) hombre m lobo.
west [west] [1] N oeste m, occidente m; **the W~** (Pol) el Oeste, el Occidente.
[2] ADJ (part, coast) del oeste, occidental; (wind) del oeste.
[3] ADV hacia el oeste, al oeste.
[4] CPD: **W~ German** ADJ de Alemania Occidental N alemán/ana m/f (de Alemania Occidental); **W~ Germany** N Alemania f Occidental; **W~ Indian** ADJ, N antillano/a m/f; **W~ Indies** NPL Antillas fpl.
west-bound ['westbaʊnd] ADJ (traffic, carriageway) con rumbo al oeste.
westerly ['westəlɪ] [1] ADJ (point, direction) hacia el oeste. [2] N (wind) del oeste.
western ['westən] [1] ADJ occidental; **W~** (Pol) del Oeste. [2] N (film) película f del oeste.
westernized ['westənaɪzd] ADJ occidentalizado/a; **to become ~** occidentalizarse.
Westminster ['west'mɪnstəʳ] N (Brit) Westminster m (el parlamento británico).
westward ['westwəd] [1] ADJ: **in a ~ direction** hacia el oeste. [2] ADV (also **~s**) hacia el oeste.
wet [wet] [1] ADJ (comp **~ter**; superl **~test**) [a] mojado/a; (slightly) húmedo/a; (paint, varnish, ink) fresco/a; **~ blanket** (fam) aguafiestas mf; **in ~ clothes** con la ropa mojada or húmeda; **to be ~ through** or **to the skin** estar empapado/a; **to get ~** mojarse.
[b] (rainy) lluvioso/a, de lluvia; **a ~ day** un día de lluvia; **it was too ~ for us to go out** llovió tanto que no pudimos salir.
[c] (fam: person) soso/a, bobo/a. [2] N [a] (moisture, rain) lluvia f.
[b] (Brit Pol fam) moderado/a m/f.
[3] VT mojar, humedecer; **to ~ the bed/one's pants** or **o.s.** mearse en la cama/encima (fam).
wetsuit ['wetsu:t] N vestido m isotérmico.
wetting ['wetɪŋ] N: **to get a ~** quedar empapado/a.
WEU N ABBR of **Western European Union**.
we've [wi:v] = **we have**.
WFTU N ABBR of **World Federation of Trade Unions** FSM f.
whack [wæk] N [a] (blow) golpe m fuerte. [b] (fam: attempt) **to have a ~ at sth** intentar algo. [c] (fam: share) parte f.
whacked [wækt] ADJ (Brit fam): **to be ~** estar agotado/a.
whale [weɪl] N ballena f; **a ~ of a difference** (fam) una enorme diferencia; **to have a ~ of a time** (fam) pasarlo bomba or (CSur) regio.
whalebone ['weɪlbəʊn] N barba f de ballena.
whaler ['weɪləʳ] N (person, ship) ballenero m.
wharf [wɔ:f] N (pl **~s** or **wharves** [wɔ:vz]) muelle m, embarcadero m; **ex ~** franco en el muelle.
wharfage ['wɔ:fɪdʒ] N muellaje m.

what [wɒt] [1] PRON [a] (interrog) ¿qué?; **~ for?** (why) ¿por qué?; (to what purpose) ¿para qué?; **¿~'s it like?** ¿cómo es?; **~ do you want now?** ¿qué quieres ahora?; **~ is it now?** ahora ¿qué?; **~ are you doing that for?** ¿por qué haces eso?; **~ about me?** y yo ¿qué?; **you know ~, I think he's drunk** creo que está borracho, ¿sabes?; **~ about next week?** ¿qué te parece la semana que viene?; **~'s that to you?** ¿eso qué tiene que ver contigo?, ¿a ti qué te importa?; **so ~ if he is gay?** y ¿nos importa que sea gay?; **that pub, ~'s its name** el bar aquél ¿cómo se llama?
[b] (relative) lo que; **~ I want is a cup of tea** lo que yo quiero es una taza de té; **~ with one thing and another** entre una cosa y otra; **and ~'s more ...** y además ...; **he knows ~'s ~** (fam) sabe cuántas son cinco; **business is not ~ it was** los negocios no son lo que eran; **to give sb ~ for** (fam) regañar a algn.
[2] ADJ [a] (interrog) ¿qué?; **~ sort of ...?** ¿qué tipo or clase de ...?; **~ good would that do?** ¿para or de qué serviría eso?, ¿a qué vendría eso?; **~ a nuisance!** ¡qué lata!; **~ a fool I was!** ¡qué tonto fui!
[b] (relative) que; **~ little I had** lo poco que tenía.
[3] INTERJ (disbelieving) ¡cómo!, ¡no puede ser!; **~! you sold it!** ¿cómo? ¡lo has vendido!
what-d'you-call- ['wɒtdʒʊ,kɔ:l] PREF: **~him/her/it** fulano m/fulana f/chisme m, cachivache m.
whatever [wɒt'evəʳ] [1] PRON (anything that) lo que; (in questions) qué; (no matter what) **~ it may be** sea lo que sea; **do ~ you want** haz lo que quieras; **~ you say** (aquiescing) lo que quieras; **~ happens** pase lo que pase; **~ do you mean?** ¿qué quieres decir?; **or ~ they're called** o como quiera que se llamen.
[2] ADJ cualquier(a); (with negative) en absoluto; (in questions) **nothing ~** nada en absoluto; **it's no use ~** no sirve para nada; **~ book you choose** cualquier libro que elijas; **~ help will that be?** ¿para qué servirá eso?
whatsoever [,wɒtsəʊ'evəʳ] PRON, ADJ = **whatever**.
wheat [wi:t] N trigo m.
wheaten ['wi:tn] ADJ de trigo.
wheatgerm ['wi:tdʒɜ:m] N germen m de trigo.
wheatmeal ['wi:tmi:l] N harina f negra.
wheedle ['wi:dl] VT: **to ~ sb into doing sth** engatusar a algn para que haga algo; **to ~ sth out of sb** sonsacar algo a algn.
wheel [wi:l] [1] N (gen) rueda f; (steering ~) volante m; (Naut) timón m; **the ~ of fortune** la rueda de fortuna; **to be at** or **behind the ~** estar al volante; **to take the ~** tomar el volante.
[2] VT (push: bicycle, pram etc) empujar; **we ~ed it over to the window** lo empujamos hasta la ventana.
[3] VI (turn) revolotear, girar; **to ~ left** (Mil) dar una vuelta hacia la izquierda; **to ~ round** (person) girar sobre los talones.
[4] CPD: **four-~ drive** N tracción f a las cuatro ruedas; **front-~ drive** N tracción f delantera.
wheelbarrow ['wi:l,bærəʊ] N carretilla f.
wheelbase ['wi:lbeɪs] N batalla f.
wheelchair ['wi:ltʃeəʳ] N silla f de ruedas.
wheel-clamp ['wi:lklæmp] [1] N cepo m. [2] VT poner cepo a.
-wheeled [wi:ld] ADJ SUF: **3-~** de 3 ruedas.
wheeler-dealer ['wi:lə,di:ləʳ] N chanchullero/a m/f.
wheelhouse ['wi:lhaʊs] N timonera f.
wheeling ['wi:lɪŋ] N: **~ and dealing** chanchullos mpl, manejos mpl.
wheeze [wi:z] VI resollar.
whelk [welk] N buccino m.
whelp [welp] N cachorro m.
when [wen] [1] ADV cuándo; **~ did it happen?** ¿cuándo ocurrió?; **I know ~ it happened** yo sé cuándo ocurrió; **since ~ do you like Indian food?** ¿desde cuándo te gusta la comida india?; **say ~!** ¡dime cuándo!
[2] CONJ [a] (at, during or after the time that) cuando; **~ I came in** cuando entré; **~ you've read it** en cuanto lo hayas leído; **be careful ~ you cross the road** or **~**

crossing the road ten cuidado al cruzar la calle; **(even) ~** (aun) cuando; **I wouldn't walk ~ I could get the bus** no iría a pie si pudiese coger el autobús.

b (*the time that*) cuando; **that's ~ the train arrives** eso es cuando llega el tren; **she told me about ~ she was in London** me contó lo que le pasó cuando estuvo en Londres.

c (*relative: on or at which*) (en) que; **during the time ~ she lived abroad** durante el tiempo que vivió en el extranjero; **the year ~ you were born** el año en que naciste.

whence [wens] ADV (*poet: from where*) de donde; (*interrog*) ¿de dónde?

whenever [wen'evər] ADV **a** (*relative: at whatever time*) cuando(quiera); (: *each time*) toda o cada vez que, cada que (*Mex fam*); **I go ~ I can** voy todas las veces que puedo; **~ you see one of those, stop** cuando veas uno de esos, párate; **tomorrow or ~** mañana o cuando sea; **we will help ~ possible** ayudaremos siempre cuando sea posible.

b (*in questions*) cuándo; **~ did I say that?** ¿cuándo dije yo eso?

where [weər] **1** ADV dónde; **~ am I?** ¿dónde estoy?; **~ are you going (to)?** ¿a dónde vas?; **~ have you come from?** ¿de dónde has venido?; **~ should we be if ...?** ¿a dónde habríamos ido a parar si ...?

2 CONJ **a** donde; **~ possible** donde sea posible, en lo posible.

b (*the place or point that*) donde; **this is ~ we found it** aquí lo encontramos; **that's ~ we got to in the last lesson** hasta allí llegamos en la última clase; **from ~ I'm sitting** desde aquí; **that's just ~ you're wrong!** ¡en eso te equivocas!; **that's ~ I disagree with you** en eso no estoy de acuerdo contigo; **~ husband and wife both work, benefits are ...** en el caso de que los dos esposos trabajan, los beneficios son ....

c (*relative: in, on, or at which*) donde.

whereabouts ['weərə'bauts] **1** ADV dónde. **2** ['weərəbauts] N SG OR PL paradero m.

whereas [weər'æz] CONJ (*on the other hand*) mientras, considerando que; (*Jur*)

whereby [weə'baɪ] ADV por lo cual.

whereupon ['weərəpɒn] ADV con or después de lo cual.

wherever [weər'evər] ADV **a** (*relative: at or to whatever place*) dondequiera que; (: *at or to every place*) adondequiera que; **~ you go I'll go too** vayas donde vayas yo te acompañaré; **~ possible** donde sea posible; **~ they went they were cheered** en todos los sitios a los que fueron les recibieron con aplausos; **sit ~ you like** siéntate donde te parezca bien; **in Madrid, London, or ~** en Madrid, Londres o donde sea. **b** (*in questions*) ¿dónde demonios or diablos?; **~ did he put it?** ¿dónde diablos lo habrá puesto?

wherewithal ['weəwɪðɔːl] N: **the ~ (to do sth)** el dinero or (*fam*) la pasta (para hacer algo).

whet [wet] VT (*tool*) afilar; (*appetite, curiosity*) estimular, despertar.

whether ['weðər] CONJ si; **~ it is ... or not** sea ...o no (sea); **I am not certain ~ he'll come (or not)** no estoy seguro de que venga; **~ you like it or not** tanto si quieres como si no; **~ they come or not** vengan o no (vengan).

whew [hwju:] INTERJ ¡vaya!, ¡caramba!

whey [weɪ] N suero m.

whf ABBR of **wharf**.

which [wɪtʃ] **1** ADJ **a** (*in questions etc*) qué; **I don't know ~ tie he wants** no sé qué corbata quiere; **~ way did she go?** ¿por dónde se fue?

b (*relative*) ... **she said, ~ remark annoyed me** ... dijo ella, una observación que me irritó; **by ~ time** a esas alturas.

2 PRON **a** (*in questions etc*) cuál; **~ do you want?** ¿cuál quieres?; **I can't tell ~ is ~** no sé cuál es cuál.

b (*relative: replacing noun*) que; (: *replacing clause*) lo que; (: *after preposition*) el cual, lo/la cual; **the meeting ~ we attended** la reunión a la que asistimos; **it rained hard ~ upset her** llovió mucho, lo que le disgustó; **the hotel at**

~ we stayed el hotel en el que nos hospedamos; **from ~ we deduce that ...** de lo cual deducimos que ...; **after ~ we went to bed** después de lo cual nos acostamos.

whichever [wɪtʃ'evər] **1** ADJ: **~ one** (*the ... which*) el que/ lo que/la que; (*no matter which*) cualquier(a); **~ way you look at it** se mire como se mire; **you can choose ~ system you want** elija el sistema que prefiere; **~ system you have there are difficulties** no importa el sistema que tengas, hay problemas.

2 PRON (*the one which*) el/la que; (*no matter which one*) no importa cual; **~ of the methods you choose** cualquiera de los métodos que escojas.

whiff [wɪf] N (*sniff*) bocanada f; (*smell*) olorcito m; **to catch a ~ of sth** oler algo.

▼**while** [waɪl] **1** N **a** (*gen*) rato m, ratito m; (*time*) tiempo m; **after a ~** al cabo de un rato, al ratito; **for a ~** durante algún tiempo or un rato; **in a ~** dentro de poco, al rato (*LAm*), ahorita (*Mex*); **it will be a good ~ before he gets here** tardará en venir aún, todavía falta para que venga (*LAm*); **a little ~ ago** hace poco; **in between ~s** mientras, en el entretanto or interino; **once in a ~** de vez en cuando; **all the ~** todo el tiempo.

b **it is worth ~ to ask whether ...** vale la pena preguntar si ...; **we'll make it worth your ~** te compensaremos generosamente.

2 CONJ **a** (*during the time that*) mientras; (*as long as*) mientras (que); **~ this was happening** mientras pasaba esto; **she fell asleep ~ reading** se durmió mientras leía; **it won't happen ~ I'm here** no pasará mientras yo esté aquí.

b (*although*) aunque; **~ I admit it is awkward** aunque reconozco que es difícil.

c (*whereas*) mientras, si bien; **I enjoy sport, ~ he prefers reading** a mí me gusta el deporte, mientras que él prefiere la lectura.

◆**while away** VT + ADV (*time, hours*) pasar el tiempo or el rato.

whilst [waɪlst] CONJ = **while 2**.

whim [wɪm] N capricho m, antojo m; **a passing ~** un antojo; **as the ~ takes me** según se me antoja.

whimper ['wɪmpər] **1** N quejido m. **2** VI quejarse.

whimsical ['wɪmzɪkəl] ADJ caprichoso/a.

whine [waɪn] **1** N (*of dog*) gemido m; (*of child*) lloriqueo m; (*of engine, bullet*) zumbido m.

2 VI (*see n*) gemir; gimotear, lloriquear; zumbar; (*fig fam: complain*) quejarse; **don't come whining to me about it** no vengas a quejarte or lloriquearte a mí.

whinny ['wɪnɪ] **1** N relincho m. **2** VI relinchar.

whip [wɪp] **1** N **a** látigo m, fuete m (*LAm*), rebenque m (*LAm*), chicote m (*LAm*).

b (*Parl: person*) encargado/a m/f de la disciplina del partido en el parlamento; **a three-line ~** órdenes fpl máximas.

2 VT **a** (*horse, person: with stick*) azotar; (*Culin: cream etc*) batir.

b (*fam: move quickly*) **he ~ped the book off the table/ away from me** arrebató el libro de la mesa/me arrebató el libro; **they ~ped her into hospital** le llevaron al hospital a toda prisa.

3 VI: **the car ~ped round the corner** el coche dobló la esquina a toda velocidad; **she ~ped round when she heard me** giró or se dio de repente al oírme.

4 CPD: **~ hand** N: **to have the ~ hand (over sb)** llevar ventaja (a algn).

——— WHIP ———

ⓘ En el Parlamento británico la disciplina de partido está a cargo de un grupo de parlamentarios llamados **whips**, encabezados por el **Chief Whip**. Su deber es informar a los miembros del partido de los asuntos del Parlamento, comunicar a los líderes del partido las opiniones de los parlamentarios y asegurarse de que todos ellos asistan a la Cámara de los Comunes (**House of Commons**) y emitan su voto en asuntos importantes. Este último aspecto puede ser crucial cuando el gobierno sólo posee una escasa mayoría. Tanto el gobierno como la oposición tienen sus propios **Whips**

➤ SENTENCE BUILDER: **while → 9.1**

y por lo general todos ellos tienen también altos cargos en la Administración del Estado si pertenecen al partido en el poder.

◆ **whip round** VI + ADV **a** (*turn*) volverse de repente. **b to ~ round for sb** (*fam*) hacer una colecta para algn.

◆ **whip up** VT + ADV (*fam: meal*) preparar rápidamente; (: *stir up: support, feeling*) avivar.

whipcord ['wɪpkɔːd] N tralla *f*.

whiplash ['wɪplæʃ] N tralla *f*; (*Med: also ~ injury*) latigazo *m*.

whipped [wɪpt] ADJ (*cream etc*) batido/a.

whippersnapper ['wɪpə,snæpəʳ] N (*also* **young ~**) mequetrefe *m*.

whippet ['wɪpɪt] N perro *m* lebrel.

whipping ['wɪpɪŋ] **1** N tunda *f*, paliza *f*, zurra *f*. **2** CPD: **~ boy** N cabeza *f* de turco; **~ cream** N nata *f* para batir.

whip-round ['wɪpraʊnd] N (*fam*) colecta *f*.

whirl [wɜːl] **1** N (*spin*) giro *m*, vuelta *f*; (*of dust, water etc*) remolino *m*; (*of cream*) rizo *m*; **my head is in a ~** la cabeza me está dando vueltas; **the social ~** la actividad social; **let's give it a ~** (*fam*) ¡nada se pierde con intentar! **2** VT (*also ~ round*) hacer girar, dar vueltas a; (*fig: transport*) transportar; **he ~ed us off to the theatre** nos llevó volando al teatro. **3** VI (*also ~ round: wheel, merry-go-round*) girar; (: *leaves, dust, water*) arremolinarse; (*fig: move quickly*) moverse rápidamente *or* a toda velocidad; **the dancers ~ed past** los bailarines pasaron girando vertiginosamente; **my head was ~ing** me daba vueltas la cabeza.

whirlpool ['wɜːlpuːl] N remolino *m*.

whirlwind ['wɜːlwɪnd] **1** N torbellino *m*. **2** CPD (*romance etc*) de torbellino; **they took us on a ~ tour** nos llevaron en una gira relámpago.

whirr [wɜːʳ] **1** N (*of insect wings*) zumbido *m*; (*of machine*) zumbido, runrún *m*. **2** VI (*insect wings*) zumbar; (*machine*) zumbar, runrunear.

whisk [wɪsk] **1** N (*fly ~*) mosqueador *m*; (*Culin: hand ~*) batidor *m*; (: *electric ~*) batidora *f*. **2** VT (*Culin*) batir; (*fam: move quickly*) **the horse ~ed the flies away with its tail** el caballo ahuyentó las moscas con la cola; **the waiter ~ed the dishes away** el camarero se llevó los platos en seguida; **they ~ed him off to a meeting** se lo llevaron volando a una reunión.

whisker ['wɪskəʳ] N bigote *m*; **~s** (*side ~s*) patillas *fpl*; (*beard*) barba *f* sg; (*moustache*) bigotes.

whisky, (*US, Ireland*) **whiskey** ['wɪskɪ] N whisky *m*.

whisper ['wɪspəʳ] **1** N cuchicheo *m*; (*of leaves*) susurro *m*; **to speak in a ~** hablar en voz baja. **2** VT decir en voz muy baja; **to ~ sth to sb** decir *or* susurrar algo al oído de algn. **3** VI cuchichear, susurrar, hablar muy bajo; (*leaves*) susurrar; **to ~ to sb** cuchichear a algn; **stop ~ing!** ¡silencio!

whispering ['wɪspərɪŋ] **1** N cuchicheo *m*; (*of leaves*) susurro *m*. **2** CPD: **~ gallery** N galería *f* de los murmullos.

whist [wɪst] **1** N whist *m*. **2** CPD: **~ drive** N certamen *m* de whist.

whistle ['wɪsl] **1** N (*sound*) silbido *m*, chiflido *m* (*esp LAm*); (*instrument*) silbato *m*, pito *m*; **the referee blew his ~** el árbitro silbó. **2** VT: **to ~ a tune** silbar una melodía. **3** VI silbar, chiflar (*esp LAm*); (*Sport etc*) pitar, silbar; **he ~d for a taxi** llamó un taxi con un silbido; **the referee ~d for a foul** el árbitro pitó para señalar una falta; **the bullet ~d past my ear** la bala pasó silbando muy cerca de mi oreja; **he can ~ for it** (*fam*) lo pedirá en vano.

whistle-stop ['wɪslstɒp] **1** N (*US: station*) apeadero *m*. **2** CPD: **~ tour** N (*US Pol*) gira *f* electoral rápida; (*fig*) recorrido *m* rápido.

Whit [wɪt] **1** N Pentecostés *m*. **2** CPD (*holiday, weekend*) de Pentecostés; **~ Sunday/Monday** N día *m*/lunes *m* de Pentecostés.

whit [wɪt] N: **not a ~** ni un ápice.

white [waɪt] **1** ADJ (*gen*) blanco/a; (*with fear*) pálido/a; **a ~ man/woman** un(a) blanco/a; **to be as ~ as a sheet** estar blanco como el papel; **to go ~, to turn ~** (*thing*) blanquear; (*person*) palidecer. **2** N (*colour, of eye*) blanco *m*; (*person*) blanco/a *m/f*; (*of egg*) clara *f*, blanquillo *m* (*LAm*); **tennis ~s** ropa *f* de tenis. **3** CPD: **~ blood-cell** N célula *f* sanguínea blanca; **~ bread** N pan *m* blanco; **a ~ Christmas** N una Navidad con nieve; **~ coffee** N café *m* con leche *or* cortado; **~ elephant** N (*fam: object*) maula *f*; **~ goods** NPL (*appliances*) electrodomésticos *mpl*; (*linen*) lencería *f*, ropa *f* blanca; **~ horse** N (*on wave*) cabrilla *f*; **the W~ House** N la Casa Blanca; **W~ Knight** N (*Comm*) salvador(a) *m/f* de una empresa con problemas; **~ lie** N mentirilla *f*; **~ meat** N carne *f* de cerdo (*pollo, ternera*); **~ paper** N (*Pol*) libro *m* blanco; **~ pepper** N pimienta *f* blanca; **~ sauce** N salsa *f* blanca *or* bechamel; **~ spirit** N aguarrás *m*; **~ tie** N (*tie*) corbatín *m* blanco; (*evening dress*) frac *m*; **~ wedding** N: **to have a ~ wedding** casarse de blanco; **~ wine** N vino *m* blanco.

whitebait ['waɪtbeɪt] N morralla *f*, pescadito *m* frito.

white-collar ['waɪt,kɒləʳ] ADJ: **~ worker** oficinista *mf*.

white-haired ['waɪt'heəd] ADJ canoso/a, con canas, de pelo cano.

Whitehall [,waɪt'hɔːl] N *calle de Londres en la cual hay muchos ministerios*; (*fig*) el gobierno de Gran Bretaña.

white-hot ['waɪt'hɒt] ADJ (*metal*) calentado/a al blanco.

whitener ['waɪtnəʳ] N blanqueador *m*.

whiteness ['waɪtnɪs] N blancura *f*.

whitening ['waɪtnɪŋ] N (*substance*) tiza *f*, blanco *m* para zapatos.

whitewash ['waɪtwɒʃ] **1** N cal *f*, jalbegue *m*. **2** VT enjalbegar; (*fig*) encubrir.

whither ['wɪðəʳ] ADV (*poet*) ¿adónde?

whiting ['waɪtɪŋ] N (*fish*) pescadilla *f*.

whitish ['waɪtɪʃ] ADJ blanquecino/a, blancuzco/a.

whitlow ['wɪtləʊ] N panadizo *m*.

Whitsun ['wɪtsn] N Pentecostés *m*.

whittle ['wɪtl] VT (*wood, shape*) tallar (con cuchillo).

◆ **whittle away**, **whittle down** VT + ADV (*fig*) ir reduciendo, minar.

whiz(z) [wɪz] **1** VI ir como flecha; **cars were ~ing past** los coches pasaban a gran velocidad. **2** CPD: **~ kid** N (*fam*) prodigio *m*.

WHO N ABBR *of* **World Health Organization** OMS *f*.

who [huː] PRON **a** (*in questions etc*) quién; **~ is it?** ¿quién es?; **I know ~ it was** (yo) sé quién fue; **~ are you looking for?** ¿a quién buscas?; **~ does she think she is?** (*fam*) ¿quién se cree que es?; **you'll soon find out ~'s ~** pronto sabrás quién es quién; **~ should it be but Neil!** ¿a que no sabes quién era? ¡Neil!, ¡no era otro que Neil! **b** (*relative*) que; **my cousin ~ lives in New York** mi primo que vive en Nueva York; **those ~ can swim** los que saben nadar.

who'd [huːd] = **who would**; **who had**.

whodun(n)it [huː'dʌnɪt] N (*fam*) novela *f* policíaca.

whoever [huː'evəʳ] PRON **a** (*the person that, anyone that*) quienquiera que; **~ said that is an idiot** quien haya dicho eso es un imbécil; **it won't be easy, ~ does it** no será fácil, no importa quién lo haga. **b** (*in questions*) quién; **~ told you that?** ¿quién te dijo eso?

whole [həʊl] **1** ADJ **a** (*entire*) entero/a, todo/a; (*in one piece*) íntegro/a; **the ~ world** el mundo entero; **~ milk** leche *f* sin desnatar; **~ note** (*US Mus*) nota *f* completa; **she swallowed it ~** se lo tragó entero; **is that the ~ truth?** ¿es toda la verdad?; **but the ~ purpose was to ...** pero si la idea era precisamente .... **b** (*intact, unbroken*) sano/a, intacto/a; (*unhurt*) ileso/a. **2** N todo *m*, conjunto *m*; **as a ~** en su conjunto; **on the ~** en general; **nearly the ~ of our production** casi toda nuestra producción.

wholefood(s) ['həʊlfuːd(z)] **1** N comida *f* naturista, alimentos *mpl* integrales. **2** CPD: **~ restaurant** N restaurante *m* naturista.

wholehearted ['həʊl'hɑːtɪd] ADJ sincero/a, de todo corazón.

wholemeal ['həʊlmiːl] ADJ: **~ bread** pan *m* integral; **~**

flour harina *f* integral.

wholesale ['həʊlseɪl] **1** ADJ (*prices, trade*) al por mayor; (*fig: on a large scale*) en masa; (: *indiscriminate*) general, total. **2** ADV al por mayor; **to buy ~** comprar al por mayor. **3** N venta *f* al por mayor, mayoreo *m* (*Mex*).

wholesaler ['həʊl͵seɪləʳ] N mayorista *mf*.

wholesome ['həʊlsəm] ADJ sano/a, saludable.

whole-wheat ['həʊlwiːt] ADJ (*esp US*) de trigo integral.

who'll [huːl] = **who will**.

wholly ['həʊlɪ] ADV totalmente; **not ~ successful** no todo un éxito, no un éxito completo.

whom [huːm] PRON **a** (*in questions etc*) a quién; **~ did you see?** ¿a quién viste?; **from ~ did you receive it?** ¿de quién lo recibiste? **b** (*relative*) que, a quien; **the lady with ~ I was talking** la señora con quien *or* a que hablaba; **three policemen, none of ~ wore a helmet** tres policías, ninguno de los cuales llevaba casco.

whoop [huːp] **1** N alarido *m*, grito *m*. **2** VI dar alaridos, gritar; (*when coughing*) toser.

whoopee [wʊˈpiː] **1** INTERJ ¡estupendo! **2** N: **to make ~** (*fam*) divertirse una barbaridad (*fam*).

whooping cough ['huːpɪŋ͵kɒf] N tos *f* ferina.

whoosh [wʊ(ː)ʃ] N susurro *m*; **it came out with a ~** salió como una exhalación.

whopper ['wɒpəʳ] N (*fam: big thing*) monstruo *m*; (: *lie*) bola *f*.

whopping ['wɒpɪŋ] ADJ (*fam: also ~ great*) enorme.

whore ['hɔːʳ] N (*pej*) puta *f*.

whorehouse ['hɔːhaʊs] N (*pl* -**houses** [haʊzɪz]) (*US*) casa *f* de putas.

whorl [wɜːl] N (*of shell*) espira *f*; (*of fingerprint*) espiral *m*.

who's [huːz] = **who is**; **who has**.

whose [huːz] PRON **a** (*in questions etc*) de quién; **~ is this?** ¿de quién es esto?; **~ car did you go in?** ¿en qué coche fuiste?; **~ fault was it?** ¿quién tuvo la culpa? **b** (*relative*) cuyo/a; **those ~ passports I have** aquellas personas cuyos pasaportes tengo *or* de las que tengo pasaportes.

who've [huːv] = **who have**.

whse ABBR **of warehouse**.

▼**why** [waɪ] **1** ADV ¿por qué?; **~ not?** ¿por qué no?; **~ on earth didn't you tell me?** ¿por qué demonios no me lo dijiste?; **that's ~ I couldn't come** por eso no pude venir. **2** INTERJ ¡toma!, ¡mira!, ¡anda!; **~, it's you!** ¡anda, eres tú! **3** N: **the ~s and (the) wherefores** el por qué.

WI ABBR **a** of **West Indies**. **b** (*Brit*) of **Women's Institute** ≈ IM *m*. **c** (*US Post*) of **Wisconsin**.

wick [wɪk] N mecha *f*; **he gets on my ~** (*fam*) me hace subir por las paredes (*fam*).

wicked ['wɪkɪd] ADJ malvado/a, cruel; (*fam: price etc*) insoportable, imperdonable; **that was a ~ thing to do** eso no se perdona; **a ~ sense of humour** un sentido del humor socarrón.

wickedness ['wɪkɪdnɪs] N maldad *f*, crueldad *f*.

wicker ['wɪkəʳ] ADJ de mimbre.

wickerwork ['wɪkəwɜːk] N artículos *mpl* de mimbre.

wicket ['wɪkɪt] **1** N (*Cricket: stumps*) palos *mpl*; (: *fallen ~*) entrada *f*, turno *m*; **to be on a sticky ~** estar en una situación difícil. **2** CPD: **~ keeper** N guardameta *m*.

wide [waɪd] **1** ADJ (*gen*) ancho/a, amplio/a; (*fig: considerable*) grande; **it is 3 metres ~** tiene 3 metros de ancho; **his ~ knowledge of the subject** sus amplios conocimientos del tema; **the whole ~ world** el mundo entero. **2** ADV **a** **set ~ apart** muy lejos algn del otro; **to be ~ open** (*door etc*) estar abierto de par en par; **to be ~ open to criticism / attack** estar expuesto a la crítica/al ataque. **b** (*shoot, aim*) **~ (of)** fuera (de).

wide-angle ['waɪd͵æŋgl] ADJ (*lens etc*) gran angular.

wide-awake ['waɪdə'weɪk] ADJ (*lit*) completamente *or* bien despierto/a; (*fig*) despabilado/a.

wide-bodied ['waɪd'bɒdɪd] ADJ (*Aer*) de fuselaje ancho.

wide-eyed ['waɪd'aɪd] ADJ con los ojos muy abiertos, con los ojos como platos (*fam*).

widely ['waɪdlɪ] ADV (*travel, read etc*) ampliamente; (*differing*) muy, mucho; (*popularly, by many people*) generalmente, comúnmente; **a ~ known author** un

➤ SENTENCE BUILDER: **why** → 8

autor generalmente conocido; **it is ~ believed that ...** generalmente se cree que ....

widen ['waɪdn] **1** VT ensanchar; (*fig: knowledge, circle of friends*) extender, ampliar. **2** VI (*also ~ out*) ensancharse.

wide-ranging ['waɪd͵reɪndʒɪŋ] ADJ (*survey, report*) de gran alcance; (*interests*) muy diversos.

widespread ['waɪdspred] ADJ extendido/a, general, generalizado/a; **there is ~ fear that ...** muchos temen que ....

widow ['wɪdəʊ] **1** N viuda *f*; **~'s pension** viudedad *f*; **to be left a ~** quedar viuda, enviudar. **2** VT: **she has been ~ed for 5 years** enviudó hace 5 años.

widowed ['wɪdəʊd] ADJ viudo/a.

widower ['wɪdəʊəʳ] N viudo *m*.

width [wɪdθ] N anchura *f*, amplitud *f*; **to swim a ~** hacer un ancho (de la piscina).

widthways ['wɪdθweɪz] ADV a lo ancho.

wield [wiːld] VT (*sword, axe*) manejar; (*power, influence*) ejercer.

wife [waɪf] N (*pl* **wives**) mujer *f*, esposa *f*; **the ~** (*fam*) parienta, la jefa.

wifely ['waɪflɪ] ADJ de esposa.

wig [wɪg] N peluca *f*.

wiggle ['wɪgl] **1** N meneo *m*. **2** VT menear. **3** VI menearse.

wiggly ['wɪglɪ] ADJ (*line*) ondulado/a.

wigwam ['wɪgwæm] N tipi *m*, choza *f* de Indios.

wild [waɪld] **1** ADJ **a** (*not domesticated: animal*) salvaje; (: *fierce*) feroz; (*plant*) silvestre; (*countryside*) salvaje; (: *uncultivated*) no cultivado/a; **to grow ~** crecer en estado silvestre.

b (*rough: wind, weather*) furioso/a, violento/a; (: *sea*) bravo/a; **it was a ~ night** fue una noche de tormenta.

c (*unrestrained, disorderly: child*) alborotado/a, descontrolado/a; (*hair, appearance*) desordenado/a, revuelto/a; **to lead a ~ life** llevar una vida desenfrenada; **they were ~ times** fue un período turbulento; **to run ~** (*children*) descontrolarse, desmandarse; **that dog is running ~** ese perro está sin controlar.

d (*fam: angry*) furioso/a; (: *ecstatic*) loco/a, desatinado/a; **to be ~ with joy** estar loco de alegría; **it makes me ~** me saca de quicio, me da rabia; **to be ~ about sb / sth** andar loco por algn/algo; **I'm not exactly ~ about it** (*fam*) la idea no me llena de entusiasmo que digamos.

e (*rash, extravagant*) extravagante, fantástico/a; (*erratic: shot, guess*) al azar; **it's a ~ exaggeration** es una enorme exageración; **to make a ~ guess** hacer una conjetura extravagante; **you've let your imagination run ~** te has dejado llevar por la imaginación.

2 N: **the ~** la naturaleza; **to live out in the ~s** (*hum*) vivir en lugar remoto, vivir en el quinto pino (*fam, hum*); **when do they breed in the ~?** ¿cuándo se reproducen en estado natural?

3 CPD: **~ card** N (*Comput*) comodín *m*; **~ goose chase** N búsqueda *f* inútil; **~ oats** NPL: **to sow one's ~ oats** tener muchos amoríos, correr lo suyo; **W~ West** N el oeste americano.

wildcat ['waɪldkæt] **1** N gato *m* montés. **2** CPD: **~ strike** N huelga *f* no legalizada.

wilderness ['wɪldənɪs] N desierto *m*, monte *m*.

wildfire ['waɪld͵faɪəʳ] N: **to spread like ~** correr como un reguero de pólvora.

wildlife ['waɪldlaɪf] **1** N fauna *f*. **2** CPD (*sanctuary, reserve*) de fauna; **~ trust** N asociación *f* protectora de la naturaleza.

wildly ['waɪldlɪ] ADV (*look*) con cara de loco *or* espanto; (*gesture, hit out, throw: violently*) furiosamente, violentamente; (: *aimlessly*) sin ton ni son; (*promise, exaggerate, guess, fluctuate*) de manera extravagante; (*applaud, cheer*) frenéticamente; **~ happy / enthusiastic** loco de felicidad/entusiasmo; **her heart was beating ~** su corazón latía incontrolablemente; **the children ran about ~** los niños estaban descontrolados *or* desmandrados.

wildness ['waɪldnɪs] N (*of animal, country*) estado *m* salvaje; (*of plant*) estado silvestre; (*of weather*) furor *m*, furia *f*; (*of sea*) bravura *f*; (*of person*) desenfreno *m*; (*of appearance*) desorden *m*; (*extravagance*) extravagancia *f*; (*of shot*) lo errático.

wiles [waɪlz] NPL artimañas *fpl*, ardides *mpl*.

wilful, (*US*) **willful** ['wɪlfʊl] ADJ (*obstinate*) testarudo/a, porfiado/a; (*deliberate*) deliberado/a, premeditado/a.

wilfully, (*US*) **willfully** ['wɪlfəlɪ] ADV (*obstinately*) voluntariosamente, tercamente; (*intentionally*) a propósito, adrede.

▼ **will¹** [wɪl] (*pt* **would**) **1** MODAL AUX VB **a** (*forming future tense*) **I ~ finish it tomorrow** lo terminaré mañana; **I ~ have finished it by tomorrow** lo habré terminado para mañana; **you won't lose it, ~ you?** no lo vayas a perder, no lo perderás ¿verdad?; **no, I won't** no, no quiero o de ninguna manera. **b** (*in conjectures*) **he ~ or he'll be there by now** ya debe de haber llegado *or* ya habrá llegado; **she'll be about 50** tendrá como 50 años. **c** (*in commands, insistence*) **I won't go - oh yes you ~** no voy - ¿cómo que no?; **wait a moment, ~ you?** (*in requests, offers*) espera un momento, ¿quieres?; **~ you sit down?** (*politely*) ¿quiere Ud sentarse?, tome Ud asiento; (*angrily*) ¡siéntate!; **won't you come with us?** ¿no quieres venir con nosotros?; **I ~ not** *or* **won't put up with it!** ¡no lo voy a consentir! **d** (*expressing habits, persistence*) soler; (*expressing capability*) **the car won't start** el coche no arranca; **the car ~ cruise at 100 mph** el coche alcanzará 100 por hora; **accidents ~ happen** son cosas que pasan. **2** VI (*wish*) querer; **(just) as you ~!** ¡como quieras!; **say what you ~** di lo que quieras.

will² [wɪl] **1** N **a** voluntad *f*; **to have a ~ of one's own** tener voluntad propia; **to do sth of one's own free ~** hacer algo por voluntad propia *or* de su libre albedrío; **the ~ to win/live** el deseo de ganar/vivir; **against sb's ~** contra la voluntad de algn; **at ~** a voluntad; **to work with a ~** trabajar con ahínco; **with the best ~ in the world** por mucho que se quiera; **where there's a ~ there's a way** querer es poder; *see* **goodwill; ill 1 (b).** **b** (*testament*) testamento *m*; **to make a ~** hacer testamento. **2** VT **a** (*urge on by willpower*) lograr a fuerza de voluntad; **he ~ed himself to stay awake** consiguió quedarse despierto por fuerza de voluntad; **I was ~ing you to win** estaba deseando que ganaras. **b** (*leave in one's ~*): **to ~ sth to sb** legar algo a algn, dejar algo (en herencia) a algn.

willies ['wɪlɪz] N: **it gives me the ~** (*fam*) me da horror.

▼ **willing** ['wɪlɪŋ] ADJ **a** (*helpful*) complaciente; **a ~ boy** un chico bien dispuesto; **there were plenty of ~ hands** no faltaba quién nos ayudara. **b** **to be ~** querer, estar dispuesto; **to be ~ to do sth** estar dispuesto a hacer algo; **..., God ~** ..., si Dios quiere; **to show ~** mostrarse dispuesto.

willingly ['wɪlɪŋlɪ] ADV (*gen*) de buena gana; **will you help us? - ~!** ¿nos ayudas? - ¡con mucho gusto! *or* (*LAm*) ¡cómo no!

willingness ['wɪlɪŋnɪs] N buena voluntad *f or* gana *f*.

will-o'-the-wisp ['wɪləðə'wɪsp] N (*lit*) fuego *m* fatuo; (*fig*) quimera *f*.

willow ['wɪləʊ] **1** N (*also ~ tree*) sauce *m*. **2** CPD: **~ pattern** N dibujos *mpl* de aspecto chinesco para la cerámica.

willowy ['wɪləʊɪ] ADJ esbelto/a.

willpower ['wɪlpaʊər] N fuerza *f* de voluntad.

willy ['wɪlɪ] N (*fam*) colita *f* (*fam*).

willy-nilly ['wɪlɪ'nɪlɪ] ADV quiérase o no, guste o no guste.

wilt [wɪlt] VI (*flower*) marchitarse; (*fig*) debilitarse.

Wilts [wɪlts] ABBR (*Brit*) *of* **Wiltshire**.

wily ['waɪlɪ] ADJ (*comp* **-ier**; *superl* **-iest**) astuto/a, taimado/a.

WIMP [wɪmp] N ABBR (*Comput*) *of* **windows, icons, menu** *or* **mice, pointers**.

wimp [wɪmp] (*fam*) N (*physically*) enclenque *m*; (*character*) parado *m*, cortado *m*; **what a ~!** ¡qué parao! (*fam*).

wimpish ['wɪmpɪʃ] (*fam*) ADJ (*see n*) enclenque; parado, cortado.

◆ **wimp out** VI + ADV (*fam*) rajarse (*fam*).

win [wɪn] (*vb*: *pt, pp* **won**) **1** N victoria *f*, triunfo *m*; **their fifth ~ in a row** su quinta victoria consecutiva; **to back a horse for a ~** apostar dinero a un caballo para el primer puesto. **2** VT (*race, cup, prize etc*) ganar; (*victory*) lograr; (*sympathy, support, friendship, admirers*) ganarse; (*contract*) lograr, conseguir; **to ~ sb's favour/heart** ganar el favor de/ enamorar a algn; **it won him first prize** le valió el primer premio. **3** VI ganar, tener éxito; **OK, you ~** (*fam*) bueno, te doy la razón; **if you're up against the minister you can't ~** si tienes el ministro en contra no hay manera de salir ganando.

◆ **win back** VT + ADV (*prize etc*) volver a ganar; (*girlfriend etc*) reconquistar.

◆ **win out, win through** VI + ADV triunfar.

◆ **win over, win round** VT + ADV ganarse, convencer.

wince [wɪns] **1** N mueca *f* de dolor. **2** VI encogerse.

winch [wɪntʃ] **1** N torno *m*. **2** VT levantar con un torno.

wind¹ [wɪnd] **1** N **a** viento *m*; **into** *or* **against the ~** contra el viento; **it's an ill ~ that blows nobody any good** no hay mal que por bien no venga; **there's something in the ~** algo se está cociendo; **to get ~ of sth** enterarse de algo; **to get/have the ~ up** (*fam*) preocuparse/estar preocupado; **to put the ~ up sb** (*Brit fam*) meter a algn el ombligo para dentro; **to take the ~ out of sb's sails** cortar las alas a algn. **b** (*Med*) gases *mpl*; (: *baby*) flato *m*; **to break ~** (*fart*) ventosear; (*belch*) eructar; **to bring up ~** (*baby*) eructar. **c** (*breath*) aliento *m*; **to be short of ~** estar sin aliento. **d** (*Mus*) **the ~(s)** los instrumentos *mpl* de viento. **2** VT (*pt, pp* **~ed**): **to ~ sb** (*with punch etc*) dejar a algn sin aliento; **to ~ a baby** hacer eructar a un niño. **3** CPD: **~ farm** N parque *m* eólico; **~ instrument** N instrumento *m* de viento.

wind² [waɪnd] (*pt, pp* **wound** [waʊnd]) **1** VT **a** (*roll, coil*) enrollar, envolver. **b** (*clock, watch, toy*) dar cuerda a; (*key, handle*) dar vueltas a. **2** VI (*also ~ one's way*) serpentear; **the car wound slowly up the hill** el coche subió lentamente la colina culebreando.

◆ **wind back** VT + ADV (*tape etc*) girar hacia atrás.

◆ **wind down** VT + ADV (*car window*) bajar; (*fig: production, business*) disminuir, bajar.

◆ **wind forward** VT + ADV (*tape etc*) girar hacia adelante.

◆ **wind in** VT + ADV (*fishing line etc*) enrollar.

◆ **wind on** **1** VT + ADV (*film*) enrollar. **2** VI + ADV (*film*) enrollarse.

◆ **wind up** **1** VT + ADV (*car window*) subir; (*clock, toy*) dar cuerda a; (*close: meeting, debate*) cerrar, dar por terminado; (: *company*) liquidar; **to ~ sb up** (*fig fam*) provocar a algn. **2** VI + ADV (*meeting, debate*) concluir, cerrar; (*fam: end up*) acabar; **we wound up in Rome** fuimos a parar a Roma.

windbag ['wɪndbæg] N (*fam: person*) hablador(a) *m/f*.

windbreak ['wɪndbreɪk] N abrigada *f*.

windcheater ['wɪndtʃiːtər] N cazadora *f*.

windchill ['wɪndtʃɪl] CPD: **the ~ factor** el efecto enfriador del viento.

winder ['waɪndər] N (*on watch etc*) cuerda *f*.

windfall ['wɪndfɔːl] N (*apple etc*) fruta *f* caída; (*fig*) golpe *m* de suerte.

windgauge ['wɪndgeɪdʒ] N anemómetro *m*.

winding ['waɪndɪŋ] ADJ (*road, path*) tortuoso/a; **~ staircase** escalera *f* de caracol.

winding-up ['waɪndɪŋ'ʌp] N conclusión *f*; (*Comm*) liquidación *f*.

windlass ['wɪndləs] N torno *m*.

windless ['wɪndlɪs] ADJ sin viento.

windmill ['wɪndmɪl] N molino *m* de viento.

window ['wɪndəʊ] **1** N (*gen*) ventana *f*; (*shop ~*) escaparate *m*, vitrina *f* (*LAm*), vidriera *f* (*CSur*); (*of booking office, car, envelope etc*) ventanilla *f*; **to lean out of the ~** asomarse a la ventana; **to look out of the ~** mirar por la

▶ SENTENCE BUILDER: **will¹** → 11   **willing** → 3.2

ventana.

2 CPD: **~ box** N jardinera *f* de ventana; **~ cleaner** N limpiacristales *m inv*; **~ display** N escaparate *m*; **~ dressing** N: **it's all just ~ dressing** (*fig*) es pura fachada *or* pantalla; **~ envelope** N sobre *m* de ventanilla; **~ ledge** N antepecho *m*; **~ pane** N cristal *m*, vidrio *m* (*LAm*); **~ seat** N asiento *m* junto a la ventana.

window-shopping ['wɪndəʊˌʃɒpɪŋ] N mirar los escaparates.

windowsill ['wɪndəʊsɪl] N antepecho *m*.

windpipe ['wɪndpaɪp] N tráquea *f*.

wind-powered ['wɪndˌpaʊəd] ADJ impulsado/a por el viento.

windproof ['wɪndpruːf] ADJ a prueba de viento.

windscreen ['wɪndskriːn], **windshield** ['wɪndʃiːld] (*US*) **1** N parabrisas *m inv*. **2** CPD: **~ wiper** N limpiaparabrisas *m inv*.

windsock ['wɪndsɒk] N (*Aer*) manga *f*.

windsurf ['wɪndsɜːf] VI practicar el windsurf.

windsurfing ['wɪndsɜːfɪŋ] N windsurf *m*; **to go ~** hacer windsurf.

windswept ['wɪndswept] ADJ (*place*) azotado/a por el viento; (*look*) con el pelo revuelto.

wind-up ['waɪndʌp] N (*fam: joke*) tomadura *f* de pelo (*fam*).

Windward Isles ['wɪndwədˌaɪlz] N Islas *fpl* de Barlovento.

windy ['wɪndɪ] ADJ (*comp* **-ier**; *superl* **-iest**) **a** (*day*) de mucho viento, ventoso/a; (*place*) expuesto/a al viento. **b** (*fam: afraid, nervous*) miedoso/a *or* temeroso/a (*about* por).

wine [waɪn] **1** N vino *m*; **red/white/rosé ~** vino tinto/blanco/rosado. **2** VT: **to ~ and dine sb** agasajar a algn. **3** CPD de vino; **~ bar** N bar *m* especializado en servir vinos; **~ cellar** N bodega *f*; **~ grower** N viñador(a) *m/f*; **~ list** N lista *f* de vinos; **~ taster** N catador(a) *m/f* de vinos; **~ tasting** N cata *f* de vinos; **~ vinegar** N vinagre *m* de vino; **~ waiter** N escanciador *m*.

wineglass ['waɪnɡlɑːs] N copa *f* (para vino).

wing [wɪŋ] **1** N **a** (*gen*) ala *f*; (*of chair*) orejera *f*; (*Sport, position*) extremo *m*, ala; (*Brit Aut*) aleta *f*; **the left ~ of the party** el ala izquierda del partido; **to stretch** *or* **spread one's ~s** (*fig*) empezar a volar; **to take sb under one's ~** dar amparo a algn, tomar a algn bajo su protección. **b** **~s** (*Theat*) bastidores *mpl*; **to be waiting in the ~s** (*fig*) esperar entre bastidores. **2** CPD: **~ mirror** N retrovisor *m*; **~ nut** N tuerca *f* mariposa.

winger ['wɪŋəʳ] N (*Sport*) extremo *m*.

wingspan ['wɪŋspæn], **wingspread** ['wɪŋspred] N envergadura *f*.

wink [wɪŋk] **1** N **a** (*blink*) pestañeo *m*; (*meaningful*) guiño *m*; **to give sb a ~** guiñar el ojo a algn; **to have 40 ~s** echarse una siesta *or* cabezada. **b** (*instant*) **I didn't sleep a ~** no pegué ojo. **2** VI **a** (*meaningfully*) guiñar el ojo (*at sb* a algn); (*light, star etc*) centellear, parpadear. **b** **to ~ at sb** guiñar el ojo a algn; **to ~ at sth** (*fig*) hacer la vista gorda a algo.

winkle ['wɪŋkl] **1** N bigarro *m*. **2** VT: **to ~ a secret out of sb** sacar un secreto a algn.

winner ['wɪnəʳ] N (*person, horse etc*) ganador(a) *m/f*, vencedor(a) *m/f*; (*book, entry etc*) obra *f* premiada; (*fam: sth successful*) **this record is a ~!** ¡este disco es fabuloso!; **he knew he was on (to) a ~** sabía que con ese producto *etc* tenía asegurado el triunfo.

winning ['wɪnɪŋ] **1** ADJ **a** (*person, horse, team etc*) ganador(a), vencedor(a), triunfante; (*book, entry etc*) premiado/a; (*hit, shot*) decisivo/a; **~ post** meta *f*. **b** (*charming*) encantador(a). **2** N: **~s** ganancias *fpl*.

wino ['waɪnəʊ] N (*fam*) alcohólico/a *m/f*.

winter ['wɪntəʳ] **1** N invierno *m*. **2** ADJ de invierno, invernal; **~ Olympics** Olimpíada *f* de invierno; **~ sports** deportes *mpl* de invierno.

winterize ['wɪntəraɪz] VT (*US*) adaptar para el invierno.

wintertime ['wɪntətaɪm] N invierno *m*.

wintry, wintery ['wɪntrɪ] ADJ invernal; (*fig*) glacial.

wipe [waɪp] **1** N pasada *f*, limpieza *f*; **to give sth a ~** pasar un trapo sobre algo. **2** VT limpiar; **to ~ one's eyes** enjugarse las lágrimas; **to ~ one's nose** limpiarse la nariz; **to ~ one's feet/shoes** limpiarse los pies/zapatos; **to ~ one's bottom** limpiarse; **to ~ sth dry** secar algo con un trapo; **to ~ the floor with sb** (*fig fam*) dejar *or* poner a algn por los suelos.

◆ **wipe away, wipe off** VT + ADV (*tears*) limpiar, enjugar; (*marks*) quitar, borrar.

◆ **wipe out** VT + ADV **a** (*erase*) borrar. **b** (*destroy*) destruir; (*: town etc*) aniquilar.

◆ **wipe up** **1** VI + ADV (*dry dishes*) secar los platos. **2** VT + ADV limpiar.

wiper ['waɪpəʳ] N limpiaparabrisas *m inv*.

wire ['waɪəʳ] **1** N alambre *m*; (*insulated flex*) cordón *m*; (*Elec*) cable *m*; (*Telec: old*) telegrama *m*; **to get one's ~s crossed** (*fam*) tener un malentendido. **2** VT **a** (*Elec*) instalar el alambrado en. **b** (*Telec*) **to ~ sb** comunicar con algn (por telegrama). **c** **to ~ sth to sth** atar una cosa a otra con alambre; **it's ~d to the alarm** está conectado a la alarma. **3** CPD: **~ brush** N cepillo *m* de alambre; **~ cutters** NPL cortaalambres *mpl*, cizalla *f*; **~ fence** N alambrado *m*; **~ netting** N tela *f* metálica.

wireless ['waɪəlɪs] N radio *f*; **by ~** por radio.

wire-tapping ['waɪəˌtæpɪŋ] N intervención *f* electrónica.

wiring ['waɪərɪŋ] N (*Elec*) alambrado *m*.

wiry ['waɪərɪ] ADJ (*comp* **-ier**; *superl* **-iest**) (*person, animal, build*) enjuto/a y fuerte; (*hair*) tieso/a.

Wis., Wisc. ABBR (*US*) *of* **Wisconsin**.

wisdom ['wɪzdəm] **1** N (*knowledge*) sabiduría *f*; (*prudence*) juicio *m*, cordura *f*. **2** CPD: **~ tooth** N muela *f* del juicio.

wise [waɪz] **1** ADJ (*comp* **~r**; *superl* **~st**) (*knowledgeable*) sabio/a; (*prudent*) juicioso/a, cuerdo/a; **the Three W~ Men** los Reyes Magos; **to be ~ after the event** verlo todo muy fácil después de que ha ocurrido; **it does not seem ~ to do it** no parece aconsejable hacerlo; **you would be ~ to ask him first** sería aconsejable preguntarle primero; **I'm none the ~r** sigo sin entender, me quedo como estaba (*fam*); **to get ~ to sth** caer en la cuenta de algo; **to get ~ to sb** (*fam*) conocerle a algn el juego, calarle a algn, ponerse chango sobre algn (*Mex fam*); **to put sb ~ to sb/sth** (*fam*) poner a algn sobre aviso acerca de algn/algo. **2** CPD: **~ guy** N (*fam*) sabelotodo *mf*.

-wise [waɪz] SUFFIX en cuanto a, respecto a; **how are you off money~?** ¿cómo estás en cuanto a dinero?

wisecrack ['waɪzkræk] N (*fam*) salida *f*.

▼**wish** [wɪʃ] **1** N **a** deseo *m*; **to go against sb's ~es** ir en contra de los deseos de algn; **you shall have your ~** tu deseo se cumplirá; **to make a ~** pensar un deseo. **b** **best ~es** (*in greetings*) felicidades *fpl*; **with best ~es** saludos, recuerdos; **please give him my best ~es** por favor dale recuerdos míos. **2** VT **a** (*want*) querer, desear; **to ~ sb to do sth** querer que algn haga algo; **to ~ to do sth** querer hacer algo. **b** (*desire, hope*) desear, anhelar; **I ~ she'd come** estoy deseando que venga; **I ~ I could!** ¡ojalá (y) pudiera!; **I ~ I was rich** ojalá (y) fuese yo rico; **I don't ~ her ill, I don't ~ her any harm** no le deseo ningún mal; **to ~ sth on sb** imponer algo a algn; **I wouldn't ~ that on anybody** eso no lo desearía para nadie. **c** (*bid, express*) desear; **to ~ sb good luck/a happy Christmas** desear a algn buena suerte/felices pascuas. **3** VI: **to ~ for sth** desear *or* anhelar algo; **she has everything she could ~ for** tiene todo lo que pudiera desear.

wishbone ['wɪʃbəʊn] N espoleta *f*.

wishful ['wɪʃfʊl] ADJ: **~ thinking** ilusiones *fpl*.

wishy-washy ['wɪʃɪˌwɒʃɪ] ADJ (*fam*) soso/a, insípido/a.

wisp [wɪsp] N (*of straw*) manojo *m*; (*of hair*) mechón *m*; (*of cloud, smoke*) voluta *f*.

wistful ['wɪstfʊl] ADJ pensativo/a, melancólico/a.

wit [wɪt] N **a** (*understanding*) juicio *m*, comprensión *f*; **to**

➤ SENTENCE BUILDER: **wish** → 13.4

be at one's ~s' end no saber qué hacer, estar desesperado; **to be out of one's ~s** estar fuera de sí; **to lose** or **keep one's ~s about one** no perder la cabeza; **to live by one's ~s** vivir del cuento; **to be frightened** or **scared out of one's ~s** estar profundamente asustado. **b** (humour, wittiness) gracia f, ingenio m, agudeza f; **to have a ready ~** ser ingenioso. **c** (person) ingenioso/a m/f.

witch [wɪtʃ] **1** N bruja f. **2** CPD: **~ doctor** N hechicero m.

witchcraft ['wɪtʃkrɑːft] N brujería f.

witch-hunt ['wɪtʃhʌnt] N (Pol) caza f de brujas.

with [wɪð, wɪθ] PREP **a** con; **I was ~ him** yo estaba con él; **she stayed ~ friends** se hospedó en casa de amigos; **I'll be ~ you in a moment** un momento y estoy con vosotros; **to leave sth ~ sb** dejar algo en manos de algn; **he had no money ~ him** no llevaba dinero (encima); **she mixed the sugar ~ the eggs** mezcló el azúcar con los huevos. **b** (descriptive) con, de; **the fellow ~ the big beard** el de la barba grande. **c** (manner, means, cause) con, de; **to cut wood ~ a knife** cortar madera con un cuchillo; **to walk ~ a walking stick** andar con bastón; **to fill a glass ~ wine** llenar una copa de vino; **to shake ~ fear** temblar de miedo; **to jump ~ joy** saltar de alegría; **it's pouring ~ rain** está lloviendo a cántaros. **d** (as regards) con; **the trouble ~ Harry** el problema con or lo malo de Enrique; **you must be patient ~ him** hay que tener paciencia con él; **she's good ~ children** tiene don para niños, sabe cómo tratar a los niños; **how are things ~ you?** (fam) ¿qué tal?, ¿cómo te va? (esp LAm), ¿qué hubo? (Mex, Chi). **e** (in proportion) según, de acuerdo con; **it varies ~ the time of year** varía según la estación. **f** (in spite of) con, pese a. **g** (expressing agreement, on side of) de acuerdo con. **h** (fam: expressing comprehension) **I am not ~ you** no te entiendo or sigo; **we agree ~ you** estamos de acuerdo contigo. **i** **~ it** (fam: up-to-date) al día, de moda; (: mentally alert) despierto/a, despabilado/a.

withdraw [wɪθ'drɔː] (pt **withdrew**; pp **~n**) **1** VT (object, money) retirar or sacar (from de); (troops, ambassador, team etc) retirar (from de); (words, remark, charge) retractar. **2** VI: **to ~ (from)** (move away) apartarse or separarse (de); (move back) retirarse (de); (from contest etc) darse de baja (de), retirar (de); **to ~ into o.s.** replegarse en sí mismo.

withdrawal [wɪθ'drɔːəl] **1** N (see vt) retirada f; retractación f; **to make a ~ of funds from a bank** efectuar una retirada de fondos de un banco. **2** CPD: **~ notice** N (Fin) aviso m de retirada de fondos; **~ symptoms** NPL síntomas mpl de abstinencia.

withdrawn [wɪθ'drɔːn] **1** PP of **withdraw**. **2** ADJ reservado/a, apartado/a, introvertido/a.

withdrew [wɪθ'druː] PT of **withdraw**.

wither ['wɪðəʳ] **1** VT marchitar, agostar. **2** VI marchitarse, ajarse; (fig) debilitarse.

withered ['wɪðəd] ADJ marchito/a.

withering ['wɪðərɪŋ] ADJ abrasador(a); (tone, look, remark) desdeñoso/a.

withhold [wɪθ'həʊld] (pt, pp **withheld** [wɪθ'held]) VT (information) ocultar; (money) retener; (decision) aplazar; (refuse) negar, rehusar; **to ~ the truth from sb** no revelar la verdad a algn.

within [wɪð'ɪn] **1** PREP dentro de, al interior de; **a voice ~ me said ...** una voz interior me dijo ...; **we were ~ 100 metres of the summit** faltaban 100 metros para que llegáramos a la cumbre; **to be ~ an inch of** estar a dos dedos de; **~ the stipulated time** dentro del plazo señalado; **to be ~ the law** no rebasar los límites de la ley, atenerse a la legalidad; **to live ~ one's income** vivir conforme a los ingresos; **~ a year of her death** a poco menos de un año de su muerte. **2** ADV: **'car for sale - apply ~'** 'se vende coche - razón dentro or (LAm) infórmese adentro'.

without [wɪð'aʊt] PREP sin; **he did it ~ telling me** lo hizo sin decírmelo; **times ~ number** un sinfín de veces.

with-profits ['wɪθ'prɒfɪts] ADJ: **~ endowment assurance** seguro m dotal con beneficios.

withstand [wɪθ'stænd] (pt, pp **withstood** [wɪθ'stʊd]) VT resistirse a, aguantar.

witness ['wɪtnɪs] **1** N **a** (person) testigo mf; **eye ~** testigo ocular; **~ for the prosecution/defence** testigo de cargo/descargo; **to call sb as a ~** citar a algn como testigo. **b** (evidence) testimonio m; **to give ~ for/against sb** atestiguar a favor de/en contra de algn; **to bear ~ to sth** (lit) atestiguar algo; (fig) demostrar or probar algo. **2** VT **a** (be present at) presenciar, asistir a; (see) testimoniar, ver; **the accident was ~ed by two people** hay dos testigos del accidente; **to ~ a document** firmar un documento como testigo. **b** (attest by signature) atestiguar la veracidad de. **c** (consider as evidence) ver, mirar. **3** VI (testify) dar testimonio, testimoniar, atestiguar; **to ~ to sth** dar testimonio de or testimoniar algo. **4** CPD: **~ box**, (US) **~ stand** N barra f de los testigos.

witticism ['wɪtɪsɪzəm] N dicho m ingenioso, agudeza f, ocurrencia f.

witty ['wɪtɪ] ADJ (comp **-ier**; superl **-iest**) ingenioso/a.

wives [waɪvz] NPL of **wife**.

wizard ['wɪzəd] N **a** mago m, brujo m, hechicero m. **b** (fam) genio m, as m.

wizened ['wɪznd] ADJ arrugado/a, marchito/a.

wk ABBR of **week** sem.

W/L ABBR of **wavelength**.

WMO N ABBR of **World Meteorological Organization** OMM f.

WNW ABBR of **west-north-west** ONO.

WO N ABBR (Mil) of **warrant officer**.

wobble ['wɒbl] **1** N (of chair, table etc) tambaleo m, bamboleo m; (of voice) temblor m. **2** VI (move unsteadily) tambalearse, bambolearse; (voice) temblar; (hesitate) vacilar.

wobbly ['wɒblɪ] **1** ADJ (comp **-ier**; superl **-iest**) tembloroso/a, temblón/ona. **2** N: **to throw a ~** (fam) ponerse histérico/a.

woe [wəʊ] N (poet, hum) desgracia f, aflicción f; **~ is me!** ¡ay de mí!; **~ betide him who ...** ¡ay del que ...!; **a tale of ~** una historia triste.

woeful ['wəʊfʊl] ADJ (sad) afligido/a, apenado/a; (unfortunate) desgraciado/a; (deplorable) lamentable.

Wog [wɒg] N (Brit pej, fam!) negro/a m/f.

woke [wəʊk] PT of **wake³**.

woken ['wəʊkn] PP of **wake³**.

wolf [wʊlf] **1** N (pl **wolves** [wʊlvz]) **a** lobo m; **a ~ in sheep's clothing** un lobo disfrazado de cordero; **to keep the ~ from the door** defenderse de or contra la miseria; **to cry ~** dar una falsa alarma. **b** (fig fam: womanizer) tenorio m. **2** VT (also **~ down**) zampar (fam), engullir. **3** CPD: **~ whistle** N silbido m de admiración.

wolfcub ['wʊlfkʌb] N lobato m.

wolfpack ['wʊlfpæk] N manada f de lobos.

woman ['wʊmən] **1** N (pl **women** ['wɪmɪn]) mujer f; **~ is very different from man** la mujer es muy distinta del hombre; **I have a ~ who comes in to do the cleaning** tengo una mujer que me hace la limpieza; **~ of the world** mujer de mundo; **the ~ in his life** su compañera; **to make an honest ~ of sb** casarse con una (a causa de haberla dejado encinta); **his ~** (lover) su querida; **women's page** sección f femenina; **women's lib** (fam) la liberación de la mujer; **women's libber** (fam) feminista mf; **women's refuge** hogar m para mujeres maltratadas; **women's rights** derechos mpl de la mujer. **2** CPD: **~ doctor** N doctora f; **~ driver** N conductora f; **~ engineer** N ingeniera f; **~ writer** N escritora f.

woman-hater ['wʊmən,heɪtəʳ] N misógino m.

womanize ['wʊmənaɪz] VI ser mujeriego, dedicarse a la caza de mujeres.

womanizer ['wʊmənaɪzəʳ] N mujeriego m.

womanly ['wʊmənlɪ] ADJ femenino/a.

womb [wuːm] N matriz f, útero m; (fig) cuna f.

women ['wɪmɪn] NPL *of* **woman.**

womenfolk ['wɪmɪnfəʊk] NPL mujeres *fpl*.

won [wʌn] PT, PP *of* **win.**

wonder ['wʌndəʳ] **1** N **a** (*feeling*) asombro *m*; **in ~** asombrado/a, maravillado/a.

b (*object or cause of ~*) maravilla *f*, milagro *m*; **the ~s of science** las maravillas de la ciencia; **the Seven W~s of the World** las Siete Maravillas del Mundo; **it is no** *or* **little** *or* **small ~ that he left** no es de extrañarse que se haya marchado; **the ~ of it was that ...** lo (más) asombroso fue que ...; **to do** *or* **work ~s** obrar milagros; **no ~!** ¡no es de extrañarse!; **~s will never cease!** ¡todavía hay milagros!

2 VT preguntarse; **I ~ why she said it** me pregunto por qué lo dijo; **I ~ where he's going?** ¿a dónde irá?; **I ~ whether the milkman's been** a ver si el lechero habrá venido.

3 VI **a** (*ask o.s., speculate*) preguntarse, pensar; **I was ~ing if you could help** te agradecería me ayudaras; **does she know about it? - I ~** ¿se habrá enterado ella? - eso mismo me pregunto yo.

b (*be surprised*) asombrarse, maravillarse; **to ~ at sth** asombrarse de algo.

wonderful ['wʌndəfʊl] ADJ maravilloso/a, estupendo/a, macanudo/a (*CSur*).

wondering ['wʌndərɪŋ] ADJ perplejo/a, sorprendido/a.

wonderland ['wʌndəlænd] N país *m* de la maravilla *or* las aventuras.

wonderstruck ['wʌndəstrʌk] ADJ asombrado/a, pasmado/a.

wonky ['wɒŋkɪ] ADJ (*comp* **-ier**; *superl* **-iest**) (*Brit fam: unstable*) cojo/a; (: *broken down*) estropeado/a, descompuesto/a (*esp Mex*); (: *not straight*) torcido/a, chueco/a (*LAm*).

won't [wəʊnt] = **will not.**

woo [wuː] VT (*lit*) cortejar; (*fig*) buscarse.

wood [wʊd] **1** N **a** (*material*) madera *f*; **touch ~!** ¡toca madera!

b (*forest*) bosque *m*; **~s** bosque *msg*; **we're not out of the ~ yet** aún no estamos fuera de peligro; **he can't see the ~ for the trees** los árboles no le dejan ver el bosque, aún no le encuentra el chiste (*LAm*).

c (*Golf*) palo *m* de madera; (*Bowls*) bola *f*; **drawn from the ~** (*wine, beer etc*) de barril.

2 CPD (*made of ~*) de madera; (*living etc in a ~*) del bosque, silvestre; **~ anemone** N anémona *f* silvestre; **~ pigeon** N paloma *f* torcaz; **~ pulp** N pasta *f* de madera; **~ shavings** NPL virutas *fpl*.

woodbine ['wʊdbaɪn] N (*honeysuckle*) madreselva *f*; (*US: Virginia creeper*) viña *f* loca.

woodcarving ['wʊd,kɑːvɪŋ] N talla *f* de madera.

woodcock ['wʊdkɒk] N chocha *f* perdiz.

woodcut ['wʊdkʌt] N grabado *m* en madera.

woodcutter ['wʊd,kʌtəʳ] N leñador *m*.

wooded ['wʊdɪd] ADJ arbolado/a.

wooden ['wʊdn] ADJ **a** de madera; **~ spoon** cuchara *f* de palo; (*fig*) premio *m* para el peor. **b** (*fig*) falto/a de expresión.

woodland ['wʊdlənd] **1** N bosque *m*. **2** CPD de los bosques.

woodlouse ['wʊdlaʊs] N (*pl* **woodlice** ['wʊdlaɪs]) cochinilla *f*.

woodpecker ['wʊd,pekəʳ] N pájaro *m* carpintero.

woodshed ['wʊdʃed] N leñera *f*.

woodwind ['wʊdwɪnd] N instrumentos *mpl* de viento de madera.

woodwork ['wʊdwɜːk] N **a** (*craft*) carpintería *f*.

b (*wooden parts*) enmaderado *m*, maderaje *m*; **they come crawling out of the ~** (*fig*) salen de la madera como carcomas.

woodworm ['wʊdwɜːm] N carcoma *f*.

woof [wʊf] N (*of dog*) ladrido *m*. **2** VI ladrar.

woofer ['wuːfəʳ] N altavoz *m* para sonidos graves.

woofter ['wʊftəʳ], **wooftah** ['wʊftə] N (*Brit fam! pej*) marica *m* (*fam!*).

wool [wʊl] **1** N (*of sheep*) lana *f*; (*gen*) pelo *m*; **all ~, pure**

~ lana pura; to pull the ~ over sb's eyes (*fam*) dar a algn gato por liebre. **2** ADJ de lana.

woolgathering ['wʊl,gæðərɪŋ] N (*fig*) **to be ~** andar distraído/a, andar pensando en otra cosa.

woollen, (*US*) **woolen** ['wʊlən] **1** ADJ de lana. **2** N: **~s** géneros *mpl* de lana.

woolly, (*US*) **wooly** ['wʊlɪ] **1** ADJ (*comp* **-ier**; *superl* **-iest**) (*jumper etc*) lanudo/a, de lana; (*fig*) confuso/a. **2** N ropa *f* de lana.

woozy ['wuːzɪ] ADJ (*comp* **-ier**; *superl* **-iest**) (*fam*) mareado/a.

Wop [wɒp] N (*fam, pej*) italiano/a *m/f*.

Worcs ABBR (*Brit*) *of* **Worcestershire.**

word [wɜːd] **1** N **a** (*gen*) palabra *f*; (*Ling*) voz *f*, vocablo *m*; **~s** (*of song*) letra *fsg*; **for ~** palabra por palabra; **too stupid for ~s** de lo más estúpido; **silly isn't the ~ for it** ¡llamarle estúpido es poco!; **~s fail me** me fallan las palabras; **in a ~** en pocas palabras *or* una palabra; **in so many ~s** textualmente; **not to mince ~s** hablar sin rodeos, no tener pelos en la lengua; **the last ~** el último grito.

b (*remark*) palabra *f*; **by ~ of mouth** verbalmente, de palabra; **to eat one's ~s** tragarse las palabras; **not to let sb get a ~ in edgeways** no dejar a algn meter baza; **to take sb at his ~** cogerle *or* (*LAm*) aceptarle a algn la palabra; **to have a ~ with sb** hablar (dos palabras) con algn, tener unas palabras con algn; **to put in a (good) ~ for sb** avalar a algn, interceder por algn; **you're putting ~s into my mouth** te refieres a cosas que yo no he dicho; **without a ~** sin decir palabra *or* ni pío; **don't say** *or* **breathe a ~ about it** no digas nada de eso; **to have ~s with sb** (*quarrel with*) reñir *or* (*esp LAm*) pelear(se) con algn; **you took the ~s right out of my mouth** me quitaste la palabra de la boca.

c (*message*) recado *m*; (*news*) noticia *f*, aviso *m*; (*report*) informe *m*; **to bring ~ of sth to sb** informar a algn de algo; **to leave ~ (with sb/for sb) that ...** dejar recado (con/para algn) de que ..., dejar dicho (con/para algn) que ...; **to spread the ~** propagar la noticia.

d (*promise*) palabra *f* (de honor); **he is a man of his ~** es hombre de palabra; **to be as good as one's ~, to keep one's ~** cumplir (lo prometido); **to break one's ~** faltar a *or* no cumplir la palabra; **to give sb one's ~ (that ...)** dar la palabra a algn (de que ...); **I take your ~ for it** te creo, ¡basta con que me lo digas! (*fam*).

e (*order*) orden *f*, mandato *m*; **to give the ~ to do sth** dar la orden de hacer algo.

f (*Rel*) verbo *m*, palabra *f*.

2 VT redactar; **how shall we ~ it?** ¿cómo lo expresamos?

3 CPD: **~ count** N recuento *m* de vocabulario; **~ game** N juego *m* de formación de palabras; **~ order** N orden *m* de palabras; **~ processing** N procesamiento *m* de textos; **~ processor** N (*machine*) procesador *m* de textos.

word-blind ['wɜːd,blaɪnd] ADJ disléxico/a.

wording ['wɜːdɪŋ] N: **the ~ is unclear** está mal redactado.

word-perfect ['wɜːd'pɜːfɪkt] ADJ sin falta de expresión; **to be ~** saber perfectamente su papel.

wordwrap ['wɜːdræp] N salto *m* de línea automático.

wordy ['wɜːdɪ] ADJ (*comp* **-ier**; *superl* **-iest**) verboso/a, prolijo/a.

wore [wɔːʳ] PT *of* **wear.**

work [wɜːk] **1** N **a** (*gen: activity*) trabajo *m*; (*effort*) esfuerzo *m*; (*task*) tarea *f*, faena *f*; **she's put a lot of ~ into it** le ha puesto grandes esfuerzos; **it's hard ~** es mucho trabajo, cuesta (trabajo); **to be at ~ (on sth)** estar trabajando (sobre algo); **it's all in a day's ~** es pan de cada día; **to get on with one's ~** seguir trabajando; **to set to ~, to start ~** ponerse a trabajar; **to make short** *or* **quick ~ of sth/sb** despachar algo/a algn con rapidez; **you'll have your ~ cut out trying to stop him** te costará muchísimo trabajo impedirle.

b (*employment, job*) empleo *m*, trabajo *m*; **to be at ~/ looking for ~** estar trabajando/buscando trabajo; **to be in ~** tener trabajo; **to be out of ~** estar desempleado *or* parado *or* en paro; **to put** *or* **throw sb out of ~** despedir/

echar a algn del trabajo; **I'm off ~ for a week** tengo una semana de permiso.

c (*product, also Art, Lit etc*) obra *f*; **good ~s** obras de caridad; **~ of art/reference** obra de arte/libro *m* de consulta; **the ~s of Dickens** las obras de Dickens.

d **~s** (*of machine, clock etc*) mecanismo *msg*.

e **~s** (*Mil*) obras *fpl*, fortificaciones *fpl*; **road ~s** obras; **~ in progress** trabajo *m* en curso.

f (*factory etc*) fábrica *f*; **~s outing** excursión *f* del personal.

g **to give sb the ~s** (*fam: treat harshly*) dar a algn una paliza *or* (*LAm*) golpiza; (: *treat generously*) tratar a algn a cuerpo de rey.

2 VT **a** (*make ~*) hacer trabajar; **to ~ o.s. to death** matarse trabajando.

b (*operate*) manejar, hacer funcionar *or* marchar; **it is ~ed by electricity** funciona con electricidad.

c (*achieve*) producir; **they ~ed it so that she could come** (*fam*) lo arreglaron para que viniera; **to ~ one's passage on a ship** costearse un viaje trabajando.

d (*Sew*) coser.

e (*shape*) trabajar; (*stone etc*) tallar, grabar.

f (*exploit: mine*) explotar; (: *land*) cultivar; **this land has not been ~ed for many years** estas tierras hace mucho tiempo que no se cultivan.

g (*move gradually*) moverse poco a poco; **to ~ one's hands free** lograr soltar las manos; **to ~ one's way up to the top of a company** llegar a la dirección de una compañía por sus propios esfuerzos; **to ~ o.s. into a rage** ponerse furioso, enfurecerse.

3 VI **a** trabajar; **she ~s in a bakery** trabaja en una panadería; **to ~ to achieve sth** dirigir todos sus esfuerzos a lograr algo; **to ~ towards/for sth** trabajar *or* realizar esfuerzos para conseguir algo; **to ~ hard** trabajar mucho *or* duro; **to ~ to rule** estar en huelga de celo.

b (*machine, car etc*) funcionar, marchar; (*plan*) salir, marchar; (*drug, medicine, spell*) ser eficaz; **to get sth ~ing** hacer funcionar algo; **it ~s off the mains** funciona con la electricidad de la red.

c (*mouth, face, jaws*) moverse, torcerse.

d (*move gradually*) moverse poco a poco; **to ~ loose** desprenderse; **to ~ one's way along** ir avanzando poco a poco; **to ~ round to a question** preparar el terreno para preguntar algo.

4 CPD: **~ camp** N campamento *m* laboral; **~ experience** N experiencia *f* laboral; **~ force** N mano *f* de obra; (*personnel*) plantilla *f*; **~ permit** N permiso *m* de trabajo; **~ station** N estación *f* de trabajo; **~ study** N práctica *f* estudiantil.

◆ **work in** **1** VI + ADV concordar *or* congeniar con.
2 VT + ADV introducir.

◆ **work off** VT + ADV (*weight*) quitar con trabajo *or* esfuerzos; **to ~ off one's feelings** desahogarse; **to ~ off surplus fat** quitarse las grasas excesivas trabajando.

◆ **work on** VI + PREP **a** trabajar en. **b** **the police are ~ing on it** la policía lo está investigando; **we've no clues to ~ on** no tenemos pistas en qué basarnos; **we're ~ing on the principle that ...** nos atenemos al principio de que .... **c** **he hasn't agreed yet but I'm ~ing on him** todavía no está de acuerdo pero lo estoy tratando de convencer.

◆ **work out** **1** VI + ADV **a** (*allow solution*) resolverse.
b (*amount to*) sumar, ascender a; **the cost ~ed out at £5** los costos ascendieron a 5 libras.

c (*succeed*) salir bien, tener éxito.

d (*exhaust*) agotarse.

e (*Sport*) hacer ejercicios.

2 VT + ADV **a** (*solve, calculate*) resolver; **things will ~ themselves out** al final, todo saldrá bien *or* se solucionará.

b (*devise*) calcular; **to ~ out a plan** tramar *or* urdir un plan.

c (*understand*) lograr entender.

d (*exhaust*) agotar.

◆ **work up** VT + ADV **a** (*develop*) desarrollar; **he ~ed his way up in the firm** ascendió en la compañía mediante sus propios esfuerzos; **to ~ up an appetite** abrir el apetito. **b** **to be ~ed up** excitarse, emocionarse (*esp LAm*); **don't get all ~ed up!** ¡cálmate!

◆ **work up to** VI + PREP llegar a, resultar en.

workable ['wɜːkəbl] ADJ práctico/a, factible.

workaday ['wɜːkədeɪ] ADJ rutinario/a.

workaholic [,wɜːkə'hɒlɪk] N trabajador(a) *m/f* obsesivo/a.

workbench ['wɜːkbentʃ] N banco *m or* mesa *f* de trabajo.

workbook ['wɜːkbʊk] N libro *m* de trabajo; (*Scol*) cuaderno *m*.

worker ['wɜːkəʳ] N trabajador(a) *m/f*, obrero/a *m/f*; (*Agr, Industry etc*) obrero/a.

workhouse ['wɜːkhaʊs] N (*pl* **-houses** [haʊzɪz]) (*Brit Hist*) asilo *m* de pobres.

working ['wɜːkɪŋ] **1** ADJ **a** (*engaged in work*) obrero/a, que trabaja; (*Comm*) activo/a; **the ~ class** la clase obrera.

b (*spent in or used for ~*) de trabajo; **~ assets** activo *m* circulante; **~ capital** (*Comm*) capital *m* circulante; **~ conditions** condiciones *fpl* de trabajo; **~ day** día *m* laborable; **~ environment** ambiente *m* laboral; **~ mother** madre *f* trabajadora; **~ party** comisión *f* de investigación; **~ week** semana *f* laborable.

c (*provisional*) de guía, proyecto; **~ majority** mayoría *f* absoluta; **in ~ order** que funciona, en condiciones; **~ knowledge** conocimientos *mpl* básicos.

2 N **a** (*work*) trabajo *m*.

b **~s** (*way sth works*) funcionamiento *m*; **the ~s of his mind** su forma de pensar.

c **~s** (*of quarry*) excavaciones *fpl*, obras *fpl*.

working-class ['wɜːkɪŋklɑːs] ADJ obrero/a, proletario/a.

workload ['wɜːkləʊd] N carga *f* de trabajo.

workman ['wɜːkmən] N (*pl* **-men**) obrero/a.

workmanlike ['wɜːkmənlaɪk] ADJ competente, bien hecho/a.

workmanship ['wɜːkmənʃɪp] N (*work*) ejecución *f*, hechura *f*; (*skill*) habilidad *f*.

work-out ['wɜːkaʊt] N (*Sport*) entrenamiento *m*.

workplace ['wɜːk,pleɪs] N lugar *m* de trabajo.

workroom ['wɜːkrʊm] N taller *m*.

worksheet ['wɜːkʃiːt] N hoja *f* de trabajo.

workshop ['wɜːkʃɒp] N taller *m*; **a music ~** un taller sobre la música.

workshy ['wɜːkʃaɪ] ADJ perezoso/a, flojo/a (*LAm*).

worktop ['wɜːktɒp] N encimera *f*.

work-to-rule ['wɜːktə'ruːl] N huelga *f* de brazos caídos.

world [wɜːld] **1** N **a** mundo *m*; **in the ~** en el mundo; **all over the ~** por todo el mundo, en el mundo entero; **to be on top of the ~** estar en la gloria, no caber en sí de gozo; **it's a small ~!** ¡el mundo es un pañuelo!; **it's not the end of the ~!** (*fam*) ¡no es el fin del mundo!; **to live in a ~ of one's own** (*apart*) vivir en otro mundo; (*distracted*) estar siempre en las nubes.

b (*particular part or group*) mundo *m*; **the animal ~** el reino animal; **the business ~** el mundo comercial.

c (*society*) mundo *m*; **to come or go down in the ~** venir a menos; **to go up or rise in the ~** prosperar, medrar; **to have the ~ at one's feet** triunfar, estar en la cumbre de la fama *etc*.

d (*this life*) mundo *m*; **to come into the ~** venir al mundo; **to have the best of both ~s** beneficiarse por partida doble, salir ganando por ambos lados; **it's out of this ~** (*fam*) es una maravilla; **he's not long for this ~** le queda poco de vida.

e (*emphatic idioms etc*) **I wouldn't do it for the ~** no lo haría por nada del mundo; **what in the ~?** ¿qué diablos?; **to be dead to the ~** (*asleep*) estar profundamente dormido; **it did him the ~ of good** le hizo la mar de bien; **to think the ~ of sb** tener a algn en alta estima; **there's a ~ of difference between ...** hay la mar de diferencia entre ...; **they're ~s apart** no tienen nada que ver uno con otro; **she looked for all the ~ as if she was dead** cualquiera hubiera dicho que ya estaba muerta; **the ~'s worst cook** el peor cocinero del mundo.

2 CPD del mundo CPD **~ champion** N campeón *m* del mundo; **the W~ Cup** N (*Ftbl: event*) la Copa del Mundo, el Mundial, los Mundiales; (: *trophy*) la Copa del Mundo;

~ leader N (*Pol, Comm*) líder *m* mundial; **~ market** N mercado *m* mundial; **W~ title** N título *m* mundial; **W~ War One/Two** N primera/segunda Guerra *f* Mundial; **the W~ Wide Web** (*Comput*) el World Wide Web.

world-class ['wɜːldklɑːs] ADJ de calidad mundial.

world-famous ['wɜːld'feɪməs] ADJ de fama mundial, mundialmente conocido/a.

worldly ['wɜːldlɪ] ADJ (*comp* **-ier**; *superl* **-iest**) mundano/a; **all my ~ goods** todo lo que tengo.

worldly-wise ['wɜːldlɪ'waɪz] ADJ de mundo, que conoce mundo.

world-wide ['wɜːld'waɪd] ADJ mundial, universal; **it's known ~** está mundialmente conocido.

WORM [wɜːm] ABBR of **write once read many times**.

worm [wɜːm] **1** N gusano *m*, lombriz *f*; (*person*): *pej* miserable *mf*; **to have ~s** (*Med*) tener lombrices; **the ~ will turn** (*Prov*) la paciencia tiene un límite.
2 VT a deslizarse; **to ~ one's way into a group/into sb's confidence** infiltrarse en un grupo/ganarse la confianza de algn.
b **to ~ a secret out of sb** arrancarle un secreto a algn.

worm(ing) powder ['wɜːm(ɪŋ),paʊdəʳ] N polvos *mpl* antigusanos.

worn [wɔːn] **1** PP of **wear**. **2** ADJ (*object*) gastado/a; (*person*) rendido/a, agotado/a.

worn-out ['wɔːn'aʊt] ADJ (*object*) gastado/a, rotoso/a (*CSur*); (*person*) rendido/a, agotado/a.

worried ['wʌrɪd] ADJ preocupado/a; **to be ~ about sth** estar *or* andar preocupado por algo; **to be ~ sick** (*fam*) estar *or* andar preocupadísimo; **I'm not ~ either way** me es igual con cualquiera; **you had me ~ for a moment** empezabas a preocuparme.

worrier ['wʌrɪəʳ] N: **to be a ~** ser un(a) agonías *mf or* preocupón/ona *m/f* (*fam*).

▼**worry** ['wʌrɪ] **1** N (*gen*) preocupación *f*; (*cause for concern*) motivo *m* de preocupación; (*anxiety*) inquietud *f*, ansias *fpl*; **financial worries** preocupaciones *fpl* financieras; **the ~ of having to do sth** el problema de tener que hacer algo.
2 VT a (*cause concern*) preocupar; (*make anxious*) inquietar; **to ~ o.s. sick (about *or* over sth)** preocuparse (por algo); **that doesn't ~ me in the least** eso me tiene absolutamente sin cuidado.
b (*bother*) molestar; (*disturb*) estorbar; **to ~ sb with sth** molestar a algn con algo.
c (*dog etc*) atacar.
3 VI: **to ~ (about *or* over)** preocuparse (de); **not to ~!** (*fam*) ¡no hay problema!; **that's nothing to ~ about** no hay que preocuparse por eso.

worrying ['wʌrɪɪŋ] ADJ (*disturbing*) inquietante; (*bothersome*) molesto/a.

▼**worse** [wɜːs] **1** ADJ COMP of **bad** peor; **~ and ~** cada vez peor; **A is ~ than B** A es peor que B; **it's ~ than ever** es peor que nunca; **so much the ~** tanto peor; **it could have been ~!** ¡pudo haber sido peor!; **to be the ~ for drink** (*fam*) estar bebido *or* (*LAm*) tomado; **to be the ~ for wear** estar deteriorado; **he is none the ~ for it** se ha quedado tan fresco *or* tranquilo; **to get ~, to grow ~** empeorar, volverse peor; **to go from bad to ☞** ir de mal en peor; **to make matters ~** para colmo de desgracias; **I don't think any the ~ of you** no afecta la estima en que te tengo; **~ luck** desgraciadamente, por desgracia.
2 ADV COMP of **badly** peor; **she is behaving ~ than ever** se está portando peor que nunca; **you might do ~ than (to) marry him** no harías ninguna tontería casándote con él; **he is now ~ off than before** ha quedado aun peor que antes.
3 N lo peor; **there is ~ to come** todavía queda lo peor, aún viene lo peor; *see* **bad**.

worsen ['wɜːsn] VT, VI empeorar.

worsening ['wɜːsnɪŋ] **1** ADJ (*situation*) que empeora, que va de mal en peor. **2** N empeoramiento *m*.

worship ['wɜːʃɪp] **1** N a (*adoration*) adoración *f*; (*reverence*) veneración *f*; (*organized ~*) culto *m*; **place of ~** lugar de culto.
b (*Brit: in titles*) **Your W~** (*to judge*) señor(a) juez; (*to* mayor) señor(a) alcalde(sa).
2 VT adorar, rendir culto a; **she ~s her children** (*fig*) adora a sus hijos.
3 VI (*Rel*) hacer sus devociones.

worshipper, (*US*) **worshiper** ['wɜːʃɪpəʳ] N devoto/a.

worst [wɜːst] **1** ADJ SUPERL of **bad** peor; **the ~ film of the three** la peor película de las tres.
2 ADV SUPERL of **badly** peor; **the ten ~ dressed men** los diez hombres peor vestidos.
3 N lo peor; **when the crisis was at its ~** en el momento más grave de la crisis; **at (the) ~** en el peor de los casos; **the ~ of it is that ...** lo peor del caso es que ...; **if the ~ comes to the ~** en último caso; **we're over *or* past the ~ of it now** ya pasó lo peor; **do your ~!** haz lo que se te antoje *or* te de la gana; **to think the ~ of sb** pensar lo peor de algn.

worsted ['wʊstɪd] N (*cloth*) estambre *m*.

worth [wɜːθ] **1** ADJ a **to be ~** valer, tener valor; **it's ~ £5** vale 5 libras; **it's ~ a great deal to me** (*sentimentally*) para mí tiene gran valor sentimental; **I tell you this for what it's ~** te digo esto por si te interesa; **it's more than my job's ~ to tell you** me costaría mi empleo decirte eso; **to run for all one is ~** correr como si le llevara a uno el diablo.
b **to be ~** (*merit*) merecer, ser digno de; **it's ~ supporting** es digno de apoyo; **it's ~ thinking about** merece que se considere; **it's not ~ it, it's not ~ the trouble** no vale *or* merece la pena; *see* **while**.
2 N valor *m*, valía *f*; **£10's ~ of books** libros por valor de 10 libras, 10 libras de libros; **he had no chance to show his true ~** no tuvo oportunidad de mostrar sus méritos; *see* **money 1**.

worthless ['wɜːθlɪs] ADJ (*financially*) sin valor; (*useless*) inútil; (*despicable*) despreciable; **a ~ individual** un tipo miserable.

worthwhile ['wɜːθ'waɪl] ADJ (*activity*) que vale la pena; (*cause*) loable; **to be ~** (*worthy*) valer *or* merecer la pena; (*useful*) convenir; **it would be ~ to see him** convendría verlo; *see also* **while**.

worthy ['wɜːðɪ] **1** ADJ (*comp* **-ier**; *superl* **-iest**) a (*cause*) noble; (*opponent etc*) estimado/a; **a ~ person** una persona respetable.
b **~ of** que merece, digno/a de; **~ of respect** digno de respeto.
2 N (*fig*) personaje *m*.

▼**would** [wʊd] PT of **will**[1] MODAL AUX VB a (*cond tense*) **if you asked him he ~ do it** si se lo pidieras lo haría *or* hacía; **if you had asked him he ~ have done it** si se lo hubieras pedido lo habría hecho, si se lo pides te lo hace; **I ~ have a word with him (if I were you)** sería aconsejable discutirlo con él; **I ~n't worry too much if I were you** yo en tu lugar no me preocuparía mucho de eso.
b (*in indirect speech*) **I said I ~ do it** te dije que lo haría *or* hacía.
c (*emphatic*) **you ~ be the one to forget!** ¡quién más si no tú se iba a olvidar!, ¡tú tenías que ser el que se olvidara!
d (*insistence*) **I told her not to but she ~ do it** le dije no, pero insistió.
e (*conjecture*) **what ~ this be?** ¿qué será esto?
f (*wish*) querer; **what ~ you have me do?** ¿qué quieres que haga?; **~ (that) it were not so!** (*old, poet*) ¡ojalá (y) no fuera así!
g (*in questions*) **~ you come this way?** pase por favor *or* (*esp LAm*) si hace favor; **~ you care for some tea?** ¿quiere tomar un té?; **~ you mind?** si no le importa, si no tiene inconveniente.
h (*habit*) **he ~ paint it each year** solía pintarlo *or* lo pintaba cada año.

would-be ['wʊdbiː] ADJ: **a ~ poet/politician** un presunto *or* supuesto poeta/político.

wouldn't ['wʊdnt] = **would not**.

wound[1] [wuːnd] **1** N (*gen*) herida *f*; (*in skin*) llaga *f*; **to open up ~s** renovar la herida. **2** VT herir; **to ~ sb's feelings** dañar a algn.

wound[2] [waʊnd] PT, PP of **wind**[2].

wounded ['wu:ndɪd] **1** ADJ (*lit, fig*) herido/a. **2** NPL: **the ~** los heridos *mpl*.

wove [wəʊv] PT *of* **weave**.

woven ['wəʊvən] PP *of* **weave**.

wow [waʊ] INTERJ (*fam*) ¡vaya!, ¡anda!, ¡caramba!, ¡mira nomás! (*LAm*).

WP **a** N ABBR *of* **word processing**; **word processor**. **b** ABBR *of* **weather permitting**.

WPC N ABBR *of* **Woman Police Constable**.

WPI N ABBR *of* **wholesale price index**.

wpm ABBR *of* **words per minute** p.p.m.

WRAC N ABBR (*Brit*) *of* **Women's Royal Army Corps**.

WRAF N ABBR (*Brit*) *of* **Women's Royal Air Force**.

wrangle ['ræŋgl] **1** N riña *f*, pelea *f*, pleito *m* (*esp LAm*). **2** VI: **to ~ (about** *or* **over)** reñir *or* (*esp LAm*) pelear (por *or* sobre).

wrap [ræp] **1** N chal *m*, rebozo *m* (*LAm*); **under ~s** (*fig*) escondido/a, en secreto, tapado/a (*esp LAm*). **2** VT (*also ~* **up**) envolver; (*also ~* **around**) enrollar; **the scheme is ~ped in secrecy** el proyecto está envuelto en el misterio.

◆ **wrap up** **1** VT + ADV **a** (*lit, fig*) envolver. **b** (*fam: finalize*) dar el toque final a. **c** **to be ~ped up in sb/sth** estar embelesado con algn/absorto en algo. **2** VI + ADV **a** (*dress warmly*) abrigarse; **~ up warm!** ¡abrígate bien! **b** (*fam: be quiet*) callarse.

wraparound ['ræpə,raʊnd] N reciclado *m*, bucle *m*.

wrapper ['ræpər] N (*of goods*) envoltura *f*, envase *m*; (*of book*) sobrecubierta *f*; (*postal*) faja *f*.

wrapping ['ræpɪŋ] **1** N envoltura *f*, envase *m*. **2** CPD: **~ paper** N papel *m* de envolver.

wrath [rɒθ] N (*poet*) cólera *f*.

wreak [ri:k] VT (*destruction, vengeance*) hacer, causar; **to ~ havoc** causar estragos.

wreath [ri:θ] N (*pl* **~s** [ri:ðz]) (*of flowers etc*) guirnalda *f*; (*for funeral*) corona *f*; (*of smoke, mist etc*) espiral *m*.

wreathed [ri:ðd] ADJ: **a face ~ in smiles** una cara sonriente.

wreck [rek] **1** N **a** (*destruction: of ship*) naufragio *m*; (*fig: of hopes, plans etc*) ruina *f*, derrota *f*. **b** (*Naut*) restos *mpl*; (*fig: old car etc*) ruina *f*, cacharro *m* (*fam*); **I'm a ~**, **I feel a ~** estoy hecho polvo; **she's a nervous ~** tiene los nervios destrozados. **2** VT **a** destruir, hacer pedazos; (*fam: ship etc*) hundir; **to be ~ed** (*Naut*) naufragar. **b** (*plans, health, happiness etc*) arruinar, hundirse.

wreckage ['rekɪdʒ] N (*of ship*) pecios *mpl* *or* restos *mpl* de un naufragio; (*of car etc*) restos.

wrecker ['rekər] N (*Naut: salvager*) raquero *m*; (*US: breaker, salvager*) demoledor *m*; (*US: breakdown van*) camión-grúa *m*.

WREN ABBR (*Brit*) *of* **Women's Royal Navy Service**; **a ~** miembro de la sección femenina de la marina británica.

wren [ren] N reyezuelo *m*.

wrench [rentʃ] **1** N **a** (*tug*) tirón *m*, jalón *m* (*LAm*); (*Med*) torcedura *f*; **to give sth a ~** tirar *or* (*LAm*) jalar algo (con violencia *or* fuerza). **b** (*tool*) llave *f* inglesa, llave de tuerca. **c** (*fig*) **it was a ~ to see her go** dolió mucho verla partir. **2** VT **a** **to ~ sth (away) from/off/out of** arrancar algo de; **to ~ a door open** abrir una puerta de un tirón *or* (*LAm*) jalón. **b** (*Med*) torcerse. **3** VI: **he ~ed (himself) free** haciendo un gran esfuerzo se soltó.

wrestle ['resl] **1** N: **to have a ~ with sb** luchar con algn. **2** VI **a** luchar (a brazo partido); (*Sport*) luchar. **b** (*fig*) luchar (*with* con); **we are wrestling with the problem** estamos luchando con el problema.

wrestler ['reslər] N (*Sport*) luchador(a) *m/f*.

wrestling ['reslɪŋ] **1** N (*Sport*) lucha *f* libre. **2** CPD: **~ match** N partido *m* de lucha libre.

wretch [retʃ] N desgraciado/a *m/f*, miserable *mf*; **little ~**

(*often hum*) pícaro/a *m/f*, travieso/a *m/f*, granuja *mf*.

wretched ['retʃɪd] ADJ **a** (*very poor*) miserable, desgraciado/a; (*unhappy, depressed*) desdichado/a, desgraciado/a; **I feel ~** (*fam: ill*) me siento muy mal. **b** (*very bad*) horrible, espantoso/a; **what ~ luck!** (*fam*) ¡qué mala suerte!; **where's that ~ dog!** (*fam*) ¡dónde está ese maldito perro!

wriggle ['rɪgl] **1** VT menear; **to ~ one's way through sth** lograr salirse de algo. **2** VI (*also ~* **about** *or* **around**) menearse, moverse *or* revolverse (nerviosamente); (*in pain*) retorcerse; (*worm, snake, eel*) serpentear; (*fish*) colear; **to ~ along/down** moverse/bajarse; **to ~ free** escaparse, escurrirse; **to ~ through a hole** deslizarse por un agujero; **to ~ out of a difficulty** escabullirse, escaparse de un apuro.

wriggly ['rɪglɪ] ADJ (*comp* **-ier**; *superl* **-iest**) sinuoso/a.

wring [rɪŋ] (*pt, pp* **wrung**) **1** VT **a** (*also ~* **out**) escurrir. **b** (*twist*) torcer, retorcer; **I'll ~ your neck for that!** (*fam*) ¡te voy a retorcer el pescuezo! (*hum, fam*); **she wrung my hand** me dio un apretón de manos; **to ~ one's hands** (*fig: in distress*) retorcerse las manos. **c** **eventually we wrung the truth out of them** al final les sacamos la verdad. **2** N: **to give clothes a ~** escurrir la ropa.

wringer ['rɪŋər] N escurridor *m*.

wringing ['rɪŋɪŋ] ADJ (*also ~* **wet**) empapado/a.

wrinkle ['rɪŋkl] **1** N (*gen*) arruga *f*. **2** VT arrugar. **3** VI (*also ~* **up**) arrugarse.

wrinkled ['rɪŋkld], **wrinkly** ['rɪŋklɪ] ADJ arrugado/a.

wrist [rɪst] N muñeca *f*.

wristwatch ['rɪstwɒtʃ] N reloj *m* de pulsera.

writ [rɪt] N (*Jur*) mandato *m* judicial; **to issue a ~ against sb** demandar a algn; **to serve a ~ on sb** notificar un mandato judicial a algn.

write [raɪt] (*pt* **wrote**; *pp* **written**) **1** VT (*letter*) escribir; (*note*) apuntar; **she wrote to say that she'd be late** escribió para avisar que llegaría tarde; **to ~ sb a letter** escribirle (una carta) a algn; **he's just written another novel** acaba de escribir otra novela; **how is his name written?** ¿cómo se escribe su nombre?; **she wrote 3 pages** escribió 3 páginas; **his guilt was written all over him** se le veía *or* notaba en la cara que era culpable. **2** VI escribir; **to ~ to sb** escribir a algn; **that's nothing to ~ home about** (*fam*) no es nada del otro mundo; **I'll ~ for the catalogue** pediré el catálogo por carta; **to ~ for a paper** colaborar en un periódico.

◆ **write away** VI + ADV: **to ~ away for sth** pedir algo por escrito *or* carta.

◆ **write back** VI + ADV contestar por escrito.

◆ **write down** VT + ADV (*make a note of, put in writing*) apuntar, anotar.

◆ **write in** **1** VT + ADV insertar. **2** VI + ADV mandar carta; **to ~ in for sth** pedir algo por escrito.

◆ **write into** VT + PREP incluir en; **the details will be written into the contract** se harán constar los detalles en el contrato.

◆ **write off** **1** VI + ADV = **write away**. **2** VT + ADV (*Fin: debts etc*) cancelar; (*fig*) desechar por inútil; **to ~ sth off as a total loss** considerar algo como totalmente perdido; **the car had to be written off** el coche se consideró como sin valor alguno.

◆ **write out** VT + ADV **a** (*gen*) escribir; (*neat version*) pasar en limpio. **b** **he was written out of the series** suprimieron el papel que tenía en la telenovela *etc*.

◆ **write up** VT + ADV (*report*) redactar; (*diary*) poner al día; (*write report on*) escribir un informe sobre; **she wrote the play up in the Glasgow Herald** escribió una reseña de la obra en el Glasgow Herald.

write-off ['raɪtɒf] N **a** (*car etc*) ruina *f* total. **b** (*Comm*) amortización *f*.

write-protect ['raɪtprə'tekt] VT proteger contra escritura.

writer ['raɪtər] N (*of letter, report etc*) escritor(a) *m/f*; (*as profession*) autor(a) *m/f*; **to be a good/poor ~** (*handwriting*) tener buena/mala letra; **~'s cramp** calambre *m* de los escribientes.

write-up ['raɪtʌp] N crítica f, reseña f.
writhe [raɪð] VI retorcerse; **to ~ with embarrassment** morirse de vergüenza or (LAm) pena.
writing ['raɪtɪŋ] ⓵ N ⓐ (art in general) escribir m, escritura f; (style) redacción f; **to put sth in ~** poner algo por escrito.
　ⓑ (handwriting) letra f, escritura f; **in one's own ~** (not typewritten) a mano; (not written by somebody else) de su puño y letra; ⓒ (sth written) escrito m, obra f escrita; **Aubrey's biographical ~s** las obras biográficas de Aubrey; **the ~'s on the wall** (fig) tiene los días contados.
　⓶ CPD: **~ case** N estuche m de papel de escribir; **~ desk** N escritorio m; **~ paper** N papel m de escribir.
writing-pad ['raɪtɪŋpæd] N taco m de papel, bloc m.
written ['rɪtn] ⓵ PP of **write**. ⓶ ADJ escrito/a; **~ offer** oferta f por escrito; **~ statement** declaración f escrita.
WRNS [renz] N ABBR (Brit) of **Women's Royal Naval Service**.
▼**wrong** [rɒŋ] ⓵ ADJ ⓐ (morally) malo/a; (unfair) injusto/a; **it's ~ to steal, stealing is ~** está malo or (fam) feo robar; **you were ~ to do that** hiciste mal en hacer eso; **what's ~ with a drink now and again?** ¿qué tiene de malo beberse una copa de vez en cuando?
　ⓑ (incorrect) incorrecto/a, equivocado/a; **the ~ way round** al revés; **to be ~** (person) equivocarse; **that clock is ~** ese reloj anda or marcha mal; **I was ~ in thinking that ...** me equivoqué al pensar que ...; **at the ~ time** inoportunamente; **I'm in the ~ job** tengo un puesto que no me conviene.
　ⓒ (improper, not sought, not wanted) impropio/a, inoportuno/a; **to say/do the ~ thing** decir/hacer algo inoportuno; **you have** or **you've got the ~ number** (Telec) se ha equivocado de número; see **way 1 (b)**.
　ⓓ (amiss) **something is ~** hay algo que no está bien; **is anything** or **something ~?** ¿pasa algo?; **what's ~ (with you)?** ¿qué (te) pasa?; **there's nothing ~** no pasa nada; **there is something ~ with my lights** mis faros no funcionan or andan or marchan bien, mis faros se cebaron (Mex fam) or (LAm) se me descompusieron; **to be ~ in the head** (fam) estar chiflado.
　⓶ ADV mal; **you're doing it all ~** lo estás haciendo mal; **you did ~ to insult him** hiciste mal en insultarle; **to get sth ~** equivocarse en algo; **don't get me ~** (fam) no me malinterpretes; **to go ~** (on route) equivocarse de camino; (in calculation) equivocarse; (morally) desorientarse; (plan etc) salir mal, malograrse (Per), cebarse (Mex fam); **something went ~ with the gears** las marchas empezaron a funcionar mal; **you can't go ~** no puede equivocarse.
　⓷ N mal m; **to do sb a ~** hacerle un mal a algn; **to be in the ~** (guilty) ser culpable; (mistaken) estar equivocado; **to put sb in the ~** hacer que algn cargue con la culpa; **two ~s don't make a right** no se subsana un error cometiendo otro; **he can do no ~** es incapaz de hacer mal a nadie.
　⓸ VT ser injusto con.
wrongdoer ['rɒŋ,duːəʳ] N malhechor(a) m/f, delincuente mf.
wrongful ['rɒŋfʊl] ADJ (unjust) injusto/a; (unlawful) ilegal; **~ dismissal** despido m improcedente.
wrong-headed ['rɒŋ'hedɪd] ADJ equivocado/a, erróneo/a.
wrongly ['rɒŋlɪ] ADV (unjustly) injustamente; (incorrectly) incorrectamente.
wrote [rəʊt] PT of **write**.
wrought [rɔːt] ⓵ (old, poet) PT, PP of **work**; **great changes have been ~** se han efectuado grandes cambios. ⓶ ADJ: **~ iron** hierro m forjado.
wrought-up ['rɔːt'ʌp] ADJ: **to be ~** estar nervioso.
wrung [rʌŋ] PT, PP of **wring**.
WRVS N ABBR (Brit) of **Women's Royal Voluntary Service**.
wry [raɪ] ADJ torcido/a; (ironical) irónico/a; (sense of humour, joke etc) pervertido/a.
wryly ['raɪlɪ] ADV irónicamente, con ironía.
WSW ABBR of **west-south-west** OSO.
wt ABBR of **weight**.
W/T ABBR of **wireless telegraphy**.
WV ABBR (US Post) of **West Virginia**.
W. Va. ABBR (US) of **West Virginia**.
WW1 N ABBR of **World War One**.
WW2 N ABBR of **World War Two**.
WWF N ABBR of **World Wildlife Fund** Fundación f Mundial para la Naturaleza.
WWW N ABBR (Comput) of **World Wide Web**.
WY ABBR (US Post) of **Wyoming**.
Wyo. ABBR (US) of **Wyoming**.
WYSIWYG ['wɪzɪ,wɪg] ABBR (Comput) of **what you see is what you get**.

X, x [eks] **1** N (*letter, Math*) X, x *f*; **if you have ~ dollars a year** si se tiene equis dólares al año; **~ marks the spot** el sitio está señalado con una equis. **2** CPD: **~ chromosome** N cromosoma *m* X.

X-certificate ['eksə,tıfıkıt] ADJ (*Brit Cine: formerly*) (para) mayores de 18 años.

xenon ['zenɒn] N xenón *m*.

xenophobic [,zenə'fəʊbık] ADJ xenófobo/a.

Xerox ® ['zɪərɒks] **1** N (*machine*) fotocopiadora *f*; (*copy*) fotocopia *f*. **2** VT fotocopiar.

XL ABBR *of* **extra large**.

Xmas ['eksməs] N ABBR *of* **Christmas**.

X-rated ['eks'reıtıd] ADJ (*US Cine*) = **X-certificate**.

X-ray ['eks'reı] **1** N (*photo*) radiografía *f*; **X-rays** rayos X *mpl*. **2** VT hacer una radiografía a, radiografiar. **3** CPD: **~ photograph** N radiografía *f*; **~ treatment** N tratamiento *m* de rayos X.

xylophone ['zaıləfəʊn] N xilófono *m*.

Yy

Y, y [waɪ] N (*letter*) Y, y f.
yacht [jɒt] 1 N yate m. 2 CPD: **~ club** N club m náutico; **~ race** N regata f de yates.
yachting ['jɒtɪŋ] N balandrismo m.
yachtsman ['jɒtsmən] N (pl **-men**) balandrista m.
yachtswoman ['jɒtswʊmən] N (pl **-women**) balandrista f.
yak [jæk] N (*animal*) yac m, yak m.
Yale ® [jeɪl] CPD: **~ lock** N cerradura f de cilindro.
yam [jæm] N ñame m; (*sweet potato*) batata f, camote m (*LAm*).
Yank [jæŋk] ADJ, N (*fam*) yanqui mf, gringo/a m/f (*LAm*).
yank [jæŋk] 1 N tirón m, jalón m (*LAm*). 2 VT tirar de, jalar (*LAm*); **to ~ a nail out** sacar un clavo de un tirón.
Yankee ['jæŋkɪ] = **Yank.**

YANKEE

ⓘ Aunque en los demás países se utiliza el término **Yankee** para referirse a los estadounidenses en general, en Estados Unidos un **Yankee** es un habitante de un estado del norte, sobre todo para los sureños, ya que en el norte se dice que un verdadero **Yankee** es el oriundo de Nueva Inglaterra. La primera vez que se utilizó fue en la canción **Yankee Doodle**, escrita por un inglés para burlarse de los colonos americanos. Sin embargo, durante la revolución americana, los soldados del general Washington transformaron la canción de insulto en himno patriótico. Desde la guerra de Secesión los sureños han intentado distinguirse de los norteños llamándoles **Yankees**. Los británicos usan el término peyorativo **Yank** para referirse a los estadounidenses.

---

yap [jæp] 1 N (*of dog*) ladrido m agudo. 2 VI (*dog*) ladrar.
yard¹ [jɑːd] N (*measure*) yarda f; **a few ~s off** ≈ a unos metros.
yard² [jɑːd] N (*court~, farm~*) patio m; (*US: garden*) jardín m; (*worksite*) taller m; (*for storage*) depósito m, almacén m; (*Rail*) estación f.
yardarm ['jɑːdɑːm] N (*Naut*) penol m.
yardstick ['jɑːdstɪk] N (*fig*) medida f, patrón m.
yarn [jɑːn] N a (*wool etc*) hilo m, hilado m. b (*tale*) cuento m, historia f; **to spin a ~** venir con el cuento de (como pretexto).
yashmak ['jæʃmæk] N velo m (de musulmana).
yawn [jɔːn] 1 N bostezo m. 2 VI bostezar. 3 VT: **to ~ one's head off** bostezar mucho.
yawning ['jɔːnɪŋ] ADJ (*fig: abyss*) muy abierto/a.
yd. ABBR *of* **yard.**
ye [jiː] (*old*) 1 PRON = **you** (pl). 2 DEF ART = **the.**
yea [jeɪ] (*old*) 1 ADV (*yes*) sí. 2 N: **the ~s and the nays** los votos a favor y en contra.
yeah [jeə] ADV (*fam*) = **yes.**
year ['jɪəʳ] N a año m; **all (the) ~ round** durante todo el año; **~ in, ~ out** año tras año; **3 times a ~** 3 veces al año; **in ~ 1869** en el año 1869; **last ~** el año pasado; **the ~ before last** el año antepasado; **next ~** (*looking to future*) el año que viene; **the next ~** (*in past time*) el año siguiente; **he got 10 ~s** le condenaron a 10 años de prisión; **it takes ~s** tarda años o un siglo; **she's three ~s old** tiene tres años; **he's getting on in ~s** va para viejo; **the work has put ~s on him** el trabajo le ha hecho envejecer bastante; **it's taken ~s off her** la ha rejuvenecido. b (*Scol, Univ*) curso m, clase f; **he's in the second ~** está en el segundo curso. c (*of wine*) vendimia f, cosecha f. d (*age*) **old/young for his ~s** más viejo de lo que es/joven para la edad que tiene; **from her earliest ~s** desde muy joven.

yearbook ['jɪəbʊk] N anuario m.
yearly ['jɪəlɪ] 1 ADJ anual. 2 ADV anualmente, cada año; **(once) ~** una vez al año.
yearn [jɜːn] VI: **to ~ for sb/sth** añorar a algn/anhelar algo; **to ~ to do sth** suspirar por hacer algo.
yearning ['jɜːnɪŋ] 1 ADJ (*desire*) ansioso/a; (*look, tone etc*) de ansia. 2 N (*desire*) ansias fpl; (*longing*) añoranzas fpl.
yearningly ['jɜːnɪŋlɪ] ADV con ansia, ansiosamente.
yeast [jiːst] N levadura f.
yell [jel] 1 N grito m, alarido m; **to give a ~, to let out a ~** dar un alarido, pegar un grito; **a ~ of laughter** una carcajada. 2 VI gritar, dar voces. 3 VT (*order, name*) gritar.
yellow ['jeləʊ] 1 ADJ (*comp* **~er**; *superl* **~est**) amarillo/a; (*fig: cowardly*) cobarde; **to go** *or* **turn ~** volverse amarillo; **~ card** (*Ftbl*) tarjeta f amarilla. 2 N amarillo m. 3 VI volverse amarillo.
yellowish ['jeləʊɪʃ] ADJ amarillento/a.
yelp [jelp] 1 N (*of animal*) gañido m; (*of person*) chillido m. 2 VI (*animal*) gañir; (*person*) chillar.
Yemen ['jemən] N Yemen m.
Yemeni ['jemənɪ] ADJ, N yemenita mf.
yen [jen] N a (*currency*) yen m. b (*fam*) **to have a ~ to do sth** tener ganas de hacer algo.
yeoman ['jəʊmən] N (pl **-men**) (*Brit Mil*) soldado m de caballería; **Y~ of the Guard** alabardero m de la Casa Real.
yes [jes] 1 ADV sí; (*answering negative question*) **you're not going, are you? - ~, I am** tú no vas, ¿verdad? - sí sí, (que) voy; **~?** (*awaiting further reply*) ¿y qué más?, y ¿luego? (*LAm*); **to say ~ (to)** decir que sí (a), aceptar; **~ and no** (*sort of*) un poco sí y un poco no; **~ ~, but what if it doesn't?** de acuerdo, pero ¿si no es así? 2 N sí m. 3 CPD: **~ man** N pelotillero m, cobista m.
yesterday ['jestədeɪ] ADV ayer; **~ morning/evening** ayer por la mañana/tarde; **the day before ~** anteayer.
yet [jet] 1 ADV a (*now, up to now, by now*) todavía, aún; **not ~** todavía no; **he hasn't come ~** todavía no ha llegado; **don't go (just) ~** quédate un rato; **this is his best film ~** es su mejor película hasta ahora; **as ~** todavía, hasta ahora. b (*still*) todavía; **he may come ~** puede venir todavía; **that question is ~ to be decided** está por decidirse todavía. c (*in addition, even*) **~ again** otra *or* una vez más; **~ more** todavía más. d (*frm*) **nor ~** ni. 2 CONJ: **and ~** (pero) con todo, (y) sin embargo.
yeti ['jetɪ] N yeti m.
yew [juː] N (*also* **~ tree**) tejo m.
Y-fronts ® ['waɪfrʌnts] NPL (*Brit*) calzoncillos mpl.
YHA N ABBR (*Brit*) *of* **Youth Hostels Association.**
Yiddish ['jɪdɪʃ] N (*Ling*) yiddish m.
yield [jiːld] 1 N (*of crops etc*) cosecha f; (*of oil well etc*) producción f; (*Fin: profits, interest*) rendimiento m; **a ~ of 5%** un rédito *or* beneficio del 5 por ciento. 2 VT a (*produce*) producir, dar; (*Fin: profit, interest*) rendir. b (*surrender: also* **~ up**) ceder. 3 VI (*surrender*) rendirse (*to* a), entregarse (*to* a); (*break, collapse*) ceder; (*US Aut*) ceder el paso; **to ~ to temptation** ceder a la tentación; **we shall never ~** nunca nos rendimos.
yippee [jɪ'piː] INTERJ (*fam*) yupi m.
YMCA N ABBR *of* **Young Men's Christian Association.**
yo ['jəʊ] INTERJ (*as greeting*) ¡hombre!; (*to attract attention*)

¡eh!, ¡oye!

yob ['jɒb], **yobbo** ['jɒbəʊ] N (pl **~s**) (Brit fam) gamberro m.

yodel ['jəʊdl] **1** VI cantar a la tirolesa. **2** N canto m a la tirolesa.

yoga ['jəʊɡə] N yoga m.

yog(h)urt ['jəʊɡət] N yogur(t) m.

yoke [jəʊk] **1** N **a** (of oxen) yunta f; (carried on shoulder) balancín m; (fig) yugo m. **b** (on dress etc) canesú m. **2** VT (also ~ **together**: oxen) uncir.

yokel ['jəʊkəl] N palurdo m.

yolk [jəʊk] N yema f.

yonder ['jɒndəʳ] ADV: **(over) ~** allá.

yonks [jɒŋks] (fam) N: **for ~** hace siglos; **I haven't seen you for ~** hace siglos que no te veo.

Yorks [jɔːks] ABBR (Brit) of **Yorkshire**.

you [juː] PRON **a** (sg: familiar: nominative) tú; (: accusative, dative) te; (: after prep) ti; (: polite: nominative) usted, Ud, Vd; (: accusative/dative) la/le; (: after prep) usted, Ud, Vd; **if I was** or **were ~** yo que tú, yo en tu lugar; **that dress just isn't ~** ese vestido no te sienta bien; **~ fool!** ¡no seas tonto!; **~ there!** ¡oye, tú! **b** (pl: familiar: nominative) vosotros/as, ustedes (LAm); (: accusative, dative) os; (: after prep) vosotros/as; (: polite: nominative) ustedes, Uds, Vds; (: accusative, dative) les; (: after prep) ustedes, Uds, Vds; **all of ~, ~ all** todos vosotros/todos ustedes; **~ doctors!** ¡vosotros, los médicos! **c** (impers: one) uno; **that's lawyers for ~!** ¡para que te fíes de los abogados!; **~ never know, ~ never can tell** nunca se sabe; **~ can't do that!** ¡no se puede hacer eso!

you'd [juːd] = **you would; you had.**

you'll [juːl] = **you will; you shall.**

young [jʌŋ] **1** ADJ (comp **~er**; superl **~est**) (gen) joven; (moon) nuevo/a; (wine) verde; **a ~ man/lady** un joven/ una joven; **they have a ~ family** tienen niños jóvenes; **the ~er son** el hijo menor; **you're only ~ once** la juventud no se recupera; **the night is ~** la noche es joven. **2** NPL (of animals) cría f; **the ~** (young people) los jóvenes.

youngster ['jʌŋstəʳ] N joven mf.

your ['jʊəʳ] POSS ADJ **a** (singular: familiar) tu; (: polite) su, de usted. **b** (plural: familiar) vuestro/a, su (LAm); (: polite) su, de ustedes. **c** (impers: one's) **it's bad for ~ health** per-

judica la salud.

you're ['jʊəʳ] = **you are.**

yours ['jʊəz] POSS PRON (sg: familiar) (el/la) tuyo/a; (: polite) (el/la) suyo/a; (: pl: familiar) (el/la) vuestro/a, él/la de ustedes (LAm); (: polite) (el/la) suyo/a; **that dog of ~!** ¡ese perro tuyo!; **~ (faithfully** or **sincerely)** le saluda atentamente; **what's ~?** (fam) ¿qué vas a tomar?

yourself [jəˈself] PRON (pl **yourselves** [jəˈselvz]) **a** (reflexive: sg: familiar) te; (: polite) se; (: pl: familiar) os, se (LAm); (: polite) se; (: impers) se; **have you hurt ~?** ¿te has hecho daño? **b** (emphatic: sg: familiar) tú mismo/a; (: polite) usted mismo/a; (: pl: familiar) vosotros/as mismos/as, ustedes mismos/as (LAm); (: polite) ustedes mismos/as; (: impers) uno mismo; **you did it ~** tú mismo lo hiciste; **(all) by ~** sin ayuda de nadie.

youth [juːθ] **1** N **a** juventud f; **in my ~** en mi juventud. **b** (pl **~s** [juːðz]) (boy) joven m. **2** NPL (young people) jóvenes mpl; **the ~ of today** los jóvenes de hoy. **3** CPD: **~ club** N club m juvenil; **~ hostel** N albergue m juvenil; **to go ~ hostelling** pasar las vacaciones en albergues juveniles.

youthful ['juːθfʊl] ADJ juvenil.

youthfulness ['juːθfʊlnɪs] N juventud f.

you've [juːv] = **you have.**

yowl [jaʊl] **1** N aullido m. **2** VI aullar.

yo-yo ['jəʊjəʊ] N yoyo m, yoyó m.

yr ABBR **a** of **year**. **b** of **your**.

yrs ABBR **a** of **years**. **b** of **yours**.

YT ABBR (Canada) of **Yukon Territory**.

yucca ['jʌkə] N yuca f.

yuck [jʌk] INTERJ (fam) ¡puaj! (fam).

Yugoslav ['juːɡəʊˈslɑːv] ADJ, N yugoslavo/a m/f.

Yugoslavia ['juːɡəʊˈslɑːvɪə] N Yugoslavia f.

Yugoslavian ['juːɡəʊˈslɑːvɪən] ADJ yugo(e)slavo/a.

Yule(tide) ['juːl(taɪd)] **1** N Navidad f. **2** CPD: **~ log** N leño m de Navidad.

yummy ['jʌmɪ] ADJ (comp **-ier**; superl **-iest**) (fam) de rechupete.

yuppie, yuppy ['jʌpɪ] N ABBR (fam) of **young upwardly mobile professional** yuppie mf, yuppy mf.

YWCA N ABBR of **Young Women's Christian Association**.

Zz

Z, z [zed, (US) zi:] N (letter) Z, z f.
Zaire [zɑːˈiːəʳ] N Zaire m.
Zambia [ˈzæmbɪə] N Zambia f.
Zambian [ˈzæmbɪən] ADJ, N zambiano/a m/f.
zany [ˈzeɪnɪ] ADJ (comp **-ier**; superl **-iest**) estrafalario/a.
zap [zæp] VT (Comput) borrar.
zeal [ziːl] N celo m, entusiasmo m (for por).
zealot [ˈzelət] N fanático/a m/f.
zealous [ˈzeləs] ADJ entusiasta.
zebra [ˈziːbrə] ⏹1 N cebra f. ⏹2 CPD: **~ crossing** N (Brit) paso m de peatones.
zenith [ˈzenɪθ] N (Astron) cenit m; (fig) cenit, apogeo m.
zephyr [ˈzefəʳ] N céfiro m.
zeppelin [ˈzeplɪn] N zepelín m.
zero [ˈzɪərəʊ] ⏹1 N cero m; **5° below ~** 5 grados bajo cero. ⏹2 VI: **to ~ in on** apuntar sobre. ⏹3 CPD (altitude, gravity) cero; (fam: interest, hope) nulo/a; **~ hour** N hora f cero; **~ rating** N tasa f cero; **~ tolerance** N: **a policy of ~ tolerance** una política de mano dura (en el mantenimiento del orden público).
zero-rated [ˈzɪərəʊˌreɪtɪd] ADJ: **to be ~ for VAT** tener tipo cero del IVA.
zest [zest] N (enthusiasm) entusiasmo m (for por); (excitement) ánimo m.
zigzag [ˈzɪgzæg] ⏹1 N zigzag m. ⏹2 VI zigzaguear, serpentear. ⏹3 CPD en zigzag.
zilch [zɪltʃ] N (US fam) nada de nada.
Zimbabwe [zɪmˈbɑːbwɪ] N Zimbabue m.
Zimbabwean [zɪmˈbɑːbwɪən] ADJ, N zimbabuo/a m/f.
Zimmer ® [ˈzɪmə] N andador m.
zinc [zɪŋk] ⏹1 N cinc m, zinc m. ⏹2 CPD: **~ ointment** N pomada f de zinc; **~ oxide** N óxido m de zinc.
Zionism [ˈzaɪənɪzəm] N sionismo m.
Zionist [ˈzaɪənɪst] ADJ, N sionista mf.

zip [zɪp] ⏹1 N ⏹a (Brit: also **~ fastener**) cremallera f, cierre m relámpago (LAm).
⏹b (energy) vigor m, energía f.
⏹2 VT: **to ~ sb/sth up** cerrar la cremallera de algn/algo; **~ped pockets** (with ~s) bolsillos con cremallera.
⏹3 VI: **to ~ in/past** entrar/pasar volando or zumbando.
⏹4 CPD: **~ code** N (US) código m postal.
zipper [ˈzɪpəʳ] N (esp US) = **zip 1 (a)**.
zippy [ˈzɪpɪ] ADJ (fam) enérgico/a.
zirconium [zɜːˈkəʊnɪəm] N circonio m.
zither [ˈzɪðəʳ] N cítara f.
zodiac [ˈzəʊdɪæk] N zodíaco m.
zombie [ˈzɒmbɪ] N (fig) zombi m, autómata m.
zone [zəʊn] ⏹1 N (gen) zona f; **postal ~** (US) zona postal. ⏹2 VT dividir en or por zonas.
zonked [zɒŋkt] (fam) ADJ (also **~ out**: exhausted) agotado/a, hecho/a polvo (fam); (: on drink, drugs) colocado/a (fam).
zonk out [ˌzɒŋkˈaʊt] VI + ADV (fam) quedarse sobado/a or sobeta (fam).
zoo [zuː] N zoo m, parque m zoológico.
zoological [ˌzəʊəˈlɒdʒɪkəl] ADJ zoológico/a.
zoologist [zəʊˈɒlədʒɪst] N zoólogo/a m/f.
zoology [zəʊˈɒlədʒɪ] N zoología f.
zoom [zuːm] ⏹1 N (sound) zumbido m.
⏹2 VI ⏹a (go fast) ir zumbando; **he ~ed past at 120 kph** pasó como un rayo a 120 kph.
⏹b (Phot, Cine) **to ~ in (on sb/sth)** enfocar (a algn/algo) con el zoom.
⏹3 CPD: **~ (lens)** N (Phot) zoom m.
zucchini [zuːˈkiːnɪ] N INV (US) calabacín m, calabacita f (LAm).
Zulu [ˈzuːluː] ADJ, N zulú mf.
Zürich [zjʊərɪk] N Zurich f.